Grotherr (Hrsg.)

Handbuch der
internationalen Steuerplanung

Handbuch der internationalen Steuerplanung

3. Auflage

Herausgegeben von Professor Dr. Siegfried Grotherr

Mit Beiträgen von

Stephan Abele
Torsten Altrichter-Herzberg
Ulrich Ammelung
Bernhard Arlt
Hubertus Baumhoff
Hanno Berger
Peter Bilsdorfer
Daniel Blöchle
Jens Blumenberg
Wolfgang Blumers
Guido Bodden
Ralph Bodenmüller
Volker Booten
Thomas Borstell
Sven Bremer
Alberta de Vries
Udo A. Delp
Harald Diebel
Christiana Djanani
Ralf Dremel
Christian Ehlermann
Rainer Eismayr
Michael Elicker
Volker Endert
Dieter Endres
Achim Fey
Christoph Frey
Hendrik Fügemann
Georg Geberth
Sören Goebel
Anke Goller
Marcus Grzanna
Joerg Gulden
Alexander Hagen
Uta Haiß
Silvia Hallová
Alexander Hamminger
Inga Hardeck
Thomas Hartmann
Jürgen Haun
Holger Häuselmann
Stephen A. Hecht

Oliver Heinsen
Markus Helm
Friedrich E. F. Hey
Christian Hick
Frank Hübner
Christian Joos
Christian Kaeser
Holger Kahle
Thomas Kaligin
Bert Kaminski
Karl Kaulen
Wolfgang Kessler
Jens Kleinert
Stefan Köhler
Thomas Kollruss
Ralph E. Korf
Attila Kövesdy
Andreas Kowallik
Stefan Kreutziger
Christina Kurzewitz
Michael Lang
Jörn Langhorst
Diether Laudan
Ursula Ley
Alexander Linn
Adrian Lohmann
Jörg Luckey
Jochen Lüdicke
Andreas Lühn
Holger Mach
Peter Malinski
Norbert Meister
Dörte Mody
Susanne Möbus
Jürgen Nagler
Katja Nakhai
Wolfgang Neyer
Eckart Nürnberger
Ulrich Prinz
Claudia Rademacher-Gottwald
Helmut Rehm

Manfred Reich
Hagen Reiser
Thomas Rödder
Monika Rödl-Kastl
Wolfgang Rolfs
Frank Roser
Andreas Roth
Stephan Salzmann
Wolfram Scheffler
Martin Schiessl
Claus Schild
Carsten Schmid
Christian Schmidt
Sebastian Schmidt
Volker Schmidt
Arne Schnitger
Niels-Peter Schoss
Klaus-Dietrich Schrepp
Florian Schultz
Sebastian Schulz
Shuning Shou
Thomas Stein
Volker Stein
Ton Stevens
Volker Streu
Werner Stuffer
Rita Xénia Szabó
Wolfgang Tischbirek
Frank Trompeter
Markus Ungemach
Andrea Vitale
Alexander Vögele
Christian von Oertzen
Tomasz Walczak
Huili Wang
Heike Weber
Frank Wischott
Hartmut Wolter
Martin Wulf
Roman Ženatý
Ulrich Ziehr

nwb

Zitierweise:

Autor, Titel des Beitrags, in:
Grotherr (Hrsg.), Handbuch der
internationalen Steuerplanung, 3. Aufl., Herne 2011, S. ...

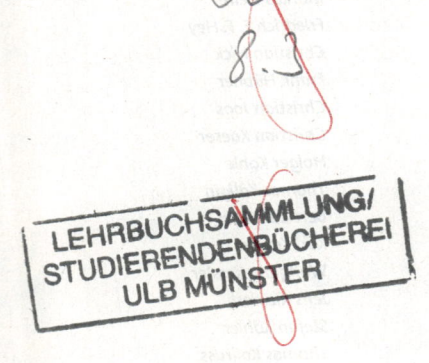

ISBN 978-3-482-49953-1 – 3. Auflage 2011

© NWB Verlag GmbH & Co. KG, Herne 2000

www.nwb.de

Alle Rechte vorbehalten.

Dieses Buch und alle in ihm enthaltenen Beiträge und Abbildungen sind urheberrechtlich geschützt.
Mit Ausnahme der gesetzlich zugelassenen Fälle ist eine Verwertung
ohne Einwilligung des Verlages unzulässig.

Druck: medienHaus Plump GmbH, Rheinbreitbach

Vorwort zur 3. Auflage

Im Zuge der weiter wachsenden grenzüberschreitenden Ausdehnung der Geschäftsbeziehungen und der Vermögensbesitzverhältnisse kommt es zu einer Globalisierung der steuerlichen Beratungsmandate. Damit wird nicht nur die zutreffende Beurteilung von steuerlichen Sachverhalten zunehmend komplizierter, sondern auch das Spektrum der gestaltungsabhängigen Steuerwirkungen immer komplexer. Dies löst bei den steuerlichen Beratern im Interesse ihrer Mandanten naturgemäß ein spezielles Informationsbedürfnis aus, dem dieses Werk Rechnung tragen will.

Die Steuerplanung ist bei grenzüberschreitenden Geschäftsbeziehungen aus betriebswirtschaftlicher Sicht häufig geradezu notwendig, um konfiskatorische Besteuerungen zu vermeiden. Es kann sich hier z. B. um Doppelbesteuerungen handeln, die aus international nicht abgestimmten Steuersystemen resultieren. Darüber hinaus wird negativen Einkünften teilweise die Verrechenbarkeit mit anderen steuerpflichtigen Einkünften im Inland mit der Begründung versagt, dass sie einen Auslandsbezug aufweisen. Diese wenigen Beispiele mögen hier ausreichen, um zu dokumentieren, dass es aus vielfältigen Gründen legitim ist, Steuergestaltungsmaßnahmen bei grenzüberschreitenden Beziehungen zu ergreifen.

Auch der Gesetzgeber schafft ganz bewusst steuerliche Rechtswahlmöglichkeiten, in deren Rahmen der Steuerpflichtige die für ihn steuerlich günstigste Gestaltungsalternative auswählen kann. Die höchstrichterliche Rechtsprechung hat die Legalität und Legitimität von Steuergestaltungsmaßnahmen immer wieder betont (z. B. BFH-Beschluss vom 20. 5. 1997, VIII B 108/96, HFR 1997, 750, 751): "Kein Steuerpflichtiger ist verpflichtet, den Sachverhalt so zu gestalten, dass ein Steueranspruch entsteht. Vielmehr steht es ihm frei, die Steuer zu vermeiden und eine Gestaltung zu wählen, die eine geringere Steuerbelastung nach sich zieht."

Im Zentrum der einzelnen Beiträge des vorliegenden Handbuchs steht eine Bestandsaufnahme der Möglichkeiten und Grenzen von Gestaltungsmaßnahmen auf dem Gebiet der internationalen Steuerplanung. Unter den Begriff der "internationalen Steuerplanung" sollen dabei alle rechtlichen und tatsächlichen Gestaltungen verstanden werden, um die Steuerbelastung eines Unternehmens, eines Konzerns oder einer Privatperson bei grenzüberschreitenden Beziehungen zu optimieren.

Oberste Priorität des vorliegenden Werkes zur internationalen Steuerplanung ist die Darstellung der legalen Steuergestaltungsmöglichkeiten bei grenzüberschreitenden Beziehungen. Dabei spielt auch die kritische Untersuchung der Grenzen und Risiken eine wichtige Rolle, da Steuergestaltungsmaßnahmen mit grenzüberschreitendem Bezug immer mit gewissen Unwägbarkeiten aufgrund von Rechtsänderungen, Ermessensspielräumen, Zweifelsfragen und Fallstricken verbunden sind.

Insgesamt 125 Autoren aus Steuerberatung, Steuerabteilungen von Unternehmen, aus Finanzverwaltung, Rechtsprechung sowie Wissenschaft und damit aus unterschiedlichen Berufsgruppen haben an dem Werk mitgewirkt. Dies mag ein Garant dafür sein, dass das Werk keiner bestimmten Sichtweise folgt (z. B. der Beratersicht oder der Sichtweise der Finanzverwaltung).

Das Werk widmet sich in der Mehrzahl der insgesamt 91 Themen der internationalen Steuerplanung bzw. den steuerplanerischen Aspekten bei grenzüberschreitenden Geschäftsbeziehungen. In den Themenkanon wurden jedoch auch Bereiche aufgenommen, bei denen es vorrangig um die Darstellung von Besteuerungsproblemen bei grenzüberschreitenden Aktivitäten geht. Die teilweise recht speziellen Darstellungen bilden eine gute Basis für weitergehende Steuergestaltungsüberlegungen auf diesen Gebieten.

Der grundlegende Teil 1 befasst sich zunächst mit dem Begriff der internationalen Steuerplanung und mit begrifflichen Abgrenzungsfragen, die den legalen Rahmen des Steuerplanungsbereichs abstecken. Darüber hinaus wird auf Ziele, Instrumente und auf die Legitimität der internationalen Steuerplanung eingegangen. Die beiden Teile 2 und 3 behandeln die internationale Steuerplanung bei sog. Outbound-Investitionen, d. h. bei Investitionen eines deutschen Investors im Ausland. Dabei wird zwischen dem rechtlich einheitlich verfassten Unternehmen (sog. Einheitsunternehmen) und dem Konzern unterschieden. Der internationale Konzern als Zusammenfassung von rechtlich selbständigen Unternehmen unter einheitlicher Leitung verfügt gegenüber dem Einheitsunternehmen über ein erweitertes Gestaltungspotential, was auch in der Anzahl der Themen zum Ausdruck kommt. Teil 4 ist den sog. Inbound-Investitionen gewidmet, d. h. es werden Steuergestaltungsüberlegungen bei Investitionen eines ausländischen Investors in Deutschland behandelt.

Insbesondere in den Teilen 5, 7 und 8 geht es primär um die Darstellung internationaler Besteuerungsprobleme, die für bestimmte Branchen oder Berufsgruppen oder bei der grenzüberschreitenden Unternehmenskooperation besonders hervortreten. Bei diesen eher problemorientierten Themen haben die Ausführungen eine andere Blickrichtung als bei den steuerplanerischen Themen. Bei diesen Themen steht die Frage im Vordergrund, ob es typische steuerliche Konfliktfelder oder Brennpunkte bei der grenzüberschreitenden Geschäftstätigkeit gibt, die für die jeweilige Branche oder Berufsgruppe oder bei der grenzüberschreitenden Unternehmenskooperation dominant oder charakteristisch sind. Selbstverständlich findet sich aber auch hier ein gewisser Bezug zu internationalen Steuerplanungsüberlegungen.

Da Deutschland momentan mit mehr als 90 Staaten Abkommen zur Vermeidung der Doppelbesteuerung auf dem Gebiet der Steuern vom Einkommen und Vermögen geschlossen hat, wozu alle wichtigen Direktinvestitionsländer gehören, ist der sog. DBA-Fall mittlerweile bei grenzüberschreitenden Beziehungen der Regelfall. Die Regelungsmasse der DBA macht gegenwärtig fast 50 v. H. der deutschen steuergesetzlichen Normen aus. Sie bieten für die internationale Steuerplanung zum einen besondere Ansatzpunkte. Zum anderen ist ihre Anwendung mit besonderen Problembereichen verknüpft. Hierauf wird in Teil 9 eingegangen.

Die internationale Steuerplanung ist heute keine Materie mehr, die ausschließlich mit einem unternehmerischen Engagement zu verknüpfen wäre. Auch Privatpersonen mit ausländischem Vermögensbesitz können für sich und ihre Familienangehörigen steuerliche Optimierungsüberlegungen anstellen. Mit diesem Bereich befassen sich die Teile 6 und 10. Insbesondere die internationale Erbschaft- bzw. Schenkungsteuerplanung stellt dabei eine außerordentlich vielschichtige und äußerst komplizierte Rechtsmaterie dar.

Den rechtlichen Grenzen und Schranken der internationalen Steuerplanung sowie dem speziellen Problem der Ungewissheitsbewältigung im Rahmen der Steuerplanung bei grenzüberschreitenden Aktivitäten ist der abschließende Teil 11 gewidmet, da das unternehmerische Streben nach Planungssicherheit in der steuerlichen Beratungspraxis einen sehr hohen Stellenwert besitzt.

Ich würde mich freuen, wenn das "Handbuch der internationalen Steuerplanung" in der alltäglichen steuerlichen Beratungspraxis hilfreiche Dienste leisten kann. Konstruktive Kritik und Anregungen für eine Folgeauflage sind erwünscht. Vielleicht kann das Werk aber auch Anstöße für zukünftige umfassendere wissenschaftliche Untersuchungen (z. B. Dissertationen) im Interesse einer praxisorientierten Hochschulforschung liefern.

Infolge einer Verzögerung bei der Drucklegung weisen einige Beiträge den Rechtsstand 2010 auf.

Hamburg, im Februar 2011 Prof. Dr. Siegfried Grotherr

Inhaltsübersicht

Seite

Teil 1: Grundlagen der internationalen Steuerplanung
(Grotherr) ... 1

Teil 2: Internationale Steuerplanung im grenzüberschreitend tätigen Einheitsunternehmen

1. Thema: Steuerliche Abgrenzungsfragen bei der Begründung einer Betriebsstätte im Ausland *(Haiß)* ... 31

2. Thema: Betriebsstätte oder Tochtergesellschaft im Ausland *(Schoss)* ... 51

3. Thema: Die Gewinnabgrenzung bei der grenzüberschreitenden Überführung von Wirtschaftsgütern in eine Betriebsstätte unter steuerplanerischen Gesichtspunkten *(Roth)* ... 75

4. Thema: Steuerlich zweckmäßige Ausübung des Wahlrechts (Anrechnung, Abzug, Pauschalierung) zur Vermeidung der internationalen Doppelbesteuerung bei Gewinnen aus einer ausländischen Betriebsstätte *(Scheffler)* ... 97

5. Thema: Möglichkeiten und Probleme der grenzüberschreitenden Verlustberücksichtigung für natürliche Personen *(Goebel/Schmidt)* ... 111

Teil 3: Internationale Steuerplanung im Konzern aus der Sicht einer deutschen Spitzeneinheit

A. Grundlagen der Konzernsteuerplanung

1. Thema: Shareholder Value als Aufgabenstellung der betrieblichen Steuerplanung *(Stein/Vitale)* ... 135

2. Thema: Gestaltbarkeit der Konzernsteuerquote im Rahmen der internationalen Konzernsteuerplanung *(Lühn)* ... 153

3. Thema: Risikoaspekte in der internationalen Steuerplanung infolge von staatlichen Abwehrmaßnahmen *(Hardeck)* ... 175

B. Konzernstrukturpolitik

1. Thema: Wahl der Sitzstaaten von Konzerngesellschaften als steuerliches Entscheidungsproblem *(Laudan)* ... 197

Seite

2. Thema: Grundlagen der Steuerplanung mit Holdinggesellschaften (*Kessler*) ... 215

3. Thema: Der Einsatz einer inländischen Zwischenholding in der internationalen Konzernsteuerplanung (*Streu*) ... 241

4. Thema: Die steuerliche Optimierung des Auslandsvertriebs (*Diebel/Reiser*) ... 253

5. Thema: Steueraspekte internationaler Joint Ventures (*Endres/Schultz*) ... 273

6. Thema: Die Gruppenbesteuerung als Instrument der internationalen Konzernsteuerplanung (*Kahle/Schulz*) ... 301

C. Konzernreorganisationen

1. Thema: Steuerplanungsüberlegungen beim Kauf von ausländischen Unternehmen (*Blumers*) ... 329

2. Thema: Die grenzüberschreitende Verschmelzung von Kapitalgesellschaften als Instrument internationaler Reorganisationen (*Helm/Hübner*) ... 339

3. Thema: Grenzüberschreitender Anteilstausch aus deutscher Sicht (*Booten/Wang/Shou*) ... 359

4. Thema: Vermeidung von Steuerrisiken bei grenzüberschreitenden Übertragungen von Kapitalgesellschaftsanteilen (*Mach*) ... 379

5. Thema: Auslandsverschmelzungen unter Beteiligung steuerverstrickten inländischen Vermögens und Anteilen (*Hecht*) ... 405

6. Thema: Entstrickungsfallen des UmwStG bei internationalen Umwandlungen (*Göbel/Ungemach*) ... 427

7. Thema: Probleme der Spaltung von Kapitalgesellschaften mit Auslandsberührung (*Fey*) ... 453

8. Thema: Steuerliche Aspekte des Wegzugs von Kapitalgesellschaften (*Eismayr/Linn*) ... 471

9. Thema: Hinzurechnungsbesteuerung und ausländische Umwandlungen (*Schnitger*) ... 497

Seite

D. Konzernverrechnungspreispolitik

1. Thema: Verrechnungspreispolitik bei konzerninternen Lieferungsbeziehungen *(Borstell)* ... 519

2. Thema: Die Besteuerung grenzüberschreitender Funktionsverlagerungen *(Baumhoff/Bodenmüller)* ... 541

3. Thema: Dokumentation von Verrechnungspreisen unter besonderer Berücksichtigung der Abgrenzung von verrechenbaren und nicht-verrechenbaren Konzerndienstleistungen *(Bremer/Stuffer)* ... 593

4. Thema: Die Bestimmung von Verrechnungspreisbandbreiten als Problem der internationalen Doppelbesteuerung *(Kurzewitz)* ... 635

5. Thema: Gewinnaufteilungsmethoden *(Vögele/Fügemann)* ... 653

6. Thema: Möglichkeiten des Aufbaus und der Ausgestaltung eines Risikomanagementsystems für steuerliche Verrechnungspreise im internationalen Konzern *(Kurzewitz/Endert)* ... 673

7. Thema: Umlagen bei konzerninternen Dienstleistungen *(Kaminski)* ... 693

8. Thema: Advance Pricing Agreements *(Schmid)* ... 733

E. Konzernvertragspolitik

1. Thema: Die Gewinngemeinschaft zwischen verbundenen Unternehmen als steuerliches Gestaltungsmittel *(Meister)* ... 759

2. Thema: Der Einsatz von hybriden Finanzierungsformen und hybriden Gesellschaftsformen im Konzern *(Schiessl/Frey)* ... 783

3. Thema: Gesellschafter-Fremdfinanzierung und steuerliche Unterkapitalisierungsregeln in mittel- und osteuropäischen Staaten *(Rödl-Kastl/Gulden)* ... 803

4. Thema: Errichtung und Besteuerung von Auslandsaktivitäten in Organschaftsstrukturen im Mittelstand *(Blöchle/Ziehr)* ... 827

5. Thema: Die Erbringung von technischen Dienstleistungen unter steuerlichen Gestaltungsüberlegungen *(Joos)* ... 859

6. Thema: Steuerliche Überlegungen bei internationalen Projektfinanzierungen (Structured Finance) *(Lüdicke)* ... 889

Seite

7. Thema: Ertragsteueroptimierende Holding-, Gewinnrepatriierungs- und Finanzierungsstrategien für deutsche Familienunternehmen und personalistisch strukturierte Konzerne (*Kollruss*) 903

F. Übergreifende Steuerplanungsbereiche

1. Thema: Chancen aus der europarechtlich gebotenen grenzüberschreitenden Verlustverrechnung (*Rehm*) 925

2. Thema: Die Drittstaatenwirkung der Kapitalverkehrsfreiheit des Art. 56 EG (*Nagler*) 945

3. Thema: Das Korrespondenzprinzip bei verdeckten Gewinnausschüttungen und Einlagen bei grenzüberschreitenden Sachverhalten (*Ehlermann/Nakhai*) 971

4. Thema: Ertragsteuerliche Auswirkungen der Check-the-Box Regelungen auf gewerbliche US-Investitionen von in Deutschland unbeschränkt Steuerpflichtigen (*Nürnberger/Altrichter-Herzberg*) 995

5. Thema: Steuerplanung bei Immobilieninvestitionen in Mittel- und Osteuropa für gewerbliche Unternehmen und geschlossene Immobilienfonds (*Schmidt/Ženatý/Hallová/Walczak/Kövesdy/Szabó*) 1011

G. Verkehrsteuerplanung

1. Thema: Grunderwerbsteuerplanung bei Konzernumstrukturierungen (*Wischott*) 1051

2. Thema: Gestaltungen im Umsatzsteuerrecht (*Korf*) 1069

Teil 4: Internationale Steuerplanung bei wirtschaftlichen Aktivitäten von Steuerausländern im Inland

1. Thema: Vermeidung der Versagung der Entlastungsberechtigung von deutschen Quellensteuern auf Dividenden und Vergütungen nach § 50d Abs. 3 EStG (*Luckey/Lohmann*) 1091

2. Thema: Sonderbetriebsergebnis bei Inbound-Investitionen im Lichte der aktuellen Rechtsprechung und Gesetzgebung (*Altrichter-Herzberg/Möbus*) 1123

Seite

3. Thema: Grenzüberschreitende Gesellschafterfremdfinanzierung von inländischen Kapitalgesellschaften (*Prinz/Hick*) 1139

4. Thema: Die Organschaft im internationalen Konzern (*Goller*) 1173

5. Thema: Steuerplanungsüberlegungen bei Immobilieninvestitionen durch Steuerausländer im Inland (*Tischbirek*) 1187

6. Thema: Umstrukturierung eines inländischen Unternehmens unter Beteiligung von beschränkt steuerpflichtigen Gesellschaftern (*Dremel*) 1219

7. Thema: Typische Investitionsstrukturen für Direktinvestitionen von US-Unternehmen in Europa (*Kowallik*) 1241

Teil 5: Internationale Besteuerungsprobleme unter dem Gesichtspunkt branchenspezifischer Besonderheiten

1. Thema: Besteuerungsprobleme bei internationaler Geschäftstätigkeit deutscher Banken (einschl. der Nutzung von offshore-Zentren) (*Ammelung/Langhorst*) 1261

2. Thema: Besteuerungsfragen beim grenzüberschreitenden Einsatz derivativer Finanzinstrumente (*Häuselmann*) 1293

3. Thema: Besteuerungsprobleme bei international tätigen Versicherungsgesellschaften (*Roser/Schrepp*) 1313

4. Thema: Internationale Besteuerungsprobleme bei Luftfahrtunternehmen (*Wolter*) 1353

5. Thema: Internationale Besteuerungsprobleme bei Schifffahrtsunternehmen (*Kreutziger*) 1381

6. Thema: Internationale Besteuerungsprobleme im Bereich der Software-Entwicklung und -Vermarktung (*Malinski*) 1411

7. Thema: Steuerliche Aspekte bei Corporate Investments in internationale Venture Capital Fonds (*Kaeser/Geberth*) 1425

Teil 6: Internationale Steuerplanung bei natürlichen Personen

1. Thema: Die schweizerische Besteuerung nach dem Aufwand (*Elicker*) 1451

Seite

2. Thema: Besteuerungsprobleme privater Kapitalanleger bei der Beteiligung
an ausländischen Investmentfonds (*Arlt/Rolfs*) 1467

3. Thema: Anteile an ausländischen Sondervermögen, aber keine
ausländischen Investmentanteile:
Steuerfolgen für inländische Anleger? (*Hagen/Weber*) 1483

4. Thema: Ausländische Familienstiftungen als Instrument der
Steuergestaltung (*Berger/Kleinert*) 1503

5. Thema: Wohnsitzverlegung ins Ausland als Instrument der Steuerplanung
und damit zusammenhängende Besteuerungsprobleme bei und
nach der Wohnsitzverlegung (*Roser/Hamminger*) 1523

Teil 7: Internationale Besteuerungsprobleme aus der Sicht bestimmter Berufsgruppen

1. Thema: Die Einschaltung ausländischer Gesellschaften als
Gestaltungsinstrument international tätiger Künstler
und Sportler (*Mody*) 1559

2. Thema: Besteuerungsprobleme bei international tätigen Führungskräften
(*Neyer*) 1577

3. Thema: Konkurrenzverbot nach Arbeitnehmertätigkeit:
Besteuerungsgrundsätze und Steuerplanung bei
internationalen Sachverhalten (*Neyer*) 1599

4. Thema: Steuer- und sozialversicherungsrechtliche Fragen bei der
Entsendung von Arbeitnehmern ins Ausland (*Ley/Bodden*) 1615

Teil 8: Besteuerungsprobleme bei der grenzüberschreitenden Unternehmenskooperation

1. Thema: Besteuerungsprobleme der Europäischen Wirtschaftlichen
Interessenvereinigung (*Delp*) 1663

2. Thema: Besteuerungsprobleme bei international tätigen Sozietäten
(*Rademacher-Gottwald*) 1683

3. Thema: Besteuerungsprobleme bei unternehmerischen Engagements
in osteuropäischen Staaten (*Kaligin*) 1703

Seite

4. Thema: Klassische Arbeitsgemeinschaften und virtuelle Unternehmen im internationalen Steuerrecht (*Djanani/Kaulen/Hartmann*) ... 1715

Teil 9: Internationale Steuerplanung und Doppelbesteuerungsabkommen

1. Thema: Beteiligung an ausländischen Personengesellschaften (*Schild/Abele*) ... 1735

2. Thema: Personengesellschaften im internationalen Steuerrecht – Ausgewählte Möglichkeiten der Steuerplanung im Outbound-Fall (*Haun*) ... 1761

3. Thema: Steuerrechtliche Konsequenzen und Probleme beim Einsatz der typisch und atypisch stillen Beteiligung im Ausland (*Schmidt*) ... 1789

4. Thema: Steuersystematische Analyse der Aktivitätsvorbehalte in deutschen DBA als Basis internationaler Steuergestaltungsüberlegungen (*Köhler*) ... 1815

5. Thema: Behandlung von Dreieckssachverhalten unter Doppelbesteuerungsabkommen (*Heinsen*) ... 1843

6. Thema: Die Auslegung von Doppelbesteuerungsabkommen als Problem der Planungssicherheit bei grenzüberschreitenden Sachverhalten (*Lang*) ... 1865

Teil 10: Internationale Erbschaftsteuerplanung

1. Thema: Zivilrechtliche Gestaltungsgrenzen und -möglichkeiten internationaler Nachfolgeplanungen (*von Oertzen/Reich*) ... 1883

2. Thema: Die Wahl unterschiedlicher Kapitalanlageformen als Instrument der internationalen Erbschaftsteuerplanung (*Trompeter*) ... 1901

3. Thema: Vermeidung der Doppelbesteuerung bei internationalen Erbfällen und Schenkungen als Problem der Erbschaftsteuerplanung (*Arlt*) ... 1931

4. Thema: Grenzüberschreitende Erbschaftsteuerfragen im Verhältnis Deutschland/USA – Eine Studie mit praktischen Beispielsfällen (*F. Hey*) ... 1959

5. Thema: Erbschaftsteuerplanung bei beschränkt Steuerpflichtigen (*von Oertzen/Stein*) ... 2003

Seite

6. Thema: Das erbschaftsteuerliche Begünstigungs- und Bewertungskonzept für in- und ausländisches Betriebsvermögen (*Schmidt/Grzanna*) ... 2019

Teil 11: Grenzen der Steuerplanung bei grenzüberschreitenden Aktivitäten

1. Thema: Hinzurechnungsbesteuerung (*Rödder*) ... 2041

2. Thema: Die Bedeutung der unilateralen Umschaltklausel (§ 50 d Abs. 9 EStG) und der Unternehmensgewinnqualifikationsklausel (§ 50 d Abs. 10 EStG) in der internationalen Steuerplanung (*Salzmann*) ... 2051

3. Thema: Strafrechtliche Risiken bei grenzüberschreitenden Aktivitäten für Steuerpflichtige und steuerliche Berater (*Wulf*) ... 2069

4. Thema: Die Informationsquellen und -wege der Finanzverwaltung bei internationalen Sachverhalten (*Bilsdorfer*) ... 2093

5. Thema: Möglichkeiten und Grenzen des Tax-Rulings in den Niederlanden im Rahmen der internationalen Steuerplanung (*Stevens/de Vries*) ... 2115

6. Thema: Steuervergünstigungen als staatliche Beihilfen im Sinne des Europäischen Gemeinschaftsrechts (*Blumenberg*) ... 2133

Autorenverzeichnis

Stephan Abele, Rechtsanwalt, Steuerberater, München
Dr. Torsten Altrichter-Herzberg, Rechtsanwalt, Steuerberater, Hamburg
Dipl.-Kfm. **Ulrich Ammelung**, Steuerberater, Grünwald
Dipl.-Kfm. **Dr. Bernhard Arlt**, Steuerberater, München
Prof. Dr. Hubertus Baumhoff, Bonn
Dr. Hanno Berger, Frankfurt/M.
Prof. Dr. Peter Bilsdorfer, Vizepräsident des FG Saarland, Saarbrücken
Daniel Blöchle, Steuerberater, Nürnberg
Prof. Dr. Jens Blumenberg, Steuerberater, Frankfurt/M.
Prof. Dr. Wolfgang Blumers, Rechtsanwalt, Fachanwalt für Steuerrecht, Stuttgart
Dr. Guido Bodden, Rechtsanwalt, Steuerberater, Köln
Dr. Ralph Bodenmüller, Köln
Volker Booten, Steuerberater, Rechtsanwalt, München
Dipl.-Kfm. **Prof. Dr. Thomas Borstell**, Steuerberater, Düsseldorf
Dipl.-Kfm. **Dr. Sven Bremer**, Steuerberater, München
Alberta de Vries, Rotterdam
Dipl.-Kfm. **Dr. Udo A. Delp**, Steuerberater, Bergheim/Köln
Harald Diebel, Steuerberater, Stuttgart
Prof. Dr. Dr. Christiana Djanani, Eichstätt/Ingolstadt
Dr. Ralf Dremel, Rechtsanwalt, Steuerberater, Bonn
Dipl.-Vw. **Christian Ehlermann**, Steuerberater, München
Dr. Rainer Eismayr, Steuerberater, München
Prof. Dr. iur. habil. Michael Elicker, Rechtsanwalt, Ottweiler
Dipl.-Kfm. **Volker Endert**, Hamburg
Prof. Dr. Dieter Endres, Steuerberater, Frankfurt/M.
Dipl.-Kfm. **Achim Fey**, Steuerberater, Wirtschaftsprüfer, Fachberater für Internationales Steuerrecht, Frankfurt/M.
Christoph Frey, Rechtsanwalt, Frankfurt/M.
Hendrik Fügemann, Frankfurt
Georg Geberth, Rechtsanwalt, München
Dipl.-Kfm. **Sören Goebel**, Steuerberter, Dortmund
Dipl. Finanzwirtin (FH) **Anke Goller**, Steuerberaterin, Stuttgart/Leonberg
Prof. Dr. Siegfried Grotherr, Hamburg
Dipl. Kfm. **Marcus Grzanna**, Wirtschaftsprüfer, Steuerberater, Frankfurt/M
Dipl.-Kfm. **Joerg Gulden**, Steuerberater, Nürnberg
Alexander Hagen, Rechtsanwalt, Steuerberater, Frankfurt/M.

Dipl.-Kffr. **Dr. Uta Haiß**, Steuerberaterin, Düsseldorf
Ing. **Silvia Hallová**, Steuerberaterin, Slowakei
Alexander Hamminger, Rechtsanwalt, Steuerberater, Hamburg
Dipl.-Kffr. **Inga Hardeck**, Hamburg
Dipl.-Kfm. **Dr. Thomas Hartmann**, Nürnberg
Dipl.-Kfm. **Dr. Jürgen Haun**, Steuerberater, Stuttgart
Holger Häuselmann, Rechtsanwalt, Wirtschaftsprüfer, Steuerberater, Frankfurt/M.
Dr. Stephen A. Hecht, LL.M, Rechtsanwalt, Steuerberater, Hamburg
Dr. Oliver Heinsen, Steuerberater, Frankfurt/M.
Dipl.-Kfm. **Markus Helm**, Steuerberater, München
Dipl.-Finanzwirt **Dr. Friedrich E. F. Hey**, LL.M. (Berkeley), Rechtsanwalt, Steuerberater, Attorney at Law (New York), Frankfurt/M.
Dipl.-Kfm. **Dr. Christian Hick**, Steuerberater, Bonn
Dr. Frank Hübner, Rechtsanwalt, Steuerberater, München
Prof. Dr. Christian Joos, Wirtschaftsprüfer, Steuerberater, CPA (not in public practice), Neu-Ulm
Dr. Christian Kaeser, Rechtsanwalt, München
Prof. Dr. Holger Kahle, Hohenheim
Dr. jur. Thomas Kaligin, Rechtsanwalt, Berlin
Univ.-Prof. Dr. habil. Bert Kaminski, Hamburg
Dipl.-Kfm. **Karl Kaulen**, Köln
Prof. Dr. Wolfgang Kessler, Steuerberater, Freiburg i. Br.
Dr. Jens Kleinert, Frankfurt/M.
Dipl.-Kfm. **Prof. Dr. Stefan Köhler**, Steuerberater, Frankfurt/Steinbach
Thomas Kollruss, MBA International Taxation (Univ.), Frankfurt/M.
Ralph E. Korf, Rechtsanwalt, Steuerberater, München
Dr. Attila Kövesdy, Ungarn
Dipl.-Kfm., Dipl.-Bw. **Dr. rer. pol. Andreas Kowallik**, Steuerberater, München
Dr. Stefan Kreutziger, Rechtsanwalt, Steuerberater, Hamburg
Dr. Christina Kurzewitz, Hamburg
Univ.-Prof. Dr. Dr. h. c. Michael Lang, Wien
Jörn Langhorst, Rechtsanwalt, Steuerberater, München
Dr. Diether Laudan, Rechtsanwalt, Steuerberater, Weinheim
Prof. Dr. Ursula Ley, Wirtschaftsprüferin, Steuerberaterin, Köln
Dr. Alexander Linn, Steuerberater, München
Dipl.-Kfm. **Adrian Lohmann**, Steuerberater, Associate, Frankfurt/M.
Dipl.-Kfm. **Dr. Jörg Luckey**, Steuerberater, Eschborn
Dr. Jochen Lüdicke, Rechtsanwalt, Fachanwalt für Steuerrecht, Steuerberater, Düsseldorf
Prof. Dr. Andreas Lühn, Hamburg

Autorenverzeichnis

Dr. **Holger Mach**, Steuerberater, Hamburg
Dr. **Peter Malinski**, Eggenstein-Leopoldshafen
Dr. **Norbert Meister**, Rechtsanwalt, Notar, Steuerberater, Frankfurt/M.
Prof. Dr. **Dörte Mody**, Steuerberaterin, Lüneburg
Dr. **Susanne Möbus**, Steuerberaterin, Hamburg
Jürgen Nagler, Rechtsanwalt, Steuerberater, Frankfurt/M.
Mag. **Katja Nakhai**, Steuerberaterin, München
Dipl.-Volkswirt **Wolfgang Neyer**, Steuerberater, Frankfurt/M.
Eckart Nürnberger, Rechtsanwalt, Steuerberater, CPA, New York
Prof. Dr. **Ulrich Prinz**, Wirtschaftsprüfer, Steuerberater, Köln
Dipl.-Kauffrau, Dipl.-Finanzwirtin Dr. **Claudia Rademacher-Gottwald**, Hamburg
Dipl.-Kaufmann, Dipl.-Volkswirt Prof. Dr. rer. pol. **Helmut Rehm**, Wirtschaftsprüfer, Steuerberater, Frankfurt/M.
Dr. **Manfred Reich**, Rechtsanwalt, Frankfurt/M.
Hagen Reiser, Rechtsanwalt, Steuerberater, Stuttgart
Prof. Dr. **Thomas Rödder**, Wirtschaftsprüfer, Steuerberater, Bonn
Dipl.-Kffr. **Monika Rödl-Kastl**, Wirtschaftsprüferin, Steuerberaterin, Nürnberg
Dipl.-Kfm. Dr. **Wolfgang Rolfs**, Düsseldorf
Dipl.-Kfm. Dr. **Frank Roser**, Rechtsanwalt, Wirtschaftsprüfer, Steuerberater, Hamburg
Dr. **Andreas Roth**, Mannheim
Dr. **Stephan Salzmann**, München
Prof. Dr. **Wolfram Scheffler**, Erlangen-Nürnberg
Dr. **Martin Schiessl**, LL.M., Rechtsanwalt, Fachanwalt für Steuerrecht, Frankfurt/M.
Prof. Dr. **Claus Schild**, Wirtschaftsprüfer, Steuerberater, München
Dipl.- Oec. **Carsten Schmid**, Stuttgart
Prof. Dr. **Christian Schmidt**, Steuerberater, Nürnberg
Dipl.-Kfm. **Sebastian Schmidt**, Steuerberater, Essen
Dipl.-Finanzwirt (FH) **Volker Schmidt**, Rechtsanwalt, Steuerberater, Stuttgart
Dr. **Arne Schnitger**, CPA, Steuerberater, LL.M Berlin
Dipl.-Kfm. Dr. **Niels-Peter Schoss**, Mönchengladbach
Klaus-Dietrich Schrepp, Rechtsanwalt, Hamburg
Dr. **Florian Schultz**, Wirtschaftsprüfer, Steuerberater, Frankfurt/M.
Dipl.-Kfm. **Sebastian Schulz**, Hohenheim
Dr. **Shuning Shou**, LL. M., München
Dr. **Thomas Stein**, Rechtsanwalt, Frankfurt/M.
Dipl.-Kfm. **Volker Stein**, Steuerberater, Düsseldorf
Prof. **Ton Stevens**, Rotterdam

Dipl.-Kfm. **Dr. Volker Streu**, Steuerberater, Fachberater für Internationales Steuerrecht, Hamburg

Dipl.-Finanzwirt (FH) **Werner Stuffer**, Steuerberater, München

Dr. Rita Xénia Szabó, Ungarn

Wolfgang Tischbirek, LL.M. (U.C. Berkeley), Rechtsanwalt, Steuerberater, Frankfurt/M.

Dr. Frank Trompeter, Steuerberater, Hanau

Dipl.-Finanzw. **Markus Ungemach**, Steuerberater, Ruhrgebiet

Dipl.-Kfm. **Andrea Vitale**, Steuerberater, Düsseldorf

Dr. Alexander Vögele, Wirtschaftsprüfer, Steuerberater, Commissaire aux Comptes, Frankfurt

Dr. Christian von Oertzen, Rechtsanwalt, Fachanwalt für Steuerrecht, Frankfurt/M.

Tomasz Walczak, Steuerberater, Polen

Dr. Huili Wang, Steuerberaterin, München

Dr. Heike Weber, Rechtsanwältin, Steuerberaterin, Frankfurt/M.

Frank Wischott, Rechtsanwalt, Steuerberater, Hamburg

Dipl.-Ökonom, Dipl.-Finanzwirt **Hartmut Wolter**, Steuerberater, Frankfurt/M.

Dr. Martin Wulf, Rechtsanwalt, Berlin

Roman Ženatý, Steuerberater, Tschechische Republik

Dr. Ulrich Ziehr, Steuerberater, Nürnberg

Allgemeines Literaturverzeichnis

Amann, Dienstleistungen im internationalen Steuerrecht: Engineering – Management – Beratung – Lizenzverkehr, München 1998

Arlt, Internationale Erbschaft- und Schenkungsteuerplanung, Herne 2001

Arndt, Die Besteuerung internationaler Geschäftstätigkeit deutscher Banken, Baden-Baden 1986

Arnold/Englert/Eube (Hrsg.), Werte messen, Werte schaffen: Von der Unternehmensbewertung zum Shareholder-Value-Management, FS f. Karl-Heinz Maul zum 60. Geb., Wiesbaden 2000

Bächle/Rupp, Internationales Steuerrecht, Stuttgart 2002

Bader, Steuergestaltung mit Holdinggesellschaften, 2. Aufl., Herne 2007

Baranowski, Besteuerung von Auslandsbeziehungen, 2. Aufl., Herne 1996

Bauer, Grundlagen der handels- und steuerrechtlichen Rechnungspolitik der Unternehmung, Wiesbaden 1981

Baumgärtel/Perlet, Hinzurechnungsbesteuerung bei Auslandsbeteiligungen, Neuwied 1996

Baumhoff, Verrechnungspreise für Dienstleistungen, Köln 1986

Beisse (Hrsg.), FS f. K. Beusch zum 68. Geburtstag am 31. 10. 1993, Berlin 1993

Bilsdorfer/Weyand, Der Steuerberater in der Betriebsprüfung, 2. Aufl., Freiburg 2000

dies., Die Informationsquellen und -wege der Finanzverwaltung, 7. Aufl., Berlin/Bielefeld 2005

Blümich, Einkommensteuergesetz, Körperschaftsteuergesetz, Gewerbesteuergesetz, Kommentar (Losebl.), München

Böhmer, Die deutsche Besteuerung grenzüberschreitender Unternehmensverträge, Baden-Baden 1991

Bordewin/Brandt, Einkommensteuergesetz, Heidelberg 2001

Brähler, Internationales Steuerrecht, 6. Aufl., Wiesbaden 2010

Brähler/Lösel (Hrsg.), Deutsches und internationales Steuerrecht. Gegenwart und Zukunft, FS f. Chr. Djanani, Wiesbaden 2008

Breithecker/Klapdor, Einführung in die Internationale Betriebswirtschaftliche Steuerlehre, 3. Aufl., Bielefeld 2010

dies., Optische Steuerlehre – Internationale Besteuerung, Berlin 2008

Bremer, Der Holdingstandort Bundesrepublik Deutschland – Eine vergleichende Analyse der Besteuerung europäischer Holdingstandorte, Frankfurt/Berlin/Bern/New York/Paris/Wien 1996

Breuninger/Müller/Strobl-Haarmann, Steuerrecht und europäische Integration, FS f. A. J. Rädler, München 1999

Budde (Hrsg.), Handelsbilanzen und Steuerbilanzen, FS f. H. Beisse, Düsseldorf 1997

Bunjes/Geist, Umsatzsteuergesetz, 9. Aufl., München 2009

Burmester/Endres (Hrsg.), Außensteuerrecht, Doppelbesteuerungsabkommen und EU-Recht im Spannungsverhältnis, FS f. H. Debatin, München 1997

Carl/Klos, Leitfaden zur internationalen Amts- und Rechtshilfe in Steuersachen, Herne 1995

Conston (Hrsg.), Current Topics in U.S.-German Tax and Commercial Law, FS f. O. Walter, Osnabrück 1988

Crezelius/Raupach/Schmidt/Uelner (Hrsg.), Steuerrecht und Gesellschaftsrecht als Gestaltungsaufgabe, Freundesgabe f. F. J. Haas zur Vollendung des 70. Lebensjahres, Herne 1996

Danzer, Die Steuerumgehung, Köln 1981

Debatin/Wassermeyer, Doppelbesteuerung. Kommentar zu allen deutschen Doppelbesteuerungsabkommen (Losebl.), München

Doralt (Hrsg.), Steuern im Rechtsstaat, FS f. Stoll, Wien 1990

Dötsch/JostPung/Witt, Die Körperschaftsteuer. Kommentar (Losebl.), Stuttgart

Dreßler, Gewinn- und Vermögensverlagerungen in Niedrigsteuerländer und ihre steuerliche Überprüfung, 4. Aufl., Neuwied 2007

Ege/Schaumburg/Wassermeyer, Internationales Steuerrecht, Bonn 2000

Elschen/Siegel/Wagner (Hrsg.), Unternehmenstheorie und Besteuerung, FS f. D. Schneider, Wiesbaden 1995

Endres, 50 Musterfälle zum Internationalen Steuerrecht, Nordkirchen 2008

Engel, Konzerntransferpreise im internationalen Steuerrecht, Diss. Freiburg i. Br. 1986

Englisch, Dividendenbesteuerung, Köln 2005

Ernst & Young (Hrsg.), EuGH-Rechtsprechung Ertragsteuerrecht, Bonn Berlin 2005

Ferid/Firsching/Dörner/Hausmann, Internationales Erbrecht (Losebl.), München

Fischer (Hrsg.), Internationaler Unternehmenskauf und -zusammenschluss im Steuerrecht, Köln 1992

ders., Besteuerung internationaler Konzerne, Köln 1993

ders., Wirtschaftsstandort Deutschland im internationalen Steuerrecht, Köln 1994

ders., Besteuerung wirtschaftlicher Aktivitäten von Ausländern in Deutschland, Köln 1995

ders., Auswirkungen des EU-Rechts auf grenzüberschreitende Geschäftsaktivitäten deutscher Unternehmen, Köln 1997

ders., Steuerplanung im Spannungsverhältnis von Abkommens- und nationalem Außensteuerrecht, Köln 1998

ders., Besteuerung des internationalen Unternehmenskaufs, Köln 1999

Fischer/Flockermann, Besteuerung internationaler Konzerne, Köln 1993

Fischer/Kleineidam/Warneke, Internationale Betriebswirtschaftliche Steuerlehre, 5. Aufl., Berlin 2005

Flick/Piltz, Der Internationale Erbfall, München 1999

Flick/Wassermeyer/Baumhoff, Außensteuerrecht. Kommentar (Losebl.), Köln

Flick/Wassermeyer/Wingert/Kempermann, Kommentar zum DBA Deutschland-Schweiz (Losebl.), Köln

Förschle/Kaiser/Moxter (Hrsg.), Rechenschaftslegung im Wandel, FS f. W. D. Budde, München 1995

Franzen/Gast/Joecks, Steuerstrafrecht. Kommentar, 7. Aufl., München 2009

Freidank (Hrsg.), Rechnungslegungspolitik. Eine Bestandsaufnahme aus handels- und steuerrechtlicher Sicht, Berlin u. a. 1998

Frotscher, Internationales Steuerrecht, 3. Aufl., München 2009

Frotscher/Maas, Kommentar zum Körperschaftsteuer- und Umwandlungsteuergesetz (Losebl.), Freiburg i. Br.
Fu, Die stille Gesellschaft im internationalen Steuerrecht aus deutscher Sicht, Frankfurt/M. u. a. 1997
Fuhrmann, Modelle lebzeitiger Unternehmensübertragungen, Konstanz 1990
Fülbier, Konzernbesteuerung nach IFRS, Frankfurt am Main 2006
Gail, Probleme der Rechts- und Steuerberatung in mittelständischen Unternehmen, Köln 1988
Gassner (Hrsg.), Die Methoden zur Vermeidung der Doppelbesteuerung, Wien 1995
Gassner/Gröhs/Lang (Hrsg.), Zukunftsaufgaben der Wirtschaftsprüfung, Wien 1997
Gassner/Lang (Hrsg.), Besteuerung und Bilanzierung international tätiger Unternehmen, Wien 1998
Gassner/Lang/Lechner (Hrsg.), Aktuelle Entwicklungen im Internationalen Steuerrecht, Wien 1994
dies., Das neue Doppelbesteuerungsabkommen Österreich-Deutschland, Wien 1999
dies., Das neue Doppelbesteuerungsabkommen Österreich-USA, Wien 1997
Gassner/Lechner (Hrsg.), Österreichisches Steuerrecht und europäische Integration, Wien 1992
Gebel, Betriebsvermögensnachfolge, München 2002
Gloria, Das steuerliche Verständigungsverfahren und das Recht auf diplomatischen Schutz, Berlin 1988
Gocke/Gosch/Lang (Hrsg.), Körperschaftsteuer. Internationales Steuerrecht. Doppelbesteuerung. FS für Franz Wassermeyer, München 2005
Gosch/Kroppen/Grotherr, DBA-Kommentar (Losebl.), Herne
Götzenberger, Optimale Vermögensübertragung, München 1997
Grabitz/Hilf, Das Recht der Europäischen Union. Kommentar (Losebl.), München
Gratz, Grundprobleme individueller und kollektiver Steuerplanung, Berlin 1982
Groß-Bölting, Probleme der beschränkten Steuerpflicht im Erbschaftsteuerrecht, Diss. Köln 1996
Großmann, Doppelt ansässige Kapitalgesellschaften im internationalen Steuerrecht, München 1995
Grotherr/Herfort/Strunk, Internationales Steuerrecht, 3. Aufl., Achim 2010
Grümmer/Kierspel, Internationales Steuerrecht, 5. Aufl., Achim 2010
Haarmann (Hrsg.), Das Spannungsfeld zwischen Missbrauchsbekämpfung und Standortsicherung im internationalen Steuerrecht, Köln 1998
ders., Die beschränkte Steuerpflicht, Köln 1993
ders., Finanzierungen, Ausschüttungen und Nutzungsüberlassungen im internationalen Steuerrecht, Köln 1999
ders., Grenzen der Gestaltung im internationalen Steuerrecht, Köln 1994
ders., Unternehmensstrukturen und Rechtsformen im internationalen Steuerrecht, Köln 1996
Haarmann Hemmelrath & Partner (Hrsg.), Gestaltung und Analyse in der Rechts-, Wirtschafts- und Steuerberatung von Unternehmen, Köln 1998

Haase, Die Hinzurechnungsbesteuerung – Grundlagen, Problemfelder, Gestaltungsmöglichkeiten, Herne 2009

Haberstock, Die Steuerplanung der internationalen Unternehmung, Wiesbaden 1976

Haiß, Gewinnabgrenzung bei Betriebsstätten im Internationalen Steuerrecht, Neuwied/Kriftel 2000

Haritz/Benkert, Umwandlungssteuergesetz, Kommentar, 3. Aufl., München 2010

Heinhold, Betriebliche Steuerplanung mit quantitativen Methoden, München 1979

Heinsen, Steuerliche Verlustpolitik bei grenzüberschreitenden Unternehmen, Herne 2001

Heldrich (Hrsg.), Konflikt und Ordnung, FS f. M. Ferid, München 1978

Herrmann/Heuer/Raupach, Einkommensteuer- und Körperschaftsteuergesetz (Losebl.), Köln

Hey, Beweislast und Vermutungen im deutschen internationalen Steuerrecht, Baden-Baden 1992

Hintzen, Die deutsche Zwischenholding als Gegenstand der internationalen Steuerplanung, Frankfurt/M. 1997

Hock, Personengesellschaften im internationalen Gesellschafterkreis, Wiesbaden 1994

Höhn (Hrsg.), Handbuch des internationalen Steuerrechts der Schweiz, 2. Aufl., Bern/Stuttgart, 1993

ders., Internationale Steuerplanung, Bern/Stuttgart/Wien 1996

Holzapfel, Grundprobleme kollektiver Steuerplanung, Frankfurt/M. u. a. 1994

Hübschmann/Hepp/Spitaler (Hrsg.), Kommentar zur Abgabenordnung und Finanzgerichtsordnung (Losebl.), Köln

Hueck, Internationale Erbschaftsteuerprobleme bei der Vererbung von Anteilen an Personengesellschaften, München 1993

Hundsdoerfer, Die Steuerhinterziehung und ihre Integration in betriebswirtschaftliche Entscheidungsmodelle – Eine Wirkungsanalyse, Köln 1996

Jacobs, Internationale Unternehmensbesteuerung, 7. Aufl., München 2011

Jäger, Rückstellung für drohende Verluste aus schwebenden Geschäften in den Bilanzen von Versicherungsunternehmen, Wiesbaden 1991

Jorewitz, Die Prüfung der EG-Konformität des deutschen Ertragsteuerrechts, Herne 2004

Kaminski, Steuerliche Gestaltungsmöglichkeiten und deren Beurteilung bei der Verlagerung eines inländischen unternehmerischen Engagements in das Ausland, Baden-Baden 1996

ders., Verrechnungspreisbestimmung bei fehlendem Fremdvergleichspreis, Neuwied/Kriftel 2001

Kaminski/Strunk, Steuern in der internationalen Unternehmenspraxis, Wiesbaden 2006

Kapp/Ebeling, Erbschaftsteuer- und Schenkungsteuergesetz, Kommentar (Losebl.), Köln

Kellersmann/Treisch, Europäische Unternehmensbesteuerung, Wiesbaden 2002

Kerath, Maßstäbe zur Auslegung und Anwendung von Doppelbesteuerungsabkommen unter besonderer Berücksichtigung des Verständigungsverfahrens, Hamburg 1995

Kessler, Die Euro-Holding – Steuerplanung, Standortwahl, Länderprofile, München 1996

Kirchhof/Offerhaus/Schöberle (Hrsg.), Steuerrecht Verfassungsrecht Finanzpolitik, FS f. F. Klein, Köln 1994

Kirchhof/Söhn/Mellinghoff (Hrsg.), Einkommensteuergesetz. Kommentar (Losebl.), Köln

Klein/Stihl/Wassermeyer (Hrsg.), Unternehmen Steuern, FS f. H. Flick, Köln 1997

Kleineidam (Hrsg.), Unternehmenspolitik und Internationale Besteuerung, FS f. L. Fischer zum 60. Geburtstag, Berlin 1999

Kley/Sünner/Willemsen (Hrsg.), Steuerrecht, Steuer- und Rechtspolitik, Wirtschaftsrecht und Verfassungsrecht, Umweltrecht, FS f. W. Ritter, Köln 1997

Klöne, Steuerplanung, Neuwied 1980

Kluge, Das internationale Steuerrecht, 4. Aufl., München 2000

Kraft, Die missbräuchliche Inanspruchnahme von Doppelbesteuerungsabkommen, Heidelberg 1991

Kratz, Steuerplanung internationaler Unternehmungen, Bern/Stuttgart 1986

Krause/Schaumburg/Wassermeyer, Besteuerung grenzüberschreitender Aktivitäten, Bonn 1996

Kuckhoff/Schreiber, Verrechnungspreise in der Betriebsprüfung – Der Fremdvergleich bei Lieferungen und Leistungen, München 1997

Kühne, Steuerbelastungsfaktoren bei der nationalen und internationalen Konzernfinanzierung, Hamburg 1990

Kurzewitz, Wahl der geeigneten Verrechnungspreismethode zur Verringerung von Doppelbesteuerungsproblemen, Hamburg 2009

Lammsfuß/Mielke, Fallsammlung Internationales Steuerrecht, 6. Aufl., Herne 2002

Lang, Doppelbesteuerungsabkommen und innerstaatliches Recht, Wien 1992

ders., Einführung in das Recht der Doppelbesteuerungsabkommen, Wien 1997

ders., Hybride Finanzierungen im Internationalen Steuerrecht, Wien 1991

Lang u. a. (Hrsg.), Multilateral Tax Treaties, Wien 1997

Lang/Loukota/Lüthi (Hrsg.), Die Weiterentwicklung des OECD-Musterabkommens, Wien 1996

Lang/Mössner/Waldburger (Hrsg.), Die Auslegung von Doppelbesteuerungsabkommen, Wien 1998

Lang/Pistone/Schuch/Staringer (Eds.), Common Consolidated Corporate Tax Base, Wien 2008

Lechner, Die Gewinnpoolung im Ertragsteuerrecht, Köln 1986

Lenski/Steinberg, Kommentar zum Gewerbesteuergesetz (Losebl.), Köln

Löwisch (Hrsg.), Beiträge zum Handels- und Wirtschaftsrecht, FS f. F. Rittner, München 1991

Lüdicke (Hrsg.), Zurechnung von Wirtschaftsgütern im Internationalen Steuerrecht, Köln 2000

ders., Internationale Aspekte der Unternehmenssteuerreform, Köln 2001

ders., Fortentwicklung der Internationalen Unternehmensbesteuerung, Köln 2002

ders., Besteuerungspraxis bei grenzüberschreitender Tätigkeit, Köln 2003

ders., Deutsches Steuerrecht im europäischen Rahmen, Köln 2004

ders., Tendenzen der Europäischen Unternehmensbesteuerung, Köln 2005

ders., Europarecht – Ende der nationalen Steuersouveränität?, Köln 2006

ders., Besteuerung von Unternehmen im Wandel, Köln 2007
ders., Unternehmensteuerreform 2008 im internationalen Umfeld, Köln 2008
ders., Überlegungen zur deutschen DBA-Politik, Baden-Baden 2008
Lühn, Rechtsformwahl im nationalen und transnationalen Konzern, Herne 2004
ders., Quantitative internationale Konzernsteuerplanung: Gestaltungsinstrumente, steuerrechtliche Grundlagen und Entwicklung eines Simulationsmodells, Wiesbaden 2009
Mach, Steuerliche Risiken bei der Übertragung von Anteilen an Kapitalgesellschaften, Norderstedt 2008
Marettek, Steuerbilanzplanung, Herne, Berlin 1980
Maßbaum/Meyer-Scharenberg/Perlet (Hrsg.), Die deutsche Unternehmensbesteuerung im europäischen Binnenmarkt, Neuwied 1994
Meincke, Erbschaftsteuer- und Schenkungsteuergesetz. Kommentar, 15. Aufl., München 2009
Mennel/Förster (Hrsg.), Steuern in Europa, Amerika und Asien (Losebl.), Herne
Mestmäcker (Hrsg.), Eine Ordnungspolitik für Europa, FS f. van der Groeben, Baden-Baden 1987
Moench, Erbschaft- und Schenkungsteuer – Kommentar (Losebl.), Neuwied/Kriftel/Berlin
Mössner u. a., Steuerrecht international tätiger Unternehmen, 3. Aufl., Köln 2005
Mössner/Blumenwitz u. a. (Hrsg.), DBA und nationales Recht, München 1995
Mössner/Fuhrmann (Hrsg.), Außensteuergesetz Kommentar, 2. Aufl., Herne 2011
Nieß, Der Einfluss der internationalen Besteuerung auf die Finanzierung ausländischer Grundeinheiten deutscher multinationaler Unternehmen, Bergisch Gladbach 1989
Obser, Gesellschafter-Fremdfinanzierung im europäischen Konzern, Düsseldorf 2005
Oestreicher (Hrsg.), Internationale Steuerplanung, Herne 2005
Paufler, Die Steuerhinterziehung, Stuttgart 1983
Paulus, Ziele, Phasen und organisatorische Probleme steuerlicher Entscheidungen in der Unternehmung, Berlin 1978
Peemöller/Uecker (Hrsg.), Standort Deutschland: Grundsatzfragen und aktuelle Perspektiven für die Besteuerung, die Prüfung und das Controlling, Berlin 1995
Piltz/Schaumburg (Hrsg.), Aufwand und Verluste bei internationalen Steuersachverhalten, Köln 1999
dies., Unternehmensfinanzierung im Internationalen Steuerrecht, Köln 1995
Piltz/Wassermeyer/Winter, Grenzüberschreitende Steuerplanung, Bonn 1999
Pohl, Steuerhinterziehung durch Steuerumgehung, Frankfurt/M. 1990
PricewaterhouseCoopers AG (Hrsg.), Dokumentation von Verrechnungspreisen, Frankfurt am Main 2005
Prölls, Versicherungsaufsichtsgesetz, 12. Aufl., München 2005
Pyszka/Brauer, Ausländische Personengesellschaften im Unternehmenssteuerrecht, Herne 2004
Rademacher-Gottwald, Besteuerungsprobleme der grenzüberschreitenden Sozietäten von Rechtsanwälten, Steuerberatern und Wirtschaftsprüfern, Herne 2001
Rau/Dürrwächter, Kommentar zum Umsatzsteuergesetz (Losebl.). Köln
Raupach/Pohl/Ditz (Hrsg.), Praxis des Internationalen Steuerrechts 2010, Herne 2010

Reith, Internationales Steuerrecht, München 2004

Rid-Niebler, Genussrechte als Instrumente zur Eigenkapitalbeschaffung über den Kapitalmarkt für die GmbH, Köln 1989

Rieger, Prinzipien des internationalen Steuerrechts als Problem der Steuerplanung in der multinationalen Unternehmung, Berlin 1978

Riemenschneider, Abkommensberechtigung von Personengesellschaften und abkommensrechtliche Behandlung der Einkünfte aus Beteiligungen inländischer Gesellschafter an ausländischen Personengesellschaften, Frankfurt/M. et al. 1995

Rödder, Gestaltungssuche im Ertragsteuerrecht, Wiesbaden 1991

Rose, Internationales Steuerrechts, 6. Aufl., Wiesbaden 2004

Roth, Die Besteuerung des Know-how-Exports, Frankfurt/M. 1983

Sagasser/Bula/Brünger, Umwandlungen, Verschmelzung – Spaltung – Formwechsel – Vermögensübertragung, Zivil-, Handels- und Steuerrecht, 4. Aufl., München 2011

Schaum, Steuerpolitik durch Aufdeckung stiller Reserven, Düsseldorf 1994

Schaumburg (Hrsg.), Steuerrecht und steuerorientierte Gestaltungen im Konzern, Köln 1998

ders., Unternehmenskauf im Steuerrecht, Stuttgart 1997

ders., Internationale Verrechnungspreise zwischen Kapitalgesellschaften, Köln 1994

ders., Internationales Steuerrecht, 3. Aufl., Köln 2011

Schaumburg/Piltz, Internationales Umwandlungssteuerrecht, Köln 1997

Schaumburg/Rödder, Unternehmenssteuerreform 2001, München 2000

Scheffler, Internationale Betriebswirtschaftliche Steuerlehre, 3. Aufl., München 2009

Scheuchzer, Konzernbesteuerung in der Europäischen Union, Bielefeld 1994

Schieber, Die Besteuerung von Auslandsbetriebsstätten, Köln 1979

Schmidt, L., Einkommensteuergesetz, 30. Aufl., München 2011

Schmidt/Sigloch/Henselmann, Internationale Steuerlehre, Wiesbaden 2005

Schmitt/Hörtnagl/Stratz, Umwandlungsgesetz, Umwandlungssteuergesetz, 5. Aufl., München 2009

Schön (Hrsg.), Gedächtnisschrift f. Brigitte Knobbe-Keuk, Köln 1997

Schreiber/Nientimp (Hrsg.), Textausgabe Verrechnungspreise, 2. Aufl., Herne 2010

Schuhmann, Die Organschaft, 3. Aufl., Bielefeld 2001

Seeger, Die optimale Rechtsstruktur internationaler Unternehmen, Wiesbaden 1995

Selent, Ausländische Personengesellschaften im Ertrag- und Vermögensteuerrecht, Gelsenkirchen 1982

Selg, Steuerplanung bei internationaler Unternehmenstätigkeit, Düsseldorf 1998

Siegel, Steuerwirkungen und Steuerpolitik in der Unternehmung, Würzburg, Wien 1982

Storck, Ausländische Betriebsstätten im Ertrag- und Vermögensteuerrecht, Frankfurt/M. 1980

Streck/Spatscheck, Die Steuerfahndung, 4. Aufl., Köln 2006

Theisen (Hrsg.), Der Konzern im Umbruch, Stuttgart 1998

ders., Der Konzern. Betriebswirtschaftliche und rechtliche Grundlagen der Konzernunternehmung, 2. Aufl., Stuttgart 2000

Tinner, Konzernstruktur und Steuerplanung, Bern/Stuttgart 1984

Tipke, Die Steuerrechtsordnung, 2. Aufl., Köln 2000

Tipke/Kruse, Abgabenordnung – Finanzgerichtsordnung. Kommentar (Losebl.), Köln

Tipke/Lang, Steuerrecht, 20. Aufl., Köln 2009

Troll/Gebel/Jülicher, Erbschaftsteuer- und Schenkungsteuergesetz. Kommentar (Losebl.)

Trommsdorff (Hrsg.), Internationalisierung der Unternehmung als Problem der Betriebswirtschaftslehre, Berlin 1982

Tumpel, Harmonisierung der direkten Unternehmensbesteuerung in der EU, Wien 1994

Vogel (Hrsg.), Grundfragen des internationalen Steuerrechts, Köln 1985

Vogel/Lehner, Doppelbesteuerungsabkommen, 5. Aufl., München 2008

Vögele/Borstell/Engler, Verrechnungspreise, 3. Aufl., München 2011

Von Wuntsch/Bach/Trabold, Wertmanagement und Steuerplanung in der globalen Wirtschaft, München 2006

Voß, Ungewissheit im Steuerrecht: Formen, Konsequenzen, Maßnahmen, Wiesbaden 1992

Wannemacher, Steuerstrafrecht, 5. Aufl., Bonn 2004

Wassermeyer, Die Zwischenschaltung ausländischer Holdinggesellschaften aus Sicht des deutschen Steuerrechts, Hamburg 1990

Watrin, Erbschaftsteuerplanung internationaler Familienunternehmen, Düsseldorf 1997

Wehrheim, Einkommensteuer und steuerliche Gewinnermittlung, Obertshausen 1995

Widdau, Die Quantifizierung der Steuerbelastung im internationalen Bereich, Frankfurt/M. u. a. 1984

Widmann/Mayer, Umwandlungsrecht, Umwandlungsgesetz – Umwandlungssteuergesetz (Losebl.), Bonn/Berlin 2000

Widmer/Kronauer, Handbuch des Internationalen Steuerrechts der Schweiz, Bern/Stuttgart 1993

Wilke, Lehrbuch des internationalen Steuerrechts, 9. Aufl., Herne 2009

Winkelmann, Steuerumgehung durch die Einschaltung ausländischer Kapitalgesellschaften, Frankfurt/M. 1997

Witthoff, Die Vererbung von Anteilen deutscher Personengesellschaften im Internationalen Privatrecht, Frankfurt/M. 1993

Wittkowski, Grenzüberschreitende Verlustverrechnung in Deutschland und Europa, Wiesbaden 2008

Wöhrle/Schelle/Gross, Außensteuergesetz – Kommentar (Losebl.), Stuttgart

Zimmermann, Steuercontrolling, Wiesbaden 1997

Abkürzungsverzeichnis

a. A.	anderer Ansicht
a. a. O.	am angegebenen Ort
Abb.	Abbildung
Abl. EU	Amtsblatt der Europäischen Union
Abs.	Absatz
Abschn.	Abschnitt
AcP	Archiv für die civilistische Praxis (Zs.)
AfA	Absetzung für Abnutzung
AG	Die Aktiengesellschaft (Zs.)
AIG	Auslandsinvestitionsgesetz
Alt.	Alternative
AMG	Arzneimittelgesetz
Anl.	Anlage
Anm.	Anmerkung
AnwBl	Anwaltsblatt
AO	Abgabenordnung
APA	Advance Pricing Agreement
Art.	Artikel
AStG	Außensteuergesetz
Aufl.	Auflage
AWD	Außenwirtschaftsdienst des Betriebs-Beraters (Zs.)
BAV	Bundesaufsichtsamt für das Versicherungswesen
BB	Betriebs-Berater (Zs.)
Bd.	Band
BdF	Bundesminister der Finanzen
BDI	Bundesverband der Deutschen Industrie
BerlinFG	Berlinförderungsgesetz
BFA	Bankenfachausschuss
BFH	Bundesfinanzhof
BFH/NV	Sammlung amtlich nicht veröffentlichter Entscheidungen des Bundesfinanzhofs
BFHE	Sammlung der Entscheidungen des Bundesfinanzhofs
BGB	Bürgerliches Gesetzbuch
BGBl	Bundesgesetzblatt
BGH	Bundesgerichtshof
BGHSt	Entscheidungen des Bundesgerichtshofs in Strafsachen

BGHZ	Entscheidungen des Bundesgerichtshofs in Zivilsachen
BIFD	Bulletin for International Fiscal Documentation (Zs.)
BMF	Bundesminister der Finanzen
BNB	Beslissingen in Belastingzaken Nederlandse Belastingrechtspraak (Veröffentl. d. niederl. Finanzverwaltung)
BOT	Build, Operate, Transfer
BranntwMonG	Gesetz über das Branntweinmonopol
BRAO	Bundesrechtsanwaltsordnung
BR-Drucks.	Bundesrats-Drucksache
BStBl	Bundessteuerblatt
Buchst.	Buchstabe
bzgl.	bezüglich
bzw.	beziehungsweise
ca.	circa
CCA	Cost Contribution Arrangement
CDFI	Cahiers de Droit Fiscal International
CEA	Comité Européen des Assurance
Chap.	Chapter
CuR	Computer und Recht (Zs.)
d. h.	das heißt
d. V.	der Verfasser
DAAD	Deutscher Akademischer Austauschdienst
DB	Der Betrieb (Zs.)
DBA	Doppelbesteuerungsabkommen
DBA-MA	Doppelbesteuerungsabkommen-Musterabkommen
DBl	Dienstblatt des Senats von Berlin
DBW	Die Betriebswirtschaft (Zs.)
Diss.	Dissertation
DNotZ	Deutsche Notar-Zeitschrift
DStJG	Deutsche Steuerjuristische Gesellschaft
DStR	Deutsches Steuerrecht (Zs.)
DStZ	Deutsche Steuer-Zeitung (Zs.)
DVR	Deutsche Verkehrsteuer-Rundschau (Zs.)
DWS	Deutsches Wissenschaftliches Institut der Steuerberater
EFG	Sammlung der Entscheidungen der Finanzgerichte
EFTA	European Free Trade Association
EG	Europäische Gemeinschaften
EGBGB	Einführungsgesetz zum Bürgerlichen Gesetzbuch

EGV	EG-Vertrag
EK	Eigenkapital
EStB	Der Ertrag-Steuer-Berater (Zs.)
EStDV	Einkommensteuer-Durchführungsverordnung
EStG	Einkommensteuergesetz
EStR	Einkommensteuer-Richtlinien
EStRG	Einkommensteuerreformgesetz
ET	European Taxation (Zs.)
etc.	et cetera
EU	Europäische Union
EuGH	Gerichtshof der Europäischen Gemeinschaften
EuGHE	Entscheidungssammlung des Europäischen Gerichtshofs
EuZW	Europäische Zeitschrift für Wirtschaftsrecht
EVU	Energieversorgungsunternehmen
EWIV	Europäische Wirtschaftliche Interessenvereinigung
EWS	Europäisches Wirtschafts- und Steuerrecht (Zs.)
F.	Fach
FB	Finanz-Betrieb (Zs.)
FG	Finanzgericht
FinMin	Finanzministerium
FLOGH	Oberster Gerichtshof des Fürstentums Liechtenstein
FM	Finanzminister
Fn.	Fußnote
FR	Finanz-Rundschau (Zs.)
FS	Festschrift
gem.	gemäß
GewStR	Gewerbesteuerrichtlinien
GG	Grundgesetz für die Bundesrepublik Deutschland
ggf.	gegebenenfalls
GK	Großkommentar
GKG	Gosch/Kroppen/Grotherr, DBA-Kommentar
Gr.	Gruppe
grds.	grundsätzlich
GrS	Großer Senat
GuV	Gewinn- und Verlustrechnung
h. L.	herrschende Lehre
h. M.	herrschende Meinung
HdU	Handbuch der Unternehmensbesteuerung

HFA	Hauptfachausschuss
HFR	Höchstrichterliche Finanzrechtsprechung (Zs.)
HGB	Handelsgesetzbuch
HHR	Herrmann/Heuer/Raupach, Kommentar zur EStG und KStG
Hrsg.	Herausgeber
Hs.	Halbsatz
HWF	Handwörterbuch des Bank- und Finanzwesens
i. d. F.	in der Fassung
i. d. R.	in der Regel
IDW	Institut der Wirtschaftsprüfer
i. E.	im Einzelnen
i. e. S.	im engeren Sinne
i. H. v.	in Höhe von
i. S. d.	im Sinne der/des
i. S. v.	im Sinne von
i. Ü.	im Übrigen
i. V. m.	in Verbindung mit
ICAO	International Civil Aviation Organization
IFA	International Fiscal Association
IFSC	International Finance and Service Centres
INF	Die Information (Zs.)
InvZulG	Investitionszulagengesetz
IPR	Internationales Privatrecht
IPRax	Praxis des Internationalen Privat- und Verfahrensrecht (Zs.)
IRC	Internal Revenue Code (Steuergesetz der USA)
IRS	Internal Revenue Service (Finanzverwaltung der USA)
IStR	Zeitschrift für Internationales Steuerrecht
ITA	Income Tax Act
ITPJ	International Transfer Pricing Journal
IWB	Internationale Wirtschafts-Briefe (Zs.)
JbFStR	Jahrbuch der Fachanwälte für Steuerrecht
Jbl	Juristische Blätter
JStG	Jahressteuergesetz
Kap.	Kapitel
KapGes	Kapitalgesellschaft
KGaA	Kommanditgesellschaft auf Aktien
KÖSDI	Kölner Steuerdialog (Zs.)
KPMG	Kleynveld Peat Marwick Goerdeler

Abkürzungsverzeichnis XXXIII

krit.	kritisch
KSt	Körperschaftsteuer
KStG	Körperschaftsteuergesetz
KStR	Körperschaftsteuerrichtlinien
KuR	Kommunikation & Recht (Zs.)
KVStG	Kapitalverkehrsteuergesetz
kWh	Kilowattstunden
LebensRL	EG-Richtlinie Lebensversicherung
LebensVU	Lebensversicherungsunternehmen
Lfg.	Lieferung
LK	Leipziger Kommentar
LStR	Lohnsteuerrichtlinien
lt.	laut
MA	Musterabkommen
m. a. W.	mit anderen Worten
m. E.	meines Erachtens
MHD	Militärhistorischer Dienst (Schriftenreihe)
m. w. N.	mit weiteren Nachweisen
MIR	Management International Review (Zs.)
MittRhNotK	Mitteilungen Rheinische Notar-Kammer
MK	Kommentar zum OECD-Musterabkommen
MTR	Mutter-Tochter-Richtlinie
n. F.	neue Fassung
NB	Neue Betriebswirtschaft (Zs.)
NJW	Neue Juristische Wochenschrift
Nr.	Nummer
NRW	Nordrhein-Westfalen
NStZ	Neue Zeitschrift für Strafrecht
NVwZ	Neue Zeitschrift für Verwaltungsrecht
NWB	Neue Wirtschafts-Briefe (Zs.)
o. ä.	oder ähnlich
o. Ä.	oder Ähnliches
o. g.	oben genannte/n/r/s
o. V.	ohne Verfasser
OECD	Organization for Economic Cooperation and Development
OECD-MA	OECD-Musterabkommen zur Vermeidung der Doppelbesteuerung auf dem Gebiet der Steuern vom Einkommen und Vermögen

OECD-RL	OECD-Bericht, Transfer Pricing Guidelines for Multinational Enterprises and Tax Administrations, Paris 1995
OEEC	Organization for European Economic Cooperation
OFD	Oberfinanzdirektion
ÖJT	Veröffentlichungen des Österreichischen Juristentages
ÖJZ	Österreichische Juristen-Zeitung
ÖStZ	Österreichische Steuerzeitung
OLAB	overseas life assurance business
PGR	Personen- und Gesellschaftsrecht des Fürstentums Liechtenstein
PIStB	Praxis Internationale Steuerberatung (Zs.)
Prot.	Protokoll
RAO	Reichsabgabenordnung
RdW	Österreichisches Recht der Wirtschaft (Zs.)
RechnVersV	Verordnung über die Rechnungslegung von Versicherungsunternehmen
Reg.	Regulations
RFH	Reichsfinanzhof
RFHE	Entscheidungen und Gutachten des Reichsfinanzhofes
RIW	Recht der Internationalen Wirtschaft (Zs.)
Rn.	Randnummer
RPfleger	Der Deutsche Rechtspfleger (Zs.)
Rspr.	Rechtsprechung
RStBl	Reichssteuerblatt
Rz.	Randziffer
S.	Seite
s.	siehe
s. o.	siehe oben
SchadenRL	EG-Richtlinie Schadensversicherung
SchadenVU	Schadenversicherungsunternehmen
Sec.	Section
sog.	sogenannte/r/s
StÄndG	Steueränderungsgesetz
StandOG	Standortsicherungsgesetz
StAnpG	Steueranpassungsgesetz
StB	Der Steuerberater (Zs.)
StBereinG	Steuerbereinigungsgesetz
StbJB	Steuerberater-Jahrbuch
StBp	Die steuerliche Betriebsprüfung (Zs.)
StG	Steuergesetz des Fürstentums Liechtenstein

Abkürzungsverzeichnis XXXV

StGB	Strafgesetzbuch
StMBG	Gesetz zur Bekämpfung des Missbrauchs und zur Bereinigung des Steuerrechts 1993
StPO	Strafprozessordnung
StReformG	Steuerreformgesetz
StRev	Steuer Revue (Zs.)
StuW	Steuer und Wirtschaft (Zs.)
StVj	Steuerliche Vierteljahresschrift (Zs.)
StW	Die Steuer-Warte (Zs.)
SWI	Steuer und Wirtschaft International (Zs.)
SWK	Steuer- und Wirtschaftskartei (Zs.)
System-RL	Richtlinie 92/12/EWG
TabakStDVO	Durchführungsverordnung des Tabaksteuergesetzes
TabakStG	Tabaksteuergesetz
TAMRA	Technical and Miscellaneous Revenue Act
TP	Transfer Pricing
TPIR	Tax Planning International Review
Tz.	Textziffer
u. a.	unter anderem
Ubg	Die Unternehmensbesteuerung (Zs.)
u. U.	unter Umständen
UK	United Kingdom
UmwG	Umwandlungsgesetz
UmwStG	Umwandlungssteuergesetz
UntStRefoG	Unternehmenssteuerreformgesetz
UR	Umsatzsteuer-Rundschau (Zs.)
URefSenkG	Unternehmenssteuerreform- und Steuersenkungsgesetz
Urt.	Urteil
USA	United States of Amerika
USt	Umsatzsteuer
UStDV	Umsatzsteuer-Durchführungsverordnung
UStG	Umsatzsteuergesetz
UStR	Umsatzsteuer-Richtlinien
UVR	Umsatz- und Verkehrsteuer-Recht (Zs.)
UVR-UPS	UmsatzsteuerPraxisSpiegel (Zs.)
v.	von/vom
v. H.	vom Hundert
VAG	Versicherungsaufsichtsgesetz

VCF	Venture Capital Fonds
Vfg.	Verfügung
VG	Schreiben betr. Grundsätze für die Prüfung der Einkunftsabgrenzung bei international verbundenen Unternehmen v. 23. 2. 1983, IV C 5 – S 1341 – 4/83, BStBl 1983 I 218
vGA	verdeckte Gewinnausschüttung
vgl.	vergleiche
vol.	Volume
VSt	Vermögensteuer
VU	Versicherungsunternehmen
VVaG	Versicherungsverein auf Gegenseitigkeit
VW	Versicherungswirtschaft (Zs.)
VwGH	Verwaltungsgerichtshof
VZ	Veranlagungszeitraum
WE	Währungseinheit
WFR	Weekblad fiscaal recht (Zs.)
WiB	Wirtschaftsrechtliche Beratung (Zs.)
WIRO	Wirtschaft und Recht in Osteuropa
wistra	Zeitschrift für Wirtschaft, Steuer, Strafrecht
WM	Wertpapier-Mitteilungen (Zs.)
WP	Wirtschaftsprüfer
WPg	Die Wirtschaftsprüfung (Zs.)
WP-Handbuch	Wirtschaftsprüfer-Handbuch
WPK-Mitt.	Mitteilungen der Wirtschaftsprüferkammer
WPNR	Weekblad voor privaatrecht, notariaat en registratie (Zs.)
WPO	Wirtschaftsprüferordnung
WStDV	Wechselsteuer-Durchführungsverordnung
WStG	Wechselsteuergesetz
WÜD	Wiener Übereinkommen über diplomatische Beziehungen
WÜK	Wiener Übereinkommen über konsularische Beziehungen
WVK	Wiener Vertragsrechts-Konvention
z. B.	zum Beispiel
z. T.	zum Teil
zz.	zurzeit
ZBB	Zeitschrift für Bankrecht und Bankwirtschaft
ZEuP	Zeitschrift für europäisches Privatrecht
ZEV	Zeitschrift für Erbrecht und Vermögensnachfolge
ZfbF	Schmalenbachs Zeitschrift für betriebswirtschaftliche Forschung

ZfV	Zeitschrift für Versicherungswesen
ZGR	Zeitschrift für Gesellschaftsrecht
ZHR	Zeitschrift für das gesamte Handelsrecht und Wirtschaftsrecht
Ziff.	Ziffer
ZIP	Zeitschrift für Wirtschaftsrecht
ZK	Zivilkammer
ZollG	Zollgesetz
ZÖR	Zeitschrift für öffentliches Recht
Zs.	Zeitschrift
ZVglRWiss	Zeitschrift für vergleichende Rechtswissenschaft
zzgl.	zuzüglich

Teil 1:
Grundlagen der internationalen Steuerplanung

Teil 1:

# Teil 1: Grundlagen der internationalen Steuerplanung

von Professor Dr. Siegfried Grotherr, Hamburg[*]

Inhaltsübersicht

A. Begriff der internationalen Steuerplanung
   I. Begriffsinhalt
   II. Abgrenzung zum Begriff der "Steuerpolitik"
   III. Abgrenzung zu den Begriffen der "Steuervermeidung" und "Steuerumgehung"
   IV. Steuerhinterziehung als strafrechtlich relevanter Tatbestand
B. Ziele der internationalen Steuerplanung
C. Entscheidungsträger der internationalen Steuerplanung und ihr Einfluss auf die Ziele
   I. Einheitsunternehmung
   II. Internationaler Konzern
   III. Privatpersonen

D. Instrumente der internationalen Steuerplanung
   I. Unterscheidung nach Sachverhaltsgestaltung und Sachverhaltsdarstellung
   II. Erweitertes Gestaltungspotential beim internationalen Konzern
   III. Sachverhaltsgestaltende Aktionsparameter
   IV. Sachverhaltsdarstellende Aktionsparameter
   V. Gewinnverwendung
   VI. Auswahl der Aktionsparameter
   VII. Gestaltungsinstrumente bei Privatpersonen
E. Legitimität der internationalen Steuerplanung
   I. Argumente aus Sicht der Steuerpflichtigen
   II. Argumente unter Heranziehung von rechtsstaatlichen Prinzipien

Literatur:

Bogen, Steuerliche Zielvorstellungen in Unternehmen und Möglichkeiten ihrer Realisierung, Diss. Frankfurt/M. 1995; ***Bogenschütz,*** Internationale Steuerplanung im Spannungsfeld zwischen globalem Wettbewerb und fiskalischen Interessen, in: Haarmann/Hemmelrath & Partner (Hrsg.), Gestaltung und Analyse in der Rechts-, Wirtschafts- und Steuerberatung von Unternehmen, Köln 1998, 3 ff.; ***Daumann,*** Die Prognoseproblematik in den Modellen der Steuerplanung, Wien 1991; ***Eigenstetter,*** Der Planungsbegriff im Verhältnis zu den Termini Politik, Strategie und Taktik, Zeitschrift für Planung 1993, 274 ff.; ***ders.,*** Flexibilitätsanalyse des steuerbilanzpolitischen Instrumentariums, in: Freidank (Hrsg.), Rechnungslegungspolitik, Eine Bestandsaufnahme aus handels- und steuerrechtlicher Sicht, Berlin u. a. 1998, 448 ff.; ***Elschen,*** Managementanreize und steuerpolitische Optimierung, DBW 1995, 303 ff.; ***Federmann,*** Entwicklung anforderungsgerechter Methoden des Steuer-Managements als Aufgabe der unternehmenssteuerlichen Forschung, in: Federmann (Hrsg.), Betriebswirtschaftslehre, Unternehmenspolitik und Unternehmensbesteuerung. FS f. G. Mann zum 65. Geburtstag, Berlin 1993, 257 ff.; ***Fischer,*** EG-Binnenmarkt und Konzernsteuerplanung, in: Bea/Kitterer (Hrsg.), Finanzwissenschaft im Dienste der Wirtschaftspolitik. FS D. Pohmer zum 65. Geburtstag, Tübingen 1991, 189 ff.; ***Geitzhaus,*** Verlustausgleichspflicht als Motor der Konzernplanung (Teil I u. II), GmbHR 1989, 397 ff., 455 ff.; ***Golombiewski,*** Steuerliche Planspiele – Anforderungen, Leistungsvermögen und Eignungsprüfung steuerlicher Planspiele als Instrument steuerlicher Ausbildung, Bielefeld 1995; ***Grotherr,*** Zur gegenwärtigen Bedeutung der Organschaft in der Konzernsteuerplanung, BB 1993, 1986 ff.; ***ders.,*** Besteuerungsfragen und -probleme bei der Einschaltung inländischer Holdinggesellschaften im grenzüberschreitenden Konzern (Teil I u. II), BB 1995, 1510 ff., 1561 ff.; ***Haberstock,*** Die steuerliche Planung der internationalen Unternehmung, BFuP 1984, 260 ff.; ***Hauschildt/Wacker,*** Zum unangemessenen Gewicht steuerlicher Gesichtspunkte in unternehmenspolitischen Entscheidungsprozessen, StuW 1974, 252 ff.; ***Hebig,*** Steuerabteilung und Steuerberatung in der Großunternehmung, Berlin 1984; ***ders.,*** Grundsätze der betrieblichen Steuerpolitik in deutschen Großunternehmen, AG 1986, 159 ff.; ***Heigl,*** Bedingungen der unternehmerischen Steuerplanung, StuW 1971, 127 ff.; ***Hillenbrand/Brosig,*** Steuerflucht und ihre Bekämpfung, BB 1997, 445 ff.; ***Hinz,*** Ziele und Instrumentarium der Steuerbilanzpolitik, SteuerStud 1990, 369 ff.; ***ders.,*** Sachverhaltsgestaltungen im Rahmen der Jahresabschlusspolitik, Düsseldorf 1994; ***Höhn,*** Die Aufgabe des Juristen bei der Steuerplanung im internationalen Bereich, StuW 1977, 170 ff.; ***Hoffmann,*** Sachverhaltsgestaltende Jahresabschlusspolitik im Einzelabschluss bei gegebener Unternehmenskonstitution, Frankfurt/M. u. a. 1994; ***ders.,*** Prüfungsbedingte Grenzen sachverhaltsgestaltender Jahresabschlusspolitik, BB 1995, Beil. 4 zu Heft 15, 1 ff.; ***ders.,*** Einsatz von Sachverhaltsgestaltungen zur Ausschöpfung des jahresabschlusspolitischen Potentials sachverhaltsabbildender Aktionsparameter, DB 1996, 1245 ff.; ***Hönle,*** Wahl der Unternehmensform im Konzernverbund unter steuerlichen Gesichtspunkten, BB

---

[*] Universität Hamburg, Fakultät Wirtschafts- und Sozialwissenschaften, Fachbereich Betriebswirtschaftslehre, Institut für Wirtschaftsprüfung und Steuerwesen, Lehrstuhl für Betriebswirtschaftliche Steuerlehre.

1983, 1975 ff.; **Jacobs (Hrsg.)**, Internationale Unternehmensbesteuerung, 6. Aufl., München 2007; **Jebens**, Planungssicherheit im Steuerrecht, BB 1995, 1057 ff.; **Kirchhof**, Steuerumgehung und Auslegungsmethoden, StuW 1983, 173 ff.; **Kiso**, Ein Entwurfkonzept für Modelle der internationalen Steuerplanung, Hamburg 1997; **Klein**, Steuerpolitik im faktischen und Vertrags-Konzern, ZfB 1972, 931 ff.; **Kleinbielen**, Die Sicherung von Einkunftsquellen bei der Übertragung eines gewerblichen Einzelunternehmens auf ein Kind, Mülheim 1989; **Klos/Carl**, Standort Liechtenstein: Leitfaden für unternehmerische und private Aktivitäten, Herne/Berlin 1993; **Köhler**, Die Steuerpolitik der deutschen internationalen Unternehmung im Einflussbereich der Hinzurechnungsbesteuerung, Frankfurt/M. u. a. 1994; **Kofler/Kofler**, Internationale Steuerarbitrage, in: Brähler/Lösel (Hrsg.), Deutsches und internationales Steuerrecht. FS für Christiana Djanani, Wiesbaden 2008, S. 381 ff.; **Kottke**, Steuerersparung, Steuerumgehung, Steuerhinterziehung: eine Sammlung lehrreicher Grenzfälle, 10. Aufl., Freiburg i. Br. 1994; **Kratz**, Internationale Steuerpolitik – und ihre Bedeutung für die Steuerplanung, Steuer Revue 1986, 229 ff.; **Kröner**, Steuerrechtsmaterie als Gegenstand ökonomischer Planungen, DB 1983, 2375 ff.; **ders.**, Zur Integration steuerlicher Partialplanungen in die Unternehmensplanung, DB 1984, 1409 ff.; **Krüger**, Optimale Ausnutzung des internationalen Steuergefälles durch deutsche Konzerne, ZfB 1989, 310 ff.; **Küting/Kaiser**, Bilanzpolitik in der Unternehmenskrise, BB 1994, Beil. 2 zu Heft 2, 1 ff.; **Kruse**, Steuerumgehung zwischen Steuervermeidung und Steuerhinterziehung, StbJb 1978/79, S. 443 ff.; **Kuhn**, Das Steuerwesen der Unternehmung, Teil I – zugleich Anmerkungen zur Betriebswirtschaftlichen Steuerlehre –, in: John (Hrsg.), Besteuerung und Unternehmenspolitik. FS f. G. Wöhe, München 1989, 227 ff.; **ders.**, Das Steuerwesen der Unternehmung, Teil II – Zur Organisation des Steuerwesens –, in: Beiße/Lutter/Nörger (Hrsg.), FS f. K. Beusch zum 68. Geburtstag am 31. 10. 1993, Berlin/New York 1993, 449 ff.; **Lehmann/Arzethauser**, Bausteine einer steuereffektiven internationalen Konzernstruktur, Steuer Revue 1997, 241 ff.; **Loitlsberger**, Zur Theorie der Steuerberatung: Die Steuerberatung als spieltheoretisches Problem, JfB 1975, 81 ff., 145 ff.; **Lühn**, Konzernsteuerquote. Aussagekraft, Einflussfaktoren und Konsequenzen für die Steuerplanung, Diskussionsbeiträge aus dem IIFS, Heft 157, Hamburg 2008; **Mann**, Betriebswirtschaftliche Steuerpolitik als Bestandteil der Unternehmenspolitik, WiSt 1973, 114 ff.; **Marettek**, Die Stellung der Steuerplanung im Gesamtplanungssystem der Unternehmung, WISU 1982, 19 ff.; **ders.**, Zielvorstellungen und Instrumentarium der Steuerplanung, WISU 1982, 175 ff.; **Menck**, Neuere Grundmodelle grenzüberschreitender Steuerplanung im Blickfeld der Außenprüfung (Teil I u. II), StBp 1997, 173 ff., 197 ff.; **Michels**, Steuerliche Wahlrechte, Analyse der außerbilanziellen Wahlrechte (Rechtswahlmöglichkeiten), ihre Zuordnung zu Entscheidungsträgern und Entwicklung von Entscheidungshilfen, Wiesbaden 1982; **Mittermüller**, Möglichkeiten der Nutzung von Verlustvorträgen im Konzernverbund, DB 1986, 197 ff.; **Müller**, Steuermanagement auf dem Weg der Globalisierung – Globalisierung, Integration, Shareholder Value, IStR 1996, 452 ff.; **Ordelheide**, Konzernerfolgskonzeptionen und Risikokoordination, ZfbF 1987, 975 ff.; **Paulus**, Ziele, Phasen und organisatorische Probleme steuerlicher Entscheidungen in der Unternehmung, Berlin 1978; **Pfleger**, Sachverhaltsgestaltungen zwischen inländischen verbundenen Unternehmen als Mittel der Bilanzpolitik (Teil I u. II), DB 1982, 2145 ff., 2198 ff.; **Rädler**, Unternehmensverbindungen, Besteuerung von, in: Macharzina/Welge (Hrsg.), Handwörterbuch Export und Internationale Unternehmung, Stuttgart 1989, Sp. 2129 ff.; **Rädler/Lausterer/Blumenberg**, Steuerlicher Missbrauch und EG-Recht, DB 1996, Beil. 3 zu Heft 6, 1 ff.; **Riedweg**, Internationale Steuerplanung als Teil des Kosten-Management, Steuer Revue 1993, 357 ff.; **Rödder**, Unternehmenspolitische und im Steuerrecht begründete Grenzen der Steuerplanung, FR 1988, 355 ff.; **ders.**, Steuerplanungslehre und steuerliche Gestaltungsfindung, BB 1988, Beil. 19 zu Heft 34, 1 ff.; ders., Gestaltungssuche im Ertragsteuerrecht, Wiesbaden 1991; **Rose**, Betriebliche Steuerplanung, in: Angewandte Planung, Bd. 1, 1977, 57 ff.; **ders.**, Betriebswirtschaftlich bedeutsame Eigenschaften des Steuersystems, in: Hansmeyer (Hrsg.), Staatsfinanzierung im Wandel, Berlin 1983, 81 ff.; **ders.**, Überlegungen zur Steuergerechtigkeit aus betriebswirtschaftlicher Sicht, StuW 1985, 330 ff.; **ders.**, Steuersprünge und Betriebswirtschaftliche Steuerplanung, in: John (Hrsg.), Besteuerung und Unternehmenspolitik. FS f. G. Wöhe, München 1989, 290 ff.; **ders.**, Betrieb und Steuer. Grundlagen zur Betriebswirtschaftlichen Steuerlehre. Fünftes Buch: Grundzüge des Internationalen Steuerrechts, 3. Aufl., Wiesbaden 1995; **Rose/Glorius-Rose**, Steuerplanung und Gestaltungsmissbrauch: Eine Auswertung der jüngeren Rechtsprechung des BFH zu § 42 AO, Bielefeld 1995; **Rosenbach**, Steuerliche Parameter für die internationale Standortwahl und ausländische Holdingstandorte, in: Lutter (Hrsg.), Holding Handbuch – Recht – Management – Steuern –, Köln 1995, 679 ff.; **Scheffler**, Einfluss der Besteuerung auf die Finanzierungspolitik eines internationalen Konzerns, IStR 1992, 118 ff.; **Schiffers**, Teilsysteme einer zukunftsgericheten Steuerberatung – Steuerplanung, steuerliches Informationssystem und Steuercontrolling, StuW 1997, 42 ff.; **Schmidt/Sigloch/Henselmann**, Internationale Steuerlehre. Steuerplanung bei grenzüberschreitenden Transaktionen, Wiesbaden 2005; **Schmidt-Ahrens**, Steuerplanung aus der Sicht eines international tätigen Unternehmens, in: Oestreicher (Hrsg.), Internationale Steuerplanung, Herne/Berlin 2005, S. 143 ff.; **Schneeloch**, Betriebliche Steuerpolitik, WiSt 1987, 326 ff.; **ders.**, Besteuerung und betriebliche Steuerpolitik, Bd. 2: Betriebliche Steuerpolitik, 2. Aufl., München 2002; **Schneider**, Steuervermeidung – ein Kavaliersdelikt?, DB 1997, 485 ff.; **Schön**, Gestaltungsmissbrauch im europäischen Steuerrecht, IStR

1996, Beihefter zu Heft 2, 1 ff.; **Schramm,** Steuerliche Ungewissheitsanalyse: Grundlagen, Konzept und Expertensystem, Berg. Gladbach/Köln 1989; **Selchert,** Besteuerung und Unternehmenspolitik (Teil I u. II), ZfB 1975, 429 ff. u. 561 ff.; **ders.,** Grundüberlegungen zur Konzernsteuerpolitik, in: Hahn (Hrsg.), Führungsprobleme industrieller Unternehmungen. FS f. F. Thomé zum 60. Geburtstag, Berlin/New York 1980, 351 ff.; **Spriegel/Schweiß,** Grenzen der steuerlichen Anerkennung und strafrechtliche Relevanz von grenzüberschreitenden Aktivitäten, BB 1996, 1354 ff.; **Tipke,** An den Grenzen der Steuerberatung: Steuervermeidung, Steuerumgehung, Steuerhinterziehung, StbJb 1972/73, 509 ff.; **ders.,** Übertragung von Einkunftsquellen im Steuerrecht, Köln 1978; **ders.,** Zu Gerd Roses Bemühen um mehr Steuerplanungssicherheit, in: Herzig (Hrsg), Betriebswirtschaftliche Steuerlehre und Steuerberatung. FS f. G. Rose zum 65. Geburtstag, Wiesbaden 1991, 91 ff.; **ders.,** Die Steuerrechtsordnung, Bd. I – III, Köln 1993; **Ulmer,** Steuervermeidung, Steuerumgehung, Steuerhinterziehung, DStZ 1986, 292 ff.; **Vera,** Das steuerliche Zielsystem einer international tätigen Großunternehmung, StuW 2001, S. 308 ff.; **Vogel,** Steuerumgehung nach innerstaatlichem Recht und nach Abkommensrecht, StuW 1985, 369 ff.; **Wacker,** Ziele und Methoden der Steuerplanung transnationaler Unternehmen, in: Wacker/Haussmann/Kumar (Hrsg.), Internationale Unternehmensführung. FS f. E.H. Sieber zum 80. Geburtstag, Berlin 1981, 311 ff.; **ders.,** Steuerplanung, internationale, in: Macharzina/Welge (Hrsg.), Handwörterbuch Export und internationale Unternehmung, Stuttgart 1989, Sp. 1988 ff.; **ders.,** Steuerpolitik bei internationaler Unternehmenstätigkeit, in: Kumar/Haussmann (Hrsg.), Handbuch der Internationalen Unternehmenstätigkeit, München 1992, 873 ff.; **ders.,** Tax Management, in: Wacker (Hrsg.), Lexikon der deutschen und internationalen Besteuerung, 3. Aufl., München 1993, 718; **ders.,** Steuerplanung, betriebliche, in: Wacker (Hrsg.), Lexikon der deutschen und internationalen Besteuerung, München 1994, 680 ff.; **ders.,** Steuerplanung – Möglichkeiten und Grenzen, DSWR 1997, 2 ff.; **ders.,** Auswirkungen der steuerlichen Änderungsgeschwindigkeit auf die Unternehmensentscheidungen, WiSt 1987, 287 ff.; **Wacker/Haussmann/Kumar** (Hrsg.), Internationale Unternehmensführung. FS f. E.H. Sieber zum 80. Geburtstag, Berlin 1981, 311 ff.; **Wagner,** Der gesellschaftliche Nutzen einer betriebswirtschaftlichen Steuervermeidungslehre, Finanzarchiv 1986, 32 ff.; **ders.,** Grundfragen und Entwicklungstendenzen der betriebswirtschaftlichen Steuerplanung, BFuP 1984, 201 ff.; **ders.,** Steuerplanung, in: Wittmann (Hrsg.), Handwörterbuch der Betriebswirtschaft, 5. Aufl., Stuttgart 1993, Sp. 4051 ff.; **ders.,** Leitlinien steuerlicher Rechtskritik als Spiegel betriebswirtschaftlicher Theoriegeschichte, in: Elschen/Siegel/Wagner (Hrsg.), Unternehmenstheorie und Besteuerung. FS f. D. Schneider zum 60. Geburtstag, Wiesbaden 1995, 724 ff.; **Wangler,** Steuerorientierte Gestaltung von Abfindungsklauseln – Ein kollektives Planungsproblem, DB 1994, 1432 ff.; **Watrin,** Erste Gestaltungsüberlegungen zum neuen Erbschaftsteuerrecht, DStZ 1997, 248 ff.; **Wöhe,** Ausgewählte steuerliche Probleme bei Unternehmenszusammenschlüssen, DStR 1990, Beihefter zu Heft 7, 1 ff.; **Wurster,** Zielsystem und Modellstruktur in der internationalen Steuerplanung, DB 1985, 2643 ff.; **Zenk,** Die Übertragung von Einkunftsquellen als Instrument der betrieblichen Steuerpolitik – Dargestellt am Beispiel des Nießbrauchs, Würzburg 1982; **Zielke,** Internationale Steuerplanung zur Optimierung der Konzernsteuerquote, DB 2006, S. 2585 ff.; **ders.,** Internationale Steuerplanung nach der Unternehmensteuerreform 2008, DB 2007, S. 2781 ff.; **Zirfas de Morón,** Transnationale Besteuerung im Kontext der Globalisierung, Bielefeld 1996; **Zünd,** Möglichkeiten und Grenzen der Steuerplanung in multinationalen Unternehmungen, in: Höhn/Lutz/Zünd (Hrsg.), Steuerplanung in der Unternehmung, Bern, Stuttgart 1975, 97 ff.

A. Begriff der internationalen Steuerplanung

I. Begriffsinhalt

Die Steuerbelastung kann allgemein als negativer Zielbeitrag bei der Entfaltung ökonomischer Aktivitäten angesehen werden. Im Unternehmensbereich stellt die Steuerbelastung in gleicher Weise einen Aufwandsfaktor dar wie Löhne oder Materialkosten, die bei einer Gewinnerzielungsabsicht langfristig von den erzielbaren Preisen für die Erzeugnisse und Dienstleistungen des Unternehmens mit getragen werden muss. Da die Leistungserstellung im Unternehmen nicht auf einer Verkettung von zufälligen Handlungen, sondern auf einer sorgfältigen Planung des Einsatzes der zur Verfügung stehenden Ressourcen basiert, bildet auch die **Steuerplanung** einen integralen Bestandteil der Unternehmensplanung. Nahezu alle unternehmerischen Entscheidungen haben einen Einfluss auf die Steuerbelastung und somit auf die Ergebnislage des Unternehmens. Als Teilbereich der Unternehmensplanung ist die Steuerplanung deshalb gleichzeitig Bestandteil der betrieblichen Teilplanungsbereiche wie z. B. der Investitionsplanung oder der Finanzierungsplanung. Die Unternehmensplanung kann damit weder losgelöst von der

Steuerplanung, noch kann die Steuerplanung losgelöst von der Unternehmensplanung betrieben werden.

Da in der Unternehmenspraxis häufig mehrere Entscheidungsalternativen zur Disposition stehen und diese Entscheidungsalternativen die Steuerbelastung ggf. unterschiedlich beeinflussen, kann die Steuerbelastung in vielen Fällen zum maßgeblichen Auswahlkriterium für die Bestimmung der zu wählenden Handlungsalternative werden. Die Steuerplanung eines Unternehmens ist deshalb insbesondere dadurch charakterisiert, dass sie die unternehmerischen Entscheidungen mit beeinflusst. Sie kann aber auch zum Anlass für unternehmerische Gestaltungsalternativen werden, d. h. bestimmte Handlungen werden ausschließlich aus steuerlichen Gründen vorgenommen (z. B. Gründung einer Finanzierungsgesellschaft) oder ggf. unterlassen (z. B. Sinken der internen Verzinsung einer Zusatzinvestition unter die geforderte Mindestverzinsung infolge einer steuerlichen Verlustausgleichsbeschränkung). Das gestaltende Element der Steuerplanung rückt damit in den Vordergrund, d. h. bestimmte Gestaltungsalternativen werden ausschließlich oder maßgeblich aus steuerlichen Gründen gewählt. Wenn keine Gestaltungsalternativen mit unterschiedlichen steuerlichen Auswirkungen vorliegen und keine steuerlichen Wahlrechte oder Ermessensspielräume im Rahmen der Abschlusserstellung oder im Rahmen der steuerlichen Veranlagung existieren, kann es keine Steuerplanung geben.[1] Die alternativen Gestaltungsmöglichkeiten bilden damit die Ausgangsgrundlage bzw. die Ursache für die Steuerplanung. Kennzeichnend ist jedoch in allen genannten Bereichen der Steuerplanung das Vorliegen von Optionsmöglichkeiten im legalen Bereich, die zielgerichtet durch unternehmerische Entscheidungen gesteuert werden sollen. Zur Steuerplanung gehört damit **nicht** die Steuerhinterziehung bzw. leichtfertige Steuerverkürzung.

Entfaltet ein Unternehmen grenzüberschreitende Geschäftsaktivitäten, so wird es mit den Grundproblemen der internationalen Besteuerung und dem internationalen Steuergefälle konfrontiert. Eine Antriebskraft der **internationalen** Steuerplanung bildet dann die Vermeidung der internationalen Doppelbesteuerung, weil sich das Unternehmen wegen der Steuersouveränität der Staaten häufig einer zwei- oder mehrfachen Besteuerung desselben Steuersubstrats gegenübersieht. Da die Besteuerungssysteme international nicht aufeinander abgestimmt sind, kann auch die Erzielung von Minder- bzw. Keinmalbesteuerungen zu einem Gegenstand der internationalen Steuerplanung werden. Die internationale Steuerplanung kann damit als Planung steuerlicher Wirkungen bei grenzüberschreitenden Aktivitäten und deren Gestaltung verstanden werden, die sich als ein Prozess i. S. eines geordneten Ablaufs vollzieht.

Nicht nur im Unternehmensbereich, sondern auch bei **Privatpersonen mit ausländischen Einkünften oder ausländischem Vermögensbesitz** kann es eine internationale Steuerplanung geben. Sie betrifft das für Konsumzwecke zur Verfügung stehende Privateinkommen und das Privatvermögen in Form von ausländischem Sach- und Finanzkapital. Ansatzpunkte der internationalen Steuerplanung bilden hier vor allem die Wahl des steuerlichen Wohnsitzes, die Wahl des Belegenheitsstaates des ausländischen Vermögensbesitzes, die Auswahl der Vermögens- und damit der Einkunftsart, die Verlagerung der Einkunftsquelle auf eine andere natürliche Person (z. B. im Wege der vorweggenommenen Erbfolge) oder auf eine juristische Person (z. B. Stiftung, Trust) oder die zeitliche Verlagerung des Anfalls der steuerpflichtigen Einkünfte in andere Besteuerungszeiträume.

---

[1] Zur Einordnung der Steuerpolitik in die Unternehmenspolitik vgl. auch *Schneeloch*, Besteuerung und betriebliche Steuerpolitik, Bd. 2: Betriebliche Steuerpolitik, S. 3 ff.

Grotherr

II. Abgrenzung zum Begriff der "Steuerpolitik"

Zum Verhältnis der Begriffe "Steuerplanung" und "Steuerpolitik" zueinander hat sich bis heute keine einheitliche Literaturmeinung herausgebildet. Einige Autoren sehen die Steuerplanung als Konkretisierung der in der Steuerpolitik festgelegten Ziele und Grundsätze oder schreiben ihr eine eher quantitative bzw. formalisierende Orientierung zu, wobei die langfristige Steuerplanung in die Steuerpolitik übergeht.[2] Andere Autoren sehen den Unterschied im Optimierungspostulat, d. h. die Steuerpolitik erfordere im Vergleich zur Steuerplanung **zwingend** die Optimierung.[3] Darüber hinaus wird die Steuerplanung teilweise mit der Steuerpolitik gleichgesetzt.[4] Schließlich tritt eine Mischung von unterschiedlichen Auffassungen zutage.[5] In der Literatur werden teilweise auch andere Begriffe verwendet, wie z. B. der Begriff der "Steuergestaltung" oder der des "Steuermanagements"[6] oder in Anlehnung an den angloamerikanischen Sprachgebrauch der Begriff des "tax management",[7] welche die Steuerplanung und auch die Steuerpolitik umschließen.

Da eine exakte Abgrenzung dieser Begriffe aus der Sicht des Rechtsanwenders jedoch wenig ergiebig ist, weil sich hieraus **de jure** keine Erkenntnisse für die Anwendung oder Auslegung von bestimmten steuerlichen Normen gewinnen lassen, erscheint eine ausführlichere Auseinandersetzung mit dem Begriffspaar "Steuerplanung" und "Steuerpolitik" zu keinem zusätzlichen Erkenntnisgewinn zu führen.

III. Abgrenzung zu den Begriffen der "Steuervermeidung" und "Steuerumgehung"

Die im Rahmen der Steuerplanung ergriffenen Handlungsalternativen können zu einer **Steuerstundung**, einer **Steuerminderung** oder zu einer völligen **Steuervermeidung** führen. Bei einer völligen Steuervermeidung werden die für die Steuerpflicht erforderlichen Tatbestandsvoraussetzungen nicht erfüllt. Dies liegt dann vor, wenn das Einkommen oder Vermögen des Steuerpflichtigen weder im Ansässigkeitsstaat noch im Aktivitätsstaat der Besteuerung unterliegt (Keinmalbesteuerung). Wird der steuerrechtliche Tatbestand hingegen erfüllt, kann sich eine **Steuerminderung bzw. Minderbesteuerung** ergeben, wenn sowohl der Ansässigkeitsstaat als auch der Aktivitätsstaat den beiderseitigen Besteuerungsanspruch nicht übereinstimmend abgrenzen. Dabei verändert sich die absolute Höhe der Steuerzahlungen. Schließlich kann sich als Ergebnis der ergriffenen Handlungsalternativen ein **Steueraufschub bzw. eine Steuerstundung** ergeben, wenn nicht die absolute Höhe der Steuerzahlungen, sondern nur der zeitliche Anfall der Steuerzahlungen beeinflusst wird. Steuerstundungseffekte ergeben sich durch den

---

[2] Vgl. *Rieger*, Prinzipien des internationalen Steuerrechts als Problem der Steuerplanung in der multinationalen Unternehmung, S. 24 ff.; *Haberstock*, Die Steuerplanung der internationalen Unternehmung, S. 7 ff.; *Wacker*, Steuerplanung im nationalen und transnationalen Unternehmen, S. 16 f.; *Marettek*, Steuerbilanzplanung, S. 12 f.; *Haberstock*, BFuP 1984, 263 ff.; *Kratz*, Steuerplanung internationaler Unternehmungen, S. 72 f.; *Zirfas de Morón*, Transnationale Besteuerung im Kontext der Globalisierung, S. 48 f.

[3] Vgl. *Heinhold*, Betriebliche Steuerplanung mit quantitativen Methoden, S. 23.

[4] Vgl. *Rose*, Betriebliche Steuerplanung, S. 63; *Haberstock*, BFuP 1984, 266 Fn. 19; *Rödder*, BB 1988, Beil. Nr. 19, S. 3; *Schaum*, Steuerpolitik durch Aufdeckung stiller Reserven, S. 12.

[5] Vgl. *Golombiewski*, Steuerliche Planspiele – Anforderungen, Leistungsvermögen und Eignungsprüfung steuerliche Planspiele als Instrument steuerlicher Ausbildung, S. 99 f.

[6] Vgl. *Federmann*, in: FS f. G. Mann, S. 257.

[7] Vgl. *Riedweg*, Steuer Revue 1993, 357 f.; *Wacker*, in: Lexikon der deutschen und internationalen Besteuerung, S. 718.

Bilanzzusammenhang vor allem durch die steuerrechtlichen Bilanzierungs- und Bewertungswahlrechte in der Steuerbilanz.[8]

Bei allen ergriffenen Steuergestaltungsmaßnahmen stellt sich die Frage, inwieweit sie steuerrechtliche Anerkennung finden und nicht als Steuerumgehung oder gar als Steuerhinterziehung qualifiziert werden. Vom Bundesverfassungsgericht und der ständigen Rechtsprechung des Bundesfinanzhofs wird das Streben nach Steuervermeidung grundsätzlich anerkannt.[9] **"Kein Stpfl. ist verpflichtet, den Sachverhalt so zu gestalten, dass ein Steueranspruch entsteht. Vielmehr steht es ihm frei, die Steuer zu vermeiden und eine Gestaltung zu wählen, die eine geringere Steuerbelastung nach sich zieht. Eine sog. Steuervermeidung bleibt folgenlos."**[10]

Von der legalen Steuervermeidung ist die steuerrechtlich sanktionierte **Steuerumgehung** bzw. der **Missbrauch von rechtlichen Gestaltungsmöglichkeiten** abzugrenzen, wobei die exakte Abgrenzung gerade bei den für eine grenzüberschreitende Geschäftsaktivität gewählten rechtlichen Gestaltungsmaßnahmen oftmals schwierig ist.[11] Als Instrument zur Abwehr eines Rechts- bzw. Gestaltungsmissbrauchs kann die deutsche Finanzverwaltung Ultima Ratio auf die Generalnorm des § 42 AO zurückgreifen, **sofern** es für den zu beurteilenden Sachverhalt in einem Einzelsteuergesetz, welches der Verhinderung von Steuerumgehungen dient, **keine** spezielle Regelung gibt. Ist bei einer gewählten rechtlichen Gestaltungsmaßnahme der Tatbestand einer Regelung in einem Einzelsteuergesetz erfüllt, die der Verhinderung von Steuerumgehungen dient (z.B. Hinzurechnungsbesteuerung gemäß §§ 7-14 AStG; Anti-Treaty-/Directive-Shopping-Regelung gemäß § 50d Abs. 3 EStG; unilaterale Rückfallklausel gemäß § 50d Abs. 9 EStG), so bestimmen sich die Rechtsfolgen nach jener Vorschrift (§ 42 Abs. 1 Satz 2 AO). Die Rechtsfolgen sind in einem derartigen Fall in dem betreffenden Einzelsteuergesetz abschließend geregelt. Weitere Rechtsfolgen können sich dann aus § 42 AO nicht mehr ergeben. Sind die Tatbestandsvoraussetzungen in dem Einzelsteuergesetz, welches der Verhinderung von Steuerumgehungen dient, **nicht** erfüllt, kann von der Finanzverwaltung in diesem Fall auf die Generalnorm des § 42 AO zurückgegriffen werden.

Nach § 42 Abs. 1 Satz 1 AO kann durch den Missbruch von rechtlichen Gestaltungsmöglichkeiten die Anwendung der Steuergesetze nicht umgangen werden. Nach der gesetzlichen Definition in § 42 Abs. 2 Satz 1 AO liegt ein solcher Missbrauch von rechtlichen Gestaltungsmöglichkeiten vor, wenn eine unangemessene rechtliche Gestaltung gewählt wird, die beim Steuerpflichtigen oder einem Dritten im Vergleich zu einer angemessenen Gestaltung zu einem gesetzlich nicht vorgesehenen Steuervorteil führt. Problematisch ist hierbei die Anhäufung von unbestimmten Rechtsbegriffen ("unangemessene", "angemessenen", "gesetzlich nicht vorgesehenen Steuervorteil"), die internationale Steuergestaltungsmaßnahmen mit einer gewissen Rechtsunsicherheit behaftet. Etwas präzisierend kann auf die höchstrichterliche Rechtsprechung zurückgegriffen werden. Nach ständiger Rechtsprechung liegt ein Missbrauch von rechtlichen Gestaltungsmöglichkeiten vor, wenn der Steuerpflichtige eine rechtliche Gestaltung wählt, die zur Erreichung des angestrebten wirtschaftlichen Ziels unangemessen ist, der Steuerminderung dienen soll und durch wirtschaftliche oder sonst beachtliche außersteuerliche Gründe nicht zu

---

[8] Vgl. *Klöne*, Steuerplanung, S. 4; *Jahrmarkt*, Steuervorteile durch Steuergestaltung, S. 19 ff.

[9] Vgl. BVerfG-Urt. v. 14. 4. 1959, 1 BvL, 34/57, BVerfGE Bd. 9, 1959, 249 f.; BFH-Urt. v. 16. 3. 1988 X R 27/86 BStBl 1988 II 631; v. 16. 1. 1992 V R 1/91 BStBl 1992 II 542.

[10] BFH-Beschl. v. 20. 5. 1997 VIII B 108/96, HFR 1997, 750, 751.

[11] Vgl. *Scheffler*, Besteuerung der grenzüberschreitenden Unternehmenstätigkeit, S. 36 f.; *Zirfas de Morón*, a. a. O. (oben Fn. 2), S. 33 ff.

rechtfertigen ist.[12] Eine **unangemessene Gestaltung** liegt vor, wenn die wirtschaftlichen Ziele nicht mit zweckmäßigen rechtlichen Wegen realisiert worden sind. Die durch den Steuerpflichtigen verwendeten Rechtsfiguren sind dann umständlicher, ungewöhnlicher oder unökonomischer Natur. Es fehlen wirtschaftliche oder sonst beachtliche Gründe für die Gestaltung. Die Überprüfung des Missbrauchs erfolgt vor allem anhand des Kriteriums der Unangemessenheit und ist für jeden Fall und für jede Steuerart einzeln zu beurteilen.

Ein Missbrauch liegt nach § 42 Abs. 2 Satz 2 AO dann nicht vor, wenn der Steuerpflichtige für die gewählte Gestaltung außersteuerliche Gründe nachweist, die nach dem Gesamtbild der Verhältnisse beachtlich sind. Je nachdem, wie der Steuerpflichtige diesen Argumentationsspielraum ausschöpfen bzw. für sich nutzen kann, befindet er sich entweder im zulässigen Bereich der Steuervermeidung oder im unzulässigen Bereich der Steuerumgehung. Die Feststellung der Steuerumgehung hätte zur Folge, dass eine den tatsächlichen Verhältnissen entsprechende Gestaltung der Besteuerung zugrunde gelegt wird. Somit wird die gewählte rechtliche Gestaltungsmaßnahme zu einer steuerrechtlich sanktionierten Steuervermeidung.[13]

IV. Steuerhinterziehung als strafrechtlich relevanter Tatbestand

Die Einhaltung der Legalität stellt das oberste Gebot der internationalen Steuerplanung dar und bildet den durch die Steuerplanung auszufüllenden Gestaltungsrahmen. Führt eine Gestaltungsmaßnahme zu einer strafrechtlichen Verfolgung, stellt sie eine unzulässige Maßnahme dar und durchbricht den Gestaltungsrahmen der internationalen Steuerplanung.[14]

Zum legalen Bereich der möglichen Gestaltungsalternativen im Rahmen der internationalen Steuerplanung gehören alle Aktivitäten, die nicht zu einer strafrechtlichen Ahndung führen. Die Steuerumgehung i. S. des § 42 AO ist strafrechtlich nicht relevant, da der Steuerpflichtige die Finanzbehörden hier **nicht** durch unrichtige oder unvollständige Angaben über steuerlich erhebliche Tatsachen im Unklaren lässt. Die Rechtsmissbräuchlichkeit einer Gestaltungsmaßnahme steht nicht a priori fest, sondern ist in hohem Maße von den Sachargumenten des Steuerpflichtigen abhängig. Von der zulässigen Steuervermeidung und der steuerrechtlich sanktionierten Steuerumgehung ist die illegale **Steuerhinterziehung** de jure streng zu trennen, wenngleich sich die Abgrenzung von Steuerumgehung und Steuerhinterziehung gerade bei grenzüberschreitenden Geschäftsaktivitäten offensichtlich als besonders schwierig erweist. Nach Art. 11 Abs. 1 Buchst. a) der Fusionsrichtlinie vom 23. 7. 1990 kann von dem Vorliegen des Beweggrundes einer "**Steuerhinterziehung oder -umgehung**" dann ausgegangen werden, wenn der Umstrukturierungsvorgang nicht auf vernünftigen wirtschaftlichen Gründen beruht. Diese sprachliche Ausgestaltung, auf die auch die Rechtsprechung des EuGH zurückgreift[15], lässt begrifflich eine Steuerhinterziehung bereits dann zu, wenn die Maßnahme nicht auf vernünftigen wirtschaftlichen Gründen beruht. Nach dem deutschen Steuerrecht liegt in diesem Fall jedoch lediglich der Tatbestand einer strafrechtlich nicht relevanten Steuerumgehung vor.

Gem. § 370 AO liegt eine Steuerhinterziehung dann vor, wenn der Steuerpflichtige vorsätzlich unrichtige oder unvollständige Angaben über besteuerungserhebliche Tatsachen macht oder

---

[12] Vgl. BFH-Beschl. v. 20. 5. 1997 a. a. O. (oben Fn. 10).

[13] Vgl. *Paufler*, Die Steuerhinterziehung, S. 35; *Ulmer*, DStZ 1986, 293; *Tipke/Kruse*, Kommentar zur AO und FGO, § 42 AO Tz. 2 ff.

[14] Vgl. *Wehmeyer*, Die steuerliche Planung der Unternehmung, S. 26; *Kratz* a. a. O. (oben Fn. 2), S. 65; *Zirfas de Morón*, a. a. O. (oben Fn. 2), S. 159.

[15] Vgl. z. B. EuGH-Urt. v. 17. 7. 1997, Rs. C-28/95, RIW 1997, 787.

die Finanzbehörde pflichtwidrig über steuerlich erhebliche Tatsachen in Unkenntnis lässt und dadurch Steuern verkürzt oder für sich oder einen anderen nicht gerechtfertigte Steuervorteile erlangt. Dabei ist bereits der Versuch gem. § 370 Abs. 2 AO strafbar. Folge der Steuerhinterziehung sind – neben der Nachzahlung der hinterzogenen Steuerbeträge – Geld- und Freiheitsstrafen.[16]

Bei Auslandssachverhalten unterliegt der Steuerpflichtige den erweiterten **Mitwirkungs-, Erklärungs- und Anzeigepflichten** der Abgabenordung und des Außensteuergesetzes (z. B. § 90 Abs. 2 AO, § 138 Abs. 2 AO, §§ 16 u. 17 AStG). Der Zweck dieser Pflichten ist, die vollständige und zutreffende steuerliche Qualifikation durch die Finanzbehörde zu gewährleisten, da die inländische Finanzbehörde aufgrund der Souveränität des ausländischen Staates zu einer Sachverhaltsaufklärung im Ausland nicht befugt ist.[17] Für Verrechnungspreissachverhalte hat der Gesetzgeber in § 90 Abs. 3 AO i.V.m. der Gewinnabgrenzungsaufzeichnungsverordnung (GAufzV) besondere bzw. umfangreiche Dokumentationspflichten statuiert.

Den aufgezeigten Pflichten hat der Steuerpflichtige in **richtiger und vollständiger Weise** gegenüber der Finanzbehörde nachzukommen. In diesem Zusammenhang wird die Frage aufgeworfen, wie weit die Aufklärungs- und Mitteilungspflichten des Steuerpflichtigen gehen und was unter den Begriff der "steuerlich erheblichen Tatsachen" fällt. In der Literatur wird die Grenze der Mitteilungspflicht so weit gezogen, dass es der Finanzbehörde anhand der dargelegten Informationen möglich ist, die den wirtschaftlichen Aktivitäten zugrunde liegende Gestaltung abschließend steuerlich zu beurteilen.[18] Dennoch besteht in Grenzfällen der Steuerumgehung und Steuervermeidung das Risiko, durch einen vernachlässigten bzw. unbedachten Informationsfluss zu den Finanzbehörden den Straftatbestand der Steuerhinterziehung zu erfüllen.

Liegen die objektiven Tatbestandsmerkmale in Form der Pflichtverletzung vor, muss kumulativ auch Vorsatz einschlägig sein. Bei einer fahrlässigen Unterlassung bzw. fahrlässigen fehlerhaften Angabe greift der § 370 AO nicht ein. Es liegt eine Ordnungswidrigkeit in Form der leichtfertigen Steuerverkürzung nach § 378 AO vor. Zur Abwendung einer strafrechtlich zu ahndenden Steuerhinterziehung hat der Steuerpflichtige jedoch die Möglichkeit einer strafbefreienden Selbstanzeige gem. § 371 AO. Dies setzt voraus, dass von Seiten der Finanzbehörde oder der Staatsanwaltschaft noch keine Ermittlungen des Sachverhaltes begonnen wurden.[19]

B. Ziele der internationalen Steuerplanung

Bei den Zielen der internationalen Steuerplanung einer rechtlich einheitlichen Unternehmung (sog. Einheitsunternehmen) oder eines Konzerns handelt es sich in aller Regel um Unterziele (Subziele), um das Hauptziel der steuerlichen Planung zu realisieren. Das Hauptziel der steuerlichen Planung wird wiederum aus übergeordneten Unternehmenszielen abgeleitet, insbesondere aus den unternehmerischen Oberzielen. Dazu gehören der Unternehmenserhalt, das langfristige Unternehmenswachstum und die Gewinnmaximierung. Unter dem Aspekt der Operationalität werden steuerliche Zielsetzungen regelmäßig aus finanzwirtschaftlichen Größen abgeleitet, da von den Steuerzahlungen Erfolgs- und Liquiditätswirkungen ausgehen. Steuerzahlungen

---

[16] Vgl. *Kottke*, Steuerersparung, Steuerumgehung, Steuerhinterziehung: eine Sammlung lehrreicher Grenzfälle, S. 477 ff.; *Ulmer*, DStZ 1986, 294; *Spriegel/Schweiß*, BB 1996, 1356.

[17] Vgl. *Klos/Carl*, Standort Liechtenstein: Leitfaden für unternehmerische und private Aktivitäten, S. 222 ff.; *Dreßler* a. a. O. (oben Fn. 14), S. 315 ff.

[18] Vgl. *Ulmer*, DStZ 1986, 294 f. sowie *Spriegel/Schweiß*, BB 1996, 1361.

[19] Vgl. *Spriegel/Schweiß*, BB 1996, 1361 f.

führen zu Auszahlungen, denen keine direkte Gegenleistung gegenübersteht. Damit geht die Besteuerung als negative Komponente in die Zielvorstellungen ein.[20] Hieraus ergibt sich das Ziel, die Steuerbelastung zu senken, was unter Berücksichtigung des Zeitaspektes durch den Begriff **Steuerbarwertminimierung** ausgedrückt wird. Da die steuerliche Optimierung des unternehmerischen Handlungsgeschehens nicht darauf ausgerichtet ist, die Einstellung der unternehmerischen Tätigkeit nahe zu legen, konkretisiert sich das Hauptziel der Steuerplanung regelmäßig in einer **relativen** Steuerbarwertminimierung, d. h. in einer Minimierung der Steuerbelastung des Unternehmens über die Totalperiode, ohne dass es zu einer Einstellung der Unternehmenstätigkeit kommt.

Aus dem Hauptziel der Steuerplanung lassen sich dann speziell für die internationale Steuerplanung **quantitative** und **qualitative** Subziele ableiten, die sich durch den Grad der Messbarkeit unterscheiden. Quantitative Ziele lassen sich in Geldeinheiten konkretisieren. Qualitative Ziele sind kardinal nicht messbar. Sie haben im Rahmen der internationalen Steuerplanung eine modifizierende Funktion, da sie sich zu den quantitiven Zielen komplementär oder konkurrierend zeigen können.

Die **quantitativen Ziele** lassen sich im Rahmen der internationalen Steuerplanung weiter auffächern in:

(1) **Vermeidung von Doppel- oder Mehrfachbesteuerungen bei grenzüberschreitenden Geschäftsaktivitäten, z. B. durch**

- Gewährleistung der Anwendungsvoraussetzungen für eine Steuerfreistellung im Quellen- oder Ansässigkeitsstaat,
- Beachtung und Beantragung von Steuerermäßigungen im Ausland bei der Erhebung einer Abzugsteuer von Dividenden, Zinsen und Lizenzgebühren,
- Gewährleistung der Anwendungsvoraussetzungen für eine vollständige Steueranrechnung,
- Vermeidung von Anrechnungsüberhängen,
- Gewährleistung einer vollständigen und zeitnahen grenzüberschreitenden Verlustverrechnung,
- Vermeidung einer Hinzurechnungsbesteuerung,

(2) **Vermeidung einer Einmalbesteuerung bei Rechtsvorgängen ohne Marktberührung, z. B.**

- Vermeidung einer steuerwirksamen Auflösung von stillen Reserven bei grenzüberschreitenden Umstrukturierungsvorgängen,
- Vermeidung von Verkehrsteuern (Stempel- und Registersteuern, nicht erstattungsfähige Umsatzsteuer) bei konzerninternen Vorgängen,
- Vermeidung bzw. Verminderung von Ertragsteuerbelastungen beim innerkonzernlichen Kapital- und Know-how-Verkehr (z. B. Verminderung der Quellensteuern auf konzerninterne Dividenden, Zinsen und Lizenzgebühren durch Nutzung des DBA-Netzes),

(3) **Nutzung des internationalen Steuergefälles durch Gestaltungsmaßnahmen, z. B. durch**

- Standortwahl der Unternehmenseinheiten,
- Rechtsstrukturwahl,

---

[20] Vgl. *Paulus*, Ziele, Phasen und organisatorische Probleme steuerlicher Entscheidungen in der Unternehmung, S. 20.

- Gestaltung des innerbetrieblichen bzw. innerkonzernlichen Lieferungs- und Leistungsverkehrs (z. B. Gestaltung der Verrechnungspreise, Steuerung der Finanzierungsströme),

(4) **Erzielung von steuersystembedingten Minderbesteuerungen, z. B. durch**

- Nutzung des international nicht abgestimmten nationalen Steuerrechts, z. B. Nutzung von international divergierenden Zurechnungs- und Wertungsregelungen (subjektive und objektive Qualifikationskonflikte), u. a. doppelte Abschreibungsverrechnung durch grenzüberschreitendes Leasing (sog. double dips), doppelte Berücksichtigung von Verlusten durch Doppelansässigkeit von Kapitalgesellschaften,
- Nutzung von Abkommensvergünstigungen durch Zwischenpersonen (sog. treaty shopping),
- Nutzung von Richtlinienvergünstigungen durch Zwischenpersonen (sog. directive shopping),
- steueroptimierte Gewinnverwendungsstrategien (z. B. Gewinnthesaurierung bei Auslandsgesellschaften in Niedrigsteuerländern),

(5) **Minimierung der steuerlichen Informationskosten und Steuererbringungskosten bei Auslandsaktivitäten, z. B. durch**

- Schaffung einer grenzüberschreitenden Informationsvernetzung,
- Errichtung von konzerneigenen Steuerberatungsgesellschaften.

Qualitative Ziele ergeben sich zum einen aus den Ungewissheiten über zukünftige Zustände (z. B. ökonomische Entwicklung des Unternehmens, Veränderung der steuerrechtlichen Rahmenbedingungen) und zum anderen aus dem Streben nach Dispositionssicherheit des unternehmerischen Engagements bzw. des wirtschaftlichen Handels, die sich im Hinblick auf den steuerlichen Bereich darin konkretisiert, das Wirtschaftssubjekt (Unternehmen, Privatperson) vor ungeplanten Steuerbelastungen und damit Liquiditätsabflüssen zu schützen.[21] Dem qualitativen Ziel nach Risikobegrenzung bzw. Risikominimierung kann dadurch Rechnung getragen werden, dass möglichst die steuerplanerischen Gestaltungsmittel (Sachverhaltsgestaltungen, Sachverhaltsdarstellungen) mit der höchsten Flexibilität bzw. Anpassungsfähigkeit eingesetzt werden, selbst wenn dadurch die höchstmögliche Optimalität bei den quantitativen Zielen nicht erreicht wird. Die Güte einer flexiblen Steuerplanung drückt sich im Einsatz unterschiedlichster Instrumente aus, um die von der ursprünglichen Planung abweichende Datenkonstellation in die Zielfunktion optimal einzupassen.[22] Die Flexibilität der steuerplanerischen Gestaltungsmittel kann sich dabei vor allem auf die folgenden Gesichtspunkte beziehen:[23]

(1) **Zeitliche Flexibilität durch Aufschiebbarkeit**

Von mehreren alternativ einsetzbaren Gestaltungsmitteln sollte dasjenige ausgewählt werden, dessen Anwendung nicht an einen bestimmten Zeitpunkt gebunden ist, so dass es noch zu einem späteren Zeitpunkt nachgeholt werden kann. Je weiter die mögliche Ergreifung des Gestaltungsmittels in die Zukunft verlagerbar ist, umso mehr Informationen liegen für die steuerlich zweckmäßige Ausübung des Gestaltungsmittels vor. Bedingt aufschiebbare Instrumente unterscheiden sich von beliebig aufschiebbaren Instrumenten durch ihre Abhängigkeit von gesetzlichen Fristen oder der Erfüllung von formalen Voraussetzungen.

---

[21] Vgl. z. B. *Rödder*, Gestaltungssuche im Ertragssteuerrecht, S. 56.
[22] Vgl. *Börner/Krawitz*, Steuerbilanzpolitik, S. 106.
[23] Vgl. *Eigenstetter*, in: Freidank (Hrsg.), Rechnungslegungspolitik. Eine Bestandsaufnahme aus handels- und steuerrechtlicher Sicht S. 468 ff. m. w. N.

(2) Zeitliche Flexibilität durch Aufhebbarkeit (Reversibilität)

Von mehreren alternativ einsetzbaren Gestaltungsmitteln sollte möglichst dasjenige ausgewählt werden, das zu einem beliebigen Zeitpunkt aufhebbar ist. Je geringer die Bindungsdauer des Gestaltungsmittels ist, umso flexibler kann auf eine Änderung der steuerlichen und außersteuerlichen Rahmenbedingungen reagiert werden. Stehen mehrere Gestaltungsmittel mit beliebiger Aufhebbarkeit zur Verfügung, so ist dasjenige zu wählen, bei dem die steuerlichen Folgewirkungen bei der Aufhebung am geringsten sind (z. B. keine steuerwirksame Auflösung von stillen Reserven, Möglichkeit der Übertragung von aufgedeckten stillen Reserven, niedrigste Bemessungsgrundlage bei der steuerwirksamen Auflösung von stillen Reserven).

(3) Quantitative Flexibilität durch hohe Teilbarkeit

Weist ein steuerplanerisch einsetzbares Gestaltungsmittel eine hohe quantitative Teilbarkeit auf, so kann es entsprechend der Veränderung der ökonomischen Rahmenbedingungen besser an steuerliche Optimalitätskriterien (z. B. Ausgleich eines noch bestehenden Verlustvortrags, Ausnutzung eines zu gewährenden Freibetrags) angepasst werden. Ein steuerplanerisch einsetzbares Gestaltungsmittel zeichnet sich dann durch eine hohe Teilbarkeit aus, wenn jeder zwischen einer Ober- und Untergrenze liegender Wertansatz durch Ausübung eines Bewertungswahlrechts generierbar ist.[24]

(4) Quantitative Flexibilität durch einen hohen Autonomiegrad

Der Einsatz eines steuerplanerischen Gestaltungsinstruments kann für ähnlich gelagerte Fälle entweder entscheidungsneutral (autonom) sein, oder aber sachliche und/oder zeitliche Bindungswirkung entfalten. Während bei einer sachlichen Bindungswirkung die Entscheidung über den Einsatz des Gestaltungsmittels noch in derselben Periode Interdependenzen auslöst, bewirkt die zeitliche Bindungswirkung eine entscheidungsrelevante Verbundenheit in den folgenden Perioden. Je geringer die Verbundenheit eines steuerplanerischen Gestaltungsinstruments mit anderen Entscheidungstatbeständen ist, umso leichter kann es verändert werden. Es brauchen dann nicht die Folgewirkungen aus der Veränderung der anderen Entscheidungstatbestände berücksichtigt zu werden.

Im Zusammenhang mit der Bindungswirkung ist auch die Frage nach der Wirkungsbreite von steuerplanerischen Gestaltungsinstrumenten zu stellen. Die Wirkungsbreite manifestiert sich in der Verbundenheit bei der Ausübung von handelsrechtlichen und steuerrechtlichen Wahlrechten. Durch die materielle Maßgeblichkeit der Handelsbilanz für die Steuerbilanz besteht eine hohe Wirkungsbreite und somit geringe Flexibilität.

Die **Ziele der internationalen Steuerplanung** bei Privatpersonen unterscheiden sich nicht generell von denen der Unternehmen. Gewisse Besonderheiten können sich durch die Familienverbundenheit ergeben und dadurch, dass steuerplanerische Gestaltungsmaßnahmen im Bereich der Einkommensteuer auch Auswirkungen auf die Erbschaft- und Schenkungsteuer haben können. Hinsichtlich des Personenkreises muss bei einer internationalen Erbschaftsteuerplanung ggf. die Steuerbelastung des gesamten erbberechtigten Personenkreises in Form von Kindern, Enkelkindern und sonstigen Verwandten als Zielgröße formuliert werden. Bei natürlichen Personen spielen darüber hinaus die **Progressionseffekte** der ausländischen Einkünfte regelmäßig eine größere Rolle als bei Unternehmen. Die Steuersatzvorteile können sich z. B. ergeben, wenn bestimmte Einkünfte aufgrund der gewählten Steuerplanungsmaßnahmen erst im späteren Lebensabschnitt zu steuerpflichtigen Zuflüssen führen, da diese dann ggf. einer niedrigeren

---

[24] Vgl. *Eigenstetter* a. a. O. (oben Fn. 27), S. 471.

Progression unterliegen. Durch Verlagerung von Einkunftsquellen auf andere Familienmitglieder kann es darüber hinaus zu einer Senkung der Steuerprogression kommen. In diesem Fall können dann mglw. zusätzlich bisher **ungenutzte Freibeträge** ausgeschöpft werden.

C. Entscheidungsträger der internationalen Steuerplanung und ihr Einfluss auf die Ziele

Zu den Entscheidungsträgern zählen diejenigen Personen, die an der Zielfestlegung und an der Durchführung der Gestaltungsmaßnahmen im Rahmen der internationalen Steuerplanung beteiligt sind. Die Zusammensetzung der relevanten Entscheidungsträger hängt vom jeweiligen Wirtschaftssubjekt und dessen rechtlicher Organisation ab. Im Folgenden wird daher unterschieden zwischen der Einheitsunternehmung mit Auslandsaktivitäten, dem international operierenden Konzern sowie den Privatpersonen. Dabei erscheint es zweckmäßig, zunächst generelle Einflussfaktoren auf den Kreis der Entscheidungsträger bei einer Einheitsunternehmung herauszustellen, um darauf aufbauend die Besonderheiten im Konzern zu skizzieren. Abschließend erfolgt eine kurze Skizzierung der internationalen Steuerplanung bei Privatpersonen.

I. Einheitsunternehmung

Zu den Entscheidungsträgern der internationalen Steuerplanung bei einer Einheitsunternehmung gehören – neben den Ausführenden in Form der **internen Steuerabteilung** oder der **externen Berater** – die **Unternehmensleitung** bzw. das **Management**. Welcher Personenkreis als Entscheidungsträger der internationalen Steuerplanung anzusehen ist, ergibt sich durch die **gewählte Organisationsform** und dadurch, wie die Steuerplanung als unternehmerische Funktion durch die Unternehmensleitung wahrgenommen und aktiv beeinflusst wird.

Aufgrund der bereits ausgeführten Interdependenzen mit anderen Teilplanungsbereichen sind auch andere **Unternehmensabteilungen** von der internationalen Steuerplanung betroffen. Insbesondere bei einer Profit-Center-Organisation im Unternehmen besteht eine Interessenverbindung zur Steuerplanung, wenn steuerliche Gestaltungen Einfluss auf die Erfolgsbewertung einer Abteilung haben.[25] Steuerliche Gestaltungen mit negativem Einfluss auf die wertmäßige Erfolgsmessung der Abteilung können zu Widerständen seitens der Abteilungsmitglieder führen. Die Gestaltungsempfehlungen der internationalen Steuerplanung laufen dann mglw. ins Leere. Auf der anderen Seite betrachtet die Steuerabteilung, konträr zu den anderen Unternehmensabteilungen, die Steuerplanung unter einem anderen Planungshorizont. Steuerliche Gestaltungen sollen vor allem zu **langfristigen** Steuerersparnissen führen. Diesem Verhalten stehen **kurzfristig** orientierte Gestaltungserfolge aus Sicht der anderen Unternehmensabteilungen entgegen. Hierdurch sind Zielbeschränkungen im Bereich der quantitativen und qualitativen Ziele möglich.[26]

Werden im Rahmen der internationalen Steuerplanung zudem externe Berater hinzugezogen, können auch die Interessen der externen Berater in die internationale Steuerplanung einfließen. Mögliche Zielbeschränkungen ergeben sich dadurch, dass steuerliche Berater im Rahmen des eigenen Risikomanagements eine Vorauswahl bei möglichen Gestaltungsalternativen treffen, während das Unternehmen die Ausnutzung des gesamten steuerlichen Gestaltungspotentials wünscht. Bei nicht vollständiger Wahrnehmung aller Möglichkeiten sinkt das Konfliktpotential

---

[25] Vgl. *Hebig*, Steuerabteilung und Steuerberatung in der Großunternehmung, S. 129.
[26] Vgl. oben Fn. 30.

mit der Finanzverwaltung und damit die Wahrscheinlichkeit einer Nachzahlung. Somit kommt es zu einem Interessenkonflikt, der aber in der Regel nicht offen zutage tritt.[27]

Eine weitere Gruppe von Entscheidungsträgern stellen die **Eigentümer** bzw. die **Gesellschafter** des Unternehmens dar. Inwiefern sie an dem Planungs- und Gestaltungsprozess beteiligt sind, hängt vor allem von der **Rechtsform des Unternehmens** ab. Gesellschafter von Personengesellschaften nehmen wegen der unbeschränkten persönlichen Haftung größeren Einfluss auf die Geschäftspolitik und die Unternehmensziele als die Anteilseigner einer Kapitalgesellschaft. Damit werden auch die Ziele der steuerlichen Gestaltungsmaßnahmen stärker mit beeinflusst. Dies trifft insbesondere dann zu, wenn zwischen Unternehmensleitung und Gesellschaftern Personenidentität herrscht.[28] Bei **Kapitalgesellschaften** werden die Anteilseigner und damit die gesellschafterbezogenen Zielsetzungen stärker in den Hintergrund gerückt. Dennoch sind z. B. Erwartungen hinsichtlich Mindestausschüttungen oder die Möglichkeit von Anrechnungsguthaben bei Ausschüttungen als grundlegende Zielsetzungen zu beachten. Schließlich ist noch der Interessenkonflikt unter den Eigentümern (Gesellschafter bzw. Anteilseigner) selbst zu nennen. Die Interessengegensätze können sich aus verschiedenen Vorstellungen über das Ausschüttungsvolumen oder aufgrund der unterschiedlichen Risikoeinstellung der beteiligten Personen ergeben. Die hierdurch entstehenden Zielbeschränkungen sind vor allem bei personenbezogenen Unternehmen mit internationaler Geschäftstätigkeit vorzufinden.

Bei **Kapitalgesellschaften** können sich Zielbeschränkungen aufgrund der Trennung von Eigentum und unternehmerischer Leitung ergeben. Ursache ist die Verfolgung persönlicher Ziele des Managements im Rahmen der Principal-Agent-Beziehung. Um die Interessen der Anteilseigner zu wahren, wird im Unternehmen häufig eine Beteiligung der Unternehmensleitung am handelsbilanziellen Gewinn gewährt. Aufgrund des Maßgeblichkeitsprinzips gem. § 5 Abs. 1 Satz 1 EStG ist die steuerliche Bemessungsgrundlage zu einem erheblichen Teil an dem handelsbilanziellen Gewinn ausgerichtet. Hierdurch werden die persönlichen Zielvorstellungen des Managements auch auf den steuerpflichtigen Gewinn übertragen. Verfolgt das Management persönliche Zielvorstellungen i. S. der Maximierung seiner Vergütung, wird die handelsbilanzielle Zielgröße und damit auch das steuerliche Gestaltungspotential stark auf die persönlichen Ziele des Managements und nicht auf die persönlichen Ziele der Unternehmenseigner abgestimmt.[29] Ein weiterer Störfaktor für die steuerlichen Ziele kann sich ergeben, wenn das Management unter dem Blickwinkel der eigenen Karriereförderung einen möglichst hohen handelsbilanziellen Gewinnausweis anstrebt.

Zusammenfassend lässt sich feststellen, dass sich die Interessenkonflikte zwischen dem Management und den Anteilseignern auf den Gestaltungsrahmen der internationalen Steuerplanung auswirken und die Zielrealisation maßgeblich mit beeinflussen.[30]

Schließlich besteht mit der Art und Größe des internationalen Wirkungskreises des Unternehmens ein weiterer Einflussfaktor auf den Kreis der Entscheidungsträger, da sich dieser um die beteiligten **ausländischen Finanzbehörden** erweitert. Die steuerlichen Gestaltungen unterliegen der Würdigung aller beteiligten **Finanzbehörden**, wodurch auch sie im weitesten Sinne mit zu

---

[27] Vgl. *Loitlsberger*, JfB 1975, S. 97; *Zünd*, in: Höhn/Lutz/Zünd (Hrsg.), Steuerplanung in der Unternehmung, S. 107; *Bogen*, Steuerliche Zielvorstellungen in Unternehmen und Möglichkeiten ihrer Realisierung, S. 218 f.

[28] Vgl. *Heigl/Melcher*, Betriebliche Steuerpolitik. Ertragsteuerplanung, S. 8 ff.

[29] Vgl. *Elschen*, DBW 1995, 304.

[30] Vgl. *Elschen*, DBW 1995, 303, 307 ff.

den Entscheidungsträgern im Rahmen der internationalen Steuerplanung gehören. Die einzelnen Finanzbehörden haben vor allem die eigenen nationalen Besteuerungsinteressen zu vertreten.[31]

II. Internationaler Konzern

Träger der internationalen Steuerplanung im Konzern sind alle Beteiligten, die bei der Sachverhaltsgestaltung sowie bei der steuerlichen Abschlusserstellung im Konzern mitwirken und damit einen Einfluss auf das steuerliche Konzerngesamtergebnis haben. Träger der Konzernsteuerplanung sind damit sowohl die Konzern-Obergesellschaft – hier ggf. eine zentralisierte Konzernsteuerabteilung – als auch die Geschäftsleitung der einzelnen Konzern-Untergesellschaften. Während sich die Steuerplanung der Konzernspitze mehr auf steuerstrategische Fragen langfristiger Art konzentriert, die z. B. die Aufbauelemente des Konzerns betreffen (insbes. Standortwahl, Rechtsformwahl, Finanzierungsentscheidungen) oder die räumliche Erfolgsverlagerung, dominiert bei den Konzern-Untergesellschaften die Ausübung von Bilanzierungs- und Bewertungswahlrechten im Rahmen der steuerlichen Einzelabschlusserstellung (zeitliche Erfolgsverlagerung), die allerdings aus Gründen einer gesamtkonzernbezogenen Ergebnissteuerung unter einer von der Konzern-Obergesellschaft vorgegebenen Zielrichtung stehen kann.

Durch die gesellschaftsrechtliche Struktur im Falle eines Konzerns erweitert sich der Kreis der Entscheidungsträger zu denen der Einheitsunternehmung. Hierbei kommt der **Höhe der Beteiligung** an den einzelnen Konzern-Untergesellschaften eine wesentliche Bedeutung zu. Je nach Aufgabenstellung und Grad der Zentralisierung zählen auch die **Leitungen der einzelnen Konzern-Untergesellschaften** mit zu den Entscheidungsträgern im Rahmen der internationalen Steuerplanung. Die Interessenschwerpunkte dieser Entscheidungsträger liegen in der Erreichung der eigenen Unternehmensziele und in der eigenen Nutzenmaximierung.[32] Steuerliche Gestaltungen wirken sich in der Regel auf das eigene Unternehmensergebnis und somit auf die wirtschaftliche Beurteilung der Konzern-Untergesellschaft aus.[33]

Zu Interessenkollisionen kann es zwischen dem **Management der Konzern-Obergesellschaft und dem der Konzern-Untergesellschaften** z. B. im Rahmen der Festlegung von konzerninternen Verrechnungspreisen kommen. Die Effektivität der ausländischen Untereinheiten und damit des lokalen Managements wird in der Regel durch den Beitrag zum Konzern-Gesamtergebnis gemessen. Werden die **Verrechnungspreise** mit dem Ziel der räumlichen Erfolgslenkung eingesetzt, ist ggf. mit Durchsetzungsproblemen dieser steuerlich motivierten Gewinnverlagerung beim lokalen Management zu rechnen. Hieraus ergeben sich **Realisierungsschwierigkeiten bei der Erzielung von internationalen Minderbesteuerungen**.[34]

Besteht keine 100 %ige Beteiligung an der Konzern-Untergesellschaft, werden auch **Minderheitsgesellschafter** durch steuerplanerische Gestaltungsmaßnahmen tangiert. Inwiefern die Minderheitsgesellschafter gegen die von der Konzern-Obergesellschaft angeordneten steuerlichen Gestaltungsmaßnahmen opponieren können, ist eine Frage des Einzelfalles.[35] Die Zielset-

---

[31] Vgl. *Spriegel/Schweiß*, BB 1996, 1354.

[32] Vgl. *Elschen*, DBW 1995, 304; *Hinz*, Sachverhaltsgestaltungen im Rahmen der Jahresabschlusspolitik, S. 60.

[33] Vgl. *Kormann*, Die Steuerpolitik der internationalen Unternehmung, S. 42; *Rieger* a. a. O. (oben Fn. 2), S. 72.

[34] Vgl. *Kormann* a. a. O. (oben Fn. 38), S. 42; *Zirfas de Morón*, a. a. O. (oben Fn. 2), S. 133.

[35] Vgl. *Kormann* a. a. O. (oben Fn. 38), S. 42.

zungen der internationalen Steuerplanung werden maßgeblich beeinflusst von der Beteiligungsquote an den Konzern-Untergesellschaften. Bei **nicht 100 %-Beteiligungen** an ausländischen Konzern-Untergesellschaften bzw. bei Beteiligung an **Gemeinschaftsunternehmen** (Joint Ventures) partizipieren gleichsam auch Dritte, eventuell sogar Konkurrenten, an einer räumlichen Erfolgsverlagerung auf die ausländische Konzern-Untereinheit. Dies kann zwar eine zielgerichtete Gestaltungsmaßnahme im Hinblick auf die Senkung der gesamten Konzern-Steuerbelastung darstellen, steht mglw. aber im Widerspruch zur Vermögensmaximierung des Gesamtkonzerns.

III. Privatpersonen

Die internationale Steuerplanung bei Privatpersonen wird ebenfalls durch die beteiligten Entscheidungsträger und deren steuerliche Ziele beeinflusst. Im Vergleich zum Unternehmens- bzw. Konzernbereich ist die Steuerplanung bei Privatpersonen jedoch regelmäßig weniger konfliktträchtig, da sich im letztgenannten Fall die Zielformulierung auf wenige Entscheidungsträger beschränkt. Zu diesen Entscheidungsträgern der internationalen Steuerplanung gehören

- die **steuerpflichtigen Privatpersonen**,
- die **beteiligten nahe stehenden Personen**, wie z. B. Familienmitglieder oder Treuhänder und
- die **steuerlichen Berater**.

Zwischen der in- und ausländischen **Finanzbehörde** und dem **Steuerpflichtigen** kann es aufgrund der divergierenden Interessenlage zu einem Spannungsverhältnis kommen. Die nationalen Finanzbehörden haben von Amts wegen die Sicherstellung des Steueraufkommens zu gewährleisten. Der Absicht des Steuerpflichtigen, die persönliche Steuerbelastung ggf. unter Einbeziehung von nahe stehenden Personen zu senken, stehen die fiskalorientierten Interessen der Finanzbehörde entgegen. Insbesondere bei steuerlichen Gestaltungsmaßnahmen mit Auslandsbezug ist daher mit einem verstärkten, meist kritischen Interesse der Finanzbehörden zu rechnen.[36]

Neben dem Steuerpflichtigen selbst sind auch die **Familienmitglieder** mit zu den Entscheidungsträgern der internationalen Steuerplanung zu rechnen, wenn sie durch die steuerlichen Gestaltungsmaßnahmen tangiert werden. Dies kann sich z. B. ergeben, wenn einzelne Einkunftsquellen des Steuerpflichtigen auf nahe stehende Personen verlagert werden sollen, um die Steuerprogression zu senken. Die steuerlichen Folgen bei den nahe stehenden Personen sind deshalb in die Vorteilhaftigkeitsüberlegungen der Gestaltungsmaßnahmen mit einzubeziehen.

Die **steuerlichen Berater** treten zum einen als Ratgeberinstanz gegenüber den Mandanten und zum anderen als Kontaktperson gegenüber den Finanzbehörden auf. Zwar ist in der Regel eine starke Orientierung an den Interessen der Mandanten anzunehmen. Jedoch kann der Wunsch der steuerlichen Berater nach einer möglichst konfliktarmen Beziehung zu den Finanzbehörden dazu führen, dass nicht die Ausnutzung des gesamten steuerlichen Gestaltungspotentials in Erwägung gezogen wird.[37]

---

[36] Vgl. *Spriegel/Schweiß*, BB 1996, 1354.
[37] Vgl. im übertragenen Sinne *Zünd* a. a. O. (oben Fn. 32), S. 110.

D. Instrumente der internationalen Steuerplanung

I. Unterscheidung nach Sachverhaltsgestaltung und Sachverhaltsdarstellung

Zur Steuerplanung gehören alle legalen (d. h. innerhalb der gesetzlichen Bestimmungen zulässigen)
- sachverhaltsgestaltenden und
- sachverhaltsdarstellenden (= sachverhaltsabbildenden)

Handlungsalternativen zur Minimierung der Gesamtsteuerbelastung (= Minimierung der Steuerzahlungsansprüche und Maximierung der Steuervergütungsansprüche[38]) über die Totalperiode im Rahmen der ungestörten Erfüllung der angestrebten unternehmenspolitischen Zielsetzungen.

Die **sachverhaltsgestaltenden Handlungsalternativen** führen zur Erfüllung von gewünschten oder Vermeidung von unerwünschten steuerlichen Tatbeständen, die **vor** dem jeweiligen steuerlichen Abschlussstichtag realisiert werden. Die Sachverhaltsgestaltungen beziehen sich damit auf tatsächliche Vorgänge und Zustände, mit denen das Unternehmensgeschehen zielorientiert gesteuert wird.[39] Die Sachverhaltsgestaltungen können sich in Form von Rechtsgeschäften oder in einem rein tatsächlichen Handeln konkretisieren.[40] Die Aufgabe der Steuerplanung besteht insoweit darin, die dispositionsabhängigen Steuerbelastungen in das unternehmerische Entscheidungskalkül bei der Auswahl der Handlungsalternativen einzubeziehen.

Die **sachverhaltsdarstellenden Handlungsalternativen** beziehen sich demgegenüber auf die Ausübung von Wahlrechten (Optionen) **nach** dem jeweiligen steuerlichen Abschlussstichtag, d. h. die erst **nach** Realisierung der gesetzlichen Steuertatbestände im Rahmen der steuerlichen Abschlusserstellung getroffen werden[41] und die einen Einfluss auf die Gesamtsteuerbelastung des Unternehmens haben. Bei ihnen handelt es sich im Wesentlichen um Bilanzierungs- und Bewertungswahlrechte sowie um Ermessensspielräume.

Die sachverhaltsgestaltenden und sachverhaltsdarstellenden Handlungsalternativen im Rahmen der Steuerplanung können in der Praxis jedoch **nicht losgelöst voneinander** betrieben werden, da bestimmte alternative unternehmerische Entscheidungen im Rahmen der Sachverhaltsgestaltung unter Umständen erst zu bestimmten sachverhaltsdarstellenden Optionsmöglichkeiten (Bilanzierungs- und Bewertungswahlrechte) hinführen.[42] Nur bei einem kombinierten Einsatz mit sachverhaltsgestaltenden Maßnahmen kann das Ergebnisbeeinflussungspotential der sachverhaltsdarstellenden Aktionsparameter voll ausgeschöpft werden.[43]

II. Erweitertes Gestaltungspotential beim internationalen Konzern

Werden die Gestaltungsinstrumente der internationalen Steuerplanung nicht für eine Einheitsunternehmung, sondern für einen Konzern untersucht, so zeigt sich, dass in Deutschland von einer **rechtsformgeleiteten Unternehmensbesteuerung** gesprochen werden kann. Gegenwärtig

---

[38] Vgl. *Kuhn*, in: Beisse/Lutter/Nörger (Hrsg.), FS f. Karl Beusch, S. 451.
[39] Vgl. *Hinz* a. a. O. (oben Fn. 37), S. 68.
[40] Vgl. *Hoffmann*, BB 1995, Beil. Nr. 4, S. 3.
[41] Vgl. *Kuhn* a. a. O. (oben Fn. 43), S. 452.
[42] Vgl. *Kuhn* a. a. O. (oben Fn. 43), S. 452; *Hoffmann*, DB 1996, 1245; *Küting/Kaiser*, BB 1994, Beil. Nr. 2, S. 10.
[43] Vgl. auch *Hoffmann*, DB 1996, 1245.

bildet der Konzern als wirtschaftlicher Verbund rechtlich selbständiger Unternehmen kein einheitliches Steuersubjekt, sondern steuerpflichtig ist jede mit eigener Rechtspersönlichkeit ausgestattete Konzerngesellschaft. Die Unternehmensverbindung basiert dabei in der Regel auf einer kapitalmäßigen Beteiligung, aus der sich ein Über-/Unterordnungsverhältnis zwischen den konzernverbundenen Unternehmen ergibt. Solange die beherrschten Konzernunternehmen ihre rechtliche Selbständigkeit nicht aufgeben, erfolgt ihre Besteuerung nach den allgemeinen Besteuerungsgrundsätzen für Kapitalgesellschaften und Personenunternehmungen, d. h. sie ist streng rechtsformorientiert. Obwohl Konzerngesellschaften durch kapitalmäßige oder vertragliche Beherrschung unter einheitlicher Leitung stehen, bleibt die rechtliche Selbständigkeit das entscheidende Einordnungskriterium für die Besteuerung der einzelnen Konzerngesellschaften. Überschreiten die Aktivitäten eines **grenzüberschreitenden Konzerns** die nationalen Besteuerungsgrenzen, dann sieht er sich im Ausland in der Regel erneut mit einer rechtsformorientierten Unternehmensbesteuerung konfrontiert, die die wirtschaftliche Einheit wiederum nur unvollkommen berücksichtigt.[44]

Aus diesem Befund ergeben sich für den Konzern gegenüber einer Einheitsunternehmung **besondere** bzw. **zusätzliche Ansätze** für die internationale Steuerplanung. Der Konzern als Verbund rechtlich selbständiger Gesellschaften unter einheitlicher Leitung sieht sich im Vergleich zur Einheitsunternehmung auf der einen Seite steuerlichen Doppel- und Mehrfacherfassungen gegenüber, die es im Rahmen der Steuerplanung zu verhindern gilt. Auf der anderen Seite verfügt der Konzern durch die rechtliche Selbständigkeit seiner Gliedgesellschaften, die z. B. schuldrechtliche Vertragsbeziehungen mit steuerrechtlicher Anerkennung eingehen können, über ein erweitertes Gestaltungspotential, und zwar insbesondere durch den Einsatz von **sachverhaltsgestaltenden Aktionsparametern**, weil bei den Konzerngesellschaften durch die Ausübung der einheitlichen Leitung der ökonomische Interessengegensatz nicht in gleicher Weise ausgeprägt ist wie zwischen fremden Dritten. So kann der Konzern z. B. durch verdeckte Erfolgsverlagerungen (z. B. durch Festsetzung der konzerninternen Verrechnungspreise) das internationale Steuergefälle ausnutzen und damit im Rahmen der Steuerplanung Minderbesteuerungen im Vergleich zur Einheitsunternehmung erzielen. Da im Konzern aus betriebswirtschaftlicher Sicht Verfügungsrechte über Wirtschaftsgüter und Erfolgspotentiale zugunsten der Leitung der Konzern-Obergesellschaft verschoben sind, verfügt diese über steuerplanerische Handlungsspielräume, mit denen einer einzelnen Konzerngesellschaft Bilanzvermögen oder auch **nicht bilanziertes, wirtschaftliches Potential entzogen** und dieses auf eine andere Konzerngesellschaft übertragen werden kann.[45] Im Extremfall können aus steuerlichen Gründen Produktionsstätten einer Konzerngesellschaft ganz stillgelegt werden zugunsten von Kapazitätserweiterungen bei einer anderen Konzerngesellschaft. Die einheitliche Leitung im Konzern hat für steuerplanerische Zwecke dann eine besondere Bedeutung, wenn nicht nur strategische Entscheidungen, sondern auch operative Produkt- und Programmentscheidungen bei den Untergesellschaften von der Konzernleitung getroffen werden. Diese haben Auswirkungen auf die innerkonzernliche Ergebnisentstehung und damit auch auf die Gesamthöhe der Steuerbelastung des Konzerns.

Die **steuerbilanzpolitischen Aktionsparameter** bei der Einzelabschlusserstellung stehen dem Konzern in gleicher Weise zur Verfügung wie dem Einheitsunternehmen, so dass sich diesbezüglich durch die Konzernverbundenheit nur ein geringes **zusätzliches** Gestaltungspotential

---

[44] Vgl. *Theisen*, Der Konzern. Betriebswirtschaftliche und rechtliche Grundlagen der Konzernunternehmung, S. 414.
[45] Vgl. *Ordelheide*, ZfbF 1987, 978.

ergibt. Insofern erscheint es gerechtfertigt, von einer gewissen **Dominanz der sachverhaltsgestaltenden** gegenüber der sachverhaltsdarstellenden **Steuerplanung** im Konzern zu sprechen. Insbesondere unter dem **Shareholder-Value-Ansatz** bei einem anvisierten Börsengang von Konzern-Obergesellschaft oder von Konzern-Untergesellschaften kommt es zu einer Beschränkung der bilanzpolitischen Aktionsparameter, die über den Grundsatz der Maßgeblichkeit zu einer erheblichen Unterbewertung des Aktivvermögens führen können, welche nach außen unter Umständen nicht ohne weiteres erkennbar ist. Steuerbilanzpolitische Aktionsparameter können jedoch bei Konzernverhältnissen insofern eine **besondere Qualität** erlangen, als deren Einsatz ggf. durch Vorgaben der Konzernspitze zielgerichtet gesteuert werden kann. Durch die Ausübung von Bilanzierungs- und Bewertungswahlrechten können stille Reserven in einzelnen Perioden gebildet oder aufgelöst werden, d. h. es erfolgt aus der Sicht der **einzelnen Konzerngesellschaft** eine zeitliche Ergebnisverlagerung und damit regelmäßig nur eine zinslose Steuerstundung. Diese kann aus Konzernsicht jedoch auch zur Erzielung von tatsächlichen Steuerersparnissen eingesetzt werden, wenn z. B. im Konzern zielgerichtet auf die Ausübung bestimmter steuerbilanzpolitischer Aktionsparameter und damit ggf. auf eine Verlustentstehung bei einer einzelnen Konzerngesellschaft verzichtet wird, bis die Organschaftsvoraussetzungen zu der übergeordneten Konzerngesellschaft zum innerkonzernlichen Ergebnisausgleich hergestellt sind. Sog. vorvertragliche Verluste der Konzern-Untergesellschaft (Organgesellschaft), d. h. vor Begründung einer körperschaftsteuerlichen Organschaft (§§ 14 ff. KStG), könnten nicht zum innerkonzernlichen Verlustausgleich auf die Konzern-Obergesellschaft (Organträger) übertragen werden, so dass eine zeitliche Verzögerung der Verlustentstehung erzielt werden muss. Der Einsatz der steuerbilanzpolitischen Aktionsparameter (Ausübung von Bilanzierungs- und Bewertungswahlrechten) bei einzelnen Gesellschaften kann damit zur zielgerichteten Ergebnissteuerung im Gesamtkonzern erfolgen, wenn die Obergesellschaft den erforderlichen gesellschaftsrechtlichen Einfluss auf die Untergesellschaften ausüben kann. Probleme können z. B. bei der Beteiligung von Minderheitsgesellschaftern auftauchen.

Das deutsche Steuerrecht hat zwar mehrere Rechtsinstitute geschaffen, die unter bestimmten Voraussetzungen Unternehmenszusammenschlüsse, z. B. in Form von Konzernen bei einzelnen Steuerarten in gewissem Umfang als wirtschaftliche Einheiten behandeln, damit die gleichen steuerlichen Vorteile, die sich bei der laufenden Besteuerung nach Verschmelzung zu einer Einheitsunternehmung erreichen lassen, auch **ohne Aufgabe der rechtlichen Selbständigkeit** zu erzielen sind.[46] Um steuerliche Doppelerfassungen in Unterordnungskonzernen zu vermeiden, bestehen die Rechtsinstitute der **Organschaft** (Körperschaft–, Gewerbe–, Umsatzsteuer) und des **Schachtelprivilegs** (Körperschaftsteuer: Beteiligungs- und Veräußerungsgewinnbefreiung; Gewerbesteuer). Organschaft und Schachtelprivileg führen jedoch noch nicht zu einem einheitlichen Konzernsteuerrecht oder zur vollumfänglichen steuerlichen Behandlung des Konzerns als Einheitsunternehmung, weil z. B. konzerninterne Zwischengewinne nicht eliminiert werden. Sie stellen jedoch wichtige Rechtsinstitute im Rahmen der Steuerplanung eines Konzerns dar.

III. Sachverhaltsgestaltende Aktionsparameter

Im Rahmen der internationalen Steuerplanung dürften die sachverhaltsgestaltenden Handlungsalternativen die größte Bedeutung haben. Dies trifft vor allem für die **grenzüberschreitenden Konzernverhältnisse** zu, da sich ein Konzern häufig aus zahlreichen Gliedgesellschaften

---

[46] Vgl. *Wöhe*, DStR 1990, 2.

zusammensetzt, die miteinander in Vertragsbeziehungen treten können. Die internationale Steuerplanung hat dann einen konzerndimensionalen Charakter, d. h. sie muss sich

(1) auf alle betriebswirtschaftlich relevanten Steuerarten beziehen, d. h. auf die Ertrag-, Substanz- und Verkehrsteuern,

(2) auf alle inländischen und ausländischen Konzerngesellschaften erstrecken, d. h. nicht die Minimierung der Steuerbelastung einzelner Konzerngesellschaften ist Ziel der Steuerplanung, sondern die Minimierung der Gesamtsteuerbelastung des Konzerns in der Form aller Gesellschaften, die sich unter der einheitlichen Leitung der Konzern-Obergesellschaft befinden,

(3) über die Totalperiode der Konzernverbundenheit ausdehnen, zumindest aber einen mehrjährigen Planungshorizont zugrunde legen, da Steuerminderbelastungen aus bestimmten sachverhaltsgestaltenden oder sachverhaltsdarstellenden Handlungsalternativen in einer Periode durch den Bilanzzusammenhang und durch Steuersatz- oder Ergebnisveränderungen in anderen Perioden zu Steuermehrbelastungen führen können, die die ursprünglichen Steuerersparnisse überkompensieren.

Die **sachverhaltsgestaltenden Handlungsalternativen** im Rahmen der internationalen Steuerplanung im Konzern beziehen sich im Wesentlichen auf die ökonomische Ergebnisentstehung sowie auf grundlegende Besteuerungsfolgen bei den einzelnen Konzerngesellschaften. Die dazu erforderlichen unternehmerischen Entscheidungen werden **vor** Realisierung der steuerlichen Tatbestände getroffen. Die sachverhaltsdarstellenden Handlungsalternativen beziehen sich demgegenüber im Wesentlichen auf die steuerrechtliche (ggf. über den Maßgeblichkeitsgrundsatz auch auf die handelsrechtliche) Ergebnisermittlung.

Die **sachverhaltsgestaltende Steuerplanung** kann sich beziehen auf

(1) **langfristig wirkende Entscheidungen wie die Aufbauelemente des Konzerns, z. B.**
▶ Wahl der Sitzgemeinden bzw. Sitzstaaten der einzelnen Konzerngesellschaften (nationale bzw. internationale Standortwahl),
▶ Grundsatzentscheidung zwischen Kapitalgesellschafts- oder Personengesellschaftskonzern,
▶ Wahl der Rechtsform für einzelne Konzerngesellschaften,
▶ Grundsatzentscheidung zwischen Stammhaus-Konzern oder Holding-Konzern,
▶ Einschaltung von Konzerndienstleistungsgesellschaften, z. B.
– Finanzierungsgesellschaften,
– Forschungs- und Entwicklungsgesellschaften,
– Cash-Management-Gesellschaften (Treasury Centers),
– Konzernversicherungsgesellschaften (Captive Insurance Companies),
– Kontroll- und Koordinierungsstellen (Coordination Centers)
▶ Abschluss von Unternehmensverträgen im Konzern,
▶ Rechtsorganisation von Unternehmenszusammenschlüssen,

(2) **mittelfristig bzw. kurzfristig abänderbare Entscheidungen wie die Gestaltung der innerkonzernlichen Rechtsbeziehungen, z. B.**
▶ Verrechnungspreispolitik bei innerkonzernlichen Lieferbeziehungen,
▶ Gestaltung von Konzernumlagen bei innerkonzernlichen Leistungsbeziehungen,

Grotherr

- Geldkapitalgewährung in Form von Fremdmitteln durch Mutter-, Schwester- oder Tochtergesellschaft im Konzern,
- Sachkapitalgewährung durch Konzerngesellschaften, z. B.
  - Miet- und Pachtverträge bei der Überlassung von materiellen Wirtschaftsgütern,
  - Leasingverträge einschl. sale-and-lease-back-Geschäfte bei der Überlassung von materiellen Wirtschaftsgütern,
  - Lizenzverträge bei der Überlassung von immateriellen Wirtschaftsgütern,

(3) **aperiodische Besteuerungstatbestände mit strategischer Bedeutung für die Steuerplanung**, z. B.
- Gründung neuer und Liquidation bestehender Konzerngesellschaften,
- Unternehmenskäufe und -verkäufe,
- Umstrukturierungen von Konzerngesellschaften (Verschmelzung, Spaltung, Formwechsel, Anteilsverschiebungen),

(4) **Herbeiführung von Minderbesteuerungen durch Ausnutzung von rechtlichen Qualifikationskonflikten**, z. B.
- Einsatz von hybriden Finanzierungsformen im Konzern,
- international doppelte Verlustverrechnung bei doppelt ansässigen Gesellschaften.
- Bestimmte sachverhaltsgestaltende Aktionsparameter führen zu einer (offenen oder verdeckten) **räumlichen Ergebnisverlagerung**. Die räumliche Ergebnisverlagerung kann dabei durch
- unternehmerische Grundsatzentscheidungen der Konzernleitung (z. B. Unterlassen von Rationalisierungsinvestitionen bei einer Konzerngesellschaft und Vornahme von Erweiterungsinvestitionen bei einer anderen Konzerngesellschaft zur Inanspruchnahme von steuerlichen Investitionsförderungsmaßnahmen bzw. Funktionsverlagerungen),
- Lenkung der innerkonzernlichen Lieferungs-, Leistungs- und Kapitalströme (z. B. sale-and-lease-back-Geschäfte, Gesellschafter-Fremdfinanzierung), oder durch
- wertmäßige Beeinflussung der innerkonzernlichen Verrechnungsentgelte (z. B. Verrechnungspreispolitik)

erfolgen. Die Durchsetzung des Einsatzes dieser steuerplanerischen Aktionsparameter ist naturgemäß nur durch die Konzernspitze zu bewältigen.

IV. Sachverhaltsdarstellende Aktionsparameter

Zu den sachverhaltsgestaltenden treten die **sachverhaltsdarstellenden Handlungsalternativen** im Rahmen der Steuerplanung hinzu, die sich **nach** Realisierung der steuerlichen Tatbestände im Rahmen der steuerlichen Abschlusserstellung ergeben, soweit sie zu alternativen steuerlichen Belastungen führen. Die **sachverhaltsdarstellende Steuerplanung** kann sich beziehen auf

(1) **die Ergebnisermittlung (= offene zeitliche Ergebnisverlagerung) durch die Ausübung von**
- (materiellen) Bilanzierungswahlrechten,
- (materiellen) Bewertungswahlrechten, und

- Ermessensspielräumen (z. B. Schätzung der betriebsgewöhnlichen Nutzungsdauer von Anlagegütern) [im weitesten Sinne "Steuerbilanzpolitik"[47]],

(2) **den Ergebnisausgleich (Gewinn- und Verlustausgleich) unter einzelnen Konzerngesellschaften durch Stellung von Anträgen im Besteuerungsverfahren, z. B.**
- Beantragung einer Steuerkonsolidierung im Ausland (die Begründung einer körperschaftsteuerlichen Organschaft im Inland durch Abschluss eines Gewinnabführungsvertrages ist eher den sachverhaltsgestaltenden Maßnahmen zuzurechnen),

(3) **die Ergebnisbesteuerung bei den einzelnen Konzerngesellschaften, z. B.**
- Ausübung von Wahlrechten (z. B. Anrechnung, Abzug, Pauschalierung) bei Bezug von ausländischen Einkünften,
- zielgerichtete Subsumtion von steuerlich relevanten Sachverhalten unter den gesetzlichen Tatbestand, z. B. bei drohenden Qualifikationskonflikten im Rahmen einer grenzüberschreitenden Geschäftsaktivität.

Die sachverhaltsdarstellenden Aktionsparameter führen regelmäßig nur zu einer **zeitlichen Erfolgsverlagerung**.

V. Gewinnverwendung

Neben den sachverhaltsgestaltenden und den sachverhaltsdarstellenden Handlungsalternativen gehören zum Bereich der Steuerplanung auch die **(offene) Gewinnverwendung** durch
- **Gewinneinbehaltung** (Thesaurierung) oder
- **Gewinnausschüttung**,

soweit diese einen Einfluss auf die Besteuerung ausübt, was regelmäßig bei Kapitalgesellschaften der Fall ist, z. B. durch Vornahme eines Kapitalertragsteuerabzugs und erneuter vollständiger oder teilweiser Steuerpflicht der Gewinnausschüttung beim Anteilseigner.

VI. Auswahl der Aktionsparameter

Die Auswahl der steuerplanerischen Aktionsparameter wird bei Konzernverhältnissen in hohem Maße von folgenden Faktoren bestimmt:

(1) **Vorliegen eines Kapitalgesellschafts- oder Personengesellschaftskonzerns.**

Durch das deutsche Mitunternehmerkonzept werden bei einem Personengesellschaftskonzern andere Besteuerungswirkungen induziert als bei einem Konzern, der sich aus Kapitalgesellschaften zusammensetzt.

(2) **Vorliegen eines rein national oder eines international tätigen Konzerns.**

Nur der international tätige Konzern ist in der Lage, das internationale Steuergefälle durch Erfolgsverlagerung mittels geeigneter Instrumente im Rahmen seiner Steuerplanung zu nutzen.

(3) **Gesellschaftsrechtliche Struktur des Konzerns.**

Sind z. B. an einzelnen Konzern-Untergesellschaften Minderheitsgesellschafter beteiligt, muss ggf. beim Einsatz von sachverhaltsgestaltenden Aktionsparametern, die zu einer räumlichen Ergebnisverlagerung führen, das Einvernehmen dieser Minderheitsgesellschafter eingeholt

---

[47] Vgl. ausführlich hierzu *Bauer*, Grundlagen der handels- und steuerrechtlichen Rechnungspolitik der Unternehmung.

werden, da es in der Regel zu einer dauerhaften Ergebnisveränderung kommt. Sachverhaltsdarstellende Aktionsparameter führen demgegenüber regelmäßig nur zu einer zeitlichen Ergebnisverlagerung bei der einzelnen Konzerngesellschaft, so dass hierfür die Zustimmung leichter zu erreichen ist.

(4) Ökonomische Struktur des Konzerns.

Die Auswahl und der Einsatz der steuerplanerischen Aktionsparameter werden maßgeblich von der ökonomischen Struktur des Konzerns und von der bei jeder Konzerngesellschaft verfügbaren steuerplanerischen Manövriermasse bestimmt.[48] Fehlt es z. B. in einem Holding-Konzern zwischen über- und untergeordneten Konzerngesellschaften an Lieferungsbeziehungen, kann z. B. die Verrechnungspreispolitik nicht für steuerplanerische Zwecke eingesetzt werden.

(5) Ökonomische Nebenbedingungen, die zu erfüllen sind.

Beschränkungen für die Steuerplanung durch konzerninterne Gewinnverwendungsstrategien können sich ergeben, wenn von der Konzern-Obergesellschaft eine bestimmte Mindestdividende erwartet wird. Bei einem anvisierten Börsengang der Obergesellschaft oder von Untergesellschaften kann die Beachtung des Shareholder-Value-Ansatzes zu einer Beschränkung der steuerbilanzpolitischen Aktionsparameter führen, insbesondere unter Geltung des Maßgeblichkeitsgrundsatzes. Steuerplanerische Maßnahmen, die der Nutzung des internationalen Steuergefälles dienen, müssen demgegenüber nicht zwangsläufig zu einer handelsrechtlichen Ergebnisreduzierung führen.[49]

(6) Wirkungsbreite und Wirkungsdauer der steuerplanerischen Aktionsparameter.

Mit dem Einsatz von sachverhaltsgestaltenden Aktionsparametern im Rahmen der Konzernsteuerplanung lassen sich außerordentlich vielfältige steuerliche Ergebniswirkungen im Hinblick auf die Wirkungsbreite und die Wirkungsdauer erzielen. Es kann zu

- einmaligen und/oder sich periodisch wiederholenden Steuerminderungen,
- temporären und/oder dauerhaften Steuerersparnissen,
- räumlichen und/oder zeitlichen Steuerverschiebungen durch Ergebnisverlagerungen,
- einzelgesellschaftlichen oder mehrere Gesellschaften betreffenden Steuerwirkungen kommen.

Räumliche Ergebnisverlagerungen führen eher zu dauerhaften Steuerersparnissen, zeitliche Ergebnisverlagerungen eher zu temporären Steuerersparnissen (Steuerstundungen), sofern es nicht durch Steuersatzsenkungen zu endgültigen Steuerersparnissen kommt.

Entsprechend der von der Konzernleitung gewünschten Steuerwirkung kann bei entsprechender Kenntnis die Auswahl und Dosierung der steuerplanerischen Aktionsparameter vorgenommen werden.

VII. Gestaltungsinstrumente bei Privatpersonen

Bei Privatpersonen beschränkt sich das Auslandsengagement häufig auf eine vermögensverwaltende Tätigkeit. Hierbei wird es sich in der Regel um Sachkapital in Form von Immobilien oder um Finanzkapital in Form von Wertpapieren handeln. Aus diesen Vermögenswerten erzielen sie einen signifikanten Teil ihres **Gesamteinkommens**. Eine weitere **Einkunftsquelle** stellt bei Pri-

---

[48] Vgl. *Selchert*, in: Hahn (Hrsg.), Führungsprobleme industrieller Unternehmungen, FS f. F. Thomé, S. 363.
[49] Vgl. *Müller*, IStR 1996, 456.

vatpersonen der persönliche Arbeitseinsatz im Ausland dar, d. h. es werden Einkünfte aus selbständiger Arbeit oder aus der Tätigkeit als Künstler, Sportler oder Musiker erzielt.

Der internationalen Steuerplanung obliegt bei Privatpersonen die **Aufgabe**, eine für diese Steuerpflichtigen vorteilhafte internationale Besteuerung von ihrem Einkommen aus dem Ausland und den dort belegenen Vermögenswerten zu erreichen. Um die steuerlichen Tatbestände in vorteilhafter Weise zu beeinflussen, ergeben sich für Privatpersonen insbesondere die folgenden Ansatzpunkte:

(1) **Räumliche Verlagerung von Steuertatbeständen, z. B. durch**

▶ Wohnsitzverlegung ins Ausland und damit Beendigung der unbeschränkten Einkommensteuerpflicht im Inland (die beschränkte Steuerpflicht im Inland bleibt ggf. weiterhin bestehen)[50],

▶ Verkauf des in Nicht-DBA-Staaten vorhandenen Sach- und Finanzkapitals und Kauf von in einem DBA-Staat belegenen Vermögenswerten mit Zuteilung des Besteuerungsrechts für die aus dem Vermögen fließenden Einkünfte an den anderen Vertragsstaat.

(2) **Personelle Verlagerung von Steuertatbeständen, z. B. durch**

▶ Übertragung von Vermögenswerten auf andere Personen (Familienangehörige, juristische Personen), wobei sich hier im Übertragungszeitpunkt schenkungsteuerliche Konsequenzen ergeben können[51],

▶ Übertragung von Einkünften durch Einräumung von Nutzungsrechten (Nießbrauchbestellung).

(3) **Zeitliche Verlagerung von Steuertatbeständen, z. B. durch**

▶ zeitliche Vorverlagerung der Schenkungsteuerpflicht durch freigebige Zuwendungen (vorweggenommene Erbfolge),

▶ Verlagerung des Zuflusszeitpunktes von Einkünften gem. § 11 EStG, z. B. durch die Wahl des Veräußerungs- oder Übertragungszeitpunktes, um Progressionsvorteile bzw. günstigere Steuersätze zu nutzen, Steuerstundungseffekte zu erzielen oder eine zeitnahe Verlustberücksichtigung zu ermöglichen.

(4) **Sachliche Verlagerung von Steuertatbeständen, z. B. durch**

▶ Umqualifizierung von Einkünften in andere Einkunftsarten, optimale Ausnutzung von Besteuerungswahlrechten, z. B. die Wahl zwischen Anrechnungs- und Abzugsmethode nach § 34c EStG.

E. Legitimität der internationalen Steuerplanung

Den Steuerpflichtigen, die mit Hilfe der internationalen Steuerplanung versuchen, ihre Steuerbelastung zu reduzieren, wird oftmals sozialschädigendes Verhalten unterstellt, d. h. dass die ergriffenen Gestaltungsmaßnahmen als nicht legitim eingestuft werden. Insbesondere Unternehmen, die steuerliche Vergünstigungen im Rahmen ihrer grenzüberschreitenden Geschäftstätigkeit nutzen, wird angelastet, dass sie einen Teil des für die Erfüllung der staatlichen Aufgaben erforderlichen Steueraufkommens entziehen.[52] Inwieweit die Gestaltungsmaßnahmen im

---

[50] Vgl. *Klos/Carl* a. a. O. (oben Fn. 21), S. 215 f.
[51] Vgl. *Watrin*, DStZ 1997, 252.
[52] Vgl. *Wacker* a. a. O. (oben Fn. 2), S. 62 f.; *Jacobs*, Internationale Unternehmensbesteuerung, S. 634.

Rahmen der internationalen Steuerplanung aus Sicht des einzelnen Steuerpflichtigen gerechtfertigt erscheinen, soll im Weiteren näher beleuchtet werden. Aus dem Blickwinkel der grundlegenden Prinzipien des Gemeinwesens wird das Für und Wider einer internationalen Steuerplanung erörtert. Grundannahme der Ausführungen ist dabei ein legales steuerliches Verhalten der Steuerpflichtigen.

I. Argumente aus Sicht der Steuerpflichtigen

Wie bereits einleitend erwähnt, ist die Steuerplanung ein integraler Bestandteil der Unternehmensplanung mit dem Ziel des Unternehmenserhalts und der Gewinnmaximierung. Steuern haben in dieser Zielfunktion Aufwandscharakter, die es mittels der Steuerplanung zu minimieren gilt. Wäre die Höhe der zu entrichtenden Steuern von jeglicher Unternehmensaktivität unabhängig und konstant, könnte eine Steuerplanung entfallen. Da dieses Postulat der Entscheidungsneutralität der Steuern aber nicht verwirklicht ist, findet die Steuerplanung zumindest hinsichtlich der Zielerreichung ihre Berechtigung.

Aus Sicht der Unternehmen ist die **internationale Wettbewerbsfähigkeit**, d. h. die Konkurrenzfähigkeit zu Unternehmen auf internationalen Märkten, ein weiteres Argument für Gestaltungsmaßnahmen im Rahmen der internationalen Steuerplanung. Durch die internationale Wettbewerbsfähigkeit können das Wachstum und die Existenz des Unternehmens langfristig gesichert werden. Komponenten der Wettbewerbsfähigkeit sind nicht nur produktions- oder dienstleistungsbezogene Kostenaspekte, sondern auch die Gesamtsteuerbelastung eines Unternehmens. Dabei verstärkt das internationale Steuergefälle die Bedeutung der steuerlichen Komponente für die Wettbewerbsfähigkeit. Können Konkurrenzunternehmen steuerliche Vorteile oder Vergünstigungen bei grenzüberschreitender Geschäftstätigkeit wahrnehmen, bspw. durch die Einrichtung einer Konzernfinanzierungsgesellschaft in einem Niedrigsteuerland, können sich die erzielbaren Kosten- und Steuervorteile in einer Verbesserung der Wettbewerbsfähigkeit widerspiegeln. Die Vernachlässigung dieser Wettbewerbskomponenten führt zu langfristigen Nachteilen. Zur Erhaltung bzw. Schaffung der internationalen Wettbewerbsfähigkeit ist somit die steuerliche Komponente nicht außer Acht zu lassen. Damit wird aber eine internationale Steuerplanung, welche die internationalen steuerlichen Aspekte in die unternehmerischen Tätigkeiten und Entscheidungen integriert, unabdinglich.[53]

Ein weiteres Argument für die Ergreifung von steuerplanerischen Gestaltungsmaßnahmen ist die **Komplexität der steuerrechtlichen Normen und Tatbestände**. Die internationale Steuerplanung versucht für die einzelnen ökonomischen Entscheidungen und Tätigkeiten eine steuerliche Transparenz zu schaffen und zweckmäßige Gestaltungsempfehlungen abzugeben. Sie stellt damit ein "Muss" für die internationale Unternehmenstätigkeit dar.[54]

Eng verbunden mit dem letzten Aspekt ist die **Änderungsgeschwindigkeit** der Rechtsmaterie. Durch dieses Ungewissheitsmoment nimmt die Komplexität der durch die Besteuerung beeinflussten Entscheidungen zu.[55] Daraus ergibt sich die Notwendigkeit, steuerliche Gestaltungen sorgfältig zu planen, Chancen und Risiken abzuwägen und die Gestaltungen aus dem Blickwinkel der Flexibilität zu analysieren.[56]

---

[53] Vgl. *Kratz* a. a. O. (oben Fn. 2), S. 49 f; *Riedweg*, Steuer Revue 1993, 357 f.; *Dreßler* a. a. O. (oben Fn. 14), S. 132 f.
[54] Vgl. *Rieger* a. a. O. (oben Fn. 2), S. 60 ff.; *Kratz* a. a. O. (oben Fn. 2), S. 51 f.
[55] Vgl. *Wehmeyer* a. a. O. (oben Fn. 18), S. 92.
[56] Vgl. *Wacker*, WiSt 1987, S. 287 ff.

Eine fachlich fundierte, zukunftsorientierte und flexible Steuerplanung erfordert jedoch den Einsatz von Fachwissen, Zeit und die Bereitstellung von alternativen Gestaltungsinstrumenten. Bei optimaler Steuerplanung können hohe Planungskosten entstehen, die den potentiellen Steuerersparnissen gegenüberstehen. Darüber hinaus kann bei der Nichtanerkennung steuerlicher Gestaltungen und der nachträglichen Steuerzahlung einschließlich Steuerstundungszinsen die Vorteilhaftigkeit steuerlicher Gestaltungen ins Gegenteil umgekehrt werden. Die Kosten-Nutzen-Relationen steuerlicher Gestaltungen sind innerhalb der internationalen Steuerplanung zu beachten.[57]

II. Argumente unter Heranziehung von rechtsstaatlichen Prinzipien

Die Steuergesetzgebung muss sich u. a. an folgenden rechtsstaatlichen Prinzipien messen lassen:

- Angemessenheit
- Tatbestandsmäßigkeit
- Gleichmäßigkeit der Besteuerung

Sofern diese Prinzipien erfüllt sind, ergibt sich nur geringer Bedarf, Gestaltungsmaßnahmen im Rahmen der internationalen Steuerplanung zu ergreifen.

Aber schon der Aspekt der Angemessenheit wirft das Problem der Übermaßbesteuerung auf. Die Pflicht zur Zahlung von Steuern findet ihre Einschränkung im Grundgesetz, das einen Eingriff in die Kapitalsubstanz und damit eine **Konfiskation** verbietet.[58] Die konkrete Höhe einer konfiskatorischen Besteuerung wird durch das BVerfG festgelegt. Das BVerfG hat mit dem Beschluss vom 22. 6. 1995 einen Maßstab für die maximale Gesamtbelastung gesetzt,[59] an den sich die höchstrichterliche steuerrechtliche Rechtsprechung offenbar nicht gebunden fühlt.[60] Auch auf internationaler Ebene findet sich das völkerrechtliche Verbot einer konfiskatorischen Besteuerung.[61] Bei grenzüberschreitenden Sachverhalten kann es bei Auslandsverlusten z. B. zu einer Konfiskation kommen, wenn in Drittstaaten (Nicht-EU-/-EWR-Staaten) eine nationale Verlustberücksichtigung nicht möglich ist und im Inland eine Beschränkung gem. § 2a Abs. 1 EStG greift. Wenn Gestaltungsmaßnahmen im Rahmen der internationalen Steuerplanung somit dazu dienen, eine konfiskatorische Besteuerung zu verhindern, kann ihnen die Legitimität nicht abgesprochen werden.

Der Grundsatz der Tatbestandsmäßigkeit der Besteuerung nach § 38 AO bestimmt im Umkehrschluss, dass ohne die Tatbestandserfüllung kein Steueranspruch entsteht. Jenseits des steuergesetzlichen Wortlautes befinden sich **steuerrechtsfreie** Räume und **Gesetzeslücken**. Während bei einem steuerrechtsfreien Raum die Nichterfassung eines steuerlichen Sachverhaltes zwar nicht dem Ziel der Legislativen entspricht, diesem aber auch nicht widerspricht, zeichnen sich Gesetzeslücken durch eine planwidrige Nichterfassung von steuerlichen Sachverhalten aus. **Die Steuerplanung ist in diesen Bereichen legitim.** Im steuerrechtsfreien Raum ist dies ohne weiteres verständlich. Aber auch im Bereich der Gesetzeslücken kann dem Steuerpflichtigen kein unrechtmäßiges Verhalten vorgeworfen werden, denn das Steuergesetz bietet durch § 42 AO

---

[57] Vgl. *Rieger* a. a. O. (oben Fn. 2), S. 62 ff.
[58] Vgl. *Tipke*, Die Steuerrechtsordnung, B. I, S. 434 f.
[59] Vgl. BVerfG-Urt. v. 22. 6. 1995, 2 BvL 37/91, BStBl 1995 II 661.
[60] Vgl. BFH-Urt. v. 11. 8. 1999 XI R 77/97 BStBl 1999 II 771.
[61] Vgl. *Tipke* a. a. O. (oben Fn. 63), S. 461 ff.

entsprechenden Schutz. Darüber hinaus kann es dem Steuerpflichtigen nicht angelastet werden, wenn der Gesetzgeber den Gesetzeszweck nicht umsetzen kann und seine legislativen Aufgaben nur in Form unzureichender Gesetzesbestimmungen erfüllt.[62]

Das Gebot der Gleichmäßigkeit der Besteuerung wird durch die Unsystematiken der internationalen Besteuerung verletzt. Bei grenzüberschreitenden Sachverhalten kann es aufgrund konkurrierender Steueransprüche zu einer internationalen Doppelbesteuerung kommen. Dann unterliegt das Besteuerungsobjekt im Gegensatz zu einer reinen inländischen Aktivität einer höheren steuerlichen Belastung. Dieser Effekt der internationalen Besteuerung tritt bei einer Vielzahl von ökonomischen Aktivitäten auf: Fehlende Möglichkeit eines Organschaftsverhältnisses über die Grenze, Verrechnungspreiskorrektur eines Staates ohne entsprechende Gegenberichtigung des anderen Staates, fehlende grenzüberschreitende Verlustberücksichtigung durch Verlustverrechnungsbeschränkungen, Betriebsausgabenabzugsbeschränkungen bei ausländischen Schachtelbeteiligungen usw. Die internationale Steuerplanung versucht, diese steuerrechtlichen Diskriminierungen bei der grenzüberschreitenden Geschäftstätigkeit entgegenzuwirken. Durch bestimmte steuerplanerische Gestaltungsmaßnahmen kann den negativen ökonomischen Auswirkungen der steuerlichen Unsystematiken zumindest teilweise begegnet werden.[63]

---

[62] Vgl. *Tipke*, StbJb 1972/73, S. 513 ff.; BFH-Urt. v. 1. 2. 1983 VIII R 30/80 BStBl 1983 II 536; *Tipke/Kruse* a. a. O. (oben Fn. 13), § 42 AO Tz. 7 ff.

[63] Vgl. *Kratz* a. a. O. (oben Fn. 2), S. 319.

Teil 2:
Internationale Steuerplanung im grenzüberschreitend tätigen Einheitsunternehmen

	Inhaltsübersicht	Seite
1. Thema:	Steuerliche Abgrenzungsfragen bei der Begründung einer Betriebsstätte im Ausland (*Haiß*)	31
2. Thema:	Betriebsstätte oder Tochtergesellschaft im Ausland (*Schoss*)	51
3. Thema:	Die Gewinnabgrenzung bei der grenzüberschreitenden Überführung von Wirtschaftsgütern in eine Betriebsstätte unter steuerplanerischen Gesichtspunkten (*Roth*)	75
4. Thema:	Steuerlich zweckmäßige Ausübung des Wahlrechts (Anrechnung, Abzug, Pauschalierung) zur Vermeidung der internationalen Doppelbesteuerung bei Gewinnen aus einer ausländischen Betriebsstätte (*Scheffler*)	97
5. Thema:	Möglichkeiten und Probleme der grenzüberschreitenden Verlustberücksichtigung für natürliche Personen (*Goebel/Schmidt*)	111

Teil 2:

Internationale Steuerplanung im grenzüberschreitend tätigen Einheitsunternehmen

Inhaltsübersicht

		Seite
1. Thema:	Steuerliche Abgrenzungsfragen bei der Begründung einer Betriebsstätte im Ausland (Haiß)	31
2. Thema:	Betriebsstätte oder Tochtergesellschaft im Ausland (Schuster)	59
3. Thema:	Die Gewinnabgrenzung bei der grenzüberschreitenden Überführung von Wirtschaftsgütern in eine Betriebsstätte unter steuerplanerischen Gesichtspunkten (Roth)	75
4. Thema:	Steuerlich zweckmäßige Ausübung der Wahlrechts (Anrechnung, Abzug, Pauschalierung) zur Vermeidung der internationalen Doppelbesteuerung bei Gewinnen aus einer ausländischen Betriebsstätte (Scheffler)	97
5. Thema:	Möglichkeiten und Probleme der grenzüberschreitenden Verlustberücksichtigung für natürliche Personen (Goebel/Schmidt)	117

1. Steuerliche Abgrenzungsfragen bei der Begründung einer Betriebsstätte im Ausland

von Dipl.-Kffr. Dr. Uta Haiß, Steuerberaterin, Düsseldorf*

Inhaltsübersicht

A. Einleitung
   I. Ausgangslage
   II. Eingrenzung des Themas
B. Abgrenzungsfragen im Bereich der Betriebsstättendefinition
   I. Die Begriffsmerkmale der nationalen Generalklausel
   II. Begriffsmerkmale der nationalen Katalogbetriebsstätten

III. Abweichungen der abkommensrechtlichen Betriebsstättendefinition
C. Abgrenzungsfragen bei der Vermögens- und Ergebniszuordnung
   I. Vorlaufende Aufwendungen/ Gründungsaufwendungen
   II. Betriebsstättendotation
D. Fazit

Literatur:

Bader/Klose, Steuerliche Behandlung vergeblicher Auftragskosten für ausländische Bauprojekte, IStR 1996, 318 ff.; *Baranowski*, Repräsentationsbüros und vergleichbare Geschäftseinrichtungen bei Bestehen eines Doppelbesteuerungsabkommens, IWB F. 3 Gr. 2 S. 619 ff.; *Becker*, Die Gewinnermittlung bei Betriebsstätten, in: Burmester/Endres (Hrsg.), FS f. H. Debatin, München 1997, S. 25 ff.; *Birk/Jahndorf*, in: Herrmann/Heuer/ Raupach, Einkommensteuer- und Körperschaftsteuergesetz, Kommentar, Köln; *Borstell/Brüninghaus*, Einkunftsabgrenzung bei Betriebsstätten und Personengesellschaften, in: Vögele (Hrsg.), Handbuch der Verrechnungspreise, München 2004, S. 995 ff.; *Buciek*, Aktuelle Entwicklung zur Betriebsstättenbesteuerung, DStZ 2003, 139 f; *Debatin*, Das Betriebsstättenprinzip der Doppelbesteuerungsabkommen, DB 1989, 1692 ff., 1739 ff.; *Grützner*, Die Entscheidungen des BFH und der FG zum Begriff der Betriebsstätte, IWB F. 3a Gr. 1 S. 957 ff.; *Günkel*, Komm. zu Art. 5 OECD-MA, in: Gosch/Kroppen/Grotherr (Hrsg.), DBA-Kommentar, Herne/Berlin; *Haiß*, Gewinnabgrenzung bei Betriebsstätten im internationalen Steuerrecht, Neuwied/Kriftel 2000; *Halfar*, Betriebsstättenbesteuerung, IWB F. 3 Gr. 1 S. 1393 ff.; *IDW*, Stellungnahme zur Ermittlung des Betriebsstättengewinns, DB 1988, 309 ff.; *Jacobs* (Hrsg.), Internationale Unternehmensbesteuerung, München 2007; *Kaligin*, Wann kippt eine passive Repräsentanz in eine aktive Betriebsstätte um?, RIW 1995, 398 ff.; *Kleineidam*, Gewinnermittlung bei Auslandsbetriebsstätten, IStR 1993, 349 ff., 395 ff.; *Kumpf*, Betriebsstätte: Prinzip und Definition, in: Haarmann (Hrsg.), Die beschränkte Steuerpflicht, Köln 1993, S. 27 ff.; *Kroppen*, Betriebsstätte – Quo vadis?, IWB F 10 Gr. 2 S. 1865 ff.; *Lühn*, Betriebsstättenbegründung durch Tätigwerden in fremden Räumlichkeiten – neue Entwicklung in der Rechtsprechung, BB 2009, 700 ff.; *Münch*, Vergebliche Akquisitionskosten in Bezug auf erhoffte Aufträge im Ausland, StBp 1995, 54 ff.; *Mutscher*, Die Kapitalstruktur von Betriebsstätten im Internationalen Steuerrecht, Bielefeld 1997; *Ritter*, Grenzüberschreitende Gewinnabgrenzung bei Betriebsstätten – Ein systematischer Versuch, in: JbFSt 1976/1977, S. 288 ff.; *Runge*, Zur internationalen Besteuerung des Industrieanlagenbaus, RIW 1984, 970 ff.; *ders.*: Streitfragen der Betriebsprüfung internationaler Unternehmen, in: Fischer (Hrsg.), Wirtschaftsstandort Deutschland im Internationalen Steuerrecht, Köln 1994, S. 134 ff.; *Schaumburg*, Podiumsdiskussion, in: Piltz/Schaumburg (Hrsg.), Unternehmensfinanzierung im Internationalen Steuerrecht, Köln 1995, S. 163 ff.; *Schieber*, Komm. zu Art. 5 Abs. 3 OECD-MA, in: Debatin/Wassermeyer (Hrsg.), Doppelbesteuerung; *Schröder*, Betriebsstättenbesteuerung, F. 3 Gr. 1 S. 925 ff., *ders.*, Ertragsteuerliche Behandlung von Aufwendungen für gescheiterte Auslandsinvestitionen, StBp 1988, 218 ff.; *ders./Strunk*, Gewinnermittlung bei Betriebsstätten, in: Mössner (Hrsg.), Steuerrecht international tätiger Unternehmen, Köln 2005, S. 283 ff.; *Wassermeyer*, Der Zeitbezug bei der Anwendung von DBA, IStR 1997, 395 ff.; *ders.*, Komm. zu Art. 5 und Art. 7 OECD-MA, in: Debatin/Wassermeyer (Hrsg.), Doppelbesteuerung; *ders.*, in: FS Kruse, Die Betriebsstätte – ein in vieler Hinsicht unbekanntes Wesen, Köln 2001, S. 589 ff.; *ders.*, in: Wassermeyer/Andresen/Dietz (Hrsg.), Betriebsstätten Handbuch, Köln 2006, S. 313 ff.

---

* Deloitte & Touche GmbH, Wirtschaftsprüfungsgesellschaft, Düsseldorf.

A. Einleitung

I. Ausgangslage

Aus Unternehmenssicht bieten sich für die Ausübung einer gewerblichen Betätigung über Staatsgrenzen hinweg grundsätzlich die Möglichkeiten des Direktgeschäfts (ohne Kapitalbindung) und der Direktinvestition (mit Kapital- und/oder Personalbindung). Für zivil- und steuerrechtliche Betrachtungen ist der Bereich der Direktinvestition in bestimmte Organisationsformen weiter zu untergliedern. Die Gründung bzw. der Erwerb einer rechtlich selbstständigen Tochtergesellschaft insbesondere in Form einer Kapitalgesellschaft stellt im Rahmen der Direktinvestitionen wegen der engen Bindung an den jeweiligen Sitzstaat die steuerliche Alternative zum Direktgeschäft dar. Zwischen diesen Extremen liegt aus der Sicht des deutschen Rechts die Organisationsstufe der rechtlich und wirtschaftlich unselbstständigen Betriebsstätte.

Engagiert sich ein Unternehmen außerhalb seines Sitzstaates durch unternehmenseigene, dauerhafte Stützpunkte, die nach dem nationalen Recht des ausländischen Staates Betriebsstätten darstellen, und werden die hierdurch erzielten Einkünfte demzufolge nach dem nationalen Recht des ausländischen Staates als "inländische" definiert, so wird das Unternehmen regelmäßig neben der ohnehin unbeschränkten, das Welteinkommen umfassenden Steuerpflicht im Sitzstaat auch das sachliche Anknüpfungsmoment für eine beschränkte Steuerpflicht im Tätigkeitsstaat erfüllen. Die Vermeidung der hierdurch eintretenden Doppelbesteuerung ist nun grundsätzlich Sache des Ansässigkeitsstaates.

Haben die Staaten ihre Besteuerungsansprüche im Rahmen von Doppelbesteuerungsabkommens ("DBA") nach dem Muster der OECD[1] ("OECD-MA") miteinander abgestimmt, wird die grenzüberschreitende Unternehmensbesteuerung in den Rahmen des sog. Betriebsstättenprinzips verwiesen. Hierfür definiert das DBA einen eigenen Betriebsstättenbegriff und verbietet dem Tätigkeitsstaat die Besteuerung von Gewinnen ausländischer Unternehmen, solange diese ihre Tätigkeit nicht durch eine im Tätigkeitsstaat belegene Betriebsstätte im DBA-Sinne ausüben. Liegt eine Betriebsstätte i. S. des DBA vor, darf der Betriebsstättenstaat das ausländische Unternehmen besteuern, jedoch nur soweit die Einkünfte dieser Betriebsstätte zuzurechnen sind. Der Sitzstaat des Unternehmens stellt diese Einkünfte entweder von der eigenen Besteuerung frei (Freistellungsmethode) oder rechnet die im Betriebsstättenstaat erhobenen Steuern auf die im Sitzstaat entstandene Steuerschuld an (Anrechnungsmethode). In deutschen DBA's dominiert die Freistellungsmethode[2] (unter Progressionsvorbehalt).

Das über ausländische Betriebsstätten verfügende Unternehmen (sog. Einheitsunternehmen) ist somit für steuerliche Zwecke betriebsstättenweise aufzugliedern. Hierbei wird sich in aller Regel die ursprüngliche Geschäftseinrichtung am Unternehmenssitz durch die zentrale Ausübung von Oberleitungsfunktionen auszeichnen, weshalb diese besondere Betriebsstätte das Stammhaus des Einheitsunternehmens darstellt.

II. Eingrenzung des Themas

Vorliegend sollen einige der wesentlichen Abgrenzungsfragen bei ausländischen Betriebsstättenbegründungen diskutiert werden. Hierbei ist in Abgrenzungsfragen zum Betriebsstättenbeg-

---

[1] Soweit das Bestehen eines DBA unterstellt wird, beziehen sich die nachfolgenden Ausführungen stellvertretend für die jeweiligen Einzel-DBA auf das OECD-MA und den OECD-MK auf Stand des 18. 7. 2008.
[2] Anwendung der Freistellungsmethode vorbehaltlich § 20 Abs. 2 AStG.

riff (Anknüpfungsmoment) einerseits und in Abgrenzungsfragen der nachfolgenden Vermögens- und Ergebniszuordnung (Bemessungsgrundlage) andererseits zu unterscheiden.

Nachfolgend wird zunächst auf Abgrenzungsprobleme der Qualifikationsmerkmale des Betriebsstättenbegriffs nach deutschem Steuerrecht und nach dem OECD-Musterabkommen einzugehen sein, denn die Vermeidung von Doppelbesteuerung setzt – trotz bzw. gerade bei Geltung eines DBA – zunächst Einigkeit über den sachlichen Anknüpfungspunkt der steuerlichen Abkommensbeschränkungen in Tätigkeits- und Sitzstaat voraus.

Im Rahmen der Vermögens- und Ergebniszuordnung stellen sich insbesondere Abgrenzungsfragen hinsichtlich der Finanzierungsstruktur der Betriebsstätte, der Zuordnung von vorlaufenden Aufwendungen und Gründungsaufwand sowie hinsichtlich der ersten Wirtschaftgüterausstattung der Betriebsstätte. Der vorliegende Beitrag konzentriert sich auf die beiden erstgenannten Problemkreise und klammert die Problematik der Wirtschaftsgüterausstattung aus, da sich ein späterer Beitrag dieses Handbuches diesem Thema ausschließlich und umfassend widmet.[3]

Nach isoliert deutschem Rechtsverständnis ist die steuerliche Behandlung von gewerblich tätigen oder geprägten Personengesellschaften mit Betriebsstätten außerhalb des Ansässigkeitsstaates ihrer Gesellschafter immer auch unter die Betriebsstättenproblematik zu subsumieren.[4] Hinsichtlich Betriebsstättenqualifikation und Gewinnabgrenzung im Fall der mitunternehmerischen Beteiligung und im Grundfall des internationalen Einheitsunternehmens bestehen allerdings gravierende Unterschiede, die nicht zuletzt darauf zurückzuführen sind, dass – anders als im Grundfall – zwischen einer Personengesellschaft und ihrem Gesellschafter Vertragsbeziehungen bestehen können. Aus systematischen Gründen wird somit nachfolgend auf die Besonderheiten bei mitunternehmerischen Beteiligungen nicht eingegangen. Ebenso wird auf explizite Ausführungen zu branchenspezifischen Besonderheiten verzichtet.

B. Abgrenzungsfragen im Bereich der Betriebsstättendefinition

I. Die Begriffsmerkmale der nationalen Generalklausel

Für das deutsche Steuerrecht definiert § 12 AO den Betriebsstättenbegriff. Diese Begriffsbestimmung gilt für deutsche Besteuerungszwecke in- und ausländischer Betriebsstätten. Entsprechend der Generalklausel dieser Vorschrift ist "jede feste Geschäftseinrichtung oder Anlage, die der Tätigkeit des Unternehmens dient",[5] eine Betriebsstätte. Demnach sind grundsätzlich folgende kumulativen Merkmale für die Qualifikation der Betriebsstätte nach deutschem Steuerrecht zu prüfen:

- Geschäftseinrichtung (oder Anlage)[6], die
- fest sein soll und
- der Tätigkeit des Unternehmens dient.

---

[3] Vgl. *Roth*, Die Gewinnabgrenzung bei der grenzüberschreitenden Überführung von Wirtschaftsgütern in eine Betriebsstätte unter steuerplanerischen Gesichtspunkten, in *Grotherr*, Handbuch der internationalen Steuerplanung, 3. Auflage, S. 75 ff.

[4] Vgl. BFH-Urt. v. 26. 2. 1992, I R 85/91, BStBl 1992 II 937; BMF-Schr. v. 24. 12. 1999, IV B 4 – S 1300 – 111/99, BStBl 1999 I 1076 ff., Tz. 1.1.5.1.

[5] § 12 Satz 1 AO.

[6] Eine klare juristische Begriffsunterscheidung zwischen dem Begriff der Geschäftseinrichtung und dem der Anlage ist nur schwer möglich und wird im Allgemeinen als nicht erforderlich angesehen; vgl. hierzu BFH-Urt. v. 3. 2. 1993, I R 80-81/91, BStBl 1993 II 462 ff.

1. Geschäftseinrichtung

Als Geschäftseinrichtung i. S. dieser Regelungen können jeder körperliche Gegenstand oder jede Zusammenfassung körperlicher Gegenstände angesehen werden, die sich als Grundlage einer Unternehmenstätigkeit eignen. Da für den nationalen Betriebsstättenbegriff, anders als im Abkommensrecht, auch Hilfs- und Nebentätigkeiten betriebsstättenbegründend wirken,[7] lässt sich für das Kriterium der Geschäftseinrichtung tatsächlich kaum eine konkrete Mindestanforderung formulieren. Nach der bisherigen Rechtsprechung reicht die Palette dieser betriebsstättenbegründenden Gegenstände daher von der am jeweiligen Arbeitsort eines Reinigungsunternehmens genutzten Abstellkammer[8] über die Privatwohnung des Steuerpflichtigen[9] bis hin zur bloßen Erdöl-Pipeline[10] im Erdboden.

2. Festigkeit der Einrichtung

Nach herrschender Meinung sollen dem Merkmal "fest" neben der offensichtlichen körperlichen Komponente (a) zusätzlich zwei Untermerkmale innewohnen: die Nachhaltigkeit der Einrichtung (b) und die Verfügungsmacht über dieselbe (c).

a) Örtliche Fixierung

Über die originäre Interpretation des Merkmals "fest" scheint weitestgehend Einigkeit in Rechtsprechung und Literatur zu bestehen. "Fest" ist der Platz der Geschäftsausübung jedenfalls dann, wenn er **räumlich begrenzt** und **örtlich fixiert** ist.[11] Welche geringen Anforderungen nach der höchstrichterlichen Rechtsprechung an diese Kriterien zu stellen sind, zeigt sich beispielsweise daran, dass auch ein wöchentlich an der gleichen Stelle aufgebauter Verkaufsstand als ausreichend örtlich fixiert gilt.[12]

b) Nachhaltigkeit

Die Vermutung einer gewissen **Dauerhaftigkeit** folgt tatsächlich begriffslogisch aus dem Erfordernis der festen Geschäftseinrichtung.[13] Welche Mindestzeitspanne diese gewisse Dauer erfüllen soll, bleibt das letztlich entscheidende Kriterium bei der Grenzziehung zwischen Direktgeschäft und Direktinvestition. Bei der Diskussion des Nachhaltigkeitskriteriums ist jedoch wegen unterschiedlicher Argumentation streng zwischen nationalem und DBA-Betriebsstättenbegriff zu unterscheiden, weshalb zunächst allein auf die Nachhaltigkeit nach § 12 AO eingegangen wird.

Die Rechtsprechung lehnt bisher die pauschale Festlegung einer Mindestzeitspanne ab. In der Literatur favorisiert man Zeiträume von neun Monaten bis zwölf Monaten.[14] Teilweise plädiert

---

[7] Vgl. zu Abweichungen unter B. III.

[8] Vgl. FG Hessen, Urt. v. 26. 3. 1982, EFG 1983, 34 ff.

[9] Vgl. BFH-Urt. v. 18. 12. 1986, I R 130/83, BFH/NV 1988, 119 ff. Dieses Urteil erging noch zum Vorgänger des § 12 AO, nämlich § 16 StAnpG (Steueranpassungsgesetz v. 16. 10. 1934, RGBl 1934 I 925 ff.).

[10] Vgl. BFH-Urt. v. 30. 10. 1996, II R 12/92, BStBl 1997 II 12 ff.

[11] Soweit ersichtlich wurde dieser mittlerweile gebräuchliche Terminus durch das FG Münster eingeführt; vgl. FG Münster, Urt. v. 28. 2. 1966, II a 417/65, EFG 1966, 501 ff. Zur Weiterentwicklung der Rechtsprechnug vgl. die alphabetisch geordnete Rechtsprechungsübersicht von *Grützner*, IWB F. 3a Gr. 1 S. 957 ff.

[12] Vgl. BFH-Urt. v. 28. 7. 1993, I R 15/93, BStBl 1994 II 148 ff.

[13] Interpretationsänderungen aufgrund der Entstehungsgeschichte des § 12 AO sollen hier nicht betrachtet werden. Vgl. zur Entstehungsgeschichte u. a. *Runge*, RIW 1984, 970 ff.

[14] Vgl. *Jacobs* (Hrsg.), Unternehmensbesteuerung, S. 326 m. w. N.

die Wirtschaft unter dem Gesichtspunkt der verstärkten Globalisierung für noch größere Mindestzeiträume[15], um keinen frühzeitigen Steuerzugriffen ausgesetzt zu werden. Einigkeit scheint insoweit zu bestehen, dass bei einer unter sechs Monaten bestehenden Geschäftseinrichtung von Nachhaltigkeit noch keine Rede sein kann. So sah es auch der BFH in seinem Urteil vom 19. 5. 1993, als er – ohne über die Zeitspanne selbst zu entscheiden – aus dem insoweit analog anzuwendenden Rechtsgedanken der §§ 9 und 12 Satz 2 Nr. 8 AO folgerte, dass die maßgebliche Zeitspanne "jedenfalls ... mit mindestens sechs Monaten anzusetzen"[16] sei. Die Finanzverwaltung hat versucht, diese Diskussion durch Setzung einer starren Grenze zu beenden. Unter Berufung auf das eben zitierte BFH-Urteil vom 19. 5. 1993 sieht sie das Nachhaltigkeitskriterium immer dann als erfüllt an, wenn die Geschäftseinrichtung länger als sechs Monate besteht.[17] Gegen die Bezugnahme auf den BFH lässt sich mit Recht einwenden, dass dieser mit seiner Fristbenennung lediglich die Annahme der Nachhaltigkeit innerhalb der Sechs-Monats-Frist ausgeschlossen hat und sich ein Umkehrschluss auf das Vorliegen der Nachhaltigkeit ab dem 183. Tag des Bestehens der Geschäftseinrichtung nicht aus dem Urteil ergibt. Aber so sehr man sich auch bemühen mag, so wird man doch im nationalen Steuerrecht keine gesetzliche Grundlage finden, aus der sich ein längerer Zeitraum ableiten ließe. Ganz im Gegenteil, sowohl für den gewöhnlichen Aufenthalt (§ 9 AO) als auch für Bauausführungen und Montagen (§ 12 Satz 2 Nr. 8 AO) tritt die entsprechende Qualifikation unmittelbar bei Überschreitung der Sechs-Monats-Frist ein. Wenn das Nachhaltigkeitskriterium für Betriebsstätten nach der Generalklausel von der für Bauausführungen und Montagen geltenden Sechs-Monats-Frist jedoch abweichen soll, so ließe sich auch die Auffassung vertreten, dass nach der Gesetzeslogik für "normale" Betriebsstätten sogar noch ein kürzerer Zeitraum ausreicht.[18] Vor diesem Hintergrund erscheint die pragmatische Lösung der Finanzverwaltung durch Setzung der Sechs-Monats-Frist durchaus vertretbar. Die Praxis wird mit ihr umgehen können und insbesondere bei der Begründung ausländischer Betriebsstätten von der eingetretenen Selbstbindung der Finanzverwaltung zu profitieren wissen.

c) **Verfügungsmacht**

Das zweite abgeleitete Subkriterium der **Verfügungsmacht** des Unternehmers über die betreffende Einrichtung ist nach ständiger Rechtsprechung des BFH erfüllt, wenn eine nicht nur vorübergehende, tatsächliche unternehmerische Dispositionsbefugnis[19] besteht. Diese Verfügungsmacht setzt grundsätzlich weder rechtliches noch wirtschaftliches Eigentum des Unternehmens voraus, wohl aber eine wie auch immer geartete Rechtsposition, die ohne eigene Mitwirkung nicht ohne weiteres entzogen oder geändert werden kann.[20] Die unter dem Stichwort der **Verwurzelung** durch das BFH-Urteil vom 3. 2. 1993 fortentwickelte Rechtsprechung stellte

---

[15] Vgl. *Kumpf*, in: Haarmann (Hrsg): Beschränkte Steuerpflicht, S. 42.

[16] Vgl. BFH-Urt. v. 19. 5. 1993, I R 80/92, BStBl 1993 II 655 ff. Die Entscheidung erging zu Art. 7 Abs. 1 DBA-Italien 1925 und betraf einen Fachschriftsteller, der sich mit seinem Wohnwagen jährlich zwei Mal für je sechs Wochen auf einen Campingplatz in Italien begab, um an der Neuauflage seines Kommentars zu arbeiten.

[17] Vgl. BMF-Schr. v. 24. 12. 1999 a. a. O. (Fn. 4), Tz. 1.1.1.1., Tz. 1.2.1.1.

[18] Dieser Schluss basiert auf der Auffassung des BFH, dass Bauausführungen und Montagen bei Überschreitung der Sechs-Monats-Frist unabhängig davon Betriebsstätten begründen, ob überhaupt eine feste Geschäftseinrichtung existiert (vgl. BFH-Urt. v. 28. 7. 1993 a. a. O. [Fn. 12]). Vgl. hierzu unter B. II.

[19] Vgl. z. B. BFH-Urt. v. 28. 3. 1985, IV R 80/82, BStBl 1985 II 405 ff. m. w. N.

[20] Vgl. z. B. BFH-Urt. v. 11. 10. 1989, I R 77/88, BStBl 1990 II 166 ff.; BFH-Urt. v. 3. 2. 1993 a. a. O (oben Fn. 6); BFH-Urt. v. 23. 5. 2002, III R 8/00, BStBl 2002 II 512 ff.

lediglich klar, dass die Verfügungsmacht des Unternehmens nicht notwendigerweise im Hinblick auf einen bestimmten Raum gesondert rechtlich abgesichert sein muss.[21] Es könne vielmehr im Einzelfall auch eine allgemeine rechtliche Absicherung genügen, in deren Rahmen dem Steuerpflichtigen aus tatsächlichen Gründen zumindest ein bestimmter Raum zur ständigen Nutzung zur Verfügung gestellt und seine Verfügungsmacht darüber nicht bestritten wird.

Das Erfordernis der **Unbestrittenheit** der Verfügungsmacht nahm der BFH sogar zum Anlass, das Vorliegen einer Verfügungsmacht trotz rechtlicher Absicherung des Unternehmens zu verneinen.[22] Im entschiedenen Fall waren Außendienst-Gebietsleiter eines pharmazeutischen Unternehmens arbeitsvertraglich dazu verpflichtet, dem Unternehmen bestimmte Räume nicht nur vorübergehend für die gewerbliche Nutzung als Regionalbüros zur Verfügung zu stellen. Sie kamen dieser vertraglichen Verpflichtung auch ohne jede Einschränkung nach. Da die betreffenden Räume jedoch überwiegend zu den Wohnungen der jeweiligen Gebietsleiter gehörten, sah der BFH den Schluss als gerechtfertigt an, dass die Gebietsleiter anderen Mitarbeitern des Unternehmens den jederzeitigen uneingeschränkten Zutritt zu den betreffenden Räumlichkeiten vermutlich verwehrt hätten. Demzufolge war die Verfügungsmacht des Unternehmens, trotz rechtlicher Absicherung und ohne dass jemals tatsächlich jemandem der Zutritt zu den Räumlichkeiten verwehrt worden war, nicht als unbestritten anzusehen und die Betriebsstättenbegründung wegen fehlender Verfügungsmacht zu verneinen. Hängt die Zugangsberechtigung jedoch lediglich von personenbezogenen Kontrollmaßnahmen aufgrund eines besonderen Sicherheitsbedürfnisses des Hausherrn ab, schließt das die Bejahung der Verfügungsmacht jedenfalls dann nicht aus, wenn der Zugang nicht willkürlich verweigert, sondern in der Regel tatsächlich gewährt wird.[23]

Der zwischenzeitlich in Teilen der Literatur aufgetretenen Tendenz, die Rechtmäßigkeit des Erfordernisses einer Verfügungsmacht gänzlich in Frage zu stellen und statt dessen allein auf die zeitliche Dauer der in einer Einrichtung ausgeübten Tätigkeit abzustellen,[24] erteilte der BFH in seinem „NATO-Putzkolonnen"-Urteil vom 4. 6. 2008 nunmehr eine klare Absage.[25] In einem Fall, in dem den Mitarbeitern eines ausländischen Reinigungsunternehmen für die auftragsgemäße Reinigung an Flugzeugen langjährig und unbestritten der Zugang zu Reinigungshalle, Aufenthaltsraum mit Kücheneinrichtung, verschließbaren Schränken, Telefon und Faxgerät sowie Duschräumen zur Verfügung standen, wurde das Vorliegen einer Betriebsstätte mangels Verfügungsmacht verneint, da das bloße (auch andauernde) Tätigwerden in Räumlichkeiten eines Auftraggebers für sich genommen noch nicht genüge. Vielmehr müssten neben die zeitliche Komponente zusätzliche Umstände treten, die auf eine örtliche Verfestigung der Tätigkeit schließen lassen. Beachtenswert ist zudem die Tendenz der Rechtsprechung, in Fällen einer bloßen Mitbenutzungsmöglichkeit der Einrichtung die Betriebsstättenbegründung mangels Verfügungsmacht zu verneinen. Die bisherige ständige Rechtsprechung des BFH einschließlich des sog. „NATO-Flugsimulator"-Urteils vom 14. 7. 2004 bejahte die Betriebsstättenbegründung auch in Fällen bloßer Mitbenutzungsrechte und führte ausdrücklich aus, dass die nötige Verfügungsmacht kein alleiniges Nutzungsrecht verlange.[26] Im bereits erwähnten „NATO-

---

[21] Vgl. BFH-Urt. v. 3. 2. 1993 a. a. O. (Fn. 6).

[22] Vgl. BFH-Urt. v. 10. 11. 1998, I B 80/97, BFH/NV 1999, 665 ff.

[23] Vgl. BFH-Urt. v. 14. 7. 2004, I R 106/03, BFH/NV 2005, 154 ff.

[24] Vgl. *Wassermeyer*, in: Debatin/Wassermeyer, Doppelbesteuerung, Art. 5 Tz. 42a; *Buciek*, DStZ 2003, 139 f. A.A. mit Gegenargumentation *Kroppen*, IWB F. 10 Gr. 2 S. 1865 ff.

[25] Vgl. hierzu und folgenden BFH-Urt. v. 4. 6. 2008, I R 30/07, BStBl 2008 II 922 ff.

[26] Vgl. m.w.N. BFH-Urt. v. 14. 7. 2004 a. a. O. (oben Fn. 23) unter II.2.c. der Entscheidungsgründe.

Putzkolonnen"-Urteil vom 4. 6. 2008[27] wurde die Verneinung der Betriebsstättenbegründung nun zwar anderweitig begründet,[28] jedoch beiläufig angemerkt, dass der Senat an weitergehenden Aussagen des „NATO-Flugsimulator"-Urteils nicht festhalte. Ob sich hier die Vermutung einer „verkappten" Rechtsprechungsänderung auf Ebene des BFH bewahrheitet, wird sich noch zeigen müssen. Auf Finanzgerichtsebene wurde jedoch bereits im rechtskräftigen „Room-Sharing"-Urteil vom 19. 12. 2008 das Vorliegen der nötigen Verfügungsmacht ausdrücklich mit der fehlenden Ausschließlichkeit des eingeräumten Nutzungsrechts verneint.[29]

Trotz umfangreicher jüngerer Rechtsprechung zum Begriff der Verfügungsmacht verbleibt der Praxis somit in Grenzbereichen weiterhin erhebliche Restunsicherheit.

3. Der Tätigkeit des Unternehmens dienend

Nach einigen Interpretationsdifferenzen aufgrund der Neuformulierung des § 12 Satz 1 AO[30] scheint man sich heute wieder darüber einig zu sein, dass in der Einrichtung selbst eine aktive unternehmerische Tätigkeit zu entfalten ist, die Einrichtung dem Gewerbebetrieb also unmittelbar dienen muss. Welche gewerbliche Tätigkeit allerdings als betriebsstättenbegründend anzusehen ist, richtet sich nach dem jeweiligen Unternehmensgegenstand. Je nach Unternehmensgegenstand kann es ausreichend sein, wenn die unternehmerische Tätigkeit durch fremde Subunternehmer oder aber – im Falle vollautomatischer Einrichtungen – ohne jegliches Personal vor Ort durchgeführt wird.[31] Darüber hinaus genügt es, wenn die Einrichtung nur einem Teil der Unternehmenstätigkeit dient und sich selbst nicht am allgemeinen wirtschaftlichen Verkehr beteiligt.[32] Eine Betriebsstättenbegründung allein durch die Erfüllung eines einzelnen Kundenauftrags ist somit möglich.

II. Begriffsmerkmale der nationalen Katalogbetriebsstätten

Der Betriebsstättenkatalog des **§ 12 Satz 2 AO** ist nach der Rechtsprechung des BFH als Definitionserweiterung anzusehen, "die nicht notwendigerweise eine feste Geschäftseinrichtung oder Anlage voraussetzt".[33] Speziell im Falle der Geschäftsleitungsbetriebsstätte hat diese BFH-Interpretation weit reichende Folgen: Der Ort der Geschäftsleitung ist nach § 12 Satz 2 Nr. 1 AO in jedem Fall als Betriebsstätte anzusehen, unabhängig davon, ob er die Kriterien der Generalklausel tatsächlich erfüllt. Da die Geschäftsleitung notwendiger Bestandteil einer jeden gewerblichen Betätigung ist, unterhält zwangsläufig jedes gewerbliche Unternehmen wenigstens eine Betriebsstätte, nämlich am Ort der Geschäftsleitung. Und da der Gesamtgewinn eines Unternehmens immer auch durch diese Geschäftsleitungsbetriebsstätte erwirtschaftet wird, muss diese immer in die betriebsstättenweise Aufteilung des Unternehmensergebnisses einbezogen werden. Damit klärt sich auch die Grundfrage, ob gewerbliche Betätigung auch ohne Zustandekommen einer Betriebsstätte i. S. des § 12 AO überhaupt möglich ist: Der Verwirklichung einer

---

[27] Vgl. BFH-Urt. v. 4. 6. 2008 a. a. O. (oben Fn. 25).

[28] Vgl. hierzu ausführlich *Lühn*, BB 2009, 700 ff.

[29] Vgl. Beschluss des FG Baden-Württemberg v. 19. 12. 2008, 3 V 2830/07, www.nwb-datenbank.de/ [NWB DokID: EAAAD-13846].

[30] Der Vorgänger des § 12 AO (16 StAnpG), verlangte noch ausdrücklich, dass die Tätigkeit des Unternehmens in der Geschäftseinrichtung "ausgeübt" wird (vgl. Steueranpassungsgesetz v. 16. 10. 1934, RGBl 1934 I 925 ff.). Vgl. hierzu ausführlich *Schröder*, IWB F. 3 Gr. 1 S. 926.

[31] Vgl. BFH-Urt. v. 30. 10. 1996 a. a. O. (Fn. 10) m. w. N.

[32] Vgl. BFH-Urt. v. 3. 2. 1993 a. a. O (Fn. 6).

[33] BFH-Urt. v. 28. 7. 1993 a. a. O. (Fn. 12); BMF-Schr. v. 24. 12. 1999 a. a. O. (Fn. 4), Tz. 1.1.1.1.

gewerblichen Tätigkeit wohnt die Betriebsstättenbegründung durch die Notwendigkeit einer wie auch immer gearteten Geschäftsleitung bereits inne.

Schwierigkeiten kann allerdings die Lokalisierung dieser Betriebsstätte bereiten. Hilfsweise lässt sich jedoch hierfür auf die Rechtsprechung für Kapitalgesellschaften zurückgreifen, wonach der Ort der Geschäftsleitung dort anzunehmen ist, wo die für das Unternehmen bedeutendste Stelle festzustellen ist. Im Zweifel ist dies der Wohnort des Geschäftsführers. Beim reisenden Gewerbetreibenden wäre also letztlich dessen Wohnort als Ort der Geschäftsleitung und damit als Geschäftsleitungsbetriebsstätte anzunehmen. Zu diesem Ergebnis kam die deutsche Rechtsprechung auch zu Zeiten, in denen die Katalogbetriebsstätten noch nicht als Betriebsstätten "qua definitione" galten. Um die Wohnung des reisenden Gewerbetreibenden jedoch zur Betriebsstätte zu erklären, musste diese jedoch damals erst mühevoll in eine feste Geschäftseinrichtung im Dienste der gewerblichen Tätigkeit uminterpretiert werden.[34]

III. Abweichungen der abkommensrechtlichen Betriebsstättendefinition

Der in Art. 5 Abs. 1 OECD-MA verankerte Betriebsstättenbegriff hat mit dem des § 12 AO die sachliche Anknüpfung am Merkmal der "festen Geschäftseinrichtung, durch die die Tätigkeit des Unternehmens ganz oder teilweise ausgeübt wird" gemeinsam. Grundsätzlich gelten hierfür die bereits für den nationalen Betriebsstättengegriff bereits erläuterten Einzelkriterien. Beim Kriterium der Verfügungsmacht tendiert die OECD allerdings seit einiger Zeit zu einer eher abgeschwächten Interpretation. Zwar erläutert die seit dem 28.1.2003 gültige Fassung des OECD-Kommentars zum OECD-Musterabkommen unter den Stichpunkten „Geschäftseinrichtung" und „Verfügungsmacht" nach wie vor, dass das Unternehmen über die genutzte Geschäftseinrichtung „verfügen" müsse und es hierfür unerheblich sei, ob sich diese Verfügungsmacht durch Eigentum, Miete oder „sonstwie"[35] ergibt. Er stellt auch klar, dass die bloße Anwesenheit eines Unternehmens an einer bestimmten Stelle nicht notwendigerweise bedeutet, dass diese Stelle dem Unternehmen „zur Verfügung steht".[36] Gleichwohl enthält der aktuelle OECD-MK auch ein Betriebsstättenbeispiel, in dem ein „Anstreicher", der zwei Jahre lang wöchentlich drei Tage in einem großen Bürokomplex seines Hauptkunden mit Anstreichen zubringt, eine Betriebsstätte durch seine Anwesenheit begründet.[37]

Im Unterschied zu den Katalogbetriebsstätten des deutschen Betriebsstättenbegriffs handelt es sich beim Positivkatalog des **Art. 5 Abs. 2 OECD-MA** um eine nicht abschließende Aufzählung von Beispielen, die nur dann Betriebsstätten begründen, wenn sie die Voraussetzungen der Generalklausel des Art. 5 Abs. 1 OECD-MA erfüllen.[38] Während also nach der Rechtsprechung zu den Katalogbetriebsstätten des deutschen Betriebsstättenbegriffs das Vorliegen einer Betriebsstätte auch ohne feste Geschäftseinrichtung zu bejahen ist, kommt es bei der Anwendung des DBA wieder auf die Prüfung der Generalklausel an. Folglich ist die Wohnung des reisenden Ge-

---

[34] Vgl. BFH-Urt. v. 18. 12. 1986 a. a. O. (oben Fn. 9). Hier musste die Aufbewahrung von Kontoauszügen in der Wohnung noch als Begründung dienen, da davon ausgegangen wurde, dass auch die Überprüfung der Buchungen in der Wohnung vorgenommen wurde und dies eine betriebliche Handlung darstellt.

[35] Vgl. OECD-MK, Art. 5 Anm. 4 und 4.1.

[36] Vgl. OECD-MK, Art. 5 Anm. 4.2.

[37] Vgl. OECD-MK, Art. 5 Anm. 4.5. Die Bundesrepublik Deutschland ließ jedoch mit ihrer Bemerkung zum MK vom 15.7.2005 ausdrücklich festhalten, dass sie der Interpretation dieser sog. „Anstreicherbetriebsstätte" nicht zustimmt, vgl. OECD-MK, Art. 5 Anm. 45.7.

[38] Vgl. OECD-MK, Art. 5, Anm. 12; BMF-Schr. v. 24. 12. 1999 a. a. O. (oben Fn. 4), Tz 1.2.1.1.; a. A. *Wassermeyer*, in: Debatin/Wassermeyer, Doppelbesteuerung, Art. 5 Tz. 61.

werbetreibenden also spätestens auf der Prüfungsebene des DBA daraufhin zu untersuchen, ob sie den Kriterien einer betriebsstättenbegründenden festen Geschäftseinrichtung standhält.

Wesentlich ist auch die unterschiedliche Einordnung von Bauausführungen und Montagen im nationalen und DBA-Betriebsstättenbegriff. Da Bauausführungen und Montagen in Nr. 8 des Betriebsstättenkatalogs des § 12 Satz 2 AO aufgezählt werden, zählen sie nach der Rechtsprechung des BFH[39] mit zu denjenigen Betriebsstätten, die nach nationalem Recht nicht zwingend einer festen Geschäftseinrichtung i. S. der Generalklausel bedürfen, um bei Überschreitung der Sechsmonatsfrist als Betriebsstätte behandelt zu werden. Anders als § 12 AO widmet der Betriebsstättenbegriff des OECD-MA Bauausführungen und Montagen einen eigenen Abs. 3, wonach sie "nur dann eine Betriebsstätte begründen, wenn ihre Dauer" zwölf Monate überschreitet. Nach dem hier vertretenen Begriffsverständnis handelt es sich dabei nicht um eine "Betriebsstättenfiktion".[40] Daher müssen Bauausführungen und Montagen nach Abkommensrecht somit zum einen eine feste Geschäftseinrichtung nach der Generalklausel des DBA vorweisen und zum anderen länger als zwölf Monate bestehen, um DBA-Betriebsstätten zu begründen.[41]

Die wohl bedeutendste Abweichung des DBA-Betriebsstättenbegriffes zum nationalen Recht liegt in der Versagung der Betriebsstätteneigenschaft von Hilfseinrichtungen. Art. 5 Abs. 4 OECD-MA klammert durch Aufzählung diejenigen Einrichtungen definitiv aus, in denen keine betrieblichen Kerntätigkeiten ausgeführt werden. Der **Negativkatalog** trägt hierbei teilweise lediglich klarstellenden Charakter, teilweise aber auch definitorische Züge. So erfüllen manche der dort aufgeführten Ausnahmen bei genauer Auslegung von vornherein nicht die allgemeinen Betriebsstättenmerkmale der Generalklausel des Abs. 1, wie z. B. die unter Abs. 4 Buchst. a aufgeführten Güterbestände, die ausschließlich zur Lagerung, Ausstellung oder Auslieferung unterhalten werden. Andere der separat aufgelisteten Tätigkeiten tragen so offensichtlichen Hilfscharakter, dass sie damit wohl auch ohne konkrete Erwähnung ohnehin unter Abs. 4 Buchst. e OECD-MA zu subsumieren wären. Warenlager sowie Einkaufs- bzw. Informationsbeschaffungseinrichtungen[42] dürften zwar grundsätzlich die Anforderungen der Generalklausel erfüllen, ihnen wird aber aus abkommenssystematischen Gründen[43] ebenfalls der Hilfscharakter unterstellt.

Unterhält ein deutsches Produktionsunternehmen beispielsweise eine feste Geschäftseinrichtung in einem Vertragsstaat ausschließlich zu dem Zweck, Werbung oder wissenschaftliche Forschung zu betreiben bzw. Auskünfte über die Verwertung eines technischen Verfahrens (Know-how) zu erteilen, so ist dieser Sachverhalt nach § 12 Satz 1 AO regelmäßig als Betriebsstätte anzusehen.[44] Auch nach der Generalklausel des Art. 5 Abs. 1 OECD-MA wäre die Betriebsstätteneigenschaft zu bejahen. Da die Einrichtung aber lediglich die Existenz des Unternehmens signalisieren soll und mit ihrer Tätigkeit außerhalb der Kernzone des Unternehmens liegt, ist sie nach Art. 5 Abs. 4 Buchst. e OECD-MA so weit von der eigentlichen Gewinnerzielung entfernt, dass ihr die Betriebsstätteneigenschaft i. S. des DBA wieder entzogen wird. Damit bietet sich dem Belegenheitsstaat der Einrichtung kein Anknüpfungstatbestand mehr und der zugehörige

---

[39] Vgl. BFH-Urt. v. 28. 7. 1993 a. a. O. (Fn. 12).
[40] So jedoch *Günkel*, in: Gosch/Kroppen/Grotherr (Hrsg.), DBA-Kommentar, Art. 5, Rn. 144.
[41] Vgl. im Ergebnis wohl gl. A. *Schieber*, in: Debatin/Wassermeyer (Hrsg.), Doppelbesteuerung, Art. 5, Tz. 94.
[42] Art. 5 Abs. 4 Buchst. a, d OECD-MA.
[43] Wenn nach Art. 7 Abs. 5 OECD-MA nämlich für bloße Einkaufstätigkeit grundsätzlich kein Gewinn zugerechnet werden darf, muss dies wohl erst recht für reine Informationsbeschaffung gelten.
[44] Vgl. auch *Baranowski*, IWB F. 3 Gr. 2 S. 619 ff.

personelle und sachliche Aufwand geht in die ertragsteuerliche Bemessungsgrundlage des Ansässigkeitsstaates ein.[45] Bereitet ein Repräsentanzbüro allerdings bereits Verkaufsverhandlungen vor, so überschreitet es damit die Grenze des Hilfstätigkeitscharakters i. S. des OECD-MA mit der Folge der üblichen Behandlung als Betriebsstätte auch nach Abkommensrecht.[46]

C. Abgrenzungsfragen bei der Vermögens- und Ergebniszuordnung

Die Ertrags- und Aufwandszuordnung (bzw. Gewinnabgrenzung) folgt immer der Zurechnung der Wirtschaftsgüter des Betriebsvermögens. Soll der Gewinnanteil der Betriebsstätte bei Anwendung der nach herrschender Meinung favorisierten direkten Methode aus dem Ergebnis eines Betriebsvermögensvergleichs auf Grundlage einer separaten Buchführung ablesbar sein, setzt dies zunächst die Zuordnung aller der Betriebsstätte dienenden Aktiva und Passiva, Aufwendungen und Erträge voraus.

Als Grundregel der Gewinnabgrenzung fingiert Art. 7 Abs. 2 OECD-MA die Selbstständigkeit der Betriebsstätte unter dem Maßstab des Fremdvergleichs. Nach dieser so genannten dealing-at-the-arm's-length-Klausel sind der Betriebsstätte genau die Gewinne zuzurechnen, "die sie hätte erwirtschaften können, wenn sie eine gleiche oder ähnliche Tätigkeit unter gleichen oder ähnlichen Bedingungen als selbstständiges Unternehmen ausgeübt hätte und im Verkehr mit dem Unternehmen, dessen Betriebsstätte sie ist, völlig unabhängig gewesen wäre."[47]

Die sachgerechte Umsetzung und Reichweite der fiktiven Gleichstellung der Betriebsstätte mit einem selbstständigen und unabhängigen Unternehmen (Selbstständigkeitsfiktion) beschäftigt die Fachwelt seit Jahrzehnten. Unumstritten scheint lediglich, dass oberster Grundsatz der Besteuerung des international tätigen Einheitsunternehmens die Orientierung am Prinzip der Leistungsfähigkeit sein muss. Unterschiedliche Auffassungen bestehen jedoch in der Antwort auf die Frage, worauf genau der Leistungsfähigkeitsmaßstab bezogen werden soll: auf die Leistungsfähigkeit des Gesamtunternehmens (so eher die Erwirtschaftungstheorie[48]) oder auf die der einzelnen Unternehmensteile (so eher die Funktionsnutzentheorie[49]). Angelehnt an die Erwirtschaftungstheorie befürwortet die deutsche Finanzverwaltung bislang eine eher eingeschränkte Selbstständigkeitsinterpretation der Betriebsstätte.

I. Vorlaufende Aufwendungen/Gründungsaufwendungen

Das Betriebsstättenprinzip der DBA greift erst ein, wenn das Unternehmen seine Tätigkeit durch eine feste Geschäftseinrichtung ausübt.[50] Dies ist jedoch im Zuge einer anlaufenden Betriebsstättentätigkeit frühestens in dem Moment der Fall, in dem damit begonnen wird, in der Ge-

---

[45] Während damit zwar die zwischenstaatliche Gewinnaufteilung für einkommen- bzw. körperschaftsteuerliche Zwecke abgewendet ist, darf jedoch nicht vergessen werden, dass beispielsweise für deutsche Gewerbesteuerzwecke trotzdem ein gesondertes Ergebnis festzustellen ist. Hierfür bleibt das im Ausland befindliche Repräsentationsbüro allein nach nationaler Betrachtungsweise eine ausländische Betriebsstätte i. S. des § 12 AO, deren Ertrag für Zwecke der Gewerbesteuer aus dem Gewerbeertrag des Unternehmens auszugrenzen ist.

[46] Vgl. *Kaligin*, RIW 1995, 399.

[47] Art. 7 Abs. 2 OECD-MA.

[48] Vgl. *Debatin*, DB 1989, 1740 ff.

[49] Vgl. *Becker*, in: Burmester/Endres (Hrsg.), FS Debatin, S. 26.

[50] Vgl. OECD-MK, Art. 5, Anm. 11.

schäftseinrichtung selbst bestimmte unternehmerische Tätigkeiten vorzubereiten. Die Zurechnung von derartigen Gründungsaufwendungen ab der Betriebsstättenbegründung erfolgt unbestritten zum Betriebsstättenstaat. Dies ist nicht nur sachlich richtig, sondern auch periodengerecht umsetzbar.

Besondere Probleme bereitet jedoch die Zuordnung von Aufwendungen, die in Zeiträumen entstehen, in denen die ausländische Betriebsstätte noch nicht existiert. So fallen auch in vorangehenden Besteuerungsabschnitten in Vorbereitung der Betriebsstätte im Unternehmen regelmäßig unterschiedlichste Aufwendungen an, wie z. B. Planungskosten, Kosten der Informationsbeschaffung oder Kosten kaufmännischer Planungen, bei denen sich ein wirtschaftlicher Zusammenhang mit einer geplanten Betriebsstättenbegründung durchaus erkennen lässt. Diesem Stadium der ersten Aufwandsentstehung ist jedoch noch eine mehr oder weniger große Unsicherheit über das tatsächliche Zustandekommen einer Betriebsstätte immanent. Derartige zeitlich vorgelagerte Aufwendungen werden allgemein als vorweggenommene, vorlaufende oder vorbereitende Aufwendungen bezeichnet, hier auch als Gründungsaufwand „im weiteren Sinne". Für den Fall, dass es tatsächlich nicht zur Betriebsstättenbegründung kommt, handelt es sich um so genannten "verlorenen" oder "vergeblichen" (Gründungs-)Aufwand.

Gestützt auf die **Rechtsprechung** zu § 3c EStG[51] hat die **Finanzverwaltung** ihre Auffassung zur Behandlung von "Gründungsaufwand und Aufwendungen im Hinblick auf die Betriebsstätte vor Errichtung einer Betriebsstätte" in ihren Betriebsstätten-Verwaltungsgrundsätzen niedergelegt.[52] Danach sind sämtliche vorab entstandenen Aufwendungen auf Grund ihrer Veranlassung durch die (zwar noch nicht vorhandene, aber immerhin) geplante Betriebsstätte von vornherein genauso zu behandeln, wie sie zu behandeln wären, würde die Betriebsstätte bereits bestehen (**"unbedingte Betriebsstättenzurechnung"**). Dies soll unabhängig davon gelten, ob es tatsächlich zur Betriebsstättenbegründung kommt.[53] Danach sind die vorab entstandenen Aufwendungen in Fällen, in denen das DBA für den Betriebsstättenfall die Freistellungsmethode vorsieht, wie Bestandteile regulärer Betriebsstätteneinkünfte von der inländischen Besteuerung freizustellen. Die Aufgabe der Aufwands- bzw. Verlustberücksichtigung soll somit dem potenziellen Betriebsstättenstaat vorbehalten bleiben und zwar unabhängig davon, ob die beabsichtigte Betriebsstätte später tatsächlich entsteht oder nicht. Der notwendige Zusammenhang zwischen Aufwendungen vor Entstehen der Betriebsstätte und (eventuellen) späteren Einnahmen dieser Betriebsstätte dürfte nach Auffassung des BFH bereits dann zu bejahen sein, wenn sich anhand objektiver Umstände feststellen lässt, dass der Entschluss zur Betriebsstättenbegründung endgültig gefasst war.[54]

Für Gründungsaufwand „im engeren Sinne", der also ab der tatsächlichen Betriebsstättenentstehung anfällt, ist der Forderung nach der Aufwandsberücksichtigung im Betriebsstättenstaat uneingeschränkt zuzustimmen. Anders als es die Finanzverwaltung verlangt, scheint die herrschende **Literaturmeinung** die Zuordnung von vorlaufenden Aufwendungen allerdings davon abhängig machen zu wollen, ob es tatsächlich zur Begründung einer DBA-Betriebsstätte kommt

---

[51] Heute inhaltlich entsprechend § 3c Abs. 1 EStG, welcher nachfolgend bei Bezugnahme auf § 3c EStG gemeint ist. Vgl. BFH-Urt. v. 28. 4. 1983, IV R 122/79, BStBl 1983 II 566 ff., vgl. ausführlich hierzu weiter unten.

[52] Vgl. BMF-Schr. v. 24. 12. 1999 a. a. O. (Fn. 4), Tz. 2.9.1.

[53] Eine Einschränkung macht die Finanzverwaltung lediglich bei Aufwendungen für Auftragsakquisitionen. Wenn eine Betriebsstättenbegründung nur bei erfolgreicher Akquisition erfolgt, sollen Akquisitionsaufwendungen stets dem Stammhaus zugerechnet werden.

[54] Vgl. BFH-Urt. v. 10. 3. 1981, VIII R 195/77, BStBl 1981 II 470 ff.

oder nicht ("**bedingte Betriebsstättenzurechnung**"). Nach dieser Ansicht gelten vorlaufende Aufwendungen nur bis zum Zeitpunkt der Betriebsstättenbegründung generell als durch das Stammhaus veranlasst und sind diesem demzufolge auch zunächst steuerlich zuzurechnen.[55] Wird die Betriebsstätte dann später tatsächlich aus der Taufe gehoben, erfolgt eine nachträgliche Weiterverrechnung der betreffenden Aufwendungen an die Betriebsstätte, da nun die Voraussetzungen des unmittelbaren wirtschaftlichen Zusammenhangs zwischen Aufwand und Betriebsstätte erfüllt sein sollen. Scheitert die Betriebsstättengründung jedoch, sollen die Aufwendungen in der Berücksichtigung des Ansässigkeitsstaates des Unternehmens verbleiben. Vorweggenommene Gründungsaufwendungen sollen demnach, soweit sie im Rahmen der nationalen Gewinnermittlung als Betriebsausgaben abzugsfähig sind, zwar zunächst periodengerecht und erfolgswirksam den Steuerbilanzgewinn des Unternehmens im Sitzstaat mindern. Mit dem Tag der Betriebsstättenbegründung sollen diese Aufwendungen jedoch nun über Verrechnungskonten in den Buchungskreis der Betriebsstätte eingehen.[56] Die gleiche Behandlung sollen beispielsweise auch die vor der Gründung als Aufwand verrechneten AfA-Beträge erfahren, wenn die angefallenen Aufwendungen mit der Anschaffung oder Herstellung aktivierungsfähiger Wirtschaftsgüter in Verbindung standen. Damit hat letztlich der Fiskus des Betriebsstättenstaates – "wenn er mitspielt"[57] – den entstandenen Gründungsaufwand im Nachhinein zu berücksichtigen, während der bisher geminderte Stammhausgewinn im Veranlagungszeitraum der Betriebsstättenbegründung in Höhe der an die Betriebsstätte weiterbelasteten Aufwendungen steigt.

Die Lösung der bedingten Betriebsstättenzurechnung hat den Charme, dass die Aufwendungen im Falle des Scheiterns der Betriebsstättenbegründung vollständige steuerliche Berücksichtigung finden und andernfalls wenigstens vorübergehend. Beim Versuch einer systemgerechten Begründung für diese nur vorübergehende Aufwandsberücksichtigung im Stammhausstaat kommt man m. E. allerdings in Erklärungsnöte. Um eine Aufwandsberücksichtigung im Stammhaus – ob nun endgültig oder vorübergehend – systematisch zu begründen, müssen die Aufwendungen in einem wirtschaftlichen Veranlassungszusammenhang mit dem Stammhaus stehen. Dies ist für Zeiträume, in denen keine Betriebsstätte besteht, zu bejahen. Versteht man unter dem Begriff des Anlasses ein auslösendes Moment für eine wirtschaftliche Handlung (hier: Aufwandstätigung), so verträgt diese kausale Beziehung jedoch m. E. keine nachträglichen Veränderungen, es sei denn, die ursprüngliche Bestimmung der Veranlassungsrichtung beruhte von vornherein auf einem Irrtum. Lag ein solcher Irrtum jedoch nicht vor, ist es denklogisch nun schwer nachzuvollziehen, dass eine erst später entstehende Betriebsstätte im Nachhinein den für richtig befundenen wirtschaftlichen Veranlassungszusammenhang wieder auflösen kann. Aber selbst im Falle einer nachträglichen Korrektur auf Grund einer bisher fehlerhaften Veranlassungsbeurteilung entbehrt die kausale Zurückführung einer früheren wirtschaftlichen Handlung auf ein späteres auslösendes Moment der veranlassungstheoretischen Logik.

Nach der hier vertretenen Auffassung kann eine (noch) nicht vorhandene Betriebsstätte selbst keine Handlungen auslösen. Ein wirtschaftlicher Veranlassungszusammenhang lässt sich allein mit einem im Veranlassungszeitpunkt vorhandenen Subjekt herstellen. Aus diesem Grunde erscheint es m. E. sachgerecht, sämtliche Aufwendungen, die zeitlich vor der Betriebsstättenbe-

---

[55] Vgl. für viele *Schröder*, StBp 1988, 218 f.; *Borstell/Brüninghaus*, in: Vögele (Hrsg.), Handbuch der Verrechnungspreise, Kap. M Tz. 38.

[56] Vgl. *Halfar*, IWB F. 3 Gr. 1 S. 1408; *Schröder/Strunk*, in: Mössner (Hrsg.), Steuerrecht international tätiger Unternehmen, S. 314 Tz. C 73.

[57] *Halfar*, IWB F. 3 Gr. 1 S. 1408.

gründung anfallen, allein dem Stammhaus zuzuordnen ("unbedingte Stammhauszurechnung").[58] Aus demselben Grunde entfällt jede spätere Weiterbelastung der Aufwendungen an die Betriebsstätte. Lediglich Gründungsaufwendungen i. e. S. werden durch die tatsächlich entstehende Betriebsstätte, veranlasst und sind periodengerecht im Veranlagungszeitraum der Gründung als Betriebsstättenaufwand zu Lasten des Betriebsstättenergebnisses anzusetzen.[59]

Die Zurechnungsentscheidung über vorlaufende Aufwendungen lässt sich auch nicht vergleichen oder gar gleichsetzen mit der Behandlung nachträglicher Betriebsstätteneinkünfte, die nach zutreffender herrschender Meinung auf Grund ihrer Veranlassung durch die Betriebsstättentätigkeit grundsätzlich auch im Nachhinein einer bereits aufgehobenen Betriebsstätte zuzurechnen sind. Betrachtet man die Bedeutung der Betriebsstättenaktivitäten für die jeweilige Erfolgsentstehung, wird der Unterschied deutlich: Zeitlich nachgelagerte Einkünfte lassen sich sehr wohl auf die Tätigkeit einer ehemaligen Betriebsstätte zurückführen. Für die Betriebsstättenzurechnung zeitlich vorgelagerter Aufwendungen fehlt jedoch noch das eigentliche Veranlassungssubjekt der Betriebsstätte.

Hält man es jedoch – entgegen der hier vertretenen Ansicht – für möglich, dass vorlaufende Aufwendungen überhaupt durch eine noch nicht vorhandene Betriebsstätte ausgelöst werden können, dann müsste aus systematischen Gründen die Zuweisung der Aufwendungen zum (potenziellen) Betriebsstättenstaat – wie auch von der Finanzverwaltung gefordert – tatsächlich von Anfang an gelten.

Die deutsche höchstrichterliche Rechtsprechung, auf die sich die Finanzverwaltung mit ihrer eingangs dargestellten Sichtweise beruft, verneint im Anwendungsfall der Freistellungsmethode jegliche Berücksichtigungsmöglichkeit der vorlaufenden Aufwendungen im Stammhausstaat Deutschland. Der BFH berief sich in seinem umstrittenen Spanien-Urteil auf § 3c EStG, um einen Betriebsausgabenabzug vorbereitender Aufwendungen im Inland generell abzulehnen, da "die Einnahmen, die aus einer noch zu errichtenden Betriebsstätte im Ausland künftig erzielt werden sollen, nach DBA-Recht nicht der deutschen Besteuerung unterliegen würden".[60] Nach § 3c EStG dürfen Ausgaben, soweit sie mit steuerfreien Einnahmen in unmittelbarem wirtschaftlichen Zusammenhang stehen, nicht als Betriebsausgaben abgezogen werden.

An der Anwendbarkeit des § 3c EStG auf DBA-Betriebsstättensachverhalte bestehen aus guten Gründen grundsätzliche Zweifel. Und selbst wenn man § 3c EStG dennoch prinzipiell für anwendbar hielte, wäre dessen Verwendung speziell für die Verneinung der Abzugsfähigkeit vorbereitender Aufwendungen für DBA-Betriebsstättenbegründungen immer noch höchst fraglich.

---

[58] Vgl. *Ritter*, JbFSt 1977, S. 308 ff., *Wassermeyer*, IStR 1997, 396; *Ders.*, in: Wassermeyer/Andresen/Dietz (Hrsg.), Betriebsstätten Handbuch, 314 ff.; *Haiß*, Gewinnabgrenzung bei Betriebsstätten im internationalen Steuerrecht, S. 145 ff.

[59] Der systematisch zutreffende Zeitpunkt des Übergangs von unbedingter Stammhaus- zu Betriebsstättenzurechnung ist zweifellos der Zeitpunkt der Betriebsstättenentstehung i. S. d. Art. 5, Anm. 11 OECD-MK. Da die taggenaue Terminierung des Beginns vorbereitender Tätigkeiten durch die betreffende Geschäftseinrichtung in der Praxis zu erheblichen Problemen führen dürfte, hält es die Verfasserin aus rein pragmatischer Sicht jedoch für vertretbar, die Änderung der Aufwandszurechnung mit Beginn des Veranlagungszeitraumes der Betriebsstättenbegründung vorzunehmen, vgl. *Haiß*, a. a. O. (oben Fn. 59), S. 157; a. A. *Wassermeyer*, in: Wassermeyer/Andresen/Dietz (Hrsg.), Betriebsstätten Handbuch, 314 ff.

[60] BFH-Urt. v. 28. 4. 1983 a. a. O. (Fn. 51): Allerdings blieb verlorener Gründungsaufwand durch sinngemäße Anwendung des früheren § 2a EStG in vollem Umfang in Deutschland abziehbar, wenn die Tätigkeit der Betriebsstätte die hierfür erforderliche Qualität aufwies. Damit war der Urteilskonsequenz damals in wesentlichen Bereichen die Schärfe genommen.

Die wohl einschlägigsten Gegenargumente lassen sich wie folgt thesenartig zusammenfassen:[61]

a) Bereits § 2 AO, also der Vorrang des Abkommensrechts über die nationalen Steuergesetze oder aber das in gleichrangiges Bundesrecht umgesetzte DBA als „lex specialis", schließt die Anwendbarkeit des § 3c EStG aus, denn die Einkünftezurechnung ist durch die DBA abschließend geregelt. Kann aber die DBA-Einkünftezurechnung deshalb nicht zur Geltung kommen, weil ihre Voraussetzung, nämlich die Existenz einer Betriebsstätte, nie eingetreten ist, bleibt auch für die Anwendung des § 3c EStG wegen einer nie eingetretenen Steuerbefreiung nach DBA kein Raum.

b) § 3c EStG bezieht sich nicht auf "unechte" Steuerbefreiungen. Materiell gesehen handelt es sich bei der Nichtausübung des deutschen Besteuerungsrechts jedoch um eine solche "unechte" Steuerbefreiung (Scheinbefreiung).

c) Selbst bei grundsätzlicher Anwendbarkeit des § 3c EStG auf DBA-Steuerbefreiungen stünde sein eigener Wortlaut der Anwendung auf vorbereitende Betriebsstättenaufwendungen entgegen. Vorlaufende Aufwendungen stehen dann im Zusammenhang mit künftigen steuerfreien Einnahmen i. S. des § 3c EStG, wenn diese Einnahmen bereits bilanzierungsfähige Vermögensmehrungen darstellen.[62] Dieser Zusammenhang dürfte vor Betriebsstättenbegründung i. d. R. nicht gegeben sein. Nach seinen Urteilen vom 29. 5. 1996[63] ist ein unmittelbarer wirtschaftlicher Zusammenhang zwischen steuerfreien Einnahmen und Ausgaben i. S. des § 3c EStG zudem nur zu bejahen, wenn und soweit den Ausgaben im selben Veranlagungszeitraum wirtschaftlich zugehörige steuerfreie Einnahmen tatsächlich gegenüberstehen.

Nach all diesen Argumenten müssten Aufwendungen für künftige Betriebsstätten in DBA-Freistellungsfällen jedenfalls in Veranlagungszeiträumen, in denen diese Betriebsstätte (noch) nicht besteht, im Stammhausstaat berücksichtigt werden. Dies entspricht jedoch nicht der derzeitigen Auffassung der Finanzverwaltung.

II. Betriebsstättendotation

Im Gründungsstadium bestimmt das Volumen der Aktiva des der Betriebsstätte zugewiesenen Betriebsvermögens den Umfang der zuzuweisenden Kapitalausstattung. Bei Gewinnabgrenzung nach direkter Methode ist die Kapitalausstattung der Betriebsstätte in ihrer Gewinnabgrenzungsbilanz qualitativ in Eigenkapital (Dotationskapital) und Fremdkapital einzuteilen. Diese Kapitalstruktur der Betriebsstätte spielt eine ganz entscheidende Rolle für die Ergebnisabgrenzung zwischen den Unternehmensteilen, weil sich jegliche Zuordnung von Finanzierungsaufwendungen dem Grunde nach direkt und unmittelbar aus dieser Kapitalstruktur der Betriebsstätte ergibt. Nach insoweit einmütiger Auffassung soll jedenfalls die Eigenkapitalwidmung (Dotation) für die Betriebsstätte keine Aufwandsverrechnung nach sich ziehen, so dass sich die Problematik der Kapitalausstattung der Betriebsstätte zunächst auf die Frage zuspitzt,

---

[61] Vgl. hierzu und zum Folgenden *Münch*, StBp 1995, 56; *Schröder*, StBp 1988, 218 ff., *Schröder/Strunk*, a. a. O. (Fn. 57), S. 316 ff. Tz. C 75; *Halfar*, IWB F. 3 Gr. 1 S. 1409; *Schaumburg*, in: Piltz/Schaumburg (Hrsg.), Unternehmensfinanzierung im Internationalen Steuerrecht, S. 163 f.; *Bader/Klose*, IStR 1996, 318 ff. Vgl. ausführlich *Haiß*, a. a. O. (Fn. 59), S. 158 ff..

[62] Vgl. BFH-Urt. v. 28. 4. 1983 a. a. O. (Fn. 51) mit Verweis auf die damalige Kommentierung in: Herrmann/Heuer/ Raupach (Hrsg.), EStG, § 3c Tz. 11.

[63] Vgl. BFH-Urteile v. 29. 5. 1996, I R 167/94, I R 21/95 und I R 15/94, BStBl 1997 II 57 ff.

wie hoch denn dieses Dotationskapital der Betriebsstätte zu bemessen ist. Da sich die Themenstellung dieses Beitrags auf den Betriebsstätten-Outbound-Fall beschränkt und deutsche Stammhäuser tendenziell an einer hohen Aufwandsberücksichtigung im Inland interessiert sein dürften, wird nachfolgend insbesondere auf die Frage nach einer möglichen Obergrenze der Dotation ausländischer Betriebsstätten eingegangen. [64]

1. Indirekte Aufteilung

Die ursprüngliche Form der **Kapitalspiegeltheorie** überträgt die Eigenkapitalquote des Gesamtunternehmens auf sämtliche Betriebsstätten.[65] Obwohl diese Vorgehensweise die Vorzüge aller simplen Lösungen aufweist, nämlich Praktikabilität, Manipulationsfeindlichkeit und Steigerungsfähigkeit, treffen auf sie auch alle generellen Vorbehalte[66] gegenüber globalen indirekten Aufteilungen zu. Da hier sämtliche Unternehmensteile unabhängig von der jeweils ausgeübten Funktion ein und dieselbe Kapitalstruktur erhalten, wird diese Methode den Anforderungen des arm's-length-Prinzips wohl nur dann gerecht, wenn ausnahmsweise sämtliche Unternehmensteile gleiche Funktionen, Strukturen und Risiken aufweisen.[67] In der Praxis und auch nach Auffassung der Finanzverwaltung wird somit auf den Kapitalspiegel nur ausnahms- bzw. hilfsweise zurückgegriffen.[68]

Aber auch die praktische Umsetzung der ursprünglichen Kapitalspiegeltheorie gestaltet sich schwieriger als dies zunächst erscheinen mag, denn die Aufteilung des tatsächlich ausgewiesenen Unternehmenskapitals ist nur unter der Bedingung unproblematisch, dass die Buchwerte der Betriebsstättenaktiva mit denen in der Gesamtunternehmensbilanz übereinstimmen. Dies ist beispielsweise bei voneinander abweichenden Buchwerten überführter Wirtschaftsgüter in Betriebstätten- und Gesamtunternehmensbilanz nicht mehr gegeben.[69] Darüber hinaus fragt sich aber auch, auf welches "Eigenkapital" bei der Bestimmung der Eigenkapitalquote abzustellen ist[70] und inwieweit bei Änderungen der – wie auch immer bestimmten – Eigenkapitalquote des Unternehmens Anpassungsrechnungen bei den Betriebsstätten durchzuführen sind.

Nach einem jüngeren Ansatz, der Theorie der empirischen **Kapitalstrukturbandbreiten**, wird für jede Betriebsstätte eine empirisch hergeleitete Kapitalstruktur aus einer Bandbreite arm's-length-gerechter Kapitalstrukturen ermittelt.[71] Diese Theorie geht von der zutreffenden Annahme aus, die Betriebsstättenkapitalstruktur sei jedenfalls dann arm's-length-gerecht, wenn sie innerhalb der Bandbreite von Kapitalstrukturen selbstständiger Unternehmen mit vergleichbaren Merkmalen hinsichtlich Standort, Rendite, Wachstum und Vermögensstruktur liegt. Tatsächlich verdichtet diese Methode jedoch im Ergebnis die gefundenen Bandbreiten immer wieder durch Bildung von Durchschnittswerten, die dann die arm's-length-gerechte Kapitalstruktur

---

[64] Vgl. umfassend zur In- und Outbound-Problematik Haiß a. a. O. (oben Fn. 59), S. 58 – 144.
[65] Vgl. FG Freiburg, Urt. v. 30. 5. 1962, II 310/57, EFG 1963, 28.
[66] Vgl. hierzu *Haiß* a. a. O. (Fn. 59), S. 52 ff. m. w. N.
[67] Vgl. *Runge* in: Fischer (Hrsg.), Wirtschaftsstandort Deutschland im Internationalen Steuerrecht, S. 138.
[68] Vgl. BMF-Schr. v. 24. 12. 1999 a. a. O. (Fn. 4), Tz. 2.5.1.
[69] Z. B. wegen Überführung von Wirtschaftsgütern in die Betriebsstätte zum Fremdvergleichspreis bei gleichzeitiger Ausgleichspostenbildung in der Unternehmensbilanz. Vgl. *Roth*, Die Gewinnabgrenzung bei der grenzüberschreitenden Überführung von Wirtschaftsgütern in eine Betriebsstätte unter steuerplanerischen Gesichtspunkten, in *Grotherr*, Handbuch der internationalen Steuerplanung, 3. Auflage, S. 75 ff.
[70] Vgl. hierzu die Diskussion unter C. II. 2. a).
[71] Vgl. *Mutscher*, Die Kapitalstruktur von Betriebsstätten im Internationalen Steuerrecht, S. 134 ff.

der Betriebsstätte und des Stammhauses repräsentieren sollen. Im letzten Schritt wird schließlich aus den für die Betriebsstätte und das Stammhaus gefundenen Durchschnittswerten ein letzter Durchschnittswert gebildet, der dann sowohl für die Betriebsstätte als auch für das Stammhaus die arm's-length-gerechte Eigenkapitalquote darstellen soll.

Diese Methode wird man wohl nur dann als Lösung des Dotationsproblems halten können, wenn man der – m. E. unzutreffenden – Ansicht ist, der statistische Durchschnittswert aus arm's-length-gerechten Eigenkapitalquoten sei "arm's-length-gerechter" als die Einzelelemente der Grundgesamtheit. Das arm's-length-Prinzip verlangt nicht die Einhaltung des "Üblichen", sondern nur, dass sich die Dotationshöhe im Rahmen der bei selbstständigen und unabhängigen Vergleichsunternehmen denkbaren Bandbreite bewegt. Die Forderung nach Einhaltung eines Durchschnittswertes lässt sich deshalb grundsätzlich nicht erheben. Erst recht führt die Durchschnittsbildung aus den für Stammhaus und Betriebsstätte ermittelten Werten zu keiner Aufwertung des Ergebnisses.

2. Direkte Zurechnung

a) Direkt zurechenbares Eigenkapital

Der BFH macht die Zurechnung von Eigenkapital auf die Betriebsstätte entscheidend vom erkennbaren Willen[72] der Geschäftsleitung des Unternehmens abhängig, indem er feststellt, dass "der unternehmerischen Entscheidung der Zentrale eine besondere Bedeutung"[73] zukommt. Diese freie unternehmerische Finanzierungsentscheidung sei jedoch dann steuerlich unbeachtlich, wenn sie im Widerspruch zu kaufmännischen und wirtschaftlichen Erfordernissen steht.[74]

Nach der Verteilungstheorie der herrschenden Meinung steht zwischen Betriebsstätte und Stammhaus das **handelsbilanzielle Eigenkapital** des Gesamtunternehmens zur Verteilung an.[75] Ob dieser Ansicht für Zwecke der steuerlichen Gewinnabgrenzung tatsächlich uneingeschränkt zugestimmt werden kann, wird nachfolgend noch zu diskutieren sein. Unterstellt man aber zunächst die Richtigkeit dieser Auffassung, löst ein beispielsweise hoher Eigenkapitalausweis einer ausländischen Betriebsstätte einen entsprechend niedrigeren Eigenkapitalausweis des inländischen Stammhauses bzw. anderer Unternehmensteile aus. Bei dieser Konstellation verbleibt dem deutschen Stammhaus ein hoher Zinsaufwand, während im Anwendungsfall der Freistellungsmethode ein entsprechend hoher, gering durch Zinsaufwand belasteter ausländischer Betriebsstättengewinn der Besteuerung im Stammhausstaat entgeht. Vor diesem Hintergrund will die deutsche Finanzverwaltung eine "Dotierung der ausländischen Betriebsstätte, die über die wirtschaftlichen Erfordernisse hinausgeht,"[76] nicht anerkennen, was auf Basis der eingangs erwähnten Verteilungstheorie durchaus nachvollziehbar erscheint. Ebenso verständlich ist, dass der Fiskus des jeweiligen Betriebsstättenstaates eine etwaige "Überdotation" im Inland jedenfalls nicht beanstanden wird. Immerhin erklärt auch der BFH eine höhere Eigenkapitalausstattung inländischer Betriebsstätten ausdrücklich als "durchaus wünschenswert".[77] Nach seiner Auffassung besteht nach der direkten Methode auch keine Veranlassung, eine über die

---

[72] Beispielsweise ablesbar an der entsprechenden Verbuchung durch das Unternehmen.
[73] BFH-Urt. v. 25. 6. 1986, II R 213/83, BStBl 1986 II 785 ff.   Vgl. auch bestätigend BFH-Urt. v. 20.03.2002, II R 84/99, BFH/NV 2002, 1017 ff.
[74] Vgl. BFH-Urt. v. 1. 4. 1987, II R 186/80, BStBl 1987 II 550 ff.
[75] Vgl. *IDW*, DB 1988, 309 ff.; *Schröder/Strunk* a. a. O (oben Fn. 57), S. 327 Tz. C 93; *Kleineidam*, IStR 1993, 350; *Halfar*, IWB F. 3 Gr. 1 S. 1412.
[76] BMF-Schr. v. 24. 12. 1999 a. a. O. (Fn. 4), Tz. 2.5.1.
[77] Vgl. hierzu und zum Folgenden BFH-Urt. v. 25. 6. 1986 a. a. O. (oben Fn. 74).

erforderliche Mindesteigenkapitalausstattung hinausgehende Eigenkapitalausstattung auf die Mindesteigenkapitalausstattung zurückzuführen. Es entspreche vielmehr der direkten Methode, eine derartige unternehmerische Entscheidung anzuerkennen.

Der Verwaltungsauffassung ist zuzugeben, dass dem Unternehmen bei der Ausstattung seiner Betriebsstätten letztlich nur eine eingeschränkte Finanzierungsfreiheit zugesprochen werden kann. Die Grenzen der Finanzierungsfreiheit diktiert jedoch nicht etwa der auf unternehmensinterne Zurechnungsentscheidungen nicht anwendbare § 42 AO, sondern allein das arm's-length-Prinzip. Denn auch den Finanzierungsgestaltungen eines selbstständigen und unabhängigen Unternehmens setzt die Realität Grenzen, innerhalb derer die höchstrichterlich zugestandene völlige Finanzierungsfreiheit tatsächlich nur gegeben ist. Auf rechtlich und wirtschaftlich selbstständige Unternehmen wirkt bei deren Teilnahme am allgemeinen wirtschaftlichen Verkehr der natürliche Regulierungsmechanismus des Marktes, der ihnen die Ausübung ihrer vermeintlich "vollkommenen" Finanzierungsfreiheit tatsächlich nur in betriebswirtschaftlich vernünftigen Grenzen gestattet.

Das arm's-length-Prinzip kann die Finanzierungsfreiheit des Unternehmens bei der Ausstattung der Betriebsstätte jedoch nur insoweit begrenzen, als dies für tatsächlich selbstständige Unternehmen faktisch auch der Fall ist. Der globale äußere Fremdvergleich ergibt beispielsweise, dass eine 100 %ige Fremdfinanzierung – ohne eigenkapitalersetzende Sicherheiten – für ein selbstständiges und unabhängiges Unternehmen am Markt tatsächlich nicht durchführbar wäre, denn einem selbstständigen und unabhängigen Unternehmen wäre es ohne jegliches Eigenkapital und ohne eigenkapitalersetzende Sicherheiten nicht möglich, Darlehen von fremden Dritten aufzunehmen. Ein externer, rational handelnder Finanzier wird seine Risikoposition jedoch nicht nur vom bilanziellen Ausweis klassischen Eigenkapitals, sondern auch von der Höhe des darüber hinaus zugriffsfähigen Bewertungskapitals abhängig machen. Ausschlaggebend ist also nicht das handelsbilanziell ausgewiesene Eigenkapital, sondern der im Falle einer Kreditprüfung als **"verfügbares Eigenkapital"** anzusehende Betrag. Dieser schließt sowohl stille Reserven der Handelsbilanz ein als auch haftendes Privatvermögen von unbeschränkt haftenden Gesellschaftern von Personengesellschaften bzw. von Gesellschaftern personenbezogener Kapitalgesellschaften. Da hier Kredite des Unternehmens oft im Privatbereich des Anteilseigners oder Unternehmers besichert werden, erscheint das faktisch haftende Vermögen oft nicht in vollem Umfang in der Bilanz. Soweit in der Realität lebensfähige Unternehmen anzutreffen sind, die in ihren Handelsbilanzen kein Eigenkapital ausweisen, ist dies i. d. R. darauf zurückzuführen, dass deren tatsächlich verfügbares Eigenkapital lediglich buchmäßig nicht zum Ausdruck kommt.

Allzeitige Kreditwürdigkeit ist unbedingte Überlebensvoraussetzung der Unternehmen, denn Liquidität ist notwendige Nebenbedingung unternehmerischen Handelns. Im Zeitpunkt der Betriebsstättenbegründung hat die Betriebsstätte somit ein Dotationskapital auszuweisen, das mindestens dem tatsächlich verfügbaren Eigenkapital eines selbstständigen und unabhängigen Unternehmens entspricht. Da das tatsächlich verfügbare Eigenkapital eines lebensfähigen Unternehmens in jedem Falle größer Null ist, lässt sich die Forderung nach einem gewissen Mindestdotationskapital aus dem arm's-length-Prinzip ableiten. Dies gilt auch dann, wenn das handelsrechtliche Eigenkapital des Unternehmens beispielsweise durch Verluste aufgezehrt sein sollte. Werden in der Betriebsstättenbilanz die Buchwerte überführter Wirtschaftsgüter auf Fremdvergleichswerte aufgestockt, zeigt die Betriebsstätte auf der Passivseite zusätzliches Eigenkapital, nämlich Bewertungskapital bzw. stille Reserven, das in der handelsrechtlichen Gesamtunternehmensbilanz nicht ausgewiesen und auch steuerlich i. d. R. durch Ausgleichsposten neutralisiert wird. Das handelsbilanzielle Eigenkapital des Unternehmens kann somit keine Begrenzung der Betriebsstättendotation darstellen. Entscheidend ist bestenfalls das tatsächlich verfügbare Eigenkapital, welches das gesamte, für einen potenziellen Kreditgeber zugriffsfähige Bewertungskapital mit einschließt.

Betrachtet man nun den Fall (ausländischer) Betriebsstätten, deren Dotationskapital nach objektiven betriebswirtschaftlichen Maßstäben über die "wirtschaftlichen Erfordernisse" hinausgeht, ergibt sich aus dem arm's-length-Prinzip m. E. Folgendes. Die 100 %ige Eigenfinanzierung eines selbstständigen und unabhängigen Unternehmens am Markt mag zwar unüblich, weil betriebswirtschaftlich suboptimal sein, aber sie ist immerhin denk- und durchführbar und in der Praxis auch tatsächlich anzutreffen. Das arm's-length-Prinzip diktiert auch hier nicht die Einhaltung der "üblichen" oder gar "optimalen" Eigenkapitalquote, sondern ersetzt im internationalen Einheitsunternehmen lediglich diejenigen Gestaltungsgrenzen, die bei tatsächlich selbstständigen und unabhängigen Unternehmen zum Zwecke des Unternehmensfortbestands ohnehin einzuhalten sind. Eine besonders hohe Eigenkapitalquote ist aber grundsätzlich eher dazu geeignet, den Unternehmensfortbestand zu sichern als ihn zu gefährden. Demzufolge kann das arm's-length-Prinzip nach der hier vertretenen Auffassung einem besonders hohen Dotationskapital auch nicht entgegenstehen. Eine Dotierung, die über die "wirtschaftlichen Erfordernisse" hinausgeht, kann demnach nicht unter Berufung auf das arm's-length-Prinzip abgelehnt werden, denn dieses setzt lediglich eine Untergrenze.[78] Es hat gerade nicht die Funktion, die Einhaltung eines Optimums oder – wie es die Finanzverwaltung versucht – eines Maximums einzufordern. Dies gilt umso mehr, wenn die generell abzulehnende Maximalgrenze gleichzeitig auf die Höhe des „wirtschaftlich Erforderlichen", also der Mindestausstattung, begrenzt ist.

Wenn es – wie hier vertreten – richtig ist, dass nicht nur das handelsrechtlich ausgewiesene Eigenkapital der Unternehmung zur Verteilung ansteht, sondern das gesamte tatsächlich verfügbare Unternehmenseigenkapital, lässt sich die Nichtanerkennung einer über die „wirtschaftlichen Erfordernisse" hinausgehenden Dotierung einer ausländischen Betriebsstätte auch nicht mit dem Argument des fehlenden bilanziellen Eigenkapitals begründen. Die vermeintliche "Überdotierung" der ausländischen Betriebsstätte kann auf einen zutreffenden anteiligen Ausweis des Bewertungskapitals zurückzuführen sein, was allerdings durch entsprechende Dokumentation untermauerbar sein sollte.

Die hier vertretene Auffassung, dass das bilanziell abgebildete Eigenkapital eines international tätigen Einheitsunternehmens nicht zwangsläufig die Obergrenze des auf die Betriebsstätten verteilbaren Eigenkapitals darstellt, befindet sich im Übrigen auch im Einklang mit den Gedankengängen der OECD. In ihrem jüngst veröffentlichten OECD-Bericht zur Betriebsstättengewinnermittlung[79] wird für den Fall unterkapitalisierter Unternehmen (sog. „Zwei-Dollar-Gesellschaften") u. a. vorgeschlagen, das zu geringe Eigenkapital des Unternehmens für den Zweck der nachfolgenden Aufteilung zunächst auf ein angemessenes Niveau anzuheben.[80] Ein dieser Aufstockung zugrundeliegender systematischer Gedankenansatz wird jedoch durch die OECD nicht näher benannt. M.E. liefert das hier vertretene Abstellen auf den Betrag des tatsächlich verfügbaren Eigenkapitals unter Einbeziehung des Bewertungskapitals auch für die Aufstockungslösung der OECD einen systemgerechten Erklärungsansatz.

---

[78] Vgl. so auch *Kroppen* in: Gosch/Kroppen/Grotherr (Hrsg.), DBA-Kommentar, Art. 7, Rn. 180/1; *Wassermeyer*, in: Debatin/Wassermeyer, Doppelbesteuerung, Art. 7 Tz. 293.

[79] Report on the Attribution of Profits to permanent establishments vom 17. 8. 2009 unter http://www.oecd.org/dataoecd/20/36/41031455.pdf.

[80] Vgl. Tz. 177 des OECD-Berichts a. a. O. (oben Fn. 80).

b) Direkt zurechenbares Fremdkapital

Eine direkte Fremdkapitalzurechnung zur Betriebsstätte ist zweifellos vorzunehmen, wenn das Stammhaus speziell und nachweislich für die Betriebsstätte ein Darlehen im Außenverkehr aufgenommen hat und entsprechend weiterleitet (Durchleitung). In diesem Fall lassen sich sowohl das Fremdkapital als auch die hieraus erwachsenden Zins- und Verwaltungsaufwendungen unproblematisch direkt zuordnen.

c) Restfinanzierungssaldo

In der Regel wird der Finanzierungsbedarf der Betriebsstätte über die Summe aus Dotationskapital und direkt zurechenbarem Fremdkapital hinausgehen. Der so zu Tage tretende weitere Kapitalbedarf der Betriebsstätte kann nun in einem dritten Zurechnungsschritt nur aus der allgemeinen Fremdfinanzierung des Gesamtunternehmens gedeckt werden. Insoweit ist also eine indirekte Fremdkapitalaufstockung erforderlich, die auch eine entsprechende Zinsbelastung nach sich zieht. Nach herrschender Meinung darf anteiliger Zinsaufwand nur insoweit weiterbelastet werden, als er dem Gesamtunternehmen auch tatsächlich durch Außentransaktion entstanden ist.

D. Fazit

Hinsichtlich der Definitionsmerkmale des klassischen Betriebsstättenbegriffs herrscht dank umfangreicher deutscher Rechtsprechung in weiten Bereichen Klarheit. Im Gegensatz zur OECD, die ihre Anforderungen an die Betriebsstättenkriterien – insbesondere das Kriterium der Verfügungsmacht – in der jüngeren Vergangenheit immer weiter herabgesetzt hat, stellt die deutsche Rechtsprechung neuerdings wieder erkennbar höhere Maßstäbe auf. Damit stärkt sie die Position der deutschen Finanzverwaltung in ihrem Disput gegen die Aufweichung der herkömmlichen Betriebsstättenkriterien auf Ebene der OECD. So begrüßenswert diese deutsche Haltung aus fachlicher und praktischer Sicht auch sein mag, so wird sie doch zwangsläufig zu einer Vermehrung von Fällen drohender Doppelbesteuerung und Verständigungsverfahren im Verhältnis zu solchen DBA-Staaten führen, die den neueren OECD-Ansätzen folgen.

Die Gestaltungsgrenzen werden naturgemäß ständig weiter auszuloten bleiben. Welche Interpretationen unser altgedienter Betriebsstättenbegriff im Rahmen neuer Abgrenzungsfragen (wie z. B. die Betriebsstättenqualifikation im Electronic-Commerce) erfährt, wird weiterhin mit Spannung zu verfolgen sein.

Bei der steuerlichen Zurechnung vergeblicher Gründungsaufwendungen bedarf es systemgerechter Lösungen, um die doppelte Nichtberücksichtigung von Aufwendungen zu vermeiden. Bei gewichtigen Literaturstimmen ist hier eine Zuwendung zu den neueren Denkansätzen zu verzeichnen. Die Bestimmung des angemessenen Dotationskapitals ausländischer Betriebsstätten ist nach wie vor in weiten Bereichen ungeklärt. Die Verlautbarung der deutschen Finanzverwaltung zur Dotation ausländischer Betriebsstätten nimmt der Wirtschaft nicht die Unsicherheit. Bei Dotation ausländischer Betriebsstätten nach der Kapitalspiegeltheorie scheint man im Ergebnis – argumentative Untermauerung vorausgesetzt – auf der "sicheren Seite" zu sein. Bei darüber hinausgehender Dotierung ausländischer Betriebsstätten steigt die Unsicherheit des Steuerpflichtigen hinsichtlich der Abzugsfähigkeit im Stammhaus geltend gemachter Finanzierungsaufwendungen, jedoch wächst auch hier die Gewichtigkeit der Literaturstimmen für die Akzeptanz vermeintlicher "Überdotationen".

Haiß

2. Betriebsstätte oder Tochtergesellschaft im Ausland

von Dipl.-Kfm. Dr. Niels-Peter Schoss, Mönchengladbach[*]

Inhaltsübersicht

A. Themenabgrenzung
B. Gründung
  I. Gründungsbelastungen
  II. Einbringung von Wirtschaftsgütern
  III. Vorprüfungs- und Vorbereitungskosten sowie Anlaufverluste
  IV. Vergebliche Aufwendungen
  V. Vereinbarung von Fördermaßnahmen
  VI. Gestaltungsempfehlung
C. Laufendes Geschäft
  I. Besteuerung der Aktivität im Ausland
  II. Besteuerung der Anteilseigner im Ausland
  III. Besteuerung im Inland
D. Veräußerung
  I. Nicht-DBA-Fall
  II. DBA-Fall
  III. Gestaltungen
E. Liquidation
  I. Nicht-DBA-Fall
  II. DBA-Fall
  III. Gestaltungen
F. Schlussfolgerungen

Literatur:

Brandenberg, Aktuelle Entwicklungen im internationalen Steuerrecht, BB 2008, 864; *Grotherr*, International relevante Änderungen 2008 im EStG, KStG und GewStG, IWB 2008, F. 3 Gr. 1, 2271; *ders.*, International relevante Änderungen durch das Jahressteuergesetz 2009, IWB 2009, F. 3 Gr. 1, 2373; *Hammerschmidt/Rehfeld*, Gemeinschaftsrechtlich Bezüge der Änderungen des AStG durch das UntStRefG 2008 und des JStG 2008, IWB 2008, F. 3 Gr. 1, 2293; *Kaminski/Strunk*, Funktionsverlagerung in und von ausländischen Betriebsstätten und Personengesellschaften: Überlegung zur (Nicht-)Anwendbarkeit der Grundsätze zum sog. Transferpaket, DB 2008, 2501; *Kessler/Jehl*, Kritische Analyse der Zentralfunktion des Stammhauses, IWB 2007, F. 10 Gr. 2, 1977; *Körner*, Auf- und Umbau von Holdingstrukturen, IStR 2009, 1; *Musil*, Rechtsprechungswende des EuGH bei den Ertragsteuern?, DB 2009, 1037; *Sedemund*, Grenzüberschreitende Berücksichtigung von Betriebsstättenverlusten, DB 2008, 1120; *Sydow*, Die EuGH-Rechtsprechung im Bereich der direkten Steuern und ihr Einfluss auf das deutsche Steuerrecht, IWB 2008, F. 11a, 1175; *Wittkowski/Lindscheid*, Berücksichtigung ausländischer Betriebsstättenverluste nach dem JStG 2009, IStR 2009, 225; *Zielke*, Internationale Steuerplanung nach der Unternehmensteuerreform 2008, DB 2007, 2781.

A. Themenabgrenzung

Bei international tätigen Unternehmen entwickelt sich die Art der Auslandsaktivitäten sowohl inhaltlich als auch in den zeitlichen Abläufen unterschiedlich. Rohstoffbezogene Industrien müssen aufgrund ihrer Tätigkeit, zumindest hinsichtlich der Ausbeutung, vor Ort präsent sein und haben sich somit nicht nur operativ sondern auch rechtlich schon sehr früh dort niederzulassen. Industrie- und Handelsunternehmen können dagegen Schritt für Schritt vom reinen Export, über eine eigene Vertriebsorganisation vor Ort bis hin zur lokalen Produktion das Auslandsengagement entwickeln.

Sobald ein Unternehmen vom reinen Exportgeschäft zu einer wie auch immer gearteten eigenverantwortlichen Betätigung im Zielland übergeht, erreicht es die Schwelle, an der das Zielland beginnt, seine Besteuerungsansprüche geltend zu machen.

Der folgende Beitrag beschäftigt sich mit den steuerlichen Gesichtspunkten der Rechtsformwahl zwischen einer Betriebsstätte und einer Tochterkapitalgesellschaft bei einer von einem deutschen Unternehmen (im Folgenden als Zentrale bezeichnet) beabsichtigten Auslandsinves-

---

[*] Director Corporate Tax, Gerresheimer AG, Düsseldorf.

tition auf der Basis einer bereits getroffenen Standortentscheidung. Das Steuersystem ist für die meisten Staaten i. d. R. die wichtigste Einnahmequelle und gleichzeitig das höchste Souveränitätsgut, das deshalb von einzelnen Außenstehenden kaum zu beeinflussen ist. Lediglich vor der öffentlichen Bekanntgabe der Standortentscheidung für die Investition bestehen in begrenztem Umfang Möglichkeiten, individuelle Sondervergünstigungen auszuhandeln, auf die in diesem Beitrag kurz eingegangen wird. Entscheidungserheblich sind somit das ausländische Steuersystem im Zielstaat, die mit dem Zielstaat abgeschlossenen bilateralen Abkommen zur Regelung der grenzüberschreitenden Vorgänge sowie die Besteuerung im Sitzstaat der Zentrale, d. h. in Deutschland.

Das steuerliche Ziel besteht dabei in der relativen Minimierung der Abgabenlast bei Gründung, laufendem Geschäft und Veräußerung bzw. Liquidation. Beim wesentlichsten Abschnitt, dem laufenden Geschäft, erfolgt die Besteuerung im Gewinnfall über alle drei betroffenen Stufen: Besteuerung im Ausland – Besteuerung des Transfers ins Inland – Besteuerung im Inland. Dies bedeutet i. d. R. die Besteuerung der Einkünfte im Zielstaat auf einem möglichst geringen Niveau und Vermeidung einer zusätzlichen Besteuerung in Deutschland bzw. auf dem Weg dorthin. Des Weiteren sollten im Verlustfall die steuerlichen Verluste nicht ungenutzt verfallen.

B. Gründung

Zunächst ist zu prüfen, ob die Wahl der Rechtsform überhaupt in der Entscheidungsfreiheit des Unternehmens liegt. In einigen Ländern wird die Rechtsform für Investitionen durch Ausländer oder in bestimmten Branchen zwingend vorgegeben bzw. die Ausländerbeherrschung bei Kapitalgesellschaften beschränkt oder gänzlich untersagt. Dann bleibt dem Unternehmen nichts anderes übrig, als durch entsprechende Gestaltungen das Beste aus der festen Vorgabe zu machen.

Der erste rechtliche Schritt im Ausland nach der getroffenen Rechtsformwahl ist eine Anmeldung oder Registrierung der vorgesehenen Tätigkeit, die nicht selten auch zwingende Voraussetzung für eine Genehmigung ist, ohne die erst gar nicht mit dem Geschäft begonnen werden kann.

I. Gründungsbelastungen

Betriebsstätten als rechtlich unselbständige Bestandteile des Unternehmens müssen i. d. R. nur mit ihren vorgesehenen Betätigungsfeldern angemeldet werden. Der Aufwand für formale Anforderungen und begleitende Gebühren ist üblicherweise gering. Gründungssteuern fallen i. d. R. nicht an. Jedoch wird für Betriebsstätten in einigen Ländern eine Registrierungsabgabe von beispielsweise 0,1 % bis 0,5 % erhoben. Diese eigentlich relativ niedrige Belastung wird auf das registrierte Kapital bezogen, bei einer Betriebsstätte teilweise jedoch auf das registrierte Kapital des ausländischen Stammhauses, was erheblich sein kann und auf Anhieb nicht erkennbar ist.

Tochtergesellschaften erfordern durch ihre zivilrechtliche Selbständigkeit höheren formalen Aufwand für Gründung und Registrierung, Satzung und Gesellschaftsverträge, jedoch erreicht dieser selten absolute Beträge, die die Rechtsformwahl präjudizieren. Entscheidungserheblich kann aber bereits die Erhebung von **Gründungssteuern** sein, wenn diese z. B. in Abhängigkeit vom eingezahlten Kapital erhoben werden, wie dies früher auch in Deutschland mit der Gesellschaftsteuer üblich war. Für diesen Fall ist sorgfältig zu prüfen, welcher Investitionsaufwand erforderlich wird und später noch werden könnte und ob nur offen ausgewiesenes Kapital belastet wird oder auch Korrekturen bei "übermäßiger" Fremdfinanzierung erfolge<. Und danach ist grds. zu berechnen, ob eine höchstmögliche Fremdfinanzierung unter Einbeziehung der laufenden Ertragsbesteuerung überhaupt insgesamt sinnvoll ist. Gründungssteuern werden nach verschiedenen Konzeptionen von Tochtergesellschaften erhoben, wobei sich auch hier Gestaltungsmöglichkeiten ergeben können. Beziehen sich beispielsweise die Gründungssteuern nur auf die Eigenkapitalausstattung der Tochtergesellschaft bei Gründung, bietet es sich an, die Tochtergesellschaft zunächst nur mit geringem Eigenkapital auszustatten und anschließend eine steuerfreie bzw. steuerbegünstigte Zuführung oder Einbringung von weiterem Kapital, die Umwandlung von Darlehen in Kapital oder eine sonstige Kapitalerhöhung vorzunehmen.

Da Gründungssteuern i. d. R. nur bei Tochtergesellschaften erhoben werden, können wesentliche Steuersätze bei hohem Investitionsbedarf und entsprechend hohem Eigenkapital bereits ein erstes Argument für eine Betriebsstätte sein.

II. Einbringung von Wirtschaftsgütern

Produktionsvorhaben werden nicht selten mit Maschinen und Anlagen ausgestattet, die bereits im Heimatland im Einsatz waren. Für alle Arten von Aktivitäten stellt sich außerdem regelmäßig die Frage der Nutzung von Namensrechten, Lizenzrechten und sonstigen immateriellen Wirtschaftsgütern. Bei der Übertragung von materiellen und immateriellen Wirtschaftsgütern droht mit dem Überschreiten der Grenze die Realisierung und Besteuerung stiller Reserven, während bei der Nutzungsüberlassung eine im Heimatland und im Zielland akzeptable Abrechnung oder Kostenzuordnung erforderlich wird. Um die Besteuerung auf Basis der Übertragung des Stammrechtes zu vermeiden, empfehlen sich klare vertragliche Vereinbarungen, dass nur ein Nutzungsrecht für eine bestimmte Zeit gewollt ist und nicht eine Eigentumsübertragung im Ganzen.

Bei der Übertragung von Einzelwirtschaftsgütern in eine ausländische **Tochtergesellschaft** erfolgt durch den Wechsel des Eigentums und den zwingenden Ansatz von Fremdvergleichspreisen stets eine Gewinnrealisierung. Der Zwang zur Gewinnrealisierung sollte jedoch selbst bei wesentlichen Beträgen nicht automatisch zur Entscheidung gegen eine Tochtergesellschaft führen. Bei einer zügigen steuerlichen Abschreibung der Wirtschaftsgüter im Ausland kann sich der Nachteil auf ein eventuell erträgliches Niveau reduzieren. Und bei einem höheren ausländischen Steuerniveau, was angesichts der deutlichen Absenkung des deutschen Körperschaftsteuersatzes seit dem Veranlagungszeitraum 2008 und der damit verbundenen Gesamtsteuerbelastung aus Körperschaftsteuer, Solidaritätszuschlag und Gewerbesteuer i. H. v. rd. 29 % durchaus vorkommt, kann eine Gewinnrealisierung, selbst unter Beachtung weiterer Zinsnachteile durch die spätere Abschreibung, insgesamt sinnvoll sein.

Gewisse Vorteile bietet hier die **Betriebsstätte**. Da sie weiterhin rechtlich ein Teil des Gesamtunternehmens bleibt, findet durch die – nur interne – Übertragung zur anderweitigen Nutzung keine Eigentumsübertragung statt. Allerdings kommt es zur Entstrickung der stillen Reserven nach § 12 Abs. 1 KStG i. V. m. § 4 Abs. 1 Satz 3 EStG, wenn nach der Überführung des Wirtschaftsgutes in die ausländische Betriebsstätte das deutsche Besteuerungsrecht hinsichtlich des Gewinns aus der Veräußerung oder Nutzung des Wirtschaftsgutes beschränkt oder ausgeschlossen wird. Dies ist regelmäßig der Fall bei einer Überführung in eine DBA-Betriebsstätte. Für die Überführung von Wirtschaftsgütern des Anlagevermögens in eine EU-Betriebsstätte sieht § 12 Abs. 1 KStG i. V. m. § 4g EStG eine aufgeschobene Gewinnrealisierung vor. Voraussetzung ist hierfür, dass ein deutsches Unternehmen die Wirtschaftsgüter vom inländischen Stammhaus in die eigene EU-Betriebsstätte verbringt und dort weiterhin nutzt. Sachlich sind nur Wirtschaftsgüter des Anlagevermögens begünstigt, und zwar immaterielle (z. B. Konzessionen, gewerbliche Schutzrechte, Lizenzen, Patente) und materielle (z. B. technische Anlagen und

Maschinen, andere Anlagen, Betrieb- und Geschäftsausstattung). Auf Antrag kann in diesen Fällen in Höhe der stillen Reserven ein passiver Ausgleichsposten (im Sinne eines Merkpostens innerhalb oder außerhalb der Bilanz des inländischen Stammhauses) gebildet werden, der die sofortige Versteuerung der entstrickten stillen Reserven vermeidet. Der Ausgleichsposten ist im Jahr der Bildung und in den folgenden vier Wirtschaftsjahren zu je einem Fünftel gewinnerhöhend aufzulösen.

Die seit 2006 bestehende gesetzliche Kodifizierung der Steuerentstrickung bei Überführung von Wirtschaftsgütern in eine ausländische Betriebsstätte löst die früheren Regelungen in Tz. 2.6 der Betriebsstätten-Verwaltungsgrundsätze[1] ab, in denen die Finanzverwaltung bereits die auf dem Realisationsprinzip beruhenden Grundsätze aufgegeben hat. Damit werden Gewinne besteuert, die nicht durch Außenumsätze realisiert wurden.

Trotzdem bietet die Betriebsstätte bei der Übertragung von Wirtschaftsgütern mit stillen Reserven geringfügige Vorteile.

III. Vorprüfungs- und Vorbereitungskosten sowie Anlaufverluste

Hinsichtlich der steuerlichen Wirkungen von vorab entstehenden Kosten und Anlaufverlusten bei am Ende tatsächlich realisierten Vorhaben ist die Zuordnung der Kosten zur Zentrale oder Auslandsaktivität entscheidend. Neue Aktivitäten sind mit Vorprüfungskosten, Vorbereitungskosten und Anlaufverlusten verbunden.

Unter **Vorprüfungskosten** seien die ersten Gedankenfindungen und Grundsatzüberlegungen bis hin zu Erfolgschancenanalysen in der Zentrale verstanden. Diese müssen sowohl bei späterer Gründung einer **Betriebsstätte** als auch einer **Tochtergesellschaft** als Betriebsausgaben der Zentrale bei Körperschaftsteuer und Gewerbesteuer abzugsfähig sein, solange es sich nicht um aktivierungspflichtige Anschaffungs- oder Herstellungskosten von aktivierungsfähigen Wirtschaftsgütern handelt. Denn zu diesem Zeitpunkt gibt es noch gar kein beschlossenes Vorhaben, dem diese Aufwendungen zugeordnet werden könnten. Kosten für selbstgeschaffene immaterielle Wirtschaftsgüter bleiben somit abzugsfähig. Dies sieht die Finanzverwaltung auch in ihren Betriebsstätten-Verwaltungsgrundsätzen[2] vor – und zwar beispielhaft für die Fälle von Auftragsakquisitionen, die nur bei Erfolg zu einer Betriebsstättengründung führen. Betroffen sind somit insbesondere Anlagen-, Montage- und Bauprojekte. Dies muss aber auch für vergleichbare Sachverhalte gelten, die bis zu einem bestimmten Zeitpunkt unter Durchführungsvorbehalt stehen.

Vorbereitungskosten, die als konkrete Planungsaufwendungen ab dem Zeitpunkt des offiziellen Investitionsbeschlusses bzw. des Entfalls des oben genannten Durchführungsvorbehaltes definiert seien, und **Anlaufverluste** aus der bereits begonnenen Aktivität vor Ort sind der Betriebsstätte zuzuordnen und führen zu negativen Betriebsstätteneinkünften. Die steuerliche Behandlung richtet sich nach den Vorschriften der ggf. anzuwendenden DBA sowie den nationalen Steuerrechtsvorschriften (insbes. § 2a Abs. 1 und 2 EStG für Verluste aus Nicht-EU/EWR-Staaten, § 32b EStG, § 9 Nr. 3 GewStG).

Entscheidender Zeitpunkt für die Kostenzuordnung und Abzugsfähigkeit ist somit der Übergang vom Stadium der strategischen Planung vor einem Investitionsbeschluss zum konkreten Investitionsbeschluss bzw. vom Versuch, einen Auftrag bzw. Zuschlag zu erhalten, zum tatsächlich

---

[1] Vgl. BMF-Schreiben v. 24. 12. 1999, BStBl 1999 I 1076. Für bis Ende 2005 gebildete Ausgleichsposten sind diese Verwaltungsgrundsätze weiter anwendbar.

[2] Vgl. BMF-Schreiben v. 24. 12. 1999 a. a. O. (oben Fn. 1), Tz. 2.9.1.

erhaltenen Auftrag. Dieser Zeitpunkt ist i. d. R. in den Unternehmen nachweisbar. Er kann aber auch durch Konkretisierung der Auslandsaktivität nach außen geschaffen und dokumentiert werden. Bei Tochtergesellschaften wird dieser Termin durch den Gründungsakt (Entstehen der Vorgesellschaft) offensichtlich. Aber auch bei Betriebsstätten lassen sich durch bestimmte Schritte nur schwer widerlegbare Fakten setzen, solange dabei mit dem erforderlichen Augenmaß vorgegangen wird. Hierzu eignen sich Ereignisse wie z. B. die Entsendung voll vertretungsberechtigter Mitarbeiter, der Abschluss verpflichtender Verträge oder die offizielle Anmeldung im Tätigkeitsstaat.

Vorbereitungskosten und **Anlaufverluste**, die in einer ausländischen **Tochtergesellschaft** anfallen, können nur durch spätere Gewinne der Tochtergesellschaft selbst ausgeglichen werden, unabhängig davon, ob ein DBA besteht oder nicht.

Wenn mit einem Nicht-EU/EWR-Staat kein DBA besteht, sind alle **Vorbereitungskosten** und **Anlaufverluste** einer **Betriebsstätte** in Deutschland steuerlich abzugsfähig, wenn eine aktive Tätigkeit i. S. von § 2a Abs. 2 EStG ausgeübt wird. Bei der Gewerbesteuer sind jedoch nur die Kosten abzugsfähig, die nicht bereits der Betriebsstätte zugeordnet werden müssen. Dazu gehören die sog. Vorprüfungskosten. Demgegenüber sind Vorbereitungskosten und Anlaufverluste gem. § 9 Nr. 3 GewStG nicht abzugsfähig.

Bei Vorliegen eines DBA werden Vorbereitungskosten und Anlaufverluste weder bei der Körperschaftsteuer noch bei der Gewerbesteuer in Deutschland wirksam. Die Sondervorschrift des § 2a Abs. 3 und 4 EStG (steuerliche Nutzung von DBA-Betriebsstättenverlusten i. V. mit einer Nachversteuerung im Gewinnfall; bis 1989: § 2 AIG), wurde bereits mit Wirkung vom 1. 1. 1999 aufgehoben. Der Steuergesetzgeber sah hierin eine systemwidrige Regelung, die den Finanzämtern erhebliche Schwierigkeiten bereitete. Des Weiteren würden durch den weiter möglichen Progressionsvorbehalt die Verluste aus DBA-Betriebsstätten hinreichend berücksichtigt.[3] Im Rahmen der Diskussion um die grenzüberschreitende Verlustberücksichtigung innerhalb der EU wird von den deutschen Verbänden die Wiedereinführung einer dem alten § 2a Abs. 3 und 4 EStG vergleichbaren Regelung gefordert.

Aufgrund europarechtlicher Bedenken wurde mit dem JStG 2009 die Verlustausgleichsbeschränkung des § 2a Abs. 1 und 2 EStG auf Drittstaaten, d. h. Nicht-EU/EWR-Staaten beschränkt. Für EU/EWR-Staaten greifen zwar grundsätzlich die bestehenden DBA-Vorschriften, die den Abzug von ausländischen Betriebsstättenverlusten einschränken, aber soweit im Ausland endgültig keine steuerliche Verlustnutzung möglich ist, verlangt der EuGH einen grenzüberschreitenden Verlustausgleich.[4] Insoweit können bei final nicht erfolgreichen Auslandsaktivitäten die Betriebsstättenverluste beim Stammhaus genutzt werden. Allerdings ist die deutsche Finanzverwaltung derzeit noch sehr restriktiv bei der Auslegung der vom EuGH aufgestellten Grundsätze des Verlustabzugs über die Grenze.

Insgesamt hat in diesem Bereich nur im Nicht-DBA-Fall die Betriebsstätte Vorteile gegenüber der Tochtergesellschaft.

Wenn im Vorfeld schon Aktivitäten vor Ort erforderlich sind, die über Dienstreisen hinausgehen, sich aber noch im Bereich allgemeiner Vorbereitung und Informationsbeschaffung bewegen, empfiehlt sich die Gründung eines Representative Office, das i. d. R. von beiden beteiligten Län-

---

[3] Vgl. die Begründung im Entwurf des Steuerentlastungsgesetzes 1999/2000/2002 v. 13. 11. 1998, BT-Drucks. 14/23.

[4] Vgl. Rs. C-446/03 (Marks & Spencer) BB 2006, 23, Rs. C-414/06 (Lidl Belgium) BB 2008, 1322, Rs. C-157/07 (Wannsee) BB 2009, 90.

dern als Tätigkeit vorbereitender Art und damit noch nicht als betriebsstättenbegründende Aktivität behandelt wird. Dann dürfen jedoch nur im Interesse des eigenen Unternehmens Informationen beschafft und verbreitet werden. Eine Tätigkeit für verbundene Unternehmen bzw. Dritte oder Informationsaufbereitung und -verarbeitung werden bereits als betriebsstättenbegründend angesehen.[5]

IV. Vergebliche Aufwendungen

Soweit ersichtlich existiert bislang nur eine höchstrichterliche Rechtsprechung zu der Frage, wie entstandene Kosten behandelt werden, wenn es am Ende nicht zur Gründung einer Betriebsstätte in einem DBA-Land mit Freistellung kommt. Der BFH[6] kommt zum Ergebnis, dass auch Kosten von gescheiterten Betriebsstättengründungen grundsätzlich nicht in Deutschland zum Abzug zugelassen seien. Insbesondere bezieht sich der BFH in dem Urteil auf § 3c EStG zur Ablehnung der Abzugsfähigkeit. Spätestens seit den BFH-Urteilen vom 29. 5. 1997[7] ist aber eindeutig, dass dieses Abzugsverbot nur bis zur Höhe der zugeflossenen steuerfreien Einnahmen gilt. Im Falle des Scheiterns einer Betriebsstättengründung kommt es aber gerade nicht zu steuerfreien Einnahmen. Des Weiteren wird aber bereits bezweifelt, ob § 3c EStG überhaupt auf Betriebsstätteneinkünfte anwendbar sei, da sich § 3c EStG ausdrücklich auf steuerfreie Einnahmen und nicht auf steuerfreie Einkünfte bezieht. Demzufolge beurteilt die h. M. vergebliche Aufwendungen als im Inland abzugsfähig, auch wenn spätere Betriebsstättengewinne nach einem DBA steuerfrei geblieben wären, weil es an einem anderweitigen Zuordnungssubjekt fehlt.[8]

Auch im Nicht-DBA-Fall sind die Kosten von gescheiterten Betriebsstättengründungen mangels ausländischen Zuordnungssubjekts isoliert betrachtet inländische Verluste. Die Verlustabzugsbeschränkungen gem. § 2a Abs. 1 und 2 EStG greifen somit nicht.[9]

Nichts anderes kann auch bei der gescheiterten Gründung einer ausländischen Tochtergesellschaft gelten. Ungeachtet der steuerlichen Qualifikation einer Vorgründungsgesellschaft (bis zum Abschluss des Gesellschaftsvertrages) bzw. einer Vorgesellschaft (bis zum Entstehen der Kapitalgesellschaft) in Deutschland mangelt es an einem ausländischen Rechtssubjekt. Vergebliche Aufwendungen sind auch hier als inländische Verluste steuerlich abzugsfähig.

Im Vergleich sind beide Alternativen gleich zu bewerten, da sowohl bei der gescheiterten Betriebsstättengründung als auch bei der gescheiterten Gründung einer Tochtergesellschaft die vergeblichen Aufwendungen im Inland bei der Körperschaftsteuer und Gewerbesteuer abzugsfähig sind.

V. Vereinbarung von Fördermaßnahmen

In Anbetracht der überwiegend schlechten Situation auf den Arbeitsmärkten rund um die Welt ist ein Wettbewerb zwischen den Nationen um arbeitsplatzschaffende Investitionen entstanden. Einzelne Staaten haben regelrechte "Baukästen" von Förderungen entwickelt, aus denen je nach Investitionsvolumen, Anzahl von neu geschaffenen Arbeitsplätzen und sonstigen volks-

---

[5] Vgl. hierzu die Betriebsstättendefinition in den jeweiligen DBA und die Ziffern d bis f in Art. 5 Abs. 4 OECD-MA.
[6] BFH-Urt. v. 28. 4. 1983, IV 122/79, BStBl 1983 II 566.
[7] BStBl 1997 II 57, 60, 63.
[8] Vgl. *Wassermeyer*, in: Debatin/Wassermeyer, DBA, Art. 7 MA Rn. 300; *Schröder*, in: Mössner u. a., Steuerrecht international tätiger Unternehmen, S. 264 ff.
[9] Vgl. *Schaumburg*, Internationales Steuerrecht, S. 1172; a. A. *Schröder* a. a. O. (oben Fn. 8), S. 271.

wirtschaftlich interessanten Aktivitäten individuelle Pakete zusammengestellt werden, die sowohl die Gründungs- als auch die spätere laufende Besteuerung deutlich verbessern können.

Entsprechend den Erfordernissen des individuellen Projektes und der Verhandlungsbereitschaft des jeweiligen Staates muss jeder Investor sein "bestes" Paket entwickeln und vereinbaren. Dabei bieten sich beispielsweise folgende Bereiche an:

- Steuerfreijahre (teilweise erst beginnend ab erstem Gewinnjahr)
- Reduzierte Steuersätze
- Pauschalierte Steuererhebung
- Festgeschriebene Maximalbelastungen
- Fiktive Anrechnung für Investitionen
- Steuerfreie Veräußerung
- Verlängerter Verlustvortrag
- Zollfreiheit für eingeführte Anlagen
- Vereinfachte Zollverfahren (Zollfreigebiete/Zollfreie Läger für Produktionsstätten, insbesondere bei hohem Reexportanteil, Vereinfachungen bei aktiver und passiver Veredelung)
- Exportvergünstigungen (Befreiung von der Umsatzsteuer, voller Vorsteuerabzug, Zuschüsse)
- Investitionszuschüsse
- Vereinfachte Steuerdeklaration und Steuerzahlungsmodalitäten
- Vereinfachte Verfahren zur Regelung von Streitfragen

Der Kreativität sind in diesem Bereich kaum Grenzen gesetzt, wichtig ist vorab aber die genaue Analyse der Steuervorschriften, damit die Punkte bewusst werden, bei denen Verbesserungsbedarf besteht. So ist es keineswegs selbstverständlich, dass Exporte generell von der Umsatzsteuer befreit bleiben oder die zugehörigen Vorsteuern in vollem Umfang abzugsfähig sind. Selbst Bruttoumsatzsteuersysteme mit Kumulierungswirkung existieren noch. Solche Vorschriften können Wirtschaftlichkeitsrechnungen auf Basis angenommener "Selbstverständlichkeiten" komplett zunichte machen.

Werden bestimmte steuerfreie oder stark steuerreduzierte Zeiträume vereinbart, ist sicherzustellen, dass diese Vorteile nicht durch eine Nachversteuerung in Deutschland wirkungslos werden. Dies geschieht, wenn keine Freistellung der Betriebsstättengewinne oder Dividenden durch ein DBA oder § 8b Abs. 1 KStG erfolgt.

Soweit nicht bereits der Ausschluss der DBA-Freistellung nach § 50d Abs. 9 KStG greift, kann eine grundsätzlich bestehende Freistellung durch sog. "subject to tax" oder "switch over"-Klauseln aufgehoben werden. In diesen beiden Fällen wird bei "nicht ausreichender Besteuerung im Ausland" der Übergang zur Steueranrechnung und damit die Heraufschleusung auf deutsches Besteuerungsniveau verlangt. Indien z. B. hat sich schon gegen diesen Trend abgesichert und im Protokoll zum DBA festschreiben lassen, dass in Indien gewährte Steuervorteile nicht durch eine "subject to tax"-Klausel in Deutschland besteuert werden dürfen. Nur bei Nichtbesteuerung durch unterschiedliche Qualifikation bestimmter Zahlungen ist der Wechsel von der Freistellung zur Anrechnung zulässig ("switch over").

Hinzuweisen ist auch auf Risiken aus einer Hinzurechnungsbesteuerung, wenn durch die Vergünstigungen die tatsächliche Steuerbelastung im Ausland unter 25 % fällt. Dieses Risiko be-

Schoss

steht jedoch nur für passive Einkünfte[10], die z. B. von Finanzierungs- und Koordinierungszentralen erzielt werden.

Für Tochtergesellschaften und Betriebsstätten bestehen somit keine prinzipiellen Vor- oder Nachteile für die Gewährung von Förderungen.

VI. Gestaltungsempfehlung

Abgesehen von den nur individuell feststellbaren Gründungsbelastungen sprechen bei Investitionen im Ausland sowohl die Möglichkeiten der Übertragung von Wirtschaftsgütern mit aufgeschobener Gewinnrealisierung als auch die im Nicht-DBA-Fall und ggf. im EU/EWR-Fall mögliche Verlustnutzung im Inland für die Betriebsstätte. Somit ist die Betriebsstätte bei Betrachtung der Gründungsphase tendenziell vorzuziehen.

C. Laufendes Geschäft

I. Besteuerung der Aktivität im Ausland

1. Steuerarten und Höhe

DBA greifen an sich nicht in die Besteuerungsvorschriften der jeweiligen Staaten selbst ein, sondern weisen lediglich das Besteuerungsrecht zu und begrenzen eventuell einzubehaltende Quellensteuern. Die Steuerbelastung der Aktivität im Zielstaat wird grds. von den lokalen Steuergesetzen vorgeschrieben. Aber auch hiervon gibt es wieder gelegentliche Ausnahmen, wenn z. B. durch Protokolle zum DBA der Betriebsausgabenabzug erweitert wird[11], so dass auch wegen dieser Möglichkeiten eine individuelle Prüfung aller Rahmenbedingungen erforderlich ist.

Sind die Kriterien einer **Betriebsstätte** erfüllt, wird das Stammhaus mit dem der Betriebsstätte zuzuordnenden Gewinn und ggf. Vermögen im Zielstaat beschränkt steuerpflichtig. Art und Höhe der Steuer richten sich nach der Rechtsform des Stammhauses. Bei einem Einzelunternehmen als Stammhaus ist der Eigentümer im Tätigkeitsland beschränkt einkommensteuerpflichtig, eine Kapitalgesellschaft als Stammhaus wird beschränkt körperschaftsteuerpflichtig. Zu untersuchen ist weiterhin, ob der Zielstaat eine der Gewerbesteuer vergleichbare Ertragsteuer erhebt und ob daneben eventuelle regionale Ertragsteuern auf Länder- oder Gemeindeebene erhoben werden.

In Deutschland sind erfreulicherweise Vermögen- und auch Gewerbekapitalsteuer abgeschafft. Es gibt aber immer noch Länder, die derartige Substanzsteuern in teilweise erheblich belastender Höhe erheben. Weiterhin ist die Erhebung von Verbrauch- und Verkehrsteuern zu analysieren, die für sich i. d. R. nicht erheblich sind, in Kumulation aber bedeutsam werden können. Zu beachten sind auch die zunehmend in vielen Ländern zu beobachtenden Regelungen zu einer Mindestbesteuerung in ertragsschwachen Jahren, da diese Steuern und Abgaben nicht gewinnabhängig sondern oft umsatz- bzw. lohnsummenabhängig erhoben werden, d. h. selbst in Verlustzeiten zu leisten sind.

Tochtergesellschaften (Kapitalgesellschaften) sind in dem Land, in dem sie Sitz oder Geschäftsleitung haben, i. d. R. mit ihrem Welteinkommen unbeschränkt steuerpflichtig. Für die Höhe der Besteuerung sind die gleichen Fragen zu beantworten wie bei der Betriebsstätte, d. h. wie hoch werden Gewinne mit Körperschaftsteuer, ertragsabhängigen Zusatzsteuern und Regionalsteu-

---

[10] Vgl. Abschn. C. III. 3.

[11] Vgl. z. B. Prot. Nr. 3 zum DBA-Deutschland/Russische Föderation v. 29. 5. 1996.

ern belastet, werden vermögensabhängige Steuern erhoben und welche Belastungen fallen im Verkehr- und Verbrauchsteuerbereich an? Außerdem ist im Grenzbereich zwischen Gesellschafts- und Gesellschafterbesteuerung das ausländische Körperschaftsteuersystem auf die Vermeidung von Doppelbelastungen bei Ausschüttungen zu prüfen. § 8b Abs. 1 KStG führt regelmäßig zu einer faktisch 95 %igen Freistellung der Dividendeneinnahmen im Inland, so dass im Zielstaat nicht nutzbare Steueranrechnungsbeträge und zusätzliche Quellensteuern auch im Nicht-DBA-Fall bei der Zentrale steuerlich nicht wirksam werden.

In den meisten Fällen ist die lokale Ertragsteuerbelastung für Betriebsstätten und Tochterkapitalgesellschaften gleich. Teilweise bestehen jedoch Unterschiede, die im Einzelfall so erheblich sein können, dass sie die Entscheidung pro Betriebsstätte oder Tochtergesellschaft vorentscheidend beeinflussen. Häufiger sind jedoch Unterschiede bei der Erhebung von Quellensteuern bei Dividendenausschüttungen bzw. Gewinnrepatriierung.

2. Gewinnermittlung

Die **Betriebsstätte** als rechtlich unselbständiger Teil geht mit ihren buchhalterischen Daten unmittelbar in den Abschluss der Zentrale ein. Für Zwecke der Besteuerung ist das Gesamtergebnis der Zentrale auf das inländische Stammhaus, die ausländische Betriebsstätte und ggf. die sonstigen Aktivitäten aufzuteilen. Dies kann auf direktem oder indirektem Wege erfolgen. Oberstes Ziel ist dabei, der Betriebsstätte die Erträge und Aufwendungen zuzuordnen, die von ihr wirtschaftlich verursacht wurden.

Bei der **indirekten** Zuordnung bzw. **Gewinnermittlung** wird das Gesamtergebnis anhand von Zerlegungsschlüsseln aufgeteilt. Hierfür kommen Umsatz, eingesetztes Kapital, Lohnkosten, Materialkosten, Deckungsbeiträge oder bestimmte branchenspezifische Schlüssel in Betracht. Diese Art der Aufteilung kann jedoch zu völlig willkürlichen Ergebnissen führen, denn es wird nicht mit den individuellen Verhältnissen der einzelnen Unternehmensteile und Regionen gerechnet. Vielmehr nivelliert das Berechnungsverfahren alles auf den gemeinschaftlichen Durchschnitt. Per Definition schließt dieses Verfahren Gewinn beim einen und Verlust beim anderen Unternehmensteil aus. Dies muss aber zumindest temporär möglich sein. Noch größer ist das Risiko, dass Sitzstaat und Zielstaat unterschiedliche Schlüssel anwenden und damit den Grundstein für eine wirtschaftliche Doppelbesteuerung legen. Denn über Sinn oder Unsinn einzelner Schlüssel lässt sich in Betriebsprüfungen trefflich streiten und damit eine Mehrbelastung nur schwer vermeiden. Auch Verständigungsverfahren zwischen den beteiligten Steuerverwaltungen zur Vereinbarung einer gemeinsam getragenen Lösung stoßen dabei an ihre Grenzen. Allenfalls in Unternehmen mit sehr homogenen Verhältnissen bei Produkten und regionalen Marktverhältnissen könnte die indirekte Gewinnermittlung zu für alle Beteiligten akzeptablen Ergebnissen führen. Als weitere Anwendungsmöglichkeiten bleiben die Fälle, in denen auch die nachstehend beschriebene direkte Methode nicht zwingend zu schlüssigeren Ergebnissen führt – insbesondere bei Bau- und Montagebetriebsstätten, wenn z. B. die immateriellen Beiträge des Stammhauses oder umfangreiche wechselseitige Beziehungen zwischen Stammhaus und Betriebsstätte innerhalb des Erstellungsprozesses zugeordnet werden müssen. Ansonsten ist von dieser Methode abzuraten, weil sie dem angestrebten Ziel der Zuordnung nach der wirtschaftlichen Verursachung nicht gerecht wird und dementsprechend angreifbar ist.

Bei der **direkten** Zuordnung bzw. **Gewinnermittlung** wird die als Basis gebotene Gesamtheitsbetrachtung durch eine Selbständigkeitsfiktion ergänzt, d. h. es wird von Beginn an versucht, Aufwendungen und Erträge durch buchhalterische Aufzeichnungen dem Stammhaus bzw. der Betriebsstätte nach wirtschaftlicher Verursachung zuzuordnen. Diese Methode kommt somit der Abrechnung zwischen Zentrale und Tochtergesellschaft sehr nahe, zumindest soweit es

Geschäfte mit Dritten betrifft. Denn eine Abrechnung zwischen Stammhaus und Betriebsstätte mit Gewinnrealisierung verbietet sich sowohl zivilrechtlich unter dem Gesichtspunkt des Verbotes der Selbstkontrahierung (Insichgeschäfte), als auch steuerlich aus der Tatsache, dass das Gesamtunternehmen noch keinen Gewinn durch Drittgeschäft realisiert hat. In den Betriebsstätten-Verwaltungsgrundsätzen erkennt auch die Finanzverwaltung an, dass Gewinne aus Innenumsätzen steuerlich nicht berücksichtigt werden dürfen[12]. Umgekehrt muss aber ausgetauschten Leistungen und verauslagten Kosten bei der Ergebnisabgrenzung Rechnung getragen werden. Zum Zeitpunkt der steuerlichen Erfassung des Gewinns sind zwei Theorien entwickelt worden, der sog. Erwirtschaftungsgrundsatz[13] (Ausgleich nur der tatsächlichen Aufwendungen, d. h. ohne Gewinnaufschlag) und die sog. Funktionsnutzentheorie[14] (Abrechnung zu Marktpreisen und damit Gewinnrealisierung bei internen Umsätzen). Der OECD-Kommentar schwankt je nach Abrechnungsgegenstand zwischen beiden Methoden[15]. Die Betriebsstätten-Verwaltungsgrundsätze empfehlen die Aufteilung von Aufwendungen und Erträgen nach den Grundsätzen einer betrieblichen Kostenrechnung, ohne dies inhaltlich weiter zu spezifizieren. Es kann aber wohl zunächst davon ausgegangen werden, dass sowohl Erträge als auch Kosten/Aufwendungen nach tatsächlichem Anfall verrechnet werden und somit kalkulatorische Kosten entfallen. Somit sollten Kosten, soweit sie Drittkosten sind, allenfalls erhöht um anteilige Gemeinkosten aus deren Beschaffung, auf Betriebsstätte und Zentrale verteilt werden. Zusätzliche Mengenvorteile werden damit automatisch auf beide aufgeteilt, so dass auch aus diesem Grunde keine Notwendigkeit für einen Gewinnaufschlag besteht. Wenn jedoch einer von beiden Betriebsteilen eine spezifizierbare Leistung aus seinem Stammgeschäft heraus erbringt, sollte hierfür auch der übliche Gewinn entstehen, allerdings wegen des Realisationserfordernisses neutralisiert bis zum Wirksamwerden gegenüber Dritten. Vehikel für die Neutralisierung sollten wie bei der Übertragung von Wirtschaftsgütern passive bzw. aktive Korrekturposten sein. Konsequenterweise müsste auch eine ratierliche Auflösung in Erwägung gezogen werden, wenn eine Leistung nur stückweise oder über eine längere Zeit verschoben gegenüber Dritten wirksam wird. Ob sich dies alles im Einzelfall lohnt, sollte jedem Steuerpflichtigen zur eigenen Entscheidung überlassen bleiben, d. h. ob er nicht auf den Korrekturposten verzichtet.

Problematisch bleibt dann noch die Verfahrensweise bei anteilig genutzten Wirtschaftsgütern. Hierzu hat der BFH die Abrechnung mit Nutzungsentgelten abgelehnt[16], so dass marktübliche Mieten und Lizenzgebühren nicht anwendbar sind. Besonders bedeutsam ist dies für die anteilige Nutzung immaterieller Wirtschaftsgüter, d. h. die Verwertung von Forschungs- und Entwicklungsergebnissen. Abzurechnen sind die anteiligen Kosten.

Die Zuordnung des **Zinsaufwandes** beruht auf der vorab durchzuführenden Aufteilung der betrieblichen Darlehen. Dabei hat sich das Prinzip der Selbstbestimmung weitgehend durchgesetzt, d. h. die Eigenkapitalausstattung wird grds. der Entscheidung des Stammhauses überlassen. Die darüber hinaus eingesetzten Finanzmittel sind der Betriebsstätte als Darlehen zuzurechnen, und zwar nicht nur die tatsächlich durchgereichten, sondern auch die vom Stammhaus eindeutig für die Betriebsstätte eingesetzten Mittel. Der BFH hat weiterhin verlangt, dass auch

---

[12] Vgl. Tz. 2.2. der Betriebsstätten-Verwaltungsgrundsätze, BMF-Schreiben v. 24. 12. 1999, a. a. O. (oben Fn. 2).

[13] Vgl. *Debatin*, BB 1992, 1184.

[14] Vgl. *Baumhoff*, DB 1990, 392.

[15] Vgl. OECD-Kommentar, Art. 7 Anm. 11 ff.

[16] BFH v. 20. 7. 1988 I R 49/84, BStBl 1989 II 140.

Darlehen, die weder dem Stammhaus noch der Betriebsstätte direkt zugeordnet werden können, aber beiden zumindest mittelbar zugute kommen, anteilig zugerechnet werden müssen[17].

Das letzte zu untersuchende Problem im Rahmen der Gewinnermittlung ist die **Währungsumrechnung**, und zwar in zwei Ausprägungen: wie soll die Umrechnung erfolgen und wem sind Währungsdifferenzen ergebniswirksam zuzuordnen? Grundsätzlich ist im Zielstaat für die Betriebsstätte eine Buchführung in Landeswährung zu erstellen. Nur in seltenen Fällen erlauben Staaten die Anwendung einer fremden Währung, so z. B. in der Ölindustrie die universelle Anwendung des US-Dollars. Aber dann ist für die nationale Besteuerung eine Umrechnung durchzuführen und damit tritt das Problem wieder auf, nur an anderer Stelle.

Basierend auf mehreren BFH-Entscheidungen[18] verlangt die Finanzverwaltung in den Betriebsstätten-Verwaltungsgrundsätzen grundsätzlich die Umrechnung zum jeweiligen Tageskurs[19]. Nur wenn keine wesentlichen Abweichungen vom an sich "richtigen" Ergebnis entstehen, werden aus Vereinfachungsgründen die alternativ üblichen Stichtags- und Durchschnittswertverfahren zugelassen. Bilanzpositionen werden danach mit Stichtagswerten umgerechnet, GuV-Positionen mit dem Jahresdurchschnittskurs. Bei der Zuordnung der Währungsdifferenzen hat der BFH eindeutig entschieden, dass diese im wirtschaftlichen Zusammenhang mit den ausländischen Einkünften stehen und deshalb auch diesen zuzuordnen sind[20]. Dem folgt auch die Finanzverwaltung in den Betriebsstätten-Verwaltungsgrundsätzen[21].

Mit der ordnungsgemäßen Zuordnung der Aufwendungen ist jedoch noch nicht sichergestellt, dass diese auch im Ausland abzugsfähig sind. So können nach den jeweils anzuwendenden ausländischen Steuerrechtsnormen Zins-, Lizenz- und bestimmte Servicezahlungen an das Stammhaus bei Betriebsstätten nicht oder nur eingeschränkt abzugsfähig sein.

Die Gewinnermittlung bei **Tochtergesellschaften** erfolgt grundsätzlich durch die direkte Ermittlung auf der Basis einer eigenen Buchhaltung. Auch wenn sich andere Länder formell nicht zu einer Art Maßgeblichkeit bekennen, stellt man faktisch doch regelmäßig etwas Entsprechendes auf Basis der Handelsbilanz als Grundlage der Gewinnermittlung fest, die jedoch noch um steuerliche Korrekturvorschriften ergänzt werden. Um die endgültige Steuerlast im Vergleich beurteilen zu können, müssen also insbesondere die Abschreibungsregelungen und die Abzugsfähigkeit wichtiger Betriebsausgaben geprüft werden.

Für die Gewinnermittlung bei Tochtergesellschaften sind nicht so umfangreiche Einzelfallregelungen wie bei der Abgrenzung eines Betriebsstättengewinns erforderlich. Grundsätzlich erkennen die beteiligten Staaten die Ergebnisse der direkten Gewinnermittlung aus der Buchführung an, aber gegen Gewinnverlagerungen zwischen international verbundenen Unternehmen sind auch hier Korrekturvorschriften geschaffen worden. Dies sind im Einzelnen die in Deutschland bekannten Institutionen der verdeckten Gewinnausschüttung, der verdeckten Einlage und des § 1 AStG, die sich in vergleichbarer Form in allen entwickelten Steuersystemen der Welt wieder finden.

---

[17] Vgl. BStBl 1989 II 143.
[18] BFH v. 27. 7. 1988 I R 68/84, BStBl 1989 II 57; v. 9. 8. 1989 I B 118/88, BStBl 1990 II 175; v. 16. 2. 1996 I R 46/95, BStBl 1996 II 588.
[19] Vgl. Tz. 2.8.1. der Betriebsstätten-Verwaltungsgrundsätze, BMF-Schreiben v. 24. 12. 1999, a. a. O. (Fn. 1).
[20] BFH v. 16. 2. 1996 I R 46/95, BStBl 1996 II 588 und v. 16. 2. 1996 I R 43/95, BStBl 1997 II 128.
[21] Vgl. Tz. 2.8.1. der Betriebsstätten-Verwaltungsgrundsätze, BMF-Schreiben v. 24. 12. 1999, a. a. O. (Fn. 1).

Die **verdeckte Gewinnausschüttung** dient grundsätzlich der Korrektur von Zuwendungen der Tochtergesellschaft an die Mutter. In den neueren DBA werden sie in den Dividendenbegriff einbezogen und wie Dividenden behandelt. Sind sie nicht einbezogen, werden sie von der sog. Auffangklausel für nicht genannte Einkünfte erfasst und das Besteuerungsrecht dem Sitzstaat der Muttergesellschaft zugeschrieben. Enthält ein DBA gar keine Dividendendefinition, entscheidet das Recht des Anwenderstaates über die Qualifikation der Einnahme. Aus deutscher Sicht sind verdeckte Gewinnausschüttungen nach § 8b Abs. 1 KStG faktisch zu 95 % steuerfrei, so dass eine im Ausland zu zahlende Quellensteuer bzw. Ertragsteuer auf die verdeckte Gewinnausschüttung die steuerfreien Einkünfte mindert.

Verdeckte Einlage und **§ 1 AStG** korrigieren Zuwendungen der Zentrale an die Tochtergesellschaft. Die verdeckte Einlage setzt ein einlagefähiges Wirtschaftsgut voraus, während § 1 AStG zur Korrektur von Aufwendungen und Erträgen genutzt werden kann. Beide erhöhen den Gewinn der Zentrale, wobei bei verdeckter Einlage auch der Beteiligungsbuchwert entsprechend erhöht wird, während die Korrektur nach § 1 AStG außerhalb der Bilanz im Rahmen der Einkommensermittlung erfolgt. Ein sog. Merkposten stellt bei einer Korrektur nach § 1 AStG sicher, dass bei einem späteren tatsächlichen Ausgleich des Korrekturgrundes durch Zahlung der bereits besteuerte Ertrag nicht ein zweites Mal besteuert wird. Ob der korrespondierende Aufwand dann jedoch im Zielland abzugsfähig ist, richtet sich nach dortigem Recht und kann nicht als sicher unterstellt werden.

Zu beachten sind im Rahmen der Gewinnermittlung denkbare **Auslegungsrisiken**, die auch bei annähernd übereinstimmenden Regelungen zwischen den beteiligten Staaten im Detail zu Doppelbesteuerungen oder aber zu doppelten Nichtbesteuerungen führen können.

Bei einer Betriebsstätte ist dies insbesondere bei einer indirekten Gewinnermittlung möglich, daneben aber auch bei der Höhe von Abrechnungen verschiedener Leistungen mit dem Stammhaus. Letzteres Risiko besteht aber bei Tochtergesellschaften genauso. Als wesentlichster Unterschied bei unterstellter direkter Gewinnermittlung auch in der Betriebsstätte verbleibt dann die Kostenzuordnung auf das Stammhaus und die Betriebsstätte.

Um dieses Risiko zu vermeiden, empfiehlt sich die Gründung einer deutschen GmbH, die nur die Betriebsstätte im Ausland besitzt. Diese Projektgesellschaft sollte mit allem Wesentlichen ausgestattet sein, was die Betriebsstätte benötigt. Dann können nur noch vereinzelt benötigte tatsächlich erbrachte Zusatzleistungen der Zentrale (= Muttergesellschaft der deutschen Projektgesellschaft) mit marktüblichen Preisen abgerechnet werden, und das Risiko aus pauschalen Zuordnungen und späteren Korrekturen wird erheblich reduziert. Ebenso sind klar nachgewiesene Leistungen im Ausland leichter als Betriebsausgaben der Betriebsstätte begründbar, als pauschale Kostenzuordnungen. Die i. d. R. geringen Mehrkosten der deutschen Projektgesellschaft werden durch die gewonnene Rechtssicherheit gerechtfertigt.

3. Verlustnutzung

Ebenso sind für laufende Verluste die Möglichkeiten von Verlustvor- und -rücktrag zu prüfen. I. d. R. werden sie für Betriebsstätten und Tochtergesellschaft in gleichem Umfang gewährt. Gelegentlich werden Betriebsstätten vom Verlustvor- und/oder -rücktrag ausgeschlossen, wobei auch relevant sein kann, ob der Verlust bereits im Ausland genutzt wurde. Die Bedeutung solcher Ausschlüsse für Betriebsstätten muss anhand der Risikoempfindlichkeit des individuellen Geschäftes beurteilt werden und unter Beachtung der dann eventuell bestehenden Möglichkeiten der Verlustnutzung nach § 2a Abs. 1 und 2 EStG für bestimmte Nicht-EU/EWR-Fälle. Bei zwischengeschalteter deutscher Projektgesellschaft muss zur Zentrale eine ertragsteuerliche Organschaft (inkl. Ergebnisabführungsvertrag) bestehen.

4. Steuerkonsolidierung

Wenn weitere Aktivitäten der Zentrale direkt oder mittelbar im Zielland bestehen, geplant sind oder zumindest nicht ausgeschlossen werden können, sollte eine spätere konsolidierte Besteuerung ermöglicht werden, um Gewinne und Verluste aus verschiedenen Aktivitäten verrechnen zu können. Wenn für eine spätere Umorganisation günstige Umwandlungsvorschriften fehlen, sind alle Voraussetzungen schon von Anfang an vorzusehen. Hierzu ist i. d. R. eine zweistufige Organisation im Zielstaat erforderlich, d. h. eine Landesholding mit mehreren Unteraktivitäten, wobei für beide Stufen jeweils die Frage Tochtergesellschaft oder Betriebsstätte zu prüfen ist.

II. Besteuerung der Anteilseigner im Ausland

1. Quellensteuern beim Gewinntransfer

Gewinne werden von **Tochterkapitalgesellschaften** im Wege der Dividende an die inländischen Gesellschafter abgeführt. Der Zielstaat erhebt regelmäßig eine Quellensteuer als pauschale Abgeltungssteuer auf die Dividendenzahlungen, wobei die endgültige Höhe auch davon abhängig ist, ob ein DBA besteht und ob eine wesentliche Beteiligung vorliegt. Die Erhebung von Quellensteuern und ggf. weiteren Steuern in Deutschland (z. B. i. Z. mit § 8b Abs. 5 KStG) kann durch Thesaurierung im Ausland aufgeschoben werden. Bei (u. U. auch partiell) passiven Tätigkeiten in Niedrigsteuerländern sei auf die Risiken aus einer Hinzurechnungsbesteuerung (Zuflussfiktion in Deutschland) hingewiesen.

Die meisten DBA begrenzen die Höhe der Quellensteuer. Solche, die dem OECD-MA folgen, regelmäßig auf 15 % bzw. 5 % für Schachteldividenden (mindestens 10 % oder 25 % Beteiligung), während die DBA nach UN-MA keinem einheitlichen Satz folgen. Für Dividendenzahlungen innerhalb der EU verbietet die sog. Mutter-Tochter-Richtlinie die Erhebung von Quellensteuern. Notwendig ist jedoch immer die Anerkennung der Tochtergesellschaft als Kapitalgesellschaft und der Ausschüttung als Dividende i. S. des DBA. Die endgültig nach DBA zu erhebende Quellensteuerbelastung kann durch direkte Begrenzung der Erhebung (ggf. Freistellungsbescheinigung) oder durch spätere Erstattung der nach dem jeweiligen nationalen Recht zu viel erhobenen Quellensteuern erreicht werden. Zwecks Vermeidung von Zinsnachteilen bietet es sich an, Freistellungs- bzw. Steuerreduzierungsanträge rechtzeitig zu stellen. Ferner ist zu berücksichtigen, dass sich einige Länder viel Zeit bei der Erstattung von zu viel gezahlten Quellensteuern nehmen.

Darüber hinaus ist aber zu beachten, dass die berechtigten Staaten nach deren nationalem Steuerrecht auch geringere Quellensteuern erheben können, als ihnen nach dem DBA zustehen. In solchen Fällen empfiehlt es sich zu vergewissern, ob noch weiterhin auf diesen Verzicht vertraut werden kann. Denn die Erhöhung bis zum DBA-Satz liegt allein in der Hoheit des Zielstaates und kann somit jederzeit geändert werden.

Bei **Betriebsstätten** werden nur selten Quellensteuern auf die sog. Repatriierung der Gewinne an das Stammhaus erhoben. Wenn sie existieren, dann stellt sich die Frage, ob sie erst bei der Auszahlung an das Stammhaus anfallen oder bereits im Jahr der Entstehung, weil Betriebsstättengewinne als sofort zugeflossen fingiert werden, erhoben werden.

Die endgültige Belastung von Dividenden mit Quellensteuern kann ggf. vermieden werden, wenn die Beteiligung zu einer Betriebsstätte im Zielstaat gehört[22]. Dann werden die Dividenden Bestandteil der Gewinnermittlung der Betriebsstätte und fließen mit deren sonstigem Gewinn

---

[22] Vgl. Art. 10 Abs. 4 OECD-MA.

an das Stammhaus. Bei hohen Quellensteuern auf Dividenden, aber keiner Quellensteuer auf repatriierte Gewinne einer Betriebsstätte, könnte sich eine Kombination aus Betriebsstätte und Tochtergesellschaft im Ausland anbieten, wenn nicht die Betriebsstätte schon von vornherein vorzuziehen ist. Zu berücksichtigen sind hierbei auch mögliche Missbrauchsbekämpfungsvorschriften im jeweils anzuwendenden nationalen Steuerrecht, die die Zurechnung der Beteiligung zu der ausländischen Betriebsstätte erschweren können.

2. Quellensteuern bei Zinsen und Lizenzen

Die Zahlung von Zinsen und Lizenzgebühren führt ebenfalls zur Erhebung von Quellensteuern, die jedoch unabhängig von der Rechtsform des Zahlenden in bestimmter Höhe erhoben werden, so dass sie für die Frage Tochtergesellschaft oder Betriebsstätte nicht entscheidungsrelevant sind und deshalb nicht vertieft werden. Hinzuweisen ist auf die Notwendigkeit zur Prüfung der Abzugsfähigkeit als Betriebsausgaben, weil der Betriebsausgabenabzug insbesondere bei Betriebsstätten häufig beanstandet oder beschränkt wird.

III. Besteuerung im Inland

1. Gewinnsituation

a) DBA-Fall

In den von Deutschland abgeschlossenen DBA wird das Besteuerungsrecht für **Betriebsstätten** i. d. R. allein dem Tätigkeitsstaat zugewiesen, d. h. Deutschland verzichtet auf weitere Besteuerung und stellt die Einkünfte in Deutschland steuerfrei. Bei Einkommensteuerpflichtigen wird jedoch der Betrag der freigestellten Einkünfte bei der Ermittlung der Höhe des Steuersatzes einbezogen, der auf die nicht freigestellten Einkünfte anzuwenden ist, d. h. das steuerpflichtige Einkommen wird um die steuerfreien Einkünfte erhöht, der durchschnittliche Steuersatz für das erhöhte Einkommen ermittelt und dieser dann nur auf das steuerpflichtige Einkommen angewendet (sog. Progressionsvorbehalt).

In einigen DBA bzw. in den Protokollen zu den DBA sind allerdings nur die Einkünfte von Betriebsstätten mit aktiven Tätigkeiten im steuerlichen Sinne befreit. In diesen Fällen stehen für die Vermeidung einer Doppelbesteuerung nur die weiter unten dargestellte Anrechnungsmöglichkeit zur Verfügung, mit der Folge, dass ein niedrigeres ausländisches Steuerniveau auf das höhere deutsche heraufgeschleust wird oder dass es bei einem höheren ausländischen Steuerniveau verbleibt.

Von der Gewerbesteuer sind Betriebsstätteneinkünfte – positive und negative – ausgenommen[23]. Eine Hinzurechnung von Zinsen, Renten, dauernde Lasten, Mieten, Pachten, etc. kommt nicht in Betracht, weil diese der Betriebsstätte zuzuordnenden Aufwendungen die Bemessungsgrundlage nicht gemindert haben dürfen.

Deutschland stellt nach DBA und nationalem Recht[24] auch Dividenden von ausländischen **Tochterkapitalgesellschaften** von der deutschen Besteuerung frei, sofern Dividendenempfängerin eine Kapitalgesellschaft ist. Betriebsausgaben im Zusammenhang mit steuerfreien ausländischen Dividenden sind steuerlich voll abzugsfähig. Allerdings gelten nach § 8b Abs. 5 KStG 5 % der steuerfreien Dividenden (vor Abzug einer im Ausland zu zahlenden Quellensteuer) als Betriebsausgaben i. S. von § 3c Abs. 1 EStG. Dies führt faktisch dazu, dass nur noch 95 % der Dividenden steuerfrei und die verbleibenden 5 % als steuerpflichtig zu behandeln sind. Vorteile

---

[23] Vgl. § 9 Nr. 3 GewStG.
[24] § 8b Abs. 1 KStG.

entstehen jedoch, wenn die tatsächlichen Betriebsausgaben im Zusammenhang mit den steuerfreien Dividenden höher sind als die fiktiv unterstellten 5 %, da die tatsächlichen Betriebsausgaben in vollem Umfang abzugsfähig bleiben.

Für natürliche Personen als Gesellschafter der ausländischen Kapitalgesellschaft und Empfänger der Dividenden gilt das Teileinkünfteverfahren, wenn die Anteile im Betriebsvermögen liegen. Hiernach sind nur 60 % der empfangenen Dividende bei der individuellen Einkommensteuer zu berücksichtigen.[25] Der steuerfreie Teil der ausländischen Dividende unterliegt nicht dem Progressionsvorbehalt und ist lediglich bei einigen außersteuerlichen Rechtsnormen gem. § 2 Abs. 5a EStG einzubeziehen. Die im Ausland gezahlte Quellensteuer kann im Rahmen der allgemein gültigen Höchstbetragberechnung angerechnet werden.[26] Betriebsausgaben, die im Zusammenhang mit den ausländischen Dividenden stehen, sind unabhängig vom Zeitpunkt der Dividendenausschüttung nur anteilig abzugsfähig.[27]

Werden die Anteile an der ausländischen Gesellschaft im Privatvermögen gehalten, greift die Abgeltungssteuer nach § 32d EStG und § 43 Abs. 5 i. V. m. § 43 Abs. 1 Nr. 6 EStG.

Bei Personengesellschaften, die Dividenden von ausländischen Kapitalgesellschaften beziehen, findet § 8b Abs. 6 KStG Anwendung, soweit an der Personengesellschaft eine inländische Kapitalgesellschaft unmittelbar oder mittelbar über eine andere Personengesellschaft beteiligt ist. Für die der inländischen Kapitalgesellschaft zuzurechnenden ausländischen Dividenden gilt die Begünstigung des § 8b Abs. 1 KStG in Verbindung mit § 8b Abs. 5 KStG, d. h. der faktisch 95 %igen Steuerfreiheit der ausländischen Dividende. Soweit natürliche Personen an der Personengesellschaft beteiligt sind, greift das Teileinkünfteverfahren.

Von der Gewerbesteuer sind ausländische Dividenden bei Kapitalgesellschaften auf der Basis des § 8b Abs. 1 KStG ebenfalls ausgenommen, während Einzelpersonen und Personengesellschaften die Kürzung des steuerpflichtigen Teils nach § 9 Nr. 7 GewStG nutzen können.[28] Soweit der pauschale Betriebsausgabenabzug nach § 8b Abs. 5 KStG versagt wird, greift die Nichtabzugsfähigkeit auch bei der Gewerbesteuer durch, d. h. faktisch sind 5 % der ausländischen Dividende auch gewerbesteuerpflichtig (vgl. § 9 Nr. 7 Satz 3 i. V. mit § 9 Nr. 2a Satz 4 GewStG).

b) Nicht-DBA-Fall

Die Dividende der ausländischen Tochtergesellschaft ist auch im Nicht-DBA-Fall gem. § 8b Abs. 1 KStG steuerfrei[29] bzw. unterliegt gem. § 3 Nr. 40 EStG dem Teileinkünfteverfahren oder nach § 32d und § 43 Abs. 5 EStG der Abgeltungssteuer. Insoweit ergeben sich keinerlei Abweichungen zum DBA-Fall.

Zum Welteinkommen des unbeschränkt steuerpflichtigen Stammhauses gehört jedoch der Gewinn der Betriebsstätte im Zeitpunkt seiner Entstehung. Für die Fälle, in denen kein DBA zur Vermeidung der Doppelbesteuerung führt, sind auf nationaler Ebene Methoden geschaffen worden, die eine Doppelbesteuerung beseitigen oder zumindest mildern sollen. Deutschland

---

[25] Vgl. § 3 Nr. 40 KStG.

[26] Es erfolgt keine anteilige Kürzung der im Ausland gezahlten Ertragsteuer. Vgl. auch *Heinicke*, in: Schmidt, EStG Kommentar, § 34c Rz. 6.

[27] Vgl. § 3c Abs. 2 EStG.

[28] Lediglich für sog. Streubesitzdividenden (< 15 %ige Beteiligung bzw. < 10%ige EU-Beteiligung im Sinne der Mutter-/ Tochterrichtlinie) kommt es nach § 8 Nr. 5 GewStG zur Gewerbesteuerpflicht.

[29] Die pauschale Versagung des Betriebsausgabenabzugs nach § 8b Abs. 5 i. H. v. 5 % der Dividende greift auch hier.

sieht hierfür die direkte Anrechnung der ausländischen Steuern, der schlichte Betriebsausgabenabzug von im Ausland entrichteten Steuern sowie eine pauschalierte Besteuerung vor.

Bei der **direkten Anrechnung** werden die im Ausland für Rechnung des deutschen Stammhauses erhobenen Steuern auf die deutsche Einkommensteuer (§ 34c Abs. 1 EStG) bzw. Körperschaftsteuer (§ 26 Abs. 1 KStG) angerechnet, soweit sie der deutschen Einkommen- oder Körperschaftsteuer entsprechen. Welche ausländischen Steuern dafür in Frage kommen, ist in Anlage 6 zu den EStR für Nicht-DBA-Staaten aufgezählt. Die Anrechnung ist begrenzt auf die Höhe der deutschen Einkommen- oder Körperschaftsteuer, die auf die betreffenden ausländischen Einkünfte entfällt. Was ausländische Einkünfte sind, regelt § 34d EStG. Nur für diese ist eine Anrechnung überhaupt zulässig. Die Aufzählung enthält aber alle wesentlichen Einkunftsarten des EStG. Neben den tatsächlich gezahlten Auslandssteuern werden in Einzelfällen auch fiktive Steuern angerechnet. Typisch sind solche fiktiven Quellensteuern eigentlich eher bei Zinszahlungen.

Die Anrechnung ist auf alle ausländischen Einkünfte jeweils eines Landes beschränkt. Es sind somit mehrere Einkunftsquellen aus einem Land zusammenzufassen, es können somit ungenutzte Anrechnungsbeträge für ein Land nicht zum Ausgleich eines fehlenden Anrechnungsvolumens für ein anderes Land genutzt werden (sog. per-country-limitation). Ausländische Einkünfte im Ausland tatsächlich nicht besteuert werden (z.B. Wechselkursgewinne, Zinserträge, steuerbefreite Teile des Betriebsstättenergebnisses) bleiben bei der Höchstbetragsermittlung unberücksichtigt.[30] Derartige Überhänge bzw. Fehlbeträge verlangen eine systematische langfristige Planung des Ergebnisausweises im Ausland und der ggf. erforderlichen Anpassungen der Gewinnermittlung an deutsches Recht. Anrechnungsüberhänge sind endgültig verschenktes Geld und sollten nur bei dauerhaftem Überhang bzw. fehlender alternativer Nutzungsmöglichkeit hingenommen werden. Bei vorübergehendem Überhang und später erkennbaren Fehlbeträgen sollten Spielräume bei Aufwendungen und Erträgen im Rahmen handelsrechtlicher und steuerlicher Wahlmöglichkeiten glättend ausgenutzt werden. In Fällen zwingender nur zeitlicher Verschiebungen durch unterschiedliche Vorschriften in den beteiligten Ländern hat die Finanzverwaltung bereits einen Ausgleich über mehrere Jahre auf dem Erlasswege zugelassen[31]. So können z. B. bei unterschiedlichen Gewinnrealisierungsvorschriften bei langfristigen Bauprojekten bereits in Vorjahren festgesetzte Auslandssteuern noch im Jahr der Fertigstellung und damit der Gewinnrealisierung nach deutschem Recht angerechnet werden.

Neben der Anrechnungsmöglichkeit bleibt dem inländischen Stammhaus die Wahl der sog. **Abzugsmethode**, § 34c Abs. 2 EStG bzw. § 26 Abs. 6 Satz 1 KStG, wonach die Steuern wie Betriebsausgaben abgezogen werden können. Der Abzug bietet sich insbesondere bei Verlusten im Inland an, wenn Anrechnungen ins Leere gehen und die Steuern dann wenigstens über den Verlustvor- oder -rücktrag mit der anteiligen Wirkung erhalten bleiben. In Gewinnjahren ist der Abzug meistens nachteilig, weil die Anrechnung bis zum Höchstbetrag mit 100 % wirkt, während der Abzug nur in Höhe der deutschen steuerlichen Spitzenbelastung wirksam wird, dann allerdings auf den gesamten Betrag der anrechenbaren Steuern. Gem. § 34c Abs. 3 EStG bzw. § 26 Abs. 6 Satz 1 KStG können noch folgende ausländischen Steuern von der deutschen Bemessungsgrundlage abgezogen werden:

---

[30] Vgl. § 34c Abs. 1 Satz 3 EStG und § 26 Abs. 6 Satz 1 KStG. Damit sind diese (vom ausländischen Steuerrecht begünstigten) Gewinnteile wie inländische Gewinne voll einkommensteuer- bzw. körperschaftsteuerpflichtig.

[31] Basierend auf § 34c Abs. 5 EStG. Vgl. auch (Koord. Ländererlass) FM NRW v. 29. 1. 1963 S 2106 – 11 – VB 1.

- nicht der deutschen Einkommen- bzw. Körperschaftsteuer entsprechende ausländische Steuern,
- ausländische Steuern vom Einkommen, die nicht in dem Staat erhoben wurden, aus dem die Einkünfte stammen,
- ausländische Steuern vom Einkommen auf Einkünfte, die nicht als ausländische Einkünfte anzusehen sind (z. B. Liefergewinne).

Als weitere einseitige Maßnahme zur Milderung einer Doppelbesteuerung ist die **pauschalierte Besteuerung** mit 25 % geschaffen worden, § 34c Abs. 5 EStG i. V. mit dem sog. Pauschalierungserlass[32]. Demnach können bestimmte aktive Einkünfte aus gewerblichen Betriebsstätten und Anteilen an ausländischen Personengesellschaften in Nicht-DBA-Staaten bei Vorliegen volkswirtschaftlich sinnvoller Gründe mit 25 % pauschal besteuert werden. Eine Anrechnung entfällt dann jedoch, weshalb diese Pauschalierung nur bei Einkommensteuerpflichtigen und bei geringer ausländischer Steuerbelastung attraktiv ist.

In Einzelfällen eröffnet § 34c Abs. 5 EStG bzw. § 26 Abs. 6 Satz 1 KStG die Möglichkeit des vollständigen Steuererlasses bzw. eines teilweisen Erlasses, wenn es aus volkswirtschaftlichen Gründen zweckmäßig ist oder die Anwendung der Anrechnungsmethode besonders schwierig ist.

2. Verlustsituation

a) DBA-Fall

Bei **Tochtergesellschaften** im Ausland sind durch die strikte Trennung von Besteuerung der Gesellschaft im Ausland und Besteuerung der Gesellschafter im Inland Verluste der ausländischen Gesellschaft generell nicht abzugsfähig. Auch bei dauerhaften Verlusten der Tochtergesellschaft würde sich aufgrund § 8b Abs. 3 Satz 2 KStG eine Teilwertabschreibung auf die Beteiligung steuerlich nicht auswirken.

Verluste einer ausländischen **Betriebsstätte** können seit dem VZ 1999 ebenfalls im Inland steuerlich nicht abgezogen werden. Die frühere Begünstigungsvorschrift in § 2a Abs. 3 und 4 EStG für DBA-Betriebsstättenverluste bei aktiver Tätigkeit im Ausland wurde aus steuersystematischen Gründen ersatzlos gestrichen. Nach der jüngsten EuGH-Rechtsprechung (z.B. Rs. C-446/03 (Marks & Spencer), Rs. C-414/06 (Lidl Belgium), Rs. C-157/07 (Wannsee))[33] ist zumindest dann eine grenzüberschreitende Verlustnutzung geboten, wenn die Verluste im anderen EU-Staat endgültig nicht genutzt werden können.

b) Nicht-DBA-Fall

Wenn kein DBA besteht, sind die ausländischen Verluste einer **Betriebsstätte** bei der Einkommen- bzw. Körperschaftsteuer ggf. nach § 2a Abs. 1 und 2 EStG im Inland abzugsfähig bzw. ein höherer Verlust ist auch vor- bzw. rücktragsfähig, wenn die hier unterstellte aktive Tätigkeit i. S. von § 2a Abs. 2 EStG erfüllt wird. Ansonsten sind die Verluste nur durch Gewinne derselben Einkunftsart aus demselben Land ausgleichsfähig. Bei der Gewerbesteuer ist der Verlust jedoch nicht berücksichtigungsfähig.[34]

---

[32] BMF v. 10. 4. 1984 IV C 6 – S 2293 – 11/84, BStBl 1984 I 252.

[33] Rs. C-446/03 (Marks & Spencer) BB 2006, 23, Rs. C-414/06 (Lidl Belgium) BB 2008, 1322, Rs. C-157/07 (Wannsee) BB 2009, 90.

[34] Vgl. § 9 Nr. 3 GewStG.

Die gesonderte steuerliche Erfassung der **Tochtergesellschaft** im Ausland verhindert auch bei fehlendem DBA eine Verlustverrechnung im Inland.

3. Hinzurechnungsbesteuerung

Da in diesem Beitrag die Aufnahme einer aktiven Tätigkeit unterstellt wurde, soll die Hinzurechnungsproblematik nur kurz angesprochen werden, um auf Berührungspunkte aufmerksam zu machen. Grundsätzlich ist zwischen dem Durchgriff und dem Zugriff zu unterscheiden.

Beim **Durchgriff** wird eine ausländische **Tochtergesellschaft** auf Basis der §§ 41 oder 42 AO als nicht eigenständig anerkannt (Scheingesellschaft, Basisgesellschaft), weil sie funktionslos ist oder keine eigene wirtschaftliche Tätigkeit entfaltet und auch sonst für ihre Existenz keine wirtschaftlichen oder sonst beachtlichen Gründe bestehen, z. B. bei einer zur Quellensteuerreduzierung zwischengeschalteten Gesellschaft in einem Drittland. Die Besteuerung wird in diesem Falle so durchgeführt, als wäre diese Gesellschaft gar nicht existent.

Beim **Zugriff** wird an der Eigenständigkeit der ausländischen **Tochtergesellschaft** festgehalten, es werden jedoch Teile des Einkommens oder auch das gesamte Einkommen der inländischen Zentrale zur Besteuerung zugerechnet. In den §§ 7 – 14 des AStG sind die Voraussetzungen (unbeschränkt steuerpflichtige Anteilseigner, Umfang der Beteiligung an der ausländischen Gesellschaft, passive Einkünfte, niedrige Besteuerung von unter 25 %) und die Konsequenzen der Zurechnung aufgezählt. Sind die Voraussetzungen erfüllt und fällt die Tätigkeit nicht in den Positivkatalog der aktiven Tätigkeiten, werden diese Einkünfte auch schon dann im Inland versteuert, wenn sie bei der ausländischen Gesellschaft entstanden sind. Die Zurechnung erfolgt mit Ablauf des Wirtschaftsjahres der ausländischen Gesellschaft. Die Abschirmwirkung der ausländischen Kapitalgesellschaft wird also durchbrochen.[35] Bei einer späteren Ausschüttung der Gewinne gelten die allgemeinen Regelungen für Dividendenausschüttungen.[36]

Eine weitere Ausnahme wurde geschaffen für sog. Zwischeneinkünfte mit Kapitalanlagecharakter, bei der die Mindestbeteiligungsgrenze des § 7 Abs. 1 AStG (Deutschbeherrschung) auf grundsätzlich 1 % abgesenkt wurde.[37] Anstelle der Freistellung verbleibt auch in diesem Fall nur die Anrechnung der ausländischen Steuern.

Für **Betriebsstätten** gelten die Vorschriften in den §§ 7 – 14 AStG eigentlich nicht. Die Hinzurechnungsvorschrift für Zwischeneinkünfte wurde jedoch durch § 20 Abs. 2 AStG explizit auch auf Betriebsstätten erweitert. Als Konsequenz wird auch hier die Doppelbesteuerung nicht durch Anwendung der Freistellungsmethode sondern durch die Anrechnungsmethode vermieden.

Festzuhalten ist hier, dass auch bei an sich unterstellten aktiven Tätigkeiten eine partielle Hinzurechnungsbesteuerung eintreten kann, insbesondere wenn Betriebsstätte oder Kapitalgesellschaft mit deutlich mehr Kapital ausgestattet werden, als dies zumindest mittelfristig erforderlich ist. Da jedoch bei beiden Alternativen gleiche Rechtsfolgen eintreten, wenn bei der Betriebsstätte eine inländische Gesellschaft zwischengeschaltet ist, führt die Hinzurechnungsbesteuerung nicht zu Unterschieden bei der Wahl zwischen Betriebsstätte und Tochtergesellschaft. Ist keine inländische Gesellschaft zwischengeschaltet, könnte bereits die Zuordnung der Finanzmittel, d. h. die Höhe des Dotationskapitals der Betriebsstätte beanstandet werden.

---

[35] Die Vorschriften zum Teileinkünfteverfahren (§ 3 Nr. 40 EStG), zur Abgeltungsteuer (§ 32d und § 43 Abs. 5 EStG) und zur Steuerfreiheit nach § 8b Abs. 1 KStG gelten nicht für den Hinzurechnungsbetrag.

[36] § 8b Abs. 1 KStG bzw. die Steuerfreiheit nach § 3 Nr. 41 EStG.

[37] § 7 Abs. 6a AStG.

4. Weiterausschüttung

Die Frage der Belastung einer Weiterausschüttung der ausländischen Einkünfte ist nur bei einer Kapitalgesellschaft als Zentrale relevant. Bei Einzelunternehmen oder Personengesellschaften wird die Entnahme dieser Einkünfte nicht weiter besteuert, d. h. bei Betriebsstättengewinnen verbleibt es bei der Steuerfreiheit und bei ausländischen Dividenden beim Teileinkünfteverfahren auf Gesellschafterebene.

Ist zwischen der ausländischen Teileinheit und den inländischen Gesellschaftern (natürliche Personen) eine deutsche Kapitalgesellschaft zwischengeschaltet, werden aus steuerfreien ausländischen Einkünften partiell steuerpflichtige Einkünfte, da bei Dividendenausschüttungen das Teileinkünfteverfahren gem. § 3 Nr. 40 EStG bzw. die Abgeltungssteuer gem. § 32d und § 43 Abs. 5 EStG gilt. Ausländische Betriebsstättengewinne unterliegen somit der Besteuerung im Ausland, ggf. beim inländischen Stammhaus im Inland (Nicht-DBA-Fall und anrechenbare ausländische Steuern sind niedriger als die deutsche Körperschaftsteuer auf die ausländischen Einkünfte) und beim Gesellschafter (Teileinkünfteverfahren oder Abgeltungssteuer). Auch bei Gewinnen ausländischer Tochtergesellschaften erfolgt die Besteuerung im Ausland (Ertragsbesteuerung und Quellensteuern auf Dividendenausschüttungen), bei der inländischen Zentrale (5 % gem. § 8b Abs. 5 KStG) und beim inländischen Gesellschafter (Teileinkünfteverfahren oder Abgeltungssteuer).

Damit unterliegen die an sich auf Ebene der Zentrale steuerfreien Auslandserträge nochmals der deutschen Einkommensteuer, so dass sich hier eine Doppelbelastung der ausländischen Gewinne ergibt.

5. Teilwertabschreibung

Eine Teilwertabschreibung auf eine Beteiligung an einer in- oder ausländischen Tochtergesellschaft kann steuerlich nur vorgenommen werden, wenn der Teilwert aufgrund einer voraussichtlich dauernden Wertminderung unter die Anschaffungskosten gesunken ist.[38] Dies ist regelmäßig bei einer Fehlmaßnahme beim Erwerb der Beteiligung oder bei dauerhaften Verlusten der Tochtergesellschaft der Fall.

Wertberichtigungen in Form von Teilwertabschreibungen auf Beteiligungen werden jedoch von BFH und Finanzverwaltung nicht zugelassen, wenn "typische" Anlaufverluste vorliegen. Unbestritten ist, dass Teilwertabschreibungen nicht schon vor Ablauf branchenüblicher Anlauf-Verlustperioden zulässig sind, weil jeder fiktive Erwerber diese Phase zu durchlaufen hätte. Umstritten sind jedoch die von Finanzverwaltung und BFH immer wieder verwendeten pauschalierten Zeiträume von drei (bei Inlandsaktivitäten) und fünf (bei Auslandsaktivitäten) Jahren. Der Rückgriff auf individuelle branchenspezifische Zeiträume erscheint sachgerechter.

Nach dieser Anlaufphase sind Teilwertabschreibungen zulässig, wenn die zukünftigen Einnahmen aus der Beteiligung abgezinst als Stichtagswert nicht mehr den Beteiligungswert in der Bilanz rechtfertigen. Diese Berechnung kann mit ertragswert- oder cash-flow-orientierten Rechenverfahren erfolgen.[39]

Liegen die Voraussetzungen für eine steuerlich zulässige Teilwertabschreibung nach § 6 Abs. 1 Nr. 2 EStG vor, wird bei Kapitalgesellschaften der Betriebsausgabenabzug trotzdem nach § 8b

---

[38] Vgl. § 6 Abs. 1 Nr. 2 EStG.

[39] Zur Zulässigkeit von Teilwertabschreibungen s. *Glanegger*, in: Schmidt, EStG Kommentar, § 6 Tz. 215 ff., 313.

Abs. 3 Satz 3 KStG versagt, da auch Gewinne aus der Veräußerung von in- und ausländischen Kapitalgesellschaftsanteilen steuerbefreit sind.

Nach erfolgter Teilwertabschreibung ist an jedem nachfolgenden Bilanzstichtag zu prüfen, ob das Erfordernis der "voraussichtlich dauernden Wertminderung" weiterhin gegeben ist. Ggf. ist eine Wertaufholung auf einen höheren Teilwert (max. jedoch bis zu den historischen Anschaffungskosten) vorzunehmen.[40] Soweit sich die Teilwertabschreibung aufgrund der früheren Rechtslage steuerlich ausgewirkt hat (bei Teilwertabschreibungen auf Anteile an ausländischen Gesellschaften grundsätzlich bis 2000 bzw. auf Anteile an inländischen Gesellschaften bis 2001), ist auch konsequenterweise die Wertaufholung steuerpflichtig.[41] War jedoch die vorgenommene Teilwertabschreibung steuerlich nicht abzugsfähig, unterliegt die Zuschreibung faktisch zu 5% der Besteuerung.[42]

Bei einer **Betriebsstätte** wird das Dotationskapital steuerlich der Betriebsstättenbilanz zugeordnet und ist damit nicht mehr Bestandteil des verbleibenden Inlandsteiles der Steuerbilanz des Stammhauses, so dass sich daraus auch keine inländischen Steuerfolgen ergeben. Da eine Teilwertabschreibung auf Dotationskapital nicht möglich ist, können nur die einzelnen Wirtschaftsgüter der Betriebsstätte wertberichtigt werden.

D. Veräußerung

I. Nicht-DBA-Fall

I. d. R. wird zunächst der Zielstaat den Gewinn aus der Veräußerung einer **Betriebsstätte**, d. h. der Gesamtheit ihrer Wirtschaftsgüter besteuern. Dabei ist zu prüfen, ob der normale volle Steuersatz für die beschränkt steuerpflichtige Zentrale anfällt oder ein spezieller, dann i. d. R. niedrigerer Steuersatz für Veräußerungsgewinne. In einzelnen Ländern bleiben Veräußerungsgewinne unbesteuert, in anderen werden sie nur bei Verkauf nach kurzzeitigem Besitz versteuert oder wenn der Kaufpreis aus Quellen des Belegenheitsstaates der Betriebsstätte bezahlt wird. Wenn kein DBA vorliegt, ist der Gewinn aber auch in Deutschland steuerpflichtig, so wie ein Verlust nach Maßgabe des § 2a Abs. 1 und 2 EStG abzugsfähig ist. Soweit die Voraussetzungen vorliegen, werden Einkommensteuerpflichtigen die Vergünstigungen nach den §§ 16 und 34 EStG, d. h. Freibetrag und Tarifermäßigung, gewährt und die im Ausland gezahlten Steuern können angerechnet werden. Gewerbesteuer wird auf den Veräußerungsgewinn nicht erhoben.[43]

Bei einer **Tochtergesellschaft** kann zwischen der Veräußerung der Einzelwirtschaftsgüter im Tätigkeitsstaat und der Veräußerung der Gesellschaftsanteile durch den Gesellschafter gewählt werden.

Veräußert die Tochtergesellschaft alle materiellen und immateriellen Wirtschaftsgüter, entstehen zunächst nur die ausländischen Steuern im Zielstaat. Die Gewinne werden dann an den Gesellschafter als Dividenden ausgeschüttet und, wie unter C. beschrieben, wie laufende Gewinne besteuert, d. h. ausländische Quellensteuer auf Dividendenausschüttungen und im Inland die faktische 95 %ige Steuerfreiheit (bei Ausschüttungen an eine deutsche Kapitalgesell-

---

[40] Vgl. § 6 Abs. 1 Nr. 2 Satz 3 i. V. m. § 6 Abs. 1 Nr. 1 Satz 4 EStG.
[41] Vgl. hierzu auch § 8b Abs. 2 Satz 2 KStG.
[42] § 8b Abs. 3 Satz 1 i.V.m. § 8b Abs. 2 Satz 3, 2. Alternative KStG.
[43] Vgl. § 2 Abs. 1 Satz 1 GewStG und § 9 Nr. 3 GewStG sowie Abschn. 22 und 62 GewStR.

schaft) oder Anwendung des Teileinkünfteverfahrens bzw. die Abgeltungssteuer (bei Ausschüttungen an natürliche Personen).

Werden die Anteile an der Tochtergesellschaft verkauft, ist zunächst eine Besteuerung im Sitzstaat der Tochtergesellschaft zu prüfen, da einige Länder auch diesen Sachverhalt besteuern. In Deutschland entsteht beim Nicht-DBA-Fall grds. ein steuerpflichtiger Gewinn. § 8b Abs. 2 KStG befreit jedoch den Veräußerungsgewinn auch in Nicht-DBA-Fällen, wenn die Anteile nicht steuerlich wirksam teilwertberichtigt wurden oder teilbetriebseinbringungsgeboren sind.[44] Jedoch sind wiederum 5% des Veräußerungsgewinns nach § 8b Abs. 3 Satz 1 KStG steuerpflichtig.

Liegen die Voraussetzungen des § 8b Abs. 2 (ggf. i. V. m. Abs. 4 in der bis 2006 geltenden Fassung) KStG nicht vor, so unterliegt der Veräußerungsgewinn bei Kapitalgesellschaften der Körperschaftsteuer, wobei die ggf. gezahlte ausländische Steuer anrechenbar ist. Entsprechendes gilt nach § 8b Abs. 6 KStG auch bei Veräußerungen durch eine Personengesellschaft, soweit an dieser Kapitalgesellschaften beteiligt sind.

Bei Einzelunternehmen oder Personengesellschaften, an denen natürliche Personen beteiligt sind, gilt das Teileinkünfteverfahren und es werden unter weiteren Voraussetzungen für 100 %-Beteiligungen die Freibetrags-Vergünstigung des § 16 EStG, nicht jedoch die Tarifvergünstigung nach § 34 EStG[45] gewährt. Die Freibetrags-Vergünstigung wird auch für im Kaufpreis zusätzlich bezahlte, nicht ausgeschüttete Gewinne gewährt, so dass sich bei beabsichtigtem Verkauf der Verzicht auf Ausschüttungen der ausländischen Tochtergesellschaft vor dem Verkauf lohnen kann.

Nachteilig ist beim Verkauf von Anteilen an ausländischen Kapitalgesellschaften, dass Veräußerungsgewinne, die nicht nach § 8b Abs. 2 KStG befreit sind, der Gewerbesteuer unterliegen. Bei Veräußerungen durch Einzelunternehmen und Personengesellschaften fällt auf dieser Ebene mangels einer Befreiungsvorschrift ebenfalls Gewerbesteuer an.

II. DBA-Fall

Bei **Betriebsstätten** wird das Besteuerungsrecht i. d. R. dem Betriebsstättenstaat zugewiesen, so dass eine zusätzliche Besteuerung in Deutschland unterbleibt und meist die Prüfung der Besteuerung vor Ort ausreicht. Einzelne DBA, z. B. die mit den Ländern Australien, Polen und Rumänien, enthalten jedoch keine ausdrückliche Regelung des Besteuerungsrechtes.[46]

Soweit früher die Vergünstigung des § 2a Abs. 3 EStG (Abzug ausländischer DBA-Betriebsstättenverluste) in Anspruch genommen wurde, müssen an sich steuerfreie Veräußerungsgewinne hinzugerechnet werden, wenn noch nicht nachversteuerte Verluste aus Vorjahren offen sind.[47] Verluste aus der Veräußerung können nicht im Inland abgezogen werden.

Für Anteile an **Tochtergesellschaften** wird das Besteuerungsrecht i. d. R. dem Sitz-/ Wohnsitzstaat des Anteilseigners zugewiesen.[48] In Deutschland werden faktisch 95% der Gewinne aus der Veräußerung einer Beteiligung gem. § 8b Abs. 2 KStG von der Besteuerung freigestellt.

---

[44] Vgl. hierzu die Ausnahmen und Rückausnahmen in § 8b Abs. 2 Satz 2 KStG, § 8b Abs. 4 Satz 1 KStG und § 8b Abs. 4 Satz 2 KStG.

[45] Vgl. § 34 Abs. 2 Nr. 1 EStG.

[46] Lösungen s. *Vogel/Lehner*, DBA, Art. 13 Rn. 38 ff.

[47] Die Nachversteuerung der schon lange durch das Steuerentlastungsgesetz 1999/2000/2002 abgeschafften Begünstigungsvorschrift in § 2a Abs. 3 und 4 EStG kann zeitlich unbegrenzt erfolgen. Vgl. § 52 Abs. 3 EStG.

[48] Vgl. Art. 13 Abs. 4 OECD-MA.

Wenn in Vorjahren eine steuerlich wirksame Teilwertabschreibung auf die Anteile an der Tochtergesellschaft vorgenommen wurde, ist der Veräußerungsgewinn bis zur Höhe der Abschreibung zu versteuern. Es werden aber wiederum nur die Veräußerungsgewinne bei Kapitalgesellschaften freigestellt sowie über § 8b Abs. 6 KStG bei Personengesellschaften, soweit an diesen Kapitalgesellschaften beteiligt sind. Für natürliche Personen als Gesellschafter greift das Teileinkünfteverfahren gem. § 3 Nr. 40 EStG bzw. die Abgeltungssteuer gem. § 32d und § 43 Abs. 5 EStG.

Nach einigen DBA wie z. B. mit Argentinien, Bolivien, Bulgarien, Indien, Kenia, Korea, Mexiko, Neuseeland, Philippinen, Tunesien oder Zypern wird das Besteuerungsrecht jedoch dem Sitzstaat der Tochtergesellschaft zugewiesen.[49] In anderen DBA wird das Besteuerungsrecht auch beiden Staaten belassen, so z. B. mit Ägypten, Australien, Brasilien, Rumänien oder Trinidad/Tobago. In diesen Fällen sind auch die jeweils anzuwendenden nationalen Steuerrechtsnormen zur Veräußerungsgewinnbesteuerung zu analysieren.

Verluste aus der Veräußerung von ausländischen Tochtergesellschaften werden nach § 8b Abs. 3 KStG steuerlich nicht oder nach § 3c Abs. 2 EStG anteilig berücksichtigt.

Bei Veräußerungen durch Kapitalgesellschaften wirkt die Steuerbefreiung des § 8b Abs. 2 KStG auch auf die Gewerbesteuer. Da bei Einzelunternehmen und Personengesellschaften diese körperschaftsteuerliche Regelung nicht anwendbar ist und keine gewerbesteuerliche Kürzungsvorschrift existiert, sind bei diesen die Veräußerungsgewinne gewerbesteuerpflichtig.

III. Gestaltungen

Für Kapitalgesellschaften als Mutterunternehmen ist wegen § 8b Abs. 2 KStG die Gestaltung über eine Tochtergesellschaft im Ausland vorteilhaft. Dies gilt mit und ohne Vorliegen eines DBA. Entsprechendes gilt gem. § 8b Abs. 6 KStG für inländische Personengesellschaften, soweit an diesen Kapitalgesellschaften beteiligt sind, wenngleich es auf Ebene der Personengesellschaft zur Gewerbesteuerbelastung kommt, die bei der Betriebsstätten-Alternative vermeidbar ist.

Für einkommensteuerpflichtige Gesellschafter ist die Tochtergesellschaft nachteilig, wenn das Teileinkünfteverfahren anzuwenden ist (ggf. werden jedoch Freibeträge gewährt) und der Veräußerungsgewinn auch in diesem Fall gewerbesteuerpflichtig wird. Sofern im Zielstaat Veräußerungsgewinne nicht besteuert werden, ist hier die Betriebsstätte im DBA-Fall günstiger. Ansonsten empfiehlt es sich die Alternativen rechnerisch durchzuspielen.

E. Liquidation

Bei der Liquidation werden alle Wirtschaftsgüter entweder veräußert oder an die Anteilseigner zurückgeführt, die Gläubiger befriedigt und ein verbleibender Überschuss an die Gesellschafter abgeführt.

Generell ist zunächst im Zielstaat zu prüfen, wie bei der Betriebsstätte Veräußerungsgewinne aus dem Verkauf einzelner Wirtschaftsgüter (s. oben D.) bzw. ob Liquidationsgewinne von Kapitalgesellschaften besteuert werden. Bei der Besteuerung in Deutschland ist zu unterscheiden, ob ein DBA vorliegt oder nicht.

---

[49] Vgl. *Vogel/Lehner*, DBA, Art. 13 Rn. 74 ff.

I. Nicht-DBA-Fall

Bei einer **Betriebsstätte** sind stille Reserven aus rückgeführten Wirtschaftsgütern erst bei externem Verkauf bzw. Entnahme zu realisieren bzw. anteilig über die Restnutzungsdauer aufzulösen. Allerdings können entstandene ausländische Steuern nur im Jahr des Anfalls angerechnet werden. Eine gesetzlich normierte Steuerverstrickung analog zur Steuerentstrickung des § 4 Abs. 1 Satz 3 EStG bzw. § 12 Abs. 1 KStG existiert nicht.

Ein Auflösungsgewinn ist im Inland grds. steuerpflichtig, einkommensteuerpflichtigen Gesellschaftern werden unter weiteren Voraussetzungen die Vergünstigungen der §§ 16 und 34 EStG gewährt. Ausländische Steuern werden angerechnet, allerdings reduziert sich der Anrechnungshöchstbetrag bei Tarifreduzierung nach § 34 EStG analog. Ein Auflösungsverlust ist im Rahmen des § 2a Abs. 1 und 2 EStG (insbes. bei aktiven Einkünften einer Nicht-EU/EWR-Betriebsstätte) abziehbar bzw. vor- und rücktragsfähig.

Gewerbesteuer fällt nicht an, weil § 9 Nr. 3 GewStG greift.

§ 8b Abs. 2 KStG stellt den Gewinn einer Kapitalgesellschaft aus der Liquidation ihrer **Tochtergesellschaft** in Deutschland steuerfrei. Bei einkommensteuerpflichtigen Gesellschaftern ist der Überschuss des Liquidationserlöses über den Buchwert der Beteiligung zu 60 % steuerpflichtig, bei 100 %iger Beteiligung werden die Vergünstigungen des § 16 EStG i. V. mit § 17 Abs. 4 Satz 3 EStG (Freibetrag), nicht jedoch § 34 EStG (Tarifermäßigung) gewährt. Die ausländischen Steuern sind grundsätzlich in voller Höhe anrechenbar.

Liquidationsgewinne gehen auch gewerbesteuerlich zunächst in den Inlandsgewinn ein. § 8b Abs. 2 KStG wirkt jedoch bei einer Kapitalgesellschaft als Zentrale auch für die Gewerbesteuer befreiend. Ansonsten werden Liquidationsgewinne aus einer Tochtergesellschaft, die aktiv tätig war, bei Vorliegen der weiteren Voraussetzungen des § 9 Nr. 7 GewStG gekürzt.[50]

II. DBA-Fall

Das Besteuerungsrecht für den Auflösungsgewinn aus einer **Betriebsstätte** wird i. d. R. dem Betriebsstättenstaat zugesprochen[51], während Deutschland den Gewinn freizustellen hat. In das Stammhaus zurückgeführte Wirtschaftsgüter werden erfolgsneutral mit dem Buchwert in die Inlandsbilanz eingestellt, da eine Aufstockung der Buchwerte auf den aktuellen Zeitwert (Steuerverstrickung) gesetzlich nicht vorgesehen ist. Soweit im Rahmen einer zuvor durchgeführten Steuerentstrickung nach § 4 Abs. 1 Satz 3 EStG noch ein Ausgleichsposten gem. § 4g Abs. 1 EStG besteht, ist dieser gewinnneutral aufzulösen[52].

Gewerbesteuer fällt durch die DBA-Freistellung der Betriebsstättengewinne bzw. wegen § 9 Nr. 3 GewStG nicht an.

Bei **Tochtergesellschaften** mit einer Kapitalgesellschaft als Anteilseigner ist § 8b Abs. 2 KStG auch für den Liquidationsgewinn steuerbefreiend, sofern er als Veräußerungs-/Liquidationsgewinn qualifiziert wird. Bei Personengesellschaften greift § 8b Abs. 6 KStG, soweit an diesen wiederum Kapitalgesellschaften beteiligt sind. Ansonsten ist der Überschuss des Liquidationserlöses über den Beteiligungsbuchwert steuerpflichtiger Inlandsgewinn und unterliegt dem Teileinkünfteverfahren. Bei 100 %iger Beteiligung werden die Vergünstigungen des § 16 EStG

---

[50] Vgl. *Jacobs*, Internationale Unternehmensbesteuerung, S. 984.
[51] Vgl. Art. 13 Abs. 2 OECD-MA.
[52] Vgl. § 4g Abs. 3 EStG.

i. V. mit § 17 Abs. 4 Satz 3 EStG (Freibetrag), nicht jedoch § 34 EStG (Tarifermäßigung) gewährt. Im Ausland angefallene Steuern werden in voller Höhe angerechnet.

Gewerbesteuer fällt aufgrund der DBA-Freistellung, § 8b Abs. 2 KStG oder § 9 Nr. 7 GewStG nicht an.

III. Gestaltungen

Wiederum wegen § 8b Abs. 2 KStG ist für inländische Kapitalgesellschaften die Strukturierung über eine ausländische Tochtergesellschaft vorzuziehen. Für einkommensteuerpflichtige Gesellschafter empfiehlt sich im DBA-Fall eine Betriebsstätte, wenn die Gewinne im Ausland steuerfrei bleiben oder niedrig besteuert werden. Im DBA-Fall empfiehlt sich eine Betriebsstätte auch dann, wenn voraussichtlich Wirtschaftsgüter mit stillen Reserven wieder ins Inland transferiert werden müssen. In allen anderen Fällen sind individuelle Rechnungen erforderlich.

F. Schlussfolgerungen

In Anbetracht der Vielzahl möglicher Varianten ist eine "optimale Lösung" schlicht unmöglich. Insgesamt kann aber festgestellt werden, dass die ausländische Tochtergesellschaft bei weitem nicht so vorteilhaft ist, wie ihre Häufigkeit in der Praxis vermuten lassen würde. In einzelnen Bereichen ist die Betriebsstätte sogar deutlich überlegen.

In Einzelfällen lassen besondere Vorteile eine Einzelempfehlung zu, so z. B.:

- Bei Engagements mit hohen Anlaufkosten und/oder hohem Erfolgsrisiko in einem Nicht-DBA-Land empfiehlt sich, zumindest bis zum Eintritt des Erfolges, eine Betriebsstätte.
- Bei hoher Quellensteuerbelastung für Dividenden im DBA-Fall empfiehlt sich häufig eine Betriebsstätte oder die Zwischenschaltung einer Betriebsstätte, weil auf Betriebsstättengewinne seltener eine Quellensteuer anfällt.
- Bei vorgesehener Veräußerung oder Teilveräußerung an einen Joint Venture Partner bietet die Tochtergesellschaft beim körperschaftsteuerpflichtigen Gesellschafter deutliche Vorteile.
- Bei identischer Besteuerung von Betriebsstätte und Tochtergesellschaft im Ausland empfiehlt sich im DBA-Fall wegen § 8b Abs. 5 KStG die ausländische Betriebsstätte.
- In vielen Fällen entstehen steuerliche Vorteile durch Zwischenschaltung einer in- oder ausländischen Projektgesellschaft.

Ansonsten empfiehlt sich generell der rechnerische Vergleich im Rahmen einer kasuistischen Veranlagungssimulation auf Basis der Projektplanzahlen, weil die Gefahr, einzelne Punkte zu übersehen, zu hoch ist.

Bei Aufnahme neuer Geschäfte in einem Staat, in dem bereits eine Tochtergesellschaft existiert, lassen sich trotzdem die Vorteile einer Betriebsstätte in der Anfangsphase erreichen. Hierzu empfiehlt sich die parallele Neugründung mit späterer Fusion oder z. B. die Gründung einer atypischen stillen Gesellschaft[53] mit der bestehenden ausländischen Tochtergesellschaft, wenn das ausländische Gesellschaftsrecht dies zulässt.

---

[53] Vgl. hierzu BMF-Schreiben v. 28. 12. 1999, BStBl 1999 I 1121; *Günkel/Lieber*, IWB 2000, F. 3 Gr. 2 S. 871.

3. Die Gewinnabgrenzung bei der grenzüberschreitenden Überführung von Wirtschaftsgütern in eine Betriebsstätte unter steuerplanerischen Gesichtspunkten

von Dr. Andreas Roth, Mannheim

Inhaltsübersicht

A. Einleitung
B. Rechtliche Grundlagen der Abrechnung interner Übertragungen von Wirtschaftsgütern
 I. Rechtslage bis 2005
 II. Rechtslage ab 2006
 III Zentrale Fragen der Gewinnabgrenzung
 IV. Erfolgsermittlung bei inländischen Betriebsstätten im Rahmen der beschränkten Steuerpflicht
C. Steuerplanerische Gesichtspunkte
 I. Überblick
 II. Technik der "aufgeschobenen Gewinnverwirklichung"
 III. Steuergestalterische Gesichtspunkte

Literatur:

Beneke, Entstrickung und Verstrickung bei Wirtschaftsgütern des Betriebsvermögens, IWB (2007) Fach 3, S. 14733; *Buciek*, Grenzüberschreitender Betriebsvermögenstransfer in: Piltz/Schaumburg (Hrsg.), Internationale Betriebsstättenbesteuerung, Köln 2001, S. 43 ff.; *Ditz*, Aufgabe der finalen Entnahmetheorie – Analyse des BFH-Urteils vom 17.7.2008 und seine Konsequenzen, IStR 2009, S. 115; *Haiß*, Gewinnabgrenzung bei Betriebsstätten im Internationalen Steuerrecht, Neuwied 2000; *Hemmelrath*, Die Ermittlung des Betriebstättengewinns im internationalen Steuerrecht, München 1982; *Hruschka*, Die Ent- und Verstrickung stiller Reserven nach dem SEStEG, StuB 2006, S. 584 ff. *Hruschka/Lüdemann*, Das Veranlassungsprinzip als Maßstab zur innerstaatlichen Betriebsstättengewinnermittlung, IStR 2005, S. 76 ff.;; *Kempka*, Gewinnrealisierung bei der Überführung von Wirtschaftsgütern zwischen Stammhaus und Betriebsstätte: Eine Analyse der systemkonformen steuerlichen Behandlung stiller Reserven (Diss.), Frankfurt am Main, Berlin, Bern, New York, Paris, Wien 1995 *Kessler/Winterhalter/Huck*, Überführung und Rückführung von Wirtschaftsgütern: Die Ausgleichspostenmethode des § 4g EStG, IStR 2007, S. 133 ff.; *Kleineidam*, Rechtliche und organisatorische Voraussetzungen der Gewinnmittlung bei Auslandsbetriebsstätten, IStR 1993, 141 ff.; *ders.*, Gewinnermittlung bei Auslandsbetriebsstätten, IStR 1993, 339 ff. (Teil I) und 395 ff. (Teil II); *Kraft*, Erfolgsabgrenzung bei Betriebsstätten nach den Betriebsstätten-Verwaltungsgrundsätzen, StBJb. 2000/2001, Köln 2001, 205 ff.; *Kramer*, Gewinnabgrenzung und Gewinnermittlung bei Verbringung von Wirtschaftsgütern zwischen Betriebsstätten im Internationalen Steuerrecht, StuW 1991, 151 ff.; *ders.*, Gewinnermittlung und Gewinnabgrenzung bei Verbringung von Wirtschaftsgütern zwischen Betriebsstätten im Internationalen Steuerrecht, StuW 1993, 149 ff.; *ders.*, Verbringung von Wirtschaftsgütern zwischen Betriebsstätten im Internationalen Steuerrecht, IStR 2000, 449 ff.; *Kumpf*, Ergebnis- und Vermögenszuordnung bei Betriebsstätten, StBJb 1988/89, 399 ff.; *Kumpf/Roth*, Grundsätze der Ergebniszuordnung nach den neuen Betriebsstätten-Verwaltungsgrundsätzen, DB 2000, 741 ff.; *dies.*, Einzelfragen der Ergebniszuordnung nach den neuen Betriebsstätten-Verwaltungsgrundsätzen, DB 2000, 787 ff.; *dies.*, Rückführung von Wirtschaftsgütern von einer ausländischen Betriebsstätte in einem DBA-Staat mit Freistellung in das inländische Stammhaus, DB 2000, 2192 ff.; *dies.*, Gewinnabgrenzung bei internen Leistungen zwischen deutschen und ausländischen Betriebsstätten, in: Kirchof u.a. (Hrsg), Festschrift für Arndt Raupach, Köln 2006, S.579 ff.; *Lüdicke*, Aktuelle Besteuerungsfragen bei inländischen Betriebsstätten ausländischer Unternehmen in: Fischer (Hrsg.), Besteuerung wirtschaftlicher Aktivitäten von Ausländern in Deutschland, Köln 1995, S. 44 ff.; *Mössner*, Transfer von Wirtschaftsgütern in eine und aus einer Steuerhoheit, CDFI Vol. LXXIa 1986, S. 119 ff. (Deutscher Nationalbericht); *Pach-Hanssenheimb*, Der Transfer von Wirtschaftsgütern in eine und aus einer ausländischen Betriebsstätte durch unbeschränkt Steuerpflichtige, BB 1992, 2115 ff.; *Prinz*, Gesetzgeberische Wirrungen um Grundsätze der Betriebsstättenbesteuerung, DB 2009, S.807; *Ritter*, Grenzüberschreitende Gewinnabgrenzung bei Betriebsstätten – Ein systematischer Versuch, JbFfSt 1976/77, 288 ff.; *Roser*, Überführung von Wirtschaftsgütern ins Ausland – eine Grundsatzentscheidungmit vielen Fragen, DStR 2008, S. 2389; *Roth*, Betriebsstättenbesteuerung im Umbruch, StBJb 1997/98, 427 ff.; *ders.*, Zurechnung von Wirtschaftsgütern bei Betriebsstätten und Personengesellschaften, in: Lüdicke (Hrsg.), Zurechnung von Wirtschaftsgütern im Internationalen Steuerrecht, Forum des Internationalen Steuerrechts Bd. 19, Köln 2000, S. 87 ff.; **Scheffler**, Überführung von Wirtschaftsgütern zwischen inländischem Stammhaus und ausländischer Betriebsstätte, RIW 2000, 569 ff.; **Storck**, Ausländische Betriebsstätten im Ertrag- und Vermögensteuerrecht, Frankfurt/Deventer 1980; **Wassermeyer**, Betriebsstättengewinnermittlung nach "dealing at arm's length", SWI 2000, 497 ff., **ders.**, Dealing at arm's length Prinzip in: Piltz/Schaumburg (Hrsg.), Internationale Betriebsstättenbesteuerung, Köln 2001, 25 ff ; **ders.**, in Wassermeyer/Andresen/Ditz, Betriebsstätten Handbuch, Köln 2006 **ders.**, Verliert Deutschland im Fall der Überführung von Wirtschaftsgütern in eine ausländische Betriebsstätte das Besteuerungsrecht? DB 2006, S. 1176 ff.; **ders.**, Entstrickung versus Veräußerung und Nutzungsüberlassung steuerrechtlich gesehen, IStR 2008, S. 176 ff.; **Weber/Werra**, "Auf den Spuren eines unbekannten Wesens" – Zum Stand der Diskussion über die Betriebsstättenbesteuerung, in: Kley/Sünner/Willemsen, (Hrsg.), Festschrift für Wolfgang Ritter, Köln 1997, S. 285 ff.; **Wichmann**, Aufteilung der Einkünfte und des Vermögens auf rechtlich selbständige und unselbständige Unternehmensteile, in: Fischer/Strunk (Hrsg.), Steuerliche Aspekte des Electronic Commerce, Köln 1998, 65.

A. Einleitung

Einer der im Rahmen der grenzüberschreitenden Gewinnabgrenzung zwischen unselbständigen Teilen Betriebsstätten[1] eines Einheitsunternehmens bedeutsamsten, aber auch umstrittensten Problembereiche ist die Zuordnung und insbesondere die Zuordnungsänderung von Wirtschaftsgütern. Anlagegüter werden einer Betriebsstätte in erster Linie im Zusammenhang mit der Errichtung und sächlichen Ausstattung vom Stammhaus übertragen. Häufig wird es sich um gebrauchte Maschinen und maschinelle Anlagen handeln, die bislang im Stammhaus genutzt worden waren und nunmehr dort ersetzt oder wegen Produktionsverlagerung auf die Betriebsstätte im Stammhaus nicht mehr benötigt werden. Neben Sachmitteln werden bei solchen Anlässen häufig auch nicht bilanzierte immaterielle Wirtschaftsgüter in Form von Patenten, Know-how sowie Vermarktungschancen und -rechten dauerhaft oder vorübergehend zur Verfügung gestellt. Im Bereich des Umlaufvermögens werden insbesondere Vorratsgüter zwischen Stammhaus und Betriebsstätte in z. T. erheblichem Ausmaß überführt, wenn das Unternehmen funktional in Produktions- und Vertriebseinheiten gegliedert ist.[2]

Die steuerliche Problematik bei der Überführung von Wirtschaftsgütern zwischen verschiedenen in- und ausländischen Unternehmensteilen ergibt sich aus der Notwendigkeit, den im Inland angefallenen Gewinn von dem der ausländischen Einheit zuzuordnenden abzugrenzen. Diese Erfolgsabgrenzung ist sowohl im Rahmen der unbeschränkten als auch der beschränkten Steuerpflicht erforderlich. Im Bereich der beschränkten Steuerpflicht beeinflusst sie unmittelbar die Höhe der im Inland steuerpflichtigen Einkünfte, während im Rahmen der unbeschränkten Steuerpflicht die Wirkung der Erfolgsabgrenzung davon abhängt, ob, wie regelmäßig bei Geltung eines DBA der Fall, die ausländischen Betriebsstätteneinkünfte von der inländischen Steuer freigestellt sind oder ob die auf die ausländischen Einkünfte entfallenden ausländischen Steuern auf die inländischen angerechnet werden.[3] Dabei ist zu unterscheiden zwischen der Erfolgsabgrenzung nach der Höhe des der übertragenden Einheit zuzurechnenden Erfolgs[4] und nach dem Zeitpunkt, in dem diese steuerlich wirksam wird.

---

[1] Dabei kann es sich auch um das Stammhaus handeln, das als Ort der Geschäftsleitung ebenfalls eine Betriebsstätte i. S. d. § 12 Satz 2 Nr. 1 AO bzw. Art. 5 Abs. 2 Nr. 1 OECD-MA darstellt.

[2] Beispiel: Vom inländischen Stammhaus hergestellte Erzeugnisse werden im Ausland durch ausländische Vertriebshäuser in Form von Betriebsstätten vertrieben.

[3] Wegen der Begrenzung der Anrechnung jeweils auf die Einkünfte aus einem bestimmten Land ist die Erfolgsabgrenzung ggf. auch erforderlich bei Übertragungen von Wirtschaftsgütern von einer ausländischen an eine andere ausländische Betriebsstätte.

[4] Üblicherweise wird verkürzend von Gewinnabgrenzung gesprochen, jedoch sollte genauer der Begriff der

Neben der Übertragung kommt auch die zeitlich begrenzte Nutzungsüberlassung von Wirtschaftsgütern zwischen Stammhaus und Betriebsstätte bzw. zwischen verschiedenen Betriebsstätten eines Unternehmens vor. Insbesondere immaterielle Wirtschaftsgüter, wie Know-how und Patente, können gleichzeitig mehreren Betriebsstätten überlassen werden, während das zugrunde liegende Wirtschaftsgut jeweils nur insgesamt einer Betriebsstätte zugeordnet werden kann.

Systematisch lassen sich die folgenden Konstellationen unterscheiden:

Inlandsfall 1:   inländ. Stammhaus überführt an inländ. Betriebsstätte bzw. inländ. Betriebsstätte überführt an inländ. Stammhaus

Inlandsfall 2:   inländ. Betriebsstätte überführt an inländ. Betriebsstätte

Outboundfall 1:   inländ. Stammhaus überführt an ausländ. Betriebsstätte

Outboundfall 2:   inländ. Betriebsstätte überführt an ausländ. Stammhaus

Inboundfall 1:   ausländ. Betriebsstätte überführt an inländ. Stammhaus

Inboundfall 2:   ausländ. Stammhaus überführt an inländ. Betriebsstätte

Auslandsfall 1:   ausländ. Betriebsstätte überführt an ausländ. Betriebsstätte

Auslandsfall 2:   ausländ. Stammhaus überführt an ausländ. Betriebsstätte bzw. ausländ. Betriebsstätte überführt an ausländ. Stammhaus

Die jeweils erste Alternative der verschiedenen Fallgruppen betrifft die unbeschränkte, die jeweils zweite Alternative betrifft die beschränkte Steuerpflicht. Im Rahmen der Gewinnabgrenzung sind die Outbound- und Inboundfälle sowie der Auslandsfall 1 von Bedeutung, während die beiden Inlandsfälle sowie der Auslandsfall 2 aus deutscher Sicht keine Gewinnabgrenzung erforderlich machen.

B. Rechtliche Grundlagen der Abrechnung interner Überführungen von Wirtschaftsgütern

I. Die Rechtslage bis 2005

1. Die Betriebsstätten-Verwaltungsgrundsätze vom 24. 12. 1999[5]

Die Betriebsstätten-Verwaltungsgrundsätze aus dem Jahr 1999 enthielten, ohne auf die Rechtsgrundlage einzugehen, detaillierte Regelungen zur Überführung und Nutzungsüberlassung von Wirtschaftsgütern sowie zu internen Dienstleistungen zwischen Stammhaus und Betriebsstätte. Nach Auffassung der Finanzverwaltung[6] war der Fremdvergleichsgrundsatz nur dann zu beachten, wenn Wirtschaftsgüter in eine Betriebsstätte überführt wurden, deren Ergebnis aufgrund eines DBA von der deutschen Besteuerung freigestellt war. War dagegen die Betriebsstätte in einem Land belegen, mit dem Deutschland kein DBA abgeschlossen hatte, oder sah das bestehende DBA die Anrechnungsmethode für diese Betriebsstätteneinkünfte vor, so sollte eine Aufdeckung der stillen Reserven nicht erforderlich sein, da sie ja weiterhin dem deutschen Steuerzugriff unterlagen. Aus Billigkeitsgründen ließen die Betriebsstätten-Verwaltungs-

---

Erfolgsabgrenzung verwandt werden, um der Tatsache Rechnung zu tragen, dass auch Verluste aus einer Überführung von Wirtschaftsgütern erwachsen können.

[5] Grundsätze der Verwaltung für die Prüfung der Aufteilung der Einkünfte bei Betriebsstätten international tätiger Unternehmen (Betriebsstätten-Verwaltungsgrundsätze) v. 24. 12. 1999, BStBl 1999 I 1076.

[6] Vgl. bereits BMF v. 12. 2. 1990, BStBl 1990 I 72, das nur den Fall der Überführung in eine DBA-Betriebsstätte anspricht; Betriebsstätten-Verwaltungsgrundsätze, a. a. O. (oben Fn. 5), Tz. 2.6.1.

grundsätze die Aufschiebung der Besteuerung des Überführungsgewinns zu, allerdings nur bei unbeschränkt Steuerpflichtigen, d. h. bei der Überführung von Wirtschaftsgütern vom inländischen Stammhaus in die ausländische Betriebsstätte. Das Wahlrecht konnte nur einheitlich für sämtliche Überführungen des Anlagevermögens bzw. des Umlaufvermögens eines Wirtschaftsjahres ausgeübt werden. Es war ein Korrekturposten zu bilden, der bei Veräußerung durch die Betriebsstätte bzw. bei Verbrauch entsprechend der verbliebenen Nutzungsdauer des überführten Wirtschaftsguts erfolgswirksam aufzulösen war.

2. Die ältere Rechtsprechung des BFH

In seiner früheren Rechtsprechung[7] versuchte der BFH, die Überführung eines Anlageguts vom inländischen Stammhaus in eine in einem DBA-Staat belegene ausländische Betriebsstätte als Entnahme nach § 4 Abs. 1 EStG zu qualifizieren, mit der Folge, dass diese mit dem Teilwert anzusetzen war. In Höhe der Differenz zwischen dem Buchwert und dem **Teilwert** des Wirtschaftsguts im Zeitpunkt der Übertragung war hiernach beim übertragenden Unternehmensteil ein Entnahmegewinn auszuweisen und zu versteuern. Dieser Rechtsprechung lag die Vorstellung von einem allgemeinen Entstrickungsgrundsatz zugrunde, demzufolge der Entnahmebegriff zweckorientiert danach auszulegen sei, ob stille Reserven der deutschen Besteuerung verloren gehen (**finale Entnahmetheorie**).[8]

3. Das Schrifttum

Diese Auffassung stieß im Schrifttum auf breite Ablehnung.[9] Insbesondere wurde darauf hingewiesen, dass die gesetzlichen Voraussetzungen für eine Entnahme, nämlich die Entnahme zu betriebsfremden Zwecken, nicht erfüllt seien. § 4 Abs. 1 Satz 2 EStG stelle keine allgemeine Entstrickungsnorm dar, eine solche sei dem deutschen Steuerrecht insgesamt fremd. Deshalb könne die Entnahmevorschrift nicht teleologisch erweitert und auf Verbringungsfälle angewandt werden. Stattdessen wurde in der Literatur teilweise zur Begründung Art. 7 Abs. 2 OECD Musterabkommen und die dort enthaltene Selbständigkeitsfiktion (**Dealing at arm's length**) herangezogen.[10]

4. Das BFH-Urteil vom 17. 7. 2008

Mit Urteil vom 17. 7. 2008[11] hat der BFH noch zur alten Rechtslage grundsätzlich entschieden und dabei die von ihm bislang vertretene „finale Entnahmetheorie" ausdrücklich aufgegeben.[12] Nach nunmehriger Ansicht des BFH erfüllt die Überführung eines Wirtschaftsguts vom inländischen Stammhaus in eine ausländische Betriebsstätte nicht die Voraussetzungen einer Entnahme i. S. d. § 4 Abs. 1 Satz 2 EStG, und zwar schon deshalb nicht, weil der betriebliche Funkti-

---

[7] Vgl. BFH-Urt. v. 16. 7. 1969 I 266/65, BStBl 1970 II 175; BFH-Urt. v. 30. 5. 1972 VIII R 111/69, BStBl 1972 II 760; BFH v. 18. 5. 1983 I R 5/82, BStBl 1983 II 771; BFH v. 14. 6. 1988 VIII R 387/83, BStBl 1989 II 187.

[8] Vgl. *Kempka*, Gewinnrealisierung bei der Überführung von Wirtschaftsgütern zwischen Stammhaus und Betriebsstätte, S. 24 ff.

[9] Vgl. z.B. *Schaumburg*, Internationales Steuerrecht, S. 1181; *Wassermeyer* in: Debatin/Wassermeyer, DBA, Art. 7 Rn. 243, 246; ders. in Wassermeyer/Andresen/Ditz, Betriebsstätten Handbuch, Rn. 3.11; *Hemmelrath*, Die Ermittlung des Betriebsstättengewinns im internationalen Steuerrecht, S. 223; *Kroppen*, Ausgewählte Fragen zum Betriebsstättenerlass, StBJb 1999/2000, S. 137, (159 f.).

[10] Vgl. *Kumpf*, Besteuerung inländischer Betriebsstätten von Steuerausländern, S. 106 m. w. N.; *Pach-Hanssenheimb*, BB 1992, 2115. Krit. *Kleineidam*, IStR 2000, 577, der den Fremdvergleich bei der Erfolgsabgrenzung zwischen Stammhaus und Betriebsstätte ablehnt und stattdessen eine veranlassungsorientierte Gewinnabgrenzung auf der Grundlage des prognostizierten zukünftigen Erfolgspotentials, vorzieht. Dabei sei dies hinreichend repräsentiert durch den Teilwert.

[11] Vgl. BFH-Urt. v. 17. 7. 2008 I R 77/06, BFH/NV 2008, 1941

[12] Vgl. weitergehend *Roser*, DStR 2008, S. 2389; *Ditz*, IStR 2009, S. 115; *Prinz*, DB 2009, S.807

onszusammenhang zwischen dem inländischen Stammhaus und der ausländischen Betriebsstätte nicht gelöst wird.

Auch der zur Begründung teilweise herangezogene Hinweis auf Art. 7 Abs. 2 OECD Musterabkommen und die dort enthaltene Selbständigkeitsfiktion (Dealing at arm's length), wurde vom BFH zu Recht abgelehnt, weil DBA Besteuerungsrechte nicht begründen, sondern allenfalls beschränken können.[13] Gleichwohl sieht der BFH die Besteuerung der im Inland entstandenen stillen Reserven nicht gefährdet, weil diese soweit sie in dem inländischen Unternehmensteil entstanden sind, diesem zuzuordnen und daher grundsätzlich auch im Inland steuerbar sind. Letztlich leitet er dies aus dem Grundsatz der verursachungsgerechten Gewinnaufteilung ab. Allein den Zeitpunkt, zu dem diese dem Steuerzugriff ausgesetzt sind, sieht das Gericht nicht bei Überführung, sondern erst dann, wenn das Wirtschaftsgut das Unternehmen durch Außenumsatz verlässt und die darin enthaltenen stillen Reserven realisiert worden sind. Insoweit schränken auch die DBA das Besteuerungsrecht nicht ein, denn die Freistellung des Gewinns erfolgt nur insoweit als dieser der ausländischen Betriebsstätte zuzuordnen ist. Auch führt § 6 Abs. 5 Satz 1 EStG zu keinem anderen Ergebnis, denn diese Vorschrift setzt die Überführung eines Wirtschaftsguts in ein anderes Betriebsvermögen voraus. Bereits Baranowski[14] hat darauf hingewiesen, dass es bei der ausländischen Betriebsstätte bereits an einem anderen Betriebsvermögen fehlt. Dies hat der BFH nunmehr in seinem Urteil vom 17. 7. 2008 bestätigt.

II. Die Rechtslage nach dem SEStEG ab 2006

1. Die gesetzliche Regelung

Wegen der unklaren Rechtsgrundlage und zunehmender Kritik seitens des Schrifttums[15], hat der Gesetzgeber im Rahmen des SEStEG §§ 4 Abs. 1, 6 Abs. 1 Nr. 4 EStG und § 12 KStG um spezifische Entstrickungsvorschriften erweitert[16] sowie § 4g EStG neu eingeführt. Nach § 4 Abs. 1 Satz 3 EStG wird eine Entnahme zu betriebsfremden Zwecken fingiert, wenn das inländische Besteuerungsrecht hinsichtlich des Veräußerungsgewinns oder des Gewinns aus der künftigen Nutzung eines Wirtschaftsguts ausgeschlossen oder beschränkt ist. Für unbeschränkt steuerpflichtige Kapitalgesellschaften fingiert § 12 Abs. 1 KStG demgegenüber eine Veräußerung bzw. Nutzungsüberlassung zum gemeinen Wert. Damit soll die Besteuerung der während der Zugehörigkeit des Wirtschaftsguts zum inländischen Betriebsteil entstandenen stillen Reserven sichergestellt werden. und zwar, entgegen dem früheren Betriebsstättenerlass[17], nicht nur bei Anwendung der Freistellungsmethode im Rahmen eines DBA, sondern auch bei Anwendung der Anrechnungsmethode[18], da das deutsche Besteuerungsrecht durch die zu erfolgende Anrech-

---

[13] Vgl. *Roth*, Betriebsstättenbesteuerung im Umbruch, StBJb 1997/98, S. 427 (436 f.); *Kroppen* in: Gosch/Kroppen/Grotherr, DBA-Kommentar, Art. 7 Rn. 157 für die Fälle des Verbrauchs und des Unterganges des Wirtschaftsguts; *Mössner*, Transfer von Wirtschaftsgütern in eine und aus einer Steuerhoheit, S. 119 (129); *Kramer*, StuW 1991, 151 (157); *Wassermeyer* in: Debatin/Wassermeyer, DBA, Art. 7 Rn. 315; *Weber/Werra* in: FS W. Ritter, S. 285 (287 f.).

[14] Vgl. *Baranowski*, IWB Nr. 15 v. 11. 8. 1999, Editorial; gl. A. vgl. *Kumpf/Roth*, DB 2000, 741, 744; a. A. vgl. Kroppen a. a. O. (Fn. 9), S. 163.

[15] Vgl. z. B. *Roth*, a. a. O. (Fn. 12); *Kumpf/Roth*, FS Raupach, S. 579 (585 ff.); *Kaminski*, DStR 1996, S. 1794

[16] Ausweislich der Gesetzesbegründung soll § 4 Abs. 1 Satz 3 EStG nur „klarstellenden" Charakter haben und nur die bisher geltenden Grundsätze der Rechtsprechung des BFH zur finalen Entnahmetheorie und der Betriebsstätten-Verwaltungsgrundsätze v. 24. 12. 1999 a. a. O (Fn. 3) klarer regeln. Aus dem BFH-Urt. V. 17. 7. 2008 a. a. O. (Fn. 11) ergibt sich aber gerade das Gegenteil. Vgl dazu *Ditz*, IStR 2009, S. 115.

[17] Vgl. Betriebsstätten-Verwaltungsgrundsätze v. 24. 12. 1999, a. a. O. (Fn. 5), Tz. 2.6.1

[18] Vgl. BT-Drucks. 16/2710, S. 28

nung der ausländischen Steuer auf die deutsche ESt beschränkt sei. Liegt eine sogenannte Entstrickungsentnahme vor, dann erfolgt die Bewertung nicht mit dem Teilwert, sondern mit dem gemeinen Wert (§ 6 Abs. 1. Nr. 4 Satz 1 2. Halbsatz EStG, § 12 Abs. 1 KStG). Damit soll sichergestellt werden, dass insbesondere bei der Überführung von Vorratsvermögen ein angemessener Produktionsgewinn beim überführenden Betriebsteil erfasst wird.

Die Besteuerung der stillen Reserven kann nach § 4g EStG unter folgenden Voraussetzungen zeitlich aufgeschoben werden:

- Die Überführung muss durch einen unbeschränkt Steuerpflichtigen aus dessen inländischem Betriebsvermögen erfolgen;
- die empfangende Betriebsstätte muss in einem EU-Mitgliedstaat belegen sein;
- es muss sich um ein Wirtschaftsgut des Anlagevermögens handeln;
- die Aufschiebung kann nur einheitlich für alle Überführungen eines Jahres beantragt werden.

Die Aufschiebung erfolgt in Form eines Ausgleichspostens in Höhe der aufgedeckten stillen Reserven, der innerhalb eines Zeitraums von 5 Jahren planmäßig aufzulösen ist. Eine vorzeitige Auflösung hat zu erfolgen, wenn das Wirtschaftsgut aus dem Betriebsvermögen des Unternehmens ausscheidet oder den Bereich der EU verlässt oder wenn die stillen Reserven nach ausländischem Steuerrecht aufzudecken sind.

2. Auswirkungen des BFH-Urteils vom 17. 7. 2008

Das Schrifttum diskutiert die Frage, ob und ggf. inwieweit sich die im Urteil vom 17. 7. 2008 zum Ausdruck kommende Auffassung des BFH zur Entstrickung auch auf die Anwendung des §§ 4 Abs. 1 Satz 3 EStG auswirkt. Während der BFH sich hierzu nicht geäußert hat, wird im Schrifttum überwiegend die Ansicht vertreten, dass § 4 Abs. 1 Satz 3 EStG weitgehend leerlaufe.[19] Denn, wenn das Besteuerungsrecht Deutschlands für stille Reserven, die während der Zugehörigkeit eines Wirtschaftsguts zur inländische Betriebsstätte entstanden sind, grundsätzlich erhalten bleibt und weder durch die Steuerfreistellung noch durch die Steueranrechnung eingeschränkt ist, dann mangelt es schon an der diesbezüglichen gesetzlichen Voraussetzung. Allenfalls für den Fall, dass mit der Überführung des Wirtschaftsguts gleichzeitig die inländische Betriebsstätte beendet wird, könne ggf. eine Entstrickungsentnahme nach § 4 Abs. 1 Satz 3 EStG denkbar sein.[20] Von Seiten der Finanzverwaltung wird allerdings die Ansicht vertreten, dass § 4 Abs. 1 Satz 3 EStG und § 12 Abs. 1 KStG durchaus einen Anwendungsbereich haben. Hierfür spreche die Gesetzesbegründung. In der Tat ist zuzugeben, dass neben der Begründung auch der Wortlaut der Vorschrift einen solchen eigenständigen Anwendungsbereich nahelegt. § 4 Abs. 1 Satz 3 EStG setzt nämlich tatbestandlich voraus, dass das Besteuerungsrecht am Veräußerungsgewinn bzw. am Gewinn aus der Nutzung eines Wirtschaftsguts ausgeschlossen oder eingeschränkt ist. Auf die Gründe hierfür kommt es nach dem Gesetzeswortlaut nicht an. Durch die Verbringung eines Wirtschaftsguts in eine ausländische Betriebsstätte wird das deutsche Besteuerungsrecht am Veräußerungsgewinn jedenfalls eingeschränkt, denn der auf die ausländische Betriebsstätte entfallende Anteil des Gewinns ist entweder von der deutschen Steuer freizustellen oder aber die darauf anfallende ausländische Steuer ist zur Anrechnung bzw. zum Steuerabzug zuzulassen. Entsprechendes gilt für die Nutzungserträge. Dass ein Anteil der inländischen Betriebsstätte zuzurechnen ist und insoweit das Besteuerungsrecht voll erhalten bleibt, ist irrelevant. Unter-

---

[19] So bereits frühzeitig *Wassermeyer*, DB 2006, S. 1176; vgl. ferner. *Ditz*, IStR 2009, S. 115 m. w. N.

[20] Vgl. *Wassermeyer*, DB 2006, S. 1176 (1180).

stützt wird dieses Ergebnis auch durch den Vergleich mit dem in der Parallelvorschrift des § 6 Abs. 5 Satz 1 EStG gewählten Wortlaut. Dort wird die Buchwertübertragung nämlich davon abhängig gemacht, dass die Besteuerung der stillen Reserven sichergestellt ist. Dies ist aber eindeutig etwas anderes als die Besteuerung des Veräußerungsgewinns bzw. des Gewinns aus der Nutzung

Die entscheidende Rechtsfolge ist, dass die stillen Reserven in Höhe der Differenz zwischen dem gemeinen Wert und dem Buchwert im Zeitpunkt der Überführung realisiert wird und damit grundsätzlich sofort steuerpflichtig wird, sofern nicht die Voraussetzungen des § 4g EStG vorliegen und ein entsprechender Antrag gestellt wurde.

III. Zentrale Fragen der Gewinnabgrenzung

1. Anwendungsbereich des Fremdvergleichsgrundsatzes

a) Überführung von Wirtschaftsgütern

Nach bisheriger Auffassung der Finanzverwaltung[21] war der Fremdvergleichsgrundsatz nur dann zu beachten, wenn Wirtschaftsgüter in eine Betriebsstätte überführt wurden, deren Ergebnis aufgrund eines DBA von der deutschen Besteuerung freigestellt war. Dies war für notwendig befunden worden, weil ansonsten die Besteuerung der im Inland entstandenen stillen Reserven nicht sichergestellt gewesen wäre. War dagegen die Betriebsstätte in einem Land belegen, mit dem Deutschland kein DBA abgeschlossen hat, oder sah das bestehende DBA die Anrechnungsmethode für diese Betriebsstätteneinkünfte vor, so sollte eine Aufdeckung der stillen Reserven nicht erforderlich sein, da sie ja weiterhin der deutschen Besteuerung unterlägen. Dabei wurde gleichzeitig unterstellt, dass bei späterer Veräußerung durch die Betriebsstätte ausländische Einkünfte entstehen, die entsprechende Anrechnung im Ausland entstandener Steuern auslöste.

> **Beispiel:**
> Ein inländisches Produktionsunternehmen mit einer Betriebsstätte in einem Nicht-DBA-Staat liefert an diese Erzeugnisse aus eigener Herstellung zum Vertrieb. Die Herstellungskosten der Erzeugnisse belaufen sich auf 1 000 T€, der Fremdvergleichspreis betrage 1 200 T€ und der Veräußerungserlös durch die Betriebsstätte sei 1 500 T€. Die ausländische Steuer sei 60 % auf den Betriebsstättengewinn, der nach dem Recht des ausländischen Staates i. H. v. 300 T€ (Veräußerungserlös 1 500 T€ abzüglich Fremdvergleichspreis 1 200 T€) ermittelt wird. Der inländische Steuersatz liege bei 36 %. Im Ergebnis führte die Auffassung der Finanzverwaltung dazu, dass i. H. v. 500 T€ ausländische Einkünfte festgestellt werden, auf die zwar inländische Steuer i. H. v. 180 T€ anfällt, die jedoch nicht erhoben werden kann, da in gleicher Höhe ausländische Steuern anzurechnen sind. Tatsächlich wirkt dies so, als habe der inländische Staat die Einkünfte i. H. v. 500 T€ freigestellt. Bei Anwendung des Fremdvergleichsgrundsatzes hätte der inländische Staat die ausländische Steuer nur bis zu 108 T€ (300 T€ * 36 %) angerechnet und Steuern auf das inländische Einkommen i. H. v. 72 T€ erheben können. Dies aber hätte der Wirkung der Freistellungsmethode entsprochen und wäre einer ungerechtfertigten Beschränkung des deutschen Besteuerungsrechts gleichgekommen.[22]

Ferner bot diese Auffassung in all jenen Fällen keine befriedigende Lösung, in denen erst **nach der Überführung** eines Wirtschaftsguts Betriebsstätteneinkünfte freigestellt werden, sei es aufgrund eines nachträglich mit dem Betriebsstättenstaat abgeschlossenen DBA, sei es, dass unter der Geltung eines bestehenden DBA sich der Charakter der Betriebsstättentätigkeit im

---

[21] Vgl. Betriebsstätten-Verwaltungsgrundsätze, a. a. O. (Fn. 5), Tz. 2.6.1.

[22] Vgl. z. B. Kramer, StuW 1991, 151 (152). Die Anrechnungsmethode wirkt insoweit wie eine (partielle) Steuerfreistellung.

Sinne einer aktiven Tätigkeit geändert hat und die Betriebsstätteneinkünfte deshalb freizustellen sind.

> **Beispiel:**
> Vom inländischen Stammhaus wird ein wertvolles selbstentwickeltes Patent mit einer Restschutzdauer von 5 Jahren an die in einem Nicht-DBA-Staat belegene Betriebsstätte überführt. Der Wert des Patents im Überführungszeitpunkt betrage 10 000 T€. Zwei Jahre nach der Übertragung tritt ein DBA in Kraft, das die Betriebsstätteneinkünfte nunmehr von der inländischen Steuer freistellt. Im Zeitpunkt des Inkrafttretens des DBA werden die vorhandenen stillen Reserven endgültig der inländischen Besteuerung entzogen, ohne dass ein Anknüpfungspunkt für die steuerliche Entstrickung gegeben wäre[23].

Ebenso ungelöst war der umgekehrte Fall, dass eine ausländische Betriebsstätte die nach dem DBA erforderlichen aktiven Tätigkeitsmerkmale nachträglich nicht mehr aufweist und deshalb von der Freistellung in die Anrechnung überwechselt.

Ein weiterer offensichtlicher Mangel dieser Ansicht bestand hinsichtlich der gewerbesteuerlichen Folgen[24]. Im Rahmen der **Gewerbesteuer** sind Gewinne, soweit sie einer ausländischen Betriebsstätte zuzuordnen sind, nicht steuerbar[25]. Da sich die Ermittlung des Gewerbeertrags nach den Vorschriften des EStG und des KStG richtet, gilt dies auch für die Erfolgsabgrenzung zwischen inländischen und ausländischen Unternehmensteilen[26]. Erfolgt aber die Übertragung eines Wirtschaftsguts vom Stammhaus auf die ausländische Betriebsstätte zum Buchwert, weil das Wirtschaftsgut mangels eines anzuwendenden DBA weiterhin einkommensteuerlich verstrickt bleibt, so muss dies auch für die Gewerbesteuer gelten mit der Folge, dass das übertragene Wirtschaftsgut gewerbesteuerlich als zum Buchwert entstrickt angesehen werden kann[27]. Daraus ergab sich, dass die Regelung des Betriebsstättenerlasses unter Umständen zu einer Besserstellung der Betriebsstätteneinkünfte im Anrechnungsfall gegenüber dem Freistellungsfall führen konnten, die unter dem Gesichtspunkt der Gleichmäßigkeit nicht zu rechtfertigen war.

Die Entstrickungsentnahme (§ 4 Abs. 1 Satz 3 EStG und § 12 Abs. 1 KStG) i. d. F. des SEStEG vermeidet die genannten Probleme dadurch, dass sie nun generell den Ansatz des gemeinen Werts des überführten Wirtschaftsguts fordert. Dies gilt nicht nur für aktive Entstrickungen, bei denen ein Wirtschaftsgut aus dem Inland in das Ausland überführt wird, sondern auch in den Fällen der passiven Entstrickung[28], d.h. wenn ein Wirtschaftsgut von einer ausländischen Betriebsstätte mit Steueranrechnung in eine solche mit Steuerfreistellung überführt wird bzw. ohne dass eine Zuordnungsänderung erfolgt, wenn der Betriebsstättengewinn bisher der Steueranrechnung unterlag (z. B. passive DBA-Betriebsstätte bzw. Nicht-DBA-Fall), künftig jedoch die Steuerfreistellung zur Anwendung kommt (z. B. Betriebsstätte wird aktiv bzw. ein DBA wird mit dem Betriebsstättenstaat abgeschlossen).[29] In den Fällen der passiven Entstrickung ist der Entstri-

---

[23] Bereits die bisherige Rechtsprechung sah in diesem Vorgang zu Recht keine Entnahme. Vgl. BFH-Urt. v. 16. 12. 1975 VIII R 3/74, BStBl 1976 II 246. Auch die Betriebsstätten-Verwaltungsgrundsätze, a. a. O. (Fn. 5) sahen hierfür keine Lösung vor.

[24] Vgl. *Kempka* a. a. O. (Fn. 8), S. 135 f.; *Kramer*, StuW 1991, 151 (152).

[25] Dies ergibt sich bereits aus § 2 Abs. 1 GewStG, sodass § 9 Nr. 3 Satz 1 GewStG insoweit nur deklaratorischen Charakter hat.

[26] So vgl. *Kumpf* a. a. O. (Fn. 12), S. 251 f. für den umgekehrten Fall einer inländischen Betriebsstätte.

[27] Zu Unrecht geht *Scheffler*, RIW 2000, 569 (575) davon aus, dass die stillen Reserven in diesem Fall gewerbesteuerlich verstrickt blieben.

[28] Vgl. Benecke, IWB (2007), Fach 3 S. 14733 (14739)

[29] Blümich/Wied, § 4 EStC Rn. 487

ckungsgewinn allerdings nicht den inländischen, sondern den ausländischen Einkünften zuzuordnen mit der Folge, dass ggf. anfallende ausländische Steuern anzurechnen wären.

b) Nutzungsüberlassung von Wirtschaftsgütern

Nach den Betriebsstätten-Verwaltungsgrundsätzen war bei der Nutzungsüberlassung eines Wirtschaftsguts an eine Betriebsstätte regelmäßig von einer Überführung auszugehen. Lediglich dann, wenn die Überlassung nur vorübergehend erfolgte und dies zwischen fremden Dritten als Miet- oder Pachtverhältnis gestaltet worden wäre, oder wenn das Wirtschaftsgut von mehreren Betriebsstätten gleichzeitig oder nacheinander genutzt wurde, konnte auf eine Zuordnungsänderung des Wirtschaftsguts verzichtet werden.[30] Im Übrigen ließ die Finanzverwaltung nur die Zuordnung tatsächlich entstandener Kosten zu und lehnte die Verrechnung von fremdüblichen Mietentgelten ab.[31]

§ 4 Abs. 1 Satz 3 EStG sieht auch in der Nutzungsüberlassung ggf. eine Entstrickungsentnahme, die nach § 6 Abs. 1 Nr. 4 Satz1 2. Halbsatz EStG mit dem gemeinen Wert anzusetzen ist. Dabei ist auf den gemeinen Wert der Nutzung im Rahmen eines Miet- oder Pachtverhältnisses oder eines sonstigen Nutzungsverhältnisses (z.B. Lizenzverhältnis) und nicht etwa auf den gemeinen Wert des Wirtschaftsguts abzuheben. Wird ein Wirtschaftsgut zunächst nur zur Nutzung an eine ausländische Betriebsstätte überlassen und erfolgt erst später eine endgültige Zuordnungsänderung, dann ist für die Zeit der vorübergehenden Nutzung eine Nutzungsentstrickung durchzuführen. Im Zeitpunkt der endgültigen Zuordnungsänderung ist zusätzlich eine Überführungsentstrickung mit dem gemeinen Wert des Wirtschaftsguts durchzuführen.

> **Beispiel:**
> Eine ausländische Betriebsstätte nutzt neben dem inländischen Stammhaus eine von diesem entwickelte Marke. Die Produktion der mit der Marke behafteten Wirtschaftsgüter teile sich 50:50 zwischen dem Stammhaus und der Betriebsstätte auf. Entwicklungskosten in Höhe von 300 GE waren in den Vorjahren angefallen und in voller Höhe vom Stammhaus getragen worden. Für die Aufrechterhaltung der Marke fallen jährlich 10 GE an Kosten an. Ein fremder Dritter würde für die Nutzung der Marke eine Lizenz von 100 GE jährlich bezahlen.
>
> Nach den Betriebsstätten-Verwaltungsgrundsätzen waren die laufenden Kosten jeweils zur Hälfte dem Stammhaus und der Betriebsstätte zuzuordnen. Die Vorkosten konnten nachträglich nicht mehr der Betriebsstätte zugeordnet werden, da sie nicht bilanziert waren und somit nicht im Rahmen der Abschreibungen zugeordnet werden konnten. Ab dem VZ 2006 ist demgegenüber dem Stammhaus ein Nutzungsentgelt in Höhe der fremdüblichen Lizenz (100 GE je Jahr) zuzurechnen und der Gewinn der Betriebsstätte entsprechend zu mindern. Andererseits entfällt nunmehr die Teilung der laufenden Kosten, so dass faktisch dem Stammhaus ein um 90 GE höherer Gewinn ggü. den Vorjahren zuzuordnen ist.

c) Dienstleistungen

Für Dienstleistungen zwischen Stammhaus und Betriebsstätte enthalten die Betriebsstätten-Verwaltungsgrundsätze eigenständige Gewinnabgrenzungsregelungen. Danach sind gewerbliche Dienstleistungen mit dem Fremdvergleichspreis abzurechnen, wenn die Erbringung von Dienstleistungen zur Haupttätigkeit der Betriebsstätte gehört. Anderenfalls sind nur die angefallenen Kosten ohne Gewinnaufschlag zu verrechnen.[32] Hieran hat sich nach Auffassung der Finanzverwaltung nichts geändert, da die Erbringung von Dienstleistungen nicht durch § 4 Abs. 1 Satz 3 EStG erfasst ist.

---

[30] Vgl. Betriebsstätten-Verwaltungsgrundsätze v. 24. 12. 1999, BStBl. 1999 I, 1076, Tz. 2.4 Abs. 5

[31] Vgl. Betriebsstätten-Verwaltungsgrundsätze, a. a. O. (Fn. 5) Tz. 2.2. Häufig wird dabei argumentiert, dass unselbständige Unternehmensteile nicht an sich selbst verdienen könnten.

[32] Vgl. Betriebsstätten-Verwaltungsgrundsätze v. 24. 12. 1999, BStBl. 1999 I, 1076, Tz. 3.1.2.

Dem ist in dieser Form nicht zuzustimmen, denn die Tatsache, dass die Leistungen nicht im Rahmen der Entstrickungsentnahmetatbestände aufgezählt sind, lässt im Gegenteil den Schluss zu, dass der Gesetzgeber bewusst auf eine Gewinnverwirklichung bei Leistungen zwischen Stammhaus und Betriebsstätte verzichtet hat. Zweck der gesetzlichen Regelung war ausweislich der Gesetzesbegründung[33] die Klarstellung der Rechtsgrundlage für die Gewinnabgrenzung zwischen Betriebsstätte und Stammhaus. Hätte der Gesetzgeber den Bereich der Leistungsentstrickung im Sinne der Finanzverwaltung regeln wollen, so wäre es nahe gelegen, die Leistungen ausdrückliche einzubeziehen, zumal sie in Satz 2 im Rahmen der allgemeinen Entnahme ausdrücklich genannt sind. Aus dem Fehlen einer Regelung ist darauf zu schließen, dass der Gesetzgeber gerade keinen Entstrickungstatbestand in der Leistungserbringung gesehen hat. Auch das BFH-Urteil v. 17. 7. 2008 steht dem nicht entgegen, denn es behandelt nur den Fall der Zuordnungsänderung (Überführung) eines Wirtschaftsguts.

2. Der anzuwendende Bewertungsmaßstab

Ein zentraler Kritikpunkt an der finalen Entnahmetheorie war u. a. der anzuwendende Bewertungsmaßstab: Entnahmen sind nach § 4 Abs. 1 Satz 2 mit dem Teilwert zu bewerten. Dieser enthält insoweit eine Komponente des Fremdvergleichs, als er auf den gedachten Erwerber des gesamten Betriebs abstellt und diesen Gesamtwert gedanklich auf die einzelnen Wirtschaftsgüter aufteilt. Dadurch berücksichtigt er die unternehmensinternen wertbildenden Faktoren. Allerdings führt er insbesondere im Bereich des Umlaufvermögens zu unzutreffenden Ergebnissen. Nach der ständigen Rechtsprechung[34] leitet sich der Teilwert nämlich grundsätzlich von den Aufwendungen ab, die notwendig sind, um das betreffende Wirtschaftsgut wieder zu beschaffen bzw. wiederherzustellen. Nur wenn der mögliche Veräußerungspreis des Wirtschaftsguts unter dessen Wiederbeschaffungspreis gesunken ist, soll dieser angesetzt werden. Damit führt der Teilwert im Bereich des Umlaufvermögens dazu, dass der **Erfolgsbeitrag der herstellenden Einheit nicht berücksichtigt** und letztlich der gesamte Produktions- und Vertriebsgewinn der Vertriebseinheit zugeordnet wird, ein Ergebnis, das nicht gewollt sein kann[35].

> **Beispiel:**
> Ein inländisches Produktionsunternehmen vertreibt seine Erzeugnisse über eine ausländische Betriebsstätte. Die Herstellungskosten sollen 100 T€ betragen. Der Teilwert liege um die angefallenen und vom Stammhaus getragenen Transportkosten i. H. v. 10 T€ über den Herstellungskosten. Der Veräußerungserlös der Betriebsstätte belaufe sich auf 180 T€, womit die Vertriebs- und Verwaltungskosten der Betriebsstätte i. H. v. 25 T€ abzudecken seien. Der der Überführung des Wirtschaftsguts zugrunde zu legende Fremdvergleichspreis für das Produkt betrage 145 T€. Durch den Ansatz des Teilwertes als Überführungswert würde der inländischen Produktionseinheit keinerlei Gewinn zugeordnet. Der gesamte Gewinn i. H. v. 45 T€ würde bei der Betriebsstätte erfasst. Demgegenüber weist der Fremdvergleichspreis 35 T€ vom Gewinn dem inländischen Unternehmensteil zu, während 10 T€ nach Abzug ihrer Vertriebs- und Verwaltungskosten bei der Betriebsstätte als Gewinn verbleiben.

Ab dem VZ 2006 ist bei Entstrickungsentnahmen der **gemeine Wert** (§ 9 Abs. 2 BewG) anzusetzen. Das ist der Preis, „der im gewöhnlichen Geschäftsverkehr nach der Beschaffenheit des Wirtschaftsgutes bei einer Veräußerung zu erzielen wäre." Dabei sind alle Umstände, die den Preis beeinflussen, zu berücksichtigen. Ungewöhnliche oder persönliche Verhältnisse sind nicht zu

---

[33] Vg. BT-Drucks. 16/2710, S. 28. Allerdings handelt es sich hierbei nicht um eine bloße Klarstellung bestehenden Rechts, sondern um eine erstmalige Neuregelung; vgl. Roth in Herrmann/Heuer/Raupach, § 49 EStG, Anm. 323

[34] Vgl. Nachweise bei *Herrmann/Heuer/Raupach*, EStG § 6 Anm. 589 ff.

[35] Vgl. *Kumpf*, Ergebnis- und Vermögenszuordnung bei Betriebsstätten, StBJb 1988/89, S. 399 (412 f.); *Kaminski*, DStR 1996, 1794 (1795); *ders.* a. a. O. (oben Fn. 16), S. 113.

berücksichtigen." Demgegenüber verlangt § 1 AStG bei Geschäftsbeziehungen zwischen nahestehenden Personen im Verhältnis zum Ausland den Ansatz des Fremdvergleichspreises, den voneinander unabhängige Dritte unter gleichen oder vergleichbaren Verhältnissen vereinbart hätten. Dabei ist davon auszugehen, dass die voneinander unabhängigen Dritten alle wesentlichen Umstände der Geschäftsbeziehung kennen und nach den Grundsätzen ordentlicher und gewissenhafter Geschäftsleiter handeln. Im Unterschied zum gemeinen Wert sind beim Fremdvergleichspreis ggf. auch ungewöhnliche und persönliche Verhältnisse zu berücksichtigen. Dies kann im Einzelfall zu erheblichen Unterschieden führen.[36] Es ist unverständlich, weshalb der Gesetzgeber zwei unterschiedliche Wertmaßstäbe für vergleichbare Entstrickungstatbestände vorschreibt, zumal wenn es gesetzgeberisches Ziel ist, die Zuordungsänderung von Wirtschaftsgütern zwischen Stammhaus und Betriebsstätten den gleichen Gewinnregeln zu unterwerfen wie die Veräußerung zwischen verbundenen Personen. Es wäre deshalb wünschenswert, dass der Gesetzgeber bei Gelegenheit den Wertmaßstab in § 6 Abs. 1 Nr. 4 Satz 1 2. Halbsatz EStG an den des § 1 Abs. 1 AStG anpasst.

3. Der Zeitpunkt der Erfolgsabgrenzung
a) Rechtslage bis einschließlich VZ 2005

Nach allgemeiner und zutreffender Ansicht im Schrifttum[37] und bestätigt durch die Rechtsprechung[38] können zwischen unselbständigen Teilen eines Unternehmens **keine schuldrechtlichen Beziehungen** bestehen. Deshalb ist mit der Überführung eines Wirtschaftsguts vom inländischen Stammhaus zur ausländischen Betriebsstätte desselben Unternehmens weder eine Veräußerung noch ein sonstiges Rechtsgeschäft verbunden. Auch eine Entnahme i. S. d. § 4 Abs. 1 Satz 2 EStG liegt nicht vor, denn hierzu bedarf es einer Entnahmehandlung des Unternehmers aus dessen Betriebsvermögen in seinen Privatbereich oder für sonstige außerbetriebliche Zwecke[39]. Insoweit verstieß die bisherige Rechtsprechung des BFH[40] zu Übertragungen von Anlagevermögen, die von einem finalen Entnahmebegriff ausging, gegen den Grundsatz der Einheit des Unternehmens, da sie zur Erfolgsrealisation im Zeitpunkt der Übertragung führte[41].

Auch die Finanzverwaltung ging davon aus, dass bei der Überführung von Wirtschaftsgütern in eine ausländische Betriebsstätte, deren Einkünfte nach DBA freigestellt sind, die Gewinnverwirklichung im Zeitpunkt der Überführung zu erfolgen hat. Allerdings ließ sie im Rahmen einer **Billigkeitsmaßnahme**[42] wahlweise den Aufschub des Gewinnausweises zu bis der Erfolg aus Sicht des Gesamtunternehmens realisiert wurde (**aufgeschobene Gewinnverwirklichung**).[43]

---

[36] Vgl. *Wassermeyer*, IStR 2008, S. 176 (178).

[37] Vgl. z. B. *Schaumburg* a. a. O. (oben Fn. 9), S. 1168 m. w. N.

[38] Vgl. BFH-Urt. v. 20. 7. 1988 I R 49/84, BStBl 1989 II 140.

[39] Vgl. grundlegend BFH-Urt. V. 17.7.2008 I R 77/06, BFH/NV 2008, 1941.

[40] Vgl. z. B. BFH-Urt. v. 16. 7. 1969 I 266/62, BStBl 1970 II 175; BFH-Urt. v. 30. 5. 1972 VIII R 111/69, BStBl 1972 II 760; BFH-Urt. v. 24. 11. 1982 I R 123/78, BStBl 1983 II 113 und BFH-Urt. v. 14. 6. 1988 VIII R 387/83, BStBl 1989 II 187.

[41] So auch *Schaumburg* a. a. O. (Fn. 9), S. 1182; ähnlich *Kaminski*, DStR 1996, 1794; vgl. ferner *Wassermeyer* a. a. O. (Fn. 9), Art. 7 Rn. 246.

[42] Vgl. Betriebsstätten-Verwaltungsgrundsätze a. a. O. (Fn. 5), Tz. 2.6.1 Buchst. a und b. Dem gegenüber sah das BMF-Schreiben v. 12. 2. 1990 a. a. O. (Fn. 24) in der aufgeschobenen Gewinnverwirklichung keine Billigkeitsmaßnahme. Vgl. kritisch *Kramer*, IStR 2000, 449 (452); *Kraft*, StBJb 2000/2001, 205 (222); *Roth*, in: Lüdicke (Hrsg.), Zurechnung von Wirtschaftsgütern im Internationalen Steuerrecht, Forum der Internationalen Besteuerung, Bd. 19, S. 87 (120); *Kumpf/Roth*, DB 2000, 787 (788).

[43] Das Wahlrecht war allerdings an verschiedene Voraussetzungen gebunden. So konnte es nur einheit-

Dabei ging sie mit der überwiegenden Literatur[44] sowie der OECD[45] davon aus, dass jedenfalls der aufzuschiebende Gewinn aus der Überführung im Zeitpunkt der Überführung der Höhe nach bestimmt ist und nicht mehr durch später eintretende Umstände beeinflusst werden konnte.[46] Eine abweichende Meinung vertritt Wassermeyer[47] insoweit, als er bei der Überführung von Wirtschaftsgütern des **Umlaufvermögens** grundsätzlich den Fremdvergleichspreis **im Zeitpunkt der tatsächlichen Realisierung des Geschäfts** heranzieht, welches das überführte Wirtschaftsgut zum Gegenstand hat bzw. in welches dieses als Vorprodukt, Fabrikationsteil oder Vorleistung Eingang gefunden hat[48]. Allerdings sollen Umstände, die allein in die Verantwortung der ausländischen Betriebsstätte fallen, den Verrechnungspreis nicht beeinflussen[49]. Der BFH ließ diese Frage in seinem grundlegenden Urteil v. 17. 7. 2008 ausdrücklich offen.[50]

Beispiel:
Das inländische Stammhaus eines Computerchip-Herstellers liefert Computerchips an seine ausländische Vertriebseinrichtung. Die Lieferung deckt den voraussichtlichen Absatz von 6 Monaten ab. Die Herstellungskosten betragen € 5 Mio., der Fremdvergleichspreis nach den Verhältnissen im Zeitpunkt der Überführung € 6 Mio. Nach drei Monaten sinkt der Endverkaufspreis der Chips auf € 4,5 Mio., da die Konkurrenz ein neues, wesentlich leistungsfähigeres Produkt auf den Markt bringt. Der angemessene Fremdvergleichspreis liegt als Folge hiervon nur noch bei € 4 Mio. Werden die überführten Chips mit dem im Zeitpunkt der Überführung gegebenen Fremdvergleichspreis bewertet, dann muss das Unternehmen im Inland einen Gewinn i. H. v. € 1 Mio. ausweisen und versteuern, der bei weitem nicht aus dem Verkauf dieser Lieferung zu erzielen ist. Demgegenüber hat die Betriebsstätte ggf. einen Verlust aus dem Absatzgeschäft i. H. v. € 1,5 Mio. auszuweisen, der u. U. vom ausländischen Fiskus nicht anerkannt wird.

Berücksichtigt man dagegen, dass tatsächlich aus dem Geschäft insgesamt für das Unternehmen ein Verlust i. H. v. mindestens € 0,5 Mio. zuzüglich eventueller Vertriebsaufwendungen resultiert, dann ist der Überführungswert mit maximal € 4 Mio. anzusetzen. Aus der Marge von € 0,5 Mio. muss die Verkaufsniederlassung ihren Vertriebsaufwand decken; der Hersteller hat einen Verlust i. H. v. € 1 Mio. zu tragen.

Dogmatisch spricht viel für diese Auffassung, setzt sie doch konsequent die Vorstellung der Erfolgsabgrenzung zwischen Stammhaus und Betriebsstätte nach dem **Einheitsgrundsatz** um.

---

lich für alle Wirtschaftsgüter des Anlagevermögens bzw. des Umlaufvermögens ausgeübt werden. Ferner war der Gewinnaufschub auf längstens 10 Jahre begrenzt; vgl. Betriebsstätten-Verwaltungsgrundsätze a. a. O. (oben Fn. 5), Tz. 2.6.1.

[44] Vgl. *Kleineidam*, IStR 1993, 395 (397); *Jacobs*, Internationale Unternehmensbesteuerung, S. 310; *Kempka* a. a. O. (oben Fn. 8), S. 112, 116 f. jeweils m. w. N.

[45] Vgl. OECD-Kommentar zu Art. 7, Tz. 14 und 15.3.

[46] Vgl. BMF-Schreiben v. 12. 2. 1990 a. a. O. (Fn. 24).

[47] Vgl. *Wassermeyer* a. a. O. (Fn. 9), Art. 7 Rn. 255 für Wirtschaftsgüter, die zur Veräußerung durch die Betriebsstätte überführt werden; ähnlich bereits *Rädler/Raupach*, Deutsche Steuern bei Auslandsbeziehungen, S. 97.

[48] Im Ergebnis ähnlich wohl auch *Streckmann/Hillenbrand*, RIW/AWD 1978, 382 (385), wenn sie fordern, bei Änderung der Verrechnungspreise für Vorräte, die noch zu alten Preisen überführt worden waren, aber noch im Bestand der Betriebsstätte sind, eine Nachbelastung in Höhe der Verrechnungspreisänderung durchzuführen.

[49] *Wassermeyer* a. a. O (oben Fn. 9), nennt als Beispiel Verluste infolge unsachgemäßer Lagerung der Produkte bei der ausländischen Betriebsstätte. Weitergehend differenziert *Jacobs* a. a. O. (Fn. 47), S. 309 f., der nur in Ausnahmefällen eine nachträgliche Änderung des im Zeitpunkt der Überführung gegebenen Fremdvergleichspreises zulassen will, nämlich dann, wenn zwischen fremden Dritten der Händlerpreis ebenfalls nachträglich geändert worden wäre.

[50] Vgl.BFH v. 17. 7. 2008 I R 77/06 a. a. O. (Fn. 11)

Sie trägt ferner der von einem Teil der Literatur[51] vorgebrachten Kritik Rechnung, indem sie vermeidet, dass im Inland Gewinne versteuert werden müssen, die aus Sicht des Gesamtunternehmens gar nicht realisiert werden. Dagegen sprechen m. E. vor allem **praktische Gründe**. Verrechnungspreise werden in der betrieblichen Praxis regelmäßig im Zeitpunkt der Lieferung bzw. Überführung von Wirtschaftsgütern ermittelt und festgelegt. Dies gilt insbesondere dann, wenn neben der Überführung an eine ausländische Betriebsstätte auch Lieferungen an nahestehende Gesellschaften vorgenommen werden. Es würde die betriebliche Praxis überfordern, wollte man die Abrechnung je nach Rechtsform des Empfängers unterschiedlich durchführen.[52] Insbesondere bei Lieferungen von Vor- und Zwischenprodukten, Komponenten etc., die anschließend in der ausländischen Betriebsstätte weiterverarbeitet werden, sind verlässliche Verrechnungspreise bei Überführung notwendig, da diese i. d. R. auch der Kostenrechnung und Kalkulation der Endprodukte zugrunde gelegt werden.

Im Gegensatz zum Umlaufvermögen sind Wirtschaftsgüter des **Anlagevermögens** nicht unmittelbar oder mittelbar nach Be- oder Verarbeitung in der Betriebsstätte zur Weiterveräußerung, sondern zur Nutzung bestimmt. Somit gehen allenfalls Nutzungen in das durch die Betriebsstätte veräußerte Endprodukt ein. Wendete man die *Wassermeyer'schen* Überlegungen zum Umlaufvermögen entsprechend an, würde ein Zusammenhang mit der Erfolgsrealisation infolge der Übertragung von Anlagegütern erst mit dem Absatz von Erzeugnissen hergestellt, die mit Hilfe dieser Anlagegüter in der Betriebsstätte produziert wurden, und zwar in Höhe der jeweils abgegebenen Nutzungen. Damit wäre streng genommen die Nutzung der Anlagegüter jeweils im Zeitpunkt des Absatzes der mit ihrer Hilfe hergestellten Erzeugnisse zu bewerten. Mit anderen Worten: Es würde theoretisch eine kontinuierliche Neubewertung des übertragenen Anlageguts während der Nutzung durch die Betriebsstätte erforderlich. Dass dies praktisch nicht durchführbar ist, bedarf keiner weiteren Erläuterung. Deshalb wird regelmäßig der **Fremdvergleichspreis im Zeitpunkt der Überführung** zugrunde gelegt[53].

Hierfür spricht auch der Umstand, dass mit seiner Überführung das Anlagegut in den Verantwortungs- und Risikobereich der Betriebsstätte übergeht. Deshalb ist beim inländischen Stammhaus grundsätzlich der Übertragungsgewinn in der Höhe zuzuordnen, in der er im Zeitpunkt der Überführung festgestellt wird. Spätere Wertänderungen, Änderungen der Nutzungsdauer sowie bei der Veräußerung des Wirtschaftsguts durch die ausländische Betriebsstätte realisierte Gewinne bzw. Verluste dagegen gehen auf Rechnung der empfangenden Betriebsstätte. Ist die **spätere Wertänderung** bzw. Änderung der Nutzungsdauer allerdings auf Umstände zurückzuführen, die vom übertragenden Stammhaus zu verantworten sind, kann eine nachträglich Korrektur des Überführungswertes unter dem Gesichtspunkt der Wertaufhellung gerechtfertigt und notwendig sein.

Beim übertragenden Stammhaus sind die zunächst gespeicherten Übertragungsgewinne korrespondierend mit dem Abschreibungsverlauf bei der empfangenden Betriebsstätte bzw. spätestens im Zeitpunkt des Ausscheidens des Wirtschaftsguts aus dem Betriebsvermögen der Betriebsstätte erfolgswirksam aufzulösen. Dies gilt ggf. auch für den Fall, dass die Betriebsstätte

---

[51] Vgl. *Ritter*, JbFfSt 1976/77, S. 288 (302); *Debatin*, DB 1989, 1739 (1742).
[52] Vgl. *Haiß*, Gewinnabgrenzung bei Betriebsstätten im Internationalen Steuerrecht, S. 370.
[53] Vgl. Betriebsstätten-Verwaltungsgrundsätze a. a. O. (oben Fn. 5), Tz. 2.6.1.; OECD-Kommentar zu Art. 7 Abs. 2 OECD-MA, Tz. 15.

außerplanmäßige Abschreibungen auf das übertragene Wirtschaftsgut vornimmt, dieses untergeht oder mit Verlust veräußert wird[54].

b) Rechtslage ab VZ 2006

Mit dem SEStEG hat der Gesetzgeber nunmehr eine eigenständige Rechtsgrundlage für die Besteuerung der stillen Reserven bei Überführung eines Wirtschaftsguts vom inländischen Stammhaus in die ausländische Betriebsstätte geschaffen. Danach ist der Gewinn aus der Entstrickungsentnahme unter Berücksichtigung des gemeinen Werts im Zeitpunkt der Überführung zu ermitteln. Dabei kommt es auf Wertänderungen nach Überführung aber vor der Veräußerung des Wirtschaftsguts nicht mehr an.

Unklar ist allerdings, wie zu verfahren ist, wenn ein Wirtschaftsgut vor dem VZ 2006 in eine ausländische Betriebsstätte überführt worden war und nach BFH v. 17. 7. 2008 bei Überführung kein Gewinn verwirklicht wurde. In diesem Fall wäre immerhin denkbar, dass durch die Einführung der Entstrickungsentnahme durch das SEStEG auch für die vor dem VZ 2006 überführten Wirtschaftsgüter eine Entstrickung mit Wirkung vom 1. 1. 2008 zu erfolgen habe, denn der Gesetzeswortlaut stellt nicht auf den Überführungsvorgang, sondern allein auf die Tatsache ab, dass das Besteuerungsrechts am Veräußerungsgewinn bzw. dem Nutzungsgewinn ausgeschlossen oder beschränkt ist. Allein die Einführung der Entstrickungsentnahme durch das SEStEG kann m. E. noch nicht die Besteuerung der stillen Reserven auslösen. Anderenfalls würde rückwirkend in abgeschlossene Sachverhalte eingegriffen. Das Besteuerungsrecht in diesem Sinne war nämlich bereits vor Anwendung des SEStEG ausgeschlossen bzw. beschränkt. Insoweit hat sich nach Inkrafttreten der Entstrickungsregelung durch das SEStEG tatsächlich nichts geändert. Voraussetzung für die Entstrickungsbesteuerung nach dem SEStEG ist vielmehr, dass das Besteuerungsrecht erst nach dem 1. 1. 2006 ausgeschlossen oder beschränkt wurde.[55] Fraglich ist auch, wie zu verfahren sein soll, wenn ein Wirtschaftsgut unter der alten Rechtslage in eine ausländische Anrechnungsbetriebsstätte verbracht wurde, die Betriebsstätte jedoch – infolge aktiver Tätigkeit bzw. infolge des Abschlusses eines DBA – nach dem 1. 1. 2006 ihren Status von der Steueranrechnung zur -freistellung wechselt.

IV. Erfolgsermittlung bei inländischen Betriebsstätten im Rahmen der beschränkten Steuerpflicht

1. Rechtslage bis VZ 2005

Für die Überführung von Wirtschaftsgütern eines beschränkt steuerpflichtigen Unternehmens aus seiner inländischen Betriebsstätte ins Ausland soll nach Auffassung der Finanzverwaltung die aufgeschobene Gewinnverwirklichung nicht gelten[56]. Auch ein Teil des Schrifttums lehnt die aufgeschobene Gewinnrealisierung in diesem Fall mit der Begründung ab, es handele sich hier im Unterschied zu dem obigen Fall um die Verbringung von Wirtschaftsgütern außerhalb der

---

[54] Vgl. ebenda S. 415. Zur Kritik vgl. *Debatin*, BB 1990, 826-829; *Ritter* a. a. O. (oben Fn. 53), S. 288 (291); *Weber/Werra* a. a. O. (oben Fn. 13), S. 285 (291 ff.). vgl. auch *Hemmelrath* a. a. O. (oben Fn. 10), S. 178 ff., 243, der einen unternehmensinternen Verlustausgleich zwischen verschiedenen Unternehmensteilen in den Fällen vorschlägt, in denen aufgrund der Gewinnallokation bei einem Teil ein Gewinn, beim anderen jedoch ein Verlust auftritt.

[55] Wäre es anders, müssten alle bisher aufgeschobenen Gewinne mit Beginn des VZ 2006 realisiert werden. Dabei würde sich die Frage stellen, welche Gewinn zu realisieren sei, der für den Zeitpunkt der Überführung festgestellte oder der zu Beginn des VZ 2006 festzustellende.

[56] Vgl. BMF-Schreiben v 3. 6. 1992, IV B 2 – S 2135 – 4/92, DB 1992, 1655; ferner Betriebsstätten-Verwaltungsgrundsätze a. a. O. (oben Fn. 5), Tz. 2.6.3.

deutschen Steuerhoheit und somit um eine **Entnahme** i. S. d. § 4 Abs. 1 Satz 2 EStG[57]. Von einem anderen Teil der Literatur wird dagegen eine Gleichbehandlung mit dem umgekehrten Fall gefordert[58]. Das BFH-Urteil vom 17. 7. 2008 bringt insoweit keine Klarheit, da es sich nicht auf einen Fall der beschränkten, sondern der unbeschränkten Steuerpflicht bezieht.

M.E. liegt der Fall insoweit anders als bei einem unbeschränkt Steuerpflichtigen mit ausländischer Betriebsstätte als letzterer mit seinem Welteinkommen steuerbar ist, während ersterer nur mit seinem inländischen Betriebsvermögen steuerbar ist. Im Grunde steht dahinter die Vorstellung von der inländischen Betriebsstätte als eines **eigenständigen Gewinnermittlungssubjekts**, dessen Einkünfte nicht lediglich im Rahmen der Gesamteinkünfte des beschränkt Steuerpflichtigen abzugrenzen, sondern originär zu ermitteln sind. Nach seinem Urteil v. 17. 12. 1997[59] scheint der BFH davon auszugehen, dass die einen beschränkt Stpfl. treffenden inländischen Einkünfteermittlungsvorschriften sich stets nur auf die steuerbaren Einkünfte beziehen. Dies spricht dafür, dass der Betriebsbegriff bei einem beschränkt Steuerpflichtigen in § 4 Abs. 1 Satz 2 EStG entsprechend auf das Inland beschränkt ist.[60] Dem wurde entgegengehalten, dass jedenfalls bei einer Personengesellschaft mit beschränkt und unbeschränkt steuerpflichtigen Gesellschaftern die Gewinnermittlung nicht unterschiedlich für die einzelnen Gesellschafter sein könne.[61] Allerdings geht BFH v. 24. 2. 1988 sehr wohl von einer unterschiedlichen je nach Status des Gesellschafters aus.[62] Damit ist nach der hier vertretenen Auffassung bei Überführung eines Wirtschaftsguts von einer inländischen Betriebsstätte in das ausländische Stammhaus oder eine ausländische Betriebsstätte eines beschränkt Steuerpflichtigen grundsätzlich von einer Entnahme i. S. d. § 4 Abs. 1 Satz 2 EStG auszugehen, die mit dem **Teilwert** zu bewerten ist. Gleichwohl kann ggf. aufgrund entsprechender Diskriminierungsregelungen in einem anzuwendenden DBA[63] bzw. aufgrund der europarechtlichen Niederlassungsfreiheit[64] eine aufschiebende Gewinnrealisierung notwendig sein.

2. Rechtlage ab VZ 2006

Legt man die oben dargelegten Überlegungen zu Grunde, dann ändert sich durch die Einführung der Entstrickungsentnahme durch das SEStEG grundsätzlich nichts für den Bereich der beschränkten Steuerpflicht. Da die Überführung des Wirtschaftsguts in das ausländische Stammhaus m.E. die Tatbestandsvoraussetzungen einer Entnahme i. S. d. § 4 Abs. 1 Satz 2 EStG erfüllt, kommt die Entstrickungsentnahme nach Satz 3 nicht zum Zug. Dies bedeutet, dass in diesen Fällen der Teilwert und nicht der gemeine Wert zum Ansatz kommt. Bezüglich der aufschiebenden Gewinnverwirklichung setzt § 4g EStG zwar voraus, dass es sich um einen unbe-

---

[57] Vgl. *Kempka* a. a. O. (oben Fn. 8), S. 156..;

[58] Vgl. *Kleineidam*, IStR 1993, 395; *Pach-Hanssenheimb* a. a. O. (oben Fn. 12), S. 2123; *Kramer*, StuW 1993, 149; *Kumpf* a. a. O. (oben Fn. 6), § 49, Anm. 259; *Schaumburg* a. a. O. (oben Fn. 9), S. 1184. Neuerdings auch *Wassermeyer* a. a. O. (oben Fn. 9), Rn. 261

[59] Vgl. BFH v. 17. 12. 1997 I R 95/96, BStBl. 1998 II, 260.

[60] Vgl. Roth in Herrmann/Heuer/Raupach, EStG, § 49 Anm.320.

[61] Vgl. Wassermeyer in Debatin/Wassermeyer, DBA, Art. 7 Rn. 261 ders. in Wassermeyer/Andresen/Ditz, Betriebsstätten Handbuch, Köln 2006 Rn. 3.42.

[62] Vgl. BFH-Urt. V. 24.2.1988 I R 95/84, BStBl. 1988 II, 663

[63] Vgl. *Lüdicke* in: Fischer (Hrsg.), Besteuerung wirtschaftlicher Aktivitäten von Ausländern in Deutschland, S. 44 ff.; *Jacobs* a. a. O. (oben Fn. 47), S. 313; *Weber/Werra* a. a. O. (oben Fn. 13), S. 285 (297); a. A. *Da*, IStR 1993, 117 (118).

[64] Hierauf weisen *Weber/Werra* a. a. O. (oben Fn. 13), S. 285 (297) hin. Vgl. EuGH v. 15. 5. 1997 Rs. C 250/95 (Futura), DB 1997, 1211 zur Problematik des Verlustabzugs bei nicht im Inland geführten Büchern.

schränkt Steuerpflichtigen handeln müsse, jedoch kann sich die Anwendung entgegen dem Gesetzestext ggf. aufgrund von DBA bzw. EU-rechtlichen Diskriminierungsregelungen ergeben.[65]

C. Steuerplanerische Gesichtspunkte

Aus Sicht des betroffenen Unternehmens, das Wirtschaftsgüter zwischen dem Stammhaus und seiner Betriebsstätte bzw. zwischen mehreren Betriebsstätten überführt, sind im Wesentlichen zwei Fragestellungen interessant, nämlich:

- Welche buchhalterischen Techniken stehen für die "aufgeschobene Gewinnverwirklichung" zur Verfügung und welche Anforderungen stellen diese an das Rechnungswesen?
- Welche Gestaltungsspielräume lässt das Steuerrecht hinsichtlich der Überführung von Wirtschaftsgütern im Einzelnen zu, und unter welchen Umständen ist es sinnvoll, davon Gebrauch zu machen?

I. Technik der "aufgeschobenen Gewinnverwirklichung"[66]

1. Methoden

Die technische Ausgestaltung der aufgeschobenen Gewinnverwirklichung hängt wesentlich von der Organisation des Rechnungswesens im Unternehmen ab. Denkbar sind grundsätzlich zwei unterschiedliche Ansätze:

a) Das Trennungssystem

Hierbei wird für die Betriebsstätten eine den im jeweiligen Betriebsstättenstaat geltenden Rechnungslegungsvorschriften entsprechende Buchführung eingerichtet. Die Gewinnermittlung und Bilanzierung der Betriebsstätte erfolgt also primär nach den Regeln des Betriebsstättenstaates und ist anschließend im Rahmen einer Ergänzungsrechnung an deutsche Vorschriften anzupassen. In der Regel wird die Überführung von Wirtschaftsgütern zu Fremdvergleichspreisen verrechnet. Diese Technik wird vor allem bei größeren und insbesondere auf Dauer angelegten Betriebsstätten vorherrschend sein. Zur Verhinderung der vorzeitigen Erfolgsverwirklichung wird beim überführenden Unternehmensteil ein passiver Ausgleichsposten in Höhe der Differenz zwischen Buchwert und Überführungswert gebildet, der in den Folgeperioden erfolgswirksam aufgelöst wird. Diese Technik wurde, soweit ersichtlich, erstmals von *Neubauer*[67] vorgestellt. Diese Methode ist relativ einfach zu handhaben. Die Buchungstechnik ist nachfolgend dargestellt.

> **Beispiel:**
> Im Januar des Jahres 01 wird eine nicht mehr benötigte Maschine vom inländischen Stammhaus in die französische Betriebsstätte überführt. Buchwert im Überführungszeitpunkt sei 100, der gemeine Wert liege bei 150. Die Restnutzungsdauer der Anlage betrage 5 Jahre. Die Buchungen lauten wie folgt:

---

[65] Nach den abkommensrechtlichen Diskriminierungsvorschriften dürfen ausländische Steuerpflichtige mit Betriebsstätten im Inland grundsätzlich nicht schlechter gestellt werden als inländische Steuerpflichtige. Da inländischen Steuerpflichtigen aber der Aufschub nach § 4g EStG unter den dort genannten Voraussetzungen offen steht, muss dies auch für Betriebsstätten gelten.

[66] Vgl. eingehend *Kessler/Winterhalter/Huck*, IStR 2007, S. 133 ff.

[67] Vgl. *Neubauer* in: JbFfSt 1976/77 S. 312 (319).

Grenzüberschreitende Überführung von Wirtschaftsgütern 91

Stammhaus

Anlagenkonto			Pass. Ausgleichsposten			Erträge aus d. Aufl. d. pass. AP		
AB	100	(1) 100	(2)	10	(1) 50			(2) 10

Verrechnungskonto		
(1)	150	

Betriebsstätte

Anlagenkonto			Abschreibungen auf Anlagenkonto			Verrechnungskonto		
(1)	150	(2) 30	(2)	30				(1) 150

Gesamtunternehmen

Anlagenkonto			Pass. Ausgleichsposten			Abschreibungen auf Anlagenkonto		
AB	150	(2) 30	(3)	10	(1) 50	(2)	30	

Verrechnungskonto			Erträge aus d. Aufl. d. pass. Ausgleichspostens		
(1)	150	(1) 150			(3) 10

b) Das Einheitssystem

Hierbei wird die Betriebsstättenbuchführung nach den Gewinnermittlungs- und Bilanzierungsgrundsätzen des Stammhauses eingerichtet. Die Anpassung an die entsprechenden Vorschriften im Betriebsstättenstaat erfolgt mit Hilfe einer Ergänzungsrechnung. Die Überführung von Wirtschaftsgütern wird zu Buchwerten verrechnet. Diese Technik hat den Vorteil, dass der handelsrechtliche Jahresabschluss des Unternehmens relativ einfach aus dem Rechnungswesen erstellt werden kann. Sie ist allerdings nur anwendbar, wenn der Betriebsstättenstaat eine abgeleitete Rechnungslegung zulässt. Eine andere, die genannten rechtssystematischen Bedenken vermeidende Methode geht vom Einheitssystem aus und erfasst zunächst in der Grundbuchung den Erfolgsanteil des übertragenden Unternehmensteils ebenso wenig, wie sie beim empfangenden Teil den Fremdvergleichspreis berücksichtigt. Vielmehr werden die unrealisierten Erfolgsbeiträge aus der Übertragung beim übertragenden Stammhaus in einem gesonderten passiven Ausgleichsposten im Rahmen einer steuerlichen Ergänzungsbilanz festgehalten, während bei der empfangenden Betriebsstätte das übertragene Wirtschaftsgut zunächst mit dem Buchwert eingebucht und zusätzlich in Höhe des nicht realisierten Übertragungserfolges ein aktiver Posten im Rahmen der steuerlichen Ergänzungsbilanz eingestellt wird. Für das o. g. Beispiel ist dies nachfolgend dargestellt. Die aktiven und passiven Ausgleichsposten stellen Merkposten im Rahmen einer integrierten steuerlichen Ergänzungsbilanz (EB) dar.

Stammhaus

Anlagenkonto			Verrechnungskonto		
AB	100	(1) 100	(1)	100	

Pass. Ausgleichsposten (EB)			Erträge aus d. Aufl. d. pass. AP (EB)			Verrechnungskonto (EB)		
(3)	10	(1a) 50			(3) 10	(1a)	50	

Betriebsstätte

Anlagenkonto				Abschreibungen auf Anlagenkonto		Verrechnungskonto	
(1)	100	(2)	20	(2) 20			(1) 100

Akt. Ausgleichsposten (EB)				Abschreibungen auf Ausgleichsposten (EB)		Verrechnungskonto (EB)	
(1a)	50	(3)	10	(3) 10			(1a) 50

Gesamtunternehmen

Anlagekonto				Abschreibungen auf Anlagenkonto		Verrechnungskonto	
AB	100	(2)	20	(2) 20		(1) 100	(1) 100

Ausgleichsposten (EB)				Abschreibungen auf Ausgleichsposten (EB)		Verrechnungskonto (EB)	
(1a)	50	(1a)	50	(3) 10	(3) 10	(1a) 50	(1a) 50

c) Beurteilung

Beide Buchungssysteme kommen zum gleichen materiellen Ergebnis. Allerdings ist das Einheitssystem mit wesentlich höherem Buchungsaufwand verbunden. Das Trennungssystem hat insbesondere aus rechtssystematischer Sicht Kritik erfahren[68], und zwar aufgrund des Umstandes, dass auch im Rahmen der Ausgleichspostenmethode zunächst das überführte Wirtschaftsgut in der Bilanz des Unternehmens mit dem durch keinen Marktvorgang realisierten Überführungswert angesetzt wird. Dies wird als nicht vereinbar mit den Grundsätzen ordnungsmäßiger Buchführung und Bilanzierung angesehen, woran auch die erfolgsmäßige Neutralisierung durch einen Ausgleichsposten nichts ändert. Gleichwohl hat sich der Gesetzgeber in § 4g EStG für das letztere entschieden.

2. Umlaufvermögen

Beim Umlaufvermögen ist die aufgeschobene Gewinnverwirklichung nur für Überführungen bis einschließlich des VZ 2006 möglich. In der Regel ist eine Vielzahl von Innentransaktionen während des Geschäftsjahres zu erfassen. Dies gilt insbesondere bei Unternehmen, die den Vertrieb und die Produktion funktional getrennt haben. Da hier eine Einzelbewertung der Bestände am Jahresende regelmäßig nicht möglich ist, sind auch im Rahmen der aufgeschobenen Gewinnverwirklichung bestimmte **Verbrauchsfolgen** zu unterstellen. Dabei kommen als gebräuchlichste die Durchschnittsmethode, die Lifo- und die Fifo-Methode in Betracht. Je nachdem, welche dieser Methoden angewandt wird, beeinflusst dies die Erfolgsabgrenzung zwischen Stammhaus und Betriebsstätte.

Wird nicht der im Zeitpunkt der Überführung, sondern der im es im Zeitpunkt des tatsächlichen Verkaufs herrschenden Fremdvergleichspreis[69] zugrunde gelegt, lässt sich zeigen, dass der Betriebsstättengewinn von der gewählten Verbrauchsfolge unabhängig ist. Dies bedeutet, dass hier das inländische Stammhaus das Preis- und das **Währungsrisiko** in voller Höhe trägt. Die

---

[68] Vgl. *Wassermeyer* a. a. O. (oben Fn. 9), Art. 7 Rn. 252; *Kempka* a. a. O. (oben Fn. 9), S. 120 ff. m. w. H.
[69] Vgl. oben S. 82 f.

Betriebsstätte wird davon freigestellt, was sich ggf. bei der Bemessung der angemessenen Handelsmarge niederschlagen muss[70].

Ab dem VZ 2006 spielt die aufgeschobene Gewinnverwirklichung für das Umlaufvermögen keine Rolle mehr. Unklar ist allerdings, wie ein ggf. vorhandener Ausgleichsposten aus einer Vorperiode ab 2006 zu behandeln ist.

3. Anlagevermögen

Werden Wirtschaftsgüter des Anlagevermögens überführt, so ist aus praktischen Gründen[71] der im Zeitpunkt der Überführung festgestellte Fremdvergleichspreis zugrunde zu legen. Da Anlagegüter regelmäßig nicht zur Veräußerung durch die empfangende Betriebsstätte bestimmt sind, sondern im Rahmen ihres Produktionsprozesses eingesetzt werden, ist die Realisation des Überführungsgewinns **zeitkongruent** mit den Abschreibungen vorzunehmen, d. h. der in der übertragenden Einheit gebildete passive Ausgleichsposten ist entsprechend der für das Wirtschaftsgut gewählten Abschreibungsmethode aufzulösen.

Beispiel:
Eine am 1. 1. 2006 zum Preis von 1 000 T€ angeschaffte Maschine mit einer betriebsgewöhnlichen Nutzungsdauer von 10 Jahren wird am 1. 1. 2011 an die ausländische Betriebsstätte überführt. Der marktübliche Fremdvergleichspreis beträgt im Zeitpunkt der Überführung 700 T€. Die Gesamtnutzungsdauer bleibt weiterhin 10 Jahre, so dass von einer Restnutzungsdauer von 6,5 Jahren ab Übertragung auszugehen ist. Die Abschreibung erfolgt linear.

Der Überführungsgewinn i. H. v. 100 T€ im Zeitpunkt der Überführung des Anlageguts wird in den Folgejahren während der Nutzung durch die Betriebsstätte im Stammhaus ratierlich "realisiert" und versteuert. In der Betriebsstätte wird ein entsprechend höherer Abschreibungsaufwand verrechnet[72], so dass aus Sicht des Gesamtunternehmens zu keinem Zeitpunkt ein nichtrealisierter Gewinn ausgewiesen wird.

Datum	Gesamt-Unternehmen		Stammhaus						Betriebsstätte	
			Maschine		Ausgleichsposten		Gesamt		Maschine	
	Bilanz	GuV	AK	Abschreibung	Bilanz	Auflösung	Bilanz	GuV	AK	Abschreibung
1. 1. 2006	1 000,0		1 000,0				1 000,0			
31. 12. 2006	900,0	−100,0	900,0	−100,0			900,0	−100,0		
31. 12. 2007	800,0	−100,0	800,0	−100,0			800,0	−100,0		
31. 12. 2008	700,0	−100,0	700,0	−100,0			700,0	−100,0		
31. 12. 2009	600,0	−100,0	600,0	−100,0			600,0	−100,0		
31. 12. 2010	500,0	−100,0	500,0	−100,0			500,0	−100,0		
31. 12. 2011	400,0	−100,0			−160,0	40,0	−160,0	40,0	560,0	−140,0
31. 12. 2012	300,0	−100,0			−120,0	40,0	−120,0	40,0	420,0	−140,0
31. 12. 2013	200,0	−100,0			−80,0	40,0	−80,0	40,0	280,0	−140,0
31. 12. 2014	100,0	−100,0			−40,0	40,0	−40,0	40,0	140,0	−140,0
31. 12. 2015	0	−100,0			0	40,0		40,0	0	−140,0
Summe		−1 000,0		−500,0		200,0		−300,0		−700,0

---

[70] Vgl. oben S. 83.

[71] Vgl. oben S. 84.

[72] Diese Feststellung bezieht sich allerdings nur auf die Gewinnermittlung nach deutschem Recht. Unabhängig davon ist die Gewinnermittlung für die Betriebsstätte nach dem Recht des Betriebsstättestaates. Sie kann nach Abschreibungsmethode, Nutzungsdauer und ggf. Wertbasis von der inländischen abweichen.

Wird zu einem späteren Zeitpunkt das Wirtschaftsgut von der Betriebsstätte **weiterveräußert**, so ist nach § 4g Abs. 2 Satz 2 EStG beim Stammhaus der Ausgleichsposten sofort in voller verbliebener Höhe erfolgswirksam aufzulösen, da nunmehr der Erfolg am Markt realisiert worden ist. Liegt der Veräußerungserlös über dem bei der Betriebsstätte vorhandenen Buchwert einschließlich eines evtl. aktiven Ausgleichspostens, so wird der überschießende Veräußerungsgewinn der Betriebsstätte zugeordnet. Umgekehrt gilt dies entsprechend, wenn der Veräußerungserlös den Buchwert zuzüglich Ausgleichsposten nicht deckt: In diesem Fall erzielt die veräußernde Betriebsstätte einen Veräußerungsverlust, während das Stammhaus einen Gewinn aus der Auflösung des passiven Ausgleichspostens ausweist. Entsprechendes gilt nach § 4g EStG auch für den Fall, dass das Wirtschaftsgut in der Betriebsstätte untergeht.

Wird das Wirtschaftsgut zu einem späteren Zeitpunkt wieder in das inländische Stammhaus **zurückgeführt**, so ist nach § 4g Abs. 3 EStG der ggf. noch vorhandene Ausgleichsposten erfolgsneutral aufzulösen und das Wirtschaftsgut mit seine fortgeführten Anschaffungs- bzw. Herstellungskosten, erhöht um ggf. gewinnerhöhend berücksichtigte Auflösungsbeträge anzusetzen ist. Die Obergrenze liegt beim gemeinen Wert des Wirtschaftsguts.[73]

II. Steuergestalterische Gesichtspunkte

1. Gestaltungsspielräume

Gegenüber der bisherigen Rechtslage ist der Gestaltungsspielraum durch das SEStEG wesentlich eingeschränkt. So ist grundsätzlich im Zeitpunkt der Überführung der gemeine Wert anzusetzen. Der Aufschub der Gewinnrealisierung ist nach § 4g EStG wie bisher nur zulässig für **unbeschränkt Steuerpflichtige**. Im Unterschied zu den Betriebsstätten-Verwaltungsgrundsätzen ist der Aufschub auf Wirtschaftsgüter des **Anlagevermögens** beschränkt und die Überführung darf nur in eine in der **EU belegene Betriebsstätte** erfolgen. Der Aufschub kann wie bisher für jedes Wirtschaftsjahr nur **einheitlich** für alle Wirtschaftsgüter beantragt werden. Der Ausgleichsposten ist sodann über einen Zeitraum von 5, anstatt wie bisher 10 Jahren planmäßig aufzulösen. Er ist jedoch dann vorzeitig aufzulösen, wenn das Wirtschaftsgut aus dem Betriebsvermögen, d. h. aus der Betriebsstätte ausscheidet, oder wenn es von einer EU-Betriebsstätte in eine Drittlandsbetriebsstätte überführt wird, oder wenn eine Betriebsstätte insgesamt verlegt wird oder die unbeschränkte Steuerpflicht endet. Ist der Aufschub für ein bestimmtes Wirtschaftsgut ausgeübt worden, dann bleibt die gewählte steuerliche Behandlung auch für die Folgejahre für dieses Wirtschaftsgut maßgeblich.

Bei der Entscheidung für bzw. gegen die Methode der aufgeschobenen Gewinnverwirklichung sind die möglichen steuerlichen Vorteile gegen den zusätzlichen administrativen Aufwand abzuwägen. Die steuerlichen Vorteile dieser Methode liegen einmal in einem **Zinseffekt** aufgrund des zeitlich hinausgezögerten Steueraufwands und zum anderen in einem möglichen **Steuersatzeffekt**, wenn es dadurch gelingt, die steuerpflichtigen Einkünfte im Zeitablauf zu nivellieren. Dabei steht regelmäßig der Zinseffekt im Rahmen des Anlagevermögens im Vordergrund, während beim Umlaufvermögen mit kurzfristig wirkenden Gewinnverschiebungen in erster Linie der Steuersatz beeinflusst werden kann.

2. Zinseffekt

Der Zinseffekt bemisst sich nach dem Barwert aller durch die Aufschiebung der Besteuerung ersparten künftigen Zinsen. In dem oben wiedergegebenen Beispiel beträgt der Vorteil der auf-

---

[73] Vgl. hierzu im einzelnen Kessler/Winterhalter/Huck, DStR 2007, 133; Beneke/Schnitger, IStR 2007, 22; Hoffmann, DB 2007, 652 sowie Kolbe in Herrmann/Heuer/Raupach, EStG, § 4g Anm. J 06-9 ff.

geschobenen Gewinnverwirklichung bei einem Kalkulationszinssatz von 9 % und einem Steuersatz von 40 % 11,1 GE oder 15,1 % der alternativ sofort anfallenden Steuer: Der Barwert der künftigen Steuerzahlungen beträgt 62,3 T€ gegenüber dem Barwert ohne aufgeschobene Gewinnverwirklichung i. H. v. 73,4 GE[74].

	Ausgleichs-posten	Auflösung	Steuer	Monate	Zinssatz	Barwert
1. Barwert der Steuerzahlungen bei aufgeschobener Gewinnverwirklichung						
1.1.2011	− 200,0					
31. 12. 2011	− 160,0	40,0	16,0	12	9 %	14,7
31. 12. 2012	− 120,0	40,0	16,0	24	9 %	13,5
31. 12. 2013	− 80,0	40,0	16,0	36	9 %	12,4
31. 12. 2014	− 40,0	40,0	16,0	48	9 %	11,3
31. 12. 2015	0	40,0	16,0	60	9 %	10,4
Summe		200,0	80,0			62,3
2. Barwert der Steuerzahlung bei sofortiger Gewinnverwirklichung						
1. 7. 2000	-200,0					
31. 12. 2000	0,0	200,0	80,0	12	9 %	73,4
3. Barwertdifferenz						11,1

Beim Umlaufvermögen verschiebt sich der Steueraufwand hinsichtlich des Ausgleichspostens i. d. R. nur um ein Jahr[75]; dies bedeutet einen Vorteil der aufgeschobenen Gewinnverwirklichung von ca. 8,3 % der auf den Ausgleichsposten entfallenden Steuern.

3. Steuersatzeffekt

Der positive Zinseffekt kann je nach Lage von negativen Steuersatzeffekten überlagert oder durch positive verstärkt werden. Deshalb kann eine Entscheidung für die sofortige Besteuerung des Überführungsgewinns dann angezeigt sein, wenn dadurch einerseits der Steuersatz im Zeitablauf nivelliert werden kann und andererseits ggf. ein Steuersatz erreicht wird, der es erlaubt, anfallende ausländische Steuern in größerem Umfang anzurechnen, als es bei aufgeschobener Gewinnverwirklichung möglich gewesen wäre.

Beispiel:
Ein Einzelunternehmer mit einer ausländischen Betriebsstätte rechnet für das Jahr 01 mit einer inländischen durchschnittlichen Steuerbelastung von 50 % bei einem zu versteuernden Einkommen von 1,5 Mio. €. Aufgrund absehbarer negativer Einflüsse gehen die Planungen für das Jahr 02 von einem zu versteuernden Einkommen von null und dementsprechend von einer Steuerbelastung von 0 % aus. Gleichzeitig bezieht der Unternehmer andere ausländische Einkünfte, die im Inland der Steueranrechnung unterliegen. Die ausländische Steuerbelastung hierauf betrage 45 %.

Gelingt es ihm durch die Wahl der aufgeschobenen Gewinnverwirklichung für das Anlagevermögen seinen Gewinn i. H. v. 750 T€ vom Jahr 01 auf das Jahr 02 zu verlagern, so sinkt seine gesamte Steuerbelastung für beide Jahre um ca. 47 T€ oder 6,2 %. Gleichzeitig wird durch die Verschiebung des Gewinns erreicht, dass sowohl im Jahr 01 als auch 02 ggf. ausländische Steuern bis zur Höhe von ca. 47.4 % angerechnet werden können. Bei sofortiger Gewinnverwirklichung würde die Steueranrechnung im Jahr 02 mangels entsprechender steuerpflichtiger Einkünfte leer laufen.

---

[74] Bei der Berechnung wurden zusätzliche Zeitverzögerungen bis zur Erklärung und Festsetzung der Steuer nicht berücksichtigt.

[75] Die Länge der zeitlichen Verschiebung ist abhängig von der Umschlagshäufigkeit der Vorräte.

Ggf. können durch die Wahl der Methode auch zeitliche Unterschiede in der steuerlichen Gewinnermittlung zwischen dem Inland und dem Betriebsstättenstaat ausgeglichen werden, was insbesondere wegen des fehlenden Vor- bzw. Rücktrags von Anrechnungsüberhängen in Deutschland von Bedeutung sein kann.

4. Kosten der Durchführung

Buchhaltungssysteme zur aufgeschobenen Gewinnverwirklichung sind äußerst komplex, wie bereits die oben dargestellten, stark vereinfachten Beispiele gezeigt haben, und erfordern deshalb einen erheblichen Aufwand sowohl hinsichtlich ihrer Einrichtung als auch ihrer laufenden Durchführung. Insbesondere muss berücksichtigt werden, dass durch die Komplexität des Rechenwerks und die zusätzlich erforderlichen Buchungen im Rahmen der Ergänzungsrechnungen eine erhebliche Gefahr von Fehlbuchungen besteht. Deshalb stellt die Methode der aufgeschobenen Gewinnverwirklichung erhöhte Anforderungen an die Mitarbeiter in der Buchhaltung und deren Auswahl. Bei der Beurteilung der Vorteilhaftigkeit sind diese Kosten entsprechend zu berücksichtigen.

4. Steuerliche zweckmäßige Ausübung des Wahlrechts (Anrechnung, Abzug, Pauschalierung) zur Vermeidung der internationalen Doppelbesteuerung bei Gewinnen aus einer ausländischen Betriebsstätte

von Professor Dr. Wolfram Scheffler, Friedrich-Alexander-Universität Erlangen-Nürnberg[*]

Inhaltsübersicht

A. Anwendungsbereich des Wahlrechts
B. Auswirkungen der Maßnahmen zur Vermeidung einer internationalen Doppelbesteuerung
   I. Anrechnungsmethode
   II. Abzugsmethode
   III. Pauschalierungsmethode
C. Empfehlungen zur Ausübung des Wahlrechts für Kapitalgesellschaften
D. Empfehlungen zur Ausübung des Wahlrechts für natürliche Personen

   I. Vergleich zwischen Anrechnungsmethode und Abzugsmethode
   II. Vergleich zwischen Anrechnungsmethode und Pauschalierungsmethode
   III. Vergleich zwischen Abzugsmethode und Pauschalierungsmethode
   IV. Konsequenzen für die Steuerplanung
E. Zusammenfassung in Thesenform
Anhang: Variablenverzeichnis

Literatur:

Breithecker, Einführung in die Internationale Betriebswirtschaftliche Steuerlehre, 2. Aufl., Berlin 2002; *Commandeur*, Berücksichtigung ausländischer Steuern im deutschen Einkommen- und Körperschaftsteuerrecht, Diss. Bochum 1983; *Haberstock*, Zur optimalen Ausübung der Wahlrechte nach § 26 Abs. 1 und Abs. 6 KStG zur Vermeidung der Doppelbesteuerung ausländischer Einkünfte, in: Lück/Trommsdorff (Hrsg.), Internationalisierung der Unternehmung als Problem der Betriebswirtschaftslehre, Berlin 1982, S. 563 ff.; *Hasebrock*, Ausländische Betriebsstättengewinne von Kapitalgesellschaften – Steueranrechnung oder Pauschalierung, DB 1988, 1626 ff.; *Hundt*, Änderungen des Außensteuerrechts durch das Gesetz zur Änderung des EStG, des KStG und anderer Gesetze – und Behebung der Doppelbesteuerung in anderen Industriestaaten –, DB 1980, Beilage 17; *Jacobs*, Internationale Unternehmensbesteuerung, 6. Aufl., München 2007; *Krabbe*, Berücksichtigung ausländischer Steuern vom Einkommen bei der deutschen Besteuerung, BB 1980, 1146 ff.; *Kußmaul/Beckmann*, Methoden zur Vermeidung einer möglichen Doppelbesteuerung im Rahmen des Einkommensteuergesetzes, StuB 2000, 706 ff.; *Kußmaul/Beckmann*, Anrechnung oder Abzug ausländischer Steuern – Vorteilhaftigkeitsanalyse und Entscheidungshilfe –, StuB 2000, 1188 ff.; *Michels*, Anrechnung, Abzug oder Pauschalierung ausländischer Steuern – Eine Analyse der Entscheidungsalternativen nach der Änderung des § 34c EStG –, DB 1981, 22 ff.; *Reichert*, Anrechnung, Abzug oder Pauschalierung ausländischer Steuern? – Entscheidungsregeln für die Ausübung des Wahlrechts gem. § 34c EStG –, DB 1997, 131 ff.; *Richter*, Anrechnung oder Abzug der ausländischen Steuer – Ermittlung kritischer Werte zu § 34c Abs. 1, 2 EStG, BB 1999, 613 ff.; *Scheffler*, Zur Ausübung des Wahlrechts nach § 34c EStG, RIW 1985, 641 ff.; *ders.*, Betriebswirtschaftliche Analyse des Wahlrechts zwischen Anrechnung und Abzug ausländischer Steuern nach dem Steueränderungsgesetz 1992, DB 1993, 845 ff.; *ders.*, Internationale betriebswirtschaftliche Steuerlehre, 3. Aufl., München 2009.

A. Anwendungsbereich des Wahlrechts

Die Einkünfte, die ein inländischer Steuerpflichtiger aus einer im Ausland belegenen Betriebsstätte erzielt, unterliegen sowohl im Inland als auch im Ausland der Besteuerung. Im Inland wer-

---

[*] Der Verfasser ist Inhaber des Lehrstuhls für Betriebswirtschaftslehre, insbesondere Steuerlehre, an der Friedrich-Alexander-Universität Erlangen-Nürnberg.

den die Einkünfte aus der ausländischen Betriebsstätte im Rahmen der unbeschränkten Steuerpflicht der Besteuerung unterworfen. Im Ausland ist der inländische Steuerpflichtige mit seinen in diesem Staat über die Betriebsstätte erwirtschafteten Einkünften beschränkt steuerpflichtig. Die aus dem Nebeneinander von unbeschränkter Steuerpflicht im Inland und beschränkter Steuerpflicht im Ausland resultierende internationale Doppelbesteuerung wird auf unterschiedlichen Wegen vermieden:

- Besteht zwischen der Bundesrepublik Deutschland und dem Staat, in dem sich die ausländische Betriebsstätte befindet, ein **Doppelbesteuerungsabkommen** (DBA), kommt für die Betriebsstätteneinkünfte regelmäßig die Freistellungsmethode zur Anwendung. Das Besteuerungsrecht für die Einkünfte aus einer im Ausland belegenen Betriebsstätte wird dem Quellenstaat zugewiesen (Art. 7 Abs. 1 OECD-MA). Im Inland werden die Gewinne der ausländischen Betriebsstätte von der Besteuerung ausgenommen. Bei einkommensteuerpflichtigen Personen werden sie jedoch bei der Berechnung des Steuersatzes mit berücksichtigt (Freistellung mit Progressionsvorbehalt, Art. 23A OECD-MA, § 32b Abs. 1 Satz 1 Nr. 3 EStG).[1] Die Freistellung gilt sowohl für die Einkommen- bzw. Körperschaftsteuer als auch für die Gewerbesteuer. Die in dem DBA vorgesehene Freistellung schließt die anderen Maßnahmen zur Vermeidung einer internationalen Doppelbesteuerung aus. Bei positiven Betriebsstätteneinkünften bestehen deshalb für den inländischen Steuerpflichtigen insoweit keine Ansatzpunkte für die Steuerplanung.[2]

- Hat die Bundesrepublik mit dem Betriebsstättenstaat **kein DBA** abgeschlossen, werden im Regelfall die im Ausland auf die Betriebsstättengewinne erhobenen Ertragsteuern im Inland auf die Einkommen- bzw. Körperschaftsteuer angerechnet (§ 34c Abs. 1 EStG, § 26 Abs. 1 KStG). Alternativ zur Anrechnungsmethode kann sich der Steuerpflichtige für die Abzugsmethode entscheiden. Bei der Abzugsmethode wird die Auslandssteuer bei Ermittlung der Einkünfte abgezogen (§ 34c Abs. 2 EStG, § 26 Abs. 6 Satz 1 KStG). Für natürliche Personen steht mit der Pauschalierungsmethode eine weitere Alternative zur Wahl. Bei der Pauschalierungsmethode wird die auf die Gewinne der ausländischen Betriebsstätte entfallende inländische Einkommensteuer pauschal auf 25 % festgesetzt (§ 34c Abs. 5 EStG i. V. m. dem Pauschalierungserlass).[3] Da der im Pauschalierungserlass vorgesehene pauschale Steuersatz mit 25 % höher ist als der „reguläre" Körperschaftsteuersatz von 15 % (§ 23 Abs. 1 KStG), wurde der Pauschalierungserlass zwischenzeitlich für die Körperschaftsteuer aufgehoben.[4]

---

[1] Zur deutschen Abkommenspraxis s. *Gosch/Kroppen/Grotherr*, DBA-Kommentar, Anhang I zu Art. 7 OECD-MA; *Vogel/Lehner*, Doppelbesteuerungsabkommen, Art. 7 OECD-MA, Rn. 48. Bei einer in einem Drittstaat belegenen gewerblichen Betriebsstätte kommt der Progressionsvorbehalt nur bei aktiv Geschäftstätigkeit zur Anwendung (§ 32b Abs. 1 Satz 2 Nr. 2 EStG).

[2] Die Freistellung gilt grundsätzlich auch für Verluste aus einer ausländischen Betriebsstätte (RFH v. 25. 1. 1933 IV A 199/32 RStBl 1933 478; BFH v. 13. 2. 1991 I R 3/91 BStBl 1992 II 345). Zu einen Ausnahme von dieser Grundsatzregel aufgrund der im Europäischen Binnenmarkt zu beachtenden Niederlassungsfreiheit s. insbesondere EuGH v. 15. 5. 2008 Rs. C-414/06 *(Lidl Belgium)*, HFR 2008, 772 (Übertragung der für Tochterkapitalgesellschaften geltende Grundsätze auf Betriebsstätten) sowie EuGH v. 6. 11. 2007 Rs. C-415/06 *(Stahlwerk Ergste Westig)*, EuGHE 2007 I 151 (Begrenzung auf EU-Betriebsstätten). Zur grenzüberschreitenden Verlustverrechnung innerhalb der EU s. grundlegend EuGH v. 13. 12. 2005 Rs. C-446/03 *(Marks & Spencer)*, EuGHE 2005 I 10837 (Verluste einer ausländischen Tochterkapitalgesellschaft).

[3] Vgl. BMF-Schreiben v. 10. 4. 1984, IV C 6 – S 2293 – 11/84, BStBl 1984 I 252.

[4] Vgl. BMF-Schreiben v. 24. 11. 2003, IV B 4 – S 2293 – 46/03, BStBl 2003 I, 747. Der im Jahr 2003 geltende Körperschaftsteuersatz von 25% war mit dem pauschalen Steuersatz identisch.

Die **Zielsetzung dieses Beitrags** besteht darin, Anhaltspunkte vorzustellen, in welcher Weise das Wahlrecht auszuüben ist, das bei positiven Einkünften aus einer in einem Nicht-DBA-Staat belegenen Betriebsstätte im Rahmen der inländischen Besteuerung besteht.[5] Im Mittelpunkt stehen die finanziellen Auswirkungen der drei Methoden zur Vermeidung einer internationalen Doppelbesteuerung (Anrechnung, Abzug und bei natürlichen Personen zusätzlich Pauschalierung) auf die inländische Steuerbelastung. Eine ausführliche Darstellung der Voraussetzungen für das Wahlrecht und deren Beurteilung aus steuersystematischer Sicht unterbleiben.[6] Vereinfachend wird davon ausgegangen, dass das inländische Unternehmen sowohl im Betriebsstättenstaat als auch im Inland Gewinne erzielt.

Zur Erreichung dieser Zielsetzung wird folgende **Vorgehensweise** gewählt: Im Abschnitt B. werden die Auswirkungen der Anrechnungs-, Abzugs- und Pauschalierungsmethode auf die Höhe der im Inland anfallenden Ertragsteuern mit Hilfe von Formeln quantifiziert. Aufgrund der unterschiedlichen Tarifstruktur im Bereich der Einkommen- und Körperschaftsteuer ist für die Empfehlungen zur Ausübung des Wahlrechts zwischen den Methoden zur Vermeidung einer internationalen Doppelbesteuerung danach zu differenzieren, ob das inländische Unternehmen als Kapitalgesellschaft geführt wird (Abschnitt C.) oder ob es sich um ein Einzelunternehmen bzw. um eine Personengesellschaft handelt (Abschnitt D.). Eine thesenförmige Zusammenfassung beschließt diesen Beitrag (Abschnitt E.).

Die Untersuchung konzentriert sich auf die Einkommen- bzw. Körperschaftsteuer. Die Gewerbesteuer kann unberücksichtigt bleiben, da der auf die ausländische Betriebsstätte entfallende Teil des Gewerbeertrags im Inland nicht in die gewerbesteuerliche Bemessungsgrundlage eingeht (§ 2 Abs. 1 Satz 1, § 9 Nr. 3 Satz 1 GewStG). Da die Gewinne der ausländischen Betriebsstätte in den Gewerbeertrag nicht eingehen, scheidet insoweit die Steuerermäßigung nach § 35 EStG aus. Die möglicherweise auftretenden Rückwirkungen der Maßnahmen zur Vermeidung einer internationalen Doppelbesteuerung auf den Höchstbetrag der Steuerermäßigung nach § 35 EStG werden nicht betrachtet, vielmehr wird davon ausgegangen, dass unabhängig von der Wahlrechtsausübung sich keine der Begrenzungen des § 35 EStG auswirkt. Die Kirchensteuer und der Solidaritätszuschlag werden nicht einbezogen, da diese beiden Zuschlagsteuern an die festzusetzende Einkommen- bzw. Körperschaftsteuer anknüpfen und deshalb die Vorteilhaftigkeitsreihenfolge grds. nicht verändern.

---

[5] S. hierzu auch *Breithecker*, Einführung in die Internationale Betriebswirtschaftliche Steuerlehre, S. 151 ff.; *Commandeur*, Berücksichtigung ausländischer Steuern im deutschen ESt- und KSt-Recht, S. 22 ff., 108 ff.; *Haberstock*, Zur optimalen Ausübung der Wahlrechte nach § 26 Abs. 1 und Abs. 6 KStG (a. a. O.), S. 563 ff.; *Jacobs*, Internationale Unternehmensbesteuerung, S. 56 ff.; *Kühne*, Steuerbelastungsfaktoren bei der nationalen und internationalen Konzernfinanzierung, S. 176 ff.; *Kußmaul/Beckmann*, StuB 2000, 1188 ff.; *Lornsen*, Unilaterale Maßnahmen der BR Deutschland zur Ausschaltung der internationalen Doppelbesteuerung bei der ESt und KSt, S. 169 ff., 232 ff.; *Michels*, DB 1981, 22 ff.; *Reichert*, DB 1997, 131 ff.; *Richter*, BB 1999, 613 ff.; *Scheffler*, RIW 1985, 641 ff.; *ders.*, DB 1993, 845 ff.; *ders.*, Internationale betriebswirtschaftliche Steuerlehre, S. 68 ff.; *Widdau*, Die Quantifizierung der Steuerbelastung im internationalen Bereich, S. 57 ff.

[6] S. hierzu z. B. *Blümich*, Komm. z. EStG/KStG/GewStG, § 34c EStG, § 26 KStG; *Flick/Wassermeyer/Baumhoff*, Komm. z. AStG, § 34c EStG, § 26 KStG; *Grotherr/Herfort/Strunk*, Internationales Steuerrecht, S. 81 ff., 173 ff.; *Herrmann/Heuer/Raupach*, Einkommensteuer- und Körperschaftsteuergesetz, § 34c EStG, § 26 KStG; *Jacobs* a. a. O. (oben Fn. 6), S. 39 ff.; *Kußmaul/Beckmann*, StuB 2000, 706 ff. Zu einer graphischen Darstellung der Wirkungsweise der unterschiedlichen Methoden s. *Breithecker/Klapdor*, Optische Steuerlehre, S. 23 ff.

B. Auswirkungen der Maßnahmen zur Vermeidung einer internationalen Doppelbesteuerung

I. Anrechnungsmethode

Bei der Anrechnungsmethode wird zur Berechnung der einkommen- bzw. körperschaftsteuerpflichtigen Bemessungsgrundlage vom Welteinkommen des Steuerpflichtigen ausgegangen, d. h. von der Summe der im Inland und Ausland erzielten Einkünfte. Zur Vermeidung einer internationalen Doppelbesteuerung wird die im Ausland auf die Betriebsstätteneinkünfte entrichtete Steuer im Inland von der tariflichen Einkommen- bzw. Körperschaftsteuer abgezogen. Die inländische Steuer mindert sich jedoch höchstens um den Betrag, der anteilig auf die ausländischen Einkünfte entfällt. Der den Anrechnungshöchstbetrag übersteigende Teil der Auslandssteuer bleibt im Inland unberücksichtigt (§ 34c Abs. 1 EStG, § 26 Abs. 1 KStG).[7]

Bei der **Körperschaftsteuer** errechnet sich der Anrechnungshöchstbetrag aus der Tarifbelastung (§ 26 Abs. 1, Abs. 6 Satz 2 KStG). Da der inländische Körperschaftsteuersatz unabhängig von der Höhe der Bemessungsgrundlage ist (§ 23 Abs. 1 KStG), beläuft sich bei Gewinnen aus einer ausländischen Betriebsstätte der Anrechnungshöchstbetrag auf: $kst * BA$. Der auf die Betriebsstättengewinne entfallende Steuerbetrag setzt sich bei Kapitalgesellschaften wie folgt zusammen:[8]

▶ Fall 1 (kein Anrechnungsüberhang): $s_A \leq kst$

St_{BA} = $s_A * BA$ + $kst * BA - s_A * BA$ = $kst * BA$ = $0{,}25 * BA$
     Ausland + Inland   = Gesamtbelastung

▶ Fall 2 (Anrechnungsüberhang): $s_A > kst$

St_{BA} = $s_A * BA$ + $kst * BA - kst * BA$ = $s_A * BA$
     Ausland + Inland   = Gesamtbelastung

Bei der **Einkommensteuer** ist die Anrechnung der Auslandssteuer auf das Produkt $est_\varnothing * BA$ begrenzt. Den inländischen Durchschnittssteuersatz erhält man dadurch, dass man die inländische Einkommensteuer durch die Summe der Einkünfte dividiert (§ 34c Abs. 1 Satz 2 EStG). Die Einkommensteuer, die von den Gewinnen der ausländischen Betriebsstätte im Inland (zusätzlich) ausgelöst wird, ergibt sich aus dem Differenzsteuersatz. Die Gesamtsteuerbelastung für die über eine im Ausland belegene Betriebsstätte erzielten Gewinne bestimmt sich bei natürlichen Personen damit nach folgenden Gleichungen:

▶ Fall 1 (kein Anrechnungsüberhang): $s_A \leq est\Delta$

St_{BA} = $s_A * BA$ + $\Delta est_{BA} * BA - s_A * BA$ = $\Delta est_{BA} * BA$
     Ausland + Inland   = Gesamtbelastung

---

[7] Die Anrechnung der ausländischen Einkommen- oder Körperschaftsteuer hat keinen Einfluss auf die Bemessungsgrundlage der Gewerbesteuer, da die Anrechnungsmethode eine Steuerermäßigung darstellt, die am Steuerbetrag ansetzt und nicht an der Ausgangsgröße zur Ermittlung des Gewerbeertrags, den Einkünften aus Gewerbebetrieb.

[8] Bei der Aufstellung der Belastungsformeln wird vereinfachend die im Ausland gezahlte Steuer auf die nach inländischem Steuerrecht ermittelten Betriebsstättengewinne bezogen. Der nominelle Auslandssteuersatz kann deshalb nur dann unmittelbar übernommen werden, wenn die Betriebsstättengewinne nach den inländischen und ausländischen Gewinnermittlungsregeln in gleicher Höhe ausgewiesen werden.

▶ Fall 2 (Anrechnungsüberhang): $s_A > est_\emptyset$

St_{BA} = $s_A * BA$ + $\Delta est_{BA} * BA - est_\emptyset * BA$ = $(s_A + \Delta est_{BA} - est_\emptyset) * BA$
       Ausland + Inland = Gesamtbelastung

II. Abzugsmethode

Bei der Abzugsmethode gehen die über die ausländische Betriebsstätte erzielten Gewinne – wie bei der Anrechnungsmethode – in die inländische Bemessungsgrundlage ein. Die im Ausland auf die Betriebsstättengewinne bezahlten Ertragsteuern mindern als Betriebsausgaben die Einkünfte aus Gewerbebetrieb (§ 34c Abs. 2 EStG, § 26 Abs. 6 Satz 1 KStG). Obwohl sich bei der Abzugsmethode die Einkünfte aus Gewerbebetrieb reduzieren, wirkt sich diese Maßnahme zur Vermeidung einer internationalen Doppelbesteuerung lediglich auf die einkommen- bzw. körperschaftsteuerpflichtige Bemessungsgrundlage aus. Da bei der Gewerbesteuer der auf die ausländische Betriebsstätte entfallende Anteil am Gewerbeertrag nicht in die gewerbesteuerpflichtige Bemessungsgrundlage eingeht (§ 2 Abs. 1 Satz 1, § 9 Nr. 3 Satz 1 GewStG), wird der im Bereich der Personensteuern vorgenommene Abzug der Auslandssteuer von den Einkünften aus Gewerbebetrieb bei Ermittlung des Gewerbeertrags des inländischen Stammhauses durch die Hinzurechnung nach § 8 Nr. 12 GewStG aufgehoben. Bei einer Zusammenfassung der im Ausland und im Inland erhobenen Ertragsteuern ergibt sich für **körperschaftsteuerpflichtige Unternehmen** folgende Gesamtsteuerbelastung:

St_{BA} = $s_A * BA + kst * (BA - s_A * BA)$ = $(s_A + kst - kst * s_A) * BA$
       Ausland + Inland   = Gesamtbelastung

Wird der Steuersatz, aus dem sich die durch den Abzug der ausländischen Steuer (= $s_A * BA$) ausgelöste Einkommensteuerminderung errechnet, mit Δest_{SA} bezeichnet, setzt sich bei der Abzugsmethode für **einkommensteuerpflichtige Steuerpflichtige** die Belastung für die ausländischen Betriebsstättengewinne aus folgenden Teilkomponenten zusammen:

St_{BA} = $s_A * BA + \Delta est_{BA} * BA - \Delta est_{SA} * s_A * BA$ = $(s_A + \Delta est_{BA} - \Delta est_{SA} * s_A) * BA$
       Ausland + Inland   = Gesamtbelastung

III. Pauschalierungsmethode

Bei der Pauschalierungsmethode werden die Gewinne, die eine natürliche Person über eine ausländische Betriebsstätte erzielt, im Inland pauschal mit 25 % besteuert. Die pauschal besteuerten Betriebsstätteneinkünfte bleiben bei der Berechnung des für die inländischen Einkünfte anzuwendenden Einkommensteuersatzes unberücksichtigt (Pauschalierung ohne Progressionsvorbehalt). Die im Ausland erhobenen Ertragsteuern können im Inland weder angerechnet noch von der Bemessungsgrundlage abgezogen werden (§ 34c Abs. 5 EStG i. V. m. dem Pauschalierungserlass, Tz. 8).[9] Durch den für alle Steuerpflichtigen einheitlichen Pauschalierungssatz bestimmt sich die Gesamtsteuerbelastung mit in- und ausländischer **Einkommensteuer** wie folgt:

St_{BA} = $s_A * BA + p * BA$ = $(s_A + 0{,}25) * BA$
       Ausland + Inland   = Gesamtbelastung

---

[9] Vgl. BMF-Schreiben v. 10. 4. 1984 a. a. O. (oben Fn. 4). Im Bereich der Körperschaftsteuer wird der Pauschalierungserlass nicht mehr angewandt.

C. Empfehlungen zur Ausübung des Wahlrechts für Kapitalgesellschaften

Bei der Ausübung des Wahlrechts zwischen den drei Methoden muss **nicht zwischen dem Thesaurierungsfall und dem Ausschüttungsfall differenziert** werden. Werden die Gewinne von der international tätigen Kapitalgesellschaft einbehalten, bezieht der Anteilseigner aufgrund des Trennungsprinzips keine steuerbaren Einkünfte. Bei Weiterausschüttung der über eine im Ausland belegenen Betriebsstätte erzielten Einkünfte ergeben sich innerhalb des geltenden Körperschaftsteuersystems keine Rückwirkungen auf die von der grenzüberschreitend tätigen Kapitalgesellschaft getroffene Entscheidung zwischen Anrechnung oder Abzug: (1) Auf Ebene der Kapitalgesellschaft sind bei einer (Weiter-)Ausschüttung der über eine ausländische Betriebsstätte erzielten Gewinne weder Körperschaftsteuererhöhungen noch Körperschaftsteuerminderungen zu verrechnen. (2) Die Besteuerung der Dividenden auf Seiten der Anteilseigner ist unabhängig von der körperschaftsteuerlichen Vorbelastung auf Ebene der ausschüttenden Kapitalgesellschaft. Bei natürlichen Personen unterliegen Gewinnausschüttungen einer Kapitalgesellschaft entweder der 25 %igen Abgeltungsteuer (§ 32d EStG) oder im Umfang von 60 % dem Normaltarif der Einkommensteuer (§ 3 Nr. 40 EStG). Bei juristischen Personen bleiben die Dividenden in vollem Umfang außer Ansatz (Dividendenfreistellung nach § 8b Abs. 1 KStG), allerdings gelten 5 % der Dividenden als nichtabziehbare Betriebsausgaben (§ 8b Abs. 5 KStG).[10] Die Wahlrechtsausübung durch die Kapitalgesellschaft beeinflusst die Höhe des ausschüttbaren Betrags. Für die Besteuerung auf Ebene des Anteilseigners wird an diese Dividende angeknüpft.

Liegen die Voraussetzungen einer (körperschaftsteuerlichen und gewerbesteuerlichen) **Organschaft** vor, werden die von der Kapitalgesellschaft (Organgesellschaft) im Ausland über eine Betriebsstätte erzielten Gewinne dem Anteilseigner (Organträger) zugerechnet und von diesem nach den bei ihm geltenden Verhältnissen besteuert. Für die Wahlrechtsausübung gelten **keine Besonderheiten**: (1) Ist der Organträger einkommensteuerpflichtig, sind die im nachfolgenden Abschnitt D. für natürliche Personen vorgestellten Empfehlungen heranzuziehen. (2) Ist der Organträger eine Kapitalgesellschaft, treten die in diesem Abschnitt abgeleiteten Effekte auf. Zwischen der unmittelbaren Ausübung der Geschäftstätigkeit im Ausland und der mittelbaren Ausübung über eine Organgesellschaft besteht aus steuerlicher Sicht kein Unterschied.

Die steuerplanerischen Analysen können sich auf die Effekte der Anrechnungs- und Abzugsmethode beschränken, da im Bereich der Körperschaftsteuer die Pauschalierungsmethode mit ihrem 25 %igen Sondersteuersatz nicht mehr relevant ist.[11] Aufgrund der Begrenzung der Anrechnung der Auslandssteuer auf die anteilig auf die Betriebsstättengewinne entfallende inländische Körperschaftsteuer ist beim Vergleich zwischen der Anrechnungsmethode und der Abzugsmethode eine Unterscheidung danach vorzunehmen, ob die ausländische Steuer in vollem Umfang angerechnet werden kann oder ob ein Anrechnungsüberhang besteht.

1. Kein Anrechnungsüberhang

Wird das inländische Stammhaus in der Rechtsform einer Kapitalgesellschaft geführt, ist die Anrechnungsmethode der Abzugsmethode in den Situationen, in denen kein Anrechnungsüberhang besteht, immer vorzuziehen:

---

[10] Zur Besteuerung von Dividenden in Abhängigkeit vom steuerlichen Status der Anteile s. z. B. *Jacobs*, Unternehmensbesteuerung und Rechtsform, S. 171 ff.; *Scheffler*, Besteuerung von Unternehmen, Band I: Ertrag-, Substanz- und Verkehrsteuern, S. 200 ff.

[11] Vgl. BMF-Schreiben v. 24. 11. 2003 a. a. O. (oben Fn. 5).

Steuerbelastung bei Anrechnung < Steuerbelastung beim Abzug
$kst * BA$ < $(s_A + kst - kst * s_A) * BA$
$0{,}00$ < $s_A * (1 - kst)$

2. Anrechnungsüberhang

Kann die im Ausland im Rahmen der beschränkten Steuerpflicht des inländischen Stammhauses erhobene Körperschaftsteuer im Inland nicht in vollem Umfang angerechnet werden, bleibt die Anrechnungsmethode gegenüber der Abzugsmethode vorteilhaft, sofern der ausländische Steuersatz (= Auslandssteuer bezogen auf die nach inländischem Recht ermittelten Betriebsstättengewinne) unter 100 % liegt. Erst beim Übersteigen dieses Grenzwerts fällt die Wahl zugunsten der Abzugsmethode:[12]

Steuerbelastung bei Anrechnung < Steuerbelastung beim Abzug
$s_A * BA$ < $(s_A + kst - kst * s_A) * BA$
$0{,}00$ < $kst * (1 - s_A)$
$1{,}00$ > s_A

Fasst man diese beiden Vorteilhaftigkeitsaussagen in anderer Art und Weise zusammen, lassen sich für Kapitalgesellschaften für die Entscheidung, durch welche Methode bei Gewinnen, die über eine in einem Nicht-DBA-Land belegene Auslandsbetriebsstätte erzielt werden, die internationale Doppelbesteuerung zu vermeiden ist, sehr einfache Regeln formulieren:[13]

▶ Ist der **ausländische Steuersatz niedriger als 100 %**, fällt die Entscheidung zugunsten der **Anrechnungsmethode**. Bei ausländischen Steuersätzen von unter 15 % wird bei der Anrechnungsmethode die ausländische Steuerbelastung in vollem Umfang kompensiert. Bei Steuersätzen zwischen 15 und 100 % kommt es zwar zu einem Anrechnungsüberhang, die Entlastungswirkungen der begrenzten Anrechnung sind aber immer noch höher als die Minderung der Körperschaftsteuer durch Abzug der im Ausland bezahlten Steuer von der körperschaftsteuerpflichtigen Bemessungsgrundlage.

▶ **Übersteigt die Belastung** der Betriebsstättengewinne mit ausländischen Ertragsteuern (bezogen auf die nach inländischen Gewinnermittlungsgrundsätzen errechneten Einkünfte) den Wert von **100 %**, ist die **Abzugsmethode** die bessere Alternative.

D. Empfehlungen zur Ausübung des Wahlrechts für natürliche Personen

I. Vergleich zwischen Anrechnungsmethode und Abzugsmethode

1. Kein Anrechnungsüberhang

Wird der Anrechnungshöchstbetrag nicht erreicht, ist die Anrechnungsmethode der Abzugsmethode generell vorzuziehen. Bei der Anrechnungsmethode werden die im Betriebsstättenstaat bezahlten Steuern in vollem Umfang durch den Abzug von der tariflichen Einkommensteuer

---

[12] Die Ursache für Anrechnungsüberhänge im Allgemeinen bzw. für (effektive, nicht nominelle) Steuersätze von über 100 % im Speziellen liegt insbesondere darin, dass die im Betriebsstättenstaat bezahlte Steuer sich aus dem Produkt von Gewinn, ermittelt nach ausländischem Recht, und ausländischem Steuersatz ergibt, während im Inland der nach deutschem Steuerbilanzrecht ermittelte Erfolg der Betriebsstätte die Bezugsbasis für die Berechnung des Anrechnungshöchstbetrags bildet. S. hierzu und zu weiteren Ursachen von Anrechnungsüberhängen *Scheffler* a.a.O. (oben Fn. 6), S. 31 ff.

[13] Zu Entscheidungsregeln bei negativen inländischen Einkünften einer Kapitalgesellschaft s. z. B. *Commandeur* a. a. O. (oben Fn. 6), S. 113 ff.

kompensiert, während sich bei der Abzugsmethode die Minderung der inländischen Steuerschuld auf das Produkt von inländischem (Differenz-)Steuersatz mit dem ausländischen Steuerbetrag beschränkt:

Steuerbelastung bei Anrechnung < Steuerbelastung beim Abzug
$(s_A + \Delta est_{BA} - s_A) * BA$ < $(s_A + \Delta est_{BA} - \Delta est_{SA} * s_A) * BA$
$0,00$ < $s_A * (1 - \Delta est_{SA})$

2. Anrechnungsüberhang

Kommt es zu einem Anrechnungsüberhang, kann für die Wahl zwischen der Anrechnungsmethode und der Abzugsmethode keine allgemein gültige Aussage formuliert werden. Die Vorteilhaftigkeit zwischen diesen beiden Alternativen hängt vielmehr einerseits von der Höhe des ausländischen Steuersatzes und andererseits vom inländischen Durchschnittssteuersatz und vom inländischen Differenzsteuersatz ab:

Steuerbelastung bei Anrechnung < Steuerbelastung beim Abzug
$(s_A + \Delta est_{BA} - est_\emptyset) * BA$ < $(s_A + \Delta est_{BA} - \Delta est_{SA} * s_A) * BA$
$- est_\emptyset$ < $- \Delta est_{SA} * s_A$
$\dfrac{est_\emptyset}{\Delta est_{SA}}$ > s_A

Die Höhe des ausländischen Steuersatzes bestimmt sich nach ausländischem Steuerrecht. Der durchschnittliche Einkommensteuersatz gibt die Obergrenze für die Anrechnung der Auslandssteuer an. Der inländische Durchschnittssteuersatz wird nicht nur von der Höhe des Betriebsstättengewinns beeinflusst, sondern zusätzlich von der Höhe der weiteren (in- und ausländischen) Einkünfte des Steuerpflichtigen. Zur Berechnung des durch den Abzug der ausländischen Steuer von der Bemessungsgrundlage ausgelösten Steuerminderungseffekts (berechnet aus dem Differenzsteuersatz Δest_{SA}) muss zusätzlich der Betrag der im Ausland auf die Betriebsstättengewinne bezahlten Ertragsteuern bekannt sein.

Aus der vorstehenden Ungleichung lassen sich beim Auftreten eines Anrechnungsüberhangs für die Entscheidung zwischen Anrechnung oder Abzug der ausländischen Steuer drei Aussagen ableiten:

▶ Übersteigt die im Ausland erhobene Steuer die nach den inländischen Vorschriften ermittelten Betriebsstättengewinne, ist die Abzugsmethode der Anrechnungsmethode vorzuziehen. Da der ("effektive") ausländische Steuersatz über 100 % liegt und bei der Einkommensteuer der Differenzsteuersatz größer ist als der Durchschnittssteuersatz, reduziert sich die inländische Einkommensteuer bei der Abzugsmethode stärker als bei einer Anrechnung der ausländischen Steuer. Diese in der zweiten Zeile erkennbare Vorteilhaftigkeitsaussage stimmt mit der für Kapitalgesellschaften bei Anrechnungsüberhängen formulierten Entscheidungsregel überein.

▶ Liegt der ausländische Steuersatz – bezogen auf die nach inländischem Steuerrecht ermittelten Betriebsstätteneinkünfte – unter 100 %, ist auf die dritte Zeile der Ungleichung abzustellen. Aus der Struktur des Einkommensteuertarifs lässt sich ableiten, dass bei konstanten inländischen Einkünften mit einer Zunahme der ausländischen Einkünfte der ausländische Steuersatz immer mehr ansteigen muss, damit die Steuerersparnisse der Abzugsmethode höher sind als die der Anrechnungsmethode. Die Ausdehnung des Anwendungsbereichs der Anrechnungsmethode beruht im Wesentlichen darauf, dass sich bei einem zunehmenden Anteil der ausländischen Einkünfte am zu versteuernden Einkommen der Differenzsteuersatz, aus dem sich die Steuerersparnis der Abzugsmethode berechnet, dem für die Bestimmung des Anrechnungshöchstbetrags relevanten Durchschnittssteuersatz immer mehr annähert.

▶ Geht man von einer bestimmten Höhe der Betriebsstätteneinkünfte aus und erhöhen sich die inländischen Einkünfte des Steuerpflichtigen, lässt sich keine eindeutige Aussage formulieren. Die Vorteilhaftigkeit wird von der Entwicklung des Verhältnisses zwischen dem Durchschnittssteuersatz und dem Differenzsteuersatz beeinflusst. Bei sehr geringen ausländischen Einkünften erhöht sich der Grenzwert, bis zu dessen Erreichen die Anrechnungsmethode vorteilhaft ist, mit einer Erhöhung der inländischen Einkünfte (= Minderung des Anteils der Betriebsstätteneinkünfte am zu versteuernden Einkommen) kontinuierlich. Bei höheren Gewinnen der ausländischen Betriebsstätte sinkt mit einer Zunahme der inländischen Einkünfte zunächst der Grenzwert leicht, um sich bei höheren inländischen Einkünften wieder zu erhöhen.[14]

Tabelle 1: Grenzwert für den Wechsel der Vorteilhaftigkeit von der Anrechnungsmethode zur Abzugsmethode

inländische Einkünfte	ausländische Einkünfte						
	10.000 €	20.000 €	40.000 €	60.000 €	80.000 €	100.000 €	120.000 €
10.000 €	56,6 %	70,6 %	82,0 %	87,0 %	89,8 %	91,7 %	92,9 %
20.000 €	64,1 %	71,4 %	79,2 %	83,9 %	86,9 %	89,0 %	90,5 %
40.000 €	66,9 %	70,8 %	77,4 %	81,8 %	84,7 %	86,9 %	88,5 %
60.000 €	72,2 %	75,7 %	80,5 %	83,8 %	86,1 %	87,8 %	89,2 %
80.000 €	78,4 %	80,5 %	83,8 %	86,1 %	87,8 %	89,2 %	90,3 %
100.000 €	82,3 %	83,8 %	86,1 %	87,8 %	89,2 %	90,3 %	91,2 %
120.000 €	85,0 %	86,1 %	87,8 %	89,2 %	90,3 %	91,2 %	91,9 %

Vergleicht man diese Aussagen mit der für Kapitalgesellschaften geltenden Entscheidungsregel, wird deutlich, dass bei einkommensteuerpflichtigen Personen der ausländische Steuersatz, bei dessen Überschreiten die Abzugsmethode vorzuziehen ist, niedriger liegt als bei Kapitalgesellschaften. Die Ursache liegt darin, dass sich bei der Abzugsmethode die Einkommensteuerminderung aus dem Differenzsteuersatz berechnet, während bei der Anrechnungsmethode die Ermäßigung auf den durchschnittlichen Einkommensteuersatz begrenzt ist. In Abhängigkeit von der Höhe der Gewinne der ausländischen Betriebsstätte und der Höhe der inländischen Einkünfte ist die Abzugsmethode bereits bei ausländischen Steuersätzen zwischen knapp 60 und etwas mehr als 90 % gegenüber der Anrechnungsmethode vorteilhaft.[15]

II. Vergleich zwischen Anrechnungsmethode und Pauschalierungsmethode

Aufgrund der fehlenden Progressionswirkung (Pauschalierung ohne Progressionsvorbehalt) kann bei einkommensteuerpflichtigen Personen die Pauschalierungsmethode unter Umständen gegenüber der Anrechnungsmethode vorteilhaft sein. Voraussetzung ist, dass das ausländische Steuerniveau sehr niedrig ausfällt. Mit einem Anstieg des ausländischen Steuerniveaus wird die Pauschalierungsmethode immer unvorteilhafter:

---

[14] Die Berechnungen wurden mit dem ab dem Jahr 2010 geltenden Einkommensteuertarif durchgeführt.

[15] Vgl. *Breithecker* a.a.O. (oben Fn. 6), S. 158. Zu einer formelmäßigen Berechnung der Grenzwerte s. *Richter*, BB 1999, 613 ff.

Steuerbelastung bei Anrechnung <	Steuerbelastung bei Pauschalierung
$\Delta est_{BA} * B$ <	$(s_A + 0{,}25) * BA$
$\Delta est_{BA} - 0{,}25$ <	s_A

Der (maximale) Grenzwert, der nicht überschritten werden darf, damit der Antrag auf Pauschalierung zu empfehlen ist, liegt tendenziell umso höher, je stärker der durch die Betriebsstätteneinkünfte bei Wahl der Anrechnungsmethode ausgelöste Progressionseffekt ist, oder m. a. W. je höher die Gewinne aus der ausländischen Betriebsstätte sind. Ist die Summe aus in- und ausländischen Einkünften so groß, dass die erste Proportionalzone maßgebend wird, ist die Pauschalierungsmethode vorteilhaft, sofern das ausländische Steuerniveau unter 17 % (= 42 % − 25 %) liegt. Hat der Steuerpflichtige geringere Einkünfte zu versteuern, erhöht sich der Grenzwert von 0 % (sehr geringe Einkünfte) sukzessive bis auf 22 %. Wird die zweite Proportionalzone („Reichensteuer") erreicht, steigt der Grenzwert auf eine ausländische Steuerbelastung von 20 % (= 45 % − 25 %).

III. Vergleich zwischen Abzugsmethode und Pauschalierungsmethode

Die Entscheidung zwischen Abzug der im Ausland bezahlten Steuern als Betriebsausgabe und Pauschalierung der inländischen Einkommensteuer auf die Betriebsstättengewinne wird im Wesentlichen von den inländischen Differenzsteuersätzen und dem ausländischen Steuerniveau beeinflusst:

Steuerbelastung beim Abzug	<	Steuerbelastung bei Pauschalierung
$(s_A + \Delta est_{BA} - \Delta est_{SA} * s_A) * BA$	<	$(s_A + 0{,}25) * BA$
$\Delta est_{BA} - \Delta est_{SA} * s_A$	<	$0{,}25$
$\dfrac{\Delta est_{BA} - 0{,}25}{\Delta est_{SA}}$	<	s_A

Die Empfehlung zur Ausübung des Wahlrechts hängt von der Höhe der ausländischen Betriebsstättengewinne, der ausländischen Steuerbelastung sowie der Höhe der inländischen Einkünfte ab. Für praktische Zwecke muss die vorstehende Ungleichung nicht aufgelöst werden, da die Entscheidung über die Vorteilhaftigkeit zwischen Abzugs- und Pauschalierungsmethode anhand von Plausibilitätsüberlegungen beantwortet werden kann:

- Liegt kein Anrechnungsüberhang vor (geringes ausländisches Steuerniveau), ist die Anrechnungsmethode generell der Abzugsmethode vorzuziehen, so dass die Entscheidung durch Vergleich zwischen Anrechnungs- und Pauschalierungsmethode zu treffen ist.
- Besteht ein Anrechnungsüberhang (hohes ausländisches Steuerniveau), schneidet die Pauschalierungsmethode gegenüber der Anrechnung der Auslandssteuer generell schlechter ab. Damit ist eine Gegenüberstellung von Anrechnungs- und Abzugsmethode ausreichend.
- Der ausländische Steuersatz, bei dessen Überschreiten die Vorteilhaftigkeit zwischen Abzugsmethode und Pauschalierungsmethode wechselt, entscheidet lediglich darüber, welches das zweitbeste und welches das drittbeste Verfahren ist.

IV. Konsequenzen für die Steuerplanung

Die Empfehlungen, die im ersten Unterabschnitt vorgestellt werden, gelten nur dann, wenn die natürliche Person ausschließlich aus **einer** Betriebsstätte ausländische Einkünfte erzielt (**Einländerfall**). Verfügt eine einkommensteuerpflichtige Person in mindestens einem weiteren Nicht-DBA-Staat über eine Betriebsstätte oder bezieht sie aus anderen Quellen ausländische Einkünfte, bei der alternativ zur Anrechnungsmethode die Abzugs- oder Pauschalierungsmethode zur Wahl stehen (**Mehrländerfall**), empfiehlt es sich – wie im zweiten Unterabschnitt begründet wird – aus steuerplanerischer Sicht nicht, das Wahlrecht isoliert für die einzelnen Einkunftsquellen auszuüben.

1. Grundsätzliche Aussagen zur Ausübung des Wahlrechts (Einländerfall)

Im Gegensatz zu Kapitalgesellschaften kann für einkommensteuerpflichtige Personen, die Gewinne aus einer ausländischen Betriebsstätte beziehen, für die Ausübung des im Nicht-DBA-Fall bestehenden Wahlrechts zwischen den Methoden zur Vermeidung einer internationalen Doppelbesteuerung keine allgemein gültige Entscheidungsregel aufgestellt werden. Für die im Einzelfall vorteilhafte Alternative gelten allerdings zwei **Tendenzaussagen**:[16]

▶ Besteht **kein Anrechnungsüberhang** (niedriges ausländisches Steuerniveau), ist die Entscheidung zwischen der Anrechnungsmethode und der Pauschalierungsmethode zu treffen; die Abzugsmethode scheidet bei einem niedrigen ausländischen Steuerniveau prinzipiell aus. Bei natürlichen Personen liegt der ausländische Steuersatz, bei dessen Unterschreiten der Antrag auf Pauschalierung zu empfehlen ist, zwischen 0 % (niedriges zu versteuerndes Einkommen) und 20 % (zu versteuerndes Einkommen erreicht den Spitzensteuersatz von 45 %). Bei ausländischen Steuersätzen, die über diesen Grenzwerten liegen, ist die Anrechnungsmethode der Pauschalierungsmethode vorzuziehen.

▶ Übersteigt die im Ausland auf die Betriebsstättengewinne entrichtete Steuerzahlung die anteilig auf die Betriebsstättengewinne entfallende inländische Einkommensteuer (**Anrechnungsüberhang**), sind die Anrechnungs- und die Abzugsmethode miteinander zu vergleichen. Die Pauschalierungsmethode kann ausgeklammert werden, da sie in diesem Fall zur höchsten Steuerbelastung führt.

Auf den progressiven Verlauf des Einkommensteuertarifs ist es zurückzuführen, dass sich bei natürlichen Personen der Antrag auf Abzug der ausländischen Steuer als Betriebsausgabe im Vergleich zu Kapitalgesellschaften eher empfiehlt, m. a. W. bei einkommensteuerpflichtigen Personen geht der Anwendungsbereich der Anrechnungsmethode zurück. Während bei Kapitalgesellschaften die Anrechnungsmethode bis zu einer ausländischen Steuerbelastung (= Auslandssteuer auf die nach inländischem Steuerrecht ermittelten Betriebsstätteneinkünfte) von 100 % zu wählen ist, reduziert sich dieser Grenzwert bei einkommensteuerpflichtigen Personen auf zwischen knapp 60 und etwas mehr als 90 %. Der genaue Wert hängt sowohl von der Höhe der ausländischen Einkünfte als auch vom Umfang der inländischen Einkünfte ab.

Aufgrund der zahlreichen (sachlichen und persönlichen) Einflussfaktoren auf die Höhe der festzusetzenden Einkommensteuer ist in jedem Einzelfall eine individuelle Berechnung erforderlich. Die vorgestellten Entscheidungsregeln zeigen, in welchen Situationen es ratsam ist, als Alternative zur von Amts wegen vorzunehmenden Anrechnung der ausländischen Steuer einen Antrag auf Abzug der ausländischen Steuer (hohe Auslandssteuern) oder auf Pauschalierung der Einkommensteuer auf die Betriebsstätteneinkünfte (niedrige Auslandssteuern) zu stellen. Darüber hinaus wird erkennbar, dass bei der Ausübung des Wahlrechts immer nur zwei der drei Methoden miteinander zu vergleichen sind.

2. Besonderheiten im Mehrländerfall

Im Einländerfall ist es möglich, die Entscheidungsregeln für die Ausübung des Wahlrechts zur Vermeidung einer internationalen Doppelbesteuerung in mathematischer Form zu formulieren. Da aber erstens das Wahlrecht für jeden Staat getrennt ausgeübt werden kann und zweitens

---

[16] Zu den Auswirkungen auf das Wahlrecht bei negativen inländischen Einkünften s. z. B. *Michels*, DB 1981, 25 ff.; *Reichert*, DB 1997, 133 ff.

der Anrechnungshöchstbetrag getrennt für jedes Land berechnet wird (per-country-limitation, § 68a Satz 2 EStDV), lassen sich im Mehrländerfall keine allgemein gültigen Formeln aufstellen. Vielmehr sind in den Situationen, in denen der Steuerpflichtige ausländische Einkünfte aus mindestens zwei Staaten bezieht, grds. in jedem Einzelfall individuelle Berechnungen vorzunehmen.

Nur in dem Fall, in dem für **jeden Staat die Anrechnungsmethode** vorteilhaft ist, beeinflussen sich die Einzelentscheidungen nicht: Bei der Anrechnungsmethode wird die ausländische Steuer im Inland – als Steuerermäßigung – von der festzusetzenden Einkommensteuer abgezogen, so dass für die Einkünfte aus den anderen Staaten der in den Entscheidungsregeln verwendete Steuersatz unverändert bleibt.

Das **Wahlrecht kann** im Mehrländerfall jedoch **dann nicht isoliert** für die Einkünfte aus jedem einzelnen Staat **ausgeübt werden, wenn** nach den für den Einländerfall vorgestellten Entscheidungsregeln für **mindestens einen Staat die Abzugs- oder die Pauschalierungsmethode gewählt wird**: Bei der Abzugsmethode mindert sich das Einkommen, auf das der inländische Einkommensteuertarif angewendet wird, um die im Ausland erhobene Steuer; bei der Pauschalierungsmethode reduziert sich das zu versteuernde Einkommen um die im Ausland erzielten Betriebsstättengewinne. Die Wahl der Abzugs- oder Pauschalierungsmethode hat für die Ausübung des Wahlrechts für Einkünfte aus den anderen Staaten folgende **Rückwirkungen**:[17]

- Durch die Minderung der inländischen Bemessungsgrundlage reduziert sich die Einkommensteuer, aus der bei der Anrechnungsmethode der Anrechnungshöchstbetrag berechnet wird.
- Durch die Verringerung des zu versteuernden Einkommens wird der Progressionseffekt der Einkommensteuer abgeschwächt. Dadurch wird bei der Abzugsmethode die Steuerersparnis eingeschränkt, die aus dem Abzug der ausländischen Steuer resultiert.
- Aufgrund der Minderung der steuerpflichtigen Bemessungsgrundlage verringert sich bei der Pauschalierungsmethode der Tarifvorteil, der sich aus dem Nichteinbezug der Gewinne der ausländischen Betriebsstätte bei der Ermittlung der tariflichen Einkommensteuer ergibt.
- Durch die Wahl der Abzugs- oder der Pauschalierungsmethode für die Einkünfte aus mindestens einem Land werden also die Steuerersparnisse aus den Maßnahmen zur Vermeidung der internationalen Doppelbesteuerung für die Einkünfte aus den anderen Staaten beeinflusst. Für die Ausübung des Wahlrechts nach § 34c EStG ergeben sich folgende **Konsequenzen**:[18]
- Besteht für die Einkünfte aus dem Land A kein Anrechnungsüberhang, kann die Wahl der Abzugs- oder Pauschalierungsmethode für die Einkünfte aus einem Staat B dazu führen, dass für die Einkünfte aus dem Land A anstatt der Pauschalierungs- die Anrechnungsmethode vorteilhaft wird.
- Wirkt sich für die Einkünfte aus dem Land A die Begrenzung der Anrechnung der ausländischen Steuer auf den Anrechnungshöchstbetrag aus, kann die Wahl der Abzugs- oder Pauschalierungsmethode für die Einkünfte aus einem Staat B zur Folge haben, dass für die Einkünfte aus dem Land A anstatt der Anrechnungsmethode die Abzugsmethode gewählt wird.

---

[17] S. hierzu *Commandeur* a. a. O. (oben Fn. 6), S. 123 ff.; *Hundt*, DB 1980, Beilage 17, S. 18; *Krabbe*, BB 1980, 1148; *Lornsen* a. a. O. (oben Fn. 6), S. 179 ff.; *Scheffler*, RIW 1985, 646 ff.

[18] Sieht man von dem Fall ab, dass die ausländische Steuerbelastung – bezogen auf die nach inländischem Recht ermittelten Betriebsstättengewinne – 100 % übersteigt, machen sich die Effekte bei der Pauschalierungsmethode im Vergleich zur Abzugsmethode stärker bemerkbar.

Wird aufgrund der Wahl der Abzugs- oder der Pauschalierungsmethode für die Einkünfte aus einem Land für die Einkünfte aus einem anderen Land – entgegen der isolierten Vorteilhaftigkeitsentscheidung – die Anrechnungsmethode günstiger als die Pauschalierungsmethode bzw. die Abzugsmethode vorteilhafter als die Anrechnungsmethode, ändern sich über die damit verbundenen Progressionseffekte die Vorteilhaftigkeitsgrenzen zwischen den drei Verfahren. Da in diesem Fall die Berechnungen für die Einkünfte aus jedem Land von neuem durchzuführen sind, können keine allgemein gültigen Entscheidungskriterien abgeleitet werden. Vielmehr ist im Mehrländerfall zur optimalen Ausübung des Wahlrechts zwischen den Methoden zur Vermeidung einer internationalen Doppelbesteuerung für jeden Einzelfall eine simultane Berechnung notwendig.

Da von der Wahl der Anrechnungsmethode im Gegensatz zur Abzugs- oder Pauschalierungsmethode keine negativen Rückwirkungen auf die Einkünfte aus den anderen Ländern ausgehen, kann festgestellt werden, dass im **Mehrländerfall** der **Anwendungsbereich der Anrechnungsmethode** im Vergleich zu den Situationen, dass der Steuerpflichtige nur aus einem Staat ausländische Einkünfte bezieht (Einländerfall), **tendenziell zunimmt**.[19]

E. Zusammenfassung in Thesenform

These 1: Sofern die Freistellungsmethode nicht zur Anwendung kommt, ist bei Gewinnen aus einer ausländischen Betriebsstätte die internationale Doppelbesteuerung **grds.** durch die **Anrechnungsmethode** zu vermeiden. Den beiden anderen Verfahren zur Vermeidung einer internationalen Doppelbesteuerung (Abzugs- und Pauschalierungsmethode) kommt nur eine ergänzende Funktion zu.

These 2: Für Kapitalgesellschaften scheidet die Anwendung der **Pauschalierungsmethode** aus, weil der allgemeine Körperschaftsteuersatzes mit 15 % unter dem Pauschalsteuersatz von 25 % liegt. Ist der inländische Unternehmer einkommensteuerpflichtig, ist es nur dann ratsam, den Antrag auf eine pauschale Festsetzung der inländischen Steuer auf die Betriebsstätteneinkünfte zu stellen, sofern die Belastung mit ausländischen Ertragsteuern (bezogen auf die nach inländischen Gewinnermittlungsregeln ermittelten Einkünfte der Auslandsbetriebsstätte) zwischen 0 und 20 % liegt. Bei niedrigen Einkünften ist eher der untere Grenzwert relevant. Mit einer Erhöhung der Einkünfte erfolgt sukzessiv eine Annäherung an den oberen Grenzwert.

These 3: Der Antrag auf **Abzug** der Auslandssteuer empfiehlt sich für eine inländische Kapitalgesellschaft nur dann, wenn die ausländische Steuer die nach inländischen Einkunftsermittlungsgrundsätzen berechneten Erfolge übersteigt. Bei natürlichen Personen führt der progressive Einkommensteuertarif dazu, dass die Abzugsmethode der Anrechnungsmethode (und gleichzeitig der Pauschalierungsmethode) dann vorzuziehen ist, wenn die ausländische Steuerbelastung (in Abhängigkeit von der Höhe der Einkünfte) in einer Bandbreite zwischen knapp 60 und etwas mehr als 90 % liegt. Der genaue Grenzwert hängt von der Höhe der in- und ausländischen Einkünfte sowie von den weiteren sachlichen und persönlichen Einflussfaktoren auf die festzusetzende Einkommensteuer ab.

These 4: Bei einkommensteuerpflichtigen Unternehmern ist zusätzlich zu beachten, dass sich im **Mehrländerfall**, d. h. in dem Fall, in dem der Steuerpflichtige aus mindestens zwei Staaten ausländische Einkünfte bezieht, der **Vorteilhaftigkeitsbereich der Anrechnungsmethode** noch **ausweitet**.

---

[19] Vgl. *Commandeur* a. a. O. (oben Fn. 6), S. 128; *Scheffler*, RIW 1985, 647 f.

Anhang: Variablenverzeichnis

BA   Gewinne aus einer ausländischen Betriebsstätte vor Steuern, d.h. BA > 0

Δest_{BA} der durch Einbezug der ausländischen Betriebsstättengewinne in die inländische Bemessungsgrundlage ausgelöste Differenzsteuersatz

Zur Ermittlung dieses Differenzsteuersatzes ist die durch den Einbezug der ausländischen Betriebsstättengewinne in die inländische Bemessungsgrundlage ausgelöste Erhöhung der inländischen Einkommensteuer zu bestimmen (im Zähler ausgewiesen) und durch die ausländischen Betriebsstättengewinne zu dividieren:

$$\frac{\text{(Einkommensteuer mit Betriebsstättengewinn} - \text{Einkommensteuer ohne Betriebsstättengewinn)}}{\text{Betriebsstättengewinn}}$$

Δest_{SA} Differenzsteuersatz, der sich dadurch ergibt, dass die ausländische Steuer (SA = s_A * BA) die im Inland einkommensteuerpflichtige Bemessungsgrundlage mindert:

$$\frac{\text{Einkommensteuer nach Auslandssteuer} - \text{Einkommensteuer vor Auslandssteuer}}{\text{Auslandssteuer}}$$

$est_\varnothing$ inländischer Durchschnittssteuersatz

$$\frac{\text{inländische Einkommensteuer}}{\text{Summe der Einkünfte}}$$

kst   inländischer Körperschaftsteuersatz = 0,15

p   inländischer Pauschalierungssatz = 0,25

s_A ausländischer Ertragsteuersatz

St_{BA} die auf die Gewinne der im Ausland belegenen Betriebsstätte entfallende Gesamtsteuerbelastung

5. Möglichkeiten und Probleme der grenzüberschreitenden Verlustberücksichtigung für natürliche Personen

von Dipl.-Kfm. StB Sören Goebel und Dipl.-Kfm. StB Sebastian Schmidt[*]

Inhaltsübersicht

A. Einleitung und Problemstellung
   I. Einleitung
   II. Problemstellung
B. Grundlagen der grenzüberschreitenden Verlustverrechnung
   I. Möglichkeiten der Verlustberücksichtigung im nationalen Kontext
   II. Möglichkeiten der Verlustberücksichtigung im internationalen Kontext
C. Gesetzliche Neuregelung der grenzüberschreitenden Verlustnutzung
   I. Grenzüberschreitende Verlustverrechnung innerhalb der EU/des EWR
   II. Grenzüberschreitende Verlustverrechnung im Drittstaatsfall
   III. Zwischenfazit und Prüfungsschema
D. Grenzübergreifende Verlustnutzungsstrategien
   I. Gestaltungsempfehlungen im EU/EWR-Fall
   II. Gestaltungsempfehlungen im Drittstaatsfall
E. Fazit und Ausblick

Literatur:

Gebhardt, R./Quilitzsch, C., Europarechtliche Überlegungen zu § 32b Abs. 1 Satz 2 Nr. 2 EStG; IStR 2010, S. 390; *Goebel, S./Schmidt, S.*, Grenzüberschreitende Verlustverrechnung und das JStG 2009 – Anwendung des Progressionsvorbehalts bei Einkünften aus gewerblichen EU/EWR- und Drittstaats-Betriebsstätten, IStR 2009, S. 620; *Goebel, S./Liedtke, M./Schmidt, S.*, Grenzüberscheitende Verrechnung von Betriebsstättenverlusten gewinnt an Kontur!, IWB Fach 3a Gruppe 1, S. 179; *Grotherr, S.*, International relevante Änderungen durch das JStG 2007 anhand von Fallbeispielen, IWB Fach 3 Gruppe 3, S. 1445; *ders.*, International relevante Änderungen durch das JStG 2009, IWB Fach 3 Gruppe 1, S. 403; *Hechtner, F.*, Das neue Zusammenspiel von besonderer Verlustverrechnungsbeschränkung nach § 2a EStG und Progressionsvorbehalt durch das JStG 2009: Progressionsvorbehalt nur noch für steuerfreie Sozialleistungen und Immobilienfondsanleger, DStZ 2009, S. 47; *Holthaus, J.*, Nationale Behandlung der nach DBA steuerfreien Einkünfte nach dem JStG 2009 – Progressionsvorbehalt, quo vadis?, DStZ 2009, S. 188; *Hosp, T./Moosbrugger M.*, Der steuerliche Informationsaustausch zwischen Deutschland und Liechtenstein, IWB Fach 5, Gruppe 2, S. 37; *Knipping, J.*, Zur Frage des Definitivcharakters ausländischer Betriebsstättenverluste im Sinne des EuGH-Urteils in der Rechtssache Lidl Belgium bei fehlender Möglichkeit eines interperiodischen Verlustausgleichs im Betriebsstättenstaat, IStR 2009, S. 275; *Orth, M.*, Verlustverwertungsstrategien, in: Kessler/Kröner/Köhler (Hrsg.) Konzernsteuerrecht National – International, C.H. Beck-Verlag, München 2008, S. 986 Rz. 53; *Richter, L.*, Zum Diskussionsstand der Berücksichtigung ausländischer Betriebsstättenverluste in Deutschland. Zugleich Anmerkungen zum BMF-Schreiben vom 13.7.2009 sowie zur Einordnung von Verlusten aus passiver Tätigkeit, IStR 2010, S. 1; *Schmidt, L./Heinz, C.*, Neues zur Betriebsstättenbesteuerung im Jahressteuergesetz 2009 – Unstimmigkeiten und Empfehlungen, IStR 2009, S. 43; *Schwenke, M.*, Grenzüberschreitender Verlusttransfer – EuGH-Rechtsprechung und Reaktion des Gesetzgebers, Ubg 2010, S. 325; *von Brocke, K.*, Lidl Belgium und die praktischen Folgen, DStR 2008, S. 2201; *Wichert, S.*, § 2a EStG im Wandel. Neues beim Abzug und der Verrechnung von ausländischen Verlusten, NWB 2008, S. 526; *Wittkowski, A./Lindscheid, F.*, Berücksichtigung ausländischer Betriebsstättenverluste nach dem JStG 2009, IStR 2009, S. 225 und IStR 2009, S. 261.

A. Einleitung und Problemstellung

I. Einleitung

Ausländische Direktinvestitionen deutscher Unternehmen können über mehrere Wege strukturiert werden. Der deutsche Investor kann zum einen den Weg des Direktgeschäfts wählen, eine Betriebsstätte im Ausland errichten oder zum anderen eine ausländische Personengesellschaft

---

[*] Dipl.-Kfm. StB *Sören Goebel* ist Partner und Dipl.-Kfm. StB *Sebastian Schmidt* ist Mitarbeiter der Ernst & Young GmbH. Beide sind am Standort Dortmund/Essen tätig.

bzw. Kapitalgesellschaft gründen. Während in der Vergangenheit das Rechtskleid einer ausländischen Kapitalgesellschaft vermehrt genutzt wurde, geht der Trend mittlerweile eindeutig zu transparenten Strukturen über.

Durch Nutzung transparenter Strukturen kann eine eintretende Doppelbesteuerung grundsätzlich mittels der Freistellungsmethode i. S. d. Art. 23 A OECD-MA vermieden werden, wodurch stets das ausländische – oftmals günstigere Steuerniveau – genutzt werden kann.[1] Zudem fallen regelmäßig keine Quellensteuern an, wenn ausländische Gewinne in das Inland repatriiert werden. Insbesondere die Regelungen zur grenzüberschreitenden Verlustnutzung sind durch das Jahressteuergesetz 2009[2] (JStG 2009) überarbeitet worden. Die sich hieraus ergebenden Konsequenzen können im Einzelfall einen weiteren Vorteil der (grenzüberschreitenden) transparenten Struktur bedeuten.

II. Problemstellung

Ein Steuerpflichtiger[3], der im Ausland eine gewerbliche Betriebsstätte errichtet hat und hieraus einen Verlust erzielt, wird bestrebt sein, jenen Verlust zumindest in einem der beiden Staaten (entweder im Quellenstaat oder im Ansässigkeitsstaat) zu verrechnen. Vorzugsweise erfolgt die Verlustverrechnung in dem Staat, in dem die ausländischen Verluste das größte Steuerentlastungspotential beinhalten. Andererseits ist natürlich auch der Fall denkbar, bei dem der Steuerpflichtige eine doppelte Verlustnutzungsstrategie – das heißt Nutzung der Verluste sowohl im In- als auch im Ausland – anstrebt. Aufgrund der Tatsache, dass Deutschland zu den Hochsteuerländern im EU-/EWR-Raum zählt, wird der Steuerpflichtige in der Regel beabsichtigen, Verluste im Inland geltend zu machen. Dagegen wird sein Interesse daran bestehen, korrespondierende Gewinne im niedrig besteuerten Ausland der Besteuerung zuzuführen und anschließend, möglichst steuerfrei, nach Deutschland zu repatriieren. Diese Überlegungen hatten den Gesetzgeber veranlasst, mittels Einführung des § 2a EStG den Verlustimport zu beschränken.[4]

Europarechtliche Bedenken gegen § 2a EStG sind bereits seit längerem geäußert worden. Nicht zuletzt durch die Aufforderung der EU-Kommission vom 19.12.2006[5], in der diese sämtliche EU-Mitgliedstaaten dazu angehalten hatte, Auslandsverluste zu denselben Bedingungen wie Inlandsverluste bei der Besteuerung zu berücksichtigen, ist wieder Bewegung in die Problematik der grenzüberschreitenden Verlustverrechnung gekommen. Zuletzt sah auch der EuGH in § 2a EStG eine nicht zulässige Beschränkung und damit einen Verstoß gegen die Grundfreiheiten des EGV (jetzt AEUV)[6], insbesondere gegen die Niederlassungsfreiheit i. S. d. Art. 43 EGV[7] (jetzt:

---

[1] Ausfluss der sog. „Kapitalimportneutralität".

[2] JStG 2009 v. 19. 12. 2008, BGBl. I 2008, S. 2794.

[3] Die folgenden Ausführungen beschränken sich ausschließlich auf natürliche Personen, die im Inland der unbeschränkten Steuerpflicht nach § 1 Abs. 1 S. 1 EStG unterliegen.

[4] Nach bisheriger BFH Rechtsprechung war § 2a EStG ebenfalls bei der Anwendung des Progressionsvorbehalts zu berücksichtigen.

[5] EU-Kommission v. 18. 10. 2006, KOM 2006, S. 824.

[6] Am 1. 12. 2009 ist der Vertrag von Lissabon in Kraft getreten. Das „neue" Primärrecht besteht nunmehr aus dem Vertrag über die Europäische Union (EU) und dem Vertrag über die Arbeitsweise der Europäischen Union (AEUV). Letzterer ersetzt den EG-Vertrag (EGV).

[7] EuGH v. 29. 3. 2007, C-347/04 (*REWE Zentralfinanz*), IStR 2007, S. 291; Reaktion der Finanzverwaltung vgl. BMF-Schreiben v. 11. 6. 2007, IV B 3 – S 2118 – a/07/0003, BStBl. I 2007, S: 488; BMF-Schreiben v. 30. 7. 2008, IV B 5 – S 2118 – a/07/10014, BStBl. I 2008, S. 810.

Art. 49 AEUV), die Arbeitnehmerfreizügigkeit i. S. d. Art. 39 EGV[8] (jetzt: Art. 45 AEUV) und die Kapitalverkehrsfreiheit i. S. d. Art. 56 EGV[9] (jetzt: Art. 63 AEUV).

Die EU-Kommission sah sich aufgrund dessen dazu veranlasst nach Art. 226 EGV (jetzt: Art. 258 AEUV) ein **Vertragsverletzungsverfahren**[10] gegen Deutschland einzuleiten, so dass der deutsche Gesetzgeber gezwungen war, seine Regelungen zur grenzüberschreitenden Verlustnutzung europarechtskonform auszugestalten. Zentrale Bedeutung hatte hierbei § 2a EStG, welcher durch das JStG 2009 an die EuGH-Vorgaben angepasst werden sollte. Weiterhin wurde auch der (weite) Anwendungsbereich des § 32b Abs. 1 Nr. 3 EStG durch einen neuen Satz 2 eingeschränkt. Der Gesetzgeber bediente sich in diesem Rahmen eines schwierigen und zum Teil missverständlichen Gesetzeswortlauts, der sich dem Gesetzesanwender bei erster Betrachtung nicht sofort erschließt. Die sich aus der Auslegung des Gesetzeswortlauts ergebende Konsequenz verwirrt: Passive Verluste aus Drittstaaten sollen unter Umständen mit inländischen (positiven) Einkünften im Rahmen des negativen Progressionsvorbehalts genutzt werden können, während jene aus dem EU-/EWR-Raum davon ausgeschlossen bleiben. Die Neuregelungen lassen es daher sinnvoll erscheinen, sich mit dem Zusammenspiel von § 32b Abs. 1 S. 1 Nr. 3, S. 2 EStG und § 2a EStG zu beschäftigen.

B. Grundlagen der grenzüberschreitenden Verlustverrechnung

Die Verlustverrechnung ist eine Kerngröße des Ertragsteuerrechts. Denn nur in diesem Rahmen kann sowohl dem deutschen objektiven Nettoprinzip und seinem Ausfluss in der Besteuerung nach der Leistungsfähigkeit Rechnung getragen als auch ein Liquiditäts- und Finanzierungsnachteil des Steuerpflichtigen vermieden werden. Fehlt es an der Verlustverrechnung, besteht die Gefahr einer Überbesteuerung in der Totalperiode.

I. Möglichkeiten der Verlustberücksichtigung im nationalen Kontext

Innerhalb des nationalen Steuerrechts besteht für den Steuerpflichtigen die *uneingeschränkte* Möglichkeit *inländische Verluste* sowohl im Rahmen des **horizontalen** (d.h. negative Einkünfte werden mit positiven Einkünften derselben Einkunftsart verrechnet) als auch im Rahmen des **vertikalen Verlustausgleich** (d.h. negative Einkünfte werden mit positiven Einkünften einer anderen Einkunftsart verrechnet) zu erfassen. Nicht ausgeglichene Verluste können sodann mittels eines Verlustrücktrages/-vortrages i. R. d. § 10d EStG weiter genutzt werden, wodurch eine periodenübergreifende Verlustverrechnung sichergestellt wird. Daneben bestehen bspw. durch § 15 Abs. 4 EStG, § 15a EStG oder § 15b EStG auch im nationalen Verhältnis Verlustverrechnungsbeschränkungen.

II. Möglichkeiten der Verlustberücksichtigung im internationalen Kontext

Das steuerpflichtige Welteinkommen im Inland unbeschränkt steuerpflichtiger Personen umfasst neben ausländischen positiven auch ausländische negative Einkünfte. Für die Berücksichtigung solcher Einkünfte gelten zunächst einmal die gleichen aufgezeigten Verlustverrechnungsprinzipien wie für rein inländische negative Einkünfte, so dass ausländische Verluste

---

[8] EuGH v. 21. 2. 2006, C-152/03 (*Ritter-Coulais*), IStR 2006, S. 196; Reaktion der Finanzverwaltung vgl. BMF-Schreiben v. 24. 11. 2006, IVB 3 – S 2118a – 63/06, IStR 2007, S. 40.

[9] EuGH v. 15. 10. 2009 - C-35/08 *(Grundstücksgemeinschaft Busley/Cibrian/FA Stuttgart-Körperschaften)*, DStR 2009, S. 2186.

[10] EU-Kommission v. 18. 10. 2007, IP/07/1547.

grundsätzlich unbeschränkt mit inländischen Gewinnen verrechnet werden könnten.[11] Die damit einhergehende Besteuerung nach dem objektiven Nettoprinzip wird im grenzüberschreitenden Verhältnis allerdings zum einen durch die Anwendung der abkommensrechtlichen Freistellungsmethode und zum anderen durch § 2a EStG durchbrochen.

1. Verlustverrechnungsbeschränkung: Freistellungsmethode

Bei Anwendung der Freistellungsmethode kommt die sog. „Symmetriethese" zum Tragen. Danach umfasst die Freistellungsmethode i. S. d. Art. 23 A OECD-MA neben positiven ausländischen Einkünften spiegelbildlich auch damit einhergehende ausländische Verluste.[12] Diese Rechtsauffassung wurde zuletzt durch den EuGH[13] europarechtlich für unbedenklich erklärt, solange es dem Steuerpflichtigen möglich ist, die Verluste im EU-Investitionsstaat zu nutzen.[14] Da die abkommensrechtliche Freistellungsmethode unter dem Progressionsvorbehalt gewährt wird, können ausländische Verluste allenfalls noch bei der Ermittlung des Steuersatzes[15] in bestimmten – noch zu konkretisierenden – Fällen zu einem steuerlichem Entlastungspotential führen.

2. Verlustverrechnungsbeschränkung: § 2a EStG

Naturgemäß kommt es bei Anwendung der Anrechnungsmethode i.S.d. Art. 23 B OECD-MA zu einem uneingeschränkten Import ausländischer Verluste. § 2a EStG hat zum Zweck, Verluste aus *ausländischen* Aktivitäten, die nach Auffassung des Gesetzgebers[16] schädlich – und damit „unerwünscht" – für die deutsche Volkswirtschaft sind, zu *beschränken*. Damit kann dem § 2a EStG neben der Vermeidung unerwünschter ausländischer Investitionen, auch eine **Lenkungsfunktion**[17] zugesprochen werden. Die Rechtsprechung[18] sieht die Regelungen des § 2a EStG als verfassungskonform an.

§ 2a EStG enthält eine eigene Definition passiver Einkünfte, die jedoch nicht mit einem DBA-Aktivitätsvorbehalt übereinstimmen muss. Liegen Verluste aus den in § 2a Abs. 1 EStG definier-

---

[11] Gilt nicht für die Gewerbesteuer, § 9 Nr. 2, 3 GewStG; zudem ist bei Kapitalgesellschaftsbeteiligungen § 3c Abs. 2 EStG zu beachten.

[12] Vgl. statt vieler: BFH v. 25. 2. 1976, I R 150/73 BStBl. II 1976, S. 454; BFH v. 6. 10. 1994, I R 32/93, BStBl. II 1994, S. 113; BFH v. 17. 7. 2008, I R 84/04, BFH/NV 2008, S.1940; A.A. österreichischer VwGh, v. 25. 9. 2001, 99/14/0217 E, IStR 2001, S. 754; zustimmend FG Berlin v. 11. 4. 2005, 8 K 8101/00, IStR 2005, S. 571.

[13] EuGH v. 15. 5. 2008, C-414/06 (*Lidl Belgium*), IStR 2008, S. 400; EuGH v. 23. 10. 2008, C-157/07, (*Krankenheim Ruhesitz am Wannsee*), IStR 2008, S. 769.

[14] Nach der EuGH-Entscheidung in der Rs. Lidl Belgium (v. 15. 5. 2008, C-414/06, IStR 2008, S. 400) sollen die im Betriebsstättenstaat *endgültig* gewordenen Verluste im Stammhausstaat berücksichtigt werden können, vgl. hierzu auch BFH v. 17. 7. 2008, I R 84/04, DStR 2008, S. 1869; Nichtanwendungsschreiben BMF v. 13. 7. 2009, IV B 5 – S 2118 – a/07/10004, DStR 2009, S. 1585; FG Hamburg v. 18. 11. 2009, 6 K 147/08, BeckRS 2009 26028085 (Rev. anhängig unter BFH, I R 107/09); vgl. auch zum aktuellen Diskussionsstand *Richter*, IStR 2010, S. 1; *Schwenke*, Ugb 2010, S. 325; *Goebel/Liedtke/Schmidt*, IWB Fach 3a, Gruppe 1, S. 179.

[15] Der Steuersatz kann sich dabei maximal bis auf 0 % verringern, BFH v. 25. 5. 1970, I R 109/68, S. BStBl. II 1970, S. 660.

[16] BT-Drs. 9/2074, S. 62, 64.

[17] Die Lenkungsfunktion des § 2a EStG besteht darin, dass der Steuerpflichtige lediglich in ausländische Tätigkeiten investiert, die für die deutsche Volkswirtschaft sinnvoll sind; BT-Drs. 9/2074, S. 62.

[18] Vgl. BFH v. 29.5.2001, VIII R 43/00, BFH/NV 2002, S. 14; BVerfG v. 31. 5. 1988, 1 BvR 520/83, BVerfGE 78, S. 214 (226); BFH v. 17. 10. 1990, I R 182/87, BStBl. II 1991, S. 136; vgl. auch *Heinicke* in: Schmidt, EStG, 29. Auflage, 2010 § 2a EStG Rz. 1 m. w. N.

ten Einkunftsquellen vor, kann der Verlust nur mit positiven Einkünften aus **derselben** Art **desselben** Staates ausgeglichen werden. Der durch § 2a Abs. 1 EStG gebildete Verlustverrechnungskreis verbietet eine allgemeine Verlustverrechnung in Form eines Verlustrücktrags oder eines allgemeinen Verlustvortrags. Verluste können lediglich innerhalb dieses speziellen Verlustverrechnungskreises geltend gemacht werden, so dass eine steuerliche Entlastung erst dann eintritt, wenn zukünftig positive Einkünfte erzielt werden.

Als **Ausnahme** von dieser Verlustverrechnungsbeschränkung hat der Gesetzgeber in § 2a Abs. 2 S. 1 EStG eine sog. „**Produktivitätsklausel**" aufgenommen. Danach können ausländische Verluste (noch in **demselben Veranlagungszeitraum**) mit inländischen positiven Einkünften verrechnet werden, wenn der Steuerpflichtige nachweist, dass die negativen Einkünfte aus einer Betriebsstätte im Ausland stammen, die ausschließlich oder fast ausschließlich (= mindestens 90 %[19]) die Herstellung oder Lieferung von Waren (außer Waffen) die Gewinnung von Bodenschätzen sowie die Bewirkung gewerblicher Leistungen zum Gegenstand hat, soweit diese nicht in der Errichtung oder dem Betrieb von Anlagen, die dem Fremdenverkehr dienen, oder in der Vermietung oder Verpachtung von Wirtschaftsgütern bestehen. Der § 2a EStG-Verlustverrechnungskreis wird demzufolge durch die Produktivitätsklausel durchbrochen, so dass eine steuerliche Entlastung sofort spürbar ist.

C. Gesetzliche Neuregelung der grenzüberschreitenden Verlustnutzung

Als Konsequenz aus dem drohenden EU-Vertragsverletzungsverfahren[20] sowie aus dem EuGH-Urteil „*REWE Zentralfinanz*"[21], wurde der deutsche Gesetzgeber gezwungen § 2a EStG europarechtskonform auszugestalten. Daneben wurden auch die Regelungen zum Progressionsvorbehalt in § 32b Abs. 1 S. 2 EStG konkretisiert. Die Neuregelungen sind nach § 52 Abs. 43a EStG erstmals ab dem VZ 2008 anzuwenden.

Die **Europarechtskonformität** des § 2a EStG wird nunmehr dadurch erreicht, dass der Anwendungsbereich des § 2a EStG ausschließlich auf Drittstaaten begrenzt wurde. Bereits die Überschrift des § 2a EStG – „Negative Einkünfte mit Bezug zu Drittstaaten" – lässt eine ausschließliche Anwendung des § 2a EStG gegenüber Drittstaaten erkennen. Was unter einem Drittstaat zu verstehen ist, regelt § 2a Abs. 2a EStG. Hierunter fallen Staaten, die kein Mitgliedstaat der EU sind (§ 2a Abs. 2a Nr. 1 EStG). Drittstaaten-Körperschaften und Drittstaaten-Kapitalgesellschaften werden als solche definiert, die *weder* Geschäftsleitung *noch* Sitz in einem EU-Mitgliedstaat haben (§ 2a Abs. 2a Nr. 2 EStG).

Nach § 2a Abs. 2a S. 2 EStG sind **EWR-Staaten**[22] den EU-Staaten gleichgestellt, sofern zwischen dem EWR-Staat und Deutschland ein Amtshilfeabkommen abgeschlossen worden ist oder eine vergleichbare zwei- oder mehrseitige Vereinbarung geschlossen wurde, wonach Auskünfte erteilt werden, die erforderlich sind, um die Besteuerung durchzuführen. Sowohl zwischen Deutschland und Island als auch zwischen Deutschland und Norwegen besteht eine derartige Verpflichtung. Das Abkommen über die Zusammenarbeit und den Informationsaustausch in

---

[19] BFH v. 30. 8. 1995, I R 77/94, BStBl. II 1996, S. 122.
[20] EU-Kommission v. 18. 10. 2007, IP/07/1547.
[21] EuGH v. 29. 3. 2007, C-347/04 (*REWE Zentralfinanz*), IStR 2007, S. 291.
[22] Zum EWR gehören Island, Norwegen und Liechtenstein.

Steuersachen"[23] zwischen Deutschland und dem EWR-Staat **Liechtenstein** wurde am 2. September 2009 unterzeichnet. Das Abkommen ist am 28. Oktober 2010 in Kraft getreten und gilt für die Veranlagungszeiträume ab 2010[24], so dass Liechtenstein ab dem Veranlagungszeitraum 2010 für Zwecke der Anwendung des § 2a EStG als EWR-Staat den EU-Staaten gleichgestellt ist, § 2a Abs. 2a S. 2 EStG. Für den Veranlagungszeitraum 2009 dürfte Liechtenstein – mangels Anwendbarkeit jenes Abkommens – dagegen als Drittstaat i. S. d. § 2a Abs. 2a EStG zu qualifizieren sein. Die Qualifikation als Drittstaat oder EU-/EWR-Staat ist zudem entscheidend für die Anwendung des Progressionsvorbehalts, da § 32b Abs. 1 S. 3 EStG auf die Definition des § 2a Abs. 2a EStG zurückgreift.

I. Grenzüberschreitende Verlustverrechnung innerhalb der EU/des EWR

1. Verhältnis: Freistellungsmethode und Verlustnutzung

Nach deutscher DBA-Politik wird die Doppelbesteuerung von ausländischen Unternehmensgewinnen grundsätzlich nach der Freistellungsmethode i. S. d. Art. 23 A OECD-MA vermieden. Deutschland behält sich aber regelmäßig das Recht vor, die ausländischen Einkünfte bei der Ermittlung des Steuersatzes zu erfassen. Diesen Anspruch schöpft Deutschland über § 32b Abs. 1 Nr. 3 EStG aus.

Nunmehr definiert der Gesetzgeber erstmals in einem neuen Satz 2 in § 32b Abs. 1 EStG i. d. F. des JStG 2009, welche Einkünfte (Nr. 1 bis Nr. 5) dem Progressionsvorbehalt nicht unterliegen sollen und schränkt damit die Reichweite des § 32b Abs. 1 Nr. 3 EStG ein. Der Begriff „Einkünfte" umfasst hierbei sowohl positive als auch negative Einkünfte[25], so dass die Regelung sowohl auf den positiven als auch auf den negativen Progressionsvorbehalt durchschlägt.

§ 32b Abs. 1 S. 2 EStG differenziert hierbei zwischen dem EU-/EWR-Fall und dem Drittstaatsfall, so dass es sich anbietet, diese Unterscheidung fortfolgend zu übernehmen. Die nachfolgenden Ausführungen beschränken sich dabei auf die beiden wichtigsten Einkunftsquellen, nämlich auf die steuerrechtliche Behandlung von Einkünften aus einer gewerblichen Betriebsstätte (§ 32b Abs. 1 S. 2 Nr. 2) sowie von Einkünften aus der Vermietung oder Verpachtung (§ 32b Abs. 1 S. 2 Nr. 3).

a) Einkünfte aus einer gewerblichen Betriebsstätte

Nach dem Wortlaut des § 32b Abs. 1 S. 2 Nr. 2 EStG gilt der Progressionsvorbehalt „*nicht* für Einkünfte aus einer *anderen als in einem Drittstaat* belegenen gewerblichen Betriebsstätte, *die nicht* die Voraussetzungen des § 2a Abs. 2 S. 1 [EStG] erfüllt."

Bei wortgetreuer Auslegung regelt § 32b Abs. 1 S. 2 Nr. 2 EStG, dass der (positive wie negative) Progressionsvorbehalt ausscheidet, wenn die Einkünfte aus einer in einem EU-/EWR-Staat belegenen gewerblichen Betriebsstätte stammen, die wiederum nicht die Voraussetzungen des § 2a Abs. 2 S. 1 EStG erfüllt.

Der Verweis auf § 2a Abs. 2 S. 1 EStG verwirrt in diesem Zusammenhang, denn jener gilt ausschließlich im Bezug zu Drittstaaten. Daraus aber den Schluss zu ziehen, dass § 2a EStG innerhalb der EU/des EWR keine Anwendung findet, erscheint insoweit als verfrüht. Denn sofern man

---

[23] Abrufbar unter www.bundesfinanzministerium.de; vgl. dazu *Hosp/Moosbrugger*, IWB F. 5, Gr. 2, S. 37.

[24] Vgl. Pressemitteilung des BMF v. 28. 10. 2009, Nr. 42/2009.

[25] *Weber-Greller* in Schmidt, EStG, 29. Auflage, 2010 § 2 EStG Rz. 10; *Orth*, Verlustverwertungsstrategien, in: Kessler/Kröner/Köhler (Hrsg.) Konzernsteuerrecht National – International, C.H. Beck-Verlag, München 2008, S. 986 Rz. 53; statt vieler: BFH v. 11. 3. 1970, I B 3/69, BStBl. II 1970, S. 569; BFH v. 30. 9. 1997, IX R 80/94, BStBl. II 1998, S. 771; BFH v. 29. 5. 2001, VIII R 43/00, BFH/NV 2002, S. 14.

dieser Ansicht folgt, würde die Anwendung der Produktivitätsklausel des § 2a Abs. 2 S. 1 EStG innerhalb der EU/des EWR vollkommen ins Leere laufen. Nach der hier vertretenden Auffassung stellt der Verweis auf § 2a Abs. 2 S. 1 EStG auf die dort aufgeführten Tätigkeiten und nicht auf den Ausübungsort ab.[26]

Damit unterliegen nur aktive Einkünfte i. S. d. Produktivitätsklausel des § 2a Abs. 2 S. 1 EStG dem (positiven und negativen) Progressionsvorbehalt. Passive Einkünfte bleiben hingegen nach dem Willen des Gesetzgebers vom (negativen) Progressionsvorbehalt ausgeschlossen. Hieraus resultiert allerdings das widersinnige Ergebnis, dass durch den Ausschluss des Progressionsvorbehalts passive positive Einkünfte aus einer EU/EWR-Betriebsstätte steuerrechtlich besser gestellt werden als aktive positive Einkünfte derselben EU/EWR- Betriebsstätte.[27]

Die **Europarechtskonformität** des Ausschlusses passiver Einkünfte vom negativen Progressionsvorbehalt soll nach Auffassung des Gesetzgebers[28] dadurch erreicht werden, dass im Gegenzug positive (passive) Einkünfte nicht dem positiven Progressionsvorbehalt unterliegen.[29] Anscheinend geht der Gesetzgeber davon aus, dass der negative Progressionsvorbehalt das deutsche Steueraufkommen stärker tangiert, als der positive Progressionsvorbehalt es auszugleichen vermag.[30] Offen bleibt, ob sich hier nicht dennoch das Problem einer Beschränkung der Grundfreiheiten des AEUVV ergeben könnte. Denn durch den Ausschluss des negativen Progressionsvorbehalts werden Inländer von Investitionen in eine passive EU-/EWR-Betriebsstätte abgehalten, während dies im innerstaatlichen Verhältnis nicht erfolgt. Im Verlustfall wird die Investition in eine passive EU-/EWR-Betriebsstätte unter Umständen steuerrechtlich schlechter gestellt, als die Investition in eine inländische Betriebsstätte, wenn nicht gemäß der Lidl-Entscheidung des EuGH[31] ein Abzug des Verlustes im Inland erfolgen kann.[32] U. E. stellt diese unterschiedliche Behandlung einen wiederholten Eingriff in die Grundfreiheiten des AEUVV dar.

---

[26] Gl.A. *Wittkowski/Lindscheid*, IStR 2009, S. 227; *Schmidt/Heinz*, IStR 2009, S. 45.

[27] Hieraus resultiert das sinnwidrige Ergebnis, dass Inländer angeregt werden, in eine passive Betriebsstättentätigkeit im EU/EWR-Ausland zu investieren.

[28] BR-Drs. 545/08, S. 65.

[29] BR-Drs. 545/08, S. 65, 77.

[30] Vgl. *Holthaus*, DStZ 2009, S. 191.

[31] EuGH v. 15. 5. 2008, C-414/06 (*Lidl Belgium*), IStR 2008, S. 400; vgl. hierzu auch BFH v. 17. 7. 2008, I R 84/04, DStR 2008, S. 1869; Nichtanwendungsschreiben BMF v. 13. 7. 2009, IV B 5 – S 2118 – a/07/10004, DStR 2009, S. 1585; FG Hamburg v. 18. 11. 2009, 6 K 147/08, BeckRS 2009 26028085 (Rev. anhängig unter BFH, I R 107/09); *Schwenke*, Ubg 2010, S. 325; *Goebel/Liedtke/Schmidt*, IWB Fach 3a Gruppe 1, S. 179.

[32] Ausführliche Diskussion *Gebhardt/Quilitzsch*, IStR 2010, S. 390.

Für den EU-/EWR-Fall ergibt sich das folgende Prüfungsschema:

```
        ┌─────────────────────────────────┐
        │   Einkünfte aus einer gewerblichen │
        │        EU/EWR-Betriebsstätte      │
        └─────────────────┬───────────────┘
                          │
        ┌─────────────────▼───────────────┐
        │       DBA-Freistellungsmethode    │
        └─────────────────┬───────────────┘
                          │
        ┌─────────────────▼───────────────────────┐
        │ Produktivitätsklausel des § 2a Abs. 2 EStG erfüllt? │
        └──────┬──────────────────────────┬───────┘
               │                          │
         ┌─────▼─────┐              ┌─────▼─────┐
         │    Ja     │              │   Nein    │
         └─────┬─────┘              └─────┬─────┘
               │                          │
    ┌──────────▼──────────┐   ┌───────────▼──────────┐
    │ Positiver und negativer │   │ Kein positiver und negativer │
    │ Progressionsvorbehalt   │   │ Progressionsvorbehalt        │
    └─────────────────────┘   └──────────────────────┘
```

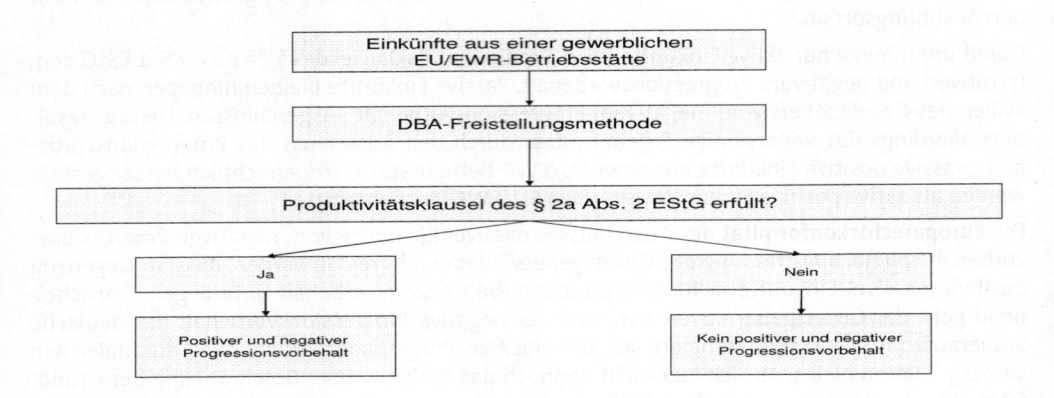

Abb. 1: Progressionsvorbehalt bei Einkünften aus einer EU-/EWR-Betriebsstätte

b) Einkünfte aus der Vermietung oder der Verpachtung

Entgegen der Verweistechnik bei den Einkünften aus einer gewerblichen Betriebsstätte, regelt der Gesetzgeber in § 32b Abs. 1 S. 2 Nr. 3 EStG nunmehr, dass der Progressionsvorbehalt bei Einkünften aus der Vermietung oder Verpachtung von unbeweglichem Vermögen und Sachinbegriffen bei Anwendung der Freistellungsmethode nicht mehr zur Anwendung gelangt, *wenn sich das unbewegliche Vermögen oder die Sachinbegriffe innerhalb eines EU-/EWR-Staates befinden.*

Die Doppelbesteuerung von Einkünften aus unbeweglichem Vermögen wird nach der bisherigen deutschen Abkommenspolitik grundsätzlich durch Anwendung der Freistellungsmethode i. S. d. Art. 23 A OECD-MA vermieden.[33] Unbeschränkt Steuerpflichtige haben für ausländische Vermietungseinkünfte mit dem Wegfall des positiven Progressionsvorbehalts zukünftig einen Steuervorteil. Die Kehrseite ist allerdings, dass dadurch auch die Möglichkeit des negativen Progressionsvorbehalts entfallen ist.

Zu beachten ist, dass gem. § 32b Abs. 1 S. 2 Nr. 3 EStG der Ausschluss vom Progressionsvorbehalt nur dann greifen soll, wenn der Steuerpflichtige (ausländische) Einkünfte aus der Vermietung *oder* der Verpachtung i. S. d. § 34d Nr. 7 i. V. m. § 21 EStG generiert. § 32b Abs. 1 S. 2 Nr. 3 EStG beschreibt keine Einkunftsart, sondern vielmehr eine Einkunftsquelle.[34] Damit erfasst § 32b Abs. 1 S. 2 Nr. 3 u. E. auch jene Fälle in denen zwar Einkünfte aus Vermietung und Verpachtung i. S. d. § 21 Abs. 1 EStG generiert werden, aber über die Subsidiaritätsvorschrift des § 21 Abs. 3 EStG jene Einkünfte in Einkünfte aus Gewerbebetrieb i. S. d. § 15 EStG umqualifiziert werden.

---

[33] Lediglich die DBA-Finnland und DBA-Spanien schreiben die Anwendung der Anrechnungsmethode vor, vgl. hierfür Punkt C. I. 2.; wird das unbewegliche Vermögen über eine Personengesellschaft gehalten vgl. Entwurf eines BMF-Schreibens v. 10. 5. 2007, IV B 4 – S 1300/07/0006.

[34] Wohl a. A. *Holthaus*, DStZ 2009, S. 192; § 32b Abs. 1 S. 2 Nr. 3 EStG sollte u. E. vor dem Hintergrund des § 2a Abs. 1 Nr. 6 lit. a EStG betrachtet werden, vgl. auch *Heinicke* in *Schmidt*, EStG, 29. Auflage, 2010 § 2a EStG Rz. 6.

Fall 1
An der XY GmbH & Co. KG sind die beiden Kommanditisten X und Y beteiligt. In die Komplementärstellung tritt die XY-GmbH[35], an der X und Y zu jeweils 50 % beteiligt sind. Die Geschäftsführung der KG wird durch die XY-GmbH wahrgenommen. Unternehmenszweck der KG ist die Vermietung einer im EU-Staat Z belegenen Immobilie. Deutschland hat mit dem EU-Staat Z ein dem OECD-MA entsprechendes DBA abgeschlossen, wonach Art. 6 DBA dem Belegenheitsstaat das Besteuerungsrecht zuweist.[36] Deutschland vermeidet die Doppelbesteuerung aus der Vermietung der Immobilie mittels Freistellungsmethode i. S. d. Art. 23 A OECD-MA. Fraglich erscheint, ob die Freistellung unter dem Progressionsvorbehalt erfolgt.

Lösung:
Die Einkünfte stellen nach nationalem Recht bei den Gesellschaftern Einkünfte aus Gewerbebetrieb dar, § 15 Abs. 3 Nr. 2 EStG. Der Ausschlusstatbestand des § 32b Abs. 1 S. 2 Nr. 3 EStG dürfte erfüllt sein, da jener lediglich eine Einkunftsquelle beschreibt. Die Einkünfte erfüllen die sachliche Voraussetzung von Vermietungseinkünften, werden sodann in einem weiteren Schritt aber in Einkünfte aus Gewerbebetrieb umqualifiziert, § 21 Abs. 3 i. V. m. § 15 Abs. 3 Nr. 2 EStG. Die Einkünfte dürften somit bei der Ermittlung des Steuersatzes nicht zu berücksichtigen sein, § 32b Abs. 1 Nr. 3 EStG. Etwaige negative ausländische Vermietungseinkünfte sind damit im Rahmen des negativen Progressionsvorbehalts ebenfalls nicht berücksichtigungsfähig.

Aus dem Blickwinkel eines unbeschränkt Steuerpflichtigen, der keine im EU-/EWR-Ausland belegene (gewerbliche) Betriebsstätte begründet, gilt das folgende Prüfungsschema:[37]

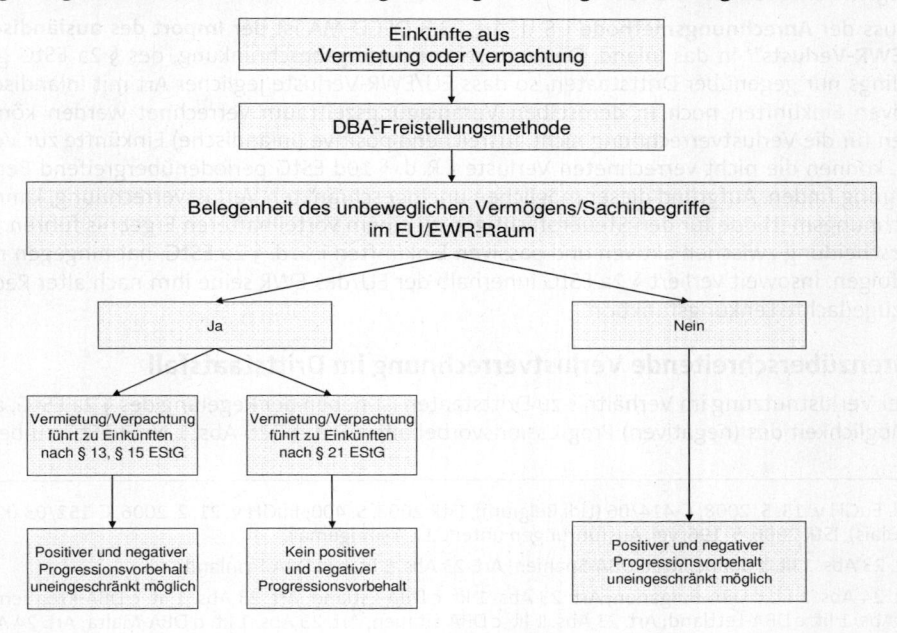

Abb. 2: Progressionsvorbehalt bei Einkünften aus der Vermietung oder der Verpachtung

---

[35] Beteiligung an der KG mit 0 %.

[36] Zur Finanzverwaltungsauffassung vgl. Entwurf eines Schreibens zur Anwendung der DBA auf Personengesellschaften vom 10. 5. 2007, Tz. 2.2.1; ferner BMF-Schreiben v. 24. 9. 1999, IV D 3 - S 1301 Ung - 5/99, IStR 2000, S. 627.

[37] Zum Drittstaatsfall vgl. Punkt C. II.

Auch hier kann die Frage der Europarechtskonformität der Regelung gestellt werden. Bspw. wird der EU-Inländer davon abgehalten, in der EU/dem EWR belegenes unbewegliches Vermögen zu erwerben, während eine solche Beschränkung im innerstaatlichen Verhältnis nicht besteht. Gerade im Verlustfall kann es zu einer Ungleichbehandlung sowie zu einer Beschränkung der Grundfreiheiten des AEUV kommen.[38]

2. Verhältnis: Anrechnungsmethode und Verlustnutzung

Grundsätzlich wird die Doppelbesteuerung von Betriebsstätteneinkünften und Einkünften aus unbeweglichem Vermögen innerhalb der EU/des EWR mittels der Freistellungsmethode vermieden, Art. 23 A OECD-MA. Unterschiede ergeben sich allerdings bei Einkünften aus unbeweglichem Vermögen im DBA-Spanien und DBA-Finnland. Hier hat Deutschland die Anrechnungsmethode vereinbart.[39] Weiterhin wird nach einigen DBA[40] die Freistellungsmethode nur unter einem **Aktivitätsvorbehalt**[41] gewährt. Daneben ist mittlerweile auch der Trend zu beobachten, dass durch nationale **Treaty Overrides**[42] der Anwendungsbereich der Freistellungsmethode immer mehr durch die Anrechnungsmethode zurückgedrängt wird. Damit ist der Anwendungsfall der Anrechnungsmethode innerhalb der EU/des EWR nicht gerade unwahrscheinlich. Auf diese Entwicklung wird spätestens bei der Identifikation von (grundlegenden) Verlustnutzungsstrategien zurück zu kommen sein.

Ausfluss der **Anrechnungsmethode** i. S. d. Art. 23 B OECD-MA ist der **Import des ausländischen EU-/EWR-Verlusts**[43] in das Inland. Die Verlustverrechnungsbeschränkung, des § 2a EStG greift allerdings nur gegenüber Drittstaaten, so dass EU/EWR-Verluste jeglicher Art mit inländischen positiven Einkünften noch in demselben Veranlagungszeitraum verrechnet werden können. Stehen für die Verlustverrechnung nicht ausreichend positive (inländische) Einkünfte zur Verfügung, können die nicht verrechneten Verluste i. R. d. § 10d EStG periodenübergreifend Berücksichtigung finden. Aufgrund dieser möglichen uneingeschränkten Verlustverrechnung, kann die Anrechnungsmethode für den Steuerpflichtigen zu einem vorteilhaften Ergebnis führen. Eine Unterscheidung zwischen aktiven und passiven Einkünften i. S. d. § 2a EStG, hat hingegen nicht zu erfolgen. Insoweit verliert § 2a EStG innerhalb der EU/des EWR seine ihm nach alter Rechtslage zugedachte Lenkungsfunktion.

II. Grenzüberschreitende Verlustverrechnung im Drittstaatsfall

Bei der Verlustnutzung im Verhältnis zu Drittstaaten ist neben der Regelung des § 2a EStG, auch die Möglichkeit des (negativen) Progressionsvorbehalts i. S. d. § 32b Abs. 1 Nr. 3 EStG zu beach-

---

[38] Vgl. EuGH v. 15. 5. 2008, C-414/06 (Lidl Belgium), IStR 2008, S. 400; EuGH v. 21. 2. 2006, C-152/03 (Ritter-Coulais), IStR 2006, S. 196, vgl. Ausführungen unter C.I.1.a sinngemäß.

[39] Art. 23 Abs. 1 lit. b doppelit. ee DBA-Spanien; Art. 23 Abs. 5 lit. b iii DBA-Finnland.

[40] Art. 24 Abs. 1 lit. c DBA-Bulgarien; Art. 23 Abs. 1 lit. c DBA-Estland; Art. 23 Abs. 1 lit. c DBA-Kroatien; Art. 23 Abs. 1 lit. c DBA-Lettland; Art. 23 Abs. 1 lit. c DBA-Litauen; Art. 23 Abs. 1 lit. d DBA-Malta; Art. 24 Abs. 1 lit. c DBA-Polen; Art. 23 Abs. 2 lit. c DBA-Rumänien; Art. 23 Abs. 1 lit. c DBA-Slowenien; Art. 23 Abs. 1 lit. c DBA-Tschechoslowakei; Art. 23 Abs. 1 lit. c DBA-Ungarn; Protokoll Ziff. 5 zu Art. 23 DBA-Finnland; Protokoll Ziff. 8 zu Art. 24 DBA-Portugal; Protokoll Ziff. 3 zu Art. 23 DBA-Zypern.

[41] Vgl. *Köhler*, Steuersystematische Analyse der Aktivitätsvorbehalte in deutschen DBA als Basis internationaler Steuergestaltungsüberlegungen, in *Grotherr*, Handbuch der internationalen Steuerplanung, 3. Auflage.

[42] Bspw. § 50d Abs. 9 EStG, § 20 Abs. 2 AStG.

[43] Grundsätzlich ist unter diesen Fall auch der Nicht-DBA-Fall zu erfassen. Allerdings besteht ein solcher innerhalb der EU/EWR nicht.

ten. Durch § 32b Abs. 1 S. 2 EStG hat der Gesetzgeber jedoch mehrere Tatbestände geregelt, in denen der Progressionsvorbehalt nicht angewendet werden soll. Im Zusammenspiel des § 32b Abs. 1 S. 2 EStG mit § 2a EStG dürften sich im Vergleich zum EU-/EWR-Fall tiefgreifende – und zum Teil auch widersinnige – Unterschiede ergeben.

1. Verhältnis: Freistellungsmethode und Verlustnutzung

a) Einkünfte aus einer gewerblichen Betriebsstätte

Bei Anwendung der Freistellungsmethode kann ein ausländischer Verlust noch im Rahmen des negativen Progressionsvorbehalts berücksichtigt werden. Nach bisheriger BFH-Rechtsprechung[44] schlug die Verrechnungsbeschränkung – und damit auch die Produktivitätsklausel des § 2a EStG – auf den negativen Progressionsvorbehalt durch. Im Ergebnis macht diese Auslegung Sinn, da es nur schwer verständlich ist, warum bei Anwendung der Anrechnungsmethode i. S. d. Art. 23 B OECD-MA oder bei Nicht-Bestehen eines DBA die Beschränkung des § 2a EStG greifen soll, während bei Nutzung der Freistellungsmethode i. S. d. Art. 23 A OECD-MA jene passive Verluste i. S. d. § 2a EStG ohne jede Einschränkung berücksichtigt werden sollen.

Nach der bislang in der Literatur[45] vertretenen Auffassung, soll § 32b Abs. 1 S. 2 Nr. 2 EStG an der alten Rechtslage nichts ändern. Jedoch ergibt sich bei wörtlicher Auslegung u. E. ein anderes Ergebnis.

Zunächst ist zu berücksichtigen, dass der Gesetzgeber durch die Neuregelung des § 32b Abs. 1 S. 2 EStG verbindlich – und vor allem abschließend (!) – *zum ersten Mal* festgeschrieben hat, in welchen Fällen er von der Anwendung des Progressionsvorbehalts absehen will. Nach § 32b Abs. 1 S. 2 Nr. 2 EStG soll der (positive und negative) Progressionsvorbehalt *„nicht für Einkünfte aus einer anderen* als in einem *Drittstaat* belegenen gewerblichen Betriebsstätte" (also einer EU-/EWR-Betriebsstätte) gelten. Weiteres Erfordernis für die Nutzung des Progressionsvorbehalts einer in der EU/im EWR belegenen gewerblichen Betriebsstätte ist, dass jene aktive Einkünfte i. S. d. § 2a Abs. 2 S. 1 EStG generiert. Der Relativsatz – *„die nicht die Voraussetzungen des § 2a Abs. 2 S. 1 erfüllt"* – bezieht sich aber ausschließlich auf eine *andere als in einem Drittstaat* belegene Betriebsstätte – also auf eine EU-/EWR-Betriebsstätte und damit auf keine Drittstaats-Betriebsstätte.

Im Ergebnis gibt der Gesetzgeber in § 32b Abs. 1 EStG ein *zweistufiges Prüfungsschema* vor. Zunächst sind grundsätzlich die gesamten (ausländischen) Einkünfte nach § 32b Abs. 1 Nr. 3 EStG bei der Bemessung des Steuersatzes zu erfassen. Erst in einem zweiten Prüfungsschritt sind die Voraussetzungen des § 32b Abs. 1 S. 2 EStG unter der Beachtung des § 2a EStG zu prüfen. Sofern hier den Voraussetzungen nicht entsprochen wird, schlägt die Anwendung des Progressionsvorbehalts insgesamt fehl.

Diese Überlegungen führen jedoch zu dem verwirrenden Ergebnis, dass der (positive wie negative) Progressionsvorbehalt im Verhältnis zu Drittstaaten ohne jede Einschränkung zur Anwendung gelangt.[46] Die Verlustverrechnungsbeschränkung des § 2a EStG greift u. E. hier nicht, so dass zukünftig in Drittstaatsfällen keine Unterscheidung zwischen aktiven und passiven Einkünften im Sinne der Produktivitätsklausel des § 2a EStG zu erfolgen hat.

---

[44] BFH v. 17. 10. 1991, I R 182/87, DStR 1991, S. 113; BFH v. 20. 9. 2006, I R 13/02, BFH/NV 2007, S. 410.
[45] So jedenfalls *Wittkowski/Lindscheid*, IStR 2009, S. 229; *Wichert*, NWB 2009, S. 532 f.; *Holthaus*, DStZ 2009, S. 190; *Grotherr*, IWB F. 3 Gr. 1, S. 2375.
[46] *Goebel/Schmidt*, IStR 2009, S. 620; zustimmend *Richter*, IStR 2010, S. 1.

Dieser Auffassung ist bislang entgegengehalten worden, dass § 2a EStG bereits bei der Ermittlung des Steuersatzes i. S. d. § 32b Abs. 1 Nr. 3 EStG (*erste Prüfungsebene*) zu beachten sei.[47] Die „Ergänzung" des § 32b Abs. 2 S. 2 (Nr. 2) EStG wird hierbei lediglich als *weitere* Einschränkung des § 32b Abs. 1 Nr. 3 EStG verstanden. Daraus soll sich die unweigerliche Konsequenz ergeben, dass bei passiven Einkünften i. S. d. § 2a EStG die Anwendung des negativen Progressionsvorbehalts (wie bereits auch nach alter Rechtslage) entfällt.[48] Diese Rechtsauffassung mit der einhergehenden Verknüpfung zwischen § 32b Abs. 1 Nr. 3 EStG und § 2a EStG resultiert allerdings aus der bis dato ergangenen BFH-Rechtsprechung. Mit dem JStG 2009 überlässt es der Gesetzgeber aber nicht mehr der Rechtsprechung den Umfang des § 32b Abs. 1 Nr. 3 EStG zu definieren, sondern nimmt diese Aufgabe in § 32b Abs. 1 S. 2 EStG selbst wahr. Der Gesetzgeber gibt in § 32b Abs. 1 EStG nunmehr eine klare Prüfungsreihenfolge vor. Welche Einkünfte tatsächlich von § 32b Abs. 1 Nr. 3 EStG erfasst werden, regelt zukünftig § 32b Abs. 1 S. 2 EStG und nicht mehr die bisher ergangene BFH-Rechtsprechung. Die Anwendung des § 2a EStG erfolgt damit erst auf der *zweiten Prüfungsebene*, § 32b Abs. 1 S. 2 (Nr. 2) EStG.[49]

Es kann durchaus die Frage nach der **Europatauglichkeit** dieser Auffassung gestellt werden.[50] Nach der hier vertretenen Auffassung sind europarechtliche Bedenken durch einen Eingriff in die Grundfreiheiten des AEUV nicht ersichtlich. Der AEUV bzw. der EuGH zwingt den deutschen Gesetzgeber (bislang) nicht, den Drittstaatsfall steuerlich schlechter zu stellen, als den reinen EU-Fall.

Es kann durchaus unterstellt werden, dass die Finanzverwaltung bestrebt sein wird, die alte BFH-Rechtsprechung[51] auch bei Auslegung des § 32b Abs. 1 S. 2 Nr. 2 EStG zur Anwendung zu bringen. Doch sofern ausdrücklich gesetzlich geregelt ist, in welchen Fällen der Progressionsvorbehalt *nicht* anzuwenden ist, kann nicht über die Hintertür auf die zur alten Rechtslage ergangene BFH-Rechtsprechung zurückgegriffen werden. Denn es wäre für den Gesetzgeber ebenfalls ein Leichtes gewesen, die Verlustverrechnungsbeschränkung des § 2a EStG ausdrücklich (!) auf Drittstaaten in § 32b Abs. 1 S. 2 EStG auszudehnen. Der Gesetzgeber[52] muss sich demnach am Wortlaut messen lassen.[53] Auf die bis dato ergangene BFH-Rechtsprechung insbesondere zum negativen Progressionsvorbehalt kann u. E. in den vom Gesetzgeber ausdrücklich bestimmten Fällen *nicht* zurückgegriffen werden.[54]

Vergleicht man den EU-/EWR-Fall mit dem Drittstaatsfall so verwundert es, dass der Drittstaatsfall gegenüber dem EU-/EWR-Fall steuerrechtlich privilegiert wird. Der Gesetzeswortlaut widerspricht hier eindeutig der bislang geltenden BFH-Rechtsprechung[55] und Finanzverwaltungspra-

---

[47] *Wittkowski/Lindscheid*, IStR 2009, S. 621.
[48] *Wittkowski/Lindscheid*, IStR 2009, S. 229; *Wittkowski/Lindscheid*, IStR 2009, S. 621.
[49] Vgl. auch *Gebhardt/Quilitzsch*, IStR 2010, S. 390.
[50] *Wittkowski/Lindscheid*, IStR 2009, S. 621.
[51] BFH v. 17. 10. 1991, I R 182/87, DStR 1991, S. 113; BFH v. 20. 9. 2006, I R 13/02, BFH/NV 2007, S. 410.
[52] Auch die Gesetzesbegründung (BT-Drs. 545/08, S. 65) widerspricht dem hier hergeleiteten Ergebnis nicht. Danach ist der (positive bzw. negative) Progressionsvorbehalt bei bestimmten Tatbeständen, die *innerhalb* der EU verwirklicht werden, ausgeschlossen. Im Umkehrschluss bedeutet dies wiederum, dass gerade im Bezug zu Drittstaaten der Progressionsvorbehalt ohne die Einschränkung des § 2a EStG anzuwenden ist.
[53] Vgl. *Drüen* in *Tipke/Kruse*, AO/FGO, § 4 Rz. 233 ff., 340; *Pahlke* in *Pahlke/König*, Abgabenordnung, § 4 AO Rz. 93 ff., 104 ff.
[54] *Goebel/Schmidt*, IStR 2009, S. 620; zustimmend *Richter*, IStR 2010, S. 1.
[55] BFH v. 17. 10. 1991, I R 182/87, DStR 1991, S. 113; BFH v. 20. 9. 2006, I R 13/02, BFH/NV 2007, S. 410.

xis[56], so dass in Zukunft die Anwendung des negativen Progressionsvorbehalts bezüglich des Drittstaatsfalls erhebliches Streitpotential beinhalten dürfte. Obwohl sich hier ein sinnwidriges Ergebnis ergibt, passt die aufgezeigte Auslegung in das Gesamtkonzept des § 32b Abs. 1 S. 2 EStG. Denn in Nr. 1 (Einkünfte aus einer land- und forstwirtschaftlichen Betriebsstätte) oder in Nr. 3 (Einkünfte aus Vermietung oder Verpachtung[57]) will der Gesetzgeber den Progressionsvorbehalt explizit nicht innerhalb der EU-/des EWR anwenden. Dieses Ergebnis muss aber dann konsequenterweise bedeuten, dass jener im Verhältnis zu Drittstaaten – ohne jede Einschränkung (!) – zu berücksichtigen ist.

b) Einkünfte aus der Vermietung oder der Verpachtung

Während innerhalb der EU/des EWR weder der positive noch der negative Progressionsvorbehalt eine Rechtswirkung entfaltet, ist es zumindest fraglich, ob die Verlustbeschränkung des § 2a EStG im Bezug zu Drittstaaten weiterhin Beachtung findet.

Nach § 32b Abs. 1 S. 2 Nr. 3 EStG gilt der Progressionsvorbehalt „*nicht* für Einkünfte aus der Vermietung oder der Verpachtung von unbeweglichem Vermögen oder von Sachinbegriffen, wenn diese in einem anderen Staat als *in einem Drittstaat* belegen sind". Aus dem Wortlaut folgt, dass der Progressionsvorbehalt nur dann nicht anzuwenden ist, wenn das unbewegliche Vermögen sich „in einem *anderen* Staat als in einem Drittstaat" (also: EU-/EWR-Staat) befindet. Bedient man sich hier wieder der Technik des Umkehrschlusses, so regelt der Gesetzgeber, dass der Progressionsvorbehalt aber gerade gegenüber Drittstaaten unverändert angewendet werden soll. U. E. wird dadurch indirekt bestimmt, dass § 2a EStG nicht auf die Anwendung des § 32b Abs. 1 S. 2 Nr. 3 EStG durchschlägt. Dies dürfte zur Folge haben, dass der (positive wie negative) Progressionsvorbehalt im Drittstaatsfall – ohne dass die Einschränkung des § 2a EStG zum Tragen kommt – anzuwenden ist.

Auch dieses Ergebnis verwundert, weicht es doch von der bislang praktizierten Rechtsprechung und Verwaltungsauffassung ab.[58] Demnach wird im Verlustfall der
EU-/EWR-Fall steuerlich ungünstiger als der Drittstaatsfall gestellt. Eine Unterscheidung zwischen aktiven und passiven Einkünften i. S. d. § 2a Abs. 1 Nr. 6 lit. a EStG ist u. E. für die Anwendung des Progressionsvorbehalts unbeachtlich.

2. Verhältnis: Anrechnungsmethode vs. Verlustnutzung

Im Verhältnis zu Drittstaaten greift die Einschränkung des § 2a EStG in vollem Umfang.

Hinsichtlich von Einkünften aus einer gewerblichen Betriebsstätte muss zukünftig zwischen aktiven und passiven Einkünften i. S. d. § 2a Abs. 1 EStG unterschieden werden. Lediglich im Falle aktiver Einkünfte kann es noch zu einer uneingeschränkten Verlustverrechnung im selben Jahr kommen, § 2a Abs. 2 S. 1 EStG. Liegen dagegen keine Einkünfte i. S. d. Produktivitätsklausel vor, so kann der ausländische Verlust nur innerhalb des Verlustverrechnungskreises des § 2a EStG verrechnet werden.

Bei Einkünften aus der Vermietung oder der Verpachtung von unbeweglichem Vermögen i. S. d. § 32b Abs. 1 S. 2 Nr. 3 EStG, greift die Verlustverrechnungsbeschränkung nach § 2a Abs. 1 Nr. 6 lit. a EStG, so dass (ausländische) Verluste hier nur innerhalb des Verlustverrechnungskreises berücksichtigt werden können.

---

[56] H 32b EStH („Ausländische Einkünfte" und „Ausländische Verluste").
[57] Vgl. Punkt C. II. 1 b).
[58] Vgl. BFH v. 12. 12. 1990, I R 176/87, BFH/NV 1991, S. 820; BFH v. 13. 5. 1993, IV R 69/92, BFH/NV 1994, S. 100.

III. Zwischenfazit und Prüfungsschema

1. Einkünfte aus gewerblichen Betriebsstätten

Nach den obigen Ausführungen ergibt sich nunmehr, dass innerhalb der **EU**/des **EWR** im Falle der Anwendung der *Anrechnungsmethode* zu einer uneingeschränkten grenzüberschreitenden Verlustverrechnung kommt. Die Qualifizierung der Einkünfte als passiv i. S. d. § 2a EStG hat keine Auswirkung auf deren Verlustverwertbarkeit. Kommt dagegen die *Freistellungsmethode* zur Anwendung, spielt es sehr wohl eine Rolle, ob die Einkünfte aktiver oder passiver Natur i. S. d. § 2a Abs. 2 S. 1 EStG sind. Während bei aktiven Einkünften noch ein negativer Progressionsvorbehalt möglich ist, kann ein solcher bei passiven Einkünften nicht beansprucht werden.

Im **Drittstaatsfall** verwirrt das gefundene Ergebnis. Denn hier könnte der EU/EWR-Fall bei Anwendung der *Freistellungsmethode* steuerlich schlechter gestellt werden als der Drittstaatsfall. Danach dürften ausländische Verluste im Rahmen des Progressionsvorbehalts, ungeachtet der Bestimmungen des § 2a EStG, in vollem Umfang genutzt werden können. Kommt dagegen die Anrechnungsmethode zur Anwendung, bleibt es bei der Verlustverrechnungsbeschränkung des § 2a EStG.

Für Einkünfte aus einer **ausländischen gewerblichen Betriebsstätte** ergibt sich somit das folgende (zusammenfassende) Prüfungsschema:

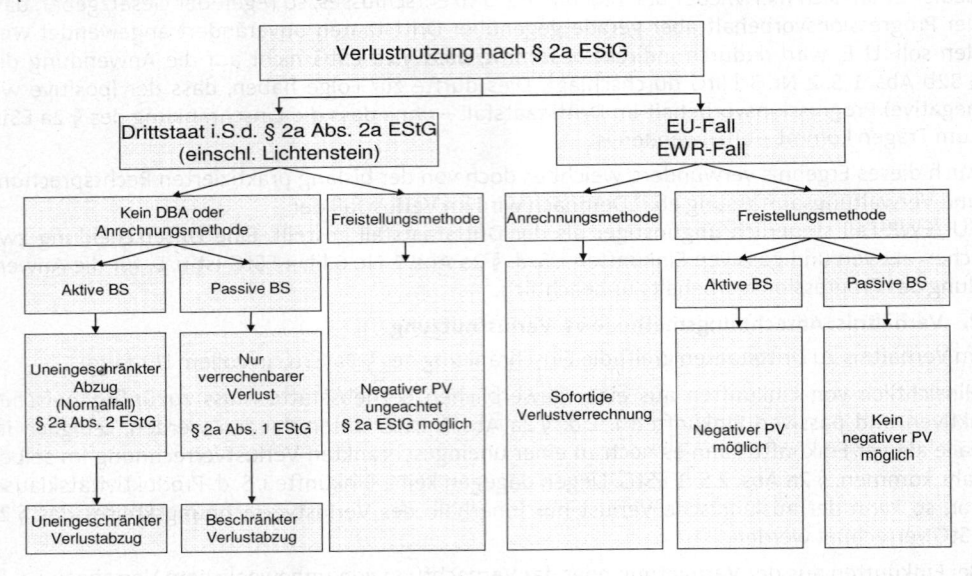

```
                        Verlustnutzung nach § 2a EStG
                         /                          \
     Drittstaat i.S.d. § 2a Abs. 2a EStG         EU-Fall
          (einschl. Lichtenstein)                EWR-Fall
         /                    \                 /           \
  Kein DBA oder         Freistellungs-   Anrechnungs-    Freistellungs-
  Anrechnungs-          methode          methode         methode
  methode
    /       \                               /               \
Aktive BS  Passive BS                  Aktive BS         Passive BS
    |         |                            |                 |
Uneinge-   Nur          Negativer PV   Sofortige
schränkter verrechen-   ungeachtet     Verlust-
Abzug      barer        § 2a EStG      verrechnung   Negativer PV   Kein
(Normalfall) Verlust    möglich                      möglich        negativer PV
§ 2a Abs. 2           § 2a Abs. 1 EStG                                möglich
EStG
    |         |
Uneinge-   Beschränkter
schränkter Verlustabzug
Verlust-
abzug
```

Abb. 3: Ausländische Verluste aus einer gewerblichen Betriebsstätte

2. Einkünfte aus der Vermietung oder der Verpachtung

Sofern bei Einkünften aus der Vermietung oder der Verpachtung i. S. d. § 32b Abs. 1 S. 2 Nr. 3 EStG innerhalb **der EU/des EWR** die *Anrechnungsmethode* zur Anwendung gelangt, ist eine uneingeschränkte (grenzübergreifende) Verlustverrechnung möglich. Die Qualifizierung der

Einkünfte als passiv i. S. d. § 2a EStG hat auch hier keine Auswirkung auf deren Verlustverwertbarkeit. Andererseits wird eine (grenzübergreifende) Verlustverrechnung durch den negativen Progressionsvorbehalt bei Anwendung *Freistellungsmethode* verhindert.

Auch hier verwirrt das gefundene Ergebnis im **Drittstaatsfall**. Denn hier könnte der EU-/EWR-Fall bei Anwendung der *Freistellungsmethode* steuerlich schlechter gestellt werden als der Drittstaatsfall, da der negative Progressionsvorbehalt ungeachtet des § 2a EStG möglich ist. Kommt dagegen die *Anrechnungsmethode* zur Anwendung, bleibt es bei der Verlustverrechnungsbeschränkung des § 2a EStG.

Für Einkünfte aus der Vermietung oder der Verpachtung von unbeweglichem Vermögen sich das folgende (zusammenfassende) Prüfungsschema:

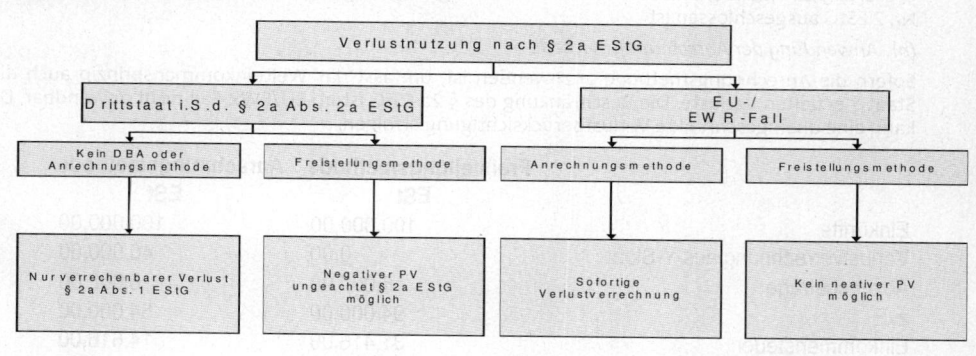

Abb. 4: Ausländische Verluste bei Einkünften aus der Vermietung oder der Verpachtung

D. Grenzübergreifende Verlustnutzungsstrategien

In einem nächsten Schritt ist der Frage nachzugehen, welche (grundlegenden) Verlustnutzungsstrategien aus der Änderung des § 32b Abs. 1 EStG und § 2a EStG durch das JStG 2009 erwachsen.[59] Die sich aus den bislang gefundenen Ergebnissen ergebende Konsequenz ist, dass die Anwendung der Anrechnungsmethode i. S. d. Art. 23 B OECD-MA innerhalb der EU/des EWR für den Steuerpflichtigen zu steueroptimalen Ergebnissen führen kann, während bezüglich zu Drittstaaten eher die Freistellungsmethode[60] i. S. d. Art. 23 A OECD-MA beansprucht werden sollte.

I. Gestaltungsempfehlungen im EU/EWR-Fall

Fall 2:
Der in Hamburg wohnende ledige X unterhält im EU-Staat Y eine gewerblich tätige Betriebsstätte, deren Gegenstand die Erzielung von passiven Einkünften i. R. d. § 2a Abs. 2 S. 1 EStG ist. In 2009 erzielte X vor-

---

[59] Zum ABC von Gestaltungsüberlegungen vgl. *Orth*, Verlustverwertungsstrategien, in: *Kessler/Kröner/Köhler* (Hrsg.) Konzernsteuerrecht National – International, C.H. Beck-Verlag, München 2008, S. 986.

[60] Dagegen ist bei aktiven Drittstaats-Betriebsstättenverlusten i. S. d. § 2a Abs. 2 EStG grundsätzlich die Anrechnungsmethode gegenüber der Freistellungsmethode von Vorteil.

aussichtlich steuerpflichtige inländische Einkünfte i. H. v. 100.000 €. Zwischen Deutschland und dem EU-Staat Y existiert ein dem OECD-MA entsprechendes DBA. Aus dieser Betriebsstätte erzielte X in 2009 einen Verlust i. H. v. 40.000 €. Steuern musste er in Y demnach nicht zahlen. Die in Deutschland berücksichtigungsfähigen Abzugsbeträge belaufen sich auf 6.000 €. Wie hoch wird die in Deutschland zu zahlende Einkommensteuer nach § 32a EStG sein, wenn das DBA D/Y-Staat (a) die Freistellungsmethode oder (b) die Anrechnungsmethode vorsieht?

Lösung:
(a) Anwendung der Freistellungsmethode
Folgend der Symmetriethese werden bei Anwendung der Freistellungsmethode auch die ausländischen Verluste von der inländischen Besteuerung freigestellt. Die Verlustberücksichtigung kann allenfalls durch Anwendung des negativen Progressionsvorbehalts erfolgen. Allerdings liegen hier passive Verluste i. S. d. § 2a Abs. 2 S. 1 EStG vor, so dass der negative Progressionsvorbehalt durch § 32b Abs. 1 S. 2 Nr. 2 EStG ausgeschlossen ist.

(b) Anwendung der Anrechnungsmethode
Sofern die Anrechnungsmethode anzuwenden ist, umfasst das Welteinkommensprinzip auch die im Staat Y erzielten Verluste. Die Beschränkung des § 2a EStG ist im EU/EWR-Fall nicht anwendbar. Damit kann eine uneingeschränkte Verlustberücksichtigung erfolgen.

	Freistellungsmethode ESt	Anrechnungsmethode ESt
Einkünfte	100.000,00	100.000,00
Verlustverrechnung aus Y-Staat	0,00	40.000,00
Abzugsbeträge	6.000,00	6.000,00
zvE	94.000,00	54.000,00
Einkommensteuer	31.416,00	14.616,00
Nettoeinkommen	**22.584,00**	**39.384,00**

Aufgrund der uneingeschränkten grenzüberschreitenden Verlustverrechnungsmöglichkeit, führt die Anwendung der Anrechnungsmethode innerhalb der EU/des EWR zu einem höheren Nettoeinkommen (39.384 €). Sofern der Verlust nicht in voller Höhe mit positiven Einkünften verrechnet werden kann, kommt nach § 10d EStG eine periodenübergreifende Verlustberücksichtigung in Betracht. Die Freistellungsmethode führt nach § 32b Abs. 1 S. 2 Nr. 2 EStG zu keiner Verlustberücksichtigung im Inland.

Aus diesen Überlegungen folgt, dass eine optimale Verlustnutzungsstrategie den Übergang zur abkommensrechtlichen Anrechnungsmethode durch die Inanspruchnahme von abkommensrechtlichen Aktivitätsklauseln oder nationaler Treaty Overrides in Erwägung ziehen könnte.

1. Anwendung von Aktivitätsklauseln und Subject-to-tax Klauseln

In der neueren deutschen Abkommenspolitik werden verstärkt Aktivitätsklauseln und Subject-to-tax Klauseln aufgenommen, die das Entstehen doppelt nichtbesteuerter Einkünfte bei Anwendung der Freistellungsmethode vermeiden sollen.

Aufgrund von Aktivitätsklauseln[61] werden Einkünfte aus ausländischen Betriebsstätten grundsätzlich nur dann von der inländischen Besteuerung freigestellt, wenn der Steuerpflichtige nachweist, dass die jeweilige Betriebsstätte mindestens 90 % ihrer Bruttoerträge aus „aktiven" Quellen erwirtschaftet. Sollte die Betriebsstätte die 10 %-Grenze der „passiven" Einkünfte nur infinitesimal überschreiten, erfolgt ein vollständiger Übergang zur Anrechnungsmethode. Wäh-

---

[61] Art. 24 Abs. 1 lit. c DBA-Bulgarien; Art. 23 Abs. 1 lit. c DBA-Estland; Art. 23 Abs. 1 lit. c DBA-Kroatien; Art. 23 Abs. 1 lit. c DBA-Lettland; Art. 23 Abs. 1 lit. c DBA-Litauen; Art. 23 Abs. 1 lit. d DBA-Malta; Art. 24 Abs. 1 lit. c DBA-Polen; Art. 23 Abs. 2 lit. c DBA-Rumänien; Art. 23 Abs. 1 lit. c DBA-Slowenien; Art. 23 Abs. 1 lit. c DBA-Tschechoslowakei; Art. 23 Abs. 1 lit. c DBA-Ungarn; Protokoll Ziff. 5 zu Art. 23 DBA-Finnland; Protokoll Ziff. 8 zu Art. 24 DBA-Portugal; Protokoll Ziff. 3 zu Art. 23 DBA-Zypern.

rend ältere DBA eine eigenständige Definition von „aktiven Einkünften" i. S. d. DBA[62] enthalten, greifen neuere DBA[63] regelmäßig auf den Aktivitätskatalog des § 8 Abs. 1 Nr. 1 – 6 AStG zurück. Die Passivität der Einkünfte i. R. d. § 8 Abs. 1 AStG könnte bspw. durch eine schädliche Mitwirkung erreicht werden.[64] Der damit verbundene Übergang zur Anrechnungsmethode ermöglicht die uneingeschränkte Verrechnung von ausländischen Verlusten.

Dagegen setzt eine Subject-to-tax Klausel[65] die Besteuerung im Ausland voraus. Mit anderen Worten gewährt Deutschland nur dann die Freistellung der ausländischen Gewinne, wenn jene zuvor der Besteuerung im Ausland unterlegen haben.

2. Anwendung nationaler Treaty Overrides

Ein weiteres Gestaltungsinstrument kann in nationalen Treaty Overrides gesehen werden, die ebenfalls einen Übergang zur Anrechnungsmethode bewirken. Zu denken wäre hier bspw. an § 50d Abs. 9 EStG.[66]

Nach § 50d Abs. 9 EStG wird die Doppelbesteuerung bei Einkünften, die im ausländischen DBA-Staat keiner Besteuerung unterliegen und Deutschland ursprünglich die Freistellungsmethode anwenden würde, mittels der abkommensrechtlichen Anrechnungsmethode vermieden. Der Einkünftebegriff des § 50d Abs. 9 EStG umfasst hierbei sowohl positive als auch negative Einkünfte.[67] Werden somit ausländische negative Einkünfte erzielt, auf die zwar die Freistellungsmethode anzuwenden ist, sich jedoch nach § 50d Abs. 9 EStG ein Übergang zur Anrechnungsmethode ergibt, sollte eine grenzüberschreitende Verlustberücksichtigung möglich sein.[68]

Fall 3
Wie Fall 2 doch generiert X in seiner EU-Betriebsstätte im Staat Y nunmehr aktive Einkünfte. Welche Änderungen ergeben sich?

Lösung:
(a) Anwendung der Freistellungsmethode
Zwar gilt auch in diesem Fall die Symmetriethese, so dass ausländische Verluste ebenfalls freigestellt werden. Da jedoch aktive Einkünfte i. S. d. § 2a Abs. 2 S. 1 EStG generiert werden, können die Verluste noch im Rahmen des negativen Progressionsvorbehalts berücksichtigt werden. § 32b Abs. 1 S. 2 Nr. 2 EStG findet keine Anwendung.

(b) Anwendung der Anrechnungsmethode
Im Vergleich zum Fall 2 ergeben sich bei Anwendung der Anrechnungsmethode keine Unterschiede. Die Beschränkung des § 2a EStG ist im EU/EWR-Fall nicht anwendbar, so dass eine uneingeschränkte Verlustberücksichtigung erfolgen kann.

---

[62] Die Mehrzahl deutscher DBA mit Aktivitätsklauseln enthalten typische Arten von Aktivtätigkeiten wie Herstellung oder Verkauf von Gütern oder Waren, technische Dienstleistungen, Bank- bzw. Versicherungsgeschäfte; vgl. z. B. Art. 23 Abs. 1 lit. c DBA-Tschechoslowakei.
[63] Vgl. z.B. Art. 23 Abs. 2 lit. c DBA-Estland; Art. 23 Abs. 2 lit. c DBA-Lettland.
[64] Andere DBA bedienen sich einer umfassenden Aufzählung von Aktivtätigkeiten, vgl. z.B. Protokoll Ziff. 5 zu Art. 23 DBA-Finnland.
[65] Vgl. bspw. Art. 7 Abs. 2 DBA-Luxemburg; Art. 10 Abs. 3 S. 2 DBA-Luxemburg; Art. XV DBA-UK.
[66] Weiterhin könnte § 20 Abs. 2 AStG geprüft werden.
[67] *Weber-Greller* in Schmidt, EStG, 29. Auflage, 2010 § 2 EStG Rz. 10; statt vieler: BFH v. 11. 3. 1970, I B 3/69, BStBl. II 1970, S. 569; BFH v. 30. 9. 1997, IX R 80/94, BStBl. II 1998, S. 771; BFH v. 29. 5. 2001, VIII R 43/00, BFH/NV 2002, S. 14.
[68] *Grotherr*, IWB F. 3 Gr. 3, S. 1445 (1461); *Loschelder* in Schmidt, EStG, 29. Auflage, 2010 § 50d EStG Rz. 56.

	Freistellungsmethode		Anrechnungsmethode
	§ 32b EStG	ESt	ESt
Einkünfte	100.000,00	100.000,00	100.000,00
Verlustverrechnung aus Y-Staat	40.000,00	0,00	40.000,00
Abzugsbeträge	6.000,00	6.000,00	6.000,00
zvE	54.000,00	94.000,00	54.000,00
Einkommensteuer	14.616,00		
durchschn. Steuersatz	27,07%		
Endgültige Einkommensteuer		25.442,67	14.616,00
Nettoeinkommen		**28.557,33**	**39.384,00**

Auch bei aktiven Einkünften i. S. d. Produktivitätsklausel kann die Anwendung der Freistellungsmethode steuerlich ungünstiger als die Anrechnungsmethode sein.

II. Gestaltungsempfehlungen im Drittstaatsfall

Fall 4:
Welche Änderungen würden sich ergeben, wenn Staat Y im Fall 2 als Drittstaat i. S. d. § 2a Abs. 2a EStG zu qualifizieren wäre?

Lösung:
(a) Anwendung der Freistellungsmethode
Auch bezüglich des Drittstaatsfalls kommt es zur Anwendung der Symmetriethese mit den genannten Konsequenzen. Obwohl hier passive (negative) Einkünfte vorliegen, ist eine Verlustberücksichtigung i. R. d. negativen Progressionsvorbehalts u. E. uneingeschränkt möglich. Dies folgt aus dem Wortlaut des § 32b Abs. 1 S. 2 Nr. 2 EStG.

(b) Anwendung der Anrechnungsmethode
Sofern die Anrechnungsmethode anzuwenden ist, umfasst das Welteinkommensprinzip auch die im Staat Y erzielten Verluste. Allerdings ist die Beschränkung des § 2a Abs. 1 Nr. 2 EStG zu beachten, so dass eine Verlustberücksichtigung lediglich im Rahmen des Verlustverrechnungskreises i. S. v. § 2a EStG erfolgen kann.

	Freistellungsmethode		Anrechnungsmethode
	§ 32b EStG	ESt	ESt
Einkünfte	100.000,00	100.000,00	100.000,00
Verlustverrechnung aus Y-Staat	40.000,00	0,00	§ 2a Abs. 1 Nr. 2 EStG
Abzugsbeträge	6.000,00	6.000,00	6.000,00
zvE	54.000,00	94.000,00	94.000,00
Einkommensteuer	14.616,00		0,00
durchschn. Steuersatz	27,07%		
Endgültige Einkommensteuer		25.442,67	31.416,00
Nettoeinkommen		**28.557,33**	**22.584,00**

Die Verlustverrechnung führt bei Geltung der Freistellungsmethode zu einem höheren Nettoeinkommen (28.557,33 €), als die Anwendung der Anrechnungsmethode. Es ergibt sich hier dasselbe Ergebnis, wie bei Anwendung der Freistellungsmethode im Fall 3. Dies ist dem Umstand geschuldet, dass gegenüber Drittstaaten der negative Progressionsvorbehalt u. E. uneingeschränkt zur Anwendung gelangt, während bei Anwendung der Anrechnungsmethode die Verlustverrechnungsbeschränkung des § 2a Abs. 1 Nr. 2 EStG zum Tragen kommt. Verluste können im Anrechnungsfall dagegen nur innerhalb des Verlustverrechnungskreises verrechnet werden.

Goebel/Schmidt

E. Fazit und Ausblick

Die grenzüberschreitende Verlustberücksichtigung wird auch zukünftig eine bedeutende Rolle in der internationalen Steuerplanung einnehmen. Bei transparenten Auslandsstrukturen kann es sogar zu einer vollständigen Berücksichtigung des ausländischen Verlustes kommen. Es ergeben sich hierbei vielfältige Gestaltungsmöglichkeiten, die sich Berater und Steuerpflichtige zu Nutze machen können. Doch insbesondere die Verlustnutzung im Verhältnis zu Drittstaaten im Falle der Freistellungsmethode löst erste Verwunderung aus. Denn Ergebnis dieser Betrachtung ist, dass der Drittstaat steuerlich besser gestellt wird als der EU-/EWR-Staat. Der Gesetzgeber hat sich mit dem vorliegenden Gesetzeswortlaut keinen Gefallen getan. Er sollte entweder den Wortlaut der Regelung klarer formulieren oder sofern auch vom Progressionsvorbehalt Abstand genommen werden soll, jenen abschaffen.

Teil 3:

Internationale Steuerplanung im Konzern aus der Sicht einer deutschen Spitzeneinheit

Inhaltsübersicht	Seite
A. Grundlagen der Konzernsteuerplanung	
1. Thema: Shareholder Value als Aufgabenstellung der betrieblichen Steuerplanung (*Stein/Vitale*)	135
2. Thema: Gestaltbarkeit der Konzernsteuerquote im Rahmen der internationalen Konzernsteuerplanung (*Lühn*)	153
3. Thema: Risikoaspekte in der internationalen Steuerplanung infolge von staatlichen Abwehrmaßnahmen (*Hardeck*)	175
B. Konzernstrukturpolitik	
1. Thema: Wahl der Sitzstaaten von Konzerngesellschaften als steuerliches Entscheidungsproblem (*Laudan*)	197
2. Thema: Grundlagen der Steuerplanung mit Holdinggesellschaften (*Kessler*)	215
3. Thema: Der Einsatz einer inländischen Zwischenholding in der internationalen Konzernsteuerplanung (*Streu*)	241
4. Thema: Die steuerliche Optimierung des Auslandsvertriebs (*Diebel/Reiser*)	253
5. Thema: Steueraspekte internationaler Joint Ventures (*Endres/Schultz*)	273
6. Thema: Die Gruppenbesteuerung als Instrument der internationalen Konzernsteuerplanung (*Kahle/Schulz*)	301
C. Konzernreorganisationen	
1. Thema: Steuerplanungsüberlegungen beim Kauf von ausländischen Unternehmen (*Blumers*)	329
2. Thema: Die grenzüberschreitende Verschmelzung von Kapitalgesellschaften als Instrument internationaler Reorganisationen (*Helm/Hübner*)	339

3. Thema:	Grenzüberschreitender Anteilstausch aus deutscher Sicht (*Booten/Wang/Shou*)	359
4. Thema:	Vermeidung von Steuerrisiken bei grenzüberschreitenden Übertragungen von Kapitalgesellschaftsanteilen (*Mach*)	379
5. Thema:	Auslandsverschmelzungen unter Beteiligung steuerverstrickten inländischen Vermögens und Anteilen (*Hecht*)	405
6. Thema:	Entstrickungsfallen des UmwStG bei internationalen Umwandlungen (*Göbel/Ungemach*)	427
7. Thema:	Probleme der Spaltung von Kapitalgesellschaften mit Auslandsberührung (*Fey*)	453
8. Thema:	Steuerliche Aspekte des Wegzugs von Kapitalgesellschaften (*Eismayr/Linn*)	471
9. Thema:	Hinzurechnungsbesteuerung und ausländische Umwandlungen (*Schnitger*)	497

D. Konzernverrechnungspreispolitik

1. Thema:	Verrechnungspreispolitik bei konzerninternen Lieferungsbeziehungen (*Borstell*)	519
2. Thema:	Die Besteuerung grenzüberschreitender Funktionsverlagerungen (*Baumhoff/Bodenmüller*)	541
3. Thema:	Dokumentation von Verrechnungspreisen unter besonderer Berücksichtigung der Abgrenzung von verrechenbaren und nichtverrechenbaren Konzerndienstleistungen (*Bremer/Stuffer*)	593
4. Thema:	Die Bestimmung von Verrechnungspreisbandbreiten als Problem der internationalen Doppelbesteuerung (*Kurzewitz*)	635
5. Thema:	Gewinnaufteilungsmethoden (*Vögele/Fügemann*)	653
6. Thema:	Möglichkeiten des Aufbaus und der Ausgestaltung eines Risikomanagementsystems für steuerliche Verrechnungspreise im internationalen Konzern (*Kurzewitz/Endert*)	673
7. Thema:	Umlagen bei konzerninternen Dienstleistungen (*Kaminski*)	693
8. Thema:	Advance Pricing Agreements (*Schmid*)	733

E. Konzernvertragspolitik

1. Thema: Die Gewinngemeinschaft zwischen verbundenen Unternehmen als steuerliches Gestaltungsmittel (*Meister*) ... 759

2. Thema: Der Einsatz von hybriden Finanzierungsformen und hybriden Gesellschaftsformen im Konzern (*Schiessl/Frey*) ... 783

3. Thema: Gesellschafter-Fremdfinanzierung und steuerliche Unterkapitalisierungsregeln in mittel- und osteuropäischen Staaten (*Rödl-Kastl/Gulden*) ... 803

4. Thema: Errichtung und Besteuerung von Auslandsaktivitäten in Organschaftsstrukturen im Mittelstand (*Blöchle/Ziehr*) ... 827

5. Thema: Die Erbringung von technischen Dienstleistungen unter steuerlichen Gestaltungsüberlegungen (*Joos*) ... 859

6. Thema: Steuerliche Überlegungen bei internationalen Projektfinanzierungen (Structured Finance) (*Lüdicke*) ... 889

7. Thema: Ertragsteueroptimierende Holding-, Gewinnrepatriierungs- und Finanzierungsstrategien für deutsche Familienunternehmen und personalistisch strukturierte Konzerne (*Kollruss*) ... 903

F. Übergreifende Steuerplanungsbereiche

1. Thema: Chancen aus der europarechtlich gebotenen grenzüberschreitenden Verlustverrechnung (*Rehm*) ... 925

2. Thema: Die Drittstaatenwirkung der Kapitalverkehrsfreiheit des Art. 56 EG (*Nagler*) ... 945

3. Thema: Das Korrespondenzprinzip bei verdeckten Gewinnausschüttungen und Einlagen bei grenzüberschreitenden Sachverhalten (*Ehlermann/Nakhai*) ... 971

4. Thema: Ertragsteuerliche Auswirkungen der Check-the-Box Regelungen auf gewerbliche US- Investitionen von in Deutschland unbeschränkt Steuerpflichtigen (*Nürnberger/Altrichter-Herzberg*) ... 995

5. Thema: Steuerplanung bei Immobilieninvestitionen in Mittel- und Osteuropa für gewerbliche Unternehmen und geschlossene Immobilienfonds (*Schmidt/Ženatý/Hallová/Walczak/Kövesdy/Szabó*) ... 1011

G. Verkehrsteuerplanung

1. Thema: Grunderwerbsteuerplanung bei
   Konzernumstrukturierungen (*Wischott*) 1051

2. Thema: Gestaltungen im Umsatzsteuerrecht (*Korf*) 1069

A. Grundlagen der Konzernsteuerplanung

1. Shareholder Value als Aufgabenstellung der betrieblichen Steuerplanung

von Dipl.-Kfm. Volker Stein, Steuerberater und Dipl.-Kfm. Andrea Vitale, Steuerberater, Düsseldorf*

Inhaltsübersicht

A. Einleitung
B. Unternehmensführung nach dem Shareholder Value-Ansatz
  I. Konzeption
  II. Instrumente zur Messung des Shareholder Values
C. Methoden zur Erfassung von Steuerwirkungen im internationalen Konzern
D. Einfluss von Steuern auf den Shareholder Value
  I. Die Berücksichtigung von Steuern bei der DCF-Methode
  II. Steuern als einer von mehreren Werttreibern für den Shareholder Value
E. Shareholder Value im steuerlichen Zielsystem eines Unternehmens
F. Instrumente des Steuerplaners zur Steigerung des Shareholder Values
  I. Systematik der Instrumente
  II. Wirkung ausgewählter Instrumente auf den Shareholder Value
  III. Wirkung ausgewählter Instrumente auf die Konzernsteuerquote
G. Schlussfolgerungen

Literatur:

Ballwieser, Adolf Moxter und der Shareholder Value-Ansatz, in: Ballwieser, (Hrsg.), FS zum 65. Geb. v. Prof. Dr. Dr. h. c. Dr. h. c. Adolf Moxter, Düsseldorf 1994, S. 1378 ff.; **Ballwieser/Schmidt**, Unternehmensziele und Finanzierungstheorie, in: Bohr (Hrsg.), Mitbestimmung als Problem der Betriebswirtschaftslehre, Berlin 1981, S. 645 ff.; **Copeland/Koller/Murrin**, Valuation, New York 1990; **Dempfle**, Charakterisierung, Analyse und Beeinflussung der Konzernsteuerquote, Köln 2006; **Eube**, Realoptionen – Instrument wertorientierter Unternehmensführung, in: Arnold/Englert/Eube (Hrsg.), FS f. Karl-Heinz Maul zum 60. Geb., Wiesbaden 2000, S. 374 ff.; **Freeman**, Strategic Management – A Stakeholder Approach, London 1984; **Gräfer/Ostmeier**, Discounted Cash-Flow, Cash-Flow Return on Investment und Economic Value Added als Instrumente der wertorientierten Unternehmenssteuerung, BBK 2000, F. 26, S. 923 ff.; **dies.**, Der Discounted Cash-Flow als Instrument der Unternehmensbewertung, BBK 2000, F. 28, S. 1241 ff.; **Hannemann/Peffermann**, IAS-Konzernsteuerquote: Begrenzte Aussagekraft für die steuerliche Performance eines Konerns, BB 2003, S. 727 ff.; **Herzig**, Gestaltung der Konzernsteuerquote – eine neue Herausforderung für die Steuerberatung?, WPg-Sonderheft 2003, S. 80 ff.; **Herzig**, Konzernsteuerquote, Steuermanagement und Betriebswirtschaftliche Steuerlehre, Ubg 2008, S. 288 ff.; **Herzig/Dempfle**, Konzernsteuerquote, betriebliche Steuerpolitik und Steuerwettbewerb, DB 2002, 1 ff.; **Heigl**, Bedingungen der unternehmerischen Steuerplanung, StuW 1971, 127 ff.; **Kröner/Beckenhaub**, Konzernsteuerquote – Einflussfaktoren, Planung, Messung, Management, München 2008; **Kröner/Beckenhaub**, Konzernsteuerquote: Vom Tax Accounting zum Tax Management, Ubg 2008, S. 631 ff.; **Loitz/Rössel**, Die Diskontierung von latenten Steuern, DB 2002, 645 ff.; **Lübbehüsen**, Steuern im Shareholder-Value-Ansatz, Bielefeld 2000; **Marettek**, Entscheidungsmodelle der betrieblichen Steuerbilanzpolitik – unter Berücksichtigung ihrer Stellung im System der Unternehmenspolitik, BFuP 1970, 22 ff.; **Müller**, Steuermanagement auf dem Weg der Globalisierung – Globalisierung, Integration, Shareholder Value, IStR 1996, 452 ff.; **Müller**, Die Konzernsteuerquote – Modephänomen oder ernst zu nehmende neue Kennziffer, DStR 2002, S. 1684 ff.; **Rappaport**, Strategic Analysis for More Profitable Acquisitions, in: Harvard Business Review 1979, S. 99 ff.; **ders.**, Creating Shareholder Value, New York/London 1986; **Schmidbauer**, Vergleich der wertorientierten Steuerungskonzepte im Hinblick auf die Anwendbarkeit im Konzern-Controlling, Finanz Betrieb 1999, 365 ff.; **Schmidt**, Das Shareholder Value-Konzept,

---

* Volker Stein ist Partner, Andrea Vitale Senior Manager bei PricewaterhouseCoopers, Düsseldorf.

in: Fritsch/Liener/Schmidt (Hrsg.), Die Deutsche Aktie: Unternehmensfinanzierung und Vermögenspolitik vor neuen Herausforderungen, Stuttgart 1993, S. 277 ff.; **Schneider**, Oh, EVA, EVA, schlimmes Weib: Zur Fragwürdigkeit einer Zielvorgabe-Kennzahl nach Steuern im Konzerncontrolling, DB 2001, 2509 ff.; **Serfling/Pape**, Strategische Unternehmensbewertung und Discounted Cash Flow-Methode, WISU 1996, 57 ff.; **Siepe**, Die Unternehmensbewertung, in: Institut der Wirtschaftsprüfer e. V. (Hrsg.), Wirtschaftsprüfer-Handbuch 2008, Bd. II, 13. Aufl., Düsseldorf 2007, S. 1 ff.; **Spengel/Lammersen**, Methoden zur Messung und zum Vergleich von internationalen Steuerbelastungen, StuW 2001, 222 ff.; **Stewart**, The Quest for Value, New York 1990; **Vera**, Das steuerliche Zielsystem einer international tätigen Unternehmung – Ergebnisse einer empirischen Untersuchung, StuW 2001, 308 ff.; **Wurl/Kuhnert/Hebeler**, Traditionelle Formen der kurzfristigen Erfolgsrechnung und der "Economic Value Added"-Ansatz – Ein kritischer Vergleich unter dem Aspekt der Unternehmenssteuerung, WPg 2001, 1361 ff.; **Zielke**, Internationale Steuerplanung zur Optimierung der Konzernsteuerquote, DB 2006, S. 2585 ff.

A. Einleitung

Die Ausrichtung der Unternehmensführung an den Aktionärsinteressen hat in den letzten Jahren zunehmende Bedeutung gewonnen.[1] Parallel dazu ist auch das Interesse an der betrieblichen Steuerpolitik gestiegen. Steuern führen zu Zahlungsmittelabflüssen und wirken daher aus der Sicht der Eigenkapitalgeber genauso wertvernichtend wie jeder andere Zahlungsmittelabfluss. Dementsprechend verlangt der Kapitalmarkt verstärkt Informationen zur Entwicklung der steuerlichen Eckdaten der Unternehmen, wie z. B. der Konzernsteuerquote. Anhand dieser Daten vergleichen und beurteilen Analysten die Steuerpolitik von Unternehmen.[2]

Ziel dieses Aufsatzes ist es aufzuzeigen, welchen Beitrag eine strategisch ausgerichtete betriebliche Steuerpolitik zum Wachstum des Unternehmenswertes leisten kann. Dazu wird zunächst die Konzeption des Shareholder Values und deren Messinstrumente dargestellt. Anschließend wird gezeigt, wie der Einfluss von Steuern auf unternehmerische Entscheidungen im Rahmen des Shareholder Value-Ansatzes methodisch erfasst werden kann. Daraufhin erfolgt die Einordnung der Konzeption des Shareholder Values in das steuerliche Zielsystem. Abschließend werden nach einem kurzen Überblick über das Instrumentarium der Steuerplanung die Wirkungen ausgewählter Instrumente auf den Shareholder Value und die Konzernsteuerquote analysiert.

B. Unternehmensführung nach dem Shareholder Value-Ansatz

I. Konzeption

Die Konzeption der Unternehmensführung nach dem Shareholder Value geht vor allem auf die Arbeiten von Rappaport zurück.[3] Danach ist sicherzustellen, dass ein Unternehmen langfristig Zugang zu Eigenkapital besitzt und dadurch seine Wettbewerbsposition kontinuierlich ausbauen kann.[4] Um dies zu erreichen, ist die Steuerung eines Unternehmens an den Interessen der Eigenkapitalgeber auszurichten.[5]

---

[1] Die Popularität dieses Ansatzes ist durch die zum Zeitpunkt der Manuskripterstellung im Juni 2009 noch anhaltende Finanzmarktkrise vorübergehend getrübt. Zumindest langfristig ist nach der Überwindung dieser Krise jedoch u. E. wieder mit der Akzeptanz dieser Konzeption zu rechnen.

[2] Vgl. *Vera*, StuW 2001, S. 315 und *Herzig*, WPg-Sonderheft 2003, S. 80 ff.

[3] Vgl. *Rappaport*, Harvard Business Review 1979, S. 99 ff. und ders., Creating Shareholder Value 1986. Synonym werden auch die Begriffe "Wertorientierte Unternehmensführung" oder "Value-Based-Management" verwendet.

[4] Vgl. *Gräfer/Ostmeier*, BBK F. 26, S. 924.

[5] Demgegenüber steht der Stakeholder-Ansatz, nach dem die Interessen aller Interessengruppen eines

Objektiviert werden diese Interessen in dem Unternehmenswert, da dieser die zukünftigen Zahlungsströme an die Anteilseigner konkretisiert.[6] Jede unternehmerische Handlungsmöglichkeit, wie z. B. der Eintritt in einen unerschlossenen Markt, die Desinvestition eines Geschäftsfeldes oder die Investition in eine Maschine, ist auf ihren Einfluss auf den Unternehmenswert zu untersuchen. Die Entscheidung für die Umsetzung der Handlungsmöglichkeit darf nur dann erfolgen, wenn der Wert des Unternehmens dadurch gesteigert wird.[7] Zur Bestimmung des Unternehmenswertes sind unter anderem die im folgenden Abschnitt beschriebenen Methoden entwickelt worden. Für alle Methoden gilt, dass der mit ihnen ermittelte Unternehmenswert nicht mit dem Börsenwert eines Unternehmens übereinstimmen muss. Letzterer wird auch von nicht operationalisierbaren Einflüssen, wie z. B. dem Börsenklima, bestimmt.

II. Instrumente zur Messung des Shareholder Values

1. Ertragswertmethode

Der Unternehmenswert nach dem Ertragswertverfahren wird "durch Diskontierung der den Unternehmenseignern künftig zufließenden finanziellen Überschüsse"[8] bestimmt. Diese so genannten "Zukunftserfolge" werden aus den prognostizierten handelsrechtlichen Aufwendungen und Erträgen abgeleitet.[9] Zur Prognose der zukünftigen handelsrechtlichen Aufwendungen und Erträge werden zunächst die Aufwendungen und Erträge zurückliegender Perioden um (1.) Aufwendungen und Erträge des nicht betriebsnotwendigen Vermögens, (2.) nicht periodengerechte Erfolgsausweise, (3.) Ergebnisse aus Bilanzierungswahlrechten und (4.) sonstige Erfolgsfaktoren, wie z. B. einen kalkulatorischen Unternehmerlohn, bereinigt.[10] Daran anschließend werden aus diesen Ergebnissen – flankiert durch Planungsrechnungen – die zukünftigen handelsrechtlichen Aufwendungen und Erträge geschätzt.

Unter der Annahme vollständiger Ausschüttung der Ergebnisse nach getätigten Reinvestitionen werden aus diesen Größen die den Unternehmenseignern künftig zufließenden finanziellen Überschüsse errechnet. Diese finanziellen Überschüsse sind mit einem Diskontierungssatz abzuzinsen, der die Rendite der Anlagealternativen des Anlegers repräsentiert.[11]

Es ist darauf zu achten, dass das Risikoprofil der Anlagealternativen dem spezifischen Risiko der Anlage in dem Unternehmen entspricht.[12] Daher wird bei der Ermittlung des Diskontierungszinssatzes zu einem risikolosen Basiszinssatz ein unternehmensspezifischer Risikozuschlag addiert.[13] Aufgrund ihres quasisicheren Charakters erfüllen öffentliche Anleihen die Funktion

---

Unternehmens, wie z. B. den Arbeitnehmern, dem Staat, den Anteilseignern, den Kreditgebern, dem Management oder den Lieferanten, berücksichtigt werden müssen. Vgl. dazu *Freeman*, Strategic Management – A Stakeholder Approach und *Janisch*, Das strategische Anspruchsgruppenmanagement. Ein kritischer Vergleich des Shareholder Value-Ansatzes mit dem Stakeholder-Ansatz findet sich z. B. bei *Ballwieser*, FS Moxter S. 1389 ff.

[6] Vgl. *Gräfer/Ostmeier*, BBK F. 28, S. 1241.

[7] Stehen dem Entscheidungsträger mehrere Handlungsmöglichkeiten zur Verfügung, die sich gegenseitig ausschließen, ist dagegen die Möglichkeit zu wählen, die zur höchsten Steigerung des Unternehmenswertes führt. Vgl. *Eube*, Realoptionen – Instrument wertorientierter Unternehmensführung, S. 386.

[8] Vgl. *Siepe*, Die Unternehmensbewertung, S. 86.

[9] Vgl. ebenda, S. 86.

[10] Vgl. dazu im Einzelnen *Siepe* a. a. O. (oben Fn. 8), S. 89 ff.

[11] Vgl. *Mandl/Rabel*, Unternehmensbewertung, S. 131.

[12] Vgl. ebenda, S. 132 f.

[13] Vgl. *Siepe* a. a. O. (oben Fn. 8), S. 102.

einer risikofreien Anlage.[14] Demnach kann deren Rendite als Basiszinssatz verwendet werden. Zur Bewertung der unternehmensspezifischen Risiken und zur Bestimmung des Risikozuschlages gab es lange kein schlüssiges Konzept. Der Bewerter musste sich daher durch Schätzungen behelfen. In jüngerer Zeit wird – wie bei der Discounted Cash Flow-Methode – das Capital Asset Pricing Model (CAPM) zur Bestimmung des Risikozuschlages verwendet.[15] Summiert man die abgezinsten finanziellen Überschüsse der Perioden, ergibt sich der Unternehmenswert.

Die Ertragswertmethode wird – neben der nachstehend beschriebenen Discounted Cash Flow-Methode – im deutschsprachigen Raum häufig zur Unternehmensbewertung herangezogen. Ihre Aufgabe besteht jedoch nicht in der Beurteilung des Einflusses von unternehmerischen Entscheidungen auf den Unternehmenswert.

2. Discounted Cash Flow-Methode

Die Discounted Cash Flow-Methode (DCF-Methode) nach dem Equity-Ansatz[16] ermittelt den Unternehmenswert durch Abdiskontierung der zukünftig durch das Unternehmen erwirtschafteten Cash Flows.[17] Durch Verwendung der Cash Flows statt bilanzieller Größen sollen Verzerrungen und Manipulationen verhindert werden, da Aufwendungen und Erträge durch die Bilanzpolitik des Unternehmens beeinflussbar sind.[18] Die Ermittlung der zukünftigen Cash Flows basiert auf Prognosen. In der Praxis wird der Prognosezeitraum aus Vereinfachungsgründen in eine detailliert ausgearbeitete nähere Phase und eine pauschal fortgeführte fernere Phase zerlegt.[19]

Die Ermittlung der Cash Flows kann dabei direkt oder indirekt erfolgen. Bei der direkten Methode ergibt sich der Cash Flow aus der Differenz der zahlungswirksamen Erträge und der zahlungswirksamen Aufwendungen.[20] Einsetzbar ist die direkte Methode nur dann, wenn unternehmensinterne Daten vorliegen oder diese sich aus veröffentlichten Informationen ableiten lassen. Stehen diese Daten nicht zur Verfügung, so findet die indirekte Methode Anwendung. Bei der indirekten Methode bildet der Jahresüberschuss den Ausgangspunkt der Ermittlung des Cash Flows. Dieser wird um alle nicht zahlungswirksamen Aufwendungen, wie z. B. Abschreibungen, erhöht und um alle nicht zahlungswirksamen Erträge, wie z. B. Zuschreibungen, gekürzt.[21] Des Weiteren sind alle Einzahlungen, die keine Erträge sind, hinzuzurechnen (z. B. Darlehensaufnahme) und alle Auszahlungen, die keine Aufwendungen sind, abzuziehen (z. B. Darlehensrückzahlung).

Das Ergebnis dieser alternativen Berechnungsmöglichkeiten ist der Brutto Cash Flow. Von diesem werden die Investitionen in das Anlagevermögen und die Investitionen in das Nettoum-

---

[14] Vgl. ebenda, S. 104.
[15] Vgl. *Siepe* a. a. O. (oben Fn. 8), S. 107 f. Vgl. zum CAPM die Ausführungen unter B.II.2.
[16] Es wird ausschließlich die DCF-Methode anhand des Equity-Ansatzes dargestellt. Alternativ steht der Entity-Ansatz oder die Adjusted Present Value-Methode zur Verfügung. Diese Verfahren variieren in der Berechnungsmethodik, in der Definition der relevanten Cash Flows und des anzuwendenden Diskontierungssatzes, führen jedoch grundsätzlich zu gleichen Ergebnissen. Vgl. *Siepe*, a. a. O. (oben Fn. 9), S. 124. Vgl. ausführlich zu den verschiedenen Verfahren *Gräfer/Ostmeier*, a. a. O. (oben Fn. 6), S. 1246 ff.
[17] Vgl. *Gräfer/Ostmeier*, a. a. O. (oben Fn. 4), S. 925. Für den Begriff "Cash Flow" kann synonym der Begriff "Einzahlungsüberschuss" oder "Zahlungsmittelüberschuss" verwendet werden.
[18] Vgl. *Baetge*, Bilanzanalyse, S. 318 und *Schmidt*, Das Shareholder Value-Konzept, S. 282.
[19] Vgl. *Siepe* a. a. O. (oben Fn. 8), S. 53.
[20] Vgl. *Baetge* a. a. O. (oben Fn. 18), S. 320.
[21] Vgl. ebenda, S. 322.

laufvermögen (Net Working Capital) abgezogen, weil diese zur Erhaltung der zukünftigen Ertragskraft des Unternehmens nötig sind und damit nicht für Auszahlungen an die Anteilseigner zur Verfügung stehen.[22] Es ergibt sich der so genannte Free Cash Flow.[23] Dieser stellt den aus der Unternehmenstätigkeit erwirtschafteten und nach erfolgten Investitionen verbleibenden Liquiditätsüberschuss dar. Er steht ausschließlich zur Bedienung der Eigenkapitalgeber zur Verfügung. Die Auszahlungen zur Bedienung der Fremdkapitalgeber haben den Brutto Cash Flow bereits gemindert und sind damit nicht im Free Cash Flow enthalten. Demgegenüber führen die durch die Fremdfinanzierung geminderten Ertragssteuerauszahlungen (Tax Shield) zu einer Erhöhung des Free Cash Flows.[24]

Die Free Cash Flows werden in der Regel mit einem auf dem Capital Asset Pricing Model (CAPM) basierenden Zinssatz abgezinst.[25] Das CAPM erklärt, welchen Ertrag rationale und risikoaverse Eigenkapitalgeber für die Übernahme des Anlegerrisikos bei einem vollkommenen Kapitalmarkt erwarten.[26] Der Eigenkapitalkostensatz wird nach folgender Gleichung ermittelt:[27]

$$r^{EK} = r^F + (E^{RM} - r^F) \times \beta$$

Dabei ist:

r^{EK}	= Eigenkapitalkostensatz
r^F	= risikoloser Zinssatz
E^{RM}	= Erwartungswert der Rendite aus dem Marktportfolio
β	= Maß für die Risikoklasse des Unternehmens (Betafaktor)

Der risikolose Zinssatz kann durch die Umlaufrendite öffentlicher Anleihen angenähert werden. Das Marktportfolio enthält alle am Markt gehandelten risikobehafteten Wertpapiere.[28] Aus Vereinfachungsgründen wird in der Praxis das Marktportfolio durch einen Aktienindex abgebildet.[29] Die Risikoprämie ergibt sich aus der Differenz zwischen dem Erwartungswert der Rendite des Marktportfolios und dem risikolosen Zinssatz.[30] Der Betafaktor ist ein Maß für die Korrelation des betreffenden Wertpapiers mit dem Marktportfolio.[31] Er gibt die Veränderung der Rendite des Wertpapiers im Vergleich zu der Veränderung der Rendite des Marktportfolios an. Wenn das Wertpapier sich proportional zum Marktportfolio bzw. zum zu Grunde gelegten Wertpapierindex entwickelt, hat das Wertpapier einen Betafaktor von eins.[32] In diesem Falle würde z. B. aus einer Steigerung der Rendite des Marktportfolios um 2 % eine Steigerung der Rendite des Wertpapiers um ebenfalls 2 % resultieren. Bei einem Betafaktor von größer als eins würde die Schwankung des Wertpapiers größer als 2 % sein und umgekehrt. Im Ergebnis entspricht der

---

[22] Vgl. *Schmidt* a. a. O. (oben Fn. 19), S. 283.
[23] Vgl. *Serfling/Pape*, WISU 1996, S. 60.
[24] Vgl. *Gräfer/Ostmeier*, a. a. O. (oben Fn. 6), S. 1246 ff.
[25] Vgl. ebenda, S. 1251.
[26] Vgl. zu den rigiden Prämissen des CAPM *Perridon/Steiner*, Finanzwirtschaft der Unternehmung, S. 261 ff.
[27] Vgl. *Schmidt* a. a. O. (oben Fn. 18), S. 285.
[28] Vgl. *Wöhe*, Einführung in die Allgemeine Betriebswirtschaftslehre, S. 682.
[29] Vgl. *Mandl/Rabel* a. a. O. (oben Fn. 11), S. 292.
[30] Vgl. ebenda, S. 293.
[31] Vgl. *Wöhe* a. a. O. (oben Fn. 28), S. 685.
[32] Vgl. *Mandl/Rabel* a. a. O. (oben Fn. 11), S. 297.

Eigenkapitalkostensatz (und damit die Renditeerwartung des Anteilseigners) der Summe aus dem risikolosen Zinssatz und der unternehmensindividuellen Risikoprämie.[33]

Summiert man die abgezinsten Cash Flows der Perioden, ergibt sich der Unternehmenswert. Durch die Ermittlung des Unternehmenswertes bei Implementierung einer Strategie und die Ermittlung eines Unternehmenswertes bei unveränderter Fortführung des Unternehmens kann durch Vergleich der Einfluss der Strategie auf den Unternehmenswert ermittelt werden.[34] Die komplexe DCF-Methode wird deshalb regelmäßig auch zur Beurteilung von Handlungsalternativen im Rahmen der langfristigen strategischen Steuerung herangezogen.

3. Economic Value Added-Methode

Die Economic Value Added-Methode (EVA-Methode) ermittelt den Unternehmenswert durch Abdiskontierung der zukünftigen periodenbezogenen EVAs.[35] Die EVAs werden aus den (Plan-)Jahresabschlüssen ermittelt und sind somit nicht zahlungsstrom-, sondern periodenorientiert.[36] Im Einzelnen wird der Economic Value Added der Periode wie folgt berechnet:[37]

$$EVA_t = NOPAT_t - k \times IK_{EVA}$$

Dabei ist:

EVA_t	= Economic Value Added (Unternehmenswertzuwachs) der Periode
$NOPAT_t$	= Operatives Ergebnis nach Steuern und vor Zinsen (Net Operating Profit After Tax)
k	= Gesamtkapitalkostensatz
IK_{EVA}	= Investiertes Kapital nach EVA

Bei der Ermittlung des NOPATs und des IKs werden die zu Grunde liegenden bilanziellen Zahlen korrigiert, um Verzerrungen und Manipulationen zu vermeiden. Dabei wird unter anderem die Wirkung bestimmter Finanzierungsformen eliminiert (z. B. Leasing) und das Eigenkapital vollständig, d. h. inklusive stiller Reserven, erfasst.[38] Vorgeschlagen werden dazu bis zu 164 Anpassungen.[39]

Der Gesamtkapitalkostensatz (WACC = Weighted Average Costs of Capital) ermittelt sich aus dem mit der Eigen- und Fremdkapitalquote gewogenen arithmetischen Mittel der Renditeforderungen der Eigen- und Fremdkapitalgeber, wobei die Renditeforderungen der Eigenkapitalgeber auch hier durch das CAPM bestimmt werden.

Im Ergebnis drückt ein positiver EVA der Periode aus, dass das beurteilte Unternehmen (bzw. ein Geschäftsfeld oder eine isolierte Investition) eine höhere Rendite erwirtschaftet hat, als zur Befriedigung der Eigenkapital- und Fremdkapitalgeber notwendig ist. Damit spiegelt ein positiver EVA den Unternehmenswertzuwachs der Periode wider. Summiert man die abgezinsten EVAs der Perioden, ergibt sich der Market Value Added (MVA), d. h. der in zukünftigen Perioden erwartete Unternehmenswertzuwachs. Der Unternehmenswert ermittelt sich, indem zum MVA das zum Bewertungszeitpunkt investierte Kapital addiert und der Marktwert des Fremdkapitals

---

[33] Vgl. *Siepe* a. a. O. (oben Fn. 9), S. 134.
[34] Vgl. *Schmidbauer*, Finanz Betrieb 1999, 373 und *Schmidt* a. a. O. (oben Fn. 19), S. 287.
[35] Vgl. *Gräfer/Ostmeier*, a. a. O. (oben Fn. 4), S. 936.
[36] Vgl. *Ballwieser* a. a. O. (oben Fn. 5), S. 1387.
[37] Vgl. *Schmidbauer*, a. a. O. (oben Fn. 34), 367.
[38] Vgl. *Gräfer/Ostmeier*, a. a. O. (oben Fn. 4), S. 936.
[39] Vgl. dazu kritisch *Schneider*, DB 2001, 2509.

subtrahiert wird.[40] Auf Grund der Periodenorientierung der EVA-Methode wird diese häufig zur kurz- bis mittelfristigen operativen Steuerung und zur Bemessung der variablen Vergütung leitender Angestellter herangezogen.[41]

C. Methoden zur Erfassung von Steuerwirkungen im internationalen Konzern

Zur Erfassung und Beurteilung von Steuerwirkungen[42] auf der Unternehmensebene hat sich ein breites Instrumentarium herausgebildet. Dies umfasst (1.) zukunftsorientierte und (2.) vergangenheitsorientierte Instrumente.[43]

Ein- oder mehrperiodige Veranlagungssimulationen gehören zu den zukunftsorientierten Instrumenten. Dabei werden für zu planende Sachverhalte möglichst detailgetreue Veranlagungsrechnungen durchgeführt. Durch Vergleich der Ergebnisse lassen sich Aussagen über die erwartete Steuerbelastung verschiedener Alternativen treffen. Zur wissenschaftlich exakten Messung der Steuerbelastung zukünftiger Projekte wird die effektive Grenzsteuerbelastung oder die effektive Durchschnittssteuerbelastung einer Handlungsalternative ermittelt.[44]

Die in Geschäftsberichten kommunizierte Konzernsteuerquote gehört zu den vergangenheitsorientierten Instrumenten. Sie setzt den (tatsächlichen und latenten) Steueraufwand der Periode ins Verhältnis zum Jahresüberschuss vor Steuern der Periode.[45] Wegen ihrer Vergangenheitsorientierung und weiterer "Schwächen", wie z. B. der Berücksichtigung von latenten Steuern, ist die Konzernsteuerquote nicht dazu geeignet, den Beitrag der betrieblichen Steuerpolitik zum Shareholder Value darzustellen.

Veranlagungssimulation, effektive Grenz- und Durchschnittssteuerbelastungsermittlung ermitteln lediglich die aus verschiedenen Handlungsalternativen resultierenden zukünftigen Steuerbelastungen. Sie sagen jedoch nichts darüber aus, welchen Einfluss die so ermittelte Steuerbelastung auf den Shareholder Value besitzt. Diese Frage muss vielmehr anhand der Instrumente zur Messung des Shareholder Values beantwortet werden. Nachstehend wird dazu die unter B.II.2. beschriebene DCF-Methode nach dem Equity-Ansatz verwendet.

D. Einfluss von Steuern auf den Shareholder Value

I. Die Berücksichtigung von Steuern bei der DCF-Methode

Sowohl die DCF-Methode als auch die anderen Bewertungsmethoden benutzen als Ausgangsgröße ein Ergebnis nach Steuern. Steuern führen zu Zahlungsmittelabflüssen und mindern daher den Shareholder Value.

Die DCF-Methode erfasst im Free Cash Flow die in einer Periode anfallenden zahlungswirksamen Steuern (pagatorische Steuern).[46] Als Steuern werden sämtliche auf Unternehmensebene[47]

---

[40] Vgl. *Gräfer/Ostmeier*, a. a. O. (oben Fn. 4), S. 936.
[41] Vgl. *Wurl/Kuhnert/Hebeler*, WPg 2001, 1363 und *Schmidbauer*, a. a. O. (oben Fn. 34), S. 367.
[42] Im Rahmen dieses Aufsatzes wird ausschließlich die Wirkung ertragsabhängiger Steuern betrachtet. Der Begriff "Steuer" ist demnach im Sinne von Ertragsteuer zu verstehen.
[43] Vgl. *Spengel/Lammersen*, StuW 2001, S. 222 ff.
[44] Vgl. dazu ausführlich ebenda.
[45] Vgl. im Einzelnen *Herzig/Dempfle*, DB 2002, S. 1.
[46] Vgl. *Lübbehüsen*, Steuern im Shareholder-Value-Ansatz, S. 39 ff.

anfallenden definitiven Steuerbelastungen erfasst. In Deutschland sind dies bei einer Kapitalgesellschaft die Gewerbeertragstuer, die Körperschaftsteuer und der Solidaritätszuschlag. Seit der Unternehmensteuerreform 2008 beträgt die Gesamtsteuerbelastung auf Unternehmensebene 29,8 % bei einem Gewerbesteuerhebesatz von 400 %. Sie ist damit um 8,8 %-Punkte geringer als vor der Unternehmensteuerreform.

Auf der Anteilseignerebene unterliegen Ausschüttungen von Kapitalgesellschaften an natürliche Personen, die die betreffenden Anteile im Privatvermögen halten, der Abgeltungssteuer von 25 % zuzüglich 5,5 % SolZ und 8 bis 9 % Kirchensteuer. Für Anteile, die natürliche Personen dagegen im Betriebsvermögen halten, gilt das Teileinkünfteverfahren, wonach 60 % der Dividende einkommensteuerpflichtig ist und die anderen 40 % der Dividende steuerfrei gestellt sind. Eine Anrechnung der vom Unternehmen gezahlten Steuer – wie zu den Zeiten des Anrechnungsverfahrens – erfolgt nicht mehr. Aus Vereinfachungsgründen werden für die nachfolgenden Berechnungen nur die Steuern auf Unternehmensebene, nicht aber die Steuern auf Anteilseignerebene erfasst.

Im Folgenden wird anhand eines Beispiels dargestellt, wie Steuern auf der Unternehmensebene den Unternehmenswert beeinflussen.[48]

Beispiel:
Die XY AG investiert 60 Mio. € in eine neue Produktionsanlage in Deutschland. Die Investition wird vollständig mit Eigenkapital finanziert. Nach Ablauf der geplanten Nutzungsdauer von 3 Jahren wird die Anlage verschrottet, wobei sich die Einzahlungen und Auszahlungen im Zusammenhang mit der Verschrottung ausgleichen. Die Investition führt zu folgenden Zahlungsströmen vor Steuern (ohne Verschrottung):

	t_0 in Tausend € (=T€)	t_1 in T€	t_2 in T€	t_3 in T€
Investitionsauszahlung	-60.000			
Einzahlungen		38.000	38.000	38.000
Auszahlungen		-10.000	-10.000	-10.000
Free Cash Flow nach dem Equity-Ansatz vor Steuern	-60.000	28.000	28.000	28.000

Diskontiert mit dem Eigenkapitalkostensatz von 10 % p. a.[49] ergibt sich ein Barwert von 9.632 T€. Demnach erhöht sich der Unternehmenswert nach der DCF-Methode bei Durchführung der Investition um 9.632 T€, wenn die Wirkung der Besteuerung nicht in die Beurteilung einbezogen wird.[50] Steuern sind

---

[47] Vgl. zur Berücksichtigung der Steuern auf Anteilseignerebene *Gräfer/Ostmeier*, a. a. O. (oben Fn. 6), S. 1252.

[48] Nicht operationalisierbare Einflüsse auf den Unternehmenswert, wie z. B. das Börsenklima, werden in dieser Modellbetrachtung ausgeblendet.

[49] Die erwartete Eigenkapitalrendite der Anteilseigner der XY AG ergibt sich unter der Annahme eines risikolosen Zinssatzes von 5 %, einem Erwartungswert der Rendite aus dem Marktportfolio von 10 % und einem Betafaktor der XY AG von 1 (r^{EK} = 5 % + (10 % – 5 %) * 1). Vgl. dazu auch B.II.2. Eine Steuerkorrektur des Eigenkapitalkostensatzes erfolgt nicht, da aus Vereinfachungsgründen die Steuern auf Anteilseignerebene nicht erfasst werden (vgl. oben).

[50] Vereinfachend wird für diese und die folgenden Berechnungen angenommen, dass (1.) der Steuersatz im Planungszeitraum konstant bleibt, (2.) alle Einzahlungen steuerpflichtige Betriebseinnahmen sind, (3.) alle Auszahlungen bis auf die Anschaffungsauszahlung und die Steuern sofort abzugsfähige Betriebsausgaben sind und (4.) alle Einzahlungen und Auszahlungen bis auf die Anschaffungsauszahlung am Periodenende anfallen. (Die Anschaffungsauszahlung fällt an den Periodenanfang von t_1; dies wurde oben mit t_0 bezeichnet.)

Stein/Vitale

bei der Berechnung des Free Cash Flows als Auszahlung zu erfassen. Zur Berechnung der Steuern sind zunächst die Bemessungsgrundlagen der Perioden zu ermitteln. Bei linearer Abschreibung der Produktionsanlage ergeben sich unter Beachtung der obigen Annahmen die folgenden Bemessungsgrundlagen und Steuerauszahlungen:

	t_1 in T€	t_2 in T€	t_3 in T€
Bemessungsgrundlage	8.000	8.000	8.000
Steuerauszahlung bei einem deutschen Steuersatz von 30 %	-2.400	-2.400	-2.400

Demnach ergibt sich der Strom von Free Cash Flows nach Ertragssteuern wie folgt:

	t_0 in T€	t_1 in T€	t_2 in T€	t_3 in T€
Free Cash Flow nach dem Equity-Ansatz nach Steuern	-60.000	25.600	25.600	25.600

Unter Berücksichtigung der Steuern auf Unternehmensebene erhöht sich der Unternehmenswert nur noch um 3.663 T€. Im Vergleich zu der Unternehmenswertsteigerung ohne Besteuerung von 9.632 T€ führt die Besteuerung demnach zu einem reduzierten Wachstum des Unternehmenswertes. Dennoch erhöht sich der Unternehmenswert auch unter der Berücksichtigung der Besteuerung. Die Investition sollte deshalb durchgeführt werden.

II. Steuern als einer von mehreren Werttreibern für den Shareholder Value

Steuern führen zu Zahlungsmittelabflüssen und wirken daher aus Sicht der Anteilseigner wertvernichtend. Eine Vermeidung von Steuerzahlungen oder eine Verschiebung von Steuerzahlungen in die Zukunft wirkt daher aus der Sicht der Anteilseigner wertgenerierend. Auch wenn Steuerzahlungen einen großen Einfluss auf den Unternehmenswert besitzen, handelt es sich nicht um den einzigen Werttreiber für den Shareholder Value. Rappaport unterscheidet insgesamt sechs solcher Werttreiber:[51]

► Werttreiber im operativen Bereich	– Umsatzwachstumsrate
	– Gewinn- (EBITDA-) Marge in Bezug auf den Umsatz
	– Pagatorische Steuern[52]
► Werttreiber im Investitionsbereich	– Investitionen im Anlagevermögen
	– Investitionen im Working Capital
► Werttreiber im Finanzierungsbereich	– Kapitalkosten (WACC)

Ziel der wertorientierten Unternehmensführung ist es, zunächst für jeden Teilbereich alternative Strategien zu entwickeln (Alternativenentwicklung) und in einem zweiten Schritt den Einfluss dieser Strategien mit Hilfe der DCF-Methode auf den Shareholder Value zu ermitteln (Alternativenbewertung). Dazu sind die aus den Strategien resultierenden Cash Flows zu ermitteln und abzudiskontieren. Hierbei ist der jeweilige Cash Flow einer Strategie mit seiner individuellen Eintrittswahrscheinlichkeit zu gewichten, da im Steuerbereich häufig Aussagen über die zukünftige steuerliche Würdigung eines Sachverhaltes mit einer gewissen Unsicherheit verbunden sind. Diese Unsicherheit resultiert aus der Subsumtion von realen Sachverhalten unter

---

[51] Vgl. *Rappaport* a. a. O. (oben Fn. 3), S. 76. Ähnliche Werttreiberkonzepte finden sich z. B. bei *Stewart*, The Quest for Value, S. 299 und *Copeland/Koller/Murrin*, Valuation, S. 121.

[52] Die Zuordnung des Steuerbereichs zum operativen Bereich scheint willkürlich zu sein.

Stein/Vitale

abstrakte, häufig unbestimmte Gesetzesnormen und der Möglichkeit von Gesetzes- und Rechtsprechungsänderungen. Der Steuerbereich unterscheidet sich hierbei aber nicht grundsätzlich von allen anderen betrieblichen Teilbereichen, in denen Zukunftsaussagen ebenfalls mit Unsicherheit behaftet sind.

Aus der Alternativenbewertung ergibt sich mittelbar der Einfluss eines jeden Werttreibers auf den Shareholder Value (Sensitivitätsanalyse), was der Unternehmensführung wiederum als Grundlage dient, eine bestimmte oder mehrere Strategien auszuwählen (Alternativenauswahl). Die relative Bedeutung des Werttreibers Steuern im Vergleich zu anderen Werttreibern zeigt folgende Fortführung des obigen Beispiels.

Beispiel (Fortführung):
Die XY AG hat folgende Strategien entwickelt:
a) Strategie im Umsatzbereich: Durch eine Marketingkampagne kann der zahlungswirksame Umsatz jährlich um 6.333 T€ gesteigert werden. Dies entspricht einer Umsatzsteigerung von 16,7 %. Diese Umsatzsteigerung impliziert eine jährliche zahlungswirksame Kostensteigerung um 5.000 T€. Die Gewinnmarge bleibt konstant, da annahmegemäß die Umsatzsteigerung zu einer proportionalen Kostensteigerung führt.[53]
b) Strategie im Margenbereich: Durch ein günstigeres Produktionsverfahren können die jährlichen zahlungswirksamen Kosten um 1.333 T€ gesenkt werden, wodurch die Gewinnmarge steigt. Dies entspricht einer Kostenreduktion von 4,4 %.
c) Strategie im Steuerbereich:[54] Die im obigen Beispiel genannte Investition wird nicht in Deutschland, sondern durch eine Tochterkapitalgesellschaft in einem ausländischen Staat durchgeführt, der einen Ertragsteuersatz von 18,3 % anwendet.[55] Die Tochtergesellschaft wird mit Eigenkapital finanziert. Es wird unterstellt, dass eine Gewinnausschüttung der Tochtergesellschaft in Deutschland steuerfrei gestellt ist und im Ausland keiner Quellensteuer unterliegt.

Die aus jeder einzelnen Strategie resultierenden Zahlungsströme und die daraus ermittelte Unternehmenswertsteigerung im Vergleich zum Ausgangsfall stellen sich gerundet wie folgt dar:

	t_0	t_1	t_2	t_3	Erhöhung des Unternehmenswertes in T€
	in T€	in T€	in T€	in T€	
Free Cash Flow nach dem Equity-Ansatz nach Steuern:					
Ausgangsfall	-60.000	25.600	25.600	25.600	3.663
Umsatzstrategie	-60.000	26.533	26.533	26.533	5.983
Margenstrategie	-60.000	26.533	26.533	26.533	5.983
Steuerstrategie	-60.000	26.533	26.533	26.533	5.983

---

[53] Dem jährlichen Umsatz (Einzahlungen) von 38.000 T€ stehen jährliche Kosten (Auszahlungen) von 10.000 T€ zuzüglich 20.000 T€ Abschreibungen gegenüber. Daraus resultiert eine Umsatzrendite vor Steuern von 21,1 %. Diese bildet sich auch in der Marketingkampagne ab (6.333 T€ * 21,1 % = 1.333 T€ Gewinnbeitrag der Kampagne vor Steuern).

[54] Vgl. zu den einzelnen Instrumenten der Steuerplanung den Beitrag von Grotherr in Teil 1: Grundlagen der internationalen Steuerplanung. Aus Vereinfachungsgründen wird die deutsche "Dividendensteuer" nach § 8b Abs. 5 KStG vernachlässigt.

[55] Es wird unterstellt, dass die aus der Investition resultierenden Zahlungsströme mit Ausnahme der Steuerzahlungen durch die Verlagerung der Investition in das Ausland unverändert bleiben. Dies muss aber nicht immer so sein, denn es gibt in einem Unternehmen regelmäßig Einkunftsquellen, die relativ leicht grenzüberschreitend verlagert werden können (Movable Profits), und solche, die nur schwer oder mit erheblichen negativen Auswirkungen grenzüberschreitend verlagert werden können (Non-Movable Profits). Des Weiteren wird unterstellt, dass die Maßnahme keine Funktionsverlagerung i. S. d. § 1 Abs. 3 S. 9 AStG darstellt.

Eine Senkung der jährlichen Steuerbelastung um 933 T€ führt zu der gleichen Erhöhung des Unternehmenswertes im Vergleich zum Ausgangsfall wie eine Umsatzsteigerung um jährlich 6.333 T€ (16,7 %) bzw. eine Kostensenkung von jährlich 1.333 T€ (4,4 %). Diese relativ große absolute Auswirkung von Steuersparstrategien auf den Shareholder Value ist darauf zurückzuführen, dass eine Verringerung von Steuerauszahlungen sich direkt in voller Höhe auf die abzudiskontierenden Einzahlungsüberschüsse auswirkt, während Strategien im Bereich der anderen Werttreiber sich – auf Grund der gegenläufigen Steuereffekte – lediglich in verringerter Höhe auf die Einzahlungsüberschüsse auswirken.

E. Shareholder Value im steuerlichen Zielsystem eines Unternehmens

Als komplexe Gebilde verfolgen auch Unternehmen nicht ein einziges Ziel, sondern mehrere Ziele. Da an einem Unternehmen regelmäßig neben den Anteilseignern (Shareholder) auch andere Personengruppen interessiert sind (Stakeholder), fließen auch deren Ziele in das Zielsystem einer Unternehmung ein. Die Interessen der Eigenkapitalgeber stehen dabei im Blickpunkt, da sie regelmäßig die einzige Interessengruppe darstellen, die lediglich Anspruch auf eine Residualgröße, nämlich den Jahresüberschuss bzw. den Bilanzgewinn, besitzt. Demgegenüber werden die Interessen der übrigen Stakeholder regelmäßig auf Grund von Verträgen und/oder Gesetzen vorrangig befriedigt und abgesichert.[56] Konsequenterweise stand die Maximierung des Unternehmenswertes schon immer im Mittelpunkt der betriebswirtschaftlichen Investitionstheorie. Die Shareholder Value-Diskussion hatte genau diesen Punkt wieder in das Zentrum des Interesses gerückt. Und auch nach der Überwindung der Finanzmarktkrise, die die Popularität dieses Ansatzes sicherlich vorübergehend getrübt hat, ist zumindest langfristig wieder mit der Akzeptanz dieser Konzeption zu rechnen.

Wenn man demnach akzeptiert, dass die Maximierung des Unternehmenswertes das Oberziel eines Unternehmens darstellt, stellt sich die Frage, wie dieses Oberziel für die betriebliche Steuerpolitik in operationale Unterziele transformiert werden kann. Dies erfolgt durch die Formulierung verschiedener quantitativer Ziele für die betriebliche Steuerpolitik, wie z. B. der Steuerbarwertminimierung[57] oder der Nettoergebnismaximierung[58]. Die Steuerbarwertminimierung bzw. die Nettoergebnismaximierung stellen quantitative steuerliche Oberziele dar, die zwecks weiterer Operationalisierung in zahlreiche quantitative Subziele aufgegliedert werden können.[59] Interessant ist, dass die Maximierung des Unternehmenswertes selbst regelmäßig nicht als selbstständiges Ziel im steuerlichen Zielsystem eines Unternehmens auftaucht.[60] Steuerbarwertminimierung bzw. Nettoergebnismaximierung können daher nur insoweit als quantitative Ziele für die betriebliche Steuerpolitik fungieren, als sie nicht im Konflikt zur Unternehmenswertmaximierung stehen.

Neben den quantitativen Zielen verfolgt die betriebliche Steuerpolitik aber auch qualitative Ziele. Als Beispiele werden hier genannt:[61] Streben nach Sicherheit, die Vermeidung steuerlicher

---

[56] Vgl. *Ballwieser/Schmidt*, Unternehmensziele und Finanzierungstheorie, S. 654 ff.
[57] Vgl. *Marettek*, BFuP 1970, S. 22 ff.
[58] Vgl. *Heigl*, StuW 1971, S. 129 ff.
[59] Vgl. hierzu den Beitrag von *Grotherr* in Teil 1.
[60] Vgl. hierzu die empirische Untersuchung von *Vera*, a. a. O. (oben Fn. 2), S. 311 ff.
[61] Vgl. *Paulus*, Ziele, Phasen und organisatorische Probleme steuerlicher Entscheidungen in der Unternehmung, S. 61 ff.

Risiken, die Berücksichtigung der Interessen des Fiskus, das Streben nach einem guten Ruf des Unternehmens in der Öffentlichkeit und gegenüber der Finanzverwaltung. Bei den qualitativen Zielen ist weder der Zielerreichungsgrad genau messbar noch ihre Auswirkung auf den Unternehmenswert. Zu letzterem stehen sie häufig in Konflikt.[62] In einem Shareholder Value maximierenden Unternehmen ist es daher Aufgabe der Unternehmensleitung, in Zusammenarbeit mit der Steuerabteilung für ein ausgewogenes Verhältnis zwischen quantitativen und qualitativen Zielen für die betriebliche Steuerpolitik zu sorgen.

F. Instrumente des Steuerplaners zur Steigerung des Shareholder Values

I. Systematik der Instrumente

Nach Grotherr[63] lassen sich die Instrumente des Steuerplaners zur Minimierung der Steuerzahllast in (1.) sachverhaltsgestaltende und (2.) sachverhaltsdarstellende Instrumente einteilen.

Bei den sachverhaltsgestaltenden Instrumenten kann der Steuerplaner den Eintritt eines gewollten Tatbestandes planen und entsprechend den Eintritt eines abweichenden Tatbestandes vermeiden. Demnach sind diese Instrumente nur zielführend, bevor ein Tatbestand eingetreten ist. Bei den sachverhaltsdarstellenden Instrumenten muss der Steuerplaner einen bereits vorgegebenen realisierten Tatbestand als gegeben hinnehmen. Hier besteht die Aufgabe des Steuerplaners regelmäßig in der steueroptimalen Ausübung von steuerbilanziellen Bilanzierungs- und Bewertungswahlrechten.

Sachverhaltsdarstellende Instrumente haben insofern eine vergangenheitsorientierte Komponente, als der steueroptimal darzustellende Sachverhalt zum Planungszeitpunkt bereits realisiert worden ist. Sie besitzen aber auch eine zukunftsorientierte Komponente, da die steuerlichen Auswirkungen einer bestimmten Wahlrechtsausübung sowohl vor, aber häufig auch erst nach dem Planungszeitpunkt eintreten. Sachverhaltsdarstellende Instrumente (Bilanzierungs- und Bewertungswahlrecht) besitzen häufig einen geringeren Einfluss auf die Steuerzahllast eines Unternehmens als sachverhaltsgestaltende Instrumente, da sie regelmäßig lediglich eine Verschiebung von Besteuerungssubstrat auf der Zeitachse bewirken und somit nur einen Zinseffekt durch eine in die Zukunft verschobene Steuerzahlung hervorrufen. Darüber hinaus besitzen sachverhaltsdarstellende Instrumente für internationale Konzerne den Nachteil, dass sie über die Totalperiode betrachtet das Besteuerungssubstrat eines Landes unberührt lassen und dieses auf der Zeitachse lediglich steueroptimal verteilen. Durch sachverhaltsgestaltende Maßnahmen hingegen kann das Besteuerungssubstrat in einem internationalen Konzern von einem Land in ein anderes Land transportiert werden und dadurch das internationale Besteuerungsgefälle ausgenutzt werden.[64] Nachstehend werden die Wirkungen eines sachverhaltsgestaltenden Instrumentes und eines sachverhaltsdarstellenden Instrumentes auf den Shareholder Value analysiert.

> **Beispiel (Fortführung):**
> Im folgenden Beispiel soll angenommen werden, dass sich die XY AG entschlossen hat, die Investition durch ihre ausländische TG durchführen zu lassen. Das für die Investition notwendige Kapital soll der TG aber nicht als Eigenkapital, sondern über eine hybride Finanzierungsstruktur zur Verfügung gestellt werden (sachverhaltsgestaltendes Instrument). Die TG zahlt für das erhaltene Kapital eine jährliche

---

[62] Vgl. ebenda, S. 91.
[63] Vgl. dazu den Beitrag von *Grotherr* in Teil 1.
[64] Vgl. hierzu den Katalog von sachverhaltsgestaltenden Instrumenten in dem Beitrag von *Grotherr* in Teil 1.

Stein/Vitale

Vergütung i. H. v. 13,3 % an ihre Muttergesellschaft. Diese Finanzierung soll im Vergleich zum Ausgangsfall den nachstehenden zusätzlichen Zahlungsstrom verursachen (gerundet):

	t_1 in T€	t_2 in T€	t_3 in T€
Zusätzliche Zahlungen der TG an die XY AG	8.000	8.000	8.000

Für Zwecke dieses Beispiels sollen die Zahlungen der TG an die deutsche XY AG bei der Ermittlung der ausländischen steuerlichen Bemessungsgrundlage abzugsfähig sein, wie es für eine Finanzierung mit Fremdkapital üblich wäre. Des Weiteren sind diese Zahlungen in Deutschland steuerbefreit, wie es für eine Finanzierung mit Eigenkapital typisch wäre. Auf Grund des hybriden Charakters des Instrumentes steht dem steuerwirksamen Abzug im Ausland demnach keine korrespondierende Besteuerung in Deutschland gegenüber. Im wirtschaftlichen Ergebnis bleibt daher ein Anteil am absoluten Free Cash Flow der Investition i. H. v. 24.000 T€ im Ausland und in Deutschland unbesteuert.[65]

Zum Vergleich dieser hybriden Finanzierungsalternative mit einem sachverhaltsdarstellenden Instrument soll ein Instrument aus der klassischen Steuerbilanzpolitik herangezogen werden. Dazu wird angenommen, dass die Investition direkt von der XY AG in Deutschland durchgeführt wird und dass für Zwecke der Ermittlung der steuerlichen Bemessungsgrundlage ein Wahlrecht zu einer schnelleren Abschreibung der Produktionsanlage besteht. Bei Ausübung des Wahlrechtes können jeweils 28.000 T€ in den ersten beiden Perioden und 4.000 T€ in der dritten Periode abgeschrieben werden.

II. Wirkung ausgewählter Instrumente auf den Shareholder Value

1. Hybride Finanzierung

Ausgehend vom obigen Basisfall führt die hybride Finanzierungsstruktur zu folgenden Ergebnissen:

	t_0 in T€	t_1 in T€	t_2 in T€	t_3 in T€
Free Cash Flow nach dem Equity-Ansatz vor Steuern	-60.000	28.000	28.000	28.000
Bemessungsgrundlage		0	0	0
Steuerauszahlungen		0	0	0
Free Cash Flow nach dem Equity-Ansatz nach Steuern	-60.000	28.000	28.000	28.000

Unter Betrachtung der Ertragssteuern erhöht sich der Unternehmenswert bei Durchführung der Investition um 9.632 T€. Dieser Wert entspricht dem Unternehmenswertzuwachs des Basisfalles unter Außerachtlassung der Steuerbelastung. Im Vergleich zum Basisfall unter Berücksichtigung der Steuerbelastung, der zu einer Erhöhung des Unternehmenswertes um 3.663 T€ führt,[66] ergibt sich eine zusätzliche Erhöhung des Unternehmenswertes um 5.969 T€.

---

[65] Die steuerlichen Wirkungen grenzüberschreitender hybrider Finanzierungsstrukturen resultieren aus Qualifikations- und/oder Zurechnungskonflikten international nicht abgestimmter nationaler Steuerrechtsordnungen. Aus international nicht abgestimmten nationalen Steuerrechtsordnungen kann sowohl die doppelte Erfassung von Besteuerungssubstrat als auch die doppelte Nichterfassung von Besteuerungssubstrat resultieren. Zur Nutzung von internationalen Qualifikationskonflikten vgl. *Jacobs*, Internationale Unternehmensbesteuerung, S. 1313 ff.

[66] Vgl. dazu die Berechnungen unter D.I.

2. Steuerbilanzpolitik

Die schnellere Abschreibung führt zu folgenden Ergebnissen:

	t_0 in T€	t_1 in T€	t_2 in T€	t_3 in T€
Free Cash Flow nach dem Equity-Ansatz vor Steuern	-60.000	28.000	28.000	28.000
Bemessungsgrundlage		0	0	24.000
Steuerauszahlungen		0	0	7.200
Free Cash Flow nach dem Equity-Ansatz nach Steuern	-60.000	28.000	28.000	20.800

Unter Betrachtung der Ertragssteuern erhöht sich der Unternehmenswert bei Durchführung der Investition um 4.222 T€. Im Vergleich zum Basisfall, der zu einer Erhöhung des Unternehmenswertes um 3.663 T€ führt, ergibt sich eine zusätzliche Erhöhung des Unternehmenswertes um 559 T€.

3. Vergleich der Wirkungen

Festzuhalten ist:

a. Sowohl das sachverhaltsgestaltende als auch das sachverhaltsdarstellende Instrument haben einen positiven Einfluss auf den Unternehmenswert. Demnach greift die Überlegung von Müller, "... dass Steuerplanung durch schnelle Abschreibung von Wirtschaftsgütern das handelsrechtliche Ergebnis und damit auch den Shareholder Value (negativ, Anm. d. Verf.) beeinflussen ..."[67], zu kurz. Es wird hierbei verkannt, dass zur Ermittlung des Shareholder Values nicht der handelsrechtliche Jahresüberschuss (bzw. -fehlbetrag) diskontiert wird, sondern der Free Cash Flow der Periode. Auf diesen wirken sich die höheren Abschreibungen jedoch nicht aus, da sie nicht zahlungswirksam sind.[68] Die Unternehmenswerterhöhung resultiert demgegenüber aus der Verschiebung der Steuerauszahlung in spätere Perioden. Dies gilt auch uneingeschränkt, wenn man den Fall einer durch die höhere Abschreibung ausgelösten Ausschüttungssperre betrachtet, da das in diesem Fall nicht ausschüttbare Kapital[69] der Unternehmung weiterhin bis zur Ausschüttung für Investitionen zur Verfügung steht. Die Unternehmung erhält dann zusätzliche Einzahlungen in Höhe der Rendite der getätigten Investition. Im Ergebnis ermöglicht dieser zusätzliche Einzahlungsstrom auf der Ebene des Unternehmens eine spätere höhere Ausschüttung an den Anteilseigner.

b. Der positive Einfluss auf den Unternehmenswert im Vergleich zum Ausgangsfall ist bei dem sachverhaltsgestaltenden Instrument mit 5.969 T€ wesentlich größer als bei dem sachverhaltsdarstellenden Instrument mit 559 T€. Beurteilt man die Eintrittswahrscheinlichkeiten der erwarteten steuerlichen Folgen bei einer Strategie nicht mit 100 %, sind Korrekturen dieser Größen notwendig. Z. B. ergibt sich bei einer angenommenen Eintrittswahrscheinlichkeit von 80 % für die erwarteten Steuerwirkungen der hybriden Finanzierung ein Erwartungswert des positiven Einflusses auf den Unternehmenswert im Vergleich zum Ausgangsfall

---

[67] *Müller*, IStR 1996, S. 456.

[68] Vgl. B.II.2. Im Falle der indirekten Ermittlung des Free Cash Flows wird dies durch die Hinzurechnung der Abschreibungen berücksichtigt. Dies gilt auch uneingeschränkt im Falle der Einbeziehung von latenten Steuern in das handelsrechtliche Ergebnis, da die Einbuchung von aktiven und passiven latenten Steuern durch eine Ertrags- bzw. Aufwandsbuchung erfolgt, die ebenfalls keine Zahlungswirkung innehat.

[69] Diese Größe bemisst sich nach der zusätzlichen Abschreibung abzüglich der ersparten Steuerauszahlungen.

von 4.775 T€. Die hybride Finanzierung bleibt in diesem Fall auch nach dieser Korrektur die vorzuziehende Alternative.

III. Wirkung ausgewählter Instrumente auf die Konzernsteuerquote

1. Die Konzernsteuerquote als Instrument externer Kommunikation betrieblicher Steuerpolitik

Unternehmen kommunizieren die von ihnen verfolgte Steuerpolitik regelmäßig nicht in detaillierter Form gegenüber dem Kapitalmarkt. Zum einen erfordert die Beurteilung solcher Strategien häufig ein sehr hohes steuerrechtliches Verständnis, so dass der Kreis potenzieller Empfänger solcher Informationen sehr eingeschränkt wäre. Zum anderen besteht auch die Gefahr, dass solche Informationen einem aus Unternehmenssicht unerwünschten Adressatenkreis, z. B. Konkurrenten oder den Finanzbehörden, zukommen. Konkurrenten könnten solche Strategien dann übernehmen, ohne sich an den Entwicklungskosten zu beteiligen und die Finanzbehörden könnten die Offenlegung solcher Strategien zum Anlass intensiver Prüfungen oder gesetzgeberischer Gegenmaßnahmen nehmen, so dass sich die Verteidigungskosten einer bestimmten Steuerstrategie erhöhen oder deren Nutzungsdauer verringern würden. Der Kapitalmarkt nimmt die betriebliche Steuerpolitik in der Regel nur über die im handelsrechtlichen Konzernabschluss enthaltene Konzernsteuerquote wahr, die in den letzten Jahren zunehmend größeres Interesse gewonnen hat.[70] Im folgenden Abschnitt soll daher untersucht werden, welche Wirkung einzelne Instrumente der betrieblichen Steuerpolitik auf die Konzernsteuerquote haben und ob die Wirkung einzelner Instrumente auf die Konzernsteuerquote und auf den Shareholder Value unterschiedlich ist.

2. Hybride Finanzierung

Die hybride Finanzierungsstruktur führt unter den getroffenen Prämissen zu einer Reduzierung der jährlichen Steuerauszahlung um 2.400 T€ auf 0 T€. Unter der vereinfachenden Annahme, dass alle Auszahlungen der jeweiligen Periode zu Aufwand in derselben Periode führen, gilt dies ebenso für die Entwicklung des Steueraufwandes der Perioden. Das trifft unabhängig davon zu, ob latente Steuern in den Jahresüberschuss einbezogen werden, da durch hybride Finanzierungsstrukturen permanente Differenzen zwischen der Handels- und Steuerbilanz begründet werden, die nicht durch passive latente Steuern zu korrigieren sind.[71] Der Jahresüberschuss vor Steuern der Perioden wird demgegenüber nicht beeinflusst. Im Ergebnis senkt die hybride Finanzierung die Konzernsteuerquote in den drei Perioden, ohne dass sie einen späteren negativen Umkehreffekt erzeugt.

	t_1 in T€	t_2 in T€	t_3 in T€
Änderung des Steueraufwands der Periode	-2.400	-2.400	-2.400
Änderung des Jahresüberschusses vor Steuern der Periode	0	0	0
Wirkung auf die Konzernsteuerquote	sinkt	sinkt	sinkt

---

[70] Vgl. *Herzig/Dempfle*, a. a. O. (oben Fn. 45), S. 1, *Hannemann/Peffermann*, BB 2003, S. 727 ff, *Herzig*, WPg-Sonderheft 2003, S. 80 ff., *Müller*, DStR 2002, S. 1684 ff., *Zielke*, DB 2006, S. 2585 ff., *Dempfle*, Konzernsteuerquote, Köln 2006, *Kröner/Beckenhaub*, Konzernsteuerquote, München 2008, *Kröner/Beckenhaub*,Ubg 2008, S. 631 ff. und *Herzig*, Ubg 2008, S. 288 ff.

[71] Vgl. *Herzig/Dempfle*, a. a. O. (oben Fn. 45), S. 7.

3. Steuerbilanzpolitik

Die schnellere Abschreibung führt in den ersten beiden Perioden zu einer Steuerzahlung von jeweils 0 T€. Durch den Umkehreffekt erhöht sich die Steuerauszahlung der dritten Periode um 4.800 T€, und zwar von 2.400 T€ im Ausgangsfall auf 7.200 T€. Unter Einbezug von latenten Steuern werden diese Beträge bei der Ermittlung des Steueraufwandes der Periode jedoch wieder ausgeglichen. Zu beachten ist dabei, dass die in t_1 und in t_2 einzubuchenden passiven latenten Steuern nicht abzuzinsen sind[72] und damit jeweils 2.400 T€ betragen. Der Jahresüberschuss vor Steuern der Perioden wird nicht beeinflusst. Im Ergebnis hat dieses Instrument keinerlei Einfluss auf die Konzernsteuerquoten der drei Perioden.

	t_1 in T€	t_2 in T€	t_3 in T€
Änderung der Steuerauszahlung der Periode	-2.400	-2.400	+4.800
Änderung passiver latenter Steuern	+2.400	+2.400	-4.800
Änderung des Steueraufwands der Periode	0	0	0
Änderung des Jahresüberschusses vor Steuern der Periode	0	0	0
Wirkung auf die Konzernsteuerquote	neutral	neutral	neutral

4. Vergleich der Wirkungen

Festzuhalten ist, dass nur das sachverhaltsgestaltende Instrument (hybride Finanzierung) einen positiven Einfluss auf die Konzernsteuerquote hat, da dieses zur permanenten Vermeidung von Steuerauszahlungen führt. Das sachverhaltsdarstellende Instrument (Abschreibungswahlrecht) hat demgegenüber keine Wirkung auf die Konzernsteuerquote, da lediglich Steuerauszahlungen in die Zukunft verschoben werden, die durch Einbuchung entsprechender passiver latenter Steuern vollständig kompensiert werden.[73] Im Ergebnis eignet sich die Konzernsteuerquote nicht zur Beurteilung der Auswirkung von steuerlichen Instrumenten auf den Unternehmenswert, da sich die positive Wirkung der Steuerbilanzpolitik auf den Unternehmenswert nicht in der Konzernsteuerquote niederschlägt.

G. Schlussfolgerungen

Für viele deutsche Unternehmen ist die Ausrichtung der Unternehmensführung an den Interessen der Anteilseigner zu einem wichtigen Ziel geworden. Dies hat auch Bedeutung für die Steuerpolitik eines Unternehmens, da Steuerzahlungen einen negativen Zielbeitrag darstellen und aus der Sicht der Anteilseigner Unternehmenswert vernichten.

Innerhalb der betrieblichen Steuerpolitik hat die Shareholder Value Orientierung Bedeutung für die Ziele, die Instrumente und die Träger der betrieblichen Steuerpolitik.

Die relative Bedeutung von quantitativen Zielen, wie z. B. der Steuerbarwertminimierung, nimmt im Vergleich zu qualitativen Zielen, wie z. B. dem Streben nach Sicherheit der betrieblichen Steuerplanung zu. Die innerhalb der gesetzlichen Regelungen vorhandenen Möglichkeiten der Steuervermeidung sind so auszuschöpfen, dass der Shareholder Value maximiert wird; die Risikominimierung tritt in den Hintergrund.

Regelmäßig führen sachverhaltsgestaltende Instrumente der betrieblichen Steuerpolitik zu höheren Steuersparpotenzialen als die tendenziell vergangenheitsorientierten sachverhaltsdar-

---

[72] Vgl. zur Diskontierung latenter Steuern *Loitz/Rössel*, DB 2002, S. 645 ff.
[73] So auch *Müller*, a. a. O. (oben Fn. 70), S. 1687.

stellenden Instrumente, da erstere Steuerzahlungen nicht lediglich in andere Perioden verlagern, sondern ganz vermeiden oder zumindest vermindern. Unter einer Shareholder Value orientierten betrieblichen Steuerpolitik wird sich daher der Schwerpunkt von einer vergangenheitsorientierten Steuerdeklarations- und Betriebsprüfungsverteidigungspolitik zu einer zukunftsorientierten Steuergestaltungspolitik verlagern. Dadurch weiten sich die Aufgaben und Funktionen von Steuerabteilungen erheblich aus.[74] Internationale Konzerne verfügen dabei regelmäßig über einen größeren Gestaltungsspielraum als rein national ausgerichtete Unternehmen. Zum einen können sie das internationale Besteuerungsgefälle ausnutzen und Einkünfte in das tendenziell niedriger besteuernde Ausland verlagern, z. B. durch Ausnutzen von vorhandenen Spielräumen der Verrechnungspreispolitik. Zum anderen können sie Qualifikations- und/oder Zurechnungskonflikte aus international nicht abgestimmten nationalen Steuerrechtsordnungen für sich ausnutzen.[75]

Für die Träger der betrieblichen Steuerpolitik hat die Shareholder Value-Orientierung unmittelbare Auswirkung, wenn deren Vergütung vom Erreichen steuerlicher Ziele abhängt. Wie diese Verbindung gerecht hergestellt werden kann, ist zurzeit noch weitgehend unerforscht.

Eine strategisch ausgerichtete betriebliche Steuerpolitik kann einen erheblichen Beitrag zum Wachstum des Unternehmenswertes leisten. Da dieses Wachstum entscheidend für den Zugang zum Kapitalmarkt ist, kann eine solche Steuerpolitik auch einen erheblichen Beitrag zur Wettbewerbsfähigkeit eines Unternehmens leisten, deren Stärkung vielfach betontes Ziel der deutschen Steuergesetzgebung der letzten Jahre ist.

---

[74] Vgl. dazu ausführlich *Kröner/Beckenhaub*, Konzernsteuerquote, München 2008 und *Kröner/Beckenhaub*, Ubg 2008, S. 631 ff.

[75] Steuerrechtliche Rahmenbedingungen wie z. B. § 50d Abs. 9 EStG sind dabei natürlich durch den "Steuerplaner" zu berücksichtigen.

Stein/Vitale

2. Gestaltbarkeit der Konzernsteuerquote im Rahmen der internationalen Konzernsteuerplanung

von Prof. Dr. Andreas Lühn, Hamburg*

Inhaltsübersicht

A. Einleitung
B. Die Konzernsteuerquote als Zielgröße der Konzernsteuerplanung
  I. Ziele der Konzernsteuerplanung
  II. Definition und Komponenten der Konzernsteuerquote
  III. Der Einfluss latenter Steuern auf die Konzernsteuerquote
  IV. Steuerliche Überleitungsrechnung zur Erläuterung der Konzernsteuerquote
C. Einzelne Einflussfaktoren der Konzern-Steuerquote und ihre Gestaltbarkeit
  I. Steuersatzunterschiede Ausland
  II. Steuersatzunterschiede Gewerbesteuer
  III. Steuerfreie Erträge
  IV. Nicht abzugsfähige Aufwendungen
  V. At equity-Bewertungen
  VI. Verluste
  VII. Nicht anrechenbare Quellensteuern und andere Doppelbesteuerungen
  VIII. Steuerbefreiungen und Steuerermäßigungen
  IX. Steuern für Vorperioden
  X. Steuerrechtsänderungen
D. Probleme der Ausrichtung der Steuerplanung auf die Optimierung der Konzernsteuerquote
E. Zusammenfassung

Literatur:

Adrian, G.: *Tax Reconciliation im HGB- und IAS/IFRS-Konzernabschluss, Frankfurt a. M. 2005;* ***Bader, A.:*** *Steuergestaltung mit Holdinggesellschaften, 2. Aufl., Herne/Berlin 2007;* ***Bauman, C./Schadewald, M.:*** *Impact of foreign operations on reported effective tax rates, Journal of international Accounting Auditing and Taxation, Jg. 10 (2001), 177-197;* ***BDI/KPMG (Hrsg.):*** *Die Behandlung von Finanzierungsaufwendungen, Neuaufl. 2009, abrufbar unter http://www.bdi.eu/103_1811.htm.htm;* ***Buijink, W./Janssen, B./Schols, Y.:*** *Evidence of the effect of domicile on corporate average effective tax rates in the European Union, Journal of international Accounting Auditing and Taxation, Jg. 11 (2002), 115-130;* ***Dhaliwal, D./Gleason, C./Mills, L.:*** *Last-Chance Earnings Management: Using the Tax Expense to Meet Analysts' Forecasts, Contemporary Accounting Research. 21 (2004) Nr. 2, S. 431- 459;* ***Dorfmueller, P.:*** *Tax Planning for U.S. MNCs with EU Holding Companies, The Hague/London/New York 2003;* ***Endres, D. u. a.:*** *Verlustberücksichtigung über Grenzen hinweg, Frankfurt a. M. 2006;* ***Endres, D. u. a.:*** *The Determination of Corporate Taxable Income in the EU Member States, Alphen aan den Rijn 2007;* ***Endres, D.:*** *Reduktion der Konzernsteuerquote durch internationale Steuerplanung, in: Oestreicher, A. (Hrsg.), Internationale Steuerplanung, Herne/Berlin 2005, S. 163-191;* ***Göttsche, M./Brähler, G.:*** *Die Bedeutung der Konzernsteuerquote für den Kapitalmarkt – Eine empirische Analyse der DAX-30-Unternehmen, WPg 2009, S. 918-925;* ***Grotherr, S.:*** *Grundlagen der Steuerpolitik im Konzern, in: Freidank, C.-C. (Hrsg.): Rechnungslegungspolitik, Heidelberg 1998, S. 963-1011;* ***Haarmann, W.:*** *Aussagekraft und Gestaltbarkeit der Konzernsteuerquote, StbJb 2001/2002, S. 367-379;* ***Hannemann, S./Peffermann, P.:*** *IAS-Konzernsteuerquote: Begrenzte Aussagekraft für die steuerliche Performance eines Konzerns, BB 2003, S. 727-733;* ***Herzig, N./Dempfle, U.:*** *Konzernsteuerquote, betriebliche Steuerpolitik und Steuerwettbewerb, DB 2002, S. 1-8;* ***Herzig, N.:*** *Gestaltung der Konzernsteuerquote – Eine neue Herausforderung für die Steuerberatung?, WPg-Sonderheft 2003, S. S80-S92;* ***Holland, K./Jackson, R.:*** *Earnings management and deferred taxes, Accounting and Business Research 34 (2004) Nr. 2, S. 101-123;* ***Jacobs, O. H. (Hrsg.):*** *Internationale Unternehmensbesteuerung, 6. Aufl., München 2007;* ***Kirsch, H.:*** *Auswirkungen der Unternehmenssteuerreform 2008 auf die Bilanzierung und Bewertung latenter Steuern nach IAS 12, DStR 2008, S. 1268-1273;* ***Kormann, H.:*** *Die Steuerpolitik der internationalen Unternehmung, 2. Aufl., Düsseldorf 1970;* ***Kröner, M./Beckenhaub, C.:*** *Konzernsteuerquote, München 2008;* ***Kröner, M./Benzel, U.:*** *Konzernsteuerquote, in: Kessler, W./Kröner, M./Köhler, S. (Hrsg.), Konzernsteuerrecht, München 2004, S. 701-734;* ***Kröner, M.:*** *Tax Accounting – ein Perspektivenwechsel, in: StbJb 2004/2005, S. 281-299;* ***Larkins, E. R.:*** *Comprehensive Tax Planning for U.S. Multinationals, Corporate Business Taxation Monthly, Jg. 1 (2000), Nr. 6, S. 5-15;* ***Loitz, R./Neukamm, M.:*** *Der Zinsvortrag und die Bilanzierung von latenten Steueransprüchen, WPg 2008, S. 196-203;* ***Lühn, A.:*** *Der Einfluss latenter Steuern auf*

---

* Professor für Betriebswirtschaftslehre, insbesondere Rechnungswesen und Steuerlehre, an der Fachhochschule für Ökonomie und Management (FOM) sowie Lehrbeauftragter der Universität Hamburg.

die Steuerplanung, KoR 2007, S. 550-560; **Müller, R.:** Die Konzernsteuerquote. Modephänomen oder ernst zu nehmende neue Kennziffer? DStR 2002, S. 1684 – 1688; **Ortgies, K.:** Die Konzernsteuerquote – Implikationen für Konzernsteuerpolitik und staatliche Steuerpolitik, Lohmar/Köln 2006; **Petersen, K./Bansbach, F./Dornbach, E.:**, IFRS-Praxishandbuch, 4. Aufl., München 2009; **Phillips, J./Pincus, M./Rego, S./Wan, H.:** Decomposing Changes in Deffered Tax Assets and Liabilities to Isolate Earnings Management Activities, The Journal of the American Taxation Association 26 (2004), Supplement, S. 43-66; **Rego, S.:** Tax-Avoidance Activities of U.S. Multinational Corporations, Contemporary Accounting Research, Jg. 20 (2003), S. 805-833; **Schänzle, T.:** Steuerorientierte Gestaltung internationaler Konzernstrukturen, Lohmar 2000; **Schrand, C./Wong, M. H. F.:** Earnings Management Using the Valuation Allowance for Deffered Tax Assets under SFAS No. 109, Contemporary Accounting Research 20 (2003) Nr. 3, S. 579-611; **Selchert, F. W.:** Grundüberlegungen zur Konzernsteuerpolitik, in: Hahn, D. (Hrsg.): Führungsprobleme industrieller Unternehmungen, 1980, S. 351-372; **Spengel, C.:** Konzernsteuerquoten im internationalen Vergleich – Bestimmungsfaktoren und Implikationen für die Steuerpolitik, in: Oestreicher, A. (Hrsg.): Internationale Steuerplanung, Herne/Berlin 2005, S. 89-125; **Sureth, C./Halberstadt, A./Bischoff, D.:** Der Einfluss der Internationalisierung, Vermögens- und Kapitalstruktur auf die Konzernsteuerquote im Branchenvergleich, StuW 2009, S. 50-62; **Theisen, M. R.:** Der Konzern, 2. Aufl., Stuttgart 2000; **Zielke, R.:** Gesellschafterfremdfinanzierung und Doppelbesteuerung in der Europäischen Union, RIW 2006, S. 600-610; **ders.:** Internationale Steuerplanung zur Optimierung der Konzernsteuerquote, DB 2006, S. 2585-2594.

A. Einleitung

Die Aufgaben der Konzernsteuerplanung haben sich in den letzten Jahren deutlich erweitert. Ursache ist zum einen die zunehmende Internationalisierung der Konzerne, die sie aufgrund der Unterschiede der nationalen Steuersysteme vor neue steuerliche Risiken stellt, aber auch neue steuerplanerische Möglichkeiten eröffnet. Zum anderen hat bei kapitalmarktorientierten Unternehmen im Rahmen der Umstellung der **Konzernrechnungslegung** auf die **IFRS**[1] die steuerliche Berichterstattung an Bedeutung gewonnen.

Insbesondere der **Konzernsteuerquote**, d. h. dem Quotienten aus Konzernsteueraufwand und Konzernergebnis vor Ertragsteuern, wird eine große Bedeutung zugesprochen, da sie eine wichtige Kennzahl ist, die unter anderem Einfluss auf das Ergebnis je Aktie (earnings per share) hat.[2]

Vor diesem Hintergrund ist die Steuerung der Konzernsteuerquote eine wesentliche Aufgabe der Konzernsteuerplanung geworden. Im vorliegenden Beitrag sollen die Faktoren aufgezeigt werden, die die Höhe der Konzernsteuerquote determinieren. Für diese Faktoren werden die Einflussmöglichkeiten und -grenzen des Steuermanagements im Rahmen der internationalen Konzernsteuerplanung aufgezeigt. Da nur Ertragsteuern in die Konzernsteuerquote eingehen, konzentriert sich der Aufsatz auf die Ertragsteuerplanung.

---

[1] Gem. § 315a Abs. 1, 2 HGB i. V. m. Art. 4 Verordnung (EG) Nr. 1606/2002, ABl. EG Nr. L 243, S. 1-4 ist die Anwendung der IFRS verpflichtend, wenn ein Konzern Wertpapiere emittiert hat, die in einem Mitgliedstaat der EU zum Handel an einer Börse zugelassen sind. Die Regelungen zur Bilanzierung von Steuern und zur Konzernsteuerquote finden sich in IAS 12, der durch einen neuen Standard ersetzt werden soll (vgl. IASB, ED 2009/2). Soweit sich hieraus relevante Änderungen ergeben, wird im Folgenden darauf hingewiesen.

[2] Vgl. *Herzig*, WPg-Sonderheft 2003, S. S80; *Ortgies*, Die Konzernsteuerquote, 2006, S. 1. Ein Einfluss der Konzernsteuerquote auf den Börsenwert eines Unternehmens ist empirisch nicht bewiesen; vgl. *Göttsche/Brähler*, WPg 2009, S. 918 ff.

B. Die Konzernsteuerquote als Zielgröße der Konzernsteuerplanung

I. Ziele der Konzernsteuerplanung

Hauptziel der Steuerplanung ist die Minimierung der Steuerbelastung, weil der Steueraufwand bezüglich des unternehmerischen Oberziels der Gewinnmaximierung einen direkten negativen Zielbeitrag leistet.[3] Dabei geht es in Konzernen nicht um die Minimierung der Steuerbelastung einzelner Konzerngesellschaften, sondern um die **Minimierung der Gesamtsteuerbelastung des Konzerns**. Als Maß für die Steuerbelastung wurde früher in erster Linie der **Barwert der Steuerzahlungen** herangezogen.[4] Da in Konzernabschlüssen nur Konzernsteuerquoten, nicht aber erwartete Steuerbarwerte offenzulegen sind, orientiert sich die Steuerplanung von Konzernen jedoch zunehmend an der **Konzernsteuerquote**.

II. Definition und Komponenten der Konzernsteuerquote

Gem. IAS 12.86 ist zur Berechnung des effektiven Steuersatzes eines Unternehmens der Ertragsteueraufwand durch das handelsrechtliche Periodenergebnis vor Ertragsteuern zu teilen. Die Steuerquote eines Konzerns ergibt sich somit aus der Division des in der Konzern-GuV ausgewiesenen **Ertragsteueraufwands** durch das **Konzernergebnis vor Ertragsteuern**. Der Ertragsteueraufwand setzt sich zusammen aus dem tatsächlichen Steueraufwand aller konsolidierten Konzerngesellschaften und dem latenten Steueraufwand, der sich aus der Veränderung der in der Konzernbilanz ausgewiesenen latenten Steueransprüche und -schulden ergibt:

$$\text{Konzernsteuerquote} = \frac{(\text{tatsächlicher} + \text{latenter}) \text{ Steueraufwand des Konzerns}}{\text{Jahresüberschuss vor Ertragsteuern des Konzerns}}$$

Das Ziel der Konzernsteuerplanung ist nicht in jedem Fall die **Minimierung der Konzernsteuerquote**, sondern es kann auch in deren **Maximierung** bestehen. Entscheidend sind diesbezüglich die Vorzeichen von Zähler und Nenner der Konzernsteuerquote. Im normalen Gewinnfall (Steueraufwand > 0, Konzernergebnis > 0) ist eine Minimierung der Konzernsteuerquote anzustreben. Im normalen Verlustfall (Steueraufwand < 0, Konzernergebnis < 0) hat die Quote zwar auch einen positiven Wert. Jedoch ist in diesem Fall eine Maximierung der Konzernsteuerquote anzustreben, weil der latente Steuerertrag im Zähler umso größer ausfällt, je stärker die Verlustvorträge in Zukunft zu Steuerminderungen genutzt werden können. Daneben treten in der Praxis auch Fälle auf, in denen Zähler und Nenner unterschiedliche Vorzeichen haben, so dass sich eine negative Konzernsteuerquote ergibt. In diesen Fällen ist die Konzernsteuerquote nur wenig aussagekräftig.[5] Neben dem Ziel der Minimierung bzw. Maximierung kann auch die **Vermeidung von starken Schwankungen** der Konzernsteuerquote Ziel der Konzernsteuerplanung sein, da die Kapitalmärkte generell Volatilität negativ bewerten.[6]

---

[3] Vgl. *Kormann*, Die Steuerpolitik der internationalen Unternehmung, 1970, S. 33 f.

[4] Vgl. zur Anwendung des Steuerbarwertkonzepts bei Konzernen *Selchert*, in: Hahn (Hrsg.): Führungsprobleme industrieller Unternehmungen, 1980, S. 351 (365); *Theisen*, Der Konzern, 2000, S. 576; *Grotherr*, Steuerpolitik im Konzern, in: Freidank (Hrsg.): Rechnungslegungspolitik, 1998, S. 959 (972).

[5] Vgl. *Herzig*, WPg-Sonderheft 2003, S. S89 (S83); *Göttsche/Brähler*, WPg 2009, S. 919.

[6] Vgl. *Kröner*, StbJb 2004/2005, S. 275 (281 f.).

Die Steuerung des **Konzernergebnisses vor Steuern** ist nicht Aufgabe des Steuermanagements, weshalb sich die Konzernsteuerplanung in erster Linie auf die Beeinflussung des Zählers der Konzernsteuerquote konzentriert, d. h. Ziel ist die Minimierung der Summe des tatsächlichen und latenten Steueraufwands des Konzerns. Allerdings kann als Nebenwirkung von Steuergestaltungsmaßnahmen auch das Konzernergebnis vor Ertragsteuern beeinflusst werden. In solchen Fällen kann auch die Wirkung auf den Nenner der Konzernsteuerquote für die Steuerplanung von Bedeutung sein.

Der im Konzernabschluss ausgewiesene **tatsächliche Ertragsteueraufwand** ergibt sich aus der Summe der in der Periode gezahlten Ertragsteuern der Konzerngesellschaften zuzüglich der Summe der Veränderung der in den Einzelabschlüssen der Konzerngesellschaften ausgewiesenen Ertragsteuerrückstellungen. Diese gehen unverändert, d. h. ohne Konsolidierungsmaßnahmen, in die Konzernbilanz bzw. Konzern-GuV ein.[7]

III. Der Einfluss latenter Steuern auf die Konzernsteuerquote

Der **latente Steueraufwand** ergibt sich aus der Veränderung der in der Konzernbilanz ausgewiesenen latenten Steueransprüche und -schulden. Diese entstehen infolge von Sachverhalten, die zu Unterschieden zwischen Handels- und Steuerbilanzwerten führen, die sich in Zukunft wieder umkehren.[8] Außerdem können latente Steueransprüche auch auf steuerliche Verlustvorträge und Steuerguthaben zurückzuführen sein, die in zukünftigen Perioden zu Steuerentlastungen führen.[9]

Die Berücksichtigung von **zukünftigem Steuerminder- bzw. Steuermehraufwand** in Form latenter Steuern stellt bei solchen Sachverhalten eine periodengerechte Verteilung des Steueraufwands sicher. Dies ist erforderlich, da ansonsten kein aussagekräftiges Verhältnis zwischen dem Steueraufwand und dem Ergebnis vor Ertragsteuern bestehen würde.[10] Für eine periodengerechte Verteilung ist eine Steuerabgrenzung allerdings nur insoweit erforderlich, als sich Abweichungen zwischen den Handels- und Steuerbilanzwerten in Zukunft wieder umkehren (temporäre Differenzen). Bei Abweichungen, die sich in Zukunft nicht ausgleichen (permanente Differenzen), erfolgt daher kein Ansatz latenter Steuern.

Latente Steueransprüche sind dann anzusetzen, wenn es wahrscheinlich ist, dass es in späteren Perioden zur Minderung des tatsächlichen Steueraufwands kommt.[11] Entsprechend sind latente Steuerschulden dann zu bilanzieren, wenn in späteren Perioden eine Erhöhung des tatsächlichen Steueraufwands absehbar ist. Eine Senkung des latenten Steueraufwands lässt sich somit vor allem über Maßnahmen zur **Senkung des tatsächlichen Steueraufwands zukünftiger Perioden** erreichen.

Bei der Berechnung latenter Steueransprüche und -schulden werden die zukünftig zu erwartenden Steuerminder- bzw. Steuermehrbelastungen in voller Höhe berücksichtigt, d.h. es erfolgt **keine Abzinsung** auf den Stichtag des Konzernabschlusses (IAS 12.53). Dies hat zur Folge, dass bei Steuergestaltungsmaßnahmen, die nur zu einer Verschiebung von Steuerzahlungen führen, die Minderung des tatsächlichen Steueraufwands durch eine entsprechende Erhöhung der

---

[7] Vgl. *Ortgies*, Die Konzernsteuerquote, 2006, S. 24.

[8] Vgl. IAS 12.15 ff.

[9] Vgl. IAS 12.34 ff.

[10] Vgl. *Hannemann/Peffermann*, BB 2003, S. 727 (727); *Kröner*, StbJb 2004/2005, S. 275 (279); *Ortgies*, Die Konzernsteuerquote, 2006, S. 27.

[11] Vgl. IAS 12.24, 12.34.

latenten Steuerschulden oder Verminderung der latenten Steueransprüche kompensiert wird. Aufgrund dieses **kompensatorischen Effekts latenter Steuern** haben solche Gestaltungsmaßnahmen in der Regel keinen Einfluss auf die Konzernsteuerquote.[12] Das wird an folgendem Beispiel zur Inanspruchnahme einer steuerlichen Sonderabschreibung deutlich.

Beispiel:
Ein Unternehmen kauft am Anfang der Periode t = 1 eine neue Anlage. Die Investitionskosten betragen 1 Mio. Euro. In der Handelsbilanz wird die Anlage über zwei Perioden abgeschrieben. Aufgrund der Inanspruchnahme eines steuerlichen Förderprogramms kann das Unternehmen die Anlage steuerlich sofort voll abschreiben. Das Ergebnis vor Steuern und vor Berücksichtigung der Abschreibungen auf die Anlage beträgt in beiden Jahren 2 Mio. Euro. Der nominale Ertragsteuersatz beträgt 30 % (kombinierter Steuersatz aller Ertragsteuerarten).

Angaben in T Euro	t = 1		t = 2	
	Handelsbilanz	Steuerbilanz	Handelsbilanz	Steuerbilanz
Ergebnis v. Abschreibung der Anlage und Steuern	2.000	2.000	2.000	2.000
Abschreibung der Anlage	-500	-1.000	-500	0
Ergebnis vor Steuern	**1.500**	**1.000**	**1.500**	**2.000**
Tatsächlicher Steueraufwand (Steuersatz 30 %)	-300	-300	-600	-600
Steuerquote ohne latente Steuern	**20 %**	**30 %**	**40 %**	**30 %**
Latenter Steueraufwand/ latenter Steuerertrag	-150		150	
Ausgewiesener Steueraufwand	-450		-450	
Steuerquote	**30 %**		**30 %**	

Abb. 1: Beispiel zum kompensatorischen Effekt latenter Steuern

Im Beispiel fällt das Steuerbilanzergebnis in Periode t = 1 aufgrund der steuerlichen Sofortabschreibung der Anlage um 500 T Euro niedriger aus als das Handelsbilanzergebnis. Der tatsächliche Steueraufwand (300 T Euro), der auf Grundlage des Steuerbilanzergebnisses (1 Mio. Euro) berechnet wird, beträgt daher im Verhältnis zum Handelsbilanzergebnis (1,5 Mio. Euro) nur 20 %. Auf die Bewertungsdifferenz zwischen Handels- und Steuerbilanz (500 T Euro) wird eine latente Steuerschuld gebildet (150 T Euro). Dies führt in t = 1 zu einem entsprechenden latenten Steueraufwand. Dieser erhöht den ausgewiesenen Gesamtsteueraufwand und führt dazu, dass die Steuerquote dem tatsächlich erhobenen Steuersatz von 30 % entspricht.

In Periode t = 2 fällt hingegen aufgrund der bereits erfolgten Sofortabschreiben in der Steuerbilanz keine Abschreibung an, so dass das Steuerbilanzergebnis um 500 T Euro höher ausfällt als das Handelsbilanzergebnis. Der tatsächliche Steueraufwand (600 T Euro), der auf Grundlage des Steuerbilanzergebnisses (2 Mio. Euro) berechnet wird, beträgt daher im Verhältnis zum Handelsbilanzergebnis (1,5 Mio. Euro) 40 %. Aufgrund des Wegfalls der Bewertungsdifferenz zwischen Handels- und Steuerbilanzergebnis wird die latente Steuerschuld (150 T Euro) aufgelöst. Dies führt in t = 2 zu einem entsprechenden latenten Steuerertrag. Dieser verringert den aus-

---

[12] Vgl. *Haarmann*, StbJb 2001/2002, 367 (372); *Herzig/Dempfle*, DB 2002, 1 (4 f.); *Müller*, DStR 2002, S. 1684 (1687); *Herzig*, WPg-Sonderheft 2003, S80 (S84); *Zielke*, DB 2006, S. 2585 (2587); *Lühn*, KoR 2007, S. 550 (553).

gewiesenen Gesamtsteueraufwand und führt dazu, dass die Steuerquote dem tatsächlich erhobenen Steuersatz von 30 % entspricht.

Im Beispiel wird deutlich, dass sich die Inanspruchnahme der steuerlichen Sonderabschreibung und die damit verbundene Verschiebung von Steuerzahlungen nicht auf die Steuerquote des Unternehmens auswirken. Nur wenn steuerliche Gestaltungsmaßnahmen neben der Verschiebung der Steuerzahlungen auch zu einer Reduzierung der Summe der Steuerzahlungen der aktuellen und zukünftiger Perioden führen, wirken sie sich auf die Konzernsteuerquote aus. Dies ist z. B. der Fall, wenn in späteren Perioden, aufgrund von bereits beschlossenen Gesetzesänderungen, andere Steuersätze zur Anwendung kommen.

Aufgrund des kompensatorischen Effekts latenter Steuern wirken sich auf die Konzernsteuerquote nur Gestaltungsmaßnahmen aus,

- die die **tatsächlichen Steuern** der aktuellen Periode **senken ohne** dass sich (infolge einer Erhöhung der tatsächlichen Steuern späterer Perioden) die ausgewiesenen **latenten Steuern erhöhen** oder
- die (durch eine Senkung der tatsächlichen Steuern späterer Perioden) die ausgewiesenen **latenten Steuern senken ohne dass** sich die **tatsächlichen Steuern** der aktuellen Periode **erhöhen**.

IV. Steuerliche Überleitungsrechnung zur Erläuterung der Konzernsteuerquote

Da die Konzernsteuerquote ohne weitere Informationen häufig nur von geringer Aussagekraft ist, verpflichtet IAS 12.81(c) die Konzerne zur Offenlegung einer steuerlichen Überleitungsrechnung (tax reconciliation) vom erwarteten zum ausgewiesenen Steueraufwand (in Währungseinheiten) bzw. vom erwarteten zum effektiven Steuersatz (in %).

Am Anfang der steuerlichen Überleitungsrechnung steht der **erwartete Steueraufwand**, der sich aus der Multiplikation des Konzernergebnisses vor Steuern mit einem Steuersatz ergibt. Gemäß IAS 12.85 ist in der Überleitungsrechnung von einem Steuersatz auszugehen, der für die Informationsinteressen der Abschlussadressaten geeignet ist. In Betracht kommt insbesondere der inländische Steuersatz am Sitz der Konzernobergesellschaft (**Homebased-Ansatz**). Bei Konzernen, die in mehreren Staaten tätig sind, sieht IAS 12.85 bisher auch die Möglichkeit vor, den gewichteten durchschnittlichen statuarischen Steuersatz zu verwenden (**Konzernansatz**). Im Rahmen der vom IASB geplanten Einführung eines neuen Standards zu Ertragsteuern soll jedoch der Homebased-Ansatz verbindlich werden.[13]

Am Ende der steuerlichen Überleitungsrechnung steht der in der Konzern-GuV **ausgewiesene Steueraufwand**, der sich aus dem tatsächlichen Steueraufwand und dem latenten Steueraufwand zusammensetzt.

In den Zeilen zwischen dem erwarteten und dem ausgewiesenen Steueraufwand soll die steuerliche Überleitungsrechnung gem. IAS 12.84 die Faktoren enthalten, die die Relation zwischen dem Steueraufwand und dem Konzernergebnis maßgeblich beeinflussen und somit zu Abweichungen des ausgewiesenen vom erwarteten Steueraufwand führen.

Die nachfolgende Aufstellung zeigt den **Aufbau einer Überleitungsrechnung** mit typischen Einflussfaktoren der Konzernsteuerquote:

---

[13] Vgl. IASB, ED 2009/2.43.

	Erwarteter Steueraufwand (Konzernergebnis x Steuersatz)
+/−	Steuersatzunterschiede Ausland
+/−	Steuersatzunterschiede Gewerbesteuer
−	Steuerfreie Erträge
+	Nicht abzugsfähige Aufwendungen
+/−	Auswirkungen von at equity-Bewertungen
+/−	Auswirkungen von Verlusten
+	Nicht anrechenbare Quellensteuern und andere Doppelbesteuerungen
−	Steuerbefreiungen und Steuerermäßigungen
+/−	Steuern für Vorperioden
+/−	Auswirkungen von Steuerrechtsänderungen
+/−	Sonstige Effekte
=	Ausgewiesener Steueraufwand

Abb. 2: Aufbau einer Überleitungsrechnung mit typischen Einflussfaktoren der Konzernsteuerquote

In der Regel enthalten steuerliche Überleitungsrechnungen nur einige der in Abb. 2 aufgeführten Effekte für die Abweichung des ausgewiesenen vom erwarteten Steueraufwand, während weniger bedeutende Effekte unter der Position sonstige Effekte zusammengefasst werden. Zudem werden häufig andere Bezeichnungen für die Effekte gewählt oder noch weitere Effekte aufgeführt. Da die IAS/IFRS für die Überleitungsrechnung keinen genauen Aufbau vorschreiben, sind in der Praxis die Gliederungen und die Positionsbezeichnungen in den Überleitungsrechnungen sehr heterogen.

Im Folgenden werden die in Abb. 2 angegeben Einflussfaktoren der Konzernsteuerquote einzeln dargestellt und analysiert. Für jeden Faktor wird aufgezeigt, wie er sich auf die Konzernsteuerquote auswirkt und welche Möglichkeiten das Steuermanagement im Rahmen der internationalen Steuerplanung hat, um den Faktor und somit die Konzernsteuerquote zu beeinflussen.

C. Einzelne Einflussfaktoren der Konzernsteuerquote und ihre Gestaltbarkeit

I. Steuersatzunterschiede Ausland

1. Auswirkungen auf die Konzernsteuerquote

Aufgrund des **internationalen Steuersatzgefälles** unterliegen die verschiedenen Gesellschaften eines Konzerns häufig erheblich voneinander abweichenden Ertragsteuersätzen. Diese Steuersatzunterschiede wirken sich sowohl auf den tatsächlichen Steueraufwand der Konzerngesellschaften als auch auf die Höhe der in der Konzernbilanz ausgewiesenen latenten Steueransprüche und -schulden aus, da diese in der Regel mit dem lokalen Steuersatz der Konzerneinheit zu bewerten sind, der der Anspruch bzw. die Schuld zuzurechnen ist.[14]

In der steuerlichen Überleitungsrechnung nach dem Homebased-Ansatz geht der Ertragsteuersatz am Standort der Konzernobergesellschaft in den erwarteten Steueraufwand ein. Der Effekt abweichender Steuersätze ausländischer Konzernstandorte wird hingegen gesondert ausgewiesen. Dieser Effekt senkt die Konzernsteuerquote umso stärker, je weiter der gewichtete Mittel-

---

[14] Vgl. *Petersen/Bansbach/Dornbach*, IFRS-Praxishandbuch, 2009, S. 298.

wert der Steuersätze an den ausländischen Konzernstandorten unter dem Ertragsteuersatz am Standort der Konzernobergesellschaft liegt. Entsprechend erhöht der Effekt abweichender ausländischer Steuersätze die Konzernsteuerquote, falls der gewichtete Mittelwert der Steuersätze an den ausländischen Konzernstandorten über dem Ertragsteuersatz am Standort der Konzernobergesellschaft liegt. Die Stärke des Effekts hängt von der Verteilung der Gewinne des Konzerns zwischen In- und Ausland und innerhalb des Auslands zwischen Staaten mit hohen Steuersätzen und Staaten mit niedrigen Steuersätzen ab.[15]

2. Einflussmöglichkeiten des Steuermanagements

Die weltweite Verteilung der Gewinne eines Konzerns ist überwiegend von der **weltweiten Verteilung der operativen Tätigkeiten** des Konzerns und deren unterschiedlichen Profitabilität abhängig. Diese Verteilung wird häufig durch historisch gewachsene Strukturen determiniert oder ist von nichtsteuerlichen Standortfaktoren anhängig, z. B. von der Nähe zu Beschaffungs- und Absatzmärkten, der Verfügbarkeit qualifizierter Arbeitskräfte, dem Lohniveau, der Infrastruktur, den Umweltauflagen oder staatlichen Investitionszuschüssen. Steuerliche Vorteilhaftigkeitsüberlegungen haben daher häufig nur einen geringen Einfluss auf die weltweite Verteilung der operativen Konzernaktivitäten und deren Profitabilität. Schwankt die Profitabilität der einzelnen Konzernstandorte, so führt dies zu einer Erhöhung der Konzernsteuerquote, wenn sich die Gewinne der Konzernstandorte in Hochsteuerländern besser entwickeln als in Niedrigsteuerländern und zu einer Minderung der Konzernsteuerquote im umgekehrten Fall.

Auch wenn die weltweite Verteilung der Konzernstandorte feststeht, lässt sich jedoch die Verteilung der Gewinne auf die Konzernstandorte durch steuerplanerische Maßnahmen beeinflussen. So können durch verschiedene Gestaltungsinstrumente Gewinne aus Staaten mit hohen Steuersätzen in solche mit niedrigen Steuersätzen verlagert werden. Zu diesen Instrumenten gehören neben **Funktionsverlagerungen** von Hoch- in Niedrigsteuerländer die **Finanzierung** von Konzerngesellschaften in Hochsteuerländern überwiegend mit Fremdkapital und in Niedrigsteuerländern mit Eigenkapital, die Einschaltung konzerneigener **Holding- und Finanzierungsgesellschaften** in Niedrigsteuerländern sowie die Festsetzung hoher **Verrechnungspreise** für Lieferungen und Leistungen an Konzerngesellschaften in Hochsteuerländern und niedriger Verrechnungspreise für Lieferungen und Leistungen an Konzerngesellschaften in Niedrigsteuerländern.

Allerdings sind den meisten der genannten Gestaltungsinstrumente durch das Steuerrecht enge Grenzen gesetzt, die im Rahmen der Konzernsteuerplanung zu berücksichtigen sind. So können Standort- und Funktionsverlagerungen die Aufdeckung und Versteuerung stiller Reserven bewirken, eine übermäßige Fremdfinanzierung kann zur Nichtabzugsfähigkeit der Zinsen aufgrund von Thin-Capitalization-Rules oder Zinsschranken führen, der Einsatz von Holding- oder Finanzierungsgesellschaften in Niedrigsteuerländern kann eine Hinzurechnungsbesteuerung (§§ 7 ff. AStG) auslösen und Verrechnungspreise, die nicht dem Fremdvergleichsgrundsatz entsprechen, können Einkünftekorrekturen durch die Finanzverwaltung sowie Strafzuschläge nach sich ziehen. Insofern erfordern die genannten Gestaltungsmaßnahmen immer eine genaue Abwägung der steuerlichen Chancen und Risiken.

---

[15] Der Zusammenhang zwischen dem Steuerniveau in den Sitzstaaten der Konzerngesellschaften und der Konzernsteuerquote ist durch mehrere empirische Studien belegt. Vgl. *Bauman/Schadewald*, Journal of International Accounting Auditing and Taxation 10 (2001), S. 177 ff.; *Buijink/Janssen/Schols*, Journal of International Accounting Auditing and Taxation 11 (2002), S. 115 ff.; *Rego*, Contemporary Accounting Research 20 (2003) Nr. 4, S. 805 ff.; *Spengel*, in: Oestreicher (Hrsg.): Internationale Steuerplanung, 2005, S. 89 (104).

II. Steuersatzunterschiede Gewerbesteuer

1. Auswirkungen auf die Konzernsteuerquote

Innerhalb von Konzernen gibt es nicht nur Steuersatzunterschiede zwischen in- und ausländischen Konzernstandorten, sondern auch innerhalb des Inlands. Dies ist auf den von Gemeinde zu Gemeinde **unterschiedlich hohen Gewerbesteuerhebesatz** zurückzuführen. Wird bei der Berechnung des erwarteten Steuersatzes in der steuerlichen Überleitungsrechnung im Rahmen des Homebased-Ansatzes allein der Gewerbesteuerhebesatz am Sitz der Konzernobergesellschaft zugrunde gelegt, so gibt es einen Effekt abweichender Gewerbesteuersätze. Dieser Effekt senkt die Konzernsteuerquote umso stärker, je weiter der gewichtete Mittelwert der Gewerbesteuerhebesätze der anderen inländischen Konzernstandorte unter dem Gewerbesteuerhebesatz am Sitz der Konzernobergesellschaft liegt. Entsprechend erhöht der Effekt die Konzernsteuerquote, falls der gewichtete Mittelwert der Gewerbesteuerhebesätze der anderen Konzernstandorte über dem Gewerbesteuerhebesatz am Sitz der Konzernobergesellschaft liegt.

2. Einflussmöglichkeiten des Steuermanagements

Bezüglich der Höhe des Effekts abweichender Gewerbesteuersätze gibt es sowohl Faktoren, die durch das Steuermanagement beeinflusst werden können, als auch solche, die kaum beeinflussbar sind. Kaum steuerbar ist in der Regel die **regionale Verteilung der operativen Tätigkeiten** des Konzerns auf Kommunen mit hohen oder niedrigen Gewerbesteuerhebesätzen, da sie überwiegend durch historisch gewachsene Strukturen determiniert oder von nichtsteuerlichen Standortfaktoren abhängig ist.

Das Steuermanagement kann jedoch durch die Begründung einer **gewerbesteuerlichen Organschaft** (§ 2 Abs. 2 Satz 2 GewStG) eine Umverteilung der Gewerbeerträge zwischen Standorten verschiedener Konzerngesellschaften erreichen, da innerhalb des Organkreises ein einheitlicher Gewerbesteuermessbetrag ermittelt und entsprechend des Zerlegungsmaßstabs der Lohnsumme (§ 29 GewStG) auf die inländischen Betriebstätten aller in den Organkreis einbezogenen Gesellschaften verteilt wird. Dadurch kann sich je nach Gewerbesteuerhebesätzen eine höhere oder eine geringere Gewerbesteuerbelastung des Konzerns ergeben.

Außerdem stehen zur Umverteilung von Gewerbeerträgen zwischen den Konzerngesellschaften grundsätzlich die gleichen Instrumente zur Verfügung wie für die Nutzung des internationalen Steuersatzgefälles (insbesondere **Funktionsverlagerungen, Finanzierungsgestaltungen, Verrechnungspreise**).

III. Steuerfreie Erträge

1. Auswirkungen auf die Konzernsteuerquote

Sind Erträge einer Konzerngesellschaft steuerlich freigestellt, so führt dies zu einer Minderung des tatsächlichen Steueraufwands des Konzerns und somit des Zählers der Konzernsteuerquote. Dies bewirkt dann eine Minderung der Konzernsteuerquote, wenn die steuerfreien Erträge in das Konzernergebnis vor Steuern und somit in den Nenner der Konzernsteuerquote eingehen.

Der wichtigste Fall steuerfreier Erträge sind Beteiligungserträge. Viele Staaten sehen eine **Freistellung von Beteiligungserträgen** vor. In Deutschland sind gemäß § 8b KStG Dividendenbezüge und Gewinne aus Beteiligungsverkäufen bei der Körperschaftsteuer unabhängig von der Beteiligungshöhe steuerfrei. Bei der Gewerbesteuer gilt die Steuerfreiheit von Dividendenbezügen hingegen nur, wenn die Beteiligung mindestens 15 % beträgt (§ 8 Nr. 5 i. V. m. § 9 Nr. 2a oder 7 GewStG). Gewinne aus Beteiligungsveräußerungen sind unabhängig von der Beteiligungshöhe von der Gewerbesteuer befreit.

Lühn

Bei Beteiligungserträgen ist zu berücksichtigen, dass Gewinne aus Dividendenzahlungen oder Beteiligungsveräußerungen zwischen zwei konsolidierten Konzerngesellschaften im Rahmen der Erstellung des Konzernabschlusses eliminiert werden und somit nicht in das Konzernergebnis eingehen. Bezüglich der Auswirkungen von Beteiligungserträgen auf die Konzernsteuerquote müssen daher nach deutschem Recht folgende Fälle unterschieden werden:

1. Dividendenbezüge aus einer konsolidierten oder at equity bewerteten Beteiligung in Höhe von mindestens 15 % oder Gewinne aus einer Beteiligungsveräußerung zwischen zwei konsolidierten Konzerngesellschaften: In diesen Fällen sind die Beteiligungserträge sowohl körperschaftsteuerlich als auch gewerbesteuerlich steuerfrei, gehen jedoch auch nicht in das Konzernergebnis ein. Die steuerfreien Beteiligungserträge wirken sich somit nicht auf die Konzernsteuerquote aus. Allerdings gelten 5 % der Beteiligungserträge gem. § 8b Abs. 3 und 5 KStG als nicht abzugsfähige Betriebsausgaben und erhöhen somit den Steueraufwand und die Konzernsteuerquote.[16]

2. Dividendenbezüge von einer nicht konsolidierten und nicht at equity bewerteten Beteiligung in Höhe von mindestens 15 % oder Gewinne aus einer Beteiligungsveräußerung an Dritte: In diesem Fall sind die Beteiligungserträge sowohl körperschaftsteuerlich als auch gewerbesteuerlich steuerfrei, gehen jedoch in das Konzernergebnis ein. Die steuerfreien Beteiligungserträge bewirken somit eine Minderung der Konzernsteuerquote.

3. Dividendenbezüge von einer nicht konsolidierten und nicht at equity bewerteten Beteiligung in Höhe von weniger als 15 %: In diesem Fall sind die Beteiligungserträge körperschaftsteuerlich steuerfrei, gewerbesteuerlich hingegen steuerpflichtig. Sie gehen jedoch in das Konzernergebnis ein. Nur die körperschaftsteuerliche Freistellung bewirkt somit eine Minderung der Konzernsteuerquote.

2. Einflussmöglichkeiten des Steuermanagements

Bei Beteiligungserträgen lässt sich in der Regel im Rahmen der internationalen Steuerplanung durch geeignete Maßnahmen ein weitgehend steuerfreier Bezug sicherstellen. Einige Staaten schreiben – anders als Deutschland – eine Mindestbeteiligungshöhe oder Mindesthaltedauer einer Beteiligung als Voraussetzung für eine Freistellung der Beteiligungserträge vor. Sieht ein Staat keine Freistellungsregelungen vor oder können deren Vorrausetzungen nicht erfüllt werden, so ist es steuerlich nachteilig, wenn dortige Konzerngesellschaften Beteiligungen halten. Vorteilhafter ist die **unmittelbare Beteiligung inländischer Konzerngesellschaften** oder die Einschaltung einer **Holding in einem Drittstaat**, der die Anwendung von Freistellungsregelungen für Dividendenbezüge (**Participation Exemption Shopping**[17]) und Gewinne aus Beteiligungsverkäufen (**Capital Gains Exemption Shopping**[18]) vorsieht.

Bei Beteiligungsveräußerungen kann ggf. auch eine kurzzeitige Verschiebung oder ein Vorziehen der Veräußerung zweckmäßig sein, um auf diese Weise Einfluss auf die Konzernsteuerquote eines bestimmen Geschäftsjahres zu nehmen.

Ein nur wenig beeinflussbarer Faktor sind Gewinnausschüttungen nicht konsolidierter Gesellschaften. Da bei nicht konsolidierten Gesellschaften in der Regel nur eine Minderheitsbeteili-

---

[16] Dieser Einflussfaktor gehört jedoch zum Effekt nicht abzugsfähiger Aufwendungen (siehe Abschnitt C.IV.1.)

[17] Vgl. *Bader*, Steuergestaltung mit Holdinggesellschaften, 2007, S. 95 f.; *Jacobs* (Hrsg.), Internationale Unternehmensbesteuerung, 2007, S. 972 f.

[18] Vgl. *Dorfmueller*, Tax Planning for U.S. MNCs with EU Holding Companies, 2003, S. 149; *Bader*, Steuergestaltung mit Holdinggesellschaften, 2007, S. 112 f.

gung besteht, hat der Konzern nur begrenzten Einfluss auf die Ausschüttungsentscheidungen. Eine Steuerung der steuerfreien Dividendenbezüge zur Beeinflussung der Konzernsteuerquote ist somit häufig nicht möglich.[19]

IV. Nicht abzugsfähige Aufwendungen

1. Auswirkungen auf die Konzernsteuerquote

Sind Aufwendungen einer Konzerngesellschaft steuerlich nicht abzugsfähig, so führt dies zu einer Erhöhung des tatsächlichen Steueraufwands des Konzerns. Da die Aufwendungen das Konzernergebnis und somit den Nenner der Konzernsteuerquote mindern, führen die steuerlich nicht abzugsfähigen Aufwendungen zu einer Erhöhung der Konzernsteuerquote. Dies gilt dann nicht, wenn der Erhöhung des tatsächlichen Steueraufwands ein entsprechender latenter Steuerertrag gegenübersteht, sodass der Zähler der Konzernsteuerquote unverändert bleibt. Letzteres kann der Fall sein, wenn Aufwendungen zwar in einer Periode nicht abzugsfähig sind, jedoch auf folgende Perioden vorgetragen werden können.

So können im Rahmen sog. **Zinsschranken**[20] nicht abzugsfähige Zinsen auf folgende Jahre vorgetragen und in diesen Jahren abgezogen werden, soweit der Zinsaufwand dann unterhalb der Zinsschranke liegt. Für den Zinsvortrag ist ein latenter Steueranspruch zu aktivieren, wenn es wahrscheinlich ist, dass der Vortrag in Zukunft zum Abzug genutzt wird.[21] Der Erhöhung des tatsächlichen Steueraufwands durch die Nichtabzugsfähigkeit der Zinsen steht dann ein entsprechender Ertrag aus der Aktivierung des latenten Steueranspruchs gegenüber, sodass sich der gesamte Steueraufwand des Konzerns und somit die Konzernsteuerquote nicht erhöht.

Steuerlich nicht abzugsfähige Aufwendungen erhöhen somit nur dann die Konzernsteuerquote, wenn die Nichtabzugsfähigkeit entweder endgültig ist, für den Aufwandsvortrag aufgrund zu geringer Nutzungswahrscheinlichkeit kein latenter Steueranspruch aktiviert werden darf oder der Aufwandsvortrag und somit auch der entsprechende latente Steueranspruch untergeht. Der Untergang eines Zinsvortrags droht insbesondere bei Liquidation einer Gesellschaft, bei deren Umwandlung und bei Beteiligungsübertragungen (infolge sog. Mantelkaufregelungen[22]).

Auch die Fiktion des § 8b Abs. 3 und 5 KStG, dass **5 % der steuerfreien Beteiligungserträge als nicht abzugsfähige Betriebsausgaben** behandelt werden, führt zu einer Erhöhung der Konzernsteuerquote. Ist bereits im Jahr der Gewinnerzielung absehbar, dass Gewinne einer Konzerngesellschaft später ausgeschüttet werden und somit nicht abzugsfähige Aufwendungen entstehen, sind gem. IAS 12.40 latente Steuerschulden für die potentielle steuerliche Ausschüttungsbelastung zu bilden, die im Zeitpunkt der tatsächlichen Ausschüttung wieder aufgelöst werden. Die Erhöhung der Konzernsteuerquote tritt somit bereits im Jahr der Gewinnerzielung ein und nicht erst im Jahr der Ausschüttung. Hingegen sind keine latenten Steuerschulden für potentielle steuerliche Ausschüttungsbelastungen zu bilden, wenn in absehbarer Zeit keine Gewinnausschüttungen geplant sind.[23] Werden später doch Ausschüttungen vorgenommen, für

---

[19] Vgl. *Ortgies*, Die Konzernsteuerquote, 2006, S. 147.

[20] In Deutschland sieht § 4h EStG i. V. m. § 8a KStG eine Zinsschranke vor. Siehe zu Zinsschranken in anderen Staaten *BDI/KPMG* (Hrsg.), Die Behandlung von Finanzierungsaufwendungen, 2009, S. 19 ff.

[21] Vgl. *Kirsch*, DStR 2008, S. 1268 (1268 f.); *Loitz/Neukamm*, WPg 2008, S. 196 ff.

[22] Eine solche Regelung sieht in Deutschland § 8c i. V. m. § 8a Abs. 1 Satz 3 KStG vor.

[23] Dies soll gem. ED 2009/2.B5 in Zukunft nur noch für thesaurierte Gewinne ausländischer Konzerngesellschaften gelten.

die keine latenten Steuerschulden passiviert wurden, so kommt es im Jahr des Ausschüttungsbeschlusses zu einer Erhöhung der Konzernsteuerquote.

Auch im Rahmen von Impairment-Tests vorgenommene **außerplanmäßige Abschreibungen auf Firmenwerte** können zu nichtabzugsfähigen Aufwendungen führen, falls steuerlich kein Firmenwert aktiviert wurde oder eine steuerliche Teilwertabschreibung auf den aktivierten Firmenwert nicht möglich ist. Dies gilt insbesondere für Firmenwerte, die erst im Rahmen der Kapitalkonsolidierung entstehen und somit steuerlich nicht relevant sind. IAS 12.15 Buchstabe (a) i. V. m. 12.21 verbietet den Ansatz einer latenten Steuerschuld auf Firmenwerte. Damit steht der Minderung des Konzernergebnisses durch die außerplanmäßige Abschreibung auf den Firmenwert keine Minderung des Steueraufwands durch einen latenten Steuerertrag aus der Auflösung latenter Steuerschulden gegenüber. Somit steigt die Konzernsteuerquote.[24]

2. Einflussmöglichkeiten des Steuermanagements

Zur Vermeidung nicht abzugsfähiger Aufwendungen gibt es eine Reihe von Faktoren, auf die das Steuermanagement Einfluss nehmen kann. Dazu gehört die **Vermeidung der Zurechnung von Aufwendungen zu steuerfreien Erträgen**, soweit Aufwendungen im Zusammenhang mit steuerfreien Erträgen nicht abzugsfähig sind. Dies betrifft insbesondere Aufwendungen des Stammhauses im Zusammenhang mit ausländischen Betriebsstätten, wenn die Betriebsstätteneinkünfte beim Stammhaus aufgrund eines Doppelbesteuerungsabkommens freigestellt sind. Derartige Aufwendungen mindern häufig weder im Staat des Stammhauses noch im Staat der Betriebsstätte die steuerliche Bemessungsgrundlage und führen somit zu einer Erhöhung der Konzernsteuerquote.[25]

Laufende Betriebsausgaben im Zusammenhang mit Beteiligungen sind hingegen in Deutschland trotz Freistellung der Dividendenbezüge abzugsfähig, da gem. § 8b Abs. 5 KStG 5 % der Dividendenbezüge pauschal als nicht abzugsfähige Betriebsausgaben definiert werden. Die durch diese Pauschalierung verursachte Erhöhung der Konzernsteuerquote lässt sich bei inländischen Konzerngesellschaften vermeiden, wenn zwischen den Gesellschaften eine **körperschaftsteuerliche Organschaft** (§ 14 KStG) geschlossen wird. Da gem. IAS 12.40 keine latenten Steuerschulden für potentielle steuerliche Ausschüttungsbelastungen zu bilden sind, wenn in absehbarer Zeit keine Gewinnausschüttungen geplant sind, führt auch ein **langfristiger Verzicht auf Ausschüttungen (Ballooning)** zu einer Reduzierung der Konzernsteuerquote.

In vielen Staaten werden Teilwertabschreibungen auf Beteiligungen und Verluste aus Beteiligungsveräußerungen steuerlich nicht anerkannt.[26] Um diese Abzugsverbote zu vermeiden, ist ggf. über die Zwischenschaltung einer **Holding** in einem Staat nachzudenken, in dem Teilwertabschreibungen auf Beteiligungen und Verluste aus Beteiligungsverkäufen steuerlich anerkannt werden (**Deduction Shopping**).[27] Dies ist allerdings nur dann zweckmäßig, wenn die Holding auch Erträge erzielt, mit denen sie die Aufwendungen verrechnen kann. Andernfalls entstehen bei der Holding nur Verlustvorträge, für die aufgrund zu geringer Nutzungswahrscheinlichkeit keine latenten Steueransprüche aktiviert werden können.

---

[24] Vgl. *Ortgies*, Die Konzernsteuerquote, 2006, S. 166 f.

[25] Dies soll gem. ED 2009/2.B5 in Zukunft nur noch für thesaurierte Gewinne ausländischer Konzerngesellschaften gelten.

[26] In Deutschland sieht § 8b Abs. 3 KStG eine entsprechende Vorschrift vor.

[27] Vgl. *Schänzle*, Steuerorientierte Gestaltung internationaler Konzernstrukturen, 2000, S. 58; *Bader*, Steuergestaltung mit Holdinggesellschaften, 2007, S. 108 f.; *Jacobs* (Hrsg.), Internationale Unternehmensbesteuerung, 2007, S. 981 f.

Bei Zinsen können – unabhängig davon, ob sie im Zusammenhang mit Beteiligungen stehen – spezielle Abzugsbeschränkungen greifen. Denn in vielen Staaten schränken verschiedene Vorschriften wie Thin Capitalization-Rules[28], Zinsschranken[29] oder Vorschriften zur Hinzurechnung bestimmter Finanzierungskosten[30] die steuerliche Abzugsfähigkeit von Zinsen ein. Da die detaillierten Voraussetzungen und Rechtsfolgen der Einschränkungen des Zinsabzugs von Staat zu Staat sehr unterschiedlich sind, ist bei **Finanzierungsgestaltungen** für jede Konzerngesellschaft genau zu prüfen, ob die Abzugsfähigkeit der Zinsen sichergestellt ist. Ggf. kann es zweckmäßig sein, durch Kapitalerhöhungen oder Gewinnthesaurierungen die Eigenkapitalbasis einer Konzerngesellschaft zu erhöhen, um den Zinsabzug zu gewährleisten. Für die Bereitstellung des Eigenkapitals können Holdinggesellschaften in Staaten eingeschaltet werden, die keine Einschränkungen des Zinsabzugs vorsehen.[31]

Soweit sich die sofortige Abzugsfähigkeit von Zinsen aufgrund des Eingreifens einer Zinsschranke nicht erreichen lässt, ist dafür zu sorgen, dass der Zinsvortrag in den kommenden Jahren genutzt werden kann und somit latente Steueransprüche aktiviert werden. Um eine Nutzung des Zinsvortrags sicherzustellen, kann eine vorübergehende Erhöhung der Erträge der Konzerngesellschaft durch die Nutzung steuerbilanzpolitischer Instrumente zum Vorziehen von Erträgen und Verschieben von Aufwendungen oder durch konzerninterne Gewinnverlagerungen (z. B. über die Zuteilung besonders gewinnbringender Aufträge) in Betracht kommen. Außerdem ist eine Minderung des Zinsaufwands durch eine Umfinanzierung (Umwandlung von Fremd- in Eigenkapital) denkbar.

Auch Einkünftekorrekturen ohne Gegenberichtigung bei konzerninternen Lieferungen und Leistungen können zu steuerlich nicht abzugsfähigen Aufwendungen führen. Werden z. B. konzerninterne Verrechnungspreise von der Finanzverwaltung eines Staates nicht anerkannt und erfolgt daher eine Einkünftekorrektur, während die Finanzverwaltung des anderen Staates – ggf. auch nach Durchführung eines Verständigungsverfahrens – keine Gegenberichtigung zulässt, so führt dies zu einer Erhöhung der Konzernsteuerquote. Deshalb sind im Rahmen der Konzernsteuerplanung Verrechnungspreise zu bestimmen, die von allen beteiligten Finanzverwaltungen anerkannt werden. Um dies sicherzustellen, können ggf. mit den beteiligten Finanzverwaltungen Vorabvereinbarungen über Verrechnungspreise (**Advance Pricing Agreements**) geschlossen werden.

V. At equity-Bewertungen

1. Auswirkungen auf die Konzernsteuerquote

Wird eine Beteiligung an einer Gesellschaft nicht konsolidiert, sondern nach der Equity-Methode bewertet, so ist die Beteiligung gem. IAS 28.11 zunächst mit ihren Anschaffungskosten anzusetzen. Die einzelnen Bilanz- und GuV-Positionen und somit auch die ausgewiesenen latenten Steueransprüche und -schulden sowie der ausgewiesene Steueraufwand der Gesellschaft gehen nicht in den Konzernabschluss ein. Stattdessen erhöht oder vermindert sich der Buchwert der

---

[28] In Deutschland ist die Thin Capitalization-Rule des § 8a KStG a.F. durch das Unternehmensteuerreformgesetz 2008 abgeschafft und durch die Zinsschranke ersetzt worden. Siehe zu den Thin Capitalization-Rules in anderen Staaten *Zielke*, RIW 2006, S. 600 (604 ff.).

[29] Siehe bereits Fn. 20.

[30] In Deutschland werden gem. § 8 Nr. 1 GewStG bei der Ermittlung des Gewerbeertrags 25% der Zinsen und weiterer Finanzierungsaufwendungen hinzugerechnet, soweit deren Summe 100.000 Euro übersteigt.

[31] Vgl. Tax Planning for U.S. MNCs with EU *Dorfmueller*, Holding Companies, 2003, S. 63.

Beteiligung beim Anteilseigner entsprechend seines Anteils am Periodenergebnis. Die Fortschreibung des Buchwerts ist regelmäßig erfolgswirksam. Entsprechend werden Ausschüttungen beim Anteilseigner nicht erfolgswirksam erfasst.

Da der steuerliche Buchwert der Beteiligung in der Regel konstant bleibt, führt die Schwankung des handelsrechtlichen Buchwerts und somit des Konzernergebnisses zu sog. **outside basis differences**. Soweit Dividendenbezüge – wie in Deutschland gem. § 8b Abs. 1 KStG – beim Anteilseigner steuerlich freigestellt sind, sind die Differenzen dauerhaft, so dass keine latenten Steuern bilanziert werden. Nur in Höhe der 5 % der Dividendenbezüge, die gem. § 8b Abs. 5 KStG pauschal als nicht abzugsfähige Betriebsausgaben gelten, besteht eine latente Steuerpflicht für die entsprechende outside basis difference.[32]

Erhöhungen des Beteiligungsbuchwerts im Rahmen der at equity-Bewertung erhöhen daher das Konzernergebnis, ohne dass der Steueraufwand entsprechend steigt. Somit sinkt die Konzernsteuerquote. Umgekehrt senken Minderungen des Beteiligungsbuchwerts im Rahmen der at equity-Bewertung das Konzernergebnis, ohne dass der Steueraufwand entsprechend sinkt. Dadurch steigt die Konzernsteuerquote. Die Wirkung auf die Konzernsteuerquote unterscheidet sich daher bei der Equity-Methode grundlegend von der einer Voll- oder Quotenkonsolidierung.[33]

2. Einflussmöglichkeiten des Steuermanagements

Da die Höhe der outside basis differences von den Schwankungen des Ergebnisses der at equity bewerteten Gesellschaft abhängt, kann das Steuermanagement die outside basis differences kaum beeinflussen. Zudem kommt die at equity-Bewertung in der Regel nur bei Gesellschaften zur Anwendung, an denen eine Minderheitsbeteiligung besteht, so dass das Steuermanagement des Konzerns nur einen begrenzten Einfluss auf Entscheidungen der Gesellschaft hat.

VI. Verluste

1. Auswirkungen auf die Konzernsteuerquote

Verluste einer einzelnen Konzerngesellschaft mindern im entsprechenden Geschäftsjahr zwar das Konzernergebnis, jedoch in der Regel nicht den Steueraufwand des Konzerns. Eine steuerliche Verrechnung von Gewinnen und Verlusten verschiedener Konzerngesellschaften ist nur im Rahmen einer Organschaft bzw. Gruppenbesteuerung zwischen Gesellschaften im selben Staat möglich.

Da Verluste in einigen Fällen auf frühere Perioden zurückgetragen und nahezu immer auf kommende Perioden vorgetragen werden können, droht eine völlige steuerliche Nichtberücksichtigung von Verlusten jedoch nur beim Verfall oder Untergang eines Verlustvortrags. Aufgrund der **Aktivierung latenter Steueransprüche aus dem Verlustvortrag** (IAS 12.34) wirkt sich eine fehlende sofortige Verlustverrechnungsmöglichkeit nicht auf die Konzernsteuerquote aus, wenn die spätere steuerliche Nutzung des Verlustvortrags wahrscheinlich ist.

Ist allerdings absehbar, dass ein Verlustvortrag nicht genutzt werden kann, weil die Verlustgesellschaft in Zukunft nicht genügend Gewinne erwirtschaftet, mit denen der Verlustvortrag verrechnet werden kann, so dürfen gem. IAS 12.36 keine latenten Steueransprüche aktiviert werden. In diesem Fall senkt der Verlust einer Konzerngesellschaft das Konzernergebnis vor

---

[32] Vgl. *Kröner/Beckenhaub*, Konzernsteuerquote, 2008, S. 67, 70.

[33] Vgl. zu Einzelheiten *Ortgies*, Die Konzernsteuerquote, 2006, S. 148 ff.

Ertragsteuern ohne dass es zu einer entsprechenden Minderung des Steueraufwands des Konzerns kommt. Somit steigt die Konzernsteuerquote.

Einen negativen Einfluss auf die Konzernsteuerquote hat auch der **Verfall eines Verlustvortrags**. Viele Staaten sehen eine zeitliche Beschränkung der Vortragsfähigkeit von Verlusten vor, die zwischen 5 und 20 Jahren betragen kann.[34] Droht aufgrund einer solchen Regelung der Verfall eines Verlustvortrags, so dürfen gem. IAS 12.36 keine latenten Steueransprüche aktiviert werden bzw. müssen bereits gebildete latente Steueransprüche gem. IAS 12.56 wertberichtigt werden. Dies wirkt sich negativ auf die Konzernsteuerquote aus. Die gleiche Wirkung hat der **Untergang eines Verlustvortrags** infolge der Liquidation einer Verlustgesellschaft, deren Umwandlung oder von Beteiligungsübertragungen (bei Eingreifen sog. Mantelkaufregelungen[35]).

Ist auf einen Verlustvortrag aufgrund zu geringer Nutzungswahrscheinlichkeit kein latenter Steueranspruch aktiviert worden, stellt sich jedoch später heraus, dass der Verlustvortrag doch genutzt werden kann, so kommt es im Jahr des Verlustabzugs zu einer Senkung des tatsächlichen Steueraufwands ohne entsprechende Auflösung eines latenten Steueranspruchs, wodurch die Konzernsteuerquote sinkt. Gleiches gilt, wenn bereits vorher eine Erhöhung der Nutzungswahrscheinlichkeit eines Verlustvortrages festgestellt wird und eine entsprechende Werterhöhung des latenten Steueranspruchs erfolgt.

Insgesamt lassen sich somit bezüglich des Einflusses von Verlusten auf die Konzernsteuerquote folgende Fälle unterscheiden:

1. Wertberichtigung eines latenten Steueranspruchs aus einem Verlustvortrag aufgrund zu geringer Nutzungswahrscheinlichkeit oder Verfall bzw. Untergang des Verlustvortrags → Konzernsteuerquote steigt
2. Werterhöhung eines latenten Steueranspruchs aus einem Verlustvortrag aufgrund gestiegener Nutzungswahrscheinlichkeit → Konzernsteuerquote sinkt
3. Tatsächliche Steuerminderung durch Nutzung eines Verlustvortrags > latenter Steueranspruch aus Verlustvortrag → Konzernsteuerquote sinkt
4. Tatsächliche Steuerminderung durch Nutzung eines Verlustvortrags < latenter Steueranspruch aus Verlustvortrag → Konzernsteuerquote steigt

2. Einflussmöglichkeiten des Steuermanagements

Eine grenzüberschreitende konzerninterne Verlustverrechnung lässt sich nur selten verwirklichen, da nur wenige Staaten eine grenzüberschreitende Gruppenbesteuerung vorsehen.[36] Jedoch kann durch Begründung von **Organschaften bzw. Gruppenbesteuerungen** zumindest eine Verlustverrechnung zwischen Konzerngesellschaften innerhalb eines Staates erreicht werden.

Ist eine konzerninterne Verlustverrechnung nicht möglich, so kann eine Vermeidung oder Verringerung von Verlusten einzelner Konzerngesellschaften über **konzerninterne Gewinnverlagerungen auf die Verlustgesellschaft** (z. B. über konzerninterne Verrechnungspreise) erreicht werden.

---

[34] Vgl. zu den verschiedenen nationalen steuerlichen Verlustregelungen *Endres u.a.*, Verlustberücksichtigung über Grenzen hinweg, 2006, S. 37 ff.

[35] Eine solche Regelung sieht in Deutschland § 8c KStG vor.

[36] Z. B. Österreich und Dänemark; vgl. *Endres u. a.*, Verlustberücksichtigung über Grenzen hinweg, 2006, S. 38 ff. und 65 ff.

Lühn

Soweit sich die Entstehung von Verlusten nicht vermeiden und eine sofortige Verlustverrechnung nicht erreichen lässt, ist dafür zu sorgen, dass der entstehende Verlustvortrag in den kommenden Jahren genutzt werden kann und somit latente Steueransprüche aktiviert werden. Um eine **Nutzung von Verlustvorträgen** sicherzustellen, kann eine vorübergehende Erhöhung der Erträge der Verlustgesellschaft durch die Nutzung steuerbilanzpolitischer Instrumente zum Vorziehen von Erträgen und Verschieben von Aufwendungen in Betracht kommen. Dieses Vorziehen steuerlicher Bemessungsgrundlagen wirkt sich aufgrund des kompensatorischen Effekts latenter Steuern nicht erhöhend auf die Konzernsteuerquote aus, kann jedoch eine Erhöhung der Konzernsteuerquote vermeiden, wenn dadurch der Verfall eines Verlustvortrags und somit eine Wertberichtigung des entsprechenden latenten Steueranspruchs vermieden wird.

Bei sehr hohen Verlustvorträgen ist auch die Verschmelzung auf eine andere Konzerngesellschaft mit hohen Gewinnen zu erwägen, wenn sichergestellt ist, dass die Verschmelzung selbst nicht zum Untergang des Verlustvortrags führt.[37]

VII. Nicht anrechenbare Quellensteuern und andere Doppelbesteuerungen

1. Auswirkungen auf die Konzernsteuerquote

In grenzüberschreitenden Konzernen besteht die Gefahr, dass Erträge sowohl im Ausland als auch im Inland besteuert werden. Soweit in solchen Fällen die ausländischen Steuern nicht auf die inländischen Steuern angerechnet werden können, kommt es zu einer Doppelbesteuerung. Da alle Erträge in das Konzernergebnis und somit in den Nenner der Konzernsteuerquote nur einmal eingehen, erhöhen derartige Doppelbesteuerungen die Konzernsteuerquote.

Eine Doppelbesteuerung droht im grenzüberschreitenden Kapitalgesellschaftskonzern insbesondere bei konzerninternen Ausschüttungen. Zwar sind die Dividendenbezüge im Konzern regelmäßig freigestellt.[38] Jedoch können im Ausland **auf Dividenden erhobene Quellensteuern** nicht angerechnet werden. Wie bereits erwähnt, gehen Dividendenzahlungen von konsolidierten oder at equity bewerteten Gesellschaften nicht in das Konzernergebnis ein. Quellensteuern auf Dividenden erhöhen somit den Steueraufwand des Konzerns ohne dass sich das Konzernergebnis erhöht. Somit kommt es zu einer Erhöhung der Konzernsteuerquote.

Ist bei einer Konzerngesellschaft bereits im Jahr der Gewinnerzielung absehbar, dass der Gewinn später ausgeschüttet wird und somit eine Quellensteuer anfällt, sind gem. IAS 12.40 latente Steuerschulden für die potentielle steuerliche Ausschüttungsbelastung zu bilden, die im Zeitpunkt der tatsächlichen Ausschüttung wieder aufgelöst werden. Die Erhöhung der Konzernsteuerquote tritt somit bereits im Jahr der Gewinnerzielung der Konzerngesellschaft ein und nicht erst im Jahr der Ausschüttung. Hingegen sind keine latenten Steuerschulden für potentielle steuerliche Ausschüttungsbelastungen zu bilden, wenn in absehbarer Zeit keine Gewinnausschüttungen geplant sind.[39] Werden später doch Ausschüttungen vorgenommen, so kommt es im Jahr des Ausschüttungsbeschlusses zur Erhöhung der Konzernsteuerquote.

Quellensteuern auf Zinsen oder Lizenzgebühren sind in der Regel auf die Körperschaftsteuer der empfangenden Gesellschaft anrechenbar. Zu Doppelbesteuerungen kann es dennoch kommen, wenn aufgrund des Eingreifens von **Anrechnungsbeschränkungen** keine vollständige Anrechnung möglich ist.

---

[37] Vgl. *Ortgies*, Die Konzernsteuerquote, 2006, S. 161.

[38] In Deutschland sieht § 8b Abs. 1 KStG eine Freistellung unabhängig von der Beteiligungshöhe vor.

[39] Dies soll gem. ED 2009/2.B5 in Zukunft nur noch für thesaurierte Gewinne ausländischer Konzerngesellschaften gelten.

Lühn

Doppelbesteuerungen können außerdem entstehen, wenn für ausländische Betriebsstättengewinne im Inland weder eine Freistellung (z. B. aufgrund des Eingreifens eines **Aktivitätsvorbehalts**) noch eine vollständige Anrechnung (aufgrund von Anrechnungsbeschränkungen) möglich ist. So wird in Deutschland eine Anrechnung ausländischer Steuern gem. § 34c Abs. 1 EStG nur gewährt, soweit im Ausland alle Möglichkeiten zur Ermäßigung der Steuern genutzt wurden. Außerdem ist die Anrechnung von Ertragsteuern eines ausländischen Staates begrenzt auf den Teil der inländischen Körperschaftsteuer, der auf die Einkünfte aus diesem Staat entfällt (per-country-limitation). Viele andere Staaten sehen ähnliche Regelungen vor.

2. Einflussmöglichkeiten des Steuermanagements

Ob und in welcher Höhe auf Dividenden, Zinsen und Lizenzgebühren Quellensteuern erhoben werden, ist abhängig vom jeweiligen nationalen Recht, von den Bestimmungen des einschlägigen Doppelbesteuerungsabkommens und von der Anwendbarkeit der Mutter-Tochter-Richtlinie (90/435/EWG) bzw. der Zins- und Lizenzgebühren-Richtlinie (2003/49/EG) der EU. Die Höhe der auf konzerninterne Zahlungen erhobenen Quellensteuern hängt somit entscheidend von den Ansässigkeitsstaaten der Konzerngesellschaften ab. Ein wesentlicher Einflussfaktor bezüglich des Effekts nicht anrechenbarer Quellensteuern ist daher die Verteilung der operativen Konzernaktivitäten auf Staaten mit unterschiedlichen Quellensteuersätzen. Diese Verteilung kann durch das Steuermanagement in der Regel nur wenig beeinflusst werden.

Es gibt jedoch eine Reihe von Faktoren, auf die das Steuermanagement Einfluss nehmen kann. Soll ein regelmäßiger Gewinntransfer von einer Konzerngesellschaft erfolgen und werden auf Ausschüttungen dieser Konzerngesellschaft nicht anrechenbare Quellensteuern erhoben, so ist zu prüfen, ob eine **Finanzierung über konzerninterne Darlehen** nicht vorteilhafter ist als eine Finanzierung über Eigenkapital, da die Quellensteuern auf Zinsen in Deutschland im Gegensatz zu Quellensteuern auf Dividenden anrechenbar sind. Ggf. kann auch über die Zwischenschaltung einer **Holding- oder Finanzierungsgesellschaft** in einem Drittstaat die Erhebung von Quellensteuern vermieden werden oder zumindest die Anwendung niedrigerer Quellensteuersätze erreicht werden (**Directive Shopping** bzw. **Treaty Shopping**).[40] Allerdings ist eine Nutzung von DBA-Vorteilen durch die Einschaltung einer Zwischenholding nur dann wirksam, wenn keine Anti Treaty Shopping-Rule greift.[41] Da gem. IAS 12.40 keine latenten Steuerschulden für potentielle steuerliche Ausschüttungsbelastungen zu bilden sind, wenn in absehbarer Zeit keine Gewinnausschüttungen geplant sind, führt auch ein **langfristiger Verzicht auf quellensteuerpflichtige Ausschüttungen (Ballooning)** zu einer Reduzierung der Konzernsteuerquote.[42]

Im Gegensatz zu Quellensteuern auf Dividenden können Quellensteuern auf Zinsen und Lizenzgebühren regelmäßig angerechnet werden. Auch bei Gewinnen ausländischer Betriebsstätten sehen die Doppelbesteuerungsabkommen und das nationale Steuerrecht zur Vermeidung von Doppelbesteuerungen regelmäßig eine Freistellung oder Anrechnung vor. Die Anwendungsvoraussetzungen (Aktivitätsvorbehalte, Mindestbeteiligung, Mindesthaltedauer, etc.) von Freistellungs- und Anrechnungsregelungen sind jedoch sehr unterschiedlich. Daher ist darauf zu achten, dass die Voraussetzungen der Regelungen erfüllt werden und keine Anrechnungsüberhän-

---

[40] Vgl. *Schänzle*, Steuerorientierte Gestaltung internationaler Konzernstrukturen, 2000, S. 53 f.; *Dorfmüller*, Tax Planning for U.S. MNCs with EU Holding Companies, 2003, S. 42 f.; *Bader*, Steuergestaltung mit Holdinggesellschaften, 2007, S. 100 ff.; *Jacobs* (Hrsg.), Internationale Unternehmensbesteuerung, 2007, S. 970 f.

[41] In Deutschland sieht § 50d Abs. 3 EStG eine entsprechende Vorschrift vor.

[42] Dies soll gem. ED 2009/2.B5 in Zukunft nur noch für thesaurierte Gewinne ausländischer Konzerngesellschaften gelten.

ge in Folge von Anrechnungsbeschränkungen entstehen. Zur **Vermeidung von Anrechnungsüberhängen** kann es zweckmäßig sein, die Einkünfte, die als ausländische Einkünfte gelten, zu erhöhen, um ausreichendes Anrechnungsvolumen zu schaffen.[43] Entscheidend ist hierbei, welche Betriebsausgaben den ausländischen Einkünften zugerechnet werden. Anzustreben ist die Zuordnung möglichst weniger Betriebsausgaben zu den ausländischen Einkünften, wobei in der Regel die Zuordnung von Finanzierungskosten besonderes Gewicht hat.[44]

Aufgrund der Anrechnungsbeschränkungen entfällt jede Anrechnungsmöglichkeit, wenn die in der entsprechenden Periode insgesamt anfallende tarifliche Steuerschuld Null beträgt. Daher ist eine Vermeidung von zu geringen Gesamteinkünften bei der Anrechnungsgesellschaft anzustreben. Dazu kann eine Erhöhung der Erträge der Anrechnungsgesellschaft durch konzerninterne Gewinnverlagerungen (z. B. über konzerninterne Verrechnungspreise oder die Zuteilung besonders gewinnbringender Aufträge) in Betracht kommen. Außerdem ist – wenn nur vorübergehend Anrechnungsüberhänge drohen – der Einsatz steuerbilanzpolitischer Instrumente zum Vorziehen von Erträgen und Verschieben von Aufwendungen zu erwägen.

VIII. Steuerbefreiungen und Steuerermäßigungen

1. Auswirkungen auf die Konzernsteuerquote

Eine Reihe von Staaten gewährt landesweit oder begrenzt auf bestimmte Fördergebiete Steuerbefreiungen und Steuerermäßigungen zur Förderung von Neu- oder Erweiterungsinvestitionen. Diese können von ermäßigten Steuersätzen über Steuerguthaben (**tax credits**) bis zur zeitlich befristeten vollständigen Steuerbefreiung (**tax holidays**) reichen.[45] Die Inanspruchnahme derartiger Steuervergünstigungen mindert den tatsächlichen Steueraufwand eines Konzerns und somit die Konzernsteuerquote.

2. Einflussmöglichkeiten des Steuermanagements

Die genannten Steuervergünstigungen werden in der Regel nur bei Neu- oder Erweiterungsinvestitionen gewährt. Allerdings sind bei derartigen Entscheidungen vielfach nichtsteuerliche Aspekte von größerer Bedeutung als steuerliche Vorteilhaftigkeitsüberlegungen. Insofern ist der Einfluss des Steuermanagements auf Standortentscheidungen für Neu- oder Erweiterungsinvestitionen und somit auf die Möglichkeit der Inanspruchnahme von Steuervergünstigungen häufig begrenzt.

Ist jedoch die Entscheidung für Neu- und Erweiterungsinvestitionen in einem Gebiet, in dem Steuervergünstigungen gewährt werden, gefallen, so kann das Steuermanagement eine umfassende Nutzung der Vergünstigungen anstreben, indem die Erfüllung der Voraussetzungen der Vergünstigungen sichergestellt wird und Gewinne von höher besteuerten Konzerneinheiten auf die ermäßigt besteuerten Einheiten verlagert werden. Dazu eignen sich grundsätzlich die gleichen Maßnahmen, die zur Nutzung des internationalen Steuersatzgefälles geeignet sind (insbesondere Finanzierungsgestaltungen, Verrechnungspreise).

---

[43] Vgl. *Bader*, Steuergestaltung mit Holdinggesellschaften, 2007, S. 114 f.
[44] Vgl. *Larkins*, Corporate Business Taxation Monthly 1 (2000) Nr. 6, S. 1 (8).
[45] Vgl. zu derartigen Regelungen in EU-Staaten *Endres et al.*, The Determination of Corporate Taxable Income in the EU Member States, 2007, S. 236 ff.

IX. Steuern für Vorperioden

1. Auswirkungen auf die Konzernsteuerquote

Der ausgewiesene Steueraufwand und somit auch die Konzernsteuerquote einer Periode werden auch durch **Steuernachforderungen oder Steuerstattungen für frühere Perioden** beeinflusst, die sich im Rahmen der steuerlichen Veranlagung oder im Rahmen von **Betriebsprüfungen** ergeben. Ob diese zu einer Verringerung oder Erhöhung der Konzernsteuerquote führen, hängt von den bereits bilanzierten Steuerrückstellungen bzw. Steuererstattungsansprüchen ab. Es lassen sich vier verschiedene Fälle unterscheiden:

1. Steuernachforderung > bilanzierte Steuerrückstellung → Konzernsteuerquote steigt
2. Steuernachforderung < bilanzierte Steuerrückstellung → Konzernsteuerquote sinkt
3. Steuererstattung > bilanzierter Steuererstattungsanspruch → Konzernsteuerquote sinkt
4. Steuererstattung < bilanzierter Steuererstattungsanspruch → Konzernsteuerquote steigt

2. Einflussmöglichkeiten des Steuermanagements

Da der Effekt von Steuernachzahlungen oder Steuererstattungen für Vorjahre auf die Konzernsteuerquote von der Höhe der dafür vorgenommenen Steuerrückstellungen bzw. aktivierten Steuererstattungsansprüche abhängt, ist bei deren Festsetzung eine sorgfältige Einschätzung der zu erwartenden Steuernachzahlungen oder Steuererstattungen erforderlich. Insbesondere bei jahrelangen Rechtsstreitigkeiten kann sich andernfalls in der Periode der Entscheidung des Rechtsstreits die Konzernsteuerquote sprunghaft verändern.

Um Steuernachzahlungen oder Steuererstattungen für Vorjahre möglichst gering zu halten, ist eine enge Zusammenarbeit mit den Finanzbehörden und eine vorherige Abklärung von Zweifelsfragen, z. B. durch **verbindliche Auskünfte** von Vorteil. Da im internationalen Konzern die konzerninternen Verrechnungspreise besonders im Fokus der Finanzbehörden stehen, sind eine ausreichende **Dokumentation von Verrechnungspreisen** und die Einhaltung der zulässigen Bandbreiten sicherzustellen. Ggf. können zur Vermeidung von Verrechnungspreiskonflikten **Advance Pricing Agreements** mit den Finanzbehörden abgeschlossen werden.

X. Steuerrechtsänderungen

1. Auswirkungen auf die Konzernsteuerquote

Auch Änderungen des Steuerrechts können sich auf die Konzernsteuerquote auswirken. Derartige Änderungen können sich aus Gesetzesänderungen, aus Urteilen der Finanzgerichte oder übergeordneter Gerichte (z. B. EuGH, Bundesverfassungsgericht) oder aus Änderungen der Auffassung der Finanzverwaltung (z. B. Richtlinienänderungen, neue BMF-Schreiben) ergeben.

Steuerrechtsänderungen wirken sich auf zwei verschiedene Weisen auf die Konzernsteuerquote aus. Zum einen können Steuerrechtsänderungen zu einer **Veränderung des tatsächlichen Steueraufwands** einer Periode führen. Wird etwa im Jahr t = 1 eine Erhöhung der Steuersätze oder Verbreiterung der steuerlichen Bemessungsgrundlagen ab dem Jahr t = 2 beschlossen, so erhöht sich im Geschäftsjahr t = 2 und den folgenden Geschäftsjahren der tatsächliche Steueraufwand eines Konzerns und somit die Konzernsteuerquote.

Daneben können Steuerrechtsänderungen jedoch auch eine **Neubewertung von latenten Steueransprüchen oder Steuerschulden** bewirken. Dies gilt insbesondere bei der Änderung von Steuersätzen. Gemäß IAS 12.47 sind latente Steueransprüche und latente Steuerschulden anhand der Steuersätze zu bewerten, deren Gültigkeit für die Periode, in der ein Vermögenswert realisiert wird oder eine Schuld erfüllt wird, erwartet wird. Wird etwa im Jahr t = 1 in einem Staat eine Änderung der Steuersätze ab dem Jahr t = 2 beschlossen, so sind bereits im Geschäftsjahr t = 1 alle latenten Steueransprüche und latenten Steuerschulden, die sich auf diesen Staat beziehen, neu zu bewerten. Ob diese Neubewertung zu einer Verringerung oder einer Erhöhung der Konzernsteuerquote führt, hängt zum einen davon ab, ob die Steuersätze gesenkt oder erhöht werden, zum anderen davon, ob der Konzern gegenüber dem betreffenden Staat höhere latente Steueransprüche oder höhere latente Steuerschulden bilanziert hat.[46] Somit lassen sich vier verschiedene Fälle unterscheiden:

1. Erhöhung der Steuersätze, latente Steueransprüche > latente Steuerschulden → latente Steueransprüche steigen stärker als latente Steuerschulden → es entsteht ein latenter Steuerertrag → Konzernsteuerquote sinkt
2. Erhöhung der Steuersätze, latente Steueransprüche < latente Steuerschulden → latente Steuerschulden steigen stärker als latente Steueransprüche → es entsteht ein latenter Steueraufwand → Konzernsteuerquote steigt
3. Senkung der Steuersätze, latente Steueransprüche > latente Steuerschulden → latente Steueransprüche sinken stärker als latente Steuerschulden → es entsteht ein latenter Steueraufwand → Konzernsteuerquote steigt
4. Senkung der Steuersätze, latente Steueransprüche < latente Steuerschulden → latente Steuerschulden sinken stärker als latente Steueransprüche → es entsteht ein latenter Steuerertrag → Konzernsteuerquote sinkt

Während Steuersatzänderungen eine Neubewertung aller latenten Steueransprüche und Steuerschulden erfordern, die sich auf einen bestimmten Staat beziehen, wirken sich Änderungen der steuerlichen Bemessungsgrundlagen allenfalls auf einzelne latente Steuerpositionen aus. So können Änderungen von Verlustverrechnungsvorschriften eine Neubewertung latenter Steueransprüche aus Verlustvorträgen erfordern.

2. Einflussmöglichkeiten des Steuermanagements

Das Steuermanagement hat zwar – abgesehen von entsprechender Lobbyarbeit – keinen Einfluss auf Änderungen des Steuerrechts. Soweit eine vorgesehene Steuerrechtsänderung zu einer Wertminderung eines latenten Steueranspruchs oder Werterhöhung einer latenten Steuerschuld führt, ist jedoch ggf. nach Wegen zum Abbau der latenten Steuerschuld vor der erforderlichen Neubewertung zu suchen.[47]

D. Probleme der Ausrichtung der Steuerplanung auf die Konzernsteuerquote

Auch wenn vor dem Hintergrund der Publizitätswirkung der in den Konzernabschlüssen offengelegten Konzernsteuerquote eine Orientierung der Steuerplanung an dieser Quote geboten erscheint, ist eine zu starke Ausrichtung auf die Konzernsteuerquote der aktuellen Periode nicht sinnvoll, da sie aus mehreren Gründen zu Fehlanreizen für die Steuerplanung führen kann.

Erstens wirken sich viele Steuergestaltungsmaßnahmen, die zu einer Verschiebung von Steuerzahlungen führen, aufgrund des kompensatorischen Effekts latenter Steuern nicht auf die Konzernsteuerquote aus. Die Verschiebung von Steuerzahlungen dient aufgrund der damit verbun-

---

[46] *Adrian*, Tax Reconciliation im HGB- und IAS/IFRS-Konzernabschluss, 2005, S. 186.
[47] Vgl. *Kröner/Beckenhaub*, Konzernsteuerquote, 2008, S. 145.

denen positiven **Liquiditäts- und Zinseffekte** jedoch langfristig dem Ziel der Gewinnmaximierung.[48]

Zweitens gehen in die Konzernsteuerquote **nur Ertragsteuern** ein. Jedoch können daneben auch andere Steuerarten zu Steuerbelastungen führen, die im Rahmen der Steuerplanung zu berücksichtigen sind. So können z. B. konzerninterne Umstrukturierungen, die zur Minderung der Ertragsteuern vorgenommen werden, Transaktionssteuern wie die Grunderwerbsteuer auslösen. In einigen Staaten gibt es zudem noch kapital- oder vermögensabhängige Steuern, die zu berücksichtigen sind.

Drittens kann die Konzernsteuerquote auch durch **Maßnahmen, die sich gar nicht auf die aktuellen oder zukünftigen Steuerzahlungen auswirken**, beeinflusst werden. Dies gilt insbesondere für Änderungen des Konsolidierungskreises eines Konzerns. Wird etwa eine Gesellschaft nicht konsolidiert oder nach Equity-Methode bewertet, so verringern sich das Konzernergebnis um den Gewinn der Gesellschaft und der Konzernsteueraufwand um den Steueraufwand der Gesellschaft. Stattdessen erhöhen die Ausschüttungen der Gesellschaft das Konzernergebnis, ohne dass der Steueraufwand steigt, wenn Dividendenbezüge steuerlich freigestellt sind. Somit kann allein die Nichtkonsolidierung einer Gesellschaft die Konzernsteuerquote senken[49], obwohl sich die Steuerzahlungen nicht ändern.

Viertens haben die Unternehmen einen **großen Ermessensspielraum beim Ansatz latenter Steuern**, den sie zur Beeinflussung des ausgewiesenen latenten Steueraufwands und somit der Konzernsteuerquote nutzen können.[50] Dadurch sinkt die Konzernsteuerquote jedoch nur vorübergehend. Denn ein zu hoher Ansatz latenter Steueransprüche oder ein zu niedriger Ansatz latenter Steuerschulden führt in den Folgeperioden zu Wertberichtigungsbedarf bzw. einer Erhöhung latenter Steuerschulden und somit zu einer Erhöhung der Konzernsteuerquote.

Aus den genannten Gründen ist es nicht sinnvoll, die Steuerplanung eines Konzerns ausschließlich auf die Konzernsteuerquote der aktuellen Periode auszurichten. Daneben müssen insbesondere auch Liquiditäts- und Zinseffekte, ertragsunabhängige Steuern und die Entwicklung der Konzernsteuerquoten zukünftiger Perioden berücksichtigt werden.

E. Zusammenfassung

(1) Die Konzernsteuerquote ergibt sich aus der Division des in der Konzern-GuV ausgewiesenen tatsächlichen und latenten Ertragsteueraufwands durch das Konzernergebnis vor Ertragsteuern.

(2) Aufgrund des kompensatorischen Effekts latenter Steuern haben steuerliche Gestaltungsmaßnahmen, die nur zu einer Verschiebung von Steuerzahlungen führen, in der Regel keinen Einfluss auf die Konzernsteuerquote.

---

[48] Vgl. *Müller*, DStR 2002, 1684 (1687); *Herzig/Dempfle*, DB 2002, 1 (5 f.); *Adrian*, Tax Reconciliation im HGB- und IAS/IFRS-Konzernabschluss, 2005, S. 215.

[49] Vgl. *Herzig/Dempfle*, DB 2002, S. 1 (5).

[50] Dass dieses Instrument der Bilanzpolitik in der Praxis genutzt wird, ist für US-amerikanische und britische Unternehmen durch mehrere empirische Studien belegt. Vgl. *Phillips/Pincus/Rego/Wan*, The Journal of the American Taxation Association 26 (2004), Supplement, S. 43 ff.; *Schrand/Wong*, Contemporary Accounting Research 20 (2003) Nr. 3, S. 579 ff.; *Dhaliwal/Gleason/Mills*, Contemporary Accounting Research 21 (2004) Nr. 2, S. 431 ff.; *Holland/Jackson*, Accounting and Business Research 34 (2004) Nr. 2, S. 101 ff.; *Gordon/Joos*, The Accounting Review 79 (2004) Nr. 1, S. 97 ff.

(3) Die Konzernsteuerquote wird durch zahlreiche verschiedene Faktoren beeinflusst. Viele dieser Faktoren werden in den steuerlichen Überleitungsrechnungen im Anhang von IFRS-Abschlüssen ausgewiesen. Dazu gehören internationale Steuersatzunterschiede, unterschiedliche Gewerbesteuerhebesätze im Inland, steuerfreie Erträge, nicht abzugsfähige Aufwendungen, Auswirkungen von at equity-Bewertungen, Auswirkungen von Verlusten, nicht anrechenbare Quellensteuern und andere Doppelbesteuerungen, Steuerbefreiungen und Steuerermäßigungen, Steuern für Vorperioden sowie Auswirkungen von Steuerrechtsänderungen.

(4) Im Rahmen der internationalen Steuerplanung kann das Steuermanagement eines Konzerns auf diese Faktoren Einfluss nehmen, um die Konzernsteuerquote zu optimieren. Die meisten Faktoren sind allerdings in starkem Maße von Parametern abhängig, die im Rahmen der Steuerplanung kaum beeinflusst werden können. Einige Faktoren entziehen sich nahezu vollständig den Einflussmöglichkeiten des Steuermanagements (insbesondere Auswirkungen von Schwankungen der Ergebnisse der Konzerngesellschaften und von Steuerrechtsänderungen).

(5) Von hoher Bedeutung für die Konzernsteuerquote ist die Standortwahl für die Konzerneinheiten. Zwar sind die Standorte häufig durch historisch gewachsene Strukturen oder nichtsteuerliche Faktoren determiniert, ggf. sind jedoch Funktionsverlagerungen auf Standorte mit niedrigerer Steuerbelastung möglich. Wichtig für die internationale Steuerplanung sind außerdem die Gestaltung der Konzernstruktur (einschließlich der Einschaltung von Holdinggesellschaften) sowie die Gestaltung der Finanzierung der Konzerneinheiten (einschließlich der Einschaltung von Finanzierungsgesellschaften).

(6) Es ist nicht zweckmäßig, die Steuerplanung eines Konzerns ausschließlich auf die Optimierung der Konzernsteuerquote der aktuellen Periode auszurichten, da dies zu Fehlanreizen führen kann. Insbesondere müssen auch Liquiditäts- und Zinseffekte, ertragsunabhängige Steuern und die Entwicklung der Konzernsteuerquoten zukünftiger Perioden berücksichtigt werden.

3. Risikoaspekte in der internationalen Steuerplanung infolge von staatlichen Abwehrmaßnahmen

von Dipl.-Kffr. Inga Hardeck, Hamburg[*]

Inhaltsübersicht

A. Einleitung
B. Begriffsabgrenzungen
C. Anzeigepflichten von aggressiven Steuerplanungsmodellen
  I. Grundlagen
  II. Anzeigepflichten in ausgewählten Staaten
  III. Kritische Würdigung
  IV. Handlungsempfehlungen
D. Gesetzgebung zur Vermeidung von Steuerhinterziehung mit Hilfe von Steueroasen
  I. Überblick
  II. Das Steuerhinterziehungsbekämpfungsgesetz
  III. Kritische Würdigung
  IV. Handlungsempfehlungen
E. Ausblick

Literatur:

Brocke, K. von/Tippelhofer, M., Mitwirkungspflichten und Amtsermittlungsgrundsatz bei grenzüberschreitenden Sachverhalten, IWB 2009, F. 11 Gr. 2 S. 949 ff.; *Bundessteuerberaterkammer*, Stellungnahme zum Gesetzentwurf der Fraktionen der CDU/CSU und SPD „Entwurf eines Gesetzes zur Bekämpfung der Steuerhinterziehung (Steuerhinterziehungsbekämpfungsgesetz)", 20. 5. 2009, abrufbar unter http://www.bundestag.de/bundestag/ausschuesse/a07/anhoerungen/2009/131/Stellungnahmen (25. 3. 2010); *Cantillon Ross, J.*, The Abuse of the proposed Stop Tax Haven Abuse Act, TPIR 2009, Nr. 4, S. 4 ff.; *Cunningham, R.*, Editorial, ITR 2009, Issue 2, S. 2; *Deutscher Gewerkschaftsbund (DGB)*, Stellungnahme zum Gesetzentwurf der Fraktionen der CDU/CSU und SPD „Entwurf eines Gesetzes zur Bekämpfung der Steuerhinterziehung (Steuerhinterziehungsbekämpfungsgesetz)" vom 20. 5. 2009, abrufbar unter http://www.bundestag.de/bundestag/ausschuesse/a07/anhoerungen/2009/131/Stellungnahmen/10-DGB.pdf (25.03.2010); *Deutsches Institut für Wirtschaftsforschung (DIW)*, Unternehmensbesteuerung: Trotz hoher Steuersätze mäßiges Aufkommen, DIW Wochenbericht 2007, S. 57 ff.; *Deutsche Steuer-Gewerkschaft*, Stellungnahme zum Gesetzentwurf der Fraktionen der CDU/CSU und SPD „Entwurf eines Gesetzes zur Bekämpfung der Steuerhinterziehung (Steuerhinterziehungsbekämpfungsgesetz)", 2009, abrufbar unter http://www.bundestag.de/bundestag/ausschuesse/a07/anhoerungen/2009/131/Stel-lungnahmen/08-Deutsche_Steuergewerkschaft.pdf (25. 3. 2010); *Erle, B.*, Task Risk Management and Board Responsability, in: Schön, W. (Hrsg.): Tax and Corporate Governance, Berlin/Heidelberg 2008, S. 205 ff.; *Falk, S./Walker, J.*, Introduction to the U.K. Tax Avoidance Disclosure Regime, JOTOFP 2008, Issue 3, S. 5 ff.; *Flämig, C.*, Der Steuerstaat auf dem Weg in den Überwachungsstaat – Stellungnahme zu dem Entwurf zur Anzeigepflicht von Steuergestaltungen, Beih. zu DStR 2007, S. 2 ff.; *Freedman, J./Loomer, G./Vella, J.*, Corporate Tax Risk and Tax Avoidance: New Approaches, BTR 2009, S. 74 ff.; *Haarmann, W./Suttorp, A.*, Zustimmung des Kabinetts zum Steuerhinterziehungsbekämpfungsgesetz, BB 2009, S. 1275 ff.; *Hardeck, I.*, Das Steuerhinterziehungsbekämpfungsgesetz – Regelungsinhalt und Implikationen für die Praxis, IWB 2009, F. 3 Gr. 1 S. 2431 ff.; *Heckemeyer, J. H./Spengel, C.*, Ausmaß der Gewinnverlagerung multinationaler Unternehmen – empirische Evidenz und Implikationen für die deutsche Steuerpolitik, Perspektiven der Wirtschaftspolitik 2008, S. 37 ff.; *HM Revenue and Customs (HMRC)*, Guidance – Disclosure of tax avoidance schemes, Oktober 2008, abrufbar unter http://www.hmrc.gov.uk/aiu/disclosure-nov08.pdf (25.03.2010); *Hübschmann, W./Hepp, E./Spitaler, A.*, Abgabenordnung, Finanzgerichtsordnung: Kommentar, Köln 1981, Loseblattausgabe (200. Lfg. September 2008); *Johnson, T.*, U.K. Tax Update: Retaliate First!, TNI vom 29.03.2004, S. 1203 ff.; *Johnson, T.*, Defining the Elephant, TNI vom 7. August 2006, S. 497 ff.; *Kessler, W./Eicke, R.*, Anzeigepflicht für Steuergestaltungen nach § 138a AO durch das JStG 2008 – Transparente Perspektive für die Finanzverwaltung, BB 2007, S. 2370 ff.; *Kreienbaum, M./Werder, A.*, Amerikaner verschärfen Kampf gegen Corporate Tax Shelters, IStR 2005, S. 721 ff.; *Misera, H.-U./Baum, M.*, Verbindliche Auskünfte im Besteuerungsverfahren, Ubg 2008, S. 221 ff.; *OECD*, Study into the Role of Tax Intermediaries, Paris 2008; *OECD*, Countering Offshore Tax Evasion, Some Questions and Answers on the Project, 21. 4. 2009, abrufbar unter http://www.oecd.org/

---

[*] Dipl.-Kffr. Inga Hardeck ist wissenschaftliche Mitarbeiterin am Institut für Wirtschaftsprüfung und Steuerwesen der Universität Hamburg, Arbeitsbereich Betriebswirtschaftliche Steuerlehre.

dataoecd/23/13/42469606.pdf (25. 3. 2010); **Pöllath, R.**, Unternehmensführung (Corporate Governance) und Besteuerung, in Birk, D. (Hrsg):Transaktionen, Vermögen, Pro Bono: Festschrift zum zehnjährigen Bestehen von P+P Pöllath + Partners, München 2008, S. 3 ff.; **Scheffler, W.**, Die betriebswirtschaftliche Steuerplanung aus der Sicht der Wissenschaft, Nürnberger Steuergespräche, Manuskript vom 21. 6. 1999; **Schenke, R.**, Verfassungs- und europarechtliche Fragen des § 138a AO, Gutachten vom 25. 6. 2007, DATEV LexInform, Doc.No. 0208905; Seer, R./Gabert, I., Der internationale Auskunftsverkehr in Steuersachen, StuW 2010, S. 3 ff.; **Shaviro, D.**, Disclosure and Civil Penalty Rules in the U.S. Legal Response to Corporate Tax Shelters, in: Schön, W. (Hrsg.): Tax and Corporate Governance, Berlin/Heidelberg 2008, S. 229 ff.; **Shilling, A./Wilkinson, R.**, United Kingdom, ITR 2007, World Tax Supplement, S. 483 ff.; **Silva, F. C./Neves, T. C.**, Taxpayers beware – disclosure rules come to town, ITR 2008, Issue 7, S. 100; **Steiner, G.**, Aggressive Steuerplanung – oder wo das Geld hinfließt, SWI 2007, S. 308 ff.; **Tooma, R.**, Tax Planning in Australia: When is aggressive too aggressive?, TNI vom 1. Mai 2009, S. 427 ff.; **Vogel, K./Lehner, M.**, Doppelbesteuerungsabkommen der Bundesrepublik Deutschland auf dem Gebiet der Steuern vom Einkommen und Vermögen: Kommentar auf der Grundlage der Musterabkommen, 5. Auflage, München 2008; **Wassermeyer, F.**, Verfahrensrechtliche Fragen des § 138a AO, Gutachten vom 25. 6. 2007, DATEV LexInform, Doc.No. 0208903; **Wienbracke, M.**, Anzeigepflicht von Steuergestaltungen: Britisches Modell als Vorbild für deutsche Regelungen?, DStZ 2007, S. 664 ff.

A. Einleitung

Die Bekämpfung von **Steuerhinterziehung** und sog. **aggressiver Steuerplanung** dominiert die Medien nicht nur in Deutschland. Auch in den als Hochsteuerländern geltenden Staaten wird hitzig über das Ausmaß von Steuermindereinnahmen infolge von aggressiver Steuerplanung und Steuerhinterziehung diskutiert.[1] Tatsache ist, dass der nationale Steuergesetzgeber vor dem Hintergrund einer zunehmenden Globalisierung bei der Bekämpfung dieses Problems an seine Grenzen stößt. Schätzungen zufolge belaufen sich die ins Ausland gerichteten Buchgewinnverlagerungen deutscher multinationaler Unternehmen auf bis zu 100 Mrd. €.[2]

Während aggressive Steuerplanung vor allem durch Gesetzeslücken infolge einer fehlenden internationalen Abstimmung der Steuerrechtsordnungen ermöglicht wird, wird die grenzüberschreitende Steuerhinterziehung durch Mängel im Informationsaustausch zwischen den Staaten begünstigt. Optimalerweise sollten diese Bedrohungen für das Steueraufkommen durch internationale Kooperation gelöst werden. Stattdessen gehen aber viele Staaten dazu über, nationale Abwehrmaßnahmen zur Sicherung des Steueraufkommens zu implementieren, welche zu zusätzlichen Lasten und **Risiken für alle Steuerpflichtigen** im Rahmen ihrer grenzüberschreitenden Geschäftstätigkeit führen. Infolge der aktuellen Wirtschafts- und Finanzkrise muss der Steuerpflichtige noch mit einer weiteren Verschärfung der Defensivgesetzgebung rechnen.

Im vorliegenden Beitrag sollen **Anzeigepflichten** zur Eindämmung von aggressiver Steuerplanung und das **Steuerhinterziehungsbekämpfungsgesetz** als mögliche Maßnahme zur Bekämpfung von Steuerhinterziehung mit Hilfe von Steueroasen analysiert werden. Dabei liegt der Fokus auf einer Untersuchung der durch diese Maßnahmen verursachten praktischen Probleme für die Steuerpflichtigen sowie der daraus abzuleitenden Handlungsempfehlungen.

Nach einer Abgrenzung der verwendeten Begriffe werden die Anzeigepflichten in den USA und Großbritannien sowie das Steuerhinterziehungsbekämpfungsgesetz vorgestellt. Jeweils im Anschluss an eine kritische Würdigung der praktischen Probleme werden grundsätzliche Handlungsempfehlungen für die Steuerpflichtigen herausgearbeitet.

---

[1] Vgl. **Cunningham**, ITR 2009, S. 2.

[2] Vgl. *Deutsches Institut für Wirtschaftsforschung*, DIW Wochenbericht 2007, S. 57 ff. Heckemeyer und Spengel bezweifeln die Validität der entsprechenden Studie und gehen von einer maximalen Verlagerung von deutlich unter 100 Mrd. € aus. Vgl. *Heckemeyer/Spengel*, Perspektiven der Wirtschaftspolitik 2008, S. 37 ff.

B. Begriffsabgrenzungen

Jeder Steuerpflichtige hat das Recht, **Steuerplanung** zu betreiben, um Steuerzahlungen zu vermeiden und folglich seine Steuerbelastung zu minimieren. Die Zulässigkeit der Steuervermeidung wurde in mehreren Entscheidungen des Bundesverfassungsgerichts und des Bundesfinanzhofs bestätigt: *„Kein Steuerpflichtiger ist verpflichtet, den Sachverhalt so zu gestalten, dass ein Steueranspruch entsteht. Vielmehr steht es ihm frei, die Steuer zu vermeiden und eine Gestaltung zu wählen, die eine geringere Steuerbelastung nach sich zieht. Eine sog. Steuervermeidung bleibt folgenlos."*[3] Da die Besteuerung auf Seiten der Unternehmen negative Liquiditäts- und Rentabilitätseffekte auslöst, entsteht in einem marktwirtschaftlichen System sogar die Pflicht, Steuerplanung zu betreiben, um im Wettbewerb mit anderen Unternehmen bestehen zu können.[4]

Es gilt jedoch, die **Grenzen der Steuerplanung** zu beachten. In den meisten Staaten bestehen Vorschriften oder Grundsätze, nach denen Rechtsgeschäfte nicht anerkannt werden, die aus rein steuerlichen Gründen geschlossen werden und entgegen der Intention des Gesetzgebers mittels ungewöhnlicher und künstlicher Gestaltungen ausschließlich das Ziel verfolgen, den Gesetzeswortlaut zu umgehen.[5] In manchen Staaten kennt das Steuerrecht gesetzlich verankerte allgemeine Missbrauchsvorschriften („General Anti-Avoidance Rules – GAAR"), wie bspw. in Deutschland § 42 AO.[6] Sachverhalte, die unter diese Missbrauchsklauseln fallen, werden als unzulässige **Steuerumgehung** bezeichnet.

Zwischen zulässiger Steuerplanung und unzulässiger Steuerumgehung gibt es einen „Graubereich", der teilweise als **aggressive Steuerplanung** („Aggressive Tax Planning – ATP") bezeichnet wird.[7] Dabei ist der Übergang von aggressiven Steuerplanungsmodellen zur Steuerumgehung fließend, weswegen es sich als äußerst schwierig erweist, eine angemessene Definition zu finden. Der Leiter des „Centre for Tax Policy and Administration" der Organisation für wirtschaftliche Zusammenarbeit und Entwicklung (OECD), Jeffrey Owens, subsumiert unter diesem Begriff Modelle, die verschwinden, sobald das Steuermotiv entfällt.[8] Neben dem Hauptziel der Steuervermeidung gibt es eine Vielzahl weiterer Eigenschaften, die aggressive Steuerplanungsmodelle

---

[3] BFH vom 20. 5. 1997, VIII B 108/96, DB 1997, S. 1747 ff.

[4] Zu diesem und weiteren Argumenten zur Notwendigkeit der Steuerplanung, vgl. *Scheffler* (1999), S. 1 ff.; *Flämig*, Beih. zu DStR 2007, S. 5 ff. m. w. N.

[5] Vgl. *Prokisch* (Bearb.) in *Vogel/Lehner* (2008), Art. 1 OECD-MA, Rn. 90a.

[6] Vgl. ebenda, Rn. 90 ff. m. w. N. In anderen Staaten, in denen es keine gesetzlich verankerten GAAR gibt, wurden Rechtsprechungsgrundsätze, wie bspw. der „economic substance test" in den USA, entwickelt.

[7] Vgl. *Steiner*, SWI 2007, S. 308 ff. m. w. N.; Bundestagsdrucksache 16/8013 vom 7. 2. 2008, S. 1 ff.

[8] Vgl. *Jeffrey Owens*, Leiter des „Centre for Tax Policy and Administration" der OECD auf einer Pressekonferenz, abrufbar unter http://www.nzz.ch/nachrichten/wirtschaft/aktuell/oecd_kaempft_gegen_aggressive_steuerplanung _1.649949.html (25. 3. 2010). Zwei weitere Definitionen der OECD lauten: „Planning involving a tax position that is tenable but has unintended and unexpected tax revenue consequences. Revenue bodies' concerns relate to the risk that tax legislation can be misused to achieve results which were not foreseen by the legislators. This is exacerbated by the often lengthy period between the time schemes are created and sold and the time revenue bodies discover them and remedial legislation is enacted." „Taking a tax position that is favourable to the taxpayer without openly disclosing that there is uncertainty whether significant matters in the tax return accord with the law. Revenue bodies' concerns relate to the risk that taxpayers will not disclose their view on the uncertainty or risk taken in relation to grey areas of law (sometimes, revenue bodies would not even agree that the law is in doubt)." *OECD* (2008), S. 10 f. Zu den Definitionen der kanadischen und australischen Finanzverwaltung, vgl. *Steiner*, SWI 2007, S. 308 f.

aufweisen können. Diese werden in den folgenden Abbildungen 1 und 2 beispielhaft dargestellt.[9]

Mögliche Eigenschaften aggressiver Steuerplanungsmodelle:
- Der Intention des Gesetzgebers entgegengesetzt
- Unerwartete Aufkommenskonsequenzen
- Kein/kaum Geschäftszweck (business purpose)
- Künstlichkeit
- Zuhilfenahme von Steueroasen
- Der erwartete Steuervorteil macht den Großteil der Rendite aus.

Abb. 1: Eigenschaften aggressiver Steuerplanungsmodelle

Beispiele für aggressive Steuerplanungsmodelle:
- Erzielung weißer Einkünfte durch Steuerarbitrage (hybride Finanzierungen/ hybride Gesellschaften)
- Künstliche Verlustgestaltungen
- Gestaltungen im Zusammenhang mit der Anrechnung ausländ. Steuern
- Gestaltungen unter Zuhilfenahme von Offshore-Finanzplätzen
- Gewinnverlagerung mittels konzerninterner Verrechnungspreise
- Funktionsverlagerungen

Abb. 2: Beispiele für aggressive Steuerplanungsmodelle

Da aggressive Steuerplanung eine **Bedrohung für das Steueraufkommen** darstellt, arbeiten die in der OECD organisierten Staaten in der Bekämpfung aggressiver Steuerplanungsmodelle verstärkt zusammen.[10] Der OECD-Steuerausschuss hat eine Arbeitsgruppe mit dem Titel „Aggressive Tax Planning (ATP)" zu diesem Zwecke eingesetzt.

Aggressive Steuerplanungsmodelle sind grundsätzlich legal, es **kann** es sich aber um missbräuchliche Gestaltungen handeln, die in den Bereich der Steuerumgehung fallen. Steuerumgehung ist grundsätzlich weder strafbar noch verboten.[11] Bei Feststellung einer Steuerumgehung wird die Steuerschuld jedoch auf den Betrag korrigiert, wie er bei einer angemessenen rechtlichen Gestaltung entstanden wäre.[12]

---

[9] Zu diesen und weitern Eigenschaften, vgl. *OECD* (2008), S. 10 f.; *Tooma*, TNI 2006, S. 428. Bei Abbildung 2 handelt es sich um von der OECD diskutierte Falltypen, vgl. *Steiner*, SWI 2007, S. 309.

[10] Forum on Tax Administration vom 14-15. September 2006, Seoul, Korea – Improving International Tax Compliance and Modernising Tax Administration; siehe hierzu "Final Seoul Declaration", abrufbar unter http://www.oecd.org/dataoecd/38/29/37415572.pdf (25.03.2010).

[11] Vgl. *Fischer* (Berab.) in *Hübschmann/Hepp/Spitaler*, § 42 AO, Rz. 56 (Lfg. 197, März 2008). Es handelt sich nur dann um eine strafbare Steuerhinterziehung, wenn der Steuerpflichtige pflichtwidrig und vorsätzlich unrichtige oder unvollständige Angaben macht, um das Vorliegen einer Steuerumgehung zu verschleiern. Vgl. BFH-Urteil vom 21. 10. 1988, III R 194/84, BStBl. 1989 II, S. 216.

[12] In Deutschland erfolgt eine Korrektur gem. § 42 Abs. 1 S. 3 AO. In einigen Staaten, wie z.B. in Frankreich und den USA, werden darüber hinaus Strafzuschläge erhoben.

Von aggressiver Steuerplanung und Steuerumgehung klar abzugrenzen, ist der Tatbestand der **Steuerhinterziehung**. Steuerhinterziehung ist verboten und im Gegensatz zur Umgehung auch strafbar. Sie kann immer nur dann vorliegen, wenn relevante Elemente eines Sachverhaltes bewusst verheimlicht werden. Das heißt, eine Gestaltung kann als noch so „aggressiv" beurteilt werden, sofern der Finanzbehörde alle Tatsachen offengelegt werden, kann es sich **unter keinen Umständen** um Steuerhinterziehung handeln.[13] Abbildung 3 veranschaulicht die Abgrenzung der Begriffe.

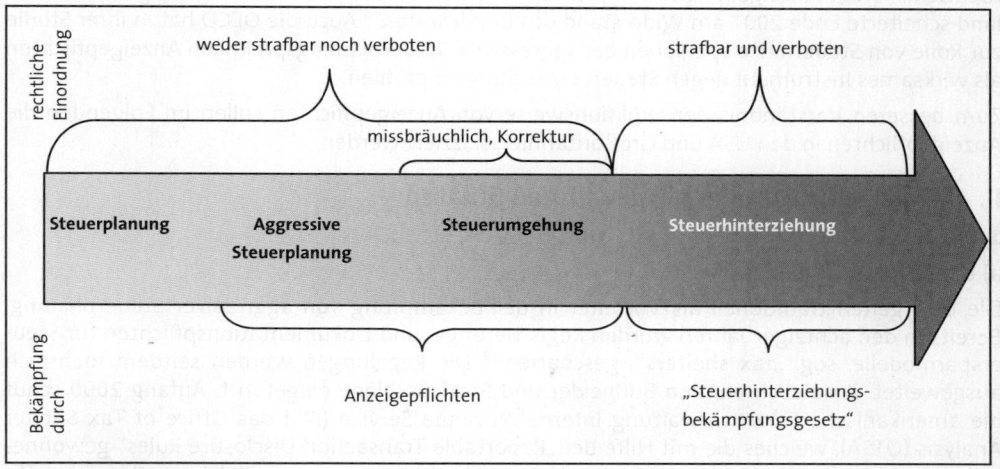

Abb. 3: Begriffsabgrenzungen

C. Anzeigepflichten von aggressiven Steuerplanungsmodellen

I. Grundlagen

Aggressive Steuerplanungsmodelle werden i. d. R. von Banken und Kanzleien, teilweise auch von internen Steuerabteilungen großer Unternehmen entwickelt. Der Schwerpunkt dieser Modelle ist das Ausnutzen von Lücken international nicht abgestimmter Steuerrechtsordnungen. Bis diese legalen, aber aufgrund ihrer negativen Aufkommenseffekte unerwünschten, Modelle im Rahmen einer eventuellen Betriebsprüfung entdeckt und Gesetzeslücken geschlossen werden können, vergehen häufig Jahre.[14] Dieser Missstand soll durch die Einführung von Anzeigepflichten („**disclosure rules**") behoben werden, welche es dem Fiskus erlauben, entsprechende Modelle zeitnah zu erkennen und bei Bedarf gesetzliche Schritte einzuleiten. Sofern ein angezeigtes Modell seitens der Finanzverwaltung als rechtsmissbräuchlich qualifiziert wird, kann diese das Modell als Steuerumgehung zurückweisen. Ferner soll die Attraktivität von aggressiven Steuerplanungsmodellen verringert werden. Die Regelung zielt vor allem auf die Vermarkter solcher Modelle, d. h. die **Angebotsseite**, ab. Dies funktioniert so, dass der Vermarkter eines Modells bei

---

[13] Vgl. *Pöllath* (2008), S. 15.

[14] Die Bundesregierung geht von einem zusätzlichen Zeitraum von neun Monaten von der Entdeckung bis zur Reaktion des Gesetzgebers aus. Vgl. Bundesratsdrucksache 544/1/07 vom 11. 9. 2007, S. 69. In Großbritannien betrug der Zeitraum von der Implementierung eines Modells bis zur Schließung der Gesetzeslücke regelmäßig drei Jahre. Vgl. *Johnson*, TNI 2004, S. 1204.

Vorliegen bestimmter Kriterien das jeweilige Modell bei der Finanzverwaltung anzeigen muss. Anschließend erhält er eine Registrierungsnummer, die die Verwender des Modells in ihrer Steuererklärung angeben müssen, wobei ihnen im Falle einer Verletzung der Offenlegungspflichten Sanktionen drohen.

Die USA haben als erstes Land „Reportable Transaction Disclosure Rules" eingeführt. Es folgten Großbritannien, Kanada, Australien und Südafrika. Portugal hat 2008 als erster kontinentaleuropäischer Staat Anzeigepflichten implementiert.[15] Eine entsprechende Regelung in Deutschland scheiterte Ende 2007 am Widerstand des Bundesrates.[16] Auch die OECD hat in ihrer Studie zur Rolle von Steuermittelspersonen bei aggressiven Steuerplanungspraktiken Anzeigepflichten als wirksames Instrument gegen Steuervermeidung empfohlen.[17]

Zum besseren Verständnis der Funktionsweise von Anzeigepflichten sollen im Folgenden die Anzeigepflichten in den USA und Großbritannien skizziert werden.

II. Anzeigepflichten in ausgewählten Staaten

1. USA

a) Überblick

Die USA gelten traditionell als Vorreiter in der Bekämpfung von aggressiver Steuerplanung. Bereits in den achtziger Jahren wurden Registrierungs- und Dokumentationspflichten für Steuersparmodelle, sog. **„tax shelters"**, geschaffen.[18] Die Regelungen wurden seitdem mehrfach ausgeweitet. Zusätzlich wurden Bußgelder und Strafzuschläge eingeführt. Anfang 2000 schuf die amerikanische Finanzverwaltung Internal Revenue Service (IRS) das Office of Tax Shelter Analysis (OTSA), welches die mit Hilfe der „Reportable Transaction Disclosure Rules" gewonnenen Informationen nutzt, um Prüfungsschwerpunkte im Rahmen von Betriebsprüfungen effizient zu bestimmen und Strategien gegen Steuersparmodelle zu entwickeln. Im Jahr 2005 haben 70.000 Steuerpflichtige mitteilungspflichtige Transaktionen offengelegt.[19] Die im Folgenden dargestellten Anzeigepflichten richten sich sowohl an die Steuerpflichtigen, die mitteilungspflichtige Transaktionen nutzen, als auch an die steuerlichen Berater, die diese vermarkten.

b) Mitteilungspflichtige Transaktionen

Es gibt **fünf Arten** von mitteilungspflichtigen Transaktionen, welche in Abbildung 4 kurz dargestellt werden.

Kategorien	Kurzdarstellung
Listed transactions	Dies sind Transaktionen, die vom IRS als Steuervermeidungstransaktion angesehen und veröffentlicht werden.[20] Sofern eine Transaktion einer solchen Steuervermeidungstransaktion gleicht oder ähnelt, gilt sie als anzeigepflichtig.

---

[15] Zu den portugiesischen Anzeigepflichten vgl. *Silva/Neves*, ITR 2008, S. 100.

[16] Zum deutschen Entwurf im Rahmen des JStG 2008 vgl. Bundesratsdrucksache a. a. O. (oben Fn. 14), Nr. 51.

[17] Vgl. *OECD* (2008), S. 54.

[18] Vgl. *Kreienbaum/Werder*, IStR 2005, S. 722.

[19] Vgl. *OTSA*, abrufbar unter http://www.irs.gov/privacy/article/0,,id=155354,00.html (25. 3. 2010).

[20] Aktuell befinden sich 34 Transaktionsarten auf der Liste, vgl. IRS, abrufbar unter: http://www.irs.gov/businesses/corporations/article/0,,id=120633,00.html (25. 3. 2010).

Confidential transactions	Es handelt sich um Transaktionen, die unter der Voraussetzung der Vertraulichkeit angeboten worden sind und für die an den Berater ein Mindesthonorar von 250.000 $ geflossen ist (sofern es sich bei dem Steuerpflichtigen um eine „corporation" handelt).[21]
Transactions with contractual protection	Dies betrifft Transaktionen, die unter der Bedingung mit dem Berater vereinbart worden sind, dass im Falle einer Nichtrealisierung beabsichtigter Steuervorteile gezahlte Honorare ganz oder teilweise zurückerstattet werden.
Loss Transactions	Transaktionen, die eine Verlustnutzung zum Ziel haben und bei „corporations" Verlustnutzungsvolumina von mindestens 10 Mio. $ pro Jahr bzw. 20 Mio. $ für mehrere Jahre verursachen, fallen in diese Kategorie.[22]
Transaction of interest	Die Finanzverwaltung identifiziert und veröffentlicht eine Liste von Transaktionen, die als *potenzielle* Steuervermeidungstransaktionen gelten. Sofern eine Transaktion einer solchen „transaction of interest" gleicht oder ähnelt, gilt sie als anzeigepflichtig.[23]

Abb. 4: Kategorien von anzeigepflichtigen Transaktionen (siehe Treas. Reg. 1.6011-4 (b))

c) Pflichten der Berater

Jeder Berater („**material advisor**") muss in der IRS Form 8918 ein „Material Advisor Disclosure Statement"[24] ausfüllen, in dem er die jeweils angebotene Transaktion und den erwarteten Steuervorteil beschreibt. Dieses Formblatt muss beim OTSA eingereicht werden. Als Berater gilt, wer

▶ an der Organisation, Verwaltung, Vermarktung, dem Verkauf oder der Implementierung einer mitteilungspflichtigen Transaktion mitgewirkt hat und

▶ daraus Einkommen in Höhe von 50.000 $, sofern der Steuervorteil auf eine natürliche Person entfällt, bzw. 250.000 $ in allen übrigen Fällen erzielt hat.[25]

Das Formblatt muss dem OTSA bis zum Ende des Monats zugegangen sein, der auf das Quartal folgt, in dem der Berater die Voraussetzungen eines „material advisor" erfüllt hat.[26] Er erhält eine „**reportable transaction number**", die er allen Steuerpflichtigen, die die Transaktion nutzen, mitteilen muss.[27]

Wenn ein Berater seinen Mitteilungspflichten nicht fristgerecht nachkommt oder falsche bzw. unvollständige Informationen liefert, erwarten ihn gem. Sec. 6707 IRC **empfindliche Strafen**.

---

[21] Bei den übrigen Steuerpflichtigen beträgt das Mindesthonorar 50.000 $ (Treas. Reg. § 1.6011-4 (b) (3) (iii) (B)).

[22] Partnerships, trusts, S corporations und natürliche Personen unterliegen niedrigeren Schwellenwerten, siehe Treas. Reg. § 1.6011-4 (b) (5) (i).

[23] Aktuell sind 4 „transactions of interest" veröffentlicht, vgl. IRS, abrufbar unter: http://www.irs.gov/businesses/corporations/article/0,,id=204156,00.html (25.03.2010).

[24] Das Formblatt ist abrufbar unter http://www.irs.gov/pub/irs-pdf/f8918.pdf; die zugehörigen Erläuterungen (instructions) unter http://www.irs.gov/pub/irs-pdf/i8918.pdf (25.03.2010).

[25] Siehe Sec. 6111 (b) (1) IRC. Bei bestimmten, in den Treasury Regulations genannten, „listed transactions" und „transactions of interest" ist die Umsatzschwelle niedriger. Siehe Treas. Reg. § 301.6111-3 (b) (3) (B).

[26] Siehe Treas. Reg. § 301.6111-3 (e).

[27] Siehe Treas. Reg. § 301. 6111-3 (d) (2).

Diese sind danach gestaffelt, ob es sich um „listed transactions" oder eine der übrigen mitteilungspflichtigen Transaktionen handelt. Bei einem Verstoß im Rahmen von „listed transactions" beträgt die Geldbuße 50 % der bis zur Mitteilung erzielten Einkünfte, mindestens jedoch **200.000 $**. Bei einem absichtlichen Verstoß wird die Geldbuße auf 75 % der Einnahmen erhöht. Ein Verstoß gegen die übrigen mitteilungspflichtigen Transaktionen wird mit 50.000 $ geahndet, wobei die Finanzverwaltung die Geldbuße erlassen kann. Zusätzliche Bußgelder können bspw. für die Beteiligung an einer wissentlichen Steuerverkürzung erhoben werden.[28]

Darüber hinaus muss der Berater gem. Sec. 6112 IRC für jede einzelne mitteilungspflichtige Transaktion eine **Liste** führen, auf der neben Informationen bzgl. der jeweiligen Transaktion die Steuerpflichtigen, die von dieser Transaktion Gebrauch gemacht haben, sowie die jeweiligen Investitionsvolumina vermerkt sind.[29] Die Liste muss für sieben Jahre aufbewahrt und der Finanzverwaltung auf Nachfrage innerhalb von 20 Arbeitstagen zugängig gemacht werden. Andernfalls drohen nach Ablauf der Frist Bußgelder in Höhe von 10.000 $ pro Tag (Sec. 6708 IRC).

d) Pflichten des Steuerpflichtigen

Der Steuerpflichtige ist bei Nutzung einer mitteilungspflichtigen Transaktion verpflichtet, in der IRS Form 8886 ein **„Reportable Transaction Disclosure Statement"**[30] auszufüllen. Dieses Formblatt wird in der Regel der Einkommensteuererklärung beigefügt und an die US-Finanzverwaltung IRS übermittelt.[31] Mit Hilfe des Formblattes sind ausführliche Informationen zur Transaktion, zur erwarteten steuerlichen Behandlung und zum erwarteten Steuervorteil offenzulegen.[32] Sofern der Steuerpflichtige von seinem Berater eine „reportable transaction number" erhalten hat, muss diese ebenfalls mitgeteilt werden. Ferner sind alle Dokumente aufzubewahren, die zum Verständnis der mitgeteilten Transaktionen beitragen.[33] Bei einer Verletzung der Mitteilungspflichten sind gem. Sec. 6707A IRC die in Abbildung 5 dargestellten **Geldbußen** fällig, wobei diese, sofern es sich nicht um eine „listed transaction" handelt, ganz oder teilweise erlassen werden können.

	natürliche Personen	alle übrigen Personen
„listed transactions"	100.000 $	200.000 $
übrige Transaktionen	10.000 $	50.000 $

Abb. 5: Geldbußen bei Verletzung der Mitteilungspflichten

Die Tatsache, dass eine Transaktion mitgeteilt wurde, bedeutet nicht, dass sie durch die US-Finanzverwaltung akzeptiert worden ist. Stellt sich die Transaktion im Nachhinein als Steuerverkürzung dar, wird gem. Sec. 6662A IRC ein **Strafzuschlag** in Höhe von 20 % auferlegt, sofern der Steuerpflichtige nicht nachweisen kann, dass er in „reasonable cause and good faith"[34] gehandelt hat. Falls der Steuerpflichtige seinen Mitteilungspflichten nicht nachgekommen ist,

---

[28] Siehe Sec. 6700 IRC und Sec. 6701 IRC.
[29] Siehe Treas. Reg. 301.6112-1 (b) (3).
[30] Das Formblatt ist abrufbar unter http://www.irs.gov/pub/irs-pdf/f8886.pdf; die zugehörigen Erläuterungen (instructions) unter http://www.irs.gov/pub/irs-pdf/i8886.pdf (25. 3. 2010).
[31] Siehe Treas. Reg. § 1.6011-4 (e). In diesem Absatz sind ferner Besonderheiten bei bestimmten Transaktionen geregelt. Bei einem Erstantrag ist das Formblatt zusätzlich an das OTSA zu übermitteln.
[32] Siehe Treas. Reg. § 1.6011-4 (d).
[33] Siehe Treas. Reg. § 1.6011-4 (g).
[34] Siehe Sec. 6664 (d) IRC.

erhöht sich der Strafzuschlag auf 30 % (Sec. 6662A (c) IRC) und die reasonable cause-Ausnahme ist verwirkt.[35]

2. Großbritannien

a) Überblick

Die Bekämpfung von Steuervermeidung („tax avoidance") hat in der britischen Öffentlichkeit eine enorme Bedeutung erlangt.[36] Die britische Finanzverwaltung Her Majesty's Revenue and Customs (HMRC) hat eine „Anti-Avoidance Group" eingesetzt, die sich um die Entwicklung und Durchführung von Anti-Vermeidungsstrategien bemüht. Ein wesentliches Element stellt die Einführung der **„Disclosure of Tax Avoidance Schemes"** (DOTAS)[37] im Jahre 2004 dar, welche seitdem mehrfach verschärft worden sind. Seit dem 1. August 2006 erstrecken sich die Anzeigepflichten auf die Einkommen-, Körperschaft- und Kapitalgewinnsteuer.[38] Zwischen August 2006 und Ende März 2009 wurden der britischen Finanzverwaltung 432 Gestaltungen auf dem Gebiet der direkten Steuern gemeldet.[39] Die britische Finanzverwaltung selbst sieht in den DOTAS die „erfolgreichste Waffe" im Kampf gegen Steuervermeidung durch Großunternehmen[40] und ein effektives Mittel, mit dem die Steuervermeidungsindustrie entschieden geschwächt worden ist.[41] Sie verfolgt neben der Früherkennung von Steuerplanungsmodellen das Ziel festzustellen, welche Steuerpflichtigen sich in aggressiver Steuerplanung engagieren, um im Rahmen eines „risk rating approach" die Ressourcen des HMRC auf die Überwachung dieser Steuerpflichtigen zu konzentrieren.[42]

b) Anzeigepflichtige Personen

In der Regel ist der Vermarkter (**„promoter"**) eines anzeigepflichtigen Modells (**„hallmarked scheme"**) verpflichtet, dieses offenzulegen. Dies gilt sowohl für in- als auch ausländische Vermarkter. Als Vermarkter kommen Angehörige der steuerberatenden Berufe, Banken und Wertpapierhäuser in Frage. Dabei gilt als Vermarkter, wer

► ein anzeigepflichtiges Modell entwirft,

► ein anzeigepflichtiges Modell zur Umsetzung bereitstellt oder

► die Umsetzung eines anzeigepflichtigen Modells organisiert oder leitet.[43]

---

[35] Der Steuerpflichtige kann die Ausnahme dennoch nutzen, sofern für den Verstoß gegen die Mitteilungspflicht von einem Bußgeld abgesehen worden ist (Sec. 6664 (d) IRC).

[36] Vgl. *Cunningham*, ITR 2009, S. 2.

[37] Für weitere Informationen, vgl. *Wienbracke*, DStZ 2007, S. 664 ff.; *Falk/Walker*, JOTOFP 2008, Issue 3, S. 5 ff. Die folgenden Ausführungen beruhen maßgeblich auf der vom HMRC im Oktober 2008 veröffentlichten Guidance „Disclosure of Tax Avoidance Schemes", welche der HMRC als „accurate explanation of how HMRC will apply the legislation" (S. 8) betrachtet.

[38] Besondere Anzeigepflichten gelten ferner auf dem Gebiet der Umsatzsteuer, der Grunderwerbsteuer („stamp duty and land tax") und der Sozialversicherung.

[39] Vgl. *HMRC*, Disclosure Statistics, abrufbar unter http://www.hmrc.gov.uk/avoidance/avoidance-disclosure-statistics.htm#5 (25. 3. 2010).

[40] Vgl. *Shilling/Wilkinson*, ITR 2007, S. 483 f.

[41] Vgl. Rede des HMRC Commissioner *Dave Hartnett* im Mai 2005 vor dem Chartered Institute of Taxation.

[42] Siehe hierzu ausführlich: *Freedman/Loomer/Vella*, BTR 2009, S. 74 ff.

[43] Ausnahmen gelten für Vermarkter, die bspw. unwesentlich an einer Gestaltung mitgewirkt haben. Zur Überprüfung werden drei Tests durchgeführt: Der „benign test", der „non-adviser test" und der „ignorance test". Vgl. *HMRC* (2008), S. 16 f.

Die Anzeigeverpflichtung liegt ausnahmsweise beim Verwender eines Modells („**user**"), sofern der Vermarkter im Ausland residiert und seiner Verpflichtung zur Anzeigepflicht nicht nachkommt, es sich beim Vermarkter um einen Rechtsanwalt handelt, der aufgrund seines anwaltlichen Berufsgeheimnisses („legal professional privilege") an einer Offenlegung gehindert ist oder kein Vermarkter existiert, da es sich um sog. „**in-house schemes**" handelt, die von großen Unternehmen entwickelt werden. Kleine und mittlere Unternehmen sind von den Anzeigepflichten befreit.

c) Anzeigepflichtige Modelle

Ein anzeigepflichtiges Modell liegt vor, wenn

- ein Modell einer Person einen Steuervorteil verschafft bzw. dieser erwartet werden kann,
- der Steuervorteil der einzige bzw. einer der Hauptgründe für das Modell ist und
- das Modell mindestens eines der folgenden sieben Kriterien, sog. „hallmarks", aufweist:

„hallmarks"	Kurzdarstellung
Confidentiality from other promoters	Der Wunsch eines Vermarkters, ein Modell vor Mitbewerbern geheim zu halten, impliziert, dass es sich um neue, innovative Modelle handelt, die dem HMRC noch nicht bekannt sind.
Confidentiality from HMRC	Der Wunsch, ein Modell vor dem HMRC geheim zu halten, deutet auf die Absicht einer wiederholten Nutzung hin. Dieses Kriterium bezieht sich auch auf „in-house schemes".
Premium fee	Modelle, für die ein Vermarkter bei vernünftiger Betrachtungsweise eine erhöhte Gebühr verlangen könnte. Es handelt sich um einen hypothetischen Test, der auf innovative Modelle abzielt. Auch „in-house schemes" sind betroffen.
Off-market terms	Unter dieses Kriterium fallen Finanzprodukte, die zu marktunüblichen Konditionen gehandelt werden. Hiermit soll verhindert werden, dass die „premium fee" umgangen wird, indem sie in den Produktpreis eingerechnet wird.
Standardised tax products	Das Kriterium der standardisierten Steuerprodukte zielt auf Massenmarktmodelle ab. Es gibt eine „white list" mit Produkten, die von diesem „hallmark" ausgenommen sind.
Loss schemes	Hierbei handelt es sich um Verlustmodelle, deren Hauptnutzen die Entstehung von Verlusten zwecks Minderung der eigenen Steuerschuld ist.
Leasing arrangements	Unter dieses Kriterium fallen bestimmte Leasingmodelle. Sowohl vermarktete als auch „in-house schemes" sind berührt.

Abb. 6: "hallmarks"[44]

d) Verfahrensrechtliche Regelungen

Ein anzeigepflichtiges Modell muss innerhalb von **fünf Tagen** nach Zurverfügungstellung zur Umsetzung durch eine andere Person bzw. fünf Tage, nachdem der Vermarkter von der Umsetzung des Modells Kenntnis erlangt hat, gemeldet werden. Der frühere der beiden Zeitpunkte ist

---

[44] Zur ausführlichen Erläuterung der „hallmarks", vgl. *HMRC* (2008), S. 26 ff.

maßgeblich für die Berechnung der Frist. Die Anzeige erfolgt mittels amtlicher Formulare.[45] Folgende Angaben müssen gemacht werden:

- Name und Adresse der anzeigepflichtigen Person,[46]
- Nennung des „hallmarks", der zur Anzeigepflicht führt,
- eine Zusammenfassung des Modells und der Name, unter dem es bekannt ist,
- eine Erläuterung der verwendeten Gestaltungselemente und des Zustandekommens des erwarteten Steuervorteils und
- die Norm, aus der sich der Steuervorteil ergibt.[47]

Der Vermarkter legt nicht die Namen der Verwender eines Modells offen.

Innerhalb von 30 Tagen erhält der Vermarkter eine achtstellige Registrierungsnummer, die er an die Verwender des entsprechenden Modells weitergibt. Diese müssen die Nummer in ihrer Steuererklärung angeben.

e) Sanktionen

In Großbritannien werden lediglich moderate Geldbußen verhängt. Vermarkter, die ihren Anzeigepflichten nicht oder nicht in angemessener Weise nachkommen oder es unterlassen, Registrierungsnummern an die Verwender eines Modells weiterzugeben, werden mit einer **Anfangsstrafe** von maximal **5.000 £** bedacht. Bei einem weitergehenden Verstoß können pro Tag bis zu 600 £ fällig werden. Sofern Verwender ihren Anzeigepflichten nicht nachkommen, entsprechen die Strafen denen der Vermarkter. Die Nichtangabe der Registrierungsnummer in der Steuererklärung führt zu einer Geldbuße von 100 £ beim ersten Verstoß, 200 £ beim zweiten Verstoß und 300 £ für jedes weitere Unterlassen.[48]

III. Kritische Würdigung

Mit Anzeigepflichten können im Wesentlichen drei Ziele erreicht werden:

- **Früherkennung** von aggressiven Steuerplanungsmodellen, wodurch es dem Gesetzgeber ermöglicht wird, schnell zu reagieren und den Zeitraum zu verkürzen, in dem ein Modell genutzt werden kann,
- **Senkung der Attraktivität** von aggressiven Steuerplanungsmodellen und
- **effiziente Ressourcenallokation** der Finanzverwaltung im Rahmen von Betriebsprüfungen.

Inwieweit diese Vorzüge genutzt werden können, hängt jedoch von der konkreten Ausgestaltung solcher Anzeigepflichten ab. Die OECD warnt vor einer unangemessenen Umsetzung der Anzeigepflichten.[49] Diese können zu hohen **Risiken** und **Befolgungskosten** auf Seiten der Steuerpflichtigen und des steuerlichen Beratungsmarktes führen. Im Jahr 2007 hat der Bundesrat die Empfehlung der Bundesregierung,[50] grenzüberschreitende Anzeigepflichten einzuführen, nicht aufgegriffen, weshalb die Bundesregierung das Projekt nicht weiterverfolgt hat. Neben verfassungs- und europarechtlichen Bedenken wurden die erwarteten Bürokratiekosten kriti-

---

[45] Abrufbar unter http://www.hmrc.gov.uk/aiu/forms-tax-schemes.htm (25. 3. 2010).
[46] In der Regel handelt es sich hierbei um den Vermarkter. Zu den Ausnahmen siehe Abschnitt C.II.2.b).
[47] Vgl. *HMRC* (2008), S. 71 ff.
[48] Vgl. *HMRC* (2008), S. 86 f.
[49] Vgl. *OECD* (2008), S. 30.
[50] Vgl. Bundesratsdrucksache a. a. O. (oben Fn. 14), Nr. 51.

siert.[51] Im Folgenden sollen ausgewählte Problembereiche dargestellt werden, die Anzeigepflichten **in der Praxis** verursachen können.

Das Hauptproblem bei der Einführung von Anzeigepflichten ist die Bestimmung eines **angemessenen Anwendungsbereichs**.[52] Dies stellt eine Gratwanderung dar, denn ein zu weiter Anwendungsbereich belastet die Wirtschaft unverhältnismäßig und stellt die Finanzverwaltung vor die Aufgabe, aus einer Fülle von Anzeigen die für sie interessanten Modelle herauszufiltern. Ein zu enger Anwendungsbereich kann hingegen durch die Steuerpflichtigen und ihre Berater umgangen werden.

Anzeigepflichten können zu einem **Verlust an Rechtssicherheit** durch einen unklaren Anwendungsbereich und die Verwendung unbestimmter Rechtsbegriffe führen. Je ungenauer der Anwendungsbereich einer Anzeigepflicht ist, desto höher sind auch die Befolgungskosten durch Auslegungs- und Abgrenzungsschwierigkeiten. Da in den USA bspw. „listed transactions" und Transaktionen, die diesen **im Wesentlichen ähneln** anzeigepflichtig sind, stellt sich die Frage, wie weit dieser Begriff zu interpretieren ist. Sofern hohe Bußgelder für einen Verstoß gegen die Anzeigepflichten erhoben werden, ist dies umso problematischer.

Anzeigepflichten erhöhen die **Bürokratie** und die steuerlichen **Befolgungskosten** der Steuerpflichtigen durch die Notwendigkeit

- der Identifizierung anzeigepflichtiger Steuerplanungsmodelle,
- der Einreichung von Formularen, Listen und Dokumenten und
- der Aufbewahrung von Dokumenten.

Die Identifikation anzeigepflichtiger Modelle gestaltet sich bei einer **rückwirkenden Anzeigepflicht**, wie in den USA, als noch aufwendiger. Die Finanzverwaltung IRS veröffentlicht dort regelmäßig neue „listed transactions" und „transactions of interest". Gerade vor dem Hintergrund hoher Bußgelder muss sich der Steuerpflichtige stetig informieren, ob eine von ihm in der Vergangenheit bereits unternommene Gestaltung nachträglich anzeigepflichtig ist. Dies gilt nicht nur für das Jahr, in dem ein Modell angewendet worden ist, sondern solange, bis die Steuerfestsetzung verjährt ist.[53]

Diese Regelungen stellen eine hohe Belastung für den Steuerpflichtigen und seinen Berater dar. Vor diesem Hintergrund stellt sich ferner die berechtigte Frage, ob die Finanzverwaltung die Kapazitäten besitzt, diese **„Informationsflut"** in ausreichender Weise zu nutzen.[54]

Sofern der Gesetzgeber die Anzeigepflicht nutzt, um legale Steuerplanungsmodelle rückwirkend zunichtezumachen, wird die **Planungssicherheit** von Steuerpflichtigen erheblich beeinträchtigt.[55] In Großbritannien wird dieses Problem vermieden. Denn dort kann der Fiskus nach erfolgter Anzeige eines legalen Modells nur eine solche Gesetzesänderung ankündigen, die die anschließende Verwendung dieses Modells verhindert. **Innovative Steuerpflichtige** können daher

---

[51] Siehe hierzu ausführlich *Schenke* (2007), S. 1 ff.; *Wassermeyer* (2007), S. 1 ff.; *Flämig*, Beih. zu DStR 2007, S. 7 ff.; *Kessler/ Eicke*, BB 2007, S. 2370 ff.

[52] Zu den Problemen bei der Bestimmung eines angemessenen Anwendungsbereiches, vgl. *Johnson*, TNI 2006, S. 497 ff.; *OECD* (2008), S. 29 f., Annex 6.1, Annex 6.2; *Shaviro* (2008), S. 244 ff.

[53] Siehe Treas. Reg. § 1.6011-4 (e) (2) (i).

[54] Vgl. *Shaviro* (2008), S. 250.

[55] Vgl. *Kessler/Eicke*, BB 2007, S. 2377.

von ihrem Modell profitieren und müssen mit keinen Auswirkungen auf die bereits unternommene Gestaltung rechnen.[56]

Anzeigepflichten können die **Wettbewerbsfähigkeit des inländischen Beratungsmarktes** zu Gunsten ausländischer Berater und interner Steuerabteilungen verschlechtern. Dies ist zum einen der Fall, wenn die Anzeigepflicht von dem Berater nicht auf den Steuerpflichtigen übergeht, sofern ein Steuerpflichtiger einen ausländischen Berater konsultiert und dieser seiner Anzeigepflicht nicht nachkommt. Selbst wenn die Regelung vorsieht, dass ausländische Berater anzeigepflichtig sind, kann der inländische Fiskus Anzeigepflichten gegenüber ausländischen Vermarktern rechtlich nicht durchsetzen.[57] In der Folge kann der Steuerpflichtige durch das Engagement eines ausländischen Beraters die Anzeigepflicht umgehen. Zum anderen wird die Wettbewerbsfähigkeit des Beratungsmarktes vermindert, wenn sog. In-house-Modelle, d. h. von internen Steuerabteilungen entwickelte Modelle, keiner Anzeigepflicht unterliegen.

Vor dem Hintergrund der oben genannten praktischen Schwierigkeiten drohen Anzeigepflichten, sofern sie nur auf grenzüberschreitende Sachverhalte anzuwenden sind, zu einem Hindernis für die grenzüberschreitende Geschäftstätigkeit zu werden.

Trotz der oben genannten Problembereiche einer Anzeigepflicht hält die Bundesregierung weiter an ihrer Einschätzung der Geeignetheit von Anzeigepflichten zur Bekämpfung aggressiver Steuerplanungsmodelle fest.[58] Insofern ist nicht ausgeschlossen, dass es in der Zukunft zu einer Implementierung von Anzeigepflichten auch in Deutschland kommt. Daher stellt der folgende Absatz Handlungsempfehlungen für die Steuerpflichtigen im Zusammenhang mit Anzeigepflichten dar.[59]

IV. Handlungsempfehlungen

Die Attraktivität von aggressiven Steuerplanungsmodellen, die einer Anzeigepflicht unterliegen, wird durch erhöhte Befolgungskosten gemindert. Darüber hinaus verursacht eine Anzeigepflicht erhöhte Risiken auf Seiten des Steuerpflichtigen:

- Bußgelder (teilweise in empfindlicher Höhe),
- Mangelnde Planungssicherheit (Verkürzung des Anwendungszeitraumes, rückwirkendes Verbot) und
- Erhöhung der Betriebsprüfungsintensität.

Vor diesem Hintergrund sollten Steuerpflichtige prüfen, ob sich ein Engagement in solchen Modellen insgesamt als vorteilhaft erweist. Hierbei gilt es zu berücksichtigen, dass das Engagement in aggressiven Steuerplanungsmodellen überdies den Ruf eines Unternehmens beschädigen kann.[60]

Sofern sich der Steuerpflichtige dafür entscheidet, an den betroffenen Modellen festzuhalten, sollte er Maßnahmen zur **Risikominimierung** entwickeln. Unter der Voraussetzung, dass der Steuerpflichtige selbst und nicht bzw. nicht ausschließlich der Vermarkter eines Steuerplanungsmodells der Anzeigepflicht unterliegt, sollte die Implementierung eines **Überwachungssystems** erfolgen, welches der Identifizierung anzeigepflichtiger Steuerplanungsmodelle und

---

[56] Vgl. *Wienbracke*, DStZ 2007, S. 665.
[57] Vgl. *Schenke* (2007), S. 5.
[58] Vgl. Bundestagsdrucksache 16/8013 vom 7.02.2008, S. 3 f.
[59] Auf den Beratungsmarkt wird nicht eingegangen.
[60] Vgl. *Erle* (2008), S. 207; *Cunningham*, ITR 2009, S. 2.

der Sicherstellung einer fristgerechten Anzeige dient. Sofern Modelle auch rückwirkend angezeigt werden müssen, ist ein stetiger Abgleich mit neuen anzeigepflichtigen Modellen unerlässlich.

Infolge eines ungenauen Anwendungsbereiches der Anzeigepflichten kann es zu Unsicherheiten bezüglich der Anzeigepflicht eines Steuerplanungsmodells kommen. In diesem Fall ist dem Steuerpflichtigen die Strategie des „over-disclosure"[61] zu empfehlen, d. h., bei bestehenden Zweifeln bzgl. der Anzeigepflicht eines Modells sollte grundsätzlich eine Anzeige erfolgen. Dem Vorteil einer Vermeidung von Bußgeldern steht allerdings eine Erhöhung der Bürokratiekosten gegenüber.

Ferner sollten innerhalb der internen Steuerabteilung Regelungen zur Ausgestaltung von Anzeigen und zur Dokumentation von Steuerplanungsmodellen aufgestellt und allen Mitarbeitern der Abteilung kommuniziert werden. Dies vermindert das Risiko von Bußgeldern infolge unvollständiger Anzeigen bzw. Mängeln in der Dokumentation und beschleunigt den Ablauf.

Risiko: Bußgelder infolge	Risikominimierung durch
• Nichtanzeige einer anzeigepflichtigen Gestaltung 　o Ungenauer Anwendungsbereich 　o Mangelnde Aufmerksamkeit • Unvollständige Anzeige • Verspätete Anzeige • Nichtangabe einer Registrierungsnummer • Fehlen einer ausreichenden Dokumentation	• Strategie des „over-disclosure" • Implementierung eines Überwachungssystems zur 　o Identifikation anzeigepflichtiger Gestaltungen 　o Fristgerechten Anzeige • Festlegung und Kommunikation von Regelungen zur 　o Ausgestaltung von Anzeigen 　o Dokumentation

Abb. 7: Risikominimierung

Das Engagement in aggressiven Steuerplanungsmodellen wird die Wahrscheinlichkeit von **Betriebsprüfungen** substanziell erhöhen, da das Finanzamt den entsprechenden Steuerpflichtigen als potenziellen Steuervermeider ansehen wird.[62] Der Steuerpflichtige sollte sich daher sorgfältig auf eine mögliche Betriebsprüfung vorbereiten und umso mehr Wert auf eine angemessene Dokumentation der Steuerplanungsmodelle und anderer sensibler Geschäftsvorfälle, insbesondere der Verrechnungspreise, legen.

Sobald die Finanzverwaltung Kenntnis von einem aggressiven Steuerplanungsmodell erlangt, wird die gesetzliche Reaktion davon abhängen, wie viele Steuerpflichtige ein solches Modell nutzen und wie hoch die Steuerausfälle sind. Der Steuerpflichtige profitiert daher umso länger von einem Modell, je innovativer es ist. Bei der Entwicklung potenziell anzeigepflichtiger Steuerplanungsmodelle sollte stets darauf geachtet werden, dass sich die Entwicklungskosten schnell amortisieren. Um zu vermeiden, dass Modelle rückwirkend zunichtegemacht werden,

---

[61] Vgl. *Shaviro* (2008), S. 246. Die amerikanische Finanzverwaltung empfiehlt ebenfalls, bei Zweifeln bzgl der Mitteilungspflicht einer Transaktion, diese vorsorglich offenzulegen. Siehe Treas. Reg. § 1.6011-4 (f) (2).

[62] Siehe Abschnitt C.II.1.a) und C.II.2.a).

könnten Auskünfte bei der Finanzverwaltung eingeholt werden. Dabei bietet sich in Deutschland das Instrument der **verbindlichen Auskünfte** gem. § 89 Abs. 2 AO an, wobei zu beachten ist, dass dieses kostenpflichtig ist (§ 89 Abs. 3-5 AO).[63]

D. Gesetzgebung zur Vermeidung von Steuerhinterziehung mit Hilfe von Steueroasen

I. Überblick

Neben unerwünschter aggressiver Steuerplanung stellt die verbotene und strafbare grenzüberschreitende Steuerhinterziehung eine Bedrohung für die Besteuerungsbasis dar. Die Bundesregierung geht von einem erheblichen, nicht genauer quantifizierbaren Steuerausfallvolumen infolge von grenzüberschreitender Steuerhinterziehung aus,[64] die Deutsche Steuer-Gewerkschaft schätzt das jährliche Steuerausfallvolumen auf 10 Mrd. €,[65] der Deutsche Gewerkschaftsbund sogar auf 12 Mrd. €.[66] Es gibt Staaten, die nicht bereit sind, deutschen Finanzbehörden Auskünfte über steuererhebliche Sachverhalte nach OECD-Standards mitzuteilen, sog. **Steueroasen** („tax havens"). Diese Steueroasen erleichtern es den Bürgern anderer Staaten, ihre Steuern zu hinterziehen. Auf internationaler Ebene bemühen sich die OECD und die G 20-Staaten um die Bekämpfung von Steueroasen. Dabei wurden auf dem G 20-Gipfel am 2. April 2009 in London erste Erfolge gefeiert. Alle Staaten, die sich auf der von der OECD veröffentlichten „**Schwarzen Liste**" der unkooperativen Staaten befanden, haben anschließend angekündigt, den OECD-Standard umzusetzen. Trotz dieser erfreulichen Entwicklung hat die Bundesregierung ein **Steuerhinterziehungsbekämpfungsgesetz**[67] auf den Weg gebracht, um mit Hilfe nationaler Maßnahmen den Druck auf Steueroasen zu erhöhen und Steuerhinterziehung zu verhindern. Mit dem Ziel, den fehlenden Auskunftsaustausch zwischen den Staaten zu kompensieren, sollen Steuerpflichtige, die Geschäftsbeziehungen mit Oasenstaaten unterhalten, erhöhten Mitwirkungs- und Nachweispflichten nachkommen. Der Vorschlag ist grundsätzlich nicht neu, denn viele Staaten, darunter Kanada, Spanien, Italien und Portugal, haben bereits vergleichbare Regelungen implementiert.[68] Auf einer Konferenz der OECD am 21. Oktober 2008 haben 17 OECD-Mitgliedstaaten bekräftigt, zusätzlich mit Hilfe nationaler Maßnahmen zu einer Durchsetzung eines Informationsaustausches nach dem OECD-Standard beizutragen.[69] Auch in den USA wird der Gesetzentwurf eines „**Stop Tax Haven Abuse Act**" diskutiert,[70] welcher u. a. Sanktionen

---

[63] Zum System der verbindlichen Auskünfte in Deutschland, vgl. *Misera/Baum*, Ubg 2008, S. 221 ff.
[64] Vgl. Entwurf eines Gesetzes zur Bekämpfung der Steuerhinterziehung, Bundestagsdrucksache 16/13106 vom 22. Mai 2009, S. 2.
[65] Vgl. Stellungnahme der *Deutsche Steuer-Gewerkschaft* zum Gesetzentwurf, S. 2.
[66] Vgl. Stellungnahme des *Deutschen Gewerkschaftsbundes* zum Gesetzentwurf, S. 7.
[67] Gesetz zur Bekämpfung der Steuerhinterziehung (Steuerhinterziehungsbekämpfungsgesetz) vom 29. Juli 2009, BGBl. I 2009, S. 2302.
[68] Vgl. Bundestagsdrucksache a. a. O. (oben Fn. 64), S. 10.
[69] Vgl. ebenda.
[70] Vgl. *Cantillon Ross*, TPIR 2009, Nr. 4, S. 4 ff. Der Gesetzentwurf ist abrufbar unter http://levin.senate.gov/newsroom/release.cfm?id=308949 (25. 3. 2010).

gegen US-Steuerpflichtige vorsieht, die Geschäftsbeziehungen zu einem der 34, auf einer US-amerikanischen „Schwarzen Liste" als Steueroasen qualifizierten, Staaten unterhalten.[71]

Im Folgenden sollen die wesentlichen Inhalte des Steuerhinterziehungsbekämpfungsgesetzes in Deutschland dargestellt werden.

II. Das Steuerhinterziehungsbekämpfungsgesetz

1. Grundsatz

Mit Hilfe des Steuerhinterziehungsbekämpfungsgesetzes sind die gesetzlichen Voraussetzungen dafür geschaffen, dass die Bundesregierung im Wege einer **Rechtsverordnung** bestimmte, für den Steuerpflichtigen vorteilhafte, steuerliche Regelungen für inländische natürliche oder juristische Personen in Bezug auf ihre Geschäftsbeziehungen zu Steueroasen von besonderen **Mitwirkungs- und Nachweispflichten** abhängig machen kann.

Im Rahmen der aufgrund von § 51 Abs. 1 Nr. 1 f) EStG bzw. § 33 Abs. 1 Nr. 2 e) KStG durch die Bundesregierung und den Bundesrat verabschiedeten **Steuerhinterziehungsbekämpfungsverordnung** (SteuerHBekV)[72] wurde anschließend festgelegt, in welchem Ausmaß steuerliche Regelungen eingeschränkt werden, und es erfolgte eine Präzisierung der Mitwirkungs- und Nachweispflichten. Die vom Gesetz betroffenen Staaten werden gegebenenfalls im Bundessteuerblatt bekannt gegeben. Zusätzlich wurden als weitere Maßnahmen zur Bekämpfung der Steuerhinterziehung erweiterte Außenprüfungs- und Schätzbefugnisse für die Finanzverwaltung sowie Dokumentationserfordernisse für die Steuerpflichtigen beschlossen.

2. Betroffene ausländische Staaten

Von der Regelung betroffen sind ausländische Staaten, die **nicht** folgende Voraussetzungen erfüllen (sog. nicht kooperierende Jurisdiktionen):

- Es besteht ein Doppelbesteuerungsabkommen (DBA), welches die Erteilung von Auskünften entsprechend **Art. 26 OECD-MA i. d. F. von 2005** vorsieht.
- Die Erteilung von Auskünften erfolgt in einem Art. 26 OECD-MA vergleichbaren Umfang.
- Es besteht die Bereitschaft zu einer entsprechenden Auskunftserteilung.

Art. 26 OECD-MA sieht vor, dass ein Austausch von Informationen, die zur Durchführung des DBA **und** für die Verwaltung und den Vollzug des innerstaatlichen Steuerrechts voraussichtlich erheblich sind, zwischen den Staaten stattfindet (**große Auskunftsklausel**). Dabei darf der Informationsaustausch nicht durch einen Staat aufgrund eines **Bankgeheimnisses** oder eigener steuerlicher Interessen eingeschränkt werden.[73] Die große Auskunftsklausel dient der Durchsetzung der Besteuerung nach dem Welteinkommensprinzip.[74] Die Informationen müssen zugänglich sein und auf Ersuchen ausländischer Finanzbehörden auch zur Verfügung gestellt werden können. Zu den zugänglichen Informationen gehören v.a. Bankinformationen und Informationen über Eigentumsverhältnisse an Gesellschaften und anderen Rechtsträgern bzw. die Begünstigten dieser Rechtsträger, wie bspw. Stiftungen.[75]

---

[71] Es handelt sich nicht um die in Abschnitt D.II.2. zu behandelnde „Schwarze Liste" der OECD, sondern eine separate Liste, die Teil des Gesetzentwurfs ist.

[72] Steuerhinterziehungsbekämpfungsverordnung (SteuerHBekV) vom 18. September 2009, BGBl. I 2009, S. 3046. Die SteuerHBekV ist am 25. September 2009 in Kraft getreten.

[73] Siehe Art. 26 Abs. 4 und Abs. 5 OECD-MA. Siehe auch OECD (2009), S. 4.

[74] Vgl. *Engelschalk* (Bearb.), in: *Vogel/Lehner* (2008), Art. 26 OECD-MA, Rn. 3.

[75] Vgl. Bundestagsdrucksache a. a. O. (oben Fn. 64), S. 9.

Unter den Anwendungsbereich des Gesetzes könnten vor allem die Staaten fallen, die sich auf der „Schwarzen Liste" der OECD befinden. Diese Liste ist aktuell unbesetzt, allerdings führt die OECD auch eine **„Graue Liste"**, auf der sich die Staaten befinden, die dem OECD-Standard zugestimmt, diesen aber noch nicht hinreichend umgesetzt haben. Sofern diese Staaten auch nach Aufforderung auf diplomatischem Wege nicht bereit sind, in Gespräche zum Abschluss einer bilateralen Vereinbarung zur Umsetzung des OECD-Standards einzutreten, könnten Steuerpflichtige, die Geschäftsbeziehungen zu diesen Staaten unterhalten, von dem Gesetz betroffen sein.[76] Von ursprünglich 38 Staaten befinden sich aktuell lediglich noch 9 Staaten auf der „Grauen Liste":[77]

Costa Rica	Montserrat	Panama
Guatemala	Nauru	Uruguay
Liberia	Niue	Vanuatu

Abb. 8: Staaten auf der „Grauen Liste" der OECD (Stand: 10.Dezember 2010)

Darüber hinaus stellt das Steuerhinterziehungsbekämpfungsgesetz auf die mit Deutschland abgeschlossenen Doppelbesteuerungsabkommen ab. Sobald ein Staat zwölf Abkommen nach OECD-Standard abgeschlossen hat, verlässt er zwar die „Graue Liste",[78] kann aber dennoch als nicht kooperierende Jurisdiktion klassifiziert werden, sofern er eben kein Abkommen mit Deutschland abgeschlossen hat. Gegenwärtig fällt aber kein Staat unter den Anwendungsbereich des Gesetzes.[79] Sollten Staaten und Gebiete zukünftig die Voraussetzungen für Maßnahmen nach der SteuerHBekV erfüllen, werden diese durch das Bundesfinanzministerium mit Zustimmung der obersten Finanzbehörden der Länder sowie im Einvernehmen mit dem Auswärtigen Amt und dem Bundeswirtschaftsministerium im Bundessteuerblatt veröffentlicht.[80]

3. Betroffene steuerliche Regelungen

Der Abzug von **Betriebsausgaben** bzw. **Werbungskosten** i. S. d. §§ 4 Abs. 4 und 9 EStG kann gem. § 51 Abs. 1 Nr. 1 f) aa) EStG i. V. m. § 1 SteuerHBekV eingeschränkt werden, wenn die Beteiligten oder andere Personen in nicht kooperierenden Jurisdiktionen ansässig sind, es sei denn, der Steuerpflichtige kommt den folgenden Mitwirkungs- und Nachweispflichten nach:

- Der Nachweis der Angemessenheit der zwischen **nahe stehenden Personen** i. S. d. § 1 Abs. 2 AStG in ihren Geschäftsbeziehungen vereinbarten Bedingungen entsprechend § 90 Abs. 3 AO i. V. m. GAufzV ist in der Weise zu erbringen, dass die Aufzeichnungen für **alle** Geschäftsvorfälle **zeitnah** zu erstellen sind und auf Aufforderung innerhalb von 30 Tagen vorzulegen sind (§ 51 Abs. 1 Nr. 1 f) aa) aaa) EStG i. V. m. § 1 Abs. 2 SteuerHBekV).

- Die oben dargestellte Verpflichtung ist gleichermaßen auf die Gewinnabgrenzung zwischen **unselbstständigen Unternehmensteilen** anzuwenden (§ 51 Abs. 1 Nr. 1 f) aa) bbb) EStG i. V. m. § 1 Abs. 3 SteuerHBekV).

- Für Geschäftsbeziehungen zu **nicht nahe stehenden Personen**, bei denen die Entgelte für Lieferungen und Leistungen den Betrag von **10.000 €** im Wirtschaftsjahr übersteigen, hat

---

[76] Vgl. Begründung zur SteuerHBekV, Bundesratsdrucksache 681/09 vom 6. August 2009, S. 7.
[77] Die Liste der OECD ist abrufbar unter http://www.oecd.org/dataoecd/50/0/43606256.pdf (25.03.2010).
[78] Vgl. *OECD* (2009), S. 2.
[79] Vgl. BMF-Schreiben vom 5. Januar 2010, BStBl. I 2010, S. 19. Rechtsstand: 25. 3. 2010.
[80] Vgl. Bundesratsdrucksache a. a. O. (oben Fn. 76), S. 5.

der Steuerpflichtige zeitnah Aufzeichnungen entsprechend § 1 Abs. 4 Satz 1 SteuerHBekV zu erstellen (§ 51 Abs. 1 Nr. 1 f) aa) ccc) EStG i. V. m. § 1 Abs. 4 SteuerHBekV).

▶ Für den Fall, dass der Steuerpflichtige Geschäftsbeziehungen zu **Kreditinstituten** in nicht kooperierenden Jurisdiktionen unterhält oder hierfür „objektiv erkennbare Anhaltspunkte" vorliegen, hat er nach Aufforderung dem Finanzamt eine Bevollmächtigung zu erteilen, im Namen des inländischen Steuerpflichtigen mögliche Auskunftsansprüche gegenüber Kreditinstituten gerichtlich und außergerichtlich geltend zu machen (§ 51 Abs. 1 Nr. 1 f) aa) ddd) EStG i. V. m. § 1 Abs. 5 SteuerHBekV).

Sofern eine ausländische Gesellschaft ihren Sitz in einer nicht kooperierenden Jurisdiktion unterhält, soll die Erstattung bzw. Befreiung von der **Kapitalertragsteuer** gem. §§ 50d Abs. 1 und 2, 44a Abs. 9 EStG an den Nachweis der Identität der natürlichen Personen, die an der ausländischen Gesellschaft mit über 10 % unmittelbar und mittelbar beteiligt sind, geknüpft werden. Hierfür sind die Namen und die Ansässigkeit dieser Personen offenzulegen (§ 51 Abs. 1 Nr. 1 f) bb) EStG i. V. m. § 2 SteuerHBekV).

Für den Fall, dass der Steuerpflichtige Geschäftsbeziehungen zu Kreditinstituten in nicht kooperierenden Jurisdiktionen unterhält oder hierfür „objektiv erkennbare Anhaltspunkte" vorliegen, hat er gem. § 51 Abs. 1 Nr. 1 f) cc) EStG i. V. m. § 3 SteuerHBekV nach Aufforderung dem Finanzamt eine Bevollmächtigung zu erteilen, in seinem Namen mögliche Auskunftsansprüche gegenüber Kreditinstituten gerichtlich und außergerichtlich geltend zu machen. Andernfalls wird die Anwendung der **Abgeltungsteuer** (§§ 32 d Abs. 1, 43 Abs. 5 EStG) und des **Teileinkünfteverfahrens** (§ 3 Nr. 40 EStG) auf Einkünfte i. S. von § 20 Abs. 1 Nr. 1 EStG, die von ausländischen Gesellschaften mit Sitz in einer nicht kooperierenden Jurisdiktion bezogen werden, verwehrt.

Eine inländische Kapitalgesellschaft, die Dividenden und Veräußerungsgewinne mittelbar oder unmittelbar aus nicht kooperierenden Jurisdiktionen bezieht, kann das **Schachtelprivileg** gem. § 8b Abs. 1 und Abs. 2 KStG nur unter der Voraussetzung erhöhter Mitwirkungs- und Nachweispflichten nutzen (§ 33 Abs. 1 Nr. 2 e) KStG i. V. m. § 4 SteuerHBekV). Diese beziehen sich wiederum auf einen Nachweis der Angemessenheit der zwischen nahe stehenden Personen in ihren Geschäftsbeziehungen vereinbarten Bedingungen entsprechend § 1 Abs. 2 SteuerHBekV und abermals eine Bevollmächtigung der Finanzbehörde, im Namen des inländischen Steuerpflichtigen mögliche Auskunftsansprüche gegenüber Kreditinstituten gerichtlich und außergerichtlich geltend zu machen.

4. Flankierende Maßnahmen im Rahmen der Abgabenordnung

Die Abgabenordnung wird unmittelbar ergänzt, wobei die Bundesregierung mit Zustimmung des Bundesrates mittels Rechtsverordnung festgelegt hat, dass die folgenden Regelungen für Besteuerungszeiträume, die nach dem 31.12.2009 beginnen, erstmalig angewendet werden (Art. 97 § 22 Abs. 2 EGAO i. V. m. § 5 SteuerHBekV).

Sofern „objektiv erkennbare Anhaltspunkte" für das Bestehen von **Geschäftsbeziehungen** des Steuerpflichtigen **zu Finanzinstituten** in nicht kooperierenden Jurisdiktionen vorliegen, kann der Steuerpflichtige aufgefordert werden, die Richtigkeit seiner Angaben eidesstattlich zu versichern und die Finanzbehörde zu bevollmächtigen, in seinem Namen mögliche Auskunftsansprüche gegen Kreditinstitute außergerichtlich und gerichtlich geltend zu machen (§ 90 Abs. 2 Satz 3 AO). Bei Verletzung dieser **Mitwirkungspflichten** drohen folgende **Sanktionen**:

▶ Die Finanzbehörde kann eine Schätzung der Besteuerungsgrundlage vornehmen, da widerlegbar vermutet wird, dass der Steuerpflichtige über Einkünfte in diesem Staat verfügt (§ 162 Abs. 2 Satz 3 AO).

Hardeck

- Die Finanzbehörde kann eine Außenprüfung vornehmen (§ 193 Abs. 2 Nr. 3 AO).
- Der Steuerpflichtige kann aufgefordert werden, seine Unterlagen sechs Jahre lang aufzubewahren (§ 147a Satz 6 AO).

Unabhängig von einer Verletzung der oben genannten Mitwirkungspflichten und unabhängig von einem Auslandsbezug werden Steuerpflichtige, die **Überschusseinkünfte von über 500.000 €** p.a. erzielen, verpflichtet, ihre der Berechnung zugrunde liegenden Aufzeichnungen und Unterlagen sechs Jahre lang aufzubewahren (§ 147a AO). Ferner kann eine Außenprüfung ohne besonderen Grund angeordnet werden (§ 193 Abs. 1 AO).

III. Kritische Würdigung

Das Ziel, die grenzüberschreitende Steuerhinterziehung zu bekämpfen, ist in jeder Hinsicht zu begrüßen. Fraglich ist, ob dieses Ziel mit dem Steuerhinterziehungsbekämpfungsgesetz erreicht werden kann und ob die Maßnahmen als verhältnismäßig zu betrachten sind. Das Gesetz ist seitens der Wirtschaft stark kritisiert worden.[81] Es gilt als verfassungs- und völkerrechtlich bedenklich.[82] Im Zentrum dieses Beitrages sollen jedoch die Schwierigkeiten stehen, die das Gesetz in der Praxis verursachen kann.

Das Gesetz belastet **pauschal** alle Steuerpflichtigen, vor allem die, die reguläre Geschäftsbeziehungen zu den betroffenen Staaten unterhalten, ohne jemals eine Steuerhinterziehungsabsicht gehabt zu haben. Denn die Regelungen sanktionieren gerade die Steuerpflichtigen, die ihre Einnahmen erklärt haben. Die Belastungen resultieren aus einem Verlust an **Rechtssicherheit**, Einschränkungen in Bezug auf eine vorausschauende Steuerplanung und einer Erhöhung der Befolgungskosten. Dies ist darauf zurückzuführen, dass mit dem Gesetz viele Unklarheiten verbunden sind. Denn eine Konkretisierung, welche Staaten als nicht kooperierend gelten, wird erst kurzfristig im Bundessteuerblatt veröffentlicht. Ferner ist fraglich, was unter dem unbestimmten Rechtsbegriff „objektiv erkennbare Anhaltspunkte" zu verstehen ist. Es ist nicht auszuschließen, dass hiermit den Finanzbehörden ermöglicht wird, Steuerpflichtige aufgrund pauschaler Verdächtigungen zu erhöhten Mitwirkungs- und Nachweispflichten aufzufordern. Steuerpflichtige, die grenzüberschreitend tätig sind, werden bereits heute mit hohen **Befolgungskosten** infolge von Mitwirkungspflichten konfrontiert, wie Abbildung 9 darstellt.

Mitwirkungspflichten bei Auslandssachverhalten	Rechtsgrundlage
Erhöhte Mitwirkungspflichten bei Auslandssachverhalten	§ 90 Abs. 2 AO
Dokumentationserfordernisse und Strafzuschläge bei Verrechnungspreisen	§ 90 Abs. 3 AO i. V. m. GAufzV, § 162 AO
Genaue Empfängerbenennung für den Abzug von Betriebsausgaben	§ 160 AO
Nachweis über die Voraussetzung der Quellensteuerentlastung	§ 50d EStG
Mitwirkungspflichten für Niedrigsteuergebiete	§ 16 AStG

Abb. 9: Mitwirkungspflichten bei Auslandssachverhalten

---

[81] Hinsichtlich ausführlicher kritischer Würdigungen kann auf die Stellungnahmen zum Gesetzentwurf anlässlich der öffentlichen Anhörung vom 25. Mai 2009 verwiesen werden, abrufbar unter http://www.bundestag.de/bundestag/ausschuesse/a07/anhoerungen/2009/131/Stellungnahmen/index.html (25. 3. 2010).

[82] Vgl. *Haarmann/Suttorp*, BB 2009, S. 1276 ff.; Anlage 1 zur Stellungnahme der *Bundessteuerberaterkammer* vom 20. Mai 2009, S. 3 ff.

Wenn zukünftig Staaten und Gebiete als nicht kooperierende Jurisdiktionen eingestuft würden, müssten bspw. deutsche Unternehmen, die dort Waren kaufen, für jeden einzelnen Vertrag eine Dokumentation vorbereiten, um nicht zu riskieren, dass der Abzug von Betriebsausgaben ausgeschlossen wird.[83] Eine Mutterkapitalgesellschaft mit Sitz in einer nicht kooperierenden Jurisdiktion, die Dividenden von einer deutschen Tochtergesellschaft vereinnahmt, müsste, um eine Entlastung von der Kapitalertragsteuer zu erhalten, die Identität aller an ihr mittelbar und unmittelbar mit über 10 % beteiligten natürlichen Personen nachweisen. Es stellt sich die Frage, ob ihr dieser Nachweis gelänge, vor allem für den Fall mehrerer Konzernstufen. In jedem Fall gestaltet sich dieser Nachweis als extrem aufwendig.

Im Ergebnis können infolge der Unsicherheit und hoher Befolgungskosten negative Auswirkungen auf die grenzüberschreitende Geschäftstätigkeit und den Investitionsstandort Deutschland erwartet werden. Diese Problematik wurde aber insofern abgemildert, als durch den internationalen Druck auf Steueroasen die Bereitschaft dieser Staaten zu einem Informationsaustausch in Steuersachen zugenommen hat. In 2009 hat die Bundesrepublik mit zahlreichen Staaten Amtshilfeabkommen in Steuersachen vereinbart,[84] so dass sich die potenziell durch das Steuerhinterziehungsbekämpfungsgesetz betroffenen Staaten und infolgedessen die mit dem Gesetz verbundenen Risiken zunehmend reduzieren.

IV. Handlungsempfehlungen

Die Maßnahmen des Steuerhinterziehungsbekämpfungsgesetzes sind seit dem Veranlagungszeitraum 2010 anzuwenden (§ 6 SteuerHBekV). Da gegenwärtig kein Staat als nicht kooperierende Jurisdiktion benannt worden ist,[85] greifen lediglich zwei Instrumente des Gesetzes: die Aufbewahrungs- und Dokumentationspflichten für Steuerpflichtige mit Überschusseinkünften von über 500.000 € p.a. sowie die Möglichkeit der Außenprüfung ohne besonderen Grund bei diesen Steuerpflichtigen. Zukünftig könnten aber Staaten benannt werden, die die Voraussetzungen des Steuerhinterziehungsbekämpfungsgesetzes erfüllen.[86] Steuerpflichtige mit Geschäftsbeziehungen zu möglicherweise nicht kooperierenden Jurisdiktionen sind daher erhöhten Unsicherheiten ausgesetzt. Es bestehen potenzielle Risiken in Form eines Abzugsverbotes von Betriebsausgaben und einer wirtschaftlichen Doppelbesteuerung durch Nichtanwendung der Abgeltungsteuer, des Teileinkünfteverfahrens und des Schachtelprivilegs sowie einer Nichterstattung gezahlter Quellensteuern.[87]

Der Steuerpflichtige selbst kann nicht beeinflussen, ob ein Staat einen Auskunftsaustausch nach Art. 26 OECD-MA verweigert und infolgedessen zukünftig unter den Anwendungsbereich des Steuerhinterziehungsbekämpfungsgesetzes fällt. Er kann lediglich Vorkehrungen treffen, um die aus dem Gesetz resultierenden Risiken zu vermeiden oder zu minimieren.

---

[83] Sofern die Summe der Entgelte für Lieferungen und Leistungen zu dem Handelspartner in der nicht kooperierenden Jurisdiktion den Betrag von 10.000 € im Wirtschaftsjahr übersteigt (§ 1 Abs. 4 Satz 2 SteuerHBekV).

[84] Vgl. *Seer/Gabert*, StuW 2010, S. 3.

[85] Vgl. BMF-Schreiben vom 5. Januar 2010 a. a. O. (oben Fn. 79).

[86] So hat bspw. Frankreich bereits Anfang 2010 eine Liste mit 18 Steueroasen veröffentlicht, die im Wesentlichen der „Grauen Liste" der OECD entsprechen. Dividenden, Zinsen und Lizenzabgaben, die über eine dieser Steueroasen fließen, werden ab 1. 3. 2010 mit einer Quellensteuer von 50% belastet, das Schachtelprivileg für Dividenden aus Steueroasen ist nicht anwendbar. Vgl. FTD vom 15. 2. 2010, abrufbar unter http://www.ftd.de/politik/europa/:steuerflucht-nicolas-sarkozy-vermiest-geschaefte-in-steueroasen/50074689.html.

[87] Zu einer systematischen Darstellung der Risiken, vgl. *Hardeck*, IWB 2009, F. 3 Gr. 1 S. 787 f.

Hardeck

Aus diesem Grund sollten Unternehmen umgehend prüfen, ob sie in möglicherweise nicht kooperierenden Jurisdiktionen wirtschaftlich aktiv sind.[88] Ist dies der Fall, so sollten mögliche Risikobereiche identifiziert werden (**Risikoerkennung**). Dabei sollte geprüft werden,

- welche Geschäftsaktivitäten zu möglicherweise nicht kooperierenden Jurisdiktionen bestehen,
- welche konzerninternen Gesellschaften in möglicherweise nicht kooperierenden Jurisdiktionen ihren Sitz haben und
- welche Geschäftsbeziehungen zu Finanzinstituten in möglicherweise nicht kooperierenden Jurisdiktionen bestehen.

Anschließend sollte analysiert werden, inwieweit den erforderlichen Mitwirkungs- und Nachweispflichten nachgekommen werden kann. Sofern Geschäftsbeziehungen zu nahe stehenden Personen unterhalten werden, sollten die organisatorischen Voraussetzungen geschaffen werden, um die bereits heute verpflichtenden Dokumentations- und Nachweispflichten gem. § 90 Abs. 3 AO i. V. m. GAufzV bezüglich der Angemessenheit der Geschäftsbeziehungen **zeitnah** erstellen zu können. Gleiches gilt für die Gewinnabgrenzung zwischen Stammhaus und Betriebsstätte. Diese Verpflichtungen werden ferner auf Geschäftsbeziehungen zu nicht nahe stehenden Personen in nicht kooperierenden Jurisdiktionen ausgedehnt, so dass eine diesbezügliche Dokumentation entsprechend § 1 Abs. 4 SteuerHBekV zu initiieren ist und bei der zukünftigen Aufnahme von Geschäftsbeziehungen die notwendigen Informationen zu beschaffen sind. Falls die Muttergesellschaft ihren Sitz in einer nicht kooperierenden Jurisdiktion unterhält, sollte geprüft werden, ob die Namen und die Ansässigkeit aller Anteilseigner, die zu über 10 % an der Muttergesellschaft beteiligt sind, bekannt sind.

Eine **Risikovermeidung** kann dadurch erreicht werden, dass neue Standortentscheidungen und Geschäftsbeziehungen von der Voraussetzung eines bestehenden Informationsaustausches entsprechend Art. 26 OECD-MA i. d. F. von 2005 abhängig gemacht und bestehende Geschäftsbeziehungen zu möglicherweise nicht kooperierenden Jurisdiktionen beendet werden. Eine Strategie der **Risikominimierung** kann hingegen darin bestehen, frühzeitig mit den oben dargestellten Vorbereitungen in Form einer Beschaffung notwendiger Informationen und eines Dokumentationsaufbaus der Geschäftsbeziehungen zu beginnen.

Steuerpflichtige, die Konten bei Finanzinstituten in potenziellen Steueroasen unterhalten oder Überschusseinkünfte von über 500.000 € erzielen, sollten ihre diesbezüglichen Aufzeichnungen und Unterlagen mit steuerlicher Relevanz sorgfältig aufbewahren.

E. Ausblick

Die beiden vorgestellten Maßnahmen zur Bekämpfung von aggressiver Steuerplanung und Steuerhinterziehung dienen der Sicherung des nationalen Steueraufkommens. Kritisch zu betrachten ist, dass der Gesetzgeber die Probleme in der internationalen Zusammenarbeit der Staaten bei Fragen der Besteuerung auf dem Rücken aller Steuerpflichtigen austrägt. Beide Maßnahmen verursachen eine Erhöhung der steuerlichen Risiken und der Befolgungskosten.

Eine Zusammenarbeit auf internationaler Ebene, wie bspw. die Arbeit der **OECD** zur Bekämpfung von Steueroasen und aggressiven Steuerplanungsmodellen, ist zu begrüßen. Auch die Verbesserung des grenzüberschreitenden Informationsaustausches im Rechtsraum der EU

---

[88] Siehe Abschnitt D.II.2.

durch eine Änderung der bestehenden **EG-Amtshilferichtlinie**[89] ist ein positives Signal. In der Praxis gestaltet sich ein Amtshilfeersuchen aktuell als äußerst schwierig, weil u. a. einheitliche verbindliche Vorgaben und technische Einrichtungen zur elektronischen Informationsübermittlung fehlen. Diese Mängel sollen durch einen Vorschlag der EU-Kommission behoben werden, indem feste Regelungen, Formulare und Informationskanäle geschaffen werden.[90] Diese Maßnahmen können zu einer langfristig akzeptablen Lösung für grenzüberschreitend tätige Unternehmen innerhalb der EU führen, denn sie machen nationale Abwehrmaßnahmen mit ihren negativen Konsequenzen für grenzüberschreitend tätige Unternehmen entbehrlich.

Bis dahin müssen sich die Unternehmen auf erhöhte Risiken bei der grenzüberschreitenden Steuerplanung infolge einer Verschärfung der Defensivgesetzgebung einstellen und entsprechende Vorkehrungen treffen.

---

[89] Die Richtlinie 77/799/EWG des Rates vom 19. Dezember 1977 soll durch den Vorschlag für eine Richtlinie des Rates über die Zusammenarbeit der Verwaltungsbehörden im Bereich der Besteuerung, KOM (2009) 29 endg., geändert werden.

[90] Vgl. *Brocke/Tippelhofer*, IWB 2009, F. 11 Gr. 2 S. 954.

B. Konzernstrukturpolitik

1. Wahl der Sitzstaaten von Konzerngesellschaften als steuerliches Entscheidungsproblem

von Dr. Diether Laudan, Rechtsanwalt, Steuerberater, Weinheim

Inhaltsübersicht

A. Einleitung
B. Wahl des Sitzstaates für eine Holdinggesellschaft
  I. Deutschland als Sitzstaat der Holdinggesellschaft
  II. Holdinggesellschaft mit Sitz im Ausland
III. Übertragung betrieblicher Funktionen auf eine Auslandsgesellschaft zur Minderung der Konzernsteuerbelastung
IV. Zusammenfassung

Literatur:

Bader, Steuergestaltung mit Holdinggesellschaften, 2. Aufl. Herne; **Beilstein,** Holding-, Domizil-, Hilfs- und Verwaltungsgesellschaften in der Schweiz, IWB F. 5 Schweiz Gr. S., 447; **Bianchi,** Holdinggesellschaften und ähnliche steuerbegünstigte Gesellschaften in der Schweiz, DB 1961, 820; **Blumers/Schmidt,** Die neuen Tauschgrundsätze und ihre subsidiäre Geltung, DB 1998, 392; **Bremer,** Der Holdingstandort Bundesrepublik Deutschland, Frankfurt/M. 1996; **Borstell,** Coordination Centres in Belgien, IWB F. 5 Gr. 2 S. 169; **Breuninger,** Holdinggesellschaften: Organisation – Recht – Steuern, JbFfSt 1992/93, S. 261; **Devereux,** The Impact of Taxation on International Business: Evidence from the Ruding Commitee Survey, EC Tax Review 1992, 105; **Dötsch/Pung,** Steuerentlastungsgesetz 1999/2000/2002: Änderungen des KStG, DB 1999, 867; **Eilers/Schmidt,** Der Holdingstandort Deutschland nach der Steuerreform, FR 2001, 8; **Fischer/Kleineidam/Warneke,** Internationale Betriebswirtschaftliche Steuerlehre, 5. Aufl. 2005 Berlin; **Förster,** Steuerfreie Veräußerung von Auslandsbeteiligungen nach § 8b KStG, DB 1994, 385; **Gocke/Baumhoff,** Steuerliche Überlegungen bei der Gründung einer Holdinggesellschaft im Ausland, IWB F. 3 Deutschland Gr. 1 S. 1233; **Greif,** in: W. Haarmann (Hrsg) Unternehmensstrukturen und Rechtsformen im Internationalen Steuerrecht, Köln 1996; **Grotherr,** Begünstigende und steuerverschärfende Änderungen im UmwStG durch das Standortsicherungsgesetz, DB 1993, 807; **ders.,** Besteuerungsfragen und -probleme bei der Einschaltung inländischer Holdinggesellschaften im grenzüberschreitenden Konzern, BB 1995, 1510 (Teil I), 1561 (Teil II); **Gundel,** Finanzierungsgestaltungen über das Ausland, IStR 1994, 211, 263; **Günkel,** Standortauswahl unter europäischen Staaten, in: Bericht über die Steuerfachtagung 1993 des IdW, Düsseldorf 1994, S. 39; **Haarmann,** Die Holding in Zivil-, Gesellschafts-, Bilanz- und Steuerrecht, JbFfSt 1989/90, S. 425; **Herzig/Förster,** Steueränderungsgesetz 1992: Die Umsetzung der Fusionsrichtlinien in deutsches Steuerrecht, DB 1992, 911, 959; **Jakobs,** Internationale Unternehmensbesteuerung, 6. Aufl. München 2008; **Jonas,** Steuerliche Vorteilhaftigkeit einer niederländischen Finanzierungsgesellschaft, RIW 1987, 289; **Kaiser,** Zur Anerkennung funktionsschwacher Gesellschaften im deutschen Steuerrecht – Directive Shopping in Luxemburg, IStR 2009, 121; **Kessler,** Die EURO-Holding, München 1996; **ders.,** Standortvorteile britischer Holdinggesellschaften bei der Weiterausschüttung "steuerfreier" Auslandserträge nach dem neuen FID-Scheme, IStR 1994, 530; **ders.,** Holdingstandort Luxemburg, IStR 1995, 11; **Kessler/Kröner/Köhler,** Konzernsteuerrecht, 2. Aufl. 2008 München; **Knobbe-Keuk,** Die Regelung des Anteilstausches in § 20 Abs. 6 UmwStG und die Fusionsrichtlinie, DStZ 1992, 675 ff.; **Köhler,** Entwurf eines Gesetzes zur Änderung des Außensteuergesetzes und anderer Gesetze (AStÄG), DB 1998, 489; **Körner,** Auf- und Umbau von Holdingstrukturen, IStR 2009, 1; **Köster,** Captives im Spannungsfeld von Rechtsprechung, Verwaltungsansicht und Versicherungsbilanzrichtlinie-Gesetz vom 24. 6. 1994, DB 1994, 2312; **Kollruss,** Steueroptimale Gewinnrepatriierung unter der verschärften Anti-Treaty-Shopping-Regelung des § 50d Abs. 3 i. d. F. JStG 2007 unter Berücksichtigung der Zinsschranke, IStR 2007, 870; **Kraft,** Auslegungs- und Anwendungsprobleme der speziellen Missbrauchsklausel des § 50d Abs. 1a EStG zur Verhinderung von "Treaty Shopping" bzw. "Directive Shopping", IStR 1994, 370; **Krawitz/Büttgen,** Auswirkungen der Unternehmenssteuerreform auf den Holdingstandort Deutschland aus der Sicht eines ausländischen Investors am Beispiel Großbritannien, IStR 2001, 626 ff., 658 ff.; **Krebs,** Holdinggesellschaften: Organisation – Recht – Steuern, JbFfSt 1992/93, S. 261; **Küssel,** Missbräuchliche Inanspruchnahme von Doppelbesteuerungsabkommen, RIW 1998, 217; **Littich,** Österreich als Domizilstaat internationaler Holdinggesellschaften, RIW 1989, 199; **Lüdicke, Jürgen,** Überlegungen zur deutschen DBA-Politik, Baden-Baden 2008; **Lutter (Hrsg.),** Holding-Handbuch, 4. Aufl. Köln; **Luttermann,** Die Rechtsprechung des Bundesfinanzhofs zur Anerkennung von Basisunternehmen im Internationalen Steuerrecht, IStR 1993, 153; **Merthan,** Die An-

wendung von § 42 AO bei Missbrauch von DBA, RIW 1992, 927; **Mössner,** *Steuerrecht international tätiger Unternehmen, 3. Aufl. Köln 2005;* **Piltz,** *Doppelbesteuerungsabkommen und Steuerumgehung unter besonderer Berücksichtigung des treaty-shopping, BB 1987 Beil. 14;* **ders.,** *Wirtschaftliche oder sonst beachtliche Gründe in § 50d Abs. 3 EStG;* **Reuter,** *Doppelbesteuerung und Steuervermeidung bei grenzüberschreitender Betätigung - Betriebsstätten, Holdinggesellschaften, Finanzierungsgesellschaften, Dienstleistungszentren, IStR 1993, 512;* **Rödder,** *Die Besteuerung von Auslandsholdings nach dem AStG, DStR 2001, 1106;* **Rolf,** *Europarechtswidrigkeit der Besteuerung von Funktionsverlagerungen gemäß § 1 Abs. 3 AStG;* **Ritter,** *Steuerliche Perspektiven für den Standort Deutschland, BB 1994, 82;* **Schaumburg,** *Internationales Steuerrecht, 2. Aufl. Köln 1997;* **Schaumburg/Piltz,** *Holdinggesellschaften im Internationalen Steuerrecht (Hrsg.) Köln 2002;* **Schmid/Wiese,** *Mittelbare Besteuerung steuerfreier Auslandsdividenden, BB 1999, 878;* **Schmitt/Hörtnagl/Stratz,** *Kommentar zum UmwG UmwStG, 5.Aufl. München 2009;* **Schneider,** *Hochsteuerland Bundesrepublik Deutschland nach dem Standortsicherungsgesetz, StuW 1994, 121;* **Schulze zur Wiesche,** *Die Personengesellschaft als Holdinggesellschaft, DB 1988, 252;* **Seip/Krause,** *Unerwartete Verbesserung bei refinanziertem Erwerb von Auslandsgesellschaften durch § 8b Abs. 7 KStG i. d. F. des Steuerentlastungsgesetzes 1999/2000/2002, BB 1999, 713 ff.;* **Selling,** *Ausländische Holding-, Vermögens- und Dienstleistungsgesellschaften im Lichte des § 42 AO, RIW 1991, 235;* **ders.,** *Die Abschirmwirkung ausländischer Basisgesellschaften gegenüber dem deutschen Fiskus, DB 1988, 930;* **Sieker,** *Geschäftsleitende Holding als Ausweg aus dem Dilemma des § 50d Abs. 1a EStG, IStR 1996, 57;* **Simon,** *Holdinggesellschaften: Organisation – Recht – Steuern, JbFfSt 1992/93, S. 261;* **Thömmes,** *Buchwertverknüpfung über die Grenze?, IWB F. 3 Deutschland Gr. 1 S. 1327;* **ders.,** *Betriebsausgabenabzug bei Schachteldividenden, Steuerliche Jahresarbeitstagung der Arbeitsgemeinschaft der Fachanwälte für Steuerrecht, 1999;* **ders.,** *Unvereinbarkeit des neuen § 8b Abs. 7 KStG mit der EG-Mutter-/Tochterrichtlinie, DB 1999, 500;* **Vogel/Lehner,** *DBA, 5.Aufl. München 2008;* **Wagner,** *Steuerliche Vorteile einer Finanzierungsgesellschaft in den Niederlanden, StBP 1988, 55;* **Zeitler,** *Anwendung des Tauschgutachtens bei grenzüberschreitenden Holding-Konstruktionen, NWB F. 3 S. 7351;* **Zöchling,** *Österreich als Domizil für Holdinggesellschaften, IWB F. 5 Österreich Gr. 2 S. 257.*

A. Einleitung

Die Ruding-Kommission hat bereits im Jahre 1991 in allen Ländern der EG und in den (damaligen) EFTA-Ländern Österreich, Finnland, Irland, Schweden und der Schweiz einer repräsentativen Anzahl von Unternehmern die Frage vorgelegt, ob auch nationale Besteuerungsunterschiede für ihre Investitionsentscheidungen erheblich seien. Wie nicht anders zu erwarten, bejahten alle Unternehmer die Relevanz von Besteuerungsunterschieden für ihre Entscheidungen. Es verwundert auch nicht, dass die Befragten die Bedeutung der Steuern für ihre Entscheidung von der Art ihrer Investition abhängig machten ('relevant consideration' bis 'major factor'); denn es leuchtet ein, dass Besteuerungsunterschiede für die Entscheidung über die Errichtung einer Vertriebsgesellschaft zwar sehr wichtig, aber kaum dominant sind, da insoweit nahezu ausschließlich die Verhältnisse des konkreten Marktes maßgeblich sind, während die steuerlichen Rahmenbedingungen eines Investitions- oder Sitzlandes für die Errichtung etwa einer Holding- oder Finanzierungsgesellschaft von entscheidender Bedeutung sind.

Interessant ist im Übrigen, dass die befragten Unternehmen bei ihrer Beurteilung nicht so sehr die Höhe der effektiven Steuerbelastung, sondern vorrangig die Höhe des Steuersatzes für einbehaltene Gewinne berücksichtigen.[1]

Die nahe liegende und durch die Befragung der Ruding-Kommission belegte Erkenntnis, dass die Bedeutung der Steuern für unternehmerische Entscheidungen in hohem Maße von der *Standortflexibilität*[2] der Unternehmen oder einzelner betrieblicher Funktionen der Unternehmen abhängt, grenzt nicht nur das Thema dieses Beitrags ein, sondern bestimmt auch dessen Gliederung. Da diese für eine (maßgeblich) steuerorientierte Entscheidung erforderliche Standortflexi-

---

[1] Vgl. *Devereux,* EC Tax Review 1992, S. 110.

[2] *Kessler* in: Kessler/Kröner/Köhler, Konzernsteuerrecht, Teil III § 8 Rn. 135 spricht in diesem Zusammenhang von Standortelastizität.

bilität nur im Bereich des Holding und bestimmter betrieblicher Funktionen (etwa bei den Finanzdienstleistungen oder im sonstigen Dienstleistungsbereich) gegeben ist, wird der Einfluss der steuerlichen Rahmenbedingungen als maßgebliches Entscheidungskriterium für die Wahl eines Sitzstaates von Konzerngesellschaften nur in diesen Bereichen dargestellt.

Im Übrigen wird mit Rücksicht auf den vorgegebenen Umfang dieses Beitrages davon ausgegangen, dass die *Spitzeneinheit* des Konzerns ihren Sitz in Deutschland hat. Aus dem gleichen Grunde werden die steuerlichen Rahmenbedingungen konkreter Holdingstandorte nicht dargestellt; insoweit wird auf die z. T. sehr ausführlichen Darstellungen in der einschlägigen Literatur verwiesen.[3]

Steuermotivierte Entscheidungen für einen ausländischen Standort sind zugleich Entscheidungen gegen den eigenen (deutschen) Standort. Der damit verbundene Verlust von Steueraufkommen führt deshalb regelmäßig zu Reaktionen des deutschen Gesetzgebers, die alle darauf gerichtet sind, diesen Verlust abzuschwächen oder gar nicht eintreten zu lassen.[4] Als ein aus Sicht der Wirtschaft ungutes Beispiel bleibt der vom Land Baden-Württemberg eingebrachte ‚Entwurf eines Gesetzes zur Änderung des Außensteuergesetzes und anderer Gesetze (AStÄG)'[5] in Erinnerung, der im Kern vorsah, bei passiven Tätigkeiten ausländischer Kapitalgesellschaften die Doppelbesteuerung ausgeschütteter Gewinne nicht mehr durch die Freistellungs-, sondern durch die Anrechnungsmethode abzumildern.[6] Da § 8b KStG in der Fassung des Steuersenkungsgesetzes vom 23. 10. 2000 den Bezug von Gewinnen in Form von Dividenden (und Veräußerungsgewinnen) einer ausländischen Kapitalgesellschaft durch einen in Deutschland ansässigen körperschaftsteuerpflichtigen Gesellschafter von Steuer freistellt, würde allerdings die Wiederaufnahme von Überlegungen, eine Doppelbesteuerung lediglich durch eine Anrechnung der im Ausland entrichteten Steuer abzumildern, zwischenzeitlich der in § 8b KStG getroffenen Grundsatzentscheidung des Gesetzgebers zuwiderlaufen.[7]

Wegen dieses offenkundigen Zusammenhangs zwischen standortflexiblen Entscheidungen im Holding- und Dienstleistungsbereich einerseits und gesetzgeberischen Abwehrmaßnahmen andererseits werden in diesem Beitrag jeweils auch die Abwehrmaßnahmen des (deutschen) Wohnsitzstaates gegen steuerorientierte Investitionsentscheidungen seiner steuerpflichtigen Unternehmen angesprochen.

B. Wahl des Sitzstaates für eine Holdinggesellschaft

Als Holdinggesellschaft wird nachfolgend (in starker Verengung des Holdingbegriffs[8]) ein Unternehmen in der Rechtsform der Kapitalgesellschaft verstanden, das eine oder mehrere ausländische Beteiligungsgesellschaften hält und sich auf das Halten dieser Gesellschaften be-

---

[3] Vgl. bspw. 199; *Kessler*, Die Euro-Holding, S. 101 ff.; *Eilers/Schmidt*, FR 2002, 8; *Jakobs*, Internationale Unternehmensbesteuerung, S. 995 ff.; Status:Recht 07-08/2008; *Günkel*, Standortwahl, IDW-Tagung, S. 40 ff., und *Rosenbach* in: Lutter, Holdinghandbuch, S. 101 ff.

[4] Hingewiesen sei in diesem Zusammenhang nur auf das AStG, das eine Hinzurechnung passiver, niedrig besteuerten Erträge einer ausländischen (Zwischen-)Gesellschaft bei deren inländischen Gesellschaftern vorsieht.

[5] Zur Reichweite und Kritik des AStÄG vgl. bspw. *Köhler*, DB 1998, 493.

[6] Der AStÄG-Entwurf wurde allerdings zurückgezogen; es ist jedoch nicht auszuschließen, dass die Freistellungsmethode künftig nicht nur bei funktionsschwachen Auslandssachverhalten mehr und mehr eingeschränkt oder aufgehoben wird.

[7] Vgl. *Lüdicke*, Überlegungen zur deutschen DBA-Politik, S. 65.

[8] Zur Spannweite dieses Begriffs *Lutter*, in: Lutter (Hrsg.), Holding-Handbuch, S. 8.

schränkt. Vernachlässigt wird damit, dass der Holdingbegriff grundsätzlich rechtsformneutral ist. Die Beschränkung auf die Rechtsform der Kapitalgesellschaft berücksichtigt, dass Holdinggesellschaften steuerlich regelmäßig (auch) der Vermeidung der Doppelbesteuerung von Dividenden dienen und diese Vorgabe die Rechtsform der Kapitalgesellschaft festlegt, da die Schachtelprivilegien für Beteiligungserträge nach Abkommensrecht oder nach den nationalrechtlichen Regelungen wohl aller Staaten ausschließlich Kapitalgesellschaften (bzw. steuerlich als Kapitalgesellschaften behandelten Personengesellschaften) offen stehen.

Vernachlässigt wird zunächst auch, dass Holdinggesellschaften über das Halten und Verwalten ihrer Beteiligungen hinaus häufig weitere Aufgaben übernehmen (etwa die geschäftsleitende Führung ihrer Beteiligungen und/oder deren Finanzierung).

I. Deutschland als Sitzstaat der Holdinggesellschaft

In der mittelständischen Industrie, die sich zwangsläufig bereits seit einigen Jahrzehnten in erheblichem Umfang auch auf ausländischen Märkten engagiert, ist die Spitzeneinheit sehr häufig eine **Personengesellschaft** in der Rechtsform der GmbH & Co. KG, während die ausländischen Beteiligungsgesellschaften in der Regel Kapitalgesellschaften sind.[9]

Ausschüttungen der Auslandsgesellschaften unterliegen deshalb auf der Ebene der Personengesellschaft bzw. von deren Gesellschaftern (soweit es sich bei diesen nicht um Kapitalgesellschaften handelt) der Besteuerung; die damit verbundene doppelte Besteuerung der im Ausland erwirtschafteten Gewinne führte vor Einführung des Halbeinkünfteverfahrens durch das Steuersenkungsgesetz v. 23. 10. 2000 (SteuerSenkG) im Ergebnis zu einer so hohen steuerlichen Gesamtbelastung der im Ausland erwirtschafteten Erträge, dass sich Ausschüttungen an bzw. bis zur Spitzeneinheit, da wirtschaftlich unvernünftig, in aller Regel verboten.[10] Da eine Umwandlung der ausländischen Kapitalgesellschaft in eine Personengesellschaft (deren – positive – Ergebnisse in Abkommensländern nach dem Betriebsstättenprinzip in nahezu allen Fällen ausschließlich in diesen Ländern besteuert und im Inland unter Progressionsvorbehalt von Steuer freigestellt werden) regelmäßig zu einer Aufdeckung von stillen Reserven sowohl im Ausland als auch im Inland führt[11] und sich deshalb grundsätzlich verbietet, wird häufig zur Vermeidung einer doppelten Besteuerung repatriierter Auslandsgewinne zwischen die Spitzeneinheit in der Rechtsform der Personengesellschaft und die Auslandsgesellschaften eine inländische Kapitalgesellschaft als Holdinggesellschaft geschoben. Auf diese Weise können nämlich Gewinnausschüttungen der ausländischen Kapitalgesellschaften von dieser Zwischenholding ohne steuerliche Zusatzbelastungen entweder reinvestiert oder den Auslands- und/oder anderen Konzerngesellschaften als Darlehen zur Verfügung gestellt werden. Die Zwischenschaltung der inländischen Kapitalgesellschaft durch Einbringen der ausländischen Gesellschaftsanteile in diese ist nach § 21 Abs. 1 Satz 2 UmwStG i. d. F. des SEStEG in steuerneutraler Weise möglich, "wenn die übernehmende Kapitalgesellschaft nach der Einbringung auf Grund ihrer Beteiligung einschließlich der eingebrachten Anteile nachweisbar unmittelbar die Mehrheit der Stimmrechte an der erworbenen Gesellschaft hat (qualifizierten Anteilstausch)"; zivilrechtlich kann die Einbringung im Wege der Sachkapitalerhöhung – und damit im Wege der Einzelrechtsnachfolge –

---

[9] Vgl. bspw. *Greif in:* Mössner, Steuerrecht international tätiger Unternehmen, S. 649.

[10] *Greif* in: W. Haarmann (Hrsg), Unternehmensstrukturen und Rechtsformen im Internationalen Steuerrecht, S. 89

[11] Vgl. insoweit *Greif*, IStR 1998, 65.

oder durch eine Ausgliederung i. S. d. des § 123 Abs. 3 UmwG – und damit im Wege der Gesamtrechtsnachfolge – erfolgen.[12]

Da Ausschüttungen der inländischen Zwischenholding an die Spitzeneinheit (in der Rechtsform der Personengesellschaft) für diese bzw. deren Gesellschafter (soweit es sich bei diesen nicht um Kapitalgesellschaften handelt) steuerpflichtig sind, kann daran gedacht werden, die ausländischen Kapitalgesellschaften gegen Gewährung von Gesellschaftsrechten in nur geringem Umfang und im Übrigen gegen Gewährung eines Darlehens (aus Sicht der Zwischenholding: Verbindlichkeit) einzubringen; nach allgemeiner Auffassung[13] genügt nämlich eine noch so geringfügige, aus neuen Anteilen bestehende Beteiligung als Gegenleistung für die Sacheinlage. Aus dem Ausland repatriierte Gewinne können auf diese Weise der Spitzeneinheit durch eine steuerneutrale Tilgung der Darlehensverbindlichkeit als eigene Mittel verfügbar gemacht werden. Diese Gestaltung macht allerdings nur Sinn, falls die ursprünglichen Anschaffungskosten für die eingebrachten Anteile an der ausländischen Kapitalgesellschaft hoch waren und damit eine entsprechend hohe Darlehensforderung für die einbringende Personengesellschaft gebildet werden kann. Die (im Vergleich zur bisher maßgeblichen Vorschrift des § 20 UmwStG a. F.) neue Regelung in § 21 Abs. 1 Satz 3 UmwStG ist in diesem Zusammenhang nicht störend; diese sieht zwar vor, dass die übernehmende Gesellschaft in den Fällen, in denen der Einbringende neben den neuen Gesellschaftsanteilen auch andere Wirtschaftsgüter erhält, deren gemeiner Wert den Buchwert der eingebrachten Anteile übersteigt, die eingebrachten Anteile mindestens mit dem gemeinen Wert der anderen Wirtschaftsgüter anzusetzen hat. Da der gemeine Wert der gewährten Darlehensforderung aber mit deren Nominalbetrag übereinstimmt, kann die übernehmende Gesellschaft dem Einbringenden eine Gesellschafterforderung mit einem Nennbetrag in Höhe des Buchwerts der eingebrachten Beteiligung gewähren, ohne dass die Steuerneutralität des Anteilstauschs gefährdet wird. Die zusätzliche Möglichkeit, das Darlehen zinsfrei zu stellen, wurde bereits durch die Einführung des § 6 Abs. 1 Nr. 3 EStG durch das Steuerentlastungsgesetz 1999/2000/2002 v. 24. 3. 1999 eingeschränkt, da nach dieser Vorschrift zinslose Darlehensverbindlichkeiten, deren Laufzeiten am Bilanzstichtag mehr als zwölf Monate betragen, mit einem Zinssatz von 5,5 Prozent *abzuzinsen* sind. Nach Auffassung der Verwaltung ist allerdings von einer Verzinslichkeit schon dann auszugehen, wenn ein Zinssatz von mehr null Prozent vereinbart ist. Während nach dem BMF-Schreiben vom 23. 8. 1999[14] die Vereinbarung eines Zinssatzes nahe null Prozent *im Einzelfall* als rechtsmissbräuchliche Gestaltung i. S. von § 42 AO zu beurteilen sein kann, sieht das BMF-Schreiben vom 26. 5. 2005[15] diese Einschränkung nicht mehr vor. Die zinslose oder nur marginal verzinsliche Darlehensgewährung ist steuerlich zulässig, da der von einem Gesellschafter einer Kapitalgesellschaft gewährte Vorteil, ein Darlehen zinslos (oder zinsgünstig) nutzen zu können, steuerrechtlich kein einlagefähiges Wirtschaftsgut ist,[16] und im Übrigen sinnvoll, da die Holdinggesellschaft regelmäßig ausschließlich steuerfreie Beteiligungserträge hat und Zinsaufwendungen deshalb nicht steuerwirksam machen kann, während der Gesellschafter auf seine Zinserträge Steuern bezahlen muss.

---

[12] *Körner*, IStR 2009, 1 m. w. N.
[13] *Schmitt in*: in Schmitt/Hörtnagl/Stratz, UmwG UmwStG, § 21 UmwStG, Rn. 28 m. w. N.
[14] DB 1999, 1730
[15] BStBl. 2005 I, 699
[16] Vgl. Beschluss des BFH v. 26. 10. 1987 GrS 2/86 (BStBl 1998 II 348).

Laudan

Da die Zwischenholding typischerweise lediglich nach § 8b Abs. 1 KStG steuerfreie ausländische Beteiligungserträge hat, entstehen bei einer verzinslichen Darlehensgewährung durch die Zinszahlungen steuerliche Verluste, die vorgetragen werden müssen und nur *zum Teil* mit späteren ausländischen Gewinnanteilen verrechnet werden können; weil nach § 8b Abs. 5 KStG i. d. F. des UntStFG 5 Prozent dieser Beteiligungserträge als Ausgaben gelten, die von der Holdinggesellschaft nicht als Betriebsausgaben abgezogen werden dürfen, ist damit eine Verlustnutzung i. H. v. 5 Prozent der ausländischen Gewinnanteile möglich. Auf den ersten Blick könnte fraglich sein, ob die Vorschrift des § 8b Abs. 5 KStG auch in den Fällen zur Anwendung kommt, in denen die ausländischen Gewinnanteile nach einem DBA steuerfrei sind. Da die Vorschriften einschlägiger Abkommen unverändert geltendes Recht bleiben[17], könnte nämlich die Auffassung vertreten werden, dass die Vorschrift des § 8b Abs. 5 KStG in diesen Fällen nicht zu beachten ist. Eine solche Auffassung übersähe jedoch, dass § 8b Abs. 5 KStG tatbestandlich lediglich an die Bezüge i. S. des § 8b Abs. 1 KStG und damit an Bezüge i. S. des § 20 Abs. 1 Nr. 1, 2, 9 und 10 Buchst. a EStG anknüpft (und nicht etwa auf das Vorliegen von nach § 8b Abs. 1 KStG steuerfreien Dividenden abstellt).

Da eine Organgesellschaft und ihr Organträger unbeschadet der Abführungsverpflichtung zivil- und steuerrechtlich unterschiedliche Rechtsträger sind, die ihr jeweiliges Einkommen selbständig ermitteln, ergibt sich damit ohne eine weitere (dies verhindernde) gesetzliche Regelung die Möglichkeit, ausländische Gewinne über den Abschluss eines Ergebnisabführungsvertrages zwischen der Spitzeneinheit (in der Rechtsform der Personengesellschaft) und der inländischen Holdinggesellschaft steuerfrei bis auf die Ebene des Organträgers zu transferieren.

Um zu verhindern, dass über die organschaftliche Zurechnung des Einkommens einer Organgesellschaft steuerliche Vergünstigungen, die nur Kapitalgesellschaften zustehen, auch Steuerpflichtigen anderer Rechtsformen zukommen, war in § 15 Nr. 2 Satz 1 KStG 1999 u. a. vorgesehen, dass die Vorschriften eines DBA, nach denen Gewinnanteile aus der Beteiligung an einer ausländischen Gesellschaft außer Ansatz bleiben, nur anzuwenden sind, falls auch der Organträger selbst zu den durch diese Vorschriften begünstigten Personen gehört. Konkret führte diese Bestimmung dazu, dass Gewinnausschüttungen ausländischer Beteiligungsgesellschaften, die für eine Organgesellschaft ohne Bestehen einer Organschaft nach einem DBA steuerfrei wären, für einen Organträger in der Rechtsform der Personengesellschaft (ohne körperschaftsteuerpflichtige Gesellschafter) bei Bestehen einer Organschaft in vollem Umfang steuerpflichtig waren. Die Gesetzesentwürfe der Bundesregierung zum UntStFG v. 17. 8. und 10. 9. 2001 sahen zunächst vor, die Vorschrift des § 15 Nr. 2 Satz 1 KStG 1999 lediglich in der Weise zu ändern, dass § 8b Abs. 1 und 2 KStG nur anzuwenden sind, falls auch der Organträger zu den durch diese Vorschriften begünstigten Steuerpflichtigen gehört (und folgten im übrigen systematisch der bisherigen Regelung).

§ 15 Nr. 2 Satz 1 i. d. F. des UntStFG vom 20. 12. 2001 bestimmte jedoch lediglich, dass § 8b Abs. 1 bis 6 KStG nicht bei der Organgesellschaft, sondern erst bei der Ermittlung des Einkommens des Organträgers anzuwenden sind (sog. Bruttomethode), ohne auch die nach einem Abkommen steuerbefreiten ausländischen Schachteldividenden einzubeziehen.

Diese Regelung führte damit dazu, dass Gewinnausschüttungen ausländischer Beteiligungsgesellschaften, die ihren Sitz in einem Staat haben, mit dem die Bundesrepublik ein DBA mit einer Freistellung für Schachteldividenden abgeschlossen hat, für Organgesellschaften steuerfrei sind und dieses *nach Abkommensrecht* steuerfreie Einkommen dem Organträger zugerechnet wird.

---

[17] Vgl. *Dötsch/Pung* in: Dötsch/Jost/Pung/Witt, Komm. z. KStG/EStG, § 8b KStG Tz. 10.

Folge dieser gesetzlichen Regelung ist, dass ausländische Beteiligungserträge auch dann steuerfrei bleiben, wenn der Organträger keine Kapital-, sondern eine Personengesellschaft ist (die als solche ein DBA-Schachtelprivileg nicht geltend machen kann).[18] Als sich diese Konsequenz für den Gesetzgeber auf Grund von Äußerungen in der Fachliteratur abzeichnete, hat dieser die Vorschrift des § 15 KStG durch das StVergAbG vom 16. 5. 2003 neu gefasst und nunmehr ausdrücklich bestimmt, dass die Vorschriften eines Doppelbesteuerungsabkommens, nach denen Gewinnanteile aus der Beteiligung an einer ausländischen Gesellschaft außer Ansatz bleiben, nur anzuwenden sind, wenn auch der Organträger zu den durch diese Vorschriften begünstigten Steuerpflichtigen gehört. Diese Regelungsergänzung hat nach der Entscheidung des BFH vom 14. 1. 2009 (s. Fußnote 18) *rechtbegründende* Wirkung. Da die Vorschrift des § 15 KStG i. d. F. des StVergAbG erst für Veranlagungsjahre ab 2003 Anwendung findet (vgl. § 34 Abs. 1 KStG i. d. F. UntStFG), hat das Urteil des BFH vom 14. 1. 2009 damit lediglich für das Veranlagungsjahr 2002 Bedeutung.

Reinvestiert die zwischengeschaltete Holdinggesellschaft die repatriierten Gewinne in der Weise, dass sie diese inländischen und/oder ausländischen Konzerngesellschaften *darlehensweise* zur Verfügung stellt, sind die Zinserträge mit der hohen deutschen Steuer belastet. Überlegungen, aus diesem Grunde die Zwischenholding nicht in Deutschland, sondern in einem ausländischen Staat mit einer deutlich niedrigeren Steuer auf Zinsen zu errichten, haben auch zu berücksichtigen, dass die Errichtung einer ausländischen Holdinggesellschaft nicht unerhebliche Mittel bindet, da eine Auslandsgesellschaft nur bei einer entsprechenden sachlichen und personellen Ausstattung von den deutschen Finanzbehörden i. S. der angestrebten Abschirmwirkung anerkannt wird, und eine solche Ausstattung entsprechend teuer ist.

Vor Änderung des AStG durch das UntStFG war in diesem Zusammenhang auch zu beachten, dass Gewinnausschüttungen an die ausländische Zwischenholding für diese in aller Regel nach Abkommensrecht oder nach dem nationalen Recht des Sitzstaates steuerfrei und damit i. S. des AStG niedrig besteuert waren. Da Dividenden (abgesehen von den Fällen, in denen die ausländische Holdinggesellschaft eine Landesholding i. S. des § 8 Abs. 2 AStG a. F. war) schädliche Einkünfte i. S. des AStG waren, wurden die Dividendenerträge der ausländischen Holdinggesellschaft damit der inländischen Spitzeneinheit in der Rechtsform der Personengesellschaft nach § 7 Abs. 1 AStG steuerlich hinzugerechnet. Dies konnte nur dadurch vermieden werden, dass zwischen die Spitzeneinheit (in der Rechtsform der Personengesellschaft) und die ausländische Holdinggesellschaft eine inländische Holding geschoben wurde, da nach § 10 Abs. 5 AStG a. F. auf den Hinzurechnungsbetrag die Bestimmungen der DBA so anzuwenden sind, als ob der Hinzurechnungsbetrag tatsächlich ausgeschüttet worden wäre. In allen Fällen, in denen das mit dem Sitzstaat der ausländischen Holdinggesellschaft abgeschlossene Abkommen keine Aktivitätsklausel enthält, konnte damit durch Schaffung einer ‚Doppelholdingstruktur' eine Hinzurechnung der Dividendenerträge der ausländischen Holdinggesellschaft vermieden werden.

Da Gewinnausschüttungen von Kapitalgesellschaften nach § 8 Abs. 1 Nr. 8 AStG i. d. F. des UntStFG nunmehr zu den *aktiven* Einkünften der Auslandsgesellschaft gehören, entfällt damit die Notwendigkeit, zur Vermeidung einer Hinzurechnungsbesteuerung eine weitere (inländische) Holdinggesellschaft zwischen die inländische Spitzeneinheit in der Rechtsform der Personengesellschaft und die ausländische Holdinggesellschaft zu schieben.

Ist die inländische Spitzeneinheit eine *Kapitalgesellschaft*, bringt die Zwischenschaltung einer Holdinggesellschaft mit Sitz im Inland keine steuerlichen Vorteile mit sich, da ausländische

---

[18] Vgl. BFH-Urteil vom 14. 1. 2009 I R 47/08, DStRE 2009, 489.

Beteiligungserträge gem. § 8 Abs. 1 und 2 KStG steuerfrei und etwaige Refinanzierungszinsen in vollem Umfang steuerlich abzugsfähig sind; es ergibt sich vielmehr eine steuerliche Mehrbelastung, da die Regelung des § 8b Abs. 5 KStG, nach der 5 Prozent der Dividenden als Ausgaben gelten, die nicht als Betriebsausgaben abgezogen werden dürfen, auf einer weiteren Ebene zur Anwendung kommt.

II. Holdinggesellschaft mit Sitz im Ausland

1. Allgemeine Anforderungen an den Holdingstandort

Auch wenn die steuerlichen Rahmenbedingungen des Holdingstaates wegen der hohen Standortflexibilität einer Beteiligungsholding die Auswahl des Sitzstaates maßgeblich bestimmen, ist es heute selbstverständlich, dass der Standort der Holdinggesellschaft weitere nichtsteuerliche Anforderungen erfüllen muss. Allgemein werden in diesem Zusammenhang die folgenden Kriterien genannt: die politische und wirtschaftliche Stabilität eines Landes, eine stabile und frei konvertierbare Währung, ein gutes Bankensystem, ein liberales Gesellschaftsrecht, der geringe Umfang von gesetzlichen und behördlichen Auflagen, eine gute Infrastruktur und die hohe Qualität an Beratungsleistungen bzw. von Arbeitskräften.[19]

2. Steuerliche Anforderungen an den Holdingstandort

Die steuerliche Attraktivität eines (ausländischen) Holdingstandortes beurteilt sich zum einen danach, ob die **Errichtung** der Holdinggesellschaft (aber auch ihre spätere Auflösung) zu steuerlich bedeutsamen Belastungen führt. Insoweit ist zu berücksichtigen, dass auf den Gründungsvorgang (aber auch auf spätere Kapitalerhöhungen) in manchen Holdingstaaten eine besondere Steuer (*Kapitalverkehrssteuer, capital duty, stamp duty*) erhoben wird; diese kann in einzelnen Staaten zu einer nicht unerheblichen Belastung des Gründungsvorgangs führen. Da es sich bei der Einbringung um einen gesellschaftsrechtlichen Vorgang handelt, löst dieser im Sitzstaat in aller Regel keine ertragsteuerliche Belastung aus. Sofern das Recht des Sitzstaates für die Errichtung der Gesellschaft mehrere Gesellschafter vorschreibt, müssen die nur formal Beteiligten ihre Anteile treuhänderisch für den ‚eigentlichen' Gesellschafter halten. Zum anderen interessieren den Investor selbstverständlich in hohem Maße die Belastungen aus der **laufenden Besteuerung.** Insoweit werden als besondere Standortvorteile angesehen: die Steuerfreiheit von Auslandsdividenden, die steuerwirksame Finanzierung von Beteiligungen, die Steuerbefreiung von Gewinnen aus der Veräußerung von in- und ausländischen Beteiligungen sowie die Abzugsfähigkeit von entsprechenden Veräußerungsverlusten, die Möglichkeit von steuerwirksamen Teilwertabschreibungen auf Beteiligungen, die Freistellung ausländischer Betriebsstättengewinne und die Berücksichtigung entsprechender Betriebsstättenverluste, eine großzügige Regelung zur Gesellschafterfremdfinanzierung, ein umfangreiches Abkommensnetz mit günstigen Kapitalertragsteuersätzen, eine EU- oder EWR-Mitgliedschaft, keine bzw. keine besonders nachteiligen Regelungen über eine Hinzurechnungsbesteuerung, günstige Konzernsteuervorschriften (Organschaft), eine niedrige Steuer auf sonstige Einkünfte (Zinsen, Lizenzgebühren, Dienstleistungen), ein unbegrenzter Verlustvortrag, ein niedriger Einkommensteuersatz für die Bezüge der Holding-Mitarbeiter, sowie der Verzicht auf die Erhebung von Substanzsteuern.[20] *Allgemein* lässt sich sagen, dass wegen der besonderen Bedeutung der abkommensrechtlichen

---

[19] Vgl. im Einzelnen *Jakobs*, Internationale Unternehmensbesteuerung, S.841 ; *Kessler*, Die Euro-Holding, S. 22 ff.

[20] S. zu weiteren Einzelheiten bspw. *Jakobs*, Internationale Unternehmensbesteuerung, S. 992, und *Körner*, IStR 2009, 1 (3).

Regelungen für jede Steuerplanung nur solche Staaten als Holdingstandort in Betracht kommen, die über ein gut ausgebautes DBA-Netz verfügen.

3. Errichtung der ausländischen Holding

Die Attraktivität eines Standortes für den Investor ist entscheidend von seiner Erwartung bestimmt, dass die Übertragung bestehender Beteiligungen auf eine Holding des Ziellandes im Inland zu keiner Aufdeckung von stillen Reserven in diesen Beteiligungen und deren Besteuerung führt. Dies ist für einen Investor in der Rechtsform der Kapitalgesellschaft seit der Neufassung des § 8b KStG durch das StSenkG vom 23. 10. 2000 heute insgesamt unproblematisch und für einen Investor in der Rechtsform der Personengesellschaft nicht in allen Fällen zu erreichen. Insgesamt gilt Folgendes:

a) Qualifizierter Anteilstausch im Sinne des § 21 UmwStG i. d. F. des SEStEG

Werden Anteile an einer Kapitalgesellschaft gegen Gewährung neuer Anteile an der übernehmenden Gesellschaft eingebracht, können die eingebrachten Anteile auf Antrag mit dem *Buchwert* angesetzt werden, „wenn die übernehmende Gesellschaft nach der Einbringung auf Grund ihrer Beteiligung die Mehrheit der Stimmrechte an der erworbenen Gesellschaft hat (qualifizierter Anteilstausch)". Da nach § 21 Abs. 2 UmwStG der Wert, mit dem die übernehmende Gesellschaft die eingebrachten Anteile ansetzt, für den Einbringenden als Veräußerungspreis für die eingebrachten Anteile und als Anschaffungskosten der erhaltenen Anteile gilt, ist die Einbringung damit für die übertragende Gesellschaft auf Antrag ergebnis- und steuerneutral, falls die übernehmende Gesellschaft die eingebrachten Anteile mit ihrem bisherigen Buchwert ansetzt.

Einbringender kann nicht nur eine Kapitalgesellschaft, sondern auch eine Personengesellschaft sein. *Übernehmender* Rechtsträger kann jede ausländische Kapitalgesellschaft sein, die nach den Rechtsvorschriften eines Mitgliedsstaates der EU oder des EWR gegründet worden ist und in einem dieser Mitgliedsstaaten sowohl ihren Sitz als auch den Ort ihrer Geschäftsleitung hat (§ 1 Abs. 4 Nr. 1 i. V. m. Abs. 2 Nr. UmwStG); sie darf allerdings nicht auf Grund eines DBA mit einem Drittstaat als außerhalb der EU/EWR ansässig *gelten*.[21] Ob die übernehmende Gesellschaft eine Kapitalgesellschaft ist, bestimmt sich nach dem sog. Rechtstypenvergleich. Die Kapitalgesellschaft, deren Anteile eingebracht werden (*übertragene Gesellschaft*), kann im Übrigen im Inland, im EU- bzw. EWR-Ausland oder in einem Drittstaat ansässig sein. Die Übertragung der Beteiligungen kann im Wege der Einzel- oder Gesamtrechtsnachfolge (d.h. als Sachkapitalerhöhung oder Ausgliederung i. S. d. § 123 UmwG) und nach inländischen oder ausländischen Recht erfolgen.[22]

Unabhängig vom Wertansatz des übernehmenden Rechtsträgers gilt allerdings für den Einbringenden der *gemeine* Wert der eingebrachten Anteile als Veräußerungspreis, wenn das deutsche Besteuerungsrecht am Gewinn aus der Veräußerung entweder der eingebrachten oder der erhaltenen Anteile ausgeschlossen oder beschränkt ist (§ 21 Abs. 2 Satz 2 UmwStG). Da durch diese Regelung ein steuerneutraler grenzüberschreitender Anteilstausch in den meisten Fällen steuerpflichtig wäre, enthält § 21 Abs. 2 Satz 3 UmwStG eine *Rückausnahme*. Danach ist auf Antrag des Einbringenden der Buchwert als Veräußerungspreis der übertragenen Anteile bzw. als Anschaffungskosten der neuen Anteile anzusetzen, wenn (1.) für Gewinne aus der Veräußerung der als Gegenleistung für den Anteilstausch gewährten neuen Anteile ein uneingeschränktes deutsches Besteuerungsrecht besteht oder (2.) der Anteilstausch in den Anwendungsbereich von Art. 8 der Fusionsrichtlinie fällt; dies ist bei allen in der EU ansässigen Kapitalgesellschaften

---

[21] Zu Einzelheiten vgl. bspw. *Schmitt* in: Schmitt/Hörtnagel/Stratz, UmwG UmwStG, § 21 UmwStG Rn. 16.
[22] Vgl. *Körner*, IStR 2009, 1.

der Fall[23]. Allerdings kommt es für den Fall, dass die erfolgsneutrale Übertragung der neuen Anteile abkommensrechtlich nicht gesichert ist[24] und nur die Fusionsrichtlinie den Ansatz des Buchwertes als Veräußerungspreis bzw. Anschaffungskosten ermöglicht, zu einem *treaty override*, da für diesen Fall die Gewinne aus der Veräußerung der eingetauschten Anteile in Deutschland ungeachtet der Bestimmungen eines Doppelbesteuerungsabkommens besteuert werden (§ 21 Abs. 2 Satz 3 Nr. 2 UmwStG).

Nach § 22 Abs. 2 UmwStG erfolgt allerdings bei einer Wertverknüpfung und der damit verbundenen Steuerneutralität beim Einbringenden eine *Nachversteuerung* des zunächst steuerfreien Anteilstauschs, wenn der übernehmende Rechtsträger die übernommen Anteile innerhalb eines Zeitraums von sieben Jahren nach dem Einbringungsvorgang veräußert und der Gewinn aus der Veräußerung dieser Anteile für den Einbringenden im Einbringungszeitpunkt nicht nach § 8b KStG steuerfrei gewesen wäre. Dieser sog. Einbringungsgewinn II vermindert sich in der Sperrfrist jeweils um ein Siebtel für jedes seit dem Einbringungszeitpunkt abgelaufene Zeitjahr.

Die gleichen Rechtsfolgen ergeben sich nach § 22 Abs. 2 Satz 6 UmwStG, „wenn die übernehmende Gesellschaft die eingebrachten Anteile ihrerseits durch einen Vorgang nach Absatz 1 Satz 6 Nr. 1 bis 5 weiter überträgt oder für diese die Voraussetzungen nach § 1 Abs. 4 nicht mehr erfüllt sind". Angesprochen sind mit dieser Regelung vor allem die Fälle, in denen die übernehmende Gesellschaft die eingebrachten Anteile entweder *verdeckt* (d. h. ohne Gewährung von Gesellschaftsrechten und damit unentgeltlich) in eine Kapitalgesellschaft einbringt, die ihm oder einer ihm nahestehenden Person gehört (§ 22 Abs. 2 Satz 6 i. V. m. Abs. 1 Satz 1 Nr. 1 UmwStG), oder gegen Gewährung von Gesellschaftsrechten (und damit entgeltlich) überträgt; der letztere Fall führt allerdings dann nicht zu einem Einbringungsgewinn II, wenn der ursprünglich Einbringende nachweist, dass die Übertragung der übernehmenden Gesellschaft durch einen Vorgang im Sinne des § 20 Abs. 1 oder des § 21 Abs. 1 UmwStG zu Buchwerten erfolgte (§ 22 Abs. 2 Satz 6 i. V. m. Abs. 1 Satz 1 Nr. 2 UmwStG).

b) **Vorschrift des § 8b KStG**

Wie vorstehend zu a) dargestellt, können die Anteile einer im Inland oder im Ausland (ohne Beschränkung auf EU- oder EWR-Staaten) ansässigen Kapitalgesellschaft im Wege des qualifizierten Anteilstauschs auf Antrag steuerneutral lediglich auf eine Holdingkapitalgesellschaft übertragen werden, die nach den Rechtsvorschriften eines Mitgliedsstaates der EU oder des EWR gegründet worden ist und die in einem dieser Länder auch ihren Sitz oder den Ort der Geschäftsleitung hat. Eine steuerneutrale Übertragung auf eine bspw. im Drittstaat Schweiz ansässige Holdinggesellschaft ist damit nach § 21 UmwStG *nicht* möglich.[25] Damit kann die angestrebte steuerneutrale Errichtung einer Holding mit Sitz in der Schweiz (oder einem anderen Drittstaat) nur in der Weise erreicht werden, dass der inländische Beteiligte seine Anteile an den zu übertragenen Gesellschaften an die Schweizer Holding veräußert. Ein dabei entstehender Gewinn bleibt bei der Ermittlung des Einkommens des Veräußerers nach § 8b Abs. 2 KStG außer Ansatz, falls es sich bei diesem um eine Kapitalgesellschaft handelt. Da nach § 8b Abs. 5 KStG 5 Prozent des Gewinns als nicht abziehbare Ausgaben gelten (sog. Schachtelstrafe), ergibt sich damit eine steuerliche Belastung in der Größenordnung von 1,5 Prozent des Gewinns aus der

---

[23] *Körner*, IStR 2009, 1

[24] Bspw. hat Deutschland nach dem DBA-Tschechien die Steuern anzurechnen, die Tschechien auf den Gewinn aus der Veräußerung einer dort ansässigen Kapitalgesellschaft in Übereinstimmung mit dem Abkommen erhebt

[25] A. A., allerdings ohne Begründung, *Pfaar/Schimmele* in: Kessler/Kröner/Köhler, Konzernsteuerrecht, Teil I, § 4 Rn. 452.

Veräußerung (da die Schachtelstrafe auch der Gewerbesteuer unterliegt). Um das mit einer Veräußerung verbundene Liquiditätserfordernis zu vermeiden, kann die Übertragung der Anteile auch über eine verdeckte Einlage (Buchung der Holdinggesellschaft: Beteiligung an Rücklage) erfolgen, da eine Veräußerung im Sinne des § 8b Abs. 2 KStG auch eine verdeckte Einlage ist (§ 8b Abs. 2 Satz 6 KStG).

Um die Vergünstigung des § 8b Abs. 2 KStG zu erreichen, kann daran gedacht werden, dass der inländische Beteiligte in der Rechtsform der Personengesellschaft seine Anteile zunächst im Wege des qualifizierten Anteilstauschs i. S. d. § 21 UmwStG zum Buchwert in eine inländische Kapitalgesellschaft einbringt und diese später die übernommenen Anteile an eine in einem Drittstaat ansässige Holding veräußert oder in diese verdeckt einlegt. Dabei ist allerdings zu beachten, dass der für die inländische Zwischenholding zunächst steuerfreie Transfer der Anteile innerhalb einer Sperrfrist von sieben Jahren zu einer Nachversteuerung auf der Ebene der Personengesellschaft bzw. von deren nicht körperschaftsteuerpflichtigen Gesellschaftern führt; im allgemeinen ist dieser Planungshorizont nicht vorhanden.

c) Tauschgutachten

Nach dem sog. Tauschgutachten des BFH v. 16. 12. 1958[26] führte der Tausch von Anteilen an Kapitalgesellschaften nicht zu einer Gewinnverwirklichung, wenn die hingegebenen und die erhaltenen Anteile bei wirtschaftlicher Betrachtungsweise art-, wert- und funktionsgleich sind. Das Bundesfinanzministerium hatte mit Schreiben v. 9. 2. 1998 Grundsätze für die Anwendung des Tauschgutachtens veröffentlicht[27] und in diesem die Auffassung vertreten, dass die §§ 20 Abs. 1 Satz 2 und 23 Abs. 4 UmwStG a. F. der Anwendung des Tauschgutachtens vorgingen. Bei grenzüberschreitenden Einbringungen fand das Tauschgutachten deshalb insbesondere in all den Fällen Anwendung, in denen die Kapitalgesellschaft, deren Anteile eingelegt werden, oder die übernehmende Kapitalgesellschaft keine EU-Kapitalgesellschaft i. S. des § 23 UmwStG war.

Nach § 6 Abs. 6 EStG i. d. F. des StEntG 1999/2000/2002 bemessen sich die Anschaffungskosten des erworbenen Wirtschaftsguts mit dem gemeinen Wert des hingegebenen Wirtschaftsguts. Die Neuregelung ist erstmals auf den Tausch von Wirtschaftsgütern anzuwenden, bei denen der Vertrag nach dem 31. 12. 1998 abgeschlossen wurde (§ 52 Abs. 16 Satz 10 EStG i. d. F. des SteuerEntlG). Das Schicksal des Tauschgutachtens war nach Einführung des § 6 Abs. 6 EStG zunächst nicht ganz klar, da nach der mit dem Bundesminister der Finanzen und den obersten Finanzbehörden der Länder abgestimmten Verfügung der OFD Frankfurt vom 21. 5. 2001[28] dessen Wiederbelebung gegeben schien. Zwischenzeitlich ist allerdings geklärt, dass die Finanzverwaltung unter Hinweis auf die Gesetzesbegründung zum StEntlG einen erfolgsneutralen Tausch von Anteilen an Kapitalgesellschaften nach dem Tauschgutachten nicht mehr zulässt.[29]

4. Laufende Besteuerung der ausländischen Holding

a) Reduzierung von Quellensteuern

Die Höhe der Quellensteuern schwankt von Land zu Land und wird in den DBA mit dem Wohnsitzstaat des Empfängers in unterschiedlichem Umfang reduziert. Diese Quellensteuern werden mangels Anrechenbarkeit im Rahmen des Freistellungsverfahrens für Schachteldividenden zur *Definitivbelastung*. Die Zielsetzung, die Belastung mit Quellensteuern durch Zwischenschaltung

---

[26] BStBl 1959 III 30.
[27] DB 1998, 394, mit Anm. von *Blumers/Schmidt*, DB 1998, 392.
[28] BB 2001, 1725
[29] DB 2004, 1125

einer Holdinggesellschaft in einen Abkommensstaat und durch Umleitung der Dividendenströme zu vermeiden oder zumindest zu reduzieren, stellt das klassische Konzept der Steuerplanung mittels Holdinggesellschaften dar. In diesem Zusammenhang ist zum einen zu beachten, dass die Bundesrepublik ein sehr umfangreiches DBA-Netz mit zurzeit 90 DBA[30] aufgebaut hat, die alle die Reduzierung der Quellensteuer im anderen Vertragstaat vorsehen. Während bei einer Direktbeteiligung der deutschen Gesellschaft nur einmal Quellensteuer anfällt, führt die Zwischenschaltung einer Holdinggesellschaft dazu, dass Quellensteuern auf Ausschüttungen grundsätzlich auf der Ebene sowohl der Enkelgesellschaft als auch der Holdinggesellschaft anfallen können. Ein konsolidierter Reduzierungseffekt und damit ein Vorteil des ausländischen Standortes ergeben sich folglich nur dann, wenn die Summe der beiden Kapitalertragsteuern geringer ausfällt als der bei einer unmittelbaren Beteiligung der deutschen Gesellschaft anfallende (Quellen-) Steuerbetrag. Da auf der Grundlage der Mutter-/Tochter-Richtlinie keine Quellensteuern auf Ausschüttungen zwischen EU-Kapitalgesellschaften anfallen, werden vorrangig EU-Kapitalgesellschaften als Holdinggesellschaft genutzt.

Zum anderen ist zu berücksichtigen, dass die durch die Errichtung einer Auslandsholding angestrebte Reduzierung von Quellensteuern durch Missbrauchsvorschriften verhindert werden kann, die eine Reihe von Vertragsstaaten in dem zwischen ihnen abgeschlossenen Abkommen vereinbaren oder einseitig in ihrem nationalen Recht schaffen[31], wie dies etwa die Bundesrepublik Deutschland mit der Vorschrift des § 50d Abs. 3 EStG getan hat.

b) Besteuerung von Zinserträgen

Berücksichtigt man, dass Beteiligungserträge regelmäßig sowohl bei der Holdinggesellschaft als auch bei der deutschen Mutterkapitalgesellschaft freigestellt sind, ergibt sich ein wesentlicher Steuervorteil für eine Auslandsholding häufig allein aus dem Umstand, dass die aus den (steuerfrei vereinnahmten) Dividenden gespeisten Wiederausleihungen in Deutschland einer Steuerbelastung von ca. 30 % unterliegen, während im Ausland wegen der ganz überwiegend nicht bekannten Gewerbesteuer zum Teil ein deutlich niedrigeres Besteuerungsniveau besteht. Werden die auf Ebene der Holdinggesellschaft thesaurierten Beteiligungserträge z. B. für die Finanzierung von Konzerngesellschaften genutzt, sind die Zinserträge aus nicht reinvestierten Dividenden damit u. U. mit einer gegenüber dem deutschen Steuerniveau deutlich geringeren Steuer belastet.

Reicht die ausländische Holdinggesellschaft die ihr gewährten Gesellschafterdarlehen darlehensweise an ihre Beteiligungen weiter, ist allerdings zu beachten, dass bei einer steuerlichen Belastung der Zinserträge von weniger als 25 Prozent eine Hinzurechnungsbesteuerung grundsätzlich nicht zu vermeiden ist und es damit im Ergebnis zu einer Hochschleusung des niedrigen ausländischen Steuerniveaus auf das deutsche kommt, da Hinzurechnungsbeträge zu den (voll steuerpflichtigen) Einkünften aus Gewerbebetrieb gehören und die auf die sie im Ausland entrichteten Steuern auf die deutsche angerechnet werden können. Anzumerken ist in diesem Zusammenhang, dass das BMF-Schreiben vom 8. 1. 2007[32], das in Reaktion auf die Entscheidung des EuGH vom 12. 9. 2006 in der Rechtssache *Cadbury Schweppes* vorsieht, dass für passive und niedrig besteuerte Erträge einer im übrigen wirtschaftlich wirklich aktiven EU- oder EWR-Gesellschaft keine Hinzurechnungsbeträge festgestellt werden dürfen, Zwischeneinkünfte mit

---

[30] Stand 1. 1. 2010, BMF-Schreiben vom 12. 1. 2010.
[31] Vgl. bspw. *Becker* in: Vogel (Hrsg.), Grundfragen des internationalen Steuerrecht, S. 172; *Kessler*, die EURO-Holding, S. 84.
[32] BStBl. 2007 I, 99.

Kapitalanlagecharakter von dieser Regelung ausdrücklich ausnimmt. Da in Inlandsfällen eine zinslose Darlehensgewährung steuerlich nicht beanstandet wird[33], stellt sich allerdings die Frage, ob die Zinslosigkeit eines Darlehens, das ein Inländer seiner in einem Mitgliedstaat der EU ansässigen Gesellschaft gewährt, steuerlich beanstandet werden kann, da eine Korrektur einen Verstoß gegen die Niederlassungs- und Kapitalverkehrssteuerfreiheit darstellt.[34] Soweit erkennbar, ist diese Frage bislang noch nicht höchst-richterlich geklärt, da der BFH in seinem Beschluss vom 29.04.2009 I R 26/08 zu dem von der Vorinstanz bejahten Verstoß keine Stellung genommen hat.

5. Abwehrmaßnahmen des deutschen Fiskus
a) Ort der Geschäftsleitung

Die deutsche Finanzverwaltung geht vermehrt dazu über, kritisch zu prüfen, ob sich der Ort der Geschäftsleitung einer ausländischen Holdinggesellschaft tatsächlich im Ausland befindet.[35] Ist dieser Ort nach Auffassung der Verwaltung im Inland, so führt dies zur unbeschränkten Körperschaftsteuerpflicht der Holdinggesellschaft im Inland.[36]

Der Ort der Geschäftsleitung einer Auslandsholding befindet sich beispielsweise im Inland, wenn der inländische Hauptgesellschafter die faktische Geschäftsleitung dadurch ausübt, dass er den laufenden Geschäftsgang nicht nur fallweise beeinflusst, sondern ständig die für den Geschäftsablauf relevanten Entscheidungen von einigem Gewicht selbst (im Inland) trifft. Berücksichtigt man, dass sich die Geschäftstätigkeit einer Beteiligungsholding im Wesentlichen auf die Ausübung der Gesellschafterfunktion sowie die Entgegennahme der Beteiligungserträge und deren Verwendung beschränkt, wird deutlich, dass bereits durch wenige, relativ unbedeutende Handlungen des inländischen Gesellschafters ein inländischer Ort der Geschäftsleitung erreicht wird. Da die Festlegung der Grundsätze der Unternehmenspolitik und die Mitwirkung des Gesellschafters an ungewöhnlichen Maßnahmen bzw. an Entscheidungen von besonderer wirtschaftlicher Bedeutung (etwa die Entscheidung über den Erwerb einer weiteren Beteiligungsgesellschaft) nicht zu der Geschäftsleitung i. S. des § 10 AO gehören, hat eine Mitwirkung des inländischen Gesellschafters in diesem Bereich keine Bedeutung für den Ort der Geschäftsleitung.[37]

Das Risiko einer Beanstandung durch die deutsche Finanzverwaltung kann nur dann ausgeschlossen werden, wenn die ausländische Holdinggesellschaft durch eine entsprechende sachliche und personelle Ausstattung faktisch überhaupt in die Lage versetzt wird, die ihr übertragenen Funktionen selbst wahrzunehmen. Dazu ist in der Regel eine Mindestausstattung mit Büroraum und Personal erforderlich, die ihren Niederschlag in der Gewinn- und Verlustrechnung der Auslandsholding finden muss.

b) Rechtsmissbrauch

Schon nach der Entscheidung des BFH v. 29. 1. 1975[38] erfüllen im Ausland errichtete Gesellschaften eines Steuerinländers den Tatbestand des Rechtsmissbrauchs i. S. des § 42 AO, falls für

---

[33] BFH v. 16.10.1987, GrS2/86, BStBl. II1988, 348
[34] Vgl. FG Düsseldorf v. 19.2.2008, EFG 2008, 1006 (mit ausführlicher Besprechung von *Rehm/Nagler* in IStR 2008, 421); Rev. eingelegt; Az. des BFH: I R 26/08 (Beschluss vom 29.04.2009, BFH/NV 2009, 1648).
[35] Vgl. *Gocke/Baumhoff*, IWB F. 3 Gr. S. 1234.
[36] Zu Einzelheiten vgl. *Köhler* in: Kessler/Kröner/Köhler, Konzernsteuerrecht, Teil II § 8 Rn. 185 ff.
[37] BFH v. 7. 12. 1994, BStBl 1995 II 175.
[38] BStBl 1975 II 553.

ihre Errichtung wirtschaftliche oder sonst beachtliche Gründe fehlen und wenn sie keine eigene wirtschaftliche Tätigkeit entfalten. Diesen Grundsatz hat der BFH auch seinen nachfolgenden Entscheidungen zugrundegelegt.[39]

Ob die Voraussetzungen für eine Steuerumgehung durch Rechtsmissbrauch im Einzelfall tatsächlich vorliegen, ist danach zu beurteilen, ob für die Errichtung und Einschaltung der Auslandsgesellschaft beachtliche außersteuerliche Gründe angeführt werden können. Als solche hat der BFH beispielsweise organisatorische Gründe (etwa die Koordinierung bestimmter Konzernfunktionen) oder betriebswirtschaftliche Gründe (z. B. Zugangsmöglichkeit zum internationalen Kapitalmarkt) angesehen.

Der Gesellschaftszweck muss im Übrigen tatsächlich vollzogen, und die behaupteten Gründe müssen durch wirtschaftliches Handeln der Organe der Gesellschaft in Erscheinung getreten sein.[40] Für die Entfaltung einer eigenen wirtschaftlichen Tätigkeit reicht es nicht aus, dass sich die im Interesse eines Steuerinländers errichtete Kapitalgesellschaft darauf beschränkt, das Stammkapital zu erhalten oder als formelle Rechtsträgerin von Beteiligungen oder als Halterin oder Verwalterin von Vermögen zu fungieren.[41]

Nach dem BFH-Urteil v. 9. 12. 1980[42] kommt als wirtschaftlich beachtlicher Grund auch in Betracht, dass die Auslandsgesellschaft im In- und Ausland Beteiligungen von einigem Gewicht erwerben soll, um gegenüber den Gesellschaften, an denen Beteiligungen bestehen, geschäftsleitende Funktionen wahrzunehmen. Die Auslandsgesellschaft braucht dabei nicht, wie etwa die geschäftsleitende Holding als Organträgerin nach § 14 KStG i. d. F. vor dem UntStFG, die umfassende Konzernleitung über mehrere Unternehmen auszuüben. Es genügt vielmehr die Wahrnehmung einzelner Funktionen einer geschäftsleitenden Holding, wie vor allem die Finanzierung mehrerer Tochtergesellschaften.[43] Im Ergebnis hat der BFH damit in seinen Urteilen zu den sog. Basisgesellschaften eine rechtsmissbräuchliche Gestaltung nur in den Fällen angenommen, in denen für die Zwischenschaltung der ausländischen Gesellschaft wirtschaftliche oder sonst beachtliche außersteuerliche Gründe nicht erkennbar waren und sie lediglich als *Briefkastenfirma* ohne eigene Geschäftsräume und nennenswertes Personal unterhalten wurde.[44]

In der jüngeren Zeit hat der BFH seine vorstehend wiedergegebene (Missbrauchs-)Rechtsprechung verfeinert und insbesondere in seinen drei *Dublin-Docks*-Entscheidungen[45] zugunsten der Steuerpflichtigen fortentwickelt. Diesen Entscheidungen lagen Sachverhalte zugrunde, in denen in den *Dublin Docks* ansässige Kapitalanlagegesellschaften deutscher Anteilseigner über keinen eigenen Geschäftsbetrieb verfügten (Räume, Personal, Telefonanschluss), aber einen Vorstand (Board of directors) mit zwei in Irland ansässigen Mitgliedern als geschäftsführendes Organ hatten. Die Geschäftsführung und Verwaltung der irischen Gesellschaften wurden aufgrund eines Managements- und Verwaltungsvertrages wahrgenommen, die die Kapital-

---

[39] Vgl. bspw. BFH-Urteile v. 21. 1. 1976, BStBl 1976 II 513; v. 27. 7. 1976, BStBl 1977 II 266; v. 9. 12. 1980, BStBl 1981 II 339.
[40] BFH v. 16. 1. 1976, BStBl 1976 II 401.
[41] BFH v. 29. 7. 1976, BStBl 1977 II 263.
[42] A. a. O. (oben Fn. 40).
[43] BFH v. 29. 1. 1975, BStBl 1975 II 553.
[44] BFH v. 1.4.2003, BStBl. 2003 II, 869
[45] BFH v. 19.1.2000, BStBl. 2001, 222 (*Dublin-Docks I*); v.19.1.2000, BFH/NV 2000, 824 (*Dublin-Docks II*); v. 25.2.2004, BStBl. 200 5 II, 14 (*Dublin-Docks III*)

anlagegesellschaften mit einer in Irland ansässigen Gesellschaft abgeschlossen hatten, die über die für ihre Tätigkeit erforderliche sachliche und personelle Ausstattung verfügte. Obgleich es sich damit bei allen drei betroffenen *Dublin Docks*-Gesellschaften um *funktionsschwache* Gesellschaften handelte, hat der BFH eine rechtsmissbräuchliche Gestaltung verneint, weil ihre ‚Passivität' sich lediglich darauf beschränkte, das Kapitalanlagegeschäft zu betreiben, und sie für diesen Zweck über einen eigenen Board of directors verfügten, dem die eigentliche Entscheidung oblag, in welcher Weise das Kapital angelegt wurde, und die dieser auch – im Einvernehmen mit den Gesellschaftern – wahrnahm. Damit seien die Gesellschaften aber nicht eigenwirtschaftlich *funktionslos*. Den Umstand, dass die Kapitalanlgesellschaften über keine besonderen sächlichen und personellen Voraussetzungen für die Unterhaltung ihres Geschäftsbetriebs vorhielten, sah der BFH nicht als entscheidungserheblich an, weil ein *Outsourcing* im Bereich der Vermögensanlage und -verwaltung typisch sei. Es ist davon auszugehen, dass der Zugriff einer Holdinggesellschaft auf die personellen und sachlichen Ressourcen einer anderen Konzerngesellschaft ebenfalls nicht den Vorwurf einer rechtsmissbräuchlichen Gestaltung begründen kann.[46] (Weitere) Voraussetzung für die steuerliche Anerkennung der *Dublin Docks*-Gesellschaften war für den BFH allerdings, dass diese auf eine gewisse Dauer angelegt waren und ihre Einschaltung nicht nur vorübergehend erfolgt war; diese Voraussetzung erfüllen Holdinggesellschafen aber stets. Festzuhalten ist in diesem Zusammenhang, dass Gegenstand der *Dublin Docks*-Entscheidungen die Frage war, ob die Beteiligung an den irischen Kapitalanlagegesellschaften rechtsmissbräuchlich i. S. des § 42 AO war. Die als Reaktion auf die Entscheidung des EuGH in der Rs. *Cadbury Schweppes* erfolgte Änderung des § 8 Abs. 2 AStG i.d.F des JStG 2008 betrifft ausschließlich Sachverhalte, die unter dem Gesichtspunkt einer Hinzurechnungsbesteuerung zu beurteilen sind. Kommt eine solche aber nicht in Betracht, weil es an einer niedrigen Besteuerung fehlt oder passive Einkünfte nicht gegeben sind, sind die Anforderungen an die sachliche und personelle Substanz, welche die Vorschrift des § 8 Abs. 2 AStG für die Anerkennung der ausländischen (Zwischen-)Gesellschaft fordert, damit ohne Bedeutung. Die Anerkennung einer Beteiligungsholding mit nach § 8 Abs. 1 Nr. 8 AStG unschädlichen Dividendeneinkünften richtet sich deshalb ausschließlich nach den Kriterien, die der BFH in seiner vorstehend dargestellten Basisrechtsprechung aufgestellt hat.

Abkommensregelungen

Die deutschen Abkommen wirken häufig (und zunehmend verstärkt) einer missbräuchlichen Inanspruchnahme von Abkommensvergünstigungen entgegen, um eine von den Vertragsstaaten als unerwünscht angesehene doppelte Nichtbesteuerung oder eine als unangemessen angesehene Minderbesteuerung auszuschließen. Dies geschieht in den neueren Abkommen in der Weise, dass diese sog. *Öffnungsklauseln* enthalten, die eine Anwendung innerstaatlicher Missbrauchsbestimmungen ausdrücklich zulassen.[47] Dividenden einer Holdinggesellschaft, die in deren Sitzstaat nach dem Abkommen lediglich einem ermäßigten Quellensteuerabzug unterliegen und die im Ansässigkeitsstaat ihres Gesellschafters nach der im Abkommen vereinbarten Freistellungsmethode nicht besteuert werden, führen allerdings zu keiner ‚Minderbesteuerung', da diese im Abkommen bereits angelegt und damit von den Vertragsstaaten gewollt ist. Allerdings wird die nach einem Abkommen vorgesehene Freistellung von Schachteldividenden vom

---

[46] Vgl. insoweit auch BFH v. 31.5.2005 (*Hilversum II*), BStBl. 2006 II, 118, die einen *Inbound*-Sachverhalt betrifft und durch eine Verschärfung des § 50d. Abs. 3 EStG durch das JStG 2007,die nunmehr eine Merkmalsübertragung verbietet, für Inlandsfälle keine Bedeutung mehr hat.

[47] So bspw. Art. 28 Abs. 2 DBA-Österreich, Art. 43 Abs. 2 DBA-Schweden, Art. 30 Abs. 1 DBA-Polen, Art. 29 Abs. 6 DBA-Kanada, Art. 27 Abs. 1 DBA-Korea.

Vertragspartner Deutschland unbeschadet der getroffenen Abmachungen nach § 8b Abs. 1 Satz 3 KStG i. d. F. des JStG 2007 nicht gewährt, wenn sich die verdeckte Gewinnausschüttung auf der Ebene der Beteiligungsgesellschaft einkommensmindernd ausgewirkt hat. Ergänzend ist in diesem Zusammenhang anzumerken, dass der in vielen deutschen Abkommen vorgesehene Aktivitätsvorbehalt für Schachteldividenden zwischengeschalteter Holdinggesellschaften ohne Bedeutung ist, da § 8b Abs. 1 KStG Gewinnanteile ausländischer Kapitalgesellschaften ohne diese Einschränkung von deutscher Steuer freistellt.

III. Übertragung betrieblicher Funktionen auf eine Auslandsgesellschaft zur Minderung der Konzernsteuerbelastung

1. Vorbemerkung

Die Möglichkeit einer inländischen Unternehmensgruppe, bestimmte betriebliche Funktionen ohne Abhängigkeit von Absatz- oder Beschaffungsmärkten und ohne Reibungsverluste auf eine ausländische Konzerngesellschaft zu übertragen, macht deutlich, welche Bedeutung die steuerlichen Rahmenbedingungen eines Standortes auf die Entscheidung eines Unternehmens für eine solche Übertragung haben. In der Praxis handelt es sich bei den angesprochenen Funktionen insbesondere um Finanzdienstleistungen (wie etwa die Kreditvergabe, das Leasing- oder Factoringgeschäft), um Forschungs- und Entwicklungsleistungen, Versicherungs- oder Marketingleistungen oder ähnliche Dienstleistungen, die vorzugsweise innerhalb eines Konzerns erbracht werden.

Die Standortflexibilität stärkt nicht nur die ‚Wanderlust' der Unternehmen, sondern führt auch zu verstärkten Reaktionen des deutschen Staates, mit denen dieser mit der Verlagerung von betrieblichen Funktionen verbundene Steuerausfälle durch gesetzgeberische Maßnahmen zu verhindern sucht. Ein markantes Beispiel für diese Bemühungen sind die im Zuge des Unternehmensteuerreformgesetzes 2008 geschaffene Vorschrift des § 1 Abs. 3 AStG, die ab dem Veranlagungszeitraum 2008 eine Steuerpflicht für die Verlagerung von Funktonen als Ganzes einschließlich der dazu gehörigen Chancen und Risiken und der mit übertragenen oder überlassen Wirtschaftsgüter und Vorteile vorsieht, und die dazu erlassene Funktionsverlagerungsverordnung vom 12. 8. 2008; ob diese Regelungen mit den Grundfreiheiten des EG-Vertrages vereinbar sind und/oder einen Verstoß gegen den international anerkannten Grundsatz des Fremdvergleichs darstellen, wird allerdings zurzeit heftig und kontrovers diskutiert.[48]

Mit Rücksicht auf den vorgegebenen Umfang dieses Beitrages sollen die beiden vorstehend skizzierten Gegenpole (nämlich der Wunsch nach Reduzierung der Konzernsteuerlast durch Verlagerung betrieblicher Funktionen ins Ausland und die Abwehrmaßnahmen des deutschen Staates) lediglich am Beispiel der *Konzernfinanzierung* dargestellt werden.

2. Konzernfinanzierung als exemplarische Betriebsfunktion mit hoher Standortflexibilität

Nachfolgend wird davon ausgegangen, dass eine ausländische Holdinggesellschaft mit mehreren Beteiligungsgesellschaften diesen Gesellschaften Darlehen gewährt; die dafür benötigten Mittel hat die Holdinggesellschaft (kumulativ oder alternativ) als Beteiligungserträge vereinnahmt, auf ausländischen Kapitalmärkten aufgenommen oder von der Muttergesellschaft als (zusätzliche) Eigenmittel zur Verfügung gestellt bekommen.

Zusätzlich wird davon ausgegangen, dass die Holdinggesellschaft mit Finanzierungsfunktion entweder von einer deutschen Spitzeneinheit in der Rechtsform der Kapitalgesellschaft oder

---

[48] Vgl. bspw. *Rolf*, IStR 2009, 152.

von der inländischen Zwischenholdingkapitalgesellschaft einer deutschen Spitzeneinheit in der Rechtsform der Personengesellschaft gehalten wird.

3. Die Hinzurechnungsbesteuerung als Entscheidungskriterium für die Standortwahl

Zinserträge, die einer Holdinggesellschaft mit Sitz beispielsweise in den **Niederlanden** zufließen, sind dort zurzeit mit 25,5 % Körperschaftsteuer belastet und damit i. S. des Außensteuergesetzes nicht niedrig besteuert. Eine Hinzurechnung der Zinserträge (als Zwischeneinkünfte mit Kapitalanlagecharakter i. S. d. § Abs. 6a AStG) kommt, da in den Niederlanden hoch besteuert, damit *nicht* in Betracht; unerheblich ist, ob die Holdinggesellschaft eigene Mittel oder Kapitalmarktmittel für die Kreditgewährungen verwendet. Die niederländische Holdinggesellschaft kann damit ihre Finanzierungsfunktion ohne steuerliche Sonderbelastungen für den inländischen Gesellschafter wahrnehmen.

Dividenden, die die niederländische Holdinggesellschaft von ihren Beteiligungsgesellschaften erhält, unterliegen als Schachtelerträge nicht der niederländischen Besteuerung und sind damit i. S. des AStG niedrig besteuert. Gleichwohl kommt es zu keiner Hinzurechnung dieser Beteiligungserträge, da sie nach § 8 Abs. 1 Nr. 8 AStG i. d. F. des UntStFG Dividenden zu den unschädlichen Einkünften gehören.

Die Niederlande bieten damit für eine Konzernholding mit (auch) Finanzierungsfunktion insgesamt die gewünschten steuerlich günstigen Rahmenbedingungen. Die gleiche Aussage gilt bspw. auch für Schweden, da der schwedische Körperschaftsteuersatz z. Zt. 26,3 % beträgt und Zinserträge der schwedischen Finanzierungsgesellschaft damit nicht i. S. des § 8 Abs. 3 AStG niedrig besteuert (und somit keine Zwischeneinkünfte) sind.

Hat die Holdinggesellschaft ihren Sitz beispielsweise in der **Schweiz**, sind ihre Zinserträge regelmäßig mit einer Steuer von weniger als 25 % belastet und damit i. S. des AStG niedrig besteuert. Die Zinsen sind schädliche Erträge, falls die Holdinggesellschaft das (Darlehens-)Kapital nicht nachweislich ausschließlich auf ausländischen Kapitalmärkten aufgenommen und als Darlehen im Ausland gelegenen, aktiv tätigen Betrieben oder inländischen Betrieben oder Betriebsstätten zugeführt hat (§ 8 Abs. 1 Nr. 7 AStG). Die Zinsen aus einer darlehensweisen Vergabe von Beteiligungserträgen (oder von Eigenkapital oder Gesellschafterdarlehen) unterliegen damit der Hinzurechnungsbesteuerung, da es sich bei diesen (weil auch niedrig besteuert) um Zwischeneinkünfte (mit Kapitalanlagecharakter i. S. des § 7 Abs. 6a AStG) handelt, und sind als solche beim inländischen Beteiligten in vollem Umfang steuerpflichtig. Die Schweizer Steuer wird entweder bei der Ermittlung des Hinzurechnungsbetrags abgezogen oder kann nach Erhöhung des Hinzurechnungsbetrages auf die deutsche Steuer angerechnet werden.

Insgesamt ist festzuhalten, dass die Schweiz damit als Standort für Holdinggesellschaften mit *Finanzierungsfunktion* grundsätzlich nicht geeignet ist, da ihre daraus generierten Erträge nicht von deutscher Steuer abgeschirmt werden können.

IV. Zusammenfassung

Eine maßgeblich steuerorientierte Wahl des Sitzstaates von Konzerngesellschaften ist nur in bestimmten Bereichen möglich, da die Wahl eines Standortes regelmäßig weitgehend durch die betrieblichen Verhältnisse bestimmt und damit nach betriebswirtschaftlichen Gesichtspunkten entschieden wird. Dies gilt in besonderem Maße für Produktions- und Vertriebsgesellschaften. Die für eine steuerorientierte Entscheidung erforderliche Standortflexibilität findet sich nur in Teilbereichen. Hier sind in erster Linie das Beteiligungsholding und bestimmte Dienstleistungen (vor allem im Finanzdienstleistungsbereich) zu nennen.

Da die Entscheidung für einen ausländischen Standort zugleich eine Entscheidung gegen den inländischen Standort ist und mit dieser Entscheidung eine Verminderung des inländischen Steueraufkommens verbunden ist, versucht der inländische (deutsche) Gesetzgeber, die Entscheidung für einen ausländischen Standort durch gesetzgeberische Gegenmaßnahmen zu beeinflussen. Je höher die Standortflexibilität eines Unternehmens ist, umso eher kommt es zu Reaktionen des Gesetzgebers (da aus seiner Sicht erforderlich).

Steuerorientierte und aus deutscher Fiskalsicht unerwünschte Standortentscheidungen sind aber am wirkungsvollsten durch eine Verbesserung der steuerlichen Rahmenbedingungen des Standorts Deutschland zu vermeiden. Das StSenkG, das UntStFG und die Unternehmensteuerreform 2008 haben insgesamt zu einer Verbesserung dieser steuerlichen Rahmenbedingungen beigetragen.

Laudan

2. Grundlagen der Steuerplanung mit Holdinggesellschaften

von Professor Dr. Wolfgang Kessler, Steuerberater, Freiburg i. Br.[*]

Inhaltsübersicht

A. Problemstellung
B. Gestaltungs- und Standortfaktoren
  I. Gestaltungsziele
  II. Gestaltungsmittel
  III. Holdingspezifischer Standortfaktoren-Katalog
C. Fallbeispiele

I. Participation Exemption Shopping
II. Deduction Shopping
III. Treaty Exemption Shopping/Deferral Shopping/Credit Mix Shopping
IV. (Cross-Border) Group Relief Shopping
V. Tax Rate Shopping
VI. Treaty Shopping

Literatur:

Avi-Yonah, Globalization, Tax Competition, And the Fiscal Crisis of the Welfare State, Harvard Law Review 2000, Vol. 113, May, 1573, 1589; *Bader*, Steuergestaltung mit Holdinggesellschaften, 2. Auflage, Herne 2007; *Bardet/Charveriat/Gouthie're/Janin*, Les holdings – Guide juridique et fiscal, Paris 1991, No. 1296 f.; *Becker/Fuest*, Tax Competition – Greenfield Investment versus Mergers and Acquisitions, Cologne 2007,; *Bendlinger*, Die Holdinggesellschaft im Fadenkreuz der Finanzverwaltung, Österreichische Steuerzeitung 2007, 593 ff.; *Böckli*, Die Verweigerung der Steuergutschrift gegenüber Steuerausländern nach der deutschen Körperschaftsteuerreform 77 aus der Sicht eines Vertragsstaates, StuW 1979, 1; *Bogenschütz/Kraft*, Konzeptionelle Änderungen der erweiterten Hinzurechnungsbesteuerung und Verschärfungen im Bereich der Konzernfinanzierungseinkünfte durch das StMBG, IStR 1994, 153 ff.; *Böhme*, Entwicklung der internationalen Organschaft in Dänemark, IStR 1998, 165; *Borstell*, Coordination Centres in Belgien, IWB F. 5 Belgien Gr. 2, 169; *Bullinger*, Die französische Körperschaftsteuergutschrift (Avoir Fiscal) für deutsche Direktinvestitionen nach dem StSenkG, IStR 2001, 46 ff.; *Bush*, Switzerland: Finance Branch Structures, ET 1994, 92; *Conci*, Italien: Anrechnung ausländischer Körperschaftsteuer bei Weiterausschüttung von Auslandserträgen, IStR 1997, 129; *Couret/Martin*, Les socie'tes holdings, Paris 1991; *D'Hont/Souchal*, France's Finance Act for 2001, Tax Planning International Review, Vol. 28, No. 3 (March 2001), 19 ff.; *dies.*, France Matches Germany's Tax Cuts, Tax Planning International Review, Vol. 27, No. 10 (October 2000), 12 ff.; *Debatin*, Die internationalen Basisgesellschaften, DStZ 1994, 9 ff.; *Demenge-Beauchesne*, France aims to win the tax rates race, International Tax Review Vol. 11, No. 10 (November 2000), 25 ff.; *Deutsche Bundesbank*, Die Entwicklung der Kapitalverflechtung der Unternehmen in Deutschland mit dem Ausland von Ende 1998 bis Ende 2001, Deutsche Bundesbank, Monatsbericht Juni 2003, Frankfurt 2003, 51 ff.; *Doernberg*, Amending the OECD Model Treaty and Commentary in Response to Corporate Tax Integration, intertax 1995, 3; *ders.*, International Taxation in a Nutshell, 7. Auflage, St. Paul, Minn. 2007; *Dreßler*, Gewinn- und Vermögensverlagerungen in Niedrigsteuerländer und ihre steuerliche Überprüfung, 4. Auflage, Neuwied 2007; *Ebenroth/Neiss*, Voraussetzungen der steuerlichen Abschirmwirkung für Finanzierungsgesellschaften in den Niederlanden, BB 1990, 145 ff.; *Eicke*, Repatriating US-Profits from Germany – Tax Planning with Holding Companies, 2009, Alphen aan den Rijn; *ders*, Repatriierungsstrategien für U.S.-Investoren in Deutschland – Steuerplanung mit Holdinggesellschaften, 2009, Baden-Baden/München; *Endres/Dorfmueller*, Holdingstrukturen in Europa, PiStB 2001, 94 ff.; *Endres/Dorfmueller/Urse*, Holding Companies – Choosing the right location in Europe, International Tax Report, March 2001, 2 ff. (Part I), April 2001, 5 ff. (Part II); *Endres/Schreiber/Dorfmueller*, Holding companies are key international tax planning tool, International Tax Review 2006, December/January, 46; *Farnschläder/Kahl*, Veräußerungsgewinnbesteuerung bei Teilwertabschreibung durch Rechtsvorgänger, IWB F. 3 Deutschland Gr. 4, 391; *Feteris/Gimbrère/van Muijen*, Holdingstructuren, 1991; *Fink/Richter*, Wegfall der französischen Steuergutschrift "Avoir fiscal" für deutsche Gesellschafter französischer Kapitalgesellschaften, IStR 2001, 1484 ff; *Flämig*, Der Steuerstaat auf dem Weg in den Überwachungsstaat, DStR 2007, Beihefter zu Heft 44/2007, 1 ff.; *Gammie/Brannan*, EC Law Strikes at the UK Corporation Tax – The Death Knell of UK Imputation?, intertax 1995, 389; *Gocke/Baumhoff*, Steuerliche Überlegungen bei der Gründung einer Holdinggesellschft im Ausland, IWB F. 3 Deutschland Gr. 1, 1233 ff.;

---

[*] Direktor des Stiftungslehrstuhls für Betriebswirtschaftliche Steuerlehre an der Albert-Ludwigs-Universität Freiburg i. Br. sowie Partner von Ernst & Young.

Görlich, Ausländerdiskriminierung im Körperschaftsteuerrecht, FR 1978, 367; **Grotherr,** Einheitsbesteuerung von Konzernen in den Niederlanden, IWB F. 5 Niederlande Gr. 2, 225; **ders.,** Konzernbesteuerung in Dänemark, IWB F. 5 Dänemark Gr. 2, 113; **Gundel,** Finanzierungsgestaltungen über das Ausland (Teil I), IStR 1994, 211 ff.; **Günkel/Fischer,** Steuergutschrift auf französische Dividenden nach dem DBA-Frankreich, IWB F. 5 Frankreich Gr. 2, 635; **Günkel/Krüger,** Bericht über die IDW-Steuerfachtagung 1993, 65; **Hackemann/de Bourmont/Rubechi,** Die Auswirkungen des Steuersenkungsgesetzes auf französische Dividendenbezüge im Zusammenhang mit Art. 20 Abs. 1 Buchst. b, bb, DBA-Frankreich, IStR 2001, 578 ff.; **Herzig,** Standortsicherungsgesetz: Gesetzliche Regelung der Gesellschafter-Fremdfinanzierung in § 8a KStG (Teil II), DB 1994, 168 ff.; **ders.,** Globalisierung und Besteuerung, WPg 1998, 280 ff.; **Herzig/Dautzenberg,** Steuergestaltung und Steuerharmonisierung im Binnenmarkt – Folgen der Fusionsrichtlinie und der Mutter/Tochter-Richtlinie, DB 1992, 1 ff.; **Hickley,** Corporations Slow to Adopt Integrated Tax Reporting whilst Multinational Trend Towards Low Tax Regimes Accelerates, Tax Planning International Review 2006, Vol. 33, May 2006, 15; **Hoi Ki Ho/Tze Yiu Lau,** Perspectives on Foreign Direct Investment Location Decisions: What Do We Know and Where Do We Go from Here?, International Tax Journal 2007, Vol. 33, May/June, 39-48; **Joseph,** European holding companies in a changing tax environment, International Tax Journal, Vol. 18, No. 4 (Fall 1992), 1 ff.; **Kessler,** Internationale Organschaft in Dänemark, IStR 1993, 303; **ders.,** Standortvorteile britischer Holdinggesellschaften bei der Weiterausschüttung "steuerfreier" Auslandserträge nach dem neuen FID-Schema, IStR 1994, 530; **ders.,** Holdingstandort Luxemburg, IStR 1995, 11 ff.; **ders.,** Grenzüberschreitende Körperschaft-Gutschriften – Gestaltungsmöglichkeiten nach geltendem Recht, IStR 1995, 405; **ders.,** Die Euro-Holding,München 1996; **ders.,** Überlegungen zur Standortwahl einer Euro-Holding aus steuerlicher Sicht, in: Fischer (Hrsg.), Grenzüberschreitende Aktivitäten deutscher Unternehmen und EU-Recht, Köln 1997; **ders.,** Holdinggesellschaften und Kooperationen in Europa, in: Schaumburg (Hrsg.), Steuerrecht und steuerorientierte Gestaltungen im Konzern, Köln 1998; **Kessler/Dorfmueller,** Gestaltungsstrategien bei internationaler Steuerplanung mit Holdinggesellschaften, PiStB 2001, 177 ff.; **Kessler/Dorfmueller/Schmidt/Teufel,** European Holding Companies in Germany: Partnerships as Attractive Alternatives, TaxNotesint Vol. 23,(3 September 2001), 1217 ff.; **Kessler/Dorfmueller/Schmitt,** Änderungen der Hinzurechnungsbesteuerung durch den Entwurf eines UntStFG, PiStB 2001, 318 ff.; **dies.,** Controlled Foreign Companies – Germany to make fundamental changes, International Tax Report, December 2001, 2 ff.; **Kessler/Eicke,** Germany: Treaty Shop Until You Drop, Tax Notes International 2007, Vol. 46, 377 ff.; **dies.,** Legal, But Unwanted – The German Tax Planning Disclosure Draft, Tax Notes International 2007, Vol. 48, 577 ff. **dies.,** Neue Gestaltungshürden in der Anti-Treaty-Shopping-Regelung des § 50d Abs. 3 EStG, DStR 2007, 781-786; **dies.,** Germany: Treaty Shop Until You Drop, Tax Notes International 2007, Vol. 46, 377-380; **dies.,** Treaty-Shopping – Quo vadis?, IStR 2006, 577-582; Kessler/Eicke, Doppel-Holdingstruktur als Schutz vor der Anti-Treaty-Shopping-Regelung des § 50d Abs. 3 EStG, IStR 2007, 526-530; **dies.,** Germany's Anti-Treaty-Shopping Rule: Two-tier holding meets two-tier approach, Tax Planning International Review 2007, May, 2, 3; **dies.** Zur mittelbaren Entlastungsberechtigung in der Anti-Treaty-Shopping Regelung, Praxis Internationale Steuerberatung 2007, 317-319; **Kilgus,** Die Besteuerung der Effektensubstitutionsgesellschaften, in: Liefmann, Beteiligungs- und Finanzierungsgesellschaften; **Klapdor,** Portfolio-Beteiligungen in Frankreich: Ein interessantes Gestaltungsmodell ab 2001, PiStB 2001, 186 ff.; **Knobbe-Keuk,** Die beiden Unternehmensteuerrichtlinien, EuZW 1992, 336 ff.; **Kraft,** Betriebswirtschaftliche und steuerplanerische Gestaltungsüberlegungen bei Implementierung und Beendigung internationaler Holdingstrukturen, DStR 1999, 1540 ff.; **Lang,** Vermeidung der Doppelbesteuerung und der doppelten Nichtbesteuerung als Auslegungsmaxime für Doppelbesteuerungsabkommen?, in: Haarmann (Hrsg.), Auslegung und Anwendung von Doppelbesteuerungsabkommen, Köln 2004; **ders.,** Is the ECJ Heading in a New Direction?, European Taxation 2006, 421-430; **Langereis/Braekt,** Das Schachtelprivileg im niederländischen Körperschaftsteuergesetz, IWB F. 5 Niederlande Gr. 2, 197 ff.; **Laursen,** Die neue dänische Holdingbesteuerung, IStR 1999, 717 ff.; **Lenz/Gerhard,** Das "Grundrecht auf steueroptimale Gestaltung" – Ist der Regierungsentwurf zu § 42 AO mit der Gestaltungsfreiheit des Steuerpflichtigen vereinbar?, DB 2007, 2429 ff.; **Littich,** Österreich als Domizilstaat internationaler Holdinggesellschaften, RIW 1989, 199 ff.; **Malherbe/Afschrift/de Roeck/RomBouts/Lawton,** Regnalification of Transactions for Tax Purposes under Section 344; § 1 of the Belgian Income Tax Code – Potential Application to Coordination Centers, intertax 1994, 382; **Marquard/Kläs,** Grenzüberschreitende Kooperation von Unternehmen am Beispiel Deutschlands und Luxemburgs, DB 1992, 1951 ff.; **Mayr,** Neuer Mechanismus bei Ausschüttung und Anrechnung der Körperschaftsteuer in Italien, IWB F. 5 Italien Gr. 2, 413; **ders.,** Umsetzung der Mutter-/Tochter-Richtlinie in Italien, IWB F. 5 Italien Gr. 2, 347; **Menck,** "Fremdfinanzierung" als Mehrstaaten-Problem – Rechtszusammenhänge und DBA-Fragen, IStR 1994, 569 ff.; **Moebus,** Veräußerung und Erwerb von ausländischen Kapitalgesellschaften, IWB F. 3 Deutschland Gr. 1, 989 ff.; **ders.,** Auch Konzernsteuerrecht muss EG-konform sein – Anmerkung zum EuGH-Urteil in Sachen Hoechst/Metallgesellschaft, IStR 2001, 250; **Müller-Dott,** Vermögensssteuerliches Schachtelprivileg nach dem deutsch-niederländischen Doppelbesteuerungsabkommen, BB 1988, 1797; **ders.,** Vermögenssteuerliche Schachtelprivileg nach dem deutsch-niederländischen Doppelbesteuerungsabkommen, Anm. zum Urt. des FG Düsseldorf v. 4.11.1988 – 13-K 493/82, BB 1989, 831; **Narraina/Wassermeyer/Viegener/Mayr/Steichen/Doek/Leitner/Kolb/Zschiegner,** Vergleichende Darstellung der steuerlichen Regelungen zur Verrechnung von Gewinnen und Verlusten im Konzern ("Organschaft"), IWB F. 10 International, Gr. 2, 829; OECD-Report, Tax havens, intertax 1987, 124; **Oesch,** Die Holdingbesteuerung in der Schweiz, Zürich 1976, 187 f.; **Offner,** Die Kapitalwirtschaftliche Funktion der Holdinggesellschaften und Investment Trusts unter besonderer Berücksichtigung ihrer Besteuerung, 89; **Rädler,** Fragen aus dem Schumacker-Urteil des EuGH, DB 1995, 793 ff.; **Reuter,** Steuerliche Nachteile mittelbarer Auslandsbeteiligungen, FR 1972, 545; **ders.,** Doppelbesteuerung und Steuervermeidung bei grenzüberschreitender Betätigung – Betriebsstätten, Holdinggesellschaften, Finanzierungsgesellschaften, Dienstleistungszentren, IStR 1993, 512 ff.; **Sass,** Zum Revisionsprotokoll zum deutsch-französischen Doppelbesteuerungsabkommen, AWD 1970, 506 ff.; **ders.,** Die Fusionsrichtlinie und die Mutter/Tochterrichtlinie – Zu den beiden steuerlichen EG-Richtlinien für die grenzüberschreitende Zusammenarbeit, DB 1990, 2340 ff.; **ders.,** Steuerharmonisierung in der EG-Perspektive für eine Harmonisierung der Körperschaftsteuer und der Gewinnermittlung, DB 1993, 113 ff.; **Saur,** Anrechnung ausländischer Steuern nach dem US-Steuerreformgesetz 1986, RIW 1989, 300; **Schaumburg/Jesse,** Die internationale Holding aus steuerrechtlicher Sicht, in: Lutter (Hrsg.), Holding Handbuch, 4. Auflage, Köln 2004; **Scheuchzer,** Zur Notwendigkeit einer Europäisierung der Organschaft, RIW 1995, 35; **Schmidt-Ahrens,** Steuerplanung aus Sicht eines international tätigen Unternehmens, in: Oestreicher (Hrsg.), Internationale Steuerplanung – Beiträge zu einer Ringveranstaltung an der Universität Göttingen im Sommersemester 2003, Herne/Berlin 2005,; **Schnieder,** Die spanische Körperschaftsteuerreform 1995 unter Berücksichtigung der neuen Holding-Regelung, IStR 1997, 68; **Schreiber,** Unternehmensbesteuerung im Europäischen Binnenmarkt, StuW 1994, 240; **Snowden,** A comparison of European Holding Companies, ET 1994, 139 ff.; **Swanick/Leary,** IRS Clarifies the Treatment of U.K. ATC Refunds, Tax Management International Journal 2000, 291 ff.; **Tillmanns,** Frankreich: Einführung der Gruppenbesteuerung (Organschaft), RIW 1988, 275 ff.; **Tulloch,** StÄndG 1992: Die neue Hinzurechnungsbesteuerung im AStG als Instrument der Missbrauchsbekämpfung, DB 1992, 1444; **van Raad,** In a World where Classical and Integration Systems Co-Exist, Article 10 OECD Model should not Disregard the Underlying Corporation Income Tax, intertax 1995, 15; **Wagner,** Steueranreize für Finanzdienstleistungen in Irland, StBp 1991, 1; **Wassermeyer** in: Debatin/Wassermeyer (Hrsg.), DBA – Kommentar zum OECD-Musterabkommen, München.

A. Problemstellung

Sowohl die Entscheidung, ob eine Holding errichtet werden soll, als auch die Frage nach der konkreten Ausgestaltung einer solchen Konzerneinheit werden in starkem Maße von der Struktur und der Höhe der Steuerbelastung beeinflusst. Dies gilt insbesondere für die Zwischenschaltung einer Holding zwischen eine operative Konzerneinheit und die Konzernspitze.[1] Hauptgrund hierfür ist die Tatsache, dass mit der Errichtung einer solchen Zwischenholding (potenziell) eine zusätzliche Besteuerungsebene geschaffen wird.[2] Da der Zwischenholding mindestens eine Konzerneinheit vorgeschaltet und mindestens eine weitere Konzerneinheit nachgeschaltet ist, erhöht sich bei einem derartigen Konzernaufbau die Gefahr der mehrfachen steuerlichen Erfassung desselben wirtschaftlichen Substrats. Grund hierfür ist die prinzipielle Anknüpfung der internationalen Konzernbesteuerung an die zivilrechtliche Rechtsfähigkeit der einzelnen Konzerngesellschaften. Die in einem Konzern verbundenen, rechtlich selbständigen Gesellschaften werden daher – ungeachtet ihrer Zugehörigkeit zu einer übergeordneten Planungs-, Koordinations- und Entscheidungseinheit – grundsätzlich als voneinander unabhängige Steuersubjekte betrachtet (Trennungstheorie). Dementsprechend wird das Einkommen und das Vermögen der einzelnen Konzerngesellschaften im Grundsatz so ermittelt und besteuert, als wäre jede Gesellschaft eine rechtlich und wirtschaftlich selbständige Unternehmung. Das Konzernsteuerrecht basiert damit implizit auf einem Einkommens- und Vermögensbegriff, der sich primär an der

---

[1] Vgl. *Kessler/Dorfmueller*, PIStB 2001, 177 ff.

[2] Vgl. *Kessler*, Die Euro-Holding, 1996, S. 22-36; *Endres/Schreiber/Dorfmüller*, Holding companies are key international tax planning tool, International Tax Review 2006, December/January, 46.

zivilrechtlichen Rechtssubjektqualifikation und nicht an betriebswirtschaftlichen Kriterien orientiert.

Bedingt durch die Zwischenschaltung einer Holding droht somit bei einer Weiterausschüttung der auf der untersten Konzernebene erwirtschafteten Gewinne bis zur Konzernspitze eine steuerliche Erfassung auf allen drei Konzernstufen. Bereits bei einem dreistufigen Konzernaufbau, bestehend aus Grundeinheit (TG), Zwischeneinheit (Holding) und Spitzeneinheit (MG), sind damit insgesamt drei unterschiedliche Besteuerungsebenen und mindestens zwei Ausschüttungsvorgänge zu unterscheiden[3] (vgl. Abb. 1 potenzielle Steuermehrbelastung durch Zwischenschaltung einer Holding):

▶ Im Bereich der Körperschaftsteuer (KSt) sind die von der Grundeinheit erzielten, an die Holding ausgeschütteten und von dort an die Spitzeneinheit weiterausgeschütteten Gewinne nicht nur im körperschaftsteuerlichen Einkommen der Grundeinheit enthalten, sondern erhöhen – zumindest potenziell – in Höhe der entsprechenden Beteiligungserträge auch das körperschaftsteuerliche Einkommen der Holding und der Spitzeneinheit. Im Ergebnis droht damit eine dreifache körperschaftsteuerliche Erfassung desselben wirtschaftlichen Substrats aufgrund der unbeschränkten Steuerpflicht von Grund-, Zwischen- und Spitzeneinheit.

▶ Darüber hinaus droht eine juristische Doppelbesteuerung der Dividendenausschüttungen im Bereich der Quellensteuer (QSt) bei der Holding und bei der Spitzeneinheit, da sowohl auf die Dividendenausschüttung der Grundeinheit an die Holding, als auch bei der Weiterausschüttung von der Holding an die Spitzeneinheit eine Quellensteuer im jeweiligen Quellenstaat für Rechnung der empfangenden Kapitalgesellschaft im Rahmen ihrer beschränkten Steuerpflicht einzubehalten ist.

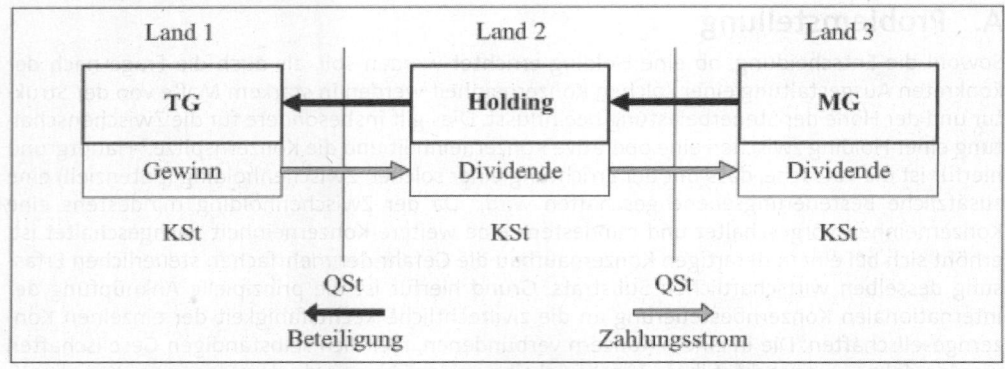

Abb. 1: Potenzielle Steuermehrbelastung durch Zwischenschaltung einer Holding

Durch die Zwischenschaltung einer Holding zwischen Grund- und Spitzeneinheit erhöht sich darüber hinaus auch die Gefahr einer juristischen Doppelbesteuerung von Veräußerungsgewinnen sowie die Gefahr einer indirekten wirtschaftlichen Doppelbesteuerung der auf Ebene der

---

[3] Vgl. grundlegend hierzu *Kilgu*, in: Liefmann, Beteiligungs- und Finanzierungsgesellschaften – Eine Studie über den Effektenkapitalismus, S. 572; *Oesch*, Die Holdingbesteuerung in der Schweiz, S. 187 f.; *Offner*, Die kapitalwirtschaftliche Funktion der Holdinggesellschaften und Investment Trusts unter besonderer Berücksichtigung ihrer Besteuerung, S. 89.

Grundeinheit und/oder der Holding gebildeten offenen und stillen Rücklagen.[4] Wegen der grundsätzlichen Anknüpfung der Besteuerung an die zivilrechtliche Rechtsfähigkeit sind dabei wiederum drei potenzielle Besteuerungsebenen und maximal zwei potenzielle Veräußerungsvorgänge in die Betrachtung einzubeziehen.

Andererseits ergeben sich aus der Anwendung des Trennungsprinzips und der unterschiedlichen Ausgestaltung der jeweiligen Steuersysteme aber auch zahlreiche Ansatzpunkte für steuermindernde und steuervermeidende Gestaltungen (Steuerarbitrage)[5], die erst durch die Zwischenschaltung einer Holding nutzbar gemacht werden können.[6] Zu denken ist dabei etwa an die Reduktion von Quellensteuern durch Treaty Shopping, die mehrfache Berücksichtigung von Verlusten sowie das Steuersatzgefälle im Bereich der internationalen Konzernfinanzierung.[7] Derartige Minderbelastungen sind allerdings regelmäßig nur dann erzielbar, wenn die aus der Gestaltung drohenden unerwünschten "Nebenwirkungen" in Form der zuvor beispielhaft aufgezeigten (potenziellen) Mehrbelastungen durch gezielte Maßnahmen zur Vermeidung bzw. Milderung einer juristischen und wirtschaftlichen Doppelbesteuerung vermieden werden.[8] Hauptursachen für die Minderbesteuerung sind – abgesehen von dem relativ seltenen Fall der Besteuerung nach dem Territorialitätsprinzip – das zwischenstaatliche Steuergefälle sowie die bestehenden Systemunterschiede und die (bewusst) lückenhafte Abstimmung im Bereich der Maßnahmen zur Vermeidung bzw. Milderung von Mehrfacherfassungen auf unilateraler, bilateraler und supranationaler Ebene.[9] Die daraus resultierenden Steuerbelastungsdifferenzen bilden aus steuerplanerischer Sicht einen starken Anreiz zur Verlagerung vorhandener und/oder künftiger Steuersubstanz zwischen den verschiedenen Steuerhoheiten.[10] Derartige Steueranreize werden deshalb nicht selten auch als Mittel der staatlichen Steuerpolitik im internationalen

---

[4] *Doernberg*, International Taxation in a Nutshell, 2007, § 1.04. Über die Rolle und den Zweck von Doppelbesteuerungsabkommen zur Vermeidung von Doppelbesteuerungen *Lang*, Vermeidung der Doppelbesteuerung und der doppelten Nichtbesteuerung als Auslegungsmaxime für Doppelbesteuerungsabkommen?, in: Haarmann, Auslegung und Anwendung von Doppelbesteuerungsabkommen, 2004, S. 83-99.

[5] Vgl. zu diesem Begriff *Haas*, Neue Betriebswirtschaft (NB) 1961, 99; *Herzig*, Wpg 1998, 280 ff; *Larking*, IBFD International Tax Glossary, 4th ed., 2001, S. 20: "[...] arbitrage generally refers to a transaction or arrangement which exploits differences in tax rules, such as those relating to tax rates, income qualification, or timing. For example, obtaining a tax deduction on borrowings in a high tax country and arranging for the proceeds to be invested by a related party in a low tax country at a correspondingly lower rate of tax, effects an arbitrage between the two countries' respective tax systems." Ferner, *Kessler/Dorfmüller*, Gestaltungsstrategien bei internationaler Steuerplanung mit Holdinggesellschaften, Praxis Internationale Steuerberatung 2001, 177; *Dreßler*, Gewinn- und Vermögensverlagerungen in Niedrigsteuerländer und ihre steuerliche Überprüfung, 2007, S. 29-32.

[6] Vgl. z. B. *Fischer/Warneke*, Internationale Betriebswirtschaftliche Steuerlehre, S. 368 ff.; *Haas*, NB 1961, 100; *Kormann*, Die Steuerpolitik der internationalen Unternehmung, S. 234 ff.; *Endres/Dorfmueller*, PIStB 2001, 94 ff. Ausführlich zur Problematik der Minderbesteuerung vgl. *Burmester* in: Burmester/Endres, FS Debatin zum 70. Geburtstag, S. 55; *Endres/Schreiber/Dorfmueller*, Holding companies are key international tax planning tool, International Tax Review 2006, December/January, 46.

[7] Ausführlich hierzu *Kessler*, Die Euro-Holding-Steuerplanung, Standortwahl, Länderprofile, S. 52 ff.; *Endres/Dorfmueller/Urse*, International Tax Report 2001, March, 2 ff.; *dies.*, International Tax Report 2001, April, 5 ff.; *Kessler/Dorfmueller/Schmidt/Teufel*, TaxNotesint, Vol. 23 (3 September 2001), 1217 ff.

[8] Vgl. *Rose*, Grundzüge des Internationalen Steuerrechts, S. 52.

[9] Vgl. *Kluge*, Das Internationale Steuerrecht, S. 37 f.; *Rose* a. a. O. (oben Fn. 7), S. 52 f.; *Schaumburg*, Internationales Steuerrecht, S. 594.

[10] Vgl. *Jacobs*, Internationale Unternehmensbesteuerung, S. 631.

Wettbewerb der Steuersysteme eingesetzt, um Investitionskapital in das jeweilige Land zu lenken.[11]

Die hier nur kursorisch aufgezeigten potenziellen Steuermehr- und Steuerminderbelastungen von Holdingstrukturen führen dazu, dass die Steuerkomponente in der Praxis regelmäßig einen gewichtigen Einfluss auf die Entscheidung für oder gegen die Errichtung einer Holding hat. Eine vollständige Analyse des Entscheidungsfelds unter Einbeziehung der Steuerwirkungen wird dabei vielfach zu dem Ergebnis führen, dass neben einer Reihe außersteuerlicher Gründe, wie politische Stabilität und positives wirtschaftliches Klima, geringe gesetzliche oder administrative Auflagen, gute Infrastruktur, hohe Qualität an Beratungsleistungen etc. auch steuerliche Aspekte für die Zwischenschaltung einer Holding sprechen.[12] Ebenso gut denkbar ist aber auch der Fall, dass trotz beachtlicher außersteuerlicher Vorteile die steuerlichen Nachteile einer Holding überwiegen. Welcher dieser beiden Fälle vorliegt, hängt primär davon ab, ob das Steuerrecht im Sitzstaat der Holding derartige Gestaltungen begünstigt. Darüber hinaus kommt es entscheidend darauf an, ob die Zwischenschaltung einer Holding in dem betreffenden Land durch den Heimatstaat der Spitzeneinheit steuerlich anerkannt wird. Die Frage nach den Steuerwirkungen einer Zwischenholding ist daher in erster Linie eine Frage nach dem Holdingstandort.[13] Die Bedeutung der standortabhängigen Besteuerung wird dabei zusätzlich durch den Umstand verstärkt, dass Holdinggesellschaften im Unterschied zu Produktionsgesellschaften eine hohe steuerliche Standortelastizität aufweisen, weil der Kreis der als Standort in Betracht zu ziehenden Länder durch außersteuerliche Einflussfaktoren nur wenig beschränkt wird und die Transaktionskosten eines Standortwechsels regelmäßig nicht ins Gewicht fallen.[14]

Das zentrale Problem der grenzüberschreitenden Steuerplanung mit Holdinggesellschaften besteht damit darin, einen geeigneten Standort für die Zwischeneinheit zu finden. Diese Aufgabe bereitet allerdings erhebliche Schwierigkeiten, weil es sich um ein komplexes und schlecht strukturiertes Entscheidungsproblem handelt, das theoretisch noch wenig erforscht ist.[15] Die Praxis muss sich deshalb häufig mit suboptimalen Gestaltungsrezepten behelfen, die auf der Basis eines Informationsdefizits ausgearbeitet werden. Nicht selten wird dabei "das Wissen um eine zweckentsprechende Gestaltungsmöglichkeit durch den Glauben an ein vermeintlich passendes Lösungsrezept ersetzt".[16]

---

[11] Siehe *Deutsche Bundesbank*, Die Entwicklung der Kapitalverflechtung der Unternehmen in Deutschland mit dem Ausland von Ende 1998 bis Ende 2001, in: Deutsche Bundesbank, Monatsbericht Juni 2003, 2003, S. 51, 63.

[12] Vgl. *Endres/Dorfmueller/Urse*, International Tax Report 2001, March, 2 ff.

[13] Vgl. z. B. *Couret/Martin*, Les societe's holdings, S. 30; *Fischer* in: FS P. Scherpf, S. 301 ff.; *Fischer/Warneke*, a. a. O. (oben Fn. 5), S. 279; *Günkel/Krüger*, Bericht über die IdW-SteuerFachtagung 1993, S. 65.

[14] *Kessler*, Holdinggesellschaften und Kooperationen in Europa, in: Schaumburg, Steuerrecht und steuerorientierte Gestaltungen im Konzern, 1998, S. 177, 182; *Becker/Fuest*, Tax Competition - Greenfield Investment versus Mergers and Acquisitions, 2007.

[15] Verstärkte Forschungsanstrengungen in diesem Bereich haben in allerdings jüngster Zeit zu zahlreichen Neuerscheinungen geführt: *Bader*, Steuergestaltung mit Holdinggesellschaften; *Bremer*, Der Holdingstandort Bundesrepublik Deutschland; *Fohr*, Besteuerungskonzept für Holdinggesellschaften; *Hintzen*, Die deutsche Zwischenholding als Gegenstand der internationalen Steuerplanung; *Kessler* a. a. O. (oben Fn. 6).

[16] *Haas*, NB 1961, 97. Wertvolle Hilfestellung für die praktische Steuerplanung bietet vor allem die kontinuierlich aktualisierte "COMTAX Platform for International Tax Planning" in der Version 9.0 für Windows der Comtax AB, Helsingborg, Schweden.

B. Gestaltungs- und Standortfaktoren

I. Gestaltungsziele

Das Kernproblem der Bestimmung des bzw. der am besten geeignete(n) Holdingstandort(e) ergibt sich aus der Tatsache, dass die steuerlichen Vor- und Nachteile relativ ungleich auf die einzelnen Länder verteilt sind.[17] So etwas wie "den" universell geeigneten und damit idealen Holdingstandort gibt es daher nicht. Welcher Standort im konkreten Fall situativ am geeignetsten erscheint, hängt vielmehr allein von den individuellen Verhältnissen des einzelnen Falls ab.[18] Um den bzw. die für den Einzelfall geeignetsten Standort(e) für eine Holding bestimmen zu können, muss der Entscheidungsträger zahlreiche Daten sammeln und verarbeiten.[19] Neben der Vielzahl der zu beachtenden nationalen Rechtsvorschriften, zwischen denen überdies vielfältige Dependenzen und Interdependenzen bestehen, wird die Entscheidungsfindung insbesondere durch die Vielfalt der individuellen Gestaltungsziele, Gestaltungsfaktoren und Ausgangsdaten sowie deren kombinatorischen Verknüpfungen erschwert.[20] Angesichts der Fülle notwendiger Informationen liegt es nahe, sich bei der Gestaltungssuche zunächst auf einzelne, im konkreten Fall besonders wichtig erscheinende Gestaltungsaspekte zu konzentrieren. Die Entscheidungsfindung wird hierdurch erheblich erleichtert, da es zunächst "nur" noch darum geht, die im Hinblick auf das jeweils relevante Subziel geeigneten Standorte herauszufiltern. Je nach Gewichtung der einzelnen Ziele kann der Entscheidungsträger im Anschluss an eine solche Suboptimierung aus der so gewonnenen Übersicht über die möglichen Standortalternativen Schritt für Schritt den bzw. die für seine individuelle Entscheidungssituation insgesamt am besten geeigneten Standort(e) auswählen.[21] Diese Entscheidung setzt abgesehen von der Festlegung der individuellen Zielstruktur auch voraus, dass die zur Umsetzung dieser Ziele erforderlichen Gestaltungsmittel bekannt sind.

---

[17] Die Wahl des richtigen Investitions- und Holdingstandortes ist Gegenstand von zahlreichen Abhandlungen. Einen guten Überblick geben *Hoi Ki Ho/Tze Yiu Lau*, Perspectives on Foreign Direct Investment Location Decisions, International Tax Journal 2007, Vol. 33, May/June, 39-48. Über den Einfluss von Steuern auf diese Entscheidungen, *Becker/Fuest*, Tax Competition – Green Investment versus Mergers and Acquisitions, 2007, S. 1-2.

[18] Zu den steuerlichen Grundfragen der Implementierung internationaler Holdingstrukturen *Kraft*, DStR 1999, 1540.

[19] *Kessler/Eicke*, Legal, But Unwanted – The German Tax Planning Disclosure Draft, Tax Notes International 2007, Vol. 48, 577, 582; *Flämig*, Der Steuerstaat auf dem Weg in den Überwachungsstaat, DStR 2007, Beihefter zu Heft 44/2007, 1, 7-8; *Lenz/Gerhard*, Das "Grundrecht auf steueroptimale Gestaltung", DB 2007, 2429, 2434, 2430; *Schmidt-Ahrens*, Steuerplanung aus Sicht eines international tätigen Unternehmens, in: Oestreicher, Internationale Steuerplanung, 2005, S. 143, 147; *Dreßler*, Gewinn- und Vermögensverlagerungen in Niedrigsteuerländer und ihre steuerliche Überprüfung, 2007, S. 1.

[20] Siehe *Hickley*, Multinational Trend Towards Low Tax Regimes Accelerates, Tax Planning International Review 2006, Vol. 33, May 2006, 15. Ferner beschreibt *Avi-Yonah*, Globalization, Tax Competition, And the Fiscal Crisis of the Welfare State, Harvard Law Review 2000, Vol. 113, May, 1573, 1589 anhand des Beispiels *Intel*, auf welche steuerlichen Anreize multinationale Unternehmen reagieren.

[21] Beispielhaft für dieses Vorgehen auf der Basis einer Punktrechnung (Scoring-Modell), Eicke, Repatriating US-Profits from Germany – Tax Planning with Holding Companies, 2009, S. 144 ff.; Eicke, Repatriierungsstrategien für U.S.-Investoren in Deutschland – Steuerplanung mit Holdinggesellschaften, 2009, S. 180; *Jacobs* a. a. O. (oben Fn. 9), S. 791 ff.

Kessler

II. Gestaltungsmittel

Steuersystematisch gesehen führt der mit der Errichtung einer Zwischenholding verbundene Substitutionseffekt (vgl. hierzu Abb. 1) zur Übertragung von Einkunftsquellen auf ein weiteres Steuersubjekt, das bei Bedarf zusätzlich in den Prozess der Einkommenserzielung eingeschaltet werden kann. Diese potenzielle zusätzliche Besteuerungsebene kann für ertragsteuerlich motivierte Gestaltungsmaßnahmen in zweifacher Weise genutzt werden:[22]

▶ Als komplementäre Besteuerungsebene, die – temporär – neben Grund- und Spitzeneinheit tritt, um aus der Sicht des Gesamtkonzerns auf der Ebene der Grundeinheit bereits realisierte Einkünfte (post-tax income) entweder zeitnah auf die Ebene der Spitzeneinheit zu transferieren oder – vorübergehend – auf der Ebene der Holding zu thesaurieren (Repatriierungsstrategien).

▶ Als originäre Besteuerungsebene, die – temporär – an die Stelle der Grund- oder Spitzeneinheit tritt, um aus der Sicht des Gesamtkonzerns noch nicht realisierte Einkünfte (pre-tax income) als erstes Glied in der Kette zu realisieren (Allokationsstrategien).

Beide Gestaltungsstrategien[23], die bei Bedarf auch miteinander kombiniert werden können, sollen im Folgenden näher analysiert und exemplifiziert werden.

1. Gestaltung des konzerninternen Einkommenstransfers: Repatriierungsstrategien

Steuersystematisch betrachtet fungiert die Holding bei den Repatriierungsstrategien[24] – zumindest bei langfristiger Betrachtung – lediglich als komplementäres Einkünfteerzielungssubjekt, das zusätzlich neben Grund- und Spitzeneinheit in den Prozess der Einkommenserzielung einbezogen wird. Bedingt durch die Zwischenschaltung der Holding durchlaufen die originär von der Grundeinheit am Markt erwirtschafteten Einkünfte auf dem Weg zur Spitzeneinheit eine weitere Stufe und vergrößern damit tendenziell die Summe der potenziell steuerpflichtigen Einkünfte des Gesamtkonzerns (Kaskadeneffekt).[25] Trotz der Einbeziehung eines zusätzlichen Einkünfteerzielungssubjekts verändert sich der ökonomische Gewinn des Gesamtkonzerns daher im Ergebnis jedoch nicht. Dies gilt unabhängig davon, ob die Holding einen zusätzlichen potenziell steuerpflichtigen Ertrag erzielt oder ob die von der Holding erzielten Erträge konzernintern durch entsprechende Aufwendungen einer anderen Konzerneinheit kompensiert werden. Vielmehr ändert sich lediglich die intersubjektive Zurechnung und u. U. das Volumen der konzernintern erzielten Einkünfte, wodurch sich – indirekt – Rückwirkungen auf die Höhe der steuerwirksamen Erträge und Aufwendungen des Gesamtkonzerns ergeben können. Die Repatriierungsstrategien tangieren damit nicht die Höhe der konzernextern erzielten Einkünfte, sondern ausschließlich die Gestaltung des konzerninternen Einkommenstransfers.

---

[22] Vgl. zum Folgenden auch *Kessler* a. a. O. (oben Fn. 6), S. 82 ff.

[23] Zur Verwendung des militärwissenschaftlichen Begriffs "Strategie" zur Kennzeichnung zielbezogener steuerlicher Vorgehensweisen vgl. *Wacker*, StbJb 1975/76, S. 391.

[24] Eicke, Repatriating US-Profits from Germany – Tax Planning with Holding Companies, 2009, S. 63 ff.; Eicke, Repatriierungsstrategien für U.S.-Investoren in Deutschland – Steuerplanung mit Holdinggesellschaften, 2009, S. 100 ff.

[25] Vgl. zu diesem Terminus *Autenne*, Journal des tribunaux 1992, 243; *Joseph*, International Tax Journal, Vol. 18, No. 4 (Fall 1992), S. 4. Zu diesem Begriff im Zusammenhang mit der Problematik der Gesellschafter-Fremdfinanzierung i. S. d. § 8a KStG bei verbundenen Unternehmen vgl. *Herzig*, DB 1994, 173. Ebenso *Joseph*, European holding companies in a changing tax environment, International Tax Journal, Vol. 18, No. 4 (Fall 1992), 1, S. 4; *Kessler*, Holdinggesellschaften und Kooperationen in Europa, in: Schaumburg, Steuerrecht und steuerorientierte Gestaltungen im Konzern, 1998, S. 177, 191; *Bader*, Steuergestaltung mit Holdinggesellschaften, 2007, S. 131-132

Derartige Gestaltungen sind daher nur dann sinnvoll, wenn die Zwischenholding in einem Staat ansässig ist, der die entsprechenden Erträge im Ergebnis nicht oder nur gering besteuert[26] und die auf der verlängerten Dividendenroute insgesamt anfallenden Quellensteuern – zuzüglich einer ggf. erhobenen Ausschüttungskörperschaftsteuer – niedriger sind als bei unmittelbarer Ausschüttung. Je nachdem, ob die von der Grundeinheit erzielten Einkünfte – mittelbar über die Holding – in unveränderter oder veränderter Form und/oder zeitnah oder zeitlich versetzt an die Spitzeneinheit weitergeleitet werden, lassen sich dabei drei konkrete Repatriierungstechniken unterscheiden:[27]

► Umleitung von Einkünften[28]
► Umformung von Einkünften[29]
► Temporäre Abschirmung von Einkünften.[30]

a) Umleitung von Einkünften

Bei der Umleitung von Einkünften verlängert sich aus der Sicht der Spitzeneinheit im Ergebnis lediglich die Transferroute, da die Einkünfte nicht direkt von der Grundeinheit zur Spitzeneinheit fließen, sondern über die Holding umgeleitet werden.[31] Typisches Beispiel für eine solche Umleitung von Einkünften ist die Vereinnahmung und frühestmögliche Weiterausschüttung von Dividenden über eine Zwischenholding (vgl. hierzu auch Abb. 2). Der wohl bekannteste praktische Anwendungsfall hierfür ist die in der Literatur unter dem Schlagwort "Treaty Shopping"[32] bzw. "Directive Shopping"[33] diskutierten Gestaltungen, mit der die bei einer direkten Ausschüt-

---

[26] Neben sachlichen und subjektiven Steuerbefreiungen – z. B. in der Form eines Schachtelprivilegs – ist dabei auch an faktische "Steuerbefreiungen" etwa aufgrund eines bestehenden Verlustvortrags und eine Minderung der ertragsteuerlichen Bemessungsgrundlagen durch Abzug von (nahezu) betragsgleichen Betriebsausgaben – wie z. B. (Re-)Finanzie-rungskosten – zu denken.

[27] Ähnlich auch *Spruyt*, "Base Companies" Fiscaaljuridische Analyse, S. 117 ff., der zwischen "omvorming" und "omleiding van inkomen" sowie dem "uitstel van belasting" differenziert. Ebenso *Kessler*, Überlegungen zur Standortwahl einer Euro-Holding aus steuerlicher Sicht, in: Fischer, Grenzüberschreitende Aktivitäten deutscher Unternehmen und EU-Recht, 1997, S. 130,138.

[28] Ähnlich auch *Kormann* a. a. O. (oben Fn. 5), S. 240. In der englischsprachigen Literatur werden derartige Gestaltungen vielfach als "direct conduit" bezeichnet.

[29] Diese Gestaltungstechnik wird insb. in der englischsprachigen Literatur als "secondary sheltering" bzw. "stepping stone conduit" oder "rule shopping" (*Vogel*, DBA-Kommentar, Einl. Anm. 110 a. E.) bezeichnet. Siehe *Schaumburg/Jesse*, Die internationale Holding aus steuerrechtlicher Sicht, in: Lutter, Holding Handbuch, 2004, S. 847, 857 (Rn. 20).

[30] In der englischsprachigen Literatur wird diese Gestaltungstechnik als "primary sheltering" bezeichnet.

[31] Ähnlich auch *Spruyt* a. a. O. (oben Fn. 20), S. 122.

[32] Im OECD-Bericht über Steueroasen werden derartige Gestaltungen wie folgt charakterisiert: "... a taxpayer searches for a country with a favourable network of treaties in order to set up a legal structure that would indirectly enable him to take advantage of a convention with a third state which otherwise would not have applied" OECD-Report, Tax havens, intertax 1987, 124. *Kessler/Eicke*, Germany: Treaty Shop Until You Drop, Tax Notes International 2007, Vol. 46, 377; *Bendlinger*, Die Holdinggesellschaft im Fadenkreuz der Finanzverwaltung, Österreichische Steuerzeitung 2007, 593-597.

[33] Vgl. zu diesem Begriff, der die quellensteuerfreie Umleitung von Dividendenausschüttungen nach der Mutter-/Tochterrichtlinie in den EU-Staat mit dem günstigsten Quellensteuersatz für die Weiterausschüttung an eine nicht in der EU ansässige Muttergesellschaft charakterisiert, *Knobbe-Keuk*, Bilanz- und Unternehmenssteuerrecht, S. 347 f.

tung an die Spitzeneinheit anfallende Quellensteuer reduziert oder u. U. sogar ganz vermieden werden kann.[34]

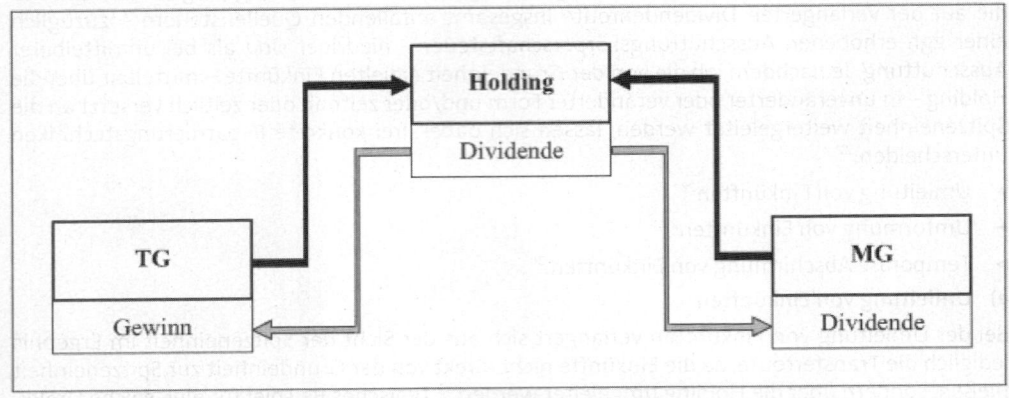

Abb. 2: Umleitung von Einkünften

Die Umleitung von Einkünften kann darüber hinaus insbesondere als Instrument zur Minderung bzw. Vermeidung von Anrechnungsüberhängen durch Mischung unterschiedlich hoch mit Körperschaft- und Quellensteuer vorbelasteter Ausschüttungen auf der Ebene der Holding eingesetzt werden (mixer company), sofern der Staat, in dem die Spitzeneinheit ansässig ist, eine direkte und indirekte Steueranrechnung auf der Basis des sich rechnerisch ergebenden Durchschnittssteuersatzes gewährt.[35]

Weitere Anwendungsfälle für die steuerorientierte Umleitung von Einkünften sind die Nutzbarmachung von gespaltenen Körperschaftsteuersätzen[36] und von (grenzüberschreitenden) Körperschaftsteuer-Gutschriften durch Umleitung des Dividendenstroms über Zwischen-Holdinggesellschaften in Ländern, die entweder – allein aufgrund ihrer Ansässigkeit im Steuerausland – nach nationalem Recht des Quellenstaats von einem niedrigeren Körperschaftsteuersatz für Gewinnausschüttungen profitieren (positiver Ausländereffekt) oder nach einem DBA Anspruch auf eine Körperschaftsteuer-Gutschrift haben und diesen Vorteil – im Wesentlichen unvermindert – weitergeben können.[37] Der praktische Anwendungsbereich für derartige Gestaltungen ist allerdings durch die Abschaffung des Körperschaftsteueranrechnungssystems in Deutschland und der Advance Corporation Tax (ACT)-Erstattung in Großbritannien stark eingeschränkt worden.[38]

b) Umformung von Einkünften

Anders als bei der bloßen Umleitung von Einkünften verändert sich bei den Umformungsgestaltungen auch die steuerliche Qualifikation der Einkünfte, da die Holding die von ihr vereinnahmten Einkünfte nicht einfach weiterleitet, sondern z. B. in Einkünfte einer anderen Einkunftsart

---

[34] Vgl. z. B. *Gundel*, IStR 1994, 211 ff.; *Jacobs* a. a. O. (oben Fn. 9), S. 774 f.; *Littich*, RIW 1989, 199 ff., 204; *Menck*, IStR 1994, 569 ff., *Rädler*, Management International Review (MIR), Vol. 9 (1969), 96 f.

[35] Vgl. z. B. *Fischer* a. a. O. (oben Fn. 11), S. 304; *Jacobs* a. a. O. (oben Fn. 9), S. 785 ff.

[36] Vgl. hierzu nach altem deutschen Körperschaftsteuerrecht *Haas/Bacher/Scheuer*, Steuerliche Gestaltung internationaler Geschäftsbeziehungen, S. 30 f.

[37] Vgl. *Tomsett*, United Kingdom, CDFI LXXVIIb (1992), 596; s. a. *Kessler*, Strategist 3/1994, 2.

[38] Vgl. *Swanick/Leary*, Tax Management International Journal 2000, 291 f.

transformiert.[39] Ein typisches Beispiel hierfür ist die Vergabe von verzinslichen Gesellschafterdarlehen seitens der Zwischenholding. Hierdurch werden bereits auf der Ebene der Grundeinheit Gewinnausschüttungen in Zinsaufwand umgeformt, während die damit korrespondierenden Zinserträge der Holding dann als Dividenden an die Spitzeneinheit weiterausgeschüttet werden können (vgl. hierzu Abb. 3). Als konkretes Gestaltungsziel für eine solche Umformung von Gewinnausschüttungen in Zinsen kommt neben der Minderung bzw. Vermeidung von Quellensteuern durch Zwischenschaltung einer Holding in einem Land, das keine oder nur eine sehr geringe Quellensteuer auf Zinsen erhebt[40], insbesondere die Generierung von Erträgen in Niedrigsteuerländern[41] sowie die Nutzung von innerstaatlichen Körperschaftsteuer-Gutschriften in Betracht.[42]

Derartige Gestaltungen sind allerdings – wie bereits eingangs dargelegt – grundsätzlich nur dann sinnvoll, wenn die korrespondierenden Zinserträge – auf der Ebene der Holding und aller nachgelagerten Zwischeneinheiten – nicht oder nur gering mit Körperschaft- und Quellensteuer belastet werden.[43] Darüber hinaus sollte sichergestellt sein, dass Dividendenausschüttungen auf der Ebene der Spitzeneinheit – sofern diese in einem Freistellungsland ansässig ist – tatsächlich (weitgehend) von der Besteuerung freigestellt sind bzw. – soweit die Spitzeneinheit in einem Anrechnungsland ansässig ist – dort keiner höheren Körperschaftsteuer unterliegen als im Quellenstaat.

---

[39] Eicke, Repatriating US-Profits from Germany – Tax Planning with Holding Companies, 2009, S. 20; Eicke, Repatriierungsstrategien für U.S.-Investoren in Deutschland – Steuerplanung mit Holdinggesellschaften, 2009, S. 47. Vgl. zur Kreditsubstitution durch die Zwischenschaltung einer Holding grundlegend *Keller*, Unternehmensführung mit Holdingkonzepten, S. 84 f; *Wassermeyer* in: Debatin/Wassermeyer, DBA, Rn. 68.

[40] Vgl. hierzu z. B. *Fischer*, a. a. O. (oben Fn. 11), S. 302 f.; *Littich*, RIW 1989, 205 f.; *Rädler*, MIR, Vol. 9 (1969), 102; *Winandy*, TPI, Vol. 21, No. 8 (August 1994), 21.

[41] Vgl. hierzu insb. *Browne*, TPI, Vol. 17, No. 2 (February 1990), 21; *Golub/Henderson*, Taxes, Vol. 67 (1989), 928 f.; *Gundel*, IStR 1994, 215 ff.; *Malherbe/Afschrift/de Roeck/RomBouts/Lawton*, intertax 1994, 382 sowie *Menck*, IStR 1994, 573, 575, der diese Gestaltungen als Gabelkonstruktionen bezeichnet.

[42] Vgl. *Jacobs* a. a. O. (oben Fn. 9), S. 784 f. Voraussetzung hierfür ist allerdings, dass das jeweilige nationale Recht eine Erstattung der Körperschaftsteuer-Gutschrift vorsieht, was z. Zt. nur in Italien, nicht aber in Frankreich und Großbritannien möglich ist, weil die Körperschaftsteuer-Gutschrift hier nur bei einer Weiterausschüttung als Dividende angerechnet werden kann (Frankreich) bzw. Beteiligungserträge aus inländischen Tochtergesellschaften bei der Ermittlung des körperschaftsteuerlichen Einkommens der Muttergesellschaft außer Ansatz bleiben (Großbritannien).

[43] Günstige Bedingungen hierfür bieten neben belgischen Koordinationszentren, die – vorbehaltlich einer Mindestbesteuerung von z. Zt. regelmäßig 4 Mio. bfrs. p. a. – nach einer speziellen cost-plus-Methode besteuert werden, bei der allerdings Personal- und Refinanzierungskosten nicht in die Bemessungsgrundlage eingehen (vgl. hierzu z. B. *Borstell*, IWB F. 5 Belgien Gr. 2 S. 169; *Gundel*, IStR 1994, 216 f.), und Irish Financial Services Centers, die einem besonderen Körperschaftsteuersatz von 10 % unterliegen (vgl. *Gundel*, IStR 1994, 217; *Tulloch*, DB 1992, 1444; *Wagner*, StBp 1991, 1), insb. schweizerische Finanzierungsbetriebsstätten, deren Erträge in der Schweiz – je nach Kanton – einer effektiven Ertragsteuerbelastung von ca. 1 % – 4 % unterliegen, während die entsprechenden Erträge auf der Ebene des Stammhauses entweder ganz freigestellt sind (z. B. Luxemburg) oder bei einer z. B. auf 15 % reduzierten Bemessungsgrundlage (Niederlande) dem Regeltarif der Körperschaftsteuer unterliegen, was zu einer effektiven Gesamtsteuerbelastung von ca. 7 % führt (vgl. hierzu ausführlich *Bush*, ET 1994, 92 und *Gundel*, IStR 1994, 215 f.; s. a. *Jacobs*, a. a. O. [oben Fn. 9], S. 844 ff. (849). Sofern sich die Spitzeneinheit über einen Kredit refinanziert, führen diese Gestaltungen tendenziell zu einem (mindestens) zweifachen steuerwirksamen Abzug von Finanzierungskosten (double dip), dem – innerhalb des Konzerns – lediglich ein niedrig besteuerter Ertrag gegenübersteht.

```
    ┌─────────┐
    │ Holding │
    │ Gewinn  │
    └─────────┘
   ↗           ↖
┌──────┐     ┌──────┐
│  TG  │     │  MG  │
│Zinsen│ ←→  │Dividende│
└──────┘     └──────┘
```

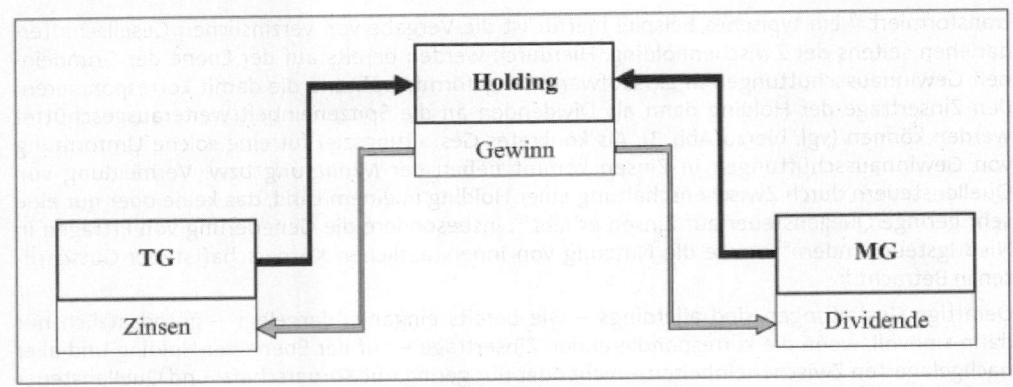

Abb. 3: Umformung von Einkünften

Weitere klassische Anwendungsfälle für Umformungsgestaltungen sind die Umformung nicht schachtelprivilegierter Beteiligungserträge in privilegierte Beteiligungserträge durch Zwischenschaltung einer (Landes-)Holding in einem Staat mit einer weitergehenden unilateralen Beteiligungsertragsbefreiung[44] bzw. mit einem DBA, das statt der Anrechnungsmethode eine Freistellung von Beteiligungserträgen vorsieht[45], sowie die Nutzbarmachung von Qualifikationskonflikten zwecks Vermeidung von Quellensteuern und/oder der Verwertung von bestehenden Anrechnungsüberhängen. Interessante Ansatzpunkte hierfür ergeben sich beispielsweise für U.S.-amerikanische Muttergesellschaften aus der unterschiedlichen Qualifikation einer konzerninternen Beteiligungsveräußerung nach dem Recht des Ansässigkeitsstaats der betreffenden Tochtergesellschaft und nach amerikanischem Recht. Nach sec. 304 IRC wird die Veräußerung der Beteiligung an einer ausländischen Tochtergesellschaft durch eine U.S.-amerikanische Spitzeneinheit an eine andere ausländische Tochtergesellschaft[46] unter bestimmten Voraussetzungen als Dividendenausschüttung der erwerbenden und/oder der erworbenen Tochter an die Spitzeneinheit qualifiziert. Da die Zahlung des Kaufpreises durch die Holding nach dem jeweiligen nationalen Recht grundsätzlich nicht der Quellensteuer unterliegt, können die Gewinne der Grundeinheit auf diese Weise im Ergebnis quellensteuerfrei repatriiert werden. Darüber hinaus kann hierdurch ein auf der Ebene der Spitzeneinheit ggf. bestehender Anrechnungsüberhang genutzt werden.[47]

c) Temporäre Abschirmung von Einkünften

Bei der temporären Abschirmung von Einkünften wird der Einkommenstransfer auf Ebene der Holding – vorübergehend – unterbrochen, weil sie die von der Grundeinheit empfangenen Einkünfte nicht unmittelbar an die Spitzeneinheit weiterleitet, sondern thesauriert und reinvestiert (vgl. hierzu auch Abb. 4[48]). Diese Gestaltung ist vor allem aus der Sicht von Muttergesellschaften

---

[44] Vgl. *Fischer* a. a. O. (oben Fn. 11), S. 289.
[45] Vgl. *Fischer* a. a. O. (oben Fn. 11); s. a. *Müller*, HdU Tz. 104.
[46] Beispielsweise an eine eigens hierfür errichtete Zwischenholding.
[47] Vgl. hierzu z. B. *Bogenschütz/Hammer/James*, International Tax Review, Vol. 16 No. 2 (March/April 1990), 4–6; *Dolan*, Taxes, Vol. 67 (1989), 874 f.; *Tretiak*, International Tax Journal, Vol. 19, No. 1 (Winter 1993), 77.
[48] *Eicke*, Repatriating US-Profits from Germany – Tax Planning with Holding Companies, 2009, S. 16 ff.; *Eicke*, Repatriierungsstrategien für U.S.-Investoren in Deutschland – Steuerplanung mit Holdinggesellschaften, 2009, S. 41 ff. Zum Begriff der Abschirmung vgl. ausführlich *Ebenroth/Neiss*, BB 1990, 145 ff.

mit Sitz in einem Anrechnungsland interessant. Je nachdem, ob das Steuerniveau im Ansässigkeitsstaat der Spitzeneinheit über oder unter dem Steuerniveau auf Ebene der Grundeinheit liegt, sind dabei zwei konkrete Gestaltungstechniken zu unterscheiden. Sofern die anrechenbaren Ertragsteuern auf Ebene der Grundeinheit niedriger sind als der maßgebliche Steuersatz der Spitzeneinheit, kann durch die vorübergehende Abschirmung von Einkünften ein Heraufschleusen auf das höhere Steuerniveau hinausgeschoben werden. Falls das Steuerniveau auf Ebene der Spitzeneinheit dagegen unter dem der Grundeinheit liegt, kann die – wegen des (potenziellen) Anrechnungsüberhangs – drohende definitive Belastung mit Quellensteuer durch eine temporäre Abschirmung von Einkünften zumindest hinausgeschoben werden (tax deferral), sofern der Einkommenstransfer auf die Ebene der Holding (weitgehend) ohne Belastung mit Körperschaft- und Quellensteuer erfolgen kann.[49] Darüber hinaus resultieren aus der Reinvestition der um die ersparten Steuern erhöhten Gewinne zumindest tendenziell höhere Erträge in den Folgeperioden, da der für die Wiederanlage verfügbare Investitionsbetrag und damit auch die Rückflüsse aus der Investition c.p. von Periode zu Periode zunehmen. Dieser "Zinseszins-Effekt" kann dazu führen, dass – trotz der späteren Nachversteuerung bei Weiterausschüttung an die Spitzeneinheit – ein höherer Nettoertrag als bei unmittelbarer Durchschüttung verbleibt.[50]

Als einzige der genannten Repatriierungstechniken ist eine solche Abschirmung von Einkünften prinzipiell auch ohne Zwischenschaltung einer Holding durch unmittelbare Thesaurierung auf der Ebene der Grundeinheit(en) denkbar. Dies gilt allerdings nur dann ohne Einschränkungen, wenn die Spitzeneinheit die Ausschüttungspolitik der betreffenden Grundeinheit(en) autonom beeinflussen kann, was z. B. bei der Beteiligung von Minderheitsaktionären oder einer Joint Venture Gesellschaft regelmäßig nicht möglich sein dürfte. Darüber hinaus ist zu berücksichtigen, dass die Thesaurierung auf der Ebene der Grundeinheit(en) nicht unbedingt die ökonomisch sinnvollste Alternative sein muss. Sofern die Gewinne der Grundeinheiten einer rentableren Anlage innerhalb oder außerhalb des Konzerns zugeführt werden sollen, erscheint es daher ökonomisch zweckmäßig, eine Holding als "Kapitaldrehscheibe" (financial pivot) zwischenzuschalten.[51]

---

[49] Vgl. *Isenbergh*, Taxes, Vol. 66 (1988), 1062; *Kessler*, Holdinggesellschaften und Kooperationen in Europa, in: Schaumburg, Steuerrecht und steuerorientierte Gestaltungen im Konzern, 1998, S. 177, 206.
[50] Vgl. grundlegend hierzu *Debatin*, DStZ 1964, 12.
[51] Vgl. *Debatin*, DStZ 1964, 9 ff.

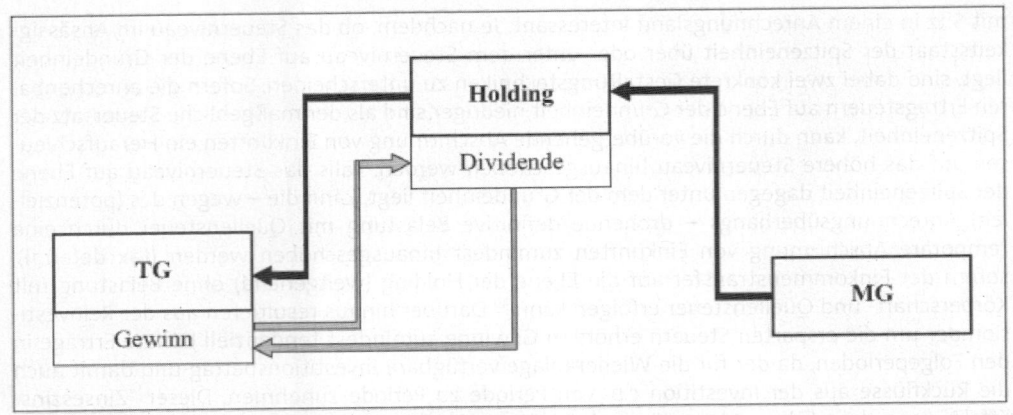

Abb. 4: Abschirmung von Einkünften

2. Gestaltung der konzernexternen Einkommenserzielung: Allokationsstrategien

Im Unterschied zu den Repatriierungsstrategien, bei denen die Holding lediglich als zusätzliches Einkünfteerzielungssubjekt fungiert, sind die Allokationsgestaltungen auf eine gezielte Realisation von Einkommensbestandteilen auf der Ebene der Holding ausgerichtet.[52] In diesem Fall ist die Holding daher kein komplementäres Einkünfteerzielungssubjekt, das lediglich zusätzlich in den Prozess der Einkommenserzielung eingebunden wird, sondern das primäre Einkünfteerzielungssubjekt, das die entsprechenden Einkommensbestandteile originär und stellvertretend für die Grund- oder Spitzeneinheit als erstes Glied in der Kette erzielt.[53] Auch in diesem Fall verändert sich der ökonomische Gewinn des Gesamtkonzerns im Ergebnis nicht. Vielmehr ändert sich lediglich die intersubjektive Zurechnung der konzernextern erzielten Einkünfte und u. U. auch das Volumen der potenziell steuerpflichtigen Einkünfte, wodurch sich – indirekt – Rückwirkungen auf die Höhe der steuerwirksamen Erträge und Aufwendungen des Gesamtkonzerns ergeben können. Die Allokationsstrategien sind damit auf die Gestaltung der *konzernexternen* Einkünfteerzielung ausgerichtet. Diese gezielte Realisation primär auf der Ebene der Holding ist unter Gestaltungsaspekten immer dann sinnvoll, wenn durch die gezielte Lokalisation von Einkünften eine günstigere Rechtsfolge herbeigeführt werden kann als durch eine Realisation auf der Ebene der Grund- oder Spitzeneinheit.

Je nach Richtung, in die die Einkünfteerzielung verlagert wird, ist dabei zwischen zwei Unterfällen zu differenzieren:

▶ Verlagerung nach unten (top-down)

▶ Verlagerung nach oben (bottom-up).

a) Verlagerung nach unten

Eine Verlagerung der Einkünfteerzielung von der Spitzeneinheit auf die Holding ist nur hinsichtlich der Einkünftebestandteile denkbar, die wirtschaftlich mit der Beteiligung zusammenhängen. Dazu gehören insbesondere die Realisation von Veräußerungs- und Liquidationsgewinnen

---

[52] *Kessler*, Die Euro-Holding, 1996, S. 95; *Eicke*, Repatriating US-Profits from Germany – Tax Planning with Holding Companies, 2009, S. 63; Eicke, Repatriierungsstrategien für U.S.-Investoren in Deutschland – Steuerplanung mit Holdinggesellschaften, 2009, S. 100

[53] *Kessler/Dorfmüller*, Gestaltungsstrategien bei internationaler Steuerplanung mit Holdinggesellschaften, Praxis Internationale Steuerberatung 2001, S. 177, 182.

bzw. Veräußerungs- oder Liquidationsverlusten sowie von Teilwertabschreibungen auf die Beteiligung bzw. auf Gesellschafterdarlehen und die Verlagerung von Aufwand im Zusammenhang mit dem Erwerb und dem Halten der Beteiligung. Eine primäre Realisation von Veräußerungs- oder Liquidationsgewinnen auf der Ebene der Zwischenholding ist unter Gestaltungsaspekten dabei vor allem dann interessant, wenn die Spitzeneinheit in einem Land ansässig ist, dessen Steuerrecht derartige Gewinne nicht oder nicht im gleichen Umfang begünstigt wie das Steuerrecht des jeweiligen Holdingstandorts (vgl. hierzu auch Abb. 5).[54] Das Gleiche gilt – allerdings mit umgekehrtem Vorzeichen – für die primäre Realisation von Veräußerungs- bzw. Liquidationsverlusten sowie die Realisation von Teilwertabschreibungen[55] und von Aufwand im Zusammenhang mit dem Erwerb und dem Halten der Beteiligung (debt push down).

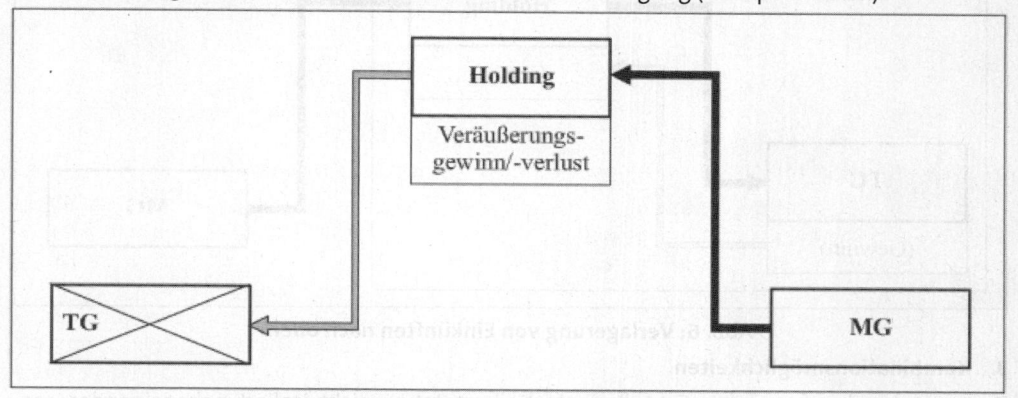

Abb. 5: Verlagerung von Einkünften nach unten

Eine solche Verlagerung von negativen Einkünften auf die Ebene der Zwischenholding macht nämlich aus Sicht der Steuergestaltungsberatung grundsätzlich nur dann Sinn, wenn insoweit auf der Ebene der Spitzeneinheit – anders als im Land der Zwischenholding – ein uneingeschränktes oder eingeschränktes Abzugsverbot besteht und die Holding neben steuerbefreiten Schachtelerträgen auch andere steuerpflichtige Erträge erzielt.[56] Sowohl für die Verlagerung positiver als auch für die Verlagerung negativer Einkünfte gilt allerdings, dass die entsprechenden Einkünfte in den Fällen, in denen es hierzu einer vorherigen Übertragung von Wirtschaftsgütern (z. B. von Darlehen oder der Beteiligung) bedarf, nur dann mit Erfolg auf die Holding verlagert werden können, wenn der vorgeschaltete Übertragungsvorgang steuerneutral, d. h. insbesondere ohne Aufdeckung stiller Reserven auf Ebene der Spitzeneinheit durchgeführt werden kann, wofür es regelmäßig einer entsprechenden gesetzlichen Grundlage bedarf.

b) **Verlagerung nach oben**

Anders als für die Verlagerung der Einkünfteerzielung von der Spitzeneinheit auf die Ebene der Zwischenholding, bedarf es für eine Verlagerung von der Grundeinheit auf die Holding in jedem Fall einer speziellen Rechtsgrundlage. Zu denken ist dabei insbesondere an die in mehreren Staaten bestehende Möglichkeit zur Bildung einer Organschaft zwischen Holding und Grund-

---

[54] Vgl. *Jacobs* a. a. O. (oben Fn. 9), S. 668, 781 f., 783 f.; *Littich*, RIW 1989, 205.

[55] Zur Verlagerung von Teilwertabschreibungen vgl. *Burggraaf*, TPI, Vol. 18, No. 1 (January 1991), 22 ff.; *Langereis/Braekt*, IWB F. 5 Niederlande Gr. 2 S. 197 ff.

[56] Vgl. z. B. *Joseph* a. a. O. (oben Fn. 18), S. 5; *Kessler*, IStR 1995, 11 ff.; *Shelton/de Petter*, ET 1991, 70; *Snowden*, ET 1994, 141.

einheit(en), die eine Saldierung der Gewinne und Verluste der beteiligten Konzerneinheiten auf Ebene der (Landes-)Holding sowie – in Abhängigkeit von den länderspezifischen Rechtsgrundlagen – teilweise auch eine Eliminierung von Zwischenerfolgen und/oder eine steuerneutrale Übertragung von Wirtschaftsgütern innerhalb des Organkreises ermöglicht.[57] Eine derartige Verlagerung der Einkünfteerzielung ist allerdings in territorialer Hinsicht – abgesehen von zwei ausdrücklich vorgesehenen Ausnahmen[58] – regelmäßig auf Unternehmen begrenzt, die im selben Land ansässig sind (vgl. hierzu auch Abb. 6).

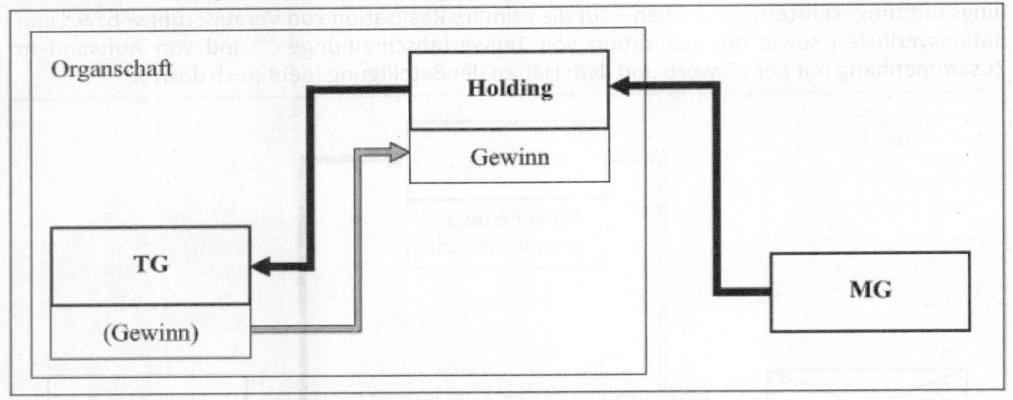

Abb. 6: Verlagerung von Einkünften nach oben

3. Kombinationsmöglichkeiten

Die vorstehend aufgezeigten Gestaltungstechniken stehen nicht isoliert nebeneinander, sondern können in vielfältiger Weise miteinander kombiniert werden. Im Folgenden sollen zumindest die für die Praxis besonders wichtigen Kombinationsmöglichkeiten verdeutlicht werden.

Im Bereich der Repatriierungsstrategien bietet sich – abgesehen von einem parallelen Einsatz mehrerer Gestaltungstechniken – vor allem eine zeitlich gestaffelte Kombination aus Abschirmung und Umformung von Einkünften an. Hauptanwendungsfall hierfür ist die befristete Thesaurierung von Gewinnausschüttungen auf der Ebene der Holding mit anschließender Liquidation der Holding, wodurch Dividendenausschüttungen in Liquidationsausschüttungen umgeformt werden können. Interessant ist dies vor allem dann, wenn der Ansässigkeitsstaat der Zwischenholding zwar eine Quellensteuer auf Dividenden, aber keine Quellensteuern auf Liquidationsausschüttungen erhebt, weil das nationale Recht die entsprechenden Zahlungen als Kapitalrückzahlung und nicht als Gewinnausschüttung qualifiziert.[59]

---

[57] Vgl. hierzu die rechtsvergleichenden Darstellungen bei *Laule*, Generalbericht, CDFI LXIVb (1979), 15; *Narraina/Wassermeyer/Viegener/Mayr/Steichen/Doek/Leitner/Kolb/Zschiegner*, IWB F. 10 International Gr. 2 S. 829.

[58] Sonderregelungen für eine grenzüberschreitende Organschaft existieren derzeit nur in Dänemark (sambeskatning nach Art. 31 SEL; vgl. ausführlich hierzu auch *Böhme*, IStR 1998, 165; *Grotherr*, IWB F. 5 Dänemark Gr. 2 S. 113; *Kessler*, IStR 1993, 303) und in Frankreich (r|<chr;fe>gime du b|<chr;fe>n|<chr;fe>fice consolid|<chr;fe> nach Art. 113–134 annexe II CGI). Die bisherige Sonderregelung in den Niederlanden, nach der sich alle nach niederländischen Gesellschaftsrecht gegründeten Kapitalgesellschaften unabhängig davon, wo sich der Ort der Geschäftsleitung befindet, für die Anwendung der Organschaft qualifizieren, wurde durch die Steuerreform 2001 abgeschafft.

[59] Vgl. *Mihaly*, TPI, Vol. 20, No. 1 (January 1993), 14.

Im Bereich der Allokationsstrategien lassen sich bei fremdfinanzierten Akquisitionen durch einen kombinierten Einsatz aus Verlagerung von Finanzierungsaufwand aus dem Erwerb der Beteiligung von der Spitzeneinheit auf die Holding und einer Verlagerung der Gewinne von der Grundeinheit auf die Holding interessante Effekte erzielen. Dies setzt allerdings regelmäßig voraus, dass die erworbene Tochtergesellschaft in einem Land ansässig ist, dessen Steuerrecht eine unmittelbare Verlustverrechnung innerhalb des Konzernkreises (Organschaft) gestattet. Wenn die erworbene Grundeinheit in einem solchen Fall über eine zugleich als Kreditnehmer und Organträger fungierende Landesholding gehalten wird, können dann die Refinanzierungskosten unmittelbar mit den zugrunde liegenden operativen Gewinnen der erworbenen Grundeinheit saldiert werden.[60] Vergleichbare und im Einzelfall sogar noch günstigere Effekte lassen sich durch die (zusätzliche) Errichtung einer Holding in einem Land realisieren, das eine grenzüberschreitende Organschaft kennt, da die Finanzierungskosten in diesem Fall u. U. sowohl die körperschaftsteuerliche Bemessungsgrundlage der (Landes-)Holding als auch der Spitzeneinheit mindern können.[61]

Günstige Steuerwirkungen lassen sich darüber hinaus auch mit einer Kombination aus Verlagerung von negativen Einkünften nach unten und Repatriierung durch Umformung der Einkünfte erzielen. Zu denken ist dabei zum einen an die Verlagerung einer Teilwertabschreibung auf die Beteiligung von der Spitzeneinheit auf die Ebene der Holding und anschließender Liquidation der Holding, wodurch – aus der Sicht der Spitzeneinheit – im Ergebnis eine nicht abzugsfähige bzw. nur schwer durchsetzbare Teilwertabschreibung in einen steuerlich beachtlichen Liquidationsverlust umgeformt wird.[62] Sofern die Grundeinheit seitens der Holding zumindest teilweise mit Fremdkapital finanziert wird, bietet es sich ferner an, dieses Fremdkapital im Anschluss an eine ggf. erforderliche Teilwertabschreibung der Forderung in Eigenkapital umzuwandeln, um die andernfalls drohende "Nachversteuerung" aus einer zukünftigen Wertaufholung zu vermeiden, wenn der Ansässigkeitsstaat der Holding Veräußerungsgewinne aus Beteiligungen generell freistellt.[63]

III. Holdingspezifischer Standortfaktorenkatalog

Verknüpft man die individuellen Gestaltungsziele mit den zuvor kurz erläuterten Gestaltungsmitteln und den für die Nutzung dieser Instrumente erforderlichen steuerrechtlichen Rahmenbedingungen, so ergibt sich der nachfolgend in Tabelle 1 wiedergegebene Standortfaktorenkatalog für die steuerorientierte Standortwahl von Holdinggesellschaften.[64] Diese strukturierte tabellarische Darstellung der Gestaltungsziele, Gestaltungsmittel und steuerrechtlichen Voraussetzungen erleichtert die Entscheidungsvorbereitung in zweifacher Weise:

▶ Sie fasst die bisher gewonnenen Ergebnisse noch einmal in übersichtlicher Form zusammen und stellt die logische Verbindung zwischen den einzelnen Gestaltungszielen und den dazugehörigen Gestaltungsmitteln her. Zur Unterstützung dieser resümierenden Funktion des Standortfaktorenkatalogs wird für jedes Gestaltungsmittel zusätzlich in Anlehnung an den

---

[60] Vgl. z. B. *Jacobs* a. a. O. (oben Fn. 9), S. 781 ff.
[61] Vgl. hierzu bereits *Kessler*, IStR 1993, 307 f., 310.
[62] Vgl. *Burggraaf* a. a. O. (oben Fn. 46), 28.
[63] Vgl. *Burggraaf* a. a. O. (oben Fn. 46), 23; *Farnschläder/Kahl*, IWB F. 3 Deutschland Gr. 4 S. 391.
[64] Eicke, Repatriating US-Profits from Germany – Tax Planning with Holding Companies, 2009, S. 143 ff.; Eicke, Repatriierungsstrategien für U.S.-Investoren in Deutschland – Steuerplanung mit Holdinggesellschaften, 2009, S. 176 ff.

Begriff des Treaty Shopping eine eingängige englischsprachige Kurzbezeichnung eingeführt, die den Kern der jeweiligen Gestaltung charakterisiert.

▶ Sie bereitet die Analyse der steuerrechtlichen Rahmenbedingungen in den einzelnen Ländern vor, indem sie das Augenmerk auf die für die steuerorientierte Standortwahl von Holdinggesellschaften relevanten Aspekte des jeweiligen nationalen und internationalen Unternehmenssteuerrechts in den betreffenden Ländern lenkt. Aus der Sicht eines gedachten Entscheidungsträgers hat der Standortfaktorenkatalog damit (auch) die Funktion einer Check-Liste, mit deren Hilfe die idealtypischen Anforderungen bestimmt werden können, die aus steuerplanerischer Sicht an einen potenziellen Holdingstandort zu stellen sind.[65]

Tabelle 1: Standortfaktorenkatalog für Holdinggestaltungen Teil I

Gestaltungsziel	Gestaltungsmittel	steuerrechtliche Voraussetzungen
Vermeidung von Mehrfacherfassungen ausgeschütteter Gewinne bei Anwendung der Freistellungsmethode	Umleitung von Gewinnausschüttungen über (Landes-) Holding mit einem günstigeren Beteiligungsertragsbefreiung (Participation Exemption Shopping)	weitgehende Beteiligungsertragsbefreiung für Gewinnausschüttungen günstiges DBA-Netzwerk
Vermeidung von Mehrfacherfassungen thesaurierter Gewinne bei Anwendung der Freistellungsmethode	Verlagerung von Veräußerungsgewinnen nach unten auf (Landes-)Holding mit einem Beteiligungsertragsbefreiung für Veräußerungsgewinne (Capital Gains Exemption Shopping)	weitgehende Beteiligungsertragsbefreiung für Veräußerungsgewinne
(Temporäre) Vermeidung des Heraufschleusens auf das höhere Steuerniveau im Ansässigkeitsstaat der Spitzeneinheit	Umformung von Gewinnausschüttungen aus Ländern, mit denen die Anrechnungsmethode vereinbart ist, auf Ebene der Holding in Gewinnausschüttungen aus Ländern, mit denen eine DBA-Beteiligungsertragsbefreiung vereinbart ist (Treaty Exemption Shopping)	weitgehende Beteiligungsertragsbefreiung für Gewinnausschüttungen günstiges DBA-Netzwerk
	Temporäre Abschirmung durch (weitgehend) steuerfreie Gewinnthesaurierung auf Ebene der Holding (Deferral Shopping)	weitgehende Beteiligungsertragsbefreiung für Gewinnausschüttungen günstiges DBA-Netzwerk
Vermeidung bzw. Begrenzung von Anrechnungsüberhängen	Umleitung über Holding mit Beteiligungsertragsbefreiung (Credit Mix Shopping)	weitgehende Beteiligungsertragsbefreiung für Gewinnausschüttungen günstiges DBA-Netzwerk Anrechnung auf Ebene der Spitzeneinheit auf Basis des rechnerischen Durchschnittssteuersatzes

---

[65] Vgl. zu derartigen holdingspezifischen Anforderungsprofilen z. B. *Breuninger/Prinz*, JbFSt 1992/93, S. 288 f.; *Jacobs* a. a. O. (oben Fn. 9), S. 791.

Tabelle 1: Standortfaktorenkatalog für Holdinggestaltungen Teil II

Gestaltungsziel	Gestaltungsmittel	steuerrechtliche Voraussetzungen
Vermeidung bzw. Begrenzung von Quellensteuern	Umleitung von Gewinnausschüttungen über (EU-) Holding mit niedrigeren Quellensteuersätzen (Treaty Shopping/Directive Shopping)	Beteiligungsertragsbefreiung für Gewinnausschüttungen günstiges DBA-Netzwerk
	Umformung z. B. von Zinsen in Gewinnausschüttungen auf Ebene der Holding in Niedrigsteuerland (Rule Shopping)	niedrige Besteuerung von Zinserträgen günstiges DBA-Netzwerk
Sicherstellung der Abzugsfähigkeit von Aufwand	Verlagerung negativer Einkünfte auf Holding mit (weitergehender) Abzugsmöglichkeit (Deduction Shopping)	kein Abzugsverbot für Aufwand im Zusammenhang mit der Beteiligungsverwaltung (insbes. Refinanzierungskosten und Teilwertabschreibung)
Sicherstellung der sofortigen Verlustverrechnung mit Gewinnen anderer TG	Verlagerung der Gewinne und Verluste von Grundeinheiten nach oben auf (Landes-) Holding (Group Relief Shopping/Cross-Border Group Relief Shopping)	
im selben Staat		nationale Organschaft
in Drittstaaten		grenzüberschreitende Organschaft
Vermeidung bzw. Begrenzung von Erfassungsdifferenzen	Verlagerung von Einkünften nach unten auf Holding mit Beteiligungsertragsbefreiung (Adjustment Shopping)	Beteiligungsertragsbefreiung für verdeckte Gewinnausschüttungen
Generierung von Erträgen in Niedrigsteuerländern	Umformung von Zinsen in Gewinnausschüttungen auf Ebene der Holding in Niedrigsteuerland (Tax Rate Shopping)	niedrige Besteuerung von Zinserträgen günstiges DBA-Netzwerk

Tabelle 1: Standortfaktorenkatalog für Holdinggestaltungen Teil III

Gestaltungsziel	Gestaltungsmittel	steuerrechtliche Voraussetzungen
Nutzung gespaltener Körperschaftsteuersätze	Umleitung von Gewinnausschüttungen über (EU-)Holding, die in den Genuss eines niedrigeren Ausschüttungssteuersatzes kommt (Split Rate Shopping)	niedriger Körperschaftsteuersatz für Gewinnausschüttungen der Grundeinheit an ausländische Anteilseigner weitgehende weitgehende Beteiligungsertragsbefreiung für Gewinnausschüttungen günstiges DBA-Netzwerk
Nutzung von Erfassungsdifferenzen	z. B. Verlagerung von Einkünften nach unten auf Holding, bei der keine Korrektur von Erfassungsdifferenzen erfolgt (Non-Recapture Shopping)	z. B. Verzicht auf Nachversteuerung von Teilwertabschreibungen/ Forderungsabschreibungen des Rechtsvorgängers bei Übertragung der Beteiligung auf ein anderes Rechtssubjekt

C. Fallbeispiele

I. Participation Exemption Shopping

Die Umleitung von Gewinnausschüttungen über eine Zwischenholding mit Sitz in einem Land, das über ein weitergehendes Schachtelprivileg verfügt, kann aus der Sicht der Spitzeneinheit zu einer Erhöhung des (Netto-) Beteiligungsertrags führen, da die DBA- Beteiligungsertragsbefreiung vielfach erst ab einer Mindestbeteiligung von 10 % bzw. 25 % gewährt wird. Soweit die Beteiligungsquote unterhalb dieses Grenzwerts liegt, kann daher durch die Zwischenschaltung einer Holding in einem Land, das eine Freistellung bereits ab einer geringeren Beteiligung vorsieht, prinzipiell ein positiver Effekt erzielt werden. Denn in diesem Fall erfüllen sowohl die Zwischeneinheit als auch die Spitzeneinheit die Voraussetzungen für die Freistellung, da für die Zwischenholding nach dem jeweiligen nationalen Recht eine niedrigere Beteiligungsgrenze gilt und die Spitzeneinheit an der Holding zu 100 % beteiligt ist.

Angesichts der Tatsache, dass Erträge sowohl aus inländischen als auch aus ausländischen Beteiligungen in Deutschland grundsätzlich unabhängig von der Beteiligungsquote steuerbefreit sind[66], macht die Verlagerung derartiger Einkünfte auf eine zwischengeschaltete Holding aus der Sicht einer deutschen Spitzeneinheit regelmäßig wenig Sinn. Eine Zwischenschaltung einer deutschen Holding wäre allerdings in den Fällen zu empfehlen, in denen der Ansässigkeitsstaat der Muttergesellschaft, eine allgemeine Beteiligungsertragsbefreiung erst ab einer vergleichsweise hohen Mindestbeteiligungsquote gewährt, z. B. Österreich.

II. Deduction Shopping

Angesichts der Tatsache, dass Teilwertabschreibungen auf der Ebene einer deutschen Spitzeneinheit grundsätzlich nicht mehr abzugsfähig sind, macht die Verlagerung derartiger Aufwandskategorien auf eine zwischengeschaltete Holding aus der Sicht einer deutschen Spitzeneinheit regelmäßig Sinn. Jedoch erzielt die Holding vielfach keine steuerpflichtigen Einkünfte, mit denen derartige Gewinnminderungen verrechnet werden können. Eine derartige Gestaltung ist daher regelmäßig nur dann sinnvoll, wenn die Holdinggesellschaft neben Dividenden auch noch andere Einkünfte erzielt (gemischte Holding) oder allein die Funktion des Transformators übernimmt. Nach dem StSenkG vom 23. 10. 2000[67] können gem. § 8b Abs. 3 KStG Teilwertabschreibungen, Veräußerungs- und Liquidationsverluste grundsätzlich nicht mehr geltend gemacht werden. Um derartige Wertminderungen dennoch steuerwirksam zu nutzen, bietet sich die Zwischenschaltung einer inländischen Holdinggesellschaft als Akquisitionsvehikel verbunden mit einer (hohen) Gesellschafter-Fremdfinanzierung an. Auf diese Weise können eventuelle Verluste der Zielgesellschaft in Teilwertabschreibungen auf die Forderungen gegenüber der Holdinggesellschaft umgeformt werden (vgl. hierzu auch Abb. 7).

---

[66] Vgl. § 8b Abs. 2 KStG.
[67] Steuersenkungsgesetz v. 23. 10. 2000, BGBl 2000 I 1433.

```
            ┌─────┐
            │ MG  │
            └──┬──┘
   Fremdkapital │
        ┌───────▼────────┐
        │  Akquisitions  │
        │    Vehikel     │
        └───────┬────────┘
    Eigenkapital │
        ┌───────▼────────┐
        │   Zielgesell-  │
        │     schaft     │
        └────────────────┘
```

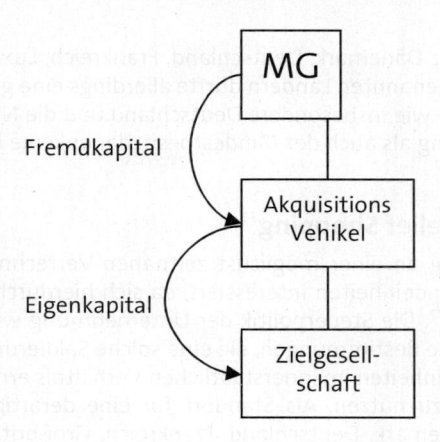

Abb. 7: Verlagerung von Einkünften nach unten (Forderungsabschreibung)

III. Treaty Exemption Shopping/Deferral Shopping/Credit Mix Shopping

Sofern die Doppelbesteuerung von Beteiligungserträgen – wie beispielsweise auf der Ebene einer U.S.-Spitzeneinheit – durch eine direkte und indirekte Anrechnung vermieden bzw. gemildert wird, scheiden Gestaltungen, die auf eine Umformung nicht schachtelprivilegierter in schachtelprivilegierte Beteiligungserträge abzielen (Treaty Exemption Shopping), aus. In diesem Fall bietet sich dagegen prinzipiell eine temporäre Thesaurierung von Gewinnausschüttungen auf der Ebene der Zwischenholding an, da sich hierdurch immer dann positive Steuerwirkungen erzielen lassen, wenn die Vorbelastung der ausgeschütteten Gewinne mit Körperschaft- und Quellensteuer unter dem für die Berechnung des Anrechnungshöchstbetrags im Sitzstaat der Spitzeneinheit maßgeblichen Steuersatz liegt[68] (Deferral Shopping). Ein derartiges Steuersatzgefälle dürfte z. Zt. aus der Sicht einer U.S.-Spitzeneinheit beispielsweise im Verhältnis zu finnischen, britischen und schwedischen Grundeinheiten bestehen. Bezüglich dieser Grundeinheiten erscheint die Zwischenschaltung einer Holding daher aus steuerlicher Sicht grundsätzlich lohnend. Zu beachten ist dabei allerdings die Tatsache, dass insoweit – je nach Ansässigkeitsstaat der Spitzeneinheit – generell eine Zurechnungsbesteuerung entsprechend dem Muster von Subpart F[69] eingreifen kann.

Als Alternative zu einer derartigen temporären Abschirmung der Gewinnausschüttungen könnte auch daran gedacht werden, das nicht ausgenutzte Anrechnungspotenzial zur Reduktion von Anrechnungsüberhängen aus anderen europäischen Grundeinheiten nutzbar zu machen, indem die Beteiligungserträge aus den betreffenden "Niedrigsteuerländern" ganz oder teilweise zusammen mit Beteiligungserträgen aus "Hochsteuerländern" über eine zentrale Zwischenholding weiterausgeschüttet werden (Credit Mix Shopping[70]). Als Standorte für eine solche Zwischenholding kommen – mit Ausnahme von Großbritannien, das wegen des dort praktizierten Anrechnungssystems als Holdingstandort für Beteiligungen aus Ländern mit einem niedrigeren Steuersatz als 30 % ausscheidet – prinzipiell alle in die Untersuchung einbezogenen Standorte in Betracht, die eine vollständige Freistellung der entsprechenden Beteiligungserträge gewäh-

---

[68] Vgl. sec. 904 (a) IRC.
[69] Vgl. secs. 951-964 IRC.
[70] Vgl. *Saur*, RIW 1989, 301.

ren. Hierzu gehören im Grundsatz Dänemark, Deutschland, Frankreich, Luxemburg, die Niederlande und Österreich. Unter den genannten Ländern dürfte allerdings eine gewisse Präferenz für diejenigen Länder bestehen, die – wie insbesondere Deutschland und die Niederlande – sowohl hinsichtlich der Mindestbeteiligung als auch der Mindestbesitzdauer keine bzw. niedrige Anforderungen stellen.

IV. (Cross-Border) Group Relief Shopping[71]

Spitzeneinheiten sind regelmäßig an einer möglichst zeitnahen Verrechnung von Gewinnen und Verlusten ausländischer Grundeinheiten interessiert, da sich hierdurch die Gesamtsteuerbelastung des Konzerns mindert[72]. Die Steuerpolitik der Unternehmung wird daher im Prinzip darauf ausgerichtet sein, nationale Bestimmungen, die eine solche Saldierung unterschiedlicher Ergebnisse verschiedener Grundeinheiten im innerstaatlichen Verhältnis ermöglichen, durch die Errichtung einer Landesholding zu nutzen. Als Standort für eine derartige Zwischenholding kommen im Bereich der EU Dänemark, Deutschland, Frankreich, Großbritannien, Luxemburg, die Niederlande[73] und mit Einschränkung[74] auch Österreich in Betracht.[75] Im Hinblick auf eine grenzüberschreitende Verlustverrechnung dürfte vor allem Dänemark[76] als Holdingstandort in Frage kommen, das – neben Frankreich – als einziges Land eine internationale Organschaft kennt, da der subjektive Anwendungsbereich der französischen Bestimmungen stark beschränkt ist. Gleichwohl können im Einzelfall auch Frankreich und die Niederlande interessante Alternativen sein, da dort für Anlaufverluste von ausländischen Grundeinheiten eine steuerfreie Rücklage gebildet werden kann.[77] Die steuergestalterische Nutzbarmachung einer solchen grenzüberschreitenden Verlustverrechnung dürfte allerdings in der betrieblichen Realität nicht selten an praktischen Hindernissen scheitern, weil deren Steuerwirkungen in territorialer Hinsicht zwangsläufig auf den Domizilstaat der Zwischenholding beschränkt sind, während die Besteuerung im Ansässigkeitsstaat der betreffenden Grundeinheiten nicht tangiert wird. Aus einer derartigen Begünstigung können sich daher nur dann positive Steuerwirkungen ergeben, wenn die Zwischenholding ausreichend hohe steuerpflichtige Erträge erzielt, die durch eine Verrechnung von Verlusten entlastet werden können.[78]

---

[71] Vgl. hierzu auch den Beitrag von *Rosenbach*, Teil 3 A, 10. Thema, S. 293.

[72] Vgl. allgemein hierzu *Couret/Martin* a. a. O. (oben Fn. 11), S. 31; *Jacobs* a. a. O. (oben Fn. 9), S. 778 f.

[73] *Feteris/Gimbrère/van Muijen*, Holdingstructuren, 1991, S. 33-35.

[74] Diese Einschränkung ergibt sich aus der Tatsache, dass eine reine (Zwischen-)Holding nach Auffassung der österreichischen Finanzverwaltung – ungeachtet derselben gesetzlichen Tatbestandsmerkmale wie in Deutschland – die Voraussetzungen für eine wirtschaftliche Eingliederung nie erfüllen kann, obwohl dies nach deutscher Auffassung möglich ist, wenn die betreffende Holding mindestens zwei Untergesellschaften beherrscht (geschäftsleitende Holding); vgl. hierzu aus österreichischer Sicht *Doralt/Ruppe*, Grundriss des österreichischen Steuerrechts, Bd. I, S. 315; zur Rechtslage in Deutschland vgl. Abschn. 50 Abs. 2 KStR.

[75] Vgl. hierzu die rechtsvergleichenden Darstellungen bei *Laule*, CDFI LXIVb (1979), 15; *Narraina u. a.*, a. a. O. (oben Fn. 48); *Scheuchzer*, RIW 1995, 35.

[76] Vgl. ausführlich hierzu *Kessler*, IStR 1993, 303; *Pedersen*, BIFD Vol. 48 (1994), 574.

[77] Vgl. Art. 39 octies B CGI.

[78] Vgl. *Kessler*, IStR 1993, 304. Ebenfalls EuGH v. 23. Dezember 2005, C-470/04 (*Marks & Spencer*). Im Detail dazu *Lang*, Is the ECJ Heading in a New Direction?, European Taxation 2006, 421-430.

V. Tax Rate Shopping

Die Nutzung des internationalen Steuergefälles durch Generierung von Erträgen in Niedrigsteuerländern, denen auf der Ebene mindestens einer anderen Konzerneinheit ein entsprechender Aufwand gegenübersteht, ist im Grundsatz für jede Spitzeneinheit ein attraktives Gestaltungsziel, da sich durch eine solche Gestaltung die Gesamtsteuerbelastung regelmäßig mindert. Da die niedrigbesteuerten Erträge typischerweise in Form von Gewinnausschüttungen auf die Ebene der Spitzeneinheit repatriiert werden, gilt dies allerdings nur dann, wenn die Gestaltung keine (hohe) Steuerbelastung auf der Ebene der Spitzeneinheit auslöst. Die praktische Umsetzung derartiger Gestaltungen wird deshalb in Ländern mit einer Zurechnungsbesteuerung erschwert.[79] Aus der Sicht einer Spitzeneinheit mit Sitz in einem solchen Land kommen daher generell nur Gestaltungen in Betracht, die entweder unter eine der mehr oder weniger zahlreichen Ausnahmen von der Zurechnungsbesteuerung fallen. Aus der Sicht einer deutschen Spitzeneinheit ist neben der Inanspruchnahme der Bagatellgrenzen[80] sowie der Herstellung eines Zusammenhangs mit aktiven Einkünften i. S. des § 8 Abs. 1 AStG[81] auch an eine Inkaufnahme der erweiterten Hinzurechnungsbesteuerung nach § 10 Abs. 7 AStG zu denken, da die effektive Steuerbelastung derartiger Erträge – trotz der 60 %igen Einbeziehung in die inländische Bemessungsgrundlage – im günstigsten Fall bei ca. 23 % liegt.[82] Alternativ hierzu kann auch an die Zwischenschaltung einer Holding in einem Land gedacht werden, in dem die effektive Steuerbelastung über dem kritischen Wert von 25 % liegt[83], ab dem die Zurechnungsbesteuerung eingreift. Auch aus dem Einsatz so genannter hybrider Finanzierungsinstrumente[84], die im Ansässigkeitsstaat der leistenden Konzerneinheit als Zinsen und im Sitzstaat der empfangenden Konzerngesellschaft als Beteiligungserträge (Dividenden) qualifiziert werden, lassen sich im Einzelfall positive Steuerwirkungen erzielen.

VI. Treaty Shopping

Seit dem Inkrafttreten der Mutter-/Tochterrichtlinie[85] konzentrieren sich die Überlegungen zur Reduktion von Quellensteuern allein auf das Verhältnis zu Drittstaaten. Aufgrund der Möglichkeit zur quellensteuerfreien innereuropäischen (Weiter–)Ausschüttung nach der Mutter-/Tochterrichtlinie ergeben sich dabei sowohl für EU-Spitzeneinheiten als auch für Spitzeneinheiten aus Drittstaaten interessante neue Gestaltungsmöglichkeiten. Während es aus der Sicht einer EU-Spitzeneinheit um die Suche eines geeigneten Holdingstandorts für die quellensteueroptimale Dividendenroute im Verhältnis zu Grundeinheiten in Drittstaaten auf Basis des EU-weiten Abkommensnetzes geht, besteht das vordringliche Ziel der Steuerplanung mit Holdinggesellschaften für in Drittstaaten ansässige Spitzeneinheiten, wie z. B. U.S.-amerikanische Muttergesellschaften, darin, den quellensteueroptimalen Holdingstandort für die Weiterleitung von Gewinnausschüttungen aus EU-Grundeinheiten an die U.S.-Konzernspitze zu lokalisieren (Euro-Holding).[86] Jede Minderung der Quellensteuer führt dabei i. d. R. sowohl für EU-Spitzeneinheiten

---

[79] Vgl. secs. 951–964 IRC und §§ 7–14 AStG.
[80] Vgl. § 10 Abs. 6 Satz 1 AStG. Vgl. *Kessler/Dorfmueller/Schmitt*, PiStB 2001, 318 ff.
[81] Vgl. *Kessler/Dorfmueller/Schmitt*, International Tax Report 2001, December, 2 ff.
[82] Vgl. *Kessler/Dorfmueller/Schmitt*, PiStB 2001, 326 ff.
[83] Vgl. § 8 Abs. 3 AStG.
[84] Vgl. grundlegend hierzu *Lang*, Hybride Finanzierungen im Internationalen Steuerrecht.
[85] Richtline (EWG) v. 23. 7. 1990 Nr. 90/435.
[86] Vgl. *Herzig/Dautzenberg*, DB 1992, 1 ff.; *Joseph*, a. a. O. (oben Fn. 18), S. 1; *Knobbe-Keuk*, intertax 1992,

als auch für eine U.S.-Spitzeneinheit[87] zu einer echten Steuerentlastung, da eine zusätzliche Quellensteuer in beiden Fällen regelmäßig definitiven Charakter hat, weil sie entweder – wegen der Freistellung der Beteiligungserträge auf der Ebene der Spitzeneinheit (Schachtelprivileg oder besser Beteiligungsertragsbefreiung[88]) – systembedingt überhaupt nicht anrechenbar oder – wegen des im internationalen Vergleichs relativ niedrigen U.S.-Steuersatzes von 35 % und der hierdurch entstehenden Anrechnungsüberhänge – faktisch nicht anrechenbar ist.[89]

Als Standort für eine zentrale Euro-Holding kommen nur EU-Staaten in Betracht, deren Steuerrecht sowohl eine möglichst steuerneutrale Vereinnahmung als auch eine (weitgehend) steuerfreie Weiterausschüttung in die USA ermöglicht. Günstige Standorte für eine derartige Gestaltung sind nach derzeitiger Rechtslage insbesondere Spanien und Großbritannien. Das zum 1. 1. 1996 in Spanien neu eingeführte Holdingregime ermöglicht einer als Auslandsholding anerkannten ETVE (Entidad de Tenencia de Valores Extranjeros) nicht nur die steuerfreie Vereinnahmung von Dividenden und Veräußerungsgewinnen, sondern sieht auch eine völlige Quellensteuerfreiheit für abfließende Dividenden vor.[90] Nicht ganz so günstige Bedingungen gelten dagegen nach britischem Recht. Gleichwohl können auch in Großbritannien ansässige Holdinggesellschaften im Ergebnis Gewinnausschüttungen, die im Quellenstaat mit mindestens 30 % an anrechenbaren Ertragsteuern vorbelastet sind, ohne zusätzliche britische Steuerbelastung vereinnahmen und weiterausschütten, wenn sich die britische Zwischenholding als International Headquarter Company (IHC) qualifiziert. Diese Befreiung gilt allerdings – anders als nach spanischem Recht – nicht für Veräußerungsgewinne. Eine Durchschüttung über eine spanische oder britische Zwischenholding ist daher den meisten anderen Dividendenrouten überlegen, weil in den übrigen Fällen regelmäßig entweder eine Ertragsteuer auf Ebene der Holding oder eine Quellensteuer auf die Gewinnausschüttungen in die USA erhoben wird.[91]

In Deutschland gibt es eine spezielle Anti-Treaty-Shopping-Regelung in § 50d Abs. 3 EStG, deren Verschärfung im Jahre 2007 zu erheblicher Planungsunsicherheit beim Einsatz von ausländischen Holdinggesellschaften geführt hat.[92]

489; *dies.*, EuZW 1992, 336 ff.; *Mihaly* a. a. O. (oben Fn. 50), 11 f.; *Breuninger/Prinz*, JbFSt 1992/93, S. 285; *Sass*, DB 1990, 2340 ff.; *Tretiak*, a. a. O. (oben Fn. 40), 79 f. Eine Zurechnungsbesteuerung ist bei derartigen Gestaltungen wegen des relativ hohen europäischen Steuerniveaus grds. nicht zu befürchten, da insoweit regelmäßig die so genannte high tax exception eingreifen dürfte, wonach passive Einkünfte, die einer effektiven Steuerbelastung von mindestens 90 % des U.S.-Steuersatzes unterlegen haben, von dieser Form der Besteuerung ausgenommen sind; vgl. sec. 954 (b) (4) IRC. Ausführung zum U.S.-amerikanischen Anrechnungssystem *Endres/Spengel* in: Burmester/Endres, a. a. O. (oben Fn. 5), S. 81 ff. Zur Steuerplanung einer Schweizer Konzernspitze vgl. *Kessler/Dorfmueller/Schmidt/Teufel*, TaxNotesint, Vol. 23 (3 September 2001), 1217 ff.

[87] Vgl. zu den Gestaltungsmöglichkeiten einer U.S.-amerikanischen Spitzeneinheit *Endres/Dorfmueller*, PIStB 2001, 94 ff.

[88] *Kessler*, Die Euro-Holding, 1996, S. 43.

[89] Vgl. z. B. *Kingson*, CDFI LXXVIIb (1992), 611; *Mihaly*, a. a. O. (oben Fn. 50), 10 f.; *Saur*, RIW 1989, 300.

[90] Vgl. z. B. *Gabarro*, TPI, Vol. 25, No. 5 (May 1998), 3; *Schnieder*, IStR 1997, 68; *Barrenchea/Ogea/Mullerat*, TaxNotesint, Vol. 21 (7. 8. 2000), 585 ff.; *Mullerat/Rodriguez*, TaxNotesint, Vol. 21 (14. 8. 2000), 681 ff.

[91] Vgl. *Kessler*, IStR 1994, 530 ff.

[92] Kritisch, *Kessler/Eicke*, Neue Gestaltungshürden in der Anti-Treaty-Shopping-Regelung des § 50d Abs. 3 EStG, DStR 2007, 781-786; *Kessler/Eicke*, Germany: Treaty Shop Until You Drop, Tax Notes International 2007, Vol. 46, 377-380; *Kessler/Eicke*, Treaty-Shopping – Quo vadis?, IStR 2006, 577-582; *Kessler/Eicke*, Doppel-Holdingstruktur als Schutz vor der Anti-Treaty-Shopping-Regelung des § 50d Abs. 3 EStG, IStR 2007, 526-530; *Kessler/Eicke*, Germany's Anti-Treaty-Shopping Rule: Two-tier holding meets two-tier ap-

Als gleichwertige Alternative zur Repatriierung des Gewinns der europäischen Grundeinheiten in Form von Gewinnausschüttungen über eine Zwischenholding in Großbritannien könnte vor allem die Errichtung einer Zwischenholding mit einer nachgeschalteten Betriebsstätte in einem EU-Staat in Erwägung gezogen werden, der auch für Betriebsstätten eine vollständige Beteiligungsertragsbefreiung vorsieht.[93] Auch bei dieser Gestaltung fällt im Grundsatz keine zusätzliche Steuerbelastung an, da die Betriebsstätte die jeweilige nationale Beteiligungsertragsbefreiung in Anspruch nehmen kann und auf die "Ausschüttungen" der Betriebsstätte – abgesehen von einzelnen Ausnahmen – prinzipiell keine Quellensteuer erhoben werden darf. Das Problem bei einer solchen Gestaltung ist allerdings, dass der Nachweis, dass die Beteiligung an der Zwischenholding zum Betriebsvermögen der Betriebsstätte gehört, ohne eine funktionelle Beziehung zu dieser nachgeschalteten Zwischeneinheit nicht immer gelingen dürfte.[94] Eine interessante und u. U. sogar noch günstigere Alternative zur Zwischenschaltung einer britischen Holding kann im Einzelfall auch die Errichtung einer Zwischenholding mit einer nebengeordneten Konzern-Finanzierungsgesellschaft sein. Als Standort für eine solche Zwischenholding kommen alle EU-Staaten in Betracht, die wie z. B. Belgien eine weitgehende Gesellschafter-Fremdfinanzierung der Holding durch eine (Schwester-)Gesellschaft tolerieren, während sich als Standort für die Finanzierungsgesellschaft insbesondere die Niederlande eignen, da dort über die Höhe der steuerpflichtigen Zinsmarge eine verbindliche Auskunft der Finanzverwaltung eingeholt werden kann. Der Vorteil einer solchen Gestaltung besteht darin, dass die Beteiligungserträge der Zwischenholding nicht als Gewinnausschüttungen, sondern – über Gesellschafter-Darlehen – in Form von Zinsen zunächst auf die Ebene der Finanzierungsgesellschaft und von dort – wiederum als Zinsen – auf die Ebene der U.S.-amerikanischen Spitzeneinheit quellensteuerfrei repatriiert werden.[95] Sofern bei der U.S.-Spitzeneinheit ein Anrechnungsüberhang besteht, können darüber hinaus auch die Zinserträge ganz oder teilweise steuerfrei vereinnahmt werden. Dem steht allerdings der (geringfügige) Nachteil gegenüber, dass die Differenz zwischen dem Zinsaufwand und dem Zinsertrag bei der Finanzierungsgesellschaft ungemildert besteuert wird und auf den Teil der Beteiligungserträge, der nicht als Zinsaufwand bei der Zwischenholding abgeschöpft werden kann, ebenso wie auf die Ausschüttung der Zinserträge der Finanzierungsgesellschaft eine Quellensteuer erhoben wird.

---

proach, Tax Planning International Review 2007, May, 2, 3; *Kessler/Eicke,* Zur mittelbaren Entlastungsberechtigung in der Anti-Treaty-Shopping Regelung, Praxis Internationale Steuerberatung 2007, 317-319.

[93] Für eine solche Gestaltung kommen insb. Deutschland, Frankreich und die Niederlande in Betracht.
[94] Vgl. Art. 10 Abs. 4 OECD-MA sowie BFH v. 30. 8. 1995 I R 74/93, BStBl 1995 II 683.
[95] Vgl. *Mihaly* a. a. O. (oben Fn. 50), 14 ff.

3. Der Einsatz einer inländischen Zwischenholding in der internationalen Konzernsteuerplanung

von Dipl.-Kfm. Dr. Volker Streu, Steuerberater, FB f. IntSteuerR Hamburg[*]

Inhaltsübersicht

A. Grundlagen der Steuerplanung mit Holdinggesellschaften
  I. Begriff der Holding
  II. Rechtliche Gründe für die Einschaltung von Holdingesellschaften
  III. Betriebswirtschaftliche Gründe für die Einschaltung von Holdingesellschaften
  IV. Steuerliche Gründe für die Einschaltung von Holdinggesellschaften

B. Instrumente der Steuerplanung durch den Einsatz inländischer Zwischenholdinggesellschaften
  I. Verbesserung der Dividenden-Route
  II. Berücksichtigung von Finanzierungsaufwendungen und Beteiligungsverlusten

C. Grenzen und Risiken der Steuerplanung mit inländischen Zwischenholdinggesellschaften

D. Zusammenfassung

Literatur:

Dötsch/Pung, Steuerentlastungsgesetz 1999/2000/2002: Änderungen des KStG, DB 1999, 867; ***Endres***, Steuerstandort Deutschland im Vergleich, WpG SH 2006,S.2 ff; ***Grotherr***, Besteuerungsfragen und -probleme bei der Einschaltung inländischer Holdinggesellschaften im grenzüberschreitenden Konzern, BB 1995, 1510 ff., 1561 ff.; ***ders.***, Der Abschluss eines Gewinnabführungsvertrags als (un-)verzichtbares Tatbestandsmerkmal der körperschaftsteuerlichen Organschaft, FR 1995, 1 ff.; ***Haun/Winkler***, Klarstellungen und Unklarheiten bei der Besteuerung von Beteiligungserträgen nach der Neufassung des § 8b KStG, GmbHR 2002, 192 ff; ***Kessler/Schmidt/Teufel***, GmbH & Co KG als attraktive Rechtsformalternative für eine deutsche Euro-Holding, IStR 2001, 265 ff.; ***Kessler/Knörzer***, Die Verschärfung der gewerbesteuerlichen Schachtelstrafe – erneute Diskriminierung inländischer Holdinggesellschaften?, IStR 2008, S. 121 ff; ***Körner***, Auf- und Umbau von Holdingstrukturen, IStR 2009, S. 1 ff; ***Kratzer***, Steuerliche Holdingregelungen in den zehn neuen EU Ländern im Überblick, WiRO 2005, S.174 ff; . ***Lettl***, Das Holding-Konzept als Instrument zur erfolgreichen Neuausrichtung von Unternehmen, DStR 1996, 2020 ff.; ***Prinz***, Steuerentlastungsgesetz 1999/2000/2002 Auswirkungen auf den Holdingstandort Deutschland, FR 1999, 356 ff.; ***Rehm/Nagler***, Ausgewählte Schwerpunkte des aktuellen EU-Steuerrechts in der GmbH Beratungspraxis (1) und (2), GmbHR 1/2008, S. 11 ff und GmbHR 2/2008, S. 68 ff.; ***Seip/Krause***, Unerwartete Verbesserung bei refinanziertem Erwerb von Auslandsgesellschaften durch § 8b Abs. 7 KStG i. d. F. des Steuerentlastungsgesetzes 1999/2000/2002, BB 1999, 713 ff.; ***Schmidt/Wiese***, Mittelbare Besteuerung steuerfreier Auslandsdividenden, BB 1999, 878; ***Werra***, Standortwahl für internationale Unternehmen, in: Lüdicke (Hrsg.) Internationale Aspekte der Unternehmenssteuerreform, Köln 2001; ***Wurm***, Die Nutzung von Holdingkonstruktionen, in: Herzig (Hrsg.), Steuerorientierte Umstrukturierung von Unternehmen.

---

[*] Partner bei Simon und Partner, Hamburg.

A. Grundlagen der Steuerplanung mit Holdinggesellschaften

I. Begriff der Holding

Holdinggesellschaften kennzeichnen die gesellschaftsrechtliche Struktur international tätiger Unternehmensgruppen. Verschiedene Ausprägungen als Beteiligungsholding, Finanzierungsholding und Managementholding bezeichnen die Aufgaben der jeweiligen Holdinggesellschaft.[1] Das gemeinsame Merkmal von Holdinggesellschaften ist der Anteilsbesitz an anderen Gesellschaften. Die Einschaltung von Personengesellschaften als Zwischenholding war bislang untypisch und wird hier nicht betrachtet. Während an einer Holding, die gleichzeitig die Spitzeneinheit einer Unternehmensgruppe ist, regelmäßig natürliche Personen beteiligt sind, hat eine Zwischenholding i. d. R. ausschließlich Kapitalgesellschaften als Gesellschafter.

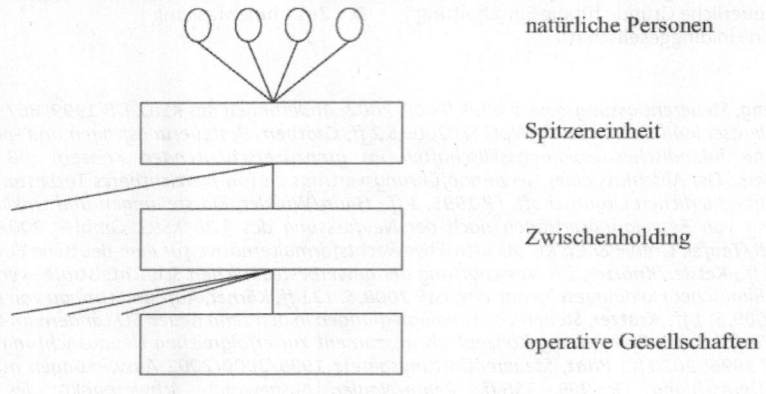

Abbildung 1

Ein Unternehmensaufbau, der eine Holdinggesellschaft einschließt, könnte mit einem Einheitsunternehmen verglichen werden. Die sinnvollere Betrachtung eines dreistufigen Unternehmensaufbaus ist jedoch der Vergleich dieses Aufbaus mit einer Direktbeteiligung der Spitzeneinheit an der operativ tätigen Gesellschaft. Ein solcher zweistufiger Unternehmensaufbau ist die typische Alternative, während grenzüberschreitende Einheitsunternehmen selten vorkommen.

II. Rechtliche Gründe für die Einschaltung von Holdinggesellschaften

Rechtlich treten die Beteiligungsgesellschaften nach außen hin selbständig auf. Im Rahmen der gesellschaftsrechtlichen Regelungen über Konzernhaftung und Unterkapitalisierung sowie entsprechender Rechtsprechung kann eine Haftungsbegrenzung auf das Vermögen der Beteiligungsgesellschaft erreicht werden. Nur ausnahmsweise erleichtert die rechtliche Eigenständigkeit der operativ tätigen Gesellschaften die Trennung von Arbeitnehmern, die Verminderung der Mitbestimmungs- oder Publizitätsvorschriften.[2]

---

[1] *Wurm* in: Herzig (Hrsg.), Steuerorientierte Umstrukturierung von Unternehmen, S. 73.
[2] Vgl. *Lettl*, DStR 1996, 2020 ff.

III. Betriebswirtschaftliche Gründe für die Einschaltung von Holdinggesellschaften

Betriebswirtschaftlich werden Holdinggesellschaften eingesetzt, um eine optimale Kombination zwischen Vorteilen der Zentralisierung und der Dezentralisierung zu erreichen. Den operativ tätigen Gesellschaften können unterschiedlich detaillierte Zielvorgaben gemacht werden, die sie mehr oder weniger selbständig erreichen müssen.

Eine Zwischenholding ist in der Regel verantwortlich für eine Region, die eine oder mehrere Steuerjurisdiktionen umfasst, oder ein markt- bzw. produktorientiertes Geschäftsfeld. Für große multinationale Unternehmen ermöglicht sie die Verteilung von Verantwortlichkeiten auf mehrere Schultern. Ihre Stellung entspricht in vielerlei Hinsicht häufig der einer Spitzeneinheit einer entsprechend kleineren bzw. national oder produktmäßig beschränkten Unternehmensgruppe.

IV. Steuerliche Gründe für die Einschaltung von Holdinggesellschaften

1. Betrachtungsgegenstand

Die steuerlichen Ziele und Gestaltungsmöglichkeiten beim Einsatz von Holding- bzw. Zwischenholdinggesellschaften sind zahlreich. Deshalb ist diese Untersuchung weiter zu begrenzen. Die betrachteten Kapitalgesellschaften sollen nach den nationalen Steuergesetzen bzw. bei der Anwendung der DBA jeweils in allen betroffenen Staaten als Kapitalgesellschaften qualifiziert werden und können ggfs. Abkommensvergünstigungen in Anspruch nehmen. Ebenso soll die Zwischenholding einen eigenen Geschäftsbetrieb haben, der mindestens dem einer geschäftsleitenden Holding entspricht. Andernfalls kann es sowohl im Staat der Spitzeneinheit wie im Staat der operativen Einheit zur Anwendung von steuerverschärfenden Missbrauchsregeln kommen.

Die Zwischenholding ist eine inländische Gesellschaft, d. h. sie hat ihren Sitz und ihre Geschäftsleitung ausschließlich in Deutschland. In der Praxis der internationalen Steuerplanung ist regelmäßig außerdem die Einschaltung einer Holdinggesellschaft in einem anderen Staat als Deutschland als Alternative zu prüfen. Aufgrund der zahlreichen Holding-feindlichen Änderungen der deutschen Steuergesetze in den letzten Jahren – Verschärfung von § 50d Abs. 3 EStG, Erhöhung der Mindestbeteiligungshöhe zur Erlangung des gewerbesteuerlichen Schachtelprivilegs, Beschränkung des Abzugs von Finanzierungskosten nach § 8a KStG/4h EStG – können klassische wie neuere Holdingstandorte also die Schweiz und die Niederlande bzw. Österreich und Spanien als dominant gegenüber Deutschland als Holdingstandort angesehen werden.

Auf der operativ tätigen Ebene werden inländische und ausländische Beteiligungen berücksichtigt. Hinsichtlich der Ansässigkeit der Gesellschafter beschränkt sich diese Untersuchung auf ausländische Spitzeneinheiten.

Unternehmensebene	Sitz und Geschäftsleitung
Spitzeneinheit	Ausland
Zwischenholding	Inland
operativ tätige Gesellschaften	Ausland oder Inland

In zeitlicher Hinsicht ist die Besteuerung bei der Herstellung des dreistufigen Unternehmensaufbaus, während des Bestehens dieses Aufbaus und bei Änderung bzw. Beendigung zu beachten. Da der Begründung der Struktur schon Beiträge in diesem Buch gewidmet sind, kann hier der laufenden Besteuerung das Hauptaugenmerk zuteil werden.

Streu

Von den verschiedenen Steuerarten, die im In- und Ausland erhoben werden, kommt den Ertragsteuern herausragende Bedeutung zu; Substanz- und Verkehrsteuern werden nicht betrachtet.

2. Aufgaben der Steuerplanung

Steuerplanung dient der Verwirklichung der Unternehmensziele mit einer möglichst geringen Steuerlast. Auf welcher Ebene des Unternehmens Steuern anfallen oder vermieden werden, ist im Prinzip egal.

Die Einschaltung weiterer Gesellschaften in einen Unternehmensaufbau birgt steuerlich immer die Gefahr der Mehr(fach-)belastung. Aufgrund des Trennungsprinzips zwischen Gesellschaft und Gesellschafter begründet der Einsatz einer Zwischenholding ein weiteres Steuersubjekt und führt zu weiteren steuerpflichtigen Sachverhalten. Andererseits kann die Zwischenholding zu einer Minderung der Steuerlast führen. Im Interesse der Minderung der Gesamtsteuerlast sind holdingspezifische Steuermehrbelastungen zu vermeiden und holdingspezifische Steuerminderungen anzustreben.[3]

Diese rein quantitative Zielsetzung der Steuerplanung kann um qualitative Ziele ergänzt werden:

- die Flexibilität des Unternehmensaufbaus bei Änderungen der Ertrags- oder Aufwandsstruktur in den unterschiedlichen Ländern,
- die Kontinuität bzw. Verlässlichkeit der anzuwendenden steuerlichen Regelungen,
- die Erweiterungsmöglichkeiten um Beteiligungen oder Gesellschafter der Zwischenholding.

Diese Aspekte können, wie die Integration der Steuerplanung in die gesamte Unternehmensplanung, hier nur am Rande angesprochen werden.

3. Vorteilhaftigkeitskriterien

Als Maßstab der Zielerreichung der Steuerplanung ist der Steuerbarwert heranzuziehen.[4] Der unterschiedliche zeitliche Anfall von Ertragsteuern bei unterschiedlichem Unternehmensaufbau dürfte vor allem bei Thesaurierungsstrategien im Ausland entscheidungserheblich sein. Im Folgenden wird eine Rückführung (Repatriierung) der Erträge zur Spitzeneinheit unterstellt, um eine Vergleichbarkeit zwischen Direktbeteiligung der Spitzeneinheit und Einsatz einer Zwischenholding zu erreichen. Eine weitergehende Untersuchung in Richtung eines Steuerbarwerts, der die Ergebnisse mehrerer Perioden ausdrückt, ist auch zweckmäßig, wenn in den verschiedenen Einheiten teils positive, teils negative Betriebsergebnisse erzielt werden und/oder die Investitionen mit Fremdkapital finanziert werden. In jedem Fall sind die Steuerbelastungen auf allen drei Ebenen des Konzerns zu beachten.

---

[3] S. Übersicht bei *Kessler*, Die Euro-Holding, Steuerplanung. Standortwahl, Länderprofile, S. 77.
[4] *Marettek*, Steuerbilanz und Unternehmenspolitik, S. 174 ff.

Streu

B. Möglichkeiten der Steuerplanung durch den Einsatz einer inländischen Zwischenholding

I. Verbesserung der Dividenden-Route

1. Klassisches treaty/directive shopping

a) Anwendungsbereich

Die DBA sehen regelmäßig ein der Höhe nach beschränktes Steuerrecht des Quellenstaates auf Dividendenzahlungen vor. Durch Zwischenschaltung der Holding soll die Gesamtlast an Quellensteuern gemindert werden. Dies kann erreicht werden, weil Deutschland ein gut ausgebautes DBA-Netz aufweist und in vielen DBA relativ niedrige Quellensteuersätze für Schachteldividenden vereinbart sind. Außerdem kann die inländische Zwischenholding die Quellensteuerfreiheit für Dividenden von EU-Kapitalgesellschaften und Schweizer Kapitalgesellschaften nach der Mutter-Tochter-Richtlinie (MTR) bzw. dem Zinsbesteuerungsabkommen Schweiz-EU beanspruchen.

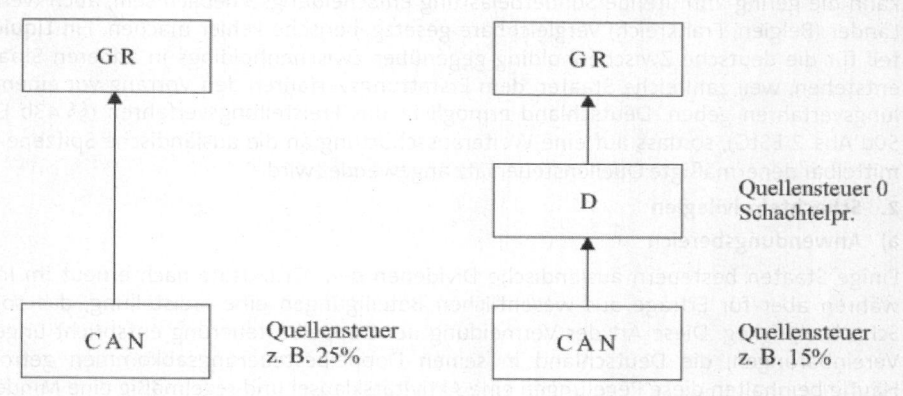

Abbildung 2

b) Beurteilung des Einsatzes einer inländischen Zwischenholding

In den meisten Fällen haben Quellensteuern Auswirkungen auf die Gesamtsteuerbelastung. Durch die Errichtung einer Zwischenholding kann sich nur ein Vorteil ergeben, wenn die Summe aus deutscher Quellensteuer und der Quellensteuer des Staates der operativ tätigen Gesellschaft bei Ausschüttung an eine deutsche Muttergesellschaft niedriger ist als diejenige, die anfallen würde, wenn die ausländische Spitzeneinheit die Dividenden direkt empfängt.

Eine Vorteilhaftigkeit ist am ehesten zu erwarten für Spitzeneinheiten aus Ländern, die kein vollständiges DBA-Netz mit den Staaten der EU bzw. Schweiz abgeschlossen haben. Diese können durch den Einsatz einer inländischen Zwischenholding von der MTR profitieren, soweit die Quellensteuer im Staat der operativ tätigen Gesellschaft nach der MTR auf Null gesenkt wird und die zulässige Quellensteuer nach dem DBA zwischen Deutschland und dem Staat der Spitzeneinheit niedriger ist als bei Direktbezug. Gleiches gilt soweit das DBA Deutschland USA mit dem Null Prozent Quellensteuersatz für Schachteldividenden anzuwenden ist (die abkommensimmanenten Mißbrauchsregeln sind zu beachten).

EU- und US-Spitzeneinheiten erreichen einen Vorteil, wenn Deutschland ein attraktiveres DBA mit dem Staat der operativ tätigen Gesellschaft abgeschlossen hat als der Staat der Spitzeneinheit.

Die erreichbare Ersparnis an Quellensteuern wird in der Regel die "zusätzliche" Belastung der ausländischen Dividendeneinkünfte bei der Zwischenholding nach § 8b Abs. 5 KStG überkompensieren. Danach sind bei der Zwischenholding 5 % des eigentlich steuerfreien Dividendenbezugs als fiktive nicht abziehbare Betriebsausgaben zu versteuern.

Die Erhöhung der Bemessungsgrundlage der inländischen Zwischenholding um 5 % des Ausschüttungsbetrages entspricht bei einem durchschnittlichen Gewerbesteuerhebesatz einer Steuerbelastung der empfangenen ausländischen Dividende von ca. 1,6 % und dürfte damit kein Hinderungsgrund sein, wenn Quellensteuern durch die Verlängerung der Dividendenroute gesenkt werden können.

Anders sieht es aber aus, wenn die Fragestellung nicht lautet, ob eine Zwischenholding eingeschaltet wird, sondern, in welchem Land die Zwischenholding angesiedelt werden soll. Hier kann die gering anmutende Sonderbelastung entscheidungserheblich sein, auch wenn andere Länder (Belgien, Frankreich) vergleichbare gesetzgeberische Fehler machen. Ein **Liquiditätsvorteil** für die deutsche Zwischenholding gegenüber Zwischenholdings in anderen Staaten kann entstehen, weil zahlreiche Staaten dem Erstattungsverfahren den Vorrang vor einem Freistellungsverfahren geben. Deutschland ermöglicht das Freistellungsverfahren (§§ 43b EStG bzw. 50d Abs. 2 EStG), so dass auf eine Weiterausschüttung an die ausländische Spitzeneinheit unmittelbar der ermäßigte Quellensteuersatz angewendet wird.

2. Schachtelprivilegien

a) Anwendungsbereich

Einige Staaten besteuern ausländische Dividenen dem Grundsatz nach erneut im Inland, gewähren aber für Erträge aus wesentlichen Beteiligungen eine Freistellung, das sogenannte Schachtelprivileg. Diese Art der Vermeidung der Doppelbesteuerung entspricht ungefähr den Vereinbarungen, die Deutschland in seinen Doppelbesteuerungsabkommen getroffen hat. Häufig beinhalten diese Regelungen eine Aktivitätsklausel und regelmäßig eine Mindestbeteiligungshöhe. Während sich ein im Staat einer Spitzeneinheit geforderter Aktivitätscharakter der Einkünfte durch eine Zwischenholding i. d. R. nicht erreichen lässt, lässt sich ohne weiteres eine Erhöhung der Beteiligungsgrenze auf 100 % erreichen.

b) Beurteilung des Einsatzes einer inländischen Zwischenholding

ba) Dividendenerträge

Nach § 8b Abs. 1 KStG gewährt Deutschland ein unilaterales Schachtelprivileg für Dividendeneinkünfte ohne eine Mindestbeteiligung der Höhe nach zu fordern. Sofern der Staat der Spitzeneinheit eine Mindestbeteiligung für die Gewährung des dortigen Schachtelprivilegs oder vergleichbarer Begünstigungen verlangt, die die (Direkt-)Beteiligung an der operativ tätigen Gesellschaft nicht erreicht, kann durch Einschaltung der deutschen Zwischenholding ein Schachtelprivileg erreicht werden. Ein Anwendungsbereich zur Einschaltung einer deutschen Zwischenholding kann sich (theoretisch) auch aus dem Fehlen einer Mindestbehaltensdauer in § 8b Abs. 1 KStG ergeben.[5]

Durch einen unsystematischen, fiskalisch motivierten „Kompromiss" (das Erkaufen der Länderzustimmung zum Unternehmenssteuerfortentwicklungsgesetz) gilt das oben gesagte nicht

---

[5] Vgl. *Haun/Winkler*, GmbHR 2002, 192 ff.

uneingeschränkt für die Gewerbesteuer. Dort werden nach § 8 Nr. 5 GewStG die privilegierten Schachteldividenden dem Gewinn aus Gewerbebetrieb hinzugerechnet und nur unter den Bedingungen des § 9 Nr. 2a oder Nr. 7 GewStG ggf. wieder gekürzt. Der für inländische Beteiligungen maßgebliche § 9 Nr. 2a GewStG verlangt eine Beteiligung von ursprünglich mindestens zehn mittlerweile mindestens fünfzehn Prozent. § 9 Nr. 7 GewStG enthält eine Mindestbeteiligungshöhe an ausländischen Gesellschaften von ebenfalls früher zehn mittlerweile fünfzehn Prozent.

Eine solche Beteiligungshöhe muss seit Beginn des Erhebungszeitraums bestehen und darf nicht vor Ende des Veranlagungszeitraums unterschritten werden, sonst wird keine Kürzung nach § 9 Nr. 7 GewStG gewährt.

Für Nicht-EU Beteiligungen ist darüber hinaus der Nachweis aktiver Einkünfte bei der ausschüttenden ausländischen Gesellschaft erforderlich. Für ausländische Beteiligungen in DBA-Staaten ist die Freistellung nach DBA vorrangig (§ 2 AO), bei der in aller Regel keine zeitliche Beschränkung vorgesehen ist. Dafür enthalten die Schachtelprivilegien nach DBA allerdings regelmäßig eine Mindestbeteiligungshöhe und vielfach eine Aktivitätsklausel. Sofern die Bedingungen des jeweiligen DBA erfüllt werden, ist eine etwaig hinzugerechnete Dividende (Gewerbesteuer-) freizustellen.[6] Darüber hinaus ist das DBA-Schachtelprivileg unilateral ab einer Beteiligungshöhe von früher zehn mittlerweile fünfzehn Prozent zu gewähren (§ 9 Nr. 8 GewStG).

Ist das Schachtelprivileg nicht erreicht, weil die Beteiligungshöhe verfehlt wird, könnte versucht werden, die eigenen Anteile mit denen anderer Gesellschafter so zu poolen, dass alle Beteiligten von dem Schachtelprivileg profitieren. Steuerlich ist dies durch Gründung einer weiteren Gesellschaft möglich, in die z. B. zwei Anteilseigner mit je 7,5 % ihre Anteile einlegen. Die gesellschaftsrechtlichen und wirtschaftlichen Interessen werden sich aber häufig nicht zusammenbringen lassen.

Durch die Versagung einer Gewerbesteuerfreiheit für Streubesitzdividenden wurde ein Anreiz geschaffen, Streubesitzbeteiligungen über Holdinggesellschaften im europäischen Ausland zu halten.[7] Selbst inländische Streubesitzbeteiligungen von inländischen Spitzeneinheiten werden bei Zwischenschaltung einer ausländischen Zwischenholding günstiger besteuert als bei direkter Beteiligung einer inländischen Spitzeneinheit. Nach der Unternehmenssteuerreform 2008 beträgt die effektive Zusatzbelastung bei einem typischem Gewerbesteuerhebesatz von 450 Punkten 15,75 % und damit ungefähr die Hälfte der Gesamtsteuerlast einer Kapitalgesellschaft.

Schließlich kann die Aufzählung der begünstigten Einkunftsquellen in § 8b Abs. 1 KStG zu einem breiteren Anwendungsgebiet auf Ebene der Spitzeneinheit führen, z. B. bei beteiligungsgleichen Genussrechten. Hieraus werden bei Durchleitung durch eine deutsche Zwischenholding reguläre Gewinnausschüttungen der deutschen Zwischenholding, was bei Direktbezug durch die ausländische Spitzeneinheit möglicherweise nicht zutrifft.

Sind lediglich die zeitlichen Voraussetzungen nicht erfüllt, bietet es sich an, mit Ausschüttungen schlicht abzuwarten bis die Beteiligung zu Beginn eines Erhebungszeitraumes die Mindestbeteiligung übersteigt. Im Ausnahmefall kann die Übertragung der Beteiligung im Rahmen einer Neugründung zur Erfüllung der zeitlichen Voraussetzungen führen, allerdings nur für die Ausschüttung der operativen Gesellschaft an ihre neue Gesellschafterin.

---

[6] Einzig das DBA-Pakistan umfasst nicht die Gewerbesteuer.
[7] Kritisch hierzu: *Kessler/Knörzer, IStR 2008, S.121 ff.*

bb) Veräußerungsgewinne

Das Schachtelprivileg für Veräußerungsgewinne und gleichgestellte Sachverhalte nach § 8b Abs. 2 KStG kann in vergleichbaren Fällen wie das Dividendenprivileg Vorteile erbringen, da es ebenfalls hinsichtlich Beteiligungshöhe und Mindestbesitzzeit bedingungslos gewährt wird.

Durch Gesetz v. 22. 12. 2003 (BStBl I 2004, 14) wurde der pauschale Ansatz von 5 % der steuerfrei vereinnahmten Dividenden und Veräußerungsgewinne als nicht abzugsfähige Betriebsausgaben nach Abs. 5 auf Ausschüttungen aus inländischen Gesellschaften und auf Veräußerungsgewinne ausgedehnt.

Die hieraus resultierende Zusatzbelastung von Veräußerungsgewinnen in Höhe von ungefähr 1,6 % des Veräußerungsgewinns effektiv kann die oben aufgezeigten möglichen Vorteile übersteigen, wenngleich auch andere europäische Mitgliedstaaten eine nur 95 %ige Steuerfreiheit kennen.[8]

Die Versagung der Steuerfreiheit von Veräußerungsgewinnen nach § 8b Abs. 7 KStG dürfte für Fragen der internationalen Steuerplanung keine Rolle spielen. Selbst wenn Zwischenholdinggesellschaften ausnahmsweise als Finanzunternehmen i. S. d. des KWG anzusehen sind, betrifft die Ausnahmeregelung nach § 8b Abs. 7 nur kurzfristig gehaltene Beteiligungen, die regelmäßig nicht vorliegen sollte.

Allerdings bieten zahlreiche Industriestaaten systembedingt ebenfalls Schachtelprivilegien oder haben diese eingeführt um im Wettbewerb der Steuersysteme mitzuhalten.[9] Wie die Vorteile von Quellensteuervergünstigungen für eine deutsche Zwischenholding sind die Schachtelprivilegien nach § 8b KStG an sich vorteilhaft, die Regelungen anderer Staaten sind jedoch günstiger.[10]

3. Zwischenholding als mixer company

a) Anwendungsbereich

Wichtige Heimatländer global tätiger Unternehmen besteuern ausländische Einkünfte – auch Dividenden – nach einem Anrechnungssystem, d.h. die im Ausland gezahlte Quellensteuer aber auch die Körperschaftsteuer der ausschüttenden Gesellschaft wird auf die Steuer des Heimatlandes angerechnet. Durch die Zusammenfassung der Erträge aus verschiedenen operativ tätigen Gesellschaften (auch deutschen) werden Steuerbeträge anrechenbar, die ansonsten wegen des Anrechnungshöchstbetrags bei der Spitzeneinheit verloren gingen.

b) Beurteilung des Einsatzes einer inländischen Zwischenholding

Quellensteuern spielen auch bei Spitzeneinheiten, die einem Anrechnungssystem unterliegen, eine Rolle. Zum einen können die Quellensteuern selbst die Gesamtsteuerlast über den anrechenbaren Höchstbetrag heben und damit definitiv werden. Andererseits ist die Anrechnung i. d. R. zeitlich und länderweise beschränkt (**per country limitation**). Die Vermischung der unterschiedlichen direkt und indirekt anrechenbaren Steuern auf Ebene der Zwischenholding kann diese Beschränkungen vermeiden. Die klassische mixer company sorgt durch Vermischung höher besteuerter Erträge und niedrig besteuerter Erträge für eine bestmögliche Anrechnung der Steuerlast aus Staaten der operativ tätigen Gesellschaften und der Zwischenholding. Vorteile kann sie nur erbringen, wenn ein Teil der Erträge eine höhere Steuerlast trägt als im Staat der Spitzeneinheit anrechenbar ist und ein Teil der Erträge eine geringere Belastung aufweist.

---

[8] Italien, Frankreich, Belgien.
[9] Vgl. *Bremer* a. a. O. (oben Fn. 6), S. 219, *Kessler* a. a. O. (oben Fn. 4), S. 135 f.
[10] Vgl. *Kratzer*, WiRO2005, S.174 ff.

Einsatz einer inländischen Zwischenholding 249

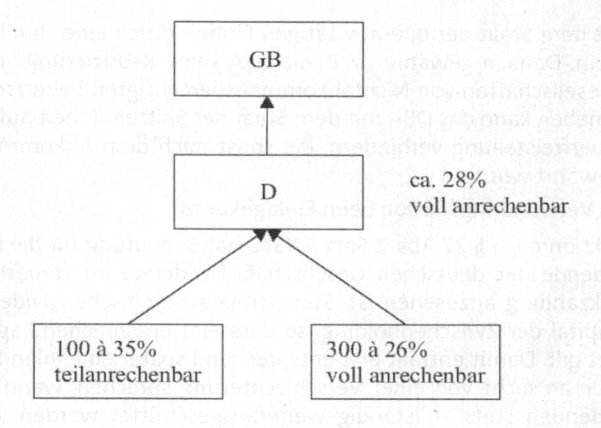

```
              GB
              ↑
              D        ca. 28%
                       voll anrechenbar
            ↗   ↖
100 à 35%       300 à 26%
teilanrechenbar voll anrechenbar
```

Abbildung 3

Neben bekannten Standorten wie den Niederlanden kann auch Deutschland Standort für eine mixer company sein. Deutschland bietet sich hierzu an, da die Ergebnisse der deutschen Gesellschaft immer vermischt werden sollten, wenn auch die Gewerbesteuer im Ausland angerechnet werden kann, da dann typischerweise die Ertragsteuerbelastung der Dividenden deutscher operativer Gesellschaften einen Anrechnungsüberhang bei der Spitzeneinheit bewirken würde. Gegenüber den genannten Ländern dürfte sich aber i. d. R. ein steuerlicher Nachteil für Deutschland als Standort einer Zwischenholding aus § 8b Abs. 3 und Abs. 5 KStG ergeben. Die Bedeutung von Zwischenholdinggesellschaften als mixer company hat aber insgesamt abgenommen, da sich die Körperschaftsteuertarife weltweit aber insbesondere innerhalb Europas auf historisch relative niedrigem Niveau angenähert haben.[11]

4. Beschränkungen des Einsatzes einer inländischen Zwischenholding

a) Maßnahmen im Staat der Spitzeneinheit

Ob die Einschaltung einer deutschen Zwischenholding zu einer niedrigeren Steuerbelastung führt, steht erst fest, wenn die Begrenzungen durch die steuerliche Position der Spitzeneinheit berücksichtigt werden. In ihrem Staat könnten Regelungen eingreifen, die "passive" Einkünfte benachteiligen.

b) Maßnahmen im Staat der operativ tätigen Einheit

Im Staat der operativ tätigen Gesellschaft können Regelungen eingreifen, die § 50d Abs. 3 EStG entsprechen, also Quellensteuerentlastungen versagen, wenn der begünstigte Anteilseigner ohne wirtschaftlichen Grund "zwischengeschaltet" wurde und hinter ihm Anteilseigner stehen, denen die Entlastung bei unmittelbarem Bezug nicht zustünde.

c) Beschränkungen durch DBA

Ganz allgemein sehen bestimmte Missbrauchsklauseln vor, dass der Staat der operativ tätigen Einheit eine Quellensteuerreduzierung nicht zu gewähren braucht, wenn es an wirtschaftlichen Gründen für die Einschaltung einer Zwischenholding fehlt.[12] Die Quellensteuervergünstigungen

---

[11] Vgl. z. B. Europäische Kommission, Taxation trends in the European Union 2009 edition, ec.europa.eu/eurostat.

[12] DBA Deutschland-USA, Art. 28 Abs. 1, DBA Deutschland-Mexiko Art. 11 Abs. 9, Art. 12 Abs. 7; s. a. OECD-Kommentar zum MA, Art. 1 Tz. 13, 19.

können im DBA mit dem Staat der operativ tätigen Einheit durch eine "limitation of benefits"-Klausel begrenzt sein. Danach gewähren z. B. die USA keine Reduzierung von Quellensteuern, wenn bestimmte Gesellschaften von Nichtabkommensberechtigten beherrscht werden (Art. 28 (1) e) DBA USA). Daneben kann das DBA mit dem Staat der Spitzeneinheit aufgrund einer Aktivitätsklausel die Steuerfreistellung verhindern, die sonst nach dem Abkommen für Dividenden aus Deutschland gewährt würde.

d) **Nachteile durch Verwendungsfiktion beim Einlagekonto?**

Die Verwendungsfiktion nach § 27 Abs. 1 Satz 3 KStG hat Bedeutung für die Frage, ob eine handelsrechtliche Dividende der deutschen Gesellschaft Dividende im steuerlichen Sinne bleibt oder als Kapitalrückzahlung anzusehen ist. Steuerfreie ausländische Dividenden erhöhen das steuerliche Eigenkapital der Zwischenholding, so dass erst entsprechend später das Einlagenkonto als verwendet gilt. Damit entfällt erst entsprechend später eine inländische Quellensteuer. Allerdings kann man nicht von einer Verschlechterung sprechen, wenn die ausländischen empfangenen Dividenden stets vollständig weiterausgeschüttet werden, da sich damit das Eigenkapital entsprechend verringert.

II. Berücksichtigung von Finanzierungsaufwendungen und Beteiligungsverlusten

Die Finanzierung der Zwischenholding und der operativ tätigen Gesellschaften wird an anderer Stelle in diesem Handbuch behandelt. Hingewiesen sei daher nur auf die verschlechterten Rahmenbedingungen. Ursprünglich war Deutschland als Holdingstandort attraktiv, da die (dann wegen Verstoß gegen EU-Recht gar nicht wirksamen) Regelungen für Gesellschafterfremdfinanzierung mit einem safe-haven Verhältnis von Eigenkapital zu Fremdkapital von 1:9 verhältnismäßig großzügig waren und über ein timing von Ausschüttungen bzw. nach Einführung des § 8b Abs. 5 KStG keine Beschränkung des Abzugs von Finanzierungsaufwendungen im Zusammenhang mit steuerfreien Dividenden bestand. Die stufenweise Absenkung des safe haven auf 1: 3 und 1:1,5, die Einführung von § 8a Abs. 6 KStG (Versagung jeglichen Abzugs von Finanzierungskosten aus konzern-internen Beteiligungserwerben) und schließlich der Wechsel zu einer "earnings stripping" Regelung (§§ 8a KStG, 4h EStG ab 2008) haben den Abzug von Finanzierungskosten erheblich reduziert. Während früher regelmäßig Finanzierungskosten einer Zwischenholding aus dem Erwerb ausländischer Tochtergesellschaften mit Einkünften aus einer deutschen Beteiligung (Organschaft vorausgesetzt) verrechnet werden konnten, dürfte heute regelmäßig kein Raum für weitere Zinsaufwendungen bleiben, da die Zinsaufwendungen der inländischen operativen Einheit schon die zulässigen 30 % des EBIT (mit zahlreichen Korrekturen) ausschöpfen dürften. Nur in dem Ausnahmefall, dass eine Finanzierung zu Betriebsausgaben führt, sich aber aus dem Anwendungsbereich des § 8a KStG entzieht, ist eine Zwischenholding zur Minderung der in Deutschland steuerpflichtigen Einkünfte ein interessantes Gestaltungsmittel.

Beteiligungsverluste werden im deutschen Steuerrecht als Kehrseite der Steuerfreiheit von Dividenden und Veräußerungsgewinnen nicht zum Abzug zugelassen. Erschwerend und unsystematisch rein fiskalisch motiviert gilt dies auch für Darlehnsverluste und Inanspruchnahmen aus Besicherungen von Darlehen fremder Dritter, im Zusammenhang mit wesentlichen Beteiligungen (§ 8b Abs. 3 KStG). Zumindest hinsichtlich der Behandlung von Darlehensverlusten und vergleichbaren Aufwendungen steht sich Deutschland steuerlich schlechter dar als andere Staaten.

C. Grenzen und Risiken der Steuerplanung mit inländischen Zwischenholdinggesellschaften

Grundsätzliche Beschränkungen auf allen drei betrachteten Ebenen wurden im Kap. B.I.4 und anderen Stellen dargestellt. Hier soll nur kurz an das AStG erinnert werden. Die Zwischenholding könnte mit ihren Einkünften der Hinzurechnungsbesteuerung nach §§ 7 – 14 AStG unterliegen. Solange die operativ tätigen Gesellschaften tatsächlich aktiv tätig sind i. S. v. § 8 Abs. 1 Nr. 1–7 AStG, existiert kein Problem. Erzielt eine niedrig besteuerte operative Gesellschaft sog. Zwischeneinkünfte mit Kapitalanlagecharakter, z. B. aus der Kreditvergabe außerhalb ihrer eigenen Tätigkeit, ist die Freistellung des Hinzurechnungsbetrags entsprechend dem DBA i. V. m. § 10 Abs. 5 AStG ausgeschlossen, bzw. im Fall der Konzernfinanzierung beschränkt. Dass diese Regelungen bereits anwendbar sind, wenn die ausländischen Einkünfte einer Tarifbelastung von weniger als 25 % unterliegen, während der inländischer Körperschaftsteuersatz auf 15 % gesenkt wurde, zeigt wie wenig Steuersystematik wert ist. Daraus darf durchaus geschlossen werden, die Finanzpolitisch Verantwortlichen der letzten Jahre haben kein Interesse an einer fairen und verlässlichen Steuerpolitik, ein Umstand der sich negativ auf Investitionsentscheidungen auswirkt.

Für die ausländische Spitzeneinheit ist bei der Einschaltung einer inländischen Zwischenholding an erster Stelle zu prüfen, ob dadurch eine Aktivitätsklausel des DBA oder eine unilaterale Bestimmung im eigenen Land verletzt wird. Sollte dies der Fall sein, sind als Auswege die Vergrößerung der aktiven Tätigkeiten auf Ebene der Zwischenholding und die Möglichkeit eines zeitlichen Auseinanderfallens von schädlichen Aktivitäten und einer Dividendenzahlung durch die Zwischenholding zu prüfen.

Ausländische Unternehmen müssen auch berücksichtigen, dass die deutsche Zwischenholding in jeder Hinsicht ein eigenständiges deutsches Steuersubjekt ist, das umfangreichen Aufzeichnungspflichten und Prüfungen der Steuerverwaltung unterliegt. Unklarheiten bei der Verrechnung konzerninterner Leistungen führen bei fehlender Absprache im Voraus stets zu verdeckten Gewinnausschüttungen, also auch wenn ein Entgelt der Sache nach angemessen ist.[13] Wegen der Bestimmungen über nahe stehende Personen können hiervon auch Leistungsbeziehungen zwischen den operativ tätigen Gesellschaften und der Spitzeneinheit betroffen sein.

D. Zusammenfassung

Deutschland hatte kurzzeitig mit der Unternehmenssteuerreform 1998, 2000, 2001 ein akzeptables und in einigen Fällen attraktives Steuerrecht für die Ansiedlung von Zwischenholdings eingeführt. Davon kann seit 2008 keine Rede mehr sein.

Lediglich im Hinblick auf das Merkmal des DBA Netzwerks steht Deutschland im europäischen Vergleich gut da. Die nur 95 %ige Körperschaftsteuerbefreiung von Schachteldividenden ist keine deutsche Spezialität, es gibt aber zahlreiche Länder, die eine 100 %ige Befreiung bieten. Daneben kommt die Veräußerungsgewinnbesteuerung hinzu für die im europäischen Vergleich das Gleiche gilt. Für die internationale Steuerplanung kann dieser prinzipiell nur geringfügige Aspekt bei einer Entscheidung auf "Messers Schneide" des Für und Wider gerade das ausschlaggebende Moment darstellen – in die für den Standort Deutschland nachteilige Richtung.

Während die 5 % "Wegelagerersteuer" früher hingenommen werden konnte, da der volle Abzug von Finanzierungskosten aus entsprechenden Beteiligungserwerben die Bemessungsgrundlage

---

[13] A 31 (5) und (7) KStR.

in Deutschland i. d. R. stärker verringert hat, läuft dieser Vorteil gegenüber klassischen Holdingstandorten wie den Niederlanden für die meisten Konzerne inzwischen leer. Vielmehr schränkt § 8a KStG den Abzug von Finanzierungskosten erheblich ein. Wenn wie derzeit Erträge und EBIT einbrechen ohne dass die Finanzierungskosten sinken, führt dies schon bei reinen Inlandsfällen zur "unendlich hohen" Steuerquote, weil Steuern anfallen, obwohl wirtschaftlich – unter Berücksichtigung der Finanzierungskosten – gar kein Gewinn entstanden ist.

Die Einschaltung einer deutschen Zwischenholding, um die Finanzierungsaufwendungen gegen ansonsten hoch besteuerte deutsche Gewinne zu verrechnen ist durch die Regelungen der §§ 8a KStG, 4h EStG, § 8c KStG stark beschränkt worden.

Für viele Spitzeneinheiten, etwa aus Großbritannien, den USA oder Frankreich ist das direkte Halten ausländischer operativer Gesellschaften vorteilhafter als die Eingliederung in eine deutsche Zwischenholding. Für Spitzeneinheiten, die einen Vorteil aus der Einschaltung einer Zwischenholding erreichen, ist der Holdingstandort Deutschland weiterhin und auch nach der Unternehmensteuerreform 2008 für viele Fälle nur zweitklassig gegenüber klassischen Holdingstandorten wie den Niederlanden oder Luxemburg.

Kleinere Staaten haben sich früher und geschickter für die Ansiedlung von Holdinggesellschaften empfohlen. Zu den dort gewährten Privilegien zählen pauschale Steuerarrangements[14] anhand leicht nachprüfbarer Kosten und Vergünstigungen durch Lohnsteuer- und Sozialversicherungskonzessionen für die Beschäftigten einer Zwischenholding.[15]

Holdinggesellschaften stellen einen Indikator für das Steuerklima dar, da sie besonders mobil sind. Die widersprüchliche Behandlung von Holdinggesellschaften und die Ankündigung von Änderungen bevor Regelungen einen Veranlagungszeitraum lang angewendet wurden sind bezeichnend für den Zustand der Steuergesetzgebung der letzten Jahre. Es bleibt zu hoffen, dass europäische Initiativen zu einem fairen Steuerwettbewerb führen, an dessen Ende ein ausgewogenes Steuersystem ohne deutsche Abnormalitäten wie die gewerbesteuerlichen Hinzurechnungen nach § 8 Nr. 1 GewStG steht.

---

[14] Niederländische Rulings und belgische coordination center.
[15] Vgl. div. Autoren, ITR November 1997, S. 36 ff.; ITR February 1998; ITR March 1998, S. 39 ff.

4. Die steuerliche Optimierung des Auslandsvertriebs

von Harald Diebel, Steuerberater[*] und
Hagen Reiser, Rechtsanwalt/Steuerberater, Stuttgart[**]

Inhaltsübersicht

A. Einleitung
B. Mögliche Gestaltungsalternativen und deren steuerliche Behandlung bei Bestehen eines DBA
   I. Betriebsstätte
   II. Direktlieferung
   III. Lager
   IV. Verbindungsbüro
   V. Vertreter
   VI. Personengesellschaft
   VII. Tochterkapitalgesellschaft
   VIII. E-Commerce
C. Optimierungsgrundlagen
   I. Gewinnträchtige Engagements
   II. Errichten einer Vertriebszentrale in einem niedrig besteuerten Drittland
D. Zusammenfassung

Literatur:

Arndt, H.-W./Fetzner, T., Der Internetserver im Ausland – ein Fall des § 42 AO?, BB 2001, S. 1175 ff.; **Baumhoff, H./Ditz, X./Greinert, M.**, Die Besteuerung von Funktionsverlagerungen nach der Funktionsverlagerungsverordnung vom 12.8.2008, DStR 2008, S. 1945 ff.; *Bernütz, S.*, Ertragsbesteuerung grenzüberschreitender Internet-Transaktionen: Anknüpfung an eine deutsche Betriebsstätte?, IStR 1997, S. 353 ff.; **Blümich**, EStG-KStG-GewStG-AStG Kommentar, München 2009; *Blumenberg, J.*, Ausgesuchte Neuregelungen des DBA-USA, Ubg 2008, S. 269 ff; *Blumers, W.*, Funktionsverlagerung per Transferpaket, BB 2007, S. 1757 ff.; *Debatin, H.*, Zur Behandlung von Beteiligungen an Personengesellschaften unter den Doppelbesteuerungsabkommen im Lichte der Rechtsprechung des Bundesfinanzhofes, BB 1992, S. 1181 ff.; *ders./Wassermeyer, F.*, Doppelbesteuerung, München 2009; *Ditz, X.*, Internationale Gewinnabgrenzung bei Betriebsstätten und nationale Gewinnermittlungsvorschriften im Lichte aktueller Entwicklungen bei der OECD, IStR 2005, S. 37 ff.; *Endres, D.*, Die Vertreterbetriebsstätte im Konzern, IStR 1996, S. 1 ff.; *Ernst & Young/BDI*, Die Unternehmenssteuerreform 2008, Bonn/Berlin 2007; *Faix, F./Wangler, C.*, Steuerliche Risiken anlässlich des Wechsels einer deutschen Tochterkapitalgesellschaft vom Vertragshändler zum Kommissionär, IStR 2001, S. 65 ff.; *Federmann, R.*, Über Steuermanagement und Steuermanager(innen), StuW 1996, S. 237 ff.; *Förster, H.*, Veröffentlichung der OECD zur Revision des Kommentars zu Artikel 7 OECD-Musterabkommen, IStR 2007, S. 398 ff.; *ders.*, Der OECD-Bericht zur Ermittlung des Betriebsstättengewinns (Teil I), IWB 2007 F. 10 Gr. 2 S. 1929 ff.; *ders./Naumann, M./Rosenberg, O.*, Generalthema II des IFA-Kongresses 2006 in Amsterdam: Gewinnabgrenzung bei Betriebsstätten, IStR 2005, S. 617 ff.; *Freudenberg, M./Peters, H. M.*, Identifizierung von unbeabsichtigten Funktionsverlagerungen als Ergebnis operativer Geschäftsentwicklung, BB 2009, S. 822 ff.; *Hechtner, F.*, Die Anrechnung ausländischer Steuern im System der Schedule nach den Änderungen durch das JStG 2009, BB 2009, S. 76 ff.; *Hinnekens, L.*, Comment on E-Commerce; Tax Planning International 11/1999, pg. 13 f.; *Holler, G./Heerspink, F.*, Betriebsstättenbegründung durch Errichtung eines Verkaufsservers im Internet?, BB 1998, S. 771 ff.; *Hundshagen, C./Oestreicher, A.*, Weder Wirtschaftsgut noch Unternehmen – die Bewertung von Transferpaketen anlässlich der grenzüberschreitenden Verlagerung von Unternehmensfunktionen, IStR 2009, S. 145 ff.; *Inzelmann, R./Mutscher, A.*, Vermeidung der Hinzurechnung von gemäß § 2a Abs. 3 Satz 1 EStG im Inland abgezogenen Betriebsstättenverlusten, IStR 1999, S. 40 ff.; *Jacobs, O. H.*, Internationale Unternehmensbesteuerung, 6. Aufl., Beck/München 2007; *Käbisch, V.*, Steuerliche Aspekte des elektronischen Geschäftsverkehrs, DStR 2001, S. 373 ff.; *Kessler, W.*, Qualifikation der Einkünfte aus dem Onlinevertrieb von Standardsoftware nach nationalem und DBA-Recht (Teil I), IStR 2000, S. 70 ff.; *ders./Peter, M.*, OECD klärt Zweifelsfragen zur Server-Betriebsstätte, IStR 2001, S. 238 ff.; *Knobbe-Keuk, B.*, Qualifikationskonflikte im Internationalen Steuerrecht der Personengesellschaften RIW 1991, S. 306 ff.; *Kolb, A.*, Dividendenbesteuerung im schweizerisch-deutschen Verhältnis, IWB F. 5 Schweiz Gr. 2 S. 515 ff.; *Korf, R.*, Die Diskussion zur Besteuerung des elektronischen Handels – eine Zwischenbilanz, IStR 2000, S. 14 ff.; *Krabbe, H.*, Personengesellschaften und Unternehmensgewinne nach den DBA, IStR 2002, S. 145 ff.; *Kroppen, H.-K./Hüffmeier, S.*, Der Kommissionär als Betriebsstätte nach dem OECD-Musterabkommen, IWB F. 3 Deutschland Gr. 2 S. 637 ff.; *Kuckhoff, H./Schreiber, R.*, Verrechnungspreise

---

[*] Leiter der Steuerabteilung Südwest der Ernst & Young AG, Stuttgart.
[**] Senior Manager bei der Ernst & Young AG, Stuttgart.

in der Betriebsprüfung, München 1997; **Müller, H.,** Steuermanagement auf dem Weg der Globalisierung – Globalisierung, Integration, Shareholder Value, IStR 1996, S. 452 ff.; **ders./Schaden, M.,** Steuerliche Gestaltungsüberlegungen bei Investitionen deutscher Unternehmer in Österreich, IStR 1997, S. 198 ff.; **Niepoth, D./Kamphaus, C.,** Umwandlung einer ausländischen Betriebsstätte, IStR 1996, S. 11 ff.; **Pijl, H.,** OECD and E-Commerce: Clarification or Fundamental Change?, Tax Planning 11/1999, pg. 3; **Pitzal, C./Wolter, H.,** Der Begriff der „Funktion" in den neuen Regelungen zur Funktionsverlagerung in § 1 Abs. 3 AStG, IStR 2008, S. 79 ff.; **Pinkernell, R./Ditz, X.,** Betriebsstättenbegriff, Einkünftequalifikation und Gewinnabgrenzung beim Online-Vertrieb elektronischer Produkte (Teil II), FR 2001, S. 1271 ff.; **Portner, R.,** Betriebsstätte durch grenzüberschreitende Internet-Transaktionen, IStR 1998, S. 553 ff.; **Prinz, U.,** Steueroptimierte Vertriebsstrukturen im Outbound-Geschäft, FR 1997, S. 517 ff.; **Pyszka, T.,** Umwandlung von Auslandsbetriebsstätten nach vorangegangenem Abzug der Betriebsstättenverluste im Inland (§ 2a Abs. 3 EStG), IStR 1997, S. 18 ff.; **Rainerman, M./Clegg, J. /Anolik, S.,** "What is a PE in a Virtual World"?, The Bureau of National Affairs 11/1999, pg. 8 f.; **Roser, F./Tesch, B.,** Verlustnutzung im internationalen Vergleich, IStR 1999, S. 385 ff.; **Schelle, D.,** Steuerliche Probleme bei der Geschäftsverlagerung ins Ausland, IStR 1995, S. 307 ff.; **Scheffler, W.,** Auslandsvertrieb: Gestaltungsempfehlungen aus steuerlicher Sicht, RIW 2001, S. 321 ff.; **Schlüter, H.,** Die Sondervergütungen des Mitunternehmers im Außensteuerrecht, Jahrbuch der Fachanwälte für Steuerrecht 1979/80, S. 152 ff.; **Schmidt, C.,** Personengesellschaften im internationalen Steuerrecht nach dem OECD-Bericht "The Application of the OECD-Model Tax Convention to Partnerships" und den Änderungen im OECD-MA und im OECD-Kommentar im Jahre 2000, IStR 2001, S. 489 ff.; **Schuster, C.,** Betriebsstättengewinnabgrenzung nach dem Authorized Approach der OECD, Hefte zur Internationalen Besteuerung, Heft 152, Universität Hamburg, 2006; **Sieker, K.,** Ist einer Vertreterbetriebsstätte ein Gewinn zuzurechnen?, BB 1996, S. 981 ff.; **Sprague, G./Hersey, R.,** Letter to OECD re Electronic Commerce, Intertax 1999, pg. 40 ff.; **Steimel, F.,** Seminar A: Das OECD-Musterabkommen – 2000 und darüber hinaus: Electronic Commerce und die Abkommensentwicklung in die New Economy, IStR 2000, S. 495 ff.; **Strunk, G.,** Grenzüberschreitende Geschäftsaktivitäten durch das Internet als weißer Fleck der Besteuerung?, IStR 1997, S. 257 ff.; **Strunk, G./Kaminski, B.,** Betriebsstättenbegründung und Einkunftszurechnung bei Internet-Geschäften, IWB F. 3 Deutschland Gr. 2 S. 1021; **dies.,** Aufgabe des Grundsatzes der funktionalen Zuordnung von Wirtschaftsgütern zu Betriebsstätten? – Irrungen und Wirrungen bei Internet Geschäften –, IStR 2001, S. 161 ff.; **Strunk, G./Kaminski, B/Köhler, S.,** AStG/DBA Kommentar, Bonn 2009; **Vogel, K./Lehner, M.,** DBA Kommentar, 5. Aufl., München 2008; **Weggenmann, H.,** Sondervergütungen unbeschränkt steuerpflichtiger Mitunternehmer einer ausländischen Personengesellschaft in der Rechtsprechung des BFH und aus der Sicht der OECD, IStR 2002, S. 1 ff.

A. Einleitung

Inländische Unternehmen, die ihre Produkte auch im Ausland absetzen, haben bei der Organisation des Auslandsvertriebs eine Vielfalt von Möglichkeiten zur Auswahl. Je nach Gestaltung treten unterschiedliche steuerliche Rechtsfolgen ein. Die Strukturierung des Auslandsvertriebs bedarf daher nicht nur unter betriebswirtschaftlichen und rechtlichen, sondern auch und gerade unter steuerlichen Gesichtspunkten der sorgfältigen Planung. Dies ist eine Aufgabe des Steuermanagements.[1] Die nachfolgenden Ausführungen sind auf eine Untersuchung der ertragsteuerlichen Folgen begrenzt. Zwar spielen im Zusammenhang mit der Strukturierung des Auslandsvertriebs auch umsatzsteuerliche Aspekte eine nicht unerhebliche Rolle. Doch gelingt im Idealfall ein Ausgleich von anfallender Umsatz- und Vorsteuer, so dass keine weiteren Belastungseffekte eintreten. Als grds. Gestaltungsvarianten kommen klassischerweise in Betracht:

- Betriebsstätte
- Direktlieferung
- Lager
- Verbindungsbüro
- Vertreter
- Tochterpersonengesellschaft
- Tochterkapitalgesellschaft

---

[1] Zum Begriff des Steuermanagements und dessen Inhalt vgl. *Federmann*, StuW 1996, 237 ff.; vgl. auch *Müller*, IStR 1996, 452 ff.

Zusätzlich kann über die Errichtung einer Vertriebszentrale im niedrig besteuerten Ausland nachgedacht werden. Auch der Vertrieb über das Internet ist in diesem Zusammenhang eine stetig an Bedeutung gewinnende Alternative.[2]

Im Folgenden werden die Gestaltungsmöglichkeiten zur Strukturierung des Auslandsvertriebs in solchen Ländern behandelt, die mit Deutschland DBA abgeschlossen haben, die dem OECD-MA entsprechen.

Im Verhältnis zu den Ländern, mit denen kein DBA besteht, ist der Vertriebsgewinn regelmäßig in Deutschland zu besteuern. Sollte er nach nationalem ausländischem Steuerrecht noch zusätzlich im Ausland besteuert werden, rechnet Deutschland in der Regel die ausländische Steuer auf den Vertriebsgewinn nach § 34c EStG bzw. § 26 Abs. 1 KStG an. Eine Besteuerung in Deutschland lässt sich in diesen Fällen nur durch Einschalten einer ausländischen Tochterkapitalgesellschaft vermeiden.[3]

B. Mögliche Gestaltungsalternativen und deren steuerliche Behandlung bei Bestehen eines DBA

I. Betriebsstätte

1. Grundsätzliches

Der grds. gegebene Besteuerungsanspruch des Wohnsitzstaats Bundesrepublik Deutschland wird auf den Staat der Tätigkeit verlagert, wenn die Vertriebsgewinne (Unternehmensgewinne i. S. d. Art. 7 OECD-MA) im anderen Vertragsstaat im Rahmen einer dort belegenen Betriebsstätte (Art. 5 OECD-MA) erzielt werden. Aufgrund der abkommensrechtlichen Definition ist für die Auslegung des Begriffs der Betriebsstätte zunächst auf das Abkommensrecht zurückzugreifen und grundsätzlich nicht auf innerstaatliches Recht.[4] Nach Art. 5 Abs. 1 OECD-MA ist eine Betriebsstätte eine feste Geschäftseinrichtung, durch die die Tätigkeit eines Unternehmens ganz oder teilweise ausgeübt wird. Die Geschäftseinrichtung muss sich in der nicht nur vorübergehenden Verfügungsmacht des Steuerpflichtigen befinden, fest mit dem Erdboden des Territoriums des Quellstaates verbunden sein, dauerhaft genutzt werden und durch sie muss die Tätigkeit des Unternehmens vorgenommen werden.[5] Unter einer Geschäftseinrichtung ist i. d. R. eine Sachgesamtheit von körperlichen Gegenständen zu verstehen, **die dem Unternehmen dienen**.[6] **Ferner kann** gem. Art. 5 Abs. 5 OECD-MA auch ohne das Vorliegen einer festen Geschäftseinrichtung eine Betriebsstätte angenommen werden, wenn ein abhängiger Vertreter für das Unternehmen tätig wird und dieser nicht nur Vorbereitungs- und Hilfstätigkeiten i. S. d. Art. 5 Abs. 4 OECD-MA ausführt. Neben der festen Geschäftseinrichtung und der Vertreterbetriebsstätte besteht noch eine weitere Form der Betriebsstätte, die sog. Montagebetriebsstätte. Denn Bauausführungen und Montagen können gem. Art. 5 Abs. 3 OECD-MA bei Überschreiten einer Zwölfmonatsfrist ebenfalls eine Betriebsstätte begründen. Da diese Form i. d. R. jedoch nur im

---

[2] S. a. unter B. VIII.
[3] Vgl. hierzu Kapitel B.VII.
[4] Detailliert zur Auslegung des Betriebsstättenbegriffs, *Görl* in Vogel/Lehner, DBA, Art. 5 Rn. 8.
[5] Vgl. OECD-MK, Art. 5, Ziff. 4.1 ff.; *Fresch/Strunk* in Strunk/Kaminski/Köhler, DBA, Art. 5, Rz. 46.
[6] H. M. statt vieler *Görl* in Vogel/Lehner, DBA, Art. 5 Rn. 13.

Bereich des Anlagenbaus von Bedeutung ist, unterbleibt im Folgenden eine Untersuchung der Montagebetriebsstätte.[7]

2. Steuerliche Konsequenzen

In den deutschen DBA wird die Doppelbesteuerung der Betriebsstättengewinne regelmäßig dadurch vermieden, dass diese in der Bundesrepublik Deutschland als Sitzstaat entsprechend Art. 23A Abs. 3 OECD-MA von der Besteuerung in Deutschland unter Progressionsvorbehalt freigestellt werden (sog. "Freistellungsmethode").[8] Das bedeutet, dass die freizustellenden Betriebsstätteneinkünfte nur bei der Errechnung des für die inländischen Einkünfte maßgebenden Steuersatzes in das Gesamteinkommen einzubeziehen sind.[9]

Jedoch regeln einige DBA sog. Aktivitätsvorbehalte bei der Abkommensanwendung durch Deutschland.[10] Hierdurch wird die Anwendung der Freistellungsmethode auf bestimmte „aktive Einkünfte" begrenzt, für die übrigen, „passiven Einkünfte" ist die Anrechnungsmethode anzuwenden.[11]

Die Einkünfte der ausländischen Betriebsstätte unterliegen regelmäßig nicht der Gewerbesteuer, da gem. § 2 Abs. 1 GewStG nur der im Inland betriebene Gewerbebetrieb der Gewerbesteuer unterliegt. Soweit im Gewerbeertrag eines inländischen Unternehmens Beträge enthalten sind, die auf eine nicht im Inland belegene Betriebsstätte entfallen, sind diese Beträge gem. § 9 Nr. 3 GewStG zu kürzen.

3. Gewinnermittlung der Betriebsstätte

Der Gewinn des Unternehmens wird insoweit im Betriebsstättenstaat besteuert, als der Gewinn der Betriebsstätte zugerechnet werden kann. Wie diese Abgrenzung vorzunehmen ist, regeln die Art. 7 Abs. 2-6 OECD-MA. Nach Art. 7 Abs. 2 OECD-MA wird einer Betriebsstätte der Gewinn zugerechnet, den sie hätte erzielen können, wenn sie wie ein selbständiges, vom Mutterunternehmen völlig unabhängiges Unternehmen am Markt aufgetreten wäre. Die Betriebsstätte ist also für Zwecke der Besteuerung wie ein selbständiger Gewerbebetrieb zu behandeln. Fraglich ist allerdings, wie der Gewinn der Betriebsstätte zu ermitteln ist. Als Maßstab für die Abgrenzung des Gewinns ist der Fremdvergleich (dealing at arm's length) heranzuziehen.[12] Hier kommen grundsätzlich zwei Methoden in Betracht: Die sog. direkte und die indirekte Methode.

Bei der direkten Methode wird der Gewinn, die der Betriebsstätte funktional oder kausal zugerechnet werden kann, aufgrund einer sog. "Betriebsstättenbuchführung" separat für die Betriebsstätte ermittelt. Bei der indirekten Methode wird das Ergebnis der Betriebsstätte nach einem bestimmten Schlüssel (z. B. Umsatz, Personal oder ein Mix aus beidem) aus dem Gesamtergebnis des Unternehmens ermittelt und vom Ergebnis des Stammhauses getrennt. Aufgrund der Schwierigkeiten bei der Festlegung des maßgeblichen Verteilungsschlüssels herrscht in der Praxis die – zunächst aufwendiger erscheinende – direkte Methode vor. Sollte sich der Steuer-

---

[7] Sehr detailliert zur Thematik der Montagebetriebsstätte vgl. *Wassermeyer/Schieber* in Debatin/Wassermeyer, DBA Art. 5 OECD-MA, Rn. 91 ff.

[8] Ausnahme: DBA Zypern.

[9] Vgl. hierzu *Jacobs*, Internationale Unternehmensbesteuerung, S. 16 ff.

[10] Eine Übersicht welche DBA derartige Aktivitätsvorbehalte vorsehen, findet sich bei *Vogel* in Vogel/Lehner, DBA, Art. 23 Rn. 16.

[11] Hinsichtlich der Anwendung des Aktivitätsvorbehalts bei gemischten Einkünften vgl. *Schmidt/Blöchle* in Strunk/Kaminski/Köhler, DBA, Art. 23 Rz. 60 ff. und 124 ff.

[12] Vgl. *Wassermeyer* in Debatin/Wassermeyer, DBA Art. 7 OECD-MA, Rn. 311 ff.

pflichtige dennoch für die indirekte Methode entscheiden, sollte der maßgebende Schlüssel jedenfalls mit beiden betroffenen Finanzverwaltungen abgestimmt werden, um eine Doppelbesteuerung des Betriebsstättenertrags zu verhindern. Dies erweist sich in der Praxis jedoch oftmals als sehr schwierig.[13]

Überdies bestehen seitens der OECD Bestrebungen, die Auslegung des Fremdvergleichs für die Gewinnabgrenzung bei Betriebsstätten an diejenige bei rechtlich selbstständigen verbundenen Unternehmen anzugleichen („sog. Functionally Separate Entity Approach").[14]

4. Behandlung von Betriebsstättenverlusten

a) DBA-Fall

Im DBA-Fall kommt es aufgrund der Freistellungsmethode grundsätzlich nicht zu einer Berücksichtigung von Betriebsstättenverlusten im Inland, allenfalls ist eine Berücksichtigung im Rahmen des Progressionsvorbehalts möglich.[15]

b) Verlustnutzungsbeschränkung bei Anwendung der Anrechnungsmethode bzw. in Nicht-DBA-Fällen

§ 2a EStG wurde im Rahmen des Jahressteuergesetzes 2009 dahingehend geändert, dass die Verlustausgleichs- und Verlustabzugsbeschränkung nur noch bei negativen Einkünften aus Drittstaaten zu beachten sind. Betriebsstättenverluste innerhalb der EU oder im EWR (sofern auf Grund einer Vereinbarung zwischen Deutschland und dem jeweiligen Staat für die Besteuerung erforderliche Auskünfte erteilt werden) können hingegen gem. dem geänderten § 2a EStG ohne Beschränkungen mit inländischen Einkünften verrechnet werden. Eine Verrechnung negativer Einkünfte aus EU-/EWR-Staaten mit inländischen Einkünften ist nur möglich, sofern Deutschland das Besteuerungsrecht an den ausländischen Einkünften zusteht. Einschränkend ist deshalb festzuhalten, dass die Erweiterung der Verlustberücksichtigung keine große praktische Relevanz haben dürfte, da Deutschland regelmäßig kein Besteuerungsrecht an den Betriebsstätteneinkünften zusteht. Die im DBA-Ausland erzielten Betriebsstättenverluste werden regelmäßig in Deutschland unter Anwendung der Freistellungsmethode von der deutschen Besteuerung freigestellt.[16]

c) Progressionsvorbehalt

Wird die Doppelbesteuerung ausländischer Betriebsstättenergebnisse durch die Freistellungsmethode (Art. 23A OECD-MA) vermieden, sind die Einkünfte der ausländischen Betriebsstätte von der Bemessungsgrundlage des deutschen Stammhauses auszunehmen. Dies gilt nach ständiger Rechtsprechung des BFH[17] und des Urteils des EuGH in der Rs. Lidl Belgium[18] auch für die

---

[13] Vgl Strunk/Kaminski in Strunk/Kaminski/Köhler, DBA, Art. 7, Rz. 170 ff. Eine weitreichende Analyse der Methoden findet sich bei Wassermeyer in Debatin/Wassermeyer, DBA Art. 7 OECD-MA, Rn. 184 ff.

[14] OECD, Report on the Attribution of Profits to Permanent Establishments, Juli 2008, abrufbar unter http://www.oecd.org/dataoecd/20/36/41031455.pdf; vgl. zur Diskussion Ditz, IStR 2005, 37 ff.; Förster/Naumann/Rosen-berg, IStR 2005, 617 ff.; Förster, IWB 2007, F. 10, Gr. 2, S. 1929 ff.; ders., IStR 2007, 398 ff.; Schuster, Betriebsstättengewinnabgrenzung nach dem Authorized Approach der OECD, Hefte zur Internationalen Besteuerung, Heft 152, Universität Hamburg, 2006

[15] Vgl. EuGH vom 15. 5. 2008, C-414/06, Lidl Belgium, IStR 2008, 400 mit Anmerkung Englisch.

[16] Ein Besteuerungsrecht Deutschlands an den Betriebsstätteneinkünften kann sich nur ergeben, wenn entweder kein DBA besteht oder ein DBA besteht, dass zur Vermeidung der Doppelbesteuerung die Anrechnungsmethode vorsieht. Deutschland hat mit allen EU-/EWR-Staaten bis auf Liechtenstein DBA abgeschlossen, diese sehen regelmäßig die Freistellungsmethode vor.

[17] Vgl. BFH vom 28. 6. 2006, I R 84/04, BStBl II 2006, 861 mit Anmerkung Reiser/Roth, IStR 2006, 784.

[18] Vgl. Fn. 21.

negativen Einkünfte, also auch für Betriebsstättenverluste. Die negativen Einkünfte der ausländischen Betriebsstätte bleiben daher beim Verlustabzug oder -vortrag grundsätzlich außer Betracht und werden nur im Rahmen des negativen Progressionsvorbehalts nach Maßgabe des § 2a EStG berücksichtigt (§ 32b Abs. 1 Nr. 3 EStG).[19]

II. Direktlieferung

Im Rahmen einer Direktlieferung tritt das inländische Unternehmen an den ausländischen Markt heran, ohne sich dort niederzulassen. Der Gewinn aus einem solchen Liefergeschäft ist regelmäßig allein im Inland steuerpflichtig, da die bloße Warenberührung im anderen Staat vom internationalen Steuerrecht der Staaten i. d. R. nicht als Anknüpfungspunkt für eine Steuerpflicht verstanden wird.[20] Ausnahmen hiervon machen lediglich einige eher ärmere Länder, die eine Gewinnsteuer auf Liefergewinne erheben.[21] Diese Länder beabsichtigen dadurch, ihre einheimische Produktion zu fördern und die Importabhängigkeit zu vermindern.

Die Direktlieferung ist eine von mehreren möglichen Gestaltungen[22], bei der ein deutsches Unternehmen die Berührung mit dem ausländischen Ertragsteuerrecht vermeidet. Im Ergebnis wird der Liefergewinn nur in Deutschland besteuert, was allerdings nur dann unter steuerlichen Aspekten das strategisch wünschenswerte Ergebnis ist, wenn die Steuerbelastung im Ausland höher ist als in Deutschland.

III. Lager

Grundsätzlich kommt die Direktbelieferung ausländischer Kunden unmittelbar aus Deutschland nur in Betracht, wenn der für den deutschen Unternehmer relevante ausländische Markt eine überschaubare Größe hat. Sobald ein gewisses Volumen erreicht ist, kann regelmäßig eine Direktbelieferung nicht mehr in jedem Einzelfall erfolgen. Teilweise wird zumindest die Unterhaltung eines Lagers in Betracht kommen. Bei dieser Gestaltung verbringt der deutsche Unternehmer die zu vertreibende Ware in das ausländische Lager und beliefert von diesem aus seine Kunden. Nach Art. 5 Abs. 4 Buchst. a OECD-MA gelten Einrichtungen, die ausschließlich zur Lagerung, Ausstellung oder Auslieferung von Gütern oder Waren des Unternehmens benutzt werden, nicht als Betriebsstätten, selbst wenn sie die in Art. 5 Abs. 1 OECD-MA aufgeführten Voraussetzungen für die Begründung einer Betriebsstätte erfüllen sollten.[23] Daraus folgt, dass die Belieferung der ausländischen Kunden unter Nutzung eines Lagers wie die Direktlieferung zu behandeln ist. Grundsätzlich anders ist die Errichtung eines Lagers zu behandeln, wenn das

---

[19] Eine Regelung zum Progressionsvorbehalt zu Gunsten des Ansässigkeitsstaats ist mittlerweile in allen von Deutschland geschlossenen DBA enthalten, vgl. *Vogel* in Vogel/Lehner, DBA, Art. 23 Rn. 227 ff.

[20] Gem. Art. 7 Abs. 1 S. 2 OECD-MA kann das Ausland nur die einer Betriebsstätte wirtschaftlich zuzurechnenden Gewinne besteuern, da die Betriebsstätte keine sog. Attraktivkraft besitzt. Wäre dem so und würde das Attraktionsprinzip Anwendung finden, wären bei Vorliegen einer Betriebsstätte im Ausland dieser für Zwecke der Besteuerung sämtliche Einkünfte des Unternehmens aus Quellen innerhalb dieses Staates zu überlassen. Vgl. *Hemmelrath* in Vogel/Lehner, DBA, Art. 7 Rn. 42 und *Wassermeyer* in Debatin/Wassermeyer, DBA Art. 7 OECD-MA, Rn. 2, 184.

[21] Zu diesen Staaten zählen vorwiegend Entwicklungsländer und bspw. Slowenien sowie Weißrussland.

[22] Andere mögliche Gestaltungen sind die Errichtung eines Lagers und eines Verbindungsbüros (siehe nachfolgende Kapitel).

[23] Vgl. hierzu *Wassermeyer* in Debatin/Wassermeyer, DBA Art. 5 OECD-MA Rn. 151.

DBA nicht dem OECD-Modell, sondern dem UN-Modell folgt. Nach Art. 5 UN-DBA wirkt die Errichtung eines Auslieferungslagers betriebsstättenbegründend.[24]

IV. Verbindungsbüro

Nach anfänglichen Direktlieferungen wird in der Praxis vielfach als „Vorstufe" zur Begründung einer Betriebsstätte ein sog. Repräsentanz- oder Verbindungsbüro im Ausland eingerichtet. Damit wird regelmäßig das Ziel verfolgt, den ausländischen Markt mit Blick auf die Tragfähigkeit einer eigenen Vertriebsorganisation zu erkunden. Den Repräsentanzen können aber auch andere vorbereitende Aufgaben, wie beispielsweise die Öffentlichkeitsarbeit, zugeordnet werden. Solche Büros führen nach Art. 5 Abs. 4e OECD-MA dann nicht zu Betriebsstätten, wenn sich die ausgeführten Tätigkeiten insgesamt noch als Vorbereitungs- oder Hilfstätigkeiten begreifen lassen. D. h. eine unternehmerische Tätigkeit gegenüber außenstehenden Dritten darf nicht vorliegen, Verkaufsaktivitäten einer produzierenden Gesellschaft stellen keinesfalls Hilfstätigkeiten dar. Wird diese Grenze, deren genaue Bestimmung jeweils eine Frage des Einzelfalls ist, nicht überschritten, dann verbleibt es – wie bei der Direktlieferung – bei der Besteuerung im Inland, der ausländische Staat hat grds. keinen Besteuerungsanspruch.[25]

V. Vertreter

1. Allgemeines

Wird eine dauernde Repräsentanz im ausländischen Staat, die mehr als nur Vorbereitungs- und Hilfstätigkeiten leistet, benötigt, kommt anstelle einer festen Geschäftseinrichtung auch die Einschaltung eines Vertreters in Betracht. Hierdurch kann es zur Begründung einer fiktiven Betriebsstätte kommen, die nicht ortsbezogen ist. In diesen Fällen wird das inländische Unternehmen, das im Ausland einen Vertreter einschaltet, unter bestimmten Voraussetzungen so behandelt, als habe es im anderen Staat eine Betriebsstätte, obwohl die Erfordernisse einer Betriebsstätte mangels einer festen Geschäftseinrichtung gem. Art. 5 Abs. 1 OECD-MA nicht vorliegen.

Sowohl natürliche Personen, Kapitalgesellschaften als auch Personenvereinigungen können als **abhängiger** Vertreter i. S. d. Art. 5 Abs. 5 OECD-MA auftreten. Zur Begründung einer fiktiven Betriebsstätte ist jedoch weiter erforderlich, dass sie

▶ vom Unternehmen abhängig sind,

▶ für ein Unternehmen des anderen Vertragsstaats tätig sind und

▶ die Vollmacht besitzen, im Namen des Unternehmens Verträge abzuschließen, und dies auch gewöhnlich tun.[26]

Hauptanwendungsfälle des Art. 5 Abs. 5 OECD-MA sind Angestellte wie z. B. Prokuristen oder Handlungsbevollmächtigte, bei denen sich diese Abhängigkeit bereits aus dem Anstellungsvertrag ergibt. Der Begriff der Abschlussvollmacht ist nach wirtschaftlichen Gesichtspunkten auszulegen, es genügt eine rechtliche oder tatsächliche Bindung für das Unternehmen.[27] Daraus

---

[24] Die DBA mit Indonesien und Pakistan folgen insoweit dem UN-MA und betrachten Auslieferungslager als Betriebsstätten.

[25] Zur Abgrenzungsproblematik vgl. *Fresch/Strunk* in Strunk/Kaminski/Köhler, DBA, Art. 5, Rz. 107; *Wassermeyer* in Debatin/Wassermeyer, DBA Art. 5 OECD-MA, Rn. 172 f. und *Görl* in Vogel/Lehner, DBA, Art. 5 Rn. 93 f.

[26] Vgl. *Görl* in Vogel/Lehner, DBA, Art. 5 Rn. 111 ff.

[27] Vgl. *Wassermeyer* in Debatin/Wassermeyer, DBA Art. 5 OECD-MA, Rn. 204 sowie *Görl* in Vogel/Lehner,

folgt im Umkehrschluss, dass die Betriebsstätte in der Regel dann vermieden werden kann, wenn sich das deutsche Unternehmen die Zustimmung zu jedem einzelnen Geschäftsabschluss vorbehält.

Davon streng zu unterscheiden sind **unabhängige** Vertreter wie Makler, Kommissionäre oder Handelsvertreter. Die Unabhängigkeit muss dabei sowohl rechtlich als auch wirtschaftlich vorliegen. Durch unabhängige Vertreter wird keine – auch keine fiktive – Betriebsstätte begründet (Art. 5 Abs. 6 OECD-MA), wenn sich ihre Tätigkeit für das Unternehmen im Rahmen ihrer ordentlichen Geschäftstätigkeit hält. Der Rahmen der ordentlichen Geschäftstätigkeit ist nach der Lage des Einzelfalls zu entscheiden.[28] Laut BFH[29] ist darauf abzustellen, ob die ausgeübte Tätigkeit verkehrsüblich ist oder außerhalb des Berufsbilds oder des Geschäftszweigs liegt.

2. Vertreter/Agent

Tritt der Vertreter als Handelsvertreter auf, handelt er in fremdem Namen und auf fremde Rechnung. Anders als beim Eigenhändlervertrieb kann der Handelsvertreter nicht eine volle Bruttogewinnspanne für sich beanspruchen. Er erhält lediglich eine Provision, während das im Inland ansässige Unternehmen die vollen Umsatzerlöse vereinnahmen muss.[30] Eine Gewinnverlagerung ins Ausland findet daher auch nur in Höhe der vereinnahmten Provision statt.

Allerdings besteht die Möglichkeit, dass der Handelsvertreter als Betriebsstätte i. S. des Art. 5 Abs. 5 OECD-MA angesehen wird[31], da der Handelsvertreter nicht in eigenem Namen, sondern in fremdem Namen auftritt. Dies würde zu einer (zusätzlichen) beschränkten Steuerpflicht des deutschen Unternehmens im Land des Vertreters führen. Als Folge hiervon wäre ein entstehender Gewinn angemessen zwischen dem Steueraufkommen beider Länder aufzuteilen. Dabei ist die Vergütung des Vertreters als Aufwand der Betriebsstätte zu berücksichtigen und der Teil der Einnahmen, die der Vertretene tatsächlich durch den Vertreter erzielt, seiner Vertreterbetriebsstätte zuzurechnen.[32] Dies kann dann vorteilhaft sein, wenn in der dann bestehenden ausländischen Betriebsstätte ein Gewinn erzielt wird und der Steuersatz des Vertriebsstaats niedriger ist als der deutsche Steuersatz. Erzielt die Betriebsstätte jedoch Verluste, so ist wiederum die Regelung des § 2a EStG bzw. § 32b EStG zu prüfen, so dass sich der vermeintliche Vorteil u. U. schnell ins Gegenteil verkehren kann.

Die Begründung einer Betriebsstätte im Ausland scheidet jedoch gem. Art. 5 Abs. 6 OECD-MA aus, wenn der Handelsvertreter ein wirklicher, unabhängiger Handelsvertreter ist und dieser im Rahmen seiner ordnungsgemäßen Geschäftstätigkeit handelt. Ob die Tätigkeit des Handelsvertreters im Rahmen der ordentlichen Geschäftstätigkeit ausgeübt wird, hängt vom Einzelfall und nicht zuletzt von der sorgfältigen Auswahl des Handelsvertreters und der Ausgestaltung des Handelsvertretervertrags ab.[33]

Um den Berichtigungsnormen des AStG, insbesondere des § 1 AStG zu entgehen, sollte der Provisionssatz ferner angemessen erscheinen und einem Fremdvergleich standhalten.

DBA, Art. 5 Rn. 117 ff.

[28] Vgl. *Görl* in Vogel/Lehner, DBA, Art. 5 Rn. 150.

[29] BFH vom 14. 9. 1994, I R 116/93, BStBl II 1995, 238.

[30] Vgl. *Müller*, IStR 1996, 454.

[31] Vgl. *Prinz*, FR 1997, 517.

[32] Auf Probleme bei der Betriebsstättengewinnermittlung bei Vertretern i. S. d. Art. 5 Abs. 5 OECD-MA weist *Wassermeyer* in Debatin/Wassermeyer, DBA Art. 5 OECD-MA, Rn. 216 hin.

[33] Vgl. *Prinz*, FR 1997, 517.

3. Kommissionär

Anders als der Handelsvertreter wird der Kommissionär gem. § 383 HGB im eigenen Namen und auf fremde Rechnung tätig. Ansonsten ist steuerlich die Situation des Kommissionärs mit der des Handelsvertreters vergleichbar. Beide erhalten von der deutschen Mutter lediglich die vereinbarte Provision, eine Steuerverlagerung ins Ausland findet ebenfalls nur in Höhe der Provision statt. Zentrale Voraussetzung für die Annahme einer Vertreterbetriebsstätte ist die Ausübung einer Abschlussvollmacht. Aufgrund der dem Kommissionär innewohnenden rechtlichen Struktur – Handeln im eigenen und nicht im fremden Namen – ist diese Bedingung gerade nicht erfüllt, da die von ihm abgeschlossenen Verträge nur ihn selbst, aber nicht das Unternehmen, für das er tätig ist, binden.[34] Daher schließt ein Kommissionär regelmäßig keine Verträge im Namen des deutschen Mutterunternehmens ab, so dass Art. 5 Abs. 5 OECD-MA in der Regel nicht einschlägig ist.[35] Durch Zwischenschaltung eines Kommissionärs im Vertriebsstaat wird folglich keine Betriebstätte begründet.[36]

VI. Eigenhändler

Ferner wäre es möglich, die ausländischen Vertriebsaktivitäten durch einen Eigenhändler zu betreiben. Dieser ist nicht als Vertreter i. S. d. Art. 5 Abs. 5 OECD-MA zu qualifizieren. Erwirtschaftet der Eigenhändler Gewinn, so lassen sich beim Eigenhändlermodell die Steuersatzvorteile zwischen dem Vertriebsstaat und Deutschland noch besser nutzen als bei den beiden anderen Vertriebsformen. Der Eigenhändler handelt im eigenen Namen und auf eigene Rechnung. Gewinne aus dem Eigenhändlergeschäft unterliegen daher der vollen ausländischen Besteuerung. Ein Betriebsstättenrisiko wird hier weitgehend ausgeschlossen, da der Eigenhändler regelmäßig im eigenen Interesse tätig ist und daher nicht als Vertreter mit Abschlussvollmacht – wie Art. 5 Abs. 5 OECD-MA fordert – angesehen werden kann.[37]

Allerdings ist zu beachten, dass die Lieferung der Produkte der deutschen Mutter an den ausländischen Eigenhändler bereits zu einer Gewinnrealisierung in Deutschland führt und somit ein wirtschaftlich eigentlich noch gar nicht entstandener Gewinn besteuert wird.[38]

VII. Personengesellschaft

1. Übereinstimmende Subjektqualifikation – Subjektqualifikationskonflikt

Weiterhin denkbar wäre es, den Vertrieb über eine ausländische Tochterpersonengesellschaft zu organisieren. Es wäre möglich, die Personengesellschaft als Handelsvertreter, als Kommissionär oder als Eigenhändler (Vertragshändler) einzusetzen. Insoweit ist auf die obigen Ausführungen zu verweisen.

Die Besteuerung von Personengesellschaften folgt international unterschiedlichen Konzepten, neben dem Transparenz- oder Trennungsprinzip wird vereinzelt (z. B. in den USA und Frankreich) auch ein Optionsmodell mit Wahlrecht für die Besteuerung nach dem Transparenz- oder Trennungsprinzip verfolgt. In Deutschland werden deutsche Personengesellschaften als trans-

---

[34] Vgl. *Hopt* in Baumbach/Hopt, HGB, § 383, Rz. 1 sowie *Häuser* in Münchner Kommentar zum HGB, § 383, Rz. 12.

[35] Vgl. *Kroppen/Hüffmeier*, IWB F. 3 Deutschland Gr. 2 S. 637.

[36] Vgl. *Kroppen/Hüffmeier* a. a. O. (oben Fn. 37) sowie *Faix/Wangler*, IStR 2001, 69 f. und *Günkel* in Gosch/Kroppen/Grotherr, DBA-Kommentar, OECD-MA, Art. 5, Rz. 228.

[37] Vgl. *Prinz*, FR 1997, 517 ff.

[38] Vgl. *Scheffler*, RIW 2001, 321 ff.

parent erachtet. Ob im Falle einer Personengesellschaft ausländischen Rechts auch für deutsche Steuerzwecke eine Personengesellschaft vorliegt, entschied sich bislang nicht anhand des ausländischen Rechts, sondern – seit der Venezuela-Entscheidung des RFH[39] – allein danach, welcher Gesellschaftsform des deutschen Rechts das ausländische Rechtsgebilde nach seiner gesellschaftsrechtlichen Struktur und wirtschaftlichen Bedeutung entsprach (sog. Typenvergleich).[40]

Hinsichtlich der steuerlichen Behandlung des Gewinns einer nach diesen Maßstäben ausländischen Personengesellschaft sind daher keine allgemein gültigen Aussagen möglich. Es ist zu unterscheiden, ob auch der ausländische Staat – dem deutschen Besteuerungskonzept für Personengesellschaften entsprechend – den Gewinn der Gesellschaft anteilig bei den Gesellschaftern erfasst (sog. übereinstimmende Subjektqualifikation) oder ob der ausländische Staat die Personengesellschaft für die Zwecke der Besteuerung als juristische Person behandelt (sog. Subjektqualifikationskonflikt).

2. Lösung der OECD

Mit ihrem Bericht "The Application of the OECD Model Tax Convention to Partnerships" vom 20. 1. 2000[41] hat die OECD zu diesem Problem Stellung genommen. Hiernach hat wie bisher zunächst der Quellenstaat nach seinem jeweiligen nationalen Recht festzustellen, ob die Personengesellschaft Steuersubjekt ist und wem das von dieser erzielte Einkommen zuzurechnen ist. Neu ist jedoch, dass nach Ansicht der OECD die Einordnung der Steuerrechtssubjektivität des Quellenstaats nunmehr auf den anderen Abkommensstaat durchschlagen soll, sofern die Personengesellschaft in einem der Vertragsstaaten ansässig ist (sog. Qualifikationsverkettung).[42] Eine Personengesellschaft wird dann als in einem Vertragsstaat ansässig behandelt, wenn sie selbst Steuerrechtssubjekt ist.

Ist die Personengesellschaft jedoch transparent, ist sie also im Quellenstaat nicht Steuerrechtssubjekt, so soll die Abkommensberechtigung gem. Tz. 47 ff. des Berichts auf ihre Gesellschafter durchschlagen.

Im Ergebnis wird hierdurch ein Gleichlauf der Besteuerung der Personengesellschaft sowohl im Quellenstaat als auch im Ansässigkeitsstaat erreicht, ein Subjektqualifikationskonflikt also vermieden.

Bejaht der Quellenstaat die Steuerrechtssubjektivität, stehen die Einkünfte dem Quellenstaat zu; die Gewinnanteile der Personengesellschaft sind dann jedoch aufgrund der Bindung der Steuerrechtssubjektivität keine gewerblichen Einkünfte, sondern solche aus Kapitalvermögen.[43]

Verneint der Quellenstaat die Steuerrechtssubjektivität, wird der Gewinnanteil des in Deutschland ansässigen Unternehmers nach dem für die Unternehmensgewinne geltenden Art. 7 OECD-MA behandelt. Es besteht insoweit eine Bindung der deutschen Steuerbehörden an die Qualifikation des Quellenstaats. Konsequenz ist, dass der auf das deutsche Unternehmen ent-

---

[39] Vgl. RFH v. 12. 2. 1930, IV A 899/27, RStBl 1930, 444. Bestätigt durch BFH v. 17. 7. 1968, I 121/64, BStBl II 1968, 695.

[40] Jüngst bestätigt durch BFH vom 20.08.2008, I R 34/08, BStBl II 2009, 263 zur Qualifikation der amerikanischen LLC als Personen- oder Kapitalgesellschaft. Ausführlich zur Methodik, *Jacobs*, Internationale Unternehmensbesteuerung, S. 459 ff.

[41] Erhältlich über die Homepage der OECD, *www.oecd.org*.

[42] Vgl. hierzu auch *Schmidt*, IStR 2001, 489 und *Jacobs*, Internationale Unternehmensbesteuerung, S. 534 ff.

[43] Vgl. *Schmidt* IStR 2001, 489; *Krabbe*, IStR 2002, 145.

fallende Gewinnanteil in Deutschland mit Progressionsvorbehalt freigestellt ist. Es gilt daher Entsprechendes wie bei Begründung einer Betriebsstätte.

Verwendet der Wohnsitzstaat zur Vermeidung der Doppelbesteuerung die Freistellungsmethode und legt der Quellenstaat das Abkommen falsch aus und stellt die Einkünfte irrtümlich steuerfrei, verhindert Art. 23A Abs. 4 OECD-MA grds. das Entstehen steuerfreier, sog. "weißer Einkünfte".[44]

Somit besteht das Problem, dass der Ansässigkeitsstaat wissen muss, wie der Quellenstaat die Personengesellschaft steuerrechtlich behandelt. Die OECD hat das Problem dadurch zu lösen versucht, in dem sie einen sog. "Annex III" dem Bericht beigefügt hat, welcher Informationen über die jeweilige steuerliche Behandlung der Personengesellschaft in den einzelnen Mitgliedsländern enthält. Jedoch ist dieser "Annex III" nicht vollständig, so dass weitere Probleme vorprogrammiert sind.

3. Anwendung der OECD-Lösung auf bereits in der Vergangenheit abgeschlossene DBA

Ferner stellt sich die Frage, ob der Bericht auch zur Auslegung bereits abgeschlossener DBA verwendet werden kann. Grundsätzlich stellen OECD-Stellungnahmen wichtige Mittel zur Auslegung des OECD-MA dar. Insofern hätten die Ausführungen des Berichts eine echte Rückwirkung, da bei Abschluss der jeweiligen DBA diese noch nicht existent waren. Auch die deutsche Finanzverwaltung geht regelmäßig von einer rückwirkenden Anwendung der OECD-Stellungnahmen aus.[45] Eine abschließende Klärung der Frage steht jedoch noch aus.

VIII. Tochterkapitalgesellschaft

1. Grundsätzliches

Für eine Vertriebsorganisation kommt schließlich eine Tochterkapitalgesellschaft im Ausland – die auch aus deutscher Sicht als Kapitalgesellschaft zu qualifizieren ist – in Betracht. Je nach den gesonderten Erfordernissen kann die Tochtergesellschaft dabei wiederum als Eigenhändler, Kommissionär oder Handelsvertreter am Markt auftreten. Ist die Auslandstochter Eigenhändler, trägt sie also das volle Vertriebsrisiko und übt sie die volle Vertriebsfunktion aus, steht ihr nach internationalen Verrechnungspreisgrundsätzen der volle Vertriebsgewinn zu. In diesem Fall erfolgt eine maximale Verlagerung der Steuerlast ins Ausland.[46] Wird die Tochtergesellschaft stattdessen als Kommissionär oder Handelsvertreter tätig, werden die Umsatzerlöse beim deutschen Stammhaus verbucht, während der Auslandstochter lediglich eine Provision zusteht, s. o.

2. Steuerliche Behandlung

Aus steuerlicher Sicht führt die Einschaltung einer Tochterkapitalgesellschaft zu den folgenden Konsequenzen: Der bei der Tochtergesellschaft anfallende Gewinn unterliegt im ausländischen Staat der Besteuerung. Zusätzlich nimmt der Quellenstaat im Falle der Ausschüttung gem. Art. 10 Abs. 2 OECD-MA einen der Höhe nach begrenzten Quellensteuerabzug vor. Sollte das inländische Unternehmen eine Personengesellschaft oder ein Einzelunternehmer sein, beträgt der Quellensteuersatz 15 %, sollte es sich demgegenüber um eine Kapitalgesellschaft handeln, reduziert er sich im Falle einer mindestens 25 %igen Beteiligung an der ausländischen Tochtergesellschaft auf 5 %. In vielen DBA ist allerdings in Abweichung vom OECD-MA die Quellensteuer noch mit teilweise wesentlich höheren Steuersätzen festgeschrieben.

---

[44] Vgl. hierzu näher *Weggenmann*, IStR 2002, 1.
[45] Vgl. *Schmidt*, IStR 2001, 489.
[46] Vgl. *Müller*, IStR 1996, 454 ff.

Innerhalb des Geltungsbereichs der EU gilt ferner die sog. "Mutter-Tochter-Richtlinie"[47], welche einen Quellensteuerabzug auf Dividenden, die von einem EU-Land in ein anderes fließen, grds. verbietet, wenn eine mindestens 10 %ige Beteiligung an der ausländischen Tochterkapitalgesellschaft besteht. Obwohl die Schweiz kein EU-Mitgliedsland ist, ist ein Quellensteuereinbehalt auf Dividendenerträgen ebenfalls nicht gestattet, sofern die Beteiligung an der ausländischen Tochterkapitalgesellschaft mindestens 20 % beträgt (Art. 10 Abs. 3 DBA Schweiz i. V. m. Verhandlungsprotokoll vom 7. 12. 2001). Im Verhältnis zu den USA besteht ebenfalls unter bestimmten sehr engen Voraussetzungen die Möglichkeit, den Quellensteuersatz auf 0 % zu reduzieren (Art. 10 Abs. 3 DBA USA i. V. m. Art. 28 DBA USA).[48]

Schüttet die ausländische Kapitalgesellschaft ihren erzielten Gewinn an die deutsche Mutter aus, ist die erhaltene Dividende grds. im Ausland mit Quellensteuer belastet, in Deutschland jedoch zu 95 % steuerfrei (§ 8b Abs. 1 i. V. m. § 8b Abs. 5 KStG) sofern die Mutter eine Kapitalgesellschaft ist. Eine Anrechnung der ausländischen Quellensteuer ist mangels Steuersubstrats in Deutschland nicht möglich.

Werden die Anteile an der Tochterkapitalgesellschaft jedoch von natürlichen Personen/Personengesellschaften in einem Betriebsvermögen gehalten, sind die Dividenden lediglich zu 60 % zu versteuern (§ 3 Nr. 40 Buchst. a bzw. d EStG).

Sofern der Anteilseigner der Tochterkapitalgesellschaft eine natürliche Person ist, unterliegt die Dividende in Deutschland grundsätzlich der 25 %igen Abgeltungsteuer (§ 32d Abs. 1 EStG). Bei einkommensteuerpflichtigen Steuersubjekten (Einzelunternehmer, natürliche Personen als Gesellschafter einer Personengesellschaft) ist eine Anrechnung der ausländischen Quellensteuer auf die Einkommensteuer in voller Höhe (R 34c Abs. 2 EStR) bzw. ein 60 %iger Abzug bei der Ermittlung der Einkünfte möglich (§ 34c EStG). Bei natürlichen Personen als Anteilseigner erfolgt die Anrechnung in Anlehnung an § 34c EStG gem. § 32d Abs. 5 EStG.[49]

3. Problematik der Vertreterbetriebsstätte

In den beiden letztgenannten Fällen besteht wiederum die Gefahr, dass das deutsche Stammhaus nach Art. 5 Abs. 5, 6 OECD-MA im Sitzstaat der Tochtergesellschaft neben der Tochtergesellschaft zusätzlich und ungewollt eine sog. Vertreterbetriebsstätte begründet. Eine solche Betriebsstätte lässt sich – sofern die Verkaufsaktivitäten nicht durch einen Eigenhändler betrieben werden – gem. Art. 5 Abs. 6 OECD-MA nur vermeiden, wenn die vertretungsberechtigte Tochtergesellschaft, sei es als Kommissionär oder Handelsvertreter, ihre Vertriebstätigkeit als unabhängiger Vertreter im Rahmen ihrer ordentlichen Geschäftstätigkeit ausübt oder daneben noch eine eigene Tätigkeit in einem nicht nur unerheblichen Umfang unterhält. Ob dieser Exkulpationstatbestand erfüllt wird oder nicht, ist jeweils eine Frage des Einzelfalls.[50]

Folglich liegt ein abhängiger Vertreter i. S. d. Art. 5 Abs. 5 OECD-MA vor, der eine fiktive Betriebsstätte begründet, sofern die Tochtergesellschaft zumindest über wirtschaftliche Vertretungsmacht der Muttergesellschaft i. S. d. Art. 5 Abs. 5 OECD-MA verfügt. Wie bereits dargelegt, ist hierbei nicht erforderlich, dass die Tochtergesellschaft über zivilrechtliche Vertretungsmacht im Sinne des § 164 ff. BGB verfügt. Nach h. M. ausreichend ist vielmehr bereits das Vorhandensein

---

[47] Richtlinie des Rates v. 23. 7. 1990 über das gemeinsame Steuersystem der Mutter- und Tochtergesellschaften verschiedener Mitgliedsstaaten, ABl 1990 L 225/6.

[48] Einen guten Überblick über die Voraussetzungen für die Quellensteuerreduktion auf 0 % im Verhältnis zu den USA gibt *Blumenberg*, Ubg 2008, 269 ff.

[49] Detailliert zur Anrechnung ausländischer Steuern auf die Abgeltungsteuer, *Hechtner*, BB 2009, 76 ff.

[50] Eingehend hierzu *Endres*, IStR 1996, 1 ff.

von wirtschaftlicher Vertretungsmacht.[51] Entscheidend ist, dass der Vertreter das von ihm vertretene Unternehmen binden kann. Eine Abschlussvollmacht ist sogar dann gegeben, wenn der Vertretene über die Zustimmung des vom Vertreter (Tochtergesellschaft) geschlossenen Vertrags jeweils neu beschließt.

Keine Vertretungsmacht ist indessen anzunehmen, wenn sich der Vertretene aus *wirtschaftlich beachtlichen* Gründen vorbehält, einen *zunächst unverbindlich* ausgehandelten Vertrag selbst abzuschließen.

Die Grenzen für die Anerkennung einer konzerneigenen Vertriebs-GmbH als unabhängiger Vertreter i. S. des Art. 5 Abs. 6 OECD-MA sind jedenfalls in den Konturen unscharf. Grds. steht nach Auffassung der Rechtsprechung[52] die Zugehörigkeit zu einem Konzern zwar der Annahme einer Unabhängigkeit nicht generell entgegen; in der Praxis geht die Finanzverwaltung bei Einfirmenvertretungen im Konzern dennoch häufig von einer wirtschaftlich abhängigen Einheit aus.

Eine wirtschaftliche Unabhängigkeit der Vertriebsgesellschaft wird sich im Ergebnis dann erreichen lassen, wenn sie ohne enge organisatorische Weisungsgebundenheit gegenüber dem deutschen Unternehmen auf eigenes Risiko tätig wird und hierzu eine eigene gewerbliche Tätigkeit in einem nicht nur unerheblichen Umfang unterhält. Sie sollte dazu mit weitgehenden wirtschaftlichen und rechtlichen Freiräumen ausgestattet sein. Eine verbreiterte Basis ihrer Wirtschaftstätigkeit, etwa im Hinblick auf das Erbringen von Serviceleistungen am ausländischen Markt oder die Übernahme von Vertriebsfunktionen in anderen Sparten, dürfte die Unabhängigkeit verstärken. Eine direkte Weisungsgebundenheit der Auslandstochter und des bei ihr beschäftigten Personals gegenüber der deutschen Unternehmung sollte – unter der Voraussetzung, dass die Vertreterbetriebsstätte vermieden werden soll – auf das zwingend notwendige Maß beschränkt werden.

Sollte eine Vertreterbetriebsstätte begründet werden, hätte der ausländische Staat nicht nur den Besteuerungsanspruch auf den Gewinn der Tochtergesellschaft, sondern noch zusätzlich einen Anspruch auf den bei der Vertreterbetriebsstätte anfallenden Gewinn. Allerdings wird in der Literatur u. E. zu Recht vertreten, dass ein solcher Gewinn i. d. R. nicht entstehen kann.[53] Ein Gewinn ist deshalb ausgeschlossen, weil bei der Gewinnermittlung der Betriebsstätte die Vergütung an den eigentlichen Vertreter – die Tochterkapitalgesellschaft – wieder abzusetzen ist.

Gleichwohl sollte stets darauf geachtet werden, eine Vertreterbetriebsstätte zu vermeiden, da das Risiko besteht, dass der ausländische Staat der dargestellten Argumentation nicht folgen wird und deshalb auf einer Besteuerung eines wie auch immer zu ermittelnden Gewinns besteht. Sollte der dem Stammhaus zustehende Gewinn bereits in voller Höhe in Deutschland versteuert worden sein, besteht die Gefahr der Doppelbesteuerung. In diesen Fällen müsste gegebenenfalls ein Verständigungsverfahren eingeleitet werden.[54]

---

[51] Vgl. BFH, Urteil vom 12.04.1978, BStBl II 1978, 494; *Wassermeyer* in Debatin/Wassermeyer, DBA, Art. 5 OECD-MA, Rn. 204
[52] Vgl. BFH v. 14. 9. 1994, BStBl II 1995, 238.
[53] Vgl. hierzu *Sieker*, BB 1996, 981 ff.
[54] Zum Verständigungsverfahren vgl. die Kommentierung von *Vogel*, DBA, zu Art. 25.

4. Fremdvergleichsgrundsatz

Wie bereits dargelegt, muss sich das den ausländischen Vertriebsgesellschaften für ihre Tätigkeiten zuzurechnende Entgelt am Fremdvergleichsgrundsatz orientieren; dabei ist im Wesentlichen auf die für den ausländischen Markt erbrachten betrieblichen Funktionen abzustellen.[55]

Im Falle einer Auslandstochter mit Eigenhändlerfunktion muss für die konzerninterne Warenlieferung ein Verrechnungspreis festgesetzt werden. Dieser wird üblicherweise nach der sog. Wiederverkaufspreismethode ermittelt. Ist die Auslandstochter Handelsvertreter oder Kommissionär, steht ihr eine marktübliche Provision zu.

IX. E-Commerce

1. Grundlagen des E-Commerce

Aufgrund des überdurchschnittlichen Wachstums des E-Commerce in den letzten Jahren besteht ein fiskalisches Interesse an der lückenlosen Erfassung derartiger Geschäftsvorgänge. Bedingt durch die für das Internet typische Aufhebung von "Raum", wird die Steuererhebung und Steuerkontrolle durch den globalen und anonymen Charakter des Mediums deutlich erschwert. Durch den E-Commerce im Vergleich zum traditionellen Geschäftsverkehr hat sich folgender wesentlicher Unterschied herauskristallisiert: Die Anbieter können ihre Waren und Dienste ohne jegliche physische Präsenz im Staat des Konsumenten vermarkten.[56] Dies gilt insbesondere für so genannte Online-Umsätze, bei denen der gesamte Prozess der Anbahnung des Vertragsabschlusses und der Lieferung bzw. Dienstleistung einschließlich des Zahlungsverkehrs auf digitalem Weg abgewickelt wird.

2. Gestaltungsüberlegungen

Wie unter Kapitel B.I. dargestellt, lässt sich durch Einschaltung einer Betriebsstätte der Vertriebsgewinn ins niedrig besteuerte DBA-Ausland verlagern.

Fraglich ist, wie sich die geltenden Steuervorschriften auf Transaktionen im E-Commerce auswirken. Dabei geht es insbesondere darum, ob und unter welchen Voraussetzungen ein InternetServer[57], welcher entweder vom Inhalteanbieter selbst betrieben wird oder von einem Internet Service Provider[58] bereitgestellt wird, eine Betriebsstätte i. S. des Art. 5 OECD-MA sein kann. Dies hätte eine Besteuerung im u. U. niedrig besteuerten DBA-Ausland zur Folge.

a) OECD

Der Steuerausschuss der OECD hat sich am 22. 12. 2000 der bereits am 12. und 13. 10. 1999 in Paris auf dem "OECD Forum on Electronic Commerce" gestellten Forderung der Ergänzung des Art. 5 Abs. 4 OECD-MA angenommen und die Musterkommentierung zu Art. 5 Abs. 4 OECD-MA um die Problematik "Internet-Server als Betriebsstätte i. S. des Art. 5 OECD-MA" ergänzt (Tz. 42.1

---

[55] Zu der Frage, wie der angemessene Verrechnungspreis bei Vertriebsgesellschaften zu bestimmen ist, hat sich die Rechtsprechung mehrfach geäußert. Siehe bspw. BFH vom 06.04.2005, I R 22/04, BStBl II 2007, 658 mit weiteren Nachweisen.

[56] Vgl. *Hinnekens*, Tax Planning International, 11/1999, pg. 13; *Rainermann/Clegg/Anolik*, The Bureau of National Affairs, pg. 8.

[57] Also die Gesamtheit von Hard- und Software zur Bereitstellung von Dienstleistungen im world wide web (www).

[58] Der Internet Service Provider stellt grds. eine feste Einrichtung dar. Ihm obliegt regelmäßig die Wartung und Erhaltung der Telekommunikationseinrichtungen, die der Anknüpfungspunkt für den Nutzer ist (*Portner*, IStR 1998, 555). Der E-Commerce wird über Web-Seiten auf den vom Provider betriebenen Rechnern betrieben.

bis 42.10, eingefügt am 28. 1. 2003). Die OECD unterscheidet bei der Frage, wann durch eine Aktivität im E-Commerce eine Betriebsstätte begründet wird, zunächst zwischen Hard- und Software des Internet-Servers: Während bei der Software (also der Web-Site) mangels körperlicher Beschaffenheit allein nicht von einer Betriebsstätte ausgegangen werden könne[59], sei dies bei der Hardware (dem Rechner selbst) möglich, sofern dieser für einen hinreichenden Zeitraum an einem bestimmten Platz aufgestellt sei und zur Verfügung des Inhalteanbieters stehe.[60] Steht der Internet-Server dagegen in der Verfügungsmacht eines Providers, so könne keine Betriebsstätte i. S. des Art. 5 OECD begründet werden, da in diesem Fall einzig und allein der Internet-Provider, nicht jedoch der Inhalteanbieter über den Server verfügen könne.[61] Unerheblich sei, ob die EDV-Anlage durch Personal des Inhalteanbieters bedient oder gewartet wird, die in dem Belegenheitsstaat ansässig sind oder dort einreisen.[62]

Eine Betriebsstätte i. S. des Art. 5 OECD-MA soll jedoch nicht vorliegen, wenn die Hardware lediglich Tätigkeiten wahrnimmt, die über bloße Tätigkeiten vorbereitender Art oder Hilfstätigkeiten nicht hinausgehen, da nur dann eine Betriebsstätte vorliegt, wenn die Computerausstattung eine nicht unwesentliche, gewichtige Funktion innerhalb der gesamten wirtschaftlichen Aktivität des Unternehmens übernimmt.[63] Um diesen unbestimmten Rechtsbegriff näher zu konkretisieren, hat die OECD zusätzlich einen Katalog typischer Hilfstätigkeiten rund um den Internet-Server aufgenommen.[64] Als bloße Hilfstätigkeiten und nicht für die Begründung einer Betriebsstätte als ausreichend anzusehen sind daher z. B. bloße Werbemaßnahmen, Erhebung von Marktdaten für das Unternehmen, Erteilung von Auskünften oder das Bereitstellen einer Datenleitung zwischen Anbieter und Kunde.[65] Zusammenfassend lässt sich folgende Abgrenzung vornehmen[66]:

Wird das Geschäft zwar über das Internet abgeschlossen, jedoch auf konventionellem Weg vollzogen, so kommt dem Internet-Server lediglich die Funktion eines Werbemediums zu. Dies hat zur Folge, dass lediglich eine bloße Hilfsfunktion vorliegt, die nicht betriebsstättenbegründend wirkt (sog. "Offline-Leistung").

Wird das Geschäft nicht nur über den Internet-Server abgeschlossen, sondern auch über den Internet-Server erfüllt (z. B. durch einen Downloadvorgang), so soll eine betriebsstättenbegründende Haupttätigkeit vorliegen (sog. "Online-Leistung").

Ferner war fraglich, ob der Internet Service Provider durch das Bereithalten der Inhalte des Inhalteanbieters selbst zu dessen Vertreter i. S. des Art. 5 Abs. 5 OECD-MA werden kann. Diese Frage ist zu verneinen, da der Internet Service Provider regelmäßig keine Abschlussvollmacht i. S. des Art. 5 Abs. 5 OECD-MA besitzt und zudem typischerweise als unabhängiger Vertreter i. S. des Art. 5 Abs. 6 OECD-MA das Webhosting ohnehin im Rahmen seiner ordentlichen Geschäftstätigkeit betreibt.[67]

---

[59] OECD-MK Tz. 42.2.
[60] Vgl. www.oecd.org; OECD-MK Tz. 42.4 sowie *Arndt/Fetzner*, BB 2001, 1175; *Strunk/Kaminski*, IWB F. 3 Deutschland Gr. 2 S. 1021; *Kessler/Peter*, IStR 2001, 238.
[61] OECD-MK Tz. 42.3.
[62] OECD-MK Tz. 42.6.
[63] OECD-MK Tz. 42.8.
[64] OECD-MK Tz. 42.7.
[65] OECD-MK Tz. 42.7.
[66] Vgl. *Kessler/Peter*, IStR 2001, 238.
[67] OECD-MK Tz. 42.10, *Kessler/Peter*, IStR 2001, 238.

Mit der Ergänzung des Musterkommentars trug die OECD den technischen Entwicklungen Rechnung. Teilweise wird jedoch kritisiert, die OECD entferne sich durch diese weite Auslegung des Betriebsstättenbegriffs vom sog. Betriebsstättenprinzip. Denn gem. diesem Prinzip wäre nur dann eine Verlagerung der Besteuerungsrechte in den Betriebsstättenstaat anzunehmen, wenn intensive geschäftliche Bindungen bestehen und eine dementsprechende Nutzung der Infrastruktur des Quellenstaats erfolgt. Die Kritiker vertreten indes die Auffassung, die bloße Existenz eines Computerlaufwerks, das nicht in die örtliche Infrastruktur eingebunden werden muss, rechtfertige noch nicht die Annahme einer Betriebsstätte.[68] Denn sie sehen darin die Gefahr, dass Gewinnverlagerungen ins Ausland erleichtert werden.

Überdies ist die Gewinnabgrenzung bei Internet-Servern als Betriebsstätten mitunter schwierig. Laut der OECD soll einer nur aus Servern bestehenden Betriebsstätte, die nur Routinefunktionen ausübt und hierbei immaterielle Wirtschaftsgüter anderer Unternehmensteile nutzt, kein wesentlicher Gewinnanteil zugerechnet werden können. Indes sollen Betriebsstätten, bei denen Personal Online-Dienstleistungen erbracht werden und die benötigte Hard- und Software in der Betriebsstätte selbst entwickelt werden, einen höheren Gewinnanteil zugerechnet bekommen.[69] Aufgrund der Schwierigkeiten bei der Gewinnzurechnung wird vereinzelt vorgeschlagen, die Server-Betriebsstätte in den Katalog der Betriebsstättenausnahmen des Art. 5 Abs. 4 OECD-MA aufzunehmen.[70]

b) Europäische Union

Innerhalb der Europäischen Union wurde zwar eine E-Commerce-Richtlinie am 17. 7. 2000 verabschiedet.[71] In dieser ist gem. Art. 1 Abs. 5 die Besteuerung ausdrücklich ausgeklammert. Allerdings hat die Kommission die Vorlage eines Richtlinienentwurfs zur Besteuerung des E-Commerce inzwischen als Richtlinie umgesetzt, welche auch in deutsches Recht transformiert wurde.[72] Diese enthält jedoch keine ertragsteuerlichen Vorgaben.

c) Bundesrepublik Deutschland

Als bislang einziges deutsches Finanzgericht hat das FG Schleswig-Holstein Stellung bezogen, unter welchen Voraussetzungen ein Internet-Server eine Betriebsstätte i. S. des Art. 5 OECD-MA darstellen kann.[73] Im Urteil vom 6. 9. 2001 bestätigte es im Wesentlichen die Grundsätze, welche nunmehr in die OECD-Musterkommentierung aufgenommen worden sind.

Allerdings wurde gegen dieses Urteil seitens der Finanzverwaltung Revision beim BFH eingelegt. Damit verbunden war die Erwartung, dass die Frage, wann Internet-Server Betriebsstätten darstellen, nunmehr abschließend geklärt wird. Diese Erwartung wurde jedoch durch die Entscheidung des BFH vom 5. 6. 2002[74] nicht erfüllt. Der BFH hob das erstinstanzliche Urteil auf und verwies das Verfahren zurück an das Finanzgericht. Eine abschließende Klärung der Frage, ob der Server im Streitfall eine Betriebsstätte darstellt, war laut BFH nicht erforderlich, da die von der Klägerin begehrte Freistellung der Einkünfte unabhängig vom Bestehen einer Betriebsstätte nicht zu gewähren war. Der Urteilsbegründung ist des Weiteren zu entnehmen, dass der BFH

---

[68] Vgl. *Steimel*, IStR 2000, 495 sowie *Wassermeyer* in Debatin/Wassermeyer, DBA Art. 5 OECD-MA, Rn. 33a.
[69] So *Hemmelrath* in Vogel/Lehner, DBA, Art. 7 Rn. 93.
[70] Vgl. *Görl* in Vogel/Lehner, DBA, Art. 5 Rn. 30.
[71] Vgl. EuZW 2000, 526.
[72] Vgl. BGBl 2001 I 3721.
[73] FG Schleswig-Holstein, Urt. v. 6. 9. 2001, EFG 2001, 1535.
[74] Vgl. BFH v. 5. 6. 2002, I R 86/01, BStBl II 2002, 683.

möglicherweise nur die Einkünfte einer Server-Betriebsstätte zurechnen will, die „speziell der Funktion des Rechners" zuzuordnen sind. Wie diese Abgrenzung vorzunehmen ist, bleibt jedoch offen.

Seitens der Finanzverwaltung gibt es derzeit kaum Stellungnahmen zu diesem Themenkomplex. Einzig und allein die OFD Karlsruhe hat in einer Verfügung vom 11.11.1998[75] Stellung genommen, wann ein Server die Eigenschaft einer Betriebsstätte erfüllt.

Danach soll nach einem Beschluss der Außensteuer-Referenten des Bundes und der Länder in Fällen der Installation eines Internetservers von einem inländischen Unternehmen im Ausland ungeachtet des so genannten Pipeline-Urteils des BFH vom 30.10.1996[76] die Auffassung vertreten werden, dass es sich, sofern sich die ausländischen Kunden über die auf dem Server installierten Programme einen Eindruck über das Unternehmen verschaffen, die Angebotspalette einsehen und auch direkt Bestellungen aufgeben können, lediglich um vorbereitende Handlungen i.S. des Art. 5 Abs. 4 OECD-MA handelt und damit keine Betriebsstätte vorliegt. Eine abschließende Beurteilung soll nach Abstimmung auf OECD-Ebene erfolgen, ist bislang jedoch noch nicht erfolgt.

Fraglich ist zudem, wie die Einkünfte zu den beteiligten Staaten zuzurechnen sind. Während ausgehend von einer rein technischen Sichtweise – wie sie die Finanzverwaltung verfolgt – sich der der Betriebsstätte zuzuordnende Gewinn auf ein cost-plus für die reine Hardwarekosten beschränkt,[77] könnte auch eine wirtschaftliche Betrachtungsweise zu Grunde gelegt werden. Denn sofern die Bestellung, der Download der Ware und die Bezahlung über den Server erfolgt, übernimmt dieser die Funktion der Lagerhaltung, die Auslieferung sowie die gesamte Abwicklung der Transaktion. Dies könnte zu einer abweichenden Einkünftezurechnung führen. Derzeit herrscht jedoch noch keine Klarheit darüber, mittels welcher Kriterien eine erforderliche Gewinnabgrenzung für eine Serverbetriebsstätte vorzunehmen ist.[78]

d) Überlegung: Qualifikation des Servers respektive Providers als Betriebsstätte

Soweit ein Server oder Provider den Anforderungen an eine Betriebsstätte gerecht wird, würde sich daher folgende Vorgehensweise anbieten: Ein Server wird in einem niedrig besteuerten DBA-Land mit Freistellungsmethode aufgestellt. Der Vertrieb wird über diesen Server vollzogen. Dies hat zur Konsequenz, dass die Besteuerung des auf den Server entfallenden Vertriebsgewinns ausschließlich im Ausland erfolgt. Bislang ist jedoch wie oben dargelegt unklar, ob lediglich die technische Bereitstellung des Servers oder der gesamte Vertriebserfolg der Server-Betriebsstätte zuzurechnen ist. Wird der gesamte Vertriebserfolg der Server-Betriebsstätte zugerechnet, so wird dieser der deutschen Besteuerung vollständig entzogen. Andernfalls erfolgt zumindest eine teilweise Verlagerung der Einkünfte ins niedrig besteuerte Ausland. Sollte indessen dem Server die Betriebsstätteneigenschaft versagt werden, läge eine Direktlieferung vor, mit der Folge, dass es beim hohen deutschen Steuerniveau verbliebe.

Sofern Gewinnverlagerungen eintreten, sind stets weitere damit einhergehende steuerliche Themenkreise, wie bspw. die Frage, ob eine Funktionsverlagerung vorliegt, zu prüfen. Durch die Neuregelung des § 1 AStG besteht ein erhebliches Risiko, durch Gewinnverlagerungen nachteilige steuerliche Folgen in Deutschland auszulösen. Denn künftig sind bei der Auslagerung von

---

[75] IStR 1999, 439.
[76] BStBl II 1997, 12.
[77] Vgl. detailliert zu diesem Thema *Käbisch*, DStR 2001, 373 ff.
[78] Vgl. ausführlich *Pinkernell/Ditz*, FR 2001 S. 1278 ff. mit weiteren Ansätzen und Nachweisen.

betrieblichen Aktivitäten nicht mehr wie bislang einzelwirtschaftsgutbezogene Verrechnungspreise, sondern es ist ein Gesamtpreis für die Funktion zu ermitteln. Dies geschieht durch Ansatz eines sog. Transferpakets.[79] Es ist deshalb zu einer sorgfältigen Analyse der steuerlichen Situation in den beteiligten Staaten vor Umsetzung einer geplanten Vertriebsstrategie zu raten.

C. Optimierungsgrundlagen

I. Gewinnträchtige Engagements

Sollte ein von Beginn an gewinnträchtiges Engagement zu erwarten sein, hängt die Entscheidung zunächst einmal davon ab, wie die Steuerverhältnisse im jeweiligen Ausland sind. Ist die Steuerlast niedriger als im Inland, muss es das steuerliche Gestaltungsziel sein, den Vertriebsgewinn im niedrig besteuerten Ausland anfallen zu lassen. Dies lässt sich sowohl durch eine Betriebsstätte als auch durch eine Tochtergesellschaft erreichen.

Die Entscheidung, ob das ausländische Vertriebsengagement über eine Betriebsstätte oder eine Tochtergesellschaft geführt werden sollte, wird durch die Rechtsform des deutschen Unternehmens beeinflusst.

Im Falle einer deutschen Personengesellschaft bzw. eines Einzelunternehmens ist die Einschaltung einer ausländischen Kapitalgesellschaft unter steuerlichen Aspekten grds. nie sinnvoll – kommt es doch im Falle der Ausschüttung von Dividenden durch die ausländische Kapitalgesellschaft zur zuvor beschriebenen teilweisen wirtschaftlichen Doppelbelastung des Vertriebsgewinns. Sollte in solchen Konstellationen gleichwohl aus anderen Gründen (als solche kommen insbesondere haftungsrechtliche in Betracht) eine Vertriebskapitalgesellschaft im Ausland erforderlich sein, so lässt sich das unerwünschte Ergebnis der Doppelbelastung durch das Zwischenschalten einer deutschen GmbH verhindern. Das bedeutet, dass die deutsche Personengesellschaft bzw. der deutsche Einzelunternehmer in einem ersten Schritt eine deutsche Tochter-GmbH gründet. In einem weiteren Schritt gründet diese die ausländische Kapitalgesellschaft. In solchen Fallkonstellationen verbleibt es zunächst allein bei der ausländischen Körperschaftsteuer, wenn der Gewinn entweder bei der Auslandstochter oder auf der Ebene der in Deutschland zwischengeschalteten GmbH thesauriert wird. Im Falle der Ausschüttung kann die deutsche GmbH dann zumindest 95 % der Dividende steuerfrei vereinnahmen (§ 8b Abs. 1 i. V m. § 8b Abs. 5 KStG). Erst wenn die deutsche GmbH den Gewinn weiter ausschütten sollte, käme es zur unerwünschten teilweisen Doppelbelastung des Vertriebsgewinns, vgl. § 3 Ziff. 40 a) EStG. Jedoch lässt sich auch diese u. U. durch Implementierung des sog. Organschaftsmodells reduzieren.

Sollte das deutsche Unternehmen eine Kapitalgesellschaft sein, so kommt sowohl die Begründung einer Betriebsstätte als auch die Einschaltung einer Kapitalgesellschaft in Betracht. In beiden Fällen werden die Vertriebsgewinne im Ausland versteuert. Im Falle der Kapitalgesellschaft wird der Gewinn in Deutschland nur eingeschränkt über die steuerfreien Dividendenausschüttungen erfasst.

Ob in diesen Fällen einer Betriebsstätte oder einer Tochterkapitalgesellschaft der Vorzug gegeben wird, hängt grds. allein von betriebswirtschaftlichen oder rechtlichen Aspekten ab. Anders

---

[79] Zur Problematik der Funktionsverlagerung und der Funktionsverlagerungsverordnung vom 12. 8. 2008 (BGBl I 2008, S. 1680) vgl. u. a. *Blumers*, BB 2007, 1757 ff.; *Baumhoff/Ditz/Greinert*, DStR 2008, 1945 ff.; *Freudenberg/Peters*, BB 2009, 822 ff.; *Hundshagen/Oestreicher*, IStR 2009, 145 ff. sowie *Pitzal/Wolter*, IStR 2008, 793 ff.

ist es lediglich dann, wenn die Steuersätze im Ausland für eine Tochterkapitalgesellschaft von denen für eine Betriebsstätte abweichen. In diesen Fällen ist es aus steuerlichen Erwägungen sinnvoll, der niedriger besteuerten Gestaltungsalternative den Vorzug zu geben.

Im Übrigen lässt sich die Höhe des Gewinns der Auslandstochter durch die Ausgestaltung der Vertriebsform beeinflussen. Wie zuvor dargestellt kommt in Betracht, der ausländischen Rechtseinheit eine Eigenhändler-, Kommissionärs- oder Handelsvertreterfunktion beizumessen. Die maximale Gewinnverlagerung wird durch das Eigenhändlermodell erreicht, steht doch in diesen Fällen die volle Bruttogewinnspanne der Tochtergesellschaft zu. Ist demgegenüber angedacht, nur die Vertriebsprovision im Ausland anfallen zu lassen, so ist regelmäßig dem Kommissionärsmodell der Vorzug zu geben, da sich dann das Entstehen einer Vertreterbetriebsstätte leichter vermeiden lässt als beim Handelsvertretermodell.

Ein gewichtiges Entscheidungskriterium für die Ausgestaltung der Auslandstochter ist neben dem Steuergefälle auch die steuerliche und wirtschaftliche Situation des inländischen Unternehmens. Sollte dieses Verluste erzielen oder über Verlustvorträge verfügen, so ist es oftmals ratsam, den Gewinn weitgehend im Inland anfallen zu lassen. In solchen Situationen muss die gegenwärtige Vertriebsstruktur neu überdacht werden. Sollten die Vertriebsgesellschaften als Eigenhändler ausgestaltet sein, sollte eine Änderung hin zum Kommissionärsmodell, oder – falls im Einzelfall tatsächlich durchführbar – zur Direktlieferung mit Lagerhaltung geprüft werden.

II. Errichten einer Vertriebszentrale in einem niedrig besteuerten Drittland

Sollte die Steuerbelastung in den Vertriebsländern relativ hoch sein, so kann es im Einzelfall sinnvoll sein, zwischen die ausländischen Tochterkapitalgesellschaften und das deutsche Unternehmen ein kapitalistisch organisiertes Vertriebszentrum in einem Drittstaat mit niedrigerem Steuerniveau zu schalten. Das deutsche Unternehmen beliefert dann ausschließlich das Vertriebszentrum; dieses wiederum setzt die Tochtergesellschaft als Kommissionär/Handelsvertreter ein. Dadurch wird erreicht, dass ein Teil der sonst zwischen Deutschland und den jeweiligen Vertriebsländern aufzuteilenden Gewinnspanne ins niedrig besteuerte Drittland verlagert werden kann. Der Preis hierfür ist ein gestiegener Verwaltungsaufwand.

Diese Gestaltung bietet zwar einerseits steuerliche Chancen, dem stehen andererseits aber auch Risiken entgegen, die eine eingehende Untersuchung erfordern. Neben der vorstehend bereits angesprochenen Funktionsverlagerung können sich vor allem aus der Hinzurechnungsbesteuerung (§§ 7 ff. AStG) nachteilige steuerliche Folgen in Deutschland ergeben. Ziel der Regelungen zur Hinzurechnungsbesteuerung ist es, die Verlagerung von Einkünften auf eine Kapitalgesellschaft, die ihren Sitz in einem Niedrigsteuerland hat und im Inland nicht steuerpflichtig ist, zu verhindern. Die Voraussetzungen für das Eingreifen der Hinzurechnungsbesteuerung sind:

- dem unbeschränkt Steuerpflichtigen müssen allein oder zusammen mit erweitert beschränkt Steuerpflichtigen **mehrheitlich**, d. h. zu mehr als 50 %, an einer ausländischen Gesellschaft beteiligt sein (§ 7 Abs. 1 AStG)
- diese ausländische Gesellschaft muss Einkünfte erzielen, die einer niedrigen Besteuerung, d. h. einer Ertragsteuerbelastung von weniger als 25 %, unterliegen und
- die Einkünfte müssen als passiv i. S. d. § 8 AStG zu qualifizieren sein.

Sind diese Voraussetzungen erfüllt, werden die passiven Einkünfte der ausländischen Gesellschaft unabhängig von der Art der Gewinnverwendung unmittelbar den inländischen Gesellschaftern entsprechend ihrer Beteiligung als Dividendeneinkünfte zugerechnet. § 8b KStG bzw. das Teileinkünfteverfahren sind insoweit nicht anwendbar (§ 10 Abs. 2 S. 3 AStG). Insofern wird folglich die Abschirmwirkung der ausländischen Kapitalgesellschaft beseitigt und die Einkünfte unterliegen zu 100 % der inländischen Besteuerung. Gem. § 20 Abs. 2 AStG kann durch Zwischenschaltung einer Personengesellschaft diese Gewinnzurechnung nicht vermieden werden.[80] In diesem Zusammenhang ist auch die Regelung des § 9 Nr. 3 GewStG zu beachten.[81]

Im vorliegenden Zusammenhang von besonderem Interesse ist die Qualifikation von Einkünften aus Handel und Dienstleistungen als aktiv oder passiv. Handelstätigkeiten sind gem. § 8 Abs. 1 Nr. 4 AStG grds. als aktiv einzuordnen, jedoch liegen passive Einkünfte aus Handel bspw. vor, sofern eine Mitwirkung aus dem Inland erfolgt bzw. kein eigener eingerichteter Geschäftsbetrieb mit Teilnahme am allgemeinen wirtschaftlichen Verkehr gegeben ist. Als schädliche Mitwirkung gilt u. a. die Übernahme des Vertriebs für die ausländische Gesellschaft, die Leitung des Vertretereinsatzes, die Übernahme der Finanzierungsaufgaben oder auch die Übernahme des Handelsrisikos.

Bei Dienstleistungen verhält es sich ähnlich, diese sind gem. § 8 Abs. 1 Nr. 5 AStG grundsätzlich als aktiv zu qualifizieren, werden jedoch als passiv eingestuft, sofern eine Mitwirkung aus dem Inland erfolgt bzw. kein eigener eingerichteter Geschäftsbetrieb mit Teilnahme am allgemeinen wirtschaftlichen Verkehr vorliegt.

D. Zusammenfassung

Je nach Vertriebsmethode ist es möglich, die Steuerlast bei Auslandsaktivitäten z. B. durch die Begründung einer Betriebsstätte oder einer Tochterkapitalgesellschaft im Ergebnis zu mindern. Können Einkünfte ins niedrig besteuerte DBA-Ausland transferiert werden, so entsteht in Höhe des Steuergefälles eine effektive Steuerersparnis. Insbesondere im Zeitalter des E-Commerce bietet die Begründung einer Server-Betriebsstätte auch für kleinere Unternehmen eine relativ einfache Möglichkeit zur Verlagerung von Einkünften zum Zwecke der Steuerersparnis. Trotz aller Ideen zur Verlagerung von Einkünften ins Ausland sollte zum einen nicht vergessen werden, dass neben den steuerlichen auch rechtliche bzw. andere betriebswirtschaftliche Faktoren eine Rolle spielen, und zum anderen, dass die Implementierung einer steueroptimalen Vertriebsstruktur einer sorgfältigen Analyse und Planung bedarf.

---

[80] Ausführlich vgl. u. a. *Vogt* in Blümich, AStG, § 20, Rz. 27 ff.
[81] Vgl. *Gosch* in Blümich, GewStG, § 9, Rz. 221a.

5. Steueraspekte internationaler Joint Ventures

von Professor Dr. Dieter Endres, Steuerberater[*] und
Dr. Florian Schultz, Wirtschaftsprüfer, Steuerberater[**], beide Frankfurt/M.

Inhaltsübersicht

A. Joint Ventures und strategische Allianzen als Instrument der Globalisierung
B. Gestaltungsvorgaben für die Steuerplanung – Ein Joint Venture-Modellfall
C. Die Suche nach dem besten Joint Venture-Konzept
  I. Kooperationen ohne rechtliche Bündelung der Ressourcen
  II. Zusammenarbeit in einem Gemeinschaftsunternehmen
III. Die Qual der Wahl: Alternativenvergleich
D. Variationen zum Modellfall
  I. Nicht durch § 8b Abs. 2 KStG privilegierte Einbringungen
  II. Einbringung inländischen Grundbesitzes
  III. Direktzuordnung einzelner Gewinnbestandteile niedrig besteuerten Drittland
E. Joint Venture-Steuerplanung: Maßanzug statt Konfektionsware

Literatur:

Balmes/Graessner, Steuerrechtliche Behandlung von tracking stocks, DStR 2002, S. 838 ff.; *Blumers/Beinert/Witt,* Individuell gesteuerter Gewinnfluss zur Gesellschafterebene bei Kapitalgesellschaften, DStR 2002, S. 565 ff. (Teil 1), S. 616 ff. (Teil 2).; *Boller/Eilinghof/Schmidt,* § 50d Abs. 1 EStG i. d. F. des JStG 2009 – ein zahnloser Tiger?, IStR 2009, S. 109 ff.; *Brinkmann,* Externe Kapitalbeschaffung, in: Lüdicke/Sistermann, Unternehmenssteuerrecht, 1. Aufl., München 2008; *Ditz,* Aufgabe der finalen Entnahmetheorie – Analyse des BFH-Urteils vom 17.7.2008 und seiner Konsequenzen, IStR 2009, S. 115 ff.; *Dolan,* Special Issues in Structuring International Joint Ventures, Tax Management International Journal 1993, S. 51 ff. (Part I), S. 103 ff. (Part II); *Drinhausen,* Einleitung C in: Semler/Stengel, Umwandlungsgesetz, 2. Aufl., München 2007; *Endres,* 50 Musterfälle zum Internationalen Steuerrecht, Nordkirchen 2008; *Endres,* Die Neuordnung des Europageschäftes unter steuerlichen Aspekten, Bericht über die IDW-Steuerfachtagung 1996, Sonderband, Düsseldorf 1997, S. 91 ff.; *Endres/Eckstein,* Steuerrecht International, 2 Aufl., Schwäbisch Hall 2001; *Endres/Jacob/Gohr/Klein,* DBA Deutschland/USA, München 2009; *Endres/Miles,* Joint Ventures – An El Dorado for the German Revenue, Intertax 1999, S. 243 ff.; *Endres/Möller,* Unternehmensbesteuerung in Deutschland, 2. Aufl, Düsseldorf 2001; *Endres/Schreiber,* Investitions- und Steuerstandort USA, München 2008; *Endres/Thies,* Bekämpfung doppelter Verlustnutzung im UntStFG – Oder: Wer danebenschießt, muss eine Strafrunde laufen, RIW 2002, S. 275 ff.; *Fischer-Zernin,* Joint Venture-Strukturen im internationalen Steuer- und Gesellschaftsrecht, IWB, F. 10 International Gr. 2, S. 1273 ff.; *Flick/Janka,* Wer wird zuletzt lachen? Revolutionäre Steuervereinfachung durch die US-Finanzverwaltung: Die "Check the Box-"Regeln, IStR 1998, S. 110 f.; *Friedl,* Ein Plädoyer für Tracking Stocks, BB 2002, S. 1157 ff.; *Gocksch,* Die Anwendbarkeit von § 1 AStG auf Entnahmesachverhalte, IStR 2002, S. 182 ff.; *Grotherr,* Zum Anwendungsbereich der unilateralen Rückfallklausel gemäß § 50d Abs. 9 EStG, IStR 2007, S. 265 ff.; *Grotherr,* International relevante Änderungen 2008 im EStG, KStG und GewStG, IWB, Fach 3 Deutschland, Gr. 1, S. 2271 ff.; *Grotherr,* Sperren und Risiken für Outbound-Steuergestaltungen auf der Grundlage von Abkommensvergünstigungen, IWB, Fach 3 Deutschland, Gr. 1, S. 2309 ff.; *Hils,* Neuregelung internationaler Sondervergütungen nach § 50d Abs. 10 EStG, DStR 2009, S. 888 ff.; *Haarmann,* in: Herzig, Körperschaftsteuerguthaben bei grenzüberschreitenden Kooperationen, Köln 1996; *Haarmann,* in: Herzig, Steuerorientierte Umstrukturierung on Unternehmen, 1. Aufl., Stuttgart 1997; *Herzig,* Globalisierung und Besteuerung, WPg 1998, S. 280 ff.; *Herzig/Watrin/Ruppert,* Unternehmenskontrolle in internationalen Joint Ventures, DBW 1997, S. 764 ff.; *Heß/Schnitger,* in: PricewaterhouseCoopers, Reform des Umwandlungssteuerrechts, Stuttgart 2007; *Horten/Graf Kageneck,* Joint Ventures in den USA: wirtschaftliche, rechtliche und steuerliche Aspekte, München 1996; *Hulle/Gesell,* European Corporate Law, Baden Baden 2006; *IDW* – Stellungnahme HFA 1/1993: Zur Bilanzierung von Joint Ventures, WPg 1993, S. 493 ff.; *Jacob/Scheifele,* § 8b Abs. 7 S. 2 KStG auf dem Prüfstand des BFH: Welche Auswirkungen ergeben sich für ausländische Holdinggesellschaften mit Beteiligung an inländischen (Grunstücks-)Kapitalgesellschaften?, IStR 2009, S. 304 ff.; *Jacobs,* Internationale

---

[*] Vorstand Steuern und Partner bei PricewaterhouseCoopers.
[**] Partner bei PricewaterhouseCoopers.

Unternehmensbesteuerung, 6. Aufl., München 2007; **Kellersmann,** in: PricewaterhouseCoopers, Reform des Umwandlungssteuerrechts, Stuttgart 2007; **Kessler,** in: Kessler/Kröner/Köhler, Konzernsteuerrecht, 2. Aufl. München 2008; **Kölbl,** Besteuerung eines Joint Ventures zwischen USA und Deutschland in Form einer Kapitalgesellschaftsholding, StuB 2007, S. 211 ff.; **Kölbl,** Besteuerung eines Joint Ventures zwischen USA und Deutschland in Form einer Personengesellschaftsholding, StuB 2007, S. 416 ff.; **Kraushaar/Müller,** in: Kley/Sünner/Willemsen, Festschrift für Wolfgang Ritter zum 70. Geburtstag, Köln 1997; **Kuck,** Europäische Privatgesellschaft: EU Parlament unterstützt liberale Unternehmensformen, in S:R 2009, S. 113; **Langefeld-Wirth,** Rechtsfragen des internationalen Gemeinschaftsunternehmens – Joint Ventures, RIW 1990, S. 1 ff.; **Lechner,** Die Gewinnpoolung im Ertragsteuerrecht, Köln 1986; **Möhlenbrock,** in: Dötsch/Patt/Pung/Möhlenbrock, Umwandlungssteuerrecht, 6. Aufl., Stuttgart 2007; **Mensching/Tyarks,** Grunderwerbsteuerliche Einführung einer Konzernklausel durch das Wachstumsbeschleunigungsgesetz, BB 2010, S. 87ff.; **Meretzki,** Greift § 50d Abs. 9 EStG bei nur zum Teil steuerfreien Einkünften? Auch Sondervergütungen und Gewinnanteil bilden eine Einkünfteeinheit, IStR 2008, S. 23 ff.; **Mullarkey,** Tax Aspects of International Joint Ventures, Tax Planning International Review 1994, S. 3 ff.; **Mückl/Remplik,** Die neue Sanierungsklausel gem. § 8c Abs. 1a KStG n.F., FR 2009, S. 689 ff.; **Mülsch/Piegsa,** in: Hulle/Gesell, European corporate law, Baden Baden 2006, S. 371 ff.; **Müller, H.-P.,** Steuergünstige Gestaltungen grenzüberschreitender Joint Ventures, Bericht über die IDW-Steuerfachtagung 1993 des Instituts der Wirtschaftsprüfer in Deutschland e. V., Düsseldorf 1994, S. 235 ff.; **Neitz/Lange,** Grunderwerbsteuer bei Umwandlungen – Neue Impulse durch das Wachstumsbeschleunigungsgesetz, Ubg, 2010, S.17 ff.; **Patt,** in: Dötsch/Jost/Pung/Witt, Die Körperschaftsteuer, Band 5; **Patt,** in: Dötsch/Patt/Pung/Möhlenbrock, Umwandlungssteuerrecht, 6. Aufl., Stuttgart 2007; **Picot/Temme,** Cross Border Joint Ventures, M&A Review 2000, S. 321 ff.; **Portner,** Die BFH-Ausführungen zur Anwendung des § 50d Abs. 8 und Abs. 9 EStG, IStR 2009, S. 195 ff.; **Prinz/Breuninger,** Steuergestaltung mit ausländischen Personengesellschaften, IWB, F. 10 International Gr. 2, S. 1293 ff.; **Prinz/Schürner,** Rechnungslegung bei Tracking Stock-Strukturen in Deutschland, DStR 2001, S. 759 ff.; **Reiß,** Umsatzsteuer und Grunderwerbsteuer beim Unternehmen(ver)kauf, in: Schaumburg, Unternehmenskauf im Steuerrecht, 2. Aufl., Stuttgart 2000, S. 283 ff.; **Schaflitzl/Stadler,** Die grunderwerbsteuerliche Konzernklausel des § 6a GrEStG, DB 2010, S. 185 ff.; **Schulte/Schwind/Kuhn,** Joint Ventures, München 2009; **Sieger/Hasselbach,** "Tracking Stock" im deutschen Aktien- und Kapitalmarktrecht, AG 2001, S. 391 ff.; **Sieker,** Deutsche Ertragsbesteuerung ausländischer Unternehmen bei der Gründung internationaler Joint Ventures, IStR 1997, S. 711 ff.; **Smith/Thalhammer,** Die Verbundaktie – Ein Praxisbeispiel von Stapled Stock, Hamburg 1997; **Spengel,** Vergleich der effektiven Durchschnittssteuerbelastung auf Unternehmensebene in Europa, StB 2009, S. 1 ff.; **Storck,** Dividend Access Shares, Der Schweizer Treuhänder 4/2000, S. 362 ff.; **Sudhoff,** GmbH & Co KG, 5. Aufl., München 2000; **Tonner,** Zulässigkeit und Gestaltungsmöglichkeiten von Tracking Stocks nach deutschem Aktienrecht, IStR 2002, S. 317 ff.; **Schlitt,** Die Satzung der Kommanditgesellschaft auf Aktien, 1. Aufl., München 1999; **Wallis,** Besteuerung der Unternehmenszusammenfassungen. Konzerne. Interessengemeinschaften. Kartelle und Syndikate., Herne 1962; **Walter,** Die Gewinngemeinschaft – ein verkanntes Gestaltungsmittel des Steuerrechts, BB 1995, S. 1876 ff.; **Wilde,** Joint Venture: Rechtliche Erwägungen für und wider die Errichtung eines Gemeinschaftsunternehmens, DB 2007, S. 269 ff.; **Wischott/Schönweiß,** Wachstumsbeschleunigungsgesetz – Einführung einer Grunderwerbsteuerbefreiung für Umwandlungsvorgänge, DStR 2009, S. 2638 ff.; **Wittkowski/Hielscher,** Änderungen des § 8c KStG durch das Wachstumsbeschleunigungsgesetz, DB 2010, S. 11 ff.; **Wöhe,** Ausgewählte steuerliche Probleme bei Unternehmenszusammenschlüssen, DStR 1990, Beihefter zu Heft Nr. 7; **Zacher,** Grundlagen der Gestaltung internationaler Joint Ventures, IStR 1997, S. 408 ff.

A. Joint Ventures und strategische Allianzen als Instrument der Globalisierung

Ungebrochener Konkurrenzkampf, Unsicherheit über die globale Entwicklung sowie die Erkenntnis, dass in vielen Industriebranchen ein Verdrängungswettbewerb das frühere Wachstumsszenario ersetzt, lassen Joint Ventures als Mittel zur Markterhaltung oder -vergrößerung weiterhin sehr sinnvoll erscheinen. Strategische Unternehmenskäufe werden in einem sich rasant ändernden Umfeld zunehmend riskanter und sind ab 2008 zudem deutlich schwerer finanzierbar. Neue wichtige Marktteilnehmer, etwa Staatsfonds aus dem asiatischen und arabischen Raum, präferieren deshalb Joint Ventures. Die früher nicht selten anzutreffenden Ressentiments gegenüber Kooperationsvorhaben (Ventures oder Adventures?) haben sich mittlerweile relativiert. Joint Ventures haben sich etabliert, sind flexibel und lassen alle späteren Optionen zu einem Einheitsunternehmen offen. Grenzüberschreitendes Zusammenarbeiten eröffnet dabei oft genau die Perspektiven, die die Unternehmenszukunft sichern und beflügeln. Hinzu kommt, dass einige cross-border merger (auch merger of equals[1]) gescheitert sind und nach diesen Erfahrungen rechtliche Zusammenschlüsse oder Vollfusionen zur Zeit von vielen Aktionären skeptisch gesehen werden. Gleichgültig ob der Anschub zu einem Joint Venture aus der Absatz-, Finanzierungs- oder Beschaffungsseite (Akkumulation von Marktmacht, Zusammenfassung von Ressourcen, Kombinationen von Know How und Kapital, Teilung von Risiken) herrührt, die Ambition der Partner ist fast immer identisch: "To form one organization that is greater than the sum of its parts." Heute kommt insbesondere im Finanz- und Automobilbereich hinzu: "Group together is better than to die."

Zur Verwirklichung der angestrebten Synergieeffekte zwischen kooperationswilligen Partnern steht eine Vielfalt von Joint Venture-Erscheinungsformen zur Verfügung. Prägendes Merkmal aller Joint Ventures ist es, dass die Partnerschaft der Zahl nach auf wenige – meist auf zwei – beschränkt bleibt. Das Vorhandensein langfristig gleichgerichteter Ziele im Hinblick auf den Gesellschaftszweck des Joint Ventures stellt ebenfalls ein wichtiges Kriterium dar. Grundsätzlich ist ein internationales Joint Venture ein Unternehmenszusammenschluss, dessen Kapital und/oder Know How von den Parteien aus verschiedenen Ländern eingebracht wird und das unter Teilung von Kontrolle, Risiko und Gewinn geführt wird.[2] In diesem engen Sinne ist Joint Venture somit lediglich ein Begriff für ein Gemeinschaftsunternehmen oder auch Equity Joint Venture,[3] zu dem sich in- und ausländische Partner unter Verpflichtung zur Erbringung ihrer individuellen Beiträge zusammengeschlossen haben. Wird dagegen die Joint Venture-Definition weiter gefasst, fallen hierunter auch alle Formen von strategischen Allianzen oder schuldrechtlichen Kooperationen (Contractual Joint Ventures), die ohne eigene gesellschaftsrechtliche Organisationsform auskommen.

Ist im Hinblick auf die von der Kooperation betroffenen Unternehmensteile die Entscheidung für die Errichtung eines Gemeinschaftsunternehmens gefallen, müssen die Joint Venture-Partner ihre individuellen Ziele und Interessen vertraglich aufeinander abstimmen, wofür es trotz aller Musterverträge und Checklisten keine allgemein gültigen Standardlösungen gibt. Der Vertragsinhalt hängt im Wesentlichen von den Besonderheiten der jeweiligen Branche, dem Steuer- und Gesellschaftsrecht der betroffenen Länder sowie von den Schwerpunkten ab, die die Partner im konkreten Fall für regelungsbedürftig erachten.[4] Jede Seite wird sich vor Beginn der Zusammenarbeit in der Regel im Rahmen eines Due Diligence Prozesses über die Werthaltigkeit der Beiträge des Partnerunternehmens kundig machen, wobei gleichzeitig mögliche Optimierungen und verborgene Synergien aufgedeckt werden. Eine sorgfältige Due Diligence-Überprüfung schützt nicht nur vor Überraschungen, sondern legt gleichzeitig das Fundament für Vertragsgestaltung und erfolgreiche Zusammenarbeit.

---

[1] Zum Begriff des Mergers of Equals vgl. *Endres*, 50 Musterfälle zum Internationalen Steuerrecht, S. 164 f.

[2] Zur Begriffsabgrenzung vgl. *Wöhe*, DStR 1990, S. 1 ff.; *Herzig/Watrin/Ruppert*, DBW 1997, S. 764 ff.; *Endres/Schreiber*, Investitions- und Steuerstandort USA, S. 11f.

[3] Vgl. *Wilde*, DB 2007, S. 269.

[4] Zur Vertragsgestaltung vgl. *Horten/Graf Kageneck*, Joint Ventures in den USA, S. 39 f.; *Zacher*, IStR 1997, S. 412 ff.; *Langefeld-Wirth*, RIW 1990, S. 3 ff.; *Picot/Temme*, M&A Review 2000, S. 322 ff.

Der Einbezug von Steueraspekten sollte bei strategischen Überlegungen stets frühzeitig und vor Festlegung von Due Diligence Schwerpunkten erfolgen. Der Steuerplaner muss aus der Vielzahl denkbarer Kooperationsmodelle das im Einzelfall Optimale herausfinden, wozu profundes Wissen über die steuerlichen und rechtlichen Rahmenbedingungen im potentiellen Joint Venture-Ansässigkeitsstaat und den Heimatländern der Partner erforderlich ist. Nicht immer ist der rechtlich einfachste Weg der steuerlich günstigste und was in einem Fall passt, kann bei anderer Konstellation nur zweitbeste Lösung sein. Nachfolgend soll deshalb untersucht werden, welche Formen der Zusammenarbeit im Rahmen der Steuerplanung zu berücksichtigen sind und welche Kriterien letztlich die optimale Joint Venture-Struktur bestimmen.

B. Gestaltungsvorgaben für die Steuerplanung – Ein Joint Venture-Modellfall

Die Zielsetzung eines Joint Ventures besteht darin, ihm zugewiesene Aufgaben im gemeinsamen Interesse der Partnerunternehmen durchzuführen.[5] Zu diesem Zwecke bedienen sich die Partner nicht einer zusätzlichen rechtlichen Gestaltung für Unternehmenskooperationen, sondern greifen auf vorhandene Unternehmensrechtsformen (Kapitalgesellschaft, Personengesellschaft, mittlerweile auch auf die Societas (Private) Europaea[6]) zurück. Entsprechend kennt das Steuerrecht kein auf die besonderen Belange eines internationalen Joint Ventures zugeschnittenes Spezialregime; vielmehr werden Gemeinschaftsunternehmen und die daran Beteiligten unter die allgemeinen steuerlichen Vorschriften gestellt. Insbesondere ist darauf hinzuweisen, dass mit der Wahl eines Joint Venture-Standorts zwar bedeutsame Steuerkonsequenzen verknüpft sind, sich die Höhe der Steuerbelastung aber letztlich immer danach richten wird, wo die tatsächlichen Aktivitäten des Joint Ventures durchgeführt werden. Erzielt ein im Ausland (z. B. Irland) ansässiges Joint Venture seine gesamten Einkünfte mittels einer deutschen Betriebsstätte, so bestimmt zunächst das deutsche Steuerniveau die Abgabenhöhe, während die Vorteile des niedrigeren irischen Steuersatzes in den Hintergrund treten. Genau wie bei allen anderen Unternehmensformen ist somit auch bei einem Joint Venture in erster Linie die globale Allokation der unternehmerischen Funktionen, Chancen und Risiken, einschließlich der damit verknüpften Verrechnungspreispolitik, für die Höhe der Steuerquote ausschlaggebend.[7] Die Standort- und Rechtsformwahl treten an die zweite Stelle zurück und sind eher ein Instrument der Feinsteuerung, wobei eine falsche Wahl aber maßgeblichen steuerlichen Schaden anrichten kann.

Aufgabe des Steuerplaners ist es, eine Form der Zusammenarbeit zu finden, die aus der Gesamtsicht von Gemeinschaftsunternehmen und Gesellschafterinteressen die Steuerquote minimiert, unnötige Risiken vermeidet und auch Flexibilität im Hinblick auf Reorganisationen oder Änderungen in der Gesellschaftersphäre zulässt. Zusätzliches Gewicht haben heute weiche steuerliche Faktoren, wie Einfachheit der Deklaration, Dokumentationserfordernisse, Möglichkeit der Vorabverständigung mit der jeweiligen Finanzverwaltung ("tax rulings"), Härte der Kontrollen ("tax audits") und nicht zuletzt die Verlässlichkeit des jeweiligen Steuerrechts. Nachfolgend werden anhand eines Joint Venture-Modellfalls wesentliche Aspekte einer Kooperation beschrieben.

---

[5] Vgl. IDW-Stellungnahme HFA 1/1993, S. 493 ff.
[6] SE als Pendant zur AG, SPE als Pendant zur GmbH; vgl. *Kuck* in S:R 2009, S. 113.
[7] Vgl. *Herzig*, WPg 1998, S. 289 ff.; *Endres*, Bericht über die IDW-Steuerfachtagung 1996, S. 93 ff.

Der Joint Venture-Modellfall

Die Glas AG mit Sitz in Frankfurt ist Hersteller verschiedener Glasprodukte. Alleingesellschafter ist Günter Laser. Zur Produktpalette zählt auch der Bereich Automobilzubehör, in dem vorrangig Windschutzscheiben hergestellt werden. Die Produktion erfolgt in einer Gesellschaft in den Niederlanden (Car B.V.), während der Vertrieb über eine GmbH in Berlin geleitet wird (Auto-GmbH).

Die Glas AG möchte nach langen Diskussionen mit den finanzierenden Banken mit ihrem langjährigen Wettbewerber, der börsennotierten Foreign Company (ForCo), ein Joint Venture eingehen, um besser für die Herausforderungen im Automobilbereich aufgestellt zu sein. ForCo ist eine US-amerikanische Gesellschaft, die in Europa eine 100 %ige Beteiligung an der Scheiben-GmbH – mit Produktionsstätte in Leipzig – sowie eine Vertriebs-Gesellschaft in Frankreich (Voiture S. A.) besitzt. Die Glas AG bringt ihren gesamten Bereich Automobilzubehör in das Joint Venture ein, während sich ForCo auf die Einbringung ihrer Europabeteiligungen beschränkt. Die Joint Venture-Organisation selbst soll über Managementfunktionen hinaus gewerblich tätig sein. Die Bewertungsexperten erachten eine Paritätsbeteiligung am Joint Venture als plausibel.

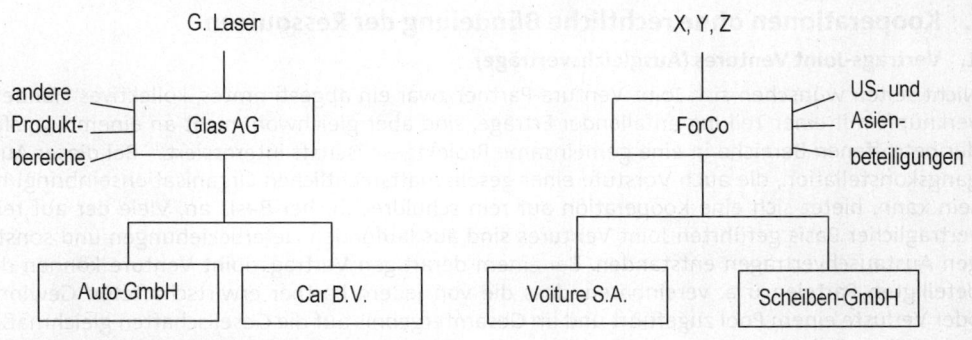

Abb 1: Ausgangslage vor dem Joint Venture

Beide Parteien sind sich darüber einig, dass der harte Wettbewerb im Automobilzuliefererbereich die Schließung einer Produktionsstätte erforderlich machen kann und dass kurz- und mittelfristig Verluste möglich sind.[8] Sollte die Zusammenarbeit erfolgreich verlaufen, ist an den Kauf eines tschechischen Konkurrenzunternehmens gedacht, wobei dieser Beteiligungserwerb nach der derzeitigen Liquiditätssituation in voller Höhe fremdfinanziert werden müsste. G. Laser schließt nicht aus, dass sich die Glas AG nach einigen Jahren ganz aus dem Automobilzuliefererbereich zurückzieht und die Joint Venture-Anteile veräußert. Auch Anteilsveräußerungen einzelner Beteiligungen (z. B. der Scheiben-GmbH) sind denkbar.

---

[8] Sollten die in das Joint Venture einzubringenden deutschen Gesellschaften (Auto-GmbH, Scheiben-GmbH) bereits im Zeitpunkt der Einbringung über Verlustvorträge oder Zinsvorträge und laufende Verluste bis zur Einbringung verfügen, würden diese nach § 8c KStG untergehen. Zu § 8c KStG hat die Finanzverwaltung am 4. 7. 2008 ein umfangreiches BMF-Schreiben herausgegeben, vgl. BStBl. I 2008, S. 736. Mit dem Bürgerentlastungsgesetz vom 16. 7. 2009, BGBl. I 2009, S. 1959 wurde mit § 8c Abs. 1a KStG eine bis 2009 befristete Sanierungsklausel eingeführt, vgl. dazu etwa *Mückl/Remplik*, FR 2009, S. 689 ff. Mit Wachstumsbeschleunigungsgesetz vom 22. 12. 2009, BGBl. I 2009, S. 3950 wurde die zeitliche Befristung der Sanierungsklausel aufgegeben und zusätzlich eine Konzernklausel und eine Begünstigung bei vorhandenen stillen Reserven eingeführt, vgl. dazu *Wittkowski/Hielscher*, DB 2010, S. 11 ff.

Zielvorgabe für die Steuerplanung muss im Modellfall – wie generell bei Joint Venture-Vorhaben – die weitgehende Erfüllung nachfolgender Kriterien sein:[9]

- steuerfreie Errichtung des Joint Ventures, d. h. keine Ertrags- und Verkehrsteuerbelastung bei dem Weg in die Kooperation;
- Minimierung der laufenden Steuerbelastung auf die erwirtschafteten Erträge unter Berücksichtigung von Gesellschafts- und Gesellschaftersphäre;
- Vermeidung von Steuerkosten bei einer späteren Auflösung oder Rückabwicklung des Joint Ventures.

Die Problematik der Entscheidungsfindung äußert sich darin, dass der Erfüllungsgrad dieser Kriterien vergleichend für verschiedene Standorte und Rechtsformen zu beantworten ist, wobei sich aus dem Blickwinkel eines jeden Partners durchaus unterschiedliche Strukturen als steueroptimal herausstellen können.

C. Die Suche nach dem besten Joint Venture-Konzept

I. Kooperationen ohne rechtliche Bündelung der Ressourcen

1. Vertrags-Joint Ventures (Ausgleichsverträge)

Nicht selten wünschen sich Joint Venture-Partner zwar ein abgestimmtes, kollektives Handeln verknüpft mit einer Teilung anfallender Erträge, sind aber gleichwohl nicht an einem Transfer der betroffenen Bereiche in eine gemeinsame Projektgesellschaft interessiert.[10] Bei dieser Ausgangskonstellation, die auch Vorstufe einer gesellschaftsrechtlichen Organisationseinbringung sein kann, bietet sich eine Kooperation auf rein schuldrechtlicher Basis an. Viele der auf rein vertraglicher Basis geführten Joint Ventures sind aus laufenden Lieferbeziehungen und sonstigen Austauschverträgen entstanden. Bei einem derartigen Vertrags-Joint Venture können die beteiligten Parteien u. a. vereinbaren, dass die von jedem Partner erwirtschafteten Gewinne oder Verluste einem Pool zugeführt und im Gesamtergebnis auf die Gesellschaften gleichmäßig aufzuteilen sind, ohne dass es hierzu einer rechtlichen Bündelung der jeweiligen Ressourcen in einer neuen Organisationsform bedarf.[11] Nur in Sonderfällen werden die Gewinne der betreffenden Unternehmensbereiche übereinstimmen, so dass die Joint Venture-Gesellschaft mit dem höheren Ergebnis eine Ausgleichszahlung leisten muss. Alternativ können die Partner auch lediglich darin übereinkommen, die jeweils andere Gesellschaft im Bedarfsfall in die Lage zu versetzen, eine Gewinnausschüttung in Höhe der eigenen Ausschüttung zu leisten (Dividendengleichschritt).[12] In jedem Fall setzt ein derartiger Ausgleichsvertrag nicht nur Vereinbarungen über die Aufteilung des zusammengelegten Gewinns, sondern auch Detailregelungen über

---

[9] Vgl. *Endres/Eckstein*, Steuerrecht International, S. 32. Die nachfolgende Betrachtung konzentriert sich auf diese Steueraspekte, zu denen im jeweiligen Einzelfall zahlreiche außersteuerliche Gesichtspunkte hinzutreten.

[10] Damit entfallen grundsätzlich auch die oben angesprochenen Fragen beim Weg in oder aus dem Joint Venture.

[11] In aller Regel enthalten die Vertragswerke ausdrückliche Hinweise darauf, dass die Vertragsparteien weder beabsichtigen, eine Personengesellschaft zu gründen, noch sich gegenseitig tatsächlich oder faktisch zu Zwecken der Durchführung des Vertrags zu Vertretern zu machen (no partnership or agency relation).

[12] Vgl. *Smith/Thalhammer*, Die Verbundaktie, S. 15.

dessen Ermittlung voraus.[13] Darüber hinaus muss eine Verständigung zwischen beiden Parteien über die gemeinsame Führung der gesellschaftsrechtlich nicht verknüpften Unternehmen hinzukommen.

Gewinngemeinschaften als Contractual Joint Ventures sind zwischen Unternehmen jeder Rechtsform und auch mit ausländischen Partnern möglich und bieten zahlreiche Vorteile. Für die AG und KGaA ist die Gewinngemeinschaft als Vertragstypus explizit in § 292 Abs. 1 Nr. 1 AktG kodifiziert. Danach liegt eine Gewinngemeinschaft vor, wenn eine AG oder KGaA mit Sitz im Inland an einem Unternehmensvertrag beteiligt ist und sich verpflichtet, ihren Gewinn ganz oder zum Teil mit dem Gewinn anderer Unternehmen zur Aufteilung des gemeinschaftlichen Gewinns zusammenzulegen.[14] Im Modellfall könnte der Ausgleichsvertrag direkt zwischen den Konzernmuttergesellschaften (Glas AG und ForCo) abgeschlossen werden,[15] regelmäßig werden aber für diesen Zweck gegründete Holdinggesellschaften des betreffenden Produktbereichs den Ausgleichsvertrag als Joint Venture-Partner unterzeichnen.

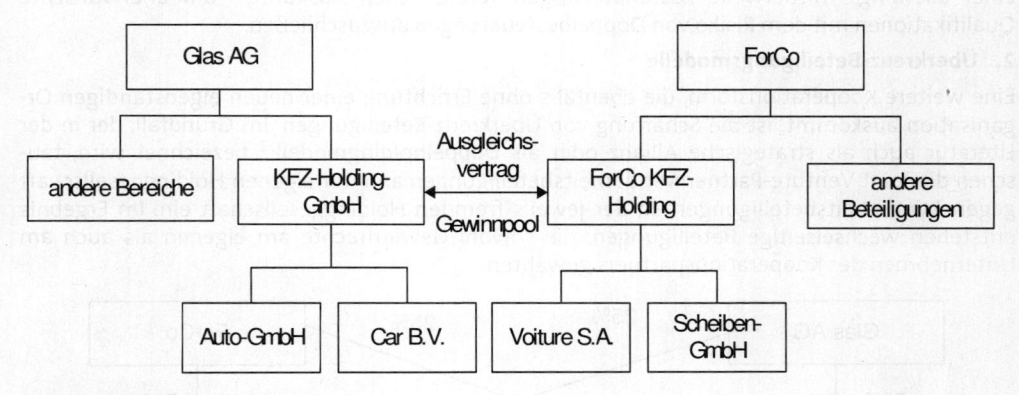

Abb. 2: Gewinngemeinschaft

Der Gewinngemeinschaftsvertrag begründet zwischen den beiden beteiligten Holdinggesellschaften eine Gesellschaft bürgerlichen Rechts als Innengesellschaft.[16] Die an einer Gewinngemeinschaft beteiligten Unternehmen sind aber keine Mitunternehmer i. S. von § 15 Abs. 1 Nr. 2 EStG, da das Ziel dieser Gemeinschaft auf Gewinnpooling und nicht auf den gemeinsamen Betrieb eines gewerblichen Unternehmens gerichtet ist.[17] Jedes der am Gewinnpool beteiligten

---

[13] Regelungsbedürftig sind u. a. die einzubeziehenden Ergebnisbestandteile, Bilanzierungs- und Bewertungsvorschriften, das Geschäftsjahr und die Ausschüttungspolitik. Vgl. *Wöhe* a. a. O., S. 23; *Müller*, in: Bericht über die IDW-Steuerfachtagung 1993, S. 236.

[14] Geht es nur um die Vergemeinschaftung eines Gewinns aus einzelnen oder mehreren Geschäften, wird in Abgrenzung zu einer Gewinngemeinschaft von Metageschäften gesprochen.

[15] Dies wird etwa die sinnvolle Variante sein, wenn bei der Auto-GmbH und/oder Scheiben GmbH hohe Verlust- oder Zinsvorträge existieren, die beim Weg in eine Holding nach § 8c KStG untergehen würden.

[16] Vgl. OLG Frankfurt v. 23. 3. 1988, 9 U 80/84, AG 1988, 267; *Brinkmann* in: Lüdicke/Sistermann, Unternehmenssteuerrecht, § 13 RN 37.

[17] Vgl. *Jacobs*; Internationale Unternehmensbesteuerung, S. 1275; *Wöhe* a. a. O., S. 23; *Haarmann* in: Herzig, Körperschaftsteuerguthaben bei grenzüberschreitenden Kooperationen, S. 55; *Walter*, BB 1995, S. 1878; a. A. *Lechner*, Die Gewinnpoolung im Ertragsteuerrecht, S. 150, 258, der von zwei Mitunternehmerschaften ausgeht.

Unternehmen betreibt seinen gewerblichen Betrieb für sich selbständig weiter[18] und auch ein gemeinsamer Betrieb im Sinne der Zinsschranke (§ 4h EStG) liegt nicht vor.[19] Schon die RFH-Rechtsprechung hat anerkannt, dass die aufgrund einer Ergebnisgemeinschaft abzuführenden Beträge Betriebsausgabencharakter haben, womit im Gegenzug erhaltene Ausgleichsbeträge Betriebseinnahmen sind.[20] Die steuerliche Akzeptanz eines Ergebnispools setzt allerdings voraus, dass die Verträge von den Gesellschaften aus betrieblichem Interesse geschlossen werden und die Ausgleichsvereinbarungen einem Drittvergleich standhalten und entsprechend dokumentiert werden.

Die Behandlung der Ausgleichszahlungen als Betriebsausgaben/Betriebseinnahmen ist im internationalen Rechtsvergleich jedoch nicht unstrittig, so dass im Einzelfall sorgfältig zu untersuchen ist, ob nicht in einem der beteiligten Staaten (oder in beiden) eine steuerlich relevante Personengesellschaft anzunehmen ist.[21] Gerade bei umfangreichen vertraglichen Verflechtungen zwischen den Joint Venture-Partnern empfiehlt sich auch in Deutschland die Einholung einer allerdings mittlerweile kostenpflichtigen verbindlichen Auskunft,[22] um unerwünschte Qualifikationen mit dem Risiko von Doppelbesteuerungen auszuschließen.

2. Überkreuz-Beteiligungsmodelle

Eine weitere Kooperationsform, die ebenfalls ohne Errichtung einer neuen eigenständigen Organisation auskommt, ist die Schaffung von Überkreuz-Beteiligungen. Im Grundfall, der in der Literatur auch als strategische Allianz oder als Doppelholdingmodell[23] bezeichnet wird, tauschen die Joint Venture-Partner Minderheitsbeteiligungen an ihrer eigenen Holdinggesellschaft gegen Minderheitsbeteiligungen an der jeweils fremden Holdinggesellschaft ein. Im Ergebnis entstehen wechselseitige Beteiligungen, die sowohl Gewinnrechte am eigenen als auch am Unternehmen des Kooperationspartners gewähren.

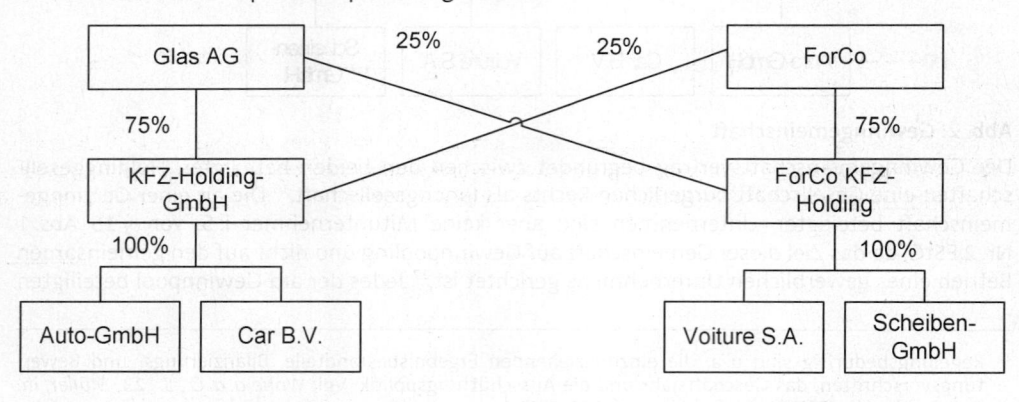

```
         Glas AG    25%      25%    ForCo
           |          \      /        |
          75%          \    /        75%
           |            \  /          |
      KFZ-Holding-       \/      ForCo KFZ-
         GmbH            /\         Holding
           |            /  \          |
         100%          /    \       100%
           |          /      \        |
    Auto-GmbH    Car B.V.    Voiture S.A.   Scheiben-GmbH
```

---

[18] Vgl. *Wallis*, Besteuerung von Unternehmenszusammenfassungen, S. 168.

[19] Vgl. BMF v. 4. 7. 2008, IV C 7 – S 2742 –a/07/1001, BStBl I 2008, S. 718, TZ 5.

[20] Vgl. RFH v. 11. 10 .1928, A 473/27, RStBl. 1928, 367; RFH v. 24. 10. 1933, I A 113/31, *Mrozek*-Kartei, § 13 KStG 1925, RZ 250-252; RFH v. 9. 5. 1934, III A 85/34, RStBl. 1934, 658; BFH v. 9. 10. 1964, VI 314/62 U, BStBl. 1965 III, S. 71.

[21] Vgl. *Müller* a. a. O., S. 237; *Fischer-Zernin*, IWB F. 10 International Gr. 2, S. 1273 ff.

[22] § 89 Abs. 3 bis Abs. 5 AO, mit Höchstgebühr von € 91.456, vgl. BMF v. 12. 3. 2007, IV A 4 – S 0224/07/001, TZ 2.3.

[23] Vgl. *Jacobs* a. a. O., S. 1280 f.

Abb. 3: Strategische Allianz

Die Palette der Ausgestaltung solch spiegelbildlicher Beteiligungen ist vielschichtig und reicht von der Einräumung gegenseitiger Minderheitsbeteiligungen über die Ausgabe stimmrechtsloser Vorzugsaktien bis zur Vereinbarung von Paritätsbeteiligungen an beiden Gesellschaften.[24] Da die Gewinnentwicklung in beiden "Joint Venture"-Gesellschaften in der Regel unterschiedlich verläuft, werden in der Regel zusätzlich Gewinnpools zwischen beiden Holdinggesellschaften eingerichtet. Um eine enge unternehmerische Zusammenarbeit zu gewährleisten, können die Minderheitsbeteiligungen in der strategischen Allianz mit höheren Stimmrechten ausgestattet werden, so dass beispielsweise beiden Gesellschaften gleiche Stimmrechte, aber jeweils unterschiedliche Dividendenberechtigungen zugestanden werden. Diese disproportionalen Dividendenberechtigungen provozieren allerdings steuerliche Fragen im In- und Ausland.

Auch der Weg in ein solches Überkreuz-Beteiligungsmodell kann in verschiedener Form beschritten werden. Am einfachsten erscheint sicherlich ein bloßer Austausch von Minderheitsbeteiligungen (im Beispielsfall überträgt die Glas-AG 25 % ihrer KfZ-Holding-GmbH-Beteiligung an ForCo im Austausch gegen einen 25 %-Anteil an der ForCo-KfZ-Holding). In diesem Fall gehen keine in den Bereichen etwa vorhandenen Verlust- oder Zinsvorträge unter und der Anteilstausch lässt sich nach § 8b Abs. 2 KStG weitgehend steuerneutral bewerkstelligen.

II. Zusammenarbeit in einem Gemeinschaftsunternehmen

1. Personengesellschaftsstrukturen

a) Deutsche Joint Venture-Gesellschaft

Soll die Kooperation über eine lose Form der Zusammenarbeit hinausgehen und wollen die Partner bei ihren gemeinsamen strategischen Aufgaben stärkere rechtliche Verpflichtungen eingehen, bietet sich die Errichtung eines Gemeinschaftsunternehmens (Equity Joint Venture) mit Übertragung des betroffenen Vermögens in das Eigentum der Joint Venture-Gesellschaft an. Diese kann damit eine eigene Corporate Identity erhalten und von einem selbständigen Joint Venture-Management geleitet werden. Bei dieser Ausgangskonstellation stellt sich sowohl die Frage nach der Rechtsform der Joint-Venture-Gesellschaft als auch nach deren Ansässigkeit. In Bezug auf die Standortfrage kommen in erster Linie die Staaten in Betracht, in denen die Joint Venture-Gesellschafter angesiedelt sind, aber auch Drittstaaten, in denen das Joint Venture seine Aktivitäten ausüben soll. Nachfolgend wird die Standort- und Rechtsformfrage vorrangig aus dem Blickwinkel eines deutschen Joint Venture-Partners analysiert.[25]

Personengesellschaften sind Vereinigungen, in denen die Mitglieder einen gemeinsamen wirtschaftlichen Zweck erreichen wollen und dabei auf gegenseitige Unterstützung aufbauen. In ihren Grundformen (BGB-Gesellschaft, offene Handelsgesellschaft und Kommanditgesellschaft) ist die Personengesellschaft in fast allen Staaten verbreitet, wobei sie sich in Deutschland traditionell einer im internationalen Vergleich überproportional hohen Verbreitung erfreut.[26] Abbil-

---

[24] Verschiedene Gestaltungsformen von Doppelholdingmodellen finden sich bei *Dolan*, Tax Management International Journal 1993, S. 103 ff. Vgl. auch *Endres/Miles*, Intertax 1999, S. 243 ff.; *Jacobs* a. a. O., S. 1280 ff.

[25] Heute sind aus Sicht des deutschen Steuerrechts und insbesondere vor dem Hintergrund von § 8c KStG Minderheitsbeteiligungen von 15 % bis 25 % sinnvoll, um bestehende Verlust- und Zinsvorträge zu schützen. Zum Blickwinkel ausländischer Unternehmen im Hinblick auf die deutsche Ertragsbesteuerung bei der Gründung internationaler Joint Ventures vgl. *Sieker*, IStR 1997, S. 711 ff.

[26] Vgl. *Prinz/Breuninger*, IWB F. 10 International Gr. 2, S. 1294. Zur Vertragsgestaltung bei der GmbH & Co KG, die sich aus haftungsrechtlichen Gründen durchgesetzt hat, vgl. *Sudhoff*, GmbH & Co. KG.

dung 4 zeigt die Konstellation, bei der sich die Partner des Joint Venture-Ausgangsfalls auf die Errichtung einer deutschen gewerblichen Personengesellschaft als paritätisch gehaltenes Gemeinschaftsunternehmen einigen.

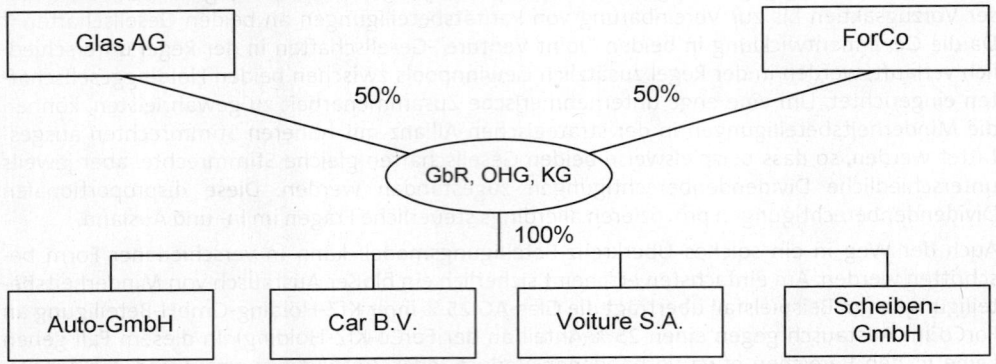

```
        Glas AG                                    ForCo
              \                                  /
               \ 50%                        50% /
                \                              /
                      GbR, OHG, KG
                           |
                         100%
        ┌──────────┬──────────────┬──────────────┐
    Auto-GmbH   Car B.V.      Voiture S.A.    Scheiben-
                                                GmbH
```

Abb. 4: Personengesellschafts-Joint Venture im Inland

Im Hinblick auf die oben dargestellten Beurteilungskriterien für die Steuereffizienz einer Joint Venture-Struktur (Errichtung – laufende Besteuerung – Exit) gelten bei einer deutschen Mitunternehmerschaft als Joint Venture-Vehikel im Modellfall die folgenden Aussagen:

Weg in das Joint Venture

- Die Glas AG kann ihre 100 %-Beteiligungen nach § 8b Abs. 2 KStG steuerfrei an das Joint Venture veräußern und muss lediglich 5 % eines etwaigen Veräußerungsgewinns als nicht abziehbare Betriebsausgaben nach § 8b Abs. 3 KStG versteuern.

- Alternativ könnte die Einbringung der 100 %-Beteiligung auch nach § 24 UmwStG[27] zu Buchwerten ohne Gewinnrealisierungsbarrieren beschritten werden, wobei allerdings eine Veräußerung oder Weiterübertragung der Beteiligung(en) innerhalb von 7 Jahren zu Steuerfolgen führt.[28]

- Sollten Auto-GmbH, Scheiben-GmbH oder weitere inländische Tochtergesellschaften allerdings über Verlust- oder Zinsvorträge[29] – auch laufende Verluste bis zur Einbringung oder Veräußerung – verfügen, droht durch § 8c KStG deren Untergang,[30] was bei signifikanten Beträgen durchaus ein deal stopper sein könnte.

---

[27] Auch nach dem SEStEG v. 7. 12. 2006, BGBl. 2006 I, S. 2782, berichtigt BGBl. I 2007, S. 68, erfasst § 24 UmwStG weiterhin die Einbringung einer 100 % Beteiligung an einer Kapitalgesellschaft. Vgl. *Kellersmann*, in: PricewaterhouseCoopers, Reform des Umwandlungssteuerrechts, S. 279.

[28] Vgl. insbesondere § 24 Abs. 5 i. V. m. § 22 Abs. 2 und 3 UmwStG.

[29] Vgl. § 8a Abs. 1 S. 3 KStG.

[30] Die neue Konzernklausel wird bei (mittelbarer) Übertragung auf den Joint Venture Partner in der Regel nicht greifen und stille Reserven sind möglicherweise nicht in ausreichendem Maße vorhanden. Zu den neuen rechtlichen Möglichkeiten, vgl. *Wittkowski/Hielscher*, DB 2010, S. 11 ff.

Laufende Besteuerung

- Die in den Tochtergesellschaften erzielten Gewinne unterliegen weder auf Ebene der Personengesellschaft noch auf Ebene der Partner (Glas AG, ForCo) einer zusätzlichen deutschen Besteuerung.[31]
- Nachteile ergeben sich im Hinblick auf Quellensteuerbelastungen auf ausländische Dividendenbezüge, da Personengesellschaften weder für die Mutter-/Tochterrichtlinie noch für in Abkommen regelmäßig für den Konzernverbund verankerte niedrigere Quellensteuersätze qualifizieren.
- Verluste, welche die gemeinsame Personengesellschaft durch eigene Aktivitäten oder Verlustübernahmen aus Ergebnisabführungsverträgen[32] erleidet, können für Körperschaftsteuerzwecke anteilig bei den Gesellschaftern[33] berücksichtigt werden.[34]
- Teilwertabschreibungen auf die in- oder ausländischen Beteiligungen oder Verluste aus deren Veräußerung sind steuerlich nicht abzugsfähig.[35]
- Refinanzierungskosten für den Erwerb aller Beteiligungen sind im Grundsatz voll abzugsfähig.[36] Empfindliche Einschränkungen ergeben sich allerdings durch die umstrittene Zinsschrankenregelung, die ab Veranlagungszeitraum 2008 gilt und nach der ein negativer Zinssaldo nur in Höhe bis zu 30% des steuerlichen EBITDA zu berücksichtigen ist, soweit die Freigrenze i. H. v. 3 Mio €[37] überschritten ist.
- Im Hinblick auf die Zinsschranke sollte eine inländische Personengesellschaft allerdings zwei Vorteile haben. Erstens sollten bei ihr bezogene Dividendenerträge nicht das steuerliche EBITDA kürzen.[38] Zweitens besteht die Möglichkeit, Kreditgeber als "Mini"-Mitunternehmer zu beteiligen, um die Zinsen als unschädliche Sonderbetriebsausgaben zu qualifizieren.[39]

---

[31] § 8b Abs. 6 i. V. m. Abs. 1 KStG. Zu beachten sind allerdings die Voraussetzungen des § 8 Nr. 5 und § 9 Nr. 7 GewStG (insb. keine Streubesitzdividenden in Höhe von bis zu 15 %) sowie die Vorschriften der §§ 8b Abs. 5 KStG bzw. 3c Abs. 1 EStG.

[32] Im Regelfall wird zwischen den inländischen Tochtergesellschaften und der Joint Venture-Personengesellschaft ein Organschaftsverhältnis (§ 14 KStG) begründet. Dies ist möglich so lange die Joint Venture-Personengesellschaft als Management Holding eine originär gewerbliche Tätigkeit ausübt, vgl. BMF v. 10. 11. 2005, IV B 7 – S 2770 – 24/05, BStBl. 2005 I, S. 1038, RN 18.

[33] Dort gilt nach Einführung mit "Korb II" Gesetz v. 22.12.2003 ab Veranlagungszeitraum 2004 die eingeschränkte Verlustnutzungsmöglichkeit nach § 10d EStG.

[34] Eine Verlustverrechnung auf die Gesellschafterebene für Gewerbesteuerzwecke ist nicht möglich. Es gilt mit § 10a GewStG ab Veranlagungszeitraum 2004 eine eigenständige Vortragsmöglichkeit auf Gesellschaftsebene. Bei beschränkter Haftung, etwa als Kommanditist, ist § 15a EStG zu beachten.

[35] § 8b Abs. 3 KStG, etwas anderes gilt bis Veranlagungszeitraum 2007 für Teilwertabschreibungen auf Darlehensforderungen gegen die Tochtergesellschaften, vgl. BFH v. 14. 1. 2009, I R 52/08, DStR 2009, S. 631. Ab 2008 gilt § 8 Abs. 3 Satz 4 ff. KStG, vgl. *Grotherr*, IWB 2008 Fach 3 Deutschland Gr. 1, S. 2271ff.

[36] Dafür sind 5 % der Dividenden und Veräußerungsgewinne steuerpflichtig (§ 8b Abs. 3 und Abs. 5 KStG).

[37] Vgl. § 4h i. V. m § 52 Abs. 12d Satz 3 EStG in der Fassung des Wachstumsbeschleunigungsgesetz vom 22. 12. 2009, BGBl. I 2009, S. 3951.

[38] BMF v. 4. 7. 2008 a. a. O., TZ 37.

[39] BMF v. 4. 7. 2008 a. a. O., TZ 6 und 19.

Exit

► Weiteres Ziel einer Joint Venture-Steuerplanung sind steuergünstige Ausstiegsmöglichkeiten. Veräußert die deutsche Personengesellschaft selbst später ihre in- oder ausländischen Beteiligungen, so unterliegen diese Veräußerungsgewinne beim in- und ausländischen Partner nicht der Körperschaftssteuer und nach Auffassung der Finanzverwaltung und nach Gesetzänderung in § 7 Satz 4 GewStG auch nicht der Gewerbesteuer.[40]

► Beabsichtigt der deutsche Partner später eine Veräußerung seiner inländischen Personengesellschaftsbeteiligung, so ist dies steuerfrei nur in Bezug auf die mittelbar veräußerten Kapitalgesellschaftsbeteiligungen möglich.[41] Auch der Auslandspartner wird – vorbehaltlich § 8b Abs. 6 i. V. m. § 8b Abs. 2 KStG – im Inland (beschränkt) steuerpflichtig.

b) Ausländische Joint Venture-Gesellschaft

Regelmäßig werden die Bedenken des Auslandspartners ein Modell mit einer deutschen Mitunternehmerschaft nur für vorrangig inlandsorientierte Joint Ventures als steuereffizient erscheinen lassen. Bei einem internationalen Joint Venture mit Auslandspartner und umfangreichen Auslandsbeteiligungen wird es meist nicht erste Wahl sein. Alternativ stellt sich die Frage, ob eine im Ausland errichtete Personengesellschaft den steuerlichen Zielsetzungen beider Parteien eher entspricht.

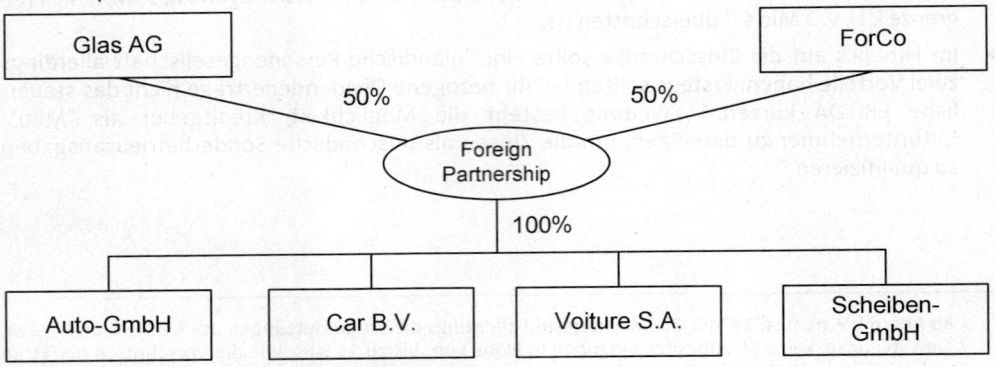

Abb. 5: Ausländische Personengesellschaft

Auch für diese Konstellation werden im nachfolgenden Tableau die laufenden Besteuerungskonsequenzen und die Belastung beim Weg in und aus dem Personengesellschafts-Joint Venture analysiert.

Weg in das Joint Venture

► Besteht – wie im Modell – der Beitrag des inländischen Partners in Kapitalgesellschaftsbeteiligungen, ist eine Veräußerung an oder eine Einbringung in die ausländische Personengesellschaft nahezu frei von deutscher Ertragsteuerbelastung möglich (§ 8b Abs. 2 KStG). Lediglich 5 % eines etwaigen Veräußerungs- oder Einbringungsgewinns unterliegen bei einbringenden Partnern der Körperschaft- und der Gewerbesteuer.

---

[40] Vgl. BMF von 28.04.2003, BMF IV A2 - S 2750 a - 7/03, TZ 57 f. und A 40 Abs. 2 S. 8 GewStR.

[41] Auch hier greift die Befreiung von der Körperschaftsteuer auch für die Gewerbesteuer, da im Modellfall keine Streubesitzbeteiligung vorliegt.

- Alternativ käme nach § 24 UmwStG auf Antrag eine Einbringung in eine ausländische Personengesellschaft[42] zu Buchwerten in Betracht, wenn das Recht der Bundesrepublik Deutschland hinsichtlich der Besteuerung der eingebrachten Beteiligungen nicht ausgeschlossen oder beschränkt wird.[43] Dies würde eine deutsche Betriebsstätte erfordern, was vielfach nicht gewünscht sein wird.
- Etwaige Verlustvorträge und Zinsvorträge der einzubringenden inländischen Kapitalgesellschaften – auch mittelbarer – gehen jedoch - wie bei der inländischen Personengesellschaft - vollständig unter, solange die neue Konzernklausel in § 8c KStG nicht greift und keinerlei stille Reserven vorhanden sind.

Laufende Besteuerung

- Bei der Glas AG fällt keine deutsche Steuer auf die vom Joint Venture selbst oder von deren Tochtergesellschaften erzielten Gewinne an (abkommensrechtliches Betriebsstättenprinzip).
- Die fehlende Abkommensberechtigung führt auch im Auslandsfall zu den bei inländischen Personengesellschaften beschriebenen Quellensteuernachteilen.
- Es entfällt die Möglichkeit einer ausländischen Verlustverrechnung für den deutschen Partner.[44]
- Die Möglichkeit einer Teilwertabschreibung auf in- oder ausländische Beteiligungen bestimmt sich nach Auslandsrecht.
- Es besteht keine Möglichkeit von Organschaften der inländischen Tochtergesellschaften, denn dafür wäre ein Organträger mit Ort der Geschäftsleitung und Sitz in Deutschland erforderlich.
- Die Abzugsfähigkeit von Refinanzierungskosten für den Erwerb von (weiteren) Auslandsbeteiligungen richtet sich ebenfalls nach dem einschlägigen Auslandsrecht[45]. Die fremdfinanzierte Kapitalausstattung einer ausländischen Personengesellschaft durch ihren inländischen Gesellschafter (Glas AG) birgt aber grundsätzlich das Risiko "vagabundierenden" Zinsaufwands. In Deutschland ist ein Abzug dieser Fremdkapitalzinsen regelmäßig nicht möglich, weil sie nach dem deutschen Mitunternehmerkonzept Sonderbetriebsausgaben des Gesellschafters zu seiner ausländischen Personengesellschaftsbeteiligung darstellen und die Beteiligungseinkünfte aus der Personengesellschaft nach den DBA regelmäßig von der inländischen Besteuerung freigestellt sind. Da das Ausland das Konzept der Sonderbetriebsausgaben regelmäßig nicht kennt, kann der Finanzierungsaufwand "vagabundieren", also u. U. in keinem der beiden Staaten steuerlich abzugsfähig sein. Auf der anderen Seite bestehen Gestaltungsmöglichkeiten zur Nutzung des Finanzierungsaufwands in beiden Staaten ("double dip") oder zur Schaffung von weißen Einkünften, wobei die nationalen Gesetzgeber diese Möglichkeiten zunehmend beschränken.[46]

---

[42] Insoweit sind auch nicht in der EU ansässige Personengesellschaften begünstigt, vgl. *Möhlenbrock* in: Dötsch/Patt/Pung/Möhlenbrock, Umwandlungssteuerrecht, §1 TZ 152; *Kellersmann* a. a. O., S. 287.

[43] Vgl. nach SEStEG, *Heß/Schnitger*, in: PricewaterhouseCoopers, Reform des Umwandlungssteuerrechts, S. 288 ff.

[44] Ausnahmen könnten sich ergeben, wenn die Verluste im Ausland "final" werden; vgl. EuGH v. 13.12.2005 – C-446/03, Marks & Spencer, BB 2006, S. 23; RIW 2006, S. 75; EuGH v. 15.5.2008 – C – 414/06 , Lidl Belgium, BB 2008, S. 1322; RIW 2008, S. 480.

[45] Insbesondere gilt die Zinsschranke nicht.

[46] Hier hat der deutsche Gesetzgeber ab VAZ 2007 mit § 50d Abs. 9 EStG und ab 2009 mit § 50 Abs. 10 EStG

Exit

▶ Veräußert die ausländische Personengesellschaft ihre In- oder Auslandsbeteiligungen, so kommt ohne deutsche Betriebsstätte eine Steuerpflicht allenfalls im Ausland (einschließlich Drittstaaten) in Frage.

▶ Gewinne aus der Veräußerung des Anteils des inländischen Gesellschafters an der ausländischen Personengesellschaft sind aufgrund des abkommensrechtlichen Betriebsstättenprinzips zwar i. d. R. in Deutschland steuerfrei, regelmäßig wird der ausländische Staat jedoch das ihm abkommensrechtlich zugewiesene Besteuerungsrecht auf solche Veräußerungsgewinne auch ausüben. Ist dies ausnahmsweise nicht der Fall, dann käme es nach § 50d Abs. 9 EStG zu einer Besteuerung in Deutschland mit gleichen Folgen wie bei einer inländischen Personengesellschaft.

2. Kapitalgesellschaftsstrukturen

a) Deutsche Joint Venture-Gesellschaft

Kapitalgesellschaften sind zur Erreichung eines gemeinschaftlichen Zweckes gegründete Personenvereinigungen, die als eigenständige Rechtssubjekte (juristische Personen) von ihrem Mitgliederbestand weitgehend unabhängig sind und eine Haftungsbegrenzung ermöglichen. Grundformen der Kapitalgesellschaft sind die Aktiengesellschaft und die Gesellschaft mit beschränkter Haftung, die in vergleichbaren Ausgestaltungen auch in den Rechtskreisen ausländischer Joint Venture-Partner geläufig sind.[47] Einigen sich die Parteien auf die Errichtung einer deutschen Joint Venture-Gesellschaft, so erbringen sie ihre Beiträge an die GmbH bzw. AG, wofür sie im Gegenzug Kapitalgesellschaftsanteile erhalten.[48] Abbildung 6 beschreibt diese Konstellation im Hinblick auf den Ausgangsfall.[49]

---

einseitige treaty override oder einheitliche Anwendungsregeln der DBA eingeführt, vgl. dazu *Grotherr*, IStR 2007, S. 265 ff.; *Grotherr*, IWB 2008, Fach 3 Deutschland, Gr. 1, S. 2309ff.; *Meretzki*, IStR 2008, S. 23 ff.; *Portner*, IStR 2009, S. 195 ff.; *Boller/Eilinghoff/Schmidt*, IStR 2009, S. 109 ff.; *Hils*, DStR 2009, S. 888 ff.

[47] Ein Rückgriff auf die Sonderform der Kommanditgesellschaft auf Aktien (KGaA), bei der mindestens einer der Gesellschafter unbeschränkt persönlich haftet, während die übrigen Gesellschafter an dem in Aktien zerlegten Kapital ohne persönliche Haftung beteiligt sind, war bisher für ein Paritäts-Joint Venture unüblich. Allerdings kann im Einzelfall gerade eine KGaA ein interessantes Joint Venture-Vehikel darstellen, um einem (persönlich haftenden) Partner, der Barmittel einbringt, step-up-Möglichkeiten in einer Ergänzungsbilanz zu eröffnen, ohne gleichzeitig bei den anderen Partnern entsprechende negative Ergänzungsbilanzen auszulösen. Zu den Besonderheiten einer KGaA vgl. *Schlitt*, Die Satzung der Kommanditgesellschaft auf Aktien.

[48] Denkbar wäre – z. B. aus grunderwerbsteuerlichen Gründen – auch der Einsatz der bereits bestehenden deutschen Gesellschaften (Auto-GmbH oder Scheiben-GmbH) als Joint Venture-Vehikel.

[49] Im Modellfall wird die Wahl einer GmbH unterstellt, da eine AG im Hinblick auf die Kompliziertheit aktienrechtlicher Regelungen in der Joint Venture-Praxis eher die Ausnahme ist.

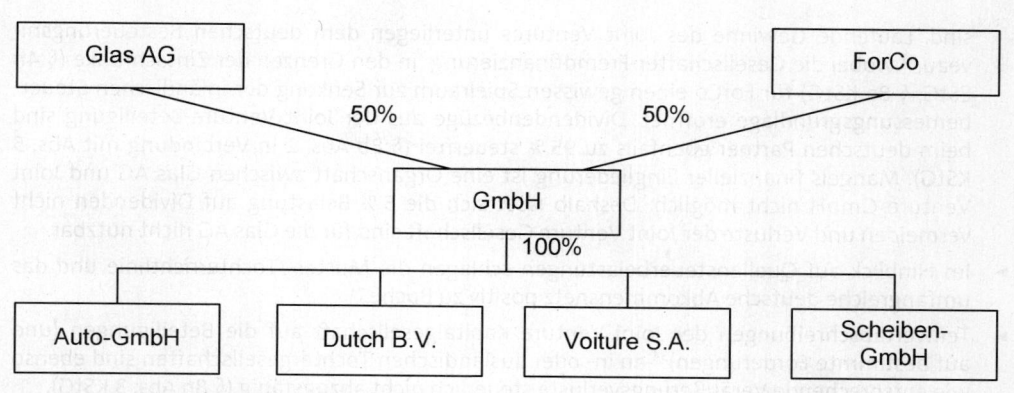

```
    Glas AG                                    ForCo
         \                                    /
          \  50%                         50% /
           \                               /
              GmbH
              100%
    ┌──────────┬──────────┬──────────┐
 Auto-GmbH  Dutch B.V.  Voiture S.A.  Scheiben-GmbH
```

Abb. 6: Kapitalgesellschafts-Joint Venture im Inland

Wägt der deutsche Partner (Glas AG) die steuerlichen Pro's und Con's eines inländischen Kapitalgesellschafts-Joint Ventures gegeneinander ab, so ergibt sich folgendes Bild:

Weg in das Joint Venture

- Der Weg in die Kapitalgesellschaft ist im Modellfall grundsätzlich nahezu ohne Gewinnrealisierung möglich. Die Einbringung der Anteile an den in- und ausländischen Kapitalgesellschaften ist als Tauschgeschäft wie die Veräußerung unter den Voraussetzungen des § 8b Abs. 2 KStG zu 95 % steuerbefreit.

- Alternativ könnte die Einbringung auch nach § 21 Abs. 1 Satz 2 UmwStG, als sogenannter qualifizierter Anteilstausch, zu Buchwerten ohne Gewinnrealisierungsbarrieren beschritten werden.[50]

- Nachteilig ist allerdings, dass bestehende Verlust- oder Zinsvorträge in den Beteiligungen aufgrund von § 8c KStG – wie beim Weg in die Personengesellschaft – vollständig untergehen können, etwa wenn im Zeitpunkt der Einbringung oder Übertragung der Beteiligung auf Ebene der Körperschaft keinerlei in Deutschland steuerpflichtige stille Reserven vorhanden sind.[51]

- Laufende Besteuerung

- Dividenden, die die inländische Joint Venture-Kapitalgesellschaft aus dem In- und Ausland erhält, sind steuerbefreit (§ 8b Abs. 1 KStG). Allerdings ist bei Dividendenbezügen die 5 %-Regel des § 8b Abs. 5 KStG zu beachten.[52] Die 5 %-Belastung auf inländische Dividenden lässt sich durch Begründung von Organschaften zur Auto-GmbH und Scheiben-GmbH vermeiden. Allerdings bildet eine Organschaft für Zwecke der Zinsschranke nur einen Betrieb und es ist im Einzelfall zu entscheiden, ob Organschaften unter Aspekten der Zinsschranke gewünscht

---

[50] Die Rechtsfolge einer Nachversteuerung (sogenannte Siebtelregelung) für den einbringenden Anteilseigner nach § 22 Abs. 2 UmwStG sollten nicht nachteilig sein, da die Glas AG die Anteile nach § 8b Abs. 2 KStG steuerfrei veräußern könnte, vgl. dazu Patt in: Dötsch/Patt/Pung/Möhlenbrock, Umwandlungssteuerrecht, § 22, TZ 72 f.

[51] Vgl. zu den genauen Tatbestandsvoraussetzungen dieses neu eingefügten des "stille Reserven Escapes" Sätze 6 bis 8 in § 8c Abs. 1 KStG in der Fassung des Wachstumsbeschleunigungsgesetzes vom 22. 12. 2009, BGBl. I 2009, S. 3952 und Beispiele bei Wittkowski/Hielscher, DB 2010, S. 15 ff.

[52] Dies gilt insbesondere auch für bereits nach DBA befreite Dividenden, vgl. etwa *Kölbl*, StuB 2007, S. 213.

sind. Laufende Gewinne des Joint Ventures unterliegen dem deutschen Besteuerungsniveau,[53] wobei die Gesellschafter-Fremdfinanzierung in den Grenzen der Zinsschranke (§ 4h EStG, § 8a KStG) für ForCo einen gewissen Spielraum zur Senkung der inländischen Steuerbemessungsgrundlage eröffnet. Dividendenbezüge aus der Joint Venture-Beteiligung sind beim deutschen Partner ebenfalls zu 95 % steuerfrei (§ 8b Abs. 1 in Verbindung mit Abs. 5 KStG). Mangels finanzieller Eingliederung ist eine Organschaft zwischen Glas AG und Joint Venture GmbH nicht möglich. Deshalb lässt sich die 5 %-Belastung auf Dividenden nicht vermeiden und Verluste der Joint Venture Gesellschaft sind für die Glas AG nicht nutzbar.

- Im Hinblick auf Quellensteuerbelastungen schlagen die Mutter-/Tochterrichtlinie und das umfangreiche deutsche Abkommensnetz positiv zu Buche.
- Teilwertabschreibungen der Joint-Venture Kapitalgesellschaft auf die Beteiligungen (und auf bestimmte Forderungen)[54] an in- oder ausländischen Tochtergesellschaften sind ebenso wie entsprechende Veräußerungsverluste steuerlich nicht abzugsfähig (§ 8b Abs. 3 KStG).
- Finanzierungskosten der deutschen Joint Venture-Kapitalgesellschaft sind in den Grenzen der Zinsschranke (§ 4h EStG § 8a KStG) abzugsfähig. Nachteilig ist bei dieser Holding Struktur allerdings, dass das steuerliche EBITDA aufgrund der Dividendenkürzung[55] sehr gering sein wird und ohne Organschaft Abzugsbeschränkungen drohen.[56]
- Problematisch in der Praxis sind auch die Vorschriften der §§ 7 ff. AStG. Ein inländischer Standort infiziert bei ausländischen Zwischengesellschaften mit Kapitalanlagecharakter auch den Anteil des Auslandsgesellschafters (ForCo), womit ein Gesetz, das ursprünglich zur Absicherung des deutschen Steueraufkommens gedacht war, sich nicht nur in Einzelfällen als Abschreckungsmaßnahme für Investoren erweist und genau das Gegenteil seiner Zielsetzung bewirkt. Aus diesen Gründen empfiehlt der Steuerplaner in der Regel, solche Gesellschaften nicht in inländische Joint Venture-Kapitalgesellschaften einzubringen.

Exit

Gewinne aus der Veräußerung der Tochtergesellschaften werden vom Gemeinschaftsunternehmen ebenso wie Gewinne aus der Veräußerung von Anteilen am Gemeinschaftsunternehmen vom deutschen Partner zu 95 % körperschaft- und gewerbesteuerfrei vereinnahmt (§ 8b Abs. 2 KStG).

b) Ausländische Joint Venture-Gesellschaft

Vereinbaren die Kooperationspartner die Zusammenlegung ihrer Aktivitäten in einer ausländischen Kapitalgesellschaft,[57] so ergibt sich die in Abbildung 7 wiedergegebene Struktur. Dabei wurde als Gestaltungsvariante bereits berücksichtigt, dass die beiden deutschen Beteiligungen

---

[53] Im Falle von Organschaften ist bei Verlusten ggf. die verunglückte Regelung des § 14 Abs. 1 Nr. 5 KStG zu beachten. Vgl. *Endres/Thies*, RIW 2002, S. 275 ff.

[54] Vgl. § 8b Abs. 3 Satz 4 ff. KStG ab Veranlagungszeitraum 2008 und BFH v. 14. 1. 2009, I R 52/08, DStR 2009, S. 631 für Veranlagungszeiträume vor 2007.

[55] Vgl. BMF v. 4. 7. 2008 a. a. O., TZ 38.

[56] Damit wird faktisch § 3c EStG "durch die Hintertür" wieder wirksam, obwohl als "Preis" für die 5 %-Belastung der Dividenden alle Finanzierungsaufwendungen abzugsfähig sein sollten.

[57] Zum Überblick der verschiedenen Rechtsformen in den EU Ländern vgl. *Hulle/Gesell*, European Corporate Law, S. 55 ff.

steuerneutral in einer Landesholding unter dem Gemeinschaftsunternehmen gebündelt werden.[58]

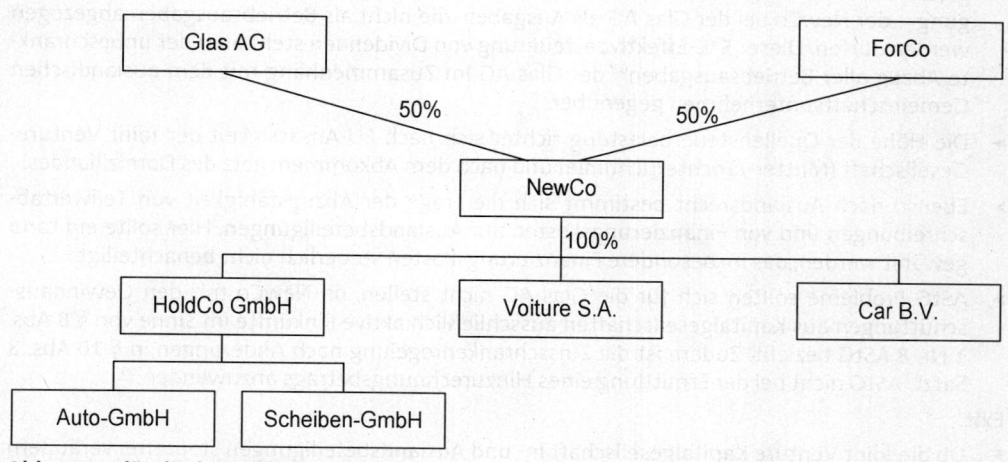

```
        Glas AG                                              ForCo
           \                                                  /
            \ 50%                                       50% /
             \                                              /
                              NewCo
                               |100%
        ┌──────────────────────┼──────────────────────┐
   HoldCo GmbH              Voiture S.A.            Car B.V.
        |
   ┌────┴────┐
Auto-GmbH  Scheiben-GmbH
```

Abb. 7: Ausländische Kapitalgesellschaft

Weg in das Joint Venture

▶ Die Glas AG kann ihre Beteiligungen zu 95 % steuerfrei an NewCo (bzw. HoldCo GmbH) übertragen.

▶ Alternativ könnte die Einbringung als qualifizierter Anteilstausch nach § 21 Abs. 1 UmwStG in HoldCo zu Buchwerten erfolgen; in die ausländische NewCo kann die Einbringung zu Buchwerten nur unter der Voraussetzung des § 21 Abs. 2 UmwStG sowie unter der Voraussetzung, dass NewCo in einem EU bzw. EWR-Staat ansässig ist, erfolgen.[59]

▶ Eventuell vorhandene Verlust- oder Zinsvorträge drohen beim Weg in die NewCo (und/oder HoldCo) unterzugehen, insbesondere wenn keine entsprechenden stillen Reserven vorhanden sind.[60]

▶ Laufende Besteuerung

▶ Ohne Zweifel wird bei der Standortwahl der NewCo ein Land identifiziert werden, das eine – einer deutschen Kapitalgesellschaft vergleichbare – Rechtsform mit geeigneter corporate governance und Haftungsregeln kennt, das über ein moderates Besteuerungsniveau verfügt, ein umfangreiches Doppelbesteuerungsabkommensnetz hat und das ein internationales Schachtelprivileg für Dividenden und Veräußerungsgewinne kennt.[61]

▶ Dividendenausschüttungen der ausländischen Joint Venture-Gesellschaft sind bei der Glas AG – wie bei einer inländischen Joint Venture Gesellschaft – nach § 8b Abs. 1 KStG von der

---

[58] Eine solche Vorgehensweise empfiehlt sich zur steuerlichen Konsolidierung von Gewinnen und Verlusten beider Gesellschaften durch körperschaftssteuerliche Organschaften.
[59] Vgl. zur Trennung in Sacheinlage und Anteilstausch nach SEStEG, *Heß/Schnitger* a. a. O. S. 213 ff.
[60] Vgl. FN 53.
[61] Zu einem Ländervergleich im Hinblick auf geeignete Besteuerungsregimes vgl. *Kessler* in: Kessler/Kröner/Köhler, Konzernsteuerrecht, § 8 RN 220 ff.; *Jacobs* a. a. O., S. 989 ff.

Steuer befreit. Umgekehrt sind Verluste des Joint Ventures beim deutschen Partner nicht nutzbar, auch nicht im indirekten Wege einer Teilwertabschreibung. Nach § 8b Abs. 5 KStG gelten 5 % der Dividenden – und von Gewinnen im Fall der Veräußerung der NewCo Beteiligung – der NewCo bei der Glas AG als Ausgaben, die nicht als Betriebsausgaben abgezogen werden dürfen. Dieser 5 %-Effektivbesteuerung von Dividenden steht aber der unbeschränkte Abzug aller Betriebsausgaben[62] der Glas AG im Zusammenhang mit dem ausländischen Gemeinschaftsunternehmen gegenüber.

- Die Höhe der Quellensteuerbelastung richtet sich nach EU-Ansässigkeit der Joint Venture-Gesellschaft (Mutter-/Tochterrichtlinie) und nach dem Abkommensnetz des Domizillandes.
- Ebenso nach Auslandsrecht bestimmt sich die Frage der Abzugsfähigkeit von Teilwertabschreibungen und von Finanzierungskosten auf Auslandsbeteiligungen. Hier sollte ein Land gewählt werden, das insbesondere Finanzierungskosten steuerlich nicht benachteiligt.
- AStG Probleme sollten sich für die Glas AG nicht stellen, da NewCo mit den Gewinnausschüttungen aus Kapitalgesellschaften ausschließlich aktive Einkünfte im Sinne von § 8 Abs. 1 Nr. 8 AStG bezieht. Zudem ist die Zinsschrankenregelung nach Änderungen in § 10 Abs. 3 Satz[63] AStG nicht bei der Ermittlung eines Hinzurechnungsbetrags anzuwenden.[64]

Exit

- Ob die Joint Venture Kapitalgesellschaft In- und Auslandsbeteiligungen steuerfrei veräußern kann, ist Frage von Auslands- und Abkommensrecht.
- Wie im Inlandsfall ist der Exit aus dem Joint Venture für die Glas AG zu 95% körperschaft- und gewerbesteuerfrei.

III. Die Qual der Wahl: Alternativenvergleich

Wer sein Ziel auf dem besten Weg erreichen will, muss alle Wege kennen. Entsprechend wird der Steuerplaner im zugrunde gelegten Joint Venture-Modellfall die Vor- und Nachteile der verschiedenen Formen der Zusammenarbeit im Detail untersuchen und bewerten. Frühzeitig haben sich die Joint Venture-Partner im Ausgangsfall auf ein Gemeinschaftsunternehmen (Equity Joint Venture) geeinigt. Aus betriebswirtschaftlicher Sicht scheiden Kooperationen ohne rechtliche Bündelung der Ressourcen oder bloße Überkreuzbeteiligungen aus, da das Joint Venture nach eigener Identität am Markt trachtet. Auch der Steuerplaner wird die Präferenz für eine gesellschaftsrechtliche Verbindung teilen, da bei einem schuldrechtlichen Ausgleichsvertrag (Gewinngemeinschaft) das Risiko einer ungewollten Qualifikation als grenzüberschreitende Mitunternehmerschaft seitens in- oder ausländischer Gerichte oder Finanzbehörden mit Gefahr der Doppelbelastung nie völlig auszuschließen ist.[65]

Die Wahl zwischen den verschiedenen Formen eines Equity Joint Ventures erfordert einen Vergleich, inwieweit die steuerlichen Ziele des deutschen Partners bei Errichtung einer in- oder ausländischen Personengesellschaft bzw. einem Kapitalgesellschaftsmodell erfüllt werden. Bei einer solchen Analyse fallen dem Steuerplaner nur noch wenige Unterschiede ins Auge, die sich

---

[62] Vgl. aber die Besonderheiten der Zinsschrankenregelung in § 4h EStG.
[63] Mit Gesetz v. 20. 12. 2007, BGBl. I 2007, S. 3150.
[64] So bereits die Finanzverwaltung – entgegen Gesetzeswortlaut – zum alten § 8a KStG, vgl. BMF v. 14. 5. 2004, IV B 4 – S 1340 – 11/04, BStBl. I Sondernr. 1/2004 S. 3, TZ 10.1.1.1.
[65] Vgl. *Fischer-Zernin* a. a. O., S. 1274.

für die Rechtsform- und Standortwahl durch die Unternehmenssteuerreformen der letzten Jahre – und damit auch gegenüber den Vorauflagen dieses Beitrages – ergeben haben:

- War früher der steuerneutrale Weg in das Joint Venture ein maßgebendes Auswahlkriterium für die Ansässigkeit des Gemeinschaftsunternehmens im Inland oder einem EU-Land, ist nach Einführung des § 8b Abs. 2 KStG die Gewinnrealisierungsproblematik mit 95% Steuerfreiheit im Modellfall generell moderat.[66]
- Eine einschneidende Änderung für die Joint Venture Planung stellt der Übergang vom Anrechnungsverfahren auf das klassische System der Besteuerung (Teileinkünfteverfahren) dar. Vor dem Systemwechsel war die Ansässigkeit des Gemeinschaftsunternehmens im Inland ein dominierendes Kriterium, um das Anrechnungsguthaben zu erhalten und Doppelbesteuerungen zu vermeiden. Mit der Steuerreform 2001/2002 ist die frühere Diskriminierung eines ausländischen Standorts weitgehend beseitigt worden – eine Konsequenz, die mit der Öffnung des deutschen Steuersystems und dem Wegfall des Anrechnungsverfahrens notwendigerweise einhergeht.[67]
- Eine dritte maßgebende Änderung – insbesondere im Hinblick auf die Rechtsformenwahl – ist die Einführung des § 8b Abs. 6 KStG, der über Personengesellschaften gehaltenen Kapitalgesellschaftsbeteiligungen ebenfalls das nationale und internationale Dividendenprivileg (§8b Abs. 1 KStG) sowie die Veräußerungsgewinnbefreiung (§ 8b Abs. 2 KStG) zuerkennt. Insofern ist das maßgebende frühere Argument gegen eine Personengesellschaftsstruktur entfallen.
- Auf der anderen Seite gibt es insbesondere für in- und ausländische Kapitalgesellschaften mittlerweile empfindliche Substanzerfordernisse (§ 50d Abs. 3 EStG), die allerdings bei einem operativen Joint Venture keine Probleme aufwerfen sollten. Personengesellschaften bieten Möglichkeiten, schädlichen Zinsaufwand in Sonderbetriebsaufwand zu transformieren.[68]

Als erste generelle Schlussfolgerung ist damit festzuhalten, dass die 4 hier zu untersuchenden Alternativen in ihren Steuerwirkungen sehr viel ähnlicher geworden und generelle "showstopper" gegen eine Struktur nicht mehr zu vermelden sind. Gewinnrealisierungsfragen spielen auch durch Einführung des SEStEG häufig nur noch eine nachgelagerte Rolle, so dass die Betrachtung nunmehr eher den bei Untersuchungen zu Holdingstrukturen bekannten Länderstandortvergleichen ähnelt. Dies verwundert nicht, war doch die Rechtsformneutralität zuletzt auch ein explizites Ziel der Unternehmenssteuerreform 2008.[69]

Versucht man vor diesem Hintergrund eine Abwägung der angesprochenen Strukturen für ein Gemeinschaftsunternehmen, so lassen sich tendenziell folgende Aussagen treffen:

- Bei einem Vergleich zwischen inländischer Personen- und Kapitalgesellschaft erscheint eine Personengesellschaftsstruktur insbesondere im Hinblick auf Vorteile bei der Dividendenbesteuerung (keine 5 %-Regelung), den körperschaftsteuerlichen Verlusttransfer und die weit-

---

[66] Vor dem Inkrafttreten des StSenkG kam die Errichtung einer Gesellschaft in einem Nicht-EU-Land regelmäßig nicht in Betracht, da sich insoweit die Steuerbelastung beim Weg in das Joint Venture als echter "showstopper" erwies.

[67] Vgl. *Endres/Möller,* Unternehmensbesteuerung in Deutschland, S. 70 f.

[68] BMF v. 4. 7. 2008, a. a. O., TZ 6, 19.

[69] Vgl. Koalitionsvertrag von CDU, CSU und SPD v. 11. 11. 2005, S. 81.

reichende gesellschaftsrechtliche Flexibilität attraktiver.[70] Zudem bestehen Vorteile bei der Zinsschranke. Ob diesen Vorteilen überkompensierende Nachteile durch höhere Quellensteuerbelastungen gegenüberstehen, kann nur im Einzelfall entschieden werden. Nicht selten wird der Auslandsinvestor ohnehin Vorbehalte gegen die Wahl der Personengesellschaft anmelden, die sich auf die Kuriosität des deutschen Systems der Personengesellschaftsbesteuerung und die damit drohenden Qualifikationskonflikte und Doppelbesteuerungen stützen.

▶ Wägt man eher generell zwischen einem in- und ausländischen Joint Venture-Vehikel ab, so birgt eine inländische Gesellschaft mit eigenen laufenden Erträgen den Nachteil der noch immer überdurchschnittlichen deutschen Steuerbelastung von ca. 31 %. Dieses Niveau wird von zahlreichen potenziellen Gaststaaten unterschritten.[71] Auch die hohen Einkommensteuersätze für Joint Venture-Führungskräfte und die Vorschriften des Außensteuergesetzes verschaffen Deutschland Wettbewerbsnachteile. Ist vorgesehen, dass das Joint Venture eine ausländische Finanzierungs- oder Kapitalanlagegesellschaft etabliert, so spricht die deutsche Hinzurechnungsbesteuerung für eine Ansiedlung des Joint Ventures im Ausland. Zwar weist Deutschland in zahlreichen anderen Punkten (z. B. Abzugsfähigkeit von Finanzierungskosten, Abkommensnetz, Beteiligungsveräußerungen)[72] durchaus interessante Standortkriterien auf, mangels verbleibender k.o.-Argumente gegen ausländische Standorte und einiger insgesamt doch attraktiver erscheinender Besteuerungsregimes dürfte die Wahl aber immer häufiger gegen ein deutsches Joint Venture-Vehikel fallen.

▶ Geht die Tendenz in den Joint Venture-Verhandlungen zu einem ausländischen Gemeinschaftsunternehmen, so bleibt die Abwägung zwischen ausländischer Personen- und Kapitalgesellschaft. Für den deutschen Investor sind hier Quellensteuerfragen, die 5 %-Regelung des § 8b KStG, die Nicht-Abzugsfähigkeit von Finanzierungskosten bei einer ausländischen Personengesellschaft sowie die ausländische Besteuerung von Veräußerungsgewinnen entscheidungserheblich. Trennt sich der deutsche Investor von seiner ausländischen Personengesellschaft, so löst dies – im Gegensatz zur Kapitalgesellschaftsalternative – regelmäßig Steuerkonsequenzen im Gastland aus. Zu diesem Nachteil gesellen sich oftmals unerwünschte Deklarationspflichten im Ausland. Regelmäßig werden sich Inländer bei Beteiligung an einem ausländischen Joint Venture somit auf die Planung einer Kapitalgesellschaftsstruktur konzentrieren.

Wie bereits in der Vergangenheit der Fall, dürfte auch in der Zukunft die Praxiserfahrung weitere Bestätigung erhalten, dass in den Strukturverhandlungen jede Partei versuchen wird, triftige Gründe für die Ansässigkeit der Joint Venture-Gesellschaft im eigenen Staat vorzutragen, wobei aber offenkundig keine Lösung für beide Seiten gefunden werden kann. Transaktionen leben aber davon, dass sich die Parteien einigen. Stammen die Joint Venture-Partner aus verschiede-

---

[70] Bei einem Vergleich der Standorte USA und Deutschland anhand der Vermögensendwertmethode kam Kölbl in 2007 zu folgendem Ergebnis: 1. deutsche Joint Venture Personengesellschaft, 2. US Joint Venture corporation, 3. deutsche Joint Venture Kapitalgesellschaft, 4. US Joint Venture partnership, vgl. *Kölbl*, StuB 2007, S. 211 ff. und S. 426 ff.

[71] Vgl. z. B. *Spengel*, StB 2009, S. 1 ff.

[72] Besteht der Beitrag des Gesellschafters an einer Kapitalgesellschaft in einer zinslosen Kapitalgewährung oder unentgeltlichen Dienstleistung, so sind diese Vorgänge als Nutzungseinlage im Inlandskontext steuerunschädlich, während bei Grenzübertritt die Rechtsfolgen des § 1 AStG zu beachten sind. Vgl. BFH v. 17. 10. 2001, I R 103/00, BStBl. II 2004, 171. Zu diesbezüglichen Ausweichmöglichkeiten durch Personengesellschaftsstrukturen vgl. *Gocksch*, IStR 2002, S. 182 ff.

nen Mitgliedsstaaten der EU,[73] so kann heute die Societas Europea (SE)[74] einen denkbaren Kompromiss für das Gemeinschaftsvorhaben darstellen.[75]

D. Variationen zum Modellfall

I. Nicht durch § 8b Abs. 2 KStG privilegierte Einbringungen

Die Steuerstrategie für ein Joint Venture-Vorhaben hat sich an den Rahmendaten des jeweiligen Unternehmenszusammenschlusses zu orientieren. Hier wurde bislang ein Modellfall unterstellt, bei dem die in- und ausländischen Joint Venture Partner ausschließlich 100 %ige Kapitalgesellschaftsbeteiligungen in ein Gemeinschaftsunternehmen einbringen. Konsequenz dieser Annahme ist, dass zumindest für die Glas AG als Inlandspartner die Gewinnrealisierungsfrage auf dem Weg in das Joint Venture relativ einfach gelöst werden konnte. Aufgrund § 8b Abs. 2 KStG besteht 95 %ige Steuerfreiheit für eventuelle Veräußerungsgewinne. Entsprechend dominieren in diesem Modellfall andere Faktoren die Rechtsform- und Standortwahl.

Das Privileg des § 8b Abs. 2 KStG gilt allerdings nicht für Finanzunternehmen,[76] die Anteile mit dem Ziel der kurzfristigen Erzielung eines Eigenhandelserfolges erwerben.[77] Beschränkt sich die Joint Venture Tätigkeit auf Holdingfunktionen, sollte eine Zuordnung der für das Joint Venture vorgesehenen Anteile zum Anlagevermögen möglichst bereits zum Erwerbszeitpunkt dokumentiert werden. Ist dies nicht erfolgt, sollte gegebenenfalls die Steuerfreiheit nach § 8b Abs. 2 KStG im Wege einer verbindlichen Auskunft geklärt werden.

Nicht immer gestaltet sich die Erfolgsneutralität der Einbringung aber so einfach. Nachfolgend soll der Modellfall um weitere Einbringungsvarianten erweitert werden, die nicht vom körperschaftsteuerlichen Beteiligungsprivileg begünstigt sind:

- ▶ Bringt der deutsche Investor keine Kapitalgesellschaftsbeteiligungen,[78] sondern Betriebe, Teilbetriebe oder Mitunternehmeranteile in das Joint Venture ein, so eröffnet § 20 UmwStG die Möglichkeit zur Buchwertfortführung. Entsprechend lässt auch § 24 UmwStG bei deutschen oder ausländischen Personengesellschaften Erfolgsneutralität zu.[79] Nicht EU-Gesellschaften würden bei dieser Konstellation aus Sicht des deutschen Investors regelmäßig ausscheiden.

- ▶ Sollen Einzelwirtschaftsgüter (mit Ausnahme von Kapitalgesellschaftsbeteiligungen – z. B. Patente, Warenzeichen, Kundenlisten –) auf ein Joint Venture übertragen werden, so verspricht § 6 Abs. 5 Satz 3 EStG im inländischen Personengesellschaftsfall zwar grundsätzlich

---

[73] Sämtliche der in Art. 2 Abs. 1-4 der SE-Verordnung genannten Gründungsformen setzen voraus, dass die Gründungsgesellschaften aus mindestens zwei verschiedenen Mitgliedstaaten kommen; vgl. *Drinhausen*, in: Semler/Stengel, Umwandlungsgesetz, Einleitung C, RN 50.

[74] Vgl. dazu *Mülsch/Piegsa* in: European corporate law, S. 371 ff.; zur Besteuerung der SE vgl. Jacobs a. a. O., S. 180 ff.

[75] Zur Eignung der SE als Gemeinschaftsunternehmen vgl. *Schulte/Schwindt/Kuhn*, Joint Ventures, S. 109 ff.

[76] § 8b Abs. 7, Satz 2 KStG.

[77] Vgl. BFH v. 14. 1. 2009, IR 36/08, DB 2009, S. 766. Kritisch zum Urteil bzgl. dessen Bedeutung für inländische und ausländische Holdings *Jacob/Scheifele*, IStR 2009, S. 304 ff.

[78] Die Voraussetzung einer 100 %igen Kapitalgesellschaftsbeteiligung ist seit Einführung des SEStEG keine Voraussetzung mehr für die Steuerneutralität, vgl. § 21 UmwStG.

[79] Vgl. § 24 UmwStG. Allerdings besteht kein Realisierungswahlrecht soweit neben den Gesellschaftsrechten ein weiteres Entgelt gewährt wird. Vgl. BFH v. 11. 12. 2001, VIII R 58/9, DB 2002, S. 506.

Steuerneutralität, allerdings kommt es durch die Regelung des Satzes 5 dieser Vorschrift insoweit zu einer partiellen steuerpflichtigen Aufdeckung der stillen Reserven, als sich durch die Übertragung der Anteil einer Körperschaft (ForCo) an dem Einzelwirtschaftsgut erhöht (hier also zu 50 %).[80] Werden Einzelwirtschaftsgüter in eine ausländische Personengesellschaft überführt, gelten die Einzelwirtschaftsgüter gemäß § 12 Abs. 1 KStG als zum gemeinen Wert veräußert, soweit Deutschland das Besteuerungsrecht an den stillen Reserven verliert, d.h. es kommt zur Aufdeckung der stillen Reserven.[81] Sofern die aufnehmende Personengesellschaft bzw. Betriebsstätte in der EU belegen ist und es sich um Einzelwirtschaftsgüter des Anlagevermögens handelt, kann der Investor die Besteuerung der stillen Reserven allerdings durch die Bildung eines über fünf Jahre aufzulösenden Ausgleichspostens gemäß § 12 Abs. 1 KStG i. V. m. § 4g Abs. 1, 2 EStG zeitlich strecken. Auch die Einbringung von Einzelwirtschaftsgütern in eine in- oder ausländische Kapitalgesellschaft ist generell nicht steuerbegünstigt. Bei gewünschter Einbringung von Einzelwirtschaftsgütern ist insofern eine Personengesellschaft die günstigste Alternative, ohne im Beispielsfall vollständige Steuerneutralität zu gewährleisten.

▶ Ist einer der Joint Venture-Partner eine inländische natürliche Person bzw. Personengesellschaft mit natürlichen Personen als Gesellschaftern, so greift auch bei der Einbringung von Kapitalgesellschaftsbeteiligungen § 8b Abs. 2 KStG nicht. In diesem Fall ist auch die Nachversteuerungsproblematik in § 22 Abs. 2 UmwStG zu achten.[82] Drohen erhebliche Veräußerungsgewinne, kann ggf. ein Rückgriff auf die §§ 20, 21 UmwStG helfen – Nicht EU-Kapitalgesellschaften würden bei dieser Konstellation als Alternative aber ausscheiden.

Fällt der im Einzelfall in Betracht stehende Einbringungssachverhalt nicht unter den Anwendungsbereich des § 8b Abs. 2 KStG, so spricht die dann auflebende Gewinnrealisierungsproblematik somit tendenziell für einen inländischen (bzw. zumindest EU) Joint Venture-Standort. Allerdings drohen auch in diesen Fällen noch für 7 Jahre Nachversteuerungen, allerdings in abnehmender Höhe.[83] Die in den folgenden 7 Jahren erforderlichen umfangreichen Nachweispflichten (§ 22 Abs. 3 UmwStG) zur Vermeidung der Nachversteuerung sind allerdings vom Steuerplaner zu berücksichtigen und stellen einen Kostenfaktor dar.

II. Einbringung inländischen Grundbesitzes

Variiert man den Modellfall dahingehend, dass die Glas AG in ihrer inländischen Beteiligung (Auto-GmbH) über wertvollen inländischen Grundbesitz verfügt, so führt die Übertragung von mindestens 95 % der Anteile an dieser Gesellschaft auf eine in- oder ausländische Joint Venture-Kapitalgesellschaft zur 3,5 %igen Grunderwerbsteuer.[84] Befreiungstatbestände für Übertragungen im Konzern sah das Grunderwerbsteuergesetz bis zur Einfügung von § 6a GrEStG durch das Wachstumsbeschleunigungsgesetz[85] nicht vor. Künftig wird bei bestimmten Umstrukturierun-

---

[80] Vgl. auch die weiteren Einschränkungen (z. B. 3-jährige Sperrfrist) der Sätze 4-6 des § 6 Abs. 5 EStG sowie das BMF-Schreiben v. 7. 2. 2002, IV A 6 – S 2241 – 94/01, DB 2002, 660.

[81] Allerdings wird gegenwärtig mit Blick auf die Aufgabe der finalen Entnahmetheorie (vgl. BFH v. 17. 7. 2008, I R 77/06, DStR 2008, 2001) diskutiert, ob § 12 KStG möglicherweise "ins Leere läuft". Vgl. *Ditz*, IStR 2009, S. 119 ff. und BMF-Schreiben v. 20. 5. 2009, BStBl. I 2009, S. 671.

[82] Zur rückwirkenden Besteuerung nach SEStEG, vgl. *Heß/Schnitger* a. a. O., S. 252 ff.

[83] Zu § 22 und SEStEG vgl. *Patt* in: Dötsch/Jost/Pung/Witt, § 22 UmwStG, RN 69 ff.

[84] 4,5 % in Berlin und Hamburg (seit 1. 4. 2010 auch für Sachsen-Anhalt).

[85] Vgl. BGBl I 2009, S. 3954.

gen im Konzern die Grunderwerbsteuer nicht erhoben.[86] Begünstigt sind aber nur bestimmte Umwandlungen im Sinne des Umwandlungssteuergesetzes und vergleichbare Umwandlungen aufgrund von EU Recht. Übertragungen von 100 %-Beteiligungen an Grundbesitzgesellschaften im Wege der Einzelrechtsnachfolge (share deals) oder von Grundbesitz auf direktem Wege (asset deals) sind weiterhin selbst im Konzern nicht begünstigt. Damit wird der neue § 6a GrEStG bei Joint Venture Gründungen in der Regel wenig helfen. Geht ein Grundstück allerdings von einem Alleineigentümer auf eine Gesamthand (Personengesellschaft) über, so wird die Steuer in Höhe des Anteils nicht erhoben, zu dem der Veräußerer am Vermögen der Gesamthand beteiligt ist (§ 5 Abs. 2 GrEStG).[87] Bei Vorliegen erheblichen inländischen Grundbesitzes kann die Grunderwerbsteuerbelastung somit Ausschlag für die Wahl einer inländischen Personengesellschaftsstruktur geben.

Im Fall von signifikantem Grundbesitz des inländischen Joint Venture Partners bieten sich in der Praxis Strukturen an, in denen der ausländische Partner ohne Mitunternehmerstellung Einkünfte aus Kapitalvermögen über Genussrechte, die steuerlich als Fremdkapital zu qualifizieren sind, erhält.[88] Der inländische Partner dagegen wird Mitunternehmer und profitiert von den Abschreibungsmöglichkeiten auf den Grundbesitz in voller Höhe.

Weiterhin haben – wie Deutschland ab 2007 – viele Länder mittlerweile eigene REIT-Gesetze mit eigenen Rechtsformen geschaffen, die als steuerbegünstigte Anlage in Immobilien auch für den Steuerplaner von Joint-Ventures interessante Gestaltungen erlauben.[89]

III. Direktzuordnung einzelner Gewinnbestandteile

Ohne weitere Modifikationen führt eine vereinbarte Joint Venture-Struktur dazu, dass die im Joint Venture-Verbund erwirtschafteten Erträge bei dem Gemeinschaftsunternehmen zusammengeführt und anschließend entsprechend den Beteiligungsquoten an die Gesellschafter verteilt werden. Im Sinne einer Steueroptimierung des Gewinnflusses zur Gesellschafterebene muss eine solche Vorgehensweise aber nicht immer ideal sein, vielmehr kann eine Direktzuordnung von Einkunftsquellen in folgenden Fällen Vorteile versprechen:

▶ Direkte Gewinnzuordnungsinstrumente können mehrfache Dividenden-Quellensteuerzahlungen vermeiden. Würde das Joint Venture in unserem Modellfall beispielsweise in den USA domizilieren, würden Dividendenzahlungen der Auto-GmbH an das Joint Venture und die Weiterleitung durch das Joint Venture an die Glas AG jeweils eine 5-prozentige zusätzliche Quellensteuerbelastung auslösen.[90] Bei Direktzuordnung der Auto-GmbH-Gewinnbestandteile zu der Glas AG würde im Ergebnis eine Quellensteuerbelastung entfallen.

▶ Weiterhin führt die Umleitung von inländischen Beteiligungserträgen über ein ausländisches Joint Venture ggf. zu ausländischen Steuern auf Zwischenstufen, die durch Direktbezug der Dividenden eliminiert werden könnten.

---

[86] Vgl. ersten Analysen zu § 6a GrEStG, *Neitz/Lange*, Ubg 2010, S. 17 ff., *Wischott/Schönweiß*, DStR 2009, S. 2638 ff., *Mensching/Tyarks*, BB 2010, S. 87 ff.; *Schaflitzl/Stadler*, DB 20010, S. 185 ff.

[87] Dabei ist die 5-jährige Haltefrist des § 5 Abs. 3 GrEStG zu beachten; vgl. *Reiß*, Umsatzsteuer und Grunderwerbsteuer beim Unternehmens(ver)kauf, S. 310 ff.

[88] Der ausländische Partner hat dabei das Ziel, DBA-befreite Erträge zu erzielen und Refinanzierungsaufwendungen im Ausland geltend zu machen.

[89] Etwa § 3 Nr. 70 EStG z. Z. gültig bis Ende 2009 zur steuergünstigen Hebung von stillen Reserven in Immobilien bei Veräußerung oder Einbringung in REITs oder sogenannten Vor REITs.

[90] Vgl. *Endres/Jacob/Gohr/Klein*, DBA Deutschland/USA, S. 244 ff.

▶ Insbesondere werden direkte Gewinnzuordnungsinstrumente dann notwendig, wenn einer der Partner den Standort in einem Land mit einem territorial begrenzten Steueranrechnungssystem hat, wie dies in Deutschland vor der Unternehmenssteuerreform 2001/2002 der Fall war. Die fortbestehende Nutzung der Steuergutschriften bei Anrechnungssystemen im Falle grenzüberschreitender Kooperationen war der historische Ausgangspunkt für Planungsüberlegungen mit "income access shares".

Neben diesen steuerlichen Gründen können mit einer Direktzuordnung von Gewinnbestandteilen aber auch "Übergewinnrenditen" oder "spezielle Vergütungen aufgrund besonderer Vorleistungen" über zusätzliche Einkommensströme abgegolten werden.[91]

Soll in einem Joint Venture einem Partner der direkte Zugang zur Einkunftsquelle eingeräumt werden, so darf dies aber nicht dem Joint Venture-Gedanken widersprechen, insbesondere die paritätische Gewinnaufteilung und die gemeinsame Willensbildung nicht gefährden. Abbildung 8 zeigt, wie versucht werden kann, diesen Anforderungen mit "Income Access Shares" (Gewinnzuordnungsinstrumente) und "Verbundaktien" zu entsprechen.

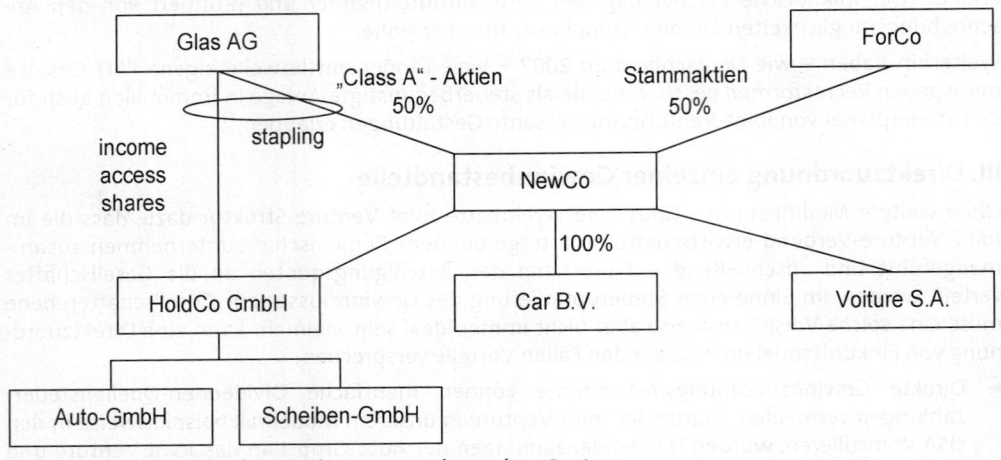

Abb. 8: Direkte Einkunftszuordnung zum deutschen Partner

Die Glas AG erhält dividendenberechtigte, aber stimmrechtslose Anteile (Vorzugsanteile, Genussrechte) an der HoldCo-GmbH, die ihr den direkten Zugang zu einem großen Teil des Einkommens der HoldCo-GmbH einräumen ("income access"). Sie ist ebenfalls an der ausländischen NewCo beteiligt und insoweit voll stimmberechtigt. Alle Stimmrechte sowie die nach Abzug der Vorzugsdividende bei der HoldCo-GmbH verbleibenden Gewinne stehen NewCo zu. Die Austarierung der Gewinnansprüche der beiden Joint Venture-Partner erfolgt über die Schaffung unterschiedlicher Aktiengattungen an der NewCo. Gegebenenfalls werden Vinkulierungen vereinbart, um Übertragungen ohne Zustimmung zu vermeiden.[92] Die Glas AG erhält "Class A"-Aktien, deren Besonderheit darin besteht, dass sich der Dividendenanspruch insoweit ermäßigt, als die Glas AG tatsächlich direkte Ausschüttungen von der HoldCo-GmbH bezieht.[93] ForCo erhält NewCo-Stammaktien mit voller Gewinnberechtigung. Da nicht gewünscht wird, dass die

---

[91] Vgl. *Storck*, Der Schweizer Treuhänder 4/2000, S. 362.
[92] Vgl. *Wilde*, DB 2007, S. 271.
[93] Vgl. die Beschreibung des ABB "Dividend Access Agreement" bei *Storck*, a. a. O., S. 373.

"Income Access Shares" und die "Class A-Aktien" getrennt voneinander handelbar sind, werden sie rechtlich verknüpft, so dass nur beide Papiere gemeinsam als "Verbundaktie" oder "Stapled Stock" erworben und veräußert werden können.[94]

Eine alternative Vorgehensweise ist der Rückgriff auf das oben bereits beschriebene Instrument des Ergebnispoolings (Gewinngemeinschaft). Bei diesen Modellen wird die Gleichstellung der Joint Venture-Partner nicht über unterschiedliche Aktiengattungen an der NewCo, sondern über eine Gewinngemeinschaft bzw. einen Dividendengleichschritt zwischen den Holdinggesellschaften erreicht. Abbildung 9 beschreibt eine solche Joint Venture-Struktur, wobei jetzt unterstellt werden soll, dass beide Joint Venture-Partner einen Direktbezug bestimmter Einkommensteile präferieren.

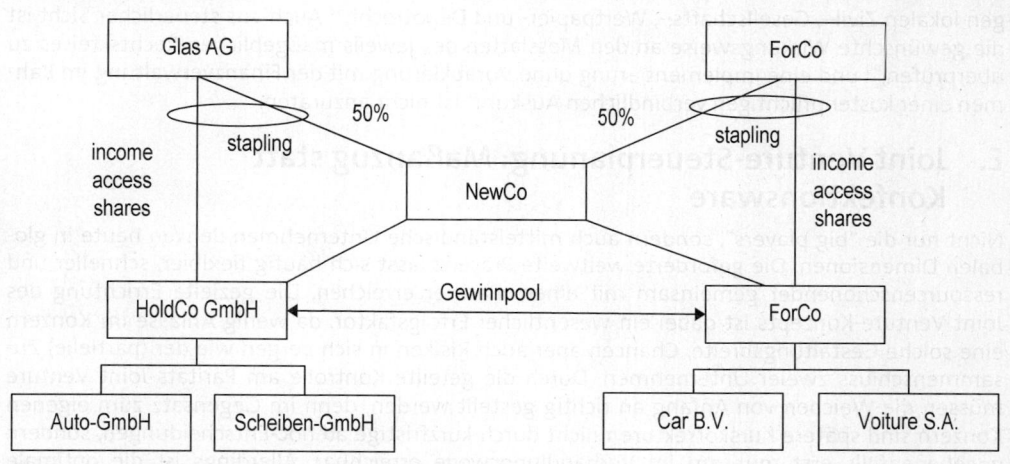

Abb. 9: Income Access Shares mit Gewinnpool

Im Ergebnis kommt ein solches Modell einem contractual Joint Venture recht nahe, ohne allerdings auf das Führungsinstrument einer gemeinsamen Joint Venture-Gesellschaft zu verzichten. Die Verklammerung der Anteile an der NewCo und den Holdinggesellschaften ist steuerlich sicherlich problembehaftet, aus betriebswirtschaftlicher Sicht aber regelmäßig erwünscht.

Zumindest die in der Literatur diskutierte Variationsbreite an solchen Direktbezugsmodellen ist groß, wobei die Detailausgestaltung immer an den Umständen des Einzelfalls ausgerichtet werden muss.[95] Die Verbreitung in der Praxis bleibt nach skeptischen Bemerkungen der Finanzverwaltung überschaubar. Einen breiten Spielraum in der diesbezüglichen Literaturdiskussion haben auch "Tracking Stocks" eingenommen, d. h. Anteilsrechte an einem Unternehmen, die nicht die Entwicklung des Unternehmens insgesamt reflektieren, sondern bei denen sich der Dividendenanspruch auf das Ergebnis einer Untereinheit des Gesamtverbunds (Tracked Unit) bezieht.[96] Im Rahmen eines Joint Ventures soll eine solche eigenständige Bereichsaktie somit

---

[94] Vgl. *Smith/Thalhammer* a. a. O., S. 10 f.; ohne getrennte Wandelbarkeit dieser auch clipped instruments genannten Papiere stellt sich allerdings die Frage, ob ein oder zwei steuerliche Wirtschaftsgüter vorliegen. Aufgrund dieser Unsicherheit ist die Verbreitung in der deutschen Praxis selten.

[95] Vgl. *Jacobs* a. a. O., S. 1298, der auf Personengesellschaftsstrukturen und deren Flexibilität im Hinblick auf die Gewinnverteilungsabrede verweist.

[96] Vgl. *Sieger/Hasselbach*, AG 2001, S. 391 ff.; *Prinz/Schürner*, DStR 2001, S. 759 ff.; *Blumers/Beinert/Witt*, DStR 2002, S. 619 f.; *Friedl*, BB 2002, S. 1157 ff.; *Balmes/Graessner*, DStR 2002, S. 838 ff.; *Tonner*, IStR 2002,

den Zusammenschluss in einer rechtlichen Einheit mit der wirtschaftlich oder steuerlich motivierten Separierung einzelner Geschäftsbereiche kombinieren. Der auf einen Tracking Stock nach einer in der Satzung festgeschriebenen Dividendenformel ausgeschüttete Gewinnanteil weicht typischerweise von der dadurch repräsentierten gesellschaftsrechtlichen Beteiligung ab, wodurch es zur disproportionalen Gewinnausschüttung (und möglicher Diskriminierung anderer Gesellschafter) kommt. Eine solche disproportionale Gewinnausschüttung aufgrund kalkulatorischer Trennung von Unternehmensbereichen wird aber derzeit von der deutschen Finanzverwaltung ohne Vorliegen besonderer Leistungen nicht anerkannt.[97]

Alle hier angesprochenen Modelle sind schon gesellschaftsrechtlich höchst umstritten, steuerlich äußerst komplex und erfordern eine sorgfältige Analyse über ihre Umsetzbarkeit im jeweiligen lokalen Zivil–, Gesellschafts–, Wertpapier- und Depotrecht.[98] Auch aus steuerlicher Sicht ist die gewünschte Wirkungsweise an den Messlatten des jeweils maßgeblichen Rechtskreises zu überprüfen,[99] und eine Implementierung ohne Vorabklärung mit der Finanzverwaltung im Rahmen einer kostenpflichtigen verbindlichen Auskunft ist nicht anzuraten.

E. Joint Venture-Steuerplanung: Maßanzug statt Konfektionsware

Nicht nur die "big players", sondern auch mittelständische Unternehmen denken heute in globalen Dimensionen. Die geforderte weltweite Präsenz lässt sich häufig flexibler, schneller und ressourcenschonender gemeinsam mit einem Partner erreichen. Die gezielte Errichtung des Joint Venture-Konzepts ist dabei ein wesentlicher Erfolgsfaktor, da wenig Anlässe im Konzern eine solche Gestaltungsbreite, Chancen aber auch Risiken in sich bergen wie der (partielle) Zusammenschluss zweier Unternehmen. Durch die geteilte Kontrolle am Paritäts-Joint Venture müssen die Weichen von Anfang an richtig gestellt werden, denn im Gegensatz zum eigenen Konzern sind spätere Kurskorrekturen nicht durch kurzfristige ad hoc-Entscheidungen, sondern gegebenenfalls erst mühsam im Verhandlungswege erreichbar. Allerdings ist die optimale Steuerstrategie für ein Joint Venture schwer zu finden, da es diesbezügliche standardisierte Patentrezepte nicht gibt und Gesetzesänderungen im In- und Ausland an der Tagesordnung sind. Die Vielfalt an Formen und Zielsetzungen einer Kooperation erfordert maßgeschneiderte Konzepte für den Einzelfall, so dass sich bei unterschiedlicher Ausgangskonstellation auch abweichende Strukturpräferenzen ergeben können. Aus gutem Grund wurde für diesen Beitrag ein Joint Venture-Modellfall herangezogen, denn nur so lassen sich vergleichsweise konkrete Empfehlungen aussprechen und die diesen Empfehlungen zugrunde liegenden Kriterien analysieren. Vor Verallgemeinerungen sei also gewarnt, zumal einige der aufgezeigten Joint Venture-Techniken in Einzelfällen bereits aus außersteuerlichen Gründen deutlich präferiert oder aber auch eliminiert werden. Ist beispielsweise ein späterer Börsengang geplant, wird es sowohl eine Präferenz für einen Standort wie für eine Rechtsform geben. Es gibt Fälle, in denen ein Listing an der New Yorker oder Frankfurter Börse ausschlaggebend für die Joint Venture Standortwahl war

---

S. 317 ff.

[97] Vgl. BMF-Schreiben v. 7. 12. 2000, BStBl. 2001 I, S. 47 (entgegen BFH v. 19. 8. 1999, BStBl. 2001 II, S. 43); vgl. auch BayObLG v. 23. 5. 2001, GmbHR 2001, S. 728.

[98] Vgl. *Haarmann* in: Herzig, Steuerorientierte Umstrukturierung von Unternehmen, S. 253.

[99] Zu den Prüfungsnormen einer disproportionalen Gewinnverteilung in Deutschland (z. B. § 20 Abs. 2a EStG, § 39 AO, Gewinnpooling), vgl. *Haarmann* a. a. O., S. 51 ff., *Müller* a. a. O., S. 242 ff.

und steuerliche Überlegungen zurücktreten mussten. Führt das Joint Venture dazu, dass bei Zusammenrechnung der deutschen Arbeitnehmer in der Auto- und Scheiben-GmbH die für die Mitbestimmung maßgebliche Anwendungsvoraussetzung von 2 000 Beschäftigten überschritten wird, werden sich die Joint Venture-Partner Ausweichreaktionen (wie beispielsweise eine Joint Venture-Gesellschaft im Ausland oder eine mitbestimmungsfreie deutsche Personengesellschaft) zumindest überlegen. Zahlreiche weitere nicht-steuerliche Vorgaben sind denkbar, insbesondere im Hinblick auf die Haftungsfrage, die Publizität, die Flexibilität des Gesellschaftsrechts, die Vermeidung eines handelsrechtlichen Goodwill-Ausweises, die Neutralität eines Standorts und generell das Investitionsklima.

Auch aus steuerlicher Sicht sind die Ausgangsparameter für die Standort- und Rechtsformwahl entscheidend, wie die obigen Variationen zum Modellfall verdeutlichen. So sind Personengesellschaftsstrukturen bei bestimmten Konstellationen sehr flexibel und deshalb vielfach die erste Wahl. Dies gilt insbesondere bei mehr inlandsorientierten Kooperationen, bei Betriebseinbringungen mit hohen Grundstückswerten oder in Fällen, in denen inländische natürliche Personen als Joint Venture-Partner von der Steuerbefreiung ausländischer Personengesellschaftsgewinne profitieren wollen.[100] Die Bandbreite an Gestaltungsalternativen ist dabei noch nicht erschöpft, denn beispielsweise kann als Verfeinerungsinstrument auch noch an den Einsatz doppelansässiger ("dual resident")[101] oder hybrider[102] Gesellschaften gedacht werden.

Die obigen Ausführungen verdeutlichen, dass die Joint Venture-Gestaltung in ihrer Komplexität nicht unterschätzt werden darf. Sie kann nur dann erfolgreich betrieben werden, wenn sich der Steuerplaner mit den in- und ausländischen Besteuerungsregeln in vollem Umfang vertraut macht und sämtliche Interdependenzen der Steuerwirkungen beachtet werden. Beim Abwägen der Strukturen darf nicht nur auf möglicherweise eintretende Steuerersparnisse abgestellt werden, sondern es müssen auch die Risiken der jeweiligen Gestaltung und Unwägbarkeiten etwa durch künftige Steuerreformen untersucht werden.[103] Des Weiteren ist zu prüfen, ob die ermittelten Steuervorteile durch gegenläufige Effekte in anderen Unternehmensbereichen ganz oder teilweise neutralisiert werden.

Mit der Unterschrift unter den Joint Venture-Vertrag ist die steuerliche Arbeit noch nicht beendet. Die Herausforderung besteht jetzt darin, die in das Gemeinschaftsunternehmen eingebrachten Bereiche steuerlich optimal unter einem gemeinsamen Dach zu integrieren und erforderliche Anpassungen vorzunehmen. Stichworte sind insoweit Steuerkonsolidierungen etwa durch die Bildung oder Beendigung von Organschaften oder "fiscal unities" im Ausland, Angleichungen der Wirtschaftsjahre, Verschmelzungen, das Umhängen von Beteiligungen, die Reallo-

---

[100] Im Einzelfall kann eine Personengesellschaft einer Kapitalgesellschaft auch deshalb vorzuziehen sein, weil sie für einen Partner Hinzurechnungs- oder Anrechnungsprobleme vermeidet. Vgl. zur Problematik eines vier- und mehrstufigen Joint Venture-Aufbaus *Kraushaar/Müller*, in: Kley/Sünner/Willemsen, FS Ritter, S. 700 f.

[101] Der Einsatz doppelansässiger Kapitalgesellschaften soll insbesondere der gleichzeitigen Nutzung von Verlusten in 2 Rechtskreisen dienen; vgl. *Mullarkey*, Tax Planning International Review 1994, S. 9. Auf Vorschriften zur Vermeidung doppelter Verlustnutzung (z. B. § 14 Abs. 1 Nr. 5 KStG, Sec 1503 (d) IRC) ist hinzuweisen; vgl. *Endres/Thies*, RIW 2002, S. 275 ff.

[102] *Flick* beschreibt eine Joint Venture-Situation, bei der eine GmbH mittels der "check the box"-Regelungen in den USA als Personengesellschaft kategorisiert wird und so eine US-Gewinnrealisierung bei Einbringung von US-Betriebsstättenvermögen in die deutsche Joint Venture-GmbH vermieden wird. Vgl. *Flick/Janka*, IStR 1998, S. 111.

[103] Etwa die aktuellen Pläne der Obama Regierung in den USA zur Einschränkung der "check the box" Regelungen.

kation von Abteilungen und Aufgaben, die Nutzung von Verlustvorträgen, Kapitalstrukturmanagement oder die Gestaltung der Finanzierungs- und Verrechnungspreispolitik. Nur wenn diese Integrationsaufgaben mit viel Zeiteinsatz und Akribie bewältigt werden, kann das Joint Venture tatsächlich als Ganzes wertvoller als die Summe seiner Teile werden (kurz: 1 + 1 = 3). Eine sorgfältige Steuerplanung ist unabdingbar, damit aus Ventures letztlich nicht doch Adventures werden.

6. Die Gruppenbesteuerung als Instrument der internationalen Konzernsteuerplanung

von Prof. Dr. Holger Kahle und Dipl.-Kfm. Sebastian Schulz[*]

Inhaltsübersicht

A. Problemstellung
B. Gruppenbesteuerung als steuerplanerisches Instrument
  I. Ergebnisverrechnung
  II. Konsolidierungsmaßnahmen im engeren Sinne
  III. Zinsabzug
C. Systematisierung von Gruppenbesteuerungssystemen
D. Gruppenbesteuerung in ausgewählten EU-Mitgliedstaaten
  I. Frankreich: Régime de l'intégration fiscale, régime du bénéfice consolidé und régime du bénéfice mondial
  II. Polen: Podatkowa grupa kapitałowa
  III. Schweden: Koncernbidrag
  IV. Vereinigtes Königreich: Group relief und capital gains group
E. Fazit

Literatur:

Adamczyk, L., Chapter 17: Poland, in: Maisto, G. (Hrsg.), International and EC Tax Aspects of Groups of Companies, EC and International Tax Law Series, Vol. 4, Amsterdam 2008, S. 423ff.; ***Altvater, C.***, Niederlassungsfreiheit vs. nationale Besteuerungsbefugnisse: Eine (Trend-)Analyse der aktuellen EuGH-Rechtsprechung, in: DB 2009, S. 1201ff.; ***Alberts, W.***, Grossbritannien, in: Mennel, A./Förster, J. (Hrsg.), Steuern in Europa, Amerika und Asien (Loseblatt), Band I, Stand: 2008; ***ders.***, Polen, in: Mennel, A./Förster, J. (Hrsg.), Steuern in Europa, Amerika und Asien (Loseblatt), Band II, Stand: 2009; ***Andersson, K.***, Räntesnurror, gungor och karuseller, Svensk Skattetidning 2009, S. 289ff.; ***Bacia, B.***, Gruppenbesteuerung in Polen, WiRO 2007, S. 50ff.; ***Bader, A.***, Steuergestaltung mit Holdinggesellschaften. Standortvergleich steuerlicher Holdingkriterien in Europa, 2. Aufl., Herne/Berlin 2007; ***Bauer, A.***, Unterkapitalisierungsregelungen in Europa – eine Analyse, StuW 2009, S. 163ff.; ***BDI/KPMG (Hrsg.)***, Die Behandlung von Finanzierungsaufwendungen. Ein Vergleich der Zinsschranke in Deutschland mit den Regelungen in den USA, Italien, Frankreich, den Niederlanden und Schweden, BDI-Drucksache Nr. 437, Berlin 2009; ***BDI/PwC (Hrsg.)***, Verlustberücksichtigung über die Grenze hinweg. Vergleichende Gegenüberstellung der Verlustverrechnungsmöglichkeiten in 33 Ländern, Frankfurt a.M. 2006; ***Becker, J./Loitz, R./Stein, V.***, Steueroptimale Verlustnutzung, Wiesbaden 2009; ***Braunagel, R.U.***, Verlustverrechnung und Verlustverrechnungsbeschränkungen in ausgewählten Ländern, in: Lüdicke, J./Kempf, A./Brink, T. (Hrsg.), Verluste im Steuerrecht, Baden-Baden 2010, Teilabschnitt D.IV., S. 276ff.; ***Bramo, T./Arnberger, G.***, Ausländische Investitionen in der Republik Polen, SWI 2002, S. 481ff.; ***Brockhuis, J./Schnell, C.***, Polen, in: Knaus, M./Wakounig, M.-R. (Hrsg.), Steuer- und Gesellschaftsrecht der EU-Beitrittskandidaten, Wien 2003, S. 33ff.; ***Brown, S.***, Großbritannien, in: Deloitte (Hrsg.), Unternehmenskauf im Ausland. Steuerliche Rahmenbedingungen bei M & A-Transaktionen im Ausland – Erwerb, Verschmelzung, Joint Ventures, 3. Aufl., Herne 2009, S. 127ff.; ***Bryant, J.***, International Tax Planning for Inbound UK Investment, in: Group Tax Planning, Tax Planning International: Special Report May 2008, S. 23ff.; ***Burmeister, J./Tivéus, U.***, Koncernbidragsrätt vid förandrat ägande / ändrad verksamhet, Skattenytt 2002, S. 424ff.; ***Dahlberg, M.***, Sweden, TNI 2009, S. 990f.; ***Dahlke, A./Kahle, H.***, CCCTB – die EU auf dem Weg zu einer gemeinsamen körperschaftsteuerlichen Bemessungsgrundlage?, in: Knoll, B./Pitlik, H., Festschrift für Rolf Caesar, Baden-Baden 2009, S. 229ff.; ***Delaurière, J.***, The Papillon Decision: Upcoming French Tax Group Reform, TNI 2009, S. 903ff.; ***Demscher, D./Stefaner, M.***, Gruppenbesteuerung: Sandwichgruppen möglich?, SWI 2009, S. 9ff.; ***Dörr, I.***, § 10. Überblick über die Konzernbesteuerung in einzelnen EU-Mitgliedstaaten, in: Schön, W. (Hrsg.), Steuerliche Maßgeblichkeit in Deutschland und Europa, Köln 2005, S. 727ff.; ***Dorfmueller, P.***, Die Errichtung von internationalen Holdingstrukturen durch deutsche Konzern, IStR 2009, S. 826ff.; ***Dötsch, E.***, Internationale Organschaft, in: Strunk, G./Wassermeyer, F./Kaminski, B. (Hrsg.), Unternehmensteuerrecht und Internationales Steuerrecht. Gedächtnisschrift für Dirk Krüger, Bonn/Berlin 2006, S. 193ff.; ***ders.***, Teilkommentierung § 3.B. Organschaftskonzerne, in: Kessler, W./Kröner, M./Köhler, S. (Hrsg.), Konzernsteuerrecht. Organisation – Recht – Steuern, 2. Aufl., München 2008; ***Dötsch, E./Pung, A.***, Grenzüberschreitende Verlustverrechnung:

---

[*] Prof. Dr. *Holger Kahle* ist Inhaber der Professur für Betriebswirtschaftslehre, insbesondere Betriebswirtschaftliche Steuerlehre und Prüfungswesen an der Universität Hohenheim. *Sebastian Schulz* ist wissenschaftlicher Mitarbeiter an diesem Lehrstuhl.

Muss der deutsche Gesetzgeber wegen der europarechtlichen Entwicklungen reagieren?, DK 2006, S. 130ff.; **Douvier, P.-J./Lordkipanidze, X.**, *Thin Capitalization: Recent Guidance from Tax Authorities*, ITPJ 2008, S. 136ff.; **Durand, P.-H./Rutschmann, Y.**, *The Papillon Case: A First Step Toward a New Era in European Tax Treatment of Groups?*, ECTR 2009, S. 122ff.; **Duthilleul, F.**, *Überblick über das Steuerrecht Frankreichs*, in: Debatin, H./Wassermeyer, F. (Hrsg.), Doppelbesteuerung. Kommentar zu allen deutschen Doppelbesteuerungsabkommen (Loseblatt), Band II, Anh. Frankreich, Stand: Januar 2004; **Endres, D.**, *Konzernbesteuerung in wichtigen Industriestaaten*, in: Herzig, N. (Hrsg.), Organschaft. Laufende und aperiodische Besteuerung, nationale und internationale Aspekte, Hinweise zum EU-Recht, Stuttgart 2003, Teil G, III., S. 461ff.; **ders.**, *Gruppenbesteuerung über die Grenze*, PIStB 2009, S. 214ff.; **Endres, D./Oestreicher, A./Scheffler, W./Spengel, C.**, *The Determination of Corporate Taxable Income in the EU Member States*, Alphen aan de Rijn 2007; **Esser, C.**, *Grenzüberschreitende Verlustverrechnung im Konzern. Ansatzpunkte für eine Reform der deutschen Gruppenbesteuerung vor dem Hintergrund ausländischer Erfahrungen*, IFSt-Schrift Nr. 450, Bonn 2008; **Esterer, F./Bartelt, M.**, *Modernes Gruppenbesteuerungssystem für Deutschland – Kritische Analyse der Organschaft und mögliche Reformansätze –*, BB 2010, Special 1.2010, S. 2ff.; **Frotscher, G.**, *Die grenzüberschreitende Organschaft*, DK 2003, S. 98ff.; **Fülbier, R.U.**, *Konzernbesteuerung nach IFRS. IFRS-Konsolidierungsregeln als Ausgangspunkt einer konsolidierten steuerlichen Gewinnermittlung in der EU?*, Frankfurt a.M. 2006; **ders.**, *Überlegungen zum steuerlichen Konsolidierungsbegriff und zur Systematisierung von Gruppenbesteuerungssystemen vor dem Hintergrund europäischer Entwicklungen*, in: Strunk, G./Wassermeyer, F./Kaminski, B. (Hrsg.), Unternehmensteuerrecht und Internationales Steuerrecht. Gedächtnisschrift für Dirk Krüger, Bonn/Berlin 2006, S. 211ff.; **ders.**, *Mitunternehmerbesteuerung als konsolidierte steuerliche Gewinnermittlung? Implikationen für eine künftige europäische Gruppenbesteuerung*, BFuP 2007, S. 482ff.; **Grotherr, S.**, *Die konsolidierte Konzernbesteuerung in Frankreich und ihre Übertragbarkeit ins deutsche Konzernsteuerrecht*, AG 1995, S. 403ff.; **ders.**, *Die unterschiedlichen Konzernbesteuerungssysteme in den Mitgliedstaaten der Europäischen Union. Eine steuersystematische Analyse im Hinblick auf Reformüberlegungen beim steuerlichen Organschaftskonzept*, StuW 1996, S. 356ff.; **Grundke, M.**, *Direktinvestitionen deutscher Kapitalgesellschaftskonzerne in Großbritannien. Steuerplanung aus deutscher und britischer Sicht*, Herne 2006; **Haase, F.**, *Die grenzüberschreitende Organschaft – eine Bestandsaufnahme*, BB 2009, S. 980ff.; **Hahn, H.**, *Im Westen nichts Neues. Überlegungen zur Entscheidung des EuGH in der Rechtssache Papillon*, IStR 2009, S. 198ff.; **Hellio, F./Crucifix, N.**, *Frankreich*, in: Mennel, A./Förster, J. (Hrsg.), Steuern in Europa, Amerika und Asien (Loseblatt), Band I, Stand: 2009; **Hellio, F./Crucifix, N.**, *Steuerliche Optimierung einer fremdfinanzierten Übernahme in Frankreich*, IWB 2009, Fach 5, Frankreich, Gruppe 2, S. 1525ff.; **Hellio, F./Rädler, A.**, *Anmerkungen zur Diskussion um die Option zur Körperschaftsteuer aus französischer Sicht*, IStR 2000, S. 401ff.; **Hellio, F./Thill, P.-S.**, *Steuern in Frankreich*, 2. Aufl., Köln 2002; **Herzig, N.**, *Konsolidierung im Rahmen der Harmonisierung der steuerlichen Gewinnermittlung*, in: Weber, C.-P./Lorson, P./Pfitzer, N./Kessler, H./Wirth, J. (Hrsg.), Berichterstattung für den Kapitalmarkt. Festschrift für Karlheinz Küting zum 65. Geburtstag, Stuttgart 2009, S. 641ff.; **Herzig, N./Bohn, A.**, *Internationale Vorschriften zur Zinsabzugsbeschränkung. Systematisierung denkbarer Alternativmodelle zur Zinsschranke*, IStR 2009, S. 253ff.; **Hiller, Tobias**, *Règles des sous-capitalisation – Die Thin Cap-Regeln in Frankreich*, IWB 2009, Fach 5, Frankreich, Gruppe 2, S. 1541ff.; **Herzig, N./Liekenbrock, B.**, *Zinsschranke im Organkreis – Systematisierung und Analyse der gesetzlichen Neuerungen*, DB 2007, S. 2387ff.; **dies.**, *Konzernabgrenzung und Konzernbilanzierung nach §§ 4h EStG, 8a KStG bei Organschaft*, Ubg 2009, S. 750ff.; **Hey, J.**, *Die Zinsschranke als Maßnahme zur Sicherung des inländischen Steuersubstrats aus europa- und verfassungsrechtlicher Sicht*, in: Brähler, G./Lösel, C. (Hrsg.), Deutsches und internationales Steuerrecht. Gegenwart und Zukunft. Festschrift für Christiana Djanani zum 60. Geburtstag, Wiesbaden 2008, S. 109ff.; **Homburg, S.**, *AWD – ein deutscher Anwendungsfall für Marks & Spencer*, IStR 2009, S. 350ff.; **Hüsing, S.**, *Zusammenhang von Steuerplanung, EuGH-Rechtsprechung und Gesetzgebung am Beispiel der Standortrelevanz von Verlustverrechnung und Zinsschranke*, in: Götze, U./Lang, R. (Hrsg.), Strategisches Management zwischen Globalisierung und Regionalisierung, Wiesbaden 2008, S. 281ff.; **Hultqvist, A.**, *Industrivärden-domarna – en analys*, Svensk Skattetidning 2008, S. 60ff.; **Jacobs, O.H.**, *Internationale Unternehmensbesteuerung. Deutsche Investitionen im Ausland. Ausländische Investitionen im Inland*, 6. Aufl., München 2007; **Jacobs, O.H./Spengel, C.**, *Ertragsbesteuerung von Konzernen in Deutschland und Frankreich – Eine vergleichende Analyse unter besonderer Berücksichtigung der Behandlung konzerninterner Transaktionen*, IStR 1994, S. 100ff (Teil I) u. S. 146ff. (Teil II); **Jamrozy, M.**, *Betriebsstätte oder Tochtergesellschaft in Polen? Empfehlungen für die steuerliche Gestaltung von Direktinvestitionen deutscher Investoren*, Bielefeld 2002; **Kent, R.**, *Überblick über das Steuerrecht Großbritanniens*, in: Debatin, H./Wassermeyer, F. (Hrsg.), Doppelbesteuerung. Kommentar zu allen deutschen Doppelbesteuerungsabkommen (Loseblatt), Band III, Anh. Großbritannien, Stand: Juli 2006; **Kessler, W./Dorfmueller, P.**, *Gestaltungsstrategien bei internationaler Steuerplanung mit Holdinggesellschaften*, PIStB 2001, S. 177ff.; **Köhler, S.**, *Erste Gedanken zur Zinsschranke nach der Unternehmensteuerreform*, DStR 2007, S. 597ff.; **ders.**, *Teilkommentierung § 7.A. Beteiligung an ausländischen Kapitalgesellschaften und Teilkommentierung § 8.A. Internationale Konzernstruktur und*

Rechtsformwahl, in: Kessler, W./Kröner, M./Köhler, S. (Hrsg.), Konzernsteuerrecht. Organisation – Recht – Steuern, 2. Aufl., München 2008; **Kowalski, R./Godwod, A.**, *Steuerliche Aspekte der Finanzierung einer polnischen Tochter-GmbH durch eine beteiligte Kapitalgesellschaft aus Deutschland*, IWB 2007, Fach 5, Polen, Gruppe 2, S. 203ff.; **Kratzer, H.**, *Steuerliche Holdingregelungen in den zehn neuen EU-Ländern im Überblick*, WiRO 2005, S. 174ff.; **Krawitz, N./Büttgen-Pöhland, D.**, *Zwischenschaltung von EU-Auslandsholdinggesellschaften als steuerorientiertes Gestaltungsinstrument bei der Finanzierung inländischer Konzernbeteiligungen*, FR 2003, S. 877ff.; **Krawitz, N./Karthaus, C.**, *Grenzüberschreitende Gruppenbesteuerungssysteme in der Europäischen Union und deren Übertragbarkeit auf Deutschland*, in: Seicht, G. (Hrsg.), Jahrbuch für Controlling und Rechnungswesen 2008, Wien 2008, S. 167ff.; **Kudert, S./Gierałka, A.**, *Nationale und grenzüberschreitende Konzernfinanzierung – eine steuerliche Analyse unter Berücksichtigung der deutschen und polnischen Unterkapitalisierungsregeln –*, in: Kudert, S. (Hrsg.), Investieren in Polen. Steuerliche und rechtliche Rahmenbedingungen für deutsche Unternehmen – mit Gestaltungsempfehlungen, 3. Aufl., Berlin 2007, S. 445ff.; **Kußmaul, H./Niehren, C.**, *Grenzüberschreitende Verlustverrechnung im Lichte der jüngeren EuGH-Rechtsprechung*, IStR 2008, S. 81ff.; **Łaszewka, M.**, *Unternehmensbesteuerung in Polen. Einfluss der Systemtransformation und des Europäischen Gemeinschaftsrechts*, Berlin 2003; **Leffers, I./Bricet, A.**, *Frankreich*, in: Deloitte (Hrsg.), Unternehmenskauf im Ausland. Steuerliche Rahmenbedingungen bei M & A-Transaktionen im Ausland – Erwerb, Verschmelzung, Joint Ventures, 3. Aufl., Herne 2009, S. 107ff.; **Lenz, M./Dörfler, O.**, *Die Zinsschranke im internationalen Vergleich*, DB 2010, S. 18ff.; **Lindstrom-Ihre, L./Berglund, A.**, *Court Allows Deduction for Cross-Border Group Contributions*, TNI 2009, S. 1057ff.; **Lüdicke, J./Rödel, S.**, *Generalthema II: Gruppenbesteuerung*, IStR 2004, S. 549ff.; **Mamut, M.-A./Schilcher, M.**, *Auswirkungen des EuGH-Urteils Papillon auf die österreichische Gruppenbesteuerung*, taxlex 2009, S. 13ff.; **Marquardt, A.**, *Ertragsbesteuerung von Unternehmen in der Europäischen Union. Erörterung von Grundsatzfragen unter besonderer Berücksichtigung der Mitgliedstaaten Deutschland und Frankreich*, Frankfurt a.M. 2003; **Mayr, G.**, *Endgültige Verluste im Sinne von Marks & Spencer*, BB 2008, S. 1816ff.; **Mémento Pratique Francis Lefebvre**, Fiscal 2009, Paris 2009; **Message, N.**, *Chapter 13: France*, in: Maisto, Guglielmo (Hrsg.), International and EC Tax Aspects of Groups of Companies, EC and International Tax Law Series, Vol. 4, Amsterdam 2008, S. 277ff.; **Migdał, S./Namysłowski, R./Ziółek, Ł.**, *Poland*, in: IBFD (Hrsg.), The Taxation of Companies in Europe (Loseblatt), Binder, Stand: Dezember 2008; **Mutén, L.**, *Schweden: Der „Zinskreisel" - bedroht er die Körperschaftsteuer?*, IStR 2008, Länderbericht zu Heft 5, S. 12f.; **ders.**, *Schweden: Der Zinskreisel ist eine Streitfrage geworden*, IStR 2008, Länderbericht zu Heft 19, S. 58; **ders.**, *Schweden: Grenzüberschreitender Verlustabzug*, in: IStR 2009, Länderbericht zu Heft 9, S. 38f.; **Nabiałek, J.**, *Die Einkommensteuer juristischer Personen (CIT)*, in: Kudert, S. (Hrsg.), Investieren in Polen. Steuerliche und rechtliche Rahmenbedingungen für deutsche Unternehmen – mit Gestaltungsempfehlungen, 3. Aufl., Berlin 2007, S. 127ff.; **Nilsson, E.**, *Sweden*, in: IBFD (Hrsg.), The Taxation of Companies in Europe (Loseblatt), Binder, Stand: Dezember 2008; **Obuoforibo, B.**, *United Kingdom*, in: IBFD (Hrsg.), The Taxation of Companies in Europe (Loseblatt), Binder, Stand: Oktober 2008; **Oestreicher, A./Scheffler, W./Spengel, C./Wellisch, D.**, *Modelle einer Gruppenbesteuerung für Deutschland und Europa*, Baden-Baden 2008; **o.V.**, *EU-Kommission fordert Großbritannien zur Durchführung des EuGH-Urteils in der Rs. Marks & Spencer auf*, IWB 19/2008, S. 931f.; **Pellens, B./Amshoff, H./Schmidt, A.**, *Konzernsichtweisen in der Rechnungslegung und im Gesellschaftsrecht: Zur Übertragbarkeit des betriebswirtschaftlichen Konzernverständnisses auf Ausschüttungsregulierungen*, ZGR 2009, S. 231ff.; **Reith, T.**, *Übersicht über das Steuerrecht Polens*, in: Debatin, H./Wassermeyer, F. (Hrsg.), Doppelbesteuerung. Kommentar zu allen deutschen Doppelbesteuerungsabkommen (Loseblatt), Band V, Anh. Polen, Stand: Oktober 2006; **Richard, J.**, *Comparison between UK and French Taxation of Groups of Companies*, Intertax 2003, S. 20ff.; **Rödl & Partner (Hrsg.)**, *Podatek dochodowy od osób fizycznych. Podatek dochodowy od osób prawnych – Einkommensteuer. Körperschaftsteuer, Zweisprachige Textausgabe Polnisch – Deutsch*, 2. Aufl., Warschau 2008; **Roser, F.**, *Umsetzung und Umfang der Verlustnutzung nach Marks & Spencer – Umsetzungsfragen in der Praxis –*, Ubg 2010, S. 30ff.; **Sauerland, C.**, *Besteuerung europäischer Konzerne. Eine Analyse alternativer Modelle der Konzernbesteuerung*, Wiesbaden 2007; **Scheffler, W.**, *Internationale betriebswirtschaftliche Steuerlehre*, 2. Aufl., München 2009; **Scheunemann, M.P.**, *Grenzüberschreitende konsolidierte Konzernbesteuerung*, Köln 2005; **ders.**, *Praktische Anforderungen einer grenzüberschreitenden Verlustberücksichtigung im Konzern in Inbound- und Outboundfällen nach der Entscheidung Marks & Spencer*, IStR 2006, S. 145ff.; **Schienke, T.**, *Das französische Jahressteuergesetz für 2006*, IStR 2006, S. 302ff.; **Schmidt, L./Heinz, C.**, *Gruppenbesteuerung im internationalen Vergleich. Darstellung verschiedener Gruppenbesteuerungsmodelle in Europa*, Stbg 2006, S. 60ff. (Teil I) und S. 141ff. (Teil II); **Schmitt, B.**, *Übersicht über das Steuerrecht Polens*, IWB 2004, Fach 5, Polen, Gruppe 2, S. 145ff.; **Schnitger, A.**, *Grenzüberschreitende Verlustberücksichtigung innerhalb der EU. Bestandsaufnahme, Praxisprobleme und aktuelle Entwicklungen*, IWB 2008, Fach 11, Europäische Union, Gruppe 2, S. 829ff.; **Schön, W./Schreiber, U./Spengel, C.** (Hrsg.), *A Common Consolidated Corporate Tax Base for Europe. Eine gemeinsame konsolidierte Körperschaftsteuerbemessungsgrundlage für Europa*, Berlin 2008; **Schreiber, U.**, *Die Duale Einkommensteuer: Zur Rechtsformabhängigkeit der Besteuerung*, in: Oestreicher, A. (Hrsg.),

Reform der Unternehmensbesteuerung: Verschiedene Wege diskutieren, Herne/Berlin 2007, S. 35ff.; **Schultze, P.**, Frankreich als neuer Holdingstandort, IStR 2005, S. 730ff.; **Schwedhelm, R./Fraedrich, J.**, Unternehmensteuerrecht in Frankreich – Ein Überblick über die Besteuerung der Kapitalgesellschaften, Steueranwaltsmagazin 2007, S. 131ff.; **Sedlaczek, S.**, Verlustbehandlung bei Kapitalgesellschaften und Konzernen in Schweden – ein Überblick, IWB 2006, Fach 5, Schweden, Gruppe 2, S. 179ff.; **ders.**, Verlustbehandlung bei Kapitalgesellschaften und Konzernen in Großbritannien – ein Überblick, IWB 2006, Fach 5, Großbritannien, Gruppe 2, S. 431ff.; **ders.**, Verlustbehandlung bei Kapitalgesellschaften und Konzernen in Frankreich – ein Überblick, IWB 2006, Fach 5, Frankreich, Gruppe 2, S. 1457ff.; **Sievert, E.**, Konzernbesteuerung in Deutschland und Europa. Ertragsteuerliche und betriebswirtschaftliche Analyse der europäischen Gruppenbesteuerungssysteme, Düsseldorf 2006; **Slapio, U./Jürgensmann, B.**, Die steuerliche Behandlung von Unternehmensverlusten in EU-Beitrittsländern. Einige lokale Besonderheiten am Beispiel Polens und Ungarns, RIW 2004, S. 925ff.; **Spengel, C.**, Concept and Necessity of a Common Tax Base – an Academic Introduction, in: Schön, W./Schreiber, U./Spengel, C. (Hrsg.), A Common Consolidated Tax Base for Europe. Eine einheitliche Körperschaftsteuerbemessungsgrundlage für Europa, Berlin/Heidelberg 2008, S. 1ff.; **Spengel, C./Kamp, A.**, Steuerkonsolidierung (Konzernsteuerquote), in: Freidank, C.-C./Peemöller, V.H. (Hrsg.), Corporate Governance und Interne Revision, Berlin 2007, S. 513ff.; **Spengel, C./Oestreicher, A.**, Gemeinsame (konsolidierte) Körperschaftsteuerbemessungsgrundlage in der EU und Umsetzungsfragen, IStR 2009, S. 773ff.; **Strömberg, D./Kristoffersson, E.**, Schweden, in: Mennel, A./Förster, J. (Hrsg.), Steuern in Europa, Amerika und Asien (Loseblatt), Band II, Stand: 2009; **Tivéus, U.**, Räntebetalningar till utlandet på koncerninterna lån finansierade med koncernbidrag – skatteflykt?, Skattenytt 2007, S. 687ff.; **Treisch, C.**, Outbound-Investitionen und die asymmetrische Berücksichtigung von Gewinnen und Verlusten in europäischen Konzernen, in: Brähler, G./Lösel, C. (Hrsg.), Deutsches und internationales Steuerrecht. Gegenwart und Zukunft. Festschrift für Christiana Djanani zum 60. Geburtstag, Wiesbaden 2008, S. 533ff.; **Védrine, C.**, France, in: IBFD (Hrsg.), The Taxation of Companies in Europe (Loseblatt), Binder**, Stand: April 2009; **Viegener, J.**, Systemänderungen im französischen Steuerrecht, IWB 2004, Fach 5, Frankreich, Gruppe 2, S. 1377ff.; **ders.**, Gesellschafterfremdfinanzierung in Frankreich – Neue Abzugsbeschränkungen für Zinsen –, IWB 2006, Fach 5, Frankreich, Gruppe 2, S. 1429ff.; **Wagner, T.**, Konzeption einer Gruppenbesteuerung, Lohmar/Köln 2006; **Walczak, T./Dabrowski, S.**, Polen, in: Deloitte (Hrsg.), Unternehmenskauf im Ausland. Steuerliche Rahmenbedingungen bei M & A-Transaktionen im Ausland – Erwerb, Verschmelzung, Joint Ventures, 3. Aufl., Herne 2009, S. 249ff.; **Wassermeyer, F.**, Gemeinschaftsrechtliche und abkommensrechtliche Anforderungen an eine Gruppenbesteuerung, SWI 2005, S. 521ff.; **Wasylkowski, D./Krempa, S.**, Steuerliche Behandlung von Unternehmenskäufen sowie Umstrukturierungen in Polen, IWB 2001, Fach 5, Polen, Gruppe 2, S. 107ff.; **Watrin, C./Sievert, E., Strohm/C.**, Reform der Konzernbesteuerung in Deutschland und Europa, FR 2004, S. 1ff.; **Weber, J.-D.**, Grenzüberschreitende Verlustverrechnung im Konzern. Formulierung eines Reformvorschlags für die deutsche Organschaft, Hamburg 2008; **Weigel, J.**, Körperschaftsteuerliche Rahmenbedingungen wirtschaftlicher Betätigungen in Polen, IStR 2003, S. 87ff.; **Wiman, B.**, Branch Report Sweden, in: IFA (Hrsg.), Cahiers de Droit Fiscal International, 2004 Vienna Congress, Vol. 89b, S. 633ff.; **Wittkowski, A.**, Grenzüberschreitende Verlustverrechnung in Deutschland und Europa. Eine ökonomische, europa- und verfassungsrechtliche Analyse, Wiesbaden 2008; **Wojcieszyk-Kluge, M.**, Polnische Konzernbesteuerung und körperschaftsteuerliche Organschaft im polnischen Steuerrecht – Steuerliche Motive, Voraussetzungen und Reformbedarf, RIW 2005, S. 606ff.; **Wunderlich, C.**, Überblick über das Steuerrecht Schwedens, in: Debatin, H./Wassermeyer, F. (Hrsg.), Doppelbesteuerung. Kommentar zu allen deutschen Doppelbesteuerungsabkommen (Loseblatt), Band V, Anh. Schweden, Stand: Juli 2009; **Zielke, R.**, Internationale Steuerplanung mit Gesellschafter-Fremdfinanzierung in der Europäischen Union, Norwegen und der Schweiz, StuW 2009, S. 63ff.

A. Problemstellung

Die Besteuerung verbundener Unternehmen steht in einem Spannungsverhältnis zwischen rechtlicher Vielfalt (**Trennungsprinzip**) und wirtschaftlicher Einheit (**Einheitsprinzip**).[1] Gruppenbesteuerungsregelungen zielen darauf ab, verbundene Unternehmen trotz ihrer zivilrechtlichen Eigenständigkeit für Zwecke der Besteuerung vollständig oder teilweise als Einheit zu behandeln. Im deutschen Ertragsteuerrecht wird der wirtschaftlichen Verbundenheit vor allem durch das **Rechtsinstitut der Organschaft** Rechnung getragen. Wegen des doppelten Inlandsbezugs (Sitz und Geschäftsleitung) für die Organgesellschaft (§§ 14 Abs. 1 S. 1, 17 S. 1 KStG) und des einfachen Inlandsbezugs (Geschäftsleitung) für den Organträger (§ 14 Abs. 1 S. 1 Nr. 2 S. 1 KStG) ist die Organschaft jedoch durch eine **weitgehende Inlandsausrichtung** geprägt.[2] Ihr Nutzen als steuerplanerisches Instrument für **Outbound-Aktivitäten** deutscher Unternehmen bleibt damit begrenzt.[3] Die starre Inlandsanknüpfung der Organschaft dürfte aber de lege ferenda mit Blick auf die jüngere **EuGH-Rechtsprechung** in Frage stehen.

Vor diesem Hintergrund ist bei grenzüberschreitenden Aktivitäten zu prüfen, inwieweit die nationalen Gruppenbesteuerungssysteme aus der Sicht deutscher Investoren nutzbar gemacht werden können. Im Zentrum steht dabei die Frage nach einer (grenzüberschreitenden) gruppeninternen **Verlustverrechnung**. Darüber hinausgehende Gruppenerleichterungen, die vor allem durch umfangreiche **steuerliche Konsolidierungsmaßnahmen** sichergestellt werden, dürften die Attraktionskraft eines Standorts deutlich erhöhen. Das Einheitsprinzip ist bisher in keinem Staat streng umgesetzt worden, was aus Sicht deutscher Investoren **ökonomisch ungünstige Auswirkungen** haben könnte, wie z.B. die Besteuerung von Zwischengewinnen. Umso dringlicher erscheint es daher, sich mit den nationalen Gruppenbesteuerungsvorschriften im Hinblick auf ihre Anwendungsvoraussetzungen und Rechtsfolgen zu befassen. Dies soll im Folgenden exemplarisch anhand der Besteuerung von Unternehmensgruppen in **Frankreich, Polen, Schweden** und im **Vereinigten Königreich** erfolgen.

In **Kapitel B.** werden zunächst die spezifischen steuerlichen Vorzüge einer Gruppenbesteuerung vorgestellt. Dabei werden die Vorteile, die sich bereits durch bloße Gründung einer ausländischen Holding erreichen lassen (z.B. Vermeidung von Anrechnungsüberhängen), nicht betrachtet.[4] In **Kapitel C.** wird sodann eine Systematisierung von Gruppenbesteuerungssystemen vorgenommen. Die französischen, polnischen, schwedischen und britischen Gruppenbesteuerungsmodelle werden in **Kapitel D.** aus Sicht deutscher Investoren betrachtet. Der Beitrag endet mit einem Fazit und Ausblick in **Kapitel E.**

---

[1] Vgl. grundlegend *Herzig*, Konsolidierung 2009, S. 647. Die Besteuerung von Unternehmensgruppen wird im Folgenden als "Gruppenbesteuerung" bezeichnet; so auch *Krawitz/Karthaus*, Gruppenbesteuerungssysteme 2008, S. 169f. Zum Konzern im betriebswirtschaftlichen und (gesellschafts-)rechtlichen Verständnis vgl. statt vieler *Pellens/Amshoff/Schmidt*, ZGR 2009, S. 231ff.

[2] Vgl. auch § 2 Abs. 2 S. 2 GewStG. Zu den grenzüberschreitenden Aspekten der ertragsteuerlichen Organschaft vgl. *Haase*, BB 2009, S. 980ff.; *Dötsch*, Organschaft 2006, S. 193ff.; *Frotscher*, DK 2003, S. 98ff.; *Schnitger*, IWB 2008, F. 11, Gr. 2, S. 832-841.

[3] Vgl. *Endres*, PIStB 2009, S. 214ff.

[4] Vgl. zur Steuerplanung mit Holdinggesellschaften *Jacobs*, Internationale Unternehmensbesteuerung 2007, S. 964-1022.

B. Gruppenbesteuerung als steuerplanerisches Instrument

I. Ergebnisverrechnung

Zentrale Anforderung an ein nationales Gruppenbesteuerungssystem ist die gruppeninterne **innerperiodische Verrechnung positiver und negativer Ergebnisse**.[5] Zu einer Steuerbelastung sollte es aus Gruppensicht möglichst erst dann kommen, wenn insgesamt ein positives Ergebnis erzielt wird.[6] Durch die Ergebnisverrechnung kann die Ertragsteuerbelastung einzelner Gesellschaften vermieden werden; man spricht in diesem Zusammenhang von „Cash Taxes".[7] **Liquiditätsnachteile** entstehen indes, wenn Verluste nur durch die verlusterleidenden Gruppengesellschaften selbst genutzt werden können. Allerdings ist im Rahmen der Steuerplanung davon auszugehen, dass eine gruppenübergreifende Ergebnisverrechnung nach den nationalstaatlichen Gruppenbesteuerungsregeln auf jene Gruppengesellschaften beschränkt bleibt, die im **selben Staat ansässig** sind.[8] Zunehmende Bedeutung in der Praxis gewinnen auch die durch eine Ergebnisverrechnung erzielbaren „Accountingeffekte"; so vermag eine dauerhafte Verlagerung von Einkünften auf verlusttragende Gruppengesellschaften die Werthaltigkeit gebildeter *Deferred Tax Assets* sicherzustellen.[9]

Der EuGH hatte in der Rechtssache *Marks & Spencer* zu entscheiden, ob ein Staat, dessen Steuerrecht Konzernsteuerregelungen enthält, im Rahmen der Besteuerung einer dort ansässigen Muttergesellschaft auch Verluste EU-ausländischer Tochtergesellschaften zum Abzug zulassen muss. Dem Urteil des EuGH zufolge müssen zunächst sämtliche **Möglichkeiten der Verlustberücksichtigung** im Ansässigkeitsstaat der Tochtergesellschaft **ausgeschöpft** sein, bevor der Ansässigkeitsstaat der Muttergesellschaft verpflichtet ist, diese Verluste in gleicher Weise wie bei einer inländischen Tochtergesellschaft zu berücksichtigen.[10] Nach h. M. strahlt das Urteil *Marks & Spencer* auch auf die **deutsche Organschaft** aus.[11] Es erscheint sachgerecht, diese **finalen Verluste**[12] im Jahr der Verlustentstehung und nicht im Jahr der Endgültigkeit des Verlustes zu berücksichtigen.[13] Die Umsetzung der Urteilsgrundsätze wird derzeit noch durch erhebliche Praxisprobleme blockiert.[14]

Nach dem EuGH-Urteil *Oy AA* haben Konzerne **keinen Anspruch auf eine grenzüberschreitende Übertragung von Gewinnen** innerhalb der EU.[15] Gemäß dieser Entscheidung sind die Mitgliedstaaten nicht verpflichtet, für eine innergemeinschaftliche Gewinn- und Verlustverrechnung zu

---

[5] Vgl. *Jacobs*, Internationale Unternehmensbesteuerung 2007, S. 974; *Endres*, Konzernbesteuerung 2003, S. 477; *Köhler*, Konzernsteuerrecht 2008, § 8 Rz. 26; *Scheffler*, Steuerlehre 2009, S. 415; *Hüsing*, Zusammenhang 2008, S. 285.

[6] Vgl. *Endres*, PIStB 2009, S. 214; *Treisch*, Outbound-Investitionen 2008, S. 546.

[7] Vgl. *Dorfmueller*, IStR 2009, S. 829 (auch Zitat; im Original kursiv).

[8] Vgl. *Kessler/Dorfmueller*, PIStB 2001, S. 184; vgl. auch die Übersicht bei *Spengel*, Common Consolidated Tax Base 2008, S. 13.

[9] Vgl. *Dorfmueller*, IStR 2009, S. 829 (auch Zitat; im Original kursiv).

[10] Vgl. EuGH v. 13. 12. 2005, C-446/03, *Marks & Spencer*, DStR 2005, S. 2168ff.

[11] Vgl. statt vieler *Homburg*, IStR 2009, S. 350ff. A.A. z. B. *Dötsch/Pung*, DK 2006, S. 130ff.

[12] Vgl. zur Diskussion um die Finalität von Verlusten z. B. *Mayr*, BB 2008, S. 1816ff.; *BDI/PwC*, Verlustberücksichtigung 2006, S. 24f.

[13] Vgl. (mit unterschiedlichen Begründungen) *Mayr*, BB 2008, S. 1818f. sowie *Homburg*, IStR 2009, S. 351f.

[14] Vgl. im Einzelnen *Roser*, Ubg 2010, S. 30ff.

[15] Vgl. EuGH v. 18. 7. 2007, C-231/05, *Oy AA*, IStR 2007, S. 631ff.

sorgen. In diesem Fall nämlich stünde es dem Steuerpflichtigen frei, den Mitgliedstaat der Gewinn- bzw. Verlustentstehung zu wählen. Dass ein solches Wahlrecht mit der Wahrung der mitgliedsstaatlichen Besteuerungsbefugnisse nicht zu vereinbaren ist, dürfte außer Frage stehen. Ein **deutscher Organträger** hat demnach **keinen Anspruch** auf **Gewinnübertragungen** von im EU-Ausland ansässigen Tochtergesellschaften.[16] Insbesondere vor dem Hintergrund der EuGH-Entscheidung in der Rs. *Oy AA* ist **nicht zu erwarten**, dass der deutsche Gesetzgeber einer „echten" grenzüberschreitenden Organschaft **in absehbarer Zeit** die Tür öffnen wird.[17] Es überrascht nicht, wenn Vertreter der Finanzverwaltung betonen, dass der deutsche Gesetzgeber mit diesem Urteil „vom Zwang, eine grenzüberschreitende Organschaft zu etablieren, befreit"[18] worden ist.

II. Konsolidierungsmaßnahmen im engeren Sinne

Bereits die **Zusammenfassung** von Einzelergebnissen und die dadurch **ermöglichte Verlustverrechnung** kann als **einfache Form einer steuerlichen Konsolidierung** aufgefasst werden.[19] Zu den Konsolidierungsschritten im engeren Sinne zählen die **Kapital-, Schulden-, Betriebsausgaben- und -einnahmenkonsolidierung** sowie die **Zwischenergebniseliminierung**.[20]

Während die **Kapitalkonsolidierung** die Eigenkapitalverflechtungen bereinigt, bezweckt die **Schuldenkonsolidierung** eine Korrektur der Fremdkapitalbeziehungen zwischen den einzelnen Gruppengesellschaften. Erträge aus konzerninternen Lieferungen und Leistungen im Zusammenhang mit Wirtschaftsgütern werden im Rahmen der **Zwischenergebniseliminierung** beseitigt; Ziel ist der alleinige Ausweis von „gruppenextern realisierten Gewinnen"[21]. Die **Betriebsausgaben- und -einnahmenkonsolidierung** ist dagegen stromgrößen- und nicht bestandsgrößenorientiert; sie soll Betriebsausgaben und Betriebseinnahmen aus gruppeninternen Transaktionen eliminieren.[22]

Aus Sicht einer Unternehmensgruppe erscheint derjenige Investitionsstandort am attraktivsten, dessen nationale Gruppenbesteuerungsregeln dem ökonomischen Ideal des **Einheitsprinzips** am stärksten Rechnung tragen, sei es durch eine originäre Gesamtgewinnermittlung oder aber die Vornahme umfangreicher Konsolidierungsschritte. Dabei sollte jedoch nicht übersehen werden, dass umfangreiche Ergebniskorrekturen aus **verwaltungstechnischer Sicht stets auch einen erheblichen Mehraufwand** nach sich ziehen.[23] Es besteht ein „Dilemma, dass man das Trennungsprinzip braucht, weil sonst die Vollzugskosten der Besteuerung zu hoch wären, das Trennungsprinzip aber unerwünschte ökonomische Folgen auslösen kann"[24].

---

[16] Vgl. *Kußmaul/Niehren*, IStR 2008, S. 86.

[17] Zur Diskussion um die Zukunft der deutschen Organschaft vgl. stellvertretend *Esterer/Bartelt*, BB 2010, S. 2ff.

[18] *Dötsch*, Konzernsteuerrecht 2008, § 3 Rz. 129; gl.A. *Altvater*, DB 2009, S. 1204.

[19] Vgl. *Sauerland*, Besteuerung 2007, S. 26. Es ist zu beachten, dass der Begriff Steuerkonsolidierung nicht nur im Zusammenhang mit Gruppenbesteuerungssystemen, sondern z. B. auch bei der Abgrenzung von Steuerlatenzen verwendet wird; so etwa bei *Spengel/Kamp*, Steuerkonsolidierung 2007, S. 513ff.

[20] Vgl. im Einzelnen *Fülbier*, Konsolidierungsbegriff 2006, S. 220; *ders.*, Konzernbesteuerung 2006, S. 197-205; *ders.*, BFuP 2007, S. 485; vgl. auch *Wagner*, Gruppenbesteuerung 2006, S. 103-107.

[21] *Wagner*, Gruppenbesteuerung 2006, S. 106.

[22] Vgl. *Fülbier*, Konsolidierungsbegriff 2006, S. 220.

[23] Vgl. *Lüdicke/Rödel*, IStR 2004, S. 552.

[24] *Schreiber*, Rechtsformabhängigkeit 2007, S. 48.

Weiterhin ist zu beachten, dass Konsolidierungsmaßnahmen, die nicht ausschließlich der **Gewinn- bzw. Einkommenskorrektur**, sondern vielmehr einer **ergebnisneutralen Korrektur** von Bestands- und Stromgrößen dienen, aus Sicht der steuerlichen Gewinnermittlung verzichtbar sind.[25] Stehen sich beispielsweise Forderungen und Verbindlichkeiten in gleicher Höhe gegenüber, mag eine Schuldenkonsolidierung für steuerliche – wohl aber nicht für informationsorientierte, handelsrechtliche – Zwecke unterbleiben.[26] Es besteht aus steuerlicher Sicht also **nicht immer die Notwendigkeit**, die vorgenannten Konsolidierungsschritte vollumfänglich im Sinne des Einheitsprinzips durchzuführen.[27]

III. Zinsabzug

Die Begründung einer Gruppenbesteuerung könnte auch Vorteile beim Abzug **von Zinsaufwendungen** bieten. Gedanklicher Ausgangspunkt ist die Vorschrift des § 15 S. 1 Nr. 3 S. 2 KStG, der zufolge Organträger und Organgesellschaften für Zwecke der Zinsschranke (§§ 4h EStG, 8a KStG) als „ein Betrieb" zu betrachten sind. Die Vorteilhaftigkeit dieser **Betriebsfiktion** ist im Zusammenhang mit der **Konzern-Klausel** des § 4h Abs. 2 S. 1 Buchst. b) EStG zu sehen.

So wird bei einem Betrieb, der nicht oder nur anteilsmäßig einem Konzern i. S. d. der Vorschrift zugehörig ist, von der Anwendung der Zinsschranke abgesehen. Entspricht der Konzern dem Organkreis, entfällt die Annahme einer Konzernzugehörigkeit bereits deshalb, weil nur ein Betrieb vorliegt;[28] dieser aber bildet für sich allein betrachtet keinen (steuerlichen) Konzern.[29] Eine Organschaft könnte der Zinsschranke in diesem Fall also unter Rückgriff auf die Konzern-Klausel grundsätzlich[30] entgehen.[31]

Allerdings sind grenzüberschreitende Konzerne von dieser Möglichkeit ausgenommen, weil die Organschaft auf Inlandsfälle beschränkt bleibt.[32] Es bleibt daher zu prüfen, ob steuerliche Unternehmensgruppen im Ausland hinsichtlich der lokalen Zinsabzugsbeschränkungen eine vergleichbare Privilegierung erfahren.

Gruppenbesteuerungen werden auch im Rahmen eines sogenannten **Debt-Push-Down** eingesetzt. Darunter sind solche Gestaltungen zu verstehen, die im Kern drauf abzielen, den steuerlichen Zinsabzug durch **Verlagerung von Zinsaufwendungen** in das Ausland zu optimieren.[33] Eine solche Verlagerung ist insbesondere dann sinnvoll, wenn die Zinsschranke den steuerlichen Abzug einschränkt, der Zinsabzug in Deutschland rechtlich nicht möglich ist oder ein Zinsabzugspotenzial mangels steuerpflichtiger Einkünfte wirkungslos bleibt.[34] Dabei erwirbt typischerweise eine (gegebenenfalls neu errichtete) Auslandstochtergesellschaft (Akquisitionsgesellschaft) eine lokale Zielgesellschaft im Wege der gruppeninternen Fremdfinanzierung. Die benötigten Mittel werden von der deutschen Muttergesellschaft am Kapitalmarkt aufgenom-

---

[25] Vgl. *Fülbier*, Konsolidierungsbegriff 2006, S. 222f.
[26] Vgl. *Fülbier*, BFuP 2007, S. 487.
[27] Vgl. *Fülbier*, Konsolidierungsbegriff 2006, S. 222f.
[28] Vgl. *Köhler*, DStR 2007, S. 599.
[29] Vgl. *Herzig/Liekenbrock*, Ubg 2009, S. 750.
[30] Zu beachten ist die Rückausnahme des § 8a Abs. 2 KStG.
[31] Vgl. *Herzig/Liekenbrock*, DB 2007, S. 2389.
[32] Vgl. zur Kritik statt aller *Hey*, Zinsschranke 2008, S. 113ff.
[33] Vgl. im Einzelnen *Jacobs*, Internationale Unternehmensbesteuerung 2007, S. 979f.; *Bader*, Steuergestaltung 2007, S. 110ff.; *Köhler*, Konzernsteuerrecht 2008, § 8 Rz. 27.
[34] Vgl. im Einzelnen *Köhler*, Konzernsteuerrecht 2008, § 7 Rz. 52.

men und an die erwerbende Tochtergesellschaft weiter gereicht. Um die auf Ebene der Akquisitionsgesellschaft anfallenden Schuldzinsen steuereffektiv zu verrechnen, muss sie jedoch über positives zu versteuerndes Einkommen verfügen (was aber z.B. aufgrund von Dividendenfreistellungen und mangels eigener Aktivitäten regelmäßig nicht der Fall sein wird). Dieses erhält sie, indem sie mit der Zielgesellschaft eine Gruppenbesteuerung mit entsprechender Ergebnisverrechnung eingeht. Finanzierungsaufwendungen der Akquisitionsgesellschaft und operative Erträge der Zielgesellschaft können somit verrechnet werden. Die Möglichkeit eines *debt push down* wird jedoch durch die nationalen **Unterkapitalisierungsvorschriften** (*thin capitalization rules*) regelmäßig unterbunden.[35]

C. Systematisierung von Gruppenbesteuerungssystemen

Nationale Gruppenbesteuerungssysteme sind im Hinblick auf Anwendungsvoraussetzungen, Reichweite und Technik der steuerlichen Berücksichtigung der wirtschaftlichen Einheit äußerst heterogen.[36] Hilfreich für die steuerplanerische Beurteilung ausgewählter Gruppenbesteuerungsmodelle ist eine von *Grotherr* entwickelte Systematik.[37] Nach Maßgabe der „steuerverfahrenstechnischen Veranlagungsform" kann zunächst eine grobe Zweiteilung in **zusammenveranlagungsbasierte** und **einzelveranlagungsbasierte Gruppenbesteuerungsmodelle** vorgenommen werden. Zusammenveranlagung bedeutet, dass die jeweils getrennt ermittelten Ergebnisse der Gruppengesellschaften auf Ebene des Gruppenträgers der Besteuerung unterliegen. Mit dem uneingeschränkten **Einheitskonzept**, dem **eingeschränkten Einheitskonzept** und dem **Zurechnungskonzept** werden üblicherweise drei Zusammenveranlagungsmodelle (Konsolidierungsmodelle) unterschieden.[38] Ein gruppeninterner Verlustausgleich ist jeweils möglich. Die Modelle unterscheiden sich indessen in der Berücksichtigung der wirtschaftlichen Einheit und damit im Umfang der über den Verlustausgleich hinausgehenden Gruppenerleichterungen.

Das (uneingeschränkte) **Einheitskonzept** behandelt eine Gruppe juristisch selbstständiger Unternehmen als einheitliches Unternehmen; es folgt also streng dem Einheitsprinzip. Gedanklich baut es auf einer fingierten Verschmelzung der Gruppengesellschaften auf den Gruppenträger auf, ohne dass es hierbei zu einer (sofortigen) Aufdeckung stiller Reserven kommt.[39] In Konsequenz werden die Vermögens- und Schuldpositionen der Gruppengesellschaften dem Gruppenträger zugerechnet. Geschäfte der Gruppengesellschaften gelten als solche des Gruppenträgers. Zwischenerfolge treten deshalb nicht auf und brauchen mithin auch nicht eliminiert zu werden. Das Einheitskonzept erfordert eine originäre Gesamtgewinnermittlung, also die Aufstellung einer einheitlichen Steuerbilanz sowie Gewinn- und Verlustrechnung. Konsolidierungsmaßnahmen sind nur noch erforderlich „für die steuerliche Eröffnungsbilanz der Gruppe oder für die spätere (Des-)Integration einzelner Unternehmen"[40]. Das uneingeschränkte Einheitskonzept ist bislang nur in Japan, den Niederlanden und den USA umgesetzt worden.[41]

---

[35] Für einen Ländervergleich vgl. *Lenz/Dörfler*, DB 2010, S. 18ff.; *Herzig/Bohn*, IStR 2009, S. 253ff.; *Zielke*, StuW 2009, S. 63ff.; *Bauer*, StuW 2009, S. 163ff.
[36] Vgl. *Braunagel*, Verlustverrechnung 2010, S. 285.
[37] Vgl. *Grotherr*, StuW 1996, S. 359ff.
[38] Vgl. *Grotherr*, StuW 1996, S. 359.
[39] Vgl. *Grotherr*, StuW 1996, S. 361; *Wassermeyer*, SWI 2005, S. 521.
[40] *Fülbier*, Konsolidierungsbegriff 2006, S. 230.
[41] Vgl. *Braunagel*, Verlustverrechnung 2010, S. 286.

Das **eingeschränkte Einheitskonzept** zielt im Grundsatz zwar auch auf die steuerliche Behandlung eines wirtschaftlichen Verbundes als ein einheitliches Unternehmen ab.[42] Konträr zum (strengen) Einheitskonzept erstellen die Gruppenmitglieder jedoch eine isolierte steuerliche Gewinnermittlung. Die separat ermittelten Ergebnisse werden zusammengefasst und dem Gruppenträger zugerechnet. Zwischenerfolge werden (vollständig oder teilweise) bereinigt.[43] Weitere Konsolidierungsschritte sind hingegen nur ansatzweise vorgesehen. Nach der **Zurechnungskonzeption** wird der wirtschaftlichen Verbundenheit allein dadurch Rechnung getragen, dass die Einzelergebnisse der Gruppengesellschaften dem Gruppenträger zugewiesen werden.[44] Konsolidierungsmaßnahmen werden weder vor noch nach der Zurechnung vorgenommen.

Bei den **einzelveranlagungsbasierten** Gruppenbesteuerungssystemen (auch als Einzelbilanzkonzepte[45] bezeichnet) erfolgt keine systematische Zurechnung der Einzelergebnisse zum Gruppenträger. Jedoch wird die wirtschaftliche Einheit im Rahmen der Einzelveranlagung der einzelnen Gruppengesellschaft (nur) insofern respektiert, als zwischen gruppenzugehörigen Gesellschaften Gewinne (*group contribution*[46]) oder Verluste (*group relief*[47]) transferiert werden können.

D. Gruppenbesteuerung in ausgewählten EU-Mitgliedstaaten

I. Frankreich: Régime de l'intégration fiscale, régime du bénéfice consolidé und régime du bénéfice mondial

1. Régime de l'intégration fiscale

a) Wesentliche Anwendungsvoraussetzungen

Das französische Ertragsteuerrecht sieht **drei verschiedene Gruppenbesteuerungsregime** vor: *régime de l'intégration fiscale, régime du bénéfice consolidé* sowie *régime du bénéfice mondial.* Diese unterscheiden sich im Wesentlichen im Umfang der einzubeziehenden ausländischen Gruppenmitglieder und damit auch hinsichtlich der Möglichkeit eines **grenzüberschreitenden Verlustausgleichs**.

Die *intégration fiscale* (Art. 223 A bis 223 U CGI) basiert auf einem **eingeschränkten Einheitskonzept**.[48] Sie ist in ihrem Anwendungsbereich rein **innerstaatlich** ausgerichtet, was dem im französischen Steuerrecht fest verankerten **Territorialitätsprinzip** (Art. 209-I CGI) geschuldet ist.[49]

---

[42] Das eingeschränkte Einheitskonzept wird derzeit in Frankreich (dazu unter D.I.), Italien (im Rahmen des nationalen Gruppenbesteuerungsmodells) und Spanien angewendet; vgl. *Sievert*, Konzernbesteuerung 2006, S. 139 (dortige Abbildung 3.2.).

[43] Vgl. *Wassermeyer*, SWI 2005, S. 521. Während z. B. nach dem spanischen Gruppenbesteuerungsmodell eine vollständige Eliminierung von Zwischengewinnen erfolgt, ist eine solche in Frankreich nur eingeschränkt möglich; vgl. zu Frankreich unten, D.I.1.b)aa).

[44] Auf dem Zurechnungskonzept basieren die deutsche ertragsteuerliche Organschaft und auch z. B. die Gruppenbesteuerungsmodelle in Dänemark, Italien (im Rahmen des internationalen Gruppenbesteuerungsmodells), Polen (dazu unter D.II.) und Portugal; vgl. *Sievert*, Konzernbesteuerung 2006, S. 139 (dortige Abbildung 3.2).

[45] Vgl. *Wassermeyer*, SWI 2005, S. 522; *Kußmaul/Niehren*, IStR 2008, S. 82.

[46] So etwa nach den schwedischen (siehe detailliert unter D.III.) und finnischen Gruppenbesteuerungsmodellen.

[47] Der *group relief* findet im Vereinigten Königreich Anwendung (vgl. unten, D.IV.).

[48] Vgl. *Wagner*, Gruppenbesteuerung 2006, S. 169.

[49] Vgl. *Grotherr*, AG 1995, S. 414; *Scheunemann*, Konzernbesteuerung 2005, S. 50-65.

Gruppengesellschaften können im Grundsatz nur in Frankreich ansässige **Kapitalgesellschaften** sein, die auch unbeschränkt der **französischen Körperschaftsteuer** (*Impôt sur les sociétés*; im Folgenden: **IS**[50]) unterliegen (Art. 223 A CGI).[51] Hierzu gehören insbesondere Aktiengesellschaften (*Société anonyme*; **S.A.**), die ihnen gleichgestellten vereinfachten Aktiengesellschaften (*Société par actions simplifiée*; **S.A.S.**), Kommanditgesellschaften auf Aktien (*Société en commandite par actions*; **S.C.A**) sowie Gesellschaften mit beschränkter Haftung (*Société à responsabilité limitée*; **S.A.R.L.**). Bestimmte Personengesellschaften (*Société en nom collectif*, **S.N.C.**; *Société coopérative*, **S.C.**; *Société en commandite simple*, **S.C.S.**) sind **optional** ebenfalls körperschaftsteuerpflichtig.[52]

Aus **Sicht eines deutschen Investors** bleibt die Anwendung einer *intégration fiscale* damit zunächst auf die **französische Tochtergruppe** begrenzt;[53] in Frankreich belegene **Betriebsstätten** können **nicht** als Gruppengesellschaft einbezogen werden[54] (jedoch als Gruppenträger[55]; vgl. nachfolgend).

Wesentliche Voraussetzung für die steuerliche Integration ist die (direkte oder indirekte) finanzielle Eingliederung, die durch eine **Mindestbeteiligung von 95 %** begründet wird (Art. 223 A CGI).[56] Der Abschluss eines **Ergebnisabführungsvertrags** wird nicht verlangt.[57] Die Beteiligungsgrenze bezieht sich sowohl auf das Beteiligungskapital als auch die Stimmrechtsverteilung und muss während des gesamten Wirtschaftsjahres gewahrt sein.[58] Einschränkend gilt, dass der *Gruppenträger* seinerseits **nicht zu mehr als 95 %** (unmittelbar oder mittelbar) im Beteiligungsbesitz einer juristischen Person stehen darf, die der IS nach den allgemeinen Regeln unterliegt (Art. 223 A Abs. 1 S. 3 CGI).[59] Demnach sind Beteiligungskonstellationen unschädlich, in denen ein französischer Gruppenträger vollständig von einer **ausländischen (deutschen) Kapitalgesellschaft** bzw. einer **französischen Betriebsstätte** (eines deutschen Stammhauses) gehalten wird.[60] **Französischen Betriebsstätten** wird die **Gruppenträgereigenschaft** allerdings nur dann zuerkannt, wenn die Beteiligungen an den Gruppengesellschaften dem Betriebsvermögen der Be-

---

[50] Die IS ist in den Art. 205-223 des *Code général des impôts* (CGI) geregelt; vgl. *Hellio/Crucifix*, Frankreich, Rz. 200.

[51] Vgl. *Geiger*, IWB 2003, F. 5, Gr. 2, S. 1336.

[52] Vgl. zur Körperschaftsteueroption im Einzelnen *Hellio/Rädler*, IStR 2000, S. 401ff. Vgl. zu den oben genannten Rechtsformen *Marquardt*, Ertragsbesteuerung 2003, S. 5ff.

[53] Vgl. *Becker/Loitz/Stein*, Verlustnutzung 2009, § 3 Rz. 103.

[54] Vgl. *Endres*, Konzernbesteuerung 2003, S. 465.

[55] Dies meinen vermutlich *Hellio/Crucifix*, Frankreich, Rz. 276, wenn sie (allgemein) davon sprechen, dass „[i]n den Konzernkreis" auch „in Frankreich ansässige Betriebsstätten einer ausländischen Gesellschaft" „einbezogen werden können".

[56] Vgl. *Scheunemann*, Konzernbesteuerung 2005, S. 143. Aktien, die an Mitarbeiter von Tochtergesellschaften ausgegeben werden, bleiben bei der Berechnung der 95%-Grenze unberücksichtigt; vgl. *Hellio/Crucifix*, Frankreich, Rz. 276.

[57] Vgl. *Hellio/Crucifix*, Frankreich, Rz. 276. Zwar muss auch nach französischem Steuerrecht ein Unternehmensvertrag abgeschlossen werden, in diesem werden aber lediglich Modalitäten der Besteuerung fixiert, wie etwa die Aufteilung der Steuerlast; vgl. *Oestreicher* et al., Konzernbesteuerung 2008, S. 66.

[58] Vgl. *Grotherr*, AG 1995, S. 406; *Duthilleul*, Frankreich, Rz. 145; *Hellio/Crucifix*, Frankreich, Rz. 276.

[59] So z.B. auch *Hellio/Crucifix*, Frankreich, Rz. 276. A.A. *Schmidt/Heinz*, Stbg 2006, S. 62, die (ohne Begründung) einen zwischenzeitlichen „Wegfall dieser Voraussetzung" erkennen wollen. Der Gesetzeswortlaut ist jedoch insoweit eindeutig.

[60] Vgl. *Geiger*, IWB 2003, F. 5, Gr. 2, S. 1336f.; *Hellio/Crucifix*, Frankreich, Rz. 276.

triebsstätte zugehörig sind und das Stammhaus dieser Betriebsstätte in einem Staat ansässig ist, mit dem Frankreich ein DBA abgeschlossen hat.[61]

Die steuerliche Integration kann sich im Grundsatz auch auf **Enkelgesellschaften** erstrecken, dies allerdings nur unter der Bedingung, dass auf jeder Beteiligungsstufe eine direkte Mindestbeteiligungsquote von 95 % gegeben ist.[62] Aus der Beschränkung der *intégration fiscale* auf nationale Sachverhalte schließt die **französische Finanzverwaltung**, dass in Frankreich ansässige **Enkelgesellschaften nicht** integriert werden dürfen, wenn ihre Anteile **mittelbar** über eine **ausländische Zwischengesellschaft** gehalten werden.[63] Der EuGH indes stellt in seinem Urteil *Société Papillon* heraus, dass es eine nicht zu rechtfertigende Beschränkung der **Niederlassungsfreiheit** (Art. 43 EGV) darstellt, wenn die Gruppenbildung allein durch die Zwischenschaltung einer ausländischen Gesellschaft verhindert wird.[64] Im Rahmen des **berichtigenden Jahressteuergesetzes für 2009** (*loi de finances rectificative pour 2009*) wurde Art. 223 A CGI an die Rechtsprechung des EuGH angepasst. Die Norm stellt nunmehr ausdrücklich klar, dass die Zwischenschaltung einer **im EU-/EWR-Raum** ansässigen Gesellschaft oder einer dort belegenen **Betriebsstätte** für Zwecke der steuerlichen Integration im Grundsatz **unschädlich** ist.[65]

Die Nutzung der steuerlichen Integration erfolgt optional auf **Antrag**. Der **Gruppenkreis** kann vom Gruppenträger **nach eigenem Ermessen abgegrenzt** werden (sog. "cherry-picking"). Die einbezogenen Gesellschaften müssen ihr schriftliches Einverständnis zur Aufnahme in den Integrationskreis geben. Die **Mindestlaufzeit** der *intégration fiscale* beträgt **fünf Jahre** (Art. 223 A CGI).

b) **Wesentliche Rechtsfolgen**

aa) **Ergebnisverrechnung und steuerliche Konsolidierungsmaßnahmen**

Die Ermittlung des **Gruppenergebnisses** nimmt ihren Ausgangspunkt in der Zusammenfassung der steuerlichen Einzelergebnisse (Gewinne und Verluste) sämtlicher Gruppenmitglieder.[66] Letztere bleiben trotz Gruppenzugehörigkeit steuerlich selbstständig (Grundsatz der Einzelveranlagung) und ermitteln ihr steuerliches Ergebnis auf "stand-alone-Basis".[67] Die positiven und negativen Einzelergebnisse der Gruppengesellschaften werden anschließend dem steuerlichen Ergebnis der Obergesellschaft zugerechnet.[68] Hierdurch wird die dauerhafte Möglichkeit **eines intersubjektiven und innerperiodischen Verlustausgleichs** gewährleistet. Weist die Obergesellschaft infolge der Ergebniszusammenführung einen insgesamt negativen Saldo aus, kann dieser **Verlust** grundsätzlich **unbegrenzt** vorgetragen oder wahlweise in die letzten **drei Jahre** zurück-

---

[61] Vgl. *Jacobs/Spengel*, IStR 1994, S. 102; *Wittkowski*, Verlustverrechnung 2008, S. 121; *Sievert*, Konzernbesteuerung 2006, S. 156.

[62] Vgl. *Geiger*, IWB 2003, F. 5, Gr. 2, S. 1337; *Sievert*, Konzernbesteuerung 2006, S. 157.

[63] Vgl. kritisch *Richard*, Intertax 2003, S. 24.

[64] Vgl. EuGH v. 27. 11. 2008, C-418/07, *Société Papillon*, IStR 2009, S. 66ff.; zur Diskussion *Delaurière*, TNI 2009, S. 903ff.; *Hahn*, IStR 2009, S. 198ff.; *Mamut/Schilcher*, taxlex 2009, S. 13ff.; *Demscher/Stefaner*, SWI 2009, S. 9ff.; *Durand/Rutschmann*, ECTR 2009, S. 122ff.

[65] Vgl. im Einzelnen (auch zu den weiteren Voraussetzungen) Art. 33 des loi n° 2009-1674 v. 31.12.2009. Abrufbar unter: http://www.legifrance.gouv.fr.

[66] Vgl. ausführlich zur Ermittlung des *résultat d'ensemble* Mémento Fiscal 2009, Rz. 3575-3597.

[67] Vgl. *Schienke*, IStR 2006, S. 303.

[68] Vgl. *Hellio/Crucifix*, Frankreich, Rz. 276.

getragen werden.⁶⁹ Für die der Muttergesellschaft zugerechneten Verluste verliert die defizitäre Untergesellschaft jeglichen Anspruch auf Verlustvor- oder -rücktrag.⁷⁰

Verluste, die vor Begründung einer steuerlichen Integration bei den Gruppengesellschaften entstanden sind, bleiben vortragsfähig, können jedoch nur auf Ebene der jeweils verlustverursachenden Gruppengesellschaft genutzt werden, wo sie das der Muttergesellschaft zuzurechnende Einkommen mindern.⁷¹ Somit ist (trotzdem) eine indirekte Nutzung der Vorgruppenverluste möglich.⁷²

Ein während der Gruppenbesteuerungsphase entstandener gruppenbezogener Verlust kann nach **Beendigung der steuerlichen Integration** alleine durch den **Gruppenträger** genutzt werden.⁷³ Eine Untergesellschaft, die aus dem Integrationskreis vorzeitig ausscheidet, kann keine Verluste aus den Konsolidierungsperioden in die Einzelveranlagung (Nachkonsolidierungsphase) überführen;⁷⁴ allerdings kann sie einen etwaigen Vorgruppenverlust, den sie während der Gruppenphase nicht mit eigenen Gewinnen verrechnet werden konnte, weiterhin geltend machen.⁷⁵

Das saldierte Gesamtergebnis unterliegt auf Ebene des Gruppenträgers der IS; zuvor ist es **verschiedenen Korrekturen** zu unterziehen. Diese sind erforderlich, weil für gruppeninterne Lieferungs- und Leistungsbeziehungen uneingeschränkt der Fremdvergleichsgrundsatz (*dealing at arm's length*) mit gewinnrealisierender Wirkung gilt.⁷⁶ Um dem **Einheitsprinzip** – zumindest im Ansatz – Rechnung zu tragen, ist das Bruttogruppenergebnis auf Ebene der Gruppenmutter⁷⁷ (außerbilanziell) um Kapitalgewinne und -verluste aus der gruppeninternen Veräußerung von Wirtschaftsgütern des **Anlagevermögens** zu bereinigen (**steuerliche Zwischenergebniseliminierung** gem. Art. 223 F CGI).⁷⁸ Aus Gründen der Praktikabilität wird auf eine Eliminierung von Zwischengewinnen im Umlaufvermögen verzichtet.⁷⁹

Eine **Schuldenkonsolidierung** i. e. S. erfolgt nicht; gleichwohl sind einzelne erfolgswirksame Vorgänge aus konzerninternen Schuldbeziehungen gem. Art. 223 B CGI zu korrigieren. Diese Korrekturmaßnahmen, die zumindest Ansätze einer Konsolidierung gruppeninterner Schuldbeziehungen erkennen lassen,⁸⁰ betreffen insbesondere Ergebnisminderungen⁸¹ im Zusammen-

---

[69] Vgl. *Wittkowski*, Verlustverrechnung 2008, S. 122; *Sievert*, Konzernbesteuerung 2006, S. 158; *Hellio/Crucifix*, Frankreich, Rz. 276.

[70] Vgl. *Sievert*, Konzernbesteuerung 2006, S. 158.

[71] Vgl. *Sedlaczek*, IWB 2006, F. 5, Gr. 2, S. 1460; *Dörr*, Konzernbesteuerung 2005, S. 769; *Esser*, Verlustverrechnung 2008, S. 70 u. 78; *Hellio/Crucifix*, Frankreich, Rz. 276. Allerdings dürfen Vorgruppenverluste nicht mit beliebigen Einkünften verrechnet werden; vgl. zu den Einschränkungen *Sievert*, Konzernbesteuerung 2006, S. 158.

[72] Vgl. *Grotherr*, AG 1995, S. 411; *Geiger*, IWB 2002, F. 5, Gr. 2, S. 1338.

[73] Vgl. *Wittkowski*, Verlustverrechnung 2008, S. 123.

[74] Vgl. *Grotherr*, AG 1995, S. 412; *Oestreicher* et al., Konzernbesteuerung 2008, S. 75 u. 77.

[75] Vgl. *Hellio/Thill*, Frankreich 2002, Rz. 388.

[76] Vgl. *Grotherr*, AG 1995, S. 408.

[77] Vgl. *Wagner*, Gruppenbesteuerung 2006, S. 127.

[78] Vgl. *Hellio/Crucifix*, Frankreich, Rz. 276; Mémento Fiscal 2009, Rz. 3589; *Jacobs/Spengel*, IStR 1994, S. 147.

[79] Vgl. *Endres*, Konzernbesteuerung 2003, S. 466.

[80] *Grotherr*, AG 1995, S. 410 spricht daher von einer „[k]asuistischen Schuldenkonsolidierung" (dortige Zwischenüberschrift VI.4.).

hang mit **Forderungsverzichten, Rückstellungen** für ungewisse Verbindlichkeiten und drohende Verluste aus schwebenden Geschäften gegenüber anderen Konzerngesellschaften sowie **Teilwertabschreibungen** auf Anteile an anderen Gruppengesellschaften; sie sind dem steuerlichen Gruppenergebnis insoweit wieder hinzuzurechnen.[82]

Weil nach der jüngsten Novellierung des Art. 223 A CGI eine Zwischenschaltung ausländischer Gesellschaften und Betriebsstätten möglich ist (vgl. oben), sind im Verhältnis zu diesen nun ebenfalls bestimmte Korrekturmaßnahmen erforderlich; aus Platzgründen muss deren nähere Betrachtung unterbleiben.

bb) Zinsabzug

Die französischen Vorschriften zur **Gesellschafterfremdfinanzierung** (Art. 212 CGI) sehen spezielle und technisch komplexe Regelungen in Bezug auf die *intégration fiscale* vor (Art. 223 B CGI).[83] Diese bewirken, dass die *intégration fiscale* bei der Ermittlung des maximal zulässigen Zinsabzugs wie ein einheitliches Unternehmen behandelt wird.[84] Die Zinsabzugsbeschränkungen können jedoch durch das Eingehen einer *intégration fiscale* nicht vollständig vermieden werden, wie dies im Zusammenspiel von Betriebsfiktion und Konzern-Klausel nach deutschem Steuerrecht grundsätzlich möglich ist (vgl. oben, B.III.).

Der Zinsabzug für Akquisitionskosten (*debt push down*) im Rahmen einer *intégration fiscale*[85] kann bei **Anteilsübertragungen innerhalb eines Konzerns** durch spezielle Missbrauchsvorschriften (Art. 223 B CGI) erheblich verschärft werden. Ein Zinsabzug ist in diesen Fällen nicht abzugsfähig, wenn (1) der Erwerber direkt oder indirekt vom Verkäufer kontrolliert wird bzw. der Erwerber von einer Gesellschaft kontrolliert wird, die auch den Verkäufer kontrolliert;[86] und (2) die erworbene Gesellschaft nach der Akquisition in eine *intégration fiscale* einbezogen wird.[87] Dagegen greifen die Zinsabzugsbeschränkungen bspw. nicht, wenn die Gesellschaft von einem fremden Dritten erworben wurde oder bereits vor der Anteilsübertragung Gruppengesellschaft war.[88] Die Nichtabzugsfähigkeit der Zinsen bleibt bestehen, bis die erworbene Gesellschaft die Gruppe verlässt; bei Nichtausscheiden gilt sie für einen Zeitraum von **neun Jahren**.[89]

2. Régime du bénéfice consolidé

a) Wesentliche Anwendungsvoraussetzungen

Die rein innerstaatliche Sichtweise der *intégration fiscale* steht im Gegensatz zum *régime du bénéfice consolidé* (Art. 209 *quinquies* CGI). Bei diesem Gruppenbesteuerungsregime kommen

---

[81] Gruppeninterne Schuldbeziehungen sind also nur insoweit zu eliminieren, wie sie sich der Höhe nach nicht entsprechen; vgl. *Wagner*, Gruppenbesteuerung 2006, S. 133.

[82] Vgl. *Hellio/Crucifix*, Frankreich, Rz. 276.

[83] Zu den französischen Unterkapitalisierungsregeln im Überblick *Hiller*, IWB 2009, F. 5, Gr. 2, S. 1541ff.; speziell im Rahmen der *intégration fiscale* vgl. *Viegener*, IWB 2006, F. 5, Gr. 2, S. 1437f.; *Douvier/Lordkipanidze*, ITPJ 2008, S. 140; Mémento Fiscal 2009, Rz. 3596.

[84] Vgl. *BDI/KPMG*, Finanzierungsaufwendungen 2009, S. 37.

[85] Zu einem solchen Vorschlag vgl. z.B. *Schultze*, IStR 2005, S. 734.

[86] Dabei wird der Kontrollbegriff des Art. 233-3 des Code de commerce zugrunde gelegt.

[87] Vgl. *Leffers/Bricet*, Frankreich 2009, S. 119.

[88] Vgl. *Leffers/Bricet*, Frankreich 2009, S. 120.

[89] Vgl. ausführlich (auch zur Berechnung des nicht abzugsfähigen Zinsbetrags) *Leffers/Bricet*, Frankreich 2009, S. 119f. und S. 161. Vgl. auch *Védrine*, France, S. 183; *Hellio/Crucifix*, IWB 2009, F. 5, Gr. 2, S. 437. Diese Missbrauchsregel ist in Frankreich unter der Bezeichnung *amendement charasse* bekannt; vgl. *Védrine*, France, S. 183.

nämlich als Gruppengesellschaften **sowohl inländische als auch ausländische Betriebsstätten und Tochtergesellschaften** (auch Personengesellschaften) in Betracht.[90] Ob die Letztgenannten in einem Mitgliedstaat oder außerhalb der EU ansässig sind, ist unbeachtlich.[91] Das *régime du bénéfice consolidé* sieht als potenzielle Gruppenträger nur solche Gesellschaften vor, die der IS unterliegen; anders als bei der *intégration fiscale* kann die **französische Betriebsstätte** eines ausländischen (deutschen) Unternehmens **nicht Gruppenträger** sein.[92]

Die unmittelbar oder mittelbar einzuhaltende **Mindestbeteiligungsquote** beträgt 50 % des **stimmberechtigten** Kapitals.[93] Die Mindestlaufzeit des *régime du bénéfice consolidé* erstreckt sich über **fünf Jahre**. Gemäß einem **"all-in-or-out-Prinzip"**[94] sind sämtliche Gruppenmitglieder einzubeziehen, die die vorgenannten Voraussetzungen erfüllen.

Im Gegensatz zum *régime de l'intégration fiscale* bedarf dieses Gruppenbesteuerungsmodell der **ministeriellen Genehmigung** (Art. 209 *quinquies* CGI). Allerdings ist eine solche an strikte Voraussetzungen geknüpft. Es ist z.B. der Nachweis zu erbringen, dass internationale Ambitionen verfolgt werden, die sich positiv auf die französische Volkswirtschaft auswirken.[95] Die Zustimmung zur grenzüberschreitenden Gruppenbesteuerung ist vor allem aus deutscher Sicht als **äußerst unwahrscheinlich** zu bezeichnen.[96]

b) Wesentliche Rechtsfolgen

Der Vorteil des *régime du bénéfice consolidé* liegt (theoretisch) darin, dass in **Durchbrechung** des **Territorialitätsprinzips** ein **grenzüberschreitender Verlustausgleich** gestattet wird.[97] Da jedes Gruppenmitglied sein Einzelergebnis nach **französischen Gewinnermittlungsregeln** zu bestimmen hat,[98] ist allerdings denkbar, dass sich ein nach ausländischem Recht ermittelter Verlust in einen Gewinn umkehrt.[99] Die Gewinn- und Verlustzurechnung zum Gruppenträger erfolgt **in Höhe der Beteiligungsquote** (Art. 116-1 Annexe II CGI).[100]

In Bezug auf die **Verlustvortrags- und -rücktragsbeschränkungen** bestehen keine Unterschiede zur *intégration fiscale*.[101] Verschiedene Regelungen stellen sicher, dass es weder zu Doppelbesteuerungen noch zu einer mehrfachen Berücksichtigung von Verlusten kommt.[102] Ausländische Steuern sind nach Maßgabe der **per-country-limitation** anzurechnen (Art. 122-2 Annexe II CGI).

---

[90] Vgl. *Wittkowski*, Verlustverrechnung 2008, S. 119.
[91] Vgl. *Oestreicher et al.*, Konzernbesteuerung 2008, S. 59.
[92] Vgl. *Weber*, Verlustverrechnung 2008, S. 61.
[93] Vgl. *Endres*, Konzernbesteuerung 2003, S. 465; *Oestreicher* et al., Konzernbesteuerung 2008, S. 62.
[94] Vgl. *Sedlaczek*, IWB 2006, F. 5, Gr. 2, S. 1460; *Wittkowski*, Verlustverrechnung 2008, S. 124.
[95] Vgl. *Dörr*, Konzernbesteuerung 2005, S. 771. Zur Problematik der Genehmigungserteilung vgl. umfassend *Scheunemann*, Konzernbesteuerung 2005, S. 313-338.
[96] Vgl. *Becker/Loitz/Stein*, Verlustnutzung 2009, § 3 Rz. 103; *Scheunemann*, IStR 2006, S. 153.
[97] Vgl. *Sievert*, Konzernbesteuerung 2006, S. 160; *Weber*, Verlustverrechnung 2008, S. 71ff.
[98] Vgl. *Scheunemann*, Konzernbesteuerung 2005, S. 458ff.
[99] Vgl. *Oestreicher* et al., Konzernbesteuerung 2008, S. 71.
[100] Vgl. *Scheunemann*, Konzernbesteuerung 2005, S. 428ff. spricht hierbei treffend von einem „Prinzip der proportionalen Konsolidierung".
[101] Vgl. *Wittkowski*, Verlustverrechnung 2008, S. 125.
[102] Vgl. *Oestreicher* et al., Konzernbesteuerung 2008, S. 73.

Entstehende Anrechnungsüberhänge können innerhalb eines Zeitraums von fünf Jahren vorgetragen werden (Art. 122-2 Annexe II CGI).[103]

Anders als der Name suggeriert, sieht das *régime du bénéfice consolidé* eine **vollumfängliche Konsolidierung** bzw. eine originäre Gewinnermittlung i.S.d. Einheitsprinzips nicht vor.[104] Gegenüber der *intégration fiscale* werden die auf das Einheitsprinzip zurückzuführenden **Korrekturmaßnahmen** sogar noch **beschränkt**.[105] Zum einen werden lediglich solche Veräußerungsgewinne und -verluste eliminiert, die bei Transaktionen **zwischen einbezogenen ausländischen Niederlassungen** entstanden sind (Art. 116-3 Annexe II CGI). Demgegenüber ist eine Zwischenergebniseliminierung bei Veräußerungen zwischen französischen Gruppengesellschaften genauso wenig vorgesehen wie bei Veräußerungen zwischen einer französischen und einer ausländischen Gruppengesellschaft. Zum anderen ist auch die **Schuldenkonsolidierung** stark eingeschränkt und betrifft lediglich bestimmte Arten von Rückstellungen (Art. 23 bis A Buchst. b, 23 bis B-2 Annexe IV CGI) sowie gruppeninterne Unterstützungsleistungen und Forderungsverzichte mit Finanzierungscharakter (Art. 23 bis A Buchst. c, Art. 23 bis B-3 Annexe IV CGI).

3. Régime du bénéfice mondial

Vom *régime du bénéfice consolidé* unterscheidet sich das *régime du bénéfice mondial* (Art. 209 quinquies CGI) im Wesentlichen dahingehend, dass lediglich **ausländische Betriebsstätten** in die Gruppenbesteuerung integriert werden dürfen. Dieses Gruppenbesteuerungsmodell ist ebenfalls genehmigungspflichtig; die Genehmigungserteilung wird allerdings noch restriktiver gehandhabt als beim *régime du bénéfice consolidé*. In Konsequenz hat bis dato noch keine französische Gesellschaft für dieses Gruppenbesteuerungsmodell optiert.[106] Insofern dürfte das *régime du bénéfice consolidé* für die **deutsche Steuerplanung** nahezu **bedeutungslos** sein;[107] es soll daher nicht weiter vertieft werden.

II. Polen: Podatkowa grupa kapitałowa

1. Wesentliche Anwendungsvoraussetzungen

Das polnische Körperschaftsteuergesetz (*Ustawa o podatku dochodowym od osób prawnych*; im Folgenden kurz: PDP[108]) ermöglicht eine Gruppenbesteuerung durch die Bildung sog. **steuerlicher Kapitalgruppen** (Art. 1a i.V.m. 7a PDP). Konzeptionelle Basis der polnischen Gruppenbesteuerung ist die **Zurechnungskonzeption**.[109] Die Zulässigkeit einer Kapitalsteuergruppe ist an **stringente Tatbestandsvoraussetzungen** geknüpft (Art. 1a PDP).[110] Sie kann lediglich durch nicht körperschaftsteuerbefreite polnische Gesellschaften, d.h. Aktiengesellschaften (*Spółka akcyjna*, **S.A.**) oder Gesellschaften mit beschränkter Haftung (*Spółka z ograniczoną odpowiedzialnością*, **Sp. z o.o.**), **mit Sitz in Polen** gebildet werden (Art. 1a Abs. 2 Nr. 1PDP). In den Gruppenkreis dürfen folglich **keine deutschen Kapitalgesellschaften** einbezogen werden. **Polnische Betriebsstätten**

---

[103] Zur Anrechnung im Einzelnen vgl. *Scheunemann*, Konzernbesteuerung 2005, S. 277ff.; *Weber*, Verlustverrechnung 2008, S. 69f.
[104] Vgl. *Scheunemann*, Konzernbesteuerung 2005, S. 282.
[105] Vgl. *Scheunemann*, Konzernbesteuerung 2005, S. 436ff.
[106] Vgl. *Message*, France 2008, S. 283; *Védrine*, France, S. 184.
[107] Vgl. *Becker/Loitz/Stein*, Verlustnutzung 2009, § 3 Rz. 103.
[108] Für eine vollständige deutsche Übersetzung des polnischen Einkommen- und Körperschaftsteuergesetzes vgl. *Rödl & Partner* 2008.
[109] Vgl. *Wagner*, Gruppenbesteuerung 2006, S. 114; *Wojcieszyk-Kluge*, RIW 2005, S. 609.
[110] Vgl. im Einzelnen auch *Nabiałek*, Einkommensteuer 2007, S. 132f.

deutscher Investoren kommen weder als Gruppenträger noch als Gruppenmitglied in Betracht.[111] Grundlegende Voraussetzung für die Nutzung der polnischen Kapitalsteuergruppe ist damit die Einschaltung einer als Gruppenträger fungierenden **polnischen Tochterkapitalgesellschaft**.

Nach Art. 1a Abs. 2 Nr. 1 a) PDP muss das **durchschnittliche Stammkapital** eines jeden Gruppenmitglieds mindestens **1 Mio. Złoty** (rund 220.000 €) betragen. Des Weiteren ist erforderlich, dass die als Gruppenträger partizipierende Muttergesellschaft eine **unmittelbare** Beteiligung von **mindestens 95 %** an den Tochtergesellschaften hält (Art. 1 Abs. 2 Nr. 1 b) PDP). Die Beteiligungsgrenze ist mit Blick auf andere europäische Gruppenbesteuerungssysteme **als vergleichsweise hoch** zu bezeichnen. Auch dürfte die geforderte **Unmittelbarkeit** der Beteiligung bei mehrstufigen Konzernen ein **erhebliches Anwendungshemmnis** darstellen.[112] Überdies bleibt Gesellschaften, die am Stammkapital anderer Gruppenmitglieder (Mutter- oder Schwestergesellschaften) beteiligt sind, eine Aufnahme in die Kapitalsteuergruppe verwehrt (Art. 1 Abs. 2 Nr. 1 c) PDP). Es dürfen außerdem nur solche Gesellschaften integriert werden, die **keinerlei Steuerrückstände** haben; für deren Begleichung wird allerdings eine Karenz von 14 Tagen nach Erhalt des Steuerbescheids gewährt (Art. 1 Abs. 2 Nr. 1 d) i. V. m. Abs. 2a PDP).

Eine steuerliche Kapitalgruppe entsteht formal durch Abschluss eines **notariell beglaubigten** und auf mindestens **drei Jahre** laufenden **Gruppenvertrages** (Art. 1a Abs. 2 Nr. 2 i. V. m. Abs. 2a PDP), der allerdings nicht mit einem Ergebnisabführungsvertrag gleichgesetzt werden darf.[113] Dieser Vertrag und damit die Anerkennung der steuerlichen Kapitalgruppe stehen – wie die französischen internationalen Gruppenbesteuerungsmodelle (vgl. oben) – unter dem Vorbehalt einer **finanzbehördlichen Genehmigung**.[114]

Bei entsprechender Erfüllung der vorgenannten Voraussetzungen besteht ein **Wahlrecht**, welche der qualifizierenden Gesellschaften in die Kapitalsteuergruppe einbezogen werden sollen. Allerdings besteht eine **feste Gruppenmitgliedschaft**,[115] d.h. die partizipierenden Gesellschaften müssen abschließend im Gruppenvertrag benannt werden (Art. 1a Abs. 3 Nr. 1 PDP). Während der Dreijahresfrist dürfen keine neuen Gesellschaften in die Gruppe aufgenommen werden (Art. 1a Abs. 6 PDP). Insofern erweist sich die steuerliche Kapitalgruppe als äußerst **inflexibel**.

Die vorgenannten Bedingungen sind **auch während der dreijährigen Laufzeit** des Ergebnisabführungsvertrages zwingend einzuhalten; als besonders problematische Voraussetzung tritt hinzu, dass die Kapitalsteuergruppe für jeden Veranlagungszeitraum eine **Umsatzrentabilität von wenigstens 3 %** aufweisen muss (Art. 1a Abs. 2 Nr. 4 PDP). Wird diese Bedingung nicht erfüllt, büßt die gesamte Gruppe gem. Art. 1a Abs. 12 PDP mit **sofortiger Wirkung** ihren Status als steuerliche Kapitalgruppe ein.[116] Es dürfte insbesondere auf diese strenge „Einnahmenrentabilitätsprämisse"[117] zurückzuführen sein, dass das polnische Gruppenbesteuerungsregime in der Besteuerungspraxis „nur ganz selten" zur Anwendung kommt.[118] Damit dürfte die steuerliche

---

[111] Vgl. *Wojcieszyk-Kluge*, RIW 2005, S. 607.
[112] Vgl. *Wojcieszyk-Kluge*, RIW 2005, S. 607.
[113] Vgl. *Bacia*, WiRO 2007, S. 51; *Bramo/Arnberger*, SWI 2002, S. 483.
[114] Vgl. *Alberts*, Polen, Rz. 253.
[115] Vgl. *Wojcieszyk-Kluge*, RIW 2005, S. 608.
[116] Vgl. *Bacia*, WiRO 2007, S. 53.
[117] Diese Bezeichnung findet sich bei *Sievert*, Konzernbesteuerung 2006, S. 207.

Kapitalgruppe als **grenzüberschreitendes Steuerplanungsinstrument** für deutsche Konzerne weitestgehend **ausscheiden**.

2. Wesentliche Rechtsfolgen

a) Ergebnisverrechnung

Für Zwecke der **Gesamtergebnisermittlung** werden zunächst die positiven und negativen Einzelergebnisse der Gruppengesellschaften ermittelt, zusammengefasst und sodann dem Ergebnis des Gruppenträgers hinzugerechnet (Art. 7a Abs. 1 PDP). **Steuerliche Gewinne und Verluste** werden dadurch **unmittelbar ausgeglichen**. Das aggregierte Gruppenergebnis unterliegt auf Ebene der Gruppenspitze der polnischen Körperschaftsteuer. Für einen Verlust der Gruppe gelten die allgemeinen Verlustvortragsregeln gem. Art. 7 Abs. 5 PDP.[119] Aufgrund der erforderlichen Umsatzrentabilität von mindestens 3 % wird ein Verlustvortrag regelmäßig ins Leere laufen.[120] **Vorgruppenverluste** werden wie bei der deutschen Organschaft „eingefroren" und dürfen während der Gruppenphase weder mit dem eigenen positiven Einkommen noch mit dem insgesamt erzielten Positiveinkommen der Gruppe saldiert werden.[121] Eine Verrechnung von Verlusten, die auf Ebene der Gruppe entstanden sind, mit nach Beendigung der Gruppe realisierten Gewinnen ist untersagt.[122]

Das Eingehen einer steuerlichen Kapitalgruppe lässt die steuerliche Behandlung von Transaktionen zwischen den Gruppengesellschaften unberührt.[123] Das steuerliche Gesamtergebnis wird **nicht** um **Zwischengewinne** oder **weitere gruppeninterne Vorgänge** bereinigt.[124] Allerdings kommen die polnischen **Verrechnungspreisvorschriften** bei kapitalsteuergruppeninternen Transaktionen **nicht zur Anwendung** (Art. 11 Abs. 8 PDP).[125]

b) Zinsabzug

Besondere Vorteile in Bezug auf die polnischen **Gesellschafterfremdfinanzierungsregeln** (Art. 16 Abs. 1 Nr. 60 u. 61 PDP) weist die Kapitalsteuergruppe nicht auf.[126] Im Grundsatz ist es denkbar, die steuerliche Verrechnung der bei einer fremdfinanzierenden Erwerbergesellschaft anfallenden Zinsaufwendungen mit Gewinnen der Zielgesellschaft durch Begründung einer Kapitalsteuergruppe zu erreichen (*debt push down*).[127] Hinsichtlich der Abzugsfähigkeit von Finanzie-

---

[118] Vgl. *Walczak/Dabrwoski*, Polen 2009, S. 258 (auch Zitat); *Adamczyk*, Poland 2008, S. 435; *Brockhuis/Schnell*, Polen 2003, S. 137; nach Ansicht von *Kratzer* besteht die polnische Gruppenbesteuerung daher auch nur in der Theorie, vgl. *Kratzer*, WiRO 2005, S. 176. Kritisch zu dieser erheblichen Anwendungseinschränkung vgl. *Princen/Gérard*, ET 2008, S. 178; *Wojcieszyk-Kluge*, RIW 2005, S. 608.

[119] Vgl. *Slapio/Jürgensmann*, RIW 2004, S. 925.

[120] Vgl. *Wojcieszyk-Kluge*, RIW 2005, S. 609.

[121] Vgl. *Alberts*, Polen, Rz. 253.

[122] Vgl. *Migdał/Namysłowski/Ziółek*, Poland, S. 103; *BDI/PwC*, Verlustberücksichtigung 2006, S. 69; *Schmitt*, IWB 2004, F. 5, Gr. 2, S. 152; *Reith*, Polen, Rz. 57.

[123] Vgl. *BDI/PwC*, Verlustberücksichtigung 2006, S. 68.

[124] Vgl. *Endres* et al., Determination 2007, S. 93 (dortiges Table 98); kritisch zum Unterbleiben einer Zwischenergebniseliminierung *Wojcieszyk-Kluge*, RIW 2005, S. 607.

[125] Vgl. *Adamczyk*, Poland 2008, S. 435.

[126] Zu den polnischen Gesellschafterfremdfinanzierungsregeln vgl. *Kudert/Gierałka*, Konzernfinanzierung 2007, S. 494ff.; *Jamrozy*, Polen 2002, S. 82ff.; *Kowalski/Godwod*, IWB 2007, F. 5, Gr. 2, S. 208f.; *Weigel*, IStR 2003, S. 90; *Łaszewka*, Unternehmensbesteuerung 2003, S. 110 u. 119-124 (aus europarechtlicher Sicht).

[127] Eine solche Erwerbsstruktur diskutieren z.B. *Wasylkowski/Krempa*, IWB 2001, F. 5, Gr. 2, S. 112.

rungskosten im Zusammenhang mit Anteilserwerben bestehen jedoch (noch immer) erhebliche **Rechtsunsicherheiten**.[128]

III. Schweden: *Koncernbidrag*

1. Wesentliche Anwendungsvoraussetzungen

Der wirtschaftlichen Einheit wird nach dem schwedischen Ertragsteuerrecht (*inkomstskattelag*; kurz: IL) durch das **System des Konzernbeitrags** (*koncernbidrag*) Rechnung getragen (35 kap. IL). Danach kann der von einer Gesellschaft in der aktuellen Periode erzielte steuerliche **Gewinn** auf eine andere, meist defizitäre Gesellschaft derselben Gruppe **übertragen** werden (zu den Rechtsfolgen im Einzelnen unter D.III.2.)[129]

Eine allgemeine Konzerndefinition existiert im schwedischen Steuerrecht nicht. Für Zwecke des Konzernbeitragssystems wird eine **Beteiligung von mehr als 90 %** (*helägt dotterföretag*) vorausgesetzt (35 kap. 2 § IL). Bezugsgröße ist das **Beteiligungskapital**; die vermittelte Stimmrechtshöhe ist unbeachtlich. Bei Mutter- und Tochterunternehmen darf es sich weder um ein privates **Immobilienunternehmen** (*privatbostadsföretag*) noch um eine Investmentgesellschaft (*investmentföretag*) handeln (35 kap. 3 § Nr. 1 IL).[130] Als **Mutterunternehmen** können neben schwedischen Aktiengesellschaften (*aktiebolag*; **AB**) auch wirtschaftliche Vereine, schwedische Sparkassen, Versicherungsgesellschaften auf Gegenseitigkeit, ideelle Vereine sowie Stiftungen qualifizieren (soweit die beiden Letztgenannten nicht steuerbefreit sind), 35 kap. 2 § IL.[131] **Tochterunternehmen** können indes nur Gesellschaften der beiden erstgenannten Rechtsformen sein (35 kap. 2 § IL). Sowohl Geber als auch Empfänger müssen den Konzernbeitrag **in ihren Steuererklärungen offen legen** (35 kap. 3 § Nr. 2 IL).

Die Mindestbeteiligung muss **während des gesamten Wirtschaftsjahres** bzw. seit dem Zeitpunkt des Beginns der wirtschaftlichen Tätigkeit des Tochterunternehmens bestehen (35 kap. 3 § Nr. 3 IL). Diese Anforderung ist für Veräußerungsfälle bedeutsam. Gesellschaften, die Gegenstand **gruppeninterner Beteiligungstransaktionen** sind, verlieren ihren Status als Gruppengesellschaft jedoch nicht (35 kap. 7 § IL).[132]

Weiterhin darf der **Beitragsbegünstigte** nicht auf Grundlage eines DBA in einem anderen Staat als Schweden (mit Ausnahme eines EWR-Staates; vgl. unten) ansässig sein (35 kap. 3 § Nr. 4 i. V. m. 2a IL). Der Konzernbeitrag muss in Schweden zwingend als **gewerbliche Einkünfte** der Steuerpflicht unterliegen; eine DBA-Freistellung ist somit schädlich (35 kap. 3 § Nr. 5 IL). Erfolgt eine Ergebnisübertragung von einer Tochter an ihre Mutter, darf eine im selben Wirtschaftsjahr vorgenommene Dividendenausschüttung (*utdelning*) nicht das steuerpflichtige Einkommen der Mutter erhöhen (35 kap. 3 § Nr. 6 IL).

Die steuerwirksame Ergebnisübertragung zwischen **Schwestergesellschaften** (*helägda dotterföretag*), die im geforderten Beteiligungsbesitz desselben Mutterunternehmens stehen, setzt die

---

[128] So bereits *Wasylkowski/Krempa*, IWB 2001, F. 5, Gr. 2, S. 112, im jüngeren Schrifttum z.B. *Migdał/Namysłowski/Ziółek*, Poland, S. 110; *Walczak/Dabrowski*, Polen 2009, S. 256.

[129] Dem Konzernbeitragssystem ähnlich ist das sog. Kommissionssystem (36 kap. IL), das im Weiteren jedoch nicht näher betrachtet wird; dazu im Detail *Nilsson*, Sweden, S. 106.

[130] Vgl. *Strömberg/Kristoffersson*, Sweden, Rz. 244. Der Grund für diese Ausnahme liegt darin, dass für diese beiden Rechtsformen jeweils spezifische Besteuerungsregime bestehen; vgl. *Wiman*, Sweden 2004, S. 635f.

[131] Vgl. auch *Wunderlich*, Schweden, Rz. 57.

[132] Vgl. im Einzelnen *Burmeister/Tivéus*, Skattenytt 2002, S. 424ff.

vorstehend beschriebenen Kriterien für Konzernbeitragsleistungen im Verhältnis Mutter – Tochter sinngemäß voraus. Zudem muss das Mutterunternehmen eine **Investmentgesellschaft** sein (35 kap. 4 § Nr. 1 IL), die Dividenden der **konzernbeitragsleistenden** Tochtergesellschaft werden auf Ebene des Mutterunternehmens **steuerfrei** vereinnahmt (35 kap. 4 § Nr. 2 IL), **oder** die von der **konzernbeitragsempfangenden** Tochtergesellschaft geleisteten Dividenden **unterliegen** auf Ebene des Mutterunternehmens der Steuerpflicht (35 kap. 4 § Nr. 3 IL).[133]

Bei **mehrstufigen Beteiligungsstrukturen** ist Folgendes zu beachten: Mutterunternehmen können grundsätzlich auch an solche schwedischen Unternehmen Konzernbeiträge leisten, die sich unterhalb der ersten Beteiligungsstufe befinden, so z. B. an Enkel- oder Urenkelgesellschaften. Dafür muss jedoch die Bedingung erfüllt sein, dass das empfangende Unternehmen (hypothetisch) auf das Mutterunternehmen verschmolzen werden könnte (sog. **„Verschmelzungsklausel"** gem. 35 kap. 5 § IL). Dafür ist nach schwedischem Recht eine Beteiligung von mehr als 90 % erforderlich.[134] Nach der sog. **„Vermittlungsklausel"** (35 kap. 6 § IL) können Konzernbeiträge **zwischen Gesellschaften innerhalb derselben Gruppen** unter der Voraussetzung übertragen werden, dass in jeder Stufe der Beteiligungskette ein Konzernbeitrag gemäß den vorstehend beschriebenen Grundsätzen hätte geleistet werden können; somit dürfen etwa auch Enkelgesellschaften Konzernbeiträge aneinander leisten.[135]

Bei Vorliegen der vorgenannten Voraussetzungen kann das Konzernbeitragssystem **für jeden Veranlagungszeitraum optional ausgeübt** werden und muss dabei nicht zwingend alle Gruppenmitglieder umfassen.

In Bezug auf den aus **deutscher Sicht** vor allem interessierenden **grenzüberschreitenden Konzernbeitrag** (*gränsöverskridande koncernbidrag*) bestehen einige Restriktionen. Zwar gilt im Grundsatz, wie oben bereits erwähnt, dass der Empfänger eines Konzernbeitrags aufgrund abkommensrechtlicher Bestimmungen nicht außerhalb des schwedischen Staatsgebietes ansässig sein darf (35 kap. 3 § Nr. 4 IL). Eine **Rückausnahme** besteht jedoch für solche ausländischen Gesellschaften, deren Ansässigkeit nach dem jeweils einschlägigen DBA im Hoheitsgebiet eines EWR-Staates liegt (35 kap. 2a § IL).

Voraussetzung für die steuerliche Abzugsfähigkeit ist zum einen, dass die ausländischen Gesellschaften den oben aufgezählten **schwedischen Rechtsformen äquivalent** sind, was in dem Sinne zu verstehen ist, dass diese mindestens einer der tariflichen schwedischen Körperschaftsteuer entsprechenden Besteuerung unterliegen (28 %). Zum anderen müssen die Konzernbeiträge beim Empfänger **im Rahmen eines Gewerbebetriebs dem schwedischen Steuerzugriff** unterliegen, d. h. nicht durch ein DBA freigestellt sein. Soweit schwedische Gesellschaften nach einem DBA im Ausland ansässig sind, wird analog vorausgesetzt, dass die von ihnen geleisteten Konzernbeiträge beim Begünstigten nach Maßgabe des jeweiligen DBA als steuerpflichtige gewerbliche Einkünfte in Schweden qualifizieren.

Für Beteiligungen (> 90 %) einer **deutschen Muttergesellschaft** in der Rechtsform einer Kapitalgesellschaft an einer schwedischen **AB** gilt daher Folgendes: Konzernbeiträge, die durch die deutsche Muttergesellschaft **an die Tochtergesellschaft** geleistet werden, sind nach schwedischem Steuerrecht zulässig, da die Muttergesellschaft einer schwedischen Kapitalgesellschaft entsprechen dürfte und die Konzernbeiträge bei der empfangenden Tochtergesellschaft in Schweden zu steuerpflichtigen gewerblichen Einkünften führen. Hingegen sind Konzernbeiträ-

---

[133] Vgl. *BDI/PwC*, Verlustberücksichtigung 2006, S. 74; *Wunderlich*, Schweden, Rz. 58.
[134] Vgl. *Oestreicher* et al., Konzernbesteuerung 2008, S. 64.
[135] Vgl. *BDI/PwC*, Verlustberücksichtigung 2006, S. 74; *Wunderlich*, Schweden, Rz. 58.

ge, die von einer **schwedischen Tochtergesellschaft** an eine deutsche Mutter (ohne schwedische Betriebsstätte) geleistet werden, in Schweden steuerlich nicht abzugsfähig. Konzernbeiträge von schwedischen Tochtergesellschaften können nur dann zum Abzug gebracht werden, wenn ihre Anteile von einer **schwedischen Betriebsstätte** gehalten werden und Letztere auch Empfängerin der Konzernbeiträge ist. Die von **schwedischen Tochtergesellschaften** einer deutschen Kapitalgesellschaft **untereinander** geleisteten Konzernbeiträge sind regelmäßig steuerlich zulässig.

Gemäß einem **Gesetzesentwurf vom 22. September 2009**[136] soll schwedischen Muttergesellschaften in naher Zukunft die Möglichkeit gewährt werden, **finale Verluste** ausländischer Tochtergesellschaften geltend zu machen (35 a kap 1 § ff. IL-E). Das System des Konzernbeitrags würde demnach um **ein System des Konzernabzugs** (*koncernavdrag*) ergänzt werden. Der schwedische Gesetzgeber reagiert damit auf eine wegweisende (Sammel-)Entscheidung des **schwedischen Regeringsrätten** (Oberster Verwaltungsgerichtshof) vom **11. März 2009**,[137] in der herausgestellt wurde, dass das geltende schwedische Konzernbeitragssystem in Teilen gegen die Rechtsprechung des EuGH in Sachen *Marks & Spencer* und *Oy AA* verstößt.[138]

Die Berücksichtigung finaler Verluste ist jedoch an **sehr strenge Voraussetzungen** geknüpft, von denen hier nur die wichtigsten dargestellt werden können. So muss die Tochtergesellschaft im EWR-Raum ansässig sein und einer schwedischen AB entsprechen; zudem muss an dieser eine unmittelbare Beteiligung von mehr als 90 % gehalten werden (35 a kap. 2 § IL-E). Die Tochtergesellschaft muss bereits (endgültig) liquidiert worden sein und hat sämtliche Möglichkeiten ausgeschöpft, den bestehenden Verlust im Ansässigkeitsstaat zu berücksichtigen. Ein Konzernabzug wird bereits dann verwehrt, wenn in dem (ehemaligen) Ansässigkeitsstaat der verlusttragenden Tochtergesellschaft ein anderes, dem Mutterunternehmen nahe stehendes Unternehmen den Geschäftsbetrieb der liquidierten Tochtergesellschaft oder seinen eigenen Geschäftsbetrieb fortführt (vgl. zu den Voraussetzungen im Einzelnen 35 a kap. 5 § IL-E). Anders als beim Konzernbeitrag ist eine tatsächliche Vermögensübertragung beim Konzernabzug (hier: Verlustübernahme) nicht erforderlich.

Die **Verlustermittlung** erfolgt gemäß den steuerlichen Vorschriften des Ansässigkeitsstaates sowie nach schwedischem Steuerrecht; maximal abzugsfähig ist der niedrigere der beiden so errechneten Verlustgrößen. Der **Berechnungszeitraum** beginnt mit Ende des letzten (vollständigen) Veranlagungszeitraums und endet mit Abschluss der Liquidation. Einschränkend ist zu beachten, dass der Konzernabzug das zu versteuernde Einkommen der Muttergesellschaft (vor Berücksichtigung des Konzernabzugs) nicht übersteigen darf. Ein Konzernabzug kann auf Ebene der Muttergesellschaft also zu keinem Verlust führen. Des Weiteren sollen Verluste nur insoweit berücksichtigt werden, wie sie auf den Zeitraum des erforderlichen Beteiligungsbesitzes entfallen. Wurden in den letzten **zehn Jahren** vor der Liquidation **stille Reserven** von der Tochtergesellschaft auf nahe stehende Unternehmen übertragen, erfolgt eine weitergehende **Kürzung des Verlustes** in eben dieser Höhe (vgl. im Detail 35 a kap. 7 § ff. IL-E).

Die beschriebenen Neuregelungen sollen am **1. Juli 2010** in Kraft treten. Sie wären damit anzuwenden auf Geschäftsjahre, die nach dem 30. Juni 2010 enden, beziehungsweise auf Verluste

---

[136] Vgl. Finansdepartementet – Skatte- och tullavdelningen, Koncernavdrag i visa fall, m.m., Promemoria v. 22. 9. 2009. Abrufbar unter: http://www.sweden.gov.se/sb/d/108/a/132294.

[137] Vgl. RÅ ref. 13 (Målnummer: 1267-08) u. ref. 14 (Målnummer: 1651-07).

[138] Vgl. zum Urteil *Lindstrom-Ihre/Berglund*, TNI 2009, S. 1057f.; *Mutén*, IStR 2009, Länderbericht zu Heft 9, S. 38.

einer Tochtergesellschaft, deren Liquidation nach dem 30. Juni 2010 abgeschlossen ist. Aufgrund der scharfen Anwendungsvoraussetzungen ist zweifelhaft, ob die Berücksichtigung finaler Verluste **in der Praxis tatsächlich durchsetzbar sein wird**; auch die bezweckte **EU-Konformität** erscheint strittig.[139] Etwaige Nachbesserungen sind im Auge zu behalten.

2. Wesentliche Rechtsfolgen

a) Einkommensübertragung

Die einzelnen Gruppengesellschaften bleiben nach dem schwedischen Konzernbeitragssystem trotz ihrer Gruppenzugehörigkeit selbstständig steuerpflichtig; es gilt der **Grundsatz der Einzelveranlagung**.[140] Das steuerpflichtige Einkommen der leistenden Gesellschaft (*givaren*) wird durch den Konzernbeitrag gemindert (**Betriebsausgabe**), das der empfangenden Gesellschaft (*mottagaren*) korrespondierend erhöht (**Betriebseinnahme**), 35 kap. 1 § IL. Die Leistung eines Konzernbeitrags ist der Höhe nach unbegrenzt; allerdings darf ein Positiveinkommen des Leistenden nicht dadurch negativ werden.[141] Die begünstigten Gruppengesellschaften werden mit den empfangenen Konzernbeiträgen regelmäßig ihre eigenen Verluste ausgleichen.[142] Weil die Gewinnverlagerung – anders als nach der deutschen Organschaft – auch **up-, down- und sidestream** möglich ist, können die steuerlichen Gewinne nicht nur zwischen Mutter- und Tochtergesellschaften (bzw. nachgelagerten Beteiligungsebenen), sondern vielmehr auch zwischen verbundenen Gesellschaften transferiert werden. Aus Gesamtkonzernsicht bietet diese indirekte Verlustverrechnung einen **Liquiditätsvorteil**, weil die Steuerminderungspotenziale der verlusterleidenden Gesellschaften aufgrund der frei zu wählenden Allokationsrichtung möglichst frühzeitig genutzt werden können.[143]

Verluste, die bei einer Gesellschaft vor Erfüllung der Konzernbeitragsvoraussetzungen entstanden sind (**Vorgruppenverluste**), bleiben grundsätzlich auch während der Phase der Gruppenzugehörigkeit nutzbar, unterliegen aber gewissen **Beschränkungen**. Insbesondere sind die in 40 kap. IL kodifizierten **Verlustvortragsbeschränkungen** im Fall eines **Anteilseignerwechsels** zu beachten. Danach führt die Übertragung der Mehrheit der Anteile an einer Verlustgesellschaft zu einer **zweifachen Sperre** ihrer Verlustvorträge: eine **betragsmäßige Sperre** (*beloppsspärr*, 40 kap. 15 § ff. IL) in Höhe des 200 % der Anschaffungskosten übersteigenden Teils der Verlustvorträge sowie eine **zeitliche Sperre von fünf Jahren,** in der die nach der betragsmäßigen Sperre verbleibenden Verlustvorträge nicht durch empfangene Konzernbeiträge anderer Gruppenmitglieder ausgeglichen werden können (*koncernbidrags-spärr*, 40 kap. 18 § ff. IL).[144] Für gruppeninterne Übertragungen gelten diese Sperren grundsätzlich nicht (40 kap. 10 § IL).[145]

Eine **Zwischenergebniseliminierung** sehen die schwedischen Konzernbeitragsregeln nicht vor.[146] In Ausnahme zu dem Grundsatz, dass Wirtschaftsgüter im Fall der Veräußerung zu ihrem Marktpreis zu bewerten sind, können Wirtschaftsgüter des Anlagevermögens[147] gruppenintern

---

[139] Zur Kritik vgl. *Dahlberg*, TNI 2009, S. 990.
[140] Vgl. *Sievert*, Konzernbesteuerung 2006, S. 140.
[141] Vgl. *Oestreicher* et al., Konzernbesteuerung 2008, S. 72.
[142] Vgl. *Princen/Gérard*, ET 2008, S. 179.
[143] Vgl. *Watrin/Sievert/Strohm*, FR 2004, S. 3f.
[144] Vgl. *Sedlaczek*, IWB 2006, F. 5, Gr. 2, S. 181.
[145] Vgl. *BDI/PwC*, Verlustberücksichtigung 2006, S. 75.
[146] So auch *Endres*, Konzernbesteuerung 2003, S. 474.
[147] Vgl. *Oestreicher* et al., Konzernbesteuerung 2008, S. 79.

zu einem niedrigeren Wertansatz (minimal zum Buchwert) übertragen werden.[148] Konzeptionell handelt es sich hierbei eher um eine "**roll-over-Methode**" bei der die stillen Reserven auf eine andere Gruppengesellschaft verlagert werden, nicht jedoch um eine Zwischenergebniseliminierung i. e. S., weil ein zu eliminierender Gewinn noch nicht realisiert wurde.[149] **Weitere Konsolidierungsmaßnahmen** sieht das schwedische Steuerrecht nicht vor.

b) Zinsabzug

Spezielle Regelungen zur **Gesellschafterfremdfinanzierung** sind dem schwedischen Steuerrecht unbekannt.[150] Die weit reichende Zinsverrechnungsmöglichkeit im Rahmen von *Debt push down*-Gestaltungen wurde allerdings durch jüngst eingeführte Missbrauchsvorschriften (**24 kap. 10 a – 10 e §§ IL**) erheblich eingeschränkt. Als **Grundregel** gilt, dass Zinsaufwendungen für Darlehen, die von einer nahe stehenden Person gewährt werden, um Anteilsrechte (z. B. Aktien oder Bezugsrechte) [151] von einer anderen nahe stehenden Person zu erwerben, (definitiv) vom steuerlichen Abzug ausgeschlossen sind (24 kap. 10 b § IL).[152] Auch im Rahmen von *Back-to-back*-Finanzierungen geleistete Zinsaufwendungen an fremde Dritte können betroffen sein, nämlich dann, wenn ein nahe stehendes Unternehmen über eine dem zugrunde liegenden Darlehen vergleichbare Forderung gegenüber einem fremden Dritten oder einer dem fremden Dritten nahe stehenden Person verfügt (24 kap. 10 c § IL).[153]

Diese Zinsabzugsbeschränkungen (*ränteavdragsbegränsningarna*) sind am 1. Januar 2009 in Kraft getreten und gelten für Zinsaufwendungen, die nach dem 31. Dezember 2008 geleistet werden. Sie richten sich gegen Planungsmodelle, die in Schweden unter dem Begriff "**Zinskreisel**"[154] (*räntesnurror*) bekannt sind.[155] **Ausnahmen** von diesem neuerlichen Zinsabzugsverbot bestehen in **zwei Fällen** (*kompletteringsregler*):[156] zum einen, wenn die Zinsen auf Ebene des nahe stehenden Darlehensgebers zu **mindestens 10 %** besteuert werden (effektiver Steuersatzvergleich), zum anderen, wenn sowohl Anteilserwerb als auch Darlehensgewährung von einem nahe stehenden Unternehmen hauptsächlich **betriebswirtschaftlich** (*huvudsakligen affärsmässigt motiverade*) – und nicht steuerlich – **begründet** sind (24 kap. 10 d § Nr. 1 u. 2 IL). Die Beweislast trägt jeweils der Darlehensnehmer.

---

[148] Vgl. *Wiman*, Sweden 2004, S. 640ff.
[149] Vgl. *Wagner*, Gruppenbesteuerung 2006, S. 128f. u. S. 166.
[150] Vgl. *Lenz/Dörfler*, DB 2010, S. 21.
[151] Zum Begriff der Anteilsrechte vgl. *BDI/KPMG*, Finanzierungsaufwendungen 2009, S. 44.
[152] Vgl. *Lenz/Dörfler*, DB 2010, S. 21; *Dahlberg*, TNI 2008, S. 811.
[153] Vgl. *BDI/KPMG*, Finanzierungsaufwendungen 2009, S. 44.
[154] Vgl. *Mutén*, IStR 2008, Länderbericht zu Heft 5, S. 12; *ders.*, IStR 2008, Länderbericht zu Heft 19, S. 58.
[155] Vgl. zur Problematik im schwedischen Schrifttum z.B. *Andersson*, Svensk Skattetidning 2009, S. 289ff.; *Tivéus*, Skattenytt 2007, S. 687ff.; *Hultqvist*, Svensk Skattetidning 2008, S. 60ff.; im deutschsprachigen Schrifttum bislang – soweit ersichtlich – nur *Mutén*, IStR 2008, Länderbericht zu Heft 5, S. 12f.; *ders.*, IStR 2008, Länderbericht zu Heft 19, S. 58. Zur Grundstruktur dieser Modelle vgl. *Skatteverket*, Förslag om begränsningar i avdragsrätten för ränta m.m. på vissa skulder, Promemoria v. 23.06.2008, 131-348803-08/113, S. 17. Abrufbar unter: http://www.skatteverket.se.
[156] Vgl. ausführlich *BDI/KPMG*, Finanzierungsaufwendungen 2009, S. 45.

IV. Vereinigtes Königreich: Group relief und capital gains group
1. Group relief system
a) Wesentliche Anwendungsvoraussetzungen

Gruppenspezifische Steuererleichterungen können im Vereinigten Königreich durch einen *group relief* und durch Bildung von *capital gains groups* (vgl. unter D.IV.2.) erzielt werden. Das im Folgenden zunächst betrachtete *group relief system* (Sec. 402 ff. Income and Corporation Taxes Act 1988; ICTA) ermöglicht es, **gewerbliche Verluste auf andere Gruppengesellschaften** zu übertragen.[157] Eine allgemeine Gruppendefinition besteht (auch) im britischen Steuerrecht nicht. Eine Gruppe im Sinne des *group relief* soll sich dadurch auszeichnen, dass eine Muttergesellschaft zu **75 %** oder mehr an mindestens einer Tochtergesellschaft beteiligt ist (Sec. 413(3) ICTA).[158] Dieses Beteiligungserfordernis bezieht sich gleichermaßen auf die Partizipation am **Kapital, am ausschüttungsfähigen Gewinn und an einem etwaigen Liquidationserlös** (Sec. 413, 832, 838 ICTA).[159] Die Mindestbeteiligungsquote von 75 % kann sowohl durch direkte als auch **indirekte** Beteiligungen bewirkt werden (Sec. 838 (10) ICTA).[160]

Aus **Sicht deutscher Investoren** ist zunächst einschränkend zu beachten, dass eine gruppeninterne Verlustverrechnung nur für im Vereinigten Königreich ansässige und unbeschränkt körperschaftsteuerpflichtige Gesellschaften, d.h. insbesondere britischen Aktiengesellschaften (*public company limited by shares*; **Plc**) und britischen Gesellschaften mit beschränkter Haftung (*private company limited by shares*; **Ltd.**) zur Verfügung steht (Sec. 413 (5) ICTA).[161] Die Anteile an solchen Gesellschaften können allerdings auch über die **Betriebsstätte** einer ausländischen (deutschen) Gesellschaft gehalten werden (Sec. 402 (3A), (3B) ICTA i.d.F. des Finance Act 2003). Damit ist der *group relief* nur für den britischen **Teil eines deutschen Konzerns** zugänglich.[162] Unerheblich ist, ob eine britische Muttergesellschaft von Gesellschaftern im Ausland (Deutschland) beherrscht wird. Zudem können auch britische **Schwestergesellschaften** untereinander den *group relief* in Anspruch nehmen, obgleich ihre gemeinsame Muttergesellschaft im Ausland (Deutschland) ansässig ist.[163] Die Regeln über den *group relief* bleiben (zumindest) für die britischen Gruppenmitglieder auch dann anwendbar, wenn einzelne Tochtergesellschaften in einem anderen Staat ansässig sein sollten.[164]

Verluste, die – aus britischer Sicht – von **ausländischen Tochtergesellschaften** erlitten wurden, sollten gemäß den im Urteil *Marks & Spencer* entwickelten Grundsätzen geltend gemacht werden können. Die derzeitige gesetzgeberische Umsetzung (im Wesentlichen Schedule 18A ICTA)

---

[157] Vgl. *Alberts*, Großbritannien, Rz. 221.
[158] Vgl. *Sievert*, Konzernbesteuerung 2006, S. 220. Als Gruppenträger kann – ähnlich der in Deutschland abgeschafften Mehrmütterorganschaft – auch ein sog. *Konsortium* fungieren (Sec. 402 (3) ICTA); vgl. *Watrin/Sievert/Strohm*, FR 2004, S. 5. Das *consortium relief* wird im Folgenden nicht näher betrachtet; vgl. hierzu z.B. *Watrin/Sievert/Strohm*, FR 2004, S. 5f.
[159] Vgl. *Grundke*, Großbritannien 2006, S. 113; *Oestreicher* et al., Konzernbesteuerung 2008, S. 63.
[160] Vgl. *Watrin/Sievert/Strohm*, FR 2004, S. 5; BDI/PwC, Verlustberücksichtigung 2006, S. 51.
[161] Vgl. *Dörr*, Konzernbesteuerung 2005, S. 827.
[162] Vgl. *Dörr*, Konzernbesteuerung 2005, S. 827f.
[163] Vgl. *Richard*, Intertax 2003, S. 27; *Oestreicher* et al., Konzernbesteuerung 2008, S. 60.
[164] Vgl. *Dörr*, Konzernbesteuerung 2005, S. 828.

weist jedoch noch erhebliche Restriktionen auf. Die **EU-Kommission** hat das Vereinigte Königreich deshalb förmlich aufgefordert, diese auf ein europarechtskonformes Maß zu reduzieren.[165]

b) **Wesentliche Rechtsfolgen**

aa) **Verlustübertragung**

Wenn die vorgenannten Voraussetzungen vorliegen, kann der Verlust einer verlusterleidenden Gesellschaft (*surrending company*) nahezu beliebig auf eine andere Gesellschaft (*claimant company*) übertragen werden. Die Verlustallokation ist sowohl zwischen Mutter- und Tochtergesellschaften als auch zwischen Schwestergesellschaften möglich.[166] Es ist ebenso zulässig, den Verlust eines Gruppenmitgliedes **aufzusplitten** und auf verschiedene andere gruppenzugehörige Gesellschaften zu verteilen.[167] Jedes Mitglied einer Gruppe bleibt steuerlich selbstständig und behandelt den Verlust im Rahmen der individuellen Einkommensermittlung wie eine **Betriebsausgabe**.[168] Die verlustübertragende Gesellschaft verliert insoweit jeden Anspruch auf Nutzung des Verlustes, denn andernfalls könnte ein Verlust zweifach genutzt werden.[169] **Vorgruppenverluste** dürfen lediglich auf Ebene derjenigen Gesellschaft genutzt werden, die den Verlust erlitten hat.[170]

Die Verlustübertragung ist **antragsgebunden** und irreversibel. Der Antrag ist innerhalb von **zwei Jahren** nach Ablauf des Wirtschaftsjahres der Verlustentstehung bei der zuständigen Finanzbehörde einzureichen und bedarf der Zustimmung der den Verlust abtretenden Gesellschaft (Sec. 412(1)(b) und (c) ICTA). Der Abschluss eines Ergebnisabführungsvertrags wird für die steuerliche Wirksamkeit der Verlustübertragung nicht vorausgesetzt.[171] Der **zweijährige Antragszeitraum** bietet insoweit einen **Gestaltungsspielraum**, als in Fällen, in denen aus Gruppensicht die Verluste die Gewinne überwiegen, zunächst abgewartet werden kann, welche Gruppengesellschaft als erstes wieder profitabel ist; freilich sollten dieser Gesellschaft die Verluste vorrangig zugeordnet werden.[172]

bb) **Zinsabzug**

Fremdfinanzierungsaufwendungen im Zusammenhang mit dem Erwerb einer britischen (Tochter-)Gesellschaft sind grundsätzlich steuerlich abziehbar.[173] Ergibt sich durch die Zinszahlungen auf Ebene des Erwerbers ein Verlust, kann dieser im Rahmen des *group relief* auf andere Gruppengesellschaften – und somit auch auf die erworbene Gesellschaft – übertragen werden (*debt push down*).[174] Es besteht jedoch regelmäßig die Gefahr, dass ein Abzug dieser Finanzierungs-

---

[165] Vgl. EU-Kommission, Pressemitteilung v. 18.09.2008, Az. IP/08/1365. Vgl. *o.V.*, IWB 19/2008, S. 931; dazu auch *Homburg*, IStR 2009, S. 353.
[166] Vgl. *Watrin/Sievert/Strohm*, FR 2004, S. 6.
[167] Vgl. *Endres*, Konzernbesteuerung 2003, S. 467; *BDI/PwC*, Verlustberücksichtigung 2006, S. 50.
[168] Vgl. *Watrin/Sievert/Strohm*, FR 2004, S. 6.
[169] Vgl. *Sedlaczek*, IWB 2006, F. 5, Gr. 2, S. 434; *BDI/PwC*, Verlustberücksichtigung 2006, S. 50.
[170] Vgl. *BDI/PwC*, Verlustberücksichtigung 2006, S. 52.
[171] Vgl. *Grundke*, Großbritannien 2006, S. 114.
[172] Vgl. *Sievert*, Konzernbesteuerung 2006, S. 221.
[173] Vgl. *Brown*, Großbritannien 2009, S. 138.
[174] Vgl. *Obuoforibo*, United Kingdom, S. 185; *Grundke*, Großbritannien 2006, S. 309; *Kent*, Großbritannien, Rz. 53; *Brown*, Großbritannien 2009, S. 138.

kosten durch die britischen Unterkapitalisierungs- bzw. Verrechnungspreisgrundsätze eingeschränkt wird.[175]

2. Capital gains group

a) Wesentliche Anwendungsvoraussetzungen

Durch die Bildung einer **capital gains group** (Sec. 171 Taxation of Capital Gains Act 1988; abgekürzt: TCGA) kann eine kapitalgewinnsteuerneutrale **Übertragung von Wirtschaftsgütern** des **Anlagevermögens** (sog. *chargeable assets*) sicher gestellt werden, sofern diese im Vereinigten Königreich steuerverstrickt bleiben. Die **persönlichen Voraussetzungen** entsprechen im Wesentlichen denen des *group relief* (vgl. oben), sodass der Anwendungsbereich der *capital gains group* aus Sicht deutscher Investoren sinngemäß beschränkt ist.[176] Die *capital gains group* erfordert eine effektive Beteiligung von **51 % oder mehr** am ausschüttungsfähigen Gewinn und potenziellen Liquidationserlös sowie von **mindestens 75 %** am Beteiligungskapital (Sec. 170 (3) und (7) TCGA). Die Gruppenträgerin ihrerseits darf außerdem keine 75 %ige Tochtergesellschaft einer anderen Gesellschaft sein (Sec. 170 (4) TCGA). Eine Antragstellung ist im Gegensatz zum *group relief system* nicht erforderlich.[177]

b) Wesentliche Rechtsfolgen

Unter den vorstehenden Voraussetzungen können Wirtschaftsgüter des **Anlagevermögens** (nicht jedoch des Umlaufvermögens) innerhalb der *capital gains group* erfolgsneutral übertragen werden (Sec. 171 TCGA). Eine Gewinnrealisierung erfolgt erst, wenn das Wirtschaftsgut an einen Dritten veräußert wird. Eine Missbrauchsvorschrift stellt allerdings sicher, dass es bei einem Austritt der **übernehmenden Gesellschaft** innerhalb einer 6-jährigen **Sperrfrist** nach Übertragung zu einer **Nachbelastung** kommt.[178]

Eine **direkte Übertragung** von **Kapitalverlusten** (*capital losses*) – so wie bei gewerblichen Verlusten im Rahmen des *group relief system* – ist innerhalb der *capital gains group* **nicht zulässig**.[179] Veräußerungsverluste dürfen ausschließlich mit Veräußerungsgewinnen (*capital gains*) derselben Gesellschaft und derselben Periode verrechnet werden. Nicht vollständig genutzte Kapitalverluste sind zeitlich **unbeschränkt vorzutragen** (Sec. 2 (2) TCGA). Es ist jedoch zulässig, an Dritte veräußerte Wirtschaftsgüter vor dem tatsächlichen Veräußerungsvorgang gedanklich an eine andere Gruppengesellschaften zu übertragen (Sec. 171A TCGA).[180] Das veräußerte Wirtschaftsgut wird dadurch im Ergebnis **behandelt**, als ob es **von einer anderen Gruppengesellschaft** veräußert worden wäre.[181] Bestehen auf Ebene der fiktiv veräußernden Gruppengesellschaft (vorgetragene) Kapitalverluste, können diese insoweit mit den Kapitalgewinnen des externen Veräußerungsvorgangs verrechnet werden.[182] Auf diese Weise kann eine **indirekte Kapitalverlustnutzung** sichergestellt werden.

---

[175] Vgl. *Brown*, Großbritannien 2009, S. 138f.; *Bryant*, TPI 2008, S. 24.
[176] Vgl. *Grundke*, Großbritannien 2006, S. 106f.
[177] Vgl. *Dörr*, Konzernbesteuerung 2005, S. 835.
[178] Vgl. *Sievert*, Konzernbesteuerung 2006, S. 222.
[179] Vgl. *Richard*, Intertax 2003, S. 28; *BDI/PwC*, Verlustberücksichtigung 2006, S. 52.
[180] Vgl. *Grundke*, Großbritannien 2006, S. 103.
[181] Vgl. *Grundke*, Großbritannien 2006, S. 104.
[182] Vgl. *Grundke*, Großbritannien 2006, S. 114.

E. Fazit

Der Gedanke der wirtschaftlichen Einheit wird durch die exemplarisch diskutierten Gruppenbesteuerungssysteme in Frankreich, Polen, Schweden und im Vereinigten Königreich nur bedingt umgesetzt. Während die Grundanforderung einer unmittelbaren Ergebnisverrechnung – zumindest im innerstaatlichen Verhältnis – in allen beschriebenen Ländern erfüllt werden kann, sind die darüber hinaus gehenden Konsolidierungsmaßnahmen stark eingeschränkt. Die Zulässigkeit von *Debt push down*-Gestaltungen wird mittels spezieller Zinsabzugsbeschränkungen durchweg verhindert; eine Privilegierung von Unternehmensgruppen vergleichbar der deutschen Konzern-Klausel ist nicht erkennbar. Die diskutierten Gruppenbesteuerungsmodelle zeichnen sich in ihren Grundvoraussetzungen durch einen starken Inlandsbezug aus; eine grenzüberschreitende Gruppenbesteuerung steht damit als Steuerplanungsinstrument bei deutschen Outbound-Investitionen faktisch nicht zur Verfügung. Nach den Bestrebungen der EU-Kommission sollen die aus diesen Beschränkungen resultierenden nachteiligen ökonomischen Folgen künftig durch Schaffung einer gemeinsamen konsolidierten Körperschaftsteuerbemessungsgrundlage (GKKB) verhindert werden.[183]

---

[183] Zur GKKB vgl. *Spengel/Oestreicher*, DStR 2009, S. 773ff.; *Schön/Schreiber/Spengel*, Common Corporate Tax Base 2008; *Dahlke/Kahle*, CCCTB 2009, S. 229ff.

C. Konzernreorganisationen

1. Steuerplanungsüberlegungen beim Kauf von ausländischen Unternehmen

von Prof. Dr. Wolfgang Blumers, Rechtsanwalt, Fachanwalt für Steuerrecht, Stuttgart[*]

Inhaltsübersicht

I. Einleitung
II. Steuern bei Erwerb ausländischer Unternehmen
III. Integration des target beim Erwerber

Literatur:

Grotherr, in: Schaumburg/Piltz, Internationales Umwandlungssteuerrecht, S. 152; *Jacobs*, Internationale Unternehmensbesteuerung, 6. Aufl. 2007, S. 1215 ff.; *Peemöller*, Praxishandbuch der Unternehmensbewertung, S. 401 ff.; *Widmann/Mayer*, UmwStG § 23 Rn. 234.

I. Einleitung

Wenn hier vom Kauf ausländischer Unternehmen gesprochen wird, ist die Outbound-Gestaltung gemeint. Zu Inbound-Gestaltungen sei auf die allgemeinen Regeln zum inländischen Unternehmenskauf verwiesen. Die jeweiligen Sonderheiten für den Erwerber richten sich ggf. nach dem Recht/Steuerrecht seines Sitzstaates.[1]

Grundsätzlich unterscheiden sich die steuerlichen Überlegungen beim Erwerb eines ausländischen Unternehmens nicht von denen, die bei einem inländischen Erwerb anzustellen sind. Dies gilt für alle Schritte von der Suche und Prüfung des Zielunternehmens (target) über die einzelnen Schritte des Erwerbes bis zu der steuerlichen Integration des target in das Unternehmen des Erwerbers und ggf. die Weiterveräußerung nicht selbst zu nutzender Teile.

Der wesentliche Unterschied gegenüber einem inländischen Erwerb besteht in der zusätzlichen Geltung des ausländischen Rechts, insbesondere des Steuerrechts des oder der in diesem Zusammenhang berührten Staaten. Dieser Unterschied wird immer wieder unterschätzt, da das ausländische Steuerrecht in seiner Systematik häufig soweit vom deutschen Steuerrecht abweicht, dass schon die vom deutschen Steuerrecht geprägten Denkansätze unzutreffend sind. Als Beispiel sei auf die Umsetzung der Fusionsrichtlinie (FRL) in § 23 Abs. 4 UmwStG 1995 verwiesen, wo der deutsche Gesetzgeber die doppelte Buchwertverknüpfung anordnete, obwohl die FRL nur die einfache Buchwertverknüpfung beim Einbringenden, nicht aber bei der übernehmenden Gesellschaft vorsah, so dass die Umwandlung mit der Mehrzahl oder anderen EU-Staaten unmittelbar nicht möglich war.[2] Ebenso wird ein deutscher Erwerber einer englischen Tochterkapitalgesellschaft scheitern, wenn er glaubt, dass deren Verlustvorträge durch eine Teilbetriebsveräußerung kompensiert werden könnten – das englische Steuerrecht lässt die Verrechnung von laufenden Verlusten mit capital gains nicht zu. Die Folgerung aus dieser Erkenntnis muss sein, dass man sich die wesentlichen Grundsätze des oder der ausländischen

---

[*] Partner von Blumers & Partner, Stuttgart, Mitglied im Euro Tax Circle.
[1] Vgl. im Übrigen *Jacobs*, Internationale Unternehmensbesteuerung, 6. Aufl. 2007, S. 1215 ff.
[2] Vgl. *Widmann/Mayer*, UmwStG 1997 § 23 Rn. 234.

Steuerrechte zu Eigen macht, bevor man aus deutscher Sicht Überlegungen zur steuerlichen Abwicklung des Unternehmenskaufs anstellt.

Im Folgenden wird— wie international üblich— unterschieden zwischen dem direkten Erwerb eines ausländischen Unternehmens durch share- oder asset deal (acquisition) und der Begründung eines Joint Ventures zur Beteiligung an einem ausländischen Unternehmen (merger). Wie beim deutschen innerstaatlichen Unternehmenserwerb sind die meisten zu beachtenden Steuerregeln für beide Gestaltungen identisch.

Die zunehmende Entwicklung des europäischen Binnenmarktes soll jetzt zusätzlich angesprochen werden, da die steuerliche Integration hier für den Unternehmenserwerb in Europa (in 27 EU-Mitgliedstaaten und 3 EFR-Mitgliedstaaten) zunehmend positive Auswirkungen hat, die – ggf. sogar durch Zwischenschaltung einer EU-Holding bei Unternehmenserwerbe in Drittstaaten – genutzt werden sollten. Zu erwähnen sind hier die Mutter-Tochter-Richtlinie, die der Beseitigung der Quellensteuern auf Dividenden zwischen Kapitalgesellschaften in Mitgliedstaaten dient, sowie vor allem die Fusionsrichtlinie i. d. F. v. 17.02.2005. Sie veranlasst die genannten Staaten, grenzüberschreitende Umwandlungen und Sitzverlegungen (in EU/EWR) steuerneutral zuzulassen; dies hat Deutschland durch das SEStEG (UmwStG 2006) vollzogen. Erwähnenswert im Zusammenhang mit dem Unternehmenserwerb ist vor allem die Regelung über den Anteilstausch (§ 21 UmwStG), die den Erwerb einer EU-Gesellschaft steuerneutral über die Ausgabe neuer Geschäftsanteile zulässt (und ggf. über die Grenzen der EU/EWR hinaus anwendbar ist). Zu erwähnen sind aber auch die neuen EU-Gesellschaftsformen, nämlich Europa AG (Societas Europaea – SE), die in der EU/EWR grenzüberschreitend durch Verschmelzung gegründet und anschließend innerhalb der EU/EWR ihren Sitz verlegen können, die Europäische Genossenschaft (Societas Cooperativa Europaea – SCE) und die Europäische Wirtschaftliche Interessenvereinigung (EWIV), die der Kooperation kleinerer und mittlerer Untenehmen dienen soll.

II. Steuern bei Erwerb ausländischer Unternehmen

1. Allgemeine steuerliche Ziele/Regeln beim Unternehmenskauf

Wie beim inländischen Unternehmenserwerb geht es um die generellen Ziele des Unternehmenskäufers, nämlich

- die Abschreibung des Kaufpreises an dem erworbenen Objekt, hier also den Wirtschaftsgütern des target, wobei diese mit ihrem Wert möglichst (gegebenenfalls nach einem step-up) die Anschaffungskosten für das target widerspiegeln sollten;
- die Abzugsfähigkeit der Finanzierungskosten für den Erwerb des target je nach Gestaltung im In- und/oder Ausland;
- die optimale Nutzung der Erträge des target, also der Gewinne und/oder Verluste;
- die Minimierung der steuerlich bedingten Transaktionskosten und -steuern.

Erwirbt man ein ausländisches Unternehmen, so spielen dabei steuerliche Besonderheiten grenzüberschreitender Aktivitäten eine zusätzliche Rolle;

nämlich beim Erwerb von Kapitalgesellschaften zum Beispiel

- die Absicherung von Schachtelprivilegien;
- die Reduktion von Quellensteuern;
- die Vermeidung der Hinzurechnungsbesteuerung nach Außensteuergesetz;

Blumers

und beim Erwerb von Betriebsstätten bzw. Personengesellschaften die abkommensteuerrechtliche

- Erhaltung der Betriebsstättenfreistellung
- Vermeidung von Qualifikationskonflikten.

2. Rechtsformspezifische Überlegungen beim ausländischen Unternehmenserwerb

Auch grenzüberschreitend ist von Bedeutung, ob man eine Betriebsstätte bzw. Anteile an einer Personengesellschaft oder einer Kapitalgesellschaft erwirbt.

a) Einzelunternehmen/Betriebsstätte bzw. Personengesellschaftsanteile als target

Der Erwerb eines Einzelunternehmens oder einer Betriebsstätte wie eines Betriebsteils oder Teilbetriebs erfolgt regelmäßig (wie im Inland) über den Erwerb der Wirtschaftsgüter (assetdeal). Diese werden mit ihren Anschaffungskosten in der Bilanz des Erwerbers bilanziert. Auch für die Kaufpreisallokation gelten dieselben Grundsätze wie im Inland, soweit es die Erwerberbilanz betrifft. Gleichzeitig zu klären ist aber, welche Grundsätze im Sitzland des target zu beachten sind; so ist zum Beispiel die Zulässigkeit und Dauer der Abschreibung des Geschäftswerts und deren Verrechenbarkeit mit dem übrigen Aufwand ganz unterschiedlich geregelt (in Belgien unter Umständen sofort, in Großbritannien Verrechnung gar nicht möglich), so dass ein auf den Geschäftswert entfallender Restkaufpreis ganz unterschiedliche Auswirkungen hat.

Gilt indessen aufgrund eines DBA mit dem Sitzstaat des target ein Betriebsstättenvorbehalt, der die Betriebsstättenergebnisse in der Bundesrepublik von der Besteuerung freistellt, so beschränken sich die Wirkungen auf den Betriebsstättenstaat. Zu klären ist aber, ob das DBA ausnahmsweise einen Aktivitätsvorbehalt enthält und wie gegebenenfalls dessen Eingreifen zu vermeiden ist.

Diese Grundsätze gelten im Prinzip auch für den Erwerb von Anteilen an Personengesellschaften, wobei die deutsche Methode, die individuellen Anschaffungskosten über Ergänzungsbilanzen zu berücksichtigen, regelmäßig nicht bekannt ist. Besonderheiten beim Erwerb von Anteilen an ausländischen Personengesellschaften gelten, wenn die Gesellschaft im Sitzstaat als Kapitalgesellschaft qualifiziert wird (z. B. in Tschechien und u. U. in Spanien). Hier sind Maßnahmen zu treffen, um eine drohende Doppelbesteuerung zu vermeiden.

Die Berücksichtigung der Finanzierungskosten setzt voraus, dass man die Fremdmittel so aufnimmt, dass sie sich optimal auswirken; das ist davon abhängig, wo und wie die Betriebsstättengewinne besteuert werden.

Beim Erwerb von Personengesellschaften ist hier eine weitere Besonderheit des deutschen Steuerrechts zu berücksichtigen, die sonst aufgrund eines Qualifikationskonfliktes zur doppelten Nichtberücksichtigung der Finanzierungskosten führen kann. Finanzierungskosten für den Erwerb sind danach Sonderbetriebsausgaben, die bei Freistellung der Beteiligungserträge im Inland durch einen DBA-Betriebsstättenvorbehalt im Inland nicht abzugsfähig sind. Das Sitzland der Personengesellschaft versagt den Abzug regelmäßig aber auch, da es sich aus dortiger Sicht um den Aufwand eines ausländischen Erwerbers im Ausland handelt. Hier sind Gestaltungen vorzunehmen, die dies verhindern, wie zum Beispiel die Zwischenschaltung einer Erwerbergesellschaft im Sitzland der Personengesellschaft. Zu beachten sind aber auch das BFH-Urteil v. 17. 10. 2007 und der daraufhin eingeführte § 50d Abs. 10 EStG, sowie der reaktivierte Entwurf eines BMF-Schreibens v. 17. 5. 2007 zur Verwendung von Personengesellschaften im internationalen Steuerrecht.[3]

Nachdem das Steuerentlastungsgesetz 1999/2000/2002[4] die bisherige Verlustnutzungsregelung des § 2a Abs. 3 und 4 EStG aufgehoben hat, sind Verluste, die aus ausländischen Betriebsstätten und Beteiligungen an ausländischen Personengesellschaften einschließlich atypischen stillen Beteiligungen resultieren– vom negativen Progressionsvorbehalt abgesehen– im Inland nicht mehr verrechenbar. Dies trifft insbesondere Kapitalgesellschaften, die vom negativen Progressionsvorbehalt nicht Gebrauch machen können. Eine Ausnahme gilt zukünftig also nur noch in den Fällen, in denen entweder kein DBA besteht oder dieses die Ergebnisse der ausländischen Betriebsstätte nicht freistellt (so genannter Betriebsstättenvorbehalt), sondern – ggf. aufgrund einer Aktivitätsklausel – nur anrechnet. Eine nahe liegende Gestaltung, mit der man die Verlustverrechnung jedenfalls mittelbar wieder erreichen kann, ist die Einbringung der ausländischen Betriebsstätte in eine ausländische Tochterkapitalgesellschaft; bei dieser kann man gegebenenfalls eine verlustbedingte Teilwertabschreibung auf die Anteile vornehmen. Soweit dies nicht sinnvoll oder möglich ist (vgl. § 8b Abs. 3 KStG), bleibt nur die Verlustverrechnung im Ausland. Bei neuen Auslandsengagements ist deshalb eine Gestaltung zu bevorzugen, bei der der inländische Investor die verlustträchtige ausländische Aktivität direkt betreibt. Gelingt dies, ohne dabei eine ausländische Betriebsstätte zu begründen, so können die Verluste unmittelbar beim inländischen Investor abgezogen werden.

b) Kapitalgesellschaften als target

Für die Kaufpreisabschreibung stellt sich hier die gleiche Frage wie bei einem Erwerb im Inland. Der Erwerber wird sich überlegen, ob er nicht die assets des target statt dessen shares erwerben soll. Abweichendes gilt, wenn Verlustvorträge oder andere Besonderheiten (die insbesondere in Eigenheiten des ausländischen Rechts begründet sein können) für einen Beteiligungserwerb sprechen. Sprechen Gründe für einen share-deal – und diese können insbesondere auf Wünschen der Veräußerer aus ihrer speziellen Steuersituation beruhen –, so ist zu prüfen, ob die Kaufpreisabschreibung durch ähnliche Modelle der nachakquisitorischen Umstrukturierung erreicht werden kann, wie sie in der Bundesrepublik mit dem Kombinationsmodell, den Mitunternehmermodellen und dem Umwandlungsmodell bis zur Steuerreform 2001/2002 praktiziert wurden. In der Mehrzahl der Fälle ist dies nicht möglich; eine Ausnahme machen unter bestimmten Voraussetzungen die USA, Brasilien, Spanien und Ungarn.

Im Zusammenhang mit der Berücksichtigung der Finanzierungskosten ist das neue deutsche Besteuerungskonzept für Kapitalgesellschaften zu berücksichtigen. Die ausländischen Beteiligungserträge sind für inländische Mutter-Kapitalgesellschaften ebenso steuerfrei wie die inländischen mit der Ausnahme, dass 5 % dieser Beteiligungserträge der normalen Besteuerung bei der inländischen Kapitalgesellschaft unterliegen, seit der Unternehmensteuerreform 2008 also mit knapp 30 % = 1,5 % besteuert werden. Bei Kapitalgesellschaften ist es dabei irrelevant, wenn sie das Auslandsengagement über eine Personengesellschaft betreiben ((für Kapitalgesellschaften vgl. § 8b Abs. 6 KStG). Für natürliche Personen als Erwerber hat sich die Situation durch die Unternehmensteuerreform 2008 ab dem Kalenderjahr 2009 völlig verändert. Die bisherigen Regeln gelten grundsätzlich nur noch, wenn der Erwerb in ein Betriebsvermögen, insbesondere also eine gewerblich tätige (oder geprägte, vgl. Entwurf des BMF-Schreibens v. 17. 5. 2007) Per-

---

[3] Ein entsprechendes neues BMF-Schreiben steht unmittelbar vor der Veröffentlichung.
[4] Gesetz v. 4. 3. 1999, BGBl 1999 I 402.

sonengesellschaft erfolgt; dies allerdings mit der Abweichung, dass das bisherige Halbeinkünfte- durch das Teileinkünfteverfahren ersetzt wurde, das jetzt 60 % (statt bisher 50 %) des Gewinnes dem persönlichen Steuertarif des Anteilseigners unterwirft. – Wird die Kapitalgesellschaftsbeteiligung hingegen ins Privatvermögen erworben, so sind Werbungskosten, hier also insbesondere Finanzierungszinsen, wegen der schon typisierenden Berücksichtigung im Abgeltungssteuersatz von 25 % nicht mehr absetzbar. Der Erwerb ist bei wesentlicher Fremdfinanzierung ggf. über eine gewerbliche Personengesellschaft vorzunehmen oder durch eine komplexere Gestaltung, z. B. einen Anteilstausch nach dem europäisierten Umwandlungssteuerrecht, zu lösen.

Die inländischen Kapitalgesellschaften können andererseits ihren Aufwand für die ausländische Tochterkapitalgesellschaft (anders als für eine inländische) unbeschränkt absetzen, da kein Aufwand im Zusammenhang mit steuerfreien Einnahmen vorliegt. Natürliche Personen als Gesellschafter der ausländischen Tochterkapitalgesellschaft können dies jedoch nicht (§ 3c Abs. 2 EStG); deshalb müssen sie überlegen, ob sie die ausländische Kapitalgesellschaft nicht über eine ausländische Personengesellschaftsholding halten sollten. Allerdings werden auch dann – anders als bei einer inländischen Mutter-Kapitalgesellschaft – die Finanzierungskosten nur im Ausland abziehbar sein.

Entscheidet man sich für eine Kaufpreisfinanzierung im Sitzland des target, so wird man dort zu diesem Zweck eine Erwerbergesellschaft einsetzen; diese nimmt das Fremdkapital auf, um den Kaufpreis zu finanzieren. Ziel ist hier die unmittelbare Verrechnung der Fremdkapitalzinsen mit den Gewinnen der Zielgesellschaft; dies ist immer dann zu erreichen, wenn das Steuerrecht des Sitzlandes eine in ihren Wirkungen der Organschaft vergleichbare Konsolidierungs-Gestaltung auf der Ertragsebene kennt. Das gleiche Ergebnis wird dann erreicht, wenn das Körperschaftsteuersystem des Sitzlandes ein dem früheren deutschen Recht vergleichbares Vollanrechnungsverfahren vorsieht, da dann die Dividenden auf der Ebene der Erwerbergesellschaft gegen den Zinsaufwand gerechnet werden können mit der Folge, dass die Körperschaftsteuer gegebenenfalls erstattet wird.

In der Frage der optimalen Nutzung der Gewinne des target geht es nicht mehr nur um die Sicherung des abkommensrechtlichen Schachtelprivilegs (vgl. auch §8b Abs. 1 KStG). Ergänzend geht es um die Reduzierung der Quellensteuern im Sitzland des target, auf Dividenden, Zinsen und Lizenzgebühren insbesondere also um die Erfüllung der Voraussetzungen der Mutter-Tochter-Richtlinie für Dividenden, wenn eine Kapitalgesellschaft in einem anderen EU-Staat erworben wird. Sitzt sie in einem Drittland, so kann die Einschaltung einer Zwischenholding in einem EU-Staat mit günstigem Steuersystem und DBA-Netz empfehlenswert sein. Hier ist darauf zu sehen, dass die Anti-Treaty-Shopping-Klausel des § 50d Abs. 1a EStG nicht eingreift, die die angestrebte Quellensteuerreduktion nach DBA oder nationalem Recht (§ 44d EStG) ebenso ausschließt wie (nach Auffassung der Finanzverwaltung) die abkommenrechtliche Steuerbefreiung von Gewinnen aus der Veräußerung von inländischen Kapitalgesellschaften durch nicht aktive ausländische Holdinggesellschaften. Jetzt zusätzlich zu berücksichtigen ist, dass Streubesitzdividenden beim Empfänger gewerbesteuerpflichtig sind (§ 8 Nr. 5 GewStG i. d. F. des UStFG v. 20. 12. 2001).

Auch die Veräußerungsgewinne bei Veräußerung der Anteile an einer ausländischen Kapitalgesellschaft sind für den inländischen Gesellschafter, wenn selbst Kapitalgesellschaft, steuerfrei bis auf die erwähnte Steuer von 1,5 % gem. § 8b KStG. Dabei ist es auch hier irrelevant, ob die Auslandsbeteiligung über eine Personengesellschaft gehalten wird. – Ab 2009 unterliegen sie bei natürlichen Personen der Abgeltungssteuer von 25 % und bei wesentlicher Beteiligung (ab 1 % am Nennkapital) gem. § 17 EStG dem Teileinkünftesteuersatz nach der für den Gesellschafter errechneten Progression. Bei laufendem wie beim Veräußerungsgewinn kommt es also nicht mehr auf das Bestehen eines (günstigen) DBA an. Und bisher gewählte Spezialgestaltungen wie treaty shopping, step-stone companies and dividend access Regeln zur Erreichung der inländischen Ertragsteuerfreiheit sind regelmäßig überflüssig; etwas anderes kann, primär außerhalb der EU, für die Quellensteuerreduzierung oder -vermeidung gelten, wie oben angesprochen.

Eine Ergebnissteuerung beim target ist zum Beispiel dann gefragt, wenn die ausländische Kapitalgesellschaft auch inländische Betriebsstätten unterhält bzw. an Personengesellschaften in der BRD und/oder Drittstaaten beteiligt ist. Hier sind Eigen- bzw. Fremdkapital so einzusetzen, dass steuerlich optimale Ergebnisse erreicht werden.

3. Spezielle Finanzierungsüberlegungen

Im Zusammenhang mit den speziellen Erwerbsüberlegungen für natürliche und juristische Personen bei Erwerb von Betriebsstätten, Personen- und Kapitalgesellschaften unter 2. waren bereits die grundsätzlichen Fragen der Berücksichtigung von Finanzierungsaufwand im Zusammenhang mit den Erträgen des target angesprochen worden. Hier geht es um weitere Gestaltungsüberlegungen der Praxis bei der Erwerbsfinanzierung.

Die Erwerbsfinanzierung hängt natürlich eng mit der sich anschließenden Outbound-Finanzierung der ausländischen Unternehmensteile zusammen und steht mit dieser in einer Wechselwirkung; insofern kann auf diese Spezialmaterie verwiesen werden. Grundsätzlich gilt auch für diesen Finanzierungsbereich der Grundsatz der unternehmerischen Finanzierungsfreiheit. Gerade grenzüberschreitend lassen sich viele Steuerunterschiede gestalterisch nutzen. Europarechtlich ist dies durch die Kapitalverkehrsteuerfreiheit und die Niederlassungsfreiheit besonders abgesichert.

Neben der Frage der Erwerbsfinanzierung durch Eigen- oder Fremdkapital und ggf. der Verrechnung mit Erträgen (Dividenden), stellt sich insbesondere die Frage, wer (in der Gruppe oder dem Konzern) finanzieren soll und vor allem, wie dies zu erfolgen hat. Denn die unterschiedliche Einordnung bestimmter Gestaltungen durch die durch den Erwerbsvorgang berührten Steuerrechtsordnungen, kann auch die Wahl einer hybriden Finanzierung nahe legen, z. B. also eine Gestaltung, die für die erwerbende deutsche Kapitalgesellschaft zu (niedrig besteuerten) Dividenden, beim ausländischen Schuldner aber zu voll absetzbaren Zinsen führt. Hier würde die deutsche Kapitalgesellschaft eine Finanzierungsgesellschaft (in- oder außerhalb ihrer Gruppe) in einem möglichst günstigen EU-Mitgliedstaat wie Luxemburg als Partner wählen. Dies führt zu der Frage, aus welchem Land (ggf. wegen Quellensteuerfolgen) über welche weiteren Länder die Finanzierung am günstigsten fließen soll.

Darüber hinaus wird man u. a. über die Folgen zu intensiver Fremdfinanzierung nachzudenken haben. Für Deutschland gilt das ggf. auch für Outbound-Investitionen, weil die Zinsschranke (s. §4h EStG) dies mit einbezieht. Aber auch andere Länder haben thin capitalization rules.[5]

4. Die steuerlichen Schritte bei Anbahnung und Durchführung eines ausländischen Unternehmenserwerbs

a) Geschäftsanbahnung

Soweit das Objekt nicht bereits bekannt ist, wird man die Suche im Ausland über eine Investmentbank oder ähnliche Institutionen vornehmen. Sucht man nur ein bestimmtes Unterneh-

---

[5] Jacobs, Fn. 2, s. 955.

men für einen vorgegebenen Zweck, so sollte man sich unbedingt die Erfahrungen solcher Fachleute für die zutreffende Auswahl sichern.

Eine weitere schwierige Frage ist die zutreffende Bewertung des ausländischen target. Auch hier sollte man sich die Erfahrungen von örtlich versierten Fachleuten nutzbar machen. Dies gilt umso mehr, als die deutsche Finanzverwaltung immer noch mit Bewertungsmethoden arbeitet, von denen nur die Ertragswertmethode dem außersteuerlichen nationalen Standard entspricht.[6] International wird – auch europaweit – mit der Discounted Cash Flow Methode[7] oder Methoden gearbeitet, die im Prinzip den Erfolg des target mit einem branchentypischen Vervielfältiger hochrechnen.[8]

Eine besondere Rolle beim Erwerb eines ausländischen Unternehmens spielt die rechtliche/steuerrechtliche due diligence, die selbstverständlich auch von Fachleuten vorgenommen werden muss, die mit den Rechtsregeln und der Praxis der Branche und des Ziellandes bewandert sind. Diese due diligence muss auch der genauen Ermittlung aller steuerlich relevanten Fakten für den ausländischen Erwerber dienen.

b) Steuerliche Schritte zur Anbahnung und Durchführung

Die Aufgaben sind in sieben Schritten zu bewältigen:

Schritt 1: Erfassung des Steuerrechts des Ziellandes, soweit relevant für Erwerb des target bzw. Begründung des Joint Venture, sowie der Regeln über die spätere laufende Besteuerung von target und Erwerber im Zielland, insbesondere auch Regeln über die Gruppenbesteuerung (Konsolidierung) zwischen einer Erwerbergesellschaft im Zielland (Holdco) und target.

Schritt 2: Festlegung der Methode für den Erwerb des target oder die Begründung des Joint Ventures, insbesondere die Frage, ob – je nach Auswirkung bei Veräußerer und Erwerber – ein share- oder asset-deal durchgeführt wird.

Schritt 3: Klärung, wie die grenzüberschreitende Erwerbsgestaltung erfolgen soll, d. h. wie das Erwerbsvehikel ausgestattet wird unter Berücksichtigung des DBA zwischen Deutschland und Zielland und so möglicherweise steuerlich nutzbaren Qualifikationskonflikten; hingegen spielen Gestaltungen wie step-stone companies (treaty shopping) und dividend access-Regeln wegen der vorteilhaften deutschen Besteuerung von Beteiligungen an ausländischen Kapitalgesellschaften nur noch zur Quellensteuerminderung oder -vermeidung eine Rolle.

Schritt 4: Erfassung der steuerlichen Fremdfinanzierungsregeln und Festlegung, ob die Fremdfinanzierung hier oder im Zielland erfolgen soll, sowie, ob besondere Finanzierungsgestaltungen, wie z. B. mezzanine Finanzierungsinstrumente, genutzt werden sollen, die z. B. beim Erwerb in den USA bedeutsam sind.

Schritt 5: Erfassung der steuerlichen Umwandlungsinstrumente im Zielland und Festlegung, ob das target – vor oder nach Erwerb – in eine für den Erwerb oder das Joint Venture günstigere Rechtsform gebracht werden sollte.

Schritt 6: Herbeiführung der steuerlichen Ziele in der steuerlich optimalen Reihenfolge; hier ist hervorzuheben, dass die Schritte zwei bis fünf ihre Reihenfolge je nach Bedürfnissen des konkreten Erwerbs- oder Fusionsfalls verändern können.

---

[6] Vgl. OFD Münster v. 18. 11. 1997, S 2242-84-St13-31; IdW-Standard S. 1, WPg 2000, 825.
[7] Vgl. IdW Standard S. 1.
[8] Vgl. *Peemöller*, Praxishandbuch der Unternehmensbewertung, S. 401 ff.

Schritt 7: Integration der neuen Einheit in die Erwerbergesellschaft oder -gruppe und Absicherung steuerlich erforderlicher Nachfolgeschritte.

5. Folgerungen für den Informationsbedarf

Um diese Überlegungen anstellen und die daraus gezogenen Folgerungen umsetzen zu können, bedarf es einer Vielzahl von steuerlichen Informationen, die nachfolgend (ohne Anspruch auf Vollständigkeit) zusammengestellt sind.

a) **Direkte Steuern erfordern folgende Informationen**
- Steuerjahr, Steuerstruktur
- Außenprüfungperioden und Prüfungsstand
- Steuererklärungssystem und Erklärungsstand
- Ausstehende Steuerzahlungen / Erstattungsansprüche
- Steuervereinbarungen oder– auskünfte
- Gruppen- und Gesellschaftervereinbarungen mit steuerlicher Relevanz
- Ergebnisentwicklung der Vergangenheit
- Steuerliche Festlegung des Akquisitionswerts
- Abziehbarkeit von Zinszahlungen (Gruppenbesteuerung, thin capitalization rules)
- Zulässiger step-up bei asset-deal (Folgen für Veräußerungsgewinn und zukünftigen cash-flow)
- Vergleichbarkeit der Besteuerungssysteme (Welteinkommen / Landesbesteuerung)
- Steuerliche Bedürfnisse des Verkäufers (natürliche Personen / Kapitalgesellschaft)
- Restrukturierung des target vor Erwerb oder Joint Venture / Begründung
- Zukünftige Rechtsform des target
- Verlust von Steuer- und Investitionsvorteilen durch Übertragung des target auf Käufer
- Nationale steuerliche Erwerbsbeschränkungen
- Missbrauchs- und Durchgriffsbesteuerungs-Gefahren
- Verlustvorträge und ihre Erhaltung
- Abziehbarkeit von Erwerbs- und Restrukturierungskosten
- Kaufpreisallokation auf vornehmlich abschreibbare Wirtschaftsgüter
- Regeln über die good-will-Abschreibung und deren Optimierung
- Aktive Tätigkeit des target und Quellenbesteuerung (Dividenden, Zinsen, Lizenzgebühren)
- Verrechnungspreissituation des target und der zukünftigen Beziehung zum Erwerber
- Operative Erfordernisse wie Kapitalzuführungen, Verlustausgleiche.

b) **Indirekte Steuern erfordern folgende Informationen**
- Steuererklärungssystem und Erklärungsstand
- Ausstehende Steuerzahlungen / Erstattungsansprüche
- Steuervereinbarungen und -auskünfte
- Steuervergünstigungen (generelle / spezielle)

- Rulings für Kapitalverkehrssteuern, Börsenumsatzsteuer, Grunderwerbsteuer, Umsatzsteuer, Stempelsteuer
- Umsatzsteuerliche Information für asset-deal
- Abziehbarkeit oder Aktivierungspflicht für Anschaffungs- und Restrukturierungskosten
- Vermeidbarkeit von Kapitalverkehrs- und Stempelsteuer
- Festlegung der Übertragungsstruktur für Wirtschaftsgüter wegen Registrierungs- und Umsatzsteuer
- Vermeidung oder Minimierung der GrESt

c) **Weitere steuerliche Informationen und Überlegungen**
- Steuerklauseln für den Unternehmenserwerb oder die Jointventure-Begründung
- Steuergewährleistung oder –freistellung
- Steueraufteilung zwischen Erwerber und Veräußerer
- Verlustübernahmegarantie
- Möglichkeiten der Änderung von Wirtschafts- und Steuerjahr

d) **Steuerrichtlinien für Restrukturierungsmaßnahmen**
- Wie ist die Fusionsrichtlinie im Zielland umgesetzt?
- Wie ist die Mutter-Tocher-Richtlinie im Zielland umgesetzt?
- Bedarf einer Euro-Holding bei Sitz des target außerhalb der EU.

III. Integration des target beim Erwerber

Auch hier gelten im Prinzip die gleichen Grundsätze wie bei der Integration eines im Inland erworbenen Unternehmens. Dabei ist in erster Linie das Steuerrecht des Sitzlandes des target zu beachten.[9] Hier spielen aber auch die Steuerregeln des Sitzlandes der Erwerbergesellschaft, also hier der Bundesrepublik, eine Rolle. Hier wird es primär um die Vermeidung der Gewinnrealisierung bei Auslandsumwandlungen und damit unter anderem um die Regeln des UmwStG 2006 und des § 8b Abs. 2 KStG gehen. Soweit das target Teile enthält, die man nicht selbst nutzen wolle, sollte schon vor Erwerb bedacht werden, wer (ggf. schon der Verkäufer) diese wieder an den Markt bringt, wenn kein anderer Inserent bekannt ist und eingeschaltet werden kann.

---

[9] Vgl. dazu *Grotherr* in: Schaumburg/Piltz, Internationales Umwandlungssteuerrecht, S. 152.

2. Die grenzüberschreitende Verschmelzung von Kapitalgesellschaften als Instrument internationaler Reorganisationen

von Dipl.-Kfm. Markus Helm, Steuerberater und Dr. Frank Hübner, Rechtsanwalt, Steuerberater, München[*]

Inhaltsübersicht

A. Einleitung
B. Gesellschaftsrechtliche Grundlagen
   I. Die europarechtlichen Grundlagen der grenzüberschreitenden Verschmelzung
   II. Die Grundlagen im deutschen Gesellschaftsrecht
C. Steuerrechtliche Grundlagen
   I. Der Begriff der grenzüberschreitenden Verschmelzung aus steuerlicher Sicht
   II. Anwendbarkeit des UmwStG auf grenzüberschreitende Umwandlungsvorgänge
D. Steuerrechtliche Auswirkungen und Probleme
   I. Grundkonzeption der steuerlichen Regelungen zur Verschmelzung im UmwStG
   II. Implikationen der grenzüberschreitenden Verschmelzung innerhalb der EU/EWR
E. Praxisbeispiel mit Drittstaat
F. Zusammenfassung und Ausblick

Literatur:

Benecke, Andreas, in PricewaterhouseCoopers AG (Hrsg.) Reform des Umwandlungssteuerrechts – Auswirkungen des SEStEG auf Reorganisationen und internationale Entstrickungen, 2007; ***Dorr, Robert/Stukenborg, Gabriela,*** "Going to the Chapel": Grenzüberschreitende Ehen im Gesellschaftsrecht – Die ersten transnationalen Verschmelzungen nach dem UmwG (1994), DB 2003, S. 647; ***Frotscher, Gerrit,*** Zur Vereinbarkeit der "Betriebsstättenbedingung" bei Sitzverlegung und grenzüberschreitender Umwandlung mit den Grundfreiheiten, IStR 2006, S.65ff; ***Hahn, Hartmut,*** Der Entwurf des SEStEG: Geplante Änderungen bei grenzüberschreitenden Fusionen – Erste Orientierung und Analyse des § 1 Abs. 1 S. 1 Buchst. A UmwStG-E, GmbHR 2006, S. 617ff; ***Hohenlohe, Franz/Rautenstrauch, Gabriele,*** Der Entwurf des SEStEG: Geplante Änderungen bei inländischen Verschmelzungen – Entscheidungshilfe für geplante Umwandlungen anhand einer Vorteilhaftigkeitsbetrachtung, GmbHR 2006, S. 623ff; ***Jacobs, Otto H.,*** Internationale Unternehmensbesteuerung, 6. Auflage, 2007; ***Kappes, Stephan,*** Zulässigkeit grenzüberschreitender Verschmelzungen, NZG 2006, 101 ff.; ***Müller, Hans-Friedrich,*** NZG 2006, Die grenzüberschreitende Verschmelzung nach dem Referentenentwurf des Bundesjustizministeriums, S. 286 ff.; ***Nagel, Bernhard,*** Die Richtlinie zur grenzüberschreitenden Verschmelzung, NZG 2006, 97 ff.; ***Neye, Hans-Werner/Timm, Birte,*** Mehr Mobilität für die GmbH in Europa Das neue Recht der grenzüberschreitenden Verschmelzungen, GmbHR 2007, S. 561 ff.; ***Schmitt, Joachim/Hörtnagel, Robert/Stratz, Rolf-Christian,*** Umwandlungsgesetz/Umwandlungssteuergesetz, 5. Auflage, Bonn/München/Leipzig, 2008.

A. Einleitung

Reorganisationen in einem internationalen Konzern erfordern zunehmend auch eine Grenzüberschreitung der beteiligten sowohl in- als auch ausländischen Konzernkapitalgesellschaften. Gründe für grenzüberschreitende Umstrukturierungen sind beispielsweise die Aufrechterhaltung der Wettbewerbsfähigkeit aufgrund der Globalisierung der Märkte insbesondere im Binnenmarkt der EU oder aber das Ziel der Verschlankung der Konzernstruktur. Gerade die grenzüberschreitende Verschmelzung kann hier als Instrument einer sinnvollen internationalen Reorganisation dienen.

Im deutschen Umwandlungsrecht existierte lange Zeit keine Möglichkeit, Kapitalgesellschaften grenzüberschreitend zu verschmelzen. Entsprechend hatten die deutschen Registergerichte Versuche, grenzüberschreitende Verschmelzungen nach Deutschland in das deutsche Handelsregister einzutragen, unter Berufung auf das deutsche Umwandlungsgesetz überwiegend abge-

---

[*] Markus Helm und Dr. Frank Hübner sind Mitarbeiter bei PricewaterhouseCoopers AG, München.

lehnt.[1] Der auf die grenzüberschreitende Verschmelzung aus Deutschland heraus gerichtete Beschluss wurde von der Rechtsprechung häufig als Auflösungsbeschluss gewertet.[2] Dies hatte zu vielen Diskussionen im Zusammenhang mit der Anwendung des deutschen Umwandlungsgesetzes geführt. Auch die steuerrechtliche Behandlung grenzüberschreitender Verschmelzungen war lange Zeit nicht geregelt. Insbesondere im Hinblick auf die Steuerverhaftung stiller Reserven im Sitzstaat der Kapitalgesellschaft war die grenzüberschreitende Verschmelzung für die beteiligten Kapitalgesellschaften wirtschaftlich unattraktiv. Denn scheidet eine Kapitalgesellschaft bei Grenzüberschreitung aus der unbeschränkten Steuerpflicht des Sitzstaates aus, kommt es in der Regel zur Aufdeckung und Besteuerung der stillen Reserven.

B. Gesellschaftsrechtliche Grundlagen

I. Die europarechtlichen Grundlagen der grenzüberschreitenden Verschmelzung

Das Fehlen entsprechender gesetzlicher Regelungen und die vorgenannten Entscheidungen der Registergerichte zu grenzüberschreitenden Verschmelzungen standen jedoch im Widerspruch zu der europarechtlichen Gewährleistung der Niederlassungsfreiheit gemäß Art. 43, 48 EG. Diesen Widerspruch bestätigte der EuGH in seiner Entscheidung in Sachen SEVIC Systems AG zumindest im Hinblick auf grenzüberschreitende Verschmelzungen nach Deutschland[3] und bejahte die generelle Eintragungspflicht grenzüberschreitender Verschmelzungen gemäß Art. 43, 48 EG.[4] Mit dieser Entscheidung griff der EuGH der am 26. Oktober 2005 verabschiedeten und am 25. November 2005 veröffentlichten Richtlinie 2005/56/EG des Europäischen Parlaments und des Rates über die Verschmelzung von Kapitalgesellschaften aus verschiedenen Mitgliedstaaten (sog. Verschmelzungsrichtlinie)[5] vor, mit welcher die EU der grenzüberschreitenden Verschmelzung eine normative Grundlage auf europäischer Ebene gab.

II. Die Grundlagen im deutschen Gesellschaftsrecht

Seiner Pflicht, die Regelungsinhalte der europäischen Verschmelzungsrichtlinie in nationales Recht umzusetzen, kam der deutsche Gesetzgeber durch das „Zweite Gesetz zur Änderung des UmwG"[6] nach. Hierdurch passte er das Umwandlungsgesetz (UmwG) an die Vorgaben der Verschmelzungsrichtlinie an und ermöglichte die Durchführbarkeit grenzüberschreitender Verschmelzungen nach Deutschland hinein (sog. Hineinverschmelzung) und aus Deutschland heraus (sog. Herausverschmelzung).

Eine von den Möglichkeiten des UmwG unabhängige Rechtsgrundlage für grenzüberschreitende Verschmelzungen enthalten die Verordnung über die Europäische Gesellschaft (SE-VO),[7] die

---

[1] Vgl. beispielsweise OLG Zweibrücken, NJW 1990, 3092 oder AG Neuwied und den Vorlagebeschluss des LG Koblenz hierzu, ZIP 2003, 2210.

[2] OLG Hamm, NJW-RR 1998, 615.

[3] Zu der Frage, ob die Niederlassungsfreiheit auch im umgekehrten Fall des Wegzugs einer inländischen Gesellschaft in einen anderen Mitgliedstaat die Beseitigung bestehender Beschränkungen gebietet, hat der EuGH nicht Stellung genommen.

[4] EuGH, Urt. v. 13. 12. 2005 – C-411/03.

[5] ABl. EG Nr. L 310, 1, ber. ABl. Nr. L 28, 40.

[6] BGBl. vom 19. April 2007, S. 542.

[7] Verordnung (EG) Nr. 2157/2001, ABl. EG Nr. L 294, 1.

als europäische Rechtsverordnung im Sinne des Art. 249 Abs. 3 EG in den Mitgliedstaaten der EU im Gegensatz zu der Verschmelzungsrichtlinie unmittelbar geltendes Recht darstellt und die ergänzende Richtlinie über die Beteiligung der Arbeitnehmer (SE-RL).[8] Das deutsche Ausführungsgesetz (SEAG) und das SE-Beteiligungsgesetz (SEBG) folgten als Bestandteile des am 29. Dezember 2004 in Kraft getretenen Gesetzes zur Einführung der Europäischen Gesellschaft (SEEG).[9] Hierdurch wurden die Möglichkeiten einer grenzüberschreitenden Verschmelzung zur Gründung einer SE und einer identitätswahrenden Sitzverlegung einer SE geschaffen. Umfassend geregelt wurde die grenzüberschreitende Verschmelzung von Kapitalgesellschaften jedoch durch die vorgenannte Verschmelzungsrichtlinie der EU und deren Umsetzung durch Anpassung des UmwG. Deshalb wird der Beitrag in der Folge lediglich grenzüberschreitende Verschmelzungen aufgrund der europäischen Verschmelzungsrichtlinie behandeln ohne auf die grenzüberschreitende Verschmelzung zur Gründung einer SE oder auf die identitätswahrende Sitzverlegung einer SE einzugehen.

Die gesellschaftsrechtlichen Grundlagen der grenzüberschreitenden Verschmelzung finden sich in den neu in das UmwG eingefügten §§ 122a-l („Zehnter Abschnitt zur grenzüberschreitenden Verschmelzung von Kapitalgesellschaften"). Damit gelten die Regelungen über nationale Verschmelzungen von Kapitalgesellschaften auch für grenzüberschreitende Vorgänge.

1. Der Begriff der grenzüberschreitenden Verschmelzung aus gesellschaftsrechtlicher Sicht

Nach der Definition des § 122a Abs. 1 UmwG ist eine Verschmelzung dann grenzüberschreitend, wenn mindestens eine der beteiligten Gesellschaften dem Recht eines anderen Mitgliedstaats der Europäischen Union (EU) oder eines anderen Vertragsstaats des Abkommens über den Europäischen Wirtschaftsraum (EWR)[10] unterliegt. Stillschweigend wird damit die Beteiligung einer deutschen Kapitalgesellschaft als Voraussetzung für die Anwendung des UmwG unterstellt. Eine grenzüberschreitende Verschmelzung im Sinne des UmwG liegt deshalb insb. in den folgenden Gestaltungen vor:

- up-stream merger einer Tochtergesellschaft mit Sitz in einem EU/EWR Staat (nicht Deutschland) auf die Muttergesellschaft mit Sitz in Deutschland
- up-stream merger einer Tochtergesellschaft mit Sitz in Deutschland auf die Muttergesellschaft mit Sitz in einem anderen EU/EWR Staat
- down-stream merger einer Muttergesellschaft mit Sitz in einem EU/EWR Staat (nicht Deutschland) auf die Tochtergesellschaft mit Sitz in Deutschland
- down-stream merger einer Muttergesellschaft mit Sitz in Deutschland auf die Tochtergesellschaft mit Sitz in einem anderen EU/EWR Staat
- side-stream merger einer SchwesterGesellschaft mit Sitz in einem EU/EWR Staat (nicht Deutschland) auf die Schwestergesellschaft mit Sitz in Deutschland
- side-stream merger einer Schwestergesellschaft mit Sitz in Deutschland auf die Schwestergesellschaft mit Sitz in einem anderen EU/EWR Staat

Nicht unter den Begriff der grenzüberschreitenden Verschmelzung im Sinne des UmwG fallen damit sowohl rein nationale Verschmelzungen als auch Verschmelzungen mit Gesellschaften aus Drittstaaten wie beispielsweise der Schweiz.

---

[8] Richtlinie (EG) Nr. 2001/86, ABl. EG Nr. L 294, 22.
[9] BGBl. vom 22. Dezember 2004, S. 3675.
[10] Der Europäische Wirtschaftsraum umfasst die Mitgliedsstaaten der EU sowie zusätzlich (derzeit): Island, Lichtenstein und Norwegen.

2. Verschmelzungsfähige Gesellschaften im Sinne des UmwG

Von den neuen Regelungen werden nur Kapitalgesellschaften erfasst, die nach dem Recht eines Mitgliedstaates der EU bzw. des EWR gegründet worden sind und ihren satzungsmäßigen Sitz und ihre Hauptverwaltung oder ihre Hauptniederlassung in einem EU/ EWR Staat haben.[11] Zu den Kapitalgesellschaften zählen gemäß § 122a Abs. 2 i. V. m. § 3 Abs. 1 Nr. 2 UmwG uneingeschränkt die Aktiengesellschaft (AG), die Gesellschaft mit beschränkter Haftung (GmbH) und die Kommanditgesellschaft auf Aktien (KGaA). Nach überwiegender und auch zutreffender Ansicht[12] gelten die neuen Vorschriften aber grundsätzlich auch für die SE, da sie einer inländischen AG gleichgestellt ist. Einzige Einschränkung für die Anwendung der §§ 122a ff. UmwG auf die SE ist jedoch, dass durch die Anwendung des UmwG keine abschließenden Regelungen der SE-VO umgangen werden dürfen. So ist eine Verschmelzung auf eine bestehende SE nur nach vorgenanntem SE-Gründungsrecht möglich, da hierin abschließend die Verschmelzungsvorgänge geregelt sind, deren Endprodukt eine SE ist.

3. Verfahren der grenzüberschreitenden Verschmelzung im Sinne des UmwG

Auf die grenzüberschreitende Verschmelzung unter Beteiligung von deutschen Kapitalgesellschaften finden grundsätzlich die für Kapitalgesellschaften einschlägigen Vorschriften über die innerstaatliche Verschmelzung des Ersten und Zweiten Teils des UmwG Anwendung. Ergänzt und ersetzt werden diese Vorschriften durch den neu eingefügten Zehnten Abschnitt des UmwG zur grenzüberschreitenden Verschmelzung von Kapitalgesellschaften. Daraus ergeben sich grundsätzlich die folgenden notwendigen Schritte einer grenzüberschreitenden Verschmelzung:[13]

- Aufstellen eines gemeinsamen Verschmelzungsplans und notarielle Beurkundung (§ 122c UmwG)
- Einreichung des Verschmelzungsplans beim Handelsregister und elektronische Bekanntmachung (§ 122d UmwG)
- Erstellen eines Verschmelzungsberichts und Zurverfügungstellung an Gesellschafter, Betriebsrat oder Arbeitnehmer (§ 122e UmwG)
- Verschmelzungsprüfung- und bericht durch einen sachverständigen Prüfer (§ 122f UmwG)
- Gesellschafterversammlung und Zustimmung zum Verschmelzungsplan (§ 122g UmwG)
- Beantragung einer Verschmelzungsbescheinigung und Eintragung im Handelsregister (§§ 122k, 122l UmwG)

C. Steuerrechtliche Grundlagen

Die steuerrechtlichen Grundlagen für die (grenzüberschreitende) Verschmelzung von Kapitalgesellschaften sind in den §§ 11-13 UmwStG ("Dritter Teil. Verschmelzung oder Vermögensübertragung (Vollübertragung) auf eine andere Körperschaft") geregelt.

---

[11] *Hörtnagel*, in: Schmitt/Hörtnagel/Stratz, UmwG, § 122a, Rz. 1 ff.
[12] *Hörtnagel*, in: Schmitt/Hörtnagel/Stratz, UmwG, § 122a, Rz. 16.
[13] Für Einzelheiten vgl. beispielsweise *Neye/Timm*, GmbHR 2007, S. 562 ff.; *Müller*, NZG 2006, S. 288 ff.

I. Der Begriff der grenzüberschreitenden Verschmelzung aus steuerlicher Sicht

Eine eigenständige Definition vergleichbar der in § 122a Abs. 1 UmwG findet sich im Steuerrecht nicht, da §§ 11ff. UmwStG, der die steuerlichen Regelungen zur Verschmelzung von Kapitalgesellschaften enthält, sowohl auf rein nationale Verschmelzungen als auch auf grenzüberschreitende Verschmelzungen sowie auf Verschmelzungen mit Auslandsbezug anwendbar ist. Dabei sind die steuerrechtlichen Vorschriften der §§ 11ff. UmwStG unabhängig davon anzuwenden, ob es sich um einen up-stream merger, down-stream merger oder side-stream merger handelt.[14]

Aus steuerlicher Sicht sind daher grundsätzlich folgende Verschmelzungsfälle im internationalen Kontext in allen genannten Varianten (up-stream, down-stream, side-stream) denkbar:

- Verschmelzung zweier inländischer Körperschaften, mit Vermögen im Inland sowie Ausland
- Verschmelzung einer inländischen mit einer ausländischen Körperschaft
- Verschmelzung zweier ausländischer Körperschaften, die Vermögen (insb. Betriebsstätten) im Inland besitzen
- Verschmelzung zweier ausländischer Körperschaften, deren Gesellschafter sich im Inland befinden.

Der Begriff der *grenzüberschreitenden* Verschmelzung aus steuerlicher Sicht soll hier in Übereinstimmung mit den Ausführungen zu der gesellschaftsrechtlichen Sichtweise unter B. II. gewählt werden, d.h. nach der hier festgelegten Definition liegt eine *grenzüberschreitende* Verschmelzung i. e. S. vor, wenn (entsprechend der Regelung des § 122a Abs. 1 UmwG) mindestens eine der beteiligten Gesellschaften dem Recht eines anderen Mitgliedstaats der EU/EWR unterliegt und diese auf eine inländische Kapitalgesellschaft verschmolzen wird (oder umgekehrt). Verschmelzungen mit Drittstaaten und ihre möglichen steuerlichen Auswirkungen im Inland werden hier nicht näher beleuchtet.

Im Folgenden wird nun konkret dargestellt, welche persönlichen Voraussetzungen für die Anwendung der steuerrechtlichen Verschmelzungsvorschriften gefordert werden.

II. Anwendbarkeit des UmwStG auf grenzüberschreitende Verschmelzungsvorgänge

Wie bereits erwähnt enthalten die §§ 11ff. UmwStG die steuerrechtlichen Grundlagen für die Verschmelzung von Körperschaften. Seit der Europäisierung des Umwandlungssteuerrechts durch Anpassung der Vorschrift an die EU-Fusionsrichtlinie[15] werden nunmehr sowohl die rein nationalen Verschmelzungen inländischer Körperschaften als auch die grenzüberschreitenden Verschmelzungen von Körperschaften sowie Verschmelzungen im Ausland erfasst.[16]

Grundlegende Voraussetzung für die Anwendbarkeit des Umwandlungsteuerrechts auf Umwandlungsvorgänge gem. § 1 Abs. 2 S. 1 Nr. 1 UmwStG (persönlicher Anwendungsbereich) ist,

---

[14] *Frotscher*, in Frotscher/Maas, UmwStG § 11, Rz. 12.

[15] RL 90/434/EWG vom 23.07.1990, ABl. EG Nr. L 225, 1, zuletzt geändert durch RL 2006/98/EG vom 20. 11. 2006, ABl EG Nr. L 363, 129.

[16] *Jacobs*, Internationale Unternehmensbesteuerung, S. 1188; Hahn, GmbHR 2006, S. 617; *Hohenlohe/Rautenstrauch*, GmbHR 2006, S. 623.

dass die übertragende und übernehmende Körperschaft[17] sowohl nach dem Recht eines Mitgliedsstaates der EU/EWR gegründet wurden als auch ihren Sitz und ihre Geschäftsleitung im EU/EWR-Raum (nicht zwangsläufig im Gründungsstaat) haben (sog. doppelter EU bzw. EWR-Bezug).[18]

Negativ abgegrenzt bedeutet dies, dass die steuerrechtlichen Vorschriften über die Verschmelzung von Kapitalgesellschaften im internationalen Kontext nicht anwendbar sind, soweit

- eine an der Verschmelzung beteiligte Körperschaft im Drittland (also nicht nach dem Recht eines Mitgliedsstaates der EU/EWR, z. B. Schweiz) gegründet wurde, unabhängig davon, ob sich Sitz und Ort der Geschäftsleitung zum Zeitpunkt der Verschmelzung innerhalb des EU/EWR befinden oder
- die an der Verschmelzung beteiligten Körperschaften zwar nach dem Recht eines Mitgliedsstaates der EU/EWR gegründet wurden, jedoch zum Zeitpunkt der Verschmelzung der Sitz oder/und der Ort der Geschäftsleitung sich im Drittland befinden.

D. Steuerliche Auswirkungen und Probleme

I. Grundkonzeption der steuerlichen Regelungen zur Verschmelzung im UmwStG

1. Übertragende Kapitalgesellschaft

§ 11 KStG regelt die steuerlichen Konsequenzen für die übertragende Gesellschaft.

a) Grundsatz: Ansatz des übergehenden Vermögens mit dem gemeinen Wert

Basierend auf der allgemeinen Systematik des UmwStG i. F. d. SEStEG[19] führen Umwandlungen – und damit auch die Verschmelzung – grundsätzlich zur Aufdeckung und Versteuerung der stillen Reserven für das im Rahmen des Umwandlungsvorgangs vom übertragenden auf den übernehmenden Rechtsträger übergehenden Vermögens. Entsprechend diesem Grundsatz sind bei Verschmelzungen gem. § 11 Abs. 1 UmwStG beim übertragenden Rechtsträger die Wirtschaftsgüter in der steuerlichen Schlussbilanz mit den gemeinen Werten anzusetzen und damit die stillen Reserven aufzudecken. Der entstehende Übertragungsgewinn ist durch den übertragenden Rechtsträger zu versteuern.

b) Ausnahme: Ansatz des übergehenden Vermögens mit dem Buchwert

Unter bestimmten Voraussetzungen kann das im Rahmen der Verschmelzung zu übertragende Vermögen in der steuerlichen Schlussbilanz der übertragenden Körperschaft mit dem Buchwert oder einem Zwischenwert angesetzt werden. Wird der Buchwertansatz gewählt, erfolgt keine Aufdeckung und Versteuerung von stillen Reserven. Um übermäßige Steuerbelastungen durch eine Verschmelzung zu vermeiden, wird es daher regelmäßig das Bestreben des Steuerpflichtigen sein (von Ausnahmefällen abgesehen), das übergehende Vermögen mit dem Buchwert (ggf.

---

[17] Die Abgrenzung, ob eine Körperschaft vorliegt, ist nach deutschem Recht i. V. m. der Anlage zur Fusionsrichtlinie (RL 90/434/EWG vom 23. 7. 1990, zuletzt geändert durch RL 2006/98/EG vom 20. 11. 2006) vorzunehmen.

[18] *Frotscher*, in Frotscher, Internationalisierung des Ertragsteuerrechts, Vorabkommentierung, KStG 2007, Rz. 208.

[19] Gesetz über steuerliche Begleitmaßnahmen zur Einführung der Europäischen Gesellschaft und zur Änderung weiterer steuerlicher Vorschriften (SEStEG), BGBl I 2006, S. 2782.

mit einem Zwischenwert) anzusetzen.[20] Der Ansatz eines über dem Buchwert liegenden Wertes kann bspw. zur Nutzung von bestehenden Verlustvorträgen bei der übertragenden Gesellschaft gewählt werden.

Die Möglichkeit des Buchwertansatzes (bzw. Zwischenwertansatzes), welcher gem. § 11 Abs. 2 S. 1 UmwStG auf Antrag des Steuerpflichtigen erfolgen kann, ist dabei an drei kumulativ zu erfüllende Voraussetzungen (§ 11 Abs. 2 S. 1 Nr. 1 bis 3) geknüpft:

1. *Voraussetzung* Sicherstellung, dass die im Rahmen der Verschmelzung übergehenden Wirtschaftsgüter später beim übernehmenden Rechtsträger der Körperschaftsteuer unterliegen.

Die erste Voraussetzung erlangt insbesondere in den Fällen Bedeutung, in denen der übernehmende Rechtsträger zwar unbeschränkt körperschaftsteuerpflichtig, jedoch von der Körperschaftsteuer befreit ist (§ 5 KStG) oder wenn das übertragene Vermögen in den nicht steuerpflichtigen Bereich einer Körperschaft des öffentlichen Rechts übergeht. Da in diesen Fällen die spätere Besteuerung der stillen Reserven sowie die aus der Nutzung der Wirtschaftsgüter erzielten Erträge nicht mehr erfolgen würde, scheidet ein Buchwert- oder Zwischenwertansatz aus.[21]

Hier ist jedoch nicht nur auf die deutsche, sondern auch auf die Besteuerung mit ausländischer Körperschaftsteuer abzustellen, so dass diese Bedingung auch bei grenzüberschreitenden Verschmelzungen nicht gänzlich außer Acht gelassen werden darf. Die zukünftige Besteuerung mit Körperschaftsteuer ist damit auch sichergestellt, wenn später im Ausland stille Reserven sowie Erträge aus der Nutzung der Wirtschaftsgüter der ausländischen Körperschaftsteuer unterliegen.[22] Auf die Besteuerung mit Gewerbesteuer kommt es nicht an.[23]

2. *Voraussetzung:* Sicherstellung, dass das Recht der Bundesrepublik Deutschland hinsichtlich des Gewinns aus der späteren Veräußerung der im Rahmen der Verschmelzung übergehenden Wirtschaftsgüter nicht beschränkt oder ausgeschlossen wird.

Die zweite Voraussetzung erlangt insbesondere in den Fällen der Verschmelzung mit Auslandsbezug Bedeutung, da z.B. im Zuge des Übergangs von Vermögen auf einen ausländischen Rechtsträger eine Einschränkung des deutschen Besteuerungsrechts erfolgen kann.[24]

Eine Beschränkung bzw. ein Ausschluss des deutschen Besteuerungsrechts liegt vor, wenn nach Verschmelzung (im Gegensatz zur Situation vor Verschmelzung) für das übertragene Vermögen

▶ nach inländischem Steuerrecht kein deutsches Besteuerungsrecht mehr besteht,
▶ das deutsche Besteuerungsrecht zwar erhalten bleibt, jedoch nach DBA eine Doppelbesteuerung durch Freistellungsmethode in Deutschland vermieden wird oder
▶ zwar inländisches Besteuerungsrecht grundsätzlich bestehen bleibt, jedoch nach DBA durch Anrechnungsmethode nunmehr ausländische Steuer auf die deutsche Steuer angerechnet werden muss.[25]

---

[20] Der Ansatz eines über dem Buchwert liegenden Wertes kann beispielsweise zur Nutzung von bestehenden Verlustvorträgen bei der übertragenden Gesellschaft überlegt werden.
[21] *Dötsch*, in Dötsch/Eversberg/Joost/Pung/Witt, UmwStG § 11, Rz. 20.
[22] *Benecke*, in PwC, Reform des Umwandlungssteuerrechts, S. 156.
[23] *Schmitt*, in Schmitt/Hörtnagl/Stratz, UmwStG § 11, Rz. 85; die Sicherstellung des deutschen Besteuerungsrechts spielt hier keine Rolle, dies ist Gegenstand der 2. Voraussetzung.
[24] Detaillierte Ausführungen hierzu erfolgen unter Gliederungspunkt II. in diesem Abschnitt.

Wird das Besteuerungsrecht der Bundesrepublik Deutschland bei Veräußerung der übergehenden Wirtschaftsgüter ausgeschlossen oder beschränkt, tritt die Rechtsfolge ein, dass der übertragende Rechtsträger in seiner Übertragungsbilanz die gemeinen Werte ansetzen muss, d. h. die stillen Reserven aufdecken und versteuern muss. Zu beachten ist, dass lediglich auf eine künftige Veräußerungsgewinnbesteuerung abgestellt wird. Die Besteuerung von laufenden Gewinnen ist unbeachtlich.[26]

Wird im Rahmen der Verschmelzung jedoch das Besteuerungsrecht Deutschlands nur für einen Teil des übergehenden Vermögens (z. B. einzelne Wirtschaftsgüter) eingeschränkt oder ausgeschlossen, sind nur für diese Wirtschaftsgüter die gemeinen Werte anzusetzen. Soweit sich keine Einschränkung oder kein Ausschluss des deutschen Besteuerungsrechts ergibt, verbleibt es bei der Möglichkeit der Buchwertfortführung.

3. Voraussetzung: Für die Übertragung der Wirtschaftsgüter darf keine Gegenleistung oder lediglich eine Gegenleistung in Form von Gesellschaftsrechten gewährt werden.

Eine Buchwertfortführung ist steuerlich nur zulässig, wenn im Rahmen der Verschmelzung keine Gegenleistung oder lediglich Gegenleistungen in Form von Gesellschaftsrechten gewährt werden. Insbesondere Barzuzahlungen oder ein Ausgleich mit anderen Vermögenswerten, die z.B. die Anteilseigner der Übertragerin (neben Anteilen an der Übernehmerin) erhalten, stehen einer Buchwertfortführung entgegen.[27]

2. Übernehmende Körperschaft

Die übernehmende Körperschaft muss gem. § 12 Abs. 1 KStG in der Steuerbilanz die Werte des übergegangenen Vermögens mit den Werten aus der steuerlichen Schlussbilanz der übertragenden Körperschaft ansetzen (zwingende Wertverknüpfung).

Soweit in Folge der Übernahme des Vermögens durch Wegfall der Beteiligung an der übertragenden Körperschaft ein Übernahmegewinn entsteht, ist dieser zu 5 % steuerpflichtig, ein etwaiger Übernahmeverlust bleibt steuerlich außer Ansatz (§ 12 Abs. 2 UmwStG i. V. m. § 8 b KStG).

Die übernehmende Körperschaft tritt des weiteren gem. § 12 Abs. 3 KStG in die Rechtsstellung der übertragenden Körperschaft ein (Fußstapfentheorie). Dies gilt insbesondere für Abschreibung und Vorbesitzzeiten (etc.). Als eine in der Praxis wichtige Einschränkung ist jedoch zu beachten, dass bei der untergehenden Gesellschaft bestehende Verlustvorträge bzw. Zinsvorträge untergehen.

3. Anteilseigner der übertragenden Körperschaft

§ 13 KStG regelt die steuerlichen Auswirkungen auf Ebene der Anteilseigner der übertragenden Körperschaft, wenn diese gleichzeitig Anteilseigner der übernehmenden Körperschaft werden. Die Vorschrift findet nur Anwendung, soweit im Rahmen der Verschmelzung die Gesellschafter Anteile an der übernehmenden Körperschaft erhalten. Dies kann bspw. beim downstream-merger (Verschmelzung von Mutter- auf Tochtergesellschaft) der Fall sein, wenn die Gesellschafter der Muttergesellschaft Anteile an der Tochtergesellschaft erhalten. Im Gegensatz dazu, findet die Vorschrift beim upstream-merger (Verschmelzung der Tochter- auf die Muttergesell-

---

[25] *Schmitt*, in Schmitt/Hörtnagl/Stratz, UmwStG § 11, Rz. 100.
[26] *Schmitt*, in Schmitt/Hörtnagl/Stratz, UmwStG § 11, Rz. 98.
[27] *Dötsch*, in Dötsch/Eversberg/Joost/Pung/Witt, UmwStG § 11, Rz. 36.

schaft) keine Anwendung, da in diesem Fall die übernehmende Gesellschaft keine Anteile an der Überträgerin erhält.[28]

a) Grundsatz: Fiktion des Anteilstausches zum gemeinen Wert

Entsprechend der Konzeption des Umwandlungssteuergesetzes gelten grundsätzlich die Anteile an der übertragenden Körperschaft als zum gemeinen Wert veräußert und die Anteile an der übernehmenden Körperschaft als mit diesem Wert angeschafft.

b) Ausnahme: Anteilstausch zum Buchwert

Auf Antrag kann die Aufdeckung der stillen Reserven auf Ebene des Anteilseigners der übertragenden Körperschaft vermieden werden. Der Steuerpflichtige kann beantragen, dass der tauschähnliche Vorgang (Anteile des übertragenden Rechtsträgers gegen Anteile am übernehmenden Rechtsträger) zum Buchwert erfolgt.[29] Hierfür muss eine der beiden folgenden Voraussetzungen alternativ erfüllt sein:

1. Voraussetzung: Sicherstellung, dass das Recht der Bundesrepublik Deutschland hinsichtlich des Gewinns aus der späteren Veräußerung der Anteile an der übernehmenden Körperschaft nicht beschränkt oder ausgeschlossen wird.

Der Anteilstausch auf Ebene des Anteilseigners der übertragenden Körperschaft ist nur dann steuerneutral möglich, wenn das Besteuerungsrecht der Bundesrepublik Deutschland an den (neuen) Anteilen weder beschränkt noch ausgeschlossen wird. Ein Ausschluss des Besteuerungsrechts ergibt sich in den Fällen, in denen vor Verschmelzung Deutschland ein Besteuerungsrecht an den Anteilen am übertragenden Rechtsträger hatte, allerdings nach Verschmelzung kein Besteuerungsrecht mehr an den Anteilen am übernehmenden Rechtsträger hat (z. B. weil das Besteuerungsrecht nunmehr durch DBA mit Freistellungsmethode dem ausländischen Staat zugewiesen wird). Eine Beschränkung des Besteuerungsrechts ergibt sich, wenn vor Verschmelzung ein deutsches Besteuerungsrecht ohne Pflicht zur Anrechnung ausländischer Steuer an den Anteilen des übertragenden Rechtsträgers bestand und nach Verschmelzung eine Anrechnungsverpflichtung besteht bzw. wenn vor Verschmelzung ein Besteuerungsrecht mit Anrechnungsverpflichtung bestand und nach Verschmelzung kein Besteuerungsrecht mehr existiert.[30]

2. Voraussetzung: Es handelt sich um einen Fall des Art. 8 der Fusionsrichtlinie[31]

Bei Verschmelzungen innerhalb der EU kann selbst dann der Buchwert angesetzt werden, wenn das deutsche Besteuerungsrecht in Folge der Verschmelzung nicht fortbesteht. Für diese Fälle wird geregelt, dass ungeachtet bestehender DBA Regelungen weiterhin eine Besteuerung eines späteren Veräußerungsgewinns in Deutschland vorgenommen werden kann.

Sowohl die erste als auch die zweite Voraussetzung kann bei grenzüberschreitenden Verschmelzungsvorgängen von Bedeutung sein, daher wird hierauf nachfolgend unter II. näher eingegangen.

---

[28] *Frotscher*, in Frotscher/Maas, UmwStG § 13, Rz. 4.
[29] Beachte: Anders als in § 11 UmwStG ist ein Ansatz zum Zwischenwert nicht möglich.
[30] *Schmitt*, in Schmitt/Hörtnagl/Stratz, UmwStG § 13, Rz. 39.
[31] Richtlinie 90/434/EWG.

II. Implikationen der grenzüberschreitenden Verschmelzung innerhalb der EU/EWR

Soll bei einer grenzüberschreitenden Verschmelzung von Körperschaften die Aufdeckung und Versteuerung von stillen Reserven verhindert werden, erlangt vor dem Hintergrund der oben beschriebenen Konzeption des § 11 UmwStG aus steuerlicher Sicht zunächst die Voraussetzung des § 11 Abs. 2 S. 1 Nr. 2 UmwStG besondere Bedeutung. Der Gesetzgeber hat für eine steuerneutrale grenzüberschreitende Verschmelzung zur Bedingung gemacht, dass das Besteuerungsrecht Deutschlands am übertragenen Vermögen in Folge der Übertragung von Wirtschaftsgütern im Rahmen des Verschmelzungsvorgangs nicht beschränkt oder ausgeschlossen werden darf. Wird diese Bedingung nicht erfüllt, sind alle stillen Reserven in den übertragenen Wirtschaftsgütern aufzudecken und zu versteuern. Da dies zu erheblichen Steuerbelastungen führen kann, wird hierauf in der Praxis regelmäßig besonderes Augenmerk zu richten sein.

Des Weiteren ist die Regelung des § 13 Abs. 2 UmwStG im Hinblick auf die Besteuerung der Anteilseigner der übertragenden Körperschaft zu beachten. Auch auf dieser Ebene hat der Gesetzgeber wie bereits beschrieben die Bedingung gestellt, dass eine Aufdeckung der stillen Reserven in den Anteilen an der übertragenden Körperschaft nur unterbleibt, wenn das deutsche Besteuerungsrecht für die im Austausch erhaltenen Anteile an der übernehmenden Körperschaft nicht ausgeschlossen oder beschränkt wird.

Im Folgenden werden – entsprechend der hier gewählten Definition einer grenzüberschreitenden Verschmelzung – insbesondere die Hinausverschmelzung und die Hereinverschmelzung näher betrachtet. Allerdings werden auch Aspekte reiner Auslandsverschmelzungen mit Inlandsbezug angesprochen.

1. Grenzüberschreitende Hinausverschmelzung

Unter *Hinausverschmelzung* versteht man eine Verschmelzung einer inländischen Körperschaft auf eine ausländische EU/EWR Körperschaft.

Folgende Grundfälle sind dabei denkbar (exemplarisch):

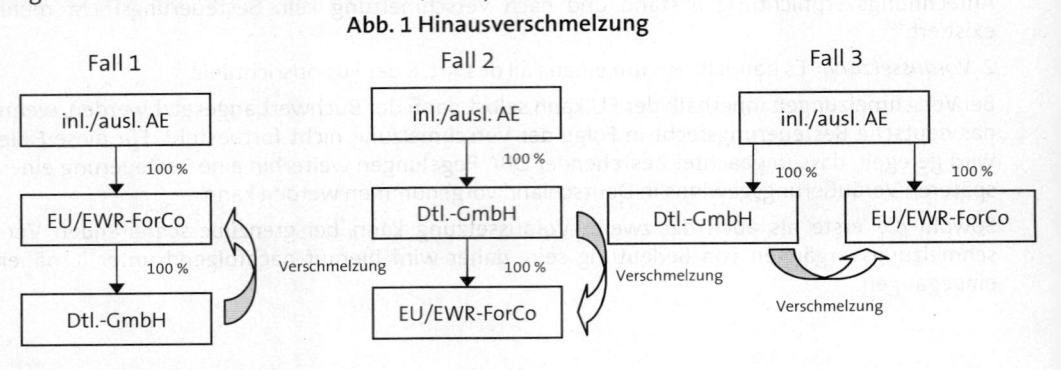

Abb. 1 Hinausverschmelzung

Fall 1: inl./ausl. AE → 100% → EU/EWR-ForCo → 100% → Dtl.-GmbH (Verschmelzung)

Fall 2: inl./ausl. AE → 100% → Dtl.-GmbH → 100% → EU/EWR-ForCo (Verschmelzung)

Fall 3: inl./ausl. AE → 100% → Dtl.-GmbH; inl./ausl. AE → 100% → EU/EWR-ForCo (Verschmelzung)

a) Auswirkungen auf Ebene der übertragenden Körperschaft

Inwieweit eine Buchwertfortführung möglich ist, hängt im Wesentlichen davon ab, ob die im Rahmen der Verschmelzung auf den ausländischen Rechtsträger übergehenden Wirtschaftsgüter weiterhin der deutschen Besteuerung unterliegen. Hierbei sind folgende Fälle denkbar:

aa) Es verbleibt eine Betriebsstätte in Deutschland

Verbleibt eine Betriebsstätte in Deutschland, hängen die steuerlichen Konsequenzen davon ab, welche Wirtschaftsgüter nach Verschmelzung der deutschen Betriebsstätte zuzuordnen sind und welche Wirtschaftsgüter unmittelbar dem ausländischen Stammhaus zuzuordnen sind. Diese Entscheidung ist jedenfalls dann ausschlaggebend, wenn man den Regelfall, dass die der Betriebsstätte zuzuordnenden Wirtschaftsgüter weiterhin im Betriebsstättenstaat (hier also Deutschland) der Besteuerung unterliegen. Dies unterstellt, ist Buchwertfortführung für die in der Betriebsstätte verbleibenden Wirtschaftsgüter möglich. Für die dem ausländischen Stammhaus zuzuordnenden Wirtschaftsgüter scheidet dies dagegen regelmäßig aus, da die zum Stammhaus gehörenden Wirtschaftsgüter im Regelfall nicht der deutschen Besteuerung unterliegen.[32] Entscheidend für die Zuordnung dürfte i. d. R. sein, ob das jeweilige Wirtschaftsgut der übertragenden Körperschaft zukünftig der Betriebsstätte oder dem Stammhaus dient. Die Entscheidung ist im Sinne einer funktionalen Zuordnung zu treffen.[33] In der Praxis bereiten in diesem Zusammenhang regelmäßig ein bestehender Geschäfts- oder Firmenwert, Patente und Beteiligungen die größten Probleme, da diese Wirtschaftsgüter grundsätzlich nach der h. M. als sog. Zentralfunktionen dem (ausländischen) Stammhaus zugeordnet werden und damit nicht mehr der deutschen Besteuerung unterliegen.[34]

ab) Es verbleibt keine deutsche Betriebsstätte

Verbleibt keine Betriebsstätte in Deutschland und ist auf Grund bestehender DBA Vorschriften das Besteuerungsrecht an ggf. in Deutschland verbleibendem Vermögen dem ausländischen Staat zuzuordnen, kommt es zur Aufdeckung der stillen Reserven. Ist jedoch bestehendes Vermögen auch ohne Betriebsstätte weiterhin in Deutschland steuerverstrickt (z. B. unbewegliches Vermögen wie inländische Grundstücke), können insoweit die Buchwerte fortgeführt werden.[35]

ac) Verschmelzung mit bestehender Betriebsstätte im Ausland

Unterhält eine deutsche Kapitalgesellschaft, die auf eine ausländische EU/EWR Körperschaft hinausverschmolzen wird eine ausländische Betriebsstätte in einem Nicht-Freistellungsstaat (Anrechnungsbetriebsstätte),[36] verliert Deutschland im Zuge der Verschmelzung ebenfalls das Besteuerungsrecht. In diesen Fällen sind die stillen Reserven aufzudecken und unterliegen in Deutschland der Schlussbesteuerung. Sieht das mit dem jeweiligen Staat abgeschlossene DBA dagegen die Freistellungsmethode vor (Freistellungsbetriebsstätte), ergeben sich hinsichtlich des Betriebsstättenvermögens grundsätzlich keine Auswirkungen in Folge der Verschmelzung, da Deutschland weder vor noch nach Verschmelzung ein Besteuerungsrecht im Hinblick auf das Betriebsstättenvermögen hat(te).[37]

Sonderregelungen gelten für die Fälle, in denen es sich um eine Betriebstätte in einem anderen **EU-Mitgliedsstaat** handelt (§ 11 Abs. 3 i. V. m. § 3 Abs. 3 UmwStG).[38] Diese Regelung ist ein-

---

[32] Dötsch, in Dötsch/Eversberg/Joost/Pung/Witt, UmwStG § 11, Rz. 28.
[33] Schmitt, in Schmitt/Hörtnagl/Stratz, UmwStG § 11, Rz. 106f.
[34] Vgl. BMF-Schreiben vom 24. 12. 1999, BStBl. I 1999, S. 1076, Rz. 2.4 sowie die entsprechenden Hinweise: Schmitt, in Schmitt/Hörtnagl/Stratz, UmwStG § 11, Rz. 107; Frotscher, in Frotscher/Maas, UmwStG § 11, Rz. 77f; Dötsch, in Dötsch/Eversberg/Joost/Pung/Witt, UmwStG § 11, Rz. 28.
[35] Frotscher, in Frotscher/Maas, UmwStG § 11, Rz. 62.
[36] Z. B. kein DBA bzw. DBA sieht Anrechnungsmethode vor.
[37] Schmitt, in Schmitt/Hörtnagl/Stratz, UmwStG § 11, Rz. 109.
[38] Dötsch, in Dötsch/Eversberg/Joost/Pung/Witt, UmwStG § 11, Rz. 61; Schmitt, in Schmitt/Hörtnagl/Stratz, UmwStG § 11, Rz. 149.

schlägig, wenn bei einer grenzüberschreitenden Hinausverschmelzung die inländische (übertragende) Körperschaft eine in einem anderen EU-Mitgliedsstaat belegene Betriebsstätte besitzt, für die Deutschland nicht auf sein Besteuerungsrecht verzichtet hat und auf Grund des entsprechenden DBA nicht die Freistellungsmethode Anwendung findet. Alle von Deutschland innerhalb der EU abgeschlossenen DBA sehen grundsätzlich für Betriebsstätteneinkünfte die Freistellungsmethode vor. Daher kann die Vorschrift des § 11 Abs. 3 UmwStG nur eintreten, wenn in dem mit dem Betriebsstättenstaat abgeschlossenen DBA die Freistellungsmethode von einer Aktivitätsklausel abhängig gemacht wird[39] und auf Grund der Tätigkeit der Betriebsstätte die Aktivitätserfordernisse nicht erfüllt werden. Kommt es in diesem Fall bei einer Hinausverschmelzung zum Ausschluss des deutschen Besteuerungsrechts ist in der steuerlichen Übertragungsbilanz für das übertragene (Betriebsstätten-) Vermögen der gemeine Wert anzusetzen. Auf die, auf einen entstehenden Übertragungsgewinn zu erhebende deutsche Körperschaftsteuer, ist gem. § 3 Abs. 3 UmwStG jedoch eine fiktive ausländische Steuer anzurechnen, die nach den Rechtsvorschriften des ausländischen Staates bei Veräußerung des übergehenden Vermögens zum Verschmelzungszeitpunkt erhoben worden wäre. Erhebt der ausländische Staat in Folge der Verschmelzung tatsächlich eine Steuer, ist auch diese anzurechnen. Für die Anrechung der fiktiven oder tatsächlichen ausländischen Steuer sind die Vorschriften über Anrechung von ausländischen Steuern (§ 26 KStG) zu beachten.

b) **Auswirkungen auf Ebene der übernehmenden Gesellschaft**

Da die übernehmende Gesellschaft eine ausländische Gesellschaft ist, ergeben sich keine steuerlichen Auswirkungen in Deutschland

c) **Auswirkungen auf die Anteilseigner der übertragenden Körperschaft**

Wie oben in den Ausführungen unter D.I.3. dargestellt, können sich für den Anteilseigner gem. den §§ 13 ff. UmwStG immer dann Auswirkungen ergeben, wenn die Anteilseigner im Rahmen der Verschmelzung Anteile an der übernehmenden Gesellschaft (im Tausch gegen Anteile an der übertragenden Gesellschaft) erhalten.[40]

Der Gesellschafter der übertragenden Körperschaft kann im Inland oder im Ausland ansässig sein. Daher sind zwei Fälle zu unterscheiden.

Ist der **Gesellschafter im Inland ansässig**, hatte Deutschland zunächst das volle Besteuerungsrecht (übertragende Gesellschaft und Gesellschafter sind Inländer). Beim hier betrachteten Fall der Hinausverschmelzung wird nun die übertragende Gesellschaft auf eine ausländische EU/EWR Körperschaft verschmolzen und der inländische Anteilseigner erhält Anteile der ausländischen Körperschaft. Ob Deutschland das Besteuerungsrecht behält, hängt davon ab, welche DBA Regelungen mit dem Staat der übernehmenden Körperschaft bestehen, dessen Anteilseigner die bisher an der übertragenden Körperschaft beteiligten Gesellschafter werden. Liegt das Besteuerungsrecht nach der Regelung des DBA im Ansässigkeitsstaat des Gesellschafters (hier: Deutschland), verbleibt das Besteuerungsrecht auch nach Verschmelzung in Deutschland. Buchwertfortführung ist in diesem Fall möglich.

Liegt das Besteuerungsrecht dagegen nach der Regelung des DBA beim Ansässigkeitsstaat der Gesellschaft (d. h. nach Verschmelzung im Ansässigkeitsstaat der übernehmenden ausländischen Gesellschaft), wird das Besteuerungsrecht Deutschlands zukünftig ausgeschlossen.[41] Die

---

[39] Beispiele hierfür wären: DBA Portugal, DBA Ungarn.

[40] In den in Abb. 1 dargestellten Konstellationen wäre dies bspw. in den Fällen 2 und 3 zu prüfen.

[41] In den von Deutschland abgeschlossenen DBA wird im Regelfall dem Ansässigkeitsstaat des Gesellschafters das Besteuerungsrecht zugewiesen. Den Ausnahmefall, dass das Besteuerungsrecht dem Sitzstaat

Steuerneutralität durch Buchwertfortführung ist in diesen Fällen für die Anteilseigner nicht möglich.

Besteht mit dem Staat der übernehmenden Körperschaft kein DBA,[42] verbleibt das Besteuerungsrecht in Folge der unbeschränkten Steuerpflicht des inländischen Anteilseigners zwar in Deutschland, aber es besteht die Verpflichtung zur Anrechnung der im Ausland anfallenden Steuer auf die deutsche Steuer. In Folge der hierdurch eintretenden Beschränkung des deutschen Besteuerungsrechts ist eine Steuerneutralität ausgeschlossen.[43]

Ist der **Gesellschafter der übertragenden inländischen Körperschaft im Ausland ansässig**, hängt die Steuerneutralität davon ab, ob mit dem jeweiligen Ansässigkeitsstaat des Gesellschafters ein DBA besteht und welche Regelung zur Besteuerung von Veräußerungsgewinnen ggf. das jeweilige DBA vorsieht. Hatte Deutschland auf Grund eines bestehenden DBA mit dem Ansässigkeitsstaat des Gesellschafters bereits vor Verschmelzung kein Besteuerungsrecht an Veräußerungsgewinnen aus Anteilen an Kapitalgesellschaften, kann Deutschland das Besteuerungsrecht nicht verlieren. Es ergeben sich aus deutscher Sicht keine Auswirkungen. Dies gilt für die Fälle, in denen sich nach den Vorschriften des DBA das Besteuerungsrecht nach dem Ansässigkeitsstaat des Gesellschafters richtet.

Richtet sich das Besteuerungsrecht nach dem Sitzstaat der Gesellschaft hat Deutschland vor Verschmelzung das Besteuerungsrecht an den vom ausländischen Gesellschafter gehaltenen Anteilen an der inländischen übertragenden Körperschaft, während nach Verschmelzung Deutschland keinen Zugriff mehr auf die Besteuerung eines Veräußerungsgewinns an der ausländischen übernehmenden Körperschaft hat.[44] Es kommt daher zur Aufdeckung und Versteuerung der stillen Reserven in Deutschland.

Besteht kein DBA,[45] verliert Deutschland das Besteuerungsrecht, da nach Verschmelzung kein Anknüpfungspunkt für eine deutsche Besteuerung mehr vorhanden ist (Ausländer ist an einer ausländischen übernehmenden Gesellschaft beteiligt), während vor Verschmelzung im Regelfall zumindest beschränkte Steuerpflicht bestand.

Für die Sonderregelung der Anwendung des Art. 8. der Fusionsrichtlinie wird auf Gliederungspunkt 4. in diesem Abschnitt verwiesen.

2. Grenzüberschreitende Hereinverschmelzung

Unter *Hereinverschmelzung* versteht man eine Verschmelzung einer ausländischen EU/EWR Körperschaft auf eine inländische Körperschaft.

---

der Gesellschaft zugewiesen wird, sehen derzeit innerhalb der EU/EWR folgende von Deutschland abgeschlossene DBA vor: DBA Bulgarien, Slowakei, Tschechien, Zypern. Beachte jedoch: in zahlreichen DBA bestehen Ausnahmen vom Regelfall, z. B. für grundbesitzverwaltende Gesellschaften oder in Wegzugsfällen, etc.

[42] Innerhalb des EU/EWR-Raums hat Deutschland derzeit lediglich mit Lichtenstein kein DBA.
[43] *Frotscher*, in Frotscher/Maas, UmwStG § 13, Rn. 25.
[44] Zu bestehenden DBA Regelungen siehe Fn 42.
[45] Siehe Fn 43.

Analog zur Hinausverschmelzung sind folgende Grundfälle denkbar (exemplarisch):

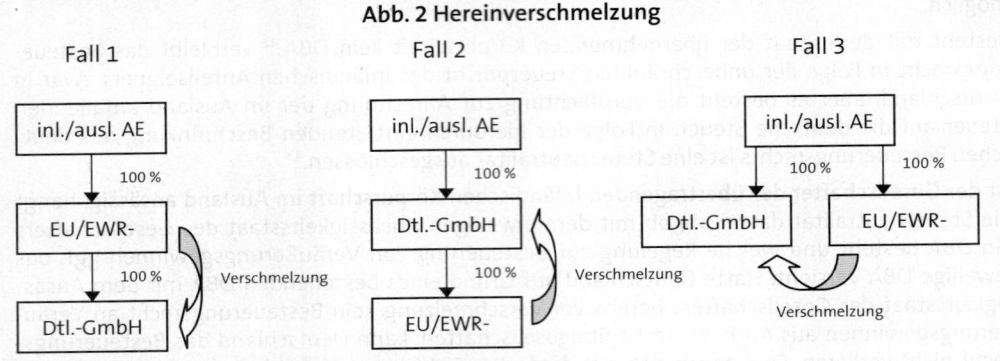

Abb. 2 Hereinverschmelzung

Fall 1: inl./ausl. AE → 100% → EU/EWR- → 100% → Dtl.-GmbH (Verschmelzung)

Fall 2: inl./ausl. AE → 100% → Dtl.-GmbH → 100% → EU/EWR- (Verschmelzung)

Fall 3: inl./ausl. AE → 100% Dtl.-GmbH und 100% EU/EWR- (Verschmelzung)

a) **Auswirkungen auf Ebene der übertragenden Körperschaft**

Durch die Verschmelzung einer ausländischen Körperschaft auf eine deutsche Körperschaft kommt es nicht zu einer Einschränkung bzw. zum Ausschluss des deutschen Besteuerungsrechts, sondern vielmehr zu einer Steuerverstrickung von Vermögen in Deutschland.

b) **Auswirkungen auf Ebene der übernehmenden Gesellschaft**

Zur Ermittlung des Übernahmegewinns (soweit einschlägig) ist eine steuerliche Schlussbilanz beim übertragenden Rechtsträger aufzustellen.[46] Die steuerliche Behandlung des Übernahmegewinns richtet sich dann nach den allgemeinen Grundsätzen.

c) **Auswirkungen auf die Anteilseigner der übertragenden Körperschaft**

Soweit sich Auswirkungen in Folge der Verschmelzung auf Ebene der Gesellschafter ergeben, sind wie bei der Hinausverschmelzung wiederum zwei Fälle zu unterscheiden. Der Anteilseigner der übertragenden Körperschaft kann Inländer oder Ausländer sein.

Ist der **Gesellschafter der übertragenden ausländischen Gesellschaft im Inland** ansässig, ist die Verschmelzung grundsätzlich für den Gesellschafter in Deutschland ohne steuerliche Auswirkung möglich. Dies gilt unabhängig davon, ob mit dem ausländischen Staat der übertragenden Gesellschaft ein DBA besteht und welche Regelung das DBA bisher vorsah. Nach Verschmelzung erhält der Gesellschafter (Inländer) Anteile an einer inländischen Gesellschaft. Zukünftig wird daher Deutschland in jedem Fall ein Besteuerungsrecht haben.

Ist der **Gesellschafter im Ausland** ansässig, ergeben sich aus deutscher Sicht grundsätzlich keine Steuerbelastungen. Je nach vorliegenden DBA Regelungen bzw. auch für den Fall, dass kein DBA mit dem Staat der übertragenden Gesellschaft abgeschlossen ist, kann es zur Begründung eines deutschen Besteuerungsrechts kommen. Eine Beschränkung oder ein Ausschluss des Besteuerungsrechts ergibt sich in diesen Fällen nicht.

3. **Exkurs: Grenzüberschreitende Auslandsverschmelzung**

Unter einer grenzüberschreitenden Auslandsverschmelzung ist eine Verschmelzung zwischen zwei EU/EWR Auslandsgesellschaften zu verstehen.

---

[46] *Schmitt*, in Schmitt/Hörtnagl/Stratz, UmwStG § 11, Rz. 112.

Folgende Grundfälle sind denkbar (exemplarisch):

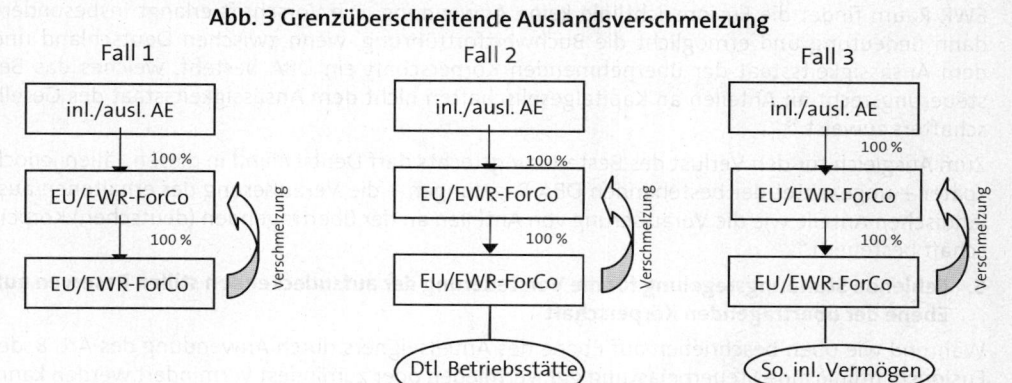

Abb. 3 Grenzüberschreitende Auslandsverschmelzung

Fall 1: inl./ausl. AE → (100%) EU/EWR-ForCo → (100%) EU/EWR-ForCo (Verschmelzung)

Fall 2: inl./ausl. AE → (100%) EU/EWR-ForCo → (100%) EU/EWR-ForCo (Verschmelzung) → Dtl. Betriebsstätte

Fall 3: inl./ausl. AE → (100%) EU/EWR-ForCo → (100%) EU/EWR-ForCo (Verschmelzung) → So. inl. Vermögen

a) Auswirkungen auf Ebene der übertragenden und übernehmenden Gesellschaft

Da es sich sowohl bei der übertragenden als auch der übernehmenden Gesellschaft um ausländische Gesellschaften handelt, ergeben sich in Folge der Vermögensübertragung keine steuerlichen Auswirkungen in Deutschland, wenn die ausländischen Gesellschaften kein inländisches Vermögen (Betriebsstättenvermögen, Grundvermögen, etc.) besitzen.

Liegt inländischen Vermögen vor, ist wie für alle anderen, oben bereits beschriebenen Fälle, zu prüfen, inwieweit es zu einer Einschränkung des deutschen Besteuerungsrechts durch die Verschmelzung kommt.

b) Auswirkungen auf die Anteilseigner der übertragenden Körperschaft

Entsprechend der oben bereits aufgezeigten Grundsätze richtet sich die Steuerneutralität auch in diesem Fall wieder danach, ob Deutschland in Folge des Anteilstausches (Anteile an der übertragenden ausländischen Gesellschaft gegen Anteile an der übernehmenden ausländischen Gesellschaft) das Besteuerungsrecht an den übernommenen Anteilen der aufnehmenden Gesellschaft verliert oder ob das deutsche Besteuerungsrecht beschränkt wird. Hierbei kommt den bestehenden DBA wieder wesentliche Bedeutung zu. Es ist zu untersuchen, inwieweit auf Grund der unterschiedlichen DBA Regelungen (bzw. falls kein DBA vorliegt) vor Verschmelzung Deutschland das Besteuerungsrecht an den vom inländischen Anteilseigner gehaltenen ausländischen Anteilen hatte und auch nach Verschmelzung behält. Auf die einzelnen denkbaren Fallkonstellationen wird an dieser Stelle nicht im Detail eingegangen.[47]

Für die Sonderregelung der Anwendung des Art. 8. der Fusionsrichtlinie wird auf den folgenden Gliederungspunkt 4. in diesem Abschnitt verwiesen.

4. Sonderregelung: Anwendung des Art. 8 der Fusionsrichtlinie (§ 13 Abs. 2 Nr. 2 UmwStG)

Auf Ebene der Anteilseigner der übertragenden Körperschaft erweitert § 13 Abs. 2 Nr. 2 UmwStG die Möglichkeit der steuerneutralen Verschmelzung. Auch für die Fälle, in denen das Besteuerungsrecht Deutschlands auf Ebene der Anteilseigner hinsichtlich der im Rahmen des Verschmelzungsvorgangs am übernehmenden Rechtsträger neu begründeten Anteile ausgeschlossen oder beschränkt wird, ist hiernach eine steuerneutrale Buchwertfortführung möglich.

---

[47] Siehe hierzu: *Frotscher*, in Frotscher/Maas, UmwStG § 13, Rn. 29f.

Allerdings muss es sich um Verschmelzungen im **EU-Raum** handeln. Auf Verschmelzungen im EWR Raum findet die Fusionsrichtlinie keine Anwendung. Die Vorschrift erlangt insbesondere dann Bedeutung und ermöglicht die Buchwertfortführung, wenn zwischen Deutschland und dem Ansässigkeitsstaat der übernehmenden Körperschaft ein DBA besteht, welches das Besteuerungsrecht an Anteilen an Kapitalgesellschaften nicht dem Ansässigkeitsstaat des Gesellschafters zuweist.[48]

Zum Ausgleich für den Verlust des Besteuerungsrechts darf Deutschland in diesen Fällen jedoch später – ungeachtet der bestehenden DBA Regelungen – die Veräußerung der erhaltenen ausländischen Anteile wie die Veräußerung von Anteilen an der übertragenden (deutschen) Körperschaft besteuern.[49]

5. Fehlende Stundungsregelung für die Versteuerung der aufzudeckenden stillen Reserven auf Ebene der übertragenden Körperschaft

Während wie oben beschrieben auf Ebene des Anteilseigners durch Anwendung des Art. 8. der Fusionsrichtlinie eine Steuerbelastung ggf. vermieden oder zumindest vermindert werden kann, fehlt eine derartige Regelung für die Ebene des übertragenden Rechtsträgers. Verliert Deutschland beispielsweise im Falle der Hinausverschmelzung das Besteuerungsrecht, sind im Zuge der Verschmelzung alle stillen Reserven durch den Ansatz des gemeinen Wertes in der steuerlichen Übertragungsbilanz aufzudecken und zu versteuern. Eine Abmilderung einer sich ggf. ergebenden erheblichen Steuerbelastung durch eine Stundungsregelung wie z. B. in § 6 Abs. 5 AStG oder die Bildung eines Ausgleichspostens wie z. B. in § 4g EStG zur Dokumentation der stillen Reserven ist im UmwStG nicht vorgesehen. *Rödder*[50] weist u. E. zutreffend auch auf die europarechtliche Problematik hin, dass bei einer grenzüberschreitenden Verschmelzung ggf. eine sofortige steuerliche Realisation der stillen Reserven erfolgen muss. Unabhängig von einem möglichen Verstoß gegen die europarechtlich gewährleisteten Grundfreiheiten, stellt sich in der Praxis die Frage, ob eine Aufdeckung der stillen Reserven auf Grund drohender erheblicher Steuerbelastungen hingenommen werden kann. Gerade in den Fällen der Hinausverschmelzung, in denen zwar eine Betriebsstätte verbleibt, jedoch Wirtschaftsgüter mit erheblichen stillen Reserven dem ausländischen Stammhaus zugeordnet werden müssen (bspw. Firmenwert, Patente), stellt das vorgesehene Verfahren der sofortigen Versteuerung einen gewichtigen Hinderungsgrund für die Durchführung einer evtl. aus wirtschaftlicher Sicht sinnvollen internationalen Reorganisation dar. Schon allein deshalb scheint eine Regelung ähnlich den in anderen Bereichen vorhandenen Stundungs- oder Ausgleichspostenmodellen sinnvoll, auch wenn der administrative Aufwand damit natürlich steigt.

E. Praxisbeispiel mit Drittstaat

Wie aus den obigen Ausführungen erkennbar, ist eine gesellschaftsrechtliche als auch steuerliche Grundvoraussetzung für die Anwendung der Regelungen zur grenzüberschreitenden Verschmelzung, dass es sich bei den beteiligten Gesellschaften um EU/EWR-Kapitalgesellschaften handelt.

Der folgende Praxisfall soll aufzeigen, welche Möglichkeiten die Europäisierung des Umwandlungsrechts bietet und an welche Grenzen man bei der Beteiligung von Drittstaaten stößt.

---

[48] Siehe hierzu Fn. 42.
[49] *Dötsch*, in Dötsch/Eversberg/Joost/Pung/Witt, UmwStG § 13, Rz. 25.
[50] *Rödder*, in Rödder/Herlinghaus/van Lishaut, UmwStG § 11, Rz. 130ff; a. A. *Frotscher*, IStR 2006, S.65.

Fallgestaltung:

Eine deutsche GmbH (A-GmbH) ist zu 100 % an einer Schweizer S.A. (S-S.A.) beteiligt. Die S-S.A. ist wiederum zu 100 % an einer deutschen GmbH (C-GmbH) beteiligt, welche ausschließlich 100 % der Anteile an den im Konzern operativ tätigen Kapitalgesellschaften hält (vgl. Abb. 4). Der in der Steuerbilanz der S-S.A. ausgewiesene Buchwert der Beteiligung an der C-GmbH beträgt 10 Mio. Euro. Der gemeine Wert der Beteiligung beträgt 110 Mio. Euro. Der Buchwert der Beteiligung an der S-S.A. in der Steuerbilanz der A-GmbH beträgt ebenfalls 10 Mio. Euro. Die S-S.A. ist bereits seit vielen Jahren aus historischen Gründen in die Konzernstruktur eingebettet und hält ausschließlich die Beteiligung an der C-GmbH. Die S-S.A. entfaltet keine unternehmerische Tätigkeit; nennenswertes Aktivvermögen bzw. Schulden liegen nicht vor.

Geplant ist die Eliminierung der S-S.A. in der Schweiz, um die Gruppenstruktur zu vereinfachen und um weitere Umstrukturierungen oder einen Verkauf des Konzerns zu ermöglichen, da Konzernstrukturen mit Zwischenschaltungen von ausländischen funktionslosen Holdings in der vorliegenden Form unter Umständen für eine potentielle Veräußerung hinderlich sein könnten. Fraglich ist nun, welche Möglichkeiten es gibt, um die S-S.A. möglichst steueroptimiert zu eliminieren.

Abb. 4 Ausgangslage und Zielstruktur

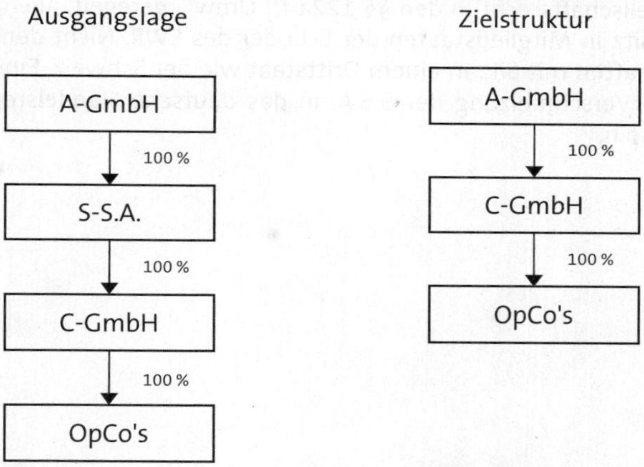

1. Liquidation der S-S.A. und anschließende Sachausschüttung

Zur Eliminierung der S-S.A. wäre zunächst an eine Liquidation der Gesellschaft zu denken. Im Rahmen der Liquidationsschlussrechnung käme es zu einer Sachausschüttung der 100 %igen Beteiligung an der C-GmbH an die A-GmbH, welche in Deutschland wie eine normale Gewinnausschüttung zu behandeln wäre.

In Deutschland ergäbe sich vorliegend ein Beteiligungsertrag i. H. v. 100 Mio. Euro (Verkehrswert 110 Mio. Euro abzgl. Buchwert 10 Mio. Euro). Hiervon steuerpflichtig wären für Zwecke der Körperschaftsteuer 5 % (§ 8b KStG), somit 5 Mio. Euro. Auf Grund der vorliegenden Fallkonstellation, wonach sowohl die S-S.A. als auch die C-GmbH reine Holdinggesellschaften ohne eigene wirtschaftliche Tätigkeit sind, kann der Aktivitätsvorbehalt gem. § 9 Nr. 7 GewStG nicht erfüllt werden. Damit unterfällt der Beteiligungsertrag in voller Höhe der Gewerbesteuer. Auf Grund dieser Steuerbelastung stellt die Liquidation mit anschließender Sachausschüttung keine steueroptimale Option zur Eliminierung der S-S.A. dar.

2. Verkauf der C-GmbH und anschließende Liquidation der S-S.A.

Auch ein Verkauf der C-GmbH vor Liquidation der S-S.A. würde keinen steuerlichen Vorteil bieten. Unabhängig von einer zu prüfenden Hinzurechnungsbesteuerungsthematik (§§ 7 ff. AStG) in Zusammenhang mit dem in der Schweiz entstehenden Veräußerungsgewinn, hätte eine nachfolgende Liquidation der S-S.A. die vorgenannten steuerlichen Auswirkungen. In diesem Fall würde zwar keine Sachausschüttung einer Beteiligung erfolgen, jedoch eine Ausschüttung des im Zuge des Verkaufs vereinnahmten Kaufpreises bzw. einer betragsgleichen Forderung.

3. Sitzverlegung nach Deutschland und anschließende Verschmelzung

Als weitere Gestaltungsoption könnte man den Sitz und den Ort der Geschäftsleitung der S-S.A. in einem ersten Schritt von der Schweiz nach Deutschland verlegen (Zuzug) und in einem zweiten Schritt die S-S.A. zu Buchwerten auf die A-GmbH verschmelzen.

In Deutschland fehlt es jedoch an einer gesetzlichen Grundlage für den Zuzug einer Kapitalgesellschaft.[51] Deshalb dürfte diese Option bereits aus gesellschaftsrechtlicher Sicht nicht umsetzbar sein.[52]

4. Grenzüberschreitende Verschmelzung nach Deutschland

Entsprechend den bisherigen Ausführungen ist die grenzüberschreitende Verschmelzung mittlerweile im deutschen Gesellschaftsrecht in den §§ 122a ff. UmwG geregelt, allerdings nur für Kapitalgesellschaften mit Sitz in Mitgliedstaaten der EU oder des EWR. Nicht den Regelungen unterfallen Kapitalgesellschaften mit Sitz in einem Drittstaat wie der Schweiz. Eine Eintragung der grenzüberschreitenden Verschmelzung der S-S.A. in das deutsche Handelsregister dürfte deshalb nicht zu erreichen sein.[53]

---

[51] Beachte: Grenzüberschreitende Sitzverlegung einer SE ist möglich.

[52] In der Praxis vorstellbar wäre jedoch in Abstimmung mit dem zuständigen Handelsregistergericht eine Eintragung der Sitzverlegung im deutschen Handelsregister zu erreichen.

[53] Wie für den Fall der grenzüberschreitenden Sitzverlegung wäre auch hier eine Eintragung der Verschmelzung in Abstimmung mit dem zuständigen Handelsregistergericht vorstellbar, siehe hierzu: *Dorr/Stukenborg*, DB 2003, S. 647 ff.

5. Umweg über anderen EU Staat

Folgende Strukturierungsalternative wäre ggf. denkbar:

Schritt 1: Sitzverlegung der S-S.A. in einen anderen EU Staat und Gründung einer NewCo (EU) in diesem Staat

Schritt 2: Innerstaatliche Verschmelzung der S-S.A. auf die NewCo (EU) im ausländischen Staat

Schritt 3: Grenzüberschreitende Verschmelzung der NewCo (EU) auf die A-GmbH

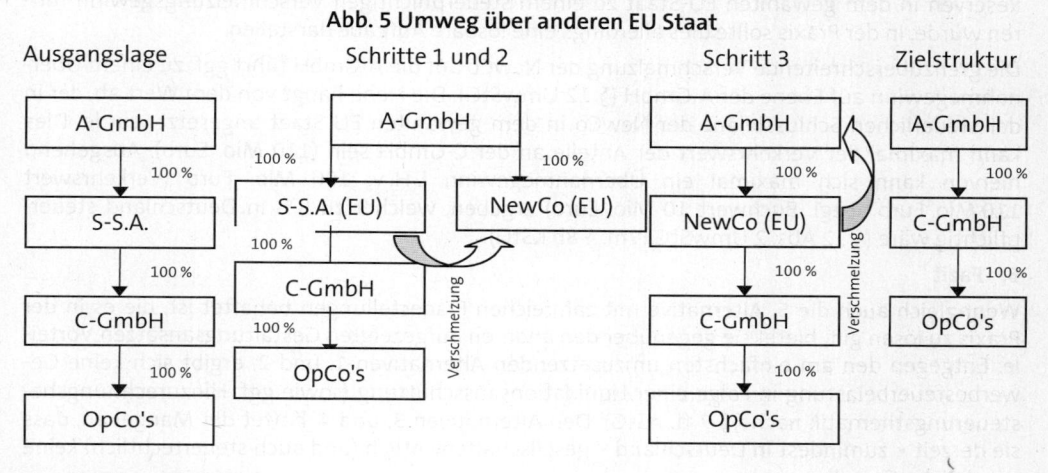

Abb. 5 Umweg über anderen EU Staat

a) Gesellschaftsrecht

Wie bereits ausgeführt, sieht das deutsche Gesellschaftsrecht weder den Zuzug noch die grenzüberschreitende Verschmelzung einer Schweizer S-S.A. nach Deutschland vor. Die Schweiz gestattet jedoch ihrerseits die grenzüberschreitende (Hinaus-)Verschmelzung sowie die grenzüberschreitende Sitzverlegung in EU/EWR Staaten. Deshalb könnte man den Umweg über einen anderen EU-Staat wählen, welcher seinerseits die Sitzverlegung aus einem Drittstaat gestattet, um die Schweizer S-S.A. anschließend, jedoch mit einem weiteren Zwischenschritt, grenzüberschreitend nach Deutschland auf die A-GmbH zu verschmelzen.

Nach der Sitzverlegung und vor der grenzüberschreitenden Verschmelzung auf die A-GmbH in Deutschland müsste die Schweizer S-S.A. jedoch auf eine in dem jeweiligen EU-Staat gegründete NewCo (Tochtergesellschaft der A-GmbH) verschmolzen werden.[54] Dieser Zwischenschritt ist nötig, weil die grenzüberschreitende Verschmelzung nach den §§ 122a ff. UmwG voraussetzt, dass die an einer grenzüberschreitenden Verschmelzung beteiligten Kapitalgesellschaften nach dem Recht eines Mitgliedstaates der EU bzw. des EWR **gegründet** wurden und nicht nur Sitz und Geschäftsleitung in einem EU/EWR Staat haben.[55] Nach dieser Verschmelzung könnte man die NewCo auf die deutsche A-GmbH grenzüberschreitend verschmelzen und hätte die S-S.A. somit eliminiert.

---

[54] EU Staaten, die den Zuzug von Gesellschaften aus Drittstaaten identitätswahrend gestatten, sollten konsequenterweise auch die anschließende innerstaatliche Verschmelzung zulassen (so z. B. Italien).

[55] *Hörtnagel*, in: Schmitt/Hörtnagel/Stratz, UmwG, § 122a, Rz. 10.

b) Steuerrecht

Fraglich erscheinen die steuerlichen Auswirkungen dieses Vorgehens.

Für die Bestimmung der steuerlichen Auswirkungen in der Schweiz kommt es wesentlich darauf an, mit welchem Wert die Beteiligung der S-S.A. an der C-GmbH in der steuerlichen Wegzugsbilanz anzusetzen ist und ob ein etwaiger Wegzugsgewinn in der Schweiz steuerpflichtig wäre.[56]

Ebenso wäre zu prüfen, ob eine innerstaatliche Verschmelzung aufgrund der Aufdeckung stiller Reserven in dem gewählten EU-Staat zu einem steuerpflichtigen Verschmelzungsgewinn führen würde. In der Praxis sollte dies allerdings eine lösbare Aufgabe darstellen.

Die grenzüberschreitende Verschmelzung der NewCo auf die A-GmbH führt ggf. zu einem Übernahmegewinn auf Ebene der A-GmbH (§ 12 UmwStG). Die Höhe hängt von dem Wert ab, der in der steuerlichen Schlussbilanz der NewCo in dem gewählten EU Staat angesetzt wurde. Dies kann maximal der Verkehrswert der Anteile an der C-GmbH sein (110 Mio. Euro). Ausgehend hiervon kann sich maximal ein Übernahmegewinn i. H. v. 100 Mio. Euro (Verkehrswert 110 Mio. Euro abzgl. Buchwert 10 Mio. Euro) ergeben, welcher zu 5 % in Deutschland steuerpflichtig wäre (§ 12 Abs. 2 UmwStG iVm. § 8b KStG).

6. Fazit

Wenngleich auch die 5. Alternative mit zahlreichen Fragestellungen behaftet ist, die es in der Praxis zu lösen gilt, bietet sie gegenüber den anderen aufgezeigten Gestaltungsansätzen Vorteile. Entgegen den am einfachsten umzusetzenden Alternativen 1. und 2. ergibt sich keine Gewerbesteuerbelastung in Folge einer Liquidationsausschüttung (sowie ggf. Hinzurechnungsbesteuerungsthematik nach §§ 7 ff. AStG). Den Alternativen 3. und 4. haftet der Mangel an, dass sie derzeit • zumindest in Deutschland • gesellschaftsrechtlich (und auch steuerrechtlich) keine gesetzliche Grundlage haben.

F. Zusammenfassung und Ausblick

Die europarechtlichen Vorgaben zur grenzüberschreitenden Verschmelzung und deren Umsetzung in deutsches Recht waren ein notwendiger Schritt, um Reorganisationen in einem internationalen Umfeld zu erleichtern. An Grenzen stößt man hierbei jedoch dann, wenn stille Reserven in erheblichem Umfang aufgedeckt werden und für die beteiligten Gesellschaften eine hohe Steuerbelastung entsteht. Dies gilt sowohl für grenzüberschreitende Verschmelzungen unter Beteiligung von EU/EWR Kapitalgesellschaften als auch unter Beteiligungen von Kapitalgesellschaften aus Drittstaaten. Wie bereits ausgeführt, könnten hier etwaige Stundungsregelungen den Eintritt einer unmittelbaren Steuerbelastung vermeiden.

Unabhängig hiervon fehlen bislang gesetzliche Regelungen, sowohl auf europäischer als auch auf nationaler Ebene, für den Fall, dass Kapitalgesellschaften mit Sitz und Geschäftsleitung in einem Drittstaat wie beispielsweise der Schweiz an der Verschmelzung beteiligt sind. Wie an Hand des gewählten Praxisfalls exemplarisch dargestellt, sind jedoch Gestaltungen denkbar, die grenzüberschreitende Reorganisationen unter Beteiligung von Drittstaaten ermöglichen. Derartige Gestaltungen sind unter anderem deshalb möglich, weil einige ausländische Staaten offener für eine Grenzüberschreitung von Kapitalgesellschaften offener sind als andere. Um Rechtssicherheit für internationale Umstrukturierungen zu schaffen, sollte unter Berücksichtigung dieser bestehenden Möglichkeiten darüber nachgedacht werden, auch Reorganisationen unter Beteiligung von Drittstaaten eine gesetzliche Grundlage in Deutschland zu geben.

---

[56] In der Schweiz ggf. Anwendung des Holdingprivilegs und damit kein steuerpflichtiger Wegzugsgewinn.

3. Grenzüberschreitender Anteilstausch aus deutscher Sicht

von Volker Booten, Steuerberater/Rechtsanwalt, Dr. Huili Wang, Steuerberaterin und Dr. Shuning Shou, LL. M., Partner Transfer Pricing Associates, München[*]

Inhaltsübersicht

A. Anteilstausch als Instrument internationaler Reorganisationen
B. Allgemeine Implikationen aus deutscher steuerlicher Sicht
   I. Grundsatz: Realisierung der stillen Reserven beim Tausch
   II. Erfolgsneutrale Anteilsübertragung nach § 21 UmwStG
   III. Erfolgsneutrale Anteilsübertragung nach § 6b EStG
C. Betrachtung grenzüberschreitender Anteilstausche
   I. Ausschluss und Einschränkung des Besteuerungsrechts Deutschlands
   II. Anteilstausch aus EU-Sicht
   III. Zusammenfassendes Fallbeispiel
D. Hinzurechnungsbesteuerung beim Anteilstausch
   I. Bedeutung der Hinzurechnungsbesteuerung bei internationalem Anteilstaus
   II. Niedrige Besteuerung i. S. d. § 8 Abs. 3 AStG
   III. Qualifizierung der Einkünfte nach § 8 Abs. 1 AStG
   IV. Ermittlung des Hinzurechnungsbetrags
E. Zusammenfassung

Literatur:

Altheim, M., Beratung der mittelständischen Wirtschaft bei Beteiligungen, Fusionen und Spaltungen im Binnenmarkt, IStR 1993, S. 406 ff.; **Bauernschmitt, I./Blöchle, D.,** SEStEG: Umwandlung unerwünscht! BB 2007, S. 743; **Baumbach, A./Hopt, K.,** Kommentar zum HGB, 33. Auflage, München 2008; **Becker-Pennrich, C.,** Die Sofortbesteuerung nach § 21 Abs. 2 Satz 2 UmwStG beim grenzüberschreitenden Anteilstausch, IStR 2007, S. 684 ff.; Behrens, S., Doppelte Buchwertverknüpfung beim grenzüberschreitenden Anteilstausch verstößt gegen EU-Fusionsrichtlinie, BB 2009, 380; **Benecke, A./Schnitger, A.,** Änderungsrichtlinie zur Fusionsrichtlinie: Vermeidung der wirtschaftlichen Doppelbesteuerung und Aufnahme transparenter Gesellschaften – zwei unvereinbare Ziele?, IStR 2005, S. 606 ff., 641 ff.; **Benecke, A./Schnitger, A.,** Letzte Änderungen der Neuregelungen des UmwStG und der Entstrickungsnormen durch das SEStEG - Beschlussempfehlung und Bericht des Finanzausschusses, IStR 2007, S. 22 ff.; **Blumers, W./Schmidt, M.,** Die neuen Tauschgrundsätze und ihre subsidiäre Geltung, DB 1998, S. 392 ff.; Börnstein, U., Die steuerlich erleichterte Umwandlung von Kapitalgesellschaften und bergrechtlichen Gesellschaften nach dem UmwStG, DStZ 1957, 321 ff.; **Dietrich, H.,** in: Lüdicke/Sistermann (Hrsg.), Unternehmenssteuerrecht, München, 2008; **Dötsch, E./Pung, J.,** SEStEG: Die Änderungen des UmwStG (Teil II), DB 2006, S. 2763 ff.; **Eicker, K./Orth, T.,** SEStEG: Überblick über die wesentlichen Änderungen gegenüber dem Regierungsentwurf vom 12.7.2006, IWB Nr. 23 v. 13.12.2006, Fach 3, S. 2136 ff.; **Förster, G./Wendland, J.,** Einbringung von Unternehmensteilen in Kapitalgesellschaften, BB 2007, S. 631ff.; **Fuhrmann, C.,** Grenzüberschreitender Anteilstausch innerhalb der EU, DStZ 2007, S. 111 ff.; **Glanegger, P.,** in: Schmidt (Hrsg.), Einkommensteuergesetz, 27. Auflage, München 2008; **Grotterr, S.,** Der Anteilstausch als gesellschaftsrechtlicher Einbringungsvorgang nach Umsetzung der Fusionsrichtlinie durch das StÄndG 1992, BB 1992, S. 2259 ff.; **Hagemann, J./Jakob, B./Rapohl, F./Viebrock, B.,** Verschmelzung oder Vermögensübertragung und Auf- bzw. Abspaltung auf eine andere Körperschaft, NWB Sonderheft vom 2. 1. 2007, S. 24 ff.; **Heß, I./Schnitger, A.,** in: PwC (Hrsg.), Reform des Umwandlungssteuerrechts – Auswirkung des SEStEG auf Reorganisationen und internationale Entstrickungen, Stuttgart 2007; **Hoffmann, W.,** in: Littmann/Bitz/Pust (Hrsg.), Das Einkommensteuerrecht, Loseblattsammlung, Stand: August 2008; Hopt, K., in: Baumbach/Hopt (Hrsg.), Kommentar zum HGB, 33. Auflage, München 2008; **Jacobs, O. H.,** Internationale Unternehmensbesteuerung, 6. Auflage, München, 2007; **Ley, U.,** Einbringungen nach §§ 20, 24 UmwStG in der Fassung des SEStEG, FR 2007, S. 109 ff.; **Lippross, O./Raab, P.,** Kommentar zum UmwStG, Loseblattsammlung, Stand: August 2007; **Mutscher, A.,** in: Frotscher/Maas, Kommentar zum UmwStG, Stand: August 2008; **Nitzschke, D.,** in: Blümich,

---

[*] Volker Booten, Dr. Huili Wang und Dr. Shuning Shou sind Mitarbeiter bei PricewaterhouseCoopers, München.

Kommentar zum UmwStG, Loseblattsammlung, Stand: Oktober 2008; **Patt, J.**, in: Dötsch/Jost/Pung/Witt, *Kommentar zum UmwStG*, Loseblattsammlung, Stand: Oktober 2008; **Rödder, T./Schumacher, A.**, *Das SEStEG – Überblick über die endgültige Fassung und die Änderungen gegenüber dem Regierungsentwurf*, DStR 2007, S. 369 ff.; **Saß, G.**, *Die Fusionsrichtlinie und die Mutter/Tochterrichtlinie*, DB 1990, S. 2340 ff.; **Schindler, P.**, *Generalthema II: Die Änderungen der Fusionsbesteuerungsrichtlinie*, IStR 2005, S. 551 ff.; **Schmidtmann, D.**, *Hinzurechnungsbesteuerung bei internationalen Umwandlungen – Neuregelungen durch das SEStEG*, IStR 2007, S. 229 ff.; **Sprau, H.**, in: Palandt Kommentar zum BGB, 68. Auflage, München 2009; **Thömmes, O.**, *Neue steuerliche Maßnahmen zur Förderung der grenzüberschreitenden Unternehmenskooperation in der Europäischen Gemeinschaft*, Wpg 1990, S. 473 ff.; **Vogt, G.**, in: Blümich Kommentar zum AStG, Loseblattsammlung, Stand: Oktober 2008; **Wacker, R.**, *Die Einbringung von Mitunternehmeranteilen in eine Kapitalgesellschaft nach § 20 UmwStG*, BB 1996, 2224 ff.; **Wassermeyer, F.**, *Besteuerung des ausländischen Unternehmenserwerbs durch Anteilstausch (unechte Fusion) und Einbringung von Unternehmensanteilen*, DStR 1992, S. 57 ff.; **Wassermeyer, F.**, in: Flick/Wassermeyer/Baumhoff (Hrsg.), Kommentar zum AStG, Loseblattsammlung, Stand: August 2008; **Widmann, S.**, in: Widmann/Meyer (Hrsg.), Kommentar zum Umwandlungsrecht, Loseblattsammlung, Stand: November 2008; **Winkeljohann, N./Fuhrmann, S.**, *Handbuch Umwandlungssteuerrecht – Kommentar für die praktische Fallbearbeitung*, Düsseldorf 2007.

A. Anteilstausch als Instrument internationaler Reorganisationen

Hinsichtlich der Rechtsform der Gesellschaften, deren Anteile getauscht werden, haben in der internationalen Beratungspraxis die Kapitalgesellschaft bzw. ähnliche, steuerlich intransparente Gesellschaftsformen die dominierende Rolle. Die nachfolgende Untersuchung stellt deshalb primär auf den Tausch von Anteilen an Kapitalgesellschaften ab. Bei diesem oft auch als unechte Fusion[1] bezeichneten Vorgang kommt es auf zwei Ebenen zu einem Gesellschafterwechsel. Zum einen wird durch die Einbringung der übertragenen Gesellschaft die übernehmende Gesellschaft neue Gesellschafterin eben dieser. Zum anderen erhält der Einbringende im Gegenzug Anteile an der übernehmenden Gesellschaft. Unter dem Begriff des Anteilstausches wird der Tausch von bereits bestehenden Anteilen an einer Gesellschaft gegen

- neue Anteile der übernehmenden Gesellschaft,
- bereits bestehende, eigene Anteile der übernehmenden Gesellschaft oder
- bereits bestehende Anteile an einer anderen Gesellschaft, welche die übernehmende Gesellschaft hält,

verstanden.

Während aus Sicht des übertragenden Gesellschafters der Anteilstausch in jedem Fall steuerlich relevant ist, ergibt sich aus Sicht der übernehmenden Gesellschaft nur in den letzten beiden Fällen eine steuerliche Auswirkung; die Ausgabe neuer Anteile ist für die übernehmende Gesellschaft – sofern es hierbei nicht zur Verschiebung von stillen Reserven zwischen den Gesellschaftern kommt – erfolgsneutral und kann daher von der weiteren Betrachtung ausgeklammert werden.

Die Rechtsform der Personengesellschaft oder vergleichbare, steuerlich transparente Gesellschaftsformen sollten für einen denkbaren Tausch von Gesellschaftsanteilen nicht unbeachtet bleiben. Im Fall des Tausches von Personengesellschaftsanteilen wird zivilrechtlich der Gesellschaftsanteil als Gesamtheit der Rechte und Pflichten eines Gesellschafters aus dem Gesellschaftsverhältnis übertragen. Der Gesellschafter hat auch bei der Personengesellschaft nur einen Gesellschaftsanteil und kann daher gem. § 719 BGB nicht über die Gegenstände des Gesellschaftsvermögens anteilig verfügen.[2] Aus steuerlicher Sicht findet jedoch keine Übertragung

---

[1] Vgl. *Jacobs*, Internationale Unternehmensbesteuerung, S. 162.
[2] Vgl. *Hopt*, in: Baumbach/Hopt (Hrsg.), Kommentar zum HGB, § 124 HGB, Rz. 17; *Sprau*, in: Palandt Kom-

eines Gesellschaftsanteils, sondern ein anteiliger Übergang der Wirtschaftsgüter auf den Erwerber statt. Dieser konzeptionelle Unterschied führt dazu, dass erhebliche Abweichungen zwischen der steuerlichen Behandlung eines Tausches von Kapitalgesellschaftsanteilen und der eines Tausches von Personengesellschaftsanteilen bestehen.

Im Rahmen der Umstrukturierung von international tätigen Unternehmen hat der Anteilstausch eine hohe praktische Bedeutung, um Konzernstrukturen den operativen Bedürfnissen anzupassen. Der Anteilstausch ist häufig eine Vorstufe für die nachfolgende rechtliche Gesellschaftsvereinigung; dies kann beispielsweise notwendig sein, wenn das nationale Steuerrecht eines Staates, in dem zwei zusammenzuführende Gesellschaften ihren Sitz haben, lediglich einen upstream merger, nicht jedoch einen side-step merger begünstigt. Auch wird das Instrument des Anteilstausches genutzt, um Unternehmensverkäufe vorzubereiten oder um im Rahmen von Unternehmensakquisitionen eigene Anteile als Akquisitionswährung zu verwenden.

B. Allgemeine Implikationen aus deutscher steuerlicher Sicht

I. Grundsatz: Realisierung der stillen Reserven beim Tausch

Hinsichtlich der ertragsteuerlichen Einordnung von reinen Gesellschaftsumformungen existieren dogmatische Unsicherheiten, da die Umformungen entweder als reiner Organisationsakt oder als Veräußerungs- bzw. Erwerbsvorgang gesehen werden können.[3] Im ersten Fall wäre – vorbehaltlich steuerlich abzugsfähiger Organisationskosten – von keinen steuerlichen Auswirkungen auszugehen, während es im zweiten Fall grundsätzlich zu einer Aufdeckung stiller Reserven käme. Dementsprechend findet sich in der Literatur für die Fälle vom tauschähnlichen oder kaufähnlichen Vorgang bis zum reinen gesellschaftsrechtlichen Organisationsakt eine Vielzahl von Meinungen hinsichtlich der Kategorisierung, die zwischen diesen beiden Polen schwanken.[4]

Für eine Umstrukturierung durch Tausch von Anteilen an Kapitalgesellschaften ist der Realisationstatbestand hingegen sehr viel klarer erkennbar. So ist die Einbringung von Gesellschaftsanteilen gegen Gewährung von Anteilen für den übertragenden Gesellschafter nach überwiegender Ansicht als tauschähnlicher Veräußerungsvorgang zu betrachten.[5]

Hinsichtlich des Tausches von Anteilen an Kapitalgesellschaften bestand bis einschließlich des Veranlagungszeitraums 1998 aufgrund des vom BFH entwickelten sog. Tauschgutachtens[6] die – wenngleich restriktive – Möglichkeit einer buchwertneutralen Umstrukturierung. Nach dem Tauschgutachten durften Beteiligungen steuerneutral in andere Kapitalgesellschaften eingebracht werden, wenn die eingebrachte Beteiligung und die dafür erhaltenen Anteile aus der Sicht des Einbringenden art-, wert- und funktionsgleich waren (Nämlichkeit). Durch die Einfü-

---

mentar zum BGB, § 719, Rz. 2.

[3] Vgl. *Widmann*, in: Widmann/Mayer (Hrsg.), Vor § 1 UmwStG, Bd. 4, Rz. 44.

[4] Vgl. *Widmann*, in: Widmann/Mayer (Hrsg.), Vor § 1 UmwStG, Bd. 4, Rz. 44 mit Verweis auf andere wie *Börnstein*, DStZ 1957, S. 323.

[5] Vgl. BFH-Urt. v. 28. 3. 1979 – I R 194/78, BStBl 1979 II, S. 774; *Patt*, in: Dötsch/Jost/Pung/Witt (Hrsg.), Kommentar zum UmwStG, Vor § 20 UmwStG n. F., Rz. 7; *Wacker*, BB 1996, S. 2226 f.

[6] Vgl. BFH-Urt. v. 16. 12. 1959, I D 1/57 S, BStBl 1959 III, S. 30; BMF-Schreiben v. 9. 2. 1998, IV B 2 – S 1909, BStBl 1998 I, S. 163; hierzu auch *Blumers/Schmidt*, DB 1998, S. 392 ff.

gung des § 6 Abs. 6 Satz 1 EStG im Rahmen des Steuerentlastungsgesetzes 1999/2000/2002[7] ist diese Möglichkeit des steuerneutralen Anteilstausches entfallen. Die Anschaffungskosten der neu erlangten Kapitalgesellschaftsanteile bestimmen sich gem. § 6 Abs. 6 Satz 1 EStG nach dem gemeinen Wert der hingegebenen Kapitalgesellschaftsanteile, d. h., es kommt grundsätzlich zu einer Realisierung der stillen Reserven. Die Ausnahmetatbestände des § 6 Abs. 1 Nr. 5 Buchst. a und b EStG, die zu einer Bewertung mit den Anschaffungskosten und damit ggf. zu einem Ansatz unter dem gemeinen Wert führen, sind nicht auf Einlagen gegen Gewährung von Gesellschaftsrechten anwendbar.[8]

Kommt es bei einer Übertragung von Anteilen an Kapitalgesellschaften zur Aufdeckung der stillen Reserven, werden die daraus entstehenden Gewinne abhängig von der Rechtsform der übertragenden Person und der Zuordnung der übertragenen Anteile zum Betriebs- oder Privatvermögen besteuert:

- Ist der Übertragende eine Kapitalgesellschaft, werden die Gewinne aus der Anteilsübertragung nach § 8b Abs. 2 KStG grundsätzlich freigestellt. Allerdings unterliegen 5 % der Gewinne als nicht abzugsfähige Betriebsausgaben der Körperschaft- und Gewerbesteuer (§ 8b Abs. 3 KStG, § 7 GewStG).
- Ist der Übertragende eine natürliche Person oder Mitunternehmer einer Personengesellschaft und gehören die übertragenen Anteile zum Betriebsvermögen, unterliegen ab 2009 60 % der Gewinne aus der Anteilsübertragung der Einkommen- und Gewerbesteuer (Teileinkünfteverfahren, § 3 Nr. 40 EStG, § 7 GewStG).[9]
- Ist der Übertragende eine natürliche Person und gehören die übertragenen Anteile zum Privatvermögen, fällt auf die Gewinne aus der Anteilsübertragung keine Gewerbesteuer an.[10] Hinsichtlich der Einkommensteuer sind folgende Fälle zu unterscheiden:
  - Liegt eine Beteiligung i. S. d. § 17 EStG vor (d.h., wenn der Veräußerer innerhalb der letzten fünf Jahre zu mindestens 1 % beteiligt war), sind 60 % der Gewinne aus der Anteilsübertragung einkommensteuerpflichtig (§ 3 Nr. 40 EStG).
  - Liegt keine Beteiligung i. S. d. § 17 EStG vor und wurde die Beteiligung vor 2009 erworben, ist weiterhin das Halbeinkünfteverfahren anzuwenden, wenn die Anteilsübertragung innerhalb eines Jahres nach der Anschaffung erfolgt (§ 3 Nr. 40 EStG a. F.[11], § 23 EStG a. F. i. V. m. § 52a Abs. 3 EStG).[12]
  - Liegt keine Beteiligung i. S. d. § 17 EStG vor und wurde/wird die Beteiligung nach 2008 erworben, ist die Abgeltungsteuer i. H. v. 25% auf die Gewinne aus der Anteilsübertragung zu erheben; auf Antrag des Steuerpflichtigen kann aber anstatt der Abgeltungsteuer der persönliche Einkommensteuersatz angewendet werden (§ 32d Abs. 1 und 6 EStG).

---

[7] BGBl 1999 I, S. 402.

[8] Vgl. *Glanegger*, in: Schmidt (Hrsg.), § 6 EStG, Rz. 430.

[9] Bei der Übertragung einer 100 %igen Beteiligung an einer Kapitalgesellschaft ist der Freibetrag nach § 16 Abs. 4 EStG nur anwendbar, wenn für die eingebrachten Anteile der gemeine Wert angesetzt wird, d. h., bei Ansatz eines Zwischenwertes kann die Vergünstigung nach § 16 Abs. 4 EStG nicht in Anspruch genommen werden. Die Tarifbegünstigung nach § 34 Abs. 1 EStG ist nicht anzuwenden (§ 21 Abs. 3 Satz 1 und 2 UmwStG).

[10] Vgl. R 39 Abs. 1 Nr. 2 GewStR.

[11] EStG in der Fassung vor der Änderung durch das Unternehmensteuerreformgesetz vom 14. 8. 2007, BGBl. I 2007, S. 1912.

[12] Bei der Übertragung einer Beteiligung i. S. d. § 17 EStG ist der Freibetrag nach § 17 Abs. 3 EStG nur anwendbar, wenn für die eingebrachten Anteile der gemeine Wert angesetzt wird, d.h., bei Ansatz eines Zwischenwertes kann die Vergünstigung nach § 17 Abs. 3 EStG nicht in Anspruch genommen werden (§ 21 Abs. 3 Satz 1 UmwStG).

Ausgehend von dem Grundsatz, dass ein Anteilstausch als gewinnrealisierender Vorgang der Besteuerung unterliegt, ist zu klären, inwieweit das deutsche Steuerrecht spezialgesetzliche Normen bietet, welche die Entstehung einer Steuerpflicht beim Anteilstausch verhindern.

II. Erfolgsneutrale Anteilsübertragung nach § 21 UmwStG

Mit Wirkung vom 1. 1. 1992 wurde durch das Steueränderungsgesetz 1992[13] mit dem § 20 VI UmwStG erstmals die Möglichkeit geschaffen, Anteile an Kapitalgesellschaften steuerneutral in Kapitalgesellschaften gegen Gewährung neuer Gesellschaftsrechte einzubringen. Auch in dem Umwandlungssteuergesetz vor der Änderung durch das SEStEG[14] (nachfolgend "UmwStG a. F.") war der Weg der steuerneutralen Einbringung von Anteilen an Kapitalgesellschaften in § 20 Abs. 1 Satz 2 UmwStG und § 23 Abs. 4 UmwStG vorgesehen.

Nach der Änderung des Umwandlungssteuergesetzes durch das SEStEG ist die Möglichkeit eines erfolgsneutralen Anteilstausches nunmehr in einer eigenständigen Vorschrift (§ 21 UmwStG) geregelt. Durch die Europäisierung des UmwStG ist die Möglichkeit eines erfolgsneutralen Anteilstausches wesentlich erweitert worden.

1. Voraussetzungen für eine steuerneutrale Anteilsübertragung

Die Vorschrift des § 21 UmwStG sieht zwar im Grundsatz vor, dass bei der Einbringung von Anteilen an Kapitalgesellschaften die übernehmende Gesellschaft die eingebrachten Anteile mit dem gemeinen Wert anzusetzen hat. Allerdings ist bei einem "qualifizierten Anteilstausch" i. S. d. § 21 Abs. 1 Satz 2 UmwStG auf Antrag der übernehmenden Gesellschaft ein Buchwert- oder Zwischenwertansatz möglich.

Nach § 21 Abs. 1 UmwStG müssen für einen Buchwert- oder Zwischenwertansatz folgende Voraussetzungen erfüllt sein:

- Der übernehmende Rechtsträger muss eine Kapitalgesellschaft oder eine Genossenschaft sein, die nach den Vorschriften eines Mitgliedstaates der EU oder des EWR gegründet wurde und die ihren Sitz und ihre Geschäftsleitung in einem Mitgliedstaat der EU oder des EWR hat.[15] Durch die Europäisierung des UmwStG ist das Erfordernis der unbeschränkten Steuerpflicht für die übernehmende Gesellschaft entfallen.

- Für die Person des Einbringenden sind keine besonderen Voraussetzungen vorgesehen. Damit können Einbringende natürliche Personen, Körperschaften oder Personengesellschaften sein, die im Inland, im EU-/EWR-Ausland oder in Drittstaaten ansässig sind. Bei Personengesellschaften gelten die Gesellschafter als Einbringende.[16]

- Die Gesellschaft, an der die eingebrachte Beteiligung besteht ("erworbene Gesellschaft" i. S. d. § 21 UmwStG), muss zwar eine Kapitalgesellschaft oder eine Genossenschaft sein; sie muss aber nicht innerhalb der EU oder des EWR ansässig sein, d.h., auch Beteiligungen an in

---

[13] BGBl 1992 I, S. 297.

[14] Gesetz über steuerliche Begleitmaßnahmen zur Einführung der Europäischen Gesellschaft und zur Änderung weiterer steuerlicher Vorschriften (SEStEG) vom 7.12.2006 (BGBl 2006 I, S. 2782).

[15] S. § 1 Abs. 4 Satz 1 Nr. 1 i.V.m. § 1 Abs. 2 Satz 1 Nr. 1 UmwStG.

[16] Vgl. *Förster/Wendland*, BB 2007, 632; *Nitzschke*, in: Blümich, § 21 UmwStG, Rz. 31; *Patt*, in: Dötsch/Jost/Pung/Witt (Hrsg.), § 21 UmwStG, Rz. 8; *Mutscher*, in: Frotscher/Maas (Hrsg.), § 21 UmwStG, Rz. 22; *Dötsch/Pung*, DB 2006, S. 2769; *Bauernschmitt/Blöchle*, BB 2007, S. 743 f.; *Lippross/Raab*, § 21 UmwStG, Rz. 8; BT-Drs. 16/2710, 45.

- Drittstaaten ansässigen Kapitalgesellschaften können Gegenstand der Einbringung nach § 21 UmwStG sein.[17]
- Als Gegenleistung für die Anteilseinbringung muss der Einbringende neue Anteile an der übernehmenden Gesellschaft erhalten. Folglich sind all jene Fälle vom Anwendungsbereich dieser Norm ausgeschlossen, in denen als Gegenleistung für die Einbringung ausschließlich bereits bestehende Anteile an der übernehmenden Gesellschaft sowie Anteile an anderen Gesellschaften übertragen werden.[18] Neben den neuen Anteilen an der übernehmenden Gesellschaft können grundsätzlich auch andere Wirtschaftsgüter als Gegenleistung für die Anteilseinbringung erbracht werden; allerdings ist in solchen Fällen bei der übernehmenden Gesellschaft mindestens der gemeine Wert der anderen Wirtschaftsgüter als Anschaffungskosten der eingebrachten Anteile anzusetzen.[19]
- Ein "qualifizierter Anteilstausch" muss vorliegen, d.h. die übernehmende Gesellschaft muss nach dem Anteilstausch auf Grund ihrer Beteiligung einschließlich der eingebrachten Anteile unmittelbar die Mehrheit der Stimmrechte an der erworbenen Gesellschaft besitzen.[20] Für die Steuerneutralität eines Anteilstausches ist nicht zwingend notwendig, dass die Stimmenmehrheit an der erworbenen Gesellschaft erst durch den Vorgang des Anteilstausches geschaffen wird; vielmehr kann die übernehmende Gesellschaft die Stimmenmehrheit an der erworbenen Gesellschaft auch bereits vor dem Anteilstausch besessen haben.[21] In den Fällen, in denen das Beteiligungsverhältnis am Stamm- oder Nennkapital, das Gewinnverteilungsverhältnis und das Stimmrechtsverteilungsverhältnis voneinander abweichen, ist ausschließlich auf den Umfang des Stimmrechts abzustellen. Innerhalb eines internationalen Konzerns bzw. bei gleichgerichtetem Interesse der Anteilseigner der erworbenen Gesellschaft könnte somit das Verhältnis der Gewinn- und Stimmrechtsverteilung unterschiedlich ausgestaltet werden, um einerseits der Anforderung der Stimmrechtsmehrheit nach § 21 UmwStG zu genügen, andererseits die Gewinne abweichend vom Stimmrecht auf bestimmte Landesgesellschaften zu verteilen, um die Gesamtsteuerbelastung im Konzern zu reduzieren.

Der Wert, mit dem die übernehmende Gesellschaft die eingebrachten Anteile ansetzt, gilt für den Einbringenden grundsätzlich als Veräußerungspreis der eingebrachten Anteile und gleichzeitig als Anschaffungskosten für die erhaltenen Anteile (§ 21 Abs. 2 Satz 1 UmwStG). Wenn aber bei einem grenzüberschreitenden Anteilstausch die eingebrachten bzw. die erhaltenen Anteile nach der Einbringung nicht mehr oder nur noch eingeschränkt der deutschen Besteuerung unterliegen, gilt für den Einbringenden der gemeine Wert der eingebrachten Anteile als deren Veräußerungspreis und als Anschaffungskosten der erhaltenen Anteile (§ 21 Abs. 2 Satz 2 UmwStG). Auf Antrag ist für den Einbringenden nach § 21 Abs. 2 Satz 3 UmwStG bei einem

---

[17] Vgl. *Patt*, in: Dötsch/Jost/Pung/Witt (Hrsg.), § 21 UmwStG, Rz. 17; *Nitzschke*, in: Blümich, § 21 UmwStG, Rz. 27; *Dietrich*, in: Lüdicke/Sistermann (Hrsg.), Unternehmenssteuerrecht, § 11, Rz. 534 f.; *Mutscher*, in: Frotscher/Maas (Hrsg.), § 21 UmwStG, Rz. 33; *Bauernschmitt/Blöchle*, BB 2007, S. 743; *Fuhrmann*, DStZ 2007, S. 112; *Eicker/Orth*, IWB 2006, Fach 3, S. 2136; *Ley*, FR 2007, S. 116 f.

[18] Vgl. *Nitzschke*, in: Blümich, § 20 UmwStG, Rz. 73; *Patt*, in: Dötsch/Jost/Pung/Witt (Hrsg.), § 21 UmwStG, Rz. 41; *Mutscher*, in: Frotscher/Maas (Hrsg.), § 21 UmwStG, Rz. 54.

[19] S. § 21 Abs. 1 Satz 3 UmwStG.

[20] S. § 21 Abs. 1 Satz 2 UmwStG.

[21] Vgl. *Mutscher*, in: Frotscher/Maas (Hrsg.), § 21 UmwStG, Rz. 107; *Patt*, in: Dötsch/Jost/Pung/Witt (Hrsg.), § 21 UmwStG, Rz. 32.

qualifiziertem Anteilstausch i. S. d. § 21 Abs. 1 Satz 2 UmwStG dennoch ein Buchwert- oder Zwischenwertansatz und damit ein steuerneutraler Anteilstausch möglich, wenn

► das Recht der Bundesrepublik Deutschland hinsichtlich der Besteuerung des Gewinns aus der Veräußerung der erhaltenen Anteile nicht ausgeschlossen oder beschränkt ist oder

► der Gewinn aus dem Anteilstausch aufgrund des Art. 8 Fusionsrichtlinie nicht besteuert werden darf.[22]

Aus den Regelungen des § 21 Abs. 2 Satz 2 und 3 UmwStG wird deutlich, dass bei einem grenzüberschreitenden Anteilstausch nicht mehr an dem bisherigen Erfordernis der doppelten Buchwertverknüpfung nach § 23 Abs. 4 UmwStG a. F.[23] festgehalten wird. Die Vorschrift des § 23 Abs. 4 UmwStG a. F., die mittlerweile durch den EuGH als nicht mit der Fusionsrichtlinie vereinbar beurteilt worden ist,[24] führte in der Vergangenheit bei grenzüberschreitendem Anteilstausch oft dazu, dass eine steuerneutrale Anteilsübertragung für den inländischen Einbringenden ausschied, da eine Möglichkeit des Buchwertansatzes nach dem nationalen Steuerrecht des Ansässigkeitsstaates der übernehmenden Gesellschaft nicht bestand. Durch den Wegfall des Erfordernisses der Buchwertverknüpfung im geltenden UmwStG besteht für den Einbringenden nun keine Bindung mehr an die Wertansätze der übernehmenden Gesellschaft, wodurch die Möglichkeit eines erfolgsneutralen grenzüberschreitenden Anteilstausches wesentlich erweitert worden ist.

Der Verweis des § 21 Abs. 2 S. 3 Nr. 2 UmwStG auf die Fusionsrichtlinie führt dazu, dass Anteilstausche, an denen mindestens zwei EU-Gesellschaften beteiligt sind, unter bestimmten Voraussetzungen steuerneutral behandelt werden, auch wenn das Besteuerungsrecht Deutschlands hinsichtlich der Besteuerung des Gewinns aus der Veräußerung der erhaltenen Anteile beschränkt oder ausgeschlossen wird. Für einen steuerneutralen Anteilstausch müssen nach Art. 8 Fusionsrichtlinie folgende Voraussetzungen kumulativ erfüllt sein:

► Nach der Fusionsrichtlinie müssen an einem Umwandlungsvorgang mindestens zwei in der EU ansässige Kapitalgesellschaften oder Genossenschaften beteiligt sein. Da bei einem Anteilstausch stets drei Parteien – d.h. die übernehmende Gesellschaft, die erworbene Gesellschaft und der Einbringende – beteiligt sind, ergeben sich in diesem Zusammenhang Diskussionen darüber, welche der drei Beteiligten EU-Gesellschaften sein müssen. Nach herrschender Literaturmeinung ist der Einbringende nicht als "Gesellschaft" i. S. d. Fusionsrichtlinie, sondern als "Gesellschafter" der erworbenen Gesellschaft zu sehen. Damit müssten die beiden anderen Beteiligten, nämlich die übernehmende Gesellschaft und die erworbene Gesellschaft, in der EU ansässig sein. Dies sollte nach überwiegender Literaturmeinung auch das Ergebnis einer teleologischen Auslegung der Fusionsrichtlinie sein.[25]

---

[22] S. § 21 Abs. 2 S. 3 Nr. 1 und 2 UmwStG.

[23] S. § 23 Abs. 4 UmwStG a. F. i. V. m. § 20 Abs. 2 und Abs. 4 UmwStG a. F.

[24] Der EuGH hat in seinem Urteil vom 11. 12. 2008 entschieden, dass das bisherige Erfordernis der doppelten Buchwertverknüpfung nach § 23 Abs. 4 UmwStG a. F. gegen die Fusionsrichtlinie verstößt, vgl. EuGH-Urt. v. 11. 12. 2008, Rs. C-285/07, DStR 2009, S. 101; *Behrens*, BB 2009, S. 380.

[25] Vgl. *Mutscher*, in: Frotscher/Maas (Hrsg.), § 21 UmwStG, Rz. 185; *Patt*, in: Dötsch/Jost/Pung/Witt (Hrsg.), § 21 UmwStG, Rz. 59 f., *Wassermeyer*, DStR 1992, S. 57; *Saß*, DB 1990, S. 2343; *Benecke/Schnitger*, IStR 2005, S. 609; *Schindler*, IStR 2005, S. 556. A. A. jedoch *Grotherr*, BB 1992, S. 2261; *Altheim*, IStR 1993, S. 410, nach denen eine teleologische Auslegung der Fusionsrichtlinie zu dem Ergebnis führen würde, dass der Einbringende und die übernehmende Gesellschaft EU-Gesellschaften darstellen müssen, während die erworbene Gesellschaft in einem Drittstaat ansässig sein könnte.

- Für den Einbringenden sind in der Fusionsrichtlinie keine besonderen Voraussetzungen vorgesehen. Nach einhelliger Meinung in der Literatur kann der Einbringende auch in einem Drittstaat ansässig sein.[26]
- Die übernehmende Gesellschaft erhält nach dem Anteilstausch die Stimmrechtsmehrheit an der erworbenen Gesellschaft.
- Der Einbringende erhält als Gegenleistung Anteile der übernehmenden Gesellschaft; eine ggf. geleistete Zuzahlung übersteigt nicht 10% des Wertes der erhaltenen Anteile.

Zusätzlich zu den obigen Voraussetzungen ist zu beachten, dass nach Art. 11 Fusionsrichtlinie bei Vorliegen bestimmter Missbrauchstatbestände, wie etwa Steuerhinterziehung oder -umgehung, eine Versagung der durch die Richtlinie gewährten Vergünstigungen möglich ist.

Die Vorschrift des § 20 Abs. 6 UmwStG, nach dem die Einbringung eines Betriebs oder Teilbetriebs auf einen steuerlichen Übertragungsstichtag zurückbezogen werden kann, findet auf den Anteilstausch i. S. d. § 21 UmwStG keine Anwendung. Damit ist die nach dem UmwStG a. F. auch für den Anteilstausch bestehende Möglichkeit einer steuerlichen Rückbeziehung entfallen. Nach dem geltenden UmwStG ist immer der Zeitpunkt maßgeblich, zu dem die Anteilsübertragung rechtlich wirksam wird oder das wirtschaftliche Eigentum an den Anteilen dem Übernehmenden zugerechnet wird.[27]

2. Besteuerung bei einer späteren Anteilsveräußerung

Wird für die Anteilseinbringung nach § 21 UmwStG ein Buchwert- oder Zwischenwertansatz gewählt, kommt es bei Einbringenden, die keine von § 8b Abs. 2 KStG begünstigten Personen sind, nach § 22 Abs. 2 Satz 1 bis 3 UmwStG rückwirkend zu einer Besteuerung des Einbringungsgewinns, wenn die übernehmende Gesellschaft die eingebrachten Anteile innerhalb einer siebenjährigen Sperrfrist veräußert oder ein gleichgestellter Vorgang (wie z. B. die verdeckte Einlage oder die Einbringung der Anteile in eine Kapitalgesellschaft zum gemeinen Wert) vorliegt. Der Einbringungsgewinn (sog. Einbringungsgewinn II) ergibt sich aus dem gemeinen Wert der eingebrachten Anteile im Einbringungszeitpunkt abzüglich der entstandenen Einbringungskosten und des Wertes, mit dem der Einbringende die erhaltenen Anteile angesetzt hat. Er vermindert sich allerdings um jeweils ein Siebtel für jedes seit dem Einbringungszeitpunkt abgelaufene Jahr, da die Vermutung eines steuerlichen Missbrauchs mit zunehmendem Abstand zum Einbringungszeitpunkt abnimmt.[28] Der Einbringungsgewinn gilt zugleich als nachträgliche Anschaffungskosten der erhaltenen Anteile.[29]

Die rückwirkende Besteuerung nach § 22 Abs. 2 Satz 1 bis 3 UmwStG greift nicht, wenn und soweit der Einbringende die erhaltenen Anteile zwischenzeitlich veräußert hat, da durch die Veräußerung eine Aufdeckung der vorhandenen stillen Reserven bereits ausgelöst wurde. Dies

---

[26] Vgl. *Thömmes*, Wpg 1990, S. 476; *Wassermeyer*, DStR 1992, S. 57; *Saß*, DB 1990, S. 2343. Vor der Änderung der Fusionsrichtlinie zum 17. 2. 2005 wurde durch die EU-Kommission die Aufnahme eines neuen Absatzes (Abs. 12) in den Art. 8 Fusionsrichtlinie vorgeschlagen, der ausdrücklich regeln sollte, dass die Fusionsrichtlinie auch Anteilstausche abdeckt, bei denen die Einbringenden in Drittstaaten ansässig sind. Wenngleich dieser Vorschlag nicht in die endgültige Fassung der geänderten Fusionsrichtlinie aufgenommen wurde, soll die Ansässigkeit des Einbringenden im Drittstaat einer Steuerneutralität nicht entgegenstehen, da der o. g. Vorschlag nach einhelliger Meinung der Literatur nur einen klarstellenden Charakter hat, vgl. *Benecke/Schnitger*, IStR 2005, S. 609; *Schindler*, IStR 2005, S. 556.

[27] Vgl. *Rödder/Schumacher*, DStR 2006, S. 1540; *Patt*, in: Dötsch/Jost/Pung/Witt (Hrsg.), § 21 UmwStG, Rz. 30.

[28] Vgl. BT-Drs. 16/3369, 12.

[29] S. § 22 Abs. 2 Satz 4 UmwStG.

gilt auch für die Fälle, in denen es zwar nicht durch eine Veräußerung, aber im Rahmen einer Wegzugsbesteuerung nach § 6 AStG zur Aufdeckung der in den erhaltenen Anteilen vorhandenen stillen Reserven gekommen ist und die daraus entstehende Steuer nicht gestundet wird.[30]

Innerhalb der o.g. siebenjährigen Sperrfrist besteht für den Einbringenden nach § 22 Abs. 3 UmwStG eine jährliche Nachweispflicht hinsichtlich der Zurechnung der eingebrachten Anteile. Der Einbringende hat dem zuständigen Finanzamt jährlich spätestens bis zum 31. Mai den Nachweis dafür vorzulegen, dass keine schädliche Veräußerung der eingebrachten Anteile durch die übernehmende Gesellschaft stattgefunden hat. Als Nachweismittel kommt beispielsweise ein Handelsregisterauszug oder eine Bescheinigung der übernehmenden Gesellschaft in Betracht.[31] Wird der geforderte Nachweis nicht fristgerecht erbracht, gelten die eingebrachten Anteile als veräußert, was eine rückwirkende Besteuerung nach § 22 Abs. 2 Satz 1 bis 3 UmwStG zur Folge hat. Die Nachweispflicht entfällt, wenn der Einbringende eine nach § 8b Abs. 2 KStG begünstige Person ist oder wenn der Einbringende die erhaltenen Anteile bereits veräußert hat bzw. eine Wegzugsbesteuerung nach § 6 AStG bereits stattgefunden hat, da in solchen Fällen von einer rückwirkenden Besteuerung nach § 22 Abs. 2 Satz 1 bis 3 UmwStG abgesehen wird.[32]

Im Zusammenhang mit der rückwirkenden Besteuerung ist anzumerken, dass die steuerlichen Folgen für den Einbringenden davon abhängt, ob und wann die übernehmende Gesellschaft die eingebrachten Anteile innerhalb der siebenjährigen Sperrfrist veräußert. In den Fällen, in denen der Einbringende auf die spätere Anteilsveräußerung durch die übernehmende Gesellschaft voraussichtlich keinen Einfluss ausüben könnte, sollte der eventuell auftretenden, rückwirkenden Besteuerung bei dem Einbringenden bereits bei der Ausgestaltung des Einbringungsvertrags hinreichend Rechnung getragen werden.[33]

Wird die Möglichkeit eines Buchwert- oder Zwischenwertansatzes nach § 21 Abs. 2 Satz 3 Nr. 2 UmwStG – d.h. unter Berücksichtigung des Art. 8 Fusionsrichtlinie – gewährt, wird in Deutschland die Besteuerung der in den erhaltenen Anteilen ruhenden stillen Reserven dadurch sichergestellt, dass Deutschland den Gewinn aus einer späteren Veräußerung der erhaltenen Anteile ungeachtet des einschlägigen DBA so besteuert, wie der Veräußerungsgewinn aus den eingebrachten Anteilen zu besteuern gewesen wäre.[34] Diese "treaty override"-Regelung, durch die die Vorschrift des Art. 8 Abs. 6 der Fusionsrichtlinie in das deutsche Steuerrecht umgesetzt wurde, ist – anders als § 22 UmwStG – unabhängig von einer Haltefrist für die erhaltenen Anteile anzuwenden.[35]

---

[30] S. § 22 Abs. 2 Satz 5 UmwStG.

[31] Vgl. *Patt*, in: Dötsch/Jost/Pung/Witt (Hrsg.), § 22 UmwStG, Rz. Tz. 90.

[32] Vgl. *Mutscher*, in: Frotscher/Maas (Hrsg.), § 22 UmwStG, Rz. 262; *Patt*, in: Dötsch/Jost/Pung/Witt (Hrsg.), § 22 UmwStG, Rz. Tz. 88.

[33] So bereits *Patt*, in: Dötsch/Jost/Pung/Witt (Hrsg.), § 22 UmwStG, Rz. 69; *Hagemann/Jakob/Rapohl/Viebrock*, NWB v. 2.1.2007, S. 25.

[34] S. § 21 Abs. 2 Satz 3 Nr. 2 Halbsatz 2 UmwStG. Diese spätere Besteuerungsmöglichkeit gilt nicht nur für die Veräußerung der erhaltenen Anteile, sondern auch für die verdeckte Einlage der Anteile in eine Kapitalgesellschaft, die Auflösung der Kapitalgesellschaft, an der die erhaltenen Anteile bestehen, die Kapitalherabsetzung oder die Rückzahlung der Beträge aus dem steuerlichen Einlagekonto (§ 21 Abs. 2 Satz 3 Nr. 2 Halbsatz 3 UmwStG i. V. m. § 15 Abs. 1a Satz 2 EStG).

[35] Vgl. *Patt*, in: Dötsch/Jost/Pung/Witt (Hrsg.), Kommentar zum UmwStG, § 21 UmwStG n. F., Rz. 60; *Heß/Schnitger*, in: PwC (Hrsg.), Reform des Umwandlungssteuerrechts, § 21 UwStG, Rz. 1637.

III. Erfolgsneutrale Anteilsübertragung nach § 6b EStG

Seit dem UntStFG (2001)[36] gibt es für natürliche Personen und Personengesellschaften, an denen keine Kapitalgesellschaften beteiligt sind, wieder die Möglichkeit, eine Versteuerung des Gewinns aus der Veräußerung von Anteilen an Kapitalgesellschaften zeitlich zu verschieben. Nach § 6b Abs. 10 EStG ist es für den beschriebenen Personenkreis möglich, bis zum Betrag von € 500.000 eine Reinvestitionsrücklage zu bilden, wenn die veräußerten Anteile mindestens sechs Jahre zum Anlagevermögen einer inländischen Betriebsstätte gehört haben und eigentlich eine Versteuerung nach den Regelungen des Teileinkünfteverfahrens greifen müsste. Die Rücklage kann auf die Anschaffungskosten von Anteilen an Kapitalgesellschaften, die im Wirtschaftsjahr der Veräußerung oder in den folgenden zwei Wirtschaftsjahren erworben werden, übertragen werden. Neben den Anteilen an Kapitalgesellschaften kommen gem. § 6b Abs. 10 Satz 1 EStG aber auch abnutzbare bewegliche Wirtschaftsgüter und Gebäude als Reinvestitionsobjekte in Frage. Spätestens bis zum Schluss des vierten, auf die Bildung der Reinvestitionsrücklage folgenden Wirtschaftsjahres muss eine Übertragung der stillen Reserven erfolgt sein, da andernfalls zu diesem Zeitpunkt gem. § 6b Abs. 10 Satz 8 EStG eine gewinnerhöhende Auflösung vollzogen werden muss.

Die Begünstigung nach § 6b EStG erfasst auch Anteile an ausländischen Kapitalgesellschaften, sofern sie zum inländischen Betriebsvermögen des Steuerpflichtigen gehören.[37] Im Rahmen eines Anteilstausches vollziehen sich gleichzeitig die Veräußerung eines Kapitalgesellschaftsanteils und die Anschaffung eines neuen Kapitalgesellschaftsanteils als Reinvestitionsobjekt.[38] Damit können unter Anwendung des § 6b EStG die in den hingegebenen Anteilen ruhenden stillen Reserven bereits im Jahr der Veräußerung bzw. des Tausches direkt (d.h. ohne die Bildung einer Reinvestitionsrücklage) auf die erworbenen Anteile übertragen werden.

Im Hinblick auf die Steuerneutralität einer Anteilsübertragung eröffnet die Vorschrift des § 6b EStG weitere Möglichkeiten gegenüber § 21 UmwStG, da für die Begünstigung nach § 6b EStG die zu übertragenden Anteile nicht gegen Gewährung von neuen Anteilen der übernehmenden Gesellschaft eingebracht werden müssen. Vielmehr kommen als Gegenleistung für die Anteilsübertragung alle Arten von Wirtschaftsgütern (einschließlich bestehender Anteile an der übernehmenden Gesellschaft oder Anteile an einer anderen Kapitalgesellschaft) in Betracht, da durch die Vorschrift des § 6b EStG die "Veräußerung" von Kapitalgesellschaftsanteilen begünstigt wird, die ausschließlich einen wirtschlichen Leistungsaustausch voraussetzt.[39] Außerdem ist der Anwendungsbereich des § 6b EStG hinsichtlich einer steuerneutralen Anteilsübertragung insofern weiter gefasst als derjenige des § 21 UmwStG, als für die zu übertragenden Anteile keine Mindestbeteiligungsquote vorausgesetzt wird und kein besonderes Erfordernis für die erwerbende Person gestellt wird.

Gleichwohl darf aber nicht übersehen werden, dass der persönliche Anwendungsbereich des § 6b EStG auf natürliche Personen und Personengesellschaften, an denen keine Kapitalgesellschaften beteiligt sind, beschränkt ist, und für die stillen Reserven, deren Aufdeckung durch die Anwendung des § 6b EStG zeitlich verschoben werden soll, eine betragsmäßige Begrenzung von

---

[36] Unternehmenssteuerfortentwicklungsgesetz vom 20. 12. 2001, BGBl. I 2001, S. 3858.

[37] S. § 6b Abs. 10 Satz 4 i. V. m. Abs. 4 Satz 1 Nr. 3 EStG. Vgl. *Hoffmann*, in: Littmann/Bitz/Pust (Hrsg.), Das Einkommensteuerrecht, § 6b EStG, Rz. 125; *Glanegger*, in: Schmidt (Hrsg.), § 6b EStG, Rz. 110.

[38] Vgl. *Glanegger*, in: Schmidt (Hrsg.), § 6b EStG, Rz. 65, 79; *Hoffmann*, in: Littmann/Bitz/Pust (Hrsg.), Das Einkommensteuerrecht, § 6b EStG, Rz. 135.

[39] Vgl. *Glanegger*, in: Schmidt (Hrsg.), § 6b EStG, Rz. 65.

€ 500.000 besteht. Des Weiteren wird die Anwendung des § 6b EStG auf internationale Anteilsübertragungen dadurch eingeschränkt, dass die zu übertragenden Anteile einer inländischen Betriebsstätte des Steuerpflichtigen zugeordnet sein müssen.

C. Betrachtung grenzüberschreitender Anteilstausche

I. Ausschluss und Einschränkung des Besteuerungsrechts Deutschlands

Für die Steuerneutralität eines grenzüberschreitenden Anteilstausches nach § 21 UmwStG ist ausschlaggebend, ob das Besteuerungsrecht Deutschlands hinsichtlich der Veräußerung der eingebrachten bzw. der erhaltenen Anteile durch den Anteilstausch ausgeschlossen oder beschränkt wird. Nach einhelliger Meinung in der Literatur geht es hierbei nicht um eine statische Betrachtung des Besteuerungsrechts nach der Einbringung, sondern eine vergleichende Betrachtung des Besteuerungsrechts an den erhaltenen Anteilen nach der Einbringung und des Besteuerungsrechts an den eingebrachten Anteilen vor der Einbringung.[40]

Bei einem grenzüberschreitenden Anteilstausch hängt die Frage, ob das Besteuerungsrecht Deutschlands durch den Anteilstausch eingeschränkt bzw. ausgeschlossen wird, davon ab,

- ob zwischen Deutschland und den beteiligten Staaten jeweils ein DBA besteht,
- ob ein ggf. vorhandenes DBA das Besteuerungsrecht für Gewinne aus der Veräußerung von Gesellschaftsanteilen ausschließlich dem Ansässigkeitsstaat des Anteilseigners zuweist oder ob auch eine Besteuerung im Sitzstaat der zu veräußernden Gesellschaft möglich ist,
- ob bei bestehendem Besteuerungsrecht des Sitzstaates der zu veräußernden Gesellschaft eine Besteuerung dort tatsächlich stattfindet, und
- ob aus Sicht des Ansässigkeitsstaates des Anteilseigners eine unilaterale oder bilaterale Vorschrift besteht, aus der sich eine Verpflichtung zur Freistellung der Gewinne aus der Anteilsveräußerung oder zur Anrechnung ausländischer Steuer ergibt.

---

[40] Vgl. *Mutscher*, in: Frotscher/Maas (Hrsg.), § 21, Rz. 180; *Becker-Pennrich*, IStR 2007, S. 693; so auch BT-Drs. 16/2710, 45.

Im Hinblick auf die Änderung des Umfangs des Besteuerungsrechts Deutschlands durch einen Anteilstausch wären Fälle denkbar, die in der folgenden Tabelle aufgeführt werden:[41]

	Vor dem Anteilstausch	Nach dem Anteilstausch	Praxisbeispiele	Steuerneutralität nach § 21 Abs. 2 Satz 3 Nr. 1 UmwStG
Fall a)	Kein Besteuerungsrecht Deutschlands aufgrund einer unilateralen oder abkommensrechtlichen Vorschrift	Besteuerungsrecht Deutschlands aufgrund einer unilateralen oder abkommensrechtlichen Vorschrift	Eine US-amerikanische Kapitalgesellschaft bringt ihre Beteiligung an einer deutschen Kapitalgesellschaft gegen Gewährung von neuen Anteilen in eine tschechische Kapitalgesellschaft ein.[42]	Unter den weiteren Voraussetzungen nach § 21 Abs. 1 Satz 2 UmwStG möglich
Fall b)	Besteuerungsrecht Deutschlands, jedoch mit einer Verpflichtung zur Anrechnung ausländischer Steuer aufgrund einer unilateralen oder abkommensrechtlichen Vorschrift	Kein Besteuerungsrecht Deutschlands aufgrund einer unilateralen oder abkommensrechtlichen Vorschrift	Eine deutsche OHG, an der nur in Deutschland ansässige natürliche Personen beteiligt sind, bringt ihre Beteiligung an einer chinesischen Kapitalgesellschaft gegen Gewährung von neuen Anteilen in eine österreichische Kapitalgesellschaft ein. Die von der deutschen OHG im Gegenzug erhaltenen Anteile an der österreichischen Gesellschaft werden wirtschaftlich jedoch einer österreichischen Betriebsstätte der OHG zugeordnet.[43]	Ausgeschlossen
Fall c)		Uneingeschränktes Besteuerungsrecht Deutschlands (ohne Verpflichtung zur Freistellung oder Anrechnung ausländ. Steuer aufgrund einer unilateralen oder abkommensrechtlichen Vorschrift)	Eine deutsche natürliche Person bringt ihre Beteiligung an einer indischen Kapitalgesellschaft gegen Gewährung von neuen Anteilen in eine deutsche Kapitalgesellschaft ein.[44]	Unter den weiteren Voraussetzungen nach § 21 Abs. 1 Satz 2 UmwStG möglich

---

[41] Vgl. *Mutscher*, in: Frotscher/Maas (Hrsg.), § 21 UmwStG, Rz. 164; *Winkeljohann/Fuhrmann*, Handbuch Umwandlungssteuerrecht, S. 871.

[42] Nach Art. 13 Abs. 3 DBA Tschechoslowakei (zurzeit noch geltend für Tschechien und Slowakei) können Gewinne aus der Veräußerung von Gesellschaftsanteilen – neben einer Besteuerung im Ansässigkeitsstaat des Anteilseigners – auch im Sitzstaat der Gesellschaft besteuert werden. Zur Beseitigung der Doppelbesteuerung ist die im Sitzstaat der Gesellschaft erhobene Steuer im Ansässigkeitsstaat des Anteilseigners anzurechnen (Art. 23 DBA Tschechoslowakei). Die Regelung des Art. 13 Abs. 5 DBA USA entspricht derjenigen des Art. 13 Abs. 5 OECD-MA, d.h. das Besteuerungsrecht für Gewinne aus der Veräußerung von Gesellschaftsanteilen wird ausschließlich dem Ansässigkeitsstaat des Anteilseigners zugeordnet.

[43] Nach Art. 13 Abs. 3 DBA Österreich wird das Besteuerungsrecht für Gewinne aus der Veräußerung von Gesellschaftsanteilen, die einer österreichischen Betriebsstätte zugeordnet werden, ausschließlich Österreich zugewiesen. Die Regelung des Art. 13 Abs. 4 DBA China entspricht derjenigen des Art. 13 Abs. 3 DBA Tschechoslowakei, vgl. Fn. 42.

[44] Die Regelung des Art. 13 Abs. 4 DBA Indien entspricht derjenigen des Art. 13 Abs. 3 DBA Tschechoslowakei, vgl. Fn. 42.

Fall d)	Uneingeschränktes Besteuerungsrecht Deutschlands (ohne Verpflichtung zur Freistellung oder Anrechnung ausländischer Steuer aufgrund einer unilateralen oder abkommensrechtlichen Vorschrift)	Kein Besteuerungsrecht Deutschlands aufgrund einer unilateralen oder abkommensrechtlichen Vorschrift	Eine in Hong Kong ansässige Kapitalgesellschaft bringt ihre Beteiligung an einer deutschen Kapitalgesellschaft gegen Gewährung von neuen Anteilen in eine maltesische Kapitalgesellschaft ein.[45]	Ausgeschlossen (zur möglichen Anwendung des § 21 Abs. 2 Satz 3 Nr. 2 UmwStG i. V. m. Fusionsrichtlinie vgl. Kapitel B.II.1.) und C.II.)
Fall e)		Besteuerungsrecht Deutschlands, jedoch mit einer Verpflichtung zur Anrechnung ausländischer Steuer aufgrund einer unilateralen oder abkommensrechtlichen Vorschrift	Eine deutsche natürliche Person bringt ihre Beteiligung an einer auf den Bahamas ansässigen Kapitalgesellschaft gegen Gewährung von neuen Anteilen in eine bulgarische Kapitalgesellschaft ein.[46]	Ausgeschlossen

Abb. 1: Änderung des Umfangs des Besteuerungsrechts Deutschlands durch einen Anteilstausch

II. Anteilstausch aus EU-Sicht

Führt ein grenzüberschreitender Anteilstausch dazu, dass das Besteuerungsrecht Deutschlands hinsichtlich der Besteuerung des Gewinns aus der Veräußerung der erhaltenen Anteile beschränkt oder ausgeschlossen wird, ist es zu prüfen, ob ein steuerneutraler Anteilstausch nach § 21 Abs. 2 Satz 3 Nr. 2 UmwStG unter den Voraussetzungen des Art. 8 Fusionsrichtlinie dennoch möglich ist. Einerseits hat die Fusionsrichtlinie insofern einen vergleichsweise engen Anwendungsbereich gegenüber § 21 Abs. 2 Satz 3 Nr. 1 UmwStG, als

- mindestens zwei in der EU ansässige Gesellschaften an dem Tauschvorgang beteiligt sein müssen und
- eine ggf. als Gegenleistung für die Anteilseinbringung geleistete Zuzahlung nicht 10 % des Wertes der erhaltenen Anteile übersteigen darf.[47]

Andererseits führt der Verweis des § 21 Abs. 2 Satz 3 Nr. 2 UmwStG auf die Fusionsrichtlinie zu einer wesentlichen Erweiterung der Möglichkeit des steuerneutralen Anteilstausches in grenzüberschreitenden Fällen, da es – bei Erfüllung der oben genannten zusätzlichen Voraussetzungen des Art. 8 Fusionsrichtlinie – nicht mehr darauf ankommt, ob der Anteilstausch zu einer Einschränkung oder einem Ausschluss des Besteuerungsrechts Deutschlands führen würde.

---

[45] Zwischen Deutschland und Hong Kong besteht kein DBA; das DBA zwischen Deutschland und China findet auf Hong Kong keine Anwendung. Die Regelung des Art. 13 Abs. 4 DBA Malta entspricht derjenigen des Art. 13 Abs. 5 OECD-MA, vgl. Fn. 42.

[46] Zwischen Deutschland und den Bahamas besteht kein DBA; auf den Bahamas wird generell keine Ertragsteuer erhoben. Die Regelung des Art. 12 Abs. 4 DBA Bulgarien entspricht derjenigen des Art. 13 Abs. 3 DBA Tschechoslowakei, vgl. Fn. 42.

[47] Vgl. oben Kapitel B.II.1.

III. Zusammenfassendes Fallbeispiel
1. Sachverhalt

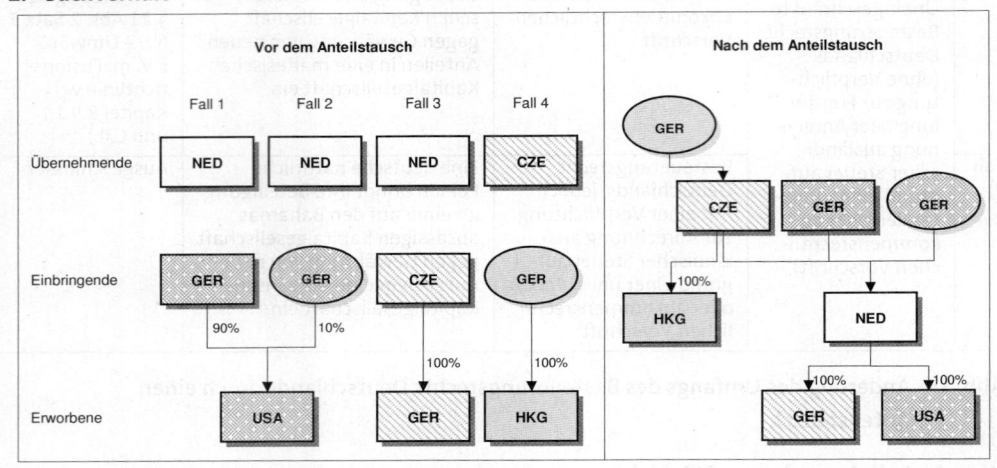

Abb. 2: Zusammenfassendes Fallbeispiel

Annahmegemäß wurden folgende Anteilstausche durchgeführt:

1) Zum 1. 1. 2009 brachte eine deutsche Aktiengesellschaft ("GER AG") ihre 90 %ige Beteiligung an einer US-amerikanischen Kapitalgesellschaft ("USA Inc.") in eine niederländische Gesellschaft ("NED B.V.") ein.

2) Zum 2. 1. 2009 brachte eine deutsche OHG ("GER OHG"), an der nur in Deutschland ansässige natürliche Personen beteiligt sind, ihre 10 %ige Beteiligung an der USA Inc. in die NED B.V. ein.

3) Zum 1. 1. 2009 brachte eine tschechische Kapitalgesellschaft ("CZE s.r.o.") ihre 100 %ige Beteiligung an einer deutschen GmbH ("GER GmbH") in die NED B.V. ein.

4) Zum 1. 1. 2009 brachte eine deutsche Kommanditgesellschaft ("GER KG"), an der nur in Deutschland ansässige natürliche Personen beteiligt sind, ihre 100 %ige Beteiligung an einer in Hong Kong ansässigen Kapitalgesellschaft ("HKG Ltd.") in die CZE s.r.o. ein.

Die o. g. Beteiligungsquoten entsprechen auch dem jeweiligen Stimmrechtsverteilungsverhältnis.

Die NED B.V. und die CZE s.r.o. wurden jeweils nach den niederländischen bzw. tschechischen Vorschriften gegründet und haben ihren Sitz und ihre Geschäftsleitung jeweils in den Niederlanden bzw. Tschechien. Als Gegenleistungen für die Anteilseinbringungen wurden jeweils ausschließlich neue Anteile an der NED B.V. bzw. der CZE s.r.o. gewährt.

In den darauf folgenden Jahren finden folgende Anteilsübertragungen statt:

i) Fortsetzung von Fall 1) und 2):

Zum 2. 1. 2011 veräußert die NED B.V. ihre gesamte Beteiligung an der USA Inc. an eine Gesellschaft X.

ii) Fortsetzung von Fall 3):

Zum 1. 1. 2017 veräußert die CZE s.r.o. ihre gesamte Beteiligung an der NED B.V. an eine Gesellschaft Y.

2. Steuerliche Behandlung der Anteilsübertragungen

Für die Fälle 1) bis 4) lässt sich zuerst folgendes feststellen:

- Die übernehmenden Gesellschaften (NED B.V. und CZE s.r.o.) erfüllen die Ansässigkeitsvoraussetzung nach § 1 Abs. 4 Satz 1 Nr. 1 i. V. m. § 1 Abs. 2 Satz 1 Nr. 1 UmwStG, da sie nach den Vorschriften eines Mitgliedstaates der EU oder des EWR gegründet wurden und ihren Sitz und ihre Geschäftsleitung in einem Mitgliedstaat der EU oder des EWR haben.
- Alle erworbenen Gesellschaften sind Kapitalgesellschaften.
- Als Gegenleistung für die Anteilseinbringung erhält der Einbringende jeweils ausschließlich neue Anteile an der übernehmenden Gesellschaft.
- In allen o. g. Fällen liegt ein qualifizierter Anteilstausch i. S. d. § 21 Abs. 1 Satz 2 UmwStG vor, da die übernehmenden Gesellschaften annahmegemäß nach den Anteilsübertragungen die 100%ige Beteiligung und damit die Mehrheit der Stimmrechte an der jeweiligen erworbenen Gesellschaften erhalten haben.

Fall 1):

Vor dem Anteilstausch wurde das Besteuerungsrecht hinsichtlich des Gewinns aus der Veräußerung der Beteiligung an der USA Inc. ausschließlich Deutschland zugewiesen (Art. 13 Abs. 5 DBA USA).

Nach dem Anteilstausch verliert Deutschland zwar das Besteuerungsrecht an den eingebrachten Anteilen (Anteilen an der USA Inc.). Allerdings wird Deutschland das Besteuerungsrecht hinsichtlich der erhaltenen Anteile (Anteile an der NED B.V.) nach Art. 8 Abs. 1 DBA Niederlande zugewiesen. Eine vergleichende Betrachtung des Besteuerungsrechts Deutschlands vor und nach dem Anteilstausch führt zu dem Ergebnis, dass das Besteuerungsrecht Deutschlands nicht durch den Anteilstausch beschränkt oder ausgeschlossen wird. Auf Antrag des Einbringenden (GER AG) ist folglich ein Buchwertansatz und damit eine steuerneutrale Anteilseinbringung nach § 21 Abs. 2 Satz 3 Nr. 1 UmwStG möglich.

Fall 2):

Die obigen Ausführungen zu Fall 1) gelten grundsätzlich auch für Fall 2). Als Besonderheiten sind die folgenden Punkte zu erwähnen:

- Als Einbringende gelten hier die Mitunternehmer der GER OHG.
- Obwohl die eingebrachte 10 %ige Beteiligung an der USA Inc. per se keine mehrheitsvermittelnde Beteiligung darstellt, liegt hier ein "qualifizierter Anteilstausch" i. S. d. § 21 Abs. 1 Satz 2 UmwStG vor, da die übernehmende Gesellschaft die Stimmenmehrheit an der erworbenen Gesellschaft durch die Anteilsübertragung der GER AG am 1.1.2009 (Fall 1) bereits vor der Anteilseinbringung der GER OHG (2.1.2009) besessen hat.[48]

Fall 3):

Vor dem Anteilstausch ist die CZE s.r.o. hinsichtlich des Gewinns aus der Veräußerung der Beteiligung an der GER GmbH in Deutschland beschränkt steuerpflichtig.[49] Nach Art. 13 Abs. 3 DBA

---

[48] Vgl. oben Kapitel B.II.1.
[49] S. § 8 Abs. 1 KStG i. V. m. § 43a Abs. 1 Nr. 1, § 43 Abs. 1 Nr. 9, § 20 Abs. 2 Nr. 1 EStG.

Tschechoslowakei[50] können Gewinne aus der Veräußerung von Gesellschaftsanteilen – neben einer Besteuerung im Ansässigkeitsstaat des Anteilseigners (hier Tschechien) – auch im Sitzstaat der Gesellschaft (hier Deutschland) der Besteuerung unterliegen.

Nach dem Anteilstausch hat Deutschland weder an den eingebrachten Anteilen noch an den erhaltenen Anteilen ein Besteuerungsrecht, da das DBA Niederlande das Besteuerungsrecht für Gewinne aus der Veräußerung von Gesellschaftsanteilen ausschließlich dem Ansässigkeitsstaat des Anteilseigners (hier den Niederlanden) zuweist.[51] Die Voraussetzungen für einen Buch- oder Zwischenwertansatz nach § 21 Abs. 2 Satz 3 Nr. 1 UmwStG sind damit nicht erfüllt.

Da jedoch alle der beteiligten Gesellschaften in der EU ansässig sind und als Gegenleistung für die Anteilseinbringung keine Zuzahlung geleistet wurde, darf der Gewinn aus dem Anteilstausch nach Art. 8 Fusionsrichtlinie nicht besteuert werden. Auf Antrag des Einbringenden (CZE s.r.o.) darf ein Buchwertansatz nach § 21 Abs. 2 Satz 3 Nr. 2 UmwStG vorgenommen werden, wodurch eine Gewinnrealisierung aus deutscher Sicht vermieden wird.

Fall 4):

Vor dem Anteilstausch hat Deutschland das (uneingeschränkte) Besteuerungsrecht hinsichtlich des Gewinns aus der Veräußerung der Beteiligung an der HKG Ltd., da ein DBA zwischen Deutschland und Hong Kong nicht besteht und zumal das Steuerrecht Hong Kongs für solche Gewinne keine Ertragsteuern vorsieht, so dass in Deutschland keine ausländischen Steuern aufgrund einer unilateralen Vorschrift anzurechnen sind.[52]

Nach dem Anteilstausch hat Deutschland das Besteuerungsrecht an den eingebrachten Anteilen (Anteilen an der HKG Ltd.) verloren. Zugleich besteht für Deutschland hinsichtlich der erhaltenen Anteile (Anteile an der CZE s.r.o.) kein uneingeschränktes Besteuerungsrecht mehr, da Gewinne aus der Veräußerung von Gesellschaftsanteilen nach dem DBA Tschechoslowakei[53] auch im Sitzstaat der Gesellschaft (hier Tschechien) besteuert werden können und für Deutschland eine Verpflichtung zur Anrechnung der in Tschechien anfallenden Steuern entsteht. Die Voraussetzungen für einen Buch- oder Zwischenwertansatz nach § 21 Abs. 2 Satz 3 Nr. 1 UmwStG sind somit nicht erfüllt.

Eine steuerneutrale Anteilseinbringung nach § 21 Abs. 2 Satz 3 Nr. 2 UmwStG i. V. m. Art. 8 Fusionsrichtlinie scheidet auch aus, da nicht mindestens zwei EU-Kapitalgesellschaften an dem Tauschvorgang beteiligt sind und zudem die erworbene Gesellschaft (HKG Ltd.) in einem Drittstaat ansässig ist.[54]

Im Ergebnis führt die Anteilseinbringung bei den Mitunternehmern der GER KG zur Aufdeckung der stillen Reserven, die im Einbringungszeitpunkt in den Anteilen an der HKG Ltd. vorhanden waren. Die daraus entstandenen Gewinne unterliegen dem Teileinkünfteverfahren.

---

[50] Vgl. Fn 42.
[51] S. Art. 8 Abs. 1 DBA Niederlande.
[52] Vgl. Fn. 45.
[53] Vgl. Fn. 42.
[54] Vgl. oben Kapitel B.II.1. und Fn. 25.

3. Steuerliche Behandlung einer späteren Veräußerung

i) Veräußerung der Beteiligung an der USA Inc. durch die NED B.V.

Fortsetzung von Fall 1) – Steuerfolgen für GER AG:

Die Veräußerung der Beteiligung an der USA Inc. durch die NED B.V. erfolgt zwar innerhalb der siebenjährigen Sperrfrist; bei GER AG wird aber eine rückwirkende Besteuerung des Einbringungsgewinns nach § 22 Abs. 2 UmwStG nicht ausgelöst, da GER AG eine von § 8b Abs. 2 KStG begünstigte Person darstellt. Damit ergeben sich für GER AG keine steuerlichen Konsequenzen in Deutschland.

Fortsetzung von Fall 2) – Steuerfolgen für GER OHG:

Anders als bei der GER AG führt die Veräußerung der Beteiligung an der USA Inc. durch die NED B.V. bei den Mitunternehmern der GER OHG zu einer rückwirkenden Besteuerung des Einbringungsgewinns nach § 22 Abs. 2 UmwStG, da die Mitunternehmer der GER OHG annahmegemäß natürliche Personen sind und damit keine von § 8b Abs. 2 KStG begünstigten Personen darstellen. Der sog. Einbringungsgewinn II ergibt sich aus dem gemeinen Wert der eingebrachten Anteile im Einbringungszeitpunkt abzüglich der entstandenen Einbringungskosten und des Wertes, mit dem die Einbringenden die erhaltenen Anteile (Anteile an der NED B.V.) angesetzt haben. Der zu versteuernde Einbringungsgewinn vermindert sich allerdings um zwei Siebtel, da seit dem Einbringungszeitpunkt zwei Jahre verstrichen sind.

ii) Veräußerung der Beteiligung an der NED B.V. durch die CZE s.r.o.

Fortsetzung von Fall 3)

Unter der Annahme, dass die einschlägigen Vorschriften des geltenden UmwStG im Jahr 2017 weiterhin Anwendung finden, führt die Veräußerung der Beteiligung an der NED B.V. durch die CZE s.r.o. zu einer Besteuerung des Veräußerungsgewinns in Deutschland. Die Vorschrift des § 21 Abs. 2 Satz 3 Nr. 2 Halbsatz 2 UmwStG ist anzuwenden, auch wenn hier die siebenjährige Sperrfrist nach § 22 UmwStG bereits abgelaufen ist.

Nach § 21 Abs. 2 Satz 3 Nr. 2 Halbsatz 2 UmwStG ist der Gewinn aus der Veräußerung der erhaltenen Anteile (Anteile an der NED B.V.) so zu besteuern, wie der Veräußerungsgewinn aus den eingebrachten Anteilen (Anteilen an der GER GmbH) – ohne den oben im Fall 3 dargestellten Anteilstausch – in Deutschland zu besteuern gewesen wäre. Dies hat zur Folge, dass der Gewinn aus der Veräußerung der Anteile an der NED B.V. bei der CZE s.r.o. im Rahmen der beschränkten Steuerpflicht in Deutschland der Besteuerung unterworfen wird.

D. Hinzurechnungsbesteuerung beim Anteilstausch

I. Bedeutung der Hinzurechnungsbesteuerung bei internationalem Anteilstausch

In den Fällen, in denen eine ausländische Gesellschaft Anteile an einer anderen ausländischen Gesellschaft überträgt, ist zu prüfen, ob sich ein deutscher Besteuerungsanspruch aus den Regelung über die Hinzurechnungsbesteuerung (§§ 7-14 AStG) ergeben kann, wenn eine deutsche Gesellschaft an der ausländischen übertragenden Gesellschaft beteiligt ist. Diese Frage stellt sich insbesondere vor dem Hintergrund, dass in den Fällen, in denen ein Anteilstausch im Ausland steuerneutral möglich ist, aus deutscher Sicht aber keine Steuerfreiheit für den ausländischen Anteilstausch bestehen würde, eine niedrige Besteuerung i. S. d. § 8 Abs. 3 AStG vorliegen könnte.

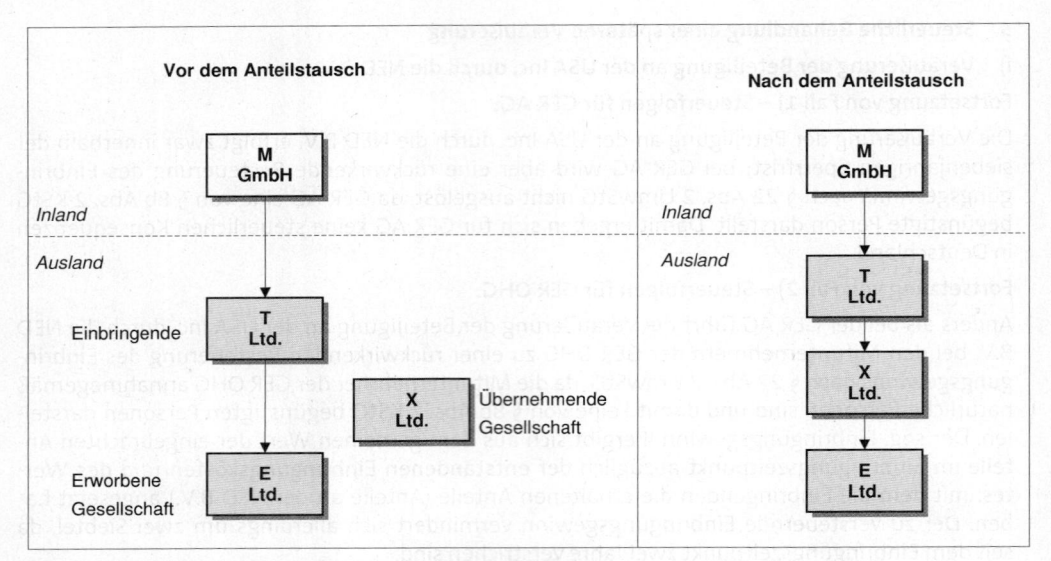

Abb. 3: Hinzurechnungsbesteuerung beim Anteilstausch

Nach der "Cadbury Schweppes"-Entscheidung des EuGH[55], die durch das Jahressteuergesetz 2008[56] mit der Einführung der Vorschrift des § 8 Abs. 2 AStG im deutschen Steuerrecht Berücksichtigung gefunden hat, ist die Hinzurechnungsbesteuerung bei Anteilsübertragungen innerhalb der EU nur noch für Fälle relevant, in denen bei den betreffenden ausländischen Tochtergesellschaften keine tatsächliche wirtschaftliche Tätigkeit ausgeübt wird. Für Anteilsübertragungen, die durch in Drittstaaten ansässige Tochtergesellschaften durchgeführt werden, hat hingegen die deutsche Hinzurechnungsbesteuerung weiterhin eine große Bedeutung.

II. Niedrige Besteuerung i. S. d. § 8 Abs. 3 AStG

Die Anwendung der deutschen Hinzurechnungsbesteuerung setzt u. a. voraus, dass eine niedrige Besteuerung von Einkünften i. S. d. § 8 Abs. 1 AStG vorliegt, d. h., im ausländischen Staat muss die Besteuerung geringer als 25 % sein (§ 8 Abs. 3 AStG). Die für die Berechnung der Steuerbelastung maßgeblichen Einkünfte sind nach entsprechender Anwendung der Vorschriften des deutschen Steuerrechts zu ermitteln.[57] Wie in den obigen Ausführungen gezeigt wird, führt die Anwendung der deutschen Steuervorschriften (darunter auch das UmwStG) nur unter bestimmten Voraussetzungen zu einer steuerneutralen Anteilsübertragung. Deshalb sind sehr viele Fälle denkbar, in denen ein Anteilstausch im Ausland steuerneutral möglich ist, nach deutschem Steuerrecht jedoch keine Steuerneutralität dafür bestehen würde. In solchen Fällen läge eine niedrige Besteuerung i. S. d. § 8 Abs. 3 AStG prinzipiell vor.

---

[55] EuGH-Urt. v. 12. 9. 2006, Rs. C-196/04, Slg. 2006, I - 7995.
[56] Jahressteuergesetz 2008 vom 20. 12. 2007, BGBl. 2007, S. 3150.
[57] Dies ergibt sich nicht aus § 10 Abs. 3 Satz 1 AStG, sondern ist Ausfluss der Definition der Einkünfte nach § 2 Abs. 2 EStG. § 10 Abs. 3 Satz 1 AStG greift hingegen erst auf der nächsten Stufe bei der Ermittlung des Hinzurechnungsbetrags und unterstellt diesen dann ebenfalls den deutschen Einkünfteermittlungsvorschriften. Vgl. *Vogt*, in: Blümich, § 8 AStG, Rz. 185; *Wassermeyer*, in: Flick/Wassermeyer/Baum-hoff (Hrsg.), § 8 AStG, Rz. 395.

III. Qualifizierung der Einkünfte nach § 8 Abs. 1 AStG

Neben dem Vorliegen einer niedrigen Besteuerung setzt die Anwendung der deutschen Hinzurechnungsbesteuerung voraus, dass passive Einkünfte i. S. d. § 8 Abs. 1 AStG vorliegen. Mit der Einführung des SEStEG ist § 8 Abs. 1 Nr. 10 AStG eingefügt worden, wodurch der Katalog der aktiven Tätigkeiten i. S. d. AStG erweitert wurde. Nach dieser Vorschrift sind Einkünfte aus Umwandlungen, die in Deutschland – ungeachtet der Ansässigkeitsvoraussetzungen des § 1 Abs. 2 und 4 UmwStG – zu Buchwerten erfolgen könnten, grundsätzlich als aktive Einkünfte zu qualifizieren. Dies hat zur Folge, dass für solche Einkünfte grundsätzlich keine Hinzurechnungsbesteuerung greifen kann.

Eine Ausnahme davon gilt für Umwandlungen, die den Anteil an einer Kapitalgesellschaft erfassen, dessen Veräußerung nicht die Voraussetzungen des § 8 Abs. 1 Nr. 9 AStG erfüllen würde. Dies betrifft insbesondere die Übertragung von Kapitalgesellschaften, die Zwischeneinkünfte mit Kapitalanlagecharakter i. S. d. § 7 Abs. 6a AStG erzielen.[58] In solchen Fällen sind die Einkünfte aus der Anteilseinbringung aus deutscher Sicht als passive Einkünfte i. S. d. § 8 Abs. 1 AStG zu betrachten, die eine deutsche Hinzurechnungsbesteuerung bei den inländischen Anteilseignern auslösen können.

Für die Qualifizierung der Gewinne aus einer ausländischen Anteilseinbringung als aktive Einkünfte müssen nach § 8 Abs. 1 Nr. 10 AStG die Voraussetzungen des § 1 Abs. 2 und 4 UmwStG hinsichtlich der Ansässigkeit der übernehmenden Gesellschaft nicht erfüllt sein. Dies führt dazu, dass auch für Anteilstausche, bei denen die übernehmende Gesellschaft in einem Drittstaat ansässig ist, die Hinzurechnungsbesteuerung vermieden werden kann. Allerdings ist in diesem Zusammenhang zu beachten, dass § 8 Abs. 1 Nr. 10 AStG keine Einschränkung der Voraussetzungen, die § 21 UmwStG für einen Buchwertansatz vorsieht, enthält. Folglich knüpft der Verzicht auf die Anwendung der Hinzurechnungsbesteuerung bei einem grenzüberschreitenden Anteilstausch an die Voraussetzungen des § 21 UmwStG an.[59] Nur in den Fällen, in denen das Besteuerungsrecht Deutschlands durch den Anteilstausch nicht eingeschränkt bzw. ausgeschlossen wird oder die Fusionsrichtlinie eine Besteuerung der Gewinne aus der Anteilseinbringung untersagt, sind die Gewinne aus der Anteilseinbringung als aktive Einkünfte i. S. d. § 8 Abs. 1 Nr. 10 AStG zu qualifizieren, die nicht der deutschen Hinzurechnungsbesteuerung unterliegen würden.

IV. Ermittlung des Hinzurechnungsbetrags

Gem. § 10 Abs. 3 Satz 4 AStG bleibt die umwandlungssteuerrechtlich gewährte Steuerneutralität eines Anteilstausches bei der Ermittlung des Hinzurechnungsbetrags unberücksichtigt, soweit die Einkünfte aus der Anteilseinbringung nach §§ 7-14 AStG der Hinzurechnungsbesteuerung zu unterwerfen sind. Wird dagegen die Steuerneutralität nach dem UmwStG nicht gewährt, greifen die allgemeinen steuerlichen Grundsätze, die im Regelfall zur Aufdeckung stiller

---

[58] Bei der schädlichen Anteilsübertragung handelt es sich lediglich um die Übertragung der Anteile an Kapitalgesellschaften, die Zwischeneinkünfte mit Kapitalanlagecharakter erzielen. Die Gewinne aus der Übertragung des Kapitalanlagevermögens auf der Ebene einer Kapitalgesellschaft selbst, die Zwischeneinkünfte mit Kapitalanlagecharakter erzielt, sollten nicht unter die Regelung des § 8 Abs. 1 Nr. 10 i. V. m. Nr. 9 AStG fallen; vielmehr sind solche Gewinne unmittelbar durch § 7 Abs. 6 und 6a AStG erfasst. Vgl. *Rödder/Schumacher*, IStR 2007, S. 377; *Benecke/Schnitger*, IStR 2007, S. 28; *Vogt*, in: Blümich, § 8 Abs. 1 Nr. 9 AStG, Rz. 102.

[59] Vgl. *Schmidtmann*, IStR 2007, S. 230; *Vogt*, in: Blümich, § 8 Abs. 1 Nr. 9 AStG, Rz. 126; *Rödder/Schumacher*, DStR 2007, S. 377.

Reserven führen. Für die daraus entstehenden Veräußerungsgewinne ist ggf. § 8 Abs. 1 Nr. 9 AStG anzuwenden.

E. Zusammenfassung

Die Einführung des SEStEG führte nicht nur zu einer Europäisierung des deutschen Umwandlungssteuerrechts. Zumindest im Bereich des grenzüberschreitenden Anteilstausches kommt es sogar zu einer partiellen Internationalisierung, da für einen steuerneutralen Anteilstausch nicht zwingend notwendig ist, dass die einbringende Person bzw. die Gesellschaft, an der die Anteile eingebracht werden, in der EU oder dem EWR ansässig sind. Die Gewährung der Steuerneutralität hängt aber in erster Linie davon ab, ob das Besteuerungsrecht Deutschlands hinsichtlich der eingebrachten bzw. der erhaltenen Anteile infolge des Anteilstausches eingeschränkt oder sogar ausgeschlossen wird.

Die Umsetzung der Fusionsrichtlinie in das deutsche Steuerrecht führte zu einer Erweiterung der Möglichkeit eines steuerneutralen Anteilstausches über die Grenze, da auch in den Fällen, in denen das Besteuerungsrecht Deutschlands durch den Anteilstausch eingeschränkt bzw. ausgeschlossen wird, ein Buchwertansatz durch den Einbringenden beantragt werden kann, sofern die Fusionsrichtlinie eine Besteuerung der Gewinne aus der Anteilsübertragung untersagt.

Insgesamt lässt sich festhalten, dass es für die Steuerneutralität eines grenzüberschreitenden Anteilstausches stets auf das Zusammenwirken der Vorschriften im jeweiligen nationalen Steuerrecht der beteiligten Staaten, des Bestehens eines DBA und dessen konkreter Ausgestaltung ankommt. Bei Anteilstauschvorgängen, an denen mindestens zwei EU-Gesellschaften beteiligt sind, ist zudem auch die Anwendbarkeit der Fusionsrichtlinie zu beachten.

Booten/Wang/Shou

4. Vermeidung von Steuerrisiken bei der grenzüberschreitenden Übertragung von Kapitalgesellschaftsanteilen

von Dr. Holger Mach, Hamburg[*]

Inhaltsübersicht

A. Einleitung
B. Vorüberlegungen
  I. Definition des Steuerrisikos
  II. Aufbau eines Risikomanagmentprozesses
C. Identifikation der Steuerrisiken
  I. Primäre Steuerrisiken
  II. Sekundäre Steuerrisiken
D. Analyse, Bewältigung und Steuerung der Steuerrisiken
  I. Analyse der Steuerrisiken
  II. Bewältigungsmaßnahmen vor der Übertragung
  III. Steuerungsmaßnahmen nach der Übertragung
E. Fazit

Literatur:

Benecke/Schnitger, Letzte Änderungen der Neuregelungen des UmwStG und der Entstrickungsnormen durch das SEStEG – Beschlussempfehlung und Bericht des Finanzausschusses, in: IStR 2007, S. 22ff.; **Deloitte (Hrsg.),** Unternehmenskauf im Ausland – Steuerliche Rahmenbedingungen bei M & A-Transaktionen im Ausland, 2. Aufl., Herne/Berlin 2006; Diederichs, Risikomanagement und Risikocontrolling: Risikocontrolling – ein integrierter Bestandteil eines modernen Risikomanagement-Konzeption, München 2004 – Diss. Universität Dortmund; **Dötsch/Pung,** Die Änderungen des UmwStG (Teil I), DB 2006, S. 2704ff.; Dötsch/Pung, Die Änderungen des UmwStG (Teil II), DB 2006, S. 2763ff.; **Eggers/Korff,** Umsatzsteuerliche Fragen im Zusammenhang mit dem Halten von Beteiligungen, in: DB 2007, S. 361ff.; **Fischer/Kleineidam/Perygrin,** Internationale Betriebswirtschaftliche Steuerlehre, 5. Aufl., Berlin 2005; **Goebel/Boller/Ungemach,** Die Zuordnung von Beteiligungen zum Betriebsvermögen im nationalen und internationalen Kontext, IStR 2008, S. 643ff.; **Grotherr,** Neuerungen bei der Wegzugsbesteuerung (§ 6 AStG) durch das SEStEG, IWB Fach 3, Deutschland Gruppe 1, S. 2153ff. (Januar 2007); **Grotherr/Herfort/Strunk (Hrsg.),** Internationales Steuerrecht, 3. Aufl., Achim 2010; **Haun/Winkler,** Vertragsgestaltungen zur Verlagerung des Zeitpunkts der Besteuerung bei Anteilsveräußerungen, in: DStR 2001, S. 1195ff.; **Jacobs,** Internationale Unternehmensbesteuerung – Deutsche Investitionen im Ausland, Ausländische Investitionen im Inland, 6. Aufl., München 2007; **Jurowsky,** Fremdwährungseinflüsse bei der Veräußerung von Wertpapieren im Rahmen des § 23 EStG – Anmerkungen zum BMF-Schreiben vom 25.10.2004, in: DB 2004, S. 2711ff.; **Kocher,** Reform der Unternehmensbesteuerung in Finnland, in: IWB Fach 5, Finnland Gruppe 2, S. 51ff. (Dezember 2004); **Kromschröder/Lück,** Grundsätze risikoorientierter Unternehmensüberwachung, DB 1998, S. 157 ff.; **Küffner/Zugmaier,** Gesellschaften und Gesellschafter im Umsatzsteuerrecht – Erste Anmerkungen zu den BMF-Schreiben vom 4.10.2006, 30.11.2006 sowie vom 26.1.2007, in: DStR 2007, S. 472ff.; **Ludenia,** Analyse entscheidungsrelevanter Risiken im Besteuerungsprozess – Ursachen und Erscheinungsformen steuerlicher Risiken und betriebswirtschaftliche Ansätze zu ihrer Verminderung, Hamburg 2006 – zugleich Diss. Universität Halle-Wittenberg; Mach, Steuerliche Risiken bei der Übertragung von Anteilen an Kapitalgesellschaften, Norderstedt 2008 – zugleich Diss. Universität Hamburg; **Maier-Frischmuth,** Besteuerung von Gewinnen aus der Veräußerung von Kapitalgesellschaftsanteilen im internationalen Vergleich, StuB 2004, S. 102ff.; **Mayr/Frei,** Transparente Besteuerung von italienischen Kapitalgesellschaften, in: IWB Fach 5, Italien Gruppe 2, S. 547ff. (Oktober 2004); **Mitsch,** Einbringungen in Kapitalgesellschaften nach dem SEStEG, INF 2007, S. 225ff.; **Moxter,** Die Vorschriften zur Rechnungslegung und Abschlussprüfung im Referentenentwurf eines Gesetzes zur Kontrolle und Transparenz im Unternehmensbereich, BB 1997, S. 722ff.; **Müssener,** Besteuerung von Veräußerungsgewinnen in anderen Staaten, in: Schaumburg/Piltz (Hrsg.), Veräußerungsgewinne im Internationalen Steuerrecht, Köln 2004, S. 121ff.; **Noll,** Steuerliche Verluststrategien bei Umwandlungen von Kapitalgesellschaften, Göttingen 1998 – zugleich Diss. Georg-August-Universität Göttingen; **PwC (Hrsg.),** The Determination of Corporate Taxable income in the EU Member States, Alphen aan den Rijn 2007;

---

[*] Dipl.-Kfm. Dipl.-Finanzw. Dr. Holger Mach, Steuerberater, ist im Bereich Corporate Tax bei der PricewaterhouseCoopers AG Wirtschaftsprüfungsgesellschaft in Hamburg tätig.

Reith, Internationales Steuerrecht – Handbuch zum Doppelbesteuerungs- und Außensteuerrecht und zu Gestaltungen grenzüberschreitender Investitionen, München 2004; ***Rödder/Hötzel/Mueller-Thuns***, Unternehmenskauf, Unternehmensverkauf – Zivil- und steuerrechtliche Gestaltungspraxis, München 2003; ***Ronge/Perroulaz***, Umwandlungen in der Schweiz und ihre steuerlichen Folgen in Deutschland nach dem SEStEG, in: IStR 2007, S. 422ff.; ***Schaumburg***, Internationales Steuerrecht: Außensteuerrecht, Doppelbesteuerungsrecht, 2. Aufl., Köln 1998; ***Schulze zur Wiesche***, Das neue Umwandlungssteuerrecht nach SEStEG, Wpg 2007, S. 162ff.; Selch, Die Entwicklung der gesetzlichen Regelungen zum Lagebericht seit dem Aktiengesetz von 1965 bis zum KapCoRiLiG von 2000, Wpg 2000, S. 357ff.; ***Staringer***, Seminar D: Abkommensrechtliche Behandlung von Veräußerungsgewinnen aus Anteilen an Kapitalgesellschaften, in: IStR 2003, S. 521ff.; ***Stein/Becker***, Steuerplanung beim Erwerb von Auslandsbeteiligungen im Kapitalgesellschaftskonzern, GmbHR 2003, S. 84ff.; ***Treisch***, Veräußerung der Beteiligung an einer ausländischen Kapitalgesellschaft, IWB Fach 3, Deutschland Gruppe 2, S. 1425ff. (Mai 2009); ***Wellmann***, Anschaffung und Veräußerung von Wertpapieren gegen Fremdwährung – Ergänzung zu DStZ 2002, 791 f., in: DStZ 2005, S. 80f.; ***Wotschofsky***, Konkurrierende Verlustverrechnungsbeschränkungen in der internationalen Ertragsteuerplanung, Köln 2005 – zugleich Diss. Universität Augsburg.

A. Einführung

In Zeiten stetig zunehmender Internationalisierungs- und Globalisierungsbemühungen weisen immer mehr Geschäfte und Transaktionen grenzüberschreitende Bezüge auf. Dies betrifft auch Übertragungen von Anteilen an Kapitalgesellschaften, die auf vielfältige Art und Weise Auslandsbezüge aufweisen können. Das Anliegen sämtlicher an einer Anteilstransaktion beteiligter Personen oder Unternehmen wird es regelmäßig sein, unnötige Steuerzahlungen zu vermeiden bzw. keine unerwarteten Steuerrisiken auf sich nehmen zu müssen.

Im Hinblick auf Übertragungen von Kapitalgesellschaftsanteilen mit grenzüberschreitendem Bezug ist zu beachten, dass hiermit im Zusammenhang stehende Steuerrisiken nicht nur aufgrund der nationalen Steuernormen ausgelöst werden können. Es müssen vielmehr auch sämtliche Steuergesetze von allen Staaten, zu denen ein grenzüberschreitender Bezug besteht, berücksichtigt werden. Darüber hinaus können bilaterale und multilaterale Vereinbarungen zwischen den beteiligten Staaten die Besteuerung beeinflussen. Aufgrund der Komplexität dieses aus diversen Einzelnormen bestehenden internationalen „Besteuerungssystems" für grenzüberschreitende Anteilsübertragungen ist es zwingend erforderlich, sich bereits im **Vorfeld einer Anteilstransaktion** mit den möglichen Steuerrisiken auseinanderzusetzen.

Zu beachten ist, dass grenzüberschreitende Bezüge einer Anteilsübertragung nicht nur darin bestehen können, dass entweder der Übertragende oder der Erwerber im Ausland ansässig ist oder dass es sich um Übertragungen von Anteilen an einer ausländischen Kapitalgesellschaft handelt. Es muss ebenfalls in Betracht gezogen werden, dass die Kapitalgesellschaftsanteile in einem ausländischen Betriebsstättenvermögen gehalten werden. Darüber hinaus können spezielle Steuerfolgen ausgelöst werden, wenn die Kapitalgesellschaft, deren Anteile übertragen werden, über umfangreichen ausländischen Grundbesitz verfügt. Auch ein noch nicht lange zurückliegender Wegzug des Übertragenden aus einem ausländischen Staat kann steuerliche Besonderheiten nach sich ziehen. Schließlich können sogar ein im Ausland liegender Ort der Anteilsübertragung oder im Ausland ansässige Banken, welche die Transaktion finanzieren,[1] eine steuerliche Relevanz für den Anteilsübertragungsvorgang haben.

Im Folgenden wird dargelegt, welche konkreten steuerlichen Implikationen durch unterschiedliche ausländische Merkmale hervorgerufen werden. Da die Übertragung von Anteilen an einer Kapitalgesellschaft prinzipiell dem Übergang von Rechten und Pflichten in Bezug auf die Mitgliedschaft an der Gesellschaft dient, stellt die Beteiligung am Vermögen der Kapitalgesellschaft

---

[1] Siehe das Beispiel der Türkei, vgl. Fn. 39.

das maßgebliche Objekt der Übertragung dar. Insofern wird die Kapitalgesellschaft, deren Anteile übertragen werden, im Folgenden als **Objektgesellschaft** bezeichnet.

B. Vorüberlegungen

I. Definition des Steuerrisikos

Bevor potenzielle Steuerrisiken im Zusammenhang mit einer Anteilsübertragung identifiziert und analysiert werden können, muss genau definiert werden, was unter einem Steuerrisiko zu verstehen ist. Eine exakte Risikodefinition ist vor allem deshalb unerlässlich, da es im Bereich der Betriebswirtschaftlichen Steuerlehre keine allgemeingültige Festlegung der Bedeutung des Risikobegriffs gibt. Während der Umfang des betriebswirtschaftlichen Risikobegriffs relativ weit ausgedehnt wird und als Oberbegriff die Ungewissheit über künftige Entwicklungen sowohl im positiven Sinne einer Gewinnmöglichkeit (als Chance) als auch im negativen Sinne einer Verlustgefahr (als Risiko im engeren Sinne) beinhaltet,[2] stimmen die steuerlichen Definitionsansätze darin überein, dass das Auslösen eines steuerlichen Risikos mit der Gefahr der Verfehlung der unternehmerischen Ziele verbunden ist, die sich in der Regel durch eine **steuerliche Mehrbelastung** ausdrückt.[3]

Wichtig ist, dass nur dann von einem Steuerrisiko auszugehen ist, wenn durch die Anteilsübertragung tatsächlich eine steuerliche Mehrbelastung ausgelöst wird, die über die von den an der Übertragung Beteiligten erwarteten Basissteuerbelastung hinaus geht. Es geht mithin um das Risiko einer Zusatzbelastung und um die Frage, ob diese vermeidbar ist. Insofern ist das steuerliche Risiko darin zu sehen, dass eine steuerpflichtige Person aufgrund ungenutzter Gestaltungsmöglichkeiten oder unbeachteter Rechtsvorschriften im Zusammenhang mit der Anteilsübertragung eine höhere Steuerlast zahlen muss, als es bei optimaler Ausnutzung der ihr zur Verfügung stehenden Handlungsalternativen erforderlich gewesen wäre. Dieses Risiko beinhaltet als **Steuerrechtsbeurteilungs- bzw. Steuerrechtsanwendungsrisiko** sowohl die Gefahr, relevante Steuerrechtsnormen zu übersehen bzw. zu ignorieren, als auch die fehlerhafte Anwendung der teilweise hochkomplexen Spezialregelungen auf den zu beurteilenden Übertragungssachverhalt.

Zu beachten ist, dass sich diese höhere Steuerlast sowohl auf die **direkte** Besteuerung des Übertragungsvorgangs (hier als primäres Steuerrisiko bezeichnet) als auch **indirekt** auf die durch den Anteilseignerwechsel ausgelösten Steuerfolgen (sekundäres Steuerrisiko) beziehen kann. Neben der Entrichtungspflicht für sofort fällige Steuerbeträge muss auch die latente Gefahr von zukünftigen Steuerzahlungen, die sich aufgrund der durch die Anteilsübertragung veränderten Besteuerungsmerkmale ergeben können, einkalkuliert und als steuerliches Risiko bezeichnet werden. Dies gilt zumindest in den Fällen, in denen ohne die Anteilsübertragung keine zukünftige Besteuerung drohen würde.

Unter Berücksichtigung dieser Definitionsansätze ergibt sich der in **Abbildung 1** dargestellte Begriff des Steuerrisikos bei einer Anteilsübertragung.

---

[2] Vgl. *Moxter*, BB 1997, S. 722 f.; *Kromschröder/Lück*, DB 1998, S. 1573; Diederichs, Risikomanagement und Risikocontrolling: Risikocontrolling – ein integrierter Bestandteil eines modernen Risikomanagement-Konzeption, München 2004, S. 9. *Selch*, Wpg 2000, S. 362 spricht in diesem Zusammenhang von einem 2-stufigen Risikobegriff.

[3] Vgl. *Ludenia*, Analyse entscheidungsrelevanter Risiken im Besteuerungsprozess – Ursachen und Erscheinungsformen steuerlicher Risiken und betriebswirtschaftliche Ansätze zu ihrer Verminderung, Hamburg 2006, S. 29.

```
┌─────────────────────────────────────────────────┐
│         Steuerrisiko bei einer Anteilsübertragung:       │
│  Gefahr einer tatsächlichen oder latenten Steuermehrbelastung, die │
│  direkt oder indirekt durch die Anteilsübertragung ausgelöst wird und │
│       bei optimaler Gestaltung der Übertragung vermeidbar ist      │
└─────────────────────────────────────────────────┘
```

Primäres Steuerrisiko:	Sekundäres Steuerrisiko:
Steuermehrbelastung wird **unmittelbar** durch die direkte Besteuerung des Übertragungsvorganges ausgelöst	Steuermehrbelastung wird nur **mittelbar** durch die steuerlich relevanten Begleitumstände der Übertragung ausgelöst

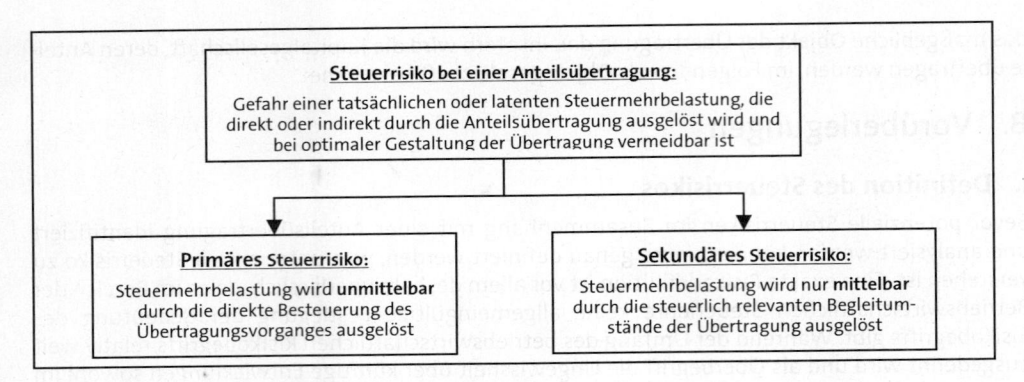

Abbildung 1: Definitionen der Steuerrisiken bei Anteilsübertragungen[4]

Für die nachfolgend unter C. vorgenommene Identifikation der primären und sekundären Steuerrisiken wird eine weitere Unterteilung in inländische, ausländische und internationale Risiken vorgenommen.

II. Aufbau eines Risikomanagementprozesses

Um unnötige Steuermehrbelastungen abwenden oder eindämmen zu können, ist eine Auseinandersetzung mit den möglichen steuerlichen Folgen bereits im Vorfeld der Übertragung erforderlich. Daher wird für Steuerrisiken bei grenzüberschreitenden Anteilsübertragungen ein vierstufiger Risikomanagementprozess empfohlen, dessen einzelne Prozessphasen in der **Abbildung 2** dargestellt werden. Aus der Grafik wird deutlich, dass drei der vier Phasen vor dem Übertragungsvorgang durchzuführen sind.

1. Phase: Risikoidentifikation	2. Phase: Risikoanalyse	3. Phase: Risikobewältigung	4. Phase: Risikosteuerung

Zeitpunkt der Anteilsübertragung (↑ unter 3. Phase / 4. Phase)

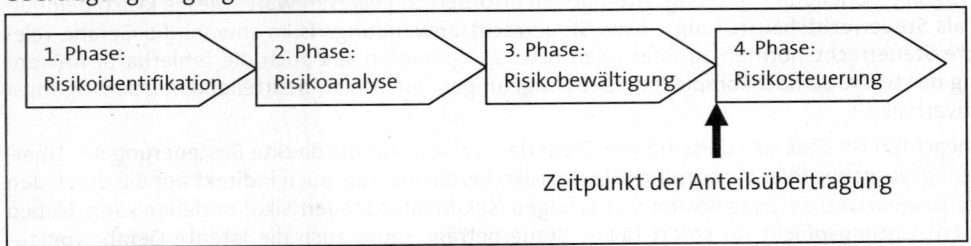

Abbildung 2: Risikomanagementprozess für Anteilsübertragungen[5]

In einem ersten Schritt sind zunächst die potenziellen Steuerrisiken zu identifizieren, die im Zusammenhang mit einer geplanten grenzüberschreitenden Anteilsübertragung auftreten können. Hierfür müssen sämtliche steuerlich relevanten Details des zu beurteilenden Sachverhalts bekannt sein. Die identifizierten Risiken werden anschließend analysiert und im Hinblick auf ihre steuerlichen Wirkungen systematisiert. In der dritten Phase wird geprüft, ob und wie die jeweiligen Risiken bereits vor der Übertragung bewältigt werden können. Ist eine Risikobewältigung vor dem Übertragungsvorgang nicht möglich oder aus übergeordneten Gründen

---

[4] Vgl. *Mach*, Steuerliche Risiken bei der Übertragung von Anteilen an Kapitalgesellschaften, Norderstedt 2008, S. 25.

[5] Entnommen aus: *Mach*, a. a. O. (Fn. 4), S. 327.

nicht erwünscht, können in der vierten Stufe noch Maßnahmen zur Risikosteuerung durchgeführt werden.

In den nachfolgenden Abschnitten C. und D. wird erläutert, wie dieser Risikomanagementprozess auf grenzüberschreitende Anteilsübertragungen angewendet werden kann.

C. Identifikation der Steuerrisiken

I. Primäre Steuerrisiken

1. Primäre inländische Steuerrisiken

Im deutschen Steuerrecht existiert eine nicht unerhebliche Zahl an Vorschriften, deren Missachtung eine höhere direkte Besteuerung eines grenzüberschreitenden Anteilsübertragungsvorgangs auslösen kann. Für übertragende Kapitalgesellschaften liegt eine höhere Besteuerung bspw. vor, wenn die 5 %ige Steuerpflicht des Anteilsübertragungsgewinns nach § 8b Abs. 2 i. V. m. Abs. 3 KStG überschritten wird. Grundsätzlich müssen zunächst sämtliche Risiken beachtet werden, die auch für rein inländische Anteilsübertragungen gelten. So kann es bspw. in folgenden Fällen zu einer Erhöhung des zu versteuernden Anteilsübertragungsgewinns oder zu einer erhöhten Besteuerung des Anteilsübertragungsgewinns kommen:[6]

- Missachtung der nach § 21 Abs. 1 Satz 2 UmwStG notwendigen 50 %-Beteiligungsquote in Einbringungsfällen,
- Nichtbeachtung der siebenjährigen **Sperrfrist** für einbringungsgeborene Anteile bzw. durch natürliche Personen eingebrachte Anteile gemäß § 3 Nr. 40 Satz 4 EStG a. F. bzw. § 8b Abs. 4 KStG a.F.,[7] wenn die Anteile vor dem 13.12.2006 eingebracht worden waren,[8]
- Missachtung einer Pflicht zur voll steuerpflichtigen Wertaufholung gemäß § 3 Nr. 40 Satz 1 Buchst. a Satz 2+3 EStG bzw. § 8b Abs. 2 Satz 4+5 KStG,
- Unerwartete Einstufung einer übertragenden Kapitalgesellschaft als Finanzunternehmen im Sinne des § 8b Abs. 7 KStG,
- Auslösen einer verdeckten Gewinnausschüttung nach § 8 Abs. 3 Satz 2 KStG, wenn die **Anteilskaufpreishöhe** bei Übertragungen zwischen Gesellschaft und Gesellschafter **unangemessen** ist,
- Grunderwerbsteuerpflicht nach § 1 Abs. 3 Nr. 3+4 GrEStG bei mindestens 95 %igen Übertragungen von Anteilen an Objektgesellschaften mit inländischem Immobilienbesitz.

Darüber hinaus sind spezielle Vorschriften zu beachten, die nur für grenzüberschreitende Anteilsübertragungen relevant sind. Bei einer Missachtung dieser Normen kann eine Erhöhung des zu versteuernden Anteilsübertragungsgewinns, eine erhöhte Besteuerung des Anteilsübertragungsgewinns oder eine Nichtberücksichtigung eines Anteilsübertragungsverlusts ausgelöst werden.

a) Erhöhung des Anteilsübertragungsgewinns

Das Risiko, einen höheren Anteilsübertragungsgewinn der inländischen Besteuerung unterwerfen zu müssen, kann vor allem bei **grenzüberschreitenden Einbringungsvorgängen** eintreten, wenn als Veräußerungspreis der eingebrachten Anteile anstelle des Buchwerts der höhere ge-

---

[6] Siehe für eine ausführliche Darstellung *Mach*, a. a. O. (Fn. 4), S. 27-96.
[7] Jeweils in der Fassung vor Inkrafttreten des SEStEG vom 7. 12. 2006, BGBl. I 2006, S. 2782 ff.
[8] Vgl. *Dötsch/Pung*, DB 2006, S. 2772.

meine Wert angesetzt werden muss. Denn obwohl die Änderungen durch das SEStEG[9] zu einer Europäisierung des deutschen UmwStG geführt haben[10] und sogar Anteilseinbringungen in eine Kapitalgesellschaft durch außerhalb des EU-/EWR-Raums Ansässige umfassen,[11] kann das Wahlrecht zum Buchwertansatz nicht in allen Konstellationen ausgeübt werden. Insbesondere in folgenden Situationen kann ein unerwünschter Ansatz des gemeinen Werts drohen:

- Ein außerhalb des EU-/EWR-Raums Ansässiger bringt Anteile an einer deutschen Objektgesellschaft in eine im EU/EWR-Raum ansässige Kapitalgesellschaft gegen Gewährung von Anteilen ein. Wenn nicht darauf geachtet wird, dass aufgrund der Regelungen im DBA das deutsche Besteuerungsrecht an den eingebrachten Anteilen eingeschränkt ist, muss gemäß § 21 Abs. 2 Satz 2 UmwStG zwingend der gemeine Wert als Veräußerungspreis angesetzt werden. Die Anwendung des § 21 Abs. 2 Satz 3 UmwStG scheidet aus, da der Gewinn aus der Veräußerung der als Gegenleistung gewährten Anteile aufgrund eines fehlenden Inlandsbezugs nicht der deutschen Besteuerung unterliegt und auch kein Anteilstausch im Sinne der Fusionsrichtlinie[12] gegeben ist. Sofern die beschränkte Steuerpflicht des Einbringenden nicht aufgrund eines DBA begrenzt wird, droht eine höhere Besteuerung.

- Werden Anteile an der inländischen Objektgesellschaft in eine Kapitalgesellschaft, die außerhalb des EU-/EWR-Raums ansässig ist, eingebracht, ist § 21 UmwStG gemäß § 1 Abs. 4 UmwStG nicht anzuwenden.[13] In diesen Fällen kommt es gemäß § 6 Abs. 6 Satz 1 EStG zum Ansatz des gemeinen Werts für den Veräußerungspreis der eingebrachten Anteile, so dass die Nichtbeachtung des Ansässigkeitsstaates des Anteilserwerbers zu einer steuerlichen Mehrbelastung führen kann.

- Bei 100 %igen Anteilseinbringungen in eine **ausländische Personengesellschaft** ist das Wahlrecht zum Buchwertansatz gemäß § 24 Abs. 2 Satz 2 UmwStG ebenfalls an die Voraussetzung geknüpft, dass das deutsche Besteuerungsrecht an den späteren Gewinnen aus der Veräußerung der eingebrachten Anteile weder ausgeschlossen noch beschränkt wird. Insofern kann das Versäumnis dieser Prüfung des deutschen Besteuerungsrechts einen unerwarteten Ansatz zum gemeinen Wert auslösen.

Ein höherer Anteilsübertragungsgewinn kann sich für natürliche Personen ergeben, sofern diese ihren Wohnsitz vor der Anteilsübertragung vom Ausland ins Inland verlegt haben. Wenn die Person im Zeitpunkt des Eintritts in die unbeschränkte Einkommensteuerpflicht eine Beteiligung im Sinne des § 17 Abs. 1 EStG besessen hat und hierauf im Ausland eine **Wegzugsbesteuerung** vorgenommen worden ist, kann nach § 17 Abs. 2 Satz 3 EStG der gemeine Wert im Zeitpunkt des Zuzugs an die Stelle der historischen Anschaffungskosten treten. Diese Begünstigung kann jedoch in folgenden Fällen versagt werden:

- Die Person kann die ausländische Wegzugsbesteuerung nicht nachweisen.

- Die ausländische Steuer entspricht nicht der deutschen Wegzugsteuer im Sinne des § 6 AStG.

---

[9] SEStEG vom 7. 12. 2006, BGBl. I 2006, S. 2782ff.
[10] Vgl. *Dötsch/Pung*, DB 2006, S. 2704. Gl. A. *Schulze zur Wiesche*, Wpg 2007, S. 162.
[11] Vgl. *Mitsch*, INF 2007, S. 225ff.
[12] Richtlinie 2005/90/EG vom 19. 2. 2005, ABl. EU Nr. L 57, S. 19.
[13] Vgl. *Dötsch/Pung*, DB 2006, S. 2763.

Mach

- Gemäß § 17 Abs. 2 Satz 4 EStG fällt die Begünstigung weg, wenn die Person lediglich **vorübergehend abwesend** im Sinne des § 6 Abs. 3 AStG gewesen ist,[14] wobei für das Kriterium der vorübergehenden Abwesenheit ein Fünf-Jahres-Zeitraum zugrunde gelegt wird.

Die Nichtbeachtung dieser Kriterien kann dazu führen, dass niedrigere Anschaffungskosten anzusetzen sind und somit ein höherer im Inland zu versteuernder Anteilsübertragungsgewinn entsteht.

b) Nichtberücksichtigung eines Anteilsübertragungsverlusts

Darüber hinaus müssen im Ausland ansässige Übertragende das generelle Risiko beachten, mit einem von ihnen erzielten Anteilsübertragungsgewinn der **beschränkten** Einkommen- bzw. Körperschaftsteuerpflicht zu unterliegen. Da eine derartige Steuerpflicht von bestimmten Kriterien abhängt, kann eine unerwartete Besteuerung insbesondere in folgenden Konstellationen eintreten:

- Bei der Übertragung von Anteilen an einer ausländischen Objektgesellschaft wird nicht beachtet, dass die Anteile im Betriebsvermögen einer inländischen Betriebsstätte gehalten werden. Da § 49 Abs. 1 Nr. 2 Buchst. a EStG auch für Anteile an einer ausländischen Objektgesellschaft gilt,[15] unterliegt dieser Vorgang der inländischen Besteuerung.

- Sofern Anteile an einer inländischen Objektgesellschaft keiner inländischen Betriebsstätte zuzurechnen sind, kommt eine inländische Besteuerung gemäß § 49 Abs. 1 Nr. 2 Buchst. e Doppelbuchst. aa EStG nur in Betracht, wenn der Übertagende oder einer seiner Rechtsvorgänger in einem Zeitraum von fünf Jahren vor der Übertragung zu mindestens 1 % beteiligt gewesen ist. Hierbei ist unerheblich, ob sich die Anteile in einem ausländischen Betriebs- oder Privatvermögen befinden.[16] Eine Nichtbeachtung dieser **Beteiligungsvoraussetzungen** kann somit eine unerwartete inländische Steuerpflicht auslösen.

- Eine beschränkte Steuerpflicht besteht gemäß § 49 Abs. 1 Nr. 2 Buchst. e Doppelbuchst. bb EStG auch für die Übertragung von Anteilen an einer im EU-/EWR-Ausland ansässigen Objektgesellschaft, wenn eine **vorangegangene Verschmelzung oder Einbringung** unterhalb des gemeinen Wertes nach § 13 Abs. 2 oder § 21 Abs. 2 Satz 3 Nr. 2 UmwStG oder eine steuerneutrale **Sitzverlegung** der Objektgesellschaft durchgeführt worden ist. Eine Missachtung solcher Vorgänge in der steuerlichen Vergangenheit der Objektgesellschaft kann ebenfalls eine unerwartete inländische Besteuerung auslösen.

- Gemäß § 3 Nr. 41 Buchst. b EStG bleibt ein Gewinn aus der Veräußerung eines Anteils an einer ausländischen Objektgesellschaft steuerfrei, soweit innerhalb der letzten sieben Jahre ein **Hinzurechnungsbetrag** im Sinne des § 10 Abs. 2 AStG der Einkommensteuer unterlegen hat und dieser Betrag noch nicht als Gewinnanteil an den Anteilseigner abgeflossen ist. Diese Steuerfreiheit wird jedoch versagt, wenn der Übertragende die Besteuerung des Hinzurechnungsbetrags nicht nachweisen kann.

c) Höhere Besteuerung des Anteilsübertragungsgewinns

Ein steuerliches Risiko kann auch darin bestehen, dass ein Anteilsübertragungsverlust in unerwarteter Weise nicht mit anderen positiven Einkünften verrechnet werden kann und hierdurch

---

[14] Vgl. *Grotherr*, IWB Fach 3, Deutschland Gruppe 1, S. 2162f. (Januar 2007).
[15] Vgl. *Strunk*, in: Korn, Einkommensteuergesetz, § 49 EStG Rz. 152 i.V.m. Rz. 69 (September 2009).
[16] Vgl. *Ramackers*, in: Littmann/Bitz/Pust, Einkommensteuerrecht, § 49 Rz. 240 (August 2003); R 49.3 Abs. 1 Satz 2 EStR 2008; *Heinicke*, in: L. Schmidt, Einkommensteuergesetz, 2009, § 49 Rz. 37.

eine erhöhte Besteuerung des Gesamteinkommens auslöst. Mögliche Varianten, in denen dies eintreten kann, werden nachfolgend vorgestellt:

- Werden Anteile an einer Objektgesellschaft in einem **Betriebsstättenvermögen** außerhalb des EU-/EWR-Raums gehalten, kann ein Anteilsübertragungsverlust gemäß § 2a Abs. 1 Satz 1 Nr. 2 EStG nur mit positiven Einkünften derselben Art aus demselben Staat verrechnet werden. Dies gilt jedoch nach § 2a Abs. 2 Satz 1 EStG wiederum nicht, wenn die ausländische Betriebsstätte ausschließlich oder fast ausschließlich[17] Einkünfte aus **aktiven Tätigkeiten** erzielt, da Verluste aus aktiver Tätigkeit als volkswirtschaftlich nützlich angesehen und somit privilegiert werden.[18] Die fehlende Beachtung von passiven Tätigkeiten der Betriebsstätte kann somit zur Nichtberücksichtigung des Verlusts führen, soweit keine positiven Einkünfte aus demselben Staat erzielt werden.

- Ähnliches gilt gemäß § 2a Abs. 1 Satz 1 Nr. 3 Buchst. b bzw. Nr. 4 EStG für Anteile an einer außerhalb des EU-/EWR-Raums ansässigen Objektgesellschaft, die zu einem inländischen Betriebsvermögen gehören oder als Anteile im Privatvermögen die Voraussetzungen des § 17 EStG erfüllen. Wird übersehen, dass die Einschränkung der Verlustverrechnung gemäß § 2a Abs. 2 Satz 2 EStG nur dann nicht gilt, wenn die Objektgesellschaft seit ihrer Gründung ununterbrochen oder in den letzten fünf Jahren vor und in dem Jahr der Anteilsübertragung sog. aktive Einkünfte im Sinne des § 2a Abs. 2 Satz 1 EStG erzielt hat, droht eine inländische Steuermehrbelastung. Nur wenn Einkünfte derselben Art vorliegen, wozu Anteilsübertragungsergebnisse aus Anteilen des Betriebsvermögens und des Privatvermögens gehören,[19] erfolgt eine Verlustverrechnung.

- Gemäß § 2a Abs. 1 Satz 1 Nr. 7 Buchst. a EStG kommt die Verlustausgleichsbeschränkung auch bei der Übertragung eines Anteils an einer im Betriebsvermögen gehaltenen EU-/EWR-Objektgesellschaft zur Anwendung, wenn die Objektgesellschaft negative ausländische Einkünfte im Sinne des § 2a Abs. 1 Satz 1 Nr. 1-6 EStG erzielt, die keine aktiven Einkünfte nach § 2a Abs. 2 Satz 1 EStG darstellen. Gleiches gilt aufgrund des § 2a Abs. 1 Satz 1 Nr. 7 Buchst. c EStG für Anteile an einer EU-/EWR-Objektgesellschaft, deren Veräußerung nach § 17 EStG steuerpflichtig wäre. Insofern kann auch die Nichtbeachtung der **Tätigkeit der Objektgesellschaft** eine steuerliche Mehrbelastung auslösen.

- Sind Ausländer an einer inländischen Objektgesellschaft beteiligt, kann die Nichtbeachtung der 1 %igen Mindestbeteiligung im Sinne des § 17 EStG zu einem Steuerrisiko führen, da Anteilsübertragungsverluste gemäß § 49 Abs. 1 Nr. 2 Buchst. e Doppelbuchst. aa EStG nur berücksichtigt werden, wenn die Voraussetzungen des § 17 EStG erfüllt sind. Aufgrund der **isolierenden Betrachtungsweise** des § 49 Abs. 2 EStG gilt dies auch für Anteile im ausländischen Betriebsvermögen.[20]

---

[17] Hierbei gelten mindestens 90 % der betrieblichen Bruttoerträge als "ausschließlich" oder "fast ausschließlich", vgl. *Frotscher*, in: Frotscher, Einkommensteuergesetz, § 2a Rz. 37 (März 2009); *Wotschofsky*, Konkurrierende Verlustverrechnungsbeschränkungen in der internationalen Ertragsteuerplanung, Köln 2005, S. 85.

[18] Vgl. *Wotschofsky*, a. a. O. (Fn. 17), S. 84.

[19] Vgl. R 2a Abs. 1 Satz 2 EStR 2008; *Wagner*, in: Blümich, EStG - KStG - GewStG, § 2a EStG Rz. 89 (April 2009).

[20] Vgl. *Noll*, Steuerliche Verluststrategien bei Umwandlungen von Kapitalgesellschaften, Göttingen 1998, S. 37.

2. Primäre ausländische Steuerrisiken

Bei grenzüberschreitenden Anteilsübertragungen müssen alle Beteiligten damit rechnen, dass theoretisch jeder beteiligte Staat einen Besteuerungsanspruch geltend machen könnte. Insofern ist neben dem inländischen Steuerrecht auch das **Recht der ausländischen Staaten** in die Prüfung möglicher Steuerrisiken einzubeziehen. Dies gilt auf der Ebene der primären Steuerrisiken vor allem für die jeweiligen Ansässigkeitsstaaten des Übertragenden und der Objektgesellschaft.

Im Fall eines ausländischen Übertragenden muss die Gefahr einer erhöhten ausländischen Besteuerung des Anteilsübertragungsgewinns in Betracht gezogen werden. Da sich die ausländischen Besteuerungssysteme für Anteilsveräußerungen durch eine Vielzahl unterschiedlicher Ansätze auszeichnen,[21] wird im Folgenden lediglich auf ausgewählte Einzelaspekte hingewiesen, die in einzelnen Staaten zu einer erhöhten Ertragsbesteuerung führen können:

- In vielen Staaten existieren Steuerbefreiungen für die Übertragung von **Schachtelbeteiligungen**, wobei die maßgeblichen Beteiligungsquoten z. B. in Spanien, Frankreich und den Niederlanden bei 5 %[22] und in Finnland, Großbritannien und Schweden bei 10 %[23] liegen. Demgegenüber besteuert Mexiko Anteilsübertragungsgewinne, wenn eine mehr als 50 %ige Beteiligung veräußert wird.[24] Insofern können sowohl das Unter- als auch das Überschreiten einer **Mindestbeteiligungsquote** zu einer steuerlichen Mehrbelastung führen.

- Das Missachten einer **Sperrfrist** kann zu einer höheren Besteuerung des Anteilsübertragungsgewinns führen, da viele Staaten eine Steuerbefreiung erst nach Ablauf einer bestimmten Haltedauer gewähren. Die Länge dieser Sperrfristen betragen z. B. in Luxemburg sechs Monate[25], in Russland und Dänemark hingegen drei Jahre.[26]

- Auch die Prüfung der **Vermögenszuordnung** kann relevant sein. So ist die 3jährige Haltefrist in Dänemark nur für Anteile des Privatvermögens relevant,[27] während Frankreich einen reduzierten Steuersatz für Verkäufe aus dem Betriebsvermögen anwendet, wenn die Anteile mindestens zwei Jahre gehalten wurden.[28]

- Im Gegensatz zum deutschen Steuerrecht kann es zu Mehrsteuern kommen, wenn unzutreffend von einer **Börsennotierung** der Objektgesellschaft ausgegangen wird, da einige Staaten Sonderregelungen für die Übertragung von Anteilen an derartigen Gesellschaften

---

[21] Siehe hierzu die Ansätze zur Systematisierung der einzelstaatlichen Regelungen zur Veräußerungsgewinnbesteuerung bei *Maier-Frischmuth*, StuB 2004, S. 103-106; *Müssener*, Besteuerung von Veräußerungsgewinnen in anderen Staaten, in: Schaumburg/Piltz (Hrsg.), Veräußerungsgewinne im Internationalen Steuerrecht, Köln 2004, S. 154-159; *PwC (Hrsg.)*, The Determination of Corporate Taxable income in the EU Member States, Alphen aan den Rijn 2007, S. 22f.

[22] Vgl. *Leffers/Bricet* und *Smits/de Pleijt/Bien/Wetteskind*, in Deloitte (Hrsg.), Unternehmenskauf im Ausland – Steuerliche Rahmenbedingungen bei M & A-Transaktionen im Ausland, 2. Aufl., Herne/Berlin 2006, S. 144 und 192ff.; Courage, in: Mennel/Förster (Hrsg.), Steuern in Europa, Amerika und Asien, Herne/Berlin, Spanien Rz. 351 (April 2007).

[23] Vgl. *Kocher*, Reform der Unternehmensbesteuerung in Finnland, IWB Fach 5, Finnland Gruppe 2, S. 53 (Dezember 2004); *Eyre*, in Deloitte, Unternehmenskauf, 2006, S. 166; IBFD (Hrsg.), Steuerberater Handbuch Europa, Bonn, Fach C, Schweden Rz. 113 (August 2007).

[24] Vgl. *Müssener*, in: Mennel/Förster, a. a. O. (Fn. 22), Mexiko Rz. 60 (Juli 2008).

[25] Vgl. *IBFD*, a. a. O. (Fn. 23), Fach C, Luxemburg Rz. 24 (Juli 2008).

[26] Vgl. *Petersen/Kjær-Hansen/Brecht* und *Vértes*, in: Deloitte, a. a. O. (Fn. 22), S. 125 und 254.

[27] Vgl. *Petersen/Kjær-Hansen/Brecht*, in: Deloitte, a. a. O. (Fn. 22), S. 126.

[28] Vgl. *Leffers/Bricet*, in: Deloitte, a. a. O. (Fn. 22), S. 141.

vorsehen. Die Börsennotierung führt bspw. in Italien dazu, dass bereits eine 5 %ige statt der sonst notwendigen 25 %igen Beteiligung zu einer Steuerreduzierung für natürliche Personen führt.[29] In Bulgarien und Malta sind Gewinne aus der Übertragung von Anteilen an Börsengesellschaften sowohl von der Einkommen- als auch von der Körperschaftsteuer befreit,[30] während ungarische Kapitalgesellschaften die Übertragung derartiger Anteile nur zur Hälfte besteuern müssen.[31]

- Eine Missachtung der **bilanziellen Behandlung** der Anteile an der Objektgesellschaft kann sich nachteilig auswirken, da in Italien, den Niederlanden und Schweden Steuervergünstigungen nur gewährt werden, wenn die Anteile im Anlagevermögen gehalten werden.[32]
- Die Höhe der **Anschaffungskosten** einer Beteiligung kann für Übertragende in Luxemburg relevant sein, da die Steuerfreiheit für Anteilsverkäufe selbst bei Unterschreiten der Mindestbeteiligungsquote von 10 % gewährt wird, wenn die Anschaffungskosten mindestens sechs Millionen Euro betragen haben.[33]

Wenn ein Inländer Anteile an einer ausländischen Objektgesellschaft überträgt, muss geprüft werden, ob Anteilsübertragungsgewinne im Ansässigkeitsstaat der Objektgesellschaft der dortigen beschränkten Steuerpflicht unterliegen. Auch hier kann die Besteuerung von verschiedenen Kriterien abhängig sein, so dass deren Missachtung Steuerrisiken auslösen kann.

- In einigen Staaten werden Anteilsübertragungsgewinne von Nichtansässigen nur besteuert, wenn eine **Mindestbeteiligungsquote** erreicht wird, die für natürliche Personen in Japan bei 25 % liegt.[34] In Frankreich und Portugal muss diese Beteiligungsgrenze sogar überschritten werden.[35]
- In Spanien kommt es zur Steuerpflicht, wenn eine mindestens 25 %ige Beteiligung in den vergangenen 12 Monaten bestanden hat.[36] Insofern wird eine Beteiligungsquote mit einer **Beteiligungsdauer** kombiniert.
- In Tschechien führt die Veräußerung von Anteilen an einer tschechischen Objektgesellschaft durch eine nichtansässige Kapitalgesellschaft nur dann zur beschränkten Körperschaftsteuerpflicht, wenn der **Erwerber** in Tschechien ansässig ist.[37] Die beschränkte Einkommensteuerpflicht in Spanien gilt für Anteilsübertragungsgewinne aller nichtansässiger natürlicher Personen, die aus einem DBA-Staat mit Ausnahme der Schweiz stammen und sich an einer spanischen **Börsengesellschaft** beteiligt haben.[38]

---

[29] Vgl. *Lobis*, in: Mennel/Förster, a. a. O. (Fn. 22), Italien Rz. 67 (Februar 2009).
[30] Vgl. *IBFD*, a. a. O. (Fn. 23), Fach C, Bulgarien Rz. 13+64 (April 2007) und Malta Rz. 19+65 (März 2008).
[31] Vgl. *IBFD*, a. a. O. (Fr. 23), Fach C, Ungarn Rz. 80 (Juli 2006).
[32] Vgl. *Lobis*, in: Mennel/Förster, a. a. O. (Fn. 22), Italien Rz. 69+157 (Februar 2009); IBFD, a. a. O. (Fn. 23), Fach C, Niederlande Rz. 112 (Februar 2007) und Schweden Rz. 112 f. (August 2007).
[33] Vgl. *Fort*, in: Menne/Förster, a. a. O. (Fn. 22), Luxemburg Rz. 263 (Juni 2009).
[34] Vgl. *Arnold*, in: Mennel/Förster, a. a. O. (Fn. 22), Japan Rz. 24 (Juni 2009).
[35] Vgl. *Duthilleul*, in: Debatin/Wassermeyer, Doppelbesteuerung, Frankreich Anh. Rz. 30 (Januar 2004); *IBFD*, a. a. O. (Fn. 23), Fach C, Portugal Rz. 146 (April 2007).
[36] Vgl. *IBFD*, a. a. O. (Fn 23), Fach C, Spanien Rz. 132 (November 2006).
[37] Vgl. *Vorlickova*, in: Mennel/Förster, a. a. O. (Fn. 22), Tschechien Rz. 253 (Februar 2009); IBFD, a. a. O. (Fn. 23), Fach C, Tschechische Republik Rz. 115 (März 2008).
[38] Vgl. *IBFD*, a. a. O. (Fn. 23), Fach C, Spanien Rz. 60 (November 2006).

- Selbst der Durchführungs- bzw. Finanzierungsort kann die Besteuerung beeinflussen. So besteuert die Türkei bei nichtansässigen Kapitalgesellschaften nur dann eine Anteilsübertragung, wenn die Veräußerung in der Türkei durchgeführt oder die Kaufpreiszahlung auf Erwerber- oder Verkäuferseite über ein **türkisches Bankkonto** abgewickelt wird.[39]
- In einigen Staaten besteht eine beschränkte Steuerpflicht für Anteilsübertragungen, wenn die Objektgesellschaft über in ihrem Ansässigkeitsstaat belegenen **Immobilienbesitz** verfügt, der mehr als 50 % ihres Gesamtvermögens ausmacht. Derartige Regelungen gibt es bspw. in Estland, Finnland, Malta, Russland und den USA.[40]

Im Hinblick auf die steuerliche Berücksichtigung eines Anteilsübertragungsverlusts im Ausland ist vor allem zu prüfen, welche zeitlichen und/oder sachlichen Begrenzungen der jeweilige Staat für die Verrechnung des Verlusts mit anderen positiven Einkünften vorsieht. Da die Bandbreite an zeitlichen und sachlichen Verlustverrechnungsbeschränkungen außergewöhnlich breit ist,[41] muss stets eine **auf Staaten bezogene** Einzelfallprüfung vorgenommen werden, um das Risiko eines endgültigen Verlustverfalls einschätzen zu können.

Ein weiteres Steuerrisiko liegt in der Missachtung einer möglichen ausländischen **Grunderwerbsteuer**, sofern die Objektgesellschaft über ausländischen Grundbesitz verfügt. Eine Grunderwerbsteuer wird in Österreich und Portugal erhoben, wenn eine 100 %ige bzw. 75 %ige Anteilsvereinigung eintritt,[42] während Malta fordert, dass der Immobilienbesitz mindestens 75 % des Gesamtvermögens der Objektgesellschaft ausmacht.[43] In den Niederlanden werden diese beiden Elemente kombiniert. Eine Grunderwerbsteuerpflicht tritt hier nur ein, wenn der niederländische Grundbesitz mindestens 70 % des Gesamtvermögens ausmacht und der Anteilserwerber nach der Übertragung mindestens ein Drittel des Gesellschaftskapitals hält.[44]

Schließlich darf die Gefahr des Entstehens einer ausländischen **Kapitalverkehrsteuer** nicht außer Acht gelassen werden, wovon in der Regel der Anteilserwerber betroffen ist.[45] Sowohl die Art als auch die Höhe dieser Steuer variieren in den einzelnen Staaten sehr. Zu beachten ist insbesondere, dass Staaten wie z. B. Belgien, Griechenland oder Italien lediglich eine Börsenumsatzsteuer erheben,[46] so dass die Kenntnis der Börsenzugehörigkeit der Objektgesellschaft von entscheidender Bedeutung ist.

3. Primäre internationale Steuerrisiken

Neben den bisher betrachteten Risiken, die auf der fehlenden Kenntnis oder der fehlerhaften Anwendung von inländischen und ausländischen Steuerrechtsnormen basieren, können steuerliche Gefahren auch aus dem Zusammenspiel verschiedener nationaler Steuergesetze sowie aus übergeordneten Rechtsquellen entstehen. In diesem Zusammenhang spielen internationale **Doppelbesteuerungsabkommen** (DBA) eine wichtige Rolle. Diese Abkommen werden als bilate-

---

[39] Vgl. *IBFD*, a. a. O. (Fn. 23), Fach C, Türkei Rz. 108 (März 2008).
[40] Vgl. *Mach*, a. a. O. (Fn. 4), S. 115 m. w. N.
[41] Siehe hierzu die Ausführungen bei *Mach*, a. a. O. (Fn. 4), S. 116-118.
[42] Vgl. *Kirchmayr*, in: Mennel/Förster, a. a. O. (Fn. 22), Österreich Rz. 410 (Oktober 2009); *Stieb*, in: Mennel/Förster, a. a. O. (Fn. 22), Portugal Rz. 340 (September 2008).
[43] Vgl. *IBFD*, a. a. O. (Fn. 23), Fach C, Malta Rz. 37 (März 2008).
[44] Vgl. *IBFD*, a. a. O. (Fn. 23), Fach C, Niederlande Rz. 149 (Februar 2007).
[45] Vgl. *Stein/Becker*, GmbHR 2003, S. 89.
[46] Vgl. *Mach*, a. a. O. (Fn. 4), S. 120 m. w. N.

rale Vereinbarung zwischen zwei Staaten abgeschlossen und sind grundsätzlich vorrangig gegenüber den inländischen Steuernormen anzuwenden.[47]

Im Hinblick auf die Besteuerung des Anteilsübertragungsgewinns ist bei grenzüberschreitenden Übertragungen stets mit einer Doppel- oder gar Mehrfachbesteuerung zu rechnen, da theoretisch jeder der beteiligten Staaten aufgrund des jeweils geltenden Welteinkommens- oder Territorialitätsprinzips einen Besteuerungsanspruch erheben kann. Sofern nur zwei verschiedene Staaten den Anteilsübertragungsgewinn nach ihrem nationalen Recht besteuern dürfen, kann eine internationale Doppelbesteuerung vermieden werden, wenn zwischen den Staaten ein DBA existiert, das für Veräußerungsgewinne aus Kapitalgesellschaftsanteilen entweder nur einem Staat das Besteuerungsrecht zuweist oder die Anwendung der Freistellungsmethode vorsieht. Im letzteren Fall werden die Einkünfte nur im Quellenstaat besteuert, da der Ansässigkeitsstaat des Übertragenden sein Besteuerungsrecht nicht ausüben, sondern lediglich die Einkünfte im Rahmen eines Progressionsvorbehalts berücksichtigen darf.[48]

Sofern es jedoch aufgrund des DBA bzw. bei fehlender Existenz eines DBA zur Anwendung der Anrechnungsmethode kommt, wird lediglich eine **Abmilderung der Doppelbesteuerung** erreicht.[49] Dies soll anhand einiger Beschränkungen, denen die deutsche Regelung des § 34c Abs. 1 EStG unterliegt, aufgezeigt werden:[50]

- Statt der Anrechnung ist nur ein Abzug der ausländischen Steuer möglich, wenn diese nicht der deutschen Einkommen- bzw. Körperschaftsteuer entspricht.
- Die Anrechnung der ausländischen Steuer ist auf die anteilig entfallende deutsche Steuer beschränkt, so dass es zu nicht nutzbaren **Anrechnungsüberhängen** kommen kann.
- Aufgrund der sog. **„per-country-limitation"** des § 68a Satz 2 EStDV kann es durch die Staaten bezogene Anrechnungsbegrenzung ebenfalls zu Anrechnungsüberhängen kommen.
- Die Kürzung der anrechenbaren ausländischen Steuer um einen Ermäßigungsanspruch erfolgt unabhängig von der tatsächlichen Geltendmachung dieses Anspruchs im Ausland.
- Bei Kapitalgesellschaften, die gemäß § 8b Abs. 3 Satz 1 KStG nur 5 % des Anteilsübertragungsgewinns als nicht abziehbare Ausgaben versteuern müssen, ist eine Anrechnung nicht möglich, da auf den originären Gewinn keine Steuer entfällt.[51]

Unabhängig von den zuvor geschilderten Aspekten kann die Anrechnungsmethode ins Leere laufen, wenn die Form der Besteuerung in verschiedenen Staaten unterschiedlich geregelt ist. So ist es denkbar, dass die Anteilsübertragungsergebnisbesteuerung zu verschiedenen Zeitpunkten erfolgt, dass **Inflationsbereinigungen** vorgenommen werden oder dass zwischen der Einzelbesteuerung und der zusammengefassten Besteuerung mehrerer Übertragungsvorgänge

---

[47] Vgl. *Schaumburg*, Internationales Steuerrecht: Außensteuerrecht, Doppelbesteuerungsrecht, 2. Aufl., Köln 1998, Rz. 16.41; *Vogel*, in: Vogel/Lehner, Doppelbesteuerungsabkommen, 5. Aufl., München 2008, Einl. Rz. 202ff.; *Reith*, Internationales Steuerrecht – Handbuch zum Doppelbesteuerungs- und Außensteuerrecht und zu Gestaltungen grenzüberschreitender Investitionen, München 2004, Rz. 4.65.

[48] Vgl. *Jacobs*, Internationale Unternehmensbesteuerung – Deutsche Investitionen im Ausland, Ausländische Investitionen im Inland, 6. Aufl., München 2007, S. 12.

[49] Gl. A. *Fischer/Kleineidam/Perygrin*, Internationale Betriebswirtschaftliche Steuerlehre, 5. Aufl., Berlin 2005, S. 147.

[50] Vgl. zur Kritik an der Ausgestaltung des § 34c EStG u. a. *Jacobs*, a. a. O. (Fn. 48), S. 49-54; *Reith*, a. a. O. (Fn. 47), Rz. 5.71-5.74.

[51] Vgl. hierzu *Jacobs*, a. a. O. (Fn. 48), S. 61; Siegers, in: Dötsch/Jost/Pung/Witt, Die Körperschaftsteuer, § 26 KStG Rz. 104 (Februar 2008).

zu differenzieren ist.[52] Insofern muss in Konstellationen, in denen die Doppelbesteuerung durch Anwendung der Anrechnungsmethode vermieden werden soll, mit dem Risiko einer nur teilweisen Vermeidung der Doppelbesteuerung gerechnet werden.

Zu einer doppelten oder sogar zu einer mehr als zweifachen Besteuerung des Anteilsübertragungsgewinns kann es kommen, wenn mehr als zwei Staaten an der grenzüberschreitenden Übertragung beteiligt sind. Dies soll am Beispiel der in der **Abbildung 3** dargestellten Viereckkonstellation erläutert werden.

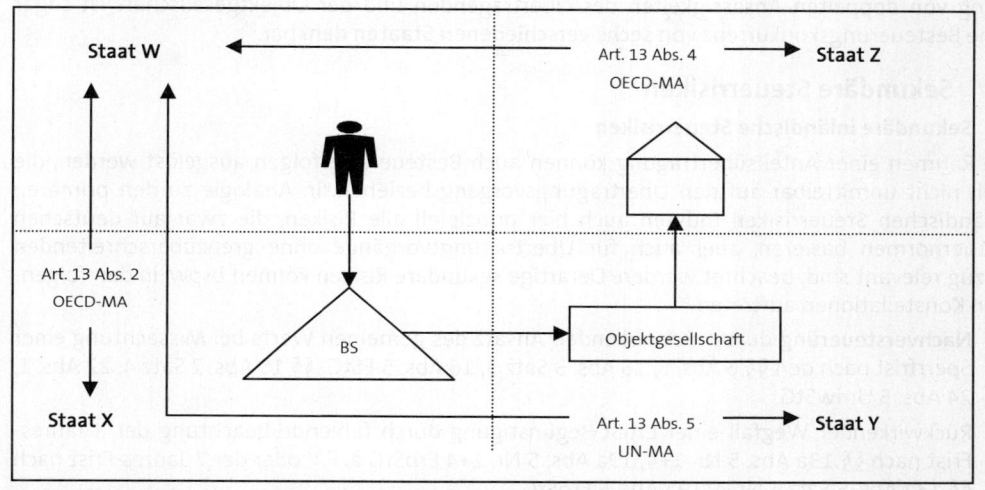

Abbildung 3: Viereckkonstellation bei einer Anteilsübertragung[53]

Ein Einzelunternehmer ist im Staat W ansässig und besitzt eine Betriebsstätte im Staat X. Die Anteile an der im Staat Y ansässigen Objektgesellschaft, deren Vermögen zu mehr als 50 % aus im Staat Z belegenem Grundbesitz besteht, sind der Betriebsstätte im Staat X zuzurechnen.[54] Im Fall einer Veräußerung der Anteile könnten der Staat W aufgrund der unbeschränkten Steuerpflicht des Veräußerers sowie die Staaten X, Y und Z bei einer entsprechenden Regelung im Rahmen der beschränkten Steuerpflicht einen Besteuerungsanspruch geltend machen. Im Verhältnis des Ansässigkeitsstaates W zu den übrigen Staaten ist jeweils zu prüfen, ob und wie eine Doppelbesteuerung vermieden werden kann. Besteht zwischen Staat W und Staat X ein DBA, das eine **Betriebsstättenklausel** im Sinne des Art. 13 Abs. 2 OECD-MA enthält, dürfen beide Staaten ebenso ihr Besteuerungsrecht ausüben wie der Staat Y, wenn dessen DBA mit dem Staat W eine **Gesellschaftsklausel** im Sinne des Art. 13 Abs. 5 UN-MA vorsieht. Ist im DBA zwischen den Staaten W und Z eine **Immobilienklausel** im Sinne des Art. 13 Abs. 4 OECD-MA vereinbart, dürfte auch der Staat Z den Anteilsübertragungsgewinn versteuern.

Ist für alle drei Klauseln die Freistellungsmethode festgelegt, kommt es zur ungeminderten Besteuerung in den Staaten X, Y und Z. Bei Anwendung der Anrechnungsmethode wird gar in

---

[52] Vgl. *Staringer*, IStR 2003, S. 522.
[53] Entnommen aus: *Mach*, a. a. O. (Fn. 4), S. 157.
[54] Hinsichtlich der Zuordnung für Zwecke des Art. 13 Abs. 2 OECD-MA wird auf die jeweiligen nationalen Regelungen zur Zuordnung von Kapitalgesellschaftsbeteiligungen zu Betriebsstätten abgestellt, vgl. *Goebel/Boller/Ungemach*, IStR 2008, S. 649.

allen vier Staaten besteuert, wobei im Staat W lediglich die Steuer aus dem Betriebsstättenstaat X angerechnet werden kann. In beiden Konstellationen ist eine Vermeidung der **Dreifachbesteuerung** davon abhängig, ob der Staat X eine dem § 50 Abs. 3 EStG entsprechende Anrechnungsnorm für Steuern aus Drittstaaten besitzt. Aber selbst dann wird aufgrund der begrenzten Anrechnungsmöglichkeit **mindestens eine Doppelbesteuerung** übrig bleiben.

Insofern ist das Risiko einer Doppel- oder Mehrfachbesteuerung als hoch einzustufen, wenn drei oder mehr Staaten einen Besteuerungsanspruch geltend machen können. Unter Berücksichtigung von doppelten Ansässigkeiten des Übertragenden und der Objektgesellschaft ist sogar eine Besteuerungskonkurrenz von **sechs verschiedenen Staaten** denkbar.[55]

II. Sekundäre Steuerrisiken

1. Sekundäre inländische Steuerrisiken

Im Rahmen einer Anteilsübertragung können auch Besteuerungsfolgen ausgelöst werden, die sich nicht unmittelbar auf den Übertragungsvorgang beziehen. In Analogie zu den primären inländischen Steuerrisiken müssen auch hier prinzipiell alle Risiken, die zwar auf deutschen Steuernormen basieren, aber auch für Übertragungsvorgänge ohne grenzüberschreitenden Bezug relevant sind, beachtet werden. Derartige sekundäre Risiken können bspw. in den folgenden Konstellationen auftreten:[56]

- **Nachversteuerung** durch rückwirkenden Ansatz des gemeinen Werts bei Missachtung einer Sperrfrist nach den §§ 6 Abs. 5, 16 Abs. 3 Satz 3, 16 Abs. 5 EStG, §§ 15 Abs. 2 Satz 4, 22 Abs. 1, 24 Abs. 5 UmwStG,
- Rückwirkender Wegfall einer ErbSt-Begünstigung durch fehlende Beachtung der 5-Jahres-Frist nach §§ 13a Abs. 5 Nr. 1+4, 19a Abs. 5 Nr. 1+4 ErbStG a. F.[57] oder der 7-Jahres-Frist nach §§ 13a Abs. 5 Satz 1 Nr. 4, 19a Abs. 5 ErbStG,
- Gewerbesteuerpflicht zukünftiger Dividenden gemäß § 8 Nr. 5 i. V. m. § 9 Nr. 2a GewStG durch Unterschreiten der gewerbesteuerlichen **Schachtelbeteiligungsquote** von 15 % nach der Übertragung, wobei die Quote jeweils zum Beginn des Erhebungszeitraums erfüllt werden muss,
- Auslösen einer Grunderwerbsteuerpflicht nach § 1 Abs. 3 Nr. 1+2 GrEStG bei 95 %iger Anteilsvereinigung,
- Anteiliger bzw. vollständiger Wegfall von Verlust- und Zinsvorträgen gemäß § 8c Abs. 1 KStG bei mehr als 25 %igen bzw. mehr als 50 %igen Anteilsübertragungen innerhalb von 5 Jahren,
- Wegfall der finanziellen Eingliederung als Voraussetzung für eine ertragsteuerliche **Organschaft** durch Unterschreiten der 50 %igen Mindestbeteiligungsquote gemäß § 14 Abs. 1 Satz 1 Nr. 1 KStG,
- Missachtung der 6-Jährigen **Behaltefrist** für Anteile im Anlagevermögen als Voraussetzung für die Reinvestitionsbegünstigung des § 6b Abs. 10 Satz 4 i. V. m. Abs. 4 Satz 1 Nr. 2 EStG.

Darüber hinaus existieren einige „Stolpersteine" in den deutschen Steuergesetzen, die speziell bei grenzüberschreitenden Anteilsübertragungen Beachtung finden müssen. Die indirekten

---

[55] Vgl. Mach, a. a. O. (Fn. 4), S. 158 mit Hinweis auf eine Fünf- oder Sechseckkonstellation.
[56] Siehe für eine ausführliche Darstellung: Mach, a. a. O. (Fn. 4), S. 161-208.
[57] ErbStG in der Fassung bis zum 31. 12. 2008.

nachteiligen Steuerfolgen, die aufgrund der Wirkungen einer grenzüberschreitenden Übertragung ausgelöst werden können, werden exemplarisch dargestellt.

Bei einer Missachtung von Vorgängen in der Vergangenheit, die steuerliche Relevanz haben, kann durch eine Anteilsübertragung in folgenden Fällen eine Nachversteuerung ausgelöst werden:

- Eine vor dem 13.12.2006 gemäß § 23 Abs. 4 Satz 1 UmwStG a. F. unterhalb des Teilwerts durchgeführte Anteilseinbringung in eine in der EU ansässige Kapitalgesellschaft wird gemäß § 26 Abs. 2 Satz 1 UmwStG a. F., der auch nach Verabschiedung des SEStEG gemäß § 27 Abs. 2 UmwStG weiterhin anzuwenden ist,[58] rückwirkend zum Teilwert angesetzt, wenn die eingebrachten Anteile innerhalb einer **Sperrfrist** von sieben Jahren weiter veräußert werden.
- Zu einem rückwirkenden Teilwertansatz kommt es gemäß § 26 Abs. 2 Satz 2 UmwStG auch bei einer Übertragung von Anteilen, die als Gegenleistung für eine § 23 Abs. 2 UmwStG a. F. unter dem Teilwert erfolgte Einbringung einer inländischen Betriebsstätte in eine beschränkt steuerpflichtige EU-Kapitalgesellschaft ausgegeben wurden, wenn die Übertragung innerhalb einer Sperrfrist von sieben Jahren erfolgt.
- Eine Übertragung von Anteilen im Sinne des § 17 Abs. 1 EStG, für die im Rahmen eines früheren Wegzugs aus Deutschland in einen EU-EWR-Staat gemäß § 6 Abs. 5 Satz 1-3 AStG eine Stundung der sog. **„Wegzugsteuer"** gewährt worden ist, führt nach § 6 Abs. 5 Satz 4 AStG zu einem Widerruf der Stundung und somit zu einer nachträglich ausgelösten Entrichtungspflicht hinsichtlich der gestundeten Steuer.
- Wird nicht beachtet, dass ein Kapitalgesellschaftsanteil unter Bildung eines **Ausgleichspostens** im Sinne des § 4g Abs. 1 EStG in eine im EU-/EWR-Raum belegene Betriebsstätte überführt worden war, droht bei einer Übertragung dieses Anteils gemäß § 4g Abs. 2 Satz 2 EStG eine sofortige Auflösung des Ausgleichspostens und eine Nachversteuerung des Überführungsvorgangs.

Zu beachten ist, dass die Wirkungen des § 26 Abs. 2 UmwStG a. F. noch bis zum 12.12.2013 relevant sein können. Verschärfend kommt hinzu, dass die Sperrfrist des § 26 Abs. 2 Satz 1 UmwStG a. F. auch durch sog. **Ketteneinbringungen** verletzt werden kann,[59] wie das Beispiel in der **Abbildung 4** zeigt.

---

[58] Vgl. *Dötsch/Pung*, DB 2006, S. 2763. Gl. A. wohl *Benecke/Schnitger*, IStR 2007, S. 27. Unklar bleibt, ob die im EuGH-Urteil vom 11. 12. 2008, C-285/07, IStR 2009, S. 97ff („A.T.") festgestellte EU-Widrigkeit der doppelten Buchwertverknüpfung im § 23 Abs. 4 UmwStG a. F. auch auf den § 26 Abs. 2 UmwStG a. F. durchschlägt.

[59] Vgl. *Dötsch*, in: Dötsch/Jost/Pung/Witt, Die Körperschaftsteuer, § 26 UmwStG Rz. 26f. (Juli 2007).

```
                    1. 7. 2003                              1. 1. 2005

   ┌──────┐   Einbringung aller Antei-   ┌──────┐   Einbringung aller        ┌──────┐
   │ A-AG │   le an der B-GmbH zu        │ A-AG │   Anteile an der B-         │ A-AG │
   └───┬──┘   Buchwerten in die          └───┬──┘   GmbH zu Buchwerten        └───┬──┘
       ▼      britische C-Ltd. gemäß         ▼      in die französische D-        ▼
   ┌──────┐   § 23 Abs. 4 UmwStG a. F.  ┌──────┐   SA                        ┌──────┐
   │B-GmbH│   ─────────────────────▶   │C-Ltd.│   ────────────────────▶     │C-Ltd.│
   └──────┘                             └───┬──┘                             └───┬──┘
                                            ▼                                    ▼
                                        ┌──────┐                             ┌──────┐
                                        │B-GmbH│                             │ D-SA │
                                        └──────┘                             └───┬──┘
                                     Sperrfrist bis zum 30. 6. 2010              ▼
                                                                             ┌──────┐
                                                                             │B-GmbH│
                                                                             └──────┘
```

Wenn die D-SA ihre Anteile an der B-GmbH vor dem 30. 6. 2010 veräußert wird, kommt es hinsichtlich der Einbringung der Anteile der B-GmbH in die C-Ltd. zu einem rückwirkenden Teilwertansatz und somit zur Gewinnverwirklichung bei der deutschen A-AG. Veräußerungen der Anteile an der D-SA durch die C-Ltd. sind hingegen unschädlich.

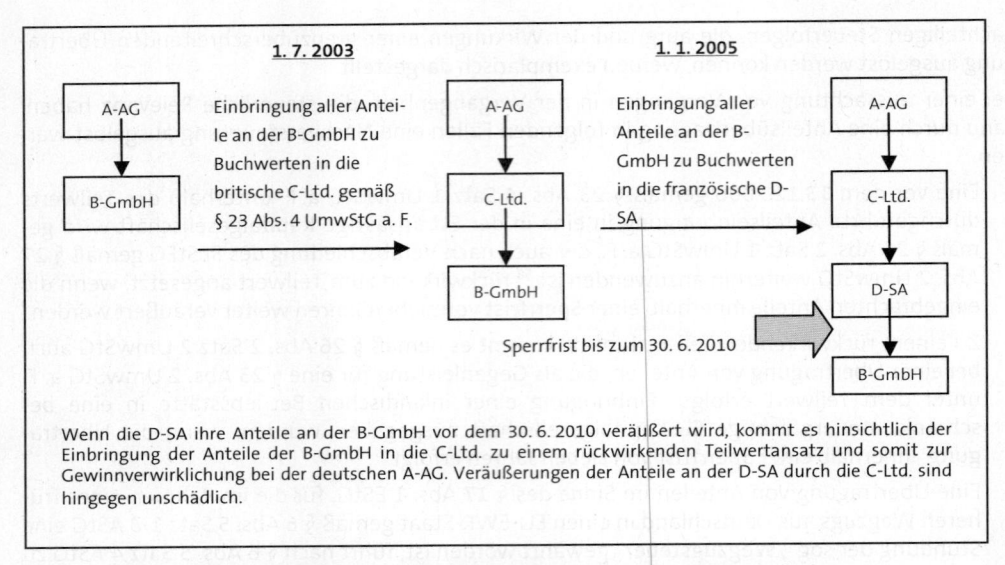

Abbildung 4: Wirkung der Sperrfrist des § 26 Abs. 2 Satz 1 UmwStG a. F. bei Ketteneinbringungen[60]

Außer den vergangenheitsbezogenen Nachversteuerungsrisiken existiert eine Reihe von Steuerrisiken, die sich auf die gegenwärtige oder zukünftige Besteuerung der an der Anteilsübertragung beteiligten Personen beziehen. Auch hier erfolgt eine beispielhafte Aufzählung möglicher Gefahren:

▶ Eine erstmalige Anteilsübertragung kann sich auf die beschränkte Steuerpflicht einer **zukünftigen Übertragung** auswirken, wenn Erwerber und/oder Übertragender im Ausland nach der Übertragung weiterhin oder erstmalig zu mindestens 1 % an der Objektgesellschaft beteiligt sind. Wird diese Beteiligungsgrenze missachtet, können künftige Anteilsübertragungsgewinne nach § 49 Abs. 1 Nr. 2 Buchst. e EStG der beschränkten Steuerpflicht unterliegen.

▶ Sofern ein inländischer Übertragender hohe Vorsteuerbeträge aus Nebenkosten beim ursprünglichen Erwerb des Anteils getragen hat, kann die nach § 4 Nr. 8 Buchst. e bzw. f UStG steuerfreie Übertragung der Anteile an einen EU-Erwerber zu einem Wegfall des Vorsteuerabzugs gemäß § 15 Abs. 2 Satz 1 Nr. 1 UStG führen,[61] während die Übertragung an einen Erwerber, der in einem **Drittstaat** ansässig ist, aufgrund des Ausschlusses des Vorsteuerabzugsverbots nach § 15 Abs. 3 Nr. 1 Buchst. b UStG, den Vorsteuerabzug bewahrt.[62]

▶ Ein durch die Anteilsübertragung ausgelöstes Erreichen der Mindestbeteiligungsquote des § 1 Abs. 2 AStG von 25 % an einer ausländischen Objektgesellschaft kann beim Vorliegen von Geschäfts- und Leistungsbeziehungen mit dieser Gesellschaft erhebliche Steuerfolgen auslösen, da ab dieser Beteiligungsquote gemäß § 90 Abs. 3 AO umfangreiche **Aufzeichnungs- und Dokumentationspflichten** erfüllt werden müssen, deren Verletzung mit Strafschätzun-

---

[60] Entnommen aus: *Mach*, a. a. O. (Fn. 4), S. 212.
[61] Vgl. BMF-Schreiben vom 26. 1. 2007, BStBl. I 2007, S. 211 Rz. 13; *Küffner/Zugmaier*, DStR 2007, S. 475.
[62] Gl. A. *Eggers/Korff*, DB 2007, S. 362.

gen nach § 162 Abs. 3 AO sowie Strafzuschlägen bis zu 1 Mio. Euro gemäß § 162 Abs. 4 AO geahndet werden können.

- Ein Versäumen der **Meldepflicht** nach § 138 Abs. 2 Nr. 3 AO für das Erreichen einer mindestens 10 %igen unmittelbaren oder 25 %igen mittelbaren Beteiligung an einer ausländischen Kapitalgesellschaft kann mit einer Geldbuße von bis zu 5.000 Euro, in Verbindung mit einer leichtfertigen Steuerverkürzung bis zu 50.000 Euro geahndet werden. Insofern sind auch vor diesem Hintergrund die Beteiligungsquoten nach dem Erwerb von Anteilen an ausländischen Objektgesellschaften zu prüfen.
- Sollte eine natürliche Person einen Anteilserwerb aus einem **Fremdwährungsguthaben** bezahlen, das vor weniger als zwölf Monaten vor dem Anteilserwerb angeschafft wurde, löst der Anteilskauf gleichzeitig ein privates Veräußerungsgeschäft im Sinne des § 23 Abs. 1 Satz 1 Nr. 2 EStG aus, da ein Fremdwährungsguthaben als selbständiges veräußerbares Wirtschaftsgut anzusehen ist.[63] Es wird demnach ein **fiktiver Devisenverkauf** unterstellt, der im Falle eines Währungsgewinns der Einkommensteuer unterliegt.[64]

Schließlich ist auf einige weitere Risiken hinzuweisen, die vor allem auf das Erfüllen bestimmter Beteiligungsquoten abstellen. Eine Missachtung dieser Quoten bei der Anteilsübertragung kann unter anderem die nachfolgend geschilderten steuerlichen Konsequenzen nach sich ziehen.

- Unterschreitet eine EU-Kapitalgesellschaft die Mindestbeteiligungsquote nach § 43b Abs. 2 Satz 1 i. V. m. § 52 Abs. 55c EStG von 10 % an einer inländischen Objektgesellschaft oder wird eine mindestens 10 %ige Beteiligung weniger als ein Jahr gehalten, entfällt die **Kapitalertragsteuerfreiheit** für Gewinnausschüttungen der Objektgesellschaft.
- Für die Inanspruchnahme der gewerbesteuerlichen Schachtelprivilegien des § 9 Nr. 7 und 8 GewStG ist hingegen eine Mindestbeteiligung von 15 % an der ausländischen Objektgesellschaft erforderlich, die zudem zum Beginn des Erhebungszeitraums bestanden haben muss. Ein Unterschreiten dieser Beteiligungsgrenze führt zur Gewerbesteuerpflicht der Dividenden, die von der Objektgesellschaft ausgeschüttet werden.
- Im Fall der grenzüberschreitenden Zahlung von **Lizenzgebühren** durch eine inländische Kapitalgesellschaft an eine EU-Kapitalgesellschaft ist darauf zu achten, dass die Abstandnahme vom Steuerabzug nach § 50a Abs. 1 Nr. 3 EStG in Höhe von 15 % gemäß § 50g EStG nur erfolgt, wenn ein mindestens 25 %iges Beteiligungsverhältnis zwischen den Gesellschaften vorliegt. Wird diese Beteiligungsgrenze durch eine Anteilsübertragung unterschritten, wird der Steuerabzug vorgenommen.
- Schließlich kann auch eine **Hinzurechnungsbesteuerung** i. S. d. §§ 7 ff. AStG durch eine Missachtung von Beteiligungshöhen ausgelöst werden. Während die Hinzurechnung von Einkünften einer ausländischen Gesellschaft, die Zwischeneinkünfte mit Kapitalanlagecharakter i. S. d. § 7 Abs. 6a AStG erzielt, gemäß § 7 Abs. 6 Satz 1 AStG bereits mit Erreichen der Mindestbeteiligungsquote von 1 % (bzw. noch weniger in den Fällen des § 7 Abs. 6 Satz 3 AStG) an der ausländischen Gesellschaft ausgelöst werden kann, tritt eine Hinzurechnung von passiven Einkünften i. S. d. § 8 Abs. 1 AStG erst bei einer sog. „Inländerbeherrschung" ein. Da es hierfür maßgeblich ist, dass mehr als 50 % der Anteile von unbeschränkt Steuerpflichtigen gehalten werden, kann z. B. schon der Neuerwerb von 0,2 % der Anteile an einer ausländischen Objektgesellschaft zum Auslösen der Hinzurechnungsbesteuerung führen,

---

[63] Vgl. BMF-Schreiben vom 25. 10. 2004, BStBl. I 2004, S. 1034 Rz. 42+43.
[64] Kritisch hierzu *Jurowsky*, DB 2004, S. 2714; *Wellmann*, DStZ 2005, S. 81.

wenn andere inländische Personen bereits zusammengerechnet über 49,9 % der Anteile besitzen.

Im Hinblick auf das Risiko des Auslösens einer Hinzurechnungsbesteuerung ist zu beachten, dass auch passive Einkünfte einer Untergesellschaft gemäß § 14 AStG zu einer sog. übertragenden Hinzurechnung führen können.[65] Hinsichtlich der Problematik der Berücksichtigung von mittelbaren Beteiligungen an der Untergesellschaft wird auf das Beispiel in der **Abbildung 5** verwiesen.

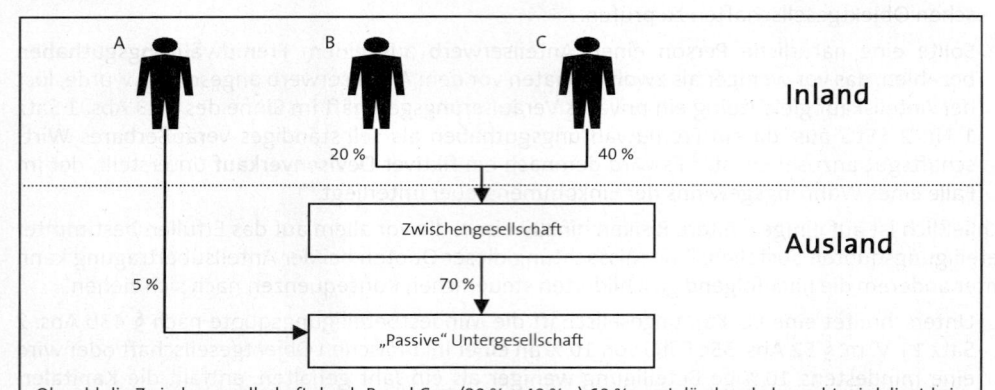

Obwohl die Zwischengesellschaft durch B und C zu (20 % + 40 % =) 60 % von Inländern beherrscht wird, liegt kein Fall des § 14 Abs. 1 AStG vor, da an der Untergesellschaft insgesamt nur eine 47 %ige Beteiligung von Inländern vorliegt (5% unmittelbar durch A sowie (60 % * 70 % =) 42 % mittelbar durch B und C. Eine Aufstockung der Beteiligung von C um 5 % würde zu einer Inländerbeherrschung der Untergesellschaft (5 % + 65 % * 70 % = 50,5 %) und damit bei Vorliegen der übrigen Voraussetzungen zu einer übertragenden Zurechnung führen.

Abbildung 5: Inländerbeherrschung bei Untergesellschaften im Sinne des § 14 Abs. 1 AStG[66]

2. Sekundäre ausländische Steuerrisiken

Auch in den nationalen Steuergesetzen der ausländischen Staaten verbergen sich viele Vorschriften, die aufgrund einer grenzüberschreitenden Anteilsübertragung zu zusätzlichen steuerlichen Belastungen führen können. Anhand beispielhafter Aufzählungen potentieller Steuerrisiken soll auf mögliche Gefahren hingewiesen werden.

Ähnlich wie im Inland kann das Missachten von Sperrfristen bei Anteilsübertragungen auch im Ausland das Risiko einer Nachversteuerung auslösen. So führt die Übertragung von Anteilen, die aus einer Verschmelzung, Spaltung oder Einbringung hervorgegangen sind, in Frankreich zur Verhängung einer Steuerstrafe oder zur **nachträglichen Ertragsbesteuerung** des ursprünglich steuerneutralen Umstrukturierungsvorgangs, wenn die Anteile innerhalb von drei Jahren nach der Umwandlung übertragen werden.[67]

Diverse Normen bergen das Risiko einer erhöhten zukünftigen Besteuerung. Hierzu ist bspw. zu zählen:

---

[65] Vgl. Herfort, in: *Grotherr/Herfort/Strunk* (Hrsg.), Internationales Steuerrecht, 3. Aufl., Achim 2010, S. 495.
[66] Modifiziert entnommen aus: *Mach*, a. a. O. (Fn. 4), S. 212.
[67] Vgl. *Tillmanns*, in: Widmann/Mayer, Umwandlungsrecht, Anhang 3 Rz. F 505 + 605 (November 2009).

- Durch eine Anteilsübertragung kann eine **Sperrfristverhaftung** für zukünftige Übertragungen ausgelöst werden. In Spanien bleibt die unentgeltliche Übertragung von Anteilen an einem Familienunternehmen nur dann erbschaftsteuerlich begünstigt, wenn die Anteile innerhalb von 10 Jahren nach dem unentgeltlichen Erwerb nicht veräußert werden.[68]
- Auch **Beteiligungsquoten** sind für zukünftige Übertragungen relevant. Die Missachtung einer Mindestbeteiligungsquote von 20 % führt z. B. in der Schweiz dazu, dass diese Anteile innerhalb von Konzernen nicht steuerneutral übertragen werden können.[69] In Österreich kann das Optionsmodell für die Veräußerung internationaler Schachtelbeteiligungen erst ab einer Mindestbeteiligungsquote von 10 % gewählt werden.[70]
- Verschiedenartige **beschränkte Steuerpflichten** können ausgelöst werden, wenn die Objektgesellschaft ausländische Immobilien besitzt, die mehr als 50 % des Gesamtvermögens der Gesellschaft ausmachen. Die fehlende Beachtung eines derartigen wesentlichen Immobilienbesitzes führt in Finnland zur beschränkten Erbschaftsteuerpflicht für unentgeltlich übertragene Anteile an der Objektgesellschaft,[71] während in Frankreich durch den Erwerb derartiger Anteile eine beschränkte Vermögensteuerpflicht ausgelöst wird.[72] In vielen Staaten wird bei Anteilen an solchen Objektgesellschaften eine beschränkte Ertragsteuerpflicht für künftige Veräußerungen begründet.
- Das Unterschreiten einer Mindestbeteiligungsquote kann zum Wegfall der Anrechnungsberechtigung für Quellensteuern, die im Ansässigkeitsstaat der Objektgesellschaft erhoben werden, führen. Eine derartige Quote liegt in den Niederlanden bei 25 %.[73] Eine indirekte Steueranrechnung entfällt in Großbritannien und Kanada beim Unterschreiten der Quote von 10 %.[74]
- Nicht in allen Staaten gilt für die Veranlagung im Rahmen der beschränkten Steuerpflicht das in Deutschland gewohnte Jahressteuerprinzip. In der Türkei werden bspw. bereits **innerhalb von 15 Tagen** nach einer maßgeblichen Anteilsübertragung sowohl die Steuererklärung als auch die Steuerzahlung erwartet.[75] Bei einem Verstoß gegen diese Bestimmungen ist mit steuerlichen Strafen zu rechnen.
- Die Übertragung einer bestimmten Anteilsquote kann zum **Wegfall eines Verlustvortrags** der Objektgesellschaft führen. Die hierfür jeweils maßgebliche Anteilsquote liegt häufig bei 50 %, kann jedoch auch höher oder niedriger sein.[76]

---

[68] Vgl. *Courage*, in: Mennel/Förster, a. a. O. (Fn. 22), Spanien Rz. 428 (April 2007).
[69] Vgl. *Ronge/Perroulaz*, IStR 2007, S. 427.
[70] Vgl. *Treisch*, IWB, Fach 3, Deutschland Gruppe 2, S. 1427 (Mai 2009).
[71] Vgl. *IBFD*, a. a. O. (Fn. 23), Fach C, Finnland Rz. 44 (Oktober 2007).
[72] Vgl. *IBFD*, a. a. O. (Fn. 23), Fach C, Frankreich Rz. 111 (Januar 2008); *Tillmanns*, in: Mennel/Förster, a. a. O. (Fn. 22), Frankreich Rz. 374 (Oktober 2009).
[73] Vgl. *IBFD*, a. a. O. (Fn. 23), Fach C, Niederlande Rz. 130 (Februar 2007).
[74] Vgl. *Alberts*, in: Mennel/Förster, a. a. O. (Fn. 22), Großbritannien Rz. 191 (Februar 2008); *Müssener*, in: Mennel/Förster, a. a. O. (Fn. 22), Kanada Rz. 303 (November 2007).
[75] Vgl. *IBFD*, a. a. O. (Fn. 23), Fach C, Türkei Rz. 55 (März 2008).
[76] Eine Übersicht diverser ausländischer Verlustvortragsbeschränkungen ist bei Mach, a. a. O. (Fn. 4), S. 242 zu finden.

Darüber hinaus existieren ausländische Steuernormen, deren Missachtung zu steuerlichen Mehrbelastungen führen kann, die sowohl Vergangenheits- als auch Zukunftswirkung entfalten können. Auch hier sollen denkbare Konstellationen beispielhaft dargestellt werden:

- Bei der Übertragung von Anteilen an einer in der EU ansässigen Objektgesellschaft sollte auf die Einhaltung der 10 %igen Mindestbeteiligungsquote und der ggf. geforderten Mindestbeteiligungsdauer von bis zu zwei Jahren geachtet werden, da es ansonsten zu einer **Quellensteuer** auf die von der Objektgesellschaft ausgeschütteten Dividenden kommt.[77]
- Spezielle Mindestbeteiligungsquoten und Mindesthaltedauern müssen auch für die Sicherstellung der Steuerfreiheit von rein nationalen Dividenden im Ausland beachtet werden.[78] Darüber hinaus kann die Steuerfreiheit auch von der **Börsennotierung**[79] oder dem aktuellen **Wert der Beteiligung**[80] abhängen.
- Beim Überschreiten einer bestimmten Beteiligungsquote kann eine ausländische Hinzurechnungsbesteuerung ausgelöst werden, wenn die Objektgesellschaft in einem Niedrigsteuerland ansässig ist. Zu beachten ist, dass hierfür die Beteiligungsquote eines einzelnen und/oder die Beteiligungsquote aller im selben Staat ansässigen Anteilseigner relevant sein können.[81]
- Auch **ausländische Reinvestitionsbegünstigungen** können an Beteiligungsvoraussetzungen geknüpft sein. Während in Irland bei konzerninternen Übertragungen ein mindestens 75 %iges Beteiligungsverhältnis bestehen muss,[82] gibt es in Spanien nur Vergünstigungen, wenn eine mindestens 5 %ige Beteiligung veräußert wird.[83]
- Beteiligungsveränderungen können außerdem zu einer Gefahr für Optionen zur transparenten Besteuerung von Kapitalgesellschaften werden. In Italien ist diese Option nur möglich, wenn jeder der Gesellschafter **gleichzeitig zu mindestens 10 % und höchstens 50 %** beteiligt ist.[84] Dieser Beteiligungskorridor muss während der gesamten dreijährigen Anwendungsdauer dieser besonderen Besteuerungsform eingehalten werden.[85]
- Schließlich kann das Missachten einer Mindestbeteiligungsquote oder einer Mindestbeteiligungsdauer zum Wegfall einer ausländischen **Gruppenbesteuerung** führen. Eine staatenbezogene Prüfung ist unerlässlich, da die jeweiligen nationalen Bestimmungen stark voneinander abweichen. In den meisten EU-Staaten liegt die erforderliche Beteiligungsquote deutlich über 50 %,[86] so dass bereits geringe Anteilsveräußerungen die Gruppenbesteuerung gefährden könnten.

---

[77] Bezüglich einzelstaatlicher Abweichungen von der Mutter-Tochter-Richtlinie wird auf die Übersicht bei *Mach*, a. a. O. (Fn. 4), S. 247 verwiesen.
[78] Siehe die Übersicht bei *Mach*, a. a. O. (Fn. 4), S. 249.
[79] Dies gilt z. B. in Finnland, Italien und Schweden, vgl. *IBFD*, a. a. O. (Fn. 23), Fach C, Finnland Rz. 87 (Oktober 2007), Schweden Rz. 125 (August 2007); *Lobis*, in: Mennel/Förster, a. a. O. (Fn. 22), Italien Rz. 67 (Februar 2009).
[80] Das ist in Portugal zu beachten, vgl. *IBFD*, a. a. O. (Fn. 23), Fach C, Portugal Rz. 133 (April 2007).
[81] Siehe die Übersicht bei *Mach*, a. a. O. (Fn. 4), S. 254.
[82] Vgl. *IBFD*, a. a. O. (Fn. 23), Fach C, Irland Rz. 112 (August 2003).
[83] Vgl. *Courage*, in: Mennel/Förster, a. a. O. (Fn. 22), Spanien Rz. 328 (November 2008).
[84] Vgl. *Mayr/Frei*, IWB Fach 5, Italien Gruppe 2, S. 547 (Oktober 2004).
[85] Vgl. *Lobis*, in: Mennel/Förster, a. a. O. (Fn. 22), Italien Rz. 160 (Februar 2009).
[86] Siehe die Übersicht zu den EU-Staaten bei Mach, a. a. O. (Fn. 4), S. 265.

3. Sekundäre internationale Steuerrisiken

Im Hinblick auf potenzielle steuerliche Gefährdungen, die indirekt durch grenzüberschreitende Anteilsübertragungen ausgelöst werden können und auf Regelungen des internationalen Steuerrechts basieren, kann prinzipiell auf die Ausführungen zu den primären internationalen Steuerrisiken verwiesen werden. Denn immer dann, wenn sich ein Anteilserwerber in die Situation begibt, dass die zukünftige Weiterübertragung seiner Anteile das Besteuerungsrecht mehrerer Staaten tangiert, droht eine **latente Doppel- oder gar Mehrfachbesteuerung** eines künftigen Anteilsübertragungsgewinns. Das Gleiche gilt für einen Anteilsübertragenden, der sich bereits in einer solchen Situation befindet und aufgrund einer nur teilweisen Veräußerung seiner Beteiligung das potenzielle Doppel- oder Mehrfachbesteuerungsrisiko für die Restbeteiligung behält.

Darüber hinaus können weitere sekundäre Steuerrisiken aus der Missachtung der in DBA festgelegten Mindestbeteiligungsquoten für die **Quellensteuerreduzierung** grenzüberschreitend gezahlter Dividenden abgeleitet werden. Auf der Grundlage des Art. 10 Abs. 2 Satz 1 Buchst. a OECD-MA sehen viele DBA vor, dass die im Ansässigkeitsstaat einer Kapitalgesellschaft erhobene Quellensteuer auf Dividenden, die an eine nichtansässige Kapitalgesellschaft gezahlt werden, auf maximal 5 % begrenzt wird, wenn eine mindestens 25 %ige Beteiligung besteht. Insofern kann das Unterschreiten dieser Quote zu einem zukünftigen Quellensteuerrisiko führen, wenn ein dementsprechendes DBA existiert.

D. Analyse, Bewältigung und Steuerung der Steuerrisiken

I. Analyse der Steuerrisiken

Nachdem ein potentieller Veräußerer oder Erwerber alle relevanten Steuerrisiken identifiziert hat, empfiehlt sich eine Analyse der Wirkungen, die von den jeweiligen Risiken ausgehen. Mithilfe einer solchen Analyse können die Risiken bewertet werden, um hieraus die bestmöglichen Maßnahmen zur Bewältigung der Risiken ableiten zu können. Für die Analyse können verschiedene **Systematisierungskriterien** angewandt werden.

Von zentraler Bedeutung ist zunächst die Beantwortung der Frage, welche Person das jeweilige Risiko tragen muss und infolgedessen von den potentiellen negativen Steuerfolgen tatsächlich betroffen ist. Zu beachten ist hierbei, dass nicht nur der Übertragende und der Erwerber als direkt handelnde Akteure des Übertragungsvorgangs von den Steuerfolgen betroffen sein können. Als potentielle **Risikoträger** kommen ebenso die Objektgesellschaft[87] sowie dritte Personen[88] in Betracht.

Ein weiterer möglicher Systematisierungsansatz stellt die **zeitliche Wirkung** der Risiken dar. Während die meisten Risiken sich auf die gegenwärtige oder zukünftige Besteuerung des Veräußerers oder Erwerbers auswirken, löst das Missachten einer Sperrfrist häufig eine vergangenheitsbezogene Nachversteuerung aus. Da hierdurch auch Zinsen entstehen können, wird der Vermeidung vergangenheitsbezogener Steuerfolgen möglicherweise ein höheres Gewicht beigemessen.

Darüber hinaus kann die Bewertung eines Risikos maßgeblich davon abhängen, ob die mit dem Risiko verbundenen nachteiligen Steuerfolgen zwangsläufig durch die Anteilsübertragung eintreten, ob das Auslösen der Steuerfolgen von weiteren nach der Übertragung eintretenden

---

[87] Z. B. beim Wegfall eines Verlustvortrags der Objektgesellschaft.
[88] Insbesondere Nachversteuerungsrisiken müssen häufig von Personen getragen werden, die nicht an der gegenwärtigen Übertragung beteiligt sind.

Voraussetzungen abhängt oder ob die Steuerfolgen durch geeignete Maßnahmen nach der Übertragung sogar gänzlich abgewendet werden können. Insofern ist auf die **Korrigierbarkeit** der Risiken abzustellen.

Für Zwecke einer langfristigen Steuerplanung ist es hilfreich zu wissen, ob die Risiken lediglich eine einmalige und somit punktuelle Steuerbelastung bewirken oder ob es zu dauerhaften bzw. sich wiederholenden Steuerfolgen kommt. Daher bietet es sich an, nach der **Dauerhaftigkeit der Wirkungen** der Steuerrisiken zu differenzieren.

Schließlich können die Risiken auch nach Quantitätsgesichtspunkten geordnet werden, indem eine Rangfolge nach der **Höhe der ausgelösten Zusatzbesteuerung** aufgestellt wird. Hierfür ist allerdings eine detaillierte Beurteilung des steuerlichen Umfelds jedes Einzelfalls notwendig.

Wenn alle potenziellen primären und sekundären Risiken anhand dieser Kriterien systematisiert werden, besitzt der Übertragende bzw. Erwerber der Anteile eine ausreichende Informationsbasis, um die drohenden Risiken analysieren und einschätzen zu können.[89] Aus diesen Erkenntnissen wiederum lassen sich die optimalen Schritte zur Bewältigung und Steuerung der Steuerrisiken ableiten.

II. Bewältigungsmaßnahmen vor der Anteilsübertragung

In der dritten Phase des Risikomanagementprozesses stehen dem Risikoträger für die Bewältigung der identifizierten Risiken die Methoden der Risikovermeidung und der Risikoverminderung zur Verfügung. Das Ziel einer **Risikovermeidung** kann wiederum auf zwei verschiedenen Wegen erreicht werden. Zum einen ist ein vollständiger Verzicht auf die geplante Anteilsübertragung möglich, was jedoch eine sehr harte Maßnahme darstellt. In der Praxis kann es daher aus außersteuerlichen Gründen dennoch zur Durchführung der Übertragung kommen, wobei die steuerlichen Risiken in Kauf genommen werden. Zum anderen kann versucht werden, den geplanten Übertragungsvorgang so zu modifizieren, dass das betreffende Risiko nicht mehr ausgelöst wird. Bei der Methode der **Risikoverminderung** wird das Auslösen des Risikos aufgrund der Durchführung der geplanten Übertragung in Kauf genommen. Das Eintreten der negativen Steuerfolgen kann jedoch im Rahmen der sich anschließenden Risikosteuerung kontrolliert werden.

Insofern muss sich der Risikoträger zwischen den drei Maßnahmen der Durchführung, der modifizierten Durchführung und dem Verzicht auf die Durchführung der Übertragung entscheiden. Das **wichtigste Entscheidungskriterium** stellt hierbei die **Korrigierbarkeit** eines Risikos dar. Wenn die negativen steuerlichen Folgen zwangsläufig durch das Auslösen des Risikos eintreten, muss sich der Risikoträger für eine der beiden Maßnahmen zur Risikovermeidung entscheiden. Das Gleiche gilt für die Fälle, in denen lediglich ein abwendbares Risiko vorliegt, so dass der Risikoträger auf das Entstehen der negativen Steuerfolgen keinen direkten Einfluss nehmen kann. Zu einem vollständigen **Verzicht** auf die geplante Anteilsübertragung kommt es nur dann, wenn das jeweils drohende Risiko nicht durch eine Veränderung der Rahmenbedingungen des Übertragungsvorgangs abgewendet werden kann. Sind die Risikofaktoren jedoch so beeinflussbar, dass das Auslösen des Risikos verhindert werden kann, wird sich der Risikoträger für eine **modifizierte Durchführung** der Übertragung entscheiden. Die **unveränderte Durchführung** der geplanten Anteilsübertragung als Methode zur Risikoverminderung kann hingegen nur in den Fällen eines beherrschbaren Risikos gewählt werden, da der Risikoträger in diesen Konstellatio-

---

[89] Für eine ausführliche Darstellung der Anwendung dieser Systematisierungskriterien auf die Risiken bei Anteilsübertragungen wird auf *Mach*, a. a. O. (Fn. 4), S. 285-299 verwiesen.

nen Einflussmöglichkeiten besitzt, um die Wahrscheinlichkeit oder die Höhe einer steuerlichen Mehrbelastung gering zu halten. Dieser Entscheidungsprozess über die anzuwendende Bewältigungsmethode ist grafisch in der **Abbildung 6** dargestellt.

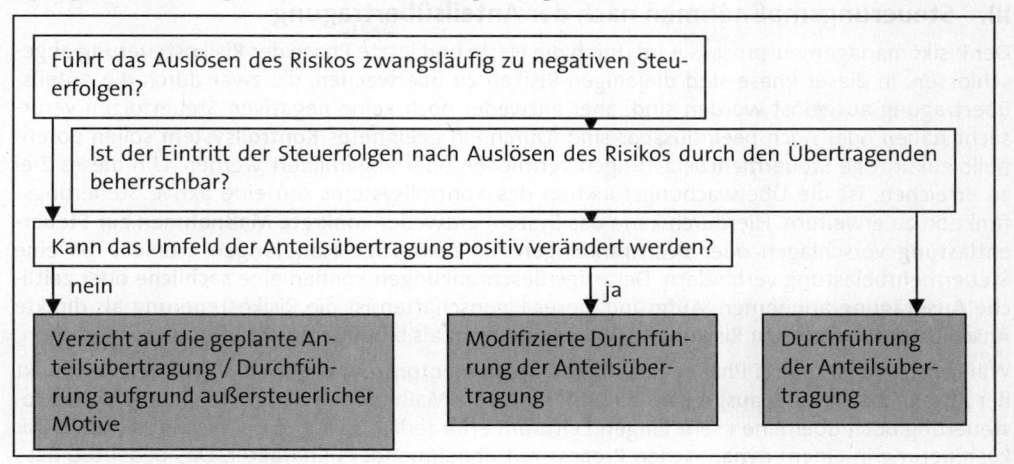

```
Führt das Auslösen des Risikos zwangsläufig zu negativen Steuerfolgen?
    │
    ▼
Ist der Eintritt der Steuerfolgen nach Auslösen des Risikos durch den Übertragenden beherrschbar?
    │
    ▼
Kann das Umfeld der Anteilsübertragung positiv verändert werden?
    nein │                                    │ ja
         ▼                   ▼                ▼
   Verzicht auf die    Modifizierte      Durchführung
   geplante An-        Durchführung      der Anteilsüber-
   teilsübertragung /  der Anteilsüber-  tragung
   Durchführung        tragung
   aufgrund außer-
   steuerlicher Motive
```

Abbildung 6: Prüfungsschema zur Wahl der Bewältigungsmethode[90]

Bezüglich der zuvor identifizierten Steuerrisiken für grenzüberschreitende Anteilsübertragungen kann zur Bewältigung des Risikos einer möglichen internationalen Doppel- oder Mehrfachbesteuerung in der Regel nur der Verzicht auf die geplante Anteilsübertragung gewählt werden, da das Risiko nicht durch Maßnahmen im Vorfeld der Übertragung reduziert werden kann. Im Fall eines Immobilienbesitzes außerhalb des Ansässigkeitsstaats der Objektgesellschaft könnte allenfalls über einen vorgezogenen Verkauf der Immobilien nachgedacht werden, um die Zahl der Staaten mit potenziellem Besteuerungsrecht auf den Anteilsübertragungsgewinn zu reduzieren.

Als Maßnahmen für **modifizierte Anteilsübertragungen** kommen Veränderungen in der geplanten Anteilshöhe in Betracht, um bestimmte Schachtelbeteiligungsvergünstigungen zu sichern. Außerdem kann der geplante Zeitpunkt der Anteilsübertragung hinausgezögert werden, um Mindestbeteiligungsdauern zu erfüllen bzw. um außerhalb einer Sperrfrist zu übertragen. In diesem Zusammenhang ist bei Termingeschäften darauf zu achten, dass es nicht bereits im Vereinbarungszeitpunkt zu einem Übergang des wirtschaftlichen Eigentums im Sinne des § 39 Abs. 2 Nr. 1 AO kommt. Während der Übergang des wirtschaftlichen Eigentums in den Fällen einer **einseitigen Verkaufsoption des Übertragenden** regelmäßig noch vermieden werden kann,[91] gilt dies für Konstellationen mit einer beiderseitigen Option für den Erwerber und den Übertragenden nicht mehr.[92]

Eine Durchführung der Anteilsübertragung ist bspw. möglich, wenn durch die Übertragung zwar eine Mindestbeteiligungsquote für Steuervergünstigungen bei Dividendenzahlungen

---

[90] Modifiziert entnommen aus: *Mach*, a. a. O. (Fn. 4), S. 331.
[91] Vgl. *Haun/Winkler*, DStR 2001, S. 1197; *Rödder/Hötzel/Müller-Thuns*, Unternehmenskauf, Unternehmensverkauf – Zivil- und steuerrechtliche Gestaltungspraxis, München 2003, § 26 Rz. 4.
[92] Vgl. BFH-Urteil vom 11. 7. 2006, BStBl. II 2006, S. 298.

unterschritten wird, bis zur nächsten Dividendenzahlung jedoch wieder mit einer entsprechenden Aufstockung der Beteiligungsquote gerechnet werden kann.

III. Steuerungsmaßnahmen nach der Anteilsübertragung

Der Risikomanagementprozess wird durch die vierte und letzte Phase der Risikosteuerung abgeschlossen. In dieser Phase sind diejenigen Risiken zu überwachen, die zwar durch die Anteilsübertragung ausgelöst worden sind, aber entweder noch keine negativen Steuerfolgen verursacht haben oder noch beeinflussbar sind. Durch ein geeignetes **Kontrollsystem** sollen potentielle zukünftige Steuermehrbelastungen vermieden oder abgemildert werden. Um dieses Ziel zu erreichen, ist die Überwachungsfunktion des Kontrollsystems um eine aktive Steuerungsfunktion zu erweitern. Hierdurch kann das System entweder **konkrete Maßnahmen zur Steuerentlastung** vorschlagen oder Beschränkungen für zukünftige Handlungen erteilen, die eine Steuermehrbelastung verhindern. Derartige Beschränkungen können eine **sachliche oder zeitliche Ausprägung** annehmen. Aufgrund dieser Eigenschaften ist die Risikosteuerung als direkte Anschlussmaßnahme zur Risikobewältigung und nicht als bloße Ergebniskontrolle zu verstehen.

Während die ersten drei Phasen des Risikomanagementprozesses punktuell auf den Zeitpunkt der Anteilsübertragung ausgerichtet sind, können die Maßnahmen der vierten Phase zur Risikosteuerung noch über einen sehr langen Zeitraum erforderlich sein. Hierbei bewegt sich die Risikosteuerung in einem **dynamischen Prozess mit abnehmendem Charakter**. Das bedeutet, dass zunächst sämtliche noch beeinflussbaren Risiken, die durch eine Anteilsübertragung ausgelöst werden, in das Steuerungssystem aufzunehmen sind. Im Laufe der Zeit reduzieren sich die zu überwachenden und zu steuernden Risiken jedoch automatisch, da sie entweder entschärft werden oder zu negativen Steuerfolgen führen, die nicht oder nicht rechtzeitig durch geeignete Maßnahmen abgewendet werden können. Bis das letzte Risiko aus dem Steuerungssystem ausscheidet, können jedoch viele Jahre vergehen. Insofern muss sich der Anwender dieses Risikomanagementsystems auf einen **langfristigen Einsatz** einstellen.

Folgende Beispiele für geeignete **Steuerungsmaßnahmen** können angeführt werden:[93]

- Überwachung einer durch die Anteilsübertragung ausgelösten Sperrfrist,
- Hinausschieben einer Dividendenzahlung, bis die Schachtelbeteiligungsquote wieder erreicht ist,
- Herabsenkung der Beteiligungsquote aller Inländer auf unter 50 % bis zum Jahresende zur Vermeidung einer Hinzurechnungsbesteuerung im Sinne des § 7 AStG,
- Steuerung der inländischen Einkünftesituation für das laufende Jahr, falls ein Anrechnungsüberhang nach § 34c Abs. 1 EStG durch die Auslandsbesteuerung der Übertragung drohen sollte,
- Wiederherstellung bestimmter Mindestbeteiligungsquoten, um wiederkehrende steuerliche Nachteile ggf. auf einen sehr kurzen Zeitraum zu begrenzen.

E. Zusammenfassung

Grenzüberschreitende Übertragungen von Anteilen an Kapitalgesellschaften beinhalten vielfältige Steuerrisiken im Inland und Ausland. Zu unterscheiden ist zwischen primären Risiken, bei denen die Steuermehrbelastung unmittelbar durch die Besteuerung des Übertragungsvorgangs ausgelöst wird, und sekundären Risiken, die lediglich mittelbar eine Steuermehrbelastung auf-

---

[93] Weitere Maßnahmen sind bei *Mach*, a. a. O. (Fn. 4), S. 360 und S. 375f. zu finden.

grund der Begleitumstände des Übertragungsvorgangs bewirken können. Problematisch ist, dass vor allem die sekundären Risiken häufig nicht auf den ersten Blick erkennbar sind. Zur Bewältigung der für grenzüberschreitende Anteilsübertragungen relevanten Steuerrisiken wird ein vierstufiger Risikomanagementprozess empfohlen.

In der ersten Phase müssen alle potenziellen Risiken identifiziert werden. Hierbei ist eine **Durchleuchtung sämtlicher steuerlicher Vorschriften** des Inlands sowie der beteiligten ausländischen Staaten und der einschlägigen DBA unerlässlich. Die Zusammenstellung möglicher Risiken zeigt, dass die meisten steuerlichen Mehrbelastungen durch das Unter- oder Überschreiten von **Mindestbeteiligungsquoten** sowie das Missachten von Mindestbeteiligungsdauern oder **Sperrfristen** ausgelöst werden.

Die zuvor identifizierten Risiken sind in der zweiten Phase für Analysezwecke zu systematisieren. Hierbei ist die Systematisierung nach Risikoträgern, nach der zeitlichen Wirkung, nach der Korrigierbarkeit, nach der Dauerhaftigkeit der Risikowirkungen und nach der Quantität der ausgelösten Steuerfolgen empfehlenswert.

In der dritten und vierten Phase des Prozesses wird den Risiken durch Bewältigungs- und Steuerungsmaßnahmen begegnet. Hierbei wird zwischen dem Verzicht auf die Übertragung, der modifizierten Durchführung sowie der unveränderten Durchführung mit anschließender Überwachung der steuerlichen Konsequenzen unterschieden. Durch geeignete Maßnahmen im Vorfeld der Übertragung und passende Steuerungsmaßnahmen nach der Übertragung können die negativen steuerlichen Folgen einer grenzüberschreitenden Anteilsübertragung wirksam reduziert werden.

5. Auslandsverschmelzungen unter Beteiligung steuerverstrickten inländischen Vermögens und Anteilen

von Dr. Stephen A. Hecht, LL.M, Rechtsanwalt, Steuerberater[*]

Inhaltsübersicht

A. Einleitung
B. Anwendbarkeit des deutschen Umwandlungssteuergesetzes
  I. Bedeutung der Anwendbarkeit des deutschen Umwandlungssteuerrechts
  II. Maßgeblichkeit ausländischen Zivilrechts
C. Auslandsverschmelzung Kapital- auf Personengesellschaft nach §§ 3 ff. UmwStG
  I. Systematischer Überblick
  II. Auswirkungen auf Ebene der übertragenden Gesellschaft
  III. Auswirkungen auf Ebene der übernehmenden Gesellschaft und deren Gesellschafter
D. Auslandsverschmelzung Kapital- auf Kapitalgesellschaft nach §§ 11 ff. UmwStG
  I. Systematischer Überblick
  II. Auswirkungen auf Ebene der übertragenden Gesellschaft
  III. Auswirkungen auf Ebene der übernehmenden Gesellschaft
  IV. Auswirkungen auf Ebene der Gesellschafter der übertragenden Gesellschaft
E. Auswirkungen einer Auslandsverschmelzung bei Nichtanwendbarkeit des deutschen UmwStG
  I. Auswirkungen auf Ebene der übertragenden Gesellschaft
  II. Auswirkungen auf Ebene der Gesellschafter der übertragenden Gesellschaft

Literatur:

Behrendt, L., Arjes, A., Das Verhältnis der Ausschüttungsfiktion (§ 7 UmwStG) zur Einlagefiktion (§ 5 UmwStG), DB 2007, S. 824 ff.; ***Benecke, A., Schnitger, A.***, Neuregelung des UmwStG und der Entstrickungsnormen durch das SEStEG, IStR 2006, S. 765 ff.; ***Blümich, W.***, Einkommensteuergesetz Körperschaftsteuergesetz Gewerbesteuergesetz Nebengesetze – Kommentar, (Losebl.) 101. Erg.-L., München 2008; ***Carlé, D., Korn, K., Stahl, R., Strahl, M.***, Umwandlungen, Köln 2007.; ***Dötsch, E., Jost, W., Pung, A., Witt, G.***, Die Körperschaftsteuer – Kommentar zum Körperschaftsteuergesetz, Umwandlungssteuergesetz und zu den einkommensteuerrechtlichen Vorschriften der Anteilseignerbesteuerung, (Losebl.) 65. Erg.-L., Stuttgart 2009; ***Dötsch, E., Patt, J., Pung, A., Möhlenbrock, R.***, Umwandlungssteuerrecht – Umstrukturierung von Unternehmen – Verschmelzung – Spaltung - Formwechsel - Einbringung, 6. Aufl., Stuttgart 2007; ***Förster, G., Felchner, J.***, Umwandlungssteuerrecht – Weite vs. enge Einlagefiktion bei der Umwandlung von Kapitalgesellschaften in Personenunternehmen, DB 2008, S. 2445; ***Frotscher, G., Maas, E.***, Körperschaftsteuergesetz Umwandlungssteuergesetz, (Losebl.) 97. Erg.-L., Stuttgart 2009; ***Gosch, D.***, Körperschaftsteuergesetz – Kommentar, 2. Aufl., München 2009; ***Hagemann, J., Jakob, B., Ropohl, F., Viebrock, B.***, SEStEG – Das neue Konzept der Verstrickung und Entstrickung sowie die Neufassung des Umwandlungssteuergesetzes, NWB Sonderheft Nr. 1 2007; ***Hahn, H.***, Allgemeiner Teil des Umwandlungssteuergesetzes, in: PricewaterhouseCoopers (Hrsg.), Reform des Umwandlungssteuerrechts – Auswirkungen des SEStEG auf Reorganisation und internationale Entstrickung, 1. Aufl., Stuttgart 2007, S. 107 ff.; ***Haritz, D., Homeister, J.***, Besteuerung deutscher Anteilseigner bei Umstrukturierungen von Kapitalgesellschaften im Ausland und Europarecht – zugleich ein Beitrag zu § 13 UmwStG, FR 2001, S. 941 ff.; ***Hertzig, N., Förster, G.***, Grenzüberschreitende Verschmelzung von Kapitalgesellschaften, DB 1994, S. 1 ff.; ***Hertzig, N., Förster, G.***, Problembereiche bei der Auf- und Abspaltung von Kapitalgesellschaften nach neuem Umwandlungssteuerrecht, DB 1995, S. 338 ff.; ***Jacobs, O. H.***, Internationale Unternehmensbesteuerung – Deutsche Investitionen im Ausland - Ausländische Investitionen im Inland, 6. Aufl., München 2007; ***Kallmeyer, H.***, Umwandlungsgesetz – Kommentar, 3. Aufl., Köln 2006; ***Kessler, W., Kröner, M., Köhler, S.***, Konzernsteuerrecht – Organisation – Recht – Steuern, 2. Aufl., München 2008; ***Krohn, D., Greulich, M.***, Ausgewählte Einzelprobleme des neuen Umwandlungssteuerrechts aus der Praxis, DStR 2008, S. 646 ff.; ***Lemaitre, C., Schönherr, F.***, Die Umwandlung von Kapitalgesellschaften in Personengesellschaften durch Verschmelzung und Formwechsel nach der Neufassung des UmwStG durch das SEStEG, GmbHR 2007, S. 173 ff.; ***Mössner, M.***, Steuerrecht international tätiger Unternehmen, 3. Aufl., Köln 2005; ***PricewaterhouseCoopers (Hrsg.)***, Reform des Umwand-

---

[*] Dr. Stephen Hecht ist Partner bei PricewaterhouseCoopers in Hamburg.

lungssteuerrechts – Auswirkungen des SEStEG auf Reorganisationen und internationale Entsrtrickungen, Stuttgart 2007; **Rödder, T., Herlinghaus, A., van Lishaut, I.,** Umwandlungssteuergesetz – Kommentar, Köln 2008; **Rödder, T., Schumacher, A.,** Das kommende SEStEG – Teil II: Das geplante neue Umwandlungssteuergesetz – Der Regierungsentwurf eines Gesetzes über steuerliche Begleitmaßnahmen zur Einführung der Europäischen Gesellschaft und zur Änderung weiterer steuerrechtlicher Vorschriften, DStR 2006, S. 1525 ff.; **Schaflitzl, A., Widmayer, G.,** Die Besteuerung von Umwandlungen nach dem Regierungsentwurf des SEStEG, BB 2006, Special 8 S. 36 ff.; **Schmitt, J., Hörtnagl, R., Stratz, R.-C.,** Umwandlungsgesetz, Umwandlungssteuergesetz – Kommentar, 5. Auflage, München 2009; **Schmidt, L.,** Einkommensteuergesetz – Kommentar, 28. Aufl., München 2009; **Schnitger, A., Rometzki, S.,** Ausländische Umwandlungen und ihre Folgen bei inländischen Anteilseignern – Problemfelder vor und nach dem Entwurf des SEStEG, FR 2006, S. 845 ff.; **Stimpel, T.,** Umwandlung einer Kapital- in eine Personengesellschaft – Fallbeispiel zu den wichtigsten Problemfeldern nach dem SEStEG, GmbH-StB 2008, S. 74 ff.; **Trossen, N.,** Aufgabe der Maßgeblichkeit bei Umwandlungsvorgängen, FR 2006, S. 617 ff.; **Viebrock, B., Hagemann, J.,** [...] FR 2009; **Vogel, K., Lehner, M.,** Doppelbesteuerungsabkommen der Bundesrepublik Deutschland auf dem Gebiet der Steuern vom Einkommen und Vermögen – Kommentar auf der Grundlage der Musterabkommen, 5. Aufl., München 2008; **Wassermeyer, F.,** Umwandlungsvorgänge in den Doppelbesteuerungsabkommen, in: Schaumburg, H., Piltz, D.J. (Hrsg.), Internationales Umwandlungssteuerrecht – Aktuelle Schwerpunkte: Grundlagen – Deutsches und ausländisches Umwandlungs- und Umwandlungssteuerrecht – Inländische, grenzüberschreitende und ausländische Umwandlung, Köln 1997; **Wassermeyer, F.,** Besteuerung ausländischer Umwandlungen im Inland, in: Wassermeyer, F., Mayer, D., Rieger, N. (Hrsg.), Umwandlung im Zivil- und Steuerrecht – Festschrift für Siegfried Widmann zum 65. Geburtstag am 22. Mai 2000, Bonn, Berlin 2000, S. 621 ff.; **Widmann, S., Mayer, D.,** Umwandlungsrecht – Kommentar zur Umwandlung von Unternehmen nach neuestem Handels- und Steuerrecht unter Einbeziehung auch des ausländischen Rechts, (Losebl.) 105. Erg.-L., Bonn 2009.

A. Einleitung

Im Folgenden werden die inländischen ertragsteuerlichen Auswirkungen einer Auslandsverschmelzung von Kapital- auf Personengesellschaften nach §§ 3-7; 18 UmwStG, von Kapitalgesellschaften untereinander nach §§ 11-13 UmwStG sowie Auslandsverschmelzungen außerhalb des deutschen UmwStG behandelt.[1] Steuerliche Auswirkungen können sich sowohl hinsichtlich des im Inland steuerverstrickten Vermögens der übertragenden Kapitalgesellschaft als auch für deren Gesellschafter, soweit deren Anteile im Inland steuerlich verstrickt sind, ergeben (ausländische Verschmelzung mit Inlandsbezug).[2] Die Verschmelzung von Personen- auf Kapitalgesellschaften, die aus steuerlicher Sicht eine Einbringung i. S. d. §§ 20, 21 UmwStG darstellt, wird nicht behandelt.

B. Anwendbarkeit des deutschen Umwandlungssteuergesetzes

I. Bedeutung der Anwendbarkeit des deutschen Umwandlungssteuerrechts

Die Anwendbarkeit des deutschen Umwandlungssteuerrechts hat für eine Auslandsverschmelzung sowohl im Fall der Verschmelzung einer Kapital- auf eine Personengesellschaft nach §§ 3 ff. UmwStG als auch bei der Verschmelzung von Kapitalgesellschaften untereinander nach §§ 11 ff. UmwStG Bedeutung für

▶ die übertragende Kapitalgesellschaft bei Vorhandensein im Inland steuerverstrickten Vermögens sowie

▶ die übernehmende Personen- oder Kapitalgesellschaft und

---

[1] Verschmelzungen auf natürliche Personen sowie der Übergang von Betriebsvermögen auf Gesellschaften ohne Betriebsvermögen werden nicht betrachtet.

[2] *Herzig/Förster*, DB 1994, 1.

▶ die Gesellschafter der übertragenden Kapitalgesellschaft, soweit deren Anteile im Inland steuerlich verstrickt sind.

Ohne die begünstigenden Regelungen der §§ 3 ff. bzw. §§ 11 ff. UmwStG würde die Auslandsverschmelzung auf Ebene der übertragenden Kapitalgesellschaft hinsichtlich des im Inland steuerverstrickten Vermögens unter Anwendung der allgemeinen Besteuerungsgrundsätze grundsätzlich zur Aufdeckung und Besteuerung der stillen Reserven im Inland führen.[3] Das selbe gilt regelmäßig für die im Inland steuerverstrickten Anteile der übertragenden Kapitalgesellschaft auf Ebene der Gesellschafter.[4] Unter Anwendung des UmwStG kann ggf. die sich im Ausland vollziehende Verschmelzung sowohl auf Ebene der übertragenden Kapitalgesellschaft als auch auf Ebene deren Gesellschafter im Inland steuerneutral erfolgen.

II. Maßgeblichkeit ausländischen Zivilrechts

Das UmwStG knüpft im Grundsatz an den numerus clausus der nach deutschem Zivilrecht zulässigen Umwandlungsvorgänge i.S.d. UmwG an. Auslandsverschmelzungen können jedoch regelmäßig nicht nach § 1 UmwG vorgenommen werden, da dieser voraussetzt, dass die beteiligten Gesellschaften ihren Sitz in Deutschland haben.[5]

Mit dem SEStEG[6] ist die Anknüpfung des deutschen Umwandlungssteuerrechts an das deutsche Zivilrecht insoweit gelockert worden, als dass die Vorschriften des Zweiten bis Fünften Teils des UmwStG (§§ 2-19 UmwStG) jetzt auch für "vergleichbare ausländische Vorgänge" gelten, die einer Verschmelzung, Spaltung und einem Formwechsel von Kapitalgesellschaften entsprechen, § 1 Abs. 1 S. 1 Nr. 1 und Nr. 2 UmwStG. Diese Erweiterung dient der Umsetzung europarechtlicher Vorgaben.[7] Eine Ausdehnung des persönlichen Anwendungsbereichs auf außerhalb der EU/EWR ansässige Rechtsträger wurde im Gesetzgebungsverfahren indes abgelehnt.[8]

Der Vorgang nach ausländischem Zivilrecht muss "seinem Wesen nach einer der Umwandlungsarten des deutschen Umwandlungsgesetzes entsprechen",[9] damit der Anwendungsbereich des UmwStG eröffnet ist. Zum Vergleich mit dem deutschen Recht ist die abstrakte ausländische Regelung heranzuziehen.[10] Nach der Regierungsbegründung soll sich die Vergleichbarkeitsprüfung sowohl auf die (Zivil-) Rechtsfolgen als auch auf die beteiligten Rechtsträger erstrecken.[11]

In Bezug auf die beteiligten Rechtsträger kommt es, da es um die Anwendbarkeit der §§ 3 ff. und 11 ff. UmwStG geht, nur darauf an, dass die ausländische Regelung Kapitalgesellschaften als übertragende Rechtsträger erfasst. Die Rechtsform des übernehmenden Rechtsträgers entscheidet in einem nächsten Schritt darüber, ob aus deutsch-steuerlicher Sicht §§ 3 ff. oder §§ 11 ff. UmwStG Anwendung finden. Ob es sich bei den im ausländischen Recht vorgesehenen über-

---

[3] Schmitt in Schmitt/Hörtnagl/Stratz, vor §§ 3-9 UmwStG, Rz. 6, 7; vor §§ 11-13 UmwStG Rz. 2.
[4] Vgl. auch Teil E.
[5] Hörtnagl in Schmitt/Hörtnagl/Stratz, § 1 UmwG Rz. 23 ff.
[6] Gesetz über steuerliche Begleitmaßnahmen zur Einführung der Europäischen Gesellschaft und zur Änderung weiterer steuerrechtlicher Vorschriften v. 7.12.2006, BGBl. I S. 2782.
[7] Hahn in PricewaterhouseCoopers, Reform des Umwandlungssteuerrechts, Rz. 756.
[8] Hahn in PricewaterhouseCoopers, Reform des Umwandlungssteuerrechts, Rz. 757.
[9] Regierungsbegründung zum SEStEG, BT-Drucks. 16/2710, 35.
[10] Benecke/Schnitger, IStR 2006, 765, 769; Widmann in Widmann/Mayer, § 1 UmwStG Rz. 17.
[11] Regierungsbegründung zum SEStEG, BT-Drucks. 16/2710, 35.

tragenden Rechtsträgern der Rechtsform nach um Kapitalgesellschaften handelt, ist im Wege des Typenvergleichs festzustellen.[12] Kapitalgesellschaften zeichnen sich dabei insbesondere durch die beschränkte Haftung der Gesellschafter, ihre vom Gesellschafterbestand unabhängige Existenz, Übertragbarkeit der Anteile, Fremdorganschaft und die konstitutive Wirkung einer Registereintragung aus.[13] Für die Beurteilung einzelner europäischer Rechtsformen kann auf den Anhang der Fusionsrichtlinie[14] sowie ggf. auf die Tabellen 1 und 2 im Anhang zum Betriebsstättenerlass[15] verwiesen werden.

Die für die Vergleichbarkeitsprüfung maßgeblichen Rechtsfolgen der Verschmelzung gem. § 2 UmwG sind

▶ der Übergang des gesamten Vermögens von einem Rechtsträger auf einen anderen und
▶ die Auflösung des übertragenden Rechtsträgers ohne Abwicklung.

Bezüglich des Vermögensübergangs ist umstritten, ob ein mit der Verschmelzung nach § 2 UmwG vergleichbarer Vorgang den Übergang des Vermögens im Wege der Gesamtrechtsnachfolge voraussetzt[16] oder ob es genügt, wenn sämtliche vermögenswerten Positionen einzeln übertragen werden.[17] Gesamtrechtsnachfolge meint den ipso jure und als Ganzes erfolgenden Übergang des gesamten Aktiv- und Passivvermögens auf den übernehmenden Rechtsträger. Gegen die Voraussetzung einer Gesamtrechtsnachfolge spricht, dass es sich bei dieser letztlich nur um die Rechtstechnik handelt, mittels derer der Vermögensübergang als primäres Rechtsfolgenziel des Verschmelzungsvorgangs herbeigeführt wird.[18] Unklar ist auch, ob die Gewährung von Anteilen am übernehmenden Rechtsträger maßgeblich ist.[19] Hierbei ist allerdings zu bedenken, dass bereits nach deutschem Recht zahlreiche Ausnahmen hiervon bestehen. Z. B. kann von einer Anteilsgewährung abgesehen werden, wenn alle Gesellschafter der übertragenden Kapitalgesellschaft darauf verzichten, §§ 54 Abs. 1 S. 2; 68 Abs. 1 S. 2 UmwG.[20]

Aus der zwingend vorgesehenen Rechtsfolge der Auflösung des übertragenden Rechtsträgers ohne Abwicklung folgt, dass ausländische Liquidationsvorgänge nicht in den Anwendungsbereich des UmwStG fallen.[21]

Im Hinblick auf die in § 2 UmwG vorgesehene Rechtsfolge "Gewährung von Anteilen [...] an die Anteilsinhaber des übertragenden Rechtsträgers" sind auch die Regelungen zur baren Zuzahlung zu berücksichtigen.[22] Ein ausländischer Vorgang ist demnach auch dann mit einer Ver-

---

[12] Regierungsbegründung zum SEStEG, BT-Drucks. 16/2710, 35; RFH, Urt. v. 12.2.1930, RFHE 27, 73; zuletzt BFH, Urt. v 23. 6. 1992, BStBl. II 1992, 972.
[13] *Möhlenbrock* in Dötsch/Patt/Pung/Möhlenbrock, UmwStG, § 1 Rz. 79.
[14] RL 90/434/EWG v. 23.6.1990, Abl. EG, Nr. L 225, 1-5.
[15] BMF v. 24. 12. 1999, BStBl. I 1999, 1076. Siehe auch *Mössner*, Steuerrecht international tätiger Unternehmen, Rz. B 52 mit einer Übersicht zu einzelnen ausländischen Rechtsformen.
[16] So *Benecke/Schnitger*, IStR 2006, 765; *Dötsch/Pung*, DB 2006, 2704; *Möhlenbrock* in Dötsch/Patt/Pung/Möhlenbrock, UmwStG, § 1 Rz. 84.
[17] *Rödder/Schumacher*, DStR 2006, 1526; *Widmann* in Widmann/Mayer, § 1 UmwStG Rz. 17.
[18] *Widmann* in Widmann/Mayer, § 1 UmwStG Rz. 17. Nichtsdestotrotz ist die Gesamtrechtsnachfolge wohl "wesentliches Strukturmerkmal" der Verschmelzung nach § 2 UmwG, vgl. *Benecke/Schnitger*, IStR 2006, 765.
[19] *Möhlenbrock* in Dötsch/Patt/Pung/Möhlenbrock, UmwStG, § 1 Rz. 89.
[20] *Pupeter/Schnittker*, FR 2008, 160.
[21] *Widmann* in Widmann/Mayer, § 1 UmwStG Rz. 17.
[22] Regierungsbegründung zum SEStEG, BT-Drucks. 16/2710, 35.

schmelzung i. S. v. § 2 UmwG vergleichbar, wenn sie eine nicht ausschließlich in Anteilen zu erbringende Gegenleistung erlaubt. Erst bei einer zu mehr als 50 % baren Gegenleistung könnte eine Vergleichbarkeit fehlen.[23]

Praktisch wird das Umwandlungsrecht der EU/EWR-Staaten in aller Regel eine der Verschmelzung gem. § 2 UmwG vergleichbare Regelung aufweisen, da sich hier dem deutschen Umwandlungsrecht ähnliche Grundstrukturen z. B. aus der Harmonisierung der Gesellschaftsrechte durch die 3. Verschmelzungsrichtlinie[24] ergeben.[25]

Es hat im Einzelfall eine Prüfung zu erfolgen, ob der ausländische Vorgang den oben genannten Kriterien des deutschen Zivilrechts entspricht.

C. Auslandsverschmelzung Kapital- auf Personengesellschaft nach §§ 3 ff. UmwStG

I. Systematischer Überblick

Bei Verschmelzungen von Kapital- auf Personengesellschaften[26] ist zunächst auf **Ebene der übertragenden Kapitalgesellschaft** ein Übertragungsergebnis zu ermitteln.[27] Ein bei der übertragenden Kapitalgesellschaft ggf. entstehender Übertragungsgewinn unterliegt sowohl der Körperschaft- als auch Gewerbesteuer.[28] Verluste der übertragenden Kapitalgesellschaft gehen trotz der zivilrechtlichen Gesamtrechtsnachfolge nicht mit auf die übernehmende Personengesellschaft über.[29] Sie können nur noch durch die (partielle) Aufdeckung stiller Reserven auf Ebene der übertragenden Kapitalgesellschaft genutzt werden.[30]

Bei der **übernehmenden Personengesellschaft bzw. Gesellschaftern der übertragenden Kapitalgesellschaft** ist eine Aufteilung in die als ausgeschüttet geltenden offenen Rücklagen (nach § 7 UmwStG) sowie das zu ermittelnde Übernahmeergebnis vorzunehmen.[31]

▶ Die offenen Rücklagen der übertragenden Kapitalgesellschaft werden gesellschafterbezogen **allen Gesellschaftern** entsprechend ihrer Beteiligung am Nennkapital als Einnahmen aus Kapitalvermögen gem. § 20 Abs. 1 Satz 1 Nr. 1 EStG zugerechnet und nach den allgemeinen Grundsätzen besteuert.[32]

---

[23] *Widmann* in Widmann/Mayer, § 1 UmwG Rz. 17.
[24] RL 78/855/EWG v. 20.10.1987, Amtsbl. EG 1978, Nr. 295, 36.
[25] *Hahn* in PricewaterhouseCoopers, Reform des Umwandlungssteuerrechts, Rz. 794; *Hörtnagl* in Schmitt/Hörtnagl/Stratz, § 1 UmwStG Rz. 37; *Kallmeyer/Kappes*, AG 2006, 224.
[26] Für einen Überblick zu den Grundlagen des UmwStG *Hagemann/Jakob/Ropohl/Viebrock*, NWB Sonderheft Nr. 1 2007; sowie *Hahn* in PricewaterhouseCoopers, Reform des Umwandlungssteuerrechts, Rz. 750 ff.
[27] *Schnitter* in Frotscher/Maas, § 3 UmwStG Rz. 2.
[28] *Schnitter* in Frotscher/Maas, § 3 UmwStG Rz. 108; *Viebrock/Hagemann*, FR 2009.
[29] Dies betrifft sowohl verrechenbare Verluste, verbleibende Verlustvorträge, vom übertragenden Rechtsträger nicht ausgeglichene negative Einkünfte, einen etwaigen Zinsvortrag als auch die gewerbesteuerlichen Fehlbeträge des laufenden Erhebungszeitraums sowie vortragsfähige Gewerbeverluste gemäß § 10a GewStG.
[30] *Dötsch/Pung* in Dötsch/Patt/Pung/Möhlenbrock, § 3 UmwStG Rz. 18.
[31] *Förster/Felchner*, DB 2006, 1072.
[32] *Rödder* in Rödder/Herlinghaus/van Lishaut, Einf. Rz. 56.

- Das Übernahmeergebnis ermittelt sich – vereinfacht dargestellt – aus der Differenz des Werts mit dem die übergegangenen Wirtschaftsgüter auf Ebene der Personengesellschaft zu übernehmen sind (Wertansatz aus der steuerlichen Schlussbilanz der übertragenden Kapitalgesellschaft, "Wertverknüpfung" gem. §§ 3; 4 Abs. 1 UmwStG) und dem Wert der Anteile an der übertragenden Kapitalgesellschaft, die sich bereits vor Verschmelzung im Betriebsvermögen der übernehmenden Personengesellschaft befanden oder im Rahmen des § 5 Abs. 2 und Abs. 3 UmwStG als in deren Betriebsvermögen als eingelegt gelten.[33]
- Ein Übernahmegewinn bzw. ein Übernahmeverlust erhöht sich um die Bezüge, die nach § 7 UmwStG zu den **Einkünften aus Kapitalvermögen** i. S. d. § 20 Abs. 1 Nr. 1 EStG gehören, § 4 Abs. 2 S. 2 UmwStG. Auf diese Weise wird eine Doppelbesteuerung der offenen Rücklagen verhindert.[34]

Fraglich ist, wie sich die o. g. Grundsätze im Rahmen einer Auslandsverschmelzung im Inland auswirken. Nachfolgend werden die sich aus einer derartigen Verschmelzung ergebenden Besonderheiten dargestellt.

II. Auswirkungen auf Ebene der übertragenden Gesellschaft

1. Erstellung einer steuerlichen Schlussbilanz i. S. d. § 3 UmwStG

Nach der Regierungsbegründung[35] hat jede übertragende Kapitalgesellschaft, die vom sachlichen Anwendungsbereich des UmwStG erfasst wird, eine steuerliche Schlussbilanz i. S. d. § 3 UmwStG aufzustellen. Dies soll unabhängig davon gelten, ob die übertragende Kapitalgesellschaft einer inländischen Steuerpflicht unterliegt oder im Inland zur Führung von Büchern verpflichtet ist, es sei denn, eine derartige Schlussbilanz wird für inländische Besteuerungszwecke nicht benötigt.[36] Soweit demnach eine Schlussbilanz zu erstellen ist, hat diese nach deutschen steuerlichen Gewinnermittlungsvorschriften zu erfolgen.[37]

Bei einer Auslandsverschmelzung auf eine Personengesellschaft ist die Erstellung einer steuerlichen Schlussbilanz – trotz fehlender inländischer Steuerpflicht der übertragenden Kapitalgesellschaft – für die inländische Besteuerung von Bedeutung, wenn nach Verschmelzung ein Gesellschafter der übertragenden Kapitalgesellschaft (der aus deutsch steuerlicher Sicht nach Verschmelzung Mitunternehmer der übernehmenden Personengesellschaft wird) in der Bundesrepublik Deutschland der unbeschränkten oder beschränkten Steuerpflicht unterliegt.[38]

In den beiden zuvor genannten Fällen könnte trotz fehlender subjektiver Steuerpflicht die übertragende Kapitalgesellschaft im Inland eine steuerliche Schlussbilanz aufstellen müssen, wenn diese als "Ermittlungsgrundlage" für die nach § 7 UmwStG vorgesehene Ausschüttungsfiktion bzw. für das Übernahmeergebnis gem. § 4 UmwStG dienen könnte.

---

[33] *Rödder* in Rödder/Herlinghaus/van Lishaut, § 4 Rz. 74 ff.; *Schmitt* in Schmitt/Hörtnagl/Stratz, UmwStG, § 4 UmwStG Rz. 94 ff.; *Schnitter* in Frotscher/Maas, UmwStG, § 4 Rz. 74, 78, 88 ff.

[34] Regierungsbegründung zum SEStEG, BT-Drs. 16/2710, 39; *Schmitt* in Schmitt/Hörtnagl/Stratz, § 4 UmwStG Rz. 119.

[35] Regierungsbegründung zum SEStEG, BT-Drs. 16/2710, 37.

[36] Regierungsbegründung zum SEStEG, BT-Drs. 16/2710, 37.

[37] *Birkemeier* in Rödder/Herlinghaus/van Lishaut, § 3 Rz. 63 m. w. N.

[38] Regierungsbegründung zum SEStEG, Vgl. BT-Drs. 16/2710, 37.

Bei Auslandsverschmelzungen kommt es mithin entscheidend darauf an, ob die Bundesrepublik Deutschland ein Besteuerungsrecht hinsichtlich der fiktiven Ausschüttungen i. S. d. § 7 UmwStG oder eines Übernahmeergebnisses i.S.d. § 4 UmwStG hat.[39]

2. Vermeidung eines inländischen Übertragungsgewinns

Verfügt die übertragende Kapitalgesellschaft über im Inland steuerverstricktes Vermögen, kann die Verschmelzung zu einer Entstehung eines Übertragungsergebnisses im Inland führen, das nach den allgemeinen Regelungen der Ertragsteuer unterliegt.[40]

Um dies zu vermeiden, können auf Antrag der übertragenden Kapitalgesellschaft die steuerlichen Buchwerte angesetzt werden, sofern die Voraussetzungen des § 3 Abs. 2 S. 1 UmwStG erfüllt sind.

a) § 3 Abs. 2 S. 1 Nr. 1 und Nr. 3 UmwStG

Gem. § 3 Abs. 2 S. 1 **Nr. 1** UmwStG muss das übergehende Vermögen der übertragenden Kapitalgesellschaft Betriebsvermögen der übernehmenden Personengesellschaft werden und der Besteuerung mit Einkommen- oder Körperschaftsteuer unterliegen. Dabei muss das Vermögen nach Verschmelzung der in- **oder** ausländischen Besteuerung auf Ebene der jeweiligen Gesellschafter unterliegen.[41]

§ 3 Abs. 2 S. 1 **Nr. 3** UmwStG erfordert für den Bewertungsansatz, dass für das auf die übernehmende Personengesellschaft übergehende Vermögen keine Gegenleistung gewährt wird bzw. eine Gegenleistung lediglich in Gesellschaftsrechten an der übernehmenden Kapitalgesellschaft besteht.

b) § 3 Abs. 2 S. 1 Nr. 2 UmwStG

Eine steuerneutrale Verschmelzung ist auf Ebene der übertragenden Kapitalgesellschaft gem. § 3 Abs. 2 S. 1 Nr. 2 UmwStG schließlich nur möglich, wenn das deutsche Besteuerungsrecht hinsichtlich des Gewinns aus der Veräußerung der übertragenen Wirtschaftsgüter bei den Gesellschaftern der übernehmenden Personengesellschaft nicht ausgeschlossen oder beschränkt wird.

Ein Ausschluss oder eine Beschränkung des deutschen Besteuerungsrechts setzt in einem ersten Schritt voraus, dass die Bundesrepublik Deutschland vor Verschmelzung überhaupt ein deutsches Besteuerungsrecht, das Vermögen der übertragenden Kapitalgesellschaft mithin im Inland steuerlich verstrickt ist.[42]

Bei der Prüfung, ob das deutsche Besteuerungsrecht nach Verschmelzung ausgeschlossen oder beschränkt ist, ist aufgrund der steuerlichen Transparenz der übernehmenden Personengesellschaft auf die Gesellschafter der Personengesellschaft abzustellen.[43] Zu einem Ausschluss bzw. einer Beschränkung des Besteuerungsrechts kommt es nicht bereits, wenn die Bundesrepublik Deutschland den jeweiligen Veräußerungsgewinn nach Verschmelzung nicht mehr der Gewer-

---

[39] Vgl. Teil C. III. 1b und 2b.
[40] *Schmitt* in Schmitt/Hörtnagl/Stratz, § 3 UmwStG Rz. 2.
[41] Regierungsbegründung zum SEStEG, BT-Drs. 16/2710, 37; *Schnitter*, in: Frotscher/Maas, § 3 UmwStG Rz. 86 ff.
[42] Regierungsbegründung zum SEStEG, BT-Drs. 16/2710, 38; Benecke in PricewaterhouseCoopers, Reform des Umwandlungssteuerrechts, Rz. 1041; *Birkemeier*, in: Rödder/Herlinghaus/van Lishaut, § 3 UmwStG Rz. 100; *Dötsch/Pung*, in: Dötsch/Patt/Pung/Möhlenbrock, § 3 UmwStG Rz. 38; *Lemaitre/Schönherr*, GmbHR 2007, 173; *Schafitzl/Widmayer*, BB Special 8 2006, 41; *Trossen*, FR 2006, 617.
[43] Zu der Problematik vgl. *Hagemann/Jakob/Ropohl/Viebrock*, NWB Sonderheft Nr. 1 2007, 19.

besteuer unterwerfen kann.[44] Es ist ausreichend, wenn der Veräußerungsgewinn auf Ebene der Gesellschafter der Körperschaft- oder Einkommensteuer im Inland unterliegt.

Ein Ausschluss oder eine Beschränkung des deutschen Besteuerungsrechts dürfte sich im Fall von Auslandsverschmelzungen grundsätzlich nicht ergeben. In den Fällen, in denen zwischen der Bundesrepublik Deutschland als Quellen- bzw. Betriebsstättenstaat und dem jeweiligen Ansässigkeitsstaat des Gesellschafters der übernehmenden Personengesellschaft **kein DBA** besteht, behält die Bundesrepublik Deutschland regelmäßig gem. § 49 Abs. 1 Nr. 2 Buchst. a, f EStG das (uneingeschränkte) Besteuerungsrecht. In den Fällen, in denen zwischen der Bundesrepublik Deutschland und dem jeweiligen Ansässigkeitsstaat des Gesellschafters der übernehmenden Personengesellschaft **ein DBA besteht**, ergibt sich ebenfalls kein Ausschluss bzw. keine Beschränkung des deutschen Besteuerungsrechts, da die von der Bundesrepublik Deutschland abgeschlossenen DBA das Besteuerungsrecht hinsichtlich des im Quellen- bzw. Betriebsstättenstaat steuerverstrickten Vermögens grundsätzlich dem Quellen- bzw. Betriebsstättenstaat (also der Bundesrepublik Deutschland) gem. Art. 13 Abs. 1 bzw. Abs. 2 OECD-MA zuweisen.

3. Abkommensrechtliche Behandlung des Übertragungsgewinns

Sollten die Voraussetzungen des § 3 Abs. 2 S. 1 UmwStG hingegen nicht erfüllt werden (können), so dass aus deutsch-steuerlicher Sich eine Gewinnrealisierung eintritt, stellt sich die Frage nach der abkommensrechtlichen Behandlung des im Inland entstehenden Übertragungsgewinns.

Das Übertragungsergebnis stellt keinen Veräußerungsgewinn, sondern einen laufenden Gewinn der übertragenden Kapitalgesellschaft dar.[45] Folglich hat die Bundesrepublik Deutschland grundsätzlich auch im Fall eines bestehenden DBA zwischen ihr als Quellen- bzw. Betriebsstättenstaat und dem ausländischen Ansässigkeitsstaat der übertragenden Kapitalgesellschaft das Besteuerungsrecht an dem im Inland entstehenden Übertragungsgewinns gem. Art. 7 OECD-MA bzw. im Fall des unbeweglichen Vermögens gem. Art. 6 OECD-MA.

III. Auswirkungen auf Ebene der übernehmenden Gesellschaft und deren Gesellschafter

Insbesondere für die Gesellschafter der übertragenden Kapitalgesellschaft, deren Anteile im Inland steuerlich verstrickt sind, führt eine Auslandsverschmelzung regelmäßig zu einer Besteuerung im Inland. Diese kann sich zum einen aus der nach § 7 UmwStG vorgesehenen Ausschüttungsfiktion sowie aus dem nach § 4 UmwStG zu ermittelnden Übernahmeergebnis ergeben.

1. Ausschüttungsfiktion nach § 7 UmwStG

Für die Beurteilung, ob der Bundesrepublik Deutschland ein Besteuerungsrecht an der nach § 7 UmwStG grundsätzlich vorgesehenen Ausschüttungsfiktion zusteht, ist in einem ersten Schritt zunächst relevant, wie die aus § 7 UmwStG resultierenden Dividenden nach **inländischem Steuerrecht** zu behandeln sind.

Schließlich ist entscheidend, wie der ausländische Ansässigkeitsstaat der übertragenden Kapitalgesellschaft die Verschmelzung einer Kapital- auf eine Personengesellschaft steuerlich qualifiziert, d. h. ob der **ausländische Staat** eine dem § 7 UmwStG vergleichbare Regelung kennt und wie diese Einkünfte abkommensrechtlich zu behandeln sind.

---

[44] *Rödder/Schumacher*, DStR 2006, 1525.
[45] *Wassermeyer*, in: Internationales Umwandlungssteuerrecht, Schaumburg/Piltz, 122.

a) Inländische Einordnung der Einkünfte nach § 7 UmwStG

Bereits im Fall einer Inlandsverschmelzung ist derzeit unklar, ob die fingierte Ausschüttung gem. § 7 UmwStG

- dem Gesellschafter unmittelbar oder
- dem Gesellschafter der übertragenden Kapitalgesellschaft mittelbar über die übernehmende Personengesellschaft

zuzurechnen ist.[46] Die Beurteilung dieser Frage hat insbesondere für ein mögliches deutsches Besteuerungsrecht an der fingierten Ausschüttung bzw. Kapitaleinkünften eine hohe Bedeutung. Wird die Ausschüttung direkt dem Gesellschafter zugerechnet, käme eine Zuordnung des Besteuerungsrechts gem. Art. 10 OECD-MA in Betracht.[47] Sind die Kapitaleinkünfte aus der Ausschüttungsfiktion hingegen in der übernehmenden Personengesellschaft zu erfassen, wären in Abhängigkeit der Qualifikation als Veräußerungsgewinn oder laufende Betriebseinnahmen für die Zuordnung des Besteuerungsrechts Art. 13 bzw. Art. 7 OECD-MA anwendbar.[48]

Folgt man dem Wortlaut des § 7 UmwStG sowie der Regierungsbegründung,[49] ist die fiktive Ausschüttung unmittelbar den Gesellschaftern der übertragenden Kapitalgesellschaft zuzurechnen.[50]

Gem. § 5 Abs. 2 und Abs. 3 UmwStG gelten die im Privatvermögen gehaltenen Anteile i. S. d. § 17 EStG sowie die im Betriebsvermögen gehaltenen Anteile an der übertragenden Kapitalgesellschaft für Zwecke der Gewinnermittlung jedoch als in das Betriebsvermögen der übernehmenden Personengesellschaft eingelegt. Dies könnte zu einer Erfassung der Ausschüttungsfiktion in der übernehmenden Personengesellschaft führen.[51] Auch die Formulierung des § 18 Abs. 2 S. 2 UmwStG könnte dafür sprechen, dass die nach § 7 UmwStG vorgesehene Ausschüttung bereits der übernehmenden Personengesellschaft zuzurechnen ist.

In Abhängigkeit von der Auslegung können sich daher hinsichtlich der Zuordnung der fiktiven Ausschüttung nach § 7 UmwStG verschiedene Konstellationen ergeben:

- In der Literatur wird zum Teil die Auffassung vertreten,[52] dass die Einlagefiktion nur der rechnerischen Ermittlung des Übernahmeergebnisses dient. Die Einlagefiktion bedingt daher nicht, dass die als nach § 7 UmwStG als ausgeschüttet geltenden offenen Rücklagen dem jeweiligen Gesellschafter mittelbar über die übernehmende Personengesellschaft (im Rahmen der einheitlich und gesonderten Gewinnfeststellung) zuzurechnen sind. Aufgrund der im Ergebnis vorgesehenen unmittelbaren Zuordnung der fiktiven Ausschüttung kann der Gesellschafter der übertragenden Kapitalgesellschaft damit in Abhängigkeit von der steuerlichen Qualifikation der Anteile an der übertragenden Kapitalgesellschaft (vor Ver-

---

[46] Für eine Zurechnung zu den Gesellschaftern: *Behrendt/Arjes*, DB 2007, 824; für eine Zurechnung bei Personengesellschaften: *Birkemeier* in Rödder/Herlinghaus/van Lishaut, § 7 Rz. 20.
[47] *Behrendt/Arjes*, DB 2007, 824; *Benecke/Schnitger*, IStR 2006, 765.
[48] *Behrendt/Arjes*, DB 2007, 824.
[49] Regierungsbegründung zum SEStEG, BT-Drs. 16/2710, 34.
[50] Arg.: Wortlaut des § 7 UmwStG sowie Regierungsbegründung zum Gesetzesentwurf, BT-Drucks. 16/2710, 34.
[51] *Behrendt/Arjes*, DB 2007, 824.
[52] *Förster/Felchner*, DB 2008, 2445.

schmelzung) Einkünfte aus Kapitalvermögen (§ 20 Abs. 1 S. 1 Nr. 1 EStG), Einkünfte aus selbständiger Arbeit (§ 18 EStG) oder Einkünfte aus Gewerbebetrieb (§ 15 EStG) erzielen.[53]

- Nach einer anderen Auffassung sind die auf die bereits vor Verschmelzung im Betriebsvermögen der übernehmenden Personengesellschaft befindlichen oder in diese gem. § 5 Abs. 2 und 3 UmwStG als eingelegt geltenden Anteile entfallenden Ausschüttungen i.S.d. § 7 UmwStG im Rahmen der einheitlichen und gesonderten Gewinnfeststellung auf Ebene der übernehmenden Personengesellschaft zu erfassen.[54] Die Einlagefiktion gilt seit dem SEStEG sowohl für unbeschränkt als auch für beschränkt Steuerpflichtige.[55] Allerdings soll die Einlagefiktion und die damit verbundene Erfassung der fiktiven Ausschüttung in der übernehmenden Personengesellschaft nur insoweit gelten, als die Anteile an der übertragenden Kapitalgesellschaft bereits vor Verschmelzung im Inland steuerlich verstrickt waren.[56]

- Darüber hinaus wird vertreten, dass die fiktive Ausschüttung in der einheitlich und gesonderten Gewinnfeststellung auch dann erfasst werden soll, wenn die Anteile an der übertragenden Kapitalgesellschaft nicht als in die übernehmende Personengesellschaft als eingelegt gelten,[57] d. h. auch in Fällen, in denen beispielsweise keine steuerliche Verstrickung der Anteile der übertragenden Kapitalgesellschaft im Inland gegeben ist. Allerdings sind die aus der Ausschüttungsfiktion entstehenden Einkünfte aus Kapitalvermögen gemäß § 7 UmwStG nur nachrichtlich in die einheitliche und gesonderte Gewinnfeststellung bei der übernehmenden Personengesellschaft einzubeziehen.[58] Die Erfassung der Kapitaleinkünfte sollte demnach nicht dazu führen, dass Kapitaleinkünfte i. S. d. § 7 UmwStG aufgrund der Gewerblichkeit der übernehmenden Personengesellschaft zwangsläufig zu Einkünften aus Gewerbebetrieb umqualifiziert werden. Dies wird damit begründet, dass die offenen Rücklagen gem. § 7 UmwStG als Teil des Übernahmeergebnisses unabhängig von der Feststellung eines Übernahmegewinns als ausgeschüttet gelten.[59]

Da dem Wortlaut nach die als ausgeschüttet geltenden offenen Rücklagen dem Gesellschafter der übertragenden Kapitalgesellschaft[60] gem. § 7 UmwStG (unmittelbar) zuzurechnen sind, wären die Kapitaleinkünfte richtigerweise nicht in der einheitlichen und gesonderten Gewinnfeststellung der übernehmenden Personengesellschaft zu erfassen.[61] In Abhängigkeit von der Zuordnung der Anteile zum Privat- oder Betriebsvermögen erzielt der Gesellschafter daher Einkünfte aus Kapitalvermögen (§ 20 Abs. 1 S. 1 Nr. 1 EStG), Einkünfte aus selbständiger Arbeit (§ 18 EStG) oder Einkünfte aus Gewerbebetrieb (§ 15 EStG).

---

[53] *Förster/Felchner*, DB 2008, 2445; so im Ergebnis auch Benecke in PricewaterhouseCoopers, Reform des Umwandlungssteuerrechts, Rz. 1202, 1209.

[54] *Schmitt* in Schmitt/Hörtnagl/Stratz, § 7 UmwStG Rz. 17; *Pung* in Dötsch/Jost/Pung/Witt, § 7 UmwStG Rz. 22 f.; Stimpel, GmbH-StB 2008, 74, 79.

[55] *Pung* in Dötsch/Patt/Pung/Möhlenbrock, § 7 UmwStG Rz. 22; *Schmitt* in Schmitt/Hörtnagl/Stratz, § 7 UmwStG Rz. 17.

[56] *Pung* in Dötsch/Patt/Pung/Möhlenbrock, § 7 UmwStG Rz. 24, 30; *van Lishaut* in Rödder/Herlinhaus/van Lishaut, § 4, Rz. 115, 116, 139 und § 5 UmwStG Rz. 21, 22, 34; *Birkemeier* in Rödder/Herlinghaus/van Lishaut, § 7 UmwStG Rz. 20; *Trossen* in Rödder/Herlinghaus/van Lishaut, § 18 Rz. 21.

[57] *Krohn/Greulich*, DStR 2008, 646.

[58] *Krohn/Greulich*, DStR 2008, 646; a. A. *Birkemeier* in Rödder/Herlinghaus/van Lishaut, § 7 UmwStG Rn 20.

[59] *Krohn/Greulich*, DStR 2008, 646.

[60] Bedingung: Sie nehmen auch an der Einlagefiktion teil.

[61] So im Ergebnis auch: *Behrendt/Arjes*, DB 2007, 824.

b) Anwendbarkeit § 7 UmwStG bei Auslandsverschmelzungen

Für ein deutsches Besteuerungsrecht an den nach § 7 UmwStG vorgesehenen Kapitaleinkünften ist von entscheidender Bedeutung, ob die Ausschüttungsfiktion auch im Fall einer Auslandsverschmelzung Anwendung findet.

In den Fällen, in denen zwischen der Bundesrepublik Deutschland und dem Ansässigkeitsstaat der übertragenden Kapitalgesellschaft bzw. der übernehmenden Personengesellschaft **ein DBA besteht**, dürfte es für die Anwendbarkeit des § 7 UmwStG darauf ankommen, ob auch der jeweilige ausländische Staat im Rahmen einer Verschmelzung einer Kapital- auf eine Personengesellschaft eine dem § 7 UmwStG vergleichbare Ausschüttungsfiktion annimmt.[62] Dies ist deshalb von Bedeutung, da sich die Definition der Dividende (gem. Art. 10 Abs. 3 OECD-MA) und der damit im Zusammenhang stehenden Zuweisung des Besteuerungsrechts gem. Art. 10 OECD-MA nach dem jeweiligen nationalen Recht des Ansässigkeitsstaats der ausschüttenden bzw. übertragenden Kapitalgesellschaft richtet.[63] Sollte der Ansässigkeitsstaat der übertragenden Kapitalgesellschaft eine dem § 7 UmwStG vergleichbare Regelung kennen, hat die Bundesrepublik Deutschland ein Besteuerungsrecht nach Art. 10 OECD-MA. Die im Ausland einbehaltene Quellensteuer könnte im Inland auf Ebene des Gesellschafters gem. § 34c Abs. 6 EStG bzw. § 26 KStG angerechnet werden.[64] Sollte der Ansässigkeitsstaat der übertragenden Kapitalgesellschaft hingegen keine Ausschüttungsfiktion i. S. d. § 7 UmwStG kennen, würde sich das inländische Besteuerungsrecht auf das durch die Auslandsverschmelzung entstehende Übernahmeergebnis beschränken,[65] welches mangels Ausschüttungsfiktion entsprechend erhöht sein dürfte.

Besteht **kein DBA** zwischen der Bundesrepublik Deutschland und dem Ansässigkeitsstaat der übertragenden Kapitalgesellschaft, richtet sich die steuerliche Behandlung für die im Inland steuerverstrickten Anteile nach deutschem Steuerrecht. Allerdings kommt dieser Fallgruppe keine hohe Bedeutung zu, da die Bundesrepublik Deutschland mit allen Ländern in der EU/EWR ein DBA abgeschlossen hat. Verschmelzungen außerhalb der EU/EWR fallen nicht in den Anwendungsbereich des § 1 UmwStG.[66]

2. Übernahmeergebnis gem. § 4 UmwStG

a) Erfordernis der Ermittlung eines (inländischen) Übernahmeergebnisses

Fraglich ist zunächst, ob im Rahmen einer Auslandsverschmelzung überhaupt ein Übernahmeergebnis i. S. d. § 4 UmwStG zu ermitteln ist.

Aufgrund der steuerlichen Transparenz einer Personengesellschaft wird das Übernahmeergebnis für steuerliche Zwecke nicht der Personengesellschaft, sondern den Gesellschaftern zugerechnet und entsprechend gesellschafterbezogen ermittelt.[67] Gem. §§ 4; 5 UmwStG ist die Ermittlung eines Übernahmeergebnisses dem Grunde nach für folgende Gesellschafter der übertragenden Kapitalgesellschaft erforderlich:

▶ Der in Deutschland unbeschränkt steuerpflichtige Gesellschafter hält Anteile an der übertragenden Kapitalgesellschaft i. S. d. § 17 EStG oder § 21 UmwStG a.F.

---

[62] *Birkemeier*, in Rödder/Herlinghaus/van Lishaut, § 7 Rz. 9.
[63] *Wassermeyer* in Schaumburg/Piltz, Internationales Umwandlungssteuerrecht, 123.
[64] *Benecke* in PricewaterhouseCoopers, Reform des Umwandlungssteuerrechts, Rz. 1213.
[65] Vgl. C. III. 2.
[66] *Frotscher* in Frotscher/Maas, § 1 UmwStG Rz. 47; näher hierzu Punkt E.
[67] *van Lishaut* in Rödder/Herlinghaus/van Lishaut, § 4 Rz. 139.

- Der in Deutschland unbeschränkt steuerpflichtige Gesellschafter hält die Anteile an der übertragenden Kapitalgesellschaft in einem inländischen Betriebsvermögen.
- Der in Deutschland beschränkt steuerpflichtige Gesellschafter hält die Anteile an der übertragenden Kapitalgesellschaft in einer inländischen Betriebsstätte.

b) Inländisches Besteuerungsrecht am Übernahmeergebnis

Eine Pflicht zur Ermittlung eines Übernahmeergebnisses dürfte allerdings nur in den Fällen bestehen, in denen die Bundesrepublik Deutschland ein Besteuerungsrecht am Übernahmeergebnis hat.[68]

Unklar ist, ob das Übernahmeergebnis der Gesellschafter aus einem "Veräußerungsgeschäft" der Anteile an der übertragenden Kapitalgesellschaft resultiert. Es kann jedoch wohl davon ausgegangen werden, dass ein Übernahmegewinn im Ergebnis wie ein Veräußerungsgewinn zu behandeln ist[69] und sich die Zuordnung des Besteuerungsrechts somit nach Art. 13 OECD-MA bestimmt.[70]

Fraglich ist allerdings, ob die Einlagefiktion des § 5 UmwStG auch bei Auslandsverschmelzungen gilt. Dies hätte zur Folge, dass die Anteile an der übertragenden Kapitalgesellschaft in die übernehmende Personengesellschaft einzulegen wären und anschließend in der Personengesellschaft als veräußert gelten würden.[71] Das daraus resultierende Übernahmeergebnis würde in der ausländischen Personengesellschaft entstehen.[72] Das Besteuerungsrecht am Übernahmeergebnis würde sich somit nach Art. 13 Abs. 2 OECD-MA richten. Die Bundesrepublik Deutschland hätte dadurch ein auf im Inland steuerverstrickte Anteile entfallendes Übernahmeergebnis grundsätzlich von der Besteuerung im Inland freizustellen. Allerdings wäre zu beachten, dass die Einlagefiktion des § 5 UmwStG insoweit eine Entstrickung der Anteile an der übertragenden Kapitalgesellschaft bewirken würde, da die Bundesrepublik Deutschland durch die Überführung in die ausländische Personengesellschaft das Besteuerungsrecht verliert. Die Entstrickung würde zu einer entsprechenden Aufdeckung und Versteuerung der stillen Reserven im Inland führen, §§ 4 Abs. 1 S. 3 EStG, 12 Abs. 1 KStG, § 6 Abs. 1 S. 2 Nr. 4 AStG.

Die Einlagefiktion dürfte abkommensrechtlich jedoch keine Anwendung finden, da diese keine funktionale Zuordnung der Anteile an der übertragenden Kapitalgesellschaft in die ausländische übernehmende Personengesellschaft zu begründen vermag.[73] Auch aus der jüngeren BFH-Rechtsprechung kann geschlossen werden, dass Anteile an Kapitalgesellschaften nicht "ohne jeden Bezug" dem Betriebsvermögen einer Personengesellschaft zugeordnet werden können bzw. zumindest im "geschäftlichen Interesse" der Personengesellschaft gehalten werden müssen und eine "tatsächlich-funktionale-Bedeutung" für die übernehmende Personengesellschaft besitzen sollten.[74]

---

[68] *Schmitt* in Schmitt/Hörtnagl/Stratz, § 4 UmwStG Rz. 145.

[69] Kritisch dazu *Schmitt* in Schmitt/Hörtnagl/Stratz, § 4 UmwStG Rz. 144.

[70] *Wassermeyer* in Debatin/Wassermeyer, Doppelbesteuerung, Art. 13 Rz. 136; *Wassermeyer* in Schaumburg/Piltz, Internationales Umwandlungssteuerrecht, 122.

[71] *Behrendt/Arjes*, DB 2007, 824; *Benecke/Schnitger*, IStR 2006, 765.

[72] *Behrendt/Arjes*, DB 2007, 824; *Benecke/Schnitger*, IStR 2006, 765.

[73] *Behrendt/Arjes*, DB 2007, 824, unter Hinweis auf *Benecke/Schnitger*, IStR 2006, 765; *Pung* in Dötsch/Patt/Pung/Möhlenbrock, § 4 UmwStG Rz. 5; *Lemaitre/Schönherr*, GmbHR 2007, 173; *Schmitt* in Schmitt/Hörtnagl/Stratz, § 5 UmwStG Rz. 31.

[74] Vgl. BFH, Beschluss v. 19.12.2007, I R 66/06, BStBl. II 2008, 510; BFH, Urteil v. 13.2.2008, I R 63/06, BFH/NV 2008, 1250.

Soweit die Einlagefiktion mithin mangels funktionaler Zugehörigkeit für abkommensrechtliche Zwecke eine Zuordnung zum Betriebsvermögen der übernehmenden Personengesellschaft nicht zu begründen vermag, richtet sich die Besteuerung des Übernahmeergebnisses nach Art. 13 Abs. 5 OECD-MA.[75] Dies hat zur Folge, dass die Bundesrepublik Deutschland grundsätzlich ein uneingeschränktes Besteuerungsrecht am Übernahmeergebnis zusteht.[76]

Im Ergebnis steht also der Bundesrepublik Deutschland ein Besteuerungsrecht an einem sich aus einer Auslandsverschmelzung ergebenden Übernahmeergebnis gem. § 4 UmwStG und/oder gem. Art. 10 OECD-MA an einer eventuellen anzunehmenden Ausschüttungsfiktion i. S. d. § 7 UmwStG zu, soweit die Anteile an der übertragenden Kapitalgesellschaft vor Verschmelzung der inländischen Steuerverstrickung unterlagen.

D. Auslandsverschmelzung Kapital- auf Kapitalgesellschaft nach §§ 11 ff. UmwStG

I. Systematischer Überblick

Im Rahmen einer Verschmelzung von Kapitalgesellschaften ist auf **Ebene der übertragenden Kapitalgesellschaft** gem. § 11 UmwStG ein Übertragungsergebnis zu ermitteln. Ein Übertragungsgewinn kann unter den Voraussetzungen des § 11 Abs. 2 S. 1 UmwStG vermieden werden. Soweit dieser entsteht, unterliegt er sowohl der Körperschaft- als auch Gewerbesteuer.[77]

Ferner ist auf **Ebene der übernehmenden Kapitalgesellschaft** ein Übernahmeergebnis gem. § 12 UmwStG zu ermitteln. Dieses bleibt für körperschaft- und gewerbesteuerliche Zwecke grundsätzlich außer Ansatz (§ 12 Abs. 2 S. 1 UmwStG). Im Fall eines Up-stream-mergers unterliegt ein Übernahmeergebnis hingegen insoweit i.H.v. 5 Prozent einer Besteuerung, als die übernehmende Kapital- an der übertragenden Kapitalgesellschaft beteiligt ist (§ 12 Abs. 2 S. 2 UmwStG i. V. m. § 8b KStG).

Auf **Ebene der Gesellschafter der übertragenden Kapitalgesellschaft** gelten die Anteile an dieser als zum gemeinen Wert veräußert, die erhaltenen Anteile an der übernehmenden Kapitalgesellschaft als zum gemeinen Wert angeschafft. Unter den Voraussetzungen des § 13 Abs. 2 S. 1 UmwStG kann der sich durch den Tausch der Anteile ergebende unter den allgemeinen Grundsätzen zu besteuernden Veräußerungsgewinn vermieden werden.[78]

Eine Auslandsverschmelzung von Kapitalgesellschaften kann im Inland insbesondere zu der Entstehung eines Übertragungsgewinns auf Ebene der übertragenden Kapitalgesellschaft (inländisches steuerverstricktes Vermögen) sowie zu einem sich aus dem "Anteilstausch" auf Ebene der Gesellschafter (inländische Steuerverstrickung) ergebenden Veräußerungsgewinn führen. Nachfolgend sollen die sich aus einer Auslandsverschmelzung ergebenden Besonderheiten dargestellt werden.

---

[75] Zu diesem Ergebnis kam auch der BFH in einem Urteil v. 22. 2. 1989 (I R 11/85, BStBl. II 1989, 794), in dem er die Verschmelzung einer Kapital- auf eine Personengesellschaft als Veräußerung der Anteile am übertragenden Rechtsträger i. S. d. DBA-Österreich ansah.

[76] Sollte abweichend vom OECD-MA nicht die Freistellungs-, sondern Anrechnungsmethode für diese Veräußerungsgewinne anwendbar sein (z. B. DBA-Tschechien), dürfte der Bundesrepublik Deutschland als Quellenstaat hingegen ein Besteuerungsrecht am Übernahmeergebnis zustehen.

[77] *Rödder* in Rödder/Herlinghaus/van Lishaut, § 11 Rz. 9.

[78] *Schmitt* in Schmitt/Hörtnagl/Stratz, UmwStG, vor §§ 11-13 UmwStG Rz. 5.

II. Auswirkungen auf Ebene der übertragenden Gesellschaft

1. Erstellung einer Schlussbilanz i.S.d. § 11 UmwStG

Auch im Fall der Auslandsverschmelzung von Kapitalgesellschaften hat die übertragende Kapitalgesellschaft eine Schlussbilanz gem. § 11 Abs. 1 UmwStG aufzustellen, da nach der Regierungsbegründung eine steuerliche Schlussbilanz unabhängig davon zu erstellen ist, ob eine inländische Steuerpflicht oder eine inländische Buchführungsverpflichtung der übertragenden Kapitalgesellschaft besteht.[79]

Sofern die übertragende Kapitalgesellschaft über **im Inland steuerverstricktes Vermögen** verfügt, ergibt sich die Pflicht zur Erstellung einer Schlussbilanz wie im Fall der Verschmelzung einer Kapital- auf eine Personengesellschaft bereits zwecks Ermittlung eines Übertragungsergebnisses.[80]

Sollte die übertragende Kapitalgesellschaftesellschaft hingegen über **keine Wirtschaftsgüter** verfügen, die der inländischen Veräußerungsbesteuerung unterliegen, muss dennoch eine Schlussbilanz erstellt werden, wenn diese für inländische Besteuerungszwecke von Bedeutung ist.[81] Im Gegensatz zu der Verschmelzung von Kapital- auf Personengesellschaften wird die Schlussbilanz regelmäßig nicht für die Ermittlung des Übernahmeergebnisses benötigt, da dieses mangels steuerlicher Transparenz ausschließlich der übernehmenden im Ausland ansässigen Kapitalgesellschaft und nicht deren Gesellschafter zugerechnet wird.[82] Auch für Besteuerungszwecke auf Ebene der Gesellschafter ist eine Schlussbilanz der übertragenden Kapitalgesellschaft nicht erforderlich. Die Besteuerung der § 13 UmwStG i. V. m. den allgemeinen Grundsätzen erfolgt grundsätzlich "losgelöst" von den §§ 11; 12 UmwStG.

Damit kann festgehalten werden, dass die übertragende Kapitalgesellschaft im Fall einer Verschmelzung nach den §§ 11 ff. UmwStG i. V. m. den allgemeinen Besteuerungsgrundsätzen regelmäßig nur dann eine Schlussbilanz i. S. d. § 11 UmwStG zu erstellen hat, wenn diese über im Inland steuerverstricktes Vermögen verfügt.

2. Entstehung und Besteuerung eines inländischen Übertragungsgewinns

Die Voraussetzungen des § 11 Abs. 2 UmwStG entsprechen weitgehend denen des § 3 Abs. 2 UmwStG.[83] Es kommt im Wesentlichen darauf an, dass das übergehende Vermögen bei der übernehmenden Kapitalgesellschaft der (ausländischen) Körperschaftsteuer unterliegt (§ 11 Abs. 2 S. 1 Nr. 1 UmwStG),[84] keine Gegenleistung für das übergehende Vermögen gewährt wird oder diese in Gesellschaftsrechten besteht (§ 11 Abs. 2 S. 1 Nr. 3 UmwStG) und dass das deutsche Besteuerungsrecht hinsichtlich eines Gewinns aus der Veräußerung der übertragenen Wirtschaftsgüter nicht ausgeschlossen oder beschränkt wird (§ 11 Abs. 2 S. 1 Nr. 2 UmwStG).

Allerdings ist im Rahmen des § 11 Abs. 2 S. 1 Nr. 2 UmwStG auf die übernehmende Kapitalgesellschaft und nicht auf deren Gesellschafter abzustellen. Folglich hat das zwischen der Bundesrepublik Deutschland als Quellen- bzw. Betriebsstättenstaat und dem Ansässigkeitsstaat der übernehmenden Kapitalgesellschaft bestehende DBA entscheidenden Einfluss darauf, ob das

---

[79] Regierungsbegründung zum SEStEG, BT-Drs. 16/2710, 40.
[80] Vgl. C.III.2.a.
[81] Regierungsbegründung zum SEStEG, BT-Drs. 16/2710, 40.
[82] Vgl. D.III.
[83] Vgl. C.II.2.a.
[84] *Schmitt* in Schmitt/Hörtnagl/Stratz, § 11 UmwStG Rz. 84.

deutsche Besteuerungsrecht durch die Verschmelzung ausgeschlossen oder beschränkt wird. Da die Bundesrepublik Deutschland mit allen EU-/EWR-Staaten DBA geschlossen hat, die das Besteuerungsrecht für Veräußerungsgewinne dem Quellen- bzw. Betriebsstättenstaat zuweisen, kann es nicht zu einem Ausschluss bzw. einer Beschränkung des deutschen Besteuerungsrechts hinsichtlich eines solchen Veräußerungsgewinns kommen.[85]

Soweit ein Übertragungsgewinn durch Ansatz eines Zwischen- oder gemeinen Werts in der nach § 11 UmwStG erstellten Schlussbilanz im Inland entsteht, hat die Bundesrepublik Deutschland grundsätzlich ein Besteuerungsrecht, und zwar in DBA- und Nicht-DBA-Fällen.[86]

III. Auswirkungen auf Ebene der übernehmenden Gesellschaft

Grundsätzlich entsteht das Übernahmeergebnis im Rahmen einer Auslandsverschmelzung nicht im Inland, so dass sich für die übernehmende Kapitalgesellschaft keine steuerlichen Auswirkungen ergeben dürften. Der Ermittlung eines Übernahmeergebnisses i. S. d. § 12 Abs. 2 UmwStG bedarf es mithin regelmäßig nicht. Ein anderes Ergebnis kann sich hingegen in den Fällen eines Up-stream-mergers ergeben, bei dem die Beteiligung an der übertragenden Kapitalgesellschaft einer inländischen Betriebsstätte der übernehmenden Kapitalgesellschaft zugeordnet ist.[87]

IV. Auswirkungen auf Ebene der Gesellschafter der übertragenden Gesellschaft

1. Betroffene Gesellschafter

Die Verschmelzung einer Kapitalgesellschaft hat nur Auswirkungen für diejenigen Gesellschafter, deren Anteile an der übertragenden Kapitalgesellschaft im Inland einer steuerlichen Verstrickung unterliegen. Diese kann sich in den folgenden Fällen ergeben:

- Ein in Deutschland unbeschränkt steuerpflichtiger Gesellschafter hält Anteile an der übertragenden Kapitalgesellschaft i. S. d. §§ 17, 23, 20 Abs. 2 EStG oder 21 UmwStG a. F.
- Ein in der Bundesrepublik Deutschland unbeschränkt steuerpflichtiger Gesellschafter hält die Anteile an der übertragenden Kapitalgesellschaft in einem inländischen Betriebsvermögen.
- Der in der Bundesrepublik Deutschland beschränkt steuerpflichtige Gesellschafter hält die Anteile an der übertragenden Kapitalgesellschaft in einer inländischen Betriebsstätte.

Soweit Anteile eines Gesellschafters unter keinen der o. g. Regelungen im Inland steuerlich verstrickt sind, ist die Auslandsverschmelzung auf Ebene des Gesellschafters steuerlich unbeachtlich.

2. Steuerneutralität auf Ebene der Gesellschafter

Gem. § 13 Abs. 1 UmwStG gelten die im Inland steuerverstrickten Anteile an der übertragenden Kapitalgesellschaft als zum gemeinen Wert als veräußert. Die von der übernehmenden Kapitalgesellschaft gewährten Anteile gelten als zum gemeinen Wert angeschafft. Ein etwaiger aus

---

[85] Hagemann/Jakob/Ropohl/Viebrock, NWB Sonderheft Nr. 1 2007, 30; Fuhrmann in Carlé/Korn/Stahl/Strahl, Umwandlungen, Rz. 631.

[86] Vgl. Punkt C.II.3.

[87] In diesen Fällen müsste die übertragende Kapitalgesellschaft eine Schlussbilanz i. S. d. § 11 UmwStG erstellen.

dem Anteilstausch resultierende Gewinn unterliegt den allgemeinen Besteuerungsgrundsätzen.[88]

Unter den Voraussetzungen des **§ 13 Abs. 2 UmwStG** treten antragsgebunden beim Gesellschafter die (Neu-)Anteile an der übernehmenden Kapitalgesellschaft an die Stelle der (Alt-)Anteile an der übertragenden Kapitalgesellschaft. Die (Neu-)Anteile sind mit dem Buchwert (im Fall der steuerlichen Verstrickung im Betriebsvermögen) bzw. mit den Anschaffungskosten (im Fall der steuerlichen Verstrickung im Privatvermögen) der (Alt-)Anteile fortzuführen, § 13 Abs. 2 S. 2 UmwStG. Ein Veräußerungsgewinn ergibt sich insoweit nicht.

Die wesentliche Voraussetzung für eine Buchwert- bzw. Anschaffungskostenfortführung nach § 13 Abs. 2 UmwStG ist, dass das deutsche Besteuerungsrecht hinsichtlich eines Gewinns aus der späteren Veräußerung der Anteile nicht ausgeschlossen oder beschränkt wird, § 13 Abs. 2 S. 1 Nr. 2 UmwStG.

Da die Bundesrepublik Deutschland mit allen EU-/EWR-Staaten DBA abgeschlossen hat, die das Besteuerungsrecht für Gewinne aus Anteilsveräußerungen dem Ansässigkeitsstaat des Gesellschafters zuordnen, wird das deutsche Besteuerungsrecht durch die Verschmelzung regelmäßig nicht ausgeschlossen[89]. Das gleiche gilt grundsätzlich für die Fälle, in denen die Bundesrepublik Deutschland als Betriebsstättenstaat ein Besteuerungsrecht hinsichtlich der einer inländischen Betriebsstätte zugeordneten Anteile an der ausländischen übertragenden Kapitalgesellschaft hat.

Allerdings weichen innerhalb der EU/EWR-Staaten einige DBA[90] in Bezug auf Gewinne aus Anteilsveräußerungen vom Art. 13 Abs. 5 OECD-MA ab und gewähren **auch** dem Ansässigkeitsstaat der übernehmenden Kapitalgesellschaft ein Besteuerungsrecht am Veräußerungsgewinn der Anteile. Die Bundesrepublik Deutschland müsste als Ansässigkeitsstaat des Gesellschafters eine etwaige Veräußerungsgewinnsteuer auf die inländische Steuer gem. § 34c EStG, § 26 KStG anrechnen, wodurch das deutsche Besteuerungsrecht beschränkt und eine Buchwertfortführung grundsätzlich nicht möglich wäre, § 13 Abs. 2 S. 1 Nr. 2 UmwStG.[91]

Trotz einer derartigen Beschränkung kommt indes die Buchwertfortführung in Betracht, wenn die Mitgliedstaaten gem. § 13 Abs. 2 S. 1 Nr. 2 UmwStG n. F. bei der Verschmelzung Art. 8 der Fusionsrichtlinie[92] (FusionsRL) anzuwenden haben. Gem. Art. 8 FusionsRL können die Mitgliedstaaten den Gewinn aus einer Veräußerung der erworbenen Anteile an der übernehmenden Kapitalgesellschaft in der gleichen Weise besteuern, wie einen Gewinn aus der Veräußerung der (Alt-)Anteile an der übertragenden Kapitalgesellschaft. Folglich kann die Bundesrepublik Deutschland, ungeachtet etwaiger Besteuerungsvorschriften des jeweils anzuwendenden DBA, eine Besteuerung der stillen Reserven der Anteile an der übernehmenden Kapitalgesellschaft in der gleichen Weise wie ursprünglich bei den (Alt-)Anteilen an der übertragenden Kapitalgesellschaft vornehmen (treaty override).[93] Da die Bundesrepublik Deutschland auch bezüglich der (Neu-)Anteile an der übernehmenden Kapitalgesellschaft ungeachtet eines DBA ein uneinge-

---

[88] *Schmitt* in Schmitt/Hörtnagl/Stratz, § 11 UmwStG Rz. 21.
[89] Ausnahmen können sich beispielsweise bei Immobiliengesellschaften i. S. d. Art. 13 Abs. 4 OECD-MA ergeben.
[90] Z. B. DBA Tschechien, Slowakei und Zypern.
[91] *Hagemann/Jakob/Ropohl/Viebrock*, NWB Sonderheft Nr. 1 2007, 30, 31; angelehnt an das Beispiel von Hagemann/Jakob/Ropohl/Viebrock *Trossen* in Rödder/Herlinghaus/van Lishaut, § 13 Rz. 38.
[92] 90/434/EWG, Abl. 1990, L 225/1-5.
[93] *Klingberg* in PricewaterhouseCoopers, Reform des Umwandlungssteuerrechts, Rz. 1383.

schränktes Besteuerungsrecht hat, kann der Gesellschafter mithin einen Antrag auf Fortführung der Anschaffungskosten bzw. der Buchwerte der (Alt-)Anteile stellen. Allerdings besteht die Gefahr, dass es im Falle einer späteren Veräußerung der Anteile zu einer Doppelbesteuerung kommt, wenn auch der Ansässigkeitsstaat der übertragenden Kapitalgesellschaft bei Veräußerung sein Besteuerungsrecht wahrnimmt und im Zeitpunkt der erstmaligen Steuerverstrickung der Anteile nicht den gemeinen Wert ansetzt. Insoweit wäre in Abhängigkeit von der zu erwartenden Wertsteigerung der Anteile von einem Antrag auf Buchwertfortführung abzuraten[94].

E. Auswirkungen einer Auslandsverschmelzung bei Nichtanwendbarkeit des deutschen UmwStG

Abschließend bleibt zu klären, welche Auswirkungen eine Auslandsverschmelzung hat, wenn das deutsche UmwStG nicht anwendbar ist. Diese Frage stellt sich einerseits bei einer Auslandsverschmelzung von Rechtsträgern aus Drittstaaten, da § 1 Abs. 2 UmwStG verlangt, dass alle beteiligten Rechtsträger nach dem Recht eines EU- oder EWR-Staats gegründet werden und deren Sitz und Ort der Geschäftsleitung sich innerhalb eines dieser Staaten befinden. Andererseits stellt sich dieselbe Frage, wenn die Vergleichbarkeitsprüfung i. S. d. § 1 Abs. 1 UmwStG negativ ausfällt. Geht man etwa davon aus, dass ein vergleichbarer Vorgang nach ausländischem Zivilrecht einen Vermögensübergang im Wege der Gesamtrechtsnachfolge voraussetzt,[95] findet das UmwStG keine Anwendung auf eine Auslandsverschmelzung, die eine Übertragung im Wege der Einzelrechtsnachfolge vorsieht.

I. Auswirkungen auf Ebene der übertragenden Gesellschaft

Sofern der Anwendungsbereich des UmwStG nicht eröffnet ist (z. B. Rechtsträger aus 2 Drittstaaten, fehlende Vergleichbarkeit), gilt Folgendes:

1. Auslandsverschmelzung i. S. d. § 12 Abs. 2 S. 1 KStG

Eine Möglichkeit zur steuerneutralen Auslandsverschmelzung außerhalb des UmwStG bietet § 12 Abs. 2 S. 1 KStG für Vorgänge, die mit einer Verschmelzung nach § 2 UmwG vergleichbar sind[96]. Für die Kriterien, nach denen die Vergleichbarkeit des ausländischen zivilrechtlichen Vorgangs mit der Verschmelzung nach § 2 UmwG festzustellen ist, kann auf die Ausführungen zu Punkt B.II. verwiesen werden.

§ 12 Abs. 2 KStG setzt u. a. voraus, dass eine beschränkt steuerpflichtige Kapitalgesellschaft auf eine Kapitalgesellschaft desselben ausländischen Drittstaats verschmolzen wird. Liegen die Voraussetzungen vor, sind zwingend die steuerlichen Buchwerte fortzuführen, so dass es auf Ebene der übertragenden Kapitalgesellschaft zu keiner Gewinnrealisierung kommt. Nicht erfasst werden also Verschmelzungen zwischen einer in einem Drittstaat ansässigen Kapitalgesellschaft, die aufgrund einer inländischen Betriebsstätte beschränkt steuerpflichtig ist, mit einer Kapitalgesellschaft in einem anderen Drittstaat.[97]

---

[94] *Hagemann/Jakob/Ropohl/Viebrock*, NWB Sonderheft Nr. 1 2007, 30.
[95] *Benecke/Schnitger*, IStR 2006, 765, 769.
[96] Kritisch dazu *Lambrecht* in Gosch, KStG, § 12 Rz. 54.
[97] *Dötsch/Pung*, DB 2006, S. 2648; *Hofmeister*, in: Blümich, § 12 KStG Rz 75; *Rödder/Schumacher*, DStR 2006, 1481.

Der Anwendungsbereich des § 12 Abs. 2 KStG ist auf nicht vom UmwStG erfasste Drittstaatenfälle beschränkt.[98] EU-/EWR-Verschmelzungen, die die Voraussetzungen des § 1 Abs. 2 S. 1 und S. 2 UmwStG nicht erfüllen, werden von § 12 Abs. 2 KStG nicht erfasst (§ 12 Abs. 2 S. 1 Nr. 4 KStG).

Die übrigen Voraussetzungen (§ 12 Abs. 2 S. 1 Nr. 1-3 KStG) sind mit denen des 11 Abs. 2 UmwStG vergleichbar:

- Es muss sichergestellt sein, dass die übertragenen Wirtschaftsgüter bei der übernehmenden Kapitalgesellschaft der Körperschaftsteuer unterliegen,
- das Besteuerungsrecht der Bundesrepublik Deutschland darf nicht beschränkt werden und
- die Buchwertfortführung ist ausgeschlossen, soweit eine Gegenleistung in anderer Form als in Gesellschaftsrechten gewährt wird.

2. Sonstige Auslandsverschmelzungen

Soweit es sich um eine grenzüberschreitende Verschmelzung in Drittstaaten handelt[99] oder eine Verschmelzung innerhalb der EU/EWR ohne dabei die Voraussetzungen des § 1 UmwStG zu erfüllen, sind weder § 12 Abs. 2 KStG noch das UmwStG anwendbar; es gelten vielmehr die allgemeinen Besteuerungsgrundsätze.

In der Literatur wird vertreten, es handele sich bei der Verschmelzung aus Sicht der übertragenden Gesellschaft um einen entgeltlichen tauschähnlichen Vorgang.[100] Diese Ansicht erscheint zweifelhaft, da die übertragende Kapitalgesellschaft selbst keinen Gegenwert für die übertragenen Wirtschaftsgüter erhält.[101]

Der allgemeine **Entstrickungstatbestand** des **§ 12 Abs. 1 KStG** dürfte bei derartigen Auslandsverschmelzungen nicht zu einer Besteuerung führen, da das deutsche Besteuerungsrecht an den im Inland steuerverstrickten Wirtschaftsgütern grundsätzlich nicht ausgeschlossen oder beschränkt wird, sofern z. B. die inländische Betriebsstätte der übertragenden Kapitalgesellschaft unverändert fortgeführt wird.[102] Kommt es zu einer Verschmelzung auf eine Gesellschaft, die in einem **Nicht-DBA-Staat** ansässig ist, behält die Bundesrepublik Deutschland das Besteuerungsrecht an dem betroffenen Vermögen gem. §§ 2 Nr. 1 KStG; 49 Abs. 1 Nr. 2 a, f EStG. Ist die übernehmende Gesellschaft in einem **DBA-Staat** ansässig, bleibt das deutsche Besteuerungsrecht nach dem Betriebsstättenprinzip des Art. 13 Abs. 2 OECD-MA ebenfalls uneingeschränkt erhalten. Ausnahmen sind theoretischer Natur, da insoweit alle von der Bundesrepublik Deutschland abgeschlossenen DBA der Vorgabe des Art. 13 Abs. 2 OECD-MA entsprechen.[103]

Sofern angenommen wird, dass eine Verschmelzung in solchen Fällen einer Liquidation der übertragenden Kapitalgesellschaft gleich käme,[104] scheidet eine Besteuerung auf Grundlage der

---

[98] *Benecke* in Dötsch/Jost/Pung/Witt, KStG, § 12 Rz. 173; *Klingenberg* in PricewaterhouseCoopers, Reform des Umwandlungssteuerrechts, Rz. 1402.
[99] Z. B. Verschmelzung einer US-Inc. auf Canada Inc.
[100] *Schmitt* in Schmitt/Hörtnagl/Stratz, vor §§ 11-13 UmwStG Rz. 2.
[101] Ähnliche Argumentation zur Ablehnung der Anwendung von Tauschgrundsätzen auf Gesellschafterebene bei *Ritzer* in: Rödder/Herlinghaus/van Lishaut, Anh. 5 Rn. 65 zur Ebene der Gesellschafter.
[102] *Ritzer* in Rödder/Herlinghaus/van Lishaut, Anh. 5 Rz. 63.
[103] Abkommensübersicht zu Art. 13 Abs. 2 *Reimer* in Vogel/Lehner, DBA, Art. 13 Rz. 89.
[104] *Ritzer* in Rödder/Herlinghaus/van Lishaut, Anh. 5 Rz. 63; *Rödder* in Rödder/Herlinghaus/van Lishaut, Einf. Rz. 125.

Liquidationsbesteuerung des § 11 KStG aus, da diese Vorschrift nur für in der Bundesrepublik Deutschland unbeschränkt steuerpflichtige Kapitalgesellschaften gilt (§ 11 Abs. 1 S. 1 KStG).[105]

Gleichwohl stellt die Auslandsverschmelzung einen **liquidationsähnlichen Vorgang** dar,[106] der zu einer Gewinnrealisierung führt, da die Verschmelzung wohl zu einer Vollausschüttung auf Ebene der übertragenden Kapitalgesellschaft führt.[107] Der Aufdeckung der stillen Reserven kann mit dem Fehlen einer dem § 12 Abs. 2 KStG vergleichbaren Regelung, die eine steuerneutrale Verschmelzung ermöglicht begründet werden.[108] Alternativ ließe sich auch an eine Betriebsaufgabe nach § 8 Abs. 1 KStG i. V. m. § 16 Abs. 3 EStG denken.[109]

Im Ergebnis kann jedoch davon ausgegangen werden, dass eine grenzüberschreitende bzw. eine nicht unter den Anwendungsbereich des § 1 UmwStG fallende Auslandsverschmelzung auf Ebene der übertragenden Kapitalgesellschaft zu einer Aufdeckung und Besteuerung der im Inland steuerverstrickten stillen Reserven führen wird.

II. Auswirkungen auf Ebene der Gesellschafter der übertragenden Gesellschaft

Steuerliche Auswirkungen im Inland können sich auch für Gesellschafter der übertragenden Kapitalgesellschaft ergeben. Wie auf Ebene der übertragenden Kapitalgesellschaft ist zu unterscheiden, ob die Auslandsverschmelzung innerhalb desselben Drittstaats oder grenzüberschreitend bzw. innerhalb der EU/EWR, aber nicht unter Anwendung des § 1 UmwStG erfolgt.

1. Auslandsverschmelzungen i. S. d. § 12 Abs. 2 S. 1 KStG

Sofern eine Auslandsverschmelzung innerhalb desselben Drittstaats erfolgt, gilt für die Gesellschafter der übertragenden Kapitalgesellschaft die entsprechende Anwendung des § 13 UmwStG gem. § 12 Abs. 2 S. 2 KStG. Die Gesellschafter der übertragenden Kapitalgesellschaft werden also behandelt, als wäre das begünstigende UmwStG auf die Auslandsverschmelzung anwendbar.[110] Dabei muss das Vermögen der übertragenden Kapitalgesellschaft "durch einen Vorgang im Sinne des Satzes 1" auf die übernehmende Kapitalgesellschaft übertragen werden. Ein derartiger Vorgang setzt allerdings voraus, dass alle Voraussetzungen für eine nach § 12 Abs. 2 S. 1 KStG auf Ebene der übertragenden Kapitalgesellschaft steuerneutrale Verschmelzung vorliegen müssen. Aus der Gesetzesbegründung[111] ergibt sich jedoch, dass es insbesondere auch bei einer Verschmelzung ausländischer Kapitalgesellschaften aus unterschiedlichen Drittstaa-

---

[105] *Rödder* in Rödder/Herlinghaus/van Lishaut, Einf. Rz. 125.

[106] *Ritzer* in Rödder/Herlinghaus/van Lishaut, Anh. 5 Rz. 63; *Rödder*, in: Rödder/Herlinghaus/van Lishaut, Einf. Rz. 125.

[107] *Dötsch* in Dötsch/Patt/Pung/Möhlenbrock, vor §§ 11-13 UmwStG Rz. 2.

[108] *Klingenberg* in Blümich, § 11 UmwStG Rz. 49; *Rödder* in Rödder/Herlinghaus/van Lishaut, Einf. Rz. 2 m. w. N.

[109] Soweit die inländische Betriebsstätte nach der Verschmelzung fortbesteht, erscheint hier problematisch, dass die Betriebsaufgabe ein Ende des Betriebs als wirtschaftlicher Organismus voraussetzt.

[110] Der persönliche Anwendungsbereich der Vorschrift erstreckt sich auf sämtliche Anteilseigner der übertragenden Körperschaft, unabhängig von der Frage, ob diese einkommen- oder körperschaftsteuerpflichtig sind, vgl. *Benecke*, in: Dötsch/Pung/Jost/Witt, § 12 KStG Rz. 180.

[111] BT-Drs. 16/339, 8, zu § 12 Abs. 2 S. 2 KStG.

ten zur entsprechenden Anwendung des § 13 UmwStG kommen soll.[112] Gleiches gilt für diejenigen EU-/EWR-Fälle, die nicht von § 12 Abs. 2 S. 1 KStG erfasst sind.[113]

Eine entsprechende Anwendung des § 13 UmwStG scheidet demnach nur aus, wenn der Übertragungsvorgang nach ausländischem Zivilrecht keinen mit einer Verschmelzung i. S. d. § 2 UmwG vergleichbaren Vorgang i. S. d. § 12 Abs. 2 KStG darstellt.

2. Sonstige Auslandsverschmelzungen

Auf Gesellschafterebene – sofern § 12 Abs. 2 S. 2 KStG nicht anwendbar ist – kommt es für die steuerliche Behandlung der Anteile an der übertragenden Kapitalgesellschaft zunächst darauf an, wie die Auslandsverschmelzung aus deutsch-steuerlicher Sicht zu behandeln ist; entscheidend ist die steuerliche Qualifikation der betroffenen Anteile.

Aus Sicht der Gesellschafter kommt ein tausch-[114] oder ein liquidationsähnlicher Vorgang[115] in Betracht. Richtigerweise dürfte ein liquidationsähnlicher Vorgang vorliegen.[116] Die Gesellschafter wenden zwar ihre Anteile an der übertragenden Kapitalgesellschaft auf, veräußern sie aber nicht, denn eine Veräußerung bedeutet die entgeltliche Übertragung des zivilrechtlichen oder wirtschaftlichen Eigentums eines Wirtschaftsgutes auf einen anderen Rechtsträger.[117]

Aus diesem Umstand ergeben sich vorbehaltlich abweichender Bestimmungen etwaiger DBA auf Ebene der Gesellschafter folgende Besteuerungsfolgen:

- Soweit es sich bei dem Gesellschafter der übertragenden Kapitalgesellschaft um eine Kapitalgesellschaft handelt, ist § 8b Abs. 2 KStG einschlägig. Eine Aufteilung der Bezüge in § 8b Abs. 1 und Abs. 2 KStG hat bei der Liquidation einer ausländischen Kapitalgesellschaft nicht zu erfolgen.[118] Soweit Nennkapital zurückgezahlt wird, handelt es sich um nicht steuerbare Einnahmen.[119] Handelt es sich um eine EU/EWR-Kapitalgesellschaft sind die aus dem steuerlichen Einlagekonto stammenden Einnahmen steuerfrei, § 27 Abs. 8 KStG.

- Handelt es sich bei dem Gesellschafter um eine natürliche Person und hält sie die Anteile am übertragenden Rechtsträger in einem Betriebsvermögen, unterliegt die den Buchwert übersteigende Auskehrung dem Teileinkünfteverfahren gem. § 3 Nr. 40 S. 1 Buchst. a EStG.

- Soweit es sich bei dem Gesellschafter um solche i. S. d. § 17 EStG handelt, löst die Auslandsverschmelzung eine Besteuerung nach § 17 Abs. 4 EStG unter Anwendung des Teileinkünfteverfahrens gem. § 3 Nr. 40 S. 1 Buchst. c EStG aus.

- Bei Anteile i. S. d. § 23 EStG, die vor dem 1.1.2009 erworben wurden, löst die Auslandsverschmelzung keine Steuerfolgen aus, da § 23 EStG eine Veräußerung erfordert, die aufgrund der Annahme eines liquidationsähnlichen Vorganges gerade nicht vorliegt.[120]

---

[112] *Hofmeister* in Blümich, § 12 KStG Rz. 85.
[113] *Ritzer* in Rödder/Herlinghaus/van Lishaut, Anh. 5 Rz. 48.
[114] *Jacobs*, Internationale Unternehmensbesteuerung, 1140; *Wassermeyer* in Wassermeyer/Mayer/Rieger, Besteuerung ausländischer Unternehmen im Inland, 621 ff.
[115] BFH v. 1. 10. 1975, I R 198/73, BStBl. II 1976, 113; BFH Urt. v. 22.2.1989, BStBl. II 1989, 794; *Schnitger/Rometzki*, FR 2006, 845.
[116] *Haritz/Homeister*, FR 2001, 941 ff; *Herzig/Förster*, DB 1995, 338.
[117] *Schmitt* in Schmitt/Hörtnagl/Stratz, § 13 UmwStG Rz. 5.
[118] *Dötsch/Pung*, in: Dötsch/Jost/Pung/Witt, § 8b KStG Rz. 11.
[119] BFH Urt. v. 14. 10. 1992, BStBl. II 1993, 189.
[120] *Schnitger/Rometzki*, FR 2006, 845.

Soweit die Anteile nach dem 31. 12. 2008 erworben wurden und deren steuerliche Verstrickung der Anteile nach § 20 Abs. 2 EStG gegeben ist, könnte es zur Anwendung des § 20 Abs. 4a EStG kommen. Zwar spricht der Wortlaut von einem Tausch der Anteile, der bei einem liquidationsähnlichen Vorgang gerade nicht vorliegt. Allerdings wurde § 20 Abs. 4a EStG insbesondere für gesellschaftsrechtliche Maßnahmen eingeführt, wie z. B. Verschmelzungen, die im Ausland stattfinden und nicht dem Anwendungsbereich des UmwStG oder § 12 Abs. 2 KStG unterliegen.[121] Eine Auslandsverschmelzung ist insoweit also steuerneutral.

---

[121] BT-Drs 16/11108, 20; *Weber-Grellet* in Schmidt, EStG, § 20, Rz. 197.

6. Entstrickungsfallen des UmwStG bei internationalen Umstrukturierungen

von Dipl.-Kfm. StB Sören Goebel und Dipl.-Finanzw. StB Markus Ungemach
(Ernst & Young GmbH – Niederlassung Ruhrgebiet)

Inhaltsübersicht

A. Überblick über die Entstrickungsregelungen des UmwStG
   I. Anwendungsvoraussetzungen des UmwStG
   II. Umwandlung einer Kapitalgesellschaft auf ein Personenunternehmen
   III. Umwandlung einer Kapitalgesellschaft auf eine Kapitalgesellschaft
   IV. Sacheinlage in eine Kapitalgesellschaft
   V. Anteilstausch
   VI. Einbringung von Sachgesamtheiten in eine Personengesellschaft
B. Ausschluss oder Beschränkung des deutschen Besteuerungsrechts
   I. Allgemeines
   II. Ausschluss des deutschen Besteuerungsrechts
   III. Beschränkung des deutschen Besteuerungsrechts
C. Entstrickungsrelevante Fallkonstellationen
   I. Umwandlungen von Kapitalgesellschaften
   II. Ansatz des neutralen Vermögens bei Umwandlung einer Personengesellschaft
   III. Auswirkungen der Umwandlungen von Kapitalgesellschaften beim Anteilseigner
   IV. Sacheinlagen in Kapitalgesellschaften
   V. Anteilstausch
D. Fazit

Literatur:

Becker-Pennrich, Die Sofortbesteuerung nach § 21 Abs. 2 Satz 2 UmwStG beim grenzüberschreitenden Anteilstausch, IStR 2007, S. 684; **Benecke/Schnitger,** Letzte Änderungen der Neuregelungen des UmwStG und der Entstrickungsnormen durch das SEStEG – Beschlussempfehlung und Bericht des Finanzausschusses, IStR 2007, S. 22; **Dötsch/Jost/Pung/Witt,** Die Körperschaftsteuer, Loseblatt; **Frotscher/Maas,** Kommentar zum UmwStG, Loseblatt; **Lemaitre/Schönherr,** Die Umwandlung von Kapitalgesellschaften in Personengesellschaften durch Verschmelzung und Formwechsel nach der Neufassung des UmwStG durch das SEStEG, GmbHR 2007, 173; **Rödder/Herlinghaus/van Lishaut,** Umwandlungssteuergesetz, Köln 2008; **Schaflitzl/Widmayer,** Die Besteuerung von Umwandlungen nach dem Regierungsentwurf des SEStEG, BB Special 2006, S. 36; **Schmitt/Hörtnagl/Stratz,** Umwandlungsgesetz/Umwandlungssteuergesetz, 5. Auflage, Bonn, München und Leipzig 2009.

Mit dem Gesetz über steuerliche Begleitmaßnahmen zur Einführung der Europäischen Gesellschaft und zur Änderung weiterer steuerrechtlicher Vorschriften (SEStEG) vom 7. Dezember 2006[1] hat der deutsche Gesetzgeber u. a. den Anwendungsbereich des nationalen Umwandlungssteuerrechts unter Berücksichtigung der Vorgaben der geänderten EU-FusionsRL[2] auf grenzüberschreitende Umwandlungsvorgänge unter Beteiligung von Rechtsträgern aus Mitgliedstaaten der EU und des EWR ausgeweitet. Die Möglichkeit einer steuerneutralen Umwandlung unter Fortführung der steuerrechtlichen Buchwerte oder Anschaffungskosten wird nach dem dem reformierten UmwStG zugrunde liegenden gesetzgeberischen Willen davon abhängig gemacht, dass das Besteuerungsrecht der Bundesrepublik Deutschland hinsichtlich der übertragenen Wirtschaftsgüter gewahrt bleibt. Der vorliegende Beitrag setzt sich in Grundzügen mit der Frage auseinander, unter welchen Bedingungen das deutsche Besteuerungsrecht eingeschränkt wird und stellt darauf aufbauend einige ausgewählte entstrickungsrelevante Fallkonstellationen im Hinblick auf die Umwandlung von Kapitalgesellschaften und Personenunternehmen dar.

---

[1] BGBl I 2006, S. 2782.

[2] Richtlinie 90/434/EWG des Rates v. 23. 7. 1990 über das gemeinsame Steuersystem für Fusionen, Spaltungen, die Einbringung von Unternehmensteilen und den Austausch von Anteilen, die Gesellschaften verschiedener Mitgliedstaaten betreffen, AblEG Nr. L 225 v. 20. 8. 1990, S. 1, geändert durch die Richtlinie 2005/19/EG des Rates v. 17. 2. 2005, AblEG Nr. L 58/19 v. 4. 3. 2005.

A. Überblick über die Entstrickungsregelungen des UmwStG

I. Anwendungsvoraussetzungen des UmwStG

Die Vorschrift des § 1 UmwStG regelt die persönlichen und sachlichen Voraussetzungen, unter denen inländische und ausländische Umwandlungsvorgänge vom Anwendungsbereich des UmwStG erfasst werden.

In § 1 Abs. 2 UmwStG werden für die im **Zweiten bis Fünften Teil des UmwStG** geregelten Umwandlungsvorgänge[3] die **Ansässigkeitsvoraussetzungen** in Bezug auf den umwandelnden bzw. übertragenden und den übernehmenden Rechtsträger vorgegeben. Danach muss der umwandelnde bzw. übertragende Rechtsträger eine nach den Rechtsvorschriften eines Mitgliedstaats der EU bzw. des EWR gegründete Gesellschaft i. S. d. Art. 48 EG bzw. Art. 34 EWR mit Sitz und Ort der Geschäftsleitung innerhalb der EU bzw. des EWR sein. Der übernehmende Rechtsträger muss entweder eine Gesellschaft im vorstehenden Sinne oder eine natürliche Person sein, deren Wohnsitz oder gewöhnlicher Aufenthalt sich innerhalb des Hoheitsgebiets eines Mitgliedstaats der EU bzw. des EWR befindet und die nicht aufgrund eines DBA als in einem Drittstaat ansässig angesehen wird.

Für die im **Sechsten und Achten Teil des UmwStG** geregelten Umwandlungsvorgänge[4] gelten gem. § 1 Abs. 4 Satz 1 UmwStG die o. g. **Ansässigkeitsvoraussetzungen** hinsichtlich des übernehmenden Rechtsträgers gleichermaßen. Ist der umwandelnde, einbringende oder übertragende Rechtsträger eine Kapitalgesellschaft oder eine natürliche Person gelten grundsätzlich die o. g. Ansässigkeitsvoraussetzungen hinsichtlich des umwandelnden bzw. übertragenden Rechtsträgers entsprechend. Handelt es sich bei dem umwandelnden, einbringenden oder übertragenden Rechtsträger um eine **Personengesellschaft**, müssen die an dieser Gesellschaft beteiligten Mitunternehmer grundsätzlich die o. g. Ansässigkeitsvoraussetzungen hinsichtlich des umwandelnden bzw. übertragenden Rechtsträgers erfüllen. Eine Umwandlung i. S. d. Sechsten und Achten Teils des UmwStG kann aber alternativ auch dann in den Anwendungsbereich des UmwStG fallen, wenn der umwandelnde, einbringende oder übertragende Rechtsträger eine in einem **Drittstaat ansässige** natürliche Person, Kapitalgesellschaft oder Personengesellschaft ist, vorausgesetzt, dass das **Besteuerungsrecht** der Bundesrepublik Deutschland hinsichtlich des Gewinns aus der Veräußerung der **erhaltenen Anteile nicht ausgeschlossen oder beschränkt** ist.

Die Voraussetzungen des § 1 Abs. 4 Satz 1 UmwStG hinsichtlich des umwandelnden, einbringenden oder übertragenden Rechtsträgers gelten allerdings nicht für den **Anteilstausch** i. S. d. § 21 UmwStG. Umwandelnder, einbringender oder übertragender Rechtsträger kann in diesem Fall jede in einem EU- bzw. EWR-Staat oder in einem Drittstaat ansässige natürliche Person, Kapitalgesellschaft oder Personengesellschaft mit in einem EU- bzw. EWR-Staat oder in einem Drittstaat ansässigen Mitunternehmern sein.[5]

---

[3] Umwandlungen von Kapitalgesellschaften in Personenunternehmen gem. § 3 ff., 16 UmwStG sowie von Kapitalgesellschaften auf Kapitalgesellschaften gem. § 11 ff., 15 UmwStG (insbes. Verschmelzung, Aufspaltung, Abspaltung und Formwechsel).

[4] Einbringung betrieblicher Sachgesamtheiten (Betrieb, Teilbetrieb, Mitunternehmeranteil) in eine Kapitalgesellschaft bzw. Formwechsel einer Personengesellschaft in eine Kapitalgesellschaft gem. § 20 UmwStG sowie Anteilstausch gem. § 21 UmwStG.

[5] BT-Drs. 16/2710, S. 36 u. 45.

Die Ansässigkeitsvoraussetzungen des § 1 Abs. 4 Satz 1 UmwStG sind im Rahmen der Anwendung des **Siebten Teils des UmwStG**[6] unbeachtlich (§ 1 Abs. 4 Satz 2 UmwStG). Als Einbringender kommen alle unbeschränkt oder beschränkt steuerpflichtigen natürlichen Personen, Kapitalgesellschaften und Personengesellschaften in Betracht. Die übernehmende Personengesellschaft kann im Inland, im EU- bzw. EWR-Ausland oder in einem Drittstaat ansässig sein.[7]

II. Umwandlung einer Kapitalgesellschaft auf ein Personenunternehmen

1. Übertragende Kapitalgesellschaft

Bei einer Umwandlung einer Kapitalgesellschaft in eine Personengesellschaft oder auf eine natürliche Person sind gem. § 3 Abs. 1 Satz 1 UmwStG die übergehenden Wirtschaftsgüter in der steuerlichen Schlussbilanz der übertragenden Kapitalgesellschaft grundsätzlich mit dem **gemeinen Wert** anzusetzen.

Auf Antrag können die übergehenden Wirtschaftsgüter abweichend davon einheitlich mit dem **Buchwert** oder einem **Zwischenwert** angesetzt werden, soweit neben weiteren Voraussetzungen das **Besteuerungsrecht** der Bundesrepublik Deutschland hinsichtlich des Gewinns aus der Veräußerung der übertragenen Wirtschaftsgüter bei den Gesellschaftern der übernehmenden Personengesellschaft oder der natürlichen Person **nicht ausgeschlossen oder beschränkt** wird (§ 3 Abs. 2 Satz 1 Nr. 2 UmwStG).

2. Übernehmender Rechtsträger

Der übernehmende Rechtsträger hat gem. § 4 Abs. 1 Satz 1 UmwStG die auf ihn übergegangenen Wirtschaftsgüter mit dem in der steuerlichen Schlussbilanz der übertragenden Kapitalgesellschaft enthaltenen Wert zu übernehmen (sog. **Wertverknüpfung**). Ist eine **Personengesellschaft** übernehmender Rechtsträger muss die Prüfung der Voraussetzungen eines vom gemeinen Wert abweichenden Wertansatzes **gesellschafterbezogen** erfolgen, so dass u. U. auch nur anteilig der Ansatz des Buchwerts oder eines Zwischenwerts möglich ist.[8]

Infolge des Vermögensübergangs ergibt sich gem. § 4 Abs. 4 Satz 1 UmwStG für den übernehmenden Rechtsträger ein **Übernahmeergebnis** i. H. d. Unterschiedsbetrags zwischen dem Wert, mit dem die übergegangenen Wirtschaftsgüter zu übernehmen sind, abzüglich der Kosten für den Vermögensübergang und dem Wert der Anteile an der übertragenden Kapitalgesellschaft.

Davon abweichend sind gem. § 4 Abs. 4 Satz 2 UmwStG für die Ermittlung des Übernahmeergebnisses die übergegangenen Wirtschaftsgüter mit dem **gemeinen Wert** anzusetzen, soweit an ihnen **kein Besteuerungsrecht** der Bundesrepublik Deutschland hinsichtlich des Gewinns aus einer Veräußerung bestand (sog. **neutrales Vermögen**).

III. Umwandlung einer Kapitalgesellschaft auf eine Kapitalgesellschaft

1. Übertragende Kapitalgesellschaft

Bei einer Umwandlung einer Kapitalgesellschaft auf eine andere Kapitalgesellschaft sind gem. § 11 Abs. 1 Satz 1 UmwStG die übergehenden Wirtschaftsgüter in der steuerlichen Schlussbilanz der übertragenden Kapitalgesellschaft grundsätzlich mit dem **gemeinen Wert** anzusetzen.

---

[6] Einbringung betrieblicher Sachgesamtheiten (Betrieb, Teilbetrieb, Mitunternehmeranteil) in eine Personengesellschaft gem. § 24 UmwStG.
[7] *Benecke/Schnitger*, IStR 2007, S. 22; *Patt* in: Dötsch/Jost/Pung/Witt, § 24 UmwStG, Rz. 17.
[8] BT-Drs. 16/2710, S. 37.

Auf Antrag können die übergehenden Wirtschaftsgüter abweichend davon einheitlich mit dem **Buchwert** oder einem **Zwischenwert** angesetzt werden, soweit neben weiteren Voraussetzungen das **Besteuerungsrecht** der Bundesrepublik Deutschland hinsichtlich des Gewinns aus der Veräußerung der übertragenen Wirtschaftsgüter bei der übernehmenden Kapitalgesellschaft **nicht ausgeschlossen oder beschränkt** wird (§ 11 Abs. 2 Satz 1 Nr. 2 UmwStG).

2. Anteilseigner der übertragenden Kapitalgesellschaft

Die Anteile an der übertragenden Kapitalgesellschaft gelten auf Ebene des Anteilseigners gem. § 13 Abs. 1 UmwStG als zum **gemeinen Wert** veräußert und die an ihre Stelle tretenden Anteile an der übernehmenden Kapitalgesellschaft gelten als mit diesem Wert angeschafft.

Auf Antrag können die Anteile an der übernehmenden Kapitalgesellschaft abweichend mit dem **Buchwert** der Anteile an der übertragenden Kapitalgesellschaft angesetzt werden, wenn das **Besteuerungsrecht** der Bundesrepublik Deutschland hinsichtlich des Gewinns aus der Veräußerung der Anteile an der übernehmenden Kapitalgesellschaft **nicht ausgeschlossen oder beschränkt** wird (§ 13 Abs. 2 Satz 1 Nr. 1 UmwStG) oder die EU-Mitgliedstaaten bei einer Verschmelzung **Art. 8 EU-FusionsRL** anzuwenden haben (§ 13 Abs. 2 Satz 1 Nr. 2 UmwStG). In letzterem Fall ist der Gewinn aus einer späteren Veräußerung der erworbenen Anteile ungeachtet der Bestimmungen eines DBA in der gleichen Art und Weise zu besteuern, wie die Veräußerung der Anteile an der übertragenden Kapitalgesellschaft zu besteuern wäre. Ein **Zwischenwertansatz** ist im Rahmen der Anwendung des § 13 Abs. 2 Satz 1 UmwStG **nicht zulässig**.[9]

Die Regelung des § 13 Abs. 2 Satz 1 Nr. 2 UmwStG ist nur anwendbar, wenn an dem Umwandlungsvorgang **ausschließlich** innerhalb der **EU** ansässige Rechtsträger beteiligt sind. Ist an der Umwandlung auch ein in einem EWR-Staat ansässiger Rechtsträger beteiligt und wird das deutsche Besteuerungsrecht umwandlungsbedingt ausgeschlossen oder beschränkt, findet die Vorschrift keine Anwendung. Erfasst werden u. a. Umwandlungen, bei denen Deutschland das Besteuerungsrecht für einen Anteilsveräußerungsgewinn des Anteilseigners verlieren würde, weil das maßgebliche DBA das Besteuerungsrecht nicht Deutschland als Wohnsitzstaat des Anteilseigners, sondern dem **Ansässigkeitsstaat** der **übernehmenden Kapitalgesellschaft** zuordnet (vgl. DBA zwischen Deutschland und der Slowakei, Tschechien oder Zypern). Die Umwandlung von zwei in EU-Mitgliedstaaten ansässigen Kapitalgesellschaften ist gem. § 13 Abs. 2 Satz 1 Nr. 2 UmwStG auf Ebene des Anteilseigners also grundsätzlich **steuerneutral** möglich, selbst wenn umwandlungsbedingt das deutsche Besteuerungsrecht für einen Anteilsveräußerungsgewinn ausgeschlossen oder beschränkt wird.[10]

IV. Sacheinlage in eine Kapitalgesellschaft

1. Übernehmende Kapitalgesellschaft

Wird ein Betrieb, Teilbetrieb oder Mitunternehmeranteil in eine Kapitalgesellschaft eingebracht und erhält der Einbringende dafür neue Anteile an der Gesellschaft (sog. **Sacheinlage**) hat gem. § 20 Abs. 2 Satz 1 UmwStG die übernehmende Gesellschaft das eingebrachte Betriebsvermögen grundsätzlich mit dem **gemeinen Wert** anzusetzen.

---

[9] *Dötsch* in: Dötsch/Jost/Pung/Witt, § 13 UmwStG, Rz. 20; *Frotscher* in: Frotscher/Maas, § 13 UmwStG, Rz. 15; *Schmitt* in: Schmitt/Hörtnagl/Stratz, § 13 UmwStG, Rz. 2; *Trossen* in: Rödder/Herlinghaus/van Lishaut, § 13 UmwStG, Rz. 2.

[10] *Dötsch* in: Dötsch/Jost/Pung/Witt, § 13 UmwStG, Rz. 25; *Frotscher* in: Frotscher/Maas, § 13 UmwStG, Rz. 32 f.; *Schmitt* in: Schmitt/Hörtnagl/Stratz, § 13 UmwStG, Rz. 43 ff.

Auf Antrag kann das übernommene Betriebsvermögen abweichend davon einheitlich mit dem **Buchwert** oder einem **Zwischenwert** angesetzt werden, soweit neben weiteren Voraussetzungen das **Besteuerungsrecht** der Bundesrepublik Deutschland hinsichtlich des Gewinns aus der Veräußerung des eingebrachten Betriebsvermögens bei der übernehmenden Gesellschaft **nicht ausgeschlossen oder beschränkt** wird (§ 20 Abs. 2 Satz 2 Nr. 3 UmwStG).

2. Einbringender Rechtsträger

Der Wert, mit dem die übernehmende Gesellschaft das eingebrachte Betriebsvermögen ansetzt, gilt gem. § 20 Abs. 3 Satz 1 UmwStG für den Einbringenden als Veräußerungspreis des eingebrachten Betriebsvermögens und als Anschaffungskosten der Gesellschaftsanteile (sog. **Wertverknüpfung**).

Soweit in den Fällen der Sacheinlage unter dem gemeinen Wert in eine Kapitalgesellschaft der Einbringende die **erhaltenen Anteile** innerhalb einer **siebenjährigen Sperrfrist** nach dem Einbringungszeitpunkt **veräußert**, ist gem. § 22 Abs. 1 Satz 1 UmwStG **rückwirkend** im Wirtschaftsjahr der Einbringung beim Einbringenden der **gemeine Wert** hinsichtlich des eingebrachten Betriebsvermögens anzusetzen und ein **Einbringungsgewinn** zu besteuern. Dies gilt gem. § 22 Abs. 1 Satz 6 Nr. 6 UmwStG u. a. auch dann, wenn für den **Einbringenden** die **Ansässigkeitsvoraussetzungen** des § 1 Abs. 4 UmwStG **nicht mehr erfüllt** sind (z. B. Sitzverlegung oder Verlegung des Orts der Geschäftsleitung einer einbringenden Kapitalgesellschaft in einen Drittstaat; Verlagerung des Wohnsitzes und des gewöhnlichen Aufenthalts einer einbringenden natürlichen Person in einen Drittstaat).[11]

Im Falle der Veräußerung der im Rahmen einer Sacheinlage i. S. d. § 20 UmwStG unter dem gemeinen Wert eingebrachten Anteile gilt grundsätzlich die Sperrfristregelung des § 22 Abs. 2 UmwStG. Wird bei Sacheinlagen i. S. d. § 20 UmwStG das **Besteuerungsrecht** der Bundesrepublik Deutschland hinsichtlich des Gewinns aus der Veräußerung der **erhaltenen Anteile ausgeschlossen oder beschränkt**, sind gem. § 22 Abs. 1 Satz 5 Halbs. 2 UmwStG infolge einer **Veräußerung** der erhaltenen Anteile die **eingebrachten Anteile** in die Ermittlung des Einbringungsgewinns **einzubeziehen**. Durch die Regelung soll verhindert werden, dass die erhaltenen Anteile, soweit sie auf die im Rahmen der Sacheinlage mit eingebrachten Anteilen beruhen, nach der Einbringung **ohne deutsche Besteuerung veräußert** werden.[12]

V. Anteilstausch

1. Übernehmende Kapitalgesellschaft

Werden Anteile an einer Kapitalgesellschaft (zu erwerbende Gesellschaft) in eine Kapitalgesellschaft (übernehmende Gesellschaft) gegen Gewährung neuer Anteile an der übernehmenden Gesellschaft eingebracht, hat gem. § 21 Abs. 1 Satz 1 UmwStG die übernehmende Gesellschaft die eingebrachten Anteile mit dem **gemeinen Wert** anzusetzen (sog. **einfacher Anteilstausch**). Auf Antrag können gem. § 21 Abs. 1 Satz 2 UmwStG die eingebrachten Anteile abweichend davon mit dem **Buchwert** oder einem **Zwischenwert** angesetzt werden, wenn die übernehmende Gesellschaft nach der Einbringung aufgrund ihrer Beteiligung einschließlich der eingebrachten Anteile nachweisbar unmittelbar die Mehrheit der Stimmrechte an der zu erwerbenden Gesellschaft hat (sog. **qualifizierter Anteilstausch**).

---

[11] BT-Drs. 16/2710, S. 47.
[12] BT-Drs. 16/3369, S. 12.

2. Einbringender Rechtsträger

Der Wert, mit dem die übernehmende Kapitalgesellschaft die eingebrachten Anteile ansetzt, gilt gem. § 21 Abs. 2 Satz 1 UmwStG grundsätzlich für den Einbringenden als Veräußerungspreis der eingebrachten Anteile und als Anschaffungskosten der erhaltenen Anteile (sog. **Wertverknüpfung**).

Abweichend davon gilt gem. § 21 Abs. 2 Satz 2 UmwStG für den Einbringenden der **gemeine Wert** der eingebrachten Anteile als Veräußerungspreis der eingebrachten Anteile und als Anschaffungskosten der erhaltenen Anteile, wenn für die eingebrachten Anteile nach der Einbringung das **Besteuerungsrecht** der Bundesrepublik Deutschland hinsichtlich des Gewinns aus der Veräußerung **dieser Anteile** oder der **erhaltenen Anteile ausgeschlossen oder beschränkt** ist.

Auf Antrag gilt wiederum abweichend davon im Falle eines **qualifizierten Anteilstauschs** der **Buchwert** oder ein **Zwischenwert** als Veräußerungspreis der eingebrachten Anteile und als Anschaffungskosten der erhaltenen Anteile, wenn das **Besteuerungsrecht** der Bundesrepublik Deutschland hinsichtlich des Gewinns aus der Veräußerung der erhaltenen Anteile **nicht ausgeschlossen oder beschränkt** ist oder der Gewinn aus dem Anteilstausch aufgrund **Art. 8 EU-FusionsRL** nicht besteuert werden darf. In letzterem Fall ist der Gewinn aus einer späteren Veräußerung der erhaltenen Anteile ungeachtet der Bestimmungen eines DBA in der gleichen Art und Weise zu besteuern, wie die Veräußerung der Anteile an der zu erwerbenden Gesellschaft zu besteuern gewesen wäre. Das vorstehend beschriebene Bewertungswahlrecht des Einbringenden ist von dem bei der übernehmenden Kapitalgesellschaft nach Maßgabe des § 21 Abs. 1 UmwStG angesetzten Wert unabhängig.[13]

Soweit im Rahmen einer Sacheinlage i. S. d. § 20 UmwStG oder eines Anteilstauschs i. S. d. § 21 UmwStG unter dem gemeinen Wert **eingebrachte Anteile** an einer Kapitalgesellschaft innerhalb einer **siebenjährigen Sperrfrist** nach dem Einbringungszeitpunkt durch die übernehmende Gesellschaft unmittelbar oder mittelbar **veräußert** werden und soweit beim Einbringenden der Gewinn aus der Veräußerung dieser Anteile im Einbringungszeitpunkt **nicht** nach **§ 8b Abs. 2 KStG** steuerfrei gewesen wäre, ist gem. § 22 Abs. 2 Satz 1 UmwStG **rückwirkend** im Wirtschaftsjahr der Einbringung beim Einbringenden der **gemeine Wert** der eingebrachten Anteile anzusetzen und ein **Einbringungsgewinn** zu besteuern. Dies gilt gem. § 22 Abs. 2 Satz 6 UmwStG u. a. auch dann, wenn für die **übernehmende Kapitalgesellschaft** die **Ansässigkeitsvoraussetzungen** des § 1 Abs. 4 UmwStG **nicht mehr erfüllt** sind (z.B. Sitzverlegung oder Verlegung des Orts der Geschäftsleitung der übernehmenden Kapitalgesellschaft in einen Drittstaat).[14]

VI. Einbringung von Sachgesamtheiten in eine Personengesellschaft
1. Übernehmende Personengesellschaft

Wird ein Betrieb, Teilbetrieb oder Mitunternehmeranteil in eine Personengesellschaft eingebracht und wird der Einbringende Mitunternehmer der Gesellschaft, hat die Personengesellschaft gem. § 24 Abs. 2 Satz 1 UmwStG das eingebrachte Betriebsvermögen in ihrer Bilanz einschließlich der Ergänzungsbilanzen für ihre Gesellschafter mit dem **gemeinen Wert** anzusetzen.

Auf Antrag kann gem. § 24 Abs. 2 Satz 2 UmwStG das übernommene Betriebsvermögen davon abweichend mit dem **Buchwert** oder einem **Zwischenwert** angesetzt werden, soweit das **Besteuerungsrecht** der Bundesrepublik Deutschland hinsichtlich des eingebrachten Betriebsver-

---

[13] *Mutscher* in: Frotscher/Maas, § 21 UmwStG, Rz. 170.
[14] BT-Drs. 16/2710, S. 48.

mögens **nicht ausgeschlossen oder beschränkt** wird. Da die übernehmende Personengesellschaft nicht selbst Steuersubjekt ist, hat die Prüfung des Vorliegens eines Ausschlusses bzw. einer Beschränkung des deutschen Besteuerungsrechts **mitunternehmerbezogen** zu erfolgen.[15]

Abweichend vom Gesetzeswortlaut der Vorschriften der §§ 3, 11 und 20 UmwStG bezieht sich § 24 Abs. 2 Satz 2 UmwStG nicht ausschließlich auf das deutsche Besteuerungsrecht hinsichtlich des Gewinns aus der Veräußerung des eingebrachten Betriebsvermögens, sondern auf das deutsche Besteuerungsrecht hinsichtlich dieses Vermögens. Ungeachtet des abweichenden Wortlauts sollte auch § 24 Abs. 2 Satz 2 UmwStG ausschließlich für das **Besteuerungsrecht** hinsichtlich des **Veräußerungsgewinns** gelten, so dass das Besteuerungsrecht hinsichtlich des Gewinns aus der Nutzung des eingebrachten Betriebsvermögens im Rahmen der Anwendung der Regelung unbeachtlich sein dürfte.[16]

2. Einbringender Rechtsträger

Der Wert, mit dem das eingebrachte Betriebsvermögen in der Bilanz der Personengesellschaft einschließlich der Ergänzungsbilanzen für ihre Gesellschafter angesetzt wird, gilt gem. § 24 Abs. 3 Satz 1 UmwStG für den Einbringenden als Veräußerungspreis des eingebrachten Betriebsvermögens (sog. **Wertverknüpfung**).

B. Ausschluss oder Beschränkung des deutschen Besteuerungsrechts

I. Allgemeines

Das deutsche Besteuerungsrecht kann im Zuge der oben dargestellten Umwandlungsvorgänge nur dann ausgeschlossen oder beschränkt werden, wenn im **Vorfeld** der Umwandlung **überhaupt** ein solches Besteuerungsrecht **bestanden** hat. Bestand vor der Umwandlung kein deutsches Besteuerungsrecht (z. B. aufgrund eines DBA mit Freistellungsmethode), kann es umwandlungsbedingt nicht zu einem Ausschluss oder einer Beschränkung des deutschen Besteuerungsrechts kommen.[17]

Im Vorfeld einer Umwandlung kann ein deutsches Besteuerungsrecht je nach Fallkonstellation gegeben sein, wenn Gegenstand der Umwandlung auch **inländisches Betriebsstättenvermögen**, ausländisches Betriebsstättenvermögen in einem **Nicht-DBA-Staat** bzw. in einem DBA-Staat mit **Anrechnungsmethode**, ausländisches Betriebsstättenvermögen in einem DBA-Staat mit **Freistellungsmethode** bei Erfüllung der Voraussetzungen des § 20 Abs. 2 AStG bzw. § 50d Abs. 9 EStG.

---

[15] *Rasche* in: Rödder/Herlinghaus/van Lishaut, § 24 UmwStG, Rz. 83.
[16] *Schmitt* in: Schmitt/Hörtnagl/Stratz, § 24 UmwStG, Rz. 205.
[17] BT-Drs. 16/2710, S. 37 f. (zu § 3 UmwStG); *Birkemeier* in: Rödder/Herlinghaus/van Lishaut, § 3 UmwStG, Rz. 100; *Dötsch/Pung* in: Dötsch/Jost/Pung/Witt, § 3 UmwStG, Rz. 38; *Frotscher* in: Frotscher/Maas, § 11 UmwStG, Rz. 63; § 13 UmwStG, Rz. 21; *Lemaitre/Schönherr*, GmbHR 2007, S. 173 (175); *Mutscher* in: Frotscher/Maas, § 20 UmwStG, Rz. 235; *Rödder* in: Rödder/Herlinghaus/van Lishaut, § 11 UmwStG, Rz. 119; *Schmitt* in: Schmitt/Hörtnagl/Stratz, § 3 UmwStG, Rz. 85; § 11 UmwStG, Rz. 99; § 13 UmwStG, Rz. 36; § 20 UmwStG, Rz. 335; § 21 UmwStG, Rz. 85; § 24 UmwStG, Rz. 205; *Schnitter* in: Frotscher/Maas, § 3 UmwStG, Rz. 71; *Trossen* in: Rödder/Herlinghaus/van Lishaut, § 13 UmwStG, Rz. 32.

II. Ausschluss des deutschen Besteuerungsrechts

Zu einem Ausschluss des deutschen Besteuerungsrechts kommt es, wenn Deutschland Veräußerungsgewinne gänzlich nicht mehr besteuern darf, weil die übergehenden Wirtschaftsgüter im Zuge der Umwandlung der **deutschen Besteuerungshoheit entzogen** werden. Das deutsche Besteuerungsrecht wird danach insbesondere ausgeschlossen, wenn dieses vor der Umwandlung uneingeschränkt bestand und nach der Umwandlung auf Grundlage des **nationalen Steuerrechts entfällt** oder wenn dieses im Hinblick auf ein DBA-rechtliches **Besteuerungsverbot** aufgrund der einschlägigen Verteilungsnorm oder einer DBA-rechtlichen **Freistellungsverpflichtung** aufgrund des maßgebenden Methodenartikels ausgeschlossen wird.[18]

Es kommt auch zu einem Ausschluss des deutschen Besteuerungsrechts, wenn vor der Umwandlung ein eingeschränktes deutsches Besteuerungsrecht mit Verpflichtung zur Anrechnung einer ausländischen Steuer (z. B. DBA-Fall mit Anrechnungsmethode aufgrund Anwendung einer Aktivitätsklausel, Anwendungsfall des § 20 Abs. 2 AStG, Belegenheit einer Betriebsstätte in einem Nicht-DBA-Staat) und nach der Umwandlung (z. B. aufgrund Anwendung der DBA-rechtlichen Freistellungsmethode) **überhaupt kein deutsches Besteuerungsrecht** mehr besteht.[19]

Das deutsche Besteuerungsrecht kann ferner ausgeschlossen werden, wenn die vor der Umwandlung einer inländischen Betriebsstätte zuzuordnenden Wirtschaftsgüter aufgrund der internationalen **Zuordnungsregeln** nach der Umwandlung dem ausländischen Stammhaus oder einer ausländischen Betriebsstätte des übernehmenden Rechtsträgers zuzuordnen sind.[20] Zuordnungsprobleme ergeben sich i. d. R. beim Firmenwert, bei Beteiligungen, Lizenzen und Patenten. Regelmäßig dürfte bei diesen Wirtschaftsgütern nach h. M. eine **funktionale Zuordnung** zur inländischen Betriebsstätte nicht möglich sein; diese Wirtschaftsgüter sollen vielmehr dem Stammhaus mit der Folge der **Steuerentstrickung** zuzuordnen sein.[21]

---

[18] BT-Drs. 16/2710, S. 43 (zu § 20 UmwStG); *Becker-Pennrich*, IStR 2007, S. 684 (686) zu § 21 UmwStG; *Dötsch/Pung* in: Dötsch/Jost/Pung/Witt, § 3 UmwStG, Rz. 38; *Frotscher* in: Frotscher/Maas, § 11 UmwStG, Rz. 66; *Herlinghaus* in: Rödder/Herlinghaus/van Lishaut, § 20 UmwStG, Rz. 166; *Hörtnagl* in: Schmitt/Hörtnagl/Stratz, § 1 UmwStG, Rz. 131; *Lemaitre/Schönherr*, GmbHR 2007, S. 173 (175); *Mutscher* in: Frotscher/Maas, § 20 UmwStG, Rz. 42; § 21 UmwStG, Rz. 164; *Patt* in: Dötsch/Jost/Pung/Witt, § 24 UmwStG, Rz. 128; *Rasche* in: Rödder/Herlinghaus/van Lishaut, § 24 UmwStG, Rz. 83; *Rödder* in: Rödder/Herlinghaus/van Lishaut, § 11 UmwStG, Rz. 120; *Schmitt* in: Schmitt/Hörtnagl/Stratz, § 3 UmwStG, Rz. 86; § 11 UmwStG, Rz. 100; § 13 UmwStG, Rz. 39; § 20 UmwStG, Rz. 336; § 21 UmwStG, Rz. 86; § 24 UmwStG, Rz. 206; *Schnitter* in: Frotscher/Maas, § 3 UmwStG, Rz. 71; *Trossen* in: Rödder/Herlinghaus/van Lishaut, § 1 UmwStG, Rz. 282; § 13 UmwStG, Rz. 34.

[19] BT-Drs. 16/2710, S. 37 f. (zu § 3 UmwStG); S. 43 (zu § 20 UmwStG); *Birkemeier* in: Rödder/Herlinghaus/van Lishaut, § 3 UmwStG, Rz. 100; *Dötsch/Pung* in: Dötsch/Jost/Pung/Witt, § 3 UmwStG, Rz. 38; *Herlinghaus* in: Rödder/Herlinghaus/van Lishaut, § 20 UmwStG, Rz. 166; *Lemaitre/Schönherr*, GmbHR 2007, S. 173 (175); *Patt* in: Dötsch/Jost/Pung/Witt, § 20 UmwStG, Rz. 227; § 24 UmwStG, Rz. 128; *Schmitt* in: Schmitt/Hörtnagl/Stratz, § 13 UmwStG, Rz. 39; *Schnitter* in: Frotscher/Maas, § 3 UmwStG, Rz. 71.

[20] *Dötsch* in: Dötsch/Jost/Pung/Witt, § 11 UmwStG, Rz. 28; *Frotscher* in: Frotscher/Maas, § 11 UmwStG, Rz. 69 ff.; *Mutscher* in: Frotscher/Maas, § 20 UmwStG, Rz. 236; *Patt* in: Dötsch/Jost/Pung/Witt, § 20 UmwStG, Rz. 226; *Rödder* in: Rödder/Herlinghaus/van Lishaut, § 11 UmwStG, Rz. 122; *Schmitt* in: Schmitt/Hörtnagl/Stratz, § 11 UmwStG, Rz. 106; zur Zuordnungsproblematik vgl. BMF-Schreiben v. 24. 12. 1999, IV B 4 - S 1300 - 111/99, BStBl I 1999, S. 1076, Tz. 2.4.

[21] *Dötsch* in: Dötsch/Jost/Pung/Witt, § 11 UmwStG, Rz. 28; *Frotscher* in: Frotscher/Maas, § 11 UmwStG, Rz. 69 ff.; *Rödder* in: Rödder/Herlinghaus/van Lishaut, § 11 UmwStG, Rz. 122; *Schmitt* in: Schmitt/Hörtnagl/Stratz, § 11 UmwStG, Rz. 107; zur Zuordnung von Kapitalgesellschaftsanteilen zu einer Betriebsstätte vgl. *Goebel/Boller/Ungemach*, IStR 2008, S. 643.

Goebel/Ungemach

III. Beschränkung des deutschen Besteuerungsrechts

Zu einer Beschränkung des deutschen Besteuerungsrechts kommt es, wenn dieses zwar auch nach der Umwandlung fortbesteht, aber vor der Umwandlung keine Verpflichtung zur Anrechnung einer ausländischen Steuer bestand und nach der Umwandlung aufgrund nationaler oder bilateraler Regelungen **ausländische Steuern** auf die deutsche Steuer **anzurechnen** sind.[22]

Sollte anstelle der Steueranrechnung ein **Steuerabzug** i. S. d. § 34c Abs. 2 EStG erfolgen, dürfte ebenfalls eine Beschränkung des deutschen Besteuerungsrechts vorliegen, da der Steuerabzug zu einer Reduzierung der deutschen Steuerbemessungsgrundlage führt.[23]

C. Entstrickungsrelevante Fallkonstellationen

I. Umwandlungen von Kapitalgesellschaften

1. Inlandsumwandlungen von Kapitalgesellschaften mit Auslandsbezug

a) Allgemeines

Der Auslandsbezug kann sich bei Inlandsumwandlungen daraus ergeben, dass die übertragende inländische Kapitalgesellschaft über **im Ausland belegenes Betriebsstättenvermögen** verfügt oder dass an dieser **im Ausland ansässige Gesellschafter** beteiligt sind.[24]

Bleibt das **inländische Betriebsvermögen** der umwandelnden Kapitalgesellschaft nach der Umwandlung bei der übernehmenden inländischen Personengesellschaft weiterhin in Deutschland **steuerverhaftet**, ist wegen des Erhalts des deutschen Besteuerungsrechts ein Buchwert- oder Zwischenwertansatz möglich. In diesem Fall ist es unerheblich, ob die Gesellschafter der übernehmenden Personengesellschaft in Deutschland unbeschränkt oder beschränkt steuerpflichtig sind.[25]

Sollten jedoch einzelne Wirtschaftsgüter nicht mehr der inländischen Betriebsstätte der übernehmenden Personengesellschaft, sondern einer ausländischen Betriebsstätte/dem ausländischen Stammhaus zuzuordnen sein, kommt es insoweit zu einer **Entstrickung** der vor der Umwandlung im Inland steuerverhafteten stillen Reserven. In diesem Fall ist im Rahmen der Umwandlung zwingend der gemeine Wert anzusetzen. Die Frage der Zuordnung von Wirtschaftsgütern zu einer ausländischen Betriebsstätte oder zum inländischen Stammhaus ist danach zu

---

[22] BT-Drs. 16/2710, S. 43 (zu § 20 UmwStG); S. 45 (zu § 21 UmwStG); *Becker-Pennrich*, IStR 2007, S. 684 (686) zu § 21 UmwStG; *Birkemeier* in: Rödder/Herlinghaus/van Lishaut, § 3 UmwStG, Rz. 100; *Dötsch/Pung* in: Dötsch/Jost/Pung/Witt, § 3 UmwStG, Rz. 38; *Frotscher* in: Frotscher/Maas, § 11 UmwStG, Rz. 67; *Herlinghaus* in: Rödder/Herlinghaus/van Lishaut, § 20 UmwStG, Rz. 166; *Hörtnagl* in: Schmitt/Hörtnagl/Stratz, § 1 UmwStG, Rz. 131; *Lemaitre/Schönherr*, GmbHR 2007, S. 173 (175); *Mutscher* in: Frotscher/Maas, § 20 UmwStG, Rz. 42; § 21 UmwStG, Rz. 164; *Patt* in: Dötsch/Jost/Pung/Witt, § 20 UmwStG, Rz. 227; § 24 UmwStG, Rz. 128; *Rasche* in: Rödder/Herlinghaus/van Lishaut, § 24 UmwStG, Rz. 84; *Rödder* in: Rödder/Herlinghaus/van Lishaut, § 11 UmwStG, Rz. 120; *Schmitt* in: Schmitt/Hörtnagl/Stratz, § 3 UmwStG, Rz. 86; § 11 UmwStG, Rz. 100; § 13 UmwStG, Rz. 39; § 20 UmwStG, Rz. 336; § 21 UmwStG, Rz. 86; § 24 UmwStG, Rz. 206; *Schnitter* in: Frotscher/Maas, § 3 UmwStG, Rz. 71; *Trossen* in: Rödder/Herlinghaus/van Lishaut, § 1 UmwStG, Rz. 282; § 13 UmwStG, Rz. 35.

[23] *Becker-Pennrich*, IStR 2007, S. 684 (686) zu § 21 UmwStG; *Frotscher* in: Frotscher/Maas, § 11 UmwStG, Rz. 68; *Mutscher* in: Frotscher/Maas, § 20 UmwStG, Rz. 42; *Schmitt* in: Schmitt/Hörtnagl/Stratz, § 3 UmwStG, Rz. 86; § 11 UmwStG, Rz. 100; § 20 UmwStG, Rz. 336; § 21 UmwStG, Rz. 87; § 24 UmwStG, Rz. 207.

[24] *Schnitter* in: Frotscher/Maas, § 3 UmwStG, Rz. 75; *Lemaitre/Schönherr*, GmbHR 2007, S. 173 (182).

[25] *Schnitter* in: Frotscher/Maas, § 3 UmwStG, Rz. 76.

beurteilen, ob das betreffende Einzelwirtschaftsgut in **funktionaler Hinsicht** objektiv der Betriebsstätte oder dem Stammhaus dient.[26]

Die der **ausländischen Betriebsstätte** der übertragenden inländischen Körperschaft zuzuordnenden Wirtschaftsgüter können gem. § 3 Abs. 2 Satz 1 UmwStG mit dem Buchwert oder einem Zwischenwert angesetzt werden, soweit neben weiteren Voraussetzungen das ausländische Betriebsvermögen weiterhin in Deutschland **steuerverhaftet** bleibt. In Abhängigkeit von der **Belegenheit** der ausländischen Betriebsstätte sind die folgenden Fälle zu unterscheiden:

▸ Belegenheit in einem DBA-Staat mit **Freistellungsmethode**
▸ Belegenheit in einem DBA-Staat mit **Anrechnungsmethode**
▸ Belegenheit in einem **Nicht-DBA-Staat**

b) Belegenheit in einem DBA-Staat mit Freistellungsmethode

Die in Deutschland ansässige D-GmbH soll auf die ebenfalls in Deutschland ansässige D-OHG umgewandelt werden. Die D-GmbH unterhält eine Betriebsstätte in einem DBA-Staat. Nach dem einschlägigen DBA vermeidet Deutschland eine Doppelbesteuerung des Gewinns aus der Veräußerung des ausländischen Betriebsstättenvermögens durch Anwendung der Freistellungsmethode.

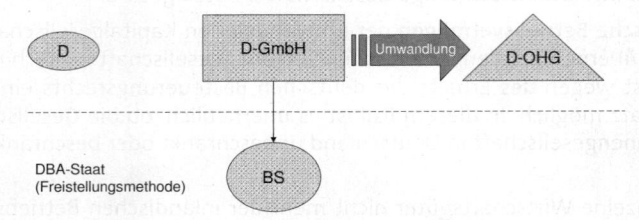

Abb. 1

Hinsichtlich des **inländischen Betriebsvermögens** der D-GmbH steht Deutschland vor der Umwandlung ein unbeschränktes Besteuerungsrecht zu. Dieses Besteuerungsrecht wird durch die Umwandlung nicht ausgeschlossen oder beschränkt. Die D-GmbH kann neben weiteren Voraussetzungen gem. § 3 Abs. 2 Satz 1 Nr. 2 UmwStG insoweit auf Antrag das übergehende inländische Betriebsvermögen mit dem Buchwert oder einen Zwischenwert ansetzen.[27]

Hinsichtlich der im **ausländischen** DBA-Staat belegenen **Betriebsstätte** hat Deutschland aufgrund Anwendung der **Freistellungsmethode** kein Besteuerungsrecht. Die Umwandlung führt demzufolge nicht zu einem Ausschluss oder einer Beschränkung des deutschen Besteuerungsrechts. Das Betriebsvermögen der ausländischen Betriebsstätte kann neben weiteren Voraussetzungen gem. § 3 Abs. 2 Satz 1 Nr. 2 UmwStG auf Antrag mit dem Buchwert oder einem Zwi-

---

[26] *Schnitter* in: Frotscher/Maas, § 3 UmwStG, Rz. 77 ff.; zur Zuordnungsproblematik vgl. BMF-Schreiben v. 24. 12. 1999, IV B 4 - S 1300 - 111/99, BStBl I 1999, S. 1076, Tz. 2.4.

[27] *Birkemeier* in: Rödder/Herlinghaus/van Lishaut, § 3 UmwStG, Rz. 104; *Schnitter* in: Frotscher/Maas, § 3 UmwStG, Rz. 76.

schenwert angesetzt werden.[28] Dies gilt **unabhängig** davon, ob die Gesellschafter der übernehmenden D-OHG in Deutschland **unbeschränkt** oder **beschränkt steuerpflichtig** sind.[29]

c) **Belegenheit in einem DBA-Staat mit Anrechnungsmethode**

Die in Deutschland ansässige D-GmbH soll auf die ebenfalls in Deutschland ansässige D-OHG umgewandelt werden. Die D-GmbH unterhält ausschließlich eine Betriebsstätte in einem DBA-Staat. Nach dem einschlägigen DBA vermeidet Deutschland eine Doppelbesteuerung des Gewinns aus der Veräußerung des ausländischen Betriebsstättenvermögens durch Anwendung der Anrechnungsmethode.

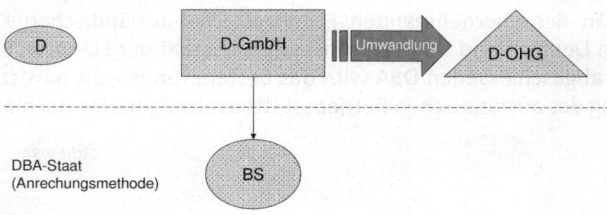

Abb. 2

Der Gewinn aus der Veräußerung des **ausländischen Betriebsstättenvermögens** unterliegt unter Anrechnung der ausländischen Steuer dem deutschen Besteuerungszugriff. Das **deutsche Besteuerungsrecht** wird aufgrund der Umwandlung **weder ausgeschlossen noch beschränkt**, wenn es sich bei dem **Gesellschafter** der D-GmbH um einen in Deutschland **unbeschränkt steuerpflichtigen** handelt. Auch nach der Umwandlung unterliegt der Veräußerungsgewinn unter Anrechnung der ausländischen Steuer auf Ebene des Gesellschafters dem deutschen Besteuerungszugriff.

Ist der **Gesellschafter** der D-GmbH hingegen ein in Deutschland lediglich **beschränkt Steuerpflichtiger**, wird im Zuge der Umwandlung das deutsche Besteuerungsrecht hinsichtlich des Gewinns aus der Veräußerung des ausländischen Betriebsstättenvermögens **ausgeschlossen**. Die Gewinnanteile, die ein beschränkt steuerpflichtiger Mitunternehmer aus einer ausländischen Betriebsstätte einer inländischen Personengesellschaft erzielt, sind in Deutschland nicht steuerbar.[30] Im Rahmen der Umwandlung ist somit gem. § 3 Abs. 2 Satz 1 Nr. 2 UmwStG zwingend der **gemeine Wert** anzusetzen.[31]

d) **Belegenheit in einem Nicht-DBA-Staat**

Die vorstehenden Ausführungen zur Beurteilung eines Ausschlusses oder einer Beschränkung des deutschen Besteuerungsrechts bei einer in einem DBA-Staat mit **Anrechnungsmethode**

---

[28] Bezüglich der Auswirkungen der Umwandlung auf die Anteilseignerebene vgl. C.III.
[29] *Birkemeier* in: Rödder/Herlinghaus/van Lishaut, § 3 UmwStG, Rz. 104; *Dötsch/Pung* in: Dötsch/Jost/Pung/Witt, § 3 UmwStG, Rz. 39; *Schmitt* in: Schmitt/Hörtnagl/Stratz, § 3 UmwStG, Rz. 91; *Schnitter* in: Frotscher/Maas, § 3 UmwStG, Rz. 82.
[30] BFH vom 24. 2. 1988, I R 95/84, BStBl II 1988, S. 663.
[31] *Birkemeier* in: Rödder/Herlinghaus/van Lishaut, § 3 UmwStG, Rz. 104; *Dötsch/Pung* in: Dötsch/Jost/Pung/Witt, § 3 UmwStG, Rz. 39; *Schmitt* in: Schmitt/Hörtnagl/Stratz, § 3 UmwStG, Rz. 92; *Schnitter* in: Frotscher/Maas, § 3 UmwStG, Rz. 83.

belegenen Betriebsstätte gelten **entsprechend**, wenn die Betriebsstätte in einem **Nicht-DBA-Staat belegen ist**.[32]

2. Hinausumwandlung von Kapitalgesellschaften

Die in Deutschland ansässige D-GmbH soll auf eine im EU- bzw. EWR-Ausland ansässige Kapitalgesellschaft umgewandelt werden. Der Gesellschafter der übertragenden D-GmbH ist in Deutschland ansässig. Die D-GmbH unterhält je eine Betriebsstätte im Inland, in einem DBA-Staat mit Freistellungsmethode, in einem DBA-Staat mit Anrechnungsmethode und in einem Nicht-DBA-Staat. Der Gesellschafter der übertragenden D-GmbH hält nach der Umwandlung sämtliche Anteile an der übernehmenden EU- bzw. EWR-ausländischen Kapitalgesellschaft. Nach dem zwischen Deutschland und dem Ansässigkeitsstaat der EU- bzw. EWR-ausländischen Kapitalgesellschaft abgeschlossenen DBA wird das Besteuerungsrecht hinsichtlich des Gewinns aus der Veräußerung des ausländischen Betriebsstättenvermögens Deutschland zugeordnet.

D   EU/EWR

D-GmbH → Umwandlung → KapG

BS
- Inland
- DBA-Staat/Freistellung
- DBA-Staat/Anrechnung
- Nicht-DBA-Staat

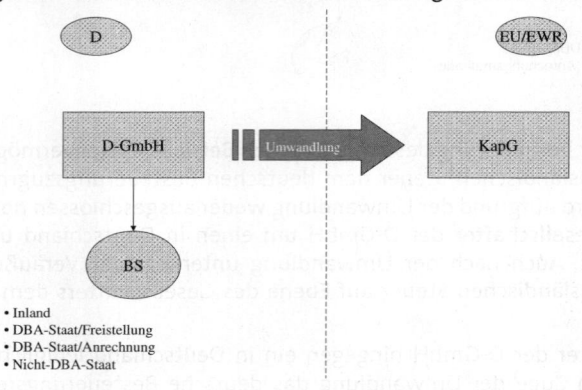

Abb. 3

Das deutsche **Besteuerungsrecht** hinsichtlich des Gewinns aus der Veräußerung des inländischen Betriebsstättenvermögens ist sowohl vor als auch nach der Umwandlung **Deutschland** zugeordnet. Unter der Annahme, dass sich im Zuge der Umwandlung in **funktionaler Hinsicht** keinerlei Veränderungen in Bezug auf die Zuordnung der Wirtschaftsgüter zur inländischen Betriebsstätte ergeben, kann neben weiteren Voraussetzungen im Rahmen der Umwandlung auf Antrag das inländische Betriebsvermögen gem. § 11 Abs. 2 Satz 1 Nr. 2 UmwStG mit dem **Buchwert** oder einem **Zwischenwert** angesetzt werden.[33]

Hinsichtlich der Wirtschaftsgüter, die der im DBA-Staat mit **Freistellungsmethode** belegenen Betriebsstätte zuzuordnen sind, kann neben weiteren Voraussetzungen auf Antrag gem. § 11 Abs. 2 Satz 1 Nr. 2 UmwStG der **Buchwert** oder ein **Zwischenwert** angesetzt werden, da sowohl vor als auch nach der Umwandlung kein deutsches Besteuerungsrecht besteht.[34]

Hinsichtlich der Wirtschaftsgüter, die der im DBA-Staat mit **Anrechnungsmethode** bzw. der im **Nicht-DBA-Staat** belegenen Betriebsstätte zuzuordnen sind, kommt es umwandlungsbedingt zu

---

[32] *Birkemeier* in: Rödder/Herlinghaus/van Lishaut, § 3 UmwStG, Rz. 104; *Dötsch/Pung* in: Dötsch/Jost/Pung/Witt, § 3 UmwStG, Rz. 39; *Schmitt* in: Schmitt/Hörtnagl/Stratz, § 3 UmwStG, Rz. 92; *Schnitter* in: Frotscher/Maas, § 3 UmwStG, Rz. 83.

[33] *Rödder* in: Rödder/Herlinghaus/van Lishaut, § 11 UmwStG, Rz. 127; *Schmitt* in: Schmitt/Hörtnagl/Stratz, § 11 UmwStG, Rz. 106 ff.

[34] *Schmitt* in: Schmitt/Hörtnagl/Stratz, § 11 UmwStG, Rz. 109.

einem Ausschluss des deutschen Besteuerungsrechts. Ein **Buchwert- oder Zwischenwertansatz** ist für die diesen Betriebsstätten zuzuordnenden Wirtschaftsgüter gem. § 11 Abs. 2 Satz 1 Nr. 2 UmwStG **nicht möglich.**[35]

3. Hereinumwandlung von Kapitalgesellschaften

Bei der Umwandlung einer in einem EU- bzw. EWR-Staat ansässigen Kapitalgesellschaft auf eine inländische Personengesellschaft findet die Vorschrift des § 3 UmwStG hinsichtlich der übergehenden Wirtschaftsgüter ebenfalls Anwendung, soweit ein **inländischer Anknüpfungspunkt** (z.B. inländische Betriebsstätte oder unbeschränkt bzw. beschränkt steuerpflichtige Gesellschafter der übertragenden Kapitalgesellschaft) vorliegt. In Abhängigkeit von der **Belegenheit** der Betriebsstätte sind die folgenden Fälle zu unterscheiden:

▶ Betriebsstätte im **Inland**
▶ Betriebsstätte im DBA-Ausland mit **Freistellungsmethode**
▶ Betriebsstätte im DBA-Ausland mit **Anrechnungsmethode**
▶ Betriebsstätte in einem **Nicht-DBA-Staat**

Eine in einem EU- bzw. EWR-Staat ansässig Kapitalgesellschaft soll auf die in Deutschland ansässige D-OHG umgewandelt werden. Die Kapitalgesellschaft hat Betriebsstätten in Deutschland, in einem DBA-Staat mit Freistellungsmethode, in einem DBA-Staat mit Anrechnungsmethode sowie in einem Nicht-DBA-Staat.

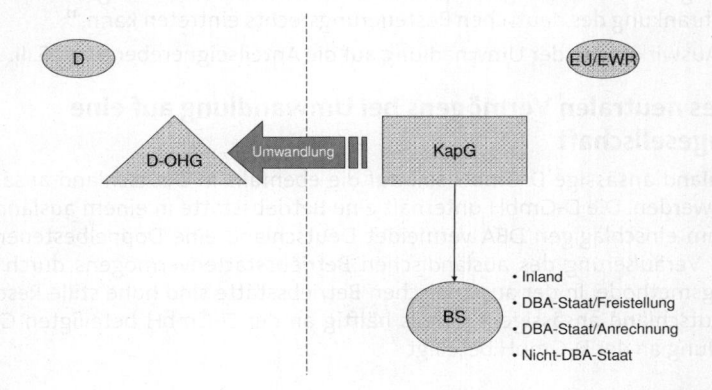

Abb. 4

Die EU-/EWR-ausländische Kapitalgesellschaft kann neben weiteren Voraussetzungen hinsichtlich des in der **deutschen Betriebsstätte** steuerverstrickten Vermögens auf Antrag gem. § 3 Abs. 2 Satz 1 Nr. 2 UmwStG den **Buchwert** oder einen **Zwischenwert** ansetzen, da es insoweit durch die Umwandlung weder zu einem Ausschluss noch zu einer Beschränkung des deutschen Besteuerungsrechts kommt.[36]

Hinsichtlich der Wirtschaftsgüter, die der im DBA-Staat mit **Freistellungsmethode** belegenen Betriebsstätte zuzuordnen sind, kann neben weiteren Voraussetzungen auf Antrag gem. § 3

---

[35] *Rödder* in: Rödder/Herlinghaus/van Lishaut, § 11 UmwStG, Rz. 127; *Schmitt* in: Schmitt/Hörtnagl/Stratz, § 11 UmwStG, Rz. 109.

[36] *Birkemeier* in: Rödder/Herlinghaus/van Lishaut, § 3 UmwStG, Rz. 106; *Schnitter* in: Frotscher/Maas, § 3 UmwStG, Rz. 91.

Abs. 2 Satz 1 Nr. 2 UmwStG der **Buchwert** oder ein **Zwischenwert** angesetzt werden, da sowohl vor als auch nach der Umwandlung kein deutsches Besteuerungsrecht besteht.[37]

Soweit im Inland unbeschränkt Steuerpflichtige an der übernehmenden D-OHG beteiligt sind, steht Deutschland nach der Umwandlung hinsichtlich der im DBA-Staat mit Anrechnungsmethode sowie der im Nicht-DBA-Staat belegenen Betriebsstätte erstmalig das Besteuerungsrecht zu. Aufgrund der Umwandlung werden die diesen Betriebsstätten zuzuordnenden Wirtschaftsgüter der übertragenden EU-/EWR-ausländischen Kapitalgesellschaft in Deutschland **steuerverstrickt**.[38]

4. Auslandsumwandlungen von Kapitalgesellschaften mit Inlandsbezug

Bei **Auslandsumwandlungen** von in EU- bzw. EWR-Staaten ansässigen Kapitalgesellschaften auf in EU- bzw. EWR-Staaten ansässige Personengesellschaften kann sich ein **Inlandsbezug** daraus ergeben, dass die übertragende EU- bzw. EWR-ausländische Kapitalgesellschaft über eine inländische Betriebsstätte verfügt oder ein Gesellschafter der übertragenden Kapitalgesellschaft in Deutschland unbeschränkt steuerpflichtig ist.[39]

Das **inländische** Betriebsstättenvermögen ist regelmäßig sowohl vor als auch nach der Umwandlung in Deutschland steuerverstrickt, so dass neben weiteren Voraussetzungen auf Antrag gem. § 3 Abs. 2 Satz 1 Nr. 2 UmwStG ein **Buchwert- oder Zwischenwertansatz** möglich ist.[40]

Bezüglich des **ausländischen** Betriebsstättenvermögens hat Deutschland weder vor noch nach der Umwandlung ein Besteuerungsrecht, so dass durch die Umwandlung weder ein Ausschluss noch eine Beschränkung des deutschen Besteuerungsrechts eintreten kann.[41]

Bezüglich der Auswirkungen der Umwnadlung auf die Anteilseignerebene vgl. C.III.

II. Ansatz des neutralen Vermögens bei Umwandlung auf eine Personengesellschaft

Die in Deutschland ansässige D-GmbH soll auf die ebenfalls in Deutschland ansässige D-OHG umgewandelt werden. Die D-GmbH unterhält eine Betriebsstätte in einem ausländischen DBA-Staat. Nach dem einschlägigen DBA vermeidet Deutschland eine Doppelbesteuerung des Gewinns aus der Veräußerung des ausländischen Betriebsstättenvermögens durch Anwendung der Freistellungsmethode. In der ausländischen Betriebsstätte sind hohe stille Reserven gebunden. Die in Deutschland ansässigen, jeweils hälftig an der D-GmbH beteiligten Gesellschafter sind seit Gründung an der D-GmbH beteiligt

---

[37] *Birkemeier* in: Rödder/Herlinghaus/van Lishaut, § 3 UmwStG, Rz. 106.

[38] Bezüglich der Auswirkungen der Umwandlung auf die Anteilseignerebene vgl. C.III.

[39] *Dötsch/Pung* in: Dötsch/Jost/Pung/Witt, § 3 UmwStG, Rz. 45; *Lemaitre/Schönherr*, GmbHR 2007, S. 173 (183); *Schmitt* in: Schmitt/Hörtnagl/Stratz, § 3 UmwStG, Rz. 101; *Schnitter* in: Frotscher/Maas, § 3 UmwStG, Rz. 86.

[40] *Birkemeier* in: Rödder/Herlinghaus/van Lishaut, § 3 UmwStG, Rz. 107; *Lemaitre/Schönherr*, GmbHR 2007, S. 173 (183); *Schmitt* in: Schmitt/Hörtnagl/Stratz, § 3 UmwStG, Rz. 101; *Schnitter* in: Frotscher/Maas, § 3 UmwStG, Rz. 87.

[41] *Lemaitre/Schönherr*, GmbHR 2007, S. 173 (183).

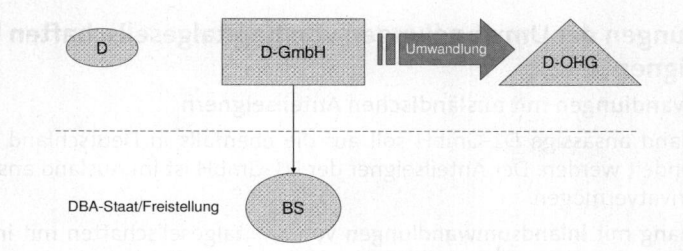

Abb. 5

Nach § 4 Abs. 4 Satz 2 UmwStG sind bei Inlandsumwandlungen mit Auslandsbezug die Wirtschaftsgüter einer in einem DBA-Staat mit Freistellungsmethode belegenen Betriebsstätte (sog. **neutrales Vermögen**) ausschließlich für Zwecke der Ermittlung des **Übernahmeergebnisses** auf Ebene der Gesellschafter der D-GmbH mit dem gemeinen Wert anzusetzen.[42]

Unabhängig davon kann die **übertragende** D-GmbH für die betreffenden Wirtschaftsgüter nach näherer Maßgabe des § 3 UmwStG den **Buchwert- oder einen Zwischenwertansatz** wählen, da vor der Umwandlung kein deutsches Besteuerungsrecht bestand, welches durch die Umwandlung ausgeschlossen oder beschränkt werden könnte.[43]

Ziel der Regelung ist die **Sicherstellung** der Besteuerung sämtlicher (d. h. auch der auf das Auslandsbetriebsvermögen entfallenden) **stillen Reserven** in den untergehenden Anteilen an der übertragenden D-GmbH, die im Falle einer **gedachten Anteilsveräußerung** der deutschen Besteuerung unterliegen würden. Hinsichtlich des ausländischen Betriebsstättenvermögens der übertragenden D-GmbH besteht vor der Umwandlung wegen Anwendung der DBA-rechtlichen Freistellungsmethode zwar kein deutsches Besteuerungsrecht. Würden die Gesellschafter jedoch ihre Anteile an der D-GmbH vor der Umwandlung veräußern, würden sich die auf das ausländische Betriebsstättenvermögen entfallenden stillen Reserven auf den Wert der veräußerten Anteile und somit auch auf die **Anteilsveräußerungsgewinne** der Gesellschafter **auswirken**. Würden die Gesellschafter der D-GmbH erst nach der Umwandlung ihre **Mitunternehmeranteile** an der aufnehmenden D-OHG **veräußern**, wäre der auf die ausländische DBA-Freistellungsbetriebsstätte entfallende Veräußerungsgewinn in Deutschland **steuerfrei**.[44]

Die Vorschrift findet auch in den Fällen der Umwandlung einer im Inland **beschränkt steuerpflichtigen** Kapitalgesellschaft mit **ausländischem Betriebsstättenvermögen** Anwendung. Die Vorschrift gilt auch in den Fällen der **Hereinumwandlung** einer im Inland nicht steuerpflichtigen EU- bzw. EWR-ausländischen Kapitalgesellschaft mit **ausländischem Betriebsstättenvermögen** auf eine inländische Personengesellschaft mit **inländischen Mitunternehmern**. Außerdem ist die Regelung bei reinen **Auslandsumwandlungen** von Kapitalgesellschaften mit **ausländischem Betriebsstättenvermögen** und mit **inländischen Gesellschaftern** anzuwenden.[45]

---

[42] BT-Drs. 16/2710, S. 38; *Pung* in: Dötsch/Jost/Pung/Witt, § 4 UmwStG, Rz. 57; *Schmitt* in: Schmitt/Hörtnagl/Stratz, § 4 UmwStG, Rz. 111; *Schnitter* in: Frotscher/Maas, § 4 UmwStG, Rz. 84 f.

[43] *Schmitt* in: Schmitt/Hörtnagl/Stratz, § 4 UmwStG, Rz. 112; *van Lishaut* in: Rödder/Herlinghaus/van Lishaut, § 4 UmwStG, Rz. 93.

[44] BT-Drs. 16/2710, S. 39; *Pung* in: Dötsch/Jost/Pung/Witt, § 4 UmwStG, Rz. 59; *Schmitt* in: Schmitt/Hörtnagl/Stratz, § 4 UmwStG, Rz. 113; *van Lishaut* in: Rödder/Herlinghaus/van Lishaut, § 4 UmwStG, Rz. 93.

[45] BT-Drs. 16/2710, S. 38; *Pung* in: Dötsch/Jost/Pung/Witt, § 4 UmwStG, Rz. 57; *Schmitt* in: Schmitt/Hörtnagl/Stratz, § 4 UmwStG, Rz. 111; *Schnitter* in: Frotscher/Maas, § 4 UmwStG, Rz. 85.

III. Auswirkungen der Umwandlungen von Kapitalgesellschaften beim Anteilseigner

1. Inlandsumwandlungen mit ausländischen Anteilseignern

Die in Deutschland ansässige D1-GmbH soll auf die ebenfalls in Deutschland ansässige D2-GmbH umgewandelt werden. Der Anteilseigner der D1-GmbH ist im Ausland ansässig und hält die Anteile im Privatvermögen.

Im Zusammenhang mit **Inlandsumwandlungen** von Kapitalgesellschaften mit **im Inland nicht ansässigen Anteilseignern** sind folgende Fälle zu unterscheiden:[46]

- Ansässigkeit des Anteilseigners in einem **DBA-Staat**, das Besteuerungsrecht wird dem **Ansässigkeitsstaat des Anteilseigners** zugewiesen
- Ansässigkeit des Anteilseigners in einem **DBA-Staat**, das Besteuerungsrecht wird dem **Ansässigkeitsstaat der übernehmenden Kapitalgesellschaft** (hier: Deutschland) zugewiesen
- Ansässigkeit des Anteilseigners in einem **Nicht-DBA-Staat**

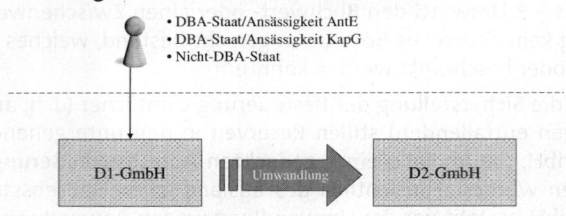

Abb. 6

Für den Fall, dass zwischen Deutschland und dem Ansässigkeitsstaat des Anteilseigners ein DBA besteht, welches das Besteuerungsrecht hinsichtlich des Gewinns aus der Veräußerung der Anteile an der übernehmenden D2-GmbH dem **Ansässigkeitsstaat des Anteilseigners** zuordnet, besteht vor der Umwandlung kein deutsches Besteuerungsrecht, welches umwandlungsbedingt ausgeschlossen oder beschränkt werden könnte. Die Anteile an der übernehmenden D2-GmbH können auf Antrag gem. § 13 Abs. 2 Satz 1 Nr. 1 UmwStG mit den **Anschaffungskosten** angesetzt werden.[47]

Ordnet das zwischen Deutschland und dem Ansässigkeitsstaat des Anteilseigners abgeschlossene DBA das Besteuerungsrecht Deutschland als dem **Ansässigkeitsstaat** der **übernehmenden Kapitalgesellschaft** zu, wird das vor der Umwandlung bestehende deutsche Besteuerungsrecht hinsichtlich eines Anteilsveräußerungsgewinns weder ausgeschlossen noch beschränkt. Die Anteile an der übernehmenden D2-GmbH können auf Antrag gem. § 13 Abs. 2 Satz 1 Nr. 1 UmwStG mit den **Anschaffungskosten** angesetzt werden.[48]

Ist der Anteilseigner in einem **Nicht-DBA-Staat** ansässig, besteht sowohl vor als auch nach der Umwandlung im Rahmen der **beschränkten Steuerpflicht** des Anteilseigners ein deutsches Besteuerungsrecht hinsichtlich eines Anteilsveräußerungsgewinns. Die Anteile an der über-

---

[46] *Frotscher* in: Frotscher/Maas, § 13 UmwStG, Rz. 23.

[47] *Dötsch* in: Dötsch/Jost/Pung/Witt, § 13 UmwStG, Rz. 23; *Frotscher* in: Frotscher/Maas, § 13 UmwStG, Rz. 23.

[48] *Dötsch* in: Dötsch/Jost/Pung/Witt, § 13 UmwStG, Rz. 23; *Frotscher* in: Frotscher/Maas, § 13 UmwStG, Rz. 23.

nehmenden D2-GmbH können auf Antrag gem. § 13 Abs. 2 Satz 1 Nr. 1 UmwStG mit den **Anschaffungskosten** angesetzt werden.[49]

2. Grenzüberschreitende Hinaus- oder Hereinumwandlungen
a) Hinausumwandlung und inländischer Anteilseigner

Die in Deutschland ansässige D-GmbH soll auf eine in einem EWR-Staat ansässige Kapitalgesellschaft umgewandelt werden. Der alleinige Anteilseigner der D-GmbH ist in Deutschland ansässig und hält die Anteile im Privatvermögen.

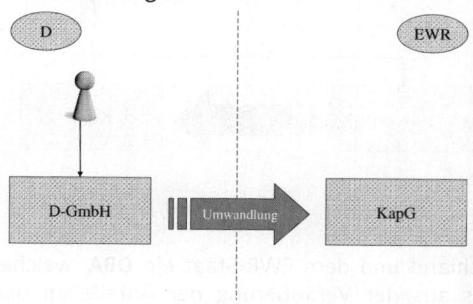

Abb. 7

Besteht zwischen Deutschland und dem EWR-Staat ein **DBA**, welches das Besteuerungsrecht hinsichtlich des Gewinns aus der Veräußerung der Anteile an der übernehmenden EWR-ausländischen Kapitalgesellschaft Deutschland als dem **Ansässigkeitsstaat** des **Anteilseigners** zuordnet, wird das deutsche Besteuerungsrecht im Zuge der Umwandlung weder ausgeschlossen noch beschränkt. Die Anteile an der übernehmenden Kapitalgesellschaft können damit auf Antrag gem. § 13 Abs. 2 Satz 1 Nr. 1 UmwStG mit den **Anschaffungskosten** der Anteile an der übertragenden D-GmbH angesetzt werden.[50]

Hat Deutschland mit dem EWR-Staat ein **DBA** abgeschlossen, welches das Besteuerungsrecht hinsichtlich des Gewinns aus der Veräußerung der Anteile an der übernehmenden EWR-ausländischen Kapitalgesellschaft dem **Ansässigkeitsstaat** der **Gesellschaft** zuordnet, wird das deutsche Besteuerungsrecht im Zuge der Umwandlung ausgeschlossen. Die Anteile an der übernehmenden Kapitalgesellschaft können nicht nach § 13 Abs. 2 Satz 1 Nr. 1 UmwStG mit den Anschaffungskosten der Anteile an der übertragenden D-GmbH angesetzt werden. Es ist zwingend der **gemeine Wert** anzusetzen.[51]

Existiert zwischen Deutschland und dem Ansässigkeitsstaat der übernehmenden EWR-ausländischen Kapitalgesellschaft **kein DBA**, besteht sowohl vor als auch nach der Umwandlung ein deutsches Besteuerungsrecht. Da gem. § 34c Abs. 1 EStG jedoch eine **ausländische Steuer** auf die deutsche Steuer **anzurechnen** ist, kommt es umwandlungsbedingt zu einer Beschränkung des deutschen Besteuerungsrechts. Die Anteile an der übernehmenden Kapitalgesellschaft können nicht nach § 13 Abs. 2 Satz 1 Nr. 1 UmwStG mit den Anschaffungskosten der Anteile an der übertragenden D-GmbH angesetzt werden. Es ist zwingend der **gemeine Wert** anzusetzen.[52]

---

[49] Dötsch in: Dötsch/Jost/Pung/Witt, § 13 UmwStG, Rz. 23; Frotscher in: Frotscher/Maas, § 13 UmwStG, Rz. 23.
[50] Frotscher in: Frotscher/Maas, § 13 UmwStG, Rz. 25.
[51] Frotscher in: Frotscher/Maas, § 13 UmwStG, Rz. 25.
[52] Frotscher in: Frotscher/Maas, § 13 UmwStG, Rz. 25.

b) Hinausumwandlung und ausländischer Anteilseigner

Die in Deutschland ansässige D-GmbH soll auf eine in einem EWR-Staat ansässige Kapitalgesellschaft umgewandelt werden. Der alleinige Anteilseigner der D-GmbH ist im EWR-Staat ansässig und hält die Anteile im Privatvermögen.

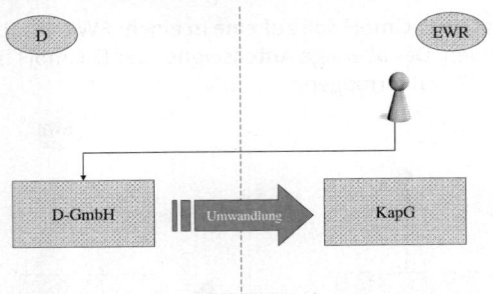

Abb. 8

Besteht zwischen Deutschland und dem EWR-Staat ein **DBA**, welches das Besteuerungsrecht hinsichtlich des Gewinns aus der Veräußerung der Anteile an der übernehmenden EWR-ausländischen Kapitalgesellschaft dem **Ansässigkeitsstaat** des **Anteilseigners** zuordnet, hat Deutschland weder vor noch nach der Umwandlung ein Besteuerungsrecht. Infolge der Umwandlung kann das deutsche Besteuerungsrecht also nicht ausgeschlossen oder beschränkt werden. Ein Antrag gem. § 13 Abs. 2 Satz 1 Nr. 1 UmwStG auf Ansatz der Anschaffungskosten **erübrigt** sich demgemäß.[53]

Hat Deutschland mit dem EWR-Staat ein **DBA** abgeschlossen, welches das Besteuerungsrecht hinsichtlich des Gewinns aus der Veräußerung der Anteile dem **Ansässigkeitsstaat** der **Gesellschaft** zuordnet, steht Deutschland als Ansässigkeitsstaat der übertragenden D-GmbH vor der Umwandlung das Besteuerungsrecht hinsichtlich des Gewinns aus der Veräußerung der Anteile an der D-GmbH zu. Nach der Umwandlung wird das deutsche Besteuerungsrecht hinsichtlich des Gewinns aus der Veräußerung der Anteile an der übernehmenden WR-ausländischen Kapitalgesellschaft ausgeschlossen. Die Anteile an der übernehmenden Kapitalgesellschaft können nicht nach § 13 Abs. 2 Satz 1 Nr. 1 UmwStG mit den Anschaffungskosten der Anteile an der übertragenden D-GmbH angesetzt werden. Es ist zwingend der **gemeine Wert** anzusetzen.[54]

Besteht zwischen Deutschland und dem Ansässigkeitsstaat der übernehmenden EWR-ausländischen Kapitalgesellschaft **kein DBA**, sind die Anteile an der übertragenden D-GmbH vor der Umwandlung in Deutschland steuerverstrickt. Bei einer gedachten Veräußerung dieser Anteile unterläge der Anteilseigner mit dem hieraus erzielten Gewinn der beschränkten deutschen Steuerpflicht i. S. d. § 49 Abs. 1 Nr. 2 Buchst. e EStG. Infolge der Umwandlung wird das deutsche Besteuerungsrecht hinsichtlich des Gewinns aus der Veräußerung der Anteile an der übernehmenden Kapitalgesellschaft **mangels fortbestehenden Inlandsbezugs** ausgeschlossen. Die Anteile an der übernehmenden Kapitalgesellschaft können nicht nach § 13 Abs. 2 Satz 1 Nr. 1 UmwStG mit den Anschaffungskosten der Anteile an der übertragenden D-GmbH angesetzt werden. Es ist zwingend der **gemeine Wert** anzusetzen.[55]

---

[53] *Frotscher* in: Frotscher/Maas, § 13 UmwStG, Rz. 26.
[54] *Frotscher* in: Frotscher/Maas, § 13 UmwStG, Rz. 26.
[55] *Frotscher* in: Frotscher/Maas, § 13 UmwStG, Rz. 26.

c) Hereinumwandlung und inländischer Anteilseigner

Eine in einem EWR-Staat ansässige Kapitalgesellschaft soll auf die in Deutschland ansässige D-GmbH umgewandelt werden. Der alleinige Anteilseigner der übertragenden EWR-ausländischen Kapitalgesellschaft ist in Deutschland ansässig und hält die Anteile im Privatvermögen.

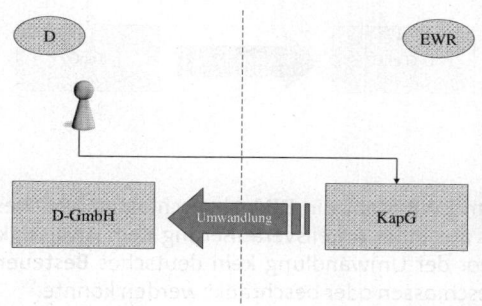

Abb. 9

Besteht zwischen Deutschland und dem EWR-Staat ein **DBA**, welches das Besteuerungsrecht hinsichtlich des Gewinns aus der Veräußerung der Anteile dem **Ansässigkeitsstaat** des **Anteilseigners** zuordnet, bleibt das vor der Umwandlung bestehende deutsche Besteuerungsrecht auch nach der Umwandlung erhalten. Die Anteile an der übernehmenden D-GmbH können daher auf Antrag gem. § 13 Abs. 2 Satz 1 Nr. 1 UmwStG mit den **Anschaffungskosten** der Anteile an der übertragenden EWR-ausländischen Kapitalgesellschaft angesetzt werden.[56]

Hat Deutschland mit dem EWR-Staat ein **DBA** abgeschlossen, welches das Besteuerungsrecht hinsichtlich des Gewinns aus einer Anteilsveräußerung dem **Ansässigkeitsstaat** der übertragenden EWR-ausländischen **Kapitalgesellschaft** zuordnet, besteht vor der Umwandlung kein deutsches Besteuerungsrecht. Das deutsche Besteuerungsrecht wird durch die Umwandlung nicht ausgeschlossen oder beschränkt, sondern vielmehr erst **begründet**. Der Vorgang ist in Deutschland **ohne steuerrechtliche Konsequenzen**.[57]

Existiert zwischen Deutschland und dem Ansässigkeitsstaat der übertragenden EWR-ausländischen Kapitalgesellschaft **kein DBA**, kommt ein Ausschluss oder eine Beschränkung des deutschen Besteuerungsrechts aufgrund der sowohl vor als auch nach der Umwandlung im Inland bestehenden unbeschränkten Steuerpflicht des Anteilseigners hinsichtlich eines Anteilsveräußerungsgewinns nicht in Betracht. Die Anteile an der übernehmenden D-GmbH können auf Antrag gem. § 13 Abs. 2 Satz 1 Nr. 1 UmwStG mit den **Anschaffungskosten** der Anteile an der übertragenden EWR-ausländischen Kapitalgesellschaft angesetzt werden.[58]

d) Hereinumwandlung und ausländischer Anteilseigner

Eine in einem EWR-Staat ansässige Kapitalgesellschaft soll auf die in Deutschland ansässige D-GmbH umgewandelt werden. Der alleinige Anteilseigner der übertragenden EWR-ausländischen Kapitalgesellschaft ist im EWR-Staat ansässig und hält die Anteile im Privatvermögen.

---

[56] *Frotscher* in: Frotscher/Maas, § 13 UmwStG, Rz. 27.
[57] *Frotscher* in: Frotscher/Maas, § 13 UmwStG, Rz. 27.
[58] *Frotscher* in: Frotscher/Maas, § 13 UmwStG, Rz. 27.

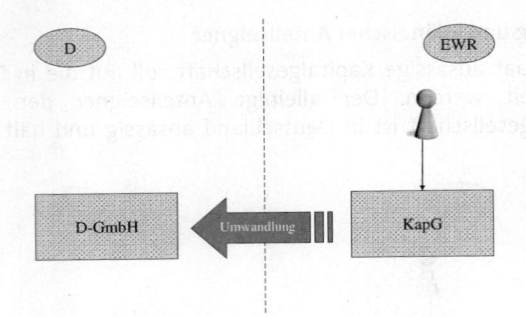

Abb. 10

Hat Deutschland mit dem EWR-Staat ein **DBA** abgeschlossen, welches das Besteuerungsrecht hinsichtlich des Gewinns aus einer Anteilsveräußerung dem **Ansässigkeitsstaat** des **Anteilseigners** zuordnet, besteht vor der Umwandlung **kein** deutsches **Besteuerungsrecht**, welches umwandlungsbedingt ausgeschlossen oder beschränkt werden könnte.[59]

Besteht zwischen Deutschland und dem EWR-Staat ein **DBA**, welches das Besteuerungsrecht hinsichtlich des Gewinns aus einer Anteilsveräußerung dem **Ansässigkeitsstaat** der übertragenden EWR-ausländischen **Kapitalgesellschaft** zuordnet, hat Deutschland vor der Umwandlung kein Besteuerungsrecht, welches umwandlungsbedingt ausgeschlossen oder beschränkt werden könnte. Der Vorgang ist in Deutschland **ohne steuerrechtliche Konsequenzen**.[60]

Existiert zwischen Deutschland und dem Ansässigkeitsstaat des Anteilseigners **kein DBA**, hat Deutschland vor der Umwandlung kein Besteuerungsrecht. Das deutsche Besteuerungsrecht hinsichtlich des Gewinns aus der Veräußerung der Anteile an der übernehmenden D-GmbH wird durch die Umwandlung erst **begründet**. Der Vorgang ist in Deutschland **ohne steuerrechtliche Konsequenzen**.[61]

3. Auslandsumwandlungen mit Inlandsbezug

Auch im Rahmen bestimmter Auslandsumwandlungen kann das deutsche Besteuerungsrecht hinsichtlich des Gewinns aus der Veräußerung der Anteile an der übernehmenden Kapitalgesellschaft ausgeschlossen oder beschränkt werden. Dabei werden die nachfolgenden Fallgruppen unterschieden.

Eine in einem EWR-Staat (im Folgenden: Staat A) ansässige Kapitalgesellschaft (im Folgenden: EWR-KapG) soll auf die in einem EU-Mitgliedstaat (im Folgenden: Staat B) ansässige Kapitalgesellschaft (im Folgenden: EU-KapG) umgewandelt werden. Der alleinige Anteilseigner der übertragenden EWR-ausländischen Kapitalgesellschaft ist in Deutschland ansässig und hält die Anteile im Privatvermögen.

---

[59] *Frotscher* in: Frotscher/Maas, § 13 UmwStG, Rz. 28.
[60] *Frotscher* in: Frotscher/Maas, § 13 UmwStG, Rz. 28.
[61] *Frotscher* in: Frotscher/Maas, § 13 UmwStG, Rz. 28.

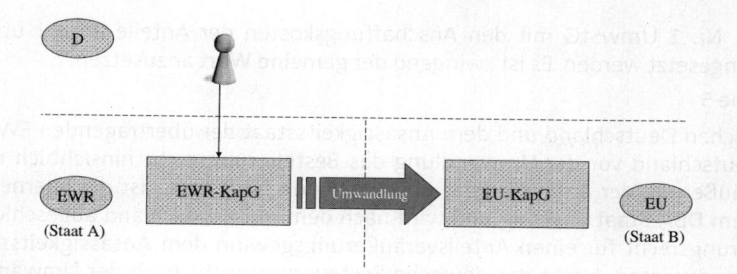

Abb. 11

a) Fallgruppe 1

Wird das Besteuerungsrecht hinsichtlich des Gewinns aus einer Anteilsveräußerung aufgrund von **DBA**, die Deutschland mit Staat A und Staat B abgeschlossen hat, **jeweils** dem **Ansässigkeitsstaat** des **Anteilseigners** zugewiesen, steht Deutschland das Besteuerungsrecht sowohl vor als auch nach der Umwandlung zu. Das deutsche Besteuerungsrecht hinsichtlich des Gewinns aus einer Veräußerung der Anteile an der EU-KapG wird infolge der Umwandlung nicht ausgeschlossen oder beschränkt. Die Anteile an der übernehmenden EU-KapG können auf Antrag gem. § 13 Abs. 2 Satz 1 Nr. 1 UmwStG mit den **Anschaffungskosten** der Anteile an der EWR-KapG angesetzt werden.[62]

b) Fallgruppe 2

Weisen die **DBA**, die Deutschland mit Staat A und Staat B abgeschlossen hat, das Besteuerungsrecht hinsichtlich des Gewinns aus einer Anteilsveräußerung **jeweils** dem **Ansässigkeitsstaat** der **Kapitalgesellschaft** zu, steht Deutschland sowohl vor als auch nach der Umwandlung kein Besteuerungsrecht zu, so dass dieses auch nicht umwandlungsbedingt ausgeschlossen oder beschränkt werden kann. Der Vorgang ist für deutsche Besteuerungszwecke **unbeachtlich**.[63]

c) Fallgruppe 3

Für den Fall, dass das **DBA** zwischen Deutschland und Staat A das Besteuerungsrecht hinsichtlich des Gewinns aus einer Anteilsveräußerung dem **Ansässigkeitsstaat** der **übertragenden EWR-KapG** zuordnet, steht Deutschland vor der Umwandlung kein Besteuerungsrecht zu. Wird nach dem zwischen Deutschland und Staat B abgeschlossenen **DBA** das Besteuerungsrecht dem **Ansässigkeitsstaat** des **Anteilseigners** zugewiesen, werden die Anteile an der übernehmenden EU-KapG infolge der Umwandlung in Deutschland erstmals **steuerverstrickt**. Der Vorgang erfolgt auf Ebene des Anteilseigners steuerneutral.[64]

d) Fallgruppe 4

Weist das zwischen Deutschland und Staat A abgeschlossene **DBA** das Besteuerungsrecht hinsichtlich des Gewinns aus einer Anteilsveräußerung dem **Ansässigkeitsstaat** des **Anteilseigners** zu, besteht vor der Umwandlung ein deutsches Besteuerungsrecht. Wird aufgrund des zwischen Deutschland und Staat B abgeschlossenen **DBA** das Besteuerungsrecht dem **Ansässigkeitsstaat** der **übernehmenden EU-KapG** zugewiesen, wird das deutsche Besteuerungsrecht hinsichtlich des Gewinns aus der Veräußerung der Anteile an der übernehmenden EU-KapG umwandlungsbedingt ausgeschlossen. Die Anteile an der übernehmenden EU-KapG können nicht gem. § 13

---

[62] *Frotscher* in: Frotscher/Maas, § 13 UmwStG, Rz. 29.
[63] *Frotscher* in: Frotscher/Maas, § 13 UmwStG, Rz. 29.
[64] *Frotscher* in: Frotscher/Maas, § 13 UmwStG, Rz. 29.

Abs. 2 Satz 1 Nr. 1 UmwStG mit den Anschaffungskosten der Anteile an der übertragenden EWR-KapG angesetzt werden. Es ist zwingend der **gemeine Wert** anzusetzen.[65]

e) Fallgruppe 5

Besteht zwischen Deutschland und dem Ansässigkeitsstaat der übertragenden EWR-KapG **kein DBA**, hat Deutschland vor der Umwandlung das Besteuerungsrecht hinsichtlich des Gewinns aus der Veräußerung der Anteile an der übertragenden EWR-KapG. Ist die übernehmende EU-KapG in einem **DBA-Staat** ansässig und wird nach dem mit Deutschland abgeschlossenen DBA das Besteuerungsrecht für einen Anteilsveräußerungsgewinn dem **Ansässigkeitsstaat** des **Anteilseigners** zugewiesen, bleibt das deutsche Besteuerungsrecht nach der Umwandlung erhalten. Die Anteile an der übernehmenden EU-KapG können auf Antrag gem. § 13 Abs. 2 Satz 1 Nr. 1 UmwStG mit den **Anschaffungskosten** der Anteile an der übertragenden EWR-KapG angesetzt werden.[66]

f) Fallgruppe 6

Besteht zwischen Deutschland und dem Ansässigkeitsstaat der übertragenden EWR-KapG **kein DBA**, hat Deutschland vor der Umwandlung das Besteuerungsrecht hinsichtlich des Gewinns aus der Veräußerung der Anteile an der übertragenden EWR-KapG. Ist die übernehmende EU-KapG in einem **DBA-Staat** ansässig und wird nach dem mit Deutschland abgeschlossenen DBA das Besteuerungsrecht für einen Anteilsveräußerungsgewinn dem **Ansässigkeitsstaat** der **übernehmenden EU-KapG** zugewiesen, wird das deutsche Besteuerungsrecht nach der Umwandlung ausgeschlossen. Die Anteile an der übernehmenden EU-KapG können nicht gem. § 13 Abs. 2 Satz 1 Nr. 1 UmwStG mit den Anschaffungskosten der Anteile an der übertragenden EWR-KapG angesetzt werden. Es ist zwingend der **gemeine Wert** anzusetzen.[67]

IV. Sacheinlagen in Kapitalgesellschaften

1. Einbringung ausländischen Betriebsstättenvermögens (Freistellungsmethode)

Die in Deutschland ansässige D-GmbH unterhält in einem EU- bzw. EWR-ausländischen DBA-Staat eine Betriebsstätte. Nach dem einschlägigen DBA vermeidet Deutschland eine Doppelbesteuerung hinsichtlich des Gewinns aus der Veräußerung des ausländischen Betriebsstättenvermögens durch Anwendung der Freistellungsmethode. Die ausländische Betriebsstätte soll in eine im EU- bzw. EWR-ausländischen Betriebsstättenstaat ansässige Kapitalgesellschaft eingebracht werden.

---

[65] *Frotscher* in: Frotscher/Maas, § 13 UmwStG, Rz. 29.
[66] *Frotscher* in: Frotscher/Maas, § 13 UmwStG, Rz. 29.
[67] *Frotscher* in: Frotscher/Maas, § 13 UmwStG, Rz. 29.

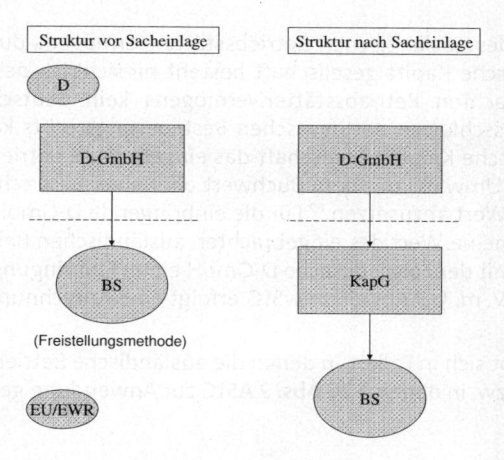

Abb. 12

Schon **vor** der **Einbringung** des ausländischen Betriebsstättenvermögens durch die D-GmbH in die EU- bzw. EWR-ausländische Kapitalgesellschaft steht Deutschland **kein Besteuerungsrecht** zu, so dass es infolge der Einbringung nicht zu einem Ausschluss oder einer Beschränkung des deutschen Besteuerungsrechts kommen kann.[68]

2. Einbringung ausländischen Betriebsstättenvermögens (Anrechnungsmethode)

Die in Deutschland ansässige D-GmbH unterhält im EU- bzw. EWR-ausländischen DBA-Staat eine Betriebsstätte. Nach dem einschlägigen DBA vermeidet Deutschland eine Doppelbesteuerung hinsichtlich des Gewinns aus der Veräußerung des ausländischen Betriebsstättenvermögens aufgrund einer Aktivitätsklausel durch Anwendung der Anrechnungsmethode. Die ausländische Betriebsstätte soll in eine im EU- bzw. EWR-ausländischen Betriebsstättenstaat ansässige Kapitalgesellschaft eingebracht werden.

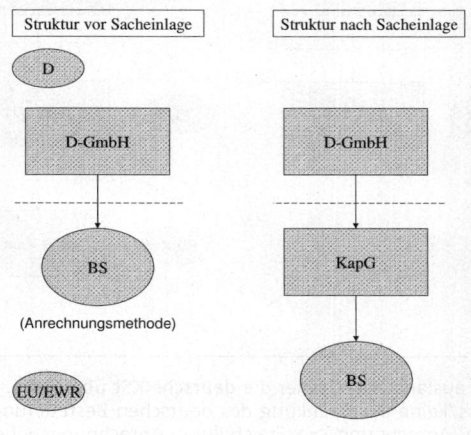

Abb. 13

---

[68] *Herlinghaus* in: Rödder/Herlinghaus/van Lishaut, § 20 UmwStG, Rz. 168; *Schmitt* in: Schmitt/Hörtnagl/Stratz, § 20 UmwStG, Rz. 342.

Nach der **Einbringung** des ausländischen Betriebsstättenvermögens durch die D-GmbH in die EU- bzw. EWR-ausländische Kapitalgesellschaft besteht hinsichtlich des Gewinns aus der Veräußerung des eingebrachten Betriebsstättenvermögens **kein deutsches Besteuerungsrecht** mehr. Aufgrund des Ausschlusses des deutschen Besteuerungsrechts kann die übernehmende EU- bzw. EWR-ausländische Kapitalgesellschaft das eingebrachte Betriebsvermögen nicht gem. § 20 Abs. 2 Satz 2 Nr. 3 UmwStG mit dem Buchwert oder einem Zwischenwert ansetzen. Es ist zwingend der **gemeine Wert** anzusetzen.[69] Für die einbringende D-GmbH gilt gemäß § 20 Abs. 3 Satz 1 UmwStG der gemeine Wert des eingebrachten ausländischen Betriebsstättenvermögens als Veräußerungspreis mit der Folge, dass die D-GmbH einen **Einbringungsgewinn** zu versteuern hat. Nach § 20 Abs. 7 i. V. m. § 3 Abs. 3 UmwStG erfolgt eine Anrechnung fiktiver ausländischer Steuern.[70]

Die gleiche Lösung ergibt sich in Fällen, in denen die ausländische Betriebsstätte in einem **Nicht-DBA-Staat** belegen ist bzw. in denen **§ 20 Abs. 2 AStG** zur Anwendung gelangt.[71]

V. Anteilstausch

Die in Deutschland ansässige D-GmbH ist alleinige Anteilseignerin einer in einem EWR-Staat ansässigen Kapitalgesellschaft (im Folgenden: EWR-KapG). Die Anteile an der EWR-KapG sollen in eine in einem EU-Mitgliedstaat ansässige Kapitalgesellschaft (im Folgenden: EU-KapG) eingebracht werden. Nach der Einbringung verfügt die EU-KapG über 100 % der Stimmrechte an der EWR-KapG. Nach dem jeweils einschlägigen zwischen Deutschland und dem Ansässigkeitsstaat der EWR-KapG bzw. der EU-KapG abgeschlossenen DBA ist das Besteuerungsrecht hinsichtlich des Gewinns aus der Veräußerung der Anteile an der EWR-KapG bzw. EU-KapG Deutschland als Ansässigkeitsstaat des Anteilseigners zugewiesen.

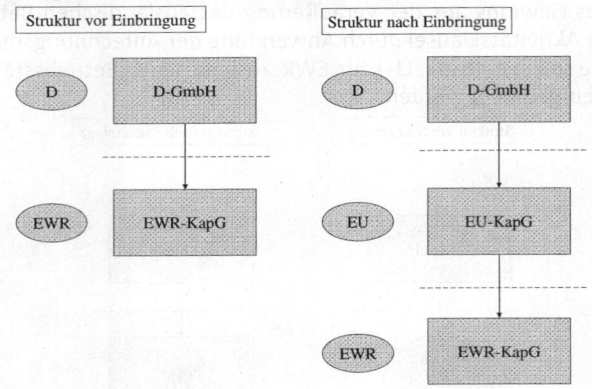

Abb. 14

---

[69] Soweit die anrechenbare ausländische Steuer die deutsche KSt übersteigt, tritt bei wirtschaftlicher Betrachtung kein Ausschluss/keine Beschränkung des deutschen Besteuerungsrechts ein. Dass aufgrund der zweistufigen Prüfung (Anrechnung <=> Freistellung; Anrechnungshöhe vor Umwandlung <=> Anrechnungshöhe nach Umwandlung) ein Ausschluss/eine Beschränkung des deutschen Besteuerungsrechts durch die Finanzverwaltung gesehen wird, ist anzunehmen.

[70] *Herlinghaus* in: Rödder/Herlinghaus/van Lishaut, § 20 UmwStG, Rz. 168; *Schmitt* in: Schmitt/Hörtnagl/Stratz, § 20 UmwStG, Rz. 342.

[71] *Schmitt* in: Schmitt/Hörtnagl/Stratz, § 20 UmwStG, Rz. 342.

1. Ebene der übernehmenden EU-KapG

Die EU-KapG hat die eingebrachten Anteile an der EWR-KapG gem. § 21 Abs. 1 Satz 1 UmwStG grundsätzlich mit dem gemeinen Wert anzusetzen. Abweichend hiervon können die Anteile auf Antrag mit dem **Buchwert** angesetzt werden, da die EU-KapG nach der Einbringung über 100 % der Stimmrechte an der EWR-KapG verfügt und es sich somit um einen **qualifizierten Anteilstausch** i. S. d. § 21 Abs. 1 Satz 2 UmwStG handelt.

2. Ebene der einbringenden D-GmbH

a) Grundsatz

Grundsätzlich gilt gem. § 21 Abs. 2 Satz 1 UmwStG der Wert, mit dem die EU-KapG die eingebrachten Anteile an der EWR-KapG ansetzt, für die D-GmbH als Veräußerungspreis der eingebrachten Anteile und als Anschaffungskosten der erhaltenen Anteile (sog. **Wertverknüpfung**). Es gilt daher grundsätzlich der Buchwert der eingebrachten Anteile an der EWR-KapG für die einbringende D-GmbH als Veräußerungspreis dieser Anteile sowie als Anschaffungskosten der erhaltenen Anteile an der EU-KapG.

b) Ausnahme

Abweichend gilt für die einbringende D-GmbH gem. § 21 Abs. 2 Satz 2 UmwStG der gemeine Wert der eingebrachten Anteile an der EWR-KapG als Veräußerungspreis dieser Anteile sowie als Anschaffungskosten der erhaltenen Anteile an der EU-KapG, wenn nach der Einbringung das deutsche Besteuerungsrecht hinsichtlich des Gewinns aus der Veräußerung der **eingebrachten Anteile** und/oder der **erhaltenen Anteile** ausgeschlossen oder beschränkt ist.

Da das deutsche Besteuerungsrecht hinsichtlich des Gewinns aus der Veräußerung der eingebrachten Anteile an der EWR-KapG ausgeschlossen ist, sind diese **grundsätzlich** mit dem **gemeinen Wert** anzusetzen.[72]

c) Rückausnahme

Im Falle eines **qualifizierten Anteilstauschs** i. S. d. § 21 Abs. 1 Satz 2 UmwStG können neben weiteren Voraussetzungen die eingebrachten Anteile an der EWR-KapG auf Antrag gem. § 21 Abs. 2 Satz 3 Nr. 1 UmwStG mit dem Buchwert oder einem Zwischenwert angesetzt werden, wenn das deutsche Besteuerungsrecht hinsichtlich des Gewinns aus der Veräußerung der erhaltenen Anteile an der EU-KapG nicht ausgeschlossen oder beschränkt ist.

Im vorliegenden Fall steht Deutschland hinsichtlich des Gewinns aus der Veräußerung der erhaltenen Anteile an der EU-KapG das uneingeschränkte Besteuerungsrecht zu. Die einbringende D-GmbH kann danach auf Antrag die eingebrachten Anteile an der EWR-KapG mit dem **Buchwert** ansetzen, so dass der Anteilstausch auf Ebene der D-GmbH **steuerneutral** vollzogen werden kann.[73]

D. Fazit

Das deutsche Besteuerungsrecht kann im Rahmen von Umwandlungsvorgängen nur dann ausgeschlossen oder beschränkt werden, wenn im **Vorfeld** der Umwandlung **überhaupt** ein solches Besteuerungsrecht **bestanden** hat.

---

[72] *Rabback* in: Rödder/Herlinghaus/van Lishaut, § 21 UmwStG, Rz. 103; *Schmitt* in: Schmitt/Hörtnagl/Stratz, § 21 UmwStG, Rz. 90.

[73] *Schmitt* in: Schmitt/Hörtnagl/Stratz, § 21 UmwStG, Rz. 90.

Das deutsche Besteuerungsrecht wird insbesondere ausgeschlossen, wenn dieses vor der Umwandlung uneingeschränkt bestand und nach der Umwandlung auf Grundlage des **nationalen Steuerrechts entfällt** oder wenn dieses im Hinblick auf ein DBA-rechtliches **Besteuerungsverbot** aufgrund der einschlägigen Verteilungsnorm oder einer DBA-rechtlichen **Freistellungsverpflichtung** aufgrund des maßgebenden Methodenartikels ausgeschlossen wird. Es kommt auch zu einem Ausschluss des deutschen Besteuerungsrechts, wenn vor der Umwandlung ein eingeschränktes deutsches Besteuerungsrecht mit Verpflichtung zur Anrechnung einer ausländischen Steuer und nach der Umwandlung **überhaupt kein deutsches Besteuerungsrecht** mehr besteht. Das deutsche Besteuerungsrecht kann ferner ausgeschlossen werden, wenn die vor der Umwandlung einer inländischen Betriebsstätte zuzuordnenden Wirtschaftsgüter aufgrund der internationalen **Zuordnungsregeln** nach der Umwandlung dem ausländischen Stammhaus oder einer ausländischen Betriebsstätte des übernehmenden Rechtsträgers zuzuordnen sind.

Zu einer Beschränkung des deutschen Besteuerungsrechts kommt es, wenn dieses zwar auch nach der Umwandlung fortbesteht, aber vor der Umwandlung keine Verpflichtung zur Anrechnung einer ausländischen Steuer bestand und nach der Umwandlung aufgrund nationaler oder bilateraler Regelungen **ausländische Steuern** auf die deutsche Steuer **anzurechnen** sind. Sollte anstelle der Steueranrechnung ein **Steuerabzug** i. S. d. § 34c Abs. 2 EStG erfolgen, dürfte ebenfalls eine Beschränkung des deutschen Besteuerungsrechts vorliegen. Auch die Erhöhung der Anrechnung ausländischer Steuern auf die deutsche Steuer wird aller Voraussicht nach als Beschränkung des deutschen Besteuerungsrechts qualifizieren

Die oben dargestellten entstrickungsrelevanten Fallkonstellationen verdeutlichen die Komplexität und Vielschichtigkeit der Entstrickungsregelungen des UmwStG. Diese im Rahmen der Europäisierung des deutschen Umwandlungssteuerrechts gesetzgeberisch vorgegebenen „Spielregeln" sind bei der Umstrukturierung multinational tätiger Unternehmen und Unternehmensgruppen zwingend zu beachten, um die Steuerneutralität der Umwandlung zu wahren.

Goebel/Ungemach

7. Probleme der Spaltung von Kapitalgesellschaften mit Auslandsberührung

von Dipl.-Kfm. Achim Fey, Steuerberater, Wirtschaftsprüfer, Fachberater für Internationales Steuerrecht, Frankfurt/M.

Inhaltsübersicht

A. Einführung
   I. Was ist eine Spaltung?
   II. Gründe für eine Spaltung
   III. Internationale Aspekte
B. Rechtliche und steuerrechtliche Grundlagen
   I. Gesellschaftsrechtliche Bestimmungen
   II. Steuerrechtliche Grundlagen
C. Inlandsspaltung mit Auslandsbezug
   I. Der Grundsachverhalt
   II. Problembereiche bei Auslandsberührung
D. Grenzüberschreitende Spaltung
   I. Abwandlung des Grundfalles
   II. Herausspaltung
   III. Hineinspaltung
E. Auslandsspaltung mit Inlandsbezug
   I. Abwandlung des Grundfalles
   II. Problembereiche
F. Zusammenfassung

Literatur:

Dötsch, Inländische Umwandlungsvorgänge mit Auslandsberührung, BB 1998, 1029 ff.; **Fey/Neyer**, Zweifelsfragen bei der Spaltung eines internationalen Konzerns – Trennung von Gesellschafterstämmen, Veräußerung an außenstehende Personen, IStR 1998, 161 ff.; *dies.*, Veränderungssperre für Konzernstrukturen nach steuerneutraler Spaltung, IStR 1999, 274 ff.; **Flick**, Umstrukturierungen nach dem Unternehmenserwerb in den USA (oder bleibt die Kuh auf dem Eis?), IStR 2001, 502; **Haritz/Homeister**, Besteuerung deutscher Anteilseigner bei Umstrukturierungen von Kapitalgesellschaften im Ausland und Europarecht – zugleich ein Beitrag zu §13 Umwandlungssteuergesetz, FR 2001, 941 ff.; **Herzig/Förster**, Problembereiche bei der Auf- und Abspaltung von Kapitalgesellschaften nach neuem Umwandlungssteuerrecht, DB 1995, 338; **Herzig/Momen**, Die Spaltung von Kapitalgesellschaften im neuen Umwandlungssteuergesetz, DB 1994, 2157, 2210; **Kallmeyer/Kappes**, Grenzüberschreitende Verschmelzungen und Spaltungen nach SEVIC Systems und der EU-Verschmelzungsrichtlinie, AG 2006, 224; **Lennerz**, Die internationale Verschmelzung und Spaltung unter Beteiligung deutscher Gesellschaften, Köln 2001; **Momen**, Steuerneutralität grenzüberschreitender Spaltungen von Kapitalgesellschaften im deutschen Ertragssteuerrecht, Köln 1992; **Siegemund**, Die Spaltung von Kapitalgesellschaften auf Kapitalgesellschaften und deren Auswirkungen auf die Anwendung von §50c EStG, IStR 1996, 232 ff.; **Thiel**, Die Spaltung (Teilverschmelzung) im Umwandlungsgesetz und im Umwandlungssteuergesetz – neue Möglichkeiten zur erfolgsneutralen Umstrukturierung von Kapitalgesellschaften, DStR 1995, 237, 276; *ders*, Unternehmenssteuerreform: Auswirkungen auf das Umwandlungssteuerrecht – Geplante Änderungen und Ausblick, FR 2000, 493; **Thies**, Spaltung eines international tätigen börsennotierten Konzerns und die "schädliche Veräußerung" i. S. von § 15 Abs. 3 Sätze 2 bis 5 UmwG, DB 1999, 2179 ff.

A. Einführung

I. Was ist eine Spaltung?

Die Spaltung ist eine Form der Reorganisation von Unternehmen. Dabei werden Vermögensgegenstände und Schulden aus einer Gesellschaft in eine andere Gesellschaft übertragen. Die Anteilseigner der übertragenden Gesellschaft erhalten im Gegenzug für die Hingabe des Vermögens Anteile an der aufnehmenden Gesellschaft. Insofern handelt es sich um den Umkehrfall der Verschmelzung oder Fusion.

Die Spaltung kann ihrer Art nach unterschiedlich ausgestaltet sein, wobei im Rahmen der Spaltung die übertragende Gesellschaft entweder bestehen bleibt oder untergeht. Man spricht von einer Aufspaltung, wenn die Vermögenswerte und Schulden auf zwei oder mehrere neue Gesellschaften unter Liquidation der übertragenden Gesellschaft übertragen werden. Die Anteilseigner der übertragenden Gesellschaft erhalten Anteile an den neuen aufnehmenden Gesellschaften. Bei einer Abspaltung wird nur ein Teil der Vermögenswerte und Schulden auf eine oder mehrere Gesellschaften gegen Gewährung von neuen Anteilsrechten an die Anteilseigner der übertragenden Gesellschaft, die weiterhin bestehen bleibt, transferiert.

II. Gründe für eine Spaltung

Die Gründe für eine Spaltung sind vielfältig. So stellen Spaltungen ein probates Mittel dar, einzelne derzeit unselbständige Profitcenter oder auch Abteilungen in unabhängige und selbständige Rechtsformen zu überführen oder zusammenzufassen. Weiterhin können Spaltungen dazu dienen, den Wert von Anteilen an Gesellschaften durch andere Zuordnungen oder Trennungen zu erhöhen (Shareholder Value Maximierung). Im Bereich der Vor- und Nachbereitung von Unternehmenskäufen und -verkäufen werden sie als so genannte postaquisitorische Maßnahmen eingesetzt.[1] Ebenso können Spaltungen bei der Vorbereitung des Generationswechsels und der Unternehmensnachfolge in Familienunternehmen dienlich sein und damit zur Trennung von Gesellschaftern beitragen. Schließlich kann durch Spaltungen die Anpassung an neue Marktverhältnisse herbeigeführt und insbesondere im Hinblick auf die Entwicklungen in der Europäischen Union diesen begegnet werden.

III. Internationale Aspekte

Aufgrund der zunehmenden Internationalisierung der Unternehmen beschränken sich Reorganisationsmaßnahmen nicht nur auf rein nationale Sachverhalte, sondern auch auf internationale.[2] Im Bereich der Umwandlung von Unternehmen können dadurch für die Spaltung folgende Situationen entstehen, in denen ein Auslandsbezug zu berücksichtigen ist:[3]

- Die übertragende Gesellschaft hat ausländische Anteilseigner.
- Die übertragende Gesellschaft hat ausländische Vermögensgegenstände und Schulden.
- Die übertragende Gesellschaft hat ihren Sitz im Ausland, aber die Anteilseigner und/oder Vermögensgegenstände und Schulden sind im Inland.

---

[1] Weitere Gründe für Spaltungen finden sich bei *Rädler*, Generalbericht zur Jahrestagung der IFA 1994, CDFI, LXXIX b (1994), S. 513 f.

[2] Einen Systematisierungsversuch zur Begriffsabgrenzung zwischen "internationaler" und "grenzüberschreitender" Spaltung hat *Lennerz*, Die internationale Verschmelzung und Spaltung unter Beteiligung deutscher Gesellschaften, S. 15 f. unternommen. Bei einer internationalen Spaltung sind Gesellschaften mit unterschiedlichen Personalstatuten beteiligt, während bei nationalen Spaltungen nur Gesellschaften mit demselben Personalstatut beteiligt sind und der In- bzw. Auslandsbezug in Form von in- oder ausländischen Gesellschaftern oder durch im In- oder Ausland belegenes Vermögen hergestellt wird.

[3] *Schaumburg*, Internationales Steuerrecht, 2. A. S. 1065.

Aufgrund dieser unterschiedlichen Ausgangslagen sind von Herzig die folgenden Fallgruppen grenzüberschreitender Spaltungen systematisiert worden:

Fallgruppe	Kennzeichnung	Ursprungs-gesellschaft	Nachfolge-gesellschaft	Übertragenes Vermögen	Gesellschafter
1	Inl. Spaltung mit Auslandsbezug	Inland	Inland	Inland oder Ausland	Inländer oder Ausländer
2	Herausspaltung	Inland	Ausland	Inland oder Ausland	Inländer oder Ausländer
3	Hineinspaltung	Ausland	Inland	Inland oder Ausland	Inländer oder Ausländer
4	Ausl. Spaltung mit Inlandsbezug	Ausland	Ausland	Inland oder Ausland	Inländer oder Ausländer

Abb. 1: Fallgruppen grenzüberschreitender Spaltungen[4]

Diese Fallgruppen und deren steuerliche Beurteilung werden im Anschluss an die nachfolgende Darstellung der rechtlichen und steuerrechtlichen Grundlagen ausführlich behandelt.

B. Rechtliche und steuerrechtliche Grundlagen

I. Gesellschaftsrechtliche Bestimmungen

1. Umwandlungsrecht

Die gesellschaftsrechtlichen Grundlagen der Spaltung sind seit dem 1.1.1995 im Umwandlungsgesetz zusammengefasst. Dieses ist durch das Gesetz zur Bereinigung des Umwandlungsrechtes und das Gesetz zur Änderung des Umwandlungssteuerrechtes vom 28. 10. 1994 (UmwBerG)[5] grundlegend neu strukturiert worden. Damit sind zum ersten Mal gesellschaftsrechtliche Regelungen für die Spaltung kodifiziert worden. Nach § 1 UmwG ist die Spaltung unter den folgenden Voraussetzungen zulässig:[6]

- es muss sich um eine der dort aufgezählten Umwandlungsarten handeln (Typenzwang) und
- es muss sich bei dem Beteiligten um eine Körperschaft handeln, wobei nicht nur inländische, sondern auch ausländische Körperschaften (Typenvergleich)[7] in Betracht kommen, wenn es sich bei der Umwandlung um einen vergleichbaren ausländischen Vorgang oder eine Umwandlung nach der SE-VO oder SCE-VO handelt, und
- der Rechtsträger muss seinen Sitz im Inland haben.

Grundsätzlich finden zunächst die im zweiten Buch des UmwG (§§ 2 bis 122 UmwG) für die Verschmelzung aufgestellten Regelungen auch auf die Spaltung Anwendung (die Spaltung wird als so genannter Umkehrfall der Verschmelzung betrachtet),[8] sofern nicht speziellere Regelun-

---

[4] *Herzig* in: Schaumburg/Piltz (Hrsg.), Internationales Umwandlungssteuerrecht, S. 127 ff. [S. 143].
[5] BGBl 1994 I 3210.
[6] *Hörtnagl* in: Schmitt/Hörtnagl/Stratz, § 1 UmwG, Rz. 1 f.
[7] Zum Typenvergleich siehe insbesondere *Möhlenbrock*, in: Dötsch/Patt/Pung/Möhlenbrock, Körperschaftsteuer, § 1 UmwStG, Rz. 79.
[8] Vgl. die Regierungsbegründung zum UmwBerG, BT-Drucks. 12/6699, S. 117, 124.

gen greifen. Diese sind im dritten Buch des UmwG (§§ 123 bis 173 UmwG) niedergelegt. So werden nach § 123 Abs. 1 UmwG drei Arten der Spaltung zugelassen, nämlich die Aufspaltung, die Abspaltung und die Ausgliederung. Diesen drei Spaltungsarten ist gemeinsam, dass das Vermögen, oder Teile davon, als Gesamtheit von einem übertragenden Rechtsträger auf einen oder mehrere übernehmende Rechtsträger im Wege der Sonderrechtsnachfolge gem. § 131 Abs. 1 Nr. 1 UmwG (so genannte partielle Gesamtrechtsnachfolge oder Universalsukzession) gegen Gewährung von Gesellschaftsrechten übertragen wird. Während bei der Auf- und der Abspaltung die Gewährung der Gesellschaftsrechte an die Anteilseigner der übertragenden Gesellschaft erfolgt, erhält bei der Ausgliederung[9] die übertragende Gesellschaft selbst die Anteilsrechte an der übernehmenden Gesellschaft.

2. Auslandsaspekte

Grundvoraussetzung für die Anwendung der Spaltungsregelungen des Umwandlungsgesetzes ist nach § 1 UmwG, dass es sich bei den beteiligten Rechtsträgern um inländische Körperschaften handelt. Auf die Einbeziehung auch ausländischer Körperschaften als beteiligte Rechtsträger wurde zunächst verzichtet, obwohl die EG-Fusionsrichtlinie vom 23. 7. 1990[10] auch grenzüberschreitende Umwandlungsvorgänge durch Gesamtrechtsnachfolge geregelt hat.[11] Dieser Teil der EG-Fusionsrichtlinie war nicht in das deutsche Gesellschaftsrecht übernommen worden. Eine direkte Anwendung der Regelungen der EG-Fusionsrichtlinie auf grenzüberschreitende Sachverhalte wurde daher auf Grund der alten Fassung des UmwG von der deutschen Finanzverwaltung abgelehnt.

Die Rahmenbedingungen für grenzüberschreitende Umwandlungen haben sich für EU Gesellschaften geändert. So ist durch die Einführung der Europäischen Gesellschaft (SE),[12] die EuGH-Rechtssprechung in der Sache SEVIC Systems[13] und die EU-Richtlinie zur grenzüberschreitenden Verschmelzungen von Kapitalgesellschaften vom 26. 10. 2005[14] das Umwandlungsgesetz grundlegend geändert worden.[15] Durch dieses Gesetz wurde ein neuer Abschnitt über grenzüberschreitende Verschmelzung von Kapitalgesellschaften in das UmwG aufgenommen (§§ 122a – 122l UmwG). Grenzüberschreitend ist danach eine Verschmelzung, wenn mindestens eine der beteiligten Kapitalgesellschaften dem Recht eines anderen EU-Staates unterliegt. Damit sind Verschmelzungen unter Beteiligungen von Gesellschaften aus Drittstaaten nicht erfasst.

Ebenso nicht erfasst sind grenzüberschreitende Spaltungen, so dass derzeit die zivilrechtliche Regelung zur Durchführung einer grenzüberschreitenden Auf- oder Abspaltung fehlt. In der Literatur wird die Meinung vertreten, dass die Versagung einer nach nationalem Recht zulässigen grenzüberschreitenden Spaltung, einen Verstoß gegen die europäischen Grundfreiheiten

---

[9] Die Spaltung mittels Ausgliederung wird im Folgenden nicht weiter behandelt, da für diese Art der Spaltung nicht die steuerlichen Spaltungsvorschriften (§§ 15, 16 UmwStG) Anwendung finden, sondern die Vorschriften über die Einbringung (§§ 20, 24 UmwStG).

[10] EG-Fusionsrichtlinie v. 23. 7. 1990, - 90/434/EWG-, ABlEG Nr. L 225, S. 1.

[11] *Thömmes* in: Flick/Wassermeyer/Baumhoff, AStG-Kommentar, § 23 UmwStG Rz. 50.

[12] Verordnung (EG) Nr. 2157/2001 des Rates v. 8.10.2005 über das Statut der Europäischen Gesellschaft, ABl. EG Nr. L 294,1.

[13] EuGH v. 13. 12. 2005 – Rs. L. 411/03, AG 2006, 80

[14] Richtlinie 2005/56/EG, ABl. EG Nr. L 310 v. 25. 11. 2005

[15] Zweites Gesetz zur Änderung des UmwG v. 19. 4. 2007, BGBl. 2007 I, 542,

darstellt. Daher könnten Unternehmen sich insbesondere auf die SEVIC-Entscheidung des EuGH[16] berufen.[17]

II. Steuerrechtliche Grundlagen

1. Ausgangsgedanke

Durch das UmwBerG wurde das Umwandlungssteuergesetz unter anderem in der Form verändert, dass auch die steuerlichen Konsequenzen von Spaltungsvorgängen eine gesetzliche Grundlage erfahren haben. Ziel war es, neben der Umsetzung der EG-Fusionsrichtlinie Strukturveränderungen bei deutschen Gesellschaften zu erleichtern und nicht durch zusätzliche Steuerlasten zu behindern. Vor dem Hintergrund des Tauschgedankens sollten Spaltungsvorgänge unter bestimmten Voraussetzungen weder bei den beteiligten Gesellschaften noch bei deren Anteilseignern eine Besteuerung auslösen und im Grundsatz zwar als Veräußerungen oder veräußerungsgleiche Vorgänge gewertet werden, aber mit der Möglichkeit, diese steuerneutral durchzuführen. Eine andere Wertung hätte die sofortige Realisierung von Veräußerungsergebnissen mit der entsprechenden Besteuerung zur Folge. Die durch das UmwStG 1995 geschaffenen Möglichkeiten erlauben somit eine Aufschiebung der Gewinnverwirklichung und deren Besteuerung, was an verschiedene Voraussetzungen geknüpft ist.

Eine weitere grundlegende Änderung erfuhr das UmwStG durch das Gesetz über steuerliche Begleitmaßnahmen zur Erfüllung der Europäischen Gesellschaft und zur Änderung weiterer steuerrechtlicher Vorschriften (SEStEG).[18]

Damit ist das deutsche Steuerrecht an die Vorgaben des Europarechts angepasst worden, wodurch insbesondere der Anwendungsbereich des UmwStG auf grenzüberschreitende Umwandlungen ausgedehnt wurde.

2. Grundlegende Voraussetzungen für die Steuerfreiheit

a) Gesellschaftsrecht

Grundvoraussetzung für die Anwendbarkeit des UmwStG ist, dass es sich bei der Spaltung um eine Auf- oder Abspaltung i. S. des UmwG handeln muss (§ 1 Abs. 1 Satz 1 UmwG). Sachlich muss es sich aufgrund von § 15 Abs. 1 UmwStG um eine Auf- oder Abspaltung handeln, wie sie in § 123 UmwG beschrieben ist.[19]

b) Anwendbarkeit der Verschmelzungsvorschriften

Auf Grund des Aufbaus des UmwStG sind für die Spaltung zunächst die Vorschriften für die Verschmelzung (§§ 11 bis 13) entsprechend anwendbar,[20] sofern nicht die spezielleren steuerlichen Regelungen für die Spaltung (§ 15 UmwStG) diesen vorgehen. Die Vorschriften zur Verschmelzung verpflichten die übertragende Kapitalgesellschaft in § 11 Abs. 1 UmwStG, die übergehenden Vermögensgegenstände und Schulden mit dem gemeinen Wert zu bewerten. Auf

---

[16] EuGH v. 13. 12. 2005 – Rs. L. 411/03, AG 2006, 80

[17] Vgl. dazu *Geyrhalter/Weber*; DStR 2006, 146; *Meilicke/Rabback*, GmbHR 2006, 123; *Dötsch/Pung*, DB 2006, 2804.

[18] SEStEG v. 7. 12. 2006, BGBl. 2006 I, 2782.

[19] In § 123 Abs. 3 UmwG wird die Ausgliederung als weitere gesellschaftsrechtlich zulässige Spaltungsform geregelt. Steuerlich wird die Ausgliederung aber nach den für die Einbringung geltenden Vorschriften gem. §§ 20 ff. UmwStG behandelt. Daher wird im Folgenden nicht näher auf diese Spaltungsart eingegangen.

[20] *Hörtnagl* a. a. O. (oben Fn. 7), § 15 UmwStG, Rz. 244.

Antrag können die übergehenden Wirtschaftsgüter aber auch mit dem Buchwert oder einem Zwischenwert angesetzt werden. Voraussetzung dafür ist, dass die spätere Besteuerung bei der übernehmenden Körperschaft sichergestellt ist, dass das Besteuerungsrecht der Bundesrepublik Deutschland nicht ausgeschlossen oder beschränkt wird und dass eine Gegenleistung nicht gewährt wird oder in Gesellschaftsrechten besteht (§ 11 Abs. 2 UmwStG). Der Ansatz des Buchwertes hat die Steuerfreiheit der Verschmelzung zur Folge. Aufgrund von § 15 Abs. 1 Satz 1 UmwStG gilt dies auch für Spaltungen. Weiterhin sind bei Spaltungen die speziellen Spaltungsvorschriften zu beachten.

3. Spezielle Spaltungsvorschriften

a) Teilbetriebsvoraussetzung

Die besonderen steuerlichen Rechtsfolgen der Spaltung werden nur dann eintreten, wenn im Rahmen der Auf- oder Abspaltung ein Teilbetrieb übertragen wird. Ebenso muss gem. § 15 Abs. 1 UmwG bei der Abspaltung das verbleibende Vermögen zu einem Teilbetrieb gehören.[21] Hintergrund dieser Regelung ist der Versuch, die aufgeschobene Gewinnrealisierung bei der Übertragung von Einzelwirtschaftsgütern zu vermeiden. Der Teilbetriebsbegriff orientiert sich am nationalen Recht, wie er in R16 Abs. 3 EStR definiert ist. Danach ist ein Teilbetrieb "ein mit einer gewissen Selbständigkeit ausgestatteter organisch geschlossener Teil des Gesamtbetriebes, der für sich betrachtet alle Merkmale eines Betriebes aufweist und für sich lebensfähig ist".[22] Die weitergehende Definition des europarechtlichen Teilbetriebsbegriffes, wie sie sich aus Art. 2 i) der EG-Fusionsrichtlinie, sowie aus der EuGH-Rechtsprechung[23] herleitet, kann in den im UmwStG geregelten Inlandsfällen nicht zu Grunde gelegt werden.[24] Die Anwendung der EG-Fusionsrichtlinie setzt voraus, dass an der Spaltung Gesellschaften aus mindestens zwei verschiedenen Mitgliedsstaaten der EU beteiligt sind, was bei reinen Inlandsfällen nicht gegeben ist.

Für eventuell mögliche grenzüberschreitende Umwandlungen und die vergleichbaren ausländischen Vorgänge i. S. v. § 1 Abs. 1 Nr. 1 UmwStG dürfte die Anwendung des europarechtlichen Teilbetriebsbegriffes unstreitig sein.[25]

b) Missbrauchstatbestände

In Abs. 2 von § 15 UmwStG werden drei Missbrauchstatbestände definiert, bei deren Vorliegen die steuerbegünstigten Möglichkeiten zur Spaltung nicht genutzt werden können.

Danach dürfen die so genannten fiktiven Teilbetriebe, das sind gem. § 15 Abs. 1 Satz 3 UmwStG Mitunternehmeranteile oder hundertprozentige Beteiligungen an Kapitalgesellschaften, die im Rahmen der Spaltung übertragen werden sollen, nicht erst innerhalb von drei Jahren vor dem steuerlichen Übertragungsstichtag geschaffen worden sein. Dies könnte durch die Ausgliederung von Einzelwirtschaftsgütern zur Einbringung in eine Mitunternehmerschaft oder Kapitalgesellschaft sehr leicht erreicht werden.[26]

---

[21] Das UmwStG unterscheidet bei den Teilbetrieben zwischen echten Teilbetrieben und so genannten fiktiven Teilbetrieben. Das sind entweder Mitunternehmeranteile oder hundertprozentige Beteiligungen an Kapitalgesellschaften (§ 15 Abs. 1 Satz 3 UmwStG).
[22] BFH-Urt. v. 1. 2. 1989, BStBl 1989 II 460.
[23] EuGH-Urt. v. 13. 10. 1992, Rs. C-50/91, Slg. I 1992, S. 5225.
[24] BMF-Schreiben v. 25. 3. 1998, BStBl 1998 I 268 (im Folgenden als "UmwSt-Erlass" bezeichnet).
[25] Vgl. *Hörtnagl* a. a. O. (oben Fn. 7), § 15 UmwStG, Rz. 59.
[26] *Herzig/Momen*, DB 1994, 2160; *Hörtnagl* a. a. O. (oben Fn. 7), § 15 UmwStG, Rz. 117.

Eine zweite Missbrauchsklausel betrifft die Besitzdauer für die Anteile der an der Spaltung beteiligten Rechtsträger. Eine steuerbegünstigte Spaltung ist ausgeschlossen, wenn durch die Spaltung eine Veräußerung an außenstehende Personen vollzogen werden soll. Dies ist auch der Fall, wenn innerhalb von fünf Jahren nach der Spaltung die Anteile einer an der Spaltung beteiligten Körperschaft veräußert werden. Dabei müssen diese Anteile mehr als 20 v. H. der vor wirksam werden der Spaltung der Körperschaft bestehenden Anteile ausmachen (§ 15 Abs. 2 Sätze 2 bis 4 UmwStG).

Die letzte Missbrauchsklausel betrifft die Trennung von Gesellschafterstämmen. Die Steuerbegünstigung wird in den Fällen der Trennung von Gesellschafterstämmen davon abhängig gemacht, dass die Beteiligungen an der übertragenden Körperschaft mindestens fünf Jahre vor dem steuerlichen Übertragungsstichtag bestanden haben (§ 15 Abs. 2 Satz 5 UmwStG).

4. Rechtsfolgen

a) Übertragende Gesellschaft

Aufgrund von § 15 Abs. 1 UmwStG finden §§ 11 bis 13 UmwStG analoge Anwendung. Der übertragenden Körperschaft steht grundsätzlich das Antragsrecht im Rahmen der Bewertung des übertragenden Vermögens zu, die übergehenden Vermögenswerte in der Schlussbilanz mit dessen Buchwerten oder Zwischenwerten anzusetzen. Das bedeutet, dass durch den Ansatz des Buchwertes die Übertragung des Vermögens nicht zu einer Gewinnrealisierung und damit einer Besteuerung führt.

b) Übernehmende Gesellschaft

Aufgrund der Bindungswirkung der steuerlichen Schlussbilanz der übertragenden Gesellschaft für die übernehmende Gesellschaft hat diese die von der übertragenden Gesellschaft angesetzten Werte zu übernehmen (§ 12 Abs. 1 UmwStG) und tritt hinsichtlich der Ermittlung der AfA, der verrechenbaren Verluste, verbleibender Verlustvorträge, nicht ausgeglichener negativer Einkünfte und des Zinsvortrages nach § 4h Abs. 1 Satz 2. EStG hat bei der Abspaltung in die Rechtsstellung der übertragenden Gesellschaft ein. Hinsichtlich des verbleibenden Verlustabzugs hat eine Aufteilung zu erfolgen.

Aufteilungsschlüssel ist das Verhältnis des gemeinen Wertes des Vermögens, welches übergeht. Die übernehmende Körperschaft kann diese Beträge nicht fortführen. Die Werte bei der übergehenden Körperschaft werden entsprechend gemindert. Bei einer Aufspaltung gehen diese Verluste und der Zinsvortrag unter.

Die Regelungen zur Aufteilung des steuerlichen Einlagekontos (§27 KStG) auf die übernehmende und die übertragende Körperschaft zum steuerlichen Übertragungszeitpunkt finden sich in § 29 KStG. Danach ist ein dreistufiges Verfahren vorgesehen. Dabei wird zunächst eine fiktive Nennkapitalherabsetzung vorgenommen, der anschließend die Hinzurechnung (Aufspaltung) bzw. Hinzurechnung und Minderung (Abspaltung) des jeweiligen Bestandes folgt und schließlich die Anpassung des Nennkapitals durch entsprechende Veränderung eines Sonderausweises durchgeführt wird.[27]

c) Besteuerung der Gesellschafter der übertragenden Körperschaft

Grundsätzlich ergibt sich zunächst für die Gesellschafter der übertragenden Körperschaft und deren Anteile die Folge, dass diese zum gemeinen Wert als veräußert und an deren Stelle die neu ausgegebenen Anteile an der übernehmenden Körperschaft mit diesem Wert als angeschafft gelten (§ 13 Abs. 1 Satz 1 i. V. m. § 15 Abs. 1 Satz 1 UmwStG). Abweichend davon kann

---

[27] Vgl. *Dötsch/Pung*, DB 2004, 208.

auch hier der Antrag auf Buchwertfortführung gestellt werden, sofern das Besteuerungsrecht der Bundesrepublik Deutschland hinsichtlich des Gewinns aus der Anteilsveräußerung nicht ausgeschlossen oder beschränkt ist. Voraussetzung dafür ist, dass das doppelte Teilbetriebserfordernis erfüllt ist. Diese für die Verschmelzung geltende Regel ist bei Spaltungen in der Form anzuwenden, dass eine Aufteilung des Anteils an der übertragenden Gesellschaft auf die an dessen Stelle tretenden Anteile der übernehmenden Gesellschaften zu erfolgen hat. Als Aufteilungsschlüssel dient der gemeine Wert der Anteile.[28] Im vorliegenden Fall ergeben sich aber keinerlei steuerrechtliche Folgen in Deutschland, denn die Bundesrepublik hatte vor der Spaltung kein Besteuerungsrecht an den Anteilen des übertragenden Rechtsträgers auf Grund des DBA und dieses wird auch durch die Verschmelzung weder ausgeschlossen noch beschränkt. Auf Grund der Öffnung des Anwendungsbereichs des UmwStG im § 1 Abs. 1 Nr. 1 UmwStG auf die vergleichbaren ausländischen Vorgänge ist dies nicht nur für grenzüberschreitende Spaltungen von Bedeutung, sondern erfasst auch ausschließlich nach ausländischen Rechtsverordnung zu beurteilende Spaltungen von EU-Rechtsträgern im Sinne von § 1 Abs. 2 UmwStG; vorausgesetzt diese verfügen über inländisches Betriebsvermögen z. B. eine inländische Betriebsstätte. Unter diesen Bedingungen kann, sofern die Voraussetzungen erfüllt sind, die Spaltung aus deutscher Sicht steuerneutral erfolgen.[29]

C. Inlandsspaltung mit Auslandsbezug[30]

I. Der Grundsachverhalt

1. Der Beispielsfall

Die Holding Corp. ist eine börsennotierte Publikumsgesellschaft und betreibt weltweit zwei Sparten, die Brauereisparte und die Bäckereisparte, die in entsprechenden Tochtergesellschaften im Sitzland (Bakery Inc. und Brewery Inc.) das Geschäft führen. In Deutschland existiert eine Gesellschaft (Brau und Back GmbH), die ihre Geschäfte in zwei Teilbetrieben (Brau- und Back-Teilbetrieb) betreibt. Der Konzernaufbau ist in der nachfolgenden Abb. 2 dargestellt.

Im Sitzland ist beabsichtigt, die Holding Corp. weltweit in die beiden Geschäftsbereiche aufzuspalten, von denen einer das Back- und der andere das Braugeschäft übernehmen soll. Dabei soll die Teilung im Wege der Abspaltung des Backgeschäftes erfolgen. Weiterhin ist geplant, dass diese Transaktion in dem Sitzland der Holding Corp. in der Weise durchgeführt wird, dass die Anteilseigner der Dachgesellschaft nunmehr im Verhältnis 1:1 Anteile an der neuen Backobergesellschaft bekommen, so dass direkt nach Spaltung jeder Aktionär Anteile an der Holding Corp. (einschließlich des Brauereigeschäftes) sowie an einer Back Holding Corp. oder Bakery Inc. erhält. Das bedeutet für die deutsche Seite, dass der Back-Teilbetrieb nach erfolgter Teilung direkt unterhalb der Bakery Inc. evtl. in einer Zwischengesellschaft Back GmbH liegen sollte. Die Zielstruktur ist unten in Abb. 4 wiedergegeben.

---

[28] Hörtnagl a. a. O. (oben Fn. 7), § 15 UmwStG, Rz. 291.

[29] Vgl. dazu Rödder/Schumacher, DStR 2007, 369.

[30] Der Beispielfall lehnt sich in der Grundstruktur an den Fall an, wie er in Fey/Neyer, IStR 1998, 161 beschrieben ist. Die Namenswahl der beteiligten Rechtsträger geht auf den Aufsatz von Herzig/Förster, DB 1995, 338 zurück und wird wegen ihrer Anschaulichkeit beibehalten.

```
                    ┌──────────────┐
                    │ Holding Corp.│
                    └──────┬───────┘
              ┌────────────┴────────────┐
       ┌──────┴──────┐           ┌──────┴──────┐
       │ Brewery Inc.│           │ Bakery Inc. │
       └──────┬──────┘           └─────────────┘
    ┌─────────┴────────┐
    │  Brau und Back   │
    │      GmbH        │
    └─────────┬────────┘
    ┌────────┴─────────┐
    │  Brau Teilbetrieb │
    │  Back Teilbetrieb │
    └───────────────────┘
```

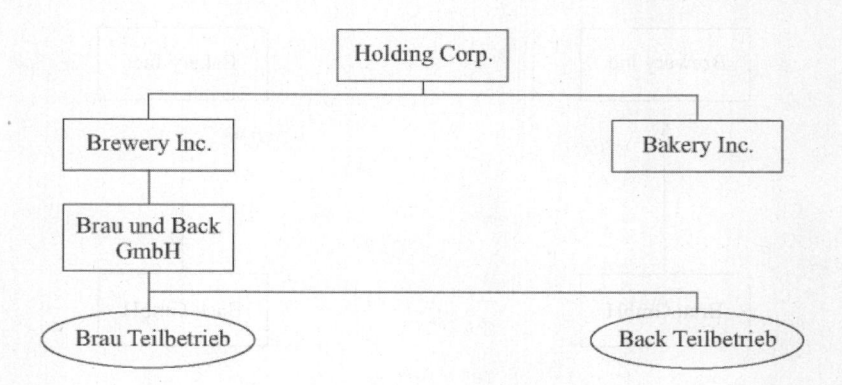

Abb. 2: Ausgangslage des Grundsachverhalts

2. Die Spaltungsschritte

Zunächst gründet die Brewery Inc. eine neue deutsche Gesellschaft (Back GmbH). Anschließend wird der Back-Teilbetrieb im Wege der Abspaltung durch Aufnahme (§ 123 Abs. 2 Nr. 1 UmwG) auf die Back GmbH gegen Gewährung von Gesellschaftsrechten an die Brewery Inc. übertragen. Die nunmehrige Konzernstruktur ist in Abb. 3 aufgezeigt.

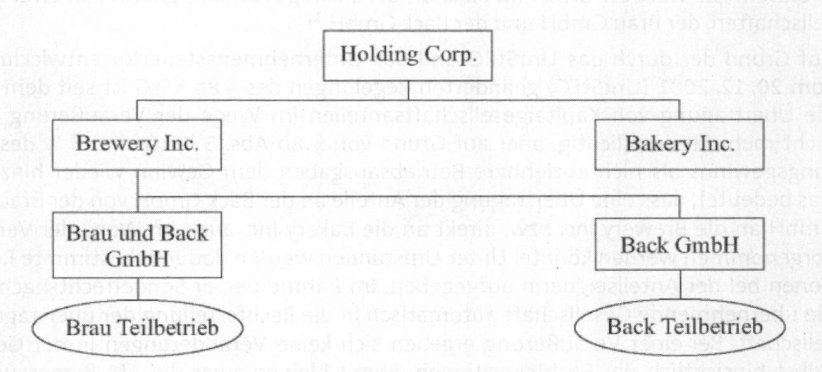

```
                    ┌──────────────┐
                    │ Holding Corp.│
                    └──────┬───────┘
              ┌────────────┴────────────┐
       ┌──────┴──────┐           ┌──────┴──────┐
       │ Brewery Inc.│           │ Bakery Inc. │
       └──────┬──────┘           └──────┬──────┘
    ┌─────────┴────────┐         ┌──────┴──────┐
    │  Brau und Back   │         │  Back GmbH  │
    │      GmbH        │         └──────┬──────┘
    └─────────┬────────┘                │
    ( Brau Teilbetrieb )        ( Back Teilbetrieb )
```

Abb. 3: Struktur nach inländischer Spaltung

Die Anteile an der Back GmbH können anschließend von der Brewery Inc. im Wege von Sachdividenden an die Holding Corp. ausgekehrt und durch Einlagen von dieser an die Bakery Inc. übertragen werden, so dass die Zielstruktur hergestellt ist. Möglich ist eventuell auch die Alternative der Abspaltung der Anteile an der Back GmbH auf die Bakery Inc. gegen Gewährung von Gesellschaftsrechten direkt an die Holding Corp. Dies hängt vom ausländischen Recht ab, da es sich hierbei um eine ausländische Spaltung handelt. Die deutschen Folgen einer ausländischen Spaltung sind unten unter E. dargestellt.

Nach den in Deutschland erfolgten Spaltungen und entsprechenden Verschmelzungsvorgängen ergibt sich die nachfolgend dargestellte Zielstruktur.

```
        Brewery Inc.                    Bakery Inc.
             |                               |
             |                               |
        Brau GmbH                       Back GmbH
```

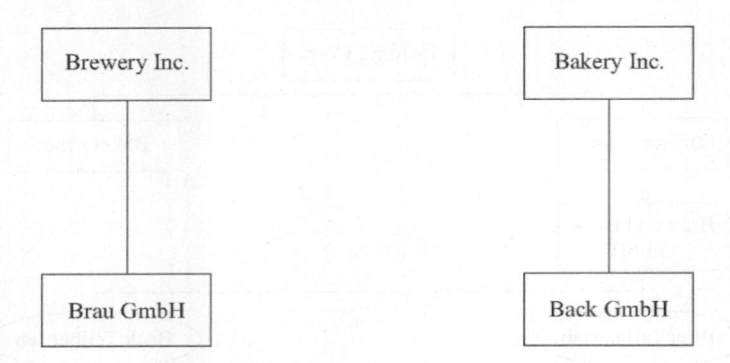

Abb. 4: Zielstruktur der geplanten weltweiten Spaltung

3. Allgemeine Erwägungen für die Beispielsstruktur

a) Die Bestimmung der Spaltungsmasse

aa) Echte vs. fiktive Teilbetriebe

Das Beispiel wurde auf der Grundlage von echten Teilbetrieben gebildet. Ebenso ist es möglich, die Steuerfolgen internationaler Spaltung anhand fiktiver Teilbetriebe zu zeigen. In diesem Fall wäre die Brau und Back GmbH alleinige Anteilseignerin von zwei Tochtergesellschaften, der Brau GmbH und der Back GmbH.[31]

Auf Grund der durch das UntStRG und das Unternehmenssteuerfortentwicklungsgesetz vom 20. 12. 2001 (UntStFG) geänderten Regelungen des § 8b KStG ist seit dem 1. 1. 2002 die Übertragung von Kapitalgesellschaftsanteilen im Wege der Veräußerung im Inland nicht mehr steuerpflichtig, aber auf Grund von § 8b Abs. 5 KStG sind 5 % des Veräußerungsgewinns als nichtabziehbare Betriebsausgaben dem Gewinn wieder hinzurechnen. Das bedeutet, dass eine Übertragung der Anteile an der Back GmbH von der Brau und Back GmbH an die Brewery Inc. bzw. direkt an die Bakery Inc. auch im Wege der Veräußerung vorgenommen werden könnte. Unter Umständen werden dadurch bestimmte Rechtspositionen bei der Anteilseignerin aufgegeben. Im Rahmen einer Sonderrechtsnachfolge tritt die übernehmende Gesellschaft automatisch in die Rechtsstellung der übertragenden Gesellschaft. Bei einer Veräußerung ergeben sich keine Veränderungen in der Gesellschaft selbst hinsichtlich der Rechtspositionen. Somit bleiben zwar die AfA-Bemessungsgrundlage und andere Kriterien bestehen. Bezüglich eventueller Verlustvorträge bei dem Übertragungsobjekt (hier Back GmbH) ist zu beachten, dass eine Veräußerung wie aber auch die Umwandlung die Folgen des § 8c KStG auslöst, mit Folge des Untergangs der Verlustvorträge.[32]

---

[31] Diese Konstellation und deren Folgen bzw. Probleme sind ausführlich erörtert in *Fey/Neyer*, IStR 1998, 161 und *Thies*, DB 1999, 2167.

[32] Zu den Schwierigkeiten, die sich im Rahmen von Umwandlungen in Bezug auf die Nutzung der Verlustvorträge insbesondere auch im Konzernkreis ergeben können, vgl. *Fey/Neyer*, GmbHR 1999, 952 und GmbHR 2000, 705.

bb) § 8b Abs. 2 KStG als Gestaltungsmöglichkeit?

Anderseits bietet § 8b Abs. 2 KStG auch neue Gestaltungsalternativen.[33] So könnte die Brau und Back GmbH den Back-Teilbetrieb zunächst gem. § 123 Abs. 3 UmwG in eine neue Back GmbH ausgliedern. Dies ist unter den Voraussetzungen des § 20 Abs. 1 UmwStG zu Buchwerten und damit steuerneutral möglich. Anschließend könnte die Brau und Back GmbH diese Anteile nahezu steuerfrei gem. § 8b Abs. 2 KStG veräußern. Dem stehen die Vorschriften über die steuerliche Behandlung von einbringungsgeborenen Anteilen[34] entgegen, wonach die Steuerfreiheit bei der Veräußerung einbringungsgeborener Anteile innerhalb der Sieben-Jahresfrist nicht gewährt wird. Eine dem oben erwähnten Missbrauchstatbestand des § 15 Abs. 1 Satz 2 UmwStG (Schaffung fiktiver Teilbetriebe durch vorherige Einlage)[35] vergleichbare Regelung sieht § 8b KStG nicht vor,[36] sodass eine Veräußerung nach Ablauf von sieben Jahren erfolgen könnte. Die Veräußerungssperrfrist für Anteile an einer an der Spaltung beteiligten Gesellschaft beträgt demgegenüber nur fünf Jahre.[37]

b) Nicht zuordenbares Vermögen

Für den Beispielsfall wurde hier die Abspaltung gewählt. Eine Aufspaltung der Brau und Back GmbH ist ebenso möglich, aber u. U. nachteiliger. Die Steuerfreiheit setzt bei der Abspaltung die Teilbetriebseigenschaft des übergehenden und des zurückgeblieben Vermögens voraus (so genanntes doppeltes Teilbetriebserfordernis).[38] Bei der Aufspaltung wird dies für die beiden übergehenden Vermögensteile vorausgesetzt. Zurückbleibende Vermögensteile gibt es aufgrund des Untergangs der übertragenden Gesellschaft nicht. Bei Nichterfüllung dieser Voraussetzung wird die Steuerfreiheit für die übergehenden Vermögensteile nicht gewährt. Die Folge ist die Aufdeckung und Besteuerung der im übertragenen Vermögen vorhandenen stillen Reserven. Für den zurückgebliebenen Teil hat dies gem. Tz. 15.11 des UmwSt-Erlasses keine negativen Auswirkungen, während bei der Aufspaltung beide Vermögensteile übergehen und damit betroffen wären.

Denkbar wäre auch der Fall, dass die Brau und Back GmbH den Back-Teilbetrieb direkt auf die Brewery Inc. oder die Bakery Inc., ohne Zwischenschaltung einer Back GmbH abspaltet. Dies ist ein Fall der grenzüberschreitenden Spaltung, der später unter D. dargestellt wird.

---

[33] Zutreffend weisen *Dötsch*, in: Dötsch/Eversberg/Jost/Witt, KStG, § 8b KStG n. F. Rz. 12 und *Frotscher*, in: Frotscher/Maas, § 8b KStG Rz. 31 darauf hin, dass sowohl § 8b KStG als auch § 23 Abs. 4 UmwStG – unter Beachtung der 7-Jahresfrist – zur steuerneutralen Umstrukturierung von Konzernen (auch grenzüberschreitend) eingesetzt werden kann. Dabei führt der Einsatz von § 8b KStG nicht zur Verdopplung der stillen Reserven wie dies bei Anwendung von § 23 Abs. 4 UmwStG der Fall ist.

[34] Hier sind entweder § 8b Abs. 4 Kstg i. d. F. vor dem SEStEG oder aber § 20 Abs. 3 UmwStG i. d. F. nach SEStEG anzuwenden.

[35] Vgl oben B. III. 2. C) bb).

[36] Erwähnenswert ist in diesem Zusammenhang, dass *Widmann/Mayer*, UmwStG, Rz. 50 vor § 20 UmwStG eine detaillierte Aufstellung über die unterschiedlichen Voraussetzungen bei der Anwendung von § 20 UmwStG, § 23 UmwStG, § 8b KStG und dem Tauschgutachten enthält.

[37] Vgl. dazu oben B. II. 3. b).

[38] Hörtnagl, a. a. O. (oben Fn. 7), § 15 Rz. 62 ff.

II. Problembereiche bei Auslandsberührung

1. Steuerfreiheit der Spaltung

a) Gesellschaftsebene

Für die Gesellschaft ergeben sich grundsätzlich die oben beschriebenen Rechtsfolgen.[39] Das bedeutet die Steuerfreiheit der Spaltung aufgrund des Buchwertfortführungsantrags, sofern die Besteuerung der stillen Reserven sichergestellt ist. Für den Übergang inländischen Betriebsvermögens ist dies aufgrund des Welteinkommensprinzips in § 8 Abs. 1 KStG der Fall, und zwar unabhängig davon, ob die Gesellschafter unbeschränkt oder beschränkt steuerpflichtig sind.[40]

Wenn in Abwandlung des Grundfalles der Backbetrieb oder Teile davon im Ausland belegen sind, wird durch die Abspaltung ausländisches Betriebsvermögen übertragen. In diesem Fall ist bezüglich der Steuerfolgen zwischen dem Status der Belegenheitsländer des Vermögens dahingehend zu differenzieren, ob die Bundesrepublik Deutschland mit diesem Staat ein DBA abgeschlossen hat oder nicht. Im letzteren Fall ist die Besteuerung der stillen Reserven ebenfalls über das Welteinkommensprinzip sichergestellt. Im anderen Fall kommt eine Besteuerung der im ausländischen Betriebsvermögen ruhenden stillen Reserven nicht in Betracht, da diese auch vor ihrer Abspaltung aufgrund des Betriebsstättenprinzips (Art. 7 Abs. 1 bzw. Art 13 Abs. 2 OECD-MA) nicht der deutschen Besteuerung unterlegen haben.[41]

b) Gesellschafterebene

Für die Gesellschafter treten die oben beschriebenen Rechtsfolgen ein. Auf Grund des gestellten Antrags gelten die Anteile an der übertragenden Körperschaft gem. § 13 Abs. 2 UmwStG als zum Buchwert veräußert und die neuen Anteile an der übernehmenden Körperschaft als zum Buchwert angeschafft. Diese Folge ist unabhängig davon, ob die Anteile in einem inländischen oder in einem ausländischen Betriebsvermögen gehalten werden. Da für unbeschränkt steuerpflichtige Gesellschafter das Welteinkommensprinzip (§ 2 Abs. 1 EStG) Anwendung findet und für beschränkt Steuerpflichtige eine evtl. Besteuerung gem. § 49 Abs. 1 Nr. 2a EStG sichergestellt ist,[42] war eine Unterscheidung hinsichtlich des steuerlichen Status des Gesellschafters entbehrlich.[43]

2. Anwendungsbereich der Missbrauchstatbestände

a) Trennung von Gesellschafterstämmen

Der Grundsachverhalt könnte unter Umständen auch als Trennung von Gesellschafterstämmen angesehen werden. Dies würde dazu führen, dass die erhöhten Anforderungen des § 15 Abs. 2 Satz 5 UmwStG zu erfüllen wären, mit der Folge, dass eine Vorbesitzzeit von fünf Jahren erforderlich ist. In dem hier dargestellten Sachverhalt greifen die Regelungen nicht, da die Existenz unterschiedlicher Gesellschafterstämme mindestens zwei Gesellschafterstämme voraussetzt. Dabei kann unter dem Begriff Gesellschafterstamm sowohl eine Person als auch eine Personengruppe verstanden werden, die aber hinsichtlich ihres Engagements in der Beteiligung in etwa gleichgerichtete Interessen verfolgen sollten. Bei verbundenen Unternehmen kann es nach

---

[39] S. B. II. 4. a).

[40] *Schaumburg* a. a. O. (oben Fn. 3), S. 1095 f.

[41] *Schaumburg* a. a. O. (oben Fn. 3), S. 1133 f.; *Dötsch*, BB 1998, S. 1082.

[42] Sofern es sich um ausländisches Betriebsvermögen handelt, ist der Veräußerungsgewinn in Deutschland nicht steuerpflichtig. S. dazu auch das BFH-Urt. v. 24. 2. 1998, BStBl 1998 II 363.

[43] *Dötsch*, BB 1998, 1083.

Auffassung in der Literatur unterhalb der Konzernspitze keine unterschiedlichen Gesellschafterstämme geben, so dass in diesen Fällen auf die Konzernspitze abzustellen ist.[44] Auch die Tz. 15.39 des UmwSt-Erlasses ist so zu interpretieren, dass es für die Vermeidung der Annahme einer Trennung von Gesellschafterstämmen genügt, wenn nach der Spaltung jeder der Altgesellschafter der übertragenden Gesellschaft an mindestens einer der aufnehmenden Gesellschaften beteiligt ist.[45] Eine zusätzliche Beteiligung an den aufnehmenden Gesellschaften und an der übertragenden Gesellschaft ist nicht erforderlich.

Die Trennung von Gesellschafterstämmen könnte auch darin gesehen werden, dass die ausländische Konzernobergesellschaft ebenfalls aufgespalten wird. Dies ist aber insbesondere vor dem Hintergrund zu sehen, dass die Muttergesellschaft Holding Corp. eine börsennotierte Kapitalgesellschaft ist, deren Anteile sich in Streubesitz befinden, d. h. in Händen vieler unterschiedlicher Anteilseigner. Diese können keine Gesellschafterstämme in der Form bilden, dass nach den erfolgten Abspaltungen eine Gruppe von Anteilseignern ausschließlich Anteile an dem einen Bereich, eine weitere Gruppe ausschließlich Anteile an dem anderen Bereich halten.[46] Darüber hinaus stellt der UmwSt-Erlass in Tz. 15.39 darauf ab, dass nur die direkt an der übertragenden Kapitalgesellschaft beteiligten Gesellschafter betrachtet werden und Vorgänge oberhalb dieser Ebene außer Betracht bleiben.

b) **Anteilsveräußerung und deren Vorbereitung**

Auch die zweite Missbrauchsregelung hinsichtlich der Veräußerung von Anteilen, bzw. deren Vorbereitung gem. § 15 Abs. 2 Sätze 2 bis 4 UmwStG könnte hier in Betracht kommen. Nach dieser Regelung ist die Steuerbegünstigung bei einer Veräußerung an außenstehende Personen gefährdet, wobei dieser Missbrauchstatbestand sowohl im Inland als auch im Ausland verwirklicht worden sein kann.

Bei der Übertragung des Back-Teilbetriebs auf die Back GmbH handelt es sich um einen konzerninternen Vorgang, der von der Regelung des § 15 Abs. 2 Sätze 2 bis 4 UmwStG nicht erfasst ist. Denn von dieser Missbrauchsvorschrift sind nur Veräußerungen an außenstehende Personen erfasst.[47] Unschädlich sind Veräußerungen im bisherigen Gesellschafterkreis oder innerhalb eines bestehenden Konzerns.

Als schädlich i. S. dieser Vorschrift könnten auch Anteilsverkäufe an den nach allen Spaltungen bestehenden Obergesellschaften gesehen werden, denn bei beiden Gesellschaften wird es sich nach den Spaltungen um Publikumsgesellschaften handeln und es kann davon ausgegangen werden, dass Anteilseigner ihre Anteile an diesen Gesellschaften an der Börse handeln werden. Dabei wäre dann zu prüfen, in wiefern die Obergrenze des § 15 Abs. 2 Satz 4 UmwStG von 20 % überschritten wird. Da § 15 Abs. 2 Satz 4 UmwStG darauf abstellt, dass Anteile an einer an der Spaltung beteiligten Körperschaft veräußert werden, kann diese Regelung in diesem Fall nicht greifen.[48] Weder die Brewery Inc. noch die Bakery Inc. waren an der in Deutschland erfolgten Spaltung beteiligt. Beteiligt in diesem Sinne sind lediglich die deutschen Gesellschaften Brau und Back GmbH und Back GmbH, so dass die Beurteilung von Veräußerungsvorgängen sich lediglich auf die direkt beteiligten Anteilseigner dieser Gesellschaften beschränken kann.

---

[44] *Thies*, DB 1999, 2183.
[45] *Fey/Neyer*, IStR 1998, 163 f.
[46] *Fey/Neyer*, IStR 1998, 163.
[47] *Thies*, DB 1999, 2180.
[48] *Thies*, DB 1999, 2181; *Fey/Neyer*, IStR 1998, 164 f.

D. Grenzüberschreitende Spaltung

I. Abwandlung des Grundfalles

Wie bereits oben dargestellt, kann statt der Zwischenschaltung der deutschen Back GmbH, der Back-Teilbetrieb von der Brau GmbH direkt auf die Brewery Inc. abgespalten werden. Diese wird ihn dann entweder durch Sachdividende und Wiedereinlage in die Bakery Inc. dieser zur Verfügung stellen oder aber im Wege einer ausländischen Spaltung. Die Struktur vor der Trennung im Ausland ist in Abb. 5 dargestellt.

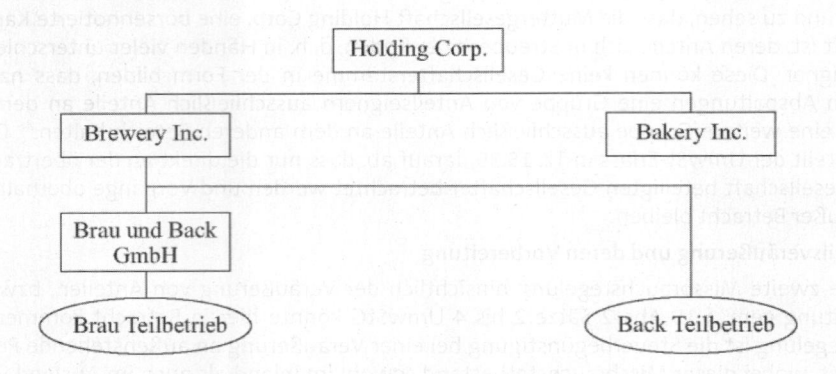

```
              Holding Corp.
             /            \
      Brewery Inc.      Bakery Inc.
             |
       Brau und Back
          GmbH
        /        \
  (Brau Teilbetrieb)  (Back Teilbetrieb)
```

Abb. 5: Struktur nach grenzüberschreitender Spaltung

Die direkte Abspaltung des Back-Teilbetriebs ins Ausland erfolgt im Wege einer so genannten Herausspaltung.

II. Herausspaltung

Bei der Herausspaltung wird Vermögen aus einer unbeschränkt steuerpflichtigen Ursprungsgesellschaft in eine Nachfolgegesellschaft abgespalten, die nur beschränkt steuerpflichtig ist. Die Steuerbegünstigungen gem. UmwStG können im vorliegenden Fall nicht greifen (siehe oben), da es sich bei der aufnehmenden Gesellschaft nicht um eine unbeschränkt steuerpflichtige Körperschaft handelt. Eine grenzüberschreitende Spaltung ist somit steuerneutral nur über andere meist mehrstufige Gestaltungen möglich,[49] für die nicht mehr die Spaltungsvorschriften gem. § 15 UmwStG sondern andere Regelungen zur Anwendung kommen. Der Herausspaltungsvorgang erfolgt in zwei Schritten. Zunächst wird der abzuspaltende Teilbetrieb (hier Back-Teilbetrieb) von der inländischen Kapitalgesellschaft auf die ausländische Kapitalgesellschaft gegen Gewährung von Gesellschaftsrechten übertragen. In dem zweiten Schritt findet ein Anteilstausch statt,[50] bei dem die übertragende Körperschaft die neuen Anteile gegen eigene Anteile eintauscht.[51]

---

[49] Vgl. dazu insbesondere *Herzig/Momen*, DB 1994, 2210; *Thiel*, DB 1995, 237; *Schaumburg*, GmbHR 1996, 585, 668; *Lawall*, IStR 1998, 346.

[50] Im Beispielfall würde der Anteilstausch in dem Austausch der wechselseitigen Beteiligungen der Brewery Inc. und der Back und Brau GmbH bestehen. Eine direkte Abspaltung auf die Bakery Inc. wäre auch möglich.

[51] *Schaumburg* a. a. O. (oben Fn. 3), S. 1130 f.

Gem. § 20 Abs. 1 und 2 UmwStG kann inländisches Betriebsvermögen unter bestimmten Voraussetzungen erfolgsneutral in eine ausländische Kapitalgesellschaft eingebracht werden, die ihren Sitz in einem EU/EWR-Staat hat. Das bedeutet die Anwendbarkeit dieser Regelung für den Fall, dass die Brewery Inc. nicht in Amerika, sondern z. B. in England ansässig ist. Ist die aufnehmende Gesellschaft demgegenüber in einem Drittstaat ansässig, ist die steuerneutrale Einbringung nicht möglich. Auch für die Einbringung von ausländischem Betriebsvermögen in eine EU/EWR-Kapitalgesellschaft gilt das vorstehende, wobei die Buchwertfortführung auf § 20 Abs. 3 UmwStG gestützt werden kann.[52] Daher wäre zumindest für aufnehmende Gesellschaften aus EU/EUR-Staaten der erste Schritt der Herausspaltung, nämlich die Übertragung von Vermögen, steuerneutral bei Buchwertfortführung möglich.[53]

Der zweite Schritt des Anteilstausches beinhaltet die Gefahr, dass die vorhandenen stillen Reserven aufzudecken und zu besteuern sind.[54] Damit wird die Steuerneutralität des ersten Schrittes zunichte gemacht.[55] Eine vollständige steuerbefreite Herausspaltung ist somit in diesem Falle nicht möglich.[56]

Eine vollständige Steuerneutralität ist nur möglich, wenn im Rahmen der Herausspaltung in einem DBA-Staat belegendes ausländisches Betriebsvermögen übertragen wird und das DBA vorsieht, dass die Übertragung des Vermögens zu Teilwerten in eine Nachfolgegesellschaft möglich ist. Die Auskehrung der Anteile kann nunmehr ohne deutsche Steuerbelastung erfolgen, da in ihnen keine stillen Reserven ruhen. In wiefern sich hierdurch jedoch Probleme im Betriebsstättenstaat ergeben, hängt von dem Steuerrecht dieses Staates ab.

III. Hineinspaltung

Die zweite Variante der grenzüberschreitenden Spaltung ist die Hineinspaltung. Dabei handelt es sich um den Umkehrfall der Herausspaltung, wobei zunächst inländisches Betriebsvermögen von einer ausländischen übertragenden Gesellschaft in eine inländische Gesellschaft gegen Gewährung von Gesellschaftsrechten eingebracht wird und anschließend die erworbenen Anteile gegen eigene Anteile getauscht werden.[57]

Grundsätzlich greifen auch hier die Regelungen des § 15 UmwStG nicht. Hier können u. U. die Regelungen des § 20 Abs. 1 und 2 UmwStG für die steuerneutrale Einbringung inländischen Betriebsvermögens herangezogen werden, sofern es sich bei der übertragenden Kapitalgesellschaft um eine Gesellschaft mit Sitz in einem EU Staat handelt. Das Besteuerungsrecht der Bundesrepublik Deutschland hinsichtlich der eingebrachten Wirtschaftsgüter gesichert ist. Da es sich in der Regel um Wirtschaftsgüter handelt, die sich in einer ausländischen Betriebsstätte befinden, hatte der deutsche Fiskus bereits vor der Umstrukturierung kein Besteuerungsrecht

---

[52] *Schaumburg* a. a. O. (oben Fn. 3), S. 1132 f.

[53] Hinzuweisen ist in diesem Zusammenhang auf eine eventuelle Nachversteuerung von in früheren Jahren abgezogener Verluste der Betriebsstätte gem. § 2a Abs. 3 und 4 EStG.

[54] Für Tauschvorgänge, die bis zum 1. 1. 1999 durchgeführt wurden, konnte das Tauschgutachten (BFH-Urt. v. 16. 12. 1958; BStBl 1959 III 30) unter bestimmten Voraussetzungen angewandt werden. Dieses ist aufgrund der Änderung des § 6 Abs. 6 EStG durch das Steuerentlastungsgesetz (BGBl 1999 I 402) abgeschafft worden, sodass ein steuerneutraler Tausch danach nicht mehr möglich ist.

[55] *Schaumburg* a. a. O. (oben Fn. 3), S. 1132 f.

[56] Nach § 21 Abs. 1 UmwStG wird für deutsche und EU/EWR-Kapitalgesellschaften die Möglichkeit des steuerneutralen Anteilstausches eingeräumt, wobei die Voraussetzungen der § 21 UmwStG erfüllt sein müssen.

[57] *Schaumburg* a. a. O. (oben Fn. 3), S. 1133 f.

Fey

aufgrund von Art. 7 Abs. 1 Satz 2 bzw. 13 Abs. 2 OECD-MA. Anders dagegen bei Wirtschaftsgütern, die einer inländischen Betriebsstätte zuzuordnen sind. Für diese Wirtschaftsgüter bleibt das deutsche Besteuerungsrecht auch nach der Umwandlung bzw. Einbringung erhalten, womit die Voraussetzung des § 20 Abs. 2 UmwStG erfüllt sind. Daher kann hier ein entsprechender Antrag auf Buchwertfortführung gestellt werden. Für eine Drittstaaten-Kapitalgesellschaft kann möglicherweise die Buchwertfortführung auf Grund von § 20 Abs. 1 und 2 Satz 1 UmwStG möglich sein, vorausgesetzt, dass gem. § 1 Abs. 4 Nr. 2b UmwStG die Steuerverhaftung der Anteile an der Nachfolgegesellschaft in Deutschland zum Zeitpunkt der Einbringung gesichert ist.[58] Das heißt, dass es bei Bestehen eines DBA zur Entstrickung und Besteuerung des Gewinns aus der Veräußerung der Anteile kommt. Das Besteuerungsrecht dieses Gewinns ist aufgrund der DBA in der Regel nicht der Bundesrepublik zugewiesen.

Eine Besonderheit gilt hier hinsichtlich der Anteile an Kapitalgesellschaften. Werden diese im Zusammenhang mit einer Hineinspaltung in eine inländische Kapitalgesellschaft eingebracht, greift eine deutsche Besteuerung nur ein, wenn

- die übertragende Beteiligung zum Betriebsvermögen einer inländischen Betriebsstätte gehört oder
- die übertragende Kapitalgesellschaft in einem Nicht-DBA-Staat ansässig ist und es sich bei der Beteiligung um eine Wesentliche handelt oder
- die Ursprungsgesellschaft zwar in einem DBA Staat ansässig ist, das DBA aber das deutsche Besteuerungsrecht für die Veräußerungsgewinne aus der Beteiligung nicht ausschließt.

In allen anderen Fällen kann es somit höchstens zu einer Besteuerung im Ansässigkeitsstaat kommen.

Auch der im zweiten Schritt folgende Anteilstausch führt bei der Hineinspaltung ebenso wie bei der Herausspaltung zu einer Gewinnrealisierung und damit zur Besteuerung, es sei denn, dass die Anteile einem ausländischen Betriebsstättenvermögen zuzuordnen sind und auf Grund des Betriebsstättenprinzips (Art. 7 Abs. 1 i. V. m. Art. 13 Abs. 2 OECD-MA) nicht der deutschen Besteuerung unterliegen. In diesem Fall wäre auch der Antrag auf Buchwertfortführung nicht möglich gewesen.

E. Auslandsspaltung mit Inlandsbezug

I. Abwandlung des Grundfalles

Wie oben bereits erwähnt, kann die Restrukturierung im Ausland nach der grenzüberschreitenden Spaltung wie in D. beschriebene dadurch erfolgen, dass die Brewery Inc. ihre neu erhaltenen Anteile an der Back Holding in Form einer Sachdividende an die Holding Corp. ausschüttet und diese bei der Bakery Inc. wieder einlegt. Die andere Möglichkeit wäre, dass aufgrund der im Ausland vorhandenen ähnlichen Spaltungsregelungen wie dies im deutschen Recht der Fall ist, der Backteilbetrieb bzw. sofern eine Zwischengesellschaft gegründet wurde die Beteiligung an der Back GmbH von der Brewery Inc. direkt auf die Bakery Inc. abgespalten wird. Die Folge ist die ausländische Spaltung mit Inlandsbezug, wie sie sich in der nachfolgenden Abbildung darstellt.

---

[58] *Schaumburg* a. a. O. (oben Fn. 3), S. 1132 f.

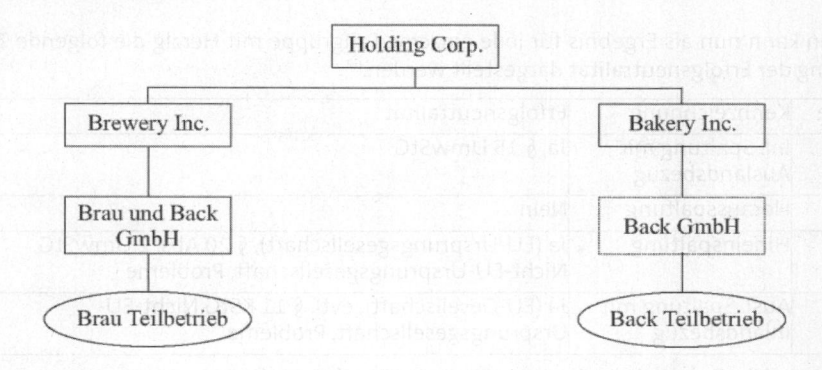

Abb. 6: Struktur nach ausländischer Spaltung

II. Problembereiche[59]

Grundsätzlich erfolgt die Spaltung ausländischer Rechtsträger nach der Maßgabe des jeweiligen ausländischen Rechts. Eine detaillierte Übersicht dazu findet sich bei Grotherr[60] sowie bei Widmann/ Mayer. Grundsätzlich gilt, dass bei der Übertragung inländischen Betriebsvermögens auf eine Nachfolgegesellschaft die Folgen des § 11 KStG ausgelöst werden. Das führt zu einer Aufdeckung der stillen Reserven und deren Versteuerung, denn § 11 KStG ist als steuerlicher Ersatzrealisierungstatbestand darauf gerichtet, die Erfassung der in der inländischen Betriebsstätte vorhandenen stillen Reserven sicherzustellen.[61] Sofern es sich bei der übertragenden und auch der übernehmenden Körperschaft um eine EU Kapitalgesellschaft handelt, ist u. U. auf Grund von § 20 Abs. 2 UmwStG die Buchwertfortführung und damit Steuerneutralität möglich. Die Übertragung ausländischen Betriebsvermögens löst in dieser Konstellation keine deutsche Besteuerung aus, da in diesem Fall § 12 Abs. 2 KStG nicht anwendbar ist.

Handelt es sich bei der ausländischen Spaltung um eine Spaltung mit inländischen Gesellschaftern, führt dieser Vorgang zu keiner Gewinnrealisierung, da auf Grund des DBA ein eventuell dabei entstehender Veräußerungsgewinn dem Ansässigkeitsstaat des Gesellschafters zugewiesen ist. Sofern es sich bei den Gesellschaftern um beschränkt Steuerpflichtige handelt, unterliegen die Veräußerungsgewinne auf Grund der Spaltung dann einer deutschen Besteuerung gem. § 49 Abs. 1 Nr. 2a EStG, wenn die Beteiligung zu einem inländischen Betriebsvermögen gehört. U. U. findet § 8b Abs. 2 KStG Anwendung.

F. Zusammenfassung

Zusammenfassend lässt sich festhalten, dass die steuerliche Behandlung der Spaltung von Kapitalgesellschaften mit Auslandsberührung sehr komplex und von vielen Faktoren abhängig ist. Eine Unterteilung in einzelne Fallgruppen konnte im Abschnitt A. gezeigt werden. In Anleh-

---

[59] Sofern im Grundsachverhalt eine Zwischengesellschaft Back GmbH gegründet wurde, werden deren Anteile übertragen.
[60] *Grotherr* in: Schaumburg/Piltz (Hrsg.) a. a. O. (oben Fn. 4), S. 152.
[61] *Schaumburg* a. a. O. (oben Fn. 3), S. 1153 f.

nung daran kann nun als Ergebnis für jede einzelne Fallgruppe mit Herzig die folgende Zusammenstellung der Erfolgsneutralität dargestellt werden.[62]

Fallgruppe	Kennzeichnung	Erfolgsneutralität
1	Inl. Spaltung mit Auslandsbezug	Ja, § 15 UmwStG
2	Herausspaltung	Nein
3	Hineinspaltung	Ja (EU-Ursprungsgesellschaft), § 20 Abs. 2 UmwStG, Nicht-EU-Ursprungsgesellschaft, Probleme
4	Ausl. Spaltung mit Inlandsbezug	Ja (EU-Gesellschaft), evtl. § 11 KStG Nicht-EU-Ursprungsgesellschaft, Probleme

Abb. 7: Steuerliche Behandlung der grenzüberschreitenden Spaltung

Daraus lässt sich erkennen, dass eines der wesentlichen Ziele der EG-Fusionsrichtlinie, nämlich die Vermeidung steuerlicher Nachteile für konzerninterne Reorganisationsmaßnahmen, nicht einmal im EU/EWR Bereich erfolgreich umgesetzt werden konnte. Der Grund ist, dass mangels eindeutiger gesellschaftsrechtlicher Grundlagen für Reorganisationsmaßnahmen mit Auslandsbezug steuerliche Regelungen für diese Maßnahmen nur in besonders gelagerten Einzelfällen greifen. Für Drittstaaten hingegen sind die Möglichkeiten steuerfreier Reorganisationsmaßnahmen noch viel weiter eingeschränkt.

---

[62] Herzig a. a. O. (oben Fn. 4), S. 143.

8. Steuerliche Aspekte des Wegzugs von Kapitalgesellschaften

von Dr. Rainer Eismayr, Steuerberater, Deloitte, München und Dr. Alexander Linn, Steuerberater, Deloitte, München und Hochschule Liechtenstein, Vaduz

Inhaltsübersicht

A. Problemstellung
B. Varianten und Rechtsgrundlagen des Wegzugs
  I. Wegzug nationaler Rechtsformen
  II. Wegzug einer SE
  III. Wegzug durch grenzüberschreitende
D. Fazit

  Herausverschmelzung
C. Steuerliche Folgen des Wegzugs
  I. Entstrickung der Wirtschaftsgüter
  II. Verlust- und Zinsvorträge sowie Rücklagen

Literatur:

Benecke, Anmerkung zu BFH-Urt. v. 28.10.2009, I R 99/08, IStR 2010, S. 102f.; *Benz/Rosenberg,* Einbringungsvorgänge nach dem Regierungsentwurf des SEStEG, BB-Special 08/2006, S. 51ff.; *Blumenberg,* Steuerfragen im Zusammenhang mit der Sitzverlegung der Europäischen Gesellschaft, in: Spindler/Tipke/Rödder (Hrsg.), Steuerzentrierte Rechtsberatung – Festschrift für Harald Schaumburg zum 65. Geburtstag, Köln 2009, S. 559ff.; *Blumenberg/Lechner,* Der Regierungsentwurf des SEStEG: Entstrickung und Sitzverlegung bei Kapitalgesellschaften, Neuerungen beim Einlagekonto, Körperschaftsteuerminderung und -erhöhung sowie sonstige Änderungen im Körperschaftsteuerrecht, BB-Special 08/2006, S. 25ff.; *Blumers,* Die Europarechtswidrigkeit der Betriebsstättenzurechnung im Betriebsstättenerlass, DB 2006, S. 856; *Blumers,* Zur möglichen Holdingfunktion einer ausländischen Tochter-Personengesellschaft, DB 2007, S. 312; *Breuninger,* Die „Zentralfunktion des Stammhauses" bei grenzüberschreitenden Verschmelzungen, in: Spindler/Tipke/Rödder (Hrsg.), Steuerzentrierte Rechtsberatung – Festschrift für Harald Schaumburg zum 65. Geburtstag, Köln 2009, S. 587ff.; *Brähler/Heerdt,* Steuerneutralität bei grenzüberschreitenden Verschmelzungen unter Beteiligung hybrider Gesellschaften, StuW 2007, S. 260ff.; Ditz, Aufgabe der finalen Entnahmetheorie – Analyse des BFH-Urteils vom 17. 7. 2008 und seiner Konsequenzen, IStR 2009, S. 115ff.; *Dörfler/Wittkowski,* Zwischenwertansatz als Instrument zur Verlustnutzung bei Verschmelzungen von Körperschaften, GmbHR 2007, S. 352ff.; *Eickmann/Stein,* Die Wegzugsbesteuerung von Kapitalgesellschaften nach dem SEStEG, DStZ 2007, S. 723ff.; *Eilers/Wienand,* Neue steuerliche und gesellschaftsrechtliche Aspekte der Doppelansässigkeit von Kapitalgesellschaften nach der EuGH-Entscheidung vom 9.3.1999, IStR 1999, S. 289ff.; *Eismayr,* Grenzüberschreitende Konzentrationsverschmelzungen, Wien 2005; *Eismayr,* Verabschiedung der grenzüberschreitenden Verschmelzungsrichtlinie – Planungsüberlegungen aus gesellschafts- und steuerrechtlicher Sicht, IWB, F. 11, Gr. 2, S. 705ff.; *Forsthoff,* Internationale Verschmelzungsrichtlinie: Verhältnis zur Niederlassungsfreiheit und Vorwirkung; Handlungszwang für Mitbestimmungsreform, DStR 2006, S. 613ff.; *Frotscher,* Zur Vereinbarkeit der „Betriebsstättenbedingung" bei Sitzverlegung und grenzüberschreitender Umwandlung mit den Grundfreiheiten, IStR 2006, S. 65ff.; *Goebel/Boller/Ungemach,* Die Zuordnung von Beteiligungen zum Betriebsvermögen im nationalen und internationalen Kontext, IStR 2008, S. 643ff.; *Gosch,* BFH-PR 2008, S. 500.; *Grohmann/Gruschinske,* Die Beschränkungen des Wegzugs von Gesellschaften innerhalb der EU – die Rechtssache Cartesio, EuZW 2008, S. 463ff.; *Haase,* Hinzurechnungsbesteuerung bei doppelansässigen Gesellschaften, IStR 2008, S. 685ff.; *Hahn,* Kritische Erläuterungen und Überlegungen zum Entwurf des SEStEG, IStR 2006, S. 797ff.; *Hoffmann/Leible,* Cartesio – fortgeltende Sitztheorie, grenzüberschreitender Formwechsel und Verbot materialrechtlicher Wegzugsbeschränkungen, BB 2009, S. 58ff.; *Kessler/Huck,* Der (zwangsweise) Weg in den Betriebsstättenkonzern am Beispiel der Hinausverschmelzung von Holdinggesellschaften, IStR 2006, S. 433ff.; *Körner,* Anmerkungen zum SEStEG-Entwurf vom 21. 4. 2006, IStR 2006, S. 469ff.; *Kußmaul/Richter/Heyd,* Ausgewählte Problemfelder der Hinausverschmelzung von Kapitalgesellschaften aus Deutschland, IStR 2010, S. 73ff.; *Ley/Bodden,* Verschmelzung und Spaltung von inländischen Kapitalgesellschaften nach dem SEStEG (§§ 11-15 UmwStG n.F.), FR 2007, S.265ff.; *Linn/Müller,* Erneute Vorlage an den EuGH im Verfahren Meilicke, Anmerkung zu FG Köln, Beschluss v. 14.05.2009, 2 K 2241/02, IWB F3A, Gr. 1, S. 1137ff.; *Mitschke,* Aufgabe der „finalen Entnahmetheorie" – Nachlese zum BFH-Urteil I R 77/06, FR 2008, S. 1144ff.; *Mitschke,* Nochmals:

Aufgabe der "finalen Entnahmetheorie"; Anmerkung zu BFH, U. v. 17. 7. 2008 - I R 77/06 -, FR 2008, 1149. Zugleich eine Erwiderung auf Schneider/Oepen, FR 2009, 22 ff., FR 2009, S. 326ff.; **Neye/Timm,** *Mehr Mobilität für die GmbH in Europa, GmbHR 2007, S. 561ff.;* **Neun,** *Gründung, in: Theisen/Wenz (Hrsg.), Die Europäische Aktiengesellschaft, Stuttgart 2005, S. 57ff.;* **Paefgen,** *Niederlassungsfreiheit minderer Güte, WM 2009, S. 529ff.;* **Peters,** *Verlegung des tatsächlichen Verwaltungssitzes der GmbH ins Ausland, GmbHR 2008, S. 245ff.;* **Pfeiffer/Heilmeier,** *Einreichung und Bekanntmachung des Verschmelzungsplans bei grenzüberschreitender Verschmelzung, GmbHR 2009, S. 1317ff.;* **Pluskat,** *Der neue Entwurf für eine europäische Verschmelzungsrichtlinie – Transnationale Fusionen in Europa damit in greifbare Nähe gerückt?, EWS 2004, S. 1ff.;* **Prinz,** *Gesetzgeberische Wirrungen um Grundsätze der Betriebsstättenbesteuerung , DB 2009, S.807ff.;* **Rödder,** *Steuerfreier Exit von stillen Reserven beim Wegzug von Unternehmen aus Deutschland, IStR 2005, S. 297ff.;* **Rödder/Schumacher,** *Das SEStEG –Überblick über die endgültige Fassung und die Änderungen gegenüber dem Regierungsentwurf, DStR 2007, S. 369ff.;* **Scheipers/Linn,** *Änderungen des § 8c KStG durch das Wachstumsbeschleunigungsgesetz, Ubg 2010, S. 8ff.;* **Schell,** *Kapitalertragsteuerpflicht bei grenzüberschreitender Verschmelzung einer deutschen Kapitalgesellschaft auf eine EU/EWR-Kapitalgesellschaft?, IStR 2008, S. 397ff.;* **Schönherr/Lemaître,** *Der Entwurf des SEStEG: Geplante Änderungen im Einkommen-, Körperschaft- und Gewerbesteuergesetz, GmbHR 2006, S. 561ff.;* **Suchanek/Herbst,** *Auslegungsfragen zum DBA-USA: Die Zuordnung von Beteiligungen zum Betriebsstättenvermögen, IStR 2007, S. 620ff.;* **Theisen/Wenz,** *Hintergründe, historische Entwicklung und Grundkonzeption, in: Theisen/Wenz (Hrsg.), Die Europäische Aktiengesellschaft, Stuttgart 2005, S. 1ff.;* **Thömmes,** *EG-Recht und Sitzverlegung von Gesellschaften, IWB Fach 11A, S. 1219ff.;* **Thömmes,** *in: Theisen/Wenz (Hrsg.), Die Europäische Aktiengesellschaft, Stuttgart 2005, S. 603ff.;* **Thömmes,** *Grenzüberschreitende Gesellschaftsformen und Niederlassungsrecht in der EU, in: IDW (Hrsg.), WP-Handbuch 2008, Bd. II, S. 723ff.;* **Thömmes,** *Grenzüberschreitende Sitzverlegung, in: Jahrbuch der Fachanwälte für Steuerrecht 2009/2010, Wiesbaden;* **Thömmes,** *Wegzug und Zuzug von Kapitalgesellschaften, in: Steuerberaterjahrbuch 2009/2010, Köln (erscheint im Mai 2010);* **Thömmes/Schulz/Eismayr/Müller,** *IWB, Kritische Anmerkungen zum SEStBeglG, F. 11, Gr. 2, S. 747ff.;* **Wachter,** *GmbHR 2008, R194;* **Waclawik,** *Die Europäische Aktiengesellschaft (SE) als Rechtsformalternative für die Verwaltung und gemeinschaftsweite Mobilität privater Großvermögen?, ZEV 2006, S. 429ff.;* **Wassermeyer,** *Entstrickung durch Beschränkung des deutschen Besteuerungsrechts, DB 2006, S. 2420ff.;* **Wassermeyer,** *Entstrickung versus Veräußerung und Nutzungsüberlassung steuerrechtlich gesehen, IStR 2008, S. 176ff.;* **Wenz,** *Grenzüberschreitende Sitzverlegung, in Theisen/Wenz (Hrsg.), Die Europäische Aktiengesellschaft, Stuttgart, 2005, S. 189ff.;* **Werra/Teiche,** *Das SEStBeglG aus der Sicht international tätiger Unternehmen, DB 2006, S. 1455ff.*

A. Problemstellung

Nicht nur zu Beginn der unternehmerischen Tätigkeit stellt sich die Frage nach der Standortwahl, auch ein bestehendes Unternehmen kann seine Tätigkeit ganz oder teilweise an einen anderen Standort verlagern. Die Verlagerung betrieblicher Funktionen unter Beibehaltung der rechtlichen Ansässigkeit eines Unternehmens ist dabei ebenso möglich wie die davon – zumindest teilweise – unabhängig zu beurteilende Verlagerung der rechtlichen Ansässigkeit eines Unternehmens. Auch für eine solche Entscheidung können außersteuerliche Überlegungen, wie beispielsweise neben allgemeinen betriebswirtschaftlichen Überlegungen insbesondere regulatorische Anforderungen, entscheidend sein. Gleichermaßen können aber auch steuerliche Motive eines Wegzugs eine dominierende Rolle spielen. Aus betriebswirtschaftlicher Sicht[1] muss unterschieden werden, ob eine Verlegung nur der Geschäftsleitung, also des tatsächlichen Verwaltungssitzes, oder ob eine möglichst weitgehende Verlagerung sämtlicher unternehmerischer Aktivität in das Ausland erfolgen soll. Nur soweit im Rahmen des Wegzugs unternehmerische Aktivität ins Ausland verlagert wird, unterliegen die künftigen Gewinne der ausländischen Steuerhoheit, umgekehrt erhöht sich allerdings auch das Risiko einer steuerlichen Sofortbelas-

---

[1] Zu einer vorwiegen juristischen Auseinandersetzung mit dem Begriff des „Wegzugs" vgl. *Thömmes*, StbJb 2009/2010, Kapitel II.

tung im Zeitpunkt des Wegzugs. Wird dagegen nur die Geschäftsleitung bzw. der tatsächliche Verwaltungssitz in das Ausland verlagert, die operative Tätigkeit aber in möglichst großem Umfang in Deutschland belassen, so kann zwar die steuerliche Belastung eines Wegzugs minimiert werden, es verringert sich aber auch der Anteil künftiger Erträge, die der deutschen Besteuerungshoheit entzogen werden und die künftigen Steuervorteile des Wegzugs werden reduziert. Zumindest unterliegen allerdings ausländische Tochtergesellschaften nicht mehr der deutschen Hinzurechnungsbesteuerung, da diese eine Beherrschung durch unbeschränkt steuerpflichtige Inländer voraussetzt; selbst wenn die Beteiligung einer deutschen Betriebsstätte zuzurechnen sein sollte (dazu unten 0), würden daher die §§ 7-14 AStG nach dem Wegzug einer SE[2] und nach einer Herausverschmelzung nicht mehr greifen. Diente die deutsche Gesellschaft als Holding, so entsteht durch einen Wegzug meist eine Holding-Betriebsstätte, was im Falle einer grenzüberschreitenden Herausverschmelzung mit einer Abflachung der Konzernstruktur einhergeht und sowohl durch organisatorische wie auch steuerliche Gründe motiviert sein kann.[3]

Insbesondere im Falle **familienorientierter Unternehmen** kann der Wegzug steuerlich auch durch Überlegungen seitens der Gesellschafter motiviert sein. Soweit diese aktiv in die Geschäftsführung ihrer Gesellschaft involviert sind, bietet sich die Sitzverlegung der Gesellschaft begleitend zu einer persönlichen Wohnsitzverlegung an.[4] Sind im Anschluss an eine derartige Sitzverlegung sowohl Gesellschaft als auch Gesellschafter ausschließlich im Ausland ansässig und haben auch die designierten Erben weder Wohnsitz noch gewöhnlichen Aufenthalt im Inland, ist eine Vermögensnachfolge außerhalb der deutschen Erbschaftsteuer möglich.[5]

Der angesprochene Wegzug einer natürlichen Person, die durch Aufgabe ihres Wohnsitzes und gewöhnlichen Aufenthalts im Inland aus der unbeschränkten Steuerpflicht ausscheidet, ist seit langer Zeit schon möglich. Dementsprechend wurden die steuerlichen Folgen eines derartigen Wegzugs schon vor einiger Zeit, insbesondere in Bezug auf die im Privatvermögen steuerverhafteten stillen Reserven in Anteilen an Kapitalgesellschaften, geregelt.[6] Dagegen war ein Wegzug für juristische Personen, die nach deutschem Recht gegründet wurden, lange Zeit gesellschaftsrechtlich unmöglich, sodass die Regelung etwaiger Steuerfolgen nur ein nachrangiges Problem darstellte. Erst seit einigen Jahren ist der Wegzug auch für juristische Personen eine Möglichkeit, da die ununterbrochene **Rechtsfähigkeit der wegziehenden Gesellschaft** nicht mehr in Frage gestellt wird. Erst seitdem sind die deutschen Grenzen nicht nur für natürliche, sondern auch für juristische Personen offen. Mit dieser Möglichkeit – insbesondere mit deren Nutzung durch die Praxis – werden die steuerlichen Folgen eines Wegzugs von einem Randproblem zu der zentralen Frage, von der die Entscheidung für oder wider einen Wegzug abhängen kann. In diesem Beitrag analysieren wir zunächst (Kapitel B) die verschiedenen Möglichkeiten, wie eine deutsche Kapitalgesellschaft aus Deutschland wegziehen kann und beschreiben anschließend (Kapitel C) die steuerlichen Folgen eines solchen Wegzugs. Da auch nach den Änderungen durch das

---

[2] Soweit eine nationale Rechtsform allerdings nur ihren Verwaltungssitz in das Ausland verlegt (dazu B.I.), bleibt sie mit ihrem Sitz in Deutschland unbeschränkt körperschaftsteuerpflichtig, sodass insoweit die Hinzurechnungsbesteuerung noch zur Anwendung kommen kann, vgl. § 7 Abs. 1 AStG. Zur Hinzurechnungsbesteuerung bei doppelt ansässigen Gesellschaften ausführlich *Haase*, IStR 2008, 695.

[3] Vgl. dazu ausführlich *Kessler/Huck*, IStR 2006, S. 433 ff.

[4] Vgl. *Waclawik*, ZEV 2006, S. 432 ff., zu den steuerlichen Motiven bei Wegzug einer „Family-Office SE" ohne oder auch zusammen mit den jeweiligen Gesellschaftern.

[5] Ggf. sind bestimmte Fristen, beispielsweise nach § 2 Abs. 1 Nr. 1 b) ErbStG zu beachten.

[6] § 6 des deutschen Außensteuergesetzes v. 8. 9. 1972, BGBl. I 1972, S. 1713.

SEStEG[7] durch § 12 Abs. 3 KStG bei einem Wegzug[8] in einen Drittstaat weiterhin steuerlich eine Liquidation iSd § 11 KStG fingiert wird,[9] und dies unabhängig von der gesellschaftsrechtlichen Sichtweise, sind die steuerlichen Hürden für diesen Fall sehr hoch. Nicht nur aus diesem Grund kommt dem innergemeinschaftlichen Fall, also dem Wegzug in einen anderen EU-/EWR-Staat mehr praktische Bedeutung zu. Dieser Beitrag behandelt daher nur innergemeinschaftliche Sachverhalte.

B. Varianten und Rechtsgrundlagen des Wegzugs

I. Wegzug nationaler Rechtsformen

In Deutschland folgen sowohl Literatur als auch Rechtsprechung (noch) der **Sitztheorie**[10] mit der Konsequenz, dass Gesellschaften, die Satzungssitz und/oder Verwaltungssitz ins Ausland verlegten, in der Vergangenheit als aufgelöst galten.[11] Der Gesetzgeber hat kürzlich durch das Gesetz zur Modernisierung des GmbH-Rechts und zur Bekämpfung von Missbräuchen (**MoMiG**),[12] welches am 1. November 2008 in Kraft getreten ist, die Alt-Regelung der Verknüpfung von Satzungs- und Verwaltungssitz in § 4a Abs. 2 GmbHG a.F. und § 5 Abs. 2 AktG a.F. gestrichen, wodurch ein Auseinanderfallen von Satzungs- und Verwaltungssitz ermöglicht wird. Gemäß der Pressemitteilung des BMJ[13] können deutsche Kapitalgesellschaften somit auch einen „Verwaltungssitz .. wählen, der nicht notwendig mit dem Satzungssitz übereinstimmt. Dieser Verwaltungssitz kann auch im Ausland liegen."

Dies ändert aber wohl nichts daran, dass kollisionsrechtlich für den Fall der Hinausverlegung des Verwaltungssitzes einer deutschen Kapitalgesellschaft weiterhin die Sitztheorie anwendbar ist.[14] Zwar existiert ein Referentenentwurf vom 01.07.2008 für ein „Gesetz zum Internationalen Privatrecht der Gesellschaften, Vereine und juristischen Personen"[15], mit dem die erforderliche Anpassung des **Kollisionsrechts** an das Sachrecht vorgenommen werden soll, eine Verabschiedung steht allerdings bislang noch aus. Auch nach dem Urteil des EuGH in der Rechtssache *Cartesio*[16] (dazu C.II.3.b)ba)) bleibt die Sitztheorie weiterhin zulässig, der wegziehende Staat muss die isolierte Verlegung des Verwaltungssitzes also nicht hinnehmen. Eine Sitzverlegung

---

[7] Gesetz über steuerliche Begleitmaßnahmen zur Einführung der Europäischen Gesellschaft und zur Änderung weiterer steuerrechtlicher Vorschriften (SEStEG vom 7. 12. 2006, BGBl. I 2006, S. 2782).

[8] Als Wegzug gilt dabei nicht nur das Ausscheiden aus der unbeschränkten Steuerpflicht, sondern auch der abkommensrechtliche Wechsel der Ansässigkeit.

[9] Durch die steuerlich fingierte Auflösung der Gesellschaft gelten alle stillen Reserven als aufgedeckt und das vorhandene Vermögen als ausgekehrt. Vgl. zum Wegzug in Drittstaaten auch *Eickmann/Stein*, DStZ 2007, S. 724 f.

[10] Vgl. stellvertretend *Kindler*, Münchner Kommentar zum BGB, Bd. 11, IntGesR Rz. 400; umfangreiche Rechtsprechungsübersicht bei *Widmann*, in: Widmann/Mayer, Umwandlungsrecht, Anh. 7 Rz. 3.

[11] Vgl. stellvertretend: OLG Hamm v. 01.02.2001, Az. 15 W 390/00, GmbHR 2001, S. 440. Ausführlich hierzu Peters, GmbHR 2008, S. 245 ff.

[12] BGBl. I 2008, S. 2026.

[13] BMJ, Pressemitteilung „Das neue GmbH-Recht" vom 30. 10. 2008

[14] Vgl. *Paefgen*, WM 2009, S. 531.

[15] Vgl. BMJ, Pressemitteilung „Regelung zum Internationalen Gesellschaftsrecht auf den Weg gebracht" vom 1. 7. 2008.

[16] Vgl. EuGH-Urt. v. 16. 12. 2008, Rs. C-210/06 (Cartesio); IWB Fach 11A, S. 1219 ff. mit Anmerkung *Thömmes*.

bei der sich das anwendbare Recht ändert (beispielsweise die simultane Verlegung von Satzungs- und Verwaltungssitz), darf jedoch nicht behindert werden.[17]

Im Ergebnis sollten aufgrund der Änderungen durch das MoMiG – trotz der noch ausstehenden begleitenden Änderungen des internationalen Privatrechts – nunmehr Verwaltungssitzverlegungen ins EU-/EWR-Ausland, wo die Niederlassungsfreiheit gem. Art. 43, 48 EG bzw. Art. 31 EWR-Abkommen gilt und damit die Anerkennung durch den Zuzugsstaat gesichert ist,[18] möglich sein.[19]

II. Wegzug einer SE

Im Gegensatz zum Wegzug nationaler Rechtsformen, der auch innerhalb Europas nicht harmonisiert wurde,[20] war der Wegzug einer SE von Anfang an gesellschaftsrechtlich auf europäischer Ebene geregelt. Die gesellschaftsrechtlichen Grundlagen für die Rechtsform der SE finden sich zunächst in der unmittelbar anwendbaren SE-VO,[21] der SE-Richtlinie,[22] daneben in den nationalen Umsetzungsgesetzen,[23] die entsprechende Spielräume, die die SE-VO lässt, ausfüllen und bestimmte Teilgebiete regeln.

Die **SE-VO** sieht verschiedene Wege für die Gründung einer SE vor, namentlich die Gründung durch Verschmelzung (Art. 2 Abs. 1 SE-VO), durch Gründung einer gemeinsamen Holding-SE (Art. 2 Abs. 2 SE-VO), durch Gründung einer Tochter-SE (Art. 2 Abs. 3 SE-VO) sowie durch Formwechsel (Art. 2 Abs. 4 SE-VO).[24] Bereits im Rahmen der Gründung kann es somit zu einem „Wegzug" eines deutschen Rechtsträgers kommen, wenn dieser zur Gründung einer SE auf eine in einem anderen Mitgliedstaat ansässige Gesellschaft grenzüberschreitend verschmolzen wird. Einer bereits gegründeten SE wird durch Art. 8 SE-VO das Recht gegeben, ihren Sitz identitäts-

---

[17] Vgl. *Thömmes*, StbJB 2009/2010, Kapitel III./IV.

[18] Vgl. EuGH-Urt. v. 9. 3. 1999, Rs. C-212/97 (*Centros*); EuGH-Urt. v. 5. 11. 2002, Rs. C-208/00 (*Überseering*); EuGH-Urt. v. 30. 9. 2003, Rs. C-167/01 (*Inspire Art*).

[19] Vgl. ausführlich zu der gesamten Thematik: *Thömmes*, in: JbFSt 2009/2010, VI. Grenzüberschreitende Sitzverlegung, S. 86 ff.

[20] Die Arbeiten an einem 1997 vorgelegten Vorentwurf zu einer gesellschaftsrechtlichen Sitzverlegungsrichtlinie wurden im Jahre 2007 eingestellt, vgl. *Wachter*, GmbHR 2008, R194, *Hoffmann/Leible*, BB 2009, S. 63; *Grohmann/Gruschinske*, EuZW 2008, S. 463.

[21] Verordnung (EG) Nr. 2157/2001 des Rates vom 8. Oktober 2001 über das Statut der Europäischen Gesellschaft (SE), Abl. L 294 v. 10. 11. 2001, S. 1.

[22] Richtlinie 2001/86/EG des Rates vom 8. Oktober 2001 zur Ergänzung des Statuts der Europäischen Gesellschaft hinsichtlich der Beteiligung der Arbeitnehmer, Abl. L 294 v. 10. 11. 2001, S. 22.

[23] Für Deutschland sind das im Wesentlichen das SE-Ausführungsgesetz (SEAG), BGBl. I 2004, S. 3675, und daneben das SE-Beteiligungsgesetz, BGBl. I 2004, S. 3675, 3686, das die Arbeitnehmerbeteiligung in Umsetzung der SE-Richtlinie regelt.

[24] Ausführlich zu den Möglichkeiten der Gründung einer SE in Deutschland vgl. *Neun*, in: Theisen/Wenz (Hrsg.), Die Europäische Aktiengesellschaft, 2005, S. 57 ff.

während in einen anderen Mitgliedstaat der EU oder des EWR[25] zu verlegen.[26] Gesellschaftsrechtlich genießt die SE daher Mobilität im Europäischen Binnenmarkt.[27]

Weder die SE-VO noch die SE-RL enthalten steuerliche Regelungen in Bezug auf Gründung, laufende Besteuerung oder Wegzug einer SE. Erst mit den Änderungen der Fusionsrichtlinie im Jahre 2005[28] wurde den Besonderheiten der SE unter anderem durch die Aufnahme spezieller Vorschriften zur Besteuerung der SE (dazu unten 0 und 0) und ihrer Anteilseigner (dazu unten 0) Rechnung getragen.

III. Wegzug durch grenzüberschreitende Herausverschmelzung

Die gesellschaftsrechtliche Grundlage einer grenzüberschreitenden Verschmelzung für Kapitalgesellschaften aus verschiedenen EU-Mitgliedstaaten wurde auf europäischer Ebene nach jahrzehntelangem Vorlauf[29] durch die **Verschmelzungsrichtlinie** (VRL)[30] geschaffen, die am 15.12.2005 in Kraft getreten ist. Gemäß Art. 4 Abs. 1 VRL sind grenzüberschreitende Verschmelzungen nur zwischen Gesellschaften solcher Rechtsformen möglich, die sich nach dem innerstaatlichen Recht der jeweiligen Mitgliedstaaten verschmelzen dürfen; das Verfahren der grenzüberschreitenden Verschmelzung richtet sich nach den jeweils geltenden innerstaatlichen Vorschriften. Deutschland hat noch vor dem Ablauf der Umsetzungsfrist der Richtlinie im Dezember 2007 mit dem am 25.04.2007 in Kraft getretenen Zweiten Gesetz zur Änderung des Umwandlungsgesetzes[31] die Verschmelzungsrichtlinie in den §§ 122a-122l UmwG umgesetzt und hat damit eine aus deutscher Sicht weitgehend gesicherte zivilrechtliche Basis für grenzüberschreitende Verschmelzungen geschaffen. Als solche werden durch § 122a Abs. 1 und § 122b Abs. 1 UmwG Verschmelzungen von Kapitalgesellschaften iSd Art. 2 Nr. 1 VRL[32] definiert, bei der die beteiligten Kapitalgesellschaften nach dem Recht eines EU/EWR-Mitgliedstaates gegründet worden sind und ihren satzungsmäßigen Sitz, ihre Hauptverwaltung oder ihre Hauptniederlassung in einem EU/EWR-Mitgliedstaat haben. Als verschmelzungsfähige Gesellschaften deutschen Rechts gelten deshalb deutsche Gesellschaften in der Rechtsform einer AG, GmbH, KGaA oder SE.[33] Die grenzüberschreitende Verschmelzung muss bei den zuständigen

---

[25] Ausführlich zur Anwendbarkeit der SE-VO in den EFTA-Staaten des EWR (Island, Liechtenstein, Norwegen) und den daraus resultierenden Besonderheiten, insbesondere aus steuerlicher Sicht, *Thömmes*, in: Theisen/Wenz (Hrsg.), Die Europäische Aktiengesellschaft, 2005, S. 603 ff.

[26] Vgl. zum Ablauf einer Sitzverlegung ausführlich *Wenz*, in: Theisen/Wenz (Hrsg.), Die Europäische Aktiengesellschaft, 2005, S. 189 ff.

[27] Zur SE als Element der Vollendung des Europäischen Binnenmarkts ausführlich *Theisen/Wenz*, in: Theisen/Wenz (Hrsg.), Die Europäische Aktiengesellschaft, S. 36 ff.

[28] Änderung der RL 90/434/EWG des Rates vom 23. Juli 1990, Abl. L 225 v. 20. 8. 1990, S. 1, durch RL 2005/19/EG, Abl. L 58 v. 17. 2. 2005, S. 19; mittlerweile neu kodifiziert al RL 2009/133/EG des Rates vom 19. Oktober 2009, Abl. L 310 v. 25. 11. 2009, S. 34.

[29] Vgl. *Pluskat*, EWS 2004, S. 2 ff.

[30] Richtlinie 2005/56/EG über die Verschmelzung von Kapitalgesellschaften aus verschiedenen Mitgliedstaaten (Verschmelzungsrichtlinie), Abl. L 310 vom 25. 11. 2005, S. 1.

[31] Vgl. BGBl. I 2007, S. 542.

[32] Die unter die VRL fallenden Gesellschaftsformen werden in Art. 2 Nr. 1 VRL durch den Verweis auf die Publizitätsrichtlinie, RL 68/151/EWG v. 9. 3. 1968, Abl. L 65 v. 14. 3. 1968, S. 8, geregelt.

[33] Nach Art. 10 der SE-Verordnung ist eine SE vorbehaltlich der Bestimmungen der Verordnung in jedem Mitgliedstaat wie eine AG zu behandeln, weshalb sie ebenfalls unter den Anwendungsbereich fällt, vgl. *Eismayr*, IWB, F. 11, Gr. 2, S. 705 (708).

Registergerichten angemeldet und eingetragen werden, und die formalen Voraussetzungen der §§ 122a ff. UmwG sind zu beachten.[34]

Personenhandelsgesellschaften[35] steht weder auf der Basis der Verschmelzungsrichtlinie noch auf der Basis deutscher gesellschaftsrechtlicher Vorschriften die Möglichkeit der grenzüberschreitenden Verschmelzung zur Verfügung. Allerdings sollte diesen Gesellschaftsformen aufgrund des primären Gemeinschaftsrechts die Möglichkeit der grenzüberschreitenden Verschmelzung zu gewähren sein. Nach wohl herrschender Auffassung hat der EuGH mit seinem *SEVIC*-Urteil[36] hinsichtlich der primärrechtlichen Zulässigkeit von grenzüberschreitenden Verschmelzungen die europäische sekundärrechtliche Gesetzgebung überholt.[37] Nach Ansicht des EuGH verstößt es gegen die Niederlassungsfreiheit, wenn der aufnehmende Staat (Deutschland) die Eintragung einer Hereinverschmelzung (durch Auflösung ohne Abwicklung) einer Gesellschaft verweigert, weil die Gesellschaft einen ausländischen Sitz aufweist und zum damaligen Zeitpunkt das deutsche Umwandlungsrecht nur die Verschmelzung von Gesellschaften mit Sitz in Deutschland vorsah. Für den umgekehrten Fall der Herausverschmelzungen vertritt die h.M., dass diese europarechtlich zulässig sein müssen,[38] nunmehr gestützt durch die EuGH-Rechtsprechung im Fall *Cartesio*[39] (dazu auch C.I.3.b)).

C. Steuerliche Folgen des Wegzugs

I. Entstrickung der Wirtschaftsgüter

1. Tatbestand

a) § 12 KStG, § 4 Abs. 1 S. 3 EStG

Der identitätswahrende Wegzug einer Gesellschaft aus Deutschland in einen anderen EU/EWR-Staat führt steuerlich nach den Änderungen durch das SEStEG nicht mehr zur Auflösung, ist also dem Grunde nach steuerneutral. Insbesondere hat der Wechsel der abkommensrechtlichen Ansässigkeit (bei einer nationalen Rechtsform) bzw. der Wechsel von der unbeschränkten in die beschränkte Steuerpflicht (bei einer SE) allein keine Steuerfolgen.[40] Soweit im Zuge dieses Wegzugs aber das deutsche Besteuerungsrecht hinsichtlich des Gewinns aus der Veräußerung oder Nutzung eines Wirtschaftsguts ausgeschlossen oder beschränkt wird, käme es steuerlich zur **Entstrickung** nach § 12 Abs. 1 KStG: Insoweit würde eine Veräußerung oder Überlassung dieses Wirtschaftsguts zum gemeinen Wert fingiert. Bei allen Wirtschaftsgütern, bei denen das Besteuerungsrecht Deutschlands gewahrt bleibt (jedenfalls alle betriebsstättenverhafteten Wirtschaftsgüter)[41] werden die stillen Reserven nicht aufgedeckt. Ebenso kommt eine Besteuerung

---

[34] Vgl. zu diesen Voraussetzungen ausführlich *Neye/Timm*, GmbHR 2007, S. 561 ff.; zu Praxisproblemen im Umgang mit § 122d UmwG vgl. *Pfeiffer/Heilmeier*, GmbHR 2009, S. 1317 ff.

[35] Zur Durchführung grenzüberschreitender Verschmelzungen unter Beteiligung hybrider Gesellschaften vgl. *Brähler/Heerdt*, StuW 2007, S. 260 ff.

[36] EuGH-Urt. v. 13. 12. 2005, Rs. C-411/03 (Sevic).

[37] Vgl. *Forsthoff*, DStR 2006, S. 613; *Thömmes*, in: WP-Handbuch Bd. II, S. 723.

[38] Vgl. *Eismayr*, Grenzüberschreitende Konzentrationsverschmelzungen, 2005, S. 113 f.; *Möhlenbrock*, in: Dötsch u.a., KStG, Einführung UmwStG (SEStEG), Tz. 37 mit ausführlicher Literaturübersicht.

[39] Vgl. EuGH-Urt. v. 16. 12. 2008, Rs. C-210/06 (*Cartesio*).

[40] Vgl. *Blumenberg/Lechner*, BB-Special 08/2006, S. 29; *Frotscher*, in: Frotscher/Maas, KStG, § 12 KStG, Rz. 93

[41] Vgl. zu den verschiedenen Fällen des Verlusts des deutschen Besteuerungsrechts aufgrund des allgemeinen Völkerrechts, des nationalen Rechts oder eines Doppelbesteuerungsabkommens *Schön*, in: Lutter/Hommelhoff, SE-Kommentar, Rz. 133-137.

nicht in Betracht, soweit Deutschland bereits vor Wegzug kein Besteuerungsrecht beanspruchen konnte, beispielsweise in Bezug auf Wirtschaftsgüter einer **ausländischen Betriebsstätte** für deren Gewinne das jeweilige DBA die Freistellungsmethode vorsieht. Eine Entstrickung droht allerdings, wenn diese ausländische Betriebsstätte in einem DBA-Staat mit Anrechnungsmethode, in einem Nicht-DBA Staat oder aber in einem anderen DBA-Staat belegen ist, dessen DBA eine Aktivitätsklausel für die Freistellung der Betriebsstätteneinkünfte beinhaltet,[42] da Deutschland dann durch den Wegzug das Besteuerungsrecht für die stillen Reserven der jeweiligen Wirtschaftsgüter verliert.[43]

Die steuerlichen Folgen eines Wegzugs sind damit einerseits von der Höhe der jeweils in den Wirtschaftsgütern enthaltenen stillen Reserven und andererseits von der Aufrechterhaltung des deutschen Besteuerungsrechts hinsichtlich des Gewinns aus der Veräußerung oder Nutzung der Wirtschaftsgüter abhängig. Der BFH hat mit seinen Urteilen vom 17.07.2008[44] (**Aufgabe der Theorie der finalen Betriebsentnahme**) und vom 28.10.2009[45] (**Aufgabe der Theorie der finalen Betriebsaufgabe**) gegen seine ältere Rechtsprechung entschieden, dass Deutschland weder bei einer Verbringung eines einzelnen Wirtschaftsgutes in eine ausländische Betriebsstätte noch bei einer Verlegung des gesamten Betriebes (Beendigung der unbeschränkten Steuerpflicht ohne Verbleib einer inländischen Betriebsstätte) das Besteuerungsrecht hinsichtlich der zu diesem Zeitpunkt bestehenden stillen Reserven in den Wirtschaftsgütern verliert. Soweit bei späterer Realisation dieser stillen Reserven, beispielsweise durch Veräußerung aus der ausländischen Betriebsstätte hinaus, ein Gewinn erzielt wird, handelt es sich um der inländischen Besteuerung unterliegende Einkünfte, für die Deutschland auch abkommensrechtlich ein Besteuerungsrecht hat. Anders als in den vom BFH zu entscheidenden Streitjahren liegt durch § 4 Abs. 1 S. 3 EStG und § 12 Abs. 1 KStG allerdings mittlerweile eine gesetzliche Grundlage für eine Besteuerung vor, wobei fraglich ist, ob der Tatbestand dieser gesetzlichen Grundlage erfüllt ist. Nach den genannten Vorschriften reicht die „Beschränkung" des Besteuerungsrechts hinsichtlich des „Gewinns aus der Veräußerung" aus, um zur fiktiven Entnahme (§ 4 Abs. 1 S. 3 EStG) oder fiktiven Veräußerung (§ 12 Abs. 1 KStG) zu führen. Die Folgen der neueren BFH-Urteile für die Entstrickungsvorschriften nach SEStEG (dazu unten ausführlich unter c)) sind daher derzeit nicht endgültig abschätzbar, einerseits kann mit guten Gründen vertreten werden, dass es angesichts des fortbestehenden Besteuerungsrechts hinsichtlich der im Inland gelegten stillen Reserven der Tatbestand für eine Gewinnrealisation nicht erfüllt ist. Andererseits ist derzeit davon auszugehen, dass die Finanzverwaltung den Tatbestand der Beschränkung des deutschen Besteuerungsrechts weit auslegen wird[46] und der geänderten Rechtsprechung somit für die Rechtslage nach den Änderungen durch das SEStEG keine Bedeutung zusprechen wird.[47]

---

[42] Vgl. *Dötsch*, in: Dötsch u.a., KStG, § 11 UmwStG (SEStEG), Tz. 61; *Rödder*, in: Rödder/Herlinghaus/van Lishaut, § 11 UmwStG, Rz. 127.

[43] Vgl. *Schön*, in: Lutter/Hommelhoff, SE-Kommentar, Rz. 144 f. m.w.N. zum Problem des Auslandsvermögens, das unter die Anrechnungsmethode fällt.

[44] Vgl. BFH-Urt. v. 17. 7. 2008, I R 77/06, BStBl. II 2009, S. 464, DStR 2008, S. 2001.

[45] Vgl. BFH-Urt. v. 28. 10. 2009, I R 99/08, DStR 2010, S. 40; BFH-Urt. v. 28.10.2009, I R 28/08, IStR 2010, S. 103.

[46] Vgl. in diesem Sinne bereits zur Regelung des § 11 Abs. 2 S. 1 Nr. 2 UmwStG *Schießl*, in: Widmann/Mayer, Umwandlungsrecht, § 11 UmwStG Rz. 50.53; ausdrücklich jüngst *Benecke*, IStR 2010, S. 102.

[47] Für die Vergangenheit will die Finanzverwaltung ebenfalls an der bisherigen Rechtsprechung des BFH festhalten und hat daher mit einem Nichtanwendungserlass auf das Urteil vom 17. 7. 2008 reagiert, vgl. Nichtanwendungserlass v. 20.05.2009, BStBl. I 2009, S. 671. In Bezug auf das neuere Urteil vom 28. 10. 2009 ist dem Vernehmen nach ebenfalls ein Nichtanwendungserlass zu erwarten.

Zumindest nach der derzeitigen Auffassung der Finanzverwaltung ist die Aufrechterhaltung des deutschen Besteuerungsrechts hinsichtlich des Gewinns aus der Veräußerung oder Nutzung eines Wirtschaftsgutes auch nach der neueren BFH-Rechtsprechung somit im Wesentlichen abhängig von der Zuordnung der Wirtschaftsgüter zu einer etwaigen in Deutschland verbleibenden Betriebsstätte oder zum ins Ausland verziehenden Stammhaus. Diese Zuordnung richtet sich nach der **funktionalen Zugehörigkeit** der Wirtschaftsgüter zum jeweiligen Unternehmensteil (vgl. dazu sogleich unten 0). Somit kommt es entscheidend darauf an, welche Funktionen im Zuge des Wegzugs zusammen mit der Geschäftsleitung ins Ausland verlegt wurden und welche Funktionen weiterhin in der zurückbleibenden deutschen Betriebsstätte verbleiben.

Bei einem Wegzug, bei dem keine deutsche Betriebsstätte zurückbleibt, käme es nach der Auffassung der Finanzverwaltung durch die vollständige Aufdeckung der stillen Reserven in allen Wirtschaftsgütern insoweit zu einer Quasi-Liquidationsbesteuerung, ohne dass allerdings der Entstrickungsgewinn als ausgekehrt gilt. Es sind daneben aber Fälle denkbar, in denen zwar keine Betriebsstätte zurückbleibt, ein Teil des Vermögens der wegziehenden Gesellschaft aber weiterhin in Deutschland der Körperschaftsteuer unterliegt. Dies gilt beispielsweise bei vermieteten Gebäuden, da Deutschland insoweit nach § 49 Abs. 1 Nr. 2 Buchst. f EStG einen Besteuerungsanspruch erhebt und diesen nach Art. 6 OECD-MA auch durchsetzen kann. Selbst wenn in diesen Fällen die stillen Reserven künftig – mangels inländischer Betriebsstätte – nicht mehr der deutschen Gewerbesteuer unterliegen, kommt es nicht zu einer Besteuerung, da es einen isolierten gewerbesteuerlichen Entstrickungstatbestand nicht gibt.[48] Gleichermaßen führt die Tatsache, dass durch den Wegzug einer Gesellschaft möglicherweise eine Besteuerung von Hinzurechnungsbeträgen ausländischer Zwischengesellschaften entfällt, nicht zu einer weitergehenden Entstrickung. Insoweit wird zwar ein Besteuerungsrecht ausgeschlossen oder beschränkt, es handelt sich aber nicht um ein Besteuerungsrecht „hinsichtlich des Gewinns aus der Veräußerung oder Nutzung eines Wirtschaftsguts" im Sinne des § 12 Abs. 1 KStG.

b) §§ 11, 12 UmwStG

Seit der Reform des Umwandlungssteuergesetzes durch das SEStEG gelten die Verschmelzungsvorschriften der §§ 11-13 UmwStG explizit auch für grenzüberschreitende Verschmelzungen, wenn der übertragende und der übernehmende Rechtsträger nach den Rechtsvorschriften eines EU-/EWR-Mitgliedstaates gegründet wurden und diese ihren Sitz ebenfalls in einem Mitgliedstaat haben (§ 1 Abs. 1 Nr. 1 iVm Abs. 2 UmwStG). Damit hat eine „Europäisierung" des Umwandlungssteuergesetzes stattgefunden.

Im Rahmen der Wegzugs einer Kapitalgesellschaft aus Deutschland durch Herausverschmelzung auf eine ausländische Kapitalgesellschaft sind bei der übertragenden Kapitalgesellschaft die übergehenden Wirtschaftsgüter einschließlich nicht entgeltlich erworbener oder selbst geschaffener immaterieller Wirtschaftsgüter grundsätzlich mit dem gemeinen Wert in der Schlussbilanz anzusetzen (§ 11 Abs. 1 UmwStG). Der sich daraus ergebende Übertragungsgewinn unterliegt der Körperschaftsteuer und nach § 19 Abs. 1 UmwStG auch der Gewerbesteuer.

Auf Antrag können jedoch gem. § 11 Abs. 2 UmwStG die **Buchwerte** angesetzt werden, soweit:

▸ sichergestellt ist, dass die übergehenden Wirtschaftsgüter bei der übernehmenden Körperschaft der Besteuerung mit der Körperschaftsteuer unterliegen und

▸ eine Gegenleistung für die übergehenden Wirtschaftsgüter nicht gewährt wird oder in Gesellschaftsrechten besteht und

---

[48] Vgl. beispielsweise *Blumenberg/Lechner*, BB Special 08/2006, S. 29; *Schönherr/Lemaître*, GmbHR 2006, S. 567.

▶ das Besteuerungsrecht Deutschlands hinsichtlich des Gewinns aus der Veräußerung der übertragenen Wirtschaftsgüter bei der übernehmenden Körperschaft nicht ausgeschlossen oder beschränkt wird.

Zur Erzielung der steuerneutralen Buchwertfortführung und damit zur **Vermeidung eines Übertragungsgewinnes** im Rahmen einer grenzüberschreitenden Herausverschmelzung einer deutschen Kapitalgesellschaft sind daher grundsätzlich folgende Voraussetzungen zu erfüllen:

1. Die aufnehmende Gesellschaft wurde in einem EU-/EWR-Staat gegründet und hat Satzungs- und Verwaltungssitz[49] innerhalb der EU bzw. des EWR.[50]
2. In Deutschland bleibt eine Betriebsstätte nach der Verschmelzung zurück, welcher die Wirtschaftsgüter der übertragenden Körperschaft nach den Prinzipien der funktionalen Zuordnung (dazu unten 0) zuzurechnen sind. Folgt man allerdings der Auffassung, dass die geänderte BFH-Rechtsprechung auch in Umwandlungsfällen dazu führt, dass Deutschland das Besteuerungsrecht hinsichtlich der im Inland gelegten stillen Reserven behält, kommt es möglicherweise auf diese Betriebsstättenzugehörigkeit nicht an (dazu unten c)).
3. Soweit die übertragende Körperschaft vor der Verschmelzung über Auslandsbetriebsstätten verfügt, sind diese in DBA-Staaten mit Freistellungsmethode belegen.[51]
4. Die übertragende Gesellschaft oder die übernehmende Gesellschaft als Gesamtrechtsnachfolgerin stellt den Antrag auf Buchwertfortführung beim Finanzamt der übertragenden Körperschaft und dokumentiert die in den Punkten 1-3 ausgeführte Sachverhaltslage.

Für den **übernehmenden Rechtsträger** ergeben sich steuerliche Konsequenzen, soweit er durch die Verschmelzung mit den Betriebsstätteneinkünften in Deutschland beschränkt steuerpflichtig wird (§ 49 Abs. 1 Nr. 2 Buchst. a EStG). Für die Betriebsstätte sind nach § 12 Abs. 1 UmwStG die Werte der steuerlichen Schlussbilanz der übertragenden Körperschaft zu übernehmen. Bei der übernehmenden Gesellschaft wird für Zwecke der Ermittlung des Übernahmegewinnes/-verlustes im Falle eines upstream-mergers der Buchwert der Anteile an der übertragenden deutschen Körperschaft mit dem übernommenen Wert der übergangenen Wirtschaftsgüter ersetzt. Dieser Übernahmegewinn/-verlust ist in Übereinstimmung mit Art. 7 FRL steuerlich unbeachtlich (§ 12 Abs. 2 S. 1 UmwStG). Im Fall der Herausverschmelzung wird diese vollständige Steuerfreiheit regelmäßig nicht durch § 12 Abs. 2 S. 2 UmwStG iVm § 8b KStG, wonach 5% des Gewinns als nicht abzugsfähige Betriebsausgaben gelten, eingeschränkt, da das Besteuerungsrecht für die Anteile an der übertragenden Körperschaft im Regelfall nicht Deutschland zustand, sondern dem Ansässigkeitsstaat der Gesellschafter der übertragenden Gesellschaft zusteht.[52] Wenn Deutschland vor der Verschmelzung das Besteuerungsrecht für die Anteile an der übertragenden Kapitalgesellschaft hatte (z.B. im Fall der abweichenden DBA mit Tschechien, der Slowakei und Zypern, die dem Ansässigkeitsstaat der Gesellschaft das Besteuerungsrecht in

---

[49] Steuerlich ist nicht der Verwaltungssitz, sondern der Ort der Geschäftsleitung maßgeblich. Zu möglichen Unterschieden vgl. *Schön*, in: Lutter/Hommelhoff, SE-Kommentar, Rz. 51; ausführlich *Eilers/Wienand*, IStR 1999, 289 (292 f.)

[50] Satzungssitz und Ort der Geschäftsleitung können sich in unterschiedlichen Mitgliedstaaten befinden, vgl. *Klingberg*, in: Blümich, § 1 UmwStG, Rz. 11; *Trossen*, in: Rödder/Herlinghaus/van Lishaut, § 1 UmwStG, Rz. 145.

[51] Vgl. oben 0 zu Anrechnungsbetriebsstätten. Im EU-Staatenfall ist aber nach § 11 Abs. 3 iVm § 3 Abs. 3 UmwStG entsprechend der Regelung von Art. 10 Abs. 2 FRL die auf die ausländischen stillen Reserven entfallende fiktive ausländische Steuer in Deutschland anzurechnen.

[52] Vgl. *Dötsch*, in: Dötsch u.a., KStG, § 11 UmwStG (SEStEG), Tz. 61a.

Bezug auf Veräußerungsgewinne aus Anteilen zuweisen[53]), unterliegen 5% des Übernahmegewinns nach § 12 Abs. 2 S. 2 UmwStG iVm § 8b KStG als nichtabzugsfähige Betriebsausgaben der Besteuerung.[54]

Zu beachten ist, dass für die Betriebsstätte in der wohl überwiegenden Anzahl der Fälle auch weiterhin eine deutsche **Buchführungspflicht** bestehen wird. Wird die Betriebsstätte als Zweigniederlassung iSd § 13 HGB beim Registergericht eingetragen, so gelten bei beschränkt Steuerpflichtigen für die Zweigniederlassung nach § 13d Abs. 3 HGB die Vorschriften für Hauptniederlassungen.[55] Nach § 238 HGB besteht damit eine handelsrechtliche Buchführungspflicht, die über § 140 AO auch auf das Steuerrecht durchschlägt.[56] Inländische Betriebsstätten, die nicht zugleich Zweigniederlassungen sind, sind im Rahmen des § 141 AO bei Erfüllung der dort genannten Größenmerkmale zur Führung von Büchern für steuerliche Zwecke verpflichtet.[57] Durch den im Rahmen des JStG 2009[58] neu geschaffenen § 146 Abs. 2a AO besteht unter bestimmten Voraussetzungen die Möglichkeit, einen Antrag auf Führung der Bücher in einem EU-/EWR-Staat[59] zu stellen. In Härtefällen besteht wie bisher auch schon die Möglichkeit, dass die Finanzbehörden in Einzelfällen eine Verlagerung auch in Drittstaaten genehmigen.

c) Auswirkungen der Aufgabe der Theorie der finalen Betriebsentnahme/-aufgabe

Mit seinen Urteilen vom 17. 7. 2008[60] und vom 28. 10. 2009[61] hat der BFH seine ältere Rechtsprechung zur Theorie der finalen Betriebsentnahme bzw. finalen Betriebsaufgabe geändert.[62] Der BFH geht davon aus, dass es „für die Annahme eines Realisationstatbestands" bei Überführung von Wirtschaftsgütern eines inländischen Unternehmens in dessen ausländische Betriebsstätte oder bei Verlegung eines Betriebs ins Ausland vor den Änderungen durch das SEStEG „sowohl an einer gesetzlichen Grundlage als auch an einem Bedürfnis" fehlte. Für eine Besteuerung der im Inland gelegten stillen Reserven zum späteren Realisationszeitpunkt fehlt es nach Ansicht des BFH weder an einer nationalen Rechtsgrundlage, noch abkommensrechtlich am Besteuerungsrecht Deutschlands. Selbst wenn im Realisationszeitpunkt keine deutsche Be-

---

[53] Vgl. Art. 13 Abs. 3 DBA-Tschechoslowakei, das sowohl für Tschechien als auch für die Slowakei fortgilt; Art. 13 Abs. 3 DBA Zypern.

[54] Die Vereinbarkeit dieser Regelung mit der FRL ist fraglich, vgl. dazu *Ley/Bodden* FR 2007, S. 274; *Schmitt*, in: Schmitt/Hörtnagel/Stratz, § 12 UmwStG, Rz. 51; *Rödder*, in: Rödder/Herlinghaus/van Lishaut, § 12 UmwStG, Rz. 87 m. w. N.; a. A. *Dötsch*, in: Dötsch u.a., KStG, § 12 UmwStG (SEStEG), Tz. 36.

[55] Vgl. *Eismayr*, Grenzüberschreitende Konzentrationsverschmelzungen, 2005, S. 192 f.

[56] Vgl. BMF-Schr. v. 24.12.1999 (BStBl. I S. 1076), zuletzt geändert durch BMF v. 25.08.2009 (BStBl. I S. 888) betr. Grundsätze der Verwaltung für die Prüfung der Aufteilung der Einkünfte bei Betriebsstätten international tätiger Unternehmen (BS-Verwaltungsgrundsätze), Tz. 1.1.3.2.

[57] Die Buchführungsverpflichtung besteht erst nach Aufforderung vom Beginn des Wirtschaftsjahres an, das auf die Bekanntgabe der Mitteilung der Finanzbehörde folgt (§ 141 Abs. 2 AO).

[58] BGBl. I 2008, S. 2794.

[59] Durch das am 02.09.2009 unterzeichnete Informationsaustauschsabkommen (TIEA) zwischen Deutschland und Liechtenstein, das auch die Umsatzsteuer umfasst und das ab dem Veranlagungszeitraum 2010 anwendbar ist, sollte seit 2010 auch eine Verlagerung nach Liechtenstein möglich sein.

[60] Vgl. BFH-Urt. v. 17. 7. 2008, I R 77/06, BStBl. II 2009, S. 464, DStR 2008, S. 2001.

[61] Vgl. BFH-Urt. v. 28. 10. 2009, I R 99/08, DStR 2010, S. 40, BFH-Urt. v. 28. 10. 2009, I R 28/08, IStR 2010, S. 103.

[62] Zutreffend weist *Benecke* in seiner Urteilsanmerkung zum BFH-Urt. I R 99/08 (IStR 2010, S. 101f.) darauf hin, dass der BFH nicht etwa die Theorie der finalen Betriebsentnahme aufgegeben habe, sondern durch das geänderte abkommensrechtliche Verständnis des BFH die Notwendigkeit einer Gewinnrealisation verneint werden konnte.

triebsstätte mehr vorhanden ist, bleibt es bei der beschränkten Steuerpflicht des Veräußerers, der auch etwaige nachträgliche Einkünfte unterliegen. Für die abkommensrechtliche Zuweisung des Besteuerungsrechts ist das **Veranlassungsprinzip** entscheidend, sodass das Besteuerungsrecht für im Inland gelegte stille Reserven weiterhin Deutschland zusteht, wiederum selbst dann, wenn im Realisationszeitpunkt keine deutsche Betriebsstätte mehr existiert.

Umstritten ist, inwieweit diese Urteile Auswirkungen auf die Anwendung der beschriebenen Entstrickungsregeln,[63] insbesondere in Wegzugsfällen hat. Zwar ist es richtig, dass die neuen Vorschriften von der Beschränkung des Besteuerungsrechts hinsichtlich des Veräußerungsgewinns sprechen. Dieser beinhaltet auch die zukünftigen Wertsteigerungen eines Wirtschaftsguts, sodass die Finanzverwaltung weiterhin von einer Beschränkung des Besteuerungsrechts ausgeht.[64] Zutreffender Weise setzt die Entstrickung den Ausschluss oder die Beschränkung des deutschen Besteuerungsrechts hinsichtlich der im Entstrickungszeitpunkt bestehenden stillen Reserven voraus.[65] Die Entstrickungsvorschriften laufen damit ins Leere.[66] Behält Deutschland nämlich auch nach Verbringung eines Wirtschaftsguts bzw. nach Wegzug einer Gesellschaft das Besteuerungsrecht in Bezug auf die im Inland entstandenen stillen Reserven und kann dieses Besteuerungsrecht auch abkommensrechtlich im Zeitpunkt der späteren tatsächlichen Realisation durchsetzen, so liegt weder ein Ausschluss noch eine Beschränkung des deutschen Besteuerungsrechts vor. Zwar ist es richtig, dass Deutschland kein Besteuerungsrecht hinsichtlich zukünftiger, potenzieller, Wertsteigerungen mehr hat, dies ist aber nicht als (ein Ausschluss oder) eine Beschränkung anzusehen. Eine **Beschränkung** setzt voraus, dass nachher (nach Wegzug) weniger (Besteuerungsrecht) vorhanden ist als vorher (vor Wegzug). Beschränkt werden kann ein Besteuerungsrecht also nur, wenn ein solches zuvor bestanden hat. Deutschland hat aber – zum Zeitpunkt der Verbringung des Wirtschaftsguts bzw. zum Zeitpunkt des Wegzugs – kein Besteuerungsrecht hinsichtlich zukünftiger Wertsteigerungen. Dementsprechend löst die entsprechende Verbringung bzw. der Wegzug auch weder einen Verlust noch eine Beschränkung an Besteuerungsrechten aus. Die Besteuerung der im Wegzugszeitpunkt bestehenden stillen Reserven erfolgt also erst im Zeitpunkt der tatsächlichen Realisierung.

Dass dies auch bei einem Wegzug im Rahmen eines **Umwandlungsvorgangs** gelten muss, ergibt sich bereits aus dem insoweit identischen Wortlaut von § 12 Abs. 1 KStG und § 11 Abs. 2 Nr. 2 UmwStG. Dass bei einer Herausverschmelzung ein Rechtsträgerwechsel stattfindet, ist unerheblich, da ein Buchwertansatz dessen ungeachtet möglich ist, solange es weder zu einem Ausschluss noch zu einer Beschränkung des deutschen Besteuerungsrechts kommt. Da die übernehmende (ausländische) Körperschaft steuerlich in die Rechtsstellung der übertragenden Körperschaft eintritt (§ 12 Abs. 3 1. Hs. UmwStG), gibt es keinen Grund, insoweit das geänderte abkommensrechtliche Verständnis des BFH nicht anzuwenden: auch bei einer Herausverschmelzung können die im Inland gelegten stillen Reserven bei einer späteren tatsächlichen Realisierung (durch die übernehmende Körperschaft) im Inland besteuert werden.

Zwischenzeitlich, d.h. nach dem BFH-Urteil vom 17.07.2008, aber vor Veröffentlichung des BFH-Urteils vom 28.10.2009, wurde vertreten, dass es jedenfalls zu einer Gewinnrealisation kommt,

---

[63] Vgl. hierzu beispielsweise *Ditz*, IStR 2009, S. 120.
[64] Vgl. hinsichtlich der Regelung des § 11 Abs. 2 S. 1 Nr. 2 UmwStG *Schießl*, in: Widmann/Mayer, Umwandlungsrecht, § 11 UmwStG Rz. 50.53, sowie jüngst *Benecke*, IStR 2010, S. 102.
[65] Vgl. für die Überführung von Wirtschaftsgütern *Prinz*, DB 2009, S. 807.
[66] Vgl. u. a. *Gosch*, BFH-PR 2008, S. 500; *Dietz*, IStR 2009, S. 120; *Prinz*, DB 2009, S. 807 ff.; bereits *Wassermeyer*, DB 2006, S. 2420; *Wassermeyer*, IStR 2008, S. 180,

wenn nach dem Wegzug keine Betriebsstätte in Deutschland verbleibt.[67] Durch das jüngste BFH-Urteil vom 28.10.2009 steht nun fest, dass es auf die Existenz einer deutschen Betriebsstätte bzw. auf deren Fortbestehen nach einem Wegzug nicht ankommt.

Im Ergebnis erfolgt somit nach h.M. im Wegzugsfall, unabhängig davon, in welcher Form dieser Wegzug erfolgt und unabhängig davon, ob eine deutsche Betriebsstätte zurückbleibt, keine sofortige Besteuerung der stillen Reserven, da insoweit das deutsche Besteuerungsrecht gewahrt bleibt und ein späterer Besteuerungszugriff möglich bleibt.[68] Die Finanzverwaltung vertritt angesichts der gesetzgeberischen Zielsetzung der Entstrickungsvorschriften eine andere Auffassung, sodass man sich in der Praxis bei der Planung eines Wegzugs derzeit wohl nicht mit ausreichender Sicherheit auf diese Auffassung stützen kann. Eine Sofortrealisation kann allerdings jedenfalls insoweit vermieden werden, als Deutschland auch nach Auffassung der Finanzverwaltung das Besteuerungsrecht behält, insbesondere also soweit Wirtschaftsgüter auch nach einem Wegzug einer deutschen Betriebsstätte zuzuordnen sind.

2. Betriebsstättenverhaftung der Wirtschaftsgüter

Deutschland steht im Rahmen der beschränkten Steuerpflicht nach § 49 Abs. 1 Nr. 2 Buchst. a) EStG und auch abkommensrechtlich (Art. 7 Abs. 1 OECD-MA) ein Besteuerungsrecht hinsichtlich der in einer deutschen Betriebsstätte erzielten Gewinne eines Unternehmens zu. Soweit daher Wirtschaftsgüter einer in Deutschland verbleibenden Betriebsstätte zugerechnet werden können, erfolgt im Rahmen einer Sitzverlegung keine Entstrickung bzw. ist im Rahmen einer grenzüberschreitenden Herausverschmelzung eine Buchwertfortführung möglich. Solange daher die Folgen der oben unter 1.c) dargestellten neueren BFH-Rechtsprechung für die Rechtslage nach SEStEG nicht vollständig geklärt sind, bleibt diese Betriebsstättenverhaftung der Wirtschaftsgüter ein zentraler Aspekt jeder Steuerplanung im Rahmen eines Wegzugs. Da es sich hierbei allerdings um eine Tatsachenfrage handeln dürfte, wird eine Abstimmung mit der Finanzverwaltung im Vorfeld des Wegzugs nur begrenzt möglich sein, da eine verbindliche Auskunft bei Tatsachenfragen nicht möglich ist.[69]

a) Funktionale Zugehörigkeit zur deutschen Betriebsstätte

Für die Betriebsstättenverhaftung der Wirtschaftsgüter ist die tatsächliche Zugehörigkeit zu der deutschen Betriebsstätte nach funktionalen Grundsätzen entscheidend; durch rein rechtliche Zuordnungen (beispielsweise zu einer deutschen Personengesellschaft) lässt sich eine funktionale Zuordnung daher grundsätzlich nicht begründen.[70] Nach den **Betriebsstätten-Verwaltungsgrundsätzen** (Tz. 2.4) sind einer Betriebsstätte „die positiven und negativen Wirtschaftsgüter zuzuordnen, die der Erfüllung der Betriebsstättenfunktion dienen." Die tatsächliche Zugehörigkeit zur Betriebsstätte kann dabei beispielsweise dadurch begründet werden, dass ein Wirtschaftsgut aus der Sicht der Betriebsstätte einen Aktivposten bildet[71] und in einem

---

[67] Vgl. *Blumenberg*, in: Spindler/Tipke/Rödder, FS Schaumburg, 2009, S. 579; zuvor auch *Schön*, in: Lutter/Hommelhoff, SE-Kommentar, Rz. 139.

[68] Der Vollständigkeit halber sei erwähnt, dass im Verhältnis zu Drittstaaten für Gesellschaften auch auf Grundlage der beiden BFH-Urteile ein steuerneutraler Wegzug nicht möglich ist: § 12 Abs. 3 KStG ordnet insoweit eine Liquidationsbesteuerung unabhängig von der gesellschaftsrechtlichen Sichtweise an; eine steuerneutrale Herausverschmelzung in einen Drittstaat scheitert spätestens an der Unanwendbarkeit des UmwStG, vgl. § 1 Abs. 2 Nr. 1 UmwStG.

[69] § 1 Abs. 1 Nr. 5 StAuskV verlangt die „Formulierung konkreter Rechtsfragen".

[70] Vgl. beispielsweise BFH-Urt. v. 13. 2. 2008, I R 63/06, BFHE 220, S. 415 m. w. N.

[71] Vgl. BFH-Urt. v. 27. 2. 1991, I R 15/89, BStBl. II 1991, S. 444.

funktionalen Zusammenhang mit der Betriebsstättentätigkeit steht.[72] Bei der Beurteilung dieses funktionalen Zusammenhangs sind die Grundsätze der funktionalen Betrachtungsweise, die zu § 8 AStG entwickelt wurden, entsprechend anzuwenden.[73] Nach Auffassung der Finanzverwaltung übt das Stammhaus grundsätzlich eine **Zentralfunktion** aus, die dazu führt, dass Finanzmittel und Beteiligungen regelmäßig dem Stammhaus zuzurechnen sind.[74] Die generelle Annahme einer derartigen Zentralfunktion des Stammhauses wurde allerdings von der Rechtsprechung bislang zumindest nicht bestätigt und wird von der Literatur zu Recht mehrheitlich abgelehnt.[75]

b) **Einzelne materielle und immaterielle Arten von Wirtschaftsgütern**

Im Einzelnen wird man verschiedene Arten von Wirtschaftsgütern unterscheiden müssen, bei denen die Begründung einer funktionalen Zugehörigkeit zur deutschen Betriebsstätte in unterschiedlichem Maße Schwierigkeiten bereitet.

Materielle Wirtschaftsgüter: Die Zurechnung materieller Wirtschaftsgüter zur Betriebsstätte bzw. dem Stammhaus bereitet kaum Probleme. Zu einer Einschränkung des deutschen Steuerrechts dürfte es nur in den Fällen kommen, in denen Wirtschaftsgüter bislang einer Anrechnungs-Betriebsstätte zuzurechnen sind.[76]

Beteiligungen:[77] Bei Beteiligungen ist nach Auffassung der Finanzverwaltung grundsätzlich die „Zentralfunktion" des Stammhauses zu beachten, sodass eine Zuordnung zu einer Betriebsstätte aufgrund funktionaler Zugehörigkeit nur ausnahmsweise möglich sein wird. Die Rechtsprechung des BFH hat – ohne die These einer Zentralfunktion des Stammhauses anzusprechen – zwar einerseits enge Voraussetzungen für die Annahme eines funktionalen Zusammenhangs zwischen einer Beteiligung und der Betriebsstättentätigkeit aufgestellt, andererseits aber jüngst zumindest dem Grunde nach akzeptiert, dass Beteiligungen auch einer Holding-Betriebsstätte zuzurechnen sein können.[78] Nicht ausreichend für die Zuordnung einer Beteiligung zu einer Betriebsstätte ist beispielsweise die Ausübung dienstleistender Tätigkeiten für die gehaltenen Kapitalgesellschaft(en) und die (partielle) Wahrnehmung von deren Geschäftsleitungsaufgaben durch die Betriebsstätte.[79] Ebenfalls nicht ausreichend ist es, wenn die Betriebsstätte dieselben

---

[72] Vgl. BFH-Urt. v. 30. 8. 1995, I R 112/94, BStBl. II 1996, S. 563. Die Zuordnung von Wirtschaftsgütern auf Basis der funktionalen Zugehörigkeit wird auch durch die OECD in ihrem Bericht zur Betriebsstättengewinnermittlung (2008) betont, vgl. dazu ausführlich *Niehaves*, in Haase, AStG und DBA, Art. 7 OECD-MA, Rn. 157 ff.

[73] Vgl. BFH-Urt. v. 30. 8. 1995, I R 112/94, BStBl. II 1996, S. 563.

[74] Vgl. BS-Verwaltungsgrundsätze, Tz. 2.4.

[75] Vgl. *Blumenberg*, in: Spindler/Tipke/Rödder, FS Schaumburg, 2009, S. 573 m.w.N.; vgl. kritisch speziell in Bezug auf Beteiligungen *Blumers*, DB 2006, S. 856; zu den Implikationen dieser These bei grenzüberschreitenden Verschmelzungen *Breuninger*, in: Spindler/Tipke/Rödder, FS Schaumburg, 2009, S. 587 ff.

[76] Vgl. zu den relevanten Fällen oben 0.

[77] Vgl. zur Zuordnung von Beteiligungen zum Betriebs(stätten)vermögen ausführlich *Goebel/Boller/Ungemach*, IStR 2008, S. 643 ff.; vgl. zur Zuordnung nach dem DBA USA *Suchanek/Herbst*, IStR 2007, S. 620; vgl. zu dem mit Beteiligungen zusammenhängenden Problem von Organschaftsbeziehungen im Rahmen eines Wegzugs *Blumenberg*, in: Spindler/Tipke/Rödder, FS Schaumburg, 2009, S. 564.

[78] Vgl. dazu BFH-Beschl. v. 19. 12. 2007, I R 66/06, BFHE 220, S. 173, IStR 2008, S. 367, mit Anmerkung *Schönfeld*, IStR 2008, S. 370 ff.; *Blumenberg*, in: Spindler/Tipke/Rödder, FS Schaumburg, 2009, S. 575. Vgl. bereits *Blumers*, DB 2007, S. 312, zum Urteil der Vorinstanz. Eine Rechtsprechungsübersicht findet sich auch bei *Breuninger*, in: Spindler/Tipke/Rödder, FS Schaumburg, 2009, S. 603 ff.

[79] Vgl. BFH-Urt. v. 17. 12. 2003, I R 47/02, BFH/NV 2004, S. 771.

Tätigkeiten ausübt, wie die von ihr gehaltenen Beteiligungen, allerdings in einer unterschiedlichen Region.[80] Allerdings unterliegen die stillen Reserven in Beteiligungen im Wegzugsfall nur zu 5% der Besteuerung, da auch insoweit § 8b KStG zur Anwendung kommt. Aufgrund der Veräußerungsfiktion des § 12 Abs. 1 KStG ist aber zu beachten, dass mögliche Sperrfristen hinsichtlich **einbringungsgeborener Anteile** nach § 8b Abs. 4 KStG a.F. verletzt werden könnten, die zu einer vollen oder teilweisen Steuerpflicht des Entstrickungsgewinns führen können. Prinzipiell dasselbe gilt bei einer Herausverschmelzung. Die Entstrickungsvorschrift des UmwStG (Steuerpflicht eines Einbringungsgewinns I nach § 22 Abs. 1 UmwStG) sollte allerdings nicht zur Anwendung kommen, da weder die fiktive Veräußerung im Wegzugsfall noch der Zwang zum Ansatz des gemeinen Wertes bei Herausverschmelzung einer Veräußerung im Sinne des § 22 Abs. 1 S. 1 UmwStG entsprechen und auch keinen der Ersatztatbestände des § 22 Abs. 1 S. 6 UmwStG erfüllen.[81] Gleichermaßen kommt es durch die fiktive Veräußerung nach § 12 Abs. 1 KStG nicht zu einem Untergang der **Verlustvorträge** von deutschen Tochtergesellschaften nach § 8c KStG, da insoweit nicht die Veräußerung an sich, sondern die Übertragung der Beteiligung maßgeblich ist; eine solche hat nicht, auch nicht fiktiv, stattgefunden. Für die Herausverschmelzung aber gilt hier wie in Inlandsfällen, dass zumindest die Finanzverwaltung von einem (ggf. indirekten) schädlichen Beteiligungserwerb ausgeht, der zu einem Untergang der Verlustvorträge in deutschen Tochtergesellschaften führt,[82] soweit nicht die Konzernklausel nach § 8c Abs. 1 S. 5 KStG n.F. (idF des Wachstumsbeschleunigungsgesetzes) anwendbar ist.[83]

Patente und sonstige gewerbliche Schutzrechte: Hinsichtlich der immateriellen Wirtschaftsgüter ist eine funktionale Zugehörigkeit zur deutschen Betriebsstätte mitunter schwierig zu begründen. Dies gilt sowohl für bereits bilanzierte als auch für bislang nicht bilanzierte (d.h. selbst geschaffene) immaterielle Wirtschaftsgüter. Beispielsweise könnte aber bei Fortführung bisheriger F&E-Aktivitäten in der inländischen Betriebsstätte sowie einer fortgesetzten Lizenzierung aus Deutschland heraus eine funktionale Zugehörigkeit bejaht werden. Dasselbe sollte bei fortgesetzter Rechteverwertung[84] durch die inländische Betriebsstätte gelten.

Kundenstamm: Soweit der Kundenstamm einzeln identifizierbar ist,[85] bleibt unklar, inwieweit der Kundenstamm der deutschen Betriebsstätte zuzurechnen ist. Zumindest soweit der Wert des Kundenstamms auf im Ausland produzierte und vertriebene Produkte entfällt, dürfte eine Zugehörigkeit zur deutschen Betriebsstätte verneint werden. Je nach den von einer in Deutschland verbleibenden Betriebsstätte ausgeübten Funktionen und dem ihr zukommenden Risiko lässt sich aber durchaus begründen, dass der Wert des Kundenstamms zumindest teilweise bei ihr verbleibt.[86] Umgekehrt könnte, beispielsweise bei funktionsstarken ausländischen Vertriebsgesellschaften, auch der Fall vorliegen, dass der Kundenstamm nicht einem wegziehenden

---

[80] Vgl. BFH-Beschl. v. 19. 12. 2007, I R 66/06, BFHE 220, S. 173, wobei die Betriebsstätte den Vertrieb in den Niederlanden ausübte und Beteiligungen an Vertriebsgesellschaften in anderen Ländern gehalten hatte.

[81] Vgl. *Stangl* in Rödder/Herlinghaus/van Lishaut, § 22 UmwStG, Rz. 41; *Benz/Rosenberg*, BB-Special 08/2006, S. 65.

[82] Vgl. BMF v. 4. 7. 2008, IV C 7 – S 2745a – a/08/10001), BStBl. I 2008, S. 736, v.a. Rz. 11.

[83] Vgl. zu den Neuregelungen des § 8c KStG: *Scheipers/Linn*, Ubg 2010, S. 8 ff.

[84] Vgl. zur „Verwertung" von Rechten beispielsweise *Wied*, in: Blümich, § 49 EStG, Rz. 178; *Heinicke*, in: Schmidt, § 49 EStG, Rz. 78; BFH-Urt. v. 23. 5. 1973, I R 163/71, BStBl. II 1974, S. 287.

[85] Der Kundenstamm stellt regelmäßig einen geschäftswertbildenden Faktor dar, vgl. BFH-Urt. v. 16. 9. 1970, I R 196/67, BStBl. II 1971, S. 175. In bestimmten Fällen kann er aber auch ein eigenständiges immaterielles Wirtschaftsgut darstellen, vgl. BFH-Urt. v. 24. 11. 1982, I R 123/78, BStBl. II 1983, S. 113.

[86] So auch *Breuninger*, in: Spindler/Tipke/Rödder, FS Schaumburg, 2009, S. 602 f.

Stammhaus, sondern von Anfang an den ausländischen Vertriebsgesellschaften zuzurechnen ist und somit jeweils einen Teil der stillen Reserven in den Beteiligungen darstellt.

Marke: Der Wert der Marke wird idR von allen Konzerngesellschaften und -betriebsstätten genutzt, ohne dass dies vergütungsfähig wäre.[87] Da aber zumindest ein theoretisches Besteuerungsrecht hinsichtlich eines Veräußerungsgewinns verloren gehen könnte, wird man davon ausgehen müssen, dass die deutsche Finanzverwaltung die Auffassung vertritt, dass der Wert der Marke angesichts der Zentralfunktion des Stammhauses mit diesem wegzieht und es insoweit zu einer Entstrickung kommt.

In der Praxis scheitern Überlegungen hinsichtlich eines Wegzugs dementsprechend häufig daran, dass nicht mit hinreichender Sicherheit eine Entstrickung, vor allem im Bereich der immateriellen Wirtschaftsgüter, ausgeschlossen werden kann. Da eine eindeutige **funktionale Zuordnung** dieser Wirtschaftsgüter nur schwer möglich ist und diese Wirtschaftsgüter überdies regelmäßig – beispielsweise aufgrund des Aktivierungsverbots nach § 5 Abs. 2 EStG – erhebliche stille Reserven beinhalten, eine Steuerbefreiung aber nicht in Betracht kommt,[88] ist das Steuerrisiko mitunter prohibitiv. Geht man, wie hier vertreten, davon aus, dass ein Wegzug keinen Nachversteuerungstatbestand des § 22 UmwStG auslöst, könnte die Ausgliederung/Einbringung des deutschen Betriebs, vor allem einschließlich der immateriellen Wirtschaftsgüter, in eine Kapitalgesellschaft vor einem anschließenden Wegzug insoweit die steuerliche Belastung auf die 5 %ige Steuerpflicht nach § 8b Abs. 3 KStG verringern. Auch diese Steuerbelastung kann sich in Einzelfällen aber noch als zu hoch erweisen, zumal mit der Fortführung bisheriger Aktivitäten in der deutschen Gesellschaft, in die der Betrieb ausgegliedert wurde, die steuerlichen Vorteile des Wegzugs reduziert werden.

c) Geschäfts- oder Firmenwert

Nach der Gesetzesbegründung zum SEStEG[89] unterliegt auch ein Geschäfts- oder Firmenwert (GoFW) dem allgemeinen Entstrickungstatbestand, wenn in dieser Hinsicht das deutsche Besteuerungsrecht ausgeschlossen oder beschränkt wird. Auch hinsichtlich des GoFW ist daher eine Zuordnung zum Stammhaus oder zur im Inland verbleibenden Betriebsstätte vorzunehmen, wobei fraglich ist, ob ausgehend von der von der Finanzverwaltung angenommenen Zentralfunktion des Stammhauses eine vollständige Zuordnung zum Stammhaus vorzunehmen ist.[90] Dieses Ergebnis wäre keinesfalls sachgerecht.[91]

Zunächst ist darauf hinzuweisen, dass es für die Entstrickung des GoFW nur auf das Besteuerungsrecht hinsichtlich des Gewinns aus der Veräußerung ankommen kann. Die Finanzverwaltung hält das Recht, den Konzernnamen zu führen und die Vorteile, die sich aus der Eingliederung in den Konzern ergeben – und damit den GoFW – für nicht vergütungsfähig,[92] sodass ein Besteuerungsrecht hinsichtlich der Nutzung des GoFW nicht verloren gehen kann. Eine Veräußerung eines GoFW wiederum ist aus sachlogischen Gründen aber genauso unmöglich, wie ein GoFW einen „gemeinen Wert" (§ 9 Abs. 2 BewG: Einzelveräußerungspreis) haben kann: der GoFW ist nicht einzeln veräußerungsfähig. Zu einer (Mit-)Veräußerung des GoFW kommt es nur,

---

[87] Vgl. BS-Verwaltungsgrundsätze Tz. 6.3.2.
[88] Vgl. auch *Blumenberg/Lechner*, BB-Special 08/2006, S. 30.
[89] Vgl. BT-Drs. 16/2710.
[90] Jedenfalls bei Entstrickung eines Betriebs oder Teilbetriebs geht zumindest die Gesetzesbegründung ausdrücklich von der Aufdeckung der stillen Reserven in einem (originären) GoFW aus.
[91] Im Ergebnis ebenso *Blumenberg*, in: FS Schaumburg, 2009, S. 576.
[92] Vgl. BS-Verwaltungsgrundsätze Tz. 6.3.2.

wenn ein (Teil-)Betrieb im Wege eines **Asset Deal** von einem Erwerber im Ganzen gekauft wird. Gleichwohl muss davon ausgegangen werden, dass die Finanzverwaltung unter Anwendung von § 12 Abs. 1 KStG eine (fiktive) Veräußerung zum gemeinen Wert besteuern will. In der Literatur wird bei der Bewertung im Rahmen von Umwandlungsvorgängen vertreten, dass der GoFW dann entweder zum Teilwert zu bewerten ist,[93] oder als Residualgröße des gemeinen Werts des Betriebs oder Teilbetriebs nach Abzug des Werts der einzelnen Wirtschaftsgüter[94] zu bestimmen ist. Eine entsprechende Bewertung könnte auch bei der Zwangsentstrickung auf Basis von § 4 Abs. 1 S. 3 EStG bzw. § 12 Abs. 1 KStG zur Anwendung kommen. Allerdings ist die Rechtslage hier unsicher, sodass beispielsweise *Frotscher*[95] für eine gesetzliche Regelung der Behandlung des GoFW bei einer Sitzverlegung plädiert.

Unabhängig von diesen grundlegenden Bedenken gilt aber auch im Rahmen einer Sitzverlegung oder einer grenzüberschreitenden Herausverschmelzung, dass eine Vollentstrickung des GoFW des gesamten Unternehmens nicht sachgerecht wäre. Wie oben dargestellt, wird ein GoFW nur bei Verkauf eines (Teil-)Betriebs im Wege des Asset Deal „mit"realisiert. Zumindest soweit eine in Deutschland zurückbleibende Betriebsstätte daher einen (Teil-)Betrieb darstellt, ist ihr ein Teil des gesamten GoFW des Unternehmens zuzurechnen, sodass insoweit eine Entstrickung nicht in Frage kommt. Dabei erfolgt keine Zerlegung des GoFW des gesamten Unternehmens, da nach Rechtsprechung des BFH der **GoFW des (Teil-)Betriebs** ermittelt werden muss, d.h. der Betrag, um den der (Teil-)Betrieb mehr wert war als die ihn bildenden Einzelwirtschaftsgüter.[96] Umgekehrt kann also ein GoFW nur insoweit entstrickt werden, als der Wert des mit der Sitzverlegung oder Herausverschmelzung in das Ausland verlagerten (Teil-)Betriebs den Wert der ihn bildenden Einzelwirtschaftsgüter übersteigt. Auch insoweit darf nach den Grundsätzen der BFH-Rechtsprechung ein Gesamt-GoFW nicht auf den wegziehenden Unternehmensteil und den verbleibenden Unternehmensteil „zerlegt" werden: eine **Entstrickung** kommt nur insoweit in Frage als der **wegziehende Unternehmensteil** selbst einen **Geschäftswert** aufweist.

3. Europarechtliche Beurteilung

Soweit sich nach den Regelungen des nationalen Steuerrechts im Zuge eines Wegzugs eine Steuerbelastung ergibt, insbesondere also wenn die neueren BFH-Urteile (dazu oben 1.c)) den Entstrickungsvorschriften nicht die Grundlage entziehen, ist zu prüfen, ob Gemeinschaftsrecht dem nationalen Recht entgegensteht. Neben dem Sekundärrecht in Gestalt der Fusionsrichtlinie sind dabei die Grundfreiheiten des Europäischen Primärrechts, insbesondere die Niederlassungsfreiheit nach Art. 43, 48 EG zu beachten.

a) Fusionsrichtlinie

Die Fusionsrichtlinie verbietet in Art. 10b Abs. 1 eine Besteuerung anlässlich des Wegzugs einer SE, soweit Wirtschaftsgüter weiterhin einer Betriebsstätte im Wegzugsstaat zuzurechnen sind. Sie enthält keine darüber hinaus gehenden Regelungen zur steuerlichen Behandlung der Sitzverlegung einer SE. Sie enthält insbesondere **kein Besteuerungsgebot** für die Wirtschaftsgüter, die nicht der zurückbleibenden Betriebsstätte zugerechnet werden.[97] Prinzipiell dasselbe gilt nach Art. 4 Abs. 1 FRL für die grenzüberschreitende Herausverschmelzung.

---

[93] So z.B. *Dötsch/Pung*, in: Dötsch u. a., § 3 UmwStG, Tz. 14.
[94] So z.B. *Birkemeier*, in: Rödder/Herlinghaus/van Lishaut, UmwStG, § 3 Rz. 71.
[95] Vgl. *Frotscher*, in: Frotscher/Maas, § 12 KStG, Rz. 103.
[96] Vgl. BFH-Urt. v. 20. 8. 1986, I R 150/82, BStBl. II 1987, S. 455.
[97] Ein Beispiel für eine u. E. unzutreffende Interpretation der Wirkung des Besteuerungsverbots der Fusionsrichtlinie findet sich bei *Mitschke*, FR 2008, S. 1144; *ders*. FR 2009, S. 326, der in der Fusionsrichtlinie eine

Nach § 12 Abs. 1 KStG kommt es anlässlich des Wegzugs einer SE zu einer Zwangsrealisation der stillen Reserven in denjenigen Wirtschaftsgütern, bei denen es zum Verlust oder zur Beschränkung des deutschen Besteuerungsrechts kommt. Diejenigen Wirtschaftsgüter, die nach Wegzug einer in Deutschland verbleibenden Betriebsstätte zuzurechnen sind, unterliegen weiterhin der Steuerhoheit Deutschlands, sodass es insoweit zu keiner Besteuerung kommt. Das Besteuerungsverbot von Art. 10b Abs. 1 FRL wird also durch eine Besteuerung auf der Grundlage von § 12 Abs. 1 KStG nicht verletzt.[98] Wiederum dasselbe gilt für den Zwang zum Ansatz der gemeinen Werte im Rahmen einer Herausverschmelzung: da jedenfalls für sämtliche einer deutschen Betriebsstätte zuzurechnenden Wirtschaftsgüter das deutsche Besteuerungsrecht gewahrt bleibt, verstoßen § 11 Abs. 1 und 2 UmwStG nicht gegen das Besteuerungsverbot von Art. 4 Abs. 1 FRL.

b) EG-Vertrag und EWR-Abkommen

In der planmäßigen **Regelungslücke** der Fusionsrichtlinie, also dort, wo diese die Steuerfolgen des Wegzugs einer SE und die Steuerfolgen einer Herausverschmelzung nicht regelt, kann grundsätzlich der nationale Gesetzgeber diese Lücke ausfüllen. Dasselbe gilt für den von der Richtlinie überhaupt nicht erfassten Bereich des Wegzugs nationaler Rechtsformen. Bei der Ausgestaltung des nationalen Steuerrechts in den von der Richtlinie nicht erfassten Bereichen muss aber gleichwohl das Gemeinschaftsrecht (insbesondere das Primärrecht in Form der Grundfreiheiten) beachtet werden. Dies wurde für die Mutter-/Tochter-Richtlinie bereits ausdrücklich entschieden.[99] Für den Fall des Wegzugs ist analog zu prüfen, ob die steuerlichen Folgen eines Wegzugs außerhalb des Besteuerungsverbots der Fusionsrichtlinie mit den Grundfreiheiten vereinbar sind.

ba) Wegzug einer SE

Ganz offensichtlich stellt eine Sofortbesteuerung der stillen Reserven anlässlich des Wegzugs einer Gesellschaft eine Beschränkung der Grundfreiheiten, namentlich der Niederlassungsfreiheit nach Art. 43, 48 EG, dar. In der Sprache der einschlägigen EuGH-Urteile zum Wegzug natürlicher Personen[100] gilt nämlich, dass die im deutschen Steuerrecht vorgesehene Aufdeckung und Sofortversteuerung stiller Reserven im Rahmen eines Wegzugs einer Kapitalgesellschaft diese davon abhalten könnte, ihren Sitz bzw. ihre Geschäftsleitung in einen anderen Mitgliedstaat zu

---

abschließende Begünstigungsregelung erkennt. Anders als von ihm vermutet, „überschreibt" das Primärrecht nicht die Fusionsrichtlinie. Es gibt „lediglich" vor, wie die Mitgliedstaaten den nicht von der Richtlinie erfassten Bereich regeln dürfen, nämlich diskriminierungs- und beschränkungsfrei. Zutreffend dagegen *Schön*, in: Lutter/Hommelhoff, SE-Kommentar, Rz. 114, mit Verweis auf die Kommissionsmitteilung zur Wegzugsbesteuerung KOM(2006) 825 end, S. 6: „Wirtschaftsgüter, die im Wegzugsmitgliedstaat nicht mehr einer Betriebsstätte zugerechnet werden, werden in ... [der Fusionsrichtlinie] nicht erwähnt."

[98] Der Vollständigkeit halber sei erwähnt, dass die Literatur einen möglichen Verstoß gegen die Fusionsrichtlinie diskutiert, soweit die Zuordnung von Wirtschaftsgütern zur zurückbleibenden deutschen Betriebsstätte nach den Grundsätzen der deutschen Finanzverwaltung nicht im Einklang mit dem internationalen Verständnis steht, insbesondere wenn die Finanzverwaltung aufgrund der These der sog. Zentralfunktion dem Stammhaus bestimmte Wirtschaftsgüter zuweisen will, vgl. hierzu *Kußmaul/Richter/Heyd*, IStR 2010, S. 74 f.

[99] Vgl. EuGH-Urt. v. 8. 11. 2007, Rs. C-379/05 (*Amurta*), Rz. 24; EuGH-Urt. v. 12. 12. 2006, Rs. C-374/04 (*ACT GLO*), Rz. 54; ähnlich bereits EuGH-Urt. v. 18.09.2003, Rs. C-168/01 (*Bosal*), Rz. 24 ff.

[100] Vgl. EuGH-Urt. v. 11. 3. 2004, Rs. C-9/02 (*Hughes de Lasteyrie du Saillant*), Rz. 46, und EuGH-Urt. v. 7. 9. 2006, Rs. C-470/04 (*N*), Rz. 35.

verlegen, oder auf eine in einem anderen Mitgliedstaat ansässige Gesellschaft zu verschmelzen, und damit von ihrem Recht auf freie Niederlassung Gebrauch zu machen.[101]

Fraglich ist dabei, ob sich eine wegziehende Gesellschaft überhaupt auf die Grundfreiheiten berufen kann. In der Literatur wird teilweise argumentiert, die Grundsätze der **Daily Mail-Entscheidung** des EuGH[102] seien auf die steuerlichen Folgen bei Wegzug von Kapitalgesellschaften, einschließlich einer SE, zu übertragen.[103] Der EuGH argumentierte in *Daily Mail*, dass eine juristische Person nur innerhalb der Rechtsordnung, nach der sie gegründet wurde, eine Persönlichkeit besitzt. Daher dürfe ihr Gründungsstaat Bedingungen an die Genehmigung des Wegzugs stellen oder den Wegzug sogar vollständig untersagen. Sieht dieses Recht aber vor, dass eine Sitzverlegung unzulässig ist, so führt eine dennoch vorgenommene Sitzverlegung dazu, dass die juristische Person das Recht verliert, sich als Person nach Art. 48 EG auf die Grundfreiheiten zu berufen. Die erwähnte Auffassung der Literatur war jedenfalls für einen durch die SE-VO ausdrücklich erlaubten Wegzug einer SE nie überzeugend. Behält nämlich eine juristische Person im Zuge eines Wegzugs ihre Rechtsfähigkeit und damit ihre Personeneigenschaft iSd Art. 48 EG bei,[104] so kann sie sich durchaus auf die Grundfreiheiten berufen. Nichts anderes ergibt sich aus dem EuGH-Urteil in der Rechtssache *Cartesio*.[105] Demnach muss zwar einer nach dem Recht eines Mitgliedstaats gegründeten Gesellschaft nicht das Recht gewährt werden, ihren Sitz in einen anderen Mitgliedstaat zu verlegen, wenn diese weiterhin dem Recht des Mitgliedstaats unterliegen will, nach dem sie gegründet wurde (Rz. 109 f.). Der EuGH hat aber auch ausdrücklich bekräftigt, dass ein Mitgliedstaat nicht befugt ist, eine Sitzverlegung, bei der sich das anwendbare Recht ändert, zu behindern (Rz. 111 f.).[106] Für Unternehmen, bei denen ein Wegzug gesellschaftsrechtlich nicht zum Verlust ihrer Rechtspersönlichkeit führt, ist dementsprechend eine Beschränkung der Niederlassungsfreiheit durch eine Wegzugssteuer nur dann mit EG-Recht vereinbar, wenn diese Beschränkung gerechtfertigt werden kann.[107]

Ist eine Berufung auf die Grundfreiheiten grundsätzlich möglich, lassen sich die für den Wegzug von natürlichen Personen entwickelten Grundsätze zur **Rechtfertigung einer Beschränkung** auf den Wegzug von Kapitalgesellschaften grundsätzlich übertragen.[108] Daher ist der Rechtferti-

---

[101] Vgl. auch FG Rheinland-Pfalz, Urt. v. 17. 1. 2008, 4 K 1347/03, n. rkr., Rev. BFH, Az. I R 28/08 (aus anderen Gründen zu Gunsten des Steuerpflichtigen entschieden).

[102] Vgl. EuGH-Urt. v. 27. 9. 1988, Rs. 81/87 (*Daily Mail*).

[103] Vgl. z.B. *Frotscher*, in Frotscher/Maas, § 12 KStG, Rz. 106 f. m.w.N.; *Frotscher*, IStR 2006, S. 65; *Hahn*, IStR 2006, S. 797.

[104] Insbesondere für eine SE gilt, dass ihr durch die SE-VO ausdrücklich das Recht auf Sitzverlegung zugesprochen wird. Dementsprechend kann sie sich in Bezug auf Maßnahmen, die diese Sitzverlegung beschränken könnten, auf jeden Fall auf die Grundfreiheiten berufen. Auch der EG rechtliche effet utile Grundsatz verbietet es, die Ziele der Fusionsrichtlinie und der SE-VO durch eine beschränkende steuerliche Regelung zu konterkarieren. Die Zielsetzung der SE-VO, der SE die Verlegung ihres Sitzes und Verwaltungssitzes zu ermöglichen, ist insoweit auch bei Auslegung der Niederlassungsfreiheit zu berücksichtigen.

[105] Vgl. EuGH-Urt. v. 16. 12. 2008, Rs. C-210/06 (*Cartesio*).

[106] Vgl. hierzu ausführlich *Thömmes*, StbJb 2009/2010, Kapitel III., IV.

[107] Vgl. zur Berufung auf die Grundfreiheiten bei Wegzug einer SE ausführlich *Schön*, in: Lutter/Hommelhoff, SE-Kommentar, Rz. 106-109.

[108] Vgl. auch die Kommissionsmitteilung „Wegzugsbesteuerung und die Notwendigkeit einer Koordinierung der Steuerpolitiken der Mitgliedstaaten" v. 19. 12. 2006, KOM(2006) 825 endgültig, S. 6 ff.

gungsgrund der Kohärenz nicht einschlägig.[109] Was das Ziel, die Aufteilung der Besteuerungsbefugnisse zu wahren,[110] angeht, so kann hierdurch zwar gerechtfertigt werden, die stillen Reserven im Zeitpunkt des Wegzugs zu erfassen, eine Sofortversteuerung geht aber über das zur Erreichung dieses Zieles Erforderliche hinaus. Für natürliche Personen hat der EuGH jedenfalls die Steuerfeststellung und Stundung als milderes Mittel angesehen.[111] Dementsprechend stellt eine etwaige Sofortbesteuerung der stillen Reserven anlässlich eines Wegzugs einer Kapitalgesellschaft einen Verstoß gegen die Niederlassungsfreiheit dar.[112] Die Übertragung der Grundsätze des BFH-Urteils zur Aufgabe der finalen Entnahmetheorie[113] und zur Theorie der finalen Betriebsaufgabe[114] auch auf Wegzugsfälle unter Geltung der § 4 Abs. 1 S. 3 EStG, § 12 Abs. 1 KStG idF des SEStEG würde einen derartigen Verstoß allerdings vermeiden.

Zu demselben Ergebnis kommt man auch für den Wegzug einer SE in einen Mitgliedstaat des EWR: mangels Anwendbarkeit der Fusionsrichtlinie auf die Mitgliedstaaten des EWR sind hier nur die Grundfreiheiten (des EWR-Abkommens) anwendbar, die allerdings nach ständiger Rechtsprechung sowohl des EuGH als auch des EFTAGH einheitlich auszulegen sind.[115] Besonderheiten können sich aus deutscher Sicht allenfalls im Verhältnis zu Liechtenstein ergeben: soweit in diesem Verhältnis eine Beitreibung steuerlicher Forderung nicht sichergestellt werden kann, könnten etwaige Beschränkungen gerechtfertigt sein, sodass insoweit eine Stundungsregelung nicht erzwungen werden kann.[116]

bb) **Wegzug einer nationalen Rechtsform**

Aus den Ausführungen, die oben zum Wegzug einer SE gemacht wurden, ergibt sich, dass auch eine Verlegung des Verwaltungssitzes einer nationalen Rechtsform keine Sofort-Besteuerung der stillen Reserven auslösen darf. Während dieser Fall durch die Fusionsrichtlinie überhaupt nicht geregelt ist, bleiben die Grundfreiheiten anwendbar. Zumindest wenn nationale Rechtsformen durch eine derartige Verlegung ihre Rechtspersönlichkeit nicht verlieren,[117] weil das nationale Gründungsstatut gesellschaftsrechtlich eine Verlegung des Verwaltungssitzes grundsätzlich zulässt,[118] behalten sie auch bei einem Wegzug ihre Eigenschaft als Person iSd Art. 48

---

[109] Vgl. EuGH-Urt. v. 11. 3. 2004, Rs. C-9/02 (*Hughes de Lasteyrie du Saillant*), Rz. 63-67 ; a.A. in Bezug auf Herausverschmelzungen *Schmitt*, in: Schmitt/Hörtnagl/Stratz, Vor §§ 11-13 UmwStG, Rz. 12 ff.

[110] Vgl. EuGH-Urt. v. 7. 9. 2006, Rs. C-470/04 (*N*), Rz. 41-47.

[111] Vgl. EuGH-Urt. v. 7. 9. 2006, Rs. C-470/04 (*N*), Rz. 49-55; vgl. auch *Hofmeister*, in: Blümich, § 12 KStG, Rz. 27 m. w. N.; *Frotscher*, in: Frotscher/Maas, § 12 KStG, Rz. 79-88 m.w.N.

[112] Vgl. aus der deutschen Literatur statt aller: *Rödder*, IStR 2005, S. 297; *Eickmann/Stein*, DStZ 2007, S. 727 ff.; *Schön*, in: Lutter/Hommelhoff, SE-Kommentar, Rz. 153-157.

[113] Vgl. BFH-Urt. v. 17. 7. 2008, I R 77/06, BStBl. II 2009, S. 464, DStR 2008, S. 2001.

[114] Vgl. BFH-Urt. v. 28. 10. 2009, I R 99/08, DStR 2010, S. 40, BFH-Urt. v. 28. 10. 2009, I R 28/08, IStR 2010, S. 103.

[115] Vgl. EuGH-Urt. v. 23.09.2003, Rs. C-452/01 (*Ospelt und Schlössle Weissenberg*), Rz. 29; EFTAGH-Urt. v. 23. 11. 2004, Rs. E-1/04 (*Fokus Bank*), Rz. 22 f.

[116] Vgl. in diesem Sinne bereits *Thömmes*, in: Theisen/Wenz (Hrsg.), Die Europäische Aktiengesellschaft, 2005, S. 607 f. Auch für die Stundung nach § 6 Abs. 5 AStG wird neben dem (mittlerweile durch das TIEA gewährleisteten Informationsaustausch) auch eine Beitreibungshilfe verlangt, die bislang insoweit im Verhältnis zu Liechtenstein noch nicht sichergestellt ist.

[117] *Thömmes* (StbJb 2009/2010, Kapitel III.) geht im Anschluss an die *Cartesio*-Entscheidung des EuGH sogar davon aus, dass eine simultane (statutenwechselnde) Verlegung von Satzungssitz und Verwaltungssitz aus europarechtlichen Gründen identitätswahrend (d. h. ohne Liquidation und Neugründung) möglich sein müsse.

[118] Vgl. dazu oben 0.

EG bei und können sich auf die Grundfreiheiten berufen. Eine Sofortbesteuerung führt dementsprechend zu einer Beschränkung der Niederlassungsfreiheit nach Art. 43 EG, die nach denselben Gründen wie beim Wegzug einer SE nicht rechtfertigungsfähig ist und daher einen Verstoß gegen den EG-Vertrag darstellt.

bc) Grenzüberschreitende Herausverschmelzung

Geht man nicht bereits davon aus, dass nach der Aufgabe der Theorie der finalen Betriebsaufgabe jede (Heraus-)Verschmelzung steuerneutral abgewickelt werden kann, da ein Ausschluss oder eine Beschränkung des deutschen Besteuerungsrechts auch ohne Zuordnung von Wirtschaftsgütern zu einer deutschen Betriebsstätte nicht stattfindet, kann die Einschränkung des Buchwertwahlrechts auf die Wirtschaftsgüter, für die eine Steuerverstrickung gesichert bleibt, ebenfalls als unzulässige Beschränkung der Niederlassungsfreiheit angesehen werden.[119] Im Gegensatz zum Wegzug einer Gesellschaft findet bei einer Verschmelzung zwar ein **Rechtsträgerwechsel** statt, dennoch ist im Rahmen des UmwStG im Inlandsfall eine Steuerneutralität möglich. Spätestens durch die Verschmelzungsrichtlinie und deren Umsetzung in nationales Recht ist auch die Gegenauffassung, die wiederum darauf verweist, dass die wegverschmelzende nationale Rechtsform ihre Rechtsfähigkeit aus der nationalen Rechtsordnung bezieht,[120] als überholt anzusehen. Zwar wurde das Gesellschaftsstatut der nationalen Rechtsformen noch nicht in europäisches Sekundärrecht übernommen, es ist aber sekundärrechtlich klargestellt, dass die Mitgliedstaaten eine grenzüberschreitende Verschmelzung ermöglichen müssen, soweit sie nach innerstaatlichem Recht Verschmelzungen erlauben. Dementsprechend ist der wegverschmelzenden Gesellschaft eine Berufung auf die Grundfreiheiten möglich, sodass ein derartiger Vorgang auch nicht durch steuerliche Vorschriften beschränkt werden darf. Das mildere Mittel der Stundungslösung führt daher dazu, dass die Sofortversteuerung nicht durch den an sich zulässigen Rechtfertigungsgrund der Aufteilung der Besteuerungsbefugnisse gerechtfertigt werden kann.[121]

c) Verfahrensfragen im Zusammenhang mit der aufgeschobenen Besteuerung

Nach der hier vertretenen Auffassung stellt eine Sofortbesteuerung der stillen Reserven, die nach Auffassung der Finanzverwaltung vom deutschen Recht vorgesehen wird, einen Verstoß gegen die Niederlassungsfreiheit dar, da eine Stundung (ohne Sicherheitsleistung) bis zur tatsächlichen Realisation als milderes Mittel zur Durchsetzung des legitimen Steueranspruchs des Wegzugsstaates in Betracht kommt. Diese Stundung dürfte bei einem vollzogenen Wegzug nur gegen den Widerstand der Finanzverwaltung zu erreichen sein. Dabei wird der wegziehende Steuerpflichtige analog § 6 Abs. 5 AStG zwar eine Festsetzung der Steuer hinnehmen, die tatsächliche Zahlung aber erst bei Realisation[122] – ggf. unter Berücksichtigung zwischenzeitlicher Wertminderungen – akzeptieren wollen.

Da der Entstrickungsgewinn grundsätzlich sowohl der Körperschaftsteuer als auch der Gewerbesteuer unterliegt, bestehen einige Fallstricke bei der verfahrensrechtlichen Durchsetzung

---

[119] Vgl. beispielsweise *Rödder*, in: Rödder/Herlinghaus/van Lishaut, UmwStG, § 11 UmwStG, Rz. 130 f.; zweifelnd *Schmitt*, in: Schmitt/Hörtnagl/Stratz, Vor §§ 11-13 UmwStG, Rz. 10 ff.

[120] Vgl. in diesem Sinne beispielsweise *Frotscher*, IStR 2006, S. 69.

[121] In diesem Sinne auch *Kußmaul/Richter/Heyd*, IStR 2010, S. 77, sowie *Rödder*, in: Rödder/Herlinghaus/van Lishaut, UmwStG, § 11 UmwStG, Rz. 131 mit Ausführungen zu den seitens der Finanzverwaltung vorgebrachten administrativen Schwierigkeiten.

[122] Vgl. ausführlich *Rödder*, IStR 2005, S. 297 zu den praktischen Problemen einer Stundungsregelung, was die Definition einer späteren Realisation im Zuzugsstaat und die Bedeutung des Wertansatzes im Zuzugsstaat angeht.

dieses Begehrens. Während die Festsetzung und Stundung bei der Körperschaftsteuer durch ein Einspruchs- und ggf. Klageverfahren (§§ 347 ff. AO, §§ 40 ff. FGO) gegen den Körperschaftsteuerbescheid zu erreichen sein sollte, ist die Lage bei der **Gewerbesteuer** komplizierter. So wird die Festsetzung des Gewerbesteuermessbetrages durch den Gewerbesteuermessbescheid (§ 14 GewStG iVm § 184 AO) als solches ja nicht beanstandet.[123] Die eigentliche Zahlung wird erst durch den bzw. die Gewerbesteuerbescheid(e) der Betriebsstättengemeinden gefordert (§ 16 GewStG). In Bezug auf die im Wegzugsfall begehrte Stundung stellt daher ein Gewerbesteuerbescheid nicht zwingend einen Folgebescheid des Messbescheides dar, vgl. § 182 Abs. 1 AO.[124] Daher sollte die begehrte Stundung einerseits durch einen **Widerspruch gegen die Gewerbesteuerbescheide** (§§ 69 ff. VwGO)[125] verfolgt werden. Andererseits lässt sich aber auch vertreten, dass eine Stundung aufgrund des Anwendungsvorrangs des Europarechts ein materiellrechtlicher Aspekt des Festsetzungsverfahrens ist, der grundsätzlich auch für die Gewerbesteuer einheitlich beim Messbescheid geklärt werden muss, daher sollte ein paralleler Einspruch gegen den Messbescheid eingelegt werden. Angesichts der vorliegenden Unsicherheit empfiehlt es sich überdies, sowohl Einspruch als auch Widerspruch durch einen eigenständigen Antrag auf Aussetzung der Vollziehung zu ergänzen. § 1 Abs. 2 Nr. 6 AO verweist zwar auf § 361 Abs. 1 S. 2 und Abs. 3 AO, soweit man den Messbescheid aber insoweit nicht als Grundlagenbescheid ansieht, schlägt eine beim Messbescheid gewährte AdV nicht zwingend auf den Gewerbesteuerbescheid durch. Wie in Bezug auf andere Regelungen auch ist ansonsten zu befürchten, dass die Finanzverwaltung materiell berechtigte Ansprüche der Steuerpflichtigen durch verfahrensrechtliche Argumente zurückzuweisen versucht.[126]

II. Verlust- und Zinsvorträge sowie Rücklagen

Durch das SEStEG wurden zahlreiche körperschaftsteuerliche Vorschriften, die das Einlagekonto bzw. das KSt-Guthaben oder die KSt-Erhöhung betreffen, angepasst. Seitdem ist es auch EU-Gesellschaften[127] ausdrücklich gestattet, in analoger Weise wie deutsche Gesellschaften ein **Einlagekonto** nach § 27 Abs. 8 KStG zu führen.[128] Nach einem Wegzug ist dementsprechend eine Fortführung des bisherigen Einlagekontos möglich. Darüber hinaus löst ein Wegzug einer Gesellschaft aus Deutschland keine unmittelbare **KSt-Erhöhung** nach § 40 Abs. 5, 6 KStG a.F. bzw. § 38 Abs. 9 KStG n.F. mehr aus, sofern der Wegzug in ein EU-Land[129] erfolgt. Hinsichtlich der

---

[123] Die Grundsätze des BFH-Urteils zur Aufgabe der finalen Entnahmetheorie (BFH-Urt. v. 17..7. 2008, I R 77/06, BStBl. II 2009, S. 464, DStR 2008, S. 2001) sollten dagegen bereits auf Ebene des Messbetrags wirken.

[124] Grundsätzlich stellt der Gewerbesteuermessbescheid den Grundlagenbescheid (§ 171 Abs. 10 AO) im Verhältnis zum Gewerbesteuerbescheid (Folgebescheid) dar, vgl. zu dieser grundsätzlichen Bindung *Gosch*, in: Blümich, § 16 GewStG, Rz. 34 ff.

[125] Vgl. dazu *Gosch*, in: Blümich, § 16 GewStG, Rz. 44 f.

[126] Vgl. zu dem abschreckenden Beispiel der Anrechnung ausländischer Körperschaftsteuer nach dem Meilicke-Urteil *Linn/Müller*, IWB F3A, Gr. 1, S. 1137ff.

[127] Der Anwendungsbereich des § 27 Abs. 8 KStG ist ausdrücklich auf EU-Gesellschaften begrenzt. Diese Begrenzung stellt angesichts des identischen Regelungsgehalts der Niederlassungsfreiheit des EWRA eine unzulässige Diskriminierung von EWR-Gesellschaften dar.

[128] Vgl. kritisch zu den Dokumentationserfordernissen beispielsweise *Körner*, IStR 2006, S. 472; *Werra/Teiche*, DB 2006, S. 1458.

[129] § 40 Abs. 6 KStG a.F. und § 38 Abs. 9 S. 3 KStG n.F. sind ebenfalls auf den EU-Raum beschränkt, was im Verhältnis zu den EWR-Mitgliedstaaten (jedenfalls bei ausreichendem Informationsaustausch und Beitreibungsunterstützung) eine unzulässige Beschränkung der Niederlassungsfreiheit darstellt.

Vorgaben der Fusionsrichtlinie, dass bei einer Sitzverlegung einer SE **steuerfreie Rückstellungen und Rücklagen** sowie ein **Verlustvortrag** von einer im Wegzugsstaat verbleibenden Betriebsstätte übernommen werden können, finden sich teilweise keine ausdrücklichen nationalen Regelungen (z.B. zu § 6b-Rücklagen oder zum Verlustvortrag). Da bei einem Wegzug durch Sitzverlegung, sowohl dem einer nationalen Rechtsform als auch dem einer SE, der Rechtsträger erhalten bleibt, gehen derartige Rücklagen und der Verlustvortrag – ggf. in unmittelbarer Anwendung der FRL bei Sitzverlegung einer SE – auf eine in Deutschland verbleibende Betriebsstätte über.[130] Dasselbe sollte für einen verbleibenden Zinsvortrag gelten: auch wenn dieser nicht von der FRL erfasst wird, ist seine Behandlung im deutschen Steuerrecht der eines Verlustvortrags soweit angenähert, dass auch ein Zinsvortrag auf die verbleibende Betriebsstätte übergehen sollte.

Bei grenzüberschreitenden Herausverschmelzungen ist die Nutzung eines Verlustvortrages der übertragenden Körperschaft in einer in Deutschland verbleibenden Betriebsstätte dagegen nicht möglich. Seit der Neufassung des UmwStG durch das SEStEG geht ein Verlustvortrag der übertragenden deutschen Kapitalgesellschaft durch den Verschmelzungsvorgang unter (§ 12 Abs. 3 iVm § 4 Abs. 2 S. 2 UmwStG). Dasselbe gilt für einen etwaigen Zinsvortrag der übertragenden Körperschaft. Ein Verstoß gegen die Fusionsrichtlinie ist hierin nicht zu erkennen, da diese für grenzüberschreitende Verschmelzungen den Übergang der Verlustvorträge nur dann fordert, wenn dies auch bei rein nationalen Verschmelzungen gewährt würde.[131] Für den Fall, dass steuerliche Verlustvorträge bestehen, sollte die Möglichkeit eines Zwischenwertansatzes nach § 11 Abs. 2 UmwStG in Betracht gezogen werden, um durch eine gezielte Aufdeckung von stillen Reserven unter Beachtung der Mindestbesteuerungsregelungen gem. § 10d Abs. 2 EStG bzw. § 10a GewStG die Verluste zu nutzen und durch den **Step-up** zukünftiges AfA-Volumen zu generieren, welches in den Perioden nach der Verschmelzung das steuerliche Ergebnis der deutschen Betriebsstätte mindert.[132] Eine Wahlmöglichkeit der Verteilung besteht hierbei aber nicht, da der Antrag auf Zwischenwertansatz nach § 11 Abs. 2 S. 1 UmwStG einheitlich für alle Wirtschaftsgüter gilt und es damit in der Übertragungsbilanz zu einer prozentual gleichmäßigen Aufstockung aller Wirtschaftsgüter kommt. Umstritten ist aber, ob selbst geschaffene immaterielle Wirtschaftsgüter inklusive eines Geschäfts- oder Firmenwertes ebenfalls im gleichen Ausmaß aufgestockt werden dürfen[133] oder – wie u.a. nach Auffassung der Finanzverwaltung – erst, wenn in den übrigen Wirtschaftsgütern alle stillen Reserven aufgestockt wurden.[134]

Aufgrund der genannten **Mindestbesteuerungsregel** in § 10d Abs. 2 EStG reicht es nicht aus, stille Reserven ausschließlich in Höhe der Verlustvorträge aufzudecken, da 40% des € 1 Million übersteigenden Übertragungsgewinns nicht für den Verlustabzug zur Verfügung stehen. Für eine vollständige Verwertung müssen deshalb die aufgedeckten stillen Reserven die Verlustvor-

---

[130] Vgl. *Schön*, in: Lutter/Hommelhoff, SE-Kommentar, Rz. 160; *Wied*, in: Blümich, § 50 EStG, Rz. 49; *Blumenberg*, in: Spindler/Tipke/Rödder, FS Schaumburg, 2009, S. 565.

[131] Vgl. Art. 6 FRL. Dieser Artikel der FRL wird als Grund vermutet, warum durch das SEStEG die vormals mögliche Übertragung des Verlustvortrags bei Verschmelzungen (§ 12 Abs. 3 S. 2 UmwStG a. F.) abgeschafft wurde, vgl. *Thömmes/Schulz/Eismayr/Müller*, IWB, F. 11, Gr. 2, S. 747 (754).

[132] Vgl. *Eismayr*, Grenzüberschreitende Konzentrationsverschmelzungen, 2005, S. 221.

[133] So die Vertreter der sog. „zweistufigen Stufentheorie", vgl. *Dörfler/Wittkowski*, GmbHR 2007, S. 352 (357); *Patt* in: Dötsch u.a., KStG, § 20 UmwStG (SEStEG), Tz. 207.

[134] Vgl. zu dieser sog. „Stufentheorie" BMF-Schreiben vom 25.03.1998, BStBl. I S. 268, Rz. 11.20, *Dötsch*, in: Dötsch u.a., KStG, § 11 UmwStG (SEStEG), Tz. 13; a.A. *Schmitt*, in: Schmitt/Hörtnagl/Stratz, UmwStG, 4. Aufl., § 11 UmwStG Rn. 31.

träge übersteigen. Für eine vollständige Verlustnutzung sollten die stillen Reserven in folgender Höhe aufgedeckt werden:

$$\frac{\text{Verlustvorträge - € 1 Million}}{0{,}6} + \text{€ 1 Million}$$

Soweit im Rahmen der Mindestbesteuerungsregel ein steuerpflichtiger Übertragungsgewinn entsteht, der nicht gegen den Verlustvortrag verrechnet werden konnte, ist die resultierende zahlungswirksame Steuerbelastung gegen den Vorteil aus den künftigen Abschreibungen abzuwägen.

Inwieweit die **Übertragung der offenen Reserven** der Verschmelzung der deutschen Gesellschaft auf ihre ausländische Muttergesellschaft zu möglichen Kapitalertragsteuerfolgen führen, kann momentan nicht mit abschließender Klarheit festgestellt werden. Diskutiert wird vor allem, ob die Regelung des § 12 Abs. 5 UmwStG bei Verschmelzung auf eine ausländische Mutterkapitalgesellschaft zu der Fiktion einer Totalausschüttung der Reserven und damit zu einer Kapitalertragsteuerpflicht nach § 43 Abs. 1 S. 1 EStG führt.[135] Ohne den grenzüberschreitenden upstream merger wären die Reserven nur über den Weg der Ausschüttung oder als Liquidationserlös an die ausländische Muttergesellschaft repatriierbar. Beides würde Kapitalertragsteuer auslösen, für die im Fall der Dividenden zwar unter bestimmten Voraussetzungen eine Freistellungsbescheinigung beantragt werden kann. Für Liquidationserlöse besteht aber keine Möglichkeit der Beantragung einer Freistellungsbescheinigung, da diese nach § 43b Abs. 1 S. 4 EStG mangels Abdeckung durch die Mutter-/Tochter Richtlinie, ausgenommen sind.

§ 12 Abs. 5 UmwStG sieht vor, dass im Falle des Übergangs des Vermögens in den nicht steuerpflichtigen oder steuerbefreiten Bereich der übernehmenden Körperschaft, die in der Steuerbilanz ausgewiesenen offenen Reserven als Kapitaleinkünfte iSd § 20 Abs. 1 Nr. 1 EStG gelten.[136] *Widmann/Mayer* sehen auch eine beschränkt steuerpflichtige Übernehmerin vom Anwendungsbereich des § 12 Abs. 5 UmwStG als erfasst an, allerdings nur soweit diese nach nationalen Vorschriften steuerbefreit ist, da § 5 Abs. 2 Nr. 2 KStG die Körperschaftsteuerbefreiung bei beschränkt Steuerpflichtigen grundsätzlich ausschließt.[137] Weitere Fälle, also insbesondere im Ausland unbeschränkt steuerpflichtige Körperschaften, kommen mangels expliziter Erwähnung allerdings nicht als Anwendungsfall der Regelung in Betracht.[138] Zu beachten ist außerdem, dass das UmwStG nur bei der Verschmelzung auf eine Personengesellschaft eine Aufteilung in einen Dividendenanteil und einen Veräußerungsanteil vorsieht. Bei der Verschmelzung von Kapitalgesellschaften fehlt eine derartige Vorschrift.[139] Möglicherweise hatte der Gesetzgeber hier aber nur den nationalen Fall im Blick, wo die mit Körperschaftsteuer belasteten und nicht ausgeschütteten Gewinne im Bereich der Körperschaftsteuer verbleiben und demensprechend eine Ausschüttungsfiktion nicht notwendig ist.[140] Dennoch ist auch durch die Hintertür des § 12 Abs. 5 UmwStG eine Umqualifizierung in eine Dividende nicht möglich, zumal der Gesetzesbe-

---

[135] Vgl. ausführlich *Schell*, IStR 2008, S. 397 ff.
[136] Die Regelung wurde konzipiert für den Vermögensübergang auf eine steuerbefreite VVaG oder eine steuerbefreite juristische Person des öffentlichen Rechts. Vgl. BR-Drs. 132/94, S. 60.
[137] Vgl. *Widmann/Mayer*, Umwandlungsrecht, § 12 Rz. 840, 856.
[138] Vgl. *Schell*, IStR 2008, S. 398 f.; Ohne spezielle Bezugnahme auf diesen Fall *Dötsch*, in: Dötsch u. a., KStG, § 12 UmwStG (SEStEG), Tz. 58ff.; *Rödder*, in: Rödder/Herlinghaus/van Lishaut, UmwStG 2008, § 12 Rn. 119, 121.
[139] Vgl. *Rödder/Schumacher*, DStR 2007, S. 373.
[140] Vgl. *Dötsch*, in: Dötsch u.a., KStG, Vor UmwStG §§ 11-13 (SEStEG), Tz. 2.

gründung zum SEStEG[141] eine mögliche Quellensteuerpflicht einer grenzüberschreitenden Verschmelzung von Kapitalgesellschaften ebenfalls nicht zu entnehmen ist.

Der grenzüberschreitende up-stream merger könnte insofern eine Gestaltungsalternative für die quellensteuerfreie Rückführung der offenen Reserven darstellen; prinzipiell dasselbe gilt für einen Wegzug durch Sitzverlegung, da auch insoweit die offenen Reserven keiner Besteuerung unterliegen.

III. Anteilseigner

Das Besteuerungsrecht hinsichtlich der deutschen Anteilseigner wird durch Wegzugsfälle, sei es durch Sitzverlegung, sei es durch Herausverschmelzung, regelmäßig nicht berührt. Das Besteuerungsrecht hinsichtlich des **Veräußerungsgewinns von Anteilen** ist über Art. 13 Abs. 5 OECD-MA regelmäßig dem Ansässigkeitsstaat des Anteilseigners zugewiesen. Soweit die Anteile von ausländischen Anteilseignern gehalten werden, verliert Deutschland kein Besteuerungsrecht, da es ein solches auch vor Wegzug nicht besaß. Deutschland hat (und behält) das Besteuerungsrecht hinsichtlich der von in Deutschland ansässigen Anteilseignern gehaltenen Anteile einer wegziehenden Gesellschaft. Nur bei den abweichenden DBA mit Tschechien, der Slowakei und Zypern, die dem Ansässigkeitsstaat der Gesellschaft das Besteuerungsrecht in Bezug auf Veräußerungsgewinne aus Anteilen zuweisen,[142] kann es daher anlässlich eines Wegzugs zum Verlust des deutschen Besteuerungsrechts kommen:

▶ Deutschland verliert regelmäßig das Besteuerungsrecht in Bezug auf in Tschechien, der Slowakei oder Zypern ansässige Anteilseigner einer deutschen Gesellschaft, die in ein beliebiges anderes Land verzieht.

▶ Das deutsche Besteuerungsrecht wird eingeschränkt in Bezug auf in Deutschland ansässige Anteilseigner einer deutschen Gesellschaft, die nach Tschechien, in die Slowakei oder nach Zypern verzieht.

Insoweit kommt es grundsätzlich zur Besteuerung eines fiktiven Entnahme- oder Veräußerungsgewinns nach § 4 Abs. 1 S. 3 EStG, § 17 Abs. 5 S. 1 EStG oder § 12 Abs. 1 KStG bzw. § 13 Abs. 2 Nr. 1 UmwStG.

Eine **Ausnahme** gilt im Fall des **Wegzugs einer SE** bzw. im Rahmen einer **Herausverschmelzung auf eine ausländische EU-/EWR Gesellschaft**. Diese Anteilseigner werden bei Wegzug auch dann nicht unmittelbar besteuert, wenn Deutschland durch den Wegzug das Besteuerungsrecht für die Anteile verliert (§ 4 Abs. 1 S. 4 Nr. 1 EStG, § 17 Abs. 5 EStG oder § 12 Abs. 1 2. Hs. KStG bzw. § 13 Abs. 2 Nr. 2 UmwStG). Eine spätere Veräußerung der Anteile ist aber auch dann in Deutschland steuerpflichtig, wenn Deutschland beispielsweise durch DBA an der Besteuerung des Veräußerungsgewinns gehindert wäre (**treaty override** in § 15 Abs. 1a EStG, § 17 Abs. 5 EStG oder § 12 Abs. 1 2. Hs. KStG bzw. § 13 Abs. 2 Nr. 2 UmwStG).

Wenn im Rahmen einer Herausverschmelzung das Besteuerungsrecht an den Anteilen an der übernehmenden Gesellschaft für Deutschland weder ausgeschlossen oder beschränkt wird bzw. wenn die erwähnte Ausnahme des § 13 Abs. 2 Nr. 2 UmwStG vorliegt, können die Anteile an der übernehmenden Gesellschaft auf Antrag mit dem Buchwert der Anteile an der übertragenden Körperschaft angesetzt werden und damit eine Steuerpflicht vermieden werden. Die Anteile an

---

[141] Vgl. BT-Drs. 16/2710.

[142] Vgl. Art. 13 Abs. 3 DBA-Tschechoslowakei, das sowohl für Tschechien als auch für die Slowakei fortgilt; Art. 13 Abs. 3 DBA Zypern.

der übertragenden Gesellschaft gelten dann als zum Buchwert veräußert und die Anteile an der übernehmenden Gesellschaft gelten als mit diesem Buchwert angeschafft. Zu beachten ist, dass über die Verweisregelung des § 13 Abs. 2 Nr. 2 S. 3 UmwStG auch die Veräußerungsersatztatbestände des § 15 Abs. 1a S. 2 EStG gelten.

D. Fazit

Das nationale Recht sieht anlässlich eines Wegzugs grundsätzlich für alle Wirtschaftsgüter, für die das deutsche Besteuerungsrecht ausgeschlossen oder beschränkt wird, eine Sofortbesteuerung vor. Da mitunter nicht mit abschließender Sicherheit festgestellt werden kann, welche Wirtschaftsgüter einer derartigen Entstrickung unterliegen werden, scheitert ein Wegzug in der Praxis in den meisten Fällen an diesen steuerlichen Unwägbarkeiten. Zwar dürfte die Sofortbesteuerung entweder aufgrund der BFH-Urteile zur Aufgabe der Theorie der finalen Entnahme und finalen Betriebsaufgabe (dazu oben C.I.) vermieden werden oder aber aufgrund europarechtlicher Erwägungen unzulässig sein. Angesichts der mitunter sehr hohen Steuerlasten, die nach Auffassung der Finanzverwaltung auf der Grundlage des nationalen Rechts drohen, wird man sich aber auch bei nur geringfügigen Restunsicherheiten hierauf nicht verlassen wollen. Bis zur abschließenden Klärung dieser Fragen durch die Rechtsprechung des BFH – insoweit vorbehaltlich einer Änderung der deutschen Steuergesetze – und/oder des EuGH erfolgt die Planung eines Wegzugs unter großer Unsicherheit.

Eismayr/Linn

9. Hinzurechnungsbesteuerung und ausländische Umwandlungen

von Dr. Arne Schnitger, CPA/StB, LL.M Berlin[*]

Inhaltsübersicht

A. Einleitung
B. Grundlagen für die steuerliche Beurteilung rein ausländischer Umwandlungen
 I. Sachverhaltsgestaltungen
 II. Voraussetzungen für die Anwendung der §§ 7 ff. AStG
 III. Niedrigbesteuerung
 IV. Passive Tätigkeiten
C. Steuerneutrale Umwandlungen i. S. d. §§ 7 ff. AStG
 I. Tatbestandsvoraussetzungen des § 8 Abs. 1 Nr. 10 AStG
 II. Erfasste Umwandlungen
 III. Ausländische und grenzüberschreitende Umwandlungen in EU-, EWR- und Drittstaaten
 IV. Möglichkeit eines Buchwertansatzes nach dem UmwStG
 V. Ausnahme des § 8 Abs. 1 Nr. 10 Hs. 2 AStG
D. Zusammenfassung

Literatur:

Benecke/Schnitger, Neuregelung des UmwStG und der Entstrickungsnormen durch das SEStEG, IStR 2006, 765; **dies.,** Letzte Änderungen der Neuregelungen des UmwStG und der Entstrickungsnormen durch das SEStEG, IStR 2007, 22; **Dötsch,** Umwandlungssteuerrecht, 4. Aufl., 1998; **Grotherr,** Verzicht auf eine Hinzurechnungsbesteuerung bei ausländischen Umwandlungen nach dem SEStEG, IWB Fach 3, Gr. 1, 2175; **Haas,** Zur Umwandlung ausländischer Kapitalgesellschaften, RIW/AWD 1981, 683; **Haritz/Homeister,** Besteuerung deutscher Anteilseigner bei Umstrukturierungen von Kapitalgesellschaften im Ausland und Europarecht- zugleich ein Beitrag zu § 13 UmwStG, FR 2001, 941; **Herzig/Förster,** Problembereiche bei der Auf- und Abspaltung von Kapitalgesellschaften nach neuem Umwandlungssteuerrecht, DB 1995, 338; **Herzig,** in: Lüdicke (Hrsg.), Fortentwicklung der Internationalen Unternehmensbesteuerung, 2002, 119 f.; **Herzig,** Grenzüberschreitende Umwandlungen im deutschen Ertragsteuerrecht, in: Schaumburg/Pilz: Internationales Umwandlungssteuerrecht, 1997, 127; **Henkel,** in: Mössner et. al, Steuerrecht international tätiger Unternehmen, 3. Aufl., 2005; **Jacobs,** Internationale Unternehmendbesteuerung, 6. Aufl., 2007, **Klingberg/van Lishaut,** Ausländische Umwandlungen im deutschen Steuerrecht, FR 1999, 1209; **Ley,** Einbringungen nach §§ 20, 24 UmwStG in der Fassung des SEStEG, FR 2007, 109; **Lorenz,** Veräußerungen und Reorganisation im Außensteuerrecht, IStR 2001, 393; **Rödder/Schumacher,** Das SEStEG – Überblick über die endgültige Fassung und die Änderungen gegenüber dem Regierungsentwurf, DStR 2007, 369; **Sagasser/Fahrenberg,** in Sagasser/Bula/Brünger, Umwandlungen, 3. Aufl., 2002, P 22. **Schaeffer,** Zur Besteuerung der Umwandlung einer österreichischen GmbH- Zugleich Erwiederung auf Haas, RIW/AWD 1981 S. 386, RIW/AWD, 1981, 683. **Schaumburg,** Ausländische Umwandlungen mit Inlandsbezug, GmbHR 1996, 668 (671); **Schmidtmann,** Hinzurechnungsbesteuerung bei internationalen Umwandlungen – Neuregelungen durch das SEStEG, IStR 2007, 229; **Sedemund/Sterner,** Auswirkungen von Sitzverlegungen, Satzungsänderungen und Umwandlungen von ausländischen Zwischengesellschaften auf die deutsche Hinzurechnungsbesteuerung, BB 2005, 2777; **Wassermeyer, F.,** Besteuerung ausländischer Umwandlungen im Inland, in: Festschrift Widmann: Umwandlungen in Zivil und Steuerrecht, 2000, 621; **Wassermeyer, W.,** in: Festschrift Wassermeyer: Körperschaftsteuer, Internationales Steuerrecht, Doppelbesteuerung, 571.

---

[*] Partner bei PricewaterhouseCoopers, Berlin.

A. Einleitung

Spätestens seit der Neufassung des UmwStG durch das SEStEG[1] hat die steuerliche Behandlung grenzüberschreitender Umwandlungen an allgemeiner Beachtung gewonnen. Ein Bestandteil der Neuerungen sind die Regelungen zur Behandlung rein ausländischer Umwandlungen im Rahmen der Hinzurechnungsbesteuerung gem. §§ 7 ff. AStG. Wurde dieser Problemkreis in der Vergangenheit nicht zuletzt auch aufgrund des Regelungsvakuums von der Praxis häufig vernachlässigt, gilt es für deutsche Unternehmen mit ausländischen Tochtergesellschaften zukünftig, diesen Problembereich aufgrund der Einführung von speziellen Vorschriften zur Erfassung ausländischer Umwandlungen stärker in die Überlegungen bei der Ausgestaltung von Umstrukturierungen einzubeziehen. Denn zukünftig muss erwartet werden, dass derartigen Fallgestaltungen im Rahmen von Betriebsprüfungen ein stärkeres Augenmerk geschenkt wird.

Inwieweit die gesetzgeberische Maßnahme der steuerlichen Erfassung rein ausländischer Umwandlungsvorgänge grundsätzlich sinnvoll ist, soll nachfolgend nicht weiter vertieft sondern als gegeben hingenommen werden. Allenfalls bei der Auslegung einzelner Tatbestandsmerkmale der Neuregelungen ist dieser systematische Gedanke zu berücksichtigen, damit die Hinzurechnungsbesteuerung den Anforderungen eines verhältniswahrenden Eingriffs in die Sphäre der Steuerpflichtigen soweit wie möglich gerecht wird.

B. Grundlagen für die steuerliche Beurteilung rein ausländischer Umwandlungen

I. Sachverhaltsgestaltungen

In praktischer Hinsicht sind in Bezug auf die Erfassung ausländischer Umwandlungen im Rahmen der Hinzurechnungsbesteuerung folgende Fallgestaltungen zu unterscheiden[2]:

1. Umwandlung einer direkt von einem Steuerinländer gehaltenen passiv tätigen ausländischen Tochterkapitalgesellschaft
2. Umwandlung einer mittelbar von einem Steuerinländer gehaltenen passiv tätigen ausländischen Tochterkapitalgesellschaft

Beispiel 1:
Die M-GmbH hält 100 % der Anteile an der im Ausland ansässigen A-Ltd., die passive Finanzierungstätigkeiten unterhält. Die A-Ltd. soll auf ihre im gleichen Staat ansässige Schwestergesellschaft B-Ltd. verschmolzen werden.

Beispiel 2:
Die M-GmbH hält 100 % der Anteile an der im Ausland ansässigen A-Ltd., die wiederum 100 % der Anteile an der C-Ltd. hält. Die C-Ltd unterhält passive Finanzierungstätigkeiten. Die A-Ltd. soll auf ihre im gleichen Staat ansässige Schwestergesellschaft B-Ltd. verschmolzen werden.

II. Voraussetzungen für die Anwendung der §§ 7 ff. AStG

Die Anwendung der Vorschriften über die Hinzurechnungsbesteuerung erfordert wie gemeinhin bekannt die Erfüllung folgender Tatbestandsvoraussetzungen:

▶ Inländerbeherrschung gem. § 7 Abs. 1 AStG (oder Beteiligung i. H. v. 1 % bei Einkünften mit Kapitalanlagecharakter)

---

[1] SEStEG v. 7. 12. 2006, BStBl. I 2007, 4.

[2] Die daneben bestehenden Probleme bei der Umwandlung passiv tätiger Betriebsstätten oder Personengesellschaften im Rahmen des § 20 Abs. 2 AStG sollen nachfolgend außer Acht gelassen werden.

- Niedrigbesteuerung gem. § 8 Abs. 3 AStG
- Keine aktiven Tätigkeiten gem. § 8 Abs. 1 AStG

Im Folgenden wird insbesondere letzten beiden Tatbestandsvoraussetzungen nachgegangen.

III. Niedrigbesteuerung

1. Bedeutung

Zur Erfassung eines Vorgangs im Rahmen der §§ 7 ff. AStG ist notwendig, dass eine ausländische Gesellschaft niedrig besteuert i. S. d. § 8 Abs. 3 AStG ist, d.h. einer Ertragsteuerbelastung von weniger als 25 % unterliegt. Soweit eine Niedrigbesteuerung gegeben ist, wird der gem. § 10 AStG ermittelte Hinzurechnungsbetrag den inländischen Steuerpflichtigen hinzugerechnet.

Im Weiteren sind zwei Konstellationen zu unterscheiden, in denen eine Niedrigbesteuerung geben sein und die Hinzurechnungsbesteuerung ausgelöst werden kann:

a) Die im Rahmen der Umwandlung übertragende ausländische Gesellschaft unterliegt regulär mit ihren laufenden und sonstigen Einkünften einem Steuersatz von weniger als 25 %.

b) Die im Rahmen der Umwandlung übertragende ausländische Gesellschaft unterliegt mit ihren laufenden und sonstigen Einkünften regulär zwar einem Steuersatz von mehr als 25 %; allerdings gewährleisten die ausländischen Vorschriften zur steuerlichen Behandlung von Umwandlungen, dass die Umwandlung im Staat der ausländischen Gesellschaft keine steuerpflichtigen Einkünfte auslöst.

Während in der Konstellation 1 klar von einer Niedrigbesteuerung ausgegangen werden kann, ist nachfolgend insbesondere die Konstellation 2 von besonderer Bedeutung. Für die Bestimmung, inwieweit eine Niedrigbesteuerung gegeben ist, muss nach überwiegender Auffassung der nach § 10 AStG ermittelten Hinzurechnungsbetrag den ausländischen Steuern gegenübergestellt werden.[3] Hiermit wird gewährleistet, dass nicht nur bei einem Nominalsteuersatz sondern auch bei einem Effektivsteuersatz von weniger als 25% die Folgen der §§ 7 ff. AStG ausgelöst werden.

Zentrale Frage ist damit zunächst, inwieweit eine ausländische Umwandlung grundsätzlich geeignet ist, eine Realisierung der stillen Reserven und damit einen Hinzurechnungsbetrag i. S. d. § 10 AStG auszulösen. Nur soweit dieses der Fall ist, kann überhaupt eine Niedrigbesteuerung angenommen werden und die Folgen der Hinzurechnungsbesteuerung greifen.[4] In diesem Zusammenhang ist daher insbesondere die Qualifikation ausländischer Umwandlung nach allgemein Grundsätzen außerhalb des Anwendungsbereichs des UmwStG (in der Fassung nach dem SEStEG) von Interesse.

2. Qualifikation ausländischer Umwandlungen nach allgemeinen Grundsätzen außerhalb des UmwStG

a) Verschmelzung

Ein Teil des Schrifttums geht davon aus, dass der sich im Zuge einer Verschmelzung vollziehende Wechsel der Anteile zumindest auf Ebene des Anteilseigners ein Veräußerungs- bzw. An-

---

[3] Vgl. Wassermeyer/Schönfeld in Flick/Wassermeyer/Baumhoff, § 8 AStG, Rdn. 316.4.; Lehfeldt, in Strunk/Kaminski/Köhler, § 8 AStG, Rdn. 191; BMF v. 14. 5. 2004, BStBl. I 2004, Sondernummer 1/2004, Tz. 8.3.2.1.

[4] Vgl. *Rödel* in Kraft, § 8 AStG, Rdn. 666.

schaffungsvorgang darstellt (**tauschähnlicher Vorgang**).[5] Die bisher bestehende Beteiligung an der übertragenden Gesellschaft soll aufgegeben und stattdessen eine Beteiligung an der übernehmenden Gesellschaft erworben werden. Der Untergang der Anteile an der übertragenden Gesellschaft soll die Gegenleistung für den Erhalt der Anteile an der übernehmenden Gesellschaft darstellen. Die Annahme eines tauschähnlichen Vorgangs würde noch nicht zwangsläufig eine Gewinnrealisierung auf Ebene der übertragenden Gesellschaft und damit die Auslösung eines Hinzurechnungsbetrages implizieren, solange nicht der Fall einer Umwandlung einer ausländischen Kapitalgesellschaft mit nachgeschalteter Zwischengesellschaft betroffen ist (wie etwa in oben genannter Fallkonstellation 2).[6]

Allerdings wendet sich gegen die Annahme eines tauschähnlichen Vorgangs auf Ebene des Anteilseigners zum einen ein nicht unerheblicher Teil der Literatur, der in der Verschmelzung einen **liquidationsähnlichen Vorgang** der übertragenden Gesellschaft sehen will.[7] Die Gewährung neuer Anteile wäre dann als Vermögensauskehrung der übertragenden Gesellschaft zu sehen, welche auf Gesellschaftsebene eine Besteuerung nach Liquidationsgrundsätzen auslösen würde, was in jeden Fall für Zwecke der Hinzurechnungsbesteuerung beachtlich wäre.

Für die These, Verschmelzungen stellen tauschähnliche Vorgänge dar, könnten Urteile des BFH zur Aktivierung von Grunderwerbsteuer als Anschaffungsnebenkosten für neu gewährte Anteile[8] sowie zur fehlenden Anwendbarkeit der gewerbesteuerlichen Schachtelprivilegien auf einen Übernahmegewinn[9] angeführt werden. Allerdings betreffen die Entscheidungen zunächst nur die steuerlichen Folgen einer Verschmelzung auf Ebene des Anteilseigners. Zudem haben die Urteile sich nach inländischem Recht vollziehende Umwandlungsvorgänge zum Gegenstand, bei denen bereits die einschlägigen Vorschriften des UmwStG etwa zur Ermittlung eines Übernahmegewinns die Basis für die Qualifikation als tauschähnlichen Vorgang begründen.[10] Hieraus im Umkehrschluss folgern zu wollen, dass auch für ausländische Umwandlungen außerhalb des Anwendungsbereichs des UmwStG auf Ebene der übertragenden Gesellschaft eine Aufdeckung der stillen Reserven und damit das Entstehen eines Hinzurechnungsbetrags ausscheidet, scheint zu weitreichend.

Rechtsprechung zur Qualifikation ausländischer Verschmelzungen nach allgemeinen Grundsätzen besteht hingegen nur vereinzelt. Zunächst schien der RFH/BFH einer Qualifikation als tauschähnlichen Vorgang zu folgen. So nahm er in seinem Urteil vom 3. Februar 1932 zu den Steuerfolgen einer echten Fusion auf Gesellschafterebene Stellung.[11] Der RFH sah in dem Austausch der Anteile sowohl zivilrechtlich als auch wirtschaftlich einen tauschähnlichen Vorgang.

---

[5] Vgl. *Henkel*, Mössner et. al; Steuerrecht international tätiger Unternehmen, 3. Aufl., 2005, E 352, E 361; *Jacobs*, Internationale Unternehmensbesteuerung, 6. Aufl., 2007, 1210; *F. Wassermeyer*, Festschrift Widmann: Umwandlungen, 2000, 621 (630, 633); *Schaumburg*, GmbHR 1996, 668 (669 f); in Bezug auf Verschmelzungen auch *Klingberg/van Lishaut*, FR 1999, 1209 (1212 f).

[6] In diesem Fall könnte selbst bei Anwendung der Tauschgrundsätze auf Ebene der der Zwischengesellschaft vorgeschalteten ausländischen Gesellschaft ein Hinzurechnungsbetrag entstehen, wenn die nachgeschaltete Zwischengesellschaft Einkünfte mit Kapitalanlagecharakter erzielt.

[7] Vgl. *Haritz/Homeister*, FR 2001, 941 ff. Mit Bezugnahme auf Spaltungen: *Jacobs*, Internationale Unternehmensbesteuerung, 6. Aufl., 2007, 1212, *Klingberg/van Lishaut*, FR 1999, 1209 (1217 ff); *Herzig/Förster*, DB 1995, 338 (339).

[8] Vgl. BFH v. 15. 10. 1997, I R 22/96 BStBl. II 1998, 168; v. 22. 4. 1998, I R 83/96, BStBl. II 1998, 698.

[9] Vgl. BFH v. 23. 1. 2002, XI R 48/99, BFH/NV 2002, 993.

[10] Ebenda.

[11] Vgl. RFH v. 3. 2. 1932, VI A 805/31, RStBl. 1932, 464.

Der RFH verneinte zwar im zu entscheidenden Fall eine Gewinnrealisierung; als Begründung stellte er jedoch lediglich darauf ab, dass nach einer echten Verschmelzung für die Aktionäre das „eingegangene Engagement in anderer Form fortgeführt" würde. Mit anderen Worten war die Annahme einer Steuerneutralität auf Gesellschafterebene nur in den später vom BFH im sog. Tauschgutachten[12] weiterentwickelten Prinzipien begründet, welche jedoch bekanntlich mit der Einführung des § 6 Abs. 6 EStG obsolet geworden sind.

Für die Annahme eines tauschähnlichen Vorgangs in Folge einer Verschmelzung spricht auch das Urteil des RFH vom 18. April 1934.[13] Hier sah der RFH in der Ausgabe neuer Anteile eine „Gegenleistung" und damit ein hinreichendes Argument, um bei der Bewertung der Vermögensgegenstände auf Ebene der aufnehmenden Gesellschaft den gemeinen Wert heranzuziehen.

In seinem Urteil vom 4. März 1958[14] sprach der BFH im Falle einer Abwärtsverschmelzung von einem Vorgang, bei dem das Vermögen der Muttergesellschaft, von der Beteiligung an der Tochtergesellschaft abgesehen, in die Tochtergesellschaft überführt wird. Gleichzeitig werde die Muttergesellschaft aufgelöst und die Anteile an der Tochtergesellschaft ihren Gesellschaftern zur Verfügung gestellt.

Allerdings ist zu bedenken, dass vorgenannte Urteile lediglich die steuerlichen Folgen auf Ebene des inländischen Anteilseigners betreffen. Eine substantielle Prüfung der steuerlichen Folgen einer Verschmelzung auf Gesellschaftsebene wurde in den Urteilen nicht vollzogen. Dieses erfolgte erstmals in dem Urteil vom 1. Oktober 1975, in dem der BFH zu der Frage Stellung nahm, ob die Übertragung von Wirtschaftgütern im Zuge einer Umwandlung einer Kapitalgesellschaft auf ihre alleinige Gesellschafterin im Rahmen einer Aufwärtsverschmelzung als Tausch anzusehen ist.[15] Dieses verneinte der BFH mit der Begründung, dass die Vermögensübertragung gegen Hingabe der untergehenden Beteiligung zwar wirtschaftlich als tauschähnlicher Vorgang angesehen werden könne, sich von einem normalen Tausch- oder Erwerbsgeschäft aber dahingehend unterscheide, „dass es an einer an einen Dritten zu erbringenden Gegenleistung fehlt"[16]. Damit qualifizierte er den Untergang der Anteile an der übergehenden Gesellschaft ausdrücklich nicht als Gegenleistung. Dennoch bedeutet dies nicht, dass die ausländische Umwandlung sich nach den Grundsätzen dieses Urteils steuerneutral vollzieht, da der BFH feststellte, dass in Folge der Verschmelzung die Anteile an der übertragenden Gesellschaft ähnlich einer Liquidation kraft Gesetzes untergehen.

Diese Auffassung findet schließlich auch Bestätigung im Urteil des BFH vom 22. Februar 1989, das sich ausnahmsweise explizit mit den Rechtsfolgen einer ausländischen Umwandlung – wenn auch wieder auf Ebene der inländischen Gesellschafter - auseinandersetzt.[17] Hier ging es um die Umwandlung einer österreichischen GmbH in eine österreichische KG, welche sich nach damaligem österreichischen Recht nicht identitätswahrend vollzog. Der BFH bejahte die Anwendung des § 17 Abs. 4 EStG für die im Inland ansässigen Gesellschafter und ging damit offenbar von einer analogen Anwendung der bei der Auflösung einer Kapitalgesellschaft zur Anwendung kommenden Grundsätze aus.

---

[12] Vgl. BFH v. 16. 12. 1958, I D 1/57 S, BStBl. III, 30.
[13] Vgl. RFH v.18. 4. 1934, I A 68/32, RStBl. 1934, 840.
[14] Vgl. BFH v. 4. 3. 1958, I 7/57 U, BStBl. III 1958, 298.
[15] Vgl. BFH v. 1. 10. 1975, I R 198/73, BStBl. II 1976, 113.
[16] BFH v. 1. 10. 1975, I R 198/73, BStBl. II 1976, 113 (114).
[17] Vgl. BFH v. 22. 2. 1989, I R 11/85, BStBl. II 1989, 794.

Fasst man die diversen Urteile zusammen, sollte die Qualifikation einer ausländischen Verschmelzung auf Gesellschaftsebene als liquidationsähnlicher Vorgang dennoch als am ehesten zutreffend erscheinen.

b) Aufspaltung

Wie bei der Verschmelzung besteht auch bei der Aufspaltung die Möglichkeit, einen unmittelbaren Anteilstausch oder liquidationsähnlichen Vorgang anzunehmen. Unmittelbar anwendbare Rechtsprechung zu den Steuerfolgen aufgrund der Aufspaltung ausländischer Kapitalgesellschaften existiert nicht. Die Finanzverwaltung scheint in der Aufspaltung jedoch bisher einen liquidationsähnlichen Vorgang sehen zu wollen. Denn nach Verwaltungsauffassung sollen für inländische Aufspaltungen, bei denen das übergehende Vermögen die Teilbetriebsvoraussetzung nicht erfüllt, die Vorschriften zur Liquidationsbesteuerung zur Anwendung kommen.[18]

M.E. wird auch im Falle der Aufspaltung einer ausländischen Gesellschaft nach allgemeinen Grundsätzen von einem liquidationsähnlichen Vorgang auszugehen sein.[19] Basis für diesen Schluss sind die bereits zu den Verschmelzungen angestellten Überlegungen bzw. die insoweit übertragbare Rechtsprechung. Denn in zivilrechtlicher Hinsicht gleichen sich die Folgen bezogen auf die übertragende Gesellschaft bzw. die untergehenden Anteile; so werden die bisherigen Anteile nicht als Gegenleistung für den Erhalt neuer Anteile übertragen, sondern gehen kraft Gesetzes unter.

c) Abspaltungen

Rechtsprechung zu den steuerlichen Folgen ausländischen Abspaltungen gibt es ebenso bisher nicht. Die Finanzverwaltung scheint davon auszugehen, dass sich inländische Abspaltung, bei denen das übergehende Vermögen die Teilbetriebsvoraussetzung nicht erfüllt, in zwei Schritten vollzieht: Zunächst schüttet die übertragende Gesellschaft ihr abzuspaltendes Vermögen an ihre Anteilseigner zum gemeinen Wert aus, was grundsätzlich ausreicht, um einen Hinzurechnungsbetrag auszulösen. In einem zweiten Schritt legen die Anteilseigner dann die Wirtschaftsgüter in die übernehmende Gesellschaft gegen Gewährung von Gesellschaftsrechten ein.[20].

Auch Teile der Literatur wollen aufgrund der Abspaltung ausländischer Rechtsträger ähnliche Rechtsfolgen erkennen. Allerdings soll sich der Einlagevorgang zunächst bei der übertragenden Gesellschaft vollziehen (d. h. diese überträgt Teile ihres Vermögens gegen Gewährung von Gesellschaftsrechten auf die übernehmende Gesellschaft). Anschließend sollen die Anteile an der übernehmenden Gesellschaft an die Gesellschafter ausgekehrt werden.[21]

Im Ergebnis scheint die von der Finanzverwaltung vertretene Auffassung die steuerlichen Folgen einer Abspaltung zutreffend zu beschreiben. Denn ein liquidationsähnlicher Vorgang scheint aufgrund der fehlenden zivilrechtlichen Auflösung der übertragenden Gesellschaft schwerlich vertretbar zu sein.

d) Nicht-identitätswahrender Formwechsel

Bei einem nicht-identitätswahrenden Formwechsel sind die Rechtsfolgen aufgrund des Rechtsträgerwechsels der bereits beschriebenen Verschmelzung angenähert, so dass die hierzu erar-

---

[18] Vgl. Tz. 15.11 UmwStE.

[19] So auch *Klingberg/van Lishaut*, FR 1999, 1209 (1218).

[20] Tz. 15.11 UmwStE. Dieses Ergebnis wird von einem Teil der Literatur auch mitgetragen. Vgl. *Haritz*, in Haritz/Benkert, UmwStG, § 15, Rdn. 25; *Sagasser/Fahrenberg*, in Sagasser/Bula/Brünger, Umwandlungen, 3. Aufl., 2002, P 22.

[21] Vgl. *Herzig*, in Schaumburg/Pilz: Internationales Umwandlungssteuerrecht, 1997, 142; *Jacobs*, Internationale Unternehmendbesteuerung, 6. Aufl., 2007, 1210f.; *Dötsch*, UmwStR, 4. Aufl., 1998, 267 f.

beiten Grundsätze nach Literaturauffassung entsprechend heranzuziehen sind.[22] Aus steuerlicher Sicht sollte der nicht-identitätswahrende Formwechsel daher als liquidationsähnlicher Vorgang gesehen werden.[23]

Diese Wertung findet Stütze in dem Urteil des RFH vom 27. Februar 1940, in dem bei einem nicht-identitätswahrenden Formwechsel in der Vermögensübertragung zwar keine Gegenleistung gesehen, eine Verpflichtung zum Wertansatz der übergehenden Wirtschaftsgüter zum Teilwert bei der aufnehmenden Gesellschaft aber dennoch bejaht wurde.[24] Auch das bereits genannte Urteil des BFH vom 22. Februar 1989 unterstreicht dieses Ergebnis.[25]

e) Identitätswahrender Formwechsel

Im Falle des identitätswahrenden Formwechsels einer Kapital- in eine Kapitalgesellschaft fehlt es an einem Rechtsträgerwechsel. Somit kann auch auf Gesellschafterebene für steuerliche Zwecke schwerlich ein tauschähnlicher Vorgang oder eine Liquidation angenommen werden.[26] Damit sollte der identitätswahrende Formwechsel einer ausländischen Kapitalgesellschaft in eine ausländische Kapitalgesellschaft auch zu keinen potentiellen Einkünften für Zwecke der Hinzurechnungsbesteuerung führen.[27]

Inwieweit im Falle eines identitätswahrenden Formwechsels einer ausländischen Kapital- in eine Personengesellschaft auf Ebene des inländischen Gesellschafters Einkünfte entstehen, muss als umstritten angesehen werden. Nach einer Auffassung ist dieses nur bei einem Formwechsel einer ausländischen Kapitalgesellschaft eines EG-/EWR-Mitgliedstaates möglich, welche potentiell dem Anwendungsbereich des § 1 Abs. 1 Nr. 2 i. V. m. § 9 UmwStG unterfällt.[28] Soweit der Formwechsel sich hingegen in einem Drittstaat vollzieht, soll nach dieser Auffassung bereits ausgeschlossen sein, dass Einkünfte für Zwecke der Hinzurechnungsbesteuerung entstehen können. Nach anderer Auffassung können im Falle eines identitätswahrenden Formwechsels einer ausländischen Kapital- in eine Personengesellschaft auf Ebene des inländischen Gesellschafters potentiell Einkünfte entstehen.[29] Denn in diesem Fall bleibt die Steuersubjektidentität der formwechselnden Gesellschaft nicht erhalten. *Klingberg/van Lishaut* sprechen in diesem Zusammenhang von einem steuerlichen Rechtsträgerwechsel, man kann dies auch als einen Wechsel der steuerlichen Zurechnung des Gesellschaftsvermögens bezeichnen.[30]

---

[22] Vgl. *Klingberg/van Lishaut*, FR 1999, 1209 (1224).

[23] Vgl. *Klingberg/van Lishaut*, FR 1999, 1209 (1224); *Henkel*, in Mössner et. al, Steuerrecht international tätiger Unternehmen, 3. Aufl., 2005, E 350; *Schaeffer*, RIW/AWD, 1981, 683.

[24] Vgl. RFH v. 29. 2. 1940, I-25/40, RStBl. 1940, 527.

[25] BFH v. 22. 2. 1989, I R 11/85, BStBl. II 1989, 794.

[26] Vgl. *Schaumburg*, GmbHR 1996, 668 (671); *Henkel*, in Mössner et. al, Steuerrecht international tätiger Unternehmen, 3. Aufl., 2005, E 347; *Haas*, RIW/AWD 1981, 386 f.

[27] Ebenso *Wassermeyer/Schönfeld* in Flick/Wassermeyer/Baumhoff, § 8 AStG, Rdn. 317.1; *Lehfeldt*, in Strunk/Kaminski/ Köhler, § 8 AStG, Rdn. 23, 175.

[28] Vgl. *Wassermeyer/Schönfeld* in Flick/Wassermeyer/Baumhoff, § 8 AStG, Rdn. 317.1; *Lehfeldt*, in Strunk/Kaminski/Köhler, § 8 AStG, Rdn. 23.

[29] Vgl. auch *Rödel* in Kraft, § 8 AStG, Rdn. 684; *Klingberg/van Lishaut*, FR 1999, 1209 (1219).

[30] Vgl. *Klingberg/van Lishaut*, FR 1999, 1209 (1219). So wird z.B. im Falle eines Formwechsels einer ausländischen Kapital- in eine ausländische Personengesellschaft die steuerliche Zurechnung des in der Gesamthand gebundenen Gesellschaftsvermögens verändert, da für steuerliche Zwecke die Beteiligung an einer gewerblichen Personengesellschaft kein eigenständiges Wirtschaftsgut darstellt.

Obwohl der BFH die Frage der Realisierung von Einkünften aufgrund des Wechsels der Zurechnung zumindest in seinem Urteil vom 22. Februar 1989 ausdrücklich offen gelassen hat,[31] lassen sich Anhaltspunkte hierfür in anderen Entscheidungen ausmachen. Dabei ist jedoch zwischen der Aufdeckung der in den Wirtschafsgütern der formgewechselten Gesellschaft enthaltenen stillen Reserven sowie den offenen Gewinnrücklagen zu unterscheiden.

Ursprünglich hatte der RFH in seinem Urteil vom 14. September 1935 bei der Umwandlung einer Kapitalgesellschaft in eine OHG es noch als im Ermessen des Steuerpflichtigen stehend angesehen, ob durch einen höheren Wertansatz auf Ebene der empfangenden Gesellschaft eine Gewinnrealisierung entsteht.[32] D.h. insoweit sollte es weder zu einer Aufdeckung der stillen Reserven noch zu einer Besteuerung der offenen Gewinnrücklagen in Folge eines identitätswahrenden Formwechsels einer Kapital- in eine Personengesellschaft kommen.

Kurze Zeit später wendete sich der RFH jedoch zumindest von der Annahme einer vollständigen Steuerneutralität im Falle des Zurechnungswechsels ab.[33] So wollte er zum einen die vollständige Steuerneutralität nicht mit den Grundsätzen des Tauschgutachtens begründen. Stattdessen sah er eine Verpflichtung zur Gewinnverwirklichung in Folge der „Auswechslung des in der Form einer Kapitalgesellschaft gebundenen und dem Aktionär nur mittelbar über die Anteile zustehenden Vermögens durch die unmittelbare Beteiligung an dem Vermögen einer Personengesellschaft".[34] Allerdings sollte eine Verpflichtung zur Gewinnrealisierung zum anderen nur insoweit bestehen, als der Nennbetrag der Kommanditbeteiligung über dem Buchwert der Aktie lag. Zwar erkannte er an, dass in Folge des Zurechnungswechsels eine Neubewertung der Anschaffungskosten der dem Gesellschafter nunmehr unmittelbar steuerlich zuzurechnen Wirtschaftsgüter zu vollziehen ist, welche sich an dem Teilwert der untergehenden Aktien orientiert. Dementsprechend sei strenggenommen, auch für die in den Wirtschaftsgütern enthaltenen stillen Reserven eine Gewinnrealisierung vorzunehmen. Diese soll jedoch nach Auffassung des RFH gegen die „kaufmännischen Gepflogenheiten" verstoßen. Hiernach wären also nur die offenen Gewinnrücklagen im Falle eines Zurechnungswechsels zu besteuern.

Nachfolgend wurde das Problem des nicht spezialgesetzlichen Vorschriften unterfallenden identitätswahrenden Formwechsels einer Kapital- in eine Personengesellschaft – soweit ersichtlich – nicht erneut in der Rechtsprechung angesprochen. Inwieweit die Möglichkeit der Buchwertfortführung hinsichtlich vom deutschen Umwandlungssteuerrecht nicht erfasster identitätswahrender Formwechsel von Kapital- in Personengesellschaften seitens deutscher Gerichte auch heute noch bejaht würde, muss daher als ungeklärt gewertet werden. Für Formwechsel ausländischer Kapital- in Personengesellschaften, die nicht durch das UmwStG nach SEStEG erfasst sind, wird die Frage nach den steuerlichen Folgen im Rahmen der §§ 7 ff. AStG somit weiterhin mit Restunsicherheiten behaftet sein.

f) § 12 Abs. 1 KStG i. d. F. SEStEG

Schließlich ist auf die Neufassung des § 12 Abs. 1 KStG i. d. F. SEStEG hinzuweisen, der Folgendes regelt:

"Wird bei der Körperschaft, [...] das Besteuerungsrecht der Bundesrepublik Deutschland hinsichtlich des Gewinns aus der Veräußerung oder der Nutzung eines Wirtschaftsguts ausgeschlossen

---

[31] BFH v. 22. 2. 1989, I R 11/85, BStBl. II 1989, 794.
[32] Vgl. RFH v. 14. 9. 1935, VI A 443/34, RStBl. 1936, 121.
[33] Vgl. RFH v. 27. 10. 1943, VI 353/42, RStBl. 1944, 194.
[34] Ebenda.

oder beschränkt, gilt dies als Veräußerung oder Überlassung des Wirtschaftsguts zum gemeinen Wert [Anm. d. Verf.: Hervorhebungen nur hier]."

Inwieweit die Vorschrift auch Rechtsträgerwechsel erfasst, ist zwar strittig, da vertreten wird, dass bereits nach allgemeinen Grundsätzen steuerpflichte Veräußerungsvorgänge gegeben sein.[35] Dieser Streit kann jedoch hier im Ergebnis offen bleiben; es wird insoweit lediglich unterstrichen, dass es zumindest auf Gesellschaftsebene zu einer Aufdeckung der stillen Reserven kommt.[36]

Allerdings wird aufgrund der Neufassung des § 12 Abs. 1 KStG die beschriebene möglicherweise gegebene Steuerneutralität des identitätswahrenden Formwechsels bzw. des damit verbundenen Zurechnungswechsels nach der Rechtsprechung des RFH zunehmend fraglich. So ist zu konstatieren, dass nach der Gesetzesbegründung ausdrücklich auch der Rechtsträgerwechsel von der Vorschrift erfasst wird.[37] Damit liegt es nicht fern, dass auch der Zurechnungswechsel nunmehr entsprechend dem § 12 Abs. 1 KStG unter Aufdeckung der stillen Reserven zum gemeinen Wert zu erfolgen hat.[38] Auch insoweit sind damit die steuerlichen Folgen der Hinzurechnungsbesteuerung bei ausländischen identitätswahrenden Formwechseln zu beachten.

g) Zwischenergebnis

Es ist zu konstatieren, dass ausländische Umwandlungen nach allgemeinen Grundsätzen außerhalb des UmwStG zumindest dann als liquidationsähnlicher Vorgang zu werten und folglich entsprechend der Grundsätze der Liquidationsbesteuerung zu erfassen sind, wenn das maßgebliche ausländische Umwandlungsrecht eine Auflösung des übertragenden Rechtsträgers vorsieht.[39] Auch § 12 Abs. 1 UmwStG i. d. F. SEStEG stützt zudem die Auffassung, dass auf Ebene der übertragenden Gesellschaft in Folge der Umwandlung eine Aufdeckung der stillen Reserven folgt, die sich auch im Rahmen der Hinzurechnungsbesteuerung wiederspiegeln kann.

3. Anwendbarkeit des UmwStG im Rahmen der §§ 7 ff. AStG

Nach den Regelungen des UmwStG ist die Übertragung von Vermögen aufgrund von Umwandlungen auf Ebene der beteiligten Gesellschaften sowie deren Gesellschafter steuerneutral möglich. Nach früherem Recht war der Anwendungsbereich der Vorschriften des UmwStG a. F. auf inländische Umwandlungen von Rechtsträgern im Inland beschränkt. Mit dem SEStEG wurde jedoch dieses strenge Inlandserfordernis aufgegeben. Nunmehr sind auch bestimmte, den in-

---

[35] Vgl. *Benecke* in Dötsch et. al, § 12 KStG, Rdn. 137 m. w. N.

[36] Aufgrund des § 12 Abs. 1 KStG ist jedoch noch keine Aussage bzgl. der Gewinnrealisierung auf Ebene des Gesellschafters getroffen, so dass hier erneut auf die oben beschriebenen Grundsätze zurückzugreifen ist.

[37] Vgl. BT-Drs. 16/2710, 31.

[38] Auch die in der Literatur vertretene Argumentation, der § 12 Abs. 1 KStG würde durch einen anderen gesetzlichen Tatbestand wie die Veräußerung verdrängt, wird für die hier betrachteten Fälle nicht anwendbar sein. Schließlich mangelte es bisher gerade an einem solchen Entstrickungstatbestand. Es sei jedoch angemerkt, dass diese Auslegung aus systematischen Gründen Ungereimtheiten entstehen lässt, findet sich doch aufgrund des abweichenden Wortlauts des § 4 Abs. 1 S. 3 EStG keine Anhaltspunkte für eine Annahme einer Realisierung der stillen Reserven beim Zurechnungswechsel im Falle des identitätswahrenden Formwechsels einer Personengesellschaft mit natürlichen Personen als Gesellschafter in eine Kapitalgesellschaft.

[39] In diesem Sinne wohl auch *Dötsch/Pung*, in Dötsch et. al, § 17 EStG n. F, Rdn. 69, 204. Auch *Weber-Grellet* qualifiziert Umwandlungen generell als Vorgänge i. S. d. § 17 Abs. 4 EStG, der bei inländischen Umwandlungen jedoch von den Spezialregelungen des UmwStG verdrängt wird. Vgl. *Weber-Grellet*, in Schmidt, § 17 EStG, Rn. 215.

ländischen Umwandlungsvorgängen vergleichbare ausländische Umwandlungen von Rechtsträgern der EU-/EWR-Staaten gem. § 1 Abs. 1 und 3 UmwStG vom Anwendungsbereich des UmwStG erfasst.

Im Rahmen der §§ 7 ff. AStG wurde in der Vergangenheit die Anwendung der Vorschriften des UmwStG ungeachtet des nach früherem Recht auf Inlandssachverhalte beschränkten Anwendungsbereichs vielfach mit dem Hinweis auf § 10 Abs. 3 S. 4 AStG zu Recht abgelehnt, wonach steuerliche Vergünstigungen, die an die unbeschränkte Steuerpflicht anknüpfen, bei der Ermittlung des Hinzurechnungsbetrages nicht zu berücksichtigen sind.[40] Lediglich vereinzelt wurde die Anwendung des UmwStG bei der Ermittlung des Hinzurechnungsbetrags nur aufgrund des früheren eng geregelten Anwendungsbereichs des UmwStG ausgeschlossen[41] bzw. vollständig bejaht.[42] Nach der früher herrschenden Auslegung hätte folglich die Erweiterung des persönlichen und sachlichen Anwendungsbereichs der Regelungen des UmwStG in gem. § 1 Abs. 1 und 3 UmwStG keine Auswirkungen auf die §§ 7 ff. AStG gehabt.

Mit dem SEStEG wurde jedoch § 10 Abs. 3 S. 4 Hs. 2 AStG eingeführt, der feststellt, dass die Einschränkung der Anwendung von steuerlichen Vergünstigungen in Bezug auf das UmwStG nur dann gilt, "soweit Einkünfte aus einer Umwandlung nach § 8 Abs. 1 Nr. 10 AStG hinzuzurechnen sind". Damit wird erstmals die fehlende Anwendbarkeit des UmwStG im Falle der Nichterfüllung der Voraussetzungen des § 8 Abs. 1 Nr. 10 AStG geregelt.[43] Positiv formuliert wird die Anwendbarkeit der Vorschriften des UmwStG bei der Ermittlung des Hinzurechnungsbetrages zunächst von § 8 Abs. 1 Nr. 10 AStG abhängig gemacht.

Dieses alleine reicht jedoch nicht aus, um die Vorschriften des UmwStG tatsächlich bei der Ermittlung des Hinzurechnungsbetrages anzuwenden. Daneben sind auch alle weiteren Tatbestandsvoraussetzungen des UmwStG zu erfüllen, um deren Bewertungsvorschriften im Rahmen des § 10 Abs. 3 S. 4 Hs. 2 AStG tatsächlich anzuwenden. Da § 8 Abs. 1 Nr. 10 AStG bereits auf die Vorschriften des UmwStG abstellt, ist dennoch eine Überschneidung beider Vorschriften hinsichtlich der Tatbestandsvoraussetzungen zu verzeichnen. Als zusätzliches über den § 8 Abs. 1 Nr. 10 AStG hinausgehendes Erfordernis des § 10 Abs. 3 S.4 Hs. 2 AStG ist die Ansässigkeit der an der Umwandlung beteiligten Gesellschafter in einem EG-/EWR-Mitgliedstaat. Ist auch dieses zusätzliche Erfordernis erfüllt, kann der Steuerpflichtige bei der Ermittlung des Hinzurechnungsbetrags entsprechend der Bestimmungen des UmwStG entweder den gemeinen Wert oder bei Erhalt des deutschen Besteuerungsrechts[44] den Buchwertansatz wählen.[45] Selbst wenn der gemeine Wert angesetzt wird, ändert dies jedoch nichts an der Qualifikation des Umwand-

---

[40] Vgl. Wöhrle/Schelle/Gross, § 10 AStG, Tz. 17; *Widmann*, in Widmann/Mayer, Umwandlungssteuerrecht, Bd. 7, Anh. 6, Tz. 2; *Mössner*, in Benzing et. al, § 10 AStG, Tz. 57, *Lipps*, Außensteuerrecht, 3. Aufl. 1997, Rdn. 316.

[41] Vgl. *Lorenz*, IStR 2001, 393 (395); *Wassermeyer* in Flick/Wassermeyer/Baumhoff, § 10 AStG a. F., Rdn. 143.

[42] Vgl. *W. Wassermeyer*, in Festschrift Wassermeyer: Körperschaftsteuer, Internationales Steuerrecht, Doppelbesteuerung, 571 (579) mit der Begründung, die Vorschriften des UmwStG seien keine Steuervergünstigungen i. S. des § 10 Abs. 3 S. 4 AStG.

[43] Es sei darauf hingewiesen, dass § 10 Abs. 3 S. 4 Hs. 2 AStG an dieser Stelle unglücklich gefasst ist. Treffender wäre eine Formulierung gewesen, wonach eine Anwendung der Vorschriften des UmwStG ausscheidet, "soweit Einkünfte nicht aus einer Umwandlung nach § 8 Abs. 1 Nr. 10 AStG stammen". So auch *Wassermeyer/Schönfeld* in Flick/Wassermeyer/Baumhoff, § 10 AStG, Rdn. 352.

[44] Insoweit soll auch nach *Wassermeyer /Schönfeld* in Flick/Wassermeyer/Baumhoff, § 10 AStG, Rdn. 352 im Rahmen des § 10 Abs. 3 S. 4 Hs. 2 AStG nicht die "Inlandsthese" gelten.

[45] Vgl. *Wassermeyer/Schönfeld* in Flick/Wassermeyer/Baumhoff, § 10 AStG, Rn. 352.

Schnitger

lungsgewinns als aktive Einkunftsart, was zu der später noch zu beschreibenden Möglichkeit eines steuerneutralen Aufstockens passiv genutzter Wirtschaftsgüter führt.[46]

Zudem ist darauf hinzuweisen, dass im Falle der Umwandlung von Drittstaatsgesellschaften ein solcher gemeiner Wertansatz selbst bei Erfüllung der Voraussetzungen des § 8 Abs. 1 Nr. 10 AStG im Rahmen der Ermittlung des Hinzurechnungsbetrags gem. § 10 Abs. 3 S. 4 Hs. 2 AStG in jedem Fall verpflichtend ist, da insoweit die sachlichen und persönlichen Voraussetzungen des UmwStG wiederum nicht erfüllt sind, so dass die bereits beschriebenen allgemeinen Grundsätze zur steuerlichen Qualifikation von Umwandlungen greifen.[47]

Schließlich könnte die Frage aufgeworfen werden, wozu es eines § 10 Abs. 3 S. 4 Hs. 2 AStG bedurfte, da aufgrund der Qualifikation aktiver Einkünfte nach § 8 Abs. 1 Nr. 10 AStG bezogen auf die Umwandlung ein Hinzurechnungsbetrag gar nicht ermittelt werden müsste. Allerdings wird die niedrigbesteuerte Gesellschaft häufig auch laufende passive Einkünfte erzielen, welche die Aufstellung einer Hinzurechnungsbilanz und somit den § 10 Abs. 3 S. 4 Hs. 2 AStG erfordert.

IV. Passive Tätigkeiten

Inwieweit ein nach deutschem Verständnis entstehender Übertragungsgewinns aus der Umwandlung einer ausländischen Kapitalgesellschaft potentiell einer passiven Tätigkeit zugeordnet werden kann, hängt zunächst von dem im Rahmen der Umwandlung übergehenden Betriebsvermögens bzw. von der hiermit verbundenen Tätigkeit ab (funktionale Betrachtungsweise). Stehen die übertragenen Wirtschaftsgüter im oben genannten Beispiel 1 im funktionalen Zusammenhang mit aktiven Tätigkeiten i. S. d. § 8 Abs. 1 Nr. 1 – 7 AStG, sollte der Übertragungsgewinn in jedem Fall als aktiv zu qualifizieren sein. Dies gilt selbst dann, wenn die noch zu beschreibende Sondervorschrift des § 8 Abs. 1 Nr. 10 AStG aufgrund des ausländischen Umwandlungsvorgangs nicht erfüllt wird. Letztgenannte Vorschrift sollte den Anwendungsbereich der übrigen Nummern des Aktivitätskataloges nicht einschränken. Andernfalls könnten ausländische Umwandlungen mit laufenden aktiven Einkünften im Falle der Nichterfüllung der Voraussetzungen des § 8 Abs. 1 Nr. 10 AStG mit ihren Umwandlungsgewinnen der Hinzurechnungsbesteuerung unterliegen; d.h. durch den 8 Abs. 1 Nr. 10 AStG würde sich das Problem der Hinzurechnungsbesteuerung bei ausländischen Umwandlungen für bestimmte Fälle verschärfen. Diese Auslegung ist sichtbar nicht mit der durch das SEStEG verfolgten Intention vereinbar und damit abzulehnen.

Soweit die übertragenden Wirtschaftsgüter nicht im funktionalen Zusammenhang mit aktiven Tätigkeiten stehen, kann ein Übertragungsgewinn potentiell zu Zwischeneinkünften aus passiven Tätigkeiten führen.[48] In diesem Fall kann allenfalls über den § 8 Abs. 1 Nr. 10 AStG noch eine Klassifizierung als Einkünfte aus aktiven Tätigkeiten ermöglichen.[49]

Eine Sondersituation besteht überdies, wenn aufgrund der Umwandlung wie im oben genannten Beispiel 2 Anteile an einer anderen ausländischen Kapitalgesellschaft übertragen werden. Hier kann selbst bei Nichterfüllung der Tatbestandsvoraussetzungen des vorrangig anwendbaren § 8 Abs. 1 Nr. 10 AStG eine aktive Tätigkeit gem. § 8 Abs. 1 Nr. 9 AStG in Betracht kommen. Der Wortlaut der Vorschrift setzt hierfür zunächst Einkünfte aus der Veräußerung eines Anteils an einer anderen ausländischen Kapitalgesellschaft oder alternativ Einkünfte aus der Auflösung

---

[46] Vgl. *Edelmann* in Kraft, § 10 AStG, Rdn. 655; *Luckey*, in Strunk/Kaminski/Köhler, § 10 AStG, Rdn. 105.
[47] Vgl. B.III.2.
[48] Vgl. BFH v. 16. 5. 1990, I R 16/88, BStBl. II 1990, 1049; Tz. 8.0.2 AStGE.
[49] Hierzu unter C.

bzw. Kapitalherabsetzung einer anderen Kapitalgesellschaft voraus. Fraglich ist, ob auch die Auskehrung von Anteilen im Rahmen der (fiktiven) Liquidation der übertragenden Gesellschaft von § 8 Abs. 1 Nr. 9 AStG als aktiv zu qualifizieren ist. Dies ist zu bejahen, da es unsachgemäß wäre, die Veräußerung gegenüber wirtschaftlich gleichgestellten Vorgängen zu bevorzugen.[50] Demnach sollten die steuerlichen Folgen der Hinzurechnungsbesteuerung hier nur in Ausnahmefällen greifen, wenn die nachgeschaltete Zwischengesellschaft bzw. eine weitere nachgeschaltete Kapitalgesellschaft niedrigbesteuerte[51] Einkünfte mit Kapitalanlagecharakter i. S. d. § 7 Abs. 6a AStG oder Veräußerungsgewinne aus Anteilen an REIT-Gesellschaften (d. h. Gesellschaften, welche Tätigkeiten i. S. d. § 8 Abs. 1 Nr. 6 lit. b) AStG nachgehen) erzielt.

Somit ist zu konstatieren, dass für alle Fälle, in denen nicht bereits aufgrund eines funktionalen Zusammenhangs von Übertragungsgewinnen mit aktiven Tätigkeiten i. S. d. § 8 Abs. 1 Nr. 1-7 und Nr. 9 AStG von einer fehlenden Anwendbarkeit der Hinzurechnungsbesteuerung auszugehen ist, dem § 8 Abs. 1 Nr. 10 AStG eine zentrale Bedeutung zukommt.

C. Steuerneutrale Umwandlungen i. S. d. §§ 7 ff. AStG

I. Tatbestandsvoraussetzungen des § 8 Abs. 1 Nr. 10 AStG

Nach § 8 Abs. 1 Nr. 10 AStG gelten als aktive Tätigkeiten Einkünfte:

- „*aus Umwandlungen,*
- *die ungeachtet des § 1 Abs. 2 und 4 des Umwandlungssteuergesetzes*
- *zu Buchwerten erfolgen könnten;*
- *das gilt nicht, soweit eine Umwandlung den Anteil an einer Kapitalgesellschaft erfasst, dessen Veräußerung nicht die Voraussetzungen der Nummer 9 erfüllen würde."*

II. Erfasste Umwandlungen

1. Gesamtrechtsnachfolge

Welche Umwandlungen von der Vorschrift des § 8 Abs. 1 Nr. 10 AStG erfasst sind, wird im Gesetzeswortlaut nicht ausdrücklich geregelt. Allerdings kann aufgrund des Hinweises "ungeachtet des § 1 Abs. 2 und 4 des Umwandlungssteuergesetzes" geschlossen werden, dass nur Umwandlungen i. S. d. UmwStG erfasst werden.[52]

Damit sollten insbesondere folgende Fälle der Vermögensübertragung im Wege der Gesamtrechtsnachfolge nach dem UmwG erfasst sein und damit als Umwandlungen i. S. d. § 8 Abs. 1 Nr. 10 AStG qualifizieren:

- Verschmelzungen (§§ 3 ff., 11 ff., 24 UmwStG)
- Auf- und Abspaltung (§§ 15, 16 UmwStG)
- Formwechsel (§§ 9, 25 UmwStG)

---

[50] Vgl. *Sedemund/Sterner*, BB 2005, 2777 (2781); *W. Wassermeyer*, in Festschrift Wassermeyer, Körperschaftsteuer, Internationales Steuerrecht, Doppelbesteuerung, 571 (576).

[51] Auch wenn der Wortlaut des § 8 Abs. 1 Nr. 9 AStG eine Niedrigbesteuerung und damit eine Zwischengesellschaft i. S. d. § 14 AStG nicht ausdrücklich voraussetzt, ist dieses mit der h. M. als erforderlich anzusehen. Vgl. *Wassermeyer/Schönfeld* in Flick/Wassermeyer/Baumhoff, § 8 AStG, Rn. 304; *Vogt* in Blümich, § 8 AStG, Rdn. 108; *Rödel* in Kraft, § 8 AStG, Rdn. 626.

[52] Vgl. *Grotherr*, IWB Fach 3, Gr. 1, 2175 (2181); *Rödel* in Kraft, § 8 AStG, Rdn. 693. Ebenso der Hinweis in BT-Drs. 13/3369, 15.

- Vermögensübertragung nach § 174 UmwG[53]
- Ausgliederung nach § 123 UmwG (§§ 20, 24 UmwStG)

Daneben sind jedoch auch bestimmte Vermögensübertragungen im Wege der Einzelrechtsnachfolge vom Regelungsgehalt des UmwStG erfasst. Die nachfolgend genannten Vermögensübertragungen sollten gleichfalls unter den Anwendungsbereich des § 8 Abs. 1 Nr. 10 AStG fallen:

- Einbringung von Betrieben, Teilbetrieben und Mitunternehmeranteilen in Kapitalgesellschaften (§ 20 UmwStG)
- Einbringung von Betrieben, Teilbetrieben und Mitunternehmeranteilen in Personengesellschaften (§ 24 UmwStG)
- Anteilstausch (§ 21 UmwStG)

Alle übrigen Übertragungen von Wirtschaftsgütern, die nicht unter den Anwendungsbereich des UmwStG fallen, werden auch nicht vom § 8 Abs. 1 Nr. 10 AStG erfasst, wie z. B.:

- Einbringung von Einzelwirtschaftsgütern (§ 6 Abs. 5 EStG)
- Trennung von Einzelwirtschaftsgütern im Wege der Realteilung (§ 16 Abs. 3 S. 2 EStG)

Weiterhin ist erforderlich, dass die ausländischen Umwandlungen hinsichtlich der rechtlichen Ausgestaltung mit den inländischen Umwandlungsvorgängen vergleichbar sind. Ähnlich dem Rechtstypenvergleich bei ausländischen Gesellschaften[54] ist ausgehend von den ausländischen rechtlichen Merkmalen eine Qualifikation des ausländischen Umwandlungsvorgangs zu vollziehen.[55] Hierbei ist die Einstufung einer ausländischen Umwandlung anhand einer Gesamtwürdigung aller maßgeblichen Kriterien zu vollziehen.

2. Verschmelzung

Als Verschmelzung bezeichnet man im Allgemeinen die Vereinigung des Vermögens mindestens zweier Gesellschaften in eine bestehende oder neu zu gründende Gesellschaft. Charakteristisch für eine Verschmelzung sind somit folgende Merkmale[56]:

- Übertragung des Vermögens eines oder mehrerer übertragender Rechtsträger auf den übernehmenden Rechtsträger
- auf Grund eines Rechtsgeschäfts
- im Wege der Gesamtrechtsnachfolge
- i. d. R. gegen Gewährung von Anteilen oder Mitgliedschaftsrechten des übernehmenden oder neuen Rechtsträgers an die Anteilsinhaber des/der übertragenden Rechtsträger/s
- bei liquidationsloser Auflösung des übertragenden Rechtsträgers.

3. Aufspaltung

Die Spaltung stellt den spiegelbildlichen Fall zur Verschmelzung dar. Merkmale der Aufspaltung von Kapitalgesellschaften sind[57]:

---

[53] Aufgrund dem nach § 175 UmwG begrenzten Kreis von Rechtsträgern, denen eine Vermögensübertragung zur Verfügung steht, soll diese Umwandlung nachfolgend außer Acht gelassen werden.
[54] Vgl. RFH v. 12. 2. 1930, VI A 899/27, RStBl. 1930, 444.
[55] Vgl. *Wassermeyer* in FS Wiedmann, 622; *Herzig* in Lüdicke (Hrsg.), Fortentwicklung der Internationalen Unternehmensbesteuerung, 119 f.; *Rödel in Kraft*, § 8 AStG, Rdn. 660.
[56] Vgl. *Benecke/Schnitger*, IStR 2006, 765 (769).

- Übertragung von Vermögensteilen des übertragenden Rechtsträgers auf den oder die übernehmenden oder neuen Rechtsträger
- auf Grund eines Rechtsgeschäfts
- im Wege der Gesamtrechtsnachfolge
- gegen Gewährung von Anteilen oder Mitgliedschaftsrechten des übernehmenden oder neuen Rechtsträgers an die Anteilsinhaber des übertragenden Rechtsträgers
- mit liquidationsloser Auflösung des übertragenden Rechtsträgers.

4. Abspaltung

Die Abspaltung unterscheidet sich von der Aufspaltung dahingehend, dass der übertragende Rechtsträger nicht erlischt und nur einen Teil seines Vermögens auf den übernehmenden Rechtsträger überträgt. Dementsprechend sind charakteristische Merkmale einer Abspaltung[58]:

- Übertragung von Vermögensteilen des übertragenden Rechtsträgers auf den oder die übernehmenden oder neuen Rechtsträger
- auf Grund eines Rechtsgeschäfts
- im Wege der Gesamtrechtsnachfolge
- gegen Gewährung von Anteilen oder Mitgliedschaftsrechten des übernehmenden oder neuen Rechtsträgers an die Anteilsinhaber des übertragenden Rechtsträgers
- ohne Auflösung des übertragenden Rechtsträgers.

5. Ausgliederung

Die Ausgliederung gleicht der Abspaltung dahingehend, dass der übertragende Rechtsträger bestehen bleibt. Allerdings werden anders als bei der Abspaltung die Anteile am übernehmenden Rechtsträger dem übertragenden Rechtsträger zugewiesen. Folglich lassen sich als von einer ausländischen Umwandlung zu erfüllende charakteristische Merkmale einer Ausgliederung festhalten:

- Übertragung von Vermögensteilen des übertragenden Rechtsträgers auf den oder die übernehmenden oder neuen Rechtsträger
- auf Grund eines Rechtsgeschäfts
- im Wege der Gesamtrechtsnachfolge
- gegen Gewährung von Anteilen oder Mitgliedschaftsrechten des übernehmenden oder neuen Rechtsträgers an den übertragenden Rechtsträger
- ohne Auflösung des übertragenden Rechtsträgers.

6. Formwechsel

Im Unterschied zu den bisher besprochenen Umwandlungen kann sich ein Formwechsel ausländischer Kapitalgesellschaften gesellschaftsrechtlich in zweifacher Art und Weise vollziehen: Identitätswahrend, was im Einzelnen bedeutet:

- Wechsel der Rechtsform eines Rechtsträgers
- auf Grund eines Rechtsgeschäfts
- ohne Auflösung des übertragenden Rechtsträgers.

---

[57] Ebenda.
[58] Ebenda.

Hingegen wird vom Anwendungsbereich des UmwStG und damit auch vom § 8 Abs. 1 Nr. 10 AStG nicht der nicht-identitätswahrende Formwechsel erfasst, der durch folgende Merkmale gekennzeichnet ist:

- Wechsel der Rechtsform eines Rechtsträgers
- auf Grund eines Rechtsgeschäfts
- im Wege der Gesamtrechtsnachfolge
- unter Aufgabe der rechtlichen Identität des bisherigen Rechtsträgers.

III. Ausländische und grenzüberschreitende Umwandlungen in EU-, EWR- und Drittstaaten

Wie bereits dargestellt, enthält § 1 UmwStG eine Öffnung für ausländische und grenzüberschreitende Umwandlungen. Damit sind nunmehr auch diese Umwandlungen innerhalb des EU- und EWR-Raums von dem § 8 Abs. 1 Nr. 10 AStG erfasst. Hingegen scheidet für rein inländische Umwandlungen die Anwendung des § 8 Abs. 1 Nr. 10 AStG aus, da es bereits an der Erfüllung der persönlichen Voraussetzungen zur Anwendung der §§ 7 ff. AStG fehlt.

Allerdings sieht § 8 Abs. 1 Nr. 10 AStG vor, dass Umwandlungen "ungeachtet des § 1 Abs. 2 und 4 des Umwandlungssteuergesetzes" bei Erfüllung der weiteren Tatbestandsvoraussetzungen als aktive Einkünfte gelten. Mit dieser Ausnahme der beiden Absätze des § 1 UmwStG wird das ansonsten bei Umwandlungen bestehende Erfordernis, dass aufnehmender und übertragender Rechtsträger in einem Mitgliedstaat der EU oder des EWR-Abkommens ansässig sein müssen, aufgegeben.[59] Damit werden auch in Drittstaaten oder im Verhältnis zu Drittstaaten sich vollziehende grenzüberschreitende Umwandlungen von § 8 Abs. 1 Nr. 10 AStG erfasst.

IV. Möglichkeit eines Buchwertansatzes nach dem UmwStG

1. Fiktiver Buchwertansatz

Weitere zentrale Voraussetzung für die Anwendung des § 8 Abs. 1 Nr. 10 AStG ist, dass die Umwandlungen "zu Buchwerten erfolgen könnten". Hierbei stellt sich zunächst die Frage, auf welche Rechtsordnung für die Bestimmung der Möglichkeit eines Buchwertansatzes abzustellen ist. Aufgrund des in § 8 Abs. 1 Nr. 10 AStG enthaltenen Hinweises auf das UmwStG liegt es auf der Hand, anzunehmen, dass inländische Rechtsnormen maßgeblich sind.[60]

Überdies scheint zunächst unklar, worauf sich die Erforderlichkeit eines Buchwertansatzes genau bezieht; d. h. inwieweit bei der Möglichkeit zum Buchwertansatz auf die Anteile der umzuwandelnden Zwischengesellschaft oder die von dieser gehaltenen Wirtschaftsgüter abzustellen ist. Soweit es sich um eine nachgeschaltete Zwischengesellschaft handelt, ist grundsätzlich beides zu prüfen, da auf beiden Ebenen jeweils steuerpflichtige Hinzurechnungsbeträge in Folge der ausländischen Umwandlung entstehen können (in Bezug auf die Anteile der nachgeschalteten Zwischengesellschaft jedoch nur, soweit diese oder eine ihre Tochtergesellschaften Einkünfte mit Kapitalanlagecharakter erzielt).

Weiterhin deutet die Verwendung des Konjunktivs in § 8 Abs. 1 Nr. 10 AStG darauf hin, dass es für Zwecke der Hinzurechnungsbesteuerung unmaßgeblich ist, inwieweit für ertragsteuerliche

---

[59] Vgl. *Vogt* in Blümich, § 8 AStG, Rdn. 125.
[60] Vgl. *Rödel in Kraft*, § 8 AStG, Rdn. 698.

Zwecke nach dem UmwStG tatsächlich der Buchwert angesetzt wird.[61] Damit ist auch weiterhin von dem Bestehen aktiver Einkünfte auszugehen, wenn bei einer Hereinverschmelzung die aufnehmende Gesellschaft die übergehenden Wirtschaftsgüter für körperschaftsteuerliche Zwecke mit dem gemeinen Wert ansetzt.

Nach noch weitergehender Auffassung ist es bei der Anwendung des § 8 Abs. 1 Nr. 10 AStG auch unmaßgeblich, inwieweit bei der Bestimmung des Hinzurechnungsbetrags in der Hinzurechnungsbilanz der gemeine Wert nach den Vorschriften des UmwStG oder nach allgemeinen Vorschriften angesetzt wird.[62] Dieses erscheint zwar unter systematischen Gesichtspunkten wenig sinnvoll, da hierdurch stille Reserven von Wirtschaftsgütern aus passiver Tätigkeit über eine Umwandlung für Zwecke der Hinzurechnungsbesteuerung steuerneutral aufgedeckt werden können. Dennoch ist zu konstatieren, dass der vom Gesetzgeber gewählte Wortlaut für eine derartige Auslegung spricht.

2. Sicherstellung der steuerlichen Erfassung im Rahmen der ESt oder KSt

Auch wenn die im UmwStG enthaltenen Anforderungen an die erfassten Umwandlungen mitunter verschieden sind, gibt es dennoch Gemeinsamkeiten. So ist in der Regel erforderlich, dass die übergehenden Wirtschaftsgüter später der ESt oder KSt unterliegen (§ 3 Abs. 2 Nr. 1; § 11 Abs. 2 Nr. 1, § 15 Abs. 1, § 16, § 20 Abs. 2 S. 2 Nr. 1 UmwStG). Ziel der Voraussetzung ist, dass im Rahmen des UmwStG die übergehenden Wirtschaftsgüter ohne Aufdeckung der stillen Reserven nicht in den Anwendungsbereich einer subjektiven Steuerbefreiung gelangen können, was insbesondere vor dem Hintergrund der Einführung der steuerbefreiten REITs zu sehen ist.[63]

Inwieweit dieses Erfordernis für Zwecke des § 8 Abs. 1 Nr. 10 AStG Bedeutung haben kann, muss bezweifelt werden. Bereits im Rahmen der Vorschriften des UmwStG wird es gemeinhin als unbeachtlich angesehen, ob die Besteuerung mit deutscher oder ausländischer ESt bzw. KSt erfolgt.[64] Dementsprechend muss gleiches auch für den § 8 Abs. 1 Nr. 10 AStG gelten. Aber selbst wenn eine Umwandlung einer ausländischen Zwischengesellschaft, die z. B. einem Steuersatz von weniger als 25 % unterliegt, auf eine vollständig steuerbefreite Kapitalgesellschaft erfolgt, sollte dies die Anwendbarkeit des § 8 Abs. 1 Nr. 10 AStG nicht ausschließen. Denn für Zwecke der §§ 7 ff. AStG macht es keinen Unterschied, ob eine ausländische Gesellschaft nur einer niedrigen Besteuerung oder einer vollständigen Steuerbefreiung unterliegt. Im Zweifel wird ein inländischer Gesellschafter in beiden Fällen mit den Einkünften der ausländischen Zwischengesellschaft im Rahmen der Hinzurechnungsbesteuerung zukünftig erfasst. Dementsprechend ist selbst für den Fall der Verschmelzung einer ausländischen Zwischengesellschaft auf eine andere ausländische Gesellschaft, die einer vollständigen sachlichen Steuerbefreiung unterliegt, von einer Anwendbarkeit des § 8 Abs. 1 Nr. 10 AStG auszugehen. Insoweit muss die fiktive Prüfung der Möglichkeit eines Buchwertansatzes nach dem UmwStG für Zwecke des § 8 Abs. 1 Nr. 10 AStG eingeschränkt werden.

---

[61] Vgl. *Grotherr*, IWB Fach 3, Gr. 1, 2175 (2183); *Vogt* in Blümich, § 8 AStG, Rdn. 128; *Lehfeldt* in Strunk/Kaminski/Köhler, § 8 AStG, Rdn. 182.9.

[62] Vgl. *Schmidtmann*, IStR 2007, 229 (231); *Rödel in Kraft*, § 8 AStG, Rdn. 699. Auch § 10 Abs. 3 S. 4 AStG steht einem solchem Ansatz des gemeinen Wertansatzes nicht entgegen, da selbst bei Erfüllung der Voraussetzungen des § 8 Abs. 1 Nr. 10 AStG ein gemeiner Wertansatz nach den Vorschriften des UmwStG möglich ist.

[63] Vgl. *Benecke/Schnitger*, IStR 2007, 22.

[64] Vgl. *Nietzschke* in Blümich, § 20 UmwStG, Rdn. 81; *Dötsch/Pung* in Dötsch et. al, § 3 UmwStG, Rdn. 35; *Benecke* in PwC (Hrsg.), § 3 UmwStG, Rdn. 1038.

3. Erhalt des Rechts der BRD hinsichtlich der Besteuerung der stillen Reserven

Umstritten ist weiterhin, inwieweit das im Rahmen des UmwStG regelmäßig vorgesehene Erfordernis des fehlenden Ausschlusses oder der fehlenden Einschränkung des Besteuerungsrechts an den übertragenen Wirtschaftsgütern für Zwecke des § 8 Abs. 1 Nr. 10 AStG (§ 3 Abs. 2 Nr. 2; § 11 Abs. 2 Nr. 2, § 15 Abs. 1, § 16, § 20 Abs. 2 S. 2 Nr. 3, § 21 Abs. 2 S. 3 Nr. 1 UmwStG) Bedeutung hat. Nach Auffassung von *Wassermeyer/Schönfeld* soll dies nicht der Fall sein, da aufgrund der weiten räumlichen Öffnung des Anwendungsbereichs des § 8 Abs. 1 Nr. 10 AStG ("ungeachtet des § 1 Abs. 2 und 4 UmwStG") sich der gesamte Umwandlungsvorgang fiktiv im Inland abspiele (sogenannte "Inlandsthese").[65] Nach Auffassung von *Rödel* und *Lehfeldt* soll hingegen bei der Prüfung des § 8 Abs. 1 Nr. 10 AStG keine derartige Fiktion greifen, sondern stattdessen auf die tatsächlich vor und nach der Umwandlung bestehenden Besteuerungsrechte (für Zwecke des EStG bzw. KStG) der übertragenden Wirtschaftsgüter abgestellt werden.[66] Um das Erfordernis des Erhalts des deutschen Besteuerungsrechts für Zwecke des § 8 Abs. 1 Nr. 10 AStG nicht vollends zu entwerten, ist letzter Auffassung zu folgen.[67] Dennoch verbleiben auch nach dieser Auslegung kaum Fälle, in denen von einem Ausschluss oder einer Einschränkung des deutschen Besteuerungsrechtes im Rahmen des § 8 Abs. 1 Nr. 10 AStG auszugehen ist. So kann allenfalls auf eine beschränkt steuerpflichtige Einkunftsquelle einer Zwischengesellschaft abgestellt werden, welche nach der Verschmelzung - etwa aufgrund eines günstigeren DBA - von der Besteuerung freizustellen ist.

Es ist hierbei anzumerken, dass neben der Hinzurechnungsbesteuerung auch im Rahmen der beschränkten Steuerpflicht der Zwischengesellschaft eine Realisierung der stillen Reserven aufgrund der fehlenden Erfüllung des Verstrickungserfordernisses bei einer ausländischen Umwandlung greift, was eine Hinzurechnungsbesteuerung zumindest bei substantiellen inländischen Vermögenswerten aufgrund des Fehlens einer Niedrigbesteuerung ausschließen kann.[68] Soweit die Zwischengesellschaft hingegen keine deutschen Einkunftsquellen unterhält, sollte in Ermangelung eines vorherigen deutschen Besteuerungsrechts auch nicht von einem Ausschluss oder einer Einschränkung eines solchen ausgegangen werden. Im Ergebnis sollte damit auch im Falle der Ablehnung der "Inlandsthese" regelmäßig nicht von einer schädlichen Einschränkung des Rechts zur **Besteuerung der stillen Reserven für Zwecke des § 8 Abs. 1 Nr. 10 AStG** ausgegangen werden.[69]

Eine danebenstehende Frage ist, ob sich das Erfordernis des Erhalts der Besteuerung der stillen Reserven für Zwecke des § 8 Abs. 1 Nr. 10 AStG auch auf die Hinzurechnungsbesteuerung selbst bezieht, also insoweit auf den Erhalt eines sekundären Besteuerungsrechts selbst abgestellt wird. *Wassermeyer/Schönfeld* deuten eine solche Auslegung als Alternative zur "Inlandsthese" an. Hiernach wäre aufgrund der kontrolltheoretischen Fundierung der §§ 7-14 AStG so zu tun, als wäre die bei der Umwandlung untergehende Gesellschaft im Inland ansässig. Dementspre-

---

[65] Vgl. *Wassermeyer/Schönfeld* in Flick/Wassermeyer/Baumhoff, § 8 AStG, Rdn. 319.1.

[66] Vgl. *Rödel* in Kraft, § 8 AStG, Rdn. 702 ff.; *Lehfeldt*, in Strunk/Kaminski/Köhler, § 8 AStG, Rdn. 182.7.

[67] Der Schluss, dass die Aufgabe des § 1 Abs. 2 und 4 UmwStG für Zwecke des § 8 Abs. 1 Nr. 10 AStG das Erfordernis des Erhalts des deutschen Besteuerungsrechts vollständig unterläuft, scheint damit nicht zwingend.

[68] Denn deutsche Ertragsteuern sind für Zwecke der Niedrigbesteuerung gem. § 8 Abs. 3 AStG ebenso wie bei dem Abzug und der Anrechnung nach § 10 AStG mit zu berücksichtigen. Vgl. *Wassermeyer/Schönfeld* in Flick/Wassermeyer/Baumhoff, § 8 AStG, Rdn. 727, § 10 Rdn. 83. Auch dieses spricht im Übrigen für die Nichtanwendung der "Inlandsthese".

[69] Vgl. *Lehfeldt*, in Strunk/Kaminski/Köhler, § 8 AStG, Rdn. 182.7.

chend könnte dann jedoch bei der Bestimmung, ob ein Erhalt des deutschen Besteuerungsrechts gegeben ist, entscheidend sein, inwieweit die Wirtschaftsgüter bei der aufnehmenden Gesellschaft weiterhin der Hinzurechnungsbesteuerung unterliegen.[70] Letztlich wird ein derartiges Erfordernis der Steuerverhaftung von Wirtschaftsgütern im Rahmen der Hinzurechnungsbesteuerung jedoch in der Literatur einheitlich verneint.[71] Zum einen ist dies vor dem Hintergrund eines allgemein fehlenden Entstrickungstatbestandes im Rahmen der Hinzurechnungsbesteuerung nur konsequent.[72] Zum anderen stellt das im UmwStG enthaltene Erfordernis einer Sicherstellung der Besteuerung nur auf einen primären Besteuerungsanspruch nach dem EStG oder KStG und nicht nach der Hinzurechnungsbesteuerung ab.[73] Gleiches sollte dann auch mittelbar für den Verweis des § 8 Abs. 1 Nr. 10 AStG auf die Regelungen des UmwStG gelten. Es bleibt abzuwarten, inwieweit sich die Finanzverwaltung dieser bisher herrschenden Literaturauffassung anschließen oder in den § 8 Abs. 1 Nr. 10 AStG ein Erfordernis zum Erhalt der Verstrickung im Rahmen der Hinzurechnungsbesteuerung hineinlesen wird.

4. Beachtlichkeit der Missbrauchstatbestände des UmwStG

Bis dato völlig ungeklärt ist, inwieweit die im UmwStG vorgesehenen Missbrauchstatbestände (etwa in § 15 Abs. 3 UmwStG sowie § 22 UmwStG) auch im Rahmen des § 8 Abs. 1 Nr. 10 AStG Bedeutung haben. Bei formeller Auslegung des § 8 Abs. 1 Nr. 10 AStG könnte man von einer Beachtlichkeit dieser ausgehen, da bei Erfüllung ihrer Tatbestandsvoraussetzungen die Möglichkeit eines Buchwertansatzes im Rahmen der Umwandlung nachträglich eingeschränkt wird. Allerdings sollte die Intention der jeweiligen Missbrauchsnormen des UmwStG bei der Auslegung des § 8 Abs. 1 Nr. 10 AStG bedacht werden, da eine unreflektierte Anwendung ansonsten zu schwer vertretbaren Beeinträchtigungen ausländischer Umwandlungen und wenig sinnvollen Ergebnissen führen würde.

In § 15 Abs. 2 UmwStG sind eine Reihe von Vorschriften zur Verhinderung von Missbräuchen enthalten. Diese sollen in Form des § 15 Abs. 2 S. 1 UmwStG zum einen verhindern, dass die Voraussetzungen für die Übertragung von Einzelwirtschaftsgütern mittels Aufstockung eines Teilbetriebs geschaffen werden.[74] Insoweit scheint auch die Anwendbarkeit dieser Missbrauchsvorschrift im Rahmen des § 8 Abs. 1 Nr. 10 AStG nicht ausgeschlossen, soweit etwa ein derartiges Aufstocken der steuerneutralen Übertragung einzelner Wirtschaftsgüter aus passiven Tätigkeiten dient. Zum anderen soll mit dem § 15 Abs. 2 S. 2 ff. UmwStG verhindert werden, dass mittels Ab- oder Aufspaltungen ein steuerneutrale Übertragung bzw. die Voraussetzungen für einen steuerneutralen Verkauf an Dritte geschaffen werden.[75] Zumindest in Bezug auf die letzte Zielsetzung haben die Bestimmungen ordnungspolitische Funktion. Dementsprechend scheint es vertretbar, insoweit die Missbrauchsvorschriften für Zwecke des § 8 Abs. 1 Nr. 10 AStG außer Acht zu lassen. Denn die Verhinderung der Übertragung von ausländischen Teilbetrieben im Rahmen der Vorschriften über die Hinzurechnungsbesteuerung ist auch aus ordnungspolitischen Gesichtspunkten wenig sinnvoll.

---

[70] Vgl. *Wassermeyer/Schönfeld* in Flick/Wassermeyer/Baumhoff, § 8 AStG, Rdn. 319.1. Ebenso *Rödel* in Kraft, § 8 AStG, Rdn. 704.

[71] Vgl. *Wassermeyer/Schönfeld* in Flick/Wassermeyer/Baumhoff, § 8 AStG, Rdn. 319.1. Ebenso *Rödel* in Kraft, § 8 AStG, Rdn. 704; *Lehfeldt*, in Strunk/Kaminski/Köhler, § 8 AStG, Rdn. 182.7; *Vogt* in Blümich, § 8 AStG, Rdn. 127.

[72] Vgl. *Lehfeldt*, in Strunk/Kaminski/Köhler, § 8 AStG, Rdn. 182.7.

[73] Vgl. *Benecke/Schnitger*, IStR 2007, 22; *Ley* FR 2007, 109; *Rödder/Schumacher* DStR 2007, 369.

[74] Vgl. BT-Drs. 12/6885 zu § 15 UmwStG.

[75] Ebenda.

Gem. § 22 Abs. 1 UmwStG führt der Verkauf von nach einer Einbringung gewährten Anteile innerhalb einer Frist von sieben Jahren dazu, dass der bei der Einbringung gewählte Buchwertansatz rückwirkend in Abhängigkeit vom Zeitablauf entweder vollständig oder anteilig rückgängig gemacht wird. Überdies sind in § 22 Abs. 1 S. 5 UmwStG eine Reihe weiterer Vorgänge genannt, die gleichermaßen als für die Buchwerteinbringung schädlich definiert werden. Gegen eine Anwendung dieser Vorschriften kann angeführt werden, dass hierdurch innerhalb der §§ 7 ff. AStG eine nicht verhältnismäßige Komplexität eingeführt würde bzw. eine analoge Anwendbarkeit gesetzlich ausdrücklich angeordnet hätte werden müssen. Ansonsten muss allerdings konstatiert werden, dass für die Anwendung des § 22 Abs. 1 UmwStG aus systematischen Überlegungen in bestimmten Situationen Argumente angeführt werden können. Andernfalls bestünden mannigfaltige Gestaltungen zum Unterlaufen der Hinzurechnungsbesteuerung im Falle des Verkaufs passiver Wirtschaftsgüter, wie nachfolgendes Beispiel zeigt:

Beispiel 4
Die I-GmbH ist an der A-Ltd., einer niedrigbesteuerten passiven Zwischengesellschaft mit Handelstätigkeiten, beteiligt. Im passiven Geschäftsbetrieb der A-Ltd. ruhen erhebliche stille Reserven (z. B. Kundenstamm) i. H. v. 1000. Am 31. 12. 2001 bringt die A-Ltd. ihren Geschäftsbetrieb zum Buchwert i. H. v. 100 in die B-Ltd. ein; die ausländische Einbringung soll den durch § 20 UmwStG erfassten Einbringungsvorgängen vergleichbar sein, so dass der Anwendungsbereich des § 8 Abs. 1 Nr. 10 AStG zunächst erfüllt ist. Am 15. 1. 2002 verkauft die A-Ltd. die Anteile an der B-Ltd zum Preis von 1000.

Zumindest im vorliegenden Fall besteht aufgrund der zeitlichen Verknüpfung ein erhebliches Risiko, dass die Finanzverwaltung die Gewährung des § 8 Abs. 1 Nr. 10 AStG im Jahr 01 mit Hinweis auf den § 22 Abs. 1 UmwStG versagen könnte.[76] Auch die Wahl eines gemeinen Wertansatzes in der Hinzurechnungsbilanz der A-Ltd. würde nicht dazu führen, dass dieser Gefahr entgegengewirkt würde. Denn die theoretische Möglichkeit eines Buchwertansatzes, was für Zwecke des § 8 Abs. 1 Nr. 10 AStG entscheidend ist,[77] wird aufgrund des § 22 Abs. 1 UmwStG ausgeschlossen. Der Verkauf der Anteile wäre dann jedoch wieder als Einkünfte aus aktiven Tätigkeiten gem. § 8 Abs. 1 Nr. 9 AStG zu werten, wobei der Wertansatz an den Anteilen sich in entsprechender Anwendung des § 22 Abs. 1 UmwStG erhöht.[78]

Für die Anwendung des § 22 Abs. 2 UmwStG im Rahmen der §§ 7 ff. AStG bleibt hingegen wiederum kein Anwendungsbereich, soll diese Vorschrift doch nur die Anwendung des Halbeinkünfte- bzw. Teileinkünfteverfahrens im Falle der Einbringung von natürlichen Personen verhindern.[79] Gleiches gilt für § 18 Abs. 3 UmwStG sowie § 24 Abs. 5 UmwStG.

5. Weitere Anforderungen

Überdies existieren bestimmte formelle Anforderungen an die verschiedenen Umwandlungen, deren Außerachtlassen für Zwecke des § 8 Abs. 1 Nr. 10 AStG schwer begründbar ist. D. h. in Bezug auf die folgenden Anforderungen muss davon ausgegangen werden, dass auch diese zum Erhalt der Vergünstigungen des § 8 Abs. 1 Nr. 10 AStG erfüllt werden müssen. Hierunter fällt insbesondere, dass

---

[76] Inwieweit auch eine Anwendung der Nachweispflichten des § 22 Abs. 3 AStG im Rahmen des des § 8 Abs. 1 Nr. 10 AStG noch verhältnismäßig ist, muss hingegen bezweifelt werden.
[77] A.A. offenbar *Wassermeyer/Schönfeld* in Flick/Wassermeyer/Baumhoff, § 10 AStG, Rdn. 352.1.
[78] Vgl. *Wassermeyer/Schönfeld* in Flick/Wassermeyer/Baumhoff, § 10 AStG, Rdn. 352.1.
[79] Auch auf den Ausschluss des § 8b Abs. 2 KStG durch § 10 Abs. 3 S. 4 AStG kommt es insoweit nicht an vgl. *Wassermeyer/Schönfeld* in Flick/Wassermeyer/Baumhoff, § 10 AStG, Rdn. 352.2.

- in Folge bestimmter Umwandlung eine Gegenleistung nicht gewährt wird oder nur in Gesellschaftsrechten besteht (§§ 3 Abs. 2 Nr. 3, 11 Abs. 2 S. 1 Nr. 3 UmwStG)[80] bzw. im Fall der Einbringung und des Anteilstauschs neben der Gewährung von Gesellschaftsrechten keine anderen Wirtschaftsgüter mit einem höheren gemeinen Wert gewährt werden (§§ 20 Abs. 2 S. 4, 21 Abs. 2, S. 3 UmwStG).
- bei bestimmten Umwandlungen nur Teilbetriebe, Mitunternehmeranteile oder das gesamte Nennkapital umfassende (§§ 15 Abs. 1, 16, 20 Abs. 1, 24 UmwStG) oder mehrheitsvermittelnde (§ 21 Abs. 1 S. 2 UmwStG) Beteiligungen an Kapitalgesellschaften übertragen werden.
- bei bestimmten Umwandlungen die Passivposten des eingebrachten Betriebsvermögens die Aktivposten nicht übersteigen (§ 20 Abs. 2 S. 2 Nr. 2 UmwStG).

Schließlich sollen eine Reihe weiterer Vorgaben des UmwStG angesprochen werden, welche die Möglichkeit des Buchwertansatzes einschränken, allerdings für Zwecke des § 8 Abs. 1 Nr. 10 AStG nicht oder nur in Ausnahmefällen eine Bedeutung haben.

Das Erfordernis einer steuerpflichtigen Zuschreibung bei im Rahmen von Verschmelzung untergehenden, ursprünglich steuerwirksam abgeschriebenen Anteilen sowie einer gewinnwirksamen Erhöhung der Abzüge nach § 6b EStG (enthalten in §§ 4 Abs. 1 S. 2, 11 Abs. 2 S. 2, 15 Abs. 1, 16 UmwStG) sollte regelmäßig nicht zu einer Einschränkung der Anwendung des § 8 Abs. 1 Nr. 10 AStG führen. Nur soweit bei einer regulär einer Niedrigbesteuerung unterliegenden Zwischengesellschaft in der Vergangenheit steuerwirksame Abschreibungen vollzogen wurden, welche einen Hinzurechnungsbetrag gemindert haben bzw. in einen Verlustvortrag nach § 10 Abs. 3 S. 5 AStG erhöhend eingegangen sind, kann sich ein Ansatzpunkt für eine Einschränkung der Möglichkeit eines Buchwertansatzes ergeben, welcher dann auch auf den § 8 Abs. 1 Nr. 10 AStG sowie § 10 Abs. 3 S. 4 Hs. 2 AStG Auswirkungen hätte.

Ein nach dem UmwStG in Folge der Umwandlung entstehender Konfusionsgewinns (§ 6 UmwStG) sowie eine Besteuerung der Rücklagen (§ 7 UmwStG) sollten hingegen keine Auswirkungen auf den § 8 Abs. 1 Nr. 10 AStG haben, da dies keine formelle Einschränkung der Möglichkeit eines Buchwertansatzes darstellt.

Ebenso sollte das in § 3 Abs. 2 Nr. 1 UmwStG enthaltene Erfordernis der Übertragung von Wirtschaftsgütern auf das Betriebsvermögen einer Personengesellschaft bei Verschmelzung von Kapitalgesellschaften keine Bedeutung für Zwecke des § 8 Abs. 1 Nr. 10 AStG haben. Denn die gewerbesteuerliche Erfassung ergibt sich nicht aufgrund der Ausgestaltung der ausländischen Zwischengesellschaft sondern aufgrund der Zuordnung einer Beteiligung an dieser Zwischengesellschaft zum Betriebsvermögen des Anteilseigners.

V. Ausnahme des § 8 Abs. 1 Nr. 10 Hs. 2 AStG

Schließlich ist auf die in § 8 Abs. 1 Nr. 10 Hs. 2 AStG enthaltene Ausnahme hinzuweisen, wonach keine aktive Einkünfte gegeben sind, soweit der Umwandlungsgewinn auf Anteile einer nachgeschalteten Gesellschaft entfällt, die Einkünfte mit Kapitalanlagecharakter i. S. d. § 7 Abs. 6a AStG oder Veräußerungsgewinne aus Anteilen an REIT-Gesellschaften (d.h. Gesellschaften, die Tätigkeiten i. S. d. § 8 Abs. 1 Nr. 6 lit. b) AStG nachgehen) erzielt. Mit dieser Vorschrift wurde das Gegenstück zu der Ausnahme in § 8 Abs. 1 Nr. 9 AStG geschaffen.[81] Insbesondere die oben unter

---

[80] Vgl. *Lehfeldt*, in Strunk/Kaminski/Köhler, § 8 AStG, Rdn. 182.8.

[81] Vgl. *Wassermeyer/Schönfeld* in Flick/Wassermeyer/Baumhoff, § 8 AStG, Rdn. 319.10. Allerdings treffen den Steuerpflichtigen insoweit weniger einschneidende Nachweispflichten, wie etwa beim § 8 Abs. 1 Nr. 9 AStG; vgl. *Wassermeyer/Schönfeld* in Flick/Wassermeyer/Baumhoff, § 8 AStG, Rdn. 319.13.

Schnitger

Beispiel 2 beschriebenen Fälle der Umwandlung einer ausländischen Kapitalgesellschaft, die Anteile einer nachgeschalteten Zwischengesellschaft hält, können damit von dieser Vorschrift betroffen sein. Hingegen wird für die Umwandlung der Zwischengesellschaft selbst der § 8 Abs. 1 Nr. 10 Hs. 2 AStG wie im Beispiel 1 in der Regel keine Bedeutung haben, solange nicht im Betriebsvermögen wiederum Anteile an einer weiteren nachgeschalteten Zwischengesellschaft enthalten sind. Soweit damit eine nachgeschaltete Zwischengesellschaft, welche Einkünfte mit Kapitalanlagecharakter bezieht, verschmolzen wird, kann allenfalls auf Ebene ihres Anteilseigners der § 8 Abs. 1 Nr. 10 Hs. 2 AStG zur Anwendung kommen:[82]

Beispiel 5
Die I-GmbH ist an der A-Ltd. beteiligt. Die A-Ltd. hält wiederum 100 % der Anteile an der B-Ltd., einer niedrigbesteuerten passiven Zwischengesellschaft, die Einkünfte mit Kapitalanlagecharakter erzielt, und der C-Ltd. Die B-Ltd. soll auf die C-Ltd. nach ausländischem Steuerrecht zu Buchwerten verschmolzen werden.

In Bezug auf die Wirtschaftsgüter der B-Ltd. ist von einer aktiven Tätigkeit i. S. d. § 8 Abs. 1 Nr. 10 Hs. 2 AStG auszugehen. Hinsichtlich der untergehenden Anteile an der B-Ltd. ist auf Ebene der A-Ltd. jedoch § 8 Abs. 1 Nr. 10 Hs. 2 AStG anwendbar, so dass grundsätzlich auch passive Einkünfte in Folge der Umwandlung hier entstehen können.

Selbst wenn die ausländische Gesellschaft unter die Ausnahmebestimmung des **§ 8 Abs. 1 Nr. 10 Hs. 2 AStG fällt**, wird nicht zwangsläufig zu besteuernde Hinzurechnungsbetrag entstehen. Denn soweit die Einkünfte mit Kapitalanlagecharakter auf Ebene der übertragenden Gesellschafte der Zurechnungsbesteuerung gem. § 14 AStG unterlegen haben, kommt eine Kürzung gem. § 11 AStG in Betracht, soweit die übertragende oder eine ihr i. S. d. § 14 AStG nachgeschaltete Gesellschaft in dem betreffenden oder den vorangehenden sieben Wirtschaftsjahren Einkünfte mit Kapitalanlagecharakter erzielt hat, die im Rahmen der Hinzurechnungsbesteuerung erfasst wurden.

D. Zusammenfassung

Die Umwandlung ausländischer Kapitalgesellschaften kann im Inland Besteuerungsfolgen im Rahmen der §§ 7 ff. AStG auslösen, selbst wenn der übertragende Rechtsträger im Inland über keine Einkunftsquellen verfügt. Zur Verhinderung derart ungewünschter Besteuerungsfolgen hat der Gesetzgeber mit dem § 8 Abs. 1 Nr. 10 AStG eine Vorschrift eingeführt, die für eine Reihe von Sachverhaltsgestaltungen eine Steuerneutralität gewährleistet. Allerdings bestehen in Bezug auf diese Vorschrift eine Reihe zu beachtender Anforderungen und Unsicherheiten, so dass deutsche Unternehmen, die ihre Unternehmensgruppe umgestalten, bei ausländischen Umwandlungen zukünftig besondere Vorsicht walten lassen sollten. Aufgrund gesetzgeberischer Unzulänglichkeiten bestehen jedoch auch Verwerfungen innerhalb der §§ 7 ff. AStG, welche von dem mit der Steuerplanung Beschäftigten zur Verhinderung der schädlichen Besteuerungsfolgen der Hinzurechnungsbesteuerung genutzt werden können.

---

[82] Vgl. *Wassermeyer/Schönfeld* in Flick/Wassermeyer/Baumhoff, § 8 AStG, Rdn. 319.10.

D. Konzernverrechnungspreispolitik

1. Verrechnungspreispolitik bei konzerninternen Lieferungsbeziehungen

von Dipl.-Kfm. Prof. Dr. Thomas Borstell, Steuerberater, Düsseldorf*

Inhaltsübersicht

A. Einleitung
B. Grundlagen der Verrechnungspreispolitik bei konzerninternen Lieferungsbeziehungen
   I. Maßstab
   II. Ziele
C. Taktische und strategische Verrechnungs-Preispolitik
D. Möglichkeiten und Grenzen von taktischer Verrechnungspreispolitik bei konzerninternen Lieferungsbeziehungen
E. Möglichkeiten und Grenzen von strategischer Verrechnungspreispolitik bei konzerninternen Lieferungsbeziehungen
   I. Grenzen strategischer Verrechnungspreispolitik
   II. Vorgehensweise
   III. Strategieträgerschaft
   IV. Rechtliche Grundstrukturierung der Einzelprozesse
   V. Funktions- und Wertschöpfungskettenanalyse (Business Process Analysis)
   VI. Gestaltung des Verrechnungspreissystems bei konzerninternen Lieferungsbeziehungen
F. Zusammenfassung

Literatur:

Borstell, Lieferung von Gütern und Waren, in: Vögele/Borstell/Engler, Handbuch der Verrechnungspreise, München 2. Aufl., 2004, Rn. N 179 - 271.

A. Einleitung

In den letzten Jahrzehnten hat die Bedeutung multinational tätiger Unternehmen durch die Globalisierung der Weltwirtschaft, die sich verstärkende Integration der Volkswirtschaften, durch Unternehmenszusammenschlüsse und die Verbesserung der Kommunikationsmöglichkeiten dramatisch zugenommen. Als eine Folge kommt konzerninternen grenzüberschreitenden Lieferungsbeziehungen eine immer größere Bedeutung zu:

▶ Sobald Unternehmen über ihre nationalen oder regionalen Grenzen hinaus expandieren und im Ausland eine Vertriebsgesellschaft errichten, entsteht für fertige Güter eine konzerninterne Lieferungsbeziehung von den Produktions- zu den Vertriebsgesellschaften.

▶ Global tätige Unternehmen gehen zunehmend dazu über, ihren Vertrieb und ihre Logistik für bestimmte Großregionen zu zentralisieren. Dadurch entstehen zusätzlich konzerninterne Lieferungsbeziehungen zwischen Zentralvertriebs- und Landesvertriebsgesellschaft, ggf. unter Einschaltung eines Logistikzentrums.

▶ In den letzten Jahrzehnten haben sich mehrere große Wirtschafts- und Zollunionen gebildet (z. B. EU, NAFTA, Mercosur, ASEAN), die bei der Einfuhr von Gütern und Waren in das jeweilige Gemeinschaftsgebiet z. T. prohibitiv hohe Zölle und Einfuhrabgaben erheben. Im Regelfall werden fertige Produkte davon in weit höherem Maß betroffen als Vorprodukte oder Zulieferteile für eine im entsprechenden Wirtschaftsraum angesiedelte Fertigungsstätte ("local content"). Dies hat dazu geführt, dass global operierende Unternehmen in den entsprechenden Wirtschaftsräumen eigene Produktionsgesellschaften errichtet haben und diese mit einzelnen Vorprodukten oder Sätzen von Fertigungsteilen versorgen.

---

* Global Director Transfer Pricing Services, Ernst & Young, Düsseldorf.

- Aufgrund der notwendigen Investitionskosten in Großwerkzeuge und Produktionsanlagen werden bestimmte Vorprodukte trotz der entstehenden Logistikkosten nur an einem Ort in der Welt produziert und dann als Komponenten an ausländische Konzernproduktionsgesellschaften geliefert, die die Weiterverarbeitung lokal vornehmen.

Die Veränderungen der Fertigungs- und Vertriebsprozesse innerhalb global tätiger Unternehmen hat zu einem dramatischen Anstieg der konzerninternen Lieferungsbeziehungen bei Gütern und Waren geführt. Im Folgenden soll untersucht werden, welche Möglichkeiten, Ziele und Grenzen für die Gestaltung von Verrechnungspreisen bei konzerninternen Lieferungen von Gütern und Waren bestehen.

B. Grundlagen der Verrechnungspreispolitik bei konzerninternen Lieferungsbeziehungen

I. Maßstab

Verrechnungspreise sind die Entgelte, die für Lieferungen oder Leistungen zwischen rechtlich selbständigen, jedoch konzernmäßig verbundenen Unternehmen abgerechnet werden. Der Verrechnungspreis beeinflusst damit direkt die Gewinn- oder Verlustsituation jeder der am Lieferungs- oder Leistungsprozess beteiligten Konzernunternehmen und damit die steuerliche Bemessungsgrundlage im jeweiligen Ansässigkeitsstaat der Konzerngesellschaft. Zwischen Konzernunternehmen ist – anders als zwischen fremden Dritten – nicht durch die Kräfte des Marktes sichergestellt, dass eine willkürliche Beeinflussung der Konzernverrechnungspreise zu Gunsten oder zu Lasten eines bestimmten Fiskus ausgeschlossen ist. Zur Festsetzung und Überprüfung von konzerninternen Preisen hat sich daher als Maßstab international der so genannte Grundsatz des Fremdvergleichs (arm's length principle) herausgebildet. Nach diesem Maßstab für die internationale Verrechnungspreisgestaltung haben sich verbundene Unternehmen bei ihren Geschäftsbeziehungen untereinander so zu verhalten, wie dies fremde Dritte, miteinander nicht konzernmäßig verbundene Unternehmen getan hätten.[2] Rechtsgrundlagen dafür sind § 1 AStG, § 8 Abs. 3 KStG und die Vorschriften über die verdeckte Einlage (§ 4 EStG).

Jeder Vergleich bedarf nicht nur eines Maßstabs, sondern auch einer Person, die diesen Vergleich durchführt. Nach herrschender Auffassung ist nach deutschem Steuerrecht die Person, die den hypothetischen Fremdvergleich des § 1 AStG durchführt, die Denkfigur des ordentlichen und gewissenhaften Geschäftsleiters.[3] Für den ordentlichen und gewissenhaften Geschäftsleiter existiert allerdings kein einheitlicher Geschäftsleitertyp, sondern dem Geschäftsleiter ist aus seinem Auftrag zur Geschäftsführung ein weiter Ermessensspielraum eingeräumt. Allerdings wird unterstellt, dass er rational handelt und keine Preise vereinbart, die zu ganz oder teilweise unentgeltlichen Leistungen führen.[4] Damit jedoch die rationale Entscheidung bezüglich mehrerer zur Verfügung stehender Handlungsalternativen – d. h. unterschiedlich hoher Verrechnungspreise – getroffen werden kann, bedarf es einer Leitvorstellung. Diese ist durch die Unternehmensziele vorgegeben. Auch wenn andere Ziele mittlerweile große Bedeutung erlangt haben, so ist doch in der Praxis sicher die Gewinnerzielungs- bzw. -maximierungsabsicht nach

---

[2] Vgl. OECD, Transfer Pricing Guidelines for Multinational Enterprises and Tax Administrations (im Folgenden: OECD-RL), Tz. 1.1 ff.

[3] Vgl. *Borstell* in: Vögele/Borstell/Engler, Handbuch der Verrechnungspreise, 2. Aufl. München 2004, Rn. C21 ff.

[4] Vgl. *Borstell* a. a. O. (oben Fn. 2), Rn. C23 ff.

wie vor das bedeutendste und ist auch von der BFH-Rechtsprechung als unternehmerisches Oberziel anerkannt.[5]

Es lässt sich demnach feststellen, dass das geschäftsmäßige Verhalten von konzernmäßig verbundenen Unternehmen durch das Verlangen nach einem fremdvergleichskonformen Verhalten bestimmt wird. Bei der Bestimmung dessen, was fremde Dritte an Bedingungen vereinbaren würden, steht dem gedachten ordentlichen und gewissenhaften Geschäftsleiter, wie bereits erwähnt, ein erheblicher Ermessensspielraum zu.

II. Ziele

Ziele der Verrechnungspreispolitik in einem Konzern sind

▶ zunächst und vorrangig die Unterstützung des operativen Managements und der Unternehmensziele durch Anreiz- und Sanktionsmechanismen im Rahmen der Abrechnung konzerninterner Lieferungs- und Leistungsströme. D. h. die Höhe von Verrechnungspreisen dient dazu, knappe Ressourcen innerhalb eines Konzerns möglichst optimal einzusetzen, um letztlich eine Gewinnmaximierung des Gesamtunternehmens zu erreichen.[6] Von besonderer Bedeutung ist dabei die Forderung der Praxis, Verrechnungspreise im Hinblick auf diese Lenkungsfunktion flexibel anpassen und zu Lenkungszwecken ändern zu können.

▶ aus steuerrechtlicher Sicht die vorrangig betriebswirtschaftlich und aus Sicht des operativen Managements bestimmten Verrechnungspreise im Rahmen des rechtlich zulässigen steuerlich optimal zu gestalten. Hierbei steht neben dem Erhalt einer möglichst großen Flexibilität zur Unterstützung der Managementaufgaben eine Reduzierung der Gesamtsteuerbelastung des Konzerns im Vordergrund.

C. Taktische und strategische Verrechnungspreispolitik

Politik ist sprichwörtlich die Kunst des Machbaren. Bezogen auf Verrechnungspreise stellt sie den Entscheidungsspielraum des ordentlichen und gewissenhaften Geschäftsleiters für einen festzusetzenden Verrechnungspreis dar, wobei zu unterscheiden ist:

▶ Strategische Verrechnungspreispolitik: Hierunter ist die Gestaltung der Verrechnungspreispolitik durch die Gestaltung des Verrechnungspreissystems und die Auswahl der Verrechnungspreismethoden in Abhängigkeit von der Geschäftsstrategie und der Strategieverantwortlichkeit im Konzern zu verstehen.

▶ Taktische Verrechnungspreispolitik: Hierunter ist die Ausnutzung des Ermessensspielraums für die Festsetzung von Verrechnungspreisen innerhalb einer ausgewählten Verrechnungspreismethode zu verstehen.

D. Möglichkeiten und Grenzen von taktischer Verrechnungspreispolitik bei konzerninternen Lieferungsbeziehungen

Die Forderung nach einem fremdvergleichskonformen Verhalten von Konzernunternehmen untereinander scheint zunächst die Möglichkeit, taktische Verrechnungspreispolitik zu betreiben, auszuschließen. Es ist jedoch unbestritten, dass sich fremde Dritte auch in vergleichbaren Situationen durchaus bezüglich der einen oder anderen Alternative unterschiedlich entschei-

---

[5] Vgl. *Borstell* a. a. O. (oben Fn. 2), Rn. C27 ff. m. w. N.; BFH-Urt. v. 16. 4. 1980, I R 75/78, BStBl 1981 II 492.
[6] Vgl. *Vögele/Brem* in: Vögele/Borstell/Engler, a. a. O. (oben Fn. 2), Rn. G21 ff.

den. Demnach gibt es nicht **den** exakten bzw. richtigen Verrechnungspreis. Der angemessene Verrechnungspreis ist keine absolut bestimmbare Größe, sondern bewegt sich regelmäßig innerhalb einer Bandbreite von Fremdpreisen.[7]

Die mögliche Bandbreite von anzuerkennenden Verrechnungspreisen ist unabhängig davon, welche der Methoden zur Festsetzung und Überprüfung von Verrechnungspreisen angewandt wird:

- Im Rahmen der Preisvergleichsmethoden ergibt sich eine Bandbreite von Preisen für vergleichbare Geschäftsvorfälle.
- Bei der Wiederverkaufspreismethode ergeben sich Bandbreiten von marktüblichen Abschlägen (Rohgewinnmargen) für vergleichbare Geschäftsvorfälle.
- Im Rahmen der Kostenaufschlagsmethode besteht eine Bandbreite von betriebs- oder branchenüblichen Gewinnzuschlägen.
- Bei der transaktionsbezogenen Netto-Margen Methode (TNMM) wiederum ergibt sich eine Bandbreite von „operating margins", die in etwa dem Ergebnis der gewöhnlichen Geschäftstätigkeit entsprechen.
- Auch im Rahmen der gewinnorientierten Methoden (Gewinnaufteilung, Gewinnvergleichsmethoden) ergibt sich letztlich eine Bandbreite von Gewinnaufteilungsmöglichkeiten oder Vergleichsgewinnen, die dann zu einer Bandbreite von verschiedenen daraus ableitbaren Preisen führt.[8]

Die Bandbreite anzuerkennender Verrechnungspreise beschreibt den Ermessensspielraum des ordentlichen und gewissenhaften Geschäftsleiters als des gedachten Setzers von Verrechnungspreisen. In diesem Rahmen besteht die Möglichkeit, innerhalb einer ausgewählten Verrechnungspreismethode taktische Verrechnungspreispolitik zu betreiben.

Die taktische Verrechnungspreispolitik im Konzern stößt allerdings aus verschiedenen Gründen auf Grenzen:

- Das Steuerrecht erkennt Verrechnungspreise – wie bereits zuvor dargelegt[9]– nur an, wenn sie dem Fremdvergleichsmaßstab entsprechen, also innerhalb der Bandbreite anzuerkennender Verrechnungspreise im Rahmen des Ermessensspielraums des ordentlichen und gewissenhaften Geschäftsleiters liegen.
- Die Verrechnungspreispolitik im Konzern erfährt durch die Rechtsprechung der Finanzgerichte zum Teil gravierende und in manchen Fällen nicht zu rechtfertigende Einschränkungen. Hier ist insbesondere die mittlerweile alte, aber noch immer aktuelle Rechtsprechung des Finanzgerichtes Hessen zur Verlustlosigkeit von inländischen Vertriebsgesellschaften zu nennen.[10]

---

[7] Vgl. § 1 Abs. 3 Satz 1 - 3 AStG; Tz. 1.45 bis 1.48 OECD-RL a. a. O. (oben Fn. 1),; ebenso: Section 1.482 – 1 (e) US-Regulations; *Borstell* und *Diessner* in: Vögele/Borstell/Engler a. a. O. (oben Fn 2), Rn. B198 ff. und S51 ff; *Kuckhoff/Schreiber*, Verrechnungspreise in der Betriebsprüfung, S. 74.

[8] Vgl. *Borstell* a. a. O. (oben Fn. 2), Rn. B199.

[9] Vgl. Kap. B. I.

[10] Vgl. FG Hessen, Urt. v. 17. 10. 1988, IV 293/82, EFG 1989, 200 (rkr.); vgl. dazu krit. beispielhaft: *Bellstedt*, IWB F. 2 S. 429; *Farnschläder*, IWB F. 2 S. 565; *Borstell* a. a. O. (oben Fn. 2), Rn. N296; dagegen zustimmend: *Kuckhoff/Schreiber* a. a. O. (oben Fn. 6), 92; BFH-U. v. 17. 2. 1993, I R 3/92, BStBl 1993 II 457; dazu krit. *Borstell* a. a. O. (oben Fn. 2), Rn. N299 ff. m. w. N.; *Kroppen* in: Becker/Kroppen, Handbuch Internationale Verrechnungspreise, Anm. W99; *Dahnke*, IStR 1996, 582; zustimmend dagegen: *Kuckhoff/Schreiber* a. a. O. (oben Fn. 6), 90; vgl. auch unten Kap. E. VI. 1. b).

- Zwar erkennen schon die insoweit nach wie vor geltenden deutschen Verwaltungsgrundsätze vom 23.2.1983 an, dass es eine Bandbreite von anzuerkennenden Verrechnungspreisen gibt, jedoch vertreten sie die Auffassung, dass der ordentliche und gewissenhafte Geschäftsleiter auch innerhalb dieses Preisbandes wie ein fremder Dritter zu handeln hat. Insbesondere sei nicht anzuerkennen, wenn zwei nahe stehende Unternehmen die zwischen ihnen vereinbarten Preise ohne wirtschaftlich beachtliche Gründe schematisch auf der Ober- oder Untergrenze des Preisbandes festlegen, wodurch die Gewinne des benachteiligten Unternehmens laufend geschmälert werden.[11] Damit gehen die Verwaltungsgrundsätze über das hinaus, was der Fremdvergleichsmaßstab fordert, nämlich, dass die Verrechnungspreise sich innerhalb des Bandes bewegen, den fremde Dritte unter vergleichbaren Umständen als einen der möglichen Preise ansehen. Vielmehr verlangen die Verwaltungsgrundsätze, dass sich nahe stehende Unternehmen nicht nur wie fremde Dritte, sondern noch viel besser als fremde Dritte verhalten, eine Forderung, die keine Grundlage in Gesetz oder Rechtsprechung findet.[12] Die Verwaltungsgrundsätze-Verfahren vom 12.4.2005[13] beschäftigen sich ausführlich mit Bandbreiten von Verrechnungspreisen und deren Einengung und erwecken zumindest vordergründig den Anschein, hinsichtlich der Festsetzung des Verrechnungspreises innerhalb der Bandbreite von möglichen Verrechnungspreisen eine objektive Vorgehensweise zu wählen.[14] Der Unwillen der Finanzverwaltung, entgegen der 2001 ergangenen BFH-Rechtsprechung[15] jeden Preis innerhalb der Bandbreite möglicher Verrechnungspreise als angemessen anzusehen, zeigt sich dann aber deutlich in der seit 2008 geltenden Vorschrift des § 1 Abs. 3 Satz 4 AStG, nach der ein Verrechnungspreis, der außerhalb der angemessenen Bandbreite liegt, auf den Median derselben und nicht auf den für den Steuerpflichtigen günstigsten Punkt der Bandbreite zu korrigieren ist.
- Des Weiteren stößt taktische Verrechnungspreispolitik in der Praxis an Grenzen, die durch andere Teilgebiete des Abgabenrechts gezogen werden. So ist bei der Setzung von Verrechnungspreisen mit zu berücksichtigen, welche Wirkung ein solcher Preis zum Beispiel auf Zölle, Einfuhrabgaben, Umsatz- oder Verkehrsteuern in den beteiligten Staaten hat.

E. Möglichkeiten und Grenzen von strategischer Verrechnungspreispolitik bei konzerninternen Lieferungsbeziehungen

So wie es nicht **den** richtigen Verrechnungspreis gibt,[16] gibt es auch nicht **das** richtige Verrechnungspreissystem. Wie im Bereich der taktischen Verrechnungspreispolitik[17] besteht daher auch für die strategische Verrechnungspreispolitik eine Bandbreite möglicher Verrechnungspreissys-

---

[11] Vgl. BMF-Schreiben v. 23. 2. 1983 "Grundsätze für die Prüfung der Einkunftsabgrenzung bei international verbundenen Unternehmen (Verwaltungsgrundsätze)", BStBl 1983 I 218, Tz 2.1.8. und 2.1.9.; Borstell a. a. O. (oben Fn. 2), Rn. B198.

[12] Vgl. Borstell a. a. O. (oben Fn. 2), Rn. E51-52.

[13] Vgl. BMF-Schreiben v. 12. 4. 2005 „Grundsätze für die Prüfung der Einkunftsabgrenzung zwischen nahestehenden Personen mit grenzüberschreitenden Geschäftsbeziehungen in Bezug auf Ermittlungs- und Mitwirkungspflichten, Berichtigungen sowie auf Verständigungs- und EU-Schiedsverfahren (Verwaltungsgrundsätze-Verfahren)", BStBl I 2005, 570.

[14] Vgl. BMF-Schreiben v. 12. 4. 2005 a. a. O. (oben Fn. 13), Tz. 3.4.12.5 a).

[15] Vgl. BFH-U. v. 17. 10. 2001, I R 103/00, BStBl II 2004, 171.

[16] Vgl. oben Kap. D., ebenso Tz. 1.45-1.48 OECD-RL, Borstell a. a. O. (oben Fn. 2), Rn. B198-200.

[17] Vgl. oben Kap. D.

teme, die den Ermessensspielraum der beteiligten ordentlichen und gewissenhaften Geschäftsleiter bei der Festlegung der strategischen Verrechnungspreispolitik eines Konzerns darstellen.

I. Grenzen strategischer Verrechnungspreispolitik

Der Ermessensspielraum der ordentlichen und gewissenhaften Geschäftsleiter in einem Konzern bei der Gestaltung ihrer strategischen Verrechnungspreispolitik wird selbstverständlich auch vom Steuerrecht der betroffenen Länder beschränkt. Daneben beeinflussen als Entscheidungsparameter ggf. das Zoll-, Devisenkontroll- oder Anti-Dumping-Recht den praktischen Entscheidungsspielraum für die Festlegung eines Verrechnungspreissystems im Konzern. In viel höherem Maß wird jedoch die Festlegung eines Verrechnungspreissystems von dem Grundverständnis der beteiligten Konzernunternehmen von der Funktions- und Risikoverteilung im Konzern und von der Grundstruktur des von den einzelnen verbundenen Unternehmen betriebenen Geschäfts geprägt.

II. Vorgehensweise

Die Gestaltung eines Verrechnungspreissystems im Konzern als Inhalt der strategischen Verrechnungspreispolitik[18] unterteilt sich in vier Schritte:

1. Ermittlung des Grundverständnisses im Konzern über die konzerninterne Funktions- und Risikoverteilung und den oder die Träger des Marktrisikos (Strategieträgerschaft).
2. Festlegung der rechtlichen Grundstruktur, in der die einzelnen Prozesse im Rahmen der Wertschöpfungskette im Konzern erbracht werden sollen (Rechtliche Grundstrukturierung der Einzelprozesse).
3. Ausgehend von Strategieträgerschaft und rechtlicher Grundstrukturierung Ermittlung der von jedem Konzernunternehmen ausgeübten Funktionen und übernommenen Risiken und Ermittlung des Anteils des Konzernunternehmens an der Gesamtwertschöpfung der Unternehmensgruppe (Funktions- und Wertschöpfungskettenanalyse – Business Process Analysis).
4. Gestaltung des Verrechnungspreissystems und Auswahl der Verrechnungspreismethoden unter Berücksichtigung von Strategieträgerschaft, rechtlicher Grundstrukturierung und Wertschöpfungskettenanalyse (Gestaltung des Verrechnungspreissystems).

III. Strategieträgerschaft

Im Folgenden wird vereinfachend davon ausgegangen, dass innerhalb eines Konzerns nur die Grundfunktionen Forschung und Entwicklung, Produktion, Vertrieb und interne Dienstleistungen bestehen, die innerhalb des Leistungserstellungsprozesses im Konzern im Leistungsaustausch zueinander stehen und daher in ein konzerninternes Leistungsverrechnungssystem, das Verrechnungspreissystem, eingefügt werden müssen.

Die Gestaltung eines Verrechnungspreissystems beginnt mit der Frage, welches der Konzernunternehmen das Kernrisiko eines jeden Geschäftes, das Marktrisiko, übernimmt, wer also im Konzern die Geschäftsstrategie verantwortet und damit auch die Marktrisiken und -chancen trägt. Dazu bestehen offensichtlich stark abweichende Auffassungen zwischen der deutschen Finanzverwaltung, der OECD und der heutigen wirtschaftlichen Realität.

---

[18] Vgl. oben Kap. C.

1. Finanzverwaltung

Nach Tz. 3.4.1. der nach wie vor geltenden Verwaltungsgrundsätze vom 23. 2. 1983[19] werden Kosten der Markterschließung "in der Regel vom Vertriebsunternehmen nur insoweit getragen, als ihm aus der Geschäftsbeziehung ein angemessener Betriebsgewinn verbleibt". Und gem. Tz. 3.4.3. der Verwaltungsgrundsätze sind "Kosten und Erlösminderungen, die dadurch entstehen, dass ein Vertriebsunternehmen durch Kampfpreise oder ähnliche Mittel seinen Marktanteil wesentlich erhöhen oder verteidigen will, ... grundsätzlich vom Hersteller zu tragen".

Aus beiden Zitaten geht klar und eindeutig hervor, dass nach Auffassung der deutschen Finanzverwaltung stets das Produktionsunternehmen das Marktrisiko, aber auch die Marktchancen trägt. Daher wird im Verhältnis Produktionsunternehmen/Vertriebsunternehmen stets die Wiederverkaufspreismethode angewandt[20] und die Vertriebsgesellschaft nicht unähnlich einem Lohnfertiger als Lohnvertreiber behandelt. Dieser Gesellschaft wird auf der Basis eines möglichst sorgfältig und gewissenhaft erstellten Budgets für das folgende Wirtschaftsjahr eine Rohgewinnmarge zugestanden, aufgrund dessen die Vertriebsgesellschaft bei Erfüllung der Planannahmen einen angemessenen, wenn auch eher niedrigen Gewinn erzielen kann. Die gegebenenfalls hohen Verluste aus dem Zeitraum der Markteinführung genau wie die gegebenenfalls hohen Gewinne nach erfolgreicher Markteinführung stehen dem Produktionsunternehmen als der Konzerneinheit zu, die von der deutschen Finanzverwaltung gewissermaßen als der geborene Träger der Geschäftsstrategie eines Konzerns angesehen wird.

Diese nach wie vor geltende Auffassung der Finanzverwaltung ist in ihrer pauschalen und absoluten Form veraltet, systematisch nicht länger haltbar, entspricht nicht mehr den OECD-Verrechnungspreisrichtlinien,[21] dem Fremdvergleichsverhalten bei Unternehmenskäufen und dem Grundverständnis vieler Konzerne von der Bedeutung einzelner Funktionsbereiche für ihre Gewinnerzielungsfähigkeit.[22]

In der Praxis stellt man fest, dass im Rahmen von Unternehmenskäufen ein zunehmendes, bisweilen fast ausschließliches Interesse der Käufer an den immateriellen Wirtschaftsgütern des veräußernden Unternehmens besteht. Dies sind vornehmlich Markennamen, Kundenstämme, Patente, Rezepturen und Know-How. Dagegen erfahren oft materielle Wirtschaftsgüter wie Produktionsanlagen eine eher untergeordnete Bedeutung im Rahmen der Ermittlung des Unternehmenskaufpreises. Vor diesem Hintergrund kann es jedenfalls nicht mehr gerechtfertigt werden, grundsätzlich davon auszugehen, dass die Produktionsunternehmen als die "geborenen Träger" der Konzerngeschäftsstrategie anzusehen sind. Vielmehr können und müssen im Rahmen von modernen Organisationsformen innerhalb eines Konzerns gerade auch die großen Vertriebsgesellschaften oder regional übergeordnete Zentralgesellschaften (so genannte Regionalgesellschaften) als Träger von Geschäftsstrategien anerkannt werden, also als Gesellschaften, die die Marktrisiken (Anlauf- und Markteinführungskosten, Verluste) im Hinblick auf erwartete Marktchancen (Gewinne) tragen und im Rahmen des Konzerns verantworten.

Das BMF-Schreiben vom 23. 2. 1983 sollte insoweit dringend geändert werden, auch, weil seine Aussagen selbst in der Finanzverwaltung aus guten Gründen nicht mehr durchgängig angewandt werden.

---

[19] BMF-Schreiben v. 23. 2. 1983 a. a. O. (oben Fn. 10).
[20] Vgl. Tz. 3.1.3. Beispiel 1 Verwaltungsgrundsätze a. a. O. (oben Fn. 10).
[21] Vgl. im Folgenden 2.
[22] Differenzierter allerdings: *Kuckhoff/Schreiber* a. a. O. (oben Fn. 6), 19 ff.

2. OECD

Die Auffassung, dass auch andere Unternehmen als die Produktionsunternehmen Strategieträger sein können, scheint auch die OECD zu teilen oder zumindest doch diese Auffassung als eine der zulässigen Alternativen anzuerkennen. Tz 1.34 OECD-RL geht davon aus, dass eine Markterschließungsstrategie eines multinationalen Konzerns vom Produktions- **oder** vom Vertriebsunternehmen aus initiiert werden kann und die sich daraus ergebenden Kosten von jedem der beiden Unternehmen getragen werden können.

Die Entscheidung, welches Konzernunternehmen die Strategieträgerschaft übernimmt, ist ein wesentliches Element des Ermessensspielraums der ordentlichen und gewissenhaften Geschäftsleiter in einem Konzern.

3. Festlegungsermessen der ordentlichen und gewissenhaften Geschäftsleiter

Zu den wesentlichen Aufgaben der Geschäftsleiter im Rahmen ihrer Ergebnisverantwortung gehört die Aushandlung eines Verrechnungspreissystems, das der Funktion des jeweiligen Konzernunternehmens gerechnet wird. Dazu gehört insbesondere die Entscheidung, welches Konzernunternehmen die Strategieträgerschaft und damit das Marktrisiko für ein bestimmtes Geschäftsfeld übernimmt.

Es besteht gerade in diesem Zusammenhang kein Anlass, den Ermessensspielraum der ordentlichen und gewissenhaften Geschäftsleiter willkürlich und ohne Notwendigkeit einzuschränken. Die Geschäftsleiter können ihre Unternehmen nur erfolgreich führen, wenn sie die Freiheit haben, das geschäftliche Handeln der Konzerngesellschaften nach betriebswirtschaftlichen Aspekten optimal zu gestalten. Im Rahmen seines Grundverständnisses der Funktions- und Risikoverteilung muss einem Konzern die betriebswirtschaftlich und geschäftsmäßig begründete Wahlmöglichkeit zustehen, auch andere als Produktionsgesellschaften zum verantwortlichen Träger der Geschäftsstrategie zu bestimmen. Dafür kommen neben den Produktionsgesellschaften insbesondere große Vertriebsgesellschaften oder überregional verantwortliche Zentralgesellschaften (Regionalgesellschaften) in Frage.[23]

Die Trägerschaft der Geschäftsstrategie setzt jedoch Folgendes voraus:

▶ Es muss sich im Einklang mit Tz. 1.34 OECD-RL um eine Konzerngesellschaft handeln, die von ihrer funktionsmäßigen und finanziellen Ausstattung her ein angemessenes Gewicht innerhalb des Konzerns hat, um verglichen mit einer Situation unter fremden Dritten Träger einer solchen Verantwortung sein zu können.[24] Demnach dürften als negative Abgrenzung funktionsschwache Handelsvertreter oder Lohnfertiger nicht als Träger z. B. einer Markteinführungsstrategie für neue Produkte in Frage kommen.

▶ Es muss sichergestellt werden, dass eine Gesellschaft, die verantwortlicher Träger einer Geschäftsstrategie ist und als solche die Anlauf- und Markteinführungskosten trägt, später nach erfolgreicher Einführung auch Anspruch auf die entstehenden Gewinne hat. Nicht akzeptabel ist, dass eine Gesellschaft zunächst die Kosten tragen soll, später aber nicht in den Genuss der sich aus ihren Anstrengungen ergebenden Gewinne kommt. Dies ist allerdings nicht gleichbedeutend mit der Situation, dass trotz erkennbarer Anstrengungen der Gesell-

---

[23] Vgl. unten VI.1.

[24] Vgl. zu der durchaus vergleichbaren Diskussion zur Fähigkeit der Übernahme von Risiko in: OECD, Transfer Pricing Aspects of Business Restructurings: Discussion Draft for Public Comment, 19. September 2009, Issues Note No. 1.

schaft, die Geschäftsstrategie zu einem erfolgreichen Abschluss zu bringen, diese scheitert und unter Inkaufnahme der entstandenen Kosten abgebrochen werden muss.[25]

► Es ist, wie allgemein im Bereich der Geschäftsbeziehungen zwischen verbundenen Unternehmen, im Vorhinein klar und eindeutig zu entscheiden und zu dokumentieren, dass die Verantwortung für die Durchführung einer Geschäftsstrategie von dem bestimmten Unternehmen auf schuldrechtlicher Grundlage aufgrund einer geschäftlichen Entscheidung übernommen wurde und nicht aufgrund gesellschaftsrechtlicher Zwänge im Rahmen des Konzernverbunds. Eine Abänderung einer solchen, einmal getroffenen Entscheidung steht unter dem Prüfungsvorbehalt, ob fremde Dritte eine solche Abänderung ebenfalls getätigt hätten.

Unter den zuvor genannten Voraussetzungen erscheint es zwingend angebracht, dass jeder Unternehmensgruppe auf der Grundlage ihres Grundverständnisses der Funktions- und Risikoverteilung innerhalb des Konzerns die freie Wahlmöglichkeit zugestanden wird, zur Optimierung ihrer betriebswirtschaftlichen Ausrichtung jede funktional geeignete Gesellschaft zum Träger von Geschäftsstrategien mit der vollen Marktverantwortung zu bestimmen.

Bevor nach der Festlegung der Strategieträgerschaft mit der eigentlichen Gestaltung des Verrechnungspreissystems begonnen werden kann, ist zunächst noch im zweiten Schritt seitens des Konzerns zu entscheiden, in welcher rechtlichen Grundstruktur die einzelnen Schritte im Leistungserstellungsprozess durchgeführt werden sollen.

IV. Rechtliche Grundstrukturierung der Einzelprozesse

Ausgehend von dem Grundverständnis eines Konzerns von der Risiko- und Funktionsverteilung zwischen den Gruppengesellschaften[26] beeinflusst darauf aufbauend die grundsätzliche Organisationsform des von den Konzerngesellschaften betriebenen Geschäfts in hohem Maße die Verrechnungspreispolitik bei konzerninternen Lieferungsbeziehungen. Dabei sind grundsätzlich Organisationsstrukturen im Vertrieb, bei der Produktion, bei der Forschung und Entwicklung und im Dienstleistungsbereich einschließlich Finanzdienstleistungen zu unterscheiden.

1. Vertriebsstruktur

Als Alternativen für die Gestaltung der Vertriebswege innerhalb eines Konzerns stehen verschiedene rechtliche Organisationsformen zur Verfügung. Sie haben direkten Einfluss auf die Möglichkeiten strategischer Verrechnungspreispolitik bei konzerninternen Lieferungsbeziehungen:

a) Direktvertrieb durch die Produktionsgesellschaft

Da die Produktionsgesellschaft direkt an die Endabnehmer außerhalb des Konzerns liefert, treten insoweit keine Verrechnungspreise auf.

b) Vertrieb über eine Vertriebsbetriebsstätte der Produktionsgesellschaft

Nach Art. 7 Abs. 2 OECD-MA ist der Betriebsstätte der Gewinn zuzurechnen, den sie hätte erzielen können, wenn sie als selbständiges Unternehmen eine gleiche oder ähnliche Tätigkeit unter gleichen oder ähnlichen Bedingungen ausgeübt hätte. Jedoch stellt der begleitende OECD-Kommentar diese umfassende Selbständigkeitsfiktion bei der Aufwands- und Ertragszuordnung dahingehend klar, dass aufgrund der rechtlichen Einheit von Stammhaus und Betriebsstätte innerhalb des einen Unternehmens dem Prinzip der nicht zur Gewinnrealisierung führenden

---

[25] Vgl. Tz. 1.35 OECD-RL, a. a. O. (oben Fn. 1).
[26] Vgl. zuvor III.

bloßen Ertrags- und Aufwandszuordnung ohne Gewinnaufschlag nachdrücklich der Vorrang einzuräumen ist.[27] Demnach ist der Vertriebsbetriebsstätte kein nach dem Fremdvergleichsgrundsatz zu bemessendes Entgelt für ihre Vertriebstätigkeit zuzurechnen, wie dies etwa bei der Provision des Handelsvertreters der Fall ist. Vielmehr sind der Vertriebsbetriebsstätte die Umsätze, die sie vermittelt hat, sowie der diesen Umsätzen zuzurechnende Wareneinsatz und die weiteren Kosten aufwandsmäßig zuzuordnen.

Wenn Güter und Waren im Stammhaus produziert werden, müssen sie vor Veräußerung durch die Vertriebsbetriebsstätte vom inländischen Stammhaus in die ausländische Betriebsstätte überführt werden. Aufgrund der Neuregelung durch das SEStEG steht nunmehr für Wirtschaftsjahre, die nach dem 31.12.2005 enden, nach § 4 Abs. 1 Satz 3 EStG der Ausschluss oder die Beschränkung des Besteuerungsrechts der Bundesrepublik Deutschland einer Entnahme gleich. Die Entnahme ist dann nach § 6 Abs. 1 Nr. 4 Satz 1 2. HS EStG mit dem gemeinen Wert zu bewerten. Diese Vorschrift zielt auf die Überführung von Wirtschaftsgütern in Betriebsstätten, deren Gewinn nach einem DBA von der deutschen Besteuerung freigestellt ist. Um europarechtliche Bedenken zumindest zu beschränken, kann allerdings nach § 4g EStG bei Überführungen in DBA-Betriebsstätten in der EU auf Antrag der Differenzbetrag zwischen Buchwert und gemeinem Wert in einen Ausgleichsposten eingestellt werden. Dieser Ausgleichsposten ist dann grundsätzlich über fünf Jahre aufzulösen und damit ratierlich der Besteuerung zuzuführen. Soweit das Wirtschaftsgut z.B. vorher veräußert wird, wird der Ausgleichsposten sofort in voller verbliebener Höhe aufgelöst.

c) Vertriebsbetriebsstätte eines anderen Konzernunternehmens

Soweit ein Produktionsunternehmen seine Güter und Waren über eine ausländische Betriebsstätte eines anderen Konzernunternehmens vertreibt, finden die Grundsätze zur Gewinnabgrenzung von Vertriebsbetriebsstätten[28] keine Anwendung, da das inländische Produktionsunternehmen seine Produkte über ein anderes rechtlich selbständiges Unternehmen vertreibt. Nur innerhalb des anderen Konzernunternehmens ist wiederum die betriebsstättentypische Ertrags- und Aufwandszuordnung nach dem Erwirtschaftungsprinzip vorzunehmen. Dies gestaltet sich jedoch in diesem Fall als vergleichsweise einfach, da bezüglich der hier betrachteten Geschäftsbeziehungen das Stammhaus nicht in die konzerninternen Lieferungsbeziehungen eingeschaltet ist und demnach alle durch den Vertrieb bewirkten Erträge und Aufwendungen unzweifelhaft der Vertriebsbetriebsstätte zuzurechnen sind. Die Verrechnungspreispolitik für die konzerninternen Lieferungen richtet sich in diesem Fall also nicht nach den Grundsätzen der Betriebsstättengewinnabgrenzung, sondern nach den Regeln für rechtlich eigenständige Vertriebsgesellschaften im Konzern.[29]

d) Kommissionäre und Handelsvertreter

Der Handelsvertreter vertreibt Güter und Waren im Namen und für Rechnung des Prinzipals, der Kommissionär für Rechnung des Prinzipals, aber im eigenen Namen. Beide, Handelsvertreter wie Kommissionär, erhalten für ihre Vertriebstätigkeit vom Prinzipal eine Provision. Diese stellt für den Handelsvertreter oder Kommissionär die am Erfolg orientierte Tätigkeitsvergütung dar, die vom Umsatz und/oder vom erzielten Verkaufsgewinn abhängig ist. Aus ihr müssen Handelsvertreter oder Kommissionär die ihnen für ihr Geschäft entstehenden Aufwendungen decken.

---

[27] Vgl. *Borstell* a. a. O. (oben Fn. 2), Rn. M 45 f. m. w. N.; Kommentar zum OECD-MA, Tz. 16-20 zu Art. 7.

[28] Vgl. zuvor b).

[29] Vgl. im Folgenden d) und e).

Unter fremden Dritten bestimmen die Kräfte des Marktes, welche Höhe die Provision hat. Soweit innerhalb eines Konzerns die Vertriebsaktivitäten über eigene Gesellschaften strukturiert werden, die als Vertriebskommissionäre auftreten, fehlt das Regulativ des freien Spiels der Kräfte im Markt für die Bestimmung der Provisionshöhe. Dem Grundsatz des Fremdvergleichs entsprechend ist daher idealtypisch die Provision des konzernabhängigen Kommissionärs durch Vergleich mit Provisionen, die nicht in einen Konzern eingebundene Kommissionäre unter vergleichbaren Umständen erzielen, zu ermitteln. Um feststellen zu können, ob beide Kommissionäre, der konzernabhängige wie der konzernfremde, miteinander vergleichbar sind, ist zu untersuchen, ob beide die gleichen Funktionen ausüben und vergleichbare Risiken übernehmen. Insbesondere ist dabei zu beachten, ob der Kommissionär die Vertragsverhandlungen mit Kommittenten und Kunden führt, die gelieferte Ware überprüft, ein eigenes Büro mit entsprechenden Kosten unterhält und daneben gegebenenfalls noch Marketing und Werbung übernimmt, Inkasso betreibt und das Delkredererisiko abdeckt.[30]

In Deutschland stößt der Fremdvergleich mit Provisionen konzernfremder Kommissionäre mangels ausreichender öffentlich zugänglicher Informationen auf im Regelfall erhebliche Schwierigkeiten. Daher wird in der Praxis häufig und hilfsweise zumindest die Untergrenze für die Provisionshöhe des Kommissionärs ermittelt. Dies erfolgt, indem man zu den budgetierten Vollkosten des Kommissionärs einen angemessenen Gewinnaufschlag hinzufügt, der nach praktischen Erfahrungen einen Betrag von 5–10 % nicht unterschreiten sollte und dann bei Erfüllung der Budgetannahmen dem Konzernkommissionär einen kleinen, aber ausreichenden Gewinn ermöglicht. Desweiteren sind Verplausibilisierungen mit funktional ähnlich aufgestellten (limited risk) Vertriebsgesellschaften nach der transaktionsbezogenen Netto-Margen-Methode (TNMM) möglich.

In der Vergangenheit wurden in Konzernen in der Regel keine konzerneigenen Handelsvertreter errichtet, um die Annahme eines ständigen Vertreters und damit Begründung einer Betriebsstätte im jeweiligen Vertriebsgebiet zu vermeiden. Dies scheint sich derzeit zu ändern. In diesem Fall gelten die Ausführungen zu Kommissionären analog auch für Handelsvertreter im Konzern.

e) Eigenhändler

Die nach wie vor in Konzernen am häufigsten vorzufindende rechtliche Organisationsstruktur für den Vertrieb der Produkte ist die als Eigenhändler auftretende Vertriebsgesellschaft, also eine rechtlich selbständige Gesellschaft, die im eigenen Namen für eigene Rechnung die Produkte des Konzerns vertreibt.

Typischerweise erhalten Konzernvertriebsgesellschaften in ihrem Verkaufsgebiet das Exklusivvertriebsrecht. In diesem Fall können im Grunde keine Fremdvergleichpreise für die von der Vertriebsgesellschaft verkauften Produkte vorliegen, da zumindest immer das Vergleichsmerkmal "gleicher Markt" nicht erfüllt sein kann. Dies ist der Grund, warum weitgehende Einigkeit darüber besteht, dass ein Vertriebsunternehmen, das Ware ohne wesentliche Be- oder Verarbeitung weiterveräußert, in einem traditionellen Verrechnungspreissystem[31] seine Verrechnungspreise gegenüber der Produktionsgesellschaft auf der Grundlage der Wiederverkaufspreismethode bestimmt. Dazu wird vom Endabgabepreis des Vertriebsunternehmens an konzernfremde Abnehmer eine Bruttomarge abgezogen, woraus sich durch Rückrechnung der konzerninterne Verrechnungspreis gegenüber der Produktionsgesellschaft ergibt.

---

[30] Vgl. *Engler* in: Vögele/Borstell/Engler, a. a. O. (oben Fn. 2), Rn. O 370.
[31] Vgl. unten VI.1.a).

Die der Vertriebsgesellschaft zuzugestehende Bruttomarge bestimmt sich nach den von ihr ausgeübten Funktionen und übernommenen Risiken. Hierzu zählen neben entsprechenden Personal- und administrativen Kosten das Absatz- oder Marktrisiko selbst, der Transport, die Lagerung und die Auslieferung der Güter und Waren, das Umtausch-, Garantie-, Kulanz- und Produkthaftpflichtrisiko, das Forderungs- und Währungsrisiko bei Fremdwährungsfakturierung, die technische Dienstleistungsfunktion (z. B. Qualitätskontrolle) und die Kosten der Markterschließung, der Marktpflege und des Marketings.[32]

Auch für die Bruttomarge gestaltet sich in der deutschen Praxis der Fremdvergleich häufig als schwierig, da die Fremdvergleichsmarge im gleichen oder zumindest einem vergleichbaren Markt erzielt worden sein muss. Ähnlich wie bei einem Kommissionär oder Handelsvertreter wird daher die Untergrenze der Bruttomarge anhand der erwarteten Kosten der Vertriebsgesellschaft im Planungswege unter Ansatz eines angemessenen Gewinnaufschlags auf die der Gesellschaft entstehenden Kosten ermittelt, wobei der Gewinnaufschlag bzw. das Netto-Renditeziel mit Hilfe der transaktionsbezogenen Netto-Margen-Methode (TNMM) ermittelt wird.

2. Produktionsstruktur

Produktionsfunktionen innerhalb eines Konzerns können rechtlich grundsätzlich als vollwertige Produktionsgesellschaft oder als Auftrags- bzw. Lohnfertiger für eine andere Konzerngesellschaft organisiert werden:

Übernimmt eine Produktionsgesellschaft innerhalb eines Konzerns weitgehend selbständig auf eigenes Risiko einen zumindest erheblichen Anteil am Gesamtproduktionsprozess, so steht ihr eine entsprechend hohe Vergütung zu, die den von ihr übernommenen Funktionen und Risiken entspricht (vollwertige Produktionsgesellschaft). Häufig wird sich eine solche Produktionsgesellschaft auch dafür eignen, als Träger der Geschäftsstrategie eines Konzerns das Marktrisiko und die Marktchancen bei sich zu vereinen und als Strategieträger den von ihren Kosten unabhängigen Residualgewinn, also die Gewinnteile, die nicht anderen Konzerneinheiten vorrangig zuzurechnen sind, auf sich zu vereinen.

Wird die Produktionsfunktion innerhalb eines Konzerns jedoch so strukturiert, dass die eigentliche produzierende Gesellschaft kein eigenes Marktrisiko trägt, sondern nur im Auftrag einer anderen Konzerngesellschaft einen mehr oder weniger großen Anteil an der Gesamtfertigung übernimmt, so kann bei entsprechender Verlagerung von Funktionen und Risiken auf den Herstellungsprinzipal und der Beschränkung der produzierenden Gesellschaft auf ihre eigentlichen produktionstechnischen Funktionen diese Gesellschaft als Auftragsfertiger qualifiziert werden, dem typischerweise nur ein Gewinnaufschlag auf die ihm entstehenden Kosten zuzugestehen ist. Ein Sonderfall der Auftragsfertigung liegt vor, wenn es sich bei dem Produktionsunternehmen um ein Unternehmen handelt, das einen für den Gesamtherstellungsprozess nur relativ unbedeutenden Produktionsschritt ausübt, also ein funktionsschwaches Produktionsunternehmen darstellt. Dies wird dann im Regelfall als Lohnfertiger, Lohnveredler oder verlängerte Werkbank bezeichnet.[33]

---

[32] Vgl. unten V. und *Borstell* a. a. O. (oben Fn. 2), Rn. N 118 ff; *Baumhoff* in: Flick/Wassermeyer/ Baumhoff, Außensteuerrecht, § 1 AStG, Anm. 314 ff.

[33] Vgl. Borstell a. a. O. (oben Fn. 2), Rn. N 143 ff.; Tz. 3.1.3. Beispiel 3 der Verwaltungsgrundsätze, a. a. O. (oben Fn. 10).

3. Forschungs- und Entwicklungsstruktur, Dienstleistungsstruktur

Im Bereich der Forschung und Entwicklung kann nach der rechtlichen Organisation der Tätigkeit durch den Konzern entschieden werden, ob eine Gesellschaft die vollwertige Forschungs- und Entwicklungsfunktion auf eigenes Risiko ausübt, als Auftragsforscher für eine andere Konzerngesellschaft tätig wird oder als Forschungs- und Entwicklungspool[34] verschiedener Konzerngesellschaften strukturiert wird.[35]

Dagegen liegen bei Dienstleistungsgesellschaften regelmäßig Hilfstätigkeiten für andere Konzerneinheiten vor, wenn Dienstleistungen nicht die Haupttätigkeit der Unternehmensgruppe darstellen. Da die interne Dienstleistungsfunktion für die Verrechnungspreispolitik bei konzerninternen Lieferungsbeziehungen im Regelfall nicht von ausschlaggebender Bedeutung ist, wird sie im Folgenden vernachlässigt.

V. Funktions- und Wertschöpfungskettenanalyse (Business Process Analysis)

Nach der Klärung der Frage, welches Grundverständnis ein Konzern von seiner internen Funktions- und Risikoverteilung hat, insbesondere, welches Konzernunternehmen das Marktrisiko trägt, und wie die Geschäftsprozesse rechtlich grundlegend organisiert sein sollen, muss in jedem Fall für die Gestaltung der strategischen Verrechnungspreispolitik bei konzerninternen Lieferungsbeziehungen zunächst noch untersucht werden, welche konkreten Einzelfunktionen jede an dem Leistungserstellungsprozess beteiligte Gesellschaft für die Erfüllung ihrer Teilaufgabe ausübt, welche Risiken sie dabei übernimmt und welche Wirtschaftsgüter, insbesondere immaterielle Wirtschaftsgüter, sie für ihre Leistungserstellung einsetzt (Wertschöpfungskettenanalyse – Business Process Analysis).[36] Denn unabhängig von den angewandten Verrechnungspreismethoden oder der Art der Vergütung ist stets zu bestimmen, welcher Anteil an der Gesamtwertschöpfung dem einzelnen Unternehmen aufgrund der von ihm wahrgenommenen Funktionen, der von ihm getragenen Risiken und der von ihm eingesetzten immateriellen Wirtschaftsgüter zuzurechnen ist.[37]

Die wesentlichsten, im Rahmen der Funktions- und Wertschöpfungskettenanalyse zu berücksichtigenden Funktionen und Risiken sind:

- Einkauf: Er umfasst den Einkauf von Rohstoffen und Vorprodukten in- und außerhalb des Konzerns.
- Sortimentieren/Konsolidieren/Dekonsolidieren: Es umfasst das bedarfsgerechte Zusammenstellen von Artikeln aus dem Gesamtsortiment in quantitativer und qualitativer Hinsicht.
- Bereitstellung: Diese Funktion umfasst den Transport und die Lagerung der Güter und Waren vor Beginn der Produktion oder vor Auslieferung sowie die Übernahme und Absicherung des Risikos des Untergangs oder des Verlusts der Güter und Waren durch Objektschutz und/oder Versicherung.

---

[34] Vgl. dazu auch BMF-Schreiben v. 30.12.1999 "Grundsätze für die Prüfung der Einkunftsabgrenzung durch Umlageverträge zwischen international verbundenen Unternehmen", BStBl 1999 I 1122.

[35] Zur Berücksichtigung von Forschungs- und Entwicklungsträgern im Rahmen der Wertschöpfungsanalyse vgl. *Kuckhoff/Schreiber* a. a. O. (oben Fn. 6), 19 ff., insb. 21.

[36] Vgl. auch § 4 Satz 1 Nr. 3 GAufzV.

[37] Zu Umfang und Durchführung einer Funktionsanalyse vgl. *Borstell* a. a. O. (oben Fn. 2), Rn. N 104 ff.; *Kuckhoff/Schreiber* a. a. O. (oben Fn. 6), 22 ff.

- Produktrisiko: Es beinhaltet die Übernahme vom Umtausch-, Garantie-, Kulanz- und Produkthaftpflichtrisiko.
- Forderungs- und Währungsrisiko: Es umfasst neben dem Delkredererisiko gegenüber dem belieferten Abnehmer die Übernahme des Risikos aus Währungsschwankungen auf der Einkaufs- wie auf der Verkaufsseite und die Absicherung dieser Risiken durch Sicherungsmaßnahmen wie Hedging oder Devisenoptionen.
- Abnahme- und Absatzrisiko: Es beinhaltet die Vereinbarung darüber, ob z. B. die Vertriebsgesellschaft eine Abnahmeverpflichtung bzw. eine Belieferungsgarantie des Herstellers oder einer vorgeschalteten Regionalgesellschaft besitzt.
- Verwaltungsdienstleistungsfunktion: Sie umfasst die Verwaltung von Lager, Kunden, die Fakturierung, die kaufmännische Beratung von Kunden, das Inkasso der Forderungen und die Rechnungseingangskontrolle.
- Marktfunktion: Zur Marktfunktion zählen die Pflege des Marktes einschließlich Marketing und die Marktbeeinflussung einschließlich Werbung, insbesondere auch im Zusammenhang mit der Markterschließung.
- Technische Dienstleistungsfunktion: Diese umfasst die Qualitätskontrolle, die technische Anpassung von Produkten an technische Vorschriften des Absatzmarktes (DIN-Normen, Eurocodes), die technische Beratung von Kunden und den After Sales Service.[38]

Das Ergebnis der Funktions- und Wertschöpfungskettenanalyse bestimmt, welcher Anteil der Gesamtwertschöpfung aller am Wertschöpfungsprozess beteiligten Konzernunternehmen dem jeweiligen einzelnen Unternehmen zusteht, was dann im Rahmen der gewählten Verrechnungspreisstruktur und -methode seinen Niederschlag insbesondere in der Rohgewinnmarge im Rahmen der Wiederverkaufspreismethode, der operating margin im Rahmen der transaktionsbezogenen Netto-Margen-Methode (TNMM) und im Gewinnaufschlag im Rahmen der Kostenaufschlagsmethode findet.

VI. Gestaltung des Verrechnungspreissystems bei konzerninternen Lieferungsbeziehungen

Das Verrechnungspreissystem für konzerninterne Lieferungsbeziehungen wird in einem dreistufigen Prozess gestaltet, der auf den Rahmenbedingungen für die Verrechnungspreispolitik, dem Grundverständnis des Konzerns von seiner internen Funktions- und Risikoverteilung (Strategieträgerschaft), der gewollten rechtlichen Organisationsstruktur der betriebenen Leistungserstellungsprozesse und der Funktions- und Wertschöpfungskettenanalyse (Business Process Analysis) aufbaut. Die Gestaltung der Verrechnungspreispolitik unterteilt sich dabei in die drei Schritte

1. Festlegung der Verrechnungspreisstruktur
2. Wahl der Verrechnungspreismethoden
3. Festlegung der Vergütung.

1. Festlegung der Verrechnungspreisstruktur

Die Struktur des Verrechnungspreissystems, das innerhalb eines Konzerns Anwendung findet, hängt maßgeblich von dem Organisationswillen des Konzerns innerhalb der vorgegebenen

---

[38] Vgl. *Borstell* a. a. O. (oben Fn. 2), Rn. N118 ff.; auch: *Baumhoff* a. a. O. (oben Fn. 28), § 1 AStG, Anm. 309.

Rahmenbedingungen[38] für eine strategische Verrechnungpreispolitik ab. Im Vordergrund bei der Gestaltung der Verrechnungspreisstruktur steht die Zielsetzung, die Verrechnungspreispolitik aus betriebswirtschaftlicher Sicht in Abhängigkeit vom betriebenen Geschäft optimal zu gestalten, um das operative Management und dessen Unternehmensziele durch Anreiz- und Sanktionsmechanismen im Rahmen der Abrechnung konzerninterner Lieferungs- und Leistungsströme zu unterstützen. Aus steuerrechtlicher Sicht ist Zielsetzung, dieses vorrangig aus betriebswirtschaftlicher Sicht angedachte Verrechnungspreissystem so zu gestalten, dass es im Rahmen des rechtlich Zulässigen steuerlich optimiert wird.

Für die folgenden Überlegungen wird von folgender Grundstruktur von Produktion und Vertrieb im Konzern ausgegangen, bei der die zwischengeschaltete Regionalgesellschaft als die für einen größeren Wirtschaftsraum zuständige Gesellschaft neben Vertriebs- auch z. B. eigene Produktionsaufgaben wahrnehmen kann, was aber nicht Voraussetzung ist und hier nicht angenommen werden soll, da z. B. auch funktionsstarke Großhandelsgesellschaften Träger einer Geschäftsstrategie sein können:

Grundstruktur

```
          Produktions-
          gesellschaft
               │
               │
        Großhandels- oder
        Regionalgesellschaft
               │
               │
         Vertriebsgesellschaft
```

Abb. 1

Für die Gestaltung der Verrechnungspreisstruktur steht den ordentlichen und gewissenhaften Geschäftsleitern in einem Konzern ein hohes Maß an Ermessensspielraum zu, soweit die gewählte Gestaltung dem Geschäft des Unternehmens und seiner Marktsituation entspricht.[39] Die zentrale Bedeutung für die Festlegung der Verrechnungspreisstruktur kommt dabei der Entscheidung des Konzerns zu, welches Konzernunternehmen Träger der Geschäftsstrategie und damit des Marktrisikos sein soll.[40]

In der Praxis lassen sich im Konzern in mehr oder weniger abgeänderter Form die folgenden Grundstrukturen für konzerninterne Lieferungsbeziehungen erkennen, die allesamt gleichberechtigt auch steuerlich anzuerkennen sind.[41]

---

[38] Vgl. oben I.
[39] Vgl. auch Tz. 2.1.8. der Verwaltungsgrundsätze a. a. O. (oben Fn. 10); *Borstell* a. a. O. (oben Fn. 2), Rn. C 47 ff.
[40] Vgl. oben III.
[41] Vgl. oben Kap. C.I.

a) Produktionsgesellschaft als Träger des Marktrisikos

In diesem klassischen System, das nach wie vor von den Verwaltungsgrundsätzen als Standardfall angesehen wird,[42] ist die Produktionsgesellschaft der Träger der vom Konzern verfolgten Geschäftsstrategien und des sich daraus ergebenden Marktrisikos.

Aufgrund dieser Strukturvorgabe werden die Verrechnungspreise zwischen Produktions- und Vertriebseinheiten auf der Grundlage der Wiederverkaufspreismethode (oder der transaktionsbezogenen Netto-Margen-Methode (TNMM)) ermittelt, damit auch nach dem Verrechnungspreissystem das Marktrisiko (Anlaufkosten, Markteinführungsverluste etc.) wie auch die Marktchancen (Gewinne nach Abschluss der Markteinführung) bei der Produktionsgesellschaft anfallen.

Produktionsunternehmen = Strategieträger

```
         Produktions-
         gesellschaft
              |
              |  Wiederverkaufspreismethode
              |
     Großhandels- oder
     Regionalgesellschaft
              |
              |  Wiederverkaufspreismethode
              |
      Vertriebsgesellschaft
```

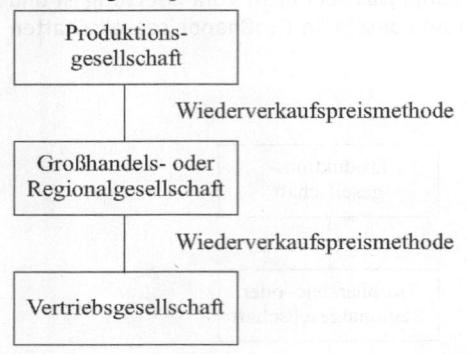

Abb. 2

Die Schwäche dieser klassischen Strukturgestaltung liegt zum einen in der Realität heutiger Konzernverbünde. Aufgrund hoch integrierter Fertigungsprozesse an verschiedenen Orten besteht zunehmend keine Möglichkeit mehr, **der** (einen) Produktionsgesellschaft **das** Marktrisiko zuzurechnen. Alternativ könnte jeder der am Produktionsprozess beteiligten Produktionsgesellschaften ein anteiliges Marktrisiko zugerechnet werden. Dies erscheint bereits theoretisch angreifbar und dürfte in der Praxis zu erheblichen Problemen führen. Als weitere Alternative könnte erwogen werden, stets die letzte Produktionsgesellschaft im Produktionsprozess das Marktrisiko tragen zu lassen. Dafür fehlt aber eine systematische Begründung, insbesondere, wenn es sich bei dieser Gesellschaft um einen reinen Montierer (screwdriver factory) handelt oder die Gesellschaft nur noch unbedeutende lohnfertigerartige Tätigkeitsschritte vornimmt (Anbringen von Aufdrucken in der jeweiligen Landessprache, Verpackung).

Dies hat dazu geführt, dass dieses Konzept in seiner Reinform zunehmend in der Praxis nicht mehr angewandt werden kann. Hinzu kommt, dass aufgrund der Zersplitterung des Produktionsprozesses der Produktionsgesellschaft der Charakter als der historisch finanziell wie personell am stärksten ausgestatteten Gesellschaft innerhalb eines Konzerns verloren gegangen ist.

Des Weiteren ist als Schwachpunkt der klassischen Verrechnungspreisstruktur zu nennen, dass im heutigen Wirtschaftsleben, wie bei Unternehmenskäufen leicht zu beobachten ist, in vielen Fällen die Kundenstämme, Markennamen und andere immaterielle Wirtschaftsgüter (Patente, Know-How, Firmenwert) als die gewinntreibenden Elemente des Wertschöpfungsprozesses

---

[42] Vgl. auch Tz. 3.4.1. und 3.4.3. sowie Tz. 3.1.3. Bsp. 1 Verwaltungsgrundsätze a. a. O. (oben Fn. 10).

angesehen werden und nicht mehr die Fähigkeiten eines Unternehmens, die Produktion bestimmter Güter zu organisieren. Ausnahmen bestehen natürlich, wie die anlagenintensive Investitionsgüter- und Schwerindustrie. Demnach sind gerade auch Vertriebsgesellschaften besonders in konsumgüternahen Industrien im heutigen Wirtschaftsleben als die Träger des Marktrisikos und von Geschäftsstrategien anzuerkennen.

b) Vertriebsgesellschaft als Träger des Marktrisikos

Bei dieser Struktur übernimmt die Vertriebsgesellschaft das Marktrisiko und die Verantwortung für Geschäftsstrategien des Konzerns. Die Produktionsgesellschaft wird zum Lohnfertiger der Vertriebsgesellschaft, die auf Anforderung dieser Gesellschaft nach den Spezifikationen der Vertriebsgesellschaft die Produkte fertigt. Folgerichtig werden die Verrechnungspreise zwischen Produktionsgesellschaft und Vertriebsgesellschaft auf Grundlage der Kostenaufschlagsmethode berechnet, wobei der Gewinnaufschlag der produzierenden Gesellschaft bzw. der am Produktionsprozess beteiligten Gesellschaften sich nach den von ihr bzw. ihnen übernommenen Funktionen richtet.

Vertriebsgesellschaft = Strategieträger

```
        Produktions-
        gesellschaft
              |
    Kostenaufschlagsmethode
              |
    Großhandels- oder
    Regionalgesellschaft
              |
    Kostenaufschlagsmethode
              |
    Vertriebsgesellschaft
```

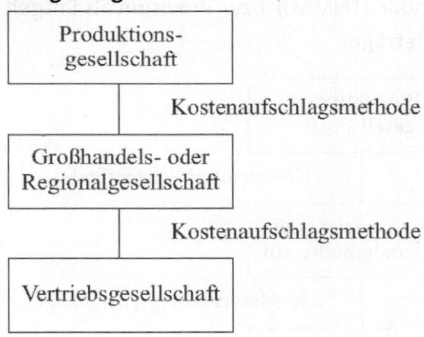

Abb. 3

Auch diese Gestaltung der Verrechnungspreisstruktur ist steuerlich anzuerkennen, wenn sie den geschäftlichen Gegebenheiten und der Bedeutung der Vertriebsgesellschaft im Einzelfall entspricht, die Vertriebsgesellschaft funktional zur Übernahme des Absatzrisikos geeignet erscheint und sichergestellt ist, dass ihr bei Übernahme des Marktrisikos aus Geschäftsstrategien zu einem späteren Zeitpunkt auch die Marktchancen (Gewinne) zustehen.[43]

Gleiches gilt selbstverständlich auch für den Fall, dass zwischen das Produktionsunternehmen und die einzelnen Vertriebsgesellschaften in verschiedenen Ländern eine überregional zuständige Großhandelsgesellschaft geschaltet wird, die für den Vertrieb in einer ganzen Region zuständig ist.

c) Regionalgesellschaft als Träger des Marktrisikos

Bei dieser Gestaltung der Verrechnungspreisstruktur ist zwischen die produzierende Gesellschaft und die Vertriebseinheiten eine weitere funktionsstarke Gesellschaft geschaltet, die überregional für den Vertrieb der Produkte in einer bestimmten Region zuständig ist (Regionalgesellschaft). Zu ihrer Großhandelsfunktion kann, muss aber nicht, eine Produktionsfunktion im Rahmen des Gesamtherstellungsprozesses oder eine Dienstleistungsfunktion hinzutreten. Der-

---

[43] Vgl. dazu auch Kap. C.I.; a. A. offensichtlich: *Kuckhoff/Schreiber* a. a. O. (oben Fn. 6), 19 ff., insb. 21.

artige Organisationsstrukturen entsprechen häufig den Notwendigkeiten einer Optimierung der Produktions- und Logistikprozesse in einem Konzern bei örtlich diversifizierter Produktion und der Bedeutung, die im heutigen Marktumfeld dem Vertrieb, der Lieferbereitschaft und dem After Sales Service zukommt.

Als Ausfluss dieser Strukturentscheidung stellen die Produktionsgesellschaften die benötigten Güter und Waren oder Vorprodukte für die Regionalgesellschaft als Lohn- oder Auftragsfertiger her. Als Verrechnungspreismethode kommt die Kostenaufschlagsmethode zur Anwendung, wobei sich die Höhe des Gewinnaufschlages nach den von den Produktionsgesellschaften (noch) übernommenen Funktionen und Risiken richtet. Hinsichtlich der Landesvertriebsgesellschaften, die für die Regionalgesellschaft den Vertrieb in den einzelnen Ländern bestreiten, werden häufig Strukturen gewählt, bei denen die Landesvertriebsgesellschaften auch als Eigenhändler nur noch mit einer sehr begrenzten Anzahl von Funktionen und Risiken ausgestattet werden (sogenannte Limited Risk Distributors). Alternativ kommen vorrangig Kommissionärsstrukturen zum Einsatz. Entsprechend der Gestaltung erhalten Landesvertriebsgesellschaft oder Kommissionär eine ihren begrenzten Funktionen entsprechende relativ geringe Rohgewinnmarge (unter der Wiederverkaufspreismethode) oder operating margin (unter der transaktionsbezogenen Netto-Margen-Mehode (TNMM)) bzw. Provision als Entgelt für ihre Tätigkeit.

Regionalgesellschaft = Strategieträger

```
    ┌─────────────────┐
    │  Produktions-   │
    │  gesellschaft   │
    └─────────────────┘
            │  Kostenaufschlagsmethode
    ┌─────────────────┐
    │ Großhandels- oder│
    │ Regionalgesellschaft│
    └─────────────────┘
            │  Wiederverkaufspreismethode
    ┌─────────────────┐
    │ Vertriebsgesellschaft │
    └─────────────────┘
```

Abb. 4

Soweit eine solche Regionalgesellschaft, ob als reiner Großhändler oder mit weiteren Funktionen ausgestattet, funktional, finanziell und personell in der Lage ist, das Marktrisiko und die Verantwortung für Geschäftsstrategien innerhalb der Unternehmensgruppe zu übernehmen, besteht keine Veranlassung, diese Strukturentscheidung der ordentlichen und gewissenhaften Geschäftsleiter des Konzerns steuerlich nicht anzuerkennen. Voraussetzung ist selbstverständlich, dass der Regionalgesellschaft nicht nur die Marktrisiken, sondern auch die Marktchancen nach Erfolg der von ihr verantworteten Geschäftsstrategie zustehen.

2. Strukturadäquate Auswahl der Verrechnungspreismethoden

Nachdem zwischen den ordentlichen und gewissenhaften Geschäftsleitern innerhalb eines Konzerns Einigkeit über die grundlegende Gestaltung der konzerninternen Funktions- und Risikoverteilung erzielt wurde, sind die strukturadäquaten Verrechnungspreismethoden zu bestimmen. Nach dem allgemeinen Fremdvergleichsgrundsatz sollten die ordentlichen und gewissenhaften Geschäftsleiter innerhalb des Konzerns sich auf Verrechnungspreismethoden verständigen, die auch von fremden Dritten in vergleichbaren Situationen angewandt würden. Dies schlägt sich auch in den weiter geltenden Verwaltungsgrundsätzen nieder, deren Tz. 2.4.1. davon ausgeht, dass ein ordentlicher und gewissenhafter Geschäftsleiter sich an der Methode orientieren würde, die den Verhältnissen am nächsten kommt, unter denen sich auf wirtschaftlich vergleichbaren Märkten Fremdpreise bilden.

Obwohl also dem ordentlichen und gewissenhaften Geschäftsleiter ein erheblicher Ermessensspielraum zusteht, wie er die Verrechnungspreise mit seinen nahe stehenden Unternehmen gestaltet, muss er davon ausgehen, dass die Finanzverwaltung die von ihm gesetzten Verrechnungspreise auf der Grundlage der von ihr bevorzugten Methoden überprüfen wird. Dies sind für Vertriebsgesellschaften die Wiederverkaufspreismethode[44] und für lohnfertigende Produktionsgesellschaften oder Produktionsgesellschaften, die Vorprodukte an andere Fertigungsgesellschaften liefern, die Kostenaufschlagsmethode.[45]

Die von den Verwaltungsgrundsätzen und der OECD-Verrechnungspreisrichtlinie zu Recht bevorzugte Fremdvergleichspreismethode[46] spielt in der praktischen Anwendung bei konzerninternen Lieferungsbeziehungen selten eine Rolle, da die dafür benötigten externen Daten nur in Ausnahmefällen verfügbar sind. An dieser grundsätzlichen Präferenz hat auch die Einführung der Anwendungsregeln für Verrechnungspreismethoden in § 1 Abs. 3 Satz 1 und 3 AStG nichts geändert, da § 1 Abs. 3 Satz 1 AStG bei uneingeschränkt vergleichbaren Fremdvergleichsdaten die Fremdvergleichspreismethode, die Wiederverkaufspreismethode und die Kostenaufschlagsmethode gleichwertig nebeneinander bestehen läßt, und ebenso § 1 Abs. 3 Satz 3 AStG keine Prioritätenreihenfolge aufstellt, wenn die Verrechnungspreise bei eingeschränkt vergleichbaren Fremdvergleichsdaten nach „einer angemessenen Verrechnungspreismethode" bestimmt werden. Eine wichtige Änderung enthält Satz 3 aber insoweit, als er erstmals die gleichberechtigte Anwendung der transaktionsbezogenen Netto-Margen-Methode (TNMM) auf gesetzlicher Grundlage zulässt.

3. Gestaltung der Vergütung innerhalb der gewählten Verrechnungspreismethoden

Nach der Entscheidung über die grundlegende Struktur des Verrechnungspreissystems und der dabei anzuwendenden Verrechnungspreismethoden ist auf der Grundlage der Funktions- bzw. Wertschöpfungskettenanalyse die konkrete Ermittlung der Gewinnelemente im Rahmen der ausgewählten Verrechnungspreismethoden vorzunehmen. Dies sind insbesondere die Rohgewinnmarge bei Anwendung der Wiederverkaufspreismethode, die operating margin bei Anwendung der transaktionsbezogenen Netto-Margen-Methode (TNMM) und die Höhe des Gewinnaufschlags bei Anwendung der Kostenaufschlagsmethode. Rohgewinnmarge, operating margin und Gewinnaufschlag sind umso höher, je mehr Funktionen und Risiken ein Konzernunternehmen übernommen hat und je mehr Wirtschaftsgüter, insbesondere immaterielle Wirtschaftsgüter, in seinem Besitz sind, die im Rahmen des Wertschöpfungsprozesses eingesetzt werden.

a) Wiederverkaufspreismethode

Im Rahmen der Wiederverkaufspreismethode wird die Rohgewinnmarge vergleichbar der Provision eines Kommissionärs oder Handelsvertreters im Regelfall als fester Prozentsatz des Abgabepreises der Konzernvertriebsgesellschaft an den ersten konzernfremden Abnehmer bestimmt. Eines der wesentlichsten Probleme bei Anwendung der Wiederverkaufspreismethode ist, dass diese Wiederverkaufsmarge als Prozentsatz auf Grundlage der Budgets im Voraus für den näch-

---

[44] Vgl. Tz. 3.1.3. Beispiel 1 Verwaltungsgrundsätze a. a. O. (oben Fn. 10).
[45] Vgl. Tz. 3.1.3. Beispiel 3 Verwaltungsgrundsätze a. a. O. (oben Fn. 10).
[46] Vgl. Tz. 2.5. OECD-RL a. a. O. (oben Fn. 1); *Baumhoff* a. a. O. (oben Fn. 28), § 1 AStG, Anm. 387.

sten Vertriebszeitraum fixiert werden muss. Soweit sich nach Festlegung der Rohgewinnmarge die Marktbedingungen substanziell verändern, ergeben sich schnell Gewinn- oder Verlustniveaus der Vertriebsgesellschaft, die nicht mehr im Einklang mit dem als angemessen angenommenen Planungsgewinn stehen.

Als Lösungsmöglichkeit bleibt einzig eine flexible Gestaltung der Rohgewinnmarge bzw. der Provisionen bei Handelsvertretern oder Kommissionären. Zum Zwecke der steuerlichen Anerkennung solch flexibler Spannen sollte diese Flexibilität jedoch im Vorhinein vertraglich festgelegt werden,[47] wobei in Verständigungsverfahren nach internationaler Praxis der Abkommensanwendung (Art. 9 OECD-MA) und auch der neueren Rechtsprechung der Finanzgerichte[48] nicht mehr auf die Erfüllung formaler Kriterien im vorhinein, sondern ausschließlich auf ein fremdvergleichsübliches Verhalten abgestellt wird. Als Alternativen kommen insbesondere in Betracht:

- Margenbestimmung auf Basis von Umsatzentwicklungen: Die Rohgewinnmarge wird an die Umsatzentwicklung geknüpft. Zunächst wird die Wiederverkaufsspanne auf Grundlage der wahrscheinlichsten Annahmen laut Budget ermittelt. In einem zweiten Schritt wird für den Fall, dass die Umsatzentwicklung deutlich von der abweicht, die dem Budget zugrunde gelegt worden ist, eine abweichende Wiederverkaufsspanne festgelegt. Es wird festgesetzt, bei welchen Umsatzstufen sich die Marge um wie viel Prozent ändert. Nach Ablauf der Periode wird anhand der tatsächlichen Umsätze die endgültige Spanne ermittelt und gegebenenfalls eine Ausgleichszahlung geleistet. Vorteile dieses Systems sind, dass extreme Gewinne und Verluste verhindert werden können.

- Margenbestimmung auf Kostenbasis: Bei der Margenbestimmung auf Kostenbasis wird zunächst auf der Basis von Budgets eine Bestimmung der Wiederverkaufsmarge vorgenommen, der die wahrscheinlichste Geschäftsentwicklung zugrunde liegt. Zur Vermeidung von Verlustsituationen und extremen Gewinnen wird anschließend eine Begrenzung des Ergebnisses der Vertriebsgesellschaft nach unten ("floor") und nach oben ("cap"), also ein "collar" vereinbart. Der Vorteil dieser Vorgehensweise ist, dass die Vertriebsgesellschaft aufgrund der Margenkalkulation anhand der Kostenaufschlagsmethode nicht in die Verlustzone abrutschen kann. Als Ausgleich für diesen Vorteil nimmt die Vertriebsgesellschaft eine Begrenzung ihres Gewinns nach oben in Kauf. Die Finanzverwaltung im Sitzstaat der Vertriebsgesellschaft sollte einem solchen collar tendenziell positiv gegenüberstehen, da Verluste generell vermieden werden[49] und die Garantie eines niedrigen Gewinns der Funktion der traditionellen Vertriebsgesellschaft als "Lohnvertreiber" entspricht.

b) Transaktionsbezogene Netto-Margen-Methode (TNMM)

Im Rahmen der TNMM wird die operating margin (Nettogewinnmarge – in etwa vergleichbar mit dem Ergebnis der gewöhnlichen Geschäftstätigkeit) mit Hilfe von Datenbanken (z. B. Amadeus) bestimmt. Daraus ergeben sich in der Budgetplanung unter Berücksichtigung der Kosten der Vertriebsgesellschaft letztlich die Verrechnungspreise, die ein produzierendes Unternehmen an die Vertriebsgesellschaft berechnet. Der Vorteil der TNMM gegenüber der Wiederverkaufspreismethode liegt zum einen in der besseren Verfügbarkeit von Fremdvergleichsdaten für operating margins verglichen mit Rohgewinnmargen. Zum anderen begrenzt die Bandbreitenbetrachtung die Volatilitäten, wie sie sich bei der Wiederverkaufspreismethode methodenseitig

---

[47] Vgl. *Diessner* in: Vögele/Borstell/Engler, a. a. O. (oben Fn. 2), Rn. D 139 ff.
[48] Vgl. FG Münster U. v. 16. 3. 2006, 8 K 2348/02 E, EFG 2006, 1562 (rkr.).
[49] Vgl. *Diessner* in: Vögele/Borstell/Engler, a. a. O. (oben Fn. 2), Rn. D 140 ff.

ergeben.[50] Die Datenbankanalysen ergeben regelmäßig eine Interquartilsbandbreite von möglichen operating margins. Innerhalb derer wird die Marge und auf der Grundlage dieser Marge werden die Verrechnungspreise festgelegt. Eine Korrektur der Verrechnungspreise aufgrund von Marktschwankungen wird aber regelmäßig vertraglich nur dann durchgeführt, wenn die Marktschwankungen (z. B. aufgrund nachlassender Nachfrage und weiter anfallender Fixkosten) die operating margin unterhalb des unteren Punktes der Interquartilsbandbreite drückt. Häufig wird auch vereinbart, dass die Korrekturen während eines Wirtschaftsjahres (z. B. am Ende eines Quartals) auf den Median der Interquartilsbandbreite erfolgen und nur zum Jahresende auf den nächsten Punkt der Bandbreite, falls die operating margin zum Ende des Wirtschaftsjahres außerhalb der Bandbreite liegt. Ein solches System hat ein hohes Maß an Stabilität verglichen mit der Vereinbarung einer Rohgewinnmarge/Provision bei der Wiederverkaufspreismethode. Eine Margenbestimmung auf Kostenbasis, wie bei der Wiederverkaufspreismethode beschrieben,[51] ist damit für die TNMM verzichtbar.

c) Kostenaufschlagsmethode

Im Rahmen der Kostenaufschlagsmethode ist insbesondere das Verhältnis zwischen Kostenbasis und Höhe des Gewinnaufschlages zu beachten. Soweit eine große Kostenbasis gewählt wird (z. B. Vollkosten), wird die Gesellschaft einen kleineren Gewinnzuschlag zugestanden bekommen als für den Fall, dass eine geringere Kostenbasis (z.B. Teilkosten) als Bemessungsgrundlage gewählt wird. Denn in diesem Fall müssen aus dem Gewinnaufschlag noch verschiedene Kostenbestandteile, z. B. Gemeinkosten, bestritten werden.

Aus Managementsicht ist bei Gestaltung der Verrechnungspreispolitik bei konzerninternen Lieferungsbeziehungen durchaus einer Teilkostenbasis mit erhöhtem Gewinnaufschlag der Vorzug zu geben, da diese Vorgehensweise die leistende Gesellschaft stärker als bei Vollkostenabrechnung dazu zwingt, die eigenen Kosten unter Kontrolle zu halten.

F. Zusammenfassung

Die Festsetzung von Verrechnungspreisen bei konzerninternen Lieferungsbeziehungen wird bestimmt durch den Grundsatz des Fremdvergleichs.

Ziel der Verrechnungspreispolitik im Konzern, also des bewussten Setzens von Verrechnungspreisen, ist

- aus betriebswirtschaftlicher Sicht die optimale Gestaltung der Verrechnungspreise in Abhängigkeit vom ausgeübten Geschäft zur Unterstützung des operativen Managements durch Anreiz- und Sanktionsmechanismen und
- aus steuerlicher Sicht die steuerliche Optimierung der vorrangig betriebswirtschaftlich bestimmten Verrechnungspreise.

Zu unterscheiden ist zwischen taktischer und strategischer Verrechnungspreispolitik. Taktische Verrechnungspreispolitik ergibt sich daraus, dass für jeden Geschäftsvorfall eine Bandbreite fremdvergleichskonformer Verrechnungspreise besteht, zwischen denen dem ordentlichen und gewissenhaften Geschäftsleiter ein Auswahlermessen zusteht. Strategische Verrechnungspreispolitik beschreibt die ermessensgerechte Gestaltung des konzernweiten Verrechnungspreissystems.

---

[50] Vgl. zuvor a).
[51] Vgl. zuvor a).

Die strategische Verrechnungspreispolitik bei konzerninternen Lieferungsbeziehungen wird wesentlich geprägt durch

- die dafür bestehenden Rahmenbedingungen,
- durch das Grundverständnis eines Konzerns von seiner internen Funktions- und Risikoverteilung (Strategieträgerschaft),
- die gewollte rechtliche Organisationsstruktur seines geschäftlichen Betätigungsfeldes und
- die Funktions- und Wertschöpfungskettenanalyse (Business Process Analysis) der beteiligten Konzernunternehmen, also die Untersuchung, welche der beteiligten Gesellschaften welche Funktionen übernommen, welche Risiken getragen und welche Wirtschaftsgüter, insbesondere immaterielle Wirtschaftsgüter, für den Leistungserstellungsprozess eingesetzt haben.
- Die eigentliche Gestaltung des Verrechnungspreissystems als Ausfluss der strategischen Verrechnungspreispolitik bei konzerninternen Lieferungsbeziehungen vollzieht sich in drei Schritten.
- Im ersten Schritt bestimmt ein Konzern nach seinem betrieblichen Organisationswillen, welche Gesellschaft bzw. Gesellschaften die Träger der Geschäftsstrategien und damit des Marktrisikos sein sollen. Dies können – entgegen der nach wie vor verbreiteten Auffassung in der Finanzverwaltung – im heutigen wirtschaftlichen Umfeld längst nicht mehr nur immer die Produktionsgesellschaften sein. Vielmehr kann diese Funktion ebenso z. B. von funktional, finanziell und personell hinreichend ausgestatteten Vertriebs- oder Regionalgesellschaften übernommen werden.
- In einem zweiten Schritt werden auf der Grundlage dieser grundlegenden Strukturentscheidung den einzelnen Leistungsbeziehungen die entsprechenden Verrechnungspreismethoden zugeordnet.
- In einem dritten Schritt werden die eigentlichen Vergütungselemente, insbesondere die Rohgewinnmargen bei der Wiederverkaufspreismethode, die operating margins (Nettogewinnmargen) bei der transaktionsbezogenen Netto-Margen-Methode (TNMM) und die Gewinnaufschläge bei der Kostenaufschlagsmethode bestimmt.

Borstell

2. Die Besteuerung grenzüberschreitender Funktionsverlagerungen

von Prof. Dr. Hubertus Baumhoff und Dr. Ralph Bodenmüller[*]

Inhaltsübersicht

A. Vorbemerkung
B. Grundzüge der Neuregelung
C. Tatbestandsmerkmale der Funktionsverlagerung
  I. Geschäftsbeziehung zum Ausland mit einer nahe stehenden Person
  II. Funktion
  III. Chancen und Risiken
  IV. Wirtschaftsgüter und sonstige Vorteile
  V. Verlagerung
D. Ausprägungen von Funktionsverlagerungen
  I. Routine- versus Non-Routine-Funktionen
  II. Inbound- versus Outbound-Verlagerungen
  III. Beendigung von Funktionsverlagerungen
  IV. Verlagerung von Produktionsfunktionen
  V. Verlagerung von Vertriebsfunktionen
E. Die Bewertung von Transferpaketen
  I. Tatsächlicher versus hypothetischer Fremdvergleich
  II. Ermittlung des Einigungsbereichs eines Transferpakets gem. § 1 Abs. 3 AStG
  III. Ermittlung der zu diskontierenden Zahlungsströme
  IV. Berücksichtigung von Steuern im Rahmen der Bewertung
  V. Eliminierung des sog. „Funktionsgewinns"
  VI. Ermittlung des Kapitalisierungszeitraums
  VII. Ermittlung des Kapitalisierungszinssatzes
F. Einzel- versus Gesamtbewertung („Escape- Klausel")
G. Sofortbesteuerung versus Lizenzierung
H. Preisanpassungsklauseln
I. Transferpaket-Konzept versus Geschäftschancenlehre
  I. Verbleibender Anwendungsbereich der Geschäftschancenlehre
  II. Besteuerung von Funktionsverlagerungen außerhalb von § 1 Abs. 3 AStG
  III. Geschäftschancenlehre im Einzelnen
  IV. Gegenüberstellung von Transferpaket und Geschäftschance
J. Fazit

Literatur:

Baumhoff*, Verrechnungspreispolitik gegenüber ausländischen Lohnfertigern, in: Kleineidam (Hrsg.), FS Fischer, 1999, 487 ff.;* ***Baumhoff****, Eigenproduzent versus Lohnfertiger – Qualifikation ausländischer Produktionsstätten für Zwecke der steuerlichen Verrechnungspreisplanung, in: Schaumburg/Piltz (Hrsg.), Steuerfolgen von Produktion und Vertrieb im Ausland, Köln 2000, 53 ff.;* ***Baumhoff/Ditz/Greinert****, Auswirkungen des Unternehmensteuerreformgesetzes 2008 auf die Besteuerung grenzüberschreitender Funktionsverlagerungen, DStR 2007, 1649 ff.;* ***Baumhoff/Ditz/Greinert****, Die Besteuerung von Funktionsverlagerungen nach der Funktionsverlagerungsverordnung vom 12. 8. 2008, IStR 2008, 1945 ff.;* ***Baumhoff/Ditz/Greinert****, Auswirkungen des Unternehmensteuerreformgesetzes 2008 auf die Ermittlung internationaler Verrechnungspreise, DStR 2007, 1461 ff.;* ***Baumhoff/Greinert****, Aufteilung von Standortvorteilen bei der Verrechnungspreis-Ermittlung gegenüber Lohnfertigern – Anmerkungen zum Urteil des FG Münster vom 16. 3. 2007, IStR 2008, 789 ff.;* ***Baumhoff/Greinert****, Steuerliche Anerkennung internationaler Verrechnungspreise bei Nichteinhaltung formaler Anforderungen – Anmerkungen zum Urteil des FG Köln vom 22. 8. 2007, IStR 2008, 353 ff.;* ***Baumhoff/Greinert****, Angemessene Lizenzsätze bei grenzüberschreitenden Funktionsverlagerungen, Ubg 2009;* ***Baumhoff/Puls****, Der OECD-Diskussionsentwurf zu Verrechnungspreisaspekten von „Business Restructurings" – Analyse und erster Vergleich mit den deutschen Funktionsverlagerungsregeln nach § 1 Abs. 3 AStG, IStR 2009, 73 ff.;* ***Bernhardt/van der Ham/Kluge****, Die Expansion deutscher Unternehmen ins Ausland: Steuerliche Implikationen der Gründung von Vertriebsgesellschaften – Die Besteuerung von Funktionsverlagerungen im Fall von „Vertriebsabspaltungen", IStR 2008, 1 ff.;* ***Bodenmüller****, Steuerplanung bei Funktionsverlagerungen ins Ausland, Düsseldorf 2004; Bohr, Die Transferpaket(be)rechnung – die Quadratur des Kreises, IWB 2008, Fach 3 Gruppe 1, 2285 ff.;* ***Borstell/Schäperclaus****, Was ist eigentlich eine Funktion, IStR 2008, 275 ff.;* ***Brandenberg****, Aktuelle Entwicklungen im internationalen Steuerrecht, BB 2008, 864 ff.;* ***Brüninghaus/Bodenmüller****, Tatbestandsvoraussetzungen der Funktionsverlagerung, DStR 2009, S. 1286;* ***Crüger/Wintzer****, Funktionsverlagerungen ins Ausland. Aktuelle Neuerungen durch die Unternehmensteuerreform 2008 und Gestaltungshinweise, GmbHR 2008, 306;* ***Ditz****, Funktionsverlagerungen ins Ausland, in: Wassermeyer/Andresen/Ditz, Betriebsstätten-Handbuch, Köln 2006, S. 189-312;* ***Ditz****, Praxisfall einer Verrechnungspreisprüfung und Funktionsverlagerung – Anmerkungen zum*

---

[*] Prof. Dr. Baumhoff ist Partner bei FGS in Bonn, Dr. Bodenmüller ist Partner bei Ernst & Young in Köln.

Beitrag von Zech, IStR 2009, 418, IStR 2009, 421 ff.; **Ditz/Just,** Besteuerung einer Produktionsverlagerung nach der Funktionsverlagerungsverordnung – Praxisfall, DB 2008, 141 ff.; **Endres,** Reiches Ausland – Armes Inland: Steuerliche Effekte bei einer Funktionsverlagerung ins Ausland, RIW 2003, 729 ff.; **Eisele,** Grenzüberschreitende Funktionsverlagerung, Herne/Berlin 2003; **Flick/Wassermeyer/Baumhoff,** Außensteuerrecht (Kommentar), Stand: Lfg. 62, Mai 2008; **Freudenberg/Peters,** Steuerliche Allokation von Restrukturierungsaufwendungen im Kontext von Funktionsverlagerungen, BB 2008, 1424 ff.; **Frischmuth,** UntStRefG 2008 und Verrechnungspreise nach § 1 AStG n. F., IStR 2007, 485 ff.; **Frischmuth,** Funktionsverdoppelungen im Visier des deutschen Fiskus – Quo vadis?, IWB 2007, Fach 3, Gruppe 1, 2253 ff.; **Frischmuth,** Die Konzeption der Funktionsverlagerungsbesteuerung nach dem UntStRefG 2008, StuB 2007, 386 ff.; **Frischmuth,** Schuldrechtliche und bilanzielle Aspekte sowie Preisanpassungen bei Funktionsverlagerungen nach dem Unternehmensteuerreformgesetz 2008, StuB 2007, 459 ff.; **Frischmuth,** Wann genau liegt eine Funktionsverlagerung nach der FVerlV vor?, StuB 2008, 864 ff.; **Frotscher,** Grundfragen der Funktionsverlagerung, FR 2008, 49 ff.; **Fuhrmann,** Die Funktionsverlagerungsverordnung, KÖSDI 2008, 16188 ff.; **Haas,** Funktionsverlagerungen nach dem Erlass der Funktionsverlagerungsverordnung, Ubg 2008, 517; **Hornig,** Die Funktionsverlagerung ab 2008 aus internationaler Sicht, PIStB 2008, 45; **Jacobs,** Internationale Unternehmensbesteuerung, 6. Auflage, München 2007; **Jahndorf,** Besteuerung der Funktionsverlagerungen, FR 2008, 101; **Jenzen,** Internationale Funktionsverlagerungen. Die Besteuerung von Gewinnpotentialen bei grenzüberschreitenden Funktionsverlagerungen im Konzern, NWB 2007, Fach 2, 9419 ff.; **Gosch,** Wettbewerbsverbot, Geschäftschancenlehre und verdeckte Gewinnausschüttung: Checkliste und Prüfungsschema, DStR 1997, 444 ff.; **Kahle,** Die Ertragbesteuerungen von Funktionsverlagerungen nach der Unternehmensteuerreform 2008, Der Konzern 2007, 647 ff.; **Kaminski,** Änderungen im Bereich der internationalen Einkunftsabgrenzung durch die Unternehmensteuerreform 2008, RIW 2007, 594 ff.; **Kaminski/Strunk,** Funktionsverlagerungen in und von ausländischen Betriebsstätten und Personengesellschaften: Überlegungen zur (Nicht-)Anwendbarkeit der Grundsätze zum sog. Transferpaket, DB 2008, 2501 ff.; **Klapdor,** Grundsätze der Verrechnungspreisermittlung nach dem UStRefG, StuW 2008, 83 ff.; **Kleineidam,** Verrechnungspreise für immaterielle Wirtschaftsgüter, in: Schaumburg/Baumhoff (Hrsg.), Internationale Verrechnungspreise zwischen Kapitalgesellschaften, Köln 1994, 103 ff.; **Knoll,** Der Risikozuschlag in der Unternehmensbewertung: Was erscheint plausibel?, DStR 2007, 1053; **Kraft,** Außensteuergesetz – Kommentar, München 2009; **Kroppen,** in: Kroppen (Hrsg.), Handbuch internationale Verrechnungspreise; **Kroppen/Nientimp,** Absonderlichkeiten bei der Funktionsverlagerung, IWB 2008 Fach 3, Gruppe 1, 2355 ff.; **Kroppen/Rasch,** Die Funktionsverlagerungsverordnung, IWB 2008 Fach 3, Gruppe 1, 2339 ff.; **Kroppen/Rasch/Eigelshoven,** Die Behandlung der Funktionsverlagerungen im Rahmen der Unternehmensteuerreform 2008 und der zu erwartenden Verwaltungsgrundsätze-Funktionsverlagerung, IWB 2007, Gruppe 1, 2201 ff.; **Looks/Scholz,** Funktionsverlagerungen nach der Neufassung des § 1 Abs. 3 AStG, BB 2007, 2541 ff.; **Naumann,** Im Gespräch: Besteuerung von Funktionsverlagerungen, Status: Recht 2007, 203 ff.; **Naumann,** Funktionsverlagerungsverordnung, in Lüdicke (Hrsg.), Besteuerung von Unternehmen im Wandel, Köln 2007, 167 ff.; **Nestler,** Ermittlung von Lizenzentgelten, BB 2008, 2002 ff.; **Oestreicher/Hundeshagen,** Bewertung von Transferpaketen bei Funktionsverlagerungen, DB 2008, 1637 ff., 1693 ff.; **Oestreicher/Hundeshagen,** Weder Wirtschaftsgut noch Unternehmen – die Bewertung von Transferpaketen anlässlich der grenzüberschreitenden Verlagerung von Unternehmensfunktionen, IStR 2009, 146 ff.; **Roeder,** Ökonomische Aspekte des hypothetischen Fremdvergleichs, Ubg 2008, 202 ff.; **Schreiber,** in: Kroppen (Hrsg.), Handbuch internationale Verrechnungspreise; **Schreiber,** Funktionsverlagerungen im Konzern – Neue Rechtsgrundlagen durch die Unternehmensteuerreform 2008, UbG 2008, 433 ff.; **Schwenke,** Funktionsverlagerung: neue Gesetzeslage, in Lüdicke (Hrsg.), Unternehmensteuerreform 2008 im internationalen Umfeld, Köln 2008, 115 ff.; **Schwenke,** Funktionsverlagerung über die Grenze – Verrechnungspreise und Funktionsausgliederung, in: Piltz/Günkel, Steuerberater-Jahrbuch 2007/2008, 137 ff.; **Serg,** Die Behandlung von Geschäftschancen bei grenzüberschreitenden Funktionsverlagerungen, DStR 2005, 1916 ff.; **Serg,** Optimierung der Konzernsteuerquote durch internationale Funktionsverlagerungen, Lohmar/Köln 2006; **Sieker,** Ertragsteuerliche Konsequenzen der Gründung internationaler Joint Ventures für inländische Unternehmen, IStR 1997, 385 ff.; **Spatscheck/Birkenmaier,** Die neue Funktionsverlagerungsverordnung, AG 2008, 706 ff.; **Strahl,** Verrechnungspreise und Funktionsverlagerungen nach der Unternehmensteuerreform 2008, KÖSDI 2008, 15861 ff.; **Vögele/Borstell/Engler,** Handbuch der Verrechnungspreise, 2. Aufl., München 2004; **Wassermeyer,** Funktionsverlagerung – Statement, FR 2008, 67 ff.; **Weber-Grellet,** Entwicklungen im Bereich der verdeckten Gewinnausschüttung, DStZ 1998, 357 ff.; **Welling/Tiemann,** Funktionsverlagerungsverordnung im Widerstreit mit internationalen Grundsätzen, FR 2008, 68 ff.; **Wolter/Pitzal,** Der Begriff der „Funktion" in den neuen Regelungen zur Funktionsverlagerung in § 1 Abs. 3 AStG, IStR 2008, 793 ff.; **Wulf,** Änderungen im Außensteuerrecht und Sonderregelungen zu Funktionsverlagerungen nach dem Unternehmensteuerreformgesetz 2008, DB 2007, 2280 ff.; **Zech,** Verrechnungspreise und Funktionsverlagerungen 2009, Baden-Baden, 2009; **Zielke,** Internationale Steuerplanung nach der Unternehmensteuerreform 2008, DB 2007, 2781 ff.

A. Vorbemerkungen

Kaum ein Thema hat die wirtschaftspolitische Diskussion der letzten Jahre in Deutschland so geprägt wie die Globalisierung der Wirtschaft und die damit verbundene Verlagerung betrieblicher Funktionen vom Inland ins Ausland. Dieser insbesondere für den deutschen Arbeitsmarkt bedauerliche Trend hat eine Vielzahl von Ursachen, zu denen u. a. die im Ausland (teilweise) vorherrschenden Kostenvorteile, die (teilweise) niedrigere Besteuerung, das Erfordernis der Präsenz auf Auslandsmärkten oder die (teilweise) weniger strenge staatliche Regulierung im Ausland gehören.[1]

Die Auswahl des Standorts der ausländischen Einheit, auf die eine betriebliche Funktion verlagert werden soll, wird sich dabei primär an außersteuerlichen Faktoren orientieren, bspw. an dem Ausmaß der im Zielland vorherrschenden Kostenvorteile, dem Umfang der dortigen Absatzmöglichkeiten, dem Ausbau der Kommunikations- und Verkehrsverbindungen, dem Ausmaß der behördlichen Regulierungen, der Stabilität der Währung, dem Angebot an qualifizierten Mitarbeitern auf dem Arbeitsmarkt des Ziellandes sowie der Stabilität des politischen Systems.[2]

In vielen praktischen Fällen wird das Zielland der Verlagerung bereits aus außersteuerlichen Gründen feststehen. Soweit jedoch noch eine gewisse geographische Flexibilität besteht, bspw. weil lediglich die Zielregion feststeht, kann sich die Auswahl des Ziellandes zusätzlich an steuerlichen Kriterien orientieren, wie bspw. an der Steuerbelastung der dort anfallenden Gewinne (unter Berücksichtigung von gewährten Steuervergünstigungen), am Bestehen eines DBA mit der Bundesrepublik Deutschland sowie an der Höhe der Quellensteuern auf Lizenzen, Zinsen und Dividenden, die ggf. an die im Inland verbleibende Einheit gezahlt werden.[3]

Da Deutschland tendenziell mehr Hinausverlagerungen von Funktionen ins Ausland als Hereinverlagerungen aus dem Ausland zu verzeichnen hat, beobachtet der deutsche Fiskus Funktionsverlagerungen mit einer gewissen Sorge um das heimische Steueraufkommen.[4] Vor diesem Hintergrund gab es bereits in der Vergangenheit Bestrebungen, die Besteuerung von Funktionsverlagerungen durch ein BMF-Schreiben zu regeln.[5] Mit dem vor 2008 existierenden Instrumentarium sah man sich zwar grundsätzlich gut gerüstet; es wurde jedoch ein Vollzugsdefizit festgestellt.[6]

Ausgehend hiervon sowie von der Notwendigkeit, Gegenfinanzierungsmaßnahmen zu anderweitigen Steuersenkungen im Rahmen der Unternehmensteuerreform 2008[7] zu identifizieren, sah sich der deutsche Gesetzgeber veranlasst, die steuerliche Behandlung von Funktionsverlagerungen auf eine neue gesetzliche Grundlage zu stellen.[8] Diese wurde insbesondere in § 1 Abs. 3

---

[1] Vgl. *Bodenmüller*, Steuerplanung bei Funktionsverlagerungen ins Ausland, 2004, S. 1 ff.

[2] Vgl. *Raupach* in: Theisen, Der Konzern im Umbruch, S. 128 ff.

[3] Vgl. *Jacobs*, Internationale Unternehmensbesteuerung, 6. Aufl., S. 1124.

[4] Vgl. BR-Drucksache 220/07, S. 59.

[5] Vgl. *Ditz*, DStR 2006, S. 1625; *Blumers*, BB 2007, S. 1758; *Baumhoff*, in Piltz/Schaumburg (Hrsg.), Internationale Einkunftsabgrenzung, S. 73; *Bohr*, IWB Nr. 4 v. 27.2.2008, Gruppe 1, F 3, S. 171; *Endres/Oestreicher*, IStR Beihefter zu Heft 15/2003.

[6] Vgl. *Schreiber* in Kroppen (Hrsg.), Handbuch Internationale Verrechnungspreise, FVerlV, Allg. Vorbemerkungen, Anm. 1.

[7] UntStRefG v. 14. 8. 2007, BGBl I 2007, S. 1912.

[8] Vgl. BR-Drucksache 220/07, S. 59.

AStG durch das UntStRefG geschaffen und auf Basis der enthaltenen Verordnungsermächtigung durch die FVerlV[9] konkretisiert.

Die Finanzverwaltung hat ihre Behörden vor Ort angewiesen und entsprechend geschult, auf solche Sachverhalte zu achten und bei Feststellung von Funktionsverlagerungen zu untersuchen, ob diese im Sinne der neu geschaffenen Regelungen behandelt wurden. Ein BMF-Schreiben, das die Interpretation von Gesetz und Verordnung durch die Verwaltung darlegt,[10] ist derzeit allerdings noch in Vorbereitung.[11]

Nachfolgend werden zunächst die Grundzüge der Neuregelung kurz dargestellt.[12] Im Anschluss erfolgt eine praxisorientierte Konkretisierung des Tatbestands der Funktionsverlagerung[13] sowie eine Diskussion der gewonnenen Erkenntnisse anhand typischer Ausprägungen von Funktionsverlagerungen.[14]

Liegt eine Funktionsverlagerung im Sinne der Neuregelungen vor, tritt als zentrale Rechtsfolge die Gesamtbewertung des Transferpakets an die Stelle der ansonsten vorzunehmenden Einzelbewertungen von übertragenen/überlassenen Wirtschaftsgütern und erbrachten Dienstleistungen. Hierzu wird nachfolgend ein praxistauglicher Vorschlag zur Umsetzung der einschlägigen Vorgaben unterbreitet.[15]

Bislang vergleichsweise wenig diskutiert ist die Frage, wie die Ermittlung von Lizenzen für Transferpakete erfolgen kann. Dieser Umstand verwundert, da die Nutzungsüberlassung von der FVerlV als Regelfall und die Übertragung eher als Ausnahme angesehen wird.[16] Diese Fragestellung wird nachfolgend ebenso erörtert[17] wie die Frage nach einem praktikablen Umgang mit der gesetzlich fingierten Preisanpassungsklausel.[18]

Abschließend erfolgt eine Gegenüberstellung der Neuregelungen zu den für Funktionsverlagerungen außerhalb des Anwendungsbereichs von § 1 Abs. 3 AStG geltenden Regelungen;[19] hier ist insbesondere die sog. Geschäftschancenlehre hervorzuheben. Dies erleichtert zum einen die Einordnung der Auswirkungen und Reichweite der Neuregelungen. Zum anderen verbleibt – wie im Rahmen der Abgrenzung der Tatbestandsvoraussetzungen der Neuregelung herauszuarbeiten sein wird – für das alte Recht über die Behandlung von Altfällen im Rahmen von Betriebsprüfungen hinaus auch in Zukunft ein breiter Anwendungsbereich.

---

[9] BMF, Verordnung zur Anwendung des Fremdvergleichsgrundsatzes nach § 1 Abs. 1 des Außensteuergesetzes in Fällen grenzüberschreitender Funktionsverlagerungen (Funktionsverlagerungsverordnung – FVerlV), 12. 8. 2008, BGBl. I 2008, S. 1680.

[10] Vgl. Hinweis in BR-Drs 220/07, S. 142.

[11] Vgl. Zech, IStR 2009, S. 420.

[12] S. Abschnitt B.

[13] S. Abschnitt C.

[14] S. Abschnitt D.

[15] S. Abschnitt E.

[16] § 4 Abs. 2 FVerlV.

[17] S. Abschnitt G.

[18] S. Abschnitt H.

[19] S. Abschnitt I.

B. Grundzüge der Neuregelung

Grenzüberschreitende Funktionsverlagerungen wurden gesetzlich erstmalig durch die Unternehmensteuerreform 2008 in § 1 Abs. 3 AStG geregelt. Ziel war es, das deutsche Steueraufkommen zu sichern und die „vom Steuerzahler finanzierten Vorleistungen, die in die Erstellung bspw. einer Produktionsstruktur eingeflossen sind", nicht unversteuert ins Ausland abwandern zu lassen.[20]

Durch § 1 Abs. 3 Satz 13 AStG wurde das Bundesministerium der Finanzen zum Erlass von Rechtsverordnungen ermächtigt, die den Fremdvergleichsgrundsatz konkretisieren sollen. Die Funktionsverlagerungsverordnung wurde am 12. August 2008 erlassen. Verordnungen zu weiteren Aspekten des Fremdvergleichsgrundsatzes sind in Vorbereitung.

Die neuen Funktionsverlagerungsregeln sind erstmals für den Veranlagungszeitraum 2008 anzuwenden.[21] In den zeitlichen Anwendungsbereich fallen damit Verlagerungsvorgänge, die in nach dem 31.12.2007 endenden Wirtschaftsjahren erfolgen.

Die Grundzüge der Neuregelung werden nachfolgend kurz skizziert:

- Für Funktionsverlagerungen wurde kein neuer (Ersatz-) Realisationstatbestand geschaffen. Funktionsverlagerungen lösen vielmehr aufgrund der zugrunde liegenden schuldrechtlichen Geschäftsbeziehung eine Gewinnrealisation aus. Bei Funktionsverlagerungen auf verbundene Unternehmen kann die Höhe der erzielten Einkünfte ggf. mittels der Einkünftekorrekturnormen (verdeckte Gewinnausschüttung, verdeckte Einlage sowie § 1 AStG) korrigiert werden. Neu gesetzlich geregelt wurde „nur" die Anwendung des Fremdvergleichsgrundsatzes auf Funktionsverlagerungen.[22]

- Der Tatbestand der Funktionsverlagerung ist erfüllt, „wenn eine Funktion einschließlich der dazugehörigen Chancen und Risiken und der mitübertragenen oder überlassenen Wirtschaftsgüter und sonstigen Vorteile verlagert" wird.[23] Die hiernach maßgeblichen Tatbestandsmerkmale werden nachfolgend im Einzelnen erörtert.[24]

- Bereits begrifflich keine Funktionsverlagerung ist die sog. Funktionsverdopplung.[25] Hier fehlt es an der Verlagerung bzw. Einschränkung der Funktion im Inland.[26] Eine Funktionsverdopplung wird jedoch dann zur Funktionsverlagerung, wenn es innerhalb von fünf Jahren nach Aufnahme der Funktion zu einer Einschränkung der ursprünglichen Funktionsausübung kommt.[27]

- Rechtsfolge einer Funktionsverlagerung ist, dass deren Bewertung „auf der Grundlage einer Verlagerung der Funktion als Ganzes (Transferpaket)"[28] zu erfolgen hat, so dass der ansonsten im Handels- und Steuerrecht geltende Einzelbewertungsgrundsatz durch eine Gesamtbewertung verdrängt wird.

---

[20] Vgl. BR-Drucksache 220/07, S. 59 f.
[21] § 21 Abs. 16 Satz 1 AStG.
[22] Vgl. auch Jahndorf, FR 2008, S. 102.
[23] § 1 Abs. 3 Satz 9 AStG.
[24] S. Abschnitt 0.
[25] Vgl. Bodenmüller a. a. O. (oben Fn. 1), S. 8.
[26] Vgl. auch Jahndorf, FR 2008, S. 106.
[27] § 1 Abs. 6 FVerlV.
[28] § 1 Abs. 3 Satz 9 AStG.

- Das Gesamtbewertungskonzept zielt darauf ab, einen über den Wert der Einzelwirtschaftsgüter hinausgehenden Wert der Funktion zu erfassen,[29] letztlich also einen anteiligen Geschäftswert. Dies ist insoweit ein Novum, als vor Inkrafttreten der Neuregelung ein (anteiliger) Geschäftswert nur zusammen mit einem Betrieb oder Teilbetrieb übertragen werden konnte. Die insoweit von der Rechtsprechung definierten vergleichsweise strengen Anforderungen werden bei vielen Funktionsverlagerungen nicht erfüllt. Durch das Konzept der „Funktion" bzw. des „Transferpakets" wurden die Anforderungen an die Übertragung eines (anteiligen) Geschäftswerts reduziert.

- Trotz der verunglückten Formulierung des Gesetzestextes[30] ist davon auszugehen, dass auch für die Bewertung von Transferpaketen die Methodenrangfolge des § 1 Abs. 3 Sätze 1-3 AStG gilt. Danach sind vorrangig uneingeschränkt oder eingeschränkt vergleichbare Fremdvergleichswerte heranzuziehen, bevor der hypothetische Fremdvergleich zum Tragen kommt.[31]

- Ungeachtet dessen werden häufig keine uneingeschränkt oder eingeschränkt vergleichbaren Fremdvergleichswerte für das Transferpaket existieren, so dass der neu ins Gesetz eingeführte hypothetische Fremdvergleich zur Anwendung kommt.[32] Nach dem hypothetischen Fremdvergleich wird ein Einigungsbereich anhand der diskontierten zukünftigen Gewinnerwartungen ermittelt, der sich zwischen der Mindestforderung des verlagernden Unternehmens (Untergrenze) und der maximalen Zahlungsbereitschaft des übernehmenden Unternehmens (Obergrenze) aufspannt. Innerhalb des Einigungsbereichs ist derjenige Preis der Einkünfteermittlung zugrunde zu legen, der dem Fremdvergleichsgrundsatz mit der höchsten Wahrscheinlichkeit entspricht; wird kein anderer Wert glaubhaft gemacht, ist der Mittelwert des Einigungsbereichs zugrunde zu legen.[33] Durch diese Regelung besteht die Gefahr, dass ausländische Standortvorteile und Synergieeffekte zur Hälfte der deutschen Besteuerung unterliegen, obwohl sie im Ausland angelegt sind.

- Eine Ausnahme von der Gesamtbewertung besteht für die Fälle, in denen keine wesentlichen immateriellen Wirtschaftsgüter und sonstigen Vorteile mit der Funktion übergehen bzw. zur Nutzung überlassen werden oder wenn die Summe der einzeln bewerteten Vermögenswerte, gemessen an der Transferpaketbewertung, dem Fremdvergleichsgrundsatz entspricht (sog. „Escape-Klausel").[34] In diesen Fällen verbleibt es bei der Einzelbewertung, d.h. es sind lediglich die übertragenen und überlassenen Einzelwirtschaftsgüter mit ihrem Fremdvergleichspreis zu verrechnen.[35]

- Weiterhin wird im Rahmen des § 1 Abs. 3 Satz 11 AStG widerlegbar vermutet, dass bei erheblichen Gewinnabweichungen von den dem Verrechnungspreis zugrunde liegenden Plan-

---

[29] Vgl. BR-Drucksache 220/07, S. 144.

[30] § 1 Abs. 3 Satz 9 AStG gilt gemäß seinem Wortlaut nur „in den Fällen des Satzes 5". Dort ist aber (nur) der Fall angesprochen, dass keine eingeschränkt vergleichbaren Fremdvergleichswerte festgestellt werden können. Zudem ist das Transferpaket „unter Berücksichtigung funktions- und risikoadäquater Kapitalisierungszinssätze zu bestimmen", was ebenfalls auf eine ausschließliche Anwendbarkeit des hypothetischen Fremdvergleichs hindeuten könnte.

[31] S. Abschnitt E.I.

[32] § 1 Abs. 3 Sätze 5-8 AStG.

[33] § 1 Abs. 3 Satz 7 AStG.

[34] § 1 Abs. 3 Satz 10 AStG.

[35] S. Abschnitt F.

größen und bei der Mitübertragung wesentlicher immaterieller Wirtschaftsgüter zum Zeitpunkt des Vertragsschlusses Unsicherheiten bestanden, die unabhängige Dritte durch eine Preisanpassungsklausel berücksichtigt hätten. Falls vom Steuerpflichtigen keine fremdübliche Preisanpassungsklausel vereinbart wird, wird die Finanzverwaltung durch § 1 Abs. 3 Satz 12 AStG über einen Zeitraum von zehn Jahren zu einer einmaligen Verrechnungspreisanpassung im Folgejahr der Abweichung ermächtigt.[36]

Die Neuregelungen zur Funktionsverlagerungen waren und sind Gegenstand massiver Kritik im Schrifttum,[37] auf die hier nicht im Einzelnen eingegangen werden soll. Ein zentraler Punkt hierbei ist, dass die Gesetzesänderung und die zugehörige Verordnung erlassen wurden, ohne die Ergebnisse der parallel stattfindenden Diskussionen auf OECD-Ebene[38] abzuwarten und zu berücksichtigen.[39]

C. Tatbestandsmerkmale der Funktionsverlagerung

Von der Frage, ob eine Funktionsverlagerung i.S.d. § 1 Abs. 3 Satz 5 AStG tatbestandsmäßig vorliegt, hängt ab, ob die Regelungen zur Bewertung von Transferpaketen[40] oder die vor Inkrafttreten der Neuregelungen geltenden allgemeinsteuerlichen Regelungen[41] anwendbar sind.

Aus dem Gesetzeswortlaut lässt sich eine Reihe von Tatbestandsmerkmalen ableiten, die kumulativ erfüllt sein müssen, damit eine Funktionsverlagerung gegeben ist. Diese werden nachfolgend erörtert.

I. Geschäftsbeziehung zum Ausland mit einer nahe stehenden Person

Um in den Anwendungsbereich des § 1 Abs. 3 AStG zu kommen, muss die Funktionsverlagerung eine Geschäftsbeziehung i.S.d. § 1 Abs. 1 Satz 1 AStG darstellen. Die Definition der Geschäftsbeziehung findet sich in § 1 Abs. 5 AStG. Danach ist Geschäftsbeziehung jede „schuldrechtliche Beziehung, die keine gesellschaftsvertragliche Vereinbarung ist". Keine Geschäftsbeziehungen sind damit insbesondere verdeckte Einlagen und Kapitalerhöhungen.[42] Auch eine Liquidation bzw. die Auskehrung des Liquidationsvermögens sowie Kapitalherabsetzungen dürften keine Geschäftsbeziehungen darstellen.[43] Ähnliches gilt für die Betriebsaufgabe im Inland (selbst im Falle einer anschließenden Betriebsneugründung im Ausland und der Übertragung einzelnen Wirtschaftsgüter) sowie die Sitzverlegung (§ 12 KStG fingiert bei Sitzverlegung in einen Nicht-EU-Staat eine Veräußerung zum gemeinen Wert); auch hier fehlt es jeweils an der Geschäftsbeziehung.[44]

Die Geschäftsbeziehung muss zum Ausland bestehen. Hiermit sind Funktionsverlagerungen angesprochen, die vom Inland ins Ausland oder vom Ausland ins Inland stattfinden. Nicht erfasst sind hingegen Funktionsverlagerungen, die vom Ausland ins Ausland oder vom Inland ins Inland stattfinden, auch wenn die Verlagerung bspw. von einer inländischen Tochtergesell-

---

[36] S. Abschnitt H.
[37] Vgl. den detaillierten Überblick bei *Schreiber* a. a. O. (oben Fn. 6), FVerlV, Allg. Vorbemerkungen, Anm. 3.
[38] Vgl. *OECD*, Discussion Draft, Transfer Pricing Aspects of Business Restructuring, 19. 9. 2008.
[39] Vgl. *Baumhoff/Puls*, IStR 2009, S. 73.
[40] S. Abschn. E.
[41] S. Abschn. I.
[42] Vgl. *Schreiber* a. a. O. (oben Fn. 6), Anm. 32.
[43] Vgl. *Kraft*, Außensteuergesetz, § 1, Rz. 36, S. 15.
[44] Vgl. *Jahndorf*, FR 2008, 105.

schaft auf eine andere inländische Tochtergesellschafter derselben ausländischen Muttergesellschaft erfolgt oder von einer inländischen Gesellschaft auf die inländische Betriebsstätte einer ausländischen verbundenen Gesellschaft.[45]

Die Geschäftsbeziehung muss mit einer nahe stehenden Person stattfinden. Wer nahe stehende Person ist, wird in § 1 Abs. 2 AStG geregelt. Keine Person und damit auch keine nahe stehende Person ist insbesondere eine Betriebsstätte.[46]

II. Funktion

Gegenstand der Verlagerung muss eine Funktion sein. Der Begriff der Funktion ist in der FVerlV näher präzisiert.[47] Danach ist eine Funktion „eine Geschäftstätigkeit, die aus einer Zusammenfassung gleichartiger betrieblicher Aufgaben besteht, die von bestimmten Stellen oder Abteilungen eines Unternehmens erledigt werden".[48] Diese Definition ist nur bedingt hilfreich, da sie keine „Untergrenze" für das Vorliegen einer Funktion vorgibt und damit auch beliebig kleine bzw. atomisierte Tätigkeitsbereiche umfasst.[49]

Aufgrund des expliziten Verweises auf den Gehalt einer Funktion ist diese nach aufgaben- bzw. prozessbezogenen Kriterien abzugrenzen.[50] Weiterhin muss es sich um einen organischen Teil des Unternehmens handeln, welcher nicht notwendigerweise einen Teilbetrieb im steuerlichen Sinne begründet.[51] Die Gewinnauswirkungen müssen für die beteiligten Unternehmen sachgerecht abgrenzbar sein.[52]

Es muss also möglich sein, das mit der verlagerten „Funktion" verbundene Gewinnpotenzial sowie die Veränderung des zurückbleibenden Gewinnpotenzials durch segmentierte Ergebnisrechnungen zu bestimmen; man muss der Funktion also Aufwendungen und Erträge zuordnen können. Dies dürfte in der Regel nur dann mit vertretbarem Aufwand möglich sein, wenn der zu beurteilende Bereich separat im Rahmen einer Profit Center-, Kostenstellen- oder Segmentrechung geführt worden ist.[53]

Ein Tätigkeitsbereich kann damit in der Regel nur dann „Funktion" anzusehen sein, wenn für ihn im internen oder externen Rechnungswesen eine gesonderte Ergebnisrechnung erstellt wird. Diese Abgrenzung erscheint auch aus praktischen Gründen sinnvoll, da nur in diesem Fall die Ergebnisauswirkungen einer Funktionsverlagerung hinreichend exakt bestimmt werden können.

---

[45] Vgl. *Wassermeyer* in: Flick/Wassermeyer/Baumhoff, Außensteuerrecht, § 1 AStG, Anm. 231, 236; *Kraft* a. a. O. (oben Fn. 43), § 1, Rz. 72; *Vögele/Raab* in: Vögele, Handbuch der Verrechnungspreise, 2. Aufl., Rz. A 201.

[46] Vgl. *Kraft* a. a. O. (oben Fn. 43), § 1 AStG, Rz. 67; *Jahndorf*, FR 2008, S. 102; *Strunk/Kaminski/Köhler*, Außensteuergesetz, Doppelbesteuerungsabkommen, § 1 Abs. 2 AStG, Rz. 615; Kuckhoff/Schreiber, IStR 1999, S. 361; *Schreiber* a. a. O. (oben Fn. 6) , FVerlV, Allg. Vorbemerkungen, Anm. 37.

[47] § 1 Abs. 1 FVerlV.

[48] Vgl. für eine detaillierte Diskussion zur Definition einer Funktion auch *Borstell/Schäperclaus*, IStR 2008, S. 275 und *Wolter/Pitzal*, IStR 2008, S. 800, m. w. N.

[49] Vgl. *Schreiber* a. a. O. (oben Fn. 6), FVerlV, Allg. Vorbemerkungen, Anm. 44 mit einem höchst illustrativen Beispiel aus der Bäckereibranche; *Wolter/Pitzal*, IStR 2008, S. 793.

[50] Vgl. *Brüninghaus/Bodenmüller*, DStR 2009, S. 1286 f.; a. A. *Zech*, IStR 2009, S. 420.

[51] Vgl. BR-Drs. 220/07, S. 144.

[52] Vgl. BR-Drs. 352/08, S. 10.

[53] Vgl. auch *Borstell/Schäperclaus*, IStR 2008, S. 275 mit einer vergleichbaren Abgrenzung unter Verweis auf Cash Generating Units i. S. v. IAS 36.

III. Chancen und Risiken

§ 1 Abs. 3 Satz 9 AStG bezieht sich auf eine „Funktion einschließlich der dazugehörigen Chancen und Risiken". Diese Formulierung macht nur Sinn, wenn eine Funktion einerseits einschließlich der zugehörigen Chancen und Risiken und andererseits ohne diese übertragen werden kann.

Der Begriff der „Chancen und Risiken" kann damit nicht diejenigen Chancen und Risiken meinen, die ohnehin mit jeder unternehmerischen Tätigkeit verbunden und damit von jeder Funktionsausübung untrennbar sind; diese werden nachfolgend als funktionale Chancen und Risiken bezeichnet. Funktionen, die lediglich funktionale (aber keine weitergehenden) Chancen und Risiken umfassen, werden typischerweise als „Routine-Funktionen" bezeichnet.[54]

Die „Chancen und Risiken" des § 1 Abs. 3 Satz 9 AStG können vielmehr nur die darüber hinausgehenden Chancen und Risiken meinen, die nachfolgend als „unternehmerische Chancen und Risiken" bezeichnet werden.[55] Funktionen, die zusätzlich zu den funktionalen Chancen und Risiken auch unternehmerische Chancen und Risiken umfassen, werden typischerweise als „Non-Routine-Funktionen" bezeichnet.[56]

Aus dem Wortlaut des § 1 Abs. 3 Satz 9 AStG lässt sich damit ableiten, dass nur die Verlagerung von Non-Routine-Funktionen den Tatbestand der Funktionsverlagerung erfüllen kann. Hiervon zu trennen ist, dass bei Vorliegen des Tatbestands der Funktionsverlagerung trotzdem unter bestimmten Voraussetzungen eine Transferpaketbewertung unterbleiben kann.[57] Die Mitverlagerung von Chancen und Risiken und deren Art ist im Rahmen der Funktionsanalyse zu untersuchen.

IV. Wirtschaftsgüter und sonstige Vorteile

Ein weiteres, zwingend zu erfüllendes Merkmal der Funktionsverlagerung ist die Mitübertragung oder Überlassung von Wirtschaftsgütern und sonstigen Vorteilen. Im Umkehrschluss liegt eine Funktionsverlagerung nicht vor, wenn keine Wirtschaftsgüter oder sonstigen Vorteile verlagert worden sind.[58] Der Tatbestand der Funktionsverlagerung ist somit nicht gegeben, wenn das „übernehmende" Unternehmen die Funktion mit eigenen Wirtschaftsgütern ausübt.[59] Bei rein semantischer Betrachtung wäre zudem aus der „und"-Verknüpfung abzuleiten, dass die Übertragung von nur Wirtschaftsgütern, nicht aber von sonstigen Vorteilen (oder umgekehrt) zur Verneinung einer Funktionsverlagerung führen dürfte.[60]

Der Begriff der Wirtschaftsgüter ist durch die ständige BFH-Rechtsprechung[61] hinreichend präzisiert und soll hier nicht Gegenstand der Diskussion sein. Im Gegensatz dazu handelt es sich bei dem Tatbestandsmerkmal der sonstigen Vorteile um eine begriffliche Neuschöpfung.

---

[54] S. Abschnitt D.I.
[55] Vgl. *Brüninghaus/Bodenmüller*, DStR 2009, S. 1287; ähnlich *Jahndorf*, FR 2008, S. 105.
[56] S. Abschnitt D.I.
[57] S. Abschnitt F.
[58] Vgl. *Oestreicher*, Ubg 2009, S. 83.
[59] Vgl. *Jahndorf*, FR 2008, S. 106.
[60] Vgl. *Brüninghaus/Bodenmüller*, DStR 2009, S. 1288; a. A. *Schreiber* a. a. O. (oben Fn. 6), FVerlV, Allg. Vorbemerkungen, Anm. 48: Hiernach kann eine Funktionsverlagerung auch vorliegen, wenn nur Wirtschaftsgüter oder nur sonstige Vorteile verlagert werden.
[61] Vgl. BFH-Beschl. v. 2.3.1970, GrS 1/69, BStBl 1970 II 382; BFH-Urt. v. 9.7.1986, I R 218/82, BStBl 1987 II 14; BFH-Urt. v. 10.8.1989, X R 176-177/87, BStBl 1990 II 14; BFH-Beschl. v. 16.2.1990, III B 90/88, BStBl 1990 II 794.

Es liegt nahe, dass der Gesetzgeber mit sonstigen Vorteilen alle Vermögenswerte gemeint hat, die nicht als Wirtschaftsgüter qualifiziert werden können. Als konkretisierte Vorteile, die noch nicht zum Wirtschaftsgut erstarkt sind, könnten bspw. einzelne Kundenaufträge, eingearbeitetes Personal („workforce in place") oder auch Beziehungen zu Lieferanten anzusehen sein.[62] Letztlich dürfte der Begriff der „sonstigen Vorteile" weitgehend synonym zum Begriff der „Geschäftschancen" zu verstehen sein.[63]

V. Verlagerung

Der in § 1 Abs. 3 Satz 9 AStG verwendete Begriff der „Verlagerung" dürfte umgangssprachlich dahingehend zu verstehen sein, dass am einen Standort etwas weggenommen wird, um es am anderen Standort wieder aufzubauen. Eine „Verlagerung" würde dementsprechend eine Beendigung der Funktion beim verlagernden Unternehmen voraussetzen.[64]

Die FVerlV spezifiziert das vorgenannte gesetzliche Tatbestandsmerkmal in erster Linie mit dem Verweis darauf, dass „damit das übernehmende Unternehmen eine Funktion ausüben kann, die bisher von dem verlagernden Unternehmen ausgeübt worden ist, und dadurch die Ausübung der betreffenden Funktion durch das verlagernde Unternehmen eingeschränkt wird."[65]

Dass die FVerlV eine Verlagerung damit bereits bei einer Einschränkung annimmt, während das Gesetz hiervon im Zweifel erst bei einer Beendigung ausgeht, wurde bereits vielfach kritisiert.[66] Die Verordnung verlässt insoweit ihren Ermächtigungsrahmen und ist ohne Rechtsgrundlage. Jedenfalls setzt eine Verlagerung eine Beendigung oder zumindest Einschränkung der Funktion beim verlagernden Unternehmen voraus. Dies ist auch der Grund, warum Funktionsverdopplungen bereits begrifflich keine Funktionsverlagerungen sind.[67]

Darüber hinaus ist bei der Frage nach der Beendigung bzw. Einschränkung zum einen qualitativ die Abgrenzung der Funktion zu klären und quantitativ ein geeigneter Maßstab zum Nachweis der Einschränkung zu finden. Zur qualitativen Abgrenzung der betrachteten Funktion kann auf die o. g. Ausführungen verwiesen werden.[68] Zur quantitativen Abgrenzung sind Kennziffern heranzuziehen, die den Umfang der Funktionsausübung möglichst direkt abbilden.[69] Kriterien wie beispielsweise Stückzahlen/Volumen, Mitarbeiteranzahl, Kapitalbindung oder Materialeinsatz erscheinen vor diesem Hintergrund deutlich geeigneter als Kriterien wie beispielsweise Umsatz oder Gewinn;[70] letztere Kennzahlen spiegeln allenfalls mittelbar über verschiedene Bewertungsschritte den Umfang der Funktionsausübung wieder.

Fälle, in denen es also aufgrund der Verlagerung nicht zu einer Einschränkung der Funktionsausübung im Inland kommt, sind damit per se von den Rechtsfolgen einer Funktionsverlagerung ausgenommen.

---

[62] Vgl. *Oestreicher*, Ubg 2009, S. 83; *Brüninghaus/Bodenmüller*, DStR 2009, S. 1288; *Schreiber* a. a. O. (oben Fn. 6), FVerlV, Allg. Vorbemerkungen, Anm. 51.
[63] So auch *Baumhoff/Ditz/Greinert*, DStR 2008, S. 1945; *Brüninghaus/Bodenmüller*, DStR 2009, S. 1288.
[64] Vgl. *Wassermeyer/Baumhoff/Greinert* in Flick/Wassermeyer/Baumhoff a. a. O. (oben Fn. 45), § 1 AStG, Anm. V 73.
[65] § 1 Abs. 2 Satz 1 FVerlV.
[66] Vgl. *Kraft* a. a. O. (oben Fn. 43), § 1, Rz. 381.
[67] Vgl. *Kraft* a. a. O. (oben Fn. 43), § 1, Rz. 388; *Bodenmüller* a. a. O. (oben Fn. 1), S. 8.
[68] Vgl. Abschnitt 0.
[69] Vgl. *Frischmuth*, StuB 2008, S. 870.
[70] Vgl. *Brüninghaus/Bodenmüller*, DStR 2009, S. 1288 m. w. N.

Kann anhand geeigneter Kriterien gezeigt werden, dass eine verlagerte Funktion im Inland substituiert und damit „aufgefüllt" wird, liegt mangels Einschränkung ggf. keine Funktionsverlagerung vor.[71] Wird also beispielsweise die Produktion eines Produktes A ins Ausland verlagert, dafür aber die Produktion eines vergleichbaren Produktes B stattdessen in die inländische Produktion eingesteuert, so erfolgt eine Substituierung innerhalb derselben Funktion (Herstellung von Endprodukten) und damit ggf. keine Einschränkung.[72]

Ferner muss die Einschränkung kausal auf die Verlagerung zurückzuführen sein. Sie darf keine sonstigen Gründe (z. B. Konjunktureinbruch) haben. Falls eine Einschränkung vorliegt, diese aber nicht aus dem Verlagerungsvorgang resultiert, liegt ebenfalls keine Funktionsverlagerung vor.[73]

D. Ausprägungen von Funktionsverlagerungen

I. Routine- versus Non-Routine-Funktionen

1. Funktionsanalyse als Ausgangspunkt

Die eingehende Analyse der von den beteiligten Unternehmen übernommenen Funktionen und Risiken wird als Funktionsanalyse bezeichnet. Die Funktionsanalyse ist daher nicht als eigenständige Verrechnungspreismethode anzusehen,[74] sondern ist der Verrechnungspreisermittlung als eingehende Sachverhaltsanalyse logisch vorgelagert.

In welchem Umfang Gewinnpotenzial verlagert wird, hängt entscheidend von Art und Umfang der verlagerten Funktion ab. Da das Gewinnpotenzial von den verlagerten Wirtschaftsgütern, sonstigen Vorteilen, Chancen und Risiken abhängt, sind diese ausschlaggebend für die Einordnung und Bewertung des Verlagerungsvorgangs.

Also müssen bei der durchzuführenden Funktionsanalyse neben den durch die Transaktionspartner wahrgenommenen Funktionen und getragenen Risiken auch der Umfang, die Bedeutung, die Zuordnung und die Gewichtung der verlagerten Wirtschaftsgüter, sonstigen Vorteile, Chancen und Risiken analysiert werden.

2. Unternehmenscharakterisierung

Die Verwaltungsgrundsätze-Verfahren weisen darauf hin, dass im Rahmen der Funktionsanalyse für Zwecke der laufenden Gewinnabgrenzung bzw. der Wahl der geeigneten Verrechnungspreismethode eine Charakterisierung der an einer Transaktion beteiligten verbundenen Unternehmen zu erfolgen hat.[75] Dabei ist „zu klären, ob und welches der beteiligten Unternehmen Routinefunktionen ausübt, welches das wesentliche Unternehmensrisiko trägt und welches mehr als nur Routinefunktionen ausübt, ohne die wesentlichen Risiken zu tragen."

Als Routine-Funktionen werden solche Funktionen angesehen, die ohne Weiteres am Markt beschafft werden könnten, bei denen nur in geringem Umfang Wirtschaftsgüter eingesetzt und nur geringe Risiken getragen werden. Als Beispiele werden konzerninterne Dienstleistungen, Lohnfertigungsleistungen sowie Vertriebsleistungen eines „Low Risk Distributors" genannt. Routine-Funktionen sollen regelmäßig geringe, aber relativ stabile Gewinne erzielen.[76] Für die

---

[71] A. A. Zech, IStR 2009, S. 420.
[72] Vgl. Brüninghaus/Bodenmüller, DStR 2009, S. 1288.
[73] Vgl. Freudenberg/Holger, BB 2009, S. 824.
[74] A. A. Becker, IWB F. 10 International Gr. 2 S. 771.
[75] Tz. 3.4.10.2. des BMF-Schreibens vom 12. 4. 2005, BStBl 2005 I 570 (VwG-Verfahren).
[76] Tz. 3.4.10.2 Buchstabe a) VwG-Verfahren.

Vergütung von Routine-Funktionen kommt typischerweise die geschäftsvorfallbezogene Nettomargenmethode[77] oder die Kostenaufschlagsmethode zur Anwendung.[78]

Von Routine-Funktionen zu unterscheiden sind die Funktionen des Strategieträgers sowie Funktionen, die weder als Routine-Funktionen noch als Strategieträger-Funktionen anzusehen sind. Diese werden nachfolgend zusammen als Non-Routine-Funktionen bezeichnet. Diese Funktionen gehen typischerweise mit umfangreichen Entscheidungskompetenzen und unternehmerischen Chancen und Risiken einher. Non-Routine-Funktionen werden typischerweise durch Zuordnung des Residualgewinns oder auf Basis von Planrechnungen vergütet.[79]

3. Relevanz der Unternehmenscharakterisierung

Aus den oben herausgearbeiteten Tatbestandsmerkmalen der Funktionsverlagerung lässt sich ableiten, dass die – zunächst im Kontext der laufenden Gewinnabgrenzung angesiedelte – Unterscheidung zwischen Routine- und Non-Routine-Funktionen[80] auch bei der Beurteilung von Funktionsverlagerungen relevant ist:

- Eine Funktionsverlagerung setzt die Verlagerung von unternehmerischen Chancen und Risiken voraus.[81] Mit Routine-Funktionen sind jedoch lediglich funktionale Chancen und Risiken verbunden, hingegen keine unternehmerischen Chancen und Risiken. Die Verlagerung von Routine-Funktionen erfüllt damit die Tatbestandsvoraussetzungen der Funktionsverlagerung nicht. Das Kalkül des ordentlichen und gewissenhaften Geschäftsleiters des übernehmenden Unternehmens stützt dieses Ergebnis: Er wäre nicht bereit, für die Möglichkeit zur Ausübung von Routine-Funktionen und zur Erzielung eines Routine-Gewinns einen über den Wert der ggf. übernommenen Einzelwirtschaftsgüter hinausgehenden Preis zu zahlen.[82]

- Eine Funktionsverlagerung setzt die Übertragung oder Überlassung von Wirtschaftsgütern und sonstigen Vorteilen voraus.[83] Dies ist bei der Verlagerung von Routine-Funktionen typischerweise nicht der Fall. Die zur Funktionsausübung erforderlichen materiellen und immateriellen Wirtschaftsgüter werden vielmehr dem übernehmenden Unternehmen i.d.R. nur beigestellt. Insbesondere wenn man den Begriff der „sonstigen Vorteile" als Verweis auf unternehmerische Geschäftschancen versteht, stellt man fest, dass auch diese Voraussetzung bei der Verlagerung von Routine-Funktionen nicht erfüllt ist.

- Eine Verlagerung setzt nach allgemeinem Sprachverständnis voraus, dass die Funktion beim verlagernden Unternehmen eingestellt und bei übernehmenden Unternehmen aufgebaut wird.[84] Bei der Verlagerung von Routine-Funktionen bleibt die Verantwortung für die Funktionsausübung jedoch beim verlagernden Unternehmen, lediglich die Funktionsausübung

---

[77] Tz. 3.4.10.3 Buchstabe b) VwG-Verfahren.

[78] Vgl. *Brem*, IStR 2006, S. 503.

[79] Tz. 3.4.10.2 Buchstaben b) und c) VwG-Verfahren.

[80] Dieses Begriffspaar ist inhaltlich vergleichbar mit dem in der Vorauflage verwendeten Begriffspaar „Funktionsausübung" und „Funktionseigentum". Es dürfte auch mit der in Tz. 2.1.3. VwG-Verfahren verwendeten Unterscheidung zwischen „funktionsschwachen" und „funktionsstarken" Unternehmen vergleichbar sein. Da die Unterscheidung zwischen Routine- und Non-Routine-Funktionen jedoch mittlerweile gängiger ist, werden nachfolgend diese Begriffe verwendet.

[81] S. Abschnitt C.III.

[82] S. Abschnitt E.V.

[83] S. Abschnitt C.IV.

[84] S. Abschnitt C.V.

wird auf das übernehmende Unternehmen übertragen, das insoweit als Subunternehmer des verlagernden Unternehmens fungiert.

- Routine-Funktionen erfordern grds. keine wesentlichen immateriellen Wirtschaftsgüter.[85] Sollte die Verlagerung einer Routine-Funktion ausnahmsweise den Tatbestand der Funktionsverlagerung erfüllen, sollte spätestens die Escape-Klausel in § 1 Abs. 3 Satz 10 AStG dazu führen, dass keine Transferpaketbewertung vorzunehmen ist, sondern allenfalls die übertragenen oder überlassenen Einzelwirtschaftsgüter zu bewerten sind.[86] Für den besonders deutlichen Fall der Verrechnung der verlagerten Routine-Funktion mittels Kostenaufschlagsmethode und Erbringung der übernommenen Routine-Funktionen ausschließlich gegenüber dem verlagernden Unternehmen, wird dies durch § 2 Abs. 2 FVerlV klargestellt, so dass in diesen Fällen auf die ansonsten erforderliche Glaubhaftmachung verzichtet werden kann.

- Eine Transferpaketbewertung würde bei Routine-Funktionen auch in quantitativer Hinsicht keinen Sinn machen. Wie nachfolgend noch darzulegen sein wird, ist bei der Transferpaketbewertung der Routine-Funktions-Gewinn aus den zu diskontierenden Planergebnissen zu eliminieren.[87] Damit würde sich rechnerisch ein Wert des Transferpakets ergeben, der nicht oberhalb des Werts der verlagerten Einzelwirtschaftsgüter liegen kann.

II. Inbound- versus Outbound-Verlagerungen
1. Reichweite des § 1 Abs. 3 AStG

Die Neuregelungen zur Funktionsverlagerung werden im Allgemeinen im Zusammenhang mit Funktionsverlagerungen aus Deutschland ins Ausland diskutiert. Es stellt sich jedoch die Frage, ob die Neuregelungen auch auf Funktionsverlagerungen vom Ausland ins Inland anwendbar sind.

Zunächst ist festzuhalten, dass der Gesetzestext keine Anhaltspunkte dafür gibt, dass nur Outbound-Verlagerungen unter die Neuregelung fallen. Auch Inbound-Verlagerungen können grds. Geschäftsbeziehungen zum Ausland mit einer nahe stehenden Person darstellen.

Ausweislich der Gesetzesbegründung war es die Absicht des Gesetzgebers, Outbound- und Inbound-Funktionsverlagerungen nach denselben Grundsätzen zu behandeln. Inbound-Funktionsverlagerungen können danach zur Aktivierung immaterieller Wirtschaftsgüter (z.B. eines Geschäftswerts) führen, die anschließend erfolgswirksam abgeschrieben werden können. Hierin sei ein Anreiz zum Aufbau von Wirtschaftstätigkeit und Arbeitsplätzen zu sehen.[88]

Gesetzestechnisch stellt sich die Frage nach der Reichweite der Regelungen von § 1 Abs. 3 AStG. Aufgrund ihrer Stellung in § 1 AStG könnten sich die Regelungen nur auf die Anwendung einer Einkünftekorrektur nach § 1 Abs. 1 AStG beschränken.[89] Andererseits könnte § 1 Abs. 3 AStG eine Auslegung des Fremdvergleichs für sämtliche Geschäftsbeziehungen zum Ausland mit einer

---

[85] Tz. 3.4.10.2 VwG-Verfahren.
[86] S. Abschnitt F.
[87] S. Abschnitt E.III.
[88] Vgl. BR-Drucksache 220/07, S. 60.
[89] Vgl. *Wassermeyer/Baumhoff/Greinert* in: Flick/Wassermeyer/Baumhoff a. a. O. (oben Fn. 45), § 1 AStG, Anm. V 15.

nahe stehenden Person darstellen und wäre damit für sämtliche potenziell anwendbaren Korrekturnormen einschlägig.[90]

Die Ausgestaltung des Verweises deutet darauf hin, dass letztere Auslegung zutreffend ist; der Verweis bezieht sich nicht auf die Einkünftekorrektur, sondern auf die Geschäftsbeziehung i.S.d. § 1 Abs. 1 AStG. Auch der Umstand, dass § 1 Abs. 3 AStG Verrechnungspreismethoden und deren Rangfolge sowie eine Korrektur im Falle von Preisen außerhalb der Bandbreite auf den Median regelt, deutet darauf hin, dass der Anwendungsbereich weiter sein dürfte als der von § 1 Abs. 1 AStG. § 1 Abs. 3 AStG ist mithin als Konkretisierung des Fremdvergleichsgrundsatzes durch den Gesetzgeber für sämtliche Geschäftsbeziehungen zum Ausland mit einer nahe stehenden Person zu verstehen.[91]

2. Diskussion möglicher Fallvarianten

Nachfolgend werden die denkbaren Fallvarianten bei einer Inbound-Funktionsverlagerung erörtert. Annahme ist jeweils, dass die Tatbestandsvoraussetzungen einer Funktionsverlagerung grundsätzlich erfüllt sind, dass das Transferpaket einen Wert oberhalb der Summe der Werte der verlagerten Einzelwirtschaftsgüter hat und dass die Funktion endgültig auf das inländische übernehmende Unternehmen verlagert wird. Erörtert wird jeweils nur die steuerliche Behandlung in Deutschland:

- Unentgeltliche Verlagerung von einer ausländischen Mutter- auf ihre inländische Tochtergesellschaft: Die inländische Tochtergesellschaft empfängt eine verdeckte Einlage, soweit im Rahmen der Funktionsverlagerung Wirtschaftsgüter übertragen werden. Relevanter Wertmaßstab ist der Teilwert; die Interpretation des Fremdvergleichsgrundsatzes in § 1 Abs. 3 AStG einschließlich der Transferpaketbewertung dürfte daher unbeachtlich sein. Sofern die verlagerte Funktion einen Betrieb oder Teilbetrieb darstellt, kommt eine verdeckte Einlage des Geschäftswerts in Betracht.[92] Nicht einlagefähige Vorteile und Dienstleistungen können nicht einkünftemindernd berücksichtigt werden, da § 1 Abs. 1 AStG nur Einkünftekorrekturen nach oben vorsieht. Zudem würde sich die Frage stellen, ob voll unentgeltliche Funktionsverlagerungen überhaupt als Geschäftbeziehung i.S.d. § 1 Abs. 5 AStG anzusehen wären.[93]

- Teilentgeltliche Verlagerung von einer ausländischen Mutter- auf ihre inländische Tochtergesellschaft: Die inländische Tochtergesellschaft empfängt ebenfalls eine verdeckte Einlage. Während der Rechtsfolge einer verdeckten Einlage der Teilwert als Wertmaßstab zugrunde zu legen ist, scheint diese Frage auf der Tatbestandsseite nicht abschließend geklärt.[94] Überwiegend wird wohl (implizit) die Auffassung vertreten, dass das Vorliegen einer verdeckten Einlage bzw. die gesellschaftsrechtliche Veranlassung durch einen Vergleich des Entgelts mit dem Fremdvergleichspreis festgestellt wird und eine verdeckte Einlage dann in Höhe der Differenz angenommen wird; etwas anderes gilt nur bei voll unentgeltlichen Übertragungen.[95] Bei dieser Interpretation wäre somit der Fremdvergleichsmaßstab relevant und damit das Transferpaketkonzept des § 1 Abs. 3 AStG.

---

[90] Vgl. *Jacobs* a. a. O. (oben Fn. 3), S. 688 m. w. N.
[91] So ähnlich *Menck* in Blümich, Kommentar zu EStG, KStG, GewStG, § 1 AStG, Rz. 101.
[92] Vgl. BFH-Urt. v. 25. 10. 1995, I R 104/94, BFH/NV 1996, S. 124; v. 20. 8. 1986, I R 150/82, BStBl 1987 II 455.
[93] Vgl. *Engelke/Clemens*, DStR 2002, S. 291.
[94] Vgl. *Jacobs* a. a. O. (oben Fn. 3), S. 681: Hiernach ist tatbesthandlich der Fremdvergleichspreis maßgeblich.
[95] Vgl. *Bodenmüller* a. a. O. (oben Fn. 1), S. 46 ff.; *Jacobs* a. a. O. (oben Fn. 3), S. 681; *Kuckhoff/Schreiber*, IStR 1999, S. 361.

- Verlagerung von einer ausländischen Mutter- auf ihre inländische Tochtergesellschaft zu einem überhöhten Entgelt: Die Tochtergesellschaft tätigt eine verdeckte Gewinnausschüttung. Relevanter Wertmaßstab ist der Fremdvergleichspreis. Da es sich um eine Geschäftsbeziehung zum Ausland mit einer nahe stehenden Person handelt, dürfte § 1 Abs. 3 AStG zu beachten sein. Die verdeckte Gewinnausschüttung entspricht damit der Höhe nach der Differenz zwischen dem tatsächlichen Entgelt und dem Wert des Transferpakets gem. § 1 Abs. 3 AStG.

- Unentgeltliche oder teilentgeltliche Verlagerung von einer ausländischen Tochter- auf ihre inländische Muttergesellschaft: Die Muttergesellschaft empfängt eine verdeckte Gewinnausschüttung, die einerseits zu 5 % steuerpflichtig ist und andererseits zur Aktivierung der erhaltenen Wirtschaftsgüter bzw. der Erhöhung ihrer Buchwerte führt. Relevanter Wertmaßstab ist der Fremdvergleichspreis. § 1 Abs. 3 AStG dürfte anwendbar sein, da eine Geschäftsbeziehung zum Ausland mit einer nahe stehenden Person zu beurteilen ist. Die empfangene verdeckte Gewinnausschüttung ist dementsprechend mit dem Wert des Transferpakets (bzw. in Höhe der Differenz zum tatsächlichen Entgelt) anzusetzen.

- Verlagerung von einer ausländischen Tochter- auf ihre inländische Muttergesellschaft zu einem überhöhten Entgelt: Der geleistete Kaufpreis stellt anteilig eine gewährte verdeckte Einlage dar. Wie oben zur verdeckten Einlage ausgeführt, wird das Vorliegen einer verdeckten Einlage durch Vergleich des geleisteten Entgelts mit dem Fremdvergleichspreis festgestellt. Insoweit kommt es wieder auf den Fremdvergleichsgrundsatz und dessen Interpretation für grenzüberschreitende konzerninterne Geschäftsbeziehungen in § 1 Abs. 3 AStG an.

3. Ergebnis

Nach der hier vertretenen Auffassung ist § 1 Abs. 3 AStG einschließlich der Transferpaketbewertung damit auf nahezu sämtliche Varianten von Inbound-Funktionsverlagerungen anwendbar.[96] Lediglich bei voll unentgeltlichen Funktionsverlagerungen von einer ausländischen Mutter- auf ihre inländische Tochtergesellschaft verbleibt es beim Ansatz von Einzelwirtschaftsgütern zu deren Teilwert. Aus steuerplanerischer Sicht sollte insbesondere letztere Variante durch Vereinbarung eines Entgelts für die Funktionsverlagerung vermieden werden.

III. Beendigung von Funktionsverlagerungen

Nachfolgend soll anhand einiger Fallkonstellationen die These diskutiert werden, dass eine befristete Funktionsverlagerung und deren Beendigung nicht unabhängig von einander betrachtet werden können.

- Die Verlagerung von Routine-Funktionen löst, wie oben dargestellt, allenfalls für verlagerte Einzelwirtschaftsgüter eine Vergütungspflicht aus. Die für die Funktionsausübung erforderlichen wesentlichen materiellen und immateriellen Wirtschaftsgüter werden dem übernehmenden Unternehmen vom verlagernden Unternehmen typischerweise unentgeltlich beigestellt. Im Zeitpunkt der Beendigung der Funktionsverlagerung werden die beigestellten Wirtschaftsgüter zurückgegeben, ohne dass dies ein steuerlich relevanter Vorgang wäre.[97]

- Die befristete Verlagerung von Non-Routine-Funktionen löst in der Regel eine Verpflichtung zur Verrechnung von laufenden Nutzungsentgelten für die überlassenen materiellen und immateriellen Wirtschaftsgüter sowie ggf. sonstige Bestandteile des Transferpakets aus. Beispiele zu dieser Fallkonstellation sind Eigenproduzenten, die die wesentliche Produkt-

---

[96] Im Ergebnis wohl ähnlich *Schreiber* a. a. O. (oben Fn. 6), FVerlV, Allg. Vorbemerkungen, Anm. 35.
[97] Vgl. auch *Bernhardt/van der Ham/Kluge*, IStR 2008, S. 10; *Baumhoff/Ditz/Greinert*, DStR 2008, S. 1946.

und Produktionstechnologie vom verlagernden Unternehmen lizenzieren, oder Eigenhändler, die den Kundenstamm vom verlagernden Unternehmen lizenzieren. Die Rückgabe der betreffenden Funktion zum Ende der zeitlich befristeten Funktionsverlagerung stellt keine neuerliche Funktionsverlagerung dar, sondern die Beendigung einer solchen.[98] Vor diesem Hintergrund dürften die betreffenden Sachverhalte bereits am Tatbestandsmerkmal der „Verlagerung" scheitern; zudem dürfte ein Unternehmen, das eine Funktion nur auf Basis eines kündbaren Vertrags ausübt, nicht als Inhaber unternehmerischer Chancen und Risiken anzusehen sein. Es kann in diesen Fällen auch nicht darauf ankommen, welcher Vertragspartner den Vertrag kündigt, sofern fremdübliche Kündigungsfristen vereinbart und eingehalten werden.[99]

- Die endgültige Verlagerung von Non-Routine-Funktionen löst in der Regel eine Verpflichtung zur Verrechnung eines Einmalentgelts für die übertragenen materiellen und immateriellen Wirtschaftsgüter sowie ggf. sonstige Bestandteile des Transferpakets aus. Laufende Lizenzzahlungen existieren bei dieser Fallkonstellation ebenso wenig wie ein laufender Vertrag, auf dessen Basis die Funktion ausgeübt wird. Erfolgt bei dieser Fallkonstellation später eine Rück-Verlagerung der Funktion, wird in aller Regel eine erneute Funktionsverlagerung anzunehmen sein. Ein ggf. zu entrichtendes Entgelt löst in Höhe der noch vorhandenen Buchwerte der zurück übertragenen Wirtschaftsgüter keinen Veräußerungsgewinn aus.

Hieraus wird deutlich, dass in Fällen, in denen eine früher ins Inland verlagerte Funktion wieder zurück ins Ausland verlagert wird, eine eingehende Untersuchung der seinerzeitigen Verlagerung ins Inland dringend zu empfehlen ist, da deren Ausgestaltung die Steuerfolgen der Rückverlagerung maßgeblich bestimmen kann.

IV. Verlagerung von Produktionsfunktionen

Wie in der Gesetzesbegründung angemerkt, erfolgen grenzüberschreitende Funktionsverlagerungen insbesondere im Vertriebs- und im Produktionsbereich.[100] Diese beiden Funktionsbereiche sollen nachfolgend exemplarisch unter Funktionsverlagerungsgesichtspunkten näher untersucht werden.

Dabei werden im Rahmen einer Funktionsanalyse zunächst die typischen Produktions- und Vertriebsmodelle skizziert, um anschließend die steuerlichen Folgen im Bereich der laufenden Gewinnabgrenzung und im Bereich der Verlagerungsbesteuerung zu untersuchen.

1. Funktionsanalyse bei Produktionsgesellschaften

Bei Produktionsgesellschaften im Konzern werden aus Verrechnungspreissicht typischerweise die Alternativen Lohnfertiger, Auftragsfertiger und Eigenproduzent unterschieden. Die i. R. d. drei Alternativen idealtypischerweise übernommenen Funktionen lassen sich wie folgt tabellarisch zusammenfassen:

---

[98] Vgl. *Brüninghaus/Bodenmüller*, DStR 2009, S. 1288; *Bernhardt/van der Ham/Kluge*, IStR 2008, 10; *Baumhoff/Ditz/Greinert*, DStR 2008, 1946.

[99] Vgl. § 1 Abs. 7 Satz 2 FVerlV; *Brüninghaus/Bodenmüller*, DStR 2009, S. 1288.

[100] BR-Drucksache 220/07, S. 142: „Wie die Erfahrung der vergangenen Jahre zeigt, geht es bei Funktionsverlagerungen in ersten Linie um Vertrieb und Produktion; Forschungs- und Entwicklungsabteilungen werden dagegen erfahrungsgemäß eher selten verlagert."

Funktion	Lohnfertiger	Auftragsfertiger	Eigenproduzent
Fertigung	Einzelne Teile, einzelne Bearbeitungsschritte oder Großserienprodukte in enger Anbindung an Auftraggeber, Produktionsplanung und Qualitätskontrolle nur in geringem Umfang	Einzelne Teile, einzelne Bearbeitungsschritte oder Großserienprodukte in enger Anbindung an Abnehmer, Produktionsplanung und Qualitätskontrolle nur in geringem Umfang	In vollem Umfang, ggf. unter Einschaltung von Subunternehmern bzw. Lohn- oder Auftragsfertigern
Unternehmerische Entscheidungen im Hinblick auf das Produkt	Gering, da der Auftraggeber die Disposition über das Produkt innehat und bestimmt, welche Fertigungsschritte der Lohnfertiger wie auszuführen hat	Gering, da der Auftraggeber die Disposition über das Endprodukt innehat und bestimmt, welche Eigenschaften das produzierte Teil oder Produkt haben soll	Volle Disposition über das Produkt einschließlich der Weiterentwicklung und Anpassung an veränderte Marktbedürfnisse
Forschung und Entwicklung	Keine eigene Forschung, kein Eigentum an den immateriellen Wirtschaftsgütern, keine Lizenzierung; Technologie wird vom Auftraggeber zur Verfügung gestellt, teilweise Verpflichtung zur Verbesserung des Fertigungs-Know-how und zur Überlassung der Verbesserungen an Auftraggeber	Allenfalls in geringem Umfang eigene Forschung und Eigentum an immateriellen Wirtschaftsgütern, keine Lizenzierung; Technologie wird vom Auftraggeber zur Verfügung gestellt, teilweise Verpflichtung zur Verbesserung des Fertigungs-Know-how und zur Überlassung der Verbesserungen an Auftraggeber	Entwickelt Produkt selbst und behält Eigentum an den wesentlichen immateriellen Wirtschaftsgütern oder lizenziert oder erwirbt immaterielle Wirtschaftsgüter von Dritten
Beschaffung	Rohstoffe vom Auftraggeber beigestellt, seltener eigene Rohwarenbeschaffung	Eigene Rohwarenbeschaffung, teils Abruf aus Lieferantenverträgen des Abnehmers	In vollem Umfang

Baumhoff/Bodenmüller

Funktion	Lohnfertiger	Auftragsfertiger	Eigenproduzent
Lagerhaltung	In geringem Umfang, da häufig Just-in-time-Konzeptionen	In geringem Umfang, da häufig Just-in-time-Konzeptionen	In vollem Umfang
Vertrieb und Verwaltung	Kein Vertrieb (Abnahmegarantie), Verwaltung in geringem Umfang	Kein Vertrieb (Abnahmegarantie), Verwaltung in geringem Umfang	In vollem Umfang

Entsprechend der Regel, dass bei Vereinbarungen zwischen Fremden regelmäßig derjenige das mit einer Transaktion verbundene Risiko trägt, der den größten Einfluss auf den Eintritt der Risiken hat, entspricht dem deutlich geringeren Umfang der von einem Lohn- oder Auftragsfertiger wahrgenommenen Funktionen und der ihm zugestandenen Dispositionsbefugnisse, dass er auch nur in deutlich geringerem Umfang Risiken zu übernehmen hat.

Die bei Transaktionen zwischen Fremden üblicherweise von dem produzierenden Unternehmen getragenen Risiken werden in der nachfolgenden Tabelle in idealtypischer Form dargestellt:[101]

Risiko	Lohnfertiger	Auftragsfertiger	Eigenproduzent
Absatzrisiko	Gering, da der Auftraggeber langfristig den Großteil der Produktion abnimmt	Gering, da der Auftraggeber langfristig den Großteil der Produktion abnimmt	Volles Risiko
Beschaffungsrisiko	Abhängig von Übernahme der Beschaffungsfunktion und den vertraglichen Vereinbarungen	Gewisses Risiko aufgrund Übernahme der Beschaffungsfunktion	Volles Risiko
Lagerrisiko	Gering, da nur in geringem Umfang Lagerhaltung	Gering, da nur in geringem Umfang Lagerhaltung	Volles Risiko
Produkthaftungsrisiko	Üblicherweise nach Verursachung zwischen Lohnfertiger und Auftraggeber aufgeteilt	Üblicherweise nach Verursachung zwischen Auftragsfertiger und Abnehmer aufgeteilt	Volles Risiko

---

[101] Vgl. *Sieker*, in Debatin/Wassermeyer, DBA, Art. 9 MA, Rn. 249.; *Baumhoff/Greinert*, IStR 2006, S. 790.

Aus der Darstellung der typischerweise übernommenen Funktionen und Risiken hat sich gezeigt, dass aufgrund der bei den einzelnen Teilfunktionen und -risiken bestehenden Spielräume jede der Alternativen eine Vielzahl von Ausprägungen annehmen kann.

2. Laufende Gewinnabgrenzung

Von den oben dargestellten Alternativen sind Lohnfertigung und Auftragsfertigung als Routine-Funktion und Eigenfertigung als Non-Routine-Funktionen anzusehen.[102] Dies ergibt sich aus dem Umfang der jeweiligen Entscheidungskompetenzen, der eingesetzten immateriellen Wirtschaftsgüter und der getragenen Risiken.

Hinsichtlich der laufenden Vergütung werden Lohnfertigung und Auftragsfertigung im Konzern typischerweise mittels der Kostenaufschlagsmethode vergütet;[103] auf Einzelheiten wie Abgrenzung der Kostenbasis, Höhe des Gewinnaufschlags, Zuordnung von Standortvorteilen soll hier nicht näher eingegangen werden.

Eigenfertiger sind häufig die Strategieträger für ihre Produkte; sie werden dann durch Zuordnung des Residualgewinns vergütet. Fungieren Eigenfertiger nicht als Strategieträger, kommen andere Methoden zur Anwendung, die jedoch sicherstellen sollen, dass ein Eigenfertiger eine höhere Gewinnerwartung hat als ein Lohn- oder Auftragsfertiger.[104]

3. Funktionsverlagerung

Hinsichtlich der steuerlichen Behandlung des Verlagerungsvorgangs kann zwischen Routine- und Non-Routine-Funktionen wie folgt differenziert werden:

▶ Routine-Produktionsfunktionen

Auch bei der Verlagerung von Routine-Produktionsfunktionen benötigt das übernehmende Unternehmen sämtliche für die Produktion erforderlichen Wirtschaftsgüter. Soweit ihr diese vom verlagernden Unternehmen überlassen bzw. beigestellt werden, sind jedoch die Besonderheiten des Lohn- bzw. Auftragsfertigungsverhältnisses zu berücksichtigen.

Aufgrund der eingeschränkten Funktion und Dispositionsbefugnis eines Lohn- bzw. Auftragfertigers wird dieser häufig nicht bereit sein, für die überlassenen Wirtschaftsgüter ein Entgelt zu entrichten. Daher erhält dieser teilweise die Produktionsanlagen und in aller Regel sämtliche produktionsbezogenen immateriellen Wirtschaftsgüter sowie das erforderliche Umlaufvermögen unentgeltlich zur Verfügung gestellt bzw. beigestellt, um den ihm zugewiesenen Arbeitsschritt auszuüben. Hierfür erhält er i. R. d. laufenden Gewinnabgrenzung einen festen Gewinnaufschlag auf seine Kosten nach der Kostenaufschlagsmethode, den sog. Funktionsgewinn oder Normalverzinsung.[105]

Der Lohn- bzw. Auftragsfertiger hat jedoch keinen Anspruch darauf, die überlassenen Wirtschaftsgüter anderweitig zu seiner Gewinnerzielung einzusetzen. Das beigestellte materielle und immaterielle Anlagevermögen ist nach Beendigung des Lohn- bzw. Auftragsfertigungsverhältnisses an den Auftraggeber zurückzugeben.

Aus den eingeschränkten Dispositionsmöglichkeiten des Lohn- bzw. Auftragsfertigers ergibt sich auch, dass keine sonstigen Vorteile, unternehmerischen Chancen und Risiken übertra-

---

[102] Vgl. *Menck* a. a. O. (oben Fn. 91), § 1 AStG, Rz. 134; *Kroppen/Rasch/Eigelshoven*, IWB 2007, F. 3 Deutschland Gr. 1, S. 2222.

[103] Vgl. Tz. 3.1.3 Beispiel 1 VwG 1983.

[104] Tz. 3.4.10.2 und Tz. 3.4.12.6 VwG-Verfahren.

[105] S. Abschnitt D.IV.2.

gen oder überlassen werden und somit die Tatbestandvoraussetzungen der Funktionsverlagerung nicht erfüllt sind.

▶ Non-Routine Produktionsfunktionen

Bei der Verlagerung einer Non-Routine-Produktionsfunktion kommt eine endgültige Übertragung oder eine langfristige Nutzungsüberlassung der Funktion in Betracht. Das übernehmende Unternehmen übernimmt künftig vollumfänglich die marktwirksame Funktion, es erhält die Möglichkeit, Marktchancen zu ergreifen oder zu verweigern.

Die Entscheidungen über die Entwicklung neuer Produkte oder die Anpassung bestehender Produkte an geänderte Nachfragestrukturen liegen nunmehr ebenso im originären Entscheidungs- und Wirkungsbereich des übernehmenden Unternehmens wie die damit verbundenen Forschungsaktivitäten.

Hierfür werden sämtliche Wirtschaftsgüter und sonstigen Vorteile sowie die unternehmerischen Chancen und Risiken verlagert. Daher könnten die Tatbestandsvoraussetzungen der Funktionsverlagerung grds. erfüllt sein.[106]

V. Verlagerung von Vertriebsfunktionen

1. Funktionsanalyse bei Vertriebsgesellschaften

Für Vertriebstätigkeiten im Konzern werden in der Regel vier Vertriebsmodelle unterschieden: Eigenhändler, Limited bzw. Low Risk Distributor (LRD), Kommissionär und Handelsvertreter. Die i. R. d. vier Alternativen idealtypischerweise übernommenen Funktionen lassen sich wie folgt tabellarisch zusammenfassen:[107]

	Eigenhändler	LRD	Kommissionär	Handelsvertreter
Akquisition	+	+	+	+
Auftragsbearbeitung	+	+	+	+
Lagerhaltung	+	+/-	-	-
Warenverteilung	+	+/-	-	-
Preispolitik	+	+/-	-	-
Kundendienst	+	+/-	+/-	+/-
Inkasso	+	+	+/-	-
Marktforschung	+	-	-	-

---

[106] S. Abschnitt C. zu den Tatbestandsmerkmalen im Einzelnen.
[107] Vgl. *Sieker*, Vortragsunterlagen Kölner Konzernrechtstage 20./21. 3. 1998, S. 40.

Marketing (Strategie, Umsetzung)	+	-	-	-
Werbung	+	+	+	+
Auswahl von lokalen Vertriebspartnern	+	-	-	-

Aus dem Umfang der übernommenen Funktionen ergibt sich teilweise bereits der Umfang der übernommenen Risiken. Unterhält eine Vertriebsgesellschaft bspw. kein Lager, so trägt sie auch kein Lagerrisiko. Übernimmt sie nicht das Inkasso, trägt sie auch kein Delkredererisiko usw. Das Fremdwährungsrisiko kann bei der Vertriebsgesellschaft nur entstehen, wenn diese Eigentum an den vertriebenen Waren erwirbt, also nur beim Eigenhändlermodell oder beim LRD.

Erwirbt die Vertriebsgesellschaft Eigentum an den vertriebenen Produkten, kann das Währungsrisiko durch Auswahl der Währung für die Fakturierung entweder dem Produktions- oder dem Vertriebsunternehmen zugeordnet werden. Auch bei anderen Risiken besteht teilweise die Möglichkeit, diese durch Sachverhaltsgestaltung (auf vertraglicher Grundlage) entweder dem Produktions- oder dem Vertriebsunternehmen zuzuordnen.

Die i. R. d. einzelnen Vertriebsmodelle von der Vertriebsgesellschaft getragenen Risiken können wie folgt zusammengefasst werden:[108]

	Eigenhändler	LRD	Kommissionär	Handelsvertreter
Vorratsrisiko	+	-	-	-
Gewährleistungsrisiko	+	-	-	-
Kreditrisiko	+	+/-	+/-	-
Wechselkursrisiko	+/-	+/-	-	-
Auslastungsrisiko	+	+/-	+	+
Risiko fehlgeschlagener Geschäftsstrategien (z. B. Markteroberung)	+	-	-	-

---

[108] Vgl. US Transfer Pricing Guide, Rn. 2530.20 und 3515.

2. Laufende Gewinnabgrenzung

Hinsichtlich der Charakterisierung der Vertriebsmodelle geht die weitgehend einhellige Auffassung dahin, dass nur der „fully fledged" Eigenhändler Non-Routine-Funktionen ausübt, während die Tätigkeiten von LRD, Kommissionär und Handelsvertreter als Routine-Funktionen angesehen werden.[109]

Dementsprechend ist die laufende Vergütung der Vertriebstätigkeit so zu bemessen, dass LRD, Kommissionär und Handelsvertreter einen vergleichsweise niedrigen, aber stabilen Gewinn erzielen und insbesondere keine andauernden Verluste erleiden. Hierfür kommt häufig die transaktionsbezogene Nettomargenmethode zur Anwendung.[110]

Der Eigenhändler erzielt demgegenüber einen langfristig höheren, aber kurzfristig volatileren Gewinn. Sofern der Eigenhändler als Strategieträger fungiert, steht ihm der Residualgewinn zu. Andernfalls kommt häufig die Wiederverkaufspreismethode zur Anwendung.[111]

3. Funktionsverlagerung

Hinsichtlich der steuerlichen Behandlung des Verlagerungsvorgangs kann zwischen Routine- und Non-Routine-Funktionen wie folgt differenziert werden:

- Routine-Vertriebsfunktionen

  Bei der Verlagerung von Routine-Vertriebsfunktionen ist davon auszugehen, dass die zugehörigen immateriellen Wirtschaftsgüter dem verlagernden Unternehmen zugeordnet bleiben. Das übernehmende Unternehmen übt lediglich eine „dienende" Funktion aus und erwirbt weder Eigentum noch ein umfassendes Nutzungsrecht an den immateriellen Wirtschaftsgütern.

  Dieser Gedanke ergibt sich für den Vertriebsbereich u.a. aus § 89b HGB, der Handelsvertretern oder ähnlich fest in den Vertriebsapparat des Herstellers eingebundenen Eigenhändlern einen Ausgleichsanspruch nur insoweit gewährt, als sie während der Vertragslaufzeit neue Kunden akquiriert oder Beziehungen zu bestehenden Kunden wesentlich verbessert haben. Für die zu Beginn des Vertragsverhältnisses vorhandenen "alten" Kundenbeziehungen wird jedoch keine Entschädigung gewährt. Dies ist aber betriebswirtschaftlich nur dann nachzuvollziehen, wenn der Vertreiber für die ihm zur Betreuung überlassenen "alten" Kundenbeziehungen kein Entgelt zahlen musste, diese also nicht in sein Eigentum übergegangen sind. Leitbild des § 89b HGB ist also die grundsätzlich entschädigungslose Überlassung bzw. Beistellung von Kundenbeziehungen, die im Eigentum des Herstellers verbleiben.[112]

  Im Ergebnis ist die befristete Überlassung eines Marktes an einen Vertreiber unentgeltlich möglich, wenn dieser eng in den Vertriebsapparat des Herstellers eingebunden ist und nur über eingeschränkte Dispositionsbefugnisse über die Vertriebspolitik verfügt. Im Zweifel kann zur Abgrenzung zwischen Non-Routine-Eigenhändlern und Routine-LRDs auf die vom

---

[109] Vgl. Tz. 3.4.10.2 Buchstabe a) VwG-Verfahren; *Fiehler*, IStR 2007, S. 464 ff.
[110] Vgl. Tz. 3.4.10.3 Buchstabe b) VwG-Verfahren.
[111] Vgl. *Jacobs* a. a. O. (oben Fn. 3), S. 753.
[112] Das gesetzliche Leitbild kann für Zwecke des Fremdvergleichs (sogar) die faktische Üblichkeit verdrängen, vgl. *Weber-Grellet*, DStZ 1998, S. 363, mit Hinweis auf das BFH-Urt. v. 19. 3. 1997, I R 75/96, BStBl 1997 II 577 zum Überstundenzuschlag für einen Gesellschafter-Geschäftsführer.

BGH für den Ausgleichsanspruch des Handelsvertreters/Eigenhändlers nach § 89b HGB aufgestellten Kriterien zurückgegriffen werden.[113]

Die Funktionsverlagerungsregeln finden bei Routine-Funktionen grds. keine Anwendung, da mit der Verlagerung der Funktionsausübung in der Regel keine sonstigen Vorteile sowie unternehmerische Chancen und Risiken übergehen dürften.

▶ Non-Routine-Vertriebsfunktionen

Bei einer Verlagerung von Non-Routine-Vertriebsfunktionen ist grds. ein Entgelt zu entrichten. Diese hat dem Fremdvergleichspreis zu entsprechen und ist nach den Gegebenheiten des Einzelfalls auf Grundlage einer befristeten Überlassung oder endgültigen Übertragung zu ermitteln.

Da in diesem Fall von der Mitverlagerung von sonstigen Vorteilen sowie unternehmerischen Chancen und Risiken auszugehen ist, können die Tatbestandsvoraussetzungen der Funktionsverlagerung grds. erfüllt sein.[114]

E. Die Bewertung von Transferpaketen

I. Tatsächlicher versus hypothetischer Fremdvergleich

Mit der Neufassung des § 1 Abs. 3 AStG wurde auch seitens des Gesetzgebers das bis dahin allgemein anerkannte Stufenverhältnis hinsichtlich der Anwendung der Verrechnungspreismethoden gesetzlich modifiziert. Danach ist bei der Ermittlung von Fremdpreisen zunächst auf den tatsächlichen Fremdvergleich abzustellen und nur dann auf den hypothetischen Fremdvergleich überzugehen, wenn der tatsächliche Fremdvergleich keine verwertbaren Informationen liefert. Dabei ist es selbstverständlich, uneingeschränkt vergleichbare Werte „vorrangig" heranzuziehen und erst auf der nächsten Stufe zu prüfen, ob ein Verrechnungspreis aus eingeschränkt vergleichbaren Werten abgeleitet werden kann.

Der hypothetische Fremdvergleich kommt erst dann zur Anwendung, wenn keine uneingeschränkt oder eingeschränkt vergleichbaren Werte im Rahmen eines tatsächlichen Fremdvergleichs festgestellt werden können. Da die Systematik nach dem Stufenverhältnis nicht nur bei der Verrechnungspreisermittlung für „normale" Transaktionen, sondern auch für Funktionsverlagerungen gelten muss, ist daher auch im Fall einer Funktionsverlagerung zunächst zu prüfen, ob die Bewertung im Rahmen eines tatsächlichen Fremdvergleichs erfolgen kann. Diese Tatsache wird durch § 2 Abs. 1 Satz 1 FVerlV ausdrücklich bestätigt.

Besondere praktische Relevanz wird die Nachrangigkeit des hypothetischen Fremdvergleichs bei grenzüberschreitenden Funktionsverlagerungen allerdings nicht haben, da es in der Praxis schwierig sein dürfte, die Bewertung eines speziellen Transferpakets auf der Grundlage eines tatsächlichen Fremdvergleichs durchzuführen, so dass der hypothetische Fremdvergleich hier den Regelfall darstellt.[115]

Für die Anwendung des Fremdvergleichsgrundsatzes ist nach Auffassung des Gesetzgebers davon auszugehen, dass – ungeachtet der unter fremden Dritten üblicherweise herrschenden

---

[113] Vgl. auch BGH-Urteil v. 20. 2. 1981, I ZR 59/79, NJW 1981, S. 1961; BGH-Urteil v. 3. 3. 1983, I ZR 34/81, NJW 1983, S. 1789; BFH-Urteil v. 12. 10. 1999, VIII R 21/97, BStBl 2000 II 220.

[114] S. Abschnitt O zu den Tatbestandsmerkmalen im Einzelnen.

[115] Vgl. *Günter*, WPg 2007, S. 1084; *Jenzen*, NWB 2007, F. 2, S. 9422; *Kaminski*, RIW 2007, S. 599; *Wulf*, DB 2007, S. 2283, *Kroppen* in Kroppen (Hrsg.), Handbuch Internationale Verrechnungspreise, § 2 FVerlV, Anm. 105.

Informationsasymmetrien – die beteiligten Parteien alle wesentlichen Umstände der Geschäftsbeziehung kennen und nach den Grundsätzen ordentlicher und gewissenhafter Geschäftsleiter handeln („Transparenzklausel" gem. § 1 Abs. 1 Satz 2 AStG).

II. Ermittlung des Einigungsbereichs eines Transferpakets gem. § 1 Abs. 3 AStG

Im Rahmen der Bewertung eines Transferpakets auf Basis des hypothetischen Fremdvergleichs ist es gem. § 1 Abs. 3 Satz 9 AStG erforderlich, den Einigungsbereich für das betreffende Transferpaket zu ermitteln.[116] Dies stellt zwar keine spezifische Vorgehensweise bei Funktionsverlagerungen dar, weil die Ermittlung von Einigungsbereichen im Wege des hypothetischen Fremdvergleichs immer dann bei der Verrechnungspreisbestimmung erforderlich sein soll, wenn ein tatsächlicher Fremdvergleich ausscheidet (§ 1 Abs. 3 Satz 6 AStG). Die Besonderheit bei Funktionsverlagerungen ist jedoch darin zu sehen, dass hier die Einigungsbereiche unter Zugrundelegung eines mehrperiodigen Planungshorizonts ermittelt werden müssen. Für den Wert des Transferpakets ist der Mittelwert des Einigungsbereichs anzusetzen, sofern kein anderer Wert glaubhaft gemacht wird (§ 1 Abs. 3 Satz 7 AStG).

Für die Bewertung des Transferpakets gelten also zunächst die allgemeinen Anforderungen an die Ermittlung von Einigungsbereichen gemäß § 1 Abs. 3 Sätze 5 ff. AStG, wobei insbesondere Satz 6 die Bewertungsvorschriften enthält. Demnach hat der Steuerpflichtige „auf Grund einer Funktionsanalyse und innerbetrieblicher Planrechnungen den Mindestpreis des Leistenden und den Höchstpreis des Leistungsempfängers zu ermitteln (Einigungsbereich); der Einigungsbereich wird von den jeweiligen Gewinnerwartungen (Gewinnpotenzialen) bestimmt."

Auf Grund der verwendeten Begriffe „Planrechnungen" und „Gewinnpotenziale" wird deutlich, dass es letztlich erforderlich ist, einen Zukunftserfolgswert für das jeweilige Transferpaket zu ermitteln, und zwar sowohl aus Sicht des verlagernden als auch des übernehmenden Unternehmens. So heißt es auch in § 1 Abs. 4 der FVerlV, dass Gewinnpotenziale die aus der verlagerten Funktion jeweils zu erwartenden Reingewinne nach Steuern (Barwert) darstellen.

In diesem Zusammenhang sind dann insbesondere die folgenden Aspekte zu diskutieren, wobei es sich hierbei um die typischen Fragestellungen im Rahmen der Bewertung immaterieller Wirtschaftsgüter bzw. der Unternehmensbewertung handelt.[117]

- Isolierung und Prognose der Gewinne, die allein auf das Transferpaket entfallen,
- Bestimmung der Nutzungsdauer für das Transferpaket und
- Ableitung eines angemessenen Kapitalisierungszinssatzes.

III. Ermittlung der zu diskontierenden Zahlungsströme

Die Bewertung von Transferpaketen setzt in einem ersten Schritt die Isolierung und Prognose der auf das Transferpaket zukünftig entfallenden Gewinne voraus. Dies folgt unmittelbar aus der Formulierung des § 1 Abs. 3 Satz 6 AStG, wonach die Einigungsbereichsgrenzen von den jeweiligen Gewinnerwartungen der miteinander kontrahierenden ordentlichen und gewissenhaften Geschäftsleitern abhängen. Dabei wird in § 3 Abs. 2 FVerlV klargestellt, dass die erwarteten Gewinnpotenziale „vor und nach der Funktionsverlagerung unter Berücksichtigung bestehender Handlungsmöglichkeiten zu ermitteln" sind.

---

[116] Vgl. zum Transferpaketansatz schon *Kleineidam* in: Schaumburg (Hrsg.), Internationale Verrechnungspreise zwischen Kapitalgesellschaften, S.103 ff.
[117] Vgl. *Greinert*, DB 2004, S. 2113, 2116 f. m. w. N.

Die Bewertung von Transferpaketen unter Anwendung des hypothetischen Fremdvergleichs soll nach der Vorstellung des Gesetzgebers unter Anwendung des kapitalwertorientierten Verfahrens erfolgen.[118] Dem kapitalwertorientierten Verfahren liegt die Annahme zugrunde, dass sich der Wert eines Transferpakets aus seiner Eigenschaft ergibt, künftige Nettozuflüsse zu erwirtschaften (Zukunftserfolgswert).[119]

Für die Quantifizierung dieser Gewinnerwartungen bieten sich folglich die betriebswirtschaftlichen Bewertungsgrundsätze und -methoden an,[120] wobei die Grundsätze der betriebswirtschaftlichen Unternehmensbewertung sowie der Bewertung immaterieller Vermögenswerte im Vordergrund stehen. Diese Aussage wird gestützt durch diverse bewertungsrelevante BFH-Urteile, wonach seitens der Finanzverwaltung Bewertungen nur dann beanstandet werden können, wenn sie gegen allgemeine Auslegungsgrundsätze, Denkgesetze oder Erfahrungssätze verstoßen.[121]

Was nun die Isolierung und Prognose der auf das Transferpaket zukünftig entfallenden Gewinne, also den Wert des Transferpakets anbelangt, so bestehen hinsichtlich der Bewertungsmethodik grundsätzlich zwei Möglichkeiten: Eine indirekte und eine direkte Ermittlung.[122]

Darüber hinaus kommt im Rahmen der Escape-Klausel des § 1 Abs. 3 Satz 10 AStG auch die Einzelbewertung der übertragenen Wirtschaftsgüter in Betracht.[123]

Danach sind grundsätzlich nur die finanziellen Überschüsse aus dem Transferpaket wertrelevant, die als Nettoeinnahmen während der erwarteten wirtschaftlichen Nutzungsdauer des Transferpakets in den Verfügungsbereich der Anteilseigner gelangen (Zuflussprinzip).[124] Demnach entspricht der Reingewinn den finanziellen Überschüssen nach Fremdkapitalkosten und Unternehmensteuern, die den Eignern aus der Nutzung des Transferpakets zukünftig zufließen. Diese werden üblicherweise aus den für die Zukunft geplanten Jahresergebnissen abgeleitet. Die dabei zugrunde liegende Planungsrechnung kann nach handelsrechtlichen, steuerrechtlichen oder nach anderen Vorschriften (z.B. IFRS, US-GAAP) aufgestellt sein. Das Jahresergebnis ist hierbei um nicht zahlungswirksame Ergebnisbeiträge sachgerecht zu korrigieren.

1. Indirekte Wertermittlung

Bei der indirekten Ermittlung wird das Transferpaket nicht selbst bewertet; vielmehr ergibt sich der Wert des Transferpakets als eine Restgröße. Konkret wird hierbei der Unternehmenswert „vor und nach der Funktionsverlagerung" ermittelt. Die Differenz dieser beiden Werte stellt den Wert des Transferpakets dar.[125] Dabei ist diese Berechnung sowohl aus der Perspektive des verlagernden als auch des übernehmenden Unternehmens durchzuführen. Letztlich führt diese Bewertungsmethodik dazu, dass eine 4-fache Unternehmensbewertung vorzunehmen ist. Eine solche Vorgehensweise erscheint jedoch in vielen Fällen, insbesondere bei Groß- und Konzern-

---

[118] Vgl. § 3 FVerlV.
[119] So auch die IDW Arbeitshilfe zur Funktionsverlagerung i. S. d. § 1 Abs. 3 AStG, insbesondere zur Bewertung von Transferpaketen, IDW-FN 2009, Tz. 23.
[120] So auch die Begründung zu § 1 Abs. 4 FVerlV.
[121] Vgl. z. B. BFH-Urt. v. 27. 3. 1996, I R 60/93, BStBl 1996 II 576.
[122] Ebenso *Schreiber* a. a. O.(oben Fn. 6), FVerlV, Allg. Vorbemerkungen, Anm. 74.
[123] Vgl. hierzu Abschnitt F.
[124] Vgl. IDW-Arbeitshilfe a. a. O. (oben Fn. 119), Tz. 40.
[125] Vgl. *Oestreicher/Hundeshagen*, DB 2008, S. 1638; IDW-Arbeitshilfe a. a. O. (oben Fn. 119), Tz. 57.

unternehmen, nicht praxistauglich und unverhältnismäßig.[126] Denkbar ist bei dieser indirekten Bewertungsmethodik allenfalls das Abstellen auf die jeweils kleinste Unternehmenseinheit (Bewertungsobjekt), z.B. auf einen Geschäftsbereich, ein profit-center oder einen Teilbetrieb i.S. eines organisatorisch selbstständigen, für sich lebensfähigen Betriebsteils mit eigenständiger Gewinnermittlung, für die ein „Unternehmenswert" bestimmbar ist.

2. Direkte Wertermittlung

Die Alternative hierzu stellt die direkte Ermittlung dar. Hierbei werden unmittelbar die Gewinnpotenziale des zu bewertenden Transferpakets ermittelt, und zwar aus Sicht des verlagernden wie des übernehmenden Unternehmens. Eine Differenzbetrachtung aus dem Wert vor und nach der Funktionsverlagerung erfolgt dagegen nicht; eine 2-fache Bewertung wäre hierbei also ausreichend.

Eine solche direkte Bewertung kommt in Betracht, wenn z.B. eine Unternehmenssparte verlagert wird. Hierbei kann anhand der Spartenergebnisrechnung des Unternehmens das zugehörige Gewinnpotenzial ermittelt werden. Schwieriger gestaltet es sich jedoch, wenn Gegenstand eines Transferpakets nicht eine Sparte, sondern eine funktional engere Unternehmenseinheit ist. Hier hängt dann insbesondere von der Qualität und Ausgestaltung des Rechnungswesens des Unternehmens ab, ob Ergebniszahlen für diese Einheit zur Verfügung stehen.

Letztlich setzt der direkte Ansatz voraus, dass dem Transferpaket und damit den verlagerten materiellen und immateriellen Wirtschaftsgütern (einschl. good will) unmittelbar die entsprechenden Zahlungsströme zugeordnet werden können.[127]

Die betriebswirtschaftliche Bewertungspraxis in Deutschland stellt zur Ermittlung der (funktionsbezogenen) Gewinnpotenziale alternativ sowohl indirekte als auch direkte Bewertungsverfahren zur Verfügung.[128]

Da die indirekten Bewertungsverfahren letztlich auf einer Differenzanalyse der (Gesamt-) Unternehmenswerte beruhen, wie sie sich für das übernehmende und das verlagernde Unternehmen vor und nach der Funktionsverlagerung ergeben, kommt hierfür im Wesentlichen der IDW-Standard „Grundsätze für die Durchführung von Unternehmensbewertungen" (nachfolgend „IDW S1")[129] in Betracht. Dafür stehen sowohl das Ertragswertverfahren als auch das Discounted-Cashflow-Verfahren (DCF-Verfahren) zur Verfügung. Während das Ertragswertverfahren vorrangig auf die zu erwartenden Gewinne eines Unternehmens abstellt, die für Ausschüttungen an oder Entnahmen durch die Anteilseigner zur Verfügung stehen, orientiert sich das DCF-Verfahren demgegenüber an den erwarteten Zahlungsströmen (cash-flows), die auf den Bewertungszeitpunkt zu diskontieren sind.[130]

Bei der direkten Wertermittlung steht die Bewertung materieller und immaterieller Vermögenswerte (einschl. eines Geschäftswerts) im Vordergrund, bei der die zu verlagernde Funktion als Bewertungseinheit zu verstehen ist. In der Literatur[131] wird vorgeschlagen, hierfür kapitalwertorientierte Verfahren heranzuziehen, wie sie sich im IDW-Standard „Grundsätze zur Bewer-

---

[126] Ebenso *Kroppen* a. a. O. (oben Fn. 115), § 3 FVerlV, Anm. 135.
[127] Vgl. IDW-Arbeitshilfe a. a. O. (oben Fn. 119), Tz. 56.
[128] Vgl. hierzu im Einzelnen *Oestreicher/Hundeshagen*, DB 2008, S. 1638.
[129] IDW S1 i. d. F. 2008, IDW-FN 2008, S. 271 ff.
[130] Vgl. IDW-Arbeitshilfe a. a. O. (oben Fn. 119), Tz. 41.
[131] Vgl. *Oestreicher/Hundeshagen*, DB 2008, S. 1639.

tung immaterieller Vermögensgegenstände" (nachfolgend: „IDW S5"[132]) darstellen. Grundlage einer direkten Bewertung wären die funktionsbezogenen Einnahmeüberschüsse.

Entscheidet man sich bei der Ermittlung der Reingewinne für die direkte Methode, so ist die Aussage in § 3 Abs. 1 FVerlV bedeutsam, nur diejenigen Gewinne zu betrachten, die „der Funktion zuzuordnen sind". Bereits diese Zuordnung, die letztlich eine Isolierung eines Teilgewinns aus dem Gesamtgewinn darstellt, kann in Abhängigkeit von der Art des Transferpakets erhebliche praktische Schwierigkeiten hervorrufen.

Tendenziell kann man davon ausgehen, dass der Bewertungsstandard „IDW S5" zur Bewertung von Transferpaketen eher geeignet ist als der Bewertungsstandard „IDW S1". Diese Aussage gilt insbesondere für „kleine" Transferpakete, die nicht die Teilbetriebskriterien erfüllen. Auch kommt bei der Anwendung des „IDW S5" eher die direkte Cashflow-Bewertung zum Tragen, was international auf größere Akzeptanz stoßen dürfte. Zudem ist dieser Standard flexibler bei der Bestimmung der Nutzungsdauer eines immateriellen Wirtschaftsguts. Für die Übertragung komplexerer Funktionen, ggf. mit Teilbetriebscharakter, erscheint dagegen der Standard „IDW S1" geeigneter; denkbar ist auch, beide Standards nebeneinander anzuwenden.

Da § 1 Abs. 4 FVerlV lapidar feststellt, dass bei der Ermittlung des funktionsbezogenen Gewinnpotenzials auf die „jeweils zu erwartenden Reingewinne nach Steuern (Barwert)" abzustellen ist, bleibt unklar, was konkret unter der Residualgröße „Reingewinn" zu verstehen ist bzw. wie diese zu ermitteln ist. Damit steht es im Ermessen des Steuerpflichtigen, diejenige (indirekte oder direkte) Gewinnermittlungsmethode anzuwenden, die ihm für den vorliegenden Bewertungszweck am geeignetsten erscheint, sofern sie einheitlich auf die beteiligten Unternehmen bzw. Unternehmensteile/Funktionseinheiten angewandt wird. Sofern der Steuerpflichtige mit Ausgangsgrößen aus dem externen Rechnungswesen arbeitet, steht es ihm außerdem frei, hierbei Werte nach EStG, HGB, IFRS, US-GAAP usw. heranzuziehen.

Darüber hinaus muss es auch zulässig sein, Ausgangsgrößen aus dem internen Rechnungswesen (einschließlich der Berücksichtigung kalkulatorischer Kosten) zu verwenden, soll doch anhand des internen Rechnungswesens der Werteverzehr und die Werteschaffung nach betriebswirtschaftlichen Grundsätzen ermittelt werden. Auch in der Begründung zu § 1 Abs. 4 FVerlV wird deutlich, dass dies auch von der Finanzverwaltung anerkannt wird. So heißt es dort: „Die internen betriebwirtschaftlichen Bewertungsgrundsätze und -methoden sind anzuerkennen, wenn sie einheitlich auf die beteiligten Unternehmen angewandt werden und dies nicht zu erkennbar dem Fremdvergleichsgrundsatz widersprechenden Ergebnissen führt." Damit kann der Steuerpflichtige diejenige Gewinngröße ansetzen, die nach seiner Auffassung betriebwirtschaftlich zweckmäßig ist.[133] So gesehen birgt die mit diesen Formulierungen entstehende Unbestimmtheit für den Rechtsanwender auch viele Vorteile.

IV. Berücksichtigung von Steuern im Rahmen der Bewertung

Im Zusammenhang mit der Ermittlung der Reingewinne nach Steuern stellt sich die Frage, ob hierbei nur auf die Steuerbelastung des Unternehmens oder auch zusätzlich auf die Ebene der Anteilseigner abgestellt wird. Nimmt man auf die entsprechende Regelung von „IDW S1" Bezug,[134] so ist eine mittelbare Typisierung der steuerlichen Verhältnisse der Anteilseigner vorzunehmen, indem angenommen wird, dass Nettozuflüsse aus dem Bewertungsobjekt und aus der

---

[132] IDW S5 i. d. F. 2007, WPg Supplement 4/2007 S. 64 ff.
[133] Ebenso *Kroppen* a. a. O. (oben Fn. 115), § 3 FVerlV, Anm. 139.
[134] Vgl. IDW S1 i. d. F. 2008 a. a. O. (oben Fn. 129), Tz. 28.

Alternativinvestition in ein Aktenportfolio auf Anteilseignerebene einer vergleichbaren persönlichen Besteuerung unterliegen. Dadurch kann auf eine unmittelbare Berücksichtigung der Besteuerung auf Anteilseignerebene verzichtet werden.[135]

Der Verzicht auf den Ansatz der persönlichen Einkommensteuer von Anteilseignern von Kapitalgesellschaften steht auch im Einklang mit dem Wortlaut des § 1 Abs. 4 FVerlV, nach dem bei der Bewertung die Perspektiven des verlagernden und des übernehmenden Unternehmens maßgebend sind.[136]

V. Eliminierung des sog. „Funktionsgewinns"

Um die einzelnen funktionsbezogenen Gewinne ermitteln zu können, ist bei Anwendung der indirekten Methode grundsätzlich eine vierfache Bewertung durchzuführen. Dabei haben sowohl das verlagernde als auch das übernehmende Unternehmen ihre zukünftigen Gewinne zu prognostizieren, und zwar jeweils „auf der Grundlage einer Funktionsanalyse vor und nach der Funktionsverlagerung".[137] Dabei ist dem Umstand Rechnung zu tragen, dass mit der Abgabe einer Funktion - einschließlich der zugehörigen Risiken - einem Unternehmen auch ein niedrigerer Gewinn zusteht.[138] Die jeweilige Differenz stellt dann den Mehr- oder Mindergewinn aus der Funktionsausübung dar.

Grundsätzlich kann im Rahmen der Bewertung eines Transferpakets nur der Gewinn angesetzt werden, der den sog. Funktionsgewinn übersteigt. Der Funktionsgewinn spiegelt i.d.R. nur eine Normalverzinsung des für die jeweilige Funktion investierten Kapitals wider. Methodisch findet sich diese Normalverzinsung in der Kostenaufschlagsmethode wieder, sofern nur ein Gewinnaufschlag auf die Vollkosten i.H. einer Normalverzinsung erhoben wird. Daher dürften folglich Gewinnpotenziale, die nur eine Normalverzinsung beinhalten, nicht Gegenstand einer Transferpaketbesteuerung sein, selbst wenn der dahinter stehende Geschäftsvorfall als Funktionsverlagerung anzusehen sein sollte.

Folgerichtig regelt § 2 Abs. 2 FVerlV auch, dass z.B. in Fällen einer Funktionsabspaltung, in denen anschließend die Kostenaufschlagsmethode für die Funktionsausübung zur Anwendung kommt, davon auszugehen ist, dass mit dem übergehenden Transferpaket keine wesentlichen immateriellen Wirtschaftsgüter übergehen, so dass es zu keinen transferpaketbedingten Besteuerungsfolgen auf Grund der Funktionsverlagerung kommt. Nach der Begründung zu § 2 Abs. 2 Satz 1 der FVerlV werden diese Sachverhalte generell von der Transferpaketbetrachtung ausgenommen, „um eine zu weit gehende Behandlung von Geschäftsvorfällen als Funktionsverlagerungen zu vermeiden", selbst wenn diese Vorgänge qua definitione als Funktionsverlagerungen anzusehen sind. Praktische Bedeutung hat diese Regelung bei der Übertragung von Routine-Funktionen[139] (wie z.B. Lohnfertiger oder Kommissionäre), mit denen keine bzw. geringe

---

[135] Vgl. IDW S1 i. d. F. 2008 a. a. O. (oben Fn. 129), Tz. 30 und 45; IDW-Arbeitshilfe a. a. O. (oben Fn. 119), Tz. 54.

[136] Vgl. IDW-Arbeitshilfe a. a. O. (oben Fn. 119), Tz. 55.

[137] Vgl. § 3 Abs. 2 Satz 1 FVerlV; vgl. Piltz in Arbeitsbuch zur Jahrestagung der FfSt, 2007, S. 105; *Blumers*, BB 2007, 1762; *Günter*, WPg 2007, S. 1086.

[138] Vgl. *Freytag*, IWB 2007 F. 3 Deutschland Gr. 1, S. 2197. So weisen *Kroppen/Rasch/Eigelshoven*, IWB 2007 F. 3 Deutschland Gr. 1, S. 2208 zu Recht darauf hin, dass ein Unternehmen bei der Abgabe von Risiken, z. B. an Versicherungen, ein Entgelt entrichten muss, nicht dagegen ein Entgelt von der Risiko übernehmenden Gesellschaft erhält.

[139] Vgl. Tz. 3.4.10.2. Buchstabe a) VwG-Verfahren; s. dazu auch Abschnitt 0.

Baumhoff/Bodenmüller

Chancen und Risiken übergehen, so dass der Verrechnungspreis i.d.R. keine die Normalverzinsung übersteigenden Gewinnelemente enthält.

So hat auch die Rechtsprechung bei der Übertragung von Funktionen auf einen Lohnfertiger (Funktionsabspaltung) bislang keinen Grund gesehen, eine Gewinnrealisierung bei dem verlagernden Unternehmen vorzunehmen.[140]

Wenn diese Überlegung im Rahmen der Verlagerung von Routine-Funktionen richtig ist, so ist es konsequent, dementsprechend auch bei den anderen Formen der Funktionsverlagerung zu verfahren. Demnach kann nur derjenige Gewinn im Rahmen einer Funktionsverlagerung bzw. eines Transferpakets erfasst werden, der den Funktionsgewinn der übertragenen Funktion übersteigt.[141] Es wäre demnach also nicht gerechtfertigt, die gesamte Veränderung des Gewinns vor und nach der Funktionsverlagerung zu betrachten. Korrigierend müsste vielmehr berücksichtigt werden, dass mit der Funktionsverlagerung auch eine Funktion im Inland nicht mehr ausgeübt wird und insofern der Funktionsgewinn wegfällt.[142] Dies ist auch insoweit nachvollziehbar, als der Funktionsgewinn idealerweise nur eine Normalverzinsung des für die jeweilige Funktion investierten Kapitals[143] wiedergibt. Wenn nun das entsprechende Kapital im Inland nicht mehr verwendet wird, folgt daraus zwangsläufig, dass auch der jeweilige Gewinn - also der Funktionsgewinn - wegfällt.

Auch aus der Perspektive des übernehmenden Unternehmens ist diese Überlegung zwingend. Der ordentliche und gewissenhafte Geschäftsleiter des übernehmenden Unternehmens wäre nicht bereit, ein Entgelt für diejenigen Gewinne an den Verlagernden zu entrichten, die auf seine Funktionsausübung entfallen. Diese Gewinne sind ein Äquivalent für die von dem Übernehmenden ausgeübten Funktionen und getragenen Risiken. Würde er dafür ein Entgelt an den Verlagernden entrichten, so müsste der Übernehmende letztlich gewinnlos wirtschaften. Dies würde ein fremder Dritter allerdings nicht akzeptieren.[144]

Damit kann nur der über den Funktionsgewinn hinausgehende Gewinn Gegenstand der Besteuerung im Sinne von § 1 Abs. 3 Satz 9 AStG sein. Dies steht auch im Einklang mit der Intention des Gesetzes, soll doch mit der Besteuerung von Funktionsverlagerungen der Gewinn erfasst werden, der mit den jeweiligen Chancen und Risiken verbunden ist. Chancen und Risiken sind jedoch nur das, was über die eigentliche Funktionsausübung hinausgeht bzw. nur diejenige Verzinsung, welche die Normalverzinsung übersteigt.[145] Insofern ist dieser Umstand bei der Festlegung des Kapitalisierungszinssatzes zu berücksichtigen mit der Folge, dass eine „Normalverzinsung" immer zu einem Barwert in Höhe des Werts des eingesetzten Kapitals führt.

VI. Ermittlung des Kapitalisierungszeitraums

In engem Zusammenhang mit der Prognose der auf das Transferpaket entfallenden Gewinne ist zu klären, über welchen Zeitraum die Gewinne kapitalisiert werden sollen. § 6 der FVerlV geht

---

[140] Vgl. FG Münster v. 16. 3. 2006, 8 K 2348/02 E, rkr., IStR 2006, S. 794; vgl. zu diesem Urteil *Baumhoff/Greinert*, IStR 2006, S. 789 ff.; vgl. auch *Kaminski*, RIW 2007, S. 594, 599.

[141] Vgl. *Baumhoff* a. a. O. (oben Fn. 5), S. 73, 86 f.; *Ditz*, DStR 2006, S. 1625, 1627; *Kroppen* a. a. O. (oben Fn. 115), § 3 FVerlV, Anm. 140.

[142] Vgl. *Greinert*, DB 2009, S. 757.

[143] Vgl. zur Verzinsung des Kapitals als Möglichkeit der Schätzung von Verrechnungspreisen § 1 Abs. 4 AStG.

[144] So auch *Schreiber* in Oestreicher (Hrsg.), Internationale Verrechnungspreise, S. 285, 307.

[145] Vgl. *Brüninghaus/Bodenmüller*, DStR 2009, S. 1287.

grundsätzlich davon aus, dass „ein unbegrenzter Kapitalisierungszeitraum zu Grunde zu legen" ist, sofern „keine Gründe für einen bestimmten, von den Umständen der Funktionsausübung abhängigen Kapitalisierungszeitraum glaubhaft gemacht oder ... solche Gründe nicht ersichtlich" sind. D.h., dass die Finanzverwaltung von der Formel der „ewigen Rente" ausgeht, sofern für den Steuerpflichtigen keine kürzeren Kapitalisierungszeiträume ersichtlich sind. Als Begründung wird u.a. angeführt, dass Funktionsverlagerungen Betriebs- oder Teilbetriebsveräußerungen ähneln würden und hier „betriebswirtschaftlich" auch ein unbegrenzter Kapitalisierungszeitraum angewandt werde. Dies mag im Allgemeinen bei der indirekten Wertermittlung[146] zutreffen,[147] wenngleich auch diese Methode durchaus einen begrenzten Kapitalisierungszeitraum zulässt.[148]

Betriebswirtschaftlich ist jedoch die generelle Unterstellung eines unbegrenzten Kapitalisierungszeitraums unzutreffend, insbesondere dann, wenn es sich um eine direkte Wertermittlung handelt.[149] So müssten z. B. bei der Übertragung von Vertriebsfunktionen entweder die Laufzeit des Vertriebsvertrags oder, wenn ein solcher Vertriebsvertrag nicht existiert, die gesetzlichen Kündigungsfristen Berücksichtigung finden. Außerdem spielen zeitliche Aspekte wie Produktlebenszyklen, technische Entwicklungen, Absatzmarktänderungen, Bedarfswandlungen am Markt etc. für die Bestimmung des Kapitalisierungszeitraums eine besondere Rolle.[150] Vor diesem Hintergrund ist es bei der Bewertung typischerweise geboten, nur einen begrenzten Zeitraum zugrunde zu legen.[151] Die in der Literatur vorgeschlagenen Prognosezeiträume von ca. 3 bis 5 Jahren[152] sind daher eher vertretbar und wohl auch fremdvergleichskonform. Für langlebige bewegliche Wirtschaftsgüter wird i.d.R. eine Nutzungsdauer von 5-10 Jahren unterstellt, für einen Firmenwert maximal 15 Jahre. In der Realität des Wirtschaftslebens gibt es eigentlich kein zeitlich unbegrenztes „ewiges"[153] Gewinnpotenzial.

Insofern ist es zu begrüßen, dass auch die Rechtsverordnung die Möglichkeit einräumt, einen kürzeren Kapitalisierungszeitraum zugrunde zu legen, wobei es ausreichend sein soll, dass Gründe dafür glaubhaft gemacht werden oder ersichtlich sind." Insbesondere mit der Formulierung „ersichtlich" wird deutlich, dass keine zu hohen Anforderungen an den Nachweis gerichtet sind, einen kürzeren Prognosezeitraum zugrunde zu legen. Hier liegt es am Steuerpflichtigen, die für einen zeitlich begrenzten Kapitalisierungszeitraum sprechenden Einflussfaktoren in der Weise aufzubereiten, dass sie „ersichtlich" sind. Insbesondere bei Anwendung des Bewertungsstandards „IDW S5" wird von einem begrenzten Kapitalisierungszeitraum auszugehen sein.

VII. Ermittlung des Kapitalisierungszinssatzes

Sofern die auf ein Transferpaket entfallenden Gewinnpotenziale isoliert und für den maßgebenden Zeitraum prognostiziert wurden, ist es für die Ermittlung des Ertragswerts erforderlich,

---

[146] S. Abschnitt E.III.1.
[147] Vgl. *Oestreicher/Hundeshagen*, DB 2008, S. 1638.
[148] IDW-Arbeitshilfe a. a. O. (oben Fn. 119), Tz. 56.
[149] S. Abschnitt E.III.2.
[150] Vgl. IDW-Arbeitshilfe a. a. O. (oben Fn. 119), Tz. 64.
[151] Vgl. *Ditz*, DStR 2006, S. 1625, 1628; *Finsterwalder*, IStR 2004, S. 763, 767. So mit Hinweis auf den „rasanten technischen Fortschritt" auch *Kuckhoff/Schreiber*, IStR 1999, S. 321, 328.
[152] Vgl. *Baumhoff* in Flick/Wassermeyer/Baumhoff a. a. O. (oben Fn. 45), § 1 AStG, Anm. 593 und 600.1 m. w. N.
[153] Vgl. auch *Frotscher*, FR 2008, S. 56.

die für die einzelnen Jahre ermittelten Gewinne auf den Übertragungsstichtag zu diskontieren. Dabei sollen gemäß § 1 Abs. 3 Satz 9 AStG „funktions- und risikoadäquate Kapitalisierungszinssätze" zur Anwendung kommen. Mit dieser Formulierung wird jedenfalls deutlich, dass der Kapitalisierungszinssatz unter Anwendung solcher Methoden zu ermitteln ist, die durch die Finanzwirtschaftslehre im Allgemeinen und die Unternehmensbewertungslehre im Speziellen abgeleitet wurden.[154]

Demnach wird der Kapitalisierungszinssatz durch die günstigste alternative Kapitalanlagemöglichkeit bestimmt. Der Kapitalisierungszinssatz gibt demnach an, welche Mindestverzinsung aus dem Transferpaket erzielt werden muss, um nicht schlechter zu stehen als bei einer Anlage in der nächstbesten Alternative.

Auszugehen ist dabei von der Verzinsung einer risikolosen Investition am Kapitalmarkt (Basiszinssatz), deren Laufzeit der voraussichtlichen Ausübung der Funktion entspricht (z.B. risikolose Staatsanleihen). In der aktuellen Fassung des Bewertungsstandards „IDW S1" ist vorgesehen, den Basiszinssatz unter Verwendung fristadäquater Zerobondsätze abzuleiten.[155] Sowohl vom IDW (S1, Tz. 117) als auch in der Literatur[156] wird in diesem Zusammenhang vorgeschlagen, bei Unternehmen mit Sitz in Deutschland auf die von der Deutschen Bundesbank geschätzte Zinsstrukturkurve zurückzugreifen, um so unterschiedliche Zinssätze während des Zeitraums der Funktionsausübung zu berücksichtigen. Auf der Internetseite der Deutschen Bundesbank werden die für die Ermittlung der Zinsstruktur erforderlichen geschätzten Parameter und die daraus resultierenden Zinssätze bis zu einer Restlaufzeit von 15 Jahren börsentäglich veröffentlicht (sog. Svensson-Methode). Bei Verlagerungen innerhalb Europas könnten die entsprechenden Daten der Europäischen Zentralbank verwendet werden, die die Daten nach derselben Methode zur Verfügung stellt.

Dieser Basiszinssatz ist um „funktions- und risikoadäquate" Zuschläge zu erhöhen. Der Basiszinssatz (für eine risikolose Investition) soll nach Auffassung der Finanzverwaltung jeweils getrennt sowohl für das verlagernde als auch für das übernehmende Unternehmen ermittelt werden. Das ist insofern auch sachgerecht, als in verschiedenen Ländern - schon allein währungsbedingt - verschiedene Basiszinssätze zur Anwendung kommen.

Gleiches gilt für den funktions- und risikoadäquaten Zuschlag, der gem. § 5 Satz 3 FVerlV so zu bemessen ist, „dass er sowohl für das übernehmende als auch für das verlagernde Unternehmen die in vergleichbaren Fällen jeweils unternehmensübliche Risikobeurteilung berücksichtigt".

Letztlich bleibt es - trotz dieser allgemeinen Hinweise - für den Rechtsanwender unklar, wie der funktions- und risikoadäquate Zuschlag im konkreten Einzelfall zu bestimmen ist.

Die Ausgangsgröße des Risikozuschlags sollte nach Möglichkeit aus den Gegebenheiten am Kapitalmarkt abgeleitet werden.[157] Das setzt voraus, Unternehmen zu finden, deren Geschäftstätigkeiten mit der zu verlagernden Funktion vergleichbar sind, um dann deren Eigenkapitalkosten zu analysieren.[158] Bereits diese Voraussetzung wird in praxi schwer erfüllbar sein, da die Funktion lediglich ein Bündel aus mehreren zusammengehörenden betrieblichen Aufgaben

---

[154] Vgl. *Naumann*, Status: Recht 2007, S. 203 f.
[155] Vgl. IDW S1 a. a. O. (oben Fn. 129), Tz. 117.
[156] Vgl. *Günter*, WPg 2007, S. 1087 m.w.N.
[157] IDW-Arbeitshilfe a. a. O. (oben Fn. 119), Tz. 74.
[158] So auch *Oestreicher/Hundeshagen*, DB 2008, S. 1693.

darstellt und nur einen Teilbereich einer unternehmerischen Gesamtaufgabe ausmacht. Da eine Funktion gem. § 1 Abs. 1 Satz 2 FVerlV auch nicht die Teilbetriebskriterien im steuerlichen Sinne erfüllen muss,[159] muss sie auch kein organisatorisch geschlossener Teil eines Gesamtunternehmens sein, der für sich lebensfähig ist und für sich betrachtet alle Merkmale eines Betriebes aufweist. Dies wäre allerdings für das Auffinden funktionsgleicher oder zumindest -ähnlicher Unternehmen von entscheidender Bedeutung.

Im Rahmen von Unternehmensbewertungen wird zwecks Ermittlung des Risikozuschlags typischerweise auf Modelle der Preisbildung an Kapitalmärkten zurückgegriffen. So können aus den am Kapitalmarkt empirisch ermittelten Aktienrenditen mit Hilfe von Kapitalmarktpreisbildungsmodellen (CAPM, Tax-CAPM) Risikoprämien abgeleitet werden.[160]

Das hier angesprochene Capital Asset Pricing Model (CAPM), welches in der Theorie und Praxis der Unternehmensbewertung das gebräuchlichste und anerkannteste Verfahren ist, eignet sich primär aber nur für die Bewertung ganzer Unternehmen, weil der maßgebende Beta-Faktor anhand der Kursschwankungen von börsennotierten Unternehmen im Verhältnis zu einem Marktportfolio (z.B. repräsentiert durch den S&P 500, DAX 30) ermittelt wird. Für einzelne Funktionen gibt es dagegen keine an Börsen festgestellten Marktpreise. Insofern scheidet zumindest eine - unmittelbare - marktorientierte Ableitung des Risikozuschlags für Transferpakete aus.

Im Rahmen der Bewertung immaterieller Vermögenswerte soll ebenfalls die „Risikozuschlagsmethode" zur Anwendung kommen mit der Maßgabe, die Erwartungswerte des Cashflows mit einem risikoangepassten Kapitalisierungszinssatz zu diskontieren. Dabei sollen als Ausgangsgröße die „gewogenen durchschnittlichen Kapitalkosten des Unternehmens (Weighted Average Cost of Capital, WACC)" dienen.[161] Hierzu müssen Eigenkapitalkosten, Fremdkapitalkosten (nach betrieblichen Steuern) und Kapitalstruktur ermittelt werden. Dabei können sowohl die Gegebenheiten am Kapitalmarkt als „auch unternehmensintern vorgegebene oder anderweitig abgeleitete Renditeerwartungen zur Diskontierung der Cashflows herangezogen werden". Die transferpaketspezifischen Eigenkapitalkosten sollen ebenfalls analog zum Capital Asset Pricing-Modells (CAPM) ermittelt werden. Die setzen sich aus einem risikolosen Basiszinssatz und einer Marktrisikoprämie, angepasst an die Spezifika des betreffenden Transferpakets (transferpaketspezifischer Risikozuschlag) zusammen.[162]

Der Basiszinssatz sollte sich an den periodenspezifischen Zerobondrenditen der aktuellen Zinsstrukturkurve orientieren, während der transferpaketspezifische Risikozuschlag für den Fall, dass keine Kapitalmarktdaten für das Unternehmen selbst vorliegen, auf Basis einer Gruppe von Vergleichsunternehmen (Peer-Group) abgeleitet werden sollte. Bei der Auswahl der adäquaten Peer-Groups sollte eine weitestgehende Übereinstimmung der operativen Geschäftstätigkeit sowie der Unternehmensgröße angestrebt werden.[163] Dabei darf die ganz offensichtlich bestehende Schätzungsunsicherheit, die weder durch die FVerlV noch deren amtliche Begründung auch nur in Ansätzen beseitigt wird, nicht zu Lasten des Steuerpflichtigen gehen. Sofern das Transferpaket eine von der Peer-Group abweichende Risikostruktur aufweist, sind funktionsspe-

---

[159] Vgl. hierzu z. B. BFH v. 24. 4. 1969, IV R 202/68, BStBl 1969 II 397.
[160] Vgl. IDW S1 a. a. O. (oben Fn. 129), Tz. 118; IDW-Arbeitshilfe a. a. O. (oben Fn. 119), Tz. 75.
[161] Vgl. IDW S5 i. d. F. 2007 a. a. O. (oben Fn. 132), Tz. 41.
[162] IDW S5 i. d. F. 2007 a. a. O. (oben Fn. 132), Rz. 43; IDW S1 i. d. F. 2008 a. a. O. (oben Fn. 129), Tz. 122.
[163] Vgl. IDW S5 i. d. F. 2007 a. a. O. (oben Fn. 132), Tz. 43; IDW-Arbeitshilfe a. a. O. (oben Fn. 119), Tz. 79.

zifische Zu- oder Abschläge beim Risikozuschlag vorzunehmen.[164] Hierbei ist insbesondere zu berücksichtigen, dass es sich bei den Transferpaketen häufig um nicht selbstständig lebensfähige Betriebsteile handelt.

Da bei der Bewertung von Transferpaketen von einer mittelbaren Typisierung der steuerlichen Verhältnisse der Anteilseigner auszugehen ist, wird bei der Ermittlung der finanziellen Überschüsse aus dem Transferpaket auf eine unmittelbare Berücksichtigung der Besteuerung auf Anteilseignerebene verzichtet. Dementsprechend ist nach dem Äquivalenzprinzip[165] auch beim Kapitalisierungszinssatz kein Ansatz persönlicher Ertragsteuern vorzunehmen.[166]

F. Einzel- versus Gesamtbewertung („Escape-Klausel")

Bei der Bewertung eines Transferpakets soll grundsätzlich eine Gesamtbetrachtung vorgenommen werden, bei der die „Funktion als Ganzes" als Bewertungsobjekt fungiert. § 1 Abs. 3 Satz 10 AStG lässt hiervon jedoch Ausnahmen alternativ zu und gestattet eine Einzelbewertung der übertragenen Wirtschaftsgüter. Danach ist eine Abweichung von der Gesamtbetrachtung und stattdessen eine Einzelbewertung der übertragenen Wirtschaftsgüter zulässig, wenn der Steuerpflichtige glaubhaft macht,

- dass keine wesentlichen immateriellen Wirtschaftsgüter und Vorteile mit der Funktion übergegangen sind oder zur Nutzung überlassen wurden (1. Alternative) oder
- dass das Gesamtergebnis der Einzelpreisbestimmungen, gemessen an der Preisbestimmung für das Transferpaket als Ganzes, dem Fremdvergleichsgrundsatz entspricht (2. Alternative).

Die „Escape-Klausel" dürfte primär für Non-Routine Funktionen relevant sein, weil Routine-Funktionen i.d.R. bereits tatbeshandlich keine Funktionsverlagerung darstellen.[167]

Gemäß § 1 Abs. 5 FVerlV sind im Hinblick auf die erste Alternative funktionsverlagerungsbedingte immaterielle Wirtschaftsgüter und Vorteile „wesentlich", wenn sie für die verlagerte Funktion erforderlich sind (qualitativer Maßstab) und ihr Fremdvergleichspreis insgesamt mehr als 25 % der Summe der Einzelpreise aller Wirtschaftsgüter und Vorteile des Transferpakets beträgt (quantitativer Maßstab).

Unklar ist hierbei, was unter dem Begriff „Vorteile" zu verstehen ist.[168] In der Begründung werden in diesem Zusammenhang exemplarisch „Patente" und „Know-how" erwähnt.[169]

Sind gemäß dieser Definition wesentliche immaterielle Wirtschaftsgüter und Vorteile übergegangen, verbleibt zumindest die zweite Alternative. Demnach ist glaubhaft zu machen, dass die Werte der übertragenen einzelnen Wirtschaftsgüter unter Berücksichtigung des Werts des Transferpakets insgesamt dem Fremdvergleichsgrundsatz entsprechen. Hiermit wird zumindest

---

[164] Vgl. IDW S5 i. d. F. 2007 a. a. O. (oben Fn. 132), Tz. 43. Auch die Gesetzesbegründung zu § 5 Satz 1 FVerlV spricht davon, dass die Zuschläge sich an den Renditen orientieren sollen, die für die Ausübung vergleichbarer Funktionen erzielt werden, wenn ausreichend vergleichbare Renditeerwartungen ermittelt werden können. Ansonsten soll nach der Gesetzesbegründung von den Gewinnerwartungen des Gesamtunternehmens ausgegangen werden und der verlagerten Funktion ein angemessener Anteil am zu erwartenden Gesamtunternehmensgewinn zugeordnet werden, der dann als Zuschlag auf eine risikolose Investition darzustellen ist.

[165] Vgl. Moxter, Grundsätze ordnungsmäßiger Unternehmensbewertung, 2. Aufl., S. 155 ff.

[166] IDW-Arbeitshilfe a. a. O. (oben Fn. 119), Tz. 81.

[167] S. Abschnitt 0.

[168] Vgl. *IDW*, FN-IDW 2007, S. 498.

[169] Vgl. Begründung zu § 2 Abs. 2 Satz 2 FVerlV.

eine Möglichkeit geschaffen, von dem Wert des Transferpakets insgesamt abzuweichen. Das Problem bei dieser Alternative besteht jedoch zum einen darin, dass sie einen erheblichen Aufwand verursacht. So ist es dabei erforderlich, sowohl den Einigungsbereich als auch den Wert des Transferpakets als Ganzes zu bestimmen. Darüber hinaus ist es zum anderen erforderlich, die Werte der einzelnen übertragenen Wirtschaftsgüter jeweils getrennt zu ermitteln. Praktische Schwierigkeiten ergeben sich bei der Einzelbewertung bereits im Rahmen der Identifizierung einzelner immaterieller Wirtschaftsgüter, z.B. in den Fällen, in denen selbsterstellte immaterielle Wirtschaftsgüter (z.B. ungeschütztes Know-how) verlagert werden.[170] Eine Doppelarbeit ist insofern unvermeidlich.

Gemäß § 2 Abs. 3 Satz 2 FVerlV darf, wenn diese beiden Werte vorliegen, die Summe der Einzelverrechnungspreise für die Wirtschaftsgüter und Vorteile nur dann angesetzt werden, „wenn sie im Einigungsbereich liegt und der Steuerpflichtige glaubhaft macht, dass sie dem Fremdvergleichsgrundsatz entspricht."

Eine Einzelbewertung ist faktisch damit nur unter zwei Voraussetzungen möglich:

▶ Die Summe der Einzelwirtschaftsgüter (Gesamtergebnis) muss im Einigungsbereich liegen.
▶ Der Steuerpflichtige muss glaubhaft machen, dass das Ergebnis der Einzelbetrachtung eher dem Fremdvergleich entspricht als das der Gesamtbewertung.[171]

Dies vor dem Hintergrund, dass mit der Gesamtbewertung von den bekannten Regeln des Ertragsteuerrechts abgewichen wird. Als Bewertungsgrundsatz gilt sowohl im Handels- als auch im Steuerrecht der Grundsatz der Einzelbewertung.[172] Danach ist jedes Wirtschaftsgut für sich gesondert zu betrachten und zu bewerten. Dies gilt selbst dann, wenn eine Sachgesamtheit (z.B. ein Betrieb) erworben und dafür ein Gesamtpreis entrichtet wird. Gemäß dem allgemeinen Bewertungsgrundsatz der Einzelbewertung ist dieser Gesamtpreis auf die dabei zugegangenen einzelnen Wirtschaftsgüter aufzuteilen.

Im Fall einer Funktionsverlagerung wird dieser Bewertungsgrundsatz jedoch ins Gegenteil verkehrt. Danach kommt es nur darauf an, einen Gesamtwert zu ermitteln, und zwar für das Transferpaket insgesamt. Demgegenüber ist es nicht erforderlich, den Gesamtwert auf die dabei erworbenen Wirtschaftsgüter aufzuteilen. Gemäß der Begründung zum Regierungsentwurf wird eine solch fundamentale Abweichung von den Bewertungsgrundsätzen damit gerechtfertigt, dass dies „aus betriebswirtschaftlichen Gründen geboten (ist, die Verfasser), weil der Preis der einzelnen übertragenen Wirtschaftsgüter den Wert der Funktion regelmäßig nicht adäquat widerspiegelt."

Mit dieser Begründung offenbart der Gesetzgeber sein eigentliches Anliegen: Die Beweislastverteilung soll umgekehrt werden! So wird nämlich behauptet - und durch nichts belegt, weil dies wohl auch nicht belegbar ist -, dass der Wert einer Funktion insgesamt den Wert der einzelnen übertragenen Wirtschaftsgüter überschreitet. Dies wird zu Lasten des Steuerpflichtigen einfach angenommen. Sollte dies nicht zutreffen, muss dies vom Steuerpflichtigen gemäß § 1 Abs. 3 Satz 10 AStG glaubhaft gemacht werden, was auf Grund der Komplexität des Verfahrens sehr aufwändig, wenn nicht gar unmöglich ist.[173]

---

[170] Vgl. *Günter*, WPg 2007, S. 1084.
[171] So auch die Begründung zu § 2 Abs. 3 Satz 2 FVerlV-E.
[172] Vgl. § 252 Abs. 1 Nr. 3 HGB; § 6 Abs. 1 EStG, BFH v. 22. 11. 1988, VIII R 62/85, BStBl 1989 II 359.
[173] So zutreffend *Kroppen* a. a. O. (oben Fn. 115), § 2 FVerlV, Anm. 119.

G. Sofortbesteuerung versus Lizenzierung

Im Rahmen einer Funktionsverlagerung ist zu klären, ob ein Transferpaket übertragen oder zur Nutzung überlassen wird. Sofern diese Frage nicht eindeutig zwischen dem verlagernden und dem übernehmenden Unternehmen geklärt ist, wird auf Antrag des Steuerpflichtigen von einer Nutzungsüberlassung ausgegangen (§ 4 Abs. 2 FVerlV). Der Verordnungsgeber will durch dieses faktische Wahlrecht zu Gunsten des Steuerpflichtigen eine Sofortversteuerung („ggf. erheblicher")[174] stiller Reserven (Differenz zwischen dem Fremdvergleichspreis und dem Buchwert) vermeiden, um besteuerungsbedingte unerwünschte Liquidatitätsprobleme, die bei einer Sofortbesteuerung auftreten könnten, nicht aufkommen zu lassen.

Dieses – begrüßenswerte – Wahlrecht basiert aber wirtschaftlich und rechtlich auf zwei unterschiedlichen Sachverhalten. Bei einer Sofortversteuerung kommt es zu einer Übertragung sämtlicher materieller und immaterieller Wirtschaftsgüter auf das übernehmende Unternehmen. Bei einer Nutzungsüberlassung verbleibt das Stammrecht an dem Transferpaket (vergleichbar einer Markenüberlassung) beim verlagernden Unternehmen,[175] lediglich das Nutzungsrecht geht für den Zeitraum der Lizenzierung über. Entscheidend ist also, wo das wirtschaftliche Eigentum an den verlagerungsbedingten materiellen und immateriellen Wirtschaftgütern verbleibt (§ 39 AO).

Zur Klärung dieser Frage wird nach allgemeinem Verständnis darauf abgestellt, wer nach dem Gesamtbild der Umstände Besitz, Gefahr, Nutzen und Lasten des Wirtschaftsguts (bzw. hier des Transferpakets) trägt.[176] Insofern sind insbesondere auch die vertraglichen Vereinbarungen zwischen den beteiligten Unternehmen zu prüfen. Bei diesen bereitet es allerdings erhebliche Schwierigkeiten, das wirtschaftliche Eigentum zuzuordnen.[177] Jedenfalls kommt den Kriterien Dauer und Ausschließlichkeit der Nutzung eine maßgebende Bedeutung zu.[178]

In Abhängigkeit von den Umständen des Einzelfalls kann das wirtschaftliche Eigentum bei einer Funktionsverlagerung auf das Zielunternehmen übergehen. In diesem Fall käme es zu einer vollständigen Aufdeckung und Versteuerung der in den übertragenen Wirtschaftsgütern und Vorteilen ruhenden stillen Reserven bei dem verlagernden Unternehmen, und zwar sofort. Hier wäre dann keine Lizenzierung mehr möglich, sondern allenfalls eine Ratenzahlung des übernehmenden Unternehmens, was das Problem der Sofortversteuerung der stillen Reserven mit entsprechendem sofortigen steuerbedingten Liquiditätsentzug beim verlagernden Unternehmen nicht löst. Betriebswirtschaftlich läge hier dann – quasi – ein „Mietkauf" vor.

Verbleibt dagegen das wirtschaftliche Eigentum bei dem verlagernden Unternehmen und wird dem übernehmenden Unternehmen nur eine Nutzung des Transferpakets gestattet, so ist dies als eine Lizenzierung zu qualifizieren. Diese Situation wäre dann einer Teilbetriebsverpachtung ähnlich;[179] man könnte auch von einer Funktions- bzw. Transferpaketverpachtung sprechen. Steuerliche Folge wäre, dass das verlagernde Unternehmen die Lizenzerträge versteuern müsste, und zwar im Zeitablauf mit ihrer Realisierung. Es kommt dann jedoch nicht zu einer Übertra-

---

[174] So die Begründung des Regierungsentwurfs zu § 1 Abs. 3 Satz 9 AStG, BR-Drucksache 220/07, S. 144.
[175] So auch *Kroppen* a. a. O. (oben Fn. 115), § 4 Abs. 2 FVerlV, Tz. 147.
[176] Vgl. nur BFH-Urt. v. 28. 4. 1977, IV R 163/75, BStBl 1977 II 553; v. 7.11.1991, IV R 43/90, BStBl 1992 II 398.
[177] Vgl. *Portner* in: Schaumburg (Hrsg.), Internationale Verrechnungspreise zwischen Kapitalgesellschaften, S. 78, 80 ff.
[178] Vgl. *Ditz*, DStR 2006, S. 1625, 1628 m. w. N.
[179] So zutreffend *Kroppen* a. a. O. (oben Fn. 115), § 4 Abs. 3 FVerlV, Tz. 147.

gung von Wirtschaftsgütern und Vorteilen, so dass sich die in ihnen enthaltenen stillen Reserven erst im Zeitablauf über die Lizenzerträge auflösen. Dieses faktische Wahlrecht ist ein wichtiges Gestaltungsinstrument für die internationale Konzernsteuerplanung.

Was die Höhe der angemessenen Lizenzgebühr für die Nutzungsüberlassung des Transferpakets angeht, ist i.d.R. auf den hypothetischen Fremdvergleich abzustellen, weil es keinen Markt für die Nutzungsüberlassung von Transferpaketen gibt bzw. solche Nutzungsüberlassungen zwischen fremden Dritten nur schwer denkbar sind.[180] Im Übrigen kann die Höhe der Lizenzgebühr nicht unmittelbar aus dem Wert des Transferpaktes abgeleitet werden, weil es wirtschaftlich einen Unterschied macht, ob das „Stammrecht" beim verlagernden Unternehmen bleibt oder auf das übernehmende Unternehmen übergeht. Verbleibt das Stammrecht beim verlagernden Unternehmen, muss das übernehmende Unternehmen die überlassene Funktion im Fall der Beendigung der Nutzungsüberlassung wieder zurückgeben.[181] Diese Rückübertragung stellt dann allerdings keine weitere entgeltpflichtige Funktionsverlagerung dar.[182] Das Ursprungsunternehmen hat vielmehr nach Rückgabe der Funktion sogar die Möglichkeit, das zurückerhaltene Transferpaket auf ein weiteres Konzernunternehmen zu übertragen oder anderweitig zu verwerten und hierfür erneut ein Entgelt zu verlangen. Bei einem Übergang des Stammrechts auf das übernehmende Unternehmen wäre diese Möglichkeit hingegen ausgeschlossen.

Die Wahl zwischen Transferpaketübertragung und -lizenzierung führt zu gravierenden betriebswirtschaftlichen und steuerlichen Unterschieden hinsichtlich der Höhe der Entgelte.[183] Bei der Lizenzalternative ist im Rahmen der Kalkulation des Lizenzentgelts vor allem von Bedeutung, ob der Lizenznehmer (= übernehmendes Unternehmen) zur Substanzerhaltung der Funktion verpflichtet ist.[184] Wäre dies der Fall, so müsste die Funktion bei Beendigung der Nutzungsüberlassung in dem bei Beginn der Nutzungsüberlassung gegebenen Zustand unter Berücksichtigung der wirtschaftlichen und technischen Entwicklung zurückgegeben werden.

Die Literatur[185] hat bereits vor langer Zeit Vorschläge zur mathematisch exakten Ermittlung von Pachtzinsen bei konzerninternen Pachtverhältnissen auf Basis der Einigungsbereichsbetrachtung gemacht, wie sie nunmehr § 1 Abs. 3 Sätze 5 ff. AStG vorsieht. Eine solche Kalkulation ist allerdings mathematisch sehr aufwändig und daher nur begrenzt praktikabel.

Wenngleich die Knoppe-Formel konzeptionell angreifbar ist, so werden doch in der Verrechnungspreispraxis Lizenzgebühren für immaterielle Wirtschaftsgüter oft nach dieser Formel verprobt.[186] Diese Formel sieht für den Lizenzgeber (hier: verlagerndes Unternehmen) für die zur Nutzung überlassenen immateriellen Wirtschaftsgüter (hier: Transferpaket) eine Lizenz in Höhe von 25 % bis 33 1/3 % des vorkalkulierten Gewinns des Lizenznehmers (hier: übernehmendes Unternehmen) aus den lizenzierten Gütern (hier: Transferpaket) ohne Berücksichtigung der

---

[180] Vgl. *Kleineidam/Baumhoff/Seutter*, DB 1986, S. 233 für die Bestimmung angemessener Pachtzinsen bei (Teil-)Betriebsverpachtungen sowie *Kroppen* a. a. O. (oben Fn. 115), § 4 FVerlV, Tz. 147.

[181] Vgl. *Brünighaus/Bodenmüller*, DStR 2009, S. 1288.

[182] Vgl. ebenda.

[183] A. A. *Kroppen* a. a. O. (oben Fn. 115), § 4 FVerlV, Tz. 147.

[184] Vgl. *Kleineidam/Baumhoff/Seutter*, DB 1986, S. 233 sowie *Kroppen* a. a. O. (oben Fn. 115), § 4 FVerlV, Tz. 147.

[185] Vgl. *Kleineidam/Baumhoff/Seutter*, DB 1986, S. 233.

[186] Zur Eignung der Knoppe-Formel in der Praxis vgl. *Zech*, IStR 2009, S. 419; *Ditz*, IStR 2009, S. 423.

Lizenzgebühr vor.[187] Nach dieser Formel verbleibt der größere Teil des durch die Lizenz erwirtschafteten Gewinns beim Lizenznehmer (hier: übernehmenden Unternehmens).[188] Dies wird in der Literatur[189] u. a. damit gerechtfertigt, dass der Lizenznehmer i. d. R. höhere wirtschaftliche Risiken (z. B. Vermarktungsrisiko, Kapitaleinsatzrisiko) trägt und insofern Anspruch auf einen größeren Anteil des Einigungsbereichs habe. Demgegenüber sieht § 1 Abs. 3 Satz 7 AStG den Ansatz des Mittelwerts vor, sofern der Steuerpflichtige keinen anderen Wert glaubhaft macht. Eine solche „Glaubhaftmachung" könnte ggf. in dem Erfahrungssatz von Knoppe[190] liegen, der jüngst bemerkenswerterweise durch aktuelle US-amerikanische Studien bestätigt und präzisiert wurde.

In diesen Studien wurde die Eignung der sog. „25 %-Rule" zur Ermittlung angemessener Lizenzsätze analysiert. Diese, auch als „Goldscheider Rule" bekannte „Daumenregel" besagt, dass ein angemessener Lizenzsatz so zu bemessen ist, dass der Lizenzgeber ca. 25 % des mit den lizenzierten immateriellen Wirtschaftsgütern generierten (erwarteten) Gewinns erhält.[191] Damit weist die „25 %-Goldscheider-Rule" eine Ähnlichkeit zu der „Knoppe-Formel" auf.

Der entscheidende Unterschied zur „Knoppe-Formel" liegt jedoch darin, dass die „25 %-Rule" keine Bandbreite von 25 % bis 33 1/3 % vorgibt, sondern fest von einem Anteil von 25 % des mit dem lizenzierten immateriellen Wirtschaftsgut generierten Gewinns ausgeht. Ein empirischer Nachweis der „25 %-Rule" konnte in mehreren Studien geführt werden.[192] Im Rahmen der jüngsten Studie von Goldscheider/Jarosz/Mulhern wurden 1.533 Lizenzverträge aus 15 verschiedenen Branchen ausgewertet. Die Studie kam zu dem Ergebnis, dass der Anteil des Gewinns, der dem Lizenzgeber zusteht 26,7 % (für die Gesamtheit der betrachteten Lizenznehmer) bzw. 22,6 % (für die Lizenznehmer, die als beste Vergleichsgruppe herangezogen wurden) beträgt. Für den Ansatz eines höheren Satzes ließen sich demgegenüber keine Anhaltspunkte finden.

Daraus folgt, dass die Knoppe-Formel im vorliegenden Sachverhalt - wenn überhaupt - nur mit der Maßgabe angewendet werden könnte, dass an die Stelle der Bandbreite von 25 % bis 33 1/3 % ein fester Satz von ca. 25 % tritt. Da im Rahmen einer Transferpaketbewertung die auf das Transferpaket zukünftig entfallenden Gewinne in einem ersten Schritt zu isolieren und zu prognostizieren sind, dürfen die Anwendungsvoraussetzungen für die Knoppe-Formel (mit dem festen 25 %-Satz) erfüllt sein.

H. Preisanpassungsklauseln

§ 1 Abs. 3 Satz 11 AStG enthält eine sog. „Preisanpassungsklausel". Danach wird unter bestimmten Voraussetzungen (s. u.) widerlegbar vermutet, „dass zum Zeitpunkt des Geschäftsabschlus-

---

[187] Vgl. hierzu im Einzelnen *Baumhoff* in: Flick/Wassermeyer/Baumhoff a. a. O. (oben Fn. 45), § 1 AStG, Anm. 478.

[188] Vgl. *Bernhardt/von der Ham/Kluge*, Ubg 2009, S. 247.

[189] Vgl. ebenda.

[190] Knoppe betont allerdings in seinem Buch Die Besteuerung der Lizenz- und Know-how-Verträge, 1972, S. 101, dass es sich bei seiner Formel um einen „recht vagen Anhaltspunkt" handele. Überdies ist anzumerken, dass Knoppe die nach ihm benannte „Formel" nicht selbst entwickelt bzw. empirisch nachgewiesen hat. Er verweist an der entsprechenden Stelle (S. 102) lediglich auf ein 54 Jahre altes Werk von Neuberg.

[191] Vgl. *Goldscheider/Jarosz/Mulhern* in Parr/Russell, Royalty Rates for Licensing Intellectual Property, 2007; *Granstrand*, Les Nouvelles, Vol. XLI, No. 3, 2006, S. 179.

[192] Vgl. nur *Goldscheider/Jarosz/Mulhern* in Parr/Russell a. a. O.

ses Unsicherheiten im Hinblick auf die Preisvereinbarung bestanden und unabhängige Dritte eine sachgerechte Anpassungsregelung vereinbart hätten."

Sofern eine (fremdübliche) Preisanpassungsklausel nicht vereinbart wurde und innerhalb der ersten zehn Jahre nach Geschäftsabschluss eine erhebliche Abweichung der Gewinnentwicklung eintritt, ist gem. § 1 Abs. 3 Satz 12 AStG eine einmalige Berichtigung des Verrechnungspreises für das Transferpaket vorzunehmen.

Mit dem Verweis auf die Sätze 5 und 9 des § 1 Abs. 3 AStG i.V.m. § 2 Abs. 1 Satz 1 FVerlV wird deutlich, dass die Preisanpassungsklausel nur im Fall der Verrechnungspreisermittlung für das Transferpaket durch den hypothetischen Fremdvergleich zur Anwendung kommen kann. Sofern Verrechnungspreise für das Transferpaket unter Verwendung des tatsächlichen Fremdvergleichs abgeleitet werden, ist eine nachträgliche Preisanpassung i.S.v. § 1 Abs. 3 Satz 12 AStG hingegen nicht möglich.[193]

Weitere Voraussetzung für eine Preisanpassung ist, dass „wesentliche immaterielle Wirtschaftsgüter und Vorteile" zwischen nahestehenden Unternehmen übertragen werden, sei es im Rahmen der Übertragung einzelner Wirtschaftsgüter oder im Rahmen von Funktionsverlagerungen. Die Bezugnahme auf immaterielle Wirtschaftsgüter und Vorteile ist nach der Begründung zum Regierungsnetwurf geboten, weil bei diesen die Wertermittlung „häufig mit erheblichen Unsicherheiten belastet"[194] ist.[195]

Eine „erhebliche" Abweichung der Gewinnermittlung liegt gem. § 10 FVerlV zum einen vor, wenn der unter Zugrundelegung der tatsächlichen Geschäftsentwicklung angemessene Verrechnungspreis außerhalb des ursprünglichen Einigungsbereichs liegt.

Dabei wird der neue Einigungsbereich durch den ursprünglichen Mindestpreis und den neu zu ermittelnden Höchstpreis begrenzt. Der ursprüngliche Mindestpreis bleibt hierbei somit unverändert, während der Höchstpreis des übernehmenden Unternehmens anhand der tatsächlich erzielten Gewinne neu zu berechnen ist.

Der zweite Fall des Vorliegens einer „erheblichen Abweichung" ist dann gegeben, wenn die tatsächliche Gewinnentwicklung des übernehmenden Unternehmens - entgegen den geplanten Erwartungen - so ungünstig verläuft, dass kein Einigungsbereich mehr vorhanden ist. Dies ist dann der Fall, wenn der ursprüngliche Mindestpreis des verlagernden Unternehmens höher ist als der „neue" Höchstpreis des übernehmenden Unternehmens.[196]

Diese, durch die FVerlV erfolgte Auslegung des Begriffs „erhebliche Abweichung" ist nicht fremdvergleichskonform. So ist es nicht einzusehen, warum selbst bei einer geringfügigen Überschreitung des ex ante ermittelten Einigungsbereichs eine „erhebliche" Abweichung vorliegen soll. Dies ist insbesondere dann nicht vertretbar, wenn der Steuerpflichtige seinen Verrechnungspreis am Rand des Einigungsbereichs festgelegt hat. In diesem Fall würde schon eine geringfügige Abweichung zwischen Plan- und Ist-Werten ausreichen, um zu einer Überschreitung zu kommen. Eine solche Abweichung ist dann aber nicht erheblich. Bei der Auslegung des Begriffs „erhebliche Abweichung" ist ferner zu berücksichtigen, dass Abweichungen zwischen Plan- und Ist-Werten nicht nur auf Unsicherheiten zum Zeitpunkt der Transaktion beruhen.

---

[193] So auch *Peter/Spohn/Hoff*, IStR 2008, S. 864.
[194] Begründung des Regierungsentwurfs zu § 1 Abs. 3 Satz 11 AStG, BR-Drucks. 220/07, 145.
[195] Zur Ermittlung angemessener Verrechnungspreise bei immateriellen Wirtschaftsgütern vgl. *Greinert*, RIW 2006, 449.
[196] So die Begründung zu § 10 Satz 3 FVerlV.

Vielmehr ist es auch möglich, dass der Erwerber der immateriellen Wirtschaftsgüter besondere Anstrengungen unternimmt und Finanzmittel investiert, auf Grund deren sich ein über die ursprünglich erwarteten Gewinne hinausgehender Erfolg der immateriellen Wirtschaftsgüter erst einstellt. Der sich später herausstellende höhere Wert wäre also das Ergebnis der Maßnahmen des Erwerbers.

In einem solchen Fall ist es allerdings nicht vertretbar, den ursprünglichen Verkaufspreis anzupassen. Ein fremder Dritter wäre nicht bereit, nachträglich einen höheren Preis für die immateriellen Wirtschaftsgüter an den Verkäufer zu entrichten, wenn der höhere Wert auf den selbst eingeleiteten Maßnahmen beruhen würde. Ansonsten würde er letztlich doppelt zahlen: einerseits müsste er – auf eigene Kosten – Maßnahmen zur Stärkung der immateriellen Wirtschaftsgüter durchführen, und andererseits würde er zusätzlich einen höheren Kaufpreis für die immateriellen Wirtschaftsgüter entrichten - nur weil er entsprechende Investitionen in die immateriellen Wirtschaftsgüter getätigt hat.

Dass eine auf den eigenen Maßnahmen beruhende Wertsteigerung nicht zu einer nachträglichen Anpassung des Verkaufspreises der übertragenen immateriellen Wirtschaftsgüter führen kann, dürfte auch unmittelbar aus der BFH-Rechtsprechung ableitbar sein. In dem BFH-Urteil vom 9.8.2000 zur Nutzungsüberlassung von Marken innerhalb eines Konzerns[197] wurde ausgeführt, dass es für die Höhe des Lizenzentgelts „insbesondere [darauf ankommt], wer den Wert der Marke geschaffen und wer die Aufwendungen für deren Begründung und dessen Erhalt (bspw. durch Weiterentwicklung, Werbung, Marketingmaßnahmen) getragen hat". Je höher der vom Lizenznehmer geleistete Anteil der Maßnahmen und Aufwendungen ist, desto niedriger fällt demnach das Lizenzentgelt aus. Diese Überlegung kann auch analog auf die Veräußerung immaterieller Wirtschaftsgüter übertragen werden. Je mehr die Abweichung ihres Werts auf Maßnahmen und Aufwendungen des Erwerbers beruht, desto weniger ist es gerechtfertigt, eine Anpassung im Nachhinein vorzunehmen.

Wenn – selbst unter Beachtung der vorstehenden Einschränkungen – eine erhebliche Abweichung der Gewinnentwicklung vorliegt, fingiert der Gesetzgeber eine widerlegbare Vermutung, dass unabhängige Dritte eine Anpassungsregelung vereinbart hätten. Hier ist die Frage zu stellen, aus welchen Erkenntnissen diese Vermutung abgeleitet wird. Zwar finden sich in der Unternehmenspraxis durchaus Anpassungsklauseln, insbesondere bei Unternehmensverkäufen.[198] Sie stellen allerdings nicht den Normal-, sondern den Ausnahmefall dar. Es wird sogar wegen der erheblichen Schwierigkeiten bei der Ausgestaltung und Handhabung späterer Kaufpreiskorrekturen von derartigen Anpassungsklauseln abgeraten.[199] Insofern findet sich keine befriedigende Begründung für die Fiktion des Gesetzgebers.

Grundsätzlich greift die Preisanpassungsregel des § 1 Abs. 3 Sätze 11 und 12 AStG nur ein, wenn die betreffenden Unternehmen keine (fremdübliche) vertragliche Anpassungsklausel vereinbart haben. § 9 FVerlV erkennt in diesem Zusammenhang bei der Vereinbarung von Lizenzzahlungen für die Überlassung von Transferpaketen ausdrücklich umsatz- bzw. gewinnabhängige Lizenzgebühren (oder eine Kombination von beiden) als entsprechende Anpassungsregelung an.

Grundsätzlich sind die betreffenden Unternehmen frei, eine individuelle Preisanpassungsklausel zu vereinbaren, sofern diese fremdüblich ist. Dabei können auch kürzere Fristen als zehn Jahre

---

[197] Vgl. BFH v. 9. 8. 2000, I R 12/99, BStBl 2001 II 140.
[198] Vgl. *Lacher/Poppe*, DB 1988, S. 1761; *Baums*, DB 1993, S. 1273.
[199] Vgl. *Mueller-Thuns* in Rödder/Hötzel/Mueller-Thuns, Unternehmenskauf/Unternehmensverkauf, S. 178.

vereinbart werden.²⁰⁰ Jedenfalls dürften erhebliche Freiräume bei der Gestaltung einer Anpassungsklausel bestehen.²⁰¹ Die Steuerpflichtigen können insbesondere eine Vereinbarung erwägen, die Anpassungen nur unter ganz engen Voraussetzungen zulässt. Eine Anpassungsklausel sollte erst dann verworfen werden können, wenn zweifelsfrei gegen fremdübliche oder betriebswirtschaftlich begründbare Vorgehensweisen verstoßen wird. So ist aus empirischen Auswertungen von Preisanpassungsklauseln ableitbar, dass typischerweise eine Anpassungsdauer zwischen einem und drei Jahren zu Grunde gelegt wird.²⁰²

I. Transferpaket-Konzept versus Geschäftschancenlehre

1. Verbleibender Anwendungsbereich der Geschäftschancenlehre

Die bisherigen Ausführungen beziehen sich auf die Neuregelung von Funktionsverlagerungen durch das Unternehmensteuerreformgesetz 2008. Diese ist anwendbar auf Funktionsverlagerungen, die ab dem Veranlagungszeitraum 2008 auf Grundlage einer Geschäftsbeziehung zum Ausland mit einer nahe stehenden Person erfolgen.

Aus der Abgrenzung des sachlichen und zeitlichen Anwendungsbereichs der Neuregelung wird deutlich, dass Funktionsverlagerungen auch außerhalb des Anwendungsbereichs von § 1 Abs. 3 AStG denkbar sind. Hierzu gehören bspw. die folgenden:²⁰³

- Funktionsverlagerungen zwischen verbundenen Kapitalgesellschaften im Inland
- Grenzüberschreitende Funktionsverlagerungen zwischen Stammhaus und Betriebsstätte bzw. zwischen Betriebsstätten
- Grenzüberschreitende verdeckte Einlagen und Kapitalerhöhungen
- Liquidation einer inländischen Kapitalgesellschaft mit grenzüberschreitender Auskehrung des Liquidationsvermögens
- Betriebsaufgabe mit anschließendem Neuaufbau der Funktion in einem anderen Land
- Verlegung des Sitzes einer Kapitalgesellschaft in ein anderes Land
- Grenzüberschreitende Funktionsverlagerungen zwischen verbundenen Kapitalgesellschaften, die vor Inkrafttreten des Unternehmensteuerreformgesetzes 2008 erfolgt sind und in späteren Jahren Gegenstand der steuerlichen Betriebsprüfung werden.

Für die oben genannten Fälle ist § 1 Abs. 3 AStG unanwendbar, so dass es jedenfalls in formeller Hinsicht bei der steuerlichen Behandlung von Funktionsverlagerungen verbleibt, wie sie vor Inkrafttreten der Neuregelungen entwickelt wurde. Diese wird nachfolgend kurz skizziert, bevor ausführlicher auf die Geschäftschancenlehre als zentrales Element der Besteuerung von Funktionsverlagerungen außerhalb des Anwendungsbereichs von § 1 Abs. 3 AStG eingegangen wird.

II. Besteuerung von Funktionsverlagerungen außerhalb von § 1 Abs. 3 AStG

Für die steuerliche Behandlung von Funktionsverlagerungen außerhalb von § 1 Abs. 3 AStG wurde das folgende Prüfungsschema entwickelt:

---

[200] So ausdrücklich die Begründung zu § 9 FVerlV.
[201] Vgl. *Naumann*, Status: Recht 2007, S. 203 f.
[202] Vgl. *Scholz*, IStR 2007, S. 521, 524.
[203] S. Abschn. C.I.

- Zunächst wird geprüft, ob eine Funktionsverlagerung bilanzielle Konsequenzen auslöst. Dies ist u.a. dann der Fall, wenn durch eine Funktionsverlagerung zivilrechtliche Ansprüche ausgelöst werden.[204] Diese können sich bspw. bei Nichteinhaltung von Kündigungsfristen, aufgrund vertraglicher Vereinbarungen oder aufgrund gesetzlicher Ansprüche (z.B. § 89b HGB bei Beendigung von Vertriebstätigkeiten) ergeben. Entstehen solche Ansprüche, sind sie beim verlagernden Unternehmen erfolgswirksam zu aktivieren; das Ergebnis wird insoweit nicht gemindert. Unterbleibt unzutreffenderweise die erfolgswirksame Vereinnahmung, ist die Steuerbilanz als solche zu berichtigen; für die Anwendung der Ergebniskorrekturnormen ist dann kein Raum.[205] Eine Einkünftekorrektur hat in diesen Fällen erst dann zu erfolgen, wenn auf die Durchsetzung der Ansprüche aufgrund der gesellschaftlichen Beziehung verzichtet wird.[206] Die Einkünfteermittlung ist der Einkünftekorrektur logisch vorgelagert.[207]

- Anschließend ist zu prüfen, ob Einzelwirtschaftsgüter übertragen oder zur Nutzung überlassen wurden und ob hierfür ein fremdübliches Entgelt vereinbart wurde. Ist dies nicht der Fall, erfolgt eine Einkünftekorrektur nach den Einkünftekorrekturnormen (verdeckte Gewinnausschüttung, verdeckte Einlage, § 1 AStG).[208]

- Sofern die verlagerte Funktion als Betrieb oder Teilbetrieb zu qualifizieren ist,[209] muss der verlagerte Geschäftswert fremdüblich vergütet werden.[210] Geschäftswert ist der Mehrwert, der einem gewerblichen Unternehmen über den Substanzwert der einzelnen materiellen und immateriellen Wirtschaftsgüter abzüglich Schulden hinaus innewohnt.[211] Der Geschäftswert wird ermittelt durch Gegenüberstellung des nach den Grundsätzen der Unternehmensbewertung ermittelten Werts des Betriebs oder Teilbetriebs und der Summe der Werte der Einzelwirtschaftsgüter abzüglich der Schulden. Da aber die Anforderungen an das Vorliegen eines Betriebs oder Teilbetriebs durch die BFH-Rechtsprechung vergleichsweise eng definiert wurden,[212] sind diese häufig nicht erfüllt, wenn einzelne wesentliche Betriebsgrundlagen nicht Gegenstand der Verlagerung sind.[213]

---

[204] Vgl. *Bodenmüller* a. a. O. (oben Fn. 1), S. 148 ff.

[205] Vgl. *Gosch*, DStR 1997, S. 442; BFH v. 12. 10. 1995 – I R 127/94, DB 1996, S. 507.

[206] Vgl. BFH-Urt. v. 14. 9. 1994, I R 6/94, BStBl 1997 II 89; BMF, Nichtanwendungserlass, BStBl 1996 I 112.

[207] Vgl. *Wassermeyer* in Flick/Wassermeyer/Baumhoff a. a. O. (oben Fn. 45), § 1 AStG, Anm. 77.1.

[208] Vgl. *Scheffler/Eickhorst*, BB 2004, S. 819; Frischmuth, IStR 2007, S. 486; Bodenmüller a. a. O. (oben Fn. 1), S. 40 ff.

[209] Nach ständiger BFH-Rechtsprechung kann ein Geschäftswert nur zusammen mit einem lebenden Betrieb, Teilbetrieb oder Mitunternehmeranteil auf einen Erwerber übergehen oder nutzungsweise überlassen werden. Vgl. BFH-Urt. v. 27. 3. 1996, I R 60/95, BStBl 1996 II 576; v. 18. 2. 1993, IV R 40/92, BStBl 1994 II 224; v. 20. 8. 1986, I R 150/82, BStBl 1987 II 455; v. 24. 11. 1982, I R 123/78, BStBl 1983 II 113; v. 24. 4. 1980, IV R 61/77, BStBl 1980 II 690; v. 25. 2. 1993, V R 35/89, BStBl 1993 II 641; v. 14. 12. 1993, VIII R 13/93, BStBl 1994 II 922.

[210] BFH-Urt. v. 20. 8. 1986, I R 150/82, BStBl 1987 II 455; zustimmend: *Wacker* in: Schmidt, EStG 2009, § 16, Rn. 160, "Geschäftswert".

[211] Vgl. BFH-Urt. v. 18. 8. 1993, II R 102/90, BStBl 1994 II, S. 9; *Weber-Grellet* in: Schmidt, EStG 2009, § 5, Rn. 221.

[212] R 16 Abs. 3 Satz 1 EStR: "Ein Teilbetrieb ist ein mit einer gewissen Selbständigkeit ausgestatteter, organisch geschlossener Teil des Gesamtbetriebs, der für sich betrachtet alle Merkmale eines Betriebs im Sinne des Einkommensteuergesetzes aufweist und für sich lebensfähig ist. Eine völlig selbständige Organisation mit eigener Buchführung ist nicht erforderlich."

[213] Eine Übertragung eines Teilbetriebs liegt nur dann vor, wenn alle wesentlichen Betriebsgrundlagen übertragen werden. Vgl. BFH-Urt. v. 16. 2. 1996, I R 183/94, BStBl 1996 II 342; v. 11. 3. 1981, II R 23/79,

- Die Summe der Werte der Einzelwirtschaftsgüter wurde als nicht hinreichend angesehen, wenn Gegenstand der Verlagerung ganze Funktionen waren.[214] Da aber ein Geschäftswert nur in Ausnahmefällen zu vergüten war, sah die Finanzverwaltung die Notwendigkeit zur Schließung dieser Lücke.[215] Die Lösung wurde in der Geschäftschancenlehre gesehen. Die Geschäftschancenlehre wurde aus der BFH-Rechtsprechung abgeleitet, die sich jedoch schwerpunktmäßig mit der Zuordnung sehr konkreter Einzelgeschäfte zu einer GmbH oder deren Gesellschafter-Geschäftsführer befasste.[216] Der Ansatz der Finanzverwaltung bestand darin, bei Funktionsverlagerungen die Übertragung vergütungspflichtiger Geschäftschancen zu prüfen.

Die Geschäftschancenlehre wird nachfolgend im Einzelnen dargestellt.

III. Geschäftschancenlehre im Einzelnen

1. BFH-Rechtsprechung zur steuerlichen Geschäftschancenlehre

Aus der BFH-Rechtsprechung wurde abgeleitet, dass im Rahmen einer Funktionsverlagerung neben Einzelwirtschaftsgütern auch eine „Geschäftschance" des verlagernden Unternehmens auf das übernehmende Unternehmen übergehen und damit eine Vergütungspflicht auslösen kann.[217]

Der BFH hat in einigen Fällen die unentgeltliche Übertragung bzw. Überlassung einer "Geschäftschance" von einer Kapitalgesellschaft an ihren Gesellschafter als verdeckte Gewinnausschüttung beurteilt. Den Urteilen lagen die nachfolgenden Sachverhalte zugrunde:[218]

- Möglichkeit, ein Grundstück zu erwerben, um es anschließend (Gewinn bringend) zu veräußern,[219]
- Möglichkeit, einzelne (Teil-) Aufträge auszuführen,[220]
- Möglichkeit, Informationen aus der Geschäftsführertätigkeit zu veräußern,[221]
- Möglichkeit, Gewinne aus dem zusammengefassten Einkauf mehrerer Gesellschaften zu erzielen.[222]

Die ältere Finanzrechtsprechung zu diesem Themenbereich basierte auf dem zivilrechtlichen Wettbewerbsverbot des Gesellschafters, das aus seinen Treuepflichten gegenüber seiner Gesell-

---

BStBl 1981 II 480; v. 24. 8. 1989, I R 135/86, BStBl 1989 II 1014; v. 8. 10. 1975, II R 42/75, BStBl 1976 II 120.

[214] Vgl. *Blumers*, BB 2007, S. 1761.

[215] Vgl. *Schreiber* a. a. O. (oben Fn. 6), FVerlV, Allg. Vorbemerkungen, Rz. 1.

[216] S. hierzu die nachfolgenden Abschnitte.

[217] Zur Geschäftschancenlehre vgl. *Bodenmüller* a. a. O. (oben Fn. 1), S. 289 ff.; Eisele, Grenzüberschreitende Funktionsverlagerung, Herne/Berlin 2003, S. 300 ff.; *Schreiber*, a. a. O. (oben Fn. 6), FVerlV, Allg. Vorbemerkungen, Anm. 75 ff.

[218] Vgl. *Bodenmüller* a. a. O. (oben Fn. 1), S. 292 ff.; Ditz, DStR 2006, S. 1626.

[219] Vgl. BFH-Urt. v. 30. 8. 1995, I R 155/94, DB 1995, S. 2451; v. 22. 11. 1995, I R 45/95, BFH/NV 1996, S. 645; v. 12. 6. 1997, I R 14/96, DStR 1997, S. 1360.

[220] Vgl. BFH-Urt. v. 12. 10. 1995, I R 127/94, DB 1996, S. 507; v. 13. 11. 1996, I R 149/94, BB 1997, S. 508; v. 18. 12. 1996, I R 26/95, DStR 1997, S. 575.

[221] Vgl. BFH-Urt. v. 11. 6. 1996, I R 97/95, DB 1996, S. 2366.

[222] Vgl. BFH-Urt. v. 6. 12. 1995, I R 40/95, DB 1996, S. 1450.

schaft abgeleitet wird. Das Wettbewerbsverbot verbietet dem Gesellschafter abstrakt, im Geschäftsbereich seiner Gesellschaft tätig zu werden.[223]

Für die steuerliche Beurteilung gesellschaftlich verursachter Gewinnverlagerungen ist dieses Rechtsinstitut jedoch nur bedingt geeignet, u. a. weil den Alleingesellschafter insgesamt keine Treuepflichten treffen, solange er der Kapitalgesellschaft kein Vermögen entzieht, das zur Deckung des Stammkapitals benötigt wird.[224] Zudem betrifft das Wettbewerbsverbot nur den Gesellschafter im Verhältnis zu seiner Gesellschaft, nicht aber die Gesellschaft im Verhältnis zu ihrem Gesellschafter. In seinen späteren Urteilen hat der BFH daher von einer ausschließlichen Orientierung am zivilrechtlichen Wettbewerbsverbot Abstand genommen.[225]

Seither beurteilt der BFH die Verlagerung von Geschäftschancen primär nach dem Fremdvergleichsgrundsatz. Der BFH hat insoweit seiner allgemeinen Tendenz entsprechend einen Wechsel von einer formellen hin zu einer materiellen Betrachtungsweise vollzogen; die Entwicklung ging weg vom Wettbewerbsverbot hin zur Geschäftschance (Abkehr vom allgemeinen gesetzlichen Wettbewerbsverbot des Alleingesellschafters; Abkehr von einem entgeltlichen Dispens; keine Notwendigkeit der formalen Abgrenzung der Geschäftsbereiche).[226]

Nach Auffassung des BFH würde ein ordentlicher Geschäftsleiter eine Geschäftschance einem Fremden nicht unentgeltlich überlassen. Überlässt eine Kapitalgesellschaft dennoch ihrem Gesellschafter eine Geschäftschance unentgeltlich, führt dies zu einer vGA in Höhe des Werts der Geschäftschance. Da die Beurteilung der Übertragung von Geschäftschancen nach dem Fremdvergleichsgrundsatz erfolgt, ist von einer Übertragbarkeit der Argumentation auf die übrigen Einkünftekorrekturnormen (verdeckte Einlage, § 1 AStG) auszugehen.

Die Überlassung einer Geschäftschance kann nach dem Ansatz des BFH auf zwei Wegen eine Einkünftekorrektur auslösen:[227]

- wenn der Gesellschaft ein zivilrechtlicher Herausgabe- oder Schadensersatzanspruch gegen den Gesellschafter zustand und sie auf diesen aus gesellschaftlichen Motiven verzichtet oder

- wenn ein zivilrechtlicher Anspruch nicht entstand und es gleichwohl zu einer Übertragung bzw. Überlassung einer Geschäftschance gekommen ist, die zwischen zwei ordentlichen Geschäftsführern vergütet worden wäre, tatsächlich aber nicht (angemessen) vergütet worden war.

Im Fall der Verlagerung einer betrieblichen Funktion vom inländischen Mutterunternehmen auf ein ausländisches Tochterunternehmen kommt dabei lediglich die zweite Alternative in Betracht, da ein zivilrechtlicher Anspruch mangels Treuepflichten nicht entstehen kann. Diese zweite Alternative konkretisierte der BFH dahingehend, dass die Überlassung von Geschäftschancen nur dann als entgeltpflichtige Einräumung eines Vermögensvorteils anzusehen war,

---

[223] Vgl. *Lutter/Hommelhoff*, GmbHG, § 14, Rn. 15; *Bodenmüller* a. a. O. (oben Fn. 1), S. 298 ff.

[224] Vgl. *Streck*, KStG 1995, § 8, Rn. 150, "Wettbewerbsverbot und Betriebsabgrenzung", Tz. 5; *Weber-Grellet*, DStZ 1998, S. 358.

[225] Ausschlaggebend hierfür dürfte nicht zuletzt die im Auftrag des IDW erfolgte Stellungnahme des BGH-Richters Röhricht zu der damaligen BFH-Rechtsprechung gewesen sein; vgl. *Röhricht*, WPg 1992, 766 ff.

[226] Vgl. *Weber-Grellet*, DStZ 1998, S. 358.

[227] Vgl. *Gosch*, DStR 1997, S. 442.

wenn Gegenstand der Überlassung eigene konkrete Geschäftschancen des betrachteten Unternehmens sind.[228]

Eine Einkünftekorrektur kommt demnach nur dann in Betracht, wenn eine Geschäftschance

- überhaupt existiert,
- als "konkrete" Geschäftschance anzusehen ist und dementsprechend einen werthaltigen Vermögenswert darstellt,
- eine "eigene" Geschäftschance des betrachteten Unternehmens darstellt, diesem also zuzuordnen ist,
- einzeln bewertbar ist,
- von dem betrachteten Unternehmen (teil-) unentgeltlich einem verbundenen Unternehmen überlassen wird.

Darüber hinaus ist festzuhalten, dass eine entgeltpflichtige Verlagerung von Geschäftschancen nur in Betracht kommt, wenn die verlagerte Funktion keinen Teilbetrieb darstellt, da im Falle der Übertragung eines Teilbetriebs die Geschäftschancen als geschäftswertbildende Faktoren im Geschäftswert aufgehen.[229]

2. Begriff der Geschäftschance

a) Begriffsdefinition

Eine allgemeine Definition des Begriffs der Geschäftschance erfolgt in den zitierten Urteilen nicht und hat sich auch in der Literatur nicht herausgebildet. Wassermeyer stellt fest, dass eine Geschäftschance i. d. R. aus der Möglichkeit entsteht, ein bestimmtes Einzelgeschäft abzuschließen. Eine Geschäftschance sei demnach die Möglichkeit, künftig einen Vermögensvorteil zu erzielen, der jedoch zurzeit nach der Verkehrsauffassung noch keiner besonderen Bewertung zugänglich und deshalb auch noch nicht zu einem Wirtschaftsgut erstarkt ist.[230]

Als Definition ist diese Aussage jedoch nur in eingeschränktem Maße geeignet, da zum einen von Literatur und Finanzverwaltung der Begriff der Geschäftschance nicht auf Einzelgeschäfte beschränkt wird und zum anderen Geschäftschancen in bestimmten Fällen immaterielle Wirtschaftsgüter sein können, was auch von Wassermeyer eingeräumt wird. Zudem führt der Definitionsbestandteil, dass eine Geschäftschance keiner besonderen Bewertung zugänglich sein soll, zu dem Problem, dass im Falle der Übertragung einer Geschäftschance die Ermittlung einer angemessenen Vergütung bereits definitionsgemäß zum Scheitern verurteilt ist.

Nachfolgend soll unter dem Begriff der Geschäftschance die konkretisierte und bewertbare Möglichkeit verstanden werden, aus einem künftigen Geschäft Gewinne zu erzielen, soweit sich diese nicht aus anderen Wirtschaftsgütern ergibt.[231] Dadurch soll insbesondere klargestellt werden, dass der Begriff der Geschäftschance nicht als Oberbegriff für eine Vielzahl immaterieller Einzelwirtschaftsgüter verwendet wird, sondern einen darüber hinausgehenden Vermögenswert bezeichnet.

---

[228] Vgl. BFH-Urt. v. 18. 12. 1996, I R 26/95, DStR 1997, S. 575.

[229] Entsprechend spielen Geschäftschancen auch i. R. d. Neuregelungen keine wesentliche Rolle mehr, da Geschäftschancen im Transferpaket aufgehen.

[230] Vgl. *Wassermeyer*, GmbHR 1993, S. 332; Ditz, DStR 2006, S. 1626 f.

[231] *Bodenmüller* a. a. O. (oben Fn. 1), S. 291; ähnlich *Schreiber*, a. a. O. (oben Fn. 6), FVerlV, Allg. Vorbemerkungen, Anm. 76.

b) Singuläre versus unternehmerische Geschäftschancen

Der BFH hatte überwiegend Fälle zu entscheiden, in denen ein gewinnträchtiges konkretes Einzelgeschäft von einer Kapitalgesellschaft auf ihren Gesellschafter übertragen wurde (wie bspw. ein günstiges Kaufangebot über ein Grundstück). Diese Art von Geschäftschancen soll nachfolgend als singuläre Geschäftschancen bezeichnet werden.[232]

Es wird aber auch vertreten, dass die Möglichkeit, durch Ausübung einer betrieblichen Funktion Gewinne zu erzielen, als Geschäftschance anzusehen ist. Diese Art von Geschäftschancen wird nachfolgend mit dem Begriff der unternehmerischen Geschäftschance bezeichnet.[233]

Die Ausübung einer betrieblichen Funktion wurde, soweit ersichtlich, nur in einem einzigen BFH-Urteil[234] (betr. die Einkaufsfunktion) als Geschäftschance angesehen, wobei es in dem Sachverhalt hauptsächlich um die Voraussetzungen des Schachtelprivilegs ging und Geschäftschancen daher nur am Rande behandelt wurden.

3. Voraussetzungen der Verrechnungspflicht

a) Konkretisierung der Geschäftschance

Unstrittig erscheint, dass eine Geschäftschance erst dann vergütungspflichtig sein kann, wenn sie ausreichend konkretisiert ist.[235] Nicht abschließend geklärt ist indes, ab wann diese Konkretisierung ausreichend ist.

Im Bereich der singulären Geschäftschancen lassen sich hinsichtlich des erforderlichen Grades der Konkretisierung nur schwer allgemeine Kriterien aufstellen; gefordert wird ein "gewisser Konkretisierungsgrad".[236]

Für den Bereich der unternehmerischen Geschäftschancen stellt Haarmann fest, dass eine bislang nicht genutzte Geschäftschance, die kein Recht darstellt, keine Geschäftschance vermittelt, da sich in solchen Fällen Chancen und Risiken aufheben dürften.[237] Für die hier behandelten Funktionen der Produktion und des Vertriebs ergibt sich hieraus, dass bspw. die Möglichkeit, künftig einen bislang noch nicht erschlossenen Markt zu erschließen oder ein bislang noch nicht hergestelltes Produkt herzustellen, keine Geschäftschance darstellt, wenn diese Möglichkeit nicht rechtlich abgesichert ist.[238] Die Möglichkeit, aus bereits ausgeübten Funktionen Gewinne zu erzielen, dürfte hingegen durch die Erfahrungen der Vergangenheit ausreichend konkretisiert sein, um eine Geschäftschance darstellen zu können.[239]

Damit eine Geschäftschance einen Vermögenswert darstellt, muss gefordert werden, dass sie die Möglichkeit einer vergleichsweise risikolosen Gewinnerzielung gewährt. Besteht bei einer geschäftlichen Betätigungsmöglichkeit ein Verlustrisiko, stellt diese keine Geschäftschance dar.[240] Jedenfalls muss eine Geschäftschance dem Inhaber die Möglichkeit gewähren, bei glei-

---

[232] Vgl. auch *Ditz*, DStR 2006, S. 1626.
[233] Zustimmend z. B. *Jahndorf*, FR 2008, 102; *Serg*, DStR 2005, 1916.
[234] Vgl. BFH-Urt. v. 6. 12. 1995, I R 40/95, DB 1996, S. 1450.
[235] Vgl. *Serg*, DStR 2005, S. 1916. Diese Voraussetzung ist bspw. auch ableitbar aus BFH v. 7. 8. 2002, I R 64/01, DStRE 2003, S. 104.
[236] Vgl. *Bodenmüller* a. a. O. (oben Fn. 1), S. 306 ff.
[237] Vgl. *Haarmann* in IDW, Bericht über die Steuerfachtagung 1996, S. 62.
[238] Zustimmend *Schreiber*, a. a. O. (oben Fn. 6), FVerlV, Allg. Vorbemerkungen, Anm. 77.
[239] So auch *Ditz*, DStR 2006, S. 1627.
[240] Vgl. *Baumhoff* a. a. O. (oben Fn. 5), S. 86; *Haarmann* a. a. O. (oben Fn. 237), S. 67.

chem Risiko und gleichem Mitteleinsatz einen wesentlich höheren Gewinn erzielen zu können als derjenige, der die Geschäftschance nicht hat.[241]

b) Zuordnung von Geschäftschancen

Die Zuordnung einer Geschäftschance zur Gesellschaft kann grds. nur dann erfolgen, wenn hierfür konkrete Anhaltspunkte bestehen. Die Festlegung dieser konkreten Anhaltspunkte kann wohl nicht abschließend, sondern nur typisierend erfolgen. In der Literatur zeichnet sich eine Tendenz zu einer Zuordnung nach materiellen anstelle von formellen Kriterien ab.[242]

Eine Geschäftschance kann einem Unternehmen nur dann zugeordnet werden, wenn dieses die Geschäftschance selbst wahrnehmen kann und will,[243] sofern es nicht gesellschaftlich beeinflusst würde. Das Wahrnehmenkönnen erfordert, dass das Unternehmen personell, sachlich und organisatorisch über hinreichende Kapazitäten für die Wahrnehmung der Geschäftschance verfügt; eine Zuführung zusätzlichen Eigenkapitals durch die Konzernspitze bei einer bestimmten Gesellschaft kann dabei nicht unterstellt werden, da die Konzernspitze in ihrer Entscheidung frei ist, ob und welcher Konzerngesellschaft zusätzliche Mittel zugeführt werden.[244] Das (objektivierte) Wahrnehmenwollen erfordert, dass ein ordentlicher Geschäftsleiter des Unternehmens die Geschäftschance ausgenutzt hätte; eine Geschäftschance, die das Unternehmen gemessen am Fremdvergleich unter keinen Umständen wahrgenommen hätte, kann diesem nicht per steuerlicher Fiktion "aufgedrängt" werden.[245]

Für die Zuordnung von singulären Geschäftschancen kommt darüber hinaus eine Reihe von Indizien in Betracht, wie bspw., von wem die Kosten der Anbahnung der Geschäftschance getragen wurden, von wem die Verhandlungen geführt wurden, mit wem der Vertragspartner zu kontrahieren wünscht, mit wem der Vertragspartner bereits früher Geschäfte getätigt hat oder in wessen statutarischen oder tatsächlichen Geschäftsbereich das betreffende Geschäft fällt.[246]

Die mit einer bislang bereits ausgeübten betrieblichen Funktion verbundenen unternehmerischen Geschäftschancen können dem (bisherigen) Funktionseigentümer zugeordnet werden. Bei noch nicht genutzten unternehmerischen Geschäftschancen müsste – falls solche überhaupt existieren – die Zuordnung wie bei singulären Geschäftschancen aufgrund von Indizien erfolgen.

Eine Übertragung bzw. Überlassung einer Geschäftschance findet nur dann statt, wenn das übernehmende Unternehmen die Geschäftschance auf eigene Rechnung nutzen kann. Damit kann sich eine entgeltpflichtige Verlagerung von Geschäftschancen nach der hier vorgenommenen Unterscheidung nur ergeben, wenn es sich nicht nur um eine Verlagerung einer Routine-Funktion,[247] sondern um eine Verlagerung einer Non-Routine-Funktion[248] handelt.[249]

---

[241] So auch *Rödder*, StbJb 1997/98, S. 125; *Serg*, DStR 2005, S. 1916.

[242] Vgl. *Thiel*, DStR 1993, 1804; *Haarmann* a. a. O. (oben Fn. 237), S. 66.

[243] Vgl. *Schreiber*, a. a. O. (oben Fn. 6), FVerlV, Allg. Vorbemerkungen, Anm. 78.

[244] Vgl. *Haarmann* a. a. O. (oben Fn. 237), S. 69.

[245] Vgl. BFH-Urt. v. 12. 6. 1997, I R 14/96, DStR 1997, S. 1360.

[246] Vgl. *Thiel*, DStR 1993, 1804; *Gosch*, DStR 1997, S. 442; BFH v. 12. 10. 1995, I R 127/94, DB 1996, 507; v. 13. 11. 1996, I R149/94, BB 1997, 508; v. 12. 6. 1997, I R 14/96, DStR 1997, 1360; *Wassermeyer*, GmbHR 1993, S. 332; *Schreiber*, a. a. O. (oben Fn. 6), FVerlV, Allg. Vorbemerkungen, Anm. 77.

[247] Hier verbleiben sämtliche Geschäftschancen beim verlagernden Unternehmen.

[248] Das übernehmende Unternehmen erhält die Dispositionsbefugnis über die Funktion sowie die daraus resultierenden Chancen und Risiken.

Die Unterscheidung zwischen der Überlassung von Routine- und Non-Routine-Funktionen wird in diesem Zusammenhang implizit auch durch den BFH getroffen, wenn er in der Einschaltung eines Gesellschafters einer Kapitalgesellschaft als Subunternehmer[250] für Zwecke der Verwertung einer konkreten Geschäftschance keine vGA aufgrund einer unentgeltlichen Überlassung der Geschäftschance sieht. Der BFH erkennt es grds. steuerlich an, wenn ein Gesellschafter als Subunternehmer für seine GmbH tätig wird.[251]

b) Eigenständige Bewertbarkeit

Eine Verrechnungspflicht kann nur dann bestehen, wenn eine Geschäftschance einer eigenständigen Bewertung zugänglich ist. Ein allgemeingültiger Bewertungsansatz für Geschäftschancen hat sich noch nicht herausgebildet. In der Literatur wird vorgeschlagen, Geschäftschancen mit dem Barwert der zukünftigen, zum Zeitpunkt der Übertragung erwarteten Einzahlungsüberschüsse zu bewerten.[252]

Hinsichtlich der Verrechnungspflicht dem Grunde nach folgt hieraus, dass diese voraussetzt, dass die künftigen Einzahlungsüberschüsse aus der Geschäftschance hinreichend zuverlässig prognostiziert werden können. Dies wiederum wird bei singulären Geschäftschancen häufig vergleichsweise unproblematisch sein.

Bei unternehmerischen Geschäftschancen setzt diese Prognose voraus, dass sich die Geschäftschance auf eine Funktion bezieht, deren künftige Ergebnisentwicklung prognostiziert werden kann, und der Beitrag der Geschäftschance zu dieser Ergebnisentwicklung isoliert werden kann.[253] Darüber hinaus muss der zur Abbildung des systematischen Risikos erforderliche Betafaktor mit hinreichender Sicherheit ermittelt werden können.[254]

4. Geschäftschance als immaterielles Wirtschaftsgut

Ob eine Geschäftschance als immaterielles Wirtschaftsgut zu qualifizieren ist, ist nicht abschließend geklärt.[255] Nach der Auffassung von Wassermeyer stellt eine Geschäftschance regelmäßig kein immaterielles Wirtschaftsgut dar; lediglich in Einzelfällen könnte eine Geschäftschance auch ein immaterielles Wirtschaftsgut sein.[256]

Letztlich dürfte es keine allgemeingültige Aussage zur Wirtschaftsguteigenschaft eines derart schillernden Gebildes wie das der Geschäftschance geben, so dass eine Einzelfallbetrachtung vorzunehmen ist.[257] Aufgrund des höheren Grades der Konkretisierung wird man dabei bei singulären Geschäftschancen eher zu einem Wirtschaftsgut gelangen als bei unternehmerischen Geschäftschancen.[258] Bei unternehmerischen Geschäftschancen wird es dabei maßgeblich auf

---

[249] Ähnlich *Naumann*, IStR 2004, S. 252.

[250] Subunternehmer ist, wer sich in Form eines Werk- oder Dienstvertrages gegenüber einem anderen Unternehmer verpflichtet, für diesen einen Abschnitt eines Gesamtwerkes zu erstellen oder sonstige Dienstleistungen zu erbringen; vgl. *Weimar*, Inf 1998, 179.

[251] Vgl. BFH-Urt. v. 8. 4. 1997, I R 39/96, BFH/NV 1997, S. 902; v. 13. 11. 1996, I R 149/94, BB 1997, S. 508.

[252] Vgl. *Kaminski/Strunk*, IStR 2002, S. 792.

[253] Hier zeigt sich der Unterschied zum Gesamtbewertungsansatz des § 1 Abs. 3 AStG, der eine Zuordnung von Ergebnisbestandteilen zu einzelnen Vermögenswerten entbehrlich macht.

[254] Vgl. *Serg*, DStR 2005, S. 1917.

[255] Der BFH hat diese Frage in seinem Urt. v. 5. 12. 1995, I R 40/95 (BStBl 1997 II 118) ausdrücklich offen gelassen.

[256] Vgl. *Wassermeyer*, GmbHR 1993, S. 332.

[257] Vgl. *Bodenmüller* a. a. O. (oben Fn. 1), S. 320 ff.

[258] Zustimmend *Serg*, DStR 2005, S. 1917.

das Kriterium der eigenständigen Bewertbarkeit ankommen;[259] ist diese gegeben, wird in der Regel ein Wirtschaftsgut vorliegen.[260]

Bei (teil-) unentgeltlichen Vorteilszuwendungen an ausländische verbundene Unternehmen kommt es auf die Wirtschaftsguteigenschaft jedoch nur bedingt an, da eine Einkünftekorrektur unabhängig vom Vorliegen eines Wirtschaftsguts erfolgen kann.[261]

Da verdeckte Einlagen mit dem Teilwert und Einkünftekorrekturen nach § 1 AStG mit dem Fremdvergleichspreis anzusetzen sind, kam bei der unentgeltlichen Übertragung von Geschäftschancen auf eine ausländische Tochterkapitalgesellschaft der Frage nach der Wirtschaftsguteigenschaft von Geschäftschancen zumindest im Hinblick auf den maßgeblichen Korrekturmaßstab Bedeutung zu.

Da es sich im Falle der Qualifikation einer Geschäftschance als Wirtschaftsgut bei dieser um ein abnutzbares, selbstgeschaffenes, immaterielles Wirtschaftsgut des Anlagevermögens handeln dürfte, wäre nach den Teilwertvermutungen[262] davon auszugehen, dass der Teilwert den (fortgeführten) Herstellungskosten der Geschäftschance entspricht. Die Herstellungskosten einer Geschäftschance dürften, sofern sie – mangels Aktivierung der Geschäftschance in der Bilanz – überhaupt feststellbar sind, regelmäßig weit unterhalb des Fremdvergleichspreises der Geschäftschance liegen.

5. Zweifel an der Verrechenbarkeit unternehmerischer Geschäftschancen

An der Annahme, dass unternehmerische Geschäftschancen einen werthaltigen Vermögensvorteil darstellen, bestehen u. E. erhebliche Zweifel.[263] Die hinter diesen Zweifeln stehenden betriebswirtschaftlichen Überlegungen sollen durch die nachfolgenden beiden Beispiele verdeutlicht werden:

▶ Beispiel 1: Unternehmen A erzielt aus der Fertigung eines Produkts Gewinne. Überträgt A die Fertigung auf einen Lohnfertiger[264] B, hat dieser Anspruch auf eine fremdübliche Gewinnmarge auf seine Kosten.[265] Hier dürfte klar sein, dass B keine Geschäftschance erwirbt. Gibt A B im Laufe der Zeit die Möglichkeit, die Rohstoffe selbst zu beschaffen und die Produkte auch an Fremde zu verkaufen, wird der Lohnfertiger zum Eigenproduzenten. B hat dann nicht mehr nur Anspruch auf ein kostenabhängiges Entgelt, sondern auf den Marktpreis für seine Produkte. Im Gegenzug hat B Lizenzgebühren für die genutzten immateriellen Wirt-

---

[259] S. Abschn. 0.

[260] So auch *Serg*, DStR 2005, S. 1917; *Borstell*, StbJb 2001/2002, S. 208.

[261] Korrekturmöglichkeiten in Abhängigkeit von der Richtung und Wirtschaftsguteigenschaft einer Vorteilszuwendung: Vorteilszuwendung sowohl in Form eines Wirtschaftsguts als auch in Form eines sonstigen wirtschaftlichen Vorteils an eine ausländische Muttergesellschaft als vGA; Vorteilszuwendung in Form eines Wirtschaftsguts an eine ausländische Tochtergesellschaft als verdeckte Einlage; Vorteilszuwendung in Form eines sonstigen wirtschaftlichen Vorteils an eine ausländische Tochtergesellschaft nach § 1 AStG; a. A. *Raupach*, JbFSt 1997/98, S. 420, der eine Korrektur nur im Falle des Vorliegens eines immateriellen Wirtschaftsguts vornehmen möchte.

[262] Vgl. H 6.7 EStH (Teilwertvermutungen).

[263] So auch *Weber-Grellet*, DStZ 1998, S. 365: "Zur vGA kann es erst dann kommen, wenn der Gesellschafter-Geschäftsführer konkrete Geschäftschancen der GmbH für sich in Anspruch nimmt."; ebenso *Rödder*, StbJb 1997/98, S. 125; zustimmend auch *Jahndorf*, FR 2008, 102; *Serg*, DStR 2005, S. 1917; *Borstell*, StbJb 2001/2002, S. 206 f.; *Eisele* a. a. O. (oben Fn. 217), S. 305 ff.; *Kroppen* a. a. O. (oben Fn. 115), § 3 FVerlV, Anm. 102.

[264] S. Abschn. D.IV.1.

[265] S. Abschnitt D.IV.2.

schaftsgüter zu leisten. Per Saldo ist der Gewinn von B regelmäßig höher als zu Zeiten der Lohnfertigung. Die Gewinnerhöhung kam aber nicht dadurch zustande, dass eine Geschäftschance allmählich von A auf B übergegangen ist, sondern dadurch, dass der ehemalige Lohnfertiger zusätzliche Funktionen und Risiken übernommen und zusätzliche immaterielle Wirtschaftsgüter vom Auftraggeber erworben bzw. lizenziert hat.[266]

- Beispiel 2: Unternehmen A aus Beispiel 1 verlagert seine Produktion nicht. Das unabhängige Unternehmen C stellt fest, dass mit dieser Produktion Gewinne zu erzielen sind, und beschließt, das Produkt ebenfalls zu fertigen. Es errichtet eine entsprechende Fertigungsstätte "auf der grünen Wiese" und erwirbt die erforderlichen materiellen und immateriellen Wirtschaftsgüter von fremden Dritten zum Marktpreis (es soll unterstellt werden, dass die erforderlichen Produktionsfaktoren am Markt erhältlich sind). Gegenüber A ist C dann nicht dadurch benachteiligt, dass es von niemandem eine "unternehmerische Geschäftschance" erworben hat. Hat dieses unabhängige Produktionsunternehmen aber dadurch, dass es keine "Geschäftschance" erworben hat, keinerlei Nachteile gegenüber demjenigen, das über die "Geschäftschance" verfügt, stellt diese keinen Vermögensvorteil dar. Ein fremder Dritter wäre also nicht bereit, für eine solche "Geschäftschance" etwas zu bezahlen. Es entspricht der Theorie des doppelten ordentlichen Geschäftsleiters, dass bei der Bestimmung des angemessenen Entgelts zwischen verbundenen Unternehmen auch die Sicht eines gedachten ordentlichen Geschäftsleiters aufseiten des Vertragspartners zu berücksichtigen ist.

Die Möglichkeit, ein bestimmtes Produkt zu produzieren, ist damit nicht als Vermögensvorteil anzusehen, der mit der Möglichkeit, ein Grundstück deutlich unter dessen Marktwert zu erwerben, vergleichbar wäre. Gegen die Qualifikation von unternehmerischen Geschäftschancen als werthaltiger Vermögenswert spricht auch, dass von einem Unternehmen erzielte überdurchschnittliche Ergebnisse in aller Regel immateriellen Wirtschaftsgütern zugeordnet werden können.[267]

IV. Gegenüberstellung von Transferpaket und Geschäftschance

Vergleicht man die steuerliche Behandlung von Funktionsverlagerungen nach dem Transferpaket-Konzept des § 1 Abs. 3 AStG mit der Behandlung nach allgemeinem Steuerrecht zuzüglich der Geschäftschancenlehre, ergeben sich folgende Beobachtungen:

- Es kann mit guten Argumenten bezweifelt werden, dass unternehmerische Geschäftschancen überhaupt zwischen fremden Dritten vergütet würden.[268] Darüber hinaus ist für eine Vergütungspflicht zumindest eine hinreichende Konkretisierung sowie eine Zuordnung der Geschäftschance zum verlagernden Unternehmen zu fordern. Auch das Wahrnehmenkönnen und -wollen einer Geschäftschance durch deren ursprünglichen Inhaber sind zentrale, aber häufig schwer zu greifende Voraussetzungen einer entgeltpflichtigen Geschäftschancen-Verlagerung. Diese „Unwägbarkeiten" umgeht die Neuregelung durch einen „klaren Trennstrich",[269] indem sie die Geschäftschancenlehre außen vor lässt und bei jeder Funktionsverlagerung grds. die Verlagerung eines Transferpakets annimmt. Insoweit geht der

---

[266] Nach neuem Recht wäre hierin allerdings ggf. eine Funktionsausweitung i.S.d. § 2 Abs. 2 Satz 2 FVerlV zu sehen, die eine Transferpaketbewertung auslöst. Hieran zeigen sich die unterschiedlichen Anforderungen an das Maß der Konkretisierung zwischen Transferpaket-Konzept und Geschäftschancenlehre.

[267] Vgl. US Transfer Pricing Guide, Rn. 3020.30; *Schreiber*, a. a. O. (oben Fn. 6), FVerlV, Allg. Vorbemerkungen, Anm. 102.

[268] S. Abschn. I.III.5.

[269] Vgl. *Schreiber* a. a. O. (oben Fn. 6), FVerlV, Allg. Vorbemerkungen, Anm. 78.

sachliche Anwendungsbereich des Transferpakets deutlich über den der Geschäftschance hinaus.

- Der konzeptionelle Ansatz zur steuerlichen Behandlung von Funktionsverlagerungen hat sich durch die Neuregelung deutlich geändert. Bei Funktionsverlagerungen außerhalb des zeitlichen oder sachlichen Anwendungsbereichs des § 1 Abs. 3 AStG wird zunächst analysiert, ob entgeltpflichtige Übertragungen oder Überlassungen von Wirtschaftsgütern, Geschäftschancen oder Geschäftswerten stattgefunden haben; diese werden anschließend grundsätzlich einzeln oder ggf. auch zusammengefasst[270] bewertet. Bei Funktionsverlagerungen i.S.d. § 1 Abs. 3 AStG wird hingegen im Regelfall – von den Fällen der „Escape-Klausel" abgesehen – der Einzelbewertungsgrundsatz durchbrochen und eine Transferpaketbewertung vorgenommen;[271] allenfalls beim übernehmenden Unternehmen stellt sich für bilanzielle Zwecke die Frage, inwieweit im Transferpaket identifizierbare Einzelwirtschaftsgüter enthalten sind.

- Die Schwelle, ab der einer Gesamtheit von Einzelwirtschaftsgütern ein Wert oberhalb der Summe der Werte der Wirtschaftsgüter beigemessen wird bzw. ab der ein (anteiliger) Geschäftswert zu vergüten ist, hat sich durch die Neuregelungen offensichtlich reduziert. Zunächst wurde ein solcher Wert erst bei Vorliegen eines Betriebs oder Teilbetriebs angenommen; hierfür ist eine weitgehende organisatorische Geschlossenheit und selbständige Lebensfähigkeit erforderlich. Nach der Geschäftschancenlehre wird ein solcher Wert bereits bei Vorliegen einer konkretisierten, zuordenbaren und bewertbaren Geschäftschance angenommen. Nach der Neuregelung wird auch auf die Merkmale der Konkretisierung und Zuordenbarkeit verzichtet und es ist lediglich die Verlagerung einer „Funktion" erforderlich, um eine Transferpaketbewertung auszulösen.[272]

- Hinsichtlich der Bewertung ist festzuhalten, dass auch die Geschäftschancenlehre aus dem Fremdvergleichsgrundsatz abgeleitet wurde. Die Einzelheiten der Bewertung einer Geschäftschance sind nicht abschließend geklärt; weitgehend unstrittig dürfte jedoch sein, dass der Wert der Geschäftschancen den (anteiligen) Geschäftswert nicht übersteigt. Die Geschäftschancenlehre sollte bei Funktionsverlagerungen, die keinen Betrieb oder Teilbetrieb zum Gegenstand haben, einen über die stillen Reserven der Einzelwirtschaftsgüter hinausgehenden Wert einer organischen Einheit erfassen. Eine darüber hinausgehende Berücksichtigung von anteiligen Synergieeffekten und Standortvorteilen aus der Sphäre des übernehmenden Unternehmens ist in der Geschäftschancenlehre nicht angelegt.[273] Dies sehen jedoch die Bewertungsregeln zum Transferpaket vor;[274] der Wert des Transferpakets kann damit ggf. über dem Unternehmenswert liegen. Mithin führt die Transferpaketbewertung zur Besteuerung von nur in der Sphäre der übernehmenden Gesellschaft angelegten Gewinnpotenzialen (aufgrund von Synergieeffekten und Standortvorteilen).[275] Da die Funktionsverlagerung sozusagen zwischen der Veräußerung einzelner Wirtschaftsgüter und der

---

[270] Vgl. *Bodenmüller* a. a. O. (oben Fn. 1), S. 323; zustimmend sowie mit einem weitergehenden Vorschlag im Sinne der gesetzlichen Neuregelung vgl. *Serg*, DStR 2005, S. 1918.

[271] Vgl. *Kroppen/Rasch/Eigelshoven*, IWB 2007, F. 3 Deutschland Gr. 1, S. 2210.

[272] A. A. *Greil*, IStR 2009, S. 202 ff., der zu dem Ergebnis kommt, dass Geschäftschancen und Gewinnpotenziale als Synonyme anzusehen sind.

[273] Vgl. auch *Jahndorf*, FR 2008, 102

[274] S. Abschn E.II.

[275] Kritisch z. B. *Baumhoff/Ditz/Greinert*, DStR 2007, 1649; *Jahndorf*, FR 2008, S. 101.

Veräußerung von (Teil-) Betrieben anzusiedeln ist,[276] stellt sich die Frage, warum die Bewertung von Transferpaketen so ausgelegt ist, dass der Wert des Transferpakets über dem Wert des Betriebs/Teilbetriebs liegen kann und häufig auch liegen wird.[277]

▶ Ähnlich wie beim Geschäftswert ist das Konkurrenzverhältnis zwischen Geschäftschance und Transferpaket nicht abschließend geklärt. Die Geschäftschancenlehre existiert bis auf weiteres, dürfte in ihrer Bedeutung aber hinter das Transferpaket zurücktreten. Es ist davon auszugehen, dass der Gesetzgeber Geschäftschancen mit der Formulierung der „sonstigen Vorteile" als Teil des Transferpakets definieren wollte.[278] Bei Outbound-Verlagerungen macht es keinen Unterschied, wofür der Wert des Transferpakets vereinnahmt wird. Hingegen könnten bei Inbound-Verlagerungen Unterschiede hinsichtlich der Abschreibungsdauer zwischen Transferpaket bzw. Geschäftswert einerseits und Geschäftschancen andererseits bestehen.

J. Fazit

Die sehr weit reichende Neuregelung der Funktionsverlagerungen durch das UntStRefG 2008 wird die Steuerpflichtigen, die Finanzverwaltung und die Finanzgerichte noch lange Zeit beschäftigen. Sowohl hinsichtlich der Erfüllung des Tatbestands als auch hinsichtlich der Konkretisierung der Rechtsfolgen gibt es eine Vielzahl von noch zu klärenden Einzelfragen.

Für in Deutschland tätige Konzerne ergibt sich im Spannungsfeld zwischen

▶ potenziell äußerst einschneidenden Steuerfolgen von Funktionsverlagerungen,

▶ weit reichenden Rechtsunsicherheiten aufgrund der interpretationsbedürftigen Neuregelungen,

▶ einem immer drängender werdenden Finanzbedarf des deutschen Fiskus,

▶ einer fehlenden Harmonisierung mit den Steuergesetzen wesentlicher Partnerländer,

▶ einem extrem volatilen wirtschaftlichen Umfeld und den damit einhergehenden betrieblichen Anpassungen

die dringende Notwendigkeit, Funktionsverlagerungen zu identifizieren und diese sorgfältig zu planen und zu dokumentieren. Ggf. ist auch zu prüfen, ob Funktionsverlagerungen so gestaltet werden können, dass sie nicht in den Anwendungsbereich von § 1 Abs. 3 AStG fallen.

An Finanzverwaltung und -gerichte kann hier nur appelliert werden, die Neuregelungen mit Augenmaß anzuwenden. Die durch solche nationale Alleingänge provozierten Doppelbesteuerungen sollten nach Möglichkeit vermieden werden. Nur so kann erreicht werden, dass die Neuregelungen nicht zu einem Standortnachteil für den deutschen Wirtschaftsstandort werden.

---

[276] Vgl. *Kroppen* a. a. O. (oben Fn. 115), § 3 FVerlV, Anm. 103 m. w. N.
[277] S. Abschn. E. sowie den nachfolgenden Punkt.
[278] Vgl. *Brüninghaus/Bodenmüller*, DStR 2009, S. 1287.

3. Dokumentation von Verrechnungspreisen unter besonderer Berücksichtigung der Abgrenzung von verrechenbaren und nicht-verrechenbaren Konzerndienstleistungen

von Dipl.-Kfm. Dr. Sven Bremer, Steuerberater, München[*] und Dipl. Finanzwirt (FH) Werner Stuffer, Steuerberater, München[**]

Inhaltsübersicht

A. Einleitung
B. Dokumentationsanforderungen in Deutschland
  I. Rechtslage bis zum SteVergAbG
  II. Verschärfung der Dokumentationspflichten
C. Europäische und globale Dokumentationsanforderungen von Verrechnungspreisen
  I. Internationale Entwicklung von Dokumentationsvorschriften
  II. OECD-Richtlinien
  III. Dokumentationsanforderungen innerhalb der PATA-Länder
  IV. EU-Verrechnungspreisforum
  V. Dokumentationsvorschriften in ausgewählten Ländern
D. Herausforderung unterschiedlicher Dokumentationssysteme
  I. Dokumentationsstrategien
  II. Dokumentationsziele
  III. Konzerndokumentationsstrategien
E. Erstellung einer Verrechnungspreisdokumentation
  I. Beschreibung
  II. Industrieanalyse
  III. Unternehmensanalyse
  IV. Transaktionsanalyse
  V. Funktions- und Risikoanalyse
F. Planung und Durchführung einer Verrechnungspreisdokumentation
  I. Implementierung eines Dokumentationsprozesses
  II. Planung des Dokumentationsprozesses
  III. Erstellung der notwendigen Dokumentation
G. Abgrenzung und Dokumentation von verrechenbaren und nicht verrechenbaren Konzerndienstleistungen
  I. Herausforderungen bei der Dokumentation von Konzerndienstleistungen
  II. Umsetzung der Dokumentationsvorschriften in der Praxis
  III. Systeme mit Anknüpfung an den lokal geschaffenen Nutzen
H. Fazit

Literatur:

Bauer, D., Zusammenfassung von Geschäftsvorfällen bei der Verrechnungspreisplanung und -dokumentation, DB 2008, 152 ff.; *Baumhoff, H./Puls, M,* Der OECD-Diskussionsentwurf zu Verrechnungspreisaspekten von „Business Restructurings" – Analyse und erster Vergleich mit den deutschen Funktionsverlagerungsregeln nach § 1 Abs. 3 AStG, IStR 2009, 73 ff.; *BFH* v. 29. 7. 1992, BStBl. II 1993, S. 247.; *BMF-Schreiben* v. 30. 12. 1999, IV B 4 - S 1341 - 14/99, BStBl. I 1999, 1122.; *BMF-Schreiben* v. 12. April 2005, IV B 4 - S 1341 - 1/05, BStBl. I 2005, 570.; *Brem, M./Tucha, T.,* Verrechnungspreise in Indien: Vorschriften und erste Dokumentations- und Prüfungserfahrungen, IStR 2006, 391 ff. ; *Brem, M./Tucha, T.,* Dokumentation von Verrechnungspreisen: zur Strukturierung der Angemessenheitsanalyse, IStR 2006, 499 ff.; *Bremer, S./Engler, G.,* International Tax Journal 2/2004, Tightening of the German Transfer Pricing Documentation Requirements, 17 ff.; *Bremer, S./Findeis, A.,* A German Perspective on Transfer Pricing Documentation Requirements, Tax Notes International, 25/2002, 1242 ff.; *Bruschke, G.,* Sanktionen bei einem Verstoß gegen die Dokumentationspflichten für Verrechnungspreise , DStZ 2006, 575 ff.; *Eigelshoven, A./Kratzer, C.,* Rechtsverordnung zu Aufzeichnungspflichten bei der Bestimmung angemessener Verrechnungspreise, IStR 2004, 30 ff.; *Eigelshoven A./Nientimp A.,* Die Dokumentation angemessener Verrechnungspreise nach den Verwaltungsgrundsätze-Verfahren: Eine kritische Analyse, DB 2005, 1184 ff.; *Ernst & Young,* Verrechnungspreise, Bonn/Berlin 2003; *Ernst & Young,* Precision under

---

[*] Siemens AG, München.

[**] Pricewaterhouse Coopers AG, München. Herr Stuffer dankt Herrn Dipl.-Kfm. Sven Kluge, Steuerberater, PWC AG Düsseldorf für die Unterstützung bei der Erstellung seines Manuskripts.

pressure. Global transfer pricing survey 2007-2008; **Ernst & Young,** *Transfer Pricing Global Reference Guide 2009;* **EU JPTD,** *Contributions on centralized intra-group services, JTPF/014/REV1/BACK/2007/EN/FR;* **EU JPTD,** *2007-2008 JTPF work programme, JTPF/013/2007/EN;* **Förster, H./Naumann, M.,** *Bedürfen die OECD-Verrechnungspreisrichtlinien 1995 einer Anpassung hinsichtlich der Anwendung transaktionsbezogener Gewinnmethoden ? - Öffentliche Einladung der OECD zur Stellungnahme, DB 2006, 1129 ff.;* **Fischer, W., Looks, C, im Schlaa, S.,** *Dokumentationspflichten für Verrechnungspreise. Bisherige Erfahrungen mit der Betriebsprüfung und aktuelle Entwicklungen, BB 2007, 918 ff.;* **Gesetz zum Abbau von Steuervergünstigungen und Ausnahmeregelungen (StVergAbG - Steuervergünstigungsabbaugesetz),** *BGBl. I 2003, S. 660.;* **Gewinnabgrenzungsaufzeichnungsverordnung (GAufzV),** *13.11.2003, BGBl. I 2003, S. 2296, geändert durch Artikel 9 des Gesetz vom 14. 8. 2007, BGBl. I 2007, S. 1912.;* **Grotherr (Hrsg.),** *Handbuch der internationalen Steuerplanung, 2. Auflage, Herne/Berlin 2003;* **Hahn, H.,** *Mitwirkungspflichten bei Auslandssachverhalten europarechtswidrig?, IStR 2003, 84 ff.;* **Im Schlaa, S./Hüning, C,** *Gruppierung von Geschäftsvorfällen bei der Erstellung einer Verrechnungspreisdokumentation nach § 90 Abs. 3 AO, IWB 24/2006, 1201 ff.;* **Jacobs, O.,** *Internationale Unternehmensbesteuerung, 6. Auflage, München 2007;* **Joecks, W./Kaminski, B.,** *Dokumentations- und Sanktionsvorschriften für Verrechnungspreise in Deutschland, IStR 2004, 65 ff.;* **Kaminski,** *Umlagen bei konzerninternen Leistungen – Gestaltung von Konzernumlageverträgen unter Berücksichtigung des BMF-Schreibens vom 30.12.1999, IWB 2000, S. 435 ff. ;* **Kolb, H.,** *Datenbankanalysen zu internationalen Verrechnungspreisen, IWB 2009, 597 ff.;* **Korff, M.,** *Dienstleistungsverrechnung zwischen deutsch-US-amerikanischen Konzernunternehmen, IStR 2008, 44 ff.;* **Kottke. K.,** *Zum Verhältnis von Selbstanzeige und Steuererklärungsberichtigungspflicht, DStR 1996, 1350 ff.;* **Kramer, J.-D.,** *APA – Vorabverständigungsverfahren und Vorabzusagen über Verrechnungspreise, IStR 2007, 174 ff.;* **Kroppen, Heinz-Klaus,** *Handbuch Internationale Verrechnungspreise, Köln 2008.;* **Kuckhoff/Schreiber,** *Verrechnungspreise in der Betriebsprüfung, München 1997;* **Lenz, M./Fischer, W.W.,** *Verrechnungspreisdokumentation in Deutschland – Erste Praxiserfahrungen, BB 2004, 2043 ff.;* **Lenz, M./Fischer, W.W./Schmidt, M.,** *Verwaltungsgrundsätze-Verfahren - Konsequenzen für die Dokumentation von Verrechnungspreisen, BB 2005, 1255 ff.;* **Müller, J.,** *Die Berichtigungspflicht nach § 153 Abs. 1 AO., StBp 2007, 195 ff.;* **Niemann, W./Kiera-Nöllen, M.,** *Dokumentation der Geschäftsbeziehungen mit Auslandsbezug im Mittelstand, DStR 2004, 482 ff.;* **OECD,** *Transfer Pricing Guidelines for Multinational Enterprises and Tax Administrations, Paris 1995.;* **OECD,** *Report on the attributions of profits to permanent establishments, 17 July 2008.;* **OECD,** *Transfer pricing aspects of business restructurings: Discussion draft for public comment, 19.09.2008.;* **Pitzal, C./Wolter, H.,** *Der Begriff der „Funktion" in den neuen Regelungen zur Funktionsverlagerung in § 1 Abs. 3 AStG, IStR 2008, 793 ff.;* **Porter, M.,** *Competitive Advantage: Creating and Sustaining Superior Performance, 1. edition, Free Press, New York 1985.;* **Portner, R,** *Ermittlung von Verrechnungspreisen in multinationalen Unternehmen, IWB, 1992, Fach 10, International, Gruppe 2, S. 863 ff.;* **PWC (Hrsg.),** *Dokumentation von Verrechnungspreisen, Frankfurt a. M. 2005;* **Rasch, S./Fischer, R.,** *Die neuen "Temporary U.S. Cost-Sharing Regulations" – Chancen und Probleme, IWB, Gruppe 2, Fach 8, S. 1533.;* **Rasch, S./Rettinger F.,** *Aktuelle Fragen der Verrechnungspreisdokumentation: Unternehmenscharakterisierung und Methodenwahl in den Verwaltungsgrundsätze-Verfahren, BB 2007, 354 ff.;* **Rat der Europäischen Kommission,** *Verhaltenskodex zur Verrechnungspreisdokumentation für verbundene Unternehmen innerhalb der Europäischen Union (EU TPD), 9738/06, FISC 74 OC 405, 20.6.2006.;* **Raupach, A. (Hrsg.),** *Verrechnungspreissysteme multinationaler Unternehmen, Herne/Berlin 1999;* **Rehkugler, H./Vögele, A.,** *Quantitative Verfahren der Prüfung von Verrechnungspreisen - Perspektiven und offene Fragen, BB 2002, 1937 ff.;* **Runge,** *Quo Vadis, internationaler Verrechnungspreis, cui bono, neuer OECD- Verrechnungspreisbericht?, IStR 1995, 505 ff.;* **Temp. Treas. Reg. § 1.482-7T** *- Department of the Treasury/IRService - REG-144615-02 v. 9.1.2009.;* **Vögele/Borstell/Engler,** *Handbuch der Verrechnungspreise, 2. Auflage, München 2004;* **Vögele, A./Brem, M.,** *Die neue Rechtsverordnung zu § 90 Abs. 3 AO: Systematik zu Aufbau und Struktur der Verrechnungspreisdokumentation, IStR 2004, 48 ff.;* **Wahl, A./Preisser, H.,** *Möglichkeiten und Grenzen von Datenbankanalysen zur Bestimmung von Verrechnungspreisen, IStR 2008, 51 ff.;* **Wassermeyer/Baumhoff,** *Verrechnungspreise international verbundener Unternehmen, Köln 2001;* **Wellens, L.,** *Dokumentation von Verrechnungspreisen, IStR 2004, 655 ff.;* **Werra, M.,** *Der 1995-OECD-Bericht zu den Verrechnungspreisen – Ein mühsamer Kompromiß und seine praktische Bedeutung für die international tätige Wirtschaft, IStR 1995, S. 457 ff.;* **Werra, M.,** *Verrechnungspreise bei der Restrukturierung internationaler Unternehmensgruppen – Zum Stand der Diskussion in der OECD, IStR 2009, 81 ff.*

A. Einleitung

Die Ausrichtung der wirtschaftlichen Aktivitäten auf globalen Märkten ist Gegenstand der Strategie vieler Unternehmen. Vor diesem Hintergrund gewinnt der internationale Lieferungs- und Leistungsverkehr, welcher sich innerhalb von Konzerngrenzen abspielt, zunehmend an Bedeutung. Anders als zwischen unabhängigen Gesellschaften kann bei Konzerngesellschaften jedoch nicht ausgeschlossen werden, dass die Preise einseitig interessengeleitet zustande kommen. Aufgrund des möglichen **fehlenden Interessengegensatzes** zwischen Konzerngesellschaften befürchtet der jeweilige Fiskus, dass Steuerpflichtige die Verrechnungspreisgestaltung dazu verwenden könnten, Unternehmensgewinne unter Ausnutzung des internationalen Steuergefälles in Länder mit niedrigen Steuern zu verlagern.

Um einem potenziellen Gestaltungsmissbrauch entgegenzuwirken, wird eine Überprüfung der Angemessenheit von Verrechnungspreisen zwischen verbundenen Gesellschaften regelmäßig in **Betriebsprüfungen** aufgegriffen. Seit 2003 waren weltweit ca. 52 % aller größeren international tätigen Unternehmen von einer Untersuchung der Verrechnungspreise betroffen. In rund 55 % aller Prüfungsfälle wurde die **Verrechnung von konzerninternen Dienstleistungen** untersucht. Somit waren die **Konzerndienstleistungen** weltweit die am häufigsten geprüfte Transaktionsart. Bei immerhin 28 % der gesamten Unternehmen führten die Finanzbehörden eine Anpassung durch. Für die Zukunft rechnen 100 % aller deutschen Unternehmen mit der Überprüfung Ihrer Verrechnungspreise durch eine Betriebsprüfung. Das Thema Verrechnungspreise hat sich unstreitig zum Schwerpunkt von Betriebsprüfungen bei internationalen Konzernen entwickelt.[1]

Letztlich kann eine Überprüfung der Verrechnungspreise nur dann erfolgen, wenn seitens des Konzerns bzw. der an der Transaktion beteiligten Konzernunternehmen gewisse Dokumente erstellt werden, anhand derer die jeweilige Finanzverwaltung die Angemessenheit der Verrechnungspreise ermitteln bzw. ableiten kann. Hierzu führen immer mehr Staaten **Dokumentationsanforderungen** in ihren jeweiligen Steuergesetzen ein, die ein multinationaler Konzern somit in vielen Staaten zu erfüllen hat.

Immer wieder stehen die sogenannten Konzerndienstleistungen, d. h. Dienstleistungen, die zentral im Konzern für eine Vielzahl von Gesellschaften erbracht werden, im Mittelpunkt von Betriebsprüfungen im In- und Ausland. Insbesondere die Abgrenzung derartiger verrechenbarer und aus deutscher steuerlicher Sicht sogar "verrechnungspflichtiger"[2] Dienstleistungen zu gesellschaftsrechtlich notwendigen nicht verrechenbaren Aufsichtsleistungen wird regelmäßig hinterfragt und besonders untersucht. Insofern ist ein konsistentes System zur Ermittlung und Abgrenzung derartiger Leistungen notwendig, um im Rahmen der Dokumentation den Nutzennachweis und die Abgrenzung zu nicht verrechenbaren Leistungen darstellen zu können.

Nachfolgend werden zunächst in Kapitel B-G die Dokumentationsanforderungen analysiert und ihre Implikationen auf die Unternehmen. In einem zweiten Teil (Kapitel H) geht es schwerpunktmäßig um die international zunehmende bedeutende Frage nach der Abgrenzung von verrechenbaren und nicht verrechenbaren Konzerndienstleistungen und deren Dokumentation.

---

[1] Vgl. *Ernst & Young*, Precision under pressure. Global transfer pricing survey 2007-2008.

[2] Andernfalls wären die finanziellen Auswirkungen als notwendige Korrekturbeträge gemäß § 1 AStG in den Steuererklärungen zu erklären.

Bremer/Stuffer

B. Dokumentationsanforderungen in Deutschland

Während die Pflicht zur Darlegung der Konzernverrechnungspreise gegenüber der deutschen Finanzverwaltung bis 2003 lediglich aus den allgemeinen Mitwirkungspflichten der Steuerpflichtigen gefolgert werden konnten, bestehen seit der Verabschiedung des Steuervergünstigungsabbaugesetzes (SteVergAbG) umfangreiche Dokumentationsvorschriften für Verrechnungspreise.[4] Diese Vorschriften werden ergänzt durch strenge Sanktionsmaßnahmen bei Zuwiderhandlungen oder Versäumnissen.

I. Rechtslage bis zum SteVergAbG

Der Bundesfinanzhof (BFH) hat sich in seinem Grundsatzurteil zu den internationalen Verrechnungspreisen vom 17. 10. 2001 u. a. über Art und Umfang der Dokumentations- und Mitwirkungspflichten des Steuerpflichtigen bei der Prüfung durch die Finanzverwaltung geäußert.[5] Nach Auffassung des BFH hatte der Steuerpflichtige nach alter Rechtslage über die Aufzeichnungs- und Buchführungspflichten der §§ 140 ff. AO, §§ 238 ff. HGB hinaus **keine Verrechnungspreisdokumentationspflichten** zu erfüllen. Insbesondere mussten die Unternehmen keine speziellen Verrechnungspreisdokumentationen erstellen. Nach früherer Rechtslage gemäß § 90 Abs. 1 und 2, §§ 200 ff. AO war der Steuerpflichtige jedoch gesetzlich verpflichtet, bei der Aufklärung steuerrelevanter Sachverhalte mitzuwirken. Dabei trifft den Steuerpflichtigen gemäß § 90 Abs. 2 AO insbesondere bei grenzüberschreitenden Sachverhalten eine erhöhte Mitwirkungspflicht.

Die Mitwirkungspflicht der Unternehmen beschränkte sich nach Auffassung des BFH ausschließlich auf die Aufklärung des betreffenden Sachverhaltes, d. h. der Darstellung nach welchen Grundsätzen die Verrechnungspreise ermittelt wurden. Der Steuerpflichtige musste nach früherer Rechtslage – im Rahmen seiner rechtlichen und tatsächlichen Möglichkeit – auf Anfrage mündliche Auskünfte erteilen und existierende Unterlagen vorlegen, um den der Verrechnungspreisgestaltung zugrunde liegenden Sachverhalt aufzuklären. Eine Pflicht zur Erstellung einer schriftlichen Verrechnungspreisdokumentation gab es jedoch nicht.

Das Unternehmen hatte demzufolge auf Anfrage darzulegen, wie der Verrechnungspreis zustande gekommen ist und wie die mit dem betrachteten Geschäftsvorgang verbundenen Risiken und Funktionen zwischen den beteiligten Parteien verteilt waren. Aufgabe des Finanzamts war es hingegen, die Prüfung der Angemessenheit des vereinbarten Verrechnungspreises der Höhe nach vorzunehmen. Die Finanzverwaltung trug folglich die Beweislast.

Verletzte das Unternehmen seine Mitwirkungspflichten, durfte kein Schätzungsautomatismus eintreten. Das deutsche Steuerrecht kannte keine Straf- oder Verdachtsschätzung. Eine Korrektur der Verrechnungspreise hatte laut BFH grundsätzlich nach dem für den Steuerpflichtigen günstigen Punkt der Bandbreite von Verrechnungspreisen zu erfolgen.

II. Verschärfung der Dokumentationspflichten

Die frühere Rechtslage war der Finanzverwaltung und dem Gesetzgeber ein Dorn im Auge. Im SteVergAbG folgte die Reaktion des Gesetzgebers. Es wurden mit § 90 Abs. 3 AO neue – verschärfte – **gesetzliche Dokumentationspflichten** im Bereich der Verrechnungspreise und flankie-

---

[4] StVergAbG v. 16. 5. 2003, BGBl. I 2003, 660.
[5] BFH v. 17. 10. 2001, I R 103/00, IStR 2001, 745.

rende Sanktionen bei Verstoß gegen die Aufzeichnungspflichten (§ 162 Abs. 3 und 4 AO) eingeführt.[6]

Um eine einheitliche Rechtsanwendung der Dokumentationsvorschrift zu gewährleisten, wurde das Bundesministerium der Finanzen (BMF) dazu ermächtigt, nach Zustimmung durch den Bundesrat anhand einer Rechtsverordnung (Gewinnabgrenzungsaufzeichnungsverordnung – GAufzV) Art, Inhalt und Umfang der zu erstellenden Aufzeichnungen zu bestimmen.[7] Die Rechtsverordnung ist nicht als eine Rechtsquelle zu verstehen, in der abschließend Dokumentation definiert wird. Vielmehr finden sich hierin Erläuterungen bezüglich der Erwartungen der Finanzverwaltung.

Die gesetzlichen Grundlagen und die GAufzV werden durch die Verwaltungsgrundsätze-Verfahren[8] (VerwGr-V) ergänzt. Im Gegensatz zu der GAufzV sind die VerwGr-V nur bindend für die Finanzverwaltung – beispielsweise Betriebsprüfer –, aber nicht für die Gerichte. Obwohl die VerwGr-V keine Rechtswirkung entfalten, stellen sie eine Selbstbindung der Finanzbehörden dar und bieten somit eine gewisse Rechtssicherheit, sofern die Grundsätze durch den Steuerpflichtigen eingehalten werden. Vorausschauende Steuerpflichtige sollten demnach die VerwGr-V in Planung ihrer Dokumentationsstrategie und die Vorbereitung ihrer nächsten Betriebsprüfung einbeziehen.

Im Unterschied zur alten Rechtslage sind die neu eingeführten Dokumentationspflichten im Grundsatz im Einklang mit der internationalen Praxis und den OECD-Verrechnungspreisgrundsätzen aus dem Jahre 1995 (siehe hierzu unten **Kapitel C.II.**).

1. Zeitpunkt der Erstellung der Dokumentation

a) Gewöhnliche Geschäftsvorfälle

Die Finanzbehörden sind angehalten, die Aufzeichnungen regelmäßig nur für die Durchführung einer Außenprüfung zu verlangen.[9] In diesem Fall müssen die Aufzeichnungen innerhalb von **60 Tagen** nach Anforderung durch die Finanzbehörde vorgelegt werden, wobei eine Fristverlängerung in begründeten Fällen möglich sein kann.

Für Transaktionen, die nicht außergewöhnlich sind, entfällt somit eine Dokumentation auf Vorrat. Das Unternehmen kann zunächst auch abwarten, bis die Betriebsprüfung die Unterlagen anfordert. Allerdings müssen innerhalb von 60 Tagen die angeforderten Unterlagen vorgelegt werden.

Es ist aber nicht ratsam, mit der Anfertigung der Aufzeichnungen solange zu warten, bis die Anordnung dazu kommt. Stattdessen empfiehlt es sich, die Dokumentation fortwährend immer zu dem Zeitpunkt zu erstellen, wenn sich mit einer nahe stehenden Person ein bisher nicht durch die Dokumentation erfasster Geschäftsvorfall ereignet hat. In diesem Moment sind alle Informationen über und um den Vertrag vollständig verfügbar.[10] Es dürfte sich als ausgesprochen problematisch erweisen, diese unter Umständen Jahre danach zu bekommen.

---

[6] Vgl. zu Neuregelungen *Bremer/Engler*, International Tax Journal 2/2004, S. 7 ff.; *Bremer/Findeis*, Tax Notes International 25/2002, 1242 ff. *Fische/Looks/im Schlaa*, BB 2007, 918 ff.

[7] Verordnung zu Art, Inhalt und Umfang von Aufzeichnungen i. S. d. § 90 Abs. 3 der Abgabenordnung v. 13. 11. 2003, BGBl. I 2003, 2296.

[8] BMF-Schreiben vom 12.4.2005, BStBl. I, 570.

[9] Vgl. § 2 Abs. 6 GAufzV.

[10] So auch *Schreiber* in: Kroppen, Handbuch Internationale Verrechnungspreise, Anm. 142 zu VerwGr.-V.

Wie Erfahrungen aus Betriebsprüfungen zeigen, sind spätere Erstellungen für vergangene Jahre außerordentlich schwierig, weil regelmäßig wesentliche Entscheidung- und Wissensträger nicht mehr greifbar sind und wichtige Unterlagen im Archiv mit großer Mühe gesucht werden müssen. Es besteht die Gefahr, dass die Überlegungen zur Angemessenheit der Verrechnungspreise im Nachhinein nicht mehr rekapituliert werden können. Dies dürfte insbesondere für die Fälle gelten, in denen die Verrechnungspreise hätten umgestellt werden müssen. Für den Fall, dass die benötigten Informationen bei dem ausländischen Vertragspartner aufbewahrt werden, ist dies regelmäßig noch schwieriger. Eine Anfertigung innerhalb von 60 Tagen dürfte kaum realisierbar sein.

b) Außergewöhnliche Geschäftsvorfälle

Aufzeichnungen für außergewöhnliche Geschäftsvorfälle sind dagegen nach § 3 Abs. 1 GAufzV **zeitnah** anzufertigen. Das heißt, sie müssen im engen zeitlichen Zusammenhang mit den Geschäftsvorfällen erstellt werden. Als noch zeitnah gelten die Unterlagen dann, wenn sie innerhalb von sechs Monaten nach Ablauf des Wirtschaftsjahres angefertigt werden, in dem sich der Geschäftsvorfall ereignete. Die Aufzeichnungen sind innerhalb von **30 Tagen** nach Anforderung vorzulegen. Bei außergewöhnlichen Geschäftsvorfällen handelt es sich gem. Tz. 3.4.8.2. VerwGr-V um Vorgänge, die im Hinblick auf Art, Inhalt, Zweck, Umfang über das gewöhnliche Tagesgeschäft hinausgehen und sich auf die Höhe der Einkünfte erheblich auswirken.[11] Das können sein:[12]

- Vermögensübertragungen im Zuge von Umstrukturierungsmaßnahmen
- Wesentliche Funktionsänderungen, insbesondere im Hinblick auf die neuen Anforderungen nach der Funktionsverlagerungsverordnung (FVerlV)[13]
- Informationen über Änderungen der Geschäftsstrategie
- Abschluss von Umlageverträgen (siehe hierzu auch **Kapitel D**)
- Abschluss und Änderung sonstiger langfristiger Verträge von besonderem Gewicht u. a.

Außergewöhnliche Geschäftsvorfälle sind bezogen auf den einzelnen Geschäftsvorfall aufzuzeichnen, auch wenn dieser Bestandteil einer einheitlich zu wertenden Maßnahme ist. Darüber hinaus wurden spezifische Dokumentationspflichten für Forschungs- und Entwicklungstätigkeit eingeführt.

2. Adressaten der neuen Dokumentationsvorschriften

Die deutschen Dokumentationspflichten gebieten, dass die Unternehmen Aufzeichnungen über die Art und den Inhalt ihrer Geschäftsbeziehungen zu erstellen haben, soweit sie

- einen **Auslandsbezug** haben und
- mit **nahe stehenden Personen** im Sinne des § 1 Abs. 2 AStG erfolgen.

Als **Geschäftsbeziehungen** gelten in diesem Zusammenhang alle einkunftsrelevanten Vorgänge geschäftlicher Art zwischen In- und Ausland und nicht – insoweit europarechtlich angreifbar – rein innerstaatliche Geschäftsbeziehungen bzw. Transaktionen. Es kann sich hierbei um Rechtsgeschäfte jeder Art, wie Kauf und Verkauf von Waren, Erbringung von Dienstleistungen, Darlehensgewährung, Kostenumlagen, Cash-Pool-Vereinbarungen, Arbeitnehmerentsendungen,

---

[11] Vgl. zum Begriff der außergewöhnlichen Geschäftsvorfälle *Fische/Looks/im Schlaa*, BB 2007, 919.

[12] Vgl. ausführlich bei *Schreiber* in: Kroppen, Handbuch Internationale Verrechnungspreise, Anm. 145 ff. zu VerwGr.-V.

[13] Funktionsverlagerungsverordnung v. 12. 8 2008, BGBl. I S. 1680.

Garantie-, Bürgschafts- oder sonstige Verlustausgleichsverträge sowie Überlassung von materiellen und immateriellen Wirtschaftsgütern handeln. Nicht erfasst werden diejenigen Beziehungen, die das Nahestehen überhaupt erst begründen, d.h. insbesondere Beziehungen, die allein auf dem Gesellschaftsverhältnis beruhen.

Nahe stehende Personen sind natürliche Personen und Unternehmen (Kapitalgesellschaften oder Personengesellschaften), die mittelbar oder unmittelbar zu mindestens 25 % an ausländischen Unternehmen beteiligt sind oder Unternehmen, an denen ausländische Personen oder Unternehmen zu mindestens 25 % beteiligt sind.[14]

Zu beachten ist, dass die Aufzeichnungspflichten auch für Transaktionen grenzüberschreitender Art zwischen einer inländischen **Betriebsstätte** von ausländischen Unternehmen und zwischen ausländischen Betriebsstätten und inländischen Unternehmen gelten. Dies gilt ungeachtet der Tatsache, dass Stammhaus und Betriebsstätte als Teile eines einheitlichen Unternehmens keine Geschäftsbeziehungen mit schuldrechtlichem Charakter unterhalten können. Die Aufzeichnungspflichten beziehen sich demgemäß auf Innentransaktionen, die letztlich an der Peripherie des Gesamtunternehmens zu Erlösen führen. Sie gelten auch für die unternehmensinterne funktionale Kostenzuordnung zur Betriebsstätte oder zum Stammhaus.

Es ist durchaus zweifelhaft, ob Innentransaktionen Geschäftsbeziehungen verkörpern und eine Dokumentationspflicht begründen können. Dennoch wird empfohlen, auch in Fällen internationaler Betriebsstättenbesteuerung den Vorgaben der GAufzV und der VerwGr.-V zu folgen. Soweit jedoch eine angemessene Gewinnaufteilung zwischen Stammhaus und Betriebsstätte in anderer Weise dargelegt werden kann und der Betriebsprüfung geeignete Unterlagen über die Nachvollziehbarkeit der Gewinnaufteilung vorgelegt werden können, wäre dies ggf. ein gangbarer Weg.

In diesem Zusammenhang ist besonderes Augenmerk auf die Entwicklung auf OECD-Ebene zu legen. Im Bericht zur Ermittlung des Betriebsstättengewinns[15] präsentiert OECD einen Ansatz („Authorised OECD Approach"), wonach die Betriebsstätte als eine selbständige Einheit zu betrachten ist.

3. Systematik der Dokumentationspflichten

Die wesentlichen Elemente der Dokumentationspflichten sind die Sachverhaltsdokumentation und die Angemessenheitsdokumentation.

Die **Sachverhaltsdokumentation** beinhaltet den Konzernaufbau, die geschäftlichen Vorgänge sowie das Management der notwendigen Dokumente.[16] Die Angemessenheitsdokumentation erstreckt sich im Wesentlichen auf die transaktionsbezogenen Fremdvergleiche und hilfsweise auf gewinnbezogene Verprobungstechniken.[17]

Während sich die Sachverhaltsdokumentation ausschließlich auf die Darstellung und Beschreibung der mit dem Ausland verwirklichten Geschäftsvorfälle des Steuerpflichtigen bezieht, wird im Rahmen der **Angemessenheitsdokumentation** gefordert, dass die Aufzeichnungen das ernsthafte Bemühen des Steuerpflichtigen belegen, seine Geschäftsbeziehungen zu nahe ste-

---

[14] Vgl: zum Begriff „nahe stehend" *Vögele/Raab* in: Vögele, Handbuch der Verrechnungspreise A 204 ff.
[15] *OECD*, Report on the attributions of profits to permanent establishments, 2008.
[16] Vgl. ausführlich *Schreiber* in: Kroppen, Handbuch Internationale Verrechnungspreise, Anm. 164 ff. zu VerwGr.-V.
[17] Vgl. ausführlich *Schreiber* in: Kroppen, Handbuch Internationale Verrechnungspreise, Anm. 181 ff. zu VerwGr.-V.

henden Personen unter Beachtung des Fremdvergleichsgrundsatzes zu gestalten.[18] Indessen darf die Formulierung nicht dahingehend missverstanden werden, dass der Steuerpflichtige den Nachweis der Angemessenheit seiner Verrechnungspreise zu führen habe. Dies würde de facto zu einer Umkehr der Beweislast führen. Insofern umfasst die Angemessenheitsdokumentation rein methodische Aspekte der Verrechnungspreisermittlung. Dazu gehören vor allem Erläuterungen über die gewählte Verrechnungspreismethode, die Eignung der Methode für die betreffende Geschäftsbeziehung sowie deren konkrete Anwendung.

Für beide Bereiche hat der Steuerpflichtige nach § 1 Abs. 1 GAufzV sein ernsthaftes Bemühen darzulegen. Dies erfolgt u. a. mittels der Beweismittelvorsorge und der optionalen Nutzung einer konzerninternen **Verrechnungspreisrichtlinie**.[19]

4. Inhalt einer Verrechnungspreisdokumentation

Kernstück der deutschen Dokumentationsanforderungen ist ein Katalog notwendiger Aufzeichnungen, welche vom Steuerpflichtigen zu erstellen und auf Anfrage vorzulegen sind.[20] Dieser Ansatz ist dem Vorgehen in anderen Ländern mit bereits bestehenden Dokumentationsvorschriften teilweise vergleichbar (siehe unten **Kapitel C**). In den USA sind beispielsweise 10 sog. „Principal Documents" zu erstellen, die bei Betriebsprüfungen zwingend vorzulegen sind.

Die Aufzeichnungspflichten lassen sich in 5 Bereiche untergliedern (sog. **„Muss-Katalog"** der Verrechnungspreisdokumentation): allgemeine Informationen, Geschäftsbeziehungen, Funktions- und Risikoanalyse, Verrechnungspreisanalyse, ergänzende Angaben.

Insgesamt sind die angeforderten Unterlagen relativ unbestimmt. Das hat allerdings den Vorteil, dass der Steuerpflichtige eine gewisse Flexibilität bei der Aufzeichnung der Verrechnungspreise hat. Insofern sollte es möglich sein, dass der Steuerpflichtige einen weltweit einheitlichen Ansatz wählt und den Dokumentationsanforderungen der verschiedenen Länder weitgehend entsprechen kann (siehe hierzu **Kapitel E**).

Im Einzelnen sieht die GAufzV in §§ 4 und 5 innerhalb der 5 Bereiche die folgenden Aufzeichnungen als erforderlich an.

a) **Allgemeine Informationen über Beteiligungsverhältnisse, Geschäftsbetrieb und Organisationsaufbau**

▶ Darstellung der Beteiligungsverhältnisse zwischen dem Steuerpflichtigen und nahe stehenden Personen, mit denen er Geschäftsbeziehungen unterhält;

▶ Darstellung sonstiger Umstände, die das Nahestehen begründen können;

▶ Darstellung der organisatorischen und operativen Konzernstruktur sowie deren Veränderungen (einschließlich Betriebsstätten und Beteiligungen an Personengesellschaften)

▶ Beschreibung der Tätigkeitsbereiche des Steuerpflichtigen (z. B. ausgeübte Funktionen in Form von Dienstleistungen, Produktion, F&E, etc.)

Mittels der vorstehenden geforderten allgemeinen Informationen erhalten die Finanzbehörden erste verrechnungspreisrelevante Informationen zu dem Steuerpflichtigen. Die Aufzeichnungen dienen vordringlich der Beantwortung der Fragen, welche Personen nahe stehend sind, welche Umstände das Nahestehen begründen, wie der Steuerpflichtige in die Konzernstruktur einge-

---

[18] Vgl. § 1 Abs. 1 Satz 2 GAufzV.
[19] Siehe hierzu unter B 9.
[20] Vgl. zum Dokumentationsumfang Lenz/Fischer/Schmidt, BB 2005, 1255 ff.

gliedert ist, welche Funktionen er erfüllt und welche Geschäftsbeziehungen auch mit fremden Dritten bestehen.

b) Geschäftsbeziehungen zu nahe stehenden Personen

- Darstellung der Geschäftsbeziehungen mit nahe stehenden Personen;
- Übersicht über Art und Umfang dieser Geschäftsbeziehung und deren vertragliche Grundlage sowie eine
- Zusammenstellung der wesentlichen immateriellen Wirtschaftsgüter, die im Rahmen von Geschäftsbeziehungen zu Nahestehenden genutzt oder zur Nutzung überlassen werden.

Vorstehende Informationen sollen Aufschluss über die Geschäftsbeziehung des Steuerpflichtigen zu nahe stehenden Personen geben. Die Aufzeichnungen ermöglichen der Finanzverwaltung, die einer eingehenderen Prüfung zu unterziehenden Transaktionen zu identifizieren.

c) Funktions- und Risikoanalyse

- Informationen über die jeweils vom Steuerpflichtigen und den nahe stehenden Personen ausgeübten Funktionen, übernommenen Risiken und eingesetzten, wesentlichen Wirtschaftsgüter (einschließlich deren Veränderung);
- Informationen über die vereinbarten Vertragsbedingungen und über die bedeutsamen Markt- und Wettbewerbsverhältnisse, soweit sie einen Bezug zum Geschäftsvorfall aufweisen;
- Beschreibung der Wertschöpfungskette im Verbund der Steuerpflichtigen mit den nahe stehenden Personen.

Die Funktions- und Risikoanalyse ist die Grundlage für die Beurteilung, ob die konzerninternen Geschäfte dem Fremdvergleichsgrundsatz entsprechen. Seit 2008 hängt die Methodenwahl aufgrund gesetzlicher Vorgabe in § 1 Abs. 3 AStG entscheidend vom Vorliegen einer Funktions- und Risikoanalyse ab.[21] Sie analysiert die Charakteristika der einzelnen, verbundenen Unternehmen, die Verteilung der Funktionen und Risiken im Konzern und zeigt auf, in welchen Konzerneinheiten immaterielle Wirtschaftsgüter erstellt und eingesetzt werden. Typisch darzulegende Funktionen stellen beispielsweise die Herstellung von Produkten oder Dienstleistungen, Forschung und Entwicklung, Marketing, Werbung, Vertrieb oder allgemeine Management Aufgaben dar. Typisch darzustellende Risiken umfassen beispielsweise das Lagerhaltungsrisiko, Marktrisiko, Produkthaftungsrisiko, Gewährleistungsrisiko, Forderungsausfallrisiko oder das Wechselkursrisiko.

d) Verrechnungspreisanalyse

- Darstellung der angewandten Verrechnungspreismethode und ihrer Anwendung;
- Begründung der Geeignetheit der angewandten Methode;
- Unterlagen über die Berechnung bei der Anwendung der gewählten Verrechnungspreismethode;
- Aufbereitung der zum Vergleich herangezogenen Preise bzw. Finanzdaten unabhängiger Unternehmen sowie Unterlagen über vorgenommene Anpassungsrechnungen.

Die deutschen Anforderungen sehen vor, dass der Steuerpflichtige im Rahmen der Verrechnungspreisanalyse nur eine Verrechnungspreismethode darstellen muss. Der deutsche Gesetzgeber folgt damit den Vorgaben der OECD und den Vorschriften der meisten OECD-Länder. Die

---

[21] Vgl. *Pitzal/Wolter*, IStR 2008, 293 ff.

US-Regulations fordern bspw. dagegen, dass alle gängigen Verrechnungspreismethoden hinsichtlich ihrer Geeignetheit verifiziert werden müssen („Best Method").

e) Ergänzende Angaben in besonderen Fällen

Soweit sich ein Unternehmen für die Begründung der Fremdüblichkeit der von ihm vereinbarten Geschäftsbedingungen auf besondere Umstände beruft, sind auch Aufzeichnungen über diese Umstände zu machen.[22] Dies gilt insbesondere bei Aufzeichnungen über

- Änderungen bei den Geschäftsstrategien (Wahl von Vertriebswegen, Marketing- und Managementstrategien) und über die ganzheitliche Betrachtung nachteiliger und vorteilhafter Geschäfte (Vorteilsausgleich) sowie anderer Sonderumstände,
- Bei Kostenumlagen Angabe zu den Poolmitgliedern, dem Aufteilungsschlüssel und dem erwarteten Nutzen aus der Beteiligung am Umlageverfahren (siehe hierzu **Kapitel D**);
- Informationen über Verrechnungspreiszusagen oder –vereinbarungen ausländischer Steuerbehörden, sowie über Verständigungs- und Schiedsstellenverfahren;
- Aufzeichnungen über Preisanpassungen, insbesondere wenn diese Folge von Verrechnungspreiskorrekturen oder Vorwegauskünften durch ausländische Finanzbehörden sind;
- Aufzeichnungen über die Ursachen von Verlusten und die Vorkehrungen zur Beseitigung der Verlustsituation, wenn der Steuerpflichtige in mehr als 3 aufeinander folgenden Jahren einen steuerlichen Verlust aufweist.
- Betreibt ein Steuerpflichtiger regelmäßig Forschung und Entwicklung und erstellt er darüber Unterlagen, dann sind daraus Aufzeichnungen über Forschungsvorhaben und laufende Forschungstätigkeiten in Fällen von Funktions- und Risikoänderungen abzuleiten. Dies gilt dann, wenn die Forschungstätigkeit in den drei Jahren vor Funktionsänderung stattfanden oder abgeschlossen worden sind und in Zusammenhang mit der Funktionsänderung stehen können. Aus den Aufzeichnungen sollen Gegenstand und Kosten der Forschungstätigkeit hervorgehen.

Die hier bezeichneten Umstände bergen für Betriebsprüfungen eine besondere Brisanz, da sie in der Vergangenheit schon immer zu umfangreichen Diskussionen mit der Finanzverwaltung geführt haben. Dadurch, dass die Verordnung sie nunmehr explizit nennt, wird die Prüfung dieser Sachverhalte durch die Betriebsprüfung noch wahrscheinlicher. Dies gilt seit der Unternehmenssteuerreform 2008 in besonderem Maße für Funktionsverlagerungen.[23]

Da die Verrechnungspreisdokumentation das Unternehmen nicht von der besonderen Mitwirkungspflicht bei der Prüfung von Auslandssachverhalten gem. § 90 Abs. 2 AO entbindet, empfiehlt sich in diesen Fällen generell eine entsprechende Beweisvorsorge, um ergänzende Dokumente und Unterlagen im Zweifelsfall bereitstellen zu können.[24]

Zu beachten ist, dass die Pflicht zur Dokumentation (a-e) für jede Art von konzerninternen Transaktionen besteht. Darüber hinaus hat die deutsche Finanzverwaltung für besondere Arten von Transaktionen zusätzliche Dokumentationspflichten formuliert. Dies gilt beispielsweise für Umlageverträge, deren Dokumentation in den Umlage-VWG geregelt ist.

---

[22] Vgl. § 5 GAufzV.
[23] Zu Konzernumlagen siehe ausführlich *Engler* in: Vögele, Handbuch der Verrechnungspreise, O Rz 221 ff.
[24] Zu Erfahrungen mit der Betriebsprüfung im Bereich der Dokumentationspflichten *Fischer/Looks/im Schlaa*, BB 2007, 918 ff.

5. Unternehmenscharakterisierung und Verrechnungspreisbildung

Im Vorfeld der zu erfüllenden Aufzeichnungspflichten für den im Rahmen der Geschäftsbeziehungen zu nahe stehenden Unternehmen verwirklichten Sachverhalt äußern sich die VerwGr-V zu einer Verrechnungspreisbildung auf der Basis funktional aussagefähiger Verrechnungspreismethoden. Der neue § 1 Abs. 3 AStG knüpft ab 2008 die Methodenwahl an das Vorliegen von Fremdvergleichswerten. Sind diese uneingeschränkt vergleichbar, sind die Standardmethoden anzuwenden. Sind nur eingeschränkt vergleichbare Werte zu ermitteln, ist eine geeignete Methode anzuwenden, dies schließt grundsätzlich auch gewinnorientierte Methoden mit ein. Liegen überhaupt keine Werte vor, ist ein hypothetischer Fremdvergleich durchzuführen und aufgrund von Planrechnungen der Mittelwert eines Einigungsbereichs zu ermitteln. Nach wie vor besteht aber die Verpflichtung des zu prüfenden Unternehmens, die Geeignetheit der angewandten Methode zu begründen. Nach den VerwGr-V bildet eine so genannte **Unternehmenscharakterisierung** auf Basis einer Funktions- und Risikoanalyse die Grundlage für die Methodenwahl.[25] Die Finanzverwaltung sieht eine Einteilung in **drei Kategorien** vor und ordnet diesen Kategorien geeignete Verrechnungspreismethoden einschließlich Verprobungsmechanismen zu. Diese Einordnung ist maßgeblich für die Methode zur Überprüfung der Angemessenheit. Da die gesetzliche Neuregelung sich im Wesentlichen an der Auffassung der Finanzverwaltung orientiert, ist auch zukünftig, eine Unternehmenscharakterisierung durchzuführen.

Die Kategorien sind:

- Unternehmen mit Routinefunktionen ohne nennenswerte Wertschöpfung (Typ A),
- Unternehmen mit einem ausgeprägten Chancen- und Risikoprofil, vielfach als „Entrepreneur" oder „Strategieträger" bezeichnet (Typ B),
- Unternehmen, die vom Chancen- und Risikoprofil her zwischen den beiden oben genannten Polen anzusiedeln sind (Typ C).

a) Unternehmen mit Routinefunktionen (Typ A)

Den Unternehmen des **Typs A** ist hierbei ein relativ **geringer Funktionsnutzen** zuzuweisen. Als Unternehmen dieser Art kommen z. B. konzerninterne Dienstleister, so genannte „low risk distributor" oder Lohnfertiger (Fälle der verlagerten Werkbank) in Betracht. Den Unternehmen mit Routinefunktionen billigt die Finanzverwaltung moderate, aber stabile Nettoerträge zu, wie immer das gemeint sein soll. Für Unternehmen dieser Gruppe sind in der Regel zumindest eingeschränkt verwendbare Fremdvergleichsdaten feststellbar. Für die Verrechnungspreisbildung sind daher alle geeigneten Methoden anwendbar. Dies beinhaltet vorrangig die Standardmethoden. Daneben steht diesen Unternehmen mangels brauchbarer Fremdvergleiche auch die Anwendung z. B. der geschäftsvorfallbezogenen Nettomargenmethode (TNMM) offen.

Soweit bisher im Unternehmen die Begründung der Angemessenheit nur auf Datenbankstudien gestützt wird, ist zu prüfen, ob diese Studien die restriktiven Anforderungen der Finanzverwaltung erfüllen.[26] Insbesondere wird die häufig bei Datenbankstudien zugrunde gelegte Gewinnvergleichsmethode (CPM) von der Finanzverwaltung ausdrücklich nicht anerkannt, da diese keinen geschäftsvorfallbezogenen Ansatz verfolgt und die herangezogenen Unternehmen nicht als vergleichbar angesehen werden.

---

[25] Vgl. zur Unternehmenscharakterisierung *Rasch/Rettinger*, BB 2007, 354 ff.
[26] Vgl. zu Datenbankanalysen *Kolb*, IWB 2009, 587 ff.

b) Entrepreneur mit wesentlichen Funktionen und Risiken (Typ B)

Unternehmen mit einem ausgeprägten Chancen- und Risikoprofil (**Typ B**), vielfach als „Entrepreneur" oder „Strategieträger" bezeichnet (z. B. Vollproduzenten), gebührt der Residualgewinn aus dem gesamten Geschäftsprozess, nachdem zuvor die am Geschäftsprozess beteiligten „Satelliten-Unternehmen" angemessen über Verrechnungspreise (z. B. cost plus) vergütet worden sind. Nicht-Routine- bzw. Entrepreneur-Funktionen tragen entscheidend zum Konzernerfolg bei und werden unter Einsatz wesentlicher, insbesondere immaterieller Wirtschaftsgüter erbracht. Da die Konzernunternehmen mit Nicht-Routinefunktionen auch die wesentlichen **unternehmerischen Risiken** tragen, sind sie keiner direkten Bewertung durch Datenbankanalysen zugänglich. Der Fremdvergleichsnachweis erfolgt hier indirekt durch Nachweis angemessener Vergütungen der anderen Konzerngesellschaften für Routinefunktionen und Funktionen der Zwischenkategorie. Das Ergebnis der Entrepreneur-Funktionen ergibt sich somit als **Residualgröße**.[27] Da ansonsten keine Fremdvergleichsdaten vorliegen dürfen die Unternehmen dieser Kategorie ihre Verrechnungspreise auch durch einen hypothetischen Fremdvergleich aufgrund innerbetrieblicher **Plandaten** und vorsichtiger Gewinnprognosen festlegen. Bei solchen Plandaten handelt es sich in der Regel um Kalkulationsgrundlagen auf der Basis prognostizierter Erlöse und Kosten. Ab 2008 ist hieraus jeweils der Höchstpreis des Leistenden und der Höchstpreis des Empfängers zu bestimmen. Kann innerhalb dieses sog. Einigungsbereichs kein wahrscheinlicher Fremdvergleichswert lokalisiert werden, ist gem. § 1 Abs. 3 S. 7 AStG der Mittelwert anzusetzen. Dabei ist zu beachten, dass gesetzlich etwas praxisfremd unterstellt wird, dass fremde Dritte alle wesentlichen Umstände der Geschäftsbeziehung kennen und dementsprechend handeln. Dementsprechend kommt der Dokumentation aller entsprechenden Umstände größere Bedeutung zu als bisher, kann doch letztlich nur so nachgewiesen werden, welche Umstände zum Zeitpunkt des Eingehens der Geschäftsbeziehung bekannt waren und auch fremden Dritten bekannt gewesen wären.

Als Verprobung und als Mindestansatz wird gesetzlich eine fremdübliche Umsatzrendite bzw. eine fremdübliche Kapitalverzinsung angenommen. Hierbei kann der Fremdvergleich z.B. auf den mittleren Wert der Renditekennziffer zumindest eingeschränkt vergleichbarer Unternehmen, auf den Ertrag einer funktions- und risikoadäquaten Anlage am Kapitalmarkt oder auf einen funktions- und risikoadäquaten Anteil des Unternehmens am Gesamtgewinn des Konzerns aus dem maßgeblichen Geschäftsprozess gestützt werden. Eine Verrechnungspreisfestsetzung auf der Grundlage von innerbetrieblichen Planzahlen setzt voraus, dass regelmäßig ein Abgleich zwischen Soll- und Ist-Zahlen erfolgt, der dann ggf. als Basis für eine Preisanpassung mit Effekt für die Zukunft dient. Eine Preisanpassung nach Abschluss des Geschäftsjahres und mit Wirkung für die Vergangenheit ist steuerlich nur anzuerkennen, wenn alle Preisbestimmungsfaktoren im Vorhinein vereinbart und diese darüber hinaus aus Fremdvergleichkriterien abgeleitet worden sind.

Auf Plandaten gestützte Gewinnprognosen sollten bezüglich ihrer Angemessenheit ggf. den fremdüblichen Mindestrenditen angepasst werden.[28] Diese Mindestrenditen leiten sich aus einem Gewinnaufschlag auf die operativen Kosten (i.d.R. funktionsabhängig) bzw. einer risikoadäquaten Verzinsung des zugeführten Eigenkapitals ab

---

[27] Vgl. *Brem/Tucha*, IStR 2006, 503 f.
[28] Vgl. BFH v. 17. 10. 2001, BStBl 2004 II, 171.

c) Unternehmen mit mehr als nur Routinefunktionen (Typ C)

Unternehmen, die mehr als Routinefunktionen, aber weniger als Entrepreneur-Funktionen ausüben, also Unternehmen des **Typs C**, können ihre Verrechnungspreise ebenfalls aus den Standardmethoden und bei Fehlen möglicher Fremdvergleiche aus innerbetrieblichen Planrechnungen ableiten.[29] Bei auf Plandaten gestützten Verrechnungspreisen sind für die zugrunde gelegte Gewinnerwartung die Ergebnisse von Vergleichsunternehmen heranzuziehen. Die geschäftsvorfallbezogene Nettomargenmethode (TNMM) ist nach den VerwGr-V auf die Unternehmen dieser Kategorie nicht anwendbar, sondern nur für Routinefunktionen (Unternehmen des Typs A) akzeptiert. Allerdings steht dies im Widerspruch zum neuen § 1 Abs. 3 AStG, der bestimmt, dass bei Vorliegen zumindest eingeschränkt verwertbarer Vergleichsdaten eine geeignete Methode zur Anwendung kommen darf. Dies schließt gewinnorientierte Methoden mit ein.

6. Bandbreiten

In Bezug auf die Bemessung von Verrechnungspreisen muss das Unternehmen sein ernsthaftes Bemühen bezüglich der Berücksichtigung des Fremdvergleichsgrundsatzes wesentlich anhand von (internen oder externen) Fremdvergleichen darlegen. Regelmäßig ist ein vollumfänglicher Fremdvergleich bereits aufgrund der Individualität der Geschäftsbeziehungen oder wegen der fehlenden Verfügbarkeit entsprechender Fremdvergleichsdaten nicht möglich.

Erfahrungsgemäß kann regelmäßig nicht punktgenau ein Fremdvergleichspreis bestimmt werden, da es meistens nicht nur den einen „richtigen" und damit angemessenen Verrechnungspreis gibt. Vielmehr wird sich ein solcher Preis innerhalb einer Bandbreite möglicher Werte bewegen. Sofern keine uneingeschränkt vergleichbaren Werte zu ermitteln sind, was der Regelfall sein dürfte, ist die Bandbreite einzuengen durch das Eliminieren von Ausreißern – etwa von Extremwerten, welche nicht die zwischen fremden Dritten Geschäftspartnern üblichen Geschäftsbedingungen widerspiegeln –, durch die Anwendung anderer Methoden oder durch **statistische Verfahren**.[30] Ein derartiges statistisches Verfahren kann das pauschale Abschneiden des oberen und unteren Quartils sein. Dabei scheiden 25 % der kleinsten und 25 % der größten Werte aus („Interquartile Range"). Dieses Verfahren wird von den meisten Finanzverwaltungen weltweit anerkannt bzw. sogar gefordert. Allerdings gibt es durchaus alternative Ansätze. So ist z. B. nach den indischen Verrechnungspreisgrundsätzen ein Preis nur dann fremdüblich, wenn er maximal 5 % vom arithmetischen Mittel einer Bandbreite abweicht.[31]

7. Konsequenzen bei unzureichender Dokumentation

Kommt ein Unternehmen seinen Mitwirkungspflichten nicht nach, drohen ihm seit dem 1. Januar 2004 weit reichende **Sanktionen** nach § 162 Abs. 3 und 4 AO.[32] Insoweit folgt auch der deutsche Gesetzgeber einer internationalen Entwicklung, nach der beinahe alle Industriestaaten – als Instrument zur Vermeidung steuerlich motivierter Gewinnverlagerung ins Ausland – Dokumentationspflichten im Rahmen der Festlegung internationaler Verrechnungspreise eingeführt haben und deren Missachtung mit Strafzuschlägen (sog. „Penalties"), einer Umkehr der Beweislast zu Lasten des Steuerpflichtigen sowie Schätzungsbefugnisse seitens der Finanz-

---

[29] Vgl. *Brem/Tucha*, IStR 2006, 503.

[30] Vgl. *Jacobs*, Internationale Unternehmensbesteuerung, S. 721f, 829.

[31] Vgl. zu der Bandbreiteneinengung und den Verrechnungspreisen allgemein in Indien *Brem/Tucha*, IStR 2006, 391 ff.

[32] Vgl. *Hahn* in: Vögele, Handbuch der Verrechnungspreise A Rz. 281 ff.

behörden ahnden.[33] Die neuen Sanktionsmechanismen wirken doppelt: Zum einen kann eine Schätzung an den für den Steuerpflichtigen ungünstigen Bandbreitenbereich erfolgen; zum anderen wird auf diesen erhöhten Schätzbetrag ein Zuschlag erhoben.

a) Schätzung der Bemessungsgrundlage

Verletzt ein Unternehmen seine Mitwirkungspflichten dadurch, dass es die Aufzeichnungen nicht vorlegt, vorgelegte Aufzeichnungen im Wesentlichen unverwertbar sind oder wird festgestellt, dass der Steuerpflichtige seine Aufzeichnungen nicht zeitnah erstellt hat, wird widerlegbar vermutet, dass seine im Inland steuerpflichtigen Einkünfte höher sind als die von ihm erklärten Einkünfte.[34] Können diese Einkünfte nur innerhalb eines bestimmten Rahmens, insbesondere nur aufgrund von Preisspannen bestimmt werden, kann dieser Rahmen zu Lasten des Steuerpflichtigen ausgeschöpft werden. Das gleiche gilt nach Umsetzung der Unternehmenssteuerreform 2008 auch dann, wenn zwar verwertbare Aufzeichnungen vorgelegt werden, gleichwohl aber Anhaltspunkte dafür bestehen, dass die Einkünfte zu niedrig angesetzt wurden und der Sachverhalt aufgrund der mangelnden Mitwirkung ausländischer nahe stehender Personen nicht ausreichend aufgeklärt werden kann. Die gesamte Regelung ist so konzipiert, dass eine wesentliche Verletzung der Dokumentationspflicht unmittelbar die Vermutung auslöst, dass beim Steuerpflichtigen dem Grunde und der Höhe nach die Voraussetzung einer Einkünftekorrektur gegeben ist.

Aufgabe der Finanzverwaltung ist es daher, eine Schätzung der Einkünfte des Steuerpflichtigen der Höhe nach vorzunehmen. Dem Steuerpflichtigen wird jedoch die Möglichkeit gewährt, die Vermutung zu widerlegen. Allein diese Vorschrift birgt bereits erhebliches Sanktionspotenzial.

b) Strafzuschläge

Eine wesentliche **Verletzung der Mitwirkungspflichten** führt nicht nur zur Schätzungsbefugnis der Finanzverwaltung, sondern auch zur Festsetzung von Zuschlägen. Legt der Steuerpflichtige Aufzeichnungen nicht vor oder sind die vorgelegten Aufzeichnungen im Wesentlichen unverwertbar, wird nach § 162 Abs. 4 AO ein Zuschlag von **mindestens 5 % und höchstens 10 %** des Mehrbetrags der Einkünfte aufgrund der Berichtigung erhoben. Dieser Zuschlag soll in jedem Fall jedoch mindestens 5000 Euro betragen. Anders als in einigen anderen Ländern[35] wird der Zuschlag in Deutschland auf die Mehreinkünfte, nicht Mehrsteuern erhoben; d.h. eine Zuschlagszahlung ist selbst dann fällig, wenn keine Steuern anfallen (z.B. Verlustsituation).

Bei **verspäteter Vorlage** von verwertbaren Aufzeichnungen beträgt der Zuschlag bis zu **1 Million Euro**, mindestens jedoch 100 Euro für jeden vollen Tag der Fristüberschreitung.[36]

Soweit die Nichterfüllung der Aufzeichnungspflichten entschuldbar erscheint oder ein Verschulden nur geringfügig ist, kann von der Festsetzung des Zuschlags auch abgesehen werden. Die Strafzuschläge sollen vielmehr „Totalverweigerer und Beweisverderber" treffen. Die Festlegung der genauen Höhe dieses Zuschlages ist somit eine Ermessensentscheidung der Finanzverwaltung. Es ist zu beachten, dass die genannten Zuschläge nach derzeit geltender Rechtslage steuerliche Nebenleistungen darstellen,[37] welche nicht als Betriebsausgaben abzugsfähig sind.

---

[33] Zu den Sanktionen bei Verstößen gegen die Dokumentationspflichten *Bruschke*, DStZ 2006, 575.

[34] Vgl. § 162 Abs. 3 AO.

[35] Vgl. zu Strafzuschlägen in verschiedenen Ländern *Jacobs*, Internationale Unternehmensbesteuerung S. 835.

[36] Vgl. zur Struktur der Strafzuschläge *Jacobs*, Internationale Unternehmensbesteuerung S. 834.

[37] Vgl. § 3 Abs. 4 AO.

Bremer/Stuffer

Eine Berichtigung angemessener Verrechnungspreise durch die Betriebsprüfung wegen fehlender vorheriger, klarer und eindeutiger Vereinbarungen sollte ein Unternehmen nicht hinnehmen. Diese rein formale Betrachtung ist international durch Artikel 9 OECD Musterabkommen und nachgebildeter Artikel in den speziellen Doppelbesteuerungsabkommen (DBA) nicht gedeckt, auch dann nicht wenn nach deutschem Recht z. B. eine verdeckte Gewinnausschüttung aus formalen Gründen vorliegt.[38] Maßstab für die steuerliche Anerkennung ist allein der aus dem Verhalten fremder Dritter abgeleitete Verrechnungspreis. Dennoch empfiehlt sich aus praktischen Erwägungen und aus Gründen des Nachweises, der Abschluss von im Vorhinein vereinbarten, klaren und eindeutigen schriftlichen Verträgen.

8. Aggregation von Transaktionen

Art, Inhalt und Umfang der Aufzeichnungspflichten richten sich sowohl im Rahmen der Sachverhalts- als auch im Rahmen der Angemessenheitsdokumentation nach den Umständen des Einzelfalls.[39] Traditionell folgt die deutsche Finanzverwaltung einer sehr **transaktionsbezogenen Betrachtungsweise**; demnach muss jede Transaktion für sich betrachtet werden und einem Fremdvergleich standhalten. Diese Sichtweise ist allerdings äußerst unpraktikabel. Die Finanzverwaltung sah sich gezwungen, einen praktikablen Weg aufzuzeigen, ohne allerdings der für zu pauschal empfundenen starken Aggregationsneigung einiger Staaten zu folgen (z. B. USA).[40] Im Rahmen einer sog. „**Palettenbetrachtung**"[41] lässt die deutsche Finanzverwaltung zu Dokumentationszwecken daher eine Gruppenbildung zu. Eine Aggregation[42] ist dann zulässig wenn,

▶ nach vorher festgelegten und nachvollziehbaren Regeln eine Gruppenbildung erfolgt und die Geschäftsvorfälle gleichartig oder gleichwertig sind, oder

▶ die Gruppenbildung auch bei Geschäften zwischen fremden Dritten üblich ist.

9. Verrechnungspreisrichtlinie

Die geschäftsvorfallbezogene Einzelaufzeichnung jedweder grenzüberschreitenden, schuldrechtlichen Transaktionen zwischen Konzerngesellschaften ist in größeren Konzernen unter Berücksichtigung der Grundsätze der Angemessenheit und der Verhältnismäßigkeit oft nicht möglich. In derartigen Fällen bietet sich an, von dem Erleichterungsangebot der GAufzV Gebrauch zu machen, wonach bei Vorliegen und Einhaltung einer Verrechnungspreisrichtlinie auf die ansonsten geforderte Aufzeichnung eines jeden einzelnen Geschäftsvorfalls verzichtet werden kann.

Das Vorhandensein einer konzerneigenen Verrechnungspreisrichtlinie (i.d.R. ergänzt um eine Dokumentationsrichtlinie) kann ein wichtiger Bestandteil der Dokumentation im Konzern sein, wenngleich eine solche Verrechnungspreisrichtlinie andere Bestandteile eines Dokumentationspakets regelmäßig nicht ersetzen kann. Die Richtlinie sollte dem Management einen verbindlichen Rahmen geben, wie die Preisbildung zu erfolgen hat. Hieraus muss erkennbar sein, dass der Grundsatz der Preisbildung wie zwischen fremden Dritten gelebt wird.

Eine Konzernverrechnungspreisrichtlinie ermöglicht damit hinsichtlich der Dokumentation eine weitgehende Abkehr von einzelnen Geschäftsvorfällen und eine Aggregation von Transaktionsgruppen. Außerdem lassen sich durch eine einheitliche, konzernweite und verbindliche Vorgabe

---

[38] Vgl. FG Köln v. 22. 8. 2007, EFG 2008, 161.
[39] Vgl. ausführlich zur Gruppierung von Geschäftsvorfällen: *im Schlaa/Hüning*, IWB 24/2006, 1201 ff.
[40] Vgl. zur Akzeptanz der Aggregation in verschiedenen Staaten *im Schlaa/Hüning*, IWB 24/2006, 1204 ff.
[41] Vgl. hierzu *im Schlaa/Hüning*, IWB 24/2006, 1206.
[42] Zur Aggregation von Geschäftsvorfällen siehe *Bauer*, DB 2008, 152 ff.

für Verrechnungspreise, zu deren Festsetzung und Dokumentation im Rahmen einer Richtlinie, insbesondere folgende Ziele erreichen:

a) **Erzielen von Synergien im operativen Zusammenarbeiten vieler Konzerngesellschaften:**
- Klare Anweisung bei der Festsetzung von konzerninternen fremdüblichen Verrechnungspreisen;
- Koordinierte und standardisierte Zusammenarbeit;
- Einfache und abgestimmte Gestaltung der Berechnung von Verrechnungspreisen;
- Richtlinien als Nachschlagewerk;
- Nutzung von Vorteilen gemeinsamer Projekte und deren kurzfristige Umsetzung;
- Reduzierung des administrativen Aufwandes.

b) **Steuerliche Risikominimierung:**
- Erfüllen der gesetzlichen Dokumentationspflicht bei tatsächlichem Befolgen der konzerninternen Verrechnungspreisrichtlinie;
- Gruppenbildung von wirtschaftlich vergleichbaren Geschäftsvorfällen bei Darstellung der Regeln und Kriterien für die Gruppenbildung (Dokumentation der Verrechnungspreissystematik);
- Vermeidung von Doppelbesteuerung, Zinsen und Penalties;
- Unterstützung beim Financial Reporting.

c) **Korrelation von Unternehmensführung und steuerlichen Verrechnungspreisen:**
- Ausrichtung der Verrechnungspreise an betriebswirtschaftliche Gegebenheiten. Innerhalb der Ziele der wertorientierten Unternehmensführung müssen die finanziellen Ressourcen des Konzerns so effizient wie möglich in der (oder durch die) rechtlichen Einheit oder die entsprechenden Geschäftsfelder/Bereiche eingesetzt werden.

Voraussetzung für die steuerliche Anerkennung von Verrechnungspreisen, die methodisch aus Konzernverrechnungspreisrichtlinien abgeleitet wurden, ist, dass die Richtlinie im Unternehmen tatsächlich durchgängig praktiziert wird und die Einhaltung der Richtlinie in der Praxis dargelegt werden kann. Abweichende Einzelfälle müssen daher separat dokumentiert werden.

Im Übrigen ist eine solche Richtlinie – insbesondere bei Unternehmen mit umfangreichen Leistungsbeziehungen zu international verbundenen Unternehmen – der einzig sinnvolle Weg, die angewandten Verrechnungspreismethoden mit überschaubarem Aufwand zu dokumentieren. In der Praxis nimmt die Zahl der Konzerne zu, die eine eigene Verrechnungspreisrichtlinie entwickeln. Ein Unternehmen ist wie gesagt zwar nicht verpflichtet, Verrechnungspreisrichtlinien zu erstellen, aber in den USA und anderen Ländern sind derartige Dokumente, verständlicherweise, willkommen. Bei der Erstellung und Nutzung global gültiger Verrechnungspreisrichtlinien ist hierbei mitunter entscheidend, dass die Verrechnungspreise die jeweils vorherrschenden Bedingungen in verschiedenen Ländern berücksichtigen. Ansonsten könnte beispielsweise in der Betriebsprüfung hinterfragt werden, ob die länderspezifischen Kostenniveaus (z. B. Arbeitskosten, Zinskosten) und andere preisbestimmende Faktoren (z. B. Marktstrukturen, etc.) im Sinne eines Fremdvergleichsgrundsatzes angemessen berücksichtigt wurden, wenn gleichzeitig die Verrechnungspreise für Transaktionen in oder aus diesen Ländern gleich geblieben sind.

Eine Richtlinie bestimmt somit Handlungsanweisungen, bei deren Einhaltung fremdvergleichskonforme Verrechnungspreise folgen. Eine Richtlinie sollte allgemein gültig festlegen, wie die Verrechnungspreise im Konzern tatsächlich ermittelt werden. In Abhängigkeit von der Konzernstruktur und Tiefengliederung bietet es sich an, eine allgemein gültige Konzernrichtlinie zu erstellen, die aber um Richtlinien für einzelne Geschäftsfelder und/oder Regionen oder Subbereiche individuell ergänzt wird.

10. Sprache

Aufzeichnungen sind gem. § 2 Abs. 5 GAufzV grundsätzlich in deutscher Sprache zu erstellen. Die Finanzbehörde kann auf **Antrag** des Steuerpflichtigen Ausnahmen hiervon zulassen. Hierzu kann ein Antrag vor der Anfertigung der Dokumentation gestellt werden. Der späteste Antragstermin ist unverzüglich nach Anforderung der Dokumentation durch die Finanzbehörde. Der Antrag selbst bewirkt keine Verlängerung der Vorlagefristen bzw. der Erstellungsfrist für außergewöhnliche Geschäftsvorfälle. Erforderliche Übersetzungen von Verträgen und ähnlichen Dokumenten gehören zu den Aufzeichnungen, so dass die Kosten hierzu auch das Unternehmen zu tragen hat.

11. Aufzeichnungspflichten für kleinere Unternehmen

Für kleinere Untenehmen, bei denen die Summe der fremdüblichen Entgelte für die Lieferung von Gütern oder Waren aus Geschäftsbeziehungen mit nahe stehenden Personen 5 Millionen Euro nicht übersteigt oder bei denen die Summe der fremdüblichen Vergütung für andere Leistungen als die Lieferung von Gütern oder Waren nicht mehr als 500.000 Euro beträgt, findet eine **Vereinfachungsregel** Anwendung.[43] Bei diesen Unternehmen gelten die genannten Aufzeichnungspflichten als erfüllt, wenn die Erteilung von Auskünften und die Vorlage von Unterlagen auf Anforderung innerhalb der Frist von 60 Tagen erfolgt.[44]

Hintergrund der Regelung ist es, die Befolgungskosten für kleinere und mittelständische Unternehmen so gering wie möglich zu halten. Allerdings dürfte es in der Praxis nur schwer möglich sein, die Vorlage- und Auskunftspflicht zu erfüllen, wenn das Unternehmen überhaupt keine für Dokumentationszwecke ausgerichteten Aufzeichnungen erstellt bzw. Vorkehrungen getroffen sind. Somit dürfte es auch für kleinere Unternehmen aus praktischen Überlegungen heraus notwendig sein, sich zur Darlegung des ernsthaften Bemühens ein – sicherlich stark vereinfachtes – Dokumentationssystem anzueignen.

C. Europäische und globale Dokumentationsanforderungen von Verrechnungspreisen

Nicht nur in Deutschland, sondern auch in den meisten anderen europäischen Ländern und Industrienationen bestehen detaillierte verrechnungspreisbezogene Dokumentationsregelungen.

I. Internationale Entwicklung von Dokumentationsvorschriften

Die Ausgangspunkte der internationalen Entwicklung der Dokumentationsvorschriften bei Verrechnungspreisen liegen in den USA[45] und Australien. In beiden Ländern haben traditionell die Export-/ Importquote sowie die internationalen Verflechtung der konzerninternen Wertschöpfungsketten eine große Bedeutung.

In den folgenden Jahren sind im Wesentlichen Länder aus zwei Kategorien hinzugekommen:

---

[43] Vgl. § 6 GAufzV.

[44] Zur Dokumentation der Geschäftsbeziehungen mit Auslandsbezug im Mittelstand siehe *Niemann/Kiera-Nöllen*, DStR 2004, 482.

[45] Vgl. zu Verrechnungspreisregelungen in USA *Korff*, IStR 2008, 44 ff.

Länder mit einer vergleichbaren volkswirtschaftlichen Struktur wie der Ausgangsstaaten USA und Australien, wie zum Beispiel Großbritannien, Kanada und Frankreich. Das Interesse der Finanzverwaltungen liegt in diesen Ländern im Wesentlichen in der fremdvergleichskonformen Gewinnermittlung und Abgrenzung der Gewinnzuordnung, wobei hier die Auslegung des Fremdvergleiches wiederum sehr unterschiedlich vorgenommen wird.

Volkswirtschaftlich aufstrebende Länder, bei denen jedoch das vordergründige Interesse der Finanzverwaltungen in der Kontrolle von Zahlungsflüssen liegt. Hierzu gehören insbesondere die Länder Brasilien, Mexiko, China und Indien.

Während zwischenzeitlich fast alle großen Industrienationen und auch zunehmend die Länder aus Osteuropa und Asien, über gesetzliche Dokumentationsvorgaben verfügen, haben Länder, die als typische Holdingstandorte gelten bzw. die sich als Entrepreneur-/Prinzipalstandorte eignen, bislang keine gesetzlichen Vorgaben erlassen und verschonen die Unternehmen zurzeit von weitergehenden Dokumentationsvorschriften. Grund hierfür mag sein, dass Dokumentationsvorschriften nicht gewollte Transparenz in grenzüberschreitenden Geschäftsbeziehungen verursachen, als bürokratisch gelten und somit als investitionsfeindlich betrachtet werden (z. B. Schweiz).

Auch wird deutlich, dass Deutschland als eines der letzten bedeutenden Industrieländer Dokumentationsanforderungen für Verrechnungspreise in nationales Recht implementiert und hier keineswegs eine Vorreiterrolle innehat. Deutschland folgt mit seinen gesetzlichen Vorgaben und auch den Verwaltungsgrundsätze-Verfahren (VerwGr-V) vielmehr einer internationalen Entwicklung. Es ist ebenfalls zu beobachten, dass diejenigen Länder, die als erste Verrechnungspreisvorschriften erlassen haben, in der Zwischenzeit bereits Verschärfungen vorgenommen haben.

In Deutschland, wie aber auch in den anderen Ländern, ist bei der Implementierung von Dokumentationsanforderungen grundsätzlich eine mehr oder weniger starke Orientierung an den „Verrechnungspreisrichtlinien für multinationale Unternehmen und Steuerverwaltungen" (OECD-Richtlinien), die 1995 vom Rat der OECD beschlossen wurden, zu konstatieren, auch wenn ein derartiges Vorgehen in keinem Land in der Regel gesetzlich verankert, sondern nur Bestandteil von Verwaltungsanweisungen und Verlautbarungen der zuständigen staatlichen Behörden ist. Dennoch ergeben sich eine Reihe von Unterschieden aufgrund der jeweiligen individuellen Vorschriften und der Verwaltungspraxis.

II. OECD-Richtlinien

Die „Verrechnungspreisrichtlinien für multinationale Unternehmen und Steuerverwaltungen" (OECD-Richtlinien) wurden 1995 zur Sicherstellung der staatlichen Steueraufkommen und Vermeidung von Doppelbesteuerungen vom Rat der OECD beschlossen. Sie befassen sich mit Fremdvergleich, Verfahrensregeln, Dokumentationspflichten und Beweislast.[46]

Die Richtlinien haben keine rechtliche Wirkung,[47] gewinnen aber immer mehr an Einfluss, da sie sich in den Regelungen vieler Länder wieder finden. So hat sich auch die deutsche Finanzverwaltung an den Richtlinien orientiert. Zudem sollten Steuerpflichtige eine Dokumentation anstreben, die in möglichst vielen Staaten den Anforderungen der lokalen Finanzbehörden gerecht

---

[46] Vgl. OECD-Richtlinien, Tz. 7.
[47] Vgl. *Runge*, IStR 1995, 511; *Werra*, IStR 1995, 458 ff.

wird. Faktisch haben diese Leitlinien den Charakter eines erweiterten Kommentars zu Artikel 9 OECD-MA sowie eines amtlich hochrangigen Rechtsgutachtens.[48]

Die OECD-Richtlinien setzen sich in einem eigenständigen Kapitel V mit der Dokumentation von Verrechnungspreisen auseinander.[49] Die OECD-Staaten haben es allerdings abgelehnt, den Umfang der Dokumentationspflichten exakt festzulegen bzw. zu beschreiben. Die OECD-Richtlinien enthalten lediglich allgemeine Hinweise zum Verfahren bei der Nachweisführung und über die Informationen und Dokumentationen, die nützlich sein können.

Im Rahmen der Nachweispflichten kann vom Steuerpflichtigen im Regelfall erwartet werden, dass

- er versucht, Vergleichsdaten aus Fremdgeschäften zu identifizieren, damit laufend geprüft werden kann, ob seine Verrechnungspreisgestaltung den steuerlichen Erfordernissen genügt;
- er über seine Bemühungen zur Einhaltung des Fremdvergleichsgrundsatzes schriftliche Unterlagen anfertigt, oder sich auf schriftliche Unterlagen bezieht. Hierzu gehören Angaben über die Grundlagen der Verrechnungspreisfestsetzung, die hierbei berücksichtigten Faktoren, die gewählten Methoden sowie die Art der Geschäftsbeziehung;
- er einem begründeten Ersuchen der Steuerverwaltung nach Übersetzung der Unterlagen in die jeweilige Landessprache nachkommt.

Auch wenn es die OECD-Richtlinien ausdrücklich ablehnen, an die Dokumentationspflichten des Steuerpflichtigen bestimmte Mindesterfordernisse zu stellen oder diese erschöpfend aufzulisten, soll der Steuerpflichtige seine Anstrengungen, dem Fremdvergleichsgrundsatz zu genügen, dokumentieren und relevante Unterlagen, die im normalen Geschäftsverlauf anfallen, aufbewahren. Welche Art von Dokumentation in welcher Form und in welcher Sprache er anlegt, liegt jedoch weitgehend in seinem Ermessen. Dies schließt nicht aus, dass der Steuerpflichtige in gewissem Umfang verpflichtet sein kann, Dokumente neu zu erstellen, die nur für steuerliche Verrechnungspreiszwecke erforderlich sind. Der Steuerpflichtige wird dagegen von der Beschaffung von Dokumenten entbunden, wenn er nachweisen kann, dass es keine Drittvergleichsdaten gibt oder dass die Kosten, um sie zu beschaffen, unverhältnismäßig hoch wären.

Die OECD-Richtlinien erwähnen Kerndaten und Informationen, die der Steuerpflichtige sinnvollerweise dokumentieren sollte:[50]

1. Informationen über die am Geschäftsvorfall beteiligten verbundenen Unternehmen
    1.1. Die Darstellung des Geschäftsfeldes
    1.2. Die organisatorischen Strukturen des Unternehmens
    1.3. Die Beteilungsverhältnisse innerhalb der Unternehmensgruppe
    1.4. Die Entwicklung des Umsatzes und des operativen Ergebnisses in den letzten Jahren vor den betroffenen Transaktionen
    1.5. Grad und Ausmaß der Geschäftsvorfälle mit ausländischen verbundenen Unternehmen (z. B. Benutzung immaterieller Wirtschaftsgüter, Darlehensgeschäfte)

---

[48] Vgl. *Kuckhoff/Schreiber*, Verrechnungspreise in der Betriebsprüfung, 1997, S. 10.
[49] Vgl. OECD, Transfer Pricing Guidelines for Multinational Enterprises and Tax Administrations, 13th July 1995.
[50] Vgl. OECD-RL 1995/1996/1997 Tz. 5.18.

2. Zu beurteilender Geschäftsvorfall
3. Ausgeübte Funktionen
4. Informationen über dritte Vergleichsunternehmen
5. Informationen über Geschäftsstrategie und außergewöhnliche Geschäftsumstände, insbesondere auch Vorteilsausgleich
6. Allgemeine finanzwirtschaftliche und Jahresabschlussinformationen
7. Informationen über den Verhandlungsprozess zur Erzielung des Verrechnungspreises

Nicht nur rechtlich getrennte Einheiten sollen die Empfehlungen der OECD-Richtlinien bei der Erstellung der Verrechnungspreisdokumentation beachten. Den generellen Empfehlungen im Kapitel 5 der OECD-Richtlinien wäre auch bei der Dokumentation der fremdüblichen Gewinnaufteilung zwischen Betriebsstätte und Stammhaus zu folgen. Ergänzend zu dem sog. Authorised OECD Approach bei Betriebsstätten gewinnt die Dokumentation von Funktionsverlagerungen zunehmend an Bedeutung. Im Sept. 2008 hat die OECD hierzu einen Diskussionsentwurf[51] zur steuerlichen Behandlung von „Business Restructurings" veröffentlicht, der in Tz. 133,142, 182 u. a. die Erforderlichkeit einer Dokumentation von Funktionsverlagerungen für den Fremdvergleich betont.

Die OECD-Richtlinien stellen einen Kompromiss der OECD-Mitgliedstaaten dar. Eine unmittelbare rechtliche Wirkung entfalten die OECD-Richtlinien dagegen grundsätzlich nicht.[52] Gleichwohl gewinnen die OECD-Richtlinien für das nationale Recht der Mitgliedstaaten zunehmend an Bedeutung. Beispielsweise gibt es Staaten wie die Schweiz, die durch nationale Regelungen die OECD-Richtlinie unmittelbar in nationales Recht transformieren. Andere Staaten lassen sich bezüglich der nationalen Verrechnungspreisregularien unverkennbar von den OECD-Richtlinien leiten.

Vor diesem Hintergrund kommt der OECD-Richtlinie besondere Bedeutung zu. Eine Verrechnungspreisdokumentation sollte nach Möglichkeit nicht nur unilateral angegangen werden. Aufgrund der dem Grunde nach vorliegenden Bi- oder Multilateralität von Verrechnungspreisen sollten Unternehmen vielmehr anstreben, eine Verrechnungspreisdokumentation zu erstellen, die in möglichst vielen Staaten den Anforderungen der lokalen Finanzbehörden genügt. Die OECD-Richtlinien können diesbezüglich einen Anhaltspunkt bieten, da die Bestimmungen vieler Staaten auf den OECD-Richtlinien basieren. Darüber hinaus muss der Steuerpflichtige dann lediglich die länderspezifischen Dokumentationsteile ergänzen, die über die OECD-Richtlinien hinausgehen. Im Ergebnis kann das Unternehmen so eine mehr oder weniger globale und in sich konsistente Dokumentation erstellen.

Obwohl die OECD-Richtlinien grundsätzlich als Ausgangspunkt der meisten nationalen Vorschriften angesehen werden können, bestehen nach wie vor zum Teil erhebliche Unterschiede zwischen den einzelnen nationalen Anforderungen.[53]

Diese Situation ist für ein multinationales Unternehmen nicht befriedigend, da es verständlicherweise sicherstellen will, dass eine für einen Staat erstellte Dokumentation nach Möglichkeit auch in einem anderen Staat angewendet und akzeptiert werden kann. Insofern ist für die Kon-

---

[51] *OECD*, Transfer pricing aspects of business restructurings: Discussion draft for public comment, 19. 9. 2008.
[52] Vgl. *Werra*, IStR 1995, 458 f. *Portner* IWB Fach 10, Gruppe 2, 871.
[53] *Ernst & Young*, Transfer Pricing Global Reference Guide 2009, S. 1 ff.

zerne ein möglichst breiter Konsens der Einzelstaaten bezüglich der Dokumentationsanforderungen erstrebenswert.

Entsprechende Ansätze zur Vereinheitlichung gibt es zwischenzeitlich bei den Mitgliedstaaten der **Pacific Association of Tax Administrators (PATA)**, namentlich Australien, Kanada, Japan und die USA. Auch die Europäische Union (EU) hat im Rahmen des **EU Joint Transfer Pricing Forums** diesbezügliche Bestrebungen verstärkt.

III. Dokumentationsanforderungen innerhalb der PATA-Länder

Den Versuch eines Abgleichs der nationalen Dokumentationsvorschriften für Verrechnungspreise haben die Mitgliedstaaten der Pacific Association of Tax Administrators (PATA) Australien, Kanada, Japan und die USA am 12. März 2003 vorgenommen.

Die anvisierte multilaterale Abgleichung der nationalen Verrechnungspreis-Dokumentationspflichten bzw. -obliegenheiten zielt aber nicht auf eine echte Vereinheitlichung dieser Dokumentationsanforderungen ab. Vielmehr sollen lediglich gemeinsame Dokumentations-Mindeststandards festgelegt werden, mit der (alleinigen) Wirkung, dass bei Beachtung dieser Standards durch ein multinational tätiges Unternehmen in allen beteiligten Staaten Strafzuschläge wegen unzureichender Dokumentation nicht mehr zulässig sind. Die nach den jeweiligen nationalen Vorschriften gegebenen Möglichkeiten von Preiskorrekturen für Zwecke der Besteuerung bleiben davon unberührt. Der Vorteil, den international operierende Unternehmen von dieser Regelung haben werden, ist also sehr begrenzt.

Die vorgesehenen Dokumentations-Mindeststandards (dargestellt im „PATA Documentation Package") umfassen in Anlehnung an die OECD-Grundsätze drei den Unternehmen abzuverlangende „operative Prinzipien"[54]

- Nachweis angemessener Bemühungen, dass die Festsetzung der Verrechnungspreise in Übereinstimmung mit dem Fremdvergleichsgrundsatzes erfolgte;
- Zeitnahe und angemessene Dokumentation, welche das Bemühen um die Einhaltung des Fremdvergleichsgrundsatzes widerspiegelt. Eine Dokumentation gilt als zeitnah erstellt, sofern sie zum Fälligkeitstermin der Steuererklärung, auf welche sich die Transaktion bezieht, vorliegt;
- Rechtzeitige Vorlage der PATA-Dokumentation auf Anforderung der Finanzbehörden.

Die Anwendung dieser Prinzipien ist den Steuerpflichtigen freigestellt. Diese können entscheiden, ob sie die Mindeststandards als Gesamtheit anwenden oder ob sie den Bestimmungen der jeweiligen Länder folgen. Die Dokumentationsvorschriften der einzelnen PATA-Länder sind hinsichtlich des Umfangs recht unterschiedlich. So ist es möglich, dass der Steuerpflichtige unter Beachtung der Mindeststandards in einem Land mehr und in einem anderen Land weniger Informationen als erforderlich bereitstellen muss.

Die Beurteilung der Qualität der Dokumentation, d.h. inwiefern die Bemühungen des Steuerpflichtigen, einen angemessenen Fremdvergleichspreis nachzuweisen, stattgefunden haben, liegt letztlich bei den einzelnen PATA-Ländern. Die nationalen Vorschriften müssen demnach weiterhin bei der Erstellung der Dokumentation beachtet werden.

---

[54] Zu den Inhalten des PATA Documentation Package und dem Vergleich zu den OECD- und deutschen Anforderungen siehe ausführlich *Bremer/Engler*, International Tax Journal 2/2004, Tightening of the German Transfer Pricing Documentation Requirements, 17 ff.

Es ist zu beachten, dass auf Basis der PATA-Dokumentationsvorschriften zwar eine Vermeidung der Strafzuschläge und infolge der Harmonisierung eine Kostenreduktion für die Dokumentationserstellung erreicht werden kann, dass jedoch die nach den jeweiligen nationalen Vorschriften gegebenen Möglichkeiten von Preiskorrekturen für die Zwecke der Besteuerung nicht betroffen sind.

IV. EU-Verrechnungspreisforum

Am 10. November 2005 hat die EU-Kommission einen Vorschlag für einen Verhaltenskodex angenommen, wonach multinational tätige Konzerne ihre Verrechnungspreise gegenüber Finanzbehörden in standardisierter Weise dokumentieren können.[55]

Der Verhaltenskodex ist keine rechtsverbindliche Vorschrift, sondern eine politische Verpflichtung. Rechte und Pflichten der EU-Mitgliedsstaaten sowie die jeweiligen Zuständigkeiten der EU- Mitgliedsstaaten und der Gemeinschaft bleiben unberührt. Über die Umsetzung bzw. die Art der Umsetzung der EU-Verrechnungspreisdokumentation auf nationaler Ebene entscheiden somit die einzelnen EU-Mitgliedsstaaten. Die Anwendung der EU-Verrechnungspreisdokumentation ist optional. Es steht den Unternehmen grundsätzlich frei, die EU-Verrechnungspreisdokumentation zu verwenden.

Bei der EU-Verrechnungspreisdokumentation handelt es sich um eine standardisierte und teilweise zentralisierte Dokumentation, welche die Unternehmen der Steuerverwaltung als Nachweis für die Gestaltung der Verrechnungspreise für grenzüberschreitende konzerninterne Tätigkeiten vorlegen. Eine EU-Verrechnungspreisdokumentation erfasst alle in der EU ansässigen Konzerngesellschaften sowie deren Transaktionen mit verbundenen Unternehmen außerhalb der EU.

Die einzureichenden Dokumente umfassen:

- Den „Masterfile": Dieser enthält standardisierte Informationen, die für alle Konzerngesellschaften gelten, wie z. B. Beschreibung von Geschäft und Strategie des Konzerns, seine Struktur und die Art der internen Leistungsbeziehungen sowie die Verrechnungspreisgrundsätze.
- Die „länderspezifische Dokumentation": Diese umfasst Zusatzinformationen, die nur für Gesellschaften im jeweiligen Land bedeutsam sind wie z. B. Volumen der eigenen internen Leistungsbeziehungen sowie spezielle Verrechnungspreismethoden.

Zum Masterfile erhalten alle involvierten Mitgliedsländer Zugang. Die länderspezifische Information ist dem betreffenden Land vorbehalten.

Durch die in der EU bestehenden Dokumentationsvorschriften ist der Verhaltenskodex besonders gegenüber Ländern wichtig, die einschlägige Vorschriften erst einführen, wie z.B. Österreich. Konzerne mit EU-Tochtergesellschaften sollten sich an ihm orientieren.

V. Dokumentationsvorschriften in ausgewählten Ländern

Grundsätzlich ist festzustellen, dass die überwiegende Anzahl der Länder den OECD-Richtlinien 1995 folgen, auch wenn ein derartiges Vorgehen nach dem vorliegendem Kenntnisstand in keinem Land gesetzlich verankert, sondern nur Bestandteil von Verwaltungsanweisungen und

---

[55] Vgl. KOM (2005) 543, Mitteilung der Kommission, Vorschlag für einen Verhaltenskodex zur Verrechnungspreisdokumentation für verbundene Unternehmen in der EU; IP/05/1403.

Verlautbarungen der zuständigen staatlichen Behörden ist.[56] Somit haben die OECD-Richtlinien in den betroffenen Staaten keine bindende Wirkung.

Die Zielsetzungen von den Dokumentationsvorschriften sind in den jeweiligen Ländern sehr unterschiedlich. Während in den traditionellen Industriestaaten die Einhaltung des Fremdvergleichgrundsatzes und damit die Gewinnermittlung im Vordergrund stehen, haben in wirtschaftlich aufstrebenden Staaten, wie z. B. China oder Brasilien, die Beurteilung bzw. behördliche Genehmigung von Geschäftsbeziehungen und damit verbundene Zahlungsflüsse eine besondere Bedeutung.

Insbesondere Schwellenländer wie z. B. China oder Indien richten ihr Augenmerk verstärkt auf die Prüfung von Verrechnungspreisen. Insoweit steigt auch in diesen Ländern die Bedeutung der Verrechnungspreisdokumentation. So hat zuletzt China mit der Einführung neuer detaillierter Dokumentationsvorschriften ab dem Jahr 2008 für Aufsehen gesorgt.

Die **formalen Anforderungen** an die Dokumentation sind unterschiedlich. So gibt es in einigen Ländern detaillierte Formulare, in denen die konzerninternen Transaktionen zu erfassen sind, und die der Steuererklärung beizufügen sind. Alle übrigen Dokumente wie Angemessenheitsstudien etc. ergänzen dann diese Angaben. In einigen Ländern wie Indien, Mexiko, unterliegt die Verrechnungspreisdokumentation sogar einer Prüfungs- bzw. Bestätigungspflicht durch einen unabhängigen Wirtschaftsprüfer. Andere Länder geben nur die Inhalte vor, lassen die konkrete Form aber offen. Hierzu gehört auch Deutschland.

Die **Vorlagefristen** sind in einigen Ländern noch strenger geregelt als in Deutschland. Beispielsweise muss in Brasilien oder Mexiko die Verrechnungspreisdokumentation mit der gesetzlichen Abgabefrist der Steuererklärung erstellt sein. Der Nachweis erfolgt in der Regel durch entsprechende Angaben bzw. Erklärungen im Rahmen der Steuererklärung. Die Vorlagefristen bei Anfrage der Betriebsprüfung variieren in der Regel zwischen 3 und 60 Tagen. Lediglich in Ländern, in denen keine gesetzlichen Dokumentationsvorschriften vorliegen, können durch die Betriebsprüfung bei einer berechtigten Abfrage von Verrechnungspreisdokumentationen eigene Fristen festgelegt werden.

In vielen Staaten liegt die **Beweislast** beim Steuerpflichtigen mit der Konsequenz, dass er eine weitergehende Verantwortung im Nachweis der Angemessenheit von Verrechnungspreisen hat. Die Sanktionsmechanismen in Deutschland sind im internationalen Vergleich als sehr streng zu betrachten. Vielfach sind **Sanktionsmechanismen** an die Gewinnkorrekturen gekoppelt oder an die Höhe der Steuerlast.

In Anlehnung an die OECD-Richtlinien wird grundsätzlich zwischen der **Sachverhalts- und Angemessenheitsdokumentation** unterschieden. Die Angemessenheitsdokumentation wird in Abhängigkeit der Länderkategorien und der Anerkennung der Comparable Profit Method (CPM) sehr unterschiedlich ausgelegt. Während die sog. CUP-Analysen in allen Ländern akzeptiert werden, gibt es vielfach Vorbehalte gegen CPM-Analysen unter Zugrundelegung von Betriebsergebnissen.

Bei der Dokumentation von **außergewöhnlichen Geschäftsvorfällen** handelt es sich insbesondere um eine deutsche Besonderheit, wobei zu beachten ist, dass in den meisten Ländern zum einen Funktionsverlagerungen[57] und die damit verbundenen steuerlichen Folgen im Rahmen

---

[56] Vgl. zu Regelungen in einzelnen Ländern *Ernst & Young*, Transfer Pricing Global Reference Guide 2009, S. 1 ff.

[57] Vgl. auch vorstehend Kapitel C II zu den OECD Entwicklungen zum Thema Funktionsverlagerung.

von Betriebsprüfungen aufgegriffen werden und die Veränderungen in der Verrechnungspreissystematik unter die allgemeinen Dokumentationsvorschriften subsumiert werden.

Advance Pricing Agreements (APAs) gewinnen zunehmend an Bedeutung in der Bestimmung und Dokumentation von Verrechnungspreisen. APAs sind an hohe formale Anforderungen, d.h. insbesondere an Dokumentationsvorgaben, gebunden.[58]

Eine Frage, mit der mittlerweile alle international operierenden Konzerne konfrontiert werden, ist, inwieweit **Verrechnungspreisstudien**[59] verpflichtend sind. Die Frage ist grundsätzlich in allen Ländern zu verneinen, wobei insbesondere in den Staaten, in denen Profit-Level-bezogene Analysen bzw. datenbankgestützte Vergleichsanalysen durchgeführt werden, derartige Studien seitens der Finanzbehörde empfohlen werden.

D. Herausforderung unterschiedlicher Dokumentationssysteme

Im Kontext der zunehmenden nationalen und internationalen nicht abgestimmten Dokumentationsanforderungen ist bei der Erstellung einer inländischen Dokumentation der Verrechnungspreise eine Koordination mit den Dokumentationen der ausländischen verbundenen Unternehmen zwingend erforderlich. Folglich stellt sich für die Konzerne in Abhängigkeit von der Dokumentationsstrategie und den Zielen einer Konzernverrechnungspreisdokumentation regelmäßig die Frage nach einer zu definierenden Konzernverrechnungspreiskonzeption.

I. Dokumentationsstrategien

Ausgehend von einer bestehenden Verrechnungspreissystematik im Konzern können nachfolgende Gestaltungsdimensionen unterschieden werden:

- ▶ Dokumentation von Verrechnungspreisen zur Erfüllung von lokalen Verrechnungspreisdokumentationsvorschriften und somit zur Vermeidung nationaler Sanktionen;
- ▶ International koordinierte Konzerndokumentation von Verrechnungspreisen zur Vermeidung von Gewinnkorrekturen und Strafzuschlägen auf Konzernebene;
- ▶ Nutzung der Verrechnungspreisdokumentation auch als Controlling Instrument für die Prüfung, Steuerung und Kontrolle konzerninterner Wertschöpfungsketten;
- ▶ Optimierung bestehender Verrechnungspreissysteme unter steuerlichen Gesichtspunkten (Überprüfung von Verrechnungspreismethodiken und/oder von Gewinnmargen);
- ▶ Neugestaltung der weltweiten Wertschöpfungsketten, Funktions- und Risikoprofilen und/oder die Übertragung von immateriellen Wirtschaftsgütern und die hiermit verbundenen Veränderungen in der Verrechnung von konzerninternen Lieferungen und Leistungen.

II. Dokumentationsziele

Eine **konzernweit abgestimmte Dokumentation** hat in der Regel in allen wesentlichen Ländern folgende **Vorteile**:

- ▶ Erfüllung nationaler und internationaler Dokumentationsvorschriften;
- ▶ Vermeidung von Ergebniskorrekturen der jeweiligen Finanzbehörden und damit verbunden Risiken der Doppelbesteuerung aufgrund mangelnden Einigungszwangs sowie der Erhe-

---

[58] Vgl. hierzu ausführlich *Kramer*, IStR 2007, 174 ff.
[59] Vgl. zu Verrechnungspreisstudien *Rehkugler/Vögele*, BB 2002, 1941.

bung von Strafzuschlägen bei Nicht-Erfüllung bzw. Vorlage der Verrechnungspreisdokumentation;
- Optimierung des Betriebsprüfungsprozesses, insbesondere hinsichtlich konzerninterner Ressourcen;
- Effizienz im Rahmen einer konzernweiten Dokumentationserstellung;
- Transparenz und Optimierung einer konzerneinheitlichen Verrechnungspreissystematik;
- Controlling- und Steuerungsinstrument
- Optimierung der Koordination der Konzernunternehmen;
- Zeitersparnis im Budgetierungsprozess durch klare und eindeutig einheitliche Verrechnungspreisrichtlinien;
- Identifizierung von Möglichkeiten zur Steuerplanung durch und mit Verrechnungspreissystemen.
- schnellerer Abschluss der Angemessenheitsprüfung bei den Verrechnungspreisfragen durch die Finanzverwaltung;
- geringerer interner Aufwand im Konzern und den Konzerngesellschaften;
- geringere externe Beratungskosten.

Bei Vorliegen einer Dokumentation, die zwar noch Mängel aufweist, aber die in der Gesamtschau das ernsthafte Bemühen erkennen lässt, entsteht in jedem Fall von Anfang an der positive Eindruck bei der Finanzverwaltung, dass der Steuerpflichtige im Voraus bemüht ist, seine Preise unter Fremdvergleichsgesichtspunkten festzusetzen und diese zu dokumentieren.

III. Konzerndokumentationsstrategien

Vor dem Hintergrund der dargestellten Gestaltungsdimensionen und Ziele lassen sich grundsätzlich zwei Dokumentationsansätze unterscheiden: der sog. **dezentrale Ansatz** und der sog. **zentrale Ansatz**.

Bei dem **dezentralen Dokumentationsansatz** sind die einzelnen Konzernunternehmen selber für die Einhaltung der nationalen Verrechnungspreisregelungen verantwortlich, d.h. sie erstellen ohne Abstimmung und Koordination innerhalb des Konzerns eigenverantwortlich für ihr Unternehmen eine Dokumentation entsprechend der jeweiligen Länderanforderungen:

- Konzerngesellschaften erstellen Dokumentation dezentral und in eigener Verantwortung
- Isolierte Dokumentation je Land gemäß lokalen Anforderungen
- Keine Abstimmung und Koordination untereinander

Angesichts der in vielen Ländern bestehenden umfangreichen Dokumentations- und Strafvorschriften ist eine einseitig ausgerichtete länderspezifische Verteidigungs- bzw. Dokumentationsstrategie („Country-by-Country-Approach") – wie früher oftmals in der Praxis üblich – nicht mehr zeitgemäß und sollte durch eine konsistente, international abgestimmte Strategie ersetzt werden. Hierzu bietet sich ein **zentraler Dokumentationsansatz** an.

Beim zentralen Ansatz kann unterschieden werden zwischen einer zentral koordinierten und dezentral durchgeführten Dokumentation („Skelettlösung") und einer zentralistisch gesteuerten Dokumentation („Masterfile- oder Core-File-Lösung").

Im Rahmen der sog. **„Skelettlösung"** wird seitens der Konzernzentrale die Konzernweiterverrechnungspreissystematik vorgegeben (z. B. in Form von Verrechnungspreisrichtlinien) und stellt zentrale Informationen und Daten zur Verfügung (z. B. Verträge). Für die eigentliche Sachverhalts- und Angemessenheitsdokumentation (inkl. Margennachweis) sind die lokalen Konzerngesellschaften verantwortlich:

Beim zentralistisch gesteuerten Dokumentationsprozess wird innerhalb der Konzernzentrale eine einheitlich globale „Schnittmenge" in standardisierter, z. B. modularer Form erstellt („**Masterfile**" oder „**Core-File**"). Bestandteil einer derartigen Dokumentation können sämtliche verrechnungspreisbezogene Sachverhalte, die von der Konzernzentrale aus gestaltet oder entschieden werden, oder die für alle Konzerngesellschaften relevanten einheitlich standardisierten Informationen sein. Die Länderdokumentationen umfassen in diesem Fall lediglich die notwendigen Dokumentationen, die ergänzend notwendig sind für die Erfüllung für die lokalen Dokumentationsanforderungen.

Der zentralistisch gesteuerte Ansatz findet sich auch in dem durch die Europäische Kommission genehmigten Verhaltenskodex zum Thema Verrechnungspreise wieder (siehe hierzu auch **Kapitel B.IV**). Wie erwähnt, sieht der **EU-Verhaltenskodex** vor, dass multinational tätige EU-Konzerne ihre internen Verrechnungspreise gegenüber den europäischen Finanzbehörden in standardisierter Weise dokumentieren können. Die EU-Dokumentation besteht aus zwei Teilen:

- Ein Teil der Dokumentation (das „Masterfile") ist eine Blaupause des Unternehmens und seines Verrechnungspreissystems und für alle beteiligten EU-Mitgliedsstaaten relevant und verfügbar.
- Hinzu kommt ein 2. Teil (eine „landesspezifische Dokumentation") für jeden einzelnen Mitgliedsstaat, der von den konzerninternen Transaktionen betroffen ist.

Die Frage, welcher Dokumentationsansatz letztlich vorzuziehen ist, lässt sich an dieser Stelle nicht allgemein beantworten. Dies hängt vielmehr von der Struktur und der Art der Geschäftstätigkeit des jeweiligen Konzerns, aber auch von den bereits vorhandenen Unterlagen ab.

Viele multinationale Unternehmen entscheiden sich für ein sog. Mischmodell, d.h. eine Kombination aus zentraler und dezentraler Dokumentation. Dies kann beispielsweise aus einer zentralen Grundlagendokumentation (Masterfiles) sowie zentralen Vorgaben (z. B. Master Agreements, Verrechnungspreisrichtlinie) in Kombination mit einer dezentralen transaktionsbezogenen Dokumentation bei zentraler Überwachung der Einhaltung der Vorgaben bestehen.

Bei multinationalen Unternehmen mit sehr vielen Tochtergesellschaften mit ähnlichem Funktions- und Risikoprofil bietet sich in der Praxis oftmals ein zentraler Dokumentationsansatz an, zumal in den meisten Ländern ähnliche Grundsätze (OECD-Richtlinie) und Dokumentationsvorschriften gelten. Dabei kann beispielsweise in der Konzernzentrale eine internationale Kerndokumentation mit standardisierten Dokumentations-Elementen erstellt werden, die individuell angepasst werden können. Die Tochtergesellschaften erhalten jeweils den relevanten Teil der Kerndokumentation und passen diesen vor Ort entsprechend den landeseigenen Vorschriften an bzw. Ergänzen ensprechend. Anschließend geben die Ländergesellschaften Feedback, sodass die Kerndokumentation optimiert werden kann.

E. Erstellung einer Verrechnungspreisdokumentation

Die wesentlichen Elemente einer Verrechnungspreisdokumentation sind international weitgehend identisch. Im Wesentlichen lassen sich die folgenden Bestandteile einer Dokumentation ausmachen:

Bremer/Stuffer

I. Beschreibung

Der beschreibende Teil der Dokumentation beinhaltet einen **Gesamtüberblick** des multinationalen Konzerns. Zweck des beschreibenden Teils ist es, den Konzern in seinen ökonomischen Kontext einzuordnen sowie hierbei erste Faktoren für die Verrechnungspreisfestsetzung herauszuarbeiten.

Im Rahmen des Gesamtüberblicks sollte ein kurzer Überblick gegeben werden, der sich überschlägig mit dem Gesellschaftszweck, der Eigentümerstruktur, der Historie, der wirtschaftlichen Bedeutung, der Herkunft und Größe des Unternehmens befasst. Der Konzern wird hierbei in seiner Gesamtheit betrachtet. Auf einzelne Konzernunternehmen wird im Einzelnen nicht eingegangen. Einmal erstellt, bleibt der Gesamtüberblick in der Regel unverändert. Lediglich historische Daten oder Angaben über Finanzzahlen sind laufend zu aktualisieren.

II. Industrieanalyse

Das Ziel einer Industrieanalyse ist die Identifizierung von Wettbewerbvorteilen, der Schlüsselprozesse der Wertschöpfungskette, von Risiken und wertschöpfenden Faktoren, von vergleichbaren Transaktionen und Unternehmen sowie des Einflusses der Preisgestaltung auf die Industrie. Diesbezügliche Erkenntnisse sind Ausgangspunkt der nachfolgenden Unternehmensanalyse. Im Wesentlichen sollte eine Industrieanalyse folgende Aspekte umfassen:[60]

- Abgrenzung von Industrie und Markt;
- Durchführung einer breiten Industrieanalyse;
- Identifizierung der strategischen Gruppen innerhalb einer Industrie;
- Identifizierung der Wettbewerbsposition des Unternehmens innerhalb der strategischen Gruppe;
- Identifizierung der kritischen Erfolgsfaktoren in der strategischen Gruppe;
- Identifizierung der entscheidenden Risiken in der Industrie.

Die Industrieanalyse und somit die Darstellung der Branche, in der das Unternehmen tätig ist, stellt grundsätzlich einen relativ dauerhaften Teil einer Dokumentation dar. Sie ist zwar grundsätzlich jährlich auf ihre Gültigkeit hin zu überprüfen. Gleichwohl werden sich erhebliche Änderungen oder Anpassungen nur bei gravierender Änderung der Verhältnisse in der Industrie oder der betroffenen Märkte ergeben.

III. Unternehmensanalyse

Im Rahmen der Unternehmensanalyse gilt es, die in der Industrieanalyse gewonnenen Erkenntnisse auf der Ebene des Unternehmens zu vertiefen. Ziel der Unternehmensanalyse ist, ein grundsätzliches Verständnis der Leistungsfähigkeit des Unternehmens zu erlangen.[61] Insbesondere beinhaltet eine Unternehmensanalyse nachfolgende Aspekte:

- Beschreibung der Merkmale des Unternehmens im Branchenkontext;
- Analyse der Rentabilität des gesamten Konzerns bzw. des Konzernunternehmens;
- Verständnis der relativen Stärken und Schwächen des Unternehmens im Industrievergleich;
- Beschreibung der Unternehmens- und Wettbewerbsstrategie;

---

[60] Vgl. hierzu im Einzelnen *Ernst & Young*, Verrechnungspreise, 2003, C 21 ff.
[61] Vgl. hierzu ausführlich *Ernst & Young*, Verrechnungspreise, 2003, C 78 ff.

- Beschreibung der Kernkompetenzen und Kernfähigkeiten des Unternehmens;
- Beschreibung der Hauptgeschäftsrisiken;
- Beschreibung der Managementstruktur und der Hauptgeschäftsprozesse des Unternehmens;
- Beschreibung der Zuordnung der wichtigsten Rollen und Verantwortlichkeiten im Kontext der Geschäftsprozesse;
- Diagramme der rechtlichen, organisatorischen und operativen Struktur;
- Kurzübersicht über die wichtigsten konzerninternen Transaktionen;
- Verständnis der Geschichte und der Zuordnung von immateriellem Vermögen.

Nach Beschreibung der wesentlichen ökonomischen Rahmenbedingungen des Unternehmens im Branchen- und Wettbewerbskontext, gilt es im nachfolgenden Analyseteil zum einen die konzerninternen Transaktionen zu beschreiben, zum anderen eine Analyse der Funktions- und Risikoverteilung der an den Transaktionen beteiligten verbundenen Unternehmen vorzunehmen.

IV. Transaktionsanalyse

Bei der Darstellung der konzerninternen Transaktionen im Rahmen der Dokumentation sind sämtliche konzerninterne Transaktionen, an denen das Unternehmen beteiligt ist, zu identifizieren und zu beschreiben. Bei der Identifizierung sind vergleichbare Geschäftsvorfälle zu Transaktionstypen zu aggregieren. Die Beschreibung der konzerninternen Transaktionen kann im Rahmen der Dokumentation kurz oder lediglich grafisch erfolgen.

Im Rahmen einer Dokumentation können sich für jede Transaktionsklasse weitere Transaktionstypen ergeben, weil sich die Funktions- und Risikoverteilung innerhalb einer Klasse unterscheidet. Dennoch zeigt sich in der Praxis, dass selbst bei Großkonzernen die Anzahl von Transaktionstypen überschaubar (10 bis 20 Transaktionstypen) ist. Häufig sind aber deutlich weniger Transaktionstypen anzutreffen.

V. Funktions- und Risikoanalyse

Aufsetzend auf der Industrie- und Unternehmensanalyse stellt die Funktions- und Risikoanalyse eine vertiefte Analyse der an einer konzerninternen Transaktion beteiligten Konzernunternehmen dar. Die Funktions- und Risikoanalyse hat zum Zweck, die **Funktions- und Risikoverteilung** zwischen den an einer konzerninternen Transaktion beteiligten rechtlichen Einheiten eines Konzerns zu beschreiben und zu analysieren. In diesem Zusammenhang gilt es herauszuarbeiten, welche Konzernunternehmen welche Aufgaben übernehmen, welche Funktionen, Risiken und (immateriellen) Wirtschaftsgüter für die Gesamtwertschöpfung entscheidend sind.

Die im Konzern von den einzelnen Konzerngesellschaften wahrgenommenen Funktionen und die übernommenen Risiken haben einen entscheidenden Einfluss auf die Wirtschaftlichkeit und Ertragsfähigkeit der jeweiligen Konzerngesellschaft.

Die Funktions- und Risikoanalyse dient dazu, die ausgeübten Funktionen und Risiken der einzelnen Konzerngesellschaften für Zwecke der Verrechnungspreise eindeutig zuzuordnen und zu beurteilen, ob die Bedingungen für die erbrachten Lieferungen und Leistungen mit denen fremder Dritter vergleichbar sind. Aus der ermittelten Funktions- und Risikoverteilung lassen sich anschließend in der Regel die in den betreffenden konzerninternen Transaktionen anzuwendenden Verrechnungspreismethoden ableiten. Im Rahmen der Funktions- und Risikoanalyse gilt es

Bremer/Stuffer

zu ermitteln, welche der untersuchten Funktionen bzw. Risiken und immateriellen Vermögensgegenstände signifikant zur Wertschöpfung beitragen und deshalb auch entsprechend zu vergüten sind und welche lediglich Routinecharakter haben oder nur von untergeordneter Bedeutung sind.

Die Funktionen können verbal oder in Form von einfachen Checklisten oder Schaubildern beschrieben werden. In der Praxis wird diesbezüglich vielfach eine sog. Funktionsanalysenmatrix herangezogen. In dieser werden die relevanten Funktionen, Risiken und immateriellen Wirtschaftsgüter sowie die beteiligten Konzernunternehmen aufgeführt und gewichtet.[62]

Das Ergebnis der Funktionsanalyse sollte es sein, festlegen zu können, welche Konzerneinheit die Rolle des so genannten Strategieführers übernimmt. Die Frage der Strategieführerschaft entscheidet letztlich, welche Verrechnungspreismethode in den jeweiligen konzerninternen Transaktionen zu verwenden ist.

Sowohl die Transaktions- wie auch die Funktions- und Risikoanalysen müssen, wenngleich nicht zwangsläufig jährlich, in regelmäßigen Abständen neu erstellt werden, damit eventuelle Veränderungen am Markt berücksichtigt werden. Im Rahmen der Analysen soll zum einen für die Vergangenheit gezeigt werden, dass die tatsächlich vereinbarten Verrechnungspreise in der durch Vergleichsdaten etablierten Bandbreite liegen, und zum anderen für die Zukunft, dass die angewendeten Margen bzw. Aufschläge denen entsprechen, die auch fremde Dritte vereinbaren würden.

Die Dokumentationspflicht bei **Betriebsstätten** erstreckt sich auf alle Umstände, die für die Bildung und Beurteilung der Einkunfts- und Vermögensaufteilung maßgebend sind. Besonderes Augenmerk ist auf die Kapitalbereitstellung (z. B. in Form immaterieller Vermögenswerte) zu legen. Immer wiederkehrendes Problem bei Betriebsstätten ist die Zuordnung von Wirtschaftsgütern und Gewinnen.

Maßgebliche Dokumente bei Betriebsstätten können insbesondere sein:[63]

- Struktur, Organisation und Aufgabenteilung im Unternehmen sowie der Einsatz von Wirtschaftsgütern;
- Funktionen der Betriebsstätte (z. B. Herstellung, Montage, Absatz, sonstige Dienstleistungen);
- Dokumente, in welcher Eigenschaft die Betriebsstätte als selbständiges Unternehmen diese Funktionen erfüllt hätte (wie z. B. Eigenhändler, Agent);
- Betriebliche Kostenrechnungen;
- Unterlagen für die Zuordnung von Wirtschaftsgütern;
- Unterlagen für die Wertermittlung beim Waren- und Leistungsverkehr zwischen Stammhaus und Betriebsstätte;
- Unterlagen und Informationen zum gesamten Unternehmen;
- die dem Betriebsstättenstaat eingereichten Steuererklärungen und Steuerbescheide.
- bei Bedarf können weitere Dokumente aufzubereiten sein.

---

[62] Zu Einzelheiten vgl. *Ernst & Young*, Verrechnungspreise, 2003, C 148 ff; *Vögele/Brem* in: Vögele, Handbuch der Verrechnungspreise E Rz. 286.

[63] Vgl. *Vögele/Brem* in: Vögele, Handbuch der Verrechnungspreise E Rz. 547.

F. Planung und Durchführung einer Verrechnungspreisdokumentation

Durch die Einführung, Anpassung oder Verschärfung von internationalen Regelungen zu einer steuerlich notwendigen Dokumentation ist eine zusätzliche Aufgabe für den Konzern entstanden. Mit dieser neuen Aufgabe muss sich ein multinationaler Konzern auseinander setzen. Es muss im Vorhinein sichergestellt werden, dass zum einen eine Dokumentation möglich ist und zum anderen die Ergebnisse im Sinne der Dokumentationsanforderungen angemessen sind.

Dies wird sich nicht immer leicht gestalten, da konzernintern kein unbedingtes Interesse daran besteht, Verrechnungspreise an Marktpreisen zu orientieren oder diese fremdvergleichskonform festzulegen. Der betriebswirtschaftlich konsolidierte Gewinn im Sinne von „Earnings Before Interest and Tax" (EBIT) eines Konzerns verändert sich durch die Verrechnungspreise nicht, sondern verschiebt sich allenfalls zwischen den Konzernunternehmen.

Es muss deshalb ein allgemein gültiges und praktikables Verfahren für den Konzern festgelegt werden, nach dem die Einhaltung des Fremdvergleichsgrundsatzes bei Verrechnungspreisen dokumentiert wird. Eine solche Dokumentation kann häufig nicht unter Rückgriff auf vorhandenen Unterlagen, sozusagen als Beiwerk eines Management Reportings erstellt werden. Vielmehr müssen in der Regel neue Strukturen und Abläufe geschaffen werden, in denen die Anforderungen erfüllt werden können.

I. Implementierung eines Dokumentationsprozesses

Insofern bedeutet die Implementierung eines Dokumentationsprozesses zum einen die Erschaffung eines Problembewusstseins bei den operativen Einheiten und zum anderen die notwendige Anpassung in den Konzernstrukturen, sodass die Einhaltung des Fremdvergleichsgrundsatzes sichergestellt und dokumentierbar ist. Hierbei handelt es sich in der Regel nicht um einen gewollten Prozess, der in Abhängigkeit von den gegebenen externen und den zu erreichenden internen Rahmenbedingungen aufzusetzen und durchzuführen ist. Ferner ist zu berücksichtigen, dass es sich hierbei nicht ausschließlich um ein Projekt für die Steuerabteilung eines Konzerns handelt. Hierzu ist vielmehr ein interdisziplinäres Zusammenspiel mit internen (z. B. IT) und externen Partnern (z. B. Berater) erforderlich.

Die Herausforderungen beim Aufbau eines Dokumentationsmanagements sind hierbei vielfältig:

- Komplexität der Konzernstruktur;
- Verfügbarkeit von Finanzdaten/Wertströme;
- Menge und Vielfältigkeit von Transaktionen/Funktionen – Grad der Abdeckung;
- Zunehmende Bedeutung von Risikomanagement und Prozesssicherheit;
- Ausrichtung der Geschäftsentscheidungen primär nicht an Steuergesichtspunkten;
- Sicherstellung des Einhergehens der Dokumentation mit bestehenden Verrechnungspreisregeln;
- Erreichung eines hohen Grades an Verwendung vorhandener Aufzeichnungen,
- Ausrichtung der Projektdauer an das optimale Ausnutzen von Synergien;
- Flexible Teamorganisation nach jeweiligen Erfordernissen und Infrastruktur (Bewältigung mit Inhouse-Kräften oder externe Unterstützung);
- Bestimmung Dokumentationsansatz.

Bremer/Stuffer

Vor diesem Hintergrund ist zur praktischen Umsetzung der Dokumentationsanforderungen ein **Dokumentationsprozess** zu installieren. Hierzu bietet sich folgende Vorgehensweise an.[64] Der Aufbau eines Dokumentationsprozesses beginnt mit der Planung der generellen Dokumentationsaufgabe und der Einrichtung interner Strukturen und entsprechender Prozesse. Im Anschluss erfolgt die Datenerfassung und -analyse. Nach Erhebung der relevanten Informationen sind diese auszuwerten. Hierauf aufbauend wird eine Dokumentation erstellt, deren Pflege und Fortführung in einem letzten Prozessschritt sicherzustellen ist.

Im Folgenden werden die einzelnen Prozessschritte erläutert. Selbstverständlich muss jedes Projekt individuell auf der Grundlage der konzernspezifischen Eigenheiten geplant werden. Daher kann ein Projektaufbau im Einzelfall sich anders darstellen und von der nachfolgenden, nicht allgemein gültigen Vorgehensweise abweichen.

II. Planung des Dokumentationsprozesses

Die Erstellung und Implementierung einer Dokumentation bzw. einer Verrechnungspreisrichtlinie bedarf der genauen Planung. Dementsprechend ist ein **Projektmanagement** ohne Planung nicht möglich. Im Rahmen der Planung sind den Projektschritten Meilensteine zuzuordnen – insbesondere bei multinationalen Konzernen ist eine zeitgerechte Zielerreichung wichtig, da diese in der Regel komplex organisiert sind und eine situative Problemlösung angebracht ist. Neben der Definition und zeitlichen Abfolge von Projektschritten müssen insbesondere die Ressourcen geplant werden. Diese sind in Konzernen oft nur in begrenztem Umfang vorhanden, unabhängig davon, ob es sich um eigene Mitarbeiter oder ein Budget für externe Berater handelt.

Der Umfang einer Dokumentation ist durch die Anforderungen der jeweiligen lokalen Vorgaben und des verfolgten Konzepts (siehe oben **Kapitel E** und **F**) abhängig. Aus pragmatischen Erwägungen empfiehlt es sich bei einer Erstdokumentation zu begrenzen, beispielsweise durch Auswahl der volumenträchtigsten konzerninternen Transaktionen der zu untersuchenden Länder, Transaktionstypen oder Unternehmensbereichen. Dabei sollte u. a. eine Länderauswahl von Kriterien abhängen wie Umfang der konzerninternen Transaktionen, Größe und Bedeutung der Konzernunternehmen, Erfahrungen mit den Finanzverwaltungen oder lokale Dokumentationsanforderungen bei Verrechnungspreisen.

Sofern ein multinationaler Konzern in verschiedene Unternehmensbereiche gegliedert ist, kann eine eigenständige Dokumentation für jeden Bereich notwendig sein. Soweit ein multinationaler Konzern mit vielen Ländern einen konzerninternen Lieferungs-/Leistungsaustausch betreibt, erscheint es angebracht, wenn die Dokumentation in einem ersten Schritt für ausgewählte Länder implementiert wird. Bei der Auswahl der Länder sollte ihre Bedeutung hinsichtlich des Transaktionsvolumens und des jeweils rechtlichen Rahmens berücksichtigt werden. Nachfolgend können dann verbleibende Länder in die Dokumentation aufgenommen werden.

Zur zielführenden Ausführung eines Projekts müssen **Verantwortlichkeiten** festgelegt werden. Voraussetzung hierfür ist, dass die im Konzern erforderlichen Kompetenzen zur Erstellung einer Dokumentation vorhanden und zugewiesen sind. Wird diese Aufgabe durch die Konzernsteuerabteilung erfüllt, ist innerhalb der Abteilung ein Projektleiter zu benennen. Sofern eigene Ressourcen im benötigten Umfang nicht zur Verfügung stehen, ist über die Einbindung externer Berater zu entscheiden (ggf. „Beauty-Contest").

---

[64] Vgl. zum Folgenden und ausführlich *Wellens*, IStR 2004, 655.

Am Anfang der **Datenbeschaffung** steht die Erstellung von Hilfsmitteln zur Datenbeschaffung. Traditionell werden hierfür Fragebögen genutzt. Auch die Finanzverwaltung nutzt eigene Fragebögen, die als Muster dienen können. Neben der Verwendung von Fragebögen werden üblicherweise Interviews und Workshops durchgeführt. Darüber hinaus kann es auch sinnvoll sein, bestimmte wiederkehrende Beschreibungen als Muster („Template") zu erstellen. Hierzu zählen u.a. Funktionsanalysen oder Transaktionsbeschreibungen.

Aus den gesammelten qualitativen und quantitativen Daten kann anschließend ein Verrechnungspreissystem erstellt werden. Das bedeutet, dass die innerkonzernlichen Liefer- und Leistungsbeziehungen aufbereitet und auf Basis des Fremdvergleichsgrundsatzes beurteilt werden müssen. Hierzu sind alle bekannten Informationen heranzuziehen, wie die Informationen über die Industrie (Mark- und Wettbewerbsverhältnisse), die Analyse der wertschöpfenden Aktivitäten im Konzern bzw. die Funktions- und Risikobeschreibung der an der jeweiligen Transaktion beteiligten Konzerngesellschaft.

In der finanziellen Analyse werden die konzerninternen Daten gesammelt und mit Vergleichsdaten, die entweder im Konzern vorhanden sind (interner Vergleich) oder aus Datenbankanalysen[65] (externer Vergleich) zu generieren sind, verglichen.

III. Erstellung der notwendigen Dokumentation

Da das Verrechnungspreissystem auf Beschreibungen von Konzernunternehmen im Inland und Ausland beruht, sollten in der Regel die ausländischen Informationen verifiziert werden. Das kann entweder konzernintern oder durch Einschaltung von Beratern im Ausland erfolgen.

Die erhobenen und analysierten Informationen müssen in einer Form zusammengestellt werden, welche die Anforderungen an die Dokumentation in Deutschland bzw. in den betroffenen Ländern erfüllt. Grundsätzlich sollte eine Dokumentation nicht nur in einem Land, sondern in möglichst vielen Ländern genutzt werden. Vor diesem Hintergrund müssen nicht nur die Inhalte der Beschreibungen verifiziert werden, sondern insbesondere die gewählten Methoden in den entsprechenden Ländern verprobt werden, sodass ihre Anwendung nicht nur in Deutschland als steuerlich angemessen angesehen wird. Hierdurch kann gewährleistet werden, dass ein Großteil der Dokumentation global genutzt werden kann. Aufgrund nationaler Vorschriften zusätzlich benötigter Dokumente müssen ergänzend erstellt werden, um damit in allen beteiligten Ländern die Erfüllung der Dokumentationspflichten sicherzustellen.

Zur Durchführung des Dokumentationsprozesses müssen regelmäßig entsprechende **Strukturen eingerichtet** werden, die den Prozess erleichtern bzw. überhaupt erst ermöglichen. Regelmäßig fällt die Erstellung einer steuerlichen Dokumentation in den Aufgabenbereich der Steuerabteilung eines multinationalen Konzerns. Jedoch sind diese häufig nicht ohne weiteres auf die Übernahme dieser Aufgaben eingerichtet. Dies liegt insbesondere zum einen an rein zeitlichen und personellen Restriktionen (Ressourcen), zum anderen an der Komplexität der Konzernstruktur und Unterschieden in einzelnen Geschäftsbereichen. Vor diesem Hintergrund obliegt es oftmals den einzelnen Geschäftsfeldern/-bereichen, die Erstellung einer Dokumentation vorzunehmen.

In jedem Fall müssen nicht nur Strukturen geschaffen, sondern auch die unternehmerischen Abläufe angepasst werden. Die benötigten Informationen für die Erfüllung der Dokumentationsaufgabe stammen regelmäßig von den operativen Einheiten, Geschäftsgebieten/-bereichen.

---

[65] Vgl. zu Datenbankanalysen *Wahl/Preisser*, IStR 2008, 51 ff.

Dies kann jedoch nur mittels der **Unterstützung durch die Entscheidungsträger** erfolgen. Von diesen muss der Auftrag z. B. an die Steuerabteilung ergehen, für die Einhaltung der Dokumentationsanforderungen zu sorgen. Dieser Auftrag führt regelmäßig zur Festlegung von Standards durch die Steuerabteilung und muss mit der Aufforderung an alle Mitarbeiter bzw. Operativen Einheiten, Geschäftsgebiete, -bereiche im Konzern verbunden sein, diese Standards einzuhalten. Maßnahmen der Steuerabteilung, die die Handlungsfreiheit der operativen Einheiten möglicherweise einschränken, jedoch für die Einhaltung der Standards notwendig sind, müssen insofern geduldet und eingehalten werden. Eine lediglich aktive Kommunikation im Konzern und die Einforderung der Bereitschaft zur Kooperation sind grundsätzlich nicht ausreichend, da die Kooperationsbereitschaft in manchen Fällen durchaus gering ausfällt. Daher muss die Steuerabteilung im Konzern so positioniert werden, dass sie zur Wahrnehmung der Aufgaben befähigt wird.

Bei einer wiederkehrenden Erstellung einer Dokumentation **(Sicherstellung der fortlaufenden Dokumentation)**, sind Sachverhalte zu dokumentieren, die in vergleichbarer Form in jedem Jahr auftauchen. Für diese Sachverhalte sollte die Konzerndokumentation so erstellt werden, dass die wiederkehrenden Dokumentationsanforderungen ohne erheblichen Aufwand in jedem Jahr erfüllt werden. Hierfür sollte das Unternehmen Prozesse einrichten, mit denen die jährlich bzw. regelmäßig wiederkehrenden Aufgaben ausgeführt werden können.

Da eine Vielzahl der benötigten Dokumente bereits bei der erstmaligen Erstellung einer Dokumentation erfasst worden ist, ist der Arbeitsaufwand bei der wiederkehrenden Erstellung wesentlich geringer. Zusätzlich zur erstmaligen Dokumentation müssen, soweit sich keine grundsätzlichen Änderungen der Transaktionen oder Sachverhalte ergeben haben, ergänzend solche Dokumente erstellt werden, in denen die Erfassung und Auswertung der finanziellen Informationen bzw. die Abweichungen von der generellen Vorgehensweise dargestellt sind.

Alle Dokumente, die sowohl bei der erstmaligen Erstellung, als auch bei der wiederkehrenden Erstellung erfasst wurden, sind so zu sammeln, dass diese bei Bedarf an verschiedenen Stellen im Konzern einsehbar sind. Hierzu bietet sich die Erstellung einer Datenbank an.

Insbesondere aus Kostengesichtspunkten ist zu überlegen, ob in den Folgejahren auf eine Volldokumentation verzichtet werden kann und stattdessen der Einsatz von sog. **Update Letters** möglich ist. Voraussetzung ist hierbei v. a., dass keinen wesentlichen Änderungen des Verrechnungspreissystems und der zugrundeliegenden Geschäftsvorfälle im Vergleich zum Vorjahr bestehen. Im günstigsten Fall wären lediglich die Finanzdaten aufzufrischen und die Konsistenz der Verrechnungspreisbildung und diesbezüglich verwendeter Angaben zu bestätigen.

G. Abgrenzung und Dokumentation von verrechenbaren und nicht verrechenbaren Konzerndienstleistungen

I. Herausforderungen bei der Dokumentation von Konzerndienstleistungen

1. Spezifität von Konzerndienstleistungen

Bei Konzerndienstleistungen handelt es sich regelmäßig um Leistungen, die zentral von einer Gesellschaft oder bestimmten beauftragten Gesellschaften (sogenannte "shared service center") im Konzern für alle Gliedunternehmen erbracht werden. In der Regel handelt es sich um

Dienstleistungen, die im Sinne der 'Value Chain Analysis' (**Wertkettenanalyse**) nach Porter[66] als 'unterstützende Aktivitäten' zu charakterisieren sind.

Die Zentralisierung dieser Dienstleistungen dient zum einen durch Spezialisierung zur Realisierung möglicher Synergiepotentiale zum anderen aber unter Umständen auch zur Nutzung von Standortvorteilen durch bspw. der Ausnutzung eines bestehenden Lohnkostengefälles.

Die Frage, ob zur steuerlichen Anerkennung Kosten für diese verschiedenen Leistungen an verbundene (ausländische) Unternehmen zu belasten sind bzw. eine Belastung von einem ausländischen Unternehmen gegenüber einem inländischen gerechtfertigt ist, ist grundsätzlich unter Anwendung des Fremdvergleichsgrundsatzes zu beantworten.

2. Unterschiedliche internationale Anforderungen

a) OECD Transfer Pricing Guidelines

Die OECD Transfer Pricing Guidelines nehmen in den Kapiteln 5, 7 und 8 Bezug auf vorzulegende Dokumentationen, Dienstleistungen und Umlageverträge.[67]

Die OECD Transfer Pricing Guidelines unterscheiden bezüglich Dienstleistungen zunächst, ob dem Grunde nach eine verrechenbare Leistung erbracht wurde und der Höhe nach, ob die vorgesehene Zahlung im Einklang mit dem Fremdvergleichsgrundsatz steht.[68]

Hinsichtlich einer Anerkennung **dem Grunde nach** ist im Wesentlichen unter Anwendung des sogenannten **'Benefit-Tests'**[69] zu prüfen, ob eine Leistung/Dienstleistung vorliegt, die auf Ebene der empfangenden Gesellschaft zu einem Nutzen führt und für die ein fremder Dritter daher bereit wäre, ein Entgelt zu zahlen. Dabei ist grundsätzlich sicherzustellen, dass die Leistung nicht dupliziert, d.h. wiederholt erbracht wird, bspw. indem die Gesellschaft lokal selbst derartige Leistungen ausführt. Im Rahmen der Verrechnungspreisdokumentation ist somit für das entsprechende Geschäftsjahr darzustellen, welche Leistungen erbracht wurden und inwiefern sie der empfangenden Gesellschaft einen Nutzen stifteten.

Sofern festgestellt wurde, dass eine Dienstleistung erbracht wurde, ist **der Höhe nach** ein fremdübliches Entgelt für die Dienstleistung zu ermitteln. Sofern möglich wird dabei die Methode der direkten Preisverrechnung favorisiert.[70] Im entsprechenden Fall wird somit ein fremdübliches Entgelt für eine spezifizierte Leistung in Rechnung gestellt.

Oft können aber die erbrachten Leistungen nur durch Näherungs- und Schätzungswerte ermittelt werden. Dies kann der Fall sein, wenn die zentral ausgeübten Tätigkeiten bspw. die Leistungsfähigkeit der empfangenden Gesellschaften beeinflussen oder eine direkte Ermittlung einem unverhältnismäßig hohen Verwaltungsaufwand gegenübersteht. In diesen Fällen wird eine indirekte Preisverrechnung durch Umlage auf die potentiell Begünstigten vorgenommen.[71]

---

[66] Vgl. Porter, 1985.
[67] Hinsichtlich der rechtlichen Wirkung der OECD Transfer Pricing Guidelines sei auf Abschnitt C.II verwiesen.
[68] Vgl. OECD Transfer Pricing Guidelines, Tz. 7.6, 7.20.
[69] Vgl. OECD Transfer Pricing Guidelines, Tz. 7.6.
[70] Vgl. OECD Transfer Pricing Guidelines, Tz. 7.20.
[71] Vgl. OECD Transfer Pricing Guidelines, Tz. 7.24.

b) Besonderheiten der nationalen Vorschriften

Bereits vor Einführung des § 90 Abs. 3 AO und der VerwGr-V. bestanden seitens der Finanzverwaltung in einem Erlass zu Umlageverträgen[72] genau dargelegte Vorstellungen, wie und wann indirekte Leistungsverrechnungen im Rahmen von Poolverträgen steuerlich anzuerkennen sind. Gemäß den deutschen Dokumentationsvorschriften hat der Steuerpflichtige – kurz zusammengefasst – das 'ernsthafte Bemühen'[73] aufzuzeigen, den Fremdvergleichsgrundsatz bei der Einkünfteermittlung angewendet zu haben. Im Fall einer indirekten Leistungsverrechnung ist zu beachten, dass die deutsche Finanzverwaltung dies oft nur anerkennt, wenn bestimmte formale Voraussetzungen[74] erfüllt werden. Insbesondere umfasst dies, dass ein schriftlicher Umlagevertrag besteht, der u. a. die zu erbringenden Leistungen, die Ermittlung der umzulegenden Volumina und den dabei anzuwendenden Allokationsschlüssel, sowie die Ermittlung des Nutzens der empfangenden Gesellschaft beschreibt. Unabhängig von diesen "formalen" Voraussetzungen ist spätestens seit Einführung der Dokumentationspflichten des § 90 Abs. 3 AO eine Dokumentation für diese Transaktionen zu erstellen. In der Praxis wird zur Dokumentation dabei üblicherweise der von der OECD vorgeschlagene Benefit-Test durchgeführt, um zu zeigen, dass die Erbringung der Leistung grundsätzlich gerechtfertigt war und auch die Höhe des Entgelts angemessen ist.

Das BMF-Schreiben zählt zum Nachweis des Nutzens beispielhaft Monats-, Quartals- oder Jahresberichte über einzelne Leistungen und Projekte, sowie sonstiger damit zusammenhängender Schriftverkehr und Besprechungsprotokolle, etc.[75] Der Umfang der zu erstellenden Dokumentation ist somit erheblich ist, da aus Sicht der empfangenden Gesellschaft der erhaltene Nutzen sehr detailliert nachgewiesen werden soll.

c) Europäische Entwicklungen

EU TPD

Am 20.6.2006 wurde von dem Rat der Europäischen Union und der im Rat vereinigten Vertreter der Regierungen der Mitgliedstaaten der Verhaltenskodex zur Verrechnungspreisdokumentation für verbundene Unternehmen innerhalb der Europäischen Union (EU TPD)[76] angenommen. Der Verhaltenskodex konzentriert sich jedoch nicht speziell auf die Dokumentation von Dienstleistungen sondern beschreibt grundsätzlich den Umgang mit dem Konzept einer sogenannten Masterfile-Dokumentation, die durch lokale Dokumentationsbausteine ergänzt wird. Demnach lässt sich daraus aber ableiten, dass die zentrale Erbringung von Dienstleistungen und die angewendete Verrechnungspreismethodik grundsätzlich im Masterfile zusammengefasst dargestellt werden kann, sofern im lokalen Dokumentationsteil noch dargestellt wird, inwiefern die lokale Gesellschaft daraus einen Nutzen erfährt.

Ausblick

Dem Vernehmen nach arbeitet auch das EU Joint Transfer Pricing Forum an Konkretisierungen zum Thema Verrechnung von konzerninternen Dienstleistungen. Auch in diesem Kreis wurden die Befürchtungen der Länder wahrgenommen, dass durch Verrechnung derartiger Leistungen die empfangenden Gesellschaften zu stark belastet werden und es somit zur Verschiebung von

---

[72] BMF-Schreiben v. 30. 12. 1999, IV B 4 - S 1341 - 14/99, BStBl. I 1999, 1122.
[73] Vgl. § 1 Abs. 1 GAufzV.
[74] Vgl. Tz. 5.1 des BMF-Schreiben v. 30. 12. 1999, IV B 4 - S 1341 - 14/99, BStBl. I 1999, 1122.
[75] Vgl. Tz. 5.1.3 des BMF-Schreiben v. 30. 12. 1999, IV B 4 - S 1341 - 14/99, BStBl. I 1999, 1122.
[76] Rat der Europäischen Kommission, 9738/06, FISC 74 OC 405, 20.6.2006.

Steuersubstrat kommen kann bzw. dies sogar als Instrument zur entsprechenden Gestaltung genutzt wird.

Über diese Befürchtungen hinaus, wurde offensichtlich ebenfalls festgestellt, dass die Bestimmung von nicht verrechenbaren 'Shareholder-Kosten', die Nachweispflicht, sowie Nutzennachweise in der Dokumentation sowie die Bestimmung angemessener Kostenbasen und Allokationsschlüssel wesentliche Herausforderungen für Unternehmen darstellen.

Grundsätzlich ist man sich in diesem Kreis einig, dass die OECD Transfer Pricing Guidelines eine gemeinsame Grundlage des Verständnisses darstellen, aber auch weiterhin Raum zur Auslegung und zusätzlichen Konkretisierung zulassen.

Entwickelt werden soll ein Ansatz, der die Dokumentations- und Nachweispflichten für die Unternehmen möglichst vereinfacht, indem gewisse gemeinsame Prinzipien entwickelt werden.

Dazu wird diskutiert, dass man unter dem Begriff Konzerndienstleistungen zentrale Leistungen einer Gesellschaft zusammenfassen möchte, die als Routineleistungen nicht wesentlich zur Wertschöpfung beitragen. Ausgeschlossen sind somit Leistungen, die zur Schaffung wesentlicher immaterieller Wirtschaftsgüter führen oder als sehr spezifische wertschöpfende Leistungen charakterisiert werden können. Insofern wird die Parallelität des Verständnisses des EU Joint Transfer Pricing Forums zum Konzept von Porter und dessen Charakterisierung als unterstützende Tätigkeiten offensichtlich.

Abzugrenzen sind die Leistungen aber zusätzlich von den nicht verrechenbaren 'Shareholder-Leistungen', für die ggf. eine beispielhafte Positiv- und/oder Negativliste erstellt werden soll, um den Steuerpflichtigen konkretisierte Hinweise zur Abgrenzung zu geben. Sofern die Leistungen als Konzerndienstleistungen und nicht als Shareholder-Leistungen anzusehen sind, sollen die entstandenen Kosten auf die leistungsempfangenden Gesellschaften allokiert werden. Grundsätzlich soll die Empfehlung gegeben werden, dass eine Allokation nach fremdüblichen Schlüsseln anerkannt werden sollte. Zuvor ist jedoch sicherzustellen, dass die Gesellschaften im Rahmen ihres internen Prüfungsprozesses auch die Leistungserbringung geprüft haben.

Der große Vorteil eines derartigen System besteht darin, dass im Mittelpunkt des späteren Nachweises im Rahmen der Dokumentation weniger auf die fast einzelfallbasierte Nutzennachweise in Form von Projektergebnissen, etc. abgestellt werden muss. Es kann vielmehr für ausreichend erachtet werden, dass – ausgehend von einer zentralen Dienstleistungsbeschreibung – auf lokaler Ebene eine Prozessbeschreibung der Prüfung der Leistungsempfängnis als ausreichend erachtet werden kann. Eine derartige Prozessdokumentation würde den Dokumentationsaufwand deutlich erleichtern, da nur nachgewiesen werden müsste, dass im Fall des Erhalts der Rechnungen lediglich der im Unternehmen etablierte Prüfprozess ablief und nicht noch zusätzlich umfangreiche Vorratsdokumentationen zu einzelnen Nutzennachweisen erstellt werden müssen.[77]

Sollte man sich auf eine derartige Vorgehensweise einigen, könnte dies erhebliche Vereinfachungen bedeuten. Im Rahmen der Masterfile Dokumentation könnten die zentral zu erbringenden Dienstleistungen beschrieben werden. Außerdem könnte zusammenfassend dargestellt werden, dass und wie diese grundsätzlich für die empfangenden Gesellschaften einen Nutzen erbringen. Auch der Prüfprozess könnte als Unternehmensstandard in der Regel zentral dokumentiert werden. Lokale Abweichungen im Prüfprozess wären Gegenstand der lokalen Doku-

---

[77] Einer Betriebsprüfung bleibt es dadurch aber unbenommen im Rahmen von Einzelanfragen ggf. bestimmte Beispiele anzufordern und Einzelfälle genauer zu prüfen.

mentation. Darüber hinaus wäre ebenfalls nur einmalig im Masterfile Dokument zu beschreiben, welche Kosten Gegenstand der Umlagen sind und wie die Kostenermittlung erfolgt.

Ein derartiges System baut somit auf der rationalen Annahme auf, dass grundsätzlich nur Leistungen erbracht werden, die den Gesellschaften einen Nutzen stiften. Dies ist gerade im Konzern einleuchtend, da ein zentraler Anbieter nur dann Leistungen anbietet und damit Kosten verursacht, wenn diese auch von den empfangenden Gesellschaften benötigt werden. Eine Duplizierung aus Sicht der empfangenden Gesellschaften ist ebenfalls nicht zu erwarten, da ein Geschäftsführer nicht lokal Leistungen zusätzlich beauftragt und damit zusätzliche Kosten aufwendet, wenn er diese auch zentral von einer Gruppengesellschaft erhalten kann und diese bereits durch eine Umlage abgegolten sind. Für den Geschäftsführer ist die zentrale Anforderung von Dienstleistungen nicht nur unter dem Gesichtspunkt der Vermeidung von zusätzlichen Kosten durch Duplikation rational, sondern auch unter dem Gesichtspunkt, dass Synergien nur dann gehoben werden können, wenn eine spezialisierte Gesellschaft/Abteilung diese Leistungen erbringt. Dies hat gerade innerhalb eines Konzerns den Vorteil, dass sich die damit beschäftigten Mitarbeiter den Konzern und die internen Systeme und Strukturen kennen und somit Ineffizienzen durch Einarbeitungszeiten in die Strukturen und Systemen minimiert werden können.

d) US Vorschriften

In den USA wurden mit Wirkung zum 5. 1. 2009 die Temporary U.S. Cost Sharing Regulations[78] eingeführt. Auch wenn diese im Wesentlichen auf grenzüberschreitende Entwicklungskooperationen abzielen und somit sich auf die Behandlung der Schaffung immaterieller Wirtschaftsgüter konzentrieren, geben sie Hinweise, wie indirekte Leistungsverrechnungen und diesbezügliche Dokumentationen aussehen können.

Die Übergangsregelungen bauen das sogenannte "Investor Model" aus, dass zur Bewertung herangezogen wird.[79] Die neuen Regelungen geben nicht nur Hinweise zur Aufteilung von Kosten und Risiken von Forschungs- und Entwicklungsprojekten zur Schaffung immaterieller Wirtschaftsgüter, sondern ermöglichen im Einklang mit dem sogenannten "commensurate with income standard" auch nachträgliche Preisanpassungen und geben zudem Hinweise zur notwendigen Dokumentationsbausteinen und weiteren formalen Anforderungen.[80]

Auch die US Regelungen sehen als Rahmen des "Reasonably Anticipated Benefit Shares" einen Aufteilung der Kosten nach relativen Nutzen vor. Insofern ist als Teil der Dokumentation auch ein Nutzennachweis zu erbringen. Grundsätzlich wird dabei auf eine Ex-ante Ermittlung bzw. Schätzung des anteiligen Nutzens abgestellt. Da jedoch auch laufende Anpassungen an veränderte Verhältnisse gefordert werden, ist der wirkliche Nutzennachweis somit ebenfalls notwendig.[81]

3. Nachweis des Umfangs der Leistungserbringung

Die einzelnen Vorschriften und Entwicklungen lassen sich hinsichtlich des Nutzennachweises strukturieren.

Währenddessen die OECD Transfer Pricing Guidelines sehr breit gefasst sind und diesbezüglich wenig konkretisierte Hinweise geben, enthalten die bestehenden deutschen Vorschriften und

---

[78] Temp. Treas. Reg. § 1.482-7T - Department of the Treasury/IRService - REG-144615-02 v. 9. 1. 2009.
[79] Vgl. *Rasch/Fischer*, IWB, Gruppe 2, Fach 8, S. 1534.
[80] Vgl. *Rasch/Fischer*, IWB, Gruppe 2, Fach 8, S. 1534 f.
[81] Temp. Treas. Reg. § 1.482-7T(e)(1)(i).

auch die US Vorschriften sehr konkrete Anforderungen. Beiden ist gemein, dass der lokale Nutzennachweis sehr detailliert erfolgen muss. Insofern ist eine genaue Nutzendokumentation zur steuerlichen Anerkennung bzw. Vermeidung nachträglicher "Preisanpassungen" unerlässlich. Aufgrund des notwendigen Detailierungsgrades wird es somit fast unentbehrlich sein, zeitnah im gewissen Umfang eine Vorratsdokumentation zu erstellen.

Zu begrüßen sind somit die Entwicklungen bzw. Diskussionen innerhalb des EU Joint Transfer Pricing Forums. Der Dokumentationsaufwand ließe sich deutlich minimieren, könnte man sich auf die Folgenden wesentlichen Annahmen einigen:

- Dienstleistungen werden gruppenintern grundsätzlich effizient erbracht, da bei den Mitarbeitern entsprechend spezielle Kenntnisse vorliegen,
- abzustellen ist auf den im Vorhinein erwarteten Nutzen, weniger auf den tatsächlich Ex-post erhaltenen Nutzen,
- eine Duplizierung ist im Fall eines Allokationssystems nicht zu erwarten, da die empfangenden Gesellschaften nicht selbst Kosten aufwenden, wenn bereits eine Vergütung gezahlt wird und ein Leistungsanspruch besteht,
- Einzelnachweise sind weniger bedeutend als die Sicherung eines konsistenten einheitlichen Prozesses, der die Erlangung des Nutzens grundsätzlich und nicht einzelfallbasiert sicherstellt,
- grundsätzlich sind alle Kosten (Vollkosten) im Zusammenhang mit der Leistungserbringung, d. h. mit Ausnahme der Kosten für Shareholder-Kosten umlagefähig,
- die Prüfung der Fremdüblichkeit stellt auf einen im Vorhinein erwarteten Nutzen und damit auf die Festlegung eines angemessenen im Vorhinein zu vereinbarenden sinnvollen Allokationsschlüssel ab und
- der Umfang einer Prüfung erfolgt grundsätzlich unter Berücksichtigung von Wesentlichkeitsaspekten.

Die Erleichterung der Dokumentationserstellung wäre für europäische Gesellschaften bedeutend, vor allem wenn diese am Ende in die EU TPD eingearbeitet würden. Zu beachten wäre aber weiterhin, dass im Fall von Drittländern auch dortige lokale Dokumentationsvorschriften einzuhalten sind. Dies ließe sich aber auch durch das Masterfile-Konzept abbilden, in dem dann in der lokalen Dokumentation die zusätzlich notwendigen Inhalte dargestellt werden.

II. Umsetzung der Dokumentationsvorschriften in der Praxis

1. Überblick

Die unterschiedlichen Dokumentationserfordernisse zeigen, dass zur steuerlichen Anerkennung drei wesentliche Faktoren entscheidend sind, um die jährlichen Compliance Aufwendungen im Rahmen der Dokumentationserstellung und um die steuerlichen Anpassungsrisiken zu minimieren. Diese können zusammengefasst werden als:

- Konsistentes klar strukturiertes Verrechnungspreissystem
- Implementierung und Umsetzung durch schriftliche Verträge
- möglichst weitgehende Zusammenfassung der Leistungserbringung in einer Masterfile-Dokumentation bei gleichzeitiger der Minimierung lokaler Dokumentationsanpassungen.

Diese drei 'Erfolgsfaktoren' sollen daher aus Sicht Unternehmens- und der Beratungspraxis im Folgenden genauer beleuchtet werden.

2. Konsistentes und strukturiertes Verrechnungspreissystem

Die laufenden Compliance Aufwendungen durch die Dokumentationserstellung können durch ein konsistentes und klar strukturiertes Verrechnungspreissystem gerade im Fall von Konzerndienstleistungen minimiert werden.

Eine im Vorhinein sehr durchdachte Struktur kann die Dokumentationsanforderungen deutlich verringern, indem durch eine gewisse – soweit zulässige – Standardisierung von Transaktionen, der Nutzennachweis später vereinheitlicht erfolgen kann.

Es empfiehlt sich in diesem Fall zunächst eine grobe Unterscheidung in laufende Tätigkeiten und in besondere Unterstützungsleistungen in einzelnen Projekten. Einzelne Projekte sollten – soweit möglich – separat abgerechnet werden. Als Beispiel kann eine Inhouse-Consulting Abteilung angeführt werden, die permanent Beratungsleistungen für einzelne Projekte innerhalb des Konzerns erbringt. In diesen Fällen können die Nutzennachweise z. B. in der Darstellung der Projektergebnisse anhand von Präsentationen, etc. erbracht werden.

Für dauernd erbrachte Tätigkeiten müssen i. d. R. Allokationsschlüssel bestimmt werden, die für eine fremdübliche Aufteilung der Kosten sorgen und damit die Ermittlungskosten möglichst gering halten. Gerade die Bestimmung derartiger Schlüssel stellt die Unternehmen vor große Herausforderungen. Für unterschiedliche Leistungen werden sehr unterschiedliche Allokationsschlüssel angewendet. Oft werden sogar unterschiedliche Verteilungsschlüssel miteinander kombiniert, um unterschiedlichen Ausprägungen der Leistungserbringung gerecht werden zu können.

3. Implementierung durch schriftliche Verträge

Wie ausgeführt, wird nicht nur in Deutschland von der Finanzverwaltung erwartet, dass die Allokationssysteme in den Fällen von Poolen bzw. Nachfragepoolen auf im Vorhinein schriftlich geschlossenen Verträgen beruhen. Auch die neuen Temporary U.S. Cost Sharing Regulations[82] erwarten schriftlich im Vorhinein geschlossene Verträge, die bestimmte formelle Voraussetzungen erfüllen müssen.

Aus deutscher Sicht ist grundsätzlich der Abschluss von schriftlichen Verträgen zu empfehlen. Denn im Fall eines deutschen Leistungsempfängers, wird im Fall des Fehlens einer im Vorhinein geschlossenen Vereinbarung - bei Zahlung an den beherrschenden Gesellschafter bzw. ein dem beherrschenden Gesellschafter nahe stehendem Unternehmen - bereits aus diesem Grund von einer verdeckten Gewinnausschüttung ausgegangen.[83] Auch wenn die Vereinbarung nicht schriftlich geschlossen sein muss, so hat der Steuerpflichtige die negativen Steuerfolgen zu tragen, wenn er den Beweis des Vertragsabschlusses nicht selbst aktiv führen kann.[84]

Außerdem ist der Abschluss von Verträgen vorteilhaft, da sauber strukturierte und ausführliche Verträge bereits wesentliche Dokumentationsarbeit vorwegnehmen können. Zum einen können die einzelnen zu erbringenden Leistungen bereits im Anhang spezifiziert werden. Denn insofern kann sich der Steuerpflichtige bzgl. des Nutzennachweises in der Dokumentation mit Verweisen und jährlich zu aktualisierenden Beispielen behelfen. Zum anderen sollten die Allokationsschlüssel genau beschrieben werden und die Anwendung der Schlüssel kann bereits als Vertragsanlage genutzt werden. Sie können somit auch die tatsächliche Durchführung unterstüt-

---

[82] Temp. Treas. Reg. § 1.482-7T - Department of the Treasury/IRService - REG-144615-02 v. 9. 1. 2009.
[83] Vgl. R. 36 Abs. 2 KStR.
[84] Vgl. H. 36 I Grundsätze "Mündliche Vereinbarung" KStH, BFH v. 29. 7. 1992, BStBl. II 1993, S. 247.

zen, da sie sicherstellen, dass auch im Fall von Personalwechsel im Unternehmen eine über Jahre einheitliche Anwendung und Berechnung der Umlagen erfolgt.

4. Dokumentation

Als Dokumentationskonzept bietet sich gerade für zentral erbrachte Leistungen das Masterfile-Konzept an.

Im Masterfile sollten neben den Verträgen insbesondere grundsätzliche Beschreibungen der möglichen Dienstleistungen enthalten sein. Darüber hinaus kann auf jährlich konzernweit durchgeführte Projekte eingegangen werden. Somit wird bereits indikativ der Grundstein für den Nutzennachweis gelegt. Die Detaillierung des Nutzennachweises ist dann im lokalen Dokumentationsteil zu ergänzen. Dazu können Tätigkeitsberichte, Projektberichte oder Ausführungen aus Interviews, etc. zusammengefasst werden. Hinsichtlich des Umfangs des Nutzennachweises ist eine Abstimmung auf den jeweiligen Einzelfall und die entsprechende Dienstleistung zu empfehlen. Bei zentral erbrachten Buchhaltungsleistungen ist der Nutzennachweis evident und die Dokumentation kann mit Verweisen auskommen. Werden hingegen bspw. verschiedene HR-Dienstleistungen erbracht, sollte bspw. dargestellt werden, inwiefern die empfangenden Gesellschaften den Nutzen erzielten. Beispielsweise könnte bei zentral angebotenen Schulungen Teilnehmerlisten und Schulungsunterlagen als Anlage zur Dokumentation verwendet werden. Die Dokumentation an sich sollte sich auf eine Kurzbeschreibung der Schulung und Darstellung des Nutzens für die empfangende Gesellschaft und den Grund der Benennung des Mitarbeiters für die Schulung beschränken.

III. Systeme mit Anknüpfung an den lokal geschaffenen Nutzen

Bislang wurde in den Ausführungen dargestellt, dass eine Verrechnung gemäß Benefit-Test dann zulässig ist, wenn ein lokaler Nutzen geschaffen wird, keine Duplizierung erfolgt und die Höhe der Belastung nicht als fremdunüblich einzustufen ist. Dabei wird nur abgestellt, dass ein lokaler Nutzen geschaffen werden soll, der nicht durch die Berechnung der Leistungskosten überstiegen werden darf. Die lokale Höhe des Nutzens bleibt somit im Wesentlichen unberücksichtigt.

Um diesen Nutzen stärker zu berücksichtigen können Verrechnungspreissysteme implementiert werden, die die Höhe der zu belastenden Kosten direkt an den lokal geschaffenen Nutzen knüpfen. Dies hat den Vorteil, dass durch die durchzuführende Nutzenmessung auch eine einfache Dokumentation des Nutzennachweises möglich ist. Nachteilig wirkt sich jedoch aus, dass zum einen i. d. R. komplexe Systeme zur Messung des Nutzens geschaffen werden müssen und zum anderen geprüft werden muss, ob dadurch grundsätzlich alle zu belastenden Kosten verteilt werden können oder der Leistungserbringer einen Teil der Kosten selbst tragen muss. Im letzteren Fall ist zu prüfen, ob dies mit dem Funktions- und Risikoprofil in Einklang steht. Dies wird zumindest solange nicht der Fall sein, wie es sich um reine Routineleistungen handelt.

Hinsichtlich der Messung des lokalen Nutzens werden in der Praxis oft sogenannte 'Key Performance Indicators' eingesetzt. Bei Restrukturierungsprojekten wird dabei z. B. an den Umfang der Zielerreichung durch ein bestimmtes Restrukturierungsprojekt angeknüpft. Zu beachten ist dabei, dass das System und dabei insbesondere die anzuwendenden Key Performance Indicators sowie deren Definition und Bestimmung ebenfalls im Vorhinein (schriftlich) vertraglich vereinbart werden sollten, um im Nachgang eine fremdübliche Gebühr ermitteln zu können.

In diesen Fällen ergibt sich bereits i. d. R. aus den Verträgen das genau anzuwendende System. D.h. hinsichtlich der zu erstellenden Dokumentation kann sich der Steuerpflichtige auf die Ermittlung der genauen Gebühren und deren Berechnung konzentrieren und somit bereits durch

Bremer/Stuffer

Messung der Key Performance Indicators und der Aufzeichnung des Messvorgangs seine Dokumentationspflichten erfüllen.

H. Fazit

Die Einführung der Dokumentationspflichten für Verrechnungspreise hat in Deutschland aber auch weltweit große Unternehmen vor große Herausforderungen gestellt, die auch mit erheblichen Kosten einhergehen, da faktisch Dokumente in nicht unwesentlichem Umfang ausschließlich für steuerliche Zwecke erstellt werden müssen.

Da die Einführung der Dokumentationspflichten weltweit nach und nach geschieht, wurden Dokumentationen auch regelmäßig zunächst auf Landesebene erstellt. Da mittlerweile sehr flächendeckend von Dokumentationspflichten auszugehen ist, empfiehlt sich aus Prozesssicht die Erstellung zentraler Dokumentationen, die wiederkehrende Bestandteile einer Dokumentation zentral vorwegnehmen und nur noch durch zusätzliche lokale Dokumente ergänzt werden müssen. Dies führt zu Synergieeffekten im Rahmen der Dokumentationserstellung und sichert die Konsistenz der einzelnen Dokumentationen. Außerdem wird sie somit zum Instrument der Steuerplanung und für das Controlling, das sie verlässliche Informationen zentral zur Verfügung stellt.

Inhaltlich sind Verrechnungspreisdokumentationen im Wesentlichen transaktionsbezogen zu erstellen. D. h. zu einem allgemeinen Teil, der die Unternehmensgruppe und die dokumentierende Gesellschaft vorstellt, sind die einzelnen Geschäftsbeziehungen zu dokumentieren. Dabei sind im Wesentlichen die Einflussfaktoren auf die Preisbestimmung darzustellen. Dies beginnt mit einer Industrieanalyse und geht über eine Funktions- und Risikoanalyse in eine Charakterisierung der Transaktion bzw. der Transaktionspartner als bspw. Routineunternehmen oder Strategieträger/Entrepreneur über. Basierend auf diesen Unternehmen sind die vereinbarten Preise einer Verrechnungspreisanalyse zu unterziehen, d. h. soweit möglich sind die angewendeten Preise mit verfügbaren bzw. mit zumutbarem Aufwand beschaffbaren Fremdvergleichswerten zu verproben. Vorteilhaft können aus Prozess- aber auch unter Inhaltsgesichtspunkten Verrechnungspreisrichtlinien sein, da sich in diesem Fall die Dokumentation im Wesentlichen auf die Angemessenheit der zu vereinbarenden Preise und die Dokumentation der tatsächlichen Anwendung der Richtlinie begrenzen lässt.

Im Rahmen von Dokumentationen aber insbesondere im Rahmen von Betriebsprüfungen sind Konzerndienstleistungen als Besonderheit zu behandeln. Der darzustellende 'Benefit' stellt Konzerne vor besonders große Herausforderungen, da der Nutzen dieser nicht-greifbaren Dienstleistungen nur schwer darstellbar ist. Die zentrale Erbringung von Dienstleistungen soll Synergien schaffen. Die Schaffung von Synergien kann aber durch negative steuerliche Folgen dann gemindert bzw. sogar überkompensiert werden, wenn der lokale Nutzennachweis nicht geführt werden kann. Insofern ist aus Unternehmenssicht der Dokumentation dieser Konzerndienstleistungen besondere Aufmerksamkeit zu widmen, um den Nutzennachweis erbringen zu können. Die Diskussionen innerhalb des EU Joint Transfer Pricing Forums gehen diesbezüglich in eine erfreuliche Richtung, da sie zum einen konkrete Hinweise für eine ausreichende Dokumentation geben möchte, Kriterien und/oder Listen für die Abgrenzung von verrechenbaren und nicht verrechenbaren Leistungen zur Verfügung stellen möchte und außerdem dem unternehmerischen Prinzip folgt, dass Leistungen innerhalb eines Unternehmensverbundes nicht dupliziert erbracht werden. Insofern ließe sich die Dokumentation für Konzerndienstleistung auf eine allgemeine Darstellung der Leistungen und Sinnhaftigkeit der Leistungserbringung und eine jährliche Prozessdokumentation verschlanken.

Bremer/Stuffer

4. Die Bestimmung von Verrechnungspreisbandbreiten als Problem der internationalen Doppelbesteuerung

von Dr. Christina Kurzewitz, Hamburg[*]

Inhaltsübersicht

A. Vorbemerkungen
B. Die Bestimmung von Verrechnungspreisbandbreiten im internationalen Vergleich
  I. Anwendung statistischer Methoden zur Bandbreiteneinengung in Deutschland, den USA und den Niederlanden
  II. Ablehnung statistischer Methoden zur Bandbreiteneinengung in Großbritannien und Kanada in Anlehnung an OECD-Vorgaben
C. Verrechnungspreiskorrekturen im Zusammenhang mit Verrechnungspreisbandbreiten
  I. Mittelwertschätzung in Deutschland, den USA und den Niederlanden
  II. Einzelfallbeurteilung nach den kanadischen Vorgaben
  III. Verweis auf OECD-Vorgaben in Großbritannien und daraus resultierende Regelungslücken
D. Zusammenfassende Handlungsempfehlungen zur Vermeidung von Verrechnungspreiskorrekturen

Literatur:

Baumhoff, BFH: Überprüfung internationaler Verrechnungspreise – Mitwirkungspflichten – Schätzung, in: IStR 2001, S. 745 ff.; **ders.**, Aktuelle Entwicklungen bei den internationalen Verrechnungspreisen, in: IStR 2003, S. 1 ff.; **ders.**, Die Bestimmung angemessener Verrechnungspreise bei der Existenz von Preisbandbreiten, in: Körperschaftsteuer. Internationales Steuerrecht. Doppelbesteuerung. Festschrift für Franz Wassermeyer zum 65. Geburtstag, hrsg. v. Rudolf Gocke, Dietmar Gosch, Michael Lang, München 2005, S. 347 ff.; **Baumhoff/Ditz/Greinert**, Die Dokumentation internationaler Verrechnungspreise nach den "Verwaltungsgrundsätze-Verfahren", in: DStR 2005, S. 1549 ff.; **Betten/Ellis**, Netherlands, in: The Tax Treatment of Transfer Pricing, hrsg. v. Hubert Hamaekers, Amsterdam 1987, LBW; **Betten/Rotondaro**, The Concept of an Arm`s Length Range, in: ITPJ 1998, S. 174 ff.; **Boidman**, Canada, in: The Tax Treatment of Transfer Pricing, hrsg. v. Hubert Hamaekers, Amsterdam 1987, LBW; **Collins**, UK, in: The Tax Treatment of Transfer Pricing, hrsg. v. Hubert Hamaekers, Amsterdam 1987, LBW; **Debatin/Wassermeyer**, Doppelbesteuerung. Kommentar zu allen deutschen DBA, 10. Aufl., München 1997, LBW; **Fletcher**, Transfer Pricing in the UK, in: International Transfer Pricing Laws. Text and Commentary, hrsg. v. Thomas Haderlein, Chicago 1994, LBW; **Flick/Wassermeyer/Baumhoff**, Außensteuerrecht. Kommentar, LBW, Köln; **Hosson**, Codification of the Arm`s Length Principle in the Netherlands Corporate Income Tax Act, in: Intertax 2002, S. 189 ff.; **Kurzewitz**, Wahl der geeigneten Verrechnungspreismethode zur Verringerung von Doppelbesteuerungsproblemen, Hamburg 2009; **Kroppen/Rasch**, Die neuen Verrechnungspreisbestimmungen der Niederlande, in: IWB Nr. 14 vom 25. 7. 2001, Fach 5, Gruppe 2, S. 321 ff.; **Mac Lachlan/Chadwick**, Transfer Pricing in the UK, in: International Transfer Pricing Laws. Text and Commentary, hrsg. v. Thomas Haderlein, Chicago 1994, LBW; **OECD**, Verrechnungspreisgrundsätze für multinationale Unternehmen und Steuerverwaltungen, Köln 2000; **OECD**, OECD Engages in Dialogue to Update Comparability, Profit Methods Guidance, TMTR, Vol. 17 No. 15, Dec. 4, 2008, S. 599 ff.; **OECD**, Proposed Revision of Chapters I-III of the Transfer Pricing Guidelines, 9th September 2009 – 9th January 2010, abrufbar im Internet unter www.oecd.org; **Oestreicher/Vormoor**, Verrechnungspreisanalyse mit Hilfe von Unternehmensdatenbanken – Vergleichbarkeit und Datenlage, in: IStR 2004, S. 95 ff.; **Reinhardt**, Erfolgsabgrenzung im Global Trading. Ein Beispiel für die Gewinnabgrenzung in unvollkommenen Märkten, Hamburg 2003; **Simkover**, Transfer Prices: Acceptable Arm`s-Length Prices Within the Range, in: Report of proceedings of the Fifty-Fourth Tax Conference at Westin Harbour Castle Hotel, Toronto, September 23 - October 1, 2002, Toronto 2003, S. 17:1 ff.; **van der Lande**, Transfer Pricing in the Netherlands, in: International Transfer Pricing Laws. Text and Commentary, hrsg. v. Thomas Haderlein, Chicago 1994, LBW; **Vögele/Bader**, Systematik der Schätzung von Verrechnungspreisen, IStR 2002, S. 354 ff.; **Vögele et. al.**, Handbuch der Verrechnungspreise, 1. Aufl., München 1997; **dies.**, Handbuch der Verrechnungspreise, 2. Aufl., München 2004; **Wassermeyer**, Modernes Gesetzgebungsniveau am Beispiel des Entwurfs zu § 1 AStG, in: DB 2007, S. 535 ff.; **Wehnert/Stalberg**, Grundsatzentscheidung des BFH zur Bestimmung von Verrechnungspreisen im internationalen Konzern, in: IStR 2002, S. 141 ff.

---

[*] Wissenschaftliche Mitarbeiterin (post doc) am Institut für Wirtschaftsprüfung und Steuerwesen der Universität Hamburg, Arbeitsbereich Betriebswirtschaftliche Steuerlehre.

A. Vorbemerkungen

Das Denkmodell der Bestimmung eines einzigen steuerlich angemessenen Verrechnungspreises im internationalen Konzern basiert auf der Vorstellung, dass für jedes Gut nur ein durch Angebot und Nachfrage bestimmter **Einheitspreis** existiert. Dahinter stehen die Annahmen des vollkommenen Marktes, auf dem vollkommene Transparenz und vollständige Konkurrenz herrschen.[1] Während der **Börsenpreis** dieser Vorstellung relativ nahe kommt, ist die überwiegende Mehrheit der Preisbildungsprozesse am Markt durch asymmetrische Informationsverteilung und andere Marktunvollkommenheiten gekennzeichnet, weswegen kein punktueller Marktpreis entsteht. Die Preisbildung vollzieht sich in der Realität vielmehr auf **unvollkommenen Märkten**, was dazu führt, dass die beteiligten Vertragsparteien einen Verhandlungsspielraum im Sinne eines Einigungsbereichs nutzen können. In Abhängigkeit von den konkreten Verhandlungspositionen der beteiligten Vertragsparteien ergeben sich somit unterschiedliche Marktpreise, sodass im Ergebnis nur **Preisbandbreiten** für Güter zu ermitteln sind.

Diese Tatsache wird auch von der Mehrzahl nationaler Steuergesetzgeber für die fremdvergleichskonforme Verrechnungspreisbestimmung im **internationalen Konzern** anerkannt. Konkret wird festgestellt, dass die Anwendung einer Verrechnungspreismethode bei Heranziehen mehrerer Fremdvergleichswerte zu einer sog. **„Verrechnungspreisbandbreite"** (bzw. „Fremdvergleichsbandbreite", „arm`s length range"[2]) führen kann. Jedoch weichen die nationalen Vorgaben zur Bestimmung einer steuerlich angemessenen Verrechnungspreisbandbreite zwischen den Staaten nicht unerheblich voneinander ab. Entsprechendes gilt für Verrechnungspreiskorrekturen von Wertansätzen, die außerhalb der anerkannten Bandbreiten liegen.

Gegenstand der folgenden Untersuchungen ist daher ein **internationaler Vergleich** der steuergesetzlichen und administrativen Vorgaben zur konkreten Bestimmung von Verrechnungspreisbandbreiten in ausgewählten Staaten sowie zum Umfang von damit im Zusammenhang stehenden Verrechnungspreiskorrekturen. Auf Basis dieses Vergleichs sollen drohende **Doppelbesteuerungsprobleme identifiziert** werden, die aus zwischenstaatlichen Abweichungen resultieren. Ferner werden Hinweise gegeben, wie Verrechnungspreiskorrekturrisiken und daraus resultierende Doppelbesteuerungsprobleme im Zusammenhang mit Verrechnungspreisbandbreiten von den betroffenen Steuerpflichtigen verringert werden können.

Als zu untersuchende Staaten werden neben Deutschland die USA, die Niederlande, Großbritannien und Kanada herangezogen, denn diese Staaten gehören aus deutscher Sicht zur Gruppe der wichtigsten Handelspartner[3], weswegen Verrechnungspreisprobleme mit ihnen in betragsmäßiger Hinsicht besonders bedeutsam sind. Im Rahmen des exemplarischen Staatenvergleichs wird auch auf die Richtlinien des OECD-Steuerausschusses näher eingegangen, da sämtliche untersuchte Staaten OECD-Mitglieder sind und sich an deren Verrechnungspreisrichtlinien[4] orientieren.

---

[1] Vgl. zu den Annahmen des vollkommenen Marktes und ihren Folgen für die Preisbildung näher *Reinhardt*, Global Trading, 2003, S. 56 ff.

[2] *Betten/Rotondaro*, ITPJ 1998, S. 174 ff.

[3] Siehe *Statistisches Bundesamt*, Außenhandel – Rangfolge der Handelspartner im Außenhandel der Bundesrepublik Deutschland 2008, vom 26. 2. 2009, S. 1. Bis auf Kanada liegen die Untersuchungsstaaten innerhalb der Top 10 der deutschen Handelspartner im Außenhandel.

[4] Vgl. *OECD*, Verrechnungspreisgrundsätze für multinationale Unternehmen und Steuerverwaltungen, 2000, im Folgenden zitiert als OECD-Richtlinien bzw. OECD-RL.

B. Die Bestimmung von Verrechnungspreisbandbreiten im internationalen Vergleich

I. Anwendung statistischer Methoden zur Bandbreiteneinengung in Deutschland, den USA und den Niederlanden

1. Deutschland

Die deutsche Finanzverwaltung erkennt an diversen Stellen ihres Verrechnungspreisregelwerks ausdrücklich an, dass sich bei der Ermittlung von Fremdvergleichsdaten regelmäßig eine **Reihe möglicher Werte** ergibt. Seit der Unternehmensteuerreform 2008 ist diese Erkenntnis auch gesetzlich in § 1 Abs. 3 Satz 1 AStG festgehalten und wird in Tz. 2.1.8 und Tz. 2.1.9 Beispiel 1 der Verwaltungsgrundsätze 1983[5] sowie Tz. 3.4.12.5.a) der Verwaltungsgrundsätze-Verfahren (VGr-Verfahren)[6] konkretisiert. Hiermit wird dem I. Senat des BFH gefolgt, der in seinem Grundsatzurteil vom 17.10.2001 feststellt, dass es den einen richtigen Fremdvergleichspreis nicht gibt, sondern dass der Fremdvergleichspreis in der Regel aus einer **Bandbreite** von Preisen besteht.[7]

Allerdings sehen die VGr-Verfahren vor, dass zunächst festgestellt werden muss, ob für einen Bandbreitenwert nach den konkreten Umständen des Einzelfalls die **„größte Wahrscheinlichkeit der Richtigkeit"**[8] spricht. In einem solchen Fall ist nur dieser Wert für die Verrechnungspreisfestsetzung maßgeblich. Hierzu ist zunächst anzumerken, dass völlig unklar bleibt, was die Finanzverwaltung unter der größten Wahrscheinlichkeit der Richtigkeit versteht. Einerseits könnte auf die größte Vergleichbarkeit des Werts bezüglich der zugrunde liegenden Transaktionsbedingungen abgestellt werden. Andererseits könnte in mathematisch-statistischer Sicht der Wert die größte Wahrscheinlichkeit der Richtigkeit aufweisen, dessen Anteil an der Grundgesamtheit am größten ist.[9] Darüber hinaus wird die Bandbreite durch ein solches Vorgehen auf nur **einen Wert verengt** und somit tatsächlich aufgehoben, obwohl alle ermittelten Bandbreitenwerte dem Fremdvergleichsgrundsatz entsprechen. Insbesondere vor dem Hintergrund der gesetzlichen Bandbreitenanerkennung in § 1 Abs. 3 Satz 1 AStG seit der Unternehmensteuerreform 2008 sowie der Rechtsprechung des BFH, nach der **jeder Wert** einer zutreffend ermittelten Preisbandbreite ohne Wahrscheinlichkeitsberechnung dem Fremdvergleichsgrundsatz entspricht[10], ist davon auszugehen, dass die Steuerpflichtigen trotz dieser Regelung für sich beanspruchen können, den für sie günstigsten Wert der Bandbreite zu wählen.[11]

Eine Verrechnungspreisbandbreite ist gemäß § 1 Abs. 3 Satz 1 AStG sowie Tz. 3.4.12.5.a) VGr-Verfahren allerdings nur dann **in vollem Umfang** zu berücksichtigen, wenn aufgrund zuverlässiger Datenqualität und vollständiger Informationen feststeht, dass die zugrunde liegenden Geschäftsbedingungen des konzerninternen und des gegenübergestellten unverbundenen **Geschäfts uneingeschränkt vergleichbar** sind. Hierbei ist insbesondere auf die Vergleichbarkeit

---

[5] BMF-Schreiben v. 23. 2. 1983, IV C 5 – S 1341 – 4/83, BStBl. I, S. 218 ff. (kurz: Verwaltungsgrundsätze).
[6] BMF-Schreiben v. 12. 4. 2005, IV B 4 – S 1341 – 1/05, BStBl. I, S. 570 ff. (kurz: Verwaltungsgrundsätze-Verfahren bzw. VGr-Verfahren).
[7] Vgl. BFH-Urt. v. 17. 10. 2001, I R 103/00, BStBl II 2004, S. 171 ff.
[8] Tz. 3.4.12.5.a) VGr-Verfahren.
[9] Vgl. auch *Baumhoff/Ditz/Greinert*, DStR 2005, S. 1554.
[10] Vgl. BFH-Urt. v. 17. 10. 2001, I R 103/00, BStBl II 2004, S. 171 ff. und hierzu näher *Baumhoff*, Preisbandbreiten, 2005, S. 352 ff.
[11] So auch *Baumhoff/Ditz/Greinert* a. a. O. (oben Fn. 9), S. 1555.

Kurzewitz

der ausgeübten Funktionen, der eingesetzten Wirtschaftsgüter sowie der übernommenen Chancen und Risiken abzustellen. Fraglich ist jedoch, **wann** eine solche uneingeschränkte Vergleichbarkeit vorliegt. In diesem Zusammenhang ist auf *Wassermeyer* hinzuweisen, der feststellt, dass zwei konkrete Sachverhalte eigentlich immer miteinander verglichen werden können und doch fast nie uneingeschränkt vergleichbar sind.[12] Damit ist die Reichweite dieser Vorschrift für den Gesetzesanwender im Ergebnis **unklar**, woran auch die sehr unscharf formulierten Hinweise der Tz. 3.4.12.7.a) VGr-Verfahren nichts ändern, die besagen, dass eine uneingeschränkte Vergleichbarkeit immer dann gegeben ist, wenn die Geschäftsbedingungen identisch sind oder Unterschiede in den Geschäftsbedingungen entweder keine wesentlichen Auswirkungen auf die Preisgestaltung haben oder durch hinreichend genaue Anpassungen beseitigt wurden.[13]

Sind einige oder alle Werte der Bandbreite hingegen **nur eingeschränkt vergleichbar** oder steht die uneingeschränkte Vergleichbarkeit der Geschäftsbedingungen aufgrund von Informationsmängeln nicht hinreichend zuverlässig fest, so ist die Bandbreite gemäß § 1 Abs. 3 Satz 3 AStG **einzuengen**. Dies kann nach Tz. 3.4.12.5.b) VGr-Verfahren zunächst durch eine erneute Analyse der ermittelten Daten im Hinblick darauf geschehen, ob sie ganz oder teilweise wegen nicht ausreichender Vergleichbarkeit der Umstände unberücksichtigt bleiben müssen oder ob zuverlässige Anpassungsrechnungen vorgenommen werden können.

Unterbleibt eine solche Analyse aufgrund unzumutbaren Aufwands oder mangelnder Verbesserungsmöglichkeiten, so ist die nur eingeschränkte Vergleichbarkeit der Daten auf andere Weise zu berücksichtigen. Dazu wird versucht, die Verrechnungspreisbandbreite durch individuelle, auf den konkreten Anwendungsfall bezogene Analysen einzuengen. Die VGr-Verfahren sehen als individuelle Analyseverfahren **Verprobungen** bzw. Kontrollrechnungen mit Hilfe **anderer Verrechnungspreismethoden** vor,[14] damit die sich dabei ergebenden Fremdvergleichsbandbreiten mit der ursprünglichen Bandbreite verglichen werden können. Allerdings wird darauf hingewiesen, dass ein Überschneidungsbereich zwischen den ermittelten Bandbreiten nicht zwangsläufig als steuerlich maßgebliche Verrechnungspreisbandbreite angesehen werden kann. Genaue Hinweise zur Einengung der Bandbreite mittels Verprobung geben die VGr-Verfahren jedoch nicht, sodass dem Steuerpflichtigen auf der einen Seite eine gewisse Rechtsunsicherheit und auf der anderen Seite ein nicht unbeachtlicher Handlungs- und Argumentationsspielraum verbleibt. Dennoch wird festgestellt, dass es zu einer entsprechenden Einengung der Verrechnungspreisbandbreite kommt, sofern die Verprobungsmethode bestimmte **Aspekte des konkreten Einzelfalls besser berücksichtigt**.[15] Trägt sie sogar den betriebsbezogenen Umständen nachweislich besser Rechnung als die ursprünglich herangezogene Methode, so ist nur die aus der Verprobungsmethode resultierende Bandbreite zu berücksichtigen. Alternativ kann laut den VGr-Verfahren eine Einengung der Verrechnungspreisbandbreite durch **Plausibilitätsüberlegungen** erfolgen, „... z. B. ob eine angemessene Gewinnerzielung in einem überschaubaren

---

[12] Vgl. *Wassermeyer*, DB 2007, S. 537.

[13] Aufgrund dieser sehr restriktiven Voraussetzungen dürfte es wohl nur in Ausnahmefällen möglich sein, eine uneingeschränkte Vergleichbarkeit zu bejahen. Als Beispiele werden von Baumhoff, Ditz und Greinert Lieferungen und Leistungen von homogenen Gütern, z. B. Rohstoffen oder Darlehen genannt, vgl. *Baumhoff/Ditz/Greinert* a. a. O. (oben Fn. 9), S. 1555.

[14] Kontrollrechnungen mit Hilfe anderer Verrechnungspreismethoden werden auch durch die Rechtsprechung anerkannt, vgl. BFH-Urt. v. 17. 10. 2001, I R 103/00, BStBl II 2004, S. 171 ff.

[15] So Tz. 3.4.5.12.c) VGr-Verfahren.

Zeitraum möglich ist oder ob der Steuerpflichtige in der konkreten Situation auf Grund seiner Verhandlungsmacht bestimmte Preise innerhalb der Bandbreite hätte durchsetzen können."[16]

Sofern der Versuch der Einengung mit Hilfe von Verprobungsmethoden oder Plausibilitätsüberlegungen nicht zum Ziel führt, wird die Einengung der Verrechnungspreisbandbreite durch Anwendung **statistischer Verfahren** vorgenommen. Dabei gibt die deutsche Finanzverwaltung der sog. **Interquartil-Methode** den Vorrang, die eine Ausgrenzung der unteren 25 % (unteres Quartil) und der oberen 25 % (oberes Quartil) der Vergleichswerte der Bandbreite vorsieht, sodass die Bandbreite im Ergebnis auf die **mittleren 50 % der Vergleichswerte** – bezogen auf den Median – **verengt wird**.[17] Andere statistische Verfahren zur Einengung von Bandbreiten dürfen vom Steuerpflichtigen hingegen nur dann eingesetzt werden, wenn sie den Verhältnissen des Einzelfalls besser gerecht werden und dies vom Steuerpflichtigen glaubhaft gemacht werden kann. Die Einengung von Fremdvergleichsbandbreiten nach § 1 Abs. 3 Satz 3 AStG und den VGr-Verfahren wird in der folgenden Abbildung noch einmal systematisch zusammengefasst.

---

[16] Tz. 3.4.12.5.c) VGr-Verfahren. Auch dieses Vorgehen ist durch die Rechtsprechung abgesichert. So wurde in dem „Aquavit"-Urteil vom 17. 2. 1993 festgehalten, dass eine unabhängige Vertriebsgesellschaft nicht auf Dauer Produkte vertreiben werde, mit denen sie nur Verluste erzielt, vgl. BFH-Urt. v. 17. 2. 1993, I R 3/92, BStBl II 1993, S. 457; bestätigt durch BFH-Urt. v. 17. 10. 2001, I R 103/00, BStBl II 2004, S. 171 ff. und BFH-Urt. v. 6. 4. 2005, I R 22/04, DStR 2005, S. 1307.

[17] Für ein Berechnungsbeispiel der Interquartil-Methode siehe Tz. 3.4.12.5.c) VGr-Verfahren.

Vorliegen einer Reihe möglicher Fremdvergleichswerte

↓

Uneingeschränkte Vergleichbarkeit aller zugrunde liegenden Geschäftsbedingungen? — *ja* → Bandbreite **in vollem Umfang** zu berücksichtigen

nein ↓

Analyse, ob
- ermittelte Daten ganz/teilweise wegen nicht ausreichender Vergleichbarkeit **unberücksichtigt** bleiben müssen oder
- **zuverlässige Anpassungen** möglich sind

Analyse vorgenommen →

Analyse nicht vorgenommen ↓

Führt Versuch einer Einengung der Bandbreite
- durch **Verprobung** m. H. anderer Verrechnungspreismethoden oder
- durch **Plausibilitätsüberlegungen**

zum Ziel? — *ja* → **Individuell** angepasste Bandbreite maßgeblich

nein ↓

Einengung der Bandbreite durch **mathematische Verfahren**
- vorrangige Anwendung der **Interquartil-Methode**
- andere mathematische Verfahren nur zulässig bei glaubhaftem Nachweis ihrer besseren Eignung im Einzelfall

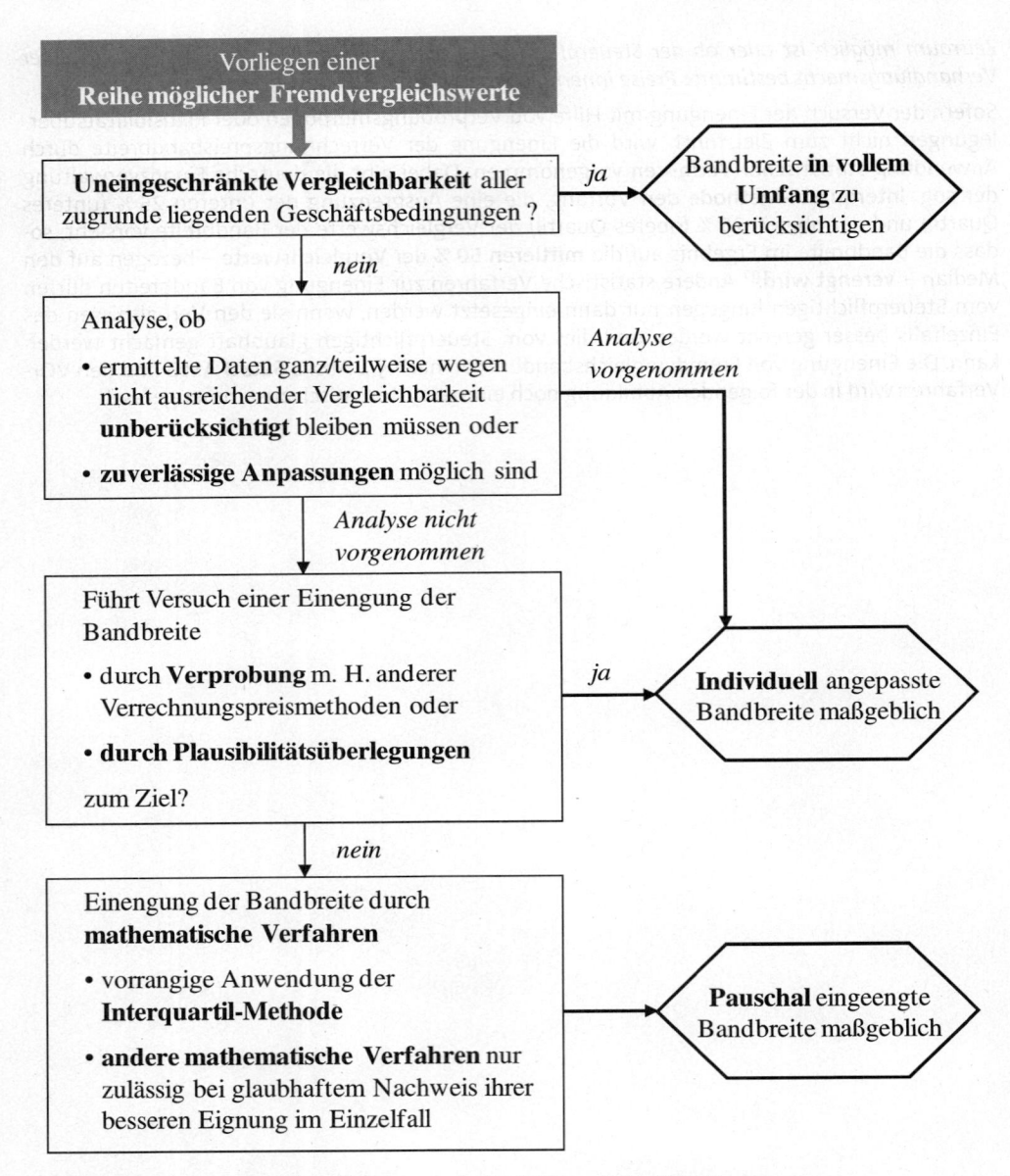

→ **Pauschal** eingeengte Bandbreite maßgeblich

Abb. 1: Verrechnungspreisbandbreiten nach § 1 AStG und den VGr-Verfahren

2. USA

Die Basis des Fremdvergleichsgrundsatzes in den US-amerikanischen Verrechnungspreisvorschriften findet sich in section 482 des Internal Revenue Code (IRC).[18] Da diese Vorschrift nur zwei Sätze umfasst, sind zu ihrer Durchführung und Interpretation umfangreiche Regulations (Richtlinien) erlassen worden, die Gesetzescharakter haben und somit Finanzbehörden, Unternehmen und Gerichte binden.[19] In § 1.482-1 (e) der US-Regulations (US-Regs) wird anerkannt, dass die Anwendung einer Verrechnungspreismethode bei Heranziehen mehrerer Vergleichswerte zu einer Verrechnungspreisbandbreite bzw. **arm`s length range** führen kann.[20] Die Vergleichsdaten können jedoch ausdrücklich nur dann Teil der arm`s length range sein, wenn sie einen hinreichend **ähnlichen** Grad an **Vergleichbarkeit** und **Zuverlässigkeit** aufweisen, welcher ggf. durch Anpassungsrechnungen erreicht wird. Fremdvergleichsdaten von unverbundenen Unternehmen bzw. Transaktionen mit einem erheblich niedrigeren Grad an Vergleichbarkeit und Zuverlässigkeit werden hingegen von vornherein aus der arm`s length range ausgeschlossen.[21]

Innerhalb der hinreichend ähnlich vergleichbaren und zuverlässigen Daten muss sodann festgestellt werden, ob die **Informationen** über die zugrunde liegenden Geschäftsbedingungen der konzerninternen Transaktion und der unverbundenen Vergleichstransaktionen **hinreichend vollständig** sind, um alle materiellen Unterschiede zu identifizieren. Darüber hinaus muss sichergestellt sein, dass jeder identifizierte Unterschied einen eindeutigen und vernünftig bestimmbaren Einfluss auf den Preis bzw. Gewinn hat, sodass zuverlässige **Anpassungsrechnungen** möglich sind. Liegen diese Voraussetzungen vor, so sind die **individuell angepassten** Fremdvergleichswerte Bestandteil der arm`s length range, aus der die US-amerikanischen Steuerpflichtigen irgendeinen Vergleichswert auswählen dürfen.[22]

Gelingt es jedoch nicht, Preisabweichungen hinreichend zu quantifizieren und die Vergleichswerte entsprechend individuell anzupassen, so sind statistische Verfahren anzuwenden, um die Aussagekraft der Vergleichspreise zu erhöhen. In diesem Zusammenhang gibt auch die US-amerikanische Finanzverwaltung der **Interquartil-Methode** den Vorrang, nach der sowohl das untere als auch das obere Viertel der ermittelten Verrechnungspreisbandbreite unberücksichtigt bleibt, um statistische Ausreißer zu eliminieren. Im Ergebnis ist somit nur die pauschal eingeengte Bandbreite der mittleren 50 % der Vergleichswerte – bezogen auf deren Median – für die Verrechnungspreisfestsetzung zu berücksichtigen. **Andere statistische Methoden** dürfen hingegen nur dann angewendet werden, wenn sie **zuverlässigere Ergebnisse** liefern.[23] Die folgende Abbildung stellt die schrittweise Auswahl der zulässigen Vergleichsdaten sowie die Bestimmung der arm`s length range zusammenfassend dar.

---

[18] Der Originalwortlaut von section 482 IRC ist abgedruckt in *Vögele et. al.*, Handbuch der Verrechnungspreise, 1997, Anhang 5, S. 1261.

[19] Der Originalwortlaut der US-Regulations § 1.482-1 bis 1.482-8 ist abgedruckt in *Vögele et. al.* a. a. O. (oben Fn. 18), Anhang 5, S. 1263 ff.

[20] Vgl. § 1.482-1 (e) US-Regs, a. a. O. (oben Fn. 19).

[21] Vgl. § 1.482-1 (e) (2) (ii) US-Regs, a. a. O. (oben Fn. 19).

[22] Vgl. § 1.482-1 (e) (2) (ii) US-Regs, a. a. O. (oben Fn. 19).

[23] Vgl. § 1.482-1 (e) (2) (iii) (B) US-Regs, a. a. O. (oben Fn. 19).

Auswahl der Vergleichsdaten

Vorliegen einer Reihe möglicher Fremdvergleichswerte

↓

Müssen ermittelte Daten ganz/teilweise wg.
- bedeutend **niedrigeren Grades an Vergleichbarkeit** oder
- mangelnder Möglichkeit der **Anpassung** auf ähnlichen Grad an Vergleichbarkeit u. Zuverlässigkeit

unberücksichtigt bleiben?

— ja → **Aussortierung** der nicht ausreichend vergleichbaren o. anpassbaren Daten

↓ nein

Vorläufige arm`s length range

Bestimmung der arm`s length range

Uneingeschränkte Vergleichbarkeit aller zugrunde liegenden Geschäftsbedingungen?

— ja → arm`s length range **in vollem Umfang** zu berücksichtigen

↓ nein

Sind die Informationen über konzerninterne und unverbundene Transaktionen hinreichend vollständig, um **alle materiellen Unterschiede** zu identifizieren?

— nein → Einengung der arm`s length range durch **mathematische Verfahren**
- Vorrangig **Interquartil-Methode**
- **Andere mathematische Verfahren** nur zulässig, sofern sie zuverlässigere Ergebnisse hervorbringen

↓ ja

Hat jeder identifizierte materielle Unterschied einen eindeutigen, vernünftig bestimmbaren Einfluss auf Preis oder Gewinn, so dass **zuverlässige Anpassungen** möglich sind?

— nein →

↓ ja

Individuell angepasste arm`s length range maßgeblich

Pauschal eingeengte arm`s length range maßgeblich

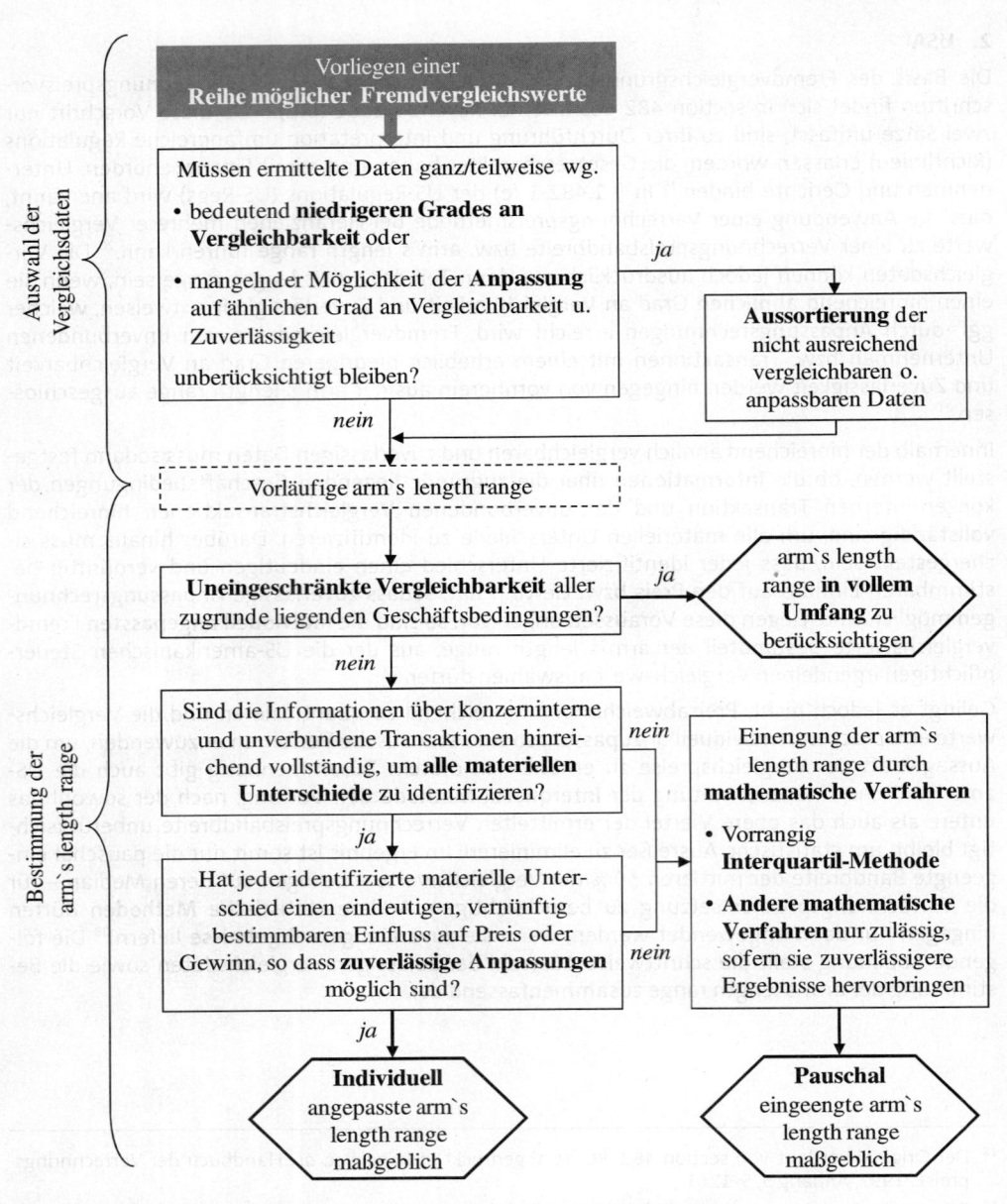

Abb. 2: Bestimmung der arm`s length range nach § 1.482-1 (e) US-Regs

3. Niederlande

Im niederländischen Verrechnungspreiserlass (Transfer Pricing Decree) aus dem Jahr 2001 wird die Existenz von Verrechnungspreisbandbreiten zwar anerkannt.[24] Jedoch finden sich hier weniger konkrete Hinweise zur **Bestimmung** und Einengung der Bandbreite, als in den deutschen und US-amerikanischen Regelwerken. Es wird zunächst klargestellt, dass die Bandbreite durch den größten und den niedrigsten Vergleichswert begrenzt wird. Im Anschluss wird zwischen Bandbreiten mit einem relativ hohen und solchen mit einem relativ niedrigen Grad an Vergleichbarkeit unterschieden, ohne hierbei eindeutige Kriterien zur Bestimmung des Grades der Vergleichbarkeit zu geben. Bei Bandbreiten aus gering vergleichbaren Werten wird die Anwendung **statistischer Methoden** – insbesondere der Interquartil-Methode – vorgesehen, um die Verlässlichkeit der ermittelten Werte zu erhöhen. Bandbreiten, die auf Vergleichswerten mit einem **hohen Grad an Vergleichbarkeit** basieren, sind hingegen **uneingeengt** heranzuziehen.

Der Verrechnungspreiserlass ist in dieser Hinsicht allerdings recht vage formuliert. Es wird lediglich Folgendes festgestellt: *„If .. use is made of less accurate comparative material, it may be necessary to use statistical methods to enhance the reliability of the material. One example would be the use of an interquartile range."*[25] Ob anstatt pauschaler Einengungen der Bandbreite auch **individuelle Anpassungen** mittels Verprobungsrechnungen oder Plausibilitätsüberlegungen vorgenommen werden können, ist nicht explizit geregelt. Da solche Erwägungen jedoch den Umständen des Einzelfalls ggf. besser gerecht werden und die Anwendung statistischer Methoden nur als **Möglichkeit** genannt wird, kann zumindest vermutet werden, dass sie nicht grundsätzlich ausgeschlossen sind.

II. Ablehnung statistischer Methoden zur Bandbreiteneinengung in Großbritannien und Kanada in Anlehnung an OECD-Vorgaben

Die Anwendung einer geeigneten Verrechnungspreismethode kann auch nach den Vorgaben der OECD-Richtlinien zu einer Bandbreite von Fremdvergleichswerten führen, die alle gleichermaßen zuverlässig sind.[26] Allerdings wird hervorgehoben, dass eine **erhebliche Abweichung** zwischen einzelnen Werten darauf hinweisen kann, dass die bei ihrer Bestimmung verwendeten Daten nicht so zuverlässig sind wie jene Daten, die für andere Werte innerhalb der Bandbreite herangezogen wurden. Daher empfehlen die OECD-Richtlinien in solchen Fällen eine nochmalige Überprüfung der betroffenen Wertansätze um festzustellen, ob sie als Vergleichswerte überhaupt in Frage kommen oder ob sie auszusortieren sind. Es erscheint folglich so, als dürften nur Ergebnisse, die durch einen relativ einheitlichen Grad an Vergleichbarkeit und Zuverlässigkeit gekennzeichnet sind, in eine Verrechnungspreisbandbreite einbezogen werden. Sofern jedoch eine Bandbreite relativ zuverlässiger Vergleichswerte ermittelt wurde, werden **keine weiteren Einengungen** mittels Plausibilitäts- bzw. Verprobungsrechnungen oder statistischer Methoden vorgesehen.[27]

---

[24] Vgl. Tz. 1.2 Decree IFZ2001/295M of March 30, 2001, Transfer Prices, Application of the Arm`s Length Principle and the Tranfer Pricing Guidelines for Multinational Enterprises and Tax Administrations (OECD Guidelines), abgedruckt in englischer Übersetzung in *Betten/Ellis*, Netherlands, 2008, S. 77 ff. (kurz: Decree IFZ2001/295M of March 30, 2001).

[25] Tz. 1.2 Decree IFZ2001/295M of March 30, 2001, a. a. O. (oben Fn. 24).

[26] Vgl. Tz. 1.45-1.48 OECD-RL, a. a. O. (oben Fn. 4).

[27] Nach einem Diskussionsentwurf zur Aktualisierung der OECD-Richtlinien ist jedoch künftig in diesem Bereich eine Änderung vorgesehen. Hiernach soll es bei einer Bandbreite mit einem relativ einheitlichen Grad an Vergleichbarkeit, bei der davon auszugehen ist, dass nicht identifizierbare bzw. quantifizierbare

Die Finanzverwaltungen Großbritanniens und Kanadas folgen hinsichtlich der Bestimmung von Verrechnungspreisbandbreiten den Auffassungen der OECD. Während die Vorgaben **Großbritanniens** in Tz. 16 der „Inland Revenue notes on transfer pricing of multinational enterprises" aus dem Jahr 1981 **direkt** auf die relevanten Passagen der OECD-Richtlinien **verweisen**[28], widmet der **kanadische** Verrechnungspreiserlass „Information Circular (IC) 87-2R: International Transfer Pricing" vom 27. September 1999 der Bestimmung einer arm's length range einen **eigenen Abschnitt**.[29] Dort wird darauf hingewiesen, dass die Ermittlung von Verrechnungspreisen keine exakte Wissenschaft darstellt und insofern die Anwendung einer geeigneten Verrechnungspreismethode eine Bandbreite von Preisen bzw. Margen hervorrufen kann. Jedoch werden die Steuerpflichtigen angewiesen, die Zuverlässigkeit jeder Vergleichstransaktion **vorsichtig abzuschätzen** um festzustellen, ob der ermittelte Vergleichswert Bestandteil der Bandbreite sein kann.

Bei der Überprüfung der Verrechnungspreise ermittelt die kanadische Finanzverwaltung eine Bandbreite nach den Gegebenheiten des Einzelfalls. Ist sie hierbei der Auffassung, dass ein Wert der Bandbreite den **zuverlässigsten Fremdvergleichsmaßstab** liefert, so setzt sie diesen an. Ausdrücklich festgestellt wird ferner, dass die Anwendung statistischer Methoden wie z. B. der **Interquartil-Methode** die Zuverlässigkeit von Vergleichswerten im Rahmen einer Bandbreite nicht notwendigerweise erhöht, weswegen von der Anwendung solcher Methoden **abgesehen** wird.[30]

III. Doppelbesteuerungsprobleme durch abweichende Regelungen zur Bestimmung von Verrechnungspreisbandbreiten

Durch die im zwischenstaatlichen Vergleich abweichenden Vorgaben zur Bestimmung von Verrechnungspreisbandbreiten entsteht für international agierende Konzerne die Gefahr, dass eine von ihnen ermittelte Bandbreite nicht von allen betroffenen Finanzverwaltungen uneingeschränkt anerkannt wird. Im Ergebnis drohen bei Verrechnungspreisansätzen in Bandbreitenbereichen, die nicht übereinstimmend anerkannt werden, Doppelbesteuerungsprobleme aufgrund von Verrechnungspreiskorrekturen, wie die folgende Abbildung 3 und das folgende Beispiel 1 verdeutlichen.

Vergleichbarkeitsdefizite verbleiben, zulässig sein, an Mittelwerten orientierte statistische Methoden anzuwenden, soweit dies dazu beiträgt, die Verlässlichkeit der Analyse zu erhöhen. Als Beispiel wird die Interquartil-Methode genannt. Vgl. hierzu näher *OECD*, Proposed Revision of Chapters I-III of the Transfer Pricing Guidelines, 9th September 2009 – 9th January 2010, Tz. 3.54 bis 3.65, insbesondere Tz. 3.56. Diese geplante Änderung entspricht weitgehend dem bereits jetzt in Deutschland, den Niederlanden und den USA praktizierten Vorgehen. Dass diese Änderung in die endgültig aktualisierte Version der OECD-Verrechnungspreisrichtlinien eingeht, ist wahrscheinlich. Ob bzw. inwieweit sie von den übrigen OECD-Staaten in nationale Vorgaben transformiert wird, ist jedoch nach bisherigem Stand unklar.

[28] Vgl. Tz. 16 Inland Revenue notes on transfer pricing of multinational enterprises (1981), abgedruckt in *Collins*, United Kingdom, 2008, S. 66n-69; bestätigt durch Inland Revenue Notes on transfer pricing and the New OECD Report (1996), abgedruckt in *dems.*, S. 70-76.

[29] Vgl. Tz. 34 und 116 IC 87-2R: International Transfer Pricing, September 27, 1999, abgedruckt in *Boidman*, Canada, 2008, S. 257-313.

[30] Vgl. Tz. 34 IC 87-2R, a. a. O. (oben Fn. 29).

Befürwortung statistischer Verfahren zur Bandbreiteneinengung in ...		Ablehnung statistischer Verfahren zur Bandbreiteneinengung in ...
▶ Deutschland ▶ USA ▶ Niederlande	Gefahr der Doppelbesteuerung bei Verrechnungspreisansätzen außerhalb von Bandbreiten-Schnittmengen	▶ Großbritannien ▶ Kanada

Abb. 3: Doppelbesteuerungsprobleme bei der Bestimmung von Verrechnungspreisbandbreiten in den untersuchten Staaten

Beispiel 1: Einengung von Verrechnungspreisbandbreiten

Ein in Deutschland ansässiges Unternehmen U1 steht in Lieferbeziehungen zu einem in Kanada ansässigen verbundenen Unternehmen U2. Für ein gehandeltes Produkt wird ein Verrechnungspreis auf Basis der Preisvergleichsmethode ermittelt, wobei die neun unten dargestellten Fremdvergleichspreise als (vorläufige) Preisbandbreite ermittelt werden. Die Fremdvergleichsdaten sind ähnlich vergleichbar; keiner der Werte weist die größte Wahrscheinlichkeit der Richtigkeit auf. Die uneingeschränkte Vergleichbarkeit der Geschäftsbedingungen einiger Vergleichstransaktionen steht jedoch aufgrund von Informationsmängeln nicht hinreichend sicher fest. Individuelle Einengungen der Preisbandbreite durch Verprobungen, Plausibilitätsprüfungen oder Anpassungen einzelner Vergleichswerte scheitern aufgrund der Informationsmängel. Daher kommt die deutsche Finanzverwaltung zu dem Ergebnis, dass eine pauschale Einengung der Bandbreite erfolgen muss und wendet hierfür die Interquartil-Methode an, da andere statistische Methoden keine zuverlässigeren Ergebnisse hervorbringen. Die maßgebliche (pauschal eingeengte) Verrechnungspreisbandbreite ermittelt sich wie folgt[31]:

---

[31] Bestimmung 1. Quartil: Anzahl an Vergleichsbeobachtungen * 25 % entspricht 9 * 25 % = 2,25 →
1. Quartil liegt zwischen beobachteter Vergleichstransaktion T-2 und T-3 → maßgeblich ist der Wert der nächst höheren Beobachtung T-3 (entsprechend für Median und 3. Quartil). Bestimmung Median: 9 * 50 % = 4,5 → maßgeblich ist T-5. Bestimmung 3. Quartil: 9 * 75 % = 6,75 → maßgeblich ist T-7.

Vergleichs-transaktion *	Vergleichs-preis [€]
T-1	10,00
T-2	10,50
T-3	11,80
T-4	12,00
T-5	12,20
T-6	13,00
T-7	13,50
T-8	14,80
T-9	16,00

* aufsteigend sortiert

1. Quartil = 11,80

Median = 12,20

3. Quartil = 13,50

Vergleichsspanne (**11,80 bis 13,50**)

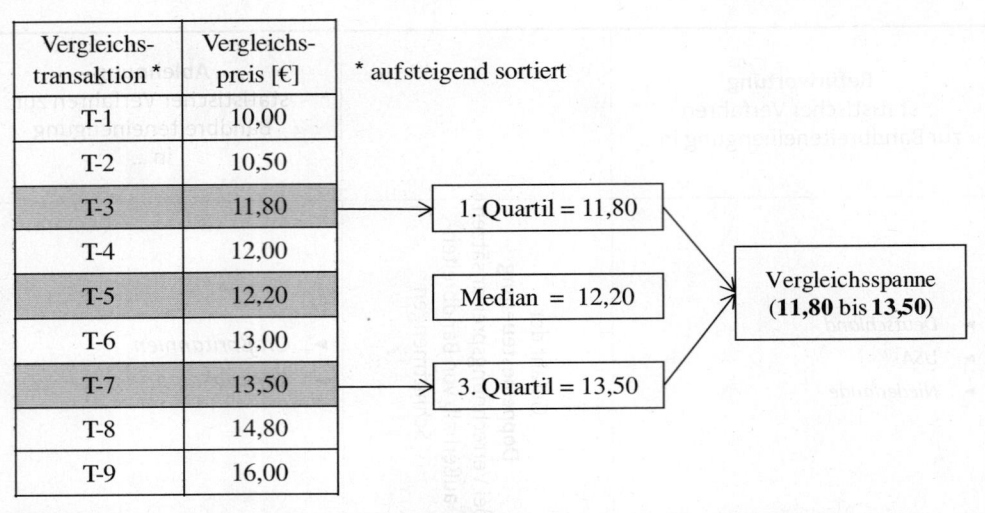

Während in Deutschland eine Verrechnungspreisbandbreite nach pauschaler Einengung von **11,80 € bis 13,50 €** maßgeblich ist, akzeptiert die kanadische Finanzverwaltung die gesamte Bandbreite von **10,00 € bis 16,00 €**, da die zugrunde liegenden Werte als hinreichend zuverlässig ermittelt gelten und die Auffassung vertreten wird, dass statistische Methoden nicht zu zuverlässigeren Ergebnissen führen. Somit werden die Bandbreitenbereiche von **10,00 € bis 11,79 €** (unteres Quartil) und von **13,51 € bis 16,00 €** (oberes Quartil) nur von der kanadischen, nicht jedoch von der deutschen Finanzverwaltung akzeptiert. Korrekturen in Deutschland werden allerdings nur dann vorgenommen, wenn sich durch Verrechnungspreisansätze in den nicht akzeptierten unteren und oberen Quartilen die inländische Besteuerungsgrundlage verringert, da die entsprechenden Einkunftskorrekturvorschriften immer **zugunsten des inländischen Steuersubstrats** eingesetzt werden. Es ergibt sich somit immer dann eine Korrektur des Verrechnungspreisansatzes in **Deutschland**, wenn U1 Leistungserbringer ist und der für die Leistung festgesetzte Verrechnungspreis im unteren Quartil (10,00 € bis 11,79 €) liegt, oder wenn U2 Leistungserbringer ist und der Verrechnungspreis im oberen Quartil (13,51 € bis 16,00 €) festgelegt wird. Dies führt zu einer wirtschaftlichen Doppelbesteuerung, da in Kanada von Amts wegen keine korrespondierende Gegenberichtigung vorgenommen wird, zumal der Verrechnungspreisansatz nach dortigem Recht nicht zu beanstanden ist, da er aus der dort maßgeblichen Bandbreite nicht herausfällt.

Dieses Beispiel ist auch auf Sachverhalte übertragbar, in denen eine Konzerngesellschaft ihren Sitz in den USA oder den Niederlanden hat und Leistungsbeziehungen mit einer anderen Konzerngesellschaft in Großbritannien oder Kanada eingeht. Es wird ersichtlich, dass für die Festsetzung von Verrechnungspreisen beim Vorliegen von Verrechnungspreisbandbreiten **niemals einseitige Beurteilungen** aus Sicht nur eines der beteiligten Staaten vorgenommen werden dürfen. Vielmehr müssen auch Konzerngesellschaften mit Sitz in solchen Staaten, die pauschale Einengungen der ermittelten Bandbreiten **nicht** vorsehen, bei der **Verrechnungspreisplanung** die Vorgaben in den Sitzstaaten ihrer konzernzugehörigen Vertragspartner mit berücksichtigen. Wird dies versäumt, so drohen die geschilderten Doppelbesteuerungsfolgen, die nur mit erheblichem Aufwand durch die Einleitung von Verständigungsverfahren verringert werden können.[32] Hierbei gilt grundsätzlich, dass die Doppelbesteuerungsgefahren umso größer sind, je näher die Verrechnungspreisansätze an den günstigsten **Bandbreitenrändern** gewählt werden, da diese – im Gegensatz zu den Werten im Bandbreitenmittel – mit einer größeren Wahrscheinlichkeit außerhalb der von beiden Staaten akzeptierten Schnittmenge liegen.

Darüber hinaus finden sich in der Praxis vergleichbare Doppelbesteuerungsgefahren, wenn die Steuerpflichtigen der Auffassung sind, dass die maßgebliche Bandbreite **uneingeschränkt vergleichbare** Fremdvergleichswerte enthalte, weswegen sie in vollem Umfang zu berücksichtigen sei und für individuelle oder pauschale Einengungen keine Veranlassung bestehe. Folgt die Finanzverwaltung dieser Auffassung nicht, so nimmt sie im Falle einer Betriebsprüfung eine Einengung der Bandbreite vor. Im Ergebnis führen auch in dieser Situation Verrechnungspreisansätze am günstigsten Bandbreitenrand zu einem erhöhten Korrekturrisiko mit den bereits geschilderten Doppelbesteuerungskonsequenzen, denn sie liegen nicht im Kernbereich vergleichbarer Fremdwerte.

Vor diesem Hintergrund kommt einer genauen **Analyse und Dokumentation der Vergleichbarkeit** wirtschaftlich relevanter Transaktionsparameter eine besondere Bedeutung zu. Dabei hat der Steuerpflichtige festzuhalten, ob abweichende Bedingungen in den gegenübergestellten Transaktionen zu beobachten sind, die die Vergleichbarkeit von konzerninternem Verrechnungspreis und Marktpreis stören, und inwiefern solche Abweichungen durch Anpassungsrechnungen in ihrem Einfluss auf den Verrechnungspreis bereinigt wurden. Hierunter fallen z. B. Abweichungen in den Produkteigenschaften des gehandelten Gutes, den Vertragsbedingungen sowie den übernommenen Funktionen, Risiken und Geschäftsstrategien des Leistungserbringers. Gelingt es dem Steuerpflichtigen auf diese Weise, die Angemessenheit der ermittelten und in der Bandbreite berücksichtigten Fremdvergleichswerte zu dokumentieren, so gewinnt er in Betriebsprüfungen eine deutlich bessere Verhandlungsposition.

C. Verrechnungspreiskorrekturen im Zusammenhang mit Verrechnungspreisbandbreiten

I. Mittelwertschätzung in Deutschland, den USA und den Niederlanden

Nachdem bisher untersucht wurde, inwiefern Doppelbesteuerungsrisiken im Zusammenhang mit Verrechnungspreisbandbreiten dem Grunde nach bestehen, steht im Folgenden das Risiko der Höhe nach im Vordergrund. Dieses Risiko wird vorrangig durch den **betragsmäßigen Umfang** bestimmt, in dem eine Verrechnungspreiskorrektur stattfindet, wenn der vom Steuerpflichtigen gewählte Verrechnungspreisansatz **außerhalb** der von der Finanzverwaltung als angemessen erachteten Bandbreite liegt, denn der Korrekturumfang bestimmt die zu leistenden Steuernachzahlungen.[33]

Nach **deutschem Recht** finden sich hierzu Hinweise in § 1 Abs. 3 Satz 4 AStG. Diese Vorschrift wurde durch die Unternehmensteuerreform 2008 neu gefasst und legt fest, dass eine Korrektur des Verrechnungspreisansatzes auf den **Median** der – bei eingeschränkter Vergleichbarkeit

---

[32] Vgl. zu einer kritischen Analyse des Verständigungsverfahrens als Instrument zur Vermeidung der internationalen Doppelbesteuerung bei Verrechnungspreissachverhalten *Kurzewitz*, Verrechnungspreismethode, 2009, S. 375 ff.

[33] Für ggf. weiter hinzukommende Belastungen beispielsweise in Form von Zinsen auf den Steuernachzahlungsbetrag und Strafzuschlägen vgl. *Kurzewitz* a. a. O. (oben Fn. 32), S. 414 ff.

eingeengten – Verrechnungspreisbandbreite zu erfolgen hat. Bevor die gesetzliche Neuregelung in Kraft trat, sahen die VGr-Verfahren in ihrer Tz. 3.4.20.b) eine für den Steuerpflichtigen deutlich weniger belastende Rechtsfolge vor. Danach war ein Verrechnungspreis, der außerhalb der ggf. eingeengten Bandbreite festgesetzt wurde, auf den für den Steuerpflichtigen **günstigsten Wert** innerhalb der Bandbreite zu korrigieren, sofern der Steuerpflichtige in der Lage war, mit einem solchen Wertansatz einen funktionsadäquaten Gewinn zu erzielen.[34]

Die gesetzliche Neuregelung steht nunmehr im Widerspruch zur BFH-Rechtsprechung, welche besagt, dass eine Verrechnungspreisbandbreite zwar eingeengt werden kann, jedoch letztlich **jeder** Preis innerhalb der eingeengten Bandbreite fremdvergleichskonform ist und daher als angemessen akzeptiert werden muss.[35] Insofern besteht nach der Rechtsauffassung des BFH kein Raum für eine Berichtigung auf statistische Mittelwerte. Dennoch soll hiervon gemäß der Begründung zum Referentenentwurf des Unternehmensteuerreformgesetztes 2008 abgewichen werden, da ansonsten das deutsche Besteuerungsrecht ohne sachliche Begründung ungerechtfertigt zu Gunsten der ausländischen Besteuerung geschmälert werden könnte.[36] Offensichtlich beabsichtigt der deutsche Gesetzgeber, die Steuerpflichtigen von einer aggressiven Gestaltung durch die Wahl eines Verrechnungspreisansatzes außerhalb der zulässigen Bandbreite oder in der Nähe des günstigsten Bandbreitenrandes abzuhalten.

Auch im **US-amerikanischen** Recht werden Verrechnungspreisansätze, die aus der zulässigen arm's length range herausfallen, gem. § 1.482-1 (e) (3) US-Regs auf den **Median** der Bandbreite korrigiert. Dies gilt jedoch nur dann, wenn zur Bandbreiteneinengung auf die Interquartil-Methode zurückgegriffen wurde. In allen anderen Fällen wird die Korrektur hingegen auf das **arithmetische Mittel** der Bandbreitenwerte vorgenommen.[37]

Die **niederländischen** Verrechnungspreisvorschriften sehen bei Verrechnungspreisansätzen außerhalb zulässiger Fremdvergleichsbandbreiten Korrekturen auf den Wert vor, der die wirtschaftlichen **Gegebenheiten und Umstände** des konzerninternen Geschäfts **am besten widerspiegelt**.[38] Offensichtlich ist der Bandbreitenwert maßgeblich, der die größtmögliche Vergleichbarkeit hinsichtlich der Produkt- bzw. Leistungseigenschaften, der für das Geschäft wesentlichen Vertragsbedingungen sowie weiterer relevanter ökonomischer Bedingungen (z. B. Marktstufe, geografische Lage) liefert. Tatsächlich wird es in der Verrechnungspreispraxis jedoch regelmäßig nicht möglich sein, einen solchen Wert zu ermitteln, zumal Abweichungen verschiedenster Art und Kombination vorliegen können, die in unterschiedlichem und häufig nicht genau feststellbarem Ausmaß die Vergleichbarkeit zwischen Verrechnungspreis und Marktpreis beeinflussen. Daher nimmt die niederländische Finanzverwaltung in diesen Fällen eine Korrektur auf den **Median** der Bandbreite vor.[39]

---

[34] Vgl. hierzu näher *Wehnert/Stalberg*, IStR 2002, S. 143.

[35] Vgl. BFH-Urt. v. 17. 10. 2001, I R 103/00, BStBl II 2004, S. 171. Für weitergehende Kommentierungen dieses Urteils vgl. *Baumhoff*, IStR 2001, S. 745 ff.; *Baumhoff*, IStR 2003, S. 1 ff.; *Vögele/Bader*, IStR 2002, S. 354 ff.; *Wehnert/Stalberg* a. a. O. (oben Fn. 34), S. 141 ff.

[36] Vgl. Referentenentwurf eines Unternehmensteuerreformgesetztes 2008 vom 5.2.2007, S. 122.

[37] Vgl. § 1.482-1 (e) (3) US-Regs, a. a. O. (oben Fn. 19).

[38] Vgl. Tz. 1.2 Decree IFZ2001/295M of March 30, 2001, a. a. O. (oben Fn. 24); in Anlehnung an Tz. 1.48 OECD-RL, a. a. O. (oben Fn. 4). Von einer Korrektur wird lediglich dann abgesehen, wenn der Steuerpflichtige in der Lage ist, fundierte Erklärungen für die Abweichung zu geben.

[39] Sofern die Finanzverwaltung des Staates, in dem die andere Konzerngesellschaft ihren Sitz hat, eine Korrektur auf den Median nicht akzeptiert, sieht der niederländische Verrechnungspreiserlass explizit vor, dass auf Antrag des Steuerpflichtigen die niederländische Finanzverwaltung ein Verständigungsver-

Durch solche Mittelwertkorrekturen werden die oben geschilderten **Doppelbesteuerungsprobleme** im Umfang noch **verschärft**. Dies wird insbesondere vor dem Hintergrund ersichtlich, dass Verrechnungspreisansätze, die sich **zulässigerweise** am Rande einer Bandbreite befinden, keiner Korrektur unterliegen. Sobald die steuerlich zulässige Bandbreite jedoch nur **in geringem Umfang verfehlt** wird, ist der Zielwert einer Verrechnungspreiskorrektur das Bandbreitenmittel, obwohl eine Korrektur auf den für den Steuerpflichtigen günstigsten Bandbreitenrand ausreichend wäre, um eine fremdvergleichskonforme Situation herzustellen, da alle Werte einer zutreffend ermittelten Bandbreite als steuerlich angemessen gelten.[40] Zur Verdeutlichung dient das folgende Beispiel:

Beispiel 2: Verrechnungspreiskorrektur auf den Median

Ein in Deutschland ansässiges Unternehmen U1 verkauft Waren an ein in den USA ansässiges verbundenes Unternehmen U2. Es liegt eine Bandbreite uneingeschränkt vergleichbarer Fremdvergleichspreise vor, die von 100 € bis 125 € reicht (Median: 110 €). Wird ein Verrechnungspreis in Höhe von 100 € festgesetzt, so kommt es nicht zu einer Verrechnungspreiskorrektur. Bei einem um nur einen Euro niedrigeren Verrechnungspreisansatz (99 €) wird hingegen von der deutschen Finanzverwaltung eine Korrektur auf 110 € vorgenommen, obwohl tatsächlich nur der Betrag von einem Euro steuerlich unangemessen war.

Insofern stellt eine schematische Korrektur unzulässiger Verrechnungspreisansätze auf den Mittelwert einer Bandbreite eine **Straf- bzw. Verdachtsschätzung** dar, die allerdings das Verhalten fremder Dritter nur ungenügend widerspiegelt, denn es ist nicht nachzuvollziehen, dass sich fremde Dritte grundsätzlich auf den Mittelwert einer Bandbreite einigen. Dies gilt insbesondere für den Fall, dass einer der Vertragspartner eine besonders starke Verhandlungsposition innehat oder bestimmte Geschäftsstrategien die Preispolitik maßgeblich bestimmen.

II. Einzelfallbeurteilung nach den kanadischen Vorgaben

Nach kanadischem Recht wird festgestellt, dass die Komplexität der Bestimmung geeigneter Verrechnungspreise es nicht erlaubt, Korrekturen nach schematischen Vorgaben vorzunehmen.[41] Vielmehr hat sich eine Beurteilung an den **Umständen des Einzelfalls** zu orientieren.[42] Liegt der vom Steuerpflichtigen gewählte Verrechnungspreisansatz außerhalb einer zulässigen Bandbreite von Vergleichswerten, so stellt sich daher die Frage, auf welchen konkreten Bandbreitenwert eine Korrektur erfolgt. Diese Frage wird in den Vorgaben der kanadischen Finanzverwaltung allerdings nur sehr vage beantwortet, indem festgestellt wird, dass auf eine **Teilmenge** der ursprünglichen arm`s length range abzustellen ist. Die Teilmenge umfasst solche Werte, die durch einen relativ hohen Grad an Vergleichbarkeit hinsichtlich der ökonomischen Schlüsselmerkmale (sog. „**key economic characteristics**") der zu beurteilenden konzerninternen Transaktion gekennzeichnet sind.[43] Die kanadischen Vorgaben lassen jedoch weitgehend offen, auf welchen konkreten Wert innerhalb der Teilmenge besonders zuverlässiger Vergleichswerte

---

fahren einleitet, um eine Korrektur auf einen Wert innerhalb der Bandbreite vorzunehmen, den beide Finanzverwaltungen akzeptieren, vgl. Decree IFZ2001/295M of March 30, 2001 a. a. O. (oben Fn. 24).

[40] So auch BFH-Urt. v. 17. 10. 2001, I R 103/00, BStBl II 2004, S. 171 ff. und für die Niederlande *Kroppen/Rasch*, IWB 2001, S. 322.

[41] Die Vorgaben zur Korrektur von Verrechnungspreisansätzen beim Vorliegen von Fremdvergleichsbandbreiten werden im kanadischen Recht nicht in IC 87-2R zusammengefasst, sondern in einer separaten Veröffentlichung der Canada Customs and Revenue Agency, siehe *Simkover*, Range, 2003, S. 17:1 ff.

[42] Vgl. *Simkover* a. a. O. (oben Fn. 41), S. 17:3.

[43] Vgl. *Simkover* a. a. O. (oben Fn. 41), S. 17:3.

eine Korrektur erfolgt, und wie die ökonomischen Schlüsselmerkmale identifiziert, beurteilt und berücksichtigt werden müssen, um die maßgebliche Teilmenge überhaupt zu bestimmen. Daher dürfte diese Regelung in der Praxis sowohl für Betriebsprüfer, die Verrechnungspreiskorrekturen vornehmen, als auch für Steuerpflichtige, die die Korrekturen nachvollziehen müssen, mit nicht unerheblichen Anwendungsschwierigkeiten verbunden sein.

Allerdings eröffnen die kanadischen Vorschriften den Betriebsprüfern in solchen Fällen die Möglichkeit, Verrechnungspreiskorrekturen auf Basis einer **anderen** Verrechnungspreismethode – vorrangig des profit split in Form der **Restgewinnaufteilung**[44] – vorzunehmen, da diese Methode **beide Seiten** einer konzerninternen Transaktion berücksichtigt und ihre Vergleichbarkeitsanforderungen gegebenenfalls einfacher zu erfüllen sind als die Anforderungen anderer Methoden, die lediglich einseitig angewendet werden.[45] Daher sollten deutsche aber auch ausländische Steuerpflichtige, die konzerninterne Geschäftsbeziehungen mit kanadischen Vertragspartnern unterhalten, ggf. selbst eine Verprobung ihrer Verrechnungspreisansätze mit Hilfe der Restgewinnaufteilung vornehmen. Diese Verrechnungspreismethode kann als Plausibilisierungsinstrument dienen, um festzustellen und zu dokumentieren, dass der gewählte Wertansatz beiden Vertragspartnern einen funktions- und risikoadäquaten Gewinnanteil aus dem konzerninternen Geschäft zuweist.

Eine eindeutige Aussage zur Korrektur von Verrechnungspreisansätzen wird lediglich für den Fall gemacht, dass eine arm's length range auf Basis der **Preisvergleichsmethode** ermittelt wird und alle Bandbreitenwerte einen **einheitlich hohen Grad an Vergleichbarkeit** aufweisen. Wählt der Steuerpflichtige in einem solchen Fall einen Verrechnungspreisansatz außerhalb der Bandbreite, so sehen die kanadischen Vorschriften eine Korrektur auf das **arithmetische Mittel** der arm's length range vor.[46] Begründet wird dieses Vorgehen damit, dass bei einem einheitlich hohen Grad an Vergleichbarkeit sämtlicher Bandbreitenwerte die Informationen **jedes Wertes** bei der Verrechnungspreiskorrektur gleichmäßig Berücksichtigung finden sollen, was bei einer Korrektur auf das arithmetische Mittel gegeben ist. Tatsächlich ist jedoch nicht einzusehen, warum eine Korrektur gerade auf den Mittelwert erfolgen soll, wenn der Vergleichspreis an dem für den Steuerpflichtigen günstigen Rand der Bandbreite dem Fremdvergleichsgrundsatz aufgrund des hohen Grades an Vergleichbarkeit nicht weniger entspricht.

III. Verweis auf OECD-Vorgaben in Großbritannien und daraus resultierende Regelungslücken

Nach den Vorgaben der OECD-Richtlinien hat die **jeweilige Finanzverwaltung** zu entscheiden, in welcher Weise die Bedingungen eines konzerninternen Geschäfts unter Berücksichtigung einer Fremdvergleichsbandbreite zu berichten sind, wenn die Preise, Margen oder Gewinne des konzerninternen Geschäfts aus der zuverlässig ermittelten Bandbreite herausfallen. Hierbei sollte eine Verrechnungspreiskorrektur auf denjenigen Wert innerhalb der Bandbreite abzielen, der am besten den **Gegebenheiten und Umständen** des betreffenden konzerninternen Geschäfts entspricht.[47] Wie bereits angemerkt, wird es in der Verrechnungspreispraxis jedoch häufig Fälle geben, in denen Transaktionsbedingungen auf verschiedenste Art und in verschiedenster Kombination voneinander abweichen, sodass die Vergleichbarkeit der Fremddaten in

---

[44] Vgl. hierzu näher *Vögele et. al.*, Handbuch der Verrechnungspreise, 2004, Kap. D, Tz. 318 ff.
[45] Vgl. *Simkover* a. a. O. (oben Fn. 41), S. 17:4.
[46] Vgl. *Simkover* a. a. O. (oben Fn. 41), S. 17:5f.
[47] Vgl. Tz. 1.48 OECD-RL, a. a. O. (oben Fn. 4).

unterschiedlichem Ausmaß beeinflusst wird und eine Rangfolge zur Bestimmung eines „besten Wertes" nicht herstellbar ist. In solchen Fällen bleibt völlig unklar, auf welchen Wertansatz eine Verrechnungspreiskorrektur zu erfolgen hat.[48]

In **Großbritannien** wird auch hinsichtlich der Korrektur von Verrechnungspreisansätzen beim Vorliegen von Fremdvergleichsbandbreiten auf eigene Regelungen verzichtet[49] und an dem generellen Verweis auf die OECD-Vorgaben festgehalten.[50] Aus diesem Grund ist auch nach dortigem Recht **unklar**, auf welchen Wert Verrechnungspreise korrigiert werden, die außerhalb der jeweils maßgeblichen Bandbreite liegen, da die OECD-Vorgaben hierfür auf die Regelungen nationaler Finanzverwaltungen verweisen, ohne dass die Finanzverwaltung Großbritanniens eine entsprechende Aussage trifft. Die betragsmäßigen Auswirkungen einer möglichen Verrechnungspreiskorrektur in Großbritannien sind für deutsche aber auch ausländische Steuerpflichtige, die konzerninterne Geschäftsbeziehungen mit dortigen Vertragspartnern unterhalten, folglich nicht absehbar, was die Rechtsunsicherheit in diesem Bereich noch verstärkt.

D. Zusammenfassende Handlungsempfehlungen zur Vermeidung von Verrechnungspreiskorrekturen

Die Bestimmung von Verrechnungspreisbandbreiten stellt hohe Anforderungen an die international agierenden Steuerpflichtigen, die in der Praxis nicht mühelos erfüllt werden können. Vielmehr existieren diverse Doppelbesteuerungsrisiken, die vorrangig aus einer international **uneinheitlichen Auslegung** des **Fremdvergleichsgrundsatzes** resultieren. Zwar besteht Einigkeit darüber, dass bei der konzerninternen Preisfestsetzung diejenigen Bedingungen zugrunde zu legen sind, die voneinander unabhängige Unternehmen vereinbart haben bzw. hätten. Auf welche Weise diese Bedingungen zu ermitteln sind und wie der Maßstab des Fremdverhaltens in eine konkrete Bestimmung einer Verrechnungspreisbandbreite umgesetzt werden kann, wird jedoch vielfach abweichend beurteilt. Vor diesem Hintergrund sollten international agierende Steuerpflichtige im Hinblick auf eine höhere Rechtssicherheit und eine Reduktion steuerlicher Kosten folgende Aspekte besonders berücksichtigen, um Verrechnungspreiskorrekturen zu vermeiden:

► Bei der Bestimmung von Verrechnungspreisbandbreiten sollten die steuergesetzlichen und administrativen Vorgaben nicht nur im Staat des leistungserbringenden Konzernunternehmens berücksichtigt werden, sondern auch im Staat des Leistungsempfängers, denn mit einem einzelnen Verrechnungspreisansatz muss den Anforderungen beider Finanzverwaltungen entsprochen werden. Daher kommt es aus Sicht der Steuerpflichtigen insbesondere auf eine **international abgestimmte Bestimmung** ihrer Verrechnungspreisbandbreiten an. Nur Wertansätze innerhalb der Schnittmengenbereiche der in beiden beteiligten Staaten zulässigen Bandbreiten gewährleisten ein Maximum an Rechtssicherheit.

---

[48] Nach dem Diskussionsentwurf zur Aktualisierung der OECD-Richtlinien (vgl. bereits a. a. O. oben Fn. 27) ist jedoch künftig in diesem Bereich eine Änderung vorgesehen. Danach soll eine Korrektur auf statistische Mittelwerte (z. B. Median, arithmetisches Mittel) erfolgen, wenn kein Bandbreitenwert gefunden werden kann, der die jeweiligen Umstände des Einzelfalls am besten widerspiegelt. Dies gilt zumindest für solche Fälle, in denen die Bandbreite relativ vergleichbarer Werte noch mit Vergleichbarkeitsdefiziten behaftet ist, also keine uneingeschränkte Vergleichbarkeit aufweist. Vgl. hierzu *OECD*, Proposed Revision of Chapters I-III of the Transfer Pricing Guidelines, 9th September 2009 – 9th January 2010, Tz. 3.60 und 3.61.

[49] Vgl. *macLachlan/Chadwick*, United Kingdom, 2008, S. 24.019.

[50] Vgl. Inland Revenue notes on transfer pricing of multinational enterprises (1981) a. a. O. (oben Fn. 28).

- Wertansätze in der **Nähe von Bandbreitenrändern** unterliegen einem höheren Korrekturrisiko. Dies gilt auch, wenn Finanzverwaltungen pauschale Einengungen von Verrechnungspreisbandbreiten mittels statistischer Methoden nicht befürworten, sondern individuell einzelne Vergleichswerte „aussortieren", ohne dass der Steuerpflichtige dies vorhersehen könnte.
- Das Korrekturrisiko wird betragsmäßig noch erhöht, wenn eine Korrektur auf **statistische Mittelwerte** erfolgt, obwohl Wertansätze an Bandbreitenrändern nicht weniger fremdvergleichskonform sind.
- Unter Risikoaspekten sollte also die Wahl eines Verrechnungspreises in Betracht gezogen werden, der im **Kernbereich** der Werte vergleichbarer Unternehmen bzw. Transaktionen liegt (also in den mittleren beiden Bandbreitenquartilen). Auf diese Weise werden statistische Ausreißer bei der Verrechnungspreisbestimmung unbeachtet gelassen, bei denen mit einer gewissen Wahrscheinlichkeit systematische Unterschiede in den Transaktionsbedingungen vorliegen, aufgrund derer sich das betrachtete Vergleichsunternehmen tatsächlich nicht wie ein Vergleichsunternehmen verhält.
- Um ein Maximum an Rechts- und Planungssicherheit zu gewährleisten, kommt der **Verrechnungspreisdokumentation** eine besondere Bedeutung zu, denn sie liefert den notwendigen Argumentationsspielraum in Betriebsprüfungen. Der Steuerpflichtige sollte die Kriterien für die Auswahl der in der Verrechnungspreisbandbreite berücksichtigten Fremdvergleichswerte ausführlich darlegen und nachweisen, aus welchen Gründen er bestimmte Vergleichswerte als eingeschränkt oder uneingeschränkt vergleichbar ansieht. Hierbei sollte er auf die Vergleichbarkeit der maßgeblichen Transaktionsbedingungen abstellen, wie z. B. der gehandelten Güter bzw. Leistungen (z. B. hinsichtlich physischer Eigenschaften, Produktqualität und Zusatzleistungen), der Vertragsbedingungen (z. B. Liefer-, Zahlungsbedingungen, Gewährleistungspflichten), der eingesetzten Wirtschaftsgüter (insbesondere wertvolle immaterielle Wirtschaftsgüter) und der übernommenen Funktionen und Risiken (z. B. Lagerrisiko, Absatzrisiko). Ferner hat er ggf. vorgenommene Anpassungsrechnungen zur Erhöhung der Vergleichbarkeit zwischen Markt- und Verrechnungspreis zu erläutern.

Festzuhalten bleibt, dass die Bedeutung von Doppelbesteuerungsproblemen im Zusammenhang mit Verrechnungspreisbandbreiten in der Zukunft voraussichtlich zunehmen wird. Dies begründet sich dadurch, dass eine steigende Akzeptanz gewinnvergleichender Verrechnungspreismethoden zu beobachten ist[51], die dazu führt, dass in zunehmendem Maße **Datenbankanalysen** zur Ermittlung von Vergleichsmargen eingesetzt werden.[52] Solchen datenbankgestützten Vergleichsmargen kann jedoch bisher nur die Qualität eingeschränkt vergleichbarer Fremdvergleichswerte zugesprochen werden. Ermitteln die Steuerpflichtigen ihre Verrechnungspreisbandbreiten also datenbankgestützt, so müssen sie zur Erhöhung der Vergleichbarkeit Anpassungen vornehmen, die beispielsweise in Deutschland, den USA und den Niederlanden mit Hilfe der Interquartil-Methode erfolgen könnten, ohne dass es sich hierbei bereits um einen internationalen Standard handelt.

---

[51] Vgl. *OECD* a.a. O. (oben Fn. 26), Tz. 2.1 – 2.3. Es ist insbesondere eine zunehmende Akzeptanz der transaktionsbezogenen Nettomargenmethode (TNMM) erkennbar, vgl. hierzu näher *Kurzewitz* a. a. O. (oben Fn. 32), S. 48 ff. sowie zu weiteren Gewinnmethoden *OECD*, TMTR 2008, S. 599 ff.

[52] Vgl. hierzu näher *Oestreicher/Vormoor*, IStR 2004, S. 95 ff.; *Kurzewitz* a. a. O. (oben Fn. 32), S. 404 ff.

5. Gewinnaufteilungsmethoden

von Dr. Alexander Vögele, Wirtschaftsprüfer, Steuerberater, Commissaire aux Comptes, und Hendrik Fügemann, Frankfurt[*]

Inhaltsübersicht

A. Einführung
   I. Methodenüberblick
   II. Anwendungsbereiche
   III. Ökonomischer Hintergrund

B. Residual-Gewinnaufteilungsmethode
   I. Routinegewinnmargen und ihre Bandbreiten
   II Aufteilungsschlüssel

C. Wertschöpfungsbasierte Verrechnungspreise

Literatur:

Cole, Robert T., Practical Guide to US Transfer Pricing, Chap. 10, Tax Analysts, 2006; **Gonnet, Sebastien/Fris, Pim**, "Contribution analyses under the profit split method", International Tax Review: Intellectual Property, 2007; **Green, Gareth**, Transfer Pricing Manual, BNA International Inc., 2008; **Llinares, Emmanuel**, "Intangibles, market structure and the use of profit split methods", International Tax Review: Intellectual Property, 2006; **Modigliani, Franco/Miller, Merton**, The Cost of Capital, Corporation Finance and the Theory of Investment. American Economic Review (Juni 1958); **Schumpeter, Joseph**, Theorie der wirtschaftlichen Entwicklung, 1912; **Vögele, Alexander/Fügemann, Hendrik/Harshbarger, Stuart**, "Migration to brand management centre can work", International Tax Review: Intellectual Property, 2008; **Vögele, Alexander/Gonnet, Sebastien/Gottschling, Bastian/Fügemann, Hendrik**, „Transfer Prices determined by game theory: 3 – Application to the banking industry", BNA Tax Planning International Transfer Pricing, December 2008; **Vögele, Alexander/Gonnet, Sebastien/Gottschling, Bastian**, „Transfer Prices determined by game theory: 1 – Underlyings", BNA Tax Planning International Transfer Pricing, October 2008; **Vögele, Alexander/Gonnet, Sebastien/Gottschling, Bastian**, „Transfer Prices determined by game theory: 2 – Application to IP", BNA Tax Planning International Transfer Pricing, November 2008; **Vögele, Alexander/Harshbarger, Stuart/Mert-Beydilli, Nihan**, "Calculating royalties based on comparable market opinions", International Tax Review: Intellectual Property, 2006; **Vögele, Alexander/Harshbarger, Stuart/Mert-Beydilli, Nihan**, "How to use transfer pricing to calculate the value of a brand", International Tax Review: Intellectual Property, 2006; **Vögele, Alexander/Sedlmayr, Richard**, "Willingness to pay: how the microeconomic toolbox applies to brand valuation", International Tax Review: Intellectual Property, 2007; **Vögele, Alexander/Witt/Wolf/Harshbarger, Stuart**, "How to value transferred know-how and IP after a merger", International Tax Review: Intellectual Property, 2008; **Vögele, Alexander/Witt, Wolf**, "Valuing know-how and knowledge through bottom-up approaches", International Tax Review: Intellectual Property, 2007.

A. Einführung

Gewinnorientierte Methoden[1] werden in der Verrechnungspreispraxis verwendet, wenn die drei Standardmethoden nicht angewendet werden können (z. B. aus Gründen der Unvergleichbarkeit der Preise mit Preisen aus Transaktionen unverbundener Unternehmen).[2] Es ist zu beachten, dass die Standardmethoden in der OECD Methodenhierarchie einen Vorrang vor gewinnorientierten Methoden haben. Zu den gewinnorientierten Methoden zählen die TNMM und unterschiedliche Gewinnaufteilungsmethoden, welche in diesem Kapitel beschrieben werden.

Obwohl Gewinnaufteilungsmethoden seit geraumer Zeit – insb. im angelsächsischen Raum – angewendet werden, befinden sich der Ansatz und die Anwendung gerade im europäischen Raum noch in der Entwicklungsphase. Die in diesem Kapitel dargestellten Vorgehensweisen

---

[*] NERA Economic Consulting GmbH, Frankfurt.

[1] Vgl. *Higinbotham, Harlow*: "Profit split method", in *Cole, Robert T.*: Practical Guide to US Transfer Pricing, Chap. 10, Tax Analysts, 2006.; *Voegele*, Alexander: "Profit Split methods", in *Green, Gareth*: Transfer Pricing Manual, BNA International Inc., 2008.

[2] Vgl. Tz. 3.49 OECD-RL oder auch VGr-Verfahren, Tz 3.4.10.3 c)

entsprechen sowohl von einer **praktischen Perspektive** als auch von einem **steuerrechtlichen Standpunkt** aus betrachtet dem aktuellen Stand der Wissenschaft.

Das Kapitel zeigt, inwieweit die definitorische Abgrenzung von Funktionen und Risiken eine Rolle spielt und wie **ermittelte Bandbreiten** für Routinemargen und **Aufteilungsschlüssel** für den Residualgewinn **im Rahmen der Residual-Gewinnaufteilungsmethode verwendet werden** können.

Schwerpunkte dieses Kapitels sind die ökonomische Interpretation des Arm's Length Grundsatzes sowie die Anwendung der unterschiedlichen Gewinnaufteilungsmethoden in der Praxis.

Die ökonomischen Einflüsse, die in jedem betrachteten Fall unterschiedlich sind, bestimmen, welche Gewinnaufteilungsmethode jeweils anzuwenden ist. Neben einem **Methodenüberblick** enthält dieses Kapitel daher eine Beschreibung der verschiedenen Anwendungsbereiche, der **ökonomischen Hintergründe** sowie der wichtigsten **Anforderungen** an eine zuverlässige **Umsetzung** für jede Gewinnaufteilungsmethode.

Insbesondere wird in diesem Kapitel die **Residual-Gewinnaufteilungsmethode** diskutiert. Zusammen mit der globalen Gewinnaufteilungsmethode stellt sie eine in den OECD Richtlinien und in den US-Richtlinien zu Section 482 IRC vorgeschlagene Methode dar, um Geschäfte zu analysieren, für die eine „sehr enge wechselseitige Beziehung besteht".[3] Die OECD nimmt dabei an, dass auch unverbundene Unternehmen bei solchen Geschäften eine Art **„Arbeitsgemeinschaft"** auf steuerrechtlicher Basis begründen und die Aufteilung der hieraus entstehenden Gewinne beschließen.[4]

Die in diesem Kapitel beschriebenen Techniken und Anwendungsbeispiele illustrieren, wie bereits berechnete Bandbreiten für Routinegewinne im Rahmen der Residual-Gewinnaufteilungsmethode verwendet werden können und wie sich diese Methode außerdem für die Berechnung beim **Transfer immaterieller Wirtschaftsgüter** anwenden lässt.[5] Bei der Residual-Gewinnaufteilungsmethode handelt es sich um eine universell einsetzbare Bewertungsmethode, die in einer Vielzahl von unterschiedlichen Verrechnungspreissituationen sinnvoll angewendet werden kann.

Die anderen beiden in diesem Kapitel vorgestellten Gewinnaufteilungsmethoden, Vergleichs- und globale Gewinnaufteilungsmethode, stellen spezifischere Methoden dar. Die **Vergleichs-Gewinnaufteilungsmethode** wird i. d. R. eingesetzt, wenn Lizenzgebühren auf ihre Angemessenheit hin zu überprüfen sind. Die **Globale Gewinnaufteilungsmethode** eignet sich besonders gut in Situationen, die einem Joint Venture ähneln.

Streng genommen unterscheidet sich die Globale Gewinnaufteilungsmethode nur geringfügig von der Residual- bzw. Rest-Gewinnaufteilungsmethode. Dabei wird letztere eben in genau solchen Situationen angewendet, in denen ein Residualgewinn existiert.

Besonders wichtig ist es festzuhalten, dass die dargestellten Methoden dazu dienen, Verrechnungspreise auf ihre Angemessenheit hin zu überprüfen. Außerdem eignen sich die Methoden auch dazu, zukünftige Preise für Planungszwecke zu ermitteln. Der Begriff *Gewinnaufteilungs-*methode kann vor diesem Hintergrund leicht falsch interpretiert werden. Es handelt sich bei den Methoden nämlich nicht um Methoden zur Aufteilung von Gewinnen im Rahmen von Ge-

---

[3] Tz. 3.5 OECD-RL.

[4] Vgl. Tz. 3.5 OECD-RL.

[5] Vgl. *Llinares, Emmanuel*: "Intangibles, market structure and the use of profit split methods", International Tax Review: Intellectual Property, 2006.

winnausschüttungen, sondern um Methoden zur Ermittlung angemessener Preise für **Transaktionen auf schuldrechtlicher Ebene**. Es gilt, angemessene Preise zu ermitteln oder bestehende Preise zu testen, die zu einer bestimmten Gewinnaufteilung führen.

Die Preise werden typischerweise bei einem Transaktionspartner als abzugsfähiger Aufwand erfasst und bei einem verbunden Transaktionspartner als Umsatz verbucht.

I. Methodenüberblick

Obwohl Gewinnaufteilungsmethoden i. d. R. als Auswegslösung betrachtet werden, die nur dann angewendet werden können bzw. dürfen, wenn die Standardmethoden nicht zu sinnvollen Ergebnissen führen, werden **Gewinnaufteilungs-Ansätze** häufig bei **steuerrechtlichen Streitigkeiten** vor Gericht verwendet. Ein Beispiel betrifft die vom amerikanischen IRS beantragte Steuerberichtigung i. H. v. 5,4 Milliarden Dollar gegen **GlaxoSmithKline Holdings (Americas) Inc.** Im September 2006 wurde die Streitigkeit gegen eine Zahlung von GlaxoSmithKline i. H. v. 3,1 Milliarden Dollar beigelegt.[6] Im Rahmen dieser Auseinandersetzung hat der amerikanische **IRS seine Forderungen auf der Basis der Residual-Gewinnaufteilungsmethode** geltend gemacht.

Dies verdeutlicht, dass Gewinnaufteilungsmethoden in der praktischen Bewertung von Verrechnungspreissachverhalten eine wichtige Rolle spielen.

Viele nationale Steuerbehörden sind den OECD Richtlinien gefolgt und erkennen **Gewinnaufteilungsmethoden grundsätzlich als mögliche Alternative** an, wenn sich die Standardmethoden nicht anwenden lassen. So hat bspw. die nationale japanische Steuerbehörde im September 2000 sowohl die Residual-Gewinnaufteilungsmethode als auch die Vergleichs-Gewinnaufteilungsmethode in die japanischen Verrechnungspreis-Richtlinien aufgenommen.

Die deutsche **Verwaltungsgrundsätze-Verfahren** vom 12. April 2005 **verweisen** vor diesem Hintergrund **auf die OECD Richtlinie von 1995** und stellen fest, dass die geschäftsvorfallbezogene Gewinnaufteilungsmethode bspw. bei der „Gewinnabgrenzung von grenzüberschreitenden Geschäftsbeziehungen zwischen mehreren Konzernunternehmen mit 'Entrepreneur'-Funktion"[7] angewendet werden kann.

Entgegen der Standardmethoden und der TNMM betrachten die Gewinnaufteilungsmethoden die Transaktionen somit nicht einseitig (d. h. aus der Sicht *eines* Transaktionspartners), sondern nehmen die Geschäftsbedingungen und -umfelder *aller* Transaktionspartner in Betracht. Stark integrierte Geschäftsbeziehungen können oft nur gemeinsam betrachtet werden. Die traditionellen Methoden greifen dabei oft zu kurz, da sie komplexe Sachverhalte aus einer nationalen, d. h. einseitigen, Perspektive analysieren.

Im Gegensatz dazu liefern **Gewinnaufteilungsmethoden** einen **ganzheitlichen Ansatz**, der den Arm's Length Charakter von Geschäftsbeziehungen von einem internationalen Standpunkt aus beleuchtet. Gewinnaufteilungsmethoden stellen ein **wichtiges Analyseelement** im Rahmenwerk internationaler Verrechnungspreise dar.

Im Folgenden wird die **Methodik** und die **Anwendung** der globalen Gewinnauteilungsmethode, der Residual-Gewinnaufteilungsmethode und der Vergleichs-Gewinnaufteilungsmethode beschrieben.

---

[6] Der exakte Wortlaut des ursprünglichen Antrags vom 2. April 2004 wurde unter 12 Transfer Pricing Rep. (BNA Tax Mgmt.) 1119 (2004) veröffentlicht. Dieser Antrag umfasst die Jahre 1989 bis 1996. Eine weitere Steuernachforderung, die die Folgejahre 1997-2000 umfasst, wurde am 12. April 2005 eingereicht.

[7] VGr-Verfahren, Tz 3.4.10.3 c)

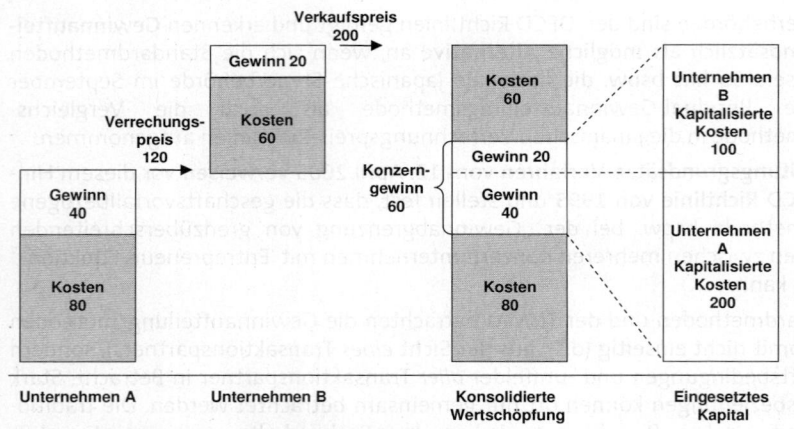

1. Globale Gewinnaufteilungsmethode

Die Anwendung von Gewinnaufteilungsmethoden basiert i. d. R. auf einem von mehreren Parteien gemeinsam erwirtschafteten Gewinn (bzw. Verlust), der anhand der Beiträge (z. B. Investitionen) der teilnehmenden Parteien auf diese aufgeteilt wird. In einem zweiten Schritt werden die Verrechnungspreise anhand der Ergebnisse aus dem Profit Split abgeleitet. Dabei werden die Preise so festgesetzt, dass jede Partei den Gewinn erhält, der im Rahmen des Profit Splits determiniert wurde. Es ist zu beachten, dass es sich bei der Globalen Gewinnaufteilungsmethode, wie bei jeder Gewinnaufteilungsmethode, nicht um eine Methode zur Aufteilung von Gewinnen im Rahmen von Gewinnausschüttungen, sondern um eine Methode zur Ermittlung angemessener Preise für Transaktionen auf schuldrechtlicher Basis handelt.

Die folgende Abbildung gibt einen kurzen Überblick über die **Anwendung der Globalen Gewinnaufteilungsmethode** basierend auf den **kapitalisierten Kosten** von zwei verbundenen Unternehmen. Dabei verkauft das verbundene Unternehmen A Halbfertigfabrikate an das verbundene Unternehmen B. Das Verhältnis des eingesetzten Kapital beträgt 2:1. Entsprechend ist der Gesamtgewinn (d. h. der Betrag, der die Gesamtkosten übersteigt) zwischen den Unternehmen aufzuteilen. Die Ermittlung des Aufteilungsschlüssels wird im Folgenden im Detail erläutert.

Abb. 1: Globale Gewinnaufteilungsmethode

Die Abbildung zeigt, dass der konsolidierte Konzernumsatz mit fremden Dritten bei 200 liegt, ein Konzerngewinn von 60 erwirtschaftet wurde und die insgesamt eingesetzten kapitalisierten Kosten 300 betragen.

Ein Drittel der eingesetzten kapitalisierten Kosten stammen von Unternehmen B, und zwei Drittel der gesamtkapitalisierten Kosten werden von Unternehmen A eingesetzt. Der **gemeinsam erwirtschaftete Konzerngewinn von 60** wird im obigen Beispiel so aufgeteilt, dass **jedes** der beiden **Unternehmen** einen **Anteil** am Konzerngewinn bekommt, **der den jeweils eingesetzten kapitalisierten Kosten entspricht**. Dem Unternehmen A stehen daher 2/3 des Gesamtgewinns von 60 zu. In absoluten Zahlen entspricht dies einem Gewinn von 40. Addiert man diesen Gewinn auf die bei Unternehmen A angefallenen Gesamtkosten von 80, so ergibt sich ein Verrechnungspreis von 120 (40 Gewinn + 80 Kosten =120 Verrechnungspreis).

Das Beispiel verdeutlicht, dass die Anwendung der Globalen Gewinnaufteilungsmethode dazu führt, dass sämtliche Profit Split Teilnehmer eine Vergütung bekommen, die proportional zu

Vögele/Fügemann

ihrem Beitrag zu den kapitalisierten Kosten ist. Diese Vergütung entspricht dem Vergütungslevel auf Konzernniveau. Konkret bedeutet dies, dass sowohl Unternehmen A als auch Unternehmen B eine **Kapitalverzinsung** entsprechend dem Konzernniveau von 20 % erzielen:

$$40/200 = 20/100 = 60/300 = 20\,\%$$

Es wird deutlich, dass eine Gewinnaufteilung auf der Basis von kapitalisierten Kosten stets zu einer **Angleichung der Kapitalverzinsung** zwischen den einzelnen Konzerngesellschaften führt. Im Umkehrschluss bedeutet dies, dass sämtliche Unternehmen im Konzern an einer marktgerechten Vergütung gemessen werden, nämlich dem tatsächlich vom gesamten Konzern erzielten - von Natur aus fremdvergleichsüblichen - Gewinn.

Die Aufteilung auf der Basis von kapitalisierten Kosten im obigen Beispiel führt daher zu einer **gleichmäßigen Kapitalverzinsung für die beiden Unternehmen A und B**.

Ein großer Unterschied zu der Anwendung von Standardmethoden besteht darin, dass **keine Daten von externen unabhängigen Unternehmen** verwendet werden, um die Angemessenheit der Verrechnungspreise nachzuweisen. Es wird stets der tatsächlich erzielte Konzerngewinn nach einem im Voraus festgelegten Schlüssel aufgeteilt.

Bei der praktischen Anwendung der Globalen Gewinnaufteilungsmethode muss daher genau dargestellt werden, warum keine der Standardmethoden angewendet werden kann, und es muss ökonomisch sinnvoll erklärt werden, warum ein konkreter Schlüssel für die Gewinnaufteilung angewendet wurde. Zumeist finden Globale Gewinnaufteilungsmethoden Anwendung, wenn Leistungen und Lieferungen zwischen zwei Entrepreneurs bestehen.

2. Residual-Gewinnaufteilungsmethode

Anders als bei der Globalen Gewinnaufteilungsmethode wird bei der Residual- oder auch Rest-Gewinnaufteilungsmethode nur ein Teil des gesamten Konzerngewinns, das sog. **Residual**, aufgeteilt. Hierbei ist es wichtig zu erwähnen, dass auch die Residual-Gewinnaufteilungsmethode zur Ermittlung angemessener Preise für Transaktionen auf schuldrechtlicher Basis dient und nicht dazu verwendet wird, entstandene Gewinne ex post aufzuteilen.

Beim Residual handelt es sich um den **unternehmerischen Gewinnanteil**, der den abhängigen Unternehmen aufgrund zentraler unternehmerischer Funktionen oder Risiken zusteht.

Zunächst wird den Konzerneinheiten ein entsprechender **Routinegewinn für ihre Routinetätigkeiten** zugewiesen. Die Ermittlung des Routinegewinns geschieht bspw. anhand von Benchmarkstudien.

Im folgenden Beispiel liefert Unternehmen A Produkte an das verbundene Unternehmen B. Die beiden Unternehmen üben sowohl Routine- als auch Nicht-Routineaktivitäten aus. Sie **investieren** dazu sowohl **Routine-„Kapital"** als auch **unternehmerisches „Kapital"**. Als „Kapital" werden hier die kapitalisierten Investitionen bezeichnet. Die von Unternehmen A ausgeführten Routineaktivitäten schaffen einen relativ hohen Wert. Am Markt erreichen vergleichbare Unternehmen, die nur diese **Routineaktivitäten** ausüben, eine Kapitalverzinsung i. H. v. 20 %, ausgedrückt als **Return on Capital Employed (ROCE)**.

Die von Unternehmen B ausgeübten Routinefunktionen sind relativ einfacher und schaffen daher einen geringeren Wert. Die am Markt beobachtbare Kapitalverzinsung für diese Aktivitäten beträgt 12.5 %.

In Abhängigkeit des von beiden Unternehmen investierten Kapitals für die Ausübung der jeweiligen Routinefunktion erhalten beide Seiten eine Routinevergütung. Unternehmen A hat Kapital i. H. v. 100 für Routineaktivitäten investiert. Bei Unternehmen B beträgt diese Investition 160.

Vögele/Fügemann

Beiden Unternehmen steht daher ein Routinegewinn von 20 zu, der auf der Basis des ROCE der jeweiligen Vergleichsunternehmen berechnet wird (A: 100 x 20 % ROCE = 20; B: 160 x 12,5 % ROCE = 20).

Für dieses Beispiel wird angenommen, dass der Konzern einen Gesamtgewinn i. H. v. 70 erwirtschaftet. Dies bedeutet, dass **nach Verteilung der Routinegewinne** auf die beiden Unternehmen ein **Residual von 30** übrig bleibt (70-20-20=30).

Dieses Residual muss nun in einem nächsten Schritt **zwischen den beiden Unternehmen aufgeteilt werden**. Als **Aufteilungsschlüssel** dient dazu das von beiden Seiten **investierte unternehmerische Kapital**. Dieses „Risikokapital" ist notwendig, damit beide Unternehmen ihren jeweiligen unternehmerischen Tätigkeiten nachgehen können. Unternehmen A hat unternehmerisches Kapital i. H. v. 40 investiert. Bei Unternehmen B beträgt diese Investition 80. Der **Residualgewinn von 30** wird daher **im Verhältnis 2:1 zu Gunsten von Unternehmen B aufgeteilt**, da dieses exakt doppelt so viel unternehmerisches Kapital investiert hat.

Die folgende Abbildung illustriert die beschriebene Vorgehensweise beider Residual-Gewinnaufteilungsmethoden:

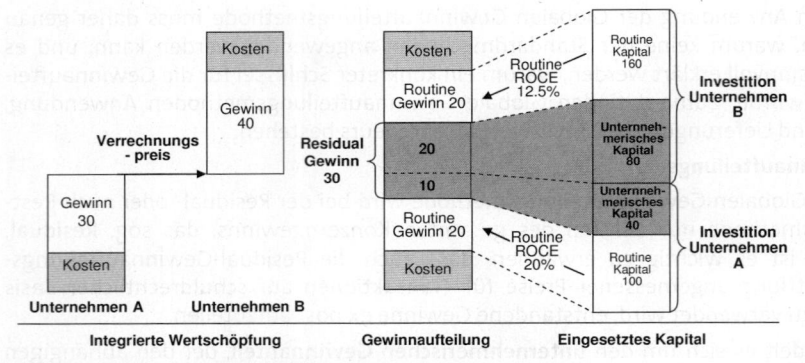

Abb. 2: Residual-Gewinnaufteilungsmethode

Unternehmen A steht ein **Gesamtgewinn von 30** zu. Dieser setzt sich aus einem Routinegewinn von 20 sowie einem Drittel des ermittelten Residualgewinns (1/3 * 30 = 10) zusammen. Bei **Unternehmen B** beträgt der ermittelte **Gesamtgewinn 40**. Er ist die Summe aus einem Routinegewinn von 20 sowie einem Anteil des Residualgewinns von zwei Dritteln, also ebenfalls 20 (2/3 * 30 = 20).

Die Residual-Gewinnaufteilungsmethode eignet sich besonders gut für **komplexe Situationen**, in denen mehrere Entrepreneurs zusammenarbeiten. Die meisten Unternehmen führen nämlich i. d. R. sowohl Routine- als auch Nicht-Routinefunktionen aus. Es ist daher vielfach sinnvoll, den jeweiligen Konzerngesellschaften zunächst eine Routinemarge für ihre Routinefunktionen zuzuweisen. Dies entspricht dem Arm's Length Grundsatz, wonach jeder Routinetätigkeit – zumindest über einen gewissen Zeitraum betrachtet – ein Routinegewinn zusteht.

Der darüber hinaus entstehende Residualgewinn muss, wie oben dargestellt, angemessen auf die unternehmerischen Funktionen bzw. Risiken aufgeteilt werden.

Nachstehend erläutert ein weiteres Beispiel die Anwendung der Residual-Gewinnaufteilungsmethode. Es wird davon ausgegangen, dass sich für einige Transaktionen bzw. Aktivitäten im Konzern Nettomargen feststellen lassen. Den Routineaktivitäten, für die sich Vergleichsmargen identifizieren lassen, wird, wie oben beschrieben, in einem ersten Schritt eben diese Routinemarge zugewiesen. In einem zweiten Schritt wird der verbleibende Residualgewinn zwischen den unterschiedlichen Entrepreneurs aufgeteilt. Vergleichsmargen lassen sich dabei teilweise auch als Vergütung für das eingesetzte Routinekapital bestimmen.

Beispiel:

Zwei komplexe Gesellschaften A und B eines Pharmakonzerns üben sowohl Routine- als auch Nichtroutinefunktionen aus. Gemeinsam erwirtschaften sie einen operativen Gewinn von € 60m. Bei der von beiden Gesellschaften gemeinsam ausgeübten Nichtroutinefunktion handelt es sich um die gemeinschaftliche Forschung und Entwicklung neuer Wirkstoffe. Gesellschaft A hat € 100m für diese gemeinsame F&E Tätigkeiten investiert. Bei Gesellschaft B beläuft sich diese Investition auf € 200m. Neben der gemeinsamen Forschung und Entwicklung üben die beiden Gesellschaften Routineaktivitäten aus. Gesellschaft A produziert die gemeinsam entwickelten Wirkstoffe, während Gesellschaft B den routinemäßigen Vertrieb der Medikamente übernimmt. Gesellschaft A hat € 150m für die Routineproduktion investiert. Das von Gesellschaft B investierte Kapital in den Routinevertrieb beläuft sich auf € 300m. Die Suche nach Vergleichsmargen hat ergeben, dass Gesellschaften mit einem Funktions- und Risikoprofil ähnlich der Routineproduktion von Gesellschaft A im Mittel eine Kapitalvergütung von 10 % erwirtschaften.[8]

Tätigkeiten, die den routinemäßigen Vertriebstätigkeiten der Gesellschaft B entsprechen, steht gewöhnlich eine fremdvergleichsübliche Kapitalvergütung von 6 % zu.

Dies bedeutet, dass Gesellschaft A eine Routinevergütung von € 15m zusteht (10 % * € 150m) und Gesellschaft B eine angemessene Entlohnung von € 18m für den ausgeübten Routinevertrieb erhalten sollte (6 % * € 300m). Insgesamt sind daher € 33m (€ 15m + € 18m) des erwirtschafteten operativen Gesamtgewinns von € 60m als Routinegewinn zu qualifizieren.

Der verbleibende Restgewinn i. H. v. € 27m wird in einem zweiten Schritt auf die beiden Gesellschaften im Verhältnis ihrer jeweiligen Investition in die gemeinschaftliche Nichtroutinetätigkeit, der Forschung und Entwicklung, aufgeteilt. Gesellschaft A stehen 33.3 % (€ 100 / € 300m) des Residualgewinns zu, während Gesellschaft B 66.6 % des verbleibenden Residuals von € 27m erhalten sollte (€ 200m / € 300m). Konkret führt dies zu folgendem Gesamtergebnis für die beiden Gesellschaften:

Gesellschaft A: € 15m Routinegewinn + € 9m Residualanteil (€ 27m * 33.3 %)
= **€ 24m Gesamtgewinn.**

Gesellschaft B: € 18m Routinegewinn + € 18m Residualanteil (€ 27m * 66.6 %)
= **€ 36m Gesamtgewinn.**

Im obigen Beispiel wird der gemeinsam erwirtschaftete Gewinn i. H. v. € 60m entsprechend dem eingesetzten Kapital auf die beiden Gesellschaften aufgeteilt. Dabei erhalten die Gesellschaften jeweils eine routinemäßige Vergütung für das von ihnen eingesetzte Routinekapital. Der verbleibende Residualgewinn wird im Verhältnis des eingesetzten Nichtroutinekapitals auf die beiden Gesellschaften verteilt.

3. Vergleichs-Gewinnaufteilungsmethode

Bei der Vergleichs-Gewinnaufteilungsmethode wird der (Residual)Gewinn bzw. -verlust auf Basis von Vergleichsdaten unabhängiger Dritter getestet. Die Vergleichs-Gewinnaufteilungs-

---

[8] Als Vergleichmarge wird dazu i. d. R. der „Return on Capital Employed" (ROCE) verwendet.

methode dient zur Ermittlung angemessener Preise für Transaktionen auf schuldrechtlicher Basis. Dabei muss sichergestellt sein, dass die für den Fremdvergleich herangezogene Transaktion unter **vergleichbaren Rahmenbedingungen** beschlossen wurde. Dies bezieht sich sowohl auf die Funktionen und Risiken als auch auf die mit der Transaktion zusammenhängenden Kosten.

Die Vergleichs-Gewinnaufteilungsmethode ist vergleichbar mit der Residual-Gewinnaufteilungsmethode. Ein wesentlicher Unterschied besteht jedoch in der Bestimmung des Aufteilungsschlüssels für die endgültige Zuteilung des Residualgewinns bzw. -verlusts auf die verschiedenen Entrepreneurs. Im Gegensatz zur Residual-Gewinnaufteilungsmethode wird der **Aufteilungsschlüssel** bei der Vergleichs-Gewinnaufteilungsmethode **direkt anhand von vergleichbaren Transaktionen** ermittelt.

Die Vergleichs-Gewinnaufteilungsmethode wird regelmäßig bei der Berechnung von **Lizenzgebühren** für Patente verwendet. Dabei werden Gewinne zwischen Lizenznehmer und Lizenzgeber basierend auf vergleichbaren unabhängigen Transaktionen ähnlicher Produkte oder immaterieller Wirtschaftsgüter aufgeteilt.

Besonders häufig wird die Vergleichs-Gewinnaufteilungsmethode in der pharmazeutischen Industrie angewendet. Vereinbaren bspw. zwei **Pharmakonzerne** die gemeinsame Entwicklung eines Medikaments, so beschließen sie i. d. R., die aus diesem **Joint Venture** resultierenden Gewinne auf Basis ihrer jeweiligen Investitionen aufzuteilen.

Sofern allerdings Pharmakonzerne Lizenzverträge über schon (teilweise) entwickelte Produkte oder Wirkstoffe untereinander abschließen, ist es sehr schwierig, den jeweiligen buy-in-Wert zu ermitteln. Regelmäßig kann dieser nicht auf den historischen Kosten beruhen. Er richtet sich daher an den künftigen Ergebnissen aus. Sofern ein Konzern regelmäßig bestimmte Verfahren zur Ermittlung dieser Lizenzgebühren im Verhältnis zu fremden Dritten anwendet, können diese als Fremdvergleich zur Bestimmung von Lizenzgebühren innerhalb des Konzerns herangezogen werden.

Angemessene Verrechnungspreise für vergleichbare Transaktionen zwischen verbundenen Unternehmen müssen vor diesem Hintergrund zu einem ähnlichen Ergebnis führen, wie bei unabhängigen Unternehmen, die ein Joint Venture eingegangen sind.

II. Anwendungsbereiche

Sämtliche Verrechnungspreismethoden sind darauf ausgerichtet zu bestimmen bzw. zu testen, welche Preise bzw. welcher Gewinn zustande gekommen wäre, wenn unabhängige Dritte unter vergleichbaren Bedingungen und Umständen die Transaktion vollzogen hätten, die die verbundenen Unternehmen getätigt haben. Stehen keine direkten Vergleichspreise zur Verfügung, so müssen Kennzahlen verglichen werden, die aussagekräftige Rückschlüsse auf die den Transaktionen zu Grunde liegenden Preise zulassen. Dazu werden bspw. Rohgewinnmargen, Kostenaufschläge oder Nettomargen miteinander verglichen.

Die **Methodenhierarchie** der OECD besagt, dass direkte Vergleichspreise (z. B. anhand der Preisvergleichsmethode) – sofern verfügbar – den zuverlässigsten Nachweis der Fremdvergleichsüblichkeit liefern. Nur wenn solche direkten Vergleichspreise nicht zur Verfügung stehen, können die Wiederverkaufspreis- oder die Kostenaufschlagsmethode angewendet werden. Diese Methoden überprüfen die Angemessenheit von Verrechnungspreisen anhand von Bruttomargen, die unabhängige Dritte erwirtschaften. Es ist hierfür nötig, vergleichbare Unternehmen zu identifizieren, damit deren Bruttomargen für den Fremdvergleich ausgerechnet werden können. Die **Suche nach Vergleichsunternehmen** ist ebenfalls bei der Anwendung der Transaktionalen Nettomargen Methode (TNMM) notwendig.

Vögele/Fügemann

Ein wichtiger Anwendungsbereich der Gewinnaufteilungsmethoden umfasst Fälle, in denen sich keine zuverlässigen Vergleichsunternehmen feststellen lassen. Dies ist der Fall bei 1. verstärkter **vertikaler Integration** innerhalb internationaler Konzerne sowie 2. dem **Einsatz von** wertvollen **immateriellen Wirtschaftsgütern** sämtlicher Transaktionspartner. In solchen Fällen liefern Gewinnaufteilungsmethoden häufig den besten Nachweis für die Angemessenheit der Verrechnungspreise.

Ein erster Grund für die Verwendung von Gewinnaufteilungsmehtoden ist die zunehmende vertikale Integration internationaler Konzerne. Die vertikale Integration führt dabei häufig zu Synergieeffekten, die sich in niedrigeren Transaktionskosten, effizienten Managementprozessen, sowie einem zentralisierten Risikomanagement widerspiegeln. Letzen Endes sind es eben diese Vorteile, die Konzerne dazu veranlassen, sich vertikal zu integrieren. Würden unabhängige Vergleichsunternehmen gesucht werden, müsste sich die Suche auf Routinegesellschaften, die solche Integrationsvorteile nicht aufweisen, fokussieren. Dabei würde angenommen, dass die Synergieeffekte nur einem Transaktionspartner, dem Entrepreneur, zustehen. In der Praxis würden diese Vorteile jedoch - auch unter fremden Dritten - sämtlichen Transaktionspartnern zugutekommen, da sich die Integrationsvorteile nur schwer isolieren lassen. Im Übrigen lassen sich nur in seltenen Fällen Vergleichsunternehmen zu stark vertikal integrierten Konzerngesellschaften finden. Gewinnaufteilungsmethoden stellen vor diesem Hintergrund oft einen verlässlicheren Ansatz dar.

Die folgende Abbildung zeigt, inwiefern Kostenvorteile durch vertikale Integration die Suche nach Vergleichsunternehmen erschweren können:

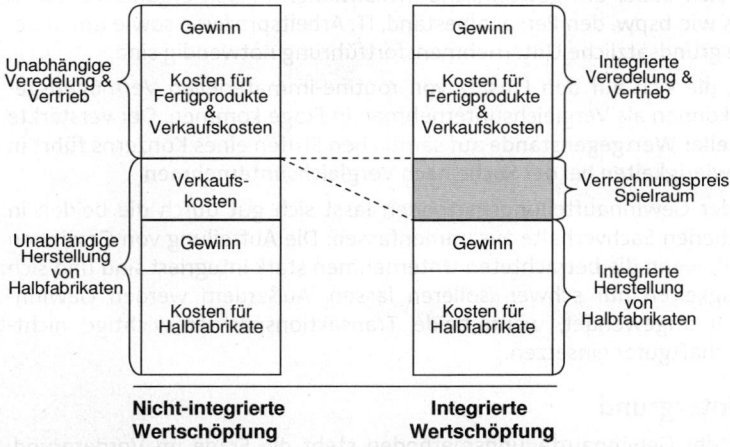

Abb. 3: Vertikale Integration von Wertschöpfungsketten

Die Abbildung macht deutlich, dass sich durch **vertikale Integration** häufig **Kosten sparen** lassen. Im dargestellten Beispiel entfallen bei integrierter Wertschöpfung die Verkaufskosten, die bei nicht-integrierter Wertschöpfung beim Produzenten der Halbfabrikate entstehen. In Abhängigkeit davon, wie die **eingesparten Verkaufskosten** bei integrierter Wertschöpfung auf die beiden abhängigen Konzerngesellschaften aufgeteilt werden, entsteht ein **Verhandlungsspielraum für Verrechnungspreise**.

Vergleichsunternehmen zu stark im Konzern integrierten Gesellschaften lassen sich vor diesem Hintergrund nur selten identifizieren. Es ist theoretisch kaum möglich, Vergleichsunternehmen zu finden, die als unabhängige Unternehmen die gleichen Integrationsvorteile genießen wie ein zu testendes integriertes Unternehmen.

Ein **zweiter Grund** dafür, dass sich Vergleichsunternehmen häufig nicht finden lassen, liegt im immer stärkeren Einsatz **immaterieller Wirtschaftsgüter auf sämtlichen Ebenen der Wertschöpfungskette**. Wenn von sämtlichen Transaktionspartnern wertvolle Patente, Lizenzen oder anderes Know-how eingesetzt werden, lassen sich die Standardmethoden nicht mehr sinnvoll anwenden. In diesen Fällen sind die Bedingungen der Transaktionen „einzigartig" und lassen sich somit nicht mehr mit Transaktionen zwischen unabhängigen Unternehmen vergleichen. Es handelt sich in solchen Fällen um die gemeinschaftliche unternehmerische Tätigkeit mehrerer Entrepreneurs, deren Vergütung nur im Rahmen einer der Gewinnaufteilungsmethoden bestimmt werden kann.

In der Praxis wird in diesem Zusammenhang häufig zwischen **routine- und nichtroutine-immateriellen Vermögensgegenständen** unterschieden. Bei den nichtroutine-immateriellen Wirtschaftsgütern handelt es sich um besonders wichtige Vermögensgegenstände, die untrennbar mit dem wirtschaftlichen Erfolg des gesamten Konzerns verbunden sind. Der Aufbau bzw. die Erschaffung dieser Art immaterieller Vermögensgegenstände lässt sich nicht an fremde Dritte ausgliedern. Fremde unabhängige Unternehmen verfügen nur selten über ähnliche wertschaffende Vermögensgegenstände und sind daher i. d. R. nicht mit dem zu testenden Unternehmen vergleichbar.

Bei **routine-immateriellen Vermögensgegenständen** handelt es sich um relativ **einfach zu replizierende** immaterielle **Werte**, deren Herstellung auch bei fremden Dritten in Auftrag gegeben werden kann. Es handelt sich dabei um gewöhnliche Investitionen in den organisatorischen Aufbau des Unternehmens wie bspw. den Personalbestand, IT, Arbeitsprozesse sowie um andere Investitionen, die für die grundsätzliche Unternehmensfortführung notwendig sind.

Nur solche Unternehmen, die sich auf den Einsatz von routine-immateriellen Vermögensgegenständen beschränken, können als Vergleichsunternehmen in Frage kommen. Der **verstärkte Einsatz zentraler immaterieller Wertgegenstände** auf sämtlichen Stufen eines Konzerns führt in der Praxis zu größeren **Schwierigkeiten bei der Suche nach Vergleichsunternehmen**.

Der Anwendungsbereich der Gewinnaufteilungsmethoden lässt sich gut durch die beiden in diesem Abschnitt beschriebenen Sachverhalte zusammenfassen: Die Aufteilung von Gewinnen ist besonders dann relevant, wenn die betrachteten Unternehmen stark integriert sind und sich die unterschiedlichen Tätigkeiten nur schwer isolieren lassen. Außerdem werden Gewinnaufteilungsmethoden dann angewendet, wenn beide Transaktionspartner wichtige nicht-routine-immaterielle Wirtschaftgüter einsetzen.

III. Ökonomischer Hintergrund

Auch bei der **Anwendung** der Gewinnaufteilungsmethoden steht die Frage im Vordergrund, inwieweit diese Vorgehensweise dem Fremdvergleichsgrundsatz entspricht. Dabei muss sichergestellt werden, dass die Aufteilung der von Transaktionspartnern gemeinsam erwirtschafteten Gewinne ebenso auch zwischen unabhängigen fremden Dritten erfolgt wäre.

Der in der Praxis am häufigsten angewendete Aufteilungsschlüssel ist das investierte Kapital der Transaktionspartner. Es ist daher von großer Bedeutung, inwiefern das investierte Kapital eine ökonomisch sinnvolle Basis für die Aufteilung von Gewinnen darstellt.

Um eine solche Beurteilung vorzunehmen, muss zunächst die generelle **Beziehung** zwischen **eingesetztem Kapital** und erwirtschafteten **operativen Gewinnen** näher analysiert werden.

Vögele/Fügemann

Als eingesetztes Kapital wird in der Praxis die Summe aus Eigenkapital und zinstragendem Fremdkapital bezeichnet. Dieses Kapital ist für die operative Ausübung der Geschäftstätigkeit notwendig. Anders ausgedrückt handelt es sich um das **operative Anlagevermögen nach Abzug von nicht-zinstragendem Fremdkapital**. Vermögensgegenstände, die nicht direkt operativ notwendig sind wie bspw. überflüssige Kassenhaltung, Wertpapiere, Investitionen in verbundene Unternehmen oder auch Verbindlichkeiten in Zusammenhang mit einmaligen, nicht wiederkehrenden Ereignissen werden nicht zum operativen Geschäftsvermögen gezählt und daher auch nicht als eingesetztes Kapital im Rahmen einer Gewinnaufteilung berücksichtigt.

Der **operative Gewinn** dient dazu, die **Ansprüche von Eigen- und Fremdkapitalgebern** zu befriedigen. Während für das Fremdkapital i. d. R. eine marktübliche und risikoadäquate Vergütung in Form von **Zinsen** bezahlt wird, erhält das eingesetzte Eigenkapital entweder direkte Vergütungen in Form von **Dividenden** und / oder es wird indirekt - durch thesaurierte Gewinne – an zukünftigen Ausschüttungen oder Wertzuwächsen beteiligt.

Langfristig betrachtet ergibt sich der Zusammenhang zwischen eingesetztem Kapital und operativen Gewinnen aus den Kapitalkosten, die von den jeweiligen Kapitalgebern gefordert werden.

Die **gewichteten Kapitalkosten** oder auch „Weighted Average Cost of Capital" (WACC) spiegeln dabei die gewichtete risikoadäquate Vergütung wider, die Kapitalgebern bei Investitionen in ein spezifisches Unternehmen einer Branche zusteht bzw. die diese aufgrund des Risikoprofils fordern können.

Nach dem **Modigliani-Miller Theorem**[9] ist die Kapitalstruktur für die Bestimmung des Unternehmenswerts irrelevant. Dies bedeutet, dass die Kapitalkosten eines Unternehmens – zumindest aus theoretischer Sicht unter restriktiven Annahmen[10] – unabhängig von dessen Kapitalstruktur betrachtet werden können. Im Gegensatz zur klassischen betriebswirtschaftlichen Betrachtungsweise, die einen optimalen Verschuldungsgrad eines Unternehmens kennt, führt die ökonomische Betrachtungsweise, die als isolierte Betrachtung des Kapitalstrukturrisikos das spezifische Geschäftsrisiko außer Acht lässt, zur **Irrelevanz des Verschuldungsgrades** bei der Bewertung eines Unternehmens. Es ist mit anderen Worten für die Bewertung einer Investitionsmöglichkeit unerheblich, mit welchen Mitteln die Investition durchgeführt wird.

Die ökonomische Begründung für das Modigliani-Miller Theorem liegt darin, dass Arbitragegewinne in einem vollkommenen Markt nicht möglich sind. Würde die Art der Verschuldung relevant sein, so könnte bspw. ein Investor seine Anteile an einem verschuldeten Unternehmen verkaufen, mit dem Erlös Anteile an einem ansonsten ähnlichen, jedoch unverschuldeten Unternehmen zu einem niedrigeren Preis kaufen und durch Aufnahme von Fremdkapital das gleiche Kapitalstrukturrisikoprofil schaffen wie bei seinem ersten Investment. In einem vollkommenen Markt mit symmetrischer Information ist dies nicht möglich.

Im Umkehrschluss lässt sich anhand des Modigliani-Miller Theorems aufzeigen, dass die **Kapitalkosten eines Unternehmens** langfristig das **Risikoprofil der Investition** widerspiegeln. Lassen sich bspw. in einem bestimmten Marktsegment oder einer bestimmten Branche Gewinne erzielen, die über den marktüblichen Kapitalkosten liegen, so werden neue Wettbewerber so lange in diesen Markt drängen, bis Übergewinne durch die gestiegene Konkurrenz nicht mehr möglich

---

[9] Modigliani, Franco und Miller, Merton: The Cost of Capital, Corporation Finance and the Theory of Investment. American Economic Review (Juni 1958).

[10] Das erste Modigliani-Miller Theorem fußt auf theoretischen Überlegungen ohne Steuern, ohne Insolvenzkosten, symmetrischer Information, und einen vollkommenen Kapitalmarkt.

sind. Innovativen Unternehmen kann es vor diesem Hintergrund nur kurzfristig gelingen, Übergewinne zu erwirtschaften, nämlich nur so lange, bis der Konkurrenzdruck den Innovationszyklus beendet.[11]

Langfristig werden Investitionen mit einer **risikoadäquaten Rendite** entlohnt, die das eingesetzte Kapital marktüblich vergütet.

Die Aufteilung von Gewinnen auf Basis des eingesetzten Kapitals mehrerer Transaktionspartner ist ökonomisch sinnvoll. Die gemeinsam erwirtschafteten operativen Gewinne dienen der Befriedigung der Ansprüche der Eigen- und Fremdkapitalgeber. Nachdem **Fremdkapitalgeber** ihren Gewinnanteil in Form von **Zinsen** erhalten haben, steht den **Eigenkapitalgebern** der **verbleibende Gewinn** (nach Steuern) zu. Das eingesetzte Eigenkapital, das für die operative Ausübung der Geschäftstätigkeit notwendig ist, stellt dabei einen sinnvollen Aufteilungsschlüssel dar. Je mehr notwendiges Kapital eines der verbundenen Unternehmen investiert hat, desto größer ist der ihm zustehende Anteil am gemeinsam erwirtschafteten Gewinn.

Falls die für die Gewinnaufteilung zentralen Berechnungen in Bezug auf das investierte Kapital sowie den transaktionsbasierten operativen Gewinn fehlerfrei durchgeführt wurden, **führen Gewinnaufteilungsmethoden zu ökonomisch sinnvollen Ergebnissen**, die dem Fremdvergleichsgrundsatz entsprechen.

B. Residual-Gewinnaufteilungsmethode

Die Residual-Gewinnaufteilungsmethode wird in der Praxis häufig angewendet, wenn verbundene Unternehmen, die Lieferungen und Leistungen austauschen, sowohl Routine- als auch Nichtroutinetätigkeiten durchführen. Die **Zuordnung eines Routinegewinns** für Routinetätigkeiten und die folgende Aufteilung des verbleibenden Residualgewinns auf die involvierten Entrepreneurs ist in vielen praktischen Fällen eine sinnvolle Methode, um Verrechnungspreise zu testen.

Schwierigkeiten bei der praktischen Anwendung entstehen bspw. bei der **Ermittlung eines angemessenen Routinegewinns** (i. d. R. lässt sich nur eine Bandbreite, jedoch kein exakter Wert bestimmen) und bei der **Ermittlung eines angemessenen Aufteilungsschlüssels** für das Residual. Der Aufteilungsschlüssel dient dazu, die Gewinne der involvierten Transaktionspartner zu ermitteln, die sich auf der Basis von fremdvergleichsüblichen Preisen für schuldrechtliche Transaktionen ergeben.

Der Aufteilungsschlüssel sollte im Idealfall dem relativen Wertbeitrag jedes Transaktionspartners zum gemeinsamen Geschäftserfolg (d. h. zur gesamten Wertschöpfung bzw. zum Gesamtgewinn) entsprechen. Bestehende Verrechnungspreisvorschriften bleiben allerdings in Bezug auf die Ermittlung von Aufteilungsschlüsseln sehr vage. Die U.S. Vorschriften erwähnen bspw. nur, dass „der **relative Wert des Beitrags** jedes involvierten Steuerzahlers **zum Erfolg der Geschäftstätigkeit** so zu ermitteln ist, dass dieser die ausgeübten Funktionen, die getragenen Risiken und die eingesetzten Ressourcen jedes Geschäftspartners widerspiegelt."[12]

Zur Ermittlung dieses Beitrags können bspw. **kapitalisierte Ausgaben** für den Aufbau von wertvollen immateriellen Wirtschaftsgütern herangezogen werden. Es ist im Einzelfall zu überprüfen, **welche Ausgaben** für die **Ermittlung des Aufteilungsschlüssels** herangezogen werden sollen. In Frage kommen vergangene Ausgaben oder auch zukünftige, geplante Investitionen. Die

---

[11] Vgl. *Schumpeter, Joseph, Theorie der wirtschaftlichen Entwicklung*, 1912.
[12] § 1.482-1(d)(3)

OECD spricht sich in diesem Zusammenhang für die Anwendung von zukünftigen budgetierten Ausgaben aus, da diese für die Ermittlung zukünftiger Verrechnungspreise bzw. Gewinnaufteilungsschlüssel von besonderer Relevanz sind. Es müssen jedoch die Besonderheiten der jeweils untersuchten Transaktion berücksichtigt werden.

Bei der Anwendung der Residual-Gewinnaufteilungsmethode bspw. in der pharmazeutischen Industrie spielen **vergangene Ausgaben** für Forschung und Entwicklung eine entscheidende Rolle. So sollte einem Transaktionspartner, der in der Vergangenheit viel in die **Forschung und Entwicklung** eines bestimmten Medikaments investiert hat, ein **angemessen großer Anteil des Residualgewinns** zustehen. Zukünftige Ausgaben spielen in diesem Fall für die Aufteilung der Gewinne aus dem bestimmten Medikament nur eine untergeordnete Rolle.

Eine weitere Schwierigkeit, die sich bei der Anwendung der Residual-Gewinnaufteilungsmethode in der Praxis ergibt, besteht in der **Integration der zwei Bewertungsschritte**, d. h. der Bestimmung eines angemessenen Routinegewinns und der Aufteilung des Residuals.

I. Routinegewinnmargen und ihre Bandbreiten

Bei der Ermittlung von Routinegewinnen, die den beteiligten Transaktionspartnern für die Ausübung ihrer Routineaktivitäten zustehen, lässt sich **in der Regel kein einzelner Wert** ermitteln. Vielmehr werden gewöhnlich **Bandbreiten** ermittelt, die sowohl eine zeitliche Variabilität der Ergebnisse von Vergleichsunternehmen abdeckt (z. B. durch Mehrjahresdurchschnitte), als auch eventuelle Unterschiede im Aktivitäts- und Risikoprofil der Vergleichunternehmen berücksichtigt (z. B. durch Anpassungsrechnungen).

In der internationalen Verrechnungspreispraxis hat sich dabei die **Anwendung der Interquartilsbandbreite** als akzeptierte Methode zur Einengung der Resultate etabliert. Es werden jene Resultate berücksichtigt, die zwischen dem 25. und 75. Perzentil sämtlicher Ergebnisse der Vergleichsunternehmen liegen. Die Interquartilsbandbreite für Routinegewinne wird in der Praxis häufig auch „Arm's Length Bandbreite" genannt.

Vor diesem Hintergrund stellt **Abbildung 2 eine Vereinfachung der Residual-Gewinnaufteilungsmethode** dar, da die Abbildung von einem **eindeutigen Wert** für Routinegewinne der beiden Transaktionspartner ausgeht (20 % ROCE für Unternehmen A und 12,5 % ROCE für Unternehmen B). In der Praxis lassen sich allerdings häufig nur, wie oben beschrieben, Interquartilsbandbreiten für die Routineaktivitäten jedes Unternehmens ermitteln und es kann kein eindeutiger Wert bestimmt werden (bspw. 19-21 % ROCE für Unternehmen A und 11,5-13,5 % ROCE für das eingesetzte Routinekapital von Unternehmen B).

Je nach Anwendung verschiedener Werte innerhalb der ermittelten Interquartilsbandbreiten **verändert sich die absolute Höhe des Residuals**.

Interessant ist außerdem, wie der tatsächlich erwirtschaftete Gesamtgewinn zwischen den beteiligten Transaktionspartnern aufgeteilt wird. In der Praxis lassen sich dabei **drei Situationen** unterscheiden:

I) Der tatsächlich erzielte **Gesamtgewinn reicht nicht aus**, um den notwendigen Routinegewinn (25. Perzentil) zu decken. In diesem Fall wird dem eingesetzten Routinekapital trotzdem der niedrigste Wert der Interquartilsbandbreite zugewiesen. Der Residualverlust wird entsprechend des Aufteilungsschlüssels für das Residual auf die Parteien verteilt.

II) Der tatsächlich erzielte **Gesamtgewinn reicht (gerade) aus**, um die Routineaktivitäten mit einer Profitabilität innerhalb der ermittelten Bandbreiten zu versorgen. In diesem Fall wird dem Routinekapital als auch bereits dem Nicht-Routinekapital ein gleicher Anteil am Gewinn zugewiesen.

III) Der tatsächlich erzielte **Gesamtgewinn liegt über den jeweils ermittelten Bandbreiten** für Routinegewinne. In diesem Fall erhält das Routinekapital die maximale Profitabilität (75. Perzentil) und der darüber hinausgehende Gewinn (Residual) wird anhand des Aufteilungsschlüssels für das Residual auf die Transaktionspartner als Vergütung für ihre Nicht-Routineaktivitäten aufgeteilt.

Abbildung 4 beschreibt diesen Zusammenhang. Die Abbildung basiert zunächst noch auf einem einzelnen Wert für die Routineprofitabilität (hier 12,5 % ROCE). Bandbreiten werden zu einem späteren Zeitpunkt eingeführt.

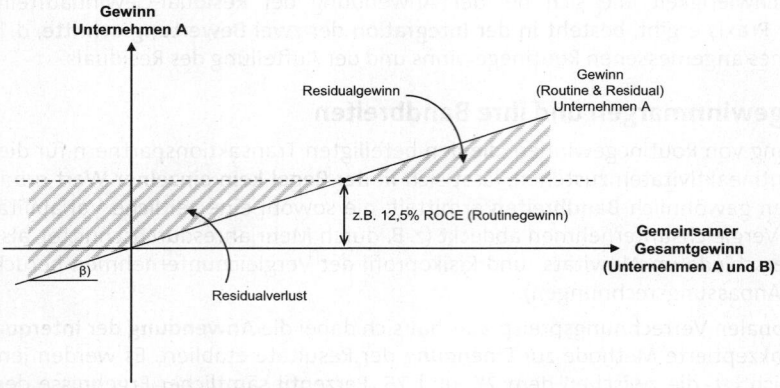

Abb. 4: Routine- und Residualgewinn

Die Gerade beschreibt den **Anteil am Gesamtgewinn** für Unternehmen A in Abhängigkeit vom tatsächlich erwirtschafteten Gesamtgewinn. Die Steigung der Geraden ( ) von unter 45° zeigt, dass im Beispiel angenommen wird, dass Unternehmen A proportional weniger Nicht-Routinekapital einsetzt als Unternehmen B. Mit zunehmendem Gesamtgewinn wächst der Gewinn von Unternehmen A unterproportional. Dies bedeutet, dass der **Aufteilungsschlüssel** für den Residualgewinn **zu Gunsten von Unternehmen B** liegt.

Die Abbildung zeigt außerdem die beschriebenen Situationen I bis III. **Links des Schnittpunkts** von Routineprofitabilität von 12,5 % ROCE (gestrichelte Linie) und der Diagonalen reicht der tatsächlich erwirtschaftete Gesamtgewinn nicht aus, um die Routineprofitabilität von **Unternehmen A** zu decken (Situation I). Unternehmen A erhält trotzdem den berechneten Routinegewinn, muss jedoch, ebenso wie Unternehmen B, einen **Residualverlust tragen**. Der Gewinn von Unternehmen A setzt sich aus dem Routinegewinn und dem Residualverlust zusammen.

Rechts des Schnittpunkts erhält Unternehmen A den berechneten Routinegewinn sowie einen Anteil am gemeinsamen **Residualgewinn** (Situation III). Im Schnittpunkt reicht der gemeinsam erwirtschaftete Gesamtgewinn gerade aus, um Unternehmen A für die ausgeübten Routineaktivitäten zu vergüten (Situation II).

Algebraisch lässt sich die **Beziehung zwischen Routine- und Residualgewinn** folgendermaßen ausdrücken:

$$G_A = r \cdot RK_A + (GG - r \cdot RK_{A+B}) * \frac{NRK_A}{NRK_{A+B}}$$

Vögele/Fügemann

wobei G_A der Gewinn für Unternehmen A ist, r die für beide Unternehmen gleich angewendete Routinevergütung für das Routinekapital (RK) von bspw. 12,5 % ROCE ist, GG für den Gesamtgewinn steht und NRK als Abkürzung für Nicht-Routinekapital verwendet wird.

Die Formel lässt sich in die **generische Form y = a*x + b** umstellen, mit der sich die in Abbildung 4 illustrierte Abhängigkeit beschreiben lässt.

$$G_A = \frac{NRK_A}{NRK_{A+B}} * GG + r * RK_{A+B} \left[\frac{RK_A}{RK_{A+B}} * \frac{NRK_A}{NRK_{A+B}} \right]$$

Unter der getroffenen Annahme, dass Unternehmen A überproportional mehr Routinekapital einsetzt (RK_A/RK_{A+B}) > (NRK_A/NRK_{A+B}), stellen die Parameter a und b positive Werte dar, die die Beziehung zwischen Gewinn von Unternehmen A und dem Gesamtgewinn eindeutig beschreiben. **Die Steigung der Geraden** (β, bzw. NRK_A/NRK_{A+B}) stellt den Anteil des Residualgewinns für Unternehmen A dar und wird durch den Anteil des Nicht-Routinekapitals von Unternehmen A (NRK_A) am gesamten Nicht-Routinekapital (NRK_{A+B}) beschrieben.

Erweitert man das **Modell** für eine **Bandbreite von Routineprofitabilitäten**, d. h. dass sich die gestrichelte Linie in Abbildung 4 parallel nach oben bzw. unten verschiebt, so erhält man zwei parallele Geraden, die das Verhältnis zwischen Unternehmen A und dem Gesamtgewinn (GG) beschreiben. Die folgende Abbildung zeigt diesen Zusammenhang. Die **Interquartilsbandbreite** ist **auf der linken Seite** durch eine um 90° gedrehte Normalverteilung mit den entsprechenden Quartilen dargestellt.

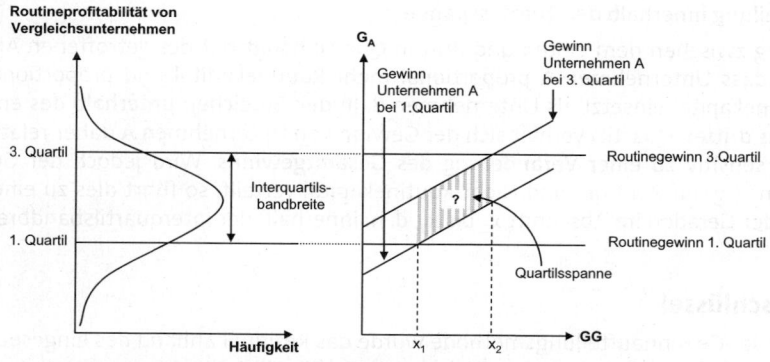

Abb. 5: Routinegewinnmargen und die Quartilsspanne

Wird ein gewisser **Gesamtgewinn von x1 unterschritten**, d. h. der Gesamtgewinn reicht nicht mehr aus, um das 1. Quartil für das eingesetzte Routinekapital von Unternehmen A zu erreichen, so wird der Residual**verlust** im Verhältnis NRK_A/NRK_{A+B} aufgeteilt.

Gleiches gilt für einen **Gesamtgewinn von größer als x2**. Der dann resultierende Residual**gewinn** führt zu einer Erhöhung des Gewinns von Unternehmen A im Verhältnis NRK_A/NRK_{A+B}.

Eine zentrale Frage besteht jedoch darin, herauszufinden, wie sich der Gewinn von Unternehmen A verhält, wenn der Gesamtgewinn (gerade) ausreicht, um das Routinekapital innerhalb der ermittelten Bandbreite mit einer angemessenen Profitabilität zu versorgen. Wie ermittelt sich der **Gewinn** von Unternehmen A **innerhalb** der in Abbildung 5 dargestellten **Quartilsspanne**?

Wie bereits erwähnt, wird in diesem Fall sowohl dem Routine- als auch dem Nichtroutinekapital ein gleicher Anteil am Gesamtgewinn zugewiesen. Ähnlich wie bei einem Joint Venture gilt es im Rahmen einer bestimmten Profitabilitätszone, den **Gewinn unabhängig von der Art des Kapitals zu harmonisieren**. Im beschriebenen Beispiel bedeutet dies, dass der Gesamtgewinn in dieser Zone gleichmäßig auf Routine- und Nicht-Routinekapital verteilt wird, bis das Routinekapital mit maximaler Profitabilität (3. Quartil) versorgt ist. Für Unternehmen A bedeutet dies, dass die **Steigung der Geraden**, die die Abhängigkeit zwischen GG und G_A beschreibt, zwischen dem ersten Quartil (x_1) und dem dritten Quartil (x_2) **größer** ist.

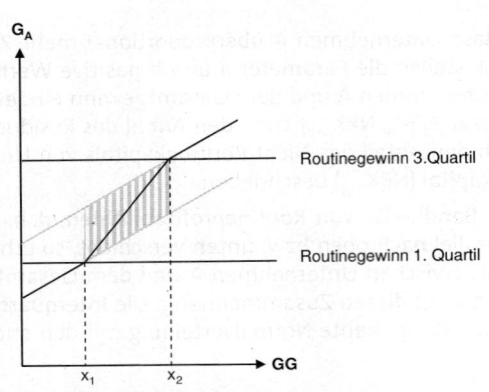

Abb. 6: Gewinnaufteilung innerhalb der Quartilsspanne

Die stärkere Steigung zwischen dem ersten und dritten Quartil hängt mit der getroffenen Annahme zusammen, dass Unternehmen A proportional mehr Routinekapital und proportional weniger Nicht-Routinekapital einsetzt als Unternehmen B. In den Bereichen **unterhalb des ersten und oberhalb des dritten Quartils** verhält sich der Gewinn von Unternehmen A daher relativ betrachtet **weniger sensitiv zu einer Veränderung des Gesamtgewinns**. Wird jedoch der Gesamtgewinn gleichmäßig auf Routine- und Nicht-Routinekapital verteilt, so führt dies zu einer stärkeren Steigung der Geraden im Abschnitt x_1 bis x_2, d. h. innerhalb der Interquartilsbandbreite.

II. Aufteilungsschlüssel

Im Beispiel zur Residual-Gewinnaufteilungsmethode wurde das Residual anhand des eingesetzten Nicht-Routinekapitals (NRK) zwischen Unternehmen A und B aufgeteilt.

Die relative Höhe des Nicht-Routinekapitals stellt dabei die Basis für die Gewinnaufteilung dar. Eine der zentralen Fragen, die bei der praktischen Anwendung der Residual-Gewinnaufteilungsmethode beantwortet werden muss, bezieht sich daher auf die **Ermittlung bzw. die Bewertung des Nicht-Routinekapitals**. Was zählt zum NRK und wie lassen sich unterschiedliche Arten von NRK sinnvoll miteinander vergleichen?

Von besonderer Bedeutung sind dabei Diskontierungssätze, Steuern, Abschreibungen und andere Faktoren, die bei der Bewertung von immateriellem Anlagevermögen eine Rolle spielen. Grundsätzliche ökonomische Prinzipien vom Verhältnis zwischen Investition und Rendite sind zu respektieren.

Die U.S. Vorschriften zur Ermittlung des Beitrags von immateriellem Anlagevermögen erwähnen vor diesem Hintergrund „**sämtliche kapitalisierten Kosten zur Entwicklung und Verbesserung der immateriellen Vermögenswerte abzüglich** eines angemessenen Betrags, der den Wertverlust des Vermögenswerts im Zeitverlauf (**Abschreibung**) berücksichtigt".[13]

In einem **Diskussionspapier zur Anwendung transaktionaler Verrechnungspreismethoden**[14] beschreibt die OECD die Anwendung von kosten- und kapitalbasierten Aufteilungsschlüsseln bei der Berechnung einer angemessenen Gewinnaufteilung. Ein zentraler Aspekt besteht darin, dass der gewählte **Aufteilungsschlüssel** mit der zu teilenden **Basis korreliert**. Diese Basis ist **der gemeinsam erwirtschaftete Gewinn**. Darüber hinaus erkennt die OECD an, dass zeitliche Unterschiede berücksichtigt werden müssen, da zuerst Ausgaben getätigt werden, bevor messbare Ergebnisse bzw. Erfolge sichtbar sind. Daher sind die Einbeziehung vergangener Ausgaben sowie die Anwendung angemessener Diskontierungssätze bei der Ermittlung dieser Wertbeiträge erforderlich.

Der Einbezug laufender Forschungs- und Entwicklungsausgaben in die Ermittlung eines angemessenen Aufteilungsschlüssels kann besonders dann sinnvoll sein, wenn a) die Ausgaben der verschiedenen Transaktionspartner relativ konstant sind und b) die jeweils entwickelten immateriellen Vermögensgegenstände vergleichbaren Abschreibungsmethoden und Lebensdauern unterliegen.

> **Beispiel:**
>
> Die verbundenen Unternehmen A und B investieren jeweils jährlich € 1m in den Aufbau von unterschiedlichen immateriellen Vermögensgegenständen. Nimmt man für beide Unternehmen den gleichen Steuersatz an und geht von gleichen Kapitalkosten für die beiden Unternehmen aus, so wirkt sich ein Unterschied in der Lebensdauer der investierten Vermögenswerte stark auf den Aufteilungsschlüssel aus.[15] Es wird angenommen, dass der immaterielle Vermögenswert von Unternehmen A eine Lebensdauer von fünf Jahren aufweist, während der immaterielle Vermögenswert, in den Unternehmen B investiert, bereits nach 1 Jahr vollständig abgeschrieben ist. Der Nettobuchwert der beiden Vermögensgegenstände beträgt in diesem Beispiel € 2.5m für den Vermögenswert von Unternehmen A und € 1m für den Vermögenswert von Unternehmen B. Gemeinsam von A und B erwirtschaftete Residualgewinne werden in diesem Beispiel im Verhältnis 2,5 zu 1 zugunsten von Unternehmen A aufgeteilt. Dieser Aufteilungsschlüssel unterscheidet sich sehr stark von einer auf laufenden Investitionen basierenden Aufteilung im Verhältnis 1 zu 1.

Im Anhang zur OECD-Verrechnungspreisrichtlinie werden in einer beispielhaften Anwendung der Residualgewinnaufteilungsmethode ebenfalls kapitalisierte F&E Ausgaben für die Ermittlung des Aufteilungsschlüssels herangezogen.

C. Wertschöpfungsbasierte Verrechnungspreise

Die **Festsetzung von Margen** für die Preise der einzelnen Leistungen einer Konzerneinheit kann mit Hilfe einer Gewinnaufteilungsmethode stattfinden. Gemeinhin sollen Margen, die eine Konzerneinheit verdient, widerspiegeln, wie groß der Wertschöpfungsbeitrag der jeweiligen

---

[13] § 1.482-6(c)(3)(i)(B)

[14] OECD Paper "Transactional Profit Methods, Discussion Draft for Public Comment", 25 January 2008.

[15] Das Beispiel basiert auf den weiteren Annahmen, dass die Investition ohne Zeitverzögerung („Gestation Lag") ihre Rendite entfalten und linear abgeschrieben werden, d. h., dass die jährliche Abschreibung für Unternehmen A und B gleich ist und den jährlichen Investitionen von jeweils € 1m entspricht.

Konzerneinheit an der Gesamtwertschöpfung bzw. dem Gesamterfolg eines Produktes ist. Die Gewinnaufteilungsmethoden sind dazu konzipiert diesen Wertschöpfungsbeitrag, wie oben beschrieben, zu bemessen. Üblicherweise lassen sich die Margen unter Anwendung der beitragsbasierten[16] oder der Vergleichs-Gewinnaufteilungsmethode feststellen.

Zwecks Festsetzung der Margen mit Hilfe einer Gewinnaufteilungsmethode ist es von herausragender Bedeutung, die Wertschöpfung sowohl qualitativ als auch quantitativ zu analysieren. Im Rahmen der **qualitativen Analyse** muss zuerst festgestellt werden, welche Wertschöpfungen in der spezifischen Unternehmensbranche vorliegen und welche Konzerneinheiten diese typischerweise erbringen. Hierzu sind insbesondere interne Unternehmensaufzeichnungen (z. B. Richtlinien, Memorandums) und externe Marktanalysen zu betrachten.

Zur **quantitativen Analyse** der Wertschöpfung können entweder **interne Daten** im Rahmen der beitragsorientierten Gewinnaufteilungsmethode oder **externe Daten** (d. h. Daten von Vergleichsunternehmen) im Rahmen der Vergleichs-Gewinnaufteilungsmethode vorzugsweise verwendet werden.

Bei der **beitragsorientierten Gewinnaufteilungsmethode** müssen die wesentlichen Werttreiber identifiziert werden und ein Wertbeitrag für diese ermittelt werden.[17]

Die **Identifikation der Werttreiber** kann z. B. durch statistische Erhebungen erfolgen. Entgegen der oben beschriebenen qualitativen Analyse, bezieht sich die Identifikation der Werttreiber im Rahmen der hier beschriebenen quantitativen Analyse auf spezifische Projekte, firmenbezogene Produktionsschritte etc. Sie konkretisiert die qualitative Analyse der Wertschöpfung also auf das analysierte Unternehmen und auf bestimmte Prozessschritte innerhalb des zu analysierenden Unternehmens.

Der **Wertbeitrag** kann anhand von Expertensurveys der Leistungserbringer, einer Analyse der Finanzdaten o. ä. ermittelt werden.[18] Dies impliziert, dass nicht notwendigerweise, wie gemeinhin angenommen, der Wertbeitrag anhand der historischen Kosten (z. B. für Forschung und Entwicklung) bemessen werden muss bzw. kann. Vielmehr muss in jedem Einzelfall erwägt werden, ob andere Determinanten als die historischen Kosten eine höhere Aussagekraft über den Anteil der Wertschöpfung haben.

Bei der **Vergleichs-Gewinnaufteilungsmethode** wird der Wertbeitrag anhand der Daten von **Vergleichsunternehmen** bemessen: Die Marge der zu testenden Konzerneinheit wird mit der Marge, die vergleichbare Unternehmen mit vergleichbarem Funktions- und Risikoprofil verdienen, verglichen. Fehlende Vergleichbarkeit der Unternehmen, d. h. das Nicht-Vorhandensein von Vergleichsunternehmen, stellt die größte Problematik bei der Anwendung der Vergleichs-Gewinnaufteilungsmethode dar.

Die ermittelten Margen werden abschließend in die Kostenaufschlags**kalkulation** integriert. Es ist zu beachten, dass hier nicht die Kostenaufschlags**methode** angewandt wird: Bei der Ermitt-

---

[16] Die beitragsorientierte Gewinnaufteilungsmethode bemisst die Gewinnaufteilung anhand des Wertbeitrags jeder involvierten Konzerneinheit zur Gesamtwertschöpfung der Transaktion.

[17] Vgl. *Gonnet, Sebastien und Fris, Pim*: "Contribution analyses under the profit split method", International Tax Review: Intellectual Property, 2007.

[18] Vgl. *Voegele, Alexander, Harshbarger, Stuart und Mert-Beydilli, Nihan*: "Calculating royalties based on comparable market opinions", International Tax Review: Intellectual Property, 2006; *Voegele, Alexander und Witt, Wolf*: "Valuing know-how and knowledge through bottom-up approaches", International Tax Review: Intellectual Property, 2007.

lung wertschöpfungsbasierter Verrechnungspreise wird die Gewinnaufteilungsmethode angewandt, und keine Kostenaufschlagsmethode im verrechnungspreistechnischen Sinne.

Darüber hinaus finden Gewinnaufteilungsmethoden auch außerhalb der direkten Verrechnungspreisthematik Anwendung, z. B. in der **Bewertung von Markenrechten**[19] und **post-merger Integrationsaktivitäten**.[20] In einem weiteren Anwendungsgebiet von Gewinnaufteilungsmethoden werden die Verhandlungsspielräume der involvierten Parteien unter Bezugnahme auf deren Verhandlungsmacht und **spieltheoretische Ansätze**[21] analysiert.

Es bleibt somit festzuhalten, dass Gewinnaufteilungsmethoden zum einen als originäre Verrechnungspreismethode, zum anderen jedoch auch zur Bestimmung der zu verdienenden Margen der Konzerneinheiten angewandt werden können.

---

[19] Vgl. *Voegele, Alexander, Harshbarger, Stuart, und Mert-Beydilli*: "How to use transfer pricing to calculate the value of a brand", International Tax Review: Intellectual Property, 2006; *Voegele, Alexander und Sedlmayr, Richard*: "Willingness to pay: how the microeconomic toolbox applies to brand valuation", International Tax Review: Intellectual Property, 2007; *Voegele, Alexander, Fuegemann, Hendrik und Harshbarger, Stuart*: "Migration to brand management centre can work", International Tax Review: Intellectual Property, 2008.

[20] Vgl. *Voegele, Alexander, Witt, Wolf und Harshbarger, Stuart*: "How to value transferred know-how and IP after a merger", International Tax Review: Intellectual Property, 2008.

[21] Vgl. *Voegele, Alexander, Gonnet, Sebastien und Gottschling, Bastian*: „Transfer Prices determined by game theory: 1 – Underlyings", BNA Tax Planning International Transfer Pricing, October 2008; *Voegele, Alexander, Gonnet, Sebastien und Gottschling, Bastian*: „Transfer Prices determined by game theory: 2 – Application to IP", BNA Tax Planning International Transfer Pricing, November 2008; *Voegele, Alexander, Gonnet, Sebastien, Gottschling, Bastian und Fuegemann, Hendrik*: „Transfer Prices determined by game theory: 3 – Application to the banking industry", BNA Tax Planning International Transfer Pricing, December 2008.

6. Möglichkeiten des Aufbaus und der Ausgestaltung eines Risikomanagementsystems für steuerliche Verrechnungspreise im internationalen Konzern

von Dr. Christina Kurzewitz und Dipl.-Kfm. Volker Endert, Hamburg[*]

Inhaltsübersicht

A. Einleitung
B. Integration steuerlicher Verrechnungspreisrisiken in das Risikomanagementsystem
   I. Kontrollumfeld und Zielfestlegung
   II. Risikoidentifikation
   III. Risikobewertung
   IV. Risikobewältigung
C. Steuerung und Überwachung innerhalb des Risikomanagementsystems
   I. Risikofrühaufklärung
   II. Information und Kommunikation
   III. Überwachung und Kontrolle
D. Fazit

Literatur:

Beasley/Jenkins/Sawyers, Brainstorming to identify and manage tax risks, The Tax Advisor 2006, S. 158ff.; *Becker/Kroppen*, Handbuch Internationale Verrechnungspreise, Köln 1999, Loseblattsammlung, aktueller Stand: 12. Erg.Lief., Dezember 2010; *Collins*, United Kingdom, in: The Tax Treatment of Transfer Pricing, hrsg. v. Hubert Hamaekers, Amsterdam 1987, Loseblattsammlung, aktueller Stand: Suppl. No. 44, May 2009; *Diederichs/Form/Reichmann*, Standard zum Risikomanagement. Arbeitskreis Risikomanagement, Controlling 2004, S. 189ff.; *Eisenführ/Weber*, Rationales Entscheiden, 5. Aufl. Berlin et al. 2010; *Endert*, Einfluss des Bilanzrechtsmodernisierungsgesetzes auf die Bestimmung angemessener Verrechnungspreise, IStR 2010, S. 344ff.; *Erle*, Tax Risk Management and Board Responsibility, in: Schön (Hrsg.), Tax and Corporate Governance, Berlin/Heidelberg 2008, S. 205ff.; *Ernst & Young*, 2005-2006 Global Transfer Pricing Surveys. Global Transfer Pricing Trends, Practices and Analysis, abrufbar im Internet; *Ernst & Young*, Precision under pressure. Global Transfer Pricing Survey 2007-2008, abrufbar im Internet; *Escaut*, France, in: The Tax Treatment of Transfer Pricing, hrsg. v. Hubert Hamaekers, Amsterdam 1987, Loseblattsammlung, aktueller Stand: Suppl. No. 44, May 2009; *Fiege*, Risikomanagement- und Überwachungssystem nach KonTraG. Prozesse, Instrumente, Träger, Wiesbaden 2006; *Frischmuth*, Verrechnungspreisvorschriften und Dokumentationspflichten im europäischen Vergleich – ein Überblick, IWB Nr. 16 vom 24.8.2005, Fach 11, Gruppe 2, S. 793ff.; *Groen*, Arbitration in Bilateral Tax Treaties, Intertax, 2002, S. 3ff.; *Grotherr*, Advance Pricing Agreements – Verfahren zur Vermeidung von Verrechnungspreiskonflikten. Plädoyer für die Schaffung spezieller Verfahrensvorschriften, BB 2005, S. 855ff.; *Grotherr*, Internationaler Vergleich der Verfahren für Advance Pricing Agreements (Teil II), IWB Nr. 11 vom 8.6.2005, Fach 10, Gruppe 2, S. 1837ff.; *Hahn/Krystek*, Früherkennungssysteme nach KonTraG, in: Dörner/Horváth/Kagermann (Hrsg.), Praxis des Risikomanagements. Grundlagen, Kategorien, branchenspezifische und strukturelle Aspekte, Stuttgart 2000, S. 73ff.; *Heinhold/Wotschofsky*, Interne Revision, in: Ballwieser/Coenenberg/Von Wysocki (Hrsg.), Handwörterbuch der Rechnungslegung und Prüfung, 3. Aufl., Stuttgart 2002, Sp. 1217ff.; *Henselmann/Rose*, Management steuerlicher Risiken, in: Götze/Henselmann/Mikus (Hrsg.), Risikomanagement, Heidelberg 2001, S. 185ff.; *Herzig*, APA – Ein Instrument zur Vermeidung von Doppelbesteuerungen?, in: Burmester/Endres (Hrsg.), Festschrift für Helmut Debatin zum 70. Geburtstag, München 1997, S. 107ff.; *Herzig/Briesemeister*, Steuerliche Konsequenzen der Bilanzrechtsmodernisierung für Ansatz und Bewertung, DB 2009, S. 976ff.; *Hillebrand*, Das Früherkennungs- und Überwachungssystem bei Kapitalgesellschaften. Erfordernis und Mindestanforderungen aus juristischer und betriebswirtschaftlicher Sicht, Düsseldorf 2005; *Hundt*, UN-Musterabkommen zur Vermeidung der Doppelbesteuerung zwischen Industriestaaten und Entwicklungsländern, RIW 1981, S. 306ff.; *Kaminski*, Änderungen und Verabschiedung des BilMoG. Anmerkungen aus steuerlicher Sicht, Stbg 2009, S. 197ff.; *Krystek*, Strategische Früherkennung, ZfCM 2007, Sonderheft 2 S. 50ff.; *Kurzewitz*, Wahl der geeigneten Verrechnungspreismethode zur Verringerung von Doppelbesteuerungsproblemen, Hamburg 2009; *Lahme/Reiser*, Verbindliche Auskünfte und Gebührenpflicht - eine erste Analyse, BB 2007, S. 408ff.; *Lück*, Elemente eines Risikomanagementsystems, DB 1998, S. 8ff.; *Lutter*, Der Auf-

---

[*] Dr. Christina Kurzewitz ist wissenschaftliche Mitarbeiterin (post doc) und Dipl.-Kfm. Volker Endert ist wissenschaftlicher Mitarbeiter am Institut für Wirtschaftsprüfung und Steuerwesen der Universität Hamburg, Arbeitsbereich Betriebswirtschaftliche Steuerlehre.

sichtsrat im Konzern, AG 2006, S. 517ff.; **Marten/Quick/Ruhnke**, Wirtschaftsprüfung. Grundlagen des betriebswirtschaftlicher Prüfungswesens nach nationalen und internationalen Normen, 3. Aufl., Stuttgart 2007; **Möller**, ABC-Analyse, in: Horváth/Reichmann (Hrsg.), Vahlens Großes Controllinglexikon, München 2003, S. 1f.; **Niehus**, Nahestehende Personen nach dem BilMoG – Anhangsangabe mit brisanten steuerlichen Auswirkungen, DStR 2008, S. 2280ff.; **Oestreicher**, Die Bedeutung von Datenbankinformationen bei der Dokumentation von Verrechnungspreisen, StuW 2006, S. 243ff.; **Oestreicher/Vormoor**, Verrechnungspreisanalyse mit Hilfe von Unternehmensdatenbanken – Vergleichbarkeit und Datenlage, IStR 2004, S. 95ff.; **Oosterhoff**, Transfer Pricing Risk Management, ITPJ 2006, S. 46ff.; **Owens**, Die Vorschläge der OECD zur Verbesserung des Verfahrens zur Beilegung von Streitigkeiten im Zusammenhang mit DBA, IStR 2007, S. 472ff.; **Paetzmann**, Corporate Governance, Berlin/Heidelberg 2008; **Pollanz**, Konzeptionelle Überlegungen zur Einrichtung und Prüfung eines Risikomanagementsystems – Droht eine Mega-Erwartungslücke?, DB 1999, S. 393ff.; **Salzberger**, Seminar G: Tax Risk Management, IStR 2008, S. 555f.; **Schaumburg**, Internationales Steuerrecht. Außensteuerrecht, Doppelbesteuerungsrecht. 3. Aufl., Köln 2011; **Schlager**, Einfluss der Steuerrechtsprognose auf die Risikopolitik der Unternehmung, in: Heigl/Uecker (Hrsg.), Betriebswirtschaftslehre und Recht, Wiesbaden 1979, S. 329ff.; **Schröder**, Integration von Risikoabhängigkeiten in den Risikomanagementprozess, DB 2008, S. 1981ff.; **Tucha**, Der Einsatz von Unternehmensdatenbanken im Rahmen von Verrechnungspreisanalysen: Möglichkeiten und Grenzen, IStR 2002, S. 745ff.; **Vera**, Das steuerliche Zielsystem einer international tätigen Großunternehmung. Ergebnisse einer empirischen Untersuchung, StuW 2001, S. 308ff.; **Vogel/Lehner**, Doppelbesteuerungsabkommen der Bundesrepublik Deutschland auf dem Gebiet der Steuern vom Einkommen und Vermögen : Kommentar auf der Grundlage der Musterabkommen (zitiert: DBA), 5. Aufl., München 2008; **Vögele et. al.**, Handbuch der Verrechnungspreise, 3. Aufl., München 2011; **Vormoor**, Die Eignung öffentlicher Unternehmensdatenbanken zur Bestimmung von Verrechnungspreisen im Rahmen der Einkunftsabgrenzung im internationalen Konzern, Hamburg 2005; **Wacker**, Erfassung und Minimierung steuerlicher Risiken, in: Kresse/Alt (Hrsg.), Jahrbuch für Betriebswirte 1981, Stuttgart 1981, S. 359ff.; **Weber/Weißenberger/Liekweg**, Risk Tracking & Reporting. Ein umfassender Ansatz unternehmerischer Chancen- und Risikomanagements, in: Götze/Henselmann/Mikus (Hrsg.), Risikomanagement, Heidelberg 2001, S. 47ff.; **Weidemann/Wieben**, Zur Zertifizierbarkeit von Risikomanagement-Systemen, DB 2001, S. 1789ff.; **Wolf**, Erstellung eines Risikomanagementhandbuchs – Ziele, Funktionen, Inhalt und Aufbau, DStR 2002, S. 466ff.; **Züger**, Conflict Resolution in Tax Treaty Law, Intertax 2002, S. 342ff.

A. Einleitung

Verrechnungspreise stellen Instrumente der **Steuerplanung** im internationalen Konzern dar. Durch ihre zweckorientierte Festsetzung können Gewinne über staatliche Hoheitsgrenzen hinweg verlagert werden, um zwischenstaatliche Steuersatzgefälle zu nutzen und die Konzernsteuerquote zu minimieren. Als Reaktion hierauf wurden innerhalb der letzten fünfzehn Jahre von zahlreichen Staaten Vorschriften zur Verrechnungspreisdokumentation sowie damit im Zusammenhang stehende Sanktionsmaßnahmen eingeführt, damit die **Überprüfung** der fremdvergleichskonformen Verrechnungspreisbestimmung für die Finanzverwaltungen erleichtert wird.[1] Jedoch sind die gesetzlichen und administrativen Vorschriften zur **Bestimmung** steuerlich angemessener Verrechnungspreise nach wie vor durch zwischenstaatliche Abweichungen gekennzeichnet, was diverse Risiken einseitiger Verrechnungspreiskorrekturen in den jeweiligen Sitzstaaten der Konzerngesellschaften nach sich zieht.[2] Aufgrund der daraus folgenden **wirtschaftlichen Doppelbesteuerungsrisiken** haben Verrechnungspreise bei den Steuerangelegenheiten der international agierenden Konzerne gegenwärtig höchste Priorität. 74 % der im Rahmen einer Studie von *Ernst & Young* im Jahr 2007 weltweit befragten Gesellschaften hielten das Thema der Verrechnungspreise in den kommenden zwei Jahren für „absolut kritisch" oder „sehr wichtig" für ihre Unternehmen.[3] Ferner hielten 78 % der befragten Unternehmen eine Überprüfung ihrer Verrechnungspreise im Rahmen von Betriebsprüfungen innerhalb der nächsten zwei Jahre für wahrscheinlich.[4] Bei den befragten Unternehmen mit Sitz in Deutschland lag der Anteil sogar bei 100 %. Demzufolge sind die internationalen Konzerne gefordert, diverse Maßnahmen zu ergreifen, um drohende **Verrechnungspreiskorrekturen** und damit einhergehende Doppelbesteuerungsrisiken sowie ggf. Zinsen auf den Steuernachzahlungsbetrag und Strafzuschläge zu vermeiden. Im Zentrum der folgenden Untersuchungen steht daher die Frage, wie ein **Risikomanagementsystem für steuerliche Verrechnungspreise** in strategischer und organisatorischer Hinsicht auszugestalten ist, um den Risiken im Verrechnungspreisbereich effektiv zu begegnen.

B. Integration steuerlicher Verrechnungspreisrisiken in das Risikomanagementsystem

I. Kontrollumfeld und Zielfestlegung

Für ein funktionierendes Risikomanagementsystem ist ein vorhandenes **Risikobewusstsein auf Vorstandsebene** unerlässlich. Insofern sollte der Vorstand nicht nur die Existenz steuerlicher Verrechnungspreisrisiken zur Kenntnis nehmen. Vielmehr sollte er auch über ihre Quelle und ihre Abhängigkeit von der Intensität des innerkonzernlichen Lieferungs- und Leistungsverkehrs informiert sein.[5] Steuerlichen Verrechnungspreisrisiken sollte deshalb zum einen durch die

---

[1] Vgl. hierzu die chronologische Übersicht über die Einführung gesetzlicher Dokumentationspflichten im internationalen Vergleich bei *Ernst & Young*, 2005-2006 Global Transfer Pricing Surveys, S. 5.

[2] Siehe hierzu z. B. den Vergleich der verrechnungspreisrelevanten Bestimmungen in den Staaten Deutschland, Großbritannien, Niederlande, Frankreich, USA, Kanada und Japan unter Berücksichtigung von Doppelbesteuerungsproblemen bei *Kurzewitz*, Verrechnungspreismethode, 2009, S. 32ff.

[3] Vgl. *Ernst & Young*, Global Transfer Pricing Survey 2007-2008, S. 11. Befragung von 850 multinationalen Unternehmen in 24 Staaten.

[4] Vgl. *ebenda*, S. 13.

[5] Vgl. *Oosterhoff*, ITPJ 2006, S. 48.

Entwicklung einer spezifischen **Verrechnungspreisstrategie** Rechnung getragen werden, die nicht allein von der Steuerabteilung, sondern unter Beteiligung des Vorstands zu erarbeiten ist.[6] Zum anderen sollte die Steuerabteilung in die Strategieentwicklung des gesamten Unternehmens bzw. in die Unternehmensplanung auf Vorstandsebene integriert werden.[7]

Die Verrechnungspreisstrategie ist aus der Unternehmensstrategie abzuleiten und enthält Aussagen zur grundlegenden Vorgehensweise bei der Bestimmung von Verrechnungspreisen und Verrechnungspreisbandbreiten. Strategische Zielsetzungen können z. B. in einem Bekenntnis zur steuerlichen Gesetzeskonformität unter bestmöglicher Einhaltung des Fremdvergleichsgrundsatzes bestehen, zumal eine andernfalls beabsichtigte Steuerminimierung oder -vermeidung die Außendarstellung des Konzerns schädigen könnte.[8] Darüber hinaus sollte die Strategie den bisherigen Umgang mit den steuergesetzlichen Rahmenbedingungen in den jeweiligen Aktivitätsstaaten der Konzerngesellschaften beschreiben.[9] An ihrer Erarbeitung ist zumindest die Konzern-Steuerabteilung zu beteiligen, da nur sie die steuerlich relevanten Tatbestände kennt.[10] Erfolgt mit Konzerngesellschaften einzelner Staaten ein besonders intensiver Lieferungs- oder Leistungsaustausch, so sind ggf. auch Vorstand und Steuerabteilung der jeweiligen Tochtergesellschaft einzubinden.

Es empfiehlt sich, die Verrechnungspreisstrategie auszuformulieren und schriftlich zu fixieren, um hiermit einerseits die **Kommunikation** mit den Mitarbeitern und andererseits die personenunabhängige **Dokumentation** sicherzustellen. Die Strategie bildet sodann die Grundlage für alle folgenden Prozessschritte zur zielgerechten Identifikation, Bewertung, Bewältigung und Überwachung steuerlicher Verrechnungspreisrisiken.

II. Risikoidentifikation

Da jede grenzüberschreitende Transaktion zwischen verbundenen Unternehmen zu Verrechnungspreisen abgerechnet wird und jedem Verrechnungspreis ein steuerliches **Korrekturrisiko** immanent ist, müssen alle innerkonzernlichen Transaktionen einer näheren Prüfung unterzogen werden. Deshalb besteht die Zielsetzung der Risikoidentifikation grundsätzlich darin, all diese Transaktionen zu erfassen. Andererseits muss eine kosteneffiziente Risikoidentifikation gewährleistet sein, weswegen es sich empfiehlt, **Wesentlichkeitsgrenzen** aus der Verrechnungspreisstrategie abzuleiten, damit Transaktionen von sehr geringem Wert nicht mit unverhältnismäßig hohem Aufwand untersucht werden.[11] Die Identifikation konzerninterner Geschäftsbeziehungen erweist sich immer dann als besonders problematisch, wenn Transaktionen zwar tatsächlich stattfinden, aber nicht abgerechnet werden und deshalb nicht bekannt sind.[12]

---

[6] Die alleinige Entwicklung einer Verrechnungspreisstrategie durch die Steuerabteilung ist jedoch gängige Praxis, vgl. *Salzberger*, IStR 2008, S. 555.

[7] Dies ist hingegen nicht ständige Übung in der Praxis, vgl. *Erle*, Tax Risk Management 2008, S. 209.

[8] Vgl. ebenda, S. 206 f.

[9] Für eine beispielhafte Aufzählung weiterer Elemente der Verrechnungspreisstrategie vgl. *Oosterhoff*, a. a. O. (oben Fn. 5), S. 49.

[10] Vgl. *Vera*, StuW 2001, S. 314.

[11] Zu berücksichtigen sind jedoch mögliche Risikointerdependenzen, dazu weiter unten in diesem Abschnitt.

[12] Dies ist immer dann der Fall, wenn Mitarbeiter sich der steuerlichen Relevanz ihrer grenzüberschreitenden Beziehungen nicht bewusst sind. Z. B. könnten sich zwei Ingenieure aus verschiedenen Konzerngesellschaften in unterschiedlichen Staaten informell über die Entwicklung eines neuen Produktes austauschen, ohne dass dies dem Rechnungswesen bekannt ist oder eine Vergütung erfolgt. Vgl. *Oosterhoff*, a. a. O. (oben Fn. 5), S. 50.

Als Vorgehensweisen der Risikoidentifikation stehen einerseits ein **vollumfänglich einzelfallorientierter** und andererseits ein **systematisch risikoorientierter** Ansatz zur Verfügung, aus denen nach einem angemessenen Kosten-Nutzen-Verhältnis ausgewählt werden sollte.[13] Aber auch eine Kombination beider Ansätze ist sinnvoll. Wird eine einzelfallorientierte Vorgehensweise gewählt, so bietet es sich an, heuristische Vereinfachungen vorzunehmen, um den Risikoidentifikationsprozess möglichst effizient zu gestalten. Dabei könnte insbesondere im Hinblick auf nicht registrierte Transaktionen der Einsatz von **Kreativitätstechniken** den Prozess zuverlässig beschleunigen. Eine bewährte Methode hierfür ist das **„Risiko-Brainstorming"**, welches vorzugsweise im Rahmen eines **Workshops** zum Thema „Steuerliche Verrechnungspreisrisiken" durchgeführt werden sollte. Ein solcher Workshop kann derart ausgestaltet sein, dass die Mitarbeiter der unternehmerischen Funktionsbereiche in einem ersten Schritt eine Einführung in die (ggf. abteilungsspezifischen) Grundlagen der steuerlichen Verrechnungspreisproblematik durch die Steuerabteilung erhalten. In einem zweiten Schritt wird sodann das eigentliche Risiko-Brainstorming durchgeführt.[14] Die Ausgestaltung sollte dabei unternehmensindividuell erfolgen, es bietet sich jedoch an, mehrere Sitzungen mit verschiedenen Zielsetzungen durchzuführen. Neben der Aufdeckung der abrechnungstechnisch nicht erfassten Transaktionen könnte hierbei auch die Identifikation von besonders risikoreichen Transaktionen (z. B. Entwicklung oder Lizenzierung immaterieller Wirtschaftsgüter) sowie von unternehmerischen Funktionen und Risiken in den einzelnen Konzerngesellschaften angestrebt werden. Letzteres dient dazu festzustellen, ob die gewählten Verrechnungspreisansätze dem jeweiligen Leistungserbringer einen funktions- und risikoadäquaten Gewinn zuweisen, der dem Fremdvergleich standhält. Durch ein solches Risikobrainstorming ergeben sich insbesondere aus dem Grund erhebliche Effizienz- und Kostenvorteile, dass die betreffenden Mitarbeiter in den unternehmerischen Funktionsbereichen das Geschäftsmodell ihres jeweiligen Unternehmens mit seiner ökonomischen Fundierung verstehen und argumentativ hinterlegen können. Ein daraus resultierender Argumentationsspielraum verbessert die Ausgangslage gegenüber der Finanzverwaltung in Betriebsprüfungen. Es wird somit bereits während des Identifikationsprozesses aktive **Risikominimierung** betrieben. Weitere positive Nebeneffekte bestehen darin, dass die Mitarbeiter hinsichtlich der steuerlichen Relevanz des grenzüberschreitenden Lieferungs- und Leistungsaustauschs sensibilisiert werden, und dass die Aufzeichnungen des Risikobrainstormings **Dokumentationserfordernisse** erfüllen. Ein erfolgreicher Workshop sollte mit einer Evaluation und/oder einem umfangreichen **Feedback** beendet werden.

Neben der Durchführung eines Risiko-Brainstormings sind auch gezielte **Einzelinterviews** ausgewählter Mitarbeiter der jeweiligen Funktionsbereiche zielführend,[15] wobei die für das Brainstorming aufgezählten Vorteile analog gelten. Weitere Vorteile einer solchen Befragung bestehen darin, dass sie ohne vorherige Schulung der Mitarbeiter erfolgen und problemlos mit einer systematischen Vorgehensweise verbunden werden kann (z. B. indem nur Transaktionen mit einem bestimmten Mengen-Wert-Volumen abgefragt werden). Eine Durchführung via Intranet birgt zudem ein erhebliches Rationalisierungspotential und ermöglicht somit die Erzielung eines Effizienzgewinns. Die Interviews sollten nicht auf gesamte Aktivitätsbündel, sondern auf **ein-**

---

[13] Das Vorgehen entspricht insoweit dem des Wirtschaftsprüfers bei der Jahresabschlussprüfung. Zu Vor- und Nachteilen beider Methoden vgl. *Marten/Quick/Ruhnke*, Wirtschaftsprüfung 2007, S. 293.

[14] Zur konkreten Ausgestaltung eines solchen Brainstormings vgl. *Beasley/Jenkins/Sawyers*, The Tax Advisor 2006, S. 160 – 163.

[15] Vgl. *Weber/Weißenberger/Liekweg*, Risk Tracking & Reporting 2001, S. 55.

zelne **Transaktionen** und die ihnen hinterlegten Funktionen und Risiken abzielen, um die Gefahr zu minimieren, dass Transaktionen übersehen werden.

Wird eine **systematische Vorgehensweise** gewählt, so gilt es, bestimmte **Ursache-Wirkungs-Zusammenhänge** aufzudecken und diese zur effizienten Gestaltung des Risikoidentifikationsprozesses zu nutzen.[16] In diesem Zusammenhang ist beispielsweise die Bildung von **Risikofeldern** hilfreich.[17] Da Verrechnungspreisrisiken von zahlreichen Faktoren abhängen (z. B. Häufigkeit der Transaktion, betragsmäßiger Wert, Einbindung immaterieller Wirtschaftsgüter, Abgrenzbarkeit der Leistungsbeiträge beteiligter Konzerngesellschaften), könnten ebendiese als Anknüpfungspunkte zur Bildung von Risikofeldern bei der Risikoidentifikation herangezogen werden.

In jedem Fall bedeutet ein **hoher absoluter Wert** einer konzerninternen Transaktion auch ein hohes Risiko, da schon eine geringe Korrektur des Verrechnungspreises eine hohe Steuernachzahlung zur Folge haben kann.[18] Um solche Transaktionen zu identifizieren, kann für den laufenden Geschäftsbetrieb der Einsatz einer **ABC-Analyse** sinnvoll sein. Dieses ursprünglich für die Materialwirtschaft entwickelte Verfahren wird dazu verwendet, bestimmte Objekte nach ihrer Wertigkeit zu klassifizieren. Hierbei wird in einem ersten Schritt der betragsmäßige Gesamtwert für jeden konzerninternen Transaktionstyp (z. B. Lieferung von Gut 1, Lieferung von Gut 2, Erbringung von Dienstleistung 3 usw.) ermittelt, indem der jeweilige Verrechnungspreis mit dem jeweiligen Transaktionsvolumen pro Geschäftsjahr multipliziert wird. Im Anschluss werden die Transaktionstypen nach absteigenden Gesamtwerten pro Geschäftsjahr aufgereiht. Von dieser Rangliste werden sodann die oberen Listenplätze (empfohlen wird häufig ein Anteil der obersten 5 % der Listenplätze)[19] als A-Transaktionstypen klassifiziert. Die nächsten 20 % der Listenplätze stellen B-Transaktionstypen und die verbleibenden 75 % der Listenplätze C-Transaktionstypen dar.[20] Da die A-Transaktionen ein besonders hohes **Risikopotenzial** in sich bergen, sollten sie in den folgenden Prozessschritten des Risikomanagements besondere Beachtung finden, um festzustellen, ob und in welcher Höhe **tatsächliche Korrekturrisiken** vorliegen.

Zwar ist die ABC-Analyse ein Hilfsinstrument zur Effizienzsteigerung bei der Aufdeckung von **Risikopotenzialen**. Jedoch gilt es zu beachten, dass sie nur eine **Prioritätenreihenfolge** zur genaueren Risikobeurteilung vorgeben kann, diese aber nicht unbedingt die tatsächliche Risikolage des Unternehmens widerspiegelt. Denn es ist beispielsweise möglich, dass sämtliche A-Transaktionen fremdvergleichskonform abgerechnet werden und tatsächlich keine Risiken in sich bergen. Im Übrigen könnte eine C-Transaktion nach erfolgter Verrechnungspreiskorrektur in die Kategorie der A-Transaktionen fallen, so dass auch in C-Transaktionen durchaus noch erhebliche Risiken liegen können. Vor diesem Hintergrund sollte die ABC-Analyse nicht unkritisch und nur in Kombination mit anderen – beispielsweise einzelfallorientierten – Methoden angewendet werden.

Schließlich bleibt darauf hinzuweisen, dass zukünftig auch unter **bilanzrechtlichen** Gesichtspunkten eine Identifikation aller konzerninternen Transaktionen geboten sein dürfte, die nicht dem Fremdvergleich genügen und somit risikobehaftet sind. Mit Einführung des § 285 Nr. 21

---

[16] Vgl. ebenda, S. 55.

[17] Vgl. *Diederichs/Form/Reichmann*, Controlling 2004, S. 191 f.

[18] Als solche gelten auch Transaktionen, die zwar einen niedrigen Verrechnungspreis, jedoch ein hohes Transaktionsvolumen haben.

[19] Vgl. *Möller*, ABC-Analyse 2003, S. 1 f.

[20] Vgl. ebenda.

HGB durch das Bilanzrechtsmodernisierungsgesetz (BilMoG)[21] werden Kapitalgesellschaften und Kapitalgesellschaftsäquivalente verpflichtet, nicht marktübliche Geschäfte mit nahe stehenden Unternehmen und Personen in der abgelaufenen Berichtsperiode im **Anhang anzugeben**, soweit diese wesentlich sind. Ob dabei tatsächlich Angaben erfolgen müssen, die Potenzial für eine Verrechnungspreiskorrektur durch die Betriebsprüfung bieten, ist jedoch unwahrscheinlich.[22] Festzuhalten bleibt aber, dass die hier vorgestellten Methoden der Risikoidentifikation die benötigten Informationen zur Erstellung des Anhangs liefern können.

III. Risikobewertung

Sobald die steuerlichen Verrechnungspreisrisiken einzelfallorientiert und/oder systematisch identifiziert wurden, hat in einem nächsten Schritt ihre Bewertung zu erfolgen, was sich in der Praxis regelmäßig als schwierig herausstellt. Problematisch ist einerseits die Ermittlung des maximal möglichen **Schadens** und andererseits die Bestimmung der **Eintrittswahrscheinlichkeit**, denn diese hängt nicht von rein objektiven Kriterien ab, sondern korreliert in starkem Maße mit dem Verhalten der Finanzverwaltungen und des Steuerpflichtigen (insbesondere hinsichtlich der Erbringung von Dokumentationserfordernissen) sowie den allgemeinen wirtschaftlichen Rahmenbedingungen.[23] Theoretische Konzepte der Risikobewertung fußen jedoch in den meisten Fällen gerade darauf, dass ein möglicher Schaden mit seiner Eintrittswahrscheinlichkeit multipliziert wird.[24] Allerdings finden auch in der Praxis nicht unbedingt objektive Wahrscheinlichkeiten Verwendung. Vielmehr kann es durch die Befragung von Personen auch zur Verwendung **objektivierter Wahrscheinlichkeiten** kommen.[25] Mindestens ebenso schwierig ist jedoch die Bestimmung der möglichen **Schadenshöhe**. Während beim Vorliegen von Verrechnungspreisbandbreiten in einigen Staaten eine Korrektur unzulässiger Wertansätze auf den Median der Bandbreite erfolgt[26] und dadurch die Abschätzung einer absoluten Schadenshöhe zumindest ansatzweise möglich wird, so ist dies in Staaten ohne schematisches Korrekturverfahren schwieriger, wenn nicht sogar unmöglich. Ein Verfahren, das diesen Bewertungsproblemen Rechnung trägt, ist das sogenannte **Risk-Mapping**. Hierbei werden Eintrittswahrscheinlichkeiten und mögliche Schadensausmaße **abgefragt**, indem der Befragte den Eintritt eines Ereignisses, in diesem Fall die Korrektur eines Verrechnungspreises durch eine beteiligte Finanzverwaltung, in eine von beliebig vielen **Kategorien** einteilen soll (z. B. „sehr wahrscheinlich", „wahrscheinlich", „unwahrscheinlich" etc.). Entsprechend hat er das Schadensmaß zu beziffern (z. B. als „unbedeutend", „schwerwiegend" oder „existenzgefährdend"). Die so ermittelten Kategorien werden auf den jeweiligen Schaden bezogen und in eine Risk-Map eingetragen. Hierbei handelt es sich um einen **Graphen**, bei dem die Eintrittswahrscheinlichkeiten auf der Ordinate und die Schadensauswirkungen auf der Abszisse abgetragen werden (vgl. auch Abbildung 1). Dabei bestehen die Schadensauswirkungen aus dem Korrekturbetrag multipliziert mit dem jeweiligen Steuersatz zuzüglich ggf. hinzukommender Zinsen und Strafzuschläge.[27]

---

[21] Gesetz zur Modernisierung des Bilanzrechts (Bilanzrechtsmodernisierungsgesetz – BilMoG) vom 25.5.2009, BGBl. I 2009, S. 1102ff.
[22] Ausführlich hierzu *Endert*, IStR 2010, S. 349 m. w. N.
[23] In diesem Sinne auch *Schlager*, Steuerrechtsprognose, 1979, S. 345.
[24] Vgl. z. B. *Diederichs/Form/Reichmann*, a. a. O. (oben Fn. 17), S. 193.
[25] Vgl. *Eisenführ/Weber*, Rationales Entscheiden 2003, S. 152 f.; *Wacker*, Steuerliche Risiken, 1981, S. 260.
[26] Vgl. den Artikel von *Kurzewitz* „Die Bestimmung von Verrechnungspreisbandbreiten als Problem der internationalen Doppelbesteuerung" in diesem Sammelwerk.
[27] Vgl. auch *Wacker*, a. a. O. (oben Fn. 25), S. 259.

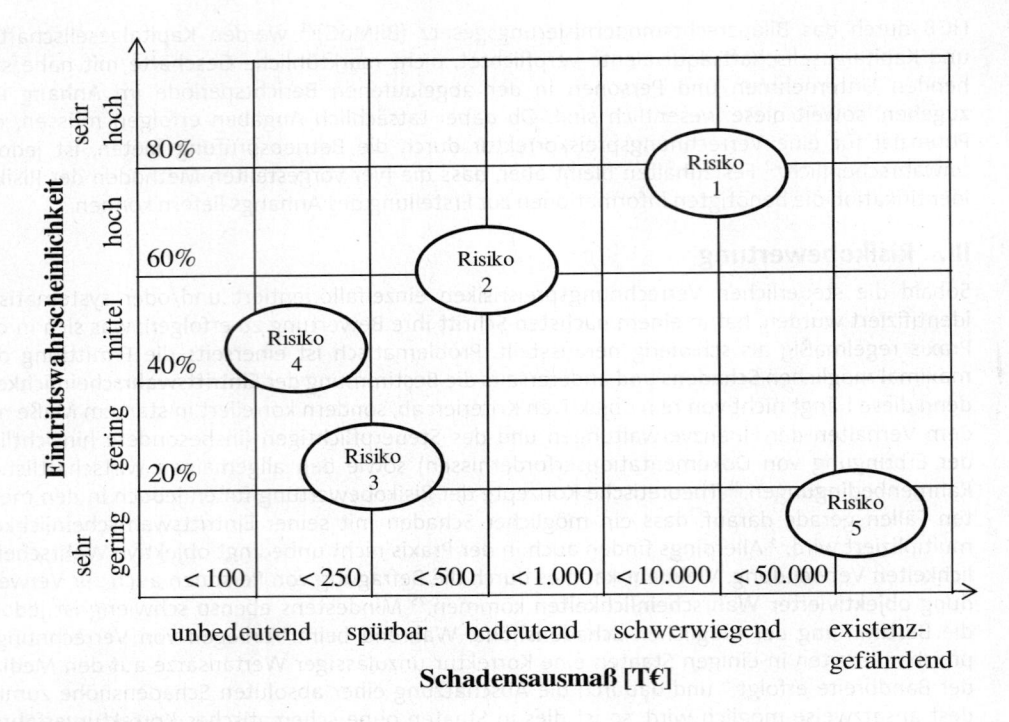

Abb. 1: Risk-Map[28]

Die Vorteile eines solchen Verfahrens liegen in der Übersichtlichkeit und der verdichtenden Darstellung der erfassten und bewerteten Risiken. Eine Risk-Map sollte unternehmensindividuell ausgestaltet werden und vereinfacht eine **quantitative Darstellung** der Risiken.[29] Auch wenn die abgebildeten Punkte lediglich **subjektive** Einschätzungen wiedergeben und die Bewertung eine ungenaue Einschätzung der tatsächlichen Situation darstellt, so kann die Risk-Map als **Ausgangspunkt** zur Beurteilung der Risikosituation des Unternehmens verwendet werden. Zumindest lassen sich aus ihr **Prioritäten** ableiten, an denen die Risikobewältigung ansetzt. In besonders komplexen Konzernstrukturen könnten anstelle einzelner transaktionsbezogener Risiken auch gesamte Tochtergesellschaften in der Risk-Map dargestellt werden. Die abgebildeten Positionen würden dann den Gesamtrisiko-/Maximalschadenspositionen der jeweiligen Tochtergesellschaft entsprechen. Hierbei muss jedoch darauf geachtet werden, dass steuerliche Verrechnungspreisrisiken nicht doppelt gezählt werden, sondern jede mögliche Korrektur nur einmal bei der jeweiligen Tochtergesellschaft zu berücksichtigen ist.

Schließlich sind die zwischen den steuerlichen Verrechnungspreisrisiken bestehenden **Interdependenzen** zu berücksichtigen, die sowohl **horizontaler** als auch **vertikaler** Natur sein können. Horizontale Interdependenzen sind dann gegeben, wenn zahlreiche **gleichartige** Transaktionen von verschiedenen Gesellschaften eines Staates mit einer ähnlichen Abrechnung erfolgen. Korrigiert die Betriebsprüfung nun eine dieser Transaktionen bei einer Gesellschaft, so kann davon

---

[28] Modifiziert entnommen aus *Diederichs/Form/Reichmann*, a. a. O. (oben Fn. 17), S. 191.
[29] Vgl. *Paetzmann*, Corporate Governance 2008, S. 66.

ausgegangen werden, dass auch bei den anderen Gesellschaften Korrekturen notwendig werden. Vertikale Interdependenzen liegen hingegen vor, wenn die Korrektur eines Verrechnungspreises innerhalb einer **mehrstufigen** Wertschöpfungskette erfolgt. Durch die Korrektur ändern sich ggf. die Margen und Kostenstrukturen aller beteiligten Unternehmen, so dass die Verrechnungspreise aller vor- oder nachgelagerten Transaktionen ebenfalls angepasst werden müssen. Solche möglichen **Kaskadeneffekte** sollten bei der Bewertung Berücksichtigung finden, indem – beispielsweise durch die Erstellung von Schaubildern zum konzerninternen Leistungsaustausch – **sachlogische Verknüpfungen** zwischen den einzelnen Transaktionen aufgedeckt werden.

IV. Risikobewältigung

1. Überblick

Nachdem die Verrechnungspreisrisiken identifiziert und bewertet wurden, erfolgt im Anschluss die **Risikobewältigung** als Risikomanagement im engeren Sinne. Die Instrumente der Risikobewältigung werden im Folgenden in zeitlicher Hinsicht kategorisiert, wobei Ex-ante-Maßnahmen und Ex-post-Maßnahmen voneinander zu unterscheiden sind. Ex-ante-Maßnahmen beziehen sich auf Instrumente zur Risikobewältigung, die bereits eingesetzt werden, bevor eine Verrechnungspreiskorrektur erfolgt. Hierzu zählen diverse Maßnahmen der **Risikovermeidung** und **Risikoverminderung**, die sich mehrheitlich als konzerninterne Aktivitäten ohne Einschaltung der betroffenen Finanzverwaltungen darstellen. Im Gegensatz dazu kommen Ex-post-Maßnahmen erst dann zum Einsatz, wenn eine (einseitige) Verrechnungspreiskorrektur bereits vorgenommen wurde, um die daraus resultierende Doppelbesteuerung im nachhinein dem Grunde nach rückgängig zu machen oder der Höhe nach zu reduzieren. Dabei ist es regelmäßig erforderlich, **administrative Verfahren** unter Beteiligung der betroffenen Finanzverwaltungen anzustrengen. Schließlich stellt die **Risikoakzeptanz** eine weitere Strategie der Risikobewältigung dar, nach der Risiken mit geringer betragsmäßiger Auswirkung und niedriger Eintrittswahrscheinlichkeit hingenommen werden, wenn die Kosten ihrer Vermeidung bzw. Verminderung nicht im Verhältnis zum erwarteten Nutzen stehen bzw. das Risiko im akzeptablen Bereich liegt. Die zur Verfügung stehenden Instrumente zur Risikobewältigung werden im Folgenden skizziert.

2. Ex-ante-Maßnahmen

a) Risikovermeidung

Das einfachste Mittel zur Vermeidung einer Verrechnungspreiskorrektur dem Grunde nach besteht darin, auf eine konzerninterne Transaktion **gänzlich zu verzichten**. Diese Möglichkeit kommt jedoch nur ausnahmsweise für unterstützende Randprozesse in Betracht (z. B. untergeordnete administrative Dienstleistungen) und kann insbesondere für das Kerngeschäft der Unternehmung nicht als gangbarer Weg gelten.

Ferner kann auch die **Zwischenschaltung eines konzernfremden Unternehmens** in den Transaktionsprozess oder die **Veräußerung einer Tochtergesellschaft** bzw. eines Teils der Anteile an einer Tochtergesellschaft dafür sorgen, dass der beherrschende Einfluss[30] als Voraussetzung für eine Verrechnungspreiskorrektur nicht mehr gegeben ist.[31] Problematisch ist dieses Vorgehen jedoch insbesondere dann, wenn durch solche Gestaltungen wertvolles **Know-how** den Konzern verlässt, denn hierdurch können erhebliche Wettbewerbsvorteile des Unternehmens verloren gehen. Insofern stellt eine Auslagerung von Transaktionen oder gesamten Konzerngesellschaf-

---

[30] Vgl. hierzu § 1 Abs. 2 AStG.

[31] Vgl. auch *Henselmann/Rose*, Management steuerlicher Risiken, 2001, S. 193f.

ten nur dann eine Möglichkeit dar, wenn es sich um **marktgängige Funktionen**, wie z. B. Vertriebsfunktionen oder Lohnfertigung, handelt.

Auch eine **Verlagerung** der jeweiligen Tätigkeiten bzw. **unternehmerischen Funktionsbereiche ins Inland** kann dafür sorgen, dass Verrechnungspreiskorrekturen ausgeschlossen werden, denn die Korrektur steuerlicher Verrechnungspreise (z. B. nach § 1 Abs. 1 AStG in Deutschland) erstreckt sich nur auf grenzüberschreitende Transaktionen. Allerdings kommen hierdurch ggf. erhebliche Mehrkosten auf den Steuerpflichtigen zu, da die Übertragung von Funktionen, Risiken und Wirtschaftsgütern den Tatbestand einer steuerlichen Funktionsverlagerung erfüllt, die ihrerseits auch nach ausländischem Recht Besteuerungsfolgen auslöst und Transaktionskosten nach sich zieht. Im Übrigen können einer solchen Gestaltung andere Erwägungen entgegenstehen, zumal Standortentscheidungen in der Regel nicht primär steuerlich getroffen werden, sondern durch betriebswirtschaftliche Aspekte begründet sind, wie zum Beispiel durch den Abbau von Bürokratie- und Arbeitskosten sowie die Nutzung von Rohstoffvorkommen oder den Einsatz von qualifiziertem Personal.

b) Risikoverminderung

Advance Pricing Agreements

Ein Instrument zur **Verminderung** von Verrechnungspreiskorrekturrisiken stellt das Advance Pricing Agreement (APA) dar. Hierbei handelt es sich nach internationalem Verständnis um eine Vorabvereinbarung zwischen dem Steuerpflichtigen und einer oder mehrerer Finanzverwaltungen, in der bereits vor der Abwicklung konzerninterner Transaktionen die heranzuziehende **Verrechnungspreismethode** für einen festgelegten Zeitraum rechtsverbindlich bestimmt wird.[32] Das vorrangige Ziel eines APA liegt in der **Vermeidung zukünftiger Verrechnungspreiskonflikte** und daraus resultierender Doppelbesteuerungsprobleme durch eine **bindende Vorwegauskunft** der betroffenen Finanzverwaltungen. Sein Inhalt umfasst insbesondere die Festlegung der Verrechnungspreismethode und der sog. Gültigkeitsbedingungen („kritische Annahmen" bzw. „critical assumptions"), die während der Laufzeit des APA vorliegen müssen, um die Bindungswirkung für die Finanzverwaltung aufrecht zu erhalten. Beispiele für derartige Gültigkeitsbedingungen sind gleich bleibende Beteiligungsverhältnisse, gleich bleibende Funktions- und Risikoverteilungen im Konzern sowie gleich bleibende Verhältnisse bezüglich Marktbedingungen, Marktanteil und Geschäftsvolumen.[33]

Um die mit einer Verrechnungspreiskorrektur verbundene wirtschaftliche Doppelbesteuerung im Konzern zu vermeiden, sollte vorrangig auf ein **bilaterales APA** zurückgegriffen werden.[34] Hierbei treffen zwei Finanzverwaltungen auf Antrag des Steuerpflichtigen eine Vorabvereinbarung über die fremdvergleichskonforme Verrechnungspreisgestaltung zwischen den in ihren Staaten ansässigen Konzerngesellschaften, wofür die in den Doppelbesteuerungsabkommen zwischen den jeweiligen Staaten enthaltenen Vorschriften zum Verständigungsverfahren entsprechend Art. 25 OECD-MA die Grundlage bilden. Die Finanzverwaltungen nehmen auf dieser Basis zwischenstaatliche Verhandlungen im Rahmen eines „modifizierten vorgezogenen Verständigungsverfahrens"[35] auf und weisen dem Steuerpflichtigen eine aktive Verfahrensbeteiligung zu. Nachdem im Rahmen einer **Vorabverständigungsvereinbarung** eine Einigung zwischen den Abkommensstaaten erzielt wurde, wird den betroffenen Steuerpflichtigen eine **bindende**

---

[32] Vgl. hierzu das BMF-Schreiben vom 05.10.2006, IV B 4 – S 1341 – 38/06, BStBl. I 2006, S. 594ff.

[33] So Tz. 3.7 BMF-Schreiben vom 05.10.2006, IV B 4 – S 1341 – 38/06, BStBl. I 2006, S. 594ff.

[34] Vgl. zu den Möglichkeiten des Abschlusses uni-/multilateraler APA auch *Grotherr*, BB 2005, S. 857f.

[35] *Herzig*, APA, 1997, S. 119.

Vorabzusage über die steuerrechtskonforme Anwendung der Verrechnungspreismethode für zukünftig stattfindende konzerninterne Transaktionen erteilt. Während der Laufzeit sind die beteiligten Finanzverwaltungen an das APA gebunden, solange der Steuerpflichtige den zugrunde liegenden Sachverhalt verwirklicht und die Gültigkeitsbedingungen einhält.[36] Daher erscheint es mit dem bilateralen APA möglich, eine Vermeidung der Doppelbesteuerung zu erreichen bzw. Rechts- und Planungssicherheit zu schaffen. Es können jedoch Fälle auftreten, in denen der Antrag auf Einleitung eines APA-Verfahrens vom Steuerpflichtigen zurückgezogen wird oder eine Einigung der beteiligten Finanzverwaltungen nicht zustande kommt. In solchen Situationen macht der Steuerpflichtige mit der Beantragung eines APA erst auf sich aufmerksam und schafft damit einen Anlass für Betriebsprüfungen. Besonders problematisch ist hierbei, dass er bereits bei der Antragstellung **sensible Unternehmensinformationen** übermitteln musste, die in künftigen Betriebsprüfungen gegen ihn genutzt werden können.[37] Insofern ist eine vollständige Risikovermeidung mittels eines APA nicht möglich.

Jedoch ist bei **erfolgreicher** Vereinbarung des APA die erhöhte Rechts- und Planungssicherheit für zukünftige Veranlagungszeiträume klar ersichtlich. Diesem Vorteil stehen allerdings Nachteile in Form von Kostenbelastungen für externe Steuerberatung und Antragsgebühren[38] sowie einer deutlich **eingeschränkten unternehmerischen Flexibilität** gegenüber. Insbesondere wenn die Gültigkeitsbedingungen des APA zu eng formuliert sind, kann die Unternehmensentwicklung gehemmt werden, da der Steuerpflichtige in der Verrechnungspreisgestaltung und der Gestaltung seiner Geschäftsbeziehungen stark eingeschränkt wird. Denn bei einem Abweichen von den vereinbarten Konditionen muss er damit rechnen, den Fortbestand des APA zu gefährden, womit die Bindungswirkung aus Sicht der Finanzverwaltung erlischt.

Steuerpflichtige, die die Beantragung eines APA erwägen, haben die Vor- und Nachteile des Verfahrens gegeneinander abzuwägen. Für den Abschluss von APA besonders geeignete Sachverhalte stellen Transaktionen dar, die ausschließlich konzernintern abgewickelt werden und für die folglich keine Fremdvergleichspreise identifiziert werden können. Weiterhin kommt eine Anwendung bei Einbindung **wertvoller immaterieller Wirtschaftsgüter** in Frage, bei denen die Bewertung unter Fremdvergleichsgesichtspunkten ebenfalls erschwert wird.[39] Aber auch Fälle **hochintegrierter Wertschöpfung**, bei der die Funktionen und Risiken einzelner Konzerngesellschaften schlecht abgrenzbar sind (z. B. global trading oder global development), sind für ein solches Verfahren der Risikoverminderung geeignet.

Verrechnungspreisdokumentation

Neben dem APA als administrativem Verfahren gewinnt auch die **Verrechnungspreisdokumentation** eine immer größere Bedeutung als Ex-ante-Maßnahme zur Verringerung steuerlicher Verrechnungspreisrisiken. In Deutschland ist neben einer Sachverhaltsdokumentation auch eine Angemessenheitsdokumentation in § 90 Abs. 3 AO i.V.m. der Gewinnabgrenzungsaufzeich-

---

[36] Die Laufzeit ist grundsätzlich befristet und variiert im internationalen Vergleich zwischen 3 und 5 Jahren. Ferner ist in der Regel die Möglichkeit einer Verlängerung des APA nach abgelaufener Geltungsdauer vorgesehen, vgl. hierzu näher *Grotherr*, IWB Nr. 11 v. 8.6.2005, Fach 10 Gruppe 2, S. 1845ff.

[37] Hiervor können anonyme Vorgespräche eine gewisse Schutzwirkung entfalten. Zur Möglichkeit anonymer Vorgespräche in der internationalen APA-Praxis vgl. *Kurzewitz*, a. a. O. (oben Fn. 2), S. 389 m.w.N.

[38] In Deutschland sind die Gebühren für die Bearbeitung eines APA-Antrags in § 178a AO geregelt. Vgl. hierzu auch *Lahme/Reiser*, BB 2007, S. 408ff.

[39] Vgl. *Grotherr*, a. a. O. (oben Fn. 34), S. 863ff.

nungsverordnung[40] und Tz. 3.4.12. der Verwaltungsgrundsätze-Verfahren[41] gefordert. Hiernach wird die Angemessenheit der Verrechnungspreise von der Finanzverwaltung anerkannt, wenn der Steuerpflichtige nachweist, dass er sich „... *ernsthaft um eine dem Fremdvergleich genügende Preisbildung für Zwecke seiner Einkünfteermittlung ...*"[42] bemüht hat. In dieser Dokumentationsanforderung sollte nicht nur eine Pflichterfüllung gegenüber dem Gesetzgeber gesehen werden, welche mit zusätzlicher administrativer Belastung verbunden ist. Vielmehr sollten die Steuerpflichtigen diese Gelegenheit nutzen, um ihre Verrechnungspreisstrategie zu untermauern, indem sie nachweisen und detailliert erläutern, inwiefern sich unverbundene Unternehmen bei ähnlichen Transaktionen vergleichbar verhalten hätten. Dabei sollten sie auf die wesentlichen Transaktionsparameter, wie z. B. die Produkt- bzw. Leistungseigenschaften, die Markt- und Vertragsbedingungen sowie die übernommenen Funktionen, Risiken und Geschäftsstrategien abstellen. Durch solche Argumente kann in Betriebsprüfungen eine bessere Verhandlungsposition gewonnen werden. Zusätzlich sollten die Steuerpflichtigen nach Möglichkeit auf **Datenbankabfragen** zurückgreifen, um auf diese Weise die Nachvollziehbarkeit des gewählten Vergleichspreises bzw. der gewählten Vergleichsmarge sicherzustellen. Infrage kommt z. B. die Nutzung von Lizenzdatenbanken zur Verprobung konzerninterner Lizenzgebührensätze für die Überlassung immaterieller Wirtschaftsgüter.[43] Ferner können Unternehmensdatenbanken eingesetzt werden, um eine gewählte Vergleichsmarge – z. B. im Rahmen der Wiederverkaufspreismethode, der Kostenaufschlagsmethode oder der TNMM – zu untermauern.[44] Allerdings ist darauf hinzuweisen, dass die deutsche Finanzverwaltung Datenbankinformationen bei der Dokumentation von Verrechnungspreisansätzen bisher aufgrund enttäuschender Berichte über die Datenlage bei Unternehmensdatenbanken[45] nur in sehr eingeschränktem Umfang zulässt. So stellt sie fest, dass Ergebnisse eines „reinen Datenscreenings" für sich genommen regelmäßig unverwertbar sind, da sie für die Prüfung der Vergleichbarkeit von Verrechnungspreissachverhalten nicht ausreichen.[46] Vor diesem Hintergrund sollten Margen bzw. Preise aus Vergleichsdatenbanken der Dokumentation nur **zusätzlich** beigefügt werden und eine **individuelle** Fremdvergleichsanalyse nicht ersetzen.

Um nicht nur den Anforderungen der deutschen, sondern sämtlicher beteiligter Finanzverwaltungen zu genügen, ist es ferner von besonderer Bedeutung, den Prozess der Verrechnungspreisdokumentation **international abzustimmen**, denn die steuergesetzlichen und administrativen Dokumentationserfordernisse variieren im Detail zwischen den Staaten.[47] Ein Blick in die Empirie macht allerdings deutlich, dass international abgestimmte Verrechnungspreisdokumentationen bisher noch nicht die Regel sind. So zeigt die Studie von *Ernst & Young* aus dem Jahr 2007, dass nur 33 % der befragten Konzerngesellschaften ihren Dokumentationsprozess

---

[40] Gewinnabgrenzungsaufzeichnungsverordnung vom 13. November 2003 (BGBl. I S. 2296), geändert durch Artikel 9 des Gesetzes vom 14. August 2007 (BGBl. I S. 1912).

[41] BMF-Schreiben vom 12.04.2005, IV B 4 – S 1341 – 1/05, BStBl. I 2005, S. 570ff. (Verwaltungsgrundsätze-Verfahren).

[42] Tz. 3.4.12.3. Verwaltungsgrundsätze-Verfahren.

[43] Z. B. http://www.royaltysource.com; http://www.ipresearch.com; http://www.royaltystat.com.

[44] Vgl. hierzu näher *Oestreicher*, StuW 2006, S. 243ff.; *Vormoor*, Unternehmensdatenbanken, 2005; *Tucha*, IStR 2002, S. 745ff.

[45] Vgl. hierzu z. B. *Oestreicher/Vormoor*, IStR 2004, S. 95ff.

[46] So Tz. 3.4.12.4 Verwaltungsgrundsätze-Verfahren. Siehe näher *Kurzewitz*, a. a. O. (oben Fn. 2), S. 404ff.

[47] Vgl. *Frischmuth*, IWB Nr. 16 v. 24.8.2005, Fach 11, Gruppe 2, S. 793ff.

zeitlich und inhaltlich abstimmen (2005: 24 %).[48] Hingegen erarbeiten 28 % der befragten Gesellschaften ihre Dokumentation nach den Anforderungen eines einzelnen Staates und gleichen sie erst nachträglich den Anforderungen anderer Staaten an.[49]

3. Ex-post-Maßnahmen

a) Gegenberichtigung

Wurde eine Verrechnungspreiskorrektur im Rahmen einer Betriebsprüfung bereits vorgenommen, so stehen diverse administrative Verfahren zur Verfügung, mit Hilfe derer die dadurch entstandene **wirtschaftliche Doppelbesteuerung** im nachhinein rückgängig gemacht oder reduziert werden kann. In diesem Zusammenhang soll beispielsweise das in Art. 9 Abs. 2 OECD-MA normierte Konzept der **Gegenberichtigung** eine Schutzwirkung vor einseitigen Verrechnungspreiskorrekturen und dadurch entstehenden Doppelbesteuerungsproblemen bieten. Hiernach ist die Gewinnerhöhung in einem Vertragsstaat eines Doppelbesteuerungsabkommens (DBA) nachträglich durch eine entsprechende Änderung der im anderen Vertragsstaat erhobenen Steuern auszugleichen. Die **Beantragung** einer Gegenberichtigung seitens des Steuerpflichtigen kann auf die Regelung eines Länder-DBAs gestützt werden, die der Vorschrift des Art. 9 Abs. 2 OECD-MA nachgebildet ist. Verfahrensrechtlich erfolgt eine Gegenberichtigung durch eine Konsultation der beteiligten Finanzverwaltungen im Rahmen eines **Einigungsverfahrens**.[50] Jedoch nimmt die Finanzverwaltung eines Staates nicht zwangsläufig eine Gegenberichtigung vor, nur weil die Gewinne im anderen Staat aufgrund einer Erstberichtigung erhöht wurden, denn aus Art. 9 Abs. 2 OECD-MA lässt sich **kein Einigungszwang** ableiten.[51] Voraussetzung für eine Gegenberichtigung ist vielmehr, dass zwischen beiden Vertragsstaaten Einigkeit hinsichtlich der Qualifikation und der Höhe des angemessenen Leistungsentgelts herrscht.[52] Insofern ist eine vollkommene Risikoaufhebung durch dieses Instrument nicht gewährleistet. Ferner ist anzumerken, dass in der **internationalen DBA-Praxis** häufig auf Gegenberichtigungsnormen, wie sie in Art. 9 Abs. 2 OECD-MA vorgesehen sind, **verzichtet wird**.[53] Dies folgt der Intention, weder dem Vertragspartner einen Anreiz zu Verrechnungspreiskorrekturen zu geben noch den Steuerpflichtigen grenzüberschreitende Gewinnverlagerungen zu erleichtern.[54]

b) Verständigungsverfahren

Mangelt es dem konkreten Länder-DBA an einer Vorschrift entsprechend Art. 9 Abs. 2 OECD-MA, so kann eine Gegenberichtigung oder anderweitige Vermeidung der Doppelbesteuerung auch über ein Verständigungsverfahren erfolgen.[55] Rechtsgrundlage hierfür sind die in den Länder-DBA enthaltenen **Verständigungsklauseln**, die Art. 25 Abs. 1 und 2 OECD-MA entsprechen. Die Regelungen zum Verständigungsverfahren sind u. a. dann einschlägig, wenn es durch Verrechnungspreiskorrekturen zur **wirtschaftlichen Doppelbesteuerung** kommt, da diese als **abkommenswidrig** qualifiziert wird. Gemäß Art. 25 Abs. 1 OECD-MA kann ein in einem Vertragsstaat

---

[48] Vgl. *Ernst & Young*, a. a. O. (oben Fn. 3), S. 16.

[49] Vgl. ebenda.

[50] Vgl. Art. 9 Abs. 2 Satz 2 OECD-MA.

[51] So auch Tz. 4.35 OECD-RL.

[52] Vgl. *Schaumburg*, Internationales Steuerrecht, 2011, § 16 Rz. 16.319 m. w. N.

[53] Vgl. z. B. für Deutschland *Eigelshoven*, in Vogel/Lehner, DBA, 2008, Art. 9 Rz. 181; für Großbritannien *Collins*, United Kingdom, Suppl. No. 37, Sept. 2005, S. 38f.; für Frankreich *Escaut*, France, Suppl. No. 28, March 2001, S. 108f.

[54] Vgl. *Hundt*, RIW 1981, S. 323.

[55] Vgl. Tz. 4.33 OECD-RL sowie *Eigelshoven*, in Vogel/Lehner, DBA, 2008, Art. 9 Rz. 159.

ansässiger Steuerpflichtiger der zuständigen Finanzbehörde einen Steuersachverhalt vorlegen, wenn dieser zu einer Besteuerung führt oder führen wird, die nicht in Einklang mit den Vorschriften des Doppelbesteuerungsabkommens steht. Im Anschluss hat die Finanzverwaltung gemäß Art. 25 Abs 2 OECD-MA darüber zu befinden, ob der Einwand des Unternehmens gerechtfertigt ist. Bei einem zustimmenden Ergebnis sind Bemühungen zur Problemlösung aufzunehmen. Sollte die Finanzverwaltung hierbei nicht in der Lage sein, durch eigene Maßnahmen eine Lösung herbeizuführen, so leitet sie ein Verständigungsverfahren mit dem DBA-Partnerstaat ein. Am Ende des Verständigungsprozesses steht im Falle der Einigung eine bindende Verständigungsvereinbarung, die aus einer **Rücknahme** eines **Besteuerungsanspruchs** seitens des erstkorrigierenden Staates und/oder einer **Gegenberichtigung** seitens des anderen Staates besteht. Jedoch unterliegt auch das Verständigungsverfahren **keinem Einigungszwang**.[56] Insofern liefert es ebenfalls keine Garantie dafür, dass die Doppelbesteuerung aufgrund einer Verrechnungspreiskorrektur nachträglich rückgängig gemacht wird. Die damit verbundene Rechts- und Planungsunsicherheit für die betroffenen Steuerpflichtigen wird noch durch die **Dauer des Verfahrens** verstärkt, welche in der Regel zwischen zwei und vier Jahren liegt.[57]

c) Schiedsverfahren

Da die betroffenen Steuerpflichtigen beim Verständigungsverfahren keinen Anspruch auf eine Einigung der Finanzverwaltungen haben, sind in einigen Doppelbesteuerungsabkommen Schiedsverfahren vorgesehen, die zu einer **endgültigen Entscheidung** führen und deren Ergebnisse für **beide Vertragsstaaten bindend** sind.[58] Solche Verfahren führen aufgrund einer Vereinbarung der Vertragsstaaten zur verbindlichen Streitentscheidung durch einen oder mehrere Schiedsrichter. Die Mehrheit der weltweit ca. 50 in Doppelbesteuerungsabkommen enthaltenen Schiedsklauseln[59] normieren jedoch nur **fakultative Schiedsverfahren**, auf deren Durchführung sich die betroffenen Vertragsstaaten z. B. bei Verrechnungspreiskonflikten einigen **können**, sofern ein Verständigungsverfahren erfolglos durchgeführt wurde. Diese Verfahren leisten keinen wesentlichen Ergebnisbeitrag, da es im Ermessen der beteiligten Finanzverwaltungen steht, sie überhaupt einzuleiten. Hingegen bilden **obligatorische Schiedsverfahren**, zu deren Durchführung die Vertragsstaaten im Falle einer Streitigkeit verpflichtet werden, in der Verrechnungspreispraxis die Ausnahme.[60]

Ein Verfahren zur obligatorischen Streitbeilegung bei Verrechnungspreiskonflikten findet sich lediglich im Bereich der Europäischen Union. Hier liegt mit dem **EG-Schiedsabkommen** ein multilateraler völkerrechtlicher Vertrag auf Basis des Art. 293 EGV vor, welcher die Regelungen zum Verständigungsverfahren in den Doppelbesteuerungsabkommen der Mitgliedstaaten ergänzt und das Verständigungsverfahren zu einem **Streitbeilegungsverfahren mit verbindlicher Wirkung** weiterentwickelt.[61] Kommt es zwischen verbundenen Unternehmen mit Sitz in den Ver-

---

[56] Hierzu kritisch *Becker*, in Becker/Kroppen, Handbuch, OECD-Verrechnungspreisgrundsätze – Erläuterungen zu Tz. 4.35, Rz. 3.

[57] So *Engler/Elbert*, in Vögele et. al., Handbuch 2011, Kap. F Rz. 244.

[58] Vgl. z. B. die Abkommensübersicht bei *Lehner*, in Vogel/Lehner, DBA, 2008, Art. 25 Rz. 201 m. w. N. sowie Rz. 235ff.

[59] So *Züger*, Intertax 2002, S. 348.

[60] Vgl. *Groen*, Intertax 2002, S. 19ff.

[61] EG-Schiedsabkommen („Übereinkommen über die Beseitigung der Doppelbesteuerung im Falle von Gewinnberichtigungen zwischen verbundenen Unternehmen") einschließlich des deutschen Zustimmungsgesetzes abgedruckt in BGBl. II 1993, S. 1308ff.

tragsstaaten zu Gewinnberichtigungen aufgrund von Verrechnungspreiskorrekturen, so sieht das Schiedsabkommen ein **zweistufiges Verfahren** vor. Auf der ersten Stufe wird gem. Art. 6 des Abkommens ein Verständigungsverfahren durchgeführt. Bleibt dieses Verfahren über zwei Jahre hinweg erfolglos, so wird auf der zweiten Stufe ein **Schlichtungsverfahren** unter Einberufung eines „Beratenden Ausschusses" eingeleitet. Dieser Ausschuss ist verpflichtet, innerhalb von sechs Monaten eine Stellungnahme zur Vermeidung der Doppelbesteuerung abzugeben. Einigen sich die Finanzverwaltungen der beteiligten Staaten nicht innerhalb weiterer sechs Monate auf einen übereinstimmenden Verrechnungspreis, so erlangt das Ergebnis des Schlichtungsverfahrens Bindungswirkung.[62] Dieses Verfahren kann eine tatsächliche Vermeidung der Doppelbesteuerung herbeiführen und Verrechnungspreiskonflikte zumindest im Rechtsraum der EU-Mitgliedstaaten verbindlich klären.

Seit 2008 hat auch die OECD ein Schiedsverfahren nach europäischem Vorbild in Art. 25 OECD-MA aufgenommen. Dabei wurde dem Artikel 25 ein fünfter Absatz hinzugefügt, dessen Inhalt sich wie folgt zusammenfassen lässt: Ein Steuerpflichtiger hat das Recht, ein Schiedsverfahren mit verbindlicher Streitbeilegung zu beantragen, wenn bereits ein Verständigungsverfahren beantragt wurde und dieses nicht innerhalb von zwei Jahren, nachdem der Fall der zuständigen Behörde des anderen Vertragsstaates präsentiert wurde, zu einem Ergebnis geführt hat.[63] Es kann jedoch darüber spekuliert werden, wann und inwieweit das Schiedsverfahren von den OECD-Mitgliedstaaten in ihre DBA-Praxis übernommen wird. An deren restriktiver Haltung gegenüber der Gegenberichtigungsnorm des Art. 9 Abs. 2 OECD-MA und der nur vereinzelten Übernahme in Länder-DBA lässt sich bereits erkennen, dass die Staaten bei einem obligatorischen Schiedsverfahren mit Einigungszwang vermutlich eine übermäßige **Einschränkung ihrer Steuersouveränität** fürchten. Insofern stellt auch das Schiedsverfahren kein Instrument zur vollständigen Risikovermeidung dar.

C. Steuerung und Überwachung innerhalb des Risikomanagementsystems

I. Risikofrühaufklärung

Zur Sicherung einer langfristigen Wirksamkeit sollte in das Risikomanagementsystem für steuerliche Verrechnungspreise ein **Frühaufklärungssystem** integriert werden, um Risiken frühzeitig zu erkennen und risikosteuernde Maßnahmen anzuordnen, die von einer rechtzeitigen Anpassung der Verrechnungspreisansätze bis zur Desinvestition ganzer Konzerngesellschaften reichen können.

Ein Frühaufklärungssystem sollte sowohl operative als auch strategische Frühaufklärungselemente beinhalten. Zum Einsatz eines **operativen Frühaufklärungssystems** bedarf es der Identifikation von unternehmensinternen und -externen Indikatoren, die eine mögliche Verrechnungspreiskorrektur frühzeitig anzeigen. Dabei spiegeln **unternehmensexterne** Indikatoren vorrangig die makroökonomischen Rahmenbedingungen, wie z. B. Zins-, Preis- und Währungskursentwicklungen, in den Aktivitätsstaaten des Konzerns wider.[64] Aber auch **unternehmensinterne** Indikatoren, wie z. B. geplante Investitionen oder Funktionsverlagerungen sowie die Eröffnung

---

[62] Vgl. Art. 11 Abs. 1 und 12 Abs. 1 EG-Schiedsabkommen.
[63] Vgl. Art. 25 Abs. 5 OECD-MA sowie näher zum Verfahrensablauf *Owens*, IStR 2007, S. 472ff.
[64] Zu den allgemeinen Anforderungen an die Auswahl solcher Indikatoren vgl. *Hillebrand*, Das Früherkennungssystem 2005, S. 162 f.

neuer Geschäftsbereiche, können unmittelbar oder mittelbar Auswirkungen auf die Fremdvergleichskonformität konzerninterner Verrechnungspreise haben und geben wertvolle Hinweise auf zukünftige Gefährdungs- und Chancenpotenziale. Eine beispielhafte Aufzählung möglicher Indikatoren findet sich in Abbildung 2.

Mögliche Frühindikatoren im Bereich steuerlicher Verrechnungspreisrisiken	
unternehmensextern	**unternehmensintern**
Zinsentwicklung → insbesondere hinsichtlich konzerninterner Darlehen relevant	*Geplante Investitionen/Desinvestitionen* → Beeinflussung der Funktions- und Risikoallokation im Konzern
Marktentwicklung → Ein-/Austritt von Konkurrenten und damit Determinierung der Marktstruktur (Monopol/Polypol usw.) mit unmittelbaren Auswirkungen auf die Fremdvergleichskonformität der Verrechnungspreise in diesem Markt → Ein-/Austritt von Konkurrenten und damit Vorhandensein von Vergleichsdaten unabhängiger Unternehmen	*Personalfluktuation* → Vorhandenes Risikobewusstsein bei nicht periodisch erfolgenden Schulungen → Vorhandenes Fachpersonal in Steuerabteilungen mit verrechnungspreisbezogenem Fachwissen
Preisentwicklung → ggf. übermäßige Gewinn-/Verlustentstehung einer Konzerngesellschaft mit mittelbaren Auswirkungen auf Fremdvergleichskonformität der damit im Zusammenhang stehenden Transaktionen	*Arbeitsbelastung der Rechtsabteilung* → Bei Überlastung möglicherweise Fehlen von klaren und im Voraus geschlossenen Vereinbarungen und Verträgen
Währungskursentwicklung → Fremdvergleichskonformität der Lieferungs- und Leistungsbeziehungen in Abhängigkeit von der gewählten Vertragswährung	*Bei abgeschlossenen APA* → Veränderungen in den kritischen Gültigkeitsbedingungen, wie z.B. Beteiligungsverhältnisse, Geschäftsvolumen etc.

Abb. 2: Mögliche unternehmensinterne und -externe Indikatoren eines operativen Frühaufklärungssystems für Verrechnungspreise

Sofern ein Indikator einen **direkten Einfluss** auf die Verrechnungspreise laufender Transaktionen hat, sollte er nach Möglichkeit quantifiziert werden. Wird z. B. eine Lieferbeziehung zwischen einem Produktionsunternehmen in Staat A und einem Vertriebsunternehmen in Staat B mit Hilfe der Wiederverkaufspreismethode abgerechnet, so ergeben sich Auswirkungen von Marktpreisänderungen bei Verkauf des Produktes an fremde Dritte in Staat B auf den vorgeschalteten Verrechnungspreis. Beispielsweise wird eine Preisschwankung von 1 % in voller Höhe auf den Verrechnungspreis der Transaktion zurückwirken, denn der Residualgewinn der Transaktion

Kurzewitz/Endert

steht bei Anwendung der Wiederverkaufspreismethode dem konzerninternen Leistungserbringer zu.[65] Eine solche Quantifizierung der Einflussgrößen ist auch dann nützlich, wenn die Auswirkungen von Änderungen mehrerer Indikatoren auf den Verrechnungspreis der jeweiligen Transaktion abzuschätzen sind. Darüber hinaus können **Sensitivitätsanalysen** durchgeführt werden, um die Reaktionsintensität des Verrechnungspreises einer bestimmten Transaktion auf geänderte Indikatoren zu ermitteln. Eine hohe Reaktionsintensität sollte ggf. in dem jeweils zugrunde liegenden Vertragswerk Berücksichtigung finden (beispielsweise durch eine Festlegung fremdvergleichskonformer Preisanpassungsklauseln). Darüber hinaus lässt sich mit Hilfe von Sensitivitätsanalysen eine Prioritätenreihenfolge ableiten, aus der ersichtlich wird, welche Verrechnungspreise am stärksten auf Änderungen der Indikatoren reagieren und deshalb ggf. vorrangig angepasst werden müssen. Zinsschwankungen wirken sich beispielsweise in starkem Maße auf konzerninterne Darlehenstransaktionen aus, haben hingegen nur einen geringfügigen Einfluss auf Warentransaktionen mit kurzfristigem Zahlungsziel.

Im Gegensatz zur operativen Frühaufklärung, die unternehmensintern und -extern auf konkrete betriebswirtschaftliche und makroökonomische Indikatoren abstellt, ist bei der **strategischen Frühaufklärung** die Identifikation und Auswertung **schwacher Signale** von Bedeutung, die auch Meinungsäußerungen von Schlüsselpersonen des öffentlichen Lebens beinhalten können.[66] Für Zwecke einer verrechnungspreisbezogenen Frühaufklärung sollten insbesondere die Entwicklungen im Bereich der **steuerlichen Rechtsprechung** und des **politischen Klimas** beobachtet werden. Beispielsweise könnte die aktuelle politische Aktivität Deutschlands in Bezug auf Geschäftsbeziehungen zu Niedrigsteuerländern ein Hinweis auf die Verschlechterung des politischen Klimas hinsichtlich der Transaktionen einer in Deutschland ansässigen Gesellschaft mit Staaten, die einen niedrigen Nominalsteuersatz erheben, sein.[67]

Die Auswertung solcher Signale kann dabei in Form einer Datenbank geschehen, die durch Abspeichern von Informationen unter vorher festgelegten Stichworten eine **Trendlandschaft** hervorbringt, aus der zukünftige Entwicklungen und ggf. zukünftiger Handlungsbedarf – wie z. B. eine ausführlichere Angemessenheitsdokumentation der Verrechnungspreise – ablesbar sind.[68]

II. Information und Kommunikation

Der Erfolg eines Risikomanagementsystems für steuerliche Verrechnungspreisrisiken ist nicht nur von den einzelnen Prozessbausteinen abhängig, sondern auch und insbesondere davon, dass konkrete **Verfahrensregelungen** aufgestellt, kommuniziert und von sämtlichen betroffenen Mitarbeitern befolgt werden. Diese sollten in einem Risikohandbuch sowie in länderspezifischen Risikorichtlinien niedergelegt und den Mitarbeitern – beispielsweise über das Intranet – zugänglich gemacht werden. Auf diese Weise wird die Kommunikation der durchzuführenden Maßnahmen an die Mitarbeiter erleichtert und somit eine Basis für die tatsächliche Umsetzung geschaffen.[69] Ferner dienen Risikohandbücher und -richtlinien als Nachweis der Einrichtung des Risikomanagementsystems gegenüber der internen Revision oder externen Prüfern. Die Inhalte

---

[65] Vgl. hierzu auch *Kurzewitz*, a. a. O. (oben Fn. 2), S. 162.
[66] Vgl. *Krystek*, ZfCM 2007, S. 53; *Schlager*, a. a. O. (Fn. 23), S. 353.
[67] Erste Anzeichen zu Aktivitäten in diesem Bereich sind durch Verlautbarungen des Bundesfinanzministeriums bereits in 2006 zu verzeichnen. Vgl. z. B. HB vom 17.08.2006 „BDI: Finanzministerium hat sich verrechnet".
[68] Vgl. *Krystek*, a. a. O. (Fn. 66), S. 55f.
[69] Vgl. *Wolf*, DStR 2002, S. 466; *Weidemann/Wieben*, DB 2001, S. 1794.

des **Risikohandbuchs** sind unternehmensindividuell auszugestalten und sollten folgende **Grundaussagen** zum Verrechnungspreisrisikomanagement beinhalten, die für **sämtliche** Konzerngesellschaften gelten:

- Die aus der Verrechnungspreisstrategie abgeleiteten risikopolitischen Grundsätze (z. B. Aussagen zur Einhaltung und Anwendung des Fremdvergleichsgrundsatzes innerhalb des Konzerns sowie Zielvorstellungen bezüglich der Vermeidung von Doppelbesteuerungen)
- Erläuterungen zur Aufbau- und Ablauforganisation des Risikomanagementsystems, insbesondere zu den in jeder Prozessphase einzusetzenden Instrumenten zur Risikoidentifikation, -bewertung und -bewältigung
- Aus der Verrechnungspreisstrategie abgeleitete Wesentlichkeitsgrenzen, unterhalb derer keine risikovermindernden bzw. -vermeidenden Maßnahmen angeordnet werden[70]
- Beschreibung der anzuwendenden Verrechnungspreismethoden mit Auswahlkriterien
- Regelungen zum Einkauf von Informationen aus Datenbanken
- Regelungen zur Meldung von neu aufzunehmenden Transaktionen an die Rechts- und Steuerabteilung
- Angaben zu erforderlichen Dokumentationspflichten innerhalb des Konzerns sowie zur konkreten Dokumentationserstellung und zum Dokumentationsmanagement
- Angaben zum Aufbau und zur Struktur eines Risikoberichtssystems unter Berücksichtigung der Einbindung dezentraler Einheiten[71]

Die grundlegenden Aussagen im Risikohandbuch sind anschließend durch **länderspezifische Risikorichtlinien** zu ergänzen, die aufzeigen, welche besonderen steuerlichen Anforderungen der jeweilige Sitzstaat einer Konzerngesellschaft an die Bestimmung steuerlich angemessener Verrechnungspreise stellt (z. B. zur Zulässigkeit von Verrechnungspreismethoden und ihrer Rangfolge sowie zur Bestimmung von Verrechnungspreisbandbreiten).[72] Die Richtlinien können sodann für die zwischen zwei oder mehreren Konzerngesellschaften in zwei oder mehreren Staaten stattfindenden Transaktionen herangezogen werden und liefern die benötigten **Detailinformationen**, die für eine steuerrechtskonforme Verrechnungspreisbestimmung im konkreten Anwendungsfall benötigt werden.

III. Überwachung und Kontrolle

Die **Überwachung** und die **Kontrolle** sind weitere wichtige Bausteine eines funktionsfähigen Risikomanagementsystems für steuerliche Verrechnungspreise. Während die Überwachung sowohl unternehmensintern als auch -extern erfolgt und grundsätzlich **prozessunabhängig** ist, sind Kontrollen stets unternehmensinterne und **prozessabhängige** Vorgänge. Die interne Überwachung wird durch die **Interne Revision** übernommen.[73] Zu ihren Aufgaben gehört das Financial Auditing (eine formelle und materielle Ordnungsmäßigkeitsprüfung des Rechnungswesens), das Operational Auditing (eine Zweckmäßigkeitsprüfung des gesamten Unternehmens mit Ausnahme des Managements) sowie das Management Auditing (eine Wirtschaftlichkeits-,

---

[70] Vgl. *Pollanz*, DB 1999, S. 397f.
[71] Vgl. hierzu näher *Fiege*, Risikomanagement- und Überwachungssystem, 2006, S. 214ff.
[72] So ähnlich auch *Oosterhoff*, a. a. O. (oben Fn. 5), S. 49.
[73] Die Einrichtung einer internen Konzernrevision ist Pflicht des Vorstandes der Konzernmutter. Vgl. *Lutter*, AG 2006, S. 519.

Ordnungsmäßigkeits- und Zweckmäßigkeitsprüfung des Führungsprozesses).[74] In Bezug auf das Risikomanagementsystem für steuerliche Verrechnungspreisrisiken ist es zum einen Aufgabe der Internen Revision, im Rahmen des Financial Auditing die Einhaltung der **formellen Voraussetzungen** durch die Mitarbeiter zu prüfen. Dabei ist nicht nur festzustellen, ob eine ordnungsgemäße Dokumentation erfolgt ist, sondern auch, ob sämtliche Transaktionen abgerechnet wurden. Zum anderen ist eine Prüfung der **Aufbau- und Ablauforganisation** des Risikomanagementsystems im Rahmen des Operational Auditing sowie des Frühwarnsystems im Rahmen des Management Auditing vorzunehmen. Neben der Prüfung der **Wirksamkeit** sollte hier auch eine **Zweckmäßigkeitsprüfung** stattfinden.

In den Bereich der **internen Kontrollen** fallen alle in die Ablauforganisation integrierten Maßnahmen, die Fehlervermeidungen initiieren, wie z. B. Arbeitsanweisungen, Funktionstrennungen und das Vier-Augen-Prinzip.[75] Einige Maßnahmen können in das Buchhaltungssystem des Konzerns integriert werden, indem bei der Buchung von Eingangs- bzw. Ausgangsrechnungen ab einer bestimmten Rechnungssumme gesondert abgefragt wird, ob es sich um eine Transaktion mit einem verbundenen Unternehmen handelt. Ist dies der Fall, so könnte ein automatischer Hinweis auf die notwendigen Dokumente erfolgen. Eine solche Abfrage wäre auch bei Geldtransaktionen zwischen verbundenen Unternehmen denkbar. Ebenfalls könnte eine verpflichtende Rückfrage an die Steuer- und/oder Rechtsabteilung bei Transaktionen ab einer bestimmten Summe mit einer integrierten automatischen Ordnungsmäßigkeitsprüfung vorgeschrieben werden. Solche Kontrollen haben neben der **Risikominimierung** den Vorteil, dass ein umfassendes **Risikobewusstsein** im Unternehmen geschaffen und erhalten wird.

Schließlich ist der Bereich der externen Überwachung zu nennen, der aus den **Wirtschaftsprüfern** und den **Betriebsprüfungen** der berührten Staaten besteht.[76] Unabhängig davon, ob die Prüfung des Risikomanagementsystems durch den Wirtschaftsprüfer obligatorisch ist,[77] muss im Rahmen der **Jahresabschlussprüfung** zumindest die Prüfung der Risikoidentifikation erfolgen, um festzustellen, ob Rückstellungen in ausreichender Höhe gebildet wurden und eine hinreichende Darstellung von Risiken im Lagebericht erfolgt ist. Auch die Betriebsprüfung wird unter Effizienzgesichtspunkten daran interessiert sein, einen risikoorientierten Prüfungsansatz zu wählen, um sich von der **Wirksamkeit** des Risikomanagementsystems für steuerliche (Verrechnungspreis-)Risiken zu überzeugen.[78] Aus dem Prüfungsbericht des Wirtschaftsprüfers und unter Umständen auch aus dem Prüfungsbericht der Betriebsprüfung kann deshalb **direkt** oder **indirekt** auf Schwachstellen im Risikomanagementsystem geschlossen werden. Direkte Hinweise ergeben sich z. B. aus der Nennung von Schwachstellen des allgemeinen Risikomanagementsystems im Prüfungsbericht des Wirtschaftsprüfers, die auch für das Verrechnungspreisrisikomanagement gelten. Indirekte Hinweise können sich durch die Prüfungsschwerpunkte der externen Überwachungsinstanzen ergeben, da diese typischerweise an solchen Schwachstellen ansetzen.

---

[74] Vgl. *Heinhold/Wotschofsky*, Interne Revision, 2002, Sp. 1218 f.

[75] Vgl. *Lück*, DB 1998, S. 9.

[76] Bei Kapitalgesellschaften ggf. auch noch aus dem Aufsichtsrat bzw. dem Board of Directors oder dem Beirat.

[77] In Deutschland für börsennotierte Aktiengesellschaften gem. § 317 Abs. 4 HGB.

[78] Gem. § 7 BpO hat die Betriebsprüfung zumindest in Deutschland den Grundsatz der Wesentlichkeit zu berücksichtigen. Dieser Grundsatz bezieht sich auch auf den Zeiteinsatz der für eine Prüfung aufgewendet wird. Eine risikoorientierte Prüfung würde diesem Ansatz Rechnung tragen.

D. Fazit

Ein wirkungsvolles Verrechnungspreisrisikomanagementsystem ist von klar definierten Zielsetzungen, Zuständigkeitsbereichen und Kommunikationssystemen sowie von einem funktionsfähigen Prozessablauf abhängig. Nur wenn diese Anforderungen eingehalten werden, kann ein Risikomanagementsystem die passende Antwort auf eine gewünschte Verringerung von Verrechnungspreisrisiken und damit zusammenhängenden Doppelbesteuerungsgefahren sein. Hierbei sind auch die positiven Wirkungen auf die **Liquiditätsplanung** und das **Kreditmanagement** nicht zu vernachlässigen, die sich durch eine zuverlässigere Einschätzung künftiger Steuerzahlungen sowie die Vermeidung von Zinsen und Strafzuschlägen ergeben. Weitere Vorteile bestehen beispielsweise in der Zeitersparnis im Budgetierungsprozess durch klare und einheitliche Verrechnungspreisrichtlinien, der Möglichkeit zur (rechtssicheren) Steuerplanung mittels Verrechnungspreisen sowie der verbesserten Koordination und Steuerung der konzerninternen Leistungsbeziehungen durch eine erhöhte Transparenz der Geschäftsprozesse. Es muss allerdings beachtet werden, dass die Implementierung und Aufrechterhaltung eines effizienten Risikomanagementsystems mit einem nicht unerheblichen **Kosten- und Ressourcenaufwand** verbunden sein kann. Dies gilt insbesondere vor dem Hintergrund, dass das Risikomanagement ein iterativer Prozess ist, der – je nach Änderungsdynamik der unternehmensinternen Transaktionen und des Marktumfelds – kontinuierlich weiterentwickelt und angepasst werden muss. Um eine maximale Kosteneffizienz zu ermöglichen, sollte ein steuerliches Verrechnungspreisrisikomanagement daher nach Möglichkeit in bereits bestehende Risikomanagementstrukturen eingebunden werden.

Kurzewitz/Endert

7. Umlagen bei konzerninternen Dienstleistungen

von Univ.-Prof. Dr. habil. Bert Kaminski[*]

Inhaltsübersicht

A. Einleitung
  I. Begriff und Verrechenbarkeit von konzerninternen Dienstleistungen
  II. Verhältnis zwischen Einzelabrechnung und Konzernumlage
B. Der Konzernumlagevertrag und dessen steuerplanerische Gestaltung
  I. Bedeutung des Konzernumlagevertrages
  II. Inhaltsüberblick
  III. Inhalt
C. Fazit

Literatur:

Arbeitskreis Außensteuerrecht beim Institut der Wirtschaftsprüfer, Verrechnungspreise und Außensteuergesetz, in: Strunk/Wassermeyer/Kaminski (Hrsg.), Unternehmensteuerrecht und Internationales Steuerrecht, Gedächtnisschrift für Dirk Krüger, Bonn 2006, S. 19 ff.; *Baumhoff,* Internationale Verrechnungspreise – Die "Palettenbetrachtung", eine Weiterentwicklung des Vorteilsausgleichs?, IStR 1994, 594 ff.; *ders.,* Die Verrechnung von Leistungen zwischen verbundenen Unternehmen mit Hilfe von Konzernumlagen, IStR 2000, 693 ff.; *ders.,* Urteilsanmerkung, IStR 2001, 752 ff.; *Becker,* Commentary on Chapter VIII of the OECD Transfer Pricing Guidelines: Cost Contribution Arrangements, ITPJ 1998, S. 62 ff.; *ders.,* Cost Sharing, Die OECD-Leitlinie zu den Kostenteilungsvereinbarungen, IWB F. 10 Gr. 2 S. 1325 ff. (14. 1. 1998); *ders.,* Werbekosten und Anlaufverluste als Anhaltspunkte für Gewinnverlagerung ins Ausland?, IWB F. 3 Deutschland Gr. 1 S. 1339 ff. (20. 7. 1993); *ders.,* Verwaltungsbezogene Leistungen im Konzern und die neuen Verwaltungsgrundsätze zu den Umlagen, IWB F. 3 Deutschland Gr. 2 S. 879 ff.; *Bernhard/Weinreich,* Recent Court Cases Address Transfer Pricing, ITPJ 2002, 67 ff.; *Böcker,* Aktuelle Erfahrungen bei der Prüfung von Kostenumlageverträgen mit ausländischen verbundenen Unternehmen, StBp 2008, 8 ff.; *Dahnke,* Anwendung eines fiktiven Anlaufzeitraums als Verstoß gegen den Grundsatz des Fremdvergleichs – Streitpunkt im Rahmen einer Betriebsprüfung, IStR 1996, 582 ff.; *ders.,* Kostenumlagen: Kostennachweis anhand der Unterlagen der ausländischen Dienstleistungsgesellschaften, IStR 1994, 24 ff.; *Debatin,* Gewinnberichtigung bei Geschäftsbeziehungen zum Ausland, RIW 1975, 596 ff.; *Ditz,* Fremdvergleichskonforme Ermittlung eines Umlageschlüssels bei Konzernumlagen, DB 2004, 1949 ff.; *Dodge/Shapiro,* Planning Opportunities under the Final US Cost-Sharing Regulations, ITPJ 1998, 86 ff.; *Eggers,* Ausgewählte umsatzsteuerliche Aspekte bei Konzernumlagen, IStR 2001, 308 ff.; *Eggers,* Umlagen und Verrechnungspreise für konzerninterne Dienstleistungen in der Umsatzsteuer, Köln 2005; *Endres,* Kostenumlagen für das Key-Account-Management, Praxis Internationale Steuerberatung 2005, 254 ff.; *Endres/Ostreicher,* Grenzüberschreitende Ergebnisabgrenzung, IStR 2003, Beihefter zu Heft 15, 8 ff.; *Flick,* Deutsche Verwaltungsgrundsätze zu internationalen Verrechnungspreisen aus der Sicht der Unternehmen, JbFStR 1981/82, S. 133 ff.; *Forster/Mühlbauer,* Konzernumlagen und Kostenweiterbelastung aus umsatzsteuerrechtlicher Sicht, DStR 2002, 1470 ff.; *Freytag/Vögele,* Umlageverträgen zwischen international verbundenen Unternehmen – Wesen und Zweifelsfragen, IWB (10. 1. 2001), F 10, International, Gr. 2, 1498; *Grotherr,* Steueranreize für das Internationale Finanzdienstleistungszentrum in Dublin, IWB F. 5 Gr. 2 S. 51 ff.; *Haiß,* Gewinnabgrenzung bei Betriebsstätten im internationalen Steuerrecht: Vermögens-, Aufwands- und Ertragszuordnung nach OECD-Musterabkommen und neuerem Betriebsstättenerlass, Neuwied/Kriftel 2000; *Hoffmann,* Kommentar zum BFH-Urt. v. 17. 10. 2001, GmbHR 2001, 1169 ff.; *Höppner,* Praktische Erfahrungen mit dem Außensteuerrecht aus der Sicht des Bundesamtes für Finanzen, StbJb 1981/82, S. 433 ff.; *Kaminski,* Umlagen bei konzerninternen Leistungen – Gestaltung von Konzernumlageverträgen unter Berücksichtigung des BMF-Schreibens v. 30. 12. 1999, IWB F. 3 Deutschland Gr. 2 S. 891 ff. (10. 5. 2000); *ders.,* Verrechnungspreisbestimmung bei fehlendem Fremdvergleichspreis, Neuwied 2001; *ders.,* Kostenaufteilungspraktiken bei der internationalen Entwicklung immaterieller Wirtschaftsgüter, IStR 2001, 539 ff.; *ders.,* Verrechnung von Dienstleistungen mit Hilfe von Umlagen im internationalen Konzern – Zum Verständnis des BMF-Schreibens vom 30. 12. 1999, Steueranwaltsmagazin 2009, 175; *Kaminski/Graf Kerssenbrock/Strunk,* Elektronischer Datenzugriff der Finanzverwaltung gem. § 147 Abs. 6 AO, KuR 2002, 225; *Kaminski/Strunk,* Verrechnungspreisaspekte von Geschäften im Internet, IStR 1999, 217 ff.; *dies.,* Auswirkungen des BHF-Urt. v. 17. 10. 2001 auf die Verrechnungs-

---

[*] Inhaber des Lehrstuhls für Betriebswirtschaftslehre, insbesondere Betriebswirtschaftliche Steuerlehre, Institut für Betriebswirtschaftliche Steuerlehre, Fakultät für Wirtschafts- und Sozialwissenschaften, Helmut-Schmidt-Universität – Universität der Bundeswehr Hamburg.

Kaminski

preisbestimmung, IWB F. 3 Deutschland Gr. 1 S. 1831 ff.; **dies.,** *Steuern in der internationalen Unternehmenspraxis, Wiesbaden 2006;* **Kroppen/Eigelshoven,** *Die Bestimmung angemessener Verrechnungspreise mit Hilfe des externen Betriebsvergleichs?, IWB F. 3 Deutschland Gr. 1 S. 1745 ff.;* **Kroppen/Rasch/Roeder,** *Bedeutende Entscheidung des BFH in Verrechnungspreisfragen, IWB F. 3 Deutschland Gr. 1 S. 1878 ff.;* **Kuckhoff/Schreiber,** *Kommentierung zu Kapitel VIII der OECD-Guidelines 1995: Kostenumlagen, IStR 1998, 1 ff.;* **dies.,** *Die neuen Verwaltungsgrundsätze zu den Umlageverträgen, IStR 2000, 346 ff., 373 ff.;* **dies.,** *Ist die Prüfung von Verrechnungspreisen noch sinnvoll?, IWB F. 3 Deutschland Gr. 1 S. 1863 ff.;* **Löwenstein/Looks,** *Betriebsstättenbesteuerung, München 2003;* **Macho/Steiner/Ruess,** *Verrechnungspreise kompakt. Transfer Pricing in der Gestaltungs- und Prüfungspraxis, Wien 2007;* **Malherbe/François,** *Die belgischen Koordinierungsstellen, IStR 1997, 74 ff., 102 ff.;* **Neubauer,** *Erfahrungen des Bundesamtes für Finanzen bei der Prüfung von Auslandsbeziehungen, dargestellt anhand von Fällen, JbFStR 1974/75, S. 289 ff.;* **Niehues,** *Probleme des Konzernumlagevertrages bei international verbundenen Unternehmen, RIW 1988, 808 ff.;* **Oestreicher,** *Neufassung der Verwaltungsgrundsätze zur Prüfung der Einkunftsabgrenzung durch Umlageverträge zwischen international verbundenen Unternehmen, IStR 2000, 759 ff.;* **Piltz,** *Verrechnungspreise für Dienstleistungen – Einzelabrechnung versus Umlage, in: Schaumburg (Hrsg.), Internationale Verrechnungspreise zwischen Kapitalgesellschaften, Forum der Internationalen Besteuerung, Bd. 6, Köln 1994, S. 66 ff.;* **Raudszus,** *Der Gewinnaufschlag bei Kostenumlagenverträgen, RIW 1986, 37 ff.;* **Raupach,** *Die Bemessung von Konzernumlagen mit oder ohne Gewinnaufschlag im Hinblick auf die Organisation multinationaler Konzerne, StuW 1990, 398 ff.;* **Rivier,** *Die steuerliche Ansässigkeit von Kapitalgesellschaften – Generalbericht, CDFI LXXIIa, Deventer 1987;* **Roser,** *Zur Zulässigkeit eines Gewinnaufschlags bei Konzernumlagen, FR 1989, 417 ff.;* **Runge,** *The German View of Cost Contribution Arrangements, Intertax 1997, 81 ff.;* **Scheffler,** *Die Verrechnungspreisgestaltung bei international tätigen Unternehmen – dargestellt am Beispiel der Kostenumlage für verwaltungsbezogene Dienstleistungen, zfbf 1991, 471 ff.;* **Schiffer,** *Die Problematik der Konzernumlage im internationalen Steuerrecht, DB 1978, 902 ff.;* **Schreiber,** *Anforderungen an die Mitwirkungspflichten bei der Verrechnungspreisbestimmung in Deutschland, Diskussionsbeiträge aus dem Institut für Ausländisches und Internationales Finanz- und Steuerwesen der Universität Hamburg, Heft 139, Hamburg 2002;* **Sieker,** *Verluste als Nachweis für Gewinnverlagerungen? Anm. zum BFH-Urt. v. 17. 2. 1993 I R 3/92, BB 1993, 2424 ff.;* **Sporken,** *Cost Contribution Arrangements – New Chapter in OECD Guidelines, TPR 1997, Heft 12, S. 3 ff.;* **Slapio/Bosche,** *Umlageverträge bergen umsatzsteuerliche Risiken, Praxis Internationale Steuerberatung, 2005, 231 ff.;* **Slapio/Schmitz,** *Verwaltungsgrundsätze zur Prüfung der Einkunftsabgrenzung durch Umlageverträge – Überlegungen zu umsatzsteuerlichen Aspekten, IWB F. 3 Deutschland Gr. 1 S 671 ff.;* **Stock/Kaminski,** *Anm. zum Gewinnaufschlag bei Konzernumlagen, IStR 1998, 7 ff.;* **dies.,** *Die Ermittlung von Verrechnungspreisen für konzerninterne fremdbeziehbare Dienstleistungen im internationalen Konzern, IStR 1997, 450 ff.;* **dies.,** *Steuerliche Behandlung des service on call in der Verrechnungspreispraxis, DB 1997, 1052 ff.* **Storck,** *Umlagen im Bereich Forschung und Entwicklung globaler Konzerne, in: Burmester/Endres (Hrsg.) Außensteuerrecht, Doppelbesteuerungsabkommen und EU-Recht im Spannungsverhältnis, FS Helmut Debatin, München 1997, 453 ff.;* **Strunk/Kaminski,** *Anm. zum Betriebsstättenerlass, IStR 2000, 33 ff.;* **dies.,** *Pflicht zur Dokumentation als Bestandteil der allgemeinen Mitwirkungspflichten der AO?, IWB F. 3 Deutschland, Gr. 1 S. 1749 ff.;* **dies.,** *Steuerliche Gewinnermittlung bei Unternehmen, Neuwied 2001;* **Strunk/Kaminski/Köhler,** *AStG/DBA, Kommentar, Loseblattwerk, Bonn 2005 ff.;* **Vögele,** *Prüfungsgrundsätze für Umlageverträge international verbundener Unternehmen, DB 2000, 297 ff.;* **Vögele/Bader,** *German Transfer New Deal, Tax Planing International Transfer Pricing 2002, 7 ff.;* **Vögele/Freytag,** *Umlageverträge zwischen international verbundenen Unternehmen – Abgrenzung von Hilfs- und Hauptfunktionen, RIW 2001, 172 ff.;* **dies.,** *Kernbereiche der neuen Prüfungsgrundsätze zu Kostenumlagen, IStR 2000, 249 ff.;* **Vögele/Scholz,** *Nutzen-Analyse im Rahmen der neuen Kostenumlagegrundsätze: Ein methodischer Überblick, IStR 2000, 155 ff.;* **dies.,** *Nutzenanalyse im Rahmen eines Umlagevertrages – Ermittlung des Umlageschlüssels auf Basis geplanter Kosteneinsparungen, IStR 2000, 557 ff.;* **Waldburger,** *Cost Contribution Arrangements ("CCA") im Forschungs- und Entwicklungsbereich internationaler Konzerne – ausgewählte Aspekte aus schweizerischer Sicht, in: Lang/Jirousek (Hrsg.), Praxis des Internationalen Steuerrechts, FS für Helmut Loukota, Wien 2005, 629 ff.;* **Wassermeyer,** *Verdeckte Gewinnausschüttung: Veranlassung, Fremdvergleich und Beweislastverteilung, DB 2001, 2465 ff;* **Wassermeyer/Andresen/Ditz,** *Betriebsstätten-Handbuch: Gewinnermittlung und Besteuerung in- und ausländischer Betriebsstätten, Köln 2006.*

A. Einleitung

I. Begriff und Verrechenbarkeit von konzerninternen Dienstleistungen

Im Rahmen der konzerninternen Verrechnung von Dienstleistungen stellen sich grundsätzlich die gleichen Probleme wie bei der Abrechnung von Warenlieferungen. Allerdings besteht die Besonderheit, dass alternativ zur Einzelabrechnung der erbrachten bzw. in Anspruch genommenen Leistungen eine "pauschalierte" Verrechnung in Form einer Konzernumlage[1] erfolgen kann. Der Steuerfachausschuss der OECD definiert die Konzernumlage wie folgt: "A CCA (Cost Contribution Arrangement, der Verf.) is a framework agreed among business enterprises to share the costs and risks of developing, producing or obtaining assets, services or rights and to determine the nature and extent of the interests of each participant in those assets, services, or rights.... In a CCA each participant's proportionate share of the overall contributions to the arrangement will be consistent with the participant's proportionate share of the overall expected benefits to be received under the arrangement, bearing in mind that transfer pricing is not an exact science".[2] Allerdings bestehen international zum Teil abweichende Auffassungen über den Anwendungsbereich. Sec. 1-482-7 US-Reg. bezieht die Konzernumlagen nur auf den Bereich Forschung und Entwicklung.[3] Die deutsche Finanzverwaltung lässt Umlagen z. B. für die Bereiche Forschung und Entwicklung, den Erwerb von Wirtschaftsgütern sowie verwaltungsbezogene oder "andere" (Dienst-) Leistungen zu.

Erbringt eine inländische Konzernmutter Dienstleistungen für eine ausländische Konzerntochter oder nimmt eine inländische Konzerntochter Dienstleistungen ihrer ausländischen Mutter in Anspruch, so stellt sich die Frage, ob und ggf. in welcher Höhe hierfür ein Entgelt verrechnet werden kann. Die Frage, ob eine verrechnungspflichtige bzw. -fähige Leistung vorliegt, ist bei Dienstleistungen regelmäßig mit größeren Abgrenzungsschwierigkeiten verbunden, als dies bei der Lieferung von Waren der Fall ist. Gemäß Tz. 6.2.2 VerwG[4] ist eine Verrechnung von Dienstleistungen nur möglich, wenn diese eindeutig abgrenzbar sind und im Interesse des empfangenden Unternehmens erbracht werden. Dies ist der Fall, wenn die Leistung einen Vorteil erwarten lässt und eigene Kosten erspart. Diese Auffassung kann jedoch nicht in dem Sinne interpretiert werden, dass bei ausländischen Tochtergesellschaften und inländischer Mutter ein Betriebsausgabenabzug in entsprechend gelagerten Fällen im Inland problemlos möglich wäre. Vielmehr fordert die FinVerw., dass eine Leistung im Interesse der Muttergesellschaft erbracht worden sein muss. Hieraus können nicht nur Abgrenzungsprobleme entstehen, sondern auch „weiße" Betriebsausgaben, die weder im Staat der Tochtergesellschaft noch in dem der Muttergesellschaft steuerlich zum Abzug gelangen.

---

[1] Im Folgenden wird der Begriff der Konzernumlage oder kurz der der Umlage verwendet. Der im Schrifttum auch anzutreffende Ausdruck der Kostenumlage ist m. E. hingegen nicht geeignet, denn er könnte den Eindruck erwecken, als seien per se nur die entstandenen Kosten zu verteilen. Dies wäre jedoch unzutreffend. Vielmehr ist die Frage, nach dem Umfang dessen, was umzulegen ist, Teil des zu diskutierenden Problems. Hingegen sehen *Macho/Steiner/Ruess* (Verrechnungspreise kompakt, Wien 2007, 214) eine Konzernumlage nur dann als gegeben an, wenn eine Einzelabrechnung einer Dienstleistung mit Gewinnaufschlag erfolgt.

[2] OECD 1995 ff., Tz. 8.3.

[3] Vgl. hierzu ausführlich *Dodge/Shapiro*, ITPJ 1998, 86 ff. *Storck*, FS Debatin, 453 ff.; *Waldburger*, FS Loukota, 629 ff.

[4] BMF v. 23.2.1983, IV C 5 – S 1341 – 4/83, BStBl I 1983, 218, Tz. 6.2.2.

Kaminski

Der **Begriff des Vorteils** ist unbestimmt. Außerdem erweckt die Formulierung in den Verwaltungsgrundsätzen den Eindruck, als würde neben dem Vorteil zusätzlich eine Kostenersparnis eintreten müssen. Dies wäre jedoch nicht sachgerecht. Entscheidend ist zunächst nicht, ob ein **Vorteil** eintritt, sondern ob mit einem solchen realistischerweise zum Zeitpunkt des Abschlusses des Geschäfts **gerechnet werden konnte**. Letztlich kommt es auf die Erwartungen an, die der Steuerpflichtige mit diesem Geschäft verbunden hat. Andernfalls würde die Frage der Abzugsfähigkeit (und der internationalen Zuordnung) von Aufwand davon abhängig gemacht, ob bestimmte Maßnahmen zum mit ihnen angestrebten Erfolg führen. Dies ist jedoch mit dem Veranlassungsprinzip unvereinbar. Außerdem muss es ausreichend sein, wenn **entweder** eine **Kostenersparnis oder** ein sonstiger **Vorteil** zu erwarten ist. Insoweit muss das „und" in Tz. 6.2.2 VerwG als ein „oder" verstanden werden. Andernfalls wären solche Maßnahmen nicht verrechenbar, die zwar zu einem Vorteil führen, aber keine Kostenvorteile mit sich bringen.

Die deutsche Finanzverwaltung nennt in Tz. 6.3.1 VerwG Beispiele für **verrechenbare** Dienstleistungen. Hierbei handelt es sich um die folgenden Entgelte für

- die Übernahme von Buchhaltungsarbeiten und ähnlichen Dienstleistungen, z. B. spezifischen Beratungsleistungen in den eigenen wirtschaftlichen und rechtlichen Angelegenheiten eines nahe stehenden Unternehmens;
- die zeitlich begrenzte Überlassung von Arbeitskräften einschließlich solcher im Führungsbereich eines nahe stehenden Unternehmens;
- die Aus- und Fortbildung sowie die soziale Sicherung von Personal, das in einem nahe stehenden Unternehmen in dessen Interesse tätig ist;
- Leistungen der Muttergesellschaft zum Zwecke der Beschaffung von Waren und der Inanspruchnahme von Dienstleistungen, die von der jeweiligen Tochtergesellschaft direkt bezogen bzw. empfangen wurden;
- das marktübliche Bereitstellen von Dienstleistungen auf Abruf, soweit nachgewiesen wird, dass die Tochtergesellschaft diese benötigt und dass sie tatsächlich in angemessenem Umfang Dienstleistungen abgerufen hat.
- In Tz. 6.3.2 VerwG werden Beispiele für **nicht verrechenbare** Dienstleistungen aufgezählt. Hierbei handelt es sich um die folgenden Entgelte für:
- den sog. Rückhalt im Konzern einschließlich des Rechts, den Konzernnamen zu führen, sowie für die Vorteile, die sich allein aus der rechtlichen, finanziellen und organisatorischen Eingliederung in den Konzern ergeben;
- die Tätigkeit ihres Vorstandes und Aufsichtsrates als solche sowie für ihre Gesellschafterversammlungen;
- die rechtliche Organisation des Konzerns als Ganzen sowie für die Produktions- und Investitionssteuerung im Gesamtkonzern;
- Tätigkeiten, die Ausfluss ihrer Gesellschafterstellung sind, einschließlich der allgemeinen Organisation sowie der der Konzernspitze dienenden Kontrolle und Revision;
- Schutz und Verwaltung der Beteiligungen;
- die Konzernführung und solche Führungsaufgaben nachgeordneter Unternehmen, die von der Konzernspitze an sich gezogen wurden, um ihre eigenen Führungsmaßnahmen besser vorzubereiten, durchzusetzen und zu kontrollieren. Die Führung schließt die Planung, die unternehmerische Entscheidung und die Koordinierung ein.

Kaminski

Eine Verrechnung von Waren und Dienstleistungen scheidet aus, wenn sie von der Tochtergesellschaft lediglich unter **Rücksicht auf die wirtschaftlichen Verhältnisse der Muttergesellschaft** in Anspruch genommen werden.[5] Hier fehlt es an der betrieblichen Veranlassung und damit an der Verrechenbarkeit. Dies ist der Fall, wenn die Inanspruchnahme der Dienstleistung ihren Rechtsgrund in den gesellschaftsrechtlichen Beziehungen oder in anderen Verhältnissen hat, die diese Verflechtung begründen. Die Frage der **Beweislast** richtet sich dabei nach den allgemeinen Regeln. Danach gelten bei inländischen Kapitalgesellschaften alle Aufwendungen grundsätzlich als betrieblich veranlasst, weil eine Kapitalgesellschaft nicht über eine außerbetriebliche Sphäre verfügt.[6] Wenn dennoch Aufwendungen diesem Bereich zugeordnet werden sollen, so kann es sich nur um eine vGA handeln. Hierfür trägt die FinVerw. nach Maßgabe der allgemeinen Regelungen die Beweislast. Werden Leistungen bereits im Rahmen von Umlageverträgen vergütet, dürften sie kein zweites Mal – etwa im Rahmen einer Lizenzvereinbarung – weiterbelastet werden.

Die deutsche Finanzverwaltung unterscheidet für den Bereich der kozerninternen Dienstleistungen zwischen "**gewerblichen**" Dienstleistungen, dem Bereich **Forschung und Entwicklung**[7] sowie **verwaltungsbezogenen und anderen** Dienstleistungen. Gleichwohl hat diese Unterscheidung nach der Überarbeitung der Umlagen-Verwaltungsgrundsätze[8] keine Bedeutung mehr. Danach ist die Vereinbarung einer Umlage **beispielhaft** für folgende Leistungskategorien möglich: "Forschung und Entwicklung, Erwerb von Wirtschaftsgütern, verwaltungsbezogenen und anderen Leistungen".[9] Hieraus resultiert die Schwierigkeit, eine sachgerechte Abgrenzung zu treffen, denn insbesondere der Begriff der "anderen Leistungen" ist so ungenau, dass unklar bleibt, welche Leistungen hierunter nicht fallen.

Allerdings wird dieser Grundsatz durch Tz. 1.1 der Umlagen-Verwaltungsgrundsätze dahingehend eingeschränkt, dass nur solche Leistungen im Wege der Umlage verrechenbar sein sollen, die Hilfsfunktionen der Poolmitglieder sind. Fraglich ist wann das Kriterium der Hauptfunktion erfüllt wird und ob die von der Finanzverwaltung vorgenommene Einschränkung sachgerecht ist. Die Umlagen-Verwaltungsgrundsätze enthalten keine Regelung zu der Frage, wann eine solche "Hauptfunktion" vorliegt. Nach wohl herrschender Meinung im Schrifttum ist zu ihrer Beantwortung auf die Bedeutung dieser Funktion für jedes einzelne Konzernunternehmen und auf die Wesentlichkeit im Rahmen des Leistungserstellungsprozesses abzustellen.[10] Hingegen soll die Art der Dienstleistung hierfür nicht ausschlaggebend sein.[11] Diese Abgrenzung bleibt im Ergebnis unklar und lässt sich auch im Rahmen einer Funktionsanalyse nicht zweifelsfrei beantworten.

Vielmehr entsteht ein Graubereich, bei dem nicht festgestellt werden kann, ob es sich um Hilfs- oder Hauptfunktionen handelt, wobei ggf. gesondert zu prüfen wäre, ob noch weitere Funkti-

---

[5] Vgl. Tz. 7.9 OECD Transfer Pricing Guidelines.
[6] Vgl. BFH vom 4.12.1996, I R 54/95, BFHE 182, 123.
[7] Die folgenden Ausführungen beschäftigen sich ausschließlich mit konzerninternen Dienstleistungen, die nicht in den Bereich Forschung und Entwicklung fallen. Vgl. zu den Umlagen für Forschung und Entwicklung *Storck* in: Burmester/Endriss (Hrsg.), FS Debatin, 453 ff. und *Waldburger*, in: Lang/Jirousek (Hrsg.), FS Loukota, 629 ff., sowie zum Spezialproblem des Global Developments *Kaminski*, IStR 2001, 539 ff.
[8] BStBl 1999 I 1122, im Folgenden zitiert als "Umlagen-Verwaltungsgrundsätze".
[9] Tz. 1.1 Umlagen-Verwaltungsgrundsätze a. a. O. (oben Fn. 8).
[10] Vgl. *Vögele/Freytag*, RIW 2001, 174, und *dies.*, IStR 2000, 249.
[11] Vgl. *Vögele/Freytag*, RIW 2001, 173.

onsarten bestehen können. Wenn für die Beurteilung dieser Frage auf das einzelne Unternehmen abzustellen ist, sind die Unternehmen, die von der Möglichkeit des Outsourcing starken Gebrauch gemacht haben, tendenziell ausgeschlossen, denn bei ihnen ist das Kriterium der Hauptfunktion viel häufiger gegeben. Auch die OECD verlangt für die Verrechenbarkeit im Wege von Umlagen dieses Kriterium nicht. Infolge dieser Abweichung von internationalen Standards besteht die Gefahr einer internationalen Doppelbesteuerung. Außerdem ist vor dem Hintergrund der Zwecksetzung der Umlage eine solche Einschränkung sachlich nicht geboten.[12]

Die größte praktische Bedeutung erlangen Umlagen im Bereich Forschung und Entwicklung. Darüber hinaus haben sie für die Beschaffung („Einkaufspool") und bei Dienstleistungen (insbesondere EDV, Rechtsberatung, Werbung[13] und Managementleistungen) große praktische Relevanz. Die Einrichtung eines Pools kann einerseits erfolgen, um ein bestimmtes Projekt (z. B. aufgrund der hiermit verbundenen Risiken) überhaupt realisieren zu können. Andererseits kann die Zielsetzung verfolgt werden, Kosten zu senken, etwa um günstigere Einkaufsbedingungen zu erlangen.

Das BMF hat mit Schreiben vom 9. 11. 2001[14] die sog. Verwaltungsgrundsätze Arbeitnehmerentsendung veröffentlicht. Diese enthalten Regelungen für die Kostenverteilung in Entsendungsfällen. Auf diese spezielleren Regelungen wird im Folgenden nicht eingegangen,[15] weil regelmäßig eine gesonderte Verrechnung erfolgt. Dies schließt jedoch nicht aus, dass in die umzulegenden Beträge auch Personalkosten einzubeziehen sind.

II. Verhältnis zwischen Einzelabrechnung und Konzernumlage

Neben den allgemeinen Kriterien, die für die Verrechnung von konzerninternen Lieferungen und Leistungen erfüllt sein müssen, gilt es, für die steuerliche Anerkennung von Konzernumlagen weitere **Nachweis- und Formvorschriften** zu beachten. Im Einzelnen muss das Unternehmen, das die Umlage als Betriebsausgabe geltend machen will, nachweisen, dass

▶ die umgelegten Dienstleistungen tatsächlich erbracht wurden,

▶ durch die erbrachten Dienstleistungen dem Unternehmen tatsächlich ein Vorteil zugewendet worden ist (z. B. durch Ersparnis von Aufwand),

▶ die für die Dienstleistung abgerechneten Kosten tatsächlich entstanden sind und

▶ ein Konzernumlagevertrag vorliegt.[16]

▶ Damit werden **wesentlich strengere Voraussetzungen** an die steuerliche Anerkennung einer Konzernumlage gestellt, als dies etwa bei der Leistungsabrechnung im Wege der Einzelverrechnung der Fall ist. Die OECD räumt der Einzelabrechnung gegenüber der Konzernumlage den Vorzug ein; Gewinnmanipulationen wären bei einer Verrechnung im Wege der Umlage leichter möglich, wenn es zu einer Abkopplung zwischen der Inanspruchnahme der Dienstleistung und der Vergütung durch das Unternehmen, dem die Dienstleistung in Rechnung gestellt wird, käme.[17]

---

[12] Vgl. hierzu *Oestreicher*, IStR 2000, 763.
[13] Vgl. hierzu *Endres*, Praxis Internationale Steuerberatung 2005, 254 ff.
[14] IV B 4 – S 1341 – 20/01 BStBl. 2001 I, 796.
[15] Vgl. hierzu Kaminski, in: *Strunk/Kaminski/Köhler*, AStG/DBA, § 1 AStG Rz. 464 ff., m. w. N.
[16] Vgl. zur Bedeutung dieses Vertrags sogleich unter B. I., und zum Inhalt B. II.
[17] In Tz. 7.27 der OECD-Guidelines heißt es wörtlich: „...*Indeed, it may mean that the enterprise being charged for a service itself has not related the charge to the service*".

Kaminski

Unklar ist, wie die einleitende Textziffer der Umlagen-Verwaltungsgrundsätze auszulegen ist.[18] Einerseits wird dort festgeschrieben, dass durch die getroffenen Regelungen die Fälle behandelt werden sollen, in denen international verbundene Unternehmen ihre Beziehungen durch Umlagen gestalten. Andererseits ist in Tz. 1 zu lesen: "Die Einzelverrechnung von Leistungen bleibt hiervon unberührt, ohne Rücksicht darauf, ob der Verrechnungspreis mit Hilfe der direkten oder indirekten Methode ermittelt wird". Zunächst wird der Eindruck erweckt, als behandele der Erlass alle Fälle der Umlagen. Das Zitat zeigt, dass es einen Vorrang der "direkten oder indirekten Methode" im Fall der Einzelverrechnung gibt. Unklar ist jedoch, was sich hinter diesen Methoden verbirgt.

In der deutschen Verrechnungspreisdiskussion war sie bis dahin nicht gebräuchlich. Sie fand ausschließlich im Bereich der Betriebsstättenbesteuerung Anwendung.[19] Dort wird unter der direkten Methode die Ermittlung des Gewinns der Betriebsstätte durch eine gesonderte Buchführung verstanden, während bei der indirekten Methode der Gesamtgewinn des Unternehmens aufgrund eines "sachgerechten" Schlüssels zwischen Stammhaus und Betriebsstätte(n) aufzuteilen ist.[20] Ein unmittelbarer Rückgriff auf diese Grundsätze für den hier diskutierten Zweck scheidet aus. Dies ergibt sich daraus, dass es sich bei Umlagen um Regelungen handelt, die zwischen international verbundenen Unternehmen vereinbart werden,[21] während im Fall des Einheitsunternehmens gerade nicht mehrere Unternehmen vorliegen, sondern nur eines.

Verwendung finden die Bezeichnungen "direkte und indirekte Methode" auch im Rahmen der OECD-Richtlinien. In Tz. 7.20 ff., die sich mit der Ermittlung der tatsächlichen Vereinbarungen für die Verrechnung konzerninterner Dienstleistungen beschäftigen, wird die "direkte Methode" ("*direct charge method*") dahingehend definiert, dass verbundenen Unternehmen Gebühren (möglichst auf der Grundlage von Fremdvergleichspreisen) für einzelne Dienstleistungen berechnet werden. Hingegen fehlt eine Begriffsbestimmung für die "indirekte Methode". In Tz. 7.22 wird lediglich ausgeführt, dass in den Fällen, in denen die Anwendung der direkten Methode nicht möglich ist, häufig eine Verrechnung der Leistungen so erfolgt, dass die Preise

- "entweder einfach identifizierbar sind, aber nicht auf der Methode der direkten Preisverrechnung basieren oder
- nicht einfach identifizierbar sind und im Entgelt für andere Geschäfte enthalten sind oder nach einem bestimmten Schlüssel auf die Konzernmitglieder aufgeteilt werden oder aber in bestimmten Fällen überhaupt nicht auf die Konzernmitglieder weiterverrechnet werden".[22]

Bevor der Frage nachgegangen wird, wie die konkrete Umsetzung dieser Vorgaben aussieht, muss analysiert werden, ob ein Rückgriff auf die OECD-Guidelines überhaupt zulässig ist, denn schließlich handelt es sich hierbei nicht um eine Verlautbarung der deutschen Finanzverwal-

---

[18] Vgl hierzu bereits *Kaminski*, IWB F. 3 Deutschland Gr. 2 S. 892 ff.

[19] Vgl. z. B. *Andresen*, in: Wassermeyer/Andresen/Ditz, Betriebsstätten-Handbuch: Gewinnermittlung und Besteuerung in- und ausländischer Betriebsstätten, Köln 2006, Tz. 2.2 ff.; *Heinsen*, in: Löwenstein/Looks (Hrsg.), Betriebsstättenbesteuerung, München 2003, Tz. 592 ff.; *Haiß*, Gewinnabgrenzung bei Betriebsstätten im internationalen Steuerrecht: Vermögens-, Aufwands- und Ertragszuordnung nach OECD-Musterabkommen und neuerem Betriebsstättenerlass, Neuwied/Kriftel 2000, S. 43 ff.; *Strunk/Kaminski*, in: Strunk/Kaminski/Köhler, Art. 7 OECD-MA Rz. 79 ff. (Dez. 2006).

[20] Vgl. zur Erläuterung Tz. 2.3 des Betriebsstättenerlasses v. 24. 12. 1999 (BStBl 1999 I 1076) und *Schoss*, Teil 2, 2. Thema, S. 49 ff.

[21] Dies ergibt sich bereits aus dem Titel des BMF-Schr. v. 30. 12. 1999. Auch wird in diesem Erlass durchgängig die Pluralform "Unternehmen" verwendet.

[22] Tz. 7.22 OECD-Guidelines.

tung. In der Vergangenheit hat diese bei der Veröffentlichung von deutschen Übersetzungen der OECD-Verrechnungspreisberichte stets betont, dass diese für die deutsche Finanzverwaltung nicht verbindlich seien.[23] Die h. M. in der Literatur geht davon aus, dass es sich bei den Guidelines um eine Stellungnahme von Sachverständigen handelt, die einen eindeutigen Hinweis darauf gibt, was die Staaten mit den entsprechenden Regelungen gemeint haben könnten.[24] Allerdings handelt es sich im vorliegenden Fall nicht um eine bi-, sondern um eine unilaterale Regelung. Insoweit bestehen Zweifel, ob ein Rückgriff auf die OECD-Vorgaben in dieser Form überhaupt möglich ist. Gleichwohl fehlt jeder andere Hinweis, so dass eine Berufung auf deren "Indiz-Charakter" als legitim erscheint. Außerdem sind die Umlagen-Verwaltungsgrundsätze von dem sichtlichen Bemühen gekennzeichnet, die Regelungen der OECD-Guidelines umzusetzen, was ebenfalls für deren Heranziehbarkeit als Interpretationshilfe spricht.

Zunächst ist festzustellen, dass sich in den Fällen, in denen ohnehin keine Weiterverrechnung an Konzernmitglieder erfolgen darf, diese Frage nicht stellt. Insoweit werden im Folgenden nur die Fälle betrachtet, in denen eine Verrechnung dem Grunde nach möglich ist. Lässt sich nur ein Gesamtpreis für mehrere Leistungen bestimmen, wie dies die erste Alternative der Tz. 7.22 OECD-Guidelines vorsieht, muss dieser partiell auf die an der Erstellung der Gesamtleistung beteiligten Gesellschaften umgelegt werden, wobei sich die Aufteilung an dem zu orientieren hat, was fremde Dritte miteinander vereinbart hätten. Zugleich folgt daraus, dass, wenn es für einzelne Teilleistungen Fremdvergleichspreise gibt, diese für die Leistungsverrechnung heranzuziehen sind, wobei ggf. auch eine zusammenfassende Betrachtung mehrerer Leistungen erfolgen kann (z. B. im Rahmen einer sog. Paletten-Betrachtung).[25] Im zweiten Fall ist ebenfalls eine Schlüsselung vorzunehmen, die darauf abzielt, ein Entgelt für ein anderes Geschäft, in das die betrachtete Leistung einfließt, in sachgerechter Weise aufzuteilen.

Im Ergebnis führen diese Überlegungen zu der Frage, was die indirekte Methode der Einzelverrechnung beinhaltet. M. E. handelt es sich hierbei lediglich um eine Form der Konzernumlage. Dies ergibt sich aus der Überlegung, dass in vielen Fällen, in denen eine Einzelverrechnung auf der Grundlage des Fremdvergleichspreises – in der Terminologie des BMF-Schreibens vom 30. 12. 1999 der "direkten Methode" – nicht möglich ist, die "indirekte Methode" nichts anderes darstellt, als eine mehr oder weniger pauschalierte Verrechnung von Leistungen im Wege einer Umlage, ohne dass dem im BMF-Schreiben zugrunde gelegten Poolkonzept gefolgt wird. Vielmehr steht bei dieser Form der Leistungsaustauschgedanke im Vordergrund. Es geht also nicht um eine gesellschaftsrechtliche Gestaltung – wie sie das Poolkonzept impliziert[26] –, sondern es handelt sich um schuldrechtliche Beziehungen, die lediglich aus Gründen der Vereinfachung

---

[23] Vgl. die Vorworte von *Menck* zum BMF 1981 und BMF 1987. Bisher ist keine offizielle Übersetzung des OECD-Berichts von 1995 ff. erfolgt, so dass insoweit keine aktuelle Stellungnahme vorliegt.

[24] Nach h. M. handelt es sich bei den OECD-Guidelines um eine Ergänzung des Kommentars zum Musterabkommen, so dass ihnen die gleiche rechtliche Bedeutung zukommt, wie den Regelungen des Kommentars selbst, vgl. *Eigelshoven*, in: Vogel/Lehner (Hrsg.), DBA, 5. Aufl., München 2008, Art. 9 Rn. 29. A. A. ist *Becker* in: Becker/Kroppen (Hrsg.), Handbuch der Internationalen Verrechnungspreise, Vorbem. I, Rn. 9 ff. Er geht davon aus, dass die OECD-Guidelines zu einer Selbstbindung der Finanzverwaltungen führen sowie eine abgeschwächte völkerrechtliche Verpflichtung enthalten, eine verbindliche Auslegung des Art. 9 OECD-MA vorzunehmen.

[25] Vgl. hierzu z. B. *Baumhoff*, IStR 1994, 594 ff.

[26] Vgl. hierzu unten 3. III. 3. b) ba) (2.) cc).

nicht jeweils für sich abgerechnet werden. Insoweit lassen sich zwei grundlegend unterschiedliche Funktionen der Konzernumlage unterscheiden:[27]

- die **Vereinfachungsfunktion** und
- die **Poolungsfunktion**.

Gegen diese Auffassung könnte allerdings die Formulierung in Tz. 1 des BMF-Schreibens vom 30. 12. 1999 sprechen, nach der das Ziel gesetzt wird, "Regelungen zur Anwendung des Grundsatzes des Fremdvergleichs in den Fällen zu treffen, in denen international verbundene Unternehmen ihre Beziehungen im Wege von Umlagen gestalten". Insoweit scheint eine abschließende und umfassende Regelung vorzuliegen.[28] Allerdings betont der Erlass, dass eine Einzelverrechnung von diesem Grundsatz unberührt bleibt. Dies bedeutet, dass die oben vertretene Auffassung nicht im Widerspruch zum zitierten BMF-Schreiben steht, wenn davon ausgegangen werden kann, dass die Vereinfachungsfunktion eine Form der Einzelverrechnung darstellt. M. E. ist dies der Fall. Wie die obigen Ausführungen gezeigt haben, kommt die Vereinfachungsfunktion gerade deshalb zum Einsatz, weil eine exakte Preisbestimmung auf der Grundlage der "direkten Methode" nicht möglich ist. Für diese Auffassung spricht zusätzlich, dass es in Tz. 1.1 heißt: "Umlageverträge im Sinne dieses Schreibens sind ...". Hierin ist m. E. eine Einschränkung dahingehend zu sehen, dass in diesem Schreiben nicht alle Umlageverträge geregelt werden – denn dann wäre dieser Zusatz überflüssig –, sondern nur ein Teil der möglichen Umlagen. Diese Zusammenhänge lassen sich mit Hilfe der folgenden Abbildung zusammenfassen:

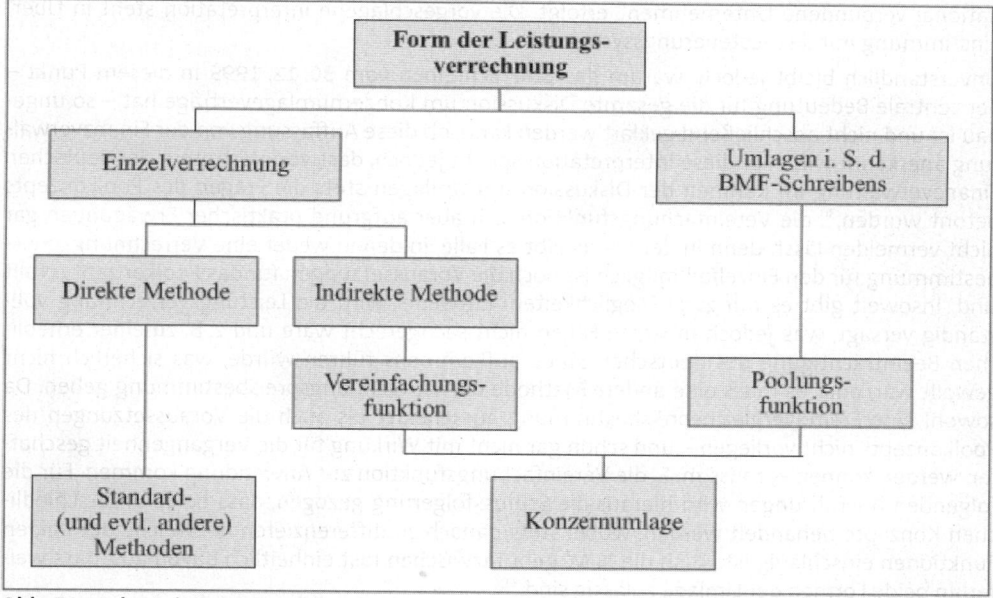

Abb. Form der Leistungsverrechnung

---

[27] A. A. offenbar *Vögele*, DB 2000, 297 sowie *Böcker*, StBp 2008, 11.
[28] So auch *Vögele*, DB 2000, 297, der davon ausgeht, dass eine Umlage nur auf der Grundlage des Poolkonzepts möglich ist.

Für diese Argumentation spricht auch ein Rückgriff auf die Regelungen des Betriebsstättenerlasses, wenn davon ausgegangen wird, dass insoweit eine Analogie möglich ist, um eine Interpretation der Regelungen des BMF-Schreibens vom 30. 12. 1999 zu ermöglichen. Danach hat bei Betriebsstätten im Rahmen der direkten Methode eine Verrechnung von Dienstleistungen mit dem Fremdvergleichspreis (und damit einschließlich eines Gewinnzuschlages) zu erfolgen, wenn deren Erbringung Haupttätigkeit der Betriebsstätte ist.[29] Insoweit erfolgt in diesen Fällen eine Abrechnung auf der Grundlage des **Marktaustauschgedankens**. Dies gilt auch für den Fall, dass eine Verrechnungspreisbestimmung mit Hilfe der Standardmethoden nicht möglich ist. Dann erfolgt gem. Tz. 3.1.2 eine Preisbestimmung mit Hilfe der Kostenaufschlagsmethode "unter Berücksichtigung eines Gewinns von 5 bis 10 v. H.". Auch in diesem Fall kommt es bei einer vereinfachten Preisermittlung zu einer Gewinnrealisierung, wie dies bei einer Einzelverrechnung geschehen wäre. Den Regelungen des Betriebsstättenerlasses liegt der unbestritten zutreffende Gedanke zugrunde, dass es im Ergebnis keinen Unterschied machen darf, ob eine Bepreisung auf der Grundlage der marktorientierten Verrechnungspreismethoden erfolgt oder im Wege der Vereinfachung. In beiden Fällen kommt es zum Ansatz eines Gewinns. Wird dieser Gedanke auf die Bewertung von konzerninternen Dienstleistungen übertragen, so muss daraus folgen, dass es im Ergebnis keinen Unterschied machen darf, ob eine Einzelverrechnung mit Hilfe der Standardmethoden erfolgt, oder ob die Vereinfachungsfunktion der Umlage zur Anwendung gelangt. Insoweit ergibt sich hieraus für die oben vertretene Auffassung, dass eine systematisch gebotene Gleichbehandlung zwischen den Fällen "Stammhaus und Betriebsstätte" und "international verbundene Unternehmen" erfolgt. Die vorgeschlagene Interpretation steht in Übereinstimmung mit der Besteuerungssystematik.

Unverständlich bleibt jedoch, warum das BMF-Schreiben vom 30. 12. 1999 in diesem Punkt – der zentrale Bedeutung für die gesamte Diskussion um Konzernumlageverträge hat – so ungenau ist und nicht abschließend geklärt werden kann, ob diese Auffassung von der Finanzverwaltung anerkannt wird. Für diese Interpretation spricht jedoch, dass von Vertretern der deutschen Finanzverwaltung im Rahmen der Diskussion um Umlagen stets die Fragen des Poolkonzepts betont wurden,[30] die Vereinfachungsfunktion sich aber aufgrund praktischer Erwägungen gar nicht vermeiden lässt, denn in der Praxis gibt es Fälle, in denen weder eine Verrechnungspreisbestimmung für den Einzelfall möglich ist noch die Voraussetzungen für das Poolkonzept erfüllt sind. Insoweit gibt es nur zwei Möglichkeiten: Entweder wird die Leistungsverrechnung vollständig versagt, was jedoch in vielen Fällen nicht sachgerecht wäre und z. B. zu einer erheblichen Beeinträchtigung des deutschen Steueraufkommens führen würde, was sicherlich nicht gewollt war, oder es muss eine andere Methode der Verrechnungspreisbestimmung geben. Da sowohl eine Fremdvergleichspreisbestimmung ausscheidet als auch die Voraussetzungen des Poolkonzepts nicht vorliegen – und schon gar nicht mit Wirkung für die Vergangenheit geschaffen werden können –, muss m. E. die Vereinfachungsfunktion zur Anwendung kommen. Für die folgenden Ausführungen wird hieraus die Schlussfolgerung gezogen, dass beide unterschiedlichen Konzepte behandelt werden, wobei stets danach zu differenzieren ist, welche der beiden Funktionen einschlägig ist. Auch die h. M. geht inzwischen fast einheitlich davon aus, dass weiterhin beide Formen der Umlage zulässig sind.[31]

---

[29] Vgl. zur Kritik am Kriterium der "Hauptfunktion der Betriebsstätte" *Strunk/Kaminski*, IStR 2000, 38 f.

[30] Vgl. *Runge* in: Crezelius/Raupach/Schmidt/Uelner (Hrsg.), FS Haas, S. 295 ff.; *ders.*, Intertax 1997, 81 ff.

[31] Vgl. z. B. *Baumhoff*, IStR 2000, 694; *Oestreicher*, IStR 2000, 762; *Kuckhoff/Schreiber*, IStR 2000, 348; *Becker*, IWB F. 3 Deutschland Gr. 2 S. 880; *Freytag/Vögele*, IWB (10.01.2001), F 10, International, Gr. 2, S. 1498; *Macho/Steiner/Ruess*, Verrechnungspreise kompakt, 219; *Arbeitskreis Außensteuerrecht beim Institut der*

Die Umlagen-Verwaltungsgrundsätze beinhalten – wie oben bereits angedeutet – ausschließlich die Poolungsfunktion. Dieser liegt folgender Gedanke zugrunde: Mehrere verbundene Unternehmen verfolgen als (i. d. R. gleichberechtigte) Partner im gemeinsamen Interesse, auf gemeinsames Risiko und mit gemeinsamer Ertragschance durch eine Kooperation einen gemeinsamen Zweck in Form der Erbringung und Nutzung von Dienstleistungen.[32] Dies gilt auch für das am 24. und 25. Juni 1997 verabschiedete Chap. VIII der OECD-Guidelines,[33] was sich schon aus der oben zitierten Definition des Cost Contribution Arrangement ergibt.

Böcker[34] vertritt – als Mitarbeiter der Finanzverwaltung – hingegen die Auffassung, dass mit dem BMF-Schreiben eine abschließende Regelung erfolgt sei und ab dem Jahr 2001 ausschließlich Poolumlagen zulässig sind. Er begründet diese Auffassung damit, dass die bisherige Tz. 7 der alten VerwG aufgehoben worden sei und bestehende Umlageverträge gem. Tz. 8 bis zum 31. 12. 2000 anzupassen waren. Geschieht dies nicht, wird durch Tz. 8 auf Tz. 6 verwiesen, die bei gravierenden Mängeln von Umlageverträgen eine Versagung des Betriebsausgabenabzugs vorsieht. M. E. kann dieser Auffassung nicht gefolgt werden.[35] Die Vereinfachungsfunktion ist Ausfluss der indirekten Methode, die gerade von den Vorgaben des BMF-Schreibens vom 30. 12. 1999 unberührt bleiben soll. Insoweit erweist sich die Aufhebung der Tz. 7 der alten VerwG als unproblematisch. Ferner kann – entgegen der Auffassung von *Böcker* – auch nicht aus Tz. 8 gefolgert werden, dass ausschließlich das Poolkonzept zulässig wäre. Diese verlangt nämlich keine generelle Aufhebung aller Umlageverträge, die nicht dem Poolkonzept entsprechen, sondern ordnet lediglich an, dass „sofern aufgrund der vorstehenden Ausführungen Anpassungen bestehender Umlageverträge erforderlich werden", eine Veränderung bis zum 30. 12. 2000 durchzuführen war. Wie jedoch bereits ausgeführt, stützt sich die Vereinfachungsfunktion der Umlage auf die indirekte Methode der Leistungsverrechnung, die gem. Tz. 1 Satz 2 Umlagenverwaltungsgrundsätze von den Regelungen des Schreibens vom 30. 12. 1999 unberührt bleiben.

B. Der Konzernumlagevertrag und dessen steuerplanerische Gestaltung

I. Bedeutung des Konzernumlagevertrages

Voraussetzung für die Abziehbarkeit der Konzernumlage im Inland als Betriebsausgabe ist, dass ein Konzernumlagevertrag besteht, denn die Finanzverwaltung erkennt Verträge zwischen nahe stehenden Personen nur an, wenn hierüber **im Voraus getroffene**, klare und eindeutige Vereinbarungen getroffen wurden.[36] Sie erhebt darüber hinaus die Forderung, dass ein schriftlicher Umlagevertrag abgeschlossen werden muss.[37] Der BFH[38] geht in ständiger Rechtsprechung

---

Wirtschaftsprüfer, in: Strunk/Wassermeyer/Kaminski (Hrsg.), Gedächtnisschrift für Dirk Krüger, S. 25 a. A. lediglich *Vögele*, DB 2000, 297 und *Böcker*, StBp 2008, 11.

[32] Vgl. z. B. *Baumhoff* in: Mössner u. a., Steuerrecht international tätiger Unternehmen, Rn. C 423.

[33] Vgl. zu einer Inhaltsübersicht z. B. *Sporken*, TPIR 1997, Heft 12, S. 3 ff.; *Kuckhoff/Schreiber*, IStR 1998, 1 ff.; *Becker*, IWB F. 10 Gr. 2, S. 1325 ff.; *Borstell* in: Fischer (Hrsg.), Aktuelle Aspekte der Steuerplanung im Spannungsverhältnis von Abkommens- und nationalem Recht, S. 177 ff. und *Becker*, ITPJ 1998, S. 62 ff.

[34] StBp 2008, 8 ff.

[35] Vgl. eingehend *Kaminski,* Steueranwaltsmagazin 2009, 175.

[36] Vgl. Abschn. 36 Abs. 2 KStR.

[37] Vgl. Tz. 1.3 der Umlagen-Verwaltungsgrundsätze a. a. O. (oben Fn. 8).

davon aus, dass **klare und eindeutige Vereinbarungen** für die Anerkennung von schuldrechtlichen Beziehungen zwischen nahe stehenden Personen gegeben sein müssen. Diese Forderung ist berechtigt. Eine Niederschrift verlangt die Rechtsprechung jedoch nicht. Eine solche Position ist sachgerecht, denn entsprechend dem Grundsatz der Vertragsfreiheit – der grundsätzlich auch steuerlich zu beachten ist – steht es den Beteiligten frei, auch über die Form ihres Vertrages zu entscheiden.[39] Allerdings muss klar sein, was die Beteiligten ursprünglich vereinbart haben. Ist dies nicht der Fall, gehen alle Unklarheiten des Vertrages und seiner tatsächlichen Durchführung zu Lasten des Steuerpflichtigen.[40] Damit besteht zwar keine rechtliche, wohl aber eine faktische Verpflichtung zu einem **schriftlichen Umlagevertrag**.

Allerdings ist zu beachten, dass auch dieses Erfordernis vor dem Hintergrund des Fremdvergleichsgrundsatzes zu würdigen ist. Das FG Köln hat mit – inzwischen rechtskräftigem – Urteil vom 22. 8. 2007[41] zur Auslegung von Art. 4 DBA-Großbritannien, der mit Art. 9 Abs. 1 OECD-MA identisch ist, entschieden, dass eine allein auf formalen Anforderungen gestützte Einkommenskorrektur dann nicht zulässig ist, wenn zwischen fremden Dritten keine besonderen Formvorschriften zu beachten sind. Im Sachverhalt hatte unstreitig für einen bestimmten Teil des vereinbarten Entgelts eine Korrektur zu erfolgen, weil insoweit gegen den Fremdvergleichsgrundsatz verstoßen wurde. Ergänzend wollte die Finanzverwaltung eine weitere Korrektur vornehmen, weil es eine vertragliche Regelung gab, die nicht angewendet wurde. Vielmehr erfolgte später eine abweichende Ermittlung der Einkünfte, so dass aufgrund des Fehlens einer klaren, im Voraus getroffenen Vereinbarung eine Einkunftskorrektur gem. § 8 Abs. 3 Satz 2 KStG vorgenommen wurde. Dies lehnte das Finanzgericht ab, weil es – in Übereinstimmung mit der h. M. im Schrifttum und entgegen Tz. 1.2.1. des BMF-Schreibens vom 23. 2. 1983[42] – davon ausgeht, dass Art. 9 Abs. 1 OECD-MA eine Sperrwirkung gegenüber einer verdeckten Gewinnausschüttung entfaltet, wenn diese alleine auf formale Beanstandungen gestützt wird.

Zu entscheiden war, ob Art. 9 Abs. 1 OECD-MA auf den vorliegenden Sachverhalt überhaupt anwendbar ist. Streitig war bisher, ob die Regelung auch gesellschaftsrechtliche Beziehungen erfasst. Dies hatte der BFH bisher offen gelassen und im Schrifttum wurden hierzu konträre Auffassungen vertreten. Das Finanzgericht kommt zu dem Ergebnis, dass sich aus dem Wortlaut der Regelung („… finanzielle Beziehung …" und „… auferlegten …") ergäbe, dass diese ebenfalls unter Art. 9 Abs. 1 OECD-MA fallen können. Zugleich stellt es fest, dass es bei solchen Beziehungen im Regelfall an einer klaren, im Vorhinein geschlossenen Vereinbarung fehlen wird. Das

---

[38] Vgl. BFH-Urt. v. 2. 3. 1988, I R 103/86, BStBl 1986 II 786. Im Tenor des Urt. v. 24. 1. 1990 (I R 157/90, BStBl 1990 II 645) heißt es unter Nr. 2 wörtlich: "Eine zwischen einer Kapitalgesellschaft und ihrem Gesellschafter mündlich abgeschlossene Vereinbarung ist im Sinne der höchstrichterlichen Rechtsprechung klar, wenn ein außenstehender Dritter zweifelsfrei erkennen kann, dass die Leistung der Gesellschaft aufgrund einer entgeltlichen Vereinbarung mit dem Gesellschafter erbracht wurde." (Hervorhebungen des Verfassers).

[39] Der Gesetzgeber geht sogar soweit, dass er Rechtsgeschäfte, die von Gesetzes wegen einer bestimmten Form bedürfen, auch ohne diese geforderte Form anerkennt, wenn von den Parteien entsprechend den formfehlerhaften Vereinbarungen verfahren wird. So ist z. B. bei einer Schenkung gem. § 518 Abs. 1 Satz 1 BGB eine notarielle Beurkundung des Schenkungsversprechens erforderlich. Fehlt es hieran, ist das Rechtsgeschäft gem. § 125 BGB nichtig. Gleichwohl sieht § 518 Abs. 2 BGB vor, dass der Mangel der Form durch die Bewirkung der versprochenen Leistung geheilt wird.

[40] So auch der BFH in seinem Urt. v. 29. 7. 1992, I R 28/92, BStBl 1993 II 247.

[41] 13 K 647/03, EFG 2008, 161. Obwohl das FG Revision zum BFH zugelassen hatte, wurde diese von der Finanzverwaltung nicht eingelegt.

[42] BStBl. I 1983, 218.

Finanzgericht hatte wegen der grundlegenden Bedeutung der aufgeworfenen Fragen die Revision zum BFH zugelassen. Gleichwohl hat die Finanzverwaltung hierauf verzichtet, so dass das Urteil rechtskräftig ist.

Das FG-Urteil führt aus, dass den nationalen Regelungen und deren Auslegung durch die Rechtsprechung hier: zu den besonderen Anforderungen an schuldrechtliche Verträge, die ein beherrschender Gesellschafter mit „seiner" Kapitalgesellschaft abschließt[43] Grenzen aus dem Abkommensrecht entgegen gesetzt werden. Aus dem DBA wird der Fremdvergleichsgrundsatz entnommen und als eigentlicher – und gegenüber den nationalen Regelungen vorrangiger – Beurteilungsmaßstab verwendet. Insoweit ist festzustellen, dass keine überzogenen formalen Anforderungen gestellt werden dürfen, wobei zu beachten ist, dass bei materiell bedeutsamen Transaktionen fremde Dritte regelmäßig eine schriftliche Vereinbarung getroffen hätten, um ihre jeweilige Rechtsposition zu wahren.

Aus steuerplanerischer Sicht ist deshalb dringend zu empfehlen, einen schriftlichen Konzernumlagevertrag abzuschließen, um im Rahmen einer evtl. späteren Auseinandersetzung mit der Finanzverwaltung die von ihr geforderten Nachweise erbringen zu können. Dies bedeutet jedoch nicht, dass schon zu Beginn des Jahres, in dem die Umlage zum ersten Mal verrechnet wird, ein bis ins letzte Detail ausgearbeiteter Umlagevertrag vorliegen muss,[44] denn dieser Vertrag hat den zivil-, gesellschafts-, handels- und steuerrechtlichen Anforderungen der Rechtsordnungen aller beteiligten Konzernunternehmen gerecht zu werden. Um dies zu erreichen, ist ein komplizierter Abstimmungsprozess erforderlich. Deshalb muss es ausreichend sein, wenn die Rahmenbedingungen feststehen und die letzten Details erst später festgelegt werden.

Bei Umlageverträgen ist es nicht unüblich, sog. Rahmenvereinbarungen zu treffen und Einzelheiten (insbesondere die konkreten Beiträge der einzelnen Partner) in einer Anlage zum Vertrag zu regeln. Bei einer solchen Vorgehensweise sollte erkennbar bleiben, wann welche Ergänzung vorgenommen wurde. Ferner sollte darauf geachtet werden, dass entsprechende Vereinbarungen tatsächlich getroffen werden. Außerdem muss vereinbart werden, ab welchem Zeitpunkt welche Vereinbarung gelten soll. Diese Verträge werden regelmäßig in englischer Sprache erstellt. Der Steuerpflichtige muss damit rechnen, dass die Finanzverwaltung unter Hinweis auf § 87 Abs. 1 AO eine Übersetzung verlangen wird. Hierbei gelten die allgemeinen Grenzen hinsichtlich Zumutbarkeit und Verhältnismäßigkeit gem. § 7 BPO.

Neben dem Umlagevertrag sind die Anforderungen an die Verrechnungspreisdokumentation gem. § 90 Abs. 3 AO zu beachten. Danach sind außergewöhnliche Geschäftsvorfälle zeitnah zu dokumentieren. Hierunter fallen gem. § 3 Abs. 2 GAufzV[45] der Abschluss oder die Änderung von langfristigen Verträgen von besonderem Gewicht. Außerdem führt § 5 Satz 2 Nr. 2 GAufzV dazu, dass die Umlageverträge vorzulegen sind und entsprechende Aufzeichnungen zu erstellen sind. Hiernach muss der Steuerpflichtige die Verträge gegebenenfalls mit Anhängen, Anlagen und Zusatzvereinbarungen dokumentieren und vorlegen. Darüber hinaus müssen der Aufteilungsschlüssel und der erwartete Nutzen aus dem Vertrag dargelegt werden. Hinzu kommen Unterlagen über die Rechnungskontrolle, über die Anpassung an veränderte Bedingungen, über die

---

[43] Vgl. aus der st. Rspr. des BFH, z. B. Urt. v. 31. 7. 1956, I 4/55 U, I 5/55 U, I 4–5/55 U, BStBl. III 1956, 288; v. 8. 11. 1960, I 131/59 S, BStBl. III 1960, 513; v. 8. 1. 1969, I R 26/67, BStBl. II 1969, 268; v. 22. 3. 1972, I R 117/70, BStBl. II 1972, 501; v. 10. 7. 1974, I R 205/72, BStBl. II 1974, 719.

[44] Ebenso *Wurm*, Umlageverträge für Forschung und Entwicklung zwischen verbundenen Unternehmen, S. 20 und *Brezing* in: Brezing/Krabbe/Lempenau/Mössner/Runge, AStG, § 1 AStG, Rn. 144.

[45] Verordnung zu Art, Inhalt und Umfang von Aufzeichnungen im Sinne von § 90 Abs. 3 AO, vom 13. 11. 2003, BStBl. 2003 I, 739.

Kaminski

Zugriffsberechtigungen auf Unterlagen und die Zuordnung von Nutzungsrechten. Entsprechend den allgemeinen Grundsätzen ist von einer zeitnahen Dokumentation auszugehen, wenn diese innerhalb von 6 Monaten nach Ende des Geschäftsjahres erfolgt, in dem der Abschluss bzw. die Änderung des Umlagevertrages vorgenommen wurde.[46]

Bei der Gestaltung der Umlageverträge ist auch auf **umsatzsteuerliche Aspekte** zu achten.[47] Dabei sollte im Rahmen des Pool-Vertrages geregelt werden, ob dieser als reine Innengesellschaft ausgestaltet wird oder ob er auch gegenüber Dritten in Erscheinung tritt. Dadurch wird regelmäßig determiniert, ob der Pool als Unternehmer i. S. d. Umsatzsteuergesetzes anzusehen ist. Bei einer reinen Innengesellschaft ist dies mit der Konsequenz zu verneinen, dass allenfalls die hinter ihm stehenden Pool-Partner zum Vorsteuerabzug berechtigt sind, während bei einer Außengesellschaft die Unternehmereigenschaft zu bejahen ist, wobei dann regelmäßig auch ein steuerbarer Leistungsaustausch zwischen dem Pool und den Pool-Partnern anzunehmen ist.

II. Inhaltsüberblick

Im Folgenden werden zunächst die Punkte aufgelistet, die üblicherweise in einem Konzernumlagevertrag enthalten sind.[48] Dabei handelt es sich notgedrungen um eine standardisierte Vorgabe, die jeweils an die individuellen Gegebenheiten angepasst werden muss. Typischerweise enthält ein Konzernumlagevertrag Regelungen zu folgenden Bereichen:

1. Vertragsparteien,
2. Art(-en) der zu erbringenden Dienstleistung(-en),
3. Vergütungsregelungen und Aufteilungsschlüssel,
4. Abrechnungsmodalitäten,
5. Berücksichtigung von Erträgen und Anrechnung von erbrachten Leistungen,
6. Eintritts- und Austrittsregelungen,
7. Informations- und Prüfungsrechte,
8. Steuern,
9. Anwendbares Recht,
10. Schiedsregelung,
11. Beginn und Dauer des Vertrages, Kündigungsmöglichkeiten und
12. Salvatorische Klausel.

---

[46] Vgl. allgemein zur Dokumentation von Verrechnungspreisen den Beitrag von *Bremer/Stuffer*, Handbuch der internationalen Steuerplanung, 3. Auflage, S. 593 ff.

[47] Vgl. hierzu *Eggers*, IStR 2001, 308 ff., *ders.*, Umlagen und Verrechnungspreise für konzerninterne Dienstleistungen in der Umsatzsteuer, Köln 2005, S. 131 ff.; *Slapio/Schmitz*, IWB F. 3 Deutschland Gr. 7 S. 671 ff., *Forster/Mühlbauer*, DStR 2002, 1470 ff. sowie *Slapio/Bosche*, Praxis Internationale Steuerberatung, 2005, 231 ff.

[48] Vgl. hierzu auch die Musterverträge mit den entsprechenden Erläuterungen bei *Hahn*, in: Steuerliches Vertrags- und Formularhandbuch, S. 496 ff. und *Engler* in: Vögele/Borstell/Engler, Handbuch der Verrechnungspreise, 2. Aufl., München 2004, Rn. O 285 ff., sowie *Becker* a. a. O. (oben Fn. 24), VerwGrSUml. S. 69 ff. Anforderungen an den Inhalt eines solchen Vertrages finden sich auch bei *Jacobs*, Internationale Unternehmensbesteuerung, 6. Aufl. 2007, S. 793 f. Auch die Umlagen-Verwaltungsgrundsätze a. a. O. (oben Fn. 8) enthalten in Tz. 5.l.1 entsprechende Vorgaben, die sich jedoch nur auf Umlagen nach Maßgabe des Poolkonzepts beziehen.

Kaminski

Es ist dem Steuerpflichtigen entsprechend dem Grundsatz der Vertragsfreiheit freigestellt, den Umlagevertrag nach seinen Vorstellungen zu gestalten. Grenzen ergeben sich allerdings dort, wo das Vereinbarte wirtschaftlich nicht angemessen ist oder entsprechende Gestaltungen von zumindest einem der betroffenen Fisci nicht anerkannt werden. In diesen Fällen bleibt die zivilrechtliche Wirksamkeit des Vertrages unverändert bestehen. Ihm wird lediglich die **Anerkennung für steuerliche Zwecke verweigert**,[49] so dass im Übrigen der Vertrag bestehen bleibt und die sich hieraus ergebenden Konsequenzen zu ziehen sind. Es ist u. a. Aufgabe der Steuerplanung, dies durch entsprechende Vorsorgemaßnahmen zu verhindern, um zu erreichen, dass die intendierte Verrechnung von Leistungen mit Hilfe von Umlagen steuerlich anerkannt wird.

III. Inhalt
1. Vertragsparteien
a) Bestimmung der teilnehmenden Gesellschaften

Der Vertrag hat festzulegen, welche Gesellschaften sich an der Umlage beteiligen. Allerdings muss es sich hierbei nicht ausschließlich um verbundene Unternehmen handeln.[50] Mit den **teilnehmenden Unternehmen** steht auch fest, dass die steuerrechtlichen Vorschriften aller Staaten, in denen Teilnehmer domizilieren, zu berücksichtigen sind. Dabei erweisen sich die jeweils restriktivsten Anforderungen als entscheidend, weil nur so die steuerliche Anerkennung in allen Staaten gewährleistet werden kann. Durch den Poolvertrag schließen sich die Gesellschaften – vergleichbar einer Interessengemeinschaft – zusammen. Hierbei erhalten sie für die erbrachten Leistungen weder eine direkte Gegenleistung noch müssen sie für erhaltene Vorteile ein Entgelt bezahlen. Vielmehr teilen sich die Partner das Recht, die gemeinsam hervorgebrachten Vorteile zu nutzen oder zu verwerten.[51]

Aus steuerplanerischer Sicht kann daran gedacht werden, eine bewusste Selektion der Unternehmen vorzunehmen. Sofern die jeweiligen Anforderungen des Fiskus an den Umlagevertrag mit der Unternehmenspolitik kompatibel sind, erfolgt eine Abrechnung auf dem Wege der Umlage. In den Staaten, in denen die Anforderungen sich aus Konzernsicht nicht wirtschaftlich sinnvoll umsetzen lassen, wird eine Einzelabrechnung anstelle einer Konzernumlage vorgenommen oder ggf. eine Umlage nach Maßgabe der Vereinfachungsfunktion.

Tz. 1.2 der deutschen Verwaltungsgrundsätze verlangt, dass die am Pool beteiligten Gesellschaften gleichgerichtete wirtschaftliche Interessen verfolgen. Ist dies nicht der Fall, so dürfen diese Gesellschaften – zumindest nach Auffassung der Finanzverwaltung – nicht am Pool beteiligt werden. M. E. ist zwar fraglich, ob diese Einschränkung sinnvoll oder gar geboten ist,[52] doch vor dem Hintergrund der Praxis der deutschen Finanzverwaltung ist es nicht empfehlenswert, Holding- bzw. Patentverwertungsgesellschaften als Partner eines Umlagevertrages einzusetzen, wenn dieser seitens der Finanzverwaltung als Pool anerkannt werden soll.[53] Andernfalls droht schon aus formalen Gründen eine Nichtanerkennung des Pools.

---

[49] Vgl. hierzu für eine Umlage bei ausschließlich im Inland ansässigen Unternehmen auch FG Berlin-Brandenburg vom 9. 9. 2008, 6 K 2463/03 B, EFG 2009, 136, rkr.
[50] Vgl. *Kuckhoff/Schreiber*, IStR 2000, 351, unter Hinweis auf Tz. 8.1 und 8.8 OECD-Guidelines.
[51] Endres/Oestreicher, IStR 2003, Beihefter zu Heft 15, 8.
[52] Ähnlich z. B. *Becker* a. a. O. (oben Fn. 24), Tz. 1.2 VerwGrSUml. Anm. 2 ff.
[53] Vgl. *Baumhoff*, IStR 2000, 698; Engler a. a. O. (oben Fn. 48), Rz. P 199.

Außerdem ist eine Selektion der teilnehmenden Gesellschaften über eine weitergehende **Spezialisierung** der zu erbringenden Leistungen möglich. Diese werden so stark auf die Gegebenheiten der leistungsempfangenden Unternehmen ausgerichtet, dass sie von anderen Unternehmen nicht sinnvoll genutzt werden können, während die von allen Konzerngesellschaften einsetzbaren Leistungen durch eine zweite Umlage verrechnet werden. Dabei hat die Selektion der durch die einzelnen Umlagen abzugeltenden Leistungen nach betriebswirtschaftlichen Kriterien zu erfolgen. Die daraus resultierenden steuerlichen Konsequenzen – seien sie nun aus der Konzernsicht positiv oder negativ – sind Folge der wirtschaftlich begründeten Gestaltungen. Dabei ist jedoch darauf zu achten, dass das Kriterium der "Nicht-Hauptfunktion" erfüllt bleibt, weil sonst eine Verrechnung im Wege der Umlage nicht möglich wäre. Außerdem ist zu bedenken, dass durch die Abgrenzung der am Pool zu beteiligenden Gesellschaften – wenn auch nur mittelbar – die Umlagemasse bestimmt wird, denn nach dem Pool-Konezpt hat eine Verrechnung von Leistungen durch Pool-Partner nur gegen Kostenerstattung zu erfolgen, während bei Nicht-Pool-Partnern Fremdvergleichspreise zu zahlen sind. Hieraus folgt, dass durch eine gezielte Selektion der am Pool zu beteiligenden Gesellschaften eine steuerplanerische Beeinflussung der Umlagemasse erfolgen kann.

b) Aufgabenverteilung

Der Konzernumlagevertrag muss regeln, welche Gesellschaft(-en) die entsprechenden Leistungen – die noch genauer zu spezifizieren sind – zu erbringen hat (haben). Dabei ist danach zu differenzieren, ob die Konzernumlage lediglich der vereinfachten Abrechnung dient oder ob ihr die Poolungsfunktion zugrunde liegt.

Im Fall der *Vereinfachungsfunktion* ergeben sich keine Besonderheiten. Vielmehr steht die die Leistung erbringende Gesellschaft von vornherein fest; durch die Umlage ergeben sich insoweit keine neuen Aspekte. Allerdings ist zu beachten, dass i. d. R. der Einzelabrechnung – in der Terminologie der Umlagen-Verwaltungsgrundsätze der "direkten Methode" – Vorrang vor der Verrechnung mit Hilfe der Umlage gebührt. D. h., eine solche Verrechnung kann nur erfolgen, wenn entweder eine Einzelabrechnung nicht möglich (z. B. weil sich ein Fremdvergleichspreis nicht ermitteln lässt) oder diese wirtschaftlich nicht sinnvoll ist.

Anders stellt sich dies hingegen bei der *Poolungsfunktion* dar. Aus Sicht des Konzerns kann eine Optimierung des Poolstandortes dadurch erfolgen, dass er in dem Staat "angesiedelt" wird, in dem die steuerlichen Rahmenbedingungen für diese Aktivität am günstigsten sind, zumal reine Verwaltungsgesellschaften i. d. R. eine hohe Standortelastizität aufweisen, d. h. eine geringe Standortabhängigkeit besitzen.[54] Dies ermöglicht es, durch eine gezielte Standortwahl besonders günstige Rahmenbedingungen für den Pool zu erreichen. Viele Staaten versuchen sich durch (steuerliche) Vergünstigungen als Standort für bestimmte Dienstleistungsgesellschaften besonders attraktiv zu machen. Hier sei nur beispielhaft an die Dublin Dock Gesellschaften[55] und die belgischen Coordination Centers[56] erinnert. Dabei ergibt sich aus der Art der Leistung, die durch den Pool (bzw. dessen Mitglieder) erbracht werden, welche Faktoren für die Standortwahl entscheidend sind. So kommt z. B. im Rahmen einer Forschungs- und Entwicklungstätigkeit der Verfügbarkeit von und Kosten für geeignetes Personal, ggf. der Anbindung an andere

---

[54] Vgl. z. B. *Fischer/Kleineidam/Warneke*, Internationale Betriebswirtschaftliche Steuerlehre, 5. Aufl., Berlin 2005, S. 575 f.; *Strunk/Kaminski*, Steuern in der internationalen Unternehmenspraxis, S. 71 ff.

[55] Vgl. *Grotherr*, IWB F. 5, Gr. 2, S. 51 ff.

[56] Vgl. *Malherbe/François*, IStR 1997, 74 ff., 102 ff.

Forschungseinrichtungen, der Frage von Quellensteuerbelastungen auf ggf. erfolgende Lizenzzahlungen usw. besondere Bedeutung zu.

Außerdem ist bei der Abgrenzung der am Pool zu beteiligenden Unternehmen aus dem Blickwinkel der Steuerplanung auch der Frage Aufmerksamkeit zu widmen, inwieweit die durch den Pool erbrachten Leistungen bei den dahinter stehenden Pool-Partnern zu aktivierungspflichtigen (i. d. R. immateriellen) Wirtschaftsgütern führen, oder ob sofort abzugsfähige Betriebsausgaben vorliegen. Da der Pool als transparent angesehen wird, kommt es hierfür entscheidend darauf an, ob durch den Pool Wirtschaftsgüter selbst erstellt werden oder der Pool lediglich als Auftraggeber in Erscheinung tritt, die eigentliche Leistungserstellung durch Nicht-Pool-Partner erfolgt. Diese Frage ist bei immateriellen Wirtschaftsgütern von großer praktischer Bedeutung. Hierbei ist nach den allgemeinen Grundsätzen abzugrenzen, ob eine echte oder eine unechte Auftragsentwicklung erfolgt.[57] Aus steuerplanerischer Sicht wird es sich regelmäßig als vorteilhaft erweisen, wenn der Pool so gestaltet wird, dass eine Selbsterstellung von immateriellen Wirtschaftsgütern gegeben ist, weil dann infolge des Bilanzierungsverbotes nach § 5 Abs. 2 EStG sofort abzugsfähige Betriebsausgaben vorliegen, wenn davon ausgegangen wird, dass das immaterielle Wirtschaftsgut vom Pool dauerhaft genutzt wird und deshalb Anlagevermögen darstellt.

Mit der Wahl des Sitzes des Pools wird auch die **Rechtsordnung** determiniert, auf deren Grundlage die Arbeit des Pools zu gestalten ist. So erweist sich z. B. das Planungs- und Genehmigungsrecht in den verschiedenen Staaten als sehr unterschiedlich ausgestaltet, so dass u. U. erhebliche Zeit- und Kostenunterschiede entstehen können. Andererseits differiert das Gesellschaftsrecht in den verschiedenen Staaten. Daher muss im Rahmen der Steuerplanung sehr sorgfältig darauf geachtet werden, wie der Pool nach den Rechtsordnungen der am Leistungsaustausch teilnehmenden Staaten qualifiziert wird und welche steuerlichen Konsequenzen damit verbunden sind. Wenn der Pool nach der Rechtsordnung eines Staates steuerlich als Kapitalgesellschaft anzusehen wäre, hätte für diese Gesellschaft die Poolungsfunktion keine Bedeutung mehr, sondern es könnte allenfalls eine Umlage auf der Grundlage der Vereinfachungsfunktion erfolgen,[58] die allerdings zwingend andere zivilrechtliche Gestaltungen voraussetzt. Dies hätte nicht nur für das Unternehmen in dem betroffenen Staat Bedeutung, sondern für alle Poolpartner, denn es kommt zu Verschiebungen bei den umzulegenden Kosten und ggf. auch beim Umlageschlüssel. Wenn der Pool in Deutschland ansässig ist, sind ggf. ergänzend die Regelungen über Kontroll- und Koordinierungsstellen zu beachten.[59]

Ob sich durch die Wahl des Poolstandortes tatsächlich Vorteile erzielen lassen, hängt davon ab, welche Art(-en) von Dienstleistungen erbracht werden. Dabei spielen häufig nichtsteuerliche Faktoren eine bedeutendere Rolle als steuerliche Standortfaktoren. Welche Kriterien letztlich die Wahl des Pool-Standortes determinieren, hängt von den Verhältnissen des Einzelfalls ab, insbesondere von den Aufgaben, die der Pool wahrnehmen soll.

2. Art(-en) der zu erbringenden Dienstleistung(-en)

Zentraler Punkt jedes Umlagevertrages ist die Beschreibung der Leistungen, die entgolten werden. Dabei gilt es zunächst klarzustellen, welche der beiden Funktionen der Umlage angesprochen ist. Geht es um die Vereinfachungsfunktion oder ist der Pool-Gedanke gemeint? Dies ist eine Tatfrage, die sich aus den Verhältnissen des Konzerns ergibt bzw. die entsprechend von

---

[57] Vgl. zu dieser Abgrenzung *Strunk/Kaminski*, Steuerliche Gewinnermittlung bei Unternehmen, S. 90 ff.
[58] Vgl. hierzu *Raupach*, StuW 1990, 401 und *Stock/Kaminski*, IStR 1998, 10.
[59] Vgl. Tz. 4.4 des BMF-Schr. v. 24. 12. 1999, IV B 4 S 1300 – 111/99, BStBl 1999 I, 1076.

ihm zu gestalten ist. Damit sind weitreichende Konsequenzen verbunden: Während es sich im Fall der Vereinfachungsfunktion um einen *schuldrechtlichen* Vertrag handelt, ist bei Anwendung der Poolungsfunktion eine entsprechende *gesellschaftsrechtliche* Gestaltung erforderlich.[60]

Zum anderen ist die Abgrenzung des Leistungsumfangs von zentraler Bedeutung, weil alle Leistungen, die nicht bereits durch die Umlage abgegolten werden, gesondert zu verrechnen sind. Dies ergibt sich zwingend aus dem Grundgedanken des Dealing-at-arm's-length-Prinzips. Fremde Dritte würden solche Leistungen nicht unentgeltlich erbringen, sondern hierfür eine angemessene Vergütung verlangen.[61] Für diese Einzelabrechnung gelten die allgemeinen Grundsätze der Verrechnung von konzerninternen Dienstleistungen.[62] Das BMF-Schreiben sieht vor, dass nur solche Leistungen mit Hilfe des Pools verrechnet werden können, die sich auf Hilfsfunktionen beschränken. Eine solche Vorgehensweise ist nicht sinnvoll und führt zu Abgrenzungsproblemen.[63] Hierbei muss m. E. eine Abgrenzung nach dem Fremdvergleichsgrundsatz erfolgen und gefragt werden, ob fremde Dritte ähnliche Leistungen mit Hilfe einer Umlage verrechnet hätten. Im Ergebnis dürften wohl nur die Fälle ausgeschlossen worden sein, bei denen ausschließlich Leistungen über Umlagen verrechnet werden.

Aus dem Blickwinkel der Steuerplanung heraus besteht bei der Abgrenzung des Umfangs, der durch die Umlage abzugeltenden Leistungen ein **Zielkonflikt**. Einerseits ist eine möglichst konkrete Vorgabe nötig, um klar bestimmen zu können, welche Leistungen durch die Umlage abgegolten sind und zugleich, um das Konfliktpotential mit den beteiligten Finanzverwaltungen für die darüber hinaus erfolgende Abrechnung zu begrenzen. Andererseits darf diese Abgrenzung nicht so einschränkend erfolgen, dass dem Konzern jegliche Anpassungsflexibilität genommen wird. Denn dann machen selbst kleinste Änderungen in der Aufgabenverteilung innerhalb des Konzerns eine grundlegende Überprüfung und ggf. Korrektur aller Umlageverträge erforderlich, was schon aus Kostengründen nicht gewünscht und in vielen Fällen kurzfristig auch gar nicht machbar ist.[64] Die Anpassung darf, wenn sie sich als erforderlich erweist, nicht unterbleiben, weil andernfalls die steuerliche Nichtanerkennung der gesamten Umlage droht. Einerseits bestünde sonst ein Konzernumlagevertrag nach dem allerdings nicht verfahren wird. Andererseits würden Konzernumlagen verrechnet, wofür jedoch nicht die erforderlichen Nachweise erbracht werden, bzw. die entsprechende Vereinbarung als Grundlage fehlt.[65]

---

[60] Vgl. *Raupach*, StuW 1990, 400 f.

[61] In diesem Zusammenhang soll nicht auf die Frage eingegangen werden, ob sich der Vergütungsanspruch nach den Grundsätzen über ungerechtfertigte Bereicherung oder nach den Vorschriften über die Geschäftsführung ohne Auftrag ergibt.

[62] Vgl. hierzu Tz. 3.2 VG zu den gewerblichen Dienstleistungen und Tz. 6 für die verwaltungsbezogenen Leistungen.

[63] Vgl. zu einem Versuch der Abgrenzung zwischen Haupt- und Hilfsfunktionen *Vögele/Freytag*, RiW 2001, 172 ff.

[64] Dies gilt insb. für den Fall, dass der weiter unten gegebenen Empfehlung (s. B. III. 3. b) bb)) gefolgt wird, den Umlagenvertrag mit den beteiligten Fisci abzustimmen. Hierfür ist zwingend Zeit erforderlich, die zwangsläufig die Anpassungsflexibilität einschränkt. Außerdem kann eine Kündigung nur unter Beachtung einer Frist erfolgen, wie sie auch unter fremden Dritten zu berücksichtigen wäre.

[65] Diese Aussage stellt keinen Widerspruch zu der obigen Aussage dar, dass die Finanzverwaltung nicht verlangen darf, dass die Umlageverträge der Schriftform bedürfen. Unstreitig erforderlich ist, dass der Inhalt der Konzernumlagevereinbarung aus dem Gesamtbild der tatsächlichen Verhältnisse abgeleitet werden kann. Sofern ein solcher Nachweis nicht erbracht werden kann, und dies wird bei undokumentierten Anpassungen der Konzernumlagen i. d. R. der Fall sein, geht dies zu Lasten des Steuerpflichtigen.

Kaminski

Die deutschen Verwaltungsgrundsätze erkennen Konzernumlagen nur an, wenn die Leistungen im Interesse des steuerpflichtigen Unternehmens erbracht werden.[66] Hiermit ist das Problem verbunden, dass im Vertrag zwar alle Leistungen beschrieben sein müssen, die das Unternehmen in Anspruch nimmt, andererseits darf der Leistungskatalog nicht zu weit gefasst werden. Dies könnte dazu führen, dass die vereinbarten Leistungen nicht oder zumindest nicht in vollem Umfang von der zahlenden Gesellschaft in Anspruch genommen wurden,[67] und deshalb von der Finanzverwaltung eine anteilige Kürzung der Konzernumlage verlangt wird.[68]

Ein besonderes Problem kann entstehen, wenn im Rahmen der Poolungsfunktion Managementaufgaben auf den Pool verlagert werden. Dies kann dazu führen, dass sich nun der *Ort der Geschäftsleitung* im Staat des Pools befindet.[69] Dies hätte zur Konsequenz, dass alle leistungsbeziehenden Gesellschaften im Poolstaat unbeschränkt steuerpflichtig wären, wenn dieser auch den Ort der Geschäftsleitung als Anknüpfungspunkt für die unbeschränkte Steuerpflicht ansieht.[70] Da aber die unbeschränkte Steuerpflicht im bisherigen Heimatstaat i. d. R. dadurch nicht berührt wird,[71] entsteht – vorbehaltlich evtl. Regelungen im jeweiligen Doppelbesteuerungsabkommen[72] – eine doppelte Ansässigkeit der leistungsempfangenden Gesellschaft mit den entsprechenden steuerlichen Folgen.[73] Entfällt hingegen mit dem inländischen Ort der Geschäftsleitung auch die unbeschränkte Steuerpflicht der leistungsbeziehenden Gesellschaft, so stellt sich die Frage nach der *Wegzugsbesteuerung*[74], die häufig eine Liquidationsbesteuerung (oder zumindest die gleichen steuerlichen Konsequenzen wie diese) nach sich zieht. Die damit regelmäßig verbundene Auflösung und Versteuerung der vorhandenen stillen Reserven wird nur in seltenen Ausnahmefällen gewollt sein. Insgesamt ist festzustellen, dass die negativen Folgen des "Wanderns" des Ortes der Geschäftsleitung regelmäßig die positiven überkompensieren werden. Deshalb ist bei der Verlagerung von Managementleistungen darauf zu achten, dass der Ort der Geschäftsleitung unverändert bei den leistungsempfangenden Gesellschaften verbleibt, z. B. indem nur untergeordnete Teildienstleistungen auf den Pool übertragen werden, die wesentlichen Entscheidungen aber unverändert im Staat der Gesellschaft getroffen werden.

Auch die Übertragung von weniger qualifizierten Dienstleistungen auf den Pool kann dazu führen, dass jede leistungsempfangende Gesellschaft eine *Betriebsstätte* im Poolstaat unterhält.

---

[66] Vgl. § 4 Abs. 4 EStG, wonach Betriebsausgaben Aufwendungen sind, die durch den Betrieb veranlasst sind.

[67] Vgl. zum sog. service on call *Stock/Kaminski*, DB 1997, 1052 ff.

[68] Vgl. *Engler* a. a. O. (oben Fn. 48), Rn. O 295.

[69] Auf dieses Problem weist auch *Engler* a. a. O. (oben Fn. 48), Rn. O 297, hin.

[70] Dies ist in den meisten Staaten der Fall, vgl. *Rivier*, Generalbericht, CDFI LXXIIa, Deventer 1987, S. 84 ff.

[71] Dies liegt darin begründet, dass in vielen Staaten neben dem Sitz der Geschäftsleitung ein weiteres Anknüpfungskriterium für die unbeschränkte Steuerpflicht besteht. Dies ist z. B. in der Bundesrepublik Deutschland der Sitz der Gesellschaft (vgl. § 1 Abs. 1 KStG) und in etlichen anderen Staaten der Umstand, dass die Gesellschaft nach dem Recht dieses Staates errichtet wurde.

[72] In einigen Abkommen wird im Rahmen von sog. "tie-breaker-rules" eine Regelung für den Fall getroffen, dass eine Gesellschaft als in zwei Staaten ansässig gilt. Vgl. hierzu *Kaminski*, in: Strunk/Kaminski/Köhler (Hrsg.), AStG/DBA, Art. 4 OECD-MA Rz. 56 ff. (Juli 2007).

[73] Vgl. hierzu *Raupach* in: Haarmann (Hrsg.), Unternehmensstrukturen und Rechtsformen im Internationalen Steuerrecht, S. 28 ff., und zu möglichen Vor- und Nachteilen Kaminski, Steuerliche Gestaltungsmöglichkeiten und deren Beurteilung bei der Verlagerung eines inländischen unternehmerischen Engagements in das Ausland, S. 316 ff., m. w. N.

[74] Vgl. zur Frage, ob eine solche Besteuerung beim ausschließlichen Wegfall des inländischen Ortes der Geschäftsleitung erforderlich ist, *Kaminski* a. a. O. (oben Fn. 73), S. 140 ff., m. w. N.

Kaminski

Dies hätte zur Konsequenz, dass jedes dieser Unternehmen im Betriebsstättenstaat der – i. d. R. beschränkten – Steuerpflicht unterliegt. Dies wird in vielen Fällen von den Poolpartnern nicht gewollt sein, so dass nur insoweit konzerninterne Dienstleistungen übertragen werden sollten, wie eine Qualifikation als Betriebsstätte verhindert wird. Dabei ist zu beachten, dass die jeweiligen Betriebsstättendefinitionen in den einzelnen Staaten und den zwischen ihnen abgeschlossenen Doppelbesteuerungsabkommen – zum Teil erhebliche – Unterschiede aufweisen.[75] Deshalb ist eine sorgfältige Planung der Tätigkeiten erforderlich, die auf den Pool übertragen werden, um eine Qualifikation als Betriebsstätte zu verhindern. Diese Überlegungen gelten nicht nur zum Zeitpunkt der Errichtung des Pools, sondern auch bei allen späteren Änderungen in der Aufgabenverteilung.

3. Vergütungsregelungen und Aufteilungsschlüssel

a) Anwendbare Ermittlungsmethoden und sich ggf. ergebende Anpassungsnotwendigkeiten

Die deutschen Verwaltungsgrundsätze verlangen zur Ermittlung des umlagefähigen Betrages auf der Grundlage des **Poolkonzeptes**, dass die tatsächlichen direkten und indirekten Aufwendungen, die im Zusammenhang mit der Leistung stehen, anzusetzen sind. Dabei sollen die Rechnungslegungsvorschriften des Staates maßgeblich sein, in dem das Unternehmen, das die Leistung erbringt, tätig wird. Hiervon sind die Erträge (einschließlich Zuschüsse, Zulagen und steuerliche Sondervergünstigungen, wie z. B. Sonderabschreibungen) abzuziehen. Ferner gestattet Tz. 2.1 der Umlagen-Verwaltungsgrundsätze den Abzug einer Verzinsung des eingesetzten Kapitals laut Steuerbilanz auf der Grundlage des Habenzinssatzes.

Diese Regelungen stellen eine Abweichung gegenüber der früheren Erlasslage dar. Nach Tz. 7.1.2 VG (a. F.) waren die tatsächlich entstandenen Kosten nach einer anerkannten Kostenrechnungsmethode zu ermitteln und nach einer anerkannten Rechnungslegungsmethode auf die leistungsbeziehenden Unternehmen zu verteilen. Insoweit ist festzustellen, dass anders als bisher nunmehr nicht auf die Kostenrechnung, sondern auf die Buchführung zurückgegriffen werden soll. Damit unvereinbar ist jedoch der Abzug von Zinsen auf das eingesetzte Eigenkapital. Nach unbestrittener Auffassung in der Kostenrechnungsliteratur[76] handelt es sich hierbei nicht um Aufwand, sondern um sog. Zusatzkosten, die dadurch charakterisiert sind, dass ihnen kein entsprechender Aufwand gegenüber steht. Diese Vermischung von unterschiedlichen Bereichen des betrieblichen Rechnungswesens führt in der Praxis zu erheblichen Problemen.

Bei Zugrundelegung der **Vereinfachungsfunktion** der Umlage dürfen sich keine Abweichungen beim Umfang des auf die Konzerneinheiten zu verteilenden Betrages ergeben, wenn lediglich aus Wirtschaftlichkeitsgründen auf eine Einzelabrechnung verzichtet wird, denn dieser Wechsel in der Abrechnungsmethodik vermag keine unterschiedlichen Ergebnisse zu rechtfertigen. Insoweit ist im Schätzwege dem Preis möglichst nahe zu kommen, der sich im Falle einer Einzelabrechnung ergeben hätte. Lässt sich hingegen der Gesamtpreis einer Transaktion[77] bestimmen,

---

[75] Vgl. z. B. die Übersicht zur deutschen Abkommenspraxis bei *Görl*, in: Vogel/Lehner (Hrsg.), DBA, 5. Aufl., München 2008, Art. 5 Rn. 33, 46, 74, 101, 129, 155 und 172 sowie *Fresch/Strunk*, in: Strunk/Kaminski/Köhler (Hrsg.), AStG/DBA, Art. 5 OECD-MA, Rz. 150 ff. (Dez. 2006).

[76] Vgl. statt vieler *Egger* in: Chmielewicz/Schweitzer (Hrsg.), Handwörterbuch des Rechnungswesens, Sp. 88 ff., der u. a. ausführt "... Ein Wertverbrauch, dem keine Ausgabe zugrunde liegt (z. B. Zinsen vom Eigenkapital als kalkulatorische Kosten), ist kein Aufwand".

[77] M. E. kann der Begriff der Transaktion definiert werden als: jede erwerbswirtschaftliche Tätigkeit, die auch von einem fremden Dritten als selbstständige Leistung angeboten oder empfangen werden könnte, insoweit verkehrsfähig ist, und Gegenstand eines schuldrechtlichen Vertrages sein kann, vgl. hierzu bereits Kaminski/Strunk, IStR 1999, 217 f.

nicht aber der Wert der einzelnen Funktionen,[78] dann besteht das Problem nicht in der Bewertung letzterer, sondern einerseits in der Preisbestimmung für die Transaktion und andererseits in deren Verteilung auf die einzelnen Funktionen. Wenn eine Bewertung der Transaktion möglich ist, stellt sich "lediglich" noch die Frage nach der Schlüsselung auf die Funktionen.

Aus dem Blickwinkel der Steuerplanung ist sich später möglicherweise ergebenden Änderungsnotwendigkeiten besonderes Gewicht beizumessen. Diese Notwendigkeit kann sich einmal aus Veränderungen in der Tätigkeit der leistungsempfangenden Gesellschaft ergeben. Infolge von veränderten (wirtschaftlichen) Situationen kann z. B. der Fall eintreten, dass es zu einer Weiterentwicklung einer bereits angebotenen Leistung kommt. Bei Anwendung der Poolungsfunktion sollte schon in der Abrechnungsmethodik die Grundlage gelegt werden, um die Poolpartner mit den Kosten für diese Weiterentwicklung belasten zu können. Auch organisatorische Veränderungen (z. B. die Einführung eines neuen oder verbesserten Abrechnungssystems) können entsprechende Anpassungsnotwendigkeiten auslösen. Solchen Entwicklungen sollte schon im Rahmen des Umlagevertrages Rechnung getragen werden, indem eine Definition von Anforderungen an ein solches System des Pools bzw. der für ihn tätig werdenden Unternehmen erfolgt. Dies ist sinnvoller als ein bestimmtes System vorzuschreiben. Andernfalls können aktuelle Entwicklungen eine Änderung des Konzernumlagevertrages erforderlich machen. Der dann entstehende Abstimmungsbedarf kann zu erheblichen Reibungsverlusten führen, so dass die Gefahr droht, die Flexibilität des Pools stark einzuschränken.

b) Abgrenzung der Umlagemasse

aa) Abgrenzung dem Grunde nach

(1) Auffassung der Finanzverwaltung

Wie die obigen Ausführungen bereits gezeigt haben, verlangt die deutsche Finanzverwaltung den Ansatz der "tatsächlichen direkten und indirekten" Aufwendungen,[79] die im Zusammenhang mit der Leistung stehen, korrigiert um die mit ihr verbundenen Erträge. Fraglich ist jedoch, was sich hinter diesen Begriffen verbirgt. Im Rahmen der Überarbeitung des Erlasses ist lediglich der Begriff "Kosten" durch "Aufwand" ersetzt worden, denn nach alter Auffassung der Finanzverwaltung waren sowohl die direkten als auch die indirekten Kosten anzusetzen.[80] Für diese Auffassung spricht auch, dass gem. Tz. 5.1.4 Nr. 4 der Umlagen-Verwaltungsgrundsätze eine "Auflistung des Gesamtaufwands nach Kostenstellen" erfolgen soll. Diese Daten lassen sich nicht aus der Buchführung, sondern nur aus der Kostenrechnung durch Anpassungs- und Aufteilungsrechnungen herleiten. Insoweit ist fraglich, ob die Differenzierung (in direkte und indirekte Kosten) auf den Aufwandsbegriff übertragen werden sollte. Bisher ist diese Unterscheidung weder im Schrifttum noch in der Praxis gebräuchlich, so dass neue Abgrenzungsprobleme entstehen.

---

[78] M. E. kann jede betriebliche Leistung Gegenstand einer Funktion sein, insbesondere ist es nicht erforderlich, dass diese auch von einem fremden Dritten auf einem Markt bezogen werden könnte, vgl. hierzu bereits *Kaminski/Strunk*, IStR 1999, 218.

[79] Für die Verrechnung von Aufwand Arbeitskreis *Außensteuerrecht beim Institut der Wirtschaftsprüfer*, in: Strunk/Wassermeyer/Kaminski (Hrsg.), Gedächtnisschrift für Dirk Krüger, 24

[80] *Böcker* (StBp 2008, 8 ff.) – als Vertreter der Finanzverwaltung – spricht durchgängig von Kostenumlagen und scheint, entgegen dem Wortlauts von Tz. 2 der Umlagenverwaltungsgrundsätze, – wie selbstverständlich – davon auszugehen, dass Kosten und keine Aufwendungen zu verrechnen sind. Im Einzelfall kann eine Verrechnung von Aufwendungen für den Steuerpflichtigen günstiger sein und es muss davon ausgegangen werden, dass das BMF-Schreiben eine Selbstbindung der Finanzverwaltung bewirkt.

(2) Eigene Auffassung

(a) Kritik an der Auffassung der Finanzverwaltung

Der von der Finanzverwaltung vorgenommene Wechsel von der Kostenrechnung (bisher: Vollkosten) zu der Finanzbuchhaltung (jetzt: Aufwendungen abzüglich Erträge) ist m. E. nicht sachgerecht. Aufwand ist der mit Hilfe von Ausgaben bewertete Verbrauch von Einsatzgütern einer Periode. Aus dem Ausdruck "... Aufwendungen, die im Zusammenhang mit der Leistung stehen ..." wird jedoch ersichtlich, dass ein Bezug zur zu bewertenden Leistung besteht. Final ist jedoch der Kostenbegriff. Hingegen umfasst der Aufwandsbegriff auch den neutralen Aufwand der dadurch charakterisiert ist, dass er entweder nicht im Zusammenhang mit der eigentlichen Unternehmenstätigkeit steht, bewertungsverschieden[81] oder periodenfremd ist. Insbesondere die Berücksichtigung des außerordentlichen Aufwands erweist sich als mit den Zielsetzungen der Umlagen-Verwaltungsgrundsätze nicht vereinbar, denn danach wären auch Beträge für Sachverhalte zu verrechnen, die mit der eigentlichen Pool-Aktivität nichts zu tun hätten.

Es ist fraglich, ob dies von der Finanzverwaltung gewollt war, oder ob auch zukünftig auf die Daten der Kostenrechnung zurückgegriffen werden kann. Hierfür sprechen der Zweckbezug, den die Finanzverwaltung verlangt, der Umstand, dass die Kalkulation von Unternehmen und die Ermittlung der Herstellungskosten auch auf der Grundlage der Kostenrechnung erfolgt und nicht mit Hilfe der Buchhaltung, und nicht zuletzt praktische Überlegungen: Die Daten der Kostenrechnung sind viel schneller verfügbar, als die der Finanzbuchhaltung, was insbesondere für die Bestimmung des eingesetzten Kapitals gilt. Gleichwohl verlangt die Finanzverwaltung eine Anpassung dieser Werte in der Weise, dass die Beträge eliminiert werden müssen, die steuerrechtlich nicht als Betriebsausgaben angesetzt werden dürfen. Die h. M. geht mittlerweile davon aus, dass trotz des insoweit eindeutig abweichenden Wortlauts der Umlage-Verwaltungsgrundsätze eine Verrechnung auf der Grundlage von Kosten zu erfolgen hat.[82]

(b) Im Fall des Einsatzes der Konzernumlage als Instrument zur Vereinfachung der Abrechnung

Wenn die Konzernumlage lediglich dazu dient, Schwierigkeiten bei der praktischen Ermittlung der zu verrechnenden Entgelte im Fall der Einzelabrechnung zu beseitigen, so bedeutet dies, dass es vom Ergebnis her keinen Unterschied machen darf, ob eine Einzelabrechnung durchgeführt wird – wenn sie denn möglich gewesen wäre – oder eine Verrechnung in Form der Umlage erfolgt.[83] Es sind also die "Kosten" (ggf. zzgl. Gewinnaufschlag) zu verrechnen, die im Fall der Einzelverrechnung in ihrer Summe entstanden wären, bzw. es hat die **Herleitung eines Fremdvergleichspreises** zu erfolgen, wenn ein solcher ermittelt werden kann.

(c) Im Fall der Pool-Beteiligung

In diesem Fall müssen die tatsächlich entstandenen Aufwendungen erfasst werden, die durch die Leistungserbringung veranlasst sind. Dabei ist unerheblich, bei wem diese ent-

---

[81] Abweichungen gegenüber der Kostenrechnung infolge handels- und/oder steuerrechtlicher Vorschriften.

[82] Vgl. *Becker* a. a. O. (oben Fn. 24), Tz. 2.1 VerwGrSUml. Anm. 3.

[83] Hiervon unabhängig ist die Frage, ob für solche Fälle zukünftig in der Abkommenspraxis entsprechende Regelungen vereinbart werden, die als "Method of last resort" zur Anwendung gelangen, wenn eine anderweitige Verrechnungspreisbestimmung nicht möglich ist, vgl. zu einem konkreten Vorschlag für eine solche Klausel *Kaminski*, Verrechnungspreisbestimmung bei fehlendem Fremdvergleichspreis, S. 431 ff.

Kaminski

stehen. Erbringt ein Poolmitglied eine Leistung, die vom Pool verwertet wird, so sind die hierfür entstandenen Aufwendungen ebenfalls anzusetzen. Unerheblich muss dabei sein, dass die Aufwendungen nicht beim Pool selbst, sondern bei einem anderen Unternehmen anfallen. Dies ergibt sich schon aus der Frage, in welcher **rechtlichen Gestalt** der Pool betrieben wird, und wie dieses Gebilde steuerrechtlich zu qualifizieren ist. Im Schrifttum ist vorgeschlagen worden, ihn als Non-profit-BGB-Gesellschaft zu behandeln.[84] Wenn hingegen dem Pool die Rechtsform einer Kapitalgesellschaft gegeben wird, er also rechtlich verselbstständigt wird, dann ist damit zugleich festgelegt, dass diese Gesellschaft zwingend auf Gewinnerzielung ausgerichtet ist.[85] Wird hingegen eine Leistung von einer Nicht-Pool-Gesellschaft bezogen, so ist hierfür – unabhängig von der Frage, ob eine Zugehörigkeit zum Konzern vorliegt – der Fremdvergleichspreis anzusetzen.[86]

I. d. R. kommt den verrechneten Entgelten nicht nur für steuerliche Zwecke Bedeutung zu, sondern sie sind auch für die **Führung und Kontrolle des Konzerns** relevant.[87] Durch die interne Leistungsverrechnung muss gewährleistet werden, dass die Leistung zu den Entgelten verrechnet wird, die dem Konzern hierfür tatsächlich entstanden sind. Dies schließt eine angemessene Verzinsung des eingesetzten Kapitals mit ein, was nach den steuerrechtlichen Gewinnermittlungsvorschriften grundsätzlich zu einem Gewinn führen muss. Das liegt darin begründet, dass betriebswirtschaftlich auf die Verzinsung des eingesetzten Kapitals abgestellt wird, während steuerrechtlich nur Fremdkapitalzinsen als Betriebsausgaben berücksichtigt werden dürfen. Wenn der Vorgabe der Umlagen-Verwaltungsgrundsätze zur Ermittlung der umzulegenden Aufwendungen gefolgt wird,[88] entsteht ein **steuerlicher Gewinn**, so dass die Qualifikation als Non-profit-BGB-Gesellschaft mit diesen Regelungen nicht vereinbar ist. Dessen ungeachtet handelt es sich beim Pool i. d. R. um eine BGB-Gesellschaft.

Unerheblich für die Verrechenbarkeit der Aufwendungen ist auch, ob das mit dem Mitteleinsatz angestrebte Ziel tatsächlich erreicht wird. Sie sind immer dann anzusetzen, wenn ein ordentlicher und gewissenhafter Geschäftsleiter die ihnen zugrunde liegende Leistung ebenfalls in Anspruch genommen hätte. Dies ergibt sich m. E. aus der Formulierung des Erlasses "... tatsächliche(n) ... Aufwendungen, die im Zusammenhang mit der erbrachten ... Leistung stehen"[89]. Damit erweisen sich die Aufwendungen als nicht verrechenbar, bei denen die Leistung lediglich infolge der gesellschaftsrechtlichen Stellung bezogen wurde, z. B. wenn die Muttergesellschaft den Pool aufgrund ihres Einflusses dazu veranlasst hat, eine bestimmte Leistung zu nutzen, die ein fremder Dritter an der Stelle des Pools nicht eingesetzt hätte.

---

[84] Vgl. *Raupach*, StuW 1990, 400 f.
[85] Vgl. die BFH-Urt. v. 19. 3. 1975, I R 137/73, BStBl 1975 II 752; v. 18. 9. 1974, I R 118/73, BStBl 1975 II 124; v. 17. 2. 1993, I R 3/92, BStBl 1993 II 457; v. 17. 10. 2001, I R 103/00, BStBl. II 2004, 171; v. 6. 4. 2005, I R 22/04, BFH/NV 2005, 1719. In diesen Entscheidungen hat der BFH es abgelehnt, dass eine Kapitalgesellschaft dauerhaft gewinnlos arbeiten kann.
[86] Vgl. Tz. 1.7 Umlagen-Verwaltungsgrundsätze a. a. O. (oben Fn. 8) unter Hinweis auf das BFH-Urt. v. 23. 6. 1993, I R 72/92, BStBl 1993 II 801.
[87] Eine Ausnahme besteht lediglich in den Fällen, in denen getrennte Abrechnungssysteme für steuerliche und interne Zwecke unterhalten werden.
[88] Vgl. Tz. 2.1 Umlagen-Verwaltungsgrundsätze a. a. O. (oben Fn. 8) und die Erläuterung unten unter B. II. 3. bb) (1).
[89] Tz. 2.1 Umlagen-Verwaltungsgrundsätze a. a. O. (oben Fn. 8).

Kaminski

(3) Anpassungsnotwendigkeit und deren steuerplanerische Implikationen

Aus dem Blickwinkel der Steuerplanung sollte möglichst rechtzeitig darauf geachtet werden, dass auch beim Umfang der einzubeziehenden Aufwendungen Änderungen Rechnung getragen werden kann. So kann möglicherweise eine Veränderung der Tätigkeit des Pools erforderlich werden. Wenn sich solche Modifikationen im Rahmen der normalen Tätigkeit des Konzerns bewegen, sollten sie möglich sein, ohne dass es zu grundlegenden Anpassungen des Konzernumlagevertrages kommt. Weitere Änderungsnotwendigkeiten können sich aus der Rechtsentwicklung in den Staaten der Poolpartner ergeben. Dies gilt insbesondere für die Frage der Abziehbarkeit der Betriebsausgaben und der evtl. zu erhebenden Quellensteuern. Es ist zwar möglich, eine Änderung des Poolvertrages vorzunehmen, doch wird sich diese Lösung oft als zu schwerfällig erweisen. Notwendig ist, dass alle Poolpartner der neuen Regelung zustimmen und dass deren Auswirkungen auf den Pool und alle leistungsempfangenden Gesellschaften vorher genau analysiert werden. Außerdem erweist es sich als sinnvoll, vorher den Konzernumlagevertrag mit den beteiligten Finanzverwaltungen abzustimmen.[90] Wenn dies geschieht, ist hierfür ein entsprechender zeitlicher Vorlauf erforderlich, denn eine solche Abstimmung müsste mit allen Staaten erfolgen, in denen eine leistungsempfangende Gesellschaft domiziliert. Sofern die Finanzverwaltung eines Staates Änderungen wünscht, müssen diese von den anderen Staaten "gegengeprüft" werden.

Sofern sich eine solche Anpassung nicht mehr im Rahmen des Umlagevertrages darstellen lässt, ist dieser zwingend zu ändern, denn anderenfalls werden die Staaten, die Teile der Umlagemasse als nicht abziehbare Betriebsausgabe behandeln, einen entsprechenden Abschlag von der Konzernumlage vornehmen. Dies hat zur Konsequenz, dass bei diesen Gesellschaften die entsprechenden Zahlungen letztlich aus dem versteuerten Einkommen zu leisten sind, denn der zivilrechtlich davon völlig unberührt bleibende Umlagevertrag zwingt die Gesellschaft, die entsprechenden Zahlungen an den Pool zu leisten. Dies ist auch sachgerecht, denn sonst würde das gesamte Konzept des Pools zur Disposition gestellt, indem er ein wirtschaftliches Risiko zu tragen hätte, was nach Auffassung der deutschen Finanzverwaltung gerade nicht der Fall sein soll.[91] Außerdem sollte überlegt werden, ob in den Umlagevertrag Regelungen für den Fall aufgenommen werden, dass sich die bei den beteiligten Pool-Partnern zum Zeitpunkt der Begründung des Pools vorhandenen Nutzenerwartungen als unerreichbar erweisen. Hier gilt es, zu prüfen, ob schon bei Abschluss des Vertrages Anpassungsregelungen berücksichtigt werden, um zu gewährleisten, dass die Anforderung der Finanzverwaltung für den erforderlichen Zusammenhang zwischen geleisteten Pool-Umlagen und empfangenen Nutzen gewahrt werden kann. Dabei kommt insbesondere der Frage große Bedeutung zu, welche Gesellschaft bei Anwendung des Poolkonzepts die Aufwendungen trägt, wenn bei einem Poolpartner der erwartete Nutzen sich zukünftig verringert und ihn infolgedessen auch nur eine niedrigere Umlage angelastet werden kann.

---

[90] In Tz. 8.22 der OECD-Guidelines wird darauf hingewiesen, dass ein "Informationsaustausch zwischen den Vertragspartnern, wechselseitig vertraglich geregelte Vorgehensweisen und bilaterale oder multilaterale Vorwegauskünfte" hilfreich sein können, um die Akzeptanz der Aufteilungsmethode zu erreichen.

[91] Dies ist auch die Begründung, warum nach Auffassung der deutschen Finanzverwaltung ein Gewinnaufschlag i. d. R. nicht erforderlich sein soll, vgl. hierzu unten unter B.II. bb) (2) cc).

Kaminski

bb) Abgrenzung der Höhe nach

(1) Auffassung der Finanzverwaltung

Der umzulegende Betrag ergibt sich auf der Grundlage der "tatsächlichen direkten und indirekten" Aufwendungen, die im wirtschaftlichen Zusammenhang mit der Leistung stehen. Dabei sollen die Rechnungslegungsvorschriften des Tätigkeitsstaats maßgeblich sein, in denen das Unternehmen die Leistung erbringt. Allerdings wird bei inländischen Leistungsempfängern dahingehend eine Korrektur vorgenommen, dass nur abzugsfähige Betriebsausgaben berücksichtigt werden dürfen. Unter der Voraussetzung der Anerkennung durch die Finanzverwaltungen der Staaten, in denen die Leistungen erbracht werden, kann zur Aufwandsermittlung auf die Rechnungslegungsvorschriften eines Staates oder die Vorgaben für die Aufstellung eines Konzernabschlusses zurückgegriffen werden. Außerdem können Zinsen auf das eingesetzte Eigenkapital berücksichtigt werden. Die Regelungen zum Vorteilsausgleich sollen nicht anwendbar sein.[92]

Die Aufwendungen sind um evtl. Erträge zu verringern, die beim Pool im Zusammenhang mit der Leistungserstellung entstanden sind. Da der Pool an seine Mitglieder nach Auffassung der deutschen Finanzverwaltung ausschließlich gegen Kostenerstattung (zzgl. Kapitalverzinsung) liefert, kann es sich hierbei lediglich um Erträge handeln, die aus Geschäften mit Nicht-Poolmitgliedern stammen.

(2) Eigene Auffassung

(a) Im Fall des Einsatzes der Konzernumlage als Instrument zur Vereinfachung der Abrechnung

Die Höhe der Umlage ergibt sich aus dem Betrag, der sich ergeben hätte, wenn eine Einzelabrechnung erfolgt wäre, denn entscheidend ist die **Ausrichtung am Markt** entsprechend dem Dealing-at-arm's-length-Prinzip. Hiervon kann nur abgewichen werden, wenn fremde Dritte bereit gewesen wären, im Fall des gemeinsamen Bezugs der Dienstleistungen (in Form eines Pakets) einen anderen Preis zu zahlen. Dieser kann höher als die Summe der Einzelpreise sein, wenn der fremde Dritte bereit gewesen wäre, für eine Lösung "aus einer Hand" einen höheren Preis zu zahlen. Niedriger wäre er hingegen, wenn der Dritte nur einen geringeren Preis bezahlt hätte.

(b) Im Fall der Pool-Beteiligung

Es müssen alle Kosten angesetzt werden, die durch die Erbringung der Dienstleistung durch den Pool oder auf seine Veranlassung hin entstehen. Welche Kosten dies im Einzelfall sind, hängt von der Art der zu erbringenden Dienstleistung ab. Grundsätzlich richtet sich der Umfang der einzubeziehenden Kosten – entgegen der Regelung in den Umlagen-Verwaltungsgrundsätzen – **nach kostenrechnerischen Überlegungen** und nicht etwa nach der Frage, was steuerlich als Betriebsausgabe anzuerkennen ist.[93] So hat z. B. eine Verrechnung von kalkulatorischen Abschreibungen auf der Basis von Wiederbeschaffungskosten zu erfolgen und nicht auf der Grundlage steuerrechtlicher Regelungen.[94] Dies liegt einerseits in der großen Änderungsanfälligkeit von steuerrechtlichen Vorschriften und zum anderen in den international sehr unterschiedlichen Gewinnermittlungsregelungen begrün-

---

[92] Hierzu zu Recht krit. Becker a. a. O. (oben Fn. 24); Tz. 2.1 VerwGrSUml. Anm. 20.
[93] So auch *Baumhoff*, IStR 2000, 701; a. A. offenbar *Oestreicher*, IStR 2000, 766.
[94] A. A. *Becker* a. a. O. (oben Fn. 24); Tz. 2.1 VerwGrSUml. Anm. 16, der einen Ansatz von kalkulatorischen Kosten nicht zulassen will.

Kaminski

det. Die Umlagen-Verwaltungsgrundsätze sehen vor, dass eine Berücksichtigung von Zinsen auf das Eigenkapital laut Steuerbilanz zu erfolgen hat.[95] Solche Zinsen werden im Rahmen der Buchführung jedoch nicht verrechnet. Eine gewisse Ähnlichkeit besteht allenfalls zu den kalkulatorischen Kosten, wie sie im Rahmen der Kostenrechnung berücksichtigt werden, wenngleich bei diesen regelmäßig nicht auf das Eigenkapital laut Steuerbilanz abgestellt wird. Insoweit kann dies als ein Indiz für die Verwendung von Kosten angesehen werden.[96] Damit verbunden ist die Frage, ob die verwendete Kostenrechnungsmethode angemessen ist. Dies gilt insbesondere für die Schätzung der Wiederbeschaffungskosten. Das Unternehmen sollte durch eine entsprechende Dokumentation mit Hilfe von Vergangenheitsdaten belegen können, dass die von ihm unterstellten Kostensteigerungen zum Zeitpunkt der Wiederbeschaffung der entsprechenden Anlagen auch tatsächlich eingetreten sind. Soweit ein solcher Nachweis geführt werden kann, sollte die Finanzverwaltung die Schätzung der Wiederbeschaffungskosten anerkennen.

Ob in die Umlage Ist-, Soll- oder Plankosten einzubeziehen sind, richtet sich nach dem Zeitpunkt der Verrechnung. Es ist möglich, eine regelmäßige (z. B. monatliche, vierteljährliche, nach Projektfortschritt) Abrechnung auf der Grundlage von Plankosten vorzunehmen. Allerdings wird dann in (regelmäßigen) Abständen (z. B. jährlich, nach Teilfertigstellung der Leistung) eine Abstimmung zwischen den Plan- und den Ist-Kosten vorzunehmen sein.[97] Sofern es sich bei den Plankosten um Obergrenzen handelt, also über diesen Betrag hinaus keine Erstattung vorgenommen wird, kann eine Abstimmung unterbleiben, wenn auch fremde Dritte eine solche "**Kostendeckelung**" vorgenommen hätten. Sofern aus Vereinfachungsgründen gewartet wird, bis die Ist-Kosten vorliegen, kann hierin – je nach Dauer des Projektes und Höhe des Betrages – ggf. eine zusätzliche Leistung (**Finanzierungsfunktion**) des Pools bzw. der die Leistung für den Pool erbringenden Gesellschaft liegen. Hierfür muss ein angemessenes Entgelt mit in die Umlage eingerechnet werden[98], so dass im Endergebnis die am Pool beteiligten Unternehmen und die die Leistung erbringende Gesellschaft wirtschaftlich so gestellt werden, als wären die Leistungen zeitnah abgerechnet worden.

Ein besonderes Problem kann dadurch entstehen, dass Konzernglieder in verschiedenen Teilen der Welt Leistungen für den Pool erbringen. Hier stellt sich dann häufig das Problem der **Währungsumrechnung**. M. E. hat eine Fakturierung wie unter fremden Dritten zu erfolgen. D. h. die Frage, wer bei Leistungen an den Pool das Währungsrisiko zu tragen hat, richtet sich danach, was fremde Dritte vereinbart hätten. Sofern sie dieses Risiko dem Abnehmer zuweisen würden, muss es der Pool tragen. Die daraus resultierenden Gewinne und Verluste verringern bzw. erhöhen den Betrag der umzulegenden Kosten. Entsprechendes gilt für evtl. ergriffene Kurssicherungsmaßnahmen, wenn unter fremden Dritten diese Kosten vom Abnehmer der Leistung übernommen worden wären.

Gem. Tz. 2.1 Abs. 2 Umlagen-Verwaltungsgrundsätze sollen Standortvorteile, die "mit den Aufwendungen (des Pools, der Verf.) in wirtschaftlichem Zusammenhang stehen, die umzulegenden Kosten verringern". Dies führt dazu, dass solche Vorteile anteilig allen am Pool beteiligten Gesellschaften zugute kommen. Auch wenn diese Vorgehensweise sachlich

---

[95] Vgl. Tz. 2.1 Umlagen-Verwaltungsgrundsätze a. a. O. (oben Fn. 8).
[96] Vgl. auch *Baumhoff*, IStR 2000, 700.
[97] So auch *Runge* a. a. O. (oben Fn. 30), S. 302.
[98] Für die Ermittlung dieser Zinsen sind die Grundsätze der Tz. 4 der VG heranzuziehen.

nicht gerechtfertigt ist,[99] ist der Steuerpflichtige gut beraten, sich rechtzeitig auf diese Auffassung der deutschen Finanzverwaltung einzustellen. Gem. Tz. 2.1 Abs. 2 Umlagen-Verwaltungsgrundsätze hat eine Bewertung von vom Pool-Mitgliedern erbrachten Sachleistungen an den Pool mit dem Wert zu erfolgen, der sich aus den entstandenen Aufwendungen ergibt. Bei bereits abgeschriebenen materiellen Wirtschaftsgütern ist auf den Verkehrswert zum Zeitpunkt der Überlassung und auf die Restnutzungsdauer abzustellen, während bei immateriellen Wirtschaftsgütern auf eine "angemessene Lizenzgebühr abzüglich des üblichen Gewinnanteils" zurückgegriffen werden soll. Diese Ungleichbehandlung ist nicht überzeugend, denn sie sieht im zuerst genannten Fall vor, auf eine Aufdeckung der stillen Reserven zu verzichten, während sie im zweiten Fall zwingend sein soll. Dies ist nicht nur rechtlich fragwürdig,[100] sondern auch wirtschaftlich vor dem Hintergrund des Fremdvergleichs nicht zu rechtfertigen. Sofern eine bestimmte Vereinbarung über das Tragen des Währungsrisikos nicht als fremdüblich angesehen werden kann, obliegt dem Steuerpflichtigen ein großer Gestaltungsspielraum, dem die Finanzverwaltung zu folgen hat, wenn sie nicht den Nachweis erbringen kann, dass unter fremden Dritten eine abweichende Tragung des Währungsrisikos üblich wäre.[101]

(3) **Anpassungsnotwendigkeit und deren steuerplanerische Implikationen**

Im Bereich der Steuerplanung gilt es sicherzustellen, dass, wenn während des Jahres eine Abrechnung auf der Basis von Plankosten erfolgt ist, in regelmäßigen Abständen (mindestens einmal jährlich) diese Plankosten und die auf deren Grundlage geleisteten Zahlungen den Ist-Kosten im Rahmen einer **Nachkalkulation** gegenüber gestellt werden und sich daraus ergebende Differenzen zwischen den Poolpartnern beglichen werden. Dies ist erforderlich, um sicherzustellen, dass einerseits der Pool sämtliche Kosten erstattet bekommt, die tatsächlich im Zusammenhang mit der Erbringung der Dienstleistung entstanden sind und andererseits den am Pool beteiligten Unternehmen nicht mehr Kosten in Rechnung gestellt werden, als tatsächlich angefallen sind.

cc) **Einbeziehung eines Gewinnaufschlags in die Umlage**

(1) **Auffassung der deutschen Finanzverwaltung**

Die Umlagen-Verwaltungsgrundsätze sehen in Tz. 2.2 vor, dass ein **Gewinnaufschlag** auf die umzulegenden Kosten **nicht erhoben** werden dürfe. Allerdings sei es möglich, eine angemessene Verzinsung des Eigenkapitals einzubeziehen. Diese Auffassung wird mit dem fehlenden unternehmerischen Risiko begründet. Ausnahmen sollen lediglich für sog. inländische Kontroll- und Koordinierungsstellen ausländischer Konzerne gelten. Hier ist ein angemessener Gewinnaufschlag möglich.[102]

---

[99] Vgl. hierzu und einer alternativ gebotenen Differenzierung in Standortvorteile, die poolspezifisch sind, und solche, die poolpartnerspezifisch sind, *Kuckhoff/Schreiber*, IStR 1998, 4; *dies.*, IStR 2000, 376; *Baumhoff*, IStR 2000, 704.

[100] So *auch Kuckhoff/Schreiber*, IStR 2000, 374.

[101] Im Ergebnis ähnlich *Baumhoff*, IStR 2000, 704.

[102] Vgl. Tz. 4 des BMF-Schr. v. 24. 12. 1999, IV B 4 S 1300 – 111/99, BStBl 1999 I 1076, das allerdings primär auf das Verhältnis zwischen der inländischen Betriebsstätte und dem ausländischen Stammhaus, die zugleich Mutter der übrigen Konzerngesellschaften ist, abstellt. Die ursprünglich im Erlass genannte Bandbreite von 5 bis 10 % wurde zwischenzeitlich durch eine verbale Vorgabe ersetzt.

Kaminski

(2) Auffassung der OECD

Obwohl die OECD am 24. und 25. Juni 1997 einen eigenständigen Teil ihrer "Guidelines" zu den Konzernumlagen verabschiedet hat,[103] gibt es dort **keine klare Aussage** zum Gewinnaufschlag. Offenbar waren die Auffassungen der Mitgliedstaaten so unterschiedlich, dass sich die Delegationen nicht auf eine einheitliche Vorgehensweise verständigen konnten.

(3) Auffassungen im Schrifttum

Eine Gruppe von Autoren[104] unterstützt den Standpunkt der Finanzverwaltung, mit der Begründung, dass im Rahmen der Konzernumlage die Erstattung sämtlicher Kosten erfolge und der Pool deshalb kein wirtschaftliches Risiko zu tragen habe. Damit bestehe für einen Gewinnaufschlag keine Veranlassung und keine Rechtfertigung. Die gegenteilige Auffassung[105] stützt sich auf folgende Argumentation: Ein Unternehmen habe stets das Ziel, Gewinne zu erwirtschaften. Dies gilt auch für den Fall der gemeinschaftlichen Leistungserstellung. Außerdem dürfe es zu keiner Ungleichbehandlung gegenüber dem Fall der Einzelabrechnung kommen, wo ein Arm's-length-Entgelt und damit ein Gewinnzuschlag unstreitig erforderlich sei. Wenn dies anders sei, habe der Steuerpflichtige praktisch ein Wahlrecht zur Einbeziehung eines Gewinnaufschlags, denn er müsse sich dann lediglich für die Einzelabrechnung entscheiden. Dies sei nicht sachgerecht. Beide Gruppen scheinen in etwa gleich stark zu sein, so dass von einer "herrschenden Meinung" wohl nicht gesprochen werden kann.

(4) Eigene Auffassung[106]

M. E. kann die Frage nach dem Gewinnaufschlag nicht von der nach dem Umfang der anzusetzenden Kosten getrennt werden. Dabei ist zwischen den beiden **unterschiedlichen Funktionen** der Konzernumlage zu unterscheiden.

(a) Im Fall des Einsatzes der Konzernumlage als Instrument zur Vereinfachung der Abrechnung

In diesem Fall wird – wie sonst auch in anderen Bereichen des Steuerrechts[107] – ausschließlich praktischen Erfordernissen Rechnung getragen, indem eine vereinfachte Abrechnungstechnik zugelassen wird. Dies rechtfertigt es jedoch nicht, Abweichungen im Ergebnis bzw. in der Methodik dessen Ermittlung zulassen zu wollen.[108] Mit anderen Worten: Es kann vom Ergebnis her im Großen und Ganzen über einen längeren Zeitraum hinweg kei-

---

[103] Chapter VIII der OECD Transfer Pricing Guidelines unter dem Titel: Cost Contribution Arrangements.

[104] Vgl. z. B. *Brezing*, Verrechnungsentgelte und Umlage zwischen Kapitalgesellschaften und ihren Gesellschaftern im Steuerrecht, S. 65 ff.; Debatin, RIW 1975, 604; *Neubauer*, JbFStR 1974/75, S. 289 ff.; *Kuckhoff/Schreiber*, IStR 1998, 3 für den Bereich Forschung und Entwicklung und *Runge*, Intertax 1997, 83, wenn die leistende Gesellschaft Poolpartner ist.

[105] Vertreten z. B. von *Kumpf*, Ermittlung steuerlicher Entgelte zur Verrechnung des internen Leistungsverkehrs im internationalen Konzern, S. 256 f.; *Krüger*, Steuerökonomische Analyse der Verrechnungspreise internationaler Unternehmen, S. 148; *Schiffer*, DB 1978, 902 ff.; *Engel*, Konzerntransferpreise im internationalen Steuerrecht, S. 200 ff.; *Raudszus*, RIW 1986, 37 ff.; *Niehues*, RIW 1988, 808; *Roser*, FR 1989, 41; *Scheffler*, zfbf 1991, 471 ff.; *Piltz* in: Schaumburg (Hrsg.), Internationale Verrechnungspreise zwischen Kapitalgesellschaften, S. 66 ff.; *Schröder* in: Schröder/Muuss (Hrsg.), Handbuch der steuerlichen Betriebsprüfung, S. 10 f.; *Engler* a. a. O. (oben Fn. 48), Rn. O 255 und *Kuckhoff/Schreiber*, IStR 1998, 3.

[106] Vgl. hierzu auch *Stock/Kaminski*, IStR 1998, 8 ff.

[107] Erinnert sei in diesem Zusammenhang nur an die Verbrauchsfolge-, Sammel- und Gruppenbewertungsverfahren aus dem Bereich des Bilanz(steuer)rechts.

[108] Im Ergebnis ebenso *Raupach*, StuW 1990, 398.

nen Unterschied machen, ob von der "**Vereinfachungsmöglichkeit Konzernumlage**" Gebrauch gemacht wird oder nicht, denn sonst wäre eine der Vorgehensweisen von vornherein wirtschaftlich benachteiligt. Da im Fall der Einzelabrechnung der Fremdvergleichspreis zur Anwendung gelangt, muss auch in die Konzernumlage ein Gewinnaufschlag einbezogen werden.

(b) Im Fall der Pool-Beteiligung

Im Ergebnis führt die Auffassung der Finanzverwaltung dazu, dass die Leistungen, die die einzelnen Mitglieder für den Pool erbringen mit den dafür entstandenen Aufwendungen abgegolten werden und alle Mitglieder an den Ergebnissen des Pools teilhaben. In dieser Konstellation hat die Finanzverwaltung m. E. übersehen, dass es keine Motivation für eine Gesellschaft gibt, Leistungen für den Pool zu erbringen oder eine eigene Abteilung als Pool tätig werden zu lassen. Ein ordentlicher und gewissenhafter Geschäftsleiter müsste schlicht warten, bis sich ein anderes Konzernunternehmen bereit erklärt, die Leistung für den Pool bzw. dessen Rolle zu übernehmen. Er könnte dann dessen Vorteile nutzen, ohne selbst tätig werden zu müssen (sog. **Trittbrettfahren**). Wenn nun jedes Konzernunternehmen von einem ordentlichen und gewissenhaften Geschäftsleiter geführt wird,[109] würde jeder darauf warten, dass jeweils einer der anderen für den bzw. als Pool tätig wird, ohne dass dies tatsächlich geschieht. Die Leistung wird im Ergebnis nicht erbracht, obwohl sie für alle potentiellen Poolunternehmen wünschenswert wäre.

Wenn aber die Konzernmutter einem Unternehmen des Verbundes die Weisung erteilt, für den Pool bzw. als Pool tätig zu werden, umso das eben geschilderte "**Abwartedilemma**" zu durchbrechen, dann würde ein ordentlicher und gewissenhafter Geschäftsleiter einer solchen Aufforderung nur folgen, wenn er daraus einen Vorteil erlangt, der über das hinaus geht, was er ohnehin (also auch ohne sein Tätigwerden) erhalten hätte. Dies wäre aber – folgt man der Auffassung der Finanzverwaltung – nicht der Fall. Er erzielte lediglich exakt das, was er auch als "passives" Poolmitglied bekäme. Das bedeutet, dass, wenn er dennoch der Aufforderung der Konzernmutter folgt, dies ausschließlich durch das Gesellschaftsverhältnis veranlasst wäre. Die Finanzverwaltung müsste dann entsprechend ihrer allgemeinen Grundsätze eine Korrektur der Einkünfte vornehmen. Gegen diese Auffassung spricht nicht, dass die Möglichkeit besteht, die Gesellschaft von der "Nutzung" der Leistung des Pools auszuschließen und damit eine ausreichende Motivation geschaffen wird. Ausschlaggebend hierfür ist, dass bei etlichen Dienstleistungen eine solche Möglichkeit nicht besteht (etwa bei Werbeleistungen, die für den gesamten Unternehmensverbund erbracht werden). In diesen Fällen profitiert eine Gesellschaft immer von den erbrachten Leistungen, so dass auch eine Vergütung geboten ist.

Mittelfristig ist auch die Einbeziehung einer Eigenkapitalverzinsung nicht ausreichend, um dauerhaft sicherzustellen, dass ein Unternehmen als Pool bzw. für den Pool tätig wird.[110] Dies ist m. E. nur dann der Fall, wenn neben der Erstattung der Aufwendungen ein Gewinnaufschlag berücksichtigt wird. Wie hoch dieser ist, richtet sich danach, welchen Gewinn das Unternehmen – über die bereits abgegoltene Verzinsung des eingesetzten Eigenkapitals hinaus – bei einer alternativen Verwendung der vorhandenen Kapazitäten, also dem Angebot auf dem freien Markt, erzielt hätte. Diese "**Opportunitätsgewinne**" müs-

---

[109] Entsprechend der Theorie der Verdoppelung des ordentlichen und gewissenhaften Geschäftsleiters, vgl. hierzu grundlegend *Flick*, JbFStR 1981/82, S. 135 sowie nunmehr § 1 Abs. 1 Satz 2 Hs. 2 AStG.

[110] Vgl. zur Begründung *Stock/Kaminski*, IStR 1998, 9 f.

sen auf Dauer ersetzt werden. Hier ist aus Gründen der Praktikabilität eine Pauschalierung i. S. einer längerfristigen Durchschnittsbetrachtung sinnvoll und wünschenswert. Ob die Finanzverwaltung einer solchen Vorgehensweise folgen wird, erscheint zweifelhaft. Dies ändert jedoch nichts an der Tatsache, dass ein fremder Dritter nur dann bereit sein wird, für einen anderen (hier: die übrigen Mitglieder des Konzerns) tätig zu werden, wenn diese ihm wenigstens das anbieten, was er bei einem alternativen Einsatz der vorhandenen Kapazitäten hätte erzielen können.[111] Dies ist letztlich nichts anderes, als die Anwendung des Arm's-length-Grundsatzes auf den Bereich der Konzernumlagen.

Bei diesen Überlegungen darf nicht übersehen werden, dass das Poolkonzept nur den Fall betrifft, dass sich die Unternehmen tatsächlich entsprechend verhalten und ihre Aktivitäten in diesem Bereich im Pool "bündeln", der insbesondere eine entsprechende Rechtsform aufweist. Wenn sie hingegen (z. B. aus Haftungsgründen) in eine Kapitalgesellschaft eingebracht werden, stellt sich die Frage der Konzernumlage nur in ihrer Vereinfachungsfunktion. Die Poolungsfunktion ist nicht anwendbar, weil eine Leistungsabrechnung zu Fremdvergleichspreisen zu erfolgen hat.[112] Dabei ist davon auszugehen, dass auch die Pool-Gesellschaft von einem ordentlichen und gewissenhaften Geschäftsleiter geführt wird, der – wie jeder andere ordentliche und gewissenhafte Geschäftsleiter – verpflichtet ist, für seine Gesellschaft das zu verlangen, "was der Markt hergibt".[113] Auch die Rechtsprechung folgt für den – etwas anders gelagerten – Fall der inländischen Vertriebstochtergesellschaft eines ausländischen Konzerns dieser Linie.[114]

(5) Steuerplanerische Implikationen

Aus dem Blickwinkel der Steuerplanung heraus erweist es sich als problematisch, dass nicht nur die Auffassungen über die Einbeziehung eines Gewinnaufschlages zwischen den Staaten sehr unterschiedlich sind, sondern dass die OECD sich in ihrer Richtlinie hierzu nicht klar äußert. Damit fehlt die Grundlage, um eine internationale Harmonisierung herbeizuführen. Aus Sicht der Unternehmen resultiert aus diesen unterschiedlichen Auffassungen die Gefahr von Doppelbesteuerungen, denn wenn der Pool-Staat die Verrechnung eines Gewinnaufschlages an die Poolmitglieder zwingend verlangt, einzelne dieser Staaten einen solchen Zuschlag jedoch nicht zulassen, droht eine Doppelbesteuerung. Hier kann es sich im DBA-Fall anbieten, schon frühzeitig ein Verständigungsverfahren einzuleiten. Allerdings erfordert dieses Verfahren eine erhebliche Mitwirkung des Steuerpflichtigen (insbesondere die Offenlegung von umfangreichen Informationen). Es besteht kein Einigungszwang[115] und es ist nicht sichergestellt, dass sich die Finanzverwaltungen am Ende auf die

---

[111] Die Verwaltungsgrundsätze fordern in Tz. 2.1.8 die Geschäftsleitung des steuerpflichtigen Unternehmens auf, die Eigeninteressen dieses Unternehmens gegenüber Nahestehenden und dem Konzernganzen in der gleichen Weise zu wahren, wie sie dies gegenüber Dritten täten. Nichts anderes geschieht hier.

[112] Auch *Raupach* (StuW 1990, 401) weist unter Bezugnahme auf die BFH-Urt. v. 19. 3. 1975 (I R 137/73, BStBl 1975 II 752) und v. 18. 9. 1974 (I R 118/73, BStBl 1975 II 124) darauf hin, dass bei Kapitalgesellschaften die Gewinnlosigkeit nicht anerkannt wird.

[113] *Piltz*, a. a. O. (oben Fn. 105), S. 67.

[114] Vgl. BFH-Urt. v. 17. 2. 1993, I R 3/92, BStBl 1993 II 457 und zur Kritik hieran z. B. *Sieker*, BB 1993, 2424 ff.; *Dahnke*, IStR 1996, 582 ff.; *Becker*, IWB F. 3 Gr. 1 S. 1339 ff. und *Kaminski* in: Grotherr/Herfort/Strunk (Hrsg.), Internationales Steuerrecht, S. 299 ff. sowie die BFH-Urt. v. 17. 10. 2001, I R 103/00, BStBl. II 2004, 171 und v. 6. 4. 2005, I R 22/04, BFH/NV 2005, 1719.

[115] Etwas anderes kann sich aufgrund der Schiedsverfahrenskonvention der EU ergeben, sowie aufgrund möglicherweise abweichender Regelungen in den DBA ergeben. Vgl. hierzu *Krabbe* in: Fischer (Hrsg.),

für das Unternehmen günstigste Lösung verständigen. Dies zeigt, wie problematisch aus Sicht der betroffenen Unternehmen die – immer stärker zunehmende – Vorgehensweise der OECD ist, Punkte, über die eine Verständigung nicht erzielt werden kann, aus den Richtlinien auszuklammern.[116]

Insoweit können sich u. U. Auswirkungen auf die **Standortwahl** für den Pool ergeben. Indem von vornherein gezielt geprüft wird, inwieweit eine Verständigung mit dem Poolstaat möglich ist und diese im Idealfall von den ausländischen Finanzverwaltungen anerkannt wird, ließen sich diese Probleme lösen.

c) Herleitung eines Umlageschlüssels

Gem. Tz. 5.1.1 Umlagen-Verwaltungsgrundsätze muss im Konzernumlagevertrag ein Umlageschlüssel enthalten sein. Es ist der Schlüssel anzuwenden, der im Einzelfall "der sachgerechteste"[117] ist. Liegen mehrere gleichwertige Schlüssel vor, hat der Geschäftsleiter ein Wahlrecht. Als mögliche Schlüssel werden in Tz. 3.2 ausdrücklich folgende Größen genannt, wobei auch Kombinationen von Schlüsseln möglich sind:[118]

- eingesetzte, hergestellte, verkaufte oder zu erwartende Einheiten einer Produktlinie,
- Materialaufwand,
- Maschinenstunden,
- die Zahl der Arbeitnehmer,
- die Lohnsumme,
- die Wertschöpfung,
- das investierte Kapital,
- der Betriebsgewinn und
- der Umsatz.

Im Ergebnis wird damit eine Aufteilung der Aufwendungen des Pools nach Maßgabe der Nutzung der von ihm erbrachten Leistungen vorgesehen.[119] Durch umfangreiche Vorgaben zur Dokumentation[120] wird sichergestellt, dass der Steuerpflichtige sowohl den erwarteten als auch den erzielten Nutzen dokumentiert. Auch wenn eine Definition des "Nutzen" im BMF-Schreiben fehlt, kann davon ausgegangen werden, dass hierunter die Inanspruchnahme der Leistungen aus dem Umlagevertrag durch die einzelne Gesellschaft verstanden wird.

Außerdem werden von der Finanzverwaltung sog. "**Package-Deals**" abgelehnt.[121] Hierunter wird die Zusammenfassung von verwaltungsbezogenen Dienstleistungen und solchen aus anderen Bereichen verstanden, für die ebenfalls eine Umlage vereinbart wurde. Stattdessen hat eine gesonderte Verrechnung zu erfolgen, was nicht ausschließt, dass mehrere Konzernumlagen

---

Auswirkungen des EU-Rechts auf grenzüberschreitende Geschäftsaktivitäten deutscher Unternehmen, S. 74 ff.

[116] Krit. hierzu auch *Borstell*, in: Vögele/Borstell/Engler, Handbuch der Verrechnungspreise, 2. Aufl., München 2004, Tz. B 181.
[117] Tz. 3.2 Umlagen-Verwaltungsgrundsätze a. a. O. (oben Fn. 8).
[118] Vgl. Tz. 3.2 Umlagen-Verwaltungsgrundsätze a. a. O. (oben Fn. 8).
[119] Vgl. zu Ansätzen zur Konkretisierung des erwarteten Nutzens *Ditz*, DB 2004, 1949 ff.
[120] Vgl. Tz. 5.1.3 und 5.1.4 Umlagen-Verwaltungsgrundsätze a. a. O. (oben Fn. 8).
[121] Vgl. Tz. 2.1 Umlagen-Verwaltungsgrundsätze a. a. O. (oben Fn. 8).

Kaminski

nebeneinander vereinbart werden; ein Vorteilsausgleich mit anderen Lieferungen und Leistungen soll nicht möglich sein.

M. E. ist die Auffassung der Finanzverwaltung zutreffend. Sie führt zu einer verursachungsgerechten Zuordnung der Aufwendungen zu den leistungsempfangenden Gesellschaften und steht damit in Übereinstimmung mit den betriebswirtschaftlichen Grundsätzen, die eine **verursachungsgerechte Zuordnung** der Kosten gebieten. Allerdings kann die so gewonnene Größe nicht als Grundlage für betriebswirtschaftliche Entscheidungen (z. B. für die Frage der Selbststellung oder des Fremdbezugs der Dienstleistung) herangezogen werden, weil dafür der Ansatz von Kosten und nicht von Aufwendungen erforderlich wäre. Die verursachungsgerechte Zuordnung der Aufwendungen kann es notwendig machen, dass der Abrechnungsschlüssel regelmäßig überprüft und ggf. angepasst wird. Wie oben bereits angedeutet, ergibt sich diese Notwendigkeit schon aus betriebswirtschaftlichen Überlegungen. Deshalb kann es sinnvoll sein, im Rahmen des Umlagevertrages bestimmte Überprüfungszeitpunkte festzulegen, an denen jeweils der gesamte Vertrag kontrolliert und ggf. aktualisiert wird. Auch kann in den Umlagevertrag eine "**Öffnungsklausel**" aufgenommen werden, nach der die Vertragsparteien die Möglichkeit erhalten, in gegenseitigem Einvernehmen auf einen anderen Umlageschlüssel zu wechseln, wenn sich dies betriebswirtschaftlich als erforderlich erweist. Eine Schlüsselung auf der Grundlage von **Umsätzen mit fremden Dritten** sollte m. E. in Zukunft häufiger möglich sein, denn hier ist eine Manipulierbarkeit ausgeschlossen und letztlich geht die umzulegende Leistung in das am Markt abzusetzende Produkt ein. Allerdings besteht ein Problem darin, dass unklar bleibt, wann ein solcher "Nutzen" gegeben ist und wie dieser zu messen ist. Dies ist regelmäßig nur sehr schwierig möglich, wobei ggf. noch eine ordinale Reihung möglich sein mag, hingegen eine kardinale Bestimmung regelmäßig unmöglich sein wird, weil dies eine Quantifizierbarkeit von Nutzenvorstellungen voraussetzt, die regelmäßig nicht erfolgen kann. Zwar lassen sich unterschiedliche Methoden zur Nutzenbestimmung herleiten[122], doch ist bisher noch unklar, inwieweit solchen Ansätzen durch die Finanzverwaltung gefolgt wird. Insoweit erscheint es vor dem Hintergrund der Wahrscheinlichkeit der Anerkennung durch die Betriebsprüfung sinnvoller, auf die im Erlass beispielhaft genannten Aufteilungsschlüssel abzustellen.

4. Abrechnungsmodalitäten

Zu den Abrechnungsmodalitäten gehört insbesondere auch die Frage, ob Vorauszahlungen zu leisten sind. Durch die Festsetzung entsprechender Zahlungen kann die **Finanzierung** der Aktivitäten erfolgen. Wird hierauf verzichtet, ergibt sich i. d. R. die Notwendigkeit, für eine entsprechende Finanzausstattung der leistungserbringenden Gesellschaft zu sorgen. Dies kann entweder über Eigenkapital oder über eine (ggf. von den Gesellschaftern abgesicherte) Darlehensaufnahme geschehen. Hierfür entstehende Kosten sind in die Umlagemasse mit einzubeziehen. Außerdem muss geregelt werden, in welcher Währung und zu welchen Zeitpunkten die Zahlungen an die leistungserbringende Gesellschaft erfolgen. Schließlich sollte eine Regelung für den Fall aufgenommen werden, dass ein leistungsempfangendes Unternehmen seinen Verpflichtungen aus dem Konzernumlagevertrag nicht oder nur verspätet nachkommt. Dies gilt insbesondere, wenn auch konzernfremde Gesellschaften oder solche – mit Gesellschaftern außerhalb des Konzerns – Partner des Umlagevertrages sind.

Unter dem Gesichtspunkt der Steuerplanung gilt es, im Rahmen des Rechnungswesens des Pools bzw. der für ihn Leistungen erbringenden Gesellschaften die abrechnungstechnischen Voraussetzungen zu schaffen, um einerseits die Inanspruchnahme von Leistungen durch die

---

[122] Vgl. *Vögele/Scholz*, IStR 2000, 557 ff.

Kaminski

einzelnen Gesellschaften aufzeichnen zu können. Andererseits muss dafür gesorgt werden, dass in bestimmten Abständen die tatsächlich in Anspruch genommenen Leistungen und die hierfür gezahlten Entgelte abgeglichen werden. Ferner muss eine Abstimmung zwischen den geleisteten Vorauszahlungen und den tatsächlich entstandenen Zahlungsverpflichtungen der einzelnen Gesellschaften (ggf. unter Berücksichtigung von Leistungen, die diese Gesellschaft an die leistungserbringende Gesellschaft als Vorleistung erbracht hat) regelmäßig vorgesehen sein. Wie bei allen Verträgen zwischen nahe stehenden Personen ist nicht nur wichtig, dass für eine ausreichende Dokumentation gesorgt wird, sondern auch, dass entsprechend den getroffenen Vereinbarungen tatsächlich verfahren wird. Ist dies nicht der Fall, besteht die Gefahr, dass die Finanzverwaltung dem Vertrag die steuerliche Anerkennung mangels tatsächlicher Durchführung versagt und die Konzernumlagen vom Abzug als Betriebsausgaben ausschließt.

5. Anrechnung von erbrachten Leistungen

Gem. Tz. 2.1 der Umlagen-Verwaltungsgrundsätze sind die Aufwendungen um die Erträge zu kürzen, die in einem wirtschaftlichen Zusammenhang mit diesen stehen. Dies gilt insbesondere für den Fall, dass Lizenzeinnahmen für ein durch den Pool geschaffenes, immaterielles Wirtschaftsgut erzielt werden. Dadurch wird erreicht, dass, eine Kostenstelle, die eigentlich nur für den Pool tätig werden sollte, bei Leistungen, die sie auch gegenüber fremden Dritten erbringt, diese nicht dem Pool "berechnet". Der Pool soll um diese Aufwendungen entlastet werden. Eine solche Regelung ist vor dem Hintergrund der verursachungsgerechten Aufwandszuordnung grundsätzlich sachgerecht. Allerdings geht sie über das eigentliche Ziel hinaus. Erforderlich wäre lediglich eine **Kürzung um die Kosten**, die auf diese Leistungen entfallen, denn der Gewinn müsste dem leistungserstellenden Unternehmen verbleiben.[123] Gem. Tz. 5.1.2 Umlagen-Verwaltungsgrundsätze muss eine entsprechende Dokumentation der Aufwendungen als auch der Erträge, die im Zusammenhang mit dem Umlagevertrag entstehen, erfolgen.

M. E. ist davon auszugehen, dass in den Fällen, in denen ein Poolmitglied eine Leistung, die eigentlich vom Pool erbracht werden soll, nicht von diesem bezogen hat, ein Leistungsbezug vom Pool fingiert wird. Die tatsächlich entstandenen Aufwendungen für den Leistungsbezug vom Dritten sind in die umzulegenden Beträge einzubeziehen. Diesbezügliche Regelungen im Konzernumlagevertrag sind einerseits erforderlich, um bei den beteiligten Konzerngesellschaften nicht den Eindruck entstehen zu lassen, dass andere Gesellschaften im Rahmen der Umlage bevorzugt würden. Dies könnte erhebliche Nachteile für die Motivation der Gesellschaften und ihrer Einstellung gegenüber der Konzernmutter nach sich ziehen. Außerdem sind diese Regelungen erforderlich, um auch gegenüber den beteiligten Finanzverwaltungen klare und im Voraus getroffene Regelungen vorweisen zu können, um damit die steuerliche Anerkennung sicherzustellen. Dabei sollten die Regelungen bewusst weit gefasst werden, etwa derart, dass sich das leistungserbringende Unternehmen verpflichtet, alle von anderen Konzerngesellschaften in Anspruch genommenen Leistungen zum **Fremdvergleichspreis** zu vergüten. Dies hat den Vorteil, dass auch für den Fall Regelungen vorhanden sind, in welchem die leistungserbringende Gesellschaft Leistungen von Gesellschaften in Anspruch nimmt, bei denen dies ursprünglich gar nicht geplant war, aber aufgrund aktueller Entwicklungen (z. B. vollständige Kapazitätsauslastung bei der ursprünglich als "Lieferant" vorgesehenen Gesellschaft) erforderlich wird.

Sofern andere Gesellschaften, die ebenfalls zum Konzern gehören, jedoch nicht an dem Pool beteiligt sind, an diesen Waren oder Dienstleistungen liefern bzw. erbringen, gelten für deren

---

[123] Ebenso *Engler* a. a. O. (oben Fn. 48), Rn. O 308.

Abrechnung die allgemeinen Grundsätze der konzerninternen Leistungsverrechnung. Es ist der Fremdvergleichspreis anzusetzen.[124]

6. Eintritts- und Austrittsregelungen

Schließlich sollten im Umlagevertrag Regelungen für den Fall getroffen werden, dass sich einzelne Gesellschaften nicht mehr an der gemeinschaftlichen Leistungserstellung durch den Pool beteiligen wollen oder neue Gesellschaften zukünftig daran partizipieren.[125] Dies gilt insbesondere, wenn der Konzern plant, weitere Gesellschaften zu gründen oder zu erwerben und diese die im Wege der Umlage verrechneten Leistungen sinnvoll in Anspruch nehmen können. Dabei ist jedoch – wie bei der Einführung einer Leistungsverrechnung im Wege der Umlage allgemein – damit zu rechnen, dass zumindest eine der beteiligten Finanzverwaltungen die Frage aufwirft, warum nicht schon früher eine entsprechende Leistungsverrechnung vorgenommen wurde. Dies könnte dazu führen, dass das Unternehmen begründen muss, dass sowohl die **bisherigen Verrechnungspreisgestaltungen** (im Wege der Einzelabrechnung) dem Fremdvergleichsgrundsatz entsprochen haben, als auch der erfolgte Wechsel zur Konzernumlage wirtschaftlich begründet ist. Dies wird i. d. R. nur dann gelingen, wenn es für den Wechsel betriebswirtschaftliche Argumente gibt. Eine solche Begründung wird im Bereich der verwaltungsbezogenen Dienstleistungen regelmäßig schwerer möglich sein, als im Bereich Forschung und Entwicklung. Wenn jedoch alles beim Alten geblieben ist, wird eine Begründung für die Poolungsfunktion i. d. R. nicht möglich sein, denn diese setzt zwingend entsprechende gesellschaftsrechtliche Gestaltungen voraus.[126]

Vergleichbare Gefahren drohen beim Austritt aus bzw. bei der Kündigung des Umlagevertrags. Hier können die in den vergangenen Jahren verrechneten Umlagen von der Finanzverwaltung schon dem Grunde nach in Frage gestellt werden. Es ist Aufgabe der Steuerplanung dafür zu sorgen, dass durch stichhaltige betriebswirtschaftliche Argumente klar wird, dass diese Änderung nicht aufgrund von Steuerminimierungsüberlegungen erfolgt, sondern wirtschaftlich motiviert ist.

Ferner sollten auch Regelungen getroffen werden, ob **Ein- bzw. Austrittsgelder** zu entrichten sind. Hier geht es einmal um die Frage, ob überhaupt solche Entgelte zu vereinbaren sind und wenn ja, wie diese zu berechnen sind. M. E. sind sie zwingend erforderlich, denn ein neu eintretendes Unternehmen muss einen Ausgleich dafür bezahlen, dass es sich bisher nicht an den bis dato aufgewendeten Kosten für die Schaffung der Voraussetzungen zur Erbringung der Dienstleistung beteiligt hat.[127] Da eine Leistungsverrechnung nach Auffassung der deutschen Finanzverwaltung ausschließlich auf dem Wege der Aufwandsverteilung zu erfolgen hat, scheiden unterschiedlich hohe Entgelte für die laufende Inanspruchnahme der Leistung als Kompensation für diese Vorleistungen der übrigen Gesellschaften aus. Entsprechendes gilt auch für das ausscheidende Unternehmen. Es hat Aufwendungen getragen, die beim Pool entstanden sind. Dies ist in der Erwartung geschehen, hierfür (später) eine Gegenleistung in Form der Dienstleistungen des Pools zu erhalten. Wenn die Gesellschaft aus dem Pool ausscheidet, fällt diese Möglichkeit weg.

---

[124] Vgl. Tz. 1.7 Umlagen-Verwaltungsgrundsätze a. a. O. (oben Fn. 8).

[125] Wird hingegen die Umlage in ihrer Vereinfachungsfunktion eingesetzt, ist auf eine solche Regelung zu verzichten.

[126] Vgl. dazu bereits oben unter B. III. 3. b) ba) (2) cc).

[127] Ähnlich nunmehr die Finanzverwaltung in Tz. 4.1 und 4.2 der Umlagen-Verwaltungsgrundsätze a. a. O. (oben Fn. 8). Allerdings sollen bei verwaltungsbezogenen Leistungen Eintrittszahlungen "regelmäßig" nicht in Betracht kommen.

Kaminski

Ein fremder Dritter würde hierauf aber nur verzichten, wenn er hierfür ein entsprechendes Entgelt erhielte. Dabei wird allerdings unterstellt, dass mit den bisher übernommenen Kosten ein tatsächlicher Gegenwert geschaffen wurde. Nur insoweit wäre ein fremder Dritter bereit, ein Entgelt für die Teilnahme zu bezahlen, als er sich davon einen Vorteil verspräche. D. h., dass Aufwendungen, die entstanden sind, weil der Pool erst eine ganz andere Aufgabe übernehmen sollte, sind nicht zu erstatten. Anders sieht die Situation bei den Kosten aus, die durch die Erprobung eines Verfahrens verursacht sind, das sich im Nachhinein als nicht geeignet erwiesen hat. In diesem Fall kann die Erkenntnis, dass das ursprünglich vorgesehene Verfahren nicht durchführbar ist, durchaus eine entgeltfähige Tatsache darstellen.

Als besonders problematisch erweist sich die Frage nach der **Bewertung**. Einerseits sollte hierüber möglichst im Voraus eine Vereinbarung getroffen werden, um die steuerliche Anerkennung sicherzustellen, andererseits ist die Herleitung von Bewertungsmaßstäben außerordentlich schwierig. Fremdvergleichspreise werden sich nur in Ausnahmefällen bestimmen lassen. Insoweit verbleibt nur ein Rückgriff auf die **Kostenaufschlagsmethode**. Dabei ist jedoch danach zu differenzieren, welche Aufwendungen ein ordentlicher und gewissenhafter Geschäftsleiter in einer vergleichbaren Situation als erforderlich angesehen hätte. Diese Kosten müssen erstattet werden, wobei entsprechend den allgemeinen Grundsätzen[128] der Kostenaufschlagsmethode auch ein Gewinnaufschlag mit einzubeziehen ist.

7. Informations- und Prüfungsrechte

Durch die Steuerplanung muss gewährleistet werden, dass die von den Finanzverwaltungen der involvierten Staaten verlangten Dokumentationen erstellt werden können und auch tatsächlich erstellt werden. Dabei darf nicht nur eine Ausrichtung an den Vorgaben der deutschen Finanzverwaltung oder denen der OECD erfolgen, sondern die jeweils **strengsten Vorgaben** bestimmen die zu erfüllenden Anforderungen. Sofern diese Anforderungen im Zeitablauf geändert werden, hat ggf. eine Anpassung des Dokumentationssystems zu erfolgen. Infolge des BFH-Beschlusses vom 17. Mai 2001[129] und dem sich hieran anschließenden BFH-Urt. v. 17. 10. 2001[130] ist die Frage aufgeworfen, inwieweit die umfangreichen Dokumentationsanforderungen in Tz. 5 der Umlagen-Verwaltungsgrundsätze eine Rechtsgrundlage haben.[131] M. E. ist dies der Fall. Ausgangspunkt dieser Überlegungen ist, dass es nach – mittlerweile ganz h. M. – zwei unterschiedliche Arten von Umlagen gibt: nämlich das Poolkonzept und das Leistungsaustauschkonzept.[132]

Die Anwendung des Leistungsaustauschkonzepts kann – wie bereits dargestellt – nicht zu unterschiedlichen Verrechnungspreisen gegenüber einer alternativen Einzelabrechnung führen. Dies ergibt sich schon aus der Vereinfachungsfunktion, die zwar praktische Schwierigkeiten beseitigen soll, aber keine inhaltlichen Unterschiede zu rechtfertigen vermag. Hingegen soll

---

[128] Vgl. Tz. 2.2.4 der VG.

[129] I S 3/01, BFH/NV 2001, 957; vgl. hierzu auch *Kroppen/Eigelshoven*, IWB F. 3 Deutschland Gr. 1 S. 1745 ff. und *Strunk/Kaminski*, IWB F. 3 Deutschland Gr. 1 S. 1749 ff.

[130] I R 103/00, BStBl. II 2004, 171 ff. und hierzu z. B. *Baumhoff*, IStR 2001, 752 ff.; *Hoffmann*, GmbHR 2001, 1169 ff.; *Kaminski/Strunk*, IWB F. 3 Deutschland Gr. 1 S. 1831 ff.; *Kroppen/Rasch/Roeder*, IWB F. 3 Deutschland Gr. 1 S. 1878 ff.; *Wassermeyer*, DB 2001, 2465 ff.; *Vögele/Bader*, Tax Planning International transfer pricing, 7 ff.; *Schreiber*, Anforderungen an die Mitwirkungspflichten bei der Verrechnungspreisbestimmung in Deutschland, Diskussionsbeiträge aus dem Institut für Ausländisches und Internationales Finanz- und Steuerwesen der Universität Hamburg, Heft 139, Hamburg 2002; *Bernhardt/Weinreich*, ITPJ, 67 ff., und *Kuckhoff/Schreiber*, IWB F. 3 Deutschland Gr. 1 S. 1863 ff.

[131] Verneinend *Baumhoff*, IStR 2001, 752.

[132] A. A. lediglich *Vögele*, DB 2000, 297 und *Böcker*, StBp 2008, 11.

Kaminski

nach Auffassung der deutschen Finanzverwaltung eine Abrechnung von Leistungen von und an den Pool auf Basis der Erstattung der Kosten erfolgen können, wobei gem. Tz. 2.2 Umlagen-Verwaltungsgrundsätze ein Gewinnaufschlag nicht zulässig ist, gleichwohl eine angemessene Verzinsung des Eigenkapitals berücksichtigt werden darf. Dies bedeutet aus steuerplanerischen Überlegungen, dass der Steuerpflichtige die Möglichkeit hat, Leistungen gegenüber dem Pool nur auf Kostenbasis ohne Gewinnaufschlag abzurechnen. Da in den Umlagen-Verwaltungsgrundsätzen nur das Poolkonzept geregelt wird, folgt hieraus, dass die in Tz. 5 dieses Erlasses verlangten Dokumentationsvorschriften ohnehin nur für die – in der Praxis seltenen – Poolfälle gelten, nicht aber für die wesentlich bedeutsameren der Vereinfachungsfunktion. In diesen Fällen gelten die gleichen Mitwirkungspflichten wie im Fall der Einzelverrechnung, aber keine über die allgemeinen Anforderungen des § 90 Abs. 2 und 3 AO sowie die GAufzV[133] hinausgehende Dokumentationsvorschriften. Anders ist diese Frage jedoch zu beantworten, wenn sich ein Steuerpflichtiger auf die Möglichkeit beruft, eine Leistungsverrechnung an den Pool ohne Gewinnaufschlag vornehmen zu können. Nach den allgemeinen Grundsätzen zur Einkunftsermittlung müsste eine solche Leistung mit einem Gewinnaufschlag verrechnet werden. Hiervon weicht die Finanzverwaltung in den Umlagen-Verwaltungsgrundsätzen ab. Dies ist zulässig, weil die Abweichung sich zugunsten des Steuerpflichtigen auswirkt (andernfalls könnte über die Zinskomponente eine faktische Berücksichtigung des Gewinnaufschlags erreicht werden). In einem solchen Fall ist es m. E. nicht zu beanstanden, wenn die Finanzverwaltung diese Vergünstigung für den Steuerpflichtigen an strengere Dokumentationsanforderungen knüpft, zumal diese sicherstellen sollen, dass die gesamte Anerkennung des Pools möglich bleibt.[134]

Ebenso wie die Entscheidung über die Kostenaufteilung aus betriebswirtschaftlichen Überlegungen heraus getroffen werden muss, ist sicherzustellen, dass die erforderliche Dokumentation aus dem betrieblichen Rechnungswesen ermittelt werden kann. Dies hat in der Form zu geschehen, dass geprüft wird, ob das Rechnungswesen (insbesondere die Kosten- und Leistungsrechnung) alle benötigten Daten liefert. Diese Prüfung ist nach jeder Anpassung des Dokumentationserfordernisse zu wiederholen, um sicherzustellen, dass es den jeweils aktuellen Anforderungen gerecht wird. Besonderes Augenmerk muss auf die Bereithaltung dieser Informationen über mehrere Jahre hinweg gelegt werden und zwar unabhängig von den Aufbewahrungsregelungen des § 257 HGB bzw. des § 147 AO. Andererseits ist aus steuerlicher Sicht diese Aufbewahrung zwingend erforderlich, da die Frage der Angemessenheit der Konzernumlage frühestens im Rahmen der nächsten Betriebsprüfung von der Finanzverwaltung überprüft wird, und auch zu diesem Zeitpunkt die Daten noch verfügbar sein müssen. Dabei sollten nicht nur die konkreten Zahlen archiviert werden, sondern auch die Verfahren, nach denen sie ermittelt wurden und eine Dokumentation der (betriebswirtschaftlichen) Gründe, die zur Wahl dieses Verfahrens geführt haben. Infolge des regelmäßig zu gewährleistenden Zugriffs der Finanzverwaltung auf das EDV-System, auf dem die Abrechnung erfolgte, ist auch dafür zu sorgen, dass diese Möglichkeit über einen hinreichend langen Zeitraum besteht.[135] Außerdem sollte überlegt werden, inwieweit es notwendig wird, die Verpflichtung in den Vertrag aufzunehmen, entsprechende Zugriffsbeschränkungen im Rahmen dieses EDV-Systems zu implementieren, um zu

---

[133] Verordnung zu Art, Inhalt und Umfang von Aufzeichnungen im Sinne von § 90 Abs. 3 AO, vom 13. 11. 2003, BStBl. I 2003, 739.

[134] Vgl. hierzu auch *Kaminski/Strunk*, IWB F. 3 Deutschland Gr. 1 S. 1845 ff.

[135] Vgl. zu der Regelung des § 147 Abs. 6 AO z. B. *Kaminski/Kerssenbrock/Strunk*, KuR 2002, 225 ff.

Kaminski

gewährleisten, dass den jeweiligen Fisci nur ein Zugriff auf die Daten gewährt werden kann, die tatsächlich von Bedeutung sind.

Die Finanzverwaltung verlangt vom Steuerpflichtigen sowohl für die Frage der Anerkennung dem Grunde nach als auch für die Herleitung eines Aufteilungsschlüssels Nachweise über den Nutzen, den jedes Mitglied aus der Beteiligung am Pool erwartet und später erhält. Hieraus ergibt sich für die Unternehmen – jenseits der Vorschriften im Rahmen des Umlagevertrages – die Notwendigkeit, intern für entsprechende Nachweise zu sorgen. Insoweit bedarf es einer Abstimmung der Informations- und Prüfungsrechte im Rahmen des Vertrages mit den Anforderungen, die sich aus diesen Dokumentationserfordernissen für das einzelne Mitglied ergeben. Da sich diese Anforderungen ändern können, ist es sinnvoll, im Umlagevertrag eine Regelung vorzusehen, die eine regelmäßige Anpassung der Informations- und Prüfungsrechte der Mitglieder vorsieht.

Auch sollte rechtzeitig überlegt werden, ob es möglich ist, das Konzernumlagensystem (d. h. den Umlagevertrag und die Implementierung des daraus erforderlich werdenden Dokumentationssystems) von einem **unabhängigen Sachverständigen prüfen** zu lassen, um dadurch die steuerliche Anerkennung in allen beteiligten Staaten zu erreichen. Dies hätte den Vorteil, dass das System insoweit steuerlich abgesichert wäre. Allerdings würde dies den Konzern nicht von seiner Verpflichtung entbinden, dafür zu sorgen, dass das System zeitnah an die aktuellen Entwicklungen angepasst wird. Diese Empfehlung ist jedoch nur dann sinnvoll, wenn alle Staaten, in denen eine leistungsempfangende oder -erbringende Gesellschaft domiziliert, eine solche Prüfung anerkennen. Sonst wäre das Vorhaben sinnlos, denn sobald ein Staat Änderungen verlangt, wäre die Erklärungsnotwendigkeit gegenüber den anderen Finanzverwaltungen, warum von einer Vorgehensweise, die von einem sachverständigen Dritten als mit dem Fremdverhalten übereinstimmend angesehen wurde, abgewichen wird, noch größer.

Da der Anteil der zu tragenden Konzernumlage bei jedem leistungsempfangenden Unternehmen einerseits vom Umfang der eigenen Inanspruchnahme der Leistung und zum anderen vom Umfang der Inanspruchnahme durch die anderen Unternehmen bestimmt wird, gilt es sicherzustellen, dass jedes Unternehmen die Leistungen auch tatsächlich in dem vereinbarten Umfang in Anspruch nimmt. Sonst käme es je in Anspruch genommener Leistungseinheit zu höheren Kostenbelastungen. Gleichzeitig ist sicherzustellen, dass wenn dem Poolkonzept gefolgt wird, tatsächlich nur die Mitglieder des Pools die Leistungen nutzen dürfen. Sofern auch andere Konzerngesellschaften oder fremde Dritte diese Leistungen in Anspruch nehmen, müssen sie hierfür ein Entgelt bezahlen, dass dem Arm's-length-Vergleich standhält, und das entsprechend den oben dargestellten Grundsätzen[136] die im Wege der Umlage zu verteilenden Entgelte verringert. Die z. T. nicht bestehende Möglichkeit, Konzerngesellschaften von der "Mitbenutzung" auszuschließen zeigt nochmals, dass eigentlich eine Verrechnung mit Gewinnaufschlag auch innerhalb des Pools sachgerecht wäre.

8. Schiedsregelung und deren steuerplanerische Bedeutung

In den Konzernumlagevertrag sollte auch eine Schiedsregelung aufgenommen werden. Sie dient dazu, Vorsorge zu treffen, falls es zu Streitigkeiten zwischen den beteiligten Unternehmen kommt. Zwar trifft es zu, dass solche Differenzen selten sind, wenn alle Gesellschaften demselben Konzern angehören und deshalb von einer einheitlichen Interessenlage beherrscht werden, doch gilt dies nur, wenn tatsächlich alle Unternehmen demselben Konzern angehören.[137] Wenn

---

[136] Vgl. oben unter B. III. 3. b) bb).
[137] So *Engler* a. a. O. (oben Fn. 48), Rn. O 324.

hingegen auch **konzernfremde Gesellschaften** an dem Pool teilnehmen, kann es zu umso größeren Auseinandersetzungen kommen, so dass die Bedeutung von Schiedsregelungen besonders groß ist. Auch wenn alle Poolunternehmen zum gleichen Konzern gehören, schließt dies nicht zwingend widerstreitende Interessen aus. Dies kann einerseits in unterschiedlichen nationalen Rechtsvorschriften begründet sein, so dass die Unternehmen praktisch gezwungen sind – unabhängig vom Konzerninteresse – eine bestimmte Auffassung (z. B. bei der Einbeziehung eines Gewinnaufschlags in die Konzernumlage) zu vertreten. Zum anderen kann es – trotz der Einbindung in den Konzern – starke Minderheitsgesellschafter geben, die dafür sorgen, dass die Gesellschaft (zumindest in einem begrenzten Umfang) ihre eigenen Interessen höher bewertet, als die Gesamtinteressen des Konzerns. Unter Umständen kann es hierzu sogar eine rechtliche Verpflichtung geben, z. B. um Schadensersatzansprüche der übrigen Gesellschafter zu verhindern. Andererseits kann dadurch möglicherweise das Führen des Fremdvergleichs nachhaltig erleichtert werden.

9. Beginn und Dauer des Vertrages, Kündigungsmöglichkeiten

Der Vertrag sollte schließlich Regelungen über den Zeitraum seiner Gültigkeit enthalten. Hier ist zunächst der Zeitpunkt anzugeben, ab wann er gelten soll. Nach Auffassung der Finanzverwaltung wird erst von dem Zeitpunkt an, ab welchem ein entsprechender schriftlicher Umlagevertrag vorliegt[138] und entsprechend dieser Vereinbarung verfahren wird, ein Abzug der Umlage als Betriebsausgabe anerkannt. Ferner sollten Regelungen zur Dauer des Vertrags enthalten sein. Außerdem sind besondere Kündigungsmöglichkeiten vorzusehen. Dies ergibt sich einmal daraus, dass sich bei einzelnen leistungsempfangenden Gesellschaften die Situation so verändern kann, dass sie die Leistung nicht mehr sinnvoll in Anspruch nehmen können, oder etwa ein bisheriges Poolmitglied von der Konzernmutter verkauft wird und deshalb aus dem Pool ausscheiden soll. Dabei ist zu berücksichtigen, dass entsprechende Verträge zwischen fremden Dritten ebenfalls Kündigungsmöglichkeiten vorsehen würden. Eine Notwendigkeit zur Kündigung kann sich auch aus **(Steuer-) Rechtsänderungen** in einem Staat ergeben. Wenn sich die wirtschaftlichen Rahmenbedingungen so verändern, dass es für die Gesellschaft plötzlich günstiger wird, die Leistung selbst zu erstellen, als sie über den Pool zu beziehen, muss diese Gesellschaft aus dem Pool ausscheiden können.[139]

Aus steuerplanerischer Sicht stellt sich die Frage, wie dafür zu sorgen ist, dass der **Pool** auch nach dem Ausscheiden eines oder mehrerer seiner Mitglieder **weiter bestehen kann**. Hierfür können z. B. die erforderlichen Entschädigungszahlungen an austretende Gesellschaften ratierlich über einen fest vorgegebenen Zeitraum gestundet oder die Entschädigungszahlungen auf die von der ausscheidenden Gesellschaft geleisteten Zahlungen begrenzt werden. Solche Regelungen dürfen allerdings nicht dazu führen, dass einer Gesellschaft das Verlassen des Pools wirtschaftlich praktisch unmöglich gemacht wird.[140] Schließlich muss aus Konzernsicht die

---

[138] Vgl. zur Kritik an dieser Auffassung bereits oben unter B. III. 3. b) bc) (5).

[139] So auch Tz. 6.4.1 der VG. Danach dürfen die Kosten, die für den konzerninternen Bezug einer Leistung entstehen, nicht höher sein, als die Kosten, die bei Selbsterstellung der Verwaltungsleistung oder der Beauftragung eines ortsansässigen Fremden entstünden. So nunmehr auch Tz. 3.1 der Umlagen-Verwaltungsgrundsätze a. a. O. (oben Fn. 8).

[140] M. E. sind die Grundsätze, die die Rechtsprechung für die sog. Buchwertklauseln entwickelt hat, entsprechend anzuwenden, vgl. hierzu BGH-Urt. v. 13. 6. 1994, II Z R 38/93, GmbHR 1994, 871 ff.; v. 24. 5. 1993, II Z R 36/92, NJW 1993, 2101 und v. 9. 1. 1989, II Z R 83/88, NJW 1989, 2685; Palandt/Thomas, BGB, § 738 Rn. 7.

Kaminski

Frage gestellt werden, ob der verbleibende Pool noch betriebswirtschaftlich sinnvoll ist. Wenn nicht, sollte der Pool insgesamt liquidiert werden.

C. Fazit

Die Verrechnung von konzerninternen Dienstleistungen im Wege der Umlage kann als Instrument der Steuerplanung genutzt werden. Dabei entstehen die Vorteile im Wesentlichen daraus, dass nach Auffassung der deutschen Finanzverwaltung die Aufwendungen im Fall des Pools den einzelnen Poolpartnern unmittelbar zuzurechnen sind und damit originären Aufwand dieser Gesellschaft darstellen. Hieraus entsteht der Vorteil, dass der Aufwand unmittelbar zum Zeitpunkt seiner Entstehung (oder zumindest kurzfristig danach) an die einzelnen Partner belastet wird. Bei diesen werden regelmäßig selbsterstellte immaterielle Wirtschaftsgüter vorliegen, so dass bei einem deutschen Poolpartner infolge des § 5 Abs. 2 EStG bzw. § 248 Abs. 2 HGB die Entstehung eines bilanzierungspflichtigen Wirtschaftsguts regelmäßig ausscheidet. Allerdings sind – zumindest nach herrschender Interpretation der Auffassung der deutschen Finanzverwaltung – nur die laufenden Kosten (ggf. unter Berücksichtigung einer Verzinsung des Eigenkapitals) weiterbelastbar, während ein Gewinnaufschlag ausscheiden soll. Außerdem ist davon auszugehen, dass die Vereinfachungsfunktion der Umlage weiterhin anwendbar ist und damit dieses Instrument zu einer vereinfachten Abrechnung von konzerninternen Dienstleistungen genutzt werden kann.

Bei der Entscheidung für eine Umlage ist neben den laufenden steuerlichen Konsequenzen insbesondere zu beachten, dass dieses Konzept international im Fall der Poolfunktion an sehr weitgehende Nachweis- und Dokumentationsanforderungen geknüpft wird. Hiermit kann u. U. eine erheblich höhere Kostenbelastung für den Steuerpflichtigen verbunden sein, als bei anderen Abrechnungsformen. Ferner ist zu berücksichtigen, dass ein Wechsel zwischen verschiedenen Abrechnungsformen zwar grundsätzlich möglich ist, aber möglicherweise zu Problemen bei der Verteidigung des Systems gegenüber den Finanzverwaltungen führt. Daher bedarf es hierfür wirtschaftlich plausibler Gründe. Insoweit kommt es also zu einer Einschränkung der Handlungsspielräume für die Zukunft. Außerdem ist zu beachten, dass eine Veränderung der Abrechnungsform für bereits laufende Projekte zu erheblichen (Bewertungs-)Problemen führen kann, die infolge der regelmäßig größeren Zahl von beteiligten Unternehmen und damit involvierten Finanzverwaltungen zu erheblichen Gefahren für die Anerkennung der gezogenen steuerlichen Konsequenzen führt. Daher handelt es sich bei der Abrechnungstechnik eher um eine grundsätzliche Frage, die nicht für kurzfristige Anpassungsmaßnahmen im Rahmen der internationalen Konzernsteuerpolitik geeignet ist.

Kaminski

8. Advance Pricing Agreements

von Dipl.- Oec. Carsten Schmid, Stuttgart[*]

Inhaltsübersicht

A. Einleitung
B. Begriff, Funktion und Arten von Advance Pricing Agreements (APAs)
   I. Der Begriff des APA
   II. Arten von APAs
C. Das APA Verfahren nach den Verrechnungspreis-Richtlinien der OECD
   I. Definition des Begriffs "APA"
   II. Spezielle Problemstellungen bei APAs
   III. Verhältnis des APA-Verfahrens zum Verständigungsverfahren nach Art. 25 OECD-MA
   IV. Schlussfolgerungen der OECD
D. Das APA Verfahren in Deutschland
   I. Die Verwaltungsanweisungen der deutschen Finanzverwaltung
   II. Der Verfahrensablauf in Deutschland
   III. Der praktische Umgang der deutschen Finanzverwaltung mit APAs
E. APA-Verfahren in der Europäischen Union
   I. APA-Programme in den Mitgliedsstaaten
   II. Haltung der EU-Kommission
F. Das APA Verfahren in den USA in den USA
   I. Das Vorverfahren mit dem Vorgespräch
   II. Antragsstellung
   III. Das APA-Hauptverfahren
   IV. Der Inhalt eines APA
   V. Überwachung der APA durch die US-Finanzverwaltung
   VI. Wirkung des APA
   VII. Erleichterungen für kleinere Unternehmen
   VIII. Bisherige Erfahrungen mit dem APA-Verfahren in den USA
G. APA Verfahren in weiteren Ländern außerhalb Europas
H. Bewertung von APA-Verfahren
   I. Das APA-Verfahren als Verfahren eigener Art
   II. Vor- und Nachteile von APAs
   III. Fazit

Literatur:

Ackermann, APAs Gaining Acceptance Worldwide, Transfer Pricing Special Report 1996, 2; **Borstell/Wellens,** Germany draft threatens heavy burden, International Tax Review, 2000, S. 11; **Bundesministerium der Finanzen,** Merkblatt für bilaterale und multilaterale Vorabverständigungsverfahren auf der Grundlage der Doppelbesteuerungsabkommen zur Erteilung verbindlicher Vorabzusagen über Verrechnungspreise zwischen international verbundenen Unternehmen (sog. „Advance Pricing Agreements" – APAs) vom 5. Oktober 2006; **ders.,** Musterformulierung für eine Vorabverständigungsvereinbarung; **Chip,** IRS Officials stress need for preparation before APA meetings begin, Transfer Pricing Report 1996, 559; **DIHT/BDI,** Working with the Advance Pricing Agreement Process, Skriptum eines Seminars am 23. 6. 1995 in Bonn mit Beiträgen von Ralph, Hamburger, Triplett, Ackermann, Williamson und Goeke; **Dommes, Gahleitner, Steiner** in SWI 2009 S. 56 ff.; **Eggers,** Advance Pricing Agreements als Lösung für internationale Verrechnungspreiskonflikte? IWB F. 2 S. 679 (1995); **ders.,** Aktuelle Überlegungen der OECD zu APAs und Verrechnungspreisen in: Herzig (Hrsg.), Advance Pricing Agreements, S. 55 (1996); **ders.,** Die neuen OECD-Guidelines zu den internationalen Verrechnungspreisen – Entstehungsgeschichte und Hintergründe, DStR 1996, 393; **Eilers,** Advance Pricing Agreements (APAs) im US-amerikanischen Steuerrecht und Abkommensrecht in: Herzig (Hrsg.), Advance Pricing Agreements, S. 1; **Eilers/Wienands,** Advance Pricing Agreements, IStR 1995, 311; **Engler,** in: Vögele, Borstell, Engler (Hrsg.), Handbuch der Verrechnungspreise, 2. Aufl. 2004, F Tz. 335 ff; **EU-Commission,** Commission Staff Working Paper – Company Taxation in the Internal Market (COM(2001)582 final) S. 355; **EU-Kommission,** Dokument der Generaldirektion Steuern & Zollunion, Dok: ITPF/003/2002/DE, 2002; **dies.,** A Code of Conduct on transfer pricing documentation for associated enterprises in the European Union (EU TPD), June 2006.; **dies.,** Communication on the work of the EU Joint Transfer Pricing Forum in the field of dispute avoidance and resolution procedures and on Guidelines for Advance Pricing Agreements within the EU, February 2007; **dies.;** Kommissionsdokument KOM (2007) 246 vom 26.2.2007; **Financial Times Deutschland** vom 9. 8. 2004; **Flick,** Zu gut um wahr zu sein: das APA?, IStR 1996, 161; **Grotherr,** IWB 2005, Fach International, Gruppe 2, S. 497. ff und S. 545 ff.; **IRS,** Announcement 2000 – 35, IRB 2000 – 16 v. 30. 3. 2000; **Internationale Handelskammer,** ICC-Statement on Advance Pricing Agreements, Intertax 1995, 47; **Kroppen/Eigelshoven,** Internationale Entwicklungen bei Advance Pricing Arrangements, IWB F. 10 Gr. 2 S. 1467; **NN.,** Australian Taxation Office Ruling 95/23: Transfer pricing

---

[*] Partner Transfer Pricing Associates.

procedures for bilateral and unilateral Advance Pricing Agreements, Transfer Pricing Special Report 1996, 23; **NN.**, Excerpts concerning Advance Pricing Agreements from Spain's proposed Corporation Tax Income Act, Transfer Pricing Special Report 1996, 46; **NN.**, IRS Rev. Proc. 91-22: Procedures for U.S. APA Program, Transfer Pricing; **NN.**, Revenue Canada Information Circular No. 94-4 Overview, Detailed Guidelines for Canadian APA Program, Transfer Pricing Special Report 1996, 37; **NN.**, The Republic of Korea's APA Program as described in International Tax Coordination Low No. 4981, Transfer Pricing Special Report 1996, 40; **NN.**, UK Inland Revenue Consultative Document on pre-transaction rulings, Transfer Pricing Special Report 1996, 47; **OECD**, Guidelines for Conducting Advance Pricing Arrangements under the Mutual Agreement Procedure (MAP APAs), Paris 1999; **OECD**, Transfer Pricing Guidelines for Multinational Enterprises and Tax Administrations, Paris 1995; **Ozeke**, International Financial Law Review 1. Mai 2008; **Portner**, Advance Pricing Agreements – Domestic aspects an treaty law, European Taxation 1996, 50; **dies.**, Advance Pricing Agreements (APAs) im deutschen Steuerrecht – innerstaatliche Aspekte und Abkommensrecht in: Herzig (Hrsg.), Advance Pricing Agreements, S. 14; **Rodemer**, Advance Pricing Agreements in US-amerikanischen und im deutschen Steuerrecht, 2001; **Runge**, Handhabung von APAs durch die deutsche Finanzverwaltung – Mitwirkung bei ausländischen APAs, verbindliche Auskunft im Inland in: Herzig (Hrsg.), Advance Pricing Agreements, S. 43; **Saperstein**, APAs – The US-Practical Experience 1990–1995 in: Herzig (Hrsg.), Advance Pricing Agreements, S. 37; **Schwinn**, Japan's NTA using "formulary" profit split in hybrid-method bilateral APAs, Transfer Pricing Report 1997, 175; **Shannon/Behrens**, Advance Pricing Agreements: The German Perspective, Transfer Pricing Report 1995, 712; **Wagner**, Inhalt und Bedeutung von Advanced Pricing Agreements, StBp 1995, 265; **Werra**, Neue Richtlinien zur steuerlichen Prüfung von Verrechnungspreisen in den USA vom Januar 1993 – Rückkehr zum arm´s length Grundsatz?, Der Betrieb, 1993, S. 709 704 ff.; **Wojcieszyk-Kluge**, Die neuen Advanced Pricing Agreeements im polnischen Steuerrecht, IStR 5/2006 S. 176 ff.; **Wrappe**, Updating the United States's APA Program: A modest proposal for change, Transfer Pricing Special Report 1996, 75; **Zitzelsberger**, APAs in der Praxis eines deutschen Großunternehmens in: Herzig (Hrsg.), Advance Pricing Agreements, S. 51; **Zschiegner**, Vereinfachte US-Verrechnungspreiszusagen für kleinere und mittlere Unternehmen, IWB F. 8 USA Gr. 2 S. 1001 (1998); **ders.**, Gesetzesvorlage zur künftigen Besteuerung multinationaler Unternehmen in den USA, IWB F. 8 USA Gr. 2 S. 691 ff.; **ders.**, US Verrechnungspreiszusagen im Vorhinein – IRS-Jahresbericht 2000, IWB F. 8 USA Gr. 2 S. 1065 ff; **ders.**, Das Einkommensteuerrecht in den USA, Teil 1, IWB F. 8 USA Gr. 2 S. 737 ff.

A. Einleitung

In den vergangenen zwei Jahrzehnten hat eine Vielzahl international tätiger Unternehmen aus einer Reihe von Gründen Advance Pricing Agreements (APAs) mit Steuerverwaltungen abgeschlossen, um zum Beispiel das Ergebnis eines Prüfungszeitraums in die Zukunft zu projizieren, um größere Rechts- und Planungssicherheit für bestimmte Verrechnungspreisgestaltungen zu erlangen oder um Risiken künftiger Verrechnungspreisprüfungen frühzeitig einzugrenzen.

Die Vielzahl unterschiedlicher Regelungen, Verwaltungsanweisungen und praktischer Anwendungen von APAs haben in den vergangenen Jahren jedoch auch die Anwendungsmöglichkeiten nicht voll zur Entfaltung kommen lassen. Etwa zur selben Zeit haben die Finanzverwaltungen in der Europäischen Union (EU) damit begonnen, Regeln für die Anwendung von APAs zu bestimmen, so zum Beispiel zum Grad der Spezifizierung, dem Format und dem zeitlichen Rahmen einer Pan-Europäischen Transfer Pricing Dokumentation, dem sog. Europäischen Transfer Pricing Master File.[1]

Das Joint Transfer Pricing Forum (JTPF), eine Einrichtung bei der EU-Kommission, war für die Ausarbeitung eines solchen weit reichenden einheitlichen, jedoch unverbindlichen Dokumentationsansatzes Ansatzes innerhalb der 27 Mitgliedsstaaten verantwortlich und hat im Jahr 2007 Empfehlungen für die Anwendung eines Pan-Europäischen APA Verfahrens publiziert.[2]

---

[1] A Code of Conduct on transfer pricing documentation for associated enterprises in the European Union (EU TPD), June 2006.

[2] Communication on the work of the EU Joint Transfer Pricing Forum in the field of dispute avoidance and resolution procedures and on Guidelines for Advance Pricing Agreements within the EU, February 2007.

Das JTPF hat eine gemeinsame Grundlage für die Anwendung von APA Verfahren innerhalb der Europa geschaffen, die zu einer effizienteren Anwendung des Instruments APA führen soll, so kann z. B. ein Europäisches Transfer Pricing Masterfile als fundierte Grundlage für einen APA-Antrag angewandt werden. Weiterhin hat das JTPF die Anwendung eines zielorientierten Fallmanagements eingeführt, ein schriftliches Dokument, das die Erwartungen sowohl der Steuerverwaltung wie auch des APA Antrag stellenden Steuerpflichtigen regelt.

Die deutsche Finanzverwaltung misst dem Instrument APA spätestens seit der Veröffentlichung eigener Verwaltungsanweisungen im Jahr 2006 eine steigende Bedeutung zu. Neben zahlreichen neuer Regelungen innerhalb der EU spielt das APA Programm der US-Finanzverwaltung aus Sicht deutscher Steuerpflichtiger das APA Programm der US-Finanzverwaltung weiterhin die größte Rolle.

B. Begriff, Funktion und Arten von Advance Pricing Agreements (APAs)

I. Der Begriff des APA

Der Begriff des Advance Pricing Agreements ist nicht einheitlich definiert So definiert die deutsche Finanzverwaltung[3] ein APA beispielsweise wie folgt:

„Ein APA ist nach international verbreitetem Verständnis eine Vereinbarung zwischen einem oder mehreren Steuerpflichtigen und einer oder mehreren Steuerverwaltungen; es legt vor der Verwirklichung von Geschäftsbeziehungen zwischen verbundenen Unternehmen verschiedener Staaten eine dem Fremdvergleich entsprechende Verrechnungspreismethode zur Bestimmung von Verrechnungspreisen für bestimmte Geschäftsvorfälle in einem bestimmten Zeitraum fest; daneben können auch weitere Kriterien für die Verrechnungspreisbestimmung, z. B. Ermittlung von Fremdvergleichswerten und Regeln für ihre Fortschreibung im APA-Zeitraum, sachgerechte Anpassungsrechnungen, sog. Gültigkeitsbedingungen im Hinblick auf künftige Ereignisse („*Critical Assumptions*"), vereinbart werden."

II. Arten von APAs

APAs sind typischerweise in drei unterschiedlichen Ausgestaltungen möglich:

- **Unilaterale APAs:** Ein Steuerpflichtiger sowie eine Steuerverwaltung;
- **Bilaterale APAs:** Ein steuerpflichtiges Unternehmen mit verbundenen Einheiten in zwei Staaten sowie die Steuerverwaltungen der beiden Staaten;
- **Multilaterale APAs:** Ein steuerpflichtiges Unternehmen mit verbundenen Einheiten in mehr als zwei Staaten sowie die Steuerverwaltungen in den beteiligten mehr als zwei Staaten.

Unilaterale APAs

In einem unilateralen APA sind ein Steuerpflichtiger und eine Steuerverwaltung, typischerweise die des Sitzlandes, beteiligt:

---

[3] Merkblatt für bilaterale oder multilaterale Vorabverständigungsverfahren auf der Grundlage der Doppelbesteuerungsabkommen zur Erteilung verbindlicher Vorabzusagen über Verrechnungspreise zwischen international verbundenen Unternehmen (sog. „Advance Pricing Agreements" - APAs) vom 5. 10. 2006

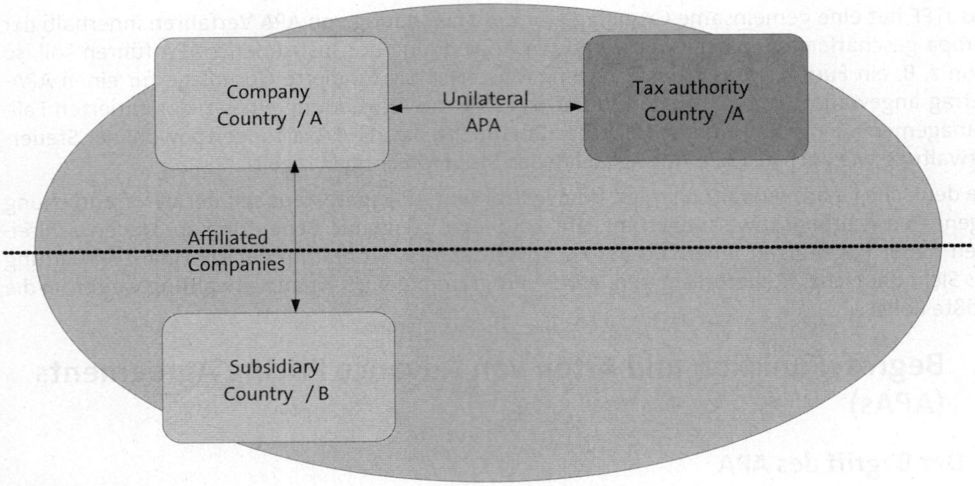
Company
Country / A
Unilateral
APA
Tax authority
Country /A
Affiliated
Companies
Subsidiary
Country / B

Bilaterale APAs

In einem bilateralen APA sind der Steuerpflichtige mit verbundenen Unternehmen in zwei Staaten sowie die Steuerverwaltungen der beiden Staaten beteiligt:

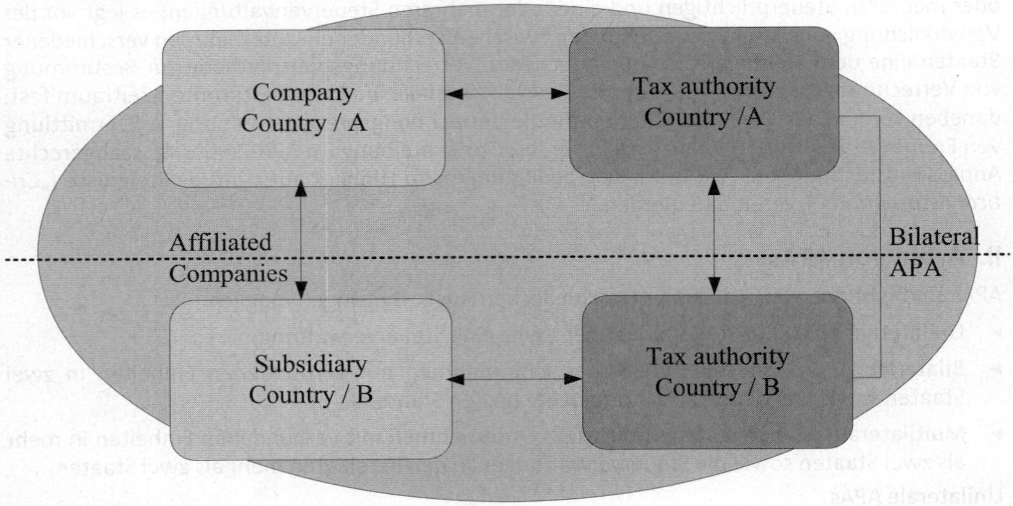
Company
Country / A
Tax authority
Country /A
Affiliated
Companies
Bilateral
APA
Subsidiary
Country / B
Tax authority
Country / B

Multilaterale APAs

In einem multilateralen APA sind der Steuerpflichtige mit verbundenen Unternehmen in mehr als zwei Staaten sowie die Steuerverwaltungen in den beteiligten mehr als zwei Staaten beteiligt:

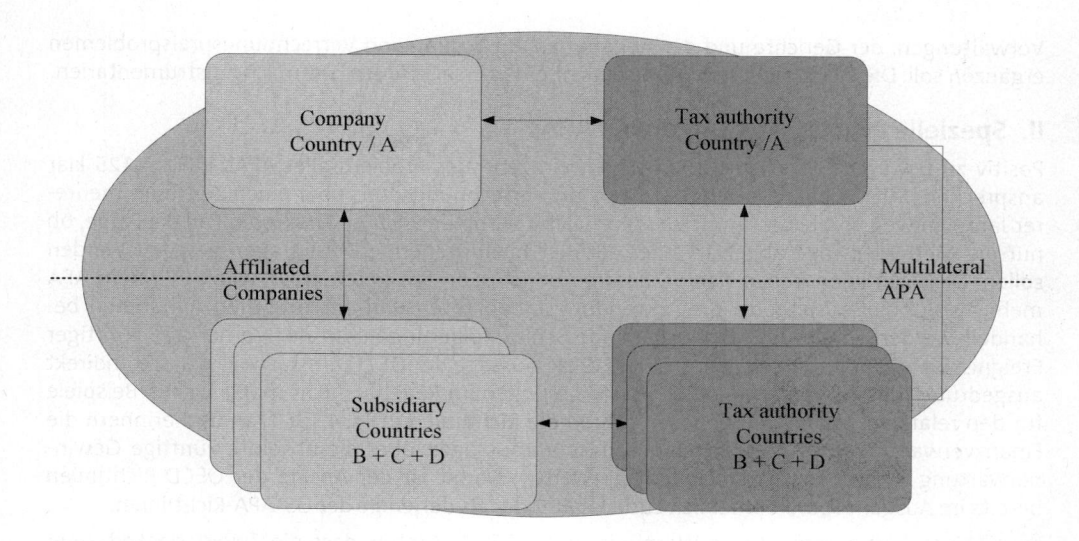

[Diagram: Company Country/A ↔ Tax authority Country/A; Affiliated Companies; Subsidiary Countries B+C+D ↔ Tax authority Countries B+C+D; Multilateral APA]

Beispiel:
Das sog. Airbus APA wurde unter der Beteiligung der Steuerverwaltungen Deutschlands, Frankreichs, Großbritanniens und Spaniens geschlossen.[4]

C. Das APA Verfahren nach den Verrechnungspreis-Richtlinien der OECD

Die OECD-Verrechnungspreis-Richtlinien von 1995 (nachfolgend kurz: Richtlinien) behandeln unter Tz. 4.124 bis Tz. 4.166 die Möglichkeit von APAs (hier als "Advance Pricing Arrangements" bezeichnet) recht ausführlich. Die OECD hat Ende des Jahres 1999 spezielle Richtlinien über den Ablauf bilateraler und multilateraler APAs veröffentlicht.[5] Darin hat die OECD eine Terminologie eingeführt, indem sie bei bilateralen und multilateralen APAs von MAP-APA – für Mutual Agreement Procedere – spricht.

Diese Ergänzung behandelt im Wesentlichen nicht weitere Vor- und Nachteile bzw. Chancen und Risiken, sondern enthält vielmehr weitere Ausführungen zum Inhalt von APAs und zu Verfahren. Hier erkennen zahlreiche Autoren unverkennbar das Vorbild der amerikanischen Regelungen, denen die OECD folgt.[6]

I. Definition des Begriffs "APA"

Tz. 4.124 definiert ein APA als eine Vereinbarung, bei der vor Abwicklung konzerninterner Geschäfte ein entsprechender Kriterienkatalog festgelegt wird (z. B. Methode, Vergleichswerte und deren entsprechende Korrekturen, kritische Annahmen in Bezug auf künftige Ereignisse), um die Verrechnungspreise für diese Geschäfte über einen festen Zeitraum zu ermitteln. Die OECD-Richtlinien bezeichnen APAs als ein Instrument, das die herkömmlichen Instrumentarien der

---

[4] Vgl. Financial Times Deutschland vom 09.08.2004.

[5] Vgl. *OECD*, Guidelines for Conducting Advance Pricing Arrangements under the Mutual Agreement Procedure (MAP APAs).

[6] Vgl. *Rodemer*, Advance Pricing Agreements im US-amerikanischen und im deutschen Steuerrecht, S. 148 f.

Verwaltungen, der Gerichte und der Abkommen zur Lösung von Verrechnungspreisproblemen ergänzen soll. Die OECD sieht in APAs also nicht einen Ersatz für herkömmliche Instrumentarien.

II. Spezielle Problemstellungen bei APAs

Positiv zu bewerten ist, dass die Richtlinien ein zentrales Problem aller APAs in Tz. 4.125 klar ansprechen: Mit welcher Genauigkeit kann ein Verrechnungspreis über einen Zeitraum mehrerer Jahre hinweg vorausbestimmt werden? Damit verbindet sich im konkreten Fall die Frage, ob nur die Methodenfrage abgeklärt oder darüber hinausgehende Detailfragen geregelt werden sollen. Die Richtlinien heben hervor, dass besondere Sorgfalt geboten ist, wenn in einem APA mehr als die bloße Methode, die Anwendungsmodalitäten und die kritischen Annahmen behandelt werden, da darüber hinausgehende Schlussfolgerungen auf der Vorhersage künftiger Ereignisse aufbauen müssen. Nimmt man diese Aussage der OECD ernst, so wird damit indirekt ausgedrückt, dass weitergehende Schlussfolgerungen im Regelfall nicht möglich sind. Beispiele für den relativen Wert von Prognosen führen die Richtlinien in Tz. 4.126 f. an und erinnern die Finanzverwaltungen in Tz. 4.128 daran, dass Voraussagen über die absolute künftige Gewinnerwartung die geringste Plausibilität aufweisen. Damit ist der Ansatz der OECD-Richtlinien bereits im Ausgangspunkt erheblich zurückhaltender als derjenige der US-APA-Richtlinien.

Tz. 4.129 enthält eine deutliche Warnung an die OECD-Staaten, dass die Zuverlässigkeit einer Prognose im Rahmen eines APA von den Gegebenheiten und Umständen jedes Einzelfalles abhängt. Die Richtlinien treten damit allen Bestrebungen entgegen, die aus der Prognose geschäftlicher Entwicklungen eine Wissenschaft zu machen versuchen und warnen davor, die Erwartungen an APAs zu überspannen.

In Tz. 4.130 f. wird dargestellt, dass ein einseitig mit einer einzigen Finanzverwaltung ausgehandeltes APA letztlich Doppelbesteuerungen nicht ausschließt und dass insoweit bilaterale oder multilaterale APAs das Risiko einer Doppelbesteuerung erheblich vermindern und dem Steuerpflichtigen mehr Rechtssicherheit geben.

III. Verhältnis des APA-Verfahrens zum Verständigungsverfahren nach Art. 25 OECD-MA

Mit dem Verhältnis beider Rechtsinstitute beschäftigen sich Tz. 4.140 bis 4.142. Die Richtlinien sprechen sich dafür aus, APAs, an denen die zuständige Behörde eines Vertragsstaates beteiligt ist, im Rahmen des Verständigungsverfahrens zu behandeln, auch wenn solche Vereinbarungen in Art. 25 OECD-MA nicht ausdrücklich erwähnt werden. Die Richtlinien befürworten eine Subsumtion von Verrechnungspreisstreitigkeiten unter Art. 25 Abs. 3 OECD-MA und halten insoweit Anm. 32 des OECD-Kommentars zum Musterabkommen nicht für einschlägig.

IV. Schlussfolgerungen der OECD

Nicht mehr ganz zutreffend weist die OECD darauf hin, dass bisher nur wenige Staaten über praktische Erfahrungen mit APAs verfügen[7]. Dahinter verbirgt sich die Erkenntnis, dass bisher praktisch nur die USA und einige andere Staaten auf diesem Felde in nennenswertem Umfang tätig sind. Mittlerweile haben jedoch weitere andere Staaten Regimes eingeführt, die sich an dem APA-Verfahren der USA mehr oder weniger stark orientieren.[8]

---

[7] Vgl. Tz. 4.160.

[8] Vgl. dazu *Kroppen/Eigelshoven*, IWB F. 10 Gr. 2 S. 1467 f.

Im Kern gipfeln die Schlussfolgerungen der OECD in der Aussage, dass hinsichtlich Form und Umfang von APAs weiterhin Probleme bestehen, zu deren Lösung es weiterer Erfahrungen sowie der Übereinstimmung der Mitgliedsstaaten bedarf.[9] Dies ist eine diplomatische Umschreibung der Uneinigkeit der OECD-Staaten über grundlegende Fragen des APA-Verfahrens. Danach kann sich die OECD nur auf eine beobachtende Position zurückziehen. Als Minimalkompromiss kann angesehen werden, dass der Fiskalausschuss der OECD "beabsichtigt, jede Ausweitung von APAs sorgfältig zu beobachten und in der Praxis für mehr Einheitlichkeit unter jenen Mitgliedsstaaten zu sorgen, die sich für deren Anwendung entschieden haben".[10]

Die OECD beurteilt damit die Möglichkeit zum Abschluss von APAs eher zurückhaltend und äußert insbesondere deutliche Zurückhaltung gegenüber einem rein unilateral abgeschlossenen APA.[11]

D. Das APA Verfahren in Deutschland

I. Die Verwaltungsanweisungen der deutschen Finanzverwaltung

Die deutsche Finanzverwaltung hat am 5.10.2006 ein Merkblatt[12] veröffentlicht, das das Verfahren für die Beantragung, die Prüfung und den Vollzug sowie die Wirkungen und die Durchführung von Vorabverständigungsverfahren nach den Doppelbesteuerungsabkommen (DBA) zur Erteilung verbindlicher Vorabzusagen über Verrechnungspreise zwischen international verbundenen Unternehmen (*„Advance Pricing Agreement"* - APA) regelt. Zweck des Merkblatts ist, den Unternehmen die Erlangung von APA zu erleichtern, ihre Rechte, Obliegenheiten und Pflichten im Vorabverständigungsverfahren und im Vorabzusageverfahren zu klären sowie die Behandlung von APA-Anträgen durch das Bundeszentralamt für Steuern (BZSt) und die Finanzbehörden der Länder zu regeln.

Die deutschen Finanzbehörden führen APA-Verfahren mit dem Ziel durch, Meinungsverschiedenheiten zwischen Steuerverwaltungen verschiedener Staaten und den Unternehmen über Verrechnungspreismethoden und eine dadurch drohende wirtschaftliche Doppelbelastung bzw. Doppelbesteuerung soweit möglich im Voraus einvernehmlich zu vermeiden. APAs sollen dazu beitragen mehr Rechtssicherheit für die Unternehmen sowie mehr Effizienz bei der Prüfung von Verrechnungspreisen erreicht werden. Die deutschen Finanzbehörden folgen damit der von der Mehrzahl der Industriestaaten geübten und von Seiten der OECD empfohlenen Praxis (Tz. 4.161 ff. OECD-Leitlinien 1995).

Ins deutsche Steuerrecht sind die deutschen APA Regelungen über Artikel 25 des OECD Musterabkommens (OECD-MA) eingebunden. APAs sind unter Anwendung von Doppelbesteuerungsabkommen möglich, die eine Klausel über das Verständigungs- oder Konsultationsverfahren nach Art 25 Abs. 1 und Abs. 3 OECD-MA enthalten. Auf dieser Basis kann eine Vorabverständigungsvereinbarung (VVV) mit einem anderen Staat abgeschlossen werden, deren Umsetzung

---

[9] Vgl. Tz. 4.161.
[10] Vgl. Tz. 4.161 am Ende.
[11] Vgl. vgl. Tz. 4.163.
[12] Merkblatt für bilaterale oder multilaterale Vorabverständigungsverfahren auf der Grundlage der Doppelbesteuerungsabkommen zur Erteilung verbindlicher Vorabzusagen über Verrechnungspreise zwischen international verbundenen Unternehmen (sog. 'Advance Pricing Agreements' - APAs) vom 5.10.2006

für Deutschland bindend und mit deren Inhalt im Inland umzusetzen ist (Art 25 Abs. 2 Satz 2 OECD-MA).

II. Der Verfahrensablauf in Deutschland

Ein APA Verfahren in Deutschland kann typischerweise in folgende Phasen eingeteilt werden:
1. Die Phase der Eröffnung des Verfahrens - Pre Filing Phase
2. Phase der Antragstellung
3. Die Phase des Vorabverständigungsverfahrens mit dem Ergebnis der Verhandlungen
4. Die Umsetzungsphase
5. Maßnahmen während der Laufzeit des Verfahrens

Darüber hinaus gibt das Merkblatt in Tz. 7 weitere Hinweise über Änderungsanträge, die Folgen einer Rücknahme eines APA Antrages, die Rückwirkung sowie die Verlängerung bestehender APAs. Tz. 8 des Merkblatts liefert Hinweise für ein vereinfachtes Verfahren für kleinere und mittlere Unternehmen.[13]

Das Merkblatt regelt in Kapitel 2 die Zuständigkeiten, die Möglichkeiten von Vorgesprächen sowie die Antragsvoraussetzungen.[14] Die **Pre Filing Phase** dient der Kontaktaufnahme mit den zuständigen Behörden, u. a. um zu klären, ob ein APA Antrag auf Erfolg haben kann. In dieser Phase kann auch über einen Berater zunächst in anonymer Form agiert werden, ohne die Identität des Steuerpflichtigen preiszugeben.[15]

Die **Phase der Antragstellung** erfolgt dann unter Einreichung detaillierter Antragsunterlagen.[16] Die deutsche Finanzverwaltung hat zu diesem Zweck einen umfangreichen Anforderungskatalog an die einzureichenden Unterlagen und Informationen veröffentlicht.[17] Diese gelten als Voraussetzung für den Antrag.

Der Steuerpflichtige hat grundsätzlich die folgenden Angaben für die Einreichung eines bi- oder multilateralen APA-Antrages zu machen:

1. Betroffene Unternehmen
    a. In Deutschland betroffene(s) Unternehmen bzw. Betriebsstätte(n)
        - Name(n):
        - Adresse(n):
        - ggf. gegründet oder umgewandelt, verschmolzen am:
    b. Im anderen Staat/in anderen Staaten betroffene(s) Unternehmen bzw. Betriebsstätte(n)
        - Name(n):
        - Adresse(n):
        - ggf. gegründet oder umgewandelt, verschmolzen am:
2. Steuerjahre, für die das APA gelten soll

---

[13] Vgl. Tz. 7 und 8 des Merkblatts
[14] Vgl. Kapitel 2 des Merkblatts.
[15] Vgl. Tz 2.2.des Merkblatts.
[16] Vgl. Kapitel 3 des Merkblatts.
[17] Vgl. auch Anlage zum Merkblatt mit dem Titel „Erforderliche Angaben für die Einreichung eines bi- oder multilateralen APA-Antrages"

Schmid

3. Beteiligungsverhältnis zwischen dem/den inländischen und dem/den ausländischen Unternehmen
4. Beschreibung der Konzernstruktur und der Stellung des/der betroffenen inländischen und des/der ausländischen Unternehmen(s) im Konzern
5. Wirtschaftliche Situation des Unternehmens/der Betriebsstätte in Deutschland
    - (Voraussichtliche) Gewinn/Verlustsituation vor dem APA-Zeitraum (5 Jahre)
    - (Voraussichtliche) Gewinn/Verlustsituation im APA-Zeitraum (i. a. 5 Jahre)
    - Steuerliche Auswirkung des APAs (Mehrsteuern/Steuererstattungen, Minderung/Erhöhung von Verlustvorträgen)
6. Wirtschaftliche Situation des Unternehmens/der Betriebsstätte im Ausland
    - (Voraussichtliche) Gewinn/Verlustsituation vor dem APA-Zeitraum
    - (Voraussichtliche) Gewinn/Verlustsituation im APA-Zeitraum
    - Steuerliche Auswirkung des APAs (Mehrsteuern/Steuererstattungen, Minderung/Erhöhung von Verlustvorträgen)
7. Allgemeine Beschreibung des Unternehmensgegenstandes und der Geschäftsbeziehungen zwischen den betroffenen in- und ausländischen Unternehmen
8. Beschreibung der Geschäftsbeziehungen, die vom APA erfasst werden sollen
9. Beschreibung der Geschäftsbeziehungen, die nicht vom APA erfasst werden
10. Verrechnungspreisproblem

    Angabe eines kurzen Stichworts, wie z. B. Berechnung einer angemessen Vergütung für das Produktions- oder Vertriebsunternehmen, Lizenzen, Zinsen, Dienstleistung im Konzern, Kostenumlage, etc.
11. Angaben zum geplanten Verrechnungspreissystem
    - Beschreibung der Funktionen, Risiken sowie des verwendeten Vermögens der betroffenen Unternehmen
    - Beschreibung der vor dem beabsichtigten APA-Zeitraum angewandten
    - Verrechnungspreismethode
    - Begründung der im Rahmen des APA vorgesehenen Beibehaltung oder
    - Änderung der vorhandenen Verrechnungspreismethode
    - Angaben zu ggf. herangezogenen Vergleichswerten von Vergleichsunternehmen
    - oder zu sonstigen Quellen für angewandte Vergleichsdaten
12. Anlagen

    Dem APA-Antrag sind bei einem Antrag in Deutschland folgende Anlagen beizufügen:
    - Maßgebende Verträge
    - Die Bilanzen und GuV-Rechnungen aus dem letzten Prüfungszeitraum vor dem APA-Zeitraum
    - Sämtliche Dokumente, die die Anerkennung der vorgeschlagenen Verrechnungspreismethode begründen sollen

Schmid

Die Anlage zum Merkblatt vom 5.10.2006 enthält einen Musterantrag, der dem APA Antrag zugrunde gelegt werden kann.[18] Die vorstehend genannten Informationen kann der Steuerpflichtige von der Internetseite des Bundeszentralamtes für Steuern herunterladen.[19]

Weiterhin regelt Tz. die Gültigkeitsbedingungen („critical assumptions") des APAs und nennt einen Katalog von bestimmten Einzelaspekten[20] wie z. B. gleich bleibende Beteiligungsverhältnisse, Marktverhältnisse, Währungskurse, Zinssätze, Funktions- und Risikoverteilung, Geschäftsmodell, u. a..

Die Laufzeit diskutiert das Merkblatt in Tz. 8 und geht von nicht unter 3 Jahren und nicht mehr als 5 Jahren aus.[21]

Die Entscheidung über den APA-Antrag ist eine Interessenabwägung der Finanzverwaltung gem. Tz 3.9. und mündet bei Ablehnung in einem Verwaltungsakt gem. & 118 AO.

Die Durchführung des Vorabverständigungsverfahrens (VVV)

Das Merkblatt regelt in Tz. 4 den Ablauf des eigentlichen Vorabverständigungsverfahrens detailliert, u.a. durch Ausführungen zur Rolle des Antragsstellers, die Zusammenarbeit zwischen Bundes- und Landesbehörden, die Zusammenarbeit mit dem anderen Staat, den Abschluss des VVV mit dem anderen Staat sowie die verfahrensrechtlichen Bestimmungen zur Zustimmung des Antragstellers.[22]

Der allgemeine Teil gibt dabei Handlungsempfehlungen an die beteiligten Finanzverwaltungen für das Management des APA-Verfahrens, um das Verfahren zügig und reibungslos durchzuführen.[23] Die Rolle und die Mitwirkungspflichten des Antragstellers im Verlauf des Verfahrens und die Möglichkeiten das Verfahren abzubrechen sind in Tz. 4.2. dargelegt. Im Fall des Abbruchs eines Verfahrens ist die Finanzverwaltung berechtigt, die gewonnenen Erkenntnisse in künftigen Betriebsprüfungen zu verwenden.[24]

Nach Unterzeichnung des Vorabverständigungsvereinbarung mit dem anderen Staat informiert das BZSt unverzüglich den Antragsteller schriftlich über das Ergebnis, dem der Antragsteller unverzüglich seine Zustimmung zu erteilen hat.[25] Weiterhin hat der Antragsteller zu erklären, dass er den zugrunde gelegten Sachverhalt erfüllt, die Gültigkeitsbedingungen einhält werden und er die jährliche Reports zur Verfügung stellt.[26]

Im 5. Kapitel des Merkblatts ist die **Umsetzungsphase** des APAs sowohl im Inland wie auch im anderen Staat beschrieben.[27]

Während der Laufzeit des APAs hat der Antragsteller umfangreiche Berichtspflichten zu erfüllen. So ist beispielsweise ein jährlicher Bericht („compliance report") einzureichen, mit dem

---

[18] Musterformulierung für eine Vorabverständigungsvereinbarung.

[19] Informationen sind verfügbar unter http://www.bzst.bund.de unter dem Kapitel „Advance Pricing Agreements".

[20] Vgl. Tz. 3.7. des Merkblatts.

[21] Vgl. Tz. 3.8. des Merkblatts.

[22] Vgl. Tz. 4 des Merkblatts.

[23] Vgl. Tz. 4.1. des Merkblatts.

[24] Vgl. Tz. 4.2. i V. m. Tz. 1.3. des Merkblatts.

[25] Vgl. Tz. 4.6. des Merkblatts.

[26] Vgl. Tz .4.6. des Merkblatts.

[27] Vgl. Tz. 5 des Merkblatts.

Steuerpflichtige darlegt, dass der zugrunde gelegte Sachverhalt verwirklicht wurde und die Gültigkeitsbedingungen erfüllt wurden.[28] Auf Abweichungen muss ausdrücklich hingewiesen werden. Dieser jährliche Bericht ist bis zum Ablauf der gesetzlichen Steuererklärungsfrist beim BZSt und der örtlich zuständigen Landesfinanzbehörde einzureichen. Der Jahresbericht wird federführend vom BZSt überprüft. Im Fall der Erfüllung des zugrunde gelegten Sachverhaltes sind die Finanzbehörden an das APA gebunden, eine Abweichung ist nicht zulässig.[29] Die Bindung der Finanzverwaltung entfällt jedoch, sofern die Gültigkeitsbedingungen nicht erfüllt sind.

Der Steuerpflichtige ist zur Verwirklichung des Sachverhalts nicht verpflichtet, nimmt damit jedoch die Beschränkung oder Aufhebung des APA in Kauf.[30] Die Textziffer erläutern die negativen Folgen für die Gültigkeit des APAs insgesamt im falle der Nichtverwirklichung des Sachverhalts und der Nichterfüllung der Gültigkeitsbedingungen.

Das 7. Kapitel geht auf weitere Aspekte im Zusammenhang mit dem APA-Verfahren ein. So kann ein APA beispielsweise auch rückwirkend beantragt werden und Zeiträume erfasst werden, die der vereinbarten Laufzeit des APA vorausgehen („Roll back"). Dies ist möglich, wenn der Sachverhalt in der Vergangenheit dem in der Zukunft genau entspricht.[31] Auch die Verlängerungsmöglichkeiten und die dazu erforderlichen Voraussetzungen sind Bestandteil dieses Kapitels. Abschließend setzt sich dieses Kapitel mit den Erstkorrekturen durch einen unbeteiligten Drittstaat und einer daraus entstehenden Doppelbesteuerung auseinander. In diesem Fall treten die deutsche Finanzverwaltung und ggf. der am APA beteiligte Staat in ein Verständigungsverfahren mit dem Drittstaat ein.[32]

Für die Bearbeitung eines Vorabverständigungsverfahrens sieht § 178a Abgabenordnung eine Gebührenregelung vor. Bei Beantragung eines APAs fällt eine Gebühr in Höhe von € 20.000 an. Die Verlängerungsgebühr beträgt € 15.000, die Änderungsgebühr € 10.000. Für kleinere und mittlere Unternehmen existieren Sonderregelungen.

III. Der praktische Umgang der deutschen Finanzverwaltung mit APAs

Die Position der deutschen Finanzverwaltung bezüglich APAs war in der Vergangenheit eher zurückhaltend. Sie war zwar zur Erteilung von APAs bereit, dies jedoch nur in Ausnahmefällen. Begründet wurde dies stets mit Personalknappheit. Hierbei ist zu berücksichtigen, dass für die Durchführung des APA-Verfahrens z. B. in den USA eigens eine besondere Prüfungsgruppe aufgebaut wurde, die im Laufe der Zeit immer mehr verstärkt wurde, um das dort propagierte APA-Verfahren überhaupt in einer größeren Anzahl von Fällen durchführen zu können. Entsprechende Schritte in Deutschland waren bis zum Jahr 2006 nicht vorgesehen. Anerkannt wurde jedoch schon in der Vergangenheit, dass in Einzelfällen der Abschluss eines APA "fast schon zwingend erforderlich oder aber besonders nützlich ist".[33] Auch im Zusammenhang mit ausländischen APA-Verfahren war die deutsche Finanzverwaltung schon früher der Meinung, dass es durchaus zweckmäßig sein kann, im Zusammenwirken mit dem ausländischen Fiskus Methoden und Details bei der Ermittlung von Verrechnungspreisen festzulegen.[34]

---

[28] Vgl. Tz. 6.1. des Merkblatts.
[29] Vgl. Tz. 6.3. des Merkblatts
[30] Vgl. Tz. 6.4. und 6.5. des Merkblatts.
[31] Vgl. Tz. 7.3. des Merkblatts.
[32] Vgl. Tz. 7.5. des Merkblatts.
[33] Vgl. *Runge* a. a. O. (oben Fn. 56), S. 48.
[34] Vgl. *Runge* a. a. O. (oben Fn. 56), S. 46.

Die zögernde Haltung hat sich jedoch mit der Veröffentlichung der deutschen APA Richtlinien im Jahr 2006 geändert. Die Deutsche Finanzverwaltung setzt sich zunehmend für die Anwendung des Instruments APA ein und sieht darin einen Weg frühzeitig in den Dialog über Verrechnungspreissachverhalte einzutreten. Die Zuständigkeiten innerhalb der deutschen Finanzverwaltung haben sich ebenfalls geändert, so ist nicht mehr das Bundesministerium der Finanzen in Berlin, sondern das Bundeszentralamt für Steuern in Bonn für die Bearbeitung von APA Verfahren zuständig. Das dortige APA Team soll dem Vernehmen nach weiter ausgebaut werden.

E. APA-Verfahren in Europa

I. APA-Programme in den Mitgliedsstaaten

Die Initiative der EU-Kommission mit der Einrichtung des JTPF hat im Ergebnis größeres Interesse vieler Mitgliedsstaaten sowie einen transparenteren Überblick geschaffen. In den europäischen Mitgliedsstaaten sind zum Teil bereits sehr umfangreiche APA-Programme in Kraft, weitere sind bereits in Vorbereitung und werden folgen. Der folgende Überblick liefert eine Momentaufnahme bestehender Regelungen in der EU: [35] [36]

Land:	Sind APAs als Teil der Doppelbesteuerungsabkommen möglich?	Welche Arten von Advance Pricing Agreement (APA) sind möglich?	Gebühren für die Beantragung eines APAs?
Belgien	Ja	Unilateral (Advance rulings); Bilateral; Multilateral	Nein
Bulgarien	Ja	Keine APA Regelungen in Kraft	Nein
Dänemark	Ja	Unilateral, Bilateral, Multilateral, Advance rulings	Die Gebühr beträgt DKK 300 pro Transaktion. Im Fall der Einbindung weiterer Steuerpflichtiger beträgt die Gebühr DKK 9.500 pro Transaktion.
Deutschland	Ja	Bilaterale, Multilaterale APAs möglich. Unilaterale APAs werden von der deutschen Finanzverwaltung grundsätzlich nicht unterstützt	Grundsätzlich: 20.000 € (15.000 für die Verlängerung eines APAs; Erleichterung für KMUs: €10.000 (€7.500);
Estland	Ja	APAs oder Advance rulings irgendwelcher Art möglich. Bilaterale APAs sind grundsätzlich unter den MAP-regelungen der DBAs möglich.	Nein

---

[35] Vgl. dazu auch Übersicht des EU JTPF 2009 und eigene Recherchen.
[36] Für eine internationale Übersicht siehe auch *Grotherr* in IWB 2005, Fach 10, Internationale Gruppe 2, 1823.

Finnland	Ja	Advance rulings (unilaterale APA). Theoretisch sind auch bilaterale and multilaterale APAs möglich, sofern die DBAs das zulassen. Keine APA Guidelines in Kraft.	Je nach Umfang und Zeitaufwand zwischen 1,480 und 2,200 Euro.
Frankreich	Ja	Unilateral; Bilateral; Multilateral	Nein
Griechenland	Ja	Keine APA Regelungen in Kraft	Nein
Großbritannien	Ja	Unilateral; Bilateral	Nein
Irland	Ja	Bilaterale APAs im Rahmen von DBAs. Multilaterale APAs möglich als Zusammensetzung mehrerer bilateraler APAs möglich.	Nein
Italien	Ja	Unilateral; Advance rulings	Nein
Lettland	Ja	Keine APA Regelungen in Kraft	Nein
Litauen	Ja	Keine APA Regelungen in Kraft	Nein
Luxemburg	Ja	Keine APA Regelungen in Kraft, jedoch im Rahmen von DBAs möglich. Advance rulings möglich.	Nein
Malta	Ja	Keine APA Regelungen in Kraft	Nein
Niederlande	Ja	Folgende APAs möglich: Unilateral; Bilateral; Multilateral; Advance rulings möglich	Nein
Österreich	Ja	Advance rulings möglich; Erstmals APA verhandelt.[37] Keine Guidelines in Kraft.	Nein

---

[37] Vgl. *Dommes, Gahleitner, Steiner* in SWI 2009, S. 56 ff.

Polen	Ja	Folgende APAs möglich: Unilateral; Bilateral; Multilateral. Seit 2006 sind APA Guidelines in Kraft.[38]	Die Gebühr beträgt 1% des Wertes der Transaktion mit den folgenden Bedingungen: für nationale unilaterale Agreements – mindestens PLN 5,000 und höchstens PLN 50,000; für unilaterale Agreements über die Grenze mindestens PLN 20,000, maximal PLN 100,000; für bilaterale oder multilaterale APAs mindestens PLN 50,000, maximal PLN 200,000. Anträge auf Verlängerung die Hälfte der ursprünglichen Gebühren.
Portugal	Ja	APA Regelungen in Vorbereitung	Nein
Rumänien	Ja	Folgendes APAs möglich: Unilateral; Bilateral; Multilateral; Advance rulings.	Die Gebühren betragen 20.000 Euro for große Unternehmen und Unternehmen mit einem Gesamtwert der Transaktionen i. H. v. 4.000.000 Euro. Die Gebühren betragen 10.000 Euro sonstige. Für Änderungen: 15.000 Euro für große Unternehmen w. o. sowie 6.000 Euro für sonstige. Die Gebühren betragen für **Advance tax rulings** 1.000 Euro.
Schweden	Ja	Keine APA oder advance ruling Regelungen vorhanden; APA's im Rahmen von DBAs möglich	Nein
Slowakei	Ja	Unilaterale APAs möglich	Nein
Slowenien	Ja	Keine APAs oder advance rulings möglich	Nein
Spanien	Ja	Folgende APAs möglich: Unilateral; Bilateral; Multilateral	Nein
Tschechien	Ja	Regelungen zur Preisvereinbarung vorhanden.	CZK 50,000

---

[38] Vgl. *Wojcieszyk-Kluge*, Die neuen Advanced Pricing Agreeements im polnischen Steuerrecht, IStR 5/2006 S. 176 ff.

Ungarn	Ja	Folgende APAs möglich: Unilateral, bilateral, multilateral.	Die Gebühr beträgt 1 % des Transaktionswertes mit folgenden Einschränkungen: unilaterale APAs mindestens 5M HUF, maximal 12M HUF; bilaterale APAs mindestens 10M HUF, maximal 17M HUF; multilaterale APAs mindestens 15M HUF, maximal 20M HUF.
Zypern	Ja	APA Regelungen nicht vorhanden, APAs auf Antrag möglich.	Nein

Im Ergebnis sind in den meisten Mitgliedsstaaten APA-Verfahren möglich und erlaubt. Die meisten der von multinationalen EU-Unternehmen abgewickelten bi- oder multilateralen APA-Verfahren betreffen Verfahren mit Nicht-Mitgliedsstaaten, meist den USA. Zunehmend mehr Mitgliedsstaaten ermuntern ihre Steuerpflichtigen zu APA-Verfahren. Dahinter steht jedoch auch ein großes Interesse seitens der Finanzverwaltungen an einem frühzeitigen Zugang zu Daten und Informationen aus den Unternehmen.[39]

II. Haltung der EU-Kommission

Die EU-Kommission nahm in ihrem Bericht zur Unternehmensbesteuerung in der EU vom 23. 10. 2001[40] umfangreich zu APAs Stellung. Sie beschreibt – ohne auf einzelne Mitgliedsstaaten einzugehen – die Situation in Europa und stellt fest, dass APAs in der EU noch nicht sehr weit entwickelt sind.[41] Dieser Bericht kann als Ausgangspunkt der EU-Kommission betrachtet werden, dem Instrument APA künftig eine größere Bedeutung beizumessen.

Die Kommission kommt zu dem Ergebnis, dass die praktische Anwendung von APA-Programmen komplex, zeitaufwendig und teuer ist. Die Dokumentationserfordernisse könnten in APA-Verfahren durchaus noch höher sein als in normalen Verfahren. Sie sieht den Austausch von vertraulichen Informationen anhand des APA-Verfahrens als großen Nachteil für die Unternehmen. Die Kosten und der Personalaufwand aus Sicht der Finanzverwaltung sind erheblich und für einzelne Finanzverwaltungen ebenso nachteilig wie mangelnde Erfahrung mit APA-Verfahren.

Die EU-Kommission kommt dennoch zu dem Schluss, dass die Mitgliedsstaaten ermuntert werden sollten, APA-Verfahren in wichtigen Transferpreisfällen stärker in Betracht zu ziehen. Sie hält es jedoch für verfrüht, EU-Leitlinien über multilaterale APAs auf den Weg zu bringen. Denkbar sind vereinfachte Verwaltungsverfahren in Form von "Mini-APAs" für kleinere und mittlere Unternehmen.[42]

Die EU-Kommission als Folge im Jahr 2002 hat ein ständiges EU-Transferpreisforum mit zunächst 25 Vertretern aus Finanzverwaltung (15 Vertreter) und Wirtschaft (10 Vertreter) eingerichtet. Im Jahr 2006 hat das Gremium Handlungsempfehlungen veröffentlicht, wie künftig das Instrument der APAs im Sinne eines einheitlicheren Umgangs anzuwenden sei.

---

[39] Vgl. dazu *Zschiegner*, IWB F. 8 USA Gr. 2 S. 1067.
[40] Vgl. Europäische Kommission, Arbeitsdokument der Dienststellen der Kommission – Unternehmensbesteuerung in Europa vom 23. 10. 2001 (COM (2001) 582 endg.), S. 384 ff.
[41] Vgl. Europäische Kommission a. a. O., 2001, S. 304.
[42] Vgl. Europäische Kommission a. a. O., 2001, S. 385.

Schmid

Das Forum hat zuvor die praktischen Schwierigkeiten untersucht, die sich bei der Anwendung der steuerlichen Verrechnungspreisregelungen im EU-Binnenmarkt und der Umsetzung des Schiedsübereinkommens ergeben. Die Kommission sieht u. a. in APA-Verfahren eine Möglichkeit zur Bewältigung dieser Schwierigkeiten und beabsichtigt diese zu stärken und vereinfachte Verfahren, sog. Mini-APA's, in diesem Forum zu entwickeln, die insbesondere auch für kleinere Unternehmen anwendbar sind.

Im Jahr 2005 hat die EU-Kommission als Ergebnis der Diskussionen zwischen Finanzverwaltung und Unternehmensvertretern mehrere Dokumente veröffentlicht, die Hilfestellung bei der Anwendung von APAs bieten und zahlreiche praktische Empfehlungen enthalten. In Form von Fragen an die Forumsteilnehmern und deren Antworten werden zahlreiche Einzelaspekte erläutert sowie Vor- und Nachteile erörtert

Die EU-Kommision hat am 26. 2. 2007 in Form einer Mitteilung an den Rat, das Europäische Parlament und den Europäischen Wirtschafts- und Sozialausschuss über die Tätigkeit des JTPF berichtet und Leitlinien für Verrechnungspreiszusagen (APAs) veröffentlicht.[43] Diese Leitlinien sind letztendlich Handlungsempfehlungen für die EU-Mitgliedsstaaten bei der Schaffung und Implementierung nationaler APA Regelungen.

Innerhalb Europas hat beispielsweise auch die Türkei als Beitrittskandidat zur EU zwischenzeitlich mit Wirkung vom 1. 1. 2007 ein nationales APA-Regime eingeführt.[44] Schweden, Finnland, und Norwegen diskutieren die Schaffung spezieller APA Richtlinien.

F. Das APA Verfahren in den USA

Die US-Finanzverwaltung gelten neben Japan als Vorreiter für die Anwendung von APA Verfahren. Die USA haben bereits im Jahr 1990 den Entwurf einer Verwaltungsregelung veröffentlicht, die Verrechnungspreisprüfungen von verbundenen internationalen Unternehmen vereinfachen sollte. Grundgedanke war, spätere Streitigkeiten in der Betriebsprüfung über die "Richtigkeit" eines Verrechnungspreises zu vermeiden, indem bereits vor Durchführung der Transaktion eine bindende Vereinbarung zwischen dem betroffenen US-Unternehmen und der US- Finanzverwaltung über den künftigen Verrechnungspreis getroffen wurde. Es wurde eine Vereinbarung über einen Verrechnungspreis im Vorhinein angestrebt (Advance Pricing Agreement, APA). Die heute gültige Fassung der einschlägigen Verwaltungsvorschrift (§ 1 Rev. Proc. Updated) definiert ein APA wie folgt:

"An APA is an agreement between the Service and the taxpayer on the transfer pricing method to be applied to any appointment or allocation of income, deductions, credits, or allowances between or among two or more organizations, trades, or businesses owned or controlled, directly or indirectly, by the same interests. An APA may relate to any transaction(s) between related partys that raises such appointment or allocation issues."

Die USA werben seither für ihr APA-Konzept national und international auf breiter Front. In der Folge haben zunehmend mehr Staaten eigene APA-Regelungen erlassen, die sich z. T. auch an der US-Regelung mit mehr oder weniger großen Abweichungen orientieren. Als Folge hat ein Kapitel über APAs im Verrechnungspreisbericht der OECD von 1995 (OECD Transfer Pricing Guidelines) Aufnahme gefunden. Ende des Jahres 1999 hat die OECD im Anhang besondere Richtli-

---

[43] Siehe Kommissionsdokument KOM (2007) 246 vom 26. 2. 2007
[44] Vgl. dazu *Ozeke* in IFLR 2008.

nien über das Verfahren herausgegeben (Guidelines for Conducting Advance Pricing Agreements under the mutual Agreement Procedure, MAP APAs).

In den USA ist das APA-Verfahren durch eine zur Ausfüllung der Sec. 482 IRC ergangene Verwaltungsregelung sehr detailliert geregelt. Dabei handelt es sich um die Installation eines eigenständigen, formalisierten Verfahrens mit einer stringenten Abfolge von Verfahrensschritten, nämlich einem Vorgespräch ("pre-filing conference"), der Einreichung des Gesuchs um Abschluss eines APA (APA Submission), der eigentlichen Untersuchung und Verhandlung (Evaluation and Negotiation Process) und dem Abschluss des APA.

I. Das Vorverfahren mit dem Vorgespräch

Das Vorgespräch hat auch in den USA den Zweck, festzustellen, ob das APA-Verfahren für den konkreten Steuerpflichtigen überhaupt sinnvoll ist.[45] Das Initiativrecht obliegt dem nachsuchenden Unternehmen. Das Unternehmen hat dabei die Möglichkeit, seine Identität gegenüber der US-Finanzverwaltung zunächst nicht preiszugeben. Ein Berater kann zunächst ohne Namensnennung seines Mandanten Vorgespräche mit dem IRS aufnehmen. Sollte sich bei dieser sondierenden Kontaktaufnahme ergeben, dass ein Eintritt in das eigentliche APA-Verfahren für das Unternehmen nicht sinnvoll erscheint, kann das Vorverfahren ohne Preisgabe der Identität des Unternehmens abgebrochen werden.

Mit dem Angebot von Vorgesprächen verfolgt Finanzverwaltungen mehrere Ziele. Die Vorgespräche ermöglichen dem Steuerpflichtigen, die Erfolgsaussichten der von ihm vorgeschlagenen Methode in Erfahrung zu bringen. Ungeeignete Fälle können identifiziert werden, bevor das eigentliche Verfahren eingeleitet wird und eine Gebühr bezahlt wird. Vorgespräche liefern den Steuerpflichtigen darüber hinaus Informationen über das Verfahren und den Umfang der einzureichenden Unterlagen. Ferner kann die Anwendbarkeit der vorgeschlagenen Verrechnungspreismethode geprüft und der Zeitplan für die Untersuchung im Hauptverfahren festgelegt werden.[46]

Erfahrungsgemäß wählen die meisten Steuerpflichtigen, die ein APA-Verfahren beschließen, den Weg über das Vorgespräch.[47]

Im Vorgespräch werden üblicherweise folgende Punkte behandelt:

▶ Beschreibung der beteiligten Konzernunternehmen, Organisationsstrukturen und betroffene Produkte,
▶ Rechtsbeziehungen zwischen den beteiligten Konzernunternehmen,
▶ Betroffene Liefer- und Leistungsbeziehungen und Abrechnungsverfahren, Anwendungszeitraum,
▶ Beschreibung der Marktbedingungen, Geschäftsstrategie des Konzerns, Funktions- und Risikoverteilung bei den betroffenen Konzernunternehmen, einschließlich der ggf. betroffenen immateriellen Wirtschaftsgüter,
▶ Verfügbarkeit von Vergleichsdaten und Wege zur Beschaffung von Vergleichsdaten,
▶ Vorgeschlagene Verrechnungspreismethode,

---

[45] Vgl. § 4.02 Rev. Proc
[46] Vgl. § 4 Rev. Proc.
[47] Vgl. *Zschiegner*, IWB F. 8 USA Gr. 2 S. 693.

- Mögliche entscheidungserhebliche Grundannahmen (critical assumptions) und Randprobleme, wie z. B. Kostenallokation
- Erörterung der Frage, wie sich etwaige korrespondierende Berichtigungen in den beteiligten Staaten auswirken,
- Überschlägige Kostenberechnung für das APA-Verfahren und ggf. Hinzuziehung unabhängiger Sachverständiger,
- Erörterung des Zeitrahmens für das gesamte APA-Verfahren bis zum Abschluss des APA,
- Erörterung ggf. bereits anhängiger Betriebsprüfungen oder Rechtsmittelverfahren in den beteiligten Staaten sowie ihrer Auswirkungen auf das APA-Verfahren.

II. Antragsstellung

Die US-Finanzverwaltung erwartet von dem Antragsteller ebenfalls sehr substantiierte Angaben über den Sachverhalt, die Suche von Vergleichsdaten sowie deren Analyse im Hinblick auf die in den USA angewandte best-method-Doktrin. Der Antragsteller soll zugleich die Verrechnungspreismethode vorschlagen, die ihm zur Ermittlung des Fremdvergleichspreises am geeignetsten erscheint.

Diese Anforderungen stellen eine Leitlinie dar, an der sich das antragstellende Unternehmen orientieren soll, um die Verfahrenskosten möglichst niedrig zu halten. Der Antragsteller kann aber auch abweichende Materialien und Gesichtspunkte in das Verfahren einbringen.[48]

Nach der letztgenannten Vorschrift muss der Antragsteller zur Unterstützung seines Vorschlags alle entscheidungserheblichen Daten hinsichtlich der Unternehmen, Märkte und Länder vortragen, für die das APA gelten soll. Dazu gehören z. B. Angaben über die betroffenen Unternehmenstätigkeiten (Funktionen, Risiken, wirtschaftliche Rahmenbedingungen, vertragliche Vereinbarungen und betroffene Produkte) in den jeweiligen Konzernunternehmen, für die das APA gelten soll. Ferner verlangt die US-Finanzbehörde von dem Antragsteller Angaben über vergleichbare Geschäftsbeziehungen zwischen fremden Dritten, soweit sie vorhanden sind.

Hier liegt einer der zentralen Problempunkte des gesamten APA-Verfahrens. Nach Meinung der US-Finanzverwaltung hat der Antragsteller nicht nur Angaben über die Geschäftstätigkeit, die eingesetzten Mittel und die wirtschaftlichen Kosten und Risiken konkurrierender Unternehmen oder eventuell vergleichbarer Unternehmen anderer Branchen zu machen. Er soll ferner substantiiert darlegen, inwieweit sich seine eigenen Unternehmensdaten von den angeführten Vergleichsdaten unterscheiden. Es wird dem Antragsteller in aller Regel nicht möglich sein, solche Vergleichsdaten zu beschaffen und darzulegen, inwieweit die Verhältnisse beim Antragsteller anders gelagert sind, da Konkurrenzdaten zu den bestgehüteten Unternehmensgeheimnissen gehören. In den meisten Fällen wird nur ein Rückgriff auf allgemein zugängliche Vergleichsdaten möglich sein. Bei denen sind aber meist die dahinterstehenden Zusammenhänge nicht erkennbar, so dass die Vergleichbarkeit letztlich fraglich bleibt.

Gestützt auf diese höchst unsichere Basis soll dann der Antragsteller eine vergleichende Analyse vornehmen und darlegen, welches aus seiner Sicht die "beste" Verrechnungspreismethode ist und wie weit seiner Meinung nach eine mögliche Schwankungsbreite (range of expected arm's length results) ist.[49]

---

[48] Vgl. § 5.04 Rev. Proc.
[49] Vgl. dazu § 5.04 Rev. Proc.

III. Das APA-Hauptverfahren

Die US-Finanzverwaltung prüft den Antrag auf Abschluss eines APA erfahrungsgemäß binnen 45 bis 60 Tagen nach Antragseingang. Die zuständige Behörde bildet ein multifunktionales Expertenteam zur Untersuchung des Lösungsvorschlages des Antragstellers und der eingereichten Unterlagen. Für die Bearbeitung der Sache ist innerhalb der US-Finanzverwaltung eine spezielle Stelle zuständig (Office of Associate Chief Counsel (International)).[50] Diese Behörde arbeitet mit der örtlichen Finanzbehörde (district office) und einer weiteren Stelle innerhalb der US-Finanzverwaltung (Office of the Assistant Commissioner (International)) zusammen. Die letztgenannte Stelle ist u. a. für das Verständigungsverfahren mit der ausländischen Finanzverwaltung zuständig.

Das Prüfungsteam der US-Finanzverwaltung setzt sich aus Spezialisten aus den verschiedensten Bereichen zusammen. Neben nationalen und internationalen US-Betriebsprüfern werden auch EDV-Experten, Betriebswirte und Rechtssachverständige aus verschiedenen Bereichen in das Verfahren einbezogen.

Nach einer ersten Prüfung des Antrags wird der Antragsteller zu einer Diskussionsrunde geladen. Dort werden die Sachverhaltsgestaltung (ggf. mit der Bitte um weitere Erläuterungen), die anzuwendende Verrechnungspreismethode, die Frage einer möglichen Schwankungsbreite (range), Fragen des betreffenden DBA sowie ggf. noch andere Gesichtspunkte behandelt. Anschließend kann es zu Augenscheinseinnahmen in dem betroffenen US-Unternehmen und ggf. auch in dem ausländischen Unternehmen kommen, vorausgesetzt, die dortige Finanzbehörde stimmt dem zu. Das Prüfungsteam stellt dann ggf. auch noch weiter gehende tatsächliche und rechtliche Untersuchungen an. Der Antragsteller hat auf Aufforderung auf eigene Kosten einen unabhängigen Sachverständigen zu stellen.[51] In der Praxis kommt das offenbar jedoch selten vor.

Das Verfahren gestaltet sich naturgemäß deutlich komplizierter, wenn das Unternehmen den Abschluss eines bilateralen oder multilateralen APA beantragt. In einem solchen Fall sind zusätzlich Verhandlungen zwischen den beteiligten Finanzverwaltungen erforderlich. Ziel eines solchen Verfahrens ist die Bündelung eines APA mit einer Verständigungsvereinbarung zwischen den beteiligten Finanzverwaltungen auf der Grundlage des jeweiligen DBA. Die Ausarbeitung solcher Vereinbarungen kann erheblichen Zeit- und Personalaufwand erfordern und ist für den Antragsteller entsprechend kostenaufwendig. Andererseits verliert das APA-Verfahren seinen Sinn, wenn zwischen Antragstellung und Entscheidung eine längere Frist verstreicht. Die US-Finanzverwaltung hat hierzu öffentlich erklärt, dass sie spätestens 9 bis 12 Monate nach Antragstellung zu einer Entscheidung kommen will.[52]

IV. Der Inhalt eines APA

Von Seiten der US-Finanzverwaltung wird häufig, der eigentliche Sinn eines APA liege in der Festlegung einer bestimmten Verrechnungspreismethode und nicht in der Festlegung eines bestimmten steuerlichen Ergebnisses. Nach der US-Verrechnungspreisdoktrin soll mit dem APA die Festlegung einer Methode erreicht werden, von der erwartet wird, den objektiv richtigen, am Fremdvergleichsgrundsatz ausgerichteten Verrechnungspreis zu finden. Da andererseits der US-Fiskus davon ausgeht, dass sich der objektiv richtige Verrechnungspreis auch innerhalb einer

---

[50] Vgl. § 6.06 Rev. Proc.
[51] Vgl. § 8 Rev. Proc.
[52] Vgl. dazu auch *Zschiegner*, IWB F. 8 Gr. 2 S. 755.

gewissen Schwankungsbreite (range) bewegen kann, spielt die Festlegung einer "Bandbreite" in den APAs eine wichtige Rolle.

APAs weisen im Wesentlichen die folgenden Elemente auf:

- Sachverhaltsdarstellung[53] unter Nennung der betroffenen Transaktionen,[54]
- rechtliche Wirkung,[55]
- Geltungsdauer,[56]
- anzuwendende Verrechnungspreismethode,[57]
- Buchführungs- und Bilanzierungsfragen,[58]
- kritische Grundannahmen,[59]
- kompensierende Anpassungen,[60]
- Verständigungsverfahren[61] sowie Regelungen über den Widerruf, Außerkraftsetzen, Abänderung und Beendigung.[62]

Ferner sind eine jährliche Berichtspflicht des Unternehmens[63] und die Möglichkeit einer Überprüfung[64] vorgesehen. Das APA kann auch verlängert werden.[65] Der Inhalt eines APA ist vertraulich.[66] Ein APA wird typischerweise für einen Zeitraum von 3 bis 5 Jahren abgeschlossen. Das Unternehmen ist während der Laufzeit des APA in gewissem Umfang zu Anpassungen seiner Verrechnungspreise berechtigt. Andererseits kann das APA gewisse kritische Grundannahmen (critical assumptions) definieren, die die Grundlage für das APA bilden. Wenn diese Grundannahmen nicht (mehr) zutreffen, entfällt – nach deutscher Terminologie – die Geschäftsgrundlage für das APA. Kritische Grundannahmen sind objektive unternehmerische oder wirtschaftliche Gesichtspunkte, die die Basis für die seitens des Unternehmens vorgeschlagene Verrechnungspreismethode bilden. Diese "critical assumptions" stellen aus unternehmerischer Sicht einen erheblichen Unsicherheitsfaktor dar, der dem jeweiligen APA anhaftet. Damit wird der Sinn des APA, dem Unternehmen für eine bestimmte Periode Planungssicherheit zu geben, unter Umständen in Frage gestellt.

---

[53] Vgl. § 5.03(2) Rev. Proc.
[54] Vgl. § 3.03(b) Rev. Proc.
[55] Vgl. § 9 Rev. Proc.
[56] Vgl. § 5.09 Rev. Proc.
[57] Vgl. § 5.02 Rev. Proc.
[58] Vgl. § 5.03(8) Rev. Proc.
[59] Vgl. § 5.07 Rev. Proc.
[60] Vgl. § 10.02 Rev. Proc.
[61] Vgl. § 7 Rev. Proc.
[62] Vgl. § 10.05 bis § 10.07 Rev. Proc.
[63] Vgl. § 10.01 Rev. Proc.
[64] Vgl. § 10.03 Rev. Proc.
[65] Vgl. § 10.08 Rev. Proc.
[66] Vgl. § 11 Rev. Proc.

V. Überwachung der APA durch die US-Finanzverwaltung

Abgeschlossene APAs unterliegen einer fortlaufenden Durchführungsüberwachung durch die US-Finanzbehörden. Das Unternehmen hat zu diesem Zweck im Rahmen seiner steuerlichen Mitwirkungspflichten einen jährlichen Bericht vorzulegen, der die tatsächliche Geschäftsentwicklung des abgelaufenen Geschäftsjahres darstellt. Dieser Bericht mit Anlagen ist innerhalb von 90 Tagen nach Abgabe der Steuererklärung für das betreffende Jahr bei der Finanzbehörde einzureichen. Der Inhalt des Berichts wird für jeden einzelnen Fall individuell in dem jeweiligen APA festgelegt. Ansonsten findet während der Geltungsdauer des APA nur ein begrenzter Kontakt zwischen dem Unternehmen und dem US-Fiskus statt, es sei denn, das Unternehmen beantragt z. B. eine Abänderung oder Verlängerung des APA.[67] Die jährlichen Berichte dienen der Überprüfung, ob sich das Unternehmen an die Vereinbarungen des APA gehalten hat.

VI. Wirkung des APA

Das APA hat Bindungswirkung für spätere Betriebsprüfungen, vorausgesetzt, dass das Unternehmen die in dem APA definierten Rahmenbedingungen eingehalten hat. Bei späteren Betriebsprüfungen wird demgemäß nur geprüft, ob das Unternehmen das APA befolgt hat ("complied in good faith with the terms and conditions of the APA"), ob die Sachdarstellung in dem APA und den jährlichen Berichten zutreffend war, die Daten und Berechnungen korrekt waren, die kritischen Grundannahmen noch gültig sind und das APA korrekt und konsequent angewandt wurde.[68] Erfüllt das Unternehmen seine Mitwirkungspflichten und gestaltet es seine Verrechnungspreise entsprechend dem APA, werden diese als dem Fremdvergleichsgrundsatz entsprechend angesehen.[69] Werden die Mitwirkungspflichten dagegen nicht erfüllt, hält sich die US-Finanzverwaltung alle Möglichkeiten von Strafen[70] bis hin zu Widerruf, Kündigung oder Neuverhandlung des APA offen.[71]

VII. Erleichterungen für kleinere Unternehmen

Da das ursprüngliche APA-Verfahren für kleinere Unternehmen vielfach zu aufwendig war, ist die US-Finanzverwaltung seit 1998 bereit, für kleinere und mittlere Unternehmen gewisse Erleichterungen zuzulassen.[72] Die Erleichterungen bestehen im Wesentlichen aus einer Verlagerung des Kerns der Verhandlungen in das Vorverfahren und einer Erleichterung der Dokumentationspflichten sowie einer Schematisierung des APA-Vertrages anhand eines vorgegebenen Vertragsmusters.[73]

VIII. Bisherige Erfahrungen mit dem APA-Verfahren in den USA

Entgegen den ursprünglich enthusiastischen Erwartungen der US-Finanzverwaltung hat das APA-Verfahren bei weitem nicht die praktische Bedeutung erlangt, die man sich von ihm versprochen hatte.[74] Die US-Finanzverwaltung veröffentlicht im Internet regelmäßig Reports über

---

[67] Vgl. § 10.01 Rev. Proc.
[68] Vgl. § 10.03 Rev. Proc.
[69] Vgl. § 9.02 Rev. Proc.
[70] Vgl. § 10.05 bis § 10.07 Rev. Proc.
[71] Vgl. § 10.03(3) Rev. Proc.
[72] Vgl. IRS Notice 98-10 vom 22. 1. 1998
[73] Zu den Einzelheiten s. *Zschiegner*, IWB F. 8 USA Gr. 2 S. 1001.
[74] Vgl. auch *Werra*, DB Heft 14 1993, S. 709.

die Bearbeitung von APA Verfahren. Die Erledigungszahlen sind mit Vorsicht zu bewerten, weil z. B. ein multilaterales APA-Verfahren, an dem drei Staaten beteiligt sind, nach der US-Statistik dreimal gezählt wird.

G. APA-Regimes in weiteren Ländern außerhalb Europas

Weitere Staaten mit bedeutenden und wegweisenden APA-Regelungen sind u.a. Japan, Kanada, China, Korea und Australien.[75] In Malaysia wird die Einführung diskutiert.

H. Bewertung von APA Verfahren

Die Diskussion um Vor- und Nachteile des APA-Verfahrens hat sich in der letzten Zeit etwas intensiviert. Zum einen hat die Europäische Kommission hier durch das JTPF für einen neuen Diskussionsschub gesorgt. Dadurch wird zum Ausdruck gebracht, dass APAs in geeigneten Fällen sowohl für den Steuerpflichtigen als auch die Steuerbehörde Vorteile mit sich bringen können.

Andererseits bleibt offensichtlich, dass ein rein unilateral abgeschlossenes APA weiterhin schwerwiegende systematische Nachteile und Gefahren für den Steuerpflichtigen mit sich bringt, weil es außerhalb des Rahmens der typischen bilateralen DBA steht und daher zahlreiche ungeklärte Fragen im Verhältnis zu dem anderen beteiligten Staat aufwirft. Den grundsätzlichen Vorteilen eines APA stehen daher insbesondere im Fall von unilateralen APAs vielfach erhebliche Nachteile gegenüber, so dass der Nutzen des Verfahrens insbesondere für diesen Teil vielfach zweifelhaft erscheint.

I. Das APA-Verfahren als Verfahren eigener Art

Ein APA geht über den Rahmen einer verbindlichen Zusage hinaus, durch die eine Steuerverwaltung lediglich ihre Auffassung zu einer Rechtsfrage darlegt, die ihr der Steuerpflichtige unterbreitet hat. Ein APA ist das Ergebnis eines sehr aufwendigen Verfahrens, in dem der Steuerpflichtige und eine Steuerverwaltung (bei unilateralen APAs) oder mehrere Steuerverwaltungen (bei bi- und multilateralen APAs) eng zusammenarbeiten, um eine Einigung über die anzuwendende Verrechnungspreismethode und gegebenenfalls auch noch weitere Parameter für künftige Transaktionen herbeizuführen. In diesem Verfahren kommt es zu einer umfangreichen Prüfung des vorgelegten Sachverhalts in tatsächlicher und rechtlicher Hinsicht.

Das APA-Verfahren unterscheidet sich deutlich von dem üblicherweise in den DBA vorgesehenen Verständigungsverfahren, die der Lösung von Konflikten zwischen den beiden beteiligten Staaten dienen. Das Verständigungsverfahren wickelt sich zwischen den beteiligten Fisci ab, während das APA-Verfahren zwischen dem Steuerpflichtigen und einer nationalen Steuerverwaltung stattfindet. Bei bilateralen oder multilateralen APAs kommt es darüber hinaus zur Beteiligung eines oder mehrerer anderer Staaten, die ihrerseits eine bindende Vereinbarung mit dem Steuerpflichtigen schließen. Es kann so zu einem komplizierten Beziehungsgeflecht zwischen allen Beteiligten kommen. Je engmaschiger dieses Geflecht ist, desto berechtigter sind kritische Fragen nach der Praktikabilität.

---

[75] Vgl. dazu *Grotherr* in IWB 2005, Fach International, Gruppe 2, S. 497. ff und S. 545 ff.

II. Vor- und Nachteile von APAs

Die OECD beschreibt in den Verrechnungspreis Guidelines des Jahres 1995 die Vor- und Nachteile von APAs. Die Aufzählung ist beispielhaft und kann nur im jeweiligen Einzelfall betrachtet bzw. ist durch weitere Aspekte anhand praktischer Erfahrungen zu ergänzen.

Vorteile von APA-Verfahren

Als großer Vorteil des APA-Verfahrens wird häufig angeführt, dass es auf freiwilliger Basis beruht, Rechtssicherheit zwischen den Beteiligten schafft, eine für beide Seiten akzeptable Lösung bringt, die Umstände des Einzelfalls besonders gut berücksichtigt, hinsichtlich Dokumentation und Nachweispflicht zu vernünftigen Lösungen führt, die Gefahr von Strafen bei Verrechnungspreiskorrekturen ausschließt, das Risiko von Betriebsprüfungen und finanzgerichtlichen Prozessen mindert sowie Doppelbesteuerungen ausschließt.

Gemäß den OECD Richtlinien und aus praktischen Erfahrungen können APAs die nachfolgenden Vorteile für die beteiligten Parteien aufweisen.[76]

Die Richtlinien sehen als mögliche Vorteile eines APA die Schaffung von Rechtssicherheit und Planbarkeit,[77] die Vermeidung von Rechtsstreitigkeiten,[78] in bestimmten Grenzen auch die Vermeidung kostspieliger und zeitraubender Prüfungen,[79] sowie insbesondere die völlige Vermeidung oder zumindest weitgehende Reduzierung der Doppelbesteuerung[80] an. Ein weiterer, in Tz. 4.147 als Vorteil bezeichneter Aspekt dürfte allerdings von den Steuerpflichtigen weniger geschätzt werden: nämlich die Möglichkeit der Steuerverwaltungen, tiefgreifende Einblicke in komplexe internationale Geschäfte multinationaler Unternehmen zu gewinnen. Hinter der Aussage, dass man seitens der Finanzverwaltungen dann den Steuerpflichtigen bessere Serviceleistungen anbieten könnte, steckt der offen eingestandene Wunsch der Finanzverwaltungen, Zugriff auf nützliche Branchenkennzahlen und Analysen der Preismethoden zu erlangen.[81]

Ein Vorteil aus praktischer Sicht ist die sicherlich kooperativere Gesprächsatmosphäre zwischen Finanzverwaltung und Steuerpflichtigem, als sich häufig in Betriebsprüfungen zu finden ist sowie ein Schutz vor Strafzahlungen.

Nachteile von APA-Verfahren

Gravierendster Nachteil zumindest bei unilateralen APAs ist die fortbestehende Gefahr von Doppelbesteuerungen, weil der andere Staat am Verfahren nicht beteiligt ist. Diese Gefahr wird unter Umständen sogar erhöht, weil die Neigung der APA-Beteiligten tendenziell dahin geht, sich zu Lasten des zweiten, nichtbeteiligten Fiskus zu einigen. Das APA-Verfahren selbst ist personalaufwendig und teuer. Zahlreiche Finanzverwaltungen verfügen (noch) nicht über die Stärke an Personal, das notwendig wäre, um eine größere Anzahl von APAs abzuschließen. Die dem Steuerpflichtigen entstehenden Kosten sind regelmäßig so hoch, dass sie nur von großen Unternehmen getragen werden können. Dieser Aufwand erhöht sich entsprechend, wenn an

---

[76] Quelle: OECD Abschnitte 4.143 bis einschl. 4.147
[77] Vgl. Tz. 4.143.
[78] Vgl. Tz. 4.144.
[79] Vgl. Tz. 4.144.
[80] Vgl. Tz. 4.146.
[81] Vgl. Tz. 4.147 am Ende.

dem Abschluss des APA noch andere Staaten beteiligt werden, um eine Doppelbesteuerung über ein multilaterales APA möglichst zuverlässig auszuschließen.[82]

Erheblich mehr Raum widmen die OECD-Richtlinien der Darstellung der Nachteile von APAs.[83] Hervorzuheben sind folgende, detailliert ausgeführte Kritikpunkte:

- Unilaterale APAs können sowohl die Steuerverwaltungen als auch die Steuerpflichtigen vor erhebliche Probleme stellen, weil der nichtbeteiligte Fiskus die anstehenden Probleme möglicherweise anders beurteilt. Das APA führt deshalb im Konzernverbund zu einer juristischen oder wirtschaftlichen Doppelbesteuerung[84]
- Gegenberichtigungen durch den anderen Staat sind nicht gesichert. Es besteht die Gefahr, dass das im APA-Staat ansässige Konzernunternehmen gegenüber dem dortigen Fiskus einseitig Zugeständnisse macht, die der andere Staat nicht hinzunehmen gewillt ist[85]
- Grundlegende Probleme für die praktische Durchführung eines APA-Verfahrens liegen nach Eingeständnis der OECD-Staaten darin, dass den Unternehmen öffentlich zugängliche Informationen über die Konkurrenz und Vergleichswerte nur beschränkt zur Verfügung stehen, nicht alle Unternehmen in der Lage sind, eingehende Marktanalysen vorzunehmen und schließlich möglicherweise nur die Konzernmutter über die Preispolitik des Konzerns Bescheid weiß.[86]
- Die OECD weist auch zu Recht auf die Gefahr hin, dass bei einem fehlgeschlagenen APA-Verfahren die Finanzverwaltungen die gewonnenen Erkenntnisse in ihrer Betriebsprüfungspraxis missbrauchen könnten.[87]
- Schließlich erkennt die OECD auch Probleme im Bereich der Geheimhaltung[88] und der Aufwendigkeit des Verfahrens,[89] die zu einer Beschränkung des Verfahrens auf größere Verrechnungspreisfälle führen könnte.

Weitere Nachteile aufgrund praktischer Erfahrungen sind:

- Nicht alle Finanzverwaltungen weisen die notwendigen personellen Ressourcen mit entsprechenden ökonomischen und verfahrensrechtlichen Kenntnissen auf oder können auf nationale APA Regelungen zurückgreifen;
- Keine grundsätzliche Reduzierung des Dokumentationsaufwandes, lediglich auf der Zeitachse in die Gegenwart verlagert;
- Einflussnahme auf die marktwirtschaftlichen Mechanismen;
- Elemente einer Planwirtschaft;
- Einheitliche, fixe Preise für die Zukunft;
- Preisdiktat von einem oder mehren Staaten versus freier Preisfindung zwischen unabhängigen Unternehmen;

---

[82] Vgl. dazu auch Europäische Kommission a. a. O. (oben Fn. 65), S. 384.
[83] Vgl. Tz. 4.148 bis 4.159.
[84] Vgl. Tz. 4.148.
[85] Vgl. Tz. 4.149.
[86] Vgl. Tz. 4.155.
[87] Vgl. Tz. 4.157.
[88] Vgl. Tz. 4.158.
[89] Vgl. Tz. 4.159.

- Aushebelung des Arm's length Prinzips da Verhandlungslösungen oftmals andere Ergebnisse bringen als sie zwischen fremden Dritten erzielt worden wären;
- In zyklischen Märkten und in makroökonomischen Krisensituationen spiegeln die Preise nicht die tatsächlichen ökonomischen Gegebenheiten wider und machen ggf. Änderungen an den Ausgangsvariablen notwendig;
- Der Versuch komplexe ökonomische Strukturen eines Unternehmens in das Korsett eines APAs zu zwängen, kann die Flexibilität sowohl auf Seiten als auch auf Seiten der Steuerpflichtigen einschränken Preise oder Margen im Einklang mit ökonomischen Notwendigkeiten oder aufgrund von Änderungen im Geschäftsmodell zu ändern einschränken.

III. Fazit

Der Sinn eines APA-Verfahrens liegt darin, Doppelbesteuerungen zuverlässig auszuschließen. Im Falle eines unilateralen APAs ist dies nicht zuverlässig sichergestellt.

Aus Unternehmenssicht bestehen neben zahlreichen Vorteilen erhebliche Bedenken wegen der Praktikabilität des gesamten Verfahrens. Keineswegs gesichert ist nämlich, dass eine APA-Lösung gegenüber einer späteren Prüfung der Verrechnungspreise in der normalen Betriebsprüfung dem Unternehmen wirklich Vorteile bringt.

Im Verlauf eines APA-Verfahrens ist das Unternehmen einer umfassenden Informationsanforderung ausgesetzt, und nicht nur einer punktuellen, wie in der Betriebsprüfung.[90] Dafür erhält es unter Umständen ein APA, das zunächst tragfähig erscheint. Aber was geschieht, wenn ein Streit über die "compensating adjustments" oder die "critical assumptions" entsteht? Das zeigt, dass die versprochene Rechtssicherheit auf tönernen Füßen stehen kann. Scheitern die APA-Verhandlungen, kann der Schaden für das Unternehmen noch größer sein: es hat der Steuerverwaltung im Vorhinein ein Maximum von Informationen geliefert, die den Steuerbehörden für eine künftige Betriebsprüfung zur Verfügung stehen. Aus dieser Sicht ist der Verzicht auf ein APA und eine punktuell wirksame Verteidigung mit ökonomischen Argumenten in der Betriebsprüfung im Einzelfall nach wie vor die zu bevorzugende Option.

Solche Überlegungen gelten verstärkt für Unternehmen, bei denen Gegenstand des Liefer- und Leistungsverkehrs eine Vielzahl von Produkten ist, wie z. B. in der chemischen Industrie. Ein APA müsste in einem solchen Fall die Spezifika von hunderten oder tausenden von Produkten beinhalten – was schon praktisch gar nicht möglich ist. Bei einem Unternehmen mit stabilem, langfristig ausgerichtetem Geschäftsmodell, einfacher Produktstruktur und einfach gestalteten Lieferbeziehungen, z. B. im Verhältnis der produzierenden Muttergesellschaft zu ihrer ausländischen Vertriebstochter, verspricht hingegen der Abschluss eines APA große Vorteile.

Insgesamt sprechen auch die nach wie vor zurückhaltende Bewertung des APA-Verfahrens durch die OECD und die insgesamt betrachtet noch immer relativ geringe Zahl erfolgreich abgeschlossener APAs eine deutliche Sprache: Als Massenverfahren zur Vermeidung von Verrechnungspreiskonflikten in internationalen Konzernen eignen sich APAs offensichtlich nicht. APAs können dagegen in besonders gelagerten Einzelfällen Vorteile bringen und haben dort auch eine Existenzberechtigung.

Der folgende Aspekt sollte jedenfalls nicht verkannt werden: Der Grundgedanke, in den Geschäftsverkehr zwischen mehreren Unternehmen durch eine Vereinbarung zwischen Unternehmen und Staat einzugreifen, ist unter grundlegenden marktwirtschaftlichen Gesichtspunk-

---

[90] Vgl. *Zitzelsberger* in: Herzig (Hrsg.), Advance Pricing Agreements, S. 51.

ten sehr bedenklich. Preisverhandlungen finden auch im internationalen Konzern autonom zwischen den Unternehmen statt. Ein Preisdiktat des Staates ist nicht zulässig. Aufgabe der staatlichen Finanzverwaltung ist es lediglich zu kontrollieren, ob der vereinbarte Preis dem entspricht, was fremde Dritte vereinbart hätten. Dieser Ansatz entspricht dem in Art. 9 OECD-MA niedergelegten Prinzip. So gilt es nach wie vor *Zitzelsbergers*[91] Äußerungen zu bedenken, wenn er bemerkt, dass mit dem APA-Konzept die gedankliche Ebene verschoben wird: Aus einer freien marktwirtschaftlichen Vorstellungswelt wird plötzlich ein dirigistisches, planwirtschaftliches Modell. Das Unternehmen spricht seine Preise mit der Behörde eines oder mehrerer Staaten im Vornhinein ab und muss dann noch zusätzlich darauf hoffen, dass die staatliche Seite Jahre später nicht noch nach Hebeln sucht, diese Preisabsprache beiseite zu schieben.

---

[91] Vgl. *Zitzelsberger*, a. a. O. (oben Fn. 69), S. 53.

E. Konzernvertragspolitik

1. Die Gewinngemeinschaft zwischen verbundenen Unternehmen als steuerliches Gestaltungsmittel

von Dr. Norbert Meister, Rechtsanwalt, Notar, Steuerberater, Frankfurt/M.

Inhaltsübersicht

A. Einleitung
B. Die Gewinngemeinschaft im Zivilrecht
   I. Die Rechtsnatur der Gewinngemeinschaft
   II. Die aktienrechtliche Gewinngemeinschaft
   III. Gewinngemeinschaft mit anderen Gesellschaftsformen
C. Die steuerliche Behandlung der Gewinngemeinschaft
   I. Die beteiligten Steuersubjekte
   II. Die Behandlung des Gewinnausgleichs

Literatur:

Bache, Der internationale Unternehmensvertrag nach deutschem Kollisionsrecht, Bad Homburg/Berlin 1969; **Fikentscher,** Die Interessengemeinschaft, Köln 1966; **Haarmann,** Gewinngemeinschaft, JbFStR 1992/93, S. 523.; **Kessler,** Alternativen zur Organschaft, in: Herzig, Organschaft, Stuttgart 2003; **Kirchhof,** Laudatio anlässlich der Verleihung des Albert-Hensel-Preises, 1984, StuW 1985, 98; **Knepper,** Bedeutung, Anwendungsformen und steuerliche Wirkungen von Unternehmensverträgen, BB 1982, 2061 ff.; **Küting,** Grundlagen der unternehmerischen Zusammenarbeit, DStR 1990, Beilage zu Heft 4; **Lechner,** Die Gewinnpoolung im Ertragsteuerrecht, Wien 1983; **Luther/Happ,** Unternehmensverträge und andere Verträge zwischen Unternehmen, in: Formular-Kommentar Bd. 2, 21. Aufl., Köln 1982; **Mann,** Steuerliche Probleme bei der Poolung von Unternehmensgewinnen, in: Hintner/Linhardt, Zur Besteuerung der Unternehmung, Festschrift für Scherpf, 1969, S. 223 ff.; **Meilicke,** Die Kunst der Verlagerung von Gewinnen und Verlusten sowie Steuern nach Handelsrecht und Steuerrecht, StbJb 1968/69, 149; **Piltz,** Gewinngemeinschaftsvertrag, in: Formularbuch Recht und Steuern, 6. Aufl., München 2008, A 7.00; **Schießl,** Poolverträge, in: Lüdicke/Sistermann, Unternehmenssteuerrecht, München 2008; **Schubert/Küting,** Unternehmenszusammenschlüsse, München 1981; **Strobl,** Gewinnpoolung, JbFStR 1987/88 S. 312 ff.; **Thieme,** Gewinn- und Verlustausgleich bei unechten (atypischen) Interessengemeinschaftsverträgen, FR 1957, 201 ff.; **Timm,** Anm. zu OLG Hamm Urt. v. 9.6.1980 (Hoesch/Hoogovens), BB 1980, 1655 ff.; **Veil,** Unternehmensverträge, Tübingen 2003; **Wöhe,** Ausgewählte steuerliche Probleme bei Unternehmenszusammenschlüssen, DStR Beih. zu 7/1990.

A. Einleitung

Die Gewinngemeinschaft, die in der Vergangenheit auch häufig unter dem Mantel der Interessengemeinschaft aufgetreten ist, hat zu Anfang maßgeblich zur Entwicklung von Konzernstrukturen in Deutschland beigetragen. Seit das deutsche Konzernsteuerrecht mit der Organschaft die besondere Bedeutung der Gewinnabführungsverträge[1] anerkannt hat, sind die Gewinngemeinschaften hier stark in den Hintergrund getreten.[2] Wegen steuerlicher Nachteile durch jün-

---

[1] Zur mangelnden begrifflichen Abgrenzung von Gewinnabführung und Gewinngemeinschaft noch in § 256 AktG 1937 *Havermann,* Wpg 1966, 90 sowie unten Fn. 10.

[2] Die statistischen Angaben zur jüngeren Lage variieren und beschränken sich auf das aktienrechtliche Umfeld, vgl. *Emmerich/Sonnenschein,* Konzernrecht, 5. Aufl., S. 12 (Fn. 52), 203 f.; *Koppensteiner,* KK-AktG (3: Aufl.), § 292 Rn. 90; *Bayer/Hofmann,* AG 2006, R 488; vgl. auch *Endres/Schultz* oben Teil 3 A 5 C I 1 (S. 278). Die ursprüngliche Popularität der vertraglichen Unternehmenskooperation (meist als Interessengemeinschaft – vgl. dazu *Emmerich/Habersack,* Aktien- und GmbH-Konzernrecht (5. Aufl.), § 292 Rn. 10) Anfang des letzten Jahrhunderts erklärt sich z. T. aus dem Drang zur Selbständigkeit einer Gründergeneration, die durch wirtschaftliche Umstellungsprozesse geschwunden ist und in einer Zeit gesteigerten Kapitalbedarfs für Forschung und Entwicklung und der Globalisierung der Kapitalmärkte einen anderen Stellenwert bekommen hat. Nach der durch die steuerlichen Erleichterungen ausgelösten Fusionswelle Mitte

gere Gesetzesänderungen³ wie auch zur Vermeidung von Hindernissen bei internationalen Unternehmenskooperationen⁴ bleibt die Gewinngemeinschaft aber als Gestaltungsalternative zu berücksichtigen. Sie erlaubt die Zusammenfassung von mehreren selbständigen Unternehmen zu einer wirtschaftlichen Einheit, wenn eine intensivere umwandlungsrechtliche Verschmelzung unter Aufgabe der Selbständigkeit der Beteiligten nicht möglich oder nicht gewollt ist, indem sie trotz Erhaltung der Selbständigkeit einen Verbund als Einheit mit gemeinsamer Zielsetzung bilden.⁵ Selbst Konzerngesellschaften bleiben rechtlich selbständige Organisationen mit eigenen Entscheidungsmechanismen, die eine faktische Beherrschung ohne weitere Konzernierungsmaßnahmen nur in Grenzen zulassen. Als eigenes Gewinnerzielungsobjekt haben sie Bedeutung nicht nur für die Gewinnausschüttungen an die Gesellschafter, sondern auch für die Kreditbeurteilung durch die Gläubiger und letztlich auch für den Steuerzugriff durch den Staat.⁶

Die Praxis hat schon früh eine vertragliche Ergänzung der reinen gesellschaftsrechtlichen Beteiligung an Unternehmen entwickelt oder gar die Zusammenfassung von Unternehmen oder auch nur von Teilen von Unternehmen ohne gesellschaftsrechtliche Verbindung auf rein vertraglicher Ebene herbeigeführt.⁷ Die spätere Berücksichtigung von konzernvertraglichen Strukturen in steuerrechtlichen oder gesellschaftsrechtlichen Normen⁸ ist lediglich ein Reflex der schon vorher entstandenen Vertragspraxis, deren gesetzliche Verankerung aber die Zulässigkeit nicht auf die normierten Vertragstypen beschränkt hat, sondern diesen allenfalls die gesetzli-

---

der 20er Jahre wurde die Interessengemeinschaft bereits als überholt betrachtet; vgl. *Rosendorff*, Die rechtliche Organisation der Konzerne, S. 113 f.; *Friedländer*, Konzernrecht – unter Berücksichtigung der amerikanischen Praxis, S. 8 ff. Zu den wechselnden Einflüssen des Kartellrechts vgl. auch unten Fn. 37. *Walter*, BB 1995, 1876 sieht den Grund in den Schwierigkeiten, Konzernrecht und Steuerrecht in Übereinstimmung zu bringen und die Angemessenheit der gegenseitigen Leistungen zu bestimmen.

³ Zur Abschaffung der Mehrmütterorganschaft *Walter*, in: Ernst & Young KStG § 14 Rn. 538; zur Beschränkung der Verlustverrechnung gem. § 15 Abs. 4 Satz 6 EStG *Orth/Kessler*, in: Kessler/Kröner/Köhler, Konzernsteuerrecht, Anlage S. 30

⁴ Zu Gewinnpoolungen als Strukturelement von internationalen Konzern- oder Joint-Venture-Modellen *Rieg*, Synthetische Fusionen: Dual Listed Companies als Ersatz für Fusionen im deutschen Recht S. 258, 457 ff.; *Tauser*, Stapled Stocks – Tracking Stocks – Mittelbare Organschaft S. 57 ff.; *Becker*, Steuerliche Möglichkeiten einer europäischen Zusammenarbeit und Unternehmensverschmelzung, JbFStR1978/79, 135 ff.; zu Ineffizienzien aus der früheren deutschen KSt-Anrechnung *Schießl*, a. a. O. Rn. 105; *Breuninger*, Gestaltungsmöglichkeiten in Hinblick auf Körperschaftsteuerguthaben, in: Schaumburg, International Joint Ventures, S. 213 ff.; *Haarmann*, Verknüpfungen zur Beteiligungen zur Sicherung des Anrechnungsguthabens (Stapled Stock), in: Herzig, Körperschaftsteuerguthaben bei grenzüberschreitenden Kooperationen S. 41 ff.; *H.-P. Müller*, Steuergünstige Gestaltungen grenzüberschreitender Joint Ventures, in: IDW, Bericht über die Steuerfachtagung 1993, Steuergestaltung bei verbundenen Unternehmen S. 236 f.

⁵ Zu den Vorteilen der rechtlichen Selbständigkeit vgl. *Knepper*, BB 1982, 2061; bei der Eingliederung nach §§ 319 ff. AktG *Emmerich/Sonnenschein*, a. a. O. (oben Fn. 2), S. 143.

⁶ Allerdings hat der RFH in Ausdehnung der wirtschaftlichen Betrachtungsweise mit der Organtheorie auch der wirtschaftlichen Einheit eigene steuerliche Bedeutung beigemessen, vgl. *Rosendorff*, S. 108 f., während sich gesellschaftsrechtlich die Einheitstheorie mit dem Vorrang des einzelnen Großaktionärs gegenüber dem Interesse aller Aktionäre nicht durchsetzte, vgl. *Rosendorff* a. a. O., S. 19.

⁷ *Friedländer*, a. a. O. (oben Fn. 2), S. 4, datiert die ersten, trotz wechselnden Inhalts meist Interessengemeinschaften genannten Verbindungen auf das Jahr 1881; zu deren historischer Entwicklung in verschiedenen Industriesparten, s. dort insbes. S. 6 ff.; eine Auflistung von Fällen enthält *Haussmann*, Grundlegung des Rechts der Unternehmenszusammenfassung, S. 2 ff.

⁸ Zur steuerlichen Entwicklung bis zur erstmaligen Kodifizierung der Organschaft in § 7a KStG 1969 vgl. *Emmerich/Sonnenschein* a. a. O. (oben Fn. 2), S. 32; *Kolbe* in: Hermann/Heuer/Raupach § 14 KStG Rn. 2 ff.

chen Rechtsfolgen vorbehalten hat.[9] Der Bedeutungswandel, den gerade der aktienrechtliche Begriff der Gewinngemeinschaft im Zuge der aktienrechtlichen Normierung erfahren ha,t[10] ist primär für die Wirksamkeitsbedingungen und konzernrechtlichen Berichtspflichten von Bedeutung, bleibt aber für die inhaltliche Gestaltbarkeit und die daran anknüpfende steuerliche Qualifizierung irrelevant.

Die Tendenz zur Unternehmenskonzentration[11] hat dem Beherrschungs- und Gewinnabführungsvertrag mit seinen Möglichkeiten zur Konzernleitung eine besondere Bedeutung gegeben. Dies hat schließlich zur steuerrechtlichen Normierung gerade dieser Vertragsart im Rahmen der Organschaft geführt. Im Vergleich dazu war die Gewinngemeinschaft häufig nur die Ausgangsstufe für eine sich dann weiter verdichtende Konzernierung.[12] Ähnliche Entwicklungen lassen sich auch in vergleichbaren ausländischen Rechtskreisen beobachten.[13] Solange sich gerade bei grenzüberschreitenden Sachverhalten[14] die wirtschaftlich angestrebte Verdichtung an den

---

[9] *Emmerich /Habersack*, a. a. O. (oben Fn. 2), § 291 Rn. 18, § 292 Rn. 7, 13, 16, der eine entsprechende Anwendung insbesondere zum Schutz der Aktionäre bejaht; vgl. *Lechner* a. a. O. S. 38; BGH v. 15. 6. 1992, II ZR 18/91, BGHZ Bd. 119, S. 1, 5 ff.; v. 5. 4. 1993, II ZR 238/91, BGHZ Bd. 122, S. 211, 217 ff.

[10] In § 256 AktG 1937 wurde dieser Begriff als Oberbegriff für die organschaftliche Gewinnabführung und die Gewinnabführung im Rahmen einer Interessengemeinschaft verwendet, während die Definition des § 292 AktG 1965 sich nur noch auf die letzte Funktion bezieht und den organschaftlichen Gewinnabführungsvertrag in § 291 AktG 1965 als eigenen Vertragstypus behandelt. Im Folgenden wird unter dem Begriff "Gewinngemeinschaft" nur der von § 292 Abs. 1 Nr. 1 AktG 1965 abgedeckte Vertragstypus verstanden. Er wird in der Literatur z. T. mit dem Begriff der Interessengemeinschaft gleichgesetzt. Die Vielfalt der Erscheinungsformen der Interessengemeinschaft führt aber nicht zwingend zu einer Gewinnpoolung, so dass die Gleichsetzung nur für die Interessengemeinschaft i. e. S. richtig ist; vgl. *Schubert/Küting* a. a. O. S. 180; zur Begriffsentwicklung vgl. auch schon *Friedländer*, Konzernrecht – Das Recht der Betriebs- und Unternehmenszusammenfassungen, S. 220 ff., *Haussmann* a. a. O. (oben Fn. 7), S. 110 ff.; *Fikentscher* a. a. O. S. 14 ff.; *Lechner* a. a. O. (oben Fn. 9), S. 47 f., 114 f.

[11] *Grochla*, Betriebsverbindungen, S. 189; vgl. auch *Emmerich/Habersack*, Konzernrecht (9. Aufl.), S. 3 ff. Diese Konzentrationsbewegung zeichnete sich schon in der ausgehenden Gründerzeit ab und wurde in den 20er Jahren des letzten Jahrhunderts noch durch den wirtschaftlichen Druck, auch unterstützt durch steuerliche Fördermaßnahmen, verstärkt; vgl. *Rosendorff* a. a. O. (oben Fn. 2), S. 11 ff., 96 ff., *Friedländer* a. a. O. (oben Fn. 2), S. 8. *Rosendorff* a. a. O. (oben Fn. 2), S. 106 sah sich deswegen sogar veranlasst, die Interessengemeinschaft, die oft der Realisierung fusionsähnlicher Strukturen unter Vermeidung damit verbundener Nachteile diente, gegen den Vorwurf des Missbrauchs zu verteidigen, vgl. auch RFH v. 11. 10. 1928 8-I-A-18/28 (RStBl 1928, 367).

[12] Z. B. IG Farbenindustrie, die als Aktiengesellschaft schließlich den Konzernverbund leitete, dessen Struktur durch den beibehaltenen Namen nicht mehr richtig wiedergegeben wurde; vgl. *Rosendorff* a. a. O. (oben Fn. 2), S. 115, *Friedländer* a. a. O. (oben Fn. 2), S. 114, *Grochla* a. a. O. (oben Fn. 11), S. 173, *Schubert/Küting* a. a. O. S. 181 (Fn. 14), *Spindler*, Recht und Konzern, S. 119 ff. Verschmelzungen wurde häufig als erste Phase eine Interessengemeinschaft vorgeschaltet (vgl. *Rosendorff* a. a. O. [oben Fn. 2], S. 26, 56, 61), die aber nicht immer auch eine Gewinngemeinschaft enthielt, vgl. BGH v. 23. 5. 1957, II ZR 250/55, BGHZ Bd. 24, S. 279 ff. = NJW 1957, 1279.

[13] Die Airbus Industrie G.I.E., das wohl bekannteste Beispiel einer Interessenvereinigung französischen Rechts (Groupement d'Intérêt Economique), ist in der EADS aufgegangen. Die holländisch/britische Doppelgesellschaft Royal Dutch Petroleum/Shell ist in eine Einheitsgesellschaft überführt worden.

[14] Schon früh wurde die Interessengemeinschaft als Ersatz für die rechtlich nicht mögliche "Fusion über die Grenze" eingesetzt, vgl. *Friedländer* a. a. O. (oben Fn. 2), S. 115; zu den Poolstrukturen von Unilever und Shell vgl. *Meilicke*, StBJb 1968/69, S. 170 ff.; *Becker* a. a. O. (oben Fn. 4), S. 142; *Böhmer*, Die deutsche Besteuerung grenzüberschreitender Unternehmensverträge, S. 80 f.; zu Gewinnpoolungselementen bei stapled stock/income access shares vgl. *Breuninger/Prinz*, JbFStR 1999/2000, S. 509 f.; *Jacobs*, Internationale Unternehmensbesteuerung (6. Aufl.) S. 1296 ff.; *Endres/schultz* oben Teil 3 A 5 D III [S. 295 f., Abb. 8]; bei Parallelgesellschaften (Dual Listed Companies) *Rieg* a. a. O. (oben Fn. 4), S. 258 ff., 466 ff.; *Tauser*, a. a. O.(oben Fn. 4) S. 59 ff.; *Harbarth* AG 2004, 573; *Spahlinger/Wegen*, Internationales Gesellschaftsrecht

Grenzen der nationalstaatlich orientierten Rechtssysteme stößt, können aber auch Kooperationsformen, die in einem anderen Kontext nur als Vorstufen für eine weitere Konzentration dienen, eine dauerhafte Lösung darstellen.

Als wirtschaftliche Motive für die Gründung einer Gewinngemeinschaft werden die Sicherung eines gewissen Wachstums unabhängig von der jeweiligen Erfolgslage der Partner, die Ausschüttung einer einheitlichen Dividende bei grenzüberschreitenden börsennotierten Parallelgesellschaften sowie der Aspekt der Risikominderung genannt.[15] Auch können die gemeinsamen Interessen von Vertragspartnern auf nachgeordneten Produktionsstufen eines Produktes zu "isolierten" Gewinngemeinschaften ohne flankierende Koordinierungsabsprachen führen. Dabei kann die Gewinngemeinschaft sich gegenüber einer Verschmelzung anbieten, wenn nur die Ergebnisse in Teilbereichen der Beteiligten vergemeinschaftet werden sollen.[16]

Oft stehen auch steuerliche Gründe einer anderen wirtschaftlich nahe liegenderen Form der Unternehmensverbindung entgegen.[17] Die Gewinngemeinschaft kann aber nur dann diese steuerlichen Probleme lösen, wenn bei jedem Beteiligten nicht mehr als die Quote des Gesamtgewinnes, die er nach der Vergemeinschaftung als eigenen Gewinn behalten darf, besteuert wird.[18] Hier hat gerade die jüngere Rechtsprechung[19] für die Vereinbarung einer Gewinngemeinschaft unter Konzerngesellschaften Grenzen aufgezeigt. Ob die Gewinngemeinschaft daher im Konzern ohne Bindung an die Mindestlaufzeit einer Organschaft[20] als Mittel der Bilanzpolitik und zur Nutzung von steuerlichen Verlustvorträgen herangezogen werden kann,[21] muss im Einzelfall sorgfältig geprüft werden.

Rn. 396 ff.; *Hirte/Bücker*, Grenzüberschreitende Gesellschaften (2. Aufl.) S. 117.

[15] Vgl. *Schubert/Küting* a. a. O. S. 183; *Lechner* a. a. O. S. 21; *Böhmer* a. a. O. (oben Fn. 14), S. 74 f.; vgl. auch *Luther/Happ* in: FormularKommentar, Formular 2.124, Anm. 5; *Kirchhof*, StuW 1985, 96; *Piltz*, Formularbuch Recht und Steuern (6. Aufl.), A 7.00 Gewinngemeinschaftsvertrag Rn. 1; zur Motivation im Konzern *Kessler* a. a. O. S. 575 f.; *Rieg* a. a. O. (oben Fn. 4), S. 258 f.; *Tauser*, a. a. O. (oben Fn. 4), S. 59, 98 ff., 112 f.

[16] Nach *Küting*, DStR 1990, Beil. Heft 4, S. 12, soll die Gewinngemeinschaft sogar überwiegend die Zusammenlegung von Teilbereichen der beteiligten Unternehmen betreffen. *Krieger* in: Hoffmann-Becking (Hrsg.), Münchener Handbuch des Gesellschaftsrechts (3. Aufl.), § 72 Rn. 9 hält heute für diese Zwecke die Gründung von Gemeinschaftsunternehmen für gängiger und sieht in der Gewinngemeinschaft allenfalls eine Vorstufe zu einem solchen.

[17] Z. B. vgl. BGH v. 23. 5. 1957 a. a. O. (oben Fn. 12); *Schubert/Küting* a. a. O. S. 186; Verbindung einer Gewinngemeinschaft mit einer Betriebspacht als Ersatzlösung für eine Verschmelzung; *Friedländer* a. a. O. (oben Fn. 2), S. 8, 114; zur Vermeidung der Besteuerung stiller Reserven bei der Begründung der Verbindung sowie grenzüberschreitender Gewinnausschüttungen vgl. *Rieg* a. a. O. (oben Fn. 4) S. 250 f., 257; allgemein zur Gründung internationaler Joint Ventures *Sieker* IStR 1997, 385; *Bogenschütz* IStR 2000, 609.

[18] *Luchterhandt*, Deutsches Konzernrecht bei grenzüberschreitenden Konzernverbindungen, S. 175.

[19] BFH v. 26. 1. 1995 IV R73/93, BStBl 1995 II 589 ff.

[20] Vgl. dazu *Walter* a. a. O. (oben Fn. 3), § 14 Rn. 551, 554; für eine fünfjährige Mindestdauer aber *Schild* JbFStR 1993/94, 627; vgl auch *–en*, DB 1971, 2139.

[21] So *Walter*, BB 1995, 1876; ders., a. a. O. (oben Fn. 3), § 14 Rn. 558., vgl. auch *Lechner* a. a. O. S. 22 f.; *Schild* JbFStR 1993/94, 626; *Prinz* FR 1996, 769 (771); *Neu* GmbH-StB 1999, 98 (103). Die Gewinngemeinschaft darf nicht nur die Nutzung von Verlusten des Partners bezwecken, sondern sie muss auf eine Vergemeinschaftung der Unternehmensrisiken ausgerichtet sein, vgl. auch *Schießl*, a. a. O. Rn. 102. Bei permanent unheilbaren Verlusten ist dies zu verneinen, *Lechner* a. a. O. S. 229. Fraglich ist daher, ob allein die Verbesserung der Liquidität durch einen zeitnahen Verlustausgleich ausreicht (so aber *Kessler* a. a. O. S. 576) oder ob hierfür nicht weiter eine Steigerung des eigenen Gewinns der belasteten Partei (sog. Umwegrentabilität) erforderlich ist; vgl. dazu *Lechner* a. a. O. S. 22; *Walter* a. a. O. (oben Fn. 3), § 14 Rn. 548; *Kessler* a. a. O., S. 577.

B. Die Gewinngemeinschaft im Zivilrecht

I. Die Rechtsnatur der Gewinngemeinschaft

Mit der Vereinbarung einer Gewinngemeinschaft begründen die Beteiligten eine Gesellschaft bürgerlichen Rechts i. S. d. § 705 BGB mit dem Zweck, als reine Innengesellschaft, bei der jeder Beteiligte nach außen jeweils im eigenen Namen auftritt, gemeinsame Interessen durch Vergemeinschaftung des Unternehmensrisikos, insbesondere durch die Zusammenlegung und anschließende Aufteilung des Gewinns, zu verfolgen.[22]

Die zur vereinbarten Aufteilung des Gesamtgewinnes zu leistenden Ausgleichszahlungen sind daher Beitragsleistungen zur Verfolgung des gemeinsamen Zweckes; nur wenn die Gewinngemeinschaft mit zusätzlichen Leistungsabreden verknüpft wird, können die Ausgleichszahlungen Gegenleistung für solche Leistungen der anderen Beteiligten sein.[23] Bei der Verfolgung des gemeinsamen Zweckes steht die Koordination einer übereinstimmenden, aber getrennten Betriebsführung und die Aufteilung des gemeinsamen Gewinnes nach der Ertragsfähigkeit der Beteiligten im Vordergrund.

Wird indessen ein Beteiligter durch einen anderen Beteiligten beherrscht und diesem eine Gewinnbeteiligung kraft reiner Unterordnung gewährt, liegt in Ermangelung einer gemeinsamen Zweckverbindung keine Gewinngemeinschaft vor. Ist die dauernde Unmöglichkeit der Zweckerreichung offenbar, wird sie daher nach § 726 BGB beendet.[24] Wenn daran Zweifel bestehen, aber die Umstände die Gewinngemeinschaft als nicht fortsetzbar erscheinen lassen, etwa im Falle der Auflösung einer der beteiligten Gesellschaften, kann sie aus wichtigem Grund nach § 723 BGB gekündigt werden.[25] Ob angesichts des langfristigen Charakters von Gewinngemeinschaften eine Veränderung der wirtschaftlichen Verhältnisse eine Kündigung nach § 723 BGB ermöglicht, ist umstritten.[26]

In einem internationalen Kontext[27] unterliegt es grundsätzlich auch bei Unternehmensverträgen der Parteiautonomie der Beteiligten, das Recht zu wählen, dem sie den Inhalt des Vertrages

---

[22] RFH v. 9. 5. 1934 VI A 833/33, RStBl 1934, 658; OLG Frankfurt v. 23. 3. 1988, 9 U 80/84, AG 1988, 267 (269 f.); BFH v. 28. 2. 1974 VR 55/72 BStBl 1974 II 345 (346); die gemeinsamen Interessen dürfen nicht ausschließlich auf eine Konzerneingliederung ausgerichtet sein; *Rosendorff* a. a. O. (oben Fn. 2), S. 23 (auch S. 26, 35) qualifiziert die Gewinngemeinschaft bei Gründung einer Dachgesellschaft als Teil der hierfür gewählten GmbH; wenn aber ohne Einbringung der gesellschaftsrechtlichen Beteiligungen die Gewinne in der Dachgesellschaft konzentriert werden, etwa indem die Beteiligten wie bei Interessengemeinschaften häufig die Gewinngemeinschaft mit einer Betriebsverpachtung kombinieren (vgl. auch *Schubert/Küting* a. a. O. S. 187; *Reuter*, Die Besteuerung der verbundenen Unternehmen, S. 343), erfolgt die Vergemeinschaftung der Gewinne insoweit nicht über die Gewinngemeinschaft.

[23] Zu der in der Literatur häufig erwähnten Qualifizierung als Austauschvertrag besonders krit. *Lechner* a. a. O. S. 57 ff., 92 ff.

[24] OLG Frankfurt v. 21. 1. 1986, 5 U 257/84, AG 1987, 43 (45); BGH v. 23.5.1957 a. a. O. (oben Fn. 12); Emmerich/Habersack, a. a. O. (oben Fn. 2), § 292 Rn. 14.

[25] BGH v. 23. 5. 1957 a. a. O. (oben Fn. 12); Emmerich/Habersack a. a. O. (oben Fn. 2), § 292 Rn. 14; dieses Kündigungsrecht kann sich aber für die langfristige Planungssicherheit, die große Investitionen erfordern, als problematisch erweisen.

[26] *Rosendorff* a. a. O. (oben Fn. 2), S. 39 ff., 169 f.

[27] Zur Zulässigkeit grenzüberschreitender Gewinngemeinschaften vgl. bereits RFH v. 9. 5. 1934, VI A 833/33, RStBl 1934, 658; auch Strobl, JbFStR 1987/88, S. 314, 316; Staudinger/Großfeld, Internationales Gesellschaftsrecht (Neubearb. 1998), Rn. 566.

unterstellen wollen.[28] Das gilt uneingeschränkt für Gewinngemeinschaften, die zwischen unabhängigen Beteiligten zustande kommen. Wird aber eine Gewinngemeinschaft zwischen Konzerngesellschaften abgeschlossen, ist den jeweiligen nationalen konzernrechtlichen Schutzsystemen Rechnung zu tragen.[29]

II. Die aktienrechtliche Gewinngemeinschaft
1. Das allgemeine Begriffsverständnis des AktG

Das Aktienrecht typisiert die Gewinngemeinschaften nicht,[30] sondern legt in § 292 Abs. 1 Nr. 1 AktG Kriterien als Legaldefinition für die Zwecke der konzernrechtlichen Rechtsfolgeregelung fest. Da die Gewinngemeinschaft in die Gewinnverteilungskompetenz der Hauptversammlung nach § 174 AktG eingreift, will das Aktiengesetz die Begründung von Gewinngemeinschaften der alleinigen Entscheidung der Verwaltungsorgane entziehen und die Rechte der Hauptversammlung wahren.[31]

Daher bedarf der Vertrag zur Gründung einer Gewinngemeinschaft nach § 293 Abs. 1 AktG der Zustimmung der Hauptversammlung der beteiligten AG oder KGaA. Nach §§ 293a bis 293g AktG ist ein Bericht des Vorstandes und dessen Prüfung durch besondere Vertragsprüfer erforderlich. Zusammen mit dem Auskunftsrecht der Aktionäre nach § 293g Abs. 3 AktG wird auf diese Weise die Publizität des Vertrages sichergestellt. Die Einhaltung dieser Vorschriften wird durch die Kontrolle des Registerrichters sanktioniert, da der Vertrag nach § 294 AktG erst mit

---

[28] *Bache*, Der internationale Unternehmensvertrag nach deutschem Kollisionsrecht, S. 59; *Böhmer* a. a. O. (oben Fn. 14), S. 20 m. w. N.; *Würdinger* in: GK AktG § 292 Anm. 11; für die Anwendung deutschen Rechts plädieren aber *Emmerich//Habersack* a. a. O. (oben Fn. 2), § 292 Rn. 10, § 291 Rn. 35; *Rieg* a. a. O. (oben Fn. 4) S. 457 f.; *Staudinger/Großfeld* a. a. O. (oben Fn. 27) Rn. 579; vgl. auch *Altmeppen* in: Münchener Kommentar zum Aktiengesetz (2. Aufl.), § 292 Rn. 44, Einl. §§ 291 ff. Rn. 52, der das Gesellschaftsstatut aber nur bei Abhängigkeit anwenden will.

[29] OLG Frankfurt v. 23. 3. 1988 a. a. O. (oben Fn. 18), S. 272 m. w. N. und BGH v. 13. 12. 2004, II ZR 256/02, NZG 2005, 214 halten mit *Emmerich/Habersack* a. a. O. (oben Fn. 2), § 311 Rn. 21 zwar das Recht am Sitz der abhängigen Gesellschaft für maßgebend, jedoch wohl nur, soweit das Rechtsverhältnis durch die Beherrschung charakterisiert ist, dann aber auch einheitlich für damit verbundene Vertragsverhältnisse; bejahend *Ebenroth*, EWiR Art. 12 EGBGB 1/88, S. 587; *ders.*, JZ 1988, 76; vgl. auch *Emmerich/Habersack* a. a. O. (oben Fn. 11), S. 198 f.; ablehnend *Koppensteiner* a. a. O. (oben Fn. 2), Vorb. § 291 Rn. 190. Von dem durch die Rechtswahl determinierten Inhalt des schuldrechtlichen Austauschverhältnisses wird man aber das System der konzernrechtlichen Schutzrechte unterscheiden müssen, dessen inhaltliche Ausgestaltung an dem Schutzzwecke anknüpfen wird, vgl. *Würdinger* a. a. O. (oben Fn. 28), Vorb. § 291 VI 2, auch *Luchterhandt* a. a. O. (oben Fn. 18), S. 131. Vgl. dazu OLG Düsseldorf v. 30. 10. 2006, I 26 W 14/06 AktE, AG 2007, 170.

[30] Nach *Gessler* in: Gessler/Hefermehl/Eckardt/Kropff, Aktiengesetz, § 291 Rn. 15 f. m. w. N. hat die gesetzliche Regelung aber zu einem aktienrechtlichen numerus clausus der Unternehmensverträge geführt; ebenso *Havermann* Wpg. 1966, 90; a. A. *Koppensteiner* a. a. O. (oben Fn. 2), Vorb. § 291 Rn. 162, § 292 Rn. 42; vgl. auch Timm, BB 1980, 1658; *Altmeppen* a. a. O. (oben Fn. 28), § 291 AktG Rn. 29, 40. *Würdinger*, Aktienrecht und das Recht der verbundenen Unternehmen, S. 288 f., 303 beschränkt den abschließenden Charakter auf die Auslösung der mit § 15 AktG verbundenen Rechtsfolgen; vgl. auch *Würdinger* a. a. O. (oben Fn. 28), § 292 Einl. d); für analoge Anwendung auf nicht unmittelbar erfasste Verträge *Krieger* a. a. O. (oben Fn. 16), § 72 Rn. 4; *Emmerich/Habersack* a. a. O. (oben Fn. 2), § 292 Rn. 7. Vgl. dazu ausführlich Rieg a. a. O. (oben Fn. 4) S. 459 ff.

[31] Schulze-Osterloh, ZGR 1974, 433; Koppensteiner a. a. O. (oben Fn. 2), § 292 Rn. 16 der dies aus der Gewinnverwendungskompetenz ableitet; vgl. auch KG v. 15. 3. 1999, 8 U 4630/98, NGZ 1999, 1102, 1105 f. Zu eng daher *Bogenschütz/Schwanna* (unten Teil 5 4. Thema C II 4 b [S. 947]), erst eine Verlustbeteiligung führe zur Qualifizierung als Unternehmensvertrag.

seiner Eintragung in das Handelsregister wirksam wird.[32] Zum Schutze der Gläubiger kann eine Aufhebung des Vertrages nach § 296 AktG nur zum Ende eines Geschäftsjahres erfolgen. Diese Schutzvorschriften gelten auch, wenn die Beteiligten für die Gewinngemeinschaft ein ausländisches Recht gewählt haben.[33] Besteht jedoch eine Gewinngemeinschaft zwischen einer Hauptgesellschaft und einer in sie eingegliederten Gesellschaft, gelten nach § 324 Abs. 2 AktG ausschließlich die Schutzvorschriften der Eingliederung.[34]

Die genannten Rechtsfolgen greifen nach der Legaldefinition ein, wenn sich eine Aktiengesellschaft oder Kommanditgesellschaft auf Aktien verpflichtet, ihren Gewinn oder den Gewinn einzelner ihrer Betriebe ganz oder zum Teil mit dem Gewinn anderer Unternehmen oder einzelner Betriebe anderer Unternehmen zur Aufteilung eines gemeinschaftlichen Gewinns zusammenzulegen. Der Zweck einer solchen "Gewinn-Poolung" liegt in der Erzielung eines Gemeinschaftsgewinns, der größer ist als die Summe der sonst zu erwartenden Einzelgewinne.[35] Eine gemeinsame Leitung ist keine Voraussetzung für die aktienrechtlichen Rechtsfolgen; sie ist aber auch nicht ausgeschlossen und kann selbst zur Bildung von Gemeinschaftsorganen führen. Eine Steigerung der Leistungsfähigkeit und damit eine Erhöhung des Gewinns ist wirtschaftlich wohl nur bei einer Abstimmung der Geschäftspolitik, häufig verknüpft mit einer Personalunion, zu erwarten,[36] die dann auch zu einer einheitlichen Leitung, zur technischen Rationalisierung, Anpassung der Produktionsprogramme, Vergemeinschaftung des Einkaufs oder ähnlichen Maßnahmen führen kann.[37]

Der Gewinngemeinschaftsvertrag ist zwar ein Unternehmensvertrag, aber nach der Vorstellung des Gesetzgebers mit ausschließlich schuldrechtlichem Charakter. Als anderer Unternehmensvertrag i. S. d. § 292 AktG ändert er nur den wirtschaftlichen Charakter der beteiligten Gesellschaft, greift jedoch anders als die Unternehmensverträge des § 291 AktG nicht in deren Verfassung ein, wird doch weder die Leitungsbefugnis des Vorstandes (§ 76 AktG) noch die Vermögensbindung (§§ 57 ff. AktG) aufgehoben.[38]

---

[32] Im Konzern ist diese Eintragung eine Voraussetzung für die steuerliche Anerkennung des Vertrages, *Walter* a. a. O. (oben Fn. 3), § 14 Rn. 545, 555.

[33] *Bache* a. a. O. (oben Fn. 28), S. 125 f.; auch *Luchterhandt* a. a. O. (oben Fn. 18), S. 178. Die Wahl ausländischen Rechts als Vertragsstatut dürfte aber bei der Eintragung des Vertrages in das Handelsregister zusätzlichen Erläuterungsbedarf auslösen.

[34] Zum fehlenden praktischen Bedürfnis einer Gewinngemeinschaft im Falle einer Eingliederung vgl. *Koppensteiner* a. a. O. (oben Fn. 2) § 324 Rn. 8; *Singhof*, in: Spindler/Stilz, AktG, § 324 Rn. 7.

[35] *Schubert/Küting* a. a. O. S. 183; *Böhmer* a. a. O. (oben Fn. 14), S. 74.

[36] *Emmerich/Habersack* a. a. O. (oben Fn. 11), S. 210 f.

[37] *Rasch*, Deutsches Konzernrecht, S. 88; zu den daraus resultierenden kartellrechtlichen Folgen *Emmerich/Habersack* a. a. O. (oben Fn. 11), S. 65, 211; Haarmann, JbFStR 1992/93, S. 525; *Schubert/Küting* a. a. O. S. 181 f. Schon die Erfassung durch die Kartellverordnung 1923 war umstritten. Zur Entwicklung nach 1945 vgl. *Friedländer* a. a. O. (oben Fn. 2), S. 115; *Fikentscher* a. a. O. S. 46 ff. Bechtold, Kartellgesetz Gesetz gegen Wettbewerbsbeschränkungen (5. Aufl.), § 1 Rn. 67 verneint eine Unwirksamkeit aus § 1 GWB bei einer Gewinngemeinschaft mit einer weitgehenden Vereinheitlichung der Unternehmensführung. Zur Fusionskontrolle ist je nach Betonung des Wortlauts des Gesetzes oder der Intention des Gesetzgebers umstritten, ob nur durch einen Unterordnungskonzern oder auch durch eine Gewinngemeinschaft als Gleichordnungskonzern ein Zusammenschlusstatbestand erfüllt werden kann, dazu *Hofmann* AG 1999, 538; *Paschke*, in: Frankfurter Kommentar GWB 2005 § 37 Rn. 28; *Immenga/Mestmäker*, GWB Gesetz gegen Wettbewerbsbeschränkungen (4. Aufl.), § 37 Rn. 28; *Richter*, in: Wiedemann, Handbuch des Kartellrechts (2. Aufl.), § 19 Rn. 97 f.; *Bach*, in: MünchKommGWB § 37 Rn. 45..

[38] *Geßler* a. a. O. (oben Fn. 30), § 292 Rn. 17; vgl. auch *Koppensteiner* a. a. O. (oben Fn. 2), Vorb. § 291 Rn. 153, 161; krit. zu der Qualifizierung als schuldrechtlicher Vertrag Lechner a. a. O. S. 50 ff. Auch *Emme-*

2. Die Vertragsparteien

Zur Anwendung der in den §§ 293 ff. AktG enthaltenen qualifizierten Anforderungen an den Abschluss, die Änderung oder Beendigung eines Vertrages über eine Gewinngemeinschaft muss nach § 292 Abs. 1 Nr. 1 AktG mindestens eine Aktiengesellschaft oder Kommanditgesellschaft auf Aktien mit Sitz im Inland an dem Vertrag beteiligt sein.[39] Die andere Vertragspartei braucht weder AG noch KGaA zu sein, jedoch muss es sich wie bei den von § 291 AktG erfassten Beherrschungs- und Gewinnabführungsverträgen um ein Unternehmen handeln; dessen Sitz kann allerdings auch im Ausland liegen.[40] Dabei können sich auch mehr als zwei Unternehmen an einer Gewinngemeinschaft beteiligen.[41]

Die beteiligten Vertragsparteien können aufgrund bestehender Beteiligungsverhältnisse von einander oder von einer gemeinsamen Konzernobergesellschaft abhängig sein.[42] Auch wenn keine Beteiligungen unter den Vertragsparteien bestehen, kann die Einrichtung einer einheitlichen Leitung für sie zu einem Gleichordnungskonzern führen. Die Vorstellung des Gesetzgebers war aber, dass die Vertragsparteien von einander unabhängige Unternehmen sind, die sich lediglich zu einer gegenseitigen schuldrechtlichen Leistungserbringung verbinden.[43] Mit dem Abschluss einer Gewinngemeinschaft wird stets eine der in § 15 AktG genannten Voraussetzungen für die Behandlung als verbundenes Unternehmen[44] erfüllt, so dass die an diese Qualifizierung anknüpfenden Berichts- und Auskunftspflichten anzuwenden sind, jedoch führt dies nicht generell auch schon zu einer einheitlichen Leitung und damit zur Bildung eines Konzerns.[45]

3. Der aufzuteilende Gewinn

Zum wesentlichen Inhalt des Vertrages über die Gewinngemeinschaft gehören einerseits Bestimmungen über die Art der Ermittlung des jeweiligen zusammenzulegenden Gewinns bis hin zur Ausübung von bilanziellen Wahlrechten oder Bildung und Auflösung von Rücklagen, andererseits die Vereinbarung eines Schlüssels für die Verteilung des gemeinsamen Gewinns.[46] Hierfür gibt es keine aktienrechtlichen Vorgaben, da das Gesetz nur Schlussfolgerungen bei Vorlie-

---

rich/Habersack a. a. O. (oben Fn. 5), § 292 Rn. 6 heben die zusätzlichen organisationsrechtlichen Elemente hervor, die die Behandlung als Unternehmensvertrag rechtfertigen; ebenso *Hüffer*, AktG (8. Aufl.), § 292 Rn. 2, 4.

[39] *Hüffer* a. a. O. (oben Fn. 38), § 292 Rn. 3; *Koppensteiner* a. a. O. (oben Fn. 2),, Vorb. § 291 Rn. 12; *Altmeppen* a. a. O. (oben Fn. 28), § 292 AktG, Rn. 11.

[40] *Hüffer* a. a. O. (oben Fn. 38), § 292 Rn. 3; § 291 Rn. 8; *Reuter* a. a. O. (oben Fn. 22), S. 209; *Emmerich/Habersack* a. a. O. (oben Fn. 2), § 292 Rn. 10.

[41] *Altmeppen* a. a. O. (oben Fn. 28), § 292 AktG, Rn. 11; *Hüffer* a. a. O. (oben Fn. 38), § 292 Rn. 4; *Krieger* a. a. O. (oben Fn. 16), § 72 Rn. 8.

[42] *Reuter* a. a. O. (oben Fn. 22), S. 210; wegen der daraus erwachsenen erhöhten Anforderungen an die steuerliche Anerkennung der Gewinngemeinschaft vgl. aber unten Abschn. C II 2 (S. 794).

[43] *Emmerich/Habersack* a. a. O. (oben Fn. 11), S. 212.

[44] Und zwar in Abweichung von dem für die Zwecke eines Fremdvergleichs in Art. 9 Abs. 1 OECD-MA bzw. für Zwecke der Bilanzkonsolidierung in § 271 Abs. 2 HGB verwendeten Begriffsinhalt auch ohne gesellschaftsrechtliche Verflechtung.

[45] *Altmeppen* a. a. O. (oben Fn. 28), § 292 AktG, Rn. 42 f.; *Reuter* a. a. O. (oben Fn. 22), S. 210; zu den Rechtsfolgen vgl. *Hüffer* a. a. O. (oben Fn. 38), § 15 Rn. 17, *Würdinger*, a. a. O. (Fn. 30), S. 289. Vgl. auch unten Fn. 66.

[46] Vgl. hierzu *Rasch* a. a. O. (oben Fn. 36), S. 89 ff., *Schubert/Küting* a. a. O. S. 189 f.; *Lechner* a. a. O. S. 23; *Rosendorff* a. a. O. (oben Fn. 2), S. 24. § 300 AktG gilt hier nicht, *Altmeppen* a. a. O. (oben Fn. 28), § 300 Rn. 42.

gen des in § 292 Abs. 1. Nr. 1 AktG vorgezeichneten Bildes der Gewinngemeinschaft zieht. Dabei definiert das Gesetz nicht, was unter dem "Gewinn" der Gesellschaft oder einzelner ihrer Betriebe zu verstehen ist. Nach ganz herrschender Ansicht handelt es sich dabei nicht um den Gewinn von gegenständlich abgegrenzten Geschäften, sondern ausschließlich um einen regelmäßig periodisch ermittelten Gewinn der beteiligten Gesellschaften, als dessen Berechnungsgrundlage in erster Linie Jahresüberschuss und Bilanzgewinn dienen.[47] Bei der Beschränkung der Gewinngemeinschaft auf einzelne Betriebe der Beteiligten ist das entsprechende Rechenwerk auf die Ebene der betroffenen Betriebe zu reduzieren.[48]

Strittig ist, ob § 292 AktG auch eingreift, wenn der Rohertrag als Berechnungsgrundlage herangezogen wird.[49] Zum Teil wird zwar § 292 Abs. 1 Nr. 1 AktG nicht direkt angewendet, weil die Teleologie des Gesetzes nur auf den Gewinn als Element der Gewinn- und Verlustrechnung (Bilanzgewinn/Jahresüberschuss) ziele,[50] jedoch eine Analogie für zulässig gehalten. Vereinzelt wird dies auch für weitere Ertragsposten der Gewinn- und Verlustrechnung (Umsatzerlöse, Gesamtleistung) erwogen. Bei einem Teilgewinnabführungsvertrag nach § 292 Abs. 1 Nr. 2 AktG wird dies wegen des indirekten Einflusses auf den Bilanzgewinn zur Wahrung der Rechte der Hauptversammlung zumindest eingeschränkt für denkbar gehalten.[51] Legt man einen einheitlichen Gewinnbegriff in § 292 AktG zugrunde, dann müssten derartige Erwägungen auch für die Gewinngemeinschaft gelten.[52]

Die Gewinngemeinschaft verpflichtet nicht automatisch zum Ausgleich von Verlusten,[53] sie kann aber auch Verluste einschließen und damit zu einer Ergebnisgemeinschaft erweitert werden. Eine isolierte Verlustgemeinschaft wird hingegen von § 292 Abs. 1 Nr. 1 AktG nicht erfasst.[54]

Wie sich schon aus der Legaldefinition der Gewinngemeinschaft ergibt, kann sich die Vereinbarung auf den Gesamtgewinn der beteiligten Unternehmen erstrecken oder auf beliebige Teile

---

[47] *Altmeppen* a. a. O. (oben Fn. 28), § 292 AktG, Rn. 16; *Godin-Wilhelmi*, AktG, § 292 Anm. 3; *Koppensteiner* a. a. O. (oben Fn. 2), § 292 Rn. 34; *Krieger* a. a. O. (oben Fn. 16), § 72 Rn. 10; *Emmerich/Habersack* a. a. O. (oben Fn. 11), S. 210; Emmerich/Habersack a. a. O. (oben Fn. 2), § 292 Rn. 11 daher verneinend zu Arbeitsgemeinschaften der Bauwirtschaft; a. A. aus kartellrechtlicher Sicht *Fikentscher* a. a. O. S. 19. Der Vertrag kann zivilrechtlich ebenso wie Gewinnabführungsverträge für das gesamte, noch nicht abgelaufene Geschäftsjahr rückwirkend abgeschlossen werden, vgl. *Emmerich/Habersack* a. a. O. (oben Fn. 11), S. 247; dies dürfte aber die steuerliche Anerkennung erschweren; vgl *Walter* a.a.O. (oben Fn. 3) § 14 Rn. 551.

[48] Poolverträge der Schifffahrt und Luftfahrt sowie Forschungs- und Versicherungspools beziehen sich häufig nicht auf vollständige Betriebseinheiten und bilden dann keine Gewinngemeinschaften, vgl. *Böhmer* a. a. O. (oben Fn. 14), S. 87.

[49] So die überwiegende Ansicht *Altmeppen* a. a. O. (oben Fn. 28), § 292 AktG, Rn. 16; *Godin-Wilhelmi*, AktG, § 292 Anm. 3; *Würdinger* a. a. O. (oben Fn. 28), § 292 Anm. 9; *Emmerich/Habersack* a. a. O. (oben Fn. 2), § 292 Rn. 11; vgl. dazu auch KG v. 15. 3. 1999, 8 U 4630/98, NGZ 1999, 1102 (1106), das allein die Negativabgrenzung des § 292 Abs. 2 AktG für entscheidend hält. A. A. aber *Fikentscher* a. a. O. S. 19, 41.

[50] *Koppensteiner* a. a. O. (oben Fn. 2), § 292 Rn. 15 ff., 35.

[51] *Schulze-Osterloh*, ZGR 1974, S. 438 f.

[52] *Koppensteiner* a. a. O. (oben Fn. 2), § 292 Rn. 42.

[53] *Rosendorff* a. a. O. (oben Fn. 2), S. 36, 149 hat sie gleichwohl bejaht.

[54] *Hüffer* a. a. O. (oben Fn. 38), § 292 Rn. 7; *Koppensteiner* a. a. O. (oben Fn. 2), § 292 Rn. 32; *Würdinger* a. a. O. (oben Fn. 28), § 292, Anm. 4; *Emmerich/Habersack* a. a. O. (oben Fn. 2), § 292 Rn. 10a; vgl. dazu *Bachmayr*, BB 1967, 135 ff. und krit. *Luchterhandt* a. a. O. (oben Fn. 18), S. 180 ff. Es liegt auch keine Vergemeinschaftung von Gewinnen vor, wenn eine Vertragspartei lediglich kostendeckend arbeiten soll, LG Mainz v. 1. 4. 1977, 11 HO 4/77, AG 1978, 320, 322. BFH v. 26. 1. 1995, IV R 73/93, BStBl 1995 II 589 verneint bei einem reinen Verlustausgleich die betriebliche Veranlassung.

von diesen wie z. B. den Gewinn einzelner Betriebe oder auch auf einen prozentualen Anteil beschränken[55].

4. Zusammenlegung und Aufteilung

Der Vergemeinschaftung des Gewinnes der beteiligten Gesellschaften verpflichtet diese gegenseitig zum Ausgleich etwaiger Gewinndifferenzen[56], während bei einem Gewinnabführungsvertrag i. S. v. § 291 Abs. 1 AktG nur eine einseitige Verpflichtung zur Gewinnabführung besteht. Auch wenn der Vertrag regelmäßig einheitliche Richtlinien für die Ermittlung der Gewinne durch jede beteiligte Gesellschaft enthalten wird, ist aufgrund des selbständigen Wirtschaftens der Beteiligten zu erwarten, dass ihr Gewinn in der Höhe unterschiedlich sein wird. Sollte ein Beteiligter zum Ausgleich von Verlusten anderer seinen gesamten Gewinn aufgeben müssen, ist § 301 AktG (Höchstbetrag der Gewinnabführung) nicht anzuwenden[57].

Zur Berechnung der Ausgleichsverpflichtung sind die Gewinne in Vorbilanzen eines jeden Vertragspartners zu ermitteln und rechnerisch zusammenzulegen, um sie anschließend entsprechend dem vertraglich vereinbarten Verteilungsschlüssel auf die Vertragspartner aufzuteilen und etwaige Differenzen auszugleichen. Wenn nicht vertraglich besondere Abreden über die Gewinnverwendung getroffen wurden, deren Durchführung u. U. flankierende Regelungen in der Satzung erforderlich machen, kann jeder Vertragspartner über den ihm verbleibenden Gewinn frei verfügen[58].

Die Vereinbarung des Verteilungsschlüssels wird sich an vergangenen oder zukünftigen wirtschaftlichen Kriterien wie Produktion und Umsatz, Größe und Auslastung der Kapazität, Zahl oder Produktivität der Beschäftigten oder Umfang des zur Verfügung gestellten Kapitals unter Einschluss eventueller stiller Reserven oder an dem Ertragswert orientieren[59]. Fehlt eine solche Festlegung der Quotierung, gilt der Vertrag aufgrund mangelnder Übereinstimmung der Beteiligten als nicht zustandegekommen[60].

5. Rechtsfolgen bei unangemessener Aufteilung

Wirtschaftlich ist der Eintritt in eine Gewinngemeinschaft für ein Unternehmen nur sinnvoll, wenn der Verteilungsschlüssel für alle Beteiligten auf Dauer zu angemessenen Ergebnissen führt. Wegen der Unsicherheit der künftigen Entwicklung gestaltet sich die Festlegung des

---

[55] *Altmeppen* a. a. O. (oben Fn. 28), § 292 AktG, Rn. 14; *Krieger* a. a. O. (oben Fn. 16), § 72 Rn. 10; *Hüffer* a. a. O. (oben Fn. 38), § 292 Rn. 4; vgl. *Wöhe*, DStR 7/1990, Beih., S. 22; z. B. Poolung von kostspieligen Versuchs- und Entwicklungsabteilungen in der chemischen Industrie und gemeinsame Auswertung der entwickelten Verfahren und Patente. Nach *Emmerich/Habersack* a. a. O. (oben Fn. 2), § 292 Rn. 16 muss es sich um den eigenen Gewinn der Vertragsparteien handeln, jedoch soll bei einer Zusammenlegung von Gewinnen von Tochtergesellschaften § 292 AktG entsprechend anwendbar sein.

[56] Nur bei Errichtung einer gemeinsamen Poolgesellschaft ist die Vorstellung von *Altmeppen* a. a. O. (oben Fn. 28), § 292 Rn. 18 f. richtig, dass jeder Beteiligte zunächst seinen vollen Gewinn an die Gewinngemeinschaft abzuführen hat, die ihrerseits den jedem Beteiligten zustehenden Teil des Gesamtgewinns nach der Aufteilung wieder zurück abführt.

[57] *Altmeppen* a. a. O. (oben Fn. 28), § 292 Rn. 14, § 301 Rn. 6; *Krieger* a. a. O. (oben Fn. 16), § 72 Rn. 10.

[58] *Hüffer* a. a. O. (oben Fn. 38), § 292 Rn. 9; *Rasch* a. a. O. (oben Fn. 36), S. 90 f.

[59] *Schubert/Küting* a. a. O. S. 193 ff.; vgl. auch Rasch a. a. O. (oben Fn. 36), S. 90. Die von *Rosendorff* a. a. O. (oben Fn. 2), S. 23 berichtete Orientierung an dem jeweiligen eingezahlten Stammkapital war wohl von dem überholten Substanzwertdenken bei der Unternehmensbewertung bestimmt; weniger krit. hierzu *Böhmer* a. a. O. (oben Fn. 14), S. 90. *Walter*, BB 1995, 1878 sieht auch die angestrebte Verwendung von Verlustvorträgen als Kriterium für die Angemessenheit.

[60] *Hüffer* a. a. O. (oben Fn. 38), § 292 Rn. 10.

Verteilungsschlüssels regelmäßig sehr schwierig. Gleichwohl ging der Gesetzgeber aufgrund der Gleichberechtigung der Vertragspartner davon aus, dass durch die Verhandlungen ein ausgewogenes Verhältnis erzielt wird[61]. Er sah daher durch den Vorbehalt der Zustimmung der Hauptversammlung nach § 293 Abs. 1 AktG eine ausreichende Kontrolle der Angemessenheit gewährleistet.

Wenn aber zwischen den Beteiligten als Ausfluss einer bestehenden Konzernabhängigkeit eine unangemessene Verteilung des Gesamtgewinns vereinbart wird, greifen die §§ 57, 58, 60 AktG mit der Folge ein, dass sowohl der Vertrag als auch der Zustimmungsbeschluss der Hauptversammlung nach § 134 BGB nichtig sind[62]. Dies verbietet es, eine Gewinngemeinschaft durch fiktive Verteilungsschlüssel zur Verschleierung eines Gewinn- und Verlustausgleichs im Konzern einzusetzen[63]. Die rechtliche Ausgestaltung der Rückabwicklung einer nichtigen, aber bereits vollzogenen Gewinngemeinschaft ist umstritten[64]. Wird eine unangemessene Aufteilung des Gesamtgewinns mit einem Vertragspartner, der nicht an der benachteiligten Gesellschaft beteiligt ist, vereinbart, bleibt der Vertrag wirksam, jedoch haften die Organe der benachteiligten Gesellschaft aus §§ 93, 116 AktG sowie aus § 823 Abs. 2 BGB i. V. m. § 266 StGB.[65]

6. Negative Abgrenzung

Die negative Abgrenzung der Gewinngemeinschaft von ähnlichen Strukturen schränkt nicht ihre Zulässigkeit ein, sondern dient primär der Klärung, ob die aktienrechtlichen Schutzvorschriften anwendbar sind.

a) Der Gleichordnungskonzern (§ 291 Abs. 2 AktG)

Häufig werden weitere Vereinbarungen getroffen, die über die reine Gewinngemeinschaft hinausgehen wie z. B. Abreden über ein gemeinsames Vorgehen in der Produktion, im Vertrieb oder hinsichtlich der gesamten Leistung. Im gemeinsamen Interesse an einem möglichst hohen Gesamtgewinn wird zudem die Geschäftsführung häufig in einzelnen Bereichen zu einer Verwaltungsgemeinschaft i. S. d. §§ 709 ff. BGB zusammengefasst. Dies geschah oft durch Personalunion in den Geschäftsleitungen oder durch die Schaffung von "Gemeinschaftsorganen" zur Koordination der Geschäftspolitik. Entsteht aus einer derartigen Koordination eine einheitliche

---

[61] *Emmerich/Habersack* a. a. O. (oben Fn. 11), S. 212; Emmerich/Habersack a. a. O. (oben Fn. 2), § 292 Rn. 18.

[62] *Geßler* a. a. O. (oben Fn. 30), § 292 Rn. 28,.; *Koppensteiner* a. a. O. (oben Fn. 2), § 292 Rn. 53; *Hüffer* a. a. O. (oben Fn. 38), § 292 Rn. 11; *Krieger* a. a. O. (oben Fn. 16), § 72 Rn. 13; *Emmerich/Habersack* a. a. O. (oben Fn. 11), S. 212; Emmerich/Habersack a. a. O. (oben Fn. 2), § 292 Rn. 19; zur vordringenden Gegenansicht, die einen Ausgleich der Kapitalschmälerung für ausreichend hält, vgl. *Joost*, ZHR Bd. 149 (1985), S. 419; so auch (gegen Vorauft.) *Altmeppen* a. a. O. (oben Fn. 28), § 292 Rn. 30 m. w. N.

[63] Vgl. dazu *Walter*, BB 1995, 1877; ders. a. a. O. (oben Fn. 3), § 14 Rn. 538 m. w. N.; wegen der damit verbundenen steuerlichen Probleme vgl. unten Abschn. C II 2 (S. 794).

[64] Für allgemeines Bereicherungs- und Schadensersatzrecht *Geßler* a. a. O. (oben Fn. 30), § 292 Rn. 5, 24; Begr.RegE § 292, S. 379; für den Rückgewährungsanspruch des § 62 AktG und die Grundsätze über die fehlerhafte Gesellschaft *Hüffer* a. a. O. (oben Fn. 38), § 292 Rn. 11, nur für einen Ausgleich ohne Rückabwicklung (gegen die Vorauft.) *Altmeppen* a. a. O. (oben Fn. 28), § 292 AktG, Rn. 30. Im Falle einer Gewinngemeinschaft mit einer abhängigen AG oder KGaA kommen zudem die §§ 311 ff. AktG uneingeschränkt zur Anwendung, *Koppensteiner* a. a. O. (oben Fn. 2), § 292 Rn. 29 f., 32 u. 53; *Luchterhandt* a. a. O. (oben Fn. 18), S. 178 f.; *Altmeppen* a. a. O. (oben Fn. 28), § 292 Rn. 36; *Krieger* a. a. O. (oben Fn. 16), § 72 Rn. 13; die §§ 57, 58 und 60 AktG werden hierdurch verdrängt; a. A. *Emmerich/Habersack* a. a. O. (oben Fn. 11), S. 212; dies. a. a. O. (oben Fn. 2) § 292 Rn. 19, *Altmeppen* a. a. O. (oben Fn. 28), § 292 Rn. 36; *Böhmer* a. a. O. (oben Fn. 14), S. 77 (dort Fn. 6), die aus § 58 AktG ohnehin keine Nichtigkeit, sondern nur die Verpflichtung zum Nachteilsausgleich folgern.

[65] *Altmeppen* a. a. O. (oben Fn. 28), § 292 Rn. 38; Hüffer a. a. O. (oben Fn. 38), § 292 Rn. 11.

gemeinsame Leitung der so verbundenen Unternehmen, sei es auch nur auf der Grundlage einer Personalunion, so wird die Gewinngemeinschaft zu einem Gleichordnungskonzern nach §§ 18 Abs. 2, 291 Abs. 2 AktG[66].

b) Gemeinschaftsgründungen

Nach dem Wortlaut des § 292 Abs. 1 Nr. 1 AktG greift der konzernrechtliche Schutz – insbesondere die Zustimmung der Hauptversammlung nach § 293 AktG – nicht, wenn nicht der Gewinn der Gesellschaft selbst, sondern derjenige einer Tochtergesellschaft gemeinschaftlich aufgeteilt wird. Zwar sind Umgehungen möglich, insbesondere wenn zwei Gesellschaften ihr Unternehmen jeweils in Tochtergesellschaften einbringen und die Beteiligungen an diesen in einer Zentralgesellschaft zusammenlegen[67]. Die Rechtsprechung hat die Frage aber zugunsten des § 179a Abs. 1 AktG offen gelassen[68].

Nach früherer, durch die Holzmüller/Gelatine-Rechtsprechung[69] überholter Literaturmeinung wurde auch bei einer Vergemeinschaftung von Gewinnen bedeutender Vermögensteile wie etwa bei Fusionen von Tochtergesellschaften der beteiligten Partner, dem Tausch von Beteiligungen an solchen Gesellschaften sowie der Ausgründung von Unternehmensteilen in eine gemeinsame neue Tochter die Mitwirkung der Hauptversammlung der Muttergesellschaft aus einer analogen Anwendung der Vorschriften über die Gewinngemeinschaft hergeleitet[70].

c) Andere Gewinnbeteiligungen

Wenn Unternehmen aus ihren Gewinnen Mittel für gemeinschaftliche Zwecke, z. B. die Finanzierung gemeinsamer Projekte, zur Verfügung stellen, liegt nach gewichtiger Ansicht keine Gewinngemeinschaft vor, weil es an einer Poolung zur schließenden eigenen Verfügung durch jeden Beteiligten mangelt. Eine solche Beitragsleistung an eine gemeinschaftlich gebildete Gesellschaft bürgerlichen Rechts kann der Vorstand einer Aktiengesellschaft im Rahmen seiner Leitungsbefugnis nach § 76 AktG ohne die Zustimmung der Hauptversammlung entscheiden[71].

---

[66] *Emmerich/Habersack* a. a. O. (oben Fn. 11), S. 210 f.; *Hüffer* a. a. O. (oben Fn. 38), § 18 Rn. 20 f.; *Geßler* a. a. O. (oben Fn. 30), § 292 Rn. 26; *Altmeppen* a. a. O. (oben Fn. 28), § 292 Rn. 42; *Würdinger* a. a. O. (oben Fn. 30), S. 297; *Emmerich/Habersack* a. a. O. (oben Fn. 2), § 292 Rn. 15, § 291 Rn. 73. Wird aber durch ein einseitiges Weisungsrecht die Beherrschung eines Beteiligten ermöglicht, hängt die Wirksamkeit des Vertrages davon ab, dass er in das Handelsregister als Beherrschungsvertrag eingetragen wurde, *Emmerich/Habersack* a. a. O. (oben Fn. 2), § 292 Rn. 17. Zur Qualifizierung eines Unternehmensvertrages als Beherrschungsvertrag vgl. KG v. 30. 6. 2000, 14 U 8337/98, DB 2000, 1755. Zu weiteren mit einem Gleichordnungskonzern verbundenen Rechtsfragen vgl. *Spahlinger/Wegen* a. a. O. (oben Fn. 14) Rn. 399 ff.

[67] BGH v. 16. 11. 1981, II ZR/80/80, BGHZ 82, 188 = NJW 1982, 933 = WM 1982, 86, 89 unter 6 (insoweit nicht in BGHZ 82, 188 abgedruckt).

[68] BGH v. 16. 11. 1981 a. a. O. (oben Fn. 67).

[69] BGH v. 25. 2. 1982, II ZR 174/80, AG 1982, 158; BGH v. 26. 4. 2004, II ZR 155/02, AG 2004, 384; dazu *Goette* AG 2006, 522 m. w. N.

[70] *Lutter*, FS Barz, S. 199 ff., 212 ff.; *Krieger* a. a. O. (oben Fn. 16), § 72 Rn. 12; *Hüffer* a. a. O. (oben Fn. 38), § 292 Rn. 6; *Emmerich/Habersack* a. a. O. (oben Fn. 11), S. 211; *Emmerich/Habersack* a. a. O. (oben Fn. 2), § 292 Rn. 16; a. A. *Koppensteiner* a. a. O. (oben Fn. 2), § 292 Rn. 47, 49; *Altmeppen* a. a. O. (oben Fn. 28), § 292 AktG, Rn. 25. Eine Analogie zur Gewinngemeinschaft neben der Holzmüller-Rechtsprechung ablehnend OLG Köln v. 24. 11. 1992, 22 U 72/92, NJW-RR 1993, 804.

[71] *Altmeppen* a. a. O. (oben Fn. 28), § 292 AktG, Rn. 21; *Hüffer* a. a. O. (oben Fn. 38), § 292 Rn. 9; a. A. *Koppensteiner* a. a. O. (oben Fn. 2), § 292 Rn. 38; Veil, Unternehmensverträge S. 156; *ders.* in: Spindler/Stilz AktG § 292 Rn. 9, *Langenbucher*, in: K. Schmidt/Lutter AktG § 292 Rn. 8 wegen des auch dann erfolgenden Eingriffs in das Gewinnverwendungsrecht der Hauptversammlung; zögerlich ablehnend auch *Emmerich/Habersack* a. a. O. (oben Fn. 2), § 292 Rn. 13, 16 im Falle einer Vergemeinschaftung der Gewinne von Tochtergesellschaften statt des eigenen Gewinns; *Krieger* a. a. O. (oben Fn. 16), § 72 Rn. 11;.

Weiter liegt keine Gewinngemeinschaft vor, wenn lediglich den außenstehenden Aktionären eines der beteiligten Unternehmen eine Dividendengarantie zugesagt wird, ohne dass das Unternehmen selbst einen Teil des Gewinns erhält.[72] Je nach Vertragsgestaltung liegt ein Gewinnabführungsvertrag i. S. v. § 291 Abs. 1 AktG oder ein Teilgewinnabführungsvertrag i. S. v. § 292 Abs. 2 AktG vor.

d) Konsortien

Verträge über die Zusammenlegung des Gewinns aus Einzelgeschäften oder Arbeitsgemeinschaften, besonders im Baugewerbe, stellen keine Gewinngemeinschaften i. S. d. § 292 Abs. 1 Nr. 1 AktG dar. Ebenso wenig werden reine Austauschverträge erfasst[73].

III. Gewinngemeinschaft mit anderen Gesellschaftsformen

Gewinngemeinschaften, an denen nur Gesellschaften anderer Rechtsformen beteiligt sind, werden nicht von § 292 Abs. 1 Nr. 1 AktG erfasst. Da diese Vorschrift indessen nicht die Zulässigkeit der Gewinngemeinschaft regelt, sondern sie allenfalls für Aktiengesellschaften inzidenter ausdrücklich bestätigt, steht außer Zweifel, dass in den Grenzen der allgemeinen Regeln des maßgeblichen Gesellschaftsstatuts, insbesondere der Regeln über die Kapitalbindung und die Gewinnverteilungskompetenz, Gewinngemeinschaften auch zwischen Gesellschaften anderer Rechtsform begründet werden können[74]. Nach verbreiteter Meinung sind die Vorschriften des Aktiengesetzes dann von Fall zu Fall entsprechend anzuwenden[75]. Oft wird die Zustimmung der Gesellschafterversammlung mit satzungsändernder Mehrheit auch hier erforderlich sein[76].

---

[72] *Altmeppen* a. a. O. (oben Fn. 28), § 292 Rn. 20; *Koppensteiner* a. a. O. (oben Fn. 2), § 292 Rn. 37; *Krieger* a. a. O. (oben Fn. 16), § 72 Rn. 11; *Hüffer* a. a. O. (oben Fn. 38), § 292 Rn. 9; *Emmerich/Habersack* a. a. O. (oben Fn. 2), § 292 Rn. 12.

[73] *Altmeppen* a. a. O. (oben Fn. 28), § 292 Rn. 14; *Koppensteiner* a. a. O. (oben Fn. 2), § 292 Rn. 34; *Emmerich/Habersack* a. a. O. (oben Fn. 11), S. 210; *Emmerich/Habersack* a. a. O. (oben Fn. 5), § 292 Rn. 11. Zur Poolung der Erlöse aus gemeinschaftlicher Nutzung technischer Anlagen vgl. *Geßler* a. a. O. (oben Fn. 30), § 292 Rn. 12, aber auch *Würdinger* a. a. O. (oben Fn. 30), § 292, Anm. 1. Zu Metagesellschaften vgl. *Piltz* a. a. O. (oben Fn. 15), A 7.01.

[74] *Raupach/Schencking*, in: Hermann/Heuer/Raupach, § 2 EStG Rn. 157; *Schubert/Küting* a. a. O. S. 178; *Küting*, DStR 1990 Beil. Heft 4, S. 12; *Piltz* a. a. O. (oben Fn. 15) A 7.00 Rn. 3; für die GmbH bejahend *Emmerich/Habersack* a. a. O. (oben Fn. 11), S. 468, 506; *Emmerich/Habersack* a. a. O. (oben Fn. 2), § 292 Rn. 21; zu Kommanditgesellschaften vgl. BFH v. 9. 10. 1964, VI 317/62 U, BStBl 1965 III 71; v. 26. 7. 1973, V R 42/70, BStBl 1973 II 766 = BB 1973, 1347 und v. 26. 1. 1995 a. a. O. (oben Fn. 19). Vgl. auch *Baumbach/Hopt*, HGB (33. Aufl.), § 105 Rn. 105; zu ärztlichen Praxisgemeinschaften LG Hamburg v. 21. 7. 2004, 322 O 136/04, MedR 2005, 98.Hingegen soll nach *Reuter* a. a. O. (oben Fn. 22), S. 209, 343 immer die Beteiligung mindestens einer inländischen AG oder KGaA erforderlich sein. *Walter* a. a. O. (oben Fn. 3), § 14 Rn. 541 verlangt die Beteiligung mindestens einer Kapitalgesellschaft.

[75] *Emmerich/Habersack* a. a. O. (oben Fn. 11), S. 491 f.; *Walter* a. a. O. (oben Fn. 3), § 14 Rn. 541; *Kessler* a. a. O. (oben Fn. 3), S. 575; vgl. auch *Jebens*, BB 1996, 701 ff. *Lutter/Hommelhoff*, GmbHG (16. Aufl.), Anh. § 13 Rn. 32, leitet dies nach Einfügung der §§ 293a ff. AktG aus einem einheitlichen System der Strukturänderung von Kapitalgesellschaften ab; zum Meinungsstand über die Zustimmung der Gesellschafter vgl. dort Rn. 38. Differenzierend nach Grad der Abhängigkeit *Scholz/Emmerich*, GmbHG (16. Aufl.), Anh. § 13 Rn. 14, 211 f.; *Ulmer/Casper* GmbHG Anh. § 77 Rn. 204 ff.; *Priester*, FS Raupach S. 400.

[76] *Fichtelmann* in: Heidelberger Kommentar zum GmbH-Recht II Rn. 73; für die GmbH fordern *Emmerich/Habersack* a. a. O. (oben Fn. 11), S. 506 schon bei Abhängigkeit die Zustimmung jedes einzelnen Gesellschafters, bei Personengesellschaften in jedem Fall, a. a. O. S. 521; vgl. auch *Emmerich/Habersack* a. a. O. (oben Fn. 2), § 292 Rn. 22; *Scholz/Emmerich* a. a. O. (oben Fn. 75), Anh. § 13 Rn. 212.

C. Die steuerliche Behandlung der Gewinngemeinschaft

Das Steuerrecht knüpft an rechtliche Einheiten und an deren Rechtsform an. Die Tatsache der wirtschaftlichen Einheit von Konzernen hat – von Einzelregelungen abgesehen – nicht zur Ausgestaltung eines umfassenden Konzernsteuerrechts geführt. Die steuerliche Gesetzgebung hat das reichhaltige Angebot des Aktiengesetzes an Unternehmensverträgen weitgehend unbeachtet gelassen[77].

I. Die beteiligten Steuersubjekte

Die Gewinngemeinschaft ist eine reine Innengesellschaft, die nicht nach außen auftritt. Dass kein gemeinsames Gesellschaftsvermögen und keine Haftung für die von den einzelnen Beteiligten eingegangenen Schulden besteht, hindert ihre Qualifizierung als Gesellschaft bürgerlichen Rechtes nicht, solange sich die Beteiligten zu einem gemeinsamen Zweck zusammenschließen und diesen fördern.

Auch eine Innengesellschaft kann aber steuerlich als Mitunternehmerschaft i. S. v. § 15 Abs. 1 Nr. 2 EStG zu behandeln sein, wenn die Beteiligten Mitunternehmerinitiative entfalten können und ein Mitunternehmerrisiko tragen[78]. Bei einer Gewinngemeinschaft kann dies abweichend von dem gesetzlichen Regelbild durch Aufnahme zusätzlicher Gestaltungselemente in den Vertrag vereinbart werden. Eine Mitunternehmerinitiative der Beteiligten kann z.B. dann zu bejahen sein, wenn sie die Entscheidungen über die Geschäfte jedes Beteiligten gemeinsam treffen. Da die vorgenannten Kriterien nach dem Gesamtbild aller bestimmenden Umstände zu würdigen sind, ist die Annahme einer Mitunternehmerschaft nicht allein deswegen ausgeschlossen, weil die Mitunternehmerinitiative nicht über die gesellschaftsrechtlichen Kontrollrechte gem. § 716 BGB hinausgeht. Eine Beteiligung an der Finanzierung des Geschäftes eines anderen Beteiligten und das Risiko, über die Teilnahme am Verluste diesen Einsatz zu verlieren, kann selbst in einem solchen Falle als reine Innengesellschaft die Qualifikation als Mitunternehmer rechtfertigen[79].

Eine Gewinngemeinschaft, die indessen dem Leitbild des § 292 AktG entspricht, stellt ohne die vorgenannten zusätzlichen Gestaltungselemente keine Mitunternehmerschaft dar[80]. Regelmä-

---

[77] *Knepper*, BB 1982, 2061; vgl. auch v. *Wallis*, AG 1967, 40.

[78] Zur stillen Gesellschaft BFH v. 21. 9. 2000, IV R 50/99, DStR 2001, 115.

[79] BFH v. 19. 2. 1981 IV R 52/76 BStBl 1981 II 602, 604; v. 28. 10. 1981 I R 25/79 BStBl 1982 II 186, 188 f.; *Bitz* in: Littmann/Bitz/Pust, Das Einkommensteuerrecht, § 15 Rn. 24, 54; *Stuhrmann*, in: Blümich EStG, GewStG, KStG, § 15 EStG Rn. 312, 349 f.; vgl. zu einer entsprechenden Interessengemeinschaft auch RFH v. 25. 4. 1933 I-A-277/32 RStBl 1933, 1019, zur Mitunternehmerschaft bei Innengesellschaften BFH v. 4. 8. 1988, IV R 60/86, BFH/NV 1990, 19; v. 26. 5. 1993, X R 108/91, DB 1994, 73; v. 18. 12. 2002, I R 92/01, IStR 2003,388; FG Köln v. 22. 3. 2001, 10 K 2394/93, DStRE 2001, 1969. Vgl. auch *Endres/schultz*, oben Teil 3 A 5. Thema C III (S. 290); *Haep*, in: Hermann/Heuer/Raupach § 15 EStG Rn. 380.

[80] RFH v. 9. 5. 1934 a. a. O. (oben Fn. 22); BFH v. 9. 10. 1964 a. a. O. (oben Fn. 74); *v. Wallis*, Besteuerung der Unternehmenszusammenfassungen, S. 168; Reuter a. a. O. (oben Fn. 22), S. 344; *Böhmer* a. a. O. (oben Fn. 14), S. 100, 105, der aber u. U. eine Mitunternehmerschaft kraft gewerblicher Prägung nach § 15 Abs. 3 Nr. 2 EStC bejaht; dies jedoch ablehnend Bitz a. a. O. (oben Fn. 79), § 15 Rn. 173; *Stuhrmann* a. a. O. (oben Fn. 79), § 15 EStG Rn. 312; *Wacker*, in: Schmidt, EStG (27. Aufl.), § 15 Rn. 225: Reine Innengesellschaften ohne Einkünfteerzielungsabsicht können nicht durch gewerbliche Prägung zu Mitunternehmerschaften werden. Jedoch wollte *Rosendorff* a. a. O. (oben Fn. 2), S. 96 unter Berufung auf die wirtschaftliche Betrachtungsweise, die der RFH v. 28. 11. 1924 V-A-73/24, Bd. 15, S. 119 bei einer Quasi-Fusion angewendet hatte, die Beteiligten einer Gewinngemeinschaft für die Anwendung des Schachtelprivilegs zusammenfassen. *Lechner* a. a. O. S. 124 ff., 237 ff. spricht sich für eine Mitunternehmerschaft aus, weil er die Rechtsprechung wegen ihrer irrigen Vorstellung, die Gewinngemeinschaft sei ein Austauschver-

ßig sind die an einer Gewinngemeinschaft beteiligten Gesellschaften nicht wechselseitig kapitalmäßig verflochten. Eine Beteiligung an den stillen Reserven des jeweils anderen Unternehmens scheidet deshalb aus[81]. Auch bei einer Vergemeinschaftung von Gewinnen und Verlusten tritt allenfalls ein Gewinnverzicht ein, nicht jedoch ein Kapitalverlust. Trotz der Abstimmung der Unternehmenspolitik wird regelmäßig jeder Beteiligte an einer eigenen Unternehmensführung festhalten. Das für eine Mitunternehmerschaft geforderte Gesamtbild von Mitunternehmerrisiko und Mitunternehmerinitiative wird daher durch eine solche Gewinngemeinschaft insgesamt nicht erfüllt[82].

Jede Gesellschaft, die einen nach Produkten und Kundenstamm eigenständigen Gewerbebetrieb unterhält, ist auch bei Identität ihrer Gesellschafter Subjekt einer eigenen Gewinnerzielung und Gewinnermittlung, selbst wenn es sich um eine transparente Personengesellschaft handelt[83]. Die Gewinngemeinschaft ist in ihrer gesetzlichen Ausprägung ertragsteuerlich weder ein eigenes Steuersubjekt noch wird der Gewinn einheitlich nach § 180 AO festgestellt[84]. Je nach Inhalt der Vereinbarungen im einzelnen Fall können allerdings die Mindestanforderungen für eine Mitunternehmerinitiative erfüllt sein.

Anders als Gewinnabführungsverträge gem. § 14 ff. KStG führt die Gewinngemeinschaft steuerlich nicht zu einer Einkommenszurechnung[85]. Vielmehr sind die zivilrechtlich entstandenen Ausgleichsansprüche bzw. -verpflichtungen, die sich für die Beteiligten aus der Gewinngemeinschaft ergeben, auch in der Handels- bzw. Steuerbilanz jeweils als Forderungen bzw. Verbindlichkeiten zu buchen[86].

Obwohl Gewinngemeinschaften mit der Teilung der unternehmerischen Chancen und Risiken mittelbar auch eine Stabilisierung der Ertragsaussichten der Gesellschafter bezwecken und in ihrem Rahmen auch häufig Dividendengarantien vereinbart werden, steht doch die unmittelbare Zweckverbindung der an der Gewinngemeinschaft beteiligten Unternehmen im Vordergrund. Wenn der Gewinnausgleich so vereinbart ist, dass ein Beteiligter eine Mindestdividende nicht an die andere beteiligte Gesellschaft, sondern direkt an deren Gesellschafter zahlt, ist dies bei der anderen Gesellschaft wie eine verdeckte Gewinnausschüttung zu besteuern, weil ihr selbst

---

trag, verwirft. *Walter* a. a. O. (oben Fn. 3), § 14 Rn. 555 nimmt stets eine Mitunternehmerschaft an, wenn eine Gewinngemeinschaft im Rahmen einer Interessengemeinschaft vereinbart wird.

[81] Anders aber, wenn die Gewinngemeinschaft durch eine Liquidationsgemeinschaft ergänzt wird, so zum Fall Unilever *Rieg* a. a. O. (oben Fn. 4), S. 467.

[82] Vgl. zum Ausgleich einer fehlenden Vermögensbeteiligung durch die Übernahme der Geschäftsführung des anderen Beteiligten FG Baden-Württemberg v. 20. 5. 1992, 12 K 247/88, EFG 1993, 225; auch FG Baden-Württemberg v. 9. 10. 2003, 10 K 368/97, EFG 2004, 360. Die von *H.-P. Müller* a. a. O. (oben Fn. 4) S. 237 skizzierte einheitliche Leitung zur Angleichung der Gewinnchancen kann sich daher als steuerliches Problem darstellen.

[83] BFH v. 26. 1. 1995 a. a. O. (oben Fn. 19).

[84] BFH v. 9. 10. 1964 a. a. O. (oben Fn. 74); *Brandis,* in: Tipke/Kruse AO § 180 Rn. 28; aber zu Konzernprüfungen nach einheitlichen Gesichtspunkten vgl. *Piltz* a. a. O. (oben Fn. 15), A 7.00 Rn. 17.

[85] *Knepper*, BB 1982, 2064. Umstritten ist, ob sich Gewinngemeinschaft und Gewinnabführung gegenseitig ausschließen, so *Reuter* a. a. O. (oben Fn. 22), S. 344; *Piltz* a. a. O. (oben Fn. 15), A 7.00 Rn. 8; a.A. *Walter*, BB 1995, 1877, *ders.* a. a. O. (oben Fn. 3), § 14 Rn. 551, 559, 651. *Priester* a. a. O. (oben Fn. 75), S. 391, 398 weist wohl zu Recht darauf hin, dass Vorabbeteiligungen aus schuldrechtlichen Unternehmensverträgen der Gewinnabführung aus § 291 AktG vorgehen und beide somit auch neben einander bestehen können. Ist allerdings eine Mitunternehmerschaft anzunehmen, folgt daraus auch eine abweichende subjektive Zurechnung der Einkünfte; vgl. *Lechner* a. a. O. S. 152 ff.; auch *Kirchhof*, StuW 1985, 98.

[86] BFH v. 9. 10. 1964 a. a. O. (oben Fn. 74).

die Gegenleistung für die dem zahlenden Beteiligten eingeräumten Vorteile zusteht und durch die Direktzahlung an die Gesellschafter der Gewinn der Gesellschaft gemindert wird[87].

II. Die Behandlung des Gewinnausgleichs

1. Ausweis in der Handelsbilanz

Der aufgrund einer Gewinngemeinschaft geschuldete Gewinnausgleich stellt keine Gewinnverwendung dar, sondern ist entsprechend seiner Ausrichtung auf betriebliche Zwecke bei der Gewinnermittlung zu berücksichtigen. Ausgleichszahlungen sind daher gem. § 277 Abs. 3 HGB gesondert auszuweisen und stellen bei dem zahlenden Unternehmen betriebliche Aufwendungen und bei dem empfangenden Unternehmen betriebliche Erträge dar[88].

Der Ausweis in der Gewinn- und Verlustrechnung gem. § 277 Abs. 3 Satz 2 HGB hat gesondert unter entsprechender Bezeichnung zu erfolgen[89]. Da der Gewinnausgleich kein Akt der Gewinnverwendung ist, ist der Ertrag bzw. Aufwand mit dem Ende des jeweiligen Geschäftsjahres, das für alle Beteiligten gleich sein dürfte, als Forderung bzw. Verbindlichkeit unabhängig von dem Zeitpunkt des Beschlusses über die Gewinnverwendung oder der tatsächlichen Begleichung des Ausgleichs auszuweisen.

2. Einkommensteuer/Körperschaftsteuer

Steuerlich sind die Ausgleichszahlungen im Rahmen der Gewinngemeinschaft bei den zahlenden Unternehmen Betriebsausgaben und bei den empfangenden Unternehmen Betriebseinnahmen, sofern allerdings die betriebliche Veranlassung des Gewinnausgleichs zu bejahen ist[90].

a) Allgemeine Voraussetzungen der betrieblichen Veranlassung

Unabhängig von der handelsrechtlichen Behandlung sind Aufwendungen nach § 4 Abs. 4 EStG nur dann als Betriebsausgaben abzugsfähig, wenn sie durch den eigenen Betrieb veranlasst worden sind. Hierbei tritt neben der reinen Kausalität der Zweck der Aufwendung verstärkt in den Vordergrund; allerdings ist nicht entscheidend, ob die Aufwendungen notwendig, zweckmäßig und üblich sind[91]. Ob die Aufwendungen durch den Betrieb oder bei einem Einzelunternehmen durch die private Lebensführung bzw. bei einer Gesellschaft durch das Gesellschafter-

---

[87] RFH v. 29. 10. 1929, I-A-a-378/29, RStBl 1929, 667.

[88] RFH v. 22. 11. 1938, I-238/38, RStBl 1939, 476. Nach *Glade*, Praxishandbuch der Rechnungslegung und Prüfung, § 275 Rn. 206 ist nur der Differenzbetrag auszuweisen, vgl. dazu auch BFH v. 26. 7. 1973, V R 42/70, BStBl 1973 II 766. Ebenso spricht *Förschle*, in: Beck'scher Bilanz-Kommentar (6. Aufl.), § 277 Rn. 23 von einem auszuweisenden Saldo, *Winnefeld*, Bilanz-Handbuch (4. Aufl.), Kapital G Rn. 1290, 415 von dem Ausweis von Ausgleichszahlungen als Differenz zwischen dem einzubringenden Gewinn und dem Anteil am Gesamtgewinn. Hingegen will *Altmeppen* a. a. O. (oben Fn. 28), § 292 AktG, Rn. 19 brutto den vollen abzuführenden Gewinn und den nach Aufteilung zurückerhaltenen Teil als Aufwand bzw. Ertrag ausweisen. Dies ist wohl nur richtig bei Poolung durch eine Zentralgesellschaft, s. o. Fn. 56.

[89] *Förschle* a. a. O. (oben Fn. 88), § 277 Rn. 23; *Winnefeld* a. a. O. (oben Fn. 88), Kapitel G Rn. 124, 640. Der Ausweis als Erträge aus Beteiligungen, der von Strobl a. a. O. (oben Fn. 27), S. 314 und *Gross*, in: MüHdb-GesR Bd. 1 (2. Aufl.), § 35 Rn. 90 für möglich gehalten wird, verbietet sich, weil der Gewinnausgleich nicht über Anteile i. S. v. § 266 Abs. 2 A III HGB vermittelt wird.

[90] RFH v. 22. 11. 1938 a. a. O. (oben Fn. 88). Zur Aussetzung der Gewinnpoolung durch Unilever wegen der unsicheren steuerlichen Anerkennung vgl. aber *Rieg* a. a. O. (oben Fn. 4) S. 251; *Becker* JbFStR 1978/79, 135; ders. BB 1978, 1321 (1325). *Haarmann* a. a. O. (oben Fn. 4) S. 57 und *Breuninger* a. a. O. (oben Fn. 4) S. 230 empfehlen daher die Einholung einer verbindlichen Auskunft.

[91] BFH v. 27. 11. 1978, GrS 8/77, BStBl 1979 II 213, 216. Zu eng deshalb *Bogenschütz/Schwanna*, unten Teil 5 4. Thema C III 3 c) [S. 953], solange zwischen den Beteiligten keine Konzernverbindung besteht, vgl. auch *Endres* a. a. O. (oben Fn. 79), [S. 199], sowie unten Fn. 96 f.

verhältnis veranlasst worden sind, wird dabei mit dem Maßstab der Entscheidung eines unabhängigen ordentlichen und gewissenhaften Geschäftsleiters geprüft. Das gleichzeitige Vorliegen von außerbetrieblichen Motiven ist nicht schlechthin schädlich, solange nur ausreichende betriebliche Gründe vorliegen[92].

Wegen der Eigenständigkeit jedes an einer Gewinngemeinschaft beteiligten Steuersubjektes[93] folgt daraus, dass die betriebliche Veranlassung nicht für die Gewinngemeinschaft insgesamt gegeben sein muss, sondern dass jeder Beteiligte in der Lage ist, seine Beteiligung an einer Gewinngemeinschaft aus seinen eigenen betrieblichen Erwägungen zu rechtfertigen[94]. Dabei ist die Angemessenheit der Gewinnaufteilung nicht an den Verhältnissen eines einzelnen Jahres zu messen, sondern sie ist über einen längeren Zeitraum zu beurteilen[95].

b) Besonderheiten bei Konzernunternehmen

Schon bei der Vermutung gleichgerichteter Interessen hängt die Abzugsfähigkeit von Betriebsausgaben davon ab, dass die zugrunde liegenden Vereinbarungen ernstlich gewollt sind, auch tatsächlich durchgeführt werden und wirtschaftlich begründet sind. Bei einer Gewinngemeinschaft unter Konzernunternehmen reicht daher die allgemeine betriebliche Veranlassung nicht aus, sondern es ist besonders zu berücksichtigen, dass als Gegenleistung für den empfangenen Vorteil ein Teil des eigenen Gewinnes zum Ausgleich eines geringeren Gewinnes oder gar eines Verlustes eines anderen Beteiligten aufgeopfert wird. Dies ist nach Einschätzung des BFH[96] zumindest bei einer auf den Verlustausgleich beschränkten Verpflichtung ohne Pooling des weiteren Gewinns – im konkreten Falle zur Vermeidung einer Überschuldung von Schwestergesellschaften mit identischen Gesellschaftern - zwischen fremden Dritten nicht üblich und legt es nahe, dass eine derartige Gewinnzuwendung durch das Gesellschaftsverhältnis veranlasst ist[97]. Zu einer solchen Vereinbarung könne es nur kommen, wenn an beiden beteiligten Unternehmen dieselben Personen beteiligt seien, so dass sie nicht durch den eigenen Betrieb, sondern durch die gesellschaftsrechtliche Beteiligung derselben Personen an den beiden Unternehmen veranlasst sei. Ist bei einer echten Gewinngemeinschaft unter Einbeziehung von Verlusten (Ergebnisgemeinschaft) die Ausgleichsverpflichtung rechtlich nicht nur auf einen Verlustausgleich beschränkt und kann während der Dauer der Gewinngemeinschaft mit dem Entstehen von Gewinnen gerechnet werden, ist auch bei Konzerngesellschaften die Erstreckung auf einen Verlustausgleich nicht per se als unüblich zu verwerfen[98]. Immerhin haben dem BFH auch

---

[92] BFH v. 6. 12. 1955, I 155/54, BStBl 1956 III 95.

[93] Vgl. v. *Wallis*, AG 1967, 40; schon RFH v. 11. 10. 1928 a. a. O. (oben Fn. 11), hat wegen der verbliebenen Selbständigkeit der Beteiligten die Annahme einer Organschaft auf der Grundlage der damaligen Organtheorie abgelehnt.

[94] So bei einem reinen Verlustausgleich ausdrücklich BFH v. 26. 1. 1995 a. a. O. (oben Fn. 19), S. 592. Wenn die Beteiligten jeweils Tochtergesellschaften unterschiedlicher Konzerne sind, reicht das Konzerninteresse nicht aus, *Mann* a. a. O. S. 228; vgl. auch v. *Wallis* a. a. O. (oben Fn. 80), S. 170 f.

[95] *Wöhe*, DStR 7/1990, Beih., S. 23; *Raupach/Schencking* a. a. O. (oben Fn. 74), § 2 EStG Rn. 157; *Mann* a. a. O. S. 229 f., 234; jährliche Überprüfung fordert aber BFH v. 6. 12. 1955 a. a. O. (oben Fn. 92); *Thieme*, FR 1957, 202; s. auch unten Fn. 110. Nach *Luchterhandt* a. a. O. (oben Fn. 18), S. 176 muss der Gewinnverteilungsschlüssel der tatsächlichen Ertragskraft der beteiligten Unternehmen auf lange Sicht entsprechen.

[96] BFH v. 26. 1. 1995 a. a. O. (oben Fn. 19); vgl. auch *Bachmayr*, BB 1967, 137.

[97] Zu einer die Verbesserung der Kreditwürdigkeit bezweckenden Verlustübernahme vgl. aber *Hüffer* a. a. O. (oben Fn. 38), § 291 Rn. 28; *Altmeppen* a. a. O. (oben Fn. 28) § 291 Rn. 161 m. w. N..

[98] Ohne Vorbehalt noch BFH v. 6. 12. 1955 a. a. O. (oben Fn. 92); zu letzterem bejahend *Thieme*, FR 1957, 202, jedoch nur, solange der Verlustausgleich begrenzt ist, *Mann* a. a. O. S. 233, v. *Wallis* a. a. O. (oben Fn. 80), S. 170, nach dem Gewinnpoolungsverträge nichts Außergewöhnliches darstellen und vorbehalt-

Gewinngemeinschaften mit einem Verlustausgleich vorgelegen haben, bei denen die Beteiligten nicht gesellschaftsrechtlich verbunden waren[99].

Aus der neueren Rechtsprechung ist zu schließen, dass der Nachweis der betrieblichen Veranlassung von Gewinngemeinschaften gerade unter nahe stehenden Unternehmen erhöhten Anforderungen unterliegen soll[100]. Gesellschaftsrechtlich veranlasste Gewinnabführungen sind unter den in §§ 14 ff. KStG genannten Voraussetzungen steuerlich anerkannt worden, aber augenscheinlich will der BFH die Ausschließlichkeit dieser Vorschriften betonen und sie nicht durch Rückgriff auf ähnliche Institutionen aufweichen lassen[101].

Es wird daher auch bei der Gewinngemeinschaft auf den allgemein bei der verdeckten Gewinnausschüttung bekannten Standard zurückgegriffen, der eine Veranlassung durch das Gesellschaftsverhältnis unterstellt, wenn ein Nichtgesellschafter bei Anwendung der Sorgfalt eines ordentlichen Kaufmanns von der Gesellschaft den Vermögensvorteil nicht erhalten hätte[102]. Um dies verneinen zu können, müssen zunächst überhaupt gegenseitige Leistungen feststellbar sein, die durch einen leistungsgerechten Gewinnverteilungsschlüssel angemessen vergütet werden[103]. Ist die Zuwendung nicht durch den Betrieb der zuwendenden Gesellschaft, sondern durch den Betrieb der empfangenden Gesellschaft veranlasst, dann liegt bei Kapitalgesellschaften eine verdeckte Gewinnausschüttung bzw. bei Personengesellschaften eine verdeckte Entnahme der Gesellschafter aus der zuwendenden Gesellschaft, verbunden mit einer Einlage in die empfangende Gesellschaft, vor[104].

Daher reicht selbst das eigenbetriebliche Interesse am Fortbestand des anderen Beteiligten, etwa bei einer betrieblichen Verflechtung[105], ebenso wenig aus wie die Kostenreduktion durch

---

lich §§ 41, 42 AO auch steuerlich zu berücksichtigen sind; zum bereits früh erhobenen Vorwurf der verdeckten Gewinnausschüttung und der Steuerumgehung vgl. *Friedländer* a. a. O. (oben Fn. 2), S. 200 und zum Fremdvergleich bei internationalen Poolverträgen vgl. auch schon RFH v. 13. 3. 1934, I-A-240/32, RStBl 1934, 668. Hingegen will *Reuter* a. a. O. (oben Fn. 22), S. 345 eine gesellschaftsrechtliche Verbindung in den Hintergrund treten lassen und die steuerliche Anerkennung bei einem echten Leistungsaustausch nur von wirtschaftlichen Gründen abhängig machen. Auch *Birkholz*, BB 1966, 714 will die steuerliche Anerkennung schuldrechtlicher Unternehmensverträge selbst zwischen nahen Angehörigen nicht grundsätzlich in Frage stellen, solange sie klar und eindeutig sind und eine Vorteilszuwendung über den wirtschaftlich gerechten Austausch der beiderseitigen Leistungen vermieden wird. Dies setzt nach *Kessler* a. a. O. (oben Fn. 3), S. 579 auch eine klare Definition des ausgleichspflichtigen Gewinns voraus.

[99] BFH v. 26. 7. 1973 a. a. O. (oben Fn. 74).

[100] Grundsätzlich ist zwar die Selbständigkeit von Tochtergesellschaften und ihr Recht, Verträge unter einander abzuschließen, auch steuerlich anzuerkennen, jedoch ist steuerlich zu würdigen, ob bei Konzerngesellschaften die rechtliche Bindung nur eine formelle ist, BFH v. 6. 12. 1955 a. a. O. (oben Fn. 92).

[101] Vgl. BFH v. 26. 1. 1995 a. a. O. (oben Fn. 16). Hingegen sehen *Haarmann* a. a. O. (oben Fn. 37), S. 525, *Piltz* a. a. O. (oben Fn. 15), A 7.00 Rn. 9, *Walter*, BB 1995, 1880 und *Wöhe*, DStR 7/1990, Beih., S. 23 die steuerliche Bedeutung der Gewinngemeinschaft insbesondere im Konzern, wenn die Voraussetzungen der Organschaft nicht erfüllt sind; vgl. auch *Walter* a. a. O. (oben Fn. 3), § 14 Rn. 557 f. unter Hinweis auf die zivilrechtliche Zulassung der Gewinngemeinschaft als Unternehmensvertrag, ohne jedoch gewisse Zweifel an der steuerlichen Zulässigkeit zu übersehen; *Reuter* a. a. O. (oben Fn. 18), S. 343, 346 will die Gewinngemeinschaft selbst in einem Unterordnungskonzern mit Beherrschungsvertrag grds. auch steuerlich anerkennen. Vgl. auch *Mann* a. a. O. S. 235 ff.; *Kessler* a. a. O. (oben Fn. 3), S. 575 ff.; *Walter* a. a. O. (oben Fn. 3), § 14 Rn. 651, 559.

[102] Vgl. BFH v. 29. 7. 1997 VIII R 57/94, DStR 1997, 1965 (1966).

[103] *Strobl* a. a. O. (oben Fn. 27), S. 313.

[104] BFH v. 26. 1. 1995 a. a. O. (oben Fn. 19).

[105] BFH v. 9. 10. 1964 a. a. O. (oben Fn. 74).

Meister

gemeinsame Nutzung von Produktionsanlagen oder durch die Teilung von Personal, solange die Gefahr besteht, dass der Vertrag seinem Inhalt nach nur aus der übereinstimmenden Interessenlage der Gesellschafter heraus zu erklären ist[106]. Ebenso mag es zwar gesellschaftsrechtlich zulässig sein, wie bei Gewinnabführungsverträgen den Vertrag über die Gewinngemeinschaft noch für das gesamte, noch nicht abgelaufene Geschäftsjahr rückwirkend abzuschließen[107]. Zwischen nahe stehenden Beteiligten müssen jedoch nach allgemeinen steuerlichen Grundsätzen die Bedingungen der Beziehungen untereinander eindeutig im Voraus festgelegt sein, um steuerlich eine verdeckte Gewinnausschüttung zu vermeiden, so dass eine Rückwirkung zumindest zwischen nahe stehenden Unternehmen steuerlich nicht anerkannt werden kann. Die geforderte Klarheit macht weiterhin erforderlich, dass die Bemessungsgrundlage für die Gewinnaufteilung eindeutig vereinbart wird und bereits in dem Vertrag die Einzelheiten der Gewinnermittlung hinsichtlich bestehender Beurteilungsspielräume und Wahlrechte festgelegt werden[108].

Langfristige Verträge zwischen fremden Personen werden regelmäßig für die vereinbarte Laufzeit steuerlich anerkannt, wenn ihre Angemessenheit im Zeitpunkt ihres Abschlusses durch den natürlichen Interessengegensatz der Beteiligten sichergestellt worden ist. Auch bei einer gesellschaftlichen Verflechtung, bei der eine solche Überprüfung der Angemessenheit nicht zwingend ist, bleibt grundsätzlich der Abschluss des Vertrages der maßgebende Zeitpunkt für die Beurteilung der Angemessenheit[109]. Es ist jedoch zu berücksichtigen, ob eine beherrschende Gesellschaft in der Lage ist, den Vertrag den jeweiligen Verhältnissen anzupassen. Eine den tatsächlichen Umständen nach leichte Lösbarkeit des Vertrages bedingt nach Ansicht des BFH, dass die Voraussetzungen für die steuerliche Anerkennung des Vertrages in allen Jahren stets neu geprüft werden müssen[110]. Diese Prüfung soll aber nicht nur auf das jeweils laufende Jahr abstellen, sondern auch Vergangenheitsergebnisse und sich abzeichnende Zukunftserwartungen berücksichtigen dürfen[111].

---

[106] BFH v. 9. 10. 1964 a. a. O. (oben Fn. 74). Gleichwohl will *Walter*, BB 1995, 1880 Gewinngemeinschaften zwischen Schwestergesellschaften im Konzern schon dann steuerlich anerkennen, wenn die Konzernmutter zum Abschluss eines Ergebnisabführungsvertrages wegen der damit verbundenen Haftung bereit ist. Die betrieblichen Gründe sollen dann in der Risikobegrenzung für die beteiligten Gesellschaften liegen, so *Walter* a. a. O. (oben Fn. 3), § 14 Rn. 557. *Haarmann* a. a. O. (oben Fn. 4) will bei einem Joint Venture die gleichmäßige Verteilung der Ressourcen und Ergebnisse auf die operativen Gesellschaften höher bewerten als das Interesse der jeweiligen Muttergesellschaften an einer gleichmäßigen Gewinnausschüttung; unklar insoweit *Breuninger* a. a. O. (oben Fn. 4) S. 229.

[107] Vgl. auch *Emmerich/Habersack* a. a. O. (oben Fn. 11), S. 247; zur steuerlichen Auswirkung vgl. *Walter* a.a.O. (oben Fn. 3), § 14 Rn. 551.

[108] Vgl. *Walter* a. a. O. (oben Fn. 3), § 14 Rn. 547; *Kessler* a. a. O. (oben Fn. 3), S. 578.

[109] So auch BFH v. 21. 9. 2000 a. a. O. (oben Fn. 78) zu einer stillen Gesellschaft zwischen Schwestergesellschaften, v. 27. 3. 2001, I R 52/00, BFH/NV 2002, 537 zu partiarischen Darlehen; *Rengers*, in: Blümich EStG, KStG, GewStG, § 8 KStG Rn. 395, 658, 543, 527; *Stuhrmann* a. a. O. (oben Fn. 79), § 15 EStG Rn. 404; *Piltz* a. a. O. (oben Fn. 15), A 7.00 Rn. 10; *Kessler* a. a. O. (oben Fn. 3), S. 577.

[110] BFH v. 6. 12. 1955 a. a. O. (oben Fn. 92); ebenso *Thieme*, FR 1957, 202; a. *A. Reuter* a. a. O. (oben Fn. 22), S. 345, der nur auf die Angemessenheit bei Vertragsschluss oder stillschweigender Vertragsverlängerung abstellt; vgl. auch *Wöhe*, DStR 7/1990, Beih., S. 23; *Böhmer* a. a. O. (oben Fn. 14), S. 126 ff.; zu weiteren Ansichten s. *Lechner* a. a. O. S. 130.

[111] *Böhmer* a. a. O. (oben Fn. 14), S. 130 f.; *Kessler* a. a. O. (oben Fn. 3), S. 577. *Walter* a. a. O. (oben Fn. 3), § 14 Rn. 549, 554 zieht in die jährliche Überprüfung die gesamte Laufzeit der Gewinngemeinschaft ein.

3. Gewerbesteuer

Als reine Innengesellschaft, die sich weder am allgemeinen wirtschaftlichen Verkehr beteiligt noch selbständig auftritt, ist die Gewinngemeinschaft kein Gewerbebetrieb und damit auch kein eigenes Gewerbesteuersubjekt. Die Gewerbesteuer entsteht ausschließlich bei den einzelnen Beteiligten und knüpft an deren jeweilige Kürzungs- und Hinzurechnungskriterien an. Der einen Gewinnausgleich empfangende Beteiligte kann daher auch einen sonst nicht ausgeschöpften Freibetrag nutzen und unabhängig von den Kriterien des Zerlegungsverfahrens, das für eine Einheitsgesellschaft stattfinden würde, die Ausgleichszahlung voll einem gegebenenfalls niedrigeren Hebesatz seiner eigenen Gemeinde unterwerfen[112].

Eine Gewinngemeinschaft führt bei dem Empfang einer positiven Ausgleichszahlung als Betriebseinnahmen zu einem höheren Gewerbeertrag; entsprechend wird bei einer negativen Ausgleichszahlung der Gewerbeertrag durch den Betriebsausgabenabzug gemindert. Eine etwa gleichzeitig bestehende Organschaft erstreckt sich auf den durch die Gewinngemeinschaft modifizierten Gewerbeertrag und ist daher mit dieser zu vereinbaren[113]. Die Gewinngemeinschaft führt für sich allein auch nicht zur Annahme einer Unternehmenseinheit[114]. Solange eine Gewinngemeinschaft keine Mitunternehmerschaft bildet, sind abgezogene Ausgleichszahlungen auch nicht nach § 8 Nr. 8 GewStG wieder hinzuzurechnen[115]. Ebenso wenig kommt eine Hinzurechnung nach § 8 Nr. 1 c) GewStG in Betracht, da die Gegenleistung für eine Ausgleichszahlung keine Einlage von Werten darstellt, die der Einlage eines stillen Gesellschafters vergleichbar wäre, sondern lediglich in einem Risikoausgleich liegt.

4. Umsatzsteuer

Für die umsatzsteuerliche Behandlung von Gesellschaften als Unternehmer ist es erforderlich, dass das gesellschaftliche Verhältnis nach außen in Erscheinung tritt. Als reine Innengesellschaft hat die Gewinngemeinschaft daher i. d. R. selbst keine Unternehmereigenschaft, sondern nur die an ihr beteiligten Gesellschafter[116].

Trotz des schuldrechtlichen Charakters der Gewinngemeinschaft steht regelmäßig nicht der Austausch von Leistung und Gegenleistung, sondern die gemeinsame Beitragsleistung für einen gemeinsamen gesellschaftlichen Zweck im Vordergrund. Die Ausgleichszahlungen sind daher nicht umsatzsteuerbar, wenn sich die Gewinngemeinschaft auf die Risikoteilung beschränkt und der Gesamtgewinn nach einem bestimmten Aufteilungsschlüssel leistungsunabhängig verteilt wird; ein Leistungsaustausch im umsatzsteuerlichen Sinne liegt dann weder im Verhältnis zur Innengesellschaft noch zwischen deren Gesellschaftern vor[117].

---

[112] *Wöhe*, DStR 7/1990, Beih., S. 24.

[113] Str., s. o. Fn. 85; so zu Recht *Walter* a. a. O. (oben Fn. 3), § 14 Rn. 651; a. A. *Piltz* a. a. O. (oben Fn. 15), A 7.00 Rn. 15.

[114] *Reuter* a. a. O. (oben Fn. 22), S. 350 mit Hinweis auf BFH v. 9. 10. 1964 a. a. O. (oben Fn. 74); *Mann* a. a. O. S. 240 f. m. w. N.

[115] *Strobl* a. a. O. (oben Fn. 27), S. 314; a. A. *Lechner* a. a. O. (oben Fn. 9), S. 263 f., *Böhmer* a. a. O. (oben Fn. 14), S. 122, der sowohl die Ausgleichszahlung bei dem empfangenden Beteiligten nach § 9 Nr. 2 GewStG kürzen will wie auch bei dem zahlenden Beteiligten eine Hinzurechnung nach § 8 Nr. 8 GewStG vornimmt, allerdings in der Annahme, dass Gewinngemeinschaften regelmäßig Mitunternehmerschaften sind.

[116] BFH v. 11. 11. 1965, V 146/63 S, NJW 1966, 567; v. 12. 2. 1970, V R 50/66, BStBl 1970 II 477 (478); *Georgy*, in: Plückebaum/Malitzky, UStG, § 2 Abs. 1 Rn. 131/2; *Rau/Dürwächter*, Kommentar zum UStG, I Rn. 188; Mann a. a. O. S. 241 ff.; so jetzt auch Abschn. 16 Abs. 5 UStR.

[117] BFH v. 21. 7. 1960 V 139/57, StRK UStDB § 10 R 17, und v. 26. 7. 1973 a. a. O. (oben Fn. 74); FG Sachsen v.

Die fehlende Typenstrenge der Gewinngemeinschaft schließt natürlich nicht aus, dass die Gewinngemeinschaft mit einer arbeitsteiligen Unternehmensstrategie und Leistungen unter den Beteiligten verbunden wird[118]. Um in einem solchen Fall die Ausgleichszahlungen als Entgelt für steuerbare Leistungen zwischen den Gesellschaftern charakterisieren zu können, muss ein unmittelbarer Zusammenhang zwischen den Ausgleichszahlungen und den Lieferungen oder Leistungen bestehen, so etwa, wenn ein Partner lediglich Vorleistungen für den anderen Partner erbringt oder dessen Produkte später vermarktet[119]. Auch wenn neben einer Fülle anderer Faktoren bei der Verteilung des gemeinschaftlichen Gewinns einzelne Leistungsfaktoren bei dem Aufteilungsmaßstab berücksichtigt werden, fehlt der Entgeltcharakter, wenn der Zweck der gemeinschaftlichen Gleichstellung im Vordergrund steht[120].

5. Grenzüberschreitende Aspekte

Die steuerliche Anerkennung von Gewinngemeinschaften scheitert aus deutscher Sicht nicht daran, dass die Beteiligten nicht in dem selben Land ansässig sind[121]. Entscheidend ist aber gleichzeitig, ob in dem Heimatland eines ausländischen Beteiligten dessen Zahlungen eines Gewinnausgleichs nach Deutschland als abzugsfähige Betriebsausgaben anerkannt werden[122] und für den inländischen Beteiligten keine Steuerpflicht entsteht[123].

Regelmäßig werden die Ausgleichszahlungen an ausländische Beteiligte auf Grund deren eigener unternehmerischer Tätigkeit Einkünfte aus Gewerbebetrieb darstellen. Diese führen nach § 49 Abs. 1 Nr. 2 a) EStG nur dann zur Steuerpflicht im Inland, wenn der ausländische Beteiligte dort eine Betriebsstätte unterhält oder für ihn ein ständiger Vertreter bestellt ist. Die Teilnahme an einer Gewinngemeinschaft mit einem inländischen Unternehmen begründet für den ausländischen Beteiligten indessen keine Betriebsstätte im Inland, solange die Gesellschaft bürgerlichen Rechts selbst keine Mitunternehmerschaft ist. Auch handelt der inländische Beteiligte nicht als ständiger Vertreter für das ausländische Unternehmen, sondern nur im eigenen Namen, so dass die Zahlung eines Gewinnausgleichs an den Ausländer im Regelfall nicht zu dessen beschränkter Steuerpflicht im Inland führt[124].

---

6. 2. 2002, 5 K 515/01, BeckRS 2002, 26020446; Abschn. 1 Abs. 9 UStR; *Wöhe*, DStR 7/1990, Beih., S. 24 sieht hingegen in der Ausgleichszahlung ein Entgelt für eine Leistung, die aber nach § 4 Nr. 8 UStG steuerfrei bleiben soll. Ausführlich zu der Frage, ob umsatzsteuerlich ein steuerbarer Leistungsaustausch oder ein nicht steuerbarer Gesellschafterbeitrag vorliegt, *Georgy* a. a. O. (oben Fn. 116) § 2 Abs. 1 Rn. 127 f. m. w. N. Vgl. auch *Tehler*, in: Reiß/Kraeusel/Langer/Wäger, UStG, § 1 Rn. 539 ("Erlöspooling").

[118] Vgl. BFH v. 12. 2. 1970 a. a. O. (oben Fn. 116).

[119] BFH v. 11. 11. 1965 a. a. O. (oben Fn. 116); FG Sachsen a. a. O. (oben Fn. 117).

[120] BFH v. 28. 2. 1974 a. a. O. (oben Fn. 22); v. 26. 5. 1993 a. a. O. (oben Fn. 79).

[121] RFH v. 24. 10. 1933, I A 113/31, Kartei R 250-252 zu § 13 KStR 1925, v. 13. 3. 1934 a. a. O. (oben Fn. 96) und v. 9. 5. 1934 a. a. O. (oben Fn. 22); *Luchterhandt* a. a. O. (oben Fn. 18), S. 176; *Strobl* a. a. O. (oben Fn. 27), S. 315; grds. bejahend auch *Reuter* a. a. O. (oben Fn. 22), S. 344, der aber die gewerbesteuerliche Anerkennung bei Beteiligung eines Ausländers für unwahrscheinlich hält (S. 350).

[122] *Luchterhandt* a. a. O. (oben Fn. 18), S. 177.

[123] Zur Behandlung der Gewinngemeinschaft im Ausland als Personengesellschaft vgl. *Endres*, oben Teil 3 A 5. Thema C I 1 (S. 278) m. w. N.; *Jacobs* a. a. O. (oben Fn. 14), S. 1275 f.

[124] RFH v. 9. 5. 1934 a. a. O. (oben Fn. 22); *Walter* a. a. O. (oben Fn. 3), § 14 KStG Rn. 562; a. A. *Böhmer* a. a. O. (oben Fn. 14), S. 108 f. als Konsequenz der von ihm gegen die h. M. vertretenen Behandlung der Gewinngemeinschaft als gewerblich geprägte Mitunternehmerschaft s. o. Fn. 80. Zur Betriebsstätte am Ort der Leistung einer gewerblich tätigen Innengesellschaft vgl. FG Köln v. 22. 3. 2001 a. a. O. (oben Fn. 79).

Ist eine Gewinngemeinschaft im Einzelfall wegen ausreichender Mitunternehmerinitiative und Mitunternehmerrisikos aller Beteiligten als eine Mitunternehmerschaft zu behandeln, begründet die Innengesellschaft eine Betriebstätte am Sitz jedes Geschäftspartners, jedoch sind die Gewinne diesen Betriebstätten nicht nach dem vereinbarten Schlüssel für die Gewinnaufteilung, sondern danach zuzuordnen, welche Betriebseinnahmen und Betriebsausgaben auf die von jedem Partner entfalteten Tätigkeiten und eingesetzten Wirtschaftsgüter zurückzuführen sind[125]. Es kommt dann bei einem Verlustausgleich zu einem Abzugsverbot aus § 2a Abs. 1 Nr. 2 EStG.

Einer Betriebsstätte bedarf es ausnahmsweise für eine beschränkte Steuerpflicht im Inland dann nicht, wenn gem. § 49 Abs. 1 Nr. 2 c) EStG Beförderungsleistungen mit Inlandsberührung in einem Pool ausgeführt werden, sofern nicht die Anwendung dieser Vorschrift durch einschlägige Doppelbesteuerungsabkommen ausgeschlossen wird. Diese halten auch für derartige Leistungen das Betriebsstättenprinzip als Anknüpfung für die inländische Besteuerung aufrecht. Nach Art. 8 Abs. 4 OECD-MA wird für Schifffahrtpools ausdrücklich bestimmt, dass vorbehaltlich der Zurechnung zu einer Betriebsstätte die Besteuerung in dem Staate zu erfolgen hat, in dem sich der Ort der tatsächlichen Geschäftsleitung befindet[126].

Nach § 49 Abs. 2 EStG sind für die Beurteilung der beschränkten Steuerpflicht nur die im Inland gesetzten Umstände zu berücksichtigen. Es wird daher auch die Qualifizierung der Einkünfte ausländischer Beteiligter an einer Gewinngemeinschaft je nach Fallgestaltung als Einkünfte aus Kapitalvermögen oder aus Vermietung und Verpachtung für möglich gehalten. Soweit die inländische Steuer auf diese Einkünfte durch den Steuerabzug abgegolten sind, hat dies zur Folge, dass Verluste des ausländischen Beteiligten bei der inländischen Besteuerung nicht gegengerechnet werden können[127].

Aus der Behandlung als Aufwendungen und Erträge ergibt sich bei steuerlich anerkannten Gewinngemeinschaften von selbst, dass die Zahlung des Gewinnausgleichs keine Dividenden i. S. d. Doppelbesteuerungsabkommen darstellen[128].

Besteht eine grenzüberschreitende Gewinngemeinschaft zwischen nahe stehenden Personen, obliegt es dem inländischen Beteiligten nach § 90 Abs. 2 AO, nachzuweisen, dass die Absprachen über die Bemessung der Ausgleichszahlungen von vornherein mit hinreichender Bestimmtheit getroffen wurden.

Unbeschadet der Qualifizierung der Gewinngemeinschaft als Gesellschaft bürgerlichen Rechts folgt aus der betrieblich veranlassten Abzugsfähigkeit der Ausgleichszahlungen, dass die Gewinnpoolung auf Geschäftsbeziehungen i. S. v. § 1 AStG beruht, die im grenzüberschreitenden Konzernverbund bei einer Abweichung von Drittverhältnissen zu einer Gewinnkorrektur aus § 1 AStG führen kann. Nach § 1 Abs. 5 AStG begründet zwar nur eine schuldrechtliche Beziehung, die keine gesellschaftsrechtliche Vereinbarung ist, eine Geschäftsbeziehung im Sinne dieser Vorschrift. Dies ist aber nur im direkten Verhältnis zu der Gewinngemeinschaft als Gesellschaft

---

[125] So zu einem Meta-Geschäft BFH v. 18. 12. 2002, I R 92/01; IStR 2003, 388; dazu *Strunk/Kaminski* Stbg. 2003, 280; kritisch *Teichgräber* IStR 2004, 806

[126] Zu abweichenden Regelungen in den einzelnen Abkommen vgl. *Vogel/Lehner*, DBA (5. Aufl.), Art. 8 Anm. 70 ff.

[127] *Böhmer* a. a. O. (oben Fn. 14), S. 117 ff.

[128] *Strobl* a. a. O. (oben Fn. 27), S. 316 (Diskussionsbeitrag von Döllerer). Liegt aber wegen steuerlicher Nichtanerkennung eine verdeckte Gewinnausschüttung vor, ist die Ausgleichszahlung als Schachteldividende zu qualifizieren, *Piltz* a. a. O. (oben Fn. 15), A 7.00 Rn. 14.

bürgerlichen Rechtes, nicht aber für Ausgleichszahlungen zwischen den Gesellschaftern von Bedeutung.

Gleichwohl erscheinen die an einem Leistungsaustausch orientierten Vorstellungen, die im Wesentlichen für die Beurteilung von Warenlieferungen oder die Erbringung von Dienstleistungen herangezogen werden, wenig geeignet, um die Angemessenheit des vereinbarten Gewinnverteilungsschlüssels zu beurteilen. Insbesondere sind auch die in dem BMF-Schreiben v. 30. 12. 1999[129] aufgeführten Maßstäbe für Umlagenverträge nicht einschlägig, da die sich an dem Gedanken eines Aufwandspools orientierenden Kostenumlagen schon nach der Definition keine Gewinngemeinschaften darstellen können. Angesichts der geringen Zahl von Gewinngemeinschaften wird der Fremdvergleich auf praktische Schwierigkeiten stoßen. Wegen der fusionsähnlichen Wirkungen der Vergemeinschaftung des Gewinns ist der Beurteilung der Angemessenheit des Aufteilungsschlüssels der gleiche Maßstab zugrunde zu legen, der für die Ermittlung des Umtauschverhältnisses bei einer Fusion heranzuziehen ist.

Die Gewinngemeinschaft führt auf vertraglicher Grundlage zu einer Aufteilung des Gesamtgewinns, der dem im internationalen Abkommensrecht vorherrschenden Grundsatz der Einzelerfassung zu widersprechen scheint[130]. Selbst bei der neuerlich mit Zurückhaltung diskutierten Profit-Split-Methode[131] geht es nur um die Aufteilung des Gewinns aus einem Geschäftsvorfall, nicht wie bei der Gewinngemeinschaft des gesamten Gewinns der beteiligten Unternehmung oder ihres an der Gewinngemeinschaft beteiligten Teilbereiches. Der Hinweis auf die Gewinnaufteilung zwischen unabhängigen Unternehmen in Tz. 3.25 der OECD-Transfer Pricing Guidelines dürfte trotz der Tendenz der nationalen Steuerverwaltungen, durch die Bewertung einzelner Geschäftsvorfälle eine verursachungsgerechte Gewinnzurechnung sicherzustellen, der internationalen Anerkennung eines Gewinnausgleichs im Rahmen einer Gewinngemeinschaft jedenfalls dann dienlich sein, wenn die herkömmlichen Standardpreismethoden zu keinen befriedigenden Ergebnissen führen. Die Probleme, die sich beim Nachweis der betrieblichen Veranlassung für rein innerstaatliche Gemeinschaften zwischen Konzerngesellschaften ergeben, stellen sich aber auch in gleicher Form im internationalen Bereich.

---

[129] BStBl 1999 II 1122.

[130] Vgl. *Baumhoff* in: Mössner u. a., Steuerrecht international tätiger Unternehmen, Rn. C 373; *Schaumburg*, Internationales Steuerrecht, S. 1231.

[131] Vgl. dazu *Sieker*, IStR 1994, 432 f.; *Werra*, IStR 1995, 462 f.; *Portner*, IStR 1995, 356 ff.; *Becker* in: Gosch/Kroppen/Grotherr, DBA-Kommentar, Art. 9 OECD-MA Rn. 179 ff.; *Sieker* in: Debatin/Wassermeyer, DBA, Art. 9 OECD-MA Rn. 227 ff.; Tz. 3.5 ff. der OECD-Transfer Pricing Guidelines.

2. Der Einsatz von hybriden Finanzierungsformen und hybriden Gesellschaftsformen im Konzern

von Dr. Martin Schiessl, LL.M., Rechtsanwalt, FAfStR, und Christoph Frey, Rechtsanwalt, Frankfurt/M.

Inhaltsübersicht

I. Hybride Instrumente im Konzern
II. Steuerliche Rahmenbedingungen
III. Abgrenzung von Eigenkapital und Fremdkapital
IV. Qualifizierung ausländischer Rechtsgebilde
V. Beispielsfälle
VI. Steuerliche Reaktionen im internationalen Zusammenhang
VII. Zusammenfassung

Literatur:

Ammelung/Schneider, Einschaltung niederländischer Finanzierungsgesellschaften bei Konzernfinanzierungen über den Eurokapitalmarkt, IStR 1996, 501 ff. (Teil I), 552 ff. (Teil II); **Apelt**, Der abkommensrechtliche Nutzungsberechtigte aus US-Sicht – Neue Quellensteuerrichtlinien des IRS, IStR 1997, 234 ff.; **Bogenschütz**, Hybride Finanzierungen im grenzüberschreitenden Kontext, Ubg 2008, 533ff.; **Boller/Eilinghoff/Schmidt**, § 50 d Abs. 10 EStG i. d. F. des JStG 2009 – ein zahnloser Tiger?, IStR 2009, 109ff.; **Debatin/Wassermeyer**, Doppelbesteuerung, Loseblatt; **Eller/Deutsch**, Derivate und Interne Modelle, Stuttgart 1998; **Funk**, Hybride Finanzinstrumente im US-Steuerrecht, RIW 1998, 138 ff.; **Grotherr**, Zweifelsfragen bei der Anwendung der Rückfallklausel ("subject to tax clause") gem. DBA, IWB F. 3 Gr. 2 S. 689 ff.; **ders.**, Sperren und Risiken für Outbound-Steuergestaltungen auf der Grundlage von Abkommensvergünstigungen, IWB F. 3 Gr. 1 S. 2309; **Häuselmann**, Wandelanleihen in der Handels- und Steuerbilanz des Emittenten, BB 2000, 139 ff.; **ders.**, Zum Zinsbegriff der Zinsschranke als Steueroptimierungsfaktor (4h Abs. 3 EStG), FR 2009, 401ff.; **ders.**, Die Einordnung von Kapitalüberlassungsverhältnissen für Zwecke der Zinsschranke, FR 2009, 506ff.; **Harenberg/Irmer**, Einkommensteuerliche Behandlung von Optionsanleihen, NWB F. 3 S. 10221ff.; **Herzig**, Thema I: hybride Finanzinstrumente im nationalen und internationalen Steuerrecht, IStR 2000, 482 ff.; **Herzig/Liekenbrock**, Zinsschranke im Organkreis, DB 2007, 2387ff.; **Hey**, Gesellschafts- und steuerrechtliche Aspekte der Limited Liability Company, RIW 1992, 916 ff.; **Jacob**, Nationalbericht-Deutschland, CDFI LXXXVa (2000), 313 ff.; **Kessler/Kröner/Köhler**, Konzernsteuerrecht, 2.Aufl., 2008; **Köhler/Hahne**, BMF-Schreiben zur Anwendung der steuerlichen Zinsschranke und zur Gesellschafter-Fremdfinanzierung bei Kapitalgesellschaften – Wichtige Verwaltungsregelungen, strittige Punkte und offene Fragen nach dem BMF-Schreiben vom 4. 7. 2008, IV C 7 – S 2742-a/07/10001, DStR 2008, 1505ff.; **Kolb**, Financial Derivatives, 2. Aufl., Cambridge/Mass. 1996; **Küssel**, Missbräuchliche Inanspruchnahme von Doppelbesteuerungsabkommen, RIW 1998, 217 ff.; **Mittermaier**, Besteuerung von Personengesellschaften im Verhältnis USA-Deutschland, Heidelberg 1999; **Oho/Behrens**, Steuerliche Aspekte bei der Ausgabe von Wandel- und Optionsanleihen über ausländische Konzerngesellschaften, IStR 1996, 313 ff.; **Pöllath/Rodin**, Internationale Finanzprodukte. Neutralität und Tatbestandsmäßigkeit der Besteuerung, IStR 1993, 213 ff.; **Pross**, Swap, Zins und Derivat, München 1998; **Rödder/Ritzer**, Freistellung von Vergütungen aus typisch stiller Beteiligung gemäß § 20 Abs. 2 Satz 3 DBA-Luxemburg, IStR 2006, 666ff.; **Schiessl**, Generalthema I: Form und Substanz im Steuerrecht – Objektivierung des Rechtsgefühls, IStR 2002, 538 ff.; **Seer**, Grenzen der Zulässigkeit eines treaty overridings am Beispiel der Switch-over-Klausel des § 20 AStG, IStR 1997, 481 ff. (Teil I), 520 ff. (Teil II.); **Siebel**, Vorzugsaktien als "Hybride" Finanzierungsform und ihre Grenzen, ZHR 161 (1997) 628ff.; **Strunk/Kaminski/Köhler**, Außensteuergesetz, Doppelbesteuerung, Loseblatt; **Teufel/Hasenberg**, Keine DBA-Schachtelfreistellung für Einkünfte aus typisch stiller Beteiligung an Luxemburger AG – Anmerkungen zum Urteil des BFH vom 4. 6. 2008, I R 62/06, in diesem Heft S. 739, IStR 2008, 724; **Töben/Schulte-Rummel**, Doppelte Verlustberücksichtigung in Organschaftsfällen mit Auslandsberührung – Eingeschränkter Anwendungsbereich des § 14 Abs. 1 Nr. 5KStG idF UntStFG, FR 2002, 425 ff.; **Vogel**, Die Mär von den "Rückfall-Klauseln" in Doppelbesteuerungsabkommen, IStR 1997, Beihefter zu Heft 24/97 v. 18. 12. 1997; **Vogel/Lehner**, DBA, 5. Aufl., 2008; **Zielke**, Die Unternehmensteuerreform 2007/2008 auf Malta, IWB F.5 Gr. 2 S. 37ff; **Zschiegner**, Besteuerung einer US Limited Liability Company und ihrer Gesellschafter, IWB F. 8 USA Gr. 2 S. 895.

I. Hybride Instrumente im Konzern

Hybride Finanzierungsformen und hybride Gesellschaftsformen im Konzern umfassen die breite Palette von Gestaltungen, die sich zwischen Eigenkapital und Fremdkapital bewegen. Finanzinstrumente werden als "hybrid" bezeichnet, wenn sie typische Charakteristika von Eigen- und Fremdkapital miteinander kombinieren und damit wirtschaftlich zwischen klassischem Eigenkapital und Fremdkapital stehen.[1] Es gibt eine Vielzahl von Erscheinungsformen, so etwa:

- Gewinnabhängige Schuldverschreibungen und Darlehensgewährungen in den verschiedensten Variationen;
- Umtauschanleihen, sog. Exchangeables, die den Investor in die Lage versetzen, die Schuldverschreibung in Aktien umzutauschen, wobei die Aktien nicht solche des Emittenten (und auch nicht eines konzernverbundenen Unternehmens) sind. In diese Kategorie fallen auch die umgekehrten Wandelanleihen, sog. Reverse Convertible Bonds, bei denen der Emittent das Recht hat, anstelle einer Rückzahlung der Schuldverschreibung Aktien eines (dritten, nicht verbundenen) Unternehmens zu liefern;
- Wandelschuldverschreibungen, sog. Convertible Bonds, die den Investor in die Lage versetzen, die Schuldverschreibung in Aktien des Emittenten oder eines konzernangehörigen Unternehmens umzutauschen. Es entspricht inzwischen allgemein üblicher Praxis, dass Wandelschuldverschreibungen über eine internationale Finanzierungs-Tochtergesellschaft emittiert werden. Oft haben Wandelschuldverschreibungen auch besondere Merkmale, wie z. B. ein "[soft] mandatory conversion feature". In diese Kategorie fallen auch Optionsanleihen, die sich von der Wandelanleihe insbesondere dadurch unterscheiden, dass Optionsrecht und Wandelrecht separat handelbar sind;
- Genussrechte und Genussscheine. Diese werden insbesondere von Banken zur Stärkung ihrer Eigenkapitalbasis emittiert. Aus steuerlicher Sicht sind hierbei die Genussrechte mit Eigenkapitalcharakter von den Genussrechten mit Fremdkapitalcharakter zu unterscheiden, vgl. § 8 Abs. 3 Satz 2 KStG;
- Stille Gesellschaften. Stille Gesellschaften gibt es in zwei Ausprägungen, die typisch stille Gesellschaft, die steuerlich Fremdkapitalcharakter hat (§ 20 Abs. 1 Nr. 4 EStG), und die atypisch stille Gesellschaft, die als steuerliche Mitunternehmerschaft bereits als Personengesellschaft im steuerlichen Sinne qualifiziert;
- Gewinnpools. Gewinnpools können dort eingesetzt werden, wo flexible joint venture Gestaltungen gefordert werden;
- Vorzugsaktien, die Eigenkapitalcharakter haben, jedoch aufgrund der regelmäßig vereinbarten Garantiedividende für den Investor im Regelfall eine hohe Ähnlichkeit mit Fremdkapitalinstrumenten haben;
- Gesellschaftsformen des ausländischen Rechts, die das inländische Zivilrecht nicht kennt, und deren Qualifizierung insbesondere als Personen- oder Kapitalgesellschaft zunächst einen aufwendigen Typenvergleich erfordert. In diese Kategorie fallen auch doppelansässige Gesellschaften;
- Schließlich kombinierte Produkte, die Eigenschaften verschiedener o.g. Produkte miteinander kombinieren, und/oder über Swaps und Derivate (Optionen, Futures etc.) das im Einzelfall gewünschte Risiko- und Ertragsprofil erzeugen.

---

[1] Herzig, IStR 2000, 482; Jacob, CDFI LXXXVa, 313.

Im Konzern, insbesondere im internationalen Konzern, werden hybride Instrumente zu vielfältigen Zwecken eingesetzt. Auf Emittentenseite ist regelmäßig Hauptzweck eine effiziente Kapitalbeschaffung, z. B. ist eine Wandelanleihe regelmäßig geringer verzinslich als eine "einfache" Schuldverschreibung. Bei Banken ist oft auch die Schaffung von aufsichtsrechtlichem Eigenkapital angestrebt. Darüber hinaus erlauben hybride Instrumente eine Verteilung des unternehmerischen Risikos, was gerade bei Gewinnpools und atypisch stillen Gesellschaften der Fall ist. Schließlich sollen steuerliche Ineffizienzen vermieden werden, z. B. durch Verlustverrechnung bei einzelnen verlustträchtigen Aktivitäten im ansonsten profitablen Konzern oder durch – bei einer konsolidierten Betrachtungsweise – steuerneutrale Finanzierungen im Konzern.

Auf Investorenseite soll die Investition in ein hybrides Instrument das gewünschte Ertrags- und Risikoprofil erzeugen. Gerade Banken und Versicherungsunternehmen müssen bei ihren Finanzierungsstrukturen auch die Vereinbarkeit mit den Grundsätzen des KWG bzw. VAG sicherstellen.

Die Nutzung hybrider Instrumente hat steuerliche Auswirkungen. Im Folgenden sollen daher einige wesentliche steuerliche Rahmenbedingungen für hybride Instrumente (dazu II. – IV.) sowie einige praktische Fallgestaltungen (dazu V.) dargestellt werden. Die Auswahl der Problemfelder ist einerseits subjektiv und ohne Anspruch auf Vollständigkeit, andererseits soll sie einige praxisrelevante Probleme und Lösungsmöglichkeiten aufzeigen.

II. Steuerliche Rahmenbedingungen

1. Finanzierungskosten im internationalen Konzern

a) § 4 h EStG und § 8 a KStG

Bei der Finanzierung eines Unternehmens ist neben der Auswahl des richtigen Finanzierungsinstruments die steuerliche Abzugsfähigkeit des Finanzierungsaufwands für den unternehmerischen Erfolg mit entscheidend. Mit dem Unternehmensteuerreformgesetz 2008[2] hat der Gesetzgeber die bisher geltenden Beschränkungen der Gesellschafter-Fremdfinanzierung abgeschafft und mit der sog. Zinsschranke in § 4 h EStG eine umfassende Zinsabzugsbeschränkung eingeführt, die für Personenunternehmen und Kapitalgesellschaften sowie für die Gesellschafterfremdfinanzierung und die Fremdfinanzierung durch Dritte gleichermaßen gilt. Die Zinsschranke hat für hybride Instrumente große praktische Bedeutung.

aa) Grundzüge der Zinsschranke

Nach der Grundregel des § 4 h Abs. 1 EStG sind Zinsaufwendungen eines Betriebs in Höhe des Zinsertrags abziehbar, darüber hinaus nur bis zur Höhe von 30 % des um die Zinsaufwendungen und die Abschreibungen erhöhten und um die Zinserträge verminderten maßgeblichen Gewinns des Betriebs, sog. verrechenbares EBITDA. Nicht abzugsfähige Zinsaufwendungen sind dem Betriebsergebnis außerhalb der Gewinnermittlung wieder hinzuzurechnen und in die folgenden Wirtschaftsjahre vorzutragen (Zinsvortrag). Steht in einem Veranlagungszeitraum ein höheres EBITDA zur Verfügung, als es durch Zinsaufwendungen nutzbar gemacht werden kann, ist dieses vorzutragen (EBITDA-Vortrag). Hierdurch können nach Berücksichtigung des Zinsertrags und des verrechenbaren EBITDA eigentlich nicht abzugsfähige Zinsaufwendungen bis zur Höhe der EBITDA-Vorträge in den Folgejahren abgezogen werden. Ob Zinsaufwand als Vergütung für Fremdkapital oder Zinsertrag aus einer Kapitalforderung im Sinne des § 4 h Abs. 3 EStG

---

[2] Unternehmensteuerreformgesetz 2008 vom 14. 8. 2007, BGBl. I 2007, 1912.

vorliegt, ist allein anhand steuerlicher Kriterien zu beurteilen.[3] Für die Einordnung als steuerliches Fremdkapital ist der HGB-Ausweis ohne Bedeutung.[4] Daher fallen auch Vergütungen für steuerliches Fremdkapital unter die Zinsschranke, das handelsrechtlich unter dem Eigenkapital auszuweisen ist. Steuerliches Fremdkapital liegt u. a. in folgen Fällen vor:

- fest und variabel verzinsliche Darlehen, auch wenn es sich um eigenkapitalersetzende Darlehen oder Darlehen wesentlich beteiligter Gesellschafter im Sinne des § 8 b Abs. 3 S. 4 KStG handelt;[5]
- partiarische Darlehen;
- Gewinnschuldverschreibungen;
- typisch stille Beteiligungen und Genussrechtrechtskapital, auch wenn dieses handelsrechtlich unter den Eigenkapitalpositionen ausgewiesen wird, sofern es nicht die Tatbestandsvoraussetzungen des § 8 Abs. 3 S. 2 KStG erfüllt;
- bei Banken das nach dem Kreditwesengesetz dem haftenden Eigenkapital zuzurechnende Fremdkapital.
- Um kein steuerliches Fremdkapital handelt es sich hingegen bei:
- Genussrechtskapital im Sinne des § 8 Abs. 3 S. 2 KStG;
- atypisch stillen Beteiligungen;
- Darlehen des Mitunternehmers an seine Mitunternehmerschaft;
- fest verzinslichen Darlehen, soweit es sich um notwendiges Eigenkapital der Betriebstätte handelt (Dotationskapital).[6]

Nach Auffassung der Finanzverwaltung soll es sich bei Sondervergütungen eines Mitunternehmers im Sinne des § 15 Abs. 1 S. 1 Nr. 2 EStG um Zinsaufwendungen bzw. Zinserträge handeln, sofern diese im Inland nicht der Besteuerung unterliegen.[7] Der Grund hierfür dürfte in der jüngeren Rechtsprechung des BFH zur abkommensrechtlichen Behandlung mitunternehmerischer Sondervergütungen liegen.[8] Da diese regelmäßig nicht den Unternehmensgewinnen im Sinne des Art. 7 OECD-MA zuzurechnen sind, sondern in den Anwendungsbereich speziellerer Verteilungsnormen fallen, hat Deutschland in der Regel kein Besteuerungsrecht für Zinsen, die Sondervergütungen an einen in einem DBA-Staat ansässigen Mitunternehmer sind (vgl. § 50 d Abs. 10 EStG).

Die Zinsschranke ist objektbezogen für jeden Betrieb gesondert zu ermitteln. Kapitalgesellschaften und Personengesellschaften haben nur einen Betrieb im Sinne der Zinsschranke, wobei zum Betrieb einer Personengesellschaft auch das Sonderbetriebsvermögen zählt. Sowohl in- als auch ausländische Betriebstätten eines inländischen Unternehmens stellen für sich keinen eigenständigen Betrieb dar, wohingegen die inländische Betriebstätte eines ausländischen Unternehmens wie ein Betrieb zu behandeln ist, der isoliert der Zinsschranke unterliegt.[9] Bei Organ-

---

[3] Vgl. BMF-Schreiben IV C 7 – S 2742-a/07/10001 vom 4. 7. 2008, BStBl. I 2008, 718, Tz. 11.
[4] *Häuselmann*, FR 2009, 401.
[5] *Häuselmann*, FR 2009, 401.
[6] *Häuselmann*, FR 2009, 401.
[7] Vgl. BMF-Schreiben IV C 7 – S 2742-a/07/10001 vom 4. 7. 2008, BStBl. I 2008, 718, Tz. 19.
[8] BFH I R 5/06 vom 17. 10. 2007, IStR 2008, 300.
[9] *Köhler/Hahne*, DStR 2008, 1505.

schaften gelten Organträger und Organgesellschaft gemäß § 15 Abs. 1 Nr. 3 KStG als ein Betrieb, die Zinsschranke greift ggf. nur auf der Ebene des Organträgers ein.

Das steuerliche EBITDA ist betriebsbezogen zu ermitteln. Bei Körperschaften tritt gemäß § 8 a Abs. 1 S. 1 KStG an die Stelle des maßgeblichen Gewinns das maßgebliche Einkommen. Hiervon umfasst werden auch außerbilanzielle Hinzurechnungen, wie z. B. verdeckte Gewinnausschüttungen. Nach § 8 b KStG steuerfreie Dividendenerträge und Veräußerungsgewinne fließen nicht in die Berechung des maßgeblichen Gewinns ein, was insbesondere bei Holdinggesellschaften zu Nachteilen führt.

Nach Auffassung der Finanzverwaltung dürfen Beträge, die in dem steuerlichen EBITDA einer Mitunternehmerschaft berücksichtigt wurden, bei dem Mitunternehmer nicht erneut berücksichtigt werden.[10]

bb) Ausnahmen von der Zinsschranke

Das Gesetz sieht in § 4 h Abs. 2 S. 1 EStG drei Ausnahmetatbestände vor, bei deren Vorliegen die Anwendung der Zinsschranke vermieden werden kann. Bei Kapitalgesellschaften sind im Hinblick auf schädliche Gesellschafter-Fremdfinanzierungen zusätzlich die Voraussetzungen des § 8 a Abs. 2 KStG und § 8 a Abs. 3 KStG zu beachten.

(1) Freigrenze

Die Zinsschranke ist gemäß § 4 h Abs. 2 S. 1 lit. a EStG nicht anzuwenden, wenn die die Zinserträge übersteigenden Zinsaufwendungen (Zinssaldo) weniger als € 3 Mio. betragen. Die Freigrenze ist betriebsbezogen zu ermitteln und bezieht sich auf das jeweilige Wirtschaftsjahr des Betriebs. Für den Organkreis als einheitlichen Betrieb wird sie nur einmal gewährt. Sofern die Freigrenze von € 3 Mio. überschritten wird, unterliegen die gesamten Zinsaufwendungen der Zinsabzugsbeschränkung. Bei gewinnabhängig ausgestalteten Vergütungen für Fremdkapital besteht daher die Gefahr, dass ein steigender Zinsaufwand als Folge eines gestiegenen Unternehmensgewinns zur Überschreitung der Freigrenze und damit zur Zinsabzugsbeschränkung führt.

(2) Keine Konzernzugehörigkeit ("Stand-Alone-Clause")

Betriebe, die nicht oder nur anteilsmäßig zu einem Konzern gehören, werden gemäß § 4 h Abs. 1 S. 1 lit. b EStG von der Anwendung der Zinsschranke ausgenommen. Ein Betrieb gehört zu einem Konzern, wenn er nach den maßgeblichen Rechnungslegungsstandards (IFRS, subsidiär Handelsrecht eines EU-Mitgliedstaats oder US-GAAP) mit einem oder mehreren anderen Betrieben konsolidiert wird oder werden könnte oder wenn seine Finanz- und Geschäftspolitik mit einem oder mehreren anderen Betrieben einvernehmlich bestimmt werden kann. Da der Organkreis als ein Betrieb im Sinne der Zinsschranke gilt, kann für rein konzerninterne Finanzierungen die Anwendung der Zinsabzugsbeschränkung vollständig vermieden werden, sofern Konzern und Organkreis deckungsgleich sind.[11] Im Übrigen findet die Zinsschranke auf der Ebene des Organträgers Anwendung.

Nichtvorliegen schädlicher Gesellschafter-Fremdfinanzierung: Körperschaften sowie ihnen nachgeordnete Mitunternehmerschaften unterliegen jedoch auch bei fehlender Konzernzugehörigkeit der Zinsschranke, sofern bei ihnen eine schädliche Gesellschafterfremdfinanzierung

---

[10] Vgl. BMF-Schreiben IV C 7 – S 2742-a/07/10001 vom 4. 7. 2008, BStBl. I 2008, 718, Tz. 42.

[11] Da grenzüberschreitende Organschaften im deutschen Steuerrecht ausgeschlossen sind, gilt dies nur für Inlandssachverhalte. Zur Anwendung der Zinsschranke im Organkreis vgl. *Herzig/Liekenbrock*, DB 2007, 2387.

gemäß § 8 a Abs. 2 KStG vorliegt. Schädlich sind Vergütungen für Fremdkapital in Höhe von mehr als 10 % des negativen Zinssaldos, wenn diese an einen Anteilseigner gezahlt werden, der wesentlich (zu mehr als 25 %) unmittelbar oder mittelbar an Grund- oder Stammkapital beteiligt ist, wobei nach Auffassung der Finanzverwaltung die Vergütungen für Fremdkapital aller Gesellschafter zusammengerechnet werden.[12] Schädlich sind gleichfalls entsprechende Vergütungen an eine dem wesentlich beteiligten Anteilseigner im Sinne des § 1 AStG nahestehende Person oder an einen Dritten, der seinerseits auf den Anteilseigner oder die nahestehende Person zurückgreifen kann. Ein schädlicher Rückgriff erfordert keinen rechtlich durchsetzbaren Anspruch, sondern soll bereits dann vorliegen, wenn der Anteilseigner oder die ihm nahe stehende Person dem Dritten gegenüber faktisch für die Erfüllung der Schuld einsteht, womit auch sog. back-to-back-Finanzierungen erfasst werden.

(3) Eigenkapitalvergleich ("Escape-Clause")

Ein Betrieb, der zu einem Konzern gehört, unterliegt nicht der Zinsschranke, wenn seine Eigenkapitalquote zum vorangegangenen Abschlussstichtag die des Konzerns um nicht mehr als zwei Prozentpunkte unterschreitet. Das Eigenkapital des Betriebs ist dabei um Anteile an anderen Konzerngesellschaften zu kürzen. Für Holdinggesellschaften werden keine Ausnahmen von der Beteiligungsbuchwertkürzung gemacht.

Nichtvorliegen schädlicher Gesellschafter-Fremdfinanzierung: Eine Körperschaft bzw. nachgeordnete Mitunternehmerschaft unterliegt gemäß § 8 a Abs. 3 KStG ohne Rücksicht auf ihre Eigenkapitalquote der Zinsschranke, sofern entweder sie selbst oder ein anderer zum Konzern gehörender inländischer oder ausländischer Rechtsträger eine schädliche Vergütung erhält. Hiervon umfasst sind allerdings nur Vergütungen an einen Konzernfremden. Der Rückgriff muss sich im Falle der Finanzierung durch einen Dritten gegen einen selbst nicht zum Konzern gehörenden Gesellschafter oder eine diesem nahestehende Person richten. Die Escape-Klausel entfällt bereits, wenn bei auch nur einer Konzerngesellschaft die 10 % Grenze überschritten wird, wodurch eine Art "Gruppenhaftung" resultiert. Konzerninterne Finanzierungen, zu denen auch Bürgschaften zählen, sind nicht zu berücksichtigen.

cc) Zinsvortrag und EBITDA-Vortrag

Nicht abzugsfähige Zinsaufwendungen sind für jeden Betrieb gesondert festzustellen und können ohne zeitliche Begrenzung in folgende Wirtschaftsjahre vorgetragen werden (Zinsvortrag). Nach Auffassung der Finanzverwaltung erhöhen sie dabei die Zinsaufwendungen dieser Wirtschaftsjahre und können dazu führen, dass die Freigrenze des § 4 h Abs. 2 S. 1 lit. a EStG überschritten wird, obwohl die Zinsaufwendungen des betreffenden Jahres unter € 3 Mio. liegen.[13] Ein EBITDA-Vortrag ist maximal in die fünf folgenden Wirtschaftsjahre möglich und ebenfalls gesondert festzustellen. Ein danach verbleibender EBITDA-Vortrag entfällt. Sofern Zinsaufwendungen durch Nutzung des EBITDA-Vortrags abgezogen werden, mindern sich die EBITDA-Vorträge in ihrer zeitlichen Reihenfolge. Die Entstehung oder Erhöhung eines EBITDA-Vortrags ist in den Wirtschaftsjahren ausgeschlossen, in denen die Zinsschranke auf Grund der Ausnahmetatbestände des § 4 h Abs. 2 EStG keine Anwendung findet.

dd) Untergang des Zinsvortrags

Ein nicht verbrauchter Zinsvortrag sowie ein nicht verbrauchter EBITDA-Vortrag gehen gemäß § 4 h Abs. 5 EStG bei Aufgabe oder Übertragung des Betriebs vollständig unter, bei Ausscheiden

---

[12] Vgl. BMF-Schreiben IV C 7 – S 2742-a/07/10001 vom 4. 7. 2008, BStBl. I 2008, 718, Tz. 82.
[13] Vgl. BMF-Schreiben IV C 7 – S 2742-a/07/10001 vom 4. 7. 2008, BStBl. I 2008, 718, Tz. 46.

eines Mitunternehmers anteilig entsprechend der Beteiligung. Die Aufgabe oder Übertragung eines Teilbetriebs fällt hingegen nicht unter § 4 h Abs. 5 EStG, auch nicht bei Ausscheiden aus einer Organschaft. Für die entgegenstehende Auffassung der Finanzverwaltung lassen sich im Gesetz keine Anhaltspunkte finden.[14] Im Fall eines schädlichen Beteiligungserwerbs im Sinne des § 8 c KStG geht der EBITDA-Vortrag (im Gegensatz zum Zinsvortrag) nicht unter. Gemäß § 8 a Abs. 1 S. 3 KStG geht bei einem schädlichen Beteiligungserwerb jedoch auch ein Zinsvortrag nicht unter, soweit ihm stille Reserven gegenüberstehen. Dabei sind stille Reserven vorrangig nicht genutzten Verlusten und erst nachrangig einem Zinsvortrag zuzuordnen.

b) Gewerbesteuer

Auch bei der Gewerbesteuer können sich Probleme im Zusammenhang mit der Abzugsfähigkeit von hybriden Instrumenten ergeben. Entgelte für Schulden unterliegen – unabhängig von der Dauer der Zurverfügungstellung des Fremdkapitals – einer 25 %igen Hinzurechnung, sofern sie bei der Ermittlung des Gewinns abgesetzt worden sind und den Betrag von € 100.000 überschreiten, § 8 Nr. 1 lit. a GewStG. Die Zurechnung erfolgt grundsätzlich unabhängig davon, ob die Zahlung beim Empfänger ebenfalls der Gewerbesteuer unterliegt oder nicht, wodurch es zu einer gewerbesteuerlichen Doppelbelastung beim Schuldner und beim Gläubiger kommt. Daher sind auch die Gewinnanteile des stillen Gesellschafters unabhängig von der gewerbesteuerlichen Behandlung beim Empfänger hinzuzurechnen, § 8 Nr. 1 lit. c GewStG. Auch ist der Gewinnanteil eines atypisch stillen Gesellschafters bei der Mitunternehmerschaft steuerlich zu erfassen, eine Abzugsfähigkeit scheidet also aus. Sofern ein Unternehmen ein Darlehen aufnimmt und dieses an ein anderes Konzernunternehmen weiterleitet, kann es sich dabei um einen sog. "durchlaufenden Kredit" handeln, dessen Zinsaufwand aber heute ebenfalls der Hinzurechnungsbesteuerung unterliegt.[15]

Da von der gewerbesteuerlichen Hinzurechnung nur solche Aufwendungen erfasst werden, die bei der steuerlichen Gewinnermittlung abgesetzt wurden, unterliegen auf Grund der Zinsschranke nicht abzugsfähige Zinsaufwendungen, die nur im Wege des Zinsvortrags in zukünftigen Wirtschaftsjahren den Gewinn mindern können, im Wirtschaftsjahr der Entstehung nicht der gewerbesteuerlichen Hinzurechnung. Sofern sie jedoch in folgenden Wirtschaftsjahren als Betriebsausgaben geltend gemacht werden, sind sie in dem betreffenden Wirtschaftsjahr in die gewerbesteuerliche Hinzurechnung einzubeziehen. Eine gewerbesteuerliche Hinzurechnung erfolgt nicht bei Schuldverhältnissen innerhalb eines Organkreises.

2. Besteuerung beim Anteilseigner

Im Betriebsvermögen vereinnahmte Zinserträge sind regulär steuerpflichtig. Dies gilt in Ermangelung einer korrespondierenden Regelung auch für solche Zinserträge, die beim Schuldner aufgrund der Regelungen der Zinsschranke nicht abzugsfähig sind. Gerade eine Konzern-Innenfinanzierung beinhaltet daher das Risiko einer Steuerpflicht ohne einen echten Ertrag. Hingegen sind im Kapitalgesellschaftskonzern bezogene Dividenden regelmäßig zu 95 % von der Körperschaftsteuer befreit, § 8 b Abs. 1 S. 1, Abs. 5 S. 1 KStG. Die Dividenden unterliegen in voller Höhe der Gewerbesteuer, sofern keine Schachtelbeteiligung (Mindestbeteiligung 15 %) vorliegt. Beteiligungsaufwendungen sind bei der Kapitalgesellschaft voll abzugsfähig. Ange-

---

[14] *Köhler/Hahne*, DStR 2008, 1505; *Schwedhelm/Finke*, GmbHR 2009, 281, mit weiteren Nachweisen.

[15] Erlass vom 4. 7. 2008 betr. Anwendungsfragen zur Hinzurechnung von Finanzierungsanteilen nach § 8 Nr. 1 GewStG in der Fassung des Unternehmensteuerreformgesetzes 2008 vom 14. 8. 2007 (BGBl. I S. 1912, BStBl. I S. 630), DStR 2008, 1439.

sichts dieses Belastungsunterschieds kommt der Abgrenzung von Zins- und Dividendenerträgen besondere Bedeutung zu.

3. Steuerliche Erfassung von stillen Beteiligungen und Genussrechten

Gewinnanteile des typisch stillen Gesellschafters sind als Kapitaleinkünfte zu versteuern. Der Geschäftsherr hält auf die Zinszahlungen 25 % Kapitalertragsteuer ein, § 43 Abs. 1 Nr. 3 EStG. Nimmt der typisch stille Gesellschafter am Verlust der Gesellschaft teil, entstehen infolge der Abbuchung seines Verlustanteils von seinem Einlagekonto Werbungskosten oder Betriebsausgaben. Der atypisch still Beteiligte Gesellschafter dagegen hat die Gewinnanteile als Einkünfte aus Gewerbebetrieb zu versteuern, § 15 Abs. 1 S. 1 Nr. 2 EStG. Seine Refinanzierungsaufwendungen für die stille Einlage sind Sonderbetriebsausgaben, die seinen steuerlichen Gewinnanteil mindern. Auf der Ebene der Gesellschaft reduzieren die Sonderbetriebsausgaben den beim Geschäftsherrn zu ermittelnden Gewerbeertrag und somit die Gewerbesteuerbelastung. Zahlungen auf fremdkapitalähnliche Genussrechte sind beim Zahlungsempfänger wie Zinseinkünfte zu behandeln, § 20 Abs. 1 Nr. 7 EStG. Vergütungen auf eigenkapitalähnliche Genussrechte sind hingegen wie Dividendeneinkünfte zu behandeln, wenn mit den Genussrechten das Recht am Gewinn und Beteiligungserlös verbunden ist, § 8 Abs. 3 S. 2 KStG.

4. Außensteuerliche Regelungen

Beim Einsatz hybrider Gesellschaften und hybrider Finanzierungsinstrumente im internationalen Konzern sind auch die allgemeinen außensteuerlichen Regelungen zu beachten. Das AStG unterwirft Einkünfte ausländischer Zwischengesellschaften der Hinzurechnungsbesteuerung, wenn eine Mindestbeteiligung erreicht wird und die ausländische Gesellschaft passive, niedrig besteuerte Einkünfte erzielt. Mit der Neuregelung des § 8 Abs. 2 AStG durch das JStG 2008[16] als Reaktion auf die *Cadburry Schweppes*-Entscheidung des EuGH[17] besteht für inländische unbeschränkt Steuerpflichtige, die mit mehr als 50 % an niedrig besteuerten Körperschaften mit Sitz oder Geschäftsleitung in der EU oder einem EWR-Staat beteiligt sind, nunmehr die Möglichkeit, den Nachweis einer tatsächlichen wirtschaftlichen Tätigkeit der ausländischen Gesellschaft zu erbringen und somit eine Hinzurechnungsbesteuerung zu vermeiden, selbst wenn die ausländische Gesellschaft lediglich Zwischeneinkünfte mit Kapitalanlagecharakter bezieht.[18] Voraussetzung ist allerdings nach § 8 Abs. 2 S. 2 AStG, dass zwischen Deutschland und dem Sitz- bzw. Geschäftsleitungsstaat ein Auskunftsaustausch auf Grund der EG-Amtshilfe-Richtlinie oder bei den EWR-Staaten auf Grund von DBA oder völkerrechtlichen Verträgen erfolgt.

5. Vermeidung einer Doppelbesteuerung im internationalen Konzern

Infolge grenzüberschreitender Tätigkeiten kann es im internationalen Konzern durch das Zusammenwirken der unbeschränkten Steuerpflicht im Sitzstaat und der beschränkten Steuerpflicht im Quellenstaat zu einer Doppelbesteuerung kommen. Diese Doppelbesteuerung kann durch unilaterale Maßnahmen vermieden oder verringert werden, z. B. durch Anrechnung der Quellenstaatsteuer durch den Sitzstaat bzw. Wohnsitzstaat oder auch durch die Steuerbefreiung gemäß § 8 b KStG. Daneben gewährt das sekundäre Gemeinschaftsrecht Befreiungen von der Doppelbesteuerung. Auf Grund der EU-Mutter-/Tochter-Richtlinie hat der Mitgliedstaat der

---

[16] Jahressteuergesetz 2008 vom 20. 12. 2007, BGBl. I S. 3150.
[17] EuGH Rs. C-196/04 ("Cadburry Schweppes") vom 12. 9. 2006, DB 2006, 2045.
[18] *Köhler* in Strunk/Kaminski/Köhler, AStG/DBA (April 2008), § 7 Rz. 180.1.

Muttergesellschaft entweder die von der Muttergesellschaft empfangenen Dividenden freizustellen oder die von der Tochtergesellschaft im Mitgliedstaat der Tochtergesellschaft gezahlten Steuern anzurechnen, sofern die Beteiligung mindestens 10 % beträgt. Deutschland erhebt gemäß § 43 b EStG keine Kapitalertragsteuer auf Dividendenausschüttungen an im EU-Ausland ansässige, qualifizierende Muttergesellschaften. Daneben verbietet die Richtlinie über Zinsen und Lizenzeinnahmen bei verbundenen Unternehmen die Erhebung von Quellensteuern auf Zinsen und Lizenzgebühren im Konzernverbund, sofern zwischen den verbundenen

Unternehmen eine Mindestkapitalbeteiligung von 25 % während eines Zeitraums von zwei Jahren besteht.

Schließlich soll die Anrechnungs-/Freistellungsmethode in den Abkommen zur Vermeidung der Doppelbesteuerung eine Doppelbesteuerung verhindern.

Bisweilen können ausländische Personengesellschaften eine Doppelbesteuerung im internationalen Konzern vermeiden. Sofern die ausländische Gesellschaft aus deutscher Sicht als Mitunternehmerschaft qualifiziert, was durch einen sog. Typenvergleich ermittelt wird, sind die Einkünfte aus der ausländischen (Personengesellschafts-) Betriebstätte im Inland regelmäßig auf Grund eines Doppelbesteuerungsabkommens unabhängig von dem Besteuerungskonzept des ausländischen Staats freigestellt. Der Gewinn wird von der Bemessungsgrundlage der deutschen Steuer ausgenommen, bei Einkommensteuerpflichtigen sind die freigestellten Einkünfte jedoch im Rahmen des Progressionsvorbehalts gemäß § 32 b Abs. 1 Nr. 3 EStG zu berücksichtigen. In einem reinen Personengesellschaftskonzern hat die Gestaltung des Auslandsinvestments über eine ausländische Personengesellschaft gegenüber einer ausländischen Kapitalgesellschaft den Vorteil, dass die Gewinne der ausländischen Personengesellschaft ohne deutsche Besteuerung bis auf die oberste Ebene der Anteilseigner des Personengesellschaftskonzerns geschleust werden können. Zudem unterliegen die Einkünfte der ausländischen Mitunternehmerschaft in Deutschland nicht der Gewerbesteuer, § 9 Nr. 2 GewStG. Dagegen käme es bei einer Ausschüttung der Gewinne einer ausländischen Kapitalgesellschaft an die deutsche Personengesellschaft zu einer wirtschaftlichen Doppelbesteuerung, da neben der ausländischen Körperschaftsteuer die Ausschüttungen an die inländischen Anteilseigner dem Teileinkünfteverfahren gemäß § 3 Nr. 40 EStG unterliegen.

III. Abgrenzung von Eigenkapital und Fremdkapital

Die Abgrenzung von Eigenkapital und Fremdkapital ist von entscheidender Bedeutung. Dividenden sind im Kapitalgesellschaftskonzern regelmäßig zu 95 % steuerfrei, während Zinseinnahmen regulär steuerpflichtig sind. Bei ausländischen Instrumenten wie z. B. Vorzugsgeschäftsanteilen kommt es daher für den inländischen Investor entscheidend darauf an, ob diese als Eigen- oder Fremdkapital zu behandeln sind. Eine starre Definition gibt es nicht, vielmehr ist ein Typenvergleich durchzuführen. Unterscheidungskriterien sind regelmäßig:

- ► Stimmrechte: Das Stimmrecht des Investors bei Gesellschafterversammlungen ist ein deutliches Indiz für das Vorliegen von Eigenkapital. Allerdings werden auch Fremdkapitalgebern gelegentlich Mitspracherechte eingeräumt, z. B. bei Strukturveränderungen des Schuldners. Andererseits haben die Inhaber von Vorzugsgeschäftsanteilen oft keine oder nur sehr eingeschränkte Stimmrechte.

- ► Laufzeit: Eine feste Laufzeit spricht für das Vorliegen von Fremdkapital. Andererseits gibt es auch bei Eigenkapital die Möglichkeit einer Einziehung, die faktisch zu einer "Laufzeitbegrenzung" führen kann. Bei Genussrechten sieht die Finanzverwaltung eine Regelung, wonach eine Rückzahlung des Genussrechtskapitals vor Liquidation der Kapitalgesellschaft nicht verlangt werden kann, als Indiz für eine Eigenkapital-Qualifikation an.[19]

- Beteiligung am Liquidationserlös: Die Beteiligung am Liquidationserlös indiziert Eigenkapital. Denkbar ist jedoch auch, Fremdkapital so zu gestalten, dass es eine Beteiligung am Liquidationserlös vermittelt, etwa über gewinnabhängige Zahlungsansprüche, die auch bei einer Liquidation bestehen.
- Dividenden: Kennzeichen von Eigenkapital ist, dass Dividenden nur im Falle eines Bilanzgewinns gezahlt werden. Andererseits zeigen Vorzugsgeschäftsanteile, dass auch Garantiedividenden als eine feste Größe ausgestaltet werden können.
- Nachrangigkeit: Eigenkapital ist gegenüber allen Gläubigern der Gesellschaft nachrangig. Gerade die Strukturierung von Mezzanine-Finanzierungen mit ausdifferenzierten Nachrang-Vereinbarungen zeigt allerdings, dass auch Fremdkapitalgläubiger eine eigenkapitalähnliche Position einnehmen können.

Diese Beispiele zeigen, dass Eigen- und Fremdkapital ähnliche Kennzeichen haben können. Rechtssicherheit kann angesichts dieser vielfältigen Aspekte nur dadurch erzeugt werden, dass das Steuerrecht die zivilrechtliche Qualifikation zugrunde legt und sich streng daran orientiert.

IV. Qualifizierung in- und ausländischer Rechtsgebilde

Die Qualifizierung ausländischer Rechtsgebilde bereitet oft Schwierigkeiten. Ausgangspunkt ist eine autonome Qualifizierung durch den deutschen Steuerrechtsanwender. Der so geforderte Typenvergleich geht auf die Rechtsprechung des RFH zurück.[20] Zur Klärung der Frage, ob ein ausländisches Rechtsgebilde eine Kapitalgesellschaft oder eine Personengesellschaft ist, müssen die Strukturmerkmale der ausländischen Einheit mit den typischen Merkmalen der inländischen Einheit verglichen werden. In den meisten Fällen kann insoweit auf etablierte Grundsätze zurückgegriffen werden. So wird man bei den Rechtsordnungen der EU-Mitgliedstaaten die Gesellschaften, die im Anhang zur EU-Fusionsrichtlinie[21] genannt sind, immer als Kapitalgesellschaften betrachten. Auch enthalten die DBA im sogenannten Schachtelprivileg oft Hinweise auf die Gesellschaftstypen des anderen Vertragsstaates, die als Kapitalgesellschaften behandelt werden. Bei den Gesellschaftstypen, die davon nicht erfasst sind, ist eine autonome Qualifizierung vorzunehmen. Die allgemeinen Grundsätze zur Qualifikation einer ausländischen rechtlichen Einheit sind durch ein BMF-Schreiben[22] bezüglich der Einordnung der US-amerikanischen limited liability company (US-LLC) spezifiziert worden, dessen Grundsätze für die Anwendung auf die US-LLC vom BFH bestätigt wurden.[23] Obwohl das BMF-Schreiben speziell zur US-LLC ergangen ist, lassen sich ihm gleichwohl allgemeine Anhaltspunkte zur Qualifikation ausländischer Rechtsgebilde entnehmen. Ein ausländisches Rechtsgebilde ist danach als Körperschaft einzuordnen, wenn sich bei einer Gesamtbetrachtung der einschlägigen ausländischen Bestimmungen und der getroffenen Vereinbarungen über die Organisation und die Struktur des Rechtsgebildes ergibt, dass dieses rechtlich und wirtschaftlich einer inländischen Körperschaft oder sonstigen juristischen Person gleicht. Für den Vergleich sind alle Elemente heranzuziehen,

---

[19] BMF-Schreiben IV B 7 – S 2742 – 76/95 vom 27. 12. 1995, BStBl I 1996, 49.
[20] RFH VI A 899/27 vom 12. 2. 1930, RFHE 27, 73 ff.
[21] Richtlinie (EWG) Nr. 90/434 vom 23. 7. 1990, ABl. EG Nr. L 225 S. 1.
[22] BMF-Schreiben IV B 4 – S 1301 USA – 22/04 vom 19. 3. 2004, BStBl. I 2004, 411.
[23] BFH I R 34/08 vom 20. 8. 2008, BStBl. II 2009, 263.

die nach deutschem Recht die wesentlichen Strukturmerkmale einer Körperschaft ausmachen. Maßgebend sind dabei die folgenden Kriterien:

a) Zentralisierte Geschäftsführung und Vertretung

Als körperschaftliches Merkmal gilt die Zentralisierung von Geschäftsführung und Vertretung, die vorliegt, wenn eine Person oder mehrere Personen, jedoch nicht alle Gesellschafter, auf Dauer befugt sind, die zur Durchführung des Gesellschaftszwecks erforderlichen Entscheidungen ohne Zustimmung aller – ggf. der übrigen – Gesellschafter zu treffen. Dies ist der Fall, wenn Geschäftsführung und Außenvertretung der Gesellschaft von fremden Dritten oder durch ein eigenständiges Gremium (Board of members) wahrgenommen werden, dem neben Gesellschaftern auch Nichtgesellschafter angehören können (Fremdorganschaft). Keine Zentralisierung liegt hingegen vor, wenn die Gesellschafter die Geschäfte der Gesellschaft selbst führen und allein vertretungsberechtigt sind (Eigengeschäftsführung und -Vertretung). Sie fehlt in jedem Fall dann, wenn die Geschäftsführung und die Vertretung von sämtlichen Gesellschaftern wahrgenommen werden.

b) Beschränkte Haftung

Die für eine Körperschaft typische Haftungsbeschränkung ist gegeben, wenn keiner der Gesellschafter für die Schuld der Gesellschaft oder Ansprüche gegen diese persönlich mit seinem Vermögen haftet.

c) Freie Übertragbarkeit der Anteile

Eine wesentliche Eigenschaft der Körperschaft ist die ungehinderte Übertragbarkeit der Anteile an der Gesellschaft auf Nichtgesellschafter. Dem gegenüber ist die Übertragbarkeit der Anteile an Personengesellschaften regelmäßig ausgeschlossen oder doch nur eingeschränkt bzw. nur mit Zustimmung der Gesellschafter möglich. Keine freie Übertragbarkeit liegt vor, wenn zur Übertragung der Anteile die Zustimmung aller oder bestimmter Gesellschafter erforderlich ist.

d) Gewinnzuteilung

Bei einer Körperschaft hängt die Zuteilung eines Gewinnanteils an den Gesellschafter von einem jährlich zu fassenden Beschluss der Gesellschafterversammlung ab, wohingegen es bei Personengesellschaften grundsätzlich keines Ausschüttungsbeschlusses bedarf, damit der Gesellschafter über seinen Gewinnanteil verfügen kann.

e) Kapitalaufbringung

Bei einer Körperschaft sind die Gesellschafter verpflichtet, das Gesellschaftskapital durch Einlage aufzubringen. Dagegen wird bei einer Personengesellschaft die Bereitstellung von Eigenkapital nicht gefordert. Wird im Gesellschaftsvertrag auf Einlagen verzichtet oder dürfen danach diese in Form von Dienstleistungen erbracht werden, spricht dies für die Einordnung als Personengesellschaft.

f) Unbegrenzte Lebensdauer der Gesellschaft

Ein Wesensmerkmal der Körperschaft ist die grundsätzlich unbegrenzte, d.h. vom Gesellschafterbestand unabhängige Lebensdauer der Gesellschaft. Da auch bei einer Personenhandelsgesellschaft der Tod, die Kündigung oder die Insolvenz eines Gesellschafters nicht zur Auflösung der Gesellschaft, sondern zum Ausscheiden des betreffenden Gesellschafters aus der Gesellschaft führen (vgl. § 131 HGB), lässt sich dieses Merkmal zur Abgrenzung nur verwenden, wenn die Lebensdauer nach ausländischem Recht oder nach dem Gesellschaftsvertrag begrenzt ist oder es sich nicht um eine Personenhandelsgesellschaft handelt. Die Annahme einer begrenzten

Lebensdauer setzt voraus, dass die Gesellschaft bei Eintritt bestimmter Ereignisse ohne weiteres Zutun der Gesellschafter aufgelöst wird.

g) Gewinnverteilung

Der Gewinnanteil des Gesellschafters bemisst sich bei einer Körperschaft in der Regel nach dem Verhältnis der Kapitalanteile. Bei Personengesellschaften erfolgt die Verteilung in der Regel nach Maßgabe der Einlage und im Übrigen nach Köpfen. Die Verteilbarkeit eines Teils des Gewinns unabhängig von der Einlage berücksichtigt den persönlichen Einsatz des Gesellschafters in einer Personengesellschaft, während bei dem Gesellschafter einer Kapitalgesellschaft die Stellung als Kapitalgeber im Vordergrund steht.

h) Formale Gründungsvoraussetzungen

Die Entstehung der AG, KGaA und der GmbH setzt deren Eintragung in das Handelsregister voraus. Der Abschluss eines Gesellschaftsvertrags allein genügt also nicht. Personenhandelsgesellschaften entstehen dagegen bereits durch den Abschluss des Gesellschaftsvertrags, die Eintragung im Handelsregister hat nur Bedeutung für die Wirksamkeit gegenüber Dritten.

Bei inländischen Rechtsgebilden stellt sich die Frage der Qualifizierung regelmäßig nicht, insoweit haben Gesetzgebung und Rechtsprechung klare Linien herausgebildet. Die Definition der Körperschaften, die unter das KStG fallen, findet sich in § 1 KStG sowie der hierzu ergangenen Rechtsprechung. Davon zu trennen ist aber die Frage, wie das ausländische Steuerrecht die inländische Gesellschaft qualifiziert. So hat das US-Steuerrecht über die check-the-box election den multinationalen Konzernen mit einer US-Obergesellschaft ein Instrumentarium in die Hand gegeben, ausländische Gesellschaften (und damit auch deutsche Gesellschaften) durch eine election als Personen- oder Kapitalgesellschaft zu qualifizieren (vorbehaltlich sog. per-se corporations, wie z. B. die deutsche Aktiengesellschaft). Die so erfolgte Wahlrechtsausübung der US-Muttergesellschaft hat jedoch keine Auswirkungen auf die inländische Besteuerung, denn der inländische Besteuerungszugriff richtet sich nicht danach, ob eine inländische GmbH als partnership oder als corporation nach ausländischem (z. B. US-amerikanischem) Steuerrecht anzusehen ist. Dies gilt auch nach Einführung des § 14 Abs. 1 Nr. 5 KStG.

§ 14 Abs. 1 Nr. 5 KStG sieht vor, dass Verluste eines Organträgers, die in einem ausländischen Staat berücksichtigt werden, im Inland nicht angesetzt werden sollen. Die vom Gesetzgeber ins Auge gefasste Situation ist jedoch nicht der Fall, dass etwa aufgrund einer check-the-box election des US-Steuerrechts eine inländische GmbH als partnership qualifiziert wird, mit der Folge, dass möglicherweise etwaige Verluste der GmbH temporär auch in den USA nach Maßgabe des US-Steuerrechts berücksichtigt werden. Vielmehr verfolgt der Gesetzgeber das Ziel, eine Gestaltung zu verhindern, die durch die Änderung der Organschaftsregeln theoretisch denkbar wurde: Doppelt ansässige Gesellschaften mit Sitz im Ausland und tatsächlicher Geschäftsleitung im Inland können nach neuem Recht auch Organträger sein, § 14 Abs. 1 Nr. 2 KStG. Wenn die Organträgerin z. B. eine US-Gesellschaft ist, die dort Verluste generiert, könnte die Organträgerin diese Verluste ohne § 14 Abs. 1 Nr. 5 KStG dazu verwenden, das (positive) Einkommen einer inländischen Organgesellschaft mit Verlusten auszugleichen. Diese Gestaltung soll § 14 Abs. 1 Nr. 5 KStG verhindern, nicht die check-the-box election einer inländischen Gesellschaft durch ihren US-Anteilseigner.[24]

---

[24] Ganz h. M., vgl. etwa *Löwenstein/Maier*, IStR 2002, 185; *Töben/Schulte-Rummel*, FR 2002, 425, beide auch mit Ausführungen zu weiteren Problemen der Vorschrift.

V. Beispielsfälle

1. Sondervergütungen ausländischer Gesellschafter einer inländischen Personengesellschaft

Gewährt der ausländische Gesellschafter der inländischen Personengesellschaft ein Darlehen, ist der Zins auf das Gesellschafterdarlehen auf der Ebene der Personengesellschaft abzugsfähig und mindert den den Gesellschaftern zuzurechnenden Gewinnanteil. Der Zins wird jedoch nach nationalem Recht als Sondervergütung des Gesellschafters erfasst, der in den durch die Gesellschaft vermittelten Gewinn einfließt und im Ergebnis zu keiner Gewinnminderung führt. Damit umfassen die im Rahmen der beschränkten Steuerpflicht des ausländischen Gesellschafters steuerbaren gewerblichen Einkünfte sowohl den Gewinnanteil der Personengesellschaft als auch den als Sondervergütung behandelten Zins für das Gesellschafterdarlehen. Abkommensrechtlich werden diese Sondervergütungen nach Auffassung der Finanzverwaltung auch bei fehlender Sonderregelung in dem jeweils einschlägigen DBA als Unternehmensgewinne behandelt und die Zinseinkünfte dem inländischen Betriebstättengewinn zugeordnet.[25] Der BFH hat hingegen mit Urteil vom 17.10.2007,[26] das zur abkommensrechtlichen Behandlung von Sondervergütungen einer deutschen KG an einen in den USA ansässigen Gesellschafter ergangen ist, in entsprechender Anwendung seiner ständigen Rechtsprechung zum spiegelbildlichen "Outbound" –Fall[27] entschieden, dass Darlehenszinsen der Personengesellschaft an ihre Gesellschafter ungeachtet ihrer nationalen Behandlung als Sondervergütungen nach dem DBA-USA und vergleichbaren DBA nicht als gewerbliche Einkünfte des Gesellschafters, sondern als Zinsen zu behandeln sind mit der Folge, dass Deutschland hieran sein Besteuerungsrecht verliert. Auf diese Entscheidung des BFH hat der deutsche Gesetzgeber mit der Einführung des § 50 d Abs. 10 EStG durch das JStG 2009[28] reagiert und die gegenteilige Auffassung der Finanzverwaltung gesetzlich festgeschrieben. Nach der Neuregelung des § 50 d Abs. 10 EStG gelten nunmehr Sondervergütungen, auf die ein DBA anzuwenden ist, für die Zwecke der Abkommensanwendung ausschließlich als Unternehmensgewinne, sofern das entsprechende DBA Sondervergütungen nicht selbst behandelt.[29]

2. Finanzierungsgesellschaft auf Malta

Eine steuerlich optimierte Finanzierung von Tochtergesellschaften innerhalb eines Konzerns lässt sich u. U. mittels einer auf Malta ansässigen Finanzierungsgesellschaft erreichen. Hierzu wird die maltesische Finanzierungsgesellschaft in Form einer Limited durch die deutsche Muttergesellschaft mit Eigenkapital ausgestattet, welches als Fremdkapital an ein deutsches Konzernunternehmen weitergeleitet wird. Die von der Finanzierungsgesellschaft erzielten Zinserträge werden sodann als Dividende an das deutsche Mutterunternehmen ausgeschüttet. Die Ausschüttungen an die nichtansässige Muttergesellschaft unterliegen auf Malta keiner Quellensteuer. Die Einkünfte der Kapitalgesellschaft werden auf Malta mit einem Steuersatz von 35 % besteuert, sind also nicht niedrig besteuert i. S. d. § 8 Abs. 3 AStG. Allerdings ermöglicht das maltesische Steuerrecht, dass die auf der Ebene des Unternehmens erhobenen Steuern dem

---

[25] BMF-Schreiben IV B 4 – S 1300 – 11/99 vom 24. 12. 1999, BStBl. I 1999, 1076.
[26] BFH I R 5/06 vom 17. 10. 2007, DStR 2008, 659.
[27] BFH I B 47/05 vom 20. 12. 2006, IStR 2007, 330.
[28] Jahressteuergesetz 2009 vom 19. 12. 2008, BGBl. I S. 2794.
[29] Zu der Neuregelung des § 50 d Abs. 10 EStG siehe unten, VI. 2.

Anteilseigner auf zweiter Ebene bei der Ausschüttung der Dividenden erstattet werden. Die Erstattung reicht von 2/3 der von der ausschüttenden Gesellschaft gezahlten Steuer in Höhe von 35 % bis zu einer Erstattung von 6/7, sofern die Einkünfte der Gesellschaft nicht aus passiven Zinseinkünften oder Lizenzgebühren stammen. Sofern die Finanzierungsgesellschaft ausschließlich passive Einkünfte bezieht, werden dem Anteilseigner auf Antrag 5/7 der von der ausschüttenden Gesellschaft gezahlten Steuer von 35 % erstattet.

In Deutschland sind die Dividendeneinkünfte zu 95 % von der Körperschaftsteuer befreit, 5 % der Dividenden gelten als nicht abzugsfähige Betriebsausgaben und unterliegen der Körperschaftsteuer mit einem Körperschaftsteuersatz von 15 % zzgl. Solidaritätszuschlag von 5,5 % hierauf. Sofern die Beteiligung am Nennkapital der maltesischen Tochtergesellschaft mindestens 10 % beträgt, sind die Dividenden von der gewerbesteuerlichen Hinzurechnung befreit. 5 % der Dividenden gelten als nicht abzugsfähige Betriebsausgaben. Unter Berücksichtigung der Erstattungen durch die maltesischen Behörden ergibt sich, sofern die maltesische Gesellschaft ausschließlich passive Einkünfte erzielt, eine Gesamtsteuerbelastung in Deutschland von 11,39 %. Da die maltesische Gesellschaft lediglich Zinseinkünfte und keine aktiven Einkünfte bezieht, sind die Einkünfte der deutschen Muttergesellschaft nicht nach dem DBA-Malta befreit, sondern es kann lediglich die maltesische Steuer angerechnet werden. Die Einkünfte der maltesischen Tochtergesellschaft unterliegen nicht der Hinzurechnungsbesteuerung, da die Gewinne maltesischer Kapitalgesellschaften mit einem Steuersatz von 35 % und damit nicht niedrig gemäß § 8 Abs. 3 AStG besteuert werden. Für die Zwecke der Hinzurechnungsbesteuerung ist somit zu trennen zwischen der dem Anteilseigner gewährten Steuererstattung bei Dividendenausschüttungen, die in Malta zu einer Gesamtsteuerbelastung von 10 % führt, und der Besteuerung der maltesischen Gesellschaft selbst.

3. Typisch stille Gesellschaft in Luxemburg

Ist eine inländische Kapitalgesellschaft am Handelsgewerbe ihrer luxemburgischen Tochterkapitalgesellschaft typisch still beteiligt, gehören die Gewinnanteile aus der typisch stillen Beteiligung zu den Einkünften aus Kapitalvermögen im Sinne des § 20 Abs. 1 Nr. 4 EStG. Auf der Ebene der luxemburgischen Tochtergesellschaft sind die jährlichen Gewinnanteile als Betriebsausgaben abzugsfähig. Abkommensrechtlich werden die Gewinnanteile aus der Beteiligung als stiller Gesellschafter nach Art. 13 DBA-Luxemburg i.V.m. Abschn. 11 Satz 2 des Schlussprotokolls zu Art. 5, 7 und 12 als Dividenden qualifiziert. Das Besteuerungsrecht an den Einkünften aus der stillen Beteiligung wird damit gemäß Art. 13 DBA-Luxemburg grundsätzlich dem Ansässigkeitsstaat des stillen Gesellschafters zugewiesen. Luxemburg als Quellenstaat steht das Recht zum Quellensteuerabzug in Höhe von 10 % der Dividenden gemäß Art. 13 Abs. 2, 4 DBA-Luxemburg zu, sofern die Beteiligung an der luxemburgischen Kapitalgesellschaft mindestens 25 % beträgt. Entgegen der ganz überwiegenden Auffassung im Schrifttum[30] hat der BFH[31] im Jahr 2008 im Fall einer inländischen GmbH, die an einer luxemburgischen AG mit 48 % und daneben an deren Handelsgewerbe als typisch stille Gesellschafterin beteiligt war, entschieden, dass die Freistellung auf Grund des Schachtelprivilegs des Art. 20 Abs. 2 Satz 3 DBA-Luxemburg, wonach der Wohnsitzstaat Dividenden von der Bemessungsgrundlage für die Steuer auszunehmen hat, sofern die Beteiligung an der ausschüttenden Kapitalgesellschaft mindestens 25 % beträgt, nur

---

[30] *Siegers* in Debatin/Wassermeyer (April 2008), Art. 20 Rz. 125 DBA-Luxemburg; *Rödder/Ritzer*, IStR 2006, 666.

[31] BFH I R 62/06 vom 4. 6. 2008, BStBl. II 2008, 793.

auf "echte" Dividenden aus direkten Kapitalbeteiligungen Anwendung findet, nicht jedoch auf Gewinnanteile aus stillen Beteiligungen.

Nach Auffassung des BFH wäre zwar auch eine weite Normauslegung möglich gewesen, nach der sowohl "echte" als auch "fiktive" Dividenden auf Grund des Schachtelprivilegs freizustellen sind, sobald die für die Anwendung des Schachtelprivilegs erforderlichen Beteiligungsvoraussetzungen erfüllt sind. Zwingend sei eine solche weite Auslegung jedoch nicht, vielmehr ermögliche der Wortlaut auch eine enge Auslegung, die nur "echte" Dividenden erfasse und sich besser mit dem Ziel und Zweck der Freistellung und damit auch dem Willen der Parteien in Einklang bringen lasse.

Dieses Urteil hat überrascht. Dem BFH ist entgegenzuhalten, dass der Wortlaut des Art. 20 Abs. 2 Satz 3 DBA-Luxemburg gerade nicht voraussetzt, dass die begünstigten DBA-Dividenden direkt aus den stimmberechtigten Anteilen stammen. Vielmehr ist nur erforderlich, dass dem Dividendenempfänger mindestens 25 % der stimmberechtigten Anteile gehören. Insofern handelt es sich um eine hinter dem Wortlaut zurückbleibende teleologische (und gleichzeitig steuerverschärfende) Reduktion des Tatbestands und nicht um eine enge Auslegung des Wortlauts.[32] Ebenfalls nicht überzeugen kann die Bezugnahme auf den Sinn und Zweck der Schachtelfreistellung. Dieser besteht in der Vermeidung der wirtschaftlichen Doppelbesteuerung eines Gewinns, den die ausschüttende Tochter erzielt hat.[33] Da das DBA-Luxemburg das Schachtelprivileg unabhängig von einer tatsächlichen Besteuerung der Tochtergesellschaft gewährt, also die nur "virtuelle Doppelbesteuerung" ausgeschlossen wird, ist die im Einzelfall eingetretene doppelte Nichtbesteuerung systemimmanent und keine im Wege der engen Auslegung zu behebende Planwidrigkeit.[34] Abkommensrechtlich kann eine doppelte Nichtbesteuerung daher nur dann verhindert werden, wenn das jeweilige Abkommen eine spezielle Missbrauchsvorschrift vorsieht, z. B. eine subject-to-tax-clause. Sofern eine solche Regelung in dem Abkommen nicht vorgesehen wird, liegt hierin kein Verstoß gegen den Zweck der Schachtelfreistellung.[35] Unklar bleibt auch, weshalb der BFH in seinen Urteilsgründen von im wirtschaftlichen Ergebnis unbesteuert bleibenden Einkünften ausging, da die Einkünfte selbst bei Gewährung der Schachtelfreistellung einer 10 %igen Definitivbelastung unterlegen hätten.

Keine Auswirkungen dürfte die Entscheidung des BFH dagegen auf Ausschüttungen auf Eigenkapitalgenussrechte haben, die im Quellenstaat nicht abzugsfähig sind sowie auf Schachteldividenden im Sinne des § 9 Nr. 7 GewStG oder im Sinne der EU-Mutter-/Tochter-Richtlinie.[36]

4. Atypisch stille Gesellschaft im internationalen Konzern

Eine atypisch stille Gesellschaft kann im internationalen Konzern für verschiedene Zwecke eingesetzt werden. Die atypisch stille Gesellschaft begründet eine Mitunternehmerschaft über die Grenze und erlaubt damit eine Risikosteuerung zwischen verbundenen Unternehmen. Dies führt dazu, dass Gewinne im Ausland als unternehmerische Gewinne steuerpflichtig sind und nach Maßgabe eines anwendbaren DBA im Inland nicht erneut der Besteuerung unterliegen

---

[32] *Teufel/Hasenberg*, IStR 2008, 724.
[33] *Siegers* in Debatin/Wassermeyer (Jan. 2008), Art. 20 Rz. 121 DBA-Luxemburg.
[34] *Teufel/Hasenberg*, IStR 2008, 724.
[35] *Lang*, IStR 2002, 609.
[36] Zu den Einzelheiten der Fernwirkungen der BFH–Entscheidung I R 62/06 vom 4. 6. 2008, vgl. *Teufel/Hasenberg*, IStR 2008, 724.

(Freistellungsmethode). So findet auch § 8b Abs. 5 KStG keine Anwendung auf Gewinne, die der inländischen Kapitalgesellschaft zuzurechnen sind.

Die ertragsteuerliche Behandlung der atypisch stillen Gesellschaft wurde von der OFD Frankfurt/Main aus Verwaltungssicht zusammengefasst.[37] Danach gilt Folgendes: Die Frage, ob eine typische oder atypische Gesellschaft vorliegt, ist auf Grund einer Gesamtbetrachtung unter Berücksichtigung der Umstände des Einzelfalls zu entscheiden. Ein inländisches Unternehmen, das sich an einem ausländischen Unternehmen in einem DBA-Staat als atypisch stiller Gesellschafter beteiligt, erzielt Einkünfte aus einer unternehmerischen Tätigkeit im Ausland. Nach den einschlägigen DBA wendet die Bundesrepublik regelmäßig die Freistellungsmethode auf ausländische Betriebstätteneinkünfte an.

VI. Steuerliche Reaktionen im internationalen Zusammenhang

Zur Vermeidung aus seiner Sicht unerwünschter Steuerfolgen grenzüberschreitender Sachverhalte hat der Gesetzgeber in der Vergangenheit bestehende Missbrauchsvorschriften verschärft oder neue Regelungen eingeführt.

1. Switch-over-Klausel des § 50 d Abs. 9 EStG

Die sog. "Switch-over" Klausel des § 50 d Abs. 9 EStG ermöglicht es, entgegen der DBA-rechtlichen Zuordnung Einkünfte der deutschen Besteuerung zu unterwerfen. Das deutsche Besteuerungsrecht wird auf Grund einer unilateralen Regelung nach Deutschland zurückgeholt, um in DBA-Fällen eine dem Sinn und Zweck der Freistellungsmethode widersprechende doppelte Nichtbesteuerung (sog. weiße Einkünfte) zu vermeiden, indem ein Wechsel von der DBA-rechtlichen Freistellung zur Anrechnung erfolgt. § 50 d Abs. 9 EStG erfasst nur unbeschränkt Steuerpflichtige, weshalb die Vorschrift im Ergebnis nur "outbound"-Fälle betrifft. § 50 d Abs. 9 Nr. 1 EStG betrifft Qualifikationskonflikte, die sich ergeben können, wenn in den beteiligten Staaten nach dem jeweiligen innerstaatlichen Recht unterschiedliche Auffassungen über die Qualifikation der Einkünfte bestehen und der andere Staat dadurch gänzlich auf eine Besteuerung verzichtet oder nur eine der Höhe nach begrenzte Besteuerung vornimmt. Beispiele hierfür sind Einkünfte im Zusammenhang mit Personengesellschaften oder Vergütungen aus stiller Beteiligung oder partiarischen Darlehen. Nicht erfasst werden hingegen Einkünfte, bei denen sich die Nichtbesteuerung in Deutschland nicht aus dem DBA, sondern aus nationalem Recht ergibt, was insbesondere bei einer unterschiedlichen Qualifikation hybrider Finanzierungsinstrumente denkbar ist, z. B. Eigenkapitalgenussrechte.[38] Von § 50 d Abs. 9 Nr. 2 EStG umfasst werden Einkünfte, die nach dem jeweiligen DBA in Deutschland grundsätzlich steuerfrei sind und im anderen Staat steuerpflichtig sind, der andere Staat diese Einkünfte aber im Rahmen der beschränkten Steuerpflicht nicht erfasst. Eine Ausnahme besteht für Dividenden, die nach einem DBA, z. B. auf Grund des Schachtelprivilegs, von der Besteuerung ausgenommen sind, soweit die Dividenden nicht im Ausland steuermindernd berücksichtigt wurden.

2. § 50 d Abs. 10 EStG

Nach § 50 d Abs. 10 EStG sind Sondervergütungen in Abkommensfällen ausschließlich als Unternehmensgewinne anzusehen, sofern das entsprechende DBA Sondervergütungen nicht

---

[37] Rdvfg. OFD Frankfurt/Main S 2241 A – 37 – St II 21 vom 14. 3. 2001, DStR 2001, 1159.

[38] *Eilers/Schneider*, Steuerberater-Jahrbuch 2007/2008, S. 175 ff. Zum steuerplanerischen Gestaltungspotential durch hybride Finanzierungsinstrumente, vgl. *Loose/Hölscher/Althaus*, BB 2006, 2724.

selbst behandelt. Dies gilt bezogen auf DBA-Staaten für Sondervergütungen sowohl eines im Inland ansässigen Gesellschafters einer ausländischen Personengesellschaft ("Outbound"-Fall) als auch eines im Ausland ansässigen Gesellschafters einer inländischen Personengesellschaft ("Inbound"-Fall). Hierdurch soll eine Behandlung der ausländischen Sondervergütung als Zins und die damit einhergehende Anwendung des Zinsartikels (vgl. Art. 11 OECD-MA) ausgeschlossen werden. Auf die Sondervergütungen soll ausschließlich der Unternehmensgewinnartikel des jeweiligen Abkommens Anwendung finden (vgl. Art. 7 OECD-MA). Voraussetzung für die Besteuerung der Sondervergütungsgewinne als Unternehmensgewinne in Deutschland ist jedoch, dass die als Unternehmensgewinne zu qualifizierenden Sondervergütungen auch einer in Deutschland belegenen Betriebstätte zugerechnet werden können (vgl. Art. 7 Abs. 1 OECD-MA). Eine funktionale Zuordnung der Unternehmensgewinne zur Betriebstätte der inländischen Personengesellschaft ordnet § 50 d Abs. 10 EStG jedoch nicht an.[39] Maßgeblich für die Zuordnung der Sondervergütung zum Betriebstättengewinn ist die Zugehörigkeit der Darlehensforderung des Gesellschafters. Die bloße Eigenschaft als Sonderbetriebsvermögen ist dabei für die Zurechnung zur inländischen Betriebstätte nicht ausreichend, da es sich nur um eine rechtliche Zugehörigkeit im Sinne des nationalen Steuerrechts handelt.[40] Mangels einer Regelung zur funktionalen Zuordnung der Sondervergütungen zur Betriebstätte könnte man erwarten, dass Deutschland trotz der Neuregelung des § 50 d Abs. 10 EStG in den meisten Fällen sein Besteuerungsrecht an grenzüberschreitenden Sondervergütungen im "Inbound"-Fall verliert.[41]

3. Anti-Treaty-Shopping-Regelung des § 50 d Abs. 3 EStG

Die Vorschrift des § 50 d Abs. 3 EStG enthält eine spezialgesetzliche Vorschrift zur Missbrauchsvermeidung durch ausländische Gesellschaften und soll verhindern, dass Nichtberechtigte Vergünstigungen nach DBA oder auf Grund der EU-Mutter-/Tochter-Richtlinie durch die Zwischenschaltung einer Holdinggesellschaft erlangen, die sie nicht bekämen, wenn sie die ausgeschütteten Dividenden unmittelbar erhalten würden (sog. "Treaty Shopping" oder "Directive Shopping"). Diese Missbrauchsregelung findet Anwendung auf alle Einkünfte, die dem Steuerabzug nach § 43 EStG sowie § 50 a EStG unterliegen, jedoch nach DBA oder § 43 b EStG bzw. 50 g EStG nicht oder nur beschränkt steuerpflichtig sind. An der ausländischen Gesellschaft müssen Personen beteiligt sein, denen die Steuerentlastung nicht zustünde, wenn sie die Einnahmen unmittelbar erzielen würden. Darüber hinaus muss die Einschaltung der ausländischen Gesellschaft missbräuchlich sein. Ein unterstellter Missbrauch liegt vor, wenn (i) wirtschaftliche Gründe für die Einschaltung der Holdinggesellschaften fehlen, oder (ii) die Holdinggesellschaft keine eigene Wirtschaftstätigkeit entfaltet, wobei dies typisierend anhand einer 10 % Klausel ermittelt werden soll oder (iii) die Holdinggesellschaft nicht über einen eingerichteten Geschäftsbetrieb aktiv am Wirtschaftsverkehr teilnimmt. Die Missbrauchsregelung findet bei ausländischen Holding- oder Zwischengesellschaften Anwendung, wobei eine Rückausnahme für börsennotierte Gesellschaften besteht (sog. Börsenklausel). Gemäß § 50 d Abs. 3 Satz 2 EStG sind ausschließlich die Merkmale der ausländischen Holdinggesellschaft maßgeblich. Sowohl organisatorische als auch wirtschaftliche oder auch sonst beachtliche Merkmale von der ausländischen Gesellschaft nahestehenden Unternehmen sind unbeachtlich, wodurch der Gesetzgeber ver-

---

[39] *Boller/Eilinghoff/Schmidt*, IStR 2009, 109; *Lohbeck/Wagner*, DB 2009, 423.
[40] BFH II R 59/05 vom 9. 8. 2006, DStRE 2007, 28; I R 5/06 vom 17. 10. 2007, DStR 2008, 659.
[41] *Boller/Eilinghoff/Schmidt*, IStR 2009, 109; *Lohbeck/Wagner*, DB 2009, 423. Zu den Auswirkungen des § 50 d Abs. 10 EStG auf die Zinsschrankenregelung des § 4 h EStG und auf die Gewerbesteuer vgl. *Boller/Eilinghoff/Schmidt*, IStR 2009, 109.

hindern möchte, dass mit Hilfe von Struktur- und Strategiekonzepten die Anti-Treaty-Shopping-Regelungen unterlaufen werden können. Sofern bereits ein Missbrauchskriterium vorliegt, wird die nach der EU-Mutter-/Tochter-Richtlinie oder DBA vorgesehene Entlastung (Erstattung oder Freistellung) versagt. Die Entlastung wird dabei insoweit versagt, als an der Holdinggesellschaft selbst nicht entlastungsberechtigte Gesellschafter beteiligt sind. Dies gilt allerdings nur insoweit, als die Zwischengesellschaft selbst grundsätzlich entlastungsberechtigt ist und lediglich die Missbrauchskriterien nicht erfüllt. Profitiert die Holdinggesellschaft selbst nicht von den Begünstigungen der EU-Mutter-/Tochter-Richtlinie oder eines DBA, können auch selbst entlastungsberechtigte Gesellschafter die Begünstigung nicht in Anspruch nehmen.[42]

Auf Grund seiner typisierenden und abstrakten Regelungen, insbesondere der fehlenden Möglichkeit zur Erbringung des Gegenbeweises, begegnet § 50 d Abs. 3 EStG erheblichen europarechtlichen Bedenken.[43]

4. § 42 AO

§ 42 AO will die Umgehung der Steuergesetze durch missbräuchliche Gestaltungen verhindern. Im Falle des Missbrauchs entsteht der Steueranspruch so, wie er bei einer den wirtschaftlichen Vorgängen angemessenen rechtlichen Gestaltung entsteht. Entgegen der Rechtsfolge des § 50 d Abs. 3 EStG, der eine Erstattung der Kapitalertragsteuer verweigert, kommt es bei § 42 AO zu einer Durchgriffsbesteuerung, d.h. einer tatsächlichen Zurechnung der Einnahmen.[44] Seit der Neuregelung des § 42 AO durch das JStG 2008[45] enthält die Vorschrift eine Definition des Missbrauchs. Danach liegt ein Missbrauch vor, wenn eine unangemessene Gestaltung gewählt wird, die beim Steuerpflichtigen oder einem Dritten im Vergleich zu einer angemessenen Gestaltung zu einem gesetzlich nicht vorgesehenen Steuervorteil führt. Durch die Verwendung des Begriffs der Unangemessenheit hat der Gesetzgeber auf die Rechtsprechung des BFH Bezug genommen. Danach ist eine rechtliche Gestaltung unangemessen, wenn der Steuerpflichtige die vom Gesetz vorgegebene typische Gestaltung zur Erreichung bestimmter wirtschaftlicher Ziele nicht gebraucht, sondern hierfür einen ungewöhnlichen Weg wählt, auf dem nach den Wertungen des Gesetzgebers das Ziel, Steuern zu sparen, nicht erreichbar sein soll. Die Unangemessenheit einer Rechtsgestaltung soll insbesondere dann zutage treten, wenn diese keinem wirtschaftlichen Zweck dient.[46] Das bloße Bestreben, Steuern zu sparen, führt noch nicht zu einem nicht vorgesehenen Steuervorteil.[47]

Liegen diese Voraussetzungen jedoch vor, ist es gemäß § 42 Abs. 2 Satz 2 AO Sache des Steuerpflichtigen, den Gegenbeweis für das Vorliegen außersteuerlicher Gründe für die gewählte Gestaltung anzutreten. Die Neuregelung des § 42 AO wird überwiegend als ausschließliche Regelung über die objektive Beweislast angesehen.[48] Hierin liegt im Ergebnis für den Steuerpflichtigen keine Verschärfung durch die Neufassung des § 42 AO, denn faktisch trug der Steuerpflichtige die Beweislast für außersteuerlich beachtliche Gründe für die gewählte Gestaltung schon nach der bisherigen Rechtsprechung des BFH, wonach bei unangemessener Gestaltung

---

[42] *Eilers/Schneider*, Steuerberater-Jahrbuch 2007/2008, S. 175 ff.
[43] Vgl. hierzu Gosch in Kirchhof, EStG Kompaktkommentar, 8. Aufl., 2008, § 50 d Rz. 42.
[44] *Kessler* in Kessler/Kröner/Köhler, § 8 Rz. 190.
[45] Jahressteuergesetz 2008 vom 20. 12. 2007, BGBl. I S. 3150.
[46] BFH IV R 54/01 vom 8. 5. 2003, BStBl. II 2003, 854.
[47] BFH I R 8/97 vom 27. 8. 1997, BStBl. II 1998, 163.
[48] Schon zum Referentenentwurf *Häuselmann*, BB 2007, 1533, 1534.

eine tatsächliche Vermutung besteht, dass hierfür außersteuerliche beachtliche Gründe nicht vorliegen.[49]

5. Rückfallklauseln

Eine Reihe deutscher Abkommen enthält Bestimmungen, die definieren, wann Gewinne oder Einkünfte aus Quellen innerhalb eines der beiden Vertragsstaaten stammen. Diese Klauseln werden auch als "Rückfallklauseln" bezeichnet, weil sie so verstanden werden, dass im Falle einer Nichtausübung des Besteuerungsrechts durch den Quellenstaat das Besteuerungsrecht des Ansässigkeitsstaats wiederauflebt. *Vogel* hat darauf hingewiesen, dass es eine einheitliche Rückfallklausel nicht gibt, vielmehr sind die jeweiligen Formulierungen der konkreten DBA in ihrem jeweiligen Kontext auszulegen.[50] Diese Diskussion soll hier nicht aufgenommen werden. Festzuhalten bleibt jedoch, dass z. B. das DBA-USA[51] in Art. 23 Abs. 4 lit. b 2. Alt. eine sog. "subject-to-tax-clause" vorsieht. Danach werden Einkünfte nicht von der Besteuerung freigestellt, wenn die USA diese Einkünfte zwar nach dem DBA voll besteuern dürfen, jedoch nach innerstaatlichem Recht nicht besteuern können. Dies hat zur Folge, dass Art. 23 Abs. 3 lit. b DBA-USA anzuwenden ist und anstelle der Freistellungs- die Anrechnungsmethode anzuwenden ist. Es ist daher im Einzelfall zu prüfen, ob das jeweilige DBA eine "Rückfallklausel" im Hinblick auf die relevanten Einkunftsarten vorsieht.

Hiervon zu unterscheiden ist die sog. "switch-over-Klausel" des § 20 Abs. 2 AStG, die als Fall des treaty overriding die DBA-Freistellungsmethode für Einkünfte mit Kapitalanlagecharakter gegen die Anrechnungsmethode austauscht.[52]

6. Konsultationsverfahren

Art. 25 Abs. 3 OECD-Musterabkommen regelt ein zwischenstaatliches Konsultationsverfahren zur Ausräumung von Anwendungsschwierigkeiten allgemeiner Natur, die sich in der praktischen Handhabung des Abkommens ergeben können (1. Alternative) sowie ein Konsultationsverfahren zur Bewältigung von Lücken, die bei der allgemeinen Anwendung eines Abkommens aufgetreten sind (2. Alternative). Gegenstand des Konsultationsverfahrens kann dabei ein konkreter Fall oder eine Vielzahl von Fällen sein.[53] Das Konsultationsverfahren in der 1. Alternative bezieht sich lediglich auf einvernehmliche Regelungen zur rechtstechnischen Bewältigung des Abkommens, während das Verfahren in der 2. Alternative letztlich dazu führen wird, dass der Anwendungsbereich des Abkommens erweitert wird, so dass ein derartiges Verfahren der innerstaatlichen Zustimmung der gesetzgebenden Körperschaften bedarf.[54] Eine allgemein gültige Abkommensinterpretation begegnet im Übrigen aus Gründen des Vorbehalts des Gesetzes rechtsstaatlichen Bedenken.

---

[49] BFH VIII R 7/88 vom 28. 1. 1992, BStBl. II 1993, 84.
[50] Vgl. *Vogel*, IStR 1997, Beihefter zu Heft 24/1997; *Grotherr*, IWB F. 3 Gr. 2 S. 689 ff.
[51] Abkommen zwischen der Bundesrepublik Deutschland und den Vereinigten Staaten von Amerika zur Vermeidung der Doppelbesteuerung und zur Verhinderung der Steuerverkürzung auf dem Gebiet der Steuern vom Einkommen und vom Vermögen und einiger anderer Steuern vom 29.08.1989 in der Fassung des Änderungsprotokolls vom 01.06.2006 (BGBl. II S. 1186).
[52] Vgl. hierzu die Analyse von *Seer*, IStR 1997, 481 ff., 520, insb. auch zur Frage der Vereinbarkeit des treaty overridings mit höherrangigem Recht.
[53] Vgl. *Lehner* in Vogel/Lehner, Art. 25 Rz. 156.
[54] BFH I R 74/86 vom 1. 2. 1989, BStBl. II 1990, 4.

7. Verständigungs-/Schiedsverfahren

Das Verständigungsverfahren ist ein antragsgebundenes zwischenstaatliches Verwaltungsverfahren, welches das Recht des Steuerpflichtigen schützt, nicht abkommenswidrig besteuert zu werden. Die erfolglose Durchführung des Verständigungsverfahrens ist gleichzeitig Voraussetzung für die Durchführung des Schiedsverfahrens nach Maßgabe des neu eingeführten Art. 25 Abs. 5 OECD-MA. Sofern das Verständigungsverfahren für die Dauer von zwei Jahren erfolglos geblieben ist, können auf Antrag der Person, die zuvor das Verständigungsverfahren eingeleitet hat, die noch nicht gelösten Probleme in einem Schiedsgerichtsverfahren geklärt werden, wenn nicht zu den ungelösten Fragen bereits ein Urteil eines Gerichts ergangen ist. Die den Schiedsspruch umsetzende Verständigungsvereinbarung ist dabei für beide Seiten bindend und ungeachtet der Fristen des nationalen Rechts umzusetzen, sofern nicht eine direkt von dem Fall betroffene Person widerspricht.[55]

Für den Fall der Gewinnberichtigung zwischen verbundenen Unternehmen in der EU liegt mit dem EG-Schiedsabkommen ein völkerrechtlicher Vertrag vor, der die Regelungen über das Verständigungsverfahren in den DBA der Mitgliedstaaten ergänzt.[56] Diese Verfahren setzen voraus, dass es einen innerstaatlichen Besteuerungstatbestand gibt und das DBA ggf. auch einen "Wechsel" des Besteuerungsrechts vorsieht (vgl. oben, 5., "Rückfallklauseln").

VII. Zusammenfassung

Hybride Finanzierungsinstrumente und hybride Gesellschaftsformen unterliegen den allgemeinen Regeln im nationalen und internationalen Steuerrecht. Sie erlauben eine effiziente Finanzierung eines Konzerns, sowohl intern als auch extern. Bei hybriden Gesellschaftsformen können sich Gestaltungsmöglichkeiten im internationalen Kontext ergeben, die allerdings sorgfältig vor dem Hintergrund der einschlägigen DBA und der zunehmend intensiven nationalen Regelungen zur Verhinderung von unerwünschten Besteuerungslücken zu prüfen sind. Sollten sich Fragen der Auslegung und Anwendung der einschlägigen DBA ergeben, so verbleibt neben der Anwendung des Abkommenstexts – einschließlich sog. "Rückfallklauseln" – die Durchführung von Konsultations- sowie Verständigungs- und Schiedsverfahren.

---

[55] Vgl. zu den Einzelheiten des Schiedsgerichtsverfahrens *Lehner* in Vogel/Lehner, Art. 25 Rz. 199.
[56] Vgl. hierzu *Lehner* in Vogel/Lehner, Art. 25 Rz. 306.

3. Gesellschafter-Fremdfinanzierung und steuerliche Unterkapitalisierungsregelungen in mittel- und osteuropäischen Staaten

von Dipl.-Kffr. Monika Rödl-Kastl, Wirtschaftsprüferin, Steuerberaterin und Dipl.-Kfm. Joerg Gulden, Steuerberater, Nürnberg[*]

Inhaltsübersicht

A. Einführung
B. EU-Länder
  1. Bulgarien
  2. Rumänien
  3. Tschechien
  4. Ungarn
  5. Polen
  6. Slowakische Republik
  7. Slowenien
  8. Litauen
  9. Lettland
  10. Estland
C. Drittstaaten
  1. Russische Föderation
  2. Ukraine
  3. Kroatien
  4. Türkei
D. Schlussbestimmungen

Literatur:

Ban, Harmonisierung der Unternehmensbesteuerung – Notwendigkeit, Umfang und Grenzen einer positiven Integration, Hamburg, 2007; **Fanger,** Direktinvestitionen in Russland – Wirtschaftliche und steuerrechtliche Rahmenbedingungen, Erich Schmidt Verlag, 2002, S. 196 ff.; **Grotherr,** Ausländische Unterkapitalisierungsregelungen, in Piltz/Schaumburg, Unternehmensfinanzierung im internationalen Steuerrecht, 1995, Verlag Dr. Otto Schmidt; **ders.,** Beteiligungs- oder Gesellschafterfremdfinanzierung einer ausländischen Tochtergesellschaft unter steuerlichen Vorteilhaftigkeitsüberlegungen, in IWB F. 3 Gr. 2, Deutschland S. 1209; **Herzig/Bohn,** Internationale Vorschriften zur Zinsabzugsbeschränkung – Systematisierung denkbarer Alternativmodelle zur Zinsschranke, in IStR 2009, S. 253 ff.; **Hiller, Nadine,** Gesellschafter-Fremdfinanzierung und Diskriminierungsverbote, 2008, Verlag Dr. Kovacs; **Hoffmann, Wolf-Dieter,** Zinsschranke – Fremdfinanzierung nach dem Unternehmensteuerreformgesetz 2008, Schäffer-Poeschel Verlag; Jacobs (Hrsg.), Internationale Unternehmensbesteuerung, 6. Aufl., Beck Verlag, 2007; **Kessler,** Die Gesellschafter-Fremdfinanzierung im Spannungsfeld zum Recht der Doppelbesteuerungsabkommen und Europarecht, in DB 2003 S. 2507 ff.; **Kessler/Köhler/Knörzer,** Die Zinsschranke im Rechtsvergleich: Problemfelder und Lösungsansätze, in IStR 2007, S. 418 ff.; **Kessler/Obser,** 4. Gesellschafter-Fremdfinanzierung, in Konzernsteuerrecht (National – International) von Kessler/Kröner/Köhler, 2008, Beck Verlag; **Kesti,** European Tax Handbook, IBFD Publications, 2008; **Kowalski/Godwod,** Steuerliche Aspekte der Finanzierung einer polnischen Tochter-GmbH durch eine beteiligte Kapitalgesellschaft aus Deutschland, in IWB Fach 5 Gr. 2 Polen, S. 203; **Kudert,** Investieren in Polen, 3. Auflage 2007; **ders.,** Wirtschaftsstandort Ukraine – Rechtliche und wirtschaftliche Rahmenbedingen für ausländische Investoren, 1. Auflage, 2006, S. 155 ff.; **Maier, Nina,** Die Regelungen zur Gesellschafter-Fremdfinanzierung im internationalen Vergleich, 2006, S. 70 ff.; **Schuldheis,** Überblick über das Körperschaftsteuerrecht der Russischen Föderation, in IWB F. 5 Gr. 2, Russische Föderation Seite 131 ff.; **Wasylkowski/Krempa,** Steuerliche Behandlung von Unternehmenskäufen sowie Umstrukturierungen in Polen, in IWB F. 5 Gr. 2 Polen, S. 107 ff.; **Zielke,** Gesellschafter-Fremdfinanzierung und Doppelbesteuerung in der Europäischen Union, in RIW 2006, S. 600 ff.; **ders.,** Internationale Steuerplanung mit Gesellschafter-Fremdfinanzierung in der Europäischen Union, Norwegen und der Schweiz, StuW 01/09, S. 63 ff.; **ders.,** Internationale Steuerplanung nach der Unternehmensteuerreform 2008, in DB 2007, S. 2781 ff.; **ders.,** Internationale Steuerplanung zur Optimierung der Konzernsteuerquote, in DB 2006, S. 2585 ff.

---

[*] Frau Rödl-Kastl ist Geschäftsführende Partnerin, Herr Gulden ist Partner bei Rödl & Partner am Standort Nürnberg.

A. Einführung

Im Rahmen des immer stärkeren Zusammenwachsens der Länder in Europa und des damit steigenden Steuerwettbewerbs, steht die Sicherung von Steuersubstrat ganz oben auf der Prioritätenliste der Nationalstaaten. Eine Form davon stellen Regelungen zur Gesellschafterfremdfinanzierung dar, mittels derer versucht wird, die übermäßige Finanzierung von Gesellschaften mittels Fremdkapital einzudämmen. Die Kapitalausstattung mit Fremd- und Eigenkapital stellt gerade bei Konzernen eine der Grundüberlegungen der Steuerplanung dar. Geht man davon aus, dass die inländische Muttergesellschaft die ausländische Tochtergesellschaft mit Fremdkapital ausstattet, ergibt sich für den ausländischen Staat das Problem, dass effektiv Besteuerungssubstrat verloren geht. Dies ist innerhalb Europas noch ein größeres Problem, da mittelfristig für alle Mitgliedsstaaten der EU die Übergangsvorschriften im Zusammenhang mit der Anwendung der Zins- und Lizenzrichtlinie wegfallen und somit auch die Möglichkeit der Quellenbesteuerung wegfällt. Zinsen können somit steuerfrei über die Grenze transferiert werden und unterliegen nur im Sitzstaat der Muttergesellschaft der Besteuerung. Um diesem Problem zu begegnen, wurden in vielen Staaten die Regelungen zur Gesellschafterfremdfinanzierung verschärft. Dies bedeutet, dass bereits 75 % aller Staaten bei einer jeweils zu definierenden Unterkapitalisierung einen Betriebsausgabenabzug versagen.[1] Hier hat Deutschland mit der Einführung der Zinsschranke einen aus europäischer Sicht unüblichen Weg gewählt.

In Osteuropa kommt ganz überwiegend das Konzept des Verschuldungsgrades zur Anwendung. Nur in Lettland und in Estland sind differierende Konzepte implementiert worden. Die Unterkapitalisierungsnormen sind innerhalb Europas nicht harmonisiert, was für den Steuerpflichtigen zu einem Flickenteppich unterschiedlichster Regelungen innerhalb der EU führt. Inländische Muttergesellschaften halten überwiegend Beteiligungen an ausländischen Kapitalgesellschaften, ähnlich der deutschen GmbH, so dass bei der Vorstellung der Unterkapitalisierungsnormen vorwiegend darauf eingegangen wird.

Zu beachten ist mittlerweile auch die EuGH-Rechtsprechung zur Gesellschafterfremdfinanzierung[2]. Insbesondere die Frage der Diskriminierung von im Ausland ansässigen Gesellschaftern wurde hierin geklärt.

Einen grundlegenden Überblick über die Regelungen zur Gesellschafter-Fremdfinanzierung in der Europäischen Union bieten die Artikel von Herzig/Bohn[3] und Zielke,[4] die sich mit den unterschiedlichen Regelungen zu den Tatbeständen und Rechtsfolgen auseinandersetzen und einen Systematisierungsansatz geben.

Berücksichtigt wird im Allgemeinen der Rechtsstand zum 1. 1. 2009.

Nachfolgend wird eine Übersicht über die Regelungen zur Unterkapitalisierung in ausgewählten Ländern Osteuropas gegeben. Dabei wird eine Unterscheidung zwischen EU-Ländern und Drittstaaten vorgenommen.[5]

---

[1] Kessler, IStR 12/2007, S. 418.
[2] EuGH v. 12. 12. 2002, Rs. 324/00 „Lankhoorst"; EuGH v. 18. 9. 2003, Rs. C-168/01 "Bosal".
[3] Herzig/Bohn, IStR 2009, S. 253 ff.
[4] Zielke, StuW 2009, S. 63 ff.
[5] Die diesem Aufsatz zugrunde liegenden Informationen wurden in Zusammenarbeit mit Steuerberatern von Rödl & Partner in den jeweiligen Staaten erarbeitet.

Rödl-Kastl/Gulden

B. EU-Länder

1. Bulgarien

Bulgarien hat zum 1. Januar 2007 mit dem Beitritt in die Europäische Union neue Unterkapitalisierungsregelungen eingeführt. Wurde zu Beginn ein Verhältnis von Fremd- zu Eigenkapital in Höhe von 2:1 als nicht missbräuchlich eingeschätzt, so kam es in 2008 zu einer Lockerung dieser Regelung, so dass jetzt ein Verhältnis von 3:1 noch als zulässig angesehen wird. Zinsen auf darüber hinausgehendes Fremdkapital werden nicht zum Betriebsausgabenabzug zugelassen. Es ist allerdings möglich, den nicht abzugsfähigen Zinsbetrag über einen Zeitraum von maximal 5 Jahre vorzutragen, sofern eine Abzugsfähigkeit der Zinsen weiterhin nicht gegeben ist (Art. 43 (2) KStG-BG). Es wurde ebenso eine Änderung in der Definition des Fremdkapitals vorgenommen. Während vor der Änderung im Jahre 2007 als Fremdkapital die Summe der Passiva abzüglich der Finanzierungen und der passiven RAP galt, sind von der aktuell gültigen Regelung nur Passiva abzüglich Finanzierungen betroffen.

Zur Bestimmung der nicht abzugsfähigen Zinsen ist im ersten Schritt der mögliche Zinsausgabenabzug zu ermitteln (Art. 43 (3) KStG-BG). Danach sind folgende Beträge nicht in die Berechnung mit einzubeziehen.

1. Fremdkapital von Banken oder der Abschluss eines Finanzierungsleasing (soweit diese nicht als verbundene Personen betrachtet werden)
2. Verzugszinsen aufgrund verspäteter Zahlung oder als Entschädigungszahlungen
3. Zinsen die aufgrund anderer Ursachen nicht berücksichtigt werden – z. B. bei Umqualifizierung als verdeckte Gewinnausschüttung

Die Regelung gilt auch in Fällen der Sicherheitengewährung, beispielsweise in Form von Bürgschaften, durch den Gesellschafter für die Gewährung von Bankdarlehen an die betroffene Gesellschaft. Ist dies nicht der Fall, so sind Zinsen für Darlehen von Banken unbegrenzt abzugsfähig, sofern die Bank nicht selbst eine verbundene Person darstellt. Das Gleiche gilt im Falle des Abschlusses von Leasinggeschäften.

Zur Bestimmung des nicht abzugsfähigen Zinsbetrages für steuerliche Zwecke kommt im nächsten Schritt folgende Formel zur Anwendung:

Nichtabzugsfähiger Betrag = Zinsausgaben – Zinseinnahmen – 0,75 * EBIT

Sofern die betroffene Gesellschaft gezwungen ist einen Verlust zum Ende des Wirtschaftsjahres auszuweisen, sind die Zinsausgaben für die Gesellschafterfremdfinanzierung steuerlich insgesamt nicht abzugsfähig.

Zur Bestimmung des Verschuldungsgrades wird auf die Verschuldung der Gesellschaft insgesamt abgestellt. Dazu ist jeweils der Betrag des Eigen- und Fremdkapitals zu Beginn und zum Ende des Jahres zusammenzurechnen und durch 2 zu teilen. Soweit der auf diese Weise ermittelte Durchschnittswert das Fremd-/Eigenkapitalverhältnis von 3:1 nicht übersteigt, kommt die Regelung zur Unterkapitalisierung insgesamt nicht zur Anwendung.

Im Falle eines überhöhten Zinssatzes finden die Transferpreisregelungen Anwendung. Der übersteigende Zinsbetrag wird in diesem Fall als verdeckte Gewinnausschüttung angesehen. Der entsprechende Zinsbetrag findet im Rahmen der Unterkapitalisierung keine Anwendung mehr.

Eine Definition für den Begriff „Verbundene Personen" findet sich § 1 Nr. 3 der Zusatzbestimmungen der Sozialversicherungsordnung und kann für körperschaftsteuerliche Zwecke als Anhaltspunkt herangezogen werden. Zu den verbundenen Personen zählen insbesondere:

- Ehegatten
- Arbeitgeber und Arbeitnehmer
- Gesellschafter
- Personen, die an der Geschäftsleitung der anderen oder einer Tochtergesellschaft von dieser teilnehmen
- Personen, die unter einer einheitlichen Kontrolle bzw. Führung stehen, d.h. deren Kontroll- und Führungsorgan die gleiche juristische oder natürliche Person ist
- Gesellschaft oder eine Person, die min. 5 % der stimmberechtigten Aktien oder Gesellschaftsanteile an der Gesellschaft hält
- Personen, die die Kontrolle über eine andere Person ausübt
- Die Tätigkeit von Personen, die von einer anderen Gesellschaft oder TG dieser Gesellschaft kontrolliert wird
- Personen, die zusammen eine Drittperson oder deren TG kontrollieren
- Handelsvertreter
- Personen, die mittel- oder unmittelbar an der Geschäftsleitung, Kontrolle oder Kapital einer anderen Person oder Personen, aufgrund der zwischen den Beteiligten getroffenen Vereinbarungen, teilhaben, wobei die Vereinbarungen, von den üblicherweise eingegangenen Verpflichtungen abweichen

Die vorstehende Auflistung zeigt, dass der Begriff der verbundenen Person in Bulgarien sehr weit gefasst wird, so dass fast jede Person, die in irgendeiner Beziehung zu der relevanten bulgarischen Gesellschaft steht, als verbundene Person angesehen werden kann.

Nach dem Doppelbesteuerungsabkommen mit Bulgarien können Zinsen nur im Ansässigkeitsstaat des Anteileigners besteuert werden, weswegen es normalerweise zu keiner Doppelbesteuerung kommen dürfte. Bislang ist von der Finanzverwaltung allerdings keine Verlautbarung veröffentlicht worden, ob dies auch für Zinsen gilt, die unter die Regelungen zur Unterkapitalisierung fallen.

2. Rumänien

Rumänien hat zur Begrenzung der übermäßigen Hingabe von Fremdkapital ebenfalls das Konzept des Verschuldungsgrades eingeführt. Daneben wird ein für Fremdkapital maximal akzeptierter Zinssatz vorgegeben. Es sind somit zwei Grenzen zu beachten. Aus Praktikabilitätsgründen sollte die Zinssatzgrenze zuerst geprüft werden.

Der maximal akzeptierte Zinssatz wird hierbei vom Finanzministerium festgelegt und beträgt seit 2009 8 %. Darüber hinausgehende Zinsen können nicht ausgabenmindernd angesetzt werden. Diese „Zinsschranke" gilt für in Rumänien ansässige Gesellschaften. Banken und Finanzgesellschaften sind von der Einschränkung ausgenommen.

Für die Bestimmung des Verschuldungsgrades ist zu beachten, dass nur Zinsen und Wechselkursverluste im Zusammenhang mit langfristigen Darlehen nicht unbeschränkt abzugsfähig. Ein Darlehen gilt als langfristig, wenn die Laufzeit des Darlehensvertrages mehr als ein Jahr beträgt.

Die Bemessungsgrundlage bildet das Eigenkapital. Das Eigenkapital setzt sich zusammen aus dem Stammkapital, den Kapitalreserven, Einkünften des laufenden Jahres, Bilanzgewinnen, dem Emissionsagio und weiteren Eigenkapitalposten. Hierbei ist zu beachten, dass es in Rumänien keine freiwillige Kapitalrücklage gibt.

Zinsaufwendungen und Wechselkursverluste im Zusammenhang mit langfristigen Darlehen (länger als 1 Jahr) sind abzugsfähig, soweit das Fremd-/Eigenkapital-Verhältnis von 3:1 nicht überschritten ist. Der in einem Wirtschaftsjahr nicht abzugsfähige Zinsaufwand kann in die folgenden Wirtschaftsjahre vorgetragen werden. Eine zeitliche Begrenzung ist gegenwärtig nicht vorgesehen.

Auf den abzugsfähigen Teil der Zinsen finden ebenfalls die Regelungen zum Quellensteuerabzug Anwendung. National beträgt der Satz 16 %. Dieser kann unter den Bestimmungen des Doppelbesteuerungsabkommens auf 3 % reduziert werden. Dazu ist allerdings die vorherige Ausstellung einer Ansässigkeitsbescheinigung notwendig. Diese sollte noch vor der Zahlung der ersten Zinsrate an die rumänische Gesellschaft ausgehändigt werden. Diese muss die Bescheinigung übersetzen und dem zuständigen rumänischen Finanzamt zukommen lassen. Sollte die Ansässigkeitsbescheinigung erst zu einem späteren Zeitpunkt an das rumänische Finanzamt ausgehändigt werden, besteht die Gefahr, dass keine Reduktion der Quellensteuer mehr möglich ist.

In Rumänien sind keine klaren Regelungen hinsichtlich der Behandlung der nicht abzugsfähigen Zinsen im Hinblick auf die Erhebung der Quellensteuer erlassen worden. Im Zweifel ist hier neben der Besteuerung im Rahmen der Körperschaftsteuer in Höhe von 16 % auf den nationalen Quellensteuersatz in Höhe von 16 % im Rahmen der Weiterleitung an den Anteilseigner abzustellen.

3. Tschechische Republik

Die für den Erwerb, die Sicherung und die Erhaltung der Einkünfte aufgewendeten Kosten sind grundsätzlich als Betriebsausgaben abzugsfähig. Die Abzugsfähigkeit von Darlehenszinsen wird unter Beachtung des Drittvergleichsgrundsatzes zugelassen. Die Regelungen für die Abzugsbeschränkungen bei Zinsen für Darlehen, die von nahe stehenden Personen gewährt werden, sind in Tschechien sowohl auf ausländische, als auch auf tschechische Unternehmen anzuwenden.

Da das tschechische Steuerrecht Handelsgesellschaften in der Rechtsform von Personen- und Kapitalgesellschaften als juristische Personen behandelt, wird die Unterkapitalisierungsregelung grundsätzlich auf alle Handelsgesellschaften angewandt.

Im Jahre 2008 wurden die gesetzlichen Vorschriften für den Abzug der Fremdkapitalzinsen verschärft, im Frühling 2009 wurden wiederum weniger strikte Abzugsbeschränkungen eingeführt, die rückwirkend für das Jahr 2008 angewandt werden können.

Nach wie vor bestehen allerdings nicht abziehbare Fremdfinanzierungskosten – u. a. Fremdfinanzierungskosten für Kredite und Darlehen, deren Zinsen, Erträge oder Rückzahlung voll oder teilweise nach der Ertragslage des Kredit- oder Darlehensnehmers festgesetzt werden.

I. Gesetzliche Regelung

Die Abzugsfähigkeit von Darlehenszinsen wird in § 25 Abs. 1 Buchst. w EStG-CZ geregelt. Übersteigen die Kredite oder Darlehen von verbundenen Unternehmen im Veranlagungszeitraum oder in einem anderen Zeitraum, für den die Körperschaftsteuererklärung abzugeben ist, das Sechsfache des Eigenkapitals (wenn Kredite oder Darlehen an ein Kredit- oder Versicherungsinstitut gewährt werden) oder das Vierfache des Eigenkapitals (wenn Kredite oder Darlehen an andere Kredit- oder Darlehensnehmer gewährt werden), sind die Fremdfinanzierungskosten für die Darlehens- oder Kreditbeträge, die das Sechsfache bzw. Vierfache des Eigenkapitals über-

Rödl-Kastl/Gulden

steigen, vom Abzug ausgeschlossen. Zu den Fremdfinanzierungskosten gehören nach EStG die Fremdkapitalzinsen und die mit der Darlehens- oder Kreditgewährungen verbundenen Finanzierungskosten - Aufwendungen für die Gewährung und Bearbeitung von Krediten und das Entgelt für übernommene Kreditbürgschaften. Wird die Kredit- oder Darlehensgewährung dadurch bedingt, dass diesem Kredit- oder Darlehensgeber unmittelbar verbundene Kredite, Darlehen oder Einlagen gewährt werden, gilt der Kredit- oder Darlehensgeber nach EStG gegenüber dem Kredit- oder Darlehensnehmer als verbundenes Unternehmen bzw. als nahe stehende Person.

a) Unter kapitalmäßig verbundenen Unternehmen versteht man:

1. Ist ein Unternehmen unmittelbar am Kapital oder an den Stimmrechten eines anderen Unternehmens oder mehrerer anderer Unternehmen mit mindestens 25 % des gezeichneten Kapitals oder der Stimmrechte beteiligt, gelten diese Unternehmen als kapitalmäßig verbundene Unternehmen;
2. Ist ein Unternehmen mittelbar am Kapital oder an den Stimmrechten eines anderen Unternehmens oder mehrerer anderer Unternehmen mit mindestens 25 % des gezeichneten Kapitals oder der Stimmrechte beteiligt, gelten diese Unternehmen als kapitalmäßig verbundene Unternehmen;

b) Unter anders verbundenen Unternehmen bzw. anders nahe stehenden Personen versteht man:

1. Unternehmen, die an der Geschäftsleitung eines anderen Unternehmens beteiligt sind oder Kontrollrechte eines anderen Unternehmens ausüben;
2. Dieselben Unternehmen oder nahe stehende Personen, die an der Geschäftsleitung oder an Kontrollrechten eines anderen Unternehmens beteiligt sind. Ist eine Person als Aufsichtsratsmitglied von zwei Unternehmen tätig, handelt es sich nicht um eine anders nahe stehende Person;
3. Herrschende Unternehmen, abhängige Unternehmen und Unternehmen, die unter der einheitlichen Leitung desselben herrschenden Unternehmens stehen;
4. nahe stehende Personen;
5. Personen oder Unternehmen, deren Rechtsgeschäfte vor allem der Minderung des Steuergewinns oder der Erhöhung des Steuerverlustes dienen.

Ist eine Person als Mitglied eines Kontrollausschusses oder eines anderen Kontrollorgans tätig und führt gegen Entgelt die Kontrollen durch, gilt dies nicht als Ausübung von Kontrollrechten.

Nicht abziehbare Fremdkapitalzinsen werden gemäß § 22 Abs. 1 g Nr. 3 EStG einer Gewinnausschüttung gleichgestellt, werden nicht abziehbare Fremdkapitalzinsen an Gesellschaften geleistet, die in der EU bzw. EWG ansässig sind, gelten diese ab dem Jahr 2009 nicht mehr als Dividenden. Grundsätzlich unterliegt die Gewinnausschüttung der Quellensteuer von 15 %. Abhängig von der Ausgestaltung des anzuwendenden DBA kommt eine Reduzierung des Quellensteuersatzes bis auf Null in Betracht. Hinsichtlich des deutsch–tschechischen DBA neigt die tschechische Finanzverwaltung der Auffassung zu, dass Art. 10 Abs. 4 des DBA einer Umqualifizierung solcher Zinsen in Gewinnausschüttung nicht entgegensteht.[6] Auf diese Zinsen, die den ausgeschütteten Gewinnanteilen gleichgestellt werden, kann die Mutter-Tochter-Richtlinie angewandt werden.

---

[6] Vgl. Art. 10 Abs. 4 DBA Deutschland-Tschechien.

Rödl-Kastl/Gulden

Wegen Unterkapitalisierung nicht abziehbare Fremdkapitalzinsen, die an die in der EU bzw. EWG ansässigen Gesellschaften geleistet werden, gelten nicht als Dividenden und sind im Inland darüber hinaus gemäß § 19 Abs. 1 Buchst. zk) EStG einkommensteuerfrei. Ist der Kreditgeber durch das Kreditgeschäft berechtigt, sich am Gewinn des Kreditnehmers zu beteiligen oder die Kredit- und Darlehenszinsen zu einem Gewinnanteil am Kreditnehmer umzuwandeln, findet die Steuerbefreiung auf Kredit- oder Darlehenszinsen keine Anwendung.

II. Begriffsbestimmungen

Vor allem das Schreiben D-300 des Finanzministeriums konkretisiert, welche Eigen- und Fremdkapitalhöhe bei der Berechnung zu berücksichtigen ist.[7]

Eigenkapital ist danach das bilanzielle Eigenkapital, ohne den Gewinn oder Verlust des laufenden Jahres.

Unter dem maßgeblichen Fremdkapital ist der Durchschnitt der täglichen Bestände an Krediten bzw. Darlehen im Besteuerungszeitraum zu verstehen.

Sind während des Geschäftsjahres keine Änderungen vorgenommen worden, ist das Eigenkapital zum ersten Tag des entsprechenden Besteuerungszeitraumes maßgebend. Das Jahresergebnis aus dem laufenden Geschäftsjahr wird nicht berücksichtigt. Finden dagegen während des Geschäftsjahres Änderungen des Eigenkapitals statt (z. B. Kapitalerhöhungen oder -herabsetzungen, Gewinnausschüttungen), so wird das maßgebliche Eigenkapital als arithmetisches Mittel des Eigenkapitals zu Beginn des Geschäftsjahres und der geänderten Eigenkapitalbestände ermittelt.

III. Beispiel

Zur Bestimmung der abzugsfähigen Darlehenszinsen wird zuerst nach den Vorschriften der oben genannten Verwaltungsanweisung ein Index (K) berechnet. Sofern K kleiner ist als 1, ist dieser mit den gezahlten Zinsen zu multiplizieren. Dies ergibt die steuerlich abzugsfähigen Zinsen.

Der Index K wird folgendermaßen berechnet:

$$K = n_{1,2} \times \frac{\text{Eigenkapital}}{\text{Fremdkapital}}$$

wobei $n_1 = 4$, wenn der Darlehensgeber eine verbundene Person ist und der Darlehensnehmer keine Bank oder Versicherungsgesellschaft ist.

$n_2 = 6$ wenn der Darlehensgeber eine verbundene Person ist und der Darlehensnehmer eine Bank- oder Versicherungsgesellschaft ist.

Zahlenbeispiel:

Annahmen:

Eigenkapital der tschechischen Gesellschaft	1.500.000 CZK
Darlehen des Gesellschafters a 1. 1. 2008	10.000.000 CZK

---

[7] Anweisung des Finanzministeriums D-190 zur Festlegung einheitlicher Richtlinien bei der Anwendung einiger Vorschriften des tschechischen Einkommensteuergesetzes (586/1992 Sig.). Eine deutsche Übersetzung ist im Prager Wirtschaftsblatt 3/1996, S. 5 ff. enthalten.

Zinsen 8,5 % 850.000 CZK

K = 4 x 1.500.000 CZK = 0,60

10.000.000 CZK

Abzugsfähige Zinsen:

850.000 CZK x 0.60 = 510.000 CZK

nicht abzugsfähige Zinsen:

850.000 CZK − 510.000 CZK = 340.000 CZK

IV. Gestaltungsmaßnahmen

Nach einer laufenden Prüfung des Verhältnisses zwischen dem Eigen- und Fremdkapital und der Kapitalsteuerung muss das erforderliche Verhältnis zwischen dem Eigenkapital und der Fremdfinanzierung von verbundenen Unternehmen laufend optimiert werden. Erweist sich das Verhältnis als schädlich, sollten eine Stamm- oder Eigenkapitalerhöhung (nicht bei allen Rechtsformen sind steuerlich neutrale Einstellungen in die Kapitalrücklage zulässig) vorgenommen werden oder die Fremdfinanzierung von verbundene Unternehmen durch eine Fremdfinanzierung von Dritten ersetzt werden.

4. Ungarn

Der ungarische Gesetzgeber hat sehr frühzeitig die Problematik der übermäßigen Fremdfinanzierung erkannt und seit Jahren eine steuerliche Unterkapitalisierungsregelung gesetzlich fixiert.

Die Unterkapitalisierungsregelungen sind auf alle Gesellschaften anzuwenden, die dem ungarischen Körperschaftssteuergesetz unterliegen. Sie betrifft sowohl Kapital- als auch Personengesellschaften und gilt ebenfalls bei Zweigniederlassungen ausländischer Unternehmen.

Bei der Bestimmung des Zinssatzes auf Gesellschafterdarlehen sind auch die Verrechnungspreisregelungen zu berücksichtigen. Überschreitet der vereinbarte den marktüblichen Zinssatz, werden die unangemessenen Zinsen nicht als Betriebsausgabe berücksichtigt. Es erfolgt keine Umqualifizierung als verdeckte Gewinnausschüttung. Ein Vortrag auf spätere Besteuerungsperioden ist ebenfalls nicht möglich.

I. Gesetzliche Regelung

Nach § 8 Abs. l j KStG-HU[8] sind die Zinsen steuerlich nicht abzugsfähig, die auf den Teil des Darlehens entfallen, der das Dreifache des Eigenkapitals übersteigt. Dies ist nicht nur anwendbar, wenn die ungarische Gesellschaft ein Darlehen von Gesellschaftern oder sonstigen nahe stehenden Personen erhält, sondern auch dann, wenn die Finanzierung von einer nicht mit der Gesellschaft verbundenen Person erfolgt. Ausgenommen hiervon sind nur sog. Finanzinstitute.[9]

Bei der Ermittlung des maßgebenden Eigen- bzw. Fremdkapitals ist gem. § 8 Abs. 5 a und b KStG-HU der tagesdurchschnittliche Bestand des Steuerjahres maßgeblich. Dabei umfasst das Fremdkapital Anleihen, sämtliche Darlehen mit Ausnahme der von Finanzinstituten gewährten

---

[8] Gesetz Nr. 81/1996 über die Körperschaftsteuer und Dividendensteuer
[9] Dies umfasst z. B. Kreditinstitute und Finanzleasinggesellschaften

Darlehen, bestimmte Wechselverbindlichkeiten und solche sonstige Verbindlichkeiten, für die im Steuerjahr Zinsaufwand verrechnet wird.

Das Eigenkapital von Zweigniederlassungen ausländischer Unternehmen ist das vom Stammhaus dauerhaft zur Verfügung gestellte Vermögen, insbesondere das Dotationskapital.[10]

Die Zinszahlungen unterliegen in Ungarn nicht der Quellensteuer.

II. Beispiel

Annahmen:

Ungarischer Gesellschafter A ist mit 52 % an der ungarischen Gesellschaft beteiligt. Unternehmen B hält keine Beteiligung an der ungarischen Gesellschaft.

Eigenkapital	20.000.000 HUF
Darlehen des Gesellschafters A ab 1. 1. 2008 (1)	100.000.000 HUF
Darlehen der Gesellschaft B ab 1. 4. 2008 (2)	120.000.000 HUF
Von der Gesellschaft A erhaltenen Zinsen im Jahre 2008:	3.500.000 HUF
Zinssatz auf die Darlehen	8 %

Zinszahlungen:
Gegenüber A: 8.000.000 HUF
Gegenüber B: 9.600.000 HUF

Berechnung:

maßgebliches Eigenkapital:	
3 x 20.000.000 HUF =	60.000.000 HUF
Maßgebliches Darlehen (1)	100.000.000 HUF
Maßgebliches Darlehen (2) ¾ x 120.000.000 HUF =	90.000.000 HUF

Darlehensbetrag aus dem Darlehen (1), bei dem die Zinsen nicht abzugsfähig sind:
Darlehen insgesamt: 220.000.000 HUF
Darlehensbetrag, der das Dreifache des Eigenkapitals übersteigt: 160.000.000 HUF

Nicht abzugsfähige Zinsen aus Darlehen (1):
160.000.000 x 100.000.000 / 220.000.000 x 8 % =   5.760.000 HUF
Nicht abzugsfähige Zinsen aus Darlehen (2):
160.000.000 x 120.000.000 / 220.000.000 x 8 % =   7.040.000 HUF
Insgesamt sind daher Zinsen i. H. v. 12.800.000 HUF nicht als Betriebsausgabe abzugsfähig.

---

[10] § 35 Abs. 6 RLG / Gesetz Nr. 100/2000.

III. Gestaltungsmaßnahmen

Da die Unterkapitalisierungsregelungen unabhängig von den Beziehungen zwischen Gläubiger und Schuldner angewendet werden, kann bei Gesellschafterdarlehen nicht auf Schwestergesellschaften ausgewichen werden. Als wirkungsvolle Maßnahmen sind die Erhöhung des Eigenkapitals und das Ausweichen auf Darlehen von Banken und anderen Finanzinstituten zu nennen.

5. Polen

Die Regelungen zur Gesellschafterfremdfinanzierung wurden seit dem Jahr 1999 mehrfach geändert. Die letzten signifikanten Änderungen fanden in 2003 und 2004 auch als Reaktion auf die Rechtsprechung des EuGH zur Vermeidung der Diskriminierung von ausländischen Anteilseignern statt. Aufgehoben wurde in diesem Zusammenhang auch Art. 16 Abs. 7a KStG-PL. Danach fanden die Regelungen zur Gesellschafterfremdfinanzierung keine Anwendung, soweit die Gesellschaften keine steuerlichen Vergünstigungen und Befreiungen beanspruchten. Seit 2005 finden die Regelungen zur Unterkapitalisierung auf alle Darlehen Anwendung. Dies gilt insbesondere auch für Gesellschaften ansässig in Polen, die Fremdkapital als Anteileigner an andere polnische Gesellschaften geben. Damit dürfte die Regelung im Einklang mit der oben genannten EuGH-Rechtsprechung stehen.

I. Gesetzliche Regelung

Die Grundsätze der Besteuerung bei der Finanzierung des Unternehmens durch Gesellschafterdarlehen sind in Art. 16 Abs. 1 Nr. 60 und Nr. 61 KStG-PL geregelt. Die Regeln gelten nicht für die polnischen Personengesellschaften (OHG, KG), da sie nach polnischem Recht keine juristische Personen sind und steuerlich transparent behandeln werden.

Art. 16 Abs. 1 KStG-PL bestimmt, welche Ausgaben bei der Gewinnermittlung nicht als Betriebsausgaben abgezogen werden dürfen. Zinsen für das von Gesellschaftern überlassene Fremdkapital sind steuerlich nicht abzugsfähig, soweit die Gesamtverschuldung gegenüber der Muttergesellschaft und der Großmuttergesellschaft bzw. der Schwestergesellschaft, der gemeinsamen Muttergesellschaft und den gemeinsamen Großmuttergesellschaften das Dreifache des Stammkapitals der Gesellschaft übersteigt (Safe Haven).

Die Unterkapitalisierungsregelung ist anzuwenden, wenn der Darlehensgeber mindestens 25 % der Anteile an der polnischen Gesellschaft (Darlehensnehmer) hält. Dies gilt auch, wenn mehrere Anteilseigner ein Darlehen an die Gesellschaft gewähren und gemeinsam zu mindestens 25 % an der Gesellschaft beteiligt sind. Dies wird in der Literatur so interpretiert, dass die Anteile eines jeden Anteilseigners, der ein Darlehen gibt, mit anderen Anteilen zusammengezählt werden, auch wenn jeder Anteilseigner für sich betrachtet zu weniger als 25 % an der Gesellschaft beteiligt ist. Dadurch erfährt diese Regelung eine besondere Verschärfung im Vergleich zu anderen Ländern. Zu beachten ist, dass es sich nach Art. 16 Abs. 6 KStG-PL nicht um die kapitalmäßige Beteiligung handelt, wenn die Beteiligungshöhe ermittelt wird, sondern um die Höhe des Stimmrechtes.

Unter die Gesellschafterfremdfinanzierungsregeln fallen nach Art. 16 Abs. 1 Nr. 61 KStG-PL auch die Schwestergesellschaften als Darlehensgeber, wenn derselbe Gesellschafter mindestens 25 % der Anteile jeweils an beiden Gesellschaften hält.

Bei der Berechnung der maßgeblichen Verschuldung sind der direkten Verschuldung gegenüber den wesentlich beteiligten Gesellschaftern die von den sog. „Großmuttergesellschaftern" gewährten Darlehen zuzurechnen. Der wörtlichen Auslegung der Regelung ist es nicht zu entnehmen, dass auch Zinsen für solche Darlehen im Rahmen der Gesellschafterfremdfinanzierung gegebenenfalls nicht abzugsfähig sind. Der herrschenden Meinung beeinflusst indirekt zuge-

Rödl-Kastl/Gulden

führtes Fremdkapital den Umfang des Save Haven, jedoch fallen nicht Unterkapitalisierungsregelungen nicht hierunter.[11]

Soweit die Unterkapitalisierungsregelung nicht greift, sind die Zinsen für das überlassene Fremdkapital nach Art. 11 KStG-PL nur insoweit abzugsfähig, als sie zu marktüblichen Konditionen wie zwischen fremden Dritten vereinbart wurden.

Maßgebend für die Berechnung des Verhältnisses des Stammkapitals zum maßgeblichen Fremdkapital, sowie für die Ermittlung der Verschuldungshöhe, ist der Tag der Zinszahlung.

II. Begriffsbestimmungen

Stammkapital ist das Kapital gem. Handelsgesetzbuch. Es bleiben jedoch ausstehende Einlagen, als Sacheinlagen eingebrachte Forderungen aus hingegebenen Darlehen von Gesellschaftern samt Zinsen und als Sacheinlagen eingebrachte steuerlich nicht abschreibungsfähige immaterielle Vermögensgegenstände (z. B. Know-how) außer Betracht.[12]

Das Stammkapital wird bei der Berechnung stets als Ganzes herangezogen und nicht anteilsmäßig aufgeteilt.

Der Begriff des Darlehens ist in Polen insgesamt sehr weit gefasst. Unter Beachtung des Art. 16 Abs. 7b KStG-PL ist darunter jeder Vertrag zu verstehen, bei der sich der Darlehensgeber verpflichtet, eine bestimmte Geldsumme als Eigentum zu übertragen, und der Darlehensnehmer diese Summe zurückzahlen muss. Bei der Berechnung der Verschuldungshöhe sind somit nach der restriktiven Auffassung der polnischen Finanzverwaltung[13] nicht nur die Darlehen, sondern auch andere Verbindlichkeiten gegenüber dem Anteilseigner wie z. B. Verbindlichkeiten aus Lieferungen und Leistungen einzubeziehen sind, Schuldverschreibungen oder Geldanlagen mit einzubeziehen.

Es sei auch darauf hingewiesen, das in Polen Zinsaufwendungen steuerlich erst dann den Gewinn mindern, wenn sie tatsächlich gezahlt oder kapitalisiert wurden.

Es ist nach der polnischen KSt-Voschriften nicht eindeutig, wie der Teil der nichtabzugsfähigen Zinsen zu berechnen ist.

III. Beispiel

Folgende Annahmen werden getroffen:

Der ausländische Gesellschafter A-GmbH ist mit 50 % an der polnischen Gesellschaft PL GmbH beteiligt.

Der ausländische Gesellschafter B-AG ist mit 100 % an der Gesellschaft A-GmbH beteiligt.

Stammkapital der PL-GmbH	150.000 PLN
Ab 1. 1. 2008 hat PL-GmbH folgende Darlehen:	
Darlehen von A-GmbH (1)	200.000 PLN
Darlehen von B-AG (2)	300.000 PLN
Zinssatz (p.a.):	8 %

---

[11] In dem Zusammenhang sei es auf die verbindlichen Auskünfte der Finanzbehörden hingewiesen, die andere Meinung vertreten, u. a. verbindliche Auskunft des Direktors der Fiskalkammer aus Warschau vom 8. 5. 2008, Az.: IP-PB3-423-272/08-2/ER

[12] Art. 16 Abs. 7 EStG-PL.

[13] Schreiben des Finanzministers v. 17. 2. 2000.

Zinszahlungen 2008, fällig am 31. 12. 2008:

(1) 16.000 PLN

(2) 24.000 PLN

Aufgrund der nicht einheitlichen Auslegung der Vorschrift über die Gesellschafterfremdfinanzierung in Polen, wird die Berechnung des nichtabzugsfähigen Teils der Zinsen in möglichen Auslegungsvarianten erfolgen.

Variante 1:

Berechnung:

1. Maßgebliche Verschuldung = 200.000 + 300.000 = 500.000 PLN
2. Koeffizient für Zwecke der Ermittlung des nicht abzugsfähigen Teils der Zinsen:

$$\frac{500.000 - (3 \times 150.000)}{500.000} = \frac{50.000}{500.000} = 10\,\%$$

3. Die Zinsen die den Unterkapitalisierungsbeschränkungen unterliegen, betragen 16.000 (Zinsen auf das Darlehen von der Muttergesellschaft). Der nicht abzugsfähige Teil davon beträgt 1.600 (16.000 x 0,10). Der Rest der Zinsen, d. h. der Betrag von 14.400, ist abzugsfähig.
4. Auf Zinsen aus dem Darlehen der Großmuttergesellschaft (24.000) greifen die Beschränkungen der Unterkapitalisierung herrschender Meinung nach nicht.

Variante 1:

Berechnung:

1. Maßgebliche Verschuldung = 200.000 + 300.000 = 500.000 PLN
2. Koeffizient für Zwecke der Ermittlung des nicht abzugsfähigen Teils der Zinsen:[14]

$$\frac{500.000 - (3 \times 150.000)}{200.000} = \frac{50.000}{200.000} = 25\,\%$$

3. Die Zinsen die den Unterkapitalisierungsbeschränkungen unterliegen, betragen 16.000 (Zinsen auf das Darlehen von der Muttergesellschaft). Der nicht abzugsfähige Teil davon beträgt 4.000 (16.000 x 0,25). Der Rest der Zinsen, d. h. der Betrag von 12.200, ist abzugsfähig.
4. Auf Zinsen aus dem Darlehen der Großmuttergesellschaft (24.000) greifen die Beschränkungen der Unterkapitalisierung herrschender Meinung nach nicht.

IV. Gestaltungsmaßnahmen

Die Gestaltungsmaßnahmen sind begrenzt. Besonders nachteilig wirkt sich aus, dass das Stammkapital und nicht das gesamte Eigenkapital die Bezugsgröße für die Berechnung darstellt. Dadurch beeinflussen die nach der Gründung des Gesellschafters entstandenen Rücklagen nicht die Finanzierung des Gesellschafters.

Daraus folgt die Option, eine entsprechende Kapitalerhöhung aus Gesellschaftsmitteln vorzunehmen und dies spätestens zum Zinszahlungszeitpunkt. Die Einlagen müssen aber einbezahlt sein. Ferner bietet sich der Zeitpunkt der Zinszahlung zur Gestaltung an, da zu diesem Moment

---

[14] Abgeleitet von dem Urteil des Hauptverwaltungsgerichts vom 6. 10. 2005, Az.: FSK 2126/04

auch die Verschuldungshöhe beeinflusst werden kann. Hierbei sollte nach Möglichkeit erst die gänzliche oder teilweise Tilgung des Darlehens erfolgen und einige Tage später die Begleichung der Zinsen.

Statt der Gewährung von direkten Gesellschafterdarlehen oder Darlehen von Schwestergesellschaften, deren Zinsen von der Nichtabzugsfähigkeit betroffen sind, kann die Finanzierung auch von einer höheren Stufe in Konzern erfolgen. Alternativ bietet sich die Finanzierung über ein Kreditinstitut an, wobei der Kredit (das Darlehen) vom Gesellschafter besichert wird.

6. Slowakische Republik

Mit der Steuerreform in 2004 sind in der Slowakischen Republik die Unterkapitalisierungsregelungen außer Kraft getreten. Das slowakische Steuergesetz enthält weitergehend keine dem § 42 AO ähnliche Missbrauchsregelung. Zu beachten sind allerdings die Transferpreisregelungen. Diese betreffen grundsätzlich alle Transaktionen zwischen verbundenen Personen, wozu auch Schwestergesellschaften und Mitglieder einer Unternehmensgruppe gehören.

Die zum 1.1.2010 geplante Einführung von Regelungen zur Unterkapitalisierung erflogt nunmehr nicht.

Auf Zinsen wird auf nationaler slowakischer Ebene ein Quellensteuersatz von 19 % erhoben. Als Mitglied der Europäischen Union hat die Slowakei die Zins- und Lizenzrichtlinie umgesetzt. Da keine Übergangsvorschriften zur Anwendung kommen, sind Zinszahlungen aus nicht in der Slowakei ansässige Personen von der Quellenbesteuerung grundsätzlich befreit. Hier ist allerdings unter anderem zu beachten, dass für die Befreiung eine Beteiligung an der die Zinsen zahlende Gesellschaft von mindestens 24 Monaten bestanden haben muss. Des Weiteren ist eine Mindestbeteiligungshöhe von 25 % notwendig.

Momentan ist noch nicht klar, ob die slowakische Finanzverwaltung für „schädliche Zinsbeträge" die Normen des Doppelbesteuerungsabkommens für anwendbar erklärt.

7. Slowenien

Slowenien hat im Rahmen des Beitrittes zur EU 2004 die Unterkapitalisierungsregelungen angepasst. Diese sind vom Grundsatz her ähnlich denjenigen in anderen EU-Staaten und finden im Rahmen der Anteilseignerschaft auf Inlandsfälle wie auch grenzüberschreitend Anwendung. Da der Fremdkapitalbedarf in Slowenien gerade in den früheren Jahren sehr groß war und die Unternehmen entsprechend hoch verschuldet waren, wurde zu Beginn ein sehr großzügiges Verhältnis von Fremd- zu Eigenkapital angenommen (8:1), das jedoch bis 2012 sukzessive auf 4:1 reduziert werden soll.

Die Regelungen gelten grundsätzlich nicht für Banken und für Versicherungsunternehmen.

Die allgemeinen Regelungen zur Unterkapitalisierung finden sich in Art. 32 KStG-SI. Sie finden Anwendung bei Personen, die direkt oder indirekt zu mindestens 25 % an der slowenischen Gesellschaft beteiligt sind. Die Beteiligungshöhe bezieht sich dabei auf das Kapital oder die Stimmrechte. Die Regelung findet, entsprechend des ausdrücklichen Wortlautes, auch auf Holdinggesellschaften Anwendung. Betriebsstätten werden allerdings von der Regelung nicht erfasst.

Im Rahmen der Unterkapitalisierungsregelung wird nur das Fremdkapital berücksichtigt, welches von dem jeweiligen Anteilseigner an die Gesellschaft gezahlt wird und in Relation zum Eigenkapital gesetzt. Es handelt sich hierbei somit um eine Individualregelung. Für die Berechnung ist die Besteuerungsperiode maßgebend, wobei der jeweilige Stand zum Ende des Monats als gewichteter Durchschnitt zu einem 12tel zählt.

Sollte das Fremdkapital von einer Bank gezahlt werden, und ein Anteilseigner der relevanten Gesellschaft dafür bürgen, finden die Unterkapitalisierungsregelungen ebenfalls Anwendung.

Wie bereits oben angedeutet, sind Übergangsregelungen eingeführt worden. Danach sind für die folgenden Jahre folgende Fremd-/Eigenkapitalverhältnisse zu beachten (Art. 81 KStG-SI):

- 6:1 für 2009 und 2010
- 5:1 für 2011

und ab 2012 dann 4:1.

Die Zinsen auf den übersteigenden Betrag sind nicht als Betriebsausgabe abzugsfähig. Stattdessen kommt es zu einer Umqualifizierung als versteckte Gewinnausschüttung, Art. 74 Abs. 7 KStG-SI.

Die Unterkapitalisierungsregelungen finden auch dann keine Anwendung, wenn die slowenische Gesellschaft nachweist, dass sie das Fremdkapital, welches als schädlich eingestuft wird, auch von einer fremden dritten Person erhalten hätte.

Bezüglich der Höhe des Zinssatzes gelten besondere Regelungen. Eine allgemeine Aussage dazu ist nicht möglich. Die körperschaftsteuerlich anerkannte Höhe wird ausgehend vom Basiszinssatz der Notenbank weitergehend durch die Kreditlaufzeit und die Bonität beeinflusst.

8. Litauen

In Litauen sind mit dem Beitritt zur Europäischen Union 2004 Regelungen zur Unterkapitalisierung eingeführt worden. Davor gab nur eine Obergrenze für den Zinssatz. Die jetzigen Regelungen finden Anwendung auf alle Fälle im Inland und Ausland, unabhängig davon, ob der Anteilseigner in der EU oder in einem Drittland ansässig ist.

Die Regelung findet Anwendung, wenn die fremdkapitalgebende Person zum Ende des Veranlagungsjahres:

- direkt oder indirekt mehr 50 % der Anteile bzw. Stimmrechte der relevanten Gesellschaft hält
- zu mindestens 10 % an der relevanten Gesellschaft beteiligt ist und zusammen mit anderen verbundenen Personen mehr als 50 % der Anteile oder Stimmrechte an der Gesellschaft hält.

Als fremdkapitalgebende Person gelten auch alle Gesellschaften derselben Unternehmensgruppe als auch die Familienmitglieder, soweit es sich um natürliche Personen handelt.

Soweit diese Voraussetzungen erfüllt sind, sind Zinsen, die das Verhältnis von Fremd- zu Eigenkapital in Höhe von 4:1 übersteigen, als nicht abzugsfähige Betriebsausgabe zu qualifizieren. Währungsverluste, die im Zusammenhang mit Darlehen entstehen, die unter das vorstehend beschriebene Fremd- zu Eigenkapitalverhältnis fallen, werden ebenfalls als nicht abzugsfähige Betriebsausgaben behandelt. Das Verhältnis von Fremd- zu Eigenkapitalverhältnis ist jeweils zum Ende des Veranlagungsjahres zu ermitteln

Bei der Berechnung des Verhältnisses ist nicht nur das von der fremdkapitalgebenden Person hingegebene Fremdkapital zu beachten, sondern auch von der Gesellschaft ausgegebene Schuldverschreibung, die durch den beherrschenden Kreditgeber erworben werden, sowie das Fremdkapital von fremden dritten Personen, soweit für den Kredit Bürgschaften von der beteiligten Person gegeben werden. Das Eigenkapital wird das Gesamteigenkapital der Gesellschaft herangezogen, allerdings exklusive des Gewinnes des laufenden Jahres sowie einer Neubewer-

Rödl-Kastl/Gulden

tungsrücklage für Wirtschaftsgüter, die von der beteiligten Person an die Gesellschaft übertragen wurden, soweit diese Wirtschaftsgüter von der Gesellschaft weniger als zwei Jahre genutzt werden.

Eine Umqualifizierung als versteckte Gewinnausschüttung erfolgt nicht. Ein Vortrag des „schädlichen" Zinsbetrages ist nicht möglich.

Die Regelungen zur Unterkapitalisierung sind einerseits nicht anwendbar auf Finanzinstitute und Leasinggesellschaften, andererseits finden sie keine Anwendung, soweit die litauische Gesellschaft nachweisen kann, dass das Fremdkapital zu dem Zinssatz auch von einer fremden Dritten Person entsprechend gewährt worden wäre. Dementsprechend ist ebenfalls der durchschnittliche Zinssatz zu beachten, den eine fremde dritte Person innerhalb der Besteuerungsperiode ansetzt. Darüber hinaus gehende Zinsen sind grundsätzlich als nicht abzugsfähige Betriebsausgaben zu betrachten. Zu beachten ist, dass der nicht als Betriebsausgabe zu behandelnde Zinsbetrag trotzdem der Quellensteuer nach dem jeweiligen DBA unterworfen wird, was eine mögliche Doppelbesteuerung zur Folge haben könnte.

9. Lettland

In Lettland wurde mit dem Beginn des Jahres 2003 eine Unterkapitalisierungsregelung mit Art. 6 KStG-LV eingeführt. Sie ist ausgestaltet als Kombination aus Verschuldungsgrad und Zinsschranke. Es wird somit nicht abgestellt auf eine Beteiligungshöhe eines Gesellschafters im Rahmen der Hingabe von Fremdkapital. Zur Ermittlung des abzugsfähigen Zinsbetrages werden kommen hierbei zwei Kalkulationsmethoden zur Anwendung:

1. Methode – Bestimmung über Zinssatz

Der abzugsfähige Zinsbetrag darf das 1,2 fache des kurzfristigen Bankenzinssatzes nicht übersteigen.

Erlaubter Abzugsfähiger =	Fremdkapital (verzinsliches Darlehen) * 1.2 *	kurzfristiger Bankzinssatz für Kreditinstitute (jährlicher Zinsbetrag Durchschnitt, im letzten Besteuerungsmonat) berechnet durch das Zentralbüro für Statistik

Der durchschnittliche, jährliche, kurzfristige Zinssatz für Kreditinstitute im Jahr 2008 beträgt:
1. LVL – 14.4 %; 2. EUR – 5.1 %; 3. USD – 8.9 %

2. Methode – Bestimmung über Höhe des Verschuldungsgrades

$$\text{Erlaubter Abzugsfähiger Zinsbetrag} = \frac{\text{Zinszahlung / Fremdkapital}}{(\text{Eigenkapital (zu Beginn der Periode)} - \text{Rücklagen} - \text{Andere Rücklagen, die nicht von Gewinnausschüttung stammen}) \times 4}$$

Zur Bestimmung des körperschaftsteuerlichen Einkommens kann der jeweils geringere ermittelte abzugsfähige Zinsbetrag zum Abzug gebracht werden. In Lettland ist ein Vortrag des übersteigenden Zinsbetrages, wie auch die Umqualifizierung in eine verdeckte Gewinnausschüttung in Form von Dividenden nicht vorgesehen.

Rödl-Kastl/Gulden

Mit Wirkung von 1. 1. 2010 ist die Regelung für Darlehen von Kreditinstituten die in Lettland der europäischen Wirtschftszone oder in einem Staat, mit dem Lettland ein Doppelbesteuerungsabkommen abgeschlossen hat, registriert sind, von den Finaznzbehörden, der Nordic Investment Bank, der Weltbank der Europäischen Bank für Wiederaufbau und Entwicklung und der Euopäischen Investitionsbank anzuwenden.

10. Estland

In Estland ist die Besonderheit zu beachten, dass Gesellschaften mit ihren thesaurierten Unternehmensgewinnen keiner Ertragsbesteuerung unterliegen. Vielmehr wird die Körperschaftssteuer erst auf ausgeschüttete Gewinne erhoben. Sie beträgt 21/79 des Nettobetrages der Gewinnausschüttung, Steuerschuldner ist die ausschüttende Gesellschaft. Neben den auf einem ordentlichen Gesellschafterbeschluss beruhenden Gewinnausschüttungen greift die Steuer auch in einigen anderen Fällen, wie z. B. bei geldwerten Vorteilen, Geschenken und unangemessenen Verrechnungspreisen.

Besondere steuerliche Unterkapitalisierungsregelungen sind bei diesem System nicht erforderlich, da auf Ebene der Kapitalgesellschaft keine Steuer erhoben wird. Wird allerdings eine Darlehensvereinbarung zwischen einer estnischen Gesellschaft ausländischen verbundenen Unternehmen geschlossen, die einen unangemessenen, zu Lasten der estnischen Gesellschaft gehenden Zins beinhaltet, so wird der Korrekturbetrag als verdeckte Gewinnausschüttung der Quellensteuer unterworfen.

C. Ausgewählte Drittländer

1. Russische Föderation

Seit dem 1. 1. 2002 ist das Kap. 25 des Steuergesetzbuches in Kraft, das die grundsätzlichen Prinzipien der Gewinnbesteuerung von Unternehmen in der Russischen Föderation (RF) regelt.[15] Dadurch wird die Nichtabzugsfähigkeit der Zinsaufwendungen bei der Gesellschafterfremdfinanzierung aufgehoben. Zur Vermeidung von Missbräuchen führt die RF gleichzeitig eine Unterkapitalisierungsregelung ein. Diese ist auf alle juristische Personen (Personen- und Kapitalgesellschaften) anzuwenden. An dieser Regelung hat sich seit 2002 nichts Grundlegendes geändert.

I. Gesetzliche Regelung

Nach Art. 269 des Steuergesetzbuches der RF sind die Zinsen aus Darlehen jeder Art als Betriebsausgabe abzuziehen, wenn sie von dem Durchschnittstand der Zinsen aus Darlehen, die dem Darlehensnehmer unter vergleichbaren Bedingungen in demselben Steuerzeitraum gewährt worden sind, nicht wesentlich abweichen. Ist der Vergleich nicht möglich, sind bei Darlehen in Rubel die Zinsen maximal i. H. v. 110 % des Refinanzierungszinssatzes der Zentralbank der RF abzuziehen. Bei Darlehen in Fremdwährung beträgt der maximal abzugsfähige Zinssatz 15 %.

Der aktuelle Refinanzierungszinssatz liegt bei 8,75 % (ab dem 28. 12. 2009), so dass die Zinsen auf Rubel-Darlehen bis zu 9,625 % ohne weiteres abzugsfähig sind.

---

[15] Gesetz Nr. 110 – FZ v. 6. 8. 2001 „Über die Eintragung der Änderungen und Ergänzungen in den Zweiten Teil des Steuergesetzbuches der RF".

Allerdings findet diese Regelunf vorübergehend bis 30. 6. 2010 auf dem 1. 11. 2009 erteilte Darlehen keine Anwendung. Für diese Darlehen sind weiterhin die bisherigen Regelungen anzuwenden, wonach für Darlehen in Fremdwährungen die einheitliche Höchstgrenze von 22 % und für Darlehen in Rubel die Angemessenheitsgrenze nach dem amtlichen Refinanzierungszinssatz der Zentralbank erhöht um das Zweifache, gilt.

Unter diese Regelung zur Unterkapitalisierung fallen Kapitalforderungen jeder Art, u. a. Kredite, Anliegen, Darlehen usw. Vergleichbare Bedingungen sind gegeben, wenn das Fremdkapital in derselben Währung für denselben Zeitraum und mit ähnlichen Sicherheiten überlassen wird. Das zu vergleichende Fremdkapital muss sich in derselben Risikogruppe befinden. Die Abweichung von dem vorgenannten Durchschnittstand darf nicht mehr als 20 % betragen.

Die Unterkapitalisierungsregelung findet nur auf die ausländischen Gesellschafter Anwendung, die mittelbar oder unmittelbar mit mehr als 20 % am Stammkapital der russischen Gesellschaft beteiligt sind.

Das Verhältnis des Eigenkapitals zum Fremdkapital ist am Ende jedes Steuerzeitraums (quartalsmäßig) zu berechnen. Der Safe Haven beträgt grundsätzlich 1:3, für Kreditinstitute und Leasinggesellschaften 1:12,5. Bei Übersteigen der festgelegten Verhältniszahl wird der Höchstabzug der Zinsen mit der Hilfe des Indexes der Unterkapitalisierung berechnet.

Die steuerlich nichtabzugsfähigen Zinsen aus Gesellschafterdarlehen werden als Dividenden umqualifiziert. Der Quellensteuersatz beträgt 15 % und kann abhängig von dem angewendeten DBA reduziert werden.

II. Beispiel

Bei der Berechnung der steuerlich abzugsfähigen Zinsenaufwendungen wird zuerst der Index der Kapitalisierung ermittelt. Dieser Index wird folgendermaßen berechnet:

$$K = \frac{\text{Betrag des Gesellschafterdarlehens}}{\text{Eigenkapital entsprechend der Beteiligung des Gesellschafters}} \times \frac{1}{3 \text{ (bzw. 12,5)}}$$

Für die Zwecke der Berechnung des Indexes der Unterkapitalisierung ist unter dem Eigenkapital der Unterschiedsbetrag zwischen den Aktiva des Unternehmens und seinen Verbindlichkeiten zu verstehen. Dabei sind sämtliche Verbindlichkeiten des Unternehmens zu berücksichtigen, außer Steuerschulden.

Der Höchstbetrag der abzugsfähigen Zinsaufwendungen ergibt sich durch Teilen der in dem entsprechenden Steuerzeitraum zu zahlenden Zinsen durch den Index der Unterkapitalisierung in dem entsprechenden Steuerzeitraum.

Zahlenbeispiel (ohne Berücksichtigung des Refinanzierungszinssatzes):

Annahmen:

Der ausländische Gesellschafter ist mit 25 % am Stammkapital der russischen Gesellschaft beteiligt.

Eigenkapital = 200.000 Rubel

Darlehen des Gesellschafters ab 1. 1. 2008 = 700.000 Rubel

Zinssatz 8 %

Berechnung:

Im ersten Quartal zu zahlende Zinsen = 14.000 Zinsen

Index der Unterkapitalisierung:

$$K = \frac{700.000 \text{ Rubel}}{50.000 \text{ Rubel}} \times \frac{1}{3} = 4,667$$

$$\text{Im ersten Quartal abzugsfähige Zinsen} = \frac{14.000 \text{ Rubel}}{4,667} = 2.999 \text{ Rubel}$$

Im ersten Quartal nichtabzugsfähige Zinsen = 14.000 – 2.999 = 11.001 Rubel

Die nichtabzugsfähigen Zinsenaufwendungen unterliegen als Dividenden dem Quellensteuerabzug i. H. v. 15 % nach russischem Steuerrecht.

III. Gestaltungsmaßnahmen

Die Anwendung dieser Regelungen kann vermieden werden, wenn z. B. Darlehen von Schwestergesellschaften aufgenommen werden. In diesem Zusammenhang ist darauf hinzuweisen, dass die Abzugsfähigkeit der Zinsenaufwendungen auch ohne wesentliche Beteiligung des Darlehensgebers am Stammkapital des Darlehensnehmers eingeschränkt sein kann, soweit die Einhaltung der „vergleichbaren Bedingungen" bei einem Darlehen nicht gegeben ist. Es wird auch empfohlen, Darlehen stets in ausländischer Währung zu gewähren, da die maximal abzugsfähigen Zinsaufwendungen in diesem Fall am höchsten sind

In Verhältnis zur Bundesrepublik Deutschland ergibt sich jedoch aus der Anwendung des Abkommens zur Vermeidung der Doppelbesteuerung auf dem Gebiet der Steuern vom Einkommen und vom Vermögen eine Besonderheit aufgrund einer Bestimmung des Protokolls zum DBA[16]. Nach Nr. 3 des Protokolls sind die Zinsen, die eine in Russland ansässige Gesellschaft an einen in Deutschland ansässigen Gesellschafter (ohne Mindestbeteiligung) oder an eine Bank zahlt, uneingeschränkt bei der Ermittlung des steuerlichen Gewinns abzugsfähig. Dabei spielt die Laufzeit des Darlehens keine Rolle. Diese Abzugsfähigkeit der Zinsen wird allerdings auf die Höhe der unter fremden Dritten zu zahlenden Zinsen begrenzt.

Hieraus ergibt sich, dass das DBA mit Deutschland in das nationale russische Besteuerungsrecht eingreift und stets die steuerliche Anerkennung des Betriebsausgabenabzugs fordert. In der Praxis hatte es in der Vergangenheit allerdings Probleme bei der Akzeptanz der Regelungen des Protokolls durch die russische Finanzverwaltung gegeben, insbesondere bei fremdfinanzierter Anschaffung von Wirtschaftsgütern des Anlagevermögens. Nach russischem Steuerrecht sind solche Zinsen zu aktivieren.

2. Ukraine

Eine generelle Unterkapitalisierungsregelung ist der ukrainischen Gesetzgebung unbekannt. Neben den in der Ukraine geltenden Transferpreisregelungen ist keine allgemeine steuerliche Missbrauchsregelung bekannt. Das Verhältnis von Fremd- zu Eigenkapital ist somit nach den geltenden steuerlichen Vorschriften nicht beschränkt.

Zinsen sind in der Ukraine grundsätzlich voll als Betriebsausgabe abzugsfähig. Allerdings gelten besondere Regelungen für ausländische Personen die zu mindestens 50 % (direkt oder indirekt) an der in der Ukraine ansässigen Gesellschaften beteiligt sind (Art. 5.5.2 – 5.5.5 KStG-UA).

---

[16] BGBl 1996 II 2710, 2729.

Die Höhe der abzugsfähigen Zinsen, die an im Ausland ansässige Mehrheitsgesellschafter gezahlt werden, lässt sich wie folgt berechnen:

Abzugsfähige Zinsausgaben = Zinseinkommen + 50 % (des steuerpflichtigen Gewinns – Zinseinkommen)

Nicht abzugsfähige Zinsausgaben sind in der Ukraine unbegrenzt vortragsfähig.

Sofern es sich um Zinsen an Banken handelt, ist, auch bei Vorliegen einer ausländischen Mehrheitsbeteiligung, keine Beschränkung der Abzugsfähigkeit gegeben, dies gilt auch dann, wenn die Muttergesellschaft für diesen Kredit bürgt. Ein Mindestzinssatz ist in der Ukraine nicht vorgeschrieben. Allerdings gilt eine Höchstgrenze von 11 % für Kredite bis zu einem Jahr. Zu beachten ist, dass die Beschränkungen der Abzugsfähigkeit von Zinsen nicht für Betriebsstätten gelten. Für Holdinggesellschaften gibt es dagegen keine Ausnahmeregelungen.

Da in der Ukraine ein Körperschaftsteuersatz von 25 % Anwendung findet, ist eine Fremdfinanzierung gerade auch für deutsche Anleger durchaus in Erwägung zu ziehen. Allerdings sind hier die geltenden Regelungen zum Doppelbesteuerungsabkommen zwischen der Ukraine und Deutschland zu beachten. Nach Art. 11 darf die Ukraine eine Quellensteuer in Höhe von 5 % auf solche Zinszahlungen erheben. Auf nationaler Ebene beträgt der Quellensteuersatz 15 %. Es ist notwendig, vor der ersten Zahlung eine Ansässigkeitsbescheinigung beizubringen, um den ermäßigten Quellensteuersatz in Anspruch nehmen zu können. Eine spätere Rückerstattung ist zwar theoretisch möglich. Praktisch kann sich dies aber über mehrere Jahre hinziehen.

3. Kroatien

In Kroatien wurden in 2005 Unterkapitalisierungsregelungen eingeführt und sind in Art. 8 KStG-HR kodifiziert. Diese finden Anwendung, wenn die folgenden Voraussetzungen erfüllt sind:

a) Anteilseigner ist zu mindestens 25 % an Gesellschaft beteiligt (Stimmrechte oder Stammkapital)

b) das Fremdkapital übersteigt den Anteil des Anteilseigners am Stammkapital bzw. den Stimmrechten um das Vierfache

Sollten die Voraussetzungen erfüllt sein, ist der übersteigende Zinsanteil als nicht abzugsfähige Betriebsausgabe zu betrachten. Ein Vortrag auf die nächste Steuerperiode ist nicht vorgesehen, auch eine mögliche Umqualifizierung kommt nicht in Betracht.

Für die Bestimmung der Unterkapitalisierung ist ein vom Finanzministerium vorgegebener Zinssatz zu beachten. Zurzeit beträgt dieser 9 %. Bis zu dieser Höhe ist der Zins auf das Fremdkapital abzugsfähig.

Sollte das Darlehen über eine fremde Dritte Person gewährt werden, wobei die Besicherung das von einer verbundenen Person besichert ist, so kommen die Regelungen zur Unterkapitalisierung ebenfalls zur Anwendung. Dies gilt allerdings nicht für Fremdkapital von Banken und anderen Finanzinstitutionen. Ob die Regelungen bei Betriebsstätten Anwendung finden ist nicht vollumfänglich geklärt. Allerdings verfolgt Kroatien bei der Bestimmung der steuerlichen Basis den Ansatz des „eigenständigen Unternehmens". Aufgrund dessen wird auch Kapitalertragsteuer auf Zahlungen der Betriebsstätte an die zugehörige Muttergesellschaft erhoben, sofern der Betriebsstätte entsprechendes Fremdkapital zugeordnet wird.

Bei der Zahlung der Zinsen ist das Doppelbesteuerungsabkommen zwischen Deutschland und Kroatien zu beachten. Danach können Zinsen nur in dem Staat besteuert werden, in dem der Empfänger ansässig ist. Die Behandlung der nicht als Betriebsausgabe abzugsfähigen Zinsen aus Sicht des Doppelbesteuerungsabkommens ist bislang unklar.

Rödl-Kastl/Gulden

4. Türkei

I. Gesetzliche Regelungen

Am 21. 6. 2006 wurde die alte Regelung zur Unterkapitalisierung durch eine neue Regelung mit Wirkung zum 1. Januar 2006 ersetzt, Art. 11 und Art. 12 KStG-TR. Die Türkei folgt hierbei dem Konzept des Verschuldungsgrades.

Folgende Voraussetzungen müssen grundsätzlich für die Anwendung der Unterkapitalisierungsregelung erfüllt sein:

a) das Fremdkapital wird von Anteilseignern oder mit diesen verbundenen Personen gewährt
b) das Verhältnis von Fremd- zu Eigenkapital beträgt 3:1

Die Regelungen zur Unterkapitalisierung sind unter anderem nicht anzuwenden bei:

Gewährung von Krediten durch dritte Personen, wenn die verbundene Person entsprechende bargeldlose Garantien für diese Kredite gibt

Darlehen, die zwar von verbundenen Personen stammen, diese das Fremdkapital aber wiederum von Banken erhalten haben, und unter den gleichen Konditionen weiterreichen.

Gewährung von Finanzierungsleasing, wenn die Verträge über eine Bank abgeschlossen werden und diese Bank eine verbundene Person darstellt

Sollte diese Grenze überschritten sein, so wird der übersteigende Betrag als nicht abzugsfähige Betriebsausgabe behandelt. Dies beinhaltet unter anderem auch entsprechende damit zusammenhängende Währungsverluste. Stattdessen kommt es zu einer Umqualifizierung des entsprechenden Zinsbetrages als verdeckte Gewinnausschüttung. Im Falle von nicht ansässigen Gesellschaften muss hier eine mögliche Nachzahlung von Quellensteuer beachtet werden. Der als verdeckte Gewinnausschüttung umqualifizierende Zinsbetrag wird als Nettobetrag behandelt und aus einen Bruttobetrag hochgerechnet. Die Quellsteuer wird durch den Schuldeninhaber bezahlt. Die für den Zinsbetrag abgeführte Quellsteuer wird angerechnet

II. Begriffsbestimmungen

1. Verbundene Personen

Gesellschafter im Sinne dieses Gesetzes ist jede natürliche oder juristische Person, die an der betroffenen türkischen Gesellschaft beteiligt ist und dementsprechend Anteile an der in der Türkei ansässigen Gesellschaft hält.

Als der Gesellschaft nahestehende Personen zählen nach dem Gesetz Gesellschaften, an denen die Gesellschafter direkt oder mittelbar mit einer Mindestbeteiligung von 10 % beteiligt sind oder in selbigem Umfang Gewinnbeteiligungs- oder Stimmrechte innehaben; ebenso sind im Sinne dieses Gesetzes natürliche Personen oder Gesellschaften, die am Kapital des Gesellschafters oder der den Gesellschaftern nahestehenden Personen mit 10 % der Gewinnbeteiligung oder Stimmberechtigung beteiligt sind, als nahestehende Personen anzusehen.

Soweit Aktien einer an der Istanbul Stock Exchange notierten Gesellschaft erworben werden, wird der Erwerber im Sinne dieses Gesetzes erst dann als Gesellschafter oder den Gesellschaftern nahestehende Person behandelt, wenn das Beteiligungsverhältnis mindestens 10 % beträgt.

2. Ermittlung Verhältnis Fremd-/Eigenkapital

Bei der Ermittlung der genannten Verhältnisse wird aggregierte Summe der Fremdkapital gebenden Gesellschafter und der den Gesellschaftern nahestehenden Personen berücksichtigt (Art. 12 (5) KStG-TR.). Nach Artikel 12 des türkischen Körperschaftsteuergesetzes (Nr.5520) gilt

Rödl-Kastl/Gulden

der Teil der Schulden, der von Gesellschaftern oder von den Gesellschaftern nahestehenden Personen, direkt oder mittelbar, bereitgestellt wird und Verwendung in der Geschäftstätigkeit findet, als verdecktes Kapital des jeweiligen Geschäftsjahres, der zeitunabhängig den dreifachen Wert des Eigenkapitals überschreitet. Im Zuge dieser Gegenüberstellung werden nur 50 % jener Schulden berücksichtigt, die von den gemäß ihrem Unternehmenszweck tätigen Banken sowie ähnlichen Kreditinstitutionen, die Gesellschafter sind oder zu den Gesellschaftern nahestehenden Personen zählen, bereitgestellt werden (Berücksichtigung im Verhältnis 1:6).

Warenverbindlichkeiten mit einem marktüblichen Zahlungsziel sowie alle Arten von Anzahlungen werden bei der Ermittlung des verdeckten Kapitals mitberücksichtigt.

3. Definition Eigenkapital

Eigenkapital im Sinne dieses Gesetzes ist das Eigenkapital der Gesellschaft, das nach den Bestimmungen des türkischen Steuerverfahrensgesetzes zu Beginn des jeweiligen Geschäftsjahres als solches festgestellt wurde.

4. Definition Banken

Im Zusammenhang mit verdecktem Eigenkapital findet in Artikel 12 des Körperschaftsteuergesetzes der Begriff der „Kreditinstitution" Erwähnung; in der Verordnung Nr.1 ist jedoch die Bezeichnung „bankähnliche Kreditinstitution" vorzufinden, deren Haupttätigkeit als „mittels depot-ähnlichen oder privaten girokonto- und anteilskontoähnlichen Konten Fonds sammelnde und kreditgewährende Institutionen" legal definiert wird; was ausländische bankähnliche Kreditinstitutionen anbelangt, so ist ausgeführt, dass diese dann unter die Legaldefinition der „bankähnlichen Kreditinstitutionen" fallen, wenn sie im Rahmen eines Gesetzes, das in seiner eingehenden Struktur und seinen Sanktionstatbeständen dem Gesetz Nr. 5411 ähnelt, ähnliche Tätigkeiten ausüben.

5. Berücksichtigung Fremdkapital

Bei beschränkt steuerpflichtigen juristischen Personen werden alle Schulden, die von den Gesellschaftern und dem Gesellschafter nahestehenden Personen bereitgestellt werden, ohne Berücksichtigung des Beteiligungsverhältnisses, vollumfänglich bei der Ermittlung des verdeckten Kapitals mit berücksichtigt. Die Regelungen gelten nicht nur für Gesellschaften, sondern auch für Betriebsstätten. Betroffen sind nicht nur inländische, sondern auch ausländische Gesellschafter. Im Falle von Betriebsstätten ist die Mindestbeteiligung nicht von Relevanz (Art. 22 (4) KStG-TR).

Kredite, die von Dritten gegen Hingabe bargeldloser Sicherheiten durch Gesellschafter oder durch diese Personen nahestehenden Personen aufgenommen werden, gelten für das Unternehmen nicht als verdecktes Kapital.

Ausgenommen der in der Kasse der Gesellschaft befindlichen oder bei der Bank hinterlegten inländischen und ausländischen Währungen, sofort liquidierbaren Schecks, Gold, Staatsanleihen, Schatzbriefen und Schuldscheinen, die von der staatlichen Siedlungsbaubehörde gestellt wurden, oder bei der Aktienbörse Istanbul notierten Aktien, Anleihen und Wechsel, gelten alle anderen Sicherungen nach der Verordnung Nr.1 zur Körperschaftsteuer als bargeldlose Sicherungen. Darüber hinaus sind wir der Auffassung, dass auch im Falle der Besicherung von Immobilien die Annahme eines verdeckten Kapitals ausgeschlossen ist.

III. Bestimmungen nach deutsch-türkischem Doppelbesteuerungsabkommen

Zu beachten ist, dass im Falle der Zahlung von Zinsen von türkischen Gesellschaften an verbundene Personen in Deutschland ein Quellensteuersatz von 15 % zur Anwendung kommt (Der lokale Satz beträgt 10 % die Quellsteuer wird nach diesem lokalen Steuersatz einbehalten). Da der Quellensteuersatz für Dividenden nach dem Abkommen ebenfalls 15 % beträgt, ergibt sich keine Möglichkeit durch bewusstes Überschreiten der Grenze der Unterkapitalisierung entsprechend Quellensteuer zu sparen.

Im Falle von Betriebsstätten ist darauf zu achten, dass aus türkischer Sicht eine „branch remittance tax" in Höhe von 15 % zur Anwendung kommt, die auch durch das Doppelbesteuerungsabkommen zwischen Deutschland und der Türkei gedeckt ist.

Rödl-Kastl/Gulden

D. Schlussbemerkung

Insgesamt ist zu beobachten, dass die Regelungen zur Unterkapitalisierung in den vorgestellten Ländern sehr unterschiedlich ausgestaltet sind. Nachfolgend wird noch einmal eine kurze Gegenüberstellung der bestehenden Regelungen gegeben.

Land	Verhältnis Fremd-/Eigenkapital	Anmerkung
Bulgarien	3:1	angemessener Zinssatz ist zu beachten
Rumänien	3:1	vorgegebenen Zinssatz beachten
Tschechische Republik	4:1	bei direkter/indirekter Beteiligung am Kapital bzw. Stimmrecht von mehr als 25 %
	6:1	wie zuvor, Darlehensnehmer ist jedoch eine Bank oder Versicherung
Ungarn	3:1	Safe Haven 3:1 pro Darlehen, auch bei einem nicht verbundenen Darlehensgeber
Polen	3:1	bei Beteiligungen zu mindestens 25 %, auch bei Schwestergesellschaften
Slowakische Republik	Keine Unterkapitalisierung	Angemessener Zinssatz ist zu beachten
Slowenien	6:1 (bis 2010)	Angemessener Zinssatz ist zu beachten
Litauen	4:1	> 50 % Anteilseignerschaft
Lettland	4:1	doppelte Begrenzung aus Verschuldungsgrad und Zinsschranke zu beachten
Estland	keine Unterkapitalisierungsregelungen	Angemessener Zinssatz ist zu beachten
Russische Föderation	3:1	die Unterkapitalisierungsregelung gilt nur für ausländische Gesellschafter mit mittelbarer/unmittelbarer Beteiligung am Stammkapital von mehr als 20 %
	12,5:1	wie zuvor, Darlehensnehmer ist jedoch eine Bank oder Versicherung
Ukraine	keine Unterkapitalisierungsregelungen	Allgemeine Zinsschranke
Kroatien	4:1	vorgegebener Zinssatz ist zu beachten
Türkei	3:1	grds. keine direkte Mindestbeteiligung notwendig

Rödl-Kastl/Gulden

4. Errichtung und Besteuerung von Auslandsaktivitäten in Organschaftsstrukturen im Mittelstand

von Daniel Blöchle, Steuerberater und Dr. Ulrich Ziehr, Steuerberater, Nürnberg[*]

Inhaltsübersicht

A. Einführung
B. Grundlegende Steuerwirkungen
   I. Gewinnbesteuerung im Ausland
   II. Gewinnbesteuerung im Inland
   III. Bewertung der Steuerwirkungen
C. Einfluss des ausländischen Steuerrechts und Lösung von Qualifikationskonflikten
   I. Einordnung ausländischer Personengesellschaften für deutsche Steuerzwecke
   II. Besteuerungskonzepte für Personengesellschaften im Ausland
   III. Qualifikationskonflikte
IV. Ausgewählte Länder
D. Verluste, Finanzierungsaspekte, Liefer- und Leistungsbeziehungen
   I. Ausländische Verluste
   II. Finanzierungsaspekte
   III. Überprüfung von Liefer- und Leistungsbeziehungen auf Angemessenheit
E. Errichtung der Organschaftstruktur
   I. Begründung einer Organschaft
   II. Umwandlung bestehender Auslandskapitalgesellschaften in Personengesellschaften
F. Zusammenfassung

Literatur:

Bauernschmitt/Blöchle, BB 2007, S. 743 (748); *Bäumer*, DStR 2008, S. 2089 (2092); *Behrendt/Arjes*, DB 2007, S. 824; *Benecke/Schnitger*, IStR 2006, S. 765 (766); *Blöchle*, IStR 2009, S. 645 (647, FN 15); *Blöchle/Weggenmann*, IStR 2008, S. 87; *Blumenberg/Lechner*, BB 2006, Special zu Heft 44, S. 25 (28); *Blümich/Wied*, § 4 EStG, Rn. 486; *Brockmann/Hommel*, Aktive Globalisierung – Chancen für deutsche Familienunternehmer, hrsg. v. Deloitte & Touche Wirtschaftsprüfungsgesellschaft, Frankfurt/M. 2007, S. 5; *Bron*, IStR 2007, S. 431; *Debatin*, BB 1989/Beil. 2, S. 1 (7 f.); *Djanani/Hartmann*, IStR 2000, S. 321 (325); *Förster*, DB 2007, S. 72 (73); *Forsthoff*, IStR 2006, S. 509; *Frotscher*, Ubg 2009, S. 426 (431 ff.); *Gosch*, IStR 2008, S. 413; *Gragert/Wissborn*, NWB v. 23.07.2007, Thesaurierungsbegünstigung F. 3, S. 14621 (14633); *Grotherr*, IStR 2007, S. 265 (266); *Günkel/Lieber*, FR 2000, S. 856 ff.; *dies.*, IWB, F. 3 Gr. 2, S. 871 (876); *Herzig/Wagner*, DStR 2003, S. 225 (228); *Jamrozy/Weggenmann*, IStR 2008, S. 869; *Kirsch/Grube*, GmbHR 2001, 371; *Kolbe*, in Herrmann/Heuer/Raupach, § 14 KStG, Rn. 80; *Knobbe-Keuk*, RIW 1991, S. 315; *Krabbe*, IWB, F. 3 Gr. 2, S. 863 (864); *Lang*, SWI 2003, S. 319 (322); *ders.*, IStR 2007, S. 606 (608); *Ley/Strahl*, DStR 2002, S. 2057 (2061); *Müller*, BB 2009, S. 751 (758); *Neumann*, in Gosch, § 14 KStG, Rn. 390; *Orth*, DB 2005, S. 741; *Piltz*, Die Personengesellschaft im internationalen Steuerrecht der Bundesrepublik Deutschland, Heidelberg 1981, S. 179 f.; *ders.*, FS Wassermeyer, S. 749 ff.; *Prinz*, DB 2009, S. 807 (809 f.); *Rödder*, DStR 2007, Beilage 2, S. 2; *Röhrig/Doege*, DStR 2006, S. 489; *Rust/Reimer*, IStR 2005, S. 843; *Schaumburg*, Internationales Steuerrecht, 2. Aufl. 1998, Rz. 16.171, *Schmidt*, WPg 2002, S. 1232 (1235); *ders.*, IStR 1996, S. 14 (18); *Schmidt/Blöchle*, IStR 2003, S. 685 (688 f.); *dies.*, in Strunk/Kaminski/Köhler, AStG/DBA, Art. 23 OECD-MA Tz. 149; *Schmitt*, in Schmitt/Hörtnagl/ Stratz, 5. Aufl., § 22 UmwStG, Rn. 36 ff.; *Schnittker/Hartmann*, BB 2002, S. 277; *Schulze zur Wiesche*, DB 2007, S. 1610; *Sliwka/Schmidt*, IStR 2007, S. 694 (695); *Stadler/Elser*, BB 2006 Special zu Heft 44, S. 18 (20 f.); *Stangl*, in Rödder/Herlinghaus/van Lishaut, § 22 UmwStG, Rn. 61; *Thiel/Sterner*, DB 2007, S. 1099; *Vogel*, in Vogel/Lehner, DBA, 5. Aufl., Art. 1, Rn. 34b; *ders.*, IStR 2005, S. 29; *Wassermeyer*, in FS Ruppe, S. 679 (682 f.); *ders.*, in IStR 1998, S. 489 ff.; *ders.*, in Debatin/Wassermeyer, MA Art. 1 Rn. 27a; *Weggenmann*, IStR 2002, S. 614 (621); *Weggenmann/Blöchle*, Formwechsel in Europa und im EWR, erschienen in: Strahl, Ertragsteuern, Bonn Juli 2009; *Ziehr*, Einkünftezurechnung im internationalen Einheitsunternehmen, Lohmar 2008, S. 92 ff.

---

[*] Daniel Blöchle ist Tax Partner, Dr. Ulrich Ziehr Tax Manager der Deloitte & Touche GmbH am Standort Nürnberg.

A. Einführung

Mittelständische Unternehmen und Familienunternehmen zählen längst zu den neuen Vorreitern der Globalisierung. Eine empirische Studie belegt, dass mittelständische Familienunternehmen alle Bereiche der Wertschöpfungskette konsequenter als andere Unternehmen ins Ausland verlagern.[1] Mit den Globalisierungsstrategien sind im Mittelstand häufig besondere steuerplanerische Herausforderungen verbunden, wenn als deutsche Spitzengesellschaft eine Personengesellschaft gewählt wurde. Diese Rechtsformentscheidung im Inland hat unter steuerlichen Gesichtspunkten beträchtliche Auswirkungen auf die Strukturierung des Auslandsengagements, insbesondere die Rechtsformwahl im Ausland. Während viele mittelständische Unternehmensgruppen oft aus Image- und Komplexitätsgründen ausländische Tochterkapitalgesellschaften bevorzugen, erweist sich dies besonders wegen der Steuerbelastung von Ausschüttungen unter dem Teileinkünfteverfahren, als ungünstig. Demgegenüber weisen ausländische Personengesellschaften oder Betriebsstätten (feste Geschäftseinrichtungen) eine niedrigere laufende Steuerbelastung auf, wenn die Auslandseinheit an eine inländische Organgesellschaft angebunden wird, die ihr Ergebnis an die bestehende Personengesellschaft als Organträgerin abführt (sog. Organschaftsmodell, siehe Abb. 1). Der ausländischen Personengesellschaft wird gegenüber der klassischen Betriebsstätte häufig aus Haftungsgründen der Vorzug gegeben. In diesem Beitrag werden die steuerliche Vorteilhaftigkeit und die Errichtung des Organschaftsmodells untersucht.

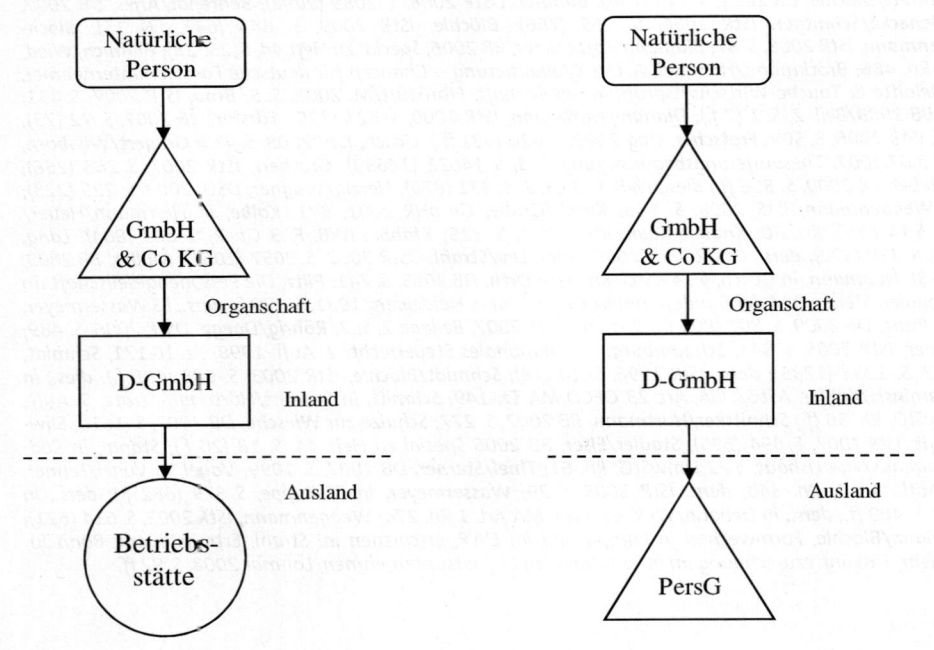

Abbildung 1: Alternative Strukturen des Organschaftsmodells

---

[1] Vgl. *Brockmann/Hommel*, Aktive Globalisierung – Chancen für deutsche Familienunternehmer, hrsg. v. Deloitte & Touche Wirtschaftsprüfungsgesellschaft, Frankfurt/M. 2007, S. 5.

B. Grundlegende Steuerwirkungen

I. Gewinnbesteuerung im Ausland

Durch die Zwischenschaltung einer deutschen Organgesellschaft wird im Ausland i. d. R. die Anwendung eines gegenüber dem Einkommensteuersatz niedrigeren Körperschaftsteuersatzes erreicht, da für Zwecke der Besteuerung im Ausland meist kein Durchgriff auf die hinter der Organschaft stehenden natürlichen Personen erfolgt. Der Körperschaftsteuersatz wird oft unabhängig davon gewährt, ob eine klassische Betriebsstätte oder eine Personengesellschaft begründet wird. Hinsichtlich der Erhebung ausländischer Quellensteuern kann allerdings eine Differenzierung vorgenommen werden. Wird die Auslandseinheit als Betriebsstätte geführt, kann der Betriebsstättengewinn meist ohne Anwendung einer Quellensteuer repatriiert werden, da nur wenige Länder eine *Branch Profits Tax* kennen. Bei Einschaltung einer Personengesellschaft wird demgegenüber häufiger eine Quellensteuer erhoben, da viele Staaten die Personengesellschaft als intransparent betrachten (vgl. im Einzelnen Abschnitt C) und deshalb die Gewinnrepatriierung als Ausschüttung qualifizieren.

II. Gewinnbesteuerung im Inland

1. Einkommensteuer

Die Einkommensermittlung auf Ebene der *Organgesellschaft* erfolgt letztlich für Zwecke der Einkommensbesteuerung der an der Organträgerpersonengesellschaft beteiligten Mitunternehmer. Dennoch ist die Organgesellschaft Gewinnermittlungs- und Steuersubjekt. Je nach Rechtsform der Auslandseinheit ergeben sich unterschiedliche Folgen für die Gewinnermittlung der Organgesellschaft: Eine bloße ausländische Betriebsstätte ist sowohl handelsbilanziell als auch steuerbilanziell als unselbständige Einheit zu behandeln. Die ihr zurechenbaren Wirtschaftsgüter werden deshalb bereits handelsrechtlich einzeln in den Vermögensvergleich bei der Organgesellschaft einbezogen. Wird die Auslandseinheit hingegen als Personengesellschaft geführt, so wird handelsrechtlich nur die Beteiligung an der Personengesellschaft ausgewiesen, ggf. auch ein nach ausländischem Handelsrecht entstandener Gewinnanspruch.[2] Erst steuerlich hat die Beteiligung an der Personengesellschaft keine eigenständige Bedeutung, so dass der Organgesellschaft die anteiligen Wirtschaftsgüter der Personengesellschaft zugerechnet werden (§ 39 Abs. 2 Nr. 2 AO).[3]

Bei Bestehen eines DBA mit dem Quellenstaat werden regelmäßig die aus der Betriebsstätte oder Personengesellschaft erzielten Auslandseinkünfte von der Besteuerung freigestellt (Art. 23A Abs. 1, 3 OECD-MA). Im Nicht-DBA-Fall werden die Auslandseinkünfte mangels Freistellung in das Organeinkommen einbezogen. Ausnahmsweise kann auch im DBA-Fall die Anrechnungs- anstelle der Freistellungsmethode maßgebend sein, soweit ein abkommensrechtlicher Aktivitätsvorbehalt, § 20 Abs. 2 AStG oder eine abkommensrechtliche *Switch-over-* oder Rückfallklausel bzw. § 50d Abs. 9 EStG eingreift. Die Freistellung kann überdies für Dividenden, Zinsen und Lizenzgebühren versagt werden, wenn die zugrunde liegenden Stammrechte keine ausreichende funktionale Verknüpfung mit der Betriebsstättentätigkeit aufweisen (Art. 10 Abs. 4, 11 Abs. 3, 12 Abs. 3 OECD-MA).[4] Das Organschaftsmodell ist allerdings meist steuerlich

---

[2] Vgl. IDW RS/HFA 18 vom 6.9.2006, Tz. 4.

[3] Vgl. *Röhrig/Doege*, DStR 2006, S. 489.

[4] Außerdem könnte die Anrechnungsmethode auch dann auf Dividenden, Zinsen und Lizenzgebühren anwendbar sein, wenn die die Stammrechte funktional zur Betriebsstätte gehören, vgl. für das DBA

weniger effizient, wenn durch vollständige oder teilweise Versagung der Freistellung die betroffenen Einkünfte auf das deutsche Steuerniveau hochgeschleust werden.

Unabhängig davon, ob die Freistellungs- oder die Anrechnungsmethode angewendet wird, ist eine Abgrenzung der nach deutschen Vorschriften ermittelten Auslandseinkünfte erforderlich. Gegenstand dieser Einkünftezurechnung ist der Auslandsgewinn, ggf. korrigiert um auf die ausländische Personengesellschaft oder Betriebsstätte entfallende außerbilanzielle Hinzurechnungs- und Kürzungsbeträge.[5] Die Auslandseinheit wird hierbei, wie die DBA ausdrücklich vorschreiben, als rechtlich selbständiges und vom Stammhaus unabhängiges Unternehmen fingiert (Art. 7 Abs. 2 OECD-MA).

In die Steuerbilanz der *Organträgerpersonengesellschaft* fließt das handelsrechtliche Ergebnis der Organgesellschaft über einen Anspruch aus Gewinnabführung bzw. eine Verpflichtung zur Verlustübernahme ein. Abweichungen zum steuerbilanziellen Gewinn der Organgesellschaft werden in der Bilanz der Organträgerpersonengesellschaft als Mehr- bzw. Minderabführungen in Höhe ihrer Beteiligung durch passive bzw. aktive Ausgleichsposten berücksichtigt (§ 14 Abs. 4 KStG).[6] Bei der Einkommensermittlung des Organträgers sind die Wirkungen des Gewinnabführungsvertrags zu eliminieren und durch das zuzurechnende Einkommen der Organgesellschaft zu ersetzen.[7]

Soweit der Auslandsgewinn von der Besteuerung freigestellt ist, ist die Einkommenszurechnung an die Organträgerpersonengesellschaft und damit der Gewinnanteil der an ihr beteiligten Mitunternehmer entsprechend gemindert. Dabei greift die Bruttomethode auf der Ebene des Organträgers für die Freistellung für Betriebsstätteneinkünfte nicht (§ 15 S. 2 KStG), da diese nur eine Überprüfung der Freistellung von DBA-Schachteldividenden erreichen soll. Allerdings wäre eine Anwendung der DBA-Befreiung für Betriebsstätteneinkünfte auf Ebene des Organträgers unproblematisch, da diese unabhängig von der Rechtsform des Organträgers gewährt wird. Für Zwecke des Progressionsvorbehalts sind die steuerfreien Betriebsstätteneinkünfte dem Organträger und damit auch den Mitunternehmern als unmittelbar bezogen zuzurechnen (§ 32b Abs. 1a i.V.m. Abs. 1 Nr. 3 EStG).[8]

Ist die Anrechnungsmethode einschlägig, werden die im Ausland auf die Betriebsstätteneinkünfte erhobenen Steuern auf die Einkommensteuer der Mitunternehmer angerechnet (§ 34c EStG, § 19 Abs. 2 u. 3 KStG).

2. Gewerbesteuer

Gewerbesteuerobjekt ist lediglich der im Inland betriebene Gewerbebetrieb (§ 2 Abs. 1 S. 3 GewStG). Der Gewerbeertrag der Organgesellschaft wird selbständig ermittelt und gemäß § 2 Abs. 2 S. 2 GewStG der Organträger-Personengesellschaft zur Berechnung ihres Steuermessbe-

---

Schweiz: BFH v. 7. 8. 2002 - I R 10/01, BStBl II 2002, S. 848; bejahend auch für das OECD-MA: *Wassermeyer* in FS Ruppe, S. 679 (682 f.); ablehnend *Lang*, SWI 2003, S. 319 (322).

[5] Vgl. BFH v. 5. 3. 2008 - I B 171/07, BFH/NV 2008, S. 1060.

[6] Vgl. R 63 KStR 2004. Eingehend zur Ausgleichspostenthematik bei Organträger-Personengesellschaften vgl. *Frotscher*, Ubg 2009, S. 426 (431 ff.).

[7] Vgl. R 61 Abs. 1 KStR 2004.

[8] Diese Fiktion ist für die Anwendbarkeit des Progressionsvorbehalts notwendig, da ansonsten den Mitunternehmern über die Organträgerin lediglich das um die Betriebsstätteneinkünfte gekürzte Einkommen der Organgesellschaft, nicht aber das Attribut „steuerfreie Einkünfte" der Organgesellschaft, zugerechnet würde.

trags zugerechnet.[9] Dabei ist der auf die ausländische Personengesellschaft bzw. Betriebsstätte entfallende Gewerbeertrag bei der Bestimmung des Steuermessbetrags der Organträger-Personengesellschaft auszuscheiden (§ 9 Nr. 2 bzw. 3 GewStG). Dieser unilateral gewährten Freistellung stehen weder ein abkommensrechtlicher Aktivitätsvorbehalt bzw. § 20 Abs. 2 AStG[10] noch abkommensrechtliche *Switch-Over-* oder Rückfallklauseln bzw. § 50d Abs. 9 EStG entgegen.[11]

III. Bewertung der Steuerwirkungen

1. Einfluss von Teileinkünfteverfahren und ausländischer Quellensteuer

Wird die deutsche Konzernspitze in der Rechtsform einer Personengesellschaft geführt, so erweist sich eine ausländische Personengesellschaft oder Betriebsstätte vor allem unter dem Gesichtspunkt der Gewinnrepatriierung gegenüber der Kapitalgesellschaft als vorteilhaft. Während Ausschüttungen aus einer ausländischen Kapitalgesellschaft im Inland dem Teileinkünfteverfahren unterliegen, kann der Gewinn aus einer ausländischen Personengesellschaft oder Betriebsstätte weitgehend steuerfrei entnommen werden. Allerdings kann in manchen Ländern eine Branch Profits Tax oder Quellensteuer erhoben werden.

Vergleicht man die Effektivbelastung des Gewinns einer ausländischen Personengesellschaft oder Betriebsstätte mit der einer ausländischen Kapitalgesellschaft unter der Annahme der Vollausschüttung des Auslandsgewinns nach Deutschland und fehlender ausländischer Quellensteuern, so ergibt sich bei einer beispielhaft gewählten ausländischen Vorbelastung auf Gesellschaftsebene in einem Bereich von 20-30 % eine um 22,8 bis 19,9 Prozentpunkte günstigere Gesamtsteuerbelastung des Auslandsgewinns (s. Abb. 2 und 3). Dies beruht maßgeblich auf der Anwendung des Teileinkünfteverfahrens im Falle einer ausländischen Kapitalgesellschaft, die zu einer Gesamtsteuerbelastung von 42,8 % bis 49,9 % führt,[12] während bei Einschaltung einer Personengesellschaft ins Inland repatriierte Gewinne lediglich der ausländischen Steuerbelastung auf Gesellschaftsebene unterliegen, hier also 20 % bis 30 %.[13]

Auch bei Erhebung einer ausländischen Quellensteuer schneidet die Personengesellschaft oder Betriebsstätte besser ab als die Kapitalgesellschaft. Zwar kann eine Quellensteuer auf eine Entnahme aus einer ausländischen Personengesellschaft oder Betriebsstätte nicht in Deutschland angerechnet werden,[14] während ihre Anrechenbarkeit im Falle der Kapitalgesellschaft bei üblichen Quellensteuersätzen von 5 %, 10 % oder 15 % grundsätzlich vollständig gewährleistet ist. Dennoch liegt die Gesamtbelastung des Auslandsgewinns bei Einschaltung einer ausländischen

---

[9] Vgl. Abschn. 14 Abs. 1 S. 9 GewStR 1998.

[10] Vgl. BT-Drucks. 12/1506 v. 7. 11. 1991, S. 181; *Köhler*, BB 1993, S. 337 (342).

[11] Allerdings führt die nicht anfallende Gewerbesteuer in Strukturen mit natürlichen Personen als Beteiligte am Organträger zu keiner wesentlichen Steuerminderung, da die Gewerbesteuer nach § 35 EStG auf die Einkommensteuer anrechenbar ist. Wird jedoch eine (passive) ausländische Betriebsstätte von einer Kapitalgesellschaft unterhalten, so kann bei Anrechnung der ausländischen Körperschaftsteuer die effektive Steuerbelastung bei 15 % zzgl. SolZ liegen.

[12] Annahmen: Spitzensteuersatz von 45 % ist erreicht; Hebesatz = 400 %; keine Kirchensteuer.

[13] Der Vorteil kann durch den Progressionsvorbehalt gemindert werden, der bei der Personengesellschaft (vollständige Freistellung des Auslandsgewinns) gegenüber der Kapitalgesellschaft (Freistellung von 40 % der Ausschüttung) stärker wirkt. Bei hohen inländischen Gewinnen ist der Progressionsvorbehalt allerdings zu vernachlässigen, da der Durchschnittssteuersatz nahe des Grenzsteuersatzes liegt.

[14] Vgl. *Krabbe*, IWB, F. 3 Gr. 2, S. 863 (864); *Schmidt*, WPg 2002, S. 1232 (1235); BMF v. 16. 4. 2010, IV B 2 - S 1300/09/10003, BStBl. I 2010, S. 354, Tz. 4.1.4.1.

Personengesellschaft oder Betriebsstätte meist deutlich unter der Steuerbelastung im Falle einer Kapitalgesellschaft. Bei einer ausländischen Quellensteuer von 5 % beträgt der Steuervorteil der Personengesellschaft/Betriebsstätte im hier untersuchten Ausschnitt von ausländischen Körperschaftsteuersätzen von 20-30 % noch 18,6 bis 16,2 Prozentpunkte. Bei einer ausländischen Quellensteuer von 10 % beträgt der Steuervorteil der Personengesellschaft/Betriebsstätte immer noch 14,3 bis 12,5 Prozentpunkte (s. Abb. 2 und 3).

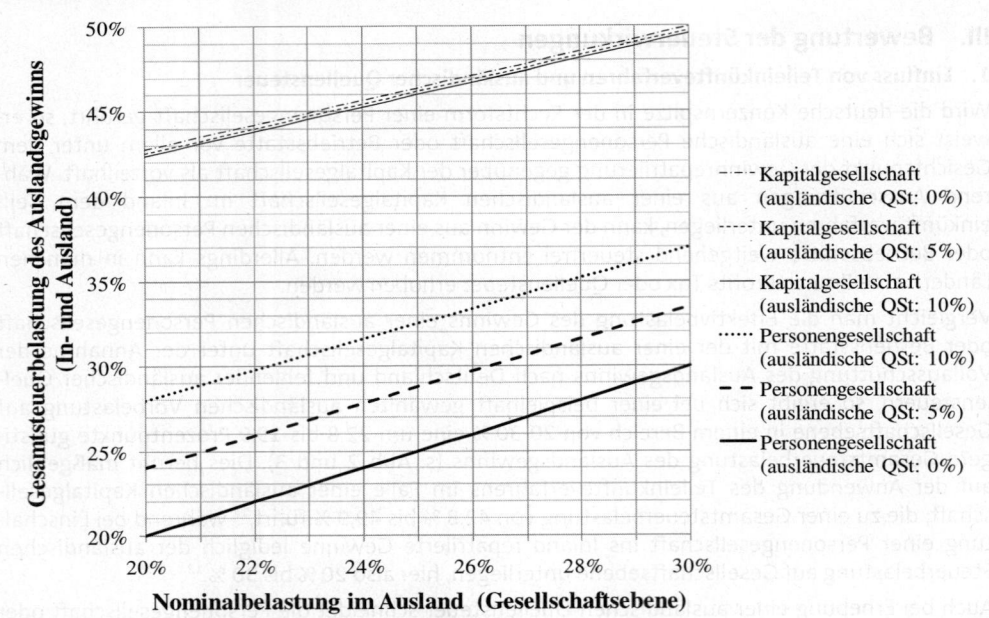

Abbildung 2: Nominalbelastung im Ausland und Gesamtsteuerbelastung des Auslandsgewinns bei ausländischer Kapital- bzw. Personengesellschaft

Blöchle/Ziehr

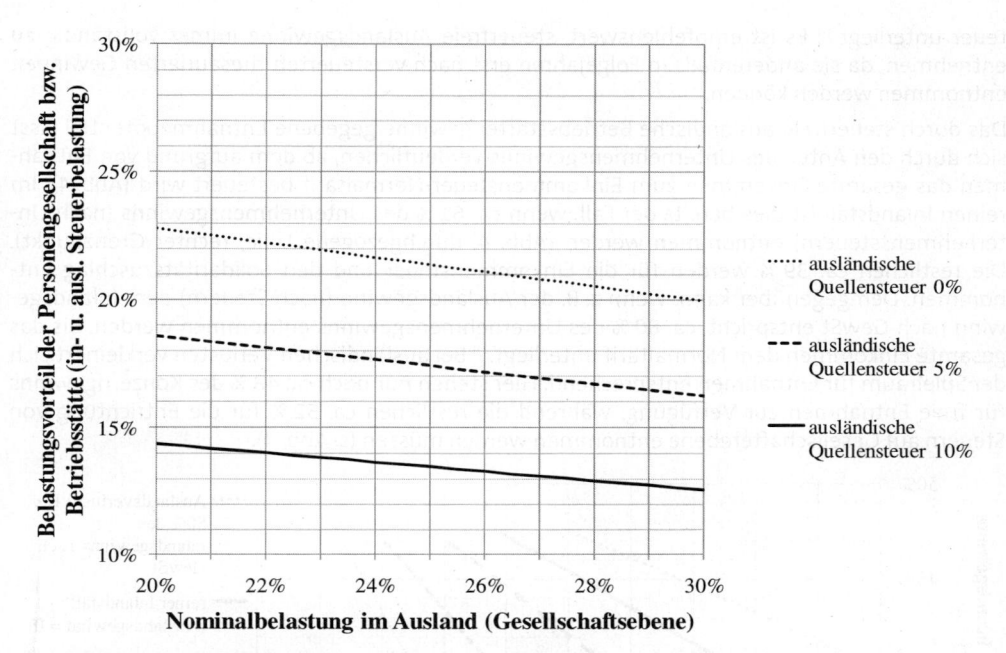

Abbildung 3: Belastungsvorteil der Personengesellschaft bzw. Betriebsstätte

2. Thesaurierungsbegünstigung

Die mit der Zielsetzung der rechtsformneutralen Besteuerung eingeführte Thesaurierungsbegünstigung des § 34a EStG ermöglicht auf Antrag eine Besteuerung des auf den Mitunternehmer entfallenden nicht entnommenen Gewinns mit einem Steuersatz von 28,25 % (zzgl. SolZ ca. 29,8 %).[15] Liegt die Auslandseinheit in einem DBA-Staat, kann sich diese Gestaltung als steuerlich günstig erweisen, da ein steuerfreier Auslandsgewinn (Art. 7, 23 OECD-MA) als außerbilanziell zu kürzender Gewinnbestandteil vorrangig zu entnehmen ist.[16] Auf diese Weise kann der inländische steuerpflichtige Gewinn zum günstigen Thesaurierungssatz versteuert werden, während gleichzeitig Entnahmen aus dem ausländischen Betriebsstättengewinn finanziert werden. Dieser Effekt ist insoweit bedeutsam, als sich oft ein Entnahmebedarf zur Finanzierung der Einkommensteuer und des Solidaritätszuschlags ergibt. Bei einem reinen Inlandsfall wird deshalb durch die Thesaurierungsbegünstigung bei einem Gewerbesteuer-Hebesatz von 400 % und einem Einkommensteuerspitzensteuersatz von 45 % bereits ein Effektivsteuersatz von 36,2 % erreicht (s. Abb. 4).[17] Demgegenüber beträgt die inländische Steuerbelastung nur 29,8 %, wenn zur Finanzierung der persönlichen Steuern steuerfreie ausländische Betriebsstättengewinne entnommen werden können (s. Abb. 4). Vorteilhaft wirkt auch die Saldierung der Gewerbesteuer als nicht abzugsfähige Betriebsausgabe mit den steuerfreien Auslandsgewinnen, so dass die Gewerbesteuer im Gegensatz zum Inlandsfall nicht dem Normaltarif der Einkommens-

---

[15] Vgl. *Schulze zur Wiesche*, DB 2007, S. 1610; *Rödder*, DStR 2007, Beilage 2, S. 2.

[16] Vgl. BMF v. 11. 8. 2008 – IV C 6 – S 2290-a/07/10001, BStBl. I 2008, S. 838, Tz. 17; *Bäumer*, DStR 2008, S. 2089 (2092).

[17] Vgl. *Thiel/Sterner*, DB 2007, S. 1099; *Schulze zur Wiesche*, DB 2007, S. 1610.

teuer unterliegt.[18] Es ist empfehlenswert, steuerfreie Auslandsgewinne immer vollständig zu entnehmen, da sie anderenfalls in Folgejahren erst nach versteuerten thesaurierten Gewinnen entnommen werden können.

Das durch steuerfreie ausländische Betriebsstättengewinne gegebene Entnahmepotential lässt sich durch den Anteil des Unternehmensgewinns verdeutlichen, ab dem aufgrund von Entnahmen das gesamte Einkommen zum Einkommensteuer-Normaltarif besteuert wird (Abb. 4). Im reinen Inlandsfall ist dies bereits der Fall, wenn ca. 61 % des Unternehmensgewinns (nach Unternehmenssteuern) entnommen werden (Abb. 4, durchgezogene Linie, rechter Grenzpunkt). Die restlichen ca. 39 % werden für die Einkommensteuer und den Solidaritätszuschlag entnommen. Demgegenüber kann, wenn z. B. der Auslandsgewinn (nach Steuern) dem Inlandsgewinn nach GewSt entspricht, ca. 80 % des Unternehmensgewinns entnommen werden, bis das gesamte Einkommen dem Normaltarif unterliegt.[19] Bei ausländischen Verlusten verkleinert sich der Spielraum für Entnahmen entsprechend. Hier stehen nur noch ca. 48 % des Konzerngewinns für freie Entnahmen zur Verfügung, während die restlichen ca. 52 % für die Entrichtung von Steuern auf Gesellschafterebene entnommen werden müssen (s. Abb. 4).

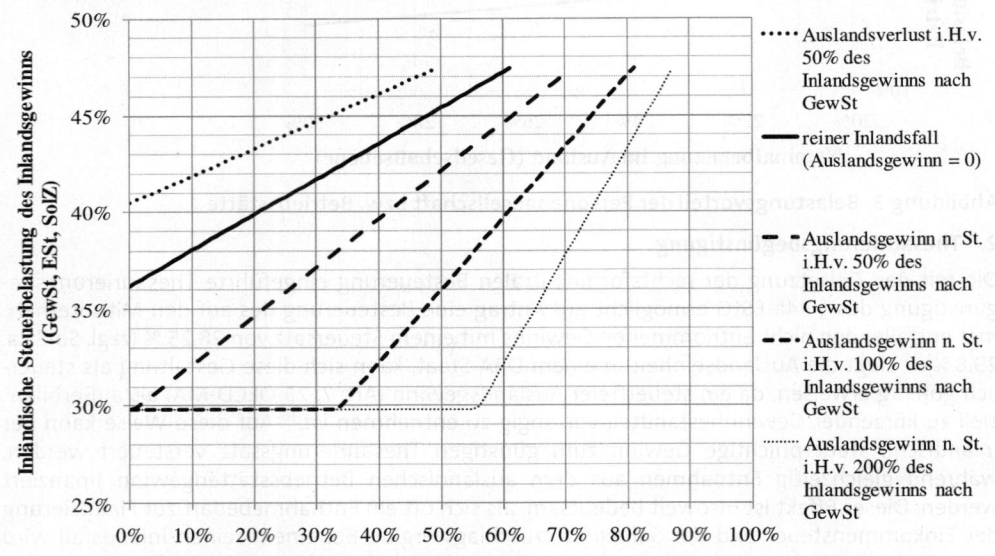

Anteil des frei entnehmbaren (nicht zur Entrichtung von ESt/SolZ verwendeten) Gewinns am Konzerngewinn nach Unternehmenssteuern

Abbildung 4: Abhängigkeit der Steuerbelastung von der Thesaurierungsquote

Die vorteilhaften Steuereffekte der Thesaurierungsbegünstigung steigen c.p. mit dem Anteil des steuerfreien Auslandsgewinns am Konzerngewinn, weil ein gegebener Entnahmebedarf bei größer werdendem Auslandsanteil leichter gedeckt werden kann, ohne Inlandsgewinne steuerschädlich entnehmen zu müssen. Unter diesem Gesichtspunkt nimmt deshalb die Vorteilhaftig-

---

[18] Vgl. *Gragert/Wissborn*, NWB v. 23. 7. 2007, Thesaurierungsbegünstigung F. 3, S. 14621 (14633); *Thiel/Sterner*, DB 2007, S. 1099 (1100).

[19] Weitere Annahmen: Hebesatz = 400 %; keine Kirchensteuer.

keit ausländischer Personengesellschaften oder Betriebsstätten mit wachsendem Umfang des Auslandsengagements gegenüber ausländischen Kapitalgesellschaften zu. Dies wird in Abb. 5 an einem Beispiel verdeutlicht. Die Auslandsgewinne unterliegen hier einer ausländischen Körperschaftsteuer von 20 % und werden anschließend ohne Abzug einer Quellensteuer nach Deutschland repatriiert. Es sei angenommen, dass der inländische Einkommensteuer-Durchschnittssteuersatz bereits dem Spitzensteuersatz von 45 % entspricht. Der Anteil des Auslandsgewinns am Konzerngewinn[20] steigt zunächst von 30 % auf 50 % und anschließend auf 70 %. Abb. 5 zeigt, dass im Falle einer Personengesellschaft bzw. Betriebsstätte bei einem Anteil des Auslandsgewinns von 25 % am Konzerngewinn bereits ein kleinerer Teil des Konzerngewinns entnommen werden kann (ca. 9 %),[21] ohne dass Teile der Einkünfte dem Normaltarif unterliegen. In Abb. 5 ist dieser Bereich, in dem auf alle Einkünftebestandteile der Thesaurierungssteuersatz angewendet wird, durch den relativ kurzen waagrechten Abschnitt der durchgezogenen Linie bis zum Knick der Linie gekennzeichnet. Mit wachsendem Anteil des Auslandsgewinns am Konzerngewinn (50 % bzw. 70 %) können allerdings bereits ca. 41 % bzw. 76 % entnommen werden, ohne in den Bereich des Normaltarifs zu gelangen (vgl. entsprechende Knickpunkte). Demgegenüber führt im Falle einer Kapitalgesellschaft die hohe Einkommensteuerbelastung aufgrund der Gewinnrepatriierung zu einem beträchtlichen Entnahmebedarf, so dass nur ein Teil des Gewinns zum Thesaurierungssteuersatz besteuert werden kann. Erst wenn der Anteil des Auslandsgewinns am Konzerngewinn auf 70 % steigt, wirkt sich die Steuerfreiheit von 40 % der Auslandsdividende nach § 3 Nr. 40 Buchst. d EStG aus, so dass ca. 13 % des Konzerngewinns aus dem steuerfreien Gewinn für private Zwecke entnommen werden können, ohne in den Bereich des Normaltarifs zu gelangen.

---

[20] Jeweils vor (Unternehmens-)Steuern.
[21] Weitere Annahmen: Hebesatz = 400 %; keine Kirchensteuer.

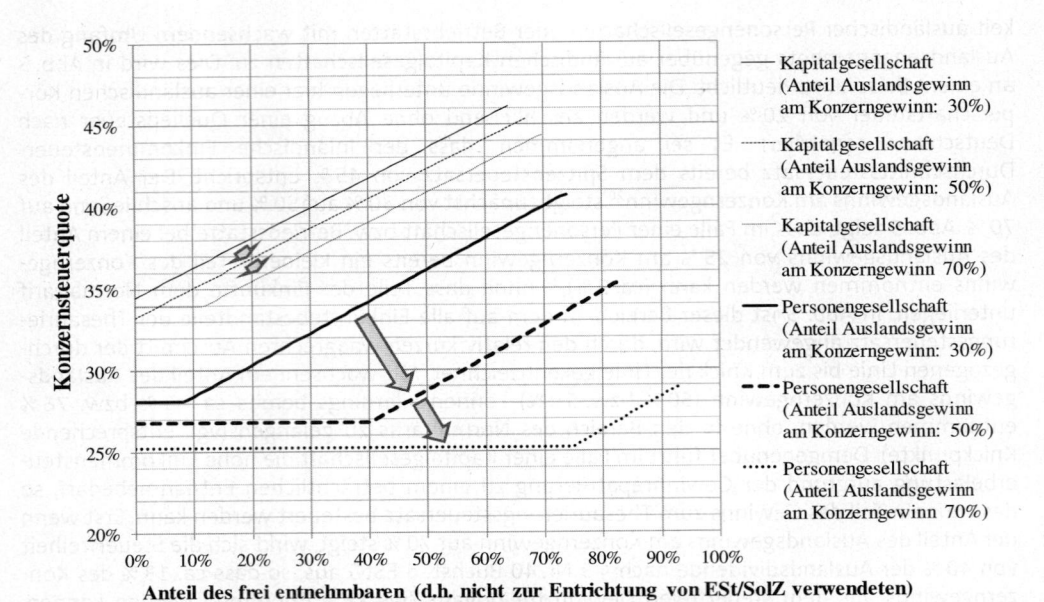

Abbildung 5: Abhängigkeit der Steuerbelastung von der Thesaurierungsquote und Anteil des Auslandsgewinns am Konzerngewinn

C. Einfluss des ausländischen Steuerrechts und Lösung von Qualifikationskonflikten

I. Einordnung ausländischer Personengesellschaften für deutsche Steuerzwecke

Die Umsetzung des Organschaftsmodells erfordert die Wahl einer geeigneten ausländischen Rechtsform. Dabei wird meist eine Haftungsbegrenzung angestrebt, was in vielen Ländern auch mit Personengesellschaften möglich ist. Gleichzeitig ist die steuerliche Qualifikation der ausländischen Gesellschaft als Körperschaft in Deutschland zu vermeiden. Für die deutsche Besteuerung ist entscheidend, ob die ausländische Rechtsform in rechtlicher und wirtschaftlicher Hinsicht einer inländischen juristischen Person des privaten Rechts oder einer inländischen Personengesellschaft vergleichbar ist. Die Einordnung der ausländischen Gesellschaft erfordert zunächst eine Gesamtwürdigung der ausländischen gesetzlichen und gesellschaftsvertraglichen Bestimmungen über ihre Organisation und Struktur.[22] Anschließend ist das ausländische Gebilde dem relevanten deutschen steuerrechtlichen Typus (Einzelunternehmen, Mitunternehmerschaft, Körperschaft) zuzuordnen.[23] Für die rechtliche Einordnung aus deutscher Sicht ist die

---

[22] Vgl. RFH v. 12. 2. 1930 - VI A 899/27, RStBl. 1930, S. 444; BFH v. 17.07.1968 - I 121/64, BStBl. II 1968, S. 695; BFH v. 23. 6. 1992 - IX R 182/87, BStBl. II 1992, S. 972.

[23] Vgl. BMF v. 21. 7. 1997 - IV C 6-S 1301 Slow-4/97, BStBl. I 1997, S. 724; BMF v. 19. 3. 2004 - IV B 4 - S 1301 USA - 22/04, BStBl. I 2004, S. 411.

steuerliche Behandlung der Gesellschaft im Ausland nicht maßgeblich.[24] Da reale Rechtsformen meist nicht dem Idealtypus einer Personen- oder Kapitalgesellschaft entsprechen, ist regelmäßig eine Gewichtung verschiedener Merkmale des ausländischen Rechtsgebildes vorzunehmen. Hierbei werden folgende Kriterien für maßgeblich erachtet:[25]

	Personengesellschaft	Kapitalgesellschaft
1. Geschäftsführung und Vertretung	Eigengeschäftsführung und -vertretung	zentralisiert oder Fremdgeschäftsführung und -vertretung
2. Haftung der Gesellschafter	unbeschränkt	beschränkt
3. Übertragbarkeit der Anteile	beschränkt	unbeschränkt
4. Gewinnzuteilung	Verfügung ohne Ausschüttungsbeschluss möglich	Gesellschafterbeschluss erforderlich
5. Kapitalaufbringung	keine Einlageverpflichtung	Einlageverpflichtung
6. Unbegrenzte Lebensdauer der Gesellschaft	ggf. begrenzt (Kriterium nur verwendbar, wenn Lebensdauer der ausländischen Rechtsform begrenzt ist)	unbegrenzt
7. Bemessung der Gewinnverteilung	nach Maßgabe der Einlagen und im Übrigen nach Köpfen	nach dem Verhältnis der Aktiennennbeträge bzw. Geschäftsanteile
8. Formale Gründungsvoraussetzungen	Abschluss eines Gesellschaftsvertrages ausreichend	Entstehung durch Eintragung in ein Handelsregister

Die im BMF-Schreiben vom 24.12.1999[26] festgelegten Zuordnungen ausländischer Rechtsformen zu den entsprechenden deutschen Rechtsformen vermitteln erste Anhaltspunkte für den Rechtsformvergleich. Allerdings sollten diese im Einzelfall überprüft werden, da sie vom Regelstatut abweichende gesellschaftsvertragliche Gestaltungen nicht berücksichtigen können.

II. Besteuerungskonzepte für Personengesellschaften im Ausland

Die steuerliche Beurteilung von Personengesellschaften in ausländischen Jurisdiktionen ist nicht einheitlich. In Deutschland sind alle Personengesellschaften zwar Gewinnermittlungssubjekt, jedoch werden die Einkünfte den Gesellschaftern zugerechnet und unterliegen bei diesen der Einkommen- oder Körperschaftsteuer. Diese steuerliche Behandlung wird als Transparenzprinzip bezeichnet. Werden die Einkünfte bei der Personengesellschaft als unbeschränkt steuerpflichtiges Steuersubjekt selbst besteuert, findet das Trennungsprinzip Anwendung. In einigen

---

[24] Vgl. BFH v. 16.12.1992 - I R 32/92, BStBl. II 1993, S. 399.
[25] Vgl. BMF v. 19.3.2004 - IV B 4 - S 1301 USA - 22/04, BStBl. I 2004, S. 411; BFH v. 20.8.2008 - I R 34/08, BStBl II 2009, S. 263. Nach BMF-Auffassung sind dabei im Zweifel die Kriterien 1-5 stärker zu gewichten als die Kriterien 6-8.
[26] Vgl. BMF v. 24.12.1999 - IV B 4 – S 1300 – 111/99, BStBl I 1999, S. 1076, Anhang.

Ländern folgt die Besteuerung der Haftung, so dass Personengesellschaften mit unbeschränkter Haftung eine steuerliche Zurechnung beim Gesellschafter zur Folge haben, während haftungsbeschränkte, z. B. einer deutschen GmbH & Co. KG vergleichbare Rechtsgebilde, eine Besteuerung der Personengesellschaft selbst auslösen. Andere Länder behandeln auch haftungsbeschränkte Personengesellschaften, stets als transparent. Die nachfolgende Tabelle gibt einen Überblick, wie verschiedene Länder nach ihrem nationalen Recht gegründete Personengesellschaften steuerlich behandeln.

	einer deutschen KG vergleichbare Rechtsformen	einer deutschen OHG vergleichbare Rechtsformen
Belgien	intransparent	intransparent
Frankreich	intransparent (Kommanditist)	transparent
Großbritannien	transparent	transparent
Kanada	transparent	transparent
Luxemburg	transparent	transparent
Niederlande	intransparent	transparent
Österreich	transparent	transparent
Polen	transparent	transparent
Rumänien	intransparent	intransparent
Schweden	transparent	transparent
Slowakei	intransparent (Kommanditist)	transparent
Spanien	intransparent	intransparent
Tschechische Republik	intransparent (Kommanditist)	transparent
Ungarn	intransparent	intransparent
USA	transparent, aber Wahlrecht zur Körperschaftsteuer	transparent, aber Wahlrecht zur Körperschaftsteuer

Behandeln Länder bestimmte oder alle Personengesellschaften nach dem Transparenzprinzip, so unterliegt der Gewinntransfer an den Gesellschafter nur noch ausnahmsweise einer Steuerbelastung. Dies kann der Fall sein, wenn Körperschaften Gesellschafter sind und eine sogenannte *Branch Profits Tax* erhoben wird.

Soweit nach nationalen Rechtsordnungen, dem Trennungsprinzip folgend, Gewinne von Personengesellschaften mit Körperschaftsteuer belastet werden, wird meist auch der Gewinntransfer an den Gesellschafter als quellensteuerpflichtige Dividende behandelt. Einige EU-Länder, die dem Trennungsprinzip folgen, haben die betreffenden Personengesellschaften auch in die Mutter-Tochter-Richtlinie aufnehmen lassen.[27]

---

[27] Z. B. Belgien, Spanien oder Slowakei; nicht dagegen die Tschechische Republik; vgl. BGBl. I 2004, S. 3310; BGBl. I 2007, S. 3150.

III. Qualifikationskonflikte

1. Subjektqualifikation

Deutschland wendet für Personengesellschaften das Transparenzprinzip an, rechnet also den Gesellschaftern die Einkünfte zu. Wendet der Sitzstaat der Personengesellschaft das Trennungsprinzip an, besteuert also die Personengesellschaft selbst, so ist sie nach ausländischem Abkommensverständnis regelmäßig auch ansässige Person i. S. v. Art. 4 Abs. 1 OECD-MA und damit abkommensberechtigt. Ob dies auch für die deutsche Abkommensanwendung Konsequenzen hat, hängt davon ab, ob für die Besteuerung als juristische Person (Art. 3 Abs. 1 Buchst. b OECD-MA) das ausländische Recht bindend ist[28] oder – z. B. über Art. 3 Abs. 2 OECD-MA – das inländische Recht.[29] Darüber hinaus sind auch Fälle denkbar, in denen aus deutscher Sicht Kapitalgesellschaften vorliegen, im Ausland aber optional oder obligatorisch transparent besteuert wird.[30]

Wird die intransparente Personengesellschaft als Abkommenssubjekt behandelt, so muss beurteilt werden, ob ihr auch die Einkünfte zuzurechnen sind. Nach nationalem deutschen Steuerrecht ist die Personengesellschaft zwar Gewinnermittlungssubjekt, für die Besteuerung werden jedoch die Einkünfte den Gesellschaftern zugerechnet. Dies spricht für eine Zurechnung der Einkünfte auf Abkommensebene zur abkommensberechtigten Person. Aus Art. 7 und 23 OECD-MA ergibt sich, dass sich die vertragsschließenden Staaten durch ein DBA auf eine entsprechende Verteilung des Steuersubstrats einigen. Demnach können die Einkünfte, die ein Unternehmen eines Vertragsstaates erzielt, nur in diesem Staat besteuert werden, wenn keine Betriebsstätte im anderen Staat besteht (Art. 7 Abs. 1 S. 1 OECD-MA) bzw. Einkünfte aus dem Ansässigkeitsstaat nur dessen Besteuerung unterliegen sollen, wenn keine Quellen im anderen Vertragsstaat liegen, die von einer anderen Verteilungsnorm erfasst werden.[31] Die Einkünfte sind deshalb bei Anwendung der Verteilungsnormen nach dieser Auffassung dem Abkommenssubjekt auch abkommensrechtlich zuzurechnen.[32] Der Methodenartikel einschließlich eines Aktivitätsvorbehalts käme bei einer solchen DBA-Auslegung nicht mehr zum Tragen.[33]

Bei einer Zurechnung der Einkünfte nach innerstaatlichem Recht läuft die Abkommensberechtigung der ausländischen Personengesellschaft ins Leere.[34] Die Einkünfte werden den deutschen Gesellschaftern zugerechnet und der Methodenartikel ist anwendbar. Die Finanzverwaltung beschreitet bisher einen Mittelweg, indem sie die ausländische Personengesellschaft für Quellensteuerzwecke zwar als abkommensberechtigte Person anerkennt, jedoch im Übrigen die

---

[28] Vgl. *Piltz*, Die Personengesellschaft im internationalen Steuerrecht der Bundesrepublik Deutschland, Heidelberg 1981, S. 179 f.; *Debatin*, BB 1989/Beil. 2, S. 1 (7 f.); *Knobbe-Keuk*, RIW 1991, S. 315; *Vogel* in Vogel/Lehner, DBA, 5. Aufl., Art. 1, Rn. 34b; *Schmidt*, WPg 2002, S. 1134; *Schmidt/Blöchle*, IStR 2003, S. 685 (688 f.); *Sliwka/Schmidt*, IStR 2007, S. 694 (695).

[29] Vgl. *Wassermeyer*, IStR 1998, S. 489 ff.; *ders.*, in Debatin/Wassermeyer, MA Art. 1 Rn. 27a; *Djanani/Hartmann*, IStR 2000, S. 321 (325); BFH v. 4. 4. 2007 - I R 110/05, BStBl II 2007, S. 521; BMF v. 13. 1. 1997 - IV C 5 - S 1301 Tsche - 2/96, BStBl. I 1997, S. 97; BMF v. 19. 3. 2004 - IV B 4 - S 1301 USA - 22/04, BStBl. I 2004, S. 411, Tz. VI.2.a); BMF v. 28. 5. 1998 - IV C 5-S 1301 Spa-2/98, BStBl. I 1998, S. 557.

[30] Vgl. BFH v. 20. 8. 2008 - I R 34/08, BStBl II 2009, S. 263; BFH v. 20. 8. 2008 - I R 39/07, BStBl. II 2009, S. 234.

[31] Vgl. *Schmidt/Blöchle*, IStR 2003, S. 685 (689).

[32] Vgl. *Debatin*, BB 1989/Beil. 2, S. 1 (8); *Knobbe-Keuk*, RIW 1991, S. 306 (315).

[33] Vgl. *Knobbe-Keuk*, RIW 1991, S. 306 (315); *Schmidt*, IStR 1996, S. 14 (18); *Schmidt/Blöchle*, IStR 2003, S. 685 (689).

[34] Vgl. *Wassermeyer* in Debatin/Wassermeyer, DBA, Art. 1 OECD-MA Rz. 28d; *Schaumburg*, Internationales Steuerrecht, 2. Aufl. 1998, Rz. 16.171, jeweils m. w. N.

Einkünftezurechnung nach nationalem Recht vornimmt.[35] Für ausländische Personengesellschaften deutscher Unternehmen wird man für die deutsche Praxis davon ausgehen müssen, dass die Einkünfte den Gesellschaftern der Personengesellschaft auch auf Abkommensebene zugerechnet werden. Im BMF-Schreiben zur Anwendung der Doppelbesteuerungsabkommen auf Personengesellschaften[36] wird nur noch auf die Abkommensberechtigung der Gesellschafter abgestellt.

2. Einkünftequalifikation

Ordnen die beteiligten Staaten Einkünfte in unterschiedliche abkommensrechtliche Einkünftekategorien ein, können sie zu einer abweichenden Zuordnung von Besteuerungssubstrat gelangen. Dabei kann eine Doppelbesteuerung oder doppelte Nichtbesteuerung entstehen (positiver bzw. negativer Einkünftezurechnungskonflikt).[37] Negative Zurechnungskonflikte entstehen im hier untersuchten Outboundfall typischerweise bei Sondervergütungen nach § 15 Abs. 1 S. 1 Nr. 2 HS 2 EStG, da die meisten Länder diese Vergütungen nicht zu den Unternehmensgewinnen zählen. Selbst im Falle der transparenten Besteuerung von Personengesellschaften ist deren Erfassung im Rahmen der gewerblichen Einkünfte die Ausnahme.[38] Nach der deutschen Finanzverwaltung sind Sondervergütungen entsprechend Art. 3 Abs. 2 OECD-MA auch abkommensrechtlich zu den Unternehmensgewinnen i. S. v. Art. 7 OECD-MA zu zählen. Im Outboundfall wäre der Methodenartikel entsprechend des OECD-Partnership-Reports teleologisch zu reduzieren und die Freistellung zur Vermeidung einer doppelten Nichtbesteuerung zu versagen.[39] Diese extensive Auslegung wird im Schrifttum und in der Rechtsprechung weitgehend abgelehnt.[40] Nach BFH-Auffassung[41] ist gemäß Art. 7 Abs. 7 OECD-MA ein Vorrang der Spezialartikel anzunehmen. Dies führt unter den Tatbeständen der Spezialartikel im Ergebnis zu einer Besteuerung der Sondervergütungen in Deutschland bei Anrechnung ggf. im Ausland erhobener Quellensteuern.

Flankiert wird die Erreichung dieses Ergebnisses durch *Switch-over-* und *Subject-to-tax*-Klauseln der deutschen DBA.[42] Restliche Zweifel versucht der Gesetzgeber im Wege des – verfassungs-

---

[35] Vgl. BMF v. 13. 1. 1997 - IV C 5 - S 1301 Tsche - 2/96, BStBl. I 1997, S. 97, Tz. I.2.a); BMF v. 28. 5. 1998 - IV C 5-S 1301 Spa-2/98, BStBl. I 1998, S. 557, Tz. 2.

[36] Vgl. BMF v. 16. 4. 2010, IV B 2 - S 1300/09/10003, BStBl. I 2010, S. 354, Tz. 2.1.2.

[37] Vgl. OECD, Issues in international taxation: No. 6 „The Application of the OECD Model Tax Convention to Partnerships", Paris 1999.

[38] Z. B. in Österreich, wobei dies in Art. 7 Abs. 7 DBA-Österreich berücksichtigt ist; ähnlich Art. 7 Abs. 7 DBA-Schweiz.

[39] Vgl. OECD, a. a. O, Tz. 119; BMF v. 24. 12. 1999 - IV B 4 – S 1300 – 111/99, BStBl I 1999, S. 1076, Tz. 1.2.3; *Krabbe*, IWB, F. 3 Gr. 2, S. 863 (866 f.).

[40] Vgl. *Günkel/Lieber*, FR 2000, S. 856 ff.; dies., IWB, F. 3 Gr. 2, S. 871 (876); *Piltz*, FS Wassermeyer, S. 749 ff.; *Lang*, IStR 2007, S. 606 (608); Bindung an den Quellenstaat bejahend, aber dennoch auf die Praxis der Vertragsstaaten abstellend *Weggenmann*, IStR 2002, S. 614 (621); weitere Verweise bei Schmidt, WPg 2002, S. 1134 (1144); entgegen eine teleologische Reduktion des Art. 23 der DBA im Kontext eines Gewinns aus der Veräußerung eines Anteils an einer spanischen Personengesellschaft: FG Hamburg v. 22. 8. 2006 - 7 K 139/03, EFG 2007, S. 101, unter Nr. 2.b.ee.

[41] So zum insoweit ähnlichen Art. 3 Abs. 5 DBA-USA 1954/65, vgl. BFH v. 27. 2. 1991 - I R 15/89, BStBl. II 1991, S. 444; BFH v. 31. 5. 1995 - I R 74/93, BStBl. II 1995, S. 683; zum DBA-Frankreich 1959/69, vgl. BFH v. 9. 8. 2006 - II R 59/05, DStRE 2007, S. 28; zu Art. 7 Abs. 6 DBA USA 1989, vgl. BFH v. 17. 10. 2007 - I R 5/06, BFH/NV 2008, S. 869; abweichend zum DBA Österreich, vgl. BFH v. 24. 3. 1999 - I R 114/97, BStBl II 2000, S. 399.

[42] Zur Interpretation abkommensrechtlicher Rückfallklauseln vgl. BFH v. 17. 10. 2007 - I R 96/06, BStBl. II 2008, S. 953.

und europarechtlich fragwürdigen[43] – *Treaty Overriding* zu lösen (§ 50d Abs. 9 S. 1 Nr. 1 EStG). Demnach wird unbeschränkt Steuerpflichtigen die abkommensrechtlich geregelte Freistellung von Einkünften versagt, wenn der Quellenstaat das DBA so anwendet, dass die Einkünfte dort nicht oder nur zu einem durch das DBA begrenzten Steuersatz besteuert werden. Die Vorschrift zielt nach Verwaltungsauffassung u. a. auf die Besteuerung von Sondervergütungen im Outboundfall.[44] Ergänzend regelt der Gesetzgeber, dass die Besteuerung in Deutschland von der in § 50d Abs. 10 EStG enthaltenen, auf den Inboundfall abzielenden Fiktion von Sondervergütungen als Unternehmensgewinne unberührt bleibt (§ 50d Abs. 10 S. 2 EStG).

Ähnlich ist die Situation bei Gewinnen aus der Veräußerung von Anteilen an der ausländischen Personengesellschaft zu beurteilen. Wird die Personengesellschaft lokal als Steuersubjekt behandelt, so verzichtet der Quellenstaat nach Art. 13 Abs. 5 OECD-MA auf sein Besteuerungsrecht an dem Veräußerungsgewinn. Aus deutscher Sicht liegen hingegen steuerfreie Betriebsstättengewinne vor, für die das Besteuerungsrecht dem Quellenstaat zusteht (Art. 13 Abs. 2 OECD-MA). Der negative Zurechnungskonflikt soll nach Auffassung der OECD wiederum über eine entsprechende Auslegung des Methodenartikels gelöst werden, so dass der Veräußerungsgewinn im Ansässigkeitsstaat des Gesellschafters (hier: Deutschland) erfasst werden kann. Aus deutscher Sicht wird dieses Ergebnis ergänzend durch § 50d Abs. 9 S. 1 Nr. 1 EStG gelöst. Soweit dem Belegenheitsstaat ein Besteuerungsrecht an der Veräußerung von Anteilen zukommen (z. B. DBA Tschechien), kann eine Anrechnung der lokalen Steuer in Deutschland eintreten.

IV. Ausgewählte Länder

1. Österreich

Nach österreichischem Handelsrecht kann an einer österreichischen *Kommanditgesellschaft* eine Kapitalgesellschaft als Vollhafterin beteiligt sein. Das österreichische Steuerrecht behandelt Personengesellschaften nach dem Transparenzprinzip, so dass die Einkünfte den Gesellschaftern für Einkommensteuerzwecke zugerechnet werden. Der Gewinntransfer zum Gesellschafter ist als Entnahme nicht steuerbar. Österreich kennt ähnlich wie Deutschland Sonderbetriebseinnahmen und -ausgaben. Bei unmittelbarer Beteiligung natürlicher Personen an der Personengesellschaft beträgt der Spitzensteuersatz 50 %.

Abkommensrechtlich umfasst das Besteuerungsrecht des Quellenstaats für Unternehmensgewinne die Sondervergütungen (Art. 7 Abs. 7 DBA-Österreich). Die österreichische Personengesellschaft vermittelt dem deutschen Gesellschafter bei unternehmerischer Betätigung in Österreich eine österreichische Betriebsstätte (Art. 5 DBA-Österreich). Deutschland stellt diese Betriebsstättengewinne – ohne Aktivitätsvorbehalt – von der Besteuerung frei (Art. 23 Abs. 1 Buchst. a DBA-Österreich).

---

[43] Vgl. *Vogel*, IStR 2005, S. 29; *Rust/Reimer*, IStR 2005, S. 843; *Forsthoff*, IStR 2006, S. 509; *Bron*, IStR 2007, S. 431; *Gosch*, IStR 2008, S. 413.

[44] Vgl. BMF v. 16. 4. 2010, IV B 2 - S 1300/09/10003, BStBl. I 2010, S. 354, Tz. 2.2.1, 4.1.3.1, 5.1.

In der Organschaftsstruktur resultiert folgende Steuerbelastung des Auslandsgewinns:

	in €
Gewinn Ö-KG vor Steuer	1.000.000
Österreichische Körperschaftsteuer	250.000
Gewinn nach Steuern	750.000
Quellensteuer	-
Gewinntransfer an dt. KG	750.000
deutsche Einkommensteuer (45 %)	-
Solidaritätszuschlag	-
Nettozufluss	750.000
Steuerbelastung	250.000
Steuerbelastung (%)	**25,00**

2. Polen

Das polnische Handelsrecht erlaubt die Gründung einer Personengesellschaft, bei der eine Kapitalgesellschaft die Vollhafterin ist. Die *spolka z.o.o. spolka komandytowa* entspricht in ihrer Struktur der deutschen GmbH & Co. KG. Nach polnischem Recht ist eine Personengesellschaft kein eigenständiges Steuersubjekt. Vielmehr werden die Einkünfte der Personengesellschaft den Gesellschaftern als Steuersubjekten entsprechend ihrer Beteiligung zugerechnet. Bei einkommensteuerpflichtigen Gesellschaftern wird entweder der Stufentarif von 18 bzw. 32 % oder auf Antrag der lineare Steuersatz von 19 % für Unternehmensgewinne angewendet.[45] Der Gewinntransfer zum Gesellschafter ist als Entnahme in Polen nicht steuerpflichtig.

Die durch die polnische Personengesellschaft erzielten Unternehmensgewinne dürfen nach Art. 7 DBA-Polen in Polen besteuert werden, wenn sie einer in Polen belegenen Betriebsstätte zurechenbar sind (Art. 5 DBA-Polen). Deutschland stellt die Einkünfte unter Progressionsvorbehalt von der deutschen Steuer frei, wenn der Aktivitätsvorbehalt nicht eingreift (Art. 24 Abs. 1 Buchst. c) DBA-Polen).

Im Verhältnis zu Polen ist die Errichtung einer Organschaftsstruktur nicht unbedingt notwendig, da bei einer einfachen Direktbeteiligung der deutschen Personengesellschaft das gleiche Besteuerungsergebnis eintritt wie in der (komplexeren) Organschaftsstruktur. Ist die polnische Personengesellschaft aktiv tätig, ergibt sich folgende Steuerbelastung:

---

[45] Vgl. *Jamrozy/Weggenmann*, IStR 2008, S. 869.

	in €
Gewinn in Polen vor Steuer	1.000.000
Polnische Einkommensteuer	190.000
Gewinn nach Steuern	810.000
Quellensteuer	-
Gewinntransfer an dt. KG	810.000
deutsche Einkommensteuer (45 %)	-
Solidaritätszuschlag	-
Nettozufluss	810.000
Steuerbelastung	190.000
Steuerbelastung (%)	**19,00**

3. Spanien

Die spanische *Sociedad en Comandita* (S.C.) entspricht in etwa einer deutschen KG. Die Beteiligung einer Kapitalgesellschaft als Komplementärin ist zulässig.

Die S.C. unterliegt dem Trennungsprinzip. Auf ihre Gewinne wird Körperschaftsteuer i. H. v. 30 % erhoben. Daneben existiert eine gewinnunabhängigen Realsteuer (I.A.E.), die an verschiedene Faktoren anknüpft und für Körperschaftsteuerzwecke abzugsfähig ist.

Nach spanischer Auffassung ist die S.C. eine ansässige Person i. S. v. Art. 4 Abs. 1, Art. 3 Abs. 1 Buchst. e) und f) DBA-Spanien. Aus spanischer Sicht ist die Einkunftserzielung durch die S.C. keine abkommensrechtliche Fragestellung, soweit die Aktivitäten der S.C. in Spanien liegen. Nach gewichtigen Stimmen im Schrifttum[46] und der Finanzverwaltung[47] muss Deutschland dagegen nicht aufgrund der Ansässigkeit der S.C. in Spanien dieser auch die Einkünfte zurechnen. Die S.C. ist demnach zwar abkommensberechtigte Person, die Einkünfte sind aus deutscher Sicht jedoch ihren Gesellschaftern zuzurechnen. Demnach liegen Unternehmensgewinne i. S. v. Art. 7 DBA-Spanien vor, soweit die Gewinne durch eine Betriebsstätte i. S. v. Art. 5 DBA-Spanien erzielt werden. Diese sind nach Art. 23 Abs. 1 Buchst. a) DBA-Spanien in Verbindung mit dem Notenwechsel vom 5.12.1966 in Deutschland unter Aktivitätsvorbehalt freigestellt.[48]

Der Gewinntransfer zum Gesellschafter unterliegt als Dividende nach nationalem spanischen Steuerrecht einer Quellensteuer von 18 %. Art. 10 Abs. 2 DBA-Spanien begrenzt diese auf 15 %. Wird die S.C. von einer deutschen Kapitalgesellschaft gehalten, kann die Quellensteuerentlastung nach der Mutter-Tochter-Richtlinie beansprucht werden.[49] Aus deutscher Sicht sind insoweit Entnahmen gegeben, so dass die Freistellung der „Gewinnausschüttung" nach Art. 23 Abs. 1 Buchst. a S. 3 Buchst. bb DBA-Spanien überflüssig ist.

---

[46] Vgl. *Wassermeyer* in Debatin/Wassermeyer, DBA, Art. 1 OECD-MA Rz. 28d; *Schaumburg*, Internationales Steuerrecht, 2. Aufl. 1998, Rz. 16.171.

[47] Vgl. BMF v. 13. 1. 1997 - IV C 5 - S 1301 Tsche - 2/96, BStBl. I 1997, S. 97, Tz. I.2.a); BMF v. 28. 5. 1998 - IV C 5-S 1301 Spa-2/98, BStBl. I 1998, S. 557, Tz. 2.

[48] Vgl. BMF v. 28. 5. 1998 - IV C 5-S 1301 Spa-2/98, BStBl. I 1998, S. 557.

[49] Dies ergibt sich aus dem Anhang zu Art. 2 Abs. 1 Buchst. a der Mutter-Tochter-Richtlinie, wonach alle spanischen Körperschaften begünstigt sind, die der spanischen Körperschaftsteuer unterliegen.

In der Organschaftsstruktur lässt sich folgendes steuerliche Ergebnis erzielen:

	in €
Gewinn in Spanien vor Steuer	1.000.000
Spanische KSt (ohne Zuschlagsteuer)	300.000
Gewinn nach Steuern	700.000
Quellensteuer	-
Gewinntransfer an dt. KG	700.000
deutsche Einkommensteuer (45 %)	-
Solidaritätszuschlag	-
Nettozufluss	700.000
Steuerbelastung	300.000
Steuerbelastung (%)	**30,00**

4. Tschechische Republik

Im tschechischen Handelsrecht ist die *verejná obchodní spolecnost* (v.o.s.) einer deutschen OHG vergleichbar, die *komanditní spolecnost* (k.s.) entspricht etwa einer deutschen KG. Da bei der k.s. eine Kapitalgesellschaft als Komplementärin fungieren kann, kann eine haftungsbeschränkte Personengesellschaft errichtet werden. Die k.s. ist nach tschechischem Zivilrecht eine juristische Person.

Die k.s. unterliegt einer hybriden Besteuerung ähnlich einer deutschen KGaA. Der Gewinnanteil eines Komplementärs wird auf Gesellschafterebene mit Einkommensteuer (Einkommensteuersatz von max. 15 %) bzw. – bei einer juristischen Person – mit Körperschaftsteuer belastet (20 %, ab 2010: 19 %). Auf den Gewinnanteil eines Kommanditisten wird auf Ebene der k.s. Körperschaftsteuer i. H. v. 20 % (ab 2010: 19 %) erhoben.

Nach tschechischer DBA-Auslegung ist die k.s. ansässige Person i. S. v. Art. 4 Abs. 1, Art. 3 Abs. 1 Buchst. b) und c) DBA-Tschechien.[50] Aus deutscher Sicht liegen Unternehmensgewinne i. S. v. Art. 7 Abs. 1 DBA-Tschechien vor, soweit die Gewinne durch eine Betriebsstätte (Art. 5 DBA-Tschechien) erzielt werden. Deshalb kommt nach Art. 23 Abs. 1 Buchst. a) und c) DBA-Tschechien die Freistellungsmethode mit Aktivitätsvorbehalt zur Anwendung.[51]

Der Gewinntransfer zum Gesellschafter unterliegt als Dividende nach nationalem tschechischem Steuerrecht einer Quellensteuer von 15 %, die nach Art. 10 Abs. 2 DBA-Tschechien auf 15 % begrenzt ist, für qualifizierte Beteiligungen von Kapitalgesellschaften auf 5 %. Eine Entlastung nach der Mutter-Tochter-Richtlinie kann nicht beansprucht werden, da weder die k.s. genannt ist noch generell alle körperschaftsteuerpflichtigen Personen begünstigt werden.

---

[50] Vgl. BMF v. 13. 1. 1997 - IV C 5 - S 1301 Tsche - 2/96, BStBl. I 1997, S. 97, Tz. I.2.d).
[51] Vgl. BMF v. 13. 1. 1997 - IV C 5 - S 1301 Tsche - 2/96, BStBl. I 1997, S. 97, Tz. I.2.a).

Nachfolgend ist die Steuerbelastung des Auslandsgewinns in der Organschaftsstruktur dargestellt:

	in €
Gewinn in Tschechien vor Steuer	1.000.000
Tschechische Körperschaftsteuer (2010)	190.000
Gewinn nach Steuern	810.000
Quellensteuer	40.500
Gewinntransfer an dt. KG	769.500
deutsche Einkommensteuer (45 %)	-
Solidaritätszuschlag	-
Nettozufluss	769.500
Steuerbelastung	230.500
Steuerbelastung (%)	**23,05**

5. Ungarn

Die *Betéti Társaság* (b.t.) ist mit einer deutschen Kommanditgesellschaft vergleichbar. Als Komplementärin kann eine Kapitalgesellschaft beteiligt sein, so dass eine haftungsbeschränkte Personengesellschaft errichtet werden kann. Die b.t. ist nach ungarischem Zivilrecht eine juristische Person.

Der Gewinn der b.t. unterliegt auf Ebene der Gesellschaft der ungarischen Gewinnsteuer mit einem Regelsteuersatz von 16 %. Außerdem erhebt Ungarn eine der deutschen Gewerbesteuer vergleichbare Steuer in Höhe von 2 % auf den Gewinn.

Nach ungarischer DBA Auslegung ist die Personengesellschaft ansässige Person i. S. v. Art. 4 Abs. 1 i.V.m. Art. 3 Abs. 1 Buchst. b) und c) DBA-Ungarn.[52] Aus deutscher Sicht liegen Unternehmensgewinne vor (Art. 7 DBA-Ungarn), soweit die Gewinne durch eine Betriebsstätte erzielt werden (Art. 5 DBA-Ungarn).[53] Deshalb kommt die Freistellungsmethode mit Aktivitätsvorbehalt zur Anwendung (Art. 23 Abs. 1 Buchst. a) und c) DBA-Ungarn).

Der Gewinntransfer zum Gesellschafter ist aus ungarischer Sicht zwar als Dividende zu beurteilen. An eine deutsche Personengesellschaft gezahlte Dividenden unterliegen jedoch nach ungarischem Recht keiner Quellensteuer.

---

[52] Siehe die zu Tschechien vertretene Auffassung, vgl. BMF v. 13. 1. 1997 - IV C 5 - S 1301 Tsche - 2/96, BStBl. I 1997, S. 97, Tz. I.2.d).

[53] Vgl. BMF v. 29. 4. 1993 - IV C 6 - S 1301 Ung - 4/93, BStBl. I 1993, S. 342.

Durch die Zwischenschaltung einer deutschen Organschaftsstruktur, die hier nicht zwingend ist, lässt sich folgendes steuerliche Ergebnis erzielen:

	in €
Gewinn Ungarn vor Steuern	2.000.000
Ungarische Gewerbesteuer	40.000
Ungarische KSt (2010)	354.400
Gewinn nach Steuern	1.605.600
Quellensteuer	-
Gewinntransfer an dt. KG	1.605.600
deutsche Einkommensteuer (45 %)	-
Solidaritätszuschlag	-
Nettozufluss	1.605.600
Steuerbelastung	394.400
Steuerbelastung (%)	**19,72**

6. USA

In den USA kann das Organschaftsmodell mit Hilfe der *Limited Partnership* (LP) umgesetzt werden, die einer deutschen Kommanditgesellschaft vergleichbar ist. Komplementär kann auch eine Kapitalgesellschaft sein. Ebenso kann eine *Limited Liability Company* (LLC) gewählt werden, die als Personengesellschaft ausgestaltet werden kann, wenngleich hier erhebliche Unsicherheiten hinsichtlich der Qualifikation aus deutscher Sicht verbleiben können. Die gesellschaftsrechtlichen Regelungen für die LLC sind so variabel, dass in jedem Einzelfall entschieden werden muss, ob die Merkmale einer Personen- oder einer Kapitalgesellschaft überwiegen.[54] In den hier diskutierten Konzernfällen kann es schwierig sein, eine LLC sicher als Personengesellschaft zu gestalten.[55] Deshalb kann eine LP mit einer *Corporation* als Vollhafter bevorzugt werden.

Nach den *check-the-box*-Regelungen können US-Personengesellschaften für US-Steuerzwecke wählen, ob sie als körperschaftsteuerliche Gebilde behandelt werden oder ob die Einkünfte den Gesellschaftern zugerechnet werden. Sowohl die (Bundes-)Einkommen- als auch die Körperschaftsteuer folgt einem progressiven Tarif. Der Eingangssatz der Körperschaftsteuer liegt bei

---

[54] Vgl. BMF v. 19. 3. 2004 - IV B 4 - S 1301 USA - 22/04, BStBl. I 2004, S. 411.

[55] Vgl. FG Münster v. 27. 8. 2009, 8 K 4552/04 F, EFG 2009, S. 1951, rkr, wonach das FG Münster eine US-LLC als Personengesellschaft qualifiziert. U. a. ausschlaggebend war, dass ein Gesellschafter als natürliche Person selbst die Geschäftsführung übernahm und somit eine für die Einordnung als Körperschaft typische zentralisierte Geschäftsführung (Fremdorganschaft) nicht vorlag. Vgl. auch FG Baden-Württemberg v. 14. 1. 2009, 4 K 4968/08, RiW 2009, S. 887, zur Einordnung einer US-LLC als Personengesellschaft. Auch hier übernahm ein Gesellschafter als natürliche Person selbst die Geschäftsführung, so dass keine Vergleichbarkeit zu den hier diskutierten Konzernfällen besteht. Das FG merkt in seinem Urteil weiter an, dass selbst 3 (v. 6 möglichen) für eine Qualifikation als Kapitalgesellschaft sprechende Kriterien nicht für eine Einordnung als Kapitalgesellschaft ausreichen würden, da hierfür eine Mehrzahl aller Kriterien erfüllt sein müsse (hier also 4). Entscheidungserheblich waren deshalb bereits die für eine Personengesellschaft sprechenden 3 Kriterien *fehlende freie Übertragbarkeit der Anteile, fehlende Gewinnzuteilung durch Gesellschafterbeschluss* und *fehlende unbegrenzte Lebensdauer*. Zur Kritik vgl. *Peter*, RiW 2009, S. 819 (821).

15 %, der Durchschnittssteuersatz erreicht nach mehreren Progressionsstufen ab einem Einkommen von ca. 18 Mio. USD den Wert von 35 %. Hinzu kommt die Staatensteuer, die sich überwiegend zwischen 5-9 % bewegt. Die daraus resultierende Steuerbelastung weicht oft nur marginal von der Einkommensteuerbelastung (inkl. Staatensteuer) ab. Deshalb ist die Zwischenschaltung einer Organgesellschaft nicht zwingend. Ist eine einfache Struktur gewünscht, so kann die inländische Struktur auch allein aus einer deutschen KG bestehen, die sich als *Limited Partner* an der LP beteiligt.

Ein Gewinntransfer an den Gesellschafter unterliegt der Branch-Profits-Tax, sofern der Gesellschafter ein aus US-Sicht ausländisches Körperschaftsteuersubjekt ist. Nach dem DBA entfällt die Branch-Profits-Tax, sofern die sog. Limitation-on-Benefits-Klauseln erfüllt sind (Art. 10 Abs. 10 DBA-USA).

Wird die Organschaftsstruktur genutzt, die im Verhältnis zu den USA nicht in jedem Fall erforderlich ist, ergibt sich folgende Steuerbelastung:[56]

	in €
Gewinn USA vor Steuer	1.000.000
State Tax 5 %	50.000
Federal Tax	323.000
Gewinn nach Steuern	627.000
Branch Profits Tax	-
Gewinntransfer an dt. KG	627.000
deutsche Einkommensteuer (45 %)	-
Solidaritätszuschlag	-
Nettozufluss	627.000
Steuerbelastung	373.000
Steuerbelastung (%)	**37,30**

D. Verluste, Finanzierungsaspekte, Liefer- und Leistungsbeziehungen

I. Ausländische Verluste

Die Einschaltung einer ausländischen Personengesellschaft oder Betriebsstätte kann gegenüber der Kapitalgesellschaft auch in Verlustsituationen vorteilhaft sein. Zwar sind Betriebsstättenverluste nach der sog. Symmetriethese im DBA-Fall regelmäßig nicht im Inland abzugsfähig,[57] so dass grundsätzlich ein ähnliches Ergebnis eintritt wie bei ausländischen Kapitalgesellschaften,

---

[56] Die Struktur kann auch zur Abschirmung vor US-Erbschaftsteuer genutzt werden.

[57] Vgl. BFH v. 29. 11. 2006 - I R 45/05, BStBl II 2007, S. 398. Die Niederlassungsfreiheit verlangt nur ausnahmsweise den Verlustabzug im Ansässigkeitsstaat, wenn die Verluste im Belegenheitsstaat der Betriebsstätte nicht bzw. endgültig nicht mehr abgezogen werden können, z. B. bei Auflösung der Betriebsstätte, soweit im Quellenstaat keine Rücktragsmöglichkeit mehr besteht, vgl. EuGH v. 6. 11. 2007 - C 415/06, IStR 2008, S. 107; EuGH v. 15. 5. 2008 - C 414/06, IStR 2008, S. 183.

bei denen das Trennungsprinzip einen Verlusttransport auf Anteilseignerebene verhindert. Bei Betriebsstätten oder Personengesellschaften kann allerdings zur Steuergestaltung in Verlustperioden gezielt ein abkommensrechtlicher Aktivitätsvorbehalt ausgelöst werden, um die Betriebsstättenfreistellung aufzuheben. Sind z. B. nach dem einschlägigen Aktivitätskatalog technische oder kaufmännische Dienstleistungen als passiv zu betrachten, so können diese meist aufgrund ihrer relativ leichten Verlagerbarkeit in ausreichendem Umfang in der Auslandseinheit angesiedelt werden.[58] Voraussetzung für die erfolgreiche Gestaltung ist allerdings, dass andere Abzugsbeschränkungen nicht zum Tragen kommen (z. B. § 2a EStG für Drittstaatenfälle; § 15a EStG für Personengesellschaften).

II. Finanzierungsaspekte

1. Konzerninterne Finanzierung der Auslandseinheit

Die Finanzierung einer Auslandseinheit kann durch Eigen- oder Fremdkapital erfolgen. Aufgrund des häufig anzutreffenden Steuergefälles dürfte in vielen Fällen die Eigenfinanzierung vorteilhaft sein, zumindest wenn ansonsten im Inland Zinserträge zu versteuern wären. Bei dem Vorteilhaftigkeitsvergleich zwischen Eigen- und Fremdkapital ist zu beachten, dass in manchen Fällen eine Fremdkapitalgewährung steuerlich aber ohnehin nicht anerkannt, d. h. wie eine Eigenkapitalgewährung behandelt wird. Reicht etwa die *Organgesellschaft* ein Darlehen an ihre ausländische Tochterpersonengesellschaft aus und wendet der ausländische Staat das Mitunternehmerkonzept an (z. B. Österreich),[59] so werden die Zinserträge nach Auffassung der deutschen Finanzverwaltung als Unternehmensgewinne qualifiziert und damit im Inland steuerfrei gestellt und im Ausland besteuert. Im Ergebnis wird damit das Darlehen negiert und die Zinserträge werden – im Falle Österreichs – dort auch besteuert. Soll die Darlehensbeziehung steuerlich anerkannt werden, muss das Darlehen grundsätzlich von der Organträgerpersonengesellschaft gewährt werden. Etwas anderes gilt, wenn der ausländische Staat bei der Personengesellschaft entgegen des deutschen Mitunternehmerkonzepts die Fremdkapitalzinsen zum Abzug zulässt und die Einkünfte der Organgesellschaft nicht besteuert. Nach Auffassung der Finanzverwaltung ist in diesem Fall der Methodenartikel teleologisch zu reduzieren (vgl. Abschn. C.III.2.) bzw. die Rückfallklausel des § 50d Abs. 9 S. 1 Nr. 1 EStG anzuwenden. Somit sind die Zinserträge im Inland zu besteuern und im Ausland abzugsfähig. Bei Einschaltung einer ausländischen *Betriebsstätte* werden Darlehensbeziehungen zwischen Stammhaus und Betriebsstätte sowohl zivil- als auch steuerrechtlich als In-sich-Geschäfte negiert. Zwar folgt die OECD[60] und auch Deutschland im DBA-USA jüngst einer sog. „absoluten" Selbständigkeitsfiktion der Betriebsstätte. Nach der aktuellen OECD-Auffassung bleiben aber interne Darlehensbeziehungen von der Selbständigkeitsfiktion ausgeklammert.[61]

2. Refinanzierung auf höheren Stufen

Der Finanzbedarf für eine Auslandseinheit kann durch Aufnahme von Eigen- oder Fremdkapital auf Ebene der Organgesellschaft oder der Organträgerpersonengesellschaft gedeckt werden.

---

[58] Vgl. *Schmidt/Blöchle* in Strunk/Kaminski/Köhler, AStG/DBA, Art. 23 OECD-MA Tz. 149.

[59] Das DBA mit Österreich trägt dem in Art. 7 Abs. 7 Rechnung.

[60] Vgl. OECD, Report Attribution of Profits to Permanent Establishments, 2008; OECD-MK 2008 zu Art. 7, Tz. 17.

[61] Vgl. OECD-MK 2008 zu Art. 7, Tz. 41 ff.; so auch die bisherige Auffassung der deutschen Finanzverwaltung, vgl. BMF v. 24. 12. 1999 - IV B 4 – S 1300 – 111/99, BStBl I 1999, S. 1076, Tz. 2.2. Abs. 3.

Nimmt die *Organgesellschaft* Fremdkapital zur Finanzierung der Auslandseinheit auf (z. B. für den Erwerb der Personengesellschaftsanteile oder zur Betriebsstättendotation), so kann der Abzug der entsprechenden Schuldzinsen im Inland problematisch sein. Der Zinsabzug kann in Deutschland versagt werden, wenn ein Veranlassungszusammenhang mit den steuerfreien Auslandseinkünften besteht.[62] Umgekehrt kann im Ausland die Abzugsfähigkeit der Zinsaufwendungen – besonders bei Einschaltung einer Personengesellschaft – mit dem Argument bestritten werden, das Vermögen der deutschen Organgesellschaft, nicht aber das der lokalen Personengesellschaft sei mit dem Darlehen belastet. Im Ergebnis droht daher im Falle der Personengesellschaft eine doppelte Nichtabzugsfähigkeit.[63] Bei Einschaltung einer ausländischen Betriebsstätte kann demgegenüber im Ausland ggf. die wirtschaftliche Zugehörigkeit des Fremdkapitals zur Betriebsstätte leichter dargestellt werden.

Nimmt die *Organträgerpersonengesellschaft* Fremdmittel auf, die als Eigenkapital an die Organgesellschaft weitergereicht werden oder den Erwerb von Anteilen an der Organgesellschaft finanzieren, so ist die Abzugsfähigkeit dieser Schuldzinsen fraglich. Die Finanzverwaltung ordnet die Finanzierungsaufwendungen den Gewinnabführungen aus der Organgesellschaft zu und verneint daher einen Zusammenhang mit der Beteiligung an der Organgesellschaft bzw. steuerfreien Ausschüttungen (§ 3c Abs. 2 EStG).[64] Diese Auffassung führt in der hier untersuchten Organschaftsstruktur zu der Frage, ob die Schuldzinsen mit steuerfreien Betriebsstättengewinnen in unmittelbarem wirtschaftlichen Zusammenhang stehen und deshalb nach § 3c *Abs. 1* EStG nicht abzugsfähig sind. Dem steht allerdings das geltende Organschaftskonzept entgegen, das auf einer getrennten Gewinnermittlung von Organträger und Organgesellschaft beruht[65] und nicht als Umsetzung eines umfassenden Konzernsteuerrechts zu verstehen ist.[66] Letztlich wird dies auch durch § 32b Abs. 1a EStG bestätigt, der zum Ausdruck bringt, dass Steuerattribute der Organgesellschaft nicht automatisch dem Organträger zugerechnet werden können.[67]

Im Ergebnis erscheint es problematisch, die Eigenkapitalausstattung der Auslandseinheiten mittels Fremdkapital zu refinanzieren. Zur Vermeidung von Abzugsbeschränkungen könnte daher an komplexere Strukturen, z. B. die Einschaltung ausländischer Finanzierungsgesellschaften, gedacht werden. Zieht man wiederum einen Vergleich zu einer ausländischen Tochterkapitalgesellschaft, so zeigen sich allerdings auch bei letzerer Abzugsprobleme, da Zinsaufwendungen für den Erwerb von Kapitalgesellschaftsanteilen nur zu 60 % abzugsfähig sind. Wird eine Zwischenholding fremdfinanziert, fehlt es häufig an steuerpflichtigen Erträgen, die mit den Zinsaufwendungen verrechnet werden können.[68] Eine generelle Vorteilhaftigkeit von Kapitalgesellschaftsstrukturen einerseits oder Personengesellschafts- bzw. Betriebsstättenstrukturen

---

[62] Vgl. BFH v. 28. 4. 1983 – IV R 122/79, BStBl. II 1983, S. 566; BFH v. 30. 1. 1989 – IV R 112/88, BFH/NV 1993, S. 224.

[63] Vgl. *Müller*, BB 2009, S. 751 (758).

[64] So jedenfalls für den Fall einer Organträger*kapital*gesellschaft für die Rechtslage vor der Umsetzung des ProtErklG v. 22. 12. 2003 (BGBl I 2003, S. 2840), unter der für Anteile an Inlandskapitalgesellschaften § 3c Abs. 2 EStG anzuwenden war, vgl. BMF v. 28. 6. 2005 – IV B 7 – S 2770 – 12/05, BStBl. I 2005, S. 813, Tz. 24. Dies müsste entsprechend bei einem Darlehen einer Organträger*personen*gesellschaft an ihre Organgesellschaft gelten.

[65] Vgl. *Kolbe* in Herrmann/Heuer/Raupach, § 14 KStG, Rn. 80; Neumann in Gosch, § 14 KStG, Rn. 390.

[66] Vgl. *Kirsch/Grube*, GmbHR 2001, 371; Schnittker/Hartmann, BB 2002, S. 277.

[67] Vgl. BT-Drs. 14/23 v. 9. 11. 1998, S. 181.

[68] Derzeit wird die „Dividendenstrafe" nach § 8b Abs. 5 KStG vom Bundesverfassungsgericht auf ihre Verfassungsmäßigkeit geprüft (AZ 2 BvR 862/09).

andererseits lässt sich aber hinsichtlich der Besteuerung von Finanzierungsbeziehungen nicht feststellen.

3. Auslandsgewinn und Zinsschranke

Bei der Anwendung der Zinsschranke ist die Organschaft als ein Betrieb anzusehen (§ 15 S. 1 Nr. 3 S. 2 KStG). Der maßgebliche Gewinn des Organkreises ist deshalb ebenso zusammenzufassen wie die Zinsaufwendungen/-erträge im Organkreis. Innerorganschaftlich entrichtete Zinsentgelte sind damit unbeachtlich. Auslandspersonengesellschaften bilden einen separaten Betrieb.

Bei Einschaltung einer festen Geschäftseinrichtung (klassischen Betriebsstätte) sind die Steuerwirkungen des Organschaftsmodells im Hinblick auf die Zinsschranke von der im Einzelfall angewandten Methode zur Vermeidung der Doppelbesteuerung abhängig. Bei einer Freistellung nach DBA geht das Betriebsstättenergebnis nicht in den maßgeblichen Gewinn i. S. v. § 4h Abs. 3 S. 1 EStG ein. Dem entspricht es, die Zinsaufwendungen und -erträge, die für steuerliche Zwecke der Betriebsstätte zuzurechnen sind, auch bei der Berechnung der Zinsschranke auszuklammern. Im Falle der Anrechnungs- oder Abzugsmethode ist hingegen im Rahmen der Zinsschranke das Betriebsstättenergebnis im „maßgeblichen Gewinn" des Betriebs zu berücksichtigen, ebenso wie die Zinsaufwendungen der Betriebsstätte den Zinsabzug beschränken und die Zinserträge der Betriebsstätte diesen erweitern. Dies kann Gestaltungsspielräume eröffnen, z. B. indem bei Bedarf passive Einkünfte in eine überwiegend eigenfinanzierte und gewinnreiche Betriebsstätte übertragen werden, um die Rechtsfolgen eines Aktivitätsvorbehalts nach DBA auszulösen und die Betriebsstätte in die Berechnung der Zinsschranke einzubeziehen.

III. Überprüfung von Liefer- und Leistungsbeziehungen auf Angemessenheit

Da Auslandseinheiten häufig wirtschaftlich mit dem Inlandsgeschäft verflochten sind, stellt sich die Frage nach der Prüfung von Liefer- oder Leistungsbeziehungen auf steuerliche Angemessenheit. Hier lässt sich bei ausländischen Personengesellschaften bzw. Betriebsstätten teilweise eine höhere Komplexität der Gewinnabgrenzung feststellen als bei ausländischen Kapitalgesellschaften, insbesondere ist das Verhältnis verschiedener Einkünftekorrekturvorschriften zueinander zu klären.

Bestehen *Leistungsbeziehungen zwischen der Organgesellschaft und der ausländischen Personengesellschaft bzw. Betriebsstätte*, so ist bei der Bewertung von Leistungsbeziehungen zwischen dem Stammhaus und ausländischer Betriebsstätte bzw. Personengesellschaft die Selbständigkeitsfiktion der Betriebsstätte zu beachten (Art. 7 Abs. 2 OECD-MA). Die jüngeren Bestrebungen der OECD sind auf eine weitgehende Annäherung der Betriebsstätte an eine rechtlich selbständige Tochtergesellschaft ausgerichtet. Die Reichweite der Selbständigkeitsfiktion[69] ist allerdings

---

[69] Die eingeschränkte Selbständigkeitsfiktion wurde aus Gründen der zwischenstaatlichen Verteilungsgerechtigkeit und der Missbrauchsvermeidung gerechtfertigt, vgl. ausführlich *Ziehr*, Einkünftezurechnung im internationalen Einheitsunternehmen, Lohmar 2008, S. 132 ff. Nach dem OECD-Musterkommentar 2008 befürwortet die OECD zwar demgegenüber eine Gewinnabgrenzung auf der Grundlage sog. „dealings", d. h. von quasi-Leistungsbeziehungen zwischen Stammhaus und Betriebsstätte, nimmt aber noch Einschränkungen für Dienstleistungen, Nutzungen immaterieller Wirtschaftsgüter und Kapitalnutzungen vor, vgl. Tz. 34-38 und 42 OECD-MK 2008. Der Entwurf für einen neuen Art. 7 Abs. 2 OECD-MA sowie der zugehörige Musterkommentar lassen allerdings keine vergleichbaren Einschränkungen mehr erkennen, wenngleich in Tz. 23 f. des Musterkommentar-Entwurfs eine erhöhte Notwendigkeit gesehen wird, „dealings" zu überprüfen, vgl. Revised Discussion Draft of a new Article 7 of the OECD Model Tax Convention, 24. 11. 2009/21. 1. 2010, www.oecd.org. Die fortwährenden Änderungen des Musterabkommens

ebenso wie ihre Anwendbarkeit im Nicht-DBA-Fall umstritten. Darüber hinaus könnte eine Überführung von Wirtschaftsgütern in die ausländische Betriebsstätte bzw. Personengesellschaft nach innerstaatlichem Recht gemäß § 12 Abs. 1 HS. 1 KStG als fiktive Veräußerung (Entstrickung) zum gemeinen Wert angesehen werden. Ob die Entstrickungsvorschrift tatbestandlich erfüllt ist, dürfte aber spätestens nach Aufgabe der sog. finalen Entnahmetheorie durch die Rechtsprechung[70] fraglich geworden sein.[71] Für den umgekehrten Fall der Überführung ins Inland kann eine Verstrickung nach § 4 Abs. 1 S. 7 EStG angenommen werden. Ungeklärt ist, ob und nach welchen Vorschriften eine Einkünftekorrektur in Bezug auf Dienstleistungen erfolgt, da die Erbringung von Dienstleistungen begrifflich keine Überführung eines Wirtschaftsguts ist.[72] Lediglich Nutzungsüberlassungen an eine ausländische Betriebsstätte sollen dem Wortlaut der Entstrickungsvorschrift unterliegen.[73] Des Weiteren stellt sich die Frage des Verhältnisses zu den Vorschriften in § 6 Abs. 5 S. 1 EStG bzw. § 6 Abs. 5 S. 3 EStG.[74]

Soweit *Leistungsbeziehungen zwischen der Organträgerpersonengesellschaft und der ausländischen Personengesellschaft oder Betriebsstätte* bestehen, ist für Zwecke der Einkünfteabgrenzung eine zweistufige Prüfung erforderlich. Zum einen sind im Verhältnis zwischen Organträgerpersonengesellschaft und Organgesellschaft die Grundsätze der verdeckten Gewinnausschüttung und ggf. der verdeckten Einlage anzuwenden. Zum anderen kommt im Verhältnis zwischen Organgesellschaft und ausländischer Personengesellschaft oder Betriebsstätte die Anwendung der vorstehend genannten Einkünftekorrekturnormen in Betracht (Art. 7 Abs. 2 OECD-MA, § 12 Abs. 1 HS. 1 KStG, § 6 Abs. 5 EStG). Überdies soll nach Verwaltungsauffassung § 1 AStG auf Leistungsbeziehungen inländischer Gesellschaften (hier: der Organträgerpersonengesellschaft) und ausländischer Personengesellschaften oder Betriebsstätten angewendet werden.[75] Dem dürfte allerdings die Rechtsprechung entgegen stehen, die zumindest im Falle einer ausländischen Betriebsstätte (§ 12 AO) keine ausländische nahe stehenden *Person* zu erkennen vermag und eine „Geschäftsbeziehung zum Ausland" verneint.[76]

E. Errichtung der Organschaftstruktur

Zum Beginn eines Auslandsinvestments wird oft die Rechtsform einer Kapitalgesellschaft gewählt, z. B. weil diese im Geschäftsverkehr anerkannt ist und wenig beratungsintensiv erscheint. Die steuerlichen Nachteile der Kapitalgesellschaft rücken oft erst einige Zeit nach der

---

samt Musterkommentar führen zur Frage, ob die Abkommensauslegung einem dynamischen oder statischen Konzept folgt, vgl. *Lang*, IStR 2001, S. 536 (537); *Wassermeyer*, IStR 2007, S. 413 (414).

[70] Vgl. BFH v. 17. 7. 2008 - I R 77/06, BFH/NV 2008, 1941; a. A. BMF v. 20. 5. 2009 - IV C 6-S 2134/07/10005, BStBl. I 2009, S. 646.

[71] Die Neuregelung in § 4 Abs. 1 S. 3 EStG bzw. § 12 Abs. 1 KStG kann daher leer laufen, vgl. *Wassermeyer*, DB 2006, S. 1176; *ders.*, DB 2006, S. 2420.

[72] Vgl. *Ziehr*, Einkünftezurechnung im internationalen Einheitsunternehmen, Lohmar 2008, S. 92 ff.

[73] Vgl. *Benecke/Schnitger*, IStR 2006, S. 765 (766); *Stadler/Elser*, BB 2006 Special zu Heft 44, S. 18 (20 f.); *Blumenberg/Lechner*, BB 2006, Special zu Heft 44, S. 25 (28); kritisch *Wassermeyer*, DB 2006, S. 2420 (2421).

[74] Zum Verhältnis zwischen § 4 Abs. 1 S. 3 EStG und § 6 Abs. 5 S. 1 u. 3 EStG vgl. *Förster*, DB 2007, S. 72 (73); *Blümich/Wied*, § 4 EStG, Rn. 486; *Prinz*, DB 2009, S. 807 (809 f.); *Blöchle*, IStR 2009, S. 645 (647, FN 15); offen gelassen in BFH v. 17. 7. 2008 - I R 77/06, BFH/NV 2008, S. 1941.

[75] Vgl. BMF v. 14. 5. 2004 – IV B 4 – S 1340 – 11/04, BStBl. I Sondernr. 1/2004, S. 3, Tz. 1.4.3.

[76] Vgl. BFH v. 28. 4. 2004 - I R 5-6/02, BFH/NV 2004, S. 1442; BMF v. 22. 7. 2005 - IV B 4 – S 1341-4/05 (Nichtanwendungserlass), DStR 2005, S. 1315.

Vornahme der Auslandsinvestition stärker in den Fokus, wenn der Umfang der Auslandsaktivitäten anwächst. Nicht selten ergibt sich deshalb in der Beratungspraxis die Notwendigkeit einer nachträglichen Aufsetzung der optimalen Auslandstruktur. Neben der wirksamen Begründung einer Organschaft ist damit die Umwandlung der Auslandseinheiten angesprochen.

I. Begründung einer Organschaft

Bei der Begründung der Organschaft sind die allgemeinen Voraussetzungen des § 14 KStG maßgebend. Neben den Anforderungen an die Rechtsform der Organgesellschaft (§ 14 Abs. 1 S. 1, § 17 KStG), an ihre finanzielle Eingliederung (§ 14 Abs. 1 S. 1 Nr. 1 KStG) und an den Gewinnabführungsvertrag (§ 14 Abs. 1 S. 1 Nr. 3 KStG) ist bei der vorliegenden Struktur insbesondere die Organträgereignung der Personengesellschaft zu beachten. Die Organträgerpersonengesellschaft muss die Anteile an der Organgesellschaft im Gesamthandsvermögen halten (§ 14 Abs. 1 S. 1 Nr. 2 S. 3 KStG). Sie muss außerdem eine eigene gewerbliche Tätigkeit ausüben.[77] Nicht ausreichend ist eine gewerbliche Prägung (§ 15 Abs. 3 Nr. 2 EStG). Nach strittiger Auffassung der Finanzverwaltung liegen die Voraussetzungen einer Organschaft bei einer Tätigkeit als geschäftsleitende Holding[78] oder einer bloß durch das Halten von Personengesellschaftsbeteiligungen vermittelten Gewerblichkeit („Abfärbung", § 15 Abs. 3 Nr. 1 Alt. 2 EStG)[79] nicht vor. Ausreichend ist dagegen die Erbringung von Dienstleistungen durch die Organträgerin gegenüber mindestens einem konzerninternen Auftraggeber.[80]

II. Umwandlung bestehender Auslandskapitalgesellschaften in Personengesellschaften

1. Formwechsel und Verschmelzung im EU/EWR-Raum

Seit Inkrafttreten des Umwandlungssteuergesetzes in der Fassung des SEStEG[81] sind grenzüberschreitende Umwandlungen mit Auslandsbezug erstmals umfassend gesetzlich geregelt. Das Umwandlungssteuergesetz wurde dabei (lediglich) europäisiert, so dass Umwandlungen mit Drittstaatenbezug nicht erfasst sind. Da die Auslandseinheiten im Organschaftsmodell als Personengesellschaft geführt werden, ist zunächst von Interesse, ob bestehende ausländische Kapitalgesellschaften steuerneutral in Personengesellschaften umgewandelt werden können. In Anlehnung an das deutsche Umwandlungsgesetz ist dabei in erster Linie an einen Formwechsel zu denken. Alternativ kann die gewünschte Struktur auch über eine Verschmelzung auf eine ausländische Personengesellschaft erreicht werden. Die (klassische) Betriebsstätte wird im folgenden ausgeklammert, da sie in der Praxis aufgrund der fehlenden Haftungsbeschränkung wenig bedeutsam ist.

---

[77] Vgl. *Frotscher*, Ubg 2009, S. 426 zu den Besonderheiten bei Personengesellschaften im ertragsteuerlichen Organschaftsverbund, m. w. N.

[78] Vgl. BMF v. 10. 11. 2005 - IV B 7 – S 2770 – 24/05, BStBl. I 2005, S. 1038, Tz. 18; a. A. *Ley/Strahl*, DStR 2002, S. 2057 (2061); *Förster*, DB 2003, S. 899 (904); *Herzig/Wagner*, DStR 2003, S. 225 (228); *Orth*, DB 2005, S. 741.

[79] Vgl. BMF v. 10. 11. 2005 – IV B 7 – S 2770 – 24/05, BStBl. I 2005, S. 1038, Tz. 20; a. A. *Förster*, DB 2003, S. 899 (904).

[80] Vgl. BMF v. 10. 11. 2005 – IV B 7 – S 2770 – 24/05, BStBl. I 2005, S. 1038, Tz. 19.

[81] Vgl. BGBl. I 2006, S. 2782/2791, Nr. 57 v. 12. 12. 2006.

a) Anwendbarkeit des Umwandlungssteuergesetzes

Die Anwendung des Umwandlungssteuergesetzes (UmwStG) auf Umwandlungen mit Auslandsbezug erfordert einen doppelten EU/EWR-Bezug: Der oder die beteiligten Rechtsträger müssen nach den Rechtsvorschriften eines EU-Mitgliedsstaats oder EWR-Vertragsstaats gegründet sein und ihr Sitz sowie ihr Ort der Geschäftsleitung muss sich jeweils innerhalb des Hoheitsgebietes eines dieser Staaten befinden. Überdies muss die ausländische Umwandlung einem Formwechsel nach § 190 UmwG oder einer Verschmelzung nach § 2 UmwG vergleichbar sein (§ 1 Abs. 1 Nr. 1 u. 2 UmwStG). Zur Feststellung der Vergleichbarkeit mit deutschen Umwandlungsvorgängen bedarf es der sorgfältigen Analyse des ausländischen Vorgangs. Für den Formwechsel ist die Identitätswahrung und der Fortbestand aller Rechtspositionen einschließlich der unveränderten Beteiligungshöhe der Gesellschafter kennzeichnend.[82] Die Verschmelzung dagegen führt zu einer Vermögensübertragung durch Gesamtrechtsnachfolge, wobei der übertragende Rechtsträger ohne Abwicklung aufgelöst wird und der übernehmende Rechtsträger meist für das übernommene Vermögen neue Anteile gewährt.

b) Rückwirkung

Die Unterscheidung zwischen Formwechsel und Verschmelzung ist für die Bestimmung des maximalen Rückwirkungszeitraums i. S. v. § 2 UmwStG von Bedeutung. Für Auslandsumwandlungen soll bezüglich des Rückwirkungszeitraums auf das ausländische Handels- und Gesellschaftsrecht abgestellt werden.[83] Die Regelung des § 2 Abs. 1 UmwStG hat für eine Auslandsverschmelzung die Maßgeblichkeit der ausländischen handelsrechtlichen Rückwirkung für das deutsche Steuerrecht zur Folge, soweit dadurch keine Besteuerungslücken entstehen (§ 2 Abs. 3 UmwStG). Dagegen beschränkt § 9 S. 3 UmwStG die Rückwirkung für den Formwechsel auf maximal acht Monate.

c) Wertansätze in der steuerlichen Schlussbilanz der Körperschaft

Im Ergebnis sind die steuerlichen Konsequenzen einer Umwandlung von einer Kapital- in eine Personengesellschaft bei beiden Umwandlungsarten (Verschmelzung, Formwechsel) aus deutscher Sicht weitgehend identisch. In beiden Fällen ist eine deutschen Grundsätzen entsprechende steuerliche Schlussbilanz aufzustellen (§ 3 UmwStG), in der das Betriebsvermögen grundsätzlich zum gemeinen Wert zu bewerten ist. Unter den Voraussetzungen des § 3 Abs. 2 UmwStG kann durch entsprechende Bewertung in der Schlussbilanz eine Umwandlung zum Buchwert oder zu einem Zwischenwert gewählt werden. Die Ausübung des Wertansatzwahlrechts bestimmt die Höhe des Übernahmegewinns nach § 4 Abs. 7 UmwStG und die Höhe der als Ausschüttung besteuerten Auskehrung der offenen Rücklagen nach § 7 UmwStG.

d) Besteuerung des Übernahmeergebnisses und der offenen Rücklagen

Bei Umwandlungen von Kapital- in Personengesellschaften geht das deutsche Umwandlungssteuergesetz davon aus, dass die Differenz zwischen ausgewiesenem Eigenkapital der untergehenden Kapitalgesellschaft einerseits und dem Buchwert der Anteile an der Kapitalgesellschaft andererseits besteuert wird. Dies ist konsequent, da andernfalls die zum niedrigen Körperschaftsteuersatz besteuerten thesaurierten Gewinne im Regime der Personengesellschaft ohne weitere steuerliche Konsequenzen entnommen werden könnten.

Nach § 4 Abs. 1 UmwStG hat der übernehmende Rechtsträger die auf ihn übergegangenen Wirtschaftsgüter mit dem Wert zu übernehmen, die von der Körperschaft im Rahmen des § 3

---

[82] Vgl. *Blöchle/Weggenmann*, IStR 2008, S. 87; *Weggenmann/Blöchle*, Formwechsel in Europa und im EWR, erschienen in: Strahl, Ertragsteuern, Bonn Juli 2009.

[83] Vgl. BR-Drs. 542/06, S. 58.

UmwStG angesetzt worden sind. Der Wertansatz hat im Folgenden Bedeutung für die Gewinnermittlung der ausländischen Betriebsstättengewinne.

Infolge des Vermögensübergangs ist steuerlich ein Übernahmeergebnis zu ermitteln. Nach § 4 Abs. 4 UmwStG ergibt sich dieses aus der Differenz zwischen dem laut steuerlicher Schlussbilanz angesetzen Wert und dem Buchwert der untergehenden Kapitalgesellschaftsanteile. Bei Umwandlung einer ausländischen Kapitalgesellschaft sind die übergegangenen Wirtschaftsgüter jedoch für die Ermittlung des Übernahmeergebnisses mit dem gemeinen Wert anzusetzen, soweit an den Wirtschaftsgütern kein deutsches Besteuerungsrecht bestand (§ 4 Abs. 4 S. 2 UmwStG). Dadurch wird sichergestellt, dass die in den untergehenden Kapitalgesellschaftsanteilen enthaltenen stillen Reserven in Deutschland steuerlich erfasst werden. Allerdings erscheint die Sofortbesteuerung aus europarechtlicher Sicht fragwürdig.[84] Das Übernahmeergebnis wird nach § 4 Abs. 5 S. 2 UmwStG korrigiert um Bezüge nach § 7 UmwStG i.V.m. § 20 Abs. 1 Nr. 1 EStG. Dies führt dazu, dass alle offenen Gewinnrücklagen – ermittelt nach deutschen steuerlichen Grundsätzen – als Ausschüttung erfasst und den Anteilseignern im Verhältnis ihrer Anteile zuzurechnen sind. Der um die Beträge nach § 7 UmwStG verminderte Betrag bildet das Übernahmeergebnis.

Die als ausgekehrt geltenden offenen Rücklagen sind den Anteilseignern als Einkünfte aus Kapitalvermögen i. S. v. § 20 Abs. 1 Nr. 1 EStG zuzurechnen (§ 7 UmwStG). Soweit die Einkünfte im Betriebsvermögen anfallen, unterliegen sie nach § 3 Nr. 40 EStG dem Teileinkünfteverfahren bzw. der Freistellung nach§ 8b KStG. Gewerbesteuerlich dürfte die fiktive Auskehrung von offenen Rücklagen nicht nachvollzogen werden.[85]

Auch der Übernahmegewinn unterliegt dem Teileinkünfteverfahren, sofern nicht § 8b KStG anwendbar ist (§ 4 Abs. 6 und 7 UmwStG). Übernahmeverluste können nur insoweit steuerlich geltend gemacht werden, als offene Rücklagen i. S. v. § 7 UmwStG anfallen und die Anteile nicht innerhalb der letzten fünf Jahre erworben wurden oder ein Veräußerungsverlust i.S.d. § 17 EStG zu berücksichtigen wäre.

Soweit Anteile an der übertragenden Kapitalgesellschaft nicht unmittelbar oder mittelbar von Körperschaften gehalten werden, ist der Vorgang selbst bei Anwendbarkeit des deutschen Umwandlungssteuergesetzes nicht steuerneutral. Vielmehr unterliegen die gesamten stillen Reserven der Besteuerung. Allerdings kann bei hohen Anschaffungskosten und geringen offenen Rücklagen durch den Ansatz des Buchwerts nach § 3 UmwStG verhindert werden, dass signifikante Steuerfolgen entstehen, weil dann bei Umwandlung kurz nach dem Erwerb nur die offenen Rücklagen in Deutschland besteuert werden. Der Übernahmeverlust wäre in diesem Fall nicht verrechenbar.

Soweit Anteile an der übertragenden EU/EWR-Kapitalgesellschaft in einer deutschen Kapitalgesellschaft gehalten werden, ist die Umwandlung nach § 8b Abs. 1 und 2 KStG – abgesehen von der 5 %-igen Besteuerung – steuerneutral. Durch die Anwendung des deutschen Umwandlungssteuergesetzes kann hier die Höhe der Dividenden und des Übernahmeergebnisses gesteuert werden.

e) Besteuerung des Umwandlungsvorgangs im Ausland

Das Umwandlungssteuergesetz erfasst nur solche Auslandsumwandlungen, die einem deutschen Umwandlungsvorgang nach dem Umwandlungsgesetz vergleichbar sind (§ 1 Abs. 1 Nr. 1

---

[84] Vgl. EuGH v. 11. 3. 2004 - C-09/02, Lasteyrie du Saillant, IStR 2004, S. 236, Slg. 2004, I-2431.

[85] Vgl. *Blöchle/Weggenmann*, IStR 2008, S. 87 (93), Behrendt/Arjes, DB 2007, S. 824; *Grotherr*, IStR 2007, S. 265 (266).

u. 2 UmwStG). Damit wird auf das ausländische Zivilrecht abgestellt, das oft auch von einer entsprechenden steuerlichen Regelung flankiert ist. Werden Personengesellschaften im Sitzstaat der Auslandsgesellschaft nach dem Trennungsprinzip besteuert, so wird die steuerliche Regelung normalerweise selbst für nicht identitätswahrende Umwandlungen die Steuerneutralität anordnen.[86] Österreich[87] oder Polen[88] dagegen folgen wie Deutschland dem Transparenzprinzip und erfassen grundsätzlich offene Rücklagen im Falle einer Umwandlung, stellen darüber hinaus aber den Vorgang steuerneutral.

Die nachfolgende Tabelle gibt einen Überblick über die Möglichkeit eines Formwechsels in Europa:[89]

	ein dem Formwechsel i. S. d. § 190 UmwG vergleichbarer ausländischer Vorgang existiert	ein dem Formwechsel i. S. d. § 190 UmwG vergleichbarer ausländischer Vorgang existiert nicht
Belgien	unter dem Rechtsinstitut der Umwandlung	
Bulgarien	Möglichkeit eines Rechtsformwechsel (Transformation) vorgesehen	
Estland	unter dem Rechtsinstitut der Umwandlung	
Frankreich	wenngleich der Formwechsel auch als Vertragsänderung verstanden wird	
Griechenland	unter dem Rechtsinstitut der Umwandlung	
Großbritannien		da nur Umwandlungen wie Spaltung und Verschmelzung vorgesehen sind
Italien	unter dem Rechtsinstitut der Umwandlung	
Litauen	als sog. Reorganisation	
Luxemburg	unter dem Rechtsinstitut der Umwandlung	
Niederlande		zwar Umwandlungen vorgesehen, nicht aber Umwandlungen von PersG oder Umwandlungen in PersG
Österreich	als sog. „errichtende Umwandlung"	

---

[86] So z. B. in der Slowakei, der Tschechischen Republik oder Ungarn.
[87] Vgl. *Blöchle/Weggenmann*, IStR 2008, S. 87
[88] Vgl. *Jamrozy/Weggenmann*, IStR 2008, S. 869.
[89] Aus: *Weggenmann/Blöchle*, Formwechsel in Europa und im EWR, erschienen in: *Strahl*, Ertragsteuern, Bonn, Juli 2009.

Polen	unter dem Rechtsinstitut der Umwandlung	
Portugal	Rechtsinstitut der formwechselnden Umwandlung existiert	
Rumänien	ebenfalls als Formwechsel	
Schweden		zwar gibt es die Möglichkeit einer Umwand-lung, allerdings nur zwischen KapG bzw. PersG nicht aber von KapG auf PersG
Slowakei		zwar gibt die Umwandlungsart des Formwechsels, allerdings wird die Identität des Rechtssubjekt nicht gewahrt
Slowenien	Möglichkeit der Umwandlung KapG in PersG vorgesehen	
Spanien	unter dem Rechtsinstitut der Umwandlung	
Tschechien	ebenfalls als Formwechsel	
Ungarn	ebenfalls als Formwechsel	

f) Umwandlung sperrfristbehafteter Anteile

Wie vorstehend gezeigt wurde, ist die Umwandlung ausländischer Kapital- in Personengesellschaften in transparenten Strukturen nicht zielführend, da die gesamten stillen Reserven steuerpflichtig realisiert werden. Insofern stellt sich die Frage, ob die Einbringung der ausländischen Kapitalgesellschaft nach § 21 UmwStG zu Buchwerten und die anschließende Umwandlung in eine Personengesellschaft zu einer rückwirkenden Realisierung des Einbringungsvorgangs nach § 22 Abs. 2 UmwStG führt. Nach § 22 Abs. 2 UmwStG führt die Veräußerung der eingebrachten Anteile und der Veräußerung nach § 22 Abs. 1 S. 6 UmwStG gleichgestellten Vorgängen, rückwirkend und zeitlich gestuft zur Besteuerung der vorangegangenen Einbringung. Fraglich ist allerdings, ob ein ausländischer Formwechsel oder eine Verschmelzung als Veräußerung beurteilt werden oder einen Ersatztatbestand erfüllen.

In der Literatur wird u.E. für vergleichbare Vorgänge die Auffassung vertreten, dass Formwechsel und Verschmelzung nicht unter den normspezifischen Veräußerungsbegriff des § 22 Abs. 1 S. 1 bzw. Abs. 2 S. 1 UmwStG fielen.[90] Auch von den Ersatztatbeständen werden sie nicht erfasst, mangels Abwicklung insbesondere nicht von § 22 Abs. 1 Nr. 3 UmwStG. Folgt man diesen Auffassungen, ermöglicht das deutsche Umwandlungssteuergesetz einen steuerschonenden Rechtsformwechsel innerhalb der EU/EWR. Da jedoch Formwechsel und Verschmelzung unter Umständen als veräußerungs- bzw. tauschähnliche Vorgänge beurteilt werden,[91] sollte eine Umwandlung der ausländischen Kapitalgesellschaft nach Einbringung in eine Kapitalgesellschaft nicht ohne Abstimmung mit der deutschen Finanzverwaltung erfolgen.

---

[90] Vgl. *Schmitt* in Schmitt/Hörtnagl/Stratz, 5. Aufl., § 22 UmwStG, Rn. 36 ff.; *Stangl* in Rödder/Herlinghaus/van Lishaut, § 22 UmwStG, Rn. 61.

[91] Vgl. *Bauernschmitt/Blöchle*, BB 2007, S. 743 (748) m. w. N.

2. Formwechsel und Verschmelzung mit Drittstaatenbezug

Erfüllt ein ausländischer Rechtsträger nicht die Voraussetzungen des doppelten EU-/EWR-Bezugs, so kann dieser nicht nach dem Umwandlungssteuergesetz umgewandelt werden. Eine Umwandlung ist dann aus deutscher Sicht nach Tausch- oder Liquidationsgrundsätzen zu beurteilen. Der BFH[92] behandelte vor der Europäisierung des Umwandlungssteuergesetzes die Umwandlung einer österreichischen Kapital- in eine Personengesellschaft als Liquidation, da nach österreichischem Recht die rechtliche Identität der übertragenden Kapitalgesellschaft erlosch. Offen blieb, ob dies auch für formwechselnde (identitätswahrende) Umwandlungen gilt. Es wäre denkbar, diese nach Tauschgrundsätzen zu beurteilen. Dies wäre gewerbesteuerlich vorteilhaft, da Liquidationsraten von § 9 Nr. 7 GewStG nicht erfasst sind, während ein nach Tauschgrundsätzen entstehender Veräußerungsgewinn steuerfrei zu stellen wäre.

F. Zusammenfassung

Wird die deutsche Spitzeneinheit als Personengesellschaft geführt, verlangt die steuerliche Optimierung des Auslandsgeschäfts regelmäßig die Einschaltung ausländischer Personengesellschaften oder Betriebsstätten und ihre Anbindung an eine inländische Organgesellschaft. Beim Exit ist die Personengesellschaft zwar im Nachteil, dies fällt jedoch im Mittelstand meist nicht ins Gewicht, da die Beteiligungen langfristig gehalten werden. Überdies lässt sich auch kurzfristig eine steuergünstige Exitstruktur herstellen. Die Organschaftsstruktur ermöglicht es daher meist, von einem günstigen ausländischen Körperschaftsteuertarif zu profitieren und gleichzeitig den Auslandsgewinn ohne weitere inländische Steuerbelastung zu entnehmen. Dabei sind Belastungsvorteile von 12 bis 22 Prozentpunkten gegenüber einer ausländischen Kapitalgesellschaft nicht ungewöhnlich, wenn der Gewinn ins Inland transferiert und an die Anteilseigner ausgekehrt wird. Zusätzliche Belastungsvorteile der Personengesellschaft oder Betriebsstätte ergeben sich im Falle der Thesaurierung des Gewinns im Inland, wobei allerdings die zukünftige Nachversteuerung ins Kalkül zu ziehen ist.

Wird es versäumt, bereits bei Beginn der Auslandsaktivitäten Personengesellschaften zu errichten, ist es nachträglich oft nur unter großem Aufwand möglich, in diese Struktur zu gelangen.

---

[92] Vgl. BFH v. 22. 2. 1989 - I R 11/85, BStBl. II 1989, S. 794.

5. Die Erbringung von technischen Dienstleistungen unter steuerlichen Gestaltungsüberlegungen

von Professor Dr. Christian Joos, Wirtschaftsprüfer, Steuerberater, CPA (not in public practice), Neu-Ulm[*]

Inhaltsübersicht

A. Einführung
B. Begriff der technischen Dienstleistungen
C. Systematische Einordnung der technischen Dienstleistungen in das internationale Steuerrecht
   I. Systematisierung der technischen Dienstleistungen als Betriebsstätte
   II. Systematisierung technischer Dienstleistungen als selbständige Arbeit
   III. Systematisierung der Entgelte für technische Dienstleistungen als Lizenzgebühren
   IV. Erbringung technischer Dienstleistungen über eine ausländische Tochtergesellschaft
D. Steuerliche Belastungskonsequenzen in Abhängigkeit von der Qualifizierung technischer Dienstleistungen
   I. Steuerbelastung einer ausländischen Betriebsstätte
   II. Steuerbelastung bei selbständiger Arbeit
   III. Steuerbelastung des Exports technischer Dienstleistungen
   IV. Steuerbelastung einer ausländischen Tochtergesellschaf
   V. Steuerliche Gestaltungsmöglichkeiten bei der Erbringung technischer Dienstleistungen
E. Schlussbetrachtung

Literatur:

Atchabahian, Income Tax and Technical Assistance Services, International Taxation of Services, IFA Seminar Series, Vol. 14a 1989, Deventer 1991, S. 9 ff.; **Berekoven**, Der Dienstleistungsbetrieb, Wiesbaden 1974; **Bracewell-Milnes**, Summary of Proceedings of the Seminar "International Taxation of Services", IFA Seminar Series, Vol. 14a 1989, Deventer 1991, S. 63 ff.; **Costa**, Taxation of Technical Assistance, International Taxation of Services, IFA Seminar Series, Vol. 14a 1989, Deventer 1991, S. 3 ff.; **Debatin/Wassermeyer**, Doppelbesteuerung, München, Stand: Mai 2009; **Dessemontet**, Le Savoir faire industriel, Diss., Lausanne 1974; **Duccini**, fiscali des contrats internationaux, Paris 1991; **Görl**, Die freien Berufe im Internationalen Steuerrecht der Bundesrepublik; **Gosch/Kroppen/Grotherr**, DBA-Kommentar, Hamm, Stand: März 2009; **Grotherr**, Die Scheingewinnbesteuerung im internationalen Vergleich; **Hillenbrand/Brosig**, Probleme deutscher Freiberufler mit Betriebsstätten und Geschäftseinrichtungen im Ausland, Stbg 2001, 481 ff; **Jahn**, Zur festen Geschäftseinrichtung eines Selbständigen im anderen Vertragsstaat, Praxis Internationale Steuerberatung 2007, S. 33 ff; **Krause**, Tax Treatment of the Provision of Technical Services, International Taxation of Services, IFA Seminar Series, Vol. 14a 1989, Deventer 1991, S. 35 ff.; **Krüger**, Die feste Einrichtung bei der Ausübung selbständiger Arbeit, IStR 1998, 104 ff.; **Loukota, Jirousek**, Steuerfragen International, Wien 2004; **Maisto**, Taxation of Technical Assistance and Independent Personal Services, International Taxation of Services, IFA Seminar Series, Vol. 14a 1989, Deventer 1991, S. 43 ff.; **Portner/Bödefeld**, Besteuerung der Einkünfte aus selbständiger Arbeit bei grenzüberschreitender Tätigkeit überörtlicher Rechtsanwaltssozietäten, IWB F. 3 Deutschland Gr. 3, S. 1037 ff.; **Schieber**, Steuerklauseln in Anlagenbau- und Ingenieurleistungsverträgen, DStR 1989, Beilage zu Heft 21, 2 ff.; **Schmidt/Spensberger**, Anwendung des Art. 14 OECD-Musterabkommen bei ausländischen Einkünften inländischer Kapitalgesellschaften, DStR 2002, 480 ff.; **Sonntag**, Die Besteuerung von Einkommen aus dem Transfer von Technologie, IWB F. 1, IFA-Mitteilungen, S. 1427 ff; **Vogel/Lehner**, Doppelbesteuerungsabkommen 5. Auflage, München 2008; **Ziegler**, Immaterielle Leistungen – eine Herausforderung für Theorie und Praxis, ZfbF 1982, 816 ff.

---

[*] Hochschullehrer Hochschule Neu-Ulm.

A. Einführung

Die Globalisierung der Wirtschaftsbeziehungen führt zu einem steigenden Bedarf an technischen Dienstleistungen. Die mit dieser Verdichtung des Wirtschaftsverkehrs einhergehende internationale Arbeitsteilung fördert im Zusammenhang mit dem technischen Fortschritt eine Spezialisierung im internationalen Bereich. Insofern nimmt der Bedarf an technischen Dienstleistungen aller Art zu, wobei Spezialisten eines Unternehmens (Ingenieure, Techniker etc.), Ingenieurbüros oder selbständig Tätige bei der Planung und Implementierung neuer Anlagen oder Maschinen bzw. im Anschluss daran, beratend zur Seite stehen.

Die fortschreitende Internationalisierung der Industriestaaten und der Schwellenländer führt zu großen ökonomischen Auswirkungen der Besteuerung auf den internationalen Wettbewerb.[1] So führen beispielsweise Konflikte über die Aufteilung des Steueraufkommens zwischen dem Wohnsitz- und dem Quellenstaat zu Wettbewerbsnachteilen. Ein solcher Konflikt besteht im Fall des Besteuerungsrechts für technische Dienstleistungen.[2] Den Staaten, in denen die Spezialisten, die die technischen Dienstleistungen erbringen, ansässig sind (Wohnsitzstaaten), ist daran gelegen, i. S. der Wohnsitzbesteuerung das Besteuerungsrecht bezüglich des Welteinkommens zu behalten. Bei den Wohnsitzstaaten handelt es sich vorwiegend um Industrieländer, die ein Besteuerungsrecht der Empfängerländer (Quellenstaaten) erst dann befürworten, wenn eine gewisse Verzahnung bzw. Verknüpfung mit der Volkswirtschaft des anderen Staates erfolgt.

Es ist die Intention vieler Quellenstaaten (im Wesentlichen Entwicklungsländer u. sog. Schwellenländer), ihr Besteuerungsrecht auf Einkünfte aus technischen Dienstleistungen zu erweitern. Teilweise wird dabei versucht, dem Erbringer technischer Dienstleistungen zur Verfügung gestellte Büroräume oder angemietete Hotelzimmer als betriebsstättenbegründend (im Rahmen gewerblicher Tätigkeit) einzustufen oder damit den Steueranknüpfungspunkt der festen Einrichtung (im Rahmen freiberuflicher Tätigkeit) zu fingieren. Andererseits werden die Entgelte für technische Dienstleistungen als Lizenzgebühren eingestuft, mit der Folge eines beschränkten Quellenbesteuerungsrechts im Staat der Leistungserbringung.[3]

Der Erbringer von technischen Dienstleistungen ist in diesem Spannungsfeld fiskalischer Ansprüche aus unterschiedlichen Staaten daran interessiert, seine Steuerbelastung möglichst gering zu halten. Aufbauend auf der Analyse, ob bei Erbringung technischer Dienstleistungen eine Betriebsstätte, eine feste Einrichtung bzw. bei den Entgelten aus technischen Dienstleistungen Lizenzgebühren vorliegen, sollen die für den inländischen Steuerpflichtigen relevanten Steuerbelastungskonsequenzen der jeweiligen Handlungsalternativen untersucht werden, die die Basis bilden für die Ausarbeitung von Gestaltungsmöglichkeiten i. S. einer relativen Steuerminimierung.

B. Begriff der technischen Dienstleistungen

Der Begriff der Dienstleistung ist deshalb schwierig zu definieren, weil eine exakte Differenzierung zwischen Sachgütern und Dienstleistungen infolge der immanenten Interdependenzen

---

[1] Vgl. *Grotherr*, Die Scheingewinnbesteuerung im internationalen Vergleich, S. 33.

[2] Vgl. *Duccini*, fiscali|<chr;fe> des contrats internationaux, S. 406.

[3] Vgl. *Costa* in: IFA Seminar Series, Vol. 14a, 1989, S. 4.

schwer festzustellen ist. Bei technischen Dienstleistungen handelt es sich i. d. R. um Inputfakoren zur Sachleistungsproduktion, d. h. zur Produktion materieller Güter.[4]

Mögliche Ausprägungsformen der technischen Dienstleistungen stellen sowohl eigenständige Leistungen als auch Leistungen im Zusammenhang mit der Lieferung von Sachleistungen, dem Technologietransfer, der Erstellung neuer Produktionsprogramme, Rationalisierungsvorhaben oder Qualitätskontrollen dar.

Große Bedeutung haben insbesondere solche technischen Dienstleistungen, die im Zusammenhang mit der Lieferung von Sachleistungen bei der Erstellung vollständiger industrieller Großanlagen sowie auf großen Bau- oder Montagestellen erbracht werden. Der Grund ist, dass diese technischen Dienstleistungen zumeist Überwachungsleistungen, Projektmanagementübernahmen, Einarbeitung in die Bedienung und Instandhaltungsleistungen umfassen und deshalb für den Leistungsempfänger von entscheidender Bedeutung für den Kauf einer Anlage bzw. für die Vergabe oder die Durchführung eines Bau- oder Montagevorhabens sein können. Technische Dienstleistungen können auch von spezialisierten unabhängigen Dienstleistungsunternehmen erbracht werden.

Unter Berücksichtigung der vorgenannten wesenstypischen Merkmale und Ausprägungen werden hier technische Dienstleistungen wie folgt definiert:

Technische Dienstleistungen sind persönliche Leistungen, die Inputfaktoren zur Planung, Realisation und Kontrolle materieller Güter darstellen. Sie umfassen Architekten- und Ingenieurleistungen, Instandhaltungen, technische Prüfungen und Gutachten, Reparatur- und Montageleistungen. Auch das Engineering von der Analyse eines technischen Problems, der Konzeption und Projektierung einer technischen Anlage bis zum "after-sales-service" fällt hierunter.[5] Bloße Reparatur- u. Instandsetzungsarbeiten zählen i. d. R. nicht zum Montagebegriff.[6]

C. Systematische Einordnung der technischen Dienstleistungen in das internationale Steuerrecht

I. Systematisierung der technischen Dienstleistungen als Betriebsstätte

Gewinn- und Vermögensteile eines in der Bundesrepublik Deutschland ansässigen Unternehmens können nach dem Betriebsstättenprinzip im ausländischen Quellenstaat i. d. R. nur dann besteuert werden, wenn dort eine gewerbliche Tätigkeit ausgeübt wird. Ausländische Grundeinheiten, die nicht eigenständig privatrechtlich organisiert sind (Betriebsstätten), werden im Inland nach §§ 12 und 13 AO qualifiziert. Besteht mit dem Quellenstaat ein DBA, so ist vorrangig der im DBA enthaltene Betriebsstättentatbestand zu beachten.

Eine Betriebsstätte ist dadurch gekennzeichnet, dass die jeweilige Betätigung im Ausland zwar über eine feste Geschäftseinrichtung erfolgt, die in einem gewissen Umfange wirtschaftlich selbständig am Geschäftsleben teilnimmt, es sich aber andererseits um einen Betriebsteil des Unternehmens oder des Unternehmers bei Mitunternehmerschaften handelt, der keine rechtliche Selbständigkeit aufweist.

Nach Art. 7 Abs. 7 OECD-MA werden den von einem Unternehmen erzielten Einkünften, die unter andere Artikel des DBA zu subsumieren sind, Priorität vor den Betriebsstätteneinkünften

---

[4] Vgl. *Berekoven*, Der Dienstleistungsbetrieb, S. 34.
[5] Vgl. *Ziegler*, ZfbF 1982, 820.
[6] Vgl. Art. 5 Rn. 16 des Kommentars zum OECD-MA.

eingeräumt. Andererseits könnte argumentiert werden, dass wegen einer fehlenden Betriebsstätte auch eine Besteuerung von Lizenzeinnahmen im Quellenstaat unterbleiben würde. Zur Vermeidung dieser Situation sieht das Abkommensrecht in Anlehnung an das Rechtsinstitut der isolierenden Betrachtungsweise einen Vorrang der Einkünfte aus Lizenzgebühren nach Art. 12 OECD-MA vor. Damit ist eine eventuell dort vollzogene Quellenbesteuerung zu akzeptieren.[7] Besteht im Quellenstaat eine Betriebsstätte und sind die Lizenzgebühren nicht funktional der Betriebsstätte zuzuordnen, unterliegen diese der Beurteilung des Art. 12 OECD-MA und damit eventuell der Quellenbesteuerung.

Bei dienstleistungserbringenden Körperschaften stellt sich die Frage, ob deren Tätigkeiten als Einkünfte aus selbständiger Arbeit eingestuft werden können. Dies ist zu bejahen, da in Art. 14 Abs. 1 OECD-MA a. F. als Normalfall für die Ausführung selbständiger Arbeiten die "Person" genannt ist. Unter "Person" ist auch die Kapitalgesellschaft zu sehen.[8] Vielfach ist nach den DBA für die Besteuerung von Dienstleistungen im Quellenstaat mehr Raum eingeräumt, als wenn nach dem Betriebsstättensachverhalt für gewerbliche Einkünfte vorgegangen wird. Deshalb ist hier eine Klassifizierung von großer praktischer Relevanz.

Wegen der Bedeutung der Besteuerungsfolgen bei Vorliegen einer Betriebsstätte sowohl für die Quellen- als auch für die Wohnsitzbesteuerung ist näher darauf einzugehen, wann technische Dienstleistungen als Betriebsstätten einzustufen sind.

Nach § 12 AO wird eine Betriebsstätte definiert als "jede feste Geschäftseinrichtung oder Anlage, die der Tätigkeit eines Unternehmens dient". Die Charakteristika einer Betriebsstätte bilden die feste Geschäftseinrichtung oder Anlage, Nachhaltigkeit, Verfügungsmacht und die Tätigkeit des Unternehmens. Für das Vorliegen einer Betriebsstätte müssen diese Charakteristika kumulativ erfüllt sein.

Der Grundgedanke des Betriebsstättenbegriffs leitet sich aus einer nachhaltigen, standortbezogenen, gewerblichen Aktivität ab. Jedoch gibt es Tatbestände, die das Vorliegen einer Betriebsstätte vermuten lassen, die aber nicht in das allgemeine Schema passen, da die Merkmale der "Nachhaltigkeit" und der "Geschäftseinrichtung" nicht erfüllt sind. Hierunter fallen insbesondere Bauausführungen und Montagen, technische und kaufmännische Dienstleistungen. Aus diesem Grunde wurde für diese Tätigkeiten teilweise in gesonderten Bestimmungen vereinbart, wann eine Betriebsstätte vorliegt. Darauf soll im Folgenden im Zusammenhang mit der Erbringung technischer Dienstleistungen näher eingegangen werden.

1. Planungs- und Überwachungstätigkeiten im Zusammenhang mit ausländischer Bau- und Montagetätigkeit

Planungs- und Überwachungstätigkeiten als technische Dienstleistungen sind nach der wirtschaftlichen Betrachtungsweise unter den Begriff der Bauausführung zu subsumieren, soweit sie der Bauunternehmer selbst durchführt. Wenn ein fremdes Unternehmen nur diese Tätigkeit an der Baustelle ausführt, fallen diese Planungs- und Überwachungstätigkeiten nicht unter den Begriff der Bauausführung und Montage. Wird von einem planenden oder überwachenden Unternehmen eine Geschäftsstelle unterhalten, die nur für diese Baustelle zuständig ist, und stellt diese Bauausführung keine Betriebsstätte dar, ist bei dieser Geschäftsstelle das Charakteristikum der Ständigkeit zu negieren.[9]

---

[7] Vgl. *Debatin/Wassermeyer*, Doppelbesteuerung, Vor. Art. 6-22, Rz. 21; Art. 12 MA, Rz. 95.

[8] Vgl. Art. 3 Abs. 1a OECD-MA.

[9] Vgl. *OECD*: Model Tax Convention on Income and on Capital, Art. 5, Ziff. 17.

Wenn ein überwachendes inländisches Ingenieurbüro oder Unternehmen den Fortschritt der Bau- oder Montagestelle in regelmäßigen zeitlichen Abständen kontrolliert, liegt keine Tätigkeit vor, die sich nur auf den Standort bezieht. Steuerlich handelt es sich um ein Exportgeschäft und nicht um eine Betriebsstätte.

Führt ein Unternehmen im Ausland eine Bauausführung durch, während ein anderes Unternehmen hierfür technische Beratungen zur Verfügung stellt, wird bei der Beratungstätigkeit nur dann eine Betriebsstätte angenommen, wenn sie im Rahmen einer festen Geschäftseinrichtung erbracht wird. Hier wird teilweise gefordert, dass auch die jeweilige Zeitgrenze (i. d. R. sechs oder zwölf Monate als Ersatz für das Kriterium der Nachhaltigkeit als Betriebsstättentatbestand) überschritten werden muss, um eine Betriebsstätte zu begründen. Dem kann nicht zugestimmt werden. Die Tätigkeiten verschiedener Unternehmen können nicht gemeinsam beurteilt werden. Die Beachtung der Zeitgrenze ist hier nur dann relevant, wenn ein Unternehmen neben der reinen Bauausführung noch Beratungstätigkeiten durchführt. Dies gilt jedoch nicht für den Fall, in dem im DBA bereits Beratungstätigkeiten den bauausführenden Tätigkeiten zugeordnet werden.

Die Einbeziehung von reinen Beratungs-, Überwachungs- und Aufsichtstätigkeiten in den Betriebsstättenbegriff bedeutet eine Aushöhlung des Begriffes der festen Einrichtung des Art. 14 OECD- MA a. F., denn letztlich gelingt die Zuordnung zu Art. 5 OECD-MA nur über eine Fiktion, da die Kriterien einer Betriebsstätte i. d. R. nicht erfüllt sein dürften.

Eine Erweiterung des Betriebsstättentatbestandes um technische Dienstleistungen kommt den fiskalischen Interessen der Entwicklungsländer entgegen.[10] Unter dem Gesichtspunkt der Kapitalimportneutralität ist nicht einzusehen, warum technische Dienstleistungen abweichend von den allgemeinen Regelungen zur Begründung einer Betriebsstätte behandelt werden sollen. Liegt keine Betriebsstätte vor, handelt es sich i. d. R. um ein Exportgeschäft mit der Folge, dass der Wohnsitzstaat das Besteuerungsrecht behält.

2. Technische Dienstleistungen im Zusammenhang mit dem Ausnahmekatalog des Art. 5 Abs. 4 OECD-MA

Der Ausnahmekatalog des Art. 5 Abs. 4 OECD-MA dient der Förderung des internationalen Wirtschaftsverkehrs, indem Tätigkeiten vorbereitender Art oder Hilfstätigkeiten – also der unternehmerische Hilfsbereich – aus den betriebsstättenbegründenden Sachverhalten herausgenommen werden und damit weiterhin unter die Wohnsitzbesteuerung fallen. Die aufgezählten Fallgruppen brauchen hier nicht gesondert erläutert zu werden, da sie sich aus sich selbst heraus erklären.

Land	A/Ü	Fundstelle im DBA	Bemerkungen
Ägypten	A	Art. 5 Abs. 3	Länger als 6 Monate
Aserbaidschan	A	Art. 5 Abs. 3	Länger als 12 Monate
Australien	Ü	Prot. (1) zu Art. 5	Länger als 6 Monate
China	A	Art. 5 Abs. 3 a) Abs. 3 b)	Länger als 6 Monate Erbringung von Dienstleistungen durch Personal eines Unternehmens, wenn länger als 6 Monate innerhalb von 12 Monaten, auch wenn ohne Zusammenhang mit Bau- oder Montagetätigkeiten

---

[10] Vgl. *United Nation*, Guidelines for Tax Treaties Between Developed and Developing Countries, S. 18.

Estland	A	Art. 5 Abs. 3	Länger als 9 Monate i. Zshg. mit Bauausführung u. Montage
GUS	A	Art. 4 Abs. 3 a)	Reine Aufsicht begründet keine Betriebsstätte!
Indien	A	Art. 5 Abs. 2 i)	Bau und Montage und damit zusammenhängende Aufsichtstätigkeit bei mehr als 6 Monaten
Japan	Ü	Notenwechsel v. 22. 4. 1966	Länger als 12 Monate
Kasachstan	A	Art. 5 Abs. 3	Aufsichtstätigkeiten i. Zshg. mit der Erforschung von Bodenschätzen, wenn die Tätigkeit länger als 12 Monate dauert.
Kenia	Ü	Prot. (1) zu Art. 5 Buchst. a) Buchst. b)	Länger als 6 Monate Nebenleistungen im Zusammenhang mit dem Verkauf v. Maschinen oder Anlagen führen nicht zur Betriebsstätte
Kirgisistan	A	Art. 5 Abs. 3	Länger als 12 Monate
Korea	Ü	Prot. (1) zu Art. 5	Länger als 6 Monate
Lettland	A	Art. 5 Abs. 3	Länger als 9 Monate i. Zshg. mit Bauausführung u. Montage
Liberia		Art. 5 Abs. 7	Eine Betriebsstätte wird angenommen bei Arbeitnehmerentsendungen von mind. 6 Monaten, und zwar nicht begrenzt auf Bauausführungen oder Montagen
Litauen	A	Art. 5 Abs. 3	Länger als 9 Monate i. Zshg. mit Bauausführung u. Montage
Malaysia	Ü	Prot. (3) zu Art. 5 Buchst. a)	Länger als 6 Monate
Mexiko	A	Art. 5 Abs. 3	Länger als 6 Monate
Namibia	A/Ü	Prot. 2 zu Art. 7	Zahlungen im Zusammenhang mit Management, techn. Dienstleistungen etc. gelten als Einkünfte gem. Art. 7
Neuseeland	Ü	Prot. (2) zu Art. 5 Buchst. a)	Länger als 12 Monate
Norwegen	A	Prot. (1) zu Art. 5	Frist v. 12 Monaten gilt auch für beaufsichtigende oder beratende Tätigkeit, die durch eine mit der Bauausführung oder Montage i. Zshg. stehende feste Geschäftseinrichtung ausgeübt werden
Pakistan	A/Ü	Prot. 2b	Technische Dienstleistungen werden der Betriebsstätte nicht zugeordnet

Philippinen	A	Art. 5 Abs. 2 Buchst. h) Prot. (2)	Länger als 6 Monate zusätzlich Dienstleistungen durch Entsendung von Personal bei mehr als 6 Monaten Dauer innerhalb von 12 Monaten, jedoch nicht begrenzt auf Bauausführungen oder Montagen. Ausgenommen sind Leistungen, die durch das Abkommen über technische Zusammenarbeit erbracht werden
Sambia	Ü	Prot. (1) zu Art. 5	Länger als 9 Monate
Singapur	Ü	Prot. (1) zu Art. 5	Länger als 6 Monate
Türkei	A/Ü	Art. 5 Abs. 2 Buchst. g); Art. 5 Abs. 3	Länger als 6 Monate
Tunesien	A	Art. 5 Abs. 2 Buchst. g)	Länger als 6 Monate oder ohne Zeitgrenze, wenn die Kosten der Montage- oder Aufsichtstätigkeit 10 % des Maschinen- oder Ausrüstungspreises übersteigen
Ukraine	Ü	Prot. 1c) zu Art. 7	Gehört zu Art. 7 oder Art. 14 DBA
Usbekistan	Ü	Prot. 1c) zu Art. 7	Gehört zu Art. 7 oder Art. 14 DBA
Zypern	Ü	Prot. (1) zu Art. 5	Länger als 6 Monate

Abb. 1: Übersicht über die DBA, die eine Aufsichts- oder Überwachungstätigkeit im Zusammenhang mit Bauausführungen oder Montagen als Betriebsstätte behandeln

[a] A... Aufsicht Ü... Überwachung

Bei Vorbereitungs- bzw. bei Hilfstätigkeiten wird trotz des Vorliegens einer festen Geschäftseinrichtung keine Betriebsstätte unterstellt. Eine Differenzierung in betriebsstättenbegründende Sachverhalte und in Vorbereitungs- bzw. Hilfstätigkeiten ist jedoch oftmals problematisch, so dass man vereinfachend danach urteilen kann, ob die zur Diskussion stehenden Tätigkeiten in Bezug auf die Gesamttätigkeit des Unternehmens überhaupt nicht bzw. nur nachrangig von Bedeutung sind.[11]

Unternehmensinterne Dienstleistungszentren treten oftmals nicht im Außenverhältnis auf oder werden lediglich als Erfüllungsorgan anderer Unternehmenseinheiten beauftragt. In diesem Zusammenhang sind sie als Tätigkeiten vorbereitender Art bzw. als Hilfstätigkeiten aufzufassen und begründen somit keine Betriebsstätte.[12]

Besteht der Unternehmenszweck u. a. jedoch in der Erbringung technischer Dienstleistungen, liegt hierin ein Hauptbereich der Unternehmenstätigkeit. Sind in einem solchen Falle auch die anderen betriebsstättenbegründenden Voraussetzungen gegeben, handelt es sich um eine Betriebsstätte i. S. d. Art. 5 OECD-MA und nicht um Vorbereitungs- bzw. um Hilfstätigkeiten.

Für den Fall, dass mittels einer festen Geschäftseinrichtung unmittelbar Tätigkeiten im Auftrag fremder Unternehmen erbracht werden, wird kein Sachverhalt des Negativkatalogs unterstellt. Hier wird davon ausgegangen, dass sich die ursprüngliche Hilfstätigkeit über die Teilnahme am

---

[11] Vgl. *OECD* a. a. O. Art. 5, Ziff. 27.
[12] Vgl. *OECD* a. a. O. Art. 5, Ziff. 23.

allgemeinen Marktgeschehen mit eigenständiger Gewinnerzielungsabsicht und damit in eine Haupttätigkeit umwandelt.[13]

Werden die Geschäfte auch mit Dritten abgewickelt, stellen sie dann keine Hilfstätigkeit mehr dar, wenn sie auf Dauer angelegt sind. Einmalige geschäftliche Verbindungen mit Dritten sind dagegen unschädlich. Soweit selbständige oder konzernangehörige Unternehmen gemeinsam eine Einrichtung für andere Unternehmen betreiben, gilt dies nicht mehr als Hilfs- oder Nebentätigkeit.

Hilfstätigkeiten führen demnach solange nicht zu einer Betriebsstätte, wie sie in Unabhängigkeit vom Stammunternehmen nicht lebensfähig wären, denn das Wesen der Hilfstätigkeiten liegt eben in einem unbedeutenden Gewinnpotential. Technische Dienstleistungen, die von einem technischen Büro als wesentlicher Teil zur Vertragserfüllung Dritten gegenüber erbracht werden, sind keine Nebenleistungen mehr, sondern haben den Charakter einer Hauptleistung. Hier liegen keine Hilfstätigkeiten mehr vor.

Übt ein technisches Büro zusätzlich geschäftsleitende Funktionen aus, wie z. B. Koordinierungs-, Verwaltungs- oder Managementtätigkeiten, so liegen nicht mehr Hilfstätigkeiten, sondern betriebsstättenbegründende Tätigkeiten vor,[14] die, auch wenn sie lediglich im Innenverhältnis erbracht werden, den eigentlichen Unternehmenszweck betreffen.

Technische Hilfeleistungen, die von einem Koordinierungsbüro aus gegenüber Lizenz- und Know-how-Partnern erbracht werden, stellen Hilfstätigkeiten dar, wenn es sich nicht um ein Dienstleistungsunternehmen handelt, dessen unternehmerische Funktion die Lizenz- und Know-how-Vergabe ist. Solange also solche technischen Hilfeleistungen von einem Koordinierungsbüro innerhalb des Konzerns bzw. des Einheitsunternehmens ausgeführt werden, kann eine Hilfstätigkeit vorliegen. Werden jedoch solche Funktionen aus dem Unternehmen ausgegliedert, handelt es sich um eine Haupttätigkeit und nicht mehr um eine Hilfstätigkeit. Beispielsweise kann eine Dienstleistungsgesellschaft gegründet werden. Auch können sich Ingenieure eines Unternehmens zusammenschließen, um eine eigene Gesellschaft zu gründen, mit dem Ziel, dem früheren Arbeitgeber ihre Dienstleistungen anzubieten.

3. Technische Dienstleistungen als Sondertatbestand einer Betriebsstätte

Technische Dienstleistungen werden innerhalb des Betriebsstättenbegriffs weder im deutschen Steuerrecht noch im OECD-MA eigenständig behandelt, es sei denn, man würde Bau- und Montagetätigkeiten unter den Oberbegriff der technischen Dienstleistungen einstufen. Eine Betriebsstätte liegt in diesen Fällen also nur bei einem Rückgriff auf die allgemeine Betriebsstättendefinition vor. Hier muss jedoch der isolierenden Betrachtungsweise Beachtung geschenkt werden. Dies bedeutet, dass technische Dienstleistungen u. U. einer anderen Einkunftsart oder Kollisionsnorm, wie z. B. Lizenz- und Know-how-Vergabe oder selbständiger Arbeit, zugeordnet werden. Damit wird auch das Besteuerungsrecht des Quellenstaates anders abgegrenzt. Die Beurteilung technischer Dienstleistungen mittels einer Zeitgrenze analog der Behandlung von Bauausführungen und Montagen ist somit nicht möglich.

Das UN-MA enthält eine eigene Vorschrift für kaufmännische und technische Dienstleistungen (Art. 5 Abs. 3 Buchstabe b UN- MA).[15] Eine Betriebsstätte liegt danach vor, wenn Mitarbeiter im

---

[13] Vgl. *OECD* a. a. O., Art. 5, Ziff. 26.

[14] Vgl. *OECD* a. a. O., Art. 5, Ziff. 24; Betriebsstätten-Verwaltungsgrundsätze v. 24. 12. 1999 (BStBl 1999 I 1076), Tz. 4.4.

[15] Die DBA mit China und den Philippinen enthalten eine dem Art. 5 Abs. 3 Buchst. b UN-MA nachgebildete Bestimmung.

jeweiligen Staat länger als sechs Monate innerhalb eines Zeitraumes von zwölf Monaten für ein einzelnes oder mehrere zusammenhängende Projekte tätig sind.

Diese Vorschrift des UN-MA steht im Gegensatz zum Erfordernis der örtlichen Einrichtung des OECD-MA, da schon die Erbringung von Dienstleistungen für die Quellenbesteuerung ausreicht. Eine örtliche Einrichtung ist hiermit nicht mehr nötig. Relevant ist dies insbesondere für die Personalgestellung und für technische Dienstleistungen, da in diesen Fällen, wenn die Tätigkeit die Frist überschreitet, im leistungsempfangenden Staat besteuert wird.

II. Systematisierung technischer Dienstleistungen als selbständige Arbeit

Technische Dienstleistungen können auch als unabhängige persönliche Dienstleistungen erbracht werden. Diese Form der Leistungserbringung ist häufig bei selbständiger Arbeit anzutreffen.[16]

Die Behandlung der selbständigen Arbeit erfolgt im Abkommensrecht in Anlehnung an die Besteuerung der Unternehmen. So richtet sich das Besteuerungsrecht des Quellenstaates bei der Ausübung selbständiger Arbeit i. d. R. nach dem Vorliegen einer "festen Einrichtung". Dies geht von dem Grundgedanken aus, dass der Quellenstaat das Besteuerungsrecht dann ausüben kann, wenn die selbständige Arbeit im Quellenstaat "örtlich fixiert"[17] ist. Besteuert werden soll dabei nur, was der festen Einrichtung zuzurechnen ist. Hier sind deutlich die Parallelen zur Betriebsstätte erkennbar.[18] Art. 14 a. F. wurde am 29. 4. 2000 in Art. 7 überführt. Die Formulierungen in anderen Vorschriften wurden angepasst. Nach dem MA werden die Unternehmensgewinne und die Einkünfte aus selbständiger Arbeit abkommensrechtlich einheitlich behandelt. In der praktischen Arbeit dürfte sich kaum etwas ändern, da bereits bisher die Tatbestandsvoraussetzungen der Art. 7 und 14 a. F. weitgehend übereinstimmten. Aus deutscher Sicht wird Art. 14 OECD-MA a. F. dennoch weiterhin von Bedeutung bleiben, weil in den bisherigen DBA die Einkünfte aus selbständiger Arbeit weitgehend in einem eigenen Artikel ausgewiesen werden.

Nach Art. 14 OECD-MA a. F. werden nur die selbständig Tätigen erfasst. Übt beispielsweise ein Ingenieur seine Tätigkeit als abhängig Beschäftigter aus, ist hierfür Art. 15 OECD-MA (unselbständige Arbeit) anzuwenden. Werden die Früchte der freiberuflichen Tätigkeit mittels der Verwertung von Rechten und ähnlichen Vermögenswerten (Lizenzgebühren) abgegolten, so ist, solange keine feste Einrichtung besteht, Art. 12 OECD-MA (Lizenzgebühren) maßgebend.[19] Besteht jedoch eine feste Einrichtung und sind die genutzten Rechte und Vermögenswerte dieser zuzurechnen, so sind die Einkünfte hieraus nach Art. 14 OECD-MA a. F. zu beurteilen.

1. Zuteilung des Besteuerungsrechts zum Quellenstaat

a) Feste Einrichtung

Prinzipiell hat der Wohnsitzstaat das Besteuerungsrecht für Einkünfte aus einem freien Beruf oder aus sonstiger selbständiger Arbeit inne. Dies gilt auch dann, wenn die Einkünfte in einem anderen Vertragsstaat erwirtschaftet werden. Im Falle eines Vorliegens einer festen Einrichtung jedoch hat der Staat des Ortes der Ausübung der Tätigkeit, also der Quellenstaat, ein Besteuerungsrecht für die Einkünfte, die bei dieser festen Einrichtung anfallen. Ob der Wohnsitzstaat diese Einkünfte auch besteuern kann, ist i. d. R. nach Art. 14 OECD-MA a. F. offen.

---

[16] Vgl. *Atchabahian*, in: IFA Seminar Series, Vol. 14a, 1989, Deventer 1991, S. 10.

[17] *Debatin/Wassermeyer* a. a. O., MA Art. 14, Rn. 70.

[18] Vgl. *Portner/Bödefeld*, IWB F. 3 Deutschland Gr. 3 S. 1040.

[19] Vgl. *Vogel/Lehner*, DBA, Vor. Art. 10 bis 12, Rn. 15 ff.

In den DBA findet sich keine Definition des Begriffs der festen Einrichtung. Der OECD-Kommentar hält dies nicht für notwendig, führt jedoch beispielhaft das Büro eines Architekten als typische feste Einrichtung auf.[20] Nach dem Abkommensrecht ist somit die Auslegung aus dem Zusammenhang vorzunehmen, wobei auf die Prinzipien der Betriebsstätte zurückzugreifen ist.[21] Die Einkünfte aus selbständiger Arbeit und die Einkünfte aus Unternehmertätigkeit werden gleich bestimmt; beiden Einkunftsarten liegen dieselben Prinzipien zugrunde.[22] Somit können die Grundsätze für die Besteuerung gewerblicher Tätigkeit die Richtschnur für die Auslegung und Anwendung des Art. 14 OECD-MA a. F. bilden.[23]

Dies soll nicht dazu führen, dass die Bedeutung der wesensmäßigen Unterschiede zwischen der festen Einrichtung und der Betriebsstätte vernachlässigt wird. An dieser Stelle ist darauf hinzuweisen, dass sich Unterschiede insbesondere daraus ergeben, dass die selbständige Arbeit auf der Grundlage des persönlichen Wirkens ausgeübt wird, wohingegen die Unternehmertätigkeit insbesondere auch die Tätigkeit der Mitarbeiter und den Einsatz von Kapital betrifft.[24]

Analog zur Betriebsstätte ist für das Vorliegen einer "festen Einrichtung" eine körperliche Fixierung erforderlich, welche der Praktizierung der selbständigen Arbeit dient. Sowohl durch die Betriebsstätte als auch durch die feste Einrichtung wird das Recht auf die Besteuerung der technischen Dienstleistungen zwischen dem Wohnsitzstaat und dem Quellenstaat aufgeteilt. Sie haben beide somit die gleiche Funktion. Die Existenz einer Betriebsstätte und auch einer festen Einrichtung ist als Maßstab für das Ausmaß der Bindung zum Quellenstaat zu sehen. Hier besteht für freiberufliche Tätigkeiten kein Unterschied in der Wertung im Vergleich zur Betriebsstätte. Somit entspricht die feste Einrichtung des Freiberuflers der Betriebsstätte des Gewerbebetriebs. Analog zur Geschäftseinrichtung einer Betriebsstätte ist unter der festen Einrichtung eines Freiberuflers die Gesamtheit der Sachen aufzufassen, welche zur Ausübung seiner freiberuflichen bzw. sonstigen selbständigen Tätigkeit förderlich sind. Es kann sich also um Räume und um andere Sachen handeln. Die Beurteilung, wann eine Einrichtung einem freien Beruf dient, richtet sich nach den gegebenen berufstypischen Anforderungen der ausgeübten Tätigkeit.[25]

Nach Art. 5 Abs. 4 OECD-MA sind Tätigkeiten vorbereitender Art oder Hilfstätigkeiten in Form des Ausnahmekataloges nicht betriebsstättenbegründend.[26] Dies kann jedoch nicht auf die feste Einrichtung übertragen werden. Infolge der Wesensart der freien Berufe bildet eine feste Einrichtung grds. ein "Hilfsmittel" für die Ausübung der freiberuflichen Tätigkeit, weil die Tätigkeit des Freiberuflers von der persönlichen Arbeitsleistung abhängt. Damit kann es für die selbständige Arbeit nicht in dem Volumen Betriebs- oder Produktionsmittel geben, wie sie die Basis für die gewerblichen Unternehmen sind. Für einen Freiberufler kommen vielfach nur technische Hilfsmittel in Frage. Hilfseinrichtungen sind somit kein Ausnahmetatbestand der festen Einrichtung, sondern es ist der Charakter der festen Einrichtung, dass sie als Hilfsmittel der Tätigkeit des Freiberuflers (z. B. technische Berater, Architekten, Ingenieure) fungiert.[27]

---

[20] Vgl. *OECD* a. a. O. (oben Fn. 14), Art. 14, Ziff. 4; *Krüger*, IStR 1998, 105.
[21] Vgl. Art. 5 OECD-MA.
[22] So schon: RFH v. 31. 10. 1940 – IV 78/40, RStBl 1941, 19.
[23] Vgl. *OECD* a. a. O., Art. 5, Ziff. 1.1.
[24] Vgl. BFH v. 10. 10. 1964 – IV 198/62 S, BStBl 1964 III 120.
[25] Vgl. *Portner/Bödefeld* a. a. O. (oben Fn. 29), S. 1040.
[26] Vgl. *OECD* a. a. O., Art. 5, Ziff. 21 ff.
[27] Vgl. *Görl*, Die freien Berufe im Internationalen Steuerrecht der Bundesrepublik, S. 101.

Die Regelung des Art. 5 Abs. 3 OECD-MA, wonach bei Bauausführungen, welche sich über einen Zeitraum von mehr als 12 Monaten erstrecken, eine Betriebsstätte begründet werden kann, ist durch die Änderung des OECD-Kommentars in 2003 auf einen freiberuflichen Ingenieur übertragbar. Es wird dadurch also eine feste Einrichtung begründet.[28] Dies gilt auch, wenn einem Selbständigen im anderen Vertragsstaat eine feste Geschäftseinrichtung zur Verfügung steht und die Räume auch während seiner Abwesenheit ihm zur Verfügung stehen.[29]

b) Arbeitsortprinzip

Die Musterabkommen gehen alle von der "festen Einrichtung" aus. Das UN-MA weitet u. a. das OECD-Modell dahingehend aus, dass der Quellenstaat auch dann besteuern darf, wenn die 183-Tage-Klausel erfüllt ist (analog zu Art. 15 – unselbständige Arbeit). Damit ist das Arbeitsortsprinzip in Art. 14 UN-MA als Alternative integriert.

Nach einigen älteren DBA sind die freiberuflichen und die unselbständigen Tätigkeiten in einer einheitlichen Vorschrift zusammengefasst. Mittels der 183-Tage-Regelung gilt hier i. d. R. das Arbeitsortsprinzip.

Die Einschränkung des Besteuerungsrechts des Quellenstaats bei selbständiger Arbeit auf das Vorliegen einer festen Einrichtung macht verständlich, warum insbesondere Entwicklungsländer eine weitergehende Lösung anstreben. Solche Länder betrachten die in ihrem Staatsgebiet ausgeübten Dienstleistungen als mit dem Inland verwurzelte Einkommenserzielung, um damit die Beschränkung der Steuererhebung auf die feste Einrichtung zu verneinen. Ziel ist hierbei, diese Tätigkeiten – analog zur unselbständigen Arbeit – entsprechend dem Prinzip der Besteuerung nach dem Ort der "Arbeitsausübung" zu besteuern, denn hier findet eine Einschränkung auf die "feste Einrichtung" nicht statt.

Die physische Anwesenheit bei der Arbeitsausführung ist ausschlaggebend für den Ort der Ausübung. Der Ort der Verwertung der Resultate der Arbeit ist danach zweitrangig.[30] Die nach § 49 Abs. 1 Nr. 3 EStG besteuerbare Verwertung der selbständigen Arbeit im Wohnsitzstaat ist nach dem OECD-MA kein Anknüpfungspunkt für die Besteuerung im Quellenstaat.[31]

Die Tätigkeit eines Erfinders findet dort statt, wo die Idee nach Plan realisiert und die Rechte aus der Erfindung beansprucht werden.[32] Beratende Tätigkeiten sind vom Ort der unmittelbaren Durchführung (Telefon- bzw. Schriftverkehr etc.) aus zu klassifizieren. Es genügt, wenn dort mindestens die wichtigsten Vorarbeiten bezüglich der Beratung durchgeführt werden. Nicht in Betracht gezogen werden kann der Ort, von wo aus der Berater sich mit dem zu bearbeitenden Fragenkreis lediglich gedanklich beschäftigt.[33]

Einkünfte aus mehreren Tätigkeiten, die z. B. unter Art. 7, 14 a. F. oder 15 OECD-MA fallen, sind grds. den einzelnen Tätigkeitsarten zuzuordnen. Ist eine Aufspaltung in die einzelnen Einkunftsarten nicht möglich, so kommt es auf die Prägung der gesamten Tätigkeit an. Die anzuwendenden Verteilungsnormen für die Tätigkeit eines Ingenieurs, der sowohl Pläne von Anlagen erstellt als auch die Anlagen selbst liefert, hängen je nach Einzelfall von der Gesamttätigkeit ab. Nach

---

[28] Vgl. *Loukota, Jirousek*, Steuerfragen International, Band 6, Wien 2004, S. 77

[29] Vgl. BFH v. 28.06.06 IR 92/05, BStBl 2007 II S. 100; *Jahn*, Zur festen Geschäftseinrichtung eines Selbständigen im anderen Vertragsstaat, in: Praxis Interationale Steuerberatung 2007, S. 33ff

[30] Vgl. BFH v. 2. 5. 1969 – I R 176/66, BStBl 1969 II 579; BFH v. 28. 2. 1973 – I R 145/70, BStBl 1973 II 660.

[31] Anders im DBA-Brasilien: s. *Debatin/Wassermeyer*, DBA-Brasilien, Art. 14 Rz. 7.

[32] Vgl. BFH v. 13. 10. 1976 – I R 261/70, BStBl 1977 II 76.

[33] Vgl. BFH v. 22. 3. 1966 – 65/63, BStBl 1966 III 463.

Art. 14 OECD-MA a. F. wird das Besteuerungsrecht nur beurteilt, soweit das Gesamtbild eine freiberufliche Tätigkeit ergibt. Hierbei ist die jeweilige vertragliche Regelung im DBA entscheidend.

c) **Verhältnis zwischen Art. 5 i. V. m. Art. 7 und Art. 14 OECD-MA a. F.**

In den DBA ist der Betriebsstättenvorbehalt wesentlich häufiger verankert als der Vorbehalt für die feste Einrichtung. Es bestehen Meinungsunterschiede, ob bei Fehlen des Vorbehalts für die feste Einrichtung in den einzelnen DBA bzw. bei einzelnen Einkunftsarten eine analoge Anwendung des Betriebsstättenvorbehalts erfolgen kann. Dies gilt insbesondere unter Zugrundelegung der funktionalen Betrachtungsweise.[34]

Insoweit steht der Vorbehalt für die feste Einrichtung des Art. 14 OECD-MA a. F. im Spannungsverhältnis zum Betriebsstättenvorbehalt des Art. 5 i. V. m. Art. 7 OECD-MA mit gravierenden Unterschieden in der Zuteilung des Besteuerungsrechtes, indem auf der einen Seite die Kapitalexportneutralität, auf der anderen die Kapitalimportneutralität zur Auswirkung kommt.

Obwohl der OECD-Komm.[35] zwischen der Betriebsstätte und der festen Einrichtung eine Gleichrangigkeit unterstellt, zeigt die Analyse der einzelnen DBA, dass der Vorbehalt für die Betriebsstätte wesentlich häufiger vereinbart wurde als der Vorbehalt für die feste Einrichtung.

Eine Rolle für die Vernachlässigung des Vorbehalts für die feste Einrichtung mag spielen, dass unter Art. 14 OECD-MA a. F. fallende Tätigkeiten häufig nicht die Bedeutung erreichen wie die gewerblichen Betriebsstätten des Art. 5 bzw. 7 OECD-MA. Hier wird angenommen, dass Beteiligungen, Unterbetriebsstätten, größere Kapital- und Geldanlagen bzw. deren Transfer sowie das Halten und Entwickeln von Patenten etc. ein wesentlich größeres Gewicht haben als bei der festen Einrichtung, obwohl gerade im Bereich der technischen Dienstleistungen das Hervorbringen von Patenten etc. durchaus einen bedeutenden Umfang erreichen kann.

Nach der funktionalen Betrachtungsweise sind die Aufwendungen und Einkünfte den Unternehmensteilen zuzuordnen, die sie verursacht haben. Ebenso sind nach der funktionalen Betrachtungsweise Einkünfte aus Neben-, Folge- und Hilfstätigkeiten denen der Haupttätigkeit zuzuordnen. Die funktionale Betrachtungsweise ist ein übergeordnetes Kriterium, das auch dem Betriebsstättenvorbehalt zugrunde liegt. Die funktionale Betrachtungsweise lässt sich auch auf die feste Einrichtung anwenden. Beruhen Lizenzeinkünfte auf der Tätigkeit einer festen Einrichtung, sind diese Einkünfte – funktional gesehen – der festen Einrichtung zuzurechnen. Es ergibt sich also kein Unterschied zum Betriebsstättenvorbehalt. Dieser ist somit auch auf die feste Einrichtung anwendbar.

Das FinMin Niedersachsen hat mit Erlass v. 11. 7. 1995 – S 1301- 614-33 im Einvernehmen mit dem BMF und den obersten Finanzbehörden den anderen Bundesländern für Dividenden nun klargestellt, dass der Betriebsstättenvorbehalt auch für die feste Einrichtung anzuwenden ist, auch wenn der Vorbehalt nicht ausdrücklich erwähnt ist. Voraussetzung ist, dass die entsprechenden Beteiligungen der festen Einrichtung zuzurechnen sind.

Fraglich erscheint aber, wie sich der andere Staat bei Fehlen des Vorbehalts für die feste Einrichtung verhält. Völlig unverständlich ist, dass die Regelung für Zinsen nicht in den Erlass aufgenommen wurden. Dies gilt auch für die weiteren Vorbehalte des OECD-MA wie Art. 12 Abs. 3 (Lizenzen), Art. 13 Abs. 2 (Veräußerungsgewinn), Art. 21 Abs. 2 (Sonstige Einkünfte), Art. 22 Abs. 2 (Vermögen).

---

[34] Vgl. *Görl* a. a. O., S. 73 f. m. w. N.
[35] Vgl. *OECD* a. a. O., Art. 5, Ziff. 1.1.

III. Systematisierung der Entgelte für technische Dienstleistungen als Lizenzgebühren

Der in Form der Lizenzvergabe durchgeführte Leistungsaustausch ist im internationalen Wirtschaftsverkehr von Bedeutung. Deshalb wird den Lizenzgebühren im internationalen Steuerrecht große Aufmerksamkeit gewidmet. Dies kommt auch dadurch zum Ausdruck, dass im OECD-MA ein eigener Artikel über die Zuordnung des Besteuerungsrechts der Lizenzgebühren enthalten ist.[36]

Prinzipiell wird nur dem Wohnsitzstaat das Besteuerungsrecht übertragen. Dem Quellenstaat wird höchstens ein der Höhe nach beschränktes Recht zum Quellensteuerabzug zugebilligt.[37]

Die große volkswirtschaftliche Bedeutung für die Sicherung bzw. die Schaffung von Steueraufkommen aus dem internationalen Lizenzverkehr für die Vertragsstaaten führte dazu, dass mit der Beschneidung des ausschließlichen Rechts des Wohnsitzstaates und der Gewährung eines beschränkten Rechts des Quellenstaates auf Besteuerung der Lizenzgebühren hierin auch große Abweichungen vom OECD-MA in der Vertragspraxis zu sehen sind.

Art. 12 OECD-MA eliminiert die "Einkunftsart" Lizenzgebühren aus den Unternehmensgewinnen und der selbständigen Arbeit. Diese Spezialvorschrift lässt die Lizenzgebühren im Zwielicht zwischen den Ertragseinkünften einerseits und den Einkünften aus Arbeit andererseits ("geistiges Kapital") erscheinen. Im Gegensatz zur Fruchtziehung bei den Ertragseinkünften und bei der Verwertung eigener Arbeit steht die Lizenzvergabe im Zusammenhang mit der Verwertung gewerblich oder freiberuflich erzeugter Technologie, und somit sind auch häufig beträchtliche Forschungs- und Entwicklungsaufwendungen zu tragen. Selbst ein ermäßigter Quellensteuersatz bewirkt keine adäquate Beachtung dieser Aufwendungen. Das Problem erweitert sich, falls auch die technische Unterstützung Teil des Lizenzgebührenbegriffs ist. Die Erweiterung des Lizenzgebührenbegriffs in diese Richtung erklärt sich daraus, dass eine Abgrenzung zwischen Lizenzvergabe und technischer Unterstützung äußerst schwierig ist. Werden also die Lizenzgebühren im Quellenstaat nicht von der Besteuerung freigestellt, so kann dies zu Problemen führen, die hier in Bezug auf die Abgrenzung zu technischen Dienstleistungen untersucht werden.

1. Qualifizierung der Vergütungen anhand der vertraglichen Ausprägungsformen

Vereinbarungen, die technische Dienstleistungen zum Inhalt haben, sehen diese oftmals als Ergänzung zu Lizenz-, Know-how- und gemischten Verträgen vor. Die Vielfalt der möglichen zivilrechtlichen Vertragsgestaltungen und die große Zahl an Varianten der Erbringung technischer Dienstleistungen sind der Grund dafür, dass hier oftmals die Elemente verschiedener Vertragstypen vorliegen. Aus diesem Grunde wird hier der Zusammenhang dieser Vertragstypen mit technischen Dienstleistungen untersucht.

a) Lizenzgebühren

Als Lizenzgebühren werden Vergütungen aufgefasst, die als Gegenleistung erbracht werden für die Benutzung oder das Recht auf Benutzung von Urheberrechten, gewerblichen Schutzrechten und Erfahrungen. Der Begriff der Lizenz beinhaltet i. d. R. Rechte oder Vermögenswerte, wovon wiederum ein Teil die unterschiedlichen Arten der literarischen und künstlerischen Urheberrechte und die im Text des Art. 12 Abs. 2 OECD-MA genannten Arten gewerblichen Vermögens bilden, sowie die Mitteilung gewerblicher, kaufmännischer oder wissenschaftlicher Erfahrungen.

---

[36] Vgl. *OECD* a. a. O., Art. 12.
[37] Vgl. *OECD* a. a. O., Art. 12 Abs. 1.

Da die Definition der Lizenzgebühren sehr weit gefasst ist, können auch ungeschützte Erfindungen oder Betriebsgeheimnisse hierunter fallen.[38]

b) Know-how-Vergütungen

Die Erfassung als Lizenzgebühren in Bezug auf die Mitteilung gewerblicher, kaufmännischer oder wissenschaftlicher Erfahrungen in Art. 12 Abs. 2 OECD-MA lehnt sich an den Begriff des "Know-how" an. Know-how beinhaltet sowohl die Übertragung technischen als auch betriebswirtschaftlichen Wissens.[39]

Die negative Abgrenzung des Know-how zu Lizenzen besteht darin, dass es sich hier um nicht geschütztes Wissen handelt. Das nicht geschützte Wissen umfasst sowohl patentfähige, aber nicht patentierte Erfindungen als auch nicht patentfähige Verfahren, Kenntnisse und betriebliche Erfahrungen.[40]

Der Know-how-Vertrag enthält i. d. R. die Verpflichtung der einen Partei, Spezialwissen, welches Außenstehenden nicht bekannt ist, dem Auftraggeber mitzuteilen, damit der andere sie zu eigenen Zwecken nutzen bzw. die Problemstellung selbst lösen kann.

Es ist nicht notwendig, dass diejenige Person, welche das Know-how bereitstellt, bei der Verwertung des Überlassens durch den Abnehmer persönlich mitwirkt. Auch ist keine Erfolgsgarantie im Vertrag enthalten. Dies ist also der Unterschied zum Dienstleistungsvertrag, wonach hier die eine Partei, unter Anwendung der in ihrem Beruf üblichen Kenntnisse, eine Arbeit selbst durchzuführen hat. Grundsätzlich handelt es sich um einen Werkvertrag i. S. des § 631 BGB, weniger um einen Dienstvertrag nach § 611 BGB. Der Unterschied liegt im Wesentlichen darin, dass z. B. bei den Ingenieurverträgen die gestellten Aufgaben durch den Berater selbst gelöst werden und nicht nur Wissen weitergegeben wird. Aus diesem Grunde sind Vergütungen für Leistungen im Rahmen des Kundendienstes, für Leistungen, die ein Verkäufer dem Käufer im Rahmen der Garantie erbringt, für rein technische Hilfe und für die Beratung durch einen Ingenieur keine Lizenzgebühren i. S. des Art. 12 Abs. 2 OECD-MA. Die Entgelte hierfür sind anhand Art. 7 oder 14 OECD-MA zu beurteilen bzw. es handelt sich um Exportgeschäfte.

c) Vergütungen für gemischte Verträge

Gemischte Verträge (z. B. zusätzlich zu einer Patent- oder Know-how-Lizenz ist die technische Unterstützung vereinbart[41]) beinhalten keinen einheitlichen Vertragsgegenstand, sondern es sind mindestens zwei ranggleich als Hauptleistungen aufzufassende Leistungen enthalten. Es werden mehrere eigentlich eigenständige Geschäfte zu einem einheitlichen Vertragswerk zusammengeschnürt. Rechtlich gesehen ist jedoch jeder der Vertragsbestandteile separat zu beurteilen.[42]

Von Bedeutung sind gemischte Verträge insbesondere auch für technische Dienstleistungen, da zur Ausschöpfung einer Lizenz und auch von Know-how oftmals Beratungsleistungen in Form von technischen Dienstleistungen notwendig sind. Auch im Anlagen- sowie im Bau- und Montagebereich sind gemischte Verträge im Zusammenhang mit technischen Dienstleistungen denkbar, da diese Bereiche ohne umfassende Beratungsleistungen oftmals nicht ökonomisch effizient realisiert werden können.

---

[38] Vgl. BFH v. 4. 3. 1970 – I R 86/69, BStBl 1970 II 567.
[39] Vgl. *Sonntag*, IWB F. 1 IFA-Mitt. 1997, S. 1427.
[40] Vgl. *Dessemontet*, Le Savoir-faire industriel, S. 51 ff.
[41] Vgl. *Costa* a. a. O. (oben Fn. 4), S. 4.
[42] Vgl. *Maisto* in: IFA Seminar Series, Vol. 14a 1989, Deventer 1991, S. 48.

Bei gemischten Verträgen ist häufig eine Aufteilung vorgesehen. Das ist jedoch nur möglich, wenn die separaten Leistungen im Verhältnis zur Gesamtleistung eine entsprechende Bedeutung haben. Dies gilt auch, wenn der Vertragswille darin bestand, den Vertrag nur dann abzuschließen, wenn alle Leistungen gemeinsam Vertragsbestandteil sind und kein Vertragsbestandteil ausgeschlossen werden sollte. Nach dem OECD-Komm.[43] ist es jedoch möglich, sich nur an der Hauptleistung zu orientieren, soweit die anderen Leistungen als Nebenleistungen anzusehen sind und größtenteils ohne Belang sind.

In der Praxis werden auch Verträge abgeschlossen, in denen sowohl Elemente des Know-how als auch die Leistung technischer Hilfe vorgesehen sind. Einen solchen Fall stellt z. B. der Franchise-Vertrag dar[44], bei dem sich jemand verpflichtet, sein Wissen und seine Erfahrungen zur Verfügung zu stellen und zudem in gewissem Umfange technische Hilfe zu geben. Eventuell sind im Franchise-Vertrag auch finanzielle Hilfe sowie die Lieferung von Waren mit enthalten. Hier können die Grundsätze über die gemischten Verträge angewandt, d. h. i. d. R. kann der Gesamtbetrag der vereinnahmten Vergütung nach dem Vertragsinhalt oder einem anderweitig angemessenen Schlüssel entsprechend den unterschiedlichen Leistungen aufgesplittet werden. Die einzelnen Teilbeträge sind je nach ihren Charakteristika zu klassifizieren, d. h. der auf die technische Dienstleistung entfallende Teil der Vergütung ist nach Art. 7 oder 14 OECD-MA zu beurteilen. Beim anderen Teil der erbrachten Leistungen handelt es sich um die Überlassung von Know-how. Dieser Teil ist nach Art. 12 OECD-MA zu betrachten.[45] Soweit aber eine der vereinbarten Leistungen den Hauptgegenstand des Vertrags ausmacht und die anderen Leistungen eine untergeordnete Rolle spielen, richtet sich die Beurteilung der Gesamtvergütung nach der Hauptleistung.[46]

2. Abgrenzung der technischen Dienstleistungen zu den anderen vertraglichen Ausprägungsformen

Durch das Kriterium der Mitteilung kann zwischen der Erfahrungshingabe und der Beratung bzw. technischen Dienstleistungen differenziert werden. Der Berater zeichnet sich dadurch aus, dass er seine Erfahrungen nicht weitergibt, sondern er wendet sie persönlich an.[47] Hier wird eine Schlussfolgerung weitergegeben, welche der Berater auch unter Rückgriff auf seine Erfahrungen mitteilt. Infolge von Verschwiegenheitspflichten oder auch einfach aufgrund des Interesses an der Zurückhaltung seiner "Produktionsmittel" wird ein Berater häufig seine Erfahrungen selbst nicht mitteilen. Der Unterschied liegt darin, dass im Gegensatz zu Ratschlägen bei Dienstleistungen der Know-how-Geber sich bezüglich der Verwendung des Know-hows beim Know-how-Nehmer exkulpiert und auch keine Haftung übernimmt. Nach dem OECD-Kommentar zu Art. 12 stellen Vergütungen für Kundendienst und Gewährleistung, reine technische Unterstützung oder Erstellung eines Gutachtens durch einen Ingenieur keine Lizenzgebühren dar.[48]

Zahlreiche DBA enthalten nicht die "Erfahrungen" (z. B. DBA-Österreich, Pakistan) oder erwähnen nur "gewerbliche Erfahrungen" (DBA-Dänemark, Luxemburg, Niederlande). In einigen Abkommen wird der Begriff der Lizenzgebühren um Beratungen und ähnliche Dienstleistungen

---

[43] Vgl. *OECD* a. a. O., Art. 12, Ziff. 11.
[44] Vgl. *Bracewell-Milnes* in: IFA Seminar Series Vol. 14a 1989, Deventer 1991, S. 70.
[45] Vgl. *Maisto* a. a. O. (oben Fn. 65), S. 43.
[46] Vgl. *OECD* a. a. O., Art. 12, Ziff. 11.
[47] Vgl. BFH v. 16. 12. 1970 – I R 44/67, BStBl 1971 II 235.
[48] Vgl. *OECD* a. a. O., Art. 12 Ziff. 11.

erweitert, wie durch die Aufnahme von kommerziellen und technischen Unterstützungen in den Lizenzgebührenbegriff (z. B. DBA-Australien, Brasilien, Jamaika, Simbabwe, Uruguay).

In einigen DBA (z. B. DBA-Indien und Indonesien) ist eine Differenzierung in Lizenzgebühren und "Gebühren für technische Dienstleistungen" vorgesehen. Das bedeutet, dass für beide Bereiche ggfls. unterschiedliche Quellensteuersätze anzusetzen sind. Häufig wird in DBA mit Entwicklungsländern, welche dem Quellenstaat ein Besteuerungsrecht einräumen, auch technische Assistenz in den Lizenzgebührenbegriff mit aufgenommen. Dies hat zur Folge, dass auch bei niedrigen Quellensteuersätzen, wenn relativ hohe Aufwendungen anfallen, welche auch leicht zuzuordnen sind, diese dennoch eine starke Belastung im Vergleich zu den eigentlichen Lizenzgebühren bedeuten. Der Terminus der technischen Unterstützung ist nicht genau festgelegt. Unter technischer Unterstützung versteht man, dass über die Gewährung von Nutzungsrechten, die Vermietung von Ausrüstungen und die Mitteilung von Erfahrungswissen hinaus eine Person für den Auftraggeber tätig wird. Dies ist insbesondere der Fall, wenn nicht nur schon vorhandenes "(Erfahrungs-)Wissen" weitergegeben wird, sondern auch speziell für den Auftraggeber erarbeitete Problemlösungen angeboten werden. Oftmals kann man in diesen Fällen vorübergehend auf technisches Personal des Auftraggebers zurückgreifen, so auch z. B. um die Mitarbeiter in die Bedienung einer neuen Anlage einzuführen. Nach manchen DBA wird bei Personalentsendungen, die über einen gewissen Zeitraum hinaus dauern, eine Betriebsstätte fingiert (z. B. DBA-China, Philippinen). Richtigerweise wäre wohl oft, auch eine feste Einrichtung im Rahmen des Art. 14 OECD-MA a. F. anzunehmen, nämlich dann, wenn es sich um eine typische Tätigkeit des Art. 14 OECD-MA a. F. handelt.

3. Sonderregelungen in den DBA

Abweichend vom OECD-MA werden verstärkt in den DBA die technischen Dienstleistungen in den Lizenzgebührenartikel aufgenommen bzw. auch explizit aus den Lizenzgebühren ausgeschlossen. Infolge der weitreichenden steuerlichen Belastungskonsequenzen erfolgt nachstehend eine Aufstellung (Abb. 2a und 2b) über die DBA, in denen das Entgelt für technische Dienstleistungen den Lizenzgebühren zugewiesen oder von den Lizenzgebühren ausgeschlossen wird.

Land	Art.	Bemerkungen
Australien	Art. 12 Abs. 2	Unterstützungen im Zshg. mit der Überlassung technischer Kenntnisse und Erfahrungen
Brasilien	Prot. 4 zu Art. 12	Technische Unterstützung und technische Dienstleistungen
Indien	Art. 12 Abs. 4	Gebiet der Geschäftsleitung, Technik, Beratung incl. der Beschaffung von Dienstleistungen, technischem und anderem Personal
Indonesien	Art. 12 Abs. 3	Gebiet der Geschäftsleitung, Technik und Beratung
Jamaika	Art. 12 Abs. 7	Gebiet der Geschäftsführung oder technische Dienstleistungen mit der Option zum Betriebstättenprinzip, d. h. der Nettobesteuerung
Kasachstan	Art. 12 Abs. 3	Recht auf Benutzung gewerblicher, kaufmännischer oder wissenschaftlicher Ausrüstungen

Kenia	Art. 12 Abs. 4	Gebiet der Geschäftsleitung, Technik, Beratung und für freiberufliche Tätigkeiten wie z. B. Ingenieure
Marokko	Art. 12 Abs. 3	auch wissenschaftliche oder technische Studien
Pakistan	Art. 12 Abs. 4	Gebiet der Geschäftsführung, Technik oder Beratung
Russland	Art. 12 Abs. 3	Techn. Dienstleistungen i. Zshg. mit dem Verkauf von Waren oder Ausrüstungen oder der Überlassung von Rechten bzw. der Mitteilung von Erfahrungen i. S. d. Abs. 2
Simbabwe	Art. 12 Abs. 4	Gebiet der Geschäftsführung, Technik, Verwaltung, Beratung
Tunesien	Art. 12 Abs. 2 Buchst. a)	wirtschaftliche und technische Studien
Uruguay	Art. 12 Abs. 3	Gebiet der Geschäftsleitung, Technik, Verwaltung, Beratung
Vietnam	Art. 12 Abs. 3	Gebiet der Geschäftsleitung, Technik, Beratung

Abb. 2a: Den Lizenzgebühren zugeordnete technische Dienstleistungen

Land	Art.	Bemerkungen
Bolivien	Prot. 2 zu Art. 7	Ausklammerung techn. Dienstleistungen aus Planungs- u. Forschungsarbeiten etc.
Estland	Prot. 6 zu Art. 12	Ausklammerung techn. Dienstleistungen, Beratung, Geschäftsführung, es sei denn, die Vergütungen stehen i. Zshg. mit der Verwendung von Mitteilungen wie z. B. Know-how
Kuwait	Art. 12 Abs. 3	Ausklammerung der Dienstleistungen und Beratertätigkeit aus Art. 12
Lettland	Prot. 6 zu Art. 12	Ausklammerung techn. Dienstleistungen, Beratung, Geschäftsführung, es sei denn, die Vergütungen stehen i. Zshg. mit der Verwendung von Mitteilungen wie z. B. Know-how
Litauen	Prot. 6 zu Art. 12	Ausklammerung technischer Dienstleistungen, Beratung, Geschäftsführung, es sei denn, die Vergütungen stehen i. Zshg. mit der Verwendung von Mitteilungen wie z. B. Know-how
Mexiko	Prot. 3	Ausklammerung technischer Dienstleistungen aus Art. 12, es sei denn, die Vergütungen betreffen Informationen im Zshg. mit Know-how
Neuseeland	Prot. 4 Buchst. d) zu Art. 12	Ausklammerung technischer Dienstleistungen aus Art. 12
Niederlande	Art. 15 Abs. 1	Ausbeutung von Grund u. Boden
Türkei	Prot. 5 zu Art. 12	Ausklammerung der technischen Dienstleistungen aus Art. 12

Vereinigte Arabische Emirate	Art. 12 Abs. 2	Dienstleistungen u. Beratungen i. Zshg. m. dem Betrieb von Bergwerken, Steinbrüchen oder die Ausbeutung von Bodenschätzen

Abb. 2b: Expliziter Ausschluss der technischen Dienstleistungen aus den Lizenzgebühren

IV. Erbringung technischer Dienstleistungen über eine ausländische Tochtergesellschaft

Technische Dienstleistungen können im Ausland über eine dort zu diesem Zweck gegründete oder über eine dort bereits bestehende Tochtergesellschaft erbracht werden. Dies ist für technische Dienstleistungen deshalb eine interessante Rechtsformalternative, weil diese Tätigkeiten in ihrer Ausführung erhebliche Risiken, z. B. in der Produkthaftung[49] für Konstruktionsfehler eines Ingenieurbüros, haben können. Noch schwieriger wird die Situation bei grenzüberschreitenden Dienstleistungen, weil dort auch evtl. das ausländische Recht anzuwenden ist und dieses u. U. wie z. B. in den USA zu großen Haftungsproblemen führen kann. Um sich hier abzusichern, wählen viele Unternehmen, aber auch Freiberufler, bei Aufträgen für technische Beratungen im Ausland die Rechtsform der Kapitalgesellschaft. Die technischen Dienstleistungen werden entweder ausschließlich im Innenverhältnis oder auch gegenüber fremden Dritten erbracht. Des Weiteren werden über eine ausgegliederte Dienstleistungsgesellschaft – mit oder ohne Holdingfunktion – technische Dienstleistungen angeboten. Eine Tochtergesellschaft im Ausland ist im Quellenstaat i. d. R. sowohl handels- als auch steuerrechtlich ein eigenständiges Rechtssubjekt und insoweit von der Muttergesellschaft unabhängig. Die Wahl der steuerlich zweckmäßigen ausländischen Rechtsform für die Erbringung technischer Dienstleistungen ist für die steuerliche Qualifikation im Inland von erheblicher Bedeutung. Hier sind jedoch in Bezug auf technische Dienstleistungen keine weiteren Besonderheiten zu beachten.

D. Steuerliche Belastungskonsequenzen in Abhängigkeit von der Qualifizierung technischer Dienstleistungen

I. Steuerbelastung einer ausländischen Betriebsstätte

Begründen technische Dienstleistungen des inländischen Stammunternehmens im Quellenstaat eine Betriebsstätte, wird das Stammunternehmen mit dem der Betriebsstätte zuzurechnenden Erfolg im Betriebsstättenstaat i. d. R. beschränkt steuerpflichtig. Die Betriebsstätte verfügt nicht über eine eigene Steuersubjektidentität, weshalb die statutarische Struktur des inländischen Stammunternehmens für die Art und Höhe der Besteuerung im Quellenstaat relevant ist.

Nach dem Betriebsstättenprinzip können Unternehmensgewinne nur in der Höhe im Betriebsstättenstaat besteuert werden, in der sie von der Betriebsstätte erwirtschaftet wurden.[50] In der Realität werden jedoch die Grundsätze zur Besteuerung von Betriebsstätten häufig nicht exakt angewandt, z. B. durch die pauschale Ermittlung des Gewinns, Negierung des Abzugs von Kosten, Liefergewinnbesteuerung etc.; in solchen Fällen kann eine Doppelbesteuerung oftmals nicht vermieden werden.

---

[49] Vgl. § 5 ProdHaftG.
[50] Vgl. Art. 7 Abs. 1 Satz 2 OECD-MA.

Nach Art. 5 i. V. m. Art. 7 OECD-MA läge i. d. R. bei Planungs-, Aufsichts- und Überwachungstätigkeiten keine Betriebsstätte vor. Für den deutschen Steuerpflichtigen bedeutet dies eine Umqualifizierung von Einkünften aus einer selbständigen oder freiberuflichen Tätigkeit i. S. d. Art. 14 OECD-MA a. F. in gewerbliche Einkünfte, und die steuerliche Wirkung verbleibt bei der Kapitalimportneutralität, da auch hier dem Quellenstaat das Besteuerungsrecht zugewiesen wird.

Ist das Stammunternehmen im Wohnsitzstaat ein Einzelunternehmen oder eine Mitunternehmerschaft, so werden nach dem Welteinkommensprinzip die Gewinne der ausländischen Betriebsstätte dem Welteinkommen des inländischen Mutterunternehmens hinzuaddiert. Damit sind sie im Jahr der Entstehung einkommen- bzw. körperschaftsteuerpflichtig (§ 1 Abs. 1 u. 2 EStG, § 1 KStG).

Da die Gewinne der Betriebsstätte auch im Betriebsstättenstaat besteuert werden, besteht die Gefahr, dass es zu Doppelbesteuerungen kommt. Existiert kein DBA, kann dem nur durch unilaterale Maßnahmen begegnet werden, welchen der Gedanke der Kapitalexportneutralität zugrunde liegt.

Bezüglich der Einkommensteuer kommen die Methoden der Steueranrechnung nach § 34c Abs. 1 EStG, des Steuerabzugs nach § 34c Abs. 2 und 3 EStG und der Steuerpauschalierung bzw. des Erlasses nach § 34c Abs. 5 EStG in Frage. Im Prinzip verbleibt es hier bei der höheren Steuerbelastung, i. d. R. der des hiesigen Wohnsitzstaates.

Bei Vorliegen eines DBA wird eine evtl. entstehende Doppelbesteuerung i. d. R. durch Freistellung des ausländischen Betriebsstättenergebnisses vermieden. Dies ist die Schlussfolgerung aus dem Betriebsstättenprinzip, wonach der Quellenstaat bei Vorliegen einer Betriebsstätte über das Besteuerungsrecht verfügt. Eine Freistellung der Betriebsstätteneinkünfte von der inländischen Besteuerung wird regelmäßig stets nur unter dem Progressionsvorbehalt nach Art. 23 A Abs. 3 OECD-MA gewährt.

Eine Besonderheit besteht bei der Einstufung von Planungs-, Aufsichts- und Überwachungstätigkeiten als Betriebsstätte. Die Besteuerung dieser Tätigkeiten als Betriebsstätte erfolgt im Quellenstaat bei Freistellung mit Progressionsvorbehalt im Wohnsitzstaat. Schwierigkeiten können auftreten, wenn die Einkünfte aus einer festen Einrichtung herausgenommen werden und der Betriebsstätte zugeordnet werden und die Aktivitätsklausel nicht erfüllt ist. Dann würde anstelle der Freistellungsmethode die Anrechnungsmethode zum Zuge kommen mit der Folge, dass die Einkünfte mit dem i. d. R. höheren deutschen Steuerniveau belastet würden. Werden nur technische Dienstleistungen ausgeführt, ist die Aktivitätsklausel erfüllt. Probleme können im Zusammenhang mit technischen Dienstleistungen bei der Aktivitätsklausel nur auftreten, wenn zusätzlich noch passive Tätigkeiten erbracht werden.

Die Qualifikation der Planungs-, Aufsichts- und Überwachungstätigkeiten als Betriebsstätte kann für den deutschen Steuerpflichtigen von Vorteil sein, wenn die Einkünfte hieraus ansonsten in der Bundesrepublik Deutschland als Exportgeschäfte mit dem deutschen Steuerniveau zu belasten wären. Durch die Qualifikation als Betriebsstätteneinkünfte besteht die Möglichkeit, dass die Einkünfte aus Planungs-, Aufsichts- und Überwachungstätigkeiten mit dem i. d. R. niedrigeren Steuerniveau des Quellenstaates belastet werden.

Werden die Einkünfte aus Planungs-, Aufsichts- und Überwachungstätigkeiten über ein DBA aus der festen Einrichtung herausgenommen und den Betriebsstätteneinkünften zugeordnet, kann dies für den inländischen Steuerpflichtigen von Vorteil sein, wenn bei den Einkünften aus selbständiger Arbeit im DBA die Anrechnungsmethode vereinbart wurde, wie z. B. in den DBA-

Argentinien und Brasilien, die Betriebsstätteneinkünfte aber im Wohnsitzstaat freigestellt werden.

Ist das Stammunternehmen eine Kapitalgesellschaft, so sind keine Besonderheiten bei den steuerlichen Belastungskonsequenzen hinsichtlich der Erbringung technischer Dienstleistungen zu vermerken.

II. Steuerbelastung bei selbständiger Arbeit

1. Grundsätzliche Überlegungen

Einkünfte aus einer freiberuflichen oder sonstigen selbständigen Tätigkeit werden grds. im Staat der Ansässigkeit der Person, die die Tätigkeit erbringt, besteuert. Dies gilt dann nicht, wenn für die Ausübung des freien Berufs oder der sonstigen selbständigen Arbeit eine feste Einrichtung gewöhnlich zur Verfügung steht, die das steuerliche Pendant zur Betriebsstätte der gewerblichen Tätigkeit darstellt. Technische Dienstleistungen stehen gerade im Spannungsfeld zwischen gewerblicher und freiberuflicher Leistungserbringung, was zu unterschiedlichen steuerlichen Belastungskonsequenzen führen kann.

Falls bei der Ausübung technischer Dienstleistungen kein örtlicher Bezug in Form einer festen Einrichtung besteht und auch keine Tätigkeit am Ort des Leistungsempfängers ausgeübt wird, steht dem Quellenstaat grds. kein Besteuerungsrecht für die in seinem Staatsgebiet ausgeübte selbständige Arbeit eines Steuerausländers zu. Technische Dienstleistungen sind hier steuerlich wie Exportgeschäfte zu behandeln. Jedoch unterwerfen manche Staaten, unter Berufung auf ihr souveränes Besteuerungsrecht, die Leistungen aus selbständiger Arbeit einer Quellensteuer, ähnlich der Abzugssteuer bei der Vergütung von Lizenzgebühren oder der Liefergewinnbesteuerung. Dies ist als ein Versuch zu werten, die Nettobesteuerung zu verdrängen und die Einkünfte aus selbständiger Arbeit der Bruttobesteuerung zu unterwerfen, wodurch die mit der Einkunftserzielung zusammenhängenden Aufwendungen nicht mehr zum Abzug zugelassen werden.

Bei der Ausübung von Tätigkeiten im ausländischen Staat gilt das Arbeitsortprinzip zugunsten des Staates, in dem die Tätigkeit ausgeübt wird, wenn eine feste Einrichtung vorliegt.[51] Das Besteuerungsrecht richtet sich nach den landesrechtlichen Bestimmungen dieses Staates. Insoweit besteht die beschränkte Steuerpflicht für die Einkünfte des selbständig Tätigen.

Im Wohnsitzstaat sind die aus technischen Dienstleistungen im Ausland erzielten Einkünfte aus selbständiger Arbeit bei Exportgeschäften durch die unbeschränkte Steuerpflicht für diese Einkünfte im Rahmen des Welteinkommens (§§ 1 EStG, 1 KStG) zu versteuern. Die ausländischen Tätigkeiten werden als Einkünfte aus selbständiger Arbeit über § 34d Nr. 3 EStG erfasst. Sofern der ausländische Staat eine Quellensteuer auf diese Einkünfte erhebt, ist diese nach den unilateralen Maßnahmen bei der inländischen Besteuerung zu berücksichtigen.[52] Falls der Quellenstaat die Einkünfte aus selbständiger Arbeit wie Liefergewinne besteuert, kann diese Steuer u. U. nach § 34c Abs. 3 EStG in Form des Steuerabzugs geltend gemacht werden.

Erzielt eine inländische Kapitalgesellschaft Einkünfte aus technischer Beratung etc., liegen keine ausländischen gewerblichen Einkünfte vor, denn es handelt sich nach der isolierenden Betrachtungsweise um Einkünfte aus selbständiger Arbeit. In § 34d Nr. 2 Buchst. a EStG ist aber ver-

---

[51] Eine Besonderheit ist in Art. 5 Abs. 7 DBA-Liberia enthalten. Danach wird eine feste Einrichtung angenommen, wenn ein deutsches Unternehmen Arbeitnehmer nach Liberia entsendet und diese länger als 6 Monate während eines Zeitraums von 12 Monaten sich in Liberia befinden. Liberia wird dann das Besteuerungsrecht zugesprochen.

[52] Vgl. § 2 GewStG.

merkt, dass Einkünfte aus selbständiger Arbeit (§ 34d Nr. 3 EStG) dann erfasst werden, wenn sie zu den Einkünften aus einem Gewerbebetrieb gehören. Somit ist eine Anrechnung der ausländischen Steuern möglich.[53]

Die Einkünfte aus selbständiger Arbeit (Art. 14 OECD-MA a. F.) sind bei der Darstellung der Methoden zur Vermeidung der Doppelbesteuerung (Art. 23 A und B OECD-MA) in aller Regel nicht genannt. Von wenigen Ausnahmen abgesehen (z. B. DBA-Brasilien), werden die Einkunftsarten, die der Anrechnung unterliegen, aufgelistet, so dass die verbleibenden Einkunftsarten der Freistellung unter Progressionsvorbehalt unterliegen. Die Einkünfte aus der festen Einrichtung des Art. 14 OECD-MA a. F. fallen, da sie in den Anrechnungsfällen nicht genannt sind, unter die Freistellung. Als Ausnahme enthält das DBA-Schweiz die Einkünfte aus Art. 14 OECD-MA a. F. im Freistellungskatalog (Art. 24 Abs. 1 Nr. 1c DBA-Schweiz).

Die in der Bundesrepublik Deutschland ansässigen Personen unterliegen der unbeschränkten Steuerpflicht für das Welteinkommen (§ 1 EStG, § 1 KStG). Grundsätzlich stellt die Bundesrepublik Deutschland die Einkünfte und das Vermögen der ausländischen festen Einrichtung von der inländischen Besteuerung frei, wobei der Progressionsvorbehalt angewandt wird, wenn dem Quellenstaat das beschränkte Besteuerungsrecht zugewiesen wurde. Eine Anrechnung der eventuell einbehaltenen ausländischen Quellensteuer kann nicht erfolgen (§ 3c EStG). Dies gilt auch, wenn im DBA aufgrund einer Tageregelung oder einer sonstigen Vereinbarung dem Quellenstaat ein beschränktes Besteuerungsrecht eingeräumt wird.

Neben der festen Einrichtung sieht eine Reihe von Staaten eine Besteuerung im Quellenstaat vor, wenn sich die Person länger als eine bestimmte Dauer von Tagen im Kalenderjahr (zum Teil wird auch das Steuerjahr zugrunde gelegt) im Tätigkeitsstaat aufhält (Arbeitsortprinzip). Diese Möglichkeit wurde aus Art. 14 Abs. 1 b UN-MA übernommen.[54] Im Wohnsitzstaat gilt dann allgemein die Freistellung unter Progressionsvorbehalt.

Sind die Voraussetzungen für das Besteuerungsrecht des Quellenstaates gegeben, hat der Wohnsitzstaat i. d. R. die Einkünfte von der Besteuerung unter Beachtung des Progressionsvorbehalts freizustellen (Art. 23 A Abs. 1 OECD-MA). Demzufolge kann auch der negative Progressionsvorbehalt bei der Festsetzung des Steuersatzes angewandt werden.[55]

2. Besonderheiten des Art. 14 OECD-MA a. F.

a) Abweichungen bzgl. des Personenkreises, der eine Tätigkeit i. S. d. Art. 14 OECD-MA a. F. ausüben kann

Eine freiberufliche oder sonstige selbständige Tätigkeit nach Art. 14 OECD-MA a. F. wird von einer "Person" ausgeübt. Wie bereits ausgeführt, sind darunter sowohl natürliche als auch juristische Personen zu verstehen. Abweichend vom OECD-MA enthalten die DBA-Australien, Bolivien, Ecuador, Estland, Indien, Kanada, Korea, Kroatien, Lettland, Litauen, Malaysia, Österreich, Rumänien, Slowenien, Thailand, Uruguay, Usbekistan und USA die Bestimmung, dass nur natürliche Personen die oben beschriebene Tätigkeit erbringen können.

Problematisch sind DBA-Bestimmungen, die nur eine Tageregelung oder eine Tageregelung als Alternative zur festen Einrichtung vorgesehen haben und die Ausübung der selbständigen Tätigkeit nicht auf natürliche Personen beschränkt haben, wie z. B. die DBA-Ägypten, Aserbai-

---

[53] § 34c EStG, § 26 KStG.
[54] Vgl. *Surrey*, United Nations Model Convention for Tax Treaties Between Developed and Developing Countries, S. 17.
[55] S. auch BFH v. 13. 11. 1991, I R 3/91, BStBl 1992 II 345.

dschan, Bangladesch, China, C|<chr;f.>te d'Ivoire, Indonesien, Jamaika, Jugoslawien, Kenia, Malta, Marokko, Mexiko, Mongolei, Namibia, Pakistan, Philippinen, Portugal, Sambia, Singapur, Trinidad und Tobago, Türkei, Tunesien.

b) Einbeziehung der Einkünfte aus selbständiger Arbeit in das Anrechnungsverfahren

Grundsätzlich sind bei Erfüllung der Voraussetzungen die Einkünfte aus freiberuflicher oder sonstiger selbständiger Tätigkeit im Wohnsitzstaat freizustellen, wenn dem Staat des Arbeitsortes (Quellenstaat) das Besteuerungsrecht zukommt. In Abweichung zu dieser allgemeinen Praxis trifft dies z.B. in den DBA-Argentinien, Brasilien, Ecuador, Trinidad und Tobago und Uruguay nicht zu.

Soweit technische Dienstleistungen in den vorgenannten DBA als Einkünfte aus selbständiger oder freiberuflicher Tätigkeit nicht der Freistellung in der Bundesrepublik Deutschland, sondern dem Anrechnungsverfahren zu unterstellen sind, erfolgt im Wohnsitzstaat, d. h. in der Bundesrepublik Deutschland, die Entlastung über die §§ 34c EStG, 26 KStG.

III. Steuerbelastung des Exports technischer Dienstleistungen

1. Besteuerung im Quellenstaat

Ob der Export technischer Dienstleistungen außer von der deutschen Besteuerung auch von der ausländischen Besteuerung erfasst wird, ist nach den ausländischen Vorschriften über die dortige beschränkte Steuerpflicht zu beurteilen. In vielen Staaten ist das Universalitätsprinzip nicht so ausgeprägt wie in der Bundesrepublik Deutschland. Hier handelt es sich insbesondere um Entwicklungsländer, die verstärkt auf die Quellenbesteuerung zurückgreifen, wie z. B. der Einbezug von Vergütungen für technische Dienstleistungen in die Lizenzgebühren.[56] Nach dem OECD-MA verbleibt dem Wohnsitzstaat das ausschließliche Besteuerungsrecht.[57] Eine Quellensteuer ist hier also nicht vorgesehen. Nach dem UN-MA sind für die Beschränkung der Quellenbesteuerung keine Höchstgrenzen vereinbart. Dies soll den bilateralen DBA-Verhandlungen vorbehalten bleiben.[58] In vielen DBA wurde dem Quellenstaat ein beschränktes Quellenbesteuerungsrecht eingeräumt.

Dieselbe Fragestellung wie bei den Quellenvorschriften besteht auch bei der Zurechnung der Ausgaben zu den Einkunftsarten. Es ist häufig das Bestreben der Entwicklungsländer, einen wirtschaftlichen Zusammenhang der Ausgaben zu den Einkünften zu negieren, damit die Steuerbemessungsgrundlage nicht vermindert wird. Teilweise wird auch ein Abzug von Aufwendungen verwehrt, die unmittelbar die Ursache für die Erträge darstellen. Um der Gefahr einer überhöhten Geltendmachung von Aufwendungen zu begegnen, findet bei vielen Entwicklungsländern hinsichtlich der Lizenzgebühren u. a. eine Bruttobesteuerung statt. Ausprägungsformen können hierbei sein, dass Betriebsausgaben prinzipiell nicht in Abzug gebracht werden oder dass die Betriebsausgaben in Form eines begrenzten Vomhundertsatzes etwa vom Umsatz o. Ä. abgesetzt werden können. Auch werden teilweise sehr hohe formale Anforderungen an die Abzugsfähigkeit gestellt.[59] Ist die Quellenbesteuerung besonders ausgeprägt, besteht die Gefahr, dass auch Liefergewinne bei grenzüberschreitenden Dienstleistungen der Besteuerung unterliegen (z. B. Art. 5 Abs. 2 Buchst. g DBA-Tunesien über die Betriebsstättenfiktion).

---

[56] Vgl. Krause in: IFA Seminar Series, Vol. 14a, 1989, Deventer 1991, S. 40.
[57] Vgl. OECD a. a. O., Art. 7 und Art. 12.
[58] Vgl. Art. 12 Abs. 2 UN-MA.
[59] Vgl. Tz. 1.1.4.2. der Betriebsstätten-Verwaltungsgrundsätze a. a. O. (oben Fn. 24).

2. Besteuerung im Wohnsitzstaat

Innerhalb der unbeschränkten Steuerpflicht kann der Wohnsitzstaat weltweit alle Einkünfte des Steuerpflichtigen besteuern. Auf Exportgeschäfte trifft dies uneingeschränkt zu. Wird ein Teil des Welteinkommens des inländischen Steuerpflichtigen schon im Rahmen der beschränkten Steuerpflicht in einem anderen Staat besteuert, resultieren hieraus Doppelbesteuerungen. Bei Lizenzgebühren ergibt sich eine Doppelbesteuerung, wenn auch der Quellenstaat ein Recht auf die Besteuerung der Lizenzgebühren hat. Hinsichtlich der Exportgeschäfte, also auch der Lizenzgebühren, sieht § 34c EStG zur Vermeidung bzw. Milderung der Doppelbesteuerung die Anrechnungsmethode (§ 34c Abs. 1 EStG) und auf Antrag den Abzug der ausländischen Quellensteuer bei der Ermittlung der Einkünfte (§ 34c Abs. 2 u. 3 EStG) vor. Evtl. stehen auch die Pauschalierungs- und die Erlassmethode nach § 34c Abs. 5 EStG zur Verfügung.

Liegt ein DBA vor, erhält der Wohnsitzstaat prinzipiell das ausschließliche Besteuerungsrecht. Sollte der Quellenstaat dennoch Steuern einbehalten, so ist aus deutscher Sicht auf das Verhältnis zwischen den bilateralen und den unilateralen Maßnahmen zur Vermeidung bzw. Verminderung der Doppelbesteuerung einzugehen. Hierzu gibt § 34c Abs. 6 EStG Aufschluss:

- Liegt die Herkunft ausländischer Einkünfte in einem DBA-Staat, bleiben die unilateralen Maßnahmen zur Vermeidung der Doppelbesteuerung zunächst unberücksichtigt.
- Wurde in einem DBA nicht die Freistellungs-, sondern die Anrechnungsmethode vereinbart, ist ungeachtet des DBA der § 34c Abs. 1 Satz 2 und 3 und Abs. 2 EStG dennoch analog anzuwenden.[60]
- Die unilateralen Maßnahmen sind auch dann gültig, wenn das DBA die Doppelbesteuerung nicht behebt oder Steuern des ausländischen Staates nicht abdeckt. Soweit nicht das DBA die Freistellung vorsieht, wird damit im Ergebnis auf die unilateralen Maßnahmen zurückgegriffen.

IV. Steuerbelastung einer ausländischen Tochtergesellschaft

Technische Dienstleistungen können auch über eine ausländische Tochtergesellschaft des inländischen Mutterunternehmens erbracht werden. Hieraus können sich andere steuerliche Belastungskonsequenzen ergeben als bei einer alternativen Erbringung der Leistungen über eine ausländische Betriebsstätte. In Bezug auf technische Dienstleistungen bestehen hier jedoch keine Abweichungen zum Normalfall, weshalb auf weitere Ausführungen verzichtet wird.

V. Steuerliche Gestaltungsmöglichkeiten bei der Erbringung technischer Dienstleistungen

1. Gestaltungsmöglichkeiten bei Erstentscheidungen

a) Rechtsstrukturentscheidungen

aa) Steuerliche Belastungsunterschiede zwischen der Betriebsstätte der Tochtergesellschaft und den Exportgeschäften

Auf die steuerlichen Gestaltungsmöglichkeiten, die sich aus den unterschiedlichen steuerlichen Belastungen ergeben, soll hier nicht eingegangen werden. Hier sollen lediglich einige Besonderheiten, die sich in Bezug auf technische Dienstleistungen ergeben, herausgearbeitet werden.

---

[60] Vgl. § 34c Abs. 6 Satz 2 EStG.

Der Vergleich der Vorteilhaftigkeit zwischen Exportgeschäften und einer Betriebsstätte bzw. einer Tochtergesellschaft ist sehr problematisch. Bei Exportgeschäften kann die effektive Quellenbesteuerung von 0 % bis über 100 % liegen. Deshalb soll hier nicht explizit auf Einzelfälle eingegangen werden, sondern es sollen nur generelle Aussagen getroffen werden.

Werden technische Dienstleistungen in Form von Exportgeschäften abgewickelt, stellt sich zunächst nicht die Frage, ob eine Betriebsstätte begründet werden kann oder ob im Quellenstaat eine Tochtergesellschaft errichtet werden soll. Handelt es sich um einzelne Aufträge, die nur einen kurzen Zeitraum zur Bearbeitung beanspruchen, besteht zumeist keine Möglichkeit, Gestaltungen bei der Rechtsstruktur wahrzunehmen. Nur wenn Aufträge über technische Dienstleistungen sich über einen länger andauernden Zeitraum erstrecken bzw. zu einer gewissen Verflechtung mit der Volkswirtschaft des Quellenstaates führen, kann es interessant sein, dort über eine Betriebsstätte oder über eine Tochtergesellschaft tätig zu sein. Droht vonseiten der ausländischen Finanzverwaltung eine Liefergewinnbesteuerung oder auch eine Bruttobesteuerung, kann überlegt werden, ob es nicht von Vorteil ist, im Quellenstaat beschränkt oder unbeschränkt steuerpflichtig zu sein, um eine evtl. drohende Mehrfachbesteuerung zu vermeiden. Die Steuerbelastung, die sich bei einer Betriebsstätte oder bei einer Tochtergesellschaft ergibt, muss dann niedriger sein als bei einer Liefergewinnbesteuerung. Bei dieser Überlegung ist darauf zu achten, ob die ausländischen Steuern auf die Liefergewinne bei der deutschen Steuerberechnung Berücksichtigung finden können, ob also z. B. ein Abzug nach § 34c Abs. 3 EStG erfolgen kann. Dies ist wiederum nur im Nicht-DBA-Fall möglich.

Technische Dienstleistungen, die als Nebenleistung in einen Lizenzvertrag einbezogen werden, teilen regelmäßig das Schicksal des Lizenzvertrages. Bei Lizenzvergabe an eine ausländische Betriebsstätte können die von der Betriebsstätte an das inländische Stammhaus entrichteten Lizenzgebühren nicht als Betriebsausgaben geltend gemacht werden. Insoweit droht hier eine Doppelbelastung, da das Stammhaus die erhaltenen Lizenzgebühren als Einnahmen ausweist. Wurden die technischen Dienstleistungen nicht über einen separaten Vertrag geregelt bzw. bestand keine Möglichkeit, eine andere Gestaltung zu wählen, als die technischen Dienstleistungen in den Lizenzvertrag zu integrieren, wäre es hier steuerlich günstiger, im Ausland eine Tochtergesellschaft einzurichten, da dann die von der Tochtergesellschaft zu entrichtenden Lizenzgebühren als Betriebsausgaben abgezogen werden könnten.

bb) Feste Einrichtung

Die steuerlichen Belastungskonsequenzen einer festen Einrichtung entsprechen denen einer Betriebsstätte. Als Exportgeschäfte einzustufende technische Dienstleistungen eines Freiberuflers führen zu einer etwas günstigeren steuerlichen Belastungskonsequenz als bei Vorhandensein einer Betriebsstätte, da bei Freiberuflern keine Gewerbesteuer anfällt. Die Problematik der Liefergewinnbesteuerung bei Einkünften aus technischen Dienstleistungen entspricht der der Betriebsstätte mit Ausnahme der nicht anfallenden Gewerbesteuer.

Ein weiteres Ergebnis der Untersuchung ist die unterschiedliche steuerliche Belastungskonsequenz, wenn ein Vorbehalt für die feste Einrichtung im DBA vereinbart wurde. Die Steuerbelastung bei Vorliegen des Vorbehalts für die feste Einrichtung ist für den inländischen Steuerpflichtigen im Vergleich zum Fall ohne Vorbehalt der festen Einrichtung so lange niedriger, wie im Ausland ein niedrigeres Steuerniveau herrscht, da dann dem Quellenstaat das Besteuerungsrecht auch für die sonstigen Einkünfte der festen Einrichtung zugewiesen wird. Insoweit kann auf obige Gestaltungsempfehlungen bei der Wahl zwischen einer ausländischen Betriebsstätte und einem Exportgeschäft verwiesen werden.

Joos

Eine doppelte Freistellung kann erreicht werden, wenn dem Quellenstaat bei Bestehen einer festen Einrichtung auch Zinsen, Lizenzgebühren etc. zuzuordnen sind und diese nicht besteuert werden, weil der Vorbehalt für die feste Einrichtung im DBA fehlt und eine analoge Anwendung des Betriebsstättenvorbehalts nicht erfolgt (z. B. bei Zinsen und Lizenzgebühren). Andererseits lässt der Wohnsitzstaat diese Einkünfte unberücksichtigt, weil er von der analogen Anwendung des Betriebsstättenvorbehalts aufgrund der wirtschaftlichen Betrachtungsweise ausgeht. Hier ist jedoch einschränkend § 50d Abs. 9 EStG zu beachten.

cc) Einschaltung einer ausländischen Tochtergesellschaft

(1) Einschaltung einer ausländischen Dienstleistungsgesellschaft

Der internationale Unternehmenskauf nahm in den letzten Jahren verstärkt zu. Mit dem Kauf von ausländischen Unternehmen wollen die deutschen Unternehmen sowohl Marktanteile und Know-how erwerben als auch Synergieeffekte nutzen. Um Synergieeffekte realisieren zu können, kann entweder die Konzernzentrale direkt oder über eine eigens dafür eingerichtete Dienstleistungsgesellschaft tätig werden (outsourcing). Im Ausland zu erbringende technische Dienstleistungen können auch über eine eigens hierfür etablierte Dienstleistungsgesellschaft durchgeführt werden.[61]

Gründe hierfür sind, dass die Heranziehung von Spezialisten im Konzern eine effiziente Unterstützung der Gliedgesellschaften erlaubt, die sich auf die besonderen Bedürfnisse der jeweiligen Einheiten einstellen können und somit in der Lage sind, sehr spezialisierte Dienstleistungen anzubieten. Innerhalb eines Konzerns können mit der Einschaltung einer Dienstleistungsgesellschaft mehrere Abteilungen und Stabsfunktionen in einer Einheit zusammengefasst werden, was einen z. T. erheblichen Rationalisierungseffekt auslösen kann. Durch die Einschaltung konzerninterner Dienstleistungsgesellschaften soll vermieden werden, dass die einzelnen Konzerngesellschaften technische Beratungen von außenstehenden Dritten erwerben müssen.

Infolge der Einschaltung einer Dienstleistungsgesellschaft kann von allen Mitgliedern eines Konzerns, einer Konzernsparte oder eines einzelnen Unternehmensbereichs eine effiziente Durchsetzung der wirtschaftlichen Ziele erreicht sowie die technischen Dienstleistungen auf die speziellen Bedürfnisse der Konzerngesellschaften zugeschnitten werden. Werden sodann die die Leistungen beanspruchenden Konzerngesellschaften mit den angefallenen Kosten i. S. eines profit-centers belastet, gibt dies ein realistisches Bild für die Ertragslage der jeweiligen Konzerneinheiten.[62]

Bei Einschaltung einer Dienstleistungsgesellschaft sollte darauf geachtet werden, dass die entstehenden Betriebsausgaben bei den Konzerngesellschaften zum Abzug zugelassen werden. Ansonsten kann es zu Doppelbesteuerungen kommen, wenn parallel dazu bei der leistungserbringenden Dienstleistungsgesellschaft die erhaltenen Entgelte der Besteuerung unterliegen. Insbesondere bei Umlageverträgen ist dies zu berücksichtigen, da teilweise die Finanzverwaltungen diesen Vertragsgestaltungen gegenüber eine ablehnende Haltung einnehmen.[63]

Zu beachten ist bei der Wahl des Sitzstaates der Dienstleistungsgesellschaft, dass u. U. Quellensteuern auf konzerninterne Dienstleistungen erhoben werden. Dieses Risiko kann dadurch etwas eingeschränkt werden, dass ein Sitzstaat ausgewählt wird, bei dem durch ein DBA die Quellensteuern vermindert oder auf Null reduziert werden.

---

[61] Vgl. Tz. 3 Betriebsstätten-Verwaltungsgrundsätze a. a. O. (oben Fn. 24).
[62] Vgl. *Wurm* in: Fischer (Hrsg.), Forum der Internationalen Besteuerung, Heft 1, S. 69 f.
[63] Vgl. BMF-Schreiben v. 30. 12. 1999, BStBl 1999 I 1122 ff.

Wird die Dienstleistungsgesellschaft im Ausland errichtet, ist darauf Rücksicht zu nehmen, dass bei steuerlichen Gestaltungen, wie beispielsweise über Basisgesellschaften, die Ausschüttungsfiktion der Hinzurechnungsbesteuerung greift. Ebenso ist bei steuerlichen Gestaltungen auf eine evtl. Durchgriffsbesteuerung bei Missbrauch hinzuweisen. Dies gilt insbesondere im Hinblick darauf, dass bei Dienstleistungsgesellschaften ein weit größerer Spielraum hinsichtlich der Standortwahl für die Steuergestaltung vorhanden ist als bei Produktionsunternehmen. Deshalb besteht die Gefahr, dass die beteiligten Finanzverwaltungen diese Gestaltungen kritisch begutachten.

(2) Einschaltung einer ausländischen Holdinggesellschaft

Da davon auszugehen ist, dass das allgemeine Steuerniveau der Bundesrepublik Deutschland i. d. R. höher ist als in einem potentiellen Quellenstaat, ist unter dem Aspekt der Steuerminimierung eine kapitalimportneutrale Gestaltung zu wählen. Die Kapitalimportneutralität kann im DBA-Fall erreicht werden, und zwar sowohl bei der Betriebsstättte als auch bei der Tochtergesellschaft im Ausland. Zu beachten für das Wirksamwerden der Abschirmwirkung eines DBA ist, dass evtl. eine Aktivitätsklausel zu erfüllen ist. Ist kein DBA vorhanden, kann die Kapitalimportneutralität nur bei einer Tochtergesellschaft im Ausland erreicht werden, wenn dort die Gewinne thesauriert werden, da hier die Abschirmwirkung juristischer Personen gilt und wenn, je nach Wortlaut des DBA, die Tätigkeit als aktiv einzustufen ist. Eine spätere Ausschüttung unterliegt beim Letztgesellschafter in der Bundesrepublik Deutschland allerdings der nochmaligen Besteuerung. Werden technische Dienstleistungen im Quellenstaat steuerlich wie Lizenzgebühren behandelt, führt dies regelmäßig zur Bruttobesteuerung. Die Quellensteuersätze differieren von Land zu Land und von DBA zu DBA. Durch eine gezielte Koppelung von DBA mittels einer Holdinggesellschaft können die Zahlungsströme so geschaltet werden, dass eine möglichst geringe Quellensteuerbelastung eintritt (treaty shopping). Bei der Weiterleitung der Erträge der Holdinggesellschaft an die inländische Muttergesellschaft fallen jedoch vielfach wieder Quellensteuern an, so dass eine solche Konstruktion nur dann sinnvoll ist, wenn die Quellensteuerersparnis aus der Lizenzgebühr an die Holdinggesellschaft größer ist als die zusätzlich abzuführende Quellensteuer bei Weiterleitung der Zahlung an die Muttergesellschaft.

U. U. ist auch zu überlegen, zwei Kapitalgesellschaften zu gründen, und zwar eine für die technischen Dienstleistungen und eine für die passiven Einkünfte. So könnte für die aktiven Einkünfte das Schachtelprivileg beansprucht werden.

Erbringt ein Ingenieurbüro in großem Umfange technische Dienstleistungen im Ausland, kann im Nicht-DBA-Fall durch die Zwischenschaltung einer Holdinggesellschaft vermieden werden, dass Anrechnungsüberhänge entstehen. Durch eine Holdinggesellschaft können die Einkünfte aus verschiedenen Staaten gebündelt werden. Findet in einem Staat eine Liefergewinnbesteuerung statt und in einem anderen Staat nicht, kann hier auch die Höchstbetragsbegrenzung vermieden werden.

b) Gestaltungsmöglichkeiten bei Vertragsabschluss

aa) Einbezug der Quellensteuer in das Leistungsentgelt

Es besteht eine Möglichkeit, das Risiko einer Quellenbesteuerung zu umgehen, indem die erwartete ausländische Steuerbelastung in das Dienstleistungsentgelt aufgenommen wird. Im Einzelfall kann es schwierig sein, ex-ante mit hinreichender Sicherheit die Steuerbelastung im Quellenstaat zu bestimmen. Zudem setzt der Wettbewerb auf dem Weltmarkt der Aufnahme der erwarteten ausländischen Steuerbelastung in das Dienstleistungsentgelt enge Grenzen. Andere Industriestaaten, die am Export technischer Dienstleistungen mit Deutschland konkurrieren, verfügen über exportfreundlichere Anrechnungssysteme, so dass diese internationalen Konkurrenten häufig nicht darauf angewiesen sind, Quellensteuern in das Leistungsentgelt einzubeziehen.[64] Die ungünstige Kostensituation deutscher Steuerpflichtiger lässt bei Preisverhandlungen wenig Raum für die Aufnahme der Quellensteuer in das Leistungsentgelt.

Bei der Einrechnung von Steuern in den Preis ist darauf zu achten, dass die Berechnung "im Hundert" erfolgt, da andernfalls im Quellenstaat Steuern von den Steuern zu entrichten sind.

Werden technische Dienstleistungen innerhalb eines Konzernverbundes erbracht, kann über die Gestaltung der Konzernverrechnungspreise versucht werden, die im Ausland erwarteten Quellensteuern über den Verrechnungspreis der Tochtergesellschaft zu belasten. Bei dieser Gestaltungsmöglichkeit ist jedoch fraglich, ob bei einer Betriebsprüfung eine steuerliche Anerkennung der Verrechnungspreise möglich ist.

bb) Steuergestaltung bei Lizenz-, Know-how- und gemischten Verträgen

Eine Zusammenfassung von Lizenz-, Know-how- und Ingenieurleistungen in einem einheitlichen Vertrag kann steuerlich problematisch sein, da im Quellenstaat häufig über das bei Know-how-Hingabe anwendbare Verwertungsprinzip ein Besteuerungsanspruch auch bei den Ingenieurleistungen greift. Die Quellensteuern können in diesem Fall nur für den Anteil des Gesamtvertrages, der auf die Lizenzen entfällt, im Inland angerechnet werden. Hier ist es ratsam, für die Ingenieurleistungen einen separaten Vertrag abzuschließen, um der Gefahr der Besteuerung nach dem Verwertungsprinzip zu entgehen. Die Quellensteuern auf die Ingenieurleistungen sind dann im Inland nach § 34c Abs. 1 EStG bzw. § 26 Abs. 1 KStG anrechenbar, soweit sie nicht einer Betriebsstätte zuzuordnen sind.

Erfolgen außer den technischen Dienstleistungen noch Materiallieferungen, kann eine drohende Quellensteuer evtl. dadurch umgangen werden, dass das Entgelt für die Dienstleistungen zumindest teilweise auf den Materialpreis aufgeschlagen wird. Dies kann sich u. U. negativ auf evtl. vom Empfänger zu zahlende Zölle etc. auswirken. Hier besteht Verhandlungsspielraum, indem der Leistungserbringer auf einen Teil seiner ersparten Quellensteuern verzichtet, um dem Käufer des Materials bei seinen entstandenen Mehrkosten infolge höherer Zollabgaben entgegenzukommen, wobei der Rechtsmissbrauch die Grenze solcher Vereinbarungen setzt.

2. Gestaltungsmöglichkeiten bei Folgeentscheidungen

Die oben vorgenommenen Aussagen zur Vorteilhaftigkeit bestimmter rechtlicher Ausgestaltungen der technischen Dienstleistungen sind in der Praxis nicht immer anwendbar. Vielmehr sind auch die Fälle zu berücksichtigen, bei denen trotz Bestehens der Rechtsstruktur des Geschäftes aus betriebswirtschaftlichen oder aber aus steuerlichen Gründen eine Änderung der Rechtsgestaltung vorgenommen werden muss bzw. vorgenommen werden sollte. Als betriebswirtschaftlicher Grund kann hier beispielhaft die Veränderung des Geschäftsumfangs oder des Leistungsumfangs angeführt werden. Steuerliche Gründe können in der Änderung nationaler Steuergesetze oder der Revision bzw. dem Erstabschluss von DBA liegen. Aufgrund der oben dargestellten Umstände kann es für den Steuerpflichtigen von entscheidender Bedeutung sein, sich den geänderten Gegebenheiten in rechtlicher, wirtschaftlicher und steuerlicher Sicht anzupassen. Wirtschaftliche und rechtliche Gründe stehen bei der Behandlung des Engagements seitens der Steuerbehörden im Vordergrund.

a) Tätigkeitsverlagerungen

Steuerlich von besonderem Interesse ist der Leistungsort. Die zu erbringenden technischen Dienstleistungen sind aufzuteilen in den Teil, der in der Bundesrepublik Deutschland erbracht,

---

[64] Vgl. *United Nations* a. a. O., S. 50, 74.

und in den Teil, der im Quellenstaat erbracht wird. Hiernach richtet sich die Besteuerungskompetenz der beteiligten Fisci. Eine Ausnahme besteht nur bei der Besteuerung nach dem Verwertungsprinzip. Ob auch der Quellenstaat im Nicht-DBA-Fall die Verwertung besteuert, liegt in dessen steuerlicher Hoheit.

aa) Tätigkeitsverlagerungen in eine ausländische Betriebsstätte oder feste Einrichtung

Im Nicht-DBA-Fall ist eingehend zu prüfen, ob die Begründung einer Betriebsstätte oder einer festen Einrichtung im Quellenstaat von Vorteil ist, um der drohenden Liefergewinnbesteuerung zu entgehen, da hier die Abschirmwirkung eines DBA nicht greift. Im Nicht-DBA- Fall ist wegen des Welteinkommensprinzips prinzipiell mindestens das deutsche Steuerniveau maßgebend. Eine Ausweitung der Tätigkeiten im Quellenstaat bringt hier nur dann für den inländischen Steuerpflichtigen einen Nutzen, wenn durch eine Betriebsstätte oder eine feste Einrichtung eine Abschirmwirkung insofern erreicht würde, als keine Anrechnungsüberhänge oder nur zum Abzug zugelassene Quellensteuern entstehen, wie sie bei einer Liefergewinnbesteuerung in Form z. B. der Bruttobesteuerung eintreten können. Besteht im Quellenstaat eine Betriebsstätte oder eine feste Einrichtung, können im Regelfall die Aufwendungen in Abzug gebracht werden.[65]

Ist das allgemeine Steuerniveau im Quellenstaat niedriger als das der Bundesrepublik Deutschland und existiert mit dem Quellenstaat ein DBA mit Freistellung, kann es sinnvoll sein, im Ausland eine Betriebsstätte oder eine feste Einrichtung zu unterhalten. Technische Dienstleistungen, die dann über die ausländische Betriebsstätte bzw. die feste Einrichtung abgewickelt werden, unterliegen nicht mehr dem hohen deutschen Steuerniveau, sondern lediglich dem niedrigeren Steuerniveau des Quellenstaates. Hier kann versucht werden, möglichst viele Tätigkeiten in den Quellenstaat zu verlegen, um eine Betriebsstätte oder eine feste Einrichtung zu begründen. Tunesien z. B. begründet eine fiktive Betriebsstätte, wenn die Kosten der Montage oder Aufsichtstätigkeit 10 % des Preises der gekauften Maschinen oder Anlagen überschreiten.[66] Soweit es technisch möglich ist, bietet es sich an, die Produktion im Wohnsitzstaat nur insoweit durchzuführen, als der Anteil der Montage- oder Aufsichtstätigkeit sich auf über 10 % des Kaufpreises beläuft.

Es ist durchaus möglich, bereits Planungs- oder vorbereitende Tätigkeiten direkt vor Ort im Quellenstaat durchzuführen. Bestehen für die Begründung einer Betriebsstätte oder insbesondere bei einer festen Einrichtung Zeitgrenzen, wie z. B. die 183-Tage-Regelung, und liegt nach betriebswirtschaftlichen Erfordernissen die Auftragsdurchführung im Quellenstaat knapp unter der 183-Tage-Grenze, können die Tätigkeiten evtl. gerade über die Zeitgrenze hinaus erweitert werden, um eine Betriebsstätte oder eine feste Einrichtung zu begründen. Ist die daraus erzielte Steuerersparnis höher als die zusätzlich anfallenden Kosten wie für Personal, Hotels etc., lohnt es sich für den inländischen Steuerpflichtigen, im Quellenstaat eine Betriebsstätte oder feste Einrichtung einzurichten. Trinidad und Tobago beispielsweise erheben bei der Erbringung selbständiger Arbeiten, wenn der Leistungserbringer im Quellenstaat keine Betriebsstätte unterhält, eine Steuer i. H. v. 5 % des Bruttobetrages der Zahlung.[67] Nach der funktionalen Betrachtungsweise ist das auch auf die feste Einrichtung zu übertragen. Hätte der Leistungserbringer eine Betriebsstätte oder eine feste Einrichtung, wäre diese Quellensteuer nicht abzuführen.

Unterbrechungen zwecks Urlaub etc. hemmen nicht die Frist bei den Tage-Regelungen, lediglich zeitliche Verlängerungen des Auslandsaufenthalts aufgrund "höherer Gewalt" sind nicht in die

---

[65] OECD a. a. O., Art. 7 Abs. 3, Ziff. 16 ff.
[66] Vgl. Art. 5 Abs. 2g DBA-Tunesien.
[67] Vgl. Art. 14 Abs. 4 DBA-Trinidad und Tobago.

Tage-Regelung einzurechnen. Für den inländischen Erbringer technischer Dienstleistungen eröffnen sich so Möglichkeiten, gezielt durch Urlaub im Quellenstaat während des Zeitraumes der Leistungserstellung die Zeitgrenze zu überschreiten und damit eine Betriebsstätte oder feste Einrichtung zu ermöglichen. Hier ist jedoch Vorsicht geboten, da die deutsche Finanzverwaltung dies als Steuermissbrauch auslegen könnte.

bb) Tätigkeitsverlagerungen in den Wohnsitzstaat

Um das Risiko einer eventuellen Liefergewinnbesteuerung möglichst klein zu halten, ist es u. U. günstig, den Großteil der zu erbringenden Leistungen im Inland vorzubereiten und soweit möglich auch durchzuführen. Damit werden die Leistungsteile gering gehalten, auf die der Quellenstaat durch die dortige Erbringung Zugriff hat. Dies ist allerdings nur dann sinnvoll, wenn der Quellenstaat die Liefergewinnbesteuerung nur auf den Teil beschränkt, der in seinem Staat erbracht wird, und sich eine andere Alternative (Betriebsstätte oder Tochtergesellschaft) auch über einen Drittstaat nicht anbietet.

Um einer drohenden Quellensteuer bzw. bei Besteuerung auf Nettobasis einer Versagung der Anerkennung von Betriebsausgaben im Quellenstaat zu entgehen, kann beispielsweise die Standortentscheidung, wo die Schulungen für das einzuarbeitende Personal einer verkauften Anlage durchgeführt werden sollen, zugunsten des Wohnsitzstaates getroffen werden. Sind die hierbei entstehenden Mehrkosten, wie z. B. Flugkosten, Hotelkosten etc., geringer als eine abzuführende Quellensteuer, ist es für den Erbringer der technischen Dienstleistungen günstiger, die Schulungen im Wohnsitzstaat und nicht im Quellenstaat abzuhalten.

b) Gestaltungsmöglichkeiten bei der Bruttobesteuerung

Die Bruttobesteuerung kann leicht zu einer übermäßigen Steuerbelastung führen. Verfügt der Lizenzgeber über ein Betriebsstätte im Quellenstaat, unterliegt er dort der Nettobesteuerung. Dies kann zu dem Ergebnis führen, dass die Steuerbelastung bei Vorhandensein einer Betriebsstätte wesentlich niedriger ist als bei Direktvergabe einer Lizenz durch das Stammhaus. Hier besteht ggf. die Möglichkeit, die Lizenzvergütungen in gewerbliche Einkünfte umzuqualifizieren. Bei Vorliegen einer Betriebsstätte kann dann die Nettobesteuerung mit einem entsprechenden Abzug der angefallenen Aufwendungen beansprucht werden. Besteht jedoch ein Betriebsstättenvorbehalt und fallen die Lizenzen in den Geschäftsbereich der Betriebsstätte oder wird im Quellenstaat das Prinzip der Geschäfte gleicher Art oder der Attraktivitätskraft der Betriebsstätte angewandt, werden die Lizenzgebühren der Betriebsstätte zugeordnet. Eine Umqualifizierung in gewerbliche Einkünfte ist in diesen Fällen nicht mehr notwendig.

Werden technische Dienstleistungen den Lizenzgebühren lt. DBA zugeordnet bzw. vom Quellenstaat auch ohne Vorhandensein der Eigenschaft als Lizenzen als solche qualifiziert, u. a. mit dem Ziel, die Bruttobesteuerung durchzuführen, verbleibt dem Erbringer der technischen Dienstleistungen die Möglichkeit, die technischen Dienstleistungen an eine bestehende Betriebsstätte bzw. feste Einrichtung anzugliedern, um damit die Nettobesteuerung zu erreichen. Besteht keine Betriebsstätte bzw. sind die Voraussetzungen für den Betriebsstättentatbestand nicht gegeben, kann dennoch über die Gründung einer Tochtergesellschaft im Quellenstaat der Versuch unternommen werden, sofern die technischen Dienstleistungen der Tochtergesellschaft zuzuordnen sind, der Bruttobesteuerung zu entgehen und zur Nettobesteuerung des Ergebnisses der Tochtergesellschaft zu gelangen.

E. Schlussbetrachtung

Als Ergebnis der steuersystematischen Einordnung lässt sich zusammenfassend feststellen, dass technische Dienstleistungen prinzipiell sowohl im gewerblichen als auch im freiberuflichen Bereich erbracht werden können. Führen gewerbliche technische Dienstleistungen zu einer nachhaltigen, standortbezogenen Verknüpfung mit dem Quellenstaat, dann liegt dort deshalb eine feste Geschäftseinrichtung i. S. des jeweiligen nationalen Rechts oder nach DBA vor, d. h. der Quellenstaat verfügt über einen Steueranknüpfungspunkt, obwohl eine Betriebsstätte ein rechtlich unselbständiger Teil des inländischen Stammhauses ist.

Die Betriebsstättendefinitionen differieren von Staat zu Staat. Die von der Bundesrepublik Deutschland abgeschlossenen DBA orientieren sich zwar am OECD-MA, aber auch hier sind Abweichungen vorzufinden. Abgrenzungsprobleme bestehen insbesondere bei technischen Dienstleistungen, die im Zusammenhang mit Bauausführungen und Montagen erbracht werden. Häufig versuchen Quellenstaaten, Überwachungs- und Aufsichtstätigkeiten einer Betriebsstätte zuzuordnen. Dies bedeutet eine Erweiterung des von der OECD empfohlenen Betriebsstättenbegriffs. Als schwierig erweist sich auch eine Abgrenzung zu den Tätigkeiten vorbereitender Art und den Hilfstätigkeiten. Oftmals wird der Charakter der technischen Dienstleistungen als Hilfstätigkeiten negiert, womit sich der Quellenstaat ein beschränktes Besteuerungsrecht sichert.

Von Freiberuflern erbrachte technische Dienstleistungen führen dann zu einem Steueranknüpfungspunkt im Quellenstaat, wenn dort eine feste Einrichtung vorliegt. Die Auslegung des Begriffs der festen Einrichtung orientiert sich am Begriff der festen Geschäftseinrichtung der gewerblichen Tätigkeiten. Von Bedeutung für technische Dienstleistungen ist insbesondere die starke Betonung des Arbeitsortprinzips in vielen DBA, und die aus betriebswirtschaftlicher Sicht nicht zu rechtfertigende Vernachlässigung des Vorbehalts der festen Einrichtung im Verhältnis zum Betriebsstättenvorbehalt.

Technische Dienstleistungen können auch im Zusammenhang mit Lizenz- und Know-how-Transfer erbracht werden. Es ist das Interesse vieler Quellenstaaten, Vergütungen für technische Dienstleistungen dem Lizenzgebührenbegriff zuzuordnen, um damit ein begrenztes Quellenbesteuerungsrecht zumeist in Form der Bruttobesteuerung zu erhalten. Hier ist auf eine genaue Abgrenzung der Leistungsbestandteile Lizenzen, Know-how und technische Dienstleistungen zu achten. Ein Einbezug der Entgelte für technische Dienstleistungen bedeutet eine Einengung des Anwendungsbereichs der Betriebsstätte und der festen Einrichtung und ist als ein Verstoß gegen die Einkunftsqualifikation der DBA zu werten.

Die steuersystematischen Einordnungen der technischen Dienstleistungen führen zu unterschiedlichen steuerlichen Belastungskonsequenzen, die mit Hilfe steuerlicher Gestaltungsmöglichkeiten modifiziert werden können. Gestaltungsmöglichkeiten ergeben sich zum einen bei Erstentscheidungen, d. h. es werden steuerliche Überlegungen vor Vertragsabschluss angestellt. Zum anderen kann versucht werden, im Rahmen einer bereits begonnenen Tätigkeit eine relative Steuerminimierung zu erreichen.

Wirtschaftlich identische Tatbestände in der Form der Erbringung technischer Dienstleistungen werden steuerlich nicht gleich behandelt. Die Ursachen hierfür liegen insbesondere in den Konflikten der Staaten im Hinblick auf die Zuordnung der technischen Dienstleistungen zu einer Betriebsstätte, einer festen Einrichtung oder den Lizenzen. Für den inländischen Investor ergeben sich hieraus nicht nur negative Folgen in Form von Doppelbesteuerungen, sondern auch steuerliche Gestaltungsmöglichkeiten, um steuerliche Mehrfachbelastungen zu reduzieren.

Joos

6. Steuerliche Überlegungen bei internationalen Projektfinanzierungen (Structured Finance)

von Dr. Jochen Lüdicke, Rechtsanwalt, Fachanwalt für Steuerrecht, Steuerberater, Düsseldorf[*]

Inhaltsübersicht

A. Einführung
   I. Begriff der Projektfinanzierungen
   II. Begriff "Structured Finance"
B. Steuerliche Auswahlüberlegungen bei der Gestaltung der Finanzierung
   I. Gewährung von Eigenkapital
   II. Gewährung von dinglich gesicherten Darlehen
   III. Gewährung von durch Lieferung gesicherten Darlehen
   IV. Einbindung von Abnehmern in die Finanzierung
   V. Gewährung von Sachdarlehen
   VI. Erwerb der Gegenstände und/oder Rechte und mietweise Überlassung
   VII. Zuweisung der Risiken aus Steueränderungen
   VIII. Bilanzierung
C. Einbindung von erweiterten Finanzierungsstrukturen
   I. Nutzung und teilweise Weitergabe der Vorteile von Steuerpositionen
   II. Nutzung von Liquiditätsverbesserungen

Literatur:

Abolins, *Projektfinanzierungen als Instrument für Jointventure-Finanzierungen, Sparkasse 1984, S. 253;* **Backhaus/Sandrock/Schill/Uekermann (Hrsg.),** *Projektfinanzierung, Stuttgart 1990;* **Böhlhoff/Hentzen,** *Projektfinanzierung unter besonderer Berücksichtigung von IPP, Energiewirtschaftliche Tagesfragen 1995, S. 752;* **Gundert,** *Rechnungslegung und Bilanzierung im Rahmen der sog. Projektfinanzierung, DStR 2000, 125;* **v. Hagemeister/Bültmann,** *Konflikte von Sicherungsinstrumenten und Eigenkapitalersatz bei Projektfinanzierungen durch Banken, WM 1997, 549 ff.;* **Kamann/Wiegel,** *Internationale Projektfinanzierung, Die Bank 1983, 226;* **Kiethe/Hektor,** *Grundlagen und Technik der Projektfinanzierung, DStR 1996, 977 ff.;* **Lüdicke/Arndt,** *Geschlossene Fonds, 5. Aufl. 2009;* **Nicklisch,** *Vertragsstrukturen und Risiken des Projekterstellers bei internationalen BOT-Projekten, FS Nirk, S. 735 ff.;* **Reuter,** *Was ist und wie funktioniert Projektfinanzierung, DB 1999, 31;* **Reuter,** *Bilanzneutrale Gestaltung von Projektfinanzierungen nach GoB, Leasingregeln und US-GAAP, DB 2000, 659;* **Reuter,** *Kreditgewährung und Kreditsicherheiten in Gesellschafts- und Zivilrecht: Der Stand der Rechtsprechung und die Folgen für Holding-, Akquisitions-, leveraged loan- und Projektfinanzierung, NZI 2001, 393;* **Scheil,** *Neue rechtliche Rahmenbedingungen bei Projektfinanzierungen im China-Geschäft, IStR 1997, 730 ff.;* **Schmidt,** *Privates Kapital für den öffentlichen Verkehr, Die Bank 1993, 524 ff.;* **Schmitt/Weber,** *Rechtliche Grundlagen der Projektfinanzierung in der Russischen Föderation, WIRO 1995, 321 ff.;* **Westermann,** *Bürgerlich-rechtliche Probleme der bankmäßigen Projektfinanzierung, in: Pfeiffer (Hrsg.), FS Brandner, Köln 1996, S. 579 ff.;* **Willms,** *Die Rolle der Euro-Kapitalmärkte bei der Projektfinanzierung, WM 2001, 1485.*

---

[*] Partner der Sozietät Freshfields Bruckhaus Deringer LLP, Düsseldorf.

A. Einführung

Projektfinanzierungen sind typischerweise mittel- bis langfristig angelegte Finanzierungen, die nicht primär auf die anderweitig bestehende Bonität des Finanznachfragers, sondern auf die künftigen Zahlungsströme aus dem finanzierten Projekt abstellen. Sie werden daher in aller Regel als Spezialfinanzierungen nicht standardisiert, sondern aufgrund der individuellen Situation des Projektes strukturiert und vergeben. Die internationale Vergabe erfolgt häufig zur Nutzung von besonderen Finanzierungsvorteilen unter Einbeziehung von Kapitalgebern aus anderen Staaten als dem Staat, in dem sich das zu finanzierende Projekt befindet.

Projektfinanzierungen können unter Nutzung von Eigen- oder Fremdkapital gestaltet werden. Entsprechend der Situation im Geber- und im Empfängerland werden die Vergütungen für die Überlassung des Kapitals und dessen Rückführung zivil-, devisen- und steuerrechtlich unterschiedlich behandelt.

Projektfinanzierungen werden im In- und Ausland zunehmend wichtig. Viele große Infrastrukturprojekte, Aufträge im Großbaubereich und in der Energiewirtschaft werden international mit der Maßgabe ausgeschrieben und vergeben, dass "die Industrie" auch die langfristige Vorfinanzierung sicherstellen muss. Dies betrifft im Inland u. a. Verkehrsinfrastrukturprojekte wie die Trave- und die Warnowquerung, den Aufbau von Telefonnetzstrukturen, Energieprojekte wie Windparks, Geothermie- oder Solarprojekte aber auch Freizeiteinrichtungen wie Aussichtsräder, Stadien oder Ferienhotels. Weder auftraggebende Gebietskörperschaften oder Staaten noch Projekt- bzw. Netzbetreiber können oder wollen eine zusätzliche Verschuldung für das Projekt ausweisen; der Spielraum für anderweitige Kreditaufnahmen soll unbelastet bleiben. Gerade dieser Aspekt wird bei weiterer Abhängigkeit der Kreditkosten von rating-Beurteilungen und wegen der besonderen Schwierigkeiten für die Fremdkapitalaufnahme während der noch nicht beendeten Finanzmarktkrise an Gewicht gewinnen.

Projektfinanzierung wird mithin zu einem Standardinstrument der Finanzplanung und ist wegen der Internationalität des Finanzmarktes in aller Regel nicht rein national begrenzt.[1]

Werden Finanzierungen außerbilanziell gestaltet, werden nicht selten Eigenkapital, Quasi-Eigenkapital sowie vor- und nachrangige Fremdkapitalelemente zusammengeführt.

Aus steuerlicher Sicht (sowohl national als auch im Rahmen der internationalen DBA) bestehen sowohl hinsichtlich der Würdigung von Eigen- und Fremdkapital als auch bezüglich der jeweils gewählten Ausgestaltung der Hingabe von Fremdkapital unterschiedliche Folgen. Im Rahmen des Eigenkapitals wird zwischen der Beteiligung an Kapitalgesellschaften und einer (mit-)unternehmerischen Beteiligung am Kapitalempfänger (Betriebsstättenbesteuerung) unterschieden. Fremdkapital kann mit oder ohne Beteiligung an stillen Reserven ausgestaltet sein und somit – u. a. wegen einer Mehrzahl von Abweichungen der einzelnen DBA zu Art. 11 Abs. 4 OECD-MA[2] – als Zins oder Dividende qualifiziert werden. Schließlich unterfällt die Besteuerung von Vergütungen für Sachkapitalgewährung (Miet- oder Leasingraten) nach Maßgabe von Art. 12 Abs. 2 OECD-MA 1977 dem Lizenzartikel, während nach Maßgabe der am 23. 7. 1992 geänderten Fassung des Art. 12 Abs. 2 OECD-MA das Besteuerungsrecht nach Maßgabe der Regelungen für Unternehmensgewinne bestimmt wird.[3] Hierdurch werden Sachkapitalüberlassungen grds. aus dem Bereich der Erhebung von Quellensteuern ausgenommen, während Bar-

---

[1] Vgl. *Willms*, WM 2001, 1489 f.

[2] Vgl. Nr. 22 des OECD-Kommentars zu Art. 11 OECD-MA.

[3] Vgl. *Wassermeyer* in: Debatin/Wassermeyer, DBA, OECD-MA, Art. 12 Rn. 17.

kapitalüberlassungen nach Maßgabe des Art. 11 Abs. 2 OECD-MA einem bis zu 10%igen Quellensteuerabzug unterworfen werden können. Hierbei ist zu beachten, dass die jeweiligen Besteuerungssätze für die Quellensteuer typischerweise die Bruttozahlungen betreffen, auf die Margen also keinen Bezug nehmen. Bei einem Zinssatz von z. B. 8 % und einem angenommenen Steuersatz von 50 % führt eine 10%ige Quellensteuer mithin zu einem Steueraufwand von 0,4 %; diese kann bedeuten, dass nahezu die vollständige Marge als Quellensteuer absorbiert würde. Wegen der wesentlichen Abweichungen bei der Besteuerung ist die Wahl der "richtigen" Finanzierung bzw. wegen der häufig unvermeidlichen Notwendigkeit des Einsatzes von Eigen- und Fremdkapital deren richtige Ausgestaltung und Mischung daher von erheblicher Bedeutung.

I. Begriff der Projektfinanzierungen

Projektfinanzierungen sind dem Grunde nach nichts Neues. Bereits im Altertum und im Mittelalter wurden Expeditionen ausgerüstet und auf der Basis des erhofften wirtschaftlichen Erfolges mit "Venture Capital" oder auch Mischungen aus Wagnis-Eigenkapital und Fremdkapital finanziert. Auch Projektanleihen gibt es nicht erst seit "Eurotunnel", sondern sie wurden für Eisenbahnprojekte oder auch zum Bau des Suez-Kanals eingesetzt. Generell wird in Unternehmen Kapital – sei es Eigenkapital, sei es Fremdkapital – nicht ohne sachlichen Grund aufgenommen. Im Fall von Eigenkapital würde eine im Vergleich zum Unternehmensgegenstand zu hohe Kapitalisierung den – relativen – Unternehmenserfolg schmälern und damit spätere Kapitalmaßnahmen erschweren. Im Fall von Fremdkapital besteht grds. eine negative Marge zur Wiederanlagemöglichkeit, so dass der Gewinn bei übermäßiger Fremdmittelaufnahme sinkt. Demgemäß wird unter dem Begriff der Projektfinanzierung – eingrenzend – eine Finanzierung verstanden, bei der der Kapitalgeber seine Einschätzung über die Rückführung und Bedienung des hingegebenen Kapitals mit Dividenden, Anteilen am Unternehmenswert oder Zinsen auf das finanzierte Objekt selbst und nicht generell auf die Bonität des Finanzmittelnachfragers abstellt. Das Projekt muss also selbst seine Kreditwürdigkeit ergeben. Die Frage der Kreditwürdigkeit ist damit nicht grundsätzlich anders als bei bankmäßiger Kreditvergabe. Anders als im Regelfall steht aber außer dem Projekt-cash-flow keine andere Quelle für die Finanzierung etwaiger Unterdeckungen zur Verfügung. Der Projekt-cash-flow und der Finanzierungs-cash-flow müssen daher bei Projektfinanzierungen genau aufeinander abgestimmt sein. Etwaige auch kurzfristige nicht gedeckte cash-flow Anforderungen sind geeignet, eine Projektfinanzierung Not leidend zu machen. Lässt die Planung keine genügend genaue Bestimmung der Einnahmen zu, muss daher durch Überbrückungsfinanzierungen, Nachrangmittel oder ggf. Garantien Projektbeteiligter die Kontinuität des Mindest-cash-flows planerisch gesichert sein.

II. Begriff "Structured Finance"

Eine Finanzierung wird dann unter den – schillernden und in der Finanzmarktkrise kritisch bewerteten – Oberbegriff "structured" eingeordnet, wenn eine Mehrzahl von Gestaltungsmitteln zusammengefasst, die Finanzierung durch die Kombination von einzelnen Finanzierungsinstrumenten "strukturiert" wird. Hierbei kann es sich etwa um Kombinationen von Eigen- und Fremdkapital, um liquiditätsverbessernde Maßnahmen oder um die Einbindung steuerlicher Vorteile handeln. Soweit z. B. in Bankkonzernen die Möglichkeit besteht, Kredite aus verschiedenen Stellen auszureichen, wird die Kreditgewährung (neben konkreten Ausleihmöglichkeiten, Eigenkapitalbelastungen und -kosten) auch steuerlich auf ihre Vorteilhaftigkeit für die Bank und den Kreditnehmer untersucht und die Entscheidung unter Berücksichtigung dieser Parameter

Lüdicke

getroffen. Gleichwohl wird eine solche – nicht kombinierte – Kreditvergabe nicht unter den Begriff "Structured Finance" gefasst.

B. Steuerliche Auswahlüberlegungen bei der Gestaltung der Finanzierung

Im Rahmen dieser Übersicht sollen lediglich die anzustellenden Überlegungen erörtert werden; eine Prüfung in Bezug auf einzelne Projektfinanzierungen wird hierdurch nur vorbereitet. Daher wird bei der Darstellung der Auswahlüberlegungen im Folgenden regelmäßig nur auf die Regelungen im OECD-MA 1977 bzw. OECD-MA (Rev. 2008)[4] und nicht auf einzelne Abkommen abgestellt, da die deutschen DBA im Allgemeinen dem OECD-MA nachgebildet sind, dieses also für die Bestimmung der richtigen Fragestellungen ausreicht. Für konkrete Planungen einzelner Projekte muss aber sowohl die Situation im jeweiligen Geber- und Empfängerland sowie in etwa eingeschalteten Drittländern (z. B. Cayman Islands etc.) als auch das konkret anzuwendende DBA analysiert werden, da die einzelnen Abkommen – und die nationalen Steuerrechtsordnungen – gerade in Details der Qualifikation von Eigen- und Fremdkapital voneinander und vom OECD-MA abweichen[5] und daher die nachfolgenden Überlegungen im Einzelfall nicht zur richtigen Lösung (sondern nur zu den richtigen Untersuchungsgegenständen) führen könnten. Im zweiten Teil (B.) sollen die wesentlichen in der Praxis anzutreffenden Fragen dargestellt werden, bevor im dritten Teil (C.) die Planungsüberlegungen der Kapitalgeber den Untersuchungsgegenstand bilden.

I. Gewährung von Eigenkapital

Wird Eigenkapital zur Projektfinanzierung bereitgestellt, kann dieses entweder im Geber- oder Empfängerland ausgereicht werden. Für diese Entscheidung sind im Wesentlichen rechtliche und nur in zweiter Linie steuerliche Überlegungen maßgebend. Insbesondere die – erwartete – Sicherheit des Kapitals und die Durchsetzbarkeit von Regelungen der Kapitalrückführung – etwa im Hinblick auf gegebene Zusicherungen – spielt bei dieser Gestaltungsentscheidung die herausragende Rolle. Ggf. lässt sich aber durch Einschaltung von Sicherheitentreuhändern oder Zwischengesellschaften eine Optimierung bzw. Flexibilisierung herbeiführen.

Wird Eigenkapital im Geberland dadurch bereitgestellt, dass der Kapitalempfänger mit dem Kapitalgeber im Kapitalgeberland ein Gemeinschaftsunternehmen errichtet, so erfolgt eine Kapitalzufuhr in das Empfängerland i. d. R. dadurch, dass dieses Gemeinschaftsunternehmen sodann im Empfängerland mittels einer Betriebsstätte tätig wird. Im Rahmen der Steuerplanung stellen sich dann Fragen nach der

▸ Besteuerung der Betriebsstätte im Empfängerland;

▸ Besteuerung von Ergebnis- oder Liquiditätstransfers von der Betriebsstätte entweder in das Gemeinschaftsunternehmen oder die hinter dem Gemeinschaftsunternehmen stehenden Gesellschafterunternehmen;

▸ Art der Einbeziehung von Gemeinschaftsunternehmen in das das Eigenkapital gewährende Unternehmen (z. B. Gruppenbesteuerung, Organschaft);

▸ Behandlung von Gewinnausschüttungen an das andere Mutterunternehmen des Gemeinschaftsunternehmens.

---

[4] Nachfolgend zitiert als OECD-MA.
[5] Vgl. *Wassermeyer* a. a. O. (oben Fn. 3), Art. 10 Rn. 28.

Wird Eigenkapital direkt im Empfängerland investiert, so stellt sich primär die Frage nach der Rechtsform des Empfängerunternehmens. Ist dieses als Personenhandelsgesellschaft organisiert oder erfolgt die Kapitalzufuhr mitunternehmerisch (z. B. in Form einer atypisch stillen Beteiligung[6]), so unterhält der Kapitalgeber typischerweise im Empfängerland eine Betriebsstätte und wird dort nach den allgemeinen Regeln über die Betriebsstättenbesteuerung besteuert. Gegebenenfalls erlaubt das Recht des Empfängerlandes aber auch die Wahl der Besteuerung einer Personenhandelsgesellschaft als Kapitalgesellschaft. Solche Wahlrechte können dazu führen, dass Fragen, die sich aus deutscher Sicht z. B. im Rahmen der Erfassung von Sonderbetriebsvermögen und Sondervergütungen stellen, im Empfängerland nicht oder anders zu stellen sind. Durch die – möglicherweise in den beteiligten Staaten abweichende – Qualifikation von Einkünften kann es auch zu Doppelbesteuerungen und – ausnahmsweise – Doppelfreistellungen kommen. Doppelfreistellungen, die nicht auf der Besteuerungszuordnung des Abkommens, sondern auf den Regelungen des nationalen Rechtes der Vertragsstaaten beruhen, werden von subject-to-tax-Klauseln des DBA nicht in allen Fällen erfasst; die Abkommen schützen je nach Ausgestaltung auch vor virtueller Doppelbesteuerung.[7] Diese Überlegungen greifen aber nicht, sofern das betreffende DBA eine switch-over-Klausel enthält, die bei sonst eintretender Doppelfreistellung – bzw. tatsächlicher Nichtbesteuerung – durch einen nach dem DBA zur Erhebung von Steuern berechtigten Staat den Übergang von der Freistellungs- zur Anrechnungsmethode vorsieht. Insofern ist es wichtig zu untersuchen, ob im Empfängerland eine im Geberland vorgenommene – teilweise – Fremdfinanzierung zu einem Zinsabzug führt – und wie dieser (z. B. nach der Kapitalspiegeltheorie[8]) erfasst wird – oder ob mit der Vermutung der Eigenkapitalfinanzierung gearbeitet wird, Aufwendungen des Eigenkapitalgebers im Geberland also unberücksichtigt bleiben. Ferner haben verschiedene Staaten, u. a. Deutschland, unilaterale treaty override Klauseln gegen aus ihrer Sicht zu weitgehende Begünstigungen eingeführt, die es zu beachten gilt und die – wie § 50 d III EStG – die Abkommensvorteile für Drittstaatenansässige begrenzen oder – wie § 50 d IX EStG bei Doppelbegünstigung auch eigenen Gebietsansässigen vorenthalten.

Besteht die Zielgesellschaft als Kapitalgesellschaft, so kommt eine Beteiligung am gezeichneten Kapital oder eine – nachrangige – Kapitalzufuhr (z. B. Genussrechtskapital) in Betracht. I. d. R. dürfte bei einer Gewährung von Eigenkapital im Empfängerland eine Dividendenbesteuerung greifen. Besteht eine Schachtelbeteiligung oder wendet der Gesellschafterstaat das klassische System an, erfolgt im Geberland häufig[9] eine Freistellung des Dividendenbezuges. Je nach der Struktur der Anteilseigner kann dieser Dividendenbezug dann an diese steuerfrei weitergeleitet werden oder bedarf der – sofortigen oder zeitversetzten – Nachversteuerung bei der Ausschüttung. Sind beispielsweise Auslandserträge für einen Kapitalgeber so bedeutsam, dass diese ganz oder teilweise nicht thesauriert, sondern jeweils ausgeschüttet werden müssen, führt eine theoretisch bestehende Steuerfreiheit von Gewinnen im Sitzland des Kapitalgebers bei Herstellung der Ausschüttungsbelastung nicht zu zusätzlichen Vorteilen.[10] Insofern beeinflusst die eigene Ausschüttungsplanung des Kapitalgebers die Strukturierung von Projektfinanzierungen. Entsprechendes gilt, wenn Ausschüttungen auf Ebene der Kapitalgesellschaft steuerfrei bleiben

---

[6] Vgl. *Hemmelrath* in Vogel/Lehner, DBA (2008), Art. 7 Rn. 53ff.
[7] Vgl. *Wassermeyer* a. a. O. (oben Fn. 3), Art. 23 A Rn. 46.
[8] Vgl. *Flick/Wassermeyer/Lüdicke* in: Flick/Wassermeyer/Baumhoff, Kommentar zum Außensteuerrecht, § 34 d EStG, Rn. 40.
[9] Nicht jedoch bei Anwendung der generellen Anrechnungsmethode, wie dies z. B. die USA praktiziert.
[10] Vgl. *Müller-Dott* in: Flick/Wassermeyer/Baumhoff a. a. O. (oben Fn. 8), § 26 KStG Rn. 74 ff. u. 232 ff.

aber bei den Gesellschaftern steuerlich erfasst werden. Zumindest bei gleichartig strukturierten Gesellschafterkreisen wird die konkrete Belastung der Anteilseigner in die Planung einzubeziehen sein.

Unterscheidet sich das Sitzland der Gebergesellschaft von dem Sitzland bzw. Ansässigkeitsland der Gesellschafter der Gebergesellschaft, so ist ferner i. d. R. zu überprüfen, ob das DBA die Begünstigung unter Vorbehalte stellt. In der Praxis sind zwei Vorbehaltsregelungen von besonderer Bedeutung, die Regelungen des einzelnen Abkommensartikel über den Nutzungsberechtigten und generelle Ausschlusstatbestände nach dem Muster des Art. 23 DBA-Schweiz. Diese Vorbehaltsregelungen können dazu führen, dass z. B. die in einem Staat belegene Tochtergesellschaft deswegen nicht zur Nutzung der Vorteile eines DBA berechtigt ist, weil entweder ihr Gesellschafter in einem anderen Land ansässig ist oder weil eine Refinanzierung in Anspruch genommen wird, die aus einem Drittland stammt.

II. Gewährung von dinglich gesicherten Darlehen

Werden Darlehen dinglich gesichert oder werden Nutzungsrechte an Bodenschätzen, Mineralvorkommen oder -quellen bestellt, stellt sich die Frage, ob die so für den Kapitalgeber entstehenden Einkünfte gem. Art. 6 OECD-MA einer Besteuerung im Quellenstaat unterliegen. Hier können insbesondere dadurch Probleme entstehen, dass die Besteuerung im Quellenstaat bereits dann eingreift, wenn nach seinen Regelungen die Einkünfte als solche aus unbeweglichem Vermögen eingeordnet werden, während das DBA nach Maßgabe der Regelung im Anwendungsstaat bestimmt, ob die Freistellung zu gewähren ist. Hier sind Qualifikationskonflikte, die zu Doppelnichtbesteuerung bzw. zur verbleibenden Doppelbesteuerung führen können, angelegt. Für die Gestaltung von Projektfinanzierungen ist naturgemäß besonders reizvoll, solche Besteuerungskonflikte nutzbar zu machen, die zur Doppelnichtbesteuerung führen, also Besteuerungssituationen zu schaffen, die im Kapitalgeberland zu einer Qualifikation nach Maßgabe von Art. 6 OECD-MA führen, während sie im Kapitalnehmerland anders, nämlich als normale Zinsen, qualifiziert werden. Weitere Voraussetzung hierbei ist, dass im Kapitalnehmerland diese Zinsen keinem – wesentlichen – Quellensteuerabzug unterliegen. Wird die Projektfinanzierung aus Deutschland ausgereicht, ist allerdings eine gewisse Tendenz des BFH[11] zu beachten, die die Qualifikation im Kapitalnehmerland in die Betrachtung mit einbezieht. Dies entspricht der generellen Leitlinie des BFH, Doppelfreistellungen möglichst zu vermeiden. Allerdings bestehen auch hier die Grenzen der Gestaltung in etwa vereinbarten subject-to-tax- oder switch-over-Klauseln in dem jeweiligen DBA oder dem jeweiligen anwendbaren nationalen Recht, z. B. § 50 d IX EStG.

In der Praxis ist gerade die sorgfältige Untersuchung der möglichen Besteuerungsfolgen bei der Gewährung dinglicher Sicherheiten von herausragender Bedeutung, da wegen der auf das Projekt und nicht den Finanzierungsnachfrager abgestellten Struktur sichergestellt werden muss, dass das Projekt auch tatsächlich als Sicherheit zur Verfügung steht. Im Rahmen der hier zu treffenden schwierigen Entscheidungen – Sicherheitsinteresse des Kapitalgebers und Steuerfolgen – ist zu erwägen, ob durch umfangreiche Zusicherungen und Verfügungsverbote eine Sicherheitsstruktur geschaffen werden kann, die das Abstellen auf das Projekt als Sicherheit rechtfertigt oder ob ggf. die Besteuerung im Quellenstaat wegen der Ansprüche an die zu bestellenden Sicherheiten unvermeidbar ist. Ist Letzteres der Fall, muss zumindest bei Großprojekten erwogen werden, ob mit dem Quellenstaat eine Regelung über den Verzicht auf die Ausübung der Quellenbesteuerung vereinbart werden kann. Zumindest bei Projekten herausragen-

---

[11] Urt. v. 19. 5. 1982 – I R 257/78, BStBl 1982 II 768.

der Bedeutung (wie z. B. Staudämmen mit Elektrizitätswerken, Infrastrukturprojekten) ist dies nicht aussichtslos, bedarf aber für deutsche Steuerpflichtige einer ergänzenden inländischen Regelung, damit § 50 d IX EStG den ausländischen Steuervorteil nicht entwertet. Hier mag dann die Zwischenschaltung einer Drittstaatengesellschaft helfen, weil deren Einkünfte aus dem Projekt ja nicht aufgrund eines deutschen DBA steuerbefreit sind.

III. Gewähren von durch Lieferung gesicherten Darlehen

Projektfinanzierungen können auch durch den Absatz der in dem Projekt zu schaffenden Produkte besichert werden. Beispiele hierfür finden sich sowohl bei der Finanzierung von zu bearbeitenden Bodenschätzen als auch bei Energieversorgungseinrichtungen und industriellen Anlagen. Die herzustellenden Produkte werden entweder in einer bestimmten Höhe vorab – auf Ziel – an den Kapitalgeber verkauft, und dieser übernimmt den Absatz zum dann maßgeblichen Marktpreis, oder es erfolgen Sicherheitsabtretungen an den Kapitalgeber, die es diesem ermöglichen, auf Ansprüche gegen die Drittkäufer zuzugreifen. Wie bei anderen Fällen der Besicherung bestehender Forderungen mit künftigen Ansprüchen sind hier schwirige Rechts- und Vollstreckungsprobleme zu lösen, zumal Kredite bei Beteiligung an Projektfinanzierungsgesellschaften einen eigenkapitalähnlichen Charakter bekommen können.[12]

Werden Kapitalgewährungen durch Ansprüche auf Lieferungen aus dem Kapitalnehmerland in das Kapitalgeberland oder ein Drittland gesichert, stellt sich aus steuerlicher Sicht die Frage, welche Gewinne einer Besteuerung unterliegen. Im Fall der Vorabverfügung mit der Folge der Allokation des Absatzrisikos auf den Kapitalgeber ist etwa zu untersuchen, ob Tauschgrundsätze Anwendung finden, die ggf. den maßgeblichen Zeitpunkt der Gewinnrealisation beeinflussen. Daneben ist zu überprüfen, ob die Rücklieferungen tatsächlich als unabhängige Liefergeschäfte zu beurteilen sind oder ob möglicherweise eine als Mitunternehmerschaft zu qualifizierende Interessengemeinschaft begründet wird und daher für die Abgrenzung der Einkünfte die Grundsätze über die Betriebsstättengewinnermittlung Anwendung finden.

Wendet der Kapitalgeberstaat das Prinzip des Verbotes der Bildung von Drohverlustrückstellungen an, wie es in Deutschland durch § 5 Abs. 4a EStG reglementiert ist, so sind Projektfinanzierungen in Form der ex-ante-Vereinbarungen über konkrete Belieferungen aus dem Projekt und der Übernahme des Absatzes durch den Kapitalgeber steuerlich erschwert. Auswirkungen aus einem nach der Vereinbarung über die Rücklieferungen eintretenden Preisverfall können nicht mehr sofort, sondern erst dann berücksichtigt werden, wenn der Verlust eingetreten ist. Diese Regelung wird die Vereinbarung über die Gewährung von Projektfinanzierungen, die auf dem Absatz von Rücklieferungen basieren, aus Deutschland erschweren.

IV. Einbindung von Abnehmern in die Finanzierung

Wird die vorstehend zu B.III. dargestellte Ausgestaltung der Rücklieferungen gewählt, kann der Kapitalgeber versuchen, durch einen Zielverkauf der ihm zu liefernden Produkte sein Risiko auszuschließen oder jedenfalls zu minimieren. Der Vorteil der Einbindung des Kapitalgebers in diese Absatzfinanzierung besteht darin, dass der Abnehmer durch die Wahl eines Vorlieferanten in dem Kapitalgeberstaat – gerade bei Ansässigkeit des Zielunternehmens in einem Staat mit ungesichertem Rechtssystem – Durchsetzungs- und Rechtswirksamkeitsprobleme einer langfristigen Vertragsbeziehung einschränken kann. Aus Sicht des Kapitalgebers ist es deswegen erforderlich, dass er im Rahmen der Kapitalgewährung einen sicheren Zugriff auf die Vorliefe-

---

[12] Vgl. *Reuter*, NZI 2000, 393 ff.

rungen erhält, damit er nicht zu dem Risiko des möglichen Ausfalls mit der Finanzierung eine weitere Risikoposition aus möglichen Verletzungen der Belieferungspflichten nach dem Absatzgeschäft eingeht.

Werden derartige Strukturen vereinbart, kann sich die Problematik der mitunternehmerischen Besteuerung verstärken. Ein gemeinsames Interesse – und damit die Grundvoraussetzung für die Annahme einer BGB-Gesellschaft – wird vielfach zu bejahen sein. Es obliegt bei der Einbindung des Lieferungsabnehmers in das Gesamtfinanzierungskonzept daher den vertragsgestaltenden Parteien, durch eine geeignete – sorgfältig strukturierte – Abgrenzung eine etwa nicht gewünschte Besteuerung als Mitunternehmerschaft zu verhindern oder sie durch eindeutige Regelungen herbeizuführen. Ob und in welchem Umfang dies im Einzelfall durchzusetzen ist, ist jeweils anhand aller Umstände der Vertragsgestaltung zu beurteilen. Soll die Einbindung des Abnehmers nicht zur mitunternehmerischen Qualifikation führen, wird jedenfalls der Abnehmer großen Wert darauf zu legen haben, alle Anzeichen einer Gesellschaftsbeziehung zu vermeiden und den Vorausfinanzierungscharakter der Abnahmefinanzierung zu betonen.

V. Gewährung von Sachdarlehen

Werden Sachdarlehen gewährt, verpflichtet sich also der Kapitalgeber nicht zur Verfügungstellung von Barkapital, sondern zur Überlassung von Gegenständen, so ist zunächst zu untersuchen, ob das maßgebliche DBA dem OECD-Muster 1977 oder dem OECD-Muster 1992 folgt, der Betriebsstättenartikel oder der Lizenzartikel Anwendung findet. Findet der Lizenzartikel Anwendung, ist häufig eine Quellenbesteuerung anzunehmen. Bei einer solchen Quellenbesteuerung bietet es sich ggf. an, die Finanzierung im Wesentlichen aus eigenen Mitteln bereitzustellen, da anderenfalls die Quellenbesteuerung, wie oben gezeigt, gegenüber der Besteuerung des Gewinnes eine Übermaßbesteuerung darstellen kann. Findet hingegen die Betriebsstättenbesteuerung Anwendung, so dürfte i. d. R. der Betriebsstättenstaat, also das Kapitalnehmerland, den Besteuerungszugriff unter Ausschluss des Kapitalgeberlandes beanspruchen. Es wird daher darauf ankommen, der Betriebsstätte ggf. Sachkapital in einer Form zur Verfügung zu stellen, die im Kapitalnehmerland zum Abzug als Betriebsausgabe zugelassen wird. Lässt sich ein solcher Abzug nicht erreichen, ist wiederum zu überlegen, die Ausstattung mit Eigenmitteln vorzunehmen, da anderenfalls wiederum eine Übermaßbesteuerung eingreifen kann. In diesem Zusammenhang ist dann auch die Frage der Entstrickungsbesteuerung, § 4 Abs. 1 S. 3 f EStG, § 4 g EStG zu prüfen.

Neben diesen Fragen der laufenden Besteuerung sind auch die Fragen im Zusammenhang mit der Lieferung der zu überlassenden Wirtschaftsgüter in das Kapitalnehmerland sowie im Zusammenhang mit etwaigen Rücklieferungen oder Verwertungen im Kapitalnehmerland – etwa bei Vertragsverletzungen – zu beachten. Denkbar ist, dass in Fällen, in denen das kapitalgebende Unternehmen im Kapitalnehmerland Wirtschaftsgüter erwirbt, der Erwerb von Wirtschaftsgütern und die Zurverfügungstellung zu einer Projektfinanzierung bereits als einkommensrelevanter Vorgang gewürdigt werden kann, so dass die Frage einer etwaigen Erwerbs- oder Liefergewinnbesteuerung zu untersuchen ist. Die gleichen Fragen stellen sich auch bei einer Verwertung. Weicht etwa der Verwertungserlös vom Buchwert des Wirtschaftsgutes ab, stellt sich die Frage, ob ein solcherart entstehender Gewinn im Kapitalempfängerstaat besteuert werden kann. Hierzu ist es zwar im Falle des Bestehens eines DBA i. d. R. erforderlich, dass der Sachkapitalgeber im anderen Staat eine Betriebsstätte unterhält, ein regelmäßig genutzter Bestand von Waren kann sich aber im Einzelfall bereits als Betriebsstätte qualifizieren. Ferner muss untersucht werden, ob die Freistellung von Verkaufserlösen von der Besteuerung im Kapitalnehmerland ohne Vorliegen einer Betriebsstätte automatisch erfolgt oder antragsabhängig ist und ob

Lüdicke

die Freistellung – insbesondere im Fall der Antragsgebundenheit – durch Vergütung der ausländischen Steuern oder dadurch erfolgt, dass diese bereits von Anfang an nicht erhoben werden.

VI. Erwerb der Gegenstände und/oder Rechte und mietweise Überlassung

Die oben in B.V. besprochenen Fragen stellen sich ebenfalls, wenn anstelle des Sachdarlehens eine mietweise Überlassung der Gegenstände oder der Rechte erfolgt. Werden langfristige Vermietungen vereinbart, muss sichergestellt werden, dass trotz der gleichartigen Absicht der Beteiligten, das Projekt erfolgreich werden zu lassen, kein gemeinsamer Zweck verfolgt wird, der es erlauben würde, mitunternehmerische Beteiligungen anzunehmen. Bei mietweiser Nutzung werden besonders häufig sowohl im Umsatz- als auch im Ertragssteuerrecht Regelungen verwendet, die einen Abzug von Steuern an der Quelle vorschreiben.[13]

VII. Zuweisung der Risiken aus Steueränderungen

Wie dargestellt, richtet sich die Besteuerung häufig nicht nur nach dem Recht des Kapitalgeberlandes (einschließlich etwa bestehender DBA), sondern auch und vor allem nach dem Recht des Kapitalempfängerlandes. Hierdurch – und durch die Langfristigkeit der Finanzierungen – bestehen besondere Risiken durch die Möglichkeit, das anwendbare Recht und Steuerrecht zu ändern. Lassen sich solche Rechtsänderungen nicht durch Vereinbarungen mit dem Kapitalempfängerland ausschließen, muss im Rahmen der Vertragsgestaltung geregelt werden, wer die Risiken aus einer etwaigen Rechtsänderung trägt. Ist dies eine Projektgesellschaft, stellt sich die weitere Frage, ob die Bonitätsbeurteilung der Projektgesellschaft auch unter Berücksichtigung solcher Risiken die Finanzierung noch ausreichend abgesichert erscheinen lässt.

VIII. Bilanzierung

Neben den angesprochenen kreditrechtlichen, Sicherheiten- und steuerlichen Fragen werden bilanzielle Erwägungen zunehmend bedeutsam. Während die traditionell von deutschen Finanziers und Unternehmen beachteten HGB-Fragen kaum wesentliche Probleme aufweisen,[14] führt die Anwendung von internationalen Standards (IFRS bzw. US-GAAP) durch die in ihnen verwendeten unbestimmten Begriffe zu teilweise nicht unerheblichen Interpretationsspielräumen.[15] Insbesondere der im Bereich der IFRS zu beachtende Grundsatz 27 mit seinem Interpretationsanhang SIC 12 lässt eine Nichtkonsolidierung eines Projektfinanzierungsvehikels ohne gesellschaftsrechtliche Beteiligung nicht selten scheitern. Im Zuge der Finanzmarktkrise hat sich gezeigt, dass off-balance-sheet Gesellschaften für große Finanzvolumina genutzt werden und nicht im Konsolidierungskreis erfasst waren. Diese früher legalen Möglichkeiten werden zunehmend eingeschränkt.

C. Einbindung von erweiterten Finanzierungsstrukturen

Während im zweiten Kapitel wesentliche Grundfragen erörtert wurden, sollen nachstehend kombinierte Produkte, bei denen entweder Steuer- oder Liquiditätsvorteile in die Konditionengestaltung einbezogen werden, angesprochen werden.

---

[13] Vgl. § 50a Abs. 3 EStG.
[14] Vgl. zu den Standard-Fragestellungen *Gundert*, DStR 2000, 125.
[15] Vgl. zu einzelnen US-GAAP-Fragen: *Reuter*, BB 2000, 659.

Lüdicke

I. Nutzung und teilweise Weitergabe der Vorteile von Steuerpositionen

Im Rahmen von strukturierten Finanzierungen werden gelegentlich die Möglichkeit, Abschreibungsvorteile in einem Land zu nutzen, oder die Anrechnung fiktiver Ertragsteuern im Kapitalgeberland in die Finanzierungsstruktur und/oder Konditionenbildung einbezogen. Die Marge auf die Finanzierung wird dadurch gegenüber einer klassischen Finanzierung reduziert. Im Hinblick auf die in vielen Staaten anzutreffende Notwendigkeit, einen Totalgewinn vor Steuern auszuweisen, führt auch dies jedoch regelmäßig nicht zu negativen Finanzierungsmargen, sondern lediglich zu Vergünstigungen der Finanzierungsmarge unter die allgemeinen Kapitalmarktkonditionen

Nachfolgend wird dargestellt, welche Steuerpositionen typischerweise in die Strukturierung einbezogen werden können.

1. Eigene Steuerposition des Darlehensgebers

Als eigene Steuerpositionen des Darlehensgebers kommen insbesondere die Nutzung von steuerlichen Anrechnungsguthaben, die Nutzung von Bewertungsfreiheiten und die Nutzung von Abschreibungsmöglichkeiten in Betracht, wobei allgemeine Verlustabzugsbeschränkungen wie § 15 b EStG den gestalterischen Einsatz von Strukturen behindern.

a) Nutzung von steuerlichen Anrechnungsguthaben

Verfügt ein Darlehensgeber über Einkünfte aus Quellen des Kapitalnehmerlandes und sind die deutschen Steuern auf diese Einkünfte niedriger als der Betrag etwa abzurechnender Steuern, kann der Darlehensgeber im Einzelfall daran interessiert sein, den Betrag der Einkünfte aus dem betreffenden Kapitalnehmerstaat auf einen Betrag zu erhöhen, der die Vollanrechnung der ausländischen Steuern ermöglicht. Eine weitergehende (z. B. deutsche) Steuerbelastung braucht in derartigen Fällen nicht – oder nicht vollständig oder nicht über den Gesamtzeitraum – in die Kalkulation eingestellt zu werden. Dementsprechend kann eine Marge ohne oder mit verminderter Berücksichtigung deutscher Ertragsteuern als auskömmlich angesehen werden.

b) Nutzung von Bewertungsfreiheiten

Kapitalgewährungen in verschiedene ausländische Staaten können zur sofortigen Abschreibung eines Teils des Darlehensbetrages nach Maßgabe entweder allgemeiner bankrechtlicher Bewertungsmaßstäbe (sog. Länderrisiken) oder kraft ausdrücklicher gesetzlicher Anordnung berechtigen. Soweit die Aktivpositionen im Rahmen der Bewertung korrigiert werden, bleibt die Neuregelung des § 5 Abs. 4a EStG ohne Auswirkung. Durch eine derartige Bewertungsfreiheit wird möglicherweise bei Darlehensgewährung ein Betrag aufwandswirksam, der den Zinsertrag im Erstjahr übersteigt, so dass aus der Darlehenshingabe zunächst ein steuerlicher Verlust entsteht. Erst bei vollständiger Rückführung des Darlehens oder bei Erhalt der längerfristigen Zinsen entsteht eine Gewinnsituation. Die Vorverlagerung des Aufwandes führt zu entsprechenden Ertragsteuerersparnissen des Kapitalgebers im Jahr der Darlehenshingabe. Die so ersparten Steuern können anderweitig investiert werden. Dies ermöglicht eine Mischkalkulation unter Berücksichtigung des zeitlichen Anfalls von Steuerzahlungen. Auch hierdurch lässt sich ein Zinssatz unterhalb des üblichen Zinsniveaus darstellen.

c) Nutzung von Abschreibungsmöglichkeiten

Werden Wirtschaftsgüter als Sachdarlehen gewährt oder mietweise überlassen, sind Gestaltungen üblich, bei denen der Kapitalgeber zur Abschreibung des Wirtschaftsgutes berechtigt bleibt. In derartigen Fällen kann es wiederum zu Steuerstundungseffekten im Land des Kapitalgebers kommen, weil etwa die Wirtschaftsgüter degressiv abgeschrieben werden können oder die anzusetzende Nutzungszeit kürzer ist, als dies dem Tilgungsanteil in den Mieten entspricht. Hierdurch ergibt sich eine temporäre Unterdeckung.

Wie bei der Nutzung von Bewertungsfreiheiten sind die entsprechenden zeitlichen Verschiebungen der Zahllast geeignet, in eine Konditionengestellung einbezogen zu werden, und ermöglichen als Strukturierungselement einen unter dem üblichen Marktzinssatz liegenden Zins.

2. Fremde Steuerpositionen

Verfügt der Kapitalgeber nicht oder nicht in erforderlichem Umfange über eigene Steuerpositionen, können die o. g. Steuerpositionen auch dadurch nutzbar gemacht werden, dass nicht der eigentliche Kapitalgeber, sondern ein Dritter in die Kapitalüberlassung eingeschaltet wird und – z. B. über Garantien – das wirtschaftliche Risiko gleichwohl beim ursprünglichen Kapitalgeber verbleibt. Es stellt sich dann allerdings die Frage, ob angesichts der Gestellung von Garantien oder der Ausgestaltung von Darlehen als solche mit beschränkter Haftungsinanspruchnahme eine Nutzung von Bewertungsfreiheiten in der vorgeschriebenen Form möglich ist. Auch diese Frage bedarf der Untersuchung im Einzelfall.

Ferner kann das Finanzierungsinstitut seine Rolle bei der Projektfinanzierung nicht über die Gewährung von Kapital, sondern in der Strukturierung der Transaktion sehen. In einem derartigen Fall mag der Drittinvestor in eine vom Finanzierungsinstitut strukturierte Transaktion eintreten und seine Steuerposition nutzen, obwohl das Finanzierungsinstitut das wirtschaftliche Finanzierungsrisiko nicht trägt. Anders als Kreditinstitute, die in der Regel ausreichend hohe Zinseinnahmen haben, müssen derartige Kapitalgeber aber sowohl die Belastung aus der Zinsschranke (§ 4 h EStG) als auch die gewerbesteuerliche Dauerschuldhinzurechnung in Höhe von 25 % (§ 8 Nr. 1 a GewStG) beachten. In der Praxis finden sich vor allem folgende Gestaltungen:

a) Nutzung von Anrechnungsguthaben, fiktive Quellensteuer

Das Finanzierungsinstitut gestaltet die Projektfinanzierung in einer ganz oder teilweise verbrieften Form und setzt die verbrieften Forderungen (z. B. Inhaberschuldverschreibungen) im Kapitalmarkt ab. Bei der Konditionengestaltung kann z. B. berücksichtigt werden, dass der jeweilige Käufer der Anleihe Zinsen aus einem Staat erhält, in dem er investiert ist, aber einen Überhang von anrechnungsfähigen Steuern hat. Durch die zusätzlichen Zinseinnahmen aus der Anleihe verbreitert sich die Bemessungsgrundlage für den Anrechnungshöchstbetrag[16], ohne dass zwingend der Betrag der ausländischen Steuern in gleichem Maße steigen muss. Auf die Zinsen müssen also keine zusätzlichen deutschen Steuern anfallen.

Ferner können Anleihen mit einer fiktiven Steueranrechnung ausgestaltet sein, es also ermöglichen, die Steuern im Kapitalgeberland zu reduzieren, ohne zugleich Steuern im Kapitalempfängerland auszulösen. Fingiert etwa ein DBA, dass Zinsen mit Quellensteuer i. H. v. 15 % als belastet gelten, verzichtet aber das Kapitalempfängerland auf die Besteuerung der Zinsen, so können diese fiktiven Quellensteuern gleichwohl (z. B. nach § 34 c EStG[17]) auf die Steuerzahllast im Kapitalempfängerland anzurechnen sein. Geht der Kapitalgeber von einer Rendite nach Steuern aus, führt eine solche fiktive Steueranrechnung zur Einsparung von inländischen Steuern und damit – indirekt – i. d. R. zu einem niedrigeren Zins, als er üblicherweise bei vergleichbarer Risikosituation gefordert würde. Die fiktive Steueranrechnung führt in diesen Fällen also zu einer Subvention der grenzüberschreitenden Kapitalvergabe.

---

[16] Vgl. *Flick/Wassermeyer/Lüdicke* a. a. O. (oben Fn. 8) § 34c EStG, Rn. 92 ff.

[17] Vgl. *Flick/Wassermeyer/Lüdicke* a. a. O. (oben Fn. 8), § 34c EStG, Rn. 307 ff. (mit Übersicht der maßgeblichen deutschen DBA-Regelungen).

b) Nutzung von Abschreibungsmöglichkeiten

Wie bei der Verbriefung von Barkapitalüberlassungen lassen sich auch Vermietungssituationen aufsplitten. Will etwa das Finanzierungsinstitut nicht selbst die Vermietung vornehmen, etwa um die damit verbundenen Eigenkapitalbelastungen nach den maßgeblichen Berechnungsregelungen[18] zu vermeiden, kann es sich darauf beschränken, die Finanzierung zu strukturieren und die Vermietung durch einen anderen Investor vornehmen zu lassen, der keinen entsprechenden Nachteil bei der Eigenkapitalermittlung erleidet und temporäre Effekte aus Abschreibungen nutzen kann. Seit dem 11. 11. 2005 ist hier allerdings – auch bei Einzelinvestoren und Kapitalgesellschaften – § 15b EStG zu beachten. Ist die Einbindung des Einzelinvestors intensiv genug, verhandelt dieser bei den wesentlichen Vertragskonditionen mit, sollte keine modellhafte Beteiligung i. S. v. § 2b EStG vorliegen.[19]

II. Nutzung von Liquiditätsverbesserungen

Während vorstehend normale Bar- oder Sachkapitalüberlassungsstrukturen besprochen worden sind, sind in der Praxis auch strukturierte Finanzierungen in der Gestalt anzutreffen, dass die Risikokomponenten der einzelnen Kapitalgeber unterschiedlich ausgestaltet sind, es im Rahmen einer Finanzierung risikoärmere und risikoreichere Tranchen gibt. Denkbar ist beispielsweise, dass zeitliche Zahlungsverschiebungen, nicht aber endgültige Zahlungsausfälle befürchtet werden und zur Abfederung vor den Auswirkungen solcher Zahlungsverschiebungen ein Kapitalgeber bereit ist, anderen Kapitalgebern gegen entsprechende Sicherheiten aus dem Projekt Liquiditätszusagen zu geben. Sagt etwa ein Liquiditätsgarant erster Bonität die Zahlung der Zinsen auf die ihm gegenüber nachrangig gestellten Finanzierungstranchen für eine bestimmte Periode zu, während der er – als erstrangig besicherter Kapitalgeber – eine Vollstreckung in die Wirtschaftsgüter für problemlos abschließbar hält, können die nachrangigen Finanzierungstranchen in der Praxis weitgehend als liquide beurteilt werden und daher einen geringeren Zinszuschlag für Risiken der verspäteten Zahlung aufweisen. Der Kapitalempfänger muss gleichwohl keine Garantievergütung für die Funktion des Liquiditätsgaranten kalkulieren, weil dieser – als erstrangig Besicherter – aus dem Projekt einen vollständigen Mittelrückfluss erwartet.

Derartige tranchierte Strukturen, die jedenfalls vor der Finanzmarktkrise z. B. im Bereich von Flugzeugfinanzierungen als EETC's[20] anzutreffen waren, ermöglichen insgesamt Konditionen zu stellen, die im Wesentlichen ohne Berücksichtigung von Zahlungsverzögerungsrisiken ermittelt werden. Es bleibt abzuwarten, ob derartige Strukturen nach Abschluss der Krise in den Markt gelangen oder ob die – zu recht – geminderte rating-Gläubigkeit von Investoren hier lediglich gesetzliche Deckungssysteme, wie diese in Deutschland beim Pfandbrief bestehen, als „bonitätsstark" eingestuft werden.

Aus steuerlicher Sicht stellt sich die Frage, ob die Liquiditätszusagen bereits zu steuerlichen Ergebnissen bei den Garantienehmern führen oder in anderer Form die Bewertung des Risikoprofils bei Kapitalhingabe beeinflussen. Aus Sicht des Liquiditätsgaranten stellt sich die Frage der möglichen Aufwandswirksamkeit der Garantiezusage und damit die Frage nach dem zeitlichen Anfall von Steuerzahlungen. Häufig wird es möglich sein, aufgrund von Erfahrungswerten bilanziell für eine Garantie Vorsorge zu treffen, die sich auch steuerlich auswirkt. Wird die Ga-

---

[18] Vgl. z. B. § 10 Abs. 6a Ziff. 2 KWG.
[19] Vgl. *Lüdicke/Arndt/Götz*, Geschlossene Fonds, S. 52 f.
[20] Enhanced Equipment Trust Certificates.

rantievergütung über die Laufzeit vereinnahmt, kann dies wiederum zu einer Verschiebung der Steuerzahllast führen. Handelt es sich hingegen um einen Garanten mit Sitz in der Bundesrepublik Deutschland, ist es wegen des seit dem 1.1.1998 geltenden Verbotes der Bildung von Drohverlustrückstellungen für steuerliche Zwecke[21] nicht mehr möglich, hieraus Steuereffekte zu generieren. Aus diesem Grund sind deutsche Banken als Liquiditätsgaranten auch kaum mehr anzutreffen. Eine Ausnahme hiervon bildet die von der Körperschaftsteuer befreite[22] Kreditanstalt für Wiederaufbau, wobei die Kreditanstalt für Wiederaufbau in einer solchen Funktion Steuereffekte nicht weitergibt.

---

[21] Vgl. § 5 Abs. 4a EStG.
[22] Vgl. § 5 Abs. 1 Ziff. 2 KStG.

7. Ertragsteueroptimierende Holding-, Gewinnrepatriierungs- und Finanzierungsstrategien für deutsche Familienunternehmen und personalistisch strukturierte Konzerne

von Thomas Kollruss, MBA International Taxation (Univ.), Frankfurt a. M./Eschborn[*]

Inhaltsübersicht

A. Ertragsteueroptimale Holdingkonstruktion für deutsche Familienunternehmen und personalistisch strukturierte Konzerne
 I. Problemstellung
 II. Irische Holding company mit fiktiver Anrechnung ausländischer Steuern

B. Ertragsteueroptimierte Gewinnrepatriierungs- und Finanzierungsstrukturen mit Ausgleichszahlungen im personalistischen Organschaftskonzern
 I. Absenkung der Konzernsteuerquote durch Ausgleichszahlungen
 II. Ausgleichszahlungen bei ausländischen DBA-Betriebsstätteneinkünften

Literatur:

Autzen, Die ausländische Holding-Personengesellschaft, Berlin 2006; *Baldamus,* Der Einfluss der Körperschaftsteuer auf den sog. festen Ausgleich nach § 304 Abs. 2 S. 1 AktG, AG 2005, S. 77 ff.; *Comyn,* Taxation in the Republic of Ireland 2009, Dublin 2009; *Cullen/Forde,* Ireland moves ahead as a holding company location, International Tax Review 2004, p. 2; *Debatin/Wassermeyer,* DBA, Kommentar; *Dötsch/Jost/Pung/Witt,* Die Körperschaftsteuer, Kommentar; *Eicke,* Tax Planning With Holding Companies 2008; *Erle/Sauter,* KStG, Kommentar, Heidelberg 2003; *Ernst & Young,* The 2009 worldwide corporate tax guide; *Feeney,* The Taxation of Companies 2008, Dublin 2008; *Gosch,* KStG, Kommentar, 2. Auflage München 2009; *Hermann/Heuer/Raupach,* EStG/KStG, Kommentar; *Herzig (Hrsg.),* Organschaft, Stuttgart 2003; *Irish Taxation Institute,* Corporation Tax 2008; *Irish Taxation Institute,* The Taxation of Capital Gains 2008; *Kischel,* IWB 19/2000, Fach 5 Irland, Gr. 2, S. 85; *Kessler/Huck,* Der (zwangsweise) Weg in den Betriebsstättenkonzern am Beispiel der Hinausverschmelzung von Holdinggesellschaften, IStR 2006, S. 437 ff.; *Kollruss,* Möglichkeiten der Steuergestaltung im Rahmen der Gesellschafter-Fremdfinanzierung, Gewinnrepatriierung und Verlustnutzung, Herne 2007; *Lehner/Reimer,* Generalthema I: Quelle versus Ansässigkeit, IStR 2005, S. 542 ff.; *Marquardt/Krack,* Variable Ausgleichszahlungen und körperschaftsteuerrechtliche Organschaft, FR 2009, S. 1098 ff.; *O´Connor/Forde,* Tax Notes International 2005, p. 390 ff.; *Pietrek,* Irland – eine interessante Alternative als Holdingstandort?, IStR 2006, S. 521 ff.; *PwC,* Holding companies in Ireland 2006; *Sauter/Heurung,* Ausgleichszahlungen i. S. d. § 16 KStG i. V. m. § 304 AktG und vororganschaftliche Gewinnausschüttung nach dem Systemwechsel, GmbHR 2001, S. 754 ff.

A. Ertragsteueroptimale Holdingkonstruktion für deutsche Familienunternehmen und personalistisch strukturierte Konzerne

I. Problemstellung

Bei Familienunternehmen und personalistisch strukturierten Konzernen sind häufig gewachsene Organisationsstrukturen vorzufinden, die im Lichte der aktuellen Steuergesetzgebung fortentwickelt und steuerlich optimiert werden müssen. Beispielsweise ermöglicht die Rechtsform der Personengesellschaft ertragstarken Familienunternehmen keine steueroptimale Thesaurierungs- und Ausschüttungspolitik[1]. Die Rechtsform der Kapitalgesellschaft führt hingegen auf

---

[*] Der Autor ist bei der Ernst & Young GmbH, Wirtschaftsprüfungsgesellschaft, Frankfurt a. M./Eschborn im Bereich International Tax Services, ITS Core tätig und Lehrbeauftragter an der Hochschule für Öffentliche Verwaltung Bremen/Hochschule Bremen im internationalen Studiengang Steuer- und Wirtschaftsrecht (ISWR), Ertragsteuerrecht mit dem Schwerpunkt internationale Unternehmensbesteuerung (Hauptstudium).

grund der personalistischen Struktur von Familienunternehmen bei Ausschüttungen auf die Gesellschafterebene (natürliche Personen) zu einer massiven Nachversteuerung, weist jedoch ertragsteuerliche Vorteile im Thesaurierungsfall auf.

Aufgrund des Trennungsprinzips unterliegen ausgeschüttete Gewinne einer Kapitalgesellschaft beim Gesellschafter grundsätzlich erneut der Besteuerung (Zweiebenenbesteuerung). Die bei deutschen Familienunternehmen und personalistisch strukturierten Konzernen oftmals stattfindende Gewinnrepatriierung auf die Ebene der Konzernspitze (natürliche Personen) löst somit eine massive Nachversteuerung im Teileinkünfteverfahren[2] aus. Zusätzlich resultiert ein negativer Zins- und Liquiditätseffekt aufgrund der sofort anfallenden deutschen Kapitalertragsteuer bzw. ausländischen Quellensteuer. Durch natürliche Personen realisierte Veräußerungsgewinne aus Kapitalgesellschaftsbeteiligungen (Capital Gain) unterliegen ebenfalls einer massiven Nachversteuerung bei der Einkommensteuer. Wird ein solcher Capital Gain zunächst in einer zwischengeschalteten deutschen Holding-Kapitalgesellschaft vereinnahmt und dann an die natürlichen Personen weiter ausgeschüttet, unterliegt dieser zusätzlich einer Belastung durch das pauschale Betriebsausgabenabzugsverbot nach § 8b Abs. 3 Satz 1 KStG i. V. m. § 7 Satz 1 GewStG auf der Ebene der deutschen Holdingkapitalgesellschaft, d. h. er geht zu 5 % in die gewerbe- und körperschaftsteuerliche Bemessungsgrundlage ein[3].

Im Folgenden wird daher eine steueroptimale Holdingkonstruktion entwickelt, die es deutschen Familienunternehmen und personalistisch strukturierten Konzernen erlaubt, Dividenden und Veräußerungsgewinne (Capital Gain) möglichst steuerschonend auf der Ebene der deutschen Spitzeneinheit (natürliche Personen) zu vereinnahmen.

Besonders Familienunternehmen haben die große Chance zur erfolgreichen Umsetzung von steuerlichen Gestaltungen, da sie aufgrund ihrer weitgehenden Unabhängigkeit und dem maßgeblichen Einfluss auf die Unternehmensführung die notwenige Flexibilität und Entscheidungsgeschwindigkeit besitzen. Sie haben somit die Möglichkeit, in bestimmten Grenzen gestalterisch und steuernd auf ihre effektive Steuerbelastung einwirken zu können.

II. Irische Holding company mit fiktiver Anrechnung ausländischer Steuern
1. Grundstruktur und Steuerwirkungen

Als geschäftsleitende Holdinggesellschaft fungiert eine irische Kapitalgesellschaft (private limited liability company/private unlimited company) mit Sitz und Geschäftsleitung in Irland, die

---

[1] Durch die Einführung einer Thesaurierungsbegünstigung für Personenunternehmen (§ 34a EStG) im Rahmen der Unternehmensteuerreform 2008 ändert sich hieran nichts. Nutzt ein gewerbliches Personenunternehmen die Thesaurierungsbegünstigung nach § 34a EStG, resultiert grundsätzlich eine höhere kombinierte Ertragsteuerbelastung (36,17 %), als wenn das Unternehmen in der Rechtsform einer Kapitalgesellschaft betrieben und der Gewinn ebenfalls auf der Gesellschaftsebene reinvestiert und nicht ausgeschüttet wird (29,83 %). Demzufolge führt die Thesaurierungsbegünstigung entgegen der Intention des Gesetzgebers nicht dazu, dass der Besteuerungsnachteil gewerblicher Personenunternehmen bei Reinvestition des Gewinns bzw. Thesaurierung im Unternehmen gegenüber der Rechtsform der Kapitalgesellschaft abgebaut wird. Die Thesaurierungsbegünstigung kann den niedrigen Körperschaftsteuersatz von 15 % bei Kapitalgesellschaften ab 2008 nicht kompensieren.

[2] Entsprechendes gilt unter dem Regime der Abgeltungsteuer, wenn die Beteiligung an einer Kapitalgesellschaft im Privatvermögen gehalten wird.

[3] Der Veräußerungsgewinn unterliegt auf der Ebene der deutschen Holding-Kapitalgesellschaft einer kombinierten Ertragsteuerbelastung aus GewSt/KSt/SolZ in Höhe von ca. 1,5 % (Hebesatz der Gewerbesteuer = 400 %).

Kollruss

sich für das ab 2004 geltende irische Holding company regime[4] (Sec. 31, 34, 42 Finance Act 2004/2005) qualifiziert. Auch ein Produktionsunternehmen kommt als Holding Company in Frage, da das Holding-Regime allen irischen Kapitalgesellschaften unabhängig von deren Tätigkeit (manufacturing, shared services, financial services) gewährt wird.[5] Dies ermöglicht auch die Übertragung der Holdingfunktion auf eine bereits bestehende irische Kapitalgesellschaft. Die Eigenkapitalausstattung der Holding company unterliegt in Irland nicht der Gesellschaftsteuer (capital duty), ein Mindestnennkapital besteht nicht. Gewerbliche Einkünfte unterliegen bei der Holding company einer Körperschaftsteuerbelastung von 12,5 %[6].

Das irische Holding company Regime besteht zum einen aus der vollständigen Steuerfreistellung von Veräußerungsgewinnen aus qualifizierten irischen und ausländischen Kapitalgesellschaftsbeteiligungen auf der Ebene der Holding company (*Capital gains participation exemption*).[7] Voraussetzung für die Steuerbefreiung ist die Ansässigkeit der veräußerten Kapitalgesellschaft in der EU bzw. in einem Staat mit dem Irland ein DBA abgeschlossen hat. Weiterhin muss die Tochtergesellschaft eine überwiegend aktive Tätigkeit ausüben (z. B. Produktion) oder Teil einer aktiven Unternehmensgruppe sein.[8] Die Holding company muss innerhalb der letzten zwei Jahre vor der Beteiligungsveräußerung ununterbrochen zu mindestens 12 Monaten mit einer Mindestbeteiligungsquote von 5 %[9] an der Tochtergesellschaft beteiligt sein.[10]

Dividenden aus gewerblichen ausländischen[11] Tochterkapitalgesellschaften (*trading profits*) unterliegen auf der Ebene der irischen Holding einer Körperschaftsteuerbelastung von 12,5 %, wobei die ausländische Quellensteuer und die Körperschaftsteuer der ausschüttenden Tochter (indirekte Steueranrechnung) angerechnet werden kann (*underlying foreign tax credit*)[12]. Aufgrund der indirekten Steueranrechnung kann die irische Holding-Kapitalgesellschaft somit Dividenden einer deutschen Tochterkapitalgesellschaft im Ergebnis in Irland vollkommen steuerfrei vereinnahmen.

Weiterhin fungiert die irische Holding als *mixer company*, hoch- und niedrig besteuerte Dividenden aus gewerblich tätigen ausländischen[13] Tochterkapitalgesellschaften werden zu einer

---

[4] Das irische Holding company regime wurde von der EU-Kommission überprüft und anerkannt, es stellt keine unzulässige Beihilfe dar. Vgl. EU-Kommission v. 22. 9. 2004, C (2004)3498 fin; *O´Connor/Forde*, Tax Notes International, May 2, 2005, P. 390.

[5] Vgl. *Cullen/Forde*, Ireland moves ahead as a holding company location, International Tax Review, March 2004, P. 2.

[6] Vgl. *Ernst & Young 2009*, Worldwide Corporate Tax Guide, S. 437; Feeney, The Taxation of Companies 2008, P. 55 ff.

[7] Vgl. Sec. 42 Finance Act 2004. Werden die Voraussetzungen erfüllt, erfolgt die Freistellung automatisch, eine Wahlmöglichkeit (election) besteht nicht.

[8] Vgl. *Cullen/Forde*, Ireland moves ahead as a holding company location, International Tax Review, March 2004, P. 2; *Ernst & Young*, The 2009 Worldwide Corporate Tax Guide, P. 412; *PwC*, Holding companies in Ireland 2006, S. 4.

[9] Die Anteile müssen Stimmrechte und das Gewinnbezugsrecht vermitteln.

[10] Vgl. *Ernst & Young*, The 2009 Worldwide Corporate Tax Guide, S. 437; *PwC*, Holding companies in Ireland 2006, S. 4.

[11] Die ausländische Tochtergesellschaft muss in einem EU/EWR-Staat ansässig sein oder in einem Staat, mit dem Irland ein DBA abgeschlossen hat.

[12] Vgl. auch *Ernst & Young*, The 2009 Worldwide Corporate Tax Guide, S. 441. Dividenden aus irischen Tochtergesellschaften unterliegen zu 100 % der Freistellung.

[13] Siehe hierzu Fn. 12.

Durchschnittsbelastung zusammengefasst (*Onshore Pooling Regime*). Hieraus ergibt sich die Möglichkeit Dividenden gewerblicher ausländischer Tochterkapitalgesellschaften, die einer niedrigeren Steuerbelastung als dem irischen Körperschaftsteuersatz in Höhe von 12,5 % unterliegen, im Ergebnis steuerfrei zu vereinnahmen.

Auf der Ebene der irischen Holding-Kapitalgesellschaft können im Rahmen der indirekten Anrechnung Anrechnungsüberhänge aus Dividenden von ausländischen gewerblichen Tochterkapitalgesellschaften, die einer höheren Körperschaftsteuerbelastung als der irischen Körperschafteuer in Höhe von 12,5 % unterliegen (z. B. deutsche Tochterkapitalgesellschaft), zusätzlich auf die verbleibende irische Körperschaftsteuer angerechnet werden, die auf Dividenden gewerblicher ausländischer Tochterkapitalgesellschaften entfällt, die in ihrem Sitzstaat einer niedrigeren Körperschaftsteuerbelastung als der irischen von 12,5 % unterlegen haben (z. B. zypriotische Tochterkapitalgesellschaft). Im Ergebnis kann eine irische Holding-Kapitalgesellschaft bei entsprechender Ausschüttungsgestaltung der Tochtergesellschaften (Pooling Mechanismus) auch niedrig besteuerte Beteiligungserträge regelmäßig steuerfrei vereinnahmen. Von einer irischen Tochter erhaltene Dividenden sind bei der Holding company steuerfrei.

Aufgrund der Mutter-Tochter-Richtlinie kann die irische Holding-Kapitalgesellschaft[14] Gewinnausschüttungen von EU-Töchtern quellensteuerfrei empfangen. Daneben verfügt Irland über ein gutes DBA-Netz (44 DBA), welches bei Ausschüttungen von Nicht-EU-Töchtern eine Quellensteuerreduktion ermöglicht. Zur weiteren Quellensteuerreduktion kann die Tochtergesellschaft auch über eine der irischen Holding nachgeschaltete ausländische Zwischenholding gehalten werden (Treaty Shopping). Analog Art. 13 Abs. 5 DBA OECD-MA sehen die irischen Doppelbesteuerungsabkommen überwiegend eine ausschließliche Besteuerung eines Capital Gain im Ansässigkeitsstaat des Veräußerers vor. Im Ergebnis kann eine irische Holding company Dividenden und Veräußerungsgewinne regelmäßig steuerfrei vereinnahmen.

---

[14] Vgl. Richtlinie 90/435/EWG v. 23. Juli 1990.

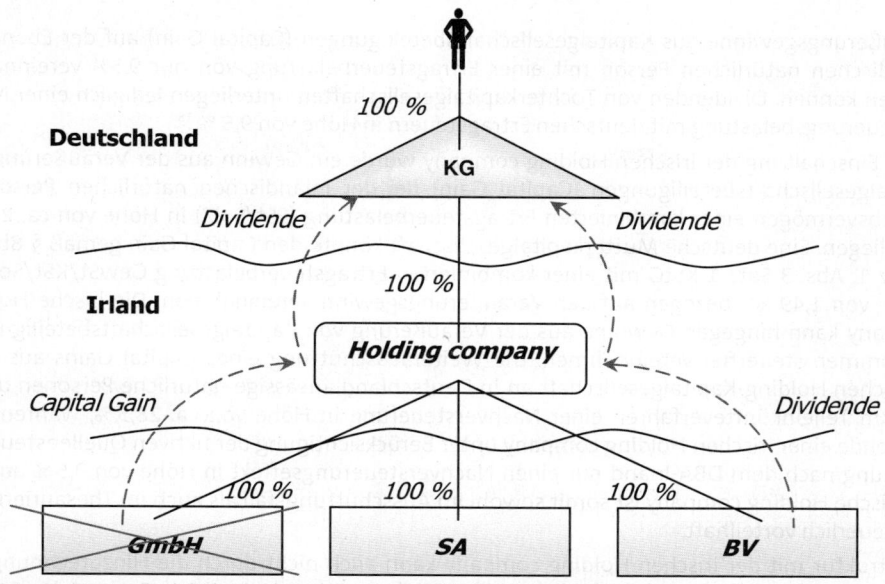

Abbildung 1: Irische Holding company mit fiktiver Anrechnung

Die Weiterausschüttung dieser Gewinne an eine in einem anderen EU-Mitgliedsstaat ansässige natürliche Person/Personengesellschaft unterliegt schon nach innerstaatlichem irischen Recht keiner Quellensteuer.[15] Beim deutschen Gesellschafter (natürliche Person) greift im Betriebsvermögen das Teileinkünfteverfahren (§ 3 Nr. 40 Satz 1 lit. d) Satz 1 EStG) ein, ansonsten die Abgeltungsteuer.

Gemäß Art. VI Abs. 1 i. V. m. Art. XXII Abs. 2 lit. a) bb (i) DBA-Irland kann die natürliche Person als Gesellschafter der irischen Holding company im Rahmen der fiktiven Quellensteueranrechnung einen Betrag von 18 % der empfangenen Nettodividende anrechnen (matching credit).[16] Da keine irische Quellensteuer angefallen ist, beträgt dieser Anrechnungsbetrag 18 % der empfangenen Dividende aus der irischen Holding company.

Unter Berücksichtigung der fiktiven Quellensteueranrechnung nach dem DBA-Irland und des Teileinkünfteverfahrens unterliegt der ausgeschüttete Gewinn der irischen Holding company bei der inländischen natürlichen Person lediglich einer kombinierten Ertragsteuerbelastung aus Einkommensteuer und Solidaritätszuschlag von ca. 9,5 %.[17] Dies bedeutet im Ergebnis, dass

---

[15] Vgl. *Kischel*, IWB 19/2000, Fach 5 Irland, Gr. 2, S. 85; *Rosenthal* in: Debatin/Wassermeyer, DBA, EL 74 März 1998, Art. VI DBA-Irland, Rz. 14; *Ernst & Young*, Worldwide Corporate Tax Guide 2008, S. 413.

[16] Vgl. *Vogel* in: Vogel/Lehner, DBA, 4. Auflage München 2003, Art. 23, Rz. 191 u. 200; BFH-Urteil v. 25. 2. 2004 – I R 42/02, BStBl II 2005, S. 14. Die Anrechnung ist zeitlich auch nicht begrenzt wie z.B. im DBA Indien bis 2008 (Art. 23 Abs. 1 lit. d) DBA-Indien). Vgl. OFD Münster, Vfg. vom 23. 8. 2005 – S-1315 – 42 – St 14 – 32, EStK NRW DBA Allgemeines Nr. 805; *Lehner/Reimer*, IStR 16/2005, S. 550. Die Dividende der irischen Holding company stammt auch aus Quellen innerhalb Irlands, da Irland gemäß Art. VI Abs. 1 DBA Irland ein Besteuerungsrecht hat. Vgl. auch *Rosenthal* in: Debatin/Wassermeyer, DBA, EL 74 März 1998, Irland, Art. XXII, Rz. 58; *Wassermeyer* in: Debatin/Wassermeyer, DBA, EL 87 Oktober 2002, Art. 23A MA, Rz. 43.

[17] Berechnung der deutschen Residualeinkommensteuer incl. SolZ: [Dividende x (0,6 x 0,45 – 0,18) x (1 + 0,055)] = 9,5 %.

Veräußerungsgewinne aus Kapitalgesellschaftsbeteiligungen (Capital Gain) auf der Ebene der inländischen natürlichen Person mit einer Ertragsteuerbelastung von nur 9,5% vereinnahmt werden können. Dividenden von Tochterkapitalgesellschaften unterliegen lediglich einer Nachversteuerungsbelastung mit deutschen Ertragsteuern in Höhe von 9,5 %.[18]

Ohne Einschaltung der irischen Holding company würde ein Gewinn aus der Veräußerung von Kapitalgesellschaftsbeteiligungen (Capital Gain) bei der inländischen natürlichen Person im Betriebsvermögen einer kombinierten Ertragsteuerbelastung (ESt/SolZ) in Höhe von ca. 28,5 % unterliegen. Eine deutsche Mutterkapitalgesellschaft könnte den Capital Gain gemäß § 8b Abs. 2 Satz 1, Abs. 3 Satz 1 KStG mit einer kombinierten Ertragsteuerbelastung GewSt/KSt/Solz in Höhe von 1,49 %[19] bezogen auf den Veräußerungsgewinn vereinnahmen. Die irische Holding company kann hingegen Gewinne aus der Veräußerung von Kapitalgesellschaftsbeteiligungen vollkommen steuerfrei vereinnahmen. Die Weiterausschüttung eines Capital Gains aus einer deutschen Holding-Kapitalgesellschaft an in Deutschland ansässige natürliche Personen unterliegt im Teileinkünfteverfahren einer Nachversteuerung in Höhe von ca. 28,5 %, während die Dividende einer irischen Holding company unter Berücksichtigung der fiktiven Quellensteueranrechnung nach dem DBA-Irland nur einen Nachversteuerungseffekt in Höhe von 9,5 % auslöst. Die irische Holding company ist somit sowohl im Ausschüttungsfall als auch im Thesaurierungsfall steuerlich vorteilhaft.

Die Struktur mit der irischen Holding company kann auch nicht durch die Hinzurechnungsbesteuerung angegriffen werden, da die Holdingtätigkeit aktiver Natur ist (§ 8 Abs. 1 Nr. 8, Nr. 9 AStG). Bei aktiv tätigen ausländischen Tochtergesellschaften i. S. d. § 8 Abs. 1 AStG scheidet die Hinzurechnungsbesteuerung ohnehin aus. § 42 AO ist ebenfalls nicht einschlägig, da hier schon die Substanzanforderungen erfüllt werden und die irische Holding company nicht funktionslos ist.[20]

Weiterer Vorteil der Struktur ist eine rechtliche Zuordnung der Beteiligungen zur irischen Holding company, Abgrenzungsprobleme (funktionale Zuordnung/Zentralfunktionsthese/Betriebsstättenvorbehalt) zwischen Stammhaus und Betriebsstätte wie bei transparenten Einheiten (Personengesellschaften/Betriebsstätten) üblich, erübrigen sich.[21] Die abkommensrechtliche Zuordnung einer Kapitalgesellschaftsbeteiligung zu einer ausländischen Betriebsstätte wird äußerst restriktiv gehandhabt[22].

Zur Sicherstellung der beschriebenen Steuervorteile (fiktive Anrechnung) ist darauf zu achten, dass sich die Geschäftleitungsbetriebsstätte (§§ 10, 12 Satz 2 Nr. 1 AO) der irischen Holding-

---

[18] Greift beim Gesellschafter der irischen Holding company die Abgeltungsteuer ein (Beteiligung wird im Privatvermögen gehalten) ergibt sich eine deutsche Residualertragsteuerbelastung auf Dividenden und Veräußerungsgewinne aus Kapitalgesellschaftsbeteiligungen in Höhe von ca. 7,39 % [(0,25-0,18) x (1+0,055)].

[19] Der Hebesatz der Gewerbesteuer soll 400 % betragen.

[20] Vgl. BFH-Urteil v. 25. 2. 2004, I R 42/02, BStBl II 2005, S. 14; BFH-Urteil v. 19. 1. 2000, I R 94/97, BStBl II 2001, S. 222. § 42 AO erfasst nur den Fall der Briefkastengesellschaften.

[21] Vgl. BMF-Schreiben v. 24. 12. 1999 – IV B 4 – S-1300 – 111/99, BStBl I 1999, S. 1076; BFH-Urteil v. 30. 8. 1995 – I R 112/94, BStBl II 1996, S. 563; BFH-Urteil v. 17. 12. 2003, BFH/NV 2004, S. 771; BFH-Urteil v. 7. 8. 2002 – I R 10/01, BStBl II 2002, S. 848; *Wassermeyer* in: Debatin/Wassermeyer, EL 88 Dezember 2002, Art. 7 OECD-MA, Rz. 160 ff; *Kessler/Huck*, IStR 13/2006, S. 437 ff.; *Autzen*, Die ausländische Holding-Personengesellschaft, Diss., Berlin 2006.

[22] Vgl. BFH-Urteil v. 19.12.2007, I R 66/06, BFH/NV 2008, S. 893; BFH-Urteil v. 17. 12. 2003, BFH/NV 2004, S. 771; BFH-Urteil v. 13. 2. 2008, I R 63/06, BFH/NV 2008, S. 1250.

Kapitalgesellschaft auch tatsächlich in Irland befindet. Dies ist jedoch kein Spezifikum der irischen Holding-Struktur, sondern betrifft alle deutschen Outbound-Investitionen in ausländische Kapitalgesellschaften.

2. Umformung von Veräußerungsgewinnen in Dividenden mit fiktiver Anrechnung

Die folgende Matrix bildet den Sachverhalt einer Veräußerung einer Beteiligung an einer deutschen Kapitalgesellschaft durch die irische Holding company ab.

	Capital Gain	Dividende fiktive Anrechnung
Tochter (t = 30 %) (Deutschland)	100 GE, keine Steuer, kein § 8b Abs. 3 Satz 1 KStG, Art. X Abs. 1 DBA-Irland	
Holding (Irland)	Capital Gain 100 GE - Exemption 100 GE Ausschüttung 100 GE	
Konzernspitze (ESt = 45 %, SolZ = 5,5 %) natürliche Person (Deutschland)	---	Dividende 100 TEV 60 ESt 27 - fikt. Anr. 18[23] fest. ESt 9 ESt/SolZ 9,5
Steuer gesamt		9,5 GE

Tabelle 1: Umformung eines Capital Gains in eine Dividende

Die irische Holding company hat eine Transformationsfunktion. Hinsichtlich eines Capital Gains kommt es zu einer Umformung dieser Einkünfte in eine Dividende mit fiktiver Anrechnung ausländischer Steuer beim deutschen Gesellschafter (natürliche Person).

Ebenso werden Ausschüttungen nachgeschalteter Tochtergesellschaften, für die bei Direktbezug keine fiktive Anrechnung gewährt wird, in eine irische Dividende mit fiktiver Quellensteueranrechnung transformiert. Im Ergebnis werden somit nicht begünstigt besteuerte Einkünfte in begünstigt besteuerte Einkünfte verwandelt, was bei der natürlichen Person zu einer wesentlichen Absenkung der Ertragsteuerbelastung führt.

3. Wege in die Struktur und Exit

Die Struktur mit der irischen Holding company kann zunächst von Beginn an aufgesetzt werden. Häufig wird jedoch schon eine deutsche Holding-Kapitalgesellschaft (GmbH) bestehen[24], welche die nicht einbringungsgeborenen Anteile an den Tochtergesellschaften hält.

---

[23] Gemäß Art. XXII Abs. 2 lit. a) bb (i) DBA-Irland erfolgt eine fiktive Anrechnung von 18 % der empfangenen Nettodividende von 100 GE (100 GE x 0,18 = 18 GE). Die fiktive Anrechnung führt nicht zu einem Aufstockungseffekt (crossing up). Vgl. auch *Schmidt/Blöchle* in: Strunk/Kaminski/Köhler, DBA, 2. Erg.-Lfg. August 2005, Art. 23 A/B OECD-MA, Rz. 205.

[24] Solche Strukturen werden von mittelständischen Unternehmen oft von Anfang an aufgebaut bzw. sind vorhanden, um Anteile an Kapitalgesellschaften unter Nutzung des § 8b Abs. 2 KStG (temporär) weitgehend steuerfrei veräußern zu können (Einbezug des Capital Gain zu 5 % in die ertragsteuerliche Bemessungsgrundlagen nach § 8b Abs. 3 Satz 1 KStG i. V. m. § 7 Satz 1 GewStG).

In einem ersten Schritt gründet die Holding-GmbH zunächst eine nachgeschaltete irische Holding company und bringt anschließend ihren Beteiligungsbesitz im Wege eines grenzüberschreitenden qualifizierten Anteilstausches ertragsteuerneutral in die irische Holding-Kapitalgesellschaft ein.[25]

In einem zweiten Schritt wird in dem Wirtschaftsjahr der Holding-GmbH, das auf das Wirtschaftsjahr der Einbringung folgt, zwischen der deutschen Konzernspitze (natürliche Personen) und der Holding-GmbH eine Organschaft begründet.[26] Im Einbringungszeitpunkt ist die Holding-GmbH noch keine Organgesellschaft, so dass sie gemäß § 22 Abs. 2 Satz 1 UmwStG i. d. F. JStG 2009 i. V. m. § 8b Abs. 2 Satz 1 KStG die eingebrachten Kapitalgesellschaftsbeteiligungen steuerfrei veräußern hätte können. Die Bruttomethode nach § 15 Satz 1 Nr. 2 KStG, die eine Anwendung des § 8b KStG auf der Ebene der Organgesellschaft versagt, ist noch nicht einschlägig und die Holding-GmbH ist somit im Einbringungszeitpunkt ein konkret durch § 8b Abs. 2 KStG i. V. m. § 22 Abs. 2 Satz 1 UmwStG i. d. F. JStG 2009 begünstigter Einbringender[27]. Demzufolge tritt eine Besteuerung des Einbringungsgewinns II nicht ein, wenn die irische Holding company die eingebrachten Anteile innerhalb der Sperrfrist veräußert (§ 22 Abs. 2 Satz 1 UmwStG i. d. F. JStG 2009)[28]. Die irische Holding company könnte somit grundsätzlich die erworbenen Anteile sofort veräußern, ohne dass auf der Ebene der einbringenden Holding-GmbH ein Einbringungsgewinn II zu versteuern wäre[29].

Capital Gains und Dividenden[30] können wie beschrieben auf der Ebene einer irischen Holding-Kapitalgesellschaft steuerfrei vereinnahmt werden. Bei Weiterausschüttung dieser Gewinne an die Holding-GmbH (Organgesellschaft) wird im Ergebnis die fiktive Quellensteueranrechnung über die Bruttomethode (§§ 15 Satz 1 Nr. 2, 15 Satz 2 KStG i. V. m. DBA-Irland und § 19 KStG) auf die Ebene des Organträgers (natürliche Person) gehoben.[31]

---

[25] Vgl. § 21 Abs. 1 Satz 2, Abs. 2 Satz 3 Nr. 1 UmwStG i. V. m. Art. X Abs. 1 DBA Irland und § 22 Abs. 2 UmwStG (Buchwertansatz auf Antrag). Bei einer grundbesitzenden Tochter kann die Holding-GmbH zur Vermeidung der Grunderwerbsteuer einen Anteil von 5 % zurückbehalten.

[26] Ggf. muss vorher die Beteiligung an der Holding-GmbH in eine originär gewerblich tätige KG eingebracht werden.

[27] Vgl. auch BR-Drs. 545/08 v. 8. 8. 2008, S. 115.

[28] Vgl. BR-Drs. 545/08 v. 8. 8. 2008, S. 115.

[29] Analog zu § 4 Abs. 1 Satz 7 i. V. m. § 6 Abs. 1 Nr. 5a EStG dürfte bei zeitnaher Veräußerung der erworbenen Anteile durch die irische Holding company bei dieser kein Capital Gain anfallen.

[30] Bei ausländischen Dividenden resultiert dies aus der Anrechnung der ausländischen Gewinnsteuer (indirect tax credit) in Verbindung mit dem Onshore Pooling Regime.

[31] Vgl. auch *Neumann* in: Gosch, KStG, 2. Aufl. München 2009, § 19, Rz. 5; BMF-Schreiben v. 26. 8. 2003 – IV A2 – S-2770 – 18/03, BStBl I 2003, S. 437, Rz. 22, 26, 27.

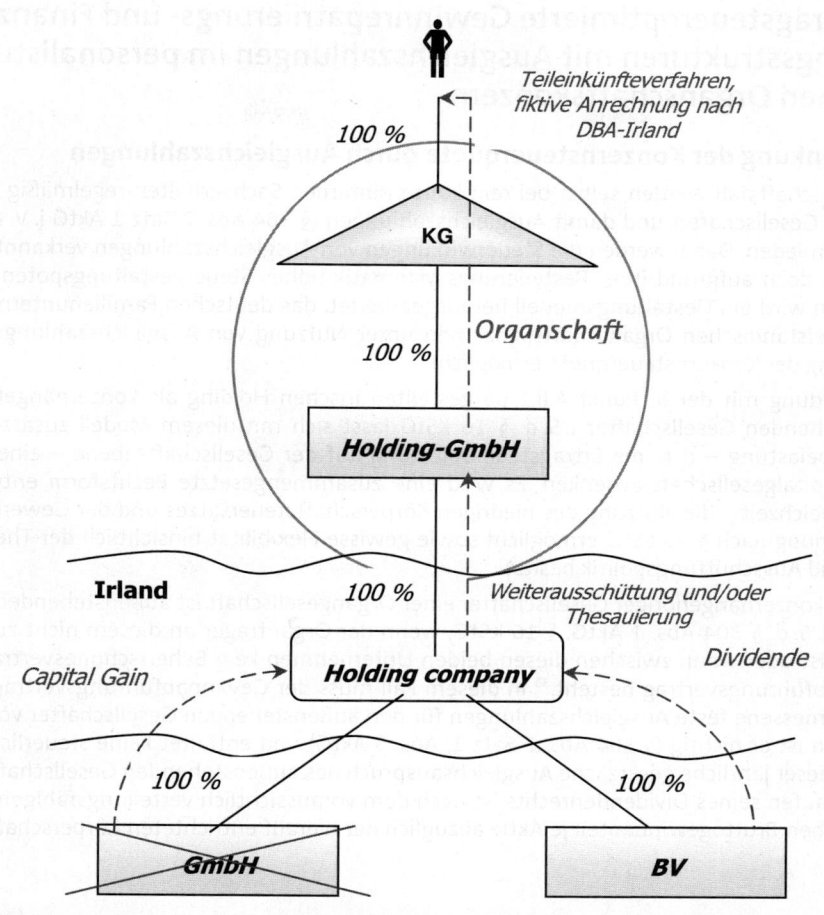

Abbildung 2: Reorganisationsmöglichkeit bei bestehender Holdingstruktur

Ein Exit aus der Struktur lässt sich z.B. dadurch erreichen, dass die irische Holding-Kapitalgesellschaft Beteiligungen steuerfrei intern oder extern veräußert[32], anschließend den Capital Gain thesauriert und reinvestiert oder unter Anwendung der fiktiven Anrechnung nach dem DBA-Irland ausschüttet und die leere Hülle dann an einen fremden Dritten veräußert bzw. liquidiert wird.

---

[32] Alternativ kommt auch eine Übertragung der Anteile von der irischen Holding auf die Holding-GmbH im Wege einer vGA in Betracht, die auch von der irischen Capital Gains participation exemption erfasst wird.

B. Ertragsteueroptimierte Gewinnrepatriierungs- und Finanzierungsstrukturen mit Ausgleichszahlungen im personalistischen Organschaftskonzern

I. Absenkung der Konzernsteuerquote durch Ausgleichszahlungen

Im Organschaftsfall werden selbst bei rein konzerninternen Sachverhalten regelmäßig außenstehende Gesellschafter und damit Ausgleichszahlungen (§ 304 Abs. 2 Satz 1 AktG i. V. m. § 16 KStG) vermieden. Dabei werden die Steuerwirkungen von Ausgleichszahlungen verkannt, besitzen diese doch aufgrund ihrer Besteuerungssystematik hohes Steuergestaltungspotenzial. Im Folgenden wird ein Gestaltungsmodell herausgearbeitet, das deutschen Familienunternehmen und mittelständischen Organschaftskonzernen unter Nutzung von Ausgleichszahlungen eine Absenkung der Konzernsteuerquote ermöglicht.

In Verbindung mit der in Punkt A.II.1 dargestellten irischen Holding als konzernangehörigen außenstehenden Gesellschafter i. S. d. § 16 KStG lässt sich mit diesem Modell zusätzlich die Definitivbelastung – d. h. die Ertragsteuerbelastung auf der Gesellschaftsebene – einer deutschen Kapitalgesellschaft absenken. Es wird eine zusammengesetzte Rechtsform entwickelt, welche gleichzeitig die Nutzung des niedrigen Körperschaftsteuersatzes und der Gewerbesteueranrechnung nach § 35 EStG ermöglicht sowie gewisse Flexibilität hinsichtlich der Thesaurierungs- und Ausschüttungspolitik besitzt.

Auch ein konzernangehöriger Gesellschafter einer Organgesellschaft ist außenstehender Gesellschafter i. S. d. § 304 Abs. 1 AktG, § 16 KStG, wenn der Organträger an diesem nicht zu 100 % beteiligt ist oder wenn zwischen diesen beiden Unternehmen kein Beherrschungsvertrag bzw. Gewinnabführungsvertrag besteht.[33] In diesem Fall muss der Gewinnabführungsvertrag jährliche angemessene feste Ausgleichszahlungen für den außenstehenden Gesellschafter vorsehen, ansonsten ist er nichtig (§ 304 Abs. 2 Satz 1, Abs. 3 AktG) und entfaltet keine steuerliche Wirkung.[34] Dieser jährliche gesetzliche Ausgleichsanspruch des außenstehenden Gesellschafters für das Leerlaufen seines Dividendenrechts ist nach dem voraussichtlich verteilungsfähigen durchschnittlichen Bruttogewinnanteil je Aktie abzüglich der hierauf entrichteten Körperschaftsteuer

---

[33] Vgl. *Sauter/Heurung*, GmbHR 17/2001, S. 755; *Schumacher* in: Herzig (Hrsg.), Organschaft, Stuttgart 2003, S. 194 ff. mit Beispiel; *Witt* in: Dötsch/Jost/Pung/Witt, Die Körperschaftsteuer, 52. Erg.-Lfg. Oktober 2004, § 16, Rz. 6 (Beispiel); *Neumann* in: Gosch, Körperschaftsteuergesetz, 2. Aufl. München 2009, § 16, Rz. 5 und 4.

[34] Vgl. *Schumacher* in: Herzig (Hrsg.), Organschaft, Stuttgart 2003, S. 195; *Erle* in: Erle/Sauter, Körperschaftsteuergesetz, Heidelberg 2003, § 16 KStG, Rz. 24; *Witt* in: Dötsch/Jost/Pung/Witt, Die Körperschaftsteuer, 52. Erg.-Lfg. Oktober 2004, § 16, Rz. 1 u. 2.

zu bemessen (Festbetrag).[35] Die Ausführungen gelten entsprechend bei einer GmbH als Organgesellschaft.[36]

Körperschaftsteuerliche Wirkung der Ausgleichszahlung ist gemäß § 16 Satz 1 KStG i. V. m. Abschn. 65 Abs. 2 Satz 1 KStR 2004 die Aufspaltung des Gewinns der Organgesellschaft in einen auf der Ebene der Organgesellschaft zu versteuernden Teil in Höhe von 20/17 der geleisteten Ausgleichszahlung und in den verbleibenden Teil der Einkommenszurechnung (§ 14 Abs. 1 Satz 1 KStG), der vom Organträger versteuert wird.[37] Der Solidaritätszuschlag auf die Ausgleichszahlung ist Bestandteil des dem Organträger zuzurechnenden Organeinkommens.[38]

Nach § 2 Abs. 2 Satz 2 GewStG i.V.m. Abschn. 41 Abs. 3 Satz 3 GewStR erfolgt hinsichtlich der Gewerbesteuer keine Aufspaltung des Gewinns der Organgesellschaft, der volle Gewerbeertrag der Organgesellschaft – einschließlich der Ausgleichszahlungen – wird gewerbesteuerlich beim Organträger besteuert.[39]

Im Ergebnis wird somit die Ausgleichszahlung körperschaftsteuerlich bei der Organgesellschaft, gewerbesteuerlich beim Organträger besteuert.

Wird nun als außenstehender Gesellschafter i. S. d. § 16 KStG eine konzernangehörige Kapitalgesellschaft eingesetzt und handelt es sich beim Organträger um eine Personengesellschaft mit natürlichen Personen als Gesellschafter, kann gleichzeitig der niedrige Körperschaftsteuersatz (KSt = 15%) und die Gewerbesteueranrechnung (§ 35 EStG) in Anspruch genommen werden.

---

[35] Vgl. BGH-Beschluss v. 21. 7. 2003 – II-ZB-17/01, DStR 45/2003, S. 1938. Vgl. ausführlich zur Bemessung der Ausgleichszahlungen BMF-Schreiben v. 16. 4. 1991 – IV B 7 – S-2770 – 11/91, DB 1991, S. 1049; BMF-Schreiben v. 13. 9. 1991 – IV B 7 – S-2770 – 34/91, DB 1991, S. 2110; *Neumann* in: Gosch, Körperschaftsteuergesetz, 2. Aufl. München 2009, § 16, Rz. 10; *Witt* in: Dötsch/Jost/ Pung/Witt, Die Körperschaftsteuer, 52. Erg.-Lfg. Oktober 2004, § 16, Rz. 9; *Erle* in: Erle/Sauter, Körperschaftsteuergesetz, Heidelberg 2003, § 16 KStG, Rz. 33 ff.; *Hüffer* in: Hüffer, AktG, 6. Auflage München 2004, § 304, Rz. 13; *Baldamus*, AG 2005, S. 77. Hinsichtlich der folgenden Ausführungen wird die Ausgleichszahlung nach Maßgabe des BFH-Urteils v. 4. 3. 2009 – I R 1/08, DStRE 2009, S. 1093 bemessen. Vgl. hierzu auch Marquardt/Krack, FR 23/2009, S. 1098 ff.

[36] Vgl. *Sauter/Heurung*, GmbHR 17/2001, S. 757; *Witt* in: Dötsch/Jost/ Pung/Witt, Die Körperschaftsteuer, 52. Erg.-Lfg. Oktober 2004, § 16, Rz. 5 u. 9, m. w. N.

[37] Vgl. auch *Pache* in: H/H/R, KStG, Lfg. 215 Juli 2004, § 16, Anm. 20, 22; *Schumacher* in: Herzig (Hrsg.), Organschaft, Stuttgart 2003, S. 203 ff.; Neumann in: Gosch, Körperschaftsteuergesetz, München 2005, § 16, Rz. 24. Handelsrechtlich stellen die Ausgleichszahlungen abzugsfähigen Aufwand dar und vermindern die Gewinnabführung, ertragsteuerlich handelt es sich um nichtabzugsfähige Betriebsausgaben (§ 8 Abs. 1 KStG i. V. m. § 4 Abs. 5 Nr. 9 EStG). Die (geminderte) Gewinnabführung wird außerbilanziell beim Organträger gekürzt, der Besteuerung unterliegen das zugerechnete Einkommen bzw. der Gewerbeertrag. Vgl. Abschn. 61 Abs. 1 KStR 2004; BFH-Urteil v. 26. 1. 1977 – I R 101/75, BStBl II 1977, S. 441; BFH-Urteil v. 29. 10. 1974 – I R 240/72, BStBl II 1975, S. 126.

[38] Vgl. *Schumacher* in: Herzig (Hrsg.), Organschaft, Stuttgart 2003, S. 203; *Witt* in: Dötsch/Jost/ Pung/Witt, Die Körperschaftsteuer, 52. Erg.-Lfg. Oktober 2004, § 16, Rz. 26.

[39] Vgl. auch *Erle* in: Erle/Sauter, KStG, Heidelberg 2003, § 16 KStG, Rz. 107-109.

Kollruss

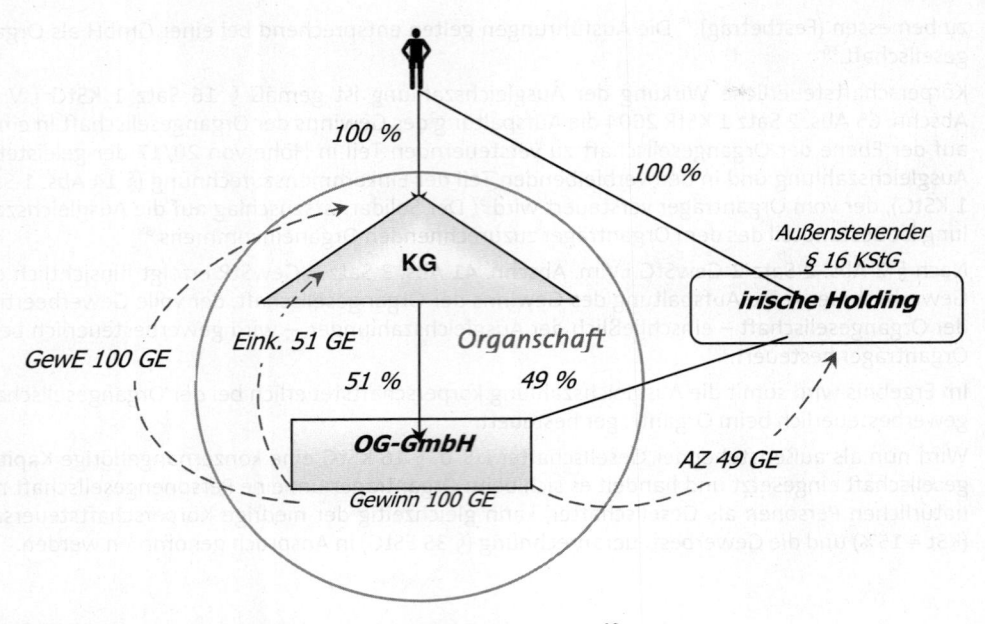

Abbildung 3: Steueroptimierung durch Ausgleichszahlungen[40]

Diagramm: Natürliche Person hält 100% an KG (Organträger). KG hält 51% an OG-GmbH (Organschaft, Eink. 51 GE). Irische Holding hält 100% bzw. 49% als Außenstehender § 16 KStG an OG-GmbH (AZ 49 GE). GewE 100 GE, Gewinn 100 GE.

Bei inländischen Gesellschaftern der Organträger-Personengesellschaft bietet sich die Einbindung der irischen Holding company als außenstehender Gesellschafter in Verbindung mit der fiktiven Quellensteueranrechnung nach dem DBA-Irland an.

Für deutsche und irische Steuerzwecke werden die Ausgleichszahlungen als Dividendenerträge qualifiziert.[41] Als außenstehender Gesellschafter i. S. d. § 16 KStG kann die irische Holding (KSt = 12,5 %) somit die Ausgleichszahlungen als Dividendenertrag unter Anrechnung der deutschen Körperschaftsteuer (KSt = 15 %) steuerfrei in Irland vereinnahmen (foreign tax credit). In Deutschland kommt das pauschale Betriebsausgabenabzugsverbot nach § 8b Abs. 5 Satz 1 KStG nicht zum Zuge, da die deutsche beschränkte Körperschaftsteuerpflicht der irischen Holding durch den Kapitalertragsteuerabzug abgegolten ist (§ 32 Abs. 1 Nr. 2 KStG). Aufgrund der Mutter-Tochter-Richtlinie (§ 43b EStG) fällt keine deutsche Kapitalertragsteuer auf die Ausgleichszahlungen an[42].

Zur Begegnung einer eventuellen deutschen Quellensteuerproblematik (Directive-Shopping Problematik nach § 50d Abs. 3 EStG) könnte alternativ als außenstehender Gesellschafter i. S. d. § 16 KStG auch eine dual residente deutsche GmbH mit Sitz in Deutschland und Geschäftsleitung in Irland eingeschaltet werden43. Nach dem MoMiG44 ist nunmehr die Nutzung einer sog.

---

[40] Die Beträge in der Grafik wurden für Veranschaulichungszwecke vereinfacht angegeben.

[41] Irland behandelt alle Vorteile aus den Anteilen als Beteiligungserträge.

[42] Die irische Holding erfüllt als geschäftsleitende Holding die Voraussetzungen des § 50d Abs. 3 EStG. Vgl. BMF-Schreiben v. 3. 4. 2007, BStBl I 2007, S. 446, Rz. 6.1-6.3.

[43] Die Veranlagung der dual residenten deutschen GmbH im Rahmen ihrer unbeschränkten Körperschaftsteuerpflicht in Deutschland zusammen mit der Anwendung des § 8b Abs. 1 KStG und der Anrechnung

dual residenten deutschen GmbH mit Geschäftsleitung im Ausland, die in Deutschland nur noch über einen Satzungssitz verfügt, grundsätzlich möglich (§ 4a GmbHG)45.

Abkommensrechtlich kommt eine fiktive Anrechnung ausländischer Quellensteuer auch bei Beteiligung an einer dual residenten deutschen GmbH mit Geschäftsleitung in Irland in Betracht, da die im anderen Vertragsstaat ansässige ausschüttende Tochterkapitalgesellschaft nicht zwingend nach dem Recht des anderen Vertragsstaats errichtet sein muss (Art. II Abs. 1 lit. c), Art. II Abs. 1 lit. d) (iii), (iv) i. V. m. XXII Abs. 2 lit. a) bb (i) DBA-Irland)[46]. Die Ausgleichszahlung unterliegt auf der Ebene der dual residenten deutschen GmbH nicht der Gewerbesteuer, da sie in ihrer gewerblichen ausländischen Geschäftleitungsbetriebsstätte (§ 12 Satz 2 Nr. 1 AO, § 8 Abs. 2 KStG i. V. m. § 2 Abs. 1 Satz 1, § 9 Nr. 3 Satz 1 GewStG) bezogen wird. Gleichzeitig eröffnet die unbeschränkte Körperschaftsteuerpflicht der dual residenten deutschen GmbH im Inland die Anrechnung der Kapitalertragsteuer nach § 36 Abs. 2 Nr. 2 EStG i. V. m. § 8b Abs. 1 KStG. Im Ergebnis kommt es zu einer Erstattung der deutschen Kapitalertragsteuer auf die Ausgleichszahlung auf der Ebene der dual residenten deutschen GmbH.

Die irische Holding kann die Ausgleichszahlung quellensteuerfrei an die inländische natürliche Person ausschütten. Dies bewirkt eine Umformung der zunächst voll steuerpflichtigen Einkünfte (Organeinkommen) in einen durch das Teileinkünfteverfahren begünstigen Beteiligungsertrag gemäß § 20 Abs. 1 Nr. 1 i. V. m. § 3 Nr. 40 Satz 1 lit. d) Satz 1 EStG, der unter Berücksichtigung der fiktiven Quellensteueranrechnung nach dem DBA-Irland (Art. XXII Abs. 2 lit. a) bb (i) DBA-Irland) auf der Ebene der inländischen natürlichen Person nur einer sehr geringen Nachversteuerung unterliegt. Weiterhin kann die natürliche Person die Gewerbesteuer auf die Ausgleichszahlung gemäß § 35 EStG anrechnen, obgleich diese im Wesentlichen nur bei der Organgesellschaft der Besteuerung mit dem niedrigen Körperschaftsteuersatz (KSt = 15 %) unterlegen hat.

Fasst man die einzelnen Wirkungen des Modells zu einem Gesamteffekt zusammen, kann die Ertragsteuerbelastung auf den Gewinn der Organgesellschaft wesentlich abgesenkt werden, bei vollständigem Gewinntransfer auf die Gesellschafterebene (natürliche Personen). In Abhängigkeit der betragsmäßigen Höhe der Ausgleichszahlung lässt sich eine Ertragsteuerbelastung auf den Gewinn der
Organgesellschaft erreichen, die unter der durchschnittlichen Ertragsteuerbelastung von 30 % einer thesaurierenden deutschen Kapitalgesellschaft liegt[47]. Die Höhe der Ausgleichszahlung

---

der deutschen Kapitalertragsteuer führt im Ergebnis zu einer Erstattung der deutschen Kapitalertragsteuer auf die Ausgleichszahlung nach § 36 Abs. 2 Nr. 2 Satz 1 EStG.

[44] Gesetz zur Modernisierung des GmbH-Rechts und zur Bekämpfung von Missbräuchen (MoMiG) v. 23. 10. 2008, BGBl. 2008, S. 2028.

[45] Vgl. BR-Drs. 354/07 v. 25. 5. 2007, S. 65 ff.;

[46] Die Ausgleichszahlung unterliegt auf der Ebene der dual residenten deutschen GmbH nicht der Gewerbesteuer, da die Beteiligung an der Organgesellschaft der irischen Geschäftsleitungsbetriebsstätte i. S. d. § 12 Satz 2 Nr. 1 AO i. V. m. § 8 Abs. 2 KStG und §§ 2 Abs. 1 Satz 1, 9 Nr. 3 GewStG zugeordnet wird, die dual residente GmbH verfügt im Inland über keine Betriebsstätte.

[47] Hebesatz der Gewerbesteuer = 400 %, KSt = 15 %, SolZ = 5,5 %. Durch stimmrechtslose Vorzugsanteile (Preference Shares) kann ggf. die Ausgleichszahlung an die außenstehende irische Holding-Kapitalgesellschaft erhöht werden. Der Steuervorteil des Gestaltungsmodells ist mit der Höhe des Anteils der Ausgleichszahlung am Gewinn der Organgesellschaft verknüpft. Hinsichtlich der in Abb. 3 angegebenen Datenkonstellation unterliegt der auf die Ebene der natürlichen Person transferierte Gesamtgewinn der Organgesellschaft einer definitiven Gesamtsteuerbelastung, die unterhalb der Thesaurierungsbelastung einer gewerblichen Personengesellschaft nach § 34a EStG liegt. Eine massive Nachversteuerung wie bei der Thesaurierungsbegünstigung nach § 34a EStG tritt nicht ein.

stellt einen wichtigen Parameter des Gestaltungsmodells dar. Weiterhin steht der gesamte Gewinn der Organgesellschaft auf Ebene der natürlichen Person zur Verfügung. Weiterer Vorteil im Vergleich zu einer Organschaftsstruktur ohne Ausgleichszahlungen ist die Möglichkeit einer gezielten Ausschüttungs- und Thesaurierungspolitik. Im Thesaurierungsfall (Ebene der irischen Holding-Kapitalgesellschaft) fällt auch keine Belastung durch § 8b Abs. 5 Satz 1 KStG an (5 %ige Schachtelstrafe), wie bei einer zwischengeschalteten deutschen Holding-GmbH.

II. Ausgleichszahlungen bei ausländischen DBA-Betriebsstätteneinkünften

1. Grundlegende Modellstruktur

Die vorgestellte Organschaftsstruktur mit den Ausgleichszahlungen ist auch
interessant, wenn die Organgesellschaft nach DBA steuerbefreite Betriebsstätteneinkünfte erzielt.

Die Vorschaltung der Organgesellschaft führt zunächst dazu, dass im DBA-Ausland der niedrige Körperschaftsteuersatz auf den Betriebsstättengewinn zur Anwendung kommt, nicht der hohe ausländische Einkommensteuersatz und der ausländische Betriebsstättengewinn über die Organschaft – abgesehen vom Progressionsvorbehalt (§ 32b Abs. 1a EStG)[48] – unter Nutzung der DBA-Freistellung weitgehend steuerneutral auf die Ebene einer natürlichen Person repatriiert werden kann[49].

Der ausländische Betriebsstättengewinn fällt nicht unter die Bruttomethode des § 15 Satz 1 Nr. 2 KStG und wird daher bereits bei der Organgesellschaft abkommensrechtlich steuerfrei gestellt.[50] Somit würde das Einkommen der Organgesellschaft eigentlich 0 € betragen.

Allerdings werden 20/17 der Ausgleichszahlungen der Organgesellschaft an die irische Holding (außenstehender Gesellschafter) gemäß § 16 KStG auf der Ebene der Organgesellschaft der Körperschaftsteuer (KSt = 15 %) unterworfen, gleichzeitig erfolgt eine negative Einkommenszurechnung („fiktiver steuerlicher Verlust") in gleicher Höhe an den Organträger (Abschn. 65 KStR 2004)[51].

Da hinter der Organträger-Personengesellschaft natürliche Personen stehen, wirkt sich die Einkommensminderung (ESt = 45 %) durch die negative Einkommenszurechnung der Organgesellschaft nach § 14 KStG aus der Ausgleichszahlung (zugerechneter „fiktiver steuerlicher Verlust") stärker aus, als die Belastung der Ausgleichszahlung auf der Ebene der Organgesellschaft (KSt = 15 %).[52]

---

[48] Vgl. *Probst* in: H/H/R, EStG, Lfg. 217 Januar 2005, § 32b, E 78, Anm. 102-108.

[49] Im oberen Progressionsbereich des Einkommensteuertarifs ("Proportinalzone") sind die steuerlichen Auswirkungen des positiven Progressionsvorbehalts nur marginal.

[50] Vgl. *Neumann* in: Gosch, Körperschaftsteuergesetz, 2. Aufl. München 2009, § 15, Rz. 35.

[51] Vgl. *Neumann* in: Gosch, Körperschaftsteuergesetz, 2. Aufl. München 2009, § 16, Rz. 28 (Beispiel 2), Rz. 24; *Witt* in: Dötsch/Jost/ Pung/Witt, Die Körperschaftsteuer, 52. Erg.-Lfg. Oktober 2004, § 16, Rz. 18; *Schumacher* in: Herzig (Hrsg.), Organschaft, Stuttgart 2003, S. 205.

[52] Die natürliche Person muss über andere steuerpflichtige Einkünfte zur Verrechnung des zugerechneten fiktiven Verlustes verfügen, auch deshalb, um die fiktive Quellensteueranrechnung steuermindernd geltend machen zu können. Der im Rahmen der Organschaft im Zusammenhang mit der Ausgleichszahlung zugerechnete fiktive steuerliche Verlust (negative inländische Einkünfte aus Gewerbebetrieb) kann gegen die Gewinnausschüttung der irischen Holding (Weiterausschüttung der Ausgleichszahlung) und andere Gewinne der Organträger-KG (z.B. aus einer anderen Organgesellschaft) verrechnet werden. Die fiktive Anrechnung ausländischer Quellensteuer nach dem DBA-Irland bleibt erhalten.

Die Steuersatzdifferenz, der Spread zwischen der Entlastungswirkung des fiktiven steuerlichen Verlustes aus der Ausgleichszahlung zum hohen Einkommensteuersatz (ESt = 45 %) auf der Ebene des Organträgers (natürliche Personen) und der Belastungswirkung zum niedrigen Körperschaftsteuersatz (KSt = 15 %) aus der Besteuerung der Ausgleichszahlung auf der Ebene der Organgesellschaft nach § 16 KStG kann genutzt werden. § 15a EStG unterbindet die Verrechnung[53] des „fiktiven steuerlichen Verlustes" auf der Ebene des Organträgers nicht, da die Organgesellschaft in diesem Fall einen (Teil-)Gewinn[54] an die Organträger-Personengesellschaft abführt. § 2a EStG ist nicht einschlägig, da es sich bei dem im Rahmen der Organschaft aus der Ausgleichszahlung zugerechneten fiktiven steuerlichen Verlust um negative inländische Einkünfte handelt, in der ausländischen Betriebsstätte ist ein Gewinn entstanden. Gewerbesteuerlich entfaltet die Ausgleichszahlung keine Wirkung (§§ 2 Abs. 1 Satz 1, 9 Nr. 3 GewStG i. V. m. Abschn. 41 Abs. 3 Satz 3 GewStR 1998).

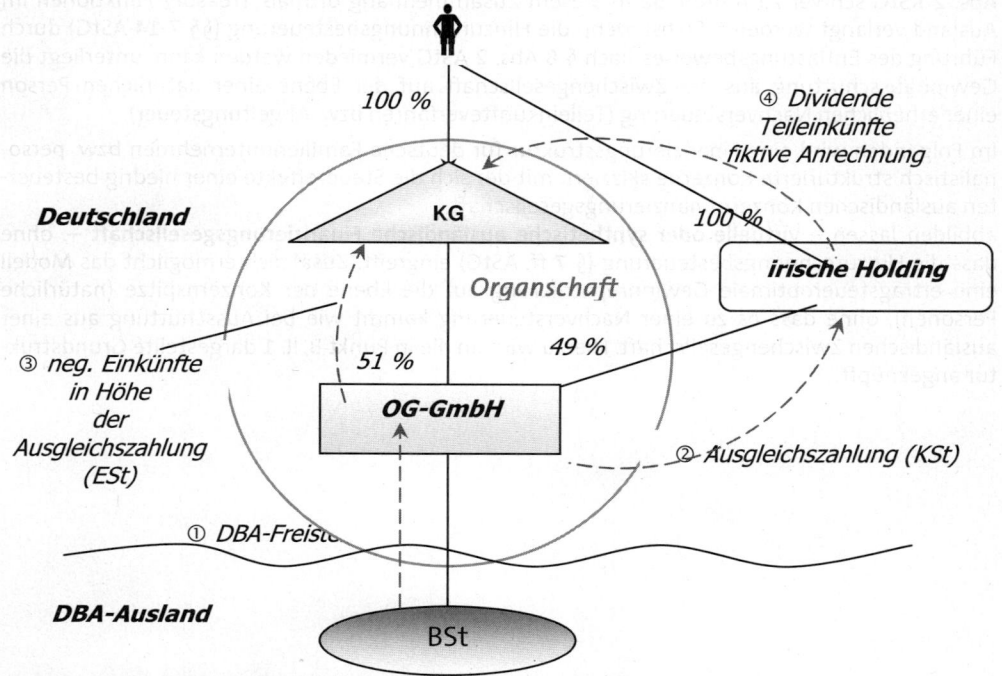

Abbildung 4: Generierung eines fiktiven steuerlichen Verlustes

Die irische Holding (KSt = 12,5 %) kann die Ausgleichszahlung unter Anrechnung der deutschen Körperschaftsteuer (KSt = 15 %) steuerfrei in Irland vereinnahmen (foreign tax credit). Die Wei-

---

[53] Es handelt sich hier um einen intraperiodischen horizontalen Verlustausgleich hinsichtlich des fiktiven steuerlichen Verlustes, der auf der Ebene des Organträgers aus der Ausgleichszahlung i. S. d. § 16 KStG resultiert.

[54] Vgl. Witt in: Dötsch/Jost/ Pung/Witt, Die Körperschaftsteuer, 52. Erg.-Lfg. Oktober 2004, § 16, Rz. 18. Aufgrund der positiven handelsrechtlichen Gewinnabführung kann sich kein negatives Kapitalkonto in der Steuerbilanz auf der Ebene der Organträger-KG bilden. Zudem kann bei der Organträger-KG auch ausreichendes Verrechnungspotenzial in Form eines positiven Kapitalkontos vorhanden sein.

terausschüttung der Ausgleichszahlung durch die irische Holding an die inländische natürliche Person führt aufgrund der fiktiven Anrechnung ausländischer Quellensteuer nach dem DBA-Irland in Höhe von 18 % der Nettodividende in Verbindung mit dem Teileinkünfteverfahren und der Verrechnung des zugerechneten „fiktiven steuerlichen Verlustes" im Zusammenhang mit der Ausgleichszahlung gegen die Gewinnausschüttung aus der irischen Holding und gegen andere steuerpflichtige Einkünfte auf der Ebene des Organträgers zu einem beträchtlichen Steuerminderungseffekt[55].

2. Vermeidung der deutschen Hinzurechnungsbesteuerung nach § 7 AStG ff.: Implementierung einer virtuellen Finanzierungsgesellschaft mit Niedrigbesteuerung und ertragsteueroptimaler Gewinnrepatriierung

Bei einer mit Eigenkapital operierenden ausländischen EU/EWR-Finanzierungs-Kapitalgesellschaft, die konzerninterne Fremdfinanzierung betreibt, ist der Entlastungsbeweis nach § 8 Abs. 2 KStG schwer zu führen, da in diesem Zusammenhang oftmals Treasury Funktionen im Ausland verlangt werden[56]. Selbst wenn die Hinzurechnungsbesteuerung (§§ 7-14 AStG) durch Führung des Entlastungsbeweises nach § 8 Abs. 2 AStG vermieden werden kann, unterliegt die Gewinnausschüttung aus der Zwischengesellschaft auf der Ebene einer natürlichen Person einer erheblichen Nachversteuerung (Teileinkünfteverfahren bzw. Abgeltungsteuer).

Im Folgenden wird eine Finanzierungsstruktur für deutsche Familienunternehmen bzw. personalistisch strukturierte Konzerne skizziert, mit der sich die Steuereffekte einer niedrig besteuerten ausländischen Konzernfinanzierungsgesellschaft
abbilden lassen – **virtuelle oder synthetische ausländische Finanzierungsgesellschaft –**, ohne dass die Hinzurechnungsbesteuerung (§ 7 ff. AStG) eingreift. Zusätzlich ermöglicht das Modell eine ertragsteueroptimale Gewinnrepatriierung auf die Ebene der Konzernspitze (natürliche Personen), ohne dass es zu einer Nachversteuerung kommt wie bei Ausschüttung aus einer ausländischen Zwischengesellschaft. Hierzu wird an die in Punkt B. II. 1 dargestellte Grundstruktur angeknüpft.

---

[55] Vgl. auch Fn. 53.
[56] Vgl. auch BT-Drs. 16/6290 v. 04.09.2007 (JStG 2008), S. 92 ff.

Graphisch lässt sich die Finanzierungsstruktur wie folgt abbilden:

⑥ Dividende
Teileinkünfte
fiktive Anrechnung

100 %

KG

100 %

Organschaft

⑤ fiktiver Verlust
aus Ausgleichszahlung ESt

irische Holding

100 %   51 %

OG 1 (GmbH)   OG 2 (GmbH)

④ Ausgleichszahlung (KSt)

② Fremdkapital

Irland

③ DBA-Freist.

Deutschland

① Eigenkapital

ÖS-BSt

Österreich
(KSt = 25 %)

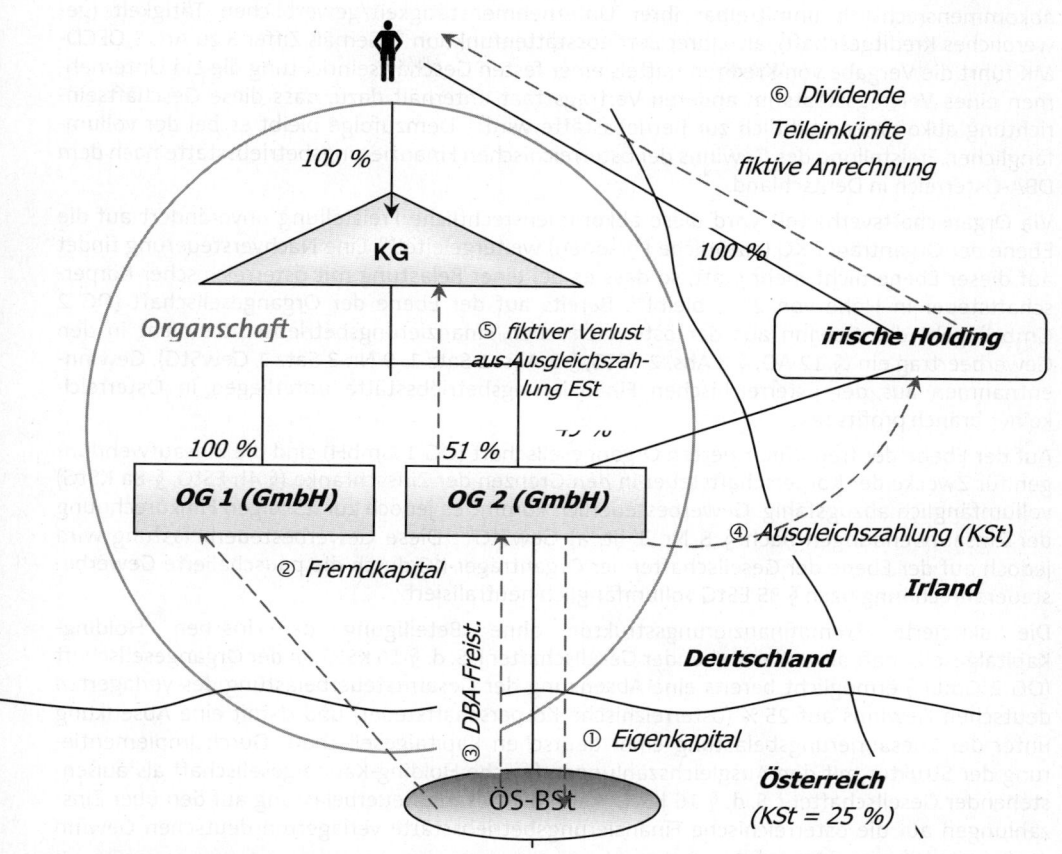

Abbildung 5: Virtuelle ausländische Finanzierungsgesellschaft und Vermeidung der deutschen Hinzurechnungsbesteuerung

Ohne Beteiligung der irischen Holding-Kapitalgesellschaft als außenstehender Gesellschafter i. S. d. § 16 KStG an der Organgesellschaft (OG 2 GmbH) unterliegt der Gewinn der österreichischen Finanzierungsbetriebsstätte einer Körperschaftsteuerbelastung in Höhe von 25 %. Da die Zinserträge im Rahmen der beschränkten Steuerpflicht der Organgesellschaft (OG 2 GmbH) in Österreich einer Körperschaftsteuerbelastung von 25 % unterlegen haben, liegt keine Niedrigbesteuerung i. S. d. § 8 Abs. 3 AStG vor, so dass die Hinzurechnungsbesteuerung in Form des switch-over nach § 20 Abs. 2 AStG ausscheidet. Es bleibt somit bei der abkommensrechtlichen Freistellung des Gewinns aus der österreichischen Finanzierungsbetriebsstätte (Art. 23 Abs. 1 lit. a) Satz 1, Art. 21 Abs. 2 DBA-Österreich i. V. m. § 12 AO, § 8 Abs. 2 KStG).

Der abkommensrechtlichen Freistellung des Gewinns der österreichischen Finanzierungsbetriebsstätte in Deutschland steht auch nicht der abkommensrechtliche Grundsatz der funktionalen Zuordnung zu einer ausländischen Betriebsstätte entgegen. Anders als bei Kapitalgesellschaftsbeteiligungen, die sich im ausländischen Betriebsstättenvermögen befinden und mit der die ausländische Betriebsstätte ihre Unternehmenstätigkeit/gewerbliche Tätigkeit nicht unmittelbar ausübt[57], dient das Eigenkapital der österreichischen Finanzierungsbetriebsstätte hier abkommensrechtlich unmittelbar ihrer Unternehmenstätigkeit/gewerblichen Tätigkeit (gewerbliches Kreditgeschäft), also ihrer Betriebsstättenfunktion[58]. Gemäß Ziffer 8 zu Art. 5 OECD-MK führt die Vergabe von Krediten mittels einer festen Geschäftseinrichtung die ein Unternehmen eines Vertragsstaats im anderen Vertragsstaat unterhält dazu, dass diese Geschäftseinrichtung abkommensrechtlich zur Betriebsstätte wird[59]. Demzufolge bleibt es bei der vollumfänglichen Freistellung des Gewinns der österreichischen Finanzierungsbetriebsstätte nach dem DBA-Österreich in Deutschland.

Via Organschaftsverhältnis wird diese abkommensrechtliche Freistellung unverändert auf die Ebene der Organträger-KG (natürliche Personen) weitergeleitet[60]. Eine Nachversteuerung findet auf dieser Ebene nicht mehr statt, so dass es bei einer Belastung mit österreichischer Körperschaftsteuer in Höhe von 25 % bleibt[61]. Bereits auf der Ebene der Organgesellschaft (OG 2 GmbH) geht der Gewinn aus der österreichischen Finanzierungsbetriebsstätte nicht in den Gewerbeertrag ein (§ 12 AO, § 8 Abs. 2 KStG, § 2 Abs. 1 Satz 1, 9 Nr. 3 Satz 1 GewStG). Gewinnentnahmen aus der österreichischen Finanzierungsbetriebsstätte unterliegen in Österreich keiner branch profits tax.

Auf der Ebene der fremdfinanzierten Organgesellschaft (OG 1 GmbH) sind die Zinsaufwendungen für Zwecke der Körperschaftsteuer in den Grenzen der Zinsschranke (§ 4h EStG, § 8a KStG) vollumfänglich abzugsfähig. Gewerbesteuerlich kommt es jedoch zur 25 %igen Hinzurechnung der Zinsaufwendungen nach § 8 Nr. 1 lit. a) GewStG[62]. Diese Gewerbesteuerbelastung wird jedoch auf der Ebene der Gesellschafter der Organträger-KG durch die pauschalierte Gewerbesteueranrechnung nach § 35 EStG vollumfänglich neutralisiert.

Die skizzierte Fremdfinanzierungsstruktur ohne Beteiligung der irischen Holding-Kapitalgesellschaft als außenstehender Gesellschafter i. S. d. § 16 KStG an der Organgesellschaft (OG 2 GmbH) ermöglicht bereits eine Absenkung der Gesamtsteuerbelastung des verlagerten deutschen Gewinns auf 25 % (österreichische Körperschaftsteuer) und damit eine Absenkung unter der Thesaurierungsbelastung einer deutschen Kapitalgesellschaft. Durch Implementierung der Struktur mit den Ausgleichszahlungen (irische Holding-Kapitalgesellschaft als außenstehender Gesellschafter i. S. d. § 16 KStG) kann die Gesamtsteuerbelastung auf den über Zinszahlungen auf die österreichische Finanzierungsbetriebsstätte verlagerten deutschen Gewinn noch weiter abgesenkt werden.

---

[57] Kapitalgesellschaftsbeteiligungen können grundsätzlich abkommensrechtlich nur einer in der Betriebsstätte ausgeübten Tätigkeit dienen.

[58] Vgl. BMF-Schreiben v. 24. 12. 1999, BStBl I 1999, S. 1076, Tz. 2.4.

[59] § 20 Abs. 2 Satz 2 AStG a. F. i. V. m. § 10 Abs. 7 AStG a. F. zeigt ganz deutlich, dass die Gewinne einer ausländischen Betriebsstätte aus der Kreditgewährung an Konzerngesellschaften aus ihrem Eigenkapital der abkommensrechtlichen Freistellung unterliegen, da hinsichtlich dieser Einkünfte mit Kapitalanlagecharakter (kein Fall des § 8 Abs. 1 Nr. 7 AStG) der Übergang von der abkommensrechtlichen Freistellung zur Anrechnung nur für 60 % dieser Einkünfte gerade die abkommensrechtliche Zuordnung dieser Einkünfte zur ausländischen Betriebsstätte voraussetzt. Siehe auch BMF-Schreiben v. 14. 5. 2004, BStBl I 2004, S. 3, Tz. 20.02, 10.07, 7.6.4.

[60] Vgl. *Neumann* in: Gosch, KStG, 2. Aufl. München 2009, § 15, Rz. 35.

[61] Zu den Auswirkungen des positiven Progressionsvorbehalts nach § 32b Abs. 1a EStG vgl. die Ausführungen in Fn. 49.

[62] Der Freibetrag nach § 8 Nr. 1 GewStG in Höhe von 100.000 € wurde hier vernachlässigt.

Die Beteiligung der irischen Holding-Kapitalgesellschaft als außenstehender Gesellschafter der Organgesellschaft (OG 2 GmbH) i. S. d. § 16 KStG beeinflusst die oben genannten Steuereffekte nicht. Die Ausgleichszahlung an die irische Holding-Kapitalgesellschaft führt jedoch dazu, dass der Organträger-KG ein „fiktiver steuerlicher Verlust" in Höhe dieser Ausgleichszahlung (negative organschaftliche Einkommenzurechnung) zugerechnet wird[63], der auf der Ebene des Organträgers gegen andere Gewinne (z. B. weitere profitable Organgesellschaften) und gegen den Beteiligungsertrag aus der Weiterausschüttung der Ausgleichszahlung durch die irische Holding an die Organträger-KG verrechnet werden kann[64]. Hinsichtlich der Ausschüttung der irischen Holding mindert die fiktive Quellensteueranrechnung nach dem DBA-Irland zusätzlich noch die Einkommensteuer der Gesellschafter der Organträger-KG. Auf der Ebene der Organgesellschaft (OG 2 GmbH) unterliegt die Ausgleichszahlung nur dem niedrigen deutschen Körperschaftsteuersatz in Höhe von 15 %.

Ohne die Struktur mit den Ausgleichszahlungen würden steuerpflichtige Gewinne der Organträger-KG bei ihren Gesellschaftern grundsätzlich der ungemilderten Einkommensteuerbelastung unterliegen (z. B. Gewinne aus anderen Organgesellschaften, eigene gewerbliche Gewinne). Die Zurechnung des „fiktiven steuerlichen Verlusts" im Zusammenhang mit den Ausgleichszahlungen der Organgesellschaft auf die Ebene der Organträger-KG führt somit zu einer Steuerminderung im Inland.

Zusammengenommen führt die Gestaltung somit dazu, dass zunächst ein Belastungseffekt in der österreichischen Betriebsstätte in Höhe von 25 % eintritt. Die Ausgleichszahlungen führen jedoch in toto zu einem gegenläufigen Steuerminderungseffekt bei der Besteuerung anderer inländischer Einkünfte. Hieraus ergibt sich als Gesamteffekt, dass die in der österreichischen Betriebsstätte vereinnahmten Zinsen im Ergebnis nicht einer Ertragsteuerbelastung von 25 % unterliegen, sondern einer sehr viel niedrigeren Steuerbelastung, die sich aus der österreichischen Körperschaftsteuerbelastung in Höhe von 25 % abzüglich der durch die Struktur im Inland ausgelösten Steuerminderung (Netto-Steuerminderungseffekt) zusammensetzt.

Der sich im Inland aus den Ausgleichszahlungen ergebene Netto-Steuerminderungseffekt führt nicht dazu, dass hinsichtlich der österreichischen Finanzierungsbetriebsstätte die Hinzurechnungsbesteuerung nach § 20 Abs. 2 AStG ausgelöst wird. Es bleibt bei einer Körperschaftsteuerbelastung in Österreich in Höhe von 25 %, somit liegt keine Niedrigbesteuerung i. S. d. § 8 Abs. 3 AStG vor. Der „fiktive steuerliche Verlust" aus der Ausgleichszahlung ist ein rein inländischer Verlust, der ausschließlich die inländische Steuerbelastung mindert, nicht die Körperschaftsteuerbelastung in Österreich. Betrachtet man die österreichische Finanzierungsbetriebsstätte als fiktive Zwischengesellschaft (§ 20 Abs. 2 AStG), ändert der „fiktive steuerliche Verlust", der nur im Inland verrechnet wird, nichts an der österreichischen Hochbesteuerung (§ 8 Abs. 3 AStG). Für eine Anwendung des § 20 Abs. 2 AStG ist somit kein Raum.

Der steuerliche Gesamteffekt (① + ②) des Finanzierungsmodells, d.h. die Absenkung der Ertragsteuerbelastung auf den in Form von Zinserträgen in die österreichische Finanzierungsbetriebsstätte mit DBA-Freistellung verlagerten deutschen Gewinn unter eine Gesamtsteuerbelastung in Höhe von 25 % (österreichische Körperschaftsteuer), lässt sich unter Vernachlässigung des Solidaritätszuschlags wie folgt aufsplitten:

---

[63] Vgl. auch *Neumann* in: Gosch, Körperschaftsteuergesetz, 2. Aufl. München 2009, § 16, Rz. 28 (Beispiel 2), Rz. 24.

[64] Anrechnungsüberhänge nach § 35 EStG dürften nicht auftreten. Durch Gewinnverlagerung in den Organkreis lässt sich eine Feinjustierung erreichen.

❶ KSt in Österreich auf die Zinserträge in Höhe von 25 %	
+ KSt auf die Ausgleichszahlung auf Ebene der Organgesellschaft	
− ESt-Minderungseffekt aus den Ausgleichszahlungen (fiktiver steuerlicher Verlust aus organschaftlicher Einkommenszurechnung/negative Einkommenszurechnung)	❷ Netto-Steuerminderungseffekt aus Ausgleichszahlung
+ ESt-Erhöhungseffekt aus Weiterausschüttung Ausgleichszahlung durch irische Holding unter Berücksichtigung Teileinkünfteverfahren	
− ESt-Minderungseffekt aus fiktiver Quellensteueranrechnung nach dem DBA-Irland	

Quantitativ kann die weitere Absenkung der Ertragsteuerbelastung auf den in Form von Zinsen verlagerten deutschen Gewinn unter eine Gesamtsteuerbelastung in Höhe von 25 % (österreichische Körperschaftsteuer) formelmäßig wie folgt angegeben werden:

$$\{KSt_{ÖS} + [\lambda \cdot KSt_D - \lambda \cdot ESt_D + \lambda \cdot (1 - KSt_D) \cdot 0{,}6 \cdot ESt_D - \lambda \cdot (1 - KSt_D) \cdot 0{,}18]\} \cdot Z$$

Bzw. gilt für die weitere Absenkung der Ertragsteuerbelastung des in Form von Zinsen verlagerten deutschen Gewinns unter 25 %:

$$\{\underbrace{KSt_{ÖS}}_{❶} + \underbrace{[\lambda \cdot KSt_D - \lambda \cdot ESt_D + \lambda \cdot (1 - KSt_D) \cdot 0{,}6 \cdot ESt_D - \lambda \cdot (1 - KSt_D) \cdot 0{,}18]}_{❷}\} \cdot Z$$

$KSt_{ÖS}$	Österreichischer Körperschaftsteuersatz (25 %)
KSt_D	Deutscher Körperschaftsteuersatz (15 %)
ESt_D	Deutscher Einkommensteuersatz (45 %)
λ	Brutto-Ausgleichszahlung (inkl. KSt) in % bez. auf österr. Betriebsstättengewinn der Organgesellschaft
Zins	Auf die österr. Finanzierungsbetriebsstätte verlagerter deutscher Gewinn in Form von Zinsen

Bezogen auf die Datenkonstellation in Abb. 5 – außenstehende irische Holding-Kapitalgesellschaft i. S. d. § 16 KStG ist zu 49 % an der Organgesellschaft (OG 2 GmbH) beteiligt – kann mittels der dargestellten Fremdfinanzierungsstruktur mit der österreichischen Finanzierungsbetriebsstätte mit DBA-Freistellung ($KSt_{ÖS}$ = 25%) und den Ausgleichszahlungen (negative Einkommenszurechnung auf die Ebene des Organträgers/natürliche Personen in Höhe der Bruttoausgleichszahlung) die Gesamtsteuerbelastung auf den in Form von Zinsen verlagerten deutschen Gewinn in Höhe von 25 % (österreichische Körperschaftsteuer) auf eine Gesamtsteuerbelastung in Höhe von nur 14 % abgesenkt werden.

Insgesamt führt die skizzierte Fremdfinanzierungsstruktur somit dazu, dass der in Abb. 5 auf die österreichische Finanzierungsbetriebsstätte in Form von Zinsen verlagerte deutsche Gewinn effektiv nur einer Gesamtsteuerbelastung in Höhe von ca. 14 % unterliegt. Weiterhin steht dieser niedrig besteuerte verlagerte deutsche Gewinn auf der Ebene der Konzernspitze (natürliche Personen) zur Verfügung, ohne dass ein negativer Nachversteuerungseffekt im Teileinkünfteverfahren eintritt, wie bei Gewinnausschüttung aus einer ausländischen Finanzierungs-Kapitalgesellschaft (ertragsteueroptimale Gewinnrepatriierung).

Kollruss

Durch stimmrechtslose Vorzugsanteile (Preference Shares) der irischen Holding-Kapitalgesellschaft als außenstehender Gesellschafter i. S. d. § 16 KStG an der Organgesellschaft (OG 2 GmbH) kann ggf. die Ausgleichszahlung (§ 304 Abs. 2 Satz 1 AktG) betragsmäßig erhöht und damit der Netto-Steuerminderungseffekt aus den Ausgleichszahlungen verstärkt werden. Auf diese Weise lässt sich die Gesamtsteuerbelastung auf den in Form von Zinsen auf die österreichische Finanzierungsbetriebsstätte verlagerten deutschen Gewinn noch weiter absenken. Beträgt z. B. die auf die irische Holding-Kapitalgesellschaft entfallende Brutto-Ausgleichszahlung 80 % des Gewinns der österreichischen Finanzierungsbetriebsstätte (λ = 0,8), unterliegt der in Form von Zinsen verlagerte deutsche Gewinn unter Berücksichtigung des Netto-Steuerminderungseffekts aus der Ausgleichszahlung nur einer Gesamtsteuerbelastung in Höhe von ca. 7,12 %. Ferner steht dieser niedrig besteuerte Gewinn auf der Ebene der natürlichen Personen zur Verfügung, ohne dass ein zusätzlicher Nachversteuerungseffekt eintritt.

Mit der dargestellten Fremdfinanzierungsstruktur können die Steuereffekte einer niedrig besteuerten ausländischen Finanzierungsgesellschaft (KSt < 25 %) erreicht werden (virtuelle ausländische Finanzierungsgesellschaft), ohne dass die deutsche Hinzurechnungsbesteuerung nach § 7 ff. AStG eingreifen könnte. Die deutsche Hinzurechnungsbesteuerung nach § 7 ff. AStG kann somit durch das skizzierte Fremdfinanzierungsmodell vermieden werden. Zusätzlich wird eine ertragsteueroptimale Gewinnrepatriierung auf die Ebene natürlicher Personen ohne negative Nachversteuerungseffekte gewährleistet.

F. Übergreifende Steuerplanungsbereiche

1. Chancen aus der europarechtlich gebotenen grenzüberschreitenden Verlustverrechnung

von Dipl.-Kaufmann, Dipl.-Volkswirt Prof. Dr. rer. pol. Helmut Rehm, Wirtschaftsprüfer, Steuerberater, Partner KPMG, Frankfurt am Main

Inhaltsübersicht

I. Einleitung
II. Die EuGH-Rechtsprechung
  1. Die Wirkung der Grundfreiheiten des EG-Vertrages
  2. Wirkungen der Rechtsprechung des EuGH
  3. Entscheidungen des EuGH zur grenzüberschreitenden Verlustverrechnung
  4. Ergebnis
III. Räumliche Reichweite der EuGH-Rechsprechung
  1. EU- und EWR-Staaten
  2. Drittstaaten
  3. Ergebnis
IV. Verlustverrechnungsbeschränkungen und Ihre Überwindung
  1. Verlustverrechnungsverbot des § 2a Abs. 1 EStG
  2. Das Symmetrieprinzip des Art. 23A OECD-MA
  3. Die Organschaft nach §§ 14 ff. KStG
V. Ausblick

Literatur:

Buciek, IStR 2008, 705; *Dörfler/Ribbrock,* BB 2008, 1326; *Gosch,* BFH/PR 2008, 302, 490; *Heger,* Juris PR-SteuerR 47/2008, Anm. 1; *Herzig/Wagner,* DStR 2006, 8; *Hey,* GmbHR 2006, 117; *Homburg,* IStR 2009, 350, 351; *Kußmaul/Niehren,* IStR 2008, 86; *Pache/Englert,* IStR 2007, 849; *Rehm/Nagler,* IStR 2007, 7, 13; *Scheunemann,* IStR 2006, 146 f.; *Sedemund/Sterner,* DStZ 2006, 33 f.

I. Einleitung

Nach dem derzeitigen Wortlaut des EStG und KStG ist die Verlustverrechnung weitestgehend auf das Gebiet der Bundesrepublik Deutschland limitiert. Von der Organschaft abgesehen ist sie innerhalb einer (Besteuerungs-) Periode auf den jeweiligen Steuerpflichtigen beschränkt, dieser kann jedoch von ihm erzielte Gewinne mit erlittenen Verlusten (abgesehen von §§ 2a, 2b, 15a, 15b, 22 EStG) verrechnen. Auch die periodenübergreifende Verlustnutzung im Wege des begrenzten Verlustrücktrags und des betragsmäßig nicht begrenzten Verlustvortrags war für Zeiträume vor Einführung der Mindestbesteuerung im Jahre 2004 (§ 10d EStG a. F.) möglich. Eine grenzüberschreitende Verlustverrechnung scheiterte hingegen – abgesehen von der Ausnahme des § 2a Abs. 3 EStG a. F. für vor 1999 erlittene Betriebsstättenverluste bei einem DBA mit Freistellungsmethode – wahlweise an § 2a Abs. 1 EStG, dem sogenannten Symmetrieprinzip (symmetrische Nichtberücksichtigung von negativen Einkünften in den Fällen der Freistellung positiver ausländischer Einkünfte nach Art. 23A OECD-MA) oder der Inlandsbeschränkung der Organschaft nach §§ 14 ff. KStG.

Die Einschränkungen bei der periodenübergreifenden Verlustberücksichtigung für inländische Einkünfte sowie die zunehmenden Auslandsaktivitäten deutscher Unternehmen haben nun aber dazu geführt, dass die Bedeutung der grenzüberschreitenden Verlustnutzung zugenommen hat. Flankierend hat die Rechtsprechung des Europäischen Gerichtshofs (EuGH) in Luxemburg die Hoffnung genährt, dass im Ausland erlittene Verluste zu denselben Konditionen verrechenbar werden könnten, wie dies bei Inlandsverlusten möglich ist (Auslandsverlustverrechnung zu Inlandskonditionen).

Die von der EU-Kommission vorgeschlagenen „Richtlinie zur Harmonisierung der steuerlichen Rechtsvorschriften der Mitgliedstaaten zur Übertragung von Unternehmensverlusten"[1] wurde nie verabschiedet. Das gleich galt für die „Richtlinie über eine Regelung für Unternehmen zur Berücksichtigung der Verluste ihrer in anderen Mitgliedstaaten belegenen Betriebstätten und Tochtergesellschaften" [2]. Auch in ihrer Mitteilung vom 19. 12. 2006 zur „steuerlichen Behandlung von Verlusten bei grenzüberschreitenden Sachverhalten"[3] konstatiert die Kommission die Notwendigkeit eines effizienten Systems des grenzüberschreitenden Verlustausgleichs für das Funktionieren des Binnenmarkts".

Demnach kommt augenblicklich in Deutschland eine grenzüberschreitende Verlustverrechnung nur auf Basis der Grundfreiheiten des EG-Vertrages in Frage. Die insoweit bestehenden Chancen einer grenzüberschreitenden Verlustberücksichtigung sind aber zurückhaltend zu beurteilen. Insbesondere bei der Steuerplanung sollte man auf sie nicht ausnahmslos vertrauen, da sich die Möglichkeiten der grenzüberschreitenden Verlustberücksichtigung regelmäßig im Widerspruch zur deutschen Regelungslage und damit dem Willen von Gesetzgeber und Verwaltung ergeben. Da diese Chancen regelmäßig erst vor Gericht erkämpft werden müssen, besteht diesbezüglich eine Unsicherheit, die einer zeitnahen und erfolgversprechenden Anspruchsrealisierung widerspricht.

Wer allerdings die Prinzipien kennt, aus denen sich mit Hilfe des Europarechts für deutsche Unternehmen mit Auslandsverlusten Möglichkeiten zur grenzüberschreitenden Verlustnutzung ableiten lassen, kann das Gemeinschaftsrecht bei seiner Steuerstrategie berücksichtigen, ohne sich davon abhängig zu machen. Ziel des Beitrages ist es, den Rechtsanwender in die Lage zu versetzen, dass er seine sich aus dem Gemeinschaftsrecht ergebenden Chancen erkennt und zu nutzen weiß.

II. Die EuGH-Rechtsprechung

Um die gemeinschaftsrechtlichen Chancen einer grenzüberschreitenden Verlustverrechnung besser beurteilen zu können, muss man sich zunächst über die Wirkung der hier einschlägigen Grundfreiheiten des EG-Vertrages und die dazu ergangene EuGH-Rechtsprechung im Klaren sein. Es wird daher nachfolgend der Inhalt der wichtigsten EuGH-Entscheidungen zur Verlustverrechnung dargestellt.

1. Die Wirkungen der Grundfreiheiten des EG-Vertrages

Als hier relevante Anspruchsgrundlage für eine grenzüberschreitende Verlustverrechnung mit steuerlicher Wirkung kommen für aus Mitgliedstaaten der EU stammende Verluste die Grundfreiheiten des EG-Vertrages in der Fassung von Amsterdam/Nizza (EG) in Frage. In erster Linie findet hier die Niederlassungsfreiheit (Art. 43 EG) und die Kapitalverkehrsfreiheit (Art. 56 EG) Anwendung, wobei die Niederlassungsfreiheit nur die Betätigung in einem anderen Mitgliedstaat schützt, während die Kapitalverkehrsfreiheit unter bestimmten weiteren Voraussetzungen auch die Betätigung in Drittstaaten schützt (siehe III.3.).

Die beiden Grundfreiheiten sind gegenüber den Mitgliedstaaten unmittelbar anwendbar und ordnen an, dass jeder Mitgliedstaat auch steuerlich einen grenzüberschreitenden Sachverhalt genauso behandeln muss, wie einen vergleichbaren Inlandssachverhalt. Sie räumen folglich

---

[1] Vorschlag KOM (84) 404 endg., ABLEG 1984 C 253/5ff.
[2] Vorschlag KOM (90) 595 endg., ABLEG 1990 C 53/30ff.
[3] Vorschlag KOM (2006) 824 endg. EURLEX 52006DC0824.

dem grenzüberschreitend tätigen Steuerpflichtigen einen Anspruch auf Inländerbehandlung ein, wenn nicht vom Gemeinschaftsrecht anerkannte Rechtfertigungsgründe ausnahmsweise die gegenüber dem Inlandsfall nachteilige Behandlung des grenzüberschreitenden Sachverhalts erlauben.

Der Anspruch auf Inländerbehandlung ist das zentrale Postulat der Grundfreiheiten des EG-Vertrages und dient der möglichst umfassenden Verwirklichung des Binnenmarkts, indem die grenzüberschreitende Aktivität wie eine nicht grenzüberschreitende Aktivität behandelt werden muss. Die Behandlung des Inlandsfalls ist damit der Maßstab für die Behandlung des Auslandsfalls. Der grenzüberschreitende Sachverhalt muss folglich, falls seine ungünstigere Behandlung nicht ausnahmsweise gerechtfertig ist, wie der Inlandsfall behandelt werden. Die Grundfreiheiten des EG-Vertrages fordern damit aber nicht, dass der Auslandsfall günstiger behandelt werden muss als der Inlandsfall. Eine Privilegierung des grenzüberschreitenden Sachverhalts fordern die Grundfreiheiten des EG-Vertrages nicht.

Das führt beispielsweise bei der rechtsträgerübergreifenden Verlustverrechnung, bei der ein Steuerpflichtiger die Verluste eines anderen Steuerpflichtigen steuerwirksam verrechnen kann, zu der Konsequenz, dass Auslandsverluste nicht berücksichtigt werden müssen, wenn sie auch im Inlandsfall nicht berücksichtigt worden wären. Dies verkennen diejenigen, die aus dem EuGH-Urteil[4] *Marks & Spencer* die auf Basis des Gemeinschaftsrechts gebotene rechtsträgerübergreifende Verlustberücksichtigung ableiten. Denn auch im *Marks & Spencer*-Urteil hat der EuGH – unter bestimmten weiteren Voraussetzungen – aus Art. 43 EG den Zwang zur Berücksichtigung ausländischer Verluste zu Inlandskonditionen nur abgeleitet, weil die im Vereinigten Königreich geltende Gruppenbesteuerung im reinen Inlandsfall den rechtsträgerübergreifenden Verlusttransfer ermöglicht hat. Nur soweit im Inlandsfall eine Verlustrechnung möglich gewesen wäre, eröffnen die Grundfreiheiten des EG-Vertrages die Möglichkeit der Berücksichtigung von Auslandsverlusten.

2. Wirkungen der Rechtsprechung des EuGH

Die sich aus dem Gemeinschaftsrecht ergebenden Chancen für eine grenzüberschreitende Verlustverrechnung kann nur derjenige zutreffend beurteilen, der die Wirkungen der bisher ergangenen EuGH-Rechtsprechung kennt. Nach Art. 234 Abs. 1 Buchstabe a EG entscheidet der (Europäische) Gerichtshof über die Auslegung des (EG-) Vertrages. Demnach ermittelt der EuGH den Inhalt und die Reichweite einer Grundfreiheit des EG-Vertrages im Hinblick auf einen konkreten Sachverhalt, bei dem es sich hinsichtlich des grenzüberschreitenden Verlusttransfers regelmäßig um eine nationale Regelung handelt, die die grenzüberschreitende Verlustverrechnung nicht zulässt.

Die vom EuGH bereits gefällten Entscheidungen haben die Auslegung der Reichweite der Grundfreiheiten im Hinblick auf bestimmte mitgliedstaatliche Regelungen zum Gegenstand. Da sich die mitgliedstaatlichen Regelungen in vielerlei Hinsicht zwar ähneln, jedoch regelmäßig nicht identisch sind, kann der Rechtsanwender die seine Jurisdiktion nicht betreffenden EuGH-Entscheidungen nur im Hinblick auf die vom EuGH vorgenommenen Wertungen auf seinen Mitgliedstaat übertragen. Zwar ist die Reichweite der vom EuGH ausgelegten Grundfreiheiten in allen Mitgliedstaaten gleich, da der EuGH ihre Auslegung aber immer an der ihm unterbreiteten mitgliedstaatlichen Vorschrift bzw. Praxis vornimmt, erfordert ein Transfer der EuGH-Entscheidungen auf den grenzüberschreitenden Verlusttransfer nach Deutschland eine Bewer-

---

[4] EuGH v. 12. 12. 2005, Rs. C-446/03 *Marks & Spencer*, IStR 2006, 19.

tung, inwieweit die vom EuGH beurteilte ausländische Regelungslage auch in Deutschland anzutreffen ist.

Denn nur wer sich darüber im Klaren ist, dass der EuGH die Auslegung der Grundfreiheiten in Bezug auf eine konkrete mitgliedstaatliche Regelung vorgenommen hat und die ausländische Regelungslage mit der deutschen vergleicht, zieht die zutreffenden Schlussfolgerungen aus der Rechtsprechung des EuGH zum grundfreiheitsbedingten grenzüberschreitenden Verlusttransfer.

3. Entscheidungen des EuGH zur Verlustverrechnung

Aus systematischen Gründen wird bei den bisherigen EuGH-Entscheidungen zwischen der rechtsträgerübergreifenden und der rechtsträgerinternen Verlustverrechnung differenziert.

3.1. Entscheidungen zur rechtsträgerübergreifenden Verlustverrechnung

3.1.1. EuGH-Urteil vom 13. 12. 2005 in der Rs. C-446/03 Marks & Spencer [5]

Der EuGH erkannte in den Regelungen der britischen Gruppenbesteuerung („group-relief"), die einen Verlusttransfer zwischen verbundenen Unternehmen (nur) von der Voraussetzung abhängig gemacht haben, dass die Verlustgesellschaft ebenfalls im Vereinigten Königreich ansässig war, keinen Verstoß gegen die Grundfreiheiten des EG-Vertrages. Nach Ansicht des EuGH war die Inlandsbeschränkung des britischen group-relief von den Rechtfertigungsgründen der Vermeidung der doppelten Verlustnutzung, der Verhinderung der Steuerflucht sowie der Aufteilung der Besteuerungsbefugnisse gerechtfertigt. Einen Verstoß der Inlandsbeschränkung des rechtsträgerübergreifenden Verlusttransfers gegen die (nach Art. 48 EG auch für Gesellschaften geltende) Niederlassungsfreiheit des Art. 43 EG sah der EuGH aber im konkreten Fall darin, dass alle Verlustnutzungsmöglichkeiten (Vor- oder Rücktrag bzw. Übertragung auf einen Dritten) im Mitgliedstaat der Verlustgesellschaft (Frankreich, Niederlande, Deutschland) ausgeschöpft waren. Da die Verlustgesellschaften ihre Aktivitäten eingestellt hatten, lagen sogenannte definitive Verluste vor, die sich ohne Berücksichtigung im Vereinigten Königreich steuerlich nirgendwo ausgewirkt hätten. Eine auch definitive Verluste vom Transfer ausschließende Regelung verstößt nach Ansicht des EuGH gegen das Verhältnismäßigkeitsprinzip und damit gegen Art. 43 EG.

3.1.2. EuGH-Urteil vom 18. 7. 2007 in der Rs. C-231/05 Ov AA [6]

Hinsichtlich der Inlandsbeschränkung der finnischen Konzernbeitragsregelungen, die zwischen verbundenen Unternehmen die Zahlung eines sogenannten Konzernbeitrags vorsahen, wenn zahlendes und empfangendes Unternehmen in Finnland ansässig waren, verneinte der EuGH einen Verstoß gegen Art. 43 EG. Die Inlandsbeschränkung dieser Regelung, mit der das zahlende Unternehmen die steuerliche Bemessungsgrundlage um den Konzernbeitrag mindern konnte, während korrespondierend beim empfangenden Unternehmen die Bemessungsgrundlage erhöht wurde, war durch die vom Gemeinschaftsrecht anerkannten Rechtfertigungsgründe der Aufteilung der Besteuerungsbefugnisse zwischen den Mitgliedstaaten sowie der Verhinderung der Steuerflucht gerechtfertigt.

---

[5] EuGH v. 12. 12. 2005, Rs. C-446/03 Marks & Spencer, IStR 2006, 19.
[6] EuGH v. 18. 7. 2007, Rs. C-231/05 Oy AA, IStR 2007, 631.

3.1.3. EuGH-Urteil vom 27. 11. 2008 in der Rs. C-418/07 Papillon[7]

Hingegen konstatierte der EuGH in der Inlandsbeschränkung der französischen Gruppenbesteuerungsregelungen insoweit einen Verstoß gegen Art. 43 EG, als das französische Recht die Ergebnisverrechnung zwischen Enkel- und Muttergesellschaft auch dann verweigert hat, wenn eine zwischengeschaltete Tochtergesellschaft nicht in Frankreich ansässig war. Der EuGH erkannte in der französischen Regelung einen Verstoß gegen Art. 43 EG in Gestalt des Verhältnismäßigkeitsgrundsatzes, da die doppelte Verlustberücksichtigung des Verlustes der Enkelgesellschaft im Mitgliedstaat der zwischengeschalteten Tochtergesellschaft sowie im Staat der Muttergesellschaft auch durch weniger einschneidende Mittel als dem der absoluten Inlandsbeschränkung der Gruppenbesteuerung, verhindert werden könne. Für die Entscheidung des EuGH war entscheidend, dass die Zwischenschaltung der (ausländischen) Tochtergesellschaft zur Verweigerung der Gruppenbesteuerungsregelungen geführt hat. Es ging in diesem Verfahren nicht – wie in der Rechtssache *Oy AA*[8] – darum eine ausländische Tochtergesellschaft in die (französische) Gruppenbesteuerung einzubeziehen.

3.2. Entscheidungen zur rechtsträgerinternen Verlustverrechnung

3.2.1. EuGH-Urteil vom 14. 12. 2000 in der Rs. C-141/99 *AMID*[9] und Beschluss vom 12. 9. 2002 in der Rs. C-431/01 *Mertens*[10]

In der Rechtssache *AMID* hatte der EuGH zu klären, ob das belgische Stammhaus einer in Belgien ansässigen Aktiengesellschaft ein vom belgischen Steuerrecht angeordnetes Verlustvortragsverbot hinnehmen müsse. Das belgische Recht versagte dem Stammhaus den Vortrag des bei ihm entstandenen Verlustes in das Folgejahr, in dem die Verrechnung mit Stammhausgewinnen möglich war, mit der Begründung, die Verluste seien mit den in Luxemburg erzielten Betriebstättengewinnen zu verrechnen. Im DBA Belgien-Luxemburg war aber die Freistellungsmethode (Art. 23A OECD-MA) bezüglich der Gewinne der Luxemburgischen Betriebstätte vereinbart, sodass sich die in Belgien erzielten Verluste ohne Vortragsmöglichkeit nirgendwo steuerlich auswirken würden. Der EuGH hat entschieden, dass die fehlende Verlustvortragsmöglichkeit einen Verstoß gegen Art. 43 EG darstellt. Die belgische Regelung behandelt Unternehmen mit Auslandsbetriebstätten gegenüber solchen mit Inlandsbetriebstätten ohne Rechtfertigung insoweit steuerlich ungünstiger, als sich bei ihnen der Stammhausverlust nirgendwo mit steuerlich auswirken würde.

Im Beschluss vom 12.9.2002 bestätigte der EuGH die *AMID*- Rechtsprechung in der Rechtssache *Mertens*. Hier lehnte die belgische Steuerverwaltung einem in Belgien ansässigen Steuerpflichtigen den Vortrag seiner aus der selbständigen Tätigkeit in Belgien stammenden Verluste mit der Begründung ab, er müsse diese negativen Einkünfte aus selbständiger Tätigkeit mit seinen positiven Einkünften aus nichtselbständiger Tätigkeit aus Deutschland verrechnen. Da die deutschen Einkünfte nach Maßgabe des Art. 23A OECD-MA in Belgien steuerbefreit waren, wirkte sich der belgischen Verlust nirgendwo aus. Der EuGH sah darin einen Verstoß gegen die Arbeitnehmerfreizügigkeit des Art. 39 EG.

---

[7] EuGH v. 27. 11. 2008, Rs. C-418/07 *Papillon*, IStR 2009, 66.
[8] EuGH v. 18. 7. 2007, Rs. C-231/05 Oy AA, IStR 2007, 631.
[9] EuGH v. 14. 12. 2000, Rs. C-141/99 *AMID*, IStR 2001, 86.
[10] EuGH v. 12. 9. 2002, Rs. C-431/01 *Mertens*, BeckRs. 2004, 77219.

3.2.2. EuGH-Urteil vom 21. 2. 2006 in der Rs. C-152/03 *Ritter Coulais*[11]

In diesem Verfahren entschied der EuGH, dass das Verlustverrechnungsverbot des § 2a Abs. 1 Satz 1 Nr. 4 EStG 1997 gegen die Arbeitnehmerfreizügigkeit des Art. 39 EG verstößt. Auch im Rahmen der früheren Nutzungswertbesteuerung müssen negative ausländische Einkünfte aus Vermietung und Verpachtung mit positiven inländischen Einkünften verrechenbar sein. Aus der Nutzungsbesteuerung ergab sich zugleich, dass die zu beurteilenden negativen Einkünfte definitiv waren. Der Steuerpflichtige hat in diesem Verfahren nur die Berücksichtigung der negativen Einkünfte, die als positive Einkünfte nach Art. 3 Abs. 1 DBA- Frankreich in Deutschland von der Besteuerung freigestellt worden wären, im Rahmen des negativen Progressionsvorbehalts beantragt (§ 32b EStG). Wegen des Grundsatzes „ne ultra petita" war die Verrechnung der französischen negativen Einkünften mit positiven inländischen Einkünften nicht Verfahrensgegenstand.

3.2.3. EuGH-Urteil vom 29. 3. 2007 in der Rs. C-347/04 *Rewe Zentralfinanz*[12]

Auch das in § 2a Abs. 1 Nr. 3a, Abs. 2 EStG 1990 angeordnete Verbot einer steuerwirksamen Teilwertabschreibung auf eine passive Einkünfte erzielende Auslandsbeteiligung verstößt gegen die Niederlassungsfreiheit (Art. 43 EG). Bemerkenswerterweise verneinte der EuGH das Vorliegen des Rechtfertigungsgrundes „Vermeidung der doppelten Verlustberücksichtigung" mit der Begründung, auch bei einer Teilwertabschreibung auf eine Inlandsbeteiligung käme es zu einer derartigen doppelten Verlustberücksichtigung. Auch die in § 2a Abs. 1 Nr. 3a, Abs. 2 vorgenommene Differenzierung zwischen (guten) aktiven und (schlechten) passiven Einkünften erfolgt nach Ansicht des EuGH ohne Rechtfertigung.

Hier wird erstmals deutlich, dass die Gefahr der doppelten Verlustnutzung nur dann als Rechtfertigungsgrund taugt, wenn es sich dabei um die typische Gefahr aus der parallelen Anwendung zweier Steuerrechtsordnungen handelt. Nur dann soll die Verlustverrechnung auf definitive Verluste beschränkt sein. Gerade bei einer Teilwertabschreibung wird man regelmäßig den „Definitivcharakter" mit der Begründung anzweifeln können, dass es in der Zukunft zu einer Wertaufholung kommen kann und der Verlust damit nicht definitiv ist.

3.2.4. EuGH-Urteil vom 18. 7. 2007 in der Rs. C-182/06 *Lakebrink*[13]

Auch in dieser Entscheidung bekräftigte der EuGH, dass ein Mitgliedstaat (hier Luxemburg) die von einem beschränkt Steuerpflichtigen erzielten negativen Einkünfte aus Vermietung und Verpachtung einer (in Deutschland belegenen) Immobilie antragsgemäß im Rahmen des Progressionsvorbehalts berücksichtigen müsse, um nicht gegen Art. 39 EG zu verstoßen.

3.2.5. EuGH-Beschluss vom 6. 11. 2007 in der Rs. C-415/06 *Stahlwerk Ergste Westig*[14]

In dieser Entscheidung stellte der EuGH fest, dass Betriebstättensachverhalte nur am Maßstab der Niederlassungsfreiheit des Art. 43 EG zu messen sind. Das hat zur Folge, dass beschränkende nationale Regelungen auf Drittstaatenbetriebstätten weiter angewandt werden können, da Art. 43 EG insoweit (unabhängig von der tatsächlich vorliegenden Beteiligungshöhe) exklusiv Anwendung findet und Art. 56 EG insoweit verdrängt. Der EuGH entschied konkret, dass es sich bei (DBA-) Regelungen, die die steuerliche Behandlung einer Betriebstätte zum Gegenstand haben, um Regelungen handelt, deren Tatbestand einen sicheren Einfluss (auf die Betriebstätte)

---

[11] EuGH v. 21. 2. 2006, Rs. C-152/03 *Ritter Coulais*, IStR 2006, 196.
[12] EuGH v. 29. 3. 2007, Rs. C-347/04 *Rewe Zentralfinanz*, IStR 2007, 291.
[13] EuGH v. 18. 7. 2007, Rs. C-182/06 *Lakebrink*, DStR 2007, 1339.
[14] EuGH v. 6. 11. 2007, Rs. C-415/06 *Stahlwerk Ergste Westig*, IStR 2008, 107.

voraussetzt. Solche Regelungen beschränken ausschließlich die – nur im Verhältnis zu anderen Mitgliedstaaten anwendbare – Niederlassungsfreiheit des Art. 43 EG. Ein möglicher Verstoß gegen die auch im Verhältnis zu Drittstaaten anwendbare Kapitalverkehrsfreiheit des Art. 56 EG ist insoweit irrelevant, da Art. 56 EG von dem exklusiv anwendbaren Art. 43 EG verdrängt wird.

3.2.6. EuGH-Urteil vom 28. 2. 2008 in der Rs. C-293/06 *Deutsche Shell*[15]

Hier stellte der EuGH fest, dass die Niederlassungsfreiheit des Art. 43 EG zur Berücksichtigung eines Währungskursverlusts, der sich im Zusammenhang mit der Rückzahlung von Dotationskapital einer ausländischen Betriebstätte ergibt, durch den Stammhausstaat zwingt. Der Währungskursverlust ist dabei in voller Höhe und unabhängig davon, ob ein positives Betriebstättenergebnis, welches nach Art. 7 i. V. m. Art. 23A OECD-MA in Deutschland von der Besteuerung freigestellt war, vorlag. Erneut bekräftigte der EuGH, dass sich die Währungskursverluste ohne Berücksichtigung im Stammhausstaat nirgendwo auswirken würden. Der EuGH weist darauf hin, dass sich Ergebnisveränderungen, die sich ausschließlich im Stammhausstaat auswirken können nicht im Rahmen der Aufteilung der Besteuerungsbefugnisse mittels Abschluss eines DBA dem Betriebstättenstaat zugeordnet werden können. Da sich infolge der Aufgabe der Betriebstätte der Verlust ausschließlich im Stammhausstaat auswirken konnte, war er finaler Natur, wobei die Gefahr der doppelten Verlustnutzung zu keinem Zeitpunkt bestand.

3.2.7. EuGH-Urteil vom 15. 5. 2008 in der Rs. C-414/06 *Lidl Belgien*[16]

Der EuGH verneinte in dieser Entscheidung einen Verstoß des sogenannten Symmetrieprinzips gegen Art. 43 EG. Nach dem Symmetrieprinzip erlaubt die Freistellung positiver Betriebstätteneinkünfte von der Besteuerung in Deutschland nach Maßgabe des Art 7 OECD-MA i. V. m. Art. 23A OECD-MA symmetrisch auch die Nichtberücksichtigung negativer Betriebstätteneinkünfte. Die vom Symmetrieprinzip bewirkte Beschränkung der Niederlassungsfreiheit ist von den Rechtfertigungsgründen der (in einem DBA vorgenommenen) Aufteilung der Besteuerungsbefugnisse zwischen den Mitgliedstaaten sowie der Verhinderung der doppelten Verlustnutzung gedeckt. Mit der Bezugnahme auf die „Berücksichtigung der Verluste im Betriebstättenstaat in zukünftigen Veranlagungszeiträumen" sowie die *Marks & Spencer*-Entscheidung weist der EuGH aber darauf hin, dass Art. 43 EG trotz Symmetrieprinzips zur Berücksichtigung definitiver Betriebstättenverluste im Stammhausstaat zwingt. Da in der Rechtssache *Lidl* die Betriebstätte in späteren Jahren verrechenbare Gewinne erzielte, musste der EuGH nicht über definitive Verluste entscheiden.

3.2.8. EuGH-Urteil vom 23. 10. 2008 in der Rs. C-157/07 *Krankenheim Ruhesitz am Wannsee*[17]

Der EuGH stellte klar, dass die Nachversteuerungsregelung des § 2a Abs. 3 EStG 1990 nicht gegen die Niederlassungsfreiheit des Art. 31 des EWR-Abkommens, der Art. 43 EG entspricht, verstößt. Die Durchführung der Nachversteuerung stellt zwar eine Beschränkung des Art. 31 EWR-A dar, sie ist aber durch den Rechtfertigungsgrund der Kohärenz des Steuersystems gedeckt, da der Nachteil der Nachversteuerung kohärent mit dem Vorteil Verrechnung der ausländischen negativen Einkünfte in einem früheren Veranlagungszeitraum zusammenhängt.

---

[15] EuGH v. 28. 2. 2008, Rs. C-293/06 *Deutsche Shell*, IStR 2008, 224.
[16] EuGH v. 15. 5. 2008, Rs. C-414/06 *Lidl Belgium*, IStR 2008, 400.
[17] EuGH v. 23. 10. 2008, Rs. C-157/07 *Krankenheim Ruhesitz am Wannsee*, IStR 2008, 769.

3.2.9. EuGH-Urteil vom 22. 1. 2009 in der Rs. C-377/07 *STEKO Industriemontage*[18]

In diesem Urteil hat der EuGH in der bei Auslandsbeteiligungen um ein Jahr vorgezogenen Anwendung einer Regelung (hier § 8b KStG 2000), die die steuerliche Anerkennung von Teilwertabschreibungen versagt, einen Verstoß gegen die Kapitalverkehrsfreiheit des Art. 56 EG konstatiert. Für die Finalität der Verluste aus einer Teilwertabschreibung gilt das unter 3.2.3. Gesagte, d.h. Finalität ist nicht erforderlich, wenn sich doppelte Verlustberücksichtigung auch im Inlandsfall ergibt.

Zugleich hat der EuGH das Vorliegen des Rechtfertigungsgrundes der Wirksamkeit der Steuerkontrolle verneint, wenn sich die der Teilwertabschreibung zugrundeliegende Wertminderung aus dem Börsenkurs ergibt. Der Umstand, ob die Beteiligungen in einen EU- oder einen Drittstaat besteht, war für die Entscheidung des EuGH irrelevant. Letzteres belegt, dass der EuGH bei Art. 56 EG dem Grunde nach keine anderen Maßstäbe anlegt wie bei Art. 43 EG.

4. Ergebnis

Der EuGH-Rechtsprechung lässt sich das Prinzip entnehmen, dass gemeinschaftsrechtlich negative Auslandseinkünfte zu Inlandskonditionen in Deutschland zu berücksichtigen sind, wenn die Gefahr der doppelten steuerwirksamen Nutzung der Verluste im Verlustentstehungsstaat **und** in Deutschland nicht besteht. Dies ist bei definitiven/finalen Verlusten der Fall. Besteht die Gefahr der doppelten Verlustnutzung, so ist eine ungünstigere steuerliche Behandlung des Auslandssachverhalts gegenüber dem Inlandssachverhalt gemeinschaftsrechtlich gerechtfertigt.

III. Räumliche Reichweite der EuGH-Rechsprechung

1. EU- und EWR-Staaten

Die Grundfreiheiten des EG-Vertrages (Arbeitnehmerfreizügigkeit des Art. 39 EG, Niederlassungsfreiheit des Art. 43 EG, Dienstleistungsfreiheit des Art. 49 EG sowie Kapitalverkehrsfreiheit des Art. 56 EG) sind mit denen des EWR-Abkommens (Arbeitnehmerfreizügigkeit des Art. 28

EWR-A, Niederlassungsfreiheit des Art. 31 EWR-A, Dienstleistungsfreiheit des Art. 36 EWR-A sowie Kapitalverkehrsfreiheit des Art. 40 EWR-A) identisch[19]. Da sie daher auch einheitlich ausgelegt werden müssen[20], sind die vom EuGH entwickelten Grundsätze zur grenzüberschreitenden Verlustverrechnung zu Verlusten aus Mitgliedstaaten der Europäischen Union auch auf Verluste aus den Staaten des Europäischen Wirtschaftsraumes (EWR-Staaten sind aktuell Norwegen, Island und Liechtenstein) uneingeschränkt übertragbar[21].

2. Drittstaaten

Dem EuGH-Beschluss vom 6.11.2007 in der Rs. C-415/06 *Stahlwerk Ergste Westig*[22] ist zu entnehmen, dass nationale Regelungen bzw. Beschränkungen, deren Tatbestand die sichere Be-

---

[18] EuGH v. 22. 1. 2009, Rs. C-377/07 *STEKO Industriemontage*, IStR 2009, 133.
[19] EuGH v. 23. 2. 2006, Rs. C-471/04 *Keller Holding*, IStR 2006, 235, Rz. 49.
[20] EuGH v. 23. 9. 2003, Rs. C-452/01 *Ospelt und Schlössle Weissenberg*, Slg. 2003, 9743, Rz. 29.
[21] EuGH v. 23. 10. 2008, Rs. C-157/07 *Krankenheim Ruhesitz am Wannsee*, IStR 2008, 769, Rz. 24.
[22] EuGH v. 6. 11. 2007, Rs. C-415/06 *Stahlwerk Ergste Westig*, IStR 2008, 107.

herrschung der (im Ausland ausgeübten) Aktivität voraussetzt, exklusiv nur am Maßstab der Niederlassungsfreiheit zu prüfen sind.

Da die Regelungen des § 2a Abs. 1 EStG Nr. 1 und 2 EStG bzw. die Art. 7, 23A OECD-MA (ausländische) Betriebstätten voraussetzen, ist die aus diesen Normen folgende Beschränkung von Auslandsengagements ausschließlich am Maßstab des Art. 43 EG zu prüfen. Art. 56 EG wird daher im Verhältnis zu Drittstaaten von dem exklusiv anwendbaren Art. 43 EG verdrängt. Das gilt auch für die rechtsträgerübergreifende Verlustverrechnung mittels Begründung einer Organschaft nach den §§ 14 ff. KStG. Auch insoweit scheidet im Verhältnis zu Drittstaaten die Anwendung des Art. 56 EG aus. Soweit § 2a Abs. 1 Nr. 6a und 6b EStG die Überlassung von Wirtschaftsgütern zum Gegenstand hat, wird in erster Linie die Dienstleistungsfreiheit nach Art. 49 EG beschränkt. Auch insoweit scheidet die Anwendung von Art. 56 EG wegen des exklusiv anwendbaren Art. 49 EG bei Drittstaatenbeziehungen aus[23].

Anwendbar bleibt Art. 56 EG allenfalls auf die Regelungen des § 2a Abs. 1 Nr. 3, 4 und 7 EStG, da diese Vorschriften lediglich die Beteiligung an einer ausländischen Gesellschaft ohne Beteiligungsschwelle (Nr. 3), eine 1 %-Beteiligung (Nr. 4) oder eine mittelbare Verwirklichung der vorstehenden Auslandsaktivitäten (Nr. 7) als Tatbestandsvoraussetzung fordern. Da diese Regelungen aber bereits vor dem Jahr 1994 eingeführt wurden, haben sie zum 31.12.1993 bereits bestanden. Das hat zur Folge, dass bei Mehrheitsbeteiligungen in einen Drittstaat eine Direktinvestition im Sinne von Art. 57 Abs. 1 EG vorliegt. Die Anwendung von Art. 56 EG auf diese Regelungen bleibt daher im Verhältnis zu Drittstaaten auf Minderheitsbeteiligungen beschränkt.

3. Ergebnis

Die grenzüberschreitende Verlustverrechnung ist grundsätzlich auf Verluste aus Mitgliedstaaten der EU oder des EWR beschränkt. Nur wenn im Zusammenhang mit Minderheitsbeteiligungen in Drittstaaten die Verlustverrechnungsverbote des § 2a Abs. 1 Nr. 3, 4 und 7 EStG zur Anwendung gelangen, könnte auch im Verhältnis zu Drittstaaten ein Verstoß gegen Art. 56 EG vorliegen.

IV. Verlustverrechnungsbeschränkungen und Ihre Überwindung

Auch bezüglich der (Überwindung) der Verlustverrechnungsbeschränkungen ist zwischen der rechtsträgerinternen (§ 2a EStG und Art. 23A OECD-MA) und der rechtsträgerübergreifenden bzw. konzerninternen (§§ 14 ff. KStG) Verlustverrechnung zu differenzieren.

1. Das Verlustverrechnungsverbot des § 2a Abs. 1 EStG

Liegen finale negative Auslandseinkünfte bzw. solche negativen Einkünfte, bei denen eine doppelte Verlustnutzung im Aus- und Inland ausscheidet (siehe EuGH-Urteile Rs. C-347/04 *Rewe Zentralfinanz*[24], Rs. C-293/06 *Deutsche Shell*[25] und Rs. C-377/07 *STEKO Industriemontage*) vor, so verstößt § 2a Abs. 1 EStG in der vor dem Jahr 2009 geltenden Fassung entweder gegen die Niederlassungsfreiheit des Art. 43 EG oder Kapitalverkehrsfreiheit des Art. 56 EG. Bei der Regelung des § 2a Abs. 1 EStG ist aber zwischen der mit dem Jahressteuergesetz 2009 eingeführten Beschränkung auf negative Einkünfte mit Bezug zu Drittstaaten (EStG n. F.) und der zuvor geltenden Beschränkung auf negative Einkünfte mit Auslandsbezug (EStG a. F.) zu differenzieren.

---

[23] EuGH v. 3. 10. 2006, Rs. C-452/02 *Fidium Finanz*, IStR 2006, 754.
[24] EuGH v. 29. 3. 2007, Rs. C-347/04 *Rewe Zentralfinanz*, IStR 2007, 291.
[25] EuGH v. 28. 2. 2008, Rs. C-293/06 *Deutsche Shell*, IStR 2008, 224.

1.1. § 2a Abs. 1 EStG a. F. (= vor 2009)

Aus den EuGH-Urteilen *Ritter Coulais*[26] und *Rewe Zentralfinanz*[27] hat der Gesetzgeber zutreffend die Konsequenz gezogen, dass § 2a Abs. 1 EStG in der vor dem Jahr 2009 geltenden Fassung (a. F.) mit den Grundfreiheiten des EG-Vertrages nicht vereinbar ist. Im Vorgriff auf die Gesetzesänderung hat das BMF mit Schreiben vom 30.7.2008[28] die Nichtanwendung von § 2a Abs. 1 und 2 EStG a. F. auf Verluste aus Mitgliedstaaten der EU- sowie des EWR angeordnet.

Dies geschah im Hinblick auf alle – auch in der Vergangenheit erfolgten – noch änderbaren Veranlagungen sowie im Vorgriff auf die mit dem JStG 2009 erfolgte Gesetzesänderung.

1.2. § 2a Abs. 1 EStG n. F. (ab 2009)

Mit dem JStG 2009 wurde der Anwendungsbereich des § 2a EStG auf negative Einkünfte aus Drittstaaten reduziert. Die Beschränkung der Anwendung des § 2a EStG auf Drittstaaten wurde über die Übergangsvorschrift des § 52 Abs. 3 JStG 2009 auch für die Jahre vor 2009 angeordnet. Die gesetzliche Neuregelung soll allerdings nur auf nicht bestandskräftige Veranlagungen zurückwirken.

1.3. Drittstaatencharakter Liechtensteins fraglich?

Nach § 2a Abs. 2a Satz 2 EStG 2009 soll der EWR-Staat Liechtenstein als Drittstaat im Sinne dieser Vorschrift gelten. Begründet wird dies damit, dass im Verhältnis zu Liechtenstein die Amtshilferichtlinie[29] nicht gilt und mangels DBA auch keine Auskunftsklausel besteht. Aus diesem Grund können deutsche Steuerbehörden keine amtlichen Auskünfte aus Liechtenstein erhalten. Deshalb soll Liechtenstein als Drittstaat angesehen werden.

Auch wenn es noch nicht höchstrichterlich geklärt ist, so dürfte diese Einschränkung gegenüber dem EWR-Staat Liechtenstein jedenfalls in den Fällen gegen die jeweils anzuwendende Grundfreiheit das EWR-Abkommens verstoßen, in denen dem Steuerpflichtigen der Nachweis der negativen Einkünfte gelingt. Insoweit greift nämlich auch im Verhältnis zu Liechtenstein der Rechtfertigungsgrund der Wirksamkeit der Steueraufsicht nicht ein. Der EuGH hat nämlich erst jüngst in seinem *STEKO*-Urteil[30] bekräftigt, dass der Rechtfertigungsgrund der Steueraufsicht nicht greift, wenn sich der Verlust aus dem amtlichen Börsenkurs ableiten lässt. In diesen Fällen wäre dann die Behandlung Liechtensteins als Drittstaat ein Vorwand des Gesetzgebers, der vom Gemeinschaftsrecht nicht gedeckt ist.

1.4. Verstoß des § 2a EStG gegen Art. 56 EG gegenüber Drittstaaten.

Für sämtliche Veranlagungszeiträume (unabhängig ob vor oder ab VZ 2009) ist auch ein Verstoß der § 2a Abs. 1 Nr. 3, 4 und 7 EStG gegen Art. 56 EG im Verhältnis zu Drittstaaten denkbar. Es darf allerdings im konkreten Fall keine Direktinvestition (= Mehrheitsbeteiligung) im Sinne von Art. 57 Abs. 1 EG vorliegen und auch der Rechtfertigungsgrund der Wirksamkeit der Steueraufsicht muss – trotz fehlender Amtshilfemöglichkeit – ausscheiden (siehe 1.3.). Soweit diese Vor-

---

[26] EuGH v. 21. 2. 2006, Rs. C-152/03 *Ritter Coulais*, IStR 2006, 196.

[27] EuGH v. 29. 3. 2007, Rs. C-347/04 *Rewe Zentralfinanz*, IStR 2007, 291.

[28] BMF v. 30. 7. 2008, IV B 5 - S 2118-a/07/10014, IStR 2008, 744.

[29] Richtlinie 77/799/EWG des Rates vom 19. 12. 1977 über die gegenseitige Amtshilfe zwischen den zuständigen Behörden der Mitgliedstaaten im Bereich der direkten Steuern und der Mehrwertsteuer (ABl.EG Nr. L 336, S. 15).

[30] Vgl. EuGH v. 22. 1. 2009, Rs. C-377/07 *STEKO- Industriemontage*, IStR 2009, 133, Rz. 55 zum Verlustnachweis mittels amtlichen Börsenkurses.

aussetzungen vorliegen liegt ein Verstoß gegen Art. 56 EG vor, der auch durch das JStG 2009 nicht beseitigt worden ist.

2. Das Symmetrieprinzip des Art. 23A OECD-MA

Das in der Praxis bedeutendste Verlustverrechnungsverbot ergibt sich aus der Freistellungsmethode nach Art. 23A OECD-MA.

2.1. Die Anschlussentscheidung des BFH in der Rechtssache *Lidl*

So bekräftigt der BFH in seinem Anschlussurteil zum EuGH-Urteil vom 15. 5. 2008 in der Rs. C-414/06 *Lidl Belgium*[31] die Vereinbarkeit des Symmetrieprinzips mit dem Gemeinschaftsrecht. In den Leitsätzen der Entscheidung stellt er fest[32], dass Verluste einer ausländische Betriebsstätte in einem DBA-Staat, mit dem die Freistellungsmethode vereinbart ist (Art. 7, 23A OECD-MA), nach Streichung des § 2a Abs. 3 EStG 1997 a. F. mit Wirkung ab dem Jahr 1999 nicht abzugsfähig sind, da sie – wie entsprechende Gewinne – von der inländischen Besteuerungsgrundlage ausgenommen sind (Bestätigung der Symmetriethese). Ein phasengleicher Verlustabzug kommt aber abweichend davon ausnahmsweise in Betracht, sofern und soweit der Steuerpflichtige nachweist, dass die Verluste im Quellenstaat steuerlich unter keinen Umständen anderweitig verwertbar sind. Augenblicklich unstrittig ist bezüglich dieses Themas allenfalls, dass die Betriebstättenverluste nach deutschem und nicht nach ausländischem Recht zu ermitteln sind.

Obwohl es sich in der Rechtssache *Marks & Spencer* um die rechtsträgerübergreifende grenzüberschreitende Verlustverrechnung gehandelt hat, sollen die dort vom EuGH entwickelten Grundsätze auch auf die rechtsträgerinterne grenzüberschreitende Verlustverrechnung übertragen werden. Die "symmetrische" Freistellung sowohl von Auslandsgewinnen als auch von Auslandsverlusten nach Abkommensrecht ("Symmetriethese") wird demnach nur für den Fall der Finalität der Verluste aufgehoben[33]. In der Praxis stellt sich nun die Frage, wann ein Verlust final ist und wie finale Verluste verfahrensrechtlich zu berücksichtigen sind.

2.2. Anforderungen an die Verlustfinalität im Sinne der BFH-Rechtsprechung

2.2.1. Finalitätsbegriff schafft erhebliche Rechtsunsicherheit

Die Finalität der Verluste soll vorliegen, wenn die Aufgabe der Betriebsstätte erfolgt und zugleich die Absicht fehlt, die Betriebsstättenaktivitäten in absehbarer Zeit wieder aufzunehmen[34]. Zu bedenken ist dabei, dass der Steuerpflichtige bei der rechtsträgerinternen Verlustverrechnung fortexistiert und mit der Wiederaufnahme seiner Aktivitäten die Verlustfinalität zu beseitigen vermag. Das ist ein gewichtiger Unterschied gegenüber der rechtsträgerübergreifenden bzw. konzerninternen Verlustverrechnung, wie sie alleine vom EuGH in der Rechtssache *Marks & Spencer*[35] zu beurteilen war, da erst mit der Liquidierung der verlustträchtigen Gesellschaft die Verluste unumkehrbar final werden. Demnach könnte alleine durch die Aufgabe einer Betriebsstätte ein Verlust nicht final werden, solange der Steuerpflichtige fortexistiert und irgendwann in der Zukunft die Betriebsstättenaktivitäten wieder aufnimmt.

Auch die sehr unbestimmte Voraussetzung, dass zur tatsächlichen Aufgabe der Betriebsstätte flankierend die Absicht hinzukommen muss, die Aktivitäten in absehbarer Zeit im Betriebstät-

---

[31] EuGH v. 15. 5. 2008, Rs. C-414/06 *Lidl Belgium*, IStR 2008, 400.
[32] BFH v. 17. 7. 2008, I R 84/04, BFH/NV 2008, 1940.
[33] *Gosch*, BFH/PR 2008, 302.
[34] *Gosch*, BFH/PR 2008, 490 unter 3.
[35] EuGH v. 12. 12. 2005, Rs. C-446/03 *Marks & Spencer*, IStR 2006, 19.

tenstaat nicht mehr aufzunehmen, beantwortet die Frage nach der Finalität nicht, sondern verlagert das Problem auf den sehr unbestimmten Rechtsbegriff der „absehbaren Zeit". Hier stellt sich dann die Frage, ob mit der unbestimmter Zeit nur der Verlustveranlagungszeitraum oder eine unbestimmte längere Phase gemeint ist. Zudem führt das Abstellen auf die Absicht und damit einen subjektiven Umstand zu weiterer erheblicher Rechtsunsicherheit für alle Beteiligten.

Selbst wenn man aber all diese Fragen beantworten könnte, so bleibt offen, ob nur die konkreten Betriebstätteraktivitäten nicht mehr aufgenommen werden dürfen, um die Verlustfinalität zu erhalten, oder ob generell im Betriebstättenstaat auch andere (Betriebstätten-) Aktivitäten, mit denen im Gewinnfall der Betriebstättenverlust verrechnet werden könnte auf unbestimmte Zeit unterbleiben müssen. Selbst wenn die Betriebstättenaktivitäten endgültig eingestellt werden und nach Ab auf einer unbestimmten Zeit anstelle der Betriebstätte eine Tochtergesellschaft im Betriebstättenstaat die Betriebstätten- oder andere Aktivitäten ausübt, könnte die Finanzverwaltung eine steuermotivierte „künstliche" Gestaltung des Stammhauses zwecks Herstellung der Finalität der Verluste und ihrer Berücksichtigung im Stammhausstaat unterstellen und damit die Verrechnung der Verluste im Inland verweigern.

2.2.2. Veranlagungszeitraumbezogener Finalitätsbegriff

Den von der EuGH-Rechtsprechung herausgearbeiteten Vorgaben des Gemeinschaftsrechts an die Berücksichtigung von (finalen) Auslandsbetriebstättenverlusten im Stammhausstaat kann nur durch eine einschränkende Auslegung des Erfordernisses der nicht absehbaren Zeit entsprochen werden. Die Finalität der Verluste ist demnach anzunehmen, wenn der Steuerpflichtige die Betriebstätte aufgibt und im Zeitpunkt der Aufgabe für einen Außenstehenden keine Anhaltspunkte bestehen, dass die Betriebstättenaktivitäten in einem Folgeveranlagungszeitraum wieder aufgenommen werden. Die Aufgabe der Betriebstätte in einem Veranlagungszeitraum muss demnach von der erkennbaren Absicht flankiert werden, die Betriebstättenaktivitäten nicht mehr aufzunehmen. Gibt etwa ein Steuerpflichtiger im Januar des Veranlagungszeitraumes 01 die Betriebstättenaktivitäten auf, stellt aber im November des Veranlagungszeitraums 02 fest, dass sich Aktivitäten im Betriebstättenstaat lohnen und nimmt der daher im Dezember 02 die Betriebstättenaktivitäten wieder auf, so wird man die Finalität der in 01 erlittenen Betriebstättenverluste annehmen müssen. Nur das Abstellen auf den jeweiligen Veranlagungszeitraum entspricht zusammen mit einer entsprechend dokumentierten Aufgabeabsicht den gemeinschaftsrechtlichen Anspruch auf die grenzüberschreitende Berücksichtigung finaler (Betriebstätten-) Verluste.

2.3. Verlustfinalität durch restriktive Verlustnutzungsregeln im Betriebstättenstaat?

Auch die fehlende rechtliche Möglichkeit der Verlustnutzung im Quellenstaat begründet die Verlustfinalität[36][37]. Hier wird man aber von der Finanzverwaltung mit der Aussage konfrontiert, dass es sich dabei um ein Risiko handelt, welches in (je-) der Auslandsaktivität als solcher begründet ist. Der Steuerpflichtige muss demnach vor Aufnahme seines Auslandsengagements dieses Risiko bedenken und in seiner Chancen-Risiko-Abwägung einbeziehen. Würden fehlende rechtliche Verlustverrechnungsmöglichkeiten im Betriebstättenstaat zur Finalität der Verlust

---

[36] *Gosch*, BFH/PR 2008 302 unter 3, Spiegelstrich 4.

[37] Nach Ansicht des BMF m Nichtanwendungserlass vom 13. 7. 2009 (IV B 5 – S 2118-a/07/10004) ist die Finalität auch dann ausgeschlossen, wenn die Verluste aus tatsächlichen Gründen (beispielsweise wegen verrechnungsfähiger positiver Einkünfte im Betriebstättenstaat) nicht genutzt werden konnten; IStR 2009, 661.

führen, so könnte der Betriebstätten-Mitgliedstaat durch restriktive Verlustnutzungsregelungen den Verlustexport in den Stammhausstaat bewirken und damit einseitig das Besteuerungsrecht des Stammhausstaates beeinträchtigen. Gewinne würden dann asymmetrisch vom Betriebstättenstaat besteuert, während Verluste in den Stammhausstaat allokiert würden. Hier ist danach zu differenzieren, ob die restriktiven Verlustnutzungsmöglichkeiten im Betriebstättenstaat für alle oder nur für Ausländer gelten und damit diskriminierend wirken.

2.3.1. Finalität durch diskriminierende Betriebstättenstaatsregelungen

Sollte Letzteres der Fall sein, so muss der Steuerpflichtige sich gegenüber dem Betriebstättenstaat gegen diese Diskriminierung wehren[38][39] und die Verlustfinalität verhindern. Da restriktive Verlustnutzungsregelungen für Betriebstätten regelmäßig nur Ausländer betreffen, dürfte ein Großteil der praktischen Fälle unter diese Kategorie fallen. Diskriminierende Verlustnutzungsregelungen des Betriebstättenstaats zwingen folglich den Stammhausstaat nicht zur Verlustberücksichtigung.

2.3.2. Finalität durch diskriminierungsfreie Betriebstättenstaatsregelungen

Es ist aber – zumindest theoretisch – auch denkbar, dass das steuerliche Umfeld und damit die Verlustnutzungsmöglichkeiten im Betriebstättenstaat generell für alle (beschränkt- und unbeschränkt) Steuerpflichtigen gleich (un-) attraktiv und damit diskriminierungsfrei sind. Dann wird man mit der Ansicht konfrontiert, dass ein Steuerpflichtiger vom Stammhausstaat nicht erwarten kann, dass Letzterer die restriktiven Verlustnutzungsmöglichkeiten im Betriebstättenstaat kompensiert.

Diese Argumentation vermag auf den ersten Blick zu überzeugen, ist hingegen bei näherer Betrachtung nicht stichhaltig, da nach der Rechtsprechung des EuGH die Grundfreiheiten des EG-Vertrages zumindest die einmalige Verlustberücksichtigung gebieten. Dass das Gemeinschaftsrecht die doppelte Verlustberücksichtigung nicht gebietet, leuchtet ein, da grenzüberschreitende Aktivitäten im Binnenmarkt nicht ungünstiger als reine Inlandsaktivitäten behandelt werden sollen. Auch die Nichtberücksichtigung von Verlusten ist demnach gemeinschaftsrechtswidrig, da sich Verluste – wie im reinen Inlandsfall – zumindest einmal steuerlich auswirken müssen, wobei die Verlustberücksichtigung in erster Linie durch den Quellenstaat zu erfolgen hat.

Schließlich muss man auch bedenken, dass die eingeschränkte Berücksichtigung von Betriebstättenverlusten beim Stammhaus das Ergebnis der Aufteilung der Besteuerungsbefugnisse zwischen den beiden Vertragsstaaten im Rahmen eines DBA und damit des Symmetrieprinzips ist, weil die Vertragsstaaten eine Freistellung der Betriebstätteneinkünfte nach Maßgabe der Art. 7 i. V. m. Art. 23A OECD-MA vereinbart haben. Das Symmetrieprinzip vermag zwar die phasengleiche Berücksichtigung nicht definitiver Betriebstättenverluste, wie sie nach Maßgabe des § 2a Abs. 3 EStG a. F. für Zeiträume vor 1999 möglich war, hindern, nicht aber die Berücksichtigung definitiver Verluste. Insbesondere wegen der Funktion der Doppelbesteuerungsabkommen, nämlich die doppelte Besteuerung der Betriebstättenaktivitäten zu verhindern, kann nicht zu einer Differenzierung danach führen, ob sich die Nichtberücksichtigung der Verluste aus tatsächlichen oder rechtlichen, aus der Sphäre des Betriebstättenstaates stammenden Gründen, ergibt.

---

[38] EuGH v. 23. 10. 2008, Rs. C-157/07 *Krankenheim Ruhesitz am Wannsee*, IStR 2008, 769, Rz. 49 - 52.
[39] *Rehm/Nagler*, IStR 2007, 7, 13.

Würden nämlich die Betriebstättenaktivitäten in einem Nicht-DBA-Staat ausgeübt, so würden die Verluste – unabhängig von ihrer Berücksichtigung im Betriebstättenstaat – im Stammhausstaat berücksichtigt. Es wäre dann aber völlig wertungswidersprüchlich, wenn eine DBA-Freistellung die doppelte Nichtberücksichtigung von Betriebstättenverlusten zur Folge hätte, während ohne DBA eine solche im Stammhausstaat erfolgen würde[40].

2.4. Verfahrensrechtliche Behandlung finaler Verluste

Selbst wenn der Nachweis der Verlustfinalität gelingt, so besteht weitere Ungewissheit darüber, ob die Finalität der Verluste die phasengleiche Verlustverrechnung mit Rückwirkung zur Folge hat oder lediglich zur nachträglichen Verlustberücksichtigung in dem Veranlagungszeitraum, in dem die Verlustfinalität eingetreten ist, führt. In seinem Anschlussurteil zur Rechtssache *Lidl* hat der BFH diese Frage, auch wenn die Leitsätze dies nahelegen mögen, nicht abschließend beantwortet[41]. Er hat nämlich das Verfahren an das FG zurückverwiesen, damit dieses als Tatsacheninstanz feststellen kann, ob überhaupt und wenn ja wann die die Verlustfinalität eingetreten ist. Denn nur wenn das FG zu dem nicht zu erwartenden Ergebnis käme, dass die Verluste im Streitjahr 1999 final geworden seien, müsste es nach Maßgabe des zurückverweisenden BFH-Beschlusses entscheiden.

Auf die Frage, für welchen Veranlagungszeitraum ein definitiver Verlust zu berücksichtigen ist, sind aktuell zwei Antworten möglich:

Verlustberücksichtigung im Jahr des Finalitätseintritts

Für die Verlustberücksichtigung in dem Jahr, in dem sich die Finalität der Verluste herausstellt (Finalitätsjahr) spricht die leichtere Handhabbarkeit dieser Regelung. In diesem Fall müssten die Altverluste nicht – oftmals Jahre zurück – eruiert werden. Zudem wären die Verluste bis zum Zeitpunkt des Eintritts der Finalität auch im Quellenstaat nicht früher abzugsfähig gewesen.

Phasengleiche Verlustberücksichtigung mit Rückwirkung

Für die phasengleiche Verlustberücksichtigung spricht, dass die Grundfreiheiten des EG-Vertrages den Anspruch auf Inländerbehandlung einräumen. Inländische Verluste sind im Verlustjahr und damit phasengleich mit inländischen Gewinnen verrechenbar. Die möglicherweise notwendige Überwindung der Bestandskraft der Veranlagungen im jeweiligen Verlustjahr könnte über die Annahme der Verlustfinalität als rückwirkendes Ereignis im Sinne des § 175 Abs. 1 Satz 1 Nr. 2 AO[42] bewirkt werden[43]. In diesem Fall müsste der Steuerpflichtige nicht vorsorglich den Eintritt der Bestandskraft von Veranlagungen im Hinblick auf eine potentielle Verlustfinalität von Auslandsverlusten auf unbestimmte Zeit verhindern.

Nach anderer Ansicht hat der BFH sich in seinem Anschlussurteil zu *Lidl*[44] zu dieser Frage aber nicht geäußert[45]. Zudem existiert für Auslandsverluste nach gegenwärtiger Regelungslage keine Verlustfeststellung entsprechend § 10d Abs. 4 EStG, sodass die Feststellung erstmals im Finalitätsjahr zu treffen wäre. Wenn man die Finalität der Verluste als rückwirkendes Ereignis ansieht, so vermeidet man auch einen unerwünschten „double dip" des Steuerpflichtigen. Das könnte

---

[40] EuGH v. 23. 10. 2008, Rs. C-157/07 *Krankenheim Ruhesitz am Wannsee*, IStR 2008, 769, Rz. 49 - 52.

[41] *Gosch*, BFH/PR 2008, 490 unter 3. Spiegelstrich 3.

[42] *Buciek*, IStR 2008, 705, diesem folgend FG Hamburg v. 18. 11. 2009, 6 K 147/08, IStR 2010, 109.

[43] Im Nichtanwendungserlass vom 13. 7. 2009 (IV B 5 – S 2118-a/07/10004), lehnt das BMF die Phasengleichheit ab; IStR 2009, 661.

[44] BFH v. 17. 7. 2008, I R 84/04, BFH/NV 2008, 1940.

[45] *Gosch*, BFH/PR 2008, 490 unter 3. Spiegelstrich 3.

nämlich der Fall sein, wenn der Steuerpflichtige im Finalitätsjahr den Verlustabzug erhält und der ebenfalls gewährte negative Progressionsvorbehalt im Verlustentstehungsjahr (§ 32b Abs. 1 Nr. 3 EStG) wegen der Bestandskraft dieser Veranlagung nicht entzogen werden kann.

Schließlich führt die phasengleiche Verlustverrechnung auch dazu, dass der Liquiditätsnachteil, der sich aus der bis zum Zeitpunkt der Finalität verweigerten Verlustberücksichtigung ergibt, durch Zinsvorteile (Erstattungszinsen), die sich bei der rückwirkenden Änderung aus § 233a AO (Erstattungszinsen) ergeben, teilweise ausgeglichen wird. Nicht zu vernachlässigen ist auch, dass sich bei der phasengleichen Verlustberücksichtigung in den Folgejahren vorgenommene Steuersatzränderungen im Falle einer Erhöhung der Steuersätze für den Steuerpflichtigen nicht nachteilig auswirken.

2.5. Gesetzgeber gefordert

Die Grundfreiheiten des EG-Vertrages fordern nicht die Möglichkeit der doppelten Verlustnutzung. Sie gebieten auch nicht die Berücksichtigung vorübergehender Verluste mit der Option der späteren Nachversteuerung. Sie fordern allenfalls die Berücksichtigung finaler Auslandsverluste, vorausgesetzt, derartige Verluste hätten sich auch dann ausgewirkt, wenn sie im Inland entstanden wären. Völlig ungeklärt ist im Augenblick aber die Frage, unter welchen Voraussetzungen die Verluste final sind und ob sie phasengleich und damit bei der Abweichung des Finalitätsjahres vom Verlustjahr auch mit Rückwirkung oder nur im Finalitätsjahr zu berücksichtigen sind. Die für die Steuerpflichtigen notwendige Klarheit kann hier nur der Gesetzgeber schaffen[46]. Bis zu einer solchen gesetzgeberischen Regelung sollte aber der Eintritt der Bestandskraft von Steuerveranlagungen in den Jahren verhindert werden, in denen Betriebstättenverluste entstanden sind, da man nicht darauf vertrauen kann, dass der Gesetzgeber die Lösung einer phasengleiche Verlustberücksichtigung wählt und die Finalität der Verluste als rückwirkendes Ereignis nach § 175 Abs. 1 Satz 1 Nr. 2 AO einstuft.

Der Gesetzgeber sollte allerdings darauf achten, dass die Regelung der grenzüberschreitenden Verlustnutzung europarechtsfest ist. Die Anforderungen hierfür lassen sich aus der Rechtsprechung des BFH zu § 2a Abs. 3 EStG in der vor 1999 geltenden Fassung entnehmen. Wenn der Gesetzgeber nämlich, was er vor 1999 ohne europarechtliche Verpflichtung getan hat, die grenzüberschreitende Verlustnutzung ermöglicht, dann hat er dies europarechtskonform umsetzen[47]. Er darf die freiwillige grenzüberschreitende Verlustnutzung nicht auf bestimmte negative (aktive) Einkünfte beschränken und bei solchen (passiven) im Zusammenhang mit Fremdenverkehrsleistungen verweigern. Eine solche Einkunftsdifferenzierung in gute (verrechnungswürdige) und schlechte (verrechnungsunwürdige) verstößt gegen das (ebenfalls aus Art. 43 EG abgeleitete) gemeinschaftsrechtliche Konsistenzgebot. Dies hat das BMF im Hinblick auf § 2a Abs. 3 EStG in der vor 1999 geltenden Fassung verkannt und die Nichtanwendung dieser Entscheidung angeordnet[48]. Es wird daher empfohlen, sich gegen die Nichtanwendung von BFH I R 85/06 v. 29. 1. 2008[49] zur Wehr zu setzen[50].

---

[46] Gosch, BFH/PR 2008, 490 unter 3. Spiegelstrich 3.
[47] Gosch, BFH/PR 2008, 298 unter 5.
[48] BMF mit Schreiben vom 4.8.2008, IV B 5 – S 2118 – a/07/10012, BStBl I 2008, 837.
[49] BFH v. 29. 1. 2008, I R 85/06, BStBl II 2008, 671.
[50] Gosch, BFH/PR 2008, 490 unter 4.

Rehm

2.5.3. Progressionsvorbehalt für natürliche Personen und Personengesellschaften

Natürliche Personen sowie Personengesellschaften haben trotz des ab 1999 uneingeschränkt geltenden Symmetrieprinzips den Vorteil, dass die freigestellten ausländischen Betriebsstättenverluste im Rahmen des (negativen) Progressionsvorbehalts Berücksichtigung finden (§ 32b Abs. 1 Nr. 3 EStG). Auch § 2a Abs. 1 Nr. 2 und Abs. 2 EStG steht dem für Zeiträume vor 2009 nicht entgegen, da die Differenzierung zwischen passiven und aktiven Einkünften sowohl im Hinblick auf die Berücksichtigung der negativen Einkünfte als auch den negativen Progressionsvorbehalt gegen Art. 43 EG verstößt.

3. Die Organschaft nach §§ 14 ff. KStG

3.1. Inlandsbeschränkung der Organschaft verstößt grundsätzlich nicht gegen Art 43 EG

Das Recht der Bundesrepublik Deutschland kennt die rechtsträgerübergreifende Verlustverrechnung als solche nicht, sondern allenfalls eine Einkommenszurechnung unter den Voraussetzungen der Organschaft (§§ 14 ff. KStG). Die wirksame Begründung einer grenzüberschreitenden Organschaft ist nach der augenblicklichen deutschen Regelungslage nicht möglich. Denn sowohl die Organgesellschaft (§ 14 Abs. 1 Satz 1 KStG), als auch der Organträger (§ 14 Abs. 1 Nr. 2 KStG) müssen im Inland unbeschränkt steuerpflichtig sein. Auch bei einem ausländischen Organträger kann nach Maßgabe des § 18 KStG eine Einkommenszurechnung nur bezüglich der beschränkt steuerpflichtigen inländischen Einkünfte erfolgen. Da es hier ausschließlich um die Berücksichtigung ausländischer Verluste in Deutschland geht, erfolgt nachfolgend nur eine Prüfung der Frage, ob Verluste einer ausländischen (Organ-) Gesellschaft im Inland bei der (Organträgerin) berücksichtigungsfähig sind.

Nach den EuGH-Urteilen vom 13. 12. 2005 in der Rs. C-446/03 *Marks & Spencer*[51] sowie vom 18. 7. 2007 in der Rs. C-231/05 *Oy AA*[52] liegt in der nur inländischen Körperschaften eröffneten Möglichkeit der Organschaft eine Beschränkung der Niederlassungsfreiheit des Art. 43 EG. Diese Beschränkung ist aber durch die Rechtfertigungsgründe der Vermeidung der doppelten Verlustnutzung, der Verhinderung der Steuerflucht sowie der Aufteilung der Besteuerungsbefugnisse grundsätzlich gerechtfertigt. Ein Verstoß gegen Art. 43 EG scheidet demnach aus.

3.2. Ausnahme bei definitiven Verlusten

Überträgt man die EuGH-Entscheidung in der Rs. C-446/03 *Marks & Spencer* auf die deutsche Organschaft, so wird man aber zu dem Ergebnis gelangen, dass eine Berücksichtigung von Verlusten geboten sein muss, wenn es sich um definitive Auslandsverluste handelt. Definitive Verluste dürften – in Anlehnung an die Rechtssache *Marks &Spencer* – unstrittig vorliegen, wenn die ausländische Gesellschaft ihre Geschäftstätigkeit endgültig eingestellt hat und liquidiert wird.

Bei einer deutschen Organschaft müssen aber sämtliche Voraussetzungen der §§ 14 ff. KStG erfüllt sein, damit die Verluste der Organgesellschaft im Wege der Ergebnisabführung phasengleich beim Organträger steuerliche Berücksichtigung finden. Das unterscheidet und erschwert auch den Verlusttransfer mittels grenzüberschreitender Organschaft gegenüber dem britischen group-relief erheblich. Es kommt nämlich nicht nur darauf an, dass der Verlust – jedes Jahr neu - einem anderen Unternehmen der Unternehmensgruppe mit steuerlicher Wirkung zugerechnet werden kann.

---

[51] EuGH v. 12. 12. 2005, Rs. C-446/03 *Marks & Spencer*, IStR 2006, 19.
[52] EuGH v. 18. 7. 2007, Rs. C-231/05 A, IStR 2007, 631.

3.3. Die rechtsträgerübergreifenden Verlustverrechnung in zwei Musterverfahren

Die bisher nicht vorhandene Klarheit zur rechtsträgerübergreifenden bzw. konzerninternen Verrechnung von Auslandsverlusten könnten zwei in Deutschland anhängige Verfahren vor dem Hintergrund der *Marks & Spencer*-Entscheidung ergeben. So soll unter dem Aktenzeichen 1 K 2406/07 beim Finanzgericht Rheinland-Pfalz ein derartiges Verfahren anhängig sein. Ein weiteres Verfahren ist unter der Bezeichnung AWD-Holding seit November 2008 unter dem Aktenzeichen 6 K 406/08 beim Niedersächsischen Finanzgericht anhängig[53].

3.4. Das Musterverfahren AWD

Als Obergesellschaft eines internationalen Finanzdienstleistungskonzerns hielt die AWD-Holding zwei italienische Tochtergesellschaften, die seit ihrer Gründung 2002 fortlaufend Verluste erlitten haben. Wegen der italienischen Eigenkapitalanforderungen mussten diese Verluste von der Obergesellschaft jährlich ausgeglichen werden. Im Herbst 2006 erfolgte schließlich die Einstellung der Geschäftstätigkeit und die Liquidierung der Gesellschaften wurde eingeleitet. Wäre die Begründung einer (grenzüberschreitenden) Organschaft möglich gewesen, so wäre dies erfolgt, da die Anlaufverluste geschäftstypisch zu erwarten waren.

Die Begründung einer Organschaft scheiterte aber daran, dass es an dem nach § 14 KStG von der Organgesellschaft geforderten doppelten Inlandsbezug der Tochtergesellschaften gemangelt hat und das italienischem Gesellschaftsrecht ein Gewinnabführungsvertrag auf gesellschaftsrechtlicher Grundlage nach Maßgabe des § 291 Abs. 1 AktG (§ 14 Abs. 1 Satz 1 KStG) nicht kennt[54]. Im Jahr 2007 beantragte die AWD-Holding die Berücksichtigung der übernommenen Verluste bei ihrem Finanzamt. Sie hielt das Tatbestandsmerkmal „Finalität der Verluste" durch Einstellung der wirtschaftlichen Tätigkeit für erfüllt[55], da es insoweit nicht auf Formalkriterien wie die Liquidation der Gesellschaft ankomme[56]. Ein weiterer Grund für die Finalität der Verluste wurde in der Beschränkung des Verlustvortrags nach italienischem Recht auf fünf Jahre gesehen[57]. Da das Finanzamt die Verlustberücksichtigung verweigerte, erhob AWD-Holding Klage gegen die ablehnenden Bescheide.

3.5. Doppelter Inlandsbezug der Organgesellschaft und Gewinnabführungsvertrag

Im Musterverfahren AWD sind exakt die beiden Tatbestandsmerkmale strittig, die wohl gegen Gemeinschaftsrecht verstoßen und bisher einer grenzüberschreitenden rechtsträgerübergreifenden Verlustverrechnung im Wege stehen, nämlich das Erfordernis eines Gewinnabführungsvertrages und der doppelte Inlandsbezug bei der Organgesellschaft.

Der von der Organgesellschaft geforderte „doppelte Inlandsbezug" des § 14 Abs. 1 Satz 1 KStG stellt eine (ausschließlich) an die Ansässigkeit knüpfende Tatbestandsvoraussetzung und damit einen Verstoß gegen die Niederlassungsfreiheit des Art. 43 EG dar. Denn ohne Rechtfertigung wird damit die grenzüberschreitende Berücksichtigung finaler Verluste ausgeschlossen und die konzerninterne Verlustverrechnung zu einem Inlandsprivileg. Das gilt nach ganz herrschender Meinung auch für das Erfordernis eines Gewinnabführungsvertrags[58], da ein Gewinnabfüh-

---

[53] Information basiert auf Hinweis durch *Homburg*, IStR 2009, 350, 352.
[54] *Homburg*, IStR 2009, 350, 351.
[55] *Herzig/Wagner*, DStR 2006, 8; *Dörfler/Ribbrock*, BB 2008, 1326.
[56] *Homburg*, IStR 2009, 350 Fn. 6.
[57] *Homburg*, IStR 2009, 250, 251.
[58] *Scheunemann*, IStR 2006, 146 f.; *Hey*, GmbHR 2006, 117; *Herzig/Wagner*, DStR 2006, 9; *Sedemund/Sterner*, DStZ 2006, 33 f.; *Pache/Englert*, IStR 2007, 849; *Kußmaul/Niehren*, IStR 2008, 86.

rungsvertrag für die konzerninterne Verlustverrechnung nicht erforderlich ist. Insbesondere die Praxis der übrigen EU-Mitgliedstaaten, die – im Gegensatz zur Bundesrepublik Deutschland – auf dieses Erfordernis verzichten, belegt dies.

Entscheidend für die Berücksichtigung der Auslandsverluste ist alleine die tatsächliche wirtschaftliche Belastung der Muttergesellschaft, da diese sich auch im Inlandsfall in der Verlustübernahme niederschlägt. Erfolgt etwa im Inlandsfall die Verlustübernahme nicht, so fehlt es am Vollzug der Organschaft mit der Konsequenz, dass eine Einkommenszurechnung an den Organträger nicht erfolgt. Ohne eine Belastung der Muttergesellschaft als Folge des Verlustausgleichs scheidet daher auch im Fall der Finalität der Verluste der Tochtergesellschaft eine Verlustberücksichtigung bei der Mutter aus. Denn ohne Übernahme der Verluste fehlt es an der am Inlandsfall orientierten Parallele zum Verlust übernehmenden Organträger.

3.6. Finalität der Verluste

Bezüglich der Finalität der Verluste muss man sich zunächst vor Augen halten, dass nur Ausländer betreffende und damit diskriminierende Verlustnutzungsregelungen im Staat der Verlustgesellschaft nur denkbar sind, wenn es für Gesellschaften mit ausländischen Anteilseignern ungünstigere Verlustnutzungsregelungen gibt, als für solche mit inländischen Anteilseignern. Da eine Gesellschaft als eigenständiges Steuersubjekt aber regelmäßig im Sitzstaat unbeschränkt steuerpflichtig ist und eine Differenzierung nach der Ansässigkeit der Anteilseigner nicht erfolgt, gelten auch für diese Gesellschaften die allgemeinen Verlustnutzungsregelungen ihres Sitzstaates. Verlustfinalität kann demnach nur durch restriktive Verlustnutzungsregelungen im Staat der Verlustgesellschaft, die den interperiodischen Verlustausgleich beschränken, herbeigeführt werden. Es handelt sich bei solchen Regelungen um ein rechtliches Verlustnutzungshindernis aus der Sphäre des Staats der Organgesellschaft, das ebenfalls zur Verlustfinalität im Sinne des Gemeinschaftsrechts führen soll[59].

In diesem Zusammenhang muss aber berücksichtigt werden, dass es sich bei restriktiven Regelungen des interperiodischen Verlustausgleiches um genau jenes Problem handelt, welches im Inlandsfall bei Begründung einer Organschaft wegen des phasengleichen konzerninternen bzw. rechtsträgerübergreifenden Verlusttransfers auf den Organträger nicht besteht. Verlustfinalität und damit die Möglichkeit des Verlusttransfers in den Staat des Organträgers werden demnach – unter der Voraussetzung der Einstellung der Aktivitäten der Organgesellschaft – auch durch restriktive Verlustverrechnungsmöglichkeiten des Staates der Organgesellschaft (regelmäßig in Gestalt der Beschränkung des interperiodischen Verlustausgleichs) begründet.

Zwar lässt sich hiergegen einwenden, dass für Alle geltende Verlustnutzungsregelungen im Staat der Verlustgesellschaft ein (unattraktives) restriktives Verlustnutzungsregime darstellen, das (auch) ausländische Steuerpflichtige vor Aufnahme ihrer Aktivitäten einkalkulieren müssen. Dem ist jedoch entgegenzusetzen, dass ausschließlich in einem Staat aktive Steuerpflichtige regelmäßig durch entsprechende Strukturierung ihrer Engagements im Ergebnis in den Genuss einer „konsolidierten" Besteuerung nach Maßgabe ihrer Leistungsfähigkeit gelangen. Es wäre demnach ein gravierendes Hindernis für grenzüberschreitende Aktivitäten, wenn man in mehr als einem Staat aktiven Steuerpflichtigen die grenzüberschreitende Verlustverrechnung mit dem Hinweis verweigern würde, dass es sich bei den restriktiven ausländischen Möglichkeiten des interperiodischen Verlustausgleichs um ein Risiko handele, das sich aus der Auslandsaktivität ergibt und gemeinschaftsrechtlich nicht durch den Organträgerstaat kompensiert werden

---

[59] A. A.: *Homburg*, IStR 2009, 350, 351.

müsse. Denn dann würden sich diese Verluste nirgendwo auswirken, was nach dem EuGH-Urteil Marks & Spencer dem Gemeinschaftsrecht widerspricht.

3.7. Verlustberücksichtigung über den Anwendungsvorrang des Art. 43 EG

Liegen – abgesehen vom doppelten Inlandsbezug der verlustträchtigen Tochtergesellschaft sowie dem Gewinnabführungsvertrag – die Voraussetzungen für eine Organschaft vor, so sind finale Verluste nach Maßgabe des Art. 43 EG zu Inlandskonditionen phasengleich bei der Muttergesellschaft zu berücksichtigen. Nur das Erfordernis des doppelten Inlandsbezugs sowie eines Gewinnabführungsvertrages wird wegen Verstoßes gegen Art. 43 EG von dessen Anwendungsvorrang verdrängt.

3.8. Hohe Hürden für rechtsträgerübergreifende Verlustverrechnung

Alleine der Umstand, dass eine ausländische (Organ-) Gesellschaft nicht jedes Jahr ihren ganzen Gewinn an die inländische Muttergesellschaft „abgeführt" hat (z. B. durch Vollausschüttung) bzw. die Muttergesellschaft im Verlustfall den Verlust voll ausgeglichen hat (= faktische Ergebniszuweisung), dürfte in einer grenzüberschreitenden Mutter-Tochter-Beziehung die Zurechnung von Verlusten der Tochter an die Mutter ausscheiden lassen. Denn auch für die grenzüberschreitende Verlustberücksichtigung nach Maßgabe des Art. 43 EG ist ein rechtsträgerübergreifender (= konzerninterner) Verlusttransfer nur geboten, wenn – abgesehen von der Auslandsansässigkeit eines Beteiligten – die im Inlandsfall geforderten übrigen Voraussetzungen des §§ 14 KStG ff. erfüllt wurden. Da die Berücksichtigung der Auslandsverluste auf Basis von Art. 43 EG zu Inlandskonditionen zu erfolgen hat, sind die Auslandsverluste nach deutschem Recht zu ermitteln und wie bei einer inländischen Organschaft jeweils phasengleich bei der Muttergesellschaft zu erfassen. Die Hürden für die grenzüberschreitende konzerninterne Verlustverrechnung sind augenblicklich sehr hoch, könnten aber in Musterverfahren AWD überwunden werden.

3.9. Gesetzgeber gefordert

Auch bei der rechtsträgerübergreifenden Verlustverrechnung stellt sich die verfahrensrechtliche Frage, ob die Verlustfinalität bei phasengleicher Zurechnung ein rückwirkendes Ereignis nach § 175 Abs. 1 Satz 1 Nr. 2 AO darstellt, wenn ansonsten ein Verlusttransfer an der Bestandskraft der Veranlagung der (Organträger-) Gesellschaft scheitern würde[60]. Zur Beseitigung dieser Unsicherheit sollte der Gesetzgeber möglichst zeitnah die Regelungen für den grenzüberschreitenden rechtsträgerübergreifenden Verlustausgleich gemeinschaftsrechtskonform ausgestalten. Der Verzicht auf den das in § 14 KStG statuierte Erfordernis eines Gewinnabführungsvertrags sowie der Ersetzung des doppelten Inlandsbezugs der Tochtergesellschaft durch einen doppelten EU/EWR-Bezug würde diesem Erfordernis genügen[61].

V. Ausblick

Aus steuerplanerischer deutscher Sicht kann man wegen großer rechtlicher Unsicherheiten im Augenblick mit einer im Widerspruch zur deutschen Regelungslage stehenden grenzüberschreitenden Verlustverrechnung nicht planen. Da aus gemeinschaftsrechtlicher Sicht nur finale Verluste grenzüberschreitend zu berücksichtigen sind, sollte man die Möglichkeiten der grenzüberschreitenden Verlustverrechnung immer dann bedenken, wenn sich ein Auslandsengagement wider Erwarten als Fehlmaßnahme erweist.

---

[60] Zu den Meinungsverschiedenheiten im I. Senat des BFH siehe *Buciek*, IStR 2008, 705; *Gosch*, BFH/PR 2008, 490; *Heger*, Juris PR-SteuerR 47/2008, Anm. 1.
[61] *Homburg*, IStR 2009, 350, 353.

Auf die Dokumentation von Auslandsengagements müssen inländische Steuerpflichtige daher größtmögliche Sorgfalt verwenden, damit sie im Falle der Beendigung des Auslandsengagements in der Lage sind, die Verrechnung finaler Verluste erfolgreich beanspruchen zu können. Solange der deutsche Gesetzgeber die grenzüberschreitende Verlustverrechnung nicht regelt, sind die Hürden dafür hoch, aber nicht unüberwindbar, wenn man die vorstehend aufgezählten Voraussetzungen erfüllt.

2. Die Drittstaatenwirkung der Kapitalverkehrsfreiheit des Art. 56 EG

von RA/StB Jürgen Nagler, KPMG, Frankfurt am Main

Inhaltsübersicht

I. Einleitung
II. Prüfungsschema für Drittstaatensachverhalte
III. Die Kapitalverkehrsfreiheit des Art. 56 EG
    1. Historie
    2. Anwendungsbereich
    3. Begriff des Kapitalverkehrs
    4. Anspruch auf Inländergleichbehandlung
IV. Abgrenzung zwischen der Kapitalverkehrsfreiheit und anderen Grundfreiheiten
    1. Gegenstand der nationalen Norm relevant
    2. Bestimmung der anzuwendenden Grundfreiheit bei Beteiligungen
    3. Zwischenergebnis
V. Stillhalteverpflichtung des Art. 57 Abs. 1 EG
    1. Zum 31.12.1993 bestehende Beschränkung
    2. Beschränkungszusammenhang
VI. Rechtfertigungsgründe in Drittstaatenfällen
    1. Keine abweichenden Rechtfertigungsgründe
    2. Abweichendes rechtliches Umfeld
VII. Anwendungsvorrang des Art. 56 EG
VIII. Ausblick
    1. Verwaltung verweigert Anwendung des Art. 56 EG auf Drittstaatenbeteiligungen
    2. BFH-Rechtsprechung widerspricht nicht Rechtsprechung anderer Obergerichte
    3. Argumente gegen Verwaltungsansicht
IX. Zusammenfassung
    1. Faktisch begrenzter Anwendungsbereich für Drittstaatenwirkung des Art. 56 EG
    2. Empfehlung

Literatur:

Germelmann, Konkurrenz von Grundfreiheiten und Missbrauch von Gemeinschaftsrecht – Zum Verhältnis von Kapitalverkehrs- und Niederlassungsfreiheit in der neueren Rechtsprechung, EuZW 2008, 596; ***Blaschke/Wunderlich***, Die Gewährleistung der Kapitalverkehrsfreiheit in Bezug auf Drittstaaten. Neuere Entwicklungen in der Rechtsprechung des EuGH, IStR 2008, 754; ***Cordewener***, EG-rechtlicher Grundfreiheitsschutz in der Praxis - Auswirkungen der Kapitalverkehrsfreiheit auf Sachverhalte mit Drittstaatenberührung; ***Haslehner***, Das Konkurrenzverhältnis der Europäischen Grundfreiheiten in der Rechtsprechung des EuGH zu den direkten Steuern, IStR 2008, 565; ***Köhler/Tippelhofer***, Kapitalverkehrsfreiheit auch in Drittstaatenfällen? Zugleich Anmerkung zu den Entscheidungen des EuGH in den Rechtssachen Lasertec - Rs. C-492/04 und Holböck - Rs. C-157/05 - sowie zum BMF-Schreiben v. 21. 3. 2007 - IV B 7-G 1421/0, IStR 2007, 645; ***Mitschke***, Die Anwendung der Kapitalverkehrsfreiheit nach Art. 56 EG in sogenannten „Drittstaatenfällen" – Zugleich zu BFH v. 26. 11. 2008 - I R 7/08, FR 2009, 61 = IStR 2009, 244; ***Schwenke***, Die Kapitalverkehrsfreiheit im Wandel? - Eine erste Analyse neuerer Entwicklungen in der Rechtsprechung des EuGH, IStR 2006, 748; ***Tippelhofer/Lohmann***, Niederlassungsfreiheit vs. Kapitalverkehrsfreiheit: Analyse der jüngeren Rechtsprechung des EuGH zu den direkten Steuern - Zugleich Anmerkung zum EuGH-Urteil in der Rechtssache Burda (C-284/06), IStR 2008, 857; ***Lorenz***, Die Suspendierung von § 8b Abs. 5 KStG durch EG- und DBA-Günstigerprüfung - Zur Entwicklung des Betriebsausgabenabzugs beim Dividendenbezug von Kapitalgesellschaften, IStR 2009, 437; ***Rehm/Nagler***, Ist § 8a KStG a. F. weltweit nicht mehr anwendbar? Folgen des Lasertec-Beschlusses des FG Baden-Württemberg vom 14. 10. 2004, IStR 2005, 261; ***dies.***, Verbietet die Kapitalverkehrsfreiheit nach 1993 eingeführte Ausländerungleichbehandlung? Anmerkung zum BFH-Urteil I R 95/05 vom 9. 8. 2006, IStR 2006, 859; ***dies.***, Anmerkung zum BMF-Schreiben vom 21. 3. 2007, IV B7-G 1421/0, IStR 2007, 320; ***dies.***, Anmerkung zum EuGH-Beschluss vom 10. 05. 2007 in der Rs. C-492/04 Lasertec, GmbHR 2007, 776; ***dies.*** Verwaltung verweigert faktisch Anwendung von Art. 56 EG gegenüber Drittstaaten, IStR 2007, 700; ***dies.***, Anmerkung zu FG-Münster vom 9. 11. 2007, 9K 2912/04 K G, Keine Fiktion nichtabzugsfähiger Betriebsausgaben im Verhältnis zu Drittstaaten, IStR 2008, 153; ***dies.***, Anmerkung zum EuGH-Urteil Burda, IStR 2008, 511; ***dies.***, Anmerkung zum BFH-Urteil vom 26. 11. 2008, I R 7/08: § 8b Abs. 5 KStG a. F. wegen Verstoßes gegen die Niederlassungs- und Kapitalverkehrsfreiheit gegenüber Drittstaaten unanwendbar, IStR 2009, 247; ***Schön***, Der Kapitalverkehr mit Drittstaaten, in Gocke u.a. (Hrsg.), Festschrift für Wassermeyer, München 2005, 489 ff.; ***Schönfeld***, Die Fortbestandsgarantie des Art. 57 Abs. 1 EG im Steuerrecht: Anmerkung zu FG Hamburg v. 9. 3. 2004, VI 279/01, EFG 2004, 1573, IStR 2005. 410; ***ders.***, Anmerkung zum EuGH-Urteil vom 24. 5. 2007, Rs. C-157/05 Holböck, IStR 2007, 443; ***Wellens***, Nichtabziehbare Betriebsausgaben bei Drittlandsdividenden - Kapitalverkehrsfreiheit contra Niederlassungsfreiheit, DStR 2007, 1852; ***Völker***, Kapitalverkehrsfreiheit für Drittstaatendividenden – Widerspruch zur BFH-Rechtsprechung oder Bestätigung des BFH durch den EuGH-Beschluss vom 4. 6. 2009, IStR 2009, 705.

I. Einleitung

Die Grundfreiheiten des EG-Vertrages (EG)[1] bzw. des ab 1. 12. 2009 geltenden Vertrages von Lisabon über die Arbeitsweise der Europäischen Union (AEUV)[2], fordern von den einzelnen Mitgliedstaaten der EU auch für grenzüberschreitende Gestaltungen die sogenannte Inländergleichbehandlung. In etwa 80 Entscheidungen hat der EuGH seit 1990 dieses Prinzip mit zum Teil gravierenden Auswirkungen für das Steuerrecht der betroffenen Mitgliedstaaten ausformuliert. Bis auf ein halbes Dutzend Entscheidungen hatte der EuGH bisher aber ausschließlich über sogenannte innergemeinschaftliche Sachverhalte, die zwischen zwei Mitgliedstaaten verwirklicht wurden, zu befinden.

Mit Inkrafttreten des Vertrages über die Europäische Union von Maastricht im Jahr 1994 (EGV) wurde als fünfte Grundfreiheit die Kapitalverkehrsfreiheit des Art. 73b EGV (Art. 56 EG) eingeführt. Während die anderen Grundfreiheiten des EG-Vertrages nur im Verhältnis zwischen den EG-Mitgliedstaaten gelten, sieht Artikel 56 (Abs. 1) EG explizit vor, dass auch alle Beschränkungen des Kapitalverkehrs zwischen den Mitgliedstaaten und dritten Ländern verboten sind. Diese sogenannte „erga omnes-Wirkung" (Drittstaatenwirkung) der Kapitalverkehrsfreiheit auf grenzüberschreitende Beziehungen in Staaten, die weder Mitgliedstaaten der Europäischen Union noch des Europäischen Wirtschaftsraums (EWR) sind (sogenannte Drittstaaten[3]), eröffnet folglich für Zeiträume ab (1. 1.) 1994 die Möglichkeit, die zu innergemeinschaftlichen Sachverhalten ergangenen EuGH-Entscheidungen auch auf Drittstaatensachverhalte anzuwenden. Voraussetzung dafür ist allerdings, dass die Kapitalverkehrsfreiheit nicht von einer anderen exklusiv anwendbaren Grundfreiheit verdrängt wird, die Tatbestandsmerkmale des Art. 56 EG (jetzt Art. 63 AEUV) erfüllt sind und kein Fall der in Art. 57 - 60 EG (Art. 64 – 66 AEUV) normierten Ausnahmen vorliegt. Welche (Tatbestands-) Voraussetzungen für die Anwendung der Kapitalverkehrsfreiheit gegenüber Drittstaaten vorliegen müssen, erläutert der folgende Beitrag, der mit einem Ausblick (VIII.) sowie einer Zusammenfassung (IX.) abschließt.

II. Prüfungsschema für Drittstaatensachverhalte

Zu Beginn der Prüfung ist festzustellen, ob es sich bei dem grenzüberschreitend verwirklichten Sachverhalt um Kapitalverkehr im Sinne des Art. 56 Abs. 1 EG handelt (III.). Wird diese Frage bejaht, so ist in einem zweiten Schritt abzuklären, ob die Anwendung der Kapitalverkehrsfreiheit gegenüber Drittstaaten nicht durch eine exklusiv anwendbare andere Grundfreiheit (bei einem gedachten innergemeinschaftlichen Sachverhalt) verdrängt wird (IV.). Kann dies verneint werden, so muss in einem weiteren Schritt geprüft werden, ob nicht die Voraussetzungen der Stillhalteverpflichtung des Art. 57 Abs. 1 EG (Bereichsausnahme für bestimmte Alt-Beschränkungen) vorliegen und damit eine Beschränkung der Kapitalverkehrsfreiheit entfallen lassen. Falls auch diese Frage verneint werden kann hat eine Prüfung daraufhin zu erfolgen, ob (Rechtfertigungs-) Gründe vorliegen, die die Beschränkung des Art. 56 EG ausnahmsweise rechtfertigen. Ist die Beschränkung auch nicht gerechtfertigt, so sieht der Anwendungsvorrang des

---

[1] EG ohne weiteren Zusatz meint die Zitierung des EG-Vertrages von Amsterdam/Nizza.

[2] Auf die neue Zitierung des Vertrages über die Arbeitsweise der Europäischen Union wird aus Gründen der Übersichtlichkeit pro Norm nur jeweils einmal hingewiesen. Hat sich im AEUV eine Regelung des EG-Vertrages von Amsterdam/Nizza inhaltlich und nicht nur numerisch geändert, so wird darauf hingewiesen.

[3] Nach EuGH v. 23. 9. 2003, Rs. C-452/01 *Ospelt und Schlössle Weissenberg*, Slg. 2003, 9743 sind die EWR-Staaten keine Drittstaaten.

Art. 56 EG vor, dass aus der gegen die Kapitalverkehrsfreiheit verstoßenden nationalen Vorschrift die darin angeordneten Rechtsfolgen nicht gezogen werden dürfen, soweit der Auslandssachverhalt ungünstiger behandelt wird (VII.).

III. Die Kapitalverkehrsfreiheit des Art. 56 EG

1. Historie

Die Kapitalverkehrsfreiheit des Art. 56 EG wurde mit dem am 7. 2. 1992 unterzeichneten Vertrag über die Europäische Union von Maastricht[4] durch dessen Art. 73a bis 73k (Art. 56 bis 60 EG) als fünfte und jüngste unmittelbar anwendbare Grundfreiheit ins Primärrecht aufgenommen. Für den Zeitraum von 1. 7. 1990 bis 31. 12. 1993 galt hingegen nur die in den Mitgliedstaaten unmittelbar anzuwendende[5] Kapitalverkehrsrichtlinie[6]. Da sie die Kapitalverkehrsfreiheit nur zwischen den Mitgliedstaaten gewährleistet hat (Art. 1 Abs. 1 Kapitalverkehrsrichtlinie) und gegenüber Drittstaaten lediglich ein unverbindliches Liberalisierungsgebot (Art. 7 Abs. 1 Kapitalverkehrsrichtlinie) enthielt, existiert die „erga-omnes-Wirkung" der Kapitalverkehrsfreiheit (Art. 73a EGV) erst ab dem Jahr 1994.

Eine identische Verpflichtung enthält auch der von und gegenüber den Staaten des Europäischen Wirtschaftsraums (EWR) anzuwendende Art. 40 des am 2. 5. 1992 abgeschlossenen und ebenfalls zum 1. 1. 1994 in Kraft getretenen EWR-Abkommens[7]. Er entspricht in seinem Wortlaut Art. 56 EG und hat dieselbe Reichweite. Die aktuellen EWR-Staaten Norwegen, Island und Liechtenstein stellen daher keine Drittstaaten im Sinne des Art. 56 EG dar.

2. Anwendungsbereich

Art. 56 (Abs. 1) EG verpflichtet alle Mitgliedstaaten der Europäischen Union mit Wirkung ab 1.1.1994 die Kapitalverkehrsfreiheit sowohl gegenüber anderen Mitgliedstaaten als auch gegenüber Drittstaaten zu gewährleisten. Sowohl der Erwerber/Anteilseigner als auch die erworbene Gesellschaft selbst kann sich beispielsweise im Zusammenhang mit der Beteiligung an einer Gesellschaft auf die Kapitalverkehrsfreiheit berufen. Grundsätzlich können sich daher alle am Kapitalverkehrsvorgang Beteiligten auf die Kapitalverkehrsfreiheit berufen.

3. Begriff des Kapitalverkehrs

Dem Kapitalverkehr unterfallen alle Finanzgeschäfte, bei denen es um die Anlage oder Investition eines Geldbetrags geht. Die Rechtsprechung des EuGH definiert den Kapitalverkehr als jede über die Grenzen eines Mitgliedstaates hinweg stattfindende Übertragung von Geld oder Sachkapital, die primär Anlagezwecke verfolgt[8]. Die Kapitalverkehrsfreiheit umfasst aber nicht nur die Beteiligung zu reinen Anlagezwecken (sog. Portfolio-Beteiligung), sondern auch Direktinvestitionen. Art 56 EG erfasst damit auch die Beteiligung an einem Unternehmen durch den Erwerb von Aktien und Wertpapieren auf dem Kapitalmarkt[9] oder die Begründung einer Niederlassung,

---

[4] Vertrag über die Europäische Union von Maastricht, Abl EG 1992 Nr. C 224/1; BGBl II 1992, 1251.
[5] EuGH v. 13. 5. 2003, Rs. C-98/01, *Kommission/Vereinigtes Königreich*, Slg. 2003, 4641, Rn. 40.
[6] Richtlinie 88/361/EWG zur Durchführung von Art. 67 der Einheitlichen Europäischen Akte (EEA), Abl.EG 1988, Nr. L 178/5.
[7] Abkommen über den Europäischen Wirtschaftsraum v. 2. 5. 1992, ABl.EG 1994, Nr. L 1/3.
[8] *Bröhmer*, in: *Callies/Ruffert*, Art. 56 EGV Rn. 8 m. w. N.
[9] EuGH v. 23. 2. 1995, Rs. C-358/93 u. 416/93, *Bordessa*, Slg. 1995, 387, Tz. 35.

soweit dies mit einem Kapitaltransfer verbunden ist. Als Direktinvestition qualifiziert eine Beteiligung „zur Schaffung oder Aufrechterhaltung dauerhafter direkter Beziehungen zwischen dem Investor und dem Unternehmen"[10].

Da sich weder eine Definition des Begriffs Kapitalverkehr noch der Direktinvestition im EG-Vertrag findet, behilft sich die Rechtsprechung des EuGH mit dem Rückgriff auf die sogenannte Nomenklatur zu der auf Grundlage von Art. 67 ff. EWG-Vertrag erlassenen Kapitalverkehrsrichtlinie von 1988[11]. In ihrem Anhang I enthält sie eine nähere Spezifizierung des Schutzbereichs der Kapitalverkehrsfreiheit. Danach sind etwa Direktinvestitionen „Investitionen jeder Art durch natürliche Personen, Handels-, Industrie- oder Finanzunternehmen zur Schaffung oder Aufrechterhaltung dauerhafter und direkter Beziehungen zwischen denjenigen, die die Mittel bereitstellen, und den Unternehmern oder Unternehmen, für die die Mittel zum Zwecke einer wirtschaftlichen Tätigkeit bestimmt sind". Der Begriff der Direktinvestitionen soll dabei „im weitesten Sinne gemeint" sein. Auch wenn an die Stelle der Kapitalverkehrsrichtlinie zwischenzeitlich die Regelung des Art. 56 EG (Art. 63 AEUV) getreten ist, so hat der Anhang der – bis heute nicht formal aufgehobenen Kapitalverkehrsrichtlinie – weiterhin als Leitlinie für die Interpretation der Art. 56 EG Relevanz[12]. Insbesondere für den auch im Zusammenhang mit Art. 57 Abs. 1 EG bedeutsamen Begriff der Direktinvestition ist die Nomenklatur des Kapitalverkehrs auch heute noch unentbehrlich.

4. Anspruch auf Inländergleichbehandlung

Nach Art. 56 EG (Art. 63 AEUV) sind alle Beschränkungen des Kapitalverkehrs zwischen den Mitgliedstaaten und Drittstaaten verboten. Wer sich auf die Kapitalverkehrsfreiheit beruft kann für einen der Kapitalverkehrsfreiheit unterliegenden grenzüberschreitenden Kapitalverkehrsvorgang gegenüber seinem Ansässigkeitsmitgliedstaat (Ausgangsstaat) dieselbe (steuerliche) Behandlung reklamieren, die jemand erhält, der denselben Kapitalverkehrsvorgang als sogenannte Binnentransaktion innerhalb des (Ausgangs-) Mitgliedstaats auslöst. Die Beschränkung der Kapitalverkehrsfreiheit liegt regelmäßig in der (gemeinschaftsrechtlich nicht gerechtfertigten) nachteiligeren steuerlichen Behandlung eines grenzüberschreitenden Sachverhalts gegenüber einem vergleichbaren Binnensachverhalt.

IV. Abgrenzung zwischen der Kapitalverkehrsfreiheit und anderen Grundfreiheiten

Art. 56 EG (Art. 63 AEUV) unterscheidet sich in erster Linie von den anderen Grundfreiheiten des EG-Vertrages, wie beispielsweise der Niederlassungsfreiheit (Art. 43 EG/Art. 49 AEUV) oder der Dienstleistungsfreiheit (Art. 49 EG/Art. 56 AEUV) dadurch, dass er die Mitgliedstaaten der Gemeinschaft auch gegenüber Drittstaaten verpflichtet („erga ommnes-Wirkung"). Nun gilt es zu bedenken, dass regelmäßig auch der grenzüberschreitenden Niederlassung bzw. Dienstleistungserbringung ein Kapitaltransfer zugrunde liegt. Die in Art. 56 EG angelegte weite Auslegung des Begriffs des Kapitalverkehrs könnte dann dazu führen, dass die Kapitalverkehrsfreiheit auch Fälle der Niederlassung aus oder in Drittstaaten bzw. der Dienstleistungserbringung aus oder in Drittstaaten erfasst. Das dürfte aber dem Willen der Väter des EG-Vertrages widersprechen, da

---

[10] EuGH v. 4. 5. 2007, Rs. C-157/05, *Holböck*, IStR 2007, 351, Rz. 33.

[11] Richtlinie 88/361/EWG des Rates v. 24. 6. 1988 zur Durchführung von Art. 67 des Vertrages, Abl.EG 1988, L 178, S. 5 ff.

[12] EuGH v. 24. 5. 2007, Rs. C-157/05, *Holböck*, IStR 2007, 351, Rz. 33.

Nagler

diese bei den übrigen Grundfreiheiten den Anspruch auf Inländergleichbehandlung bewusst nur im Verhältnis zwischen den Mitgliedstaaten gewährleistet sehen wollten. Um insoweit eine von den Mitgliedstaaten nicht gewünschte uferlose Anwendung der Kapitalverkehrsfreiheit auszuschließen, ist nach der Rechtsprechung des EuGH festzustellen, welche Grundfreiheit die zu prüfende mitgliedstaatliche Vorschrift nach ihrem Regelungsgegenstand vorrangig zu beschränken bezweckt[13].

1. Gegenstand der nationalen Norm relevant

Um diese Feststellung treffen zu können, muss man sich den Anwendungsbereich der anderen Grundfreiheiten vor Augen führen. So unterliegt nach Art. 43 EG (Art.49 AEUV) die dauerhafte Niederlassung im Hoheitsgebiet eines anderen Mitgliedstaats (Aufnahmestaat), die auch in der Begründung einer Zweigniederlassung oder Tochtergesellschaft liegen kann, der Niederlassungsfreiheit. Nach der Dienstleistungsfreiheit des Art. 49 EG (Art. 56 AEUV) wiederum darf die (vorübergehende) Erbringung einer Dienstleistung in einem anderen Mitgliedstaat nicht beschränkt werden. Ist nun eine nationale Regelung zu beurteilen, die etwa die Regulierung der Niederlassung oder Dienstleistungserbringung in einem anderen Mitgliedstaat bezweckt (beispielsweise Meldepflichten für den Niederlassungs- oder Dienstleistungswilligen), so bezweckt der Gegenstand der nationalen Norm vorwiegend die Beschränkung der Niederlassung oder Dienstleistung. Im Verhältnis zu Drittstaaten scheidet dann die Anwendung der Kapitalverkehrsfreiheit auf solchermaßen beschränkende Vorschriften aus, da der Verstoß gegen die Kapitalverkehrsfreiheit nur eine Folge des zugleich vorliegenden Verstoßes gegen die Niederlassungs- oder Dienstleistungsfreiheit darstellt und deshalb keine eigenständige Prüfung rechtfertigt.

So hat der EuGH im Urteil vom 3. 10. 2006 in der Rs. C-452/03 *Fidium Finanz*[14] entschieden, dass aufsichtsrechtlich motivierte Registrierungs- und Genehmigungspflichten für ausländische Kreditinstitute, die in Deutschland ohne Begründung einer Zweigniederlassung das Bankgeschäft betreiben wollen, vorwiegend die Dienstleistungsfreiheit (Art. 49 EG) zu beschränken bezwecken. Da Art. 43 EG explizit auch die Gründung einer Zweigniederlassung in einem anderen Mitgliedstaat schützt, kann daraus die Schlussfolgerung gezogen werden, dass eine Regelung, deren Gegenstand die Begründung einer handelsrechtlichen Zweigniederlassung beschränkt, nur am Maßstab der Niederlassungsfreiheit zu prüfen ist. Man muss sich nun vergegenwärtigen, dass steuerlich eine Zweigniederlassung eine Betriebstätte darstellt um die anzuwendende Grundfreiheit bestimmen zu können. Da (Steuer-) Regelungen im Zusammenhang mit Betriebstättensachverhalten in erster Linie eine Beschränkung der Betriebstättenbegründung und damit der Niederlassung bezwecken[15] [16], sind sie nur im Hinblick auf ihre Vereinbarkeit mit der Niederlassungsfreiheit zu prüfen.

2. Bestimmung der anzuwendenden Grundfreiheit bei Beteiligungen

Knüpft eine nationale Norm an das Halten einer Beteiligung an, so hat der EuGH in seinen bisherigen Entscheidungen zu **innergemeinschaftlichen** Sachverhalten die Bestimmung der anzuwendenden Grundfreiheit von der tatsächlich vorliegenden Beteiligungshöhe abhängig ge-

---

[13] Cordewener, IWB Fach 11, Gruppe, 2 Seite 995, 997.
[14] EuGH v. 3. 10. 2006, Rs. C-452/03 *Fidium Finanz*, Slg. 2006, 9521.
[15] EuGH v. 6. 11. 2007, Rs. C-414/06 *Stahlwerk Ergste Westig*, IStR 2008, 107.
[16] EuGH v. 15. 5. 2008, Rs. C-414/06 *Lidl Belgium*, IStR 2008, 400.

macht. Lag den EuGH-Entscheidungen in der Vergangenheit ein Binnenmarktsachverhalt (zwischen zwei Mitgliedstaaten) sowie eine tatsächliche Mehrheitsbeteiligung zugrunde, so nahm der EuGH – wie etwa im Urteil vom 23.2.2006 in der Rs. C-471/04 *Keller Holding*[17] – zunächst eine Prüfung des Verstoßes am Maßstab der Niederlassungsfreiheit[18] vor. Da sowohl die Kapitalverkehrsfreiheit als auch die Niederlassungsfreiheit bei Eröffnung ihres Anwendungsbereichs wegen der Konvergenz der Grundfreiheiten aber zu identischen Resultaten führen, hat bei innergemeinschaftlichen Sachverhalten das Abstellen auf die tatsächliche Beteiligungshöhe keine praktischen Auswirkungen. Der Bejahung eines Verstoßes gegen die Niederlassungsfreiheit folgte dann zumeist die Feststellung, dass sich eine Prüfung am Maßstab der Kapitalverkehrsfreiheit erübrige[19].

2.1. Tatbestand der nationalen Norm setzt Mehrheitsbeteiligung voraus

Im Urteil vom 13. 4. 2000 hat der EuGH in der Rechtssache C-251/98 *Baars*[20] festgestellt, dass der Anwendungsbereich der Niederlassungsfreiheit (Art. 43 EG) im Regelfall nur dann eröffnet ist, wenn Anteilseigner eine Beteiligung halten, die ihnen einen sicheren Einfluss auf die Entscheidungen der Gesellschaft verleiht und es ihnen ermöglicht, deren Tätigkeit zu bestimmen. Dies setzt regelmäßig eine Beteiligungshöhe voraus, die die mehrheitliche Kontrolle der Beteiligungsgesellschaft erlaubt. Eine nach nationalem Steuerrecht wesentliche Beteiligung von 33 % genügte dem EuGH für die Anwendung von Art. 43 EG demnach nicht[21]. Nur im Ausnahmefall, wenn etwa mehrere Minderheitsbeteiligte als Gruppe auftreten und wegen ihrer gemeinsamen (Gruppen-) Interessen (beispielsweise als Familie) zusammen die Beteiligungsgesellschaft beherrschen, soll die Niederlassungsfreiheit auch auf unter 50 % liegende Einzelbeteiligungen anzuwenden sein[22].

Die Anwendung des Rechts auf freie Niederlassung (Art. 43 EG) in einem anderen Mitgliedstaat setzt folglich die Beherrschung der Aktivitäten, die Gegenstand der Niederlassung sind, voraus. Das wiederum dürfte im Normalfall eine Mindestbeteiligung von 50 % erforderlich machen, um in den Anwendungsbereich der Niederlassungsfreiheit zu gelangen.

Folgerichtig hat der EuGH im Urteil vom 13. 3. 2007 in der Rs. C-524/04 *Test Claimants*[23] die einschlägige Grundfreiheit nach der Intention der beschränkenden nationalen Norm bestimmt. Da die streitgegenständliche Regelung des britischen Steuerrechts gegen Unterkapitalisierung eine 75 %-(Mindest-) Beteiligung zur Voraussetzung hatte, hielt der EuGH ausschließlich die Niederlassungsfreiheit für anwendbar. Erfordert der Tatbestand einer nationalen Regelung eine Mehrheitsbeteiligung, so betrifft dies die Kontrolle bzw. sichere Beherrschung der Aktivitäten der Gesellschaft und damit vorwiegend die Niederlassungsfreiheit. Das hat zur Folge, dass dann ausschließlich die Niederlassungsfreiheit anwendbar ist, während die übrigen Grundfreiheiten dahinter zurücktreten.

Konsequent stellt der EuGH nur auf die Zielrichtung der eine Grundfreiheit beschränkenden Norm ab (gegenstandsbezogene Betrachtungsweise), während die tatsächlich verwirklichte

---

[17] EuGH v. 23. 2. 2006, Rs. C-471/04 *Keller Holding*, IStR 2006, 235, Rz. 51.
[18] EuGH v. 23. 2. 2006, Rs. C-471/04 *Keller Holding*, IStR 2006, 235, Rz. 51.
[19] EuGH v. 23. 2. 2006, Rs. C-471/04 *Keller Holding*, IStR 2006, 235, Rz. 51.
[20] EuGH v. 13. 4. 2000, Rs. C-251/98 *Baars*, IStR 2000, 337, Rz. 21.
[21] EuGH v. 13. 4. 2000, Rs. C-251/98 *Baars*, IStR 2000, 337, Rz. 20.
[22] EuGH v. 6. 12. 2007, Rs. C-298/05 *Columbus Container Services*, IStR 2008, 63, Rz. 31.
[23] EuGH v. 13. 3. 2007, Rs. C-524/04 *Test Claimants*, Rz. 29 - 34.

Beteiligungshöhe (sachverhaltsbezogene Betrachtungsweise) unbeachtlich sein soll. Es bleibt demnach festzuhalten, dass ausschließlich die Niederlassungsfreiheit des Art. 43 EG Anwendung findet, wenn der Tatbestand der (beschränkenden) nationalen Norm eine Mehrheitsbeteiligung voraussetzt. In Drittstaatenfällen wird dann die Kapitalverkehrsfreiheit von der exklusiv anwendbaren Niederlassungsfreiheit verdrängt.

2.2. Tatbestand der nationalen Norm setzt wesentliche Beteiligung unterhalb von 50 % voraus

Die Ermittlung des Gegenstands einer Beschränkung nach den vorstehend aufgezeigten Grundsätzen gestaltet sich aber schwierig, wenn der Tatbestand der am Maßstab des Art. 56 EG zu prüfenden nationalen Norm nicht an das Halten einer Mehrheitsbeteiligung anknüpft, sondern bereits eine, wenn auch wesentliche Beteiligung, unterhalb von 50 % genügen lässt. Man wird dann nochmals differenzieren müssen, ob die tatsächlich zu beurteilende Beteiligung über oder unter 50 % liegt.

2.2.1. Tatsächliche Beteiligung über 50 %

Mit Beschluss vom 10. 5. 2007 hat der EuGH in der Rechtssache C-492/04 *Lasertec*[24] festgestellt, dass § 8a KStG in der vor 2004 geltenden Fassung (a. F.) eine Beschränkung der Niederlassungsfreiheit bezweckt. Der EuGH begründete seine Entscheidung damit, dass der deutsche Gesetzgeber mit § 8a KStG a. F. auch wesentliche Beteiligungen einer Mehrheitsbeteiligung gleichstellen wollte und infolge dessen die von § 8a KStG a. F. ausgehende Beschränkung ausschließlich im Hinblick auf die Niederlassung erfolgt. In Drittstaatenfällen wird demnach die Kapitalverkehrsfreiheit (Art. 56 EG) von der exklusiv anwendbaren Niederlassungsfreiheit (Art. 43 EG) verdrängt. Ein Verstoß gegen Art. 56 EG sei dann nur eine zwangsläufige Folge des Verstoßes gegen die Niederlassungsfreiheit (Art. 43 EG) und führt nicht zur Unanwendbarkeit der nationalen Beschränkung (konkret war dies § 8a KStG a. F.) auf Drittstaatensachverhalte. Die dem Beschluss des EuGH vom 10. 5. 2008 in der Rechtsache C-492/04 *Lasertec* zugrundeliegende tatsächliche Beteiligungshöhe betrug 66 % und damit mehr als 50 %[25].

In einem Urteil vom 28. 10. 2009 bestätigte das FG Bremen diese Rechtsprechung für den Fall einer 100 %-igen Beteiligung eines Inländers an einer kanadischen Kapitalgesellschaft. Das FG stellte fest, dass bei einer nur den Inlandssachverhalt begünstigenden nationalen Vorschrift mit Mindestbeteiligungsschwelle (konkret der an eine Mindestbeteiligung von 25 % anknüpfende Freibetrag und Bewertungsabschlag des § 13a ErbStG) die Niederlassungsfreiheit des Art. 43 EG die Kapitalverkehrsfreiheit des Art. 56 EG in Drittstaatenfällen verdrängt[26].

2.2.2. Tatsächliche Beteiligung unter 50 %

Es geht aus dem *Lasertec*-Beschluss nicht hervor, ob der EuGH der tatsächlich vorliegenden (Mehrheits-) Beteiligung von 66 % im Hinblick auf die Bestimmung der anwendbaren Grundfreiheit eine Bedeutung beigemessen hat. Wäre dem so, so könnte man die Ansicht vertreten, dass der EuGH über die Anwendung von Art. 56 EG auf Drittstaatenfälle des § 8a KStG a. F. bei einer wesentlichen aber nicht beherrschenden tatsächlichen Beteiligung von weniger als 50 % noch nicht entschieden hat. Diese Frage ist bis heute noch nicht abschließend durch den EuGH geklärt. Das könnte sowohl in den Drittstaatenfällen des § 8a KStG a. F., als auch bei einer Vorschrift wie § 1 AStG bedeutsam sein. Beide Normen finden nämlich bereits ab einer Mindestbeteiligung von 25 % Anwendung. Es lässt sich daher (auch noch) die Ansicht vertreten, dass Art.

---

[24] EuGH vom 10. 5. 2007, Rs. C-492/04, *Lasertec*, GmbHR 2007, 770 mit Komm. *Rehm/Nagler*.
[25] EuGH vom 10. 5. 2007, Rs. C-492/04, *Lasertec*, GmbHR 2007, 770 mit Komm. *Rehm/Nagler*.
[26] FG Bremen vom 28. 10. 2009, 3 K 34/09, Haufe-Index 2249708.

56 EG im Hinblick auf diese Normen bei einer unter 50 % liegenden tatsächlichen Beteiligung in Drittstaatenfällen nicht von Art. 43 EG verdrängt wird. Eine endgültige Klärung des EuGH zu diesen Sachverhaltskonstellationen steht aber noch aus.

2.3. Tatbestand der nationalen Norm setzt keine Beteiligungsschwelle voraus

Im Urteil vom 24. 5. 2007 hat der EuGH in der Rechtssache C-157/05 *Holböck*[27] hingegen zu einer nationalen Vorschrift, deren Tatbestand keine Mindestbeteiligungsschwelle vorsah, in einem Drittstaatenfall festgestellt, dass Art. 56 EG neben Art. 43 EG anwendbar bleibt. Mangels Mindestbeteiligungserfordernis besteht die Intention der nationalen Regelungen nicht darin, die Niederlassung in einem anderen Mitgliedstaat zu beschränken. Der Umstand, dass die tatsächliche Beteiligung an der Drittstaatenkapitalgesellschaft in diesem Fall 66 % betrug, war für den EuGH insoweit ohne Bedeutung.

3. Zwischenergebnis

Für die Anwendung der Kapitalverkehrsfreiheit des Art. 56 EG auf Drittstaatenfälle ist zunächst zu prüfen, ob die nationale Vorschrift, bezüglich der ein Verstoß gegen Art. 56 EG reklamiert wird, die Reglementierung eines grenzüberschreitenden Niederlassungsvorgangs oder einer grenzüberschreitenden Dienstleistungserbringung bezweckt. Bejahendenfalls wird Art. 56 EG im Drittstaatenfall von der insoweit exklusiv anwendbaren anderen Grundfreiheit verdrängt. Ansonsten bleibt Art. 56 EG in Drittstaatenfällen grundsätzlich anwendbar.

Knüpft der Tatbestand einer nationalen Norm an eine Beteiligung an, so ist zu prüfen, ob der Gegenstand dieser nationalen Norm die tatsächliche Beherrschung der Beteiligungsaktivität voraussetzt. Das ist regelmäßig bei nationalen Normen der Fall, deren Anwendung eine Mehrheitsbeteiligung voraussetzt. Knüpft der Tatbestand der nationalen Norm nur an eine wesentliche Beteiligung (unter 50 %) an, so wird jedenfalls bei Vorliegen einer tatsächlichen Mehrheitsbeteiligung Art. 56 EG von dem exklusiv anwendbaren Art. 43 EG verdrängt[28]. Ob Art. 56 EG auch dann von Art. 43 EG verdrängt wird, wenn eine unter 50 % liegende tatsächliche Beteiligung vorliegt und eine nationale Norm zu beurteilen ist, deren Tatbestand eine wesentliche Beteiligung voraussetzt, kann als vom EuGH noch nicht abschließend geklärt angesehen werden.

Sehen nationale Vorschriften hingegen keine Mindestbeteiligungsschwelle vor, so ist – unabhängig von der tatsächlich vorliegenden Beteiligungshöhe – neben Art. 43 EG auch Art. 56 EG anwendbar, da Letzterer nicht von der exklusiv anwendbaren Niederlassungsfreiheit verdrängt wird[29]. Mit dieser gegenstandsbezogenen Abgrenzung des Anwendungsbereiches des Art. 43 EG von Art. 56 EG wird vermieden, dass die tatsächlich verwirklichte Beteiligungshöhe über die Anwendung des Art. 56 EG im Drittstaatenfall entscheidet und mit Überschreiten einer Beteiligung von 50 % der Anwendungsbereich der Kapitalverkehrsfreiheit in Drittstaatenfällen entfällt. Es wäre nämlich widersprüchlich, wenn die Portfolio-Drittstaatenbeteiligung von Art. 56 EG geschützt ist, die Mehrheitsdrittstaatenbeteiligung aber nicht[30] und damit der Schutz eines Investors proportional zum Umfang seines Engagements abnimmt[31].

---

[27] EuGH vom 24. 5. 2007, Rs. C-157/05, *Holböck*, GmbHR 2007, 770 mit Komm. *Rehm/Nagler*.

[28] FG Bremen vom 28. 10. 2009, 3 K 34/09, Haufe-Index 2249708.

[29] Siehe EuGH v. 17. 9 .2009, Rs. C-182/08, *Glaxo Wellcome*, BFH/NV 2009, 1941, Rz. 50 – 52; in Bezug auf § 50c EStG a. F. wird darin sogar explizit die Exklusivität der Kapitalverkehrsfreiheit gegenüber der Niederlassungsfreiheit judiziert.

[30] *Gosch*, BFH/PR 2009, 224.

[31] *Cordewener*, IWB Fach 11, Gruppe, 2 Seite 995, 998.

V. Stillhalteverpflichtung des Art. 57 Abs. 1 EG

Nach Art. 57 Abs. 1 EG dürfen die Mitgliedstaaten gegenüber Drittstaaten Beschränkungen beibehalten, die zum 31. 12. 1993 bestanden haben und im Zusammenhang mit einer Direktinvestition, der Anlage in Immobilien oder der Erbringung von Finanzdienstleistungen einschließlich der Zulassung von Wertpapieren zu den Kapitalmärkten bestehen. Voraussetzung für die Anwendung des Art. 57 Abs. 1 EG, der in den darin aufgezählten Bereichen (Bereichsausnahme) die Anwendung des Art. 56 EG auf Drittstaatenbeziehungen ausschließt, ist zunächst, dass eine Beschränkung in Gestalt einer nationalen Vorschrift vorliegen muss, die zum Stichtag 31. 12. 1993 bestanden hat (sog. Alt-Beschränkung). Eine solche (Alt-) Beschränkung dürfen die Mitgliedstaaten gegenüber Drittstaaten beibehalten, wenn sie im Zusammenhang mit einer Direktinvestition, der Immobilienanlage oder der Erbringung von Finanzdienstleistungen einschließlich der Zulassung von Wertpapieren zu den Kapitalmärkten steht.

1. Zum 31. 12. 1993 bestehende Beschränkung

Eine Beschränkung hat zum Stichtag 31. 12. 1993 bestanden und kann damit als Alt-Beschränkung unter die Stillhalteklausel des Art. 57 Abs. 1 EG fallen, wenn sie am 31. 12. 1993 in kraft gesetzt war und unverändert weiter gilt. Es kommt demnach darauf an, ob die Regelung spätestens zum 31. 12. 1993 Bestandteil der mitgliedstaatlichen Rechtsordnung war. Hingegen wird nicht darauf abgestellt, wann die Norm erstmals anwendbar war und damit ihre Wirkungen entfaltet hat. Der Umstand, dass eine Regelung erst für Zeiträume nach 1993 anzuwenden ist, ist demnach nicht relevant[32]. Eine Alt-Beschränkung liegt auch vor, wenn eine Regelung zwar nach 1993 geändert wurde, die Neuregelung aber mit einer früheren Regelung übereinstimmt oder ein Hindernis, das nach der früheren Regelung der Ausübung der gemeinschaftlichen Rechte und Freiheiten entgegenstand, abmildert oder beseitigt. Beruht dagegen eine Regelung auf einem anderen Grundgedanken als das frühere Recht und führt sie neue Verfahren ein, so handelt es sich nicht mehr um eine Alt-Beschränkung im Sinne von Art. 57 Abs. 1 EG, die zum 31. 12. 1993 bestanden hat. Diese Regelung kann dann auch nicht mehr mit einer Alt-Beschränkung gleichgestellt werden[33].

2. Beschränkungszusammenhang

Die Alt-Beschränkung muss im Zusammenhang mit einer Direktinvestition (1.), der Immobilienanlage (2.) oder der Erbringung von Finanzdienstleistungen einschließlich der Zulassung von Wertpapieren zu den Kapitalmärkten (3.) stehen.

Bei diesen Alt-Beschränkungen kann man mittlerweile aber Zweifel haben, ob davon auch Beschränkungen steuerlicher Art, soweit sie im Zusammenhang mit besagten Alt-Beschränkungen stehen, erfasst werden. Diese Zweifel ergeben sich aus dem Urteil des BFH I R 88, 89/07 vom 25.8.2009[34]. Im Hinblick auf Alt-Beschränkungen im Zusammenhang mit der Erbringung von Finanzdienstleistungen ist der BFH zu der Überzeugung gelangt, dass steuerliche Regelungen davon nicht erfasst werden. Steuerliche Regelungen sollen demnach keine Alt-Beschränkungen im Sinne des Art. 57 Abs. 1 EG darstellen, auch wenn sie im Zusammenhang mit der „Erbringung von Finanzdienstleistungen" zur Anwendung kommen. Überträgt man das Prinzip dieser Recht-

---

[32] *Schürmann* in Lenz/Borchardt, EU- und EG-Vertrag, 4. Aufl., Art 57 Rn. 4; BFH v. 14. 9. 2005, VIII B 40/05, BFH/NV 2006, 508.

[33] EuGH v. 24. 5. 2007, Rs. C-157/05, *Holböck*, GmbHR 2007, 770, Rz. 42 mit Komm. *Rehm/Nagler*.

[34] BFH vom 25. 8. 2009 I R 88, 89/07, BFH/NV 2009, 2047 unter III..

sprechung auf die übrigen Alt-Beschränkungen des Art. 57 Abs. 1 EG, so würde dies bedeuten, dass diese Stillhalteklausel im steuerlichen Bereich keine Bedeutung hat. Ob dem so ist dürfte wohl erst der EuGH endgültig entscheiden. Bis dahin muss man die Stillhalteklausel des Art. 57 Abs. 1 EG bei der Prüfung der Anwendung der Kapitalverkehrsfreiheit auf Drittstaatenkonstellationen im Zusammenhang mit Steuernachteilen daher im Auge behalten.

2.1. Begriff der Direktinvestition

Steht die Altbeschränkung im Zusammenhang mit einer Direktinvestition, so ist die Stillhalteklausel/Bereichsausnahme des Art. 57 Abs. 1 EG einschlägig und die Anwendung der Kapitalverkehrsfreiheit scheidet im Verhältnis zu Drittstaaten aus. Entscheidend ist, ob eine Direktinvestition oder nur eine Portfolioinvestition vorliegt. Als Direktinvestition qualifiziert – insbesondere bei Aktiengesellschaften – eine Investition, die eine Beteiligung an der Verwaltung der Gesellschaft oder deren Kontrolle ermöglicht. Dient hingegen die Beteiligung ausschließlich der Renditeerzielung, so liegt keine Direktinvestition, sondern lediglich eine nicht von Art. 57 Abs. 1 EG erfasste Portfolioinvestition vor[35].

Nach der Rechtsprechung des EuGH muss, da der Begriff der Direktinvestition im EG-Vertrag nicht definiert ist, auf die Begriffsbestimmungen zum Anhang I der „Nomenklatur für den Kapitalverkehr gemäß Art. 1 der Kapitalverkehrsrichtlinie"[36] zurückgegriffen werden. Danach gelten (bei Beteiligungen) Investitionen jeder Art zur Schaffung dauerhafter direkter Beziehungen zwischen Investor und Investitionsobjekt als Direktinvestition (Absatz 1 der Begriffsbestimmung „Direktinvestition" zur Nomenklatur)[37]. Weiterhin muss es sich bei der Gründung und Erweiterung von Unternehmen, die ausschließlich dem Geldgeber gehören, um juristisch unabhängige Unternehmen (hundertprozentige Tochtergesellschaften) handeln (Absatz 2 der Begriffsbestimmung „Direktinvestition")[38].

Bei der Beteiligung an neuen oder bereits bestehenden Unternehmen, die als Aktiengesellschaften betrieben werden, soll eine Direktinvestition auch dann schon vorliegen, wenn das Aktienpaket seinen Inhaber nach den jeweiligen nationalen aktienrechtlichen Bestimmungen oder aus tatsächlichen Gründen in die Lage versetzt, sich an der Verwaltung oder Kontrolle seiner Gesellschaft zu beteiligen (Absatz 3 der Begriffsbestimmung „Direktinvestition")[39]. Das hat zur Folge, dass nur für den Fall, dass es sich bei dem Investitionsobjekt um die Beteiligung an einer Aktiengesellschaft handelt, eine Direktinvestition auch unterhalb einer Alleinbeteiligung vorliegen kann, vorausgesetzt, der Anteilseigner/Aktionär hat aus rechtlichen oder tatsächlichen Gründen die Möglichkeit der Beteiligung an der Verwaltung und Kontrolle der Aktiengesellschaft[40].

Eine Direktinvestition im Sinne von Art. 57 Abs. 1 EG dürfte bei einer Beteiligung an einer Kapitalgesellschaft daher grundsätzlich eine Alleinbeteiligung zur Voraussetzung haben. Nur für den Fall, dass es sich bei der Beteiligungsgesellschaft um eine Aktiengesellschaft handelt, soll eine Mehrheitsbeteiligung unterhalb der 100 % aber oberhalb von 50 % genügen. Dieser Auslegung entspricht auch das EuGH-Urteil vom 24. 5. 2007 in der Rs. C-157/05 *Holböck*[41], wo der EuGH

---

[35] *Kiemel* in von der Groeben/Schwarze, Art. 57 EG Rz. 4.
[36] ABl.EG v. 8. 7. 1988, Nr L 178/11.
[37] ABl.EG v. 8. 7. 1988, Nr L 178/11.
[38] ABl.EG v. 8. 7. 1988, Nr L 178/11.
[39] ABl.EG v. 8. 7. 1988, Nr L 178/11.
[40] ABl.EG vom 8. 7. 1988, Nr. L 178/11.
[41] EuGH vom 24. 5. 2007, Rs. C-157/05, *Holböck*, IStR 2007, 441, Rz. 33.

festgestellt hat, dass eine $^2/_3$ Beteiligung an einer in einem Drittstaat ansässigen **Aktiengesellschaft** als Direktinvestition qualifiziert.

2.2. Immobilienanlage

Unter „Anlagen in Immobilien" ist der Kauf von (un-) bebauten Grundstücken und die Errichtung von Gebäuden zu verstehen[42]. Auch wenn hierzu noch keine Rechtsprechung (des EuGH) existiert, so ist doch zu erwarten, dass die Mitgliedstaaten auch diese Bereichsausnahme weit auslegen und damit möglichst viele Alt-Beschränkungen im Zusammenhang mit Immobilieninvestitionen dem Anwendungsbereich des Art. 56 Abs. 1 EG entziehen werden. Aus denselben Gründen, die unter V.2. dargelegt wurden, lässt sich auch hier entgegnen, dass steuerliche Regelungen nicht von der Alt-Beschränkung Immobilienanlage erfasst werden.

2.3. Erbringung von Finanzdienstleistungen oder Zulassung von Wertpapieren zu den Kapitalmärkten

Im Urteil vom 18. 11. 2008[43] hat der BFH festgestellt, dass die Pauschalbesteuerung von Einkünften aus sogenannten (ausländischen) schwarzen Fonds nach § 18 Abs. 3 AuslInvestmG im Jahr 1993 gegen Art. 1 Abs. 1 Kapitalverkehrsrichtlinie und im Jahr 1994 gegen die Kapitalverkehrsfreiheit des Art. 56 EG (damals Art. 73b EGV) verstoßen hat. Dem Fall lag die Strafbesteuerung von Einkünften zugrunde, die von einem im **Mitgliedstaat** Luxemburg ansässigen Fonds stammten.

Im Beschluss vom 14. 9. 2005 ist der (VIII. Senat des) BFH im Verfahren des einstweiligen Rechtsschutzes zunächst zu dem Ergebnis gelangt, dass die Strafbesteuerung von in einem **Drittstaat** ansässigen schwarzen Fonds nicht gegen die Kapitalverkehrsfreiheit verstößt. Der BFH begründete dieses Ergebnis damit, dass es sich bei § 18 Abs. 3 AuslInvestmG um eine Alt-Beschränkung im Sinne des Art. 57 Abs. 1 EG handele, die bereits zum 31. 12. 1993 bestanden hat. Da diese Alt-Beschränkung bei der Besteuerung von Fonds im Zusammenhang mit der Erbringung von Finanzdienstleistungen durch Kapitalanlagegesellschaften steht, soll sie von der Stillhalteklausel des Art. 57 Abs. 1 EG erfasst und damit dem Anwendungsbereich des Art. 56 EG entzogen sein[44].

Von dieser – im summarischen Verfahren des einstweiligen Rechtsschutzes vertretenen – Ansicht des VIII. BFH-Senats hat sich der I. Senat des BFH zwischenzeitlich im Urteil vom 25. 8. 2009 distanziert. Er hat dazu ausgeführt, dass mit (Alt-) Beschränkungen „im Zusammenhang mit der Erbringung von Finanzdienstleistungen oder der Zulassung von Wertpapieren" nicht solche Beschränkungen gemeint sind, die sich bei der Besteuerung von Finanzdienstleistungsunternehmen oder ihren Produkten ergeben[45]. Der erkennende I. Senat hat dabei explizit festgestellt, dass es sich bei der Ansicht des VIII. Senats nur um eine vorläufige und nicht verifizierte Äußerung handle. Nach Ansicht des (I. Senats des) BFH erfasst der in Art. 57 Abs. 1 EG verwandte Terminus „im Zusammenhang mit der Erbringung von Finanzdienstleistungen" nicht die Besteuerung von Finanzdienstleistungsunternehmen und ihren Produkten. Demnach kann eine Regelung des Steuerrechts, auch wenn sie „im Zusammenhang mit der Erbringung von Finanzdienstleistungen" angewandt wird, nicht als (Alt-)Beschränkung unter die Bereichsausnahme des Art. 57 Abs. 1 EG fallen. Die auf Auslandssachverhalte beschränkte nachteilige Besteuerung von Finanzdienstleistungsunternehmen oder deren Produkten wird folglich nicht von der Still-

---

[42] *Kiemel* in von der GroebenSchwarze, Art. 57 EG Rz. 4.
[43] BFH vom 18. 11. 2008 VIII R 24/07, BFH/NV 2009, 633.
[44] BFH vom 14. 9. 2005 VIII B 40/05, BFH/NV 2006, 508; BFH vom 11. 3. 2008 I R 116/04, BFH/NV 2008, 1161.
[45] BFH vom 25. 8. 2009 I R 88, 89/07, BFH/NV 2009, 2047 unter III..

halteklausel des Art. 57 Abs. 1 G erfasst. Der BFH hat an dieser Auslegung des Art. 57 Abs. 1 EG keinerlei gemeinschaftsrechtliche Zweifel, die ihn zu einer Vorlage an den EuGH nach Art. 234 Abs. 3 EG zwingen würden[46].

VI. Rechtfertigungsgründe in Drittstaatenfällen

1. Keine abweichenden Rechtfertigungsgründe

Bereits am 6. 6. 2000 stellte der EuGH[47] fest, dass es sich bei dem sogenannten Steuervorbehalt des Art. 58 Abs. 1a, Abs. 3 EG (nur) um die ab 1994 nun auch im Primärrecht kodifizierte bisherige Rechtsprechung des Gerichtshofs zur Beschränkung von Grundfreiheiten handelt. In den Urteilen *Lenz*[48], *Weidert*[49] und *Manninen*[50] bekräftigte er diesen Grundsatz. Der Steuervorbehalt erlaubt den Mitgliedstaaten die Beibehaltung nationaler steuerrechtlicher Vorschriften, die nach dem Wohnort des Steuerpflichtigen differenzieren. Unter Verweis auf seine Rechtsprechung in der Rechtssache *Schumacker*[51] stellt der EuGH klar, dass eine an den Wohnsitz anknüpfende Unterscheidung zwischen unbeschränkter und beschränkter Steuerpflicht keinen gemeinschaftsrechtlichen Bedenken begegnet. Da beide Sachverhalte nicht vergleichbar sind, wirde auch nicht in gemeinschaftsrechtlich relevanter Weise Gleiches ungleich behandelt.

In Urteil vom 14. 3. 2000 entschied der EuGH schließlich in der Rechtssache *Scientologie*[52], dass der „ordre-public-Vorbehalt" (= Rechtfertigungsgrund der Wahrung der öffentlichen Sicherheit und Ordnung) auch bei Drittstaatenbeziehungen eingreifen könne, im konkreten Fall einer Drittstaatenbeziehung aus den USA aber nicht einschlägig war. Schließlich stellte der EuGH im Urteil vom 18. 12. 2007 in der Rechtssache *A*[53] explizit klar, dass Art. 56 EG im Verhältnis zu Drittstaaten grundsätzlich dieselben Wirkungen entfaltet und mit denselben Maßstäben zu messen ist, wie dies bei Transaktionen innerhalb der Gemeinschaft der Fall ist. Er hat damit die von der Bundesrepublik Deutschland dagegen vorgebrachten Argumente[54] im Wesentlichen zurückgewiesen[55]. Soweit die Art. 57 - 60 EG nicht Ausnahmen im Hinblick auf die Geltung der Kapitalverkehrsfreiheit im Verhältnis zu Drittstaaten vorsehen, haben die Mitgliedstaaten nach Ansicht des EuGH bei Erlass des EG-Vertrages von Maastricht explizit in der Absicht gehandelt, im Verhältnis zu Drittstaaten die Kapitalverkehrsfreiheit mit denselben Wirkungen zu gewähren wie im Verhältnis zu anderen Mitgliedstaaten[56].

---

[46] BFH vom 25. 8. 2009 I R 88, 89/07, BFH/NV 2009, 2047 unter III..
[47] EuGH v. 6. 6. 2000, Rs. C-35/98 *Verkooijen*, FR 2000, 720 ff., Tz. 43.
[48] EuGH v. 15. 7. 2004, Rs. C-315/02 *Lenz*, EWS 2004, 361, Tz. 27.
[49] EuGH v. 15. 7. 2004, Rs. C-242/03 *Weidert*, EWS 2004, 365, Tz. 28.
[50] EuGH v. 7. 9. 2004, Rs. C-319/02 *Manninen*, IStR 2004, 680, Tz. 29.
[51] EuGH v. 14. 2. 1995, Rs. C-279/93 *Schumacker*, Slg. 1995, 225.
[52] EuGH v. 14. 3. 2000, Rs. C 54/99 *Église de scientologie*, Slg. 2000, 1335.
[53] EuGH v. 18. 12. 2007, Rs. C-101/05 *A*, IStR 2008, 66.
[54] Stellungnahme der BReG in der EuGH Rs. C-101/05 *A* v. 7. 6. 2005, IStR 2008, 71.
[55] EuGH v. 18. 12. 2007, Rs. C-101/05 *A*, IStR 2008, 66, Rz. 35.
[56] EuGH v. 18. 12. 2007, Rs. C-101/05 *A*, IStR 2008, 66, Rz. 31.

2. Abweichendes rechtliches Umfeld

Dass im Drittstaatenfall aber im Einzelfall ein Rechtfertigungsgrund greifen kann, der bei innergemeinschaftlichen Sachverhalten nicht einschlägig ist, kann daran liegen, dass der Tatbestand des Rechtfertigungsgrundes nur im Drittstaatenfall, nicht aber im innergemeinschaftlichen Kontext erfüllt ist. Da beispielsweise das Europäische Sekundärrecht nicht gegenüber Drittstaaten gilt, hat ein Mitgliedstaat gegenüber einem Drittstaat keinen Anspruch aus der nur innerhalb der Gemeinschaft geltenden Amtshilfe- und Beitreibungsrichtlinie. Ist demnach die Gewährung einer Steuervergünstigung aus einer Drittstaatenbeziehung davon abhängig, dass die Voraussetzungen für diese Steuervergünstigung nur im Auskunftswege von den Finanzbehörden des Drittstaates überprüft werden können, so ist bei fehlender Amtshilfemöglichkeit, die sich auch aus einem DBA ergeben kann, der Rechtfertigungsgrund der Wirksamkeit der Steuerkontrolle gegeben und rechtfertigt die ungünstigere steuerliche Behandlung des Drittstaatenfalles.

Den Rechtfertigungsgrund der Wirksamkeit der Steuerkontrolle hat der EuGH erst jüngst im Urteil vom 19. 11. 2009 in der Rs. C-540/07 *Kommission/Italien* bestätigt. Er hat aus diesem Grund die Erhebung einer Dividenden-Quellensteuer durch Italien bei Outbound-Ausschüttungen an in einem EWR-Staat ansässige Anteilseigner als gerechtfertigt angesehen. Zwischen Italien und den EWR-Staaten galt nämlich weder die nur zwischen Mitgliedstaaten geltende Amtshilferichtlinie, noch existierte eine in den betreffenden DBA`s vereinbarte und damit abgesicherte Amtshilfemöglichkeit[57]. Da Italien nicht die Möglichkeit hatte, die Berechtigung der von der Quellensteuererstattung begünstigten EWR-Anteilseigner im Amtshilfeweg zu überprüfen, ist die innerhalb der Gemeinschaft grundfreiheitsrechtswidrig erhobene Quellensteuer im Verhältnis Italiens und den EWR-Staaten gemeinschaftsrechtlich gerechtfertigt.

Das zeigt, dass der EuGH im Drittstaatenfall keine anderen Maßstäbe als bei innergemeinschaftlichen Sachverhalten anlegt, sondern lediglich wegen eins anderen rechtlichen Umfelds (fehlende zwischenstaatliche Amtshilfemöglichkeit) eine andere Beurteilung vornimmt und die Beschränkung wegen des Eingreifens eines Rechtfertigungsgrundes für gerechtfertigt erklärt. In jedem Fall muss es aber auf die fehlende Amtshilfemöglichkeit - wie der BFH im Urteil I R 7/08[58] zutreffend festgestellt hat - in dem Sinn ankommen, dass sie für die Unmöglichkeit der zutreffenden Feststellung der Besteuerungsgrundlagen ursächlich ist. Ist beispielsweise die Dividendeneigenschaft unstrittig, so kann die Anwendung des § 8b Abs. 5 KStG 2000 auf Drittstaatendividenden nicht mit der Sicherung der Wirksamkeit der Steueraufsicht gerechtfertigt werden. Denn insoweit kommt es auf die fehlende Amtshilfemöglichkeit zwecks Feststellung der Besteuerungsgrundlagen nicht an. Dasselbe gilt nach der Rechtsprechung des EuGH in den Fällen, in denen der Mitgliedstaat bei einer Mindestbeteiligung von 25 % in einem DBA eine Steuerbefreiung gewährt. Auch in diesen Fällen kann der Mitgliedstaat dann nicht die Besteuerung von Streubesitzdividenden aus demselben Staat mit der fehlenden Amtshilfemöglichkeit begründen[59].

VII. Anwendungsvorrang des Art. 56 EG

Sind die vorstehenden Voraussetzungen erfüllt, so darf wegen des Anwendungsvorrangs des Art. 56 EG das diesem entgegenstehende nationale Recht nicht angewandt werden. Derjenige,

---

[57] EuGH v. 19. 11. 2009, Rs. C-540/07, *Kommission/Italien*, BFH/NV 2010, 143, Rz. 69 - 72.
[58] BFH v. 26. 11. 2008 I R 7/08, BFH/NV 2009, 849.
[59] EuGH v. 11. 6. 2009, Rs. C-521/07, *Kommission/Niederlande*, IStR 2009, 499 , Rz. 50.

der sich auf einen Verstoß gegen Art. 56 EG erfolgreich beruft ist dann von dem betroffenen Mitgliedstaat im Hinblick auf seine grenzüberschreitende Transaktion so zu behandeln, als wenn er diese Transaktion im betroffenen Mitgliedstaat vorgenommen hätte (Anspruch auf Inländergleichbehandlung). Nach Ansicht des BFH bedeutet Anwendungsvorrang allerdings nicht, dass die diskriminierende (nationale) Norm unanwendbar, sondern nur, dass sie in EU-rechtskonformer Weise ausgelegt wird[60]. Den Anwendungsvorrang des Art. 56 EG haben Gerichte und Verwaltungsbehörden der Mitgliedstaaten gleichermaßen zu beachten[61].

VIII. Ausblick

1. Verwaltung verweigert Anwendung des Art. 56 EG auf Drittstaatenbeteiligungen

Die vorstehend beschriebenen Möglichkeiten der Anwendung von Art. 56 EG auf Drittstaatenbeziehungen sind augenblicklich in Deutschland zwischen der Rechtsprechung des BFH und der Finanzverwaltung höchst umstritten. Der BFH hat zwischenzeitlich mit zwei Urteilen[62] entschieden, dass eine nationale Beschränkung wie die (in den Jahren von 1999 bis 2003 anwendbare) „5 %-Schachtelstrafe" des § 8b Abs. 5 KStG 2000, die Ende 1998 und damit nach 1993 eingeführt wurde und keine (Mindest-) Beteiligungsschwelle in ihrem Tatbestand vorsieht auch dann gegen Art. 56 EG verstößt, wenn im verwirklichten Sachverhalt eine Drittstaaten-Mehrheitsbeteiligung vorliegt.

Diese BFH-Rechtsprechung (zuletzt im BFH-Urteil I R 7/08 vom 26. 11. 2008) steht im Widerspruch zu zwei Schreiben des BMF[63], in denen die weitere Anwendung von § 8b Abs. 5 KStG 2000 auf Drittstaaten-Mehrheitsbeteiligungen angeordnet wird. Das BMF begründet dies damit, dass die Kapitalverkehrsfreiheit des Art. 56 EG bei Drittstaaten-Mehrheitsbeteiligungen von der exklusiv anwendbaren Niederlassungsfreiheit des Art. 43 EG verdrängt wird. Es beruft sich für seine Ansicht auf zwei EuGH-Entscheidungen, die allerdings zu innergemeinschaftlichen Sachverhalten ergangen sind. Die Verwaltung verweigert damit explizit die Anwendung des Art. 56 EG auf Drittstaaten-Mehrheitsbeteiligungen[64].

Verwaltungsseitig wurde bisher nicht zu erkennen gegeben, ob Art. 56 EG jedenfalls auf nationale Normen ohne Beteiligungsschwelle im Tatbestand anwendbar ist, wenn tatsächlich lediglich eine (Drittstaaten-) **Minderheits**-Beteiligung vorliegt[65]. Zwar hat (bis einschließlich Januar 2010) das BMF keinen (erneuten) Nichtanwendungserlass gegen das BFH-Urteil I R 7/08 verfügt, jedoch hat das unterlegene Finanzamt (FA) am 16. 4. 2009 gegen dieses BFH-Urteil Verfassungsbeschwerde zum BVerfG eingelegt. Dem BFH wird vorgeworfen, er habe dem FA den gesetzlichen Richter entzogen (Art. 101 Abs. 1 GG), weil er kein Vorabentscheidungsersuchen an den EuGH gerichtet hat[66].

---

[60] BFH v. 21. 10. 2009, BFH/NV 2010, 279 unter II.4c)bb).
[61] EuGH v. 5. 7. 1964, 6/64, *COSTA/E.N.E.L.*, Slg. 1964, 1141.
[62] BFH v. 9. 8. 2006 I R 95/05, IStR 2006, 864 und v. 26. 11. 2008 I R 7/08, BFH/NV 2009, 849.
[63] BMF vom 21. 3. 2007, BStBl. I 2007, 302 sowie vom 30. 9. 2008, BStBl I 2008, 940.
[64] *Benecke*, IStR 2009, Heft 13, Länderbericht, Seite 1.
[65] Das Bayerisches Landesamt für Steuern beabsichtigt nach der Verfügung vom 28. 3. 2007 die Anwendung von Art. 56 EG nur bis zu einer Beteiligung von 10 % - S 2750a-17 St31dN, IStR 2007, 716.
[66] *Gosch* in BFH/PR 2009, HaufeIndex 2189009.

Es hat den Anschein, dass die Finanzverwaltung bis zur Entscheidung über die Verfassungsbeschwerde durch das BVerfG die Anwendung der Kapitalverkehrsfreiheit auf Drittstaatenmehrheitsbeteiligungen flächendeckend verweigert. Darauf weisen auch Äußerungen der Finanzverwaltung in einem Verfahren vor dem Finanzgericht Bremen hin[67]. Gegen die im Verfahren strittige Drittstaatenwirkung der Kapitalverkehrsfreiheit auf eine 100 %-Beteiligung nach Kanada wandte das beklagte Finanzamt ein, man müsse den Ausgang der gegen BFH I R 7/08[68] eingelegten Verfassungsbeschwerde abwarten.

2. BFH-Rechtsprechung widerspricht nicht Rechtsprechung anderer Obergerichte

2.1. Rechtsprechung in anderen Mitgliedstaaten zu Art. 56 EG

Die Verwaltung hält an der Differenzierung zwischen EU-/EWR-Dividenden und Drittstaatendividenden bezüglich der Anwendung des § 8b Abs. 5 KStG 2000 bei Kontroll- bzw. Mehrheitsbeteiligungen fest. Sie lehnt die hier vertretene gegenstandsbezogene Betrachtungsweise[69] ab. Sie erkennt zwar in ihrer Auffassung einen Widerspruch zur vorstehend zitierten Rechtsprechung des BFH sowie des High Court[70] im Vereinigten Königreich, sieht sich aber in ihrer Ansicht durch Entscheidungen des Verwaltungsgerichtshofs Österreichs[71] sowie des Hooge Rad der Niederlande[72] bestätigt.

2.2. Keine Zweifel im Sinne von Art. 234 Abs. 3 EG

Art. 234 Abs. 3 EG verpflichtet die letztinstanzlichen Gerichte der Mitgliedstaaten zur Anrufung des EuGH, wenn sich ihnen eine Frage nach der Auslegung des EG-Vertrages stellt und die Zweifel bezüglich der Auslegung des Gemeinschaftsrechts entscheidungserheblich sind[73]. Ist ein nationales Gericht überzeugt, dass auch für die Gerichte der übrigen Mitgliedstaaten und den Europäischen Gerichtshof die gleiche Gewissheit bestünde, dass die sich ihm stellende Rechtsfrage so entschieden werden muss, wie es das nationale Gericht beabsichtigt, so liegen keine nach Art. 234 Abs. 3 EG zur Vorlage an den EuGH verpflichtenden Zweifel vor[74].

Im Verfahren I R 7/08 stellte sich dem BFH die (von ihm bejahte Auslegungs-) Frage, ob auf eine nach 1993 eingeführte Beschränkung in Gestalt der Schachtelstrafe des § 8b Abs. 5 KStG 2000 deren Tatbestand keine Beteiligungsschwelle kennt, bei einer tatsächlich vorliegenden Drittstaaten-Mehrheitsbeteiligung die Kapitalverkehrsfreiheit (Art. 56 EG) anwendbar ist und nicht von der Niederlassungsfreiheit des Art. 43 EG verdrängt wird. Den Kommentierungen von *Gosch*[75] lässt sich entnehmen, dass es dem BFH entscheidend darauf angekommen ist, dass § 8b Abs. 5 KStG 2000 eine Pauschalierung des Grundsatzes des § 3c EStG a. F. darstellt. Nach (damaliger) Ansicht des BFH stellt § 8b Abs. 5 KStG 2000 damit nicht - wie etwa § 8b Abs. 1 KStG 2000 -

---

[67] So das Finanzamt laut Tatbestand des Urteils des FG Bremen vom 28.10.2009, 3 K 34/09, Haufe-Indes 2249708.
[68] BFH v. 26. 11. 2008 I R 7/08, BFH/NV 2009, 849.
[69] Vgl. auch *Rehm/Nagler*, IStR 2009, 249.
[70] UK High Court v. 27. 11. 2008, HC 03C02223.
[71] Österreichischer VwGH v. 17. 4. 2008, 2008/15/0064.
[72] Niederländischer Hooge Raad v. 26. 9. 2008, No. 43339.
[73] EuGH v. 6. 10. 1982, Rs. 283/81, *C.I.L.F.I.T*, Slg. 1982, 3415, Rz. 13, 14.
[74] EuGH v. 6. 10. 1982, Rs. 283/81, *C.I.L.F.I.T.*, Slg. 1982, 3415, Rz. 16.
[75] *Gosch*, BFH/PR 2009, 224 unter 4b).

eine Regelung dar, die auf die Besteuerung von Unternehmensgruppen Anwendung findet und damit die Beschränkung der Niederlassungsfreiheit bezweckt. Nach Auffassung des BFH ist der Regelungstelos des § 8b Abs. 5 KStG 2000 vielmehr neutral. Das hat zur Konsequenz, dass die Niederlassungsfreiheit im Drittstaatenfall die Kapitalverkehrsfreiheit nicht als exklusiv verdrängt, sondern beide Grundfreiheiten parallel anwendbar bleiben.

2.3. BFH weicht von Unternehmensgruppenbesteuerungsrechtsprechung ab

Im Hinblick auf die Aufrechterhaltung der im Urteil I R 7/08 vom 26. 11. 2008 begründete „Unternehmensgruppenrechtsprechung" äußert der BFH aber zwischenzeitlich erhebliche Zweifel. Diese Zweifel resultieren aus der jüngsten EuGH-Rechtsprechung[76] zum Sperrbetrag des § 50c EStG a. F. Der EuGH hat darin nämlich festgestellt, dass diese Vorschrift mangels Beteiligungsschwelle im Tatbestand auch bei tatsächlich bestehender Mehrheitsbeteiligung in erster Linie die Beschränkung Kapitalverkehrsfreiheit des Art. 56 EG bezweckt. Sollte die Regelung zugleich zu einer Beschränkung der Niederlassungsfreiheit des Art. 43 EG führen, so wäre dies die unvermeidliche Folge der Beschränkung der Kapitalverkehrsfreiheit. Der EuGH stellte demnach fest, dass die Vorschrift unabhängig von der tatsächlichen Beteiligungshöhe ausschließlich am Maßstab der Kapitalverkehrsfreiheit zu prüfen sei[77].

Die in dieser Entscheidung vom EuGH vorgenommene Feststellung der Exklusivität der Kapitalverkehrsfreiheit gegenüber der Niederlassungsfreiheit hat nach Ansicht von *Gosch* einen Dissens zwischen BFH und EuGH zutage treten lassen[78]. Der Zweifel bezieht sich auf die vom BFH noch jüngst zu § 50c EStG a. F. entschiedene Konstellation zum sogenannten Doppelumwandlungsmodell. An der aus der „Unternehmensgruppenrechtsprechung" gezogenen Schlussfolgerung, dass die für das Doppelumwandlungsmodell erforderliche Beherrschungssituation dazu führe, dass die Kapitalverkehrsfreiheit in Drittstaatenkonstellationen von der exklusiv anwendbaren Niederlassungsfreiheit verdrängt werde[79], scheint der BFH nicht länger festzuhalten.

Zutreffend wird darauf verwiesen, dass die Feststellung, welche Freiheit durch eine nationale Regelung vordringlich beschränkt werde, Aufgabe des mitgliedstaatlichen Gerichts sei. Die Verweigerung der Anwendung des Art. 56 EG auf eine Drittstaatenkonstellation im Zusammenhang mit dem Doppelumwandlungsmodell bei § 50c EStG a. F. erscheint dem BFH aber angesichts des EuGH-Urteils vom 17.9.2009 in der Rs. C-182/08 *Glaxo Wellcome*[80] zwischenzeitlich zu restriktiv. Zugleich wird darauf hingewiesen, wie angreifbar zwischenzeitlich die noch von der Finanzverwaltung vertretene Ansicht der generellen Nichtanwendung von Art 56 EG auf Drittstaaten(mehrheits)beteiligungen geworden ist[81]. Es dürfte nur eine Frage der Zeit sein, wann auch der BFH im Zusammenhang mit dem (Regelungs-) Gegenstand des § 8b Abs. 1 KStG 2000 die Feststellung treffen wird, dass auch diese Vorschrift, die – wie auch § 8b Abs. 5 KStG 2000 – unabhängig von der tatsächlichen Beteiligungshöhe anwendbar ist, in erster Linie die Beschränkung der Kapitalverkehrsfreiheit bezweckt. Dann hätte der BFH seine Unternehmensgruppenrechtsprechung aufgegeben, noch ehe sie Konturen erlangen konnte.

---

[76] *Gosch*, BFH/PR 2009, 418 unter 7.
[77] EuGH v. 17. 9. 2009, Rs. C-182/08, *Glaxo Wellcome*, BFH/NV 2009, 1941, Rz. 50 - 52.
[78] *Gosch*, BFH/PR 2009, 418 unter 7.
[79] BFH v. 7. 11. 2007, I R 41/05, BFH/NV 2008, 679; Gosch, BFH/PR 2008, 228.
[80] EuGH v. 17. 9. 2009, Rs. C-182/08, *Glaxo Wellcome*, BFH/NV 2009, 1941, Rz. 50 - 52.
[81] *Gosch*, BFH/PR 2009, 418 unter 7b).

Nagler

2.4. Kein Widerspruch des BFH zur Auslegung in den übrigen Mitgliedstaaten

Im Gegensatz zur Ansicht der Finanzverwaltung[82] weicht die Rechtsprechung des BFH auch nicht in gemeinschaftsrechtlich relevanter Art und Weise von den unter 2.1. aufgezählten Entscheidungen der Obergerichte anderer Mitgliedstaaten ab. Offensichtlich ist dies - wie selbst die Verwaltung einräumt - im Hinblick auf die Entscheidung des High Court des Vereinigten Königreichs[83]. Im Rahmen eines „obiter-dictum" hat der High Court feststellt, dass auf Vorschriften ohne Beteiligungsschwelle die Kapitalverkehrsfreiheit im Drittstaatenfall auch bei Mehrheitsbeteiligungen anwendbar ist und nicht von der Niederlassungsfreiheit verdrängt wird. Der Verwaltungsgerichtshof Österreichs[84] hatte hingegen lediglich entschieden, dass (nur) die Kapitalverkehrsfreiheit im Zusammenhang mit dem österreichischen Schachtelprivileg, das eine (Mindest-) Beteiligung von 10 % vorausgesetzt hat, anzuwenden sei. Einen Grund, sich zur Exklusivität der Niederlassungsfreiheit bei tatsächlicher Mehrheitsbeteiligung zu äußern, bestand überhaupt nicht, weshalb eine solche Äußerung auch nicht erfolgt ist.

Der Verwaltung ist allenfalls zuzugeben, dass die Entscheidung des Hooge Rad der Niederlande[85] auf den ersten Blick ihre Ansicht stützt. So hat der Hooge Rad nämlich entschieden, dass auf ein mit § 8b Abs. 5 KStG 2000 vergleichbares Beteiligungskostenabzugsverbot (keine Fiktion sondern eine § 3c EStG a. F. entsprechende Norm des niederländischen Rechts) im Falle einer Drittstaaten-Mehrheitsbeteiligung exklusiv die Niederlassungsfreiheit Anwendung findet und die Kapitalverkehrsfreiheit insoweit verdrängt. Man muss allerdings berücksichtigen, dass das Beteiligungskostenabzugsverbot durch das niederländische Beteiligungsprivileg ausgelöst wurde. Dieses sah vor, dass Beteiligungserträge ab einer Mindestbeteiligung von 5 % steuerbefreit waren. Die das Abzugsverbot auslösende Steuerbefreiung von Schachteldividenden stellte demnach eine – nur auf Unternehmensgruppen anwendbare – Unternehmensgruppenbesteuerungsregelung dar[86].

Wenn aber eine nationale Beschränkung zu beurteilen ist, deren Tatbestand eine Mindestbeteiligung von 5 % erfordert, so hätte wohl auch der BFH – zumindest vor Veröffentlichung des EuGH-Urteils vom 17. 9. 2009 in der Rs. C-182/08 *Glaxo Wellcome*[87] – die Anwendung des Art. 56 EG verneint. Denn auch nach der damaligen Ansicht des BFH hätte es sich bei der niederländischen Beschränkung um eine ausschließlich die Niederlassungsfreiheit des Art. 43 EG betreffende Unternehmensgruppenbesteuerungsregelung (siehe VIII. 2.2. zu § 8b Abs. 1 KStG 2000) gehandelt[88]. Selbst wenn der BFH die Entscheidung des Hooge Rad gekannt hätte, so konnte er seinerseits davon ausgehen, dass auch der Hooge Rad bei einer Regelung ohne Beteiligungsschwelle im Tatbestand zu dem Ergebnis gelangt wäre, dass neben Art. 43 EG auch Art. 56 EG anwendbar bleibt. Aus diesem Grund weicht die Auslegung des BFH gerade nicht, wie dies die Verwaltung unterstellt, von der des Hooge Rad ab und konnte auch nicht zu einer Verletzung der Vorlageverpflichtung nach Art. 234 Abs. 3 EG führen.

---

[82] *Benecke*, IStR 2009, Heft 13, Länderbericht, Seite 1.
[83] UK High Court v. 27. 11. 2008, HC 03C02223.
[84] Österreichischer VwGH v. 17. 4. 2008, 2008/15/0064.
[85] Niederländischer Hooge Raad v. 26. 9. 2008, No. 43339.
[86] Ausführlich hierzu *Rehm/Nagler*, GmbHR 2009, 555.
[87] EuGH v. 17. 9. 2009, Rs. C-182/08, *Glaxo Wellcome*, BFH/NV 2009, 1941, Rz. 50 - 52.
[88] *Gosch*, BFH/PR 2009, 224.

2.5. Kein Verstoß des BFH gegen Art. 101 Abs. 1 Satz 2 GG

Die vorstehenden Ausführungen zeigen, dass die Rechtsprechung der Obergerichte der anderen Mitgliedstaaten, selbst wenn der BFH sie gekannt und berücksichtigt hätte, nicht geeignet ist, gemeinschaftsrechtliche Zweifel an der von ihm im Urteil I R 7/08 vom 26. 11. 2008 vorgenommenen Auslegung des Art. 56 EG zu begründen. Damit eine offenkundige Verletzung der Vorlageverpflichtung nach Art. 234 Abs. 3 EG in Gestalt eines Verstoßes gegen Art. 101 Abs. 1 Satz GG vorliegt, müsste der BFH aber als zur Vorlage verpflichtetes letztinstanzliches Gericht den ihm zukommenden Beurteilungsrahmen in unvertretbarer Weise überschritten haben.

Eine solche willkürliche Überschreitung des dem BFH zukommenden Beurteilungsspielraums liegt aber selbst dann nicht vor, wenn man annehmen würde, dass bezüglich der Abgrenzung des Anwendungsbereichs der Kapitalverkehrsfreiheit (Art. 56 EG) von der Niederlassungsfreiheit (Art. 43 EG) in Bezug auf eine beschränkende nationale Norm ohne Beteiligungsschwelle noch keine einschlägige EuGH-Rechtsprechung vorliegt bzw. die bereits existierende EuGH-Rechtsprechung des EuGH diese Frage noch nicht erschöpfend beantwortet hat[89]. Der BFH konnte auf Basis der bisherigen EuGH-Rechtsprechung und insbesondere dem EuGH-Urteil vom 24. 5. 2007 in der Rs. C-157/05 *Holböck*[90] davon ausgehen, dass bei nationalen Normen ohne Beteiligungsschwelle Art. 56 EG im Drittstaatenfall anwendbar ist und nicht von Art. 43 EG verdrängt wird.

Diese Rechtsprechung des BFH erfuhr durch das Urteil des EuGH vom 17. 9. 2009 in der Rs. C-182/08 *Glaxo Wellcome*[91] ihre eindrucksvolle Bestätigung.

3. Argumente gegen Verwaltungsansicht

Die Verwaltung[92] und die ihr zuzurechnende Literatur[93] halten an der Kombination von gegenstandsbezogener und sachverhaltsbezogener Betrachtungsweise fest und lehnen die BFH-Rechtsprechung ab. Auch bei Normen ohne Beteiligungsschwelle, bei denen die gegenstandsbezogene Betrachtungsweise unabhängig von der tatsächlich verwirklichten Beteiligungshöhe die Anwendung des Art. 56 EG (ggf. parallel neben Art. 43 EG) vorsieht, soll es demnach (sachverhaltsbezogen) auf die tatsächlich verwirklichte Beteiligungshöhe ankommen[94]. Die gegenteilige Ansicht von Teilen der Literatur sowie des BFH wird dabei als überholt bezeichnet[95]. Schon ab einer tatsächlichen Beteiligung von 10 % soll in Drittstaatenfällen auch bei nationalen Normen ohne Beteiligungsschwelle die Kapitalverkehrsfreiheit von der exklusiv anwendbaren Niederlassungsfreiheit verdrängt werden[96]. Für die Anwendung von Art. 56 EG in Drittstaatenfällen bliebe nach dieser Ansicht dann nur noch der Bereich der Streubesitzdividenden im Zusammenhang mit Besteuerungsregelungen ohne Beteiligungsschwelle. Diese Ansicht ist aus mehreren Gründen zurückzuweisen.

---

[89] BVerfG v. 4. 9. 2008, 2 BvR 1321/07, BFH/NV 2009, 110.
[90] EuGH vom 24. 5. 2007, Rs. C-157/05, *Holböck*, IStR 2007, 441, Rz. 33.
[91] EuGH v. 17. 9. 2009, Rs. C-182/08, *Glaxo Wellcome*, BFH/NV 2009, 1941, Rz. 50 - 52.
[92] BMF v. 21. 3. 2007, BStBl. I 2007, 302.
[93] *Wunderlich/Blaschke*, IStR 2008, 754.
[94] *Benecke*, IStR 2009, Heft 13, Länderbericht, Seite 1.
[95] *Mitschke*, FR 2009, 898, 902.
[96] *Wunderlich/Blaschke*, IStR 2008, 754, 758, Fn. 50.

3.1. Art. 56 EG bezweckt Anwendung auf Drittstaaten-Mehrheitsbeteiligungen

Bis zur Einführung der Kapitalverkehrsfreiheit zum 1. 7. 1990 im Rahmen der Kapitalverkehrs-RL[97] war auf eine Beteiligung, die keinen sicheren Einfluss auf die Beteiligungsgesellschaft im Sinne des Art. 43 EG (damals Art. 52 EGV) ermöglichte, lediglich das Allgemeine Diskriminierungsverbot des Art. 12 EG (damals Art. 6 EGV) anwendbar. Ansonsten genossen solche (Minderheits-) Beteiligungen auch in innergemeinschaftlichen Fällen keinen besonderen Schutz. Mit der Kapitalverkehrsrichtlinie wurden solche (Minderheits-) Beteiligungen erstmals durch eine spezielle Grundfreiheit geschützt, wobei die Kapitalverkehrsrichtlinie einschließlich ihres Anhangs einstimmig von den Mitgliedstaaten als Herren der Verträge verabschiedet wurde. Damit spiegelt schon die „Nomenklatur für den Kapitalverkehr gemäß Art. 1 der Kapitalverkehrsrichtlinie"[98] den Willen der Mitgliedstaaten nach einem weiten Anwendungsbereich der Kapitalverkehrsfreiheit wieder.

Mit dem Vertrag über die Europäische Union von Maastricht (EGV) wurde in Gestalt des heutigen Art. 56 Abs. 1 EG (damals Art. 73b EGV) mit Wirkung ab. 1. 1. 1994 die Geltung der Kapitalverkehrsfreiheit auf Drittstaaten erweitert. Mit Art. 57 Abs. 1 EG (Art. 73c EGV) haben die Mitgliedstaaten aber zugleich mitgliedstaatliche Alt-Beschränkungen, die zum Stichtag 31. 12. 1993 bereits bestanden haben und im Zusammenhang mit bestimmten „Anlageformen" stehen, im Hinblick auf Drittstaatenbeziehungen dem Anwendungsbereich des Art. 56 Abs. 1 EG entzogen. Eine dieser „Anlageformen" des Art. 57 Abs. 1 EG stellen die im Anhang I der „Nomenklatur für den Kapitalverkehr gemäß Art. 1 der Kapitalverkehrsrichtlinie"[99] definierten Direktinvestitionen dar. Als Direktinvestitionen qualifizieren demnach 100 %-Beteiligungen an Tochtergesellschaften sowie andere Beteiligungen an Gesellschaften, bei denen die Beteiligung dem Anteilseigner die tatsächliche Möglichkeit gibt, sich an der Verwaltung oder Kontrolle der Gesellschaft zu beteiligen[100] [101].

In Kenntnis der Begrifflichkeiten der bereits ab 1. 7. 1990 geltenden Kapitalverkehrsrichtlinie sowie ihres Direktinvestitionsbegriffs, haben die Mitgliedstaaten im Jahr 1992 mit Wirkung ab 1. 1. 1994 die Drittstaaten-Wirkung der Kapitalverkehrsfreiheit eingeführt. Mit der in Art. 57 Abs. 1 EG gegenüber Drittstaaten vorgenommenen Bereichsausnahme für im Zusammenhang mit Direktinvestitionen stehende Alt-Beschränkungen haben die Mitgliedstaaten zugleich klargestellt, dass sich nach 1993 von den Mitgliedstaaten eingeführte Neu-Beschränkungen, wie beispielsweise die „5 %-Schachtelstrafe des § 8b Abs. 5 KStG 2000, am Maßstab des Art. 56 EG messen lassen müssen. Würde man nun der Ansicht der Verwaltung folgen, wonach generell bei einer tatsächlich vorliegenden Mehrheitsbeteiligung die Kapitalverkehrsfreiheit von der Niederlassungsfreiheit verdrängt würde, so würde der in Art. 57 Abs. 1 EG statuierte Direktinvestitionsbegriff im Zusammenhang mit Beteiligungen völlig leerlaufen[102].

Wenn schon eine Mehrheitsbeteiligung die Exklusivität der Niederlassungsfreiheit gegenüber der Kapitalverkehrsfreiheit bewirkt, dann würde sich die Vorschrift des Art. 57 Abs. 1 EG im Hinblick auf die Bereichsausnahme für Direktinvestitionen als überflüssig herausstellen. Die

---

[97] Richtlinie 88/361/EWG zur Durchführung von Art. 67 der Einheitlichen Europäischen Akte (EEA), Abl.EG 1988, Nr. L 178/5.
[98] ABl.EG v. 8. 7. 1988, Nr L 178/8 - 12.
[99] ABl.EG v. 8. 7. 1988, Nr L 178/8-12.
[100] ABl.EG v. 8. 7. 1988, Nr L 178/8 unter römisch I.
[101] ABl.EG v. 8. 7. 1988, Nr L 178/11 Absätze 1, 2 und 3 unter Begriffsbestimmungen.
[102] *Cordewener*, IWB Fach 11, Gruppe, 2 Seite 995, 999.

Ausnahme des Art. 57 Abs. 1 EG kann nämlich überhaupt nur ihre Funktion erfüllen, wenn auf solche Beteiligungen dem Grunde nach Art. 56 EG anwendbar ist. Wenn bei Beteiligungen von mehr als 50 % aber schon vor Einführung des Art. 56 EG ausschließlich die Niederlassungsfreiheit anwendbar gewesen wäre, dann hätte sich das mit Einführung des Art. 56 EG nicht geändert und die Stillhalteklausel des Art. 57 Abs. 1 EG wäre insoweit überflüssig.

Das hat wohl auch die Verwaltung erkannt und vertritt demnach die Ansicht, dass der Begriff der Direktinvestition nicht mit einer wesentlichen oder beherrschenden Beteiligung, bei der ausschließlich die Niederlassungsfreiheit des Art. 43 EG eingreife, gleichzusetzen sei[103]. Aus der Tatsache, dass nach dem in der Nomenklatur zum Kapitalverkehr niedergelegten Direktinvestitionsbegriff auch eine 100 %-Beteiligung an einer Kapitalgesellschaft als Direktinvestition qualifiziert, lässt sich aber – im Widerspruch zur Verwaltungsansicht – der Wille der Vertragsstaaten des EG-Vertrages entnehmen, ab 1.1.1994 auch 100 %-Beteiligungen in Drittstaaten dem Schutz der Kapitalverkehrsfreiheit zu unterwerfen. Das ist die Feststellung des mitgliedstaatlichen Willens und nicht ein Verkennen des Direktinvestitionsbegriffs[104].

3.2. Wille der Mitgliedstaaten zu beachten

Es mag dem aktuellen Willen der Regierung der Bundesrepublik Deutschland nicht entsprechen, dass Art. 56 EG ab 1994 auch Neu-Beschränkungen im Zusammenhang mit Drittstaatenmehrheitsbeteiligungen verbietet. Für die Auslegung der Regelungen des EG-Vertrages ist aber nicht der fiskalisch motivierte aktuelle Wille eines Mitgliedstaats, sondern vielmehr der erstmals im Vertrag über die Europäische Union von Maastricht unmissverständlich zum Ausdruck gekommene Wille aller Mitgliedstaaten als der Herren der Verträge heranzuziehen. Der Art. 57 Abs. 1 EG zu entnehmende Wille der Mitgliedstaaten sieht die Anwendung des Art. 56 EG auch auf Mehrheitsbeteiligung vor, wenn es sich um Neu-Beschränkungen handelt und widerspricht damit der Verwaltungsthese vom generellen Zurücktreten der Kapitalverkehrsfreiheit bei Drittstaaten-Mehrheitsbeteiligungen hinter eine (andere) exklusiv anwendbare Grundfreiheit (Exklusivitätsthese).

Man kann nämlich den Vätern des EG-Vertrages (von Maastricht) nicht unterstellen, dass sie eine sinnlose Vorschrift in den Vertrag hineinschreiben wollten. Da die Anwendung von Art. 57 Abs. 1 EG voraussetzt, dass Direktinvestitionen in Gestalt von Mehrheitsbeteiligungen am Maßstab des Art. 56 EG gemessen werden können, muss bei Direktinvestitionen und damit auch bei (Drittstaaten-) Mehrheitsbeteiligungen an Kapitalgesellschaften der Anwendungsbereich der Kapitalverkehrsfreiheit eröffnet sein können. Die Exklusivitätsthese der Verwaltung steht demnach explizit im Widerspruch zum „Telos" der Regelung des Art. 57 Abs. 1 EG und damit auch zum einstimmigen Willen der Mitgliedstaaten, wie er in Art. 73b/c EGV erstmals zum Ausdruck gekommen ist.

Dagegen argumentiert das verwaltungsnahe Schrifttum, Art. 57 Abs. 1 EG sei keine sinnlose Vorschrift, sondern lediglich die generelle Anordnung, dass mitgliedstaatliche Regelungen, soweit sie im Zusammenhang mit bestimmten Niederlassungsvorgängen stehen und zum 31.12.1993 bestanden haben (Alt-Beschränkungen), nicht am Maßstab der Kapitalverkehrsfreiheit geprüft werden dürfen. Wird eine solche Beschränkung nach 1993 eingeführt, so soll man zwar eine Prüfung am Maßstab des Art. 56 EG vornehmen können, gelangt dann aber zum

---

[103] *Wunderlich/Blaschke*, IStR 2008, 754, 760 unter 3.2.1.1.

[104] So aber *Wunderlich/Blaschke*, IStR 2008, 754, 760 in Fn. 68 unter Verweis auf das Verkennen von *Rehm/Nagler*, IStR 2008, 153, 155.

Ergebnis, dass wegen der tatsächlich zu beurteilenden Mehrheitsbeteiligung Art. 56 EG von der exklusiv anwendbaren Niederlassungsfreiheit verdrängt wird.[105]

Träfe dies zu, so wäre aber die Differenzierung zwischen Alt- und Neubeschränkung und damit auch Art. 57 Abs. 1 EG überflüssig. Bezweckt eine nationale Regelung in erster Linie die Beschränkung der Niederlassungsfreiheit und verdrängt damit auch in Drittstaatenfällen die Kapitalverkehrsfreiheit, so spielt es für die Verdrängungswirkung keine Rolle, ob die Regelung vor oder nach 1993 eingeführt wurde. Der in Art 57 Abs. 1 EG zum Ausdruck kommende Wille der Mitgliedstaaten, nur Alt-Beschränkungen im Zusammenhang mit bestimmten Anlageformen aus dem Anwendungsbereich des Art. 56 EG herauszunehmen, würde damit völlig verkannt. Die Meinung des verwaltungsnahen Schrifttums steht im Widerspruch zum Willen der Mitgliedstaaten, wie er in Art. 57 Abs. 1 EG zum Ausdruck gekommen ist.

Gegen die Verwaltungsansicht sprich schließlich auch die ab 1. 12. 2009 geltende Neufassung des Art. 57 EG in Gestalt der Einfügung eines Absatzes 3 in Art. 64 AEUV. Darin wird der Rat (der EU) ermächtigt, in einem speziellen Verfahren einstimmig hinsichtlich des Kapitalverkehrs gegenüber Drittstaaten Maßnahmen zu beschließen, die einen Liberalisierungsrückschritt darstellen. Da diese Ermächtigung nur für den Bereich der Alt-Beschränkungen gilt, wäre sie nicht nötig, wenn im Bereich der Alt-Beschränkungen nach 1993 die Niederlassungsfreiheit jeweils die Kapitalverkehrsfreiheit als exklusiv verdrängen würde.

3.3. Widerspruch zur EuGH-Rechtsprechung in „Golden-Share-Fällen"

Die Lehre von der Exklusivität der anderen Grundfreiheit widerspricht auch der Rechtsprechung des EuGH in den sogenannten „Golden Share"-Fällen. Darin konstatiert der EuGH in mittlerweile ständiger Rechtsprechung einen Verstoß gegen Art. 56 EG, wenn mitgliedstaatliche Regelungen den Erwerb von Anteilen an Kapitalgesellschaften ab einer bestimmten Beteiligungsschwelle (konkret waren dies 10 %, 20 %, 25 % oder 33 %) untersagen, von einer Genehmigung abhängig machen oder dem Staat beteiligungsunabhängig Sonderrechte einräumen. Zu der in diesen Regelungen zugleich liegenden Beschränkung der Niederlassungsfreiheit bemerkt der EuGH, dass die gleichzeitig vorliegende Beschränkung des Art. 43 EG lediglich eine zwangsläufige Folge der Beschränkung des Art. 56 EG darstelle und ihr insoweit keine eigenständige Bedeutung zukomme[106].

Zu dieser EuGH-Rechtsprechung steht die Exklusivitätsthese, wonach Art. 56 EG bei einer tatsächlich vorliegenden Mehrheitsbeteiligung hinter Art. 43 EG zurücktreten soll, ebenfalls im Widerspruch. Auch die „Golden-Share-Rechtsprechung" stützt die These, dass eine (ohne Mindestbeteiligungserfordernis) lediglich an eine Beteiligung anknüpfende nationale Regelung in erster Linie die Kapitalverkehrsfreiheit zu beschränken bezweckt und ein möglicher Verstoß gegen Art. 43 EG (bei qualifizierten Mehrheitsbeteiligungen) hinter den Verstoß gegen Art. 56 EG zurücktritt. In zwei seiner weiteren „Golden-Share-Entscheidungen" hat der EuGH die Parallelität von Art. 56 EG mit Art. 43 EG unter Vorrang des Art. 56 EG[107] bekräftigt.

---

[105] Mitschke, FR 2009, 898, 902.

[106] EuGH v. 4. 6. 2002, Rs. C-367/98 Kommission/Portugiesische Republik, Slg. 2002, 4731, Rz. 56; EuGH v. 4. 6. 2002, Rs. C-483/99 Kommission/Frankreich - Elf Aquitaine, Slg. 2002, 4781, Rz. 55; EuGH v. 13. 5. 2003 Rs. C-463/00 Kommission/Spanien, Slg. 2003, 4581, Rz. 86; EuGH v. 28. 9. 2006 Rs. C-282/04 und C-283/04 Kommission/Niederlande - Universalpostdienst, Slg. 2006, 9141, Rz. 43

[107] EuGH v. 4. 6. 2002, Rs. C-503/99 Kommission/Belgien, Slg. 2002, 4809, Rz. 57 - 59; EuGH v. 23. 10. 2007, Rs. C-112/05 Kommission/Bundesrepublik Deutschland - VW, Slg. 2007, 8995, Rz. 16, 86.

Hiergegen wird eingewandt, die „Golden Share-Rechtsprechung" des EuGH lasse die Kriterien der zutreffenden Abgrenzung zwischen den Grundfreiheiten offen. Diese Argumentation kann spätestens mit dem Urteil des EuGH vom 17. 9. 2009 in der Rs. C-182/08 *Glaxo Wellcome*[108] als widerlegt betrachtet werden. Wenn eine mitgliedstaatliche Regelung an den Beteiligungserwerb von einem Ausländer – unabhängig von der Höhe der erworbenen Beteiligung – steuerlich nachteilige Folgen knüpft, dann ist das entscheidende Abgrenzungskriterium der Umstand, dass die mitgliedstaatliche Regelung auch den Erwerb von Kleinstbeteiligungen zu behindern geeignet ist. Damit hat der EuGH seine Rechtsprechung fortgesetzt, wonach nationale Beschränkungen ohne Mindestbeteiligungserfordernis vorrangig die Beschränkung der Kapitalverkehrsfreiheit betreffen. Es entspricht der „Golden Share-Rechtsprechung", die ebenfalls für die vorrangige Anwendung der Kapitalverkehrsfreiheit darauf abstellt, dass ein vollständiger Anteilserwerb durch eine bestimmte Mindestbeteiligung bzw. Sonderrechte des Staates verhindert wird und damit ein vollständiger Anteilserwerb nicht möglich ist.

3.4. Einbeziehung von Drittstaatenmehrheitsbeteiligungen in die Kapitalverkehrsfreiheit

Man könnte versucht sein, die sachverhaltsbezogene Betrachtungsweise mit dem Umstand zu rechtfertigen, dass vor dem Jahr 1994 auch Drittstaaten-Minderheitsbeteiligungen ungeschützt waren. Es sei demnach von den Mitgliedstaaten nicht gewollt gewesen, dass ab 1994 sämtliche Drittstaaten-Beteiligungen und nicht nur Drittstaaten-Minderheitsbeteiligungen von der Einführung der Kapitalverkehrsfreiheit des Art. 56 EG profitieren. Damit ließe sich die Rechtsprechung des EuGH zu innergemeinschaftlichen Sachverhalten, wonach auf Mehrheitsbeteiligungen grundsätzlich die Niederlassungsfreiheit Anwendung findet, problemlos auch auf Drittstaatenbeziehungen übertragen. Drittstaaten-Mehrheitsbeteiligungen wären dann auch nach 1993 nicht von der Kapitalverkehrsfreiheit geschützt, da dann immer die Exklusivität der Niederlassungsfreiheit im innergemeinschaftlichen Sachverhalt den Ausschluss der Anwendung der Kapitalverkehrsfreiheit zur Folge hätte. Diese Verweigerung des Inländergleichbehandlungsanspruches für Drittstaatenmehrheitsbeteiligungen dürfte dem aktuellen Willen vieler Mitgliedstaaten entsprechen. Mit einer solchermaßen restriktiven Gewährung der Grundfreiheiten des EG-Vertrages könnten - aus Sicht der Mitgliedstaaten - beim Abschluss des EG-Vertrages nicht erkannte Fehlentwicklungen korrigiert werden.

Man würde damit aber den in den Artikeln 56 Abs. 1 EG und Art. 57 Abs. 1 EG zum Ausdruck kommenden abweichenden (historischen) Willen der Mitgliedstaaten übergehen. Nach dem sollte ab 1994 auch auf bestimmte Kapitalverkehrstransaktionen in Bezug auf Drittstaaten-Mehrheitsbeteiligungen (=Direktinvestitionen) ein Anspruch auf Inländergleichbehandlung gewährt werden, der vorher nicht gewährt wurde. Dies belegt schließlich auch die Neueinfügung des Art. 64 Abs. 3 AEUV. Als Herren der Verträge wollten die Mitgliedstaaten auch im Vertrag von Lisabon dem Rat und nur diesem unter eng begrenzten Voraussetzungen für bestimmte Bereiche eine Rücknahme der Liberalisierung des Kapitalverkehrs gegenüber Drittstaaten erlauben. Auch diese Ausnahme des Art. 64 Abs. 3 AEUV würde weitgehend hinfällig werden, denn ein einzelner Mitgliedstaat unter Berufung auf die vorrangige Niederlassungsfreiheit einer Drittstaaten-Mehrheitsbeteiligung den Schutz des Art. 56 EG entziehen könnte.

3.5. Auch der EuGH kann sich nicht über die Art. 56, 57 Abs. 1 EG hinwegsetzen

Schließlich müssen sich die Kritiker der Rechtsprechung des EuGH auch darüber im Klaren sein, dass auch der EuGH, selbst wenn er dies im Interesse einzelner Mitgliedstaaten wollte, sich über den EG-Vertrag nicht hinwegsetzen kann. Nach Art. 220 EG besteht die Aufgabe des EuGH in der

---

[108] EuGH v. 17. 9. 2009, Rs. C-182/08, *Glaxo Wellcome*, BFH/NV 2009, 1941, Rz. 50 - 52.

Auslegung des Gemeinschaftsrechts und damit auch des EG-Vertrags. Nach den allgemeinen Auslegungsgrundsätzen ist auch der EuGH an den Wortlaut des Gemeinschaftsrechts, seinen Systemzusammenhang und nicht zuletzt den darin zum Ausdruck kommenden Willen der Vertragsparteien (Mitgliedstaaten) gebunden. Der EuGH muss daher auch die von den Mitgliedstaaten in Art. 57 Abs. 1 EG getroffene Regelung beachten und darf sich darüber nicht einfach hinwegsetzen.

Das hat zur Folge, dass er in Drittstaatenfällen bei einer tatsächlichen Mehrheitsbeteiligung nicht der sachverhaltsbezogenen Betrachtungsweise folgen und die Unanwendbarkeit des Art. 56 EG auf Neubeschränkungen judizieren kann. Würde er dies tun, so würde er gegen den in Art. 57 Abs. 1 EG bzw. Art. 64 Abs. 3 AEUV zum Ausdruck gelangten Willen der Mitgliedstaaten, dass auch für Drittstaaten-Mehrheitsbeteiligungen ab 1. 1. 1994 keine Neu-Beschränkungen mehr eingeführt und ab 1. 12. 2009 Liberalisierungsrückschritte nur nach Maßgabe des Art. 64 Abs. 3 AEUV erfolgen dürfen, missachten.

Das sollten diejenigen bedenken, die der jüngeren Rechtsprechung des EuGH eine Hinwendung zur sachverhaltsbezogenen Betrachtungsweise entnehmen möchten[109]. Wenn der EuGH in seinen Entscheidungen dem nationalen Gericht seine allgemeine Grundsätze zur Anwendung von Art. 56 EG auf Drittstaatensachverhalte darlegt[110], so darf und wird er sich über den in Art. 57 Abs. 1 EG zutage getretenen Willen der Parteien des EG-Vertrages nicht hinwegsetzen können und wollen.

3.6. BFH-Rechtsprechung vermeidet sinkenden Schutz bei steigender Beteiligung

Würde bei einer Mehrheitsbeteiligung die Exklusivität der Niederlassungsfreiheit (Art. 43 EG) die Kapitalverkehrsfreiheit (Art. 56 EG) „per se" verdrängen, so stünde ein Steuerpflichtiger mit einer Streubesitzbeteiligung wegen der Drittstaatenwirkung des Art. 56 EG besser da als der eine Mehrheitsbeteiligung haltende Direktinvestor. Dass mit steigender Beteiligungshöhe der Schutz aus den Grundfreiheiten des EG-Vertrages entfallen soll ist ebenfalls ein Widerspruch, den die gegenstandsbezogene Betrachtungsweise von EuGH und BFH, wonach es auf den „Telos" der Norm und nicht auf die sachverhaltsbezogene Betrachtungsweise unter Berücksichtigung der tatsächlichen Beteiligungshöhe ankommt, vermeidet[111]. Mit der Anwendung des Art. 56 EG auf Drittstaaten Mehrheitsbeteiligungen berücksichtigt der BFH im Urteil I R 7/08[112] sowohl Art 56 EG, als auch die Einschränkung des Art. 57 Abs. 1 EG. Zugleich vermeidet er den Widerspruch, dass mit zunehmender Beteiligung der Schutz bei Drittstaatenbeziehungen abnimmt.

Auch die Verfechter der sachverhaltsbezogenen Betrachtungsweise verkennen diesen Widerspruch nicht. Sie rechtfertigen aber die von ihnen favorisierte beschränkte Anwendung der Kapitalverkehrsfreiheit auf Drittstaatenminderheitsbeteiligungen mit dem (auch) im deutschen Handels- und Gesellschaftsrecht statuierten Schutz von Minderheitsaktionären[113]. Da es sich beim Minderheitenschutz um ein wichtiges gesellschaftspolitisches Anliegen handelt, muss eher der „Schwache", als der „Starke" (von der Kapitalverkehrsfreiheit) geschützt werden[114].

---

[109] *Mitschke*, FR 2009, 898, 902.
[110] EuGH v. 4. 6. 2009, Rs. C-439/07 *KBC-Bank* u. Rs. C-499/07 *Beleggen Risikokapitaal*, IStR 2009, 494, Rz. 61-71.
[111] *Gosch*, BFH/PR 2009, 224.
[112] BFH v. 26. 11. 2008 I R 7/08, BFH/NV 2009, 849.
[113] *Mitschke*, FR 2009, 898, 902.
[114] *Mitschke*, FR 2009, 898, 902.

Nagler

Diese Argumentation wurde schon vom BFH in der mündlichen Verhandlung am 26.11.2008 in der Rechtssache I R 7/08[115] als wenig überzeugend bezeichnet. Sie leidet vor allem darunter, dass sich die Schutzbedürftigkeit im Handels- und Gesellschaftsrecht aus Gründen ergibt, deren Transfer auf das Gebiet des Gemeinschaftsrechts nicht geeignet ist, den Widerspruch einer zunehmenden Schutzlosigkeit mit zunehmender Beteiligungshöhe zu rechtfertigen.

Im Gesellschaftsrecht bedarf nämlich der Mehrheitsbeteiligte (im Gegensatz zum Minderheitsbeteiligten) keines Schutzes, weil er seine Interessen aufgrund seiner Beteiligungshöhe gegenüber der (schutzbedürftigen) Minderheit durchzusetzen vermag. Bei der Anwendung des Art. 56 EG auf Drittstaatenbeteiligungen entfällt aber die Schutzbedürftigkeit des Beteiligten vor dem jeweiligen Mitgliedstaat als Adressat des Anspruchs auf Inländergleichbehandlung nach Art. 56 EG nicht dadurch, dass er die Mehrheit der Anteile hält. Schließlich haben – wie vorstehend ausgeführt wurde – die Mitgliedstaaten auch Drittstaatenbeteiligungen in den Schutzbereich des Art. 56 EG einbezogen und damit zu erkennen gegeben, dass eine nach Beteiligungshöhe differenzierende Schutzbedürftigkeit nicht besteht. Wenn aber eine Schutzbedürftigkeit gegenüber dem jeweiligen Mitgliedstaat unabhängig von der konkreten Beteiligungshöhe besteht, sind die dem Gesellschaftsrecht entstammenden Grundsätze über den Minderheitenschutz nicht geeignet, die von der Verwaltung favorisierte Beschränkung der Anwendung des Art. 56 EG auf Minderheitsbeteiligungen vernünftig zu rechtfertigen.

XI. Zusammenfassung

1. Faktisch begrenzter Anwendungsbereich für Drittstaatenwirkung des Art. 56 EG

Dem vorstehend beschriebenen Prüfungsschema für die Anwendung von Art. 56 EG auf Drittstaatenbeziehungen lässt sich entnehmen, dass die Drittstaatenwirkung der Kapitalverkehrsfreiheit nur für eine überschaubare Zahl steuerlicher Vorschriften in Frage kommt. So fallen wegen der am Gegenstand der beschränkenden Norm orientierten Betrachtungsweise bereits sämtliche mitgliedstaatlichen Beschränkungen aus der Prüfung am Maßstab des Art. 56 EG, soweit ihr Hauptzweck in der Beschränkung einer anderen Grundfreiheit als der Kapitalverkehrsfreiheit liegt.

Für mitgliedstaatliche steuerliche Regelungen im Zusammenhang mit Beteiligungen bedeutet dies, dass die Kapitalverkehrsfreiheit des Art. 56 EG auf Drittstaatenbeteiligungen nur dann anwendbar ist, wenn der Tatbestand der beschränkenden nationalen Vorschrift keine oder nur eine unwesentliche (Mindest-) Beteiligungsschwelle vorsieht und damit nicht vorrangig die Beschränkung der Niederlassungsfreiheit bezweckt (gegenstandsbezogene Betrachtungsweise). Liegt dieser Fall vor, so erfolgt – entgegen der abzulehnenden sogenannten sachverhaltsbezogenen Betrachtungsweise – die Anwendung des Art. 56 EG auf Drittstaatenbeziehungen auch in den Fällen, in denen tatsächlich eine Mehrheitsbeteiligung vorliegt.

Aus dem in der Stillhalteklausel des Art. 57 Abs. 1 EG zum Ausdruck kommenden Willen der Herren des Vertrages über die Europäische Union von Maastricht ergibt sich, dass die Kapitalverkehrsfreiheit ab 1.1.1994 in Bezug auf Neu-Beschränkungen auch auf Drittstaaten-Mehrheitsbeteiligungen (= Direktinvestitionen) anwendbar sein soll. Die sachverhaltsbezogene Betrachtungsweise, die zur Nichtanwendung des Art. 56 EG bei Mehrheitsbeteiligungen führt,

---

[115] BFH v. 26.11.2008 I R 7/08, BFH/NV 2009, 849.

widerspricht insoweit auch den Regelungen des EG-Vertrages. Sie würde nämlich die Stillhalteklausel des Art. 57 Abs. 1 EG bei (Mehrheits-) Beteiligungen weitgehend überflüssig machen.

Im Verhältnis zu Drittstaaten können Rechtfertigungsgründe für eine Beschränkung vorliegen, die gegenüber anderen Mitgliedstaaten wegen des abweichenden rechtlichen Umfelds nicht mehr greifen. Nimmt allerdings eine nationale Beschränkung alle diese Hürden, so ist es von den Vätern des EG-Vertrages gewollt, dass auch im Drittstaatenfall wegen Verstoßes gegen Art. 56 EG ein Anspruch auf Inländergleichbehandlung gegen den jeweiligen Mitgliedstaat besteht. Das beweist nicht zuletzt auch der neue Art. 64 Abs. 3 AEUV, der Liberalisierungsrückschritte hinsichtlich der Anwendung der Kapitalverkehrsfreiheit auf Drittstaaten in Bezug auf die von den Alt-Beschränkungen erfassten Regelungsbereiche einem einstimmigen Beschluss des Rates in einem gesonderten Verfahren vorbehält. Die außerhalb dieses Verfahrens bewirkten Rückschritte verstoßen daher auch gegen den Willen der Mitgliedstaaten, wie er im EG-Vertrag zum Ausdruck kommt.

2. Empfehlung

Die dargestellte Entwicklung ist eine Augenblicksbetrachtung, die möglicherweise im Zeitpunkt der Drucklegung des Buches schon wieder Veränderungen durch die Rechtsprechung (des EuGH aber auch der nationalen Obergerichte der einzelnen Mitgliedstaaten) erfahren hat. Dies gilt insbesondere zum Themenkomplex Abgrenzung der Niederlassungs- von der Kapitalverkehrsfreiheit bei tatsächlich vorliegender Mehrheitsbeteiligung. Zur Vermeidung von Rechtsnachteilen wird daher nachdrücklich empfohlen, die Entwicklung der Rechtsprechung zu diesem im Fluss befindlichen Themenkomplex aufmerksam zu verfolgen.

Nagler

3. Das Korrespondenzprinzip bei verdeckten Gewinnausschüttungen und Einlagen bei grenzüberschreitenden Sachverhalten

von Dipl.-Vw. Christian Ehlermann, Steuerberater, München (Partner Deloitte & Touche GmbH) und Mag. Katja Nakhai, Steuerberaterin, München (Senior Manager Deloitte & Touche GmbH)[*]

Inhaltsübersicht

A. Einleitung
B. Das Korrespondenzprinzip bei verdeckten Gewinnausschüttungen
  I. Regelungsinhalt
  II. EG-rechtliche Beurteilung
  III. Fallbeispiele
C. Das Korrespondenzprinzip bei verdeckten Einlagen
  I. Regelungsinhalt
  II. EG-rechtliche Beurteilung
  III. Fallbeispiele
D. Zusammenfassung

Literatur:

Briese, A., Fragwürdige Korrespondenz bei verdeckten Gewinnausschüttungen und verdeckten Einlagen durch den Gesetzesentwurf des Jahressteuergesetz 2007, BB 2006, S. 2110ff.; *Becker, J.D./Kempf, A./Schwarz, M.*, Neue Steuerfallen im internationalen Steuerrecht, DB 2008, S. 370ff.; *Benecke, A.*, Verdeckte Gewinnausschüttung oder verdeckte Einlage, NWB Nr. 40 v. 2. 10. 2006, S. 3341ff.; *Benecke, A.*, Verdeckte Gewinnausschüttung oder verdeckte Einlage, NWB Nr. 41 vom 9. 10. 2006, S. 3429ff.; *Benecke, A./Schnitger, A.*, Anwendung des § 8a KStG – Ein Diskussionsbeitrag, IStR 2004, S. 44ff.; *Dallwitz, H./Mattern, O./Schnitger, A.*, Beeinträchtigung grenzüberschreitender Finanzierung durch das JStG 2007, DStR 2007, S. 1697ff.; *Dieterlein, A./Dieterlein, J.*, Keine Einkommensermittlung des verdeckt einlegenden Gesellschafters als Voraussetzung einer einkommensneutralen verdeckten Einlage nach § 8 Abs. 3 KStG, DStZ 2007, S. 489ff.; *Dörfler, O./Heurung, R./Adrian, G.*, Korrespondenzprinzip bei verdeckter Gewinnausschüttung und verdeckter Einlage, DStR 2007, S. 514ff.; *Dörfler, O./Adrian, G.*, Anwendungsfragen und Wirkungen des Korrespondenzprinzips bei verdeckter Gewinnausschüttung und verdeckter Einlage, Ubg 2008, S. 373ff.; *Dötsch, E./Pung, A.* in: Dötsch/Jost/Pung/Witt, KStG, § 8b KStG; *Englisch, J.*, Europarechtskonforme Dividendenbesteuerung – „Aims and Effects", RIW 2005, S. 187ff.; *Fischer, M.*, Europarecht und Körperschaftsteuerrecht, DStR 2006, S. 2281ff.; *Frase, H.*, „Hinzurechnungsbesteuerung" nach § 8b Abs. 1 S. 2 KStG europarechtskonform?, BB 2008, S. 2713ff.; *Frotscher, G.* in: Frotscher/Maas, KStG, §8b; *Grotherr, S.*, Auswirkungen des neuen § 8a KStG auf die Gesellschafter-Fremdfinanzierung von Auslandsgesellschaften, GmbHR 2004, S. 850ff.; *Grotherr, S.*, Außensteuerrechtliche Bezüge im Jahressteuergesetz 2007, RIW 12/2006, S. 898ff.; *Herzig, N./Wagner, T.*, EuGH-Urteil Marks & Spencer – Grenzüberschreitende Verlustverrechnung in der Gruppe, Der Konzern 2006, S. 181ff.; *Kohlhepp, R.*, Die Korrespondenzprinzipien der verdeckten Gewinnausschüttung, DStR 2007, S. 1502ff.; *Kollruss, T.*, Weiße und graue Einkünfte bei der Outbound-Finanzierung einer ausländischen EU-Tochterkapitalgesellschaft nach Europarecht und dem JStG 2007, BB 2007, S. 467ff.; *Korn, K.*, Besteuerung der Kapitalgesellschaften und ihrer Gesellschafter nach dem JStG 2007 und SEStEG, KÖSDI 2007, S. 15428ff.; *Lang, M.*, in Dötsch/Jost/Pung/Witt, KStG, § 8 KStG; *Lüdicke, J.*, Grenzüberschreitende Beteiligungs- und Zinserträge in: Schön (Hrsg.), Besteuerung von Einkommen aus Kapital, DStJG 30 (2007), S. 289ff.; *Lüdicke, J.*, Die korrespondierende Behandlung von Leistungen zwischen Gesellschafter und Gesellschaft nach dem JStG 2007, in: Kohl/Kübler/Ott/Schmidt (Hrsg.), Zwischen Markt und Staat, Gedächtnisschrift für Rainer Walz, Köln/München 2008, S. 401ff.; *Lüdicke, J./Sistermann, C.*, Unternehmenssteuerrecht, 1. Auflage, München 2008; *Menck, T.* in: Blümich EStG KStG GewStG, § 8b; *Neumann, R.*, Neuregelung für vGA und verdeckte Einlagen, GmbH-StB 2007, S. 112ff.; *Pohl, D./Raupach, A.*, Verdeckte Gewinnausschüttungen und verdeckte Einlagen nach dem JStG 2007, S. 210ff.; *Schnitger, A.*, Grenzüberschreitende Körperschaftsteueranrechnung und Neuausrichtung der Kohärenz nach dem EuGH-Urteil in der Rs. Manninen, FR 2004, S. 1357ff.; *Schnitger, A./Rometzki, S.*, Die Anwendung des Korrespondenzprinzips auf verdeckte Gewinnausschüttungen und verdeckte Einlagen bei grenzüberschreitenden Sachverhalten nach dem JStG 2007,

---

[*] Die Autoren danken Herrn RA Christoph Weisser für die wertvolle Unterstützung bei Erstellung dieses Beitrages.

BB 2008, S. 1648ff.; **Strnad, O.**, GmbHR 2006, S. 1321ff.; **Trossen, N.**, Die Neuregelung des § 32a KStG zur Berücksichtigung von verdeckten Gewinnausschüttungen und verdeckten Einlagen, DStR 2006, S. 2295ff.; **Watermeyer, H.**, in Herrmann/Heuer/Raupach, KStG, § 8b, Anm. J06-7; **Wochinger, P.** in: Dötsch/Jost/Pung/Witt, KStG § 8 Abs. 3 KStG; **Wrede, F.** in: Herrmann/Heuer/Raupach, EStG, § 20 EStG.

A. Einleitung

Mit dem Jahressteuergesetz 2007 vom 13. 12. 2006 sind gesetzliche Regelungen eingeführt worden, die eine korrespondierende Behandlung von verdeckten Gewinnausschüttungen (vGA) und verdeckten Einlagen (vE) bei der Kapitalgesellschaft und ihrem Gesellschafter sicherstellen sollen. Unterschieden werden muss hierbei zwischen einer formellen Korrespondenz (geregelt in § 32a Abs. 1 und 2 KStG) und einer im nachfolgenden Beitrag diskutierten materiellen Korrespondenz (geregelt für vE in § 8 Abs. 3 S. 4-6 KStG, für vGA in § 8b Abs. 1 S. 2-4 KStG). Ausweislich der Gesetzesbegründung[1] sollten mit der Einführung des Korrespondenzprinzips Besteuerungslücken vermieden werden, die dadurch entstehen könnten, dass die vE/vGA beim leistenden Unternehmen das Einkommen mindern, beim empfangenden Unternehmen jedoch steuerbefreit sind. Explizit weist die Gesetzesbegründung darauf hin, dass das Korrespondenzprinzip nicht auf rein nationale Sachverhalte beschränkt ist, sondern auch und gerade grenzüberschreitende Sachverhalte treffen soll.

Es ist davon auszugehen, dass die gesetzliche Regelung des Korrespondenzprinzips auch im Hinblick auf die Schaffung einer ansonsten fehlenden Rechtsgrundlage für die Verwaltungsauffassung in Tz. 27 des Schreibens zur Gesellschafter-Fremdfinanzierung vom 15. Juli 2004[2] erfolgte[3]. Nach dieser Verwaltungsmeinung war unter der Geltung des § 8a KStG in der Fassung vor Inkrafttreten des Unternehmensteuerreformgesetzes vom 14.8.2007[4] z. B. bei übermäßiger (d. h. den „safe haven" überschreitender) Gesellschafterfremdfinanzierung einer ausländischen Tochtergesellschaft die Verzinsung auf das „exzessive" Fremdkapital nur insoweit im Ergebnis als vGA zu 95 % steuerfrei, wie vom Steuerpflichtigen nachgewiesen werden konnte, dass bei der ausländischen Tochter kein Zinsabzug möglich war.

Wie nachfolgend erläutert wird, reichen die möglichen Folgen des neuen Korrespondenzprinzips im internationalen Kontext jedoch weit über die Schaffung einer gesetzlichen Grundlage für die Versagung einer Steuerbefreiung bei doppelter Nicht-Besteuerung im Rahmen des (ohnehin seit 2008 durch die Zinsschranke ersetzten) § 8a KStG hinaus. Die Neuregelungen gelten für alle nach dem 18. 12. 2006 erfolgten vE und vGA[5].

B. Das Korrespondenzprinzip bei verdeckten Gewinnausschüttungen

I. Regelungsinhalt

1. Körperschaftsteuer

Gemäß § 8b Abs. 1 S. 2 KStG gilt die Steuerbefreiung des § 8b Abs. 1 S. 1 KStG bei vGA nur insoweit, wie das Einkommen der leistenden Körperschaft nicht gemindert wurde. Hierbei wird auf

---

[1] BT-Drucks. 16/2712.
[2] BStBl. I 2004, S. 593.
[3] Becker/Kempf/Schwarz, DB 2008, S. 374; Benecke, NWB 2006, S. 3429.
[4] BGBl. I 2007, S. 1912.
[5] § 34 Abs. 6 S. 3 sowie Abs. 7 S. 12 KStG.

§ 8 Abs. 3 S. 2 KStG verwiesen (wo festgelegt wird, dass vGA das Einkommen nicht mindern), was insofern problematisch ist, als diese Vorschrift keine Anwendung auf ausländische Körperschaften findet, sofern diese im Inland nicht zumindest beschränkt steuerpflichtig sind. In Fällen ausländischer Körperschaften ist der Verweis auf § 8 Abs. 3 S. 2 KStG in Übereinstimmung mit der Gesetzesbegründung[6] so zu interpretieren, dass es sich bei der Leistung der ausländischen Körperschaft um eine **vGA im deutschen Sinne** handeln muss und dass sie als solche behandelt würde, wäre die ausländische Gesellschaft in Deutschland steuerpflichtig[7]. Die Versagung der Steuerbefreiung bei fehlender korrespondierender Besteuerung gilt auch in DBA-Fällen und selbst dann, wenn das DBA ausdrücklich eine Schachtelfreistellung von vGA vorsieht (§ 8b Abs. 1 S. 3 KStG; Treaty Override). § 8b Abs. 1 S. 4 KStG schließlich soll eine Doppelbesteuerung in Dreieckskonstellationen vermeiden; dazu unten mehr.

Problematisch ist weiterhin der Bezug in § 8b Abs. 1 S. 2 KStG auf das „Einkommen" der die vGA leistenden Körperschaft[8]. Der Begriff des Einkommens wird nicht weiter definiert, so dass man meinen könnte, es handle sich um den allgemeinen Einkommensbegriff des deutschen Steuerrechts. So ausgelegt, ist das Ergebnis der verdeckt ausschüttenden Gesellschaft unabhängig von ihrer Ansässigkeit stets nach deutschen Prinzipien zu ermitteln und nur dann, wenn die vGA auch in einem solchen Fall das steuerliche Einkommen gemindert hat, kommt es zur Versagung der Beteiligungsertragsbefreiung nach § 8b Abs. 1 S. 1 KStG. Dass diese Auslegung nicht gemeint sein kann, kann getrost unterstellt werden, denn wäre dieser Bezug zum deutschen Einkommensbegriff so eng auszulegen, liefe das Korrespondenzprinzip bei vGA nahezu immer ins Leere[9]. Es ist vielmehr davon auszugehen, dass dem Gesetzgeber vorschwebte, die Korrespondenz der Besteuerung durch **Bezugnahme auf die (in- oder ausländische) Steuerbemessungsgrundlage** sicherzustellen, allerdings ergibt sich dies nicht aus dem Gesetzeswortlaut.

Derzeit ist umstritten, ob § 8b Abs. 1 S. 2 KStG auch dann anwendbar ist, wenn eine **verminderte Vermögensmehrung** im Ausland nicht steuerlich erfasst wird. Der Gesetzeswortlaut legt den Schluss nahe, dass das Korrespondenzprinzip nur einen Unterfall der vGA (Vermögensminderung), nicht aber auch verhinderte Vermögensmehrungen im Ausland treffen sollte. Ob die Gesetzesbegründung zur Parallelvorschrift des § 8 Abs. 3 S. 4 KStG, die explizit auch Fälle der verhinderten Vermögensmehrung erwähnt, für die Interpretation von § 8b Abs. 1 S. 2 KStG herangezogen werden kann, ist derzeit unklar. Vertreter der Finanzverwaltung scheinen in diesem Zusammenhang die Auffassung zu vertreten, dass auch verhinderte Vermögensmehrungen vom Korrespondenzprinzip für vGA erfasst sind[10].

Schließlich stellt sich die Frage, welcher Art die Beteiligungserträge sein müssen, damit die Anwendung des Korrespondenzprinzips ermöglicht wird. § 8b Abs. 1 S. 2 KStG erwähnt: „…sonstige Bezüge im Sinne des § 20 Abs. 1 Nr. 1 Satz 2 des Einkommensteuergesetzes und … Einnahmen im Sinne des § 20 Abs. 1 Nr. 9 zweiter Halbsatz sowie des § 20 Abs. 1 Nr. 10 Buchstabe a zweiter Halbsatz des Einkommensteuergesetzes". § 20 Abs. 1 Nr. 1 S. 2 EStG erfasst die vGA. Die Einnahmen im Sinne der § 20 Abs. 1 Nr. 9 und 10 EStG umfassen mit der vGA vergleichbare Leis-

---

[6] BT Drucks. 16/2712.
[7] *Dötsch/Pung* in: Dötsch/Jost/Pung/Witt, § 8b KStG, Rz. 38; *Frotscher* in: Frotscher/Maas, §8b KStG, Rz. 29h; *Becker/Kempf/Schwarz*, DB 2008, S. 371; *Wrede* in: Herrmann/Heuer/Raupach, § 20 EStG, Rz. 265; *Menck* in: Blümich, § 8b KStG, Rz. 79; *Frase*, BB 2008, S. 2713; *Kohlhepp*, DStR 2007, S. 1503.
[8] Vgl. *Strnad*, GmbHR 2006, S. 1322; *Schnitger/Rometzki*, BB 2008, S. 1650.
[9] Vgl. *Menck* in: Blümich, § 8b KStG, Rz. 79; *Frotscher* in: Frotscher/Maas, § 8b KStG, Rz. 29h; *Becker/Kempf/Schwarz*, DB 2008, S. 371.
[10] *Neumann*, GmbH-StB 2007, S. 113; *Dötsch/Pung*, DB 2007, S. 13; *Benecke*, NWB 2006, S. 3431.

tungen von Versicherungs- und Pensionsfondsvereinen auf Gegenseitigkeit, sonstigen juristischen Personen des privaten Rechts, nichtrechtsfähigen Vereinen, Anstalten, Stiftungen und anderen Zweckvermögen des privaten Rechts sowie Betrieben gewerblicher Art. **Nicht erfasst vom Korrespondenzprinzip sind damit mangels entsprechendem gesetzlichen Verweis die Ausschüttungen auf Eigenkapital-Genussscheine oder vergleichbare ausländische Instrumente** (§ 20 Abs. 1 Nr. 1 S. 1 EStG)[11].

2. Gewerbesteuer

Das Korrespondenzprinzip schlägt durch den Verweis in § 7 Abs. 1 S. 4 GewStG grundsätzlich auch auf die Gewerbesteuer durch und erhöht dadurch den Gewerbeertrag. Da allerdings die Kürzungsvorschriften für inländische und ausländische Schachteldividenden gem. § 9 Nr. 2a und Nr. 7 GewStG **kein entsprechendes Korrespondenzprinzip** enthalten, sollte – bei Erfüllung der übrigen Voraussetzungen – eine Kürzung für Zwecke der Gewerbesteuer möglich sein[12]. Damit unterliegen vGAs auch bei Anwendung des Korrespondenzprinzips beim Empfänger nur der Körperschaftsteuer und nicht auch der Gewerbesteuer.

II. EG-rechtliche Beurteilung

1. Sekundäres Gemeinschaftsrecht

§ 8b Abs. 1 KStG setzt die Vorgaben der Mutter-Tochter-Richtlinie[13] um. Die Mutter-Tochter-Richtlinie gewährt den Mitgliedstaaten grundsätzlich ein Wahlrecht, nach dem die Gewinnausschüttungen zwischen bestimmten in der EU ansässigen Kapitalgesellschaften im Ansässigkeitsstaat der Muttergesellschaft entweder nicht besteuert werden dürfen oder, sofern die Gewinnausschüttungen im Ansässigkeitsstaat der Muttergesellschaft einer Besteuerung unterliegen, der Ansässigkeitsstaat die Anrechnung des Steuerteilbetrags gewähren muss, den die Tochtergesellschaft und jegliche Enkelgesellschaft für diesen Gewinn entrichtet hatte. Diese Anrechnung ist allerdings auf die entsprechende Steuerschuld im Staat der Muttergesellschaft begrenzt (Art. 4 der RL). Ausweislich der Erwägungsgründe der RL ist das Ziel der RL, Benachteiligungen steuerlicher Art von Zusammenschlüssen von Gesellschaften verschiedener Mitgliedstaaten zu vermeiden. Die Richtlinie findet sowohl auf offene als auch verdeckte Gewinnausschüttungen Anwendung[14]. Sie enthält allerdings einen Missbrauchsvorbehalt, nach dem die Mitgliedstaaten weiterhin einzelstaatliche Regelungen anwenden können, die der Verhinderung von Steuerhinterziehung und Missbräuchen dienen (Art. 1 Abs. 2 der RL).

Da die Mutter-Tochter-Richtlinie den Mitgliedstaaten ein **Wahlrecht** gibt, Dividenden im Wege eines **Freistellungssystems oder im Wege eines Anrechnungsverfahrens** mit indirekter Körperschaftsteueranrechnung zu entlasten[15], stellt sich die Frage, ob Deutschland in Zusammenhang mit der Einführung des Korrespondenzprinzips und der damit verbundenen Entscheidung, be-

---

[11] *Dötsch/Pung* in: Dötsch/Jost/Pung/Witt, § 8b KStG, Rz. 36; aA offenbar *Menck* in: Blümich, § 8b KStG, Rz. 46a.

[12] *Dötsch/Pung* in: Dötsch/Jost/Pung/Witt, § 8b KStG, Rz. 39; *Frotscher* in: Frotscher/Maas, § 8b KStG, Rz. 29e.

[13] RL über das gemeinsame Steuersystem der Mutter- und Tochtergesellschaften verschiedener Mitgliedstaaten (90/435/EWG) vom 23. 7. 1990, ABl. L 225 vom 20. 8. 1990, S. 6.

[14] *Thömmes/Nakhai* in: Thömmes/Fuks (Hrsg.), EC Corporate Tax Law, Binder 1, chapter 6, Rz. 25.

[15] Und nach der Rechtsprechung des EuGH wohl auch das primäre Gemeinschaftsrecht einer selektiven Anwendung von Anrechnungs- und Freistellungsmethode auf verschiedene Sachverhalte nicht entgegensteht (vgl. EuGH v. 12. 12. 2006, Rs. C-446/04, Test Claimants in the FII Group Litigation, Slg. 2006, S. I-11753).

stimmte Dividenden als voll steuerpflichtig zu behandeln, seiner Verpflichtung zur **Gewährung einer indirekten Anrechnung** nachgekommen ist. Gem. § 26 Abs. 6 Satz 1, 2. Halbsatz KStG ist die Anrechnung auf eine ausländische Quellensteuer beschränkt. Es erfolgt keine Anrechnung ausländischer Körperschaftsteuer der Tochtergesellschaft oder einer dieser nachgeschalteten Enkelgesellschaft, wie in Art. 4 Abs. 1 2. Spiegelstrich der RL in diesen Fällen gefordert, so dass § 8b Abs. 1 S. 2-4 KStG iVm § 26 Abs. 6 S. 1, 2. Halbsatz KStG formal den Anforderungen der RL nicht genügen kann. Da Art. 4 Abs. 1 2. Spiegelstrich der RL aber fordert, dass die Muttergesellschaft „den Steuerteilbetrag, den die Tochtergesellschaft und jegliche Enkelgesellschaft für diesen Gewinn entrichtet, bis zur Höhe der entsprechenden Steuerschuld anrechnen [kann], ...", erscheint ein Verstoß gegen die Richtlinie in den Fällen, in denen Deutschland die Dividenden deshalb besteuert, weil eine Vermögensminderung (oder eine verhinderte Vermögensmehrung im Ausland) vorgelegen hat, unwahrscheinlich. In der großen Zahl der Fälle wird die Tochtergesellschaft gerade keine Steuer für *diesen* Gewinn entrichtet haben, da *dieser* Gewinn im Ausland keiner Besteuerung unterlegen hat[16]. Ein Verstoß gegen die Mutter-Tochter-Richtlinie kommt allerdings dann in Betracht, wenn z. B. die Zahlungen im Ausland einer nur teilweisen und nicht am Fremdvergleichsmaßstab orientierten Abzugsbeschränkung unterlegen haben (vgl. Fall 2 (ausländische Thin Capitalisation-Regel). Darüber hinaus kommt ein Verstoß dann in Betracht, wenn eine Vorbelastung auf Ebene einer Enkelgesellschaft vorgelegen hat[17] oder wenn die steuerliche Belastung auf Ebene der Tochtergesellschaft erst in einem späteren Veranlagungszeitraum eintritt.

2. Primäres Gemeinschaftsrecht

Darüber hinaus stellt sich die Frage, ob die Anwendung des Korrespondenzprinzips gegen primäres Gemeinschaftsrecht verstößt. Insbesondere kommen hier die Niederlassungsfreiheit und die Kapitalverkehrsfreiheit in Betracht. Die Auffassungen dazu gehen in der Literatur auseinander[18].

Um einen EG-Rechtsverstoß festzustellen, ist in einem ersten Schritt zu prüfen, ob eine **unterschiedliche Behandlung** zwischen einem Inlandssachverhalt und einem grenzüberschreitenden Sachverhalt erfolgt. Dem Wortlaut nach findet § 8b Abs. 1 S. 2-4 KStG sowohl auf Ausschüttungen von inländischen als auch von ausländischen Gesellschaften Anwendung.

Eine Anwendung des Korrespondenzprinzips gem. § 8b Abs. 1 S. 2-4 KStG scheidet in rein nationalen Sachverhalten allerdings dann aus, wenn die Veranlagungen der ausschüttenden Körperschaft noch änderbar sind. In diesen Fällen ist die Veranlagung der ausschüttenden Körperschaft zu ändern, die entsprechenden steuerlichen Folgen auf Ebene des Gesellschafters sind gem. § 32a Abs. 1 KStG zu ziehen. Für Inlandssachverhalte gibt der Gesetzgeber damit klar zum Ausdruck, dass der systematisch richtige Korrekturansatz auf Ebene der ausschüttenden Gesellschaft liegt und die Korrektur auf Ebene des Gesellschafters nur in „verfahrensrechtlichen Ausnahmefällen" zur Anwendung kommen soll. Nur wenn die Veranlagungen der inländischen leistenden Gesellschaft materiell unrichtig und verfahrensrechtlich nicht mehr änderbar sind, wird auf Ebene des Gesellschafters korrigiert und damit das Trennungsprinzip zwischen Kapitalgesellschaft und Gesellschafter durchbrochen.

Im vergleichbaren Auslandssachverhalt kommt dagegen das Korrespondenzprinzip grundsätzlich zur Anwendung, sofern Deutschland die Zahlung der ausländischen Gesellschaft als vGA

---

[16] AA wohl *Frase*, BB 2008, S. 2715.
[17] Vgl. auch *Benecke*, NWB Nr. 41 v. 9. 10. 2006, S. 3434, *Frotscher* in Frotscher/Maas, § 8b KStG, Rz. 29h.
[18] Zum Diskussionsstand s. *Dötsch/Pung* in: Dötsch/Jost/Pung/Witt, § 8b KStG, Rz. 35.

wertet, diese allerdings das ausländische Einkommen gemindert hat. Dies kann z. B. bei Qualifikationskonflikten der Fall sein. Dabei kommt es insbesondere nicht darauf an, ob die Einkommensminderung im ausländischen Staat nach ausländischem Recht zutreffend war[19].

Die Rechtsnorm findet damit zwar ohne Unterscheidung auf den Inlands- und den Auslandsfall Anwendung, allerdings ist sie im Inlandsfall auf Ausnahmefälle beschränkt[20], so dass sie faktisch in erster Linie auf Auslandssachverhalte Anwendung findet. Eine Regelung, die sowohl auf Inlandsfälle als auch grenzüberschreitende Fälle Anwendung findet, kann nach der Rechtsprechung des EuGH dennoch als Ungleichbehandlung zu qualifizieren sein, wenn sie primär Auslandsfälle betrifft[21].

Eine EG-rechtlich relevante Schlechterstellung des Auslandssachverhaltes setzt allerdings die **ungleiche Behandlung einer sonst vergleichbaren Situation** voraus. Eine unterschiedliche steuerliche Behandlung nicht vergleichbarer Sachverhalte ist dagegen zulässig. Der EuGH hat in ständiger Rechtsprechung festgestellt, dass sich inländische Steuerpflichtige, die Beteiligungen an inländischen Kapitalgesellschaften halten, und inländische Steuerpflichtige, die Beteiligungen an ausländischen Kapitalgesellschaften halten, in einer vergleichbaren Situation befinden[22]. Ob sich dies allerdings auch auf den Bereich der Dividendenbesteuerung übertragen lässt, wenn im Ansässigkeitsstaat ein klassisches Körperschaftsteuersystem zur Anwendung kommt, das auf dem Gedanken der Milderung/Vermeidung der wirtschaftlichen Doppelbesteuerung auf Ebene der empfangenden Körperschaft beruht, und die ausgeschütteten Dividenden auf Ebene der ausschüttenden Gesellschaft keiner Vorbelastung unterlegen haben, erscheint fraglich[23]. An die ausländische Vorbelastung sollte aber für Zwecke der Vergleichbarkeitsprüfung keine zu hohen Ansprüche gestellt werden.

Insbesondere in Fällen, in denen der ausländische Staat nur temporär auf sein Besteuerungsrecht verzichtet oder die Wertsteigerung latent im Ausland steuerlich verhaftet bleibt (z. B. in Fällen der verhinderten Vermögensmehrung), sollte eine Vergleichbarkeit der Situation in jedem Fall gegeben sein, da sich die aus deutscher Sicht fehlende Vorbelastung idR nur aus dem Zeitpunkt ergibt, in dem aus deutscher Sicht die vGA fingiert wird. Hier ist z. B. an Fälle zu denken, in welchen zwischen zwei ausländischen Schwestergesellschaften Wirtschaftsgüter im Ausland zum Buchwert übertragen werden dürfen, oder aber auch Fälle, in denen die stillen Reserven im Ausland weiterhin verhaftet bleiben (z. B. ausländische Tochtergesellschaft veräußert ein im Ausland belegenes Grundstück an die inländische Muttergesellschaft zu einem Preis unter dem Fremdvergleichspreis), so dass es bei späterer Veräußerung de facto zu einer doppelten Erfassung der stillen Reserven kommt.

Auch in Fällen, in denen das ausländische Einkommen faktisch nicht gemindert wurde, sollten keine allzu hohen Anforderungen an die Vorschriften, die im Ausland die Einkommensminde-

---

[19] *Dötsch/Pung* in: Dötsch/Jost/Pung/Witt, § 8b KStG, Rz. 38; *Frotscher* in: Frotscher/Maas, § 8b KStG, Rz. 29i.
[20] So auch *Dörfler/Heurung/Adrian*, DStR 2007, 517.
[21] EuGH v. 12. 12. 2002 (Rs. C-324/00, Lankhorst-Hohorst, Slg. 2002, S. I-11779).
[22] EuGH v. 18. 9. 2003 (Rs. C-168/01, Bosal, Slg. 2003, S. I-9409).
[23] Kritisch zur Vergleichbarkeit in der Bosal-Entscheidung, GA Geelhoed, Schlussanträge v. 23. 2. 2006 (Rs. C-374/04, Test Claimants in Class IV of the ACT Group Litigation, Slg. 2003, S. I-9409), Rz. 62ff.; Auch in seiner Manninen Entscheidung v. 7. 9. 2004 (Rs. C-319/02, Slg. 2004, S. I-7477) lässt der EuGH erkennen, dass eine vergleichbare Situation auf Ebene des Dividendenempfängers möglicherweise dann nicht vorliegen könnte, wenn der Staat der ausschüttenden Gesellschaft bereits die Doppelbesteuerung vermeidet, Rz. 34 des Urteils.

rung verhindert hatten, gestellt werden. Dementsprechend sollte es bei einer Abzugsbeschränkung im Ausland nicht darauf ankommen, welches Normziel die ausländische Vorschrift verfolgt (z. B. eine rechtspolitisch motivierte generelle Abzugsbeschränkung bei Zinsaufwendungen), sondern nur auf die konkrete Auswirkung dergestalt, dass die vGA das ausländische Einkommen nicht gemindert hat[24].

In den oben beschriebenen Fällen in denen der ausländische Staat nur temporär auf sein Besteuerungsrecht verzichtet, stille Reserven im Ausland steuerverhaftet bleiben oder de facto gar keine Einkommensminderung im Ausland vorliegt (z. B. wegen anderen Abzugsbeschränkungen allgemeiner Art) sollte auch eine EG-rechtlich relevante **Schlechterstellung des Auslandssachverhaltes** vorliegen. Insbesondere die Gefahr einer möglichen Doppelbesteuerung wie auch die bestehende Rechtsunsicherheit in Hinblick auf die steuerlichen Folgen der Investition im Ausland erscheinen dabei geeignet, einen inländischen Steuerpflichtigen von einer Investition in einem anderen EU-Mitgliedstaat abzuhalten.

Eine **Rechtfertigung aus zwingenden Gründen des Allgemeininteresses** scheidet in diesen Fällen aus.

Auch eine Rechtfertigung als **Missbrauchsvermeidungsvorschrift** scheidet in diesen Fällen aus. Zum einen kann angezweifelt werden, dass bei den oben beschriebenen Gestaltungen überhaupt Missbrauchsfälle möglich sind, da z. B. keine endgültige doppelte Nichtbesteuerung vorliegt, sondern nur ein temporärer Aufschub der Besteuerung, der möglicherweise vom ausländischen Staat explizit so erwünscht ist oder sich die (temporäre) doppelte Nichtbesteuerung in anderen Konstellationen aus dem Nebeneinander verschiedener Steuersysteme ergibt[25]. Selbst wenn man bereits bei einem möglichen Aufschub der Besteuerung die Möglichkeit einer missbräuchlichen Gestaltung grundsätzlich bejaht, trifft das Korrespondenzprinzip nicht nur „rein künstliche Gestaltungen, die darauf gerichtet sind, der Anwendung des deutschen Steuerrechts zu entgehen", da üblicherweise wirtschaftliche Gründe für die gewählte Gestaltung vorliegen und es in vielen Fällen auch an der subjektiven Missbrauchsabsicht des inländischen Gesellschafters fehlen wird. In jedem Fall aber ginge das Korrespondenzprinzip in jedem Fall über das hinaus, was unter Missbrauchsvermeidungsgesichtspunkten erforderlich wäre, da es dem Steuerpflichtigen nicht gestattet ist, wirtschaftliche Gründe für die gewählte Gestaltung darzulegen. Darüber hinaus liegt es auf der Hand, dass in den Fällen, in denen die vGA aufgrund von allgemeinen Abzugsbeschränkungen das Einkommen nicht gemindert haben, kein Missbrauch vorliegen kann, da hier keine „weißen Einkünfte" entstehen.

Eine Rechtfertigung der Vorschrift könnte sich auf Basis der Rechtsprechung des EuGH zur **Kohärenz des Steuersystems** ergeben. In seiner neueren Rechtsprechung tendiert der EuGH dazu, für Zwecke der Kohärenz eine staaten- und personenübergreifende Betrachtung vorzunehmen[26], so dass üblicherweise bei Anwendung des Korrespondenzprinzips auf Ebene des Gesellschafters diesem Nachteil der Vorteil der Vermögensminderung bzw. der verhinderten Vermö-

---

[24] So auch *Schnitger/Rometzki*, BB 2008, S. 1650.

[25] Nach der Auffassung von GA Geelhoed, Schlussanträge Test Claimaints in Class IV of the ACT Group Litigation vom 23. 2. 2006 (Rs. C-374/04, Slg. 2006, S. I-11673), Rz. 38 scheinen diese Verzerrungen die Kehrseite von Quasi-Beschränkungen zu sein, die er offenbar als systemimmanent ansieht.

[26] Vgl. die EuGH-Urteile v. 7. 9. 2004 (Rs. C-319/02, Manninen, Slg. 2004, S. I-7477), v. 13. 12. 2005 (Rs. C-446/03, Marks & Spencer, Slg. 2005, S. I-10837), v. 18. 7. 2007 (Rs. 231/05, Oy AA, Slg. 2007, S. I-6373), v. 12. 12. 2006 (Rs. C-446/04, Test Claimants in the FII Group Litigation, Slg. 2006, S. I-11753), v. 12. 7. 2005 (Rs. C-403/03, Schempp, Slg. 2005, S. I-6421); vgl. auch *Herzig/Wagner*, Der Konzern 2006, S. 181; Kritisch zu dieser Tendenz, *Englisch*, RIW 2005, 193.

gensmehrung bei der ausländischen Gesellschaft gegenüber stehen sollte. Da es in den oben beschriebenen Fällen aber nur zu einem Besteuerungsaufschub bzw. im Falle eines allgemeinen Abzugsverbotes zu gar keinem Steuervorteil auf Ebene der ausländischen Tochtergesellschaft kommt, kann die Ungleichbehandlung nicht auf Grundlage des Kohärenzprinzips gerechtfertigt werden.

Auch der Rechtfertigungsgrund der **Wahrung der Aufteilung der Besteuerungshoheit** kann in den dargestellten Fällen nicht erfolgreich bemüht werden, da nach ständiger Rechtsprechung primär der Staat der Tochtergesellschaft das Recht hat, die Gewinne der Tochtergesellschaft zu besteuern[27]. Sofern dieser dieses Recht auch tatsächlich ausübt und nur bestimmte Wertungen zu der Frage der zeitlichen Realisierung des Gewinns bzw. zu den rechtspolitischen Hintergründen eines Abzugsverbotes trifft, sollte die Aufteilung der Besteuerungshoheit zwischen Deutschland und dem ausländischen Staat nicht gefährdet sein.

Damit sollte das Korrespondenzprinzip in den oben beschriebenen Fällen einen **Verstoß gegen die Niederlassungsfreiheit und die Kapitalverkehrsfreiheit** darstellen, der auch nicht aus zwingenden Gründen des Allgemeininteresses gerechtfertigt werden kann. In diesen Fällen sollte auch eine **Ausdehnung auf Drittstaaten-Sachverhalte** auf Basis der jüngsten BFH-Rechtsprechung möglich sein[28]. Nach den einschlägigen Urteilen des BFH soll es für die Abgrenzung des Anwendungsbereiches zwischen der auf EU-/EWR-Sachverhalte beschränkten Niederlassungsfreiheit und der nicht auf EU-/EWR-Sachverhalte beschränkten Kapitalverkehrsfreiheit auf den Normzweck und nicht auf den konkret verwirklichten Sachverhalt ankommen. Da das Korrespondenzprinzip unabhängig von der Beteiligungshöhe zur Anwendung kommt, sollte die Kapitalverkehrsfreiheit nicht von der Niederlassungsfreiheit verdrängt werden. Auch ein Ausschluss auf Basis der Stand-Still-Klausel gem. Art. 57 Abs. 1 EG kommt nicht in Betracht, da die Regelung erstmals für Ausschüttungen ab dem 18. 12. 2006 zur Anwendung kam. Es bleibt allerdings abzuwarten, welchen Stellenwert der BFH in derartigen Fällen der fehlenden Amtshilfe im Verhältnis zu Drittstaaten und anderen Rechtfertigungsgründen beimessen wird.

Außerhalb der oben beschriebenen Fallgruppen, d. h. in Fällen, in welchen tatsächlich „weiße Einkünfte" erzielt werden, erscheint die Möglichkeit einer erfolgreichen Berufung auf primäres Gemeinschaftsrecht allerdings fraglich. Dies liegt vorwiegend daran, dass der EuGH in seiner neueren Rechtsprechung, sowohl bei der Vergleichbarkeitsprüfung als auch auf der Rechtfertigungsebene, vermehrt eine personenübergreifende und staatenübergreifende Betrachtung anstellt[29], so dass bei einer solchen Betrachtungsweise nur schwer vorstellbar ist, dass es trotz Erzielung von „weißen Einkünften" im Auslandssachverhalt zu einer Schlechterstellung des Auslandssachverhaltes im Vergleich zum Inlandssachverhalt kommen kann. Insbesondere die in der Vergangenheit vermehrt bemühte staaten- und personenübergreifende Betrachtung lässt den Schluss zu, dass der EuGH zumindest in Konzernfällen einer kompensatorischen Besteuerung nicht mehr ganz so ablehnend gegenüber steht wie in der Vergangenheit[30]. Auch die Rechtsprechung des EuGH zu grenzüberschreitenden Verlustnutzungsfällen lässt den Schluss zu, dass Mitgliedstaaten auf die steuerliche Behandlung eines Sachverhaltes nach ausländi-

---

[27] EuGH v. 13. 3. 2007 (Rs. C-524/04, Test Claimants in the Thin Cap Group Litigation, Slg. 2007, S. I-2107).
[28] BFH, Urteil v. 9. 8. 2006, I R 95/05, BFH-NV 2006, S. 2379, v. 26. 11. 2008, I R 7/08, BFH-NV 2009, S. 849.
[29] Vgl. die EuGH-Urteile v. 7. 9. 2004 (Rs. C-319/02, Manninen, Slg. 2004, S. I-7477), v. 13. 12. 2005 (Rs. C-446/03, Marks & Spencer, Slg. 2005, S. I-10837), v. 18. 7. 2007 (Rs. 231/05, Oy AA, Slg. 2007, S. I-6373).
[30] EuGH v. 26. 10. 1999 (Rs. C-294/97, Eurowings Luftverkehr, Slg. 1999, S. I-7447).

schem Recht abstellen dürfen, um eine doppelte Begünstigung zu vermeiden[31]. Die Mitgliedstaaten könnten diese Sichtweise analog auf Fälle anwenden, in denen sie die Entstehung „weißer Einkünfte" vermeiden wollen.

III. Fallbeispiele

Nachfolgend soll die Wirkungsweise des Korrespondenzprinzips bei grenzüberschreitenden vGA anhand von Beispielen verdeutlicht werden.

Fall 1 (Grundfall)

D GmbH gewährt ihrer ausländischen Tochter A Ltd ein Darlehen zu einem überhöhten Zinssatz (Zins 150, angemessener Zins: 100). Der „unangemessene" Zinsanteil i.H.v. 50 stellt aus deutscher Sicht eine vGA dar. Im Ausland kann der Zins von der lokalen Steuerbemessungsgrundlage in voller Höhe abgezogen werden und mindert die dortige Steuer.

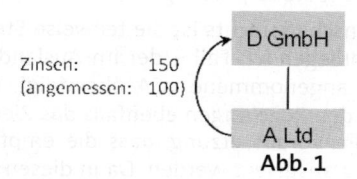

Zinsen: 150
(angemessen: 100)

D GmbH
A Ltd

Abb. 1

Lösung:

Die Zinszahlung wird auf Ebene der deutschen Gesellschaft in Zinseinkünfte gem. § 20 Abs. 1 Nr. 7 EStG und verdeckte Gewinnausschüttungen gem. § 20 Abs. 1 Nr. 1 S. 2 EStG iVm § 8b Abs. 1 KStG aufgeteilt. Die vGA i.H.v. 50 ist aufgrund des Eingreifens von § 8b Abs. 1 S. 2 KStG nicht gem. § 8b Abs. 1 S. 1 KStG effektiv zu 95 % in Deutschland von der Steuer befreit, sondern ist voll steuerpflichtig. Aus EG-rechtlicher Sicht ergeben sich aus dieser steuerlichen Behandlung keine Bedenken. Es ist wahrscheinlich, dass der EuGH einen EG-Rechtsverstoß auf Basis der fehlenden Vergleichbarkeit zwischen Inlands- und Auslandssachverhalt verneinen würde oder aber eine Schlechterstellung unter Zugrundelegung einer grenzüberschreitenden und personenübergreifenden Betrachtung ablehnen würde.

Fall 2 (ausländische Thin Capitalisation-Regel)

Wie Fall 1 (d. h. aus deutscher Sicht eine vGA i.H.v. 50), jedoch versagt der ausländische Staat den Abzug nun zu 60 % (damit von Zinsen i.H.v. 150, nur noch Zinsen i.H.v. 60 im Ausland abzugsfähig, 90 werden im Ausland als nichtabzugsfähig behandelt), da allgemein nur 60 % des Zinsaufwandes zum Abzug zugelassen werden. Eine Umqualifizierung in eine vGA findet im Ausland nicht statt.

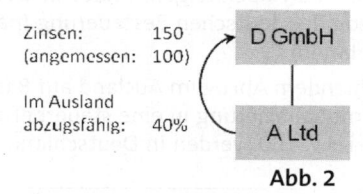

Zinsen: 150
(angemessen: 100)

Im Ausland
abzugsfähig: 40%

D GmbH
A Ltd

Abb. 2

---

[31] EuGH v. 13. 12. 2005 (Rs. C-446/03, Marks & Spencer, Slg. 2005, S. I-10837), v. 19. 9. 2006 (Rs. C-356/04, Lidl Belgium, Slg. 2006, S. I-8501).

Lösung:

Fraglich könnte sein, ob der Verweis auf § 8 Abs. 3 S. 2 KStG bedeutet, dass nur die Nicht-Einkommensminderung aufgrund einer ausländischen, der vGA vergleichbaren Umqualifizierung der Leistung die Beteiligungsertragsbefreiung sichert. Auch wenn die Gesetzesbegründung[32] ausführt, dass „die verdeckte Gewinnausschüttung auf Ebene der leistenden Kapitalgesellschaft das Einkommen gem. § 8 Abs. 3 S. 2 KStG oder gebietsfremden Gesellschaften nach entsprechendem ausländischen Recht gemindert" haben muss, erscheint diese Auslegung zu weitgehend. Es sollte auch vor dem Hintergrund des Gesetzesziels der Verhinderung „weißer Einkünfte" unerheblich sein, auf welcher gesetzlichen Basis bzw. mittels welchen Instrumentes der ausländische Staat die Minderung der Bemessungsgrundlage versagt[33]. Im Beispielsfall besteht die zusätzliche Problematik, dass der ausländische Staat die partielle Nichtabzugsfähigkeit der Zinsen nicht an deren Höhe koppelt, so dass der überhöhte Zinsanteil wohl dennoch als zu 40 % im Ausland abzugsfähig angesehen werden kann. Somit wäre die aus deutscher Sicht entstehende vGA lediglich zu 40 % steuerpflichtig.

Aus Sicht des primären Gemeinschaftsrechts ist die teilweise Steuerpflicht der Dividende dann bedenklich, wenn – wie im vorliegenden Fall – der im Ausland nichtabzugsfähige Betrag die nach deutschen Grundsätzen angenommene vGA übersteigt. Insbesondere dann, wenn der ausländische Gesetzgeber mit den Regelungen ebenfalls das Ziel verfolgt, einen fremdüblichen Zustand herzustellen, sollte die Voraussetzung, dass die empfangene vGA das ausländische Einkommen gemindert hat, eng ausgelegt werden. Da in diesen Fällen sowohl die deutsche als auch die ausländische Regelung im Ergebnis das gleiche Ziel verfolgen, ist es uE EG-rechtlich geboten, hier auf die steuerliche Behandlung des gesamten Zinsaufwandes im Ausland abzustellen, da hier auf verschiedenen „technischen" Wegen das gleiche Ziel erreicht werden soll. Demnach sollte die vGA i.H.v. 50 in Deutschland zu 95 % steuerbefreit sein, sofern der Betrag der nichtabzugsfähigen Zinsen im Ausland (im vorliegenden Fall 90) diesen Betrag übersteigt. Aufgrund der Gefahr einer möglichen Doppelbesteuerung sollten an die Nichtabzugsfähigkeit im Ausland keine allzu hohen Anforderungen gestellt werden. Demnach erscheint dieses Ergebnis auch dann sachgerecht, wenn der ausländische Staat mit der Abzugsbeschränkung nicht die Herstellung eines fremdüblichen Zustandes, sondern allgemeine steuerpolitische Ziele verfolgt. Auch aus Sicht des sekundären Gemeinschaftsrechts ist die deutsche Rechtslage problematisch, da hier zumindest die auf den nichtabzugsfähigen Teil der Zinsen entfallende ausländische Körperschaftsteuer auf die inländische Körperschaftsteuer angerechnet werden müsste.

Unabhängig von der Frage, welcher Teil des im Ausland nicht abzugsfähigen Betrages für die Beurteilung gem. § 8b Abs. 1 S. 2 KStG zugrunde gelegt werden muss, kann es in derartigen Fällen aber dennoch zu einer wirtschaftlichen Doppelbesteuerung kommen, da der ausländische Staat auch die „angemessenen" Zinsen nur begrenzt zum Abzug zulässt. Sofern diese allerdings den Betrag der deutschen vGA übersteigen, findet in Deutschland keine Korrekturvorschrift Anwendung, die diese von der deutschen Besteuerung (partiell) befreien würde (im vorliegenden Beispiel ein Betrag i.H.v. 40)[34].

Für diesen Teil ist aber trotz fehlendem Abzug im Ausland auf Basis des derzeitigen Standes der EuGH-Rechtsprechung keine Umqualifizierung in eine steuerbefreite vGA in Deutschland geboten. Die angemessenen Zinsen i.H.v. 100 werden in Deutschland als Einkünfte gem. § 20 Abs. 1

---

[32] Vgl. BT Drucks. 16/2712 S. 70.
[33] *Becker/Kempf/Schwarz*, DB 2008, S. 371; *Schnitger/Rometzki*, BB 2008, S. 1650.
[34] *Becker/Kempf/Schwarz*, DB 2008, S. 374.

Nr. 7 EStG versteuert, ein grenzüberschreitendes Korrespondenzprinzip, nach dem Einkünfte in Deutschland nur dann steuerpflichtig sind, wenn sie im ausländischen Staat als abzugsfähig behandelt werden, besteht derzeit nicht[35]. Die Doppelbesteuerung kann in diesen Fällen wohl nur durch ein Verständigungsverfahren gem. Art. 25 OECD-MA verhindert werden.

Fall 3 (Verlust- oder Zinsvorträge)

Wie Fall 1, jedoch erwirtschaftet die A Ltd Verluste; der (unangemessene) Zinsaufwand führt somit nur zu einem Verlustvortrag. Nach drei Jahren verfällt der Verlustvortrag ungenutzt.

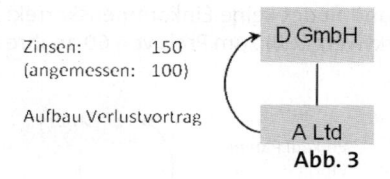

Zinsen: 150
(angemessen: 100)

Aufbau Verlustvortrag

D GmbH

A Ltd

Abb. 3

Lösung:

Auch der Aufbau eines Verlustvortrags ist eine Einkommensminderung im Sinne des § 8b Abs. 1 S. 2 KStG[36]. Somit wäre der vGA beim deutschen Gesellschafter der A Ltd (zunächst) die Befreiung zu versagen[37]. Unklar ist allerdings, was passiert, wenn der Steuerpflichtige nachweisen kann, dass der Verlust tatsächlich nie steuermindernd genutzt wurde (z. B. aufgrund zeitlich begrenzter Vortragsfähigkeit). Es ist zu befürchten, dass die Finanzverwaltung hier aufgrund des Konzepts der Abschnittsbesteuerung und der Tatsache, dass die Anwendung des Korrespondenzprinzips jedenfalls keine tatsächliche Steuerminderung im Ausland voraussetzt, kein anderes Ergebnis als im Grundfall zulassen wird, d. h. die vGA ist im Inland steuerpflichtig, obwohl im Ausland keine steuerliche Entlastung stattfindet[38].

Analog wäre ein im Ausland möglicherweise sich aufbauender Zinsvortrag zu behandeln; auch hier liegt (latent) eine Minderung der Steuerbemessungsgrundlage vor, die zur deutschen Besteuerung der vGA aufgrund Anwendung des Korrespondenzprinzips führt.

Aus EG-rechtlicher Sicht erscheint geboten, die Wirkungsweise der Vorschrift auf die Fälle zu beschränken, in denen die Zinsen das Einkommen endgültig gemindert haben. Sollte der Steuerpflichtige nachweisen können, dass die Zinsaufwendungen nur zum Aufbau eines Verlust- oder Zinsvortrages geführt haben, der letztlich verfallen ist, sollte durch den endgültigen Verfall dieses Zins- oder Verlustvortrages dargelegt werden können, dass die Zinsen das Einkommen

---

[35] Eine Verpflichtung zur Umqualifizierung in Deutschland könnte sich allenfalls dann ergeben, wenn die Umqualifizierung im Ausland EG-rechtskonform rein künstliche Konstruktionen vermeidet, da es in diesem Fall nach den Äußerungen des EuGH in der Rs. Test Claimants in the Thin Cap Group Litigation (v. 13. 3. 2007, Rs. C-524/04, Slg. 2007, S. I-2107) und Test Claimants in Class IV of the ACT Group Litigation (v. 12. 12. 2006, Rs. C-374/04, Slg. 2006, S. I-11673) Sache des Ansässigkeitsstaates des Gesellschafters ist, die wirtschaftliche Doppelbesteuerung der Dividenden zu vermeiden. Sofern der Ansässigkeitsstaat des Gesellschafters den nicht fremdüblichen Teil der Vergütung allerdings bereits als (95 %) steuerfreie Dividende behandelt, könnte es auch Sache des Ansässigkeitsstaates der Tochtergesellschaft sein, eine Doppelbesteuerung zu vermeiden. Keine rein künstliche Konstruktion ist anzunehmen, wenn nur der Teil der Zinsen als nicht abzugsfähig gilt, der dem Fremdvergleich nicht standhält (EuGH v. 26. 10. 1999 (Rs. C-311/08, Société de Gestion Industrielle SA, noch nicht in der amtlichen Sammlung veröffentlicht).

[36] *Menck* in: Blümich, 8b KStG, Rz. 45.

[37] AA wohl *Dörfler/Adrian*, Ubg 2008, S. 378.

[38] Vgl. *Menck* in: Blümich, 8b KStG, Rz. 45.

nicht endgültig gemindert haben. Der Verfall des Verlust- bzw. des Zinsvortrages sollte in diesem Fall ein rückwirkendes Ereignis darstellen, so dass die steuerliche Behandlung auf Ebene des Gesellschafters rückwirkend zu ändern wäre, ggfs. könnte es in solchen Fällen auch geboten sein, § 32a Abs. 1 KStG analog anzuwenden, da, wie bereits ausgeführt, an die Nichtabzugsfähigkeit der Zinsen im Ausland keine allzu hohen Anforderungen gestellt werden dürfen.

Fall 4 (verhinderte Vermögensmehrung im Ausland)

Die A Ltd verkauft ein Patent (Marktwert 100) zum Preis von 60 an ihre Mutter D GmbH. Die D GmbH setzt das Patent mit 100 in ihrer Steuerbilanz an und behandelt die Differenz zum Kaufpreis von 40 als vGA. Im Ausland findet keine Einkommenskorrektur statt. Alternative: Die A Ltd verkauft ein Grundstück (Marktwert 100) zum Preis von 60 an ihre Mutter D GmbH.

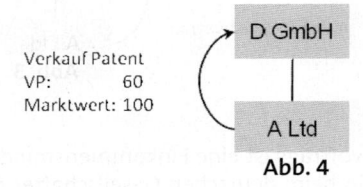

Verkauf Patent
VP: 60
Marktwert: 100

D GmbH

A Ltd

Abb. 4

Lösung:

Wie unter 0 bereits erwähnt, nennt die Gesetzesbegründung verhinderte Vermögensmehrungen nur für den Fall des Korrespondenzprinzips bei verdeckten Einlagen als ausdrücklichen Anwendungsfall[39]. Im vorliegenden Fall liegt eine verhinderte Vermögensmehrung vor, da der Gesellschaft (hier: der deutschen D GmbH) ein Wirtschaftsgut unentgeltlich oder verbilligt geliefert wird. Unterstellt man, dass die Finanzverwaltung § 8b Abs. 1 S. 2 KStG auch bei verhinderten Vermögensmehrungen anwenden würde, kommt es zu dem bedenklichen Ergebnis, dass im Ausland gebildete stille Reserven der inländischen Besteuerung unterworfen werden, was in der Literatur zu Recht kritisiert wird[40].

Es ist wahrscheinlich, dass der EuGH in diesem Fall Bedenken, dass sich Deutschland hier ein Besteuerungsrecht für stille Reserven anmaßt, die nach deutschem Verständnis im Ausland gelegt wurden, nicht anerkennen würde, da Deutschland auch den höheren Fremdvergleichspreis bei einer zukünftigen Veräußerung des Patents bzw. für die Bemessung zukünftiger Abschreibungen zugrunde legt. Würde Deutschland im vorliegenden Fall den tatsächlichen Veräußerungspreis ohne weitere Korrektur als Anschaffungskosten des Patents übernehmen, käme es spätestens im Zeitpunkt der Veräußerung des Wirtschaftsgutes zu einer Besteuerung dieses Teils der stillen Reserven (bzw. über die geringeren Abschreibungen zu höheren laufenden steuerpflichtigen Gewinnen). Die Gewährung einer aufgeschobenen Besteuerung bis zu dem Zeitpunkt, in dem die Wirtschaftsgüter tatsächlich veräußert werden (bzw. die „gestreckte" Besteuerung über ein höheres laufendes Einkommen), erscheint allerdings aus EG-rechtlicher Sicht nicht zwingend erforderlich, da auch im vergleichbaren Inlandssachverhalt die Wertsteigerung aus dem Patent unmittelbar bei Veräußerung an die Muttergesellschaft der Besteuerung unterliegen würde und nicht erst im Zeitpunkt der Veräußerung bzw. über zukünftige höhere laufende Gewinne.

---

[39] Vgl. BT-Drucks. 16/2712, S. 70 zu § 8 Abs. 3 S. 3-5 KStG.

[40] *Dörfler/Heurung/Adrian*, DStR 2007, S. 515; *Strnad*, GmbHR 2006, S. 1323; *Watermeyer* in: Herrmann/Heuer/Raupach, §8b KStG, Anm. J6-06; *Neumann*, GmbH-StB 2007, S. 113.

Sowohl vor dem Hintergrund des allgemeinen Normzweckes als auch aus EG-rechtlicher Sicht problematisch ist allerdings die Alternative, in der ein im Ausland belegenes Grundstück an die inländische Muttergesellschaft veräußert wird, sofern das anwendbare Doppelbesteuerungsabkommen für Einkünfte aus Grundvermögen die Freistellungsmethode vorsieht. In diesem Fall schießt das Korrespondenzprinzip über das hinaus, was zur Erreichung des Normzwecks (Vermeidung von „weißen Einkünften") erforderlich ist, da die Wertsteigerung nicht endgültig unversteuert bleibt. Da das Besteuerungsrecht für den Gewinn aus dem Grundstücksverkauf im Belegenheitsstaat verbleibt und der ausländische Staat bei Erwerb durch die deutsche Muttergesellschaft den nach seinen Maßstäben nicht zu beanstandenden Veräußerungs-/Kaufpreis für die Ermittlung eines zukünftigen Veräußerungsgewinns der erwerbenden ausländischen Muttergesellschaft zugrundlegen würde (und damit die Folgen aus der deutschen Umqualifizierung nicht analog ziehen würde), käme es bei tatsächlicher Veräußerung des Grundstücks zu einem Preis über den (nach ausländischem Recht ermittelten) Anschaffungskosten zu einer effektiven Doppelbesteuerung des nicht angemessenen Teils des Kaufpreises.

Fall 5 (Steuerfreiheit der verhinderten Vermögensmehrung im Ausland)

Wie Fall 4, nur verkauft die A Ltd jetzt eine Kapitalgesellschaftsbeteiligung. Der Veräußerungsgewinn aus Kapitalgesellschaftsbeteiligungen ist im Ausland steuerfrei.

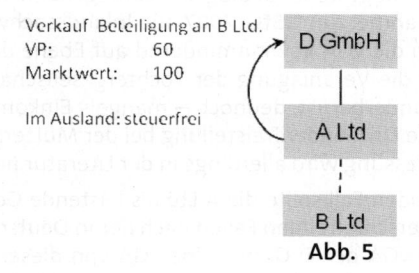

Verkauf Beteiligung an B Ltd.
VP: 60
Marktwert: 100
Im Ausland: steuerfrei

D GmbH
|
A Ltd
|
B Ltd

Abb. 5

Lösung:

Die Lösung dieses Falls hängt einmal mehr von der Auslegung des Wortes „Einkommen" im Kontext des § 8b Abs. 1 S. 2 KStG ab. Versteht man „Einkommen" wie oben unterstellt im Sinne von „Bemessungsgrundlage für die Körperschaftsteuer", so lässt sich argumentieren, dass der im Ausland nicht erfasste, der vGA zugrunde liegende Veräußerungsgewinn das Einkommen nicht gemindert hat, denn er wäre ja aufgrund Steuerfreiheit niemals in der Steuerbemessungsgrundlage enthalten gewesen[41]. Somit bleibt die vGA im Inland (zu 95 %) steuerfrei. Dies erscheint auch im Hinblick auf § 8b Abs. 2 KStG sachgerecht, wonach Gewinne aus der Veräußerung von Kapitalgesellschaftsanteilen bei der Ermittlung der Einkünfte außer Ansatz bleiben. Eine Transaktion, die auch bei fremdüblicher Ausgestaltung keine steuerpflichtigen Einkünfte auslösen würde, sollte damit keine Anwendung des § 8b Abs. 1 S. 2 KStG auslösen[42]. Die gleiche Betrachtungsweise muss auch für grenzüberschreitende Sachverhalte gelten.

Fall 6 (Mittelbare vGA 1)

D GmbH hält 100 % an A Ltd, A Ltd hält ihrerseits 100 % an B Ltd. D GmbH gewährt der B Ltd ein Darlehen zu einem überhöhten Zinssatz. Der „unangemessene" Zinsanteil stellt aus deutscher

---

[41] *Frotscher* in: Frotscher/Maas, 8b KStG, Rz. 29h.
[42] *Schnitger/Rometzki*, BB 2008, S. 1651.

Sicht eine vGA dar. Im Ausland kann der Zins von der Steuerbemessungsgrundlage der B Ltd in voller Höhe abgezogen werden und mindert deren Steuerlast.

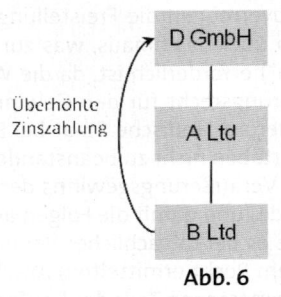

Überhöhte Zinszahlung

D GmbH

A Ltd

B Ltd

Abb. 6

Lösung:

Die Lösung dieses Falls hängt von der Antwort auf die Frage ab, wer „leistende Körperschaft" im Sinne des § 8b Abs. 1 S. 2 KStG ist und wie sich die fehlende steuerliche Berücksichtigung der nach deutschen Grundsätzen festgestellten vGA bei der A Ltd auswirkt. In reinen Inlandsfällen wird in der Literatur üblicherweise auf die der leistungsempfangenden Gesellschaft unmittelbar nachgeordnete Gesellschaft abgestellt (analog im vorliegenden Fall A Ltd)[43]. Der Bundesrat scheint in seiner Stellungnahme zum JStG 2007 für Inlandssachverhalte davon auszugehen, dass in den Fällen, in denen die vGA gewinnmindernd auf Ebene der Enkelgesellschaft berücksichtigt wurde, aber weder die Veranlagung der Tochtergesellschaft noch die der Enkelgesellschaft verfahrensrechtlich änderbar ist, dennoch – mangels Einkommensminderung auf Ebene der Tochtergesellschaft – die Dividendenfreistellung bei der Muttergesellschaft zur Anwendung kommen sollte[44]. Diese Auffassung wird allerdings in der Literatur nicht geteilt[45].

Auch im grenzüberschreitenden Fall sollte die A Ltd als leistende Gesellschaft gewertet werden können, da auch in grenzüberschreitenden Fällen nach der in Deutschland geltenden „Kettenbetrachtung" bei mittelbaren vGA der D GmbH eine vGA von dieser Gesellschaft zufließt. Folgt man der oben beschriebenen Auffassung des Bundesrates, sollte im vorliegenden Fall das Korrespondenzprinzip auf Ebene der D GmbH nicht zur Anwendung kommen und die Dividende im Ergebnis zu 95 % steuerfrei bleiben.

Wertet man allerdings die Tatsache, dass die vGA bei der A Ltd das Einkommen nicht erhöht hat, als verhinderte Vermögensmehrung nach deutschem Verständnis, könnte das Korrespondenzprinzip in diesem Fall dennoch zur Anwendung kommen. Da allerdings die Minderung der ausländischen Bemessungsgrundlage nach ausländischem Recht zu ermitteln ist, sollte insbesondere in Ländern, in denen die Freistellungsmethode für Dividendenerträge zur Anwendung kommt, eine verhinderte Vermögensmehrung im Ausland unbeachtlich sein (s. auch oben,

Fall 5 (Steuerfreiheit der verhinderten Vermögensmehrung im Ausland)). Die Tatsache, dass nach deutschem Verständnis die verhinderte Vermögensmehrung unversteuert geblieben ist, kann uE keine Auswirkung haben, da selbst wenn der ausländische Staat die Dividende „regu-

---

[43] *Dötsch/Pung*, DB 2007, S. 13; *Watermeyer*, in: Herrmann/Heuer/Raupach, § 8b KStG, Anm. J 06-7.

[44] Dies scheint dem Verständnis des Bundesrates zu entsprechen, BR Drucks 16/3368, S. 4.

[45] *Dörfler/Heurung/Adrian*, DStR 2007, S. 516 und *Dötsch/Pung* in Dötsch, § 8b KStG Rz. 40, die in diesen Fällen nur eine Steuerfreiheit auf Ebene der Muttergesellschaft bejahen, sofern sich das Einkommen bei der Enkelgesellschaft nicht gemindert hat.

lär" besteuert hätte, diese dort nach allgemeinen Grundsätzen steuerfrei gewesen wäre. Folgt man dieser Auffassung, bliebe die vGA im Ergebnis zu 95 % steuerfrei.

Dies ist zwar sicherlich nicht das vom Gesetzgeber gewünschte Ergebnis, aber es spricht viel für die Richtigkeit dieser Auslegung, da ja im Rahmen des § 8b Abs. 1 KStG lediglich die vGA von der A Ltd angesprochen wird, und es folglich auch zwingend erscheint, sich bei der Untersuchung einer korrespondierenden Besteuerung auf deren Ebene zu beschränken und auf dieser Ebene die Wertung des ausländischen Staates zur Beteiligungsertragsbefreiung zu berücksichtigen.

Allerdings könnte auch die die vGA verursachende Gesellschaft, im Beispielsfall die B Ltd, als „leistende Körperschaft" gelten. Sollte diese Auslegung zutreffen, wäre die vGA in Deutschland analog dem Grundfall (Fall 1) voll steuerpflichtig, da sie das Einkommen der B Ltd in Form der überhöhten Zinsen gemindert hat. Ebenfalls zu einer voll steuerpflichtigen Dividende käme man, würde unterstellt, dass die Steuerfreistellung für Dividenden auf Ebene der A Ltd unbeachtlich wäre.

Fall 7 (Betriebsstättenfall)

Die D GmbH hält 100 % an einer deutschen GmbH, BS GmbH. BS GmbH unterhält eine Betriebsstätte in einem DBA-Staat (mit Freistellungsmethode). Aus der Betriebsstätte heraus verkauft die BS GmbH eine Maschine unter Marktwert an die D GmbH. Bei der D GmbH wird die Maschine mit dem Marktwert angesetzt und ein Ertrag aus einer vGA erklärt. Im Betriebsstättenstaat unterbleibt eine Einkommenskorrektur aufgrund unterschiedlicher Bewertungsansätze.

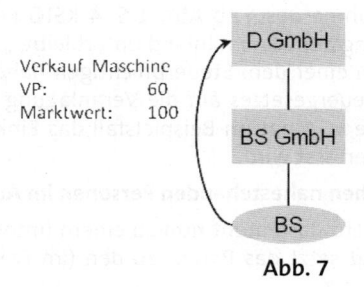

Verkauf Maschine
VP: 60
Marktwert: 100

D GmbH
BS GmbH
BS

Abb. 7

Lösung:

Zunächst könnte fraglich sein, ob hier nicht die „Treaty Override"-Vorschrift des § 50d Abs. 9 S. 1 Nr. 1 EStG Anwendung finden müsste, mit der Konsequenz, dass bezogen auf den nicht versteuerten Gewinn aus der Veräußerung der Maschine die Steuerfreistellung in Deutschland versagt würde. Hier ist allerdings entgegenzuhalten, dass die Steuerfreistellung im Beispielsfall nicht aus einer unterschiedlichen Anwendung von Abkommensvorschriften resultiert, was jedoch die Voraussetzung für die Anwendung des § 50d Abs. 9 EStG wäre.

Somit kommt es wieder auf die entscheidende Frage an, was das „Einkommen" im Sinne des § 8b Abs. 1 S. 2 KStG ist. Wenn hier das deutsche Einkommen der BS GmbH gemeint ist, so liegt keine schädliche Einkommensminderung vor, da der Gewinn der Betriebsstätte ja qua DBA stets freigestellt ist, also eine sachliche Steuerbefreiung vorliegt[46]. Betrachtet man jedoch (auch) das ausländische Einkommen der BS GmbH (wofür angesichts des Gesetzeszwecks viel spricht), liegt sehr wohl eine verhinderte Vermögensmehrung vor, die unversteuert geblieben ist[47]. Nach

---

[46] So *Schnitger/Rometzki*, BB 2008, S. 1652.
[47] Vgl. *Dötsch/Pung* in: Dötsch/Jost/Pung/Witt, 8b KStG, Rz. 41; *Korn*, KÖSDI 2007, S. 15434.

dieser Auslegung wäre das Beispiel wie Fall 4 zu lösen. Aus EG-rechtlicher Sicht sollten sich auch bei Anknüpfung an das ausländische Einkommen der BS GmbH keine Bedenken ergeben, sofern Deutschland bei einer späteren Veräußerung bzw. für zukünftige Abschreibungen den Fremdvergleichspreis nach deutschen Grundsätzen der Besteuerung zugrundelegt.

Fall 8 (Dreiecksfall; vGA zwischen nahestehenden Personen im In- und Ausland)

Die D GmbH ist Alleingesellschafterin der A Ltd und der B GmbH. A Ltd verkauft der B GmbH ein Wirtschaftsgut (Patent) zu einem unter dem Marktwert liegenden Preis. Bei der A Ltd findet keine Einkommenskorrektur statt.

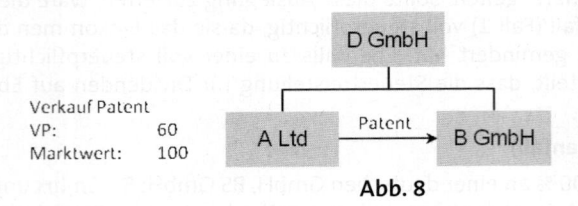

Verkauf Patent
VP: 60
Marktwert: 100

D GmbH → A Ltd — Patent → B GmbH

Abb. 8

Lösung:

Aus deutscher Sicht liegt in dem Verkauf unter Marktwert eine vGA (in Höhe der stillen Reserven des Wirtschaftsguts) von A Ltd an D GmbH, gefolgt von einer vE der D GmbH in die B GmbH zum Teilwert. Insoweit ergeben sich keine Besonderheiten; der Fall ist analog Fall 4 zu lösen. Insbesondere findet die Rückausnahme des § 8b Abs. 1 S. 4 KStG keine Anwendung, nach der die korrespondierende Besteuerung der vGA im Inland unterbleibt, „...soweit die verdeckte Gewinnausschüttung das Einkommen einer dem Steuerpflichtigen nahe stehenden Person erhöht hat und § 32a des Körperschaftsteuergesetzes auf die Veranlagung dieser nahe stehenden Person keine Anwendung findet". Die vGA hat im Beispielsfall das Einkommen der B GmbH nicht erhöht, da die vE erfolgsneutral erfasst wird.

Fall 9 (Dreiecksfall; vGA zwischen nahestehenden Personen im Ausland)

Wie Fall 8, nur verkauft die A Ltd das Patent nun zu einem unter Marktwert liegenden Preis an ihre Schwester B Ltd. Die B Ltd setzt das Patent zu den (im Fremdvergleich zu niedrigen) Anschaffungskosten an.

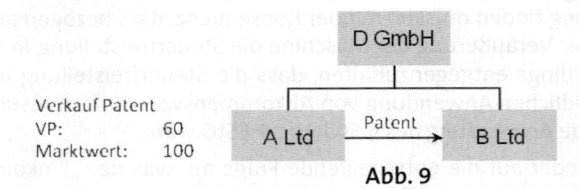

Verkauf Patent
VP: 60
Marktwert: 100

D GmbH → A Ltd — Patent → B Ltd

Abb. 9

Lösung:

Fraglich ist, ob sich an dem Ergebnis aus Fall 8 (volle Steuerpflicht der vGA) etwas ändert, wenn die wirtschaftlich Begünstigte der vGA nunmehr eine ausländische Schwestergesellschaft der A Ltd ist, bei der die vGA das Einkommen jedenfalls nicht sofort erhöht hat (da sich der gewährte Vorteil erst über – im Vergleich zu einem Kauf zum Marktpreis – niedrigere Abschreibungen in der Folgezeit bzw. einen höheren Gewinn bei einer Weiterveräußerung steuerlich auswirken würde). Bei streng wortgetreuer Auslegung von § 8b Abs. 1 S. 4 KStG ist dies nicht der Fall, so dass die vGA in Deutschland steuerpflichtig würde, obwohl sie im Ausland gebildete stille Reserven repräsentiert, die auch im Ausland weiterhin steuerverhaftet bleiben. Hier wäre eine weite Auslegung eher dem Sinn des Gesetzes entsprechend; sofern sich das Einkommen bei der nahestehenden Person im Ausland irgendwann aufgrund der vGA erhöht, sollte die Rückausnahme des § 8b Abs. 1 S. 4 KStG greifen und die vGA im Inland (95 %) steuerfrei bleiben[48]. Eine solche Betrachtung erscheint auch EG-rechtlich geboten.

Unproblematisch hingegen sind Fälle, bei denen die nicht fremdüblichen Leistungsbeziehungen zwischen ausländischen nahestehenden Personen sofort zu Ertrag führen; hier ist beispielhaft die Darlehensgewährung bei über dem Fremdvergleichswert liegender Zinsvereinbarung zu nennen. In diesem Fall wird die Rückausnahme des § 8b Abs. 1 S. 4 KStG einschlägig sein[49].

Fall 10 (Mittelbare vGA 2)

Die D GmbH hat eine Alleingesellschafterin, die C Sarl, und eine Tochter, die A Ltd. A Ltd verkauft der C Sarl ein Patent zu einem unter dem Marktwert liegenden Preis. Weder bei der C Sarl noch bei der A Ltd werden steuerliche Ergebniskorrekturen vorgenommen.

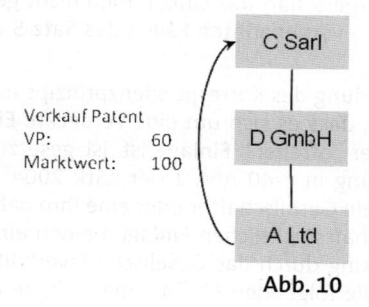

Verkauf Patent
VP: 60
Marktwert: 100

C Sarl
D GmbH
A Ltd

Abb. 10

Lösung:

In Höhe der nicht realisierten stillen Reserven in dem Patent ist aus deutscher Sicht eine vGA „durch die Kette" anzunehmen. Damit liegt nahe, das Beispiel wie Fall 4 zu lösen, d. h. eine Steuerpflicht der vGA bei der D GmbH zu unterstellen. Hier sollte aber eine weite und sinnkonforme Auslegung des § 8b Abs. 1 S. 4 KStG Abhilfe schaffen: Auch wenn nach gängigem Verständnis die C Sarl Anteilseigner und nicht nahestehende Person zur D GmbH ist[50], entspricht es dem Sinn und Zweck von § 8b Abs. 1 S. 4 KStG, die Fälle, in denen innerhalb des Konzerns bereits eine einkommenserhöhende Wirkung eingetreten ist, von der Anwendung des Korrespondenzprinzips auszunehmen. Auch hier ist für die Frage, ob eine einkommenserhöhende Wirkung eingetreten ist, ein weiter Maßstab anzuwenden, so dass nur eine endgültige Nichtversteuerung der stillen Reserven die Anwendung von § 8b Abs. 1 S. 2 KStG auslösen sollte. Sofern der Staat der ausländischen Muttergesellschaft das Patent mit dem unter dem Marktwert liegenden Kaufpreis ansetzt, sodass zukünftige Wertsteigerungen im Ausland der Besteuerung unterliegen würden bzw. laufende Abschreibungen niedriger wären, sollte die Voraussetzung des § 8b Abs. 1 S. 4 KStG als erfüllt angesehen werden. Damit sollte die nach deutschem Verständnis bestehende vGA im Inland zu 95 % steuerfrei sein. Eine solche Auslegung erscheint auch EG-rechtlich

---

[48] So auch *Frase*, BB 2008, S. 2714; *Becker/Kempf/Schwarz*, DB 2008, S. 375 ff., *Schnitger/Rometzki*, BB 2008, S. 1653ff.

[49] Vgl. das Beispiel bei *Schnitger/Rometzki*, BB 2008, S. 1653; *Frotscher* in: Frotscher/Maas, § 8b KStG Rz.29q.

[50] Vgl. für den Inlandssachverhalt: *Dötsch/Pung*, DB 2007, S. 13; für eine weite Auslegung des Begriffs der nahestehenden Person; *Frotscher* in: Frotscher/Maas, § 8b KStG Rz. 29s.

geboten, da die Vorschrift anderenfalls über das hinausgeht, was nach dem Normzweck erforderlich ist.

C. Das Korrespondenzprinzip bei verdeckten Einlagen

I. Regelungsinhalt

1. Körperschaftsteuer

Gemäß § 8 Abs. 3 S. 3 KStG erhöhen **verdeckte Einlagen** (vE) das Einkommen nicht. Durch das JStG 2007 wurde § 8 Abs. 3 KStG um die Sätze 4 bis 6 erweitert. Satz 4 lautet: „Das Einkommen erhöht sich, soweit eine verdeckte Einlage das Einkommen des Gesellschafters gemindert hat". Für bestimmte **Dreieckskonstellationen** stellt Satz 5 klar, dass auch eine vGA einer nahestehenden Person zu den Rechtsfolgen des Satzes 4, also zur inländischen Einkommenserhöhung führen kann. Dies ist dann der Fall, wenn die vGA eine vE in eine inländische Gesellschaft nach sich zieht, die bei der Besteuerung des Gesellschafters nicht berücksichtigt wurde, es sei denn, die vGA hat bei der leistenden Körperschaft das Einkommen nicht gemindert. Schließlich regelt § 8 Abs. 3 Satz 6 KStG, dass in den vorgenannten Fällen des Satz 5 die vE die Anschaffungskosten der Beteiligung nicht erhöht.

Voraussetzung für die Anwendung des Korrespondenzprinzips im Bereich der Einlagen ist nach dem klaren Gesetzeswortlaut, dass es sich um eine verdeckte Einlage handelt. Was eine **„verdeckte" im Gegensatz zu einer „offenen" Einlage** ist, ist gesetzlich nicht definiert. Gemäß der Definition der Finanzverwaltung in R 40 Abs. 1 der KStR 2004[51] und der Rechtsprechung des BFH[52] liegt eine vE vor, wenn ein Gesellschafter oder eine ihm nahe stehende Person der Körperschaft außerhalb der gesellschaftsrechtlichen Einlagen einen einlagefähigen Vermögensvorteil zuwendet und diese Zuwendung durch das Gesellschaftsverhältnis veranlasst ist. Nach dieser Definition sollten jedenfalls die folgenden Maßnahmen offene und keine verdeckten Einlagen darstellen[53]:

- Kapitaleinlagen gegen Gewährung von Anteilsrechten, die in das gezeichnete Kapital gemäß § 272 Abs. 1 HGB eingehen;
- Andere Einlagen ohne Gegenleistung der Empfängerin, die als Kapitalrücklage gemäß § 272 Abs. 2 HGB auszuweisen sind, insbesondere andere Zuzahlungen in das Eigenkapital gemäß § 272 Abs. 2 Nr. 4 HGB.

Bei beiden Alternativen wird die Einlage direkt im Eigenkapital erfasst und berührt nicht die Gewinn- und Verlustrechnung. Dies ist auch ein praktikables Abgrenzungskriterium, um den Anwendungsbereich des § 8 Abs. 3 S. 4 KStG zu erfassen, da diese Vorschrift die außerbilanzielle Korrektur der vE versagen soll[54]. Zweifelsfrei ist dieses Ergebnis jedenfalls für Zuzahlungen iSd § 272 Abs. 2 Nr. 4 HGB jedoch nicht, zumal der BFH in der Vergangenheit auch derartige Einla-

---

[51] BStBl. I 2004, Sondernummer 2, S. 2.
[52] Z. B. GrS 1/94 vom 9. 6. 1997, BStBl. II 1998, S. 308.
[53] Z. B. *Frotscher* in: Frotscher/Maas, § 8 KStG, Rz. 70; *Dötsch/Pung* in: Dötsch/Jost/Pung/Witt, § 8 KStG, Rz. 5; *Wochinger* in: Dötsch/Jost/Pung/Witt, § 8 Abs. 3 KStG, Teil B Rz. 5.
[54] So auch *Lang* in: Dötsch/Jost/Pung/Witt, § 8 KStG, Rz. 156.

gen als „verdeckt" bezeichnet hat und die Gewährung von Gesellschaftsrechten als Abgrenzungskriterium zwischen offenen und verdeckten Einlagen verwendet hat[55].

Auch bezüglich der Anwendung des Korrespondenzprinzips bei grenzüberschreitenden vE stellt sich die Frage, wie das **„Einkommen" des Gesellschafters** definiert wird, wenn dieser Steuerausländer ist. Diesbezüglich kann auf die Ausführungen zur Regelung bei vGA verwiesen werden; einzig sinnvolle Auslegung ist demnach, auf die Steuerbemessungsgrundlage nach ausländischem Recht abzustellen.

Die Anwendung von § 8 Abs. 3 S. 4 KStG beeinflusst nicht die Behandlung der Einlage für Zwecke des § 27 KStG, somit erhöhen auch voll steuerpflichtige Einlagen das steuerliche Einlagekonto auf Ebene der empfangenden Gesellschaft gem. § 27 Abs. 1 S. 1 KStG[56].

2. Gewerbesteuer

Die einkommenserhöhende Wirkung von § 8 Abs. 3 S. 4 KStG schlägt mangels ausdrücklicher Kürzungsvorschrift auch auf die Gewerbesteuer durch[57].

II. EG-rechtliche Beurteilung
1. Sekundäres Gemeinschaftsrecht

Ein Verstoß gegen sekundäres Gemeinschaftsrecht ist nicht ersichtlich. Die Vorschriften der Mutter-Tochter-Richtlinie erstrecken sich nicht auf verdeckte Einlagen. Auch ein Verstoß, z. B. gegen die Gesellschaftsteuer-Richtlinie[58], ist nicht ersichtlich, da sich die Gesellschaftsteuer-Richtlinie nur auf indirekte Steuern auf Einlagen bezieht.

2. Primäres Gemeinschaftsrecht

Für Zwecke der Prüfung, ob ein Verstoß gegen primäres Gemeinschaftsrecht vorliegt, sollten insbesondere im Kapitalgesellschaftsbereich die gleichen Grundsätze zur Anwendung kommen wie für verdeckte Gewinnausschüttungen (s.o. 0). Auch im Bereich des Korrespondenzprinzips für verdeckte Einlagen sollten die Vorschriften bei rein inländischen Kapitalgesellschaftskonzernen nur in Ausnahmefällen zur Anwendung kommen bzw. sollten die steuerlichen Folgen der Vermögensminderung bzw. der verhinderten Vermögensmehrung zu einem späteren Zeitpunkt über eine Bilanzberichtigung korrigiert werden können[59], so dass die Vorschrift in erster Linie Auslandssachverhalte trifft. Dies hat zur Folge, dass eine Beschränkung der Niederlassungsfreiheit oder der Kapitalverkehrsfreiheit in Betracht kommt.

---

[55] BFH, Urteil v. 11. 2. 1998, I R 89/97, BStBl II 1998, S. 691, BFH, Urteil v. 27. 5. 2009, I R 53/08, DStR 2009, S. 2661; auch in H 4.3 Abs. 1 EStH wird die verdeckte Einlage mit Verweis auf die BFH Rechtsprechung unter Bezugnahme auf die fehlende Gewährung von Gesellschaftsrechten definiert.

[56] *Frotscher* in: Frotscher/Maas, § 8 KStG, Rz. 86g, *Dötsch/Pung*, DB 2007, S. 14; *Lang* in: Dötsch/Jost/Pung/Witt, § 8 KStG Rz 158; aA *Neumann*, GmbH-StB 2007, 115.

[57] *Lang* in: Dötsch/Jost/Pung/Witt, § 8 KStG, Rz. 157.

[58] RL 69/335/EWG v. 17. 7. 1969, ABl. L 249 v. 3.10.1969, S. 25.

[59] Zu den Korrekturmöglichkeiten und -folgen im Inlandsfall: *Lang* in: Dötsch/Jost/Pung/Witt, § 8 Abs. 3 KStG, Teil B Rz. 160.

I. Fallbeispiele

Fall 1 (Grundfall)

Die A Ltd erhält von ihrer 100 %-Tochter D GmbH ein Darlehen, auf das sie einen überhöhten Zins zahlt. Der Zins wird im Ansässigkeitsstaat der A Ltd in voller Höhe steuermindernd geltend gemacht.

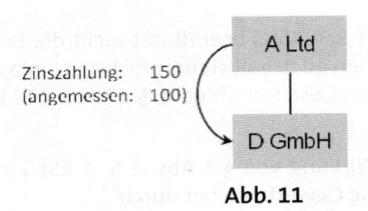

```
                        ┌───────┐
                        │ A Ltd │
                        └───┬───┘
   Zinszahlung:  150       │
   (angemessen: 100)       │
                        ┌──▼────┐
                        │ D GmbH│
                        └───────┘
```
Abb. 11

Lösung:

In Höhe des überhöhten Zinsanteils wird der D GmbH die ansonsten mögliche außerbilanzielle Korrektur des Einkommens versagt; zwar liegt eine vE vor, jedoch greift das Korrespondenzprinzip des § 8 Abs. 3 S. 4 KStG, so dass die vE im Inland regulär zu versteuern ist. Es kommt – trotz der Steuerbarkeit der vE – zu einem Zugang beim steuerlichen Einlagekonto iSd § 27 KStG[60]. Auch die steuerlichen Anschaffungskosten der Beteiligung an der D GmbH werden um die vE erhöht, die jedoch nur bei inländischer Steuerverstrickung (z. B. Halten über eine Betriebsstätte, Fehlen eines DBA, deutsches Besteuerungsrecht laut DBA) für die deutsche Besteuerung eine Rolle spielen[61]. Dieses Ergebnis ist aus EG-rechtlicher Sicht nicht zu beanstanden.

Fall 2 (Ertragszuschuss)

Die A Ltd leistet im Dezember einen – offen als solchen deklarierten - Ertragszuschuss in die D GmbH, um bei dieser das Jahresergebnis positiv erscheinen zu lassen. Die D GmbH erfasst den Zuschuss als außerordentlichen Ertrag in ihrer GuV. Ein Nicht-Gesellschafter hätte einen entsprechenden Zuschuss nicht geleistet. Im Ansässigkeitsstaat der A Ltd ist der Ertragszuschuss steuerlich abzugsfähig.

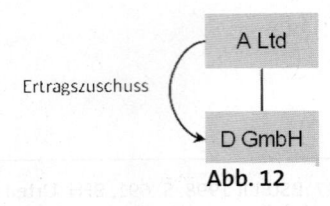

```
                        ┌───────┐
                        │ A Ltd │
                        └───┬───┘
   Ertragszuschuss          │
                        ┌──▼────┐
                        │ D GmbH│
                        └───────┘
```
Abb. 12

---

[60] *Dötsch/Pung*, DB 2007, S. 14; *Lang* in: Dötsch/Jost/Pung/Witt, KStG, § 8 KStG, Rz. 158, *Frotscher* in: Frotscher/Maas, § 8 KStG, Rz. 86g, aA *Neumann*, GmbH-StB 2007, S. 115.
[61] *Lang* in: Dötsch/Jost/Pung/Witt, KStG, § 8 KStG, Rz. 159.

Lösung:
Es dürfte sich bei dem Ertragszuschuss trotz seiner „offenen" Behandlung um eine vE im steuerlichen Sinne handeln[62], so dass die allgemeinen Grundsätze gelten und der Fall wie Fall 1 zu lösen ist (d. h. volle Steuerbarkeit des Ertragszuschusses).

Fall 3 (Zuzahlung in das Eigenkapital)
Wie Fall 2, jedoch wird die Zahlung nun als Zuzahlung in das Eigenkapital gem. § 272 Abs. 2 Nr. 4 deklariert und direkt in das Eigenkapital der D GmbH eingebucht.

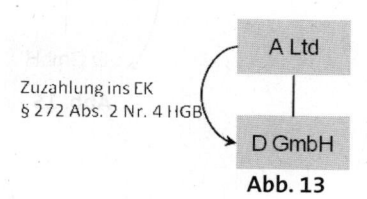

Abb. 13

Lösung:
Wenngleich dies nicht völlig zweifelsfrei ist (s.o. unter 0), erscheint es sachgerecht, diese Art der Einlage nicht als verdeckte, sondern als offene, gesellschaftsrechtliche Einlage zu behandeln und damit das Korrespondenzprinzip des § 8 Abs. 3 S. 4 KStG nicht anzuwenden.

Fall 4 (Einkommensminderung durch Teilwertabschreibung)
Wie Fall 2, jedoch führt der Ertragszuschuss nach ausländischem Recht zunächst zu einer ergebnisneutralen Zubuchung nachträglicher Anschaffungskosten auf die Beteiligung an der D GmbH und erst am nächsten Bilanzstichtag zu einer steuerwirksamen Teilwertabschreibung auf diese.

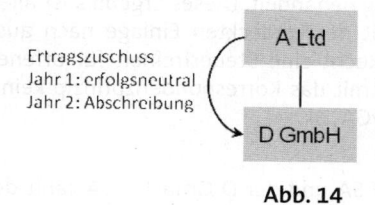

Abb. 14

Lösung:
Fraglich ist, ob es in einer derartigen Konstellation zulässig wäre, die durch die Abschreibung der Beteiligung an der D GmbH eintretende Einkommensminderung bei der A Ltd auf die vE in die D GmbH zurückzuführen und somit das Korrespondenzprinzip anzuwenden. Dies ist nach der hier vertretenen Auffassung nicht möglich, da es an dem erforderlichen unmittelbaren Zusammenhang fehlt. Die Teilwertabschreibung auf die Beteiligung mag zwar wirtschaftlich Reflex der vorher erfolgten Einlage sein, ein Zusammenhang ist aber keineswegs zwangsläufig.

Fall 5 (Mittelbare vE)
Die A Ltd hält über die B BV 100 % an der D GmbH. D GmbH hat der A Ltd ein Darlehen zu einem überhöhten Zinssatz gewährt. Im Ansässigkeitsstaat der A Ltd ist der überhöhte Zins voll ab-

---

[62] Lüdicke/Sistermann, Unternehmenssteuerrecht, 1. Auflage 2008, § 7 Rz. 110.

zugsfähig. Im Ansässigkeitsstaat der B BV erfolgt keinerlei steuerliche Berücksichtigung des Vorgangs.

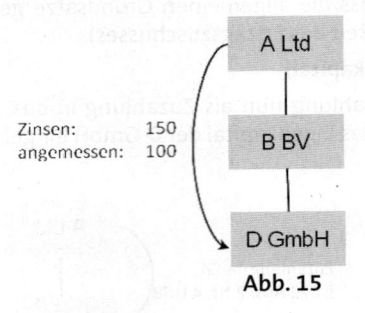

Zinsen: 150
angemessen: 100

A Ltd
B BV
D GmbH

Abb. 15

Lösung:
Der Fall ist gesetzlich nicht geregelt: Die verdeckte Einlage hat nicht das Einkommen des Gesellschafters (der B BV) gemindert, sondern jenes der Großmutter A Ltd. Die spezielle Regelung für Dreieckskonstellationen in § 8 Abs. 3 S. 5 KStG findet ebenfalls keine Anwendung, da diese eine vGA einer dem Gesellschafter nahestehenden Person voraussetzt.[63] In der gegebenen Konstellation liegt jedoch keine vGA vor, sondern lediglich (nach deutscher Auslegung) eine Kette von vE. Es bleibt damit bei der außerbilanziellen Korrektur der vE in Deutschland; das Korrespondenzprinzip findet keine Anwendung.

Es kann allerdings nicht ausgeschlossen werden, dass die Finanzverwaltung in diesem Fall eine gegenteilige Ansicht vertritt und nach deutschen Grundsätzen eine verhinderte Vermögensmehrung auf Ebene der B BV annimmt und auf dieser Basis die vE in die D GmbH als gem. § 8 Abs. 1 S. 4 KStG steuerpflichtig behandelt. Dieses Ergebnis ist allerdings uE abzulehnen, da sich die Frage der Abzugsfähigkeit der verdeckten Einlage nach ausländischem Recht bestimmt. Sofern nach ausländischem Recht eine Steuerfreiheit für offene oder verdeckte Einlagen zur Anwendung kommt, sollte damit das Korrespondenzprinzip keine Anwendung finden (s. auch oben unter Fall 6 (Mittelbare vGA 1))

Fall 6 (Dreiecksfall)
Die A Ltd hält 100 % an der F SA und der D GmbH. F SA zahlt der D GmbH einen überhöhten Zinssatz auf ein Darlehen der Schwestergesellschaft. Im Ansässigkeitsstaat der F SA ist der Zins voll abzugsfähig. Bei der A Ltd wird der Vorgang steuerlich nicht berücksichtigt.

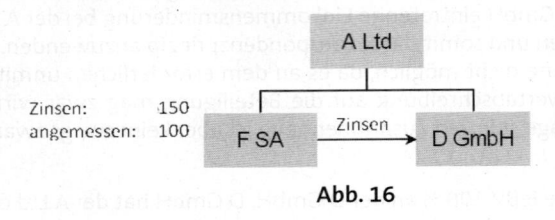

Zinsen: 150
angemessen: 100

A Ltd
F SA — Zinsen → D GmbH

Abb. 16

---

[63] Vgl. z. B. *Frotscher* in: Frotscher/Maas, § 8 KStG, Rz. 88a.

Lösung:

Dies dürfte der Fall sein, der dem Gesetzgeber bei der Einfügung des § 8 Abs. 3 Satz 5 KStG vorschwebte.[64] Nach deutscher Auslegung liegt in Höhe des überhöhten Zinsanteils zunächst eine vGA der F SA an die A Ltd vor, gefolgt von einer vE in die D GmbH[65]. Da annahmegemäß der Vorgang bei der Besteuerung der gemeinsamen Mutter A Ltd steuerlich nicht berücksichtigt wird und die F SA die überhöhten Zinsen von ihrem Einkommen abziehen kann, kommt es in Deutschland zu einer Erfassung der vE als steuerpflichtiger Ertrag. Nach § 8 Abs. 3 S. 6 KStG erhöht die vE auch nicht die Anschaffungskosten der Beteiligung. Aus EG-rechtlicher Sicht ist dieses Ergebnis nicht zu beanstanden.

D. Zusammenfassung

Das durch das JStG 2007 eingeführte Korrespondenzprinzip für vGA and vE hat die Komplexität des deutschen Steuerrechts weiter erhöht. Obwohl die Vorschriften ihrem Wortlaut nach unterschiedslos auf Inlands- und Auslandssachverhalte Anwendung finden, scheint der Gesetzgeber vorwiegend die Verhinderung von „weißen Einkünften" in einem grenzüberschreitenden Kontext vor Augen gehabt zu haben. Während das generelle Ziel, „weiße Einkünfte" aus Qualifikationskonflikten zu vermeiden, auf Basis der neueren Rechtsprechung des EuGH nicht problematisch erscheint, ist dennoch in einer Vielzahl von Fällen eine einschränkende Auslegung bzw. eine weite Auslegung der Ausnahmetatbestände geboten, um nicht beabsichtigte und auch aus EG-rechtlicher Sicht unzulässige Besteuerungsfolgen zu vermeiden.

---

[64] *Dörfler/Heurung/Adrian*, DStR 2007, S. 519.

[65] BFH Urteil v. 29. 1. 1975, I R 135/70, BStBl. II 1975, S. 553; Urteil v. 23. 10. 1985, I R 247/81, BStBl. II 1986, S. 195.

4. Ertragsteuerliche Auswirkungen der Check-the-Box Regelungen auf gewerbliche US-Investitionen von in Deutschland unbeschränkt Steuerpflichtigen

von Eckart Nürnberger, Rechtsanwalt, Steuerberater & CPA, New York und Dr. Torsten Altrichter-Herzberg, Rechtsanwalt & Steuerberater, Hamburg[*]

Inhaltsübersicht

I. Einleitung
II. Überblick über die Check-the-Box-Regelungen
   A. Wahlberechtigte Gesellschaften
   B. Verfahrensrechtliche Aspekte
III. Folgen der Wahl im nationalen US-Steuerrecht
   A. Einordnung als Personengesellschaft
   B. Einordnung als Kapitalgesellschaft
IV. Auswirkungen des Check-the-Box-Verfahrens im grenzüberschreitenden Kontext
   A. Behandlung der US-Gesellschaft als Personengesellschaft in Deutschland und den USA
   B. Behandlung der US-Gesellschaft als Kapitalgesellschaft in Deutschland und den USA
   C. Unterschiedliche Behandlung der US-Gesellschaft in Deutschland und den USA
   D. Missbrauchsregelungen nach US-Steuerrecht
V. Hinweise zur Steuerplanung
VI. Schlussbetrachtung

Literatur:

***American Chamber of Commerce/PricewaterhouseCoopers GmbH (Hrsg.)**, Steuern in den USA: Ein Leitfaden für deutsche Investoren, Frankfurt/M. 2001; **Blanco/Doernberg**, What One Hand Giveth, the Other Taketh Away: The Proposed Check-the-Box Regulations and the Proposed Section 1441 Regulations, Tax Notes International 1996, 615; **Blessing**, Final § 894 (c) (2) Regulations, Tax Management International Journal 2000, 499; **Critchfield/Honson/Mendelowitz**, Passthrough Entities, Income Tax Treaties, and Treaty Overrides, Tax Notes International 1999, 587; **Danilack/Melcher/Alston**, US Tax Scene, Intertax 2001, 243; **Fuller**, U.S. Tax Review, Tax Notes International 2001, 1563; **Flick/Heinsen**, Steuerliche Behandlung von Einkünften deutscher Gesellschafter aus der Beteiligung an einer US-Limited Liability Company – Anmerkungen zum BFH-Urteil vom 20. August 2008, I R 34/08, IStR 2008, 781; **Grotherr**, Zum sachlichen Anwendungsbereich des Progressionsvorbehaltes im Abkommensrecht – Treaty overriding durch Rechtsprechung und Finanzverwaltung?, IWB F. 3 Gr. 3 S. 673; **Hey**, Grenzüberschreitende Erbschaftsteuerfragen im Verhältnis Deutschland/USA – Eine Studie mit praktischen Beispielsfällen, in: Grotherr (Hrsg.), Handbuch der Internationalen Steuerplanung, Herne/Berlin 2000, S. 1465 ff.; **dies.**, Stellung der US (Delaware) Limited Liability Company im internationalen Steuerrecht, in: Burmester/Endres, Außensteuerrecht, DBA und EU-Recht im Spannungsfeld, FS Debatin, München 1997, S. 120 ff.; **Infanti**, The Proposed Domestic Reverse Hybrid Entity Regulations: Can the Treasury Department Override Treaties?, Tax Management International Journal 2001, 307; **Kreienbaum/Nuernberger**, Für international operierende Unternehmen praxisrelevante Änderungen durch das Revisionsprotokoll zum DBA-USA, IStR 2006, 806; **Lang**, Qualifikationskonflikte bei Personengesellschaften, IStR 2000, 129; **Möbus**, Ausgewählte Besteuerungsfragen und Gestaltungsmöglichkeiten bei der Beteiligung an einer US-Limited Liability Company, Baden-Baden 2001; **Mogenson/Benson**, IRS Issues Final Check-the-Box-Regs – Tax Simplification creates Planning Opportunities, Tax Notes International 1996, 2159; **OECD**, The Application of the OECD Model Tax Convention to Partnerships, Paris 1999; **Pillow/Schmalz/Starr**, Check-the-Box-Proposed Regs. Simplify the Classification Process, Journal of Taxation 1996, 72; **Piltz**, Besteuerung umqualifizierter Zinsen im Empfängerstaat, in: Piltz/Schaumburg, Unternehmensfinanzierung im internationalen Steuerrecht, Forum der internationalen Besteuerung, Köln 1995, S. 119; **Sheppard**, U.S. Hybrid Problems Under Improved Treaty Regulations, Tax Notes International 2000, 309; **Seer**, Tax Cut 2001–2010, das US-amerikanische Steuersenkungsgesetz aus rechtsvergleichender deutscher Sicht, RIW 2001, 664, 666; **Vogel**, Zur Abkommensberechtigung ausländischer Personengesellschaften, IStR 1999, 5 f.; **Wassermeyer**, Merkwürdigkeiten bei der Auslegung von DBA durch die Finanzverwaltung, IStR 1995, 49; **Wassermeyer**, Das US-amerikanische Erbschaft- und Schenkungsteuerrecht,*

---

[*] Beide Autoren sind Partner im Bereich "Tax" der KPMG AG Wirtschaftsprüfungsgesellschaft; der Beitrag basiert auf dem Aufsatz in der Vorauflage: „Steuerliche Auswirkungen der Check-the-Box-Richtlinien auf Investitionen von in Deutschland unbeschränkt Steuerpflichtigen in den USA" von *Susanne Möbus*.

Köln 1996, Rz. 747; **Wolff,** in: Debatin/Wassermeyer, Doppelbesteuerung, Kommentar zu allen deutschen DBA, München; **Zschiegner,** Inflationäre Anpassungen für 1999 und 2000 beim Einkommensteuerrecht der USA, IWB F. 3 Gr. 2 S. 1033; ders., Steuerliche Klassifizierung in- und ausländischer Unternehmen als Kapital- oder Personengesellschaft ("Check-the-Box"-Richtlinien), IWB F. 8 Gr. 2 S. 887.

I. Einleitung

Mit Wirkung vom Steuerjahr 1997 wurde im U.S. amerikanischen Steuerrecht auf Bundesebene (US federal income tax und US federal estate tax)[1] der bis dahin bestehende Vier-Faktor-Test[2] zur Klassifizierung von Gesellschaften abgeschafft und durch ein neues Ankreuzverfahren ("Check-the-Box") ersetzt, nach dem eine in- oder ausländische Gesellschaft, sofern sie nicht zu den *per se* Kapitalgesellschaften ("Muss-Kapitalgesellschaft") zählt, ihren US-Steuerstatus frei wählen kann, und anderenfalls nach den sog. *default rules* eine Standardklassifizierung zugeordnet bekommt. Die *Check-the-Box*-Richtlinien sind in einiger Hinsicht ein Zugeständnis an die realen wirtschaftlichen Verhältnisse, nach denen es dem Steuerpflichtigen in den meisten Fällen auch nach früherem Recht möglich war, den Steuerstatus einer Gesellschaft zu bestimmen, indem glaubhaft gemacht wurde, dass die körperschaftlichen oder eben personenbezogenen Elemente überwiegen.[3] Das Verfahren bedeutet jedoch für den Steuerpflichtigen hinsichtlich des Verwaltungsaufwandes eine große Erleichterung und führt darüber hinaus zu erhöhter Rechtssicherheit. Die Praxis hat die *Check-the-Box*-Richtlinien als äußerst faire und praktikable Regelung gefeiert.[4]

Die Wahl des Steuerstatus nach den *Check-the-Box*-Richtlinien legt fest, ob das Rechtsgebilde für US-**Bundes**steuerzwecke (Einkommen/Körperschaft- und Erbschaftsteuer) als Personen- oder Kapitalgesellschaft behandelt wird und bestimmt grundsätzlich auch die abkommensrechtliche Einordnung der Gesellschaft durch die USA. Soweit aber das *Check-the-Box*-Verfahren bei internationalen Sachverhalten zur Erlangung von Steuervorteilen durch Wahl eines von der Sichtweise des anderen Staates abweichenden Steuerstatus genutzt wird (hybride Gesellschaft), sind detaillierte Missbrauchsvorschriften im nationalen US-Steuerrecht zu beachten, die derartige Gestaltungen im Einzelfall wirkungslos werden lassen können. Der IRS hatte bereits in der Präambel zu den *Check-the-Box*-Richtlinien zu einem vorsichtigen Gebrauch von Personengesellschaften und hybriden Gesellschaften im internationalen Kontext ermahnt und schließlich durch explizite Regelungen in § 894(c) IRC und den hierzu erlassenen Regulations in bestimmten Fällen die Abkommensvorteile für hybride Gesellschaften versagt.

Vor diesem Hintergrund soll der folgende Beitrag aufzeigen, inwieweit das *Check-the-Box*-Verfahren bei gewerblichen Investitionen von ausschließlich in Deutschland unbeschränkt

---

[1] Ob die bundesgesetzlichen Regelungen auch auf Ebene der US-Bundesstaaten (States) bzw. der Kommunen Geltung haben, ist im Einzelfall zu prüfen. Die genannten Gebietskörperschaften sind als Jurisdiktion frei, ob sie den Bundesvorschriften folgen oder eigenständige Regelungen treffen.

[2] Vor 1997 wurden zur Klassifizierung von Gesellschaften primär vier körperschaftliche Beurteilungskriterien (Faktoren) herangezogen: 1. Beschränkte Haftung (Limited Liability), 2. Unbegrenzte Lebensdauer (Continuity of Life), 3. Zentralisierte Geschäftsführung (Centralized Management) und 4. Freie Übertragbarkeit der Anteile (Free Transferability of Ownership Interest). Eine Gesellschaft ist hiernach körperschaftlich strukturiert, wenn sie drei der vier Merkmale aufweist.

[3] *Blanco/Doernberg,* Tax Notes International 1996, 615.

[4] Vgl. z. B. *Pillow/Schmalz/Starr,* Journal of Taxation 1996, 72.

Steuerpflichtigen[5] in den USA eine Bedeutung hat und für Gestaltungen zur Reduzierung der Einkommensteuerbelastung genutzt werden kann. Dabei ist zu beachten, dass die Wahl des *Check-the-Box*-Verfahrens keine Auswirkungen auf die Klassifizierung der Gesellschaft für deutsche Besteuerungszwecke hat, die eigenständig auf der Grundlage eines sog. Typenvergleichs erfolgt.[6] Die gesamten Steuerfolgen einer deutsch-amerikanischen Investition hängen somit von der grundsätzlichen Einordnung im jeweiligen nationalen Recht der Vertragsstaaten, den Regelungen des DBA und den Missbrauchsvorschriften des deutschen und des US-Steuerrechts ab.[7]

II. Überblick über die Check-the-Box-Regelungen

A. Wahlberechtigte Gesellschaften

Das *Check-the-Box*-Verfahren ermöglicht allen in- oder ausländischen *Organisationen*, die ein eigenständiges, gewerbliches Unternehmen *(business entity)* i. S. der Richtlinien darstellen und nicht zu den sog. *"per se"* Kapitalgesellschaften gehören, ihren Steuerstatus frei zu wählen. Eine *business entity* i. S. der Richtlinien setzt voraus, dass eine aus steuerlicher Sicht separierbare Einheit *(seperate entity)* vorliegt, die weder ein Treuhandvermögen *(trust)* darstellt, noch unter eine steuerliche Sondervorschrift fällt (z. B. einer Besteuerung als REMIC – *real estate mortage investment conduit)*[8] Die Richtlinien enthalten keine klare Definition des eigenständigen Gebildes; es wird lediglich erwähnt, dass ein Gemeinschaftsunternehmen (z. B. ein *joint venture*) steuerlich eine eigenständige Einheit sein kann, wenn die beteiligten Personen ein Gewerbe, Handel, Finanzgeschäft oder anderes risikoreiches Geschäft betreiben. Es sollte ausreichen, wenn es sich um eine erwerbswirtschaftlich ausgerichtete Tätigkeit handelt.[9] Auf die Einordnung der Organisation nach zivilrechtlichen Kriterien soll es ausdrücklich nicht ankommen.[10]

Erfüllt ein Wirtschaftsgebilde die oben genannten Voraussetzungen, ist es wahlberechtigt, sofern es nicht zu den Gesellschaften gehört, die gesetzlich als Kapitalgesellschaft festgeschrieben sind *(per se corporations)*. Dies sind alle nach dem Recht der USA oder eines Bundesstaates förmlich gegründeten *corporations, joint stock companies, joint stock associations*, Versicherungsgesellschaften, z. T. einzelstaatlich konzessionierte Bankgesellschaften und börsengängige Personengesellschaften. Des Weiteren ist in den Richtlinien eine Liste aller ausländischen Orga-

---

[5] Die Problematik einer Doppelansässigkeit (d.h. in den USA und Deutschland) aufgrund US-Staatsbürgerschaft, US-Green Card oder anderweitiger Anknüpfungspunkte für eine unbeschränkte US-Steuerpflicht wird in diesem Beitrag nicht behandelt.

[6] Der Typenvergleich stellt darauf ab, ob das Rechtsgebilde nach seiner zivilrechtlichen Ausgestaltung eher mit einer der in § 1 Abs. 1 KStG genannten Körperschaften, Personenvereinigungen oder Vermögensmassen oder mit den in den §§ 15 Abs. 1 Nr. 2, 13 Abs. 5, 18 Abs. 5, 21 EStG genannten Personenvereinigungen wirtschaftlich vergleichbar ist.

[7] Neben den hier angesprochenen ertragsteuerlichen Aspekten sind bei natürlichen Personen bei der Planung auch Fragen der Erbschaftsteuer zu berücksichtigen, die in diesem Beitrag jedoch nicht erörtert werden. Auf die geplanten Änderungen der Check-The-Box Rules aufgrund der Ankündigungen von US-Präsident Obama im Mai 2009 konnte mangels Vorlage eines Gesetzentwurfs bis zum Redaktionsschluss ebenfalls nicht eingegangen werden.

[8] Vgl. *Mogenson/Benson*, Tax Notes International 1996, 2159.

[9] Im Gegensatz zur deutschen terminologischen Abgrenzung zwischen Gewerblichkeit und Vermögensverwaltung ist die Abgrenzung im US-Steuerrecht auf business vs. trust gerichtet.

[10] Reg. § 301.7701-1 (a).

nisationsformen enthalten, die zu den "Muss-Kapitalgesellschaften" gehören.[11] Hierzu zählt z. B. die deutsche Aktiengesellschaft, nicht jedoch die GmbH.

B. Verfahrensrechtliche Aspekte

Die Wahl des Steuerstatus wird durch Einreichen des IRS Vordrucks 8832 *"Entity Classification Election"* beim zuständigen IRS Office ausgeübt. Erfolgt keine Wahl, wird dem Wirtschaftsgebilde eine Standardklassifizierung zugeordnet *(default rules)*. Diese hängt von der Zahl der Mitglieder, der Haftung der Gesellschafter und davon ab, ob es sich um ein in- oder ausländisches Gebilde handelt. Inländische Gesellschaften mit mehreren Mitgliedern werden nach den *default rules* als Personengesellschaft eingeordnet. Inländische Gesellschaften mit nur einem Mitglied werden nach den *default rules* als Einzelunternehmen angesehen. Bei ausländischen Gesellschaften erfolgt eine Einordnung als Kapitalgesellschaft, wenn alle Gesellschafter beschränkt haften, und als Personengesellschaft, wenn mindestens ein Mitglied unbeschränkt haftet.[12] Gibt es nur einen Gesellschafter und haftet dieser unbeschränkt, wird das Gebilde als Betriebsstätte/Niederlassung bzw. Disregarded Entity dieses Gesellschafters klassifiziert.

Die Wahl eines geänderten US-Steuerstatus bindet die Gesellschaft für einen Zeitraum von 60 Monaten. Dies gilt jedoch nicht für die erstmalige Wahl, d. h. wenn ein neu gegründetes Unternehmen aus den *default rules* herauswählt. Das auf dem IRS Vordruck 8832 angegebene Wirksamkeitsdatum für die Rechtsformwahl ist nur dann maßgeblich, wenn der gewählte Stichtag nicht mehr als 75 Tage seit Einreichung des Antrages beim zuständigen Finanzamt zurückliegt bzw. nicht mehr als 12 Monate nach der vorschriftsmäßigen Einreichung liegt. Werden die genannten Zeiträume bei der Antragstellung überschritten, wird die Rechtsformwahl entweder 75 Tage vor der Einreichung bzw. 12 Monate nach der Einreichung wirksam.[13]

III. Folgen der Wahl im nationalen US-Steuerrecht

A. Einordnung als Personengesellschaft

Ein Rechtsgebilde, welches nach den *Check-the-Box*-Richtlinien als *partnership* (Personengesellschaft) eingeordnet wird, gilt für Einkommensteuerzwecke als transparent, d. h. es ist nicht die Gesellschaft steuerpflichtig, sondern der einzelne Gesellschafter mit seinem Anteil an den Einkünften der Gesellschaft. Rechtsbeziehungen zwischen der Gesellschaft und dem Gesellschafter werden mit steuerlicher Wirkung anerkannt, wenn der Gesellschafter nicht in seiner Eigenschaft als Mitglied der Gesellschaft auftritt (§ 707(a) IRC) oder wenn es sich um Vergütungen handelt, die unabhängig von der Höhe des Einkommens der Gesellschaft gezahlt werden (*guaranteed payments*, § 707(c) IRC.--Zinseinkommen, Mieteinkommen). Das Steuerkonzept der Sondervergütungen ist in den USA nicht bekannt.

Dem Gesellschafter wird zudem nicht eine zusammengefasste Position "Gewinnanteil aus einer Personengesellschaft" zugeordnet, sondern ein Anteil an den jeweiligen, von der Gesellschaft erzielten Aufwands- und Ertragsanteilen, die bei der Zuordnung zum Gesellschafter grundsätzlich nicht ihre Identität verlieren und als "Zinsen", "Veräußerungsgewinne", "sonstiges Geschäftseinkommen" etc. erfasst werden. Dieser Aspekt hat insbesondere bei beschränkt US-Steuerpflichtigen Bedeutung, da Einkünfte aus einer US-Geschäftstätigkeit im Wege der Veran-

---

[11] Reg. § 301.7701-2(b)(8).
[12] Vgl. Reg. § 301.7701-3(b)(2).
[13] Reg. § 301.7701-3(c)(1)(ii).

lagurg mit den auch für unbeschränkt Steuerpflichtige geltenden Steuersätzen erfasst werden, während "passive" Einkünfte aus US-Quellen wie z. B. Zinsen, Dividenden oder Lizenzgebühren (sog. FDAPI – *fixed and determinable and periodical income*) grundsätzlich nur mit einer nach dem DBA ermäßigten Quellensteuer mit Abgeltungswirkung belastet werden.

Zur Abgrenzung der Einkommenskategorien wird anhand der sog. *"effective connection rules"* geprüft, ob die von der Personengesellschaft erzielten passiven Einkünfte (FDAPI) der US-Geschäftstätigkeit zuzurechnen sind (*effectively connected income* – ECI). Dabei richtet sich die Zuordnung nach dem *asset-use-test* oder dem *business-activities-test*, wobei die Art der Geschäftstätigkeit darüber entscheidet, welcher Test anzuwenden ist. Übt der Steuerpflichtige (bzw. die Personengesellschaft) in den USA eine aktive Tätigkeit aus, wie z. B. Warenproduktion oder -verkauf, ist der *asset-use-test* anzuwenden, der darauf abstellt, ob die entsprechenden Wirtschaftsgüter oder Stammrechte, die für die zu beurteilenden passiven Einkünfte ursächlich sind (z. B. die Forderung oder die Kapitalgesellschaftsbeteiligung), dem Gewerbebetrieb dienen oder zu dienen bestimmt sind.[14] Dies ist dann der Fall,

a) wenn die Wirtschaftsgüter hauptsächlich zu dem Zweck der Förderung des bestehenden Gewerbebetriebes im Betriebsvermögen gehalten werden,

b) wenn es sich um Wirtschaftsgüter des laufenden Geschäftsverkehrs handelt, z. B. Kontoguthaben oder Wechselforderungen aus der gewerblichen Tätigkeit oder

c) wenn eine direkte Beziehung zwischen dem Wirtschaftsgut und der Geschäftstätigkeit besteht. Ob ein unmittelbarer Zusammenhang besteht, hängt davon ab, ob das Wirtschaftsgut für die US-Geschäftstätigkeit *benötigt* wird, wobei hier die aktuellen Erfordernisse des laufenden Geschäftsbetriebes zur Erhaltung der Liquidität und Erfüllung der gewöhnlichen Verpflichtungen angesprochen sind, nicht jedoch die Vorsorge für zukünftige Ereignisse.

Der *business-activities-test* wird dagegen dann angewendet, wenn die Hauptgeschäftstätigkeit in der Erzielung von passiven Einkünften besteht, z. B. bei Wertpapierhändlern, Investmentgesellschaften, Dienstleistungsunternehmen und Lizenzvergabeunternehmen. Hier wird geprüft, ob der US-Geschäftsbetrieb ein wesentlicher Faktor bei der Erzielung der betroffenen Einkünfte ist.[15]

Bei einem Wechsel der Rechtsform gemäß den Check-The-Box Regulations von einer US-Körperschaft in eine US- Personengesellschaft werden für US-bundessteuerliche Zwecke die folgenden Umstrukturierungsschritte fingiert: In einem ersten Schritt wird die Körperschaft liquidiert und ihre Vermögensgegenstände ausgekehrt. In einem zweiten Schritt werden unmittelbar anschließend sämtliche Vermögensgegenstände in eine neugegründete Personengesellschaft eingelegt. Aus US-steuerlicher Sicht kommt es im Rahmen der Liquidation grundsätzlich zu einer Aufdeckung und Besteuerung ggf. vorhandener stiller Reserven (built-in gains) auf der Ebene der Kapitalgesellschaft. Die anschließende Einbringung der Vermögensgegenstände in die Personengesellschaft erfolgt grundsätzlich steuerfrei.

B. Einordnung als Kapitalgesellschaft

Zählt die US-Gesellschaft zu den *per se corporations* oder wird nach dem *Check-the-Box*-Verfahren der US-Steuerstatus einer *"association taxable as a corporation"* gewählt, ist die Gesellschaft als eigenständiges Steuersubjekt einzuordnen, welches der Körperschaftsteuer nach

---

[14] Vgl. Treas. Reg. § 1.864-4(c)(2).
[15] Vgl. Treas. Reg. § 1.864-4(c)(3).

Maßgabe des *Subchapter C* des IRC unterliegt. Gewinnausschüttungen an den Gesellschafter unterliegen einer weiteren Besteuerung auf Gesellschafterebene, wobei diese körperschaftliche Doppelbelastung – im Gegensatz zum deutschen Steuerrecht – nicht durch ein Teileinkünfteverfahren abgemildert wird. Ist der Dividendenempfänger eine Körperschaft, wird jedoch für Dividendenerträge in Abhängigkeit von der Beteiligungshöhe ein Freibetrag zwischen 70 % und 100 % gewährt.[16] Bei einer Beteiligungshöhe ab 80 % können alternativ auch konsolidierte Steuererklärungen abgegeben werden.

Bei einem Rechtsformwechsel von einer Personengesellschaft in eine Körperschaft werden für Zwecke der Check-The-Box Regulations die folgenden Umstrukturierungsschritte fingiert: In einem ersten Schritt werden sämtliche Vermögensgegenstände der Personengesellschaft im Tausch gegen Aktien in eine Körperschaft eingelegt. In einem weiteren Schritt wird die Personengesellschaft liquidiert und die Aktien an die Gesellschafter der Personengesellschaft ausgekehrt. Aus US-steuerlicher Sicht handelt es sich sowohl bei der Einbringung der Vermögensgegenstände der Personengesellschaft in die Kapitalgesellschaft, als auch bei der Liquidation der Personengesellschaft und Auskehrung der Personengesellschaftsanteile um steuerfreie Vorgänge.

IV. Auswirkungen des Check-the-Box-Verfahrens im grenzüberschreitenden Kontext

Auf Abkommensebene ist zu unterscheiden, ob die Gesellschaft als eigenständiges Steuersubjekt einzuordnen ist, welches von dem Anteilseigner zu trennen ist, oder ob ein transparentes Gebilde vorliegt, dessen Einkünfte dem einzelnen Gesellschafter zuzuordnen sind. Dabei ist zu beachten, dass das *Check-the-Box*-Verfahren lediglich Auswirkungen auf die steuerliche Qualifikation der Gesellschaft in den USA hat, nicht jedoch auf die Einordnung für deutsche Steuerzwecke. Hier ist unabhängig von der Klassifizierung der Gesellschaft in den USA mittels eines sog. zweistufigen Typenvergleichs zu untersuchen, ob die betreffende Gesellschaft nach der zivilrechtlichen Ausgestaltung eher mit einer der in § 1 Abs. 1 KStG genannten Körperschaften, Personenvereinigungen oder Vermögensmassen oder mit den in den §§ 15 Abs. 1 Nr. 2, 13 Abs. 5, 18 Abs. 5, 21 EStG genannten Personenvereinigungen wirtschaftlich vergleichbar ist.[17] Die Finanzverwaltung hat speziell zur Einordnung einer US-LLC ein umfangreiches BMF-Schreiben veröffentlicht.[18] Somit sind bei grenzüberschreitenden Investitionen drei verschiedene Fallkonstellationen denkbar: (1) übereinstimmende Einordnung als Personengesellschaft in Deutschland und in den USA; (2) übereinstimmende Einordnung als Kapitalgesellschaft in Deutschland und in den USA; (3) unterschiedliche Einordnung in Deutschland und den USA.

A. Behandlung der US-Gesellschaft als Personengesellschaft in Deutschland und den USA

Wird die US-Gesellschaft in Deutschland und den USA übereinstimmend als **Personengesellschaft** eingeordnet, liegen auf Abkommensebene anteilig Betriebsstättengewinne des Gesell-

---

[16] Bei einer Beteiligungshöhe unter 20 % wird ein Abzug von 70 % gewährt; bei einer Beteiligungshöhe zwischen 20 % und unter 80 % ein Abzug von 80 % und bei einer Beteiligung ab 80 % erfolgt eine vollständige Freistellung. Die Beteiligung muss mindestens 45 Tage bestanden haben. Vgl. §§ 243-246 IRC.

[17] Vgl. RFH v. 12. 2. 1930, RStBl 1930 S. 444; BFH v. 17. 7. 1968, BStBl 1968 II S. 695; BFH v. 3. 2. 1988, BStBl 1988 II S. 588; BFH v. 23. 6. 1992, BStBl 1992 II S. 972; BFH v. 16. 12. 1992, BStBl 1993 II S. 399.

[18] BMF-Schreiben v. 19. 3. 2004, IV B 4 - S 1301 USA - 22/04, BStBl 2004 I S. 411.

schafters vor, die nur im Betriebsstättenstaat (USA) besteuert werden können, während in Deutschland eine Freistellung unter Progressionsvorbehalt erfolgt (Art. 23 Abs. 3 lit. a DBA-USA 2006 i. V. m. § 32b EStG). Gewinnausschüttungen unterliegen in Deutschland keiner Besteuerung. Ist der inländische Gesellschafter eine Kapitalgesellschaft, kommt es jedoch in den USA potentiell zu einer Belastung mit einer *branch-profits-tax*, die nach dem DBA-USA 2006 ermäßigt wird, wenn die Abkommensvoraussetzungen für eine Reduzierung der Steuer auf 15%, 5% oder 0 % vorliegen (Art. 10 DBA-USA 2006).

Die dargestellten Steuerfolgen bei der Beteiligung an einer US-Gesellschaft betreffen das von der Gesellschaft erzielte Einkommen aus der US-Geschäftstätigkeit *(US trade or business)*. Hat die US-Gesellschaft neben ihrer originären Tätigkeit zusätzlich sog. passive Einkünfte aus US-Quellen (oder aus Drittstaaten) wie z. B. Zinsen, Dividenden, Miet- oder Lizenzeinkünfte, stellt sich bei transparenter Betrachtung der Gesellschaft die Frage, ob diese Einkünfte dem amerikanischen Betriebsstättengewinn zuzurechnen sind oder ob durch die Gesellschaft hindurchgesehen wird und eine unmittelbare Zuordnung der Einkünfte zu dem Gesellschafter erfolgt. Diese Zuordnung hat erhebliche Bedeutung, da passive Einkünfte wie z. B. Zinsen oder Lizenzgebühren, die nicht dem Betriebsstättengewinn zugeordnet werden, unter die speziellen Abkommensnormen (z. B. Art. 11, 12 DBA-USA 2006) zu subsumieren sind, die Deutschland das Besteuerungsrecht zuweisen, während Betriebsstättengewinne in den USA besteuert werden und in Deutschland unter Progressionsvorbehalt freigestellt werden.

Nach der Subsidiaritätsklausel des Art. 7 Abs. 6 DBA-USA 2006 haben die spezielleren Abkommensnormen (wie z. B. Art. 11 oder 12 DBA-USA 2006) Vorrang gegenüber dem Betriebsstättenartikel. Nur wenn die Stammrechte, für die die Zinsen oder Lizenzgebühren etc. gezahlt werden, *Betriebsvermögen einer Betriebsstätte sind*, erfolgt aufgrund der in den speziellen DBA-Normen verankerten Betriebsstättenvorbehalte (z. B. Art. 11 Abs. 3, 12 Abs. 3 DBA-USA 2006) eine Rückverweisung zu Art. 7 DBA-USA 2006. Wann eine solche Zugehörigkeit vorliegt, ist jedoch in dem Abkommen selbst nicht geregelt, so dass insoweit auf nationales Recht zurückgegriffen wird. Dabei werden auf amerikanischer Seite die sog. *"effective connected rules"* angewendet, die bereits oben (Abschn. III.A.) erläutert worden sind. Auf deutscher Seite wird von Rechtsprechung[19] und Finanzverwaltung[20] die Ansicht vertreten, dass eine tatsächliche Zugehörigkeit[21] zur ausländischen Betriebsstätte nur dann besteht, wenn die Wirtschaftsgüter in einem *funktionalen Zusammenhang* mit derjenigen (aktiven) Betriebsstättentätigkeit stehen, die das Schwergewicht der Betriebsstätte bildet.[22] Darüber hinaus sind nach Auffassung der Finanzver-

---

[19] Vgl. BFH v. 26. 2. 1992 IR 85/91, BStBl 1992 II 937; v. 31. 5. 1995, BStBl 1995 II 683 (zum DBA-USA 1954/65); v. 30. 8. 1995, IStR 1996, 81 (zum DBA-Schweiz).

[20] Vgl. BMF-Schreiben v. 24. 12. 1999, IV B 4 S 1300 – 111/99, BStBl I 1076, Rz. 2.4.

[21] Während das DBA-USA 54/65 (wie auch das OECD-MA) von einer "tatsächlichen Zugehörigkeit" zum Betriebsvermögen sprach und zur Auslegung auf die amerikanischen *"effective-connection-rules"* verwies, ist im DBA-USA 89 nur von einer "Zugehörigkeit" zum Betriebsvermögen die Rede; das Wort "tatsächlich" fehlt. Damit wurde die bisherige Bindung an die amerikanischen Maßstäbe eliminiert und der Weg für eine eigenständige Auslegung durch die Vertragsstaaten geöffnet. Ein darüber hinausgehender sachlicher Unterschied lässt sich jedoch aus der abweichenden Formulierung nicht ableiten. Vgl. Wolff, in: Debatin/Wassermeyer, DBA-USA, Art. 7, Rz. 98; Art. 12, Rz. 29.

[22] Dabei können die zu § 8 AStG entwickelten Grundsätze zur funktionalen Betrachtungsweise sinngemäß angewendet werden. Hiernach kann ein solcher Zusammenhang gegeben sein, wenn die Beteiligungserträge als Nebenerträge der aktiven Betriebsstättentätigkeit anzusehen sind. Vgl. BFH v. 30. 8. 1995, I R 112/94, BStBl 1995 II 81 ff.

waltung[23] sämtliche Beteiligungen und Finanzmittel dem Stammhaus zuzurechnen, wenn sie nicht der in der Betriebsstätte ausgeübten Tätigkeit dienen. Dies soll auch für in der Betriebsstätte erwirtschaftete finanzielle Mittel gelten, die nicht für die laufende Geschäftstätigkeit oder in absehbarer Zeit zu tätigende Investitionen benötigt werden.

Wenn die Gewinne der US-Gesellschaft nicht aus den USA stammen (z. B. bei Dividendenerträgen der US-Gesellschaft aus einer Beteiligung an einer Gesellschaft in einem Drittstaat), ist zu beachten, dass die speziellen Abkommensnormen (z. B. Art. 10 DBA-USA 2006 für Dividenden) nicht greifen. Diese Normen knüpfen daran an, dass die Gewinne aus dem anderen Vertragssaat stammen und nicht aus einem Drittstaat.[24] Bei der Einkommenszuordnung stellt der BFH in diesen Fällen darauf ab, ob die Gewinne in einem funktionalen Zusammenhang mit der in der Betriebsstätte ausgeübten unternehmerischen Tätigkeit stehen, so dass es sich nach der Verkehrsauffassung um Nebenerträge jener Tätigkeit handelt.[25] Dies würde selbst dann entscheidend sein, wenn das den Einnahmen zugrunde liegende Stammrecht der Betriebsstätte zuzuordnen ist.[26] Wenn danach keine Gewinne der Betriebsstätte vorliegen, liegt das Besteuerungsrecht im Sitzstaat des Gesellschafters (Art. 21 DBA-USA 2006) – unabhängig davon, ob das zugrundeliegende Stammrecht zur Betriebsstätte gehört.

Insgesamt ähneln die Zurechnungskriterien in Deutschland sehr den amerikanischen *"effective connection rules"*, so dass bei übereinstimmend transparenter Betrachtung der Gesellschaft i. d. R. eine einheitliche Zuordnung der "passiven" Einkünfte zu dem Gesellschafter erfolgt und nur in den Fällen des funktionalen Zusammenhangs zur Betriebsstättentätigkeit eine Zuordnung zu der Personengesellschaftsbetriebsstätte. Damit treten bei einer übereinstimmenden Einordnung der Gesellschaft Zuordnungskonflikte eher selten auf.

Bei einer Veräußerung einer gewerblichen US-Betriebsstätte (z. B. einer gewerblichen US-Personengesellschaft) kommt es in den USA nach innerstaatlichem Recht zu einer Besteuerung eines steuerpflichtigen Gewinns auf der Grundlage des *US-effectively connnected income*-Prinzips. Art. 7 des DBA-USA 2006 schränkt das Besteuerungsrecht der USA als Betriebsstättenstaat nicht ein.[27] Auf deutscher Seite wird nach dem DBA-USA 2006 für den in Deutschland ansässigen Gesellschafter die Freistellung (bei einer natürlichen Person unter Progressionsvorbehalt) gewährt. Die transparente Struktur ist wegen der Veräußerungsbesteuerung in den USA im Hinblick auf einen zukünftigen *Exit* des Gesellschafters grundsätzlich weniger attraktiv.

B. Behandlung der US-Gesellschaft als Kapitalgesellschaft in Deutschland und den USA

Wird die US-Gesellschaft übereinstimmend in Deutschland und in den USA als Kapitalgesellschaft qualifiziert, liegt auch auf Abkommensebene eine eigenständig abkommensberechtigte US-Gesellschaft vor, deren Gewinne nur dort, d. h. in den USA erfasst werden können. Gewinnausschüttungen unterliegen in den USA einer nach dem DBA auf 0 % oder 5 % (Schachteldivi-

---

[23] Vgl. BMF-Schreiben v. 24. 12. 1999 a. a. O., Rz. 2.4.

[24] Vgl. BFH v. 19. 12. 2007, I R 66/06, BStBl 2008 II S. 510.

[25] BFH v. 19. 12. 2007, I R 66/06, BStBl 2008 II S. 510.

[26] BFH 30. 8. 1995, I R 112/94, BStBl II 1996, 563; vgl. hierzu auch allgemein Wassermeyer in Debatin/Wassermeyer, Art. 21 MA Rz 86; Roth, Internationales Steuerrecht, Rz 4.819; Schaumburg, Internationales Steuerrecht, 2. Aufl., Rz 16.483; im Ergebnis auch Lehner in Vogel/Lehner, Art. 21 Rz 46, 56.

[27] Ob es zu einer Besteuerung in den USA auf State & Local Ebene kommt, ist separat zu prüfen. DBA-Schutz besteht insoweit nicht.

denden) bzw. 15 % (Streubesitz) ermäßigten Quellensteuer. Bei einer natürlichen Person als Gesellschafter können die Dividenden unter Anrechnung der US-Steuer besteuert werden (Art. 23 Abs. 3 b) aa) DBA-USA 2006). Dabei erfolgt die Besteuerung im Rahmen der Abgeltungssteuer oder des Teileinkünfteverfahrens (§ 3 Nr. 40 EStG). Ist der Dividendenempfänger eine Kapitalgesellschaft, werden die Dividendenerträge von der Bemessungsgrundlage der deutschen Steuer nach dem Wortlaut des Art. 23 Abs. 3 a) DBA-USA 2006 ausgenommen. Problematisch ist insofern allerdings die Regelung des Art. 23 Abs. 4 b) DBA-USA 2006, nach der das Anrechnungsverfahren und nicht die Freistellungsmethode zur Anwendung kommt, wenn die USA Art. 10 Abs. 2 oder 3 DBA-USA 2006 auf die Dividenden anwenden; denn die USA wenden auf Dividendeneinkünfte immer Art. 10 Abs. 2 oder 3 DBA-USA 2006 an. Nach dem Zweck der Vorschrift soll Art. 23 Abs. 4 b) DBA-USA 2006 im Dividendenfall, bei dem kein Anwendungskonflikt vorliegt, nicht zum Ausschluss der Freistellungsmethode führen. Der Wortlaut der Vorschrift macht dies jedoch nicht deutlich, so dass in der Praxis eine Unsicherheit verbleibt, bis dies durch ein BMF-Schreiben oder höchstrichterliche Rechtsprechung gesichert ist.[28] Für Zwecke der Körperschaftsteuer ist die Problematik nur von untergeordneter Bedeutung, da auch nach nationalem Recht gemäß § 8b Abs. 1 KStG grundsätzlich eine Freistellung der Dividendenerträge erfolgt (effektiv 95 %). Für das gewerbesteuerliche Schachtelprivileg gelten jedoch nach §§ 8 Nr. 5, 9 Nr. 7 GewStG zusätzliche Anforderungen, die im Einzelfall nicht immer erfüllt sind, so dass es in diesen Fällen auf die Freistellung nach dem DBA ankommt. Auch für die Gesellschaften, die nicht in den Anwendungsbereich des § 8b Abs. 1 KStG kommen, ist die Frage der Anwendung des DBA-USA 2006 von erheblicher praktischer Bedeutung.

Bei einer Veräußerung der US-Kapitalgesellschaftsbeteiligung kommt es schon nach US-innerstaatlichem Recht zu keiner Besteuerung in den USA. Denn ein etwaiger Gewinn aus dieser Veräußerung gehört nach US-steuerlichen Grundsätzen grundsätzlich nicht zu Einkünften aus US-Quellen.[29] Die US-*sourcing rules* stellen auf die Ansässigkeit des Verkäufers ab. Nach der hier zu behandelnden Fallkonstellation ist der Verkäufer nicht in den USA ansässig. In Deutschland kommt es bei Anwendung des § 8b Abs. 2 KStG zu einer weitgehenden Freistellung der Gewinne von der Besteuerung (im Ergebnis 95 %). Im *Exit*-Fall ist die Struktur, in der in den USA und in Deutschland eine Kapitalgesellschaft vorliegt, für Kapitalgesellschaften als Gesellschafter attraktiver.

C. Unterschiedliche Behandlung der US-Gesellschaft in Deutschland und den USA

Wenn die US-Gesellschaft in den USA als Kapitalgesellschaft und in Deutschland als Mitunternehmerschaft eingeordnet wird, berücksichtigt die deutsche Finanzverwaltung die Gewinne anteilig als solche der Gesellschafter aus einer Betriebsstätte in den USA.[30] Die Gewinne werden demzufolge unter Berücksichtigung eines Progressionsvorbehalts in Deutschland freigestellt. Gewinnausschüttungen werden in den USA mit einer auf 0 %, 5 % bzw. 15 % ermäßigten Quellensteuer belastet. In Deutschland scheidet eine Besteuerung der Dividendeneinnahmen aus, da nach deutscher Rechtsauffassung Entnahmen aus einer ausländischen Personengesellschaft

---

[28] Vgl. hierzu *Kreienbaum/Nuernberger*, IStR 2006, 806 ff.

[29] Auf die Besonderheiten der US-Besteuerung einer US-Immobiliengesellschaft gemäß dem Foreign Investment in US-Real Property Tax Act – FIRPTA wird in diesem Beitrag nicht eingegangen.

[30] Vgl. z. B. BMF-Schreiben v. 28. 5. 1998, IV C 5 – S 1301 Spa – 2/98, IStR 1999, 50 f. und BMF-Schreiben v. 1. 10. 1997, IV C – S 1301 Rum – 7/97, BStBl 1997 I 863. Vgl. hierzu auch die Kritik bei *Möbus* a. a. O. (oben Fn. 13), S. 186; *Grotherr*, IWB F. 3 Gr. 3 S. 673.

(Betriebsstätte) vorliegen. Für eine Anrechnung der US-Quellensteuer besteht somit kein Raum.[31]

Wird die Gesellschaft in den USA als Personengesellschaft behandelt und aus deutscher Sicht als Kapitalgesellschaft, sieht die deutsche Finanzverwaltung das Besteuerungsrecht hinsichtlich der Dividenden nach Art 21 DBA-USA 2006 in Deutschland.[32] Diese Sichtweise wurde durch den BFH für das DBA-USA 1989 a. F. bestätigt.[33] Die Erwägungen des BFH dürften auch im Hinblick auf das DBA-USA 2006 zur Anwendung des Art 21 DBA-USA 2006 führen.[34]

Kommt es zur Veräußerung der Beteiligung, löst dies in den USA eine Besteuerung aus, wenn die Gesellschaft steuerlich transparent ist. Wird die Gesellschaft dagegen in den USA als Kapitalgesellschaft behandelt und in Deutschland als Mitunternehmerschaft, löst die Veräußerung der Anteile grundsätzlich keine Besteuerung in den USA aus (wegen der mangelnden Transparenz). Die deutsche Finanzverwaltung dürfte bei angenommener Transparenz nur zu einer Berücksichtigung des Veräußerungsgewinns im Rahmen des Progressionsvorbehalts kommen.

D. Missbrauchsregelungen nach US-Steuerrecht

Weicht die Einordnung der Gesellschaft im jeweils anderen Vertragsstaat (hier Deutschland) von dem US-Steuerstatus ab, wird der Abkommensschutz für bestimmte Einkünfte, die nicht unmittelbar mit der Geschäftstätigkeit der Gesellschaft zusammenhängen und von oder durch die hybride US-Gesellschaft an den ausländischen Gesellschafter gezahlt werden, durch **explizite Regelungen für hybride Gesellschaften im US-Steuerrecht** versagt.

Der Grund hierfür liegt darin, dass sich nach Einführung der Check-the-Box-Richtlinien in den USA Gestaltungen gehäuft haben, bei denen ein von der Sichtweise des jeweils anderen Vertragsstaates anderer Steuerstatus gewählt wurde, um steuerliche Vorteile zu erzielen. Das US-Steuerrecht verwendet hier den Begriff einer hybriden Gesellschaft und unterscheidet zwischen der *"hybrid entity"*, d. h. einer Gesellschaft, die aus US-Sicht steuerlich transparent, aus Sicht des anderen Staates jedoch intransparent ist, und der *"reverse hybrid entity"* für den umgekehrten Fall. Vorteile durch die Einschaltung von hybriden Gesellschaften konnten z. B. dann erreicht werden, wenn jeder Staat nach seiner nationalen Rechtswertung davon ausgeht, dass die betreffenden Einkünfte einer anderen Person – eben der Gesellschaft oder dem Gesellschafter – in dem jeweils anderen Staat zugeordnet werden und seinerseits auf eine Besteuerung verzichtet oder nur eine ermäßigte Besteuerung vornimmt. In diesen Fällen wird jedoch durch die 1997 eingeführte Regelung des § 894 (c) IRC und die hierzu ergangenen Richtlinien unter bestimmten Voraussetzungen der Abkommensschutz (d. h. die Reduzierung der US-Quellensteuer nach dem jeweiligen DBA) versagt, so dass die Wahl des US-Steuerstatus nach dem Check-the-Box-Verfahren insoweit ins Leere läuft. Die Sonderregelungen im US-Steuerrecht betreffen jedoch lediglich passive Einkünfte aus US-Quellen wie z. B. Zinsen oder Lizenzgebühren (sog. FDAPI – *fixed and determinable and periodical income*), die nicht zu dem US-Geschäftseinkommen zählen (und damit kein *effectively connected income* darstellen).

---

[31] Vgl. ausführlich *Möbus* a. a. O. (oben Fn. 13), S. 184 ff.

[32] BMF 19. 3. 2004, IV B 4 - S 1301 USA - 22/04, BStBl 2004 I S. 411 (zum DBA-USA 1989 a. F.).

[33] BFH v. 20. 8. 2008, I R 34/08, IStR 2008, 811; zur Kritik an der Entscheidung siehe *Flick/Heinsen*, IStR 2008, 781.

[34] *Flick/Heinsen*, IStR 2008, 781, 786.

a) Sonderregelungen für Zahlungen *an* hybride Gesellschaften im US-Steuerrecht

Nach der Einführung der *Check-the-Box*-Richtlinien haben sich in den USA Gestaltungen gehäuft, bei denen durch Einsatz hybrider Gesellschaften steuerliche Vorteile angestrebt wurden. Ist beispielsweise ein deutscher Investor an einer US-LLC beteiligt, die so strukturiert ist, dass sie nach deutscher Rechtsauffassung eine Kapitalgesellschaft darstellt, aus US-Sicht aber eine Personengesellschaft, können von der LLC (aus US-Quellen) bezogene Zinsen oder Lizenzgebühren bei isolierter Betrachtung des DBA unversteuert an den inländischen Gesellschafter weitergeleitet werden. Der Grund hierfür liegt darin, dass die Einkünfte aus US-Sicht – aufgrund der transparenten Betrachtung der Gesellschaft – i. d. R. dem inländischen Gesellschafter zugeordnet werden und gem. Art. 11 und 12 des DBA-USA 2006 ohne weitere Quellensteuer an diesen gezahlt werden können. Nach deutscher Rechtsauffassung handelt es sich jedoch um Einkünfte einer US-Kapitalgesellschaft, die steuerlich nicht erfasst werden können.

Gegen derartige Gestaltungen richtet sich die im Steuerreformgesetz vom 5. 8. 1997 eingeführte Regelung des § 894 (c) IRC, die die abkommensrechtliche Quellensteuerermäßigung für solche Einkommensbestandteile versagt, die von einer (aus US-Sicht) ausländischen Person über eine Gesellschaft bezogen werden, die für US-Steuerzwecke transparent ist, wenn

(1) die Einkünfte nach dem Recht des anderen Staates, in dem die ausländische Person ansässig ist, nicht als Einkommen dieser Person behandelt wird;

(2) das anzuwendende DBA nicht die Behandlung von Einkünften, welche über eine transparente Gesellschaft bezogen werden, regelt, und

(3) der ausländische Vertragsstaat keine Steuer auf die Ausschüttung dieser Einkunftsbestandteile durch die für US-Steuerzwecke transparente Gesellschaft an die besagte Person erhebt.

Darüber hinaus wurde die US-Finanzverwaltung durch § 894 (c)(2) IRC ermächtigt, Richtlinien zu erlassen, in denen die Versagung einer Quellensteuerreduzierung bei hybriden Gesellschaften auch in anderen Fällen geregelt wird.

Die endgültigen **Richtlinien zu § 894 (c) (2) IRC**[35] knüpfen daran an, dass Einkommen, welches von einer transparenten Gesellschaft bezogen wird, nur dann zu einer nach dem Abkommen reduzierten Quellensteuer berechtigt, wenn das Einkommen von einer in dem anderen Vertragsstaat ansässigen Person bezogen wird *(derived by a resident)*.[36] Dabei wird durch drei Regelungen – zwei allgemeine Regelungen und eine abkommensspezifische Regelung – festgelegt, wann Einkommen von einer im anderen Vertragsstaat ansässigen Person bezogen wird:

1. Grundregel: Einkommensbestandteile, die an eine Gesellschaft gezahlt werden, gelten als *von der Gesellschaft* bezogen, wenn diese nach den Maßstäben ihres Ansässigkeitsstaates in Hinblick auf die besagten Einkünfte nicht steuerlich transparent ist.

2. Grundregel: Einkommensbestandteile, die an eine Gesellschaft gezahlt werden, gelten als *vom Gesellschafter* bezogen, wenn (a) dieser seinerseits ein nicht steuerlich transparentes Wirtschaftsgebilde nach dem Recht seines Ansässigkeitsstaates ist und (b) die Gesellschaft, über die die besagten Einkünfte bezogen werden, nach dem Recht des Ansässigkeitsstaates des Gesellschafters im Hinblick auf die besagten Einkünfte steuerlich transparent ist.

---

[35] Vor den endgültigen Richtlinien hatte die Finanzverwaltung im Juni 1997 vorläufige Richtlinien erlassen, die bereits für Zahlungen ab 1. 1. 1998 anzuwenden waren. Vgl. hierzu z. B. *Critchfield/Honson/Mendelowitz*, Tax Notes International 1999, 587; zu den endgültigen Richtlinien vgl. *Blessing*, Tax Management International Journal 2000, 499; *Sheppard*, Tax Notes International 2000, 309.

[36] Vgl. Reg. § 1.894-1(d)(1).

3. **Abkommensspezifische Regelung:** Ungeachtet der oben dargestellten Grundregeln gelten Zahlungen, die an bestimmte Wirtschaftsgebilde geleistet werden, die in dem Abkommen ausdrücklich als in einem Vertragstaat ansässige Person genannt werden, als von einer in diesem Vertragstaat ansässigen Person bezogen.

Das bedeutet für das oben dargestellte Beispiel Folgendes: Da die US-LLC in ihrem "Ansässigkeitsstaat" (USA) als Personengesellschaft eingeordnet wird, können die Zinseinnahmen oder Lizenzeinnahmen nicht von der Gesellschaft als solche bezogen werden (Grundregel 1). Da aber nach deutscher Rechtsauffassung die LLC eine Kapitalgesellschaft darstellt, gelten die Einkünfte nach der Grundregel 2 auch nicht als von dem Gesellschafter bezogen. Schließlich scheidet auch eine Anwendung der Grundregel 3 aus, da eine spezielle Regelung zur Abkommensberechtigung der US-LLC fehlt. Damit gelten die Einkünfte nach den Regulations zu § 894 (c) (2) IRC nicht als von einer ansässigen Person bezogen, so dass der Abkommensschutz in den USA versagt wird. Die Zinsen bzw. Lizenzgebühren werden damit mit der vollen US-Quellensteuer i. H. v. 30 % belastet.[37]

Insgesamt sind die Richtlinien sehr weitgehend. Sie richten sich nicht nur an solche Gesellschaften, die aus US-Sicht (aufgrund der *Check-the-Box*-Richtlinien) transparent sind, aus der Sicht des Ansässigkeitsstaates des Gesellschafters jedoch intransparent *(hybrid entity)*, sondern auch an US-Kapitalgesellschaften, die nach Auffassung des Ansässigkeitsstaates des Gesellschafters transparent sind *(reverse hybrid entity)*.

Im Ergebnis wird die Frage, ob die von einer hybriden Gesellschaft erzielten Einkünfte von einer in dem anderen Vertragstaat ansässigen Person bezogen werden und damit zu einer nach dem DBA reduzierten Quellensteuer berechtigen, nicht allein nach dem Recht des Quellenstaates (USA) beurteilt, sondern auch nach dem Recht des jeweils anderen Staates (hier: Deutschland). Somit verliert die Wahl des US-Steuerstatus nach dem *Check-the-Box*-Verfahren bezogen auf die Erlangung einer reduzierten Quellensteuer an Bedeutung.

b) Sonderregelungen für Zahlungen *von* hybriden Gesellschaften

Die bereits dargestellten Richtlinien zu § 894 (c) (2) IRC betreffen nur Einkünfte aus US-Quellen, die **an** eine hybride Gesellschaft gezahlt werden. Darüber hinaus wurden jedoch im Juni 2002 Richtlinien zu § 894 (c) IRC erlassen, welche den Abkommensschutz auch für bestimmte Zahlungen aus US-Quellen einschränken, die von *domestic reverse hybrids (DRH)* an ihre ausländischen Gesellschafter geleistet werden. Nach den Richtlinien 1.894-1 (d) (2) (ii), die für Zahlungen ab dem 12. 6. 2002 anzuwenden sind, kann ein ausländischer Gesellschafter eines DRH, der nicht seinerseits ein transparentes Rechtsgebilde darstellt,[38] grundsätzlich eine ermäßigte Quellensteuer für Zahlungen aus US-Quellen beanspruchen, wenn diese nicht unmittelbar der Geschäftstätigkeit der US-Gesellschaft zuzuordnen sind, also kein *effectively connected income* (ECI) darstellen.[39] Die Richtlinien enthalten jedoch eine spezielle Umqualifizierungsregelung für bestimmte Zahlungen, die bewirkt, dass die Zahlung als Dividende behandelt wird. Dies ist dann der Fall, wenn das DRH die Zahlung an den ausländischen Gesellschafter als Betriebsausgabe abziehen kann und seinerseits eine Dividende von einer verbundenen US-Gesellschaft emp-

---

[37] §§ 871(a), 881(a), 1443, 1461 IRC.

[38] Die Beurteilung richtet sich nach den oben dargestellten Richtlinien v. 30. 6. 2000.

[39] Die Beurteilung, ob die Zahlung *effectively connected income* darstellt oder nicht, richtet sich nach US-Steuerrecht. Dabei wird die Zahlung so behandelt, als wäre sie von einer (nicht hybriden) US-Kapitalgesellschaft gezahlt worden, d. h. die abweichende Sichtweise des anderen Staates wird vernachlässigt.

fängt. Hierdurch soll z. B. folgende Gestaltung vermieden werden: Ein deutscher Investor stellt einer US-LLC, die in Deutschland als Personengesellschaft, in den USA aber als Kapitalgesellschaft qualifiziert wird, ein Darlehen i. H. v. 100.000 US-$ zur Verfügung, welches in Form von Eigenkapital an die 100 %ige US-Tochter US-Co weitergereicht wird. US-Co schüttet eine Dividende i. H. v. 10.000 US-$ an die US-LLC aus, und diese zahlt Zinsen i. H. v. 10.000 US-$ an den deutschen Investor. Die Dividende ist auf der Ebene der US-LLC steuerfrei (§ 243 IRC). Die an den deutschen Investor gezahlten Zinsen können – ohne die angekündigten Richtlinien – auf der Ebene der LLC als Betriebsausgaben abgezogen werden und darüber hinaus ohne weitere Quellensteuerbelastung (Art. 11 DBA-USA 2006) an den deutschen Investor gezahlt werden.[40] Aus US-Sicht besteht der Vorteil der beschriebenen Gestaltung darin, dass die Fremdfinanzierung zu einem Betriebsausgabenabzug in den USA führt und somit die dortige Steuerbelastung – im Vergleich zu einer Eigenfinanzierung – sinkt. Darüber hinaus unterliegen Zinsen im Vergleich zu Dividenden einer niedrigeren US-Quellensteuer. Diese von der US-Finanzverwaltung als ungerechtfertigt empfundene Reduzierung von US-Steuern wird durch die neuen Richtlinien ausgeschlossen. Durch die Umqualifizierung der Zinseinkünfte in eine Dividende wird der Betriebsausgabenabzug in den USA versagt, und darüber hinaus wird der für Dividenden gültige Quellensteuersatz angewendet. Dieser wird gemäß Art. 10 Abs. 2 und 3 DBA-USA 2006 auf 0% oder 5 % (Schachteldividenden) reduziert, wenn die Nutzungsberechtigte[41] eine in Deutschland ansässige Gesellschaft ist, die die Abkommensvoraussetzungen für eine Reduzierung der Quellensteuer erfüllt. In allen anderen Fällen wird die Quellensteuer auf 15 % reduziert (Art. 10 Abs. 2 Buchst. b DBA-USA 2006), wenn im Übrigen die Abkommensvoraussetzungen vorliegen.

Dabei ist hier fraglich, ob die Quellensteuer auf deutscher Seite angerechnet werden kann, denn nach deutscher Rechtsauffassung handelt es sich hier um Zinsen i. S. v. Art. 11 DBA-USA 2006. Da die Quellensteuer für Zinsen 0 % beträgt, ist eine Anrechnung gem. Art. 23 Abs. 3 Buchst. b DBA-USA 2006 nicht vorgesehen. Eine Pflicht zur Anerkennung der Umqualifizierung von deutscher Seite ist dem DBA nicht zu entnehmen. Art. 10 Abs. 5 DBA-USA 2006 enthält zwar eine sog. Qualifikationsverkettung, nach der die Qualifikation des Sitzstaates der ausschüttenden Gesellschaft maßgebend ist; diese bezieht sich nach h. M. jedoch nur auf "sonstige Rechte" und nicht auf alle Dividenden.[42]

Es erscheint auch zweifelhaft, ob eine Anrechnung nach Art. 23 Abs. 4 Buchst. a DBA-USA 2006 erreicht werden kann. Diese Klausel sieht den Wechsel zur Anrechnung vor, wenn aufgrund einer abweichenden Abkommenszuordnung eine doppelte Besteuerung eintritt. Da aber hier keine Steuerbefreiung in Deutschland erfolgt und somit auch kein Wechsel zur Anrechnungsmethode vorgenommen werden kann, ist die Klausel nicht anwendbar. Darüber hinaus wird vorab ein erfolglos verlaufenes Verständigungsverfahren verlangt. Da dieses generell sehr langwierig ist, sollte die oben genannte Konstellation unbedingt vermieden werden und bestehende Finanzierungsstrukturen in Hinblick auf eine mögliche Anwendung der dargestellten Richtlinien untersucht werden.

---

[40] Vgl. (jeweils zu den gleich lautenden angekündigten Richtlinien v. 26. 2. 2001) *Infanti*, Tax Management International Journal 2001, 307; *Fuller*, U.S. Tax Review, Tax Notes International 2001, 1563; *Danilack/Melcher/Alston*, US Tax Scene, Intertax 2001, 243.

[41] Der Begriff des Nutzungsberechtigten richtet sich nach Prot. Nr. 10 zum DBA-USA nach der steuerlichen Qualifizierung des Quellenstaates (USA).

[42] Vgl. (zur Umqualifizierung von Zinsen in verdeckte Gewinnausschüttungen) *Piltz*, in: Piltz/Schaumburg, Unternehmensfinanzierung im internationalen Steuerrecht, S. 122.

Die Richtlinien kommen unter folgenden Voraussetzungen zur Anwendung:
- Die *domestic reverse hybrid entity* empfängt eine Zahlung von einer verbundenen US-Gesellschaft, die nach US-Steuerrecht oder nach dem Recht des Ansässigkeitsstaates des ausländischen Gesellschafters als Dividende behandelt wird;
- nach dem Recht des Ansässigkeitsstaates des ausländischen Gesellschafters wird die von der *domestic reverse hybrid entity* empfangende Dividende anteilig als Einkommen des Gesellschafters behandelt;
- die *domestic reverse hybrid entity* leistet eine als Betriebsausgabe abzugsfähige Zahlung an den ausländischen Gesellschafter, und das Abkommen zwischen den USA und dem Ansässigkeitsstaat des Gesellschafters sieht eine ermäßigte Quellensteuer auf diese Zahlung vor.

Sind die oben genannten Voraussetzungen erfüllt, wird die Zahlung des DRH an den ausländischen Gesellschafter sowohl für Abkommenszwecke als auch für US-Steuerzwecke als Dividende behandelt. Der Umqualifizierungsbetrag ist jedoch auf die Höhe der empfangenden Dividende beschränkt und frühere Dividendenzahlungen sowie nach dieser Vorschrift als Dividenden umqualifizierte Zahlungen werden abgezogen. Darüber hinaus enthalten die angekündigten Richtlinien eine sehr weit gefasste Missbrauchsregelung, die der Finanzverwaltung eine nahezu umfassende Möglichkeit zur Erfassung auch solcher Finanzierungsstrukturen bietet, die nicht die oben genannten Voraussetzungen erfüllen.

V. Hinweise zur Steuerplanung

Die oben ausgeführten Erläuterungen machen deutlich, dass der Investor über die Wahl eines US-Steuerstatus nach dem *Check-the-Box*-Verfahren nur begrenzt Einfluss auf die Steuerfolgen der Investition nehmen kann. Durch besondere Missbrauchsvorschriften im US-Steuerrecht, die die Wahl nach dem *Check-the-Box*-Verfahren letztlich unbeachtlich werden lassen, sind Gestaltungsmöglichkeiten zur Erzielung weißer Einkünfte erheblich eingeschränkt geworden. Darüber hinaus hängen die gesamten Steuerfolgen der Investition auch von der Einordnung der Gesellschaft in Deutschland ab, und hier besteht nur ein enger Rahmen zur Einflussnahme durch Gestaltung der zivilrechtlichen Verhältnisse im Gesellschaftsvertrag.

Das Ziel einer Steuerplanung kann daher nur darin bestehen, unter Berücksichtigung der Einordnung in Deutschland, der Regelungen des DBA und der nationalen Missbrauchsvorschriften das Steuergefälle zwischen Deutschland und den USA zu nutzen. Dabei ist die individuelle steuerliche Belastung der beteiligten Steuerpflichtigen zu berücksichtigen. Ob diese in Deutschland oder in den USA geringer ist, lässt sich nicht pauschal beantworten. Vor diesem Hintergrund mögen die folgenden Kriterien für die Wahl des optimalen US-Steuerstatus als Anhaltspunkt dienen:

- Ist der deutsche Investor eine **natürliche Person** (oder Personengesellschaft mit natürlichen Personen als Gesellschafter) erweist sich aus ertragsteuerlichen Gesichtspunkten i. d. R. die Wahl des US-Steuerstatus einer Personengesellschaft als günstiger, da hier die Gewinne (außer Sondervergütungen) fallweise einem US-Steuerniveau unterliegen können und in Deutschland unter Progressionsvorbehalt freigestellt werden. Gewinnausschüttungen unterliegen keiner weiteren Besteuerung, d. h. es wird weder eine Quellensteuer in den USA erhoben, noch erfolgt eine Besteuerung in Deutschland nach dem Teileinkünfteverfahren. Die hier beschriebenen Folgen ergeben sich allerdings nur, wenn auch aus deutscher Sicht eine US-Personengesellschaft angenommen wird.

Nürnberger/Altrichter-Herzberg

Die Personengesellschaftsalternative ist jedoch im Veräußerungsfall ungünstig, da es dann zu einer Besteuerung in den USA kommt. In Deutschland erfolgt wiederum eine Freistellung mit Progressionsvorbehalt. Die Kapitalgesellschaftsalternative hat dagegen den Vorteil, dass bei einer Veräußerung in den USA grundsätzlich keine Besteuerung ausgelöst wird, während in Deutschland nur eine Besteuerung nach dem Teileinkünfteverfahren erfolgt (bzw. weitgehende Freistellung nach § 8b Abs. 2 KStG für Kapitalgesellschaften als Gesellschafter).[43]

▶ Ist der deutsche Investor eine **Kapitalgesellschaft** ergeben sich grundsätzlich nur geringe Besteuerungsunterschiede bei den zur Verfügung stehenden Varianten. Die US-Gewinne unterliegen der Körperschaftsteuer in den USA unabhängig davon, ob die US-Gesellschaft als Kapitalgesellschaft oder als Personengesellschaft angesehen wird. Im letzteren Fall unterliegt die deutsche Gesellschaft mit ihren US-Gewinnen (aus der Personengesellschaft) der Körperschaftsteuer in den USA. Ausschüttungen der US-Gesellschaft unterliegen der Kapitalertragsteuer auf Dividenden oder der *branch-profits-tax*. In Deutschland sind die Dividendeneinnahmen grundsätzlich zu 95 % von der Besteuerung ausgenommen (§ 8b Abs. 1 und 5 KStG). Die dabei entstehende effektive Einkommenserhöhung in Höhe von 5% ist ein grundsätzlicher Nachteil gegenüber der Variante der US-Personengesellschaft bei der deutschen Besteuerung der laufenden ausgeschütteten Gewinne. Im Veräußerungsfall kann dagegen wiederum die Kapitalgesellschaftsvariante Vorteile bringen.

VI. Schlussbetrachtung

Insgesamt sind die Steuerplanungsmöglichkeiten unter Ausnutzung des *Check-the-Box*-Verfahrens sehr beschränkt. Ertragsteuerliche Vorteile unter Nutzung von hybriden Gesellschaften sind durch detaillierte Sondervorschriften im US-Steuerrecht eingeschränkt worden, während umgekehrt aber doppelte Besteuerungen durch Zuordnungskonflikte möglich sind. Insbesondere die Richtlinien zu § 894 (c) (2) IRC zur Versagung des Abkommensschutzes bei Zahlungen von *domestic reverse hybrid entities* sollten zum Anlass genommen werden, bestehende Finanzierungsstrukturen auf ihre Vorteilhaftigkeit hin zu untersuchen. Insgesamt wird es für einen deutschen Investor in den meisten Fällen zu empfehlen sein, in den USA den Steuerstatus zu wählen, der auch in Deutschland besteht.[44]

---

[43] Auf erbschaftssteuerliche Aspekte wird in diesem Beitrag nicht eingegangen. Auch diese können jedoch sehr gravierend sein.

[44] Eine Ausnahme besteht möglicherweise in den Fällen, in denen auch US-amerikanische Gesellschafter an der US-Gesellschaft beteiligt sind, die eine bestimmte Besteuerungsform vorziehen.

Nürnberger/Altrichter-Herzberg

5. Steuerplanung bei Immobilieninvestitionen in Mittel- und Osteuropa für gewerbliche Unternehmen und geschlossene Immobilienfonds

von Professor Dr. Christian Schmidt, Steuerberater, Nürnberg, Roman Ženatý, Steuerberater, Tschechische Republik, Ing. Silvia Hallová, Steuerberaterin, Slowakei, Tomasz Walczak, Steuerberater, Polen, Dr. Attila Kövesdy, Dr. Rita Xénia Szabó, Ungarn[*]

Inhaltsübersicht

A. Einführung
B. Immobilieninvestitionen in der Tschechischen Republik
   I. Rechtsformwahl
   II. Rechtliche Rahmenbedingungen des Immobilienerwerbs
   III. Steuerliche Rahmenbedingungen
   IV. Investitionsalternativen für deutsche Anleger bei geschlossenen Immobilienfonds
   V. Fondsgestaltung
C. Immobilieninvestitionen in der Slowakischen Republik
   I. Rechtsformwahl
   II. Rechtliche Rahmenbedingungen des Immobilienerwerbs
   III. Steuerliche Rahmenbedingungen
   IV. Investitionsalternativen für deutsche Anleger in der Slowakei
D. Polen
   I. Rechtliche Rahmenbedingungen
   II. Steuerliche Rahmenbedingungen
E. Ungarn
   I. Rechtliche Rahmenbedingungen
   II. Steuerliche Rahmenbedingungen
F. Ergebnis: Gestaltungsempfehlungen
   I. Tschechische Republik
   II. Slowakei
   III. Polen
   IV. Ungarn

Literatur:

Bullinger, Der geschlossene Immobilienfonds, in: Gondrin/Lammel (Hrsg.), Handbuch Immobilienwirtschaft, Wiesbaden 2001; *Debatin/Wassermeyer,* Doppelbesteuerung, Loseblattsammlung 107/2009; *Dunovský,* Výklad k dani dědické, dani darovaci a dani z převodu nemovitosti – osvobození od dané (Auslegung zur Erbschafts-, Schenkungs- und Grunderwerbsteuer – Steuerbefreiung), FDUB (Finančí daňový a účetní bulletin) 98, I:71; *Fekar/Schnitger,* Das neue DBA Deutschland-Tschechien, IWB F. 5 Tschechien Gr. 2 S. 37 ff.; *Gosch/Kroppen/Grotherr,* DBA-Kommentar Loseblattsammlung 23/2011; *Grotherr,* International relevante Änderungen durch das Jahressteuergesetz 2009, IWB F. 3 Deutschland Gr. 2 S. 2373; *Hageböke,* Zum Konkurrenzverhältnis von DBA-Schachtelprivileg und § 8b KStG, IStR 2009, S. 473 ff.; *Heřmánková,* Nemovitost jako předmět písemného prohlášení vkladatele (Das Grundstück als Gegenstand der schriftlichen Erklärung des Einlageverwalters), PRa (Právní Rádce) 97, 5:13; *Krabbe,* Steuerliche Behandlung der Personengesellschaften nach DBA, IWB F. 3 Deutschland Gr. 2 S. 753 ff.; *Kraftová,* Pronájem, podnájem a převod nemovitosti a bytů z hlediska DPH (Vermietung, Untervermietung und die Übertragung von Immobilien aus Sicht der MWSt.), DHK.2000, 3: 63-64; *Lorenz,* Die Suspendierung von § 8b Abs. 5 KStG durch EG- und DBA-Günstigerprüfung, IStR 2009, S. 437-445; *Schmidt,* Kommentar zum Einkommensteuergesetz, 29. Auflage 2010; *Schmidt,* Steuergestaltung bei Direktinvestitionen in Mittel- und Osteuropa durch Einschaltung von Personengesellschaften, IWB F. 10 International Gr. 2 S. 1331 ff.; *ders.,* Zur DBA-Anwendung und inländischen Steuerpflicht bei im Sitzstaat rechtsfähigen ausländischen Personengesellschaften, IStR 1996, 14 ff.; *ders.,* Anwendung der Doppelbesteuerungsabkommen (DBA) auf Personengesellschaften – Eine Analyse des BMF-Schreibens vom 16. 4. 2010, IV B 2 - S 1300/09/10003, BStBl I 2010, 354 -, IStR 2010, 413 ff.; *ders.,* (Weitere) Infragestellung des BMF-Schreibens vom 16. 4. 2010 „Anwendung der Doppelbesteuerungsabkommen (DBA) auf Personengesellschaften" durch zwei neue Entscheidungen des BFH – Anmerkungen zum BFH-Urteil v.

---

[*] Die Verfasser bedanken sich bei *Matthias Becker*, Deloitte Nürnberg, und *Stefan Strom*, Georg-Simon-Ohm-Hochschule Nürnberg, für ihre Unterstützung bei der Aktualisierung aufgrund der verzögerten Drucklegung.

28. 4. 2010, I R 81/09 und zum BFH-Beschluss vom 19. 5. 2010, I B 191/09, IStR 2010, S. 520 ff.; **Schmidt/Bayer,** Immobilieneigentum in Osteuropa, DSWR 2002, 141 ff.; **dies.,** Sind Hollandfonds für deutsche Anleger noch attraktiv?, IStR 2002, 129 f.; **Schmidt/Dendorfer,** Beteiligung an US-amerikanischen Immobilienfonds, IStR 2000, 46 ff.; **Schmidt/Richter,** Immobilienfonds in Polen, Ungarn und die Tschechische Republik – die Lieblinge von morgen?, Immobilien Zeitung Nr. 6/Steuern, Recht & Service, v. 15. 3. 2001, 22; **dies.,** Immobilienfonds in Osteuropa werden für Anleger interessant, FAZ v. 6. 4. 2001, 62; **Šeda,** Daň z přidané hodnoty v roce 2000 – vymezení základních pojmů (Mehrwertsteuer im Jahr 2000 – Darstellung der grundlegenden Begriffe) DHK (Daňová a Hospodářská Kartotéka) 2000, 2:21-23; **Sedláková,** Příjem z prodeje a z pronájmu nemovitosti – osvobození příjmů z prodeje (Einkünfte aus dem Verkauf und der Vermietung von Immobilien – Befreiung der Veräußerungsgewinne), Poradce 2000, 3: 44-45; **Spurná,** Převod pozemků a staveb po novele zákona o DPH účinné od 1. 4. 2000 (Übertragung von Grundstücken und Bauten nach der Novelle des MWSt-G zum 1. 4. 2000), DaZ (Daňový zpravodaj) 2001, 5:11; **Stt.,** Das Steuersparmodell lockt immer weniger Anleger, FAZ v. 16. 2. 2002, S. 25.

A. Einführung

Mit der "Beitrittsphantasie" nach dem Fall des Eisernen Vorhangs sind die mittel- und osteuropäischen Staaten Tschechien, Slowakei, Ungarn und Polen verstärkt in das Blickfeld von Unternehmen und Anlegern gerückt.[1] Niedrige Löhne, neue Absatzmärkte, gepaart mit niedrigen Steuersätzen, versprachen den Unternehmen zusätzliche Gewinnchancen. Anleger sahen daraus folgend einen sich entwickelnden Immobilienmarkt, der nicht zuletzt auch durch das Hineinwachsen in den "sicheren Hafen EU und Euro"[2] zusätzliche Sicherheit und eine positive Wertentwicklung des Investments verhieß. Inzwischen sind die genannten Länder arrivierte Zielstaaten für Immobilieninvestitionen geworden; dies gilt zum einen für Gewerbeimmobilien, zum anderen aber auch für geschlossene (und offene) Immobilienfonds. In diesem Beitrag sollen die steuerlichen Aspekte behandelt werden, die für ein Immobilieninvestment in wichtigen Ländern Mittel- und Osteuropas relevant sind. Der Aufbau des Beitrags entspricht der Reihenfolge der Prüfung in der Praxis, um in Erscheinung tretende rechtliche und steuerliche Fragen zu klären.

B. Immobilieninvestitionen in Tschechien

I. Rechtsformwahl

Bei jedem ins Auge gefassten Auslandsinvestment stellt sich zunächst die Frage nach der geeigneten Rechtsform. Dies ist nicht nur von zivilrechtlicher (z. B. Gesellschaftsvertrag, Haftung, Vertretung, Kapitalaufbringung) und wirtschaftlicher Bedeutung (z. B. Üblichkeit der Rechtsform, Image), sondern auch in steuerrechtlicher Hinsicht von zentraler Relevanz.[3] Nach deutschem Steuerrecht sind Personengesellschaften als solche nicht einkommensteuerpflichtig, weshalb die von ihnen erzielten Einkünfte den einzelnen Gesellschaftern (Mitunternehmern) als eigene Einkünfte zugerechnet werden (vgl. für gewerbliche Einkünfte § 15 Abs. 1 Satz 1 Nr. 2 EStG)[4]. In den meisten Ländern Mittel- und Osteuropas gelten hierzu abweichende Regelungen:

---

[1] Vgl. z. B. auch *Schmidt/Richter*, Immobilien Zeitung Nr. 6 /Steuern, Recht & Service v. 15. 3. 2001, S. 22.

[2] Die Slowakei hat den EURO am 1. 1. 2009 eingeführt.

[3] Eine Aufstellung des Vergleichs der Rechtsformen der Gesellschaften in Osteuropa enthält die Tabelle 2 des Schreibens betr. Grundsätze der Verwaltung für die Prüfung der Aufteilung der Einkünfte bei Betriebsstätten international tätiger Unternehmen.(Betriebsstätten-Verwaltungsgrundsätze) des BMF v. 24. 12. 1999, BStBl. 1999 I, S. 1076.

[4] Vgl. *Schmidt/Wacker*, EStG, § 15 Rz. 160.

Im Gegensatz zur aus Deutschland bekannten Transparenz der Personengesellschaften kommt hier – mit Ausnahme von Polen – das „Kapitalgesellschaftsmodell" zum Tragen[5].

1. Handelsrecht

Nach § 56 HGB-CZ[6] sind Handelsgesellschaften alle juristischen Personen, die zum Zweck des Betreibens eines Unternehmens gegründet worden sind. Tschechische Handelsgesellschaften sind danach die "verejna obchodni spolecnost" (tschechische Abkürzung: „v.o.s."/CZ-OHG), die "komanditni spolecnost" („k.s."/CZ-KG), die "spolecnost s rucenim omezenym" („s.r.o."/CZ-GmbH) und die "akciova spolecnost" („a.s."/CZ-AG). Nach Handelsrecht sind somit alle Gesellschaftsformen als juristische Personen zu erfassen, wobei als wesentliches Unterscheidungsmerkmal die Haftung des einzelnen Gesellschafters zum Tragen kommt.

a) Verejna obchodni spolecnost (v.o.s. / CZ-OHG)

Diese Gesellschaftsform entspricht der deutschen „Offenen Handelsgesellschaft" (OHG), die auch in Tschechien aus mindestens zwei Gesellschaftern bestehen muss (vgl. hierzu § 76 Abs. 1 HGB-CZ). Diese haften wiederum gesamtschuldnerisch mit ihrem gesamten Vermögen für Verbindlichkeiten der Gesellschaft.

b) Komanditni spolecnost (k.s. / CZ-KG)

Diese Gesellschaft setzt sich ebenfalls aus mindestens zwei Gesellschaftern zusammen, wobei ein Gesellschafter als Komplementär mit seinem gesamten Vermögen und der andere Gesellschafter als Kommanditist nur in Höhe seiner Einlage haftet[7]. Diese Gesellschaftsform entspricht aus handelsrechtlicher Sicht der deutschen Kommanditgesellschaft (KG).

c) Spolecnost s rucenim omezenym (s.r.o. / CZ-GmbH)

Die Rechtsform „s.r.o." entspricht der deutschen Kapitalgesellschaft einer GmbH (Gesellschaft mit beschränkter Haftung). Die Gründung ist nach § 105 Abs. 2 HGB-CZ auch durch nur eine Person möglich (vergleichbar mit der deutschen „Einpersonen-GmbH").

d) Akciova spolecnost (a.s. / CZ-AG)

Die Akciova spolecnost entspricht der deutschen Aktiengesellschaft (AG). Als Mindestnennkapital sieht das tschechische Aktienrecht 2 Mio. CK (ca. 77.000 EUR) vor (§ 162 HGB-CZ).

2. Steuerrecht

a) s.r.o. (CZ-GmbH) und a.s. (CZ-AG)

Die beiden Rechtsformen „s.r.o. (CZ-GmbH)" und „a.s. (CZ-AG)" sind Körperschaftsteuersubjekte. Der zu versteuernde Gewinn unterliegt einem KSt-Satz von 19 % seit Kalenderjahr 2010.[8] Gewinnausschüttungen unterliegen ferner nach innerstaatlichem Steuerrecht einer Quellensteuer von 15 %.[9] Diese kann aufgrund eines Doppelbesteuerungsabkommens niedriger sein; sie kann gänzlich entfallen, wenn die Mutter-Tochter-Richtlinie zur Anwendung kommt.

---

[5] Vgl. *Schmidt*, IWB F. 10 International Gr. 2, S. 1331 ff.
[6] Gesetz Nr. 513/1991 Slg. Handelsgesetzbuch (im Weiteren nur HGB-CZ).
[7] § 93 Abs. 1 HGB-CZ.
[8] § 21 des Gesetzes Nr. 586/1992 Slg. Einkommensteuergesetz (im Weiteren nur EStG-CZ).
[9] § 36 EStG-CZ.

b) v.o.s. (CZ-OHG) und k.s. (CZ-KG)

Eine **Offene Handelsgesellschaft** (OHG) ist aus einkommen- bzw. körperschaftsteuerlicher Sicht als solche kein Steuersubjekt. Nach tschechischem Steuerrecht erfolgt jedoch die Feststellung des Gewinns einer OHG nach den Grundsätzen für die Besteuerung juristischer Personen[10], ebenso wie bei einer Kommanditgesellschaft (KG)[11]. Der so festgestellte Gewinn wird nach dem im Gesellschaftsvertrag vereinbarten Gewinnverteilungsschlüssel den einzelnen Gesellschaftern zugewiesen und anteilmäßig in ihrer persönlichen Einkommensteuer-Veranlagung berücksichtigt. Hierbei unterliegen natürliche Personen der Einkommensteuer in Höhe von 15 %.[12] Soweit allerdings eine juristische Person Gesellschafter ist, unterliegt ihr Gewinnanteil dem linearen Köperschaftsteuersatz von 19 %.

Der Gewinn einer **Kommanditgesellschaft** (KG) wird gemäß den Bestimmungen im Gesellschaftsvertrag (Gewinnzurechnung) auf die einzelnen Gesellschafter verteilt. Die Gewinnermittlung erfolgt dabei auf der Ebene der Gesellschaft. Bei der Gewinnverteilung (= Zurechnung) ist für die steuerrechtliche Behandlung dann aber auf die Beteiligungsform des jeweiligen Gesellschafters abzustellen. Handelt es sich bei dem Beteiligten um einen Komplementär, so wird ihm der Gewinnanteil – wie beim deutschen Mitunternehmerkonzept – als Gesellschafter unmittelbar zugerechnet; die Kommanditgesellschaft wird insoweit steuerlich als „transparent" angesehen. Der Steuersatz richtet sich nach dem persönlichen Steuersatz des Komplementärs. Bezüglich der auf die Kommanditisten entfallenden Gewinnanteile wird die Gesellschaft dagegen steuerlich als „intransparent" behandelt, d. h. die Kommanditgesellschaft wird insofern als juristische Person qualifiziert. Dies hat zur Folge, dass diese Gewinnanteile einem Körperschaftsteuersatz von 19 % seit 2010 unterliegen, und zwar unabhängig davon, ob der Gesellschafter eine natürliche oder eine juristische Person ist. Gewinnauszahlungen an den Kommanditisten stellen Ausschüttungen (keine Entnahmen) dar und unterliegen deshalb der tschechischen Quellensteuer von 15 %[13]. Demzufolge existiert kein Unterschied zur Behandlung der Gewinne bei einer GmbH (s.r.o.).

II. Rechtliche Rahmenbedingungen des Immobilienerwerbs

In den Ländern Mittel- und Osteuropas bestehen Beschränkungen bei dem Erwerb von Immobilien, so dass diese Fragen ebenfalls in die Überlegungen einzubeziehen sind und die Ausgestaltung der beabsichtigten Investition entscheidend beeinflussen können.

1. Devisenrecht

In der Tschechischen Republik ist es auch ausländischen juristischen Personen erlaubt, Grundbesitz zu erwerben. Obwohl nach dem gegenwärtigen Wortlaut des § 17 Abs. 2 des tschechischen Devisengesetzes (DevG) noch einige Beschränkungen vorhanden sind (die ausländische juristische Person sollte ihren Betrieb oder eine Organisationseinheit – handelsrechtlich registrierte Betriebsstätte – in der Tschechischen Republik unterhalten und zur gewerblichen Tätigkeit befugt sein), stehen diese jedoch seit dem 1. Mai 2009 einem Immobilienerwerb nicht mehr entgegen; d. h. die Eigentumsrechte an Immobilien dürfen ohne weitere Beschränkungen erworben werden. Dies gilt aber nicht für land- und forstwirtschaftlich genutzte Flächen. Nach wie vor gilt der Grundsatz, dass keinerlei Beschränkungen für den

---

[10] § 7 Abs. 4 EStG-CZ.
[11] § 20 Abs. 4 EStG-CZ.
[12] § 16 EStG-CZ.
[13] § 36 EStG-CZ.

Erwerb einer Immobilie durch eine tschechische Gesellschaft, die zu 100 % in ausländischem Besitz ist, bestehen. Dies gilt unabhängig davon, ob der oder die Gesellschafter ausländische natürliche oder juristische Personen sind; d. h. ausländisch beherrschte tschechische Personen- oder Kapitalgesellschaften können auch land- und forstwirtschaftlich genutzte Flächen erwerben.

2. Grundstücksrecht

Hinsichtlich des Erwerbs eines Grundstücks durch eine tschechische Gesellschaft bestehen keinerlei Genehmigungspflichten. Aus privatrechtlicher Sicht ist darauf hinzuweisen, dass der Kaufvertrag einer Unterschriftsbeglaubigung bedarf, die von einem Notar, Rechtsanwalt oder Gemeindeamt erfolgen kann.

Der Eigentumsübergang erfolgt erst mit der Eintragung im Kataster (Grundbuch), rückwirkend zum Tag des Antrages auf Änderung des Eigentümers[14].

3. Gewerberecht

Nach dem tschechischen Gewerberecht benötigt jede Gesellschaft, die eine unternehmerische Tätigkeit betreiben möchte[15], für ihre Tätigkeit eine Eintragung in das Gewerberegister. Bei der Errichtung einer Gesellschaft geschieht diese Eintragung noch bevor die Gesellschaft in das Handelsregister eingetragen ist. Für einige Gewerbebereiche ist zwingend die Benennung einer natürlichen Person, die die Anforderungen des Gesetzes für den konkreten Gewerbebereich erfüllt, als sog. "verantwortlicher Vertreter" erforderlich. Dieser kann auch ein Ausländer sein. Der gewerberechtlich verantwortliche Vertreter hat keinerlei Befugnisse – sofern diese sich nicht anderweitig herleiten lassen (z. B. aus dessen Position als Geschäftsführer) – zur Vertretung der Gesellschaft nach außen. Seine Tätigkeit beschränkt sich auf die Funktion als Ansprechpartner bei Verhandlungen mit dem Gewerbeamt. Es gibt auch einige Unternehmensbereiche, die nicht in den Regelungsbereich des Gewerberechts fallen, wie z.B. Unternehmen in der Medizinbranche, Stromproduktion, Fernseh- und Rundfunk, Bankgewerbe usw., die sich nach den entsprechenden Gesetzen richten.

III. Steuerliche Rahmenbedingungen

1. Verkehrsteuern

a) Grundsteuer

Die Grundsteuer wird in eine Steuer für unbebaute Grundstücke und in eine Gebäudesteuer aufgeteilt. Steuerschuldner ist in beiden Fällen der Eigentümer. Die Grundstücksteuer berechnet sich durch Multiplikation der Steuermesszahl (abhängig von der Art der Fläche, z. B. Baugrundstück 2 CZK pro m^2) mit einem sog. „Gemeindekoeffizienten", der abhängig von der Größe der Gemeinde ist (von 1,0 bei Gemeinden ≤ 1.000 Einwohner bis 5,0, z. B. in der Hauptstadt Prag). Die Gemeinden können gemeinsam über die weiteren Lokalkoeffizienten von 2-5 entscheiden, die im Endeffekt die Grundsteuer weiter erhöhen. Die Höhe der Gebäudesteuer richtet sich nach der bebauten Grundstücksfläche (z. B. 10 CZK pro m^2 bei Industriegebäuden), der Anzahl der Stockwerke des Gebäudes (Erhöhung um bis zu 0,75 CZK pro m^2) sowie nach den ebenfalls zu bestimmenden Gemeindekoeffizienten. Gebäude als solche sind dabei

---

[14] § 133 Abs. 2 des Gesetzes Nr. 40/1964 Slg., i. d. F. seiner Änderungen und Ergänzungen (BGB-CZ).
[15] Nach § 56 Abs. 1 des BGB-CZ können Aktiengesellschaften sowie Gesellschaften mit beschränkter Haftung auch für einen anderen Zweck als für eine unternehmerische Tätigkeit errichtet werden.

unbewegliche Sachen, für die eine „Kollaudierung" nach dem Baurecht (d. h. eine behördliche, gesetzlich vorgeschriebene Bauabnahme durch öffentliche Stellen) erforderlich ist.

b) Grunderwerbsteuer

Die Veräußerung einer Immobilie unterliegt der Grunderwerbsteuer i. H. v. 3 % des durch den Kaufvertrag festgesetzten Preises oder des durch ein Sachverständigengutachten festgelegten Wertes[16]. Sofern die beiden Werte voneinander abweichen, gilt der jeweils höhere Wert. Steuerpflichtiger der Grunderwerbsteuer ist der Verkäufer; insoweit ist diese Verkehrsteuer als Immobilienübertragungssteuer ausgestaltet. Der Käufer haftet jedoch wie ein Bürge nach § 8 Abs. 1 Buchst. a des Gesetzes Nr. 357/1992 Slg. für die ordnungsgemäße Entrichtung dieser Steuer. Von der Grunderwerbsteuer ist die erste entgeltliche Übertragung der Eigentumsrechte an einem Gebäude befreit, welches einen Neubau darstellt und ein rechtskräftiger Abnahmebeschluss (Kollaudierung) erlassen wurde. Voraussetzung ist, dass das Gebäude noch nicht benutzt wurde und der Verkäufer eine juristische Person ist, welche das Gebäude in Zusammenhang mit seiner Unternehmenstätigkeit erstellt und veräußert hat.[17] Diese Befreiung betrifft nur die Übertragung von Eigentumsrechten an einem Gebäude, nicht jedoch die Übertragung von Eigentumsrechten an Grundstücken[18].

In diesem Zusammenhang ist darauf hinzuweisen, dass die Einlage einer Immobilie in eine Gesellschaft von der Grunderwerbsteuer befreit ist, sofern der Einlegende anschließend mindestens fünf Jahre an dieser Gesellschaft beteiligt bleibt[19]. Die Höhe der Beteiligung ist gesetzlich nicht festgeschrieben. In der Praxis wurden bislang Beteiligungsverkäufe unter Beibehaltung einer 1 %-Beteiligung anerkannt. Weiterhin ist dem tschechischen Steuerrecht eine Bestimmung wie die des deutschen § 1 Abs. 3 GrEStG nicht bekannt, so dass die Veräußerung einer 95 %-igen Beteiligung an einer Gesellschaft, die ausschließlich über Immobilienbesitz verfügt, keinen grunderwerbsteuerlich relevanten Tatbestand darstellt, soweit die Immobilie nicht zuvor mittels Einlage in die Gesellschaft eingebracht wurde.

c) Umsatzsteuer

Die tschechische Umsatzsteuer folgt der EG-System-Richtlinie und ist deshalb als Mehrwertsteuersystem ausgestaltet.

Bei der Übertragung einer Immobilie kommt der Normalsteuersatz von 20 %[20] zum Tragen, falls es sich nicht um eine steuerfreie Leistung handelt. Der Erwerber ist bei Vorliegen der entsprechenden Voraussetzungen (vgl. § 72 UStG-CZ: Erbringung von steuerbaren und steuerpflichtigen Leistungen, ordnungsgemäße Rechnung des Veräußerers) zum Vorsteuerabzug berechtigt.

Übertragung, Aufbau und Reparaturen von Immobilien, betreffend den sozialen Wohnungsbau, unterliegen dem ermäßigten Steuersatz von 10 %[21].

---

[16] § 10 und § 15 des Gesetzes Nr. 357/1992 Slg., Gesetz über die Erbschaft-, Schenkung- und Immobilienübertragungsteuer.

[17] § 20 Abs. 7 des Gesetzes Nr. 357/1992 Slg., Gesetz über die Erbschaft-, Schenkung- und Immobilienübertragungsteuer.

[18] Bei der Übertragung von Grundstücken mit aufstehendem Gebäude ist in diesem Fall auch nur das Gebäude befreit.

[19] § 20 Abs. 6 e) des Gesetzes Nr. 357/1992 Slg., Gesetz über die Erbschaft-, Schenkung- und Immobilienübertragungsteuer.

[20] § 47 Abs. 5 des Gesetzes Nr. 235/2004 Slg., Gesetz über die Umsatzsteuer („UStG-CZ").

[21] § 48a des UStG-CZ.

Die Übertragung einer Immobilie kann jedoch bei Vorliegen und Erfüllung bestimmter gesetzlicher Voraussetzungen von der Umsatzsteuer befreit sein. Die Veräußerung von Gebäuden wird nach Ablauf von drei Jahren von der Ausgabe der ersten Bauabnahmeentscheidung oder von Anfang der Erstbenutzung des Baus an, je nach dem, welches von diesen Daten näher ist, steuerfrei[22]. Falls es sich um ein historisches Gebäude handelt, das in den letzten drei Jahren nicht neu kollaudiert wurde, ist der Verkauf an den Investor höchstwahrscheinlich steuerfrei.

Vermietung von Wohnungen und Gewerberäumlichkeiten:

Die Vermietung von Wohn- und Gewerberäumen ist grundsätzlich steuerfrei. Handelt es sich allerdings um eine kurzfristige Vermietung[23], so ist diese inkl. Strom, Wasser, Heizung usw. steuerpflichtig (§ 56 Abs. 3 des UStG-CZ).

Falls der Investor Unternehmer im Sinne des Umsatzsteuergesetzes ist, hat er bei der Vermietung von Wohn- und Geschäftsgebäuden an einen anderen Unternehmer für dessen Unternehmen die Möglichkeit, gegebenenfalls auf die Steuerbefreiung zu verzichten. Der Verzicht auf die Steuerbefreiung, d. h. die relevanten Umsätze als steuerpflichtig zu behandeln, lässt die Geltendmachung der Vorsteuer beim unternehmerisch tätig werdenden Investor zu.

2. Ertragsteuerliche Behandlung

a) Körperschaftsteuer

Es gibt kein gesondertes Gesetz für die Besteuerung von Körperschaften[24]. Das EStG-CZ gliedert sich in einen allgemeinen Teil, in einen Teil für die Besteuerung natürlicher Personen und in einen Teil für die Besteuerung juristischer Personen. Dieser dritte Teil enthält die steuerlichen Regelungen für die Personen- und Kapitalgesellschaften.

b) Einkommensteuer

Der **Steuersatz** für natürliche Personen beträgt 15 %.

Ein Ehegatten- oder Familiensplittingverfahren gibt es in der Tschechischen Republik nicht. Werbungskosten-Abzugsmöglichkeiten bestehen nur in geringem Umfang und sind für Ausländer nur beschränkt beanspruchbar. Grundsätzlich kann daher nur die persönliche Steuerermäßigung (direkter Abzug aus der Einkommensteuer, nicht jedoch der Freibetrag aus der Steuerbemessungsgrundlage) i. H. v. 24.840 CZK (für VZ 2010) geltend gemacht werden.

Falls **eine ausländische Person** Gesellschafter ist, entsteht durch die Beteiligung an einer OHG oder als Komplementär einer KG in der Tschechischen Republik nach § 22 Abs. 3 EStG-CZ eine ständige Betriebsstätte bzw. feste Einrichtung, die zur beschränkten Einkommen- oder Körperschaftsteuerpflicht führen kann; je nachdem, ob der ausländische Gesellschafter eine natürliche oder eine juristische Person ist[25]. Eine Quellensteuer auf Gewinnauszahlungen wird nicht erhoben. In diesen Fällen ist bei EU-Steuerresidenten kein Sicherheitseinbehalt von der Gesellschaft (bei Zahlungen an die Gesellschafter) an das Finanzamt abzuführen[26].

Eine **weitere Ertragsteuer** (etwa Gewerbesteuer) kennt das tschechische Steuerrecht nicht.

---

[22] § 56 Abs. 1 des UStG-CZ.

[23] Unter kurzfristiger Vermietung wird eine Vermietung verstanden, die ununterbrochen 48 Stunden nicht überschreitet.

[24] Vgl. B.I.2.

[25] § 22 Abs. 3 EStG-CZ.

[26] § 22 Abs. 3 i. V. m. § 38e EStG-CZ.

c) Besonderheiten bei Immobilien

Die Gleichbehandlung der tschechischen Gesellschaftsformen bei der steuerlichen Gewinnermittlung hat auch Auswirkungen auf die Behandlung von Immobilien. Anders als nach deutschem Steuerrecht, wonach es bei einer betrieblichen Nutzung von Wirtschaftsgütern, die im Eigentum eines Gesellschafters stehen, aufgrund von § 15 Abs. 1 Nr. 2 EStG zu Sonderbetriebsvermögen kommen kann,[27] folgt das tschechische Steuerrecht der zivilrechtlichen Zuordnung. Steht deshalb ein Grundstück im Eigentum einer Gesellschaft, wird es immer als deren Betriebsvermögen angesehen; soweit es im Eigentum eines Gesellschafters verbleibt, handelt es sich immer um Privatvermögen. Dem tschechischen Steuerrecht ist ein Sonderbetriebsvermögen bei Personengesellschaften unbekannt.

Bei natürlichen Personen kommt § 9 EStG-CZ zur Anwendung, welcher die Einkünfte aus der Vermietung und Verpachtung von Immobilien regelt. Die Einkunftsermittlung erfolgt nach den allgemeinen Bestimmungen, die für sämtliche Steuerpflichtige, seien es natürliche oder juristische Personen, gemeinsam gelten. Insoweit finden auch die Regelungen über die Abschreibung von Immobilien sowohl bei natürlichen als auch bei juristischen Personen ohne jedwede Unterscheidung Anwendung. Die Abschreibungsdauer bei Immobilien beträgt 30 oder 50 Jahre[28]; eine Verlängerung oder Aussetzung der Abschreibung ist steuerrechtlich möglich.[29] Der Käufer verbucht den Kaufpreis der Immobilie und die weiteren mit dem Erwerb der Immobilie zusammenhängenden Aufwendungen als handelsrechtliche und steuerrechtliche Anschaffungskosten. Gebäude sind in der fünften oder sechsten Abschreibungsgruppe des EStG-CZ enthalten. Die sechste Abschreibungsgruppe, die mit 50 Jahren abzuschreiben ist, bezieht sich insbesondere auf Hotels, Bürogebäude und Einkaufszentren, die nach dem 1.1.2004 erworben worden sind. Die fünfte Abschreibungsgruppe enthält die übrigen Gebäude und können mit 30 Jahren abgeschrieben werden. In beiden Gruppen kann die Abschreibung linear oder degressiv erfolgen.

---

[27] Vgl. hierzu im Einzelnen *Schmidt/Wacker* EStG, § 15 Rz. 507 ff.
[28] § 30 EStG-CZ i. V. m. Anlage 1 zum EStG-CZ.
[29] So kann z. B. – anders als in Deutschland – im Falle eines Verlustes (nur) für steuerliche Zwecke die Abschreibung für ein oder mehrere Jahre ausgesetzt werden.

Die steuerlichen Abschreibungssätze betragen bei linearer Abschreibung:

	AfA-Satz
1. Jahr	1,4 % (30 Jahre); 1,02 % (50 Jahre) der Anschaffungs- oder Herstellungskosten
2. – 30./50. Jahr	3,4 % (30 Jahre); 2,02 % (50 Jahre) jährlich
Bei degressiver Abschreibung gilt folgende Formel zur Ermittlung der Abschreibungsbeträge:	
1. Jahr	Koeffizient = Anschaffungs- oder Herstellungskosten dividiert durch 30 (30 Jahre); 50 (50 Jahre)[30]
2. – 30./50. Jahr	Restbuchwert × 2 dividiert durch (31 – Anzahl von Jahren, in denen AfA bereits vorgenommen wurde) (30 Jahre); (51 – Anzahl von Jahren, in denen AfA bereits vorgenommen wurde) (50 Jahre)

Die Anschaffungs- oder Herstellungskosten sind - wie in Deutschland - in einen Gebäudeanteil einerseits und in einen Grund- und Bodenanteil andererseits aufzuteilen; die Abschreibung darf dabei lediglich auf den Gebäudeanteil vorgenommen werden. Im Zweifel kann die notwendig vorzunehmende Aufteilung nach dem Gutachten eines Sachverständigen erfolgen, welcher für die Bestimmung der Grunderwerbsteuer hinzuzuziehen ist. Das Gutachten nimmt eine Aufteilung in Gebäude- und Grundstückswert vor, die sowohl als Abschreibungsbemessungsgrundlage als auch für die Grunderwerbsteuer zugrunde gelegt werden kann.

Bei nachträglichen Anschaffungs- oder Herstellungskosten (sog. "technische Aufwertung") gibt es Besonderheiten bei der Abschreibung, die zu einer Verlängerung der Abschreibungsdauer führen.

Im Fall einer Veräußerung von Immobilien des Privatvermögens durch natürliche Personen ist eine Spekulationsfrist von zwei (bei eigengenutztem Wohneigentum) oder fünf Jahren (in allen übrigen Fällen) zu beachten (§ 4 Abs. 1 Buchst. a) und b) EStG-CZ). Wird das Grundstück innerhalb dieses Zeitraums veräußert, so liegt ein **privates Veräußerungsgeschäft** vor; etwaige Gewinne sind als sonstige Einkünfte gem. § 10 Abs. 1 Buchst. b) EStG-CZ steuerpflichtig. Eine Spekulationsfrist bei einer evtl. Veräußerung von Immobilien durch juristische Personen besteht – ebenso wie bei Immobilien im Betriebsvermögen von natürlichen Personen – nicht, so dass Veräußerungsgewinne der Einkommensteuer unterliegen.

IV. Investitionsalternativen für deutsche Anleger bei geschlossenen Immobilienfonds

Alle dargestellten Alternativen gehen davon aus, dass sich deutsche Anleger nicht unmittelbar an einer tschechischen Gesellschaft, sondern – aus Gründen des Vertriebs – an einer deutschen Gesellschaft beteiligen, die mittelbar oder unmittelbar die Investition tätigt. Aus der Vielzahl der Möglichkeiten für die Beteiligung einer deutschen Gesellschaft an einer tschechischen

---

[30] Beispiel: Anschaffungskosten für ein Bürogebäude 1 Mio tschechische Kronen > Abschreibung = 1 Mio/50 = 20.000 CK.

Immobiliengesellschaft werden folgende drei Alternativen dargestellt, welche im Hinblick auf die Steuerbelastung die vorteilhaftesten Bedingungen für den Erwerb einer Immobilie in der Tschechischen Republik bieten:

Alternative 1: Erwerb einer Immobilie mittels einer so genannten Organisationseinheit

Alternative 1a: deutsche KG

Alternative 1b: deutsche GmbH

Alternative 2: Beteiligung einer deutschen GmbH an einer tschechischen GmbH („s.r.o.")

Alternative 3: Beteiligung einer deutschen KG an einer tschechischen KG („k.s.")

Alternative 3a: deutsche KG ist Kommanditist

Alternative 3b: deutsche KG ist Komplementär.

Bei der Strukturierung ist neben dem dargestellten innerstaatlichen tschechischen (Steuer-) Recht sowohl das derzeit gültige Abkommensrecht als auch das innerstaatliche deutsche Steuerrecht zu beachten.

1. CZ-DE Doppelbesteuerungsabkommen

Die Verhandlungen zwischen Deutschland und der Tschechischen Republik über den Abschluss eines neuen DBA's haben bereits vor Jahren stattgefunden und endeten zunächst mit einer ersten Einigung.[31] Bis zum Jahre 2008 ging das deutsche BMF davon aus, dass sich beide Länder noch im Verhandlungszustand befinden.[32] Mit BMF-Schreiben v. 22. 1. 2009[33] wurde Tschechien von der Liste der künftigen Abkommen und laufenden Verhandlungen genommen.[34] Derzeit ist nicht absehbar, wann die Verhandlungen fortgeführt werden. Damit gilt das DBA vom 19. 12. 1980, welches mit der damaligen Tschechoslowakischen Sozialistischen Republik[35] abgeschlossen worden ist, weiterhin. Es entspricht in weiten Teilen dem OECD-Musterabkommen, enthält allerdings z. B. einen restriktiven Aktivitätsvorbehalt (Art. 23 Abs. 1 Buchst. c) DBA Tschechoslowakei).[36]

2. Erwerb einer Immobilie mittels einer Organisationseinheit

Nach der Änderung des Devisenrechts ist es nunmehr auch ausländischen juristischen Personen möglich, Immobilien direkt zu erwerben. In erster Linie wird dabei jedoch abzuwarten sein, wie das tschechische Recht den Begriff der juristischen Person i. S. dieses Gesetzes definieren wird und inwieweit auch ausländische Personengesellschaften darunter gefasst werden können, die in ihren Sitzstaaten nicht als juristische Personen angesehen werden.

---

[31] Vgl. hierzu *Fekar/Schnitger*, IWB (2002) F. 5 Tschechien Gr. 2, S. 37.

[32] Vgl. Anlage zum BMF-Schreiben v. 25. 1. 2008, BStBl. I 2008, S. 310 unter II.

[33] BStBl. I, S. 355 (unter II. der Anlage).

[34] Vgl. auch „Schreiben betr. Stand der Doppelbesteuerungsabkommen und der Doppelbesteuerungsverhandlungen am 1. Januar 2010" vom 12. 1. 2010, BStBl. I, 2010, S. 35 bzw. Schreiben betr. Stand am 1. Januar 2011 vom 12. 1. 2011 - IV B 2 - S 1301/07/10017-02.

[35] BStBl. 1982 I, S. 904; BGBl. 1982 II, S. 1022.

[36] Vgl. hierzu die Fortgeltungsvereinbarung vom 29. 9. 1992, BGBl. II 1993, S. 762.

Schmidt/Ženatý/Hallová/Walczak/Kövesdy/Szabó

a) Erwerb über die Organisationseinheit einer (deutschen) Kommanditgesellschaft
aa) Grundsätzliche Behandlung

Die deutsche KG hat sich als klassische Rechtsform des geschlossenen Immobilienfonds, insbesondere bei großen Publikumsfonds, durchgesetzt[37]. Für deutsche Investoren, die den Weg über geschlossene deutsche Immobilienfonds beschreiten, ist deshalb die Frage nach der Klassifikation einer deutschen KG aus tschechischer gesellschafts- und steuerrechtlicher Sicht relevant. Gemäß § 22 HGB-CZ richtet sich die Rechtsfähigkeit einer nicht natürlichen Person nach der Rechtsordnung, nach der sie gegründet wurde. Nach § 161 Abs. 2 i. V. m. § 124 HGB-D kann eine deutsche Kommanditgesellschaft aufgrund ihrer Rechtspersönlichkeit Eigentum an Grundstücken erwerben[38]. Diesem wird u. E. auch in der Tschechischen Republik zu folgen sein, so dass auch eine deutsche Handelsgesellschaft direkt tschechische Immobilien erwerben kann. Nach dem DBA hat die Tschechische Republik das Besteuerungsrecht für die Einkünfte aus der Immobilie (Art. 6 CZ-DE-DBA).

Der Immobilienerwerb kann direkt (in der Form eines sog. „asset deals") erfolgen und sich unmittelbar nur auf die Immobilie beziehen. Er kann aber auch im Rahmen eines Unternehmenskaufs als Ganzes oder lediglich mittelbar als „share deal" (Erwerb von Anteilen an einer Immobiliengesellschaft) erfolgen.

Im Rahmen des Erwerbs eines Unternehmens werden – im Gegensatz zum reinen Immobilienerwerb – die gesamten Aktiva- und Passiva-Positionen aufgrund eines Unternehmenskaufvertrags auf den Käufer übertragen. In diesem Fall dürfen keine Aktiv- oder Passiv-Positionen, die mit dem Unternehmen oder einem Teil davon zusammenhängen, von der Transaktion ausgeschlossen werden.

Bei dem Erwerb von bloßen Immobilien übernimmt der Käufer grundsätzlich keine steuerlichen Risiken, die mit dem Unternehmen oder der Gesellschaft des Veräußerers verbunden sind. Ähnlich verhält es sich beim Verkauf eines Unternehmens, ohne Übergang öffentlich-rechtlicher Forderungen bzw. Verbindlichkeiten (einschließlich von Steuerforderungen und -verbindlichkeiten) auf den Erwerber. In der Praxis wird aber das Interesse des Veräußerers darauf gerichtet sein, die Anteile zu veräußern, wenn er die Immobilie in einer Gesellschaft hält (Objektgesellschaft),

Aus einkommen- und körperschaftsteuerlicher Sicht muss geklärt werden, ob die DE-KG aus tschechischer Sicht als transparent oder intransparent anzusehen ist. Der Gewinn aus der laufenden Geschäftstätigkeit unterliegt grundsätzlich entweder der Einkommen- oder der Körperschaftsteuer, je nachdem, ob – aus tschechischer Sicht – eine juristische oder eine natürliche Person an der DE-KG beteiligt ist bzw. ob letztere selbst als intransparent anzusehen ist.

Die Bemessungsgrundlage für die Einkommen- bzw. Körperschaftsteuer ist der handelsrechtliche Gewinn oder Verlust, der um evtl. steuerlich nicht absetzbare Aufwendungen und steuerfreie Einnahmen berichtigt wird (aufgrund von Korrekturvorschriften des EStG-CZ).

Der tschechische Besteuerungszeitraum ist das Kalender- oder das Geschäftsjahr. Mit Abgabe der Steuererklärung durch den Steuerpflichtigen entsteht die Steuerschuld (Selbst-

---

[37] *Bullinger*, in: Gondrin/Lammel (Hrsg.), Handbuch Immobilienwirtschaft, S. 760 ff., 768.
[38] Zur weitgehenden Annäherung der Rechtssubjektivität von Personengesellschaften an die von Kapitalgesellschaften, vgl. BFH v. 25. 2. 1991, BStBl. II 1991, S. 691 (698) mit zahlreichen weiteren Nachweisen.

veranlagung)[39]. Die Abgabe der Steuererklärung ist spätestens drei Monate nach Ende des Besteuerungszeitraums vorzunehmen; es besteht gegebenenfalls die Möglichkeit einer dreimonatigen Verlängerung.

Die Gewinnverteilung zwischen den einzelnen Gesellschaftern erfolgt nach den Regelungen des Gesellschaftsvertrages.

Die „beneficial owners of the income" sind in der Tschechischen Republik beschränkt steuerpflichtig (§ 22 EStG-CZ) und sind deswegen ebenfalls zur Abgabe einer Steuererklärung verpflichtet, in der sie die Gewinnanteile (zuzüglich evtl. weiterer tschechischer Einkünfte) zu erfassen haben.

Der Gewinntransfer ins Ausland (Deutschland) stellt keine Ausschüttung dar, so dass keine tschechische Quellensteuer anfällt.

bb) Steuerrechtliche Diskussion und Auffassung der Finanzverwaltung bezüglich ausländischer (transparenter) Personengesellschaften

Bei der Strukturierung eines Immobilieninvestments in Tschechien ist – gerade bei geschlossenen Fonds – von Bedeutung, ob eine aus tschechischer Sicht ausländische (deutsche) Personengesellschaft, die in ihrem Sitzstaat steuerlich transparent behandelt wird, auch aus Sicht des tschechischen Steuerrechts transparent behandelt und damit als „beneficial owner" auf die hinter der ausländischen Personengesellschaft stehenden Gesellschafter abgestellt werden kann. In diesem Fall würde bei einem Direktinvestment durch eine deutsche KG anstelle der 19 %-igen tschechischen Körperschaftsteuer nur der 15 %-ige Steuersatz für die deutschen Anleger angewendet werden, wenn diese natürliche Personen sind. Diese Frage wurde in den letzten Jahren intensiv diskutiert; die Meinungen waren hierzu auch im tschechischen Finanzministerium unterschiedlich. Als Folge dieser Diskussion hat das tschechische Finanzministerium einige Positionen veröffentlicht,[40] die nachfolgend kurz dargestellt werden. Obwohl diese schriftlichen Auslegungen unverbindlich sind und keine direkte Unterstützung im tschechischen Einkommensteuergesetz finden, werden sie in derzeitiger Praxis der Finanzverwaltung akzeptiert und von der herrschenden Meinung respektiert. Es ist jedoch nicht auszuschließen, dass sich die Auslegungen in Zukunft ändern könnten[41].

Nach Meinung des tschechischen Finanzministeriums[42] reicht es für die Geltendmachung der Abkommensvorteile bzw. des tschechischen Einkommensteuergesetzes nicht aus, dass eine Person mit steuerlichem Wohnsitz im jeweiligen Vertragsstaat des Doppelbesteuerungsabkommens lediglich Einkünfte aus tschechischen Quellen bezieht. Die Person muss auch „faktischer Eigentümer" der Einkünfte sein. Diese müssen nach dem Besteuerungsrecht des anderen Staates dieser Person zugerechnet werden können bzw. müssen weitere Voraussetzungen des einschlägigen Doppelbesteuerungsabkommens oder des innerstaatlichen

---

[39] § 40 Abs. 1 Satz 2 des Gesetzes Nr. 337/1992 Slg., Gesetz über die Steuerverwaltung und Gebühren (AO-CZ).

[40] Insbesondere die Verordnung Nr. D-286, betreffend die Besteuerung der Einkünfte, welche dem Steuerpflichtigen mit Wohnsitz außerhalb Tschechiens aus tschechischen Quellen zufließen (Finanzanzeiger 10/1/2005), und die Mitteilung zur praktischen Anwendung der Verordnung Nr. D-286, betreffend die Besteuerung von Einkünften, die dem beschränkt Steuerpflichtigen aus tschechischen Quellen zufließen (Finanzanzeiger 3/2/2006).

[41] In Tschechien besteht derzeit keine Möglichkeit, zu dieser Problematik eine verbindliche Auskunft einzuholen.

[42] Artikel 1 (Abs.1) der Verordnung Nr. D-286, betreffend die Besteuerung der Einkünfte, welche dem Steuerpflichtigen mit Wohnsitz außerhalb Tschechiens aus tschechischen Quellen zufließen.

Steuergesetzes (so z. B. der Vom-Hundertsatz des Anteils am Stamm-/Grundkapital einer Gesellschaft) vorliegen.

Eine ausländische Gesellschaft wird grundsätzlich dann als steuerlich transparent betrachtet, wenn sie in Bezug auf ihre Einkünfte gemäß dem Steuerrecht des Staates, in dem sie gegründet oder errichtet wurde oder zu dem sie eine enge Beziehung hat (und zwar auch aufgrund der Wahl, welche durch das Steuerrecht dieses Staates ermöglicht wurde), nicht als Steuerpflichtiger betrachtet wird und wenn die Einkünfte dieser Einheit gemäß dem Steuerrecht dieses Staats zumindest zum Teil – ähnlich wie bei Gesellschaftern einer „v.o.s." (offenen Handelsgesellschaft) und Komplementären einer „k.s." (Kommanditgesellschaft) in Tschechien – einer anderen Person (dem faktischen Empfänger der Einkünfte) zugerechnet werden[43].

Als Beispiele der aus tschechischer Sicht transparenten Einheiten hat das Finanzministerium die deutsche KG, OHG, GbR sowie atypische stille Gesellschaft genannt. Ferner ist im Sinne der Auslegung des Finanzministeriums in Bezug auf Deutschland und Österreich das Rechtsinstitut der sog. „Treuhand" zu beachten, das keine Einkünftezurechnung auf den Treuhänder erlaubt.

Sofern eine ausländische steuerlich transparente Einheit einen Anteil an einer tschechischen Gesellschaft besitzt und der Anteilseigner der ausländischen Einheit (sei es unmittelbar oder durch weitere ausländische steuerlich transparente Einheiten) ein im Ausland unbeschränkt Steuerpflichtiger (natürliche Person, nicht transparente Gesellschaft) ist, so ist der Verhältnisanteil (gemeint ist der Anteil der transparenten Einheit z. B. an einer tschechischen „s.r.o.") bei der Geltendmachung der Transparenz für die Zwecke der Einkommen- und Körperschaftsteuer als unmittelbar durch diesen im Ausland unbeschränkt Steuerpflichtigen gehalten zu betrachten[44].

Dazu ist zu ergänzen, dass zu den obligatorischen Unterlagen für die Zusage der Vorteile aus dem relevanten DBA (und aus dem Einkommensteuergesetz) nicht nur die Bescheinigung über den steuerlichen Wohnsitz im betreffenden Staat (erteilt durch die ausländische Steuerbehörde) gehört, sondern auch die Erklärung einer ausländischen Person über das faktische Eigentum der Einkünfte und die Zurechnung der Einkünfte der ausländischen Person gemäß dem Steuerrecht des anderen Staates (d. h. über die sog. „beneficial ownership of the income").

Falls dem tschechischen Finanzamt kein Nachweis über den tatsächlichen Empfänger des von der (deutschen) „transparenten Einheit" ausbezahlten Einkommens erbracht werden kann, so würde diese Einheit in der Tschechischen Republik als „Resident" eines Staates angesehen werden, mit dem kein Doppelbesteuerungsabkommen besteht; folglich dürften hierdurch dieser Einheit keine steuerlichen Vorteile zugestanden werden.

Im Ergebnis bedeutet dies, dass es ein faktisches Wahlrecht gibt: Sofern die hinter der deutschen KG stehenden natürlichen Personen sich steuerlich in Tschechien anmelden und als Steuerpflichtige offenbaren, ist die D-KG als transparent anzusehen, mit der Folge, dass die Einkünfte aus den tschechischen Immobilien im Rahmen der beschränkten Steuerpflicht mit dem Einkommensteuersatz von 15 % besteuert werden. Sollte eine solche steuerliche Registrierung nicht erfolgen, werden die Einkünfte der KG zugerechnet, so dass – jedenfalls

---

[43] Artikel 1 (Abs. 5) der Mitteilung zur praktischen Anwendung der Verordnung Nr. D-286, betreffend die Besteuerung von Einkünften, die dem beschränkt Steuerpflichtigen aus tschechischen Quellen zufließen.
[44] Artikel 2 der Mitteilung zur praktischen Anwendung der Verordnung Nr. D-286, betreffend die Besteuerung von Einkünften, die dem beschränkt Steuerpflichtigen aus tschechischen Quellen zufließen.

bezüglich der Kommanditisten – die D-KG Steuer- und Abkommenssubjekt ist und damit der 19 %-igen Körperschaftsteuer unterliegen.

b) **Erwerb über die Organisationseinheit einer (deutschen) Kapitalgesellschaft**

Vielfach erfolgt(e) ein Immobilienerwerb in der Tschechischen Republik **mittels einer Organisationseinheit einer deutschen Kapitalgesellschaft** (GmbH): Bei diesem Modell stellen sich die angesprochenen steuerrechtlichen Klassifizierungsfragen nicht. In dem unten vorgenommenen Steuerbelastungsvergleich wird ebenfalls von der o. g. Variante ausgegangen.

Die **Gründung einer Organisationseinheit** unterliegt grundsätzlich den gleichen Erfordernissen wie die einer tschechischen Gesellschaft (z. B. Notwendigkeit der notariellen Beurkundung der Gründung, die Benennung eines Vertreters, Beantragung eines Gewerbescheines und Registrierung beim Handelsregister und beim Finanzamt).

Die **Veräußerung der Immobilie** führt zur Steuerpflicht eines Veräußerungsgewinns in der Tschechischen Republik; ihr steht gem. Art. 13 i. V. m. Art. 6 DBA-Tschechoslowakei das Besteuerungsrecht zu. Im Anschluss an die Veräußerung müsste die handelsrechtlich registrierte Zweigniederlassung (Organisationseinheit) aus dem Handelsregister gelöscht werden, wobei – neben den formellen Erfordernissen – insbesondere auf die Kosten und die Verfahrensdauer der Liquidierung der Organisationseinheit hinzuweisen ist.

Die Einkünfte der Organisationseinheit unterliegen in der Tschechischen Republik dem Steuersatz für juristische Personen i. H. v. 19 %. Eine Quellensteuer fällt auch bei einem Gewinntransfer nach Deutschland nicht an, da es sich um keine Ausschüttung handelt.

Aufgrund Art. 6, 23 DBA-Tschechoslowakei erfolgt in Deutschland eine Freistellung der laufenden Einkünfte unter Berücksichtigung des Progressionsvorbehalts, sofern nach deutscher Qualifikation in der Tschechischen Republik keine Betriebsstätte i. S. von Art. 5 DBA-Tschechoslowakei begründet worden ist, was jedoch bei (bloßer) Immobilienvermietung regelmäßig nicht der Fall ist[45]. Allerdings unterliegt die Weiterleitung der Erträge an die Anleger in Deutschland ebenfalls der Besteuerung (vgl. hierzu nachfolgend Punkt B. IV. 3. b)).

3. **Doppelstöckiges Kapitalgesellschaftsmodell**

In diesem Modell wird eine deutsche GmbH gegründet, an welcher sich natürliche Personen beteiligen, die in Deutschland unbeschränkt steuerpflichtig sind. Diese GmbH erwirbt in der Tschechischen Republik eine „s.r.o." (CZ-GmbH) mit einer oder mehreren Immobilien oder gründet eine s.r.o. in der Tschechischen Republik, welche Immobilien erwirbt.

Im Falle der indirekten Investition, d.h. des Kaufs der Geschäftsanteile einer (Kapital-)Immobiliengesellschaft übernimmt der Käufer alle steuerlichen Risiken, die mit der gekauften Gesellschaft in Verbindung stehen.

Im Vergleich mit der direkten Investition („sole asset deal"/"sale of business") ist die indirekte Investition aus der Sicht der Übernahme der steuerlichen Risiken naturgemäß riskanter. Die Risiken können im Bereich der Abgaben, Gebühren, Abschreibungen, Finanzierung, usw. liegen.

Im Falle einer Übernahmeabsicht der Geschäftsanteile an einer tschechischen Gesellschaft ist deswegen im Voraus die Durchführung der steuerrechtlichen Due Diligence (normalerweise zusammen mit der finanziellen Due Diligence) „state of the art".

---

[45] Für den Fall einer Betriebsstättenbegründung käme es nur zur Freistellung, wenn der Aktivitätsvorbehalt des Abkommens erfüllt wird; andernfalls gilt das Anrechnungsverfahren.

Die Gewinne aus der laufenden unternehmerischen Tätigkeit, die durch eine Kapitalgesellschaft erzielt werden, unterliegen der Körperschaftsteuer i. H. v. 19 %.

a) Veräußerung einer Immobilie

Die Übertragung des Eigentums an einer Immobilie kann entweder unmittelbar durch die Veräußerung der Immobilie oder mittelbar durch die Veräußerung der Geschäftsanteile der Objektgesellschaft erfolgen. Im Falle der unmittelbaren Veräußerung einer Immobilie stellt der Gewinn einen der tschechischen Einkommensteuer unterliegenden Ertrag der tschechischen Gesellschaft dar. Der Restbuchwert des Objektes (einschließlich Grund und Boden) ist vom Erlös abzusetzen, ebenso die Veräußerungskosten (z. B. Inserate, Schätzungsgutachten etc.) und die (vom Veräußerer zu tragende) Grunderwerbsteuer (Immobilienübertragungssteuer).

b) Ausschüttungen und Veräußerung der Anteile an der Objektgesellschaft

Ausschüttungen (Dividenden) und Gewinne aus der Veräußerung von Geschäftsanteilen einer tschechischen GmbH werden als Erträge aus Quellen in der Tschechischen Republik klassifiziert und sind in Tschechien zu besteuern[46].

Nach § 19 Abs. 1 Buchst. ze)/2. EStG-CZ sind solche Veräußerungsgewinne von der Steuer befreit, die aus der Übertragung der Anteile (i) einer tschechischen Muttergesellschaft oder (ii) einer anderen in einem anderen EU-Staat ansässigen Gesellschaft an ihre tschechische Tochtergesellschaft stammen.

Für die Zwecke des Einkommensteuergesetzes gilt Folgendes:

- Als Gesellschaft, die Steuerresident eines anderen EU-Mitgliedstaates ist, wird eine Gesellschaft betrachtet, die nicht tschechischer Steuerresident ist und eine von den in den EG-Regelungen angeführten Formen hat[47] und

- gemäß den Steuergesetzen der EU-Mitgliedstaaten als Steuerresident betrachtet wird und außerhalb der EU nicht als Steuerresident laut Doppelbesteuerungsabkommen mit einem dritten Staat betrachtet wird und

- einer der in entsprechender Rechtsvorschrift der EG angeführten Steuern unterliegt, die denselben oder einen ähnlichen Charakter wie die Einkommensteuer haben[48]. Als Gesellschaft, für die diese Steuern relevant sind, wird eine solche Gesellschaft betrachtet, die von diesen Steuern befreit ist.

- Als Muttergesellschaft wird eine Handelsgesellschaft oder eine Gruppe betrachtet, die tschechischer Steuerresident ist und die Form einer Aktiengesellschaft (a.s.), GmbH (s.r.o.) oder einer Genossenschaft hat, oder eine Gesellschaft, die Steuerresident eines anderen EU-Mitgliedstaates ist und die über den Zeitraum von mindestens 12 Monaten ununterbrochen mindestens einen 10 %-igen Anteil am Stammkapital der Gesellschaft besitzt.

---

[46] § 22 Abs. 1 Buchst. h) des EStG-CZ.

[47] Diese Formen werden vom Finanzministerium im Finanzanzeiger und im Informationssystem mit Fernzugang veröffentlicht.

[48] Die Liste dieser Steuern wird vom Finanzministerium im Finanzanzeiger und im Informationssystem mit Fernzugang veröffentlicht.

► Als Tochtergesellschaft wird eine Handelsgesellschaft oder eine Gruppe betrachtet, die tschechischer Steuerresident ist und die Form einer AG, GmbH oder einer Genossenschaft hat, oder eine Gesellschaft, die Steuerresident eines anderen EU-Mitgliedstaates ist, an deren Stammkapital die Muttergesellschaft über den Zeitraum von mindestens 12 Monaten ununterbrochen mindestens einen 10 %-igen Anteil besitzt.

Die Möglichkeit der Besteuerung der Gewinne aus dem Verkauf von Geschäftsanteilen kann weiter durch das entsprechende Doppelbesteuerungsabkommen (DBA) modifiziert (eingeschränkt) werden.

Das bestehende DBA-Tschechoslowakei räumt in Art. 13 Abs. 3 – abweichend vom OECD-Musterabkommen – grundsätzlich jedem der beiden Anwendestaaten die Möglichkeit der Besteuerung von Gewinnen aus der Veräußerung von Beteiligungen ein, soweit es sich um eine Gesellschaft handelt, die ihren Sitz in den Vertragsstaaten hat. Hierbei handelt es sich jedoch um eine "kann"-Vorschrift, so dass auch der Ansässigkeitsstaat des Veräußerers (Deutschland) grundsätzlich ein Besteuerungsrecht besitzt, unabhängig davon, ob er dies nach seinem innerstaatlichen Recht ausübt.

Die oben angeführten Regeln (Definitionen) beziehen sich auf die Steuerbefreiung der Dividenden[49], die die tschechische Tochtergesellschaft an ihre deutsche Muttergesellschaft zahlen soll.

Falls die Bedingungen für die Steuerbefreiung von Ausschüttungen nicht erfüllt sind, wird der allgemeine Quellensteuersatz i. H. v. 15 % angewendet, der potentiell weiter aufgrund des Artikels 10 (Dividenden) des DBA-Tschechoslowakei reduziert wird.

Die oben angeführte Steuerbefreiung der Veräußerungsgewinne und der Dividenden nach dem lokalen (tschechischen) Steuerrecht[50] ist nur in dem Falle anzuwenden, in welchem der Empfänger der Dividenden oder der Veräußerungsgewinne ihr tatsächlicher Eigentümer (beneficial owner) ist. Die transparenten Strukturen (und ihre Beteiligten) müssen deswegen im Detail auf die Anwendung des relevanten Steuerregimes überprüft werden.

In Deutschland werden die Einkünfte aus dem Bezug ausländischer Dividenden – denen Gewinne aus der laufenden Vermietung oder aus Immobilienveräußerungen zugrunde liegen können – nach § 8b Abs. 1 KStG freigestellt, wobei jedoch gem. § 8b Abs. 5 KStG 5 % der ausländischen Dividendeneinkünfte als nicht abzugsfähige Betriebsausgaben fingiert werden. Insoweit verbleibt es bei einer Besteuerung von 5 % der ausgeschütteten Dividende mit Gewerbesteuer, Körperschaftsteuer und Solidaritätszuschlag, d. h. bei einer effektiven Steuerbelastung, je nach Gewerbesteuerhebesatz, von ca. 1,5 % der Dividende. Sollten die tatsächlichen Betriebsausgaben geringer als die fiktiven 5 % der Dividende sein, scheitert für das Vermeiden der Schachtelstrafe ein Abstellen auf die abkommensrechtliche Freistellung von Schachteldividenden[51] nach Art. 23 Abs. 1 Buchst. a) DBA-Tschechoslowakei u. E. bereits am restriktiven Aktivitätsvorbehalt (Art. 23 Abs. 1 Buchst. c) DBA-Tschechoslowakei). Für die gewerbesteuerliche Freistellung ist grundsätzlich erforderlich, dass Einkünfte ausschließlich oder fast ausschließlich "aktiv" i. S. des AStG sind; dies wird jedoch bei einer EU-Kapitalgesellschaft – wie hier vorliegend – unterstellt (§§ 8 Nr. 5, 9 Nr. 7 GewStG). Bei einer Weiterausschüttung an natürliche Personen als Gesellschafter ist zu unterscheiden, ob sich die

---

[49] § 19 Abs. 1 Buchs. ze)/1. des EStG-CZ.
[50] § 19 Abs. 1 Buchs. ze) des EStG-CZ.
[51] Vgl. hierzu *Lorenz*, IStR 2009, S. 437 ff. und *Haqeböke*, IStR 2009, S. 473 ff.

Beteiligung im Betriebs- oder im Privatvermögen befindet. Wird die Kapitalgesellschaftsbeteiligung im Betriebsvermögen gehalten, so kommt das sog. „Teileinkünfteverfahren" nach den §§ 3 Nr. 40 Buchst. d, 20 Abs. 1 Nr. 1 EStG zur Anwendung. Somit sind 40 % der Dividenden der deutschen Kapitalgesellschaft steuerfrei; allerdings sind korrespondierend lediglich 60 % der Werbungskosten (z. B. Finanzierungszinsen für die Beteiligung) abzugsfähig (gemäß § 3c Abs. 2 EStG). Werden die Anteile hingegen im Privatvermögen gehalten, so gilt seit 1. 1. 2009 die Abgeltungsteuer, wonach empfangene Dividenden nach § 32d Abs. 1 EStG einem einheitlichen Steuersatz von 25 % (zzgl. SolZ 5,5 %) unterliegen. Im „Gegenzug" ist der Abzug von tatsächlichen Werbungskosten ausgeschlossen. Ein sog. „Sparer-Pauschbetrag" von EUR 801,00 (bei Zusammenveranlagung EUR 1.602,00) i. S. des § 20 Abs. 9 EStG ist allerdings abziehbar. Im Rahmen einer Günstigerprüfung kann bei einem günstigeren individuellen Steuersatz auf Antrag des Steuerpflichtigen diese tarifliche Einkommensteuer Anwendung finden (§ 32d Abs. 6 EStG). Eine weitere Möglichkeit besteht nach § 32d Abs. 2 Nr. 3 EStG, wonach der Steuerpflichtige mit Anteilen im Privatvermögen zum Teileinkünfteverfahren optieren kann. Dies ist dann möglich, wenn der Steuerpflichtige unmittelbar oder mittelbar entweder zu mindestens 25 % an der Kapitalgesellschaft beteiligt oder zu mindestens 1 % beteiligt und beruflich für diese tätig ist.

Der Gewinn aus der Veräußerung der Geschäftsanteile an der tschechischen Gesellschaft ist in Deutschland nach § 8b Abs. 2 KStG steuerfrei unter Berücksichtigung der nicht abzugsfähigen Betriebsausgaben i. S. des § 8b Abs. 3 KStG, sofern nicht in den früheren Jahren steuerwirksame Teilwertabschreibungen erfolgt sind und die Gewinnminderung nicht durch den Ansatz eines höheren Wertes ausgeglichen wurde. Die Ausschüttung des Gewinnes an die Anteilseigner unterliegt dann bei diesen wiederum entweder dem Teileinkünfteverfahren oder der Abgeltungsteuer.

Allerdings ist es auch denkbar, dass die Desinvestition auf der Ebene der (deutschen) Anleger erfolgt. Bei einer Veräußerung der Anteile an der deutschen GmbH durch den Anteilseigner würde, soweit die Anteile im Privatvermögen gehalten werden, die Bestimmung des § 17 EStG zur Anwendung kommen, wonach eine Besteuerung dann vorzunehmen ist, wenn die Wesentlichkeitsgrenze der Beteiligung von derzeit 1 % gegeben ist. Anderenfalls werden Veräußerungsgewinne von Beteiligungen durch § 20 Abs. 2 EStG als Einkünfte aus Kapitalvermögen erfasst – sofern kein Altfall, d. h. Anschaffung vor dem 01.01.2009, gegeben ist – und unterliegen ebenfalls der Abgeltungsteuer nach § 32d EStG. Die Steuerfreiheit für Veräußerungsgewinne nach Ablauf der Spekulationsfrist (§§ 22 Nr. 2, 23 Abs. 1 Nr. 2 EStG a. F.) ist aufgehoben worden.

4. Doppelstöckiges Personengesellschaftsmodell

Bei diesem Set-up wird – meist aus Vertriebsgründen – eine KG in Deutschland gegründet, an welcher sich deutsche Anleger (natürliche Personen) als Kommanditisten beteiligen. Die D-KG wiederum beteiligt sich an einer tschechischen KG (in der Regel mit nahezu 100 %). Ein Zwerganteil – dies muss nicht notwendig der Komplementäranteil sein – wird von einem zweiten Gesellschafter übernommen, der – im Unterschied zum Kapitalgesellschaftsmodell – gesellschaftsrechtlich erforderlich ist.

a) Laufende Gewinne sowie Ausschüttungen/Entnahmen

Beim *Komplementär* der tschechischen KG wird der Gewinnanteil dem Gesellschafter zugerechnet; die Kommanditgesellschaft wird insoweit steuerlich als transparent angesehen. Die Festlegung des Steuersatzes erfolgt dann nach dem persönlichen Steuersatz des Komplementärs bzw. nach dem persönlichen Steuersatz der hinter dem Komplementär stehenden Beneficial owner of the income (dessen ständige Betriebsstätte in der Tschechischen Republik zu registrieren ist). Der Gewinntransfer ins Ausland (Deutschland) stellt keine Ausschüttung dar, unterliegt also nicht der tschechischen Quellensteuer. Ausschüttungen aus der (deutschen) Kommanditgesellschaft finden im Ausland (Deutschland) statt und unterliegen schon deshalb nicht der tschechischen Quellensteuer.

Bezüglich der auf den/die *Kommanditisten* der tschechischen KG entfallenden Gewinnanteile wird die Gesellschaft dagegen nach tschechischem Steuerrecht als intransparent behandelt, d. h. die Kommanditgesellschaft wird insoweit[52] als juristische Person besteuert, so dass diese Gewinnanteile einem Körperschaftsteuersatz von 19 % unterliegen. Gewinnauszahlungen an den Kommanditisten stellen ferner Ausschüttungen (keine Entnahmen) dar und unterliegen deshalb der tschechischen Quellensteuer in Höhe von 15 %[53]. Der Quellensteuersatz kann durch das DBA CZ-DE weiter modifiziert (herabgesetzt) werden.

Aus deutscher Sicht wird eine tschechische KG als einer deutschen KG vergleichbar klassifiziert; d. h. es erfolgt eine Anwendung des Transparenzkonzepts[54]. Die Gewinne der tschechischen Gesellschaft sind entweder als Einkünfte aus Vermietung und Verpachtung (bei nichtgewerblichen KG-Strukturen) bei den Anlegern aufgrund Art. 6, 23 DBA-Tschechoslowakei oder als Veräußerungsgewinne aufgrund von Art. 13 Abs. 1, 23 DBA-Tschechoslowakei steuerfrei (wenn im zuletzt genannten Fall nach Ablauf der Zehn-Jahresfrist des § 23 Abs. 1 Nr. 1 EStG nicht bereits nach innerstaatlichem deutschen Steuerrecht kein Besteuerungstatbestand gegeben ist). Erfolgen aus der tschechischen Gesellschaft Ausschüttungen, so stellen diese Entnahmen dar, die nicht steuerbar sind[55]. Nach dem DBA unterliegen die steuerfreien Gewinne aus der tschechischen KG als nichtaktive EU-/EWR-Auslandseinkünfte nach § 32b Abs. 1 S. 2 EStG ab dem VZ 2009 nicht mehr dem Progressionsvorbehalt.[56]

Problematisch sind die Fälle, in denen nach deutschem Steuerrecht eine gewerblich geprägte Personengesellschaft i. S. von § 15 Abs. 3 Nr. 2 EStG vorliegt, welche die Immobilieninvestition tätigt. In diesem Fall war lange umstritten, ob eine gewerbliche Prägung ausreicht, um abkommensrechtlich Unternehmensgewinne nach Art. 7 OECD-MA zu vermitteln.[57] Der BFH verneint dies in einer neuen Entscheidung.[58] Damit tritt er der Auffassung der Finanzverwaltung entgegen, dass für die Anwendung von Art. 23A OECD-MA (= Art. 23 DBA CSSR), und damit für die Frage, ob die Einkünfte freizustellen sind, der Aktivitätsvorbehalt erfüllt werden müsse, weil

---

[52] Die unterschiedliche Besteuerung von unbeschränkt und beschränkt haftenden Gesellschafter ist vergleichbar mit der einer deutschen KGaA.

[53] § 36 EStG-CZ.

[54] Vormals BMF-Schreiben v. 13. 1. 1997, BStBl. 1995 I, S. 97; aufgehoben durch BMF-Schreiben v. 16. 4. 2010, IV B 2 - S 1300/09/10003, BStBl. I 2010, S. 354, „Anwendung der Doppelbesteuerungsabkommen (DBA) auf Personengesellschaften", vgl. hierzu auch ausführlich *Schmidt*, IStR 1996, S. 14 ff. und *ders.*, Anwendung der Doppelbesteuerungsabkommen (DBA) auf Personengesellschaften – Eine Analyse des BMF-Schreibens vom 16. 4. 2010, IV B 2 - S 1300/09/10003, BStBl I 2010, 354 -, IStR 2010, 413 ff.

[55] Vgl. oben B. IV. 1.

[56] Änderung durch das JStG 2009 (BGBl. I 2009, S. 2878); vgl. hierzu ausführlich *Grotherr*, IWB (2009) Fach 3 Deutschland Gr. 1, S. 2373 ff. (2375 f.).

[57] Vgl. die unterschiedlichen Meinungen bei *Lieber* in G/K/G, Art. 7 OECD-MA, Rz. 319; *Piltz/Wassermeyer*, MA Art. 7, Rz 85 und *Schmidt/Dendorfer*, IStR 2000, S. 46 ff.

[58] BFH-Urteil v. 28. 4. 2010, I R 81/09, DStR 2010, S. 1220; vgl. zu dieser Grundsatz-Entscheidung auch *Schmidt*, IStR 2010, S. 520 ff.

insoweit (ebenfalls) die oder (ebenfalls geltende) Einschlägigkeit von Art. 7 OECD-MA zu beachten sei.[59] Für die Praxis der Konzeptionierung geschlossener Immobilienfonds in Tschechien mit deutschen Anlegern bedeutet dies, dass nunmehr die gewerbliche Prägung nicht mehr vermieden werden muss, um der Anwendung des Aktivitätsvorbehalts durch die Finanzverwaltung zu entgehen.[60]

b) Veräußerung einer Immobilie

Im Falle der unmittelbaren Veräußerung einer Immobilie stellt der Gewinn einen der tschechischen Einkommensteuer unterliegenden Ertrag dar. Der Restbuchwert des Objektes (einschließlich Grund und Boden) ist vom Erlös abzusetzen, ebenso die Veräußerungskosten (z. B. Inserate, Schätzungsgutachten etc.) und die (vom Veräußerer zu tragende) Grunderwerbsteuer (Immobilienübertragungssteuer).

c) Ausscheiden des Komplementärs aus der CZ-KG

Die Veräußerung eines Anteils des Komplementärs der CZ-KG ist nach der herrschenden Meinung gemäß tschechischem Handelsrecht nicht zulässig. Bei der Beteiligung als Komplementär besteht lediglich die Möglichkeit des Ausscheidens des alten Gesellschafters und des Eintritts eines neuen Gesellschafters als Komplementär, wobei der ausscheidende Gesellschafter eine Ausgleichszahlung (Abfindungsanspruch) erhalten muss. Dieser Abfindungsanspruch ist zwar laut tschechischem Steuerrecht steuerbar. Gemäß § 23 Abs. 4 Buchst. f) EStG-CZ wird die Abfindung jedoch von der Steuerbemessungsgrundlage ausgenommen und folglich von der Steuer „befreit". Somit sollte die „Veräußerung" des Anteils des Komplementärs an der CZ-KG in der Tschechischen Republik keine Besteuerungsfolgen auslösen.

d) Veräußerung der Kommandit-Anteile an der CZ-KG

Tschechien steht für die Gewinne aus der Veräußerung der KG-Anteile nach dem DBA das Besteuerungsrecht zu, da nach tschechischem Steuerrecht Gewinne aus der Veräußerung von Anteilen an einer in Tschechien ansässigen Gesellschaft vorliegen (Art. 13 Abs. 3 DBA CSSR). Insofern weicht das DBA CSSR vom OECD-MA ab. Tschechien besteuert die Gewinne aus der Veräußerung der CZ-KG-Anteile auch. Sofern die deutsche Mutter-KG in Tschechien als intransparent angesehen wird, unterliegt der Veräußerungsgewinn der Körperschaftsteuer mit 19 %. Im Transparenzfall bei Registrierung der deutschen Gesellschafter hinter der deutschen Mutter-KG[61] kommt der individuelle Einkommensteuersatz im Rahmen der beschränkten Einkommensteuerpflicht zum Tragen (maximal 19 %).

Art. 13 Abs. 3 DBA CSSR ist keine vollständige Verteilungsnorm, so dass Deutschland ebenfalls das Besteuerungsrecht zustünde. Fraglich ist allerdings, ob Deutschland an die intransparente Behandlung im Quellenstaat gebunden ist und damit auf Abkommensebene für Deutschland als Anwendestaat ebenfalls Anteile an einer Gesellschaft veräußert werden. Die Frage ist höchst umstritten. Es werden im Wesentlichen drei Meinungen vertreten:[62]

---

[59] BMF-Schreiben v. 16. 4. 2010, BStBl. I 2010, S. 354 unter Tz. 4.1.1.1.1 in Verbindung mit Tz. 2.2.1, vgl. hierzu ausführlich *Schmidt*, IStR 2010, S. 413 ff. (419 f.); bisher hat die Finanzverwaltung diese Auffassung in einem Schreiben zu ungarischen Immobilien-Personengesellschaften vertreten, vgl. BMF-Schreiben v. 24. 9. 1999, IStR 2000, S. 627 und *Krabbe*, IWB F. 3 Deutschland Gr. 2, S. 753 ff., 762 ff.
[60] Vgl. *Schmidt*, IStR 2010, S. 520 ff.
[61] Vgl. oben B. IV. 2. a) bb).
[62] Vgl. hierzu ausführlich *Schmidt*, IStR 2010, S. 520 ff. (unter 2.1).

- Der Ansässigkeitsstaat der Gesellschafter ist an die Subjektqualifikation des Quellenstaates (Sitzstaates der Gesellschaft) für die Abkommensanwendung gebunden.[63] In diesem Fall würde bei einer Abkommensanwendung durch Deutschland auch ein deutsches Besteuerungsrecht bestehen. Der Gewinn wäre aufgrund von Art. 23 Abs. 1 Buchst. b) DBA CSSR nicht freigestellt.
- Der Ansässigkeitsstaat ist an die Subjektqualifikation des Quellenstaates nicht gebunden, weil die Einkünftezurechung (auch auf Abkommensebene) nach innerstaatlichem Steuerrecht erfolgt. Der deutsche Gesellschafter veräußert keine Anteile an einer Gesellschaft, sondern (anteilige) Wirtschaftsgüter, nämlich Immobilien.[64] Der Veräußerungsgewinn untersteht dem Regime des Art. 13 Abs. 1 OECD-MA (Veräußerung von unbeweglichem Vermögen). Deutschland müsste in diesem Fall den Gewinn freistellen (Art. 23 Abs. 1 Buchst. a) DBA CSSR).
- Der Ansässigkeitsstaat ist an die Subjektqualifikation des Quellenstaates zwar grundsätzlich gebunden. Sie geht aber nicht so weit, dass eine virtuelle Doppelbesteuerung vermieden werden muss. Art. 23A Abs. 1 OECD-MA ist einschränkend auszulegen (keine Freistellung), wenn der Quellenstaat aufgrund eines Qualifikationskonflikts nicht besteuern kann.[65] Diese Auslegungsalternative kommt im vorliegenden Fall nicht zum Tragen, da Tschechien – aufgrund der vom OECD-MA abweichenden Regelung in Art. 13 Abs. 3 DBA CSSR – den Veräußerungsgewinn besteuern kann.

Der BFH lässt es im Beschluss vom 19.5.2010[66] ausdrücklich offen, welcher Auffassung er folgen möchte. Er hält die zweite Auffassung allerdings für „nicht von vornherein fernliegend"[67].

e) Veräußerung der Anteile an der D-KG

Die Besteuerung der Veräußerungsgewinne der DE-KG ist in Bezug auf die transparente Struktur (bzw. transparente Betrachtung der Struktur aus der tschechischen Sicht) Gegenstand der aktuellen Diskussionen in der Tschechischen Republik.

---

[63] Vgl. *Schmidt*, IStR 2010, S. 413 ff. m. w. N.
[64] BMF-Schreiben v. 16. 4. 2010, BStBl. I 2010, S. 354, Tz. 4.2.1.
[65] Vgl. Ziff. 32.6 und 32.7 OECD-MK zu Art. 23A.
[66] I B 191/09, DStR 2010, S. 1223.
[67] BFH v. 19. 5. 2010 I B 191/09 unter II. 3. b) cc) aaa).

5. Steuerbelastungsvergleich

Nachfolgende Übersicht zeigt die steuerliche Belastung bei den verschiedenen Alternativen.

Tabelle 2: Steuerbelastung der einzelnen Gestaltungsalternativen

	Alternative 1a	Alternative 1b	Alternative 2	Alternative 3a	Alternative 3b
	Zweigniederlassungsmodell dt. KG	Zweigniederlassungsmodell dt. GmbH	KapGes D. – KapGes CZ	PersGes D. – Kommanditist einer KG-CZ	PersGes D. – Komplementär einer KG-CZ
Gewinn	100,00	100,00	100,00	100,00	100,00
ESt/KSt[68]-CZ	– 19,00 oder 15,00	– 19,00	– 19,00	– 19,00	– 19,00 oder 15,00
QSt (0 % – 15 %)	–	–	–	– 12,00[69]	–
Zufluss in D.	81,00/85,00	81,00	81,00	69,00	81,00/85,00
KSt-/GewSt-D[70]	–	–	– 1,21	–	–
Ausschüttung/ Entnahme	81,00/85,00	81,00	79,79	69,00	81,00/85,00
ESt-D[71]	–	– 20,25	– 19,95	–	–
SolZ	–	– 1,11	– 1,09	–	–
Nettozufluss	81,00/85,00	59,64	58,75	69,00	81,00/85,00
Gesamtsteuerbelastung	19,00/15,00	40,36	41,25	31,00	19,00/15,00

Es zeigt sich, dass bei Alternative 2 die höchste Steuerbelastung entsteht, soweit der Gewinn an die Anleger weitergeleitet wird. Die einstöckige Lösung mit einer deutschen KG und Organisationseinheit in der CZ (Alternative 1a) ist gleich günstig wie die doppelstöckige KG-Lösung, bei der sich die deutsche KG als Komplementär an der tschechischen Tochter-KG beteiligt (Alternative 3b). In beiden Fällen liegt die Steuerbelastung auch bei Durchreichen an die Anleger bei 19 % bzw. 15 %. Im internationalen Vergleich ist dies bei hohen Anlagebeträgen durchaus interessant, wenn man die Steuerbelastung mit dem deutschen Spitzensteuersatz vergleicht. Allerdings werden ausländische Immobilieninvestitionen (insbesondere geschlossene Immobilienfonds) auch unter dem Aspekt getätigt, den Steuersatzvorteil im unteren Tarifbereich zu nutzen bzw. durch Inanspruchnahme von persönlichen Freibeträgen bei beschränkter Steuerpflicht im Ausland[72] Teile des Einkommens freizustellen[73]. Dies ist bei den

---

[68] KSt-Satz ab 2010; 19 %; ESt-Satz 15 %.

[69] Selbst wenn Tschechien die deutsche KG als intransparent ansieht, besteht keine Berechtigung auf die abkommensrechtliche Quellensteuerreduktion für Schachteldividenden; diese setzt ein Körperschaftsteuersubjekt in Deutschland voraus (Art. 10 Abs. 2 Buchst. a) i. V. m. Art. 3 Abs. 1 Buchst. c) DBA D-CZ).

[70] 15,825 % dt.-KSt/SolZ + dt.-GewSt (3,5 % * Hebesatz i. H. v. 400 %) auf 5 % der Ausschüttung der KG-CZ.

[71] 25 % Abgeltungsteuer.

[72] Dies ist immer dann der Fall, wenn die Anleger aufgrund der transparenten Behandlung der gewählten gesellschaftsrechtlichen Strukturen im Zielland persönlich steuerpflichtig werden (z. B. regelmäßig bei US-Immobilienfonds).

dargestellten Modellen in der CZ nicht möglich, weil nach dem innerstaatlichen Recht Einkünfte einer juristischen Person vorliegen, die damit mindestens dem Körperschaftsteuersatz von 19 % oder der Flat Rate bei der Einkommensteuer (allerdings nur 15 %!) unterliegen.

V. Fondsgestaltung

Bei der Fondsgestaltung sind folgende Voraussetzungen zu berücksichtigen:
- Keine Haftung der Anleger mit ihrem persönlichen Vermögen.
- Geringstmögliche steuerliche Belastung von Gewinnausschüttungen.
- Der Schwerpunkt der Anlageerwartungen liegt in der laufenden Renditeerzielung und nicht in der Gewinnerwartung im Veräußerungsfall.
- Möglichst geringe Mitwirkungspflichten der Anleger.

Aufgrund der Tatsache, dass man die Besteuerung mit dem persönlichen Steuersatz der Anleger als natürliche Personen nicht ohne das Risiko einer Haftung mit deren persönlichem Vermögen durch eine Beteiligung an einer tschechischen OHG erreichen kann, scheidet diese Alternative für eine Fondslösung aus unserer Sicht aus. Die Veräußerung von Anteilen an einer Gesellschaft, die überwiegend Immobilienvermögen besitzt, löst in der Tschechischen Republik keine Grunderwerbsteuer aus. Soweit die Fondsgesellschaft die in der Tschechischen Republik erwirtschafteten Gewinne in der Tschechischen Republik für weitere Projekte verwenden wollte, könnte die Gestaltung über Kapitalgesellschaften günstig sein, soweit der Thesaurierungsvorteil genutzt werden würde. Da aufgrund der üblichen Erwartungen von Anlegern, die in geschlossene Immobilienfonds investieren, jedoch regelmäßig eine laufende Ausschüttung dargestellt werden muss, scheidet diese Alternative regelmäßig aus. So gesehen ist die Gestaltung über eine deutsche Kommanditgesellschaft, an welcher sich die deutschen Anleger beteiligen, die wiederum an einer tschechischen OHG oder als Komplementär an einer KG beteiligt ist, als günstigste Alternative zu betrachten.

C. Immobilieninvestitionen in der Slowakischen Republik

I. Rechtsformwahl

1. Handelsrecht

Aufgrund der gemeinsamen Entwicklung des Rechtssystems während der Existenz der Tschechoslowakischen Föderation bis zum Ende des Jahres 1992 regelt das slowakische Handelsgesetzbuch[74] die Rechtsformen und die Charakteristika von Handelsgesellschaften sehr ähnlich denen der Tschechischen Republik. So kommt bei den slowakischen Handelsgesellschaften (Kapital- und Personengesellschaften) ebenfalls das Kapitalgesellschaftsmodell zur Anwendung. Das slowakische HGB behandelt folgende Rechtsformen slowakischer Handelsgesellschaften:
- „verejná obchodná spoločnosť" (§§ 76-92 HGB-SK, „v.o.s.", entspricht der deutschen offenen Handelsgesellschaft),
- „komanditná spoločnosť" (§§ 93-104 HGB-SK, „k.s.", entspricht der deutschen Kommanditgesellschaft),

---

[73] Vgl. z. B. *Schmidt/Bayer*, DSWR 2002, S. 141 ff. und *dies.*, IStR 2002, S. 129 f.
[74] Handelsgesetzbuch Nr. 513/1991 Slg. in der aktuellen Fassung (im Weiteren nur HGB-SK).

- „spoločnosť s ručením obmedzeným" (§§ 105-153 HGB-SK, „s.r.o.", entspricht der deutschen Gesellschaft mit beschränkter Haftung[75]),
- „akciová spoločnosť" (§§ 154-220a HGB-SK, „a.s.", entspricht der deutschen Aktiengesellschaft).

In der Slowakei haben juristische Personen, die gemäß dem Recht der Europäischen Gemeinschaften gegründet werden, grundsätzlich die gleiche Rechtsposition wie slowakische Handelsgesellschaften.

Die rechtlichen Charakteristika der slowakischen Handelsgesellschaften entsprechen im Wesentlichen denen der tschechischen Handelsgesellschaften.[76]

2. Steuerrecht

Wie ausgeführt, entsprechen die Grundprinzipien des slowakischen Rechtssystems historisch denen des tschechischen Rechtssystems; dies galt – und gilt noch - auch für das Steuerrecht. Im Jahr 2003 wurde in der Slowakei eine grundlegende Steuerreform durchgeführt, dabei blieben aber die Grundprinzipien des ursprünglichen Systems weitgehend erhalten. Das neue Steuersystem trat am 1. Januar 2004 in Kraft. Durch die Reform wurde ein einheitlicher Steuersatz (*Flatrate*) i. H. v. 19 % eingeführt, der für die Einkommensteuer, Körperschaftsteuer und Umsatzsteuer[77] gilt. Gleichzeitig wurden zahlreiche Ausnahmen und Freistellungen beseitigt.

a) „s.r.o." (GmbH) und „a.s." (AG)

Der Gewinn sowohl einer „s.r.o." als auch einer „a.s." unterliegt somit dem Steuersatz von 19 %. Gewinnausschüttungen an Gesellschafter (natürliche oder juristische Personen) werden nicht in deren Bemessungsgrundlage miteinbezogen[78]– unabhängig davon, ob sie steuerlich in der Slowakei ansässig sind oder nicht. Diese Regelung bezieht sich auf Gewinnausschüttungen, die aus dem versteuerten Gewinn für Besteuerungszeiträume nach dem 1. Januar 2004 ausgeschüttet werden.

Ebenfalls nicht der Besteuerung unterliegt die Auszahlung der Liquidations- oder Vergleichsanteile an die Gesellschafter.

b) „v.o.s." (OHG) und „k.s." (KG)

Nach slowakischem Steuerrecht erfolgt jedoch die Feststellung des Gewinns einer OHG nach den Grundsätzen für die Besteuerung juristischer Personen[79] (ebenso bei der KG[80]). Der so festgestellte Gewinn wird (anteilig) den Gesellschaftern zugerechnet und bei diesen besteuert. Hierbei unterliegen natürliche und juristische Personen einem Steuersatz von 19 %. Eine **offene Handelsgesellschaft** ist als solche kein Steuersubjekt für DBA-Zwecke.

---

[75] Der Aufwand zur Gründung einer GmbH („s.r.o.") ist gering. Das Mindeststammkapital der slowakischen GmbH beträgt EUR 5.000,00.

[76] Vgl. oben B. I.

[77] Die slowakische Regierung hat die Erhöhung der MWSt-Standardrate von 19 % auf 20 % seit 1. Januar 2011 gebilligt. Die erhöhte MWSt-Standardrate soll lediglich bis zu dem Zeitpunkt angewendet werden, bei dem es gelingt, das Defizit der öffentlichen Finanzen der Slowakei unter 3 % des BIPs zu senken. Im Moment ist dies für das Jahr 2013 vorgesehen.

[78] § 12 Abs. 7 EStG-SK.

[79] § 14 Abs. 4 EStG-SK.

[80] § 14 Abs. 5 EStG-SK.

Der Gewinn einer Kommanditgesellschaft wird zwischen den Komplementären und den Kommanditisten gemäß den Bestimmungen des Gesellschaftsvertrages verteilt. Die Gewinnermittlung erfolgt zwar auf der Ebene der Gesellschaft, bei der Einkünftezurechnung ist jedoch zu unterscheiden, ob es sich um Gewinnanteile der Komplementäre oder der Kommanditisten handelt. Bei Komplementären wird der Gewinnanteil den Gesellschaftern zugerechnet, die Kommanditgesellschaft wird insoweit steuerlich als „transparent" angesehen. Die Komplementäre unterliegen einem Steuersatz von 19 %. Bezüglich der auf die Kommanditisten entfallenden Gewinnanteile wird die Gesellschaft dagegen als „intransparent" betrachtet, d. h. die Kommanditgesellschaft unterliegt insoweit als juristische Person der Besteuerung und somit einem Körperschaftsteuersatz von 19 %. Dies gilt unabhängig davon, ob der Gesellschafter eine natürliche oder eine juristische Person ist. Gewinnauszahlungen an die Kommanditisten stellen ferner Ausschüttungen (keine Entnahmen) dar, unterliegen aber in der Slowakei nicht der Quellensteuer. Des Weiteren erfolgt weder bei der Ausbezahlung der Liquidations- noch der Vergleichsanteile an einen Kommanditisten (im Gegensatz zu den Komplementären) eine Besteuerung in der Slowakei.

Ein steuerlicher Verlust soll in der gleichen Weise wie eine festgestellte Steuerbemessungsgrundlage zwischen den Gesellschaftern aufgeteilt werden.

II. Rechtliche Rahmenbedingungen des Immobilienerwerbs

1. Devisenrecht

Seit dem Beitritt der Slowakischen Republik zur Europäischen Union am 1. Mai 2004 können Ausländer Liegenschaften in der Slowakei frei erwerben[81]. Davon ausgenommen sind lediglich land- und forstwirtschaftliche Grundstücke. Diese Ausnahme gilt nicht für EU Bürger, die sich für einen vorübergehenden Aufenthalt in der Slowakei registriert haben und bewirtschaften diese Gründstücke mindestens drei Jahren vom 1. Mai 2004.

Als Ausländer werden alle natürlichen und juristischen Personen mit Wohnsitz bzw. Sitz außerhalb der Slowakei – ebenso wie die Niederlassungen ausländischer Personen in der Slowakei (mit Ausnahme der Niederlassungen ausländischer Banken) – betrachtet. Der Erwerb einer Liegenschaft darf also aus dieser Sicht nicht über eine slowakische Gesellschaft erfolgen.

2. Grundstücksrecht

Gemäß dem slowakischen Bürgerlichen Gesetzbuch[82] werden Grundstücke und die mit dem Grundstück verbundenen Bauten/Gebäude als Liegenschaften betrachtet. Im slowakischen Immobilienrecht gilt nicht die Regel „superficies solo cedit", was bedeutet, dass das aufstehende Gebäude nicht Bestandteil des Grundstücks ist. Das Grundstück und das darauf errichtete Gebäude stellen folglich **selbständige** Rechtsgegenstände dar, so dass Grundstück und Gebäude unterschiedliche Eigentümer haben können.

Das vertragliche Eigentumsrecht an einer Liegenschaft geht erst mit der Eintragung im Liegenschaftskataster („kataster nehnuteľností") aufgrund eines schriftlichen Vertrages auf den Erwerber über. Die Eintragung des Eigentumsrechtes wird von der Katasterverwaltungsbehörde auf Antrag binnen einer Frist von 15 Tagen (mit Zahlung einer erhöhten Gebühr von EUR 265,50) oder von 30 bzw. – in komplizierten Fällen – von 60 Tagen durchgeführt.

---

[81] § 19a des Devisengesetzes Nr. 312/2004 GesSlg. in der aktuellen Fassung.
[82] Bürgerliches Gesetzbuch Nr. 40/1964 Slg. in der aktuellen Fassung.

Die Veräußerung der Liegenschaft bedarf eines schriftlichen Vertrages, wobei die Unterschrift des Veräußerers[83] notariell beglaubigt werden muss. In der Praxis ist es üblich, dass auch die Unterschrift des Käufers notariell beurkundet wird. Der Veräußerungsvertrag muss zusammen mit einem evtl. Anhang in einer Urkunde erfasst werden.

3. Gewerberecht

Nach dem slowakischen Gewerberecht benötigt jede Gesellschaft für ihre Tätigkeit einen Gewerbeschein, bei mehreren gewerberechtlich zu unterscheidenden Tätigkeiten entsprechend mehrere Gewerbescheine. Für die Ausgabe des Gewerbescheins ist zwingend die Benennung einer natürlichen Person als sog. "verantwortlicher Vertreter" (mit Ausnahme von freien Gewerben, wie z. B. Ein- und Verkauf von Waren) erforderlich; dies kann auch ein Ausländer sein. Der verantwortliche Vertreter muss seinen Wohnsitz oder eine andere Genehmigung für seinen Aufenthalt in der Slowakei nachweisen. Der gewerberechtlich verantwortliche Vertreter hat – sofern sie sich nicht anderweitig herleiten lassen (z. B. aus der organschaftlichen Stellung als Geschäftsführer) – keinerlei Befugnisse zur Vertretung der Gesellschaft nach außen hin. Seine Funktion beschränkt sich auf die Verhandlungen mit dem Gewerbeamt als dessen Ansprechpartner.

Der Erwerb einer Liegenschaft durch eine ausländische Gesellschaft bedarf keiner Eintragung dieser Gesellschaft bzw. ihrer Niederlassung oder ihres Unternehmen ins slowakische Handelsregister. Im Fall der Vermietung dieser Liegenschaft ist zu beachten, ob eine anschließende Vermietung der Liegenschaft als gewerbliche oder als nicht gewerbliche Tätigkeit[84] (bzw. als Unternehmen) zu qualifizieren ist.

Die Liegenschaftsvermietung ist dann als gewerbliche Tätigkeit einzustufen, wenn zusätzlich zur Vermietung andere Dienstleistungen (z. B. Reinigungs- oder Bewachungsdienste) zu den Grunddienstleistungen (z. B. Energieversorgung) hinzukommen. Sollte die Vermietung als gewerbliche Tätigkeit oder als Unternehmen berücksichtigt werden, so kann die ausländische Gesellschaft auch ohne Gründung einer Tochtergesellschaft in der Slowakei ein Unternehmen betreiben. Dann wird diese Gesellschaft mit Eintragung ihres Betriebs oder ihrer Betriebsniederlassung ins Handelsregister zum Unternehmen berechtigt[85].

III. Steuerliche Rahmenbedingungen

1. Verkehrsteuern

a) Immobiliensteuer

Die Immobiliensteuer ist durch das Gesetz Nr. 582/*2004 GesSlg*. über die lokalen Steuern und Gebühren für Kommunalabfälle und kleine Bauabfälle in der aktuellen Fassung geregelt. Die Immobiliensteuer gliedert sich in die Grundstücksteuer, die Gebäudesteuer und die Steuer für Wohnungen und Nichtwohnräume in einem Wohnhaus. Im Allgemeinen ist der Eigentümer der Immobilie der Steuerschuldner

Die Grundstücksteuer berechnet sich durch Multiplikation der Größe des Grundstückes in m^2, des Grundstückswertes pro m^2 (abhängig von der Art der Fläche - so beträgt der Wert des Baugrundstücks z. B. in Bratislava 59,74 EUR/m^2 -) und des Steuersatzes. Die Steuerschuld

---

[83] § 42 Abs. 3 des Gesetzes Nr. 3/2002 GesSlg. über das Grundbuch und die Eintragung von Eigentum und dinglichen Rechten ins Kataster.
[84] § 4 des Gewerbegesetzes Nr. 455/1991 Slg. in der aktuellen Fassung.
[85] § 21 Abs. 4 HGB-SK.

beträgt 0,25 % von der Steuerbemessungsgrundlage. Der Steuersatz kann von der Gemeinde unter Beachtung bestimmter Grenzen frei variabel gestaltet werden (in der Hauptstadt Bratislava schwankt der Steuersatz z. B. von 0,3 % bis 1,2 % des Grundstückwertes je nach Art und Lage des Grundstückes).

Die Höhe der Gebäudesteuer hängt von der Art und Fläche des bebauten Grundstückes in m^2 und der Anzahl der Stockwerke im Gebäude (Erhöhung um 0,33 EUR für jedes weitere Stockwerk) ab. Der Steuersatz beträgt 0,033 EUR/m^2. Der Steuersatz kann von der Gemeinde unter Beachtung bestimmter Grenzen frei variabel gestaltet werden (in der Hauptstadt Bratislava (Altstadt) bewegt sich der Steuersatz z. B. zwischen 0,399 EUR/m^2 und 8,299 EUR/m^2, je nach Zweck der Bauten/Gebäude, wie z. B. Wohngebäude unterliegt einem unterschiedlichen Steuersatz als Gebäude für Unternehmen).

Die Steuerschuld für Wohnungen und Geschäftsräume in Wohngebäuden beträgt 0,033 EUR/m^2, die ebenfalls von der Gemeinde unter Beachtung bestimmter Grenzen frei variabel gestaltet werden kann (in Bratislava schwankt der Steuersatz zwischen 0,299 EUR/m^2 und 0,797 EUR/m^2, je nach Lage und Zweck der Fläche).

Da die einzelnen Gemeinden über die Immobiliensteuersätze selbst entscheiden können, unterscheiden sich die Steuersätze einzelner Gemeinden. Berücksichtigt man die aktuellen Steuersätze (für das Kalenderjahr 2010), gehört die Grundsteuer zu den niedrigen Steuern in der Slowakei. Die höchsten Steuersätze für Immobilien bestehen in Bratislava.

b) Grunderwerbsteuer

Seit dem 1. 1. 2005 wurde die Grunderwerbsteuer in der Slowakei abgeschafft.

c) Umsatzsteuer

Die Lieferung von einer Liegenschaft oder ihres Teils, mit Ausnahme der Lieferung einer Liegenschaft oder ihres Teils binnen fünf Jahren nach der ersten Bauentnahme und binnen fünf Jahren seit dem Tag ihrer ersten Benutzung, ist von der Umsatzsteuer befreit. Nach Ablauf von fünf Jahren hat der Steuerpflichtige die Möglichkeit, im Fall eines Verkaufs der Liegenschaft zur Umsatzsteuerpflicht zu optieren. Denn bei einer steuerfreien Lieferung kann es andernfalls zu einer nachträglichen Kürzung der Vorsteuer kommen. Werden die Grundstücke zusammen mit einem Bau geliefert, kommt die gleiche Besteuerung/Befreiung wie bei einem gelieferten Gebäude zur Anwendung.

Die Vermietung von Immobilien oder eines Teiles ist grundsätzlich von der Umsatzsteuer „unecht"[86] befreit, mit Ausnahme[87] von (i) Vermietung in Unterkunftseinrichtungen, (ii) Vermietung von Räumlichkeiten und Plätzen für das Abstellen von Fahrzeugen, (iii) Vermietung von dauerhaft eingebauten Anlagen und Maschinen und (iv) Vermietung von Tresoren.

Bei der Vermietung von Immobilien kann man ebenfalls zu einer Besteuerung der Vermietung mit 19 %[88] Umsatzsteuer und möglichem Vorsteuerabzug optieren. Das UStG-SK[89] setzt hierzu einen Mieter als steuerpflichtige Person in der Slowakei voraus. Diese Bedingung bezieht sich auch auf die Untervermietung von Immobilien.

---

[86] Kein Vorsteuerabzugsrecht.
[87] Steuerpflichtige Leistungen.
[88] Siehe Fußnote 55.
[89] Gesetz Nr. 222/2004 GesSlg. über Mehrwertsteuer in der aktuellen Fassung.

Das Vorsteuerabzugsrecht kann entweder in Form eines Rückerstattungsverfahrens oder im Rahmen eines Veranlagungsverfahrens in Anspruch genommen werden.

Eine ausländische Person, die in der Slowakei nicht für umsatzsteuerliche Zwecke erfasst ist, hat einen Anspruch auf Steuerrückerstattung, die ein inländischer Steuerzahler bei gelieferten beweglichen Vermögensgegenständen und Dienstleistungen geltend gemacht hat. Ein Rückerstattungsverfahren bei dem Erwerb von Immobilien (unbewegliche Gegenstände) ist gegenüber den Drittländern unzulässig.

Soweit der **Steuerzahler** (registrierte steuerpflichtige Person – inländische als auch ausländische Gesellschaften (Personen), die für Umsatzsteuer-Zwecke in der Slowakei registriert werden) die angeschafften Gegenstände und Dienstleistungen für Zwecke seines Unternehmens verwendet, ist er im Allgemeinen berechtigt, von der von ihm geschuldeten Umsatzsteuer die Vorsteuer abzuziehen. Falls sich eine Zahllast ergibt, ist das Finanzamt verpflichtet, den Vorsteuerüberschuss (Erstattungsfall) innerhalb von ca. 60 Tagen nach Abgabe der Steuererklärung für den Besteuerungszeitraum zu überweisen, der nach dem Besteuerungszeitraum folgt, in dem der Vorsteuerüberschuss entstanden ist.. Das Finanzamt erstattet den Vorsteuerüberschuss innerhalb von ca. 30 Tagen nach Abgabe der Steuererklärung, falls die Bedingungen gemäß UStG-SK insgesamt erfüllt worden sind (neu eingeführte Regelung während der Finanzkrise; gültig seit 1. April 2009). Der auf 30 Tage verkürzte Erstattungsanspruch ergibt sich dann, wenn der Besteuerungszeitraum des Steuerpflichtigen das Kalenderjahr, der Steuerzahler seit mindestens zwölf Monaten ein registrierter Steuerzahler in der Slowakei ist und zudem keine Steuer-, Zoll- und Abgabenrückstände gegenüber der Steuer-, Zollverwaltung und der Sozialversicherungsgesellschaft während der vergangenen zwölf Monaten hatte. Das Vorsteuerabzugsverfahren entspricht somit grundsätzlich dem deutschen System.

Im Ergebnis kann der registrierte Steuerzahler grundsätzlich die beim Immobilienerwerb angefallene Vorsteuer abziehen, wenn die Immobilie mit 19 %-iger[90] Umsatzsteuer vermietet wird. Die sog. „Reverse-Charge-Regel" ist nicht anwendbar.

Wird eine Immobilie später steuerfrei vermietet,, führt dies zur nachträglichen Kürzung der abgezogenen Vorsteuer. Der Zeitraum für die Anpassung der abgezogenen Vorsteuer bei Immobilien beträgt 20 Kalenderjahre, wobei die Frist zur Durchführung der Anpassung des Vorsteuerabzuges im Jahr der Inbetriebnahme der Immobilie beginnt.

2. Ertragsteuerliche Behandlung

a) Körperschaftsteuer

Es gibt kein gesondertes Gesetz für die Besteuerung von Körperschaften. Das EStG-SK[91] gliedert sich in einen Teil für die Besteuerung natürlicher Personen, einen Teil für die Besteuerung juristischer Personen und in einen allgemeinen Teil. Der dritte Teil enthält die gemeinsamen steuerrechtlichen Regelungen für die Personen- und Kapitalgesellschaften.

b) Einkommensteuer

Bei der Besteuerung von natürlichen Personen gibt es keine speziellen Formen der Besteuerung, wie z. B. Ehegattenverfahren usw. Das Einkommen von natürlichen Personen unterliegt einer 19 %-igen „Flatrate"-Besteuerung. Von dem Bruttoeinkommen einer natürlichen Person werden die durch den Arbeitnehmer zu zahlenden Sozialversicherungsabgaben (ca. 13,4 % des

---

[90] Siehe Fußnote 55.
[91] Gesetz Nr. 595/2003 GesSlg. zur Einkommensteuer in der aktuellen Fassung.

Bruttoeinkommnes) abgezogen. Dann kann der persönliche Freibetrag i. H. v. 3.559,30 EUR (2011) geltend gemacht werden. Bei Erfüllung der gesetzlichen Bedingungen kann die natürliche Person auch den Freibetrag für den Ehegatten/die Ehegattin und den bezahlten Beitrag für die Zusatzrentenversicherung oder für Zweck- oder Lebensversicherungen bis max. 398,33 EUR abziehen.

Der Gesellschafter begründet, falls er eine ausländische Person ist, durch die Beteiligung an einer OHG oder als Komplementär an einer KG in der Slowakischen Republik eine Betriebsstätte. Diese führt zur beschränkten Einkommen- oder Körperschaftsteuerpflicht, je nach dem, ob der Gesellschafter eine natürliche oder juristische ausländische Person ist[92].

In den Fällen, in denen der Gesellschafter einer OHG oder Komplementär einer KG ein Steuerpflichtiger mit unbeschränkter Steuerpflicht in einem anderen Mitgliedstaat der EU ist, ist kein Sicherheitseinbehalt i. H. v. 19 % von der an Gesellschafter anfallenden Bemessungsgrundlage von der Gesellschaft an das Finanzamt abzuführen. Die Gesellschafter besteuern ihren Anteil im Rahmen des Veranlagungsverfahrens in der Slowakei.

In sonstigen Fällen ist eine Steuersicherung i. H. v. 19 % von der an Gesellschafter anfallenden Bemessungsgrundlage ohne Rücksicht auf die Auszahlung des Gewinnanteils spätestens innerhalb von drei Monaten nach dem Ablauf des Besteuerungszeitraums abzuführen[93]. Diese Steuersicherung wird mit einer etwaigen Steuerschuld, die im Rahmen der Veranlagung zur beschränkten Steuerpflicht festgesetzt wird, verrechnet; Überzahlungen werden erstattet. Wenn der Gesellschafter keine Steuererklärung abgibt, kann die Steuerverwaltung aufgrund der Einbehaltung des Betrags zur Steuersicherung darüber entscheiden, dass die Steuerschuld des Steuerpflichtigen somit abgegolten ist.

Die Steuersicherung wird auch dann nicht von der Gesellschaft abgezogen, wenn der Gesellschafter eine Bestätigung vom Finanzamt vorlegt, dass er die Steuervorauszahlungen entrichtet, sofern das Finanzamt nichts anderes bestimmt.

Eine **weitere Ertragsteuer** neben der Einkommensteuer, wie z. B. eine Gewerbesteuer, kennt das slowakische Steuerrecht nicht.

c) **Besonderheiten bei Immobilien**

Die Gleichbehandlung der slowakischen Gesellschaftsformen bei der steuerlichen Gewinnermittlung hat auch Auswirkungen auf die Behandlung der Immobilien. Ein Grundstück wird immer (nur) dann als **Betriebsvermögen** angesehen, wenn es sich im Eigentum der Gesellschaft befindet. Soweit es im Eigentum eines Gesellschafters verbleibt, handelt es sich um Privatvermögen. Mit anderen Worten: das slowakische Steuerrecht kennt kein Sonderbetriebsvermögen bei Personengesellschaften.

Bei natürlichen Personen sind die Einkünfte aus der Vermietung von Immobilien in § 6 EStG-SK geregelt. Die Einkunftsermittlung erfolgt nach den allgemeinen Regelungen, die für sämtliche Steuerpflichtigen gelten, unabhängig davon, ob es sich um natürliche oder juristische Person handelt. Dies gilt nur dann, wenn die natürliche Person buchführungspflichtig ist.

Insoweit finden auch bezüglich der **Abschreibung von Immobilien** die gleichen Regelungen sowohl bei natürlichen als auch bei juristischen Personen Anwendung. Die handelsrechtlichen Abschreibungen werden nach der Nutzungsdauer der Immobilie bestimmt. Die steuerliche

---

[92] § 16 Abs. 3 EStG-SK.
[93] § 44 Abs. 2 EStG-SK.

Abschreibungsdauer bei Immobilien beträgt 20 Jahre[94]; eine Aussetzung der steuerlichen Abschreibungen ist möglich.

Die steuerlichen Abschreibungssätze betragen bei linearer Abschreibung 1/20 jedes Jahr. Bei degressiver Abschreibung gilt folgende Formel zur Ermittlung der steuerlichen Abschreibungsbeträge:

1. Jahr	Anschaffungs- oder Herstellungskosten / 20
2. – 19. Jahr	(Restbuchwert × 2) / (21 – Anzahl von Jahren, in denen AfA bereits vorgenommen wurde)

Die Anschaffungs- oder Herstellungskosten sind auf die Gebäude einerseits und auf den Grund und Boden andererseits aufzuteilen; letzterer kann nicht abgeschrieben werden. Die Aufteilung erfolgt im Zweifel aufgrund einer qualifizierten Einschätzung (ein Sachverständigengutachten ist in diesem Fall nicht notwendig). Bei nachträglichen Anschaffungs- oder Herstellungskosten (sog. "technische Aufwertung") gelten besondere Regelungen.

Bei **privaten Veräußerungsgeschäften** ist bei natürlichen Personen eine Spekulationsfrist von fünf Jahren zu beachten[95]; bei einer Veräußerung vor Ablauf dieser fünf Jahre stellen etwaige Gewinne sonstige Einkünfte[96] dar. Eine Spekulationsfrist bei der Veräußerung von Immobilien durch juristische Personen besteht – ebenso wie bei Immobilien im Betriebsvermögen von natürlichen Personen – nicht, so dass die Veräußerungsgewinne immer der Einkommensteuer unterliegen.

In der Slowakei ist das Finanzierungsleasing eine sehr häufig gewählte Alternative zur Anschaffung von Immobilien. Diese Methode der Anschaffung bietet den Mietern eine steuerliche Begünstigung an, die darin besteht, dass die angeschaffte Immobilie innerhalb von 12 Jahren steuerlich abgeschrieben werden kann, an Stelle von sonst 20 Jahren.

Das EStG-SK definiert das Finanzierungsleasing als Anschaffung von materiellen Vermögensgegenständen aufgrund eines Mietvertrages mit einem vereinbarten Recht auf den Kauf der gemieteten Sache, bei der der Preis, zu dem das Eigentumsrecht an dem vermieteten Vermögensgegenstand vom Vermieter auf den Mieter übergeht, Bestandteil des Gesamtbetrages der vereinbarten Zahlung ist, falls:

- das Eigentumsrecht ohne unnötigen Verzug nach der Beendigung des Mietverhältnisses auf den Leasingnehmer (Mieter) übergehen soll und
- die Mietdauer mindestens 60 % der im EStG-SK festgelegten Abschreibungsdauer und nicht weniger als drei Jahre beträgt oder
- der Mietgegenstand allerdings ein Grundstück ist, erhöht sich die Mietdauer des Grundstücks auf mindestens 12 Jahre.

Sofern der Kauf einer Immobilie in der Slowakei mittels eines Darlehens von einer verbundenen Person finanziert wird, ist in diesem Zusammenhang jedoch darauf hinzuweisen, dass die Slowakische Republik die Unterkapitalisierungsregelung nicht geltend macht.

---

[94] § 26 EStG-SK.
[95] § 9 Abs. 1 Buchst. b EStG-SK.
[96] § 8 Abs. 1 Buchst. b EStG-SK.

IV. Investitionsalternativen für deutsche Anleger in der Slowakei

Die häufigsten Formen von Investitionen in Immobilien in der Slowakei stellen folgende Formen dar:

- Doppelstöckiges Kapitalgesellschaftsmodell
- Personengesellschaftsmodell mit slowakischer KG.

Obwohl ausländische Personen (natürliche oder juristische) Immobilien in der Slowakei direkt erwerben können, sind Investitionen in Immobilien in der Slowakei mittels direkter Anschaffung der Immobilie seitens ausländischer natürlicher oder juristischer Personen für Unternehmenszwecke nicht üblich. Gründe, warum Anleger die Immobilien durch neugegründete Objekt- oder Projektgesellschaften (Kapital- oder Personengesellschaften) in der Slowakei anschaffen, sind unterschiedlich, wie z. B. die Haftungsbeschränkung gegenüber den Gläubigern oder Insolvenzverfahren. Weitere Gründe können Steuerangelegenheiten im Falle der direkten Anschaffung der Immobilie in der Slowakei seien, wie z. B. die Gründung einer ständigen Betriebstätte, die Gewinnermittlung der Betriebstätte, die Besteuerung von einem evtl. Veräußerungsgewinn der Immobilie in der Slowakei usw.

Seit längerer Zeit finden Verhandlungen zwischen Deutschland und der Slowakischen Republik über den Abschluss eines neuen DBA's statt. Bislang gilt noch das DBA vom 19.12.1980, abgeschlossen mit der damaligen Tschechoslowakischen Sozialistischen Republik, welches in weiten Teilen dem OECD-Musterabkommen entspricht. Die Verhandlungen sind jedoch zurzeit noch nicht so weit fortgeschritten, dass schon gesicherte Kenntnisse über den Wortlaut des Abkommens bestehen, so dass für die folgende abkommensrechtliche Behandlung von dem derzeit geltenden Abkommen ausgegangen werden muss.

1. Doppelstöckiges Kapitalgesellschaftsmodell

In diesem Modell wird eine deutsche Kapitalgesellschaft (meist eine GmbH) gegründet. Diese GmbH gründet dann als Alleingesellschafterin eine „s.r.o." (GmbH nach slowakischem Recht) in der Slowakischen Republik, welche eine Immobilie erwirbt.

Diese Form der Anschaffung einer Immobilie ist in der Slowakei sehr verbreitet.

a) Ausschüttungen

Die seit dem Jahr 2004 gültige Steuerreform regelt das Prinzip der „Einmalbesteuerung" des Einkommens. Aufgrund dieses Prinzips unterliegen die Gewinnausschüttungen der slowakischen GmbH nicht der Quellensteuer in der Slowakei. Der Gewinn der GmbH wird auf Ebene der Gesellschaft versteuert (die folgenden Gewinnausschüttungen unterliegen keiner Quellensteuer mehr). Des Weiteren ist zu beachten, dass Liquidations- und Vergleichsanteile nicht in die Bemessungsgrundlage in der Slowakei einbezogen werden.

Zur Besteuerung in Deutschland verweisen wir auf Punkt B. IV. 3. b).

b) Veräußerung

Mögliche „Exitscenarios" aus dieser Struktur erfolgen durch eine Veräußerung der Immobilie direkt oder durch eine Veräußerung der Geschäftsanteile der Gesellschaft.

Im Falle der unmittelbaren **Veräußerung einer Immobilie** stellt der Gewinn einen der slowakischen Körperschaftsteuer unterliegenden Ertrag der slowakischen Gesellschaft dar. Der steuerliche Restbuchwert der veräußerten Immobilie (einschließlich des Grund und Bodens) ist vom Ertrag abzuziehen. Die Veräußerungskosten (z. B. Inserate, Schätzungsgutachten etc.) können als steuerlich abzugsfähige Aufwendungen beim Veräußerer geltend gemacht werden. Falls das Grundstück mit einem Verlust veräußert wird, ist dieser Verlust steuerlich nicht abzugsfähig. Im Falle der Veräußerung des Gebäudes ist der Verlust aus der Veräußerung in der Slowakei steuerlich abzugsfähig. Die Übertragung der Immobilie unterliegt keiner Grunderwerbsteuer, da diese Steuer seit dem Jahr 2005 in der Slowakei abgeschafft worden ist.

In der Praxis ist in der Regel die **Veräußerung der Anteile an der Objekt- oder Projektgesellschaft** vorteilhafter. Im Falle der Veräußerung von Anteilen an einer slowakischen Handelsgesellschaft besteht keine Steuerpflicht in der Slowakei, sofern der Anteilserwerb von einem nicht in der Slowakei Steuerpflichtigen an einen anderen nicht in der Slowakei Steuerpflichtigen erfolgt. Bei einem beschränkt steuerpflichtigen Gesellschafter würde der Veräußerungsgewinn nur dann der slowakischen Besteuerung unterliegen, wenn der Erwerber eine slowakische Person (mit unbeschränkter Steuerpflicht in der Slowakei) oder eine Betriebstätte von einer ausländischen Person wäre. Es würde sich dann um Einkommen aus slowakischen Quellen handeln, das der 19 %-igen Einkommen- oder Körperschaftsteuer unterliegt. Dies gilt für die Übertragung von Aktien, Geschäftsanteilen an einer GmbH und den Kommanditanteilen an einer KG.

Zur Besteuerung in Deutschland verweisen wir auf Punkt B. IV. 3. b).

2. Personengesellschaftsmodell mit slowakischer KG

Nach der Gründung einer KG in Deutschland (mit einer Beteiligung deutscher Anleger – natürliche Personen – als Kommanditisten) beteiligt sich diese Gesellschaft an einer slowakischen KG mit nahezu 100 %. Ein „Zwerganteil" wird von einem zweiten Gesellschafter übernommen. Das slowakische Gesellschaftsrecht kennt die Null-Beteiligung eines Komplementärs nicht.

a) Laufende Gewinne sowie Ausschüttungen/ Entnahmen

Bei der Gründung der slowakischen KG sowie auch bei der Besteuerung der slowakischen KG ist zwischen zwei Arten von Gesellschaftern zu unterscheiden: Komplementäre (mit unbeschränkter Haftung) und Kommanditisten (mit beschränkter Haftung).

Damit eine Haftungsabschottung zu den Investoren als natürliche Personen erzielt werden kann, sollte sich an der slowakischen KG eine deutsche oder slowakische GmbH als Komplementär beteiligen. Bei dieser Strukturierung können Nachteile der unbeschränkten Haftung vermieden und dennoch die Zielvorgaben aus steuerlicher Sicht berücksichtigt werden.

Die Steuerbemessungsgrundlage der Kommanditgesellschaft wird für die Gesellschaft als Ganzes festgestellt. Von der festgestellten Steuerbemessungsgrundlage der Gesellschaft wird der auf die Komplementäre entfallende Anteil abgezogen. Die verbleibende Steuerbemessungsgrundlage, die nicht auf die Komplementäre entfällt, stellt, – wie in Tschechien – die Steuerbemessungsgrundlage der Kommanditgesellschaft dar.

Der von dem versteuerten Gewinn einer KG ausgeschüttete Gewinnanteil der Kommanditisten (unabhängig davon, ob es sich dabei um eine slowakische oder deutsche bzw. natürliche oder juristische Person handelt) unterliegt – anders als in Tschechien – innerstaatlich keiner Quellensteuer. Der Besteuerung unterliegt auch weder die Ausbezahlung der Liquidations- noch der Vergleichsanteile an einen Kommanditisten.

Der Anteil des Komplementärs wird auf der Ebene des Gesellschafters versteuert. Der Anteil unterliegt der 19 %-igen Einkommen- oder Körperschaftsteuer, abhängig davon, ob es sich um eine natürliche oder juristische Person handelt. Wäre der Komplementär an einer slowakischen KG eine deutsche KG (Steuerpflichtiger eines Mitgliedstaates in der EU), wird das Einkommen aus dieser Beteiligung als Einkommen aus der Betriebstätte in der Slowakei betrachtet. Von dem

Anteil des deutschen Komplementärs wird kein Sicherheitseinbehalt abzuführen sein. Die Besteuerung des Komplementärs erfolgt im Rahmen des Veranlagungsverfahrens.

Wenn als Komplementär an einer KG eine slowakische GmbH (s.r.o.) beteiligt wird, würde das Einkommen des Komplementärs als Teil der Bemessungsgrundlage der GmbH mit der Abgabe der Steuererklärung besteuert.

Aus **deutscher Sicht** kommt bei einer slowakischen Personengesellschaft ebenso wie bei einer tschechischen Personengesellschaft das Transparenzkonzept zur Anwendung. Wir verweisen daher auf unsere Ausführungen unter Punkt B. IV. 4. a). Bezüglich der Problematik der gewerblich geprägten Personengesellschaft gilt Entsprechendes.

b) Veräußerung

Die Aussagen für die Steuerfreiheit bei der Übertragung von Geschäftsanteilen sind hier nur insoweit anwendbar, als es sich um die Beteiligung als Kommanditist handelt. Bei der Beteiligung als Komplementär besteht lediglich die Möglichkeit des Ausscheidens des alten Gesellschafters und Eintritt eines neuen Gesellschafters als Komplementär, wobei dem ausscheidenden Gesellschafter eine Ausgleichszahlung zusteht[97]. Die Ausgleichszahlung für den Komplementär ist jedoch in der Slowakischen Republik steuerpflichtig, da diese dort als Veräußerung der Betriebsstätte anzusehen ist und die Slowakische Republik nach Art. 13 Abs. 2 DBA ihr Besteuerungsrecht ausüben kann. Der Gewinn unterliegt dem allgemeinen Steuersatz und ist nicht Gegenstand einer Quellensteuer, so dass sich hier eine Besteuerung i. H. v. 19 %, wie oben bereits bei der Beteiligung einer deutschen KG erwähnt, ergibt.

Zur steuerrechtlichen Behandlung der Veräußerung eines Kommanditanteils an einer slowakischen KG gelten die Ausführungen unter B. IV. 4. d) entsprechend.

---

[97] § 89 i. V. m. § 92 HGB.

3. Steuerbelastungsvergleich

Nachfolgende Übersicht zeigt die steuerliche Belastung bei verschiedenen Alternativen.

Tabelle: Steuerbelastung der einzelnen Gestaltungsalternativen

	Alternative 1	Alternative 2a	Alternative 2b
	KapGes D. – KapGes SK *(Anteile im Betriebsvermögen gehalten)*	PersGes D. - Kommanditist einer KG-SK	PersGes D. - Komplementär einer KG-SK
Gewinn KapGes SK / Anteil der Steuerbemessungsgrundlage des Kommanditisten oder Komplementärs	100,00	100,00	100,00
KSt-SK/ESt-SK	– 19,00	– 19,00	– 19,00
QSt (0 %)	– 0,00	– 0,00	–
Zufluss in D.	81,00	81,00	81,00
KSt/GewSt-D	– 1,21	–	–
Ausschüttung/Entnahme	79,79	81,00	81,00
ESt-D (79,79 × 60% × 45%)	– 21,54	–	–
SolZ	– 1,18	–	–
Nettozufluss	57,07	81,00	81,00
Gesamtsteuerbelastung	42,93	19,00	19,00

Aus Sicht des slowakischen Steuerrechts kann bei beiden Gestaltungsalternativen die gleiche Steuerbelastung erzielt werden. Der Unterschied - und damit die höhere Steuerbelastung bei Alternative 1 „Doppelstöckiges Kapitalgesellschaftsmodell" - entsteht durch die Besteuerung der Gewinnausschüttungen in Deutschland. Die Steuerbelastung erhöht sich, sobald der Gewinn an die Anleger weitergeleitet wird.

D. Polen

I. Rechtliche Rahmenbedingungen

Die rechtliche Grundlage von Geschäftsaktivitäten in Polen bildet das Gesetz über die wirtschaftliche Freiheit vom 1. Juli 2004 (GwF). Es regelt die Aufnahme, Ausübung und Beendigung von Geschäftstätigkeiten in Polen sowie die Aufgaben der öffentlichen Verwaltung in diesem Bereich. Ausländische Personen aus Ländern der Europäischen Union (EU) und den Mitgliedstaaten der Europäischen Freihandelsgemeinschaft, Parteien des Vertrags über den Europäischen Wirtschaftsraum (EWR) sowie ausländische Personen aus den Staaten, welche nicht dem EWR angehören und Gewerbefreiheit aufgrund der durch diese Staaten abgeschlossenen Verträge mit der Europäischen Gemeinschaft und deren Mitgliedstaaten in Anspruch nehmen können, können eine unternehmerische Tätigkeit nach denselben

Rahmenbedingungen bzw. gesetzlichen Vorgaben, die auch auf polnische Staatsbürger zutreffen, aufnehmen und ausüben.

Die gleichen Regeln gelten unter bestimmten, aus dem o.g. Gesetz hervorgehenden Voraussetzungen auch für Ausländer außerhalb der EU und des EWR. In der Praxis bedeutet dies, dass eine Aufnahme und Ausübung jeglicher Geschäftätigkeit (darunter auch im Bereich des Erwerbs, Verkaufs und der Vermietung von Immobilien) durch deutsche natürliche und juristische Personen in allen in Polen zugelassenen Rechtsformen realisierbar ist. Mögliche Rechtsformen sind die Gesellschaft mit beschränkter Haftung („Sp. z o. o") die Aktiengesellschaft („S.A."), welche als juristische Personen polnischer Körperschaftsteuer unterliegen, sowie die Gesellschaft des bürgerlichen Rechts („s.c."), die Offene Handelsgesellschaft („s.j."), die Kommanditgesellschaft („Sp.k."), die Partnerschaftsgesellschaft („s.p.") und die Kommanditgesellschaft auf Aktien („S.k.A."). Alle zusammen gelten ertragsteuerlich als „transparente Subjekte". Außerdem kann eine natürliche Person als Einzelunternehmer in Erscheinung treten. Nach dem Grundsatz der Gegenseitigkeit sind ausländische Subjekte in Polen dazu berechtigt, Rechtsgeschäfte zu tätigen und eine dortige Niederlassung zu begründen.

Alle sich auf Immobilien beziehenden Kauf- und Erbpachtverträge müssen in notarieller Form abgeschlossen werden, andernfalls handelt es sich um nichtige Rechtsgeschäfte. Ein Ausländer darf das Eigentums- bzw. Erbpachtrecht an Immobilien grundsätzlich nur nach der Genehmigung des Ministers für innere Angelegenheiten und Verwaltung erwerben. Außerdem dürfen gegen diese Entscheidung weder der Verteidigungsminister noch der Landwirtschaftsminister - bei landwirtschaftlich genutzten Flächen - einen Einspruch gegen den beabsichtigten Erwerb einlegen: Ein solcher Vertrag wäre ebenfalls unwirksam zu Stande gekommen. Eine Genehmigung ist auch dann erforderlich, wenn ein Ausländer Anteile bzw. Aktien an einer polnischen Immobiliengesellschaft erwirbt.

Seit dem Tag des Beitritts des Polens zur EU am 1. Mai 2004 bedürfen Ausländer, die Bürger oder Unternehmer von Mitgliedstaaten des EWR sind, keiner Genehmigung für den Kauf von Immobilien und der Erwerb oder Erhalt von Anteilen bzw. Aktien an einer Gesellschaft, sofern diese Gesellschaft Eigentümer oder Erbpächter einer polnischen Immobilie ist. Ausnahmen hierzu sind bestimmte land- und forstwirtschaftliche Flächen (eine Genehmigung kann hier während der ersten zwölf Jahre nach dem Beitritt Polens zur EU erforderlich sein).

II. Steuerliche Rahmenbedingungen

Das derzeit bestehende Abkommen zwischen der Bundesrepublik Deutschland und der Republik Polen zur Vermeidung der **Doppelbesteuerung** auf dem Gebiet der Steuern vom Einkommen und Vermögen wurde am 14. Mai 2003 unterzeichnet und gilt grundsätzlich seit dem 1. Januar 2005. Es folgt weitgehend dem OECD-Musterabkommen und enthält – wie das vorherige Abkommen – eine Aktivitätsklausel; die neue Klausel folgt allerdings dem Aktivitätskatalog des AStG. Es enthält auch andere wichtige Änderungen, wie z. B die Einführung der Quellenbesteuerung von Zinsen und Lizenzgebühren und geänderte Regelungen bezüglich der Schachteldividenden. Ferner wurde eine zusätzliche Regelung für Immobiliengesellschaften eingeführt. Nach dem alten Abkommen waren die Gewinne aus der Veräußerung von Anteilen an einer polnischen Gesellschaft durch deutsche Anteilseigner von der Besteuerung in Polen ausgeschlossen. Gemäß Art. 13 Abs. 2 des neuen Abkommens können Gewinne aus der Veräußerung von Anteilen, Aktien und sonstigen Rechten an einer Gesellschaft, deren Aktivvermögen überwiegend unmittelbar oder mittelbar aus in Polen gelegenem unbeweglichen Vermögen oder aus Rechten an diesem unbeweglichen Vermögen besteht, in Polen versteuert werden. In der Praxis wird von der polnischen Finanzverwaltung angenommen (diese Auffassung bestätigen gegenwärtige verbindliche Auskünfte des polnischen Finanzministeriums), dass der Begriff „besteht überwiegend" als „besteht aus 50 % und mehr" auszulegen ist. Dabei ist der Wert der Immobilien nach ihrem Buchwert zum Zeitpunkt der Veräußerung der Anteile zu bestimmen.

Die **Umsatzsteuer**vorschriften beruhen auf EU-Richtlinien. Registrierte Umsatzsteuerpflichtige müssen monatliche (oder aufgrund im Gesetz genannter Voraussetzungen vierteljährliche) Umsatzsteuererklärungen beim zuständigen Finanzamt abgeben (keine Jahressteuererklärung). Die Lieferung eines Grundstücks, das unbebaut oder kein Baugrundstück oder kein für Bebauungszwecke vorgesehenes Grundstück ist, wird von der Umsatzsteuer befreit. Demnach unterliegt die Veräußerung eines unbebauten Grundstücks und des Erbpachtrechts in Bezug auf das Grundstück, das als Bebauungsgrundstück qualifiziert ist, der Besteuerung mit dem grundsätzlichen Umsatzsteuersatz in Höhe von 23 % (Art. 41 UStG-Pl). Bebaute Grundstücke werden unter Anwendung des Steuersatzes besteuert, welcher für den Verkauf der sich auf dem jeweiligen Grundstück befindenden Gebäude oder Bauten anzuwenden ist. Der anwendbare Steuersatz bei neuen Immobilien ist grundsätzlich 23 % (bei bestimmten Wohnimmobilien auch 8 %); eine Steuerbefreiung (mit Wahlrecht auf Besteuerung) greift bei gebrauchten Immobilien (abgestellt auf einen Zeitraum von 2 Jahren zwischen der ersten Nutzung und Lieferung des Gebäudes, Bauwerkes oder deren Teilen). Die Umsatzsteuervorschriften sehen auch eine Umsatzsteuerbefreiung für Gebäude, Bauten und deren Teile vor, wenn dem die Lieferung durchführenden Subjekt kein Recht auf Vorsteuerabzug zugestanden hat. Umsatzsteuerpflichtig ist die Vermietung von gewerblich genutzten Immobilien; der Steuersatz beträgt dann ebenfalls 23 % (umsatzsteuerfrei ist dabei grundsätzlich die Vermietung von Wohnimmobilien). Die Vorsteuererstattung ist davon abhängig, ob umsatzsteuerpflichtige Umsätze erzielt werden.

In Fällen der Veräußerung von Immobilien, in welchen keine Umsatzsteuer anfällt, ist grundsätzlich die **Steuer von zivilrechtlichen Handlungen** (SzH) abzuführen. Der SzH-Satz bei Immobiliengeschäften beträgt gemäß Art. 7 Abs. 1 Pkt 1 Buchst. a) des Gesetzes über die SzH 2 %. Die Steuer ist vom Erwerber zu entrichten. Da die SzH einen nicht unerheblichen Aufwand darstellt, ist eine sorgfältige Planung im Bereich der Umsatzsteuer sehr empfehlenswert.

Das polnische Steuerrecht betrachtet sowohl eine deutsche KG als auch eine polnische Personengesellschaft als **„transparent"** und besteuert die Gesellschafter der Gesellschaft im Rahmen der beschränkten Steuerpflicht. Das polnische Steuerrecht qualifiziert die Einkünfte von Personengesellschaften als Einkünfte aus reiner Wirtschaftstätigkeit[98]. Die Ertragsbesteuerung erfolgt in zwei Schritten. Im ersten Schritt wird das Einkommen der Gesellschaft festgestellt, im zweiten Schritt der Einkommensanteil der jeweiligen Anleger ermittelt und besteuert.

In Polen beträgt der **Steuersatz** für Personengesellschaften, an welchen nur natürliche Personen beteiligt sind, in Abhängigkeit des zu versteuernden Einkommens und unter Berücksichtigung eines festen Abzugsbetrags zwischen 18 % und 32 %:

---

[98] Art. 10 Abs. 1 Nr. 3 EStG-PL.

Tabelle 3: Steuersätze und -stufen im Jahre 2011 in polnischen Zloty

Zu versteuerndes Einkommen		Einkommensteuer in Polen
Von	Bis	
0	85 528,00	18 % der Steuerbemessungsgrundlage abzgl. 556,02
85 528,00		14 839,02 + 32 % des Mehrbetrages über 85 528,00

Alternativ können die Gesellschafter einer Personengesellschaft (als gewerblich tätige natürliche Personen) zu einer linearen Besteuerung des Einkommens unter Anwendung eines Pauschalsteuersatzes von 19 % optieren. Das polnische EStG sieht auch die lineare Besteuerung bestimmter anderer Einkommensquellen vor. So unterliegen z. B. die Zins- und sonstigen Kapitalerträge der Besteuerung mit 19 % (gemäß Art. 30a EStG-PL).

Der polnische **Körperschaftsteuersatz** beträgt 19 % und wird auf das Einkommen von Körperschaften (auch aus der Beteiligung an Personengesellschaften) erhoben (Art. 5 KStG-Pl). Ausschüttungen an eine deutsche Mutterkapitalgesellschaft (ähnlich allen EU-Körperschaften) sind aufgrund der im polnischen KStG umgesetzten Vorschriften der Mutter-Tochter-Richtlinie steuerfrei, wenn die Beteiligung von mindestens 10 % über eine Periode von mindestens 2 Jahren ununterbrochen gehalten wird (die Haltefrist kann auch nach dem Ausschüttungszeitpunkt erfüllt werden). Ist die deutsche Muttergesellschaft an der polnischen Tochtergesellschaft mit weniger als 10 % beteiligt, so behält Polen gem. Art. 10 Abs. 2b DBA-Polen eine Quellensteuer i. H. v. 15 % ein.

In Polen sind die Abschreibungen auf Gebäude, welche keine Wohnungsgebäude sind, mit maximal 2,5 % jährlich vorzunehmen. Grundstücke und das Erbpachtrecht werden nicht abgeschrieben.

E. Ungarn

I. Rechtliche Rahmenbedingungen

In Ungarn ist ein **Immobilienerwerb** auch mittels einer ausländischen Person möglich. Im Allgemeinen kann gem. § 17 Abs. 1 Zweigniederlassungsgesetz (ZNG) beispielsweise eine ausländische Personengesellschaft mittels ihrer Zweigniederlassung Eigentum an einer ungarischen Immobilie erwerben, wenn der Erwerb für die durch die Zweigniederlassung in Ungarn betriebene unternehmerische Tätigkeit nötig ist; dies gilt jedoch nicht, soweit es Ackerland bzw. Landschaftsgebiet betrifft. Einer **Genehmigung** bedarf es nicht, wenn dies durch einen internationalen Vertrag festgelegt ist oder zwischen Ungarn und dem betreffenden Staat Gegenseitigkeit bezüglich der Genehmigungsfreiheit besteht[99]. Um einen solchen Vertrag handelt es sich bei dem „Assoziationsvertrag" zwischen der EU und Ungarn[100]. Der Eigentumserwerb ist somit möglich und grundsätzlich genehmigungsfrei.

In allen anderen Fällen ist eine Genehmigung zum Immobilienerwerb erforderlich. Die relevanten Vorschriften sind in der Regierungsverordnung Nr. 7/1996 über den Immobilienerwerb von Ausländern zu finden. Laut der Regierungsverordnung muss der Immobilienerwerb einer in Ungarn als Unternehmer niedergelassenen ausländischen natürlichen Person genehmigt werden, wenn diese Immobilie zur Ausübung der

---

[99] § 17 Abs. 1 ZNG.
[100] Europaabkommen v. 1. 2. 1994: EG-Abl. L 347/ 1993.

Unternehmenstätigkeit unmittelbar notwendig ist. Im Sinne der Regierungsverordnung wird die zur Immobilienvermittlung zu erwerben beabsichtigte Immobilie nicht als eine zur Ausübung der Unternehmenstätigkeit notwendige Immobilie angesehen.

II. Steuerliche Rahmenbedingungen

Personengesellschaften sind in Ungarn steuerlich nicht transparent. Die Besteuerung ist identisch mit der von Kapitalgesellschaften. Steuersubjekt ist die Gesellschaft selbst. Der ungarische Körperschaftsteuersatz beträgt bis zu einer Steuerbemessungsgrundlage von 500 Millionen HUF 10 %, darüber 19 %. Die Sondersteuer (4 %) wurde ab dem 1. 1. 2010 abgeschafft. Ungeachtet der Zuweisung des Besteuerungsrechts durch das DBA, erhebt Ungarn keine Quellensteuer auf Dividenden mehr, die an ausländische Gesellschaften gezahlt werden[101]. Die Quellensteuer dürfte nach DBA 15 % nicht übersteigen.

Natürliche Personen unterliegen mit ihrem Einkommen der Einkommensteuer. Der Tarif wurde ab dem 1. 1. 2011 einstufig und beträgt 16 %.

Ab dem Jahr 2010 gehört zur Steuerbemessungsgrundlage auch der vom Arbeitgeber bezahlte Beitrag zur Sozialversicherung (27 %). Die ab einer bestimmten Einkommenshöhe erhobene 4 %-ige Sondersteuer wurde zum 1. 1. 2010 abgeschafft.

Dividendeneinkünfte von Privatpersonen unterliegen ebenfalls einer **Kapitalertragsteuer** i. H. v. 16 % und Zinseinkünfte von Privatpersonen einer **Steuer** i. H. v. 16 %.

Nach ungarischem Steuerrecht ist eine **Zweigniederlassung** körperschaft- und gewerbesteuerpflichtig. Die Körperschaftsteuerpflicht hängt jedoch von den innerstaatlichen bzw. abkommensrechtlichen Qualifikationen der Zweigniederlassung als Betriebstätte ab (Art. 5 DBA-Ungarn). Die Einkünfte sind in Deutschland grundsätzlich steuerfrei (Art. 23 Abs. 1 Buchst. a) DBA Ungarn). Allerdings will die Finanzverwaltung bei gewerblich geprägten Personengesellschaften den Aktivitätsvorbehalt (Art. 23 Abs. 1 Buchst. c) DBA Ungarn) anwenden und die Freistellung versagen.[102] Dem ist der BFH inzwischen entgegengetreten.[103]

Gewinne aus der Veräußerung von in Ungarn belegenen unbeweglichem Vermögen dürfen nach Art. 13 Abs. 1 DBA-Ungarn in Ungarn besteuert werden. Deutschland stellt die Gewinne unter Progressionsvorbehalt steuerfrei (Art. 23 Abs. 1 Buchst. a DBA Ungarn) bzw. behandelt sie nach Ablauf der 10-Jahresfrist nach § 23 Abs. 1 Nr. 1 EStG als nicht steuerrelevantes Einkommen.

Wird nicht die Immobilie direkt veräußert, sondern lediglich die Gesellschaftsanteile von in Deutschland ansässigen Gesellschaften an einer deutschen Kommanditgesellschaft, gilt nichts anderes, da aus deutscher Sicht eine deutsche KG transparent ist (keine Gesellschaft und ansässige Person auf Abkommensebene). Sie vermittelt bei der Anteilsveräußerung ihren Gesellschaftern anteilige Veräußerungsgewinne der Immobilie(n).

Wird im Doppelstock-Modell mit einer deutschen Mutter-KG und einer ungarischen Tochter-Objekt-KG der Anteil an der ungarischen KG veräußert, gilt das oben unter B.IV.4.d) Gesagte

---

[101] § 15 und § 27 des Gesetzes Nr. LXXXI von 1996 über die Körperschaft- und die Dividendensteuer.

[102] Vgl. BMF-Schreiben v. 24. 9. 1999, IStR 2000, S. 627 (Schreiben zur Beteiligung an einer ungarischen vermögensverwaltenden GmbH & Co KG); Entsprechendes ergibt sich aus dem BMF-Schreiben v. 16. 4. 2010, BStBl. I 2010, S. 354 (Zusammenspiel aus Tz. 4.1.1.1.1 und 2.2.1), vgl. hierzu ausführlich *Schmidt*, IStR 2010, S. 420

[103] Vgl. hierzu oben unter B. IV. 4. a)

entsprechend, d. h. sofern das innerstaatliche deutsche Transparenzprinzip auch auf Abkommensebene für Deutschland als Anwendestaat gelten sollte, würden anteilige Immobilien durch die hinter der deutschen KG stehenden Gesellschafter veräußert und der Gewinn wäre nach Art. 23 Abs. 1 Buchst. a) i. V. mit Art. 13 Abs. 1 DBA Ungarn steuerfrei. Sollte abkommensrechtlich der Anteil an einer (intransparenten) Gesellschaft veräußert werden, würde das Besteuerungsrecht nach Art. 13 Abs. 3 DBA Ungarn nach Deutschland fallen.

Der steuerlich zulässige **Abschreibungshöchstsatz** für vermietete Immobilien beträgt in Ungarn 5 % (für unvermietete Massivbauten 2 %). Ergibt sich aufgrund der Vermietung und Verpachtung in Ungarn bei der Zweigniederlassung ein **Verlust**, so kann dieser grundsätzlich – ohne Genehmigung der Finanzbehörde – unbeschränkt vorgetragen werden (vorausgesetzt, dass der Verlust nicht durch Rechtsmissbrauch entstanden ist). Ein Verlustrücktrag ist grundsätzlich – abgesehen von LuF-Tätigkeiten – nicht möglich.

Für die Besteuerung der **Veräußerungsgewinne** aus Immobilien ist grundsätzlich der ungarische Körperschaftsteuersatz von 19 % anzuwenden.

Wird nicht die Immobilie selbst veräußert, sondern die Anteile an einer deutschen Personengesellschaft, so können die Veräußerungsgewinne aus dem Verkauf der deutschen Anteile in bestimmten Fällen auch in Ungarn besteuert werden. Mit einer Gesetzesänderung, die zum 1. 1. 2010 in Kraft getreten ist, wurde der Begriff „Gesellschaften, die Immobilien besitzen" eingeführt: hierunter fallen Gesellschaften mit ihren verbundenen Gesellschaften, wenn insgesamt mind. 75 % der Aktiva als Immobilienbestand im Jahresabschluss ausgewiesen werden und ein Gesellschafter dieser Gesellschaften in einem Staat ansässig ist, mit dem Ungarn kein Abkommen über die Vermeidung der Doppelbesteuerung abgeschlossen hat oder das entsprechende Abkommen die Besteuerung des Veräußerungsgewinns in Ungarn ermöglicht. Die Veräußerung des Kapitalanteils ist in diesem Fall für Gesellschafter, die in diesen Staaten ansässig sind, in Ungarn steuerpflichtig. Wie diese Legaldefinition in der Praxis ausgelegt wird, ist aufgrund vieler Unklarheiten noch unsicher.

In Ungarn bestehen **Gesellschafterfremdfinanzierungs-Regelungen**, wonach Zinsen, die auf den das Dreifache des Eigenkapitals übersteigenden Darlehensanteil eines nicht von einer Bank gewährten Darlehens entfallen, nicht als Betriebsausgaben abzugsfähig sind.[104]

Ungarn erhebt neben der Körperschaftsteuer auch eine **Gewerbesteuer**. Der Gewerbesteuerhöchstsatz beträgt grundsätzlich 2 % der Bemessungsgrundlage. Die Steuersatzkompetenz liegt bei den Gemeinden, so dass einzelne Gemeinden ermäßigte Steuersätze erheben können. In den Budapester Bezirken gilt jedoch ohne Ausnahme der Regelsatz von 2 %. Die Bemessungsgrundlage der ungarischen Gewerbesteuer ergibt sich gem. § 39 des Gesetzes über die örtlichen Steuern (Gesetz Nr. C aus dem Jahre 1990) aus den Umsatzerlösen abzüglich der Aufwendungen für bezogene Waren, dem Wert der Subunternehmerleistungen, dem Materialaufwand sowie der Direktaufwand von Forschung und Entwicklung. Unter den Aufwendungen für bezogene Waren sind die Anschaffungskosten der im Veranlagungszeitraum in unveränderter Form weiterveräußerten Waren zu verstehen. Materialaufwand bilden die Einkaufskosten der Rohstoffe, die im Veranlagungszeitraum verbraucht wurden.

Als allgemeine Regel gilt, dass der Erwerb einer ungarischen Immobilie in Ungarn eine **Immobilienübertragungsgebühr** des Immobilienwertes auslöst. Seit dem 1. 1. 2010 beträgt die Immobilienübertragungsgebühr 4 % bzw. 2 % des Immobilienwertes, wenn der Verkehrswert 1 Milliarde HUF übersteigt, jedoch darf diese Gebühr maximal 200 Millionen HUF pro Immobilie

---

[104] § 8 Absatz 1 j) des Gesetzes Nr. LXXXI von 1996 über die Körperschaftsteuer und die Dividendensteuer.

betragen. Bei Wohneigentum beträgt die Immobilienübertragungsgebühr – bis 4 Millionen HUF des Immobilienwertes – 2 % bzw. für die darüber liegende Summe des Verkehrswertes 4 %. Des Weiteren wird ab dem 1. 1. 2010 erstmals auch die Immobilienübertragungsgebühr durch die Veräußerung von Anteilen an einer Gesellschaft mit ungarischen Immobilien ausgelöst.

Spezielle Vorschriften sind anzuwenden, wenn die Immobilie durch einen Immobilienhändler (d. h. ein Unternehmer, der im vorigen Steuerjahr durch den Verkauf von Immobilien mindestens 50 % seines Einkommens erzielt hat) verkauft wird. Die Immobilienübertragungsgebühr beträgt in diesem Fall 2 %.

Auch in Ungarn besteht das **Umsatzsteuer**system in Form einer All-Phasen-Netto-Umsatzsteuer (Mehrwertsteuer). Der Umsatzsteuersatz beträgt 25 %. Die Umsatzsteuer auf Vorleistungen kann als Vorsteuer abgezogen werden. Als Hauptregel gilt, dass die Veräußerung von bebauten Grundstücken (mit Ausnahme der Immobilien, deren erste bestimmungsgemäße Abnahme noch nicht erfolgt ist oder deren Benutzungsgenehmigung weniger als zwei Jahre vorher rechtskräftig geworden ist), unbebauten Grundstücken (mit Ausnahme von Baugrundstücken) und die Vermietung von Immobilien umsatzsteuerfrei sind. Abweichend von dieser Vorschrift kann der Unternehmer für diese Lieferungen/ Leistungen zur Umsatzsteuerpflicht optieren. Die Umsatzsteuer kann danach vom Bauherrn (Zweigniederlassung) als Vorsteuer geltend gemacht werden. Ein Vorsteuerabzug ist stets möglich, eine Vorsteuererstattung kann durchgeführt werden, wenn Umsatzerlöse von mehr als 1 Million HUF bei einer zur Monatserklärung verpflichteten Person, 250.000 HUF bei einer zur Quartalserklärung verpflichteten Person oder 50.000 HUF bei einer zur Jahreserklärung verpflichteten Person vorliegen. Spezielle Vorschriften gelten für ausländische Unternehmer bei einer Steuerrückerstattung.

Der Vorsteuerabzug ist vom Erwerber den Finanzbehörden anteilig dann zurückzuerstatten, wenn in den dem Erwerb folgenden 20 Jahren überwiegend steuerfreie Mietumsätze erzielt werden oder eine steuerfreie Veräußerung erfolgt.

F. Ergebnis: Gestaltungsempfehlungen

I. Tschechische Republik

Die Tschechische Republik eröffnet für deutsche Investoren interessante Gestaltungsmöglichkeiten, wobei diese von den niedrigen lokalen Steuersätzen profitieren können (der Steuersatz für natürliche Personen beträgt 15 %, der Körperschaftsteuersatz 19 %). Die ins Auge gefassten Investitionen hängen insbesondere davon ab, ob die Investoren natürliche Personen oder institutionelle Investoren (Gesellschaften, usw.) sind. Bei natürlichen Personen ist es sinnvoll, eine Struktur mit transparenten Einheiten zu bilden; bei institutionellen Investoren bestehen weitere Strukturierungsmöglichkeiten.

II. Slowakei

Aus Sicht des slowakischen Steuerrechts kann man bei den Gestaltungsalternativen – doppelstöckiges Kapital- und Personengesellschaftsmodell – die gleiche niedrige Steuerbelastung i. H. v. 19 % erzielen. Die seit dem Jahr 2004 geltende Steuerreform führte das Prinzip der Einmalbesteuerung des Einkommens ein. Aufgrund dieses Prinzips unterliegen in der Slowakei die Gewinnausschüttungen, Liquidations- und Ausgleichsanteile der Gesellschafter keiner Quellensteuer, mit Ausnahme der Komplementäre und der Gesellschafter in einer OHG. Der Unterschied in der Steuerbelastung entsteht grundsätzlich durch die steuerlich andere Betrachtungsweise des Einkommens aus deutscher Sicht. Die günstigere Gesamtsteuerbelastung i. H. v. 19 % kann bei dem doppelstöckigen Personengesellschaftsmodell erreicht werden. Der geringe Einkommensteuer- bzw. Körperschaftsteuersatz i. H. v. 19 % sowie die Nichtbesteuerung mit einer Gewerbe- und Grunderwerbsteuer in Verbindung mit dem relativ hohen Abschreibungssatz von 5 % stellen günstige steuerliche Ausgangsbedingungen für Investitionen in der Slowakei dar. Im Zusammenhang mit der Finanzierung der Investitionen in der Slowakei können die Anleger das Finanzierungsleasing ausnutzen, bei dem der Abschreibungssatz um 3 % (Abschreibungsdauer 12 Jahre) höher ist.

III. Polen

Sowohl die einstöckige als auch die doppelstöckige Personengesellschaftskonzeption ist realisierbar. Die Doppelstocklösung und die einstöckige Lösung mit einer polnischen KG dürften unproblematisch sein. Die Beteiligung über eine polnische Kapitalgesellschaft stellt aus rechtlicher Sicht die einfachste Alternative dar und ist ohne zeitliche Probleme und Verzögerungen durchführbar. Allerdings ist diese Alternative aus steuerlicher Sicht für private Anleger wenig attraktiv. Diese profitieren bei einer Personengesellschaftskonzeption von der 19 %-igen linearen Besteuerung mit gleichzeitiger Steuerbefreiung in Deutschland aufgrund des DBA-Polen. Bei niedrigeren Einkünften kann der progressive Einkommensteuertarif günstiger sein. Die Beteiligung über eine polnische Kapitalgesellschaft kann jedoch für Körperschaften, welche einen hohen Gewinn bei Veräußerung der polnischen Immobile erwarten, interessant erscheinen. Die Beteiligung an einer polnischen Kapitalgesellschaft ermöglicht nämlich bei entsprechender Planung (Zwischenschaltung einer ausländischen Holdinggesellschaft) die Ausschaltung des Art. 13 Abs. 2 DBA-Polen und eine steuerfreie Veräußerung im Rahmen eines „Share-Deals". Steuerrechtlich ergeben sich zwischen dem einstöckigen und dem doppelstöckigen Personengesellschaftsmodell aufgrund der Transparenz der Personengesellschaft grundsätzlich keine Unterschiede.

IV. Ungarn

Der geringe Körperschaftsteuersatz i. H. v. 10 % / 19 % sowie der Gewerbesteuersatz von (maximal) 2 % in Verbindung mit dem relativ hohen Abschreibungssatz von 5 % stellen grundsätzlich günstige steuerliche Ausgangsbedingungen für Investitionen in Ungarn dar. Hier erscheint das Modell einer deutschen KG mit ungarischer Zweigniederlassung als vorteilhaft. Diesem Vorteil steht allerdings bei einem Erwerb einer Immobilie der erhebliche Nachteil des zusätzlichen Anfalls einer Immobilienübertragungsgebühr auf den Immobilienwert grundsätzlich i. H. v. 4 % bzw. 2 % entgegen.

G. Verkehrsteuerplanung

1. Grunderwerbsteuerplanung bei Konzernumstrukturierungen

von RA/Steuerberater Frank Wischott, Hamburg[*]

Inhaltsübersicht

A. Spezifische Grunderwerbsteuerprobleme im Konzern
   I. Überblick
   II. Grundfälle der Grunderwerbsteuerplanung im Konzern
B. Grunderwerbsteuertatbestände bei Umwandlungsvorgängen
   I. Formwechsel
   II. Übertragende Umwandlung
   III. Anteilsvereinigung (bei Umwandlungsvorgängen)
C. Anteilsvereinigung
   I. Anteilsvereinigungen bei Kapitalgesellschaften
   II. Anteilsvereinigung bei Personengesellschaften
   III. Steuerbefreiungen nach §§ 5, 6 GrEStG
   IV. Anteilsvereinigung bei Organschaft
D. Vermeidung der Doppel- oder Mehrfachbelastung
E. Gestaltungsmöglichkeiten bei Unternehmenstransaktionen
F. Bemessungsgrundlage
G. Ertragsteuerliche Behandlung

Literatur:

Behrens, Grunderwerbsteuer bei auf grundbesitzende Kapitalgesellschaften bezogenen M&A-Transaktionen, Ubg 2008, 316; **Boruttau,** Grunderwerbsteuergesetz, 16. Aufl., München 2007; **Gottwald,** Verstärkte Grunderwerbsteuerbelastungen bei Unternehmensumstrukturierungen – Auswirkungen des Steuerentlastungsgesetzes 1999/2000/2002, BB 2000, 69; **Grotherr,** Grunderwerbsteuerliche Probleme bei der Umstrukturierung von Unternehmen und Konzernen, BB 1994, 1970; **Götz,** Grunderwerbsteuerliche Fragen bei Übertragung eines Kommanditanteils an einer GmbH & Co. KG, GmbHR 2005, 615; **Heine,** Herrschende und abhängige Personen sowie Personen sowie Unternehmen und die Organschaft im Grunderwerbsteuerrecht, GmbHR 2003, 453; **Kroschewski,** Zur Steuerbarkeit der unmittelbaren Anteilsvereinigung bei beherrschten Gesellschaften gem. § 1 Abs. 3 GrEStG, BB 2001, 1121; **Hofmann,** Grunderwerbsteuergesetz, 7. Aufl. Herne/Berlin 2001; **Mitsch,** Die grunderwerbsteuerliche Organschaft/-Beratungskonsequenzen aus der Verfügung der OFD Münster v. 7. 12. 2000 insbesondere für Konzernsachverhalte, DB 2001, 2165; **Pahlke/Franz,** Grunderwerbsteuergesetz, 3. Aufl,. München 2005; **Salzmann/Loose,** Grunderwerbsteuerneutrale Umstrukturierung im Konzern, DStR 2004, 194;. **Teiche,** Anteilsvereinigung im Sinne des § 1 Abs. 3 Nr. 1 und 2 GrEStG bei Personengesellschaften, DStR 2005, 49; **Wischott/Schönweiß,** Grunderwerbsteuerpflicht bei Wechsel des Organträgers – Anmerkungen zum BFH-Urteil vom 20. 7. 2005, DStR 2006, 172; **Wischott/Schönweiß/Fröhlich,** Grunderwerbsteuerliche Gestaltungsmöglichkeiten durch wechselseitige Beteiligungen – Wirtschaftliche oder rechtliche Betrachtungsweise im Rahmen der Übertragungsfiktionen?, DStR 2007, 833; **dies.,** Systemwechsel in der Anwendung des § 1 Abs. 3 GrEStG bei mittelbaren Anteilsvereinigungen? Anmerkung zu FG Münster, U. v. 17. 9. 2008 - 8 K 4659/05, DStR 2009, 361-363.

A. Spezifische Grunderwerbsteuerprobleme im Konzern

I. Überblick

Im Rahmen von steuerlichen Planungen bei konzerninternen Umstrukturierungen werden die Grunderwerbsteuer und die damit verbundenen Risiken in vielen Fällen nicht beachtet oder die Konsequenzen erst nach der ertragsteuerlichen und rechtlichen Planung untersucht. Hierbei kann sich jedoch herausstellen, dass die grunderwerbsteuerlichen Folgen derart hohe Transak-

---

[*] Partner der KPMG AG, Hamburg; Lehrbeauftragter der Universität Hamburg.

tionskosten verursachen können, die die geplanten Strukturierungen nicht mehr durchführbar machen.

Zur Feststellung der grunderwerbsteuerlichen Implikationen einer Restrukturierung sollte in einem ersten Schritt geklärt werden, welche „Bewegungen" sich für die Grundstücke ergeben, die von den Restrukturierungen erfasst sind. Am einfachsten sollte dies über eine Visualisierung der Ausgangsstruktur mittels eines Organigramms erfolgen, in dem die einzelnen grundbesitzenden Gesellschaften kenntlich gemacht sind.

Wichtig ist zudem, sich einen umfassenden Überblick über die Historie der Konzernstruktur zu verschaffen, da durch vergangene Reorganisationen möglicherweise grunderwerbsteuerliche Vor- und Nachbehaltensfristen ausgelöst wurden, die sich auf den zu betrachtenden Sachverhalt auswirken können.

II. Grundfälle der Grunderwerbsteuer im Konzern

1. Grundstückskauf

Der Grundstückskauf innerhalb des Konzerns unterliegt – wie jede Grundstücksübertragung zwischen fremden Dritten – der Grunderwerbsteuer nach § 1 Abs. 1 Nr. 1 GrEStG, sofern hierbei ein Wechsel des Rechtsträgers stattfindet. Selbst wenn die rechtlichen Einheiten eines Konzerns Mitglieder eines (grunderwerbsteuerlichen) Organkreises sind, unterliegen Grundstücksumsätze zwischen ihnen der Grunderwerbsteuer. Das Grunderwerbsteuerrecht kennt kein allgemeines Institut der Organschaft, wodurch steuerbare Tatbestände nach § 1 Abs. 1 Nr. 1 GrEStG steuerfrei gestellt werden würden.[1]

Grundstücksübertragungen im Wege eine *Asset Deals* finden vergleichsweise selten innerhalb von Konzernen statt. Allerdings kann beispielsweise durch die Übertragung von Grundstücken auf eine rechtliche Einheit an der Spitze des Konzerns im Hinblick auf zukünftige Umstrukturierungen erreicht werden, dass nachfolgende Reorganisationen und Anteilsübertragungen sich weniger steuerschädlich auswirken.

2. Umwandlungen

Konzernspezifische Grunderwerbsteuervorgänge können insbesondere im Rahmen von Unternehmensumwandlungen entstehen. Man unterscheidet dabei systematisch:

- Verschmelzung (§§ 2 ff. UmwG)
  - durch Aufnahme
  - durch Neugründung
- Spaltung (§§ 123 ff. UmwG)
  - Aufspaltung
  - Abspaltung
  - Ausgliederung
- Vermögensübertragung (§§ 174 ff. UmwG)
- formwechselnde Umwandlungen (§§ 190 ff. UmwG)
  - von Kapitalgesellschaft in Kapitalgesellschaft
  - von Personengesellschaft in Personengesellschaft

---

[1] Vgl. *Boruttau*, GrEStG, 16. Aufl., § 1 Rz. 37.

Wischott

- von Kapitalgesellschaft in Personengesellschaft oder umgekehrt.
- Anwachsung (§§ 738 ff. BGB)

Das Umwandlungssteuergesetz enthält keine Regelungen zur Grunderwerbsteuer. Insbesondere gelten nach derzeitiger Rechtslage keine Grunderwerbsteuerbefreiungen für Umwandlungsvorgänge. Im Rahmen der Steuerreformdiskussionen der neuen Bundesregierung sollen Umstrukturierungen von Unternehmen durch eine entsprechende Konzernklausel im Rahmen des Wachstumsbeschleunigungsgesetzes erleichtert werden. Danach wären bestimmte Erwerbsvorgänge, die aufgrund von Umwandlungsvorgängen nach dem UmwG ausgelöst werden von der Grunderwerbsteuer befreit.

3. Anteilsübertragungen

Anteilsübertragung in Konzernsachverhalten finden vor allem in folgenden Fällen statt:
- Erwerb eines Unternehmens durch Anteilskauf (Aktien, GmbH-Anteile, Anteile an Personengesellschaften) von fremden Dritten;
- Einbringung von Unternehmen oder Anteilen an Unternehmen in andere gegen Gewährung von Gesellschaftsrechten (Anteilstausch).
- „Umhängen" von Gesellschaften im Konzern.

B. Grunderwerbsteuertatbestände bei Umwandlungsvorgängen

I. Formwechsel

Formwechselnde Rechtsträger können nach § 191 Abs. 1 UmwG sowohl Personenhandelsgesellschaften (OHG, KG, Kapitalgesellschaft & Co., Stiftung & Co.) als auch Kapitalgesellschaften (GmbH, AG) sowie andere Rechtsträger (Genossenschaften, Vereine) sein.

Die Rechtsträger neuer Rechtsform können nach § 191 Abs. 2 UmwG Gesellschaften bürgerlichen Rechts, Personenhandelsgesellschaften oder Kapitalgesellschaften sein. Es ist somit möglich, "quer" die Rechtsform zu wechseln, also von der Kapitalgesellschaft in die Personenhandelsgesellschaft und umgekehrt.

Der Formwechsel unterliegt grundsätzlich nicht der Grunderwerbsteuer, weil es hierbei nicht zu einer Vermögensübertragung kommt. Dies gilt auch nach gefestigter Rechtsprechung beim sog. heterogenen Formwechseln von der Personen- in die Kapitalgesellschaft und umgekehrt.[2] [3] Grunderwerbsteuerliche Risiken aus dem Formwechsel ergeben sich vor allem aus den Steuerbefreiungen nach §§ 5, 6 GrEStG, die wiederum Missbrauchsvorschriften enthalten in Form von Vor- und Nachbehaltensfristen, die bei einem Formwechsel verletzt werden können. So führt beispielsweise der Formwechsel einer Personenhandelsgesellschaft in eine Kapitalgesellschaft zur Grunderwerbsteuer soweit innerhalb von 5 Jahren vor Wirksamkeit des Formwechsels ein Grundstück steuerfrei nach § 5 Abs. 2 GrEStG in die Personenhandelsgesellschaft eingebracht worden ist (§ 5 Abs. 3 GrEStG).

---

[2] BFH v. 4. 12. 1996, II B 116/96, DStR 1997, 70.
[3] Erl. FinMin Baden-Württemberg v. 18. 9. 1997, DStR 1997, 1576.

II. Übertragende Umwandlung

1. Zivilrechtliche Grundlagen

Vom Formwechsel sind die übertragenden Umwandlungen zu unterscheiden.

Bei übertragenden Umwandlungen erfolgt stets ein Übergang des Vermögens von einem übertragenden auf einen übernehmenden Rechtsträger im Wege der (partiellen) Gesamtrechtsnachfolge. Gesamtrechtsnachfolge bedeutet, dass es keines förmlichen Übertragungsaktes für den einzelnen Vermögenswert, also beim Grundstück nicht der Auflassung und Eintragung im Grundbuch, bedarf. Regelmäßig ist die Eintragung im Handels- oder einem vergleichbaren Register Rechtsgrundlage für den Übergang des Vermögens. Der dadurch entstehende Rechtsübergang führt zu einer Änderung der Rechtszuständigkeit und führt zur Grunderwerbsteuerpflicht nach § 1 Abs. 1 Nr. 3 GrEStG, wenn zum Vermögen des übertragenden Rechtsträgers ein Grundstück zählt.

2. Verschmelzung

Das nachstehend unter Abb. 1 dargestellte Grundmuster der Verschmelzung zeigt die drei Formen:

- Up-Stream: Tochter geht in Mutter auf,
- Down-Stream: Mutter geht in Tochter auf,
- Side-Stream: Tochter 1 geht in Tochter 2 auf oder umgekehrt.

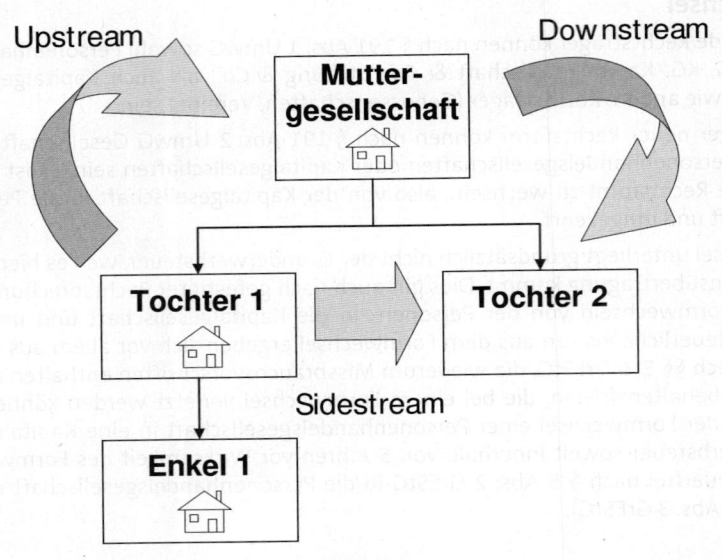

Abbildung 1

Grunderwerbsteuer entsteht in diesen Fällen immer dann, wenn sich durch den Vermögensübergang kraft Registereintrags die Rechtszuständigkeit für ein Grundstück kraft Gesetzes ändert. Beispielsweise:

- "Up-Stream": Besitzt die Tochter 1 Grundbesitz, entsteht durch die Up-Stream Verschmelzung Grunderwerbsteuer bezogen auf den Grundbesitz der Tochter 1; der Grundbesitz der

Muttergesellschaft (aufnehmende Gesellschaft) ist nicht involviert, denn deren Rechtszuständigkeit für die Grundstücke wird nicht berührt.
- "Side-Stream": Wird Tochter 2, die keine Grundstücke besitzt, auf Tochter 1 verschmolzen, entsteht keine Grunderwerbsteuer, denn eine Rechtszuständigkeit für ein Grundstück wird durch diese Side-Stream Verschmelzung nicht verändert.

Die vorstehend nach Maßgabe der Abb. 1 dargestellten Fälle sind Verschmelzungen durch **Aufnahme** nach Maßgabe von § 2 Nr. 1 UmwG. Sie kommen in der Praxis häufiger vor und sind in grunderwerbsteuerlicher Hinsicht der nach § 2 Nr. 2 UmwG möglichen Verschmelzung durch Neugründung immer dann vorzuziehen, wenn nicht alle zu verschmelzende Rechtsträger über Grundbesitz verfügen. Bei einer Verschmelzung zur **Neugründung** würden die Gesellschaften Tochter 1 und Tochter 2 in einer bisher nicht vorhandenen neuen Gesellschaft aufgehen. Dadurch ändert sich die Rechtsträgerschaft auch hinsichtlich des Grundbesitzes der Tochter 1; deren Grundbesitz wechselt in die Rechtsträgerschaft der Gesellschaft "neu" über, wodurch Grunderwerbsteuer nach § 1 Abs. 1 Nr. 3 GrEStG entsteht. Das gleiche wirtschaftliche Ergebnis – Fusion beider Gesellschaften – wäre durch eine Verschmelzung von Tochter 2 auf Tochter 1 eingetreten, ohne dass in diesem Fall Grunderwerbsteuer entstanden wäre.

Neben den grunderwerbsteuerlichen Folgen nach § 1 Abs. 1 Nr. 3 GrEStG kann durch die Verschmelzungen auch bei der Enkelgesellschaft (Enkel 1) Grunderwerbsteuer nach § 1 Abs. 3 GrEStG ausgelöst werden, wenn infolge der Verschmelzung mindestens 95 % der Anteile auf einen neuen Rechtsträger übertragen werden. Bei einer Side-Stream Verschmelzung von Tochter 1 auf Tochter 2 würde Letztere somit neue Anteilseignerin der Enkelgesellschaft werden, so dass ihr nach § 1 Abs. 3 GrEStG die Grundstücke erstmalig zuzurechnen wären.

Eine Ausnahme besteht hinsichtlich des Grundbesitzes von Enkel 1 für den Fall, dass sich die Beteiligungskette lediglich verkürzt: Wenn Tochter 1 auf ihre Muttergesellschaft verschmolzen wird bzw. die Muttergesellschaft als Down-Stream Verschmelzung auf ihre Tochter 1, so stellt dies zwar einen Tatbestand des § 1 Abs. 3 GrEStG dar, ist allerdings nach Rechtsprechung und Verwaltungsmeinung als unwesentliche Verstärkung der Beteiligungskette nicht steuerbar, soweit der Grundbesitz der Enkelgesellschaft davon berührt ist.[4] Es handelt sich dann um eine grunderwerbsteuerlich unbedeutende Verstärkung der Zugriffsmöglichkeit auf den Grundbesitz von Enkel 1 für den vorher lediglich mittelbar beteiligten Rechtsträger.

3. Spaltung

Die Spaltung einer Kapitalgesellschaft kann sich in drei Formen vollziehen:
- Aufspaltung,
- Abspaltung,
- Ausgliederung.

Bei der **Aufspaltung** geht das gesamte Vermögen einer Gesellschaft auf wenigstens zwei Rechtsträger im Wege der partiellen Gesamtrechtsnachfolge (also ohne Liquidation des Vermögens) über. Der übernehmende Rechtsträger kann entweder neu gegründet werden (Aufspaltung durch Neugründung) oder bereits bestehen (Aufspaltung durch Aufnahme). In der folgenden Abb. 2 ist diese Aufspaltung dargestellt. Die Gesellschafter der aufgespaltenen GmbH müssen am Vermögen der neu gegründeten oder aufnehmenden Gesellschaften beteiligt werden.

---

[4] Vgl. Ländererlasse v. 2. 12. 1999, BStBl. I 1999, 991, Tz. 3.

Wischott

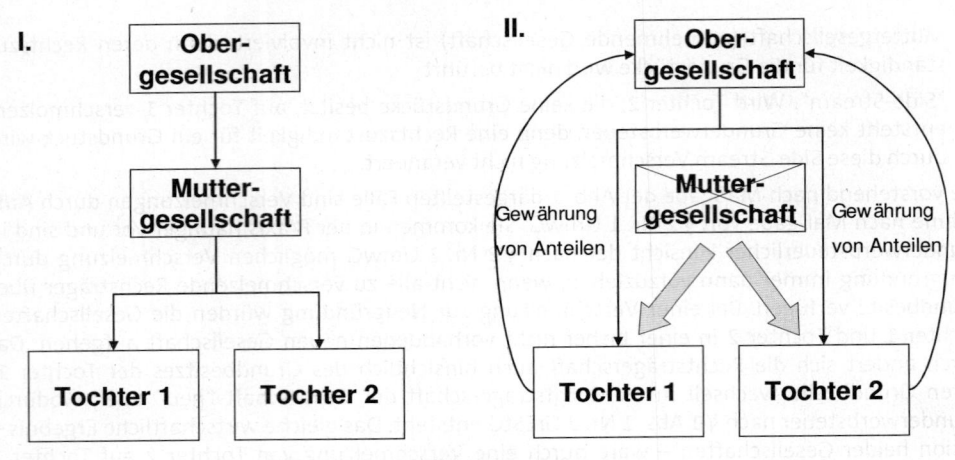

Abbildung 2

Für Grunderwerbsteuerzwecke bedeutet die Aufspaltung einen Rechtsträgerwechsel, da die aufzuspaltende Gesellschaft untergeht. Besitzt sie Grundbesitz, entsteht zwingend Grunderwerbsteuer nach § 1 Abs. 1 Nr. 3 GrEStG.

Im Falle der Abspaltung (Abb. 3) geht ein Teil des Vermögens des abspaltenden Rechtsträgers auf einen anderen Rechtsträger über. Es entsteht Grunderwerbsteuer, wenn der vom alten Rechtsträger auf den neuen Rechtsträger zu übertragende Vermögensteil Grundbesitz umfasst. Das Entstehen einer Grunderwerbsteuerschuld kann bei der Abspaltung dadurch vermieden werden, dass der Grundbesitz des "alten" Rechtsträgers bei diesem verbleibt. Dies wird jedoch regelmäßig ertragsteuerlich nicht möglich sein.

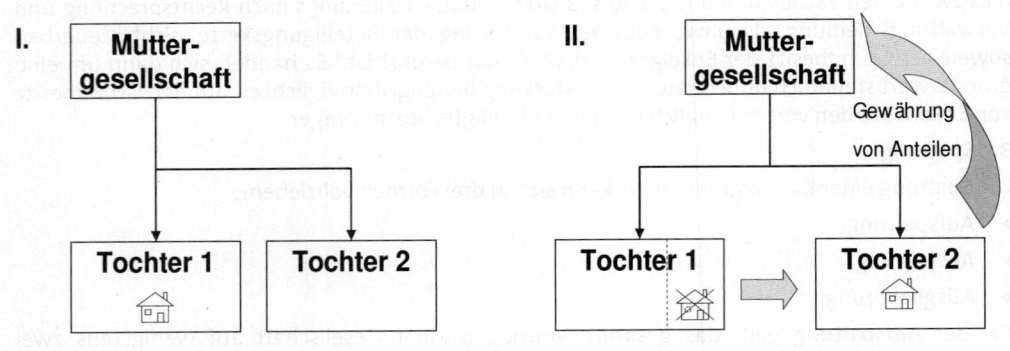

Abbildung 3

Abschließend ist noch die **Ausgliederung** zu erwähnen: Hier werden aus einer bestehenden Gesellschaft Vermögensteile auf Tochtergesellschaften gegen Gewährung von Gesellschaftsrechten an dem ausgegliederten Rechtsträger übertragen. Anstelle der übertragenen Vermögenswerte erhält die ausgliedernde Gesellschaft somit Anteilsrechte an der neuen Gesellschaft. Enthalten die zu übertragenden Unternehmensteile auch Grundstücke, so entsteht wiederum Grunderwerbsteuer nach § 1 Abs. 1 Nr. 3 GrEStG. Bei einer Ausgliederung auf eine Personenhandelsgesellschaft kommt eine Steuerbefreiung nach § 5 Abs. 2 GrEStG für den ausgegliederten Grundbesitz in Betracht.

Wischott

C. Anteilsvereinigung

I. Anteilsvereinigungen bei Kapitalgesellschaften

Nach der Gesetzesintention zielt der Tatbestand der Anteilsvereinigung bzw. der Übertragung bereits vereinigter Anteile auf die Verhinderung von Umgehungen der Grunderwerbsteuer[5]. Es handelt sich also um einen spezialgesetzlich normierten Missbrauchstatbestand. So könnte ohne die Tatbestände des § 1 Abs. 3 GrEStG eine Grunderwerbsteuerschuld dadurch vermieden werden, dass nicht ein Grundstück selbst, sondern die Anteile an einer Gesellschaft mit Grundbesitz vollständig oder zu einer qualifizierten Mehrheit übertragen wurde. Insbesondere bei Umstrukturierungsvorgängen im Konzern können diese Ersatztatbestände allerdings auch dann einen Grunderwerbsteuertatbestand auslösen, wenn gar keine Umgehungsabsicht besteht.

Im Einzelnen handelt es sich um

a) die Vereinigung von mindestens 95 % der Anteile an einer grundbesitzenden Personen- oder Kapitalgesellschaft in der Hand eines Gesellschafters (§ 1 Abs. 3 Nr. 1 1. Alt. bzw. Nr. 2 GrEStG);

b) die Weiterübertragung von mindestens 95 % der Anteile einer grundbesitzenden Personen- oder Kapitalgesellschaft (§ 1 Abs. 3 Nr. 3 und 4 GrEStG);

c) die Vereinigung von mindestens 95 % der Anteile einer grundbesitzenden Personen- oder Kapitalgesellschaft in der Hand eines Konzerns bzw. Organkreises (§ 1 Abs. 3 Nr. 1 2. Alt. bzw. Nr. 2 GrEStG).

Die sog. **Anteilsvereinigung** als Grunderwerbsteuertatbestand kann durch die "Bewegung" von Anteilen an Gesellschaften, also durch Anteilsabtretungen oder aber auch durch Umwandlungsvorgänge eintreten. Im Gegensatz zu den dort dargestellten Fällen ist "Auslöser" für die Steuerschuld nicht der Übergang des Eigentums am Grundstück (Rechtsträgerwechsel), sondern der Übergang von Gesellschafts**anteilen**. Hervorzuheben ist allerdings, dass der Besteuerung nicht die Anteilsübertragung unterliegt, sonder die daraus resultierende (unter Umständen auch nur mittelbare) grunderwerbsteuerliche neue Zurechnung des Grundbesitzes beim Erwerber der Anteile.

In der nachstehenden Abbildung besitzen sowohl die B-GmbH als auch die C-GmbH Grundbesitz. Erwirbt nun die A-GmbH von der E-GmbH deren 20 %igen Anteil an der B-GmbH, so entsteht sowohl für den Grundbesitz der C-GmbH als auch der B-GmbH Grunderwerbsteuer gem. § 1 Abs. 3 Nr. 1 bzw. 2 GrEStG, da erstmalig mindestens 95 % der Anteile an den beiden grundstücksbesitzenden Gesellschaften auf Ebene der A-GmbH vereinigt werden. Die bereits bestehende 80 %ige Beteiligung der A-GmbH wird bei der Bemessungsgrundlage nicht berücksichtigt, vielmehr entsteht Grunderwerbsteuer auf den vollen Bedarfswert der Grundstücke.

---

[5] *Boruttau*, Grunderwerbsteuergesetz, § 1 Rn. 852.

Schritt 1

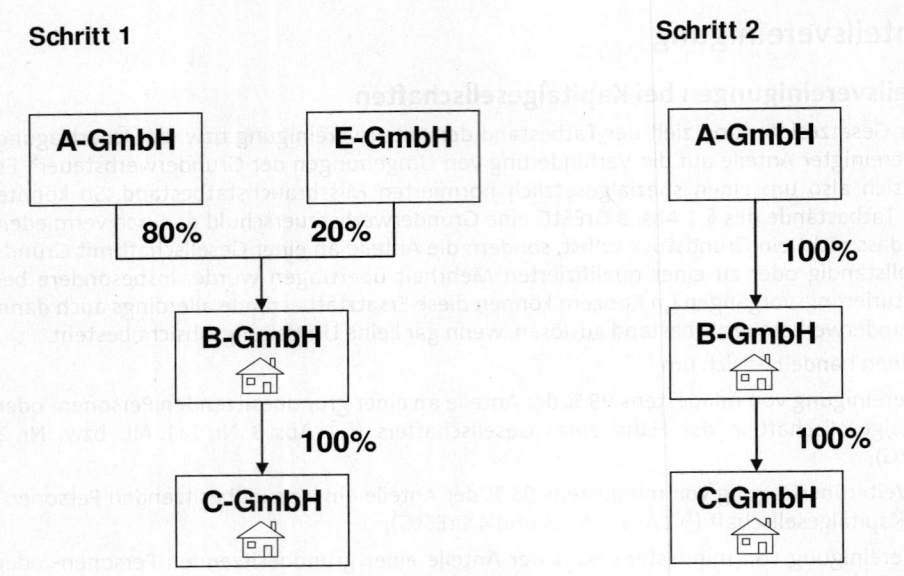

A-GmbH E-GmbH
   80%   20%
      ↓ ↓
     B-GmbH
        |
       100%
        ↓
     C-GmbH

Schritt 2

A-GmbH
   |
  100%
   ↓
 B-GmbH
   |
  100%
   ↓
 C-GmbH

Abbildung 4

Eine wichtige Ausnahme von der Grunderwerbsteuerbarkeit von Verschmelzungen ergibt sich im Falle einer **Verkürzung der Beteiligungskette**. Wie in Abbildung 5 dargestellt wird die Tochter 1 auf ihre Muttergesellschaft verschmolzen. Der Anteilsbesitz an der grundstücksbesitzenden Tochter 2 wird übertragen, womit in einem ersten Schritt ein Tatbestand des § 1 Abs. 3 GrEStG vorliegt. Trotzdem löst diese Umstrukturierung keine Grunderwerbsteuer aus. Dies folgt daraus, dass bislang bereits eine grunderwerbsteuerliche Zurechnung der Grundstücke von Tochter 2 zur Muttergesellschaft bestand. Diese Zuordnung hat sich durch die Verschmelzung nur unwesentlich verstärkt. Diese Auffassung ist in der Literatur und Rechtsprechung allgemein akzeptiert und wird so auch von der Finanzverwaltung geteilt.[6]

---

[6] Vgl. Ländererlasse v. 2. 12. 1999, BStBl I 1999, 991, Tz. 3); BFH v. 20. 10. 1993, BStBl II 1994, 121; BFH vom 12. 1. 1994, BStBl II, 408.

I.

Muttergesellschaft → Tochter 1 ⇢ Tochter 2

Upstream-Verschmelzung

II.

Muttergesellschaft → Tochter 2

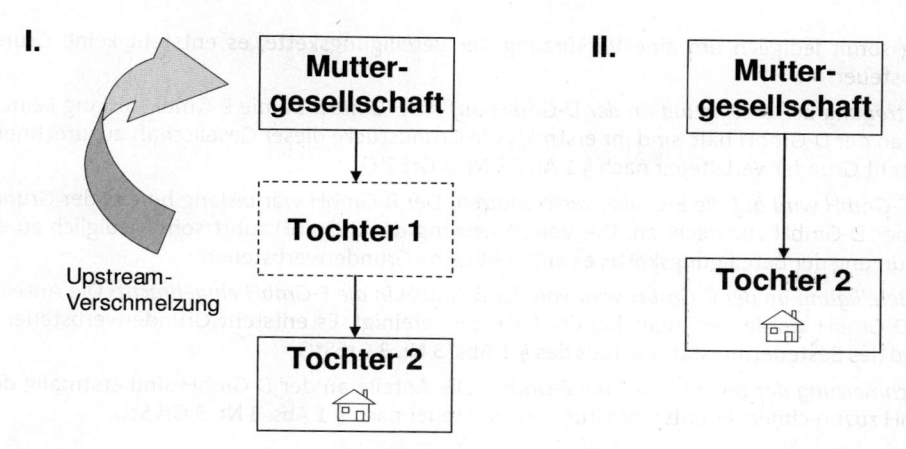

Abbildung 5

Zur Verdeutlichung der Wirkung des § 1 Abs. 3 GrEStG sowie des Prinzips der grunderwerbsteuerliche Zurechnung von Grundstücken im Konzern sollen in der folgenden Konzernstruktur verschiedene Reorganisationen auf ihre grunderwerbsteuerlichen Folgen hin untersucht werden. Grundbesitz ist lediglich in der D-GmbH vorhanden.

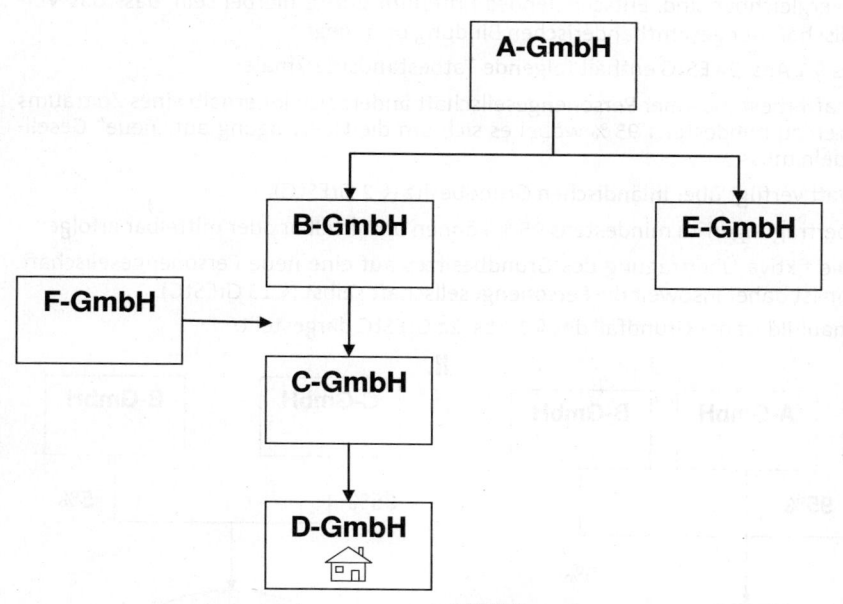

A-GmbH → B-GmbH, E-GmbH
F-GmbH → C-GmbH
B-GmbH → C-GmbH → D-GmbH

Abbildung 6

Die Beteiligung an der D-GmbH wird auf die A-GmbH übertragen: Da die A-GmbH bislang bereits indirekt über ihre beiden Töchter B-GmbH und C-GmbH die Beteiligung an der D-GmbH hält, sind ihr deren Grundstücke bereits bislang zuzurechnen. Es handelt sich bei der Anteilsübertragung somit lediglich um eine Verkürzung der Beteiligungskette, es entsteht keine Grunderwerbsteuer.

Übertragung der Beteiligung an der D-GmbH auf die E-GmbH: Da die E-GmbH bislang keine Anteile an der D-GmbH hält, sind ihr erstmals die Grundstücke dieser Gesellschaft zuzurechnen. Es entsteht Grunderwerbsteuer nach § 1 Abs. 3 Nr. 3 GrEStG.

Die C-GmbH wird auf die B-GmbH verschmolzen: Der B-GmbH war bislang bereits der Grundbesitz der D-GmbH zuzurechnen. Die Verschmelzung der C-GmbH führt somit lediglich zu einer Verkürzung der Beteiligungskette, es entsteht keine Grunderwerbsteuer.

Die Beteiligung an der C-GmbH wird von der B-GmbH in die F-GmbH eingebracht: Die Anteile an der D-GmbH werden erstmals bei der F-GmbH vereinigt. Es entsteht Grunderwerbsteuer aufgrund des Besteuerungstatbestands des § 1 Abs. 3 Nr. 3 GrEStG.

Verschmelzung der B-GmbH auf die E-GmbH: Die Anteile an der D-GmbH sind erstmalig der E-GmbH zuzurechnen. Es entsteht Grunderwerbsteuer nach § 1 Abs. 3 Nr. 3 GrEStG.

II. Grunderwerbsteuersachverhalte bei Personengesellschaften

Bei Personengesellschaften sind im Falle von Anteilsübertragungen die Folgen gemäß § 1 Abs. 2a GrEStG zu beachten. Der Anwendungsbereich dieser Vorschrift erstreckt sich neben den inländischen Personengesellschaften (GbR, oHG, KG, GmbH & Co. KG) auch auf ausländische Gesellschaften mit inländischem Grundbesitz, die nach Rechtstypenvergleich mit einer Personengesellschaft vergleichbar sind. Entscheidendes Kriterium dürfte hierbei sein, dass das Vermögen der Gesellschaft der gesamthänderischen Bindung unterliegt.

Die Vorschrift des § 1 Abs. 2a EStG enthält folgende Tatbestandsmerkmale:

- Der Gesellschafterbestand einer Personengesellschaft ändert sich innerhalb eines Zeitraums von fünf Jahren zu mindestens 95 % wobei es sich um die Übertragung auf „neue" Gesellschafter handeln muss.
- Die Gesellschaft verfügt über inländischen Grundbesitz (§ 2 GrEStG).
- Die Anteilsübertragungen zu mindestens 95 % können unmittelbar oder mittelbar erfolgen.

Rechtsfolge ist die fiktive Übertragung des Grundbesitzes auf eine neue Personengesellschaft. Steuerschuldnerin ist daher insoweit die Personengesellschaft selbst (§ 13 GrEStG).

Im folgenden Schaubild ist der Grundfall des § 1 Abs. 2a GrEStG dargestellt:

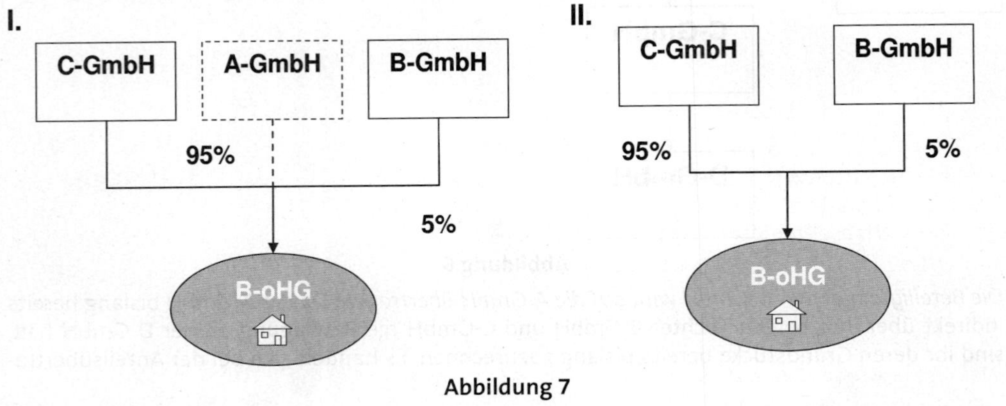

Abbildung 7

Die A-GmbH verkauft 95 % ihrer Anteile an der grundstücksbesitzenden B-oHG. Durch die Übertragung von 95 % wird der Steuertatbestand des § 1 Abs. 2a EStG erfüllt. Die übernehmende C-GmbH ist ein neuer Gesellschafter, so dass die Übertragung der Anteile Grunderwerbsteuer auslöst. Es ist darauf hinzuweisen, dass in Höhe von 5 % keine Grunderwerbsteuer nach § 5 Abs. 1 GrEStG erhoben wird, da die B-GmbH als Altgesellschafter weiterhin mit 5 % beteiligt bleibt. Steuerschuldner der Grunderwerbsteuer ist nach § 13 Abs. 1 Nr. 6 GrEStG die B-oHG.

Mittelbare Veränderungen des Gesellschafterbestands nach § 1 Abs. 2a GrEStG sind im Falle von Kapitalgesellschaften als Anteilseignern nur bei einem Gesellschafterwechsel zu mindestens 95 % auf der Ebene der Kapitalgesellschaft zu berücksichtigen. Zur Bestimmung der Veränderung der Beteiligung auf Ebene der Personengesellschaft wird somit nach herrschender Literaturmeinung nicht „durchgerechnet", stattdessen zählt ein Wechsel von mindestens 95 % bei einer beteiligten Gesellschaft als vollständiger Wechsel dieses Gesellschafters auf Ebene der Personengesellschaft.[7]

In Abb. 8 scheidet die A-GmbH als Anteilseigner der A-KG zugunsten der X-GmbH aus. Auf Ebene der B-GmbH verkauft die C-GmbH ihren Anteil an die Y-GmbH. Obwohl nach Durchrechnung ein Gesellschafterwechsel zu mehr als 95 % stattgefunden hat, ist für grunderwerbsteuerliche Zwecke jede Ebene einzeln zu betrachten, so dass mangels Anteilswechsel von mindestens 95 % der Grunderwerbsteuertatbestand nach § 1 Abs. 2a GrEStG nicht erfüllt ist.

Bei doppelstöckigen Personengesellschaften geht die Literatur hingegen teilweise davon aus, dass zur Bestimmung der Veränderung „durchgerechnet" werden muss, wenn auf Ebene der Obergesellschaft ein Gesellschafterwechsel stattfindet.

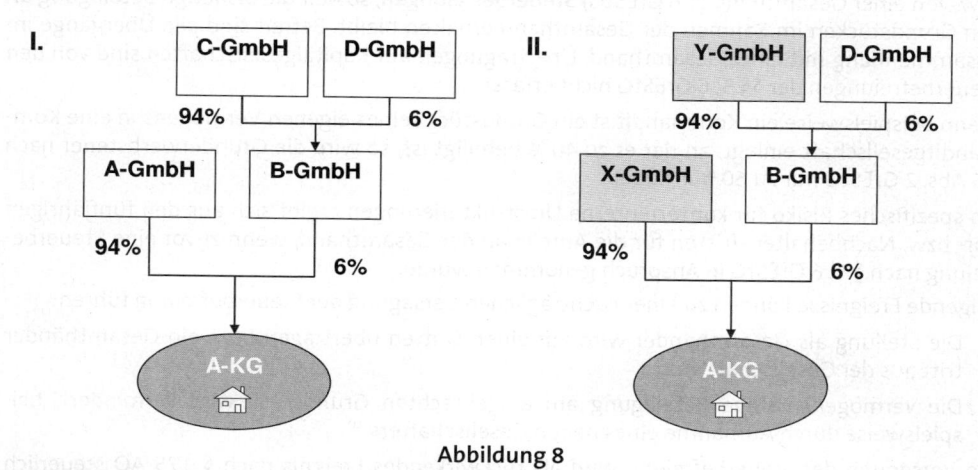

Abbildung 8

Die Gesellschafterwechsel nach § 1 Abs. 2a GrEStG können auch originär, also durch Eintritt eines Gesellschafters erfolgen. Eine Anteilsübertragung ist jedoch unschädlich, wenn die Anteile auf einen Altgesellschafter übergehen, also einen Gesellschafter, der bereits seit mindestens fünf Jahren beteiligt ist, der Gründungsgesellschafter der Personengesellschaft ist oder bereits vor dem Grundstückserwerb an der Personengesellschaft beteiligt war.[8]

---

[7] Vgl. Ländererlasse v. 26. 2. 2003, Tz. 4.1c; Tz. 4.2.3 u. Tz. 4.2.4).
[8] Vgl. *Boruttau*, GrEStG, 16. Aufl., § 1 Rz. 822 ff.

Die Änderung der Beteiligungsverhältnisse unter Altgesellschaftern kann allerdings zu einem Besteuerungstatbestand nach § 1 Abs. 3 GrEStG führen, der für Personengesellschaften subsidiäres Recht nach § 1 Abs. 2a GrEStG ist. Die Anteilsvereinigung tritt allerdings nach herrschender Ansicht bei Personengesellschaften erst ein, wenn die dingliche Gesamthandsbeteiligung in einer Hand vereinigt wird. So ist beispielsweise die zu 0 % an einer GmbH & Co. KG beteiligte Komplementär-GmbH ein Gesellschafter, der aufgrund dieser Sichtweise bei einem Kommanditisten für den Tatbestand des § 1 Abs. 3 GrEStG mit „50 %" beteiligt ist (pro-Kopf Betrachtung).[9] Eine Anteilsvereinigung tritt daher nur dann ein, wenn beispielsweise der 100 %-Kommnditist entweder zu mindestens 95 % an der Komplementärin beteiligt ist, oder diese nach den Grundsätzen des § 1 Abs. 4 GrEStG beherrscht.

Unter dem Gesichtspunkt der Steuerplanung im Konzern stellt § 1 Abs. 2a GrEStG häufig ein großes Hindernis dar. Dies betrifft insbesondere die Konstellationen, bei denen sich der Grundbesitz des Konzerns auf einer unteren Ebene der rechtlichen Einheiten in Personengesellschaften befindet. Dann ist die Beantwortung der Frage, ob Anteilsübertragungen oder Umwandlungen auf einer höheren Konzernebene zu Grunderwerbsteuer nach § 1 Abs. 2a GrEStG auf Ebene der Personengesellschaften führen häufig nur nach Durchführung einer sehr detaillierten Analyse zu beantworten, die sämtliche unmittelbare und mittelbare Anteilsübertragungen der letzten 5 Jahre umfassen muss.

III. Steuerbefreiungen nach §§ 5, 6 GrEStG

Für Personengesellschaften ergeben sich beim Übergang auf eine Gesamthand (§ 5 GrEStG) bzw. von einer Gesamthand (§ 6 GrEStG) **Steuerbefreiungen**, soweit die bisherige Beteiligung an den Grundstücken im Rahmen der Gesamthand erhalten bleibt. Befreit sind alle Übergänge im Zusammenhang mit einer Gesamthand, Übertragungen auf Kapitalgesellschaften sind von den Steuerbefreiungen der §§ 5, 6 GrEStG nicht erfasst.

Wenn beispielsweise ein Kommanditist ein Grundstück seines eigenen Vermögens in eine Kommanditgesellschaft einlegt, an der er zu 40 % beteiligt ist, so wird die Grunderwerbsteuer nach § 5 Abs. 2 GrEStG nur zu 60 % erhoben.

Ein spezifisches Risiko für konzerninterne Umstrukturierungen ergibt sich aus den fünfjährigen Vor- bzw. Nachbehaltensfristen für die Anteile an der Gesamthand, wenn zuvor eine Steuerbefreiung nach § 5, 6 GrEStG in Anspruch genommen wurde.

Folgende Ereignisse können zu einer nachträglichen Versagung der Steuerbefreiung führen:

- Die Stellung als Gesamthänder wird auf einen Dritten übertragen bzw. ein Gesamthänder tritt aus der Gesellschaft aus.
- Die vermögensmäßige Beteiligung am eingebrachten Grundstück wird vermindert, beispielsweise durch Aufnahme eines neuen Gesellschafters.[10]

Die Versagung der Steuerbefreiung wird als rückwirkendes Ereignis nach § 175 AO steuerlich zum Einbringungszeitpunkt des Grundstücks berücksichtigt.

Zur Veranschaulichung soll am Beispiel eines Formwechsels aufgezeigt werden, welche grunderwerbsteuerlichen Risiken sich ergeben können. Im Folgenden hat die A-GmbH ihren Grundbesitz in 2005 auf die neu gegründete 100 %ige Tochter B-GmbH & Co. KG übertragen. Als weitere

---

[9] Vgl. Ländererlass v. 26. 2. 2003, BStBl. I, Tz. 7.1.2.
[10] Vgl. *Viskorf*, DStR 2001, 1101 f.

Gesellschafterin ist lediglich die Komplementärin K-GmbH mit 0 % beteiligt. In 2009 wird die B-GmbH & Co. KG in eine GmbH formgewandelt.

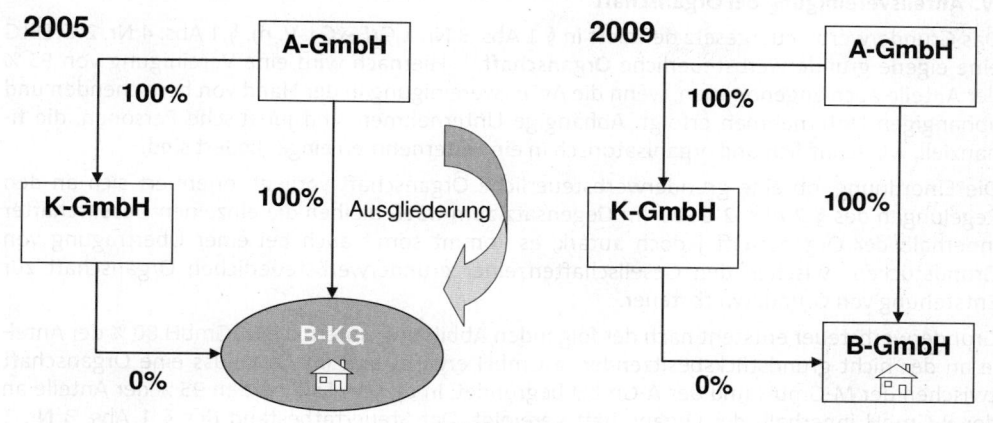

Abbildung 9

Obwohl der Formwechsel isoliert betrachtet keine Grunderwerbsteuer auslöst, wurde durch die Ausgliederung des Grundbesitzes in 2005 nach § 1 Abs. 1 Nr. 3 GrEStG i. V. m. § 5 Abs. 2 GrEStG die Nachbehaltensfrist von fünf Jahren nach § 5 Abs. 3 GrEStG ausgelöst. Da der Formwechsel der B-GmbH & Co. KG in die B-GmbH innerhalb der Frist von fünf Jahren stattfindet, wird die Einbringung in 2005 rückwirkend nach § 5 Abs. 3 GrEStG zu 100 % als steuerpflichtig behandelt.

Für den grunderwerbsteuerfreien Übergang eines Grundstücks von einer Gesamthand auf eine andere Gesamthand ist ebenso wie bei § 5 Abs. 3 GrEStG eine Nachbehaltensfrist nach § 6 Abs. 3 Satz 2 GrEStG zu beachten. Ein Wegfall der Steuerbefreiung kann sich auch hier zum Beispiel durch den Formwechsel der erwerbenden Gesellschaft in eine Kapitalgesellschaft ergeben.[11]

Neben dieser Nachbehaltensfrist ist nach § 6 Abs. 4 GrEStG zusätzlich die ebenfalls fünfjährige Vorbehaltensfrist zu beachten. Die Grunderwerbsteuerbefreiung ist nicht zu gewähren, soweit ein Gesamthänder erst in den letzten fünf Jahren vor dem Grundstücksübergang die Beteiligung durch Rechtsgeschäft unter Lebenden erworben hat.

Da es sich bei den Vor- und Nachbehaltensfristen um Missbrauchsvorschriften handelt, sind diese anerkanntermaßen einschränkend auszulegen, soweit die in Rede stehende Transaktion (Umwandlung, Anteilsübertragung oder Grundstücksübertragung) nicht als missbräuchlich anzusehen ist. Dies ist insbesondere immer dann der Fall, wenn neben der nach dem Wortlaut des Gesetzes gegebenen Verletzung der Behaltensfrist durch den Erwerbsvorgang Grunderwerbsteuer ausgelöst wird. Dann kann es nicht Sinn der Missbrauchsvorschriften sein, dass neben der Besteuerung gleichzeitig auch eine Rückgängigmachung der Steuerbefreiung erfolgt und der Erwerbsvorgang damit doppelt der Grunderwerbsteuer unterliegt. Ein Fall einer einschränkenden Auslegung der Missbrauchsvorschriften liegt beispielsweise vor, wenn der Eintritt eines Gesellschafters in eine Personengesellschaft nach § 1 Abs. 2a GrEStG der Steuer unterlegen hat und dieser neue Gesellschafter direkt nach seinem Eintritt den Grundbesitz aus der Personengesellschaft entnimmt. In diesem Fall muss die Entnahme nach § 6 Abs. 2 GrEStG be-

---

[11] Vgl. BFH v. 18. 12. 2002, BStBl 2003 II, 358.

freit sein, obwohl der neue Gesellschafter formal noch nicht die fünfjährigen Vorbehaltensfrist erfüllt (§ 6 Abs. 4 Satz 1 GrEStG).

IV. Anteilsvereinigung bei Organschaft

Das Grunderwerbsteuergesetz definiert in § 1 Abs. 3 Nr. 1 GrEStG i. V. m. § 1 Abs. 4 Nr. 2 GrEStG eine eigene grunderwerbsteuerliche **Organschaft**.[12] Hiernach wird eine Vereinigung von 95 % der Anteile auch angenommen, wenn die Anteilsvereinigung in der Hand von herrschenden und abhängigen Unternehmen erfolgt. Abhängige Unternehmen sind juristische Personen, die finanziell, wirtschaftlich und organisatorisch in ein Unternehmen eingegliedert sind.

Die Einordnung, ob eine grunderwerbsteuerliche Organschaft vorliegt, orientiert sich an den Regelungen des § 2 Abs. 2 UStG. Im Gegensatz zum UStG bleiben die einzelnen Gesellschafter innerhalb der Organschaft jedoch autark, es kommt somit auch bei einer Übertragung von Grundstücken zwischen den Gesellschaften einer grunderwerbsteuerlichen Organschaft zur Entstehung von Grunderwerbsteuer.

Grunderwerbsteuer entsteht nach der folgenden Abbildung, sofern die M-GmbH 80 % der Anteile an der nicht grundstücksbesitzenden A-GmbH erwirbt und im Anschluss eine Organschaft zwischen der M-GmbH und der A-GmbH begründet. In diesem Fall werden 95 % der Anteile an der B-GmbH innerhalb der Organschaft vereinigt. Der Steuertatbestand des § 1 Abs. 3 Nr. 1 i. V. m. § 1 Abs. 4 Nr. 2 GrEStG ist gegeben.

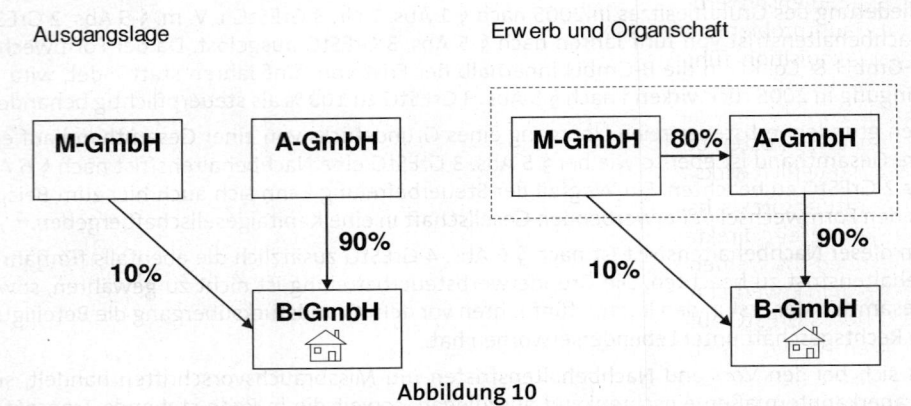

Ausgangslage | Erwerb und Organschaft

Abbildung 10

Grunderwerbsteuer wird nicht aufgrund der bloßen Begründung einer Organschaft wie im obigen Beispiel zwischen der M-GmbH und der A-GmbH ausgelöst. Notwendig ist eine Anteilsübertragung, die im engen zeitlichen Zusammenhang zu erfolgen hat.

Soweit in dem Beispiel in Abbildung 10 die M-GmbH und die A-GmbH die B-GmbH erwerben und eine Organschaft zwischen den erwerbenden Gesellschaften entsteht, löst dies Grunderwerbsteuer aus, da sich mindestens 95 % der Anteile an der B-GmbH in der Hand des Organkreises vereinigen.[13]

---

[12] Zu Zweifelsfragen der grunderwerbsteuerlichen Organschaft vgl. Ländererlass v. 21. 3. 2007, BStBl. I, 422.
[13] Vgl. *Wischott/Schönweiss*, DStR 2006, 172.

D. Vermeidung der Doppel- oder Mehrfachbelastung

§ 1 Abs. 6 GrEStG sieht eine Anrechnung von Grunderwerbsteuer bei mehrfachem Erwerb zur Vermeidung einer Doppelbelastung vor. Bei dieser Vorschrift ist jedoch zu beachten, dass vier Voraussetzungen für die Anwendung des § 1 Abs. 6 GrEStG vorliegen müssen:

- Erwerberidentität: Für beide Rechtsvorgänge muss als Erwerber dieselbe (juristische) Person vorliegen
- Subsidiarität: Bei den Erwerbsvorgängen muss es sich jeweils um einen anderen Absatz des § 1 GrEStG handeln
- Grundstücksidentität: Die Erwerbsvorgänge müssen sich auf dasselbe Grundstück beziehen
- Steuerfestsetzung: Für den ersten Erwerbsvorgang muss zur Steueranrechnung die Grunderwerbsteuer bereits festgesetzt sein

Bei Konzernumstrukturierungen kommt es nicht selten aufgrund der Abfolge verschiedener Reorganisationsschritte zu einer mehrfachen Belastung mit Grunderwerbsteuer. In diesen Fällen sollte genau untersucht werden, ob zumindest eine Anrechnung nach § 1 Abs. 6 GrEStG in Betracht kommt.

E. Gestaltungsmöglichkeiten bei Unternehmenstransaktionen

Bei Unternehmenserwerben stellt die zu erwartende Grunderwerbsteuer häufig eines der steuerlichen Hauptprobleme dar, die zu einer nicht zu unterschätzenden Steuerbelastung im Rahmen der Akquisition führen kann. Dies wird noch dadurch verstärkt, dass die entstehende Grunderwerbsteuer nach Verwaltungsmeinung (vgl. Abschnitt G.) keinen steuermindernden Aufwand, sondern Anschaffungsnebenkosten der Beteiligung darstellt. Dies führt wiederum dazu, dass diese Kosten bei einer späteren Veräußerung der Beteiligung maximal mit 5 % nach § 8b KStG steuerlich wirksam berücksichtigt werden können.

In der Beratungspraxis hat sich beim Erwerb von grundbesitzenden Kapitalgesellschaften als Strukturierung ein direkter Erwerb von 94 % der Anteile der Zielgesellschaft etabliert.[14] Die verbleibenden 6 % werden bei dieser Gestaltung über eine Personengesellschaft erworben, an der neben dem Erwerber noch ein fremder Dritter beteiligt ist, um somit eine Anteilsvereinigung nach § 1 Abs. 3 GrEStG auf beiden Stufen verhindert. Wirtschaftlich ist die Beteiligung des fremden Dritten an der T-GmbH (6 % von 6 %) nicht erheblich. Zu beachten sind jedoch eine Reihe von praktischen Umsetzungsfragen bei solchen Erwerbsstrukturen wie z. B. die Finanzierung des Anteilserwerbs des fremden Dritten oder die Frage ob eine Ausgleichszahlung an die Personengesellschaft erforderlich ist, wenn eine ertragsteuerliche Organschaft zwischen Erweber und T-GmbH besteht

---

[14] Vgl. *Behrens*, Ubg 2008, 316.

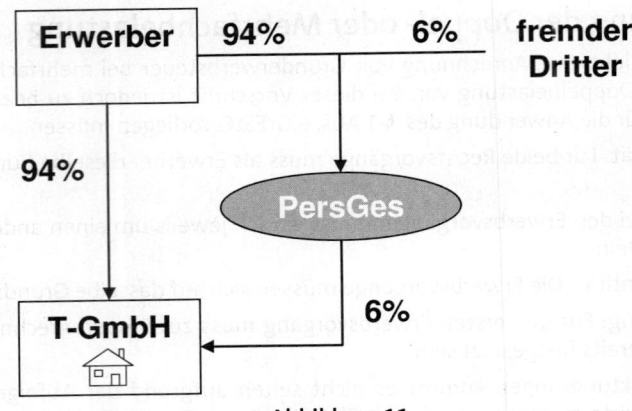

Abbildung 11

Im obigen Modell kann auch die Sichtweise des BFH hinsichtlich der „Pro-Kopf-Betrachtung" für § 1 Abs. 3 GrEStG bei Personengesellschaften berücksichtigt werden, so dass an der Personengesellschaft aus grunderwerbsteuerlicher Sicht der Erwerber sowie der fremde Dritte mit jeweils 50 % beteiligt sind.[15] Diese Argumentation basiert auf einer Auslegung des derzeit gültigen Wortlauts des § 1 Abs. 3 GrEStG, der von einem „Anteil an der Gesellschaft" und nicht von einem Anteil am Vermögen spricht.

F. Bemessungsgrundlage und Steuersatz

Für den Steuertatbestand der Grundstücksübertragung durch notariellen Kaufvertrag nach § 1 Abs. 1 Nr. 1 GrEStG ergibt sich die Steuerbemessungsgrundlage gemäß § 8 Abs. 1 GrEStG nach dem Wert der Gegenleistung, also dem vereinbarten Kaufpreis. Die Grunderwerbsteuer wird in der Praxis fast immer vom Erwerber getragen. Die Gegenleistung ist nach Auffassung des BFH[16] auch dann als Bemessungsgrundlage nach § 8 Abs. 1 GrEStG anzusetzen, wenn diese weit unter dem Verkehrswert des Grundstücks liegt.

Für die in diesem Kapitel besprochenen Erwerbe nach § 1 Abs. 1 Nr. 3 GrEStG (Verschmelzungen, Spaltungen, Anwachsungen) sowie nach § 1 Abs. 2a, Abs. 3 GrEStG wird die Steuerbemessungsgrundlage nach § 8 Abs. 2 GrEStG als Ersatzbemessungsgrundlage in Höhe des Bedarfswerts i. S. d. § 138 ff. BewG ermittelt. Der Steuersatz beträgt nach § 11 Abs. 1 GrEStG einheitlich 3,5 %, allerdings ist es den Ländern freigestellt, abweichende Steuersätze festzulegen. Bislang haben von dieser Option Berlin ab dem 1. 1. 2007 und Hamburg ab dem 1. 1. 2009 mit einem Steuersatz von 4,5 % Gebrauch gemacht.

G. Ertragsteuerliche Behandlung

Die ertragsteuerliche Behandlung von Grunderwerbsteuer aufgrund des Steuertatbestands § 1 Abs. 1 Nr. 1 GrEStG erfolgt nach § 255 HGB als **Anschaffungsnebenkosten**, so dass sich eine direkte Aktivierung als Anschaffungsnebenkosten des erworbenen Grundstück ergibt.

Im Falle von Umstrukturierungen bei Kapitalgesellschaften nach § 1 Abs. 3 GrEStG ist die Grunderwerbsteuer vergleichbar mit einem entgeltlichen Erwerb nach Auffassung des FG Mün-

---

[15] Vgl. Ländererlass v. 26. 2. 2003, Tz. 7.1.2.

[16] Vgl. BFH v. 26. 2. 2003, Az. II B 54/02.

chen[17] ebenfalls Anschaffungskosten nach § 255 HGB. Die Finanzverwaltung geht bei allen Umwandlungsfällen nach § 1 Abs. 1 Nr. 3 bzw. Abs. 2a und Abs. 3 GrEStG inzwischen davon aus, dass die Grunderwerbsteuer zwingend zu aktivieren ist und nicht als Aufwand behandelt werden kann.[18] Diese Sichtweise soll explizit auch für Steuertatbestände nach § 1 Abs. 2a GrEStG bei Personengesellschaften gelten, obwohl es sich bei der Rechtsfolge des § 1 Abs. 2a um einen rein fiktiven Erwerb handelt, so dass an einem Erwerb mangelt.

In der Literatur wird im Gegensatz hierzu die Meinung vertreten, dass Grunderwerbsteuer, die im Rahmen der oben beschriebenen Umstrukturierungen anfällt, in voller Höhe Aufwand darstellt.[19]

---

[17] Vgl. FG München v. 21. 6. 2005, EFG 2007, 252.
[18] Vgl. Bayerisches Landesamt f. Steuern v. 20. 8. 2007.
[19] Vgl. beispielhaft Lohmann/Zeitz, DB 2009, 477.

Wischott

2. Gestaltungen im Umsatzsteuerrecht

von Ralph E. Korf, Rechtsanwalt, Steuerberater, München

Inhaltsübersicht

A. Gründe, Grenzen und Gefahren
  I. Gründe für Gestaltungen im Umsatzsteuerrecht
  II. Der Missbrauchsmakel
  III. Ertragsteuerliche Erfordernisse
B. Welche Gestaltung bietet sich bei welcher Interessenlage an?

  I. Voll zum Vorsteuerabzug berechtigter Unternehmer
  II. Besondere Besteuerungsformen
  III. Nicht voll zum Vorsteuerabzug berechtigter Unternehmer
  IV. Nichtunternehmer
C. Zusammenfassung

Literatur:

Bilsdorfer, Die Üblichkeit als Kriterium für die steuerliche Anerkennung von Angehörigenverträgen, NWB F. 2, 6925 ff.; **Birkenfeld,** Anm. zum BFH-Beschl. v. 2. 4. 1997 – V B 159/96, UVR 1997, 210 (213); ders., Ermächtigung des Rates der EU zum Ausschluss und zur Beschränkung des Vorsteuerabzugs, NWB F. 7, 5211 ff.; **Bock,** Umsatzsteuerliche Behandlung von Catering-Leistungen im Krankenhausbereich, DB 2002, 450 ff.; **Crezelius,** Neuregelung des § 42 AO?, DB 2001, 2214 f.; **Dohrmann,** Vorsteuerabzug bei Holdinggesellschaften, StBp 1997, 15 ff.; **Eggers/Korf,** Umsatzsteuer und Holding – Neue Entwicklungen, DB 2001, 298 ff.; dies., Umfang des Vorsteuerabzugs bei Holdinggesellschaften, DB 2002, 1238 ff.; **Forchhammer,** Leistungsaustausch bei leistungsabhängiger Gewinnverteilung?, UR 1991, 241 ff.; **Forster,** Juristische Personen des öffentlichen Rechts und Harmonisierung eines europäischen Mehrwertsteuersystems; **Günther/Korf/Philipp,** Einschränkungen des Vorsteuerabzugs nach Abschluss des Ermächtigungsverfahrens, IWB F. 3 Gr. 7 S. 641 ff.; **Huschens,** Änderungen des Umsatzsteuerrechts durch das JStG 2009, NWB 1-2/2009, 36 ff; **Jorde/Wetzel,** Rückwirkung und Interimszeit bei Umwandlungen, BB 1996, 1246 ff.; Kommission der Europäischen Gemeinschaften, Bericht der Kommission an den Rat und das Europäische Parlament gem. Art. 12 Abs. 4 der Sechsten Richtlinie des Rates v. 17. 5. 1997 zur Harmonisierung der Rechtsvorschriften der Mitgliedstaaten über die Umsatzsteuern – Gemeinsames MwSt-System: einheitliche steuerpflichtige Bemessungsgrundlage, KOM(97) 559 endg., Brüssel 13. 11. 1997; **Korf,** Verkaufskommission und Umsatzsteuer, UR 1997, 333 ff.; ders., Die Diskussion zur Besteuerung des elektronischen Handels – eine Zwischenbilanz, IStR 2000, 14 ff.; ders., Besteuerung des elektronischen Handels – Entwicklungen 2000/2001, IStR 2001, 368 ff.; **Korf/Sovinz,** Umsatzbesteuerung des elektronischen Handels, CuR 1999, 314 ff. (Teil I), 371 ff. (Teil II); **Langer,** Umsatzsteuerliche Änderungen im Jahressteuergesetz 2009 und Steuerbürokratieabbaugesetz, DB 2009, 247 ff; **Lohse,** Anm. zum EuGH-Urt. v. 13. 12. 2001 Rs. C-235/00 (CSC Financial Services Ltd.), BB 2002, 559; **Perske,** Gemeinschaftsrechtliche Gestaltungsfragen zum Vorsteuerabzug, Umsatzsteuer-Kongressreport 1997, 51 ff.; **Rose/Glorius-Rose,** Beratungsrelevante Erkenntnisse aus der jüngsten Rechtsprechung zu § 42 AO, DB 1992, 2207 ff.; dies., Neuere Rechtsprechungsentwicklungen zum Gestaltungsmissbrauch (§ 42 AO), DB 1997, 2397 ff.;. dies., Steuerplanung und Gestaltungsmissbrauch – Eine Auswertung der jüngeren Rechtsprechung des BFH zu § 42 AO, Erich Schmidt Verlag, 3. Aufl. 2001 **Sass,** Zum Leur-Bloem-Urteil des EuGH und zum Verhältnis der steuerlichen Antiumgehungsvorschriften zu den EU-Grundfreiheiten, DB 1997, 2250 ff.; **Schwarz,** Arbeitnehmerbeköstigungen nach dem EuGH-Urteil vom 2. 5. 1998 – Rs. C 231/94, UR 1997, 255 ff.; **Schroen,** Verstoßen einzelstaatliche Vorsteuerabzugsausschlüsse gegen EU-Recht? NWB F. 7, 5325 ff.; **Slotty-Harms,** Optimale Liquiditätsplanung im Bereich der Umsatzsteuer, UVR 2009, 30ff.; **Tönnes/Wewel,** Ausgliederung wirtschaftlicher Geschäftsbetriebe durch steuerfreie Einrichtungen, DStR 1998, 274 ff.; **v. Streit/Korf,** Missbrauch von rechtlichen Gestaltungsmöglichkeiten in der Rechtsprechung des EuGH und BFH zum Mehrwertsteuerrecht, UR 2009, 509 ff; **Wagner,** Der leise Abschied des "Betriebs gewerblicher Art" aus dem Umsatzsteuerrecht, UR 1993, 301 ff.; **Weimann/Raudszus;** UmsatzsteuerPraxisSpiegel (UVR-UPS) 2/97, UVR 1997, 417 ff.; **Widmann,** Auswirkungen des Verbots nationaler Vorsteuerabzugsbeschränkungen durch den EuGH auf das deutsche Umsatzsteuerrecht, DStR 2000, 1989 ff.; **Winter,** Das Bermuda-Dreieck oder wie die Umsatzsteuer zum Sparmodell wurde, DB 1997, Heft 15, S. I.

A. Gründe, Grenzen und Gefahren[1]

I. Gründe für Gestaltungen im Umsatzsteuerrecht

1. Die rechtliche Ausgangslage

Ein Interesse an umsatzsteuerlichen Gestaltungen lässt sich am besten aus der Lektüre der §§ 13 und 15 UStG erschließen. Diese beiden Kern-Vorschriften haben, vereinfacht ausgedrückt, folgende Regeln für den Normalfall zum Inhalt: Ein Unternehmer, der im Inland steuerpflichtige **Ausgangsumsätze** erbringt, muss spätestens zehn Tage nach Quartalsende, meistens aber zehn Tage nach Monatsende einen bestimmten Betrag an sein Finanzamt abführen. Dabei ist gleichgültig, ob er von seinen Kunden schon Geld bekommen hat oder nicht. Auf der anderen Seite darf der Unternehmer, der von einem anderen Unternehmer etwas für sein Unternehmen bezogen hat und der diese **Eingangsumsätze** (nämlich inländische Lieferungen oder Leistungen) zur Erbringung steuerpflichtiger Umsätze verwendet, die ihm von dem anderen Unternehmer in Rechnung gestellte Umsatzsteuer als **Vorsteuer** von seiner Ausgangsumsatzsteuer abziehen. Das gilt – wiederum vereinfacht – auch, wenn er die Eingangsumsätze zur Erbringung von solchen Umsätzen verwendet, die **steuerfrei** sind, weil sie einen bestimmten Auslandsbezug haben, oder solchen, die **steuerpflichtig** wären, wenn sie im Inland erbracht würden, tatsächlich aber im Ausland erbracht werden. Werden Eingangsumsätze nur teilweise zur Erbringung solcher zum Vorsteuerabzug berechtigender Ausgangsumsätze verwendet, kann auch der Vorsteuerabzug nur teilweise vorgenommen werden.

Die Umsatzsteuer soll konzeptionell eine **Verbrauchsteuer** sein, die den Unternehmer nicht belastet. Das gilt ebenfalls für ausländische Unternehmer. Deshalb können diese grundsätzlich auch dann eine Entlastung von inländischer Eingangsumsatzsteuer erhalten, wenn sie selbst keine inländischen steuerpflichtigen Umsätze erbracht haben. Sie sind dann aber auf ein recht formales und vor allem zeitaufwendiges **Vergütungsverfahren**[2] verwiesen.

Ein Blick in die §§ 16–22 UStG zeigt ferner, dass der Unternehmer neben der reinen Geldzahlungspflicht eine Reihe von **Registrierungs-, Erklärungs-, Melde-** und **Aufzeichnungspflichten** hat. Grundsätzlich treffen diese Pflichten den Unternehmer in jedem Staat, in dem er Umsätze tätigt. Auch wenn die Regeln tatsächlich sehr unterschiedlich ausgestaltet sind, kann man davon ausgehen, dass sie in den anderen Mitgliedstaaten der EU im Wesentlichen denen entsprechen, die im deutschen UStG enthalten sind.

2. Interessenlagen

Aus der Sicht des jeweiligen Betrachters kann es nun unterschiedliche Gründe geben, den skizzierten rechtlichen Rahmen nicht einfach als gegeben und unvermeidbar hinzunehmen, sondern zu seinem Vorteil von der Standardsituation abzuweichen. Diese Gründe sollen hier kurz

---

[1] Der Beitrag berücksichtigt das Umsatzsteuergesetz (UStG) und die Mehrwertsteuer-System-Richtlinie (MWStSystRL) in der Fassung ab dem 1. 1. 2010, soweit diese bei Abschluss des Manuskripts im Juni 2009 bekannt war.

[2] Zwar wird mit Wirkung vom 1. 1. 2010 auch das Vergütungsverfahren nach einer europäischen Vorgabe reformiert und gestrafft, vgl. §§ 18 Abs. 9, 18g UStG, 59, 61, 61a UStDV: Danach sollen Vergütungsanträge grundsätzlich nach vier Monaten und zehn Tagen erledigt sein, die Frist kann sich bei Nachfragen auf bis zu acht Monaten und zehn Tagen verlängern. Wenn diese Bearbeitungszeit überschritten wird, ist der Vergütungsbetrag in der Regel zu verzinsen. Ob diese neuen Regeln wirklich zu einer Verbesserung der tatsächlichen Handhabung führen, bleibt abzuwarten. Vgl. dazu *Huschens*, NWB 2009, 36; *Langer*, DB 2009, 247.

vorgestellt werden, im Hauptteil werden dann Maßnahmen diskutiert, wie das gewünschte Ziel erreicht werden kann.

a) Ausgänge ohne Eingänge

Für bestimmte Umsätze muss der Unternehmer Umsatzsteuer entrichten, **ohne** dass ihnen ein korrespondierender **Geldeingang** von einem Kunden gegenübersteht. Die Minimierung solcher Umsätze führt zu einer Ersparnis.

b) Vermeidung der Vorfinanzierung

Wie eingangs festgestellt, muss der Unternehmer in der Regel die Ausgangsumsatzsteuer zu einem bestimmten Termin entrichten, auch wenn er noch kein Geld bekommen hat. Lässt sich diese Vorfinanzierung vermeiden, verbessert sich der **Cash Flow**.

c) Wettbewerbswirkungen

Die Normalsteuersätze haben in den Mitgliedstaaten der EU derzeit eine Bandbreite von 15 bis 25 Prozent. Für alle Kunden eines Unternehmers, die nicht selbst voll steuerpflichtige Unternehmer sind, stellt die Umsatzsteuer aber einen **Kostenfaktor** dar. Das können steuerbefreite Unternehmen sein, aber auch juristische Personen des öffentlichen Rechts und Privatpersonen. Der Unternehmer, dessen Kunden überwiegend nicht zum Vorsteuerabzug berechtigt sind, verschafft sich daher wegen der niedrigeren Kosten einen **Wettbewerbsvorteil**, wenn er seine Ausgangsumsatzsteuer verringern kann.

d) Vergrößerung des Vorsteuerabzugs

Umsatzsteuerbelastete Eingangsumsätze sind für den Unternehmer nur dann **steuerneutral**, wenn sie vollständig oder teilweise zur Erbringung nicht abzugsschädlicher Ausgangsumsätze verwendet werden. Daher kann ein Unternehmer zur Erweiterung seines Vorsteuerabzugs ein Interesse daran haben, die Steuerpflicht seiner Ausgangsumsätze zu erhöhen. Insoweit kann durchaus ein Konflikt zwischen diesem Interesse und dem im vorherigen Absatz genannten Wunsch nach Senkung der Ausgangssteuer vorliegen.

e) Abbau administrativen Aufwands

Für den inländischen Unternehmer ist die Erfüllung steuerlicher Pflichten im Ausland stets mit Kosten, meist aber auch mit nicht unerheblichem **administrativen Aufwand** verbunden (ebenso für den ausländischen Unternehmer im Inland). Wenn und soweit sich durch entsprechende Gestaltungen eine umsatzsteuerliche Registrierung vermeiden lässt, entsteht dieser Aufwand nicht.

f) Schaffung der Steuerpflicht

Ein Unternehmer kann aber auch ein entgegengesetztes Interesse daran haben, umsatzsteuerlich registriert zu werden und Erklärungen abzugeben. Gründe dafür können neben der Vereinheitlichung unternehmensinterner Vorgänge wie Rechnungserteilung etwa der Wunsch eines im Drittland ansässigen Unternehmers sein, durch eine einzige Registrierung eine Umsatzsteuer-Identifikationsnummer zu erhalten und damit bestimmte Erleichterungen bei innergemeinschaftlichen **Dreiecksgeschäften** in Anspruch nehmen zu können. Auch die Vermeidung des zeitraubenden Vergütungsverfahrens ist ein solcher Grund.

II. Der Missbrauchsmakel

Jede Gestaltung auf dem Gebiet des Steuerrechts hat zunächst einmal das Damoklesschwert über sich, von der Finanzverwaltung als **missbräuchlich** angesehen zu werden. Da dem Missbrauch in diesem Buch separate Kapitel gewidmet sind, soll hier nur kurz auf das Thema eingegangen werden.

Korf

1. Missbrauch in der Umsatzsteuer-Rechtsprechung

Das deutsche Umsatzsteuerrecht bietet eine Vielzahl von **Gestaltungsmöglichkeiten**, die sich in dieser Fülle wohl kaum in einem anderen Steuerrechtsgebiet finden lassen. Manche dieser Regeln sind als "Kann-Bestimmungen"[3] ausgestaltet, bei anderen ergeben sich unterschiedliche Rechtsfolgen aus gestaltbaren Tatbestandsmerkmalen.[4]

Man sollte meinen, dass die Inanspruchnahme eines gesetzlich begründeten Wahlrechts niemals einen Missbrauch darstellen kann. Gleichwohl hat der BFH die Ausübung dieses Rechts in bestimmten Fällen als missbräuchlich angesehen oder zumindest einen Missbrauch für möglich gehalten.[5] Trotzdem lässt sich allgemein feststellen, dass die Umsatzsteuer-Senate des BFH mit dem Verdikt des Missbrauchs deutlich zurückhaltender[6] sind als andere Senate und auch als die Untergerichte. Der Grund dafür dürfte darin liegen, dass der BFH das Umsatzsteuerrecht zutreffend im **europäischen Kontext** sieht.

2. Artikel 27 der 6. Mehrwertsteuerrichtlinie/Artikel 397 der Mehrwertsteuersystemrichtlinie und § 42 AO

Das Umsatzsteuerrecht aller EU-Mitgliedstaaten beruht auf einem Regelwerk von Richtlinien, die die Mitgliedstaaten unter Ausnutzung mehr oder weniger großzügiger Wahlrechte in nationales Recht umsetzen müssen. Schon beim Erlass der 6. Mehrwertsteuerrichtlinie[7], dem früheren Kernstück des EU-Umsatzsteuerrechts, ist die Gefahr von Steuerhinterziehung und Steuerumgehung zwar durchaus gesehen worden. So wurde in bestimmten Artikeln den Mitgliedstaa-

---

[3] Z. B.: Der Unternehmer kann einen Umsatz ... als steuerpflichtig behandeln (§ 9 Abs. 1 UStG); Der Unternehmer kann dem Finanzamt ... erklären, dass er auf die Anwendung des Abs. 1 verzichtet (§ 19 Abs. 2 UStG).

[4] Beispielsweise in § 4 Nr. 3 Buchst. a Doppelbuchst. bb Satz 1 UStG, wonach die Steuerfreiheit einer Transportleistung davon abhängt, ob deren Kosten in die Bemessungsgrundlage für die Einfuhr enthalten sind.

[5] BFH-Urt. v. 6. 6. 1991 V R 70/89, BStBl 1991 II 866 ff.; v. 7. 3. 1996 V R 14/95, BStBl 1996 II 491 ff. m. w. N. Genau genommen geht der BFH noch einen Schritt weiter und bejaht einen möglichen Missbrauch nicht beim insolventen Grundstücksveräußerer, der die Grundstückslieferung als steuerpflichtig behandelt hatte, sondern beim Erwerber, der den Vorsteuerabzug geltend machte. Allerdings war der Erwerber jeweils Gläubiger des Veräußerers, und im Fall V R 70/89 hatte der Erwerber die zusätzliche Umsatzsteuer nicht an den Veräußerer gezahlt, sondern mit einer Forderung verrechnet (so auch im BGH-Urt. v. 2. 11. 2001 V ZR 224/00, DB 2002, 140 ff.), im Fall V R 14/95 nahm der Senat einen Missbrauch dann an, wenn der Erwerber mit dem Kaufpreis einen Betrag gezahlt hätte, den er ohnehin aufgrund von Grundstücksbelastungen an andere Konkursgläubiger hätte zahlen müssen. Liegen solche Umstände nicht vor, sieht auch der BFH bei einer Option durch einen illiquiden Grundstücksveräußerer in dem anschließenden Vorsteuerabzug des Erwerbers keinen Missbrauch (BFH-Urt. v. 23. 2. 1995 V R 113/93, BFH-NV 1995, 1029 ff.).

[6] Vgl. dazu allgemein *Rose/Glorius-Rose*, DB 1992, 2207, DB 1997, 2397 und Steuerplanung und Gestaltungsmissbrauch; *Bilsdorfer*, NWB F. 2, 6925 ff; *Crezelius*, DB 2001, 2214 f; v. Streit/Korf, UVR 2009, 509. Auch Transaktionen zwischen Eheleuten oder nahe stehenden Personen können nicht mit den Maßstäben des Ertragsteuerrechts gemessen werden und sind nicht per se missbräuchlich (BFH-Urt. v. 22. 6. 1989 V R 37/84, BStBl 1989 II 913 ff.), können es aber im Einzelfall sein (BFH-Urt. v. 7. 9. 1995 V R 52/94, BFH/NV 1996, 443 f.). Lediglich die Einschaltung eines gewerblichen Zwischenmieters aufgrund eines von vornherein vereinbarten Gesamtkonzepts wird "grundsätzlich" als missbräuchlich angesehen (BFH-Urt. v. 14. 5. 1992 V R 12/88, BStBl 1992 II 931 ff.).

[7] Sechste Richtlinie des Rates v. 17. 5. 1977 zur Harmonisierung der Rechtsvorschriften der Mitgliedstaaten über die Umsatzsteuern – Gemeinsames Mehrwertsteuersystem: einheitliche steuerpflichtige Bemessungsgrundlage (77/388/EWG), ABl EG 1977 L 145 S. 1 mit späteren Änderungen, nachfolgend 6. RL. Sie wurde mit Wirkung vom 1. 1. 2007 durch die Richtlinie 2006/112/EG des Rates vom 28. November 2006 über das gemeinsame Mehrwertsteuersystem (ABlEG L 347 v. 11. 11. 2006, sog. Mehrwertsteuersystem-Richtlinie) ersetzt.

ten die Befugnis eingeräumt, Steuerbefreiungen nur unter gewissen Bedingungen zu gewähren.[8] Ferner erlaubt Art. 273 MWStSystRL den Mitgliedstaaten, zur Sicherstellung der genauen Steuererhebung und zur Vermeidung von **Steuerhinterziehungen** den Steuerpflichtigen weitere – also nicht in den Kapiteln 4 bis 6 genannte – Pflichten aufzuerlegen.

Darüber hinaus können die Mitgliedstaaten von der Richtlinie abweichende Sondermaßnahmen einführen, um die Steuererhebung zu vereinfachen oder Steuerhinterziehungen oder -umgehungen zu verhüten. Sie bedürfen zur Einführung solcher Maßnahmen aber der Ermächtigung durch den Rat (Art. 395 MWStSystRL). Der EuGH hat zur Reichweite solcher Sondermaßnahmen entschieden, dass sie nur so weit gehen dürfen, wie sie tatsächlich zur Verhütung von Steuerumgehungen erforderlich sind.[9] Die in Deutschland seinerzeit herrschende Auffassung, bei Vermietungen zwischen nahe stehenden Personen seien daher die Kosten als **Mindestbemessungsgrundlage** auch dann anzusetzen, wenn die Marktmiete unter den Kosten liegt, wurde deshalb verworfen. Der englische Fiskus musste eine Minderung der Bemessungsgrundlage (und damit Kürzung der Umsatzsteuer) bei Uneinbringlichkeit der Forderung auch dann zulassen, wenn die Gegenleistung in einer Sachleistung und nicht in einer Geldzahlung besteht. Selbst wenn eine Maßnahme durch Ratsbeschluss formell genehmigt wurde, kann sie wegen Verstoß gegen höherrangiges Recht nichtig sein. Der völlige Ausschluss des Vorsteuerabzugs durch Fiktion der privaten Verwendung ohne Möglichkeit des Gegenbeweises ist zur Vermeidung von Steuerumgehungen nicht erforderlich und deshalb nichtig.[10]

Diesen vom europäischen Umsatzsteuerrecht gesetzten Rahmen wird man bei der Anwendung nationaler Missbrauchs(verhütungs)vorschriften, namentlich des § 42 AO, beachten müssen. Die Auffassung, **§ 42 AO** sei wegen fehlender Ermächtigung nach Art. 27 6. RL als formell **gemeinschaftswidrig**[11] anzusehen, wurde inzwischen vom BFH[12] ausdrücklich abgelehnt. Trotzdem muss das europäische Recht bei der Auslegung und Anwendung nationalen Rechts berücksichtigt werden. Wenn die MWStSystRL dem Steuerpflichtigen (dem Unternehmer) ein be-

---

[8] In Art. 13 A Abs. 1, Art. 13 B Abs. 1, Art. 14 Abs. 1, Art. 15 Satz 1, Art. 28c Abs. 1 der 6. RL hieß es – mit leichter Textabweichung bei Art. 28c – jeweils: Unbeschadet sonstiger Gemeinschaftsvorschriften befreien die Mitgliedstaaten unter den Bedingungen, die sie zur Gewährleistung einer korrekten und einfachen Anwendung der nachstehenden Befreiungen sowie zur Verhütung von Steuerhinterziehungen, Steuerumgehungen und etwaigen Missbräuchen festsetzen, von der Steuer . . .; heute entsprechend in Art. 131 MWStSystRL – für alle Befreiungen der Kapitel 2 bis 9 vor die Klammer gezogen.

[9] EuGH-Urt. v. 29. 5. 1997 Rs. C-63/96 (Skripalle), UR 1997, 301 ff.; v. 3. 7. 1997 Rs. C-330/95 (Goldsmiths (Jewellers) Ltd.), UR 1997, 397 ff.; generell zur erlaubten Reichweite von Antiumgehungsvorschriften EuGH-Urt. v. 17. 7. 1997 Rs. C-28/95 (Leur-Bloem), DB 1997, 1851 ff. (dazu *Saß*, DB 1997, 2250 ff.).

[10] EuGH-Urt. v. 19. 9. 2000 Rs. C-177/99 und 181/99 (Ampafrance SA u. Sanofi Synth|<chr;fe>labo SA), IStR 2000, 655 ff. m. Anm. *de Weerth* (659 f.), UR 2000, 474 ff. m. Anm. *Wäger* (480 ff.), dazu u. a. *Birkenfeld*, NWB F. 7, 5211 ff.; *Schroen*, NWB F. 7, 5325 ff.; *Widmann*, DStR 2000, 1989 ff; zu den Grenzen von Art. 27 bereits *Günther/Korf/Philipp*, IWB F. 3 Gr. 7 S. 641 ff.

[11] So – aber vorsichtig formulierend – wohl *Perske*, Umsatzsteuer-Kongressreport 1997, 80. Ohne auf die formale Frage einzugehen – sie spielte auch keine Rolle -, führte das FG Baden-Württemberg in seinem Urt. v. 17. 7. 1997 10 K 309/96 (EFG 1997, 1442 ff.) aus, § 42 AO sei eine inländische Vorschrift, die nur dann außer Kraft gesetzt würde, wenn gemeinschaftliches Recht die Mitgliedstaaten binde und entsprechende Sachverhalte abschließend regele. Das Urt. wurde vom BFH aufgehoben und die Anwendbarkeit des § 42 AO beim Outsourcing in Kapitalanlagegesellschaften in den "Dublin Docks" verneint (Urt. v. 19. 1. 2000 I R 117/97), das BFH-Urt. wiederum wurde mit dem Bannstrahl des Nichtanwendungserl. (BMF-Schr. v. 19. 3. 2001, BStBl 2001 I 243) belegt.

[12] Vgl. BFH, Urt. v. 9. 11. 2006, V R 43/04, BStBl II 2007, 344, UR 2007, 111. Vgl. zu dieser Frage auch *Lange*, DB 2006, 519, 52; *Wäger*, UR 2006, 240, 242; *Widmann*, DStR 2006, 736, 738.

stimmtes Wahlrecht einräumt, ohne zugleich den Mitgliedstaaten eine Einschränkung dieses Rechts zu erlauben, kann die Wahrnehmung dieses Rechts kein Missbrauch sein.

Bei allen nachfolgenden Beispielen für Gestaltungsmöglichkeiten soll aber implizit davon ausgegangen werden, dass es für diese Gestaltung **auch außersteuerliche wirtschaftliche Gründe** gibt. Trotzdem sei der Hinweis erlaubt, dass nicht alle Beispielsfälle bereits praxiserprobt sind, also von der Finanzverwaltung nicht beanstandet wurden. Zu Risiken und Nebenwirkungen fragen Sie Ihren Rechtsanwalt oder Steuerberater.

3. Achtung im Ausland

Harmonisierung der Umsatzsteuer bedeutet nicht ihre Gleichartigkeit. Insbesondere bei Gestaltungen mit Auslandsberührung darf man nicht ohne weiteres davon ausgehen, dass dort die rechtlichen Rahmenbedingungen gleich sind. Manche europäischen Steuerrechtsordnungen kennen auch in der Umsatzsteuer eine "**Subject-to-tax**"-Klausel, d. h., sie besteuern manche Umsätze nur dann nicht, wenn sie im Ausland tatsächlich besteuert wurden. Manchmal ergeben sich Hindernisse auch aus ganz anderen Rechtsgebieten, dass zum Beispiel für eine bestimmte Tätigkeit eine Genehmigung erforderlich ist, die Ausländern nicht erteilt wird. Das mag zwar im Einzelfall gemeinschaftswidrig sein, muss aber als Tatsache hingenommen werden, wenn man nicht von vornherein entschlossen ist, den Fall bis zum EuGH zu bringen.

III. Ertragsteuerliche Erfordernisse

Zum Abschluss der Vorbemerkungen sei noch darauf hingewiesen, dass man bei aller Freude an umsatzsteuerlichen Gestaltungen niemals außer Acht lassen darf, dass jede Gestaltung auch **ertragsteuerliche Konsequenzen** haben kann. Wenn man beispielsweise, um Zoll und Einfuhrumsatzsteuer zu sparen, im Intercompany-Bereich bestimmte Elemente aus dem Preis für die einzuführenden Waren in eine Kostenumlage verlagert, wird das sehr kostspielig, wenn die Umlagevereinbarung nicht den ertragsteuerlichen Anforderungen entspricht. Wenn man, um ein innergemeinschaftliches Dreiecksgeschäft zu erreichen, einen an sich nicht erforderlichen Unternehmer dazwischenschaltet, so muss auch dieser seine Marge an dem Geschäft verdienen.

B. Welche Gestaltung bietet sich bei welcher Interessenlage an?

I. Voll zum Vorsteuerabzug berechtigter Unternehmer

Auch der voll zum Vorsteuerabzug berechtigte Unternehmer kann ein Interesse an Gestaltungen haben, um seine Kosten zu verringern, den Cash Flow oder seine Wettbewerbssituation zu verbessern. Gelegentlich sind die als "Gestaltung" genannten Maßnahmen gar keine, sondern setzen lediglich eine erhöhte **Sorgfalt** oder eine vollständige Erfüllung ohnehin bestehender Pflichten voraus. Sie wurden trotzdem hier aufgenommen, weil sich in zahlreichen Betriebsprüfungen gezeigt hat, dass dort typische Schwachstellen vieler – auch großer – Unternehmen liegen. Diese Beispiele sollen Erinnerungsstützen sein.

1. Ausgänge ohne Eingänge

a) Kantinenumsätze

Unternehmer U beschäftigt 100 Angestellte. Die **Unternehmenskantine** wurde bislang in Eigenregie durch eigenes (zusätzliches) Personal betrieben; diese Personen sind aber aus Alters- und anderen Gründen bereits ausgeschieden oder werden es in Kürze tun. U möchte künftig die Kantine durch einen Caterer betreiben lassen. Um wirtschaftlich arbeiten zu können, muss der

Caterer insgesamt ein Entgelt erhalten, das (netto) 10 € pro Mahlzeit entspricht. Die Arbeitnehmer sollen aber aus sozialen Gründen nicht mehr als 5 € (netto) pro Mahlzeit bezahlen.

Würde U nun vereinbaren, dass er die sonstige Leistung[13] "Verabreichung von Kantinenmahlzeiten" an die Arbeitnehmer selbst erbringt und sich dazu des Caterers als Subunternehmer bedient, so ergibt sich Folgendes: U erhält von C eine Rechnung über 100 Mahlzeiten zu je 10 € zzgl. USt i. H. v. 190 €. Diese kann U als Vorsteuer abziehen. Er bewirkt jedoch einen Ausgangsumsatz durch die Leistung an seine Arbeitnehmer. Die Bemessungsgrundlage ist wiederum für jede Mahlzeit 10 € (§ 10 Abs. 5 Nr. 2 UStG), die Steuer somit 1,90 €, zusammen also ebenfalls 190 €. Von den 100 Arbeitnehmern bekommt U aber nur 595 €, so dass ihm Kosten von ebenfalls 595 € verbleiben, davon 95 € Umsatzsteuer, denen keine Zahlung gegenübersteht.

Um das zu vermeiden, schließt U mit C einen **Kantinenbewirtschaftungsvertrag**, in dem sich C verpflichtet, in den Räumen des U eine Kantine zu betreiben und die damit verbundenen Nebentätigkeiten wie Sortieren, Spülen, Reinigung etc. zu übernehmen. Das Entgelt für diese von C an U zu erbringende Leistung soll 11 000 € monatlich netto betragen. Auch wenn das Entgelt auf der Grundlage einer bestimmten Anzahl von Mahlzeiten an bestimmten Arbeitstagen kalkuliert ist, so stellt es doch kein Entgelt für die "Verabreichung von Kantinenmahlzeiten" dar, sondern für die Bewirtschaftung der Kantine. Die Leistung "Verabreichung von Kantinenmahlzeiten" erbringt C direkt an die Arbeitnehmer. Der gleichzeitig mit U geschlossene Bewirtschaftungs-Vertrag ermöglicht es C wirtschaftlich, die Leistung an die Arbeitnehmer für 5 € (netto) pro Mahlzeit zu erbringen. U hat ein eigenes wirtschaftliches Interesse daran, dass – durch C – eine Kantine regelmäßig betrieben wird, seine Zahlung an C erfolgt aufgrund eines **eigenen Leistungsaustauschverhältnisses** und nicht als Zahlung eines Dritten für die von C an die Arbeitnehmer erbrachte Beköstigung. U hat also aus der Rechnung von C einen Vorsteuerabzug von 2 090 € und keinen Ausgangsumsatz.[14]

b) Kfz-Überlassung

Die Überlassung eines zum Unternehmen gehörenden Kraftfahrzeugs zur auch privaten Benutzung durch einen Arbeitnehmer stellt in der Regel einen steuerpflichtigen Umsatz[15] dar, zu dem der Unternehmer **keinen korrespondierenden Geldeingang** hat. Auch wenn hier der Gestaltung aus psychologischen Gründen Grenzen gesetzt sind, lässt sich dieser Ausgangsumsatz vermeiden. Am einfachsten, aber am wenigsten durchsetzbar wäre es, die private Nutzung schlicht auszuschließen.[16] Wenn ein Transport des Arbeitnehmers zu einer bestimmten Arbeitsstelle

---

[13] Es handelt sich jedenfalls in der Regel nicht um eine Lieferung: § 3 Abs. 9 Satz 4 UStG, basierend auf dem EuGH-Urt. v. 2. 5. 1996 Rs. C 231/94 (Faaborg-Gelting), UR 1996, 220 f.; dazu *Schwarz*, UR 1997, 255 ff., (258); Thüringer FG, Urt. v. 20. 11. 1996 III 70/96, UVR 1997, 245. Zur Abgrenzung siehe BFH-Urteile v. 10. 8. 2006, V R 55/04, BStBl 2007 II, 480, 26. 10. 2006, V R 58, 59/04, BStBl 2007 II, 487, und v. 18. 12. 2008, V R 55/06, BFH/NV 2009, 673 sowie das BMF-Schreiben vom 16. 10. 2008 - IV B 8 - S 7100/07/10050 BStBl 2008 I, 949. Zu Gestaltungsmöglichkeiten bei Catering auch *Bock*, DB 2002, 450 ff.

[14] Vgl. dazu BFH-Urt. v. 20. 2. 1992 V R 197/87, BStBl 1992 II 705 ff.; Abschn. 150 Abs. 3 Satz 2 UStR; Hess. FG, Urt. v. 5. 2. 1997 6 K 200/94, UR 1998, 107 f.

[15] BFH-Urt. v. 10. 6. 1999 V R 87/98, UR 1999, 407 ff. m. Anm. *Nieskens*; BMF-Schreiben v. 11. 3. 1997 – IV C 3 – S 7192 – 5/97, DB 1997, 602 ff. Nur in Ausnahmefällen wird man nicht von einer Leistung ausgehen können (vgl. BFH-Urt. v. 6. 6. 1984 V R 136/83, BStBl 1984 II 688 f.).

[16] Es reicht nicht aus, die private Nutzung schlicht zu verbieten, die Einhaltung des Verbots muss auch kontrolliert werden; vgl. FG Münster Urteil vom 28. 2. 2008 - 5 K 2044/04 U; EFG 2008, 1828; anhängig beim BFH unter V R 24/08; dies entspricht aber ständiger Rechtsprechung des BFH, wie ein Zitat aus dem Beschluss vom 30.11.2007 - V B 58/07 (veröffentlicht am 20. 2. 2008 unter www.bundesfinanzhof.de, Haufe-Index 1930315) zeigt: "*Diese Würdigung widerspricht nicht den Grundsätzen der Rechtsprechung des BFH, wonach hinsichtlich der Nutzung eines für Unternehmenszwecke erworbenen PKW der Anscheins-*

notwendig und mit öffentlichen Verkehrsmitteln nicht durchführbar ist, kann der Unternehmer diesen Transport veranlassen. Dies geschieht dann im überwiegend unternehmerischen Interesse und stellt keinen Leistungsaustausch gegenüber dem Arbeitnehmer dar.[17]

Ist dieser Weg nicht gangbar, so könnte man überlegen, einen **Fahrzeugpool** zu bilden, aus dem die privatnutzungsberechtigten Arbeitnehmer zufällig und nicht beeinflussbar im ständigen Wechsel das Fahrzeug erhalten, das gerade verfügbar ist.

c) Eindämmung des Eigenverbrauchs

Bei fast jeder Betriebsprüfung entstehen erhebliche Umsatzsteuer-Nachforderungen nur deshalb, weil die Pflicht zur gesonderten Aufzeichnung von bestimmten Aufwendungen nach § 4 Abs. 7 EStG nicht beachtet wurden und diese Aufwendungen (ihr "Tätigen") nach altem Recht einen Eigenverbrauchstatbestand nach § 1 Abs. 1 Nr. 2 Buchst. c) UStG darstellten, nunmehr – seit 1. 4. 1999 – den Vorsteuerabzug ausschließen (§ 15 Abs. 1a Nr. 1 UStG)[18]. Es liegt im Interesse jedes Unternehmers, durch klare Anweisungen an die Buchhaltung (und gelegentliche Kontrollen) sicherzustellen, dass alle getrennt aufzuzeichnenden Aufwendungen auch wirklich getrennt aufgezeichnet werden. Das heißt auch, dass auf diese Konten keine "normalen" abziehbaren Aufwendungen gebucht werden dürfen.

2. Vermeidung der Vorfinanzierung

a) Ist-Besteuerung

Für manche Unternehmer, insbesondere freiberuflich Tätige, bietet § 20 UStG die Möglichkeit, die Umsatzsteuer nach den vereinnahmten (statt nach den vereinbarten) Entgelten zu berechnen. Unternehmer, die hiervon Gebrauch machen, brauchen die Steuer nicht vorzufinanzieren. Auf zweierlei ist hier hinzuweisen: Zum einen heißt es zwar im Gesetz, das Finanzamt könne diese Art der Berechnung auf Antrag gestatten. Die Finanzverwaltung hat ihre **Ermessensausübung** in Abschn. 254 UStR aber insoweit wahrgenommen und sich selbst gebunden, als es dort heißt, dem Antrag sei grundsätzlich unter dem Vorbehalt jederzeitigen Widerrufs zu entsprechen, wenn eine der Voraussetzungen der gesetzlichen Vorschrift erfüllt sei. Der Widerruf eines begünstigenden rechtmäßigen Verwaltungsakts (und das ist die Genehmigung der Ist-Versteuerung) darf aber selbst dann nicht willkürlich vorgenommen werden, wenn der Widerruf vorbehalten war. Zum anderen kommt nach § 20 Abs. 1 Satz 2 UStG die Genehmigung der Ist-Besteuerung auch für einzelne Betriebe eines Unternehmers in Betracht.

---

beweis gilt, dass ein Kfz typischerweise nicht nur vereinzelt und gelegentlich für private Zwecke genutzt wird (BFH-Entscheidungen vom 10. 7. 1986 IV R 245/84, BFH/NV 1987, 27; vom 28. 11. 1990 X R 119/88, BFH/NV 1991, 306; vom 14. 5. 1999 VI B 258/98, BFH/NV 1999, 1330; vom 13. Februar 2003 X R 23/01, BFHE 201, 499, BStBl II 2003, 472; vom 11. 7. 2005 X B 11/05, BFH/NV 2005, 1801)."

[17] EuGH-Urt. v. 16. 10. 1997 Rs. C-258/95 (Fillibeck), UR 1998 61 ff.; BFH-Urt. v. 9. 7. 1998 V R 105/92, BStBl 1998 II 635 ff.; v. 12. 2. 1998 V R 69/93, HFR 1998, 840 f.; v. 12. 2. 1998 V R 127/92, HFR 1998, 841 f.

[18] Die Vorschrift lautet seit dem 19. 12. 2006: "Nicht abziehbar sind Vorsteuerbeträge, die auf Aufwendungen, für die das Abzugsverbot des § 4 Abs. 5 Satz 1 Nr. 1 bis 4, 7 oder des § 12 Nr. 1 des Einkommensteuergesetzes gilt, entfallen. Dies gilt nicht für Bewirtungsaufwendungen, soweit § 4 Abs. 5 Satz 1 Nr. 2 des Einkommensteuergesetzes einen Abzug angemessener und nachgewiesener Aufwendungen ausschließt." Es ist nach dem bereits genannten (Fn. 10) Urteil Sanofi/Ampafrance zweifelhaft, ob es mit dem Gemeinschaftsrecht vereinbar ist, den Vorsteuerabzug aus dem Bezug von auch privat nutzbaren Gegenständen über § 12 EStG auszuschließen, ohne den Gegenbeweis zuzulassen, dass die Aufwendungen für das Unternehmen getätigt wurden. Vgl. dazu FG München, Urt. v. 23. 2. 2006 14 K 3585/03, DStR 2006, 1365. Das Urteil ist nach der Rücknahme der Revision rechtskräftig.

b) Einsatz der Erwerbsbesteuerung[19]

Diese Gestaltungsmöglichkeit kommt vor allem für Unternehmer in Betracht, die bereits in einem anderen EU-Mitgliedstaat umsatzsteuerlich registriert sind, am besten dort über ein Lager verfügen und die im grenznahen Bereich ansässig sind (weil sonst die notwendigen Transportkosten den Vorteil wieder zunichte machen).

Unternehmer U ist in Kehl ansässig, hat aber auch ein Lager in Straßburg und ist dort ebenfalls umsatzsteuerlich registriert. Er will Waren vom ebenfalls in Kehl ansässigen Lieferer L kaufen. Er bittet L, die Waren nicht zu seinem Unternehmen in Kehl zu transportieren, sondern stattdessen in das Lager nach Straßburg. Er verwendet dem L gegenüber seine französische Umsatzsteuer-Identifikationsnummer. L kann daher seine Lieferung an U statt mit 19 Prozent deutscher Umsatzsteuer als innergemeinschaftliche Lieferung steuerfrei abrechnen (§§ 4 Nr. 1 Buchst. b, 6a UStG). U bewirkt in Straßburg einen innergemeinschaftlichen Erwerb (die § 1a UStG entsprechende Vorschrift des französischen Umsatzsteuergesetzes; vgl. Art. 40 MWStSystRL). Möglicherweise ist dieser innergemeinschaftliche Erwerb in Frankreich steuerfrei (nach einer Vorschrift analog §§ 4b Nr. 4 i. V. m. 15 Abs. 3 UStG), weil die dort erworbenen Waren wiederum zur Bewirkung eines nicht abzugsschädlich steuerfreien Umsatzes verwendet werden. Auch wenn das nicht der Fall (oder nicht im erforderlichen Umfang oder Zeitrahmen nachweisbar) sein sollte, spielt das keine Rolle, denn U kann in Frankreich die dortige Umsatzsteuer von 19,6 Prozent auf den Erwerb sofort als Vorsteuer abziehen. Benötigt U später die Waren in Kehl, so holt er sie aus seinem Lager in Straßburg. Dieses innergemeinschaftliche Verbringen ist einer innergemeinschaftlichen Lieferung gleichgestellt, und da U auch über eine deutsche Umsatzsteuer-Identifikationsnummer verfügt, ist diese Lieferung in Frankreich steuerfrei. U bewirkt einen steuerpflichtigen Erwerb in Kehl, kann aber die auf den Erwerb anfallende Umsatzsteuer sofort als Vorsteuer abziehen. Im Ergebnis haben also eine Lieferung, ein Verbringen und zwei Erwerbe stattgefunden, ohne dass irgendeine Steuer tatsächlich hätte gezahlt werden müssen.

c) Reduktion der Registrierungspflicht

Ein erhebliches Einsparungspotential in administrativer und finanzieller Hinsicht ergibt sich insbesondere bei **Reihengeschäften**, d. h., solchen Transaktionen, bei denen Waren mehrfach hintereinander verkauft, aber nur einmal transportiert werden.

Der im EU-Ausland ansässige Unternehmer U verkauft Waren an den im gleichen Mitgliedstaat ansässigen (und sonst nirgendwo umsatzsteuerlich registrierten) Mittelmann M, der die Waren an den deutschen Abnehmer A verkauft. M veranlasst den Transport der Waren zu A.

Die Regeln des innergemeinschaftlichen Dreiecksgeschäfts (§ 25b UStG) finden keine Anwendung, weil die Beteiligten nicht in drei verschiedenen Mitgliedstaaten umsatzsteuerlich registriert sind.[20] Nach der inzwischen vom EuGH bestätigten[21] Auffassung der deutschen Finanzverwaltung[22], wie sie im Umsatzsteuergesetz ab 1. 1. 1997 Ausdruck gefunden hat (§ 3 Abs. 6 Satz 5 UStG), kann der Transport der Waren nur einem Liefergeschäft zugeordnet werden; das ist dann die "**bewegte**" Lieferung, die andere Lieferung ist "**unbewegt**". Nach der gesetzlichen

---

[19] Die zugrunde liegende Idee wurde – allerdings i. V. m. einer Sitzverlegung – zuerst publiziert von *Winter*, DB 1997, I.

[20] Das entspricht (wohl) den Vorgaben der Systemrichtlinie, die die Erleichterungen für den Mittelmann nur dann gewährt, wenn dieser weder im Abgangs- noch im Bestimmungsmitgliedstaat ansässig ist (Art. 141 MWStSystRL).

[21] Urt. v. 6. 4. 2006 C-245/04 EMAG Handel Eder OHG, UR 2006, 342.

[22] BMF-Schreiben v. 18. 4. 1997 – IV C 3 – S 7116 – 11/97, UR 1997, 231 ff., dort Tz. 17, nun Abschnitt 31a Abs. 2 Satz 2 UStR.

Vermutung in § 3 Abs. 6 Satz 6 UStG ist der Transport im Sachverhalt der Lieferung von U an M zuzuordnen. Diese Lieferung ist dann eine grenzüberschreitende innergemeinschaftliche Lieferung (die allerdings aus deutscher Sicht[23] zunächst nicht steuerfrei sein kann, weil M keine Umsatzsteuer-Identifikationsnummer eines anderen Mitgliedstaats hat und sie somit auch U gegenüber nicht verwenden kann). M bewirkt in Deutschland einen innergemeinschaftlichen Erwerb (§ 1a UStG), denn dieser Umsatztatbestand setzt nicht voraus, dass die vorangehende Lieferung steuerbefreit war. M muss sich bereits wegen des Erwerbs in Deutschland umsatzsteuerlich registrieren lassen und Steuererklärungen abgeben. Dazu kommt, dass die Lieferung von M an A eine unbewegte Lieferung ist, die am Ende des Transports – also in Deutschland – stattfindet (§ 3 Abs. 7 Satz 2 Nr. 2 UStG). M muss A also deutsche Umsatzsteuer in Rechnung stellen.

Weist M dagegen nach[24], dass der den Transport **als Lieferer an A veranlasst** hat, so ist die Lieferung von U an M die unbewegte Lieferung (entsprechend § 3 Abs. 7 Satz 2 Nr. 1 UStG), sie unterliegt der Umsatzsteuer im Abgangsmitgliedstaat. Die Lieferung von M an A ist nun die bewegte Lieferung, und da A dem M gegenüber eine Umsatzsteuer-Identifikationsnummer eines anderen Mitgliedstaats verwendet, ist die Lieferung von M an A im Abgangsmitgliedstaat zwar steuerbar, aber steuerfrei. A bewirkt einen innergemeinschaftlichen Erwerb in Deutschland (§ 3d Satz 1 UStG), der zwar steuerpflichtig ist (§§ 1 Abs. 1 Nr. 5 UStG), die Erwerbsumsatzsteuer kann A aber sofort als Vorsteuer abziehen (§ 15 Abs. 1 Nr. 3 UStG). M braucht sich in Deutschland nicht registrieren zu lassen, A gewinnt einen Liquiditätsvorteil.

Wenn ein Reihengeschäft **mehr als drei Beteiligte** aufweist, finden die Regeln über das innergemeinschaftliche Dreiecksgeschäft ohnehin keine Anwendung: Ein Niederländer N verkauft Waren an einen Belgier B, der verkauft sie an den Franzosen F, der sie schließlich an den Deutschen D verkauft. Jeder Beteiligte tritt unter der Umsatzsteuer-Identifikationsnummer seines Mitgliedstaats auf. B veranlasst den Transport der Waren von N zu D.

Nach deutscher Auffassung sieht die Lösung folgendermaßen aus: Die Lieferung von N an B ist die steuerfreie innergemeinschaftliche Lieferung. B bewirkt einen steuerpflichtigen Erwerb in Deutschland, weil hier der Transport endet (§ 3d Satz 1 UStG) und in Belgien, weil er seine belgische Umsatzsteuer-Identifikationsnummer verwendet hat (§ 3d Satz 2 UStG, Art. 41 MWStSystRL). Die Lieferungen von B an F und von F an D sind unbewegte Lieferungen in Deutschland, sie sind steuerbar und steuerpflichtig. Sowohl B als auch F müssen sich in Deutschland umsatzsteuerlich registrieren lassen, Erklärungen abgeben und ihren Abnehmern deutsche Umsatzsteuer berechnen.

Die Lösung ist für die Beteiligten wesentlich günstiger, wenn die Transaktion in ein innergemeinschaftliches Dreiecksgeschäft mit anschließender innergemeinschaftlicher Lieferung gespalten wird. Transportiert B die Waren nur von N zu F, und F übernimmt den Transport zu D (oder D holt bei F ab), bewirken N, B und F ein innergemeinschaftliches Dreiecksgeschäft. N liefert steuerfrei an B; B bewirkt zwar einen innergemeinschaftlichen Erwerb in Frankreich, doch wird bei Erfüllung bestimmter Formalien die Steuer auf diesen Erwerb auf F überwälzt. F ver-

---

[23] Ob die Steuerfreiheit der innergemeinschaftlichen Lieferung voraussetzt, dass der Abnehmer eine Umsatzsteuer-Identifikationsnummer eines anderen Staates verwendet, mag zwar dogmatisch zweifelhaft sein; für die deutsche Praxis sollte man aber von dieser Voraussetzung ausgehen; vgl. *Birkenfeld*, UVR 1997, 213. Hier wird unterstellt, dass dies auch der Praxis im Abgangsmitgliedstaat entspricht.

[24] Wie er diesen Nachweis führt, ist Gesetz oder Richtlinien nicht zu entnehmen. Die Vorschläge im Schrifttum reichen von der Vereinbarung bestimmter Transportklauseln (Incoterms) bis zum Vermerk auf der Rechnung, dass man den Transport als Lieferer ausgeführt habe.

steuert den Erwerb und zieht den Betrag sofort als Vorsteuer ab (sofern nicht der Erwerb bereits nach einer § 4b Nr. 4 UStG entsprechenden Vorschrift steuerfrei ist). F liefert dann steuerfrei an D; D bewirkt einen steuerpflichtigen Erwerb in Deutschland, zieht sich aber die Erwerbsumsatzsteuer sofort als Vorsteuer ab. Im Ergebnis muss sich keiner der Beteiligten außerhalb seines Heimatstaates umsatzsteuerlich registrieren lassen, und keiner muss Geld an den Fiskus abführen.

Eine entsprechende Gestaltungsmöglichkeit (die hier aber nicht weiter ausgeführt werden soll) bietet sich in den Fällen, in denen eine Lieferung zwischen zwei im selben Mitgliedstaat ansässigen Unternehmern einem innergemeinschaftlichen Dreiecksgeschäft vorangeht oder nachfolgt, also D1 verkauft an D2, D2 an F, F an B, oder D verkauft an F, F an B1, B1 an B2. Manche Mitgliedstaaten ignorieren solche "domestic legs", so dass kein Handlungsbedarf besteht, andere nicht.

3. Wettbewerbswirkungen

Wie bereits einleitend ausgeführt wurde, sollte der Unternehmer bei allen Gestaltungsüberlegungen auch seine Abnehmer berücksichtigen, insbesondere, wenn diese nicht zum Vorsteuerabzug berechtigt sind.

a) Wahrnehmung von Wahlrechten

Bereits durch die Wahrnehmung (oder Nichtwahrnehmung) von Wahlrechten lassen sich teilweise gute Wettbewerbsvorteile erzielen: Ein englischer wissenschaftlicher Verlag liefert Fachbücher an verschiedene Universitäten in Deutschland. Keine der Universitäten ist umsatzsteuerlich registriert, überschreitet die **Erwerbsschwelle** von 12 500 € (§ 1b Abs. 3 Nr. 2 UStG) oder hat auf die Anwendung der Erwerbsschwelle verzichtet (§ 1b Abs. 4 Satz 1 UStG). Der Gesamtbetrag der Entgelte für die Lieferungen der Bücher übersteigt 100 000 € nicht.

Der Steuersatz für Bücher beträgt in England 0 Prozent, d. h., die Lieferungen sind steuerbefreit, aber der Lieferer behält sein Vorsteuerabzugsrecht. Der Verlag kann unter den gegebenen Umständen den nicht zum Vorsteuerabzug berechtigten Universitäten die Fachbücher umsatzsteuerfrei liefern.

Würde der Verlag dagegen auf die Anwendung der **Lieferschwelle** verzichten (§ 3c Abs. 4 UStG) oder würden die Universitäten auf die Anwendung der Erwerbsschwelle verzichten, so unterlägen die Lieferungen oder die Erwerbe der deutschen Umsatzsteuer mit 7 Prozent (§ 12 Abs. 2 Nr. 1 i. V. m. Nr. 43 der Anlage zum UStG).

Umgekehrt wird der dänische Musikversand, der CD an Privatpersonen in Deutschland liefert, auf die Anwendung der Lieferschwelle verzichten, weil er dann die Umsätze mit 19 Prozent anstatt mit dem dänischen Steuersatz von 25 Prozent besteuern kann. Genau genommen dient hier die Wahrnehmung des Wahlrechts der Beseitigung eines Wettbewerbsnachteils, der durch die unterschiedlichen Steuersätze entsteht.

b) Schwellenreiterei

Mit etwas mehr Aufwand, aber unter Umständen immer noch wirtschaftlich sinnvoll, lässt sich auch eine andere Schwelle nutzen: Ein Videovertrieb liefert Kopien überwiegend an Privatpersonen in Deutschland und Österreich. Die Gesamtentgelte für Lieferungen an österreichische Kunden übersteigen die dortige Lieferschwelle von 100 000 €, der Wert einer einzelnen Sendung aber nie 22 €. Der Steuersatz in Österreich beträgt 20 Prozent (§ 10 öUStG), in Deutschland 19 Prozent (§ 12 Abs. 1 UStG).

Der Vertrieb beauftragt nun ein Kopierwerk in der Schweiz mit der Herstellung der Kopien und dem Versand an die Kunden. Die Lieferung ist in der Schweiz als Ausfuhrlieferung steuerfrei

(Art. 19 Abs. 2 Ziff. 1 MWStG), bei der Einfuhr der einzelnen Sendungen nach Österreich und Deutschland werden aber keine **Eingangsabgaben** erhoben, weil der Wert der einzelnen Sendung 22 € nicht übersteigt (Art. 27 der ZollbefreiungsVO (EWG) Nr. 918/83). Voraussetzung ist allerdings, dass die Einfuhr im Namen der Kunden angemeldet wird. Andernfalls bleibt der Videovertrieb als Lieferer Schuldner der Einfuhrumsatzsteuer, und dann ist der Lieferort der Sendung in Deutschland bzw. Österreich.[25]

c) Wohltätige Widersprüche

Es bedarf nicht immer einer besonderen Gestaltung, um eine Nichtbesteuerung von Umsätzen zu erreichen, manchmal genügt auch die Ausnutzung unterschiedlicher Auffassungen in den Mitgliedstaaten, wie bestimmte Transaktionen umsatzsteuerlich einzuordnen sind: So werden insbesondere die Überlassung von Standardsoftware und das Mobilienleasing manchmal als Lieferung, manchmal als sonstige Leistung angesehen (die dann nach § 3a Abs. 3 UStG oder entsprechend Art. 156 MWStSystRL beim Leistungsempfänger erbracht wird). Nach schweizerischem Mehrwertsteuerrecht stellt die Überlassung eines Gegenstands zum Gebrauch oder zur Nutzung (etwa aufgrund Miet- oder Pachtvertrags) stets eine Lieferung dar.[26]

Ein schweizerisches Unternehmen vermietet medizinische Geräte an eine deutsche Stiftung des Privatrechts. Die Stiftung verleiht die Geräte (unentgeltlich) an Krankenhäuser und Ärzte und ist auch nicht aufgrund anderer Aktivitäten Unternehmer. Aus schweizerischer Sicht liegt eine steuerfreie Ausfuhrlieferung vor (Art. 19 Abs. 2 Ziff. 2 MWStG), aus deutscher Sicht eine sonstige Leistung, die in der Schweiz erbracht wird (§ 3a Abs. 3 i. V. m. Abs. 4 Nr. 11 UStG greift nicht ein, weil die Stiftung kein Unternehmer ist, § 1 UStDV findet ebenfalls keine Anwendung). Allerdings ist hierbei zu beachten, ob Einfuhrumsatzsteuer anfällt oder die Möglichkeit der nicht besteuerten vorübergehenden Einfuhr gegeben ist.

Generell gilt bei der Ausnutzung solcher Meinungsunterschiede zwischen verschiedenen Staaten, dass erhöhte Vorsicht geboten ist: Zum einen muss sich der Steuerpflichtige immer erkundigen, ob die abweichende Meinung noch gilt – manchmal ändert sich die Praxis recht schnell. Zum anderen gilt es zu bedenken, dass jede Nichtbesteuerung, die auf unterschiedlichen Auffassungen beruht, bei umgekehrten Leistungsrichtungen auch zu Doppelbesteuerungen führen kann.

d) Abbau administrativen Aufwands

Neben der Verbesserung der Liquidität ist auch eine Absenkung des Verwaltungsaufwands im natürlichen Interesse eines Unternehmers. Wie bereits dargestellt wurde, kann man durch die Auswahl desjenigen, der einen Warentransport veranlasst, oder die Verwendung einer bestimmten Umsatzsteuer-Identifikationsnummer die Registrierung im Aus- oder Inland oft vermeiden.

Aber auch bei rein inländischen Sachverhalten kann Anlass zu bestimmten Gestaltungen gegeben sein: Unternehmen U erwirbt die Zielgesellschaft Z, die auf U verschmolzen werden soll. Für den Bereich der direkten Steuern ist eine **Rückwirkung der Verschmelzung** möglich. Das Einkommen und das Vermögen der Beteiligten sind so zu ermitteln, als ob das Vermögen der Übertragerin mit Ablauf des steuerlichen Übertragungsstichtages übergegangen wäre, und

---

[25] Vgl. BFH-Urteil vom 21. 3. 2007, V R 32/05, BStBl 2008 II 153.

[26] Die Überlassung von Beförderungsmitteln – außer der Vercharterung von Schienen- und Luftfahrzeugen, die vom Empfänger überwiegend im Ausland genutzt werden – zum Gebrauch und zur Nutzung ist von der Exportbefreiung ausgeschlossen; d. h., es liegt immer noch eine Lieferung vor, sie ist aber nicht steuerbefreit (Art. 19 Abs. 2 Ziff. 1 Satz 2 MWStG).

dieser Tag kann höchstens acht Monate vor der Anmeldung der Verschmelzung liegen (§§ 2 Abs. 1 UmwStG, 17 Abs. 2 Satz 4 UmwG). Für zivilrechtliche Zwecke gibt es keine solche Rückwirkung, die Parteien können aber vereinbaren, sich so zu stellen, als ob es eine Rückwirkung gäbe.[27] Nach dem Gesetz treten die Wirkungen der Verschmelzung erst bei Eintragung im Handelsregister der übernehmenden Gesellschaft ein (§ 20 Abs. 1 Nr. 2 Satz 1 UmwG). In diesem Moment erlischt die übertragende Gesellschaft, und ihre Unternehmereigenschaft endet erst jetzt.

Das bedeutet, dass Z weiterhin eigene Umsatzsteuerverbindlichkeiten oder Vorsteuererstattungsansprüche schafft, Voranmeldungen abgeben und Rechnungen mit dem Inhalt des § 14 UStG im eigenen Namen erteilen muss. Dieser Verwaltungsmehraufwand lässt sich dadurch beseitigen, dass ab dem steuerlichen Übertragungsstichtag die Voraussetzungen für eine umsatzsteuerliche **Organschaft** geschaffen werden. Anders als im Ertragsteuerrecht tritt im Umsatzsteuerrecht bei Erfüllung der Voraussetzungen die Wirkung der Organschaft kraft Gesetzes (d. h., ohne weitere Formalien) und im Zeitpunkt der Erfüllung der Voraussetzungen ein.[28] Liegen die Voraussetzungen der Organschaft vor, so endet die Unternehmereigenschaft der Z (§ 2 Abs. 2 UStG), und die von ihr noch ausgeführten Ausgangsumsätze und die erhaltenen Eingangsumsätze sind jetzt Umsätze des durch U angeführten Organkreises.

In diesem Zusammenhang sei aber darauf hingewiesen, dass in anderen Sachverhalten die Beendigung einer bestehenden oder Vermeidung einer künftigen Organschaft durchaus auch Sinn machen kann: Insbesondere bei den unternehmensbezogenen Schwellen wie Liefer- oder Erwerbsschwelle oder der Erlaubnis der Ist-Besteuerung kann die Verteilung eines insgesamt angestrebten Umsatzes auf verschiedene selbständige Unternehmen zu einer Multiplikation der Vorteile führen.

Wenn der bereits erwähnte englische Wissenschaftsverlag mit seinen Fachbuch-Lieferungen an Universitäten droht, die in Deutschland geltende Lieferschwelle zu überschreiten, so führt die Einschaltung einer Schwester- oder Tochtergesellschaft mit einer teilweisen Umleitung der Umsätze dazu, dass sowohl der Verlag als auch die Schwestergesellschaft die Lieferschwelle in Anspruch nehmen können, ohne sich registrieren zu lassen und deutsche Umsatzsteuer berechnen zu müssen. Nach Art. 11 MWStSystRL kann jeder Mitgliedstaat (vorbehaltlich von Konsultationen) "in seinem Gebiet ansässige Personen, die zwar rechtlich unabhängig, aber durch gegenseitige finanzielle, wirtschaftliche und organisatorische Beziehungen eng miteinander verbunden sind, zusammen als einen Steuerpflichtigen behandeln". Bereits aus dem Wortlaut folgt, dass die Mitgliedstaaten nicht berechtigt sind, im Ausland ansässige Steuerpflichtige allein oder zusammen mit einem im Inland ansässigen Unternehmer als Einheit zu behandeln (wie dies die deutsche Finanzverwaltung in Abschn. 21a UStR tut).

e) Schaffung der Steuerpflicht

Die in Fachkreisen wegen des Beispiels als "**Pommes-Erlass**" bekannte und nun in Abschn. 15b Abs. 14 UStR aufgenommene Regelung zeigt, dass es durchaus Situationen geben kann, in denen ein ausländischer Unternehmer eine an sich nicht bestehende Steuerpflicht im Inland schaffen will. Der Sachverhalt des Beispiels lautet: "Der niederländische Großhändler N in Venlo

---

[27] Vgl. dazu *Jorde/Wetzel*, BB 1996, 1246 ff.
[28] Das Finanzgericht Rheinland-Pfalz hatte im rechtskräftigem Beschluss vom 30. 11. 2008 (6 V 2395/07, UR 2008, 542) ernstliche Zweifel geäußert, ob die Rechtsfolgen der Organschaft zwingend eintreten. Das hat der BFH in einer nachfolgenden Entscheidung aber nun ausdrücklich und zweifelsfrei festgestellt (BFH-Urt. v. 29. 10. 2008 XI R 74/07, BStBl 2009 II 256, Leitsatz 2: *"Weder das UStG noch das Gemeinschaftsrecht sehen ein Wahlrecht für den Eintritt der Rechtsfolgen einer umsatzsteuerlichen Organschaft vor"*).

beliefert im grenznahen deutschen Raum eine Vielzahl von Kleinabnehmern (z. B. Imbissbuden, Gaststätten und Kasinos) mit Pommes frites. N verpackt und portioniert die Waren bereits in Venlo nach den Bestellungen der Abnehmer und liefert sie an diese mit eigenem Lkw aus."

Der Gegenstand der Lieferung entsteht in Venlo, die Abnehmer stehen fest, es sind Unternehmer. Nach dem Gesetzeswortlaut bewirkt N innergemeinschaftliche Lieferungen an seine Abnehmer; diese müssen – ungeachtet einer eventuellen Steuerpflicht oder Steuerfreiheit in den Niederlanden – einen innergemeinschaftlichen Erwerb anmelden und besteuern.

Manche der Abnehmer mögen eine Umsatzsteuer-Identifikationsnummer haben, andere nicht. N müsste also seine Rechnungen teils mit, teils ohne niederländische Umsatzsteuer erstellen. Allein dadurch entstünde ihm ein Unterscheidungs- und damit Verwaltungsaufwand. Auch die Abnehmer müssten die Vorschriften der Erwerbsbesteuerung beachten, was bei kleineren Unternehmern wie etwa den Imbissbudenbetreibern Anlass geben könnte, auf einen deutschen Lieferer auszuweichen.

Diesen praktischen Bedenken hat sich die Finanzverwaltung nicht verschlossen und gestattet unter bestimmten, in den UStR genannten Voraussetzungen, dass N den Transport der Waren wie ein innergemeinschaftliches Verbringen an sich selbst behandelt und anschließend steuerpflichtig (mit deutscher Umsatzsteuer) an seine Abnehmer liefert. Zwar erklären die Richtlinien nicht ausdrücklich, dass die Abnehmer nun auf die Erwerbsbesteuerung verzichten können, doch ergibt sich dieses Ergebnis meines Erachtens aus der Formulierung "kann ... ein innergemeinschaftliches Verbringen angenommen werden" – sie ist nicht auf den Lieferer beschränkt und gilt somit auch für den Abnehmer.

Eine ähnliche Interessenlage gibt es bei den jetzt vielfach anzutreffenden grenzüberschreitenden **Kommissionärsstrukturen**. Ein Produktionsunternehmen hat ein zentrales Warenlager in einem Mitgliedstaat, von dem aus die Waren direkt an die Endabnehmer transportiert werden; verkauft wurden die Waren durch einen Kommissionär des Produktionsunternehmens. Das Unternehmen möchte zur Verwaltungsvereinfachung eine einheitliche Rechnungserstellung in allen Mitgliedstaaten, in die geliefert wird. In Deutschland ist dieses Ergebnis aber kaum zu erreichen, weil Kommissionärs-Dreiecksgeschäfte in den Umsatzsteuer-Richtlinien gar nicht und in der Literatur[29] bisher nur selten angesprochen werden. Es ist fraglich, ob beim direkten Versand der Waren vom Prinzipal an den Endabnehmer diese dem Kommissionär zur Verfügung gestellt werden (also die Regelung in Abschn. 15b Abs. 7 UStR Anwendung findet), ob diese Regelung zwingend oder ein Wahlrecht ist, ob Abs. 7 den Abs. 14 (Pommes-Erlass) ausschließt, ob die fingierte Lieferung vom Prinzipal an den Kommissionär ausschließt, dass die Voraussetzung einer größeren Zahl von Abnehmern erfüllt ist, oder ob eine größere Zahl von Endabnehmern ausreicht. Die Interessenlage des Prinzipals ist nachvollziehbar, eine Lösung aber nur schwer und auf dem Verhandlungswege zu finden.

Schließlich wurde eingangs auch bereits darauf hingewiesen, dass das **Vorsteuervergütungsverfahren** schwerfällig und vor allem zeitaufwendig ist. Ein ausländisches Unternehmen, das im Inland etwa eine Großanlage errichtet und dazu zahlreiche Eingangsrechnungen mit deutscher Umsatzsteuer von Subunternehmern erhält, erleidet einen erheblichen Liquiditätsnachteil, wenn es diese Vorsteuern erst nach einem halben Jahr oder später vergütet erhält. Die Lieferung der Anlage fällt aber als Werklieferung in den Anwendungsbereich des Reverse Charge-Verfahrens (§ 13b UStG), so dass der ausländische Unternehmer nach § 57 Abs. 1 UStDV nicht verpflichtet (in der Praxis: nicht berechtigt) ist, sich umsatzsteuerlich registrieren zu lassen und

---

[29] Vgl. zur Vertiefung *Korf*, UR 1997, 333 ff.; *Weimann/Raudszus*, UVR 1997, 417 f.

Steuererklärungen abzugeben, obwohl er in diesem Verfahren seine Vorsteuern selbst nach einer wahrscheinlich angeordneten Umsatzsteuer-Sonderprüfung wesentlich schneller zurückerhielte als im Vergütungsverfahren.

In solchen Fällen bietet es sich dem ausländischen Unternehmer an, in jedem Voranmeldungszeitraum[30] mindestens einen Umsatz in Deutschland zu bewirken, der nicht dem Reverse Charge-Verfahren unterliegt. Hierbei ist aber zu beachten, dass die Erbringung sonstiger Leistungen (etwa von Kantinenumsätzen oder KFZ-Überlassung an Mitarbeiter) oft nicht zum gewünschten Ergebnis führt, weil der Leistungsort im Ausland bleibt. Besser ist die Ausführung von steuerpflichtigen Lieferungen oder, aus Liquiditätsgesichtspunkten noch besser, von innergemeinschaftlichen Erwerben. Das Verbringen eigener Gegenstände aus dem EU-Ausland an die Baustelle reicht nicht aus, um eine Registrierungsmöglichkeit zu eröffnen, wenn die Gegenstände bei der Werklieferung verwendet werden.[31] Gleiches gilt für ein Verbringen im Rahmen oder in unmittelbarem Zusammenhang mit einer sonstigen Leistung. Der britische Bauunternehmer, der seinen Mitarbeitern auch auf der Baustelle in Deutschland den Genuss englischen Rindfleischs ermöglichen möchte, sollte dieses also nicht aus der eigenen Kantine in England nach Deutschland verbringen, wenn er damit auch seine umsatzsteuerliche Registrierung erreichen möchte. Er sollte sich das Fleisch von seinem englischen Lieferer nach Deutschland liefern lassen. Dann bewirkt er nämlich einen in Deutschland steuerbaren und steuerpflichtigen Erwerb, muss/kann sich registrieren lassen und Umsatzsteuer-Voranmeldungen abgeben, in denen er die Vorsteuer aus den Eingangsrechnungen abziehen kann.

II. Besondere Besteuerungsformen

Das deutsche Umsatzsteuerrecht bietet in seinen §§ 19, 23 bis 25a UStG bestimmten kleineren Unternehmern, gemeinnützigen Körperschaften, Land- und Forstwirten, Reiseveranstaltern und Wiederverkäufern bestimmter Gegenstände die Möglichkeit, **besondere Besteuerungsformen** in Anspruch zu nehmen. Mit Ausnahme der Reiseveranstalter, für die die Bestimmungen zwingend sind, erfolgt die Gestaltung durch Wahl[32] oder Abwahl[33] dieser besonderen Besteuerungsform.

Der Unternehmer wird bei seiner Entscheidung zweckmäßigerweise zugrunde legen, ob seine Abnehmer überwiegend zum Vorsteuerabzug berechtigt sind oder nicht, und inwieweit ihm eine Erhöhung seiner eigenen Vorsteuerabzugsberechtigung (bei Option zur Regelbesteuerung) Vorteile bringt.

III. Nicht voll zum Vorsteuerabzug berechtigte Unternehmer
1. Optimierung durch Optionen

Unternehmer, deren Umsätze nach § 4 Nr. 8 bis 28 UStG steuerfrei sind, dürfen grundsätzlich die ihnen in Rechnung gestellte Umsatzsteuer gar nicht oder allenfalls anteilig abziehen. Für die meisten **Finanzdienstleistungen, die Bestellung und Übertragung von Erbbaurechten, die Vermietung, Verpachtung und andere dingliche Überlassung von Grundstücken, die steuerfreien Leistungen der Wohnungseigentümergemeinschaften und die Umsätze der Blinden** gilt aber, dass der Unternehmer einen Umsatz als steuerpflichtig behandeln kann, wenn dieser Umsatz an einen anderen Unternehmer für dessen Unternehmen ausgeführt wird.

---

[30] Sonst findet das Vergütungsverfahren teilweise weiterhin Anwendung, vgl. Abschn. 244 UStR.
[31] Vgl. Abschn. 15b Abs. 10 Nr. 1 UStR.
[32] §§ 23 Abs. 3 Satz 1, 24 Abs. 3 Satz 1 UStG.
[33] §§ 19 Abs. 2 Satz 1, 25 Abs. 8 Satz 1 UStG.

Bei den steuerfreien **grundstücksbezogenen** Umsätzen ist dies nur eingeschränkt möglich, wenn der Leistungsempfänger das Grundstück seinerseits ausschließlich zur Bewirkung solcher Umsätze verwendet, die den Vorsteuerabzug nicht ausschließen. Die Finanzverwaltung hat für diese Fälle aber den leistenden Unternehmern eine Gestaltungsmöglichkeit derart eingeräumt, dass grundsätzlich auf den selbständig nutzbaren Gebäudeteil (Wohnungen, gewerbliche Fläche, Büroräume, Praxisräume) abzustellen ist, wenn die Zulässigkeit der Option zur Steuerpflicht geprüft wird.[34]

Banken könnten beispielsweise ihr Vorsteuerabzugsvolumen beträchtlich erhöhen, wenn sie die Vergabe von Darlehen an Unternehmer (genauer: die Vereinnahmung der Zinsen) als steuerpflichtig behandelten. Die Zinsen sind Entgelt für eine an sich nach § 4 Nr. 8 Buchstabe a UStG steuerfreie Finanzdienstleistung, die aber als steuerpflichtig behandelt werden kann. Die Gründe dafür, dass dies in Deutschland bisher nur zurückhaltend geschieht, sind wohl psychologischer Art, wirtschaftlich sind sie nicht nachvollziehbar. Allerdings kann man seit der Erhöhung des Steuersatzes von 16 auf 19 Prozent im Finanzdienstleistungs-Sektor ein verstärktes Interesse an der Option feststellen.

2. Organschaft

Ein weiteres Mittel zur Erhöhung des Vorsteuerabzugsvolumens ist die Erhöhung der steuerpflichtigen Umsätze. Steuerbefreite Finanzdienstleister erreichen dies häufig durch die Gestaltung einer Organschaft mit einer Tochtergesellschaft, deren Umsätze steuerpflichtig sind (etwa Leasinggesellschaften, Immobilienmaklerei). Eine Bank darf oder will solche Umsätze nicht selbst ausführen, dafür gibt es eine selbständige Tochter.

3. Darlehen an Drittländer

Bestimmte Finanz- und Versicherungsdienstleistungen, die im Inland nach §§ 4 Nr. 8 Buchstabe a bis g oder Nr. 10 Buchstabe a UStG steuerfrei wären, berechtigen dann den Leistungserbringer zum Vorsteuerabzug, wenn der Leistungsempfänger im Drittlandsgebiet ansässig ist (§ 15 Abs. 3 Nr. 2 Buchstabe b UStG). Gibt eine in Deutschland ansässige Bank ein Darlehen an einen schweizerischen Unternehmer, so sind alle diesem Umsatz direkt zuordenbaren Vorsteuern (etwa aus Beratungskosten) voll abziehbar. Auch bei der Aufteilung der nicht unmittelbar den steuerfreien oder steuerpflichtigen Umsätzen zuordenbaren Vorsteuern müssen diese Drittlandsumsätze berücksichtigt werden. Dies gilt auch dann, wenn der in der Schweiz ansässige Darlehensnehmer nun seinerseits ein Darlehen an einen in Deutschland ansässigen Unternehmer vergibt – allerdings könnte sich die Bank einem Missbrauchsvorwurf seitens der Finanzverwaltung ausgesetzt sehen, wenn die beiden Darlehensgewährungen nachweisbar miteinander verknüpft sind.

4. Eliminierung von Eingangsumsätzen

Ein anderes Mittel zur Vermeidung von nicht abziehbarer Eingangsumsatzsteuer ist die **Vermeidung von Eingangsumsätzen**. Hier bieten sich – in gewissen Grenzen – Gestaltungsmöglichkeiten durch In-Sourcing, Umwandlung in Gesellschafterbeiträge und Zentraleinkauf von Leistungen.

Insbesondere Finanzdienstleister waren in der Vergangenheit häufig gezwungen, für das Unternehmen benötigte Leistungen entgegen dem generellen Trend nicht auf einen externen Dienstleister zu verlagern (so genanntes Out-Sourcing), sondern im Gegenteil sogar bestimmte Dienstleistungen, die nicht zum Kerngeschäft gehören, durch eigenes Personal ausführen zu

---

[34] Vgl. Abschn. 148a UStR, dazu auch Vfg. der OFD Freiburg/Karlsruhe/Stuttgart v. Dezember 1995, UR 1996, 398.

Korf

lassen (In-Sourcing). Da auf den Personalkosten keine Vorsteuer lastet, war dieser Kostenfaktor vermieden, allerdings oft mit dem Nachteil mangelnder Flexibilität und der Bindung an höhere Tarife.

Der EuGH hat in seiner Entscheidung "**Sparekassernes Datacenter**"[35] einen – allerdings sehr schmalen – Weg aufgezeigt, wie künftig unter bestimmten Umständen das In-Sourcing vermieden werden kann, ohne dass Eingangsumsatzsteuer anfällt. Er entschied, dass auch die Leistungen eines von verschiedenen Banken getragenen, in der Rechtsform einer selbständigen juristischen Person agierenden Rechenzentrums auch steuerfreie Finanzdienstleistungen erbringen kann, obwohl das Rechenzentrum selbst weder eine Erlaubnis zum Betreiben von Bankgeschäften hatte noch direkt mit den Kunden in Rechtsbeziehungen trat. Die Leistung darf sich aber nicht auf bloße technische und elektronische Assistenz der "eigentlichen" Finanzdienstleister beschränken, um sich für die Steuerfreiheit zu qualifizieren.[36]

Auch wenn die Auslagerung und Zentralisierung solcher Dienste in ein selbständiges Unternehmen nicht immer hilft, die nicht abziehbare Vorsteuer zu vermeiden, so kann dies unter Umständen durch Gründung einer Gesellschaft erreicht werden. Leistungen zwischen einer Gesellschaft und ihren Gesellschaftern, die aufgrund des **Gesellschaftsverhältnisses** und nicht aufgrund eines – gesonderten und daneben möglichen – **Leistungsaustauschverhältnisses** erbracht werden, sind nicht steuerbar. Vereinfachend lässt sich dazu die Regel aufstellen, dass ein nicht steuerbarer Austausch aufgrund des Gesellschaftsverhältnisses dann vorliegt, wenn eine Vergütung für diese Leistungen durch die allgemeine Teilnahme an Gewinn und Verlust der Gesellschaft erbracht wird, ein steuerbarer Leistungsaustausch dagegen, wenn eine Sondervergütung gezahlt wird.[37] Allerdings setzt die Annahme eines Gesellschafter- und Gesellschaftsbeitrags nach der Rechtsprechung des BFH voraus, dass es sich um eine so genannte Außengesellschaft handelt, die also im eigenen Namen am Markt[38] auftritt, bei einer bloßen Innengesellschaft ist das nicht möglich.[39]

IV. Nichtunternehmer

1. Juristische Personen des öffentlichen Rechts

Nach der derzeit geltenden Fassung des Umsatzsteuergesetzes sind die juristischen Personen des öffentlichen Rechts nur im Rahmen ihrer Betriebe gewerblicher Art (§§ 1 Abs. 1 Nr. 6, 4 KStG) und ihrer land- oder forstwirtschaftlichen Betriebe gewerblich oder unternehmerisch tätig, also Unternehmer (§ 2 Abs. 3 UStG). Die Rechtslage nach Art. 13 MWStSystRL bietet ein wesentlich

---

[35] EuGH-Urt. v. 5. 6. 1997, Rs C-2/95 (Sparekassernes Datacenter) IStR 1997, 397 ff.

[36] Die deutsche Finanzverwaltung wendet die Sparekassernes-Entscheidung restriktiv an und verneint die Steuerfreiheit bestimmter Rechenzentrumsleistungen an Kreditinstitute mit dem Argument, diese Dienstleistungen bewirkten nicht die Übertragung von Geldern (BMF-Schreiben v. 30. 5. 2000, UR 200, 297). Im Ergebnis liegt sie damit auf der Linie des EuGH, der in einer späteren Entscheidung die Leistungen eines Call Centers nicht als steuerfreie Umsätze ansah (EuGH-Urt. v. 13. 12. 2001 Rs. C-235/00 – CSC –, m. Anm. *Lohse* BB 2002, 559 f.).

[37] Vgl. BFH-Urt. v. 24. 8. 1994 XI R 74/93, BStBl 1995 II 250 f.; v. 16. 3. 1993 XI R 44/90, BStBl 1993 II 529 f.; v. 16. 3. 1993 XI R 45/90, BStBl 1993 II 530 f.; v. 16. 3. 1993 XI R 52/90, BStBl 1993 II 562 ff.; v. 9. 9. 1993 V R 88/88, BStBl 1994 II 56 f.; v. 10. 5. 1990 V R 47/86, BStBl 1990 II 757 ff.; v. 10. 8. 1989 V R 154/84, UR 1990, 147 ff.; allgemein dazu *Forchhammer*, UR 1991, 241 ff.

[38] Also wenigstens den Gesellschaftern gegenüber, dann kann sie an diese aber auch steuerbare Leistungen erbringen, vgl. BFH-Urt. v. 4. 7. 1985 V R 107/76, BStBl 1986 II 153 ff.; v. 18. 4. 1996 V R 123/93, BStBl 1996 II 367 ff.

[39] BFH-Urt. v. 27. 5. 1982 V R 110 und 111/81, BStBl 1982 II 678 ff.

differenzierteres Bild, und es ist zu hoffen, dass der Gesetzgeber der berechtigten Kritik[40] an der deutschen Regelung folgt und sie EU-konformer fasst.

Solange die Rechtslage noch unverändert ist, bleibt die Unternehmereigenschaft der juristischen Person des öffentlichen Rechts in Deutschland eingeschränkt und mit ihr der Vorsteuerabzug. Manchen von ihnen, insbesondere den Kommunen, bietet sich aber die Möglichkeit, bestimmte Aufgaben, die nicht zwingend hoheitlich sind, auf selbständige Tochtergesellschaften zu verlagern und damit insoweit einen Vorsteuerabzug zu erreichen.[41] Das ist insbesondere dann von Interesse, wenn mit diesen Aufgaben hohe Investitionen verbunden sind, die von Dritten bezogen werden. Es ist aber darauf hinzuweisen, dass nach Auffassung der Finanzverwaltung eine Einschaltung von Unternehmern durch juristische Personen des öffentlichen Rechts in die Erfüllung **hoheitlicher Aufgaben** allein zum Zweck, den Vorsteuerabzug zu erreichen, als rechtsmissbräuchlich angesehen wird.[42] Ob diese Meinung noch generell haltbar ist, darf bezweifelt werden. Möglicherweise schafft hier eine Trennung zwischen zwingend hoheitlichen und anderen Aufgaben eine Lösungsmöglichkeit, so schwierig diese Trennung auch sein mag.

Eine ähnliche Interessenlage besteht auch für steuerbefreite **gemeinnützige** Körperschaften des öffentlichen und privaten Rechts, die an einer Ausgliederung (umsatz)steuerpflichtiger Tätigkeiten interessiert sein können, um die Gemeinnützigkeit nicht zu gefährden.[43]

2. Privatpersonen

Für Privatpersonen bietet das Umsatzsteuerrecht zwar nur wenige Gestaltungsmöglichkeiten, aber es gibt sie, und zwar durch Ausnutzung des **Steuersatzgefälles**. Ein Bereich, der den Vätern der 6. RL offensichtlich so bedeutsam war, dass sie ihn regeln wollten, ist der grenzüberschreitende Handel mit Beförderungsmitteln durch Privatpersonen. Privatpersonen (und alle Nichtunternehmer), die grenzüberschreitend mit neuen Fahrzeugen[44] handeln, werden per Gesetz insoweit wie Unternehmer behandelt.[45] Diese Regelung kann zu interessanten Ersparnissen führen, wie das folgende Beispiel zeigt:

Es mag zwar unterschiedlich sein, welche Preise für Fahrzeuge in einem nationalen Markt durchsetzbar sind, für nicht vorsteuerabzugsberechtigte Privatpersonen gibt es aber immer eine **Schmerzgrenze**, die nicht überschritten werden kann. Diese Schmerzgrenze bestimmt den maximalen Kaufpreis, also einschließlich der nationalen Umsatzsteuer. Angenommen, der maximale Kaufpreis für ein Fahrzeug betrage 100 000 € oder sein Äquivalent in ausländischer Währung und ein Fahrzeughersteller habe diesen Maximalkaufpreis in allen europäischen Ländern durchgesetzt. Das bedeutet aber, wenn man andere Verkehrs- und Verbrauchsteuern unberücksichtigt lässt, dass der Nettokaufpreis in dem Maße sinkt, wie die Umsatzsteuer steigt. In Deutschland beträgt der Nettokaufpreis und damit die Bemessungsgrundlage der Umsatzsteuer 84 034 €, die Umsatzsteuer 15 966 €. In Dänemark und Schweden dagegen, wo der Regelsteuersatz bei 25 Prozent liegt, beträgt der Nettokaufpreis nur umgerechnet 80 000 €.

---

[40] Z. B. *Wagner*, UR 1993, 301 ff.
[41] Vgl. dazu *Forster*, Juristische Personen des öffentlichen Rechts und Harmonisierung eines europäischen Mehrwertsteuersystems, S. 152 ff.
[42] BMF-Schreiben v. 27. 12. 1990, IV A 2 – S 7300 – 66/90, BStBl 1991 I 81 ff.
[43] Vgl. dazu allgemein *Tönnes/Wewel*, DStR 1998, 274 ff.
[44] Zur Begriffsbestimmung s. § 1b Abs. 2 UStG.
[45] Vgl. §§ 1b, 2a UStG.

Eine deutsche Privatperson, die dieses Fahrzeug erwerben möchte, kauft es in Dänemark zum Preis von umgerechnet 100 000 € und lässt es sich nach Deutschland liefern. Die Lieferung ist in Dänemark steuerfrei[46], so dass der dänische Lieferer dem deutschen Kunden nur 80 000 € berechnet. Der Erwerb des Fahrzeugs unterliegt der Erwerbsbesteuerung, die Steuer beträgt 19 Prozent, also 15 200 € (§ 1b, 12 Abs. 1 UStG). Ergebnis: Der Erwerber hat nur 95 200 € statt 100 000 € bezahlt, die Differenz von 4 800 € entspricht 6 Prozent von 80 000 € und beruht auf der Steuersatzdifferenz zwischen Dänemark und Deutschland.

Auch im kleinen Grenzverkehr kann eine Privatperson das Steuersatzgefälle zwischen den Mitgliedstaaten ausnutzen: Seit Schaffung des Binnenmarktes am 1. 1. 1993 gilt für Privatpersonen bei mitgeführten Waren das Ursprungslandprinzip. Während Lieferungen aus dem EU-Ausland an Privatpersonen den Beschränkungen der so genannten **Versandhandelslieferungen** unterliegen, also eine bestimmte Schwelle nicht überschreiten dürfen, gilt diese Beschränkung nicht, wenn die Privatperson sich die Mühe macht, die Waren selbst im Ausland abzuholen. So kann man aus einigen Ländern Waren mitbringen, die im Ursprungsland nicht der Umsatzsteuer unterliegen, so etwa aus Belgien, Dänemark und England Zeitungen, aus Irland Saatgut zur Erzeugung von Nahrungsmitteln, oral einzunehmende Medikamente für den menschlichen Gebrauch, Bekleidungsartikel und Schuhe für Kinder mittlerer Größe unter 10 Jahren, weiße ungeschmückte Kerzen, aus Italien unbearbeitetes Gold und vieles mehr.[47]

C. Zusammenfassung

Entgegen den Vorstellungen vieler Unternehmer und Privatpersonen muss man die Belastung mit Umsatzsteuer keinesfalls so hinnehmen wie den Wechsel der Jahreszeiten oder der Gezeiten. Die Gestaltungsmöglichkeiten im Umsatzsteuerrecht mögen geringer sein als bei den direkten Steuern, aber es gibt durchaus solche Möglichkeiten. Sie sind vielfach vom Gesetzgeber selbst eingeräumt und frei vom Makel des Missbrauchs, man muss sie nur nutzen.

---

[46] Art. 28c Abs. A Buchst. b 6. RL, in Deutschland entsprechend § 6a Abs. 1 Nr. 2 Buchst. c UStG; der Erwerb muss beim Abnehmer der Besteuerung unterliegen, was der Fall ist (§ 1b UStG). Welche Nachweise der Lieferer im Einzelnen erbringen muss, ist von Mitgliedstaat zu Mitgliedstaat unterschiedlich, jedenfalls kann nicht verlangt werden, dass der Abnehmer eine Umsatzsteuer-Identifikationsnummer besitzt, vgl. auch § 17c Abs. 4 UStDV für deutsche Lieferer.

[47] Eine Übersicht gibt die Zusammenstellung "Die Mehrwertsteuersätze in den Mitgliedstaaten der Europäischen Gemeinschaft", mit Stand 1. 5. 2001, DOC/205/2001 – (DE), S. 8, zu finden unter http://europa.eu.int/comm/taxation_customs/publications/info_doc/taxation/tva/taux_tva-2001-5-1de.pdf. Zu den Auswirkungen der unterschiedlichen Steuersätze vgl. *Kommission* KOM (97)559 endg. 1997, S. 4 ff.

Korf

Teil 4:
Internationale Steuerplanung bei wirtschaftlichen Aktivitäten von Steuerausländern im Inland

Inhaltsübersicht

		Seite
1. Thema:	Vermeidung der Versagung der Entlastungsberechtigung von deutschen Quellensteuern auf Dividenden und Vergütungen nach § 50 d Abs. 3 EStG (*Luckey/Lohmann*)	1091
2. Thema:	Sonderbetriebsergebnis bei Inbound-Investitionen im Lichte der aktuellen Rechtsprechung und Gesetzgebung (*Altrichter-Herzberg/Möbus*)	1123
3. Thema:	Grenzüberschreitende Gesellschafterfremdfinanzierung von inländischen Kapitalgesellschaften (*Prinz/Hick*)	1139
4. Thema:	Die Organschaft im internationalen Konzern (*Goller*)	1173
5. Thema:	Steuerplanungsüberlegungen bei Immobilieninvestitionen durch Steuerausländer im Inland (*Tischbirek*)	1187
6. Thema:	Umstrukturierung eines inländischen Unternehmens unter Beteiligung von beschränkt steuerpflichtigen Gesellschaftern (*Dremel*)	1219
7. Thema:	Typische Investitionsstrukturen für Direktinvestitionen von US-Unternehmen in Europa (*Kowallik*)	1241

Teil 4.
Internationale Steuerplanung bei wirtschaftlichen Aktivitäten von Steuerausländern im Inland

Inhaltsübersicht.

		Seite
1. Thema:	Vermeidung der Versagung der Entlastungsberechtigung von deutschen Quellensteuern auf Dividenden und Vergütungen nach § 50 d Abs. 3 EStG (Lüke/Lohmann)	1091
2. Thema:	Sonderbetriebsgebäude bei Inbound-Investitionen im Lichte der aktuellen Rechtsprechung und Gesetzgebung (Albrecht-Herzberg/Mobus)	1123
3. Thema:	Grenzüberschreitende Gesellschafterfremdfinanzierung von inländischen Kapitalgesellschaften (Prinz/TUG)	1139
4. Thema:	Die Organschaft im internationalen Konzern (Goffry)	1173
5. Thema:	Steuerplanungsüberlegungen bei Immobilieninvestitionen durch Steuerausländer im Inland (Tischbirek)	1187
6. Thema:	Umstrukturierung eines inländischen Unternehmens unter Beteiligung von beschränkt steuerpflichtigen Gesellschaften (Diemer)	1219
7. Thema:	Typische Investitionsstrukturen für Direktinvestitionen von US-Unternehmen in Europa (Kowallik)	1227

1. Vermeidung der Versagung der Entlastungsberechtigung von deutschen Quellensteuern auf Dividenden und Vergütungen nach § 50d Abs. 3 EStG

von Dipl.-Kfm. Dr. Jörg Luckey, Steuerberater, Partner und
Dipl.-Kfm. Adrian Lohmann, Steuerberater, Associate*

Inhaltsübersicht

A. Einführung
B. Rechtliche Grundlagen des § 50d Abs. 3 EStG
  I. Sinn und Zweck
  II. Überblick zum Regelungsinhalt
C. Steuerliche Planungs- und Gestaltungsansätze
  I. Gestaltungsansätze zur Vermeidung der Erfüllung der Tatbestandsvoraussetzungen des § 50d Abs. 3 EStG
  II. Gestaltungsansätze zur Vermeidung des Regelungsbereichs des § 50d Abs. 3 EStG
D. Restriktionen der Steuergestaltung (§ 42 AO)
  I. Grundsätzliches zur Normenkonkurrenz von § 50d Abs. 3 EStG und § 42 AO
  II. Ausschließliche Anwendbarkeit des § 50d Abs. 3 EStG in dessen Regelungsbereich

Literatur:

Cannivé, K./Seebach, D., Unternehmergesellschaft (haftungsbeschränkt) versus Europäische Privatgesellschaft (SPE): Wettbewerb der Ein-Euro-Gesellschaften?, GmbHR 2009, S. 519; *Eckl, P.*, Tightening of the German Anti-Treaty-Shopping Rule, European Taxation 2007, S. 120; *Flick, H.*, Deutsche Aktivitäten von Ausländern über ausländische Zwischengesellschaften und die Missbrauchsgesetzgebung des § 50d Abs 1a EStG, IStR 1994, S. 223; *Frotscher, G.*, § 50d EStG, in Frotscher (Hrsg.), EStG; Kommentar zum Einkommensteuergesetz, Freiburg/Breisgau 2004; *ders.*, Betriebsausgabenabzug für Zinsaufwendungen bei Körperschaften (Zinsschranke), in Frotscher/Maas (Hrsg.), Freiburg 2000; *Gosch, D.*, EStG Kompaktkommentar, in: Kirchhof (Hrsg.), Besonderheiten im Fall von Doppelbesteuerungsabkommen und der §§ 43b und 50g, Heidelberg 2008; *Grotherr, S.*, Keine deutsche Kapitalertragsteuerentlastung bei Einschaltung einer ausstattungslosen Zwischenholdinggesellschaft im Ausland – Nichtanwendungserlass zur Hilversum II-Entscheidung des BFH, IStR 2006, S. 361ff; *ders.*, International relevante Änderungen durch das JStG 2007 anhand von Fallbeispielen, IWB 2006, Fach 3, Gruppe 2, S. 1445, S. 1459; *Günkel, M./Lieber, B.*, Braucht Deutschland eine Verschärfung der Holdingregelung in § 50d Abs. 3 EStG?, DB 2006, S. 2197; *Hahn-Joecks, G.*, § 50d EStG, in: Kirchhof/Söhn/Mellinghoff (Hrsg.), Einkommensteuergesetz-Kommentar, Heidelberg 2009; *Heinicke, W.*, Besonderheiten im Fall von Doppelbesteuerungsabkommen und der §§ 43b und 50g, in Schmidt (Hrsg.), EStG Kommentar, München 2008; *Hergeth, A./Ettinger, J.*, Nichtanwendungserlass zum Urteil des BFH vom 31. 5. 2005 zu § 50d Abs. 3 EStG, IStR 2006, S. 307ff; *Herlinghaus, A.*, Entfaltung einer eigenen wirtschaftlichen Tätigkeit i.S. des § 50d Abs. 1a EStG 1990/1994, EFG 2006, S. 898ff; *Hey, J.*, Gestaltungsmissbrauch im Steuerrecht nach der Neufassung des § 42 AO und dem dazu ergangenen BMF-Erlass, BB 2009, S. 1044; *Höppner, H.D.*, Nutzung von DBA und § 50d Abs. 1a EStG, in: Haarmann (Hrsg.), Finanzierungen, Ausschüttungen und Nutzungsüberlassungen im internationalen Steuerrecht, Köln 1999; *ders.*, Ausländische Holdinggesellschaften mit deutschen Einkünften – Die neue Missbrauchsregelung in § 50 d Abs. 1 a EStG, IWB 1996, Fach 3, Gruppe 3, S. 1153; *Kraft, G.*, Auslegungs- und Anwendungsprobleme der speziellen Missbrauchsklausel des § 50d Abs. 1a EStG zur Verhinderung von „Treaty Shopping" bzw. „Directive Shopping", IStR 1994, S. 370; *Kessler, W.*, Konzernstruktur und Umstrukturierung, in: Kessler/Kröner/Köhler (Hrsg.), Konzernsteuerrecht, München 2008, S. 730; *Kessler, W./Eicke, R.*, Treaty Shopping mit Holding in Luxemburg, PIStB 2006, S. 167; *dies.*, Neue Gestaltungshürden in der Anti-Treaty-Shopping-Regelung des § 50d Abs. 3 EStG, DStR 2007, S. 781; *Klein, M.*, Einkommensteuer- und Körperschaftsteuergesetz Kommentar, in Herrmann/Heuer/Raupach (Hrsg.), Unterlassen des Steuerabzugs oder Vornahme nach einem niedrigeren Steuersatz nach Maßgabe des § 43b, des § 50a Abs. 4, des § 50g oder eines DBA, Köln 2006, S. E 33; *Kollruss, T.*, Steueroptimale Gewinnrepatriierung unter der verschärften Anti-Treaty-Shopping-Regelung des § 50d Abs. 3 EStG i. d. F. JStG 2007 unter Berücksichtigung der Zinsschranke, IStR 2007, S. 870; *ders.*, Vermeidung der Anti-Treaty-Shopping Regelung des § 50d Abs. 3 EStG durch die Zinsschranke,

---

* Dr. Jörg Luckey ist Partner der Ernst & Young GmbH Wirtschaftsprüfungsgesellschaft am Standort Eschborn. Dipl.-Kfm. Adrian Lohmann ist Associate bei der Baker & McKenzie Partnerschaftsgesellschaft in Frankfurt am Main.

BB 2007,S. 2774; **ders.**, KGaA und Zinsschranke – unter besonderer Berücksichtigung der Akquisitionsfinanzierung, BB 2007, S. 1988; **Korts, S.**, Hilversum III - die Bermuda-Fortsetzung, IStR 2006, S. 425ff; **Lieber, B.**, Auschluss der Kapitalertragsteuererstattung bei Zwischenschaltung einer funktionslosen Holdinggesellschaft, IWB 2006, Fach 3 Deutschland Gr. 3, S. 1433; **Lüdicke, J.**, in Piltz/Schaumburg, Unternehmensfinanzierung im internationalen Steuerrecht, Köln 1995; **Luckey, J.**, § 50d Abs. 3 EStG, in: Ernst & Young (Hrgs.), KStG Kommentar, Bonn/Berlin 2009; **Mössner, J.**, Probleme und Zweifelsfragen bei der Regelung des "treaty shopping", in: Fischer (Hrsg.), Besteuerung wirtschaftlicher Aktivitäten von Ausländern in Deutschland, Köln 1995,S. 85, 99; **Nieland, M.**, Besonderheiten im Fall von Doppelbesteuerungsabkommen und der §§ 43b und 50g, in Lademann (Hrsg.), Kommentar zum Einkommensteuergesetz-EStG, Stuttgart 2008; **Ramackers, A.**, Besonderheiten im Fall von Doppelbesteuerungsabkommen, in Littmann/Bitz/Pust (Hrsg.), Das Einkommensteuerecht, Krefeld/Hannover 2003; **Ritzer, C./Stangl, I.**, Zwischenschaltung ausländischer Kapitalgesellschaften – Aktuelle Entwicklungen im Hinblick auf § 50d Abs. 3 EStG und § 42 AO, FR 2006, S. 757ff; **Rödder, T./Schumacher, A.**, Erster Überblick über die geplanten Steuerverschärfungen und –entlastungen für Unternehmen zu Jahreswechsel 2003/2004, DStR 2003, S. 1725; **Schaumburg, H.**, Internationales Steuerrecht, 2. Aufl., Köln 1998; **Schönfeld, J.**, § 50d Abs. 3 EStG Besonderheiten im Fall von Doppelbesteuerungsabkommen und der §§ 43b und 50g, in: Flick/Wassermeyer/Baumhoff, (Hrsg.), Außensteuerrecht Kommentar, Köln 2007; **Sedemund, J.**, Steine statt Brot oder immer noch europarechtswidrig? – Gedanken zur Neufassung des § 8a KStG, IStR 2004, S. 595; **Stalinski, B.**, Neuregelung der Gesellschafter-Fremdfinanzierung nach § 8a KStG, NWB, Fach 4, S. 4771; **Strunk, G.**, § 50d EStG, in: Korn (Hrsg.), Einkommensteuergesetz Kommentar, Bonn 2000; **Teichmann, C./Limmer, P.**, Die Societas Privata Europaea (SPE) aus notarieller Sicht, GmbHR 2009, S. 537; **Thömmes, O.**, Jahrbuch der Fachanwälte für Steuerrecht, Herne/Berlin 1995/1996; **Wassermeyer, F.**, Die Erzielung von Drittstaateneinkünften über eine schweizerische Personengesellschaft, IStR 2007, S. 211; **Wied, E.**, EStG, KStG, GewStG Kommentar, in Blümich (Hrsg.), Besonderheiten im Fall von Doppelbesteuerungsabkommen und der §§ 43b und 50g, München 2008, S. 18; **Wiese, G.T./Süß, S.**, Verschärfungen bei Kapitalertragsteuer-Entlastung für zwischengeschaltete ausländische Kapitalgesellschaften, GmbHR 2006, S. 972.

A. Einführung

Die Regelung der Vorschrift des § 50d Abs. 3 EStG ist vor dem Hintergrund eines sich ständig weiterentwickelnden internationalen Steuerrechts zu sehen, welches verstärkt der internationalen Verflechtung und grenzüberschreitenden Unternehmenstätigkeit dahin gehend Rechnung trägt, steuerliche Mehr- und Doppelbelastungen grenzüberschreitender Unternehmenstätigkeiten zu reduzieren, bzw. völlig zu vermeiden. Zu Gunsten des Postulats der Freizügigkeit und der Niederlassungsfreiheit, also zur Beschleunigung des Wachstums, zur Intensivierung der internationalen Arbeitsteilung und sicherlich auch zur prophylaktischen Absicherung gegenüber protektionistischen Regelungen wichtiger Handelspartner verzichten die Staaten zunehmend auf die Erhebung von Quellensteuern. Ein wichtiges Beispiel hierfür sind die Bestimmungen der Mutter-/Tochter-Richtlinie und der Zins- und Lizenz-Richtlinie, in deren Anwendungsbereich generelle Quellensteuerfreiheit für Dividenden, bzw. Zinsen und Lizenzen gewährt wird (in Deutschland durch § 43b EStG für Dividenden und durch § 50g EStG für Zinsen und Lizenzen).

Soweit bei dem Empfänger von Dividenden für diese die Freistellungsmethode greift, besteht in Fällen der vollumfänglichen Entlastung von Quellensteuern aus Sicht der empfangenden Kapitalgesellschaft die gesamte entstehende Belastung ausschließlich aus der im Herkunftsstaat der Dividende entrichteten Körperschaftsteuer der die Gewinnausschüttung leistenden Körperschaft (in Deutschland zzgl. SolZ und Gewerbesteuer). In einer solchen, durch wirtschaftsliberales Denken geprägten Steuergesetzgebung soll allerdings nicht auch derjenige Vorteile erzielen, dem sie nach dem Willen des Gesetzgebers nicht zustehen, da er nicht zu dem Kreis der Begünstigten zählt. Eine solche Einschränkung erfährt das deutsche internationale Steuerrecht durch die zu besprechende Regelung der Vorschrift des § 50d Abs. 3 EStG. Mittels Zwischenschaltung substanz- oder funktionsloser Auslandsgesellschaften sollen (wirtschaftliche) Gläubiger steuerbelasteter Vergütungen nicht eine steuerlich begünstigte Behandlung erfahren, die ihnen bei unmittelbarem Bezug versagt bliebe.

Andererseits ist unzweifelhaft, dass Steuerpflichtige ihre wirtschaftlichen und rechtlichen Verhältnisse so gestalten dürfen, wie dies für sie steuerlich günstig ist. Es besteht kein „Zwang zur Steuerpflicht".[1] Folglich hat auch das Steuerrecht und der Rechtsanwender grundsätzlich die durch den Steuerpflichtigen im Einzelfall tatsächlich gewählte Gestaltung zu respektieren. Dieser Grundsatz findet seine Grenzen allerdings dort, wo rechtliche Gestaltungsmöglichkeiten missbräuchlich genutzt werden, um (gesetzlich nicht vorgesehene) Steuervorteile zu erzielen (vgl. hierzu Abschnitt D. „Restriktionen der Steuergestaltung"). Dem Grunde nach steht es dem Steuerpflichtigen deshalb auch im Hinblick auf § 50d Abs. 3 EStG frei, seine wirtschaftlichen und rechtlichen Verhältnisse so zu gestalten, dass dessen nachteilige Rechtsfolgen (vollständige oder teilweise Versagung der Entlastungsberechtigung) nicht eintreten.

Der Wertungsmaßstab und damit die Abgrenzung der steuerrechtlich anzuerkennenden von der steuerrechtlich als missbräuchlich anzusehenden Gestaltung wird dabei zwar grundsätzlich durch § 42 AO bestimmt, ist aber im Regelungsbereich des § 50d Abs. 3 EStG durch dessen Merkmale spezialgesetzlich kodifiziert. In Folge dessen ist eine Gestaltung durch den Einsatz von zwischengeschalteten Gesellschaften, die nicht im engeren Sinne als „Briefkastengesellschaften" zu betrachten sind, aber welche nicht die kodifizierten Tatbestandsmerkmale des § 50d Abs. 3 EStG erfüllt, grundsätzlich steuerlich anzuerkennen. Dahingehenden Gestaltungsansätzen soll im Folgenden im Anschluss an eine grundlegende Einführung der rechtlichen Grundlagen des § 50d Abs. 3 EStG nachgegangen werden.

B. Rechtliche Grundlagen des § 50d Abs. 3 EStG

I. Sinn und Zweck

Die Regelung des § 50d Abs. 3 EStG bezweckt durch ergänzende Tatbestandsvoraussetzungen, einer möglichen Unvollständigkeit von § 42 AO zu begegnen. Der Gesetzgeber sah sich durch das (zwischenzeitlich überholte[2]) sog. Monaco-Urteil des BFH vom 29.10.1981,[3] wonach beschränkt Steuerpflichtige von § 42 AO nicht erfasst werden sollten, zum Erlass einer entsprechenden Regelung (ehemals § 50d Abs. 1a EStG i. d. F. des StMBG vom 21.12.1993[4]) veranlasst. Im Urteilsfall hatte eine in Monaco ansässige Person die Beteiligung an einer deutschen Kapitalgesellschaft über eine Schweizer AG gehalten und hierdurch einen – im Vergleich zu einer unmittelbaren Beteiligung – günstigeren Quellensteuersatz auf Dividendenausschüttungen der deutschen Kapitalgesellschaft erlangt. Ursächlich hierfür war die durch die Zwischenschaltung der Schweizer AG eröffnete Anwendung des Doppelbesteuerungsabkommens Deutschland-Schweiz, das Deutschland lediglich ein reduziertes Quellenbesteuerungsrecht zugestand.

Der skizziert wiedergegebene Urteilssachverhalt steht exemplarisch für den Sinn und Zweck der Regelung. Es sollen nur diejenigen Steuerpflichtigen von der begünstigten Quellenbesteuerung profitieren, denen sie nach dem Willen des Gesetzgebers zustehen. Soweit Doppelbesteuerungsabkommen oder nationale Vorschriften (i. d. R. in Umsetzung von EG-Richtlinien) begünstigende Regelungen zur Quellenbesteuerung enthalten und sich Dritte diese durch die Zwischenschaltung funktions- oder substanzloser Gesellschaften „erschleichen" (sog. "treaty-„ bzw.

---

[1] Vgl. BFH v. 18.7.2001 – I R 48/97, DB 2001, 2362; v. 29.5.2008 – IX R 77/06, BStBl. II 2008, 789.

[2] Vgl. insbesondere BFH v. 29.10.1997 – I R 55/95, BStBl II 1998, 235.

[3] Vgl. BFH v. 29.10.1981 – I R 89/80, BStBl II 1982, S. 150.

[4] Mißbrauchsbekämpfungs- und Steuerbereinigungsgesetz vom 21.12.1993, BGBl. I 1993, 2310 = BStBl. I 1994, 50.

„directive-shopping"), soll die Norm des § 50d Abs. 3 EStG dies vermeiden. Die Regelung gilt zudem entsprechend für beschränkt steuerpflichtige Körperschaften i. S. d. § 2 Nr. 1 KStG, die grundsätzlich dazu berechtigt sind, eine partielle Entlastung i. H. v. zwei Fünftel deutscher Kapitalertragsteuer auf Kapitalerträge i. S. d. § 43 Abs. 1 S. 1 Nr. 1 bis 4 EStG zu beantragen, § 44a Abs. 9 S. 1 EStG.

Die Norm betrifft daher solche Personen, die im Falle eines direkten Bezugs der dem deutschen Steuerabzug unterliegenden Dividenden oder Vergütungen keine Entlastungsberechtigung von deutscher Quellensteuer oder nur in geringerer Höhe beanspruchen könnten. Für diesen Personenkreis besteht regelmäßig ein Interesse daran, durch Zwischenschaltung von funktions- oder substanzlosen Gesellschaften in den Genuss von andernfalls nicht erzielbaren Quellensteuerbegünstigungen zu gelangen.

Neben Gestaltungen wie sie dem Monaco-Urteil zugrunde lagen, sollen nach der Gesetzesbegründung[5] ferner sog. Künstlerverwertungsgesellschaften (sog. Boris-Becker-Modell)[6] und Gibraltar-Gesellschaften[7] getroffen werden. Letztere ermöglichen andernfalls den steuerfreien Transfer von mit 0 % belasteten EU-Dividenden u. a. in die USA.[8] Darüber hinaus sollen durch die Regelung Treuhandgestaltungen erfasst werden, bei denen die Beteiligung von Inländern an Auslandsgesellschaften verdeckt wird.[9]

In abstrakter Hinsicht bestehen die nachfolgend genannten Steuerplanungen, die grundsätzlich von § 50d Abs. 3 EStG erfasst werden können:[10]

- Soweit es sich um eine natürliche Person handelt, die Quellensteuerbegünstigung aber nur Körperschaften zusteht (so regelmäßig das sog. Schachtelprivileg für Dividenden gem. Art. 10 Abs. 2 OECD-MA), kann die Person zwischen sich und den Leistenden eine für die Entlastungsberechtigung grundsätzlich qualifizierende Körperschaft schalten;
- soweit die Quellensteuerbegünstigung nur einer nicht im Inland ansässigen Person zusteht (vgl. z. B. § 44a Abs. 9 EStG), kann die Person zwischen sich und den Leistenden eine im Ausland ansässige und für die Entlastungsberechtigung grundsätzlich qualifizierende Körperschaft einschalten;
- soweit die angestrebte Begünstigung in einem bestimmten Doppelbesteuerungsabkommen oder einer EG-Richtlinie vereinbart wurde, der Steuerpflichtige aber nicht in einem Staat ansässig ist, der zu deren Inanspruchnahme berechtigt, kann die Person eine qualifizierende Körperschaft in einem entsprechenden Staat errichten und zwischen sich und den Leistenden schalten ("treaty-„ bzw. „directive-shopping");

---

[5] BT-Drs. 12/5630 und 12/5764.
[6] *Flick*, IStR 1994, 223.
[7] Vgl. die Gesetzesbegründung zur Einführung des § 50d Abs. 1a EStG mit dem StMBG vom 21. 12. 1993, BT-Drs. 12/5630 und 12/5764.
[8] Siehe hierzu *Flick*, IStR 1994, 223.
[9] Vgl. *Lüdicke*, S. 102, 105.
[10] Vgl. auch *Frotscher* in Frotscher, EStG, § 50d, Rz. 11a.

▶ soweit die Quellensteuerbegünstigung von einer Mindestbeteiligung abhängig ist (so z. B. regelmäßig das sog. Schachtelprivileg für Dividenden gem. Art. 10 Abs. 2 OECD-MA i. V. m. § 50d Abs. 2 S. 1 2. Hs. EStG), der Steuerpflichtige diese Voraussetzung aber nicht erfüllt, kann die Person die Beteiligung in eine Körperschaft einlegen, die selbst oder durch Einlage anderer Gesellschafter bereits Anteile besitzt und damit die Mindestbeteiligung erreicht oder überschreitet.

II. Überblick zum Regelungsinhalt
1. Persönlicher Anwendungsbereich

Die Regelung des § 50d Abs. 3 EStG setzt eine „ausländische Gesellschaft" voraus, die nach einem Doppelbesteuerungsabkommen oder nach den §§ 43b, 50g EStG berechtigt ist, eine teilweise oder vollständige Entlastung von deutschen Abzugssteuern auf Kapitalerträge oder dem Steuerabzug nach § 50a EStG unterliegenden Vergütungen nach § 50d Abs. 1 S. 2 EStG (Erstattungsverfahren) oder nach § 50d Abs. 2 S. 1 EStG (Freistellungsverfahren) zu beantragen.

Nach der herrschenden Meinung im Schrifttum[11] und der Auffassung der Finanzverwaltung[12] ist der Begriff der „Gesellschaft" jeweils nach derjenigen Anspruchsgrundlage zu bestimmen, die den Anspruch auf Entlastung von der betreffenden Abzugssteuer gewährt. Der Begriff bestimmt sich nach dieser Auffassung nach dem jeweils einschlägigen Doppelbesteuerungsabkommen bzw. nach § 43b Abs. 2 EStG i. V. m. der Anlage 2 Nr. 1 zum EStG und § 50g Abs. 3 Nr. 5 Buchstabe a Doppelbuchstabe aa EStG i. V. m. Anlage 3 Nr. 1 und 3a Nr. 1 zum EStG. „Ausländisch" sind hiernach deshalb regelmäßig solche Gesellschaften, die weder Sitz noch Ort der Geschäftsleitung in Deutschland haben.[13] Diese Auffassung vernachlässigt jedoch die Tatsache, dass der Begriff der „ausländischen Gesellschaft" in § 7 Abs. 1 AStG legal definiert ist. Es ist daher u. E. auch für Zwecke des § 50d Abs. 3 EStG auf diese im deutschen Ertragsteuerrecht bereits verbindlich definierte Begriffbestimmung abzustellen. Hieraus können sich Gestaltungsansätze ergeben, die auf den Einsatz von entlastungsberechtigten Rechtsträgern gerichtet sind, welche allerdings die dort definierten Merkmale nicht aufweisen (vgl. hierzu weiterführend Abschnitt C.I.2).

An der „ausländischen Gesellschaft" i. S. d. § 50d Abs. 3 S. 1 EStG müssen „Personen [...] beteiligt" sein, denen die Entlastung oder Erstattung nach den Absätzen 1 oder 2 nicht zustünde, wenn Sie die Einkünfte unmittelbar erzielten. Die Beteiligung an der Gesellschaft muss grundsätzlich eine unmittelbare, gesellschaftsrechtliche sein.[14] Der Begriff der Person umfasst grundsätzlich jene Personen, die nach deutschem Steuerrecht Einkünfteerzielungssubjekt der in Rede stehenden Kapitalerträge oder Vergütungen, die dem Steuerabzug nach § 50a EStG unterliegen, sein könnten und deshalb über eine entsprechende Entlastungsberechtigung nach den §§ 43b, 50g EStG oder DBA verfügen könnten. Dies können natürliche und juristische Personen sowie solche Personen sein, die wie eine juristische Person besteuert werden (Art. 3 Abs. 1 Buchstaben

---

[11] Vgl. *Gosch* in Kirchhoff, EStG, § 50d, Rz. 43; *Hahn-Joecks* in K/S/M, EStG, § 50d, Rz. G 3; *Höppner* in Haarmann, Finanzierungen, S. 134; *ders.*, IWB F. 3 Gr. 3, 1153, 1156; *Mössner* in Fischer, Besteuerung wirtschaftlicher Aktivitäten von Ausländern in Deutschland, S. 85, 97, *Nieland* in Lademann, EStG, § 50d, Rz. 218ff.; *Ramackers* in L/B/P, EStG, § 50d, Rz. 130ff.; *Schönfeld* in FWB, AStG, § 50d EStG, Rz. 51; *Wied* in Blümich, EStG, § 50d Rz. 59; a.A. *Luckey* in Ernst & Young, KStG, § 50d Abs. 3 EStG, Rz. 88.

[12] BMF-Schreiben v. 3. 4. 2007, BStBl. I 2007, 446, Tz. 3 S. 1.

[13] Vgl. für Einzelheiten: *Luckey* in Ernst & Young, KStG, § 50d Abs. 3 EStG, Rz. 92 ff.

[14] Vgl. *Hahn-Joecks* in K/S/M, EStG, § 50d, Rz. G 5; *Klein* in H/H/R, § 50d Rz. 55; *Ramackers* in L/B/P, EStG, § 50d, Rz. 136; *Schönfeld* in FWB, AStG, § 50d EStG, Rz.54.

a und b OECD-MA). Die beteiligten Personen dürfen bei unterstellten unmittelbarem Bezug nicht oder nicht in vollem Umfang die Begünstigungen der §§ 43b, 50g EStG oder des jeweiligen DBA beanspruchen können. Hierzu gehören bei streng wortlautgemäßer Auslegung auch in Deutschland ansässige Personen.[15] Anteilseigner mit Wohnsitz, Sitz oder Geschäftsleitung im Inland sollen deshalb nach Ansicht der Finanzverwaltung nicht i. S. d. § 50d Abs. 3 EStG „entlastungsberechtigt" sein.[16] § 50d Abs. 3 EStG versagt (vorbehaltlich auch der Erfüllung der weiteren Tatbestandsvoraussetzungen) damit die Entlastungsberechtigung dann und insoweit, wie entsprechend nicht entlastungsberechtigte Personen an der ausländischen Gesellschaft „beteiligt" sind. Diesem kann u. U. mit Gestaltungsansätzen entgegengetreten werden, die darauf gerichtet sind, grundsätzlich entlastungsberechtigte Personen an der ausländischen Gesellschaft zu beteiligen, das wirtschaftliche Ergebnis der ausländischen Gesellschaft aber mittels geeigneter Instrumente an nicht Entlastungsberechtigte zu repatriieren (vgl. hierzu weiterführend Abschnitt C.I. 3).

2. Sachlicher Anwendungsbereich

Nach den in den Nummern 1 bis 3 des § 50d Abs. 3 EStG genannten Tatbeständen hat die ausländische Gesellschaft keinen Anspruch auf teilweise oder völlige Steuerentlastung, wenn

1. für ihre Einschaltung wirtschaftliche oder sonst beachtliche Gründe fehlen oder
2. sie nicht mehr als 10 Prozent ihrer gesamten Bruttoerträge des betreffenden Wirtschaftsjahres aus eigener Wirtschaftstätigkeit erzielt oder
3. sie nicht mit einem für ihren Geschäftszweck angemessen eingerichteten Geschäftsbetrieb am allgemeinen wirtschaftlichen Verkehr teilnimmt.

Ergänzend hierzu ordnet § 50d Abs. 3 S. 2 EStG an, dass für die Prüfung der sachlichen Voraussetzungen ausschließlich die Verhältnisse der ausländischen Gesellschaft maßgebend sind. Insoweit sind (entgegen der Rechtsprechung des BFH[17]) organisatorische, wirtschaftliche oder sonst beachtliche Merkmale der ausländischen Gesellschaft nahe stehender Personen i. S. d. § 1 Abs. 2 AStG außer Acht zu lassen.

In Ergänzung zu § 50d Abs. 3 S. 1 Nr. 2 EStG bestimmt § 50d Abs. 3 S. 3 EStG, dass es für die Anwendung der Norm dann an einer „eigenen Wirtschaftstätigkeit" fehlt, soweit die ausländische Gesellschaft ihre Bruttoerträge aus der Verwaltung von Wirtschaftsgütern erzielt oder ihre wesentlichen Geschäftstätigkeiten auf Dritte überträgt.

Nach der Regelung des § 50d Abs. 3 S. 4 EStG sind die Sätze 1 bis 3 dann nicht anzuwenden, wenn entweder

1. mit der Hauptgattung der Aktien der ausländischen Gesellschaft ein wesentlicher und regelmäßiger Handel an einer anerkannten Börse stattfindet oder
2. für die ausländische Gesellschaft die Vorschriften des Investmentsteuergesetzes gelten.

---

[15] Vgl. *Gosch* in Kirchhoff, EStG, § 50d, Rz. 43; Im Ergebnis ebenso *Heinicke* in L.Schmidt, EStG, § 50d, Rz. 46; *Klein* in H/H/R, EStG, § 50d, Rz. 55; *Nieland* in Lademann, EStG, § 50d, Rz. 238; *Thömmes*, JbFAStR 1995/96, 127; *Wied* in Blümich, EStG, § 50d Rz. 60; siehe dazu auch *Hahn-Joecks* in K/S/M, EStG, § 50d, Rz. G 4; *Höppner* in Haarmann, Finanzierungen, S. 134, 138; *ders.* IWB F.3 Gr. 3 S. 1153, 1158.

[16] Vgl. BMF-Schreiben v. 3. 4. 2007, BStBl. I 2007, 446, Tz. 4.

[17] Vgl. BFH v. 31. 5. 2005 – I R 74, 88/04, BStBl. II 2006, 118.

3. Rechtsfolgen

Sind die Tatbestandsvoraussetzungen des § 50d Abs. 3 S. 1 EStG erfüllt, wird der nach dem einschlägigen DBA oder aufgrund der §§ 43b, 50g EStG dem Grunde nach entlastungsberechtigten ausländischen Gesellschaft die vorgesehene völlige oder teilweise Entlastung von deutschen Abzugsteuern nach § 50d Abs. 1 (Erstattungsverfahren) oder Abs. 2 (Freistellungsverfahren) EStG versagt. Die Versagung erfolgt insoweit, wie den an der ausländischen Gesellschaft beteiligten Personen bei fiktivem unmittelbarem Bezug der betreffenden Einkünfte ihrerseits kein entsprechender Entlastungsanspruch zustünde. Ferner versagt § 50d Abs. 3 EStG ggf. die nach § 44a Abs. 9 S. 1 EStG bestehende antragsgebundene, partielle Entlastungsberechtigung beschränkt steuerpflichtiger Körperschaften i. S. d. § 2 Nr. 1 KStG von deutscher Kapitalertragsteuer.

III. EG-Rechtswidrigkeit des § 50d Abs. 3 EStG ?

Es bestehen u. E. berechtigt vorgetragene Zweifel, ob die Regelung des § 50d Abs. 3 EStG in ihrer aktuellen Fassung mit den EG-vertraglichen Grundfreiheiten, insbesondere der Niederlassungsfreiheit (Art. 43 ff. EG) sowie der Kapitalverkehrsfreiheit (Art. 56 EG ff.) vereinbar ist.[18] Diese Zweifel werden für Dividendenzahlungen in EU-Mitgliedstaaten und EWR/EFTA-Staaten, die Amtshilfe leisten, ebenfalls von der Europäischen Kommission geteilt. Deshalb hat die Europäische Kommission beschlossen, vor dem EuGH Klage gegen die Bundesrepublik Deutschland wegen seiner Besteuerung von Dividendenzahlungen an Unternehmen im Ausland zu erheben.[19]

Während inländische Anteilseigner die auf den (Dividenden-)Zahlungen lastende Kapitalertragsteuer auf ihre Steuerschuld anrechnen oder ggf. eine Erstattung verlangen können, steht eine Erstattung bzw. Freistellung vom deutschen Kapitalertragsteuerabzug nach § 50d Abs. 1 und 2 EStG ausländischen Anteilseignern nur vorbehaltlich des § 50d Abs. 3 EStG zu. Hierin besteht mutmaßlich eine unzulässige Beschränkung der Niederlassungs- und der Kapitalverkehrsfreiheit im Sinne der Dassonville-Doktrin, da die Ausübung der betreffenden Grundfreiheiten – hier z. B. die Beteiligung an einer Gesellschaft in Deutschland – aufgrund der drohenden steuerlichen Mehrbelastung in Folge der Anwendbarkeit des § 50d Abs. 3 EStG weniger attraktiv ist.[20] Zwar kann eine nationale, die Grundfreiheiten beschränkende Regelung, grundsätzlich gerechtfertigt sein, z. B. wenn sie sich speziell auf rein künstliche Gestaltungen bezieht, die darauf ausgerichtet sind, der Anwendung der Rechtsvorschriften des betreffenden Mitgliedstaats zu entgehen.[21] § 50d Abs. 3 EStG dürfte jedoch nicht als Missbrauchsvermeidungsvor-

---

[18] Vgl. *Eckl*, European Taxation 2007, S. 120, S. 124f.; *Wiese/Süß*, GmbHR 2006, S. 972, S. 975; *Gosch* in Kirchhof, EStG, § 50d; *Grotherr*, IWB 2006 Fach 3, Gruppe 3, S. 1445, S. 1459; *Günkel/Lieber*, DB 2006, 2197, 2199; *Ritzer/Stangl*, FR 2006, 757, 765.

[19] Pressemitteilung v. 19. 3. 2009 - Az. IP/09/435, http://ec.europa.eu/taxation_customs/common/infringements/infringement_cases/index_de.htm.

[20] Vgl. für die Niederlassungsfreiheit: EuGH v. 12. 12. 2002 - C-324/00, Lankhorst-Hohorst, Slg. 2002, I-11779, Rn. 32, v. 23. 2. 2006 – C-471/04, Keller Holding, Slg. 2006, I-2107, Rn. 35; v. 14. 12. 2006 – C-170/05, Denkavit, Slg. 2006, I-11949-11986, Rn. 30; für die Kapitalverkehrsfreiheit: EuGH v. 6. 6. 2000 – C-35/98, Verkooijen, Slg. 2000, I-4113, Rn. 35, v. 15. 7. 2004 – C-315/02, Lenz, Slg. 2004, Slg. 2004, I-7063, Rn. 21; v. 7. 9. 2004 – C-319/02, Manninen, Slg. 2004, I 7477, Rn. 23.

[21] Vgl. EuGH v. 16. 7. 1998 – C-264/96, ICI, Slg. 1998, I-4695, Rn. 26; v. 12. 12. 2002 – C-324/00, Lankhorst-Hohorst, Slg. 2002, I-11779, Rn. 37; v. 11. 3. 2004 - C 9/02, De Lasteyrie du Saillant, Slg. 2004, I 2409, Rn. 50; v. 13. 12. 2005 – C-446/03, Marks & Spencer, Slg. 2005, I-10837, Rn. 57; v. 12. 9. 2006 - C-196/04, Cadbury Schweppes, Slg. 2006, I-7995, Rn. 51.

schrift in diesem Sinne qualifizieren, da diese nach Maßgabe der EuGH-Rechtsprechung auf entsprechend (eindeutige) Missbrauchsfälle („rein künstlicher Gestaltungen") beschränkt sein müssen, mithin auf Gesellschaften, die nur eine „fiktive Ansiedlung" darstellen und keine „wirkliche wirtschaftliche Tätigkeit" im Hoheitsgebiet des Aufnahmemitgliedstaats entfalten („Briefkastengesellschaften").[22] Die Regelung der Norm des § 50d Abs. 3 EStG erfasst jedoch zweifelsohne darüber hinaus gehende Sachverhaltskonstellationen, die nicht als Missbrauch in diesem Sinne aufzufassen sind. Es tritt hinzu, dass in Inlandsfällen nach der Rechtsprechung des BFH[23] noch nie eine auf Dauer angelegte Zwischenschaltung einer Kapitalgesellschaft als Rechtsmissbrauch eingestuft wurde. Es ist zumindest bedenkenswert, warum z. B. bei Zwischenschaltung einer EU-Gesellschaft diesbezüglich etwas anderes gelten sollte. In den sog. „Dublin Dock"-Entscheidungen[24] hat der BFH jedenfalls einen Wertungswiderspruch darin erkannt, die Einschaltung einer im (EU-)Ausland ansässigen Kapitalgesellschaft im Gegensatz zum Inlandsfall als missbräuchlich anzusehen. Zudem gestattet § 50d Abs. 3 EStG nicht die Führung eines Gegenbeweises, mit dem der (typisierende) Missbrauchsvorwurf entkräftet werden könnte. Eine derartige Gegenbeweismöglichkeit ist nach Ansicht des EuGH[25] jedoch für die europarechtskonforme Ausgestaltung einer typisierenden Missbrauchsvorschrift erforderlich.[26] Die erfolgreiche Geltendmachung der EG-Rechtswidrigkeit des § 50d Abs. 3 EStG wird in der Praxis und im Verhältnis zur Finanzverwaltung aber mutmaßlich regelmäßig letztlich nur im Rechtsbehelfverfahren zu erreichen sein.

Daneben ist u. E. zudem bereits nach nationalem deutschen Steuerrecht fraglich, ob die Norm im Falle des Bezugs von Dividenden (Einkünften im Sinne des § 20 Abs. 1 Nr. 1 EStG) aus einer inländischen Kapitalgesellschaft durch eine ausländische Körperschaft (i. S. d. § 1 Abs. 1 KStG) überhaupt dazu geeignet ist, der empfangenden ausländischen Körperschaft steuerwirksam die Entlastungsberechtigung zu versagen, respektive die Norm in derartigen Konstellationen womöglich gänzlich irrelevant ist. Denn auch für ausländische Körperschaften mit insoweit beschränkt steuerpflichtigen Dividendenbezügen (§§ 2, 8 Abs. 1 KStG i. V. m. § 49 Abs. 1 Nr. 5 EStG) gilt die Regelung des § 8b Abs. 1 KStG, weshalb u. E. derartige Bezüge ausländischer Körperschaften in der Bundesrepublik Deutschland materiell-steuerrechtlich steuerfrei gestellt und deshalb entweder nach § 32 Abs. 2 AO oder in entsprechender Anwendung des § 50d Abs. 1, 2 EStG zu erstatten sind. Die Finanzverwaltung geht demgegenüber davon aus, dass der Kapitalertragsteuereinbehalt auf Bezüge i. S. d. § 8b Abs. 1 KStG/§20 Abs. 1 Nr. 1 EStG für beschränkt Steuerpflichtige ohne inländisches Betriebsvermögen abgeltende Wirkung gemäß § 32 Abs. 1 Nr. 2 KStG hat.[27] Gegen eine entsprechende Entscheidung des BFH ist derzeit eine Verfassungsbeschwerde vor dem BVerfG anhängig.[28]

---

[22] Vgl. EuGH v. 12. 9. 2006 - C-196/04, Cadbury Schweppes, Slg. 2006, I-7995, Rn. 68; v. 2. 5. 2006 - C 341/04, Eurofood IFSC, Slg. 2006, I-0000, Rn. 34, 35.

[23] Vgl. BFH v. 23. 10. 1996 – I R 55/95, BStBl. II 1998, 90.

[24] BFH v. 19. 1. 2000 – I R 94/97, BStBl. II 2001, 222; v. 19. 1. 2000 – I R 117/97, IStR 2000, 182.

[25] Vgl. EuGH v. 12. 9. 2006 – C-196/04, Cadbury-Schweppes, DStR 2006, 1686.

[26] Vgl. *Kessler/Eicke*, DStR 2007, 781, 786.

[27] BMF v. 28. 4. 2003 – Investmentvermögen A 2 – S 2750a – 7/03, BStBl. I 2003, 292, Tz. 11.

[28] BFH v. 22. 4. 2009 Az. I R 53/07, IStR 2009, 551; BVerfG Az. 2 BvR 1807/09.

C. Steuerliche Planungs- und Gestaltungsansätze

Im Hinblick auf § 50d Abs. 3 EStG bestehen zwei grundsätzliche Ansätze, um die mit der Norm verbundenen nachteiligen Rechtsfolgen zu vermeiden. Zum einen kann die Gestaltung darauf gerichtet sein, im Regelungsbereich des § 50d Abs. 3 EStG dessen Tatbestandsvoraussetzungen nicht zu erfüllen (hierzu im Folgenden unter Gliederungspunkt I.). Zum anderen kann der Ansatz verfolgt werden, mittels Sachverhaltsgestaltung nicht in den Regelungsbereich der Norm zu gelangen, indem z. B. von vornherein ein Kapitalertragsteuereinbehalt auf die Einkünfte vermieden wird. Eine etwaige Versagung der Entlastungsberechtigung durch § 50d Abs. 3 EStG käme damit erst gar nicht in Frage (vgl. hierzu im Folgenden unter Gliederungspunkt II.).

I. Gestaltungsansätze zur Vermeidung der Erfüllung der Tatbestandsvoraussetzungen des § 50d Abs. 3 EStG

1. Zwischenschaltung einer „funktions- und substanzerfüllten" ausländischen Gesellschaft

Nach dem Wortlaut des § 50d Abs. 3 EStG ist in dessen Rechtsfolge die Entlastungsberechtigung der ausländischen Gesellschaft zu versagen, wenn und soweit

- a) an der ausländischen Gesellschaft Personen beteiligt sind, denen die Entlastungsberechtigung nicht zustünde, wenn sie die betreffenden Einkünfte unmittelbar erzielten und
- b) die ausländische Gesellschaft eines der Tatbestandsmerkmale des § 50d Abs. 3 S. 1 Nr. 1 bis 3 EStG erfüllt.

Erfüllt die ausländische Gesellschaft eines der Tatbestandsmerkmale des § 50d Abs. 3 S. 1 Nr. 1 bis 3 EStG und kann sie die Ausnahmeregelung des § 50d Abs. 3 S. 4 EStG nicht für sich beanspruchen, so kommt es für die etwaige Abwendung der Rechtsfolge des § 50d Abs. 3 EStG darauf an, ob der Gesellschafter bei unmittelbarem Einkünftebezug entlastungsberechtigt wäre. Dabei kann die „beteiligte Person" auch eine weitere Gesellschaft sein. Von der Anwendung des § 50d Abs. 3 EStG sind deshalb grundsätzlich nur solche Personen mittelbar betroffen, denen keine Entlastung von der deutschen Kapitalertragsteuer bei fiktiver unmittelbarer Einkünfteerzielung zustünde.

Dieser Umstand wird in der Praxis für natürliche Personen als Gesellschafter der ausländischen Gesellschaft ggf. regelmäßig feststehen und nicht „gestaltbar" sein, wenn nicht tatsächlich ein Wechsel der steuerlichen Ansässigkeit (regelmäßig bestimmt durch den Wohnsitz mit der üblichen Maßgabe auch der Verlegung des Mittelpunkts der persönlichen und wirtschaftlichen Lebensinteressen) in einen geeigneten (DBA-)Staat in Frage kommt. Aber auch eine solche Maßnahme wird kaum dazu führen, das Entlastungsniveau auf Ebene der zwischengeschalteten ausländischen Gesellschaft vollumfänglich zu sichern.

Den vorstehenden Restriktionen sind international tätige Konzerne weit weniger unterlegen. Zu denken ist an eine Veränderung der „Dividendenroute" (im Übrigen aber auch der Route mit deutscher Quellensteuer belasteter Vergütungen) über eine andere, qualifizierende Gesellschaft. Dabei kann der Ansatz zur Gestaltung auf den Austausch

- a) der die deutschen Dividenden/Vergütungen unmittelbar beziehenden „ausländischen Gesellschaft" oder
- b) deren (mittelbare) Gesellschafter-Gesellschaft gerichtet sein.

Die auf das Merkmal der „Entlastungsberechtigung" gerichtete Maßnahme erfordert die Zwischenschaltung einer qualifizierenden Gesellschaft innerhalb der Beteiligungskette. Erforderlich ist eine Gesellschaft in der Beteiligungskette mit Entlastungsberechtigung nach den §§ 43b, 50d EStG oder DBA, die zudem nicht die sachlichen Tatbestandsmerkmale des § 50d Abs. 3 Nr. 1 bis 3 EStG erfüllt, mithin in diesem Sinne ausreichend funktions- und substanzerfüllt ist. Dabei ist es grundsätzlich irrelevant auf welcher Stufe der Beteiligungskette oberhalb der „ausländischen Gesellschaft" diese Gesellschaft platziert ist. Denn auch die Finanzverwaltung hat sich mit dem insoweit allerdings „inoffiziellen" BMF-Schreiben vom 10. 7. 2007[29] der ganz herrschenden Auffassung angeschlossen, dass wenn die unmittelbar beteiligte und nach einem DBA oder einer EU-Richtlinie grundsätzlich entlastungsberechtigte Gesellschaft die Funktionsvoraussetzungen des § 50d Abs. 3 EStG erfüllt, ggf. darauf abgestellt werden kann, dass eine ihr nachgeschaltete Gesellschaft (mittelbar Beteiligte) die Voraussetzungen des § 50d Abs. 3 S. 1 Nr. 1 bis 3 EStG nicht erfüllt, sofern diese selbst persönlich entlastungsberechtigt ist. Zielt die Gestaltung auf die Veränderung der Beteiligungsstruktur oberhalb der „ausländischen Gesellschaft" i. S. d. § 50d Abs. 3 EStG ist deshalb darauf zu achten, dass ggf. in der Kette zwischen der qualifizierenden Gesellschafter-Gesellschaft und der ausländischen Gesellschaft keine Gesellschaft mit minderer Entlastungsberechtigung platziert ist. Anderenfalls ginge insoweit das etwaige höhere Entlastungsniveau der ausländischen Gesellschaft verloren.

Für die Einschaltung einer qualifizierenden Gesellschaft stehen grundsätzlich zwei Wege zur Verfügung:[30]

a) die „Anreicherung" der „ausländischen Gesellschaft", respektive der (mittelbaren) Gesellschafter-Gesellschaft mit den erforderlichen funktionalen und substanziellen Merkmalen i. S. d. § 50d Abs. 3 S. 1 Nr. 1 bis 3 sowie S. 2 und 3 EStG oder

b) die Umleitung der Dividenden-/Vergütungs-Route hinzu einer entsprechend qualifizierenden Gesellschaft.

Zur Wirksamkeit der Einschaltung der betreffenden Gesellschaft müssen wirtschaftliche oder sonst beachtliche Gründe vorliegen (Nr. 1), sie muss mind. 10% ihrer Bruttoerträge aus eigener wirtschaftlicher Tätigkeit erzielen (Nr. 2) und hierfür mit einem für ihren Geschäftszweck angemessen eingerichteten Geschäftsbetrieb am allgemeinen wirtschaftlichen Verkehr teilnehmen (Nr. 3). Zu den Tatbestandsmerkmalen verweisen wir auf die einschlägigen Kommentierungen der Norm.

Hinweisen möchten wir an dieser Stelle kurz auf folgende Aspekte: Die Merkmale können kumulativ erfüllt werden, indem die zwischengeschaltete Gesellschaft tatsächlich selbst- und eigenständig aufgrund eigener personeller und substanzieller Ressourcen Dienstleistungen an Konzerngesellschaften erbringt, insbesondere Geschäftsleitungsfunktionen gegenüber inländischen Beteiligungsgesellschaften wahrnimmt. Dabei gilt es allerdings darauf zu achten, dass mit der Wahrnehmung nicht steuerschädliche Konsequenzen durch eine etwaige Verlegung des Orts der Geschäftsleitung der (inländischen) Beteiligungsgesellschaft ausgelöst werden. Ferner gilt es den Fremdvergleichsgrundsatz zu beachten, da andernfalls angesichts der Ermittlung der „Bruttoerträge" nach deutschen steuerlichen Grundsätzen[31] z. B. an die Gesellschaft gezahlte Leistungsentgelte als verdeckte Einlagen oder verdeckte Gewinnausschüttung qualifizieren könnten und somit nicht zu den Bruttoerträgen i. S. d. § 50d Abs. 3 Nr. 2 EStG i. V. m. § 9 AStG

---

[29] BMF-Schreiben v. 10. 7. 2007 – IV B 1 – S 2411/07/0002, IStR 2007, 555.

[30] Vgl. *Frotscher*, in: Frotscher, EStG, 11/2007, § 50d, Rz. 110.

[31] Vgl. Schönfeld in FWB, AStG, § 50d EStG, Rz. 134; *Luckey* in Ernst & Young, KStG, § 50d Abs. 3 EStG, Rz. 185.

oder u. U. nicht zu den qualifizierenden Erträgen aus eigener Wirtschaftstätigkeit gehören würden; ggf. könnte u. U. die erforderliche 10 %-Grenze nicht überschritten werden.

Bedeutsam ist zudem, dass die Finanzverwaltung nur solche konzerninternen Dienstleistungen als eigene wirtschaftliche Tätigkeit i. S. d. Nr. 2 ansieht, denen ein entgeltlicher Leistungsaustausch zugrunde liegt.[32] Reine Kostenumlagen (Pooling)[33] qualifizieren nach dieser Auffassung nicht als Bruttoerträgen aus eigener wirtschaftlicher Tätigkeit i. S. d. Nr. 2.[34]

Da die Feststellungslast für die Erfüllung der Tatbestandsvoraussetzungen des § 50d Abs. 3 EStG nach Auffassung der Finanzverwaltung[35] und Teilen der Literatur[36] bei der ausländischen Gesellschaft liegt, empfiehlt es sich eine entsprechende Dokumentation zur Beweisvorsorge vorzuhalten.

2. Vermeidung der Zwischenschaltung einer „ausländischen Gesellschaft" im engeren Sinne des § 50d Abs. 3 S. 1 EStG

a) Begriff der „Gesellschaft", Nutzung spezifischer Rechtsformen

Die Regelung des § 50d Abs. 3 EStG schränkt den Anspruch einer „ausländischen Gesellschaft" auf vollständige oder teilweise Steuerentlastung ein. Die Vorschrift zielt ihrem Sinn und Zweck nach zwar auf die hinter der ausländischen Gesellschaft stehenden Personen (deren Gesellschafter). Die Steuerentlastung wird in der Rechtsfolge des § 50d Abs. 3 EStG allerdings gegenüber der die Einkünfte tatsächlich beziehenden „ausländischen Gesellschaft" versagt.

Die Anwendung des § 50d Abs. 3 EStG kann deshalb womöglich durch Gestaltung vermieden werden, indem ein Rechtsgebilde in den Einkünftebezug eingeschaltet wird, welches Steuerentlastungsberechtigung besitzt, aber nicht (ausländische) „Gesellschaft" i. S. d. § 50d Abs. 3 S. 1 EStG ist.

Nach der vorherrschenden Meinung im Schrifttum[37] und der Auffassung der Finanzverwaltung[38] ist der Begriff der ausländischen „Gesellschaft" jeweils nach derjenigen Anspruchsgrundlage zu bestimmten, die den Anspruch auf Entlastung von der betreffenden Abzugsteuer gewährt. Im Anwendungsbereich des § 43b EStG soll demgemäß unter der „Gesellschaft" eine „Muttergesellschaft" i. S. der Mutter-/Tochter-Richtlinie[39] gem. Anlage 2 zu § 43b EStG zu verstehen sein. Im Anwendungsbereich des § 50g EStG soll unter dem Begriff der „Gesellschaft" ein „Unternehmen eines Mitgliedstaats der Europäischen Union" gem. Anlagen 3 und 3a zu § 50g EStG zu verstehen sein. Im Anwendungsbereich eines DBA soll sich der Begriff wiederum anderes, nämlich nach dem jeweils einschlägigen DBA bestimmen. Unter Bezugnahme auf das OECD-MA wäre bei Richtigkeit dieser Auffassung unter „Gesellschaft" jede juristische Person und jeder

---

[32] Vgl. BMF v. 3. 4. 2007, BStBl. I 2007, 446, Tz. 6.1.

[33] Vgl. zur Abgrenzung von Konzern- und Kostenumlagen: BMF v. 30. 12. 1999, BStBl. I 1999, 1122, Tz. 1.3. f.

[34] Siehe weiterführend: Kessler/Eicke, DStR 2007, 781, 785.

[35] BMF-Schreiben v. 3. 4. 2007, BStBl. I 2007, 446, Tz. 14.

[36] Ebenso Gosch in Kirchhoff, EStG, § 50d, Rz. 43; Schaumburg, Internationales Steuerrecht, Rz. 16.155; Wied in Blümich, EStG, § 50d, Rz. 64.

[37] Vgl. Gosch in Kirchhoff, EStG, § 50d, Rz. 43; Hahn-Joecks in K/S/M, EStG, § 50d, Rz. G 3; Höppner in Haarmann, Finanzierungen, S. 134; ders., IWB F. 3 Gr. 3, 1153, 1156; Mössner in Fischer, Besteuerung wirtschaftlicher Aktivitäten von Ausländern in Deutschland, S. 85, 97, Nieland in Lademann, EStG, § 50d, Rz. 218ff.; Ramackers in L/B/P, EStG, § 50d, Rz. 130ff.; Schönfeld in FWB, AStG, § 50d EStG, Rz. 51; Wied in Blümich, EStG, § 50d Rz. 59; a. A. Luckey in Ernst & Young, KStG, § 50d Abs. 3 EStG, Rz. 88.

[38] BMF-Schreiben v. 3. 4. 2007, BStBl. I 2007, 446, Tz. 3, S. 1.

[39] Richtlinie 90/435/EWG des Rates vom 23. 7. 1990.

Rechtsträger zu verstehen, der für die Besteuerung wie eine juristische Person behandelt wird (Art. 3 Abs. 1 Buchstaben a und b OECD-MA).

Diese Auffassung tendiert dahin, eine umfassende Anwendung des § 50d Abs. 3 EStG zu erzielen. Mit dieser Auslegung des Begriffs „Gesellschaft" kommt es insoweit zu einer korrespondierenden, deckungsgleichen Anwendbarkeit von § 50d Abs. 3 EStG einerseits und den entlastenden Vorschriften (§§ 43b, 50g EStG, DBA) andererseits. § 50d Abs. 3 EStG entzöge die Entlastungsberechtigung ungeachtet der Qualifikation des Rechtssubjekts, welches den Steuerentlastungsanspruch besitzt. Diese Auslegung zielt deshalb bei genauer Betrachtung nicht auf eine Auslegung und Abgrenzung dessen, was unter einer „ausländischen Gesellschaft" i. S. d. § 50d Abs. 3 S. 1 EStG zu verstehen ist und welche Merkmale diese charakterisiert, sondern knüpft implizit unmittelbar und ausschließlich an das steuerliche Attribut der Entlastungsberechtigung selbst an. Die Auslegungsformel lautet „Gesellschaft" ist jedes Rechtsgebilde, welches nach den einschlägigen Normen Entlastungsberechtigung gem. §§ 43b, 50g EStG oder dem jeweiligen DBA besitzt. Dem Sinn und Zweck der Regelung mag diese Auslegung entsprechen. Zweifelhaft ist allerdings, ob diese weitgehende Interpretation den tatsächlichen Wortlaut des § 50d Abs. 3 S. 1 EStG nicht überdehnt.

Der Begriff der "ausländischen Gesellschaft" ist in dieser Zusammensetzung im EStG zwar nicht definiert. Der Gesetzgeber hat nach hier vertretener Auffassung für abkommensrechtliche Steuerentlastungen dennoch nicht jedwedes Rechtsgebilde ungeachtet seiner Rechtsform in den Anwendungsbereich des § 50d Abs. 3 EStG einbezogen, welches juristische Person und/oder für die Besteuerung wie eine juristische Person behandelt wird. Mit der Verwendung des Begriffspaares „ausländische Gesellschaft" hat der Gesetzgeber vielmehr indirekt und in Parallelität zu § 7 Abs. 1 AStG auf Körperschaften i. S. d. § 1 Abs. 1 KStG verwiesen. Einer entsprechenden Legaldefinition der „ausländischen Gesellschaft" wie in § 7 Abs. 1 AStG bedurfte es für § 50d Abs. 3 EStG dazu nicht, weil sich diese bereits in § 7 Abs. 1 AStG findet. Die Regelungen des AStG sind Annexgesetz zum EStG und KStG. Es sind deshalb keine Gründe ersichtlich, innerhalb des deutschen Ertragsteuerrechts bestehende Definitionen nicht anzuwenden. Im Sinne einer einheitlichen Rechtsanwendung ist der vom Gesetzgeber vorgegebenen steuergesetzlichen Definition zu folgen. Hätte der Gesetzgeber einen anderen Begriffsinhalt gewollt, hätte er dies klar zum Ausdruck bringen müssen, also einen anderen Begriff wählen müssen oder eine eigenständige Definition der betroffenen ausländischen Organisationseinheiten für Zwecke des § 50d Abs. 3 EStG geben müssen. Ohne eine divergierende Begrifflichkeit erscheint dagegen eine ausweitende Auslegung nicht durch den Gesetzeswortlaut gedeckt. Da die Klammerdefinition in § 7 Abs. 1 AStG den zu § 50d Abs. 3 EStG wortidentischen Begriff der "ausländischen Gesellschaft" definiert, ist der vom Gesetzgeber gegebenen Definition auch für Zwecke des § 50d Abs. 3 EStG zu folgen.

Im Sinne der Legaldefinition in § 7 Abs. 1 AStG ist eine „ausländische Gesellschaft" deshalb grundsätzlich jede Körperschaft, Personenvereinigung oder Vermögensmasse i. S. d. KStG, die weder Geschäftsleitung noch Sitz in Deutschland hat und die nicht gem. § 3 Abs. 1 KStG von der Körperschaftsteuer ausgenommen ist. Dies umfasst im Einzelnen grundsätzlich die folgenden Körperschaften, Personenvereinigungen und Vermögensmassen, die gem. § 1 Abs. 1 KStG unbeschränkt körperschaftsteuerpflichtig sein könnten, sofern sie im Inland ansässig wären: (1) Kapitalgesellschaften (AG, KGaA, GmbH, etc.), (2) Erwerbs- und Wirtschaftsgenossenschaften, (3) Versicherungsvereine auf Gegenseitigkeit, (4) sonstige juristische Personen des privaten Rechts, (5) nicht rechtsfähige Vereine, Anstalten, Stiftungen u. a. Zweckvermögen des privaten Rechts und (6) Betriebe gewerblicher Art von juristischen Personen des öffentlichen Rechts.

Luckey/Lohmann

Ob ein ausländisches Rechtssubjekt einem der genannten deutschen Körperschaftsteuersubjekte entspricht, ist anerkanntermaßen im Wege eines Rechtstypenvergleichs zu ermitteln. Hiernach als Personengesellschaft/Mitunternehmerschaft einzuordnende ausländische Rechtssubjekte sind deshalb u. E. insgesamt grundsätzlich nicht vom Anwendungsbereich der Vorschrift des § 50d Abs. 3 EStG erfasst.[40] Auch die Finanzverwaltung nimmt die Einordnung ausländischer Rechtssubjekte grundsätzlich anhand des Rechtstypenvergleichs vor.[41] Allerdings beschränkt sie die etwaige in diesem Zusammenhang stehende Entlastungsberechtigung zugleich zudem auf Fälle, in denen „die Einkünfte nach dem Recht des anderen Staates dort als Einkünfte einer ansässigen Person steuerpflichtig sind".

Handelt es sich bei der betreffenden Gesellschaft allerdings um eine abkommensberechtigte ausländische Personengesellschaft, soll diese gleichwohl nach Auffassung der Finanzverwaltung für Zweck der Besteuerung und insoweit ungeachtet der Einordnung durch den Rechtstypenvergleich als Personengesellschaft/Mitunternehmerschaft, Gesellschaft i. S. d. § 50d Abs. 3 EStG sein.[42] Die diesbezügliche Auffassung der Finanzverwaltung ist abzulehnen. Sie verdeutlicht zudem die primär ergebnisorientierte Auslegung der Finanzverwaltung, welche u. E. die Grenzen des Zulässigen übertritt.

Ist demgegenüber die hier vertretene Auslegung der Tatbestandsvoraussetzung „ausländische Gesellschaft" zutreffend, so kann – inbesondere in Fällen, in denen eine Reduzierung deutscher Quellensteuer auf einem DBA beruht – die Gestaltung darauf gerichtet werden, ein ausländisches Rechtssubjekt in die Einkünfteerzielung zwischenzuschalten, das nach deutschem Rechtstypenvergleich als Personengesellschaft/Mitunternehmerschaft einzuordnen ist, aber nach dem einschlägigen DBA Quellensteuerreduzierung (z. B. Schachtelprivileg für Dividenden, Art. 10 Abs. 2 OECD-MA) beanspruchen kann. Dies kann bei ausländischen Personengesellschaften der Fall sein, die in dem betreffenden ausländischen Staat wie juristische Personen, d.h. als intransparent besteuert werden und hierdurch als „Gesellschaft" i. S. d. betreffenden DBA die Abkommensberechtigung erlangen.

b) Begriff „ausländische", Nutzung doppelt ansässiger Gesellschaften

§ 50d Abs. 3 EStG erfordert als Subjekt der Entlastungsberechtigung eine „ausländische Gesellschaft". Die Anwendung des § 50d Abs. 3 EStG kann deshalb womöglich durch Gestaltung vermieden werden, indem zwar eine entlastungsberechtigte Gesellschaft in den Einkünftebezug eingeschaltet wird, diese aber keine „ausländische" Gesellschaft i. S. d. § 50d Abs. 3 S. 1 EStG ist.

Maßgebend für die Nutzbarkeit dieses Gestaltungsansatzes ist die Abgrenzung von „ausländischen" Gesellschaften i. S. d. § 50d Abs. 3 EStG zu „nicht ausländischen" Gesellschaften". Damit ist die Frage verbunden, anhand welcher Merkmale das Attribut „ausländisch" zu bestimmen ist.

Nach der durch die Finanzverwaltung und gemeinhin im Schrifttum vertretener Auffassung sind regelmäßig solche Gesellschaften „ausländisch", die weder Sitz noch Ort der Geschäftsleitung in

---

[40] A. A. BMF-Schreiben v. 3. 4. 2007, BStBl. I 2007, 446, Tz. 3; Gosch in Kirchhoff, EStG, § 50d, Rz. 43; *Kraft*, IStR 1994, 370, 373; *Mössner* in Fischer, Besteuerung wirtschaftlicher Aktivitäten von Ausländern in Deutschland, S. 85, 97, *Lüdicke* in Piltz/Schaumburg, Unternehmensfinanzierung im internationalen Steuerrecht, S. 102, 107; *Frotscher*, § 50d Rz. 11c.
[41] BMF-Schreiben v. 3. 4. 2007, BStBl. I 2007, 446, Tz. 3.
[42] BMF-Schreiben v. 3. 4. 2007, BStBl. I 2007, 446, Tz. 3.

Deutschland haben.[43] Fraglich aber ist, ob auch sog. doppelt ansässige Gesellschaften, d.h. Gesellschaften mit statuarischem Sitz in dem einem und Ort der Geschäftsleitung in einem anderen Staat als Gesellschaften in diesem Sinne als „ausländisch" zu beurteilen sind, wenn eines der Merkmale in Deutschland belegen ist und dadurch ein subjektiver Inlandsbezug für die Gesellschaft gegeben ist. Verneinendenfalls könnte die Gestaltung zur Vermeidung der Anwendbarkeit des § 50d Abs. 3 EStG grundsätzlich auf die Zwischenschaltung einer doppelt ansässigen, entlastungsberechtigten Gesellschaft mit Belegenheit entweder nur des Sitzes oder nur des Orts der Geschäftsleitung in Deutschland gerichtet sein.

Es können zwei Grundkonstellationen unterschieden werden:

- eine ausländische Kapitalgesellschaft (z. B. aus der EU) hat Ihren Ort der Geschäftsleitung in Deutschland;
- eine inländische Kapitalgesellschaft hat ihren Ort der Geschäftsleitung im Ausland.

Die erstgenannte Konstellation einer ausländischen Kapitalgesellschaft mit Ort der Geschäftsleitung im Inland wird als Gestaltungsansatz im Hinblick auf § 50d Abs. 3 EStG praktisch ausscheiden. Zwar vermeidet dieser die Anwendbarkeit der Norm, aber die Gesellschaft würde mit dem Einkünftebezug regelmäßig (auch verbunden mit der abkommensrechtlichen Ansässigkeit) in Deutschland vollumfänglich unbeschränkt steuerpflichtig. Zudem würde die Problematik des § 50d Abs. 3 EStG nicht vermieden, sondern nur auf die nächst höhere Beteiligungsstufe verlagert. Aufgrund des inländischen Ortes der Geschäftsleitung wären die Dividendenausschüttungen der doppelt ansässigen Gesellschaft inländische Kapitalerträge i. S. d. §§ 49 Abs. 1 Nr. 5 Buchstabe a, 43 Abs. 1 Nr. 1 EStG und somit kapitalertragsteuerpflichtig. Sofern an der doppelt ansässigen Gesellschaft nicht mittelbar entlastungsberechtigte Personen beteiligt sind, wäre für die Gesellschafter-Gesellschaft der doppelt Ansässigen wiederum die Hürde des § 50d Abs. 3 EStG zu überwinden.

Die zweitgenannte Konstellation einer inländischen Kapitalgesellschaft mit Ort der Geschäftsleitung im DBA-Ausland/in der EU und ohne weitere Anknüpfungsmerkmale (Betriebsstätten) im Inland ist der vorstehenden Problematik zwar grundsätzlich ebenfalls unterlegen, aber es bestehen bezüglich der Belegenheit der (Geschäftsleitungs-) Betriebsstätte nutzbare Besteuerungsunterschiede. Der Dividendenbezug wäre in Deutschland mangels einer inländischen Betriebsstätte (darauf wäre zu achten) nicht steuerpflichtig. Der Dividendenertrag wäre der ausländischen Geschäftsleitungsbetriebsstätte oder etwaig einer anderen ausländischen Betriebsstätte der Gesellschaft zuzuordnen. Diesbezüglich wäre darauf zu achten, dass die Gesellschaft im Ansässigkeitsstaat ein möglichst 100 %iges Schachtelprivileg genießt (Niederlande, Österreich, etc.). Zwar bliebe diese Gesellschaft aufgrund Ihres inländischen Satzungssitzes im Inland unbeschränkt steuerpflichtig, so dass etwaige Dividendenausschüttungen der doppelt ansässigen Gesellschaft ebenfalls inländische Kapitalerträge i. S. d. §§ 49 Abs. 1 Nr. 5 Buchstabe a, 43 Abs. 1 Nr. 1 EStG und als solche kapitalertragsteuerpflichtig wären. Dies wäre deshalb zu vermeiden, bzw. zu substituieren. Mangels einer inländischen Betriebsstätte der Gesellschaft könnte die weitere Repatriierung der Dividendenerträge ertragsteuerlich unschädlich durch den Einsatz von Fremdkapital und im Wege von nicht ertragsteuerpflichtigen Zinsvergütungen erfolgen (vgl. hierzu Abschnitt C.II.1).

Fälle der Doppelansässigkeit entstehen vor allem durch den Zu- oder Wegzug des Orts der Geschäftsleitung der Gesellschaft, respektive dessen Implementierung bereits im Zeitpunkt der

---

[43] Vgl. *Gosch* in Kirchhoff, EStG, § 50d, Rz. 43; *Hahn-Joecks* in K/S/M, EStG, § 50d, Rz. G 3; *Höppner*, IWB F. 3 Gr. 3, 1153; *Klein* in H/H/R, § 50d Rz. 54; BMF-Schreiben v. 3. 4. 2007, BStBl. I 2007, 446, Tz. 3 a.E.

Gründung der Gesellschaft außerhalb des Gründungsstaats in einen anderen Staat. Trotz der bislang in Deutschland herrschenden Sitztheorie musste Deutschland spätestens seit der Überseering-Entscheidung des EuGH[44] aufgrund der EG-vertraglichen Niederlassungsfreiheit den identitätswahrenden Zuzug (d. h. die Verlegung des Verwaltungssitzes = Ort der Geschäftsleitung) von Gesellschaften aus dem EU-Ausland zulassen und diese unter Beibehaltung ihres ausländischen Gesellschaftsstatuts auch im Inland anerkennen. Obgleich die Niederlassungsfreiheit nach dem gegenwärtigen Stand der EuGH-Rechtsprechung[45] die Mitgliedstaaten nicht zur Ermöglichung eines identitätswahrenden Wegzugs von Gesellschaften unter Beibehaltung ihres Gründungsgesellschaftsstatuts zwingt, ist die grenzüberschreitende Verlegung des Verwaltungssitzes einer GmbH oder AG aus deutscher Sicht aufgrund der diesbezüglichen Neuregelungen des § 4a GmbHG und § 5 AG jeweils i. d. F. des MoMiG[46] nunmehr ebenfalls gesellschaftsrechtlich zulässig. Die kommende Europäische Privatgesellschaft (Societas Privata Europaea, kurz: SPE) soll laut dem durch die Europäische Kommission im Jahr 2008 vorgelegten Verordnungsentwurf ihren eingetragenen Sitz und ihre Hauptverwaltung (von Gründung an) in unterschiedlichen Mitgliedstaaten haben können und zudem ihren eingetragenen Sitz ohne Liquidation der Gesellschaft identitätswahrend innerhalb der EU verlegen können.[47] Bei einer Europäischen Aktiengesellschaft (Societas Europaea, kurz: SE) hingegen ist das Auseinanderfallen von Sitz und Hauptverwaltung trotz der Möglichkeit einer identitätswahrenden, liquidationslosen Sitzverlegung nach derzeitigem Rechtsstand nicht möglich.[48] Derzeit erfolgt jedoch eine Prüfung der Kommission nach Art. 69 SE-VO, ob es zweckmäßig ist zuzulassen, dass sich Hauptverwaltung und Sitz der SE in verschiedenen Mitgliedstaaten befinden.[49] Anderen (nationalen) Rechtsformen ist die grenzüberschreitende Verlegung des statuarischen Sitzes jedoch regelmäßig nicht möglich; die Kommission hat im Jahr 2007 die Arbeiten zu der (lang angekündigten) Sitzverlegungsrichtlinie eingestellt.[50] Doppelt ansässige Gesellschaften sollten angesichts dieser gesellschaftsrechtlichen Rahmenbedingungen deshalb aus deutscher rechtlicher Sicht unproblematisch zu errichten und zukünftig womöglich häufig anzutreffen sein. Sie bieten somit einen brauchbaren Gestaltungsansatz für Zwecke des § 50d Abs. 3 EStG.

Die aufgeworfene und für die Praktikabilität des Gestaltungsansatzes maßgebende Frage ist, ob entsprechend „doppelt ansässige Gesellschaften" im Sinne des § 50d Abs. 3 S. 1 EStG als „ausländisch" zu beurteilen sind. Von Teilen der Literatur und der Finanzverwaltung[51] wird diese Frage anhand des jeweiligen DBA beantwortet. „Ausländisch" sei eine Gesellschaft im Falle ihrer Doppelansässigkeit, wenn sie nach dem einschlägigen DBA in dem anderen Vertragsstaat als

---

[44] EuGH v. 5. 11. 2002, Rs. Überseering, C-208/00.

[45] EuGH v. 16. 12. 2008, Rs. Cartesio, C-210/06.

[46] Gesetz zur Modernisierung des GmbH-Rechts und zur Bekämpfung von Missbräuchen (MoMiG) vom 23. 10. 2008, BGBl. I 2008, S. 2026.

[47] Vgl. Art. 7 und 35 des Vorschlags einer Verordnung des Rates über das Statut der Europäischen Privatgesellschaft, KOM 2008(396), abrufbar unter: http://ec.europa.eu/internal_market/company/docs/epc/proposal_de.pdf; vgl. weiterführend zur SPE: *Cannivé/Seebach*, GmbHR 2009, 519; *Teichmann/Limmer*, GmbHR 2009, 537.

[48] Vgl. Art. 7 f. der SE-VO (Verordnung (EG) Nr. 2157/2001 v. 8. 10. 2001, Amtsblatt Nr. L 294, S. 0001 – 0021).

[49] Vgl. *Teichmann/Limmer*, GmbHR 2009, 537, 539.

[50] Vgl. Arbeitspapier der EU-Kommission, SEC (2007) 1707, abrufbar unter: http://ec.europa.eu/internal_market/company/docs/shareholders/ia_transfer_122007_part1_en.pdf

[51] BMF-Schreiben v. 3. 4. 2007, BStBl. I 2007, 446, Tz. 3; ebenso *Ramackers* in L/B/P, EStG, § 50d, Rz. 133; *Strunk* in Korn, EStG, § 50d Rz. 31.

ansässig gelte. Die Ansässigkeit einer Gesellschaft richtet sich bei den dem Art. 4 Abs. 1 und 3 OECD-MA entsprechenden DBA, respektive der betreffenden Norm des einschlägigen DBA in der Regel nach der sog. „tie-breaker-rule" mit der Konsequenz, dass im Falle des im Ausland befindlichen Orts der Geschäftsleitung, die Gesellschaft im anderen Vertragsstaat als ansässig gelten soll. Im Falle der Richtigkeit der vorstehenden Auffassung der Finanzverwaltung und Teilen der Literatur, würde deshalb durch Verlegung des Orts der Geschäftsleitung einer deutschen Kapitalgesellschaft ins Ausland keine „nicht ausländische" Gesellschaft statuiert werden können. Die Gestaltungsidee wäre insoweit erfolglos.

U. E. ist diese Auslegung indes unzutreffend. Sie wirft zunächst die Frage auf, warum die abkommensrechtliche Ansässigkeit einer Gesellschaft auch in Fällen von Bedeutung sein soll, in denen sich die begehrte Entlastung von deutscher Kapitalertragsteuer nicht aus einem DBA sondern z. B. aus den §§ 43b oder 50g EStG ergibt. Zum anderen hilft das Abstellen auf die „tie-breaker-rule" nur bedingt weiter und versagt in den Fällen, in denen mit dem anderen Staat entweder gar kein DBA besteht (dies betrifft v. a. Fälle des § 44a Abs. 9 EStG) oder aber das betreffende DBA keine eindeutige Regelung zur abkommensrechtlichen Ansässigkeit von doppelt ansässigen Gesellschaften trifft. Hierfür lassen sich zahlreiche Beispiele anführen: So das DBA Estland 1996, das DBA Kanada 2001 sowie das DBA Japan 1966/79/83 in ihrem Art. 4 Abs. 3 bzw. Abs. 2, welche die Bestimmung einer eindeutigen abkommensrechtlichen Ansässigkeit von einem gegenseitigen Einvernehmen der beteiligten Staaten abhängig machen. Die beiden erstgenannten DBA sehen sogar vor, dass die betreffende Gesellschaft in keinem der beiden Staaten als ansässig gilt, sofern ein Einvernehmen nicht erzielt wird. Weitere DBA enthalten keinerlei „tie-breaker-rule" und machen so die eindeutige Bestimmung der Ansässigkeit in Zweifelsfällen unmöglich. Das DBA Kuwait 1999 beispielsweise stellt in seinem einschlägigen Art. 4 Abs. 1 für die Bestimmung der Ansässigkeit je nach Anwenderstaat auf die unbeschränkte deutsche Steuerpflicht der Gesellschaft oder aber auf das kuwaitische Gründungsstatut sowie den kuwaitischen Ort der Geschäftsleitung ab.

Für die Bestimmung der Ausländereigenschaft einer „ausländischen Gesellschaft" im Rahmen des § 50d Abs. 3 EStG ist u. E. – ebenso wie bei der genaueren Bestimmung des Begriffs „Gesellschaft" – die begrifflich identische Legaldefinition des § 7 Abs. 1 AStG heranzuziehen.[52] Hiernach ist eine Gesellschaft „ausländisch" i. S. d. § 50d Abs. 3 EStG, wenn sie „weder Geschäftsleitung noch Sitz in Deutschland hat". Auf Grund des identischen Begriffs und dessen Definition in § 7 Abs. 1 AStG sollte eine so weitgehende Auslegung wie die der Finanzverwaltung deshalb nicht statthaft sein.[53] Zur weiteren Begründung dieser Auffassung sei auf die vorstehenden Ausführungen unter Gliederungspunkt C.I.2.a) verwiesen. Dieses spricht nach unserer Auffassung dafür, dass aufgrund des Begriffs „ausländische", unbeschränkt steuerpflichtige Gesellschaften, mithin auch die einleitend vorgestellte inländische Kapitalgesellschaft mit Ort der Geschäftsleitung im Ausland, von der Anwendung des § 50d Abs. 3 EStG ausgeschlossen sind.

3. Tatbestandsvoraussetzung „Beteiligtsein", Nutzung von Stiftungen und schuldrechtlichen Beziehungen

§ 50d Abs. 3 EStG versagt (vorbehaltlich auch der Erfüllung der weiteren Tatbestandsvoraussetzungen) die Entlastungsberechtigung, soweit nicht entlastungsberechtigte Personen an der ausländischen Gesellschaft „beteiligt" sind. Die Anwendung des § 50d Abs. 3 EStG sollte deshalb

---

[52] Ebenso *Kraft*, IStR 1994, 370, 373; *Wied* in Blümich, EStG, § 50d Rz. 59.

[53] So auch *Mössner* in Fischer, Besteuerung wirtschaftlicher Aktivitäten von Ausländern in Deutschland, S. 85, 98.

durch Gestaltungen vermieden werden können, die darauf gerichtet sind, schädliche „Beteiligungen" nicht Entlastungsberechtigter an der ausländischen Gesellschaft zu vermeiden. Denn die Norm greift ausweislich Ihres Wortlauts nur „insoweit", wie nicht Entlastungsberechtigte beteiligt sind. Wird die Beteiligung nicht Entlastungsberechtigter an der ausländischen Gesellschaft vermieden, sollte „insoweit" auch die Rechtsfolge des § 50d Abs. 3 EStG vermieden werden können.

Maßgebend und fraglich ist deshalb, was unter dem „Beteiligtsein" in diesem Sinne des § 50d Abs. 3 EStG zu verstehen ist. Aus der Norm selbst ergibt sich dies nicht. Die Finanzverwaltung hat sich zur Auslegung des Merkmals bislang nicht öffentlich geäußert. Der Begriff war – soweit ersichtlich – auch noch nicht Gegenstand finanzgerichtlicher Rechtsprechung.

Die Beteiligung an der Gesellschaft muss nach ganz herrschender Auffassung eine unmittelbare, gesellschaftsrechtliche sein.[54] Eine **gesellschaftsrechtliche Beteiligung** liegt vor, wenn die Person nach dem Recht des ausländischen Staates und der Satzung der Gesellschaft die Stellung eines Gesellschafters hat. Diese manifestiert sich regelmäßig für die mitgliedschaftlich verfassten Rechtsgebilde an den Mitgliedschaftsrechten (**Beteiligung am Nennkapital**, Stimmrechte, Mitwirkungsrechte, Beteiligung am Gewinn/Liquidationserlös, Bezugsrecht auf neue Anteile, etc). Für die Kapitalgesellschaften wird sich die gesellschaftsrechtliche Beteiligung regelmäßig am Nennkapital (gez. Kapital, Stammkapital) orientieren, weshalb in der Literatur insbesondere diese Form der Beteiligung als die Maßgebende genannt wird.[55] Die Unbestimmtheit des Begriffs könnte aber womöglich auch für das weitergehende Begriffsverständnis sprechen, unter das jegliche Beteiligung an Anteilen (Nennkapital), der Kontrolle (Stimm-/Mitwirkungsrechte) oder dem wirtschaftlichen Erfolg (Gewinn, Liquidationserlös) der ausländischen Gesellschaft fällt.[56] Dafür spricht, dass der enge, am Nennkapital orientierte Beteiligungsbegriff nicht unmittelbar aus dem Wortlaut abgeleitet werden kann. Anders als beispielsweise für die Rechtsfolgenregelung des § 7 Abs. 1 AStG, wo der Beteiligungsbegriff ausdrücklich und unmittelbar mit der „Beteiligung am Nennkapital" bestimmt ist oder der Begriffsbestimmung des „Beteiligtsein" in § 7 Abs. 2 AStG mit der Nennung der „Anteile oder der Stimmrechte an der ausländischen Gesellschaft", fehlt es dem „Beteiligtsein" des § 50d Abs. 3 EStG an jedweder (eindeutigen) Bestimmung. Da jedoch das entsprechend unbestimmte Tatbestandsmerkmal des § 7 Abs. 1 AStG, das „Beteiligtsein" in der Weise einer erforderlichen Beteiligung am Nennkapital interpretiert wird, und dort ebenso wie im § 50d Abs. 3 EStG „nur" von „Anteilen an der ausländischen Gesellschaft" ohne speziellen Bezug auf das Nennkapital gesprochen wird, spricht dies für eine korrespondierende, enge Auslegung des Beteiligungsbegriffs entsprechend der herrschenden Lehre. Hiervon wird aufgrund übergeordneter steuerlicher Grundsätze abzuweichen sein, wenn das **wirtschaftliche Eigentum** an einer Beteiligung nicht dem rechtlichen Eigentum entspricht (vgl. § 39 AO).[57] Ein Abweichen könnte ferner in Anbetracht des § 7 Abs. 5 AStG u. U. ferner dann geboten sein, wenn ein disproportionaler Gewinnverteilungsschlüssel vereinbart wurde.[58]

---

[54] *Hahn-Joecks* in K/S/M, EStG, § 50d, Rz. G 5; *Klein* in H/H/R, § 50d Rz. 55; *Ramackers* in L/B/P, EStG, § 50d, Rz. 136; *Schönfeld* in FWB, AStG, § 50d EStG, Rz.54.

[55] Vgl. *Hahn-Joecks* in K/S/M, EStG, § 50d, Rz. G 5; *Lüdicke* in Piltz/Schaumburg, Unternehmensfinanzierung im internationalen Steuerrecht, S. 102, 107; *Nieland* in Lademann, EStG, § 50d, Rz. 242; *Ramackers* in L/B/P, EStG, § 50d, Rz. 137; *Schönfeld* in FWB, AStG, § 50d EStG, Rz.54; *Strunk* in Korn, EStG, § 50d, Rz. 33.

[56] In diesem Sinne *Schönfeld* in FWB, AStG, § 50d EStG, Rz.54.

[57] Vgl. *Hahn-Joecks* in K/S/M, EStG, § 50d, Rz. G 5; *Ramackers* in L/B/P, EStG, § 50d, Rz. 136; *Schönfeld* in FWB, AStG, § 50d EStG, Rz. 54; Strunk in Korn, EStG, § 50d, Rz. 33.

[58] *Höppner*, IWB F. 3 Gr. 3, 1153, 1158; ebenso wohl auch *Schönfeld* in FWB, AStG, § 50d EStG, Rz.84.

a) Einsatz von ausländischen Stiftungen

Aus dem obigen Begriffsverständnis ergibt sich u. E., dass z. B. an einer **ausländischen Stiftung** im deutschen Rechtssinne keine „Beteiligung" i. S. d. § 50d Abs. 3 EStG bestehen kann. Zwar kann eine ausländische Stiftung nach hier vertretener Auffassung eine „Gesellschaft" im Sinne des § 50d Abs. 3 EStG sein (§ 7 Abs. 1 AStG i. V. m. § 1 Abs. 1 Nr. 4 oder 5 KStG, vgl. Abschnitt C.II.). Dies greift für Zwecke des § 50d Abs. 3 EStG aber nicht durch, wenn eine ausländische Stiftung in den Einkünftebezug eingeschaltet wird und die Einkünfte erzielt. Die Nicht-Anwendung der Norm ergibt sich u. E. für diese Konstellation im Einzelfall aus der fehlenden „Beteiligung" der hinter der ausländischen Stiftung stehenden Personen. Ist die ausländische Stiftung abkommens- und entlastungsberechtigt, könnte diese u. E. nicht aufgrund § 50d Abs. 3 EStG versagt werden, weil „insoweit" keine nicht Entlastungsberechtigten an der ausländischen Stiftung beteiligt sind.

Für den Einzelfall sind die Charakteristika des ausländischen Rechts zu beachten und sorgfältig dahingehend zu prüfen, ob tatsächlich eine dem deutschem Rechtsverständnis entsprechende (rechtsfähige) Stiftung gegeben ist. Maßgebend ist auch hierfür der Rechtstypenvergleich. Eine dem deutschen Rechtssinne entsprechende, (ausländische) Stiftung sollte als eigentümerloses Rechtssubjekt dem Stifter, respektive den Bezugs- oder Anfallsberechtigten keine Beteiligung vermitteln, so dass die Einschaltung einer entlastungsberechtigten ausländischen Stiftung in den Dividendenbezug, respektive die Vergütung, die Versagung der Entlastungsberechtigung nach § 50d Abs. 3 EStG insoweit sperren sollte.[59] Die Repatriierung der Bezüge/Erträge der ausländischen Stiftung an die nicht entlastungsberechtigten Personen könnte womöglich durch entsprechende Ausgestaltung der Bezugs- bzw. Anfallsberechtigung des Stifters, respektive der Destinatäre oder durch schuldrechtliche Leistungsbeziehungen zu der Stiftung (z. B. Darlehen) bewirkt werden. Für inländische Anteilseigner wäre allerdings § 15 AStG beachtlich.

b) Einsatz von schuldrechtlichen Beziehungen

Wird eine „Gesellschaft" in den Einkünftebezug eingeschaltet, gilt es mit diesem Gestaltungsansatz die schädliche Beteiligung von nicht Entlastungsberechtigten an der ausländischen Gesellschaft zu vermeiden. Diesem Zweck können **schuldrechtliche Beziehungen**, die mit der ausländischen Gesellschaft eingegangen werden und keine „Beteiligung" i. S. d. § 50d Abs. 3 EStG begründen, in Abgrenzung zu gesellschaftsrechtlichen Beziehungen dienen.[60] Darlehen, partiarische Darlehen, (typisch stille Einlagen), Partizipationsscheine, (obligationsähnliche) Genussrechte, Wandel- und Optionsanleihen sowie weitere ähnliche Rechtsverhältnisse des jeweiligen ausländischen Rechts führen u. E. insoweit nicht zu einer Versagung der Entlastungsberechtigung.[61]

Voraussetzung der Wirksamkeit dieses Gestaltungsansatzes ist es allerdings, dass im Übrigen oder weitestgehend entlastungsberechtigte Personen an der ausländischen Gesellschaft beteiligt sind. Das Eingehen einer geeigneten schuldrechtlichen Rechtsbeziehung wird für sich allein genommen deshalb noch kein geeigneter Gestaltungsansatz zur Vermeidung der Rechtsfolgen

---

[59] A. A.: *Schönfeld* in FWB, AStG, § 50d EStG, Rz. 51, der in Konstellationen abkommensrechtlicher Steuerentlastungsberechtigungen für Stiftungen die Anwendung des § 50d Abs. 3 EStG als eröffnet sieht.

[60] Vgl. *Hahn-Joecks* in K/S/M, EStG, § 50d, Rz. G 5; *Klein* in H/H/R, § 50d Rz. 55; *Ramackers* in L/B/P, EStG, § 50d, Rz. 136; *Schönfeld* in FWB, AStG, § 50d EStG, Rz.54.

[61] *Klein* in H/H/R, EStG/KStG, § 50d EStG, Rz. 55; *Ramackers* in L/B/P, EStG, § 50d, Rz. 136, 137; siehe auch *Schönfeld* in FWB, AStG, § 50d EStG, Rz.54; für typisch stille Beteiligungen siehe: Ebenso *Hahn-Joecks* in K/S/M, EStG, § 50d, Rz. G 5; *Klein* in H/H/R, § 50d Rz. 55; *Nieland* in Lademann, EStG, § 50d, Rz. 242; *Ramackers* in L/B/P, EStG, § 50d, Rz. 136.

des § 50d Abs. 3 EStG darstellen können. Würde die gesellschaftsrechtliche Beteiligung an der ausländischen Gesellschaft von nicht entlastungsberechtigten Personen gehalten, könnte durch die ergänzende schuldrechtliche Beziehung der vorgenannten Arten allein die Rechtsfolge des § 50d Abs. 3 EStG nicht vermieden wenden. Denn es wäre weiterhin die nicht entlastungsberechtigte Person beteiligt, die im Falle unterstellter Erfüllung der sachlichen Tatbestandsvoraussetzungen des § 50d Abs. 3 S. 1 Nr. 1 bis 3 EStG „insoweit" die Anwendung der Norm begründete.

Zum Zwecke der steuerlichen Optimierung ist deshalb erforderlich, dass die „Beteiligung" an der ausländischen Gesellschaft durch eine Person gehalten wird, die selbst entsprechend entlastungsberechtigt ist und nicht den Restriktionen des § 50d Abs. 3 EStG unterliegt. Das wirtschaftliche Ergebnis der ausländischen Gesellschaft wäre durch Abschluss eines entsprechenden Schuldverhältnisses dem nicht Entlastungsberechtigen zuzuweisen.[62] Für die Wirksamkeit dieses Gestaltungsansatzes für deutsche steuerliche Zwecke ist darauf zu achten, dass die ausländische Gesellschaft im Verhältnis zum deutschen Schuldner der Vergütung tatsächlich der wirtschaftliche Empfänger der Vergütungen ist. Zu diesem Zweck sei neben § 90 Abs. 2 AO insbesondere auf die Regelungen der §§ 160 AO und 16 AStG verwiesen.

Hintergrund dieses Ansatzes ist, dass § 50d Abs. 3 EStG die Versagung der Entlastungsberechtigung nur eintreten lässt, „soweit" nicht entlastungsberechtigte Personen an der ausländischen Gesellschaft „beteiligt" sind. Die Bestimmung des Umfangs der Versagung der Entlastungsberechtigung durch § 50d Abs. 3 EStG erfordert daher eine spezifische Betrachtung aller an der ausländischen Gesellschaft beteiligten Personen im Hinblick auf ihre Beteiligungshöhe und Entlastungsberechtigung.[63] Für die vollständige Vermeidung der Rechtsfolge des § 50d Abs. 3 EStG wäre die gesellschaftsrechtliche Beteiligung an der ausländischen Gesellschaft zu 100 % durch eine oder mehrere Personen zu halten, die bei unmittelbarem Einkünftebezug entlastungsberechtigt wären. Grundsätzlich denkbar ist diese Konstellation zum Beispiel, indem fremde, entlastungsberechtigte Dritte (z. B. Banken) als „Beteiligte" in die Gestaltung einbezogen werden. Zu beachten ist jedoch, dass ggf. dem fremden Dritten aufgrund seiner (100 %igen) gesellschaftsrechtlichen Beteiligung auch die damit einhergehenden Gesellschafterrechte an der ausländischen Gesellschaft zustehen. Der Versuch, diese unerwünschte Nebenwirkung z. B. durch die Vereinbarung eines Treuhandverhältnisses zu umgehen, würde aufgrund der Zurechnung der Beteiligung zum (nicht entlastungsberechtigten) Treugeber fehlschlagen (§ 39 Abs. 2 Nr. 1 S. 2 AO). Es verbleibt daher grundsätzlich lediglich die Möglichkeit, das wirtschaftliche Ergebnis der ausländischen Gesellschaft mittels schuldrechtlicher Beziehungen (weitgehend) der nicht entlastungsberechtigten Person zuzuleiten, so dass dem fremden Dritten aus seiner originär gesellschaftsrechtlichen Beteiligung kein oder nur ein geringfügiges Ergebnis der Gesellschaft verbliebe.[64] Für derartige Konstruktionen sollte aber dem § 42 AO und insbesondere dem § 41 Abs. 2 AO besondere Aufmerksamkeit geschenkt werden.

Art und Umfang derartiger Ansätze ist stark von der Ausgestaltung des jeweiligen ausländischen Rechtssystems abhängig. Dieses bestimmt, welche schuldrechtlichen Beziehungen/Instrumente im Einzelnen zur Verfügung stehen und in welchem Ausmaß diese zur Gewinnrepatriierung zugunsten nicht entlastungsberechtigter Personen eingesetzt werden kön-

---

[62] Vgl. *Lüdicke* in Piltz/Schaumburg, Unternehmensfinanzierung im internationalen Steuerrecht, S. 102, 107.
[63] Vgl. BMF-Schreiben v. 3. 4. 2007, BStBl. I 2007, 446, Tz. 13; *Krabbe*, IStR 2005, 382.
[64] Vgl. *Lüdicke* in Piltz/Schaumburg, Unternehmensfinanzierung im internationalen Steuerrecht, S. 102, 107.

nen. Neben länderspezifischen zivilrechtlichen Restriktionen für den Einsatz schuldrechtlicher Beziehungen/Instrumente sind regelmäßig zudem etwaige spezifische steuerliche Abzugsbeschränkungen, insbesondere sog. thin-cap rules zu berücksichtigen, die mehr oder weniger umfassende Beschränkung vorsehen können. Zu berücksichtigen sind u. U. zudem im Ausland anfallende (definitive) Quellensteuern auf die aufgrund der schuldrechtlichen Beziehungen geleisteten Vergütungen. Diesbezügliche Restriktionen für gewinnabhängige Zahlungen unter der Zins- und Lizenzrichtlinie (siehe Art. 4 Abs. 1 Buchst. b) sollten ebenfalls beachtet werden.[65]

Derartige Strategien zur Vermeidung/Minimierung der schädlichen Rechtsfolgen des § 50d Abs. 3 EStG durch den Einsatz schuldrechtlicher Instrumente und der Beteiligung von entlastungsberechtigten (fremden dritten) Personen an der ausländischen Gesellschaft bedürfen deshalb sorgfältigster Analyse und Planung und stellen damit eine hohe steuerplanerische Herausforderung dar.

II. Gestaltungsansätze zur Vermeidung des Regelungsbereichs des § 50d Abs. 3 EStG

Die Regelung des § 50d Abs. 3 EStG setzt steuersystematisch dem Kapitalertragsteuerabzug oder dem Steuerabzug nach § 50a EStG unterliegende Einkünfte voraus und knüpft im Falle eines etwaig gegebenen vollen oder teilweisen Entlastungsanspruchs des betreffenden Gläubigers der Kapitalerträge oder Vergütungen an diesen an. § 50d Abs. 3 EStG ist deshalb überhaupt nur dann anwendbar und damit dessen Tatbestandsmerkmale sowie Sanktionsmechanismus nur dann von praktischer Relevanz, wenn Einkünfte einer ausländischen Gesellschaft dem deutschen Steuerabzug unterliegen.

Ein grundsätzlicher Gestaltungsansatz zu Vermeidung der Anwendung und damit der Rechtsfolgen des § 50d Abs. 3 EStG besteht deshalb darin, einen deutschen Steuerabzug an der Quelle zu vermeiden (hierzu im Folgenden zu 1. und 2.). Denn § 50d Abs. 3 EStG ist nur einschlägig für dem deutschen Steuerabzug unterliegende Einkünfte einer ausländischen Gesellschaft. Erzielt der ausländische, beschränkt Steuerpflichtige (natürliche oder juristische Person) im Rahmen seiner deutschen beschränkten Steuerpflicht (§ 1 Abs. 4 EStG, § 2 KStG) indes keine dem Steuerabzug unterliegenden inländischen Einkünfte (§ 49 EStG), greift die Vorbehaltswirkung des § 50d Abs. 3 EStG für die Steuerentlastung von Abzugssteuern nicht. Der „Einschaltung" einer ausländischen Gesellschaft in den Dividendenbezug zwischen sich und die ausschüttende deutsche Kapitalgesellschaft, um durch die „Zwischenschaltung" der ausländischen Gesellschaft von deren steuerlicher Entlastungsberechtigung für die Abzugssteuern auf den Dividendenbezug zu profitieren, bedürfte es mithin nicht.

Alternativ kann der Steuerpflichtige in bestimmten Fällen die Voraussetzungen für eine Anrechnung der einbehaltenen Kapitalertragsteuer im Rahmen einer Veranlagung zur Einkommen-/Körperschaftsteuer schaffen und auf diese Weise den Anwendungsbereich des § 50d Abs. 3 EStG vermeiden (hierzu im Folgenden zu 3.).[66]

---

[65] Richtlinie 2003/49/EG des Rates v. 3. 6. 2003 über eine gemeinsame Steuerregelung für Zahlungen von Zinsen und Lizenzgebühren zwischen verbundenen Unternehmen verschiedener Mitgliedstaaten, Amtsbl. EG Nr. L 157/49.

[66] Siehe auch *Kollruss*, IStR 2007, 870.

1. Substitution von Dividenden durch kapitalertragsteuerfreie Zinszahlungen

a) Gestaltungsansatz

Eine ausländische Gesellschaft, die direkt (d.h. nicht über eine inländische Betriebsstätte) an einer inländischen Kapitalgesellschaft beteiligt ist, unterliegt mit den ihr zufließenden Dividenden in Deutschland der beschränkten Steuerpflicht, § 49 Abs. 1 Nr. 5 Buchst. a EStG. Die Dividendenzahlungen unterliegen grundsätzlich dem 25 %igen Kapitalertragsteuereinbehalt (zzgl. Solidaritätszuschlag), §§ 20 Abs. 1 Nr. 1, 43 Abs. 1 S. 1 Nr. 1, 43a Abs. 1 S. 1 Nr. 1 EStG. Je nach Ansässigkeit der ausländischen Gesellschaft kann diese grundsätzlich von einer etwaigen Quellensteuerreduzierung gem. § 43b EStG oder nach dem einschlägigen DBA profitieren und eine Erstattung oder Freistellung von der Kapitalertragsteuer begehren (§ 50d Abs. 1 und 2 EStG). Anderenfalls entfaltet der Kapitalertragsteuerabzug für die beschränkt körperschaftsteuerpflichtige ausländische Gesellschaft Abgeltungswirkung gemäß § 32 Abs. 1 Nr. 2 KStG. Die Entlastung nach § 50d Abs. 1 oder 2 EStG steht jedoch unter dem Vorbehalt des § 50d Abs. 3 EStG.

Demgegenüber unterliegen in Deutschland Zinsen auf Darlehen grundsätzlich keiner entsprechenden Kapitalertragsteuerpflicht. Zinseinkünfte im Ausland ansässiger Vergütungsgläubiger unterliegen grundsätzlich nur in den engen Grenzen der beschränkten Steuerpflicht (bei Besicherung durch inländischen Grundbesitz etc., § 49 Abs. 1 Nr. 5 Buchst. c Doppelbuchst. aa EStG), bzw. dem Kapitalertragsteuerabzug, der zudem nur in besonderen Konstellationen tatsächlich erfolgt (§ 43 Abs. 1 S. 1 Nr. 7 Buchst. a EStG: bei Eintragung in ein öffentliches Schuldbuch oder ausländisches Register, Ausgabe von Sammelurkunden oder Teilschuldverschreibungen; § 49 Abs. 1 S. 1 Nr. 7 Buchst. b EStG: inländisches Kredit-/Finanzdienstleistungsinstitut ist Schuldner der Zinsen). Für die überwiegenden Konstellationen festverzinslicher Darlehen läuft ggf. daher mangels einzubehaltender Kapitalertragsteuer die durch § 50d Abs. 3 EStG drohende Versagung der Entlastungsberechtigung ins Leere.

Kann oder soll der Anwendung des § 50d Abs. 3 EStG nicht mittels der vorangehend diskutierten Gestaltungsansätze begegnet werden, kann dahingehend die Substitution von Dividendenausschüttungen durch kapitalertragsteuerfreie Zinszahlungen in Erwägung gezogen werden.[67] Beachtlich ist jedoch, dass dieser Gestaltungsansatz Begrenzungen unterliegt.

b) gewinnabhängig vs. gewinnunabhängig vergütetes Fremdkapital

Nicht alle zinstragenden schuldrechtlichen Beziehungen kommen für den oben dargelegten Gestaltungsansatz in Frage. Denn Zinsen/Vergütungen auf zahlreiche Instrumente unterliegen ebenfalls sowohl der beschränkten Steuerpflicht als auch dem Kapitalertragsteuereinbehalt. Dies betrifft insbesondere die für den Gestaltungsansatz im besonders interessanten gewinnabhängig ausgestalteten Fremdkapitalvergütungen. Während Zinsen auf festverzinslich ausgestaltete Darlehen grundsätzlich (s. o.) nicht der Kapitalertragsteuer unterliegen, verhält sich dies etwa bei Zinsen auf partiarische Darlehen und typisch stille Einlagen anders. Letztere unterliegen im Falle eines inländischen Vergütungsschuldners der beschränkten Steuerpflicht und dem Kapitalertragsteuerabzug (§§ 20 Abs. 1 Nr. 4, 49 Abs. 1 Nr. 5 Buchst. a 1. Hs., 43 Abs. 1 S. 1 Nr. 3, 44 Abs. 1 S. 3 EStG). Dies gilt gleichermaßen für Zinsen aus Wandelanleihen und Gewinnobligationen (§§ 20 Abs. 1 Nr. 7, 49 Abs. 1 Nr. 5 Buchst. a 2. Hs., 43 Abs. 1 S. 1 Nr. 2 S. 1, 44 Abs. 1 S. 3 EStG). Vergütungen auf obligationsähnliche Genussrechte, mit denen kein Recht am Gewinn und Liquidationserlös verbunden ist, unterliegen ebenfalls der beschränkten Steuerpflicht sowie dem Kapitalertragsteuereinbehalt (§§ 20 Abs. 1 Nr. 7, 49 Abs. 1 Nr. 5 Buchst. c Doppelbuchst. bb, 43 Abs. 1 S. 1 Nr. 2 S. 1, 44 Abs. 1 S. 3 EStG). Mittels dieser – häufig gewinnabhängi-

---

[67] Vgl. grundlegend *Kollruss*, IStR 2007, 870.

gen – Instrumente kann daher eine erfolgreiche Substitution von kapitalertragsteuerpflichtigen Dividenden in kapitalertragsteuerfreie Zinsen nicht erfolgen.

Ferner ist auf folgende steuerliche Aspekte hinzuweisen: die ggf. gewinnunabhängig, festverzinslich ausgestaltete Darlehensgewährung darf aus deutscher steuerlicher Sicht und für deren steuerliche Anerkennung nicht unangemessen hoch bemessen sein, d.h. sie muss dem Fremdvergleichsgrundsatz genügen, um die Umqualifizierung von Zinsen in verdeckte Gewinnausschüttungen (diese wären wiederum kapitalertragsteuerpflichtig, § 43 Abs. 1 S. 1 Nr. 1 KStG), respektive die Korrektur nach § 1 AStG zu vermeiden. Zusätzlich wäre ggf. zu prüfen, ob die Darlehenshingabe als solche fremdvergleichkonform ist. Ferner handelt es sich mit entsprechenden Darlehensgewährungen um Geschäftsbeziehungen zum Ausland. Für diese sind die bestehenden Nachweis- und Dokumentationspflichten nach § 90 Abs. 3 AO, die diesbezüglich beachtlichen Sanktionsregelungen nach § 162 AO sowie die grundsätzlichen Auskunftspflichten nach § 160 AO und § 16 AStG zu beachten.

c) Einfluss der Zinsschranke

Bezüglich Zinsen sind grundsätzlich die Implikationen in Bezug auf die steuerlichen Regelungen der sog. **Zinsschranke** (§§ 4h EStG, 8a KStG) beachtlich. In einer Sachverhaltskonstellation, in welcher der ausländische Gesellschafter einer deutschen Kapitalgesellschaft vor der Wahl der Finanzierung der deutschen Kapitalgesellschaft mit Eigenkapital oder Fremdkapital, respektive der hierauf zu erzielenden Vergütung steht, welche im Falle der Dividende ohne steuerliche Abzugsfähigkeit auf Ebene der deutschen Tochterkapitalgesellschaft zudem der Regelung des § 50d Abs. 3 EStG unterliegt, tritt die etwaige Besteuerungswirkung der Zinsschranke aus deutscher steuerlicher Sicht zurück. Ersetzt würden auf Ebene der deutschen Kapitalgesellschaft steuerlich nicht abzugsfähige Dividenden durch grundsätzlich steuerlich abzugsfähige, aber u. U. nur vortragsfähige Zinsen (Betriebsausgaben). Im Hinblick auf die ertragsteuerliche Bemessungsgrundlage stünde die deutsche Kapitalgesellschaft mithin im Falle einer Substitution von Eigenkapital durch Fremdkapital steuerlich im Regelfall nicht schlechter, u. U. aber sogar besser da. Von materieller und womöglich ausschlaggebender Bedeutung für das Gestaltungsinstrument Fremdkapital im Hinblick auf § 50d Abs. 3 EStG ist deshalb, dass die Zinsschranke im Gegensatz zu § 8a KStG a. F. (Gesellschafterfremdfinanzierung) keine Umqualifizierung der nicht abzugsfähigen Zinsaufwendungen in verdeckte Gewinnausschüttungen auslöst. Von der deutschen Tochterkapitalgesellschaft geleistete Zinszahlungen behalten daher auch bei Eingreifen der Zinsschranke ihre Einkünftequalifikation als Zinsen i. S. d. § 20 Abs. 1 Nr. 7 EStG bei. Unter den o. g. Voraussetzungen fiele somit deshalb auf Zinsen, selbst dann, wenn sie nach Maßgabe der Zinsschrankenregelung als nicht abziehbare Zinsen qualifizierten, keine Kapitalertragsteuer an. § 50d Abs. 3 EStG ist deshalb im Regelfall, d.h. bei Zinsen auf festverzinsliche, gewinnunabhängige Darlehen (vgl. hierzu oben unter Buchstabe b) gegenstandslos.[68] Folgende Aufstellung mag dies verdeutlichen:

---

[68] Vgl. *Kollruss*, IStR 2007, 780; ders. BB 2007, 2774.

	(1) ohne zusätzlichen Zinsaufwand	(2) mit zusätzlichem Zinsaufwand
	€	€
Körperschaftsteuerliche Effekte		
Steuerliche Bemessungsgrundlage ohne Berücksichtigung der Vergütung aus der (zusätzlichen) Finanzierung	100	100
Betriebsausgabenabzug durch zusätzlichen Zinsaufwand	0	-100
Hinzurechnung unterstellter, vollständig nicht abziehbarer Zinsaufwendungen aufgrund der Zinsschranke	0	+100
Gewerbesteuerliche Effekte		
Zusätzliche Hinzurechnung zum Gewerbeertrag, § 8 Abs. 1 Buchst. a GewStG	0 (da kein zusätzlicher Zinsaufwand)	0 (da Hinzurechnung bereits durch Zinsschranke erfolgt und im Gewerbeertrag enthalten)
Steuerliche Bemessungsgrundlagen	100	100
Veränderung der steuerlichen Bemessungsgrundlage (1) ggü. (2)		keine

Zu berücksichtigen ist allerdings die Steuerpflicht der Zinseinkünfte auf Ebene des empfangenden ausländischen Gesellschafters. Hinsichtlich derjenigen Beträge, die aufgrund der Zinsschranke auf Ebene der Tochterkapitalgesellschaft nicht zum steuerlichen Abzug zugelassen werden, kann es in Folge dessen zu einer wirtschaftlichen Doppelbesteuerung kommen. Vor dem Hintergrund einer Steuerpflicht der Zinserträge kann die vorgestellte Gestaltung zur Vermeidung deutscher Kapitalertragsteuer aus Sicht des ausländischen Gesellschafters deshalb dann vorteilhaft sein, wenn die auf die Zinseinkünfte im Ausland erhobene Ertragsteuer der Höhe nach unterhalb der ersparten Kapitalertragsteuer zzgl. Solidaritätszuschlag eines alternativen Dividendenbezug bei vollumfänglicher Anwendung des § 50d Abs. 3 EStG, d. h. unter 26,375 % liegt (§ 43a Abs. 1 S. 1 Nr. 1 EStG). In Betracht kommen grundsätzlich Staaten ohne relevante Ertragsteuern (sog. Steueroasen), aber auch solche, die moderatere Ertragsteuersätze von weniger als 26,375 % aufweisen.

Die steuerliche Wirksamkeit des vorgestellten Gestaltungsansatzes unter der Zinsschrankenregelung verwundert. Denn bereits der Wortlaut des § 8a KStG a. F. wurde durch das sog. Korb-II-Gesetz[69] eigens geändert (von „gelten als" in „sind auch verdeckte Gewinnausschüttungen"), um Zweifeln hinsichtlich der Kapitalertragsteuerpflicht zu begegnen.[70] Denn nach alter Rechtslage war umstritten, ob auf die umqualifizierten Vergütungen Kapitalertragsteuer erhoben werden durfte.[71] Zudem wurde zur Vermeidung von Steuerumgehungsmöglichkeiten von zahlreichen gewichtigen Stimmen (u. a. dem IDW) gefordert, die von § 8a KStG a. F. betroffenen

---

[69] Gesetz v. 22. 12. 2003, BStBl. I 2003, 2840, Art. 3 Nr. 1.
[70] Vgl. *Rödder/Schumacher*, DStR 2003, S. 1731; *Stalinski*, NWB Fach 4, S. 4772.
[71] Dagegen *Frotscher/Maas*, KStG/UmwStG, § 8a KStG, Tz. 67 (Stand: 1. 12. 2000), m. w. H.; dafür BMF v. 15. 12. 1994 - IV B 7 - S 2742a - 63/94, Gesellschafter-Fremdfinanzierung (§ 8a KStG), BStBl I 1995, S. 25, Tz. 76.

Zinsen an Steuerausländer der beschränkten Steuerpflicht und dem Kapitalertragsteuerabzug zu unterwerfen.[72] Dem Gesetzgeber verbliebe zur wirksamen Vermeidung der o. g. Gestaltung die Rechtsfolge der Zinsschranke (wie unter § 8a KStG a. F.) auf eine verdeckte Gewinnausschüttung umzustellen oder auch für entsprechende Zinsen die beschränkte Steuerpflicht einzuführen und diese dem Kapitalertragsteuerabzug zu unterwerfen.[73] Beides ist unseres Wissens derzeit allerdings nicht in Aussicht gestellt, so dass die vorgestellte Gestaltung in ihren aufgezeigten Grenzen ein relativ einfaches steuerliches Instrument zur Vermeidung der Versagung der Entlastungsberechtigung von deutschen Quellensteuern auf Dividenden und Vergütungen nach § 50d Abs. 3 EStG ist.

2. Substitution von Dividenden durch steuerabzugsfreie gewerbliche Einkünfte

a) Gestaltungsansatz: gewerblich tätige Personengesellschaft als Organträger

Eine andere Gestaltung und Alternative zur Erzielung von kapitalertragsteuerpflichtigen Dividenden besteht in der Substitution durch steuerabzugsfreie gewerbliche Einkünfte. Dies kann im Wege der Durchbrechung der ertragsteuerlichen Abschirmwirkung und Vermeidung der Verdoppelung der Einkünfte einer deutschen Kapitalgesellschaft (originäre Einkünfte der Kapitalgesellschaft und Verdoppelung nämlicher im Wege deren Gewinnausschüttung) durch Begründung einer ertragsteuerlichen **Organschaft** zu einer deutschen gewerblich tätigen Personengesellschaft erfolgen.[74] Alternativ kann hierzu als Organträger auch die deutsche, ins Handelsregister eingetragene Zweigniederlassung eines ausländischen, gewerblichen Unternehmens (Kapitalgesellschaft) in Betracht gezogen werden (§ 18 KStG).

Im Rahmen dieses Gestaltungsansatzes wird die deutsche Kapitalgesellschaft nicht unmittelbar durch das ausländische Steuersubjekt (natürliche oder juristische Person), sondern mittelbar durch eine zwischengeschaltete gewerblich tätige deutsche Personengesellschaft gehalten, die im Verhältnis zu der deutschen Kapitalgesellschaft (=Organgesellschaft) als Organträgerin fungiert (§§ 14 ff. KStG). In Folge dessen und aufgrund des Ergebnisabführungsvertrags wird der Gewinn der deutschen Kapitalgesellschaft an die Personengesellschaft abgeführt und das steuerliche Ergebnis (Einkommen, Gewerbeertrag) der Kapitalgesellschaft für deutsche körper-/einkommen- und gewerbesteuerliche Zwecke der Personengesellschaft ohne Kapitalertragsteuereinbehalt zugerechnet (§ 14 Abs. 1 S. 1 KStG, § 2 Abs. 2 GewStG). Die weitere Repatriierung der Gewinne der deutschen Kapitalgesellschaft (Personengesellschaft) an das ausländische Steuersubjekt erfolgt ebenfalls ohne (Kapitalertrag-)Steuereinbehalt als (nicht-steuerbare) Entnahme aus der deutschen Personengesellschaft.

Das an der deutschen Personengesellschaft beteiligte ausländische Steuersubjekt unterläge mit seinem Gewinnanteil der deutschen beschränkten Einkommen- oder Körperschaftsteuerpflicht (§ 1 Abs. 4 EStG, resp. § 2 Abs. 1 KStG i. V. m. § 49 Abs. 1 Nr. 2 Buchst. b EStG). Im Falle eines ausländischen Körperschaftsteuersubjekts als Beteiligte sollten sich im Vergleich zur direkten Beteiligung an einer nicht organschaftlich verbundenen deutschen Kapitalgesellschaft grundsätzlich keine nachteiligen deutschen steuerlichen Konsequenzen aus der Strukturierung ergeben. Das steuerliche Ergebnis der deutschen Kapitalgesellschaft unterliegt weiterhin (nur) einmalig der deutschen Körperschaftsteuer zzgl. Solidaritätszuschlag (nunmehr im Rahmen der deutschen beschränkten Steuerpflicht auf Ebene der ausländischen Kapitalgesellschaft) und Gewerbesteuer (auf Ebene der Personengesellschaft). Als Personengesellschaft würde die Or-

---

[72] Vgl. IDW, FN-IDW 2004, 297, 298; *Sedemund*, IStR 2004, 595, 601.

[73] So auch *Kollruss*, BB 2007, 2774, 2775.

[74] Vgl. *Kollruss*, IStR 2007, 870, 874.

gantträgerin sogar von einem gewerbesteuerlichen Freibetrag profitieren, der bei direkter Beteiligung nicht gewährt würde (24.500 €, § 11 Abs. 1 Nr. 2 GewStG). Im Falle einer im Ausland ansässigen natürlichen Person als Beteiligte käme es auf die Gesamtumstände und die spezifischen Steuerattribute der Person für deutsche steuerliche Zwecke an, die genauer zu untersuchen wären. Sollten hieraus im Falle einer natürlichen Person als Beteiligte nachteilige deutsche Steuerfolgen resultieren, kann erweiternd in Betracht gezogen werden, die Beteiligung an der deutschen Personengesellschaft über eine ausländische Kapitalgesellschaft zu halten. Ferner sind die ausländischen Besteuerungsfolgen zu beachten, die sich nach dem jeweiligen Ansässigkeitsstaat des ausländischen Steuersubjekts richten.[75]

Aus deutscher steuerlicher Sicht ist für die Implementierung und Wirksamkeit dieses Gestaltungsansatzes insbesondere sicherzustellen, dass die zwischengeschaltete Personengesellschaft als Organträgerin geeignet ist. Auf die diesbezüglich einschlägigen gesetzlichen Regelungen, deren Kommentierungen sowie die einschlägige Rechtsprechung und das hierzu ergangene BMF-Schreiben vom 10. 11. 2005[76] sei an dieser Stelle verwiesen.

b) Alternativer Gestaltungsansatz: KGaA als Organträgerin

In Abwandlung zu dem vorstehend skizzierten Gestaltungsansatz kann der Einsatz einer atypisch ausgestalteten Kommanditgesellschaft auf Aktien als Organträgerin in Erwägung gezogen werden. Der grundlegende Vorteil im Hinblick auf die für die Organschaft erforderliche gewerbliche Tätigkeit der Organträgerin bestünde darin, dass die **KGaA** ungeachtet ihrer Geschäftstätigkeit Organträgerin sein kann, § 14 Abs. 1 S. 1 Nr. 2 S. 1 KStG i. V. m. § 1 Abs. 1 Nr. 1 KStG. Eine eigene originär gewerbliche Tätigkeit i. S. d. § 15 Abs. 2 EStG ist daher – im Gegensatz zu der vorstehend unter Buchstabe a) dargestellten Gestaltung – für die Organträgereignung nicht erforderlich. Die Repatriierung der durch die Organträgerin vereinnahmten Gewinnabführungen ist kapitalertragsteuerfrei möglich, soweit die Zahlungen auf Gewinnanteile des persönlich haftenden Gesellschafters geleistet werden, die auf nicht auf das Grundkapital getätigte Einlagen entfallen. Unter Umständen kann eine Repatriierung auch im Wege von Vergütungen für z. B. Geschäftsführungsleistungen oder Nutzungsüberlassungen erfolgen, § 9 Abs. 1 Nr. 1 KStG, § 15 Abs. 1 Nr. 3 EStG, die als solche nicht dem Steuerabzug (§§ 43, 50a EStG) unterliegen. Diese Gestaltung zur Vermeidung des Kapitalertragsteuereinbehalts wirkt umso mehr, desto größer die nicht auf das Grundkapital geleistete Vermögenseinlage des persönlich haftenden Gesellschafters im Verhältnis zu den die Kommanditeinlagen ist.[77]

3. Erzielung von Dividenden in einem inländischen Betriebsvermögen

a) Gestaltungsansatz

§ 50d Abs. 3 EStG ist zwar grundsätzlich für die dem deutschen Steuerabzug unterliegenden Kapitalerträge und Vergütungen an eine nach DBA oder den §§ 43b, 50g EStG entlastungsberechtigte ausländische Gesellschaft einschlägig. Zu einer Prüfung und etwaigen Anwendung kann es indes nur dann kommen, wenn die ausländische Gesellschaft von ihrem Recht auf die antragsgebundene Erstattung nach § 50d Abs. 1 S. 2 ff. EStG Gebrauch machen muss, um Ihren Entlastungsanspruch durchzusetzen. Dessen bedarf es und hierzu kommt es nicht, wenn die ausländische Gesellschaft in Deutschland zur Körperschaftsteuer veranlagt wird, weil für die nämlichen Einkünfte das vorgehende Abgeltungsverfahren nicht greift (§ 32 Abs. 1 Nr. 2 KStG)

---

[75] Weiterführend *Kollruss*, IStR 2007, 870, 874, der ein reverse hybrid als Organträger vorschlägt, um die Besteuerung im Ansässigkeitsstaat der ausländischen Gesellschaft zu vermeiden.

[76] BMF-Schreiben v. 10. 11. 2005, BStBl. I 2005, 1038, Tz. 13 ff.

[77] Vgl. auch *Kollruss*, BB 2007, 1988.

und aufgrund dessen im Rahmen des statt dessen durchzuführenden Veranlagungsverfahrens (§ 31 KStG i. V. m. §§ 25ff. EStG) eine Anrechung oder ggf. Erstattung einbehaltener und abgeführter deutscher Kapitalertragsteuer/Abzugssteuer (§ 50a EStG) zu erfolgen hat (§§ 31 Abs. 1 KStG, § 36 Abs. 2 Nr. 2 EStG).

Das Abgeltungsverfahren greift für inländische Einkünfte beschränkt Steuerpflichtiger nicht, wenn die Einkünfte in einem inländischen Gewerbebetrieb oder einem inländischen land- und forstwirtschaftlichen Betrieb anfallen (§ 32 Abs. 1 Nr. 2 KStG). Der Gestaltungsansatz ist mithin darauf gerichtet, die Beteiligung an der ausschüttenden deutschen Kapitalgesellschaft für deutsche steuerliche Zwecke in einem inländischen Betriebsvermögen zu halten. In Folge dessen kommt es im Falle der Gewinnausschüttung der deutschen Kapitalgesellschaft zur Anrechnung, respektive Erstattung der auf die Dividendenbezüge einbehaltenen deutschen Kapitalertragsteuer im Rahmen der Veranlagung der beschränkt steuerpflichtigen Betriebsstätteneinkünfte (§ 1 Abs. 4 EStG, resp. § 2 KStG i. V. m. § 49 Abs. 1 Nr. 2 Buchst. a EStG) des ausländischen Steuersubjekts. Ist der ausländische Rechtsträger eine Körperschaft i. S. d. § 1 Abs. 1 KStG unterliegen dessen Dividendenbezüge aus der deutschen Kapitalgesellschaft grundsätzlich einer 95 %igen Befreiung (§ 8b Abs. 1, 5 KStG und unter den Voraussetzungen des § 8 Nr. 5 GewStG) für deutsche Ertragsteuerzwecke.

Für die Umsetzung dieses Gestaltungsansatzes bietet sich der Einsatz einer **inländischen gewerblichen Betriebsstätte** oder aber einer **inländischen gewerblichen Personengesellschaft** an, die zwischen die deutsche Tochterkapitalgesellschaft und die ausländische Gesellschaft geschaltet wird. Im Falle der Betriebsstätte oder der gewerblich tätigen Personengesellschaft ist sicherzustellen, dass in dieser eine gewerbliche Tätigkeit i. S. d. § 15 Abs. 2 EStG ausgeübt wird. Grundsätzlich denkbar ist auch der Einsatz einer gewerblich geprägten Personengesellschaft i. S. d. § 15 Abs. 3 Nr. 2 EStG. Die gewerbliche Prägung einer Personengesellschaft kann ausweislich der jüngeren BFH-Rechtsprechung auch durch eine ausländische Kapitalgesellschaft erfolgen.[78] Für diese bedarf es zwar (erleichternd) keiner gewerblichen Tätigkeit i. S. d. § 15 Abs. 2 EStG; dafür ergeben sich diesbezüglich aber erschwerende Zuordnungsproblematiken (hierzu nachfolgend).

Als alternativer Gestaltungsansatz bietet sich ferner im Verhältnis der ausländischen Kapitalgesellschaft als Gesellschafter einer deutschen Tochterkapitalgesellschaft zudem die Begründung einer **atypisch stillen Gesellschaft** an, indem die ausländische Kapitalgesellschaft eine (geringe)[79] atypisch stille Vermögenseinlage in die deutsche Tochterkapitalgesellschaft leistet. Die atypische stille Gesellschaft qualifiziert ertragsteuerlich als Mitunternehmerschaft i. S. d. § 15 Abs. 1 Nr. 2 EStG zwischen der ausländischen Kapitalgesellschaft und der deutschen Tochterkapitalgesellschaft.[80] Der Anteil der ausländischen Kapitalgesellschaft an der deutschen Kapitalgesellschaft qualifiziert grundsätzlich als notwendiges Sonderbetriebsvermögen II bei der Mitunternehmerschaft,[81] so dass die Dividendenausschüttungen der deutschen Tochterkapitalgesellschaft als Sonderbetriebseinnahmen i. S. d. § 15 Abs. 1 Nr. 2 EStG und damit als Gewinnanteile der ausländischen Gesellschaft aus der Mitunternehmerschaft zu beurteilen sind.[82]

---

[78] Vgl. BFH v. 14. 3. 2007 - XI R 15/05, DStRE 2007, 828.

[79] Vgl. BFH v. 15. 10. 1998 - IV R 18/98 unter I. 2b) der Gründe, BStBl. II 1999, 286.

[80] Vgl. H 15.8 Abs. 1 ESt-Hinweise 2008, Stichwort: stiller Gesellschafter.

[81] Annahme: die Tochterkapitalgesellschaft geht nicht noch einer anderen Geschäftstätigkeit von nicht ganz untergeordneter Bedeutung nach, vgl. BFH v. 15. 10. 1998 - IV R 18/98, BStBl. II 1999, 286.

[82] Weiterführend *Kollruss*, IStR 2007, 870, 871 ff.

Voraussetzung für eine Anrechnung der Kapitalertragsteuer im Rahmen der Veranlagung ist, dass die Steuer entweder auf die bei der Veranlagung erfassten Einkünfte (Zinsen sowie Lizenzen und Vergütungen i. S. d. § 50a EStG) oder auf die nach § 3 Nr. 40 EStG bzw. § 8b Abs. 1 KStG bei der Einkommensermittlung außer Ansatz bleibenden Bezüge (Dividenden) entfällt. Zudem darf deren Erstattung weder durchgeführt noch beantragt worden sein, § 36 Abs. 2 Nr. 2 S. 1 EStG. Die Betonung liegt in den hier betrachteten Konstellationen auf „nicht beantragt"; eine Erstattung der einbehaltenen Steuer würde in den vorstehenden Konstellationen mangels Entlastungsberechtigung ohnehin nicht erfolgen.

Die Veranlagung ist steuerlich vorteilhaft, wenn die auf die betreffenden Einkünfte entfallende Steuer geringer ist als die einbehaltene Kapitalertragsteuer und somit eine Erstattung erfolgt. Dies sollte im Falle einer ausländische Kapitalgesellschaft und der Erzielung von Dividenden aus einer deutschen Tochterkapitalgesellschaft stets der Fall sein. Gleichwohl ist zu beachten, dass die Kapitalertragsteuer (zzgl. Solidaritätszuschlag) zunächst in voller Höhe (bei Dividenden: 26,375 %, § 43a Abs. 1 S. 1 Nr. 1 EStG) einbehalten wird und daraus deshalb bis zu Erstattung ein Liquiditäts- und Zinsnachteil resultiert. Es erfolgt keine vollständige Erstattung, da die zugrunde liegenden Einkünfte als (teils) steuerbare und steuerpflichtige Einkünfte der Einkommen- bzw. Körperschaftsteuer zzgl. Solidaritätszuschlag sowie ggf. der Gewerbesteuer unterliegen. Dies kann einen Nachteil im Vergleich zur unmittelbaren Inanspruchnahme von Quellensteuervergünstigungen z. B. in Gestalt der §§ 43b, 50g EStG oder des jeweiligen DBA und Freistellung vom Steuerabzug darstellen, wenn hierdurch eine weitergehende Entlastung erzielt werden könnte. Dies aber steht unter dem Vorbehalt des § 50d Abs. 3 EStG.

b) Zuordnung von Wirtschaftsgütern und den daraus erzielten Einkünften zum inländischen Betriebsvermögen?

Beachtlich ist, dass die Wirksamkeit des vorstehend skizzierten Gestaltungsansatzes an die Bedingung geknüpft ist, dass die betreffenden Einkünfte mit steuerlicher Wirkung dem inländischen Betriebsvermögen zuordenbar sind. Bezüglich dieser für die Wirksamkeit des Gestaltungsansatzes erforderlichen Zuordnung bestehen Unsicherheiten.[83] Diesbezügliche Fragen sind auch im Verhältnis zur Finanzverwaltung nicht abschließend geklärt.

Im Falle einer reinen Holding-Betriebsstätte, die nicht im Rechtskleid einer inländischen Personengesellschaft betrieben wird, sind für die Frage der Zugehörigkeit der Beteiligung an der deutschen Kapitalgesellschaft zu der inländischen Betriebsstätte im Sinne der DBA die abkommensrechtlichen Maßstäbe des BFH aus seiner insoweit ständigen Rechtsprechung anzulegen.[84] Danach ist ein Vermögenswert dann der Betriebsstätte zugehörig, wenn er in einem funktionalen Zusammenhang zu der in ihr ausgeübten Unternehmenstätigkeit steht. Insoweit sollen die zu § 8 AStG entwickelten Grundsätze der funktionalen Betrachtungsweise sinngemäß angewendet werden können. Es sei deshalb auf die Tätigkeit abzustellen, der nach der allgemeinen Verkehrsauffassung das Schwergewicht innerhalb der Betriebsstätte zukommt.[85] Allerdings können hiernach nur jene Wirtschaftsgüter einer Betriebsstätte zugewiesen werden, die tatsächlich von dieser genutzt werden und zu ihrem Betriebsergebnis beigetragen haben.[86] Ent-

---

[83] Vgl. *Frotscher*, in Frotscher, EStG, § 50d, Rz. 111.
[84] BFH v. 27. 2. 1991 - I R 15/89, BStBl II 1991, 444; v. 31. 5. 1995 - I R 74/93, BStBl II 1995, 683.
[85] BFH v. 16. 5. 1990 - I R 16/88, BStBl II 1990, 1049.
[86] Vgl. BFH v. 17. 12. 2003 - I R 47/02, BFH/NV 2004, 771, unter II.2.a) der Gründe, m. w. N; siehe hierzu auch BMF v. 24. 12. 1999, BStBl. I 1999, 1076 (Betriebsstätten-Verwaltungsgrundsätze), Tz. 2.4.

sprechende abkommensrechtliche Zuordnungsgrundsätze gelten nach der Rechtsprechung des BFH auch für den über eine Personengesellschaft gehaltenen Anteilsbesitz.[87]

Für den Fall der seitens des deutschen Steuerpflichtigen begehrten Zuordnung von deutschen Kapitalgesellschaftsbeteiligungen zu einer abkommensrechtlichen luxemburgischen Betriebsstätte (aufgrund einer luxemburgischen GbR) hat es der BFH jedenfalls nicht genügen lassen, dass die Betriebsstätte Arbeitsabläufe koordinierte, dadurch bestimmte Synergieeffekte erzielte, einen gebündelten Wareneinkauf vornahm sowie Aufgaben aus den Bereichen Personal, der Preispolitik, der Werbung, der Öffentlichkeitsarbeit, des Vertriebs sowie der Unternehmensstrategie für die gehaltenen Beteiligungen wahrnahm.[88] Obgleich das Tätigkeitsspektrum der Betriebsstätte vielfältig und umfassend ausfiel, hat das Gericht dies lediglich als „unterstützende dienstleistende Tätigkeit" für die Kapitalgesellschaft und als „(partielle) Wahrnehmung von deren Geschäftsleitungsaufgaben" eingestuft. Aufgrund dessen hat der BFH eine Zurechnung der Einkünfte aus den Beteiligungen zu der Betriebsstätte verneint.

Dies entspricht der diesbezüglichen Auffassung der Finanzverwaltung, nach der es ausweislich Tz. 4.4.3 der Betriebstätten-Verwaltungsgrundsätze[89] für die Zuordnung von Anteilen an Tochtergesellschaften und den daraus fließenden Einkünften zu einer Betriebsstätte nicht genüg soll, wenn diese konzerninterne Dienstleistungen (z. B. im Rechnungswesen) sowie Kontroll- und Koordinierungsfunktionen übernimmt.

In Anbetracht der vorstehend wiedergegebenen abkommensrechtlichen Rechtsprechungsgrundsätze bedarf es für die Zuordnung der Beteiligung an der inländischen Kapitalgesellschaft zu einer inländischen Betriebsstätte wohl grundsätzlich einer weitergehenden wirtschaftlichen Verknüpfung und eines stärkeren funktionalen Zusammenhangs mit der inländischen Betriebsstätte.[90] Hierzu und zur Bestimmung der durch eine Betriebsstätten-Holding auszuübenden Funktionen wird im Schrifttum auch auf das BMF-Schreiben vom 3. 4. 2007 verwiesen.[91]

Fraglich ist u. E. allerdings, ob diese Zuordnungsmaßstäbe auch dann zur Anwendung gelangen, wenn die Anteile an der inländischen Kapitalgesellschaft über eine inländische gewerbliche oder gewerblich geprägte Personengesellschaft gehalten werden, deren Gesellschafter (Kapitalgesellschaften) nicht in einem DBA-Staat ansässig sind, so dass abkommensrechtliche Zuordnungsmaßstäbe nicht greifen. Hier sollten u. E. zumindest für den vorstehenden Beispielsfall die Grundsätze des § 15 Abs. 1 EStG durchgreifen. Gestützt werden kann diese Beurteilung u. E. auf die Rechtsprechung des BFH, der strikt zwischen der abkommensrechtlichen Zuordnung von Einkünften einerseits und der Zuordnung der nämlichen Einkünfte für deutsche steuerrechtliche Zwecke andererseits unterscheidet.[92] Denn hiernach soll der Zuordnung von Dividenden zur abkommensrechtlichen Betriebsstätte nicht entgegenstehen, „dass die Dividenden nach deutschem Steuerrecht Teil der Anteile der Kläger an den Gewerbegewinnen der Mitunternehmerschaft darstellen können (Art. 15 Abs. 1 Satz 1 Nr. 2 EStG 1990). Dadurch werde eine rechtliche Zuordnung vorgenommen, welche nicht mit dem abkommensrechtlichen Erfordernis einer tatsächlichen Zugehörigkeit gleichgesetzt werden könne." Infolge dessen sollte u. E. in Umkehrung dieses

---

[87] BFH v. 19. 12. 2007 - I R 66/06, BStBl. II 2008, 510.
[88] Vgl. BFH v. 17. 12. 2003 - I R 47/02, BFH/NV 2004, 771, unter II.2.a) der Gründe, m. w. N.
[89] BMF v. 24. 12. 1999, BStBl. I 1999, 1076 (Betriebsstätten-Verwaltungsgrundsätze)
[90] Vgl. *Kessler*, in Kessler/Kröner/Köhler, Konzernsteuerrecht, 2. Aufl. 2008, § 8, Rz. 121, der z. B. bereits Controlling-, Marketing- oder Vertriebsaktivitäten genügen lassen will.
[91] Vgl. *Kessler*, in Kessler/Kröner/Köhler, Konzernsteuerrecht, 2. Aufl. 2008, § 8, Rz. 121.
[92] BFH v. 17. 12. 2003 - I R 47/02, BFH/NV 2004, 771.

Grundsatzes die funktionale Zuordnung und die für das Abkommensrecht entwickelten Grundsätze im nationalen deutschen Steuerrecht keine Anwendung finden.[93]

D. Restriktionen der Steuergestaltung (§ 42 AO)

I. Grundsätzliches zur Normenkonkurrenzverhältnis von § 50d Abs. 3 EStG und § 42 AO

Die Vorschrift des § 50d Abs. 3 EStG stellt eine spezialgesetzliche Regelung zur allgemeinen Missbrauchsregelung des § 42 AO dar und knüpft insoweit ausweislich der Gesetzesbegründung an diese an.[94] Die Regelung bezweckt wie § 42 AO, dem **Missbrauch von rechtlichen Gestaltungsmöglichkeiten** durch ergänzende tatbestandliche Voraussetzungen einer möglichen Unvollständigkeit von § 42 AO im Bereich der Nutzung von Steuerentlastungsberechtigungen zu begegnen, und zwar vor dem Hintergrund der zwischenzeitlich insoweit überholten Rechtsprechung des BFH im sog. Monaco-Urteil vom 29. 10. 1981[95] wonach beschränkt Steuerpflichtige von § 42 AO nicht erfasst werden sollten.

Strittig ist deshalb die Frage des Verhältnisses der Norm zu § 42 AO und dies insbesondere zur diesbezüglichen Position der Finanzverwaltung.[96] Die Finanzverwaltung erkennt zwar – und insoweit übereinstimmend mit der Rechtsprechung und der Literatur – § 50d Abs. 3 EStG als die speziellere und damit vorrangige Vorschrift an, will aber bei einer im Einzelfall etwaig gegebenen Unanwendbarkeit des § 50d Abs. 3 EStG dann § 42 AO prüfen.[97] Die Finanzverwaltung geht damit für den Regelungsbereich des § 50d Abs. 3 EStG von einem im Einzelfall eröffneten und darüber hinausgehenden Anwendungsbereich des § 42 AO aus (vgl. § 42 Abs. 1 S. 3 AO). Zweifelhaft aber ist, ob dies tatsächlich zutreffend ist.

Unzweifelhaft ist, dass § 42 AO dem Grunde nach auch beschränkt Steuerpflichtige erfasst. Für eine Differenzierung zwischen unbeschränkt und beschränkt Steuerpflichtigen bieten weder Wortlaut noch Teleologie der Norm einen Anhaltspunkt. Soweit Steuerpflicht im Inland besteht (unbeschränkte oder beschränkte), ist grundsätzlich Raum für Steuerumgehung. An der anderen Auslegung im Rahmen des "Monaco-Urteils" hält der BFH nicht mehr fest.[98] Im Hinblick auf deutsches Steuerrecht ist § 42 AO folglich generell anwendbar. Weder die Art der erzielten Einkünfte noch die Qualität der Steuerpflicht (beschränkt, unbeschränkt, erweitert beschränkt, erweitert unbeschränkt) nimmt Einfluss auf die grundsätzliche Anwendbarkeit. Allein die Tatsache, dass eine deutsche Steuerpflicht besteht, lässt zugleich auch prinzipiell die Möglichkeit einer Umgehung dieser Steuerpflicht zu, gegen die sich der deutsche Gesetzgeber mittels § 42 AO stellt. Die beiden Normen stehen deshalb folglich in einem näher zu bestimmenden Konkurrenzverhältnis zueinander, dessen Spannung sich vor dem Hintergrund eines sich überschneidenden Regelungsbereichs insbesondere im Hinblick auf die Tatbestandsvoraussetzungen und die Rechtsfolgen der Normen zeigt. Denn es ist beachtlich, dass sowohl hinsichtlich der Tatbe-

---

[93] Ebenso *Kollruss*, IStR 2007, 870, der *„allein das innerstaatliche deutsche Steuerrecht (§ 12 AO, § 15 EStG)"* als maßgeblich einstuft.
[94] Vgl BT-Drs. 12/5630 und 12/5764, S. 26.
[95] Vgl. BFH v. 29. 10. 1981 – I R 89/80, BStBl II 1982, 150.
[96] BMF-Schreiben v. 3. 4. 2007, BStBl. I 2007, 446, Tz. 12.
[97] BMF-Schreiben v. 3. 4. 2007, BStBl. I 2007, 446, Tz. 12.
[98] BFH v. 29. 10. 1997 – I R 55/95, BStBl II 1998, 235; v. 29. 1. 2008 – I R 26/06, BFH/NV 2008, 1044 = IStR 2008, 364.

standsvoraussetzungen – dies gilt umso mehr nach der verschärfenden Neufassung der Norm durch das JStG 2007 – als auch der Rechtsfolgen beide Normen nicht deckungsgleich sind.[99]

Eine Identität zumindest hinsichtlich eines Tatbestandsmerkmals unterstellt allerdings das FG Köln.[100] Zwar enthalte der Wortlaut des § 50d Abs. 3 EStG nicht direkt das Merkmal, dass die Einschaltung der ausländischen Gesellschaft missbräuchlich sein müsse. Die Einschränkung, dass die Vorschrift nur in Missbrauchsfällen eingreift, ergebe sich aber aus dem Sinn und Zweck der Entstehungsgeschichte und bei richtlinienkonformer Auslegung der Vorschrift. Der BFH hat dieser Auffassung allerdings dahingehend widersprochen, dass es keines konkreten Nachweises der Steuerumgehung im Rahmen des § 50d Abs. 1a EStG bedürfe.[101]

Es besteht ebenfalls keine Einheitlichkeit auf der Rechtsfolgenebene. Während § 42 AO zu einer Besteuerung eines „den wirtschaftlichen Vorgängen angemessenen" Sachverhalts führt, d.h. ein fiktiver Sachverhalt der Besteuerung zu Grunde gelegt wird, enthält § 50d Abs. 3 EStG keine solche Fiktion. Im Hinblick auf die hier betrachteten Inbound-Konstellationen würde etwa § 42 AO zu einer Negierung der zwischengeschalteten ausländischen Gesellschaft führen und die Einkünfte unmittelbar den dahinter stehenden („beteiligten") Personen zurechnen. § 50d Abs. 3 EStG hingegen ließe die steuerliche Anerkennung der ausländischen Gesellschaft unangetastet; die betreffenden Einkünfte würden weiterhin dieser zugerechnet. Die Rechtsfolge besteht davon abweichend (lediglich) in der Versagung der Entlastungsberechtigung nach § 50d Abs. 1 und 2 EStG.

II. Ausschließliche Anwendbarkeit des § 50d Abs. 3 EStG in dessen Regelungsbereich

Aufgrund der unterschiedlichen Tatbestandsvoraussetzungen kann es Konstellationen geben, die nur unter § 42 AO, nur unter § 50d Abs. 3 EStG oder grundsätzlich unter den Anwendungsbereich beider Normen fallen. Soweit nur die Tatbestandsvoraussetzungen von § 50d Abs. 3 EStG erfüllt sind, stellt sich das Konkurrenzproblem zu § 42 AO letztlich nicht. Soweit allerdings die Tatbestandsvoraussetzungen beider Vorschriften erfüllt sind oder der Sachverhalt zwar die Tatbestandsvoraussetzungen des § 42 AO, nicht aber auch die des § 50d Abs. 3 EStG erfüllt, aber in dessen Regelungsbereich fällt, stellt sich grundsätzlich die Frage der Normenkonkurrenz.

§ 50d Abs. 3 EStG ist im Verhältnis zu § 42 AO die speziellere und damit vorrangige Norm (§ 42 Abs. 1 S. 2 AO). Aufgrund des auf § 42 AO „abfärbenden", spezialgesetzlichen Wertungsmaßstabes des § 50d Abs. 3 EStG ist der Anwendungsbereich des § 42 AO u. E. grundsätzlich entsprechend eingeschränkt. Liegt ein Anwendungsfall des § 50d Abs. 3 EStG vor, verdrängt § 50d Abs. 3 EStG grundsätzlich die Anwendung des § 42 AO. § 50d Abs. 3 EStG gibt deshalb mit dessen Rechtsfolge die steuerliche Behandlung grundsätzlich abschließend vor. Diese Beurteilung basiert auf der BFH-Rechtsprechung zum Verhältnis des § 42 AO zur Hinzurechnungsbesteuerung

---

[99] Für die Regelung des § 50d Abs. 3 EStG bis zur Neuregelung durch das JStG 2007 wurde in der Literatur teilweise auch ein Gleichklang der tatbestandlichen Voraussetzungen der konkurrierenden Normen gesehen; vgl. *Klein* in H/H/R, § 50d EStG, Anm. 75; *Gosch* in Kirchhof, EStG, 5. Aufl. 2005, § 50d EStG, Rz. 43.

[100] Vgl. FG Köln v. 4. 3. 1999, rkr., EFG 1999, 963.

[101] BFH v. 20. 3. 2002 – I R 38/00, BStBl. II 2002, 819.

(§§ 7-14, 20 AStG)[102] und wurde durch den BFH im Urteil vom 31.05.2005 zum Verhältnis der Vorgängervorschrift des § 50d Abs. 1a EStG zu § 42 AO bestätigt:[103]

„Denn indem § 50d Abs. 1a EStG 1990/1994 ausdrücklich auf das (alternative) Erfordernis wirtschaftlicher oder sonst beachtlicher Gründe abstellt, gibt er als gegenüber § 42 AO 1977 speziellerer Vorschrift zur Vermeidung von Gestaltungsmissbräuchen den tatbestandlichen Rahmen auch für den ggf. daneben anzuwendenden § 42 AO 1977 abschließend vor. Sollen Wertungswidersprüche ausgeschlossen werden, muss die tatbestandlich enger gefasste Spezialvorschrift auf die allgemeinere Vorschrift durchschlagen."

Auch die Neuregelung des § 42 AO durch das JStG 2008[104] ändert u. E. nichts an der so verstandenen allgemeinen Vorrangigkeit des § 50d Abs. 3 EStG und dessen die Regelung des § 42 AO grundsätzlich ausschließende Wirkung. Nach § 42 Abs. 1 S. 2. AO ist der Vorrang der spezialgesetzlichen Regelung und damit auch der Vorrang des § 50d Abs. 3 EStG sogar gesetzlich normiert worden. Zwar folgt aus § 42 Abs. 1 S. 3 AO für den Fall der etwaigen Unanwendbarkeit des § 50d Abs. 3 EStG grundsätzlich die Anwendbarkeit des § 42 AO. Dies gilt u. E. aber nur für Konstellationen, die ausschließlich der Manipulation dienen.[105] So sollte § 42 AO daher z. B. im Fall von sog. „Briefkastengesellschaften" ungeachtet des grundsätzlichen Anwendungsvorrangs des § 50d Abs. 3 EStG weiterhin anwendbar bleiben. Über derartige Konstellationen hinaus gibt jedoch einzig § 50d Abs. 3 EStG mit seinen Tatbestandsmerkmalen (in dessen Regelungsbereich) den Wertungsmaßstab für eine missbräuchliche Gestaltung abschließend vor, so dass insoweit für eine Anwendung des § 42 AO kein Raum verbleibt.[106]

Für die oben diskutierten Gestaltungsansätze folgt aus der Vorrangigkeit des § 50d Abs. 3 EStG u. E., dass auf jene Gestaltungsansätze im Regelungsbereich des § 50d Abs. 3 EStG, welche die Tatbestandsvoraussetzungen der Norm nicht erfüllen (vgl. Abschnitt C.I.), § 42 AO grundsätzlich nicht anwendbar ist. Denn die Gestaltungsansätze erfüllen nicht die Voraussetzungen, die der Gesetzgeber zur Qualifizierung des Missbrauchs im Regelungsbereich des § 50d Abs. 3 EStG gesetzt hat. Mit anderen Worten: § 50d Abs. 3 EStG als spezieller Missbrauchstatbestand zeigt – ebenso wie andere spezielle Missbrauchstatbestände – genau auf, wo die Grenze zwischen zulässiger und unzulässiger Gestaltung liegt.[107] Solange diese Grenze nicht überschritten wird, kann ein Missbrauch und somit ein Eingreifen des § 42 AO nicht angenommen werden. Andernfalls wäre die Vorschrift des § 50d Abs. 3 EStG obsolet. Sachverhalte die nicht die Tatbestandsvoraussetzungen der Norm erfüllen, würden letztlich im Wege des § 42 AO mit der Annahme eines Missbrauchs insoweit solchen Sachverhalten gleichgestellt, welche die Tatbestandsvoraussetzungen der Norm erfüllen (und im Hinblick auf die abweichenden Rechtsfolgeregelungen unter § 42 AO u. U. sogar schärfer besteuert). Ein subsidiäres Eingreifen des § 42 AO (über die reinen Manipulationsfälle hinaus, vgl. oben) und dessen etwaige Anwendung ist deshalb u. E. rechtssystematisch unzulässig.

---

[102] BFH v. 20. 3. 2002 – I R 38/00, BStBl. II 2002, 819; BFH v. 19. 1. 2000 – I R 94/97, BStBl. II 2001, 222; vgl. hierzu: *Luckey*, in Ernst & Young, KStG, § 50d Abs. 3 EStG, Rz. 20.

[103] BFH v. 31. 5. 2005 – I R 74, 88/04, BStBl. II 2006, 118; vgl. auch FG Köln v. 16. 3. 2006 – 2 K 2916/02, EFG 2006, 980; bestätigt durch BFH v. 29. 1. 2008 – I R 26/06, BFH/NV 2008, 1044 = IStR 2008, 364.

[104] JStG 2008 v. 20. 12. 2008, BGBl. I 2007, 3150 = BStBl I 2008, 218.

[105] Vgl. auch BFH v. 23. 10. 1991 - I R 40/89, BStBl II 1992, 1026; v. 19. 1. 2000 - I R 94/97, BStBl II 2001, 222; v. 20. 3. 2002 – I R 63/99, BStBl. II 2003, 50.

[106] Ebenso *Gosch* in Kirchhoff, EStG, § 50d, Rz. 45.

[107] Vgl. *Hey*, BB 2009, 1044, 1045.

Die Finanzverwaltung sieht dessen sowie der zuvor dargelegten Rechtsprechungsgrundsätze ungeachtet dennoch eine (wohl uneingeschränkte) Prüfung des §42 AO vor, wenn die Tatbestandsvoraussetzungen des § 50d Abs. 3 EStG nicht erfüllt sind.[108] Diese Auffassung ist u. E. aus vorstehenden Gründen abzulehnen.

Für die oben diskutierten Gestaltungsansätze, die nicht im Regelungsbereich des § 50d Abs. 3 EStG angelegt sind, in dem z. B. ein deutscher Steuerabzug an der Quelle von vornherein vermieden wird oder aber die Voraussetzungen für eine Anrechnung der einbehaltenen Kapitalertragsteuer im Rahmen einer Veranlagung geschaffen werden (vgl. Abschnitt C.II.), sind hingegen grundsätzlich einer Prüfung nach § 42 AO zugänglich. Da sich diese Gestaltungsansätze außerhalb des Regelungsbereichs des § 50d Abs. 3 EStG befinden, setzt in derartigen Konstellationen § 50d Abs. 3 EStG mithin nicht die den § 42 AO einschränkenden Missbrauchsmaßstäbe. Die Anwendbarkeit des § 42 AO ist daher in derartigen Konstellationen zu prüfen. U. E. sollte es der Finanzverwaltung bei den skizzierten Gestaltungsansätzen jedoch regelmäßig nicht gelingen § 42 AO anzuwenden. Schließlich handelt es sich bei den gewählten Wegen ausschließlich um solche, die durch das Steuergesetz bereitgestellt werden und entsprechend häufig durch Steuerpflichtige genutzt werden. Die Erzielung von Einkünften, die nicht dem Steuerabzug unterliegen, kann schlechterdings nicht als missbräuchlich eingestuft werden; ebenso wenig die Durchführung einer Veranlagung.

---

[108] Ebenso wohl auch BMF-Schreiben v. 3. 4. 2007, BStBl. I 2007, 446, Tz. 12.

2. Sonderbetriebsergebnis bei Inbound-Investitionen im Lichte der aktuellen Rechtsprechung und Gesetzgebung

von Dr. Susanne Möbus, Steuerberaterin und Dr. Torsten Altrichter-Herzberg, Rechtsanwalt & Steuerberater, beide Hamburg[*]

Inhaltsübersicht

I. Einleitung
II. Anteiliges Einkommen eines Mitunternehmers
   A. Mitunternehmeranteil nach deutschem Steuerrecht gemäß § 15 Abs. 1 Nr. 2 EStG
   B. Sonderbetriebsergebnis nach dem Steuerrecht eines anderen Staates
III. Besteuerungsrecht hinsichtlich des Sonderbetriebsergebnisses nach einem DBA
   A. Sonderbetriebsergebnis als Teil des Betriebsstättengewinns nach Art. 7 DBA
   B. Rechtsprechung des BFH
   C. Ansicht der Verwaltung
IV. Gesetzesänderung durch das JStG 2009
   A. Hintergrund der Gesetzesänderung
   B. Rechtsfolge des § 50d Abs. 10 EStG
   C. Folgen im Ansässigkeitsstaat
   D. DBA mit ausdrücklicher Regelung zu Sondervergütungen
   E. Auswirkungen der Gesetzesänderung auf Sonderbetriebsausgaben
V. Gestaltungsüberlegungen
VI. Fazit

Literatur:

Blumers, DBA-Betriebsstätten-Zurechnungen in der jüngsten Rechtsprechung, DB 2008, S. 1765 ff.; *Boller/Eilinghoff/Schmidt*, § 50d Abs. 10 i. d. F. des JStG 2009 – ein zahnloser Tiger?, IStR 2009, S. 109 ff.; *Boller/Sliwka/Schmidt*, Behandlung grenzüberschreitender Sondervergütungen im Inboundfall, DB 2009, S. 1003 ff.; *Hils*, Neuregelung internationaler Sondervergütungen nach § 50d Abs. 10 EStG, DStR 2009, S. 888; *Kaminski*, Anwendung der Doppelbesteuerungsabkommen auf Personengesellschaften, in Lüdicke (Hrsg.), Unternehmenssteuerreform 2008 im internationalen Umfeld, Köln 2008, S. 205 ff.; *Kaminski/Strunk*, Grenzüberschreitende Sondervergütungen: Aktuelle BFH-Rechtsprechung und Entwurf eines BMF-Schreibens, Stbg 2008, S. 291 ff.; *Lang*, DBA und Personengesellschaften – Grundfragen der Abkommensauslegung, IStR 2007, S. 606; *Lohbeck*, § 50d Abs. 10 EStG – Uneingeschränktes Besteuerungsrecht für Sondervergütungen in Inbound-Fall?, DB 2009, S. 423; *Meretzki*, Greift § 50d Abs. 9 EStG bei nur zum Teil steuerfreien Einkünften? Auch Sondervergütungen und Gewinnanteile bilden eine Einkünfteeinheit; IStR 2008, S. 23; *Meretzki*, Weshalb § 50d Abs. 10 EStG sein Ziel verfehlt und neue Probleme schafft, IStR 2009, S. 217 ff.; *Mössner u. a.*, Steuerrecht international tätiger Unternehmen, Köln, 3. Aufl. 2005; *Müller*, Grenzüberschreitende Sondervergütungen und Sonderbetriebsausgaben im Spannungsfeld des Abkommensrechts, BB 2009, S. 751 ff.; *Salzmann*, § 50d Abs. 10 EStG – ein fiskalischer Blindgänger? IWB Nr. 4 vom 25. 5. 2009, S.165, Gr. 3 F. 3, S. 1539; *Salzmann*, Zinsen einer inländischen Personengesellschaft an ihre ausländischen Gesellschafter im Abkommensrecht, IStR 2008, S. 399 ff.; *Schaden/Franz*, Qualifikationskonflikte und Steuerplanung – einige Beispiele, Ubg 2008, S. 452; *Schmidt*, Personengesellschaften im internationalen Steuerrecht nach dem OECD-Bericht „The Application of the OECD Model Tax Convention to Partnerships" und den Änderungen im OECD-MA und im OECD-Kommentar im Jahre 2000, IStR 2001, S. 489 ff.; *Schmidt*, Zinsen einer inländischen Personengesellschaft an ihre ausländische Gesellschafter im Abkommensrecht – Anmerkung zum BFH-Urteil vom 17. 10. 2007, IStR 2008, S. 290; *Vogel*, Transnationale Auslegung von Doppelbesteuerungsabkommen, IStR 2003, S. 523; *Weggenmann*, Die Empfehlungen der OECD an den Ansässigkeitsstaat zur Lösung von Einordnungskonflikten in Bezug auf Sondervergütungen; IStR 2002, S. 614; *Wassermeyer*, Die Anwendung der Doppelbesteuerungsabkommen auf Personengesellschaften, IStR 2007, S. 413; *Wassermeyer*, Anmerkung zum BFH-Urteil vom 20. 12. 2006, IB 47/05, IStR 2007, S. 334.

---

[*] Dr. Susanne Möbus ist Director und Dr. Torsten Altrichter-Herzberg ist Partner im Bereich "Tax" der KPMG AG Wirtschaftsprüfungsgesellschaft am Standort Hamburg.

I. Einleitung

Die abkommensrechtliche Behandlung von Sondervergütungen ist seit jeher Gegenstand von Diskussionen, denn die ausländischen Besteuerungskonzepte weichen oft von der deutschen Besteuerungspraxis ab, und eine einheitliche Regelung auf Abkommensebene fehlt. Nach deutschem Steuerrecht werden Sondervergütungen der Gesellschaft an ihre Gesellschafter gemäß § 15 Abs. 1 Nr. 2 EStG als Teil des gewerblichen Gewinns der Gesellschaft behandelt, während im Ausland das Konzept der Sondervergütungen oftmals nicht bekannt ist, so dass die Einkünfte z. B. als Zins- oder Lizenzeinkünfte des Gesellschafters angesehen werden. Wird diese nationale Sichtweise – mangels eindeutiger Regelung – auch auf Abkommensebene übertragen, kann es folglich zu Qualifikationskonflikten und somit zu Doppel- oder Minderbesteuerungen kommen, soweit das Abkommen keine expliziten Regelungen zur Einordnung von Sondervergütungen oder zur Lösung von Qualifikationskonflikten bereithält.

Der BFH hat bereits mehrfach zur abkommensrechtlichen Einordnung von Sondervergütungen im Outbound-Fall Stellung genommen, wohingegen über die Einordnung von Sondervergütungen im Inbound-Fall mit Urteil vom 17. 10. 2007[1] erstmalig entschieden wurde. Für die Praxis wenig überraschend hat der BFH in diesem Urteil, in dem es um Zinszahlungen ging, die gleichen Grundsätze, die er für Outbound-Fälle herangezogen hat, auch im Inbound-Fall herangezogen und entschieden, dass die Sondervergütungen nicht tatsächlich zu der inländischen Betriebsstätte des Gesellschafters gehören sondern als Zinsen einzuordnen sind. Gegen diese Rechtsprechung wendet sich der Gesetzgeber mit der im JStG 2009 neu eingeführten Vorschrift des § 50d Abs. 10 EStG, die im Ergebnis die Linie der Finanzverwaltung fortsetzen und eine Einordnung der Zinsen als Unternehmensgewinne im Sinne des Abkommens durchsetzen soll. Hiermit wollte der Gesetzgeber offenbar eine inländische Besteuerung der Sondervergütungen im Inbound-Fall herbeiführen. Ob dies auch gelungen ist und welche Folgen sich hieraus für ausländische Mitunternehmer ergeben, soll im Folgenden untersucht werden.

II. Anteiliges Einkommen eines Mitunternehmers nach nationalem Steuerrecht

A. Mitunternehmeranteil nach deutschem Steuerrecht gemäß § 15 Abs. 1 Nr. 2 EStG

Personengesellschaften sind im deutschen Steuerrecht als solche nicht einkommensteuerpflichtig, § 15 Abs. 1 Nr. 2 EStG rechnet das von gewerblichen Personengesellschaften oder Gemeinschaften bezogene Einkommen anteilig unmittelbar den einzelnen Mitunternehmern als originäre eigene Einkünfte zu. Dabei bezweckt § 15 Abs. 1 Nr. 2 EStG eine möglichst weitgehende Gleichstellung des Mitunternehmers mit einem Einzelunternehmer, was z. B. zur Konsequenz hat, dass Vergütungen für die Überlassung von Wirtschaftsgütern an die Gesellschaft oder für die Erbringung von Dienstleistungen (sog. Sondervergütungen) den Gewinn der Gesellschaft nicht mindern dürfen.

Der dem Mitunternehmer zuzurechnende Anteil am Gesamtgewinn der Mitunternehmerschaft ist daher gemäß § 15 Abs. 1 Nr. 2 EStG im Rahmen einer zweistufigen Gewinnermittlung zu ermitteln und umfasst sowohl den Gewinn gemäß der Steuerbilanz der Gesellschaft, ggf. ergänzt um Wertkorrekturen aus einer etwaigen Ergänzungsbilanz, (Stufe 1) als auch das Ergebnis

---

[1] IR 5/06, DStR 2008, S. 659.

etwaiger Sonderbilanzen (Stufe 2). Zu dem Sonderbilanzergebnis gehören dabei die Aufwendungen und Erträge der aktiven und passiven Wirtschaftsgüter des dem einzelnen Mitunternehmer gehörenden Sonderbetriebsvermögens, die Sondervergütungen sowie die sonstigen Sonderbetriebseinnahmen oder -ausgaben.

Hinsichtlich der Wirtschaftsgüter des Sonderbetriebsvermögens ist eine weitere Unterscheidung in Sonderbetriebsvermögen I und II vorzunehmen. Während zum (aktiven) Sonderbetriebsvermögen I alle Wirtschaftsgüter gehören, die zum unmittelbaren Einsatz im Betrieb der Personengesellschaft bestimmt sind, insbesondere Wirtschaftsgüter, die der Personengesellschaft zur Nutzung überlassen werden, umfasst das Sonderbetriebsvermögen II die Wirtschaftsgüter, die der Begründung oder Stärkung *der Beteiligung* an der Personengesellschaft dienen, z. B. die Anteile an einer Komplementär-GmbH, die neben ihrer Komplementärstellung keine andere Funktion hat. Zum passiven Sonderbetriebsvermögen gehören insbesondere Darlehen des Gesellschafters, soweit sie der Finanzierung des Erwerbs von Sonderbetriebsvermögen dienen oder der Finanzierung des Beteiligungserwerbs.

Die oben dargestellte zweistufige Gewinnermittlung gilt grundsätzlich auch für im Ausland ansässige Mitunternehmer, die an einer inländischen, gewerblich tätigen Personengesellschaft beteiligt sind. Gemäß § 49 Abs. 1 Nr. 2a) EStG werden jedoch bei beschränkt steuerpflichtigen Mitunternehmern nur diejenigen gewerblichen Einkünfte erfasst, die auf eine inländische Betriebsstätte entfallen. Unter der Annahme, dass die Mitunternehmerschaft ihre gewerbliche Tätigkeit über eine inländische Betriebsstätte ausübt, wird diese dem (ausländischen) Mitunternehmer anteilig zugerechnet. Sein Anteil am inländischen Betriebsstättengewinn umfasst dann nach deutscher Rechtsauffassung den Anteil am Steuerbilanzgewinn der Gesellschaft sowie die Ergebnisse etwaiger Ergänzungsbilanzen und Sonderbilanzen, d. h. insbesondere die Sondervergütungen und sonstige Sonderbetriebseinnahmen und –ausgaben.

Gewährt z. B. ein ausländischer Mitunternehmer „seiner" Personengesellschaft ein verzinsliches Darlehen, sind die ihm zustehenden Darlehenszinsen nach deutscher Rechtsauffassung gemäß § 15 Abs. 1 Nr. 2 EStG dem inländischen Betriebsstättengewinn hinzuzurechnen. Auf der anderen Seite mindern etwaige Refinanzierungskosten das Sonderbilanzergebnis und somit den inländischen Betriebstättengewinn des ausländischen Gesellschafters.

B. Sonderbetriebsergebnis nach dem Steuerrecht eines anderen Staates

Das deutsche Mitunternehmerkonzept führt im internationalen Kontext jedoch häufig zu Qualifikationskonflikten, denn es gibt nur wenige Länder (z. B. Österreich), die wie Deutschland das Sonderbetriebsergebnis dem Gewinnanteil aus der Personengesellschaft hinzurechnen. Zwar werden Personengesellschaften vielfach als transparent betrachtet, so dass eine Besteuerung auf Gesellschafterebene stattfindet, i. d. R. werden aber schuldrechtliche Vergütungen zwischen Gesellschaft und Gesellschafter dennoch anerkannt.

Darüber hinaus ist in vielen Ländern – insbesondere im osteuropäischen Raum – das Transparenzprinzip gänzlich unbekannt oder es wird der Personengesellschaft ein Optionsrecht zur Besteuerung als Kapitalgesellschaft eingeräumt (z. B. Frankreich, USA). Da in diesen Fällen die Personengesellschaft ein eigenständiges Steuersubjekt ist, werden auch hier Vertragsbeziehungen zwischen Gesellschaft und Gesellschafter regelmäßig anerkannt. Dies hat zur Folge, dass z. B. Zinsen für Gesellschafterdarlehen als Zinseinkünfte des Gesellschafters angesehen werden und nicht als Unternehmensgewinne, während auf der Ebene der Gesellschaft spiegelbildlich ein Abzug der Zinsaufwendungen zugelassen wird.

Soweit die jeweils nationale Sichtweise der beteiligten Staaten auf die Abkommensebene übertragen wird, besteht das Risiko einer doppelten Besteuerung oder doppelten Nichtbesteuerung, da die Besteuerungszuweisungen für Zinsen (Art. 11 OECD-MA) und Unternehmensgewinne (Art. 7 OECD-MA) voneinander abweichen. Ein Rückgriff auf das Recht des Anwendestaates (Art. 3 Abs. 2 OECD-MA) ist jedoch nur zulässig, wenn der Abkommenszusammenhang nichts anderes erfordert, d. h. es ist zunächst eine autonome Abkommensauslegung erforderlich. Die hierfür geltenden Grundsätze im Zusammenhang mit Sondervergütungen werden nachfolgend dargestellt.

III. Besteuerungsrecht hinsichtlich des Sonderbetriebsergebnisses nach einem DBA

A. Sonderbetriebsergebnis als Teil des Betriebsstättengewinns nach Art. 7 DBA

Eine gewerbliche Personengesellschaft erzielt nach deutscher Rechtsauffassung „Unternehmensgewinne" i. S. v. Art. 7 OECD-MA. In einigen (älteren) Abkommen wird statt des Begriffs der „Unternehmensgewinne" auch der Begriff der „gewerblichen Gewinne" oder der „Einkünfte aus gewerblichen Unternehmen" verwendet. Da i. d. R. im Doppelbesteuerungsabkommen selbst keine Definition des Einkünftebegriffs enthalten ist, wird man auch hier zur Auslegung auf das innerstaatliche Recht und somit auf die Definition der Einkünfte aus Gewerbebetrieb gemäß § 15 EStG zurückgreifen. Soweit das Abkommen keine speziellen Regelungen (insbesondere für Sondervergütungen) enthält, wird man somit *in einem ersten Schritt* grundsätzlich davon ausgehen können, dass „Unternehmensgewinne" nach deutscher Rechtswertung den Anteil des Mitunternehmers am Gesamtgewinn i. S. v. § 15 Abs. 1 Nr. 2 EStG umfassen, d. h. hierunter fällt der Anteil am Gewinn gemäß Steuerbilanz sowie etwaige Ergebnisse aus Sonder- und Ergänzungsbilanzen.

Durch die Einordnung der gewerblichen Gewinne eines Mitunternehmers als „Unternehmensgewinne" i. S. v. Art. 7 OECD-MA ist jedoch noch keine Aussage über das deutsche Besteuerungsrecht getroffen worden, denn hierfür kommt es zusätzlich darauf an, wo das Unternehmen seine Geschäftstätigkeit ausübt. Art. 7 Abs. 1 OCED-MA regelt in diesem Zusammenhang, dass Gewinne eines Unternehmens eines Vertragsstaates nur in diesem Staat besteuert werden, es sei denn, das Unternehmen übt in dem anderen Vertragsstaat seine Geschäftstätigkeit durch eine dort belegene Betriebsstätte aus. Der in Art. 7 OECD-MA verwendete Ausdruck „Unternehmen eines Vertragsstaates" bezeichnet nach Art. 3 Abs. 1 c OECD-MA ein Unternehmen, das von einer in einem Vertragsstaat ansässigen Person betrieben wird. Da die Personengesellschaft generell nicht als ansässige Person betrachtet wird, betreibt jeder einzelne Gesellschafter über seine Beteiligung ein (in seinem Ansässigkeitsstaat belegenes) Unternehmen bzw. eine im anderen Vertragsstaat belegene Betriebsstätte.

Ob eine Betriebsstätte besteht, ist nach Art. 5 OECD-MA zu bestimmen. Bei einer gewerblich tätigen Personengesellschaft, die im Inland über eine feste Geschäfteinrichtung verfügt, liegt generell eine inländische Betriebsstätte vor, die anteilig den einzelnen Gesellschaftern zuzuordnen ist. Ein ausländischer Gesellschafter einer inländischen Mitunternehmerschaft erzielt daher grundsätzlich mit seinem Anteil am Gewinn der Mitunternehmerschaft gewerbliche Gewinne aus einer inländischen Betriebsstätte. Für die dieser Betriebsstätte zuzurechnenden Gewinne besteht ein inländisches Besteuerungsrecht gemäß Art. 7 i. V. m. Art. 23 OECD-MA.

Dabei bestimmt sich der **Umfang des inländischen Betriebsstättengewinns** jedoch nicht nach deutschen Maßstäben (§ 15 Abs. 1 Nr. 2 EStG), sondern es ist nach Abkommensrecht zu entscheiden, welche der von der Personengesellschaft erzielten Einkunftsbestandteile dem Betriebsstättengewinn zuzurechnen sind. Soweit das Abkommen keine expliziten Regelungen enthält, ergeben sich Abgrenzungsfragen insbesondere dann, wenn die Personengesellschaft neben den Einkünften aus ihrer operativen Tätigkeit auch Einkünfte aus anderen Einkunftsquellen, z. B. Zinsen, Lizenzen oder Dividenden bezieht oder im Fall der Sondervergütungen, da hier – wie oben erläutert – im ausländischen Steuerrecht oft eine von der deutschen Sichtweise abweichende Einordnung vorgenommen wird. Es ist daher im Einzelfall – nach Abkommensmaßstäben - zu prüfen, ob die Einkünfte als Unternehmensgewinn der Betriebsstätte einzuordnen oder ob die spezielleren Abkommensartikel anzuwenden sind (z. B. Zinsen gemäß Art. 11 OECD-MA, Lizenzgebühren gemäß Art. 12 OECD-MA oder Dividenden gemäß Art. 10 OECD-MA), die regelmäßig dem Wohnsitzstaat das Besteuerungsrecht zuweisen.

Das Abkommen geht grundsätzlich gemäß Art. 7 Abs. 7 OECD-MA davon aus, dass die jeweils spezielleren Abkommensartikel Vorrang haben. Im Gegensatz zum deutschen Subsidiaritätsprinzip, welches die Überschusseinkunftsarten gegenüber den Gewinneinkunftsarten als nachrangig behandelt, geht das Musterabkommen zunächst von dem Grundsatz der Spezialität aus. Zinsen, Lizenzen oder Dividenden, die von einer Personengesellschaft erzielt werden, oder Sondervergütungen, die ein Gesellschafter einer Personengesellschaft aus der Überlassung von Wirtschaftsgütern oder Tätigkeiten für die Gesellschaft erzielt, sind somit gemäß Art. 7 Abs. 7 OCED-MA vorrangig als Zinsen (Art. 11 OECD-MA), Lizenzgebühren (Art. 12 OECD-MA), Dividenden (Art. 10 OCED-MA) oder Vergütungen aus nichtselbständiger Arbeit (Art. 15 OECD-MA) einzuordnen.

Allerdings enthalten einige Abkommensartikel wieder einen Rückverweis auf Art. 7 OECD-MA nach dem sog. **Betriebsstättenvorbehalt** (Art. 10 Abs. 4, 11 Abs. 4, 12 Abs. 3 und 21 Abs. 2 OECD-MA).[2] Hiernach gelten die Begrenzungen der Besteuerungsrechte des Quellenstaates (Art. 10 Abs. 2, 11 Abs. 2, 12 Abs. 1 und 21 Abs. 1 OECD-MA) nicht, wenn die den Einkünften zugrunde liegenden Wirtschaftsgüter (Beteiligungen, Forderungen, Rechte oder Vermögenswerte) *tatsächlich* zu einer Betriebsstätte gehören, durch die ein Unternehmen eines Vertragsstaates seine Tätigkeit im anderen Staat ausübt. In diesem Zusammenhang ist umstritten, ob sich der Betriebsstättenvorbehalt auf Grund des Verweises auf die Absätze 1 und 2 der jeweiligen Vorschrift, in der die Beschränkung des Besteuerungsrechtes des Quellenstaates geregelt ist, nur an diesen richtet oder – was u. E. näher liegt – gleichermaßen auch an den Ansässigkeitsstaat. Würde nur der Quellenstaat angesprochen werden, könnte der Ansässigkeitsstaat z. B. Zinseinkünfte für Darlehensforderungen, die „tatsächlich" der Betriebstätte zuzurechnen sind, unter Anrechnung der ausländischen Steuern besteuern; eine Freistellungsverpflichtung des Ansässigkeitsstaates für den „Betriebsstättengewinn" bestünde insoweit nicht.[3]

---

[2] Eine Besonderheit ergibt sich bei der Einordnung von Vergütungen, die der Gesellschafter von der Gesellschaft für seine Tätigkeit im Dienst der Gesellschaft erhält, weil Art. 15 OECD-MA keinen Betriebsstättenvorbehalt enthält. Damit richtet sich die Zuordnung des Besteuerungsrechts nach dem Arbeitsortprinzip unter Berücksichtigung der 183-Tage-Regelung gemäß Art. 15 OECD-MA. Diese Auffassung dürfte auch die Finanzverwaltung vertreten haben. Im OECD-Partnership-Report aus 1999 (Rn. 91) wurde zwar verneint, dass auch transparente Personengesellschaften Arbeitgeber i. S. v. Art. 15 OECD-MA sein können, aber Deutschland hat hierzu Einwände vorgebracht, die auch im Anhang zu dem Report sowie im OECD-MK (Rn. 13.1 zu Art. 15 OECD-MA) vermerkt worden sind. Vgl. auch *Müller*, BB 2009, S. 751 ff., hier S. 755.

[3] Zum Streitstand vgl. z. B. *Wassermeyer*, IStR 2007, S. 334

Die **tatsächliche Zugehörigkeit** eines Wirtschaftsgutes zu der Betriebsstätte ist nach der Rechtsprechung des BFH nur dann gegeben, wenn das Wirtschaftsgut in einem funktionalen Zusammenhang mit der Tätigkeit der Betriebsstätte steht (vgl. BFH-Urteil vom 30. August 1995, BStBl. II 1996 S. 563 sowie BMF-Schreiben vom 24. 12. 1999, BStBl. I, S. 1076, Tz. 2.4.). Die Zuordnung zum Betriebsvermögen der Betriebsstätte nach deutschem Steuerrecht kann zwar ein Indiz für den funktionalen Zusammenhang sein, das setzt aber voraus, dass das Wirtschaftsgut von der Betriebsstätte genutzt wird und zu ihrem Betriebergebnis beiträgt.

Im Hinblick auf die Zuordnung von Sondervergütungen kann somit nach diesen Grundsätzen nicht die inländische „rechtliche" Zuordnung nach § 15 Abs. 1 Nr. 2 EStG entscheidend sein, sondern es muss im Einzelfall geprüft werden, ob die entsprechenden Wirtschaftsgüter der Betriebsstätte dienen und somit unter Art. 7 zu subsumieren sind oder ob die spezielleren Abkommensartikel Anwendung finden. Zu dieser Frage hat der BFH in diversen Urteilen bezogen auf den **Outbound-Fall** Stellung genommen und mit Urteil vom 17.10.2007[4] erstmals zum **Inbound-Fall**. Die Argumentationslinie des BFH wird nachfolgend erläutert.

B. Rechtsprechung des BFH

Wegweisend in der Diskussion um die Behandlung von Sondervergütungen war das BFH-Urteil vom 27. 2. 1991[5] zu den Zinsen eines inländischen Gesellschafters einer US-Personengesellschaft. Der BFH ging davon aus, dass es entscheidend auf die zivilrechtliche Betrachtungsweise ankäme und leitete abkommensrechtlich ein Schuldverhältnis zwischen Gesellschaft und Gesellschafter ab. Nach Auffassung des BFH könne die Darlehensforderung nur dann als „tatsächliches" Betriebsvermögen angesehen und somit über den Betriebsstättenvorbehalt der Betriebsstätte zugerechnet werden, wenn die gewährten Darlehensmittel auch zivilrechtlich als Eigenkapital der Personengesellschaft anzusehen wären. Da dies nicht der Fall war, seien die Zinsen im Ergebnis unter Art. 11 einzuordnen, so dass Deutschland das Besteuerungsrecht zustünde.

Diese Rechtsprechung wurde in den Folgejahren im Grundsatz von zahlreichen BFH-Urteilen bestätigt,[6] allerdings z. T. mit unterschiedlicher Begründung und wohl auch mit Blick auf das für richtig gehaltene Ergebnis im konkreten Fall. So wurde im Urteil vom 9. 8. 2006[7] zu den Zinseinkünften aus einer französischen Personengesellschaft eine Zuordnung zum Zinsartikel vorgenommen, obwohl in dem DBA mit Frankreich eine Art. 7 Abs. 7 OECD-MA entsprechende Subsidiaritätsklausel nicht vorhanden war. Zudem enthielt der Betriebsstättenvorbehalt nicht das Erfordernis der *tatsächlichen* Zugehörigkeit, was jedoch nach der Auffassung des BFH nicht als entscheidungserheblich angesehen wurde, d.h. die Auslegung des BFH zum Betriebsstättenvorbehalt wurde im Ergebnis auch auf die Fälle ausgedehnt, in denen das DBA nicht explizit auf eine solche „Tatsächlichkeit" abstellt. Dieses Ergebnis wurde auch in dem Urteil vom 20. 12. 2006 zum DBA Großbritannien[8] bestätigt, in dem ebenfalls der Begriff der „tatsächlichen" Zugehörigkeit im Betriebsstättenvorbehalt fehlte.

---

[4] BFH/NV 2008, 869.

[5] IR 15/89, BStBl. II 1991, S. 444 sowie IR 96/89, BFH/NV 1992, S. 385.

[6] Vgl.BFH v. 31. 5. 1995, IR 74/93, IStR 1995, S. 438, BStBl. II 1995, S. 683; BFH v. 17. 12. 1997, IR 34/97, BStBl. II 1998, S. 296; BFH v. 16. 10. 2002, IR 17/01, BStBl. II 2003, S. 631; BFH v. 9. 8. 2006, IIR 59/05, BFH/NV, 2006, S. 2326; BFH v. 20. 12. 2006, IB 47/05, IStR 2007, S. 221; anders hingegen der BFH zum DBA-Österreich v. 24. 3. 1999, IR 114/97, IStR 1999, S. 373, S. 406, BStBl. 2000, S. 399.

[7] Vgl. BFH-Urteil vom 9. 8. 2006, II R, 59/05, BFH/NV 2006, S. 2326.

[8] IB 47/05, IStR 2007, S. 330.

Im Urteil vom 24. 3. 1999[9] zum (alten) DBA-Österreich 1954 hat der BFH dagegen abweichend hiervon entschieden, dass der Unternehmensgewinnartikel vorrangig vor dem Zinsartikel anzuwenden sei. Begründet wurde dies damit, dass das DBA Österreich keine dem Art. 7 Abs. 7 OECD-MA entsprechende Vorschrift enthält, obwohl das Fehlen der Subsidiaritätsklausel im DBA mit Frankreich nicht als entscheidungserheblich angesehen wurde. Ausschlaggebend war hier wohl die Tatsache, dass Österreich für Mitunternehmerschaften dem deutschen Recht vergleichbare Vorschriften vorsieht. Im neuen DBA Österreich 2000 wurde dem Rechnung getragen und neben einer Subsidiaritätsklausel (Art. 7 Abs. 8) auch eine spezielle Regelung für Sondervergütungen (Art. 7 Abs. 7) eingeführt, nach der sich die Behandlung von Sondervergütungen nach dem Recht des Betriebsstättenstaates richten soll. Ordnet dieser die Sondervergütungen dem Betriebsstättengewinn zu, ist der Ansässigkeitsstaat gehalten, diese Einordnung anzuerkennen und muss folglich die Vergütungen als Teil des Betriebsstättengewinns freizustellen.

Das Urteil zum DBA Österreich bildet insgesamt einen Sonderfall, in allen anderen Fällen hat der BFH im Ergebnis die Auffassung vertreten, dass Zinsen aus Gesellschafterdarlehen dem spezielleren Zinsartikel zuzuordnen sind. Es ist daher nicht verwunderlich, dass der BFH auch im Urteil vom 17. 10. 2007, in dem erstmalig über einen entsprechenden Inbound-Fall zu entscheiden war, an seiner Linie festgehalten hat. Konkret ging es um die Beurteilung von Sondervergütungen – auch hier in der Form von Zinsen aus Gesellschafterdarlehen - eines in den USA ansässigen Kommanditisten einer inländischen Personengesellschaft. Eine Freistellung der Sondervergütungen wurde von der Finanzverwaltung mit Blick auf die Regelung im Betriebsstättenerlass[10] abgelehnt (vgl. auch Abschnitt C), und auch das Finanzgericht Baden-Württemberg hatte sich in der Vorinstanz mit Urteil vom 22. 11. 2005[11] der Auffassung der Finanzverwaltung angeschlossen und entschieden, dass die Sondervergütungen abkommensrechtlich den gewerblichen Gewinnen i. S. d. Art. 7 DBA-USA zuzurechnen seien, so dass das Besteuerungsrecht bei Deutschland liege. Mit Urteil vom 17. 10. 2007 hat der BFH dagegen der Auffassung der Finanzverwaltung bzw. des FG Baden-Württemberg eine Absage erteilt und – spiegelbildlich zu dem Urteil vom 27. 2. 1991 – entschieden, dass die Zinseinkünfte unter Art. 11 des DBA-USA zu subsumieren sind, so dass das Besteuerungsrecht in den USA liegt. Ausgangspunkt für die Argumentation des BFH war der sog. „seperate entity approach" des Art. 7 Abs. 2 OECD-MA, nach dem eine Betriebsstätte wie eine selbständige Tochtergesellschaft behandelt werden soll. Auf Basis dieses Fremdvergleichsgrundsatzes wären schuldrechtliche Verhältnisse zwischen Gesellschaft und Gesellschafter abkommensrechtlich anzuerkennen, d.h. es besteht kein funktionaler Zusammenhang zwischen dem Gesellschafterdarlehen und dem Betriebsstättenvermögen.

Diese Auffassung ist nicht nur deshalb zu begrüßen, weil sie im Einklang mit der bisherigen Argumentationslinie des BFH steht. Sie führt auch zu der Vermeidung einer Doppelbesteuerung, denn die Sondervergütungen des Gesellschafters sind typischerweise im jeweiligen Vertragsstaat (so auch im konkreten Fall in den USA) als Zinseinkünfte steuerpflichtig.[12]

---

[9] IR 114/97, IStR 1999, S. 373, S. 406, BStBl. 2000, S. 399.
[10] Vgl. BMF-Schreiben vom 24. 12. 1999, BStBl. I, S. 1076, Tz. 1.2.3.
[11] EFG 2006, S. 677.
[12] Zum Urteil vgl. *Salzmann*, IStR 2008, S. 399 f.; *Boller/Sliwka/Schmidt*, DB 2008, S. 1003 ff.; *Strunk/Kaminki*, Stbg 2008, S. 291 ff., *Schmidt*, IStR 2008, S. 290 ff.

C. Ansicht der Verwaltung

Die Finanzverwaltung hat sich jedoch der Auffassung des BFH nicht angeschlossen, sondern folgt weitgehend den Vorschlägen des OECD-Partnership-Reports.[13] Hiernach sind Sondervergütungen – ohne dass eine autonome Abkommensauslegung durchzuführen wäre – den Unternehmensgewinnen im Sinne von Art. 7 OECD-MA zuzuordnen. Soweit der andere Staat die Vergütungen den spezielleren Abkommensartikeln zuordnet und sich daher (im Outbound-Fall) an einer Besteuerung gehindert sieht oder nur eine eingeschränkte Besteuerung vornimmt, soll Deutschland jedoch nicht die Einkünfte freistellen, sondern von der Freistellungs- zur Anrechnungsmethode wechseln, so dass das Entstehen von „weißen Einkünften" vermieden wird.[14]

Der Wechsel zur Anrechnungsmethode soll sich aus der in Folge des OECD-Partnership-Reports in das OECD-MA 2000 eingefügten Vorschrift des Art. 23 A Abs. 4 OECD-MA ergeben.[15] Fraglich ist in diesem Zusammenhang allerdings, auf welcher Rechtsgrundlage ein Wechsel von der Freistellungs- zur Anrechnungsmethode stattfinden soll, wenn das Abkommen selbst keine Art. 23 A Abs. 4 OECD-MA entsprechende Switch-Over-Klausel enthält. Diese Frage stellt sich insbesondere vor Einführung der „nationalen Switch-Over-Klausel" des § 50d Abs. 9 EStG im Rahmen des Jahressteuergesetzes 2007, denn ein auf dem Verwaltungswege eingeführter „Treaty Override" erscheint kaum akzeptabel. Aber auch nach Einführung des § 50d Abs. 9 EStG bleibt fraglich, ob die von der Verwaltung gewünschte Wirkung tatsächlich eintritt. Voraussetzung für die Anwendung des § 50d Abs. 9 EStG (1. Alt.) ist, dass die Einkünfte im anderen Staat von der Besteuerung auszunehmen bzw. nicht steuerpflichtig sind. In diesem Zusammenhang weist *Meretzki*[16] zutreffend darauf hin, dass bei Personengesellschaften die Einkünfte aus Gewerbebetrieb aus Sondervergütungen *und* Gewinnanteil bestehen; beides bildet zusammen eine Einheit. Nach dem BFH-Urteil vom 27.8.1997 zu der (vergleichbaren) „subject-to-tax-Klausel" im DBA Kanada scheidet eine Anwendung der Klausel aber dann aus, wenn bereits Teile der Einkünfteeinheit der Besteuerung unterliegen. Überträgt man diese Rechtsprechung auf § 50d Abs. 9 EStG (1. Alt.) würde dies entsprechend bedeuten, dass eine Anwendung von § 50d Abs. 9 EStG

---

[13] „The Application of the OECD Model Tax Convention to Partnerships" Issues in International Taxation No. 6, Paris 1999", im Folgenden: OECD-Partnership-Report, Tz. 96 ff. und 107 ff.

[14] Vgl. BMF-Schreiben vom 24.12.1999, BStBl. I, S. 1076, Tz. 1.2.3.; ebenso im Entwurf eines BMF-Schreibens zur Anwendung der Doppelbesteuerungsabkommen auf Personengesellschaften vom 10.5.2007, IVB 4 – S 1300/07/0006, unter III 3, zum Erlass-Entwurf vgl. auch *Kaminski*, in Lüdicke (Hrsg.), Unternehmenssteuerreform 2008 im internationalen Umfeld, 2008, S. 205 ff.

[15] Der Steuerausschuss der OECD entnimmt auch schon dem Wortlaut des Art. 23A Abs. 1 OECD-MA, nach dem eine Freistellung erfolgen soll, wenn die Einkünfte nach dem Abkommen im anderen Vertragsstaat besteuert werden, dass eine Freistellung dann nicht gewährt werden muss, wenn der andere Vertragsstaat sein Besteuerungsrecht nicht wahrnimmt. Als Folge des Partnership-Reports wurde in 2000 ein neuer Abs. 4 in Art. 23 A OECD-MA in das OECD-MA eingefügt. Nach dem Kommentar zum Musterabkommen ist nach diesem Absatz der Ansässigkeitsstaat nicht mehr zur Freistellung von Einkünften verpflichtet, wenn beide Vertragsstaaten hinsichtlich der angenommenen Sachverhaltes oder der Abkommensauslegung divergieren. Dabei ist der Anwendungsbereich des Art. 23A Abs. 4 OECD-MA 2000 nur schwer vom Anwendungsbereich des Art 23A Abs. 1 OECD-MA 2000 zu trennen. Häufig besteht zwischen den Vertragsstaaten gerade Streit darüber, ob der Quellenstaat zur Auslegung eines Abkommensbegriffes über Art. 3 Abs. 2 OECD-MA auf sein nationales Recht zurückgreifen darf oder ob eine das Abkommen autonom auszulegen ist. Während im ersten Falle Art. 23A Abs. 1 OECD-MA 2000 anzuwenden wäre, käme bei unterschiedlicher autonomer Auslegung Art. 23A Abs. 4 OECD-MA 2000 zur Anwendung. Vgl. *Weggenmann, Hans*; Die Empfehlungen der OECD an den Ansässigkeitsstaat zur Lösung von Einordnungskonflikten in Bezug auf Sondervergütungen; IStR 2002, S. 61.

[16] IStR 2008, S. 23 f.

auf die Sondervergütungen ausscheidet, da diese lediglich ein Teil des Gesamtgewinns aus der Personengesellschaft abbilden, der im Ausland in der Regel weitgehend besteuert wird.

Allerdings ist die Frage nach der Rechtsgrundlage einer Switch-Over-Klausel im Outbound-Fall eher theoretischer Natur, da die Auffassung der Finanzverwaltung letztendlich über diesen Umweg zu dem selben Ergebnis kommt wie die BFH-Rechtsprechung. Im *Inbound-Fall* würde die Ansicht der Finanzverwaltung dagegen in vielen Fällen zu einer doppelten Besteuerung führen, da die Sondervergütungen im Ansässigkeitsstaat in der Regel den spezielleren Abkommensartikeln zugeordnet werden. Soweit das Abkommen selbst keine speziellen Regelungen zur Beseitigung des Qualifikationskonfliktes bereithält, müsste entsprechend eine Klärung im Rahmen eines Verständigungsverfahrens erfolgen.

IV. Gesetzesänderung durch das JStG 2009

A. Hintergrund der Gesetzesänderung

Mit Einführung des § 50d Abs. 10 EStG im JStG 2009 hat der Gesetzgeber auf das BFH Urteil vom 17. 10. 2007 reagiert und festgelegt, dass Vergütungen i. S. d. § 15 Abs. 1 Satz 1 Nr. 2 Satz 1 EStG für Zwecke der Abkommensanwendung ausschließlich als Unternehmensgewinne anzusehen sind, soweit das Abkommen keine ausdrückliche Regelung enthält. Damit will der Gesetzgeber offenbar die von der Finanzverwaltung – entgegen der BFH-Rechtsprechung – vertretene Ansicht durchsetzen und im *Inbound-Fall* eine Besteuerung der Sondervergütungen in Deutschland erreichen.

Ausgangspunkt für die Änderung im Jahressteuergesetz 2009 war dabei zunächst nicht die Sorge, dass durch eine Nichtbesteuerung der Zinsen in Deutschland möglicherweise weiße Einkünfte generiert werden könnten, denn im Regelfall unterliegen die Vergütungen im Ansässigkeitsstaat des Gesellschafters der Besteuerung. Der Gesetzgeber[17] hatte aber offenbar die Befürchtung, dass über die Vergabe von Gesellschafterdarlehen Gewinne ins Ausland abfließen, ohne dass diese – wie bei einem Gesellschafterdarlehen an eine Kapitalgesellschaft – den Restriktionen der Zinsschranke (§ 4h EStG, § 8a KStG) unterliegen. Dies ist damit zu begründen, dass Sondervergütungen im Rahmen der additiven Gewinnermittlung dem Anteil am Gewinn aus der Mitunternehmerschaft wieder hinzugerechnet werden, so dass es an der gemäß § 4h Abs. 3 Satz 2 EStG geforderten Gewinnminderung fehlt. Nach dem BMF-Schreiben vom 4. 7. 2008 (DStR 2008, S. 1427, Tz. 19) sollen zwar nur die im Inland steuerpflichtigen Sondervergütungen eines Mitunternehmers aus dem Anwendungsbereich der Zinsschranke ausgenommen werden, so dass die nach einem Doppelbesteuerungsabkommen im Inland steuerbefreiten Vergütungen – nach Auffassung der Finanzverwaltung – weiterhin Zinsen im Sinne der Zinsschranke darstellen würden. Allerdings ist diese Einschränkung dem Gesetzeswortlaut nicht zu entnehmen. Die Steuerbefreiung nach einem Doppelbesteuerungsabkommen ändert nichts daran, dass die Zinsen aus Gesellschafterdarlehen den Gewinnanteil des Mitunternehmers nicht gemindert haben, so dass eine Anwendung der Zinsschranke nach § 4h Abs. 3 EStG unverändert nicht in Betracht kommt.

Insofern war die Sorge des Gesetzgebers, dass auch nach einem DBA im Inland steuerfreie Zinsen aus Gesellschafterdarlehen an eine Personengesellschaft nicht der Zinsschranke unterliegen, durchaus berechtigt. Die Gesetzesänderung setzt jedoch nicht an dieser Stelle an und regelt die Einbeziehung von (nach einem DBA steuerbefreiten) Sondervergütungen in den An-

---

[17] Vgl. BR-Drs. 545/08 v. 19. 9. 2008.

wendungsbereich der Zinsschranke, sondern zielt auf eine vollständige Besteuerung der Zinsen im Inland ab. Nach dem Bericht des Finanzausschusses[18] sei dies erforderlich, um die im deutschen Steuerrecht erfolgende Gleichstellung von Einzelunternehmer und Mitunternehmer auch für ausländische Mitunternehmer sicherzustellen. Dabei gilt die Neuregelung über § 7 Satz 6 GewStG auch für Zwecke der Gewerbesteuer, wobei sich dieser Zusammenhang auch bereits aus § 7 Satz 1 GewStG ergibt, so dass dem neu eingefügten § 7 Satz 6 GewStG wohl nur deklaratorische Bedeutung zukommt.

B. Rechtsfolge des § 50d Abs. 10 EStG

Nach § 50d Abs. 10 EStG idF des JStG 2009 gelten Vergütungen im Sinne des § 15 Abs. 1 Satz 1 Nr. 2 Satz 1 zweiter Halbsatz und Nr. 3 zweiter Halbsatz, auf die die Vorschriften eines Doppelbesteuerungsabkommens anzuwenden sind, welches keine explizite Regelungen zur Einordnung dieser Vergütungen enthält, für Zwecke der Anwendung des Abkommens *ausschließlich als Unternehmensgewinne*. § 50d Abs. 9 Nr. 1 EStG bleibt unberührt.

Mit dieser Vorschrift möchte der Gesetzgeber offenbar erreichen, dass Sondervergütungen im *Inbound-Fall* nicht als Zinsen im Sinne des DBA einzuordnen sind, sondern als gewerbliche Gewinne, die im Inland steuerpflichtig sind, während im *Outbound-Fall* auf Grund des Verweises auf § 50d Abs. 9 EStG ebenfalls eine inländische Steuerpflicht besteht, wenn der ausländische Staat keine oder eine nur partielle Besteuerung vornimmt. Ob dieses Ziel erreicht wurde, ist jedoch sehr fraglich. Zu dem *Outbound-Fall* und der Frage, ob § 50d Abs. 9 EStG tatsächlich zu einem inländischen Besteuerungsanspruch für Sondervergütungen führen kann, wurde bereits unter Abschnitt IV. C Stellung genommen. Aber auch im *Inbound-Fall* führt die gesetzliche Regelung u. E. nicht zu dem gewünschten Ziel, so dass die Vorschrift in der Literatur bereits als „zahnloser Tiger"[19] oder „fiskalischer Blindgänger"[20] bezeichnet wird.[21] Ausgangspunkt für ein inländisches Besteuerungsrecht ist nämlich nicht allein die Qualifikation als Unternehmensgewinn, sondern auch die Zuordnung zu einer inländischen Betriebsstätte.

Nach der bisherigen BFH-Rechtsprechung spricht vieles dafür, dass Sondervergütungen – in der Form von Zinsen aus Gesellschafterdarlehen – abkommensrechtlich gleichermaßen Unternehmensgewinne und Zins darstellen. Im Ergebnis nahm der BFH jedoch eine Einordnung unter den Zinsartikel (Art. 11) vor, da dieser gemäß Art. 7 Abs. 7 OECD-MA als speziellere Norm Vorrang hat und eine Zurückverweisung an Art. 7 durch den Betriebsstättenvorbehalt an der nicht gegebenen funktionalen Zuordnung scheiterte. Soweit nun nach § 50 d Abs. 10 EStG Sondervergütungen „ausschließlich" Unternehmensgewinne darstellen sollen, mag dadurch zwar – entgegen Art. 7 Abs. 7 und der Definition in Art. 11 – eine Anwendung des Zinsartikels ausgeschlossen sein, eine Sicherstellung des inländischen Besteuerungsanspruchs erfolgt hieraus jedoch nicht. Dies erfordert nämlich zusätzlich, dass eine Zurechnung zu einer inländischen Betriebsstätte gegeben ist und hierzu enthält § 50d Abs. 10 EStG keine Aussage. Offenbar ist der Gesetzgeber – in Anlehnung an die Auffassung der Finanzverwaltung – davon ausgegangen, dass die Darlehen

---

[18] Bericht des Finanzausschusses zum JStG 2009, BT-Drucks. 16/11108.
[19] Vgl. *Boller/Eilinghoff/Schmidt*, IStR 2009, S. 109 ff.
[20] Vgl. *Salzmann*, IWB Nr. 4 vom 25. 2. 2009, Gruppe 3, Fach 3, S. 1539.
[21] Zu weiterer Literatur zu der Vorschrift vgl. *Boller/Eilinghoff*, IStR 2009, S. 109 ff.; *Hils*, DStR 2009, S. 888; *Lohbeck*, DB 2009, S. 423; *Meretzki*, IStR 2009, S. 217 ff.; *Müller*, BB 2009, BB 2009, S. 751 ff.; *Salzmann*, IWB Nr. 4 vom 25. 5. 2009, S.165, Gr. 3 F. 3, S. 1539.

der (Personengesellschafts-)Betriebsstätte zuzurechnen sind.[22] Diese Auffassung wird aber gerade vom BFH in dem Urteil vom 17. 10. 2007 mit überzeugenden Argumenten abgelehnt. Unter Berücksichtigung des „seperate entity approach" des Art. 7 Abs. 2 OECD-MA, nach dem eine Betriebsstätte wie eine selbständige Tochtergesellschaft behandelt werden soll, lässt sich auf Abkommensebene eben kein funktionaler Zusammenhang zwischen dem Gesellschafterdarlehen und dem Betriebsstättenvermögen ableiten. Es ist daher davon auszugehen, dass Sondervergütungen nach § 50d Abs. 10 EStG als Unternehmensgewinne einzuordnen sind, die – mangels tatsächlicher Zugehörigkeit – gerade *nicht* der inländischen Geschäftsleitungsbetriebsstätte zuzuordnen wären.

An dieser Stelle stellt sich die Frage, welchem Unternehmensteil die Sondervergütungen zuzuordnen sind, wenn eine Zuordnung zur inländischen Geschäftsleitungsbetriebsstätte scheitert und ob auch „betriebsstättenloses" Betriebsvermögen denkbar ist. Während der BFH im Urteil vom 19. 12. 2007[23] für den innerstaatlichen Bereich die Auffassung vertreten hat, dass prinzipiell sämtliche Einkünfte im gewerblichen Bereich einer Betriebsstätte zugeordnet werden müssen (kein sog. floating income), ist die Frage von „betriebsstättenlosem Betriebsvermögen" abkommensrechtlich unklar. In der Literatur[24] wurde in diesem Zusammenhang der Begriff der „Mitunternehmer-Betriebsstätte" geprägt. Hierbei handelt es sich um eine originäre Betriebsstätte des Mitunternehmers, die ihm nicht über die Personengesellschaft vermittelt wird, die aber die Voraussetzungen einer Betriebsstätte im Sinne des Abkommens erfüllt. Denkbar wäre z. B. der Wohnsitz des Gesellschafters, von dem aus er beispielsweise die Forderung gegenüber „seiner" Personengesellschaft verwaltet.

Soweit man dem Konzept der Mitunternehmer-Betriebsstätte nicht folgt oder soweit keine feste Geschäftseinrichtung des Mitunternehmers existiert, die als Mitunternehmer-Betriebsstätte angesehen werden könnte, wäre unseres Erachtens im abkommensrechtlichen Bereich auch *floating income* denkbar, welches keiner Betriebsstätte zugeordnet werden kann. Da dieser Bereich nicht abschließend geklärt ist, besteht allerdings ein Risiko, dass möglicherweise doch wieder eine Zuordnung von Sondervergütungen zu der Personengesellschaftsbetriebsstätte vorgenommen werden müsste, wenn sowohl das Konzept der Mitunternehmer-Betriebsstätte als auch das Entstehen betriebsstättenloser Unternehmensgewinne abgelehnt wird.[25] Unseres Erachtens dürfte dieses Risiko vorliegend jedoch gering sein. Da § 50d Abs. 10 EStG vorschreibt, dass Sondervergütungen als Unternehmensgewinne einzustufen sind, ohne dass eine Zuordnung zu einer Betriebsstätte geregelt wird, muss insoweit auch „betriebsstättenloses" Betriebsvermögen akzeptiert werden. Für das deutsche Besteuerungsrecht kommt es nur darauf an, ob die Einkünfte einer deutschen Betriebsstätte zuzuordnen sind und dies ist – bezogen auf Sondervergütungen – nach dem funktionalen Ansatz hier gerade nicht der Fall. Ob die Vergütungen stattdessen einer ausländischen Mitunternehmer-Betriebsstätte zuzuordnen sind oder keiner Betriebsstätte ist insoweit irrelevant.[26]

Folgt man der hier vertretenen Auffassung, dass die Sondervergütungen als Unternehmensgewinne entweder einer Mitunternehmerbetriebsstätte zuzuordnen wären oder als betriebsstät-

---

[22] Dies ist zumindest indirekt dem Bericht des Finanzausschusses zum JStG 2009, BT-Drucks. 16/11108 zu entnehmen.

[23] IStR 2008, S. 308.

[24] Vgl. *Wassermeyer*, IStR 2007, S. 413; Vgl. auch *Schaden/Franz*, Ubg 2008, S. 456.

[25] Vgl. hierzu ausführlich *Meretzki*, IStR 2009, S. 217 ff.

[26] Vgl.auch *Lohbeck*, DB 2009, S. 423.

tenlose Einkünfte einzuordnen sind, hätte dies zur Folge, dass ein deutscher Besteuerungsanspruch für die Unternehmensgewinne nicht bestünde. Da gleichwohl eine Einordnung unter die spezielleren Abkommensartikel (z. B. Art. 11 OECD-MA für Zinsen, Art. 12 OCED-MA für Lizenzgebühren, Art. 10 OECD-MA für Dividenden) nicht mehr in Betracht kommt, wäre darüber hinaus zu beachten, dass Deutschland auch ein etwaiges Quellensteuerrecht verlieren würde, da ein solches für Unternehmensgewinne regelmäßig nicht vorgesehen ist. Dies hat zwar für Zinserträge weniger Relevanz, da die meisten deutschen DBA hier keine Quellensteuer vorsehen, aber bei anderen Sondervergütungen – z. B. Lizenzgebühren oder Dividenden einer Komplementär-Beteiligung, die als Sonderbetriebsvermögen einzuordnen ist, könnte dieses Rechtsfolge für Deutschland als Quellenstaat zu einigen Steuereinbußen führen. Da die Vorschrift zudem für alle offenen Fälle rückwirkend anwendbar sein soll (vgl. § 52 Abs. 59a Satz 8 EStG), wäre insoweit die Quellensteuer von der Finanzverwaltung zu erstatten.[27] Dies könnte allerdings auch zu einer rückwirkenden Anpassung der Steuerzahlungen in dem Ansässigkeitsstaat führen, soweit dieser etwaige Quellensteuern angerechnet hat.

C. Folgen im Ansässigkeitsstaat

Wie oben dargelegt wurde, schlägt die gesetzliche Regelung des §50d Abs. 10 EStG idF des JStG 2009 unseres Erachtens fehl; die (vom Gesetzgeber gewünschte) Zuordnung von Sondervergütungen im *Inbound-Fall* zu einer inländischen Personengesellschafts-Betriebsstätte scheitert an der fehlenden tatsächlichen Zugehörigkeit. Somit besteht im Inland kein Besteuerungsanspruch und das ausländische Besteuerungsrecht besteht unverändert fort.

Sollte jedoch entgegen unserer Auffassung eine Zuordnung der Sondervergütungen zur inländischen Personengesellschafts-Betriebsstätte erfolgen, würde grds. eine Doppelbesteuerung entstehen, da die Sondervergütungen in der Regel auch im Ansässigkeitsstaat des Gesellschafters (als Zinseinkünfte, Lizenzeinkünfte etc.) besteuert werden. Der Finanzausschuss[28] geht in diesem Zusammenhang davon aus, dass die inländische Steuer im Ansässigkeitsstaat anzurechnen sei und verweist hierzu auf die Nrn. 32.2. bis 32.7 OECD-MK zu Art. 23 A/B. Nach Art. 23 A/B des OECD-MA 2000 soll der Ansässigkeitsstaat die Doppelbesteuerung durch Freistellung oder Anrechnung vermeiden, wenn die Einkünfte nach dem Abkommen im anderen Vertragsstaat besteuert werden können. Hieraus schließt der Kommentar zum Musterabkommen, dass der Ansässigkeitsstaat in bestimmten Fällen bezüglich der Frage, ob die Einkünfte im anderen Staat besteuert werden können, an die Qualifikation des Quellenstaates gebunden sei.

Die Einschätzung des Finanzausschusses, dass hiernach eine Anrechnung im Ansässigkeitsstaat erfolgen müsste, ist jedoch in vielerlei Hinsicht problematisch. Zunächst ist darauf zu verweisen, dass die besagte Kommentierung erst seit dem Jahr 2000 existiert, so dass insbesondere fraglich ist, ob sie auch für ältere Abkommen gilt. Auch wenn die Finanzverwaltung im Entwurf eines Erlasses zur Anwendung der Doppelbesteuerungsabkommen auf Personengesellschaften (IVB 4 – S 1300/07/0006, Tz. 4.1.3.3.2.) unter Verweis auf Tz. 33-36.1. der Einleitung zum OECD-MK der sog. dynamischen Auslegung von Doppelbesteuerungsabkommen folgt, ist diese in der Literatur äußerst umstritten.[29] Ob der jeweilige Ansässigkeitsstaat dem Kommentar zum Musterabkommen – insbesondere bezogen auf ältere Abkommen – folgt, ist somit sehr zweifelhaft.

---

[27] Vgl. *Meretzki*, IStR 2009, S. 217 ff., hier S. 220.
[28] Bericht des Finanzausschusses zum Jahressteuergesetz 2009, BT-Drs. 16/11108, S. 28 f. (hier S. 29).
[29] Vgl. *Vogel*, IStR 2003, S. 523 (527 f.) mwN., Wassermeyer, IStR 2007, S. 413 ((414); *Lang*, IStR 2007, S. 606;

Darüber hinaus ist zu bedenken, dass die Auslegung des Kommentars zum Musterabkommen gemäß Nr. 32.5. und 32.2 nur dann gelten soll, wenn die Vertragsstaaten die Begriffe unterschiedlich auslegen, weil sie gemäß Art. 3 Abs. 2 OECD-MA auf ihr nationales Recht zurückgreifen. Ein Rückgriff auf das eigene nationale Steuerrecht gemäß Art. 3 Abs. 2 OECD-MA darf jedoch erst dann erfolgen, wenn der Abkommenszusammenhang nicht etwas anderes erfordert, d. h. vorrangig muss eine autonome Auslegung des Abkommens erfolgen. Bezogen auf die Zuordnung von Sondervergütungen hat der BFH in gefestigter Rechtsprechung zu der Einordnung nach abkommensrechtlichen Grundsätzen Stellung genommen, und die von ihm vorgenommene autonome Auslegung des DBA führte dabei zu einem Ergebnis, welches im Einklang mit der Einordnung des anderen Vertragsstaates stand. Eine nationale Vorschrift, die eine einseitige Auslegung des Abkommens auf deutscher Seite regelt und erst damit zu einem Qualifikationskonflikt führt, dürfte daher auf Seiten des Ansässigkeitsstaates wohl kaum als Grund akzeptiert werden, um in Anlehnung an Art. 23 A/B des OECD-MA eine Doppelbesteuerung durch Anrechnung der deutschen Steuern oder durch Freistellung zu vermeiden.[30] Eine doppelte Besteuerung könnte in diesem Fall nur im Rahmen eines Verständigungsverfahrens beseitigt werden.

D. DBA mit ausdrücklicher Regelung zu Sondervergütungen

Die Regelung in § 50d Abs.10 EStG idF des JStG 2009 greift nur in dem Fall, in dem das jeweilige DBA keine ausdrückliche Regelung enthält. Abkommen mit einer speziellen Regelung für Sondervergütungen sind z.B. das DBA mit Österreich (Art. 7 Abs. 7), Schweiz (Art. 7 Abs. 7), Singapur (Art. 7 Abs. 7), Usbekistan (Art. 7 Abs. 7) und Kasachstan (Art. 7 Abs. 6).[31] Daneben enthalten auch die DBA mit Belarus, Ghana, Tadschikistan, Algerien und Weißrussland spezielle Regelungen zu Sonderbetriebsvergütungen.[32]

In diesen Abkommen wird geregelt, dass die Vergütungen, die eine Personengesellschaft mit einer Betriebsstätte in einem Vertragsstaat an den Gesellschafter im anderen Vertragsstaat für seine Tätigkeit im Dienste der Gesellschaft, für die Gewährung von Darlehen oder für die Überlassung von Wirtschaftsgütern zahlt, als Unternehmensgewinne behandelt werden, wenn diese Vergütungen nach dem Steuerrecht des Vertragsstaates, in dem die Betriebsstätte gelegen ist, den Einkünften eines Gesellschafters aus dieser Betriebsstätte zugerechnet werden. Damit wird die Qualifikation des Betriebsstättenstaates für maßgeblich erklärt (sog. Qualifikationsverkettung). Ist Deutschland Betriebsstättenstaat können somit Sondervergütungen eines ausländischen Gesellschafters im Inland als Teil des Betriebsstättengewinnes besteuert werden. Der Ansässigkeitsstaat des Gesellschafters muss in diesem Fall die Einordnung Deutschlands anerkennen und seinerseits die Doppelbesteuerung durch Anrechnung oder Freistellung vermeiden.

Dieses Ergebnis entspricht dem vom Gesetzgeber mit der Einführung von § 50d Abs. 10 EStG angestrebten Ziel, welches aber unseres Erachtens nicht erreicht wird, da lediglich eine Einordnung als Unternehmensgewinn und nicht eine Zuordnung zum Betriebsstättengewinn vorgesehen ist. Zudem kann das Problem einer Doppelbesteuerung durch einen Qualifikationskonflikt nur durch eine bilaterale Vertragsänderung erreicht werden, durch die der Ansässigkeitsstaat des Gesellschafters an die Qualifikation des Betriebsstättenstaates gebunden wird. Eine einseitige gesetzliche Regelung löst keine Probleme, sondern schafft nur weitere.

---

[30] Vgl. auch *Meretzki*, IStR 2009, S. 217 ff., hier S. 222.

[31] Entwurf eines Erlasses zur Anwendung der Doppelbesteuerungsabkommen auf Personengesellschaften vom 10. 5. 2007, IV B 4 – S 1300/07/0006.

[32] Vgl. hierzu *Hils*, DStR 2009, 888, 889; *Boller/Eilinghoff/Schmidt*, IStR 2009, 109, 111.

E. Auswirkungen der Gesetzesänderung auf Sonderbetriebsausgaben

Die Vorschrift des § 50d Abs. 10 EStG idF des JStG 2009 bezieht sich auf Vergütungen im Sinne des § 15 Abs. 1 Satz 1 Nr. 2 Satz 1 zweiter Halbsatz und Nr. 3 zweiter Halbsatz EStG. Hierbei handelt es sich um die sog. Sondervergütungen, d. h. die Vergütungen, die der Gesellschafter von der Gesellschaft für seine Tätigkeit im Dienst der Gesellschaft oder für die Hingabe von Darlehen oder für die Überlassung von Wirtschaftsgütern bezogen hat. Sonderbetriebsausgaben, d.h. persönliche Aufwendungen des Gesellschafters, die wirtschaftlich durch seinen Mitunternehmeranteil verursacht sind und daher seine gewerblichen Einkünfte mindern, sind dagegen in § 50d Abs. 10 EStG nicht erwähnt. Somit kann unseres Erachtens davon ausgegangen werden, dass die bisherige Einordnung weiterhin greift. Da es sich um Aufwendungen handelt, die wirtschaftlich veranlasst sind durch die (Personengesellschafts-)Betriebsstätte, sind die Aufwendungen im Betriebsstättenstaat zu berücksichtigen.[33] Das OECD-Musterabkommen steht einem solchem Abzug nicht entgegen. Im Übrigen sollte auch die Finanzverwaltung dieser Auffassung folgen, da gemäß Rn. 2.2. der Betriebsstätten-Verwaltungsgrundsätze[34] bei der Gewinnabgrenzung zwischen Betriebsstätte und Stammhaus ebenfalls auf das Veranlassungsprinzip abgestellt wird. Damit mindern Sonderbetriebsausgaben, die wirtschaftlich durch die (Personengesellschafts-) Betriebsstätte veranlasst sind, wie z.B. Finanzierungsaufwendungen im Zusammenhang mit dem Erwerb der Beteiligung, das Betriebsstättenergebnis.[35]

Etwas anderes könnte jedoch dann gelten, wenn Zinsaufwendungen für die Finanzierung von Sonderbetriebsvermögen aufgewendet werden, z. B. Darlehenszinsen im Zusammenhang mit einem Darlehen, welches an die Personengesellschaft weitergereicht wurde. Soweit die Zinseinnahmen – wie hier vertreten – abkommensrechtlich nicht der (Personengesellschafts-) Betriebsstätte zugeordnet werden, so dass der Betriebsstättenstaat kein Besteuerungsrecht hat, können auch die Refinanzierungsaufwendungen nicht das Betriebsstättenergebnis mindern.[36]

V. Gestaltungsüberlegungen

Um eine doppelte Besteuerung von Sondervergütungen zu vermeiden, könnten Gestaltungen gewählt werden, bei denen Sondervergütungen von vornherein nicht entstehen. So wäre es z. B. denkbar, statt Vergütungen für die Tätigkeit im Dienste der Gesellschaft auf schuldrechtlicher Basis zu vereinbaren, ein Gewinnvorab zu entrichten, welches einheitlich als Betriebsstättengewinn qualifiziert wird.

Eine andere Möglichkeit besteht darin, sich die Tatsache nutzbar zu machen, dass nur direkte Leistungsbeziehungen zwischen Gesellschaft und Gesellschafter als Sondervergütungen einzuordnen sind. Soweit die Leistungsbeziehungen über einen Dritten verlaufen, liegen dagegen keine Sondervergütungen vor. Beispielsweise könnten die Anteile an der Personengesellschaft in eine Kapitalgesellschaft eingelegt werden. Soweit in diesem Fall der Gesellschafter mittelbar

---

[33] Vgl. auch *Müller*, BB 2009, S. 751 ff., hier S. 757.

[34] BMF-Schreiben vom 24. 12. 1999, IV B 4 – S 1300 – 111/99, BStBl. I 1999, 1076.

[35] Dies gilt allerdings nur, soweit die Vorschriften zur Zinsschranke nicht eingreifen. Gemäß BMF-Schreiben vom 4. 7. 2008 BStBl 2008I, S. 718, IV C 7 - S-2742a / 07 / 10001 stellen Zinsaufwendungen, die im Inland steuerpflichtige Sondervergütungen eines Mitunternehmers im Sinne des § 15 Abs. 1 Satz 1 Nr. 2 EStG sind, weder Zinsaufwendungen der Mitunternehmerschaft noch Zinserträge des Mitunternehmers dar. Zinsaufwendungen und -erträge, die Sonderbetriebsausgaben oder -einnahmen sind, werden dagegen der Mitunternehmerschaft zugeordnet.

[36] Vgl. *Piltz*, in *Mössner*, Steuerrecht international tätiger Unternehmen, 2005, S. 876, F 67 und S. 877, F 71.

über die Kapitalgesellschaft ein Darlehen an die nachgeschaltete Personengesellschaft gewährt, liegen keine Sondervergütungen vor, so dass § 50d Abs. 10 EStG keine Anwendung findet[37]. Die weiteren steuerlichen Aspekte, die sich aus der Zwischenschaltung einer Kapitalgesellschaft ergeben, sind im konkreten Einzelfall zu prüfen und abzuwägen.

VI. Fazit

Mit Einführung des § 50d Abs. 10 EStG wird – entgegen der BFH-Rechtsprechung – eine für alle Sondervergütungen einheitliche Zuordnung zu den „Unternehmensgewinnen" im Sinne des Abkommens geregelt. Damit setzt sich die Tendenz, auf unerwünschte BFH-Rechtsprechung mit einem „Nichtanwendungsgesetz" zu reagieren, fort. Ausgangspunkt für die Einführung der Vorschrift war nicht einmal die Sorge einer doppelten Nichtbesteuerung der Sondervergütungen – diese werden i. d. R. im Ansässigkeitsstaat erfasst- sondern lediglich die Sorge der Nichtberücksichtigung von Gesellschafterzinsen im Rahmen der Regelungen zur Zinsschranke. Statt die bereits im BMF-Schreiben zur Anwendung der Zinsschranke vertretene Auffassung zur Einbeziehung von (im Inland nicht steuerpflichtigen) Zinsen aus Gesellschafterdarlehen gesetzlich zu manifestieren, hat der Gesetzgeber eine Regelung getroffen, die für alle Sondervergütungen gleichermaßen gilt und darüber hinaus zu dem Risiko einer doppelten Besteuerung im Betriebsstättenstaat und Ansässigkeitsstaat führt.

Allerdings ist es zumindest zweifelhaft, ob die Regelung des § 50d Abs. 10 EStG zu dem vom Gesetzgeber gewünschten Ziel führt, denn § 50d Abs. 10 EStG regelt nur, dass Sondervergütungen „ausschließlich" Unternehmensgewinne darstellen, aber nicht, ob sie der (Personengesellschafts-) Betriebsstätte, einer Mitunternehmer-Betriebsstätte oder ggf. keiner Betriebsstätte zuzurechnen sind. Damit ist die vom BFH im Urteil vom 17. 10. 2007 geklärte Frage der Zuordnung des Besteuerungsrechts für Sondervergütungen im Inbound-Fall nun wieder als ungeklärt anzusehen.

Wenn das Risiko einer doppelten Besteuerung bzw. eine Klärung im Rahmen eines Verständigungsverfahrens gänzlich ausgeschlossen werden soll, bleibt dem Steuerpflichtigen nur der Weg der Vermeidung von Sondervergütungen, z. B. durch Vereinbarung eines Gewinnvorabs statt schuldrechtlich vereinbarter Vergütungen oder durch Zwischenschaltung eines Dritten, z. B. einer Kapitalgesellschaft.

---

[37] *Salzmann*, IWB 2029, Fach 3, 165, 175, vertritt die Auffassung, dass sogar mit der Zwischenschaltung einer Mitunternehmerschaft das gewünschte Ergebnis erzielt bzw. die Anwendung des § 50d Abs. 10 EStG vermieden werden kann.

3. Grenzüberschreitende Gesellschafterfremdfinanzierung inländischer Kapitalgesellschaften

von Prof. Dr. Ulrich Prinz, Wirtschaftsprüfer/Steuerberater, Köln und Dipl.-Kfm. Dr. Christian Hick, Steuerberater, Bonn*

Inhaltsübersicht

I. Grundlagen der Gesellschafterfremdfinanzierung als Bestandteil der Zinsschranke

II. Besondere Anwendungsfragen der Zinsschranke im Konzern

III. Gestaltungsansätze zur Vermeidung der Zinsabzugsbeschränkung

IV. Ergebnis: Zinsschranke verlangt hohe „Steuersensibilität" der Unternehmen

Literatur zu § 4h EStG und § 8a KStG:

Bauer, Unterkapitalisierungsregelungen in Europa – eine Analyse, StuW 2009, 163; *Behrendt/Arjes/Nogens*, § 8c KStG – Struktur zum Erhalt gewerbesteuerlicher Verlustvorträge, BB 2008, 367; ; *Bien/Wagner*, Erleichterungen bei der Verlustabzugsbeschränkung und der Zinsschranke nach dem Wachstumsbeschleunigungsgesetz, BB 2009, 2627; *Blaufus/Lorenz*, Die Zinsschranke in der Krise, StuW 2009, 323; *Boller/Schmidt*, § 50d Abs. 10 EStG ist doch ein zahnloser Tiger – Replik zu Frotscher, IStR 2009, 852;*Boller/Eilinghoff/Schmidt*, § 50d Abs. 10 EStG i. d. F. des JStG 2009 – ein zahnloser Tiger?, IStR 2009, 109; *Cölln*, Die Zinsschranke unter immobilienwirtschaftlichen Aspekten, DStR 2008, 1855; *Dörr/Fehling*, Gestaltungsmöglichkeiten zum Öffnen der Zinsschranke, Ubg. 2008, 345; *Dötsch/Pung*, § 8c KStG: Verlustabzugsbeschränkung für Körperschaften, DB 2008, 1707; *Drüen*, Unternehmerfreiheit und Steuerumgehung, StuW 2008, 154; *Eilers/Bühring*, Das Ende des Schönwetter-Steuerrechts – Die Finanzmarktkrise gebietet Änderungen im deutschen Sanierungssteuerrecht, DStR 2009, 137; *Eilers*, Zinsschrankenerfahrungen – Sub-prime crisis; Reaktionsgestaltungen; Private Equity Strukturen, Ubg. 2008, 199; *Feldgen*, Der Zinsvortrag nach § 4h EStG bei Umstrukturierungen, NWB 2009, 3574; *Fellinger*, Deutsche Zinsschranke im internationalen Vergleich einzigartig krisenverschärfend, S:R 2009, 241; *Fischer/Wagner*, Das BMF-Schreiben zur Zinsschranke – Überblick/Bewertung/Verbleibende Gestaltungen, BB 2008, 1872; *Führich*, Ist die geplante Zinsschranke europarechtskonform?, IStR 2007, 341; *Ganssauge/Mattern*, Der Eigenkapitaltest im Rahmen der Zinsschranke (Teil II), DStR 2008, 267; *Gosch*, Vielerlei Gleichheiten – Das Steuerrecht im Spannungsfeld von bilateralen, supranationalen und verfassungsrechtlichen Anforderungen, DStR 2007, 1553; *Grotherr*, Funktionsweise und Zweifelsfragen der neuen Zinsschranke 2008, IWB 2007, Fach 3 Gruppe 3, 1489; *Günkel/Lieber*, Auslegungsfragen im Zusammenhang mit § 50d Abs. 10 EStG i. d. F. des JStG 2009, Ubg. 2009, 301 ff.; *Häuselmann*, Zum Zinsbegriff der Zinsschranke als Steueroptimierungsfaktor (§ 4h Abs. 3 EStG), FR 2009, 402; *ders.*, Möglichkeiten und Grenzen des Zinsschrankenmanagements beim Einsatz von Wertpapieren, Ubg. 2009, 226; *ders.*, Die Einordnung von Kapitalüberlassungsverhältnissen für Zwecke der Zinsschranke, FR 2009, 506; *Hallerbach*, Problemfelder der neuen Zinsschrankenregelung des § 4h EStG, StuB 2007, 487; *Hartmann*, Zinsschranke aus Sicht des unternehmerischen Mittelstands, Ubg. 2008, 285; *Heintges/Kamphaus/Loitz*, Jahresabschluss nach IFRS und Zinsschranke, DB 2007, 1261; *Hennrichs*, Zinsschranke, IFRS-Rechnung und prüferische Durchsicht oder Prüfung, DStR 2007, 1926; *Herzig/Liekenbrock*, Konzernabgrenzung und Konzernbilanzierung nach §§ 4h EStG, 8a KStG bei Organschaft, Ubg. 2009, 750; *Herzig/Liekenbrock*, Zum Zinsvortrag bei der Organschaft, DB 2009, 1949; *Herzig/Bohn*, Das Wachstumsbeschleunigungsgesetz als Umsetzung des Sofortprogramms der Koalitionsparteien zum Unternehmensteuerrecht, DStR 2009, 2341; *Herzig/Bohn*, Modifizierte Zinsschranke und Unternehmensfinanzierung, DB 2007, 1; *Herzig/Liekenbrock*, Zinsschranke im Organkreis, DB 2007, 2387; *Hey*, Verletzung fundamentaler Besteuerungsprinzipien durch die Gegenfinanzierungsmaßnahmen des Unternehmensteuerreformgesetzes 2008, BB 2007, 1303; ; *Hörster*, Entwurf eines Gesetzes zur Beschleunigung des Wirtschaftswachstums, NWB 2009, 3707. *Homburg*, Die Zinsschranke – eine beispiellose Steuerinnovation, FR 2007, 717; *Huken*, Entwurf eines BMF-Schreibens zur Zinsschranke, DB 2008, 544; *Knopf/Bron*, Höherangiges Recht bei der Zinsschrankenbesteuerung beachten, BB 2009, 1223; *Köhler*, Erste Gedanken zur Zinsschranke nach der Unternehmensteuerreform, DStR 2007, 597; *Köhler/Hahne*, BMF-Schreiben zur Anwendung der steuerlichen Zinsschranke und zur Gesellschafter-Fremdfinanzierung bei Kapitalgesellschaften, DStR 2008, 1505; *Korn*, Die

---

* Prof. Dr. Ulrich Prinz ist Partner bei KPMG Köln, Dipl.-Kfm. Dr. Christian Hick ist Partner der Kanzlei Flick Gocke Schaumburg am Standort Bonn.

Zinsschranke nach § 4h EStG, KÖSDI 2008, 15866; **Kröner/Esterer**, Steuerstandort Deutschland: Verhaltensmuster bestimmen den Erfolg der Unternehmensteuerreform, DB 2006, 2085; **Kussmaul/Ruiner/Schappe**, Problemfelder bei der Anwendung der Zinsschranke auf Personengesellschaften, DStR 2008, 904; **van Lishaut/Schumacher/Heinemann**, Besonderheiten der Zinsschranke bei Personengesellschaften, DStR 2008, 2341; **Loitz/Neukamm**, Der Zinsvortrag und die Bilanzierung von latenten Steueransprüchen, WPg. 2008, 196; **Loukota**, Internationale Probleme mit der deutschen Zinsschranke, SWI 2008, 105; **Middendorf/Stegemann**, Die Zinsschranke nach der geplanten Unternehmensteuerreform 2008 – Funktionsweise und erste Gestaltungsüberlegungen, INF 2007, 305; **Musil/Volmering**, Systematische, verfassungsrechtliche und europarechtliche Probleme der Zinsschranke, DB 2008, 12; **Müller-Gatermann**, Unternehmensteuerreform 2008, Stbg. 2007, 145; **Nacke**, Gesetzentwurf zum Wachstumsbeschleunigungsgesetz, DB 2009, 2507; **Neumann**, Die Zinsschranke „bei schlechtem Wetter", Ubg. 2009, 461; **Pawelzik**, Die Zuordnung von Firmenwerten und Akquisitionsschulden beim Eigenkapitaltest nach § 4h EStG (Zinsschranke) – Implikationen für die Akquisitionsstruktur, Ubg. 2009, 50; **Prinz**, Finanzierungsfreiheit im Steuerrecht – Plädoyer für einen wichtigen Systemgrundsatz, FR 2009, 593; **Prinz**, Zinsschranke und Organisationsstruktur, DB 2008, 368; **ders.**, Optimierte Akquisitionsfinanzierung in Zeiten der Zinsschranke, S:R 2008, 22; **ders.**, Mittelstandsfinanzierung in Zeiten der Zinsschranke, FR 2008, 441; **Reiche/Kroschewski**, Akquisitionsfinanzierung nach Einführung der Zinsschranke – erste Empfehlungen für die Praxis, DStR 2007, 1330; **Rödder/Stangl**, Zur geplanten Zinsschranke, DB 2007, 479; **Schultes-Schnitzlein/Miske**, Die Zinsschranke nach dem BMF-Anwendungsschreiben v. 4. 7. 2008, NWB F. 4, 5364; **Suchanek**, Verlustabzugsbeschränkung für Körperschaften (§ 8c Abs. 1 KStG): Das BMF-Schreiben v. 4. 7. 2008 aus Beratersicht, FR 2008, 906; **ders.**, Ertragsteuerliche Änderungen im Jahressteuergesetz 2009 zur Verhinderung von Gestaltungen im Zusammenhang mit § 8c KStG – Die „Verlustvernichtung" geht weiter, Ubg. 2009, 180; **Töben**, Die Zinsschranke – Befund und Kritik, FR 2007, 739; **Töben/Fischer**, Fragen zur Zinsschranke aus der Sicht ausländischer Investoren, insbesondere bei Immobilieninvestitionen von Private-Equity-Fonds, Ubg. 2008, 149; **Töben/Lohbeck/Fischer**, Aktuelle steuerliche Fragen im Zusammenhang mit Inbound-Investitionen in deutsches Grundvermögen, FR 2009, 159.

I. Grundlagen der Gesellschafterfremdfinanzierung als Bestandteil der Zinsschranke

1. Rechtsentwicklung der Abzugsbeschränkung für Zinsaufwendungen

Mit der im Rahmen des UntStReformG 2008 v. 14. 8. 2007[1] eingeführten Zinsschranke hat der Gesetzgeber die Rahmenbedingungen für die Ausgestaltung der Finanzierung inländischer Kapitalgesellschaften grundlegend geändert. Konzernunternehmen und Mittelstand sind gleichermaßen betroffen. Die körperschaftsteuerliche Sondernorm des § 8a KStG ergänzt, modifiziert und verschärft die Grundregel der Zinsschranke (§ 4h EStG). Die Rechtsanwendung wird durch das zu beachtende Zusammenspiel zwischen den beiden Vorschriften erschwert. Bei kalenderjahrgleichem Wirtschaftsjahr gilt die Zinsschranke für sämtliche Finanzierungsaufwendungen ab dem 1. 1. 2008.[2]

Mit § 4h EStG verfolgt der Gesetzgeber die Zielsetzung, den Betriebsausgabenabzug betrieblich veranlasster Zinsaufwendungen nationaler und grenzüberscheitender Art auf Ebene des zinszahlenden Unternehmens unter bestimmten Voraussetzungen einzuschränken. Konkret sollen mit der ergebnisabhängigen Begrenzung des Abzugs von Zinsaufwendungen für international tätige Konzerne Anreize geschaffen werden, Steuersubstrat nach Deutschland hinein zu verla-

---

[1] Vgl. BGBl. I 2007, 1912, BStBl. I 2007, 630.

[2] Vgl. § 52 Abs. 12 d EStG. Nach § 52 Abs. 12d Satz 1 ist § 4h i. d. F. des Art. 1 des UntStReformG 2008 erstmals für Wirtschaftsjahre anzuwenden, die nach dem Tag des Gesetzesbeschlusses des Deutschen Bundestages (25.5.2007) beginnen und nicht vor dem 1.1.2008 enden. Entspricht das Wirtschaftsjahr dem Kalenderjahr, gelangt die Vorschrift erstmals im Veranlagungszeitraum 2008 zur Anwendung. Hat das abweichende Wirtschaftsjahr nach dem 25.5.2007 begonnen, ist die Zinsschrankenregelung erstmals im Wirtschaftsjahr 2008/2009 anzuwenden. § 34 Abs. 6a Satz 3 KStG weist eine entsprechende Ingangsetzungsbestimmung für § 8a KStG auf.

gern,[3] in der Besteuerungspraxis kann seit etwa Mitte 2008 eine solche inländische Ergebnisverlagerung auch tatsächlich beobachtet werden. Darüber hinaus sollen gleichzeitig die Schwächen des § 8a KStG a. F. beseitigt werden, die aus Sicht der Finanzverwaltung vor allem in der Möglichkeit einer Umgehung der Vorschrift durch mittelbare Gesellschafterfremdfinanzierungen bestanden. Schließlich bestanden für Inlandsfälle erhebliche praktische Anwendungsschwierigkeiten (Behandlung rückgriffsgesicherter Drittdarlehen). Das früher im internationalen Bereich für Thin Capitalization Rules übliche Instrumentarium des Safe haven-Schutzes mit der Rechtsfolge einer verdeckten Gewinnausschüttung bei überschreitenden Zinsaufwendungen ist damit in Deutschland zu Gunsten des Konzepts temporär oder endgültig nicht abziehbarer Betriebsausgaben aufgegeben worden. Insoweit zeichnet sich ein internationaler Trendwechsel ab.[4]

Durch das UntStReformG 2008 ist § 8a KStG vollständig neu gefasst und inhaltlich an die (rechtsformübergreifende) Systematik der Zinsschrankenregelung (§ 4h EStG) angepasst worden. Überlegungen zur Verbesserung des § 8a KStG a. F. unter dem Aspekt der Missbrauchsbekämpfung und einer anwendungsfreundlicheren Ausgestaltung hat der Gesetzgeber nicht weiter verfolgt.[5] Im Unterschied zu § 8a KStG a. F. ist die Anwendung der Zinsschranke nicht an die Person des Fremdkapitalgebers geknüpft. Folge ist, dass es im Unterschied zu dem bislang geltenden § 8a KStG für die Zinsschrankenanwendung generell unerheblich ist, ob die Fremdfinanzierung durch wesentlich beteiligte Anteilseigner, diesen nahe stehende Personen oder rückgriffsberechtigte Dritte erfolgt; Exit-Möglichkeiten aus der Zinsschranke können dadurch allerdings versperrt sein. Der Zinsschranke unterliegen sämtliche von § 4h Abs. 3 Satz 2 EStG erfasste Zinsaufwendungen eines Betriebs, d. h. auch Zinsaufwendungen, die auf von Banken ausgereichte Darlehen zu fremdüblichen Konditionen entfallen.[6] Auch wird nicht nach Art und Laufzeit der Fremdfinanzierung differenziert. Mit BMF-Schreiben v. 4. 7. 2008[7] hat die Finanzverwaltung erstmals zu Teilaspekten der Zinsschrankenregelung Stellung genommen.

Die Zinsschranke stellt im Ergebnis eine erhebliche Einschränkung des von der höchstrichterlichen Rechtsprechung entwickelten „Grundsatzes der Finanzierungsfreiheit" dar und ist wegen der Verletzung des objektiven Nettoprinzips gerade in Krisenzeiten hochproblematisch.[8] Für Steuerplanungszwecke muss sie dessen ungeachtet sorgsam beachtet werden.

Im Rahmen des JStG 2009 v. 19. 12. 2008[9] ist § 4h Abs. 5 EStG um einen Satz 3 ergänzt worden, der die entsprechende Anwendung des § 8c KStG auf den Zinsvortrag einer Gesellschaft vorschreibt, soweit an dieser unmittelbar oder mittelbar eine Körperschaft als Mitunternehmer beteiligt ist. Mit der Rechtsänderung ist eine punktuelle Rechtsverschärfung des Abs. 5 erfolgt,

---

[3] Vgl. BT-Drucks. 16/4841, 47.
[4] Vgl. *Herzig/Bohn*, IStR 2009, 253; *Bauer*, StuW 2009, 163.
[5] Vgl. *Töben*, FR 2007, 742; *Müller-Gatermann*, Stbg. 2007, 158.
[6] Zur Gesetzesentwicklung des „alten" § 8a KStG bis zum ProtkErklG v. 22. 12. 2003 s. H/H/R/*Prinz*, § 8a KStG Anm. J 03-2.
[7] Vgl. BStBl. I 2008, 718.
[8] Zu der krisenverschärfenden Wirkung der Zinsschranke vgl. *Fellinger*, S:R 2009, 241; *Neumann*, Ubg. 2009, 461 [463]. Zum Grundsatz der Finanzierungsfreiheit siehe *Prinz*, FR 2009, 593.
[9] Vgl. BGBl. I 2008, 2794; BStBl. I 2009, 74.

der regelt, unter welchen Voraussetzungen der Zinsvortrag eines Betriebs ganz bzw. anteilig untergeht.[10]

Im Hinblick auf die seit Ende 2008 herrschende Finanz- und Wirtschaftskrise ist durch das Gesetz zu verbesserten steuerlichen Berücksichtigung von Vorsorgeaufwendungen – Bürgerentlastungsgesetz Krankenversicherung v. 22. 7. 2009 – eine zunächst zeitlich befristete und rückwirkend anwendbare Erhöhung der Freigrenze für den Nettozinssaldo von 1 Mio. EUR auf 3 Mio. EUR erfolgt.[11]

Im Rahmen des Gesetzes zur Beschleunigung des Wirtschaftswachstums (Wachstumsbeschleunigungsgesetz) hat sich der Gesetzgeber vor dem Hintergrund der andauernden Wirtschaftskrise zu weiteren Änderungen der Zinsschrankenregelung entschlossen, die die Belastung der Unternehmen auf Grund der Wirtschafts- und Finanzkrise abmildern sollen. Bislang war vorgesehen, vor Änderungen der Zinsschranke den Änderungsbedarf durch eine Evaluation der gesetzlichen Regelung zu bestimmen.[12]

Die Änderungen im Rahmen des Wachstumsbeschleunigungsgesetzes betreffen folgende Bereiche: Dauerhafte Erhöhung der Freigrenze für den Nettozinssaldo von 1 Mio. EUR auf 3 Mio. EUR über den 31. 12. 2009 hinaus, Einführung eines auf fünf Jahre befristeten Vortrags nicht genutzten Zinsabzugspotentials (EBITDA-Vortrag), Anhebung der Toleranzgrenze im Rahmen des Eigenkapitalquotenvergleichs auf 2 %.[13] Mittelbare Wirkungen beim Zinsvortrag ergeben sich durch eine Entschärfung des § 8c KStG.

2. Konzeption der Zinsschranke

a) Temporäres oder endgültiges Betriebsausgabenabzugsverbot für Zinsaufwendungen

Die Zinsschranke ist durch den Gesetzgeber (jedenfalls idealtypisch) als temporäres Betriebsausgabenabzugsverbot ausgestaltet worden.[14] Als Bestandteil der Vorschriften zur steuerlichen Gewinnermittlung ist § 4h EStG von Bedeutung für die Gewinnermittlung natürlicher Personen, Mitunternehmerschaften und (über § 8 Abs. 1 KStG i. V. m. § 8a KStG) auch für Körperschaften, soweit diese im Inland einen Betrieb mit gewerblichen Einkünften unterhalten.[15] Anknüpfungsmerkmal der Zinsschranke bildet demnach der Begriff des „Betriebs" unabhängig von der Rechtsform. Mit der Wahl eines sachlichen Anknüpfungsmerkmals verfolgt der Gesetz-

---

[10] Der Satz 3 ist im Verlauf des Gesetzgebungsvorhabens zum JStG 2009 nach einer Prüfbitte des Bundesrates in das Gesetz aufgenommen worden (vgl. BT-Drucks. 16/10494). Konkret ist die Rechtsänderung darauf ausgerichtet, ein im Fachschrifttum dargestelltes „Gestaltungsmodell" zur Vermeidung des § 8c KStG hinsichtlich der gewstl. Verlustvorträge gem. § 10a Satz 9 GewStG gesetzlich zu verhindern (vgl. hierzu *Behrendt/Arjes/Nogens*, BB 2008, 367). Zu weiteren Einzelheiten s. auch II.5.

[11] BGBl. I 2009, 1959. Die Erhöhung der Freigrenze auf 3 Mio. € gilt nach § 52 Abs. 12d Satz 3 EStG erstmals für Wirtschaftsjahre, die nach dem 25. 5. 2007 beginnen und nicht vor dem 1. 1. 2008 enden und letztmals für Wirtschaftsjahre, die vor dem 1. 1. 2010 enden. Damit kann die erhöhte Freigrenze ab der zeitlichen Ingangsetzung der Zinsschranke genutzt werden.

[12] Vgl. BR-Drucks. 384/07.

[13] Nach § 52 Abs. 12d Satz 4 EStG i. d. F. des Wachstumsbeschleunigungsgesetzes gelangen die Änderungen erstmals für nach dem 31. 12. 2009 beginnende Wirtschaftsjahre zur Anwendung. Der EBITDA-Vortrag für Wirtschaftsjahre die nach dem 31. 12. 2006 beginnen erhöht auf Antrag das verrechenbare EBITDA des ersten Wirtschaftsjahres, das nach dem 31. 12. 2009 beginnt (§ 52 Abs. 12d. Satz 5 i. d. F. des Wachstumsbeschleunigungsgesetzes).

[14] Vgl. *Grotherr*, IWB 2007, Fach 3 Gruppe 3, 1493.

[15] Zum Verhältnis zu weiteren Vorschriften vgl. H/H/R/*Hick*, § 4h EStG Anm. 10.

geber die Zielsetzung, dass die in § 4h EStG geregelten Grundsätze unabhängig von der Rechtsform des Steuerpflichtigen zur Anwendung gelangen.[16] Daraus folgt:

- **Im Inland unbeschränkt steuerpflichtige Kapitalgesellschaften** unterhalten unabhängig von ihrer Tätigkeit einen Betrieb i. S. d. § 4h Abs. 1 Satz 1 EStG.
- **Im Inland beschränkt steuerpflichtige Kapitalgesellschaften:** Nach dem im Rahmen des JStG 2009 neu gefassten § 49 Abs. 1 Nr. 2 Buchst. f EStG zählen Einkünfte, die in Deutschland beschränkt steuerpflichtige Kapitalgesellschaften aus inländischem Grundbesitz (Vermietung und Verpachtung oder Veräußerung) erzielen, per Rechtsfiktion zu den Einkünften aus Gewerbebetrieb.[17] Erfasst werden Einkünfte aus der Vermietung und Verpachtung von Immobilien, die von ausländischen Körperschaften als Direktinvestment gehalten werden. Einbezogen sind aber auch Einkünfte, die aus der Beteiligung an inländischen vermögensverwaltenden Personengesellschaften stammen. Aus § 49 Abs. 1 Nr. 2 Buchst. f EStG resultiert die Fiktion eines „inländischen Betriebs"; die Zinsschranke gelangt zur Anwendung, obwohl faktisch keine inländische Betriebsstätte besteht.[18] Der Anwendungsbereich des § 8a Abs. 1 Satz 4 KStG, der die sinngemäße Anwendung des § 4h EStG auf Kapitalgesellschaften vorschreibt, die ihre Einkünfte als Überschuss der Einnahmen über die Werbungskosten ermitteln, ist damit durch § 49 Abs. 1 Nr. 2 Buchst. f EStG erheblich eingeschränkt worden (Beschränkung auf inländische Einkünfte aus Kapitalvermögen).[19] Besitzt eine Körperschaft mehrere inländische Grundstücke, handelt es sich nur um einen Betrieb.[20]

Grundregel der Zinsschranke (§ 4h Abs. 1 EStG) und ergänzende Vorschriften für Körperschaften (§ 8a Abs. 1 KStG): Zinsaufwendungen eines Betriebs sind mindestens bis zur Höhe des Zinsertrags desselben Wirtschaftsjahrs abziehbar. Übersteigen die Zinsaufwendungen jedoch die Zinserträge, darf der überschießende Betrag nur bis zur Höhe des verrechenbaren EBITDA abgezogen werden (§ 4h Abs. 1 Satz 1 EStG). Das verrechenbare EBITDA ist 30 % des um die Zinsaufwendungen und Abschreibungen erhöhten maßgeblichen Gewinns (§ 4h Abs. 1 Satz 2 EStG). Übersteigt das verrechenbare EBITDA eines Wirtschaftsjahres die Nettozinsaufwendungen, entsteht ein in die fünf folgenden Wirtschaftsjahre vorzutragender EBITDA-Vortrag (§ 4h Abs. 1 Satz 3 EStG). Nach Satz 2 nicht abzugsfähige Zinsaufwendungen sind bis zur Höhe der EBITDA-Vorträge aus vorangegangenen Wirtschaftsjahren abziehbar und mindern die EBITDA-Vorträge in ihrer zeitlichen Reihenfolge (§ 4h Abs. 1 Satz 4 EStG).

Auch unter Inanspruchnahme eines eventuellen EBITDA-Vortrags nicht abzugsfähige Zinsaufwendungen sind in die folgenden Wirtschaftsjahre vorzutragen (sog. Zinsvortrag) und erhöhen die Zinsaufwendungen, nicht jedoch den maßgeblichen Gewinn dieser Wirtschaftsjahre.

Die Rechtsanwendung der Zinsschrankenregelung bei Körperschaften wird dadurch erschwert, dass neben den Grundregeln der Zinsschranke i. S. d. § 4h EStG auch die aus § 8a KStG resultierenden Modifikationen und Verschärfungen zu beachten sind.[21] Hieraus resultiert ein kompliziertes mehrstufiges Regel-/Ausnahmeverhältnis. Dabei gilt folgender Grundsatz: Soweit § 8a

---

[16] Kritisch dazu *Prinz*, DB 2008, 368.
[17] § 49 Abs. 1 Nr. 2 Buchst. f EStG gilt nach § 52 Abs. 1 Satz 1 EStG i. d. F. des Art. 1 des JStG 2009 erstmals für den Veranlagungszeitraum 2009.
[18] Vgl. *van Lishaut/Schumacher/Heinemann*, DStR 2008, 2341 [2342].
[19] Vgl. *Gosch/Förster*, § 8a KStG Rn. 30.
[20] Vgl. H/H/R/*Hick*, § 4h Anm. 22.
[21] Zur Geltung der Betriebsfiktion im Anwendungsbereich des § 8a KStG vgl. *Herzig/Liekenbrock*, Ubg. 2009, 750 [759].

KStG keine bei der Einkommensermittlung einer inländischen Kapitalgesellschaft zu beachtende Sonderregel aufweist, gilt § 4h EStG „in Gänze" entsprechend.[22] Nach § 8a Abs. 1 Satz 2 KStG ist allerdings Bezugsgröße für die Zinsschrankenanwendung nicht der maßgebliche Gewinn, sondern das maßgebliche Einkommen.[23] Folge der Bezugnahme auf das körperschaftsteuerliche Einkommen ist, dass nach § 8b Abs. 1 und 2 KStG zu 95 v. H. steuerbefreite Beteiligungserträge und Veräußerungsgewinne in der Bemessungsgrundlage für die Anwendung der Zinsschranke nicht enthalten sind (entsprechendes gilt für offene und verdeckte Einlagen und für ausländische, nach DBA-freigestellte Betriebsstättengewinne). Auf der anderen Seite erhöhen verdeckte Gewinnausschüttungen einer Körperschaft das Zinsabzugsvolumen.

Ausnahmen von der Anwendung der Zinsschranke (§ 4h Abs. 2) bestehen für drei Fallbereiche:

▶ *Betriebsbezogene Freigrenze (Buchst. a):* Die Nettozinsaufwendungen des Betriebs erreichen den Betrag von 1 Mio. € nicht. Durch das Gesetz zur verbesserten steuerlichen Berücksichtigung von Vorsorgeaufwendungen – Bürgerentlastungsgesetz Krankenversicherung v. 16. 7. 2009 – ist eine zeitlich befristete, rückwirkend anwendbare Erhöhung der Freigrenze auf 3 Mio. € erfolgt.[24] Im Rahmen des Wachstumsbeschleunigungsgesetzes wurde die zeitliche Befristung aufgehoben.[25] Dabei ist zu beachten, dass es sich um eine Freigrenze für Zinsaufwendungen und nicht um einen Freibetrag handelt. Ein ggf. nur geringfügiges Überschreiten der Freigrenze ist daher geeignet, eine erhebliche Steuermehrbelastung auszulösen (sog. Belastungssprung). Insoweit muss auch ein unbeabsichtigtes Überschreiten der Freigrenze durch nachträgliche Anpassung der Höhe der Zinszahlungen durch die Betriebsprüfung einkalkuliert werden.

▶ *Keine oder nur anteilmäßige Konzernzugehörigkeit (Buchst. b):* Der Betrieb gehört nicht oder nur anteilmäßig zu einem Konzern. Bei Körperschaften wird die Öffnungsklausel für konzernungebundene Körperschaften bei bestimmten Formen der Gesellschafter-Fremdfinanzierung außer Kraft gesetzt.[26] Die Inanspruchnahme der Befreiungsvorschrift für konzernungebundene Körperschaften kommt danach nur dann in Betracht, falls

– die Vergütungen für Fremdkapital an einen zu mehr als einem Viertel unmittelbar oder mittelbar am Grund- oder Stammkapital beteiligten Anteilseigner, eine diesem nahe stehende Person (§ 1 Abs. 1 AStG) oder einen rückgriffsberechtigten Dritten gezahlt werden und

– nicht mehr als 10 % der die Zinserträge übersteigenden Zinsaufwendungen der Körperschaft betragen und

– die Körperschaft dies nachweist.

▶ *Konzernzugehörigkeit und Eigenkapitalvergleich (Buchst. c):* Konzernzugehörige Betriebe können sich von der Anwendung der Zinsschranke durch den Nachweis befreien, dass ihre Eigenkapitalquote nicht schlechter ist als diejenige des Konzerns (bei einer Toleranz von einem Prozentpunkt), wobei die für den Eigenkapitalquotenvergleich maßgeblichen Abschlüs-

---

[22] Vgl. H/H/R/*Prinz*, § 8a KStG Anm. J 07-5.

[23] § 4h Abs. 3 Satz 1 KStG hat insoweit für Körperschaften keine Bedeutung.

[24] Die Erhöhung der Freigrenze auf 3 Mio. € gilt nach § 52 Abs. 12d Satz 3 erstmals für Wirtschaftsjahre, die nach dem 25. 5. 2007 beginnen und nicht vor dem 1. 1. 2008 enden und letztmals für Wirtschaftsjahre, die vor dem 1. 1. 2010 enden. Damit kann die erhöhte Freigrenze ab der zeitlichen Ingangsetzung der Zinsschranke genutzt werden.

[25] In § 52 Abs. 12d Satz 3 EStG wurde der 2. Hlbs., aus dem die zeitliche Befristung resultierte, gestrichen.

[26] Zu Einzelheiten s. unter II. 1.

se vorrangig nach den IFRS zu erstellen sind. Mit dem Wachstumsbeschleunigungsgesetz wurde die Toleranzgrenze für nach dem 31. 12. 2009 endende Wirtschaftsjahre auf zwei Prozentpunkte angehoben. Die im Rahmen des Koalitionsvertrags angekündigte Überarbeitung des Eigenkapitalquotenvergleichs ist damit unterblieben. Nach der Gesetzesbegründung soll die Inanspruchnahme der Escape-Klausel durch den erhöhten Toleranzrahmen auch in einem schwierigen wirtschaftlichen Umfeld erleichtert und unvorhergesehene Schwankungen der Eigenkapitalquote aufgefangen werden. Diese Zielsetzung kann mit der erfolgten Gesetzesänderung aber kaum erreicht werden. Insbesondere bei ungeplanten Eigenkapitalschwankungen wird die Planbarkeit einer Inanspruchnahme des Eigenkapital-Escape durch die erfolgte Rechtsänderung nur unwesentlich verbessert.

- Für Körperschaften wird die Escape-Klausel durch § 8a Abs. 3 KStG verschärft. So dürfen nicht mehr als 10 % des Zinssaldos auf zu mehr als einem Viertel unmittelbar oder mittelbar beteiligte Gesellschafter einer konzernzugehörigen Gesellschaft, auf eine nahe stehende Person oder einen rückgriffsberechtigten Dritten entfallen. Dies gilt dabei nur für im Konzernabschluss ausgewiesene Verbindlichkeiten. D. h. es muss sich um eine Finanzierung durch eine nicht konzernzugehörige Gesellschaft handeln.[27]

Begriffsdefinitionen (Abs. 3): Die Definition einiger zentraler Begriffe der Vorschrift erfolgt in Abs. 3 („maßgeblicher Gewinn", „Zinsaufwendungen", „Zinserträge"). Zudem wird geregelt, unter welchen Voraussetzungen ein Betrieb für Zinsschrankenzwecke zu einem Konzern gehört.

Regelungen zum Zinsvortrag und EBITDA-Vortrag (§ 4h Abs. 1 Satz 5, Abs. 4 und Abs. 5 EStG): Die Regelungen des § 4h EStG gelten für den **Zinsvortrag und EBITDA-Vortrag** einer inländischen Kapitalgesellschaft entsprechend. Abs. 4 enthält die verfahrensrechtlichen Regelungen zum Zinsvortrag. In Abs. 5 wird geregelt, welche Folgen sich aus der Aufgabe und Übertragung des Betriebs, dem Ausscheiden eines Mitunternehmers sowie auch mittelbaren Änderungen im Gesellschafterkreis einer Mitunternehmerschaft für einen noch nicht verbrauchten **Zinsvortrag und EBITDA-Vortrag** ergeben. Für inländische Kapitalgesellschaften gilt nach § 8a Abs. 1 Satz 3 KStG der § 8c KStG für einen Zinsvortrag der Kapitalgesellschaft entsprechend. Ein i. S. d. § 8c KStG schädlicher Beteiligungserwerb hat insoweit auch den Untergang des Zinsvortrags der Kapitalgesellschaft zur Folge. Die Änderungen des § 8c KStG im Rahmen des Wachstumsbeschleunigungsgesetzes (Aufhebung der Befristung der Sanierungsklausel, Einführung einer Konzernklausel, Übergang von Verlustabzügen in Höhe der stillen Reserven) wirken sich insoweit auch auf den Zinsvortrag einer Kapitalgesellschaft im Rahmen der Zinsschranke aus.[28] Dies wird auch durch die Neufassung des § 8a Abs. 1 Satz 3 KStG sichergestellt, der in seiner zeitlichen Ingangesetzungsbestimmung (erstmalige Anwendung für nach dem 31.12.2009 endende Wirtschaftsjahre) auf die Ingangsetzungsbestimmung der geänderten Fassung des § 8c KStG angepasst ist.[29] Ein EBITDA-Vortrag wird in § 8a Abs. 1 Satz 3 KStG nicht angesprochen, so das § 8c KStG keine Anwendung auf einen EBITDA-Vortrag finden sollte.

b) Wirtschaftliche und bilanzielle Folgen der Zinsschranke

Wirtschaftliche Folgen: Die Zinsschranke hat erheblichen Einfluss auf die Ausgestaltung der Finanzierungsstruktur inländischer Kapitalgesellschaften. Denn entgegen der eigentlichen Zielsetzung des Gesetzgebers, missbrauchsgeleitete Konzernfinanzierungen zu erfassen, wirkt die

---

[27] Zu Einzelheiten s. unter II. 2.
[28] Zu Einzelheiten vgl. *Herzig/Bohn*, DStR 2009, 2341 ff.
[29] Vgl. § 34 Abs. 6a Satz 5 KStG i. d. F. des Wachstumsbeschleunigungsgesetzes Vgl. § 34 Abs. 6a Satz 5 KStG i. d. F. des Wachstumsbeschleunigungsgesetzes

Vorschrift nicht zielgerichtet.[30] Letztlich soll sie über ein Zinsabzugsverbot eine Mindestbesteuerung sicherstellen.[31] Wirtschaftlich resultieren im günstigsten Fall aus der Verschiebung des Zinsabzugs in zukünftige Veranlagungszeiträume mittels Zinsvortrags negative Zins- und Liquiditätswirkungen. Dabei hängen die wirtschaftlichen Folgen auch von der Dauer des Aufschubs ab. In wirtschaftlichen Krisensituationen kann ein erheblicher Teil der Fremdfinanzierungsaufwendungen steuerlich nicht mehr berücksichtigt werden.[32] Hinzu kommt der Einfluss von Steuersatzänderungen.

Mit der Zinsschranke erfolgt ein Eingriff in den Grundsatz der unternehmerischen Finanzierungsfreiheit. Dem Unternehmer wird vom Steuergesetzgeber vorgeschrieben, dass die Höhe seiner Fremdkapitalaufwendungen eine in Abhängigkeit vom EBITDA bestimmte feste Größe nicht überschreiten darf. Wird diese Größe überschritten, droht auch marktüblich ausgestalteten Finanzierungen eine „Strafbesteuerung".[33] Bei grenzüberschreitenden Finanzierungen zieht dies auch doppelbesteuerungsrechtliche Fragestellungen im Hinblick auf den Fremdvergleichsgrundsatz nach sich (Art. 9 OECD-MA). Dabei wird die Planbarkeit der „Zinsschranke" aus folgenden Gründen erschwert: Schwankungen des EBITDA, enge Toleranzgrenze für den Eigenkapital-Escape, unbeabsichtigtes Überschreiten der Freigrenze etwa auf Grund von BP-Feststellungen, marktabhängige Zinsschwankungen. Die im Rahmen des Wachstumsbeschleunigungsgesetz eingeführte Möglichkeit eines EBITDA-Vortrags ist dazu geeignet, die Folgewirkungen von Schwankungen des EBITDA im Rahmen der Zinsschranke abzumildern.

Die aus der Zinsschranke resultierende Beschränkung des Abzugs von Zinsaufwendungen trifft vor allem Unternehmen mit hohen Zinsaufwendungen und einem niedrigen EBITDA. Tendenziell wird man die Aussage treffen können, dass ertragsstarke Unternehmen von der Zinsschranke in geringerem Umfang betroffen sind. In konjunkturellen Schwächephasen mit einem entsprechenden Fremdkapitalbedarf steht die Zinsschranke einem steuerwirksamen Abzug von Zinsaufwendungen entgegen und trägt insoweit dazu bei, wirtschaftliche Probleme noch zu verschärfen.[34] Zur Abmilderung der wirtschaftlichen Folgen der Zinsschranke vor dem Hintergrund der „Finanzkrise" ist durch das Gesetz zur verbesserten steuerlichen Berücksichtigung von Vorsorgeaufwendungen (Bürgerentlastungsgesetz Krankenversicherung) eine zunächst zeitlich befristete Erhöhung der Freigrenze gem. § 4h Abs. 2 Buchst. a EStG auf 3 Mio. € erfolgt, wobei die zeitliche Befristung durch das Wachstumsbeschleunigungsgesetz entfallen ist.

Auf branchenspezifische Besonderheiten nimmt die Zinsschranke keine Rücksicht. Dies trifft vor allem die Immobilienbranche, da dort üblicherweise ein hoher Fremdmitteleinsatz erfolgt. Aber auch deutsche Holdinggesellschaften, start up-Gestaltungen und Betriebe mit volatiler Gewinnsituation gehören häufig zu den „Zinsschranken-Verlierern". Gelingt es einem Konzern, weltweit eine „harmonisierte Eigenkapitalquote" zu erreichen, so lässt sich auch bei einem branchenunüblich niedrigen Eigenmittelbetrag der Zinsschrankenescape erreichen.

Auch wird man zukünftig berücksichtigen müssen, wie sich bestimmte betriebliche Investitionsvorgänge auf die Höhe des steuerlichen EBITDA auswirken. Investitionen in steuerlich nicht abschreibungsfähige Wirtschaftsgüter (z. B. selbst geschaffene immaterielle Wirtschaftsgüter, Patente, Markenrechte) erhöhen das steuerliche EBITDA nicht. Bei einer Investition in abschrei-

---

[30] Vgl. H/H/R/*Prinz*, § 8a KStG Anm. J 07-1.

[31] Vgl. *Herzig/Bohn*, DB 2007, 1 [3].

[32] Vgl. *Eilers/Bühring*, DStR 2009, 137; *Eilers*, in: Festschrift Schaumburg, Köln 2009, 275-286.

[33] Vgl. *Köhler*, DStR 2007, 597 [604].

[34] Zu empirisch belegbaren Kapitalstrukturanpassungen vgl. *Blaufus/Lorenz*, StuW 2009, 323 [331].

bungsfähige Wirtschaftsgüter ist dies durch die Generierung von Abschreibung dagegen der Fall.

Gehören Darlehensgeber und Darlehensnehmer dem gleichen Konzern an, besteht die Folge der Zinsschranke in einer zumindest temporären Doppelbesteuerung, falls der Zinsvortrag genutzt werden kann. So resultieren für den Empfänger der Zinszahlungen aus der Abzugsbeschränkung keine Folgen, d. h. der Empfänger hat einen steuerpflichtigen Zinsertrag zu versteuern, zu einer korrespondierenden Gewinnminderung kommt es nicht. Eine Übermaßbesteuerung tritt dann ein, wenn der Zinsvortrag untergeht. In diesem Fall muss der Darlehensnehmer die Zinszahlungen aus dem versteuerten Einkommen entrichten.

Bilanzielle Folgen: Die Zinsschranke hat durch das Instrument des ggf. zeitlich verzögert abziehbaren Zinsaufwands erhebliche Bedeutung für die internationale Rechnungslegung (vor allem nach IFRS-Grundsätzen), da stets der Ansatz eines „deferred tax assets" als Aktivposten im Einzel- oder Konzernabschluss der Unternehmensgruppe zu prüfen ist. Falls eine Aktivierung des Steuervorteils aus einer überwiegend wahrscheinlichen Zinsvortragsnutzung erfolgt, bleibt die Steuerquote trotz Eingreifens der Zinsschranke weiterhin unverändert.[35] Die steuerinduzierte Begrenzung der Finanzierungsfreiheit könnte durch einen bilanziellen Aktivposten für zukünftiges Zinsabzugspotential neutralisiert werden, was für Performancemessungen und sonstige Kapitalmarktwirkungen bei einer Publikumskapitalgesellschaft wichtig ist. Mit diesem Effekt war die Einführung der Zinsschranke im Rahmen der Unternehmenssteuerreform 2008 der Wirtschaft seinerzeit „schmackhaft" gemacht worden. Wegen der zahlreichen, gesetzlich vorgesehenen Zerstörungen von „Zinsvortrag und EBITDA-Vortrag", etwa bei Restrukturierungsvorgängen, wird man diese ursprüngliche Regelungsabsicht aber wohl in den meisten tatsächlichen Sachverhalten nicht erreichen können. Eine bilanzielle Neutralisierung der Zinsschrankenwirkung wird daher im Ergebnis eher selten sein. § 274 Abs. 1 HGB in der Fassung des BilMoG vom 25. 5. 2009 mit seinem Aktivierungswahlrecht für aktive latente Steuern im Einzelabschluss der Kapitalgesellschaft gilt nach h. M. auch für Steuerlatenzen auf Zinsvorträge, was allerdings vom Wortlaut der Norm her nicht zweifelsfrei ist. Man wird abwarten müssen, ob und in welchem Umfang diese Neutralisierungsmöglichkeit zur Finanzierungskostenabzugsbegrenzung in der Praxis genutzt wird.

c) Verfassungs- und europarechtliche Bedenken gegen ein weitreichendes Zinsabzugsverbot

Verfassungsrechtliche Bedenken: Die gegen § 4h EStG erhobenen verfassungsrechtlichen Bedenken stützen sich darauf, dass die Zinsschranke ein letztlich nur fiskalisch begründbares Betriebsausgaben-Abzugsverbot betrieblich veranlasster Aufwendungen zur Folge hat.[36] Das Wachstumsbeschleunigungsgesetz hat die Problematik abgemildert aber nicht beseitigt. Das objektive Nettoprinzip verlangt aber, dass betrieblich veranlasste Aufwendungen die Einkünfte mindern müssen. Somit verstößt die Vorschrift gegen das verfassungsrechtlich verankerte Leistungsfähigkeitsprinzip in Gestalt des objektiven Nettoprinzips.[37] Nach der Rechtsprechung des BVerfG ist ein solcher Verstoß allenfalls dann gerechtfertigt, wenn eine realitätsgerechte Typisierung von Gestaltungsmissbrauch stattfindet.[38] Hingegen erfasst die Zinsschrankenregelung

---

[35] Vgl. *Kröner/Esterer*, DB 2006, 2084 und weiterführend zur Konzernsteuerquote generell *Kröner/Beckenhaub*, Konzernsteuerquote, 2008.

[36] Vgl. *Musil/Volmering*, DB 2008, 12 [14].

[37] Vgl. *Gosch*, DStR 2007, 1553 [1559]; *Hey*, BB 2007, 1303 [1305]; *Hallerbach*, StuB 2007, 487 [493]; *Köhler*, DStR 2007, 597 [604]; *Drüen*, StuW 2008, 154 [160].

[38] Vgl. BVerfG v. 10.4.1997 – 2 BvL 77/92, BVerfGE 96, 1.

undifferenziert auch nicht missbrauchsverdächtige Gesellschafterfremdfinanzierungen inländischer Kapitalgesellschaften. Auf Grund der restriktiven Ausgestaltung der Möglichkeiten zur Nutzung eines Zinsvortrages gem. § 4h Abs. 5 EStG werden die Zinsaufwendungen eines Betriebs häufig endgültig nicht abziehbar.

Hinzu kommt, dass die Zinsschranke in ihrer praktischen Rechtsanwendung auch aufgrund des dynamischen Verweises auf die Rechtsgrundsätze der IFRS einen hohen Komplexitätsgrad aufweist. Damit stellt sich auch die Frage nach der Erfüllung des verfassungsrechtlichen Gebots der Normenklarheit.[39] Hinzu kommt: Wird der Empfänger von § 4h EStG erfasster Fremdkapitalvergütungen in die Betrachtung einbezogen, besteht die Rechtsfolge der Vorschrift darin, dass die Fremdkapitalvergütungen zweimal besteuert werden. Konzerninterne Darlehensbeziehungen werden insoweit besonders getroffen.

Europarechtliche Bedenken: Die Zinsschranke hat zudem eine aus Sicht des Europarechts unzulässige Diskriminierung des Gebietsfremden gegenüber dem Gebietsansässigen zur Folge. So besteht für rein inländische Konzernstrukturen die Möglichkeit, den Abzugsbeschränkungen der Zinsschranke durch die Begründung einer Organschaft zu begegnen (§ 15 Satz 1 Nr. 3 KStG). Für Gebietsfremde, deren Einkünfte in Deutschland im Rahmen der beschränkten Steuerpflicht von der Zinsschranke betroffen sind, besteht diese Möglichkeit nicht.[40] Für inländische Teilkonzerne mit Auslandsbezug ist die Begründung einer grenzüberschreitenden Organschaft weitgehend ausgeschlossen. Insoweit erfolgt durch die Zinsschranke ein Eingriff in die europarechtlich garantierte Niederlassungsfreiheit. Rechtfertigungsgründe für die Ungleichbehandlung des Auslands- und des Inlandssachverhalts sind nicht zu erkennen.[41]

Auch kann aus der Zinsschranke ein Verstoß gegen die EU-Zins- und Lizenzrichtlinie[42] resultieren. Danach muss Deutschland Zinsen, die eine deutsche Kapitalgesellschaft an eine im Gemeinschaftsgebiet ansässige konzernzugehörige Kapitalgesellschaft zahlt, von allen „darauf erhebbaren Steuern befreien". Die Wirkungsweise der Zinsschranke steht dieser Zielsetzung entgegen. Denn von der Zinsschranke erfasste Zinsaufwendungen unterliegen sowohl bei dem Zinsschuldner als auch bei dem Empfänger der Besteuerung. Hieraus resultiert aber eine verdeckte und unzulässige Besteuerung im Quellenstaat.[43] Aus Sicht der Finanzverwaltung dürfte gegen diese Beurteilung sprechen, dass die Zins- und Lizenzrichtlinie nur die Besteuerung des Fremdkapitalgebers, nicht aber die des Fremdkapitalnehmers regelt.[44]

II. Besondere Anwendungsfragen der Zinsschranke im Konzern

1. Stand-alone-Escape

Gehört die inländische Kapitalgesellschaft nicht oder nur anteilmäßig zu einem Konzern, sieht § 4h Abs. 2 Buchst. b EStG die Nichtanwendung der Zinsschranke vor. Aus der Vorschrift wird erkennbar, dass der Gesetzgeber davon ausgeht, dass missbräuchliche Darlehensgewährungen vor allem im Fall konzernzugehöriger Gesellschaften anzutreffen sind. Für eine inländische

---

[39] Vgl. *Müller-Gatermann*, Stbg. 2007, 145 [158].
[40] Vgl. *Knopf/Bron*, BB 2009, 1223; *Führich*, IStR 2007, 341; *Homburg*, FR 2007, 717 [725].
[41] Vgl. *Hallerbach*, StuB 2007, 487 [493]; *Musil/Volmering*, DB 2008, 12 [14].
[42] Vgl. ABl. EG Nr. L 157 v. 26.6.2003, 49 ff.
[43] Vgl. LBP/*Hoffmann*, § 4h Rn. 27; krit. auch *Loukota*, SWI 2008, 105 [106].
[44] Vgl. *Möhlenbrock/Pung*, in D/P/P/M, § 8a KStG, Rn. 31.

Kapitalgesellschaft steht die Inanspruchnahme der sog. Konzernklausel unter dem Vorbehalt, dass keine schädliche Gesellschafterfremdfinanzierung i. S. d. § 8a Abs. 2 KStG vorliegt.

a) Inländische Kapitalgesellschaft als konzernzugehöriger Betrieb

Unter welchen Voraussetzungen eine inländische Kapitalgesellschaft zu einem Konzern gehört, wird in § 4h Abs. 2 Satz 1 Buchst. b EStG selbst nicht bestimmt. Der Gesetzgeber bedient sich hier einer mehrfachen Verweistechnik, durch die die Rechtsanwendung erschwert wird. Maßgeblich ist die aus § 4h Abs. 3 Sätze 5 und 6 EStG resultierende Abgrenzung konzernzugehöriger Betriebe. Dabei ist für die Abgrenzung der konzernzugehörigen Betriebe nicht maßgeblich, ob der Betrieb tatsächlich in den Konzernabschluss einbezogen wird. Entscheidend ist, ob ein Betrieb in den Konzernabschluss einbezogen werden könnte.[45] Hierbei handelt es sich um Betriebe, die als unwesentlich (IAS 8.8, § 296 HGB) tatsächlich nicht in den Konzernabschluss einbezogen werden. Abzustellen ist auf den nach den handelsrechtlichen Konsolidierungsregelungen größtmöglichen Konsolidierungskreis. Danach gehört ein Betrieb zu einem Konzern,

▶ wenn er nach dem für die Anwendung des Eigenkapital-Escape maßgeblichen Rechnungslegungsstandard mit einem oder mehreren anderen Betrieben konsolidiert wird oder werden könnte oder

▶ wenn seine Finanz- oder Geschäftspolitik mit einem oder mehreren anderen Betrieben einheitlich bestimmt werden kann.

Die Finanzverwaltung spricht sich dafür aus, die Frage der Konzernzugehörigkeit in den Fällen des Erwerbs bzw. der Veräußerung einer Gesellschaft stichtagsbezogen zum Schluss des vorangegangenen Wirtschaftsjahrs des potenziellen Mutterunternehmens zu prüfen.[46] Entsteht ein Konzern neu, sollen die konzernzugehörigen Betriebe erst zum folgenden Abschlussstichtag als konzernzugehörig gelten. Dem Steuerpflichtigen obliegt die Verpflichtung, den Nachweis zu erbringen, dass es sich bei der inländischen Kapitalgesellschaft nicht um einen konzernzugehörigen Betrieb handelt.

Nach Maßgabe von Konsolidierungsgrundsätzen konzernzugehörige Betriebe: Sofern die inländische Kapitalgesellschaft im Wege der Vollkonsolidierung in einen Konzernabschluss einbezogen wird, der auch dem Eigenkapital-Escape zugrunde liegt, ist ein konzernzugehöriger inländischer Betrieb i. S. d. § 4h Abs. 3 Satz 5 EStG gegeben (IAS 27, §§ 290 ff. HGB).[47] Aufgrund des Wortlauts des § 4h Abs. 2 Satz 1 Buchst. b EStG zählen Betriebe, die nur anteilmäßig in den Konzernabschluss einbezogen werden, nicht zu den konzernzugehörigen Betrieben. Durch die Formulierung „nicht oder nur anteilmäßig" werden alle nicht vollkonsolidierten Betriebe ausgenommen D. h. im Fall einer bloß quotalen Konsolidierung als Gemeinschaftsunternehmen (IAS 31, § 310 HGB) ist kein konzernzugehöriger Betrieb gegeben.[48] Entsprechendes gilt für assoziierte Unternehmen (IAS 25, § 311 HGB). Eine mehrfache Konzernzugehörigkeit zu mehreren übergeordneten Unternehmen soll so vermieden werden.

Konzernzugehörigkeit auf Grund einheitlich bestimmter Finanz- und Geschäftspolitik: Nach § 4h Abs. 3 Satz 6 EStG gehört ein Betrieb auch dann zu einem Konzern, wenn seine Finanz- oder Geschäftspolitik mit einem oder mehreren anderen Betrieben einheitlich bestimmt werden kann. In Ergänzung zu der Abgrenzung der konzernzugehörigen Betriebe i. S. d. § 4h Abs. 3 Satz 5

---

[45] Vgl. BMF v. 4.7.2008, BStBl. I 2008, 718 Rn. 59.
[46] Vgl. BMF v. 4.7.2008, BStBl. I 2008, 718 Rn. 68.
[47] Zu Einzelheiten vgl. H/H/R/*Hick*, § 4h Rn. 86 ff.
[48] Vgl. BT-Drucks. 16/4841, 50.

EStG, soll Satz 6 einen eigenständigen steuerlichen Konzernbegriff für Zwecke der Zinsschranke prägen, d. h. die Konzernzugehörigkeit ist losgelöst von der Konsolidierungsmöglichkeit zu beurteilen.[49] Die Regelung soll v. a. Gleichordnungskonzerne erfassen, für die nach HGB, IFRS und US-GAAP keine Konsolidierungspflicht besteht.

Die Ausübung des Beherrschungsverhältnisses setzt nicht voraus, dass zwischen dem herrschenden und der beherrschten Betrieben ein hierarchisches Unterordnungsverhältnis besteht. Ausreichend ist die Möglichkeit, dass die Finanz- und Geschäftspolitik zweier oder mehrerer Betriebe durch denselben Rechtsträger bestimmt werden kann. Bei dem herrschenden Rechtsträger muss es sich nicht um einen Betrieb i. S. d. Abs. 1 Satz 1 handeln.[50] Dies bedeutet, dass sich die Beteiligung an den beherrschten Betrieben auch im Privatvermögen natürlicher Personen befinden kann.[51] Nach Auffassung der Finanzverwaltung soll § 4h Abs. 3 Satz 6 EStG auch bei einer vermögensverwaltenden Gesellschaft als Konzernspitze anwendbar sein.[52] Erfasst werden sollen insbesondere Private-Equity-Fondsstrukturen.[53]

b) Keine schädliche Gesellschafterfremdfinanzierung

Gesellschafterfremdfinanzierung als personelle Voraussetzung: Die Inanspruchnahme des Stand alone-Escapes gem. § 4h Abs. 2 Buchst. b EStG steht für eine inländische, nicht zu einem Konzern gehörende Körperschaft unter dem Vorbehalt, dass keine wesentlichen Zinszahlungen an zu mehr als einem Viertel unmittelbar oder mittelbar am Grund- oder Stammkapital beteiligte Anteilseigner erfolgen. Gleichgestellt sind Gesellschaftern nahe stehende Personen i. S. d. § 1 Abs. 2 AStG oder Dritte, die auf den Gesellschafter bzw. diesem nahe stehende Personen zurückgreifen können.[54] Die Rückgriffsmöglichkeit kann sich nach Auffassung der Finanzverwaltung aus einem Rechtsanspruch schuldrechtlicher (Bürgschaft, Garantieerklärung, Patronatserklärung) oder dinglicher Art (Sicherungseigentum, Pfandrecht) ergeben. Ausreichend soll jedoch sein, wenn der Anteilseigner oder eine ihm nahe stehende Person dem Dritten gegenüber faktisch für die Erfüllung der Schuld einsteht.[55] Die Finanzverwaltung tritt insoweit für ein weitgefasstes Verständnis des Rückgriffsbegriffs ein.[56] U. E. verlangt der Rückgriffsbegriff aber einen rechtlich durchsetzbaren Anspruch der Bank gegen den Anteilseigner oder eine diesem nahe stehende Person.[57]

Überschreiten der 10 %-Unschädlichkeitsgrenze: Der Stand alone-Escape entfällt, wenn die an einen wesentlich beteiligten Gesellschafter (oder ihm gleichzustellende Personen) gezahlten

---

[49] Zu weiteren Einzelheiten s. H/H/R/*Hick*, § 4h Anm. 95 ff.

[50] Vgl. Gosch/*Förster*, § 4h EStG Rn. 170; H/H/R/*Hick*, § 4h Anm. 95.

[51] Die Regierungsbegründung spricht den Fall an, dass eine natürliche Person Beteiligungen an mindestens zwei Kapitalgesellschaften hält, die sie beherrscht (vgl. BT-Drucks 16/4841, 50).

[52] Vgl. BMF v. 4. 7. 2008, BStBl. I 2008, 718 Rn. 60.

[53] Vgl. *Töben/Fischer*, Ubg. 2008, 149 [154].

[54] Hinsichtlich der personellen Voraussetzungen einer Gesellschafterfremdfinanzierung knüpft der Gesetzgeber insoweit an § 8a KStG a. F. an. Dies gilt vor allem für den Rückgriffstatbestand. Vgl. H/H/R/*Prinz*, § 8a KStG Anm. J 07-11.

[55] Vgl. BMF v. 4. 7. 2008, BStBl. I 2008, 718 Rn. 83.

[56] Im Rahmen des § 8a KStG a. F. hatte die Finanzverwaltung die Reichweite des Rückgriffs mit BMF-Schreiben v. 22. 7. 2005 (BStBl. I 2005, 829) auf sog. Back-to-Back-Finanzierungen beschränkt (s. hierzu auch *Prinz/Hick*, FR 2005, 924).

[57] Vgl. H/H/R/*Prinz* § 8a KStG Anm. J 07-12; *Töben/Lohbeck/Fischer*, FR 2009, 159; a. A. Gosch/*Förster*, § 4h EStG Rn. 48.

Vergütungen für Fremdkapital mehr als 10 % des gesamten Zinssaldos (Zinsaufwendungen ./. Zinserträge) der Körperschaft betragen. Nach der Gesetzesbegründung sollen durch die Regelung Finanzierungsgestaltungen zwischen einer Körperschaft und ihren Anteilseignern unterbunden werden.[58] Dabei soll die Unschädlichkeitsgrenze von 10 % der Abmilderung von Härten dienen. Die Bezugnahme der Verhältnisrechnung auf den Zinssaldo der Körperschaft kann allerdings zur Folge haben, dass trotz gleichbleibender Zinsaufwendungen die 10 %-Grenze überschritten wird, falls die Körperschaft auch Zinserträge erzielt. Eine Drittvergleichsmöglichkeit besteht – anders als nach § 8a KStG a. F. für ergebnisunabhängige Vergütungen – nicht. Nach der Auffassung der Finanzverwaltung sind in die Prüfberechnung die Vergütungen für Gesellschafter-Fremdkapital unabhängig davon einzubeziehen, ob sie sich auf den inländischen oder ausländischen Gewinn der Körperschaft ausgewirkt haben.[59]

Die Überschreitung der 10 %-Grenze hat zur Folge, dass der Stand alone-Escape ausbleibt und für alle Zinsaufwendungen der inländischen Körperschaft die Abzugsfähigkeit der Zinsaufwendungen nach § 4h Abs. 1 Satz 1 EStG zu beurteilen ist. Der auf Gesellschafterdarlehen i. S. d. § 8a Abs. 2 KStG entfallende Teil der nichtabziehbaren Zinsaufwendungen geht in den Zinsvortrag i. S. d. § 4h Abs. 1 Satz 3 EStG ein. Im Folgejahr kommt es nicht zu einem Wiederaufleben der Eigenschaft als Gesellschafter-Fremdkapitalvergütung. Auf diese Weise wird vermieden, dass die Vergütungen erneut bei der Ermittlung der 10 %-Grenze zu berücksichtigen sind.[60]

Nachweis unschädlicher Gesellschafterfremdfinanzierung: Die inländische Kapitalgesellschaft hat den Nachweis zu erbringen, dass keine i. S. d. § 8a Abs. 2 KStG schädliche Gesellschafterfremdfinanzierung gegeben ist. Das Gesetz enthält keine Hinweise, wie dieser Nachweis aussehen soll. U.E. ist gegenüber dem Finanzamt die Höhe des Nettozinsaufwands darzulegen und zusätzlich der auf Gesellschafter-Fremdfinanzierungen entfallende Anteil zu dokumentieren.[61]

2. Eigenkapital-Escape

Wird durch einen konzernzugehörigen Betrieb die Freigrenze für Zinsaufwendungen (neg. Zinssaldo) von 3 Mio. € überschritten, wird dem Betrieb durch Abs. 2 Satz 1 Buchst. c eine weitere Ausnahme von der Anwendung der Zinsschranke eingeräumt. Die Begrenzung der Abzugsfähigkeit (unter Einschluß des EBITDA-Vortrags) auf 30 % der Nettozinsaufwendungen i. S. d. Abs. 1 Satz 1 findet keine Anwendung, wenn die Eigenkapitalquote des Betriebs am Schluss des vorangegangenen Abschlussstichtags gleich hoch oder höher ist als die des Konzerns. Ein Unterschreiten der Eigenkapitalquote des Konzerns um bis zu einem Prozentpunkt wird als unschädlich toleriert. Für nach dem 31.12.2009 endende Wirtschaftsjahre gilt eine Toleranzgrenze von zwei Prozent.[62] Für eine inländische konzernzugehörige Kapitalgesellschaft ist die Inanspruchnahme der Escape-Klausel ausgeschlossen, falls bei mindestens einem Rechtsträger des Konzerns eine schädliche Gesellschafter-Fremdfinanzierung von außerhalb des Konzerns gegeben ist (§ 8a Abs. 3 KStG). Der in der Praxis nur schwer handhabbare Eigenkapital-Escape wird für inländische

---

[58] Vgl. BT Drucks. 16/4841, 74 f.
[59] Vgl. BMF v. 4. 7. 2008, BStBl. I 2008, 718 Rn. 60; gl.A. *Möhlenbrock/Pung*, in D/P/P/M, § 8a KStG, Rn. 102; a. A. H/H/R/*Prinz*, § 8a KStG Anm. J 07-19; *Gosch/Förster*, § 4h EStG Rn. 49.
[60] Vgl. *Möhlenbrock/Pung*, in D/P/P/M, § 8a KStG, Rn. 119.
[61] Vgl. H/H/R/*Prinz*, § 8a KStG Anm. J 07-19; *Möhlenbrock/Pung*, in D/P/P/M, § 8a KStG, Rn. 120.
[62] Vgl. § 4h Abs. 2 Satz 1 Buchst. c Satz 2 u. § 52 Abs. 12d EStG i. d. F. des Wachstumsbeschleunigungsgesetz.

Kapitalgesellschaften damit weiter verschärft. Die inländische Kapitalgesellschaft trifft die Beweislast, dass die Voraussetzungen für die Inanspruchnahme der Escape-Klausel vorliegen.

a) Eigenkapitalquotenvergleich bei konzernzugehörigen Betrieben

Dem Eigenkapital-Escape liegt die Vorstellung zugrunde, dass eine schädliche Gesellschafterfremdfinanzierung eines inländischen Konzernunternehmens durch eine hohe Fremdkapitalausstattung dann nicht vorliegen kann, wenn die Eigenkapitalquote des inländischen Konzernunternehmens die des Konzerns nicht unterschreitet. In einem solchen Fall sind nicht asymmetrisch hohe Zinsaufwendungen nach Deutschland hinein verlagert worden. Ein Unterschreiten der Eigenkapitalquote des Konzerns bis zu einem Prozentpunkt (für nach dem 31. 12. 2009 endende Wirtschaftsjahre um bis zu zwei Prozentpunkte) ist unschädlich. Bei einer nur geringfügigen Verletzung der Toleranzgrenze werden erhebliche Belastungssprünge ausgelöst. Eine mehrere Wirtschaftsjahre umfassende Glättungsregelung hat der Gesetzgeber nicht vorgesehen.

Aufgrund der zahlreichen Einflussfaktoren auf die Eigenkapitalquote eines Betriebs ist fraglich, ob ein Vergleich der Eigenkapitalquoten eine geeignete Maßgröße ist, um eine übermäßige Fremdfinanzierung konzernzugehöriger Betriebe nachzuweisen. So bleibt unberücksichtigt, dass in Konzernen mit diversifizierten Betätigungsfeldern die Tochtergesellschaften zwangsläufig auch über eine Eigenkapitalausstattung in unterschiedlicher Höhe verfügen werden. Für Krisenunternehmen des Konzerns wird häufig keine Möglichkeit bestehen, den Eigenkapital-Escape in Anspruch zu nehmen. Auch muss eine niedrige Eigenkapitalquote eines Betriebs nicht zwangsläufig aus einer hohen Fremdkapitalausstattung resultieren.

In den Quotenvergleich einzubeziehende konzernzugehörige Betriebe: Anders als bei der Abgrenzung der konzernzugehörigen Betriebe i. S. d. § 4h Abs. 2 Buchst. b EStG, ist für die Anwendung des Escape mittels Eigenkapitalquotenvergleich, die konkrete Abgrenzung des Konsolidierungskreises ausschlaggebend. Dies ist von Bedeutung für Konzernunternehmen, die nicht in den Konzernabschluss einbezogen werden, nach Abs. 3 Sätzen 5 und 6 aber einbezogen werden könnten. Dies trifft z. B. auf Tochterunternehmen mit untergeordneter Bedeutung zu. Maßgebend ist der tatsächlich vorliegende und testierte Abschluss. Die Finanzverwaltung hat sich dieser Beurteilung für den Konzernbegriff nach § 4h Abs. 3 Satz 5 EStG angeschlossen.[63] Damit ist für die Durchführung des Eigenkapital-Escapes kein eigenständiger Konzernabschluss aufzustellen. Gleichwohl handelt es sich bei den nicht in den Konzernabschluss einbezogenen Betrieben um konzernzugehörige Betriebe, für die der Eigenkapital-Escape geführt werden kann.[64] Der Gesetzgeber hat nicht geregelt, wie Betriebe zu behandeln sind, die nicht zu einem Konzern i. S. d. § 4h Abs. 3 Sätze 5 und 6 zählen. Dies trifft auf quotenkonsolidierte Unternehmen und Unternehmen zu, die at-equity bilanziert werden. Nach der Gesetzesbegründung ist das auf Gemeinschaftsunternehmen entfallende Eigenkapital aus dem Konzernabschluss zu kürzen.[65]

Die Verpflichtung zur Aufstellung eines Konzernabschlusses ergibt sich aus den Rechnungslegungsstandards (IAS 27.9, §§ 290 ff. HGB). Der Begriff des Konzerns i. S. d. § 4h Abs. 3 Sätze 5 und 6 EStG geht allerdings über den Konzernbegriff i. S. d. Rechnungslegungsgrundsätze z. T. hinaus. Handelt es sich bei dem obersten Rechtsträger des Konzerns nicht um ein Unternehmen, das bereits nach den Rechnungslegungsgrundsätzen zur Aufstellung eines Konzernabschlusses verpflichtet ist, hat dies zur Folge, dass allein für Zwecke des Eigenkapital-Escapes ein

---

[63] Vgl. BMF v. 4.7.2008, BStBl. I 2008, 718 Rn. 72; LBP/*Hoffmann*, § 4h Rn. 208.
[64] Vgl. BMF v. 4.7.2008, BStBl. I 2008, 718 Rn. 72.
[65] Vgl. BT-Drucks. 16/4841, 50.

Konzernabschluss aufzustellen ist.[66] So können auch natürliche Personen bzw. vermögensverwaltende Gesellschaften für Zwecke der Zinsschranke als Konzernspitze fungieren. Für die Durchführung des Eigenkapitalquotenvergleichs ist dann von Bedeutung, welches Vermögen der Konzernspitze in diesen Fällen zu berücksichtigen ist. Weder das HGB noch die IFRS kennen allerdings Konzernrechnungslegungsregelungen für eine Konsolidierung auf natürliche Personen bzw. vermögensverwaltende Gesellschaften. Das Privatvermögen einer natürlichen Person muss daher unberücksichtigt bleiben; einzubeziehen ist nur das Vermögen, das zu einem Betrieb i. S. d. Zinsschranke gehört. Die Finanzverwaltung sieht daher vor, dass in den Fällen, in denen die Konzernspitze selbst keinen Betrieb i. S. d. § 4h unterhält, in den Konzernabschluss nur die beherrschten Betriebe einzubeziehen sind (Abgrenzung des Konzernkreises nach dem Betriebsbegriff). Im Ergebnis erfolgt damit keine Eigenkapitalkonsolidierung auf Ebene der Konzernspitze.[67] Die Konzerneigenkapitalquote ist vielmehr durch additive Zusammenfassung der Abschlüsse unterhalb der Konzernspitze zu ermitteln („Querkonsolidierung").

Umsetzung des Eigenkapitalquotenvergleichs: Für die praktische Durchführung des Eigenkapital-Escapes verlangt § 4h Abs. 2 Satz 1 Buchst. c Satz 1 EStG die Ermittlung und Gegenüberstellung der Eigenkapitalquoten des Betriebs und des Konzerns. Nach § 4h Abs. 2 Satz 1 Buchst. c Satz 3 EStG ist Eigenkapitalquote das Verhältnis des Eigenkapitals zur Bilanzsumme. Dabei ist in zeitlicher Hinsicht die für den Eigenkapitalvergleich maßgebliche Eigenkapitalquote des Betriebs am Schluss des vorangegangenen Abschlussstichtags mit der des Konzerns zu vergleichen.[68] Wahlrechte sind nach § 4h Abs. 2 Satz 1 Buchst. c Satz 4 Halbs. 1 EStG im Konzernabschluss und im Jahres-/Einzelabschluss einheitlich auszuüben. Zwar müssen im Rahmen des Eigenkapitalquotenvergleichs dem Konzern- als auch dem Einzelabschluss ein einheitliches Rechnungslegungssystem zugrunde liegen, innerhalb des Rechnungslegungssystems können aber Unterschiede zwischen Einzel- und Konzernabschluss auftreten.[69] In den Eigenkapitalquotenvergleich ist auch Betriebsvermögen einzubeziehen, das auf eine ausländische Betriebsstätte des inländischen Betriebs entfällt.[70]

Die Eigenkapitalquote des Konzerns bestimmt sich gem. § 4h Abs. 2 Satz 1 Buchst. c Satz 3 EStG nach dem Konzernabschluss. Nach der Gesetzesbegründung ist für die Ermittlung der Eigenkapitalquote immer der nach dem erweiterten Konzernbegriff größtmögliche Konsolidierungskreis mit dem sich für diesen Konsolidierungskreis ergebenden obersten Rechtsträger zugrunde zu legen.[71] Das Prinzip der Maßgeblichkeit der obersten Ebene gilt auch für die Ermittlung des maßgeblichen Rechnungslegungsstandards für den Konzernabschluss. Nach Ermittlung der obersten Konzernspitze ist zu prüfen, welchen Rechnungslegungsstandard die Konzernspitze bei der Aufstellung des Konzernabschlusses verwendet. Der von der Konzernspitze verwendete Rechnungslegungsstandard ist auch für die Ermittlung der Eigenkapitalquote des Konzerns zu verwenden, falls der Standard zu den in Abs. 2 Satz 1 Buchst. c Sätzen 8-10 genannten Rechnungslegungsstandards zählt. Probleme ergeben sich dann, wenn das Mutterunternehmen einen in Abs. 2 Satz 1 Buchst. c Sätze 8-10 nicht genannten Rechnungslegungsstandard ver-

---

[66] Vgl. *Heintges/Kamphaus/Loitz*, DB 2007, 1266.
[67] Vgl. *Köhler/Hahne*, DStR 2008, 1505 [1514].
[68] Zu Sonderfällen für den Fall des Auseinanderfallens der Abschlussstichtage von Betrieb und Konzern vgl. H/H/R/*Hick*, § 4h EStG Anm. 49 ff.
[69] Angesprochen sind bspw. Wahlrechte bei der Ermittlung der Herstellungskosten (vgl. *Ganssauge/Mattern*, DStR 2008, 267).
[70] Vgl. *Prinz*, FR 2008, 441 [447].
[71] Vgl. BT-Drucks. 16/4841, 50.

wendet. Das Mutterunternehmen muss in diesem Fall allein für Zwecke der Zinsschranke einen Konzernabschluss nach IFRS aufstellen, damit das im Inland ansässige Tochterunternehmen die Escape-Klausel nutzen kann.

Werden der Konzernabschluss und der Jahresabschluss des Betriebs nicht nach dem gleichen Rechnungslegungssystem aufgestellt, ist der Einzelabschluss im Rahmen einer Überleitungsrechnung an den Rechnungslegungsstandard des Konzernabschlusses anzupassen (§ 4h Abs. 2 Satz 1 Buchst. c Satz 11 EStG). Ein dem Eigenkapitalquotenvergleich zugrunde liegender Konzernabschluss ist durch einen Abschlussprüfer zu testieren. Für den Einzelabschluss sieht § 4h Abs. 2 Satz 1 Buchst. c Satz 12 EStG vor, dass die Überleitungsrechnung einer prüferischen Durchsicht zu unterziehen ist; die Überleitungsrechnung unterliegt keiner Pflichtprüfung nach § 316 HGB.[72]

Anpassungen im Einzelabschluss des Betriebs: Tz. 73 des BMF-Schreibens v. 4. 7. 2008 sieht vor, dass bei Ermittlung der Eigenkapitalquote des Betriebs Vermögensgegenstände und Schulden einschließlich Rückstellungen, Bilanzierungshilfen, Rechnungsabgrenzungsposten, mit den im Konzernabschluss abgebildeten Wertansätzen zu berücksichtigen sind, sofern sie im Konzernabschluss enthalten sind. Auf diese Weise soll eine Beeinflussung der Eigenkapitalquoten von Betrieb und Konzern durch eine unterschiedliche Bewertung von Vermögensgegenständen und Schulden im Abschluss des Betriebs und des Konzerns vermieden werden. Die Finanzverwaltung geht insoweit von einem push-down-accounting aus, bei dem sich der für den Quotenvergleich maßgebliche Abschluss des Betriebs aus den auf die Einheit entfallenden und im Konzernabschluss ausgewiesenen Vermögens- und Schuldwerten zusammensetzt.[73]

§ 4h Abs. 2 Satz 1 Buchst. c Sätzen 5-7 EStG sieht zudem Korrekturen des Einzelabschlusses des Betriebs vor. Dabei ist zwischen Anpassungen zu unterscheiden, aus denen lediglich eine Umklassifikation von Eigen- in Fremdkapital resultiert, und solchen Anpassungen, die den Umfang des Betriebsvermögens betreffen und sich daher zwangsläufig auch auf die Bilanzsumme des Betriebs auswirken müssen. Anpassungen, die den Umfang des Betriebsvermögens betreffen, müssen parallel auch bei der Bilanzsumme berücksichtigt werden. Folgende Erhöhungen des Eigenkapitals des Betriebs sind vorzunehmen:

- Das Eigenkapital des Betriebs ist um einen im Konzernabschluss enthaltenen Firmenwert zu erhöhen, soweit er auf den Betrieb entfällt. Hierdurch soll die Vergleichbarkeit des Einzelabschlusses mit dem Konzernabschluss hergestellt werden.[74]
- Im Fall eines nach HGB aufgestellten Abschlusses ist ein Sonderposten mit Rücklageanteil in Höhe von 50 % hinzuzurechnen.

Das Eigenkapital des Betriebs ist um folgende Positionen zu kürzen:

- Eigenkapital, das keine Stimmrechte vermittelt. Das Eigenkapital ist um solche Positionen zu kürzen, deren Vergütungen trotz des Eigenkapitalcharakters die steuerliche Bemessungsgrundlage mindern.[75]

---

[72] Zu den Grundsätzen für die prüferische Durchsicht von Überleitungsrechnungen nach § 4h EStG vgl. IDW/FN 4/2009, 169 ff.; sowie *Hennrichs*, DStR 2007, 1926 [1929].

[73] Vgl. *Huken*, DB 2008, 544 [548]; *Fischer/Wagner*, BB 2008, 1872; *Köhler/Hahne*, DStR 2008, 1505 [1515].

[74] Vgl. BT-Drucks. 16/4841, 49. Angesprochen ist der Fall, dass im IFRS-Konzernabschluss die Wirtschaftsgüter eines Betriebs höher bewertet werden als im Einzelabschluss. Dieser Fall kann eintreten, wenn der Kaufpreis für die Anteile an dem Betrieb im Konzernabschluss nach IFRS 3 auf die Wirtschaftsgüter des Betriebs verteilt wird, hingegen im Einzelabschluss die Buchwerte fortgeführt werden.

[75] Vgl. *Stangl/Hageböke*, in Schaumburg/Rödder, Unternehmensteuerreform 2008, 2007, 484.

- Das Eigenkapital des Betriebs ist um Anteile an anderen Konzerngesellschaften zu kürzen. Betroffen sind sowohl Anteile an Kapitalgesellschaften als auch Personengesellschaften, wobei die Kürzung auf die Bilanzsumme durchschlägt, da der Umfang des Betriebsvermögens betroffen ist. Die Kürzung dient dem Zweck, Kaskadeneffekte zu verhindern, durch die Eigenkapital innerhalb einer Beteiligungskette mehrfach genutzt werden könnte. Der Eigenkapital-Escape wird insoweit erschwert, falls die inländische Kapitalgesellschaft Anteile an nachgeschalteten Konzerngesellschaften hält. Nicht erfasst werden Anteile an Gesellschaften, die nicht zu einem Konzern gehören, sowie für eigene Anteile. Ausgenommen sind auch Anteile an Organgesellschaften auf Grund der Betriebsfiktion des § 15 Satz 1 Nr. 3 KStG.
- Das Eigenkapital ist zu kürzen um Einlagen der letzten sechs Monate vor dem maßgeblichen Abschlussstichtag, soweit ihnen Entnahmen oder Ausschüttungen innerhalb der ersten sechs Monate nach dem maßgeblichen Abschlussstichtag gegenüberstehen. Kurzfristige Erhöhungen des Eigenkapitals unter dem Aspekt der Missbrauchsvermeidung sollen so vermieden werden.

§ 4h Abs. 2 Satz 1 Buchst. c Satz 6 EStG enthält die Vorgabe, dass die Bilanzsumme des Betriebs um Kapitalforderungen gegenüber anderen Konzerngesellschaften zu kürzen ist, die nicht im Konzernabschluss ausgewiesen werden und denen Verbindlichkeiten i. S. d. Abs. 3 in gleicher Höhe gegenüberstehen. Die Regelung soll sicherstellen, dass sich eine Bilanzverlängerung durch die Weiterreichung von Fremdkapital nicht negativ auf die Eigenkapitalquote auswirkt. Zudem ist nach § 4h Abs. 2 Satz 1 Buchst. c Satz 7 EStG das in der Handelsbilanz des Mitunternehmers ausgewiesene Sonderbetriebsvermögen dem Betrieb der Mitunternehmerschaft zuzuordnen, soweit es im Konzernvermögen enthalten ist. Von Bedeutung ist die Regelung, falls die inländische Kapitalgesellschaft Anteile an nachgeschalteten Personengesellschaften halten sollte. Die Regelung soll Gestaltungen durch die gezielte Zuordnung von Wirtschaftsgütern verhindern. Durch positives Sonderbetriebsvermögen (alle Arten von Nutzungsüberlassungen) erhöht sich das Vermögen der Personengesellschaft. Negatives Sonderbetriebsvermögen hat hingegen eine Verminderung des Vermögens der Mitunternehmerschaft zur Folge. Folge ist, dass bspw. Akquisitionsschulden für den Erwerb des Mitunternehmeranteils dem Betrieb der Mitunternehmerschaft zugeordnet werden.[76] Korrespondierend vermindert/erhöht sich das Betriebsvermögen/Bilanzsumme des Betriebs, dem das positive bzw. passive Sonderbetriebsvermögen bislang handelsrechtlich/zivilrechtlich zugeordnet wurde.

b) Schädliche externe Gesellschafterfremdfinanzierung konzernangehöriger Kapitalgesellschaften

Aus § 8a Abs. 3 KStG ergeben sich Zusatzvoraussetzungen für die Inanspruchnahme des Eigenkapital-Escapes durch eine inländische Kapitalgesellschaft. Die Anwendbarkeit der Escape-Klausel wird ausgeschlossen, falls bei mindestens einem (inländischen oder ausländischen) Rechtsträger des Konzerns eine schädliche Gesellschafter-Fremdfinanzierung von außerhalb des Konzerns vorliegt. Zinsaufwendungen sind bei den Konzerngesellschaften dann nur nach Maßgabe des § 4h Abs. 1 EStG abzugsfähig. Das Vorliegen der Zusatzvoraussetzungen für die Inanspruchnahme des Eigenkapital-Escapes ist von der inländischen Kapitalgesellschaft nachzuweisen.[77] Der Eigenkapital-Escape i. S. d. § 4h Abs. 2 Buchst. c EStG kann nur dann in Anspruch ge-

---

[76] Vgl. *Pawelzik*, Ubg. 2009, 50.

[77] Bislang hat die Finanzverwaltung nicht dazu Stellung genommen, in welcher Form der Nachweis zu erbringen ist.

nommen werden, wenn die Kapitalgesellschaft bzw. der inländische Organkreis für alle weltweit konzernzugehörigen Gesellschaften nachweist,

- dass nicht mehr als 10 % des Nettozinsaufwands als Vergütungen für Fremdkapital gezahlt worden sind
- an einen zu mehr als 25 % unmittelbar oder mittelbar beteiligten Gesellschafter einer konzernzugehörigen Gesellschaft, eine diesem nahe stehende Person (§ 1 Abs. 2 AStG) oder einen Dritten, der auf den zu mehr als einem Viertel am Kapital beteiligten Gesellschafter oder eine diesem nahe stehende Person zurückgreifen kann
- und der Zinsaufwand auf Verbindlichkeiten beruht, die in dem vollkonsolidierten Konzernabschluss ausgewiesen sind, wobei Darlehen rückgriffsberechtigter Dritter nur bei einem Rückgriff auf konzernexterne Anteilseigner bzw. nahe stehende Personen berücksichtigt werden.

§ 8a Abs. 3 KStG soll verhindern, dass mittels Fremdfinanzierung einer konzernzugehörigen Gesellschaft durch eine nicht konzernzugehörige Gesellschaft die Eigenkapital-Quote so stark abgesenkt wird, dass die schlechtere Eigenkapital-Quote einer inländischen Gesellschaft dadurch wieder der Konzernquote entspricht.[78] Vor diesem Hintergrund werden im Rahmen der Ermittlung der 10 %-Grenze nach § 8a Abs. 3 Satz 2 KStG solche Fremdkapitalvergütungen ausgenommen, die von konzernzugehörigen Gesellschaften gewährt werden und daher nicht im Konzernabschluss auszuweisen sind.[79] Obwohl die Zinsschranke nur für im Inland ansässige Kapitalgesellschaften greift, erstreckt sich der Anwendungsbereich des § 8a Abs. 3 KStG auf sämtliche in- und ausländischen konzernzugehörigen Gesellschaften. Der Regelung liegt insoweit ein weitreichender Missbrauchvermeidungsgedanke zugrunde.[80]

Durchführung der 10 %-Prüfberechung: Die Anwendung des § 8a Abs. 3 KStG verlangt die Durchführung der 10 %-Prüfberechung für jeden zum Konzern gehörenden (in- oder ausländischen) Rechtsträger. Dabei sind in die Vergleichsrechnung nur solche Fremdkapitalvergütungen einzubeziehen, die auf konzernexterne Gesellschafterfremdfinanzierungen entfallen, d. h. konzerninterne Darlehen, die der Schuldenkonsolidierung (§ 303 Abs. 1 HGB) unterliegen, sind in die Prüfberechnung nicht einzubeziehen. Es muss sich somit um Zinsaufwendungen handeln, die in dem Konzernabschluss als Verbindlichkeiten ausgewiesen werden (an Gesellschafter und diesen gleichgestellte Nichtgesellschafter außerhalb des Konsolidierungskreises geleistete Vergütungen), wobei Darlehen rückgriffsberechtigter Dritter nur bei einem Rückgriff auf konzernexterne Anteilseigner bzw. nahe stehende Personen zu berücksichtigen sind. Unschädlich sind konzerninterne Finanzierungen und Sicherheitengestellungen. Dabei kommt es auf Grund der anzustellenden weltweiten Gesamtbetrachtung für die 10 %-Prüfberechnung nicht darauf an, ob auf eine konzernexterne Gesellschafterfremdfinanzierung entfallende Zinsaufwendungen den inländischen Gewinn gemindert haben.[81]

Auf eine konzernexterne Gesellschafterfremdfinanzierung entfallende Zinsaufwendungen sind ins Verhältnis zu dem gesamten während des Wirtschaftsjahrs angefallenen Nettozinsaufwand zu setzen. Abzustellen ist dabei auf die Höhe der Zinsaufwendungen der jeweiligen fremdfinan-

---

[78] Vgl. *Möhlenbrock/Pung*, in D/P/P/M, § 8a KStG, Rn. 160.
[79] Vgl. BT-Drucks. 16/4841, 75.
[80] Vgl. H/H/R/*Prinz*, § 8a KStG Anm. J 07-16.
[81] Vgl. *Möhlenbrock/Pung*, in D/P/P/M, § 8a KStG, Rn. 166; BMF v. 4. 7. 2008, BStBl. I 2008, 718 Rn. 82.

zierten Konzerngesellschaft. In Organschaftsfällen ist die Vergleichsrechnung für den Organkreis insgesamt durchzuführen.[82]

Rechtsfolgen des § 8a Abs. 3 KStG: Liegen die Voraussetzungen des § 8a Abs. 3 KStG nicht vor, kann kein konzernzugehöriger Rechtsträger die Escape-Klausel i. S. d. § 4h Abs. 2 Buchst. c EStG in Anspruch nehmen. Die Rechtsfolgen treten insoweit nicht allein bei der in- oder ausländischen konzernzugehörigen Gesellschaft ein, bei der die 10 %-Grenze durch Fremdkapitalvergütungen für eine konzernexterne Gesellschafterfremdfinanzierung überschritten wird.[83] Auch kann der Fall eintreten, dass bei einer inländischen Kapitalgesellschaft die Freigrenze zwar unterschritten wird, die 10 %-Prüfberechnung von dieser Gesellschaft aber nicht erfüllt werden kann. Zwar kann diese Kapitalgesellschaft die Zinsaufwendungen in voller Höhe abziehen, für alle weiteren inländischen konzernzugehörigen Gesellschaften ist die Inanspruchnahme des Eigenkapital-Escapes aber ausgeschlossen, falls deren Nettozinsaufwand die Freigrenze übersteigt.

3. Nachgeschaltete Personengesellschaft

Nach § 4h Abs. 2 Satz 2 EStG gelten § 8a Abs. 2 und Abs. 3 KStG für eine Gesellschaft entsprechend, bei der die Gesellschafter als Mitunternehmer einzustufen sind und die unmittelbar oder mittelbar einer Körperschaft nachgeordnet sind.[84] Angesprochen ist der Fall, dass eine inländische Kapitalgesellschaft unmittelbar oder mittelbar an einer (gewerblichen)[85] Mitunternehmerschaft beteiligt ist. Es muss sich dabei nicht um eine inländische Mitunternehmerschaft handeln.

Ohne die Erweiterung des Anwendungsbereichs des § 8a Abs. 2 und 3 KStG könnte über Fremdkapitalvergütungen an den Gesellschafter der Mitunternehmerschaft der Gewinnanspruch der Mitunternehmer-Kapitalgesellschaft gemindert werden (insoweit entsprechend § 8a Abs. 5 KStG a. F.). Insoweit ist durch § 4h Abs. 2 Satz 2 EStG eine Missbrauchsabwehr bei bestimmten Finanzierungsgestaltungen bezweckt. Gewähren die Mitunternehmer ihrer nachgeschalteten Mitunternehmerschaft ein Darlehen, stehen den Zinsaufwendungen des Gesamthandbereichs Zinserträge des Sonderbereichs in korrespondierender Höhe gegenüber. Die Anwendung der Zinsschranke wird insoweit durch § 15 Abs. 1 Nr. 2 EStG verdrängt.[86]

Ausgehend von dem Wortlaut der Vorschrift, ist die Anwendung und Prüfung der Zinsabzugsbeschränkung im Rahmen der einheitlichen und gesonderten Feststellung der Mitunternehmerschaft abzuwickeln. Die Einstufung, ob eine nichtkonzernzugehörige (Abs. 2) bzw. eine konzernzugehörige Mitunternehmerschaft (Abs. 3) vorliegt, hat aus Sicht der Mitunternehmerschaft zu erfolgen.[87] Der Gesetzgeber hat zwar die entsprechende Anwendung des § 8a Abs. 2 und Abs. 3 KStG auf eine nachgeschaltete Mitunternehmerschaft angeordnet, allerdings keine Aussagen zu der Gesellschafterstellung der Körperschaft bei der unmittelbar oder mittelbar nachgeordneten

---

[82] Vgl. H/H/R/*Prinz*, § 8a KStG Anm. J 07-17.
[83] Vgl. BMF v. 4. 7. 2008, BStBl. I 2008, 718 Rn. 80.
[84] Mitunternehmerschaften, an denen ausschließlich natürliche Personen beteiligt sind, werden von der Rechtsverschärfung nicht erfasst.
[85] Vermögensverwaltende Personengesellschaften sind nicht erfasst, da in diesem Fall die Wirtschaftsgüter (anteilig) dem Mitunternehmer zuzurechnen sind.
[86] A.A. *Möhlenbrock/Pung*, in D/P/P/M, § 8a KStG, Rn. 194.
[87] Vgl. *Korn*, KÖSDI 2008, 15866 [15881]; a.A. *Möhlenbrock/Pung*, in D/P/P/M, § 8a KStG, Rn. 196, die auf die Verhältnisse der Körperschaft abstellen.

Mitunternehmerschaft oder des Anteilseigners in Bezug auf die Körperschaft getroffen. Eine Mindestbeteiligungsquote der Mitunternehmer-Kapitalgesellschaft wird in § 4h Abs. 2 Satz 2 EStG nicht gefordert. Es stellt sich daher die Frage, ob die Wesentlichkeitsgrenze nach § 8a Abs. 2 und Abs. 3 KStG von 25 % das nahe stehen und die Rückgriffsberechtigung im Verhältnis zu der übergeordneten Kapitalgesellschaft oder im Verhältnis zu der Personengesellschaft zu prüfen sind. Abzustellen ist – entsprechend § 8a Abs. 5 KStG a. F. – auf die Verhältnisse des Anteilseigners zu der Körperschaft.[88]

Entsprechende Anwendung des § 8a Abs. 2 KStG für nicht konzerngebundene nachgeordnete Mitunternehmerschaften setzt somit voraus, dass

- die Mitunternehmerschaft über die Freigrenze hinaus fremdfinanziert wird,
- die Vergütungen für Fremdkapital auf Ebene der Mitunternehmerschaft[89] mehr als 10 % des Nettozinssaldos betragen (zu berücksichtigen sind Zinsaufwendungen und Erträge des Gesamthands- und des Sonderbereichs der Mitunternehmerschaft) und
- an einen (unmittelbar oder mittelbar) wesentlich beteiligten Anteilseigner der Mitunternehmer-Kapitalgesellschaft,[90] eine nahe stehende Person dieses Anteilseigners oder einen Dritten mit Rückgriffsberechtigung auf den Anteilseigner bzw. die nahe stehende Person gehen.

Für die Prüfung der 10 %-Grenze sind nur die Fremdkapitalvergütungen zu berücksichtigen, die den Gewinnanteil der vorgeordneten Mitunternehmer-Kapitalgesellschaft gemindert haben. Denn nur in dieser Höhe kann der Gewinn der Mitunternehmer-Kapitalgesellschaft durch eine Fremdfinanzierung der Besteuerung entzogen werden.[91]

Entsprechende Anwendung des § 8a Abs. 3 KStG für konzerngebundene nachgeordnete Mitunternehmerschaften: Sind bei einer konzerngebundenen, einer Körperschaft nachgeordneten Mitunternehmerschaft die Voraussetzungen für die Inanspruchnahme des Eigenkapital-Escapes zu prüfen, gelangt § 8a Abs. 3 KStG entsprechend zur Anwendung. Die für die Prüfung der 10 %-Grenze erforderliche Vergleichsrechnung ist nach Maßgabe der Verhältnisse der Mitunternehmerschaft durchzuführen. Wird auf Ebene der Mitunternehmerschaft die 10 %-Grenze überschritten, kommt dort die Zinsschranke zur Anwendung. Zudem setzt die Inanspruchnahme der Escape-Klausel durch die Mitunternehmerschaft den Nachweis voraus, dass bei allen weltweit konzernzugehörigen Gesellschaften keine schädliche konzernexterne Gesellschafter-Fremdfinanzierung gegeben ist.

4. Gefährdung von EBITDA-Vorträgen und Zinsvorträgen durch Umstrukturierungen

a) EBITDA-Vortrag in die folgenden Wirtschaftsjahre

Mit dem Wachstumsbeschleunigungsgesetz hat der Gesetzgeber die Zinsschrankenregelung mit Wirkung ab dem 1.1.2010 um einen betriebsbezogenen auf fünf Jahre begrenzten EBITDA-

---

[88] Vgl. *Möhlenbrock/Pung*, in D/P/P/M, § 8a KStG, Rn. 166; H/H/R/*Prinz*, § 8a KStG Anm. J 07-15.

[89] A.A. *Möhlenbrock/Pung*, in D/P/P/M, § 8a KStG, Rn. 195, die dafür eintreten, die 10 %-Relation auf Grund der Verhältnisse der übergeordneten Körperschaft zu prüfen.

[90] A.A. *Heuermann*, in Blümich, EStG/KStG § 4h Rn. 109 f., der vertritt, jeder wesentlich beteiligte Mitunternehmer der nachgeordneten Mitunternehmerschaft könne Fremdkapitalgeber sein.

[91] Vgl. H/H/R/*Prinz*, § 8a KStG Anm. J 07-15; zu § 8a Abs. 5 KStG a. F. vgl. insoweit BMF v. 15. 7. 2004, Tz. 51.

Vortrag erweitert.[92] Vor diesem Hintergrund wurde § 4h Abs. 1 EStG neu gefasst. Ein EBITDA-Vortrag entsteht, soweit das verrechenbare EBITDA eines Wirtschaftsjahres die Nettozinsaufwendungen übersteigt (§ 4h Abs. 1 Satz 3 EStG). Der EBITDA-Vortrag ist von Amts wegen gesondert festzustellen. Ein EBITDA-Vortrag ist nicht festzustellen, falls der Betrieb eine Ausnahmebestimmung von der Anwendung der Zinsschranke i. S. d. § 4h Abs. 2 EStG erfüllt. Kann der Betrieb eine Ausnahmebestimmung von der Anwendung der Zinsschranke nutzen (Freigrenze, Stand-alone-Escape oder Eigenkapital-Escape), gelangt die auf das verrechenbare EBITDA begrenzte Abzugsfähigkeit von Zinsaufwendungen nicht zur Anwendung. D. h. die Zinsaufwendungen des Betriebs sind in voller Höhe abzugsfähig. In solchen Wirtschaftsjahren soll der Betrieb nicht zusätzlich einen EBITDA-Vortrag bilden können. Dies ist in den Fällen nachteilig, in denen der Betrieb zu einem späteren Zeitpunkt die Voraussetzungen einer Ausnahmebestimmung i. S. d. § 4h Abs. 2 EStG nicht mehr erfüllt.[93] Dem Betrieb steht dann kein EBITDA-Vortrag zur Verfügung.

Hinsichtlich der Wirtschaftsjahre 2007-2009 gilt für die Bildung eines EBITDA-Vortrags folgende Regelung: Nach § 52 Abs. 12d Satz 5 EStG kann ein EBITDA-Vortrag auf Antrag rückwirkend bereits für die nach dem 31. 12. 2006 beginnenden Wirtschaftsjahre ermittelt werden.[94] Hierdurch soll die wirtschaftliche Situation der Unternehmen im Wirtschaftsjahr 2010 verbessert werden.[95] Der EBITDA-Vortrag der Wirtschaftsjahre 2007-2009 erhöht auf Antrag das EBITDA des nach dem 31. 12. 2009 endenden Wirtschaftsjahres.[96] Die Summe des von dem Betrieb vor dem 31. 12. 2006 erzielten EBITDA bleibt für die Berechnung außer Ansatz.[97]

Für die Nutzung eines EBITDA-Vortrags hat der Gesetzgeber den Begriff des verrechenbaren EBITDA eingeführt. Das verrechenbare EBITDA setzt sich aus dem EBITDA des laufenden Jahres zusammen. Zu der Nutzung eines EBITDA-Vortrags kommt es dann, falls die Netto-Zinsaufwendungen das verrechenbare EBITDA übersteigen. In diesem Fall sind die Zinsaufwendungen bis zur Höhe des EBITDA-Vortrags vorangegangener Wirtschaftsjahre abzugsfähig und mindern die EBITDA-Vorträge in ihrer zeitlichen Reihenfolge (§ 4h Abs. 1 Satz 4 EStG). D. h. der jeweils älteste EBITDA-Vortrag ist zuerst zu verbrauchen.

b) Vortrag nicht abgezogener Zinsaufwendungen in die folgenden Wirtschaftsjahre

Laufende Zinsaufwendungen der Kapitalgesellschaft, die im Jahr ihres Entstehens innerhalb der 30%-Grenze des steuerlichen verrechenbaren EBITDA bzw. unter Nutzung von EBITDA-Vorträgen nicht abziehbar sind, gehen nicht unter, sondern sind in die folgenden Wirtschaftsjahre vorzutragen (§ 4h Abs. 1 Satz 5 EStG);[98] einen Zinsrücktrag (entsprechend § 10d Abs. 1

---

[92] Ein EBITDA-Rücktrag ist nicht vorgesehen.

[93] Vgl. *Bien/Wagner*, BB 2009, 2627 [2633].

[94] Nach dem Gesetz und der Gesetzesbegründung bleibt offen, bis zu welchem Zeitpunkt der Antrag zu stellen ist.

[95] Vgl. *Hörster*, NWB 2009, 3707.

[96] Bei der Ermittlung des EBITDA-Vortrags gelangen nach § 52 Abs. 12d Satz 5 EStG folgende Vorschriften sinngemäß zu Anwendung: § 4h Abs. 5 EStG, § 8a Abs. 1 KStG sowie § 2 Abs. 4 Satz 1, § 4 Abs. 2 Satz 2, § 9 Satz 3, § 15 Abs. 3 und § 20 Abs. 9 UmwStG. D. h. der Gesetzgeber schreibt eine entsprechende Anwendung der für den Zinsvortrag geltenden Vorschriften auf einen EBITDA-Vortrag vor.

[97] Zu den hieraus resultierenden verfassungsrechtlichen Bedenken vgl. *Nacke*, DB 2009, 2507.

[98] In der Handelsbilanz kann der Zinsvortrag ggf. schon im Wirtschaftsjahr seiner Entstehung nach IFRS bzw. US-GAAP zur Aktivierung latenter Steuern führen, soweit seine Nutzung wahrscheinlich ist (vgl. *Rödder/Stangl*, DB 2007, 479; *Kröner/Esterer*, DB 2006, 2085; zu Einzelheiten nach IAS 12 s. *Loitz/Neukamm*, WPg. 2008, 196 [200]).

EStG) sieht das Gesetz nicht vor. Der Zinsvortrag ist nach Verwaltungsmeinung in die Freigrenze einzubeziehen; ein „Nebeneinander" von Zinsvortrag und Freigrenze besteht nicht. Nach Verwaltungsauffassung sollen im Zeitpunkt der Begründung eines Organschaftsverhältnisses bestehende „vororganschaftliche Zinsvorträge" der Organgesellschaft in entsprechender Anwendung des § 15 Satz 1 Nr. 1 KStG eingefroren werden.[99] Eine gesetzliche Grundlage für diese steuerverschärfende Analogie ist allerdings nicht erkennbar.[100]

In systematischer Hinsicht ist die Nutzung eines Zinsvortrags als Element der betrieblichen Gewinnermittlung vorrangig zum Verlustabzug nach § 10d EStG. Es kann damit zu einem „Nebeneinander" von Verlust- und Zinsvortrag kommen, wobei unterschiedliche Konstellationen denkbar sind. Für das Jahr, in dem der Abzug von Zinsaufwendungen aufgrund des § 4h EStG versagt wird, ergibt sich ein höheres zu versteuerndes Einkommen, das für einen Ausgleich mit einem bestehenden Verlustvortrag aus dem Vorjahr zur Verfügung steht. Folge ist, dass der Verlustvortrag i. S. d. § 10d EStG zu Gunsten des Aufbaus eines Zinsvortrags reduziert wird.[101] Es kann aber auch der Fall eintreten, dass ein Zinsvortrag in einem Wirtschaftsjahr in voller Höhe nutzbar ist mit der Folge, dass aus der steuerwirksamen Berücksichtigung von Zinsaufwendungen Verlustabzüge i. S. d. § 10d EStG resultieren. In diesem Fall führt die steuerwirksame Nutzung eines Zinsvortrags zur Entstehung von Verlustabzügen i. S. d. § 10d EStG.

c) Verfahrensrechtliche Aspekte zur Nutzung eines Zinsvortrags und EBITDA-Vortrags

Der Gesetzgeber hat die Behandlung eines Zinsvortrags und EBITDA-Vortrags unübersichtlich geregelt. Während § 4h Abs. 1 Sätze 3, 5 und 6 EStG die Möglichkeit zur Berücksichtigung vorgetragener Zinsaufwendungen und eines EBITDA-Vortrags regeln, enthält Abs. 4 (gesonderte Feststellung des Zinsvortrags und EBITDA-Vortrags) vor allem verfahrensrechtliche Aspekte. § 4h Abs. 5 EStG regelt, unter welchen Voraussetzungen der Zinsvortrag und EBITDA-Vortrag eines Betriebs ganz oder anteilig untergeht.[102] Für den Zinsvortrag einer Kapitalgesellschaft sowie einer Kapitalgesellschaft nachgeschalteten Mitunternehmerschaft besteht die Besonderheit, dass der Fortbestand des Zinsvortrags nach § 8a Abs. 1 Satz 3 KStG an § 8c KStG anknüpft. Der EBITDA-Vortrag wird in § 8a Abs. 1 Satz 3 KStG und § 4h Abs. 5 Satz 3 EStG allerdings nicht angesprochen. Die Sonderregelungen des UmwStG betreffen demgegenüber sowohl einen Zinsvortrag als auch einen EBITDA-Vortrag (s. §§ 2 Abs. 4 Satz 1, 4 Abs. 2 Satz 2, 15 Abs. 3, 20 Abs. 9 und 24 Abs. 6 UmwStG).

Während der Gesetzgeber die Nutzung eines EBITDA-Vortrags auf fünf Jahre begrenzt hat (§ 4h Abs. 1 Satz 3 EStG), ist die Nutzung eines Zinsvortrags zeitlich und betragsmäßig nicht begrenzt (keine Anwendung der Grundsätze der Mindestbesteuerung auf einen Zinsvortrag). Dies kann zur Folge haben, dass ein Zinsvortrag bei einer entsprechenden Höhe der Zinserträge bzw. des EBITDA in einem Jahr in voller Höhe genutzt werden kann (Einmalverbrauch des Zinsvortrags). Die Möglichkeit eines Vortrags nicht abziehbarer Zinsaufwendungen in die folgenden Veranlagungszeiträume zielt darauf ab, die wirtschaftlichen Folgen der Zinsschranke abzumildern. Nach Auffassung des Gesetzgebers wird durch den Zinsvortrag sichergestellt, dass dem Prinzip einer Besteuerung nach der wirtschaftlichen Leistungsfähigkeit periodenübergreifend entspro-

---

[99] Vgl. BMF v. 4. 7. 2008, BStBl. I 2008, 718 Rn. 48.
[100] Vgl. *Köhler/Hahne*, DStR 2008, 1505 [1512].
[101] Vgl. LBP/*Hoffmann*, § 4h Rn. 234.
[102] Zu Einzelheiten des Untergangs des betriebs- und personengebundenen Zinsvortrags vgl. H/H/R/*Hick*, § 4h Anm. 110 ff.

chen wird.[103] Im Idealfall resultiert aus der Zinsschranke daher nur eine zeitliche Verschiebung der steuerlichen Berücksichtigung der Zinsaufwendungen mit entsprechenden Zins- und Liquiditätseffekten. In wirtschaftlicher Hinsicht sind die Regelungen zum Wegfall eines Zinsvortrags und EBITDA-Vortrags damit von besonderer Relevanz. Allerdings ist die steuerliche Wertigkeit von Zinsvortrag und EBITDA-Vortrag unterschiedlich. Geht der Zinsvortrag unter, werden die zugrunde liegenden Zinsaufwendungen endgültig zu nicht abziehbaren Betriebsausgaben. Im Fall des Untergangs eines EBITDA-Vortrags geht lediglich die potentielle Möglichkeit verloren, zukünftig anfallende Zinsaufwendungen nutzen zu können. Der Untergang eines Zinsvortrags hat somit eine Überbesteuerung zur Folge, da die betrieblich veranlassten Zinsaufwendungen bei wirtschaftlicher Betrachtung dann aus dem versteuerten Einkommen geleistet wurden. Insgesamt hat der Gesetzgeber die Regelungen zur Nutzung vorgetragener Zinsaufwendungen sowie eines EBITDA-Vortrags restriktiv ausgestaltet, wodurch die wirtschaftlichen Folgen der Zinsschranke erheblich verschärft werden.

d) Schädlicher Anteilseignerwechsel i. S. d. § 8c KStG an einer Kapitalgesellschaft

Die Übertragung von Anteilen an einer Kapitalgesellschaft stellt keine von § 4h Abs. 5 EStG erfasste „schädliche Betriebsübertragung" dar. Nach § 8a Abs. 1 Satz 3 KStG ist allerdings zu prüfen, ob die Anteilsübertragung einen für den Zinsvortrag der Kapitalgesellschaft schädlichen Beteiligungserwerb i. S. d. § 8c KStG zur Folge hat (ein EBITDA-Vortrag wird von § 8a Abs. 1 Satz 3 KStG nicht erfasst). Dabei kann durch einen „steuerschädlichen" Anteilseignerwechsel nur die steuerliche Wertigkeit eines festgestellten, aber noch nicht in Anspruch genommenen Zinsvortrags beeinflusst werden. In diesem Punkt stellt sich insoweit eine mit § 8c KStG vergleichbare Problematik (unterjährige Abgrenzung laufender Zinsaufwendungen im Veranlagungszeitraum des schädlichen Beteiligungserwerbs) nicht.[104]

Unter welchen Voraussetzungen ein „schädlicher Beteiligungserwerb" vorliegt, bestimmt sich nach § 8c Abs. 1 Satz 1 KStG. Die Schwierigkeiten bei der Anwendung der Vorschrift werden insoweit auf die steuerliche Wertigkeit von Zinsvorträgen ausgedehnt. Es kommt darauf an, ob auf Ebene der Kapitalgesellschaft eine Anteilsübertragung bzw. ein vergleichbarer Sachverhalt vorliegt, d. h. innerhalb von fünf Jahren unmittelbar oder mittelbar mehr als 25 % des gezeichneten Kapitals, der Mitgliedschaftsrechte, Beteiligungsrechte oder der Stimmrechte an einer Körperschaft an einen Erwerber oder diesem nahe stehende Personen übergehen.[105] Entsprechendes gilt, falls die Voraussetzungen eines vergleichbaren Sachverhalts erfüllt werden.[106] Ein steuerschädlicher Beteiligungserwerb i. S. d. § 8c Abs. 1 Satz 1 KStG kann sich zudem in Umwandlungsfällen ergeben.[107]

Die mit dem Wachstumsbeschleunigungsgesetz und dem JStG 2010 vom 8. 12. 2010[108] erfolgten Änderungen des § 8c KStG, die die überschießenden Wirkungen der Vorschrift abmildern

---

[103] Vgl. BT-Drucks. 16/4835, 1.

[104] Vgl. hierzu BMF v. 4. 7. 2008, BStBl. I 2008, 736 Rn. 30, wonach auch bis zum Zeitpunkt des schädlichen Beteiligungserwerbs nicht ausgeglichene laufende Verluste von dem Abzugsverbot betroffen sind. S. ergänzend auch H/H/R/*Prinz*, § 8a KStG Anm. J 07-9.

[105] Zu Einzelheiten s. H/H/R/*Suchanek*, § 8c KStG Anm. 21 ff.; *von Freeden*, in Schaumburg/Rödder, Unternehmensteuerreform 2008, 2007, 526 ff.

[106] Vgl. BMF v. 4. 7. 2008, BStBl. I 2008, 736 Rn. 7.

[107] Zu Einzelheiten s. *Dötsch/Pung*, DB 2008, 1707; *Suchanek*, FR 2008, 906.

[108] Vgl. BGBl. I 2010, 1768.

sollen, schlagen auch auf die Nutzung eines Zinsvortrags durch und betreffen folgende Bereiche:
- Bereits das „Bürgerentlastungsgesetz Krankenversicherung" v. 22. 7. 2009 sah mit § 8c Abs. 1a KStG eine komplexe, zeitlich befristete Sanierungsklausel vor, die auch Zinsvorträge „schützt".[109] Mit dem Wachstumsbeschleunigungsgesetz ist die zeitliche Befristung ohne wesentlichen Änderungen an der Sanierungsklausel entfallen (§ 34 Abs. 7c KStG). Allerdings hat die Finanzverwaltung die Anwendung der Vorschrift bereits mit Schreiben vom 30. 4. 2010[110] im Hinblick auf ein von der EU-Kommission eingeleitetes Beihilfeverfahren bis zu einer abschließenden Entscheidung der Kommission ausgesetzt.
- Darüber hinaus weist § 8c KStG für nach dem 31. 12. 2009 beginnende Wirtschaftsjahre eine Konzernklausel auf, die ebenfalls Zinsvorträge schützt. Nach der Konzernklausel (§ 8c Abs. 1 Satz 5 i.V.m. § 34 Abs. 7b KStG) soll ein schädlicher Beteiligungserwerb i. S. d. § 8c Abs. 1 u. Abs. 2 KStG dann nicht vorliegen, wenn an dem übertragenden und dem übernehmenden Rechtsträger dieselbe Person jeweils zu 100 % beteiligt ist.
- Nach der sog. Stille Reserven-Klausel (§ 8c Abs. 1 Satz 6 – 9 KStG) bleiben ein nicht genutzter Verlust und ein Zinsvortrag – trotz eines schädlichen Beteiligungserwerbs – in Abhängigkeit von der Höhe der (steuerpflichtigen) stillen Reserven anteilig oder vollumfänglich bestehen. Dabei sieht § 8a Abs. 1 Satz 3 KStG vor, dass stille Reserven für den Schutz eines Zinsvortrags nur dann zu berücksichtigen sind, soweit sie die nach § 8c Abs. 1 Satz 6 KStG abziehbaren nicht genutzten Verluste übersteigen. Folge ist, dass ein Zinsvortrag vollumfänglich nur dann geschützt ist, wenn der Betrag der stillen Reserven die Summe aus nicht genutztem Verlust- und Zinsvortrag erreicht.
- Durch das JStG 2010 wurde die Stille Reserven-Klausel um einen Satz 8 ergänzt, der erstmalig für Transaktionen im Jahr 2010 anzuwenden ist (§ 34 Abs. 1 KStG i.d.F. des JStG 2010). Der neue Satz 8 bestimmt, wie die Höhe stiller Reserven für Zwecke des Satzes 6 bei einem negativen Eigenkapital zu ermitteln ist (bei positivem Eigenkapital ist Satz 7 anzuwenden). Allerdings wurde § 8a Abs. 1 Satz 3 KStG im Rahmen des JStG 2010 nicht an die Einfügung eines Satzes 8 angepasst. Die Vorschrift verweist weiterhin nur auf stille Reserven i. S. d. § 8c Abs. 1 Satz 7 KStG. Versteht man § 8c Abs. 1 Satz 8 KStG nicht als „Unterfall" des Satzes 7, lässt der Gesetzeswortlaut die Auslegung zu, dass bei negativem Eigenkapital der § 8a Abs. 1 Satz 3 KStG nicht eingreift. Folge wäre, dass eine „Doppelnutzung" stiller Reserven zum Schutz eines nicht genutzten Verlustes und eines Zinsvortrags nicht ausgeschlossen ist. U. E. dürfte die Finanzverwaltung allerdings davon ausgehen, dass es sich bei Satz 8 um einen „Unterfall" des Satzes 7 handelt; eine „doppelte" Nutzung stiller Reserven dürfte danach ausgeschlossen sein.

Der Gesetzgeber hat zudem im Zuge der Einführung der Zinsschranke das Umwandlungsteuergesetz um Regelungen zur Behandlung eines Zinsvortrags und EBITDA-Vortrags ergänzt. Im Zusammenhang mit von dem UmwStG erfassten Umwandlungen gilt in Bezug auf den Zinsvortrag und EBITDA-Vortrag einer Kapitalgesellschaft Folgendes:
- Die Nutzung eines Zinsvortrags bzw. EBITDA-Vortrags ist nach § 2 Abs. 4 UmwStG ausgeschlossen, falls im steuerlichen Rückwirkungszeitraum von acht Monaten nach § 2 Abs. 1 UmwStG ein für die Nutzung von Zinsvortrag und EBITDA-Vortrag schädliches Ereignis eintritt.

---

[109] Vgl. H/H/R/*Suchanek*, § 8c KStG, Anm. 14.
[110] BStBl. I 2010, 488. Kritisch dazu *Hey*, StuW 2010, 301, 309 f.

- **Verschmelzung und Formwechsel von Körperschaften:** Im Fall einer Verschmelzung einer Körperschaft auf eine Personengesellschaft oder eine natürliche Person und beim Formwechsel einer Kapitalgesellschaft in eine Personengesellschaft geht ein Zinsvortrag des übertragenden Rechtsträgers nach § 4 Abs. 2 Satz 2 UmwStG nicht über.
- **Verschmelzung von Körperschaften:** § 12 Abs. 3 UmwStG sieht für den Fall der Verschmelzung oder Vermögensübertragung auf andere Körperschaften i. S. d. § 11 UmwStG eine entsprechende Anwendung des § 4 Abs. 2 UmwStG vor. Dies hat zur Folge, dass eine Verschmelzung den Wegfall des Zinsvortrags der übertragenden Körperschaft auslöst.
- **Abspaltung auf eine andere Körperschaft:** Eine Abspaltung hat nach § 15 Abs. 3 UmwStG den anteiligen Untergang eines Zinsvortrags zur Folge. Der Zinsvortrag der übertragenden Körperschaft mindert sich in dem Verhältnis, in dem bei Zugrundelegung des gemeinen Werts das Vermögen auf eine andere Körperschaft übergeht.

Gestaltungsziel müssen daher stets vorgeschaltete Zinsvortragsnutzungen sein.

e) Unmittelbarer bzw. mittelbarer Gesellschafterwechsel an einer Mitunternehmerkapitalgesellschaft

Mitunternehmerschaften kam bislang in inländischen mehrstufigen Konzernstrukturen im Fall eines Anteilseignerwechsels an einer unmittelbar bzw. mittelbar vorgeschalteten Kapitalgesellschaft hinsichtlich des Zinsvortrags eine gewisse Abschirmwirkung zu. So ist § 4h Abs. 5 Satz 2 EStG ähnlich dem Gedanken der Unternehmeridentität bei der Gewerbesteuer konzipiert. Nach dem im Rahmen des JStG 2009 eingeführten § 4h Abs. 5 Satz 3 EStG schlägt ein „schädlicher Anteilseignerwechsel" i. S. d. § 8c KStG an einer unmittelbar bzw. mittelbar an einer Mitunternehmerschaft beteiligten Kapitalgesellschaft auf den Zinsvortrag der Mitunternehmerschaft durch. Ein EBITDA-Vortrag wird von der Vorschrift nicht erfasst, da § 4h Abs. 5 Satz 3 EStG auf die entsprechende Anwendung des § 8c KStG verweist.

Der Einführung der Vorschrift liegt ein im Schrifttum diskutiertes Gestaltungsmodell zum Erhalt des gewerbesteuerlichen Verlustabzugs (§ 10a GewStG) im Fall eines Anteilseignerwechsels i. S. d. § 8c KStG an einer Kapitalgesellschaft zugrunde. Diskutiert wurde im Schrifttum, verlustverursachende Geschäftsbetriebe vor einem schädlichen Anteilseignerwechsel an einer Kapitalgesellschaft auf eine Tochter-Personengesellschaft unter Nutzung von § 24 UmwStG zu Buchwerten auszugliedern, da sich nach der bislang geltenden Rechtslage der Anwendungsbereich des § 8c KStG nicht auf Mitunternehmerschaften erstreckte.[111] Für den Zinsvortrag des ausgegliederten Betriebs besteht mit § 24 Abs. 6 i. V. m. § 20 Abs. 9 UmwStG allerdings eine gesetzliche Regelung, die in dem diskutierten „Gestaltungsmodell" dem Übergang eines Zinsvortrags auf die Tochter-Personengesellschaft entgegensteht.[112] D. h. allein zur Verhinderung des Gestaltungsmodells wäre die Einführung der Vorschrift nicht erforderlich gewesen. Somit stellt § 4h Abs. 5 Satz 3 EStG eine überbordende Regelung dar, nur um in Einzelfällen Steuergestaltungen zu verhindern, die auf einen Erhalt des Zinsvortrags einer Mitunternehmerschaft im Fall eines Anteilseignerwechsels i. S. d. § 8c KStG an der vorgeschalteten Mitunternehmer-Kapitalgesellschaft ausgerichtet sind.

---

[111] Vgl. hierzu *Behrendt/Arjes/Nogens*, BB 2008, 367. Auf diese Weise konnte zumindest der Untergang der gewstl. Verlustvorträge im Fall eines Anteilseignerwechsels an der Kapitalgesellschaft verhindert werden, da im Rahmen des § 10a GewStG die „Unternehmeridentität" nur im Hinblick auf den Mitunternehmer und nicht auf die dahinter stehenden Gesellschafter geprüft wird.

[112] Vgl. H/H/R/*Hick*, § 4h EStG, Anm. 117.

Auch wenn dies nicht unmittelbar aus dem Gesetzeswortlaut hervorgeht, setzt die Anwendung des § 4h Abs. 5 Satz 3 EStG voraus, dass auf Ebene der unmittelbar bzw. mittelbar an der Mitunternehmerschaft beteiligten Körperschaft die Voraussetzungen eines „schädlichen Beteiligungserwerbs" i. S. d. § 8c Abs. 1 Satz 1 KStG vorliegen. Eine Mindestbeteiligungsquote der unmittelbar bzw. mittelbar beteiligten Körperschaft an der Mitunternehmerschaft ist nach dem Gesetzeswortlaut nicht erforderlich. Der Einbezug auch mittelbar beteiligter Körperschaften ohne jede Einengung ist aber insbesondere in mehrstufigen Konzernstrukturen problematisch.

Unter welchen Voraussetzungen ein „schädlicher Beteiligungserwerb" vorliegt, bestimmt sich nach § 8c Abs. 1 Satz 1 KStG. Die Schwierigkeiten bei der Anwendung des § 8c KStG werden insoweit auf den Zinsvortrag einer Mitunternehmerschaft übertragen. Die entsprechende Anwendung des § 8c KStG betrifft nach dem Gesetzeswortlaut nur den Zinsvortrag einer Mitunternehmerschaft, d. h. für die laufenden Zinsaufwendungen einer Mitunternehmerschaft stellt sich die Frage einer entsprechenden Anwendung des § 8c KStG nicht. Zudem geht aus dem Gesetzeswortlaut nicht klar hervor, welche Rechtsfolgen die entsprechende Anwendung des § 8c KStG für den Zinsvortrag der Mitunternehmerschaft auslöst. Auf jeden Mitunternehmer entfällt ein seiner Beteiligungsquote an der Mitunternehmerschaft entsprechender Anteil an dem Zinsvortrag. Dies gilt aber nur für den unmittelbar beteiligten Mitunternehmer. Die Anwendung des § 4h Abs. 5 Satz 3 EStG bei nur mittelbar beteiligten Körperschaften setzt daher voraus, dass auch dem nur mittelbar beteiligten Gesellschafter ein Anteil an dem Zinsvortrag der Mitunternehmerschaft zugewiesen wird.

Liegen auf Ebene der unmittelbar bzw. mittelbar beteiligten Körperschaft die Voraussetzungen eines „schädlichen Beteiligungserwerbs" i. S. d. § 8c Abs. 1 Satz 1 KStG vor, so soll der Zinsvortrag des Mitunternehmers in dem Umfang wegfallen, der für die Anwendung des § 8c Abs. 1 Satz 1 KStG auf Ebene der Körperschaft maßgeblich ist.[113] Dies kann im Fall einer nur mittelbar beteiligten Körperschaft nur für den durchgerechneten Anteil der Körperschaft an dem Zinsvortrag der Mitunternehmerschaft gelten.[114] Die praktischen Probleme bei mittelbar an der Mitunternehmerschaft beteiligten Körperschaften sind offensichtlich. In mehrstufigen Konzernstrukturen kann die Mitunternehmerschaft nicht ohne Weiteres erkennen, dass die Voraussetzungen einer mittelbaren Anteilsübertragung vorliegen.

f) Aufgabe eines Teilbetriebs und Ausscheiden einer Organgesellschaft aus dem Organkreis

Nach Auffassung der Finanzverwaltung soll ein Zinsvortrag und ein EBITDA-Vortrag auch bei Aufgabe bzw. Übertragung eines Teilbetriebs anteilig untergehen.[115] Vorlage für die Verwaltungsauffassung hat ggf. die BFH-Entscheidung v. 7. 8. 2008 gebildet, wonach wegen des Grundsatzes der Unternehmensidentität gewerbesteuerliche Verlustabzüge im Fall der Veräußerung bzw. Aufgabe eines Teilbetriebs untergehen.[116] Anders als im Gewerbesteuerrecht setzt der Tatbestand des § 4h Abs. 5 Satz 1 EStG allerdings die Übertragung eines gesamten Betriebs voraus.

Auch das Ausscheiden einer Organgesellschaft aus dem Organkreis soll nach dem BMF-Schreiben v. 4. 7. 2008 als Aufgabe eines Teilbetriebs gelten und damit den Tatbestand des § 4h Abs. 5 Satz 1 EStG auslösen.[117] Nach § 4h Abs. 5 Satz 1 EStG geht ein nicht verbrauchter Zinsvor-

---

[113] Vgl. BT-Drucks. 16/11108, 37.
[114] Vgl. *Suchanek*, Ubg. 2009, 180; *Feldgen*, NWB 2009, 3574 [3576].
[115] Vgl. BMF v. 4. 7. 2008, BStBl. I 2008, 736 Rn. 47.
[116] Vgl. BFH v. 7. 8. 2008, IV R 86/05, DStR 2008, 2014.
[117] Vgl. BStBl. I 2008, 718 Rn. 47.

trag bei Aufgabe oder Übertragung eines Betriebs unter. Um den Tatbestand des § 4h Abs. 5 Satz 1 EStG auszulösen, muss nach dem Gesetzeswortlaut aber eine Übertragung des gesamten Betriebs durch den bisherigen Inhaber auf einen Dritten erfolgen. Für die Verwaltungsauffassung fehlt es insoweit an einer gesetzlichen Grundlage.[118] Unbestimmt bleibt zudem, wann das Tatbestandsmerkmal „Ausscheiden einer Organgesellschaft aus dem Organkreis" erfüllt ist. So könnte die Finanzverwaltung neben dem Ausscheiden durch rechtliche Übertragung der Beteiligung an der Organgesellschaft auch die bloße Beendigung des Organschaftsverhältnisses durch Kündigung des Gewinnabführungsvertrags als schädliches Ereignis werten. Auch hierfür fehlt es allerdings an einer Rechtsgrundlage.

III. Gestaltungsansätze zur Vermeidung der Zinsabzugsbeschränkung

1. Nutzung von Organschaftsstrukturen

Die Zinsschranke ist dann nicht anwendbar, wenn der Betrieb nicht oder nur anteilsmäßig zu einem Konzern gehört (§ 4h Abs. 2 Satz 1 Buchst. b EStG). Nach § 15 Satz 1 Nr. 3 KStG gelten sämtliche Unternehmen eines Organkreises als ein Betrieb. Gehören sämtliche Konzernunternehmen zu einem Organkreis oder sind „außenstehende Unternehmen" nicht konzernzugehörig, ist die Zinsschranke nicht anwendbar. Die Freigrenze kann von dem Organkreis aber nur einmal in Anspruch genommen werden.[119] Insoweit kann es sich anbieten, die inländischen Betriebe zu einem Organkreis zusammenzufassen, um in den Anwendungsbereich des § 4h Abs. 2 Satz 1 Buchst. b EStG zu gelangen.[120] Entspricht etwa der inländische Konzernkreis den nach § 4h Abs. 3 Satz 5 und 6 EStG konzernzugehörigen Betrieben, lassen sich die Rechtsfolgen der Zinsschranke ohne eine Veränderung der Konzernstruktur vermeiden. Ggf. ist die Umwandlung bestehender Personengesellschaften in eine Kapitalgesellschaft erforderlich, um den Einbezug in den Organkreis sicherzustellen. Sind im Zusammenhang mit dem Erwerb einer inländischen Kapitalgesellschaftsbeteiligung Akquisitionsschulden entstanden, werden durch die Nutzung einer Organschaftsstruktur, Schulden und operative Erträge zusammengeführt. Auslandsakquisitionen können allerdings nicht eingebunden werden, was vor dem Hintergrund des Europarechts problematisch ist. Sicherungen und interne Finanzierungen im Organkreis spielen keine Rolle, die für den Eigenkapitaltest im Betrieb vorzunehmende Beteiligungsbuchwertkürzung entfällt. Die Finanzierungsrelevanz der ertragsteuerlichen Organschaft nimmt deshalb durch die Zinsschranke zu.

2. „Zinsmanagement" durch Verminderung eines negativen Zinssaldos

Ein negativer Zinssaldo kann nur in Höhe von 30 % des steuerlichen EBITDA als Betriebsausgabe berücksichtigt werden. Gestaltungsansätze zur Verminderung eines negativen Zinssaldos können zum einen an der Höhe der Zinsaufwendungen i. S. d. § 4h Abs. 3 EStG ansetzen. Ein weiterer Ansatzpunkt besteht darin, die Zinserträge zu erhöhen, um entsprechendes Verrechnungspotential zu schaffen.

---

[118] Vgl. *Fischer/Wagner*, BB 2008, 1872 [1875].
[119] Vgl. BMF v. 4. 7. 2008, BStBl. I 2008, 718 Rn. 57.
[120] Vgl. *Prinz*, FR 2008, 441 [444]; *Hartmann*, Ubg. 2008, 285; *Herzig/Liekenbrock*, DB 2007, 2387 [2388].

a) Verminderung der Zinsaufwendungen i. S. d. § 4h Abs. 3 EStG

Der Gesetzgeber hat in § 4h Abs. 3 Satz 2 EStG nicht weiter definiert, unter welchen Voraussetzungen Zinsaufwendungen vorliegen. Anhand der Gesetzesbegründung wird deutlich, dass es sich um „Vergütungen für die vorübergehende Überlassung von Geldkapital" handeln muss.[121] Dies bedeutet, dass der Gesetzgeber den Begriff der Zinsaufwendungen im engeren Sinne versteht.[122] Nach der Verwaltungsauffassung handelt es sich bei Vergütungen für die Überlassung von Fremdkapital um Gegenleistungen aller Art, die für die Überlassung des Fremdkapitals gewährt werden.[123] Dabei kann der Zinsbegriff in Anlehnung an § 20 Abs. 1 Nr. 7 EStG („Erträge aus sonstigen Kapitalforderungen") ausgefüllt werden.[124] Auf den Empfänger der Fremdkapitalvergütungen kommt es nicht an. Anders als nach § 8a KStG a. F. wird nicht nur die Vergabe von Fremdkapital durch Gesellschafter bzw. durch bestimmte Gruppen rückgriffsgesicherter Dritter sanktioniert, sondern auch die Fremdkapitalvergabe durch fremde Dritte. Auch spielt die Dauer der Fremdkapitalüberlassung keine Rolle, damit werden Vergütungen für nur kurzfristig überlassenes Fremdkapital erfasst. Im Einzelnen kann eine Verminderung der Zinsaufwendungen durch folgende Maßnahmen erreicht werden, wobei Steuerrisiko und Steuerchance meist eng beieinander liegen:

▶ **Ersatz von Vergütungen für die Überlassung von Geldkapital durch Leihgebühren:** § 4h Abs. 3 EStG erfasst nur Vergütungen für die Überlassung von Geldkapital.[125] Nicht zu den Zinsaufwendungen sollten daher Leihgebühren im Rahmen einer Wertpapierleihe zählen.[126] Gestaltungsüberlegungen zur Verminderung anfallender Zinsaufwendungen könnten daher bspw. auch darauf hinauslaufen, Wirtschaftsgüter anstelle eines kreditfinanzierten Erwerbs zu leasen.[127]

▶ **Ausstattung der inländischen Kapitalgesellschaft mit Eigenkapital anstelle von Fremdkapital:** Einer ausländischen Mutterkapitalgesellschaft steht zudem die Möglichkeit offen – entsprechend der mit der Zinsschranke verfolgten Zielsetzung des Gesetzgebers – im Ausland Fremdkapital aufzunehmen, um es im Rahmen einer Einlage an die inländische Tochtergesellschaft weiterzuleiten.[128] Dabei kann die inländische Tochtergesellschaft ihren Zinssaldo durch die Weiterleitung des Eigenkapitals als Darlehen an nicht von der Zinsschranke betroffene Konzerngesellschaften verbessern.

▶ **Konzernexterne Aufnahme von Fremdkapital und konzerninterne Weiterleitung:** Eigenkapitalstarke Konzerngesellschaften, die den Eigenkapital-Escape ohne Weiteres erfüllen, können Fremdkapital aufnehmen, um es an ertragschwache Konzerngesellschaften weiterzuleiten (unter der Voraussetzung, dass durch die konzernexterne Fremdkapitalaufnahme nicht die Voraussetzungen des § 8a Abs. 3 KStG erfüllt werden). Diese Gestaltung wird zudem

---

[121] Vgl. BT-Drucks. 16/4841, 49.
[122] Von § 4h EStG erfasste Vergütungen für Fremdkapital und nach § 8 Nr. 1 Buchst. a GewStG der Hinzurechnung unterliegende Entgelte für Schulden fallen damit auseinander (zu Anwendungsfragen des § 8 Nr. 1 GewStG vgl. Oberste Finanzbehörden der Länder, Erlass v. 4. 7. 2008, DStR 2008, 1439).
[123] Vgl. BMF v. 4. 7. 2008, BStBl. I 2008, 718 Rn. 11; so auch schon BMF v. 15. 12. 1994, BStBl. I 1995, 25 [berichtigt 176] Rn. 51) zu § 8a KStG a. F.
[124] Vgl. *Häuselmann*, FR 2009, 402.
[125] So auch BMF v. 4. 7. 2008, BStBl. I 2008, 718 Rn. 23.
[126] Vgl. *Häuselmann*, Ubg. 2009, 226; s. auch nachfolgend unter b).
[127] Vgl. *Kussmaul/Ruiner/Schappe*, GmbHR 2008, 506; *Eilers*, Ubg. 2008, 199.
[128] Vgl. *Kussmaul/Ruiner/Schappe*, GmbHR 2008, 507.

durch § 4h Abs. 2 Satz 1 Buchst. c Satz 6 EStG begünstigt, da die Bilanzsumme des konzerninternen Fremdkapitalgebers um weitergereichte Darlehen zu vermindern ist.

▶ **Transformation von Zinsaufwendungen in Sondervergütungen:** Anzutreffen sind Gestaltungen, bei denen eine inländische darlehensgewährende Bank eine Beteiligung als Mitunternehmer, bspw. als atypisch stiller Gesellschafter an dem Darlehensnehmer eingeht.[129] Häufig handelt es sich dabei um Akquisitionsfinanzierungen, bei denen eine inländische Kapitalgesellschaft den Erwerb einer Kapitalgesellschaft über eine zwischengeschaltete inländische Personengesellschaft vornimmt. Dabei soll genutzt werden, dass der Personengesellschaft als Betrieb eine eigenständige Freigrenze zusteht; ungeachtet dessen soll allgemein eine Doppelbesteuerung bei Schuldner und Gläubiger vermieden werden. Folge der gesellschaftsbezogenen Anwendung des § 4h EStG bei Personengesellschaften ist, dass von § 4h EStG nur solche Zinsaufwendungen erfasst werden, die im Rahmen der Ermittlung des Gesamtgewinns der Mitunternehmerschaft als Betriebsausgabe berücksichtigt worden sind. Steuertechnisch gesehen verdrängen damit die Sondervergütungen die Zinsschrankenwirkung. Bei einem personengesellschaftsbezogenen Immobilieninvestment erstreckt sich die erweiterte Kürzung für Immobilienverwaltung bei der Gewerbesteuer nicht auf Darlehenszinsen im Sondervergütungsbereich (§ 9 Nr. 1 Satz 5 Nr. 1a GewStG i. d. F. des JStG 2009, anwendbar erstmals auf Vergütungen, die nach dem 18.6.2008 vereinbart sind).

Allerdings will die Finanzverwaltung dieses Ergebnis auf Grund der Einführung des § 50d Abs. 10 EStG im Rahmen des JStG 2009[130] nur bei im Inland steuerpflichtigen Sondervergütungen eintreten lassen.[131] Konkret richtet sich der § 50d Abs. 10 EStG gegen die BFH-Entscheidung v. 17. 10. 2007.[132] Der BFH hatte entschieden, dass auf Sondervergütungen der Zinsartikel des Abkommens (entsprechend Art. 11 OECD-MA) anzuwenden ist mit der Folge, dass Deutschland regelmäßig das abkommensrechtliche Besteuerungsrecht für die Zinsen, anders als bei einem Unternehmensgewinn (entsprechend Art. 7 OECD-MA), nicht zusteht. Die Sondervergütungen sind daher im Inland steuerfrei. Nach § 50d Abs. 10 EStG gelten Sondervergütungen bei der Anwendung eines DBA allerdings als Unternehmensgewinne i. S. d. Abkommens, es sei denn, das Abkommen weist eine ausdrückliche Regelung zur Behandlung der Vergütungen auf.[133] D. h. es handelt sich bei den Zinsaufwendungen in der Gesamthandsbilanz um Zinsaufwendungen, falls die Zinserträge an einen im Ausland ansässigen Mitunternehmer im Inland nicht steuerpflichtig sind.[134]

---

[129] Vgl. *Dörr/Fehling*, Ubg. 2008, 345 [347]; *Schultes-Schnitzlein/Miske*, NWB F. 4, 5364

[130] Vgl. BGBl. I 2008, 2794, BStBl. I 2009, 74.

[131] Die Vorschrift geht auf eine Prüfbitte des Bundesrats zurück, vgl. BT-Drucks. 16/10494, 2.

[132] I R 5/06, IStR 2008, 300.

[133] Abkommenrechtliche Sonderregelungen, nach denen Sondervergütungen den Unternehmensgewinnen i. S. d. Abkommens zugewiesen werden, bestehen mit Österreich, der Schweiz, Singapur, Usbekistan und Kasachstan (vgl. hierzu auch den Entwurf eines BMF-Schreibens zur Anwendung der DBA bei PersGes., Stand: 10. 5. 2007). § 50d Abs. 10 ist nach § 52 Abs. 59 Satz 8 i. d. F. des JStG 2009 in allen Fällen anzuwenden, in denen die ESt. und die KSt. noch nicht bestandskräftig festgesetzt ist, d. h. betroffen sind auch Darlehensgewährungen ab der erstmaligen Ingangsetzung der Zinsschranke. Nach der Entscheidung des FG München v. 30. 7. 2009 (1 K 1816/09, DStR 2009, 2363, nrkr. Rev. unter I R 74/09) bestehen gegen eine Anwendung der Vorschrift in allen noch nicht bestandskräftigen Fällen keine verfassungsrechtlichen Bedenken; kritisch dazu *Frotscher*, IStR 2009, 866.

[134] Vertreten wird, dass die Regelung leer läuft, da der Gesetzgeber mit § 50d Abs. 10 EStG nicht die Zuordnung eines Unternehmensgewinns zu einer inländischen Betriebsstätte geregelt hat. Vgl. *Bol-*

Greift § 50d Abs. 10 EStG nicht ein, handelt es sich bei den an die Bank gezahlten Zinsen insoweit nicht um Vergütungen für Fremdkapital i. S. v. Abs. 3 Satz 2, die den maßgeblichen Gewinn gemindert haben. Bei der Ermittlung der Freigrenze zählen die Vergütungen insoweit nicht mit, d. h. der Netto-Zinsaufwand wird vermindert. Um dem Vorwurf eines Missbrauchs durch die Finanzverwaltung entgegenzutreten ist zu beachten, dass die Bank die Voraussetzungen eines Mitunternehmers erfüllen muss, d. h. die Bank muss nach den allgemeinen Grundsätzen Mitunternehmerinitiative entfalten können und Mitunternehmerrisiko tragen. Banken dürften insoweit nur in bestimmten Fällen bereit sein, die Gestaltung mitzutragen.

- **Aufnahme niedrig verzinslicher Fremdwährungs-Darlehen:** Die Aufnahme eines niedrig verzinslichen Fremdwährungs-Darlehens (v. a. japanischer Yen) hat zur Folge, dass sich die Höhe der Zinsaufwendungen vermindert. Zur Absicherung der aus einem Darlehen in Fremdwährung resultierenden Risiken, fallen allerdings Aufwendungen für die Kurs- und Währungssicherung an, die nicht zu den Zinsaufwendungen zählen.[135]

b) Erhöhung der Zinserträge des Betriebs

Zinserträge stellen nach § 4h Abs. 3 Satz 2 EStG „Erträge aus Kapitalforderungen jeder Art dar, die den maßgeblichen Gewinn erhöht haben". Auch von dem Begriff „Zinserträge" werden nur Erträge für die Überlassung von Geldkapital erfasst. Dabei müssen die Zinserträge den maßgeblichen Gewinn des Betriebs erhöht haben. Auf die Dauer der Kapitalüberlassung und den Schuldner der Vergütungen kommt es nicht an. Folge ist, dass auch konzerninterne Darlehensgewährungen dazu geeignet sind, Zinserträge zu generieren.

- **Wertpapierleihgeschäfte mit verzinslichen Anleihen:** Wertpapierleihgeschäfte mit verzinslichen Anleihen können genutzt werden, die Zinserträge zu erhöhen. Dabei erfolgt keine Saldierung mit der zu entrichtenden Leihgebühr, da die Leihgebühr nicht zu den Zinsaufwendungen i. S. d. Zinsschranke zählt.[136] Allerdings soll nach Rn. 24 des BMF-Schreiben v. 4. 7. 2008 die künstliche Generierung von Zinseinnahmen einen Missbrauch von rechtlichen Gestaltungsmöglichkeiten (§ 42 AO) darstellen, falls z. B. ein Wertpapierleihgeschäft dazu dient, beim Entleiher künstlich Zinseinnahmen zu generieren, um dadurch die Abzugsmöglichkeit von Zinsaufwendungen zu erhöhen.[137] Aus Rn. 24 des BMF-Schreibens v. 4. 7. 2008 geht allerdings nicht hervor, unter welchen Voraussetzungen derartige Geschäfte als missbräuchlich i. S. d. § 42 AO einzustufen sind. Auch bleibt offen, warum gerade Wertpapierleihgeschäfte aus Sicht der Finanzverwaltung im Verdacht einer missbräuchlichen Gestaltung stehen. Im Grundsatz kann allein das Erzielen von Zinserträgen keine missbräuchliche Gestaltung darstellen, auch wenn die Zinserträge zur Verrechnung mit Zinsaufwendungen in entsprechender Höhe verwandt werden.[138]

- **Verteilung zinsertragbringenden Vermögens zwischen mehreren Betrieben:** Bestehen im Inland mehrere Betriebe, macht die Zinsschranke eine genaue Beobachtung des Zinssaldos des jeweiligen Betriebs erforderlich. Liegt der Zinssaldo bei einigen Betrieben über, bei ande-

---

ler/*Schmidt*, IStR 2009, 852; *Boller/Eilinghoff/Schmidt*, IStR 2009, 109 [113]. Zu weiteren Einzelheiten s. *Prinz*, DB 2009, 807, 811 f.; *Günkel/Lieber*, Ubg. 2009, 301 ff.

[135] Vgl. H/H/R/*Hick*, § 4h EStG, Anm. 76.
[136] Vgl. *Dörr/Fehling*, Ubg. 2008, 345 [346].
[137] Vgl. BStBl. I 2008, 718 Rn. 24.
[138] Vgl. *Häuselmann*, FR 2009, 506 [514].

ren Betrieben unter der Freigrenze, bietet es sich an, durch die Übertragung von zinsertragbringendem Vermögen den Zinssaldo unter die Freigrenze abzusenken.

- **Verschmelzung einer Gesellschaft mit einem Zinsertrag:** Um den negativen Zinssaldo einer Konzerngesellschaft zu verringern, kann es sich auch anbieten, eine Kapitalgesellschaft mit einem Zinsertrag unter Nutzung des Umwandlungsteuergesetzes (ggf. mit steuerlicher Rückwirkung) zu verschmelzen. Auf diese Weise wird eine Saldierung von Zinsaufwendungen mit den im Wege der Verschmelzung zugeführten Zinserträgen bewirkt.

- **Gewährung unverzinslicher Darlehen:** Nach § 4h Abs. 3 Satz 4 EStG führt die Auf- und Abzinsung unverzinslicher Verbindlichkeiten oder Kapitalforderungen ebenfalls zu Zinserträgen oder Zinsaufwendungen. Gewährt die Muttergesellschaft ihrer Tochtergesellschaft im Inlandsfall ein unverzinsliches Darlehen, erzielt die Tochtergesellschaft auf Grund der nach § 6 Abs. 1 Nr. 3 EStG vorzunehmende Abzinsung einen einmaligen Ertrag (Zugangsbewertung). Beträge, die auf die im Zeitablauf ratierlich vorzunehmende Aufzinsung entfallen, führen korrespondierend zu Zinsaufwendungen. Nach Rn. 27 des BMF-Schreibens v. 4. 7. 2008 sollen allerdings etwaige bilanzielle Erträge aus der erstmaligen Bewertung einer Verbindlichkeit (Zugangsbewertung) nicht zu Zinserträgen führen. Die Tochtergesellschaft erzielt somit nach der Verwaltungsauffassung aus der Zugangsbewertung der unverzinslichen Verbindlichkeit keinen Zinsertrag. U. E. steht die Verwaltungsauffassung nicht im Einklang mit dem Gesetzeswortlaut.

3. Gestaltungsansätze zur Erhöhung des steuerlichen EBITDA

Die Beschränkung des Abzugs von Zinsaufwendungen knüpft an die Höhe des steuerlichen EBITDA und damit an eine von wirtschaftlichen Gegebenheiten abhängige, aber dennoch gestaltbare Größe an. Kann eine Erfüllung der Tatbestandsvoraussetzungen der Zinsschranke nicht vermieden werden, kann es sich anbieten, durch eine Erhöhung des EBITDA das Zinsabzugsvolumen zu steigern.

a) Konzerninterner Transfer ertragstarker Unternehmensteile

Die Erhöhung des steuerlichen EBITDA einer konzernzugehörigen Gesellschaft, kann durch einen konzerninternen Transfer ertragstarker Unternehmensteile bewirkt werden. Hierzu kann es sich anbieten, im Rahmen einer Reorganisation das EBITDA einer konzernzugehörigen Gesellschaft durch die buchwertneutrale Einbringung bzw. durch die Abspaltung ertragstarker Unternehmensteile (Teilbetriebe) unter Nutzung des UmwStG zu erhöhen. Denkbar ist auch die Zusammenführung von Konzerngesellschaften im Wege der up-stream bzw. side-stream-Verschmelzung. Dies gilt insbesondere dann, wenn keine EBITDA-Konsolidierung durch den Einbezug der Gesellschaften in den Organkreis möglich ist.

b) Erhöhung des EBITDA durch Begründung einer Organschaft

Die Begründung einer ertragsteuerlichen Organschaft hat zur Folge, dass Organträger und Organgesellschaft ihr jeweiliges EBITDA zusammenrechnen müssen, da für Zwecke der Zinsschranke Organträger und Organgesellschaft als ein Betrieb gelten (§ 15 Satz. 1 Nr. 3 Satz 2 KStG). Sollten bei einem der betroffenen Rechtsträger „unausgeschöpfte Zinsabzugspotentiale" bestehen, ist die Begründung einer Organschaft dazu geeignet, das im Rahmen der 30 %-Grenze des steuerlichen EBITDA abzugsfähige Zinsvolumen zu erhöhen.[139]

---

[139] *Herzig/Liekenbrock*, DB 2009, 1949 [1953].

c) Positiver oder negativer Kaskadeneffekt bei Beteiligung an Mitunternehmerschaften

Ist bspw. eine inländische Kapitalgesellschaft als Mitunternehmer an einer inländischen Personengesellschaft beteiligt, handelt es sich bei Kapitalgesellschaft und Personengesellschaft um jeweils eigenständige Betriebe i. S. d. § 4h EStG. Folge ist, dass sich der Gewinnanteil der Personengesellschaft bei der Ermittlung des maßgeblichen Gewinns i. S. d. § 4h Abs. 3 EStG mehrfach auswirkt (Kaskadeneffekt); in einem ersten Schritt bei der Ermittlung des maßgeblichen Gewinns der Personengesellschaft selbst, in einem zweiten Schritt geht das Ergebnis der Personengesellschaft in die Ermittlung des maßgeblichen Gewinns der Obergesellschaft ein. Eine § 9 Nr. 2 GewStG entsprechende Kürzungsvorschrift weist § 4h EStG nicht auf. Die Finanzverwaltung will derartige Kaskadeneffekte allerdings nicht akzeptieren.[140] Die Verwaltungsauffassung ist jedoch nicht vom Gesetzeswortlaut gedeckt und daher streitig. Die beschriebene Zinsschrankenwirkung tritt bei mehrstufigen Mitunternehmerschaften generell auf, wobei auch „negative Kaskadenwirkungen" in Verlustsituationen denkbar sind.[141] Im Übrigen sind Personengesellschaften als Beteiligungsunternehmen wegen fehlender Organgesellschaftsfähigkeit zwingend sog. „Zinsschranken-Inseln".

d) Einsatz eines Zinsswaps

Besondere Fragestellungen treten bei der Einstufung von Aufwendungen und Erträgen aus einem Swap-Geschäft bei der Ermittlung der Zinsaufwendungen und Zinserträge auf. Im Rahmen eines Zinsswaps erfolgt ein sicherungsbedingter Austausch von Festzinszahlungen gegen variable Zinszahlungen, dabei werden die den Zinszahlungen zugrunde liegenden Kapitalbeträge allerdings nicht getauscht. Während der Laufzeit der Swap-Vereinbarung entrichtet der Darlehnsnehmer weiterhin die festen Zinszahlungen für das aufgenommene Darlehen (Grundgeschäft), erhält aber von der Bank den festen Swapzinssatz, während er den (niedrigeren) variablen Zinssatz für die Laufzeit der Vereinbarung an die Bank zahlt. Es stellt sich die Frage, ob Aufwand bzw. Ertrag aus einem Swapgeschäft bei der Ermittlung der Zinsaufwendungen bzw. Zinserträge i. S. d. § 4h Abs. 3 Sätze 2 und 3 EStG zu berücksichtigen sind. Bei erhaltenen und gezahlten Swapzahlungen handelt es sich nicht um Gegenleistungen für eine Kapitalüberlassung, insoweit stellen Swapzahlungen auch keine Zinsaufwendungen bzw. Zinserträge i. S. d. Zinsschranke dar.[142] Der aus dem Grundgeschäft geschuldete Festzinssatz führt zu Zinsaufwendungen i. S. d. § 4h Abs. 3 Satz 2 EStG. In Höhe der Differenz zwischen erhaltenen und zu zahlenden Swapzahlungen erhöht sich das steuerliche EBITDA der inländischen Kapitalgesellschaft. Die Erhöhung des EBITDA wird allerdings mit einem Zinsänderungsrisiko erkauft. Zudem wird sich eine nennenswerte Beeinflussung des steuerlichen EBITDA nur bei einem entsprechend hohen Volumen des Swap-Geschäftes erreichen lassen.

4. Gestaltungsansätze zur mehrfachen Freigrenzennutzung

Die Freigrenze bietet die Möglichkeit, bei einem Zinssatz von 5 % ein Fremdfinanzierungsvolumen von etwa 60 Mio. €, ohne Einschränkungen durch die Zinsschranke zu nutzen (rückwirkende Erhöhung der Freigrenze auf 3 Mio. € durch das Bürgerentlastungsgesetz Krankenversicherung und Aufhebung der zeitlichen Befristung durch das Wachstumsbeschleunigungsgesetz). In

---

[140] Vgl. BMF v. 4.7.2008, BStBl. I 2008, 718 Rn. 42.

[141] Vgl. *Prinz*, DB 2008, 368-370.

[142] Ob etwas anderes für den Fall gilt, dass zwischen Grundgeschäft und dem Swapgeschäft eine Bewertungseinheit i. S. d. § 5 Abs. 1a EStG vorliegt, ist streitig. Bejahend *Möhlenbrock/Pung*, in D/P/P/M, § 8a KStG, Rn. 219; H/H/R/*Hick*, § 4h EStG, Anm. 82. Verneinend *Köhler/Hahne*, DStR 2008, 1505 [1510]; *Graf*, 60. Steuerrechtliche Arbeitstagung, Wiesbaden 2009, 213.

wirtschaftlicher Hinsicht besteht daher in der Praxis Interesse an Gestaltungsansätzen, die auf eine Vervielfachung der Freigrenze ausgerichtet sind. Die Freigrenze bezieht sich zudem auf das jeweilige Wirtschaftsjahr des Betriebs. Insoweit kann die Freigrenze bei Bildung eines Rumpfwirtschaftsjahres auch für einen verkürzten Zeitraum genutzt werden.

Gestaltungsansätze zur Vervielfachung der Freigrenze können zum einen darin bestehen, wirtschaftliche Aktivitäten auf eigenständige Betriebe auszulagern, die jeweils eine eigenständige Freigrenze in Anspruch nehmen können.[143] Dies kann etwa dadurch erfolgen, dass aus der inländischen Kapitalgesellschaft ein Teilbetrieb im Wege der Ausgliederung oder Abspaltung auf eine Tochtergesellschaft übertragen wird.

Ein weiterer Gestaltungsansatz kann darin bestehen, dass die inländische Kapitalgesellschaft Beteiligungen nicht unmittelbar, sondern unter Aufteilung des Beteiligungsansatzes und der Finanzierung über zwischengeschaltete Betriebe als sog. Akquisitionsvehikel hält, denen dann jeweils eine eigenständige Freigrenze zusteht.[144] Dem § 4h EStG lässt sich nicht die Beschränkung entnehmen, dass ein Steuerpflichtiger nur eine bestimmte Anzahl von Betrieben unterhalten darf. Auch besteht kein Aufteilungsverbot für wirtschaftlich einheitliche Vorgänge auf mehrere Betriebe. Gestützt auf § 42 Abs. 2 Satz 2 AO dürfte die Finanzverwaltung die außersteuerlichen Gründe der Struktur aber kritisch hinterfragen. Die Finanzverwaltung wird den Nachweis verlangen, dass für die Gestaltung nach dem Gesamtbild der Verhältnisse außersteuerliche Gründe ausschlaggebend waren, wobei sich die Vervielfachung der Freigrenze dann als ein eher zwangsläufiger Nebenaspekt darstellt. Um der Finanzverwaltung möglichst wenig Angriffspunkte zu geben, ist eine angemessene Ausstattung der zwischengeschalteten Betriebe in sachlicher und personeller Hinsicht sicherzustellen. D. h. es darf sich nicht lediglich um Gesellschaften auf dem „Papier" handeln. Auch unter Berücksichtigung des zusätzlich anfallenden Compliance-Aufwands für die zwischengeschalteten Gesellschaften verursacht die Gestaltung daher einen gewissen Aufwand, der bei der Beurteilung der Vorteilhaftigkeit zu berücksichtigen ist.[145]

IV. Ergebnis: Zinsschranke verlangt hohe „Steuersensibilität" der Unternehmen

National und grenzüberschreitend anfallende Zinsaufwendungen weisen eine hohe Steuersensibilität auf. Vor allem die (vereinfacht) seit 1. 1. 2008 eingeführte Zinsschranke gem. § 4h EStG mit ihren Verschärfungen im Hinblick auf Gesellschafterfremdfinanzierungen gem. § 8a KStG schränkt die unternehmerische Finanzierungsfreiheit deutlich ein. Sie soll vor allem inländischer Steuersubstratsicherung dienen und ist Bestandteil der Gegenfinanzierung der Unternehmenssteuerreform 2008. Im Ergebnis sind von der Zinsschranke sämtliche kurz- und langfristigen Finanzierungen betroffen, sobald der Nettozinssaldo die 3 Mio. €-Freigrenze überschreitet, ein konzerngebundener Betrieb bzw. eine schädliche Gesellschafterfremdfinanzierung vorliegt und der Eigenkapitalquotenvergleich als „Exit" nicht geführt werden kann. Bei Anwendung der Zinsschranke entstehen temporäre, ggf. auch endgültige (wirtschaftliche) Doppelbesteuerungen,

---

[143] Vgl. *Dörr/Fehling*, Ubg. 2008, 345 [348]; *Middendorf/Stegemann*, Inf. 2007, 305 [312]; zu Gestaltungen im Bereich der Immobilienwirtschaft vgl. *Cölln*, DStR 2008, 1855.

[144] Vgl. *Reiche/Kroschewski*, DStR 2007, 1330 [1333]; *Prinz*, S:R 2008, 22.

[145] Diskutiert werden auch Gestaltungen, bei denen sich der Gesellschafter einer Kapitalgesellschaft als atypisch stiller Gesellschafter am Handelsgewerbe seiner Tochtergesellschaft beteiligt, mit der Folge, dass dann insgesamt drei eigenständige Betriebe (Muttergesellschaft, Tochtergesellschaft und atypisch stille Gesellschaft) vorliegen, denen jeweils eine eigenständige Freigrenze zusteht. Vgl. *Graf*, 60. Steuerrechtliche Arbeitstagung, Wiesbaden 2009, 129.

die gerade in Krisenzeiten besonders nachteilig sind. Eine „bilanzielle Neutralisierung" des steuerlichen Zinsabzugsverbots durch Aktivierung zukünftigen „Steuersparpotentials" als deferred tax asset wird zwar nach § 274 Abs. 1 HGB i. d. F. des BilMoG als Wahlrecht möglich sein, häufig aber an praktischen Begrenzungen scheitern. Letztlich ist der Umgang mit der Zinsschranke in Konzernstrukturen aber auch im Mittelstand deshalb so problematisch, weil nur eingeschränkte Planbarkeit besteht. Ein allgemeiner Drittvergleich für eine fremdübliche Finanzierungsstruktur ist nicht vorgesehen. Dies zieht bei grenzüberschreitenden Finanzierungen doppelbesteuerungsrechtliche Fragen im Hinblick auf den arms's length-Grundsatz (Artikel 9 OECD Musterabkommen) nach sich. Bei Zinsschrankenrisiken wird man vermehrt Eigenkapital einsetzen müssen, spätere Rekapitalisierungen sind möglich. Insgesamt ist auch international ein Trend zu Betriebsausgabenabzugsverboten für Zinsaufwendungen zu beobachten.

Rechtsformabhängige Zinsschrankenwirkungen: Die Zinsschranke ist betriebsbezogen ausgestaltet und damit rechtsformübergreifend anwendbar. Rechtsformneutral wirkt sie jedoch nicht. Sie ist vielmehr stark abhängig von der gewählten rechtsförmlichen Organisationsstruktur. Stammhauskonzern, inländischer Vertragskonzern als Organkreis und faktisch konzernierte Unternehmensverbindungen mit In- und Auslandsbeteiligungen in diversen Rechtsformen werden für Zinsschrankenzwecke unterschiedlich behandelt. Die rechtliche Unternehmensorganisation prägt dabei die Zinsschrankenanwendung. Deutsche Holdinggesellschaften sind wegen der weitgehenden Steuerfreistellung von Dividenden und Veräußerungsgewinnen an Kapitalgesellschaftsanteilen unter Zinsschrankenaspekten „benachteiligt".

Gestaltbarkeit der Zinsschranke: Trotz ihrer hoch komplexen Rechtsstruktur ist die Zinsschranke einer Vielzahl von Gestaltungen zugänglich. Dabei kann unternehmerische Finanzierungsfreiheit mit steueroptimierenden Überlegungen kombiniert werden. Neben Strukturen zur Bewältigung des Konzern- und Eigenkapitalescapes lassen sich in der Besteuerungspraxis beobachten: die Nutzung von Organschaftsstrukturen, die mehrfache Freigrenzennutzung, der Einsatz hybrider Darlehen mit einer ergebnisabhängigen Darlehensverzinsung entlang der 30 % steuerlichen EBITDA-Grenze, der Einsatz der Sondervergütungsregelung des § 15 Abs. 1 Nr. 2 EStG zur Vermeidung von Doppelbesteuerungen sowie die Möglichkeiten eines Zinsmanagements. Auch finden sich mitunter spezielle gesellschafterlose Akquisitionsvehikel (etwa eine in- oder ausländische Stiftung, ein investmentrechtliches Sondervermögen, ggf. auch eine KGaA) mit angeglichener Eigenkapitalquote. Der Einsatz derartiger Gestaltungsinstrumente bedarf stets äußerst sorgsamer Ausgestaltung. Eine intensive Prüfung durch die Finanzverwaltung ist meist auch unter Missbrauchsaspekten „vorprogrammiert".

Steuerpolitischer Verbesserungsbedarf bei der Zinsschranke besteht auch nach den im Rahmen des Wachstumsbeschleunigungsgesetz eingeführten Änderungen. So stellt die Einführung eines EBITDA-Vortrags zwar eine zu begrüßende Maßnahmen dar, die praktische Anwendung der Vorschrift wird aber weiter verkompliziert. Zudem kann die Erhöhung der Toleranzgrenze von einem auf zwei Prozent die im Koalitionsvertrag angekündigte Überarbeitung des Eigenkapital-Escape nicht ersetzen. Es bleiben weiterhin folgende wesentliche Verbesserungsaspekte bestehen: Umgestaltung der Freigrenze in einen Freibetrag, verbesserter Abzugsrahmen über die 30 % EBITDA-Grenze hinaus (bspw. auch unter Einbezug von Forschungs- und Entwicklungsaufwendungen); vereinfachte und großzügiger wirkende Escape-Klausel beim Eigenkapitalquotenvergleich ohne Beteiligungsbuchwertkürzung und Vereinfachung bei der Gesellschafterfremdfinanzierung. Schließlich erscheint auch geboten, den Zinsvortrag sowie den EBITDA-Vortrag „umstrukturierungsfest" zu machen.

Prinz/Hick

4. Die Organschaft im internationalen Konzern

von Dipl. Finanzwirtin (FH) Anke Goller, Steuerberaterin, Stuttgart/Leonberg[*]

Inhaltsübersicht

A. Einleitung
B. Übersicht über die Organschaftsregelungen
   I. Körperschaftsteuerliche und gewerbesteuerliche Organschaft
   II. Umsatzsteuerliche Organschaft
C. Organschaft bei beschränkter Steuerpflicht
   I. Ausländischer Organträger
   II. Gewerblichkeit
   III. Zweigniederlassung
   IV. Ergebnisabführungsvertrag und finanzielle Eingliederung
V. Wirkung der Organschaft mit einem ausländischen Organträger
D. Ausblick: Grenzüberschreitende Organschaft
   I. Rechtsprechung des Europäischen Gerichtshofs
   II. Gruppenbesteuerungssysteme anderer Staaten
   III. Ergebnisabführungsvertrag als Rechtfertigungsgrund?
   IV. Vertragsverletzungsverfahren EU-Kommission
E. Zusammenfassung

Literatur:

Altrichter-Herzberg/Nuernberger, Verlustnutzung über die Grenze, GmbHR 2006, 466; **Dörr,** Gruppenbesteuerung in Österreich, DSWR 2005, 156; **Dötsch,** Internationale Organschaft, Gedächtnisschrift Dirk Krüger, Bonn 2006, 193; **Dötsch** in: Kessler/Kröner/Köhler, Konzernsteuerrecht 2. Auflage 2008 § 3 Rn. 155; **Goller,** Die Organschaft – Chance auch für kleine Unternehmensgruppen, GStB 2004, 356; **Haase,** Die grenzüberschreitende Organschaft – eine Bestandsaufnahme, BB 2009, 980; **Homburg,** AWD – ein deutscher Anwendungsfall für Marks & Spencer, IStR 2009, 350; **Kleinert/Nagler/Rehm,** Gewinnbesteuerung nach „Art des Hauses" mittels grenzüberschreitender Organschaft, DB 2005, 1869; **Kommission der Europäischen Gemeinschaften,** Mitteilung der Kommission an den Rat u. a., „Steuerliche Behandlung von Verlusten bei grenzübergreifenden Sachverhalten" (SEK(2006)1690) vom 19.12. 2006 KOM(2006) 824; **Kußmaul/Niehren,** Grenzüberschreitende Verlustverrechnung im Lichte der jüngeren EuGH-Rechtsprechung, IStR 2008, 81; **Meilicke,** Vertragsverletzungsverfahren wegen Diskriminierung von nach ausländischem Recht errichteten Organgesellschaften, DB 2009, 653; **Pache/Englert,** Grenzüberschreitende Verlustrechnung deutscher Konzernspitzen – Ist die Organschaft noch zu retten?, IStR 2007, 47; **Schaumburg** in: Herzig(Hrsg.), Organschaft 2003, S. 428; **Schmidt/Heinz,** Gruppenbesteuerung im internationalen Vergleich, Stbg 2006, 60 (Teil 1) und 141 (Teil 2); **Rehm/Nagler,** Neues von der grenzüberschreitenden Verlustverrechnung!, IStR 2008, 129; **Walter,** Ausländische gewerbliche Unternehmen und Organschaft, IWB 8/1999, F. 3 Deutschland Gr. 4, 403.

A. Einleitung

Die steuerlichen Rahmenbedingungen für Konzerne sind in Deutschland maßgeblich von den Regelungen zur Organschaft beherrscht. Grundsätzlich gilt im Inland für Besteuerungszwecke die Trennungstheorie, d. h. jede Gesellschaft ist selbstständiges Steuersubjekt. Eine Besteuerung des Konzerns als Einheit ist somit nur im Ausnahmefall möglich, eine Verrechnung von Gewinnen und Verlusten ist nur durch Bildung einer steuerlichen Organschaft zu erreichen. In manchen ausländischen Staaten ist die völlige oder teilweise Ergebnisverrechnung im Konzern schon durch einen einfachen Antrag in der Steuererklärung ("group taxation", "group relief", „group contribution") zu erlangen. Um eine solche aber in Deutschland zu erhalten, ist sorgfältige Planung und zivilrechtlicher Gestaltungsaufwand zur Bildung einer ertragsteuerlichen Organschaft erforderlich. Wenn diese Hürden genommen werden, kommt die Organschaft der einheitlichen Besteuerung des inländischen Konzerns zumindest nahe.

---

[*] Anke Goller ist Steuerberaterin, Fachberaterin für Internationales Steuerrecht bei der BDO Deutsche Warentreuhand AG Wirtschaftsprüfungsgesellschaft am Standort Stuttgart/Leonberg.

Das Rechtsinstitut der Organschaft ist also faktisch ein Wahlrecht für oder gegen eine steuerliche Konsolidierung, somit ein Gestaltungsmittel im Rahmen der Konzernsteuerpolitik, obwohl die gesetzlichen Tatbestände ein solches Wahlrecht nicht ausdrücklich vorsehen.[1]

B. Übersicht über die Organschaftsregelungen

I. Körperschaftsteuerliche und gewerbesteuerliche Organschaft

1. Wesentliche Tatbestandsmerkmale

Die ertragsteuerliche Organschaft ist geregelt in den §§ 14 - 19 KStG sowie § 2 Abs. 2 S. 2 GewStG. Organträger können unbeschränkt steuerpflichtige natürliche Personen, Personengesellschaften mit originär gewerblicher Tätigkeit oder nicht steuerbefreite Körperschaften, Personenvereinigungen oder Vermögensmassen mit Geschäftsleitung im Inland sein. Für Organgesellschaften ist eine doppelte Inlandsanbindung notwendig: Organgesellschaft kann nur eine europäische Gesellschaft, Aktiengesellschaft oder Kommanditgesellschaft auf Aktien oder eine GmbH mit Geschäftsleitung *und Sitz* im Inland sein. Dieses Erfordernis der doppelten Inlandsanbindung wird in der Fachliteratur als EU-rechtswidrig angesehen, da es einen Verstoß gegen die Niederlassungsfreiheit darstelle. So sei etwa eine doppelansässige Organgesellschaft im Vergleich zu ihren Wettbewerbern benachteiligt, die sich durch Eingliederung in einen Organschaftskonzern steuerliche und damit Liquiditätsvorteile verschaffen könnten.[2] Zu dieser Frage hat die EU-Kommission durch Beschluss vom 29. 1. 2009 ein Vertragsverletzungsverfahren gegen Deutschland eingeleitet,[3] Näheres in diesem Beitrag unter D. IV. Der Organträger muss die Mehrheit der Stimmrechte haben (finanzielle Eingliederung) und die Organgesellschaft hat sich mit einem Gewinnabführungsvertrag im Sinne des § 291 Abs. 1 des Aktiengesetzes zu verpflichten, ihren ganzen Gewinn an den Organträger abzuführen. Der Gewinnabführungsvertrag muss auf eine Laufzeit von mindestens 5 Jahren abgeschlossen sein und auch tatsächlich durchgeführt werden. Dieser darf nur aus wichtigem Grund gekündigt werden, um nicht rückwirkend die steuerliche Wirksamkeit der Organschaft zu gefährden.[4] Zu den Voraussetzungen für eine gewerbesteuerliche Organschaft verweist § 2 Abs. 2 S. 2 GewStG auf die körperschaftsteuerlichen Regelungen, seit 2002 ist auch hier der Abschluss eines Gewinnabführungsvertrages zwingendes Tatbestandsmerkmal.

2. Rechtsfolgen

Mit Begründung einer Organschaft können innerhalb eines Konzerns Gewinne und Verluste steuerlich wirksam verrechnet werden, was zu einem erheblichen Liquiditätsvorteil führen kann: Ohne Organschaft könnten Verluste nur im Wege des Verlustrücktrags und des Verlustvortrags mit eigenen Gewinnen der einzelnen Unternehmens verrechnet werden. Durch die Einführung der Mindestbesteuerung ab dem Veranlagungszeitraum 2004 hat sich der Vorteil der Organschaft bei der Verlustverrechnung noch verstärkt. Auch die fehlende Kapitalertragsteuerpflicht für Gewinnabführungen an den Organträger begünstigt ebenso wie die Nichtanwendbarkeit des pauschalen 5 %-igen Betriebsausgabenabzugsverbots auf Dividenden[5] die

---

[1] *Walter*, Ausländische gewerbliche Unternehmen und Organschaft, IWB 8/1999, F. 3 Deutschland, Gr. 4, 403.

[2] *Erle* in Erle/Sauter, Heidelberger Kommentar zum Körperschaftsteuergesetz, § 14 Rz. 223.

[3] Beschwerde Nr. 2008/4409 gegen Deutschland wegen § 14 Abs. 1 KStG nach Artikel 226 EGV.

[4] § 14 Abs. 1 S. Nr. 3 KStG.

[5] § 8b Abs. 5 KStG.

Organschaft. Organgesellschaft und Organträger gelten als ein einziger Betrieb im Sinne der Zinsschranke.[6] Mittels Organschaft kann daher bei inländischen Unternehmensgruppen der Anwendung der Zinsschranke entgangen werden, da bei Einbeziehung aller Konzerngesellschaften nur noch ein Betrieb und kein Konzern im Sinne der Zinsschranke mehr vorliegt.

Die körperschaftsteuerliche Einkommensermittlung für den Organkreis erfolgt nach der sog. Bruttomethode:[7] Das Einkommen der Organgesellschaft wird zunächst getrennt vom Einkommen des Organträgers ermittelt, jedoch nationale oder DBA-rechtliche Steuerbefreiungen erst auf Ebene des Organträgers gewährt.[8] Ebenso sind die Regelungen der Zinsschranke bei der Organgesellschaft nicht anzuwenden. Für Zwecke der Gewerbesteuer gilt die Organgesellschaft als Betriebsstätte des Organträgers.[9] Der Gewerbeertrag der Organgesellschaft wird dem des Organträgers zur Berechnung des Steuermessbetrags zugerechnet.[10] Dabei unterbleiben Hinzurechnungen nach § 8 GewStG, soweit diese zu einer doppelten steuerlichen Belastung führen würden.[11] Da mit dem Unternehmensteuerreformgesetz 2008 die Hinzurechnungstatbestände erheblich ausgeweitet und verschärft wurden,[12] kann die Organschaft bei entsprechenden konzerninternen Leistungsbeziehungen auch zu erheblichen gewerbesteuerlichen Vorteilen führen.

Überblick über die steuerliche Behandlung von ausländischen Einkünften im Rahmen einer Organschaft[13]:

Ausländische Einkünfte des Organträgers:

		Organträger oder dessen Gesellschafter ist Kapitalgesellschaft	Organträger ist Personengesellschaft oder natürliche Person
Gewinnausschüttungen einer ausländischen Tochtergesellschaft	DBA-Staat	Steuerfrei aufgrund DBA-Schachtelprivileg und zu 95 % gem. § 8b Abs. 1 und 5 KStG	Teileinkünfteverfahren, d. h., zu 40 % steuerfrei gem. § 3 Nr. 40 lit. d EStG, Anrechnung ausländischer Steuer § 34c EStG, Aufwendungen unterliegen 40 % Abzugsverbot § 3c Abs. 2 EStG
	Nicht-DBA-Staat	Steuerfrei zu 95 % gem. § 8b Abs. 1 und 5 KStG	dto.
Gewinne aus ausländischen Betriebsstätten	DBA-Staat	Steuerfreistellung aufgrund DBA	Steuerfreistellung aufgrund DBA, Progressionsvorbehalt: § 32b EStG[14]
	Nicht-DBA-Staat	Steuerpflichtig unter Anrechnung der ausländischen Steuer gem. §§ 26 KStG, 34c EStG	Steuerpflichtig unter Anrechnung der ausländischen Steuer gem. § 34c EStG

---

[6] § 15 Nr. 3 KStG.
[7] Vgl. zur Einkommensermittlung auch bei Beteiligung von Minderheitsgesellschaftern: *Goller*, Die Organschaft – Chance auch für kleine Unternehmensgruppen, GStB 2004, 356.
[8] § 15 Satz 2 KStG.
[9] § 2 Abs. 2 S. 2 GewStG.
[10] R 14 Abs. 1 GewStR.
[11] R 40 Abs. 1 GewStR.
[12] So sind etwa nicht mehr lediglich Dauerschuldentgelte zuzurechnen, sondern sämtliche Entgelte für Schulden und auch solche für Miet- und Pachtaufwendungen und Lizenzen und zwar unabhängig von einer Gewerbesteuerpflicht des Empfängers, § 8 Nr. 1 GewStG.
[13] Ausführlich: *Dötsch*, Internationale Organschaft, Gedächtnisschrift Dirk Krüger, Bonn 2006, 193, 199.
[14] Ab dem Veranlagungszeitraum 2008 entfällt der Progressionsvorbehalt u. a. für passive Einkünfte aus EU/EWR-Stataten, vgl. § 32b Abs. 1 Nr. 3 EStG i. d. F. des JStG 2009 (BGBl. 2008 S. 2794).

Verluste aus ausländischen Betriebsstätten	DBA-Staat	Grundsätzlich: Steuerfreistellung aufgrund DBA: keine Berücksichtigung	Grundsätzlich: Steuerfreistellung aufgrund DBA: keine Berücksichtigung
	Nicht-DBA-Staat	Grundsätzlich: Berücksichtigung im Inland, Ausnahme: § 2a EStG	Grundsätzlich: Berücksichtigung im Inland, Ausnahme: § 2a EStG

Ausländische Einkünfte der Organgesellschaft:

		Organträger oder dessen Gesellschafter ist Kapitalgesellschaft	Organträger ist Personengesellschaft oder natürliche Person
Gewinnausschüttungen einer ausländischen Tochtergesellschaft	DBA-Staat	Auf Ebene des Organträgers erfolgt gem. § 15 S. 1 Nr. 2 S. 2 KStG die Steuerbefreiung aufgrund DBA-Schachtelprivileg und zu 95 % gem. § 8b Abs. 1 und 5 KStG	Auf Ebene des Organträgers erfolgt gem. § 15 S. 1 Nr. 2 S. 2 KStG die Anwendung des Teileinkünfteverfahrens, d. h, zu 40 % Steuerfreistellung gem. § 3 Nr. 40 lit. d EStG, Anrechnung ausländischer Steuer § 34c EStG
	Nicht-DBA-Staat	Auf Ebene des Organträgers erfolgt gem. § 15 S. 1 Nr. 2 S. 2 KStG die 95 %ige Steuerbefreiung gem. § 8b Abs. 1 und 5 KStG	Auf Ebene des Organträgers erfolgt gem. § 15 S. 1 Nr. 2 S. 2 KStG die Anwendung des Teileinkünfteverfahrens, d. h, zu 40 % Steuerfreistellung gem. § 3 Nr. 40 lit. d EStG, Anrechnung ausländischer Steuer § 34c EStG
Finanzierungsaufwendungen	Organträger für die Organbeteiligung	Keine Abzugsbeschränkung.	Keine Anwendung von § 3c Abs. 2 EStG
	Organgesellschaft für die ausländische Tochtergesellschaft	Im Ausschüttungsfall Zurechnung von 5 % nichtabzugsfähigen Betriebsausgaben gem. § 8b Abs. 5 KStG auf Ebene des Organträgers	Teilweises Abzugsverbot gem. § 3c Abs. 2 EStG auf Ebene des Organträgers
Gewinne aus ausländischen Betriebsstätten	DBA-Staat	Steuerfreistellung aufgrund DBA ist auf Ebene Organgesellschaft vorzunehmen	Steuerfreistellung aufgrund DBA ist auf Ebene Organgesellschaft vorzunehmen. Da es sich um Organeinkommen handelt, das von § 15 S. 2 KStG nicht erfasst ist: Kein Progressionsvorbehalt nach § 32b EStG
	Nicht-DBA-Staat	Steuerpflichtig unter Anrechnung der ausländischen Steuer gem. §§ 26 KStG, 34c EStG beim Organträger	Steuerpflichtig unter Anrechnung der ausländischen Steuer gem. § 34c EStG beim Organträger
Verluste aus ausländischen Betriebsstätten	DBA-Staat	Grundsätzlich: Steuerfreistellung aufgrund DBA: keine Berücksichtigung	Grundsätzlich: Steuerfreistellung aufgrund DBA: keine Berücksichtigung
	Nicht-DBA-Staat	Grundsätzlich: Berücksichtigung im Inland, Ausnahme: § 2a EStG	Grundsätzlich: Berücksichtigung im Inland, Ausnahme: § 2a EStG

II. Umsatzsteuerliche Organschaft

Für die umsatzsteuerliche Organschaft ist kein Ergebnisabführungsvertrag notwendig und es besteht grundsätzlich auch kein Wahlrecht:[15] Wenn die Voraussetzungen, finanzielle, wirtschaftliche und organisatorische Eingliederung,[16] erfüllt sind, ist eine Kapitalgesellschaft nicht als selbständiger Unternehmer i. S. d. Umsatzsteuergesetzes anzusehen, sondern als Teil des Unternehmens des Organträgers.[17] Nicht erkannte oder zu Unrecht als solche behandelte[18] umsatzsteuerliche Organschaften können im Insolvenzfall oder beim Unternehmensverkauf zu erheblichen wirtschaftlichen Belastungen führen, da der Insolvenzverwalter oder der Erwerber im Nachhinein bis zur Bestandskraft der Umsatzsteuerfestsetzungen noch die korrekten steuerlichen Folgen aus einer Organschaft ziehen kann. Zumindest im Fall von Unternehmensverkäufen sind durch umfassende Steuerklauseln nachträgliche Steuerbelastungen zu vermeiden. Die nicht-grenzüberschreitende Wirkung ist explicit im Gesetz geregelt: „Die Wirkungen der Organschaft sind auf Innenleistungen zwischen den im Inland gelegenen Unternehmensteilen beschränkt."[19] So sind etwa Warenbewegungen zwischen den im Inland und den in anderen EU-Staaten gelegenen Unternehmensteilen als steuerfreie innergemeinschaftliche Lieferungen bzw. als innergemeinschaftliche Erwerbe zu beurteilen.[20] Allerdings sind grenzüberschreitende Leistungen innerhalb eines Unternehmens, also z.B. zwischen inländischem Organträger und seiner ausländischen Betriebsstätte oder umgekehrt außerhalb der Organschaftsregelungen grundsätzlich als nicht steuerbare Innenumsätze zu beurteilen.[21] Dies gilt jedoch nicht im Verhältnis zu anderen Organgesellschaften. Als im Inland gelegene Unternehmensteile gelten der im Inland ansässige Organträger, dessen im Inland ansässige Organgesellschaften, die im Inland ansässigen Organgesellschaften eines ausländischen Organträgers sowie die im Inland gelegenen Betriebsstätten sämtlicher vorgenannten Gesellschaften.[22] Organgesellschaften im Ausland sind bei der Erfassung von steuerbaren Umsätzen, bei Anwendung der Steuerschuldnerschaft des Leistungsempfängers und dem Vorsteuervergütungsverfahren jeweils für sich als im Ausland ansässige Unternehmer anzusehen.[23] Mit einem ausländischen Organträger ist eine solche umsatzsteuerliche Organschaft somit insofern möglich, als lediglich dessen Umsätze im Inland und die der inländischen Organgesellschaften, jeweils samt den inländischen Betriebsstättenumsätzen, in den Organkreis einbezogen werden. Der wirtschaftlich bedeutendste Unternehmensteil im Inland gilt als der Unternehmer und Steuerschuldner[24] und hat dann die umsatz-

---

[15] Nur durch die gezielte Gestaltung kann der umsatzsteuerlichen Organschaft entgangen werden. Insbesondere die organisatorische Eingliederung dürfte einigermaßen einfach durch nicht deckungsgleiche Geschäftsführung zu vermeiden sein.

[16] Zu den Eingliederungsvoraussetzungen vgl. im Einzelnen: R 21 Abs. 4-6 UStR.

[17] § 2 Abs. 2 Nr. 2 UStG.

[18] Seit der Bundesfinanzhof in zwei Urteilen (BFH vom 5. 12. 2007 V R 26/06, BStBl. II 2008, 451 und vom 3. 4. 2008 V R 76/05, BStBl. II 2008, 905) die Voraussetzungen der organisatorischen Eingliederung erheblich verschärfte und jahrzehntelange Grundfesten erschütterte, dürfte so manche sicher geglaubte Organschaft von der Betriebsprüfung zerschlagen werden. Da im Regelfall für die vermeintlichen „nicht-steuerbaren Innenumsätze" keine zum Vorsteuerabzug berechtigenden Rechnungen vorliegen dürften, wird es dann zu erheblichen Zinsbelastungen bei den betroffenen Konzernen kommen.

[19] § 2 Abs. 2 Nr. 2 S. 2-4 UStG.

[20] R 15b Abs. 8 UStR.

[21] R 21a Abs. 2 UStR.

[22] R 21a Abs. 3 UStR.

[23] R 21a Abs. 6 UStR.

steuerlichen Pflichten, wie etwa die Abgabe von Voranmeldung und Jahreserklärung zu erfüllen. Regelmäßig ist dies die Organgesellschaft mit dem höchsten Umsatz. Wenn jedoch die Voraussetzungen des § 18 KStG erfüllt sind, ist dies die Zweigniederlassung des ausländischen Organträgers.[25]

C. Organschaft bei beschränkter Steuerpflicht

I. Ausländischer Organträger

1. Doppelt ansässiger Organträger:

Ein ausländischer Organträger ist, im Gegensatz zu einer ausländischen Organgesellschaft, nach geltendem Recht in zwei Fällen zugelassen. Wie oben ausgeführt, kann Organträger gemäß § 14 Abs. 1 S. 1 Nr. 2 KStG jedes gewerbliche Unternehmen sein, das die Geschäftsleitung im Inland hat. Auf den statutarischen Sitz kommt es nicht an, dieser kann auch im Ausland liegen und es kommt zur Doppelansässigkeit. Da durch den inländischen Ort der Geschäftsleitung eine Betriebsstätte gebildet wird, erfährt die inländische Besteuerung auch bei Anwendung von Doppelbesteuerungsabkommen durchweg keine Einschränkungen.[26] Unerheblich ist, ob die Doppelansässigkeit bereits bei Gründung des Organträgers vorlag oder diese erst durch die inzwischen zulässige Verlegung des Verwaltungssitzes entstand.[27]

2. Beschränkt steuerpflichtiger Organträger:

Wenn ein ausländisches Unternehmen Sitz *und* Geschäftsleitung im Ausland hat, kann es unter den Voraussetzungen des § 18 KStG dennoch Organträger sein und zwar im Rahmen seiner beschränkten Steuerpflicht.[28] Für diesen Fall muss sich die Organgesellschaft verpflichten, ihren gesamten Gewinn an ein ausländisches gewerbliches Unternehmen, das eine inländische im Handelsregister eingetragene Zweigniederlassung unterhält, abzuführen und den dazu erforderlichen Gewinnabführungsvertrag mit dem Organträger unter der Firma der inländischen Zweigniederlassung abgeschlossen haben und außerdem zum Betriebsvermögen dieser Zweigniederlassung gehören. Wenn diese Voraussetzungen erfüllt sind, ist das Einkommen der Organgesellschaft den beschränkt steuerpflichtigen Einkünften des Organträgers aus der inländischen Zweigniederlassung zuzurechnen, §§ 14-17 KStG sind sinngemäß anzuwenden.[29] Gewerbesteuerlich gilt die Organgesellschaft wiederum als Betriebsstätte des Organträgers, im Übrigen wird auch hier verwiesen auf die Regelungen in §§ 14, 17 und 18 KStG.

Natürliche Personen, die ein Gewerbe betreiben und im Inland eine Zweigniederlassung unterhalten, dürfen weder Wohnsitz noch gewöhnlichen Aufenthalt im Inland haben, um als ausländischer Organträger tauglich zu sein. Streitig ist in der Fachkommentierung, ob eine Personengesellschaft mit Geschäftsleitung im Ausland, an der jedoch unbeschränkt steuerpflichtige Gesellschafter beteiligt sind, ein ausländisches gewerbliches Unternehmen i. S. d. § 18 KStG sein kann.[30] Teilweise wird die Auffassung vertreten, das Merkmal „Zurechnung zu den beschränkt

---

[24] Die Organgesellschaften haften lediglich für die auf sie entfallende Umsatzsteuer gemäß § 73 AO.
[25] R 21a Abs. 7 S. 3 UStR.
[26] *Schaumburg* in: Herzig (Hrsg.), Organschaft, S. 428.
[27] *Haase*, BB 2009, 980, 981 unter Hinweis auf BFH v. 29. 1. 2003, I R 6/99, BB 2003, 1210.
[28] §§ 49, 50, 1 Abs. 4 EStG, § 2 Abs. 1 KStG.
[29] § 18 S. 2 KStG.
[30] Zum Streitstand: *Witt/Dötsch* in D/J/P/W § 18 KStG nF, Rn. 6f.

steuerpflichtigen Einkünften" in § 18 Satz 1 KStG sei als Mindestvoraussetzung[31] zu verstehen, d.h., auch eine Personengesellschaft, an welcher teilweise oder nur unbeschränkt steuerpflichtige Gesellschafter beteiligt sind, ist ein ausländisches gewerbliches Unternehmen i. S. d. § 18 KStG. Wenn man die beschränkte Steuerpflicht als zwingend und damit die unbeschränkte als schädlich im Anwendungsbereich des § 18 KStG ansieht, ergibt sich aus dem Zusammenspiel von § 14 und § 18 KStG folgende Situation:

Fallübersicht zur Organträgereignung[32]

Rechtsform	Statutarischer Sitz	Geschäftsleitung	Organträgereignung
Kapitalgesellschaft	Im Inland	Im Inland	Ja, § 14 Abs. 1 S. 1 Nr. 2 KStG
Kapitalgesellschaft	Im Ausland	Im Inland	Ja, § 14 Abs. 1 S. 1 Nr. 2 KStG
Kapitalgesellschaft mit inländischer Zweigniederlassung	Im Inland	Im Ausland	Ja, § 18 KStG
Kapitalgesellschaft mit inländischer Zweigniederlassung	Im Ausland	Im Inland	Nein (da Kapitalgesellschaft gem. § 1 Abs. 1 Nr. 1 KStG unbeschränkt steuerpflichtig)
Personengesellschaft		Im Inland	Ja, § 14 Abs. 1 S. 1 Nr. 2 S. 2 KStG
Personengesellschaft mit inländischer Zweigniederlassung, Mitunternehmer sind im Inland unbeschränkt steuerpflichtig		Im Ausland	Nein (da das zugerechnete Organeinkommen der unbeschränkten Steuerpflicht unterliegt)
Personengesellschaft mit inländischer Zweigniederlassung, Mitunternehmer sind im Inland beschränkt steuerpflichtig		Im Ausland	Ja, § 18 KStG

Dieses Ergebnis entspricht zwar dem Wortlaut der §§ 14 und 18 KStG, ist aber aus systematischen Gründen wenig überzeugend. Warum soll sich eine Kapitalgesellschaft mit ihrer inländischen Zweigniederlassung und Geschäftsleitung im Inland nicht eignen? Ohne Zweigniederlassung bestünde daran aber kein Zweifel, ebensowenig bei Geschäftsleitung im Ausland. Auch im Fall der Personengesellschaft mit unbeschränkt steuerpflichtigen Gesellschaftern soll die daraus resultierende stärkere Inlandsanbindung einer Organschaft entgegenstehen. Möglicherweise hat es der Gesetzgeber schlichtweg versäumt, auch § 18 KStG entsprechend anzupassen, als mit dem UntStFG die doppelte Inlandsanbindung für den Organträger in § 14 Abs. 1 Nr. 2 KStG wegfiel.[33] Zu einem überzeugenderen Ergebnis gelangt man, wenn auch bei der Personengesellschaft allein auf den Ort des Sitzes und der Geschäftsleitung abgestellt wird. Demnach wäre

---

[31] *Walter* in Ernst & Young, § 18 KStG Rn. 8.
[32] *Dötsch* in Kessler/Kröner/Köhler, Konzernsteuerrecht 2. Auflage 2008 § 3 Rn. 155 unter Hinweis auf *Dötsch*, Der Konzern 2004, 531.
[33] *Dötsch*, Internationale Organschaft, Gedächtnisschrift Dirk Krüger, Bonn 2006, 193, 196.

eine Personengesellschaft mit Sitz im Ausland und Geschäftsleitung im Inland als Organträger i. S. d. § 18 KStG tauglich.[34]

II. Gewerblichkeit

Die im Gesetz geforderte Gewerblichkeit des ausländischen Unternehmens ist nach überwiegender Meinung entgegen dem Gesetzeswortlaut so auszulegen, dass die inländische Zweigniederlassung gewerblich tätig sein muss und nicht (nur) das ausländische Unternehmen.[35] Dies wird mit dem Sinn und Zweck der Regelung begründet, wonach die Einkünfte der Organgesellschaft, welche kraft gesetzlicher Fiktion gewerbliche sind,[36] auch als solche der Besteuerung im Rahmen der Organschaft unterliegen sollen.[37]

III. Zweigniederlassung

Es muss sich hierbei um eine im Handelsregister eingetragene Zweigniederlassung im Sine der §§ 13 ff HGB handeln. Obwohl handelsrechtlich die Eintragung nur deklaratorische Wirkung hat, kommt ihr als Tatbestandsvoraussetzung bei Anwendung des § 18 KStG konstitutive Wirkung zu. Die Folgen aus der Organschaft, d.h. die gemeinsame Besteuerung des Einkommens von Organgesellschaft und Organträger, können ab dem Veranlagungszeitraum gezogen werden, in welchem die Handelsregistereintragung erfolgte.[38] Wird die Handelsregistereintragung später wieder gelöscht, entfällt die Organschaft mit Wirkung für das Folgejahr (str.).[39] Ebenfalls strittig ist, ob der Gewinnabführungsvertrag für die Dauer von fünf Jahren tatsächlich durchgeführt werden muss oder die Löschung der Zweigniederlassung einen wichtigen Kündigungsgrund darstellt, welcher die Anerkennung der Organschaft nicht rückwirkend gefährdet.[40] Eine Löschung der Zweigniederlassung erfolgt im Regelfall nicht zur willkürlichen Einkommensverlagerung, daher ist diese m. E. auch nicht schädlich für die Anerkennung der Organschaft.[41] Dafür spricht auch, dass von der Finanzverwaltung als wichtiger Kündigungsgrund die Liquidation sowohl von Organträger als auch Organgesellschaft anerkannt werden[42] Dies muss umso mehr für die Zweigniederlassung gelten, die diesen Status nicht innehat, sondern im Bereich des § 18 KStG lediglich als Träger der Besteuerungspflicht dient.

Zweigniederlassungen sind stets zugleich auch steuerliche Betriebsstätten im Sinne des § 12 Abs. 2 AO und des Art. 5 Abs. 2 lit. b OECD-MA. Somit werden von § 18 KStG auch inländische

---

[34] *Gosch/Neumann* KStG § 18, Rz. 7.
[35] *Walter* in Ernst & Young, KStG, § 18 Rn. 10.
[36] § 2 Abs. 2 S.1 GewStG.
[37] *Gosch/Neumann* KStG § 18 Rz. 14.
[38] *Walter* in Ernst & Young, KStG, § 18 Rn. 15; *Neumann/Gosch* KStG § 18 Rz. 24, *Frotscher* in Frotscher/Maas § 18 KStG Rz. 1, *Erle* in Erle/Sauter, Heidelberger Kommentar zum Körperschaftsteuergesetz, § 18 Rz. 13, *Witt/Dötsch* in D/J/P/W § 18 KStG nF Rn. 12, *Haase*, BB 2009, 980, 981; unklar: *Pache* in H/H/R § 18 Rz. 17.
[39] *Witt/Dötsch* in D/J/P/W § 18 KStG nF Rn. 12, *Walter* in Ernst & Young, KStG, § 18 Rn. 15; a. A.: *Gosch/Neumann* KStG § 18 Rz. 28.
[40] *Gosch/Neumann* KStG § 18 Rz. 29: Löschung ist kein wichtiger Kündigungsgrund; a. A.: *Pache* in H/H/R § 18 Rz. 19; *Walter* in Ernst & Young, KStG, § 18 Rn. 15.
[41] Gl. A.: *Walter* in Ernst & Young, KStG, § 14 Rn. 782 für den Liquidationsfall.
[42] R 60 Abs. 6 S. 2 KStR.

Personengesellschaften erfasst, wenn sie eine inländische Zweigniederlassung im Handelsregister eingetragen haben und an ihr im Ausland ansässige Gesellschafter beteiligt sind.[43]

IV. Ergebnisabführungsvertrag und finanzielle Eingliederung

Der Ergebnisabführungsvertrag muss unter der Firma (d.h. dem Firmennamen, § 17 HGB) der Zweigniederlassung abgeschlossen sein, obwohl zivilrechtlicher Vertragspartner der Organgesellschaft zwingend die ausländische Hauptniederlassung ist, denn die Zweigniederlassung ist zivilrechtlich nicht rechtsfähig.[44] Die tatsächliche Ergebnisabführung an den ausländischen Organträger erfolgt durch entsprechende Bilanzierung in der Handelsbilanz, ggf. der Steuerbilanz der Zweigniederlassung.[45] Dies ist zwingende Folge der erforderlichen finanziellen Eingliederung der Organgesellschaft in die Zweigniederlassung: Sie muss dieser unter funktionalen Gesichtspunkten zugeordnet sein[46] und mehr als 50 % der Stimmrechte vermitteln, und zwar vom Beginn des Wirtschaftsjahres der Organgesellschaft an, vgl. § 18 Satz 2 i. V. m. § 14 Abs. 1 Satz 1 Nr. 1 KStG. Dass die Ausübung der Stimmrechte entsprechend der zivilrechtlichen Gesellschafterstellung von der ausländischen Hauptniederlassung erfolgt, ist unumgänglich und steuerlich unschädlich.[47]

V. Wirkung der Organschaft mit einem ausländischen Organträger

Die Einkommensermittlung erfolgt nach den Regelungen der §§ 15, 19 KStG. Mit einem ausländischen Organträger kann eine Gewinn- und Verlustverrechnung aller inländischen Tochtergesellschaften bei der inländischen Zweigniederlassung erreicht werden. Die Zweigniederlassung fungiert hierbei quasi als Konzernspitze. Eine grenzüberschreitende Verrechnung ist nur insoweit möglich wie ein ausländischer Staat für Betriebsstättenergebnisse die Anrechnungsmethode vorsieht: Wenn die Gewinne der inländischen Zweigniederlassung (Betriebsstätte) durch Verrechnung mit Verlusten der Organgesellschaften gemindert sind, ergibt sich zur Anrechnung im Ausland eine geringere deutsche Steuer. Von Vorteil ist dies aber nur, wenn im Ausland aufgrund weit geringerer Steuersätze nach Anrechnung der deutschen Steuer weniger ausländische Steuer anfällt, ohne dass ein Anrechnungsüberhang verbleibt.

Auch der Transfer von Gewinnen der inländischen Tochtergesellschaften ohne Kapitalertragsteuerbelastung aufgrund des Ergebnisabführungsvertrages an den Organträger im Ausland führt nicht nur zu einem Liquiditätsvorteil, sondern aufgrund der Definitivwirkung von Ausschüttungen bei beschränkt steuerpflichtigen natürlichen Personen zu einer echten Steuerersparnis.[48] Auch die im DBA-Fall regelmäßig steuerfreie Durchleitung von ausländischen Betriebsstättengewinnen[49] der Organgesellschaften an den ausländischen Organträger wäre ohne

---

[43] *Haase*, BB 2009, 980, 982.
[44] *Walter* in Ernst & Young, KStG, § 18, Rn. 17.
[45] *Walter* in Ernst & Young, KStG, § 18 Rn. 18.
[46] *Haase*, BB 2009, 980, 982.
[47] *Walter* in Ernst & Young, KStG, § 18 Rn. 20.
[48] Wenn der ausländische Organträger und die Organgesellschaft jeweils Gesellschaften im Sinne der Mutter-Tochter-Richtlinie (vom 23. 7. 1990, ABl.EG Nr. L 225 S. 6, ber. ABl. EG Nr. L 266 S. 20) sind, entfällt dieser Vorteil, da die Ausschüttung nicht besteuert wird und auch kein Quellensteuerabzug vorzunehmen ist.
[49] Nach herrschender Meinung, u. a. *Walter* in Ernst & Young, KStG, § 15 Rn. 23, und ausweislich des Gesetzestextes gilt § 15 Nr. 2 KStG nur für Gewinnanteile, d.h. Ausschüttungen, nicht jedoch für Betriebsstät-

Organschaft nicht möglich, diese Gewinne müssten von der Tochtergesellschaft vielmehr ausgeschüttet werden.

Trotz des Verweises in § 18 S. 2 KStG auf die sinngemäße Anwendung – auch – des § 14 Abs. 1 Nr. 5 KStG bleibt für eine solche nach überwiegender Meinung kein Raum: Mit dieser soll eine doppelte Verlustberücksichtigung (sog. double-dip) beim Organträger im In- und Ausland verhindert werden. Die Vorschrift wird als missglückt[50] und im Bereich des § 18 KStG als nicht anwendbar betrachtet.[51]

Die Wirkung des § 18 KStG soll folgendes *Beispiel* verdeutlichen:
Die Zweigniederlassung (OT) erzielt einen Gewinn von 100, die Organgesellschaft (OG 1) einen Verlust von 50, die OG 2 einen Gewinn von 50, darin enthalten sind Dividenden einer inländischen Tochtergesellschaft in Höhe von 20 und ein Gewinn aus der Betriebsstätte im DBA-Staat XY in Höhe von 10. Gesellschafter des ausländischen gewerblichen Unternehmens (PersG) sind A und B, beide ohne Wohnsitz oder gewöhnlichen Aufenthalt im Inland.

Von den natürlichen Personen A und B sind im Rahmen ihrer beschränkten Einkommensteuerpflicht im Inland zu versteuern:

Eigenes Einkommen Zweigniederlassung (OT)	100
dem OT zuzurechnendes Einkommen OG 1	-50
dem OT zuzurechnendes Einkommen OG 2	50
abzüglich steuerfreier Teil der darin enthaltenen Dividende (§ 3 Nr. 40 EStG i. V. m. § 15 Nr. 2 KStG)	-8
abzüglich darin enthaltene, nach DBA steuerfreie Betriebsstättengewinne	-10
zu versteuerndes Einkommen	82

Ohne Organschaft könnte der Verlust der OG 1 lediglich von ihr selbst im Wege des Verlustrück- oder -vortrags genutzt werden. Die Dividende der Tochtergesellschaft wäre bei der OG 2 steuerfrei, unter Hinzurechnung von pauschal 5 % nichtabziehbaren Betriebsausgaben. Die Betriebsstättengewinne blieben in der OG 2 eingeschlossen und stünden ggf. für Ausschüttungen zur Verfügung. Die natürlichen Personen würden lediglich ihre anteiligen Einkünfte aus der Zweigniederlassung versteuern.

Gewerbesteuerlich gilt die Organgesellschaft als Betriebsstätte des ausländischen Organträgers und nicht etwa der inländischen Zweigniederlassung.[52] Der inländischen Gewerbesteuerpflicht unterliegt jedoch nicht der ausländische Organträger, sondern der inländische Gewerbebetrieb (d. h. die Zweigniederlassung), der Gewerbeertrag der Organgesellschaft/Betriebsstätte wird zunächst getrennt ermittelt und sodann hinzugerechnet. Besonderheiten ergeben sich bei der Gewerbesteuer im Nicht-DBA-Fall, wenn die Einkünfte der Zweigniederlassung im Rahmen der beschränkten Steuerpflicht steuerfrei wären und der ausländische Staat Unternehmen, deren Geschäftsleitung sich im Inland befindet, eine entsprechende Befreiung gewährt oder keine der Gewerbesteuer entsprechende Steuer erhoben würde.[53] Auch wenn die Gewerbesteuer nur in

---

tengewinne, welche aufgrund DBA steuerfrei sind. Diese sind bereits auf Ebene der Organgesellschaft steuerfrei zu stellen.

[50] Mit einer Zusammenfassung der offenen Fragen zu dieser Norm: *Dötsch*, Internationale Organschaft, Gedächtnisschrift Dirk Krüger, Bonn 2006, S. 206.

[51] *Gosch/Neumann*, KStG § 18 Rn. 47, Haase, BB 2009, 980, 985.

[52] *Haase*, BB 2009, 980, 985: Dem Konzept einer Unterbetriebsstätte werde zu Recht eine Absage erteilt; vgl. dort Fn. 44.

[53] § 2 Abs. 6 GewStG.

wenigen Staaten bekannt sein dürfte, so kommen vergleichbare Steuern in der Praxis durchaus vor.[54]

D. Ausblick: Grenzüberschreitende Organschaft

Die Bedeutung des deutschen Organschaftsrechts bei grenzüberschreitenden Sachverhalten ist also noch sehr eingeschränkt. Angesichts der Ausweitung des Binnenmarktes und der immer rascher wachsenden Globalisierung stellt sich daher die Frage, wie lange sich der deutsche Steuergesetzgeber noch gegen ein international ausgerichtetes Konzernsteuerrecht wehren kann.

I. Rechtsprechung des Europäischen Gerichtshofs

Insbesondere zwei Urteile des EUGH haben die Diskussion um europäische Gruppenbesteuerungssysteme und grenzüberschreitende Gewinn-/Verlustverrechnungen beeinflusst. In der Rs. Marks & Spencer[55] hatte der EUGH über das britische „group relief" zu entscheiden, das die steuerliche Verrechnung von inländischen Gewinnen mit Verlusten von inländischen Tochtergesellschaften in Großbritannien erlaubt, aber mit Verlusten von EU-Tochtergesellschaften verbietet. Der EUGH urteilte, die Niederlassungsfreiheit gem. Art. 43, 48 EGV sei zwar beschränkt, jedoch sei eine derartige Beschränkung zulässig, wenn mit ihr ein berechtigtes und mit dem EGV zu vereinbarenden Ziel verfolgt wird und sie außerdem durch zwingende Gründe des Allgemeininteresses gerechtfertigt, zur Erreichung des Ziels geeignet und nicht über das hinausgehe, was hierzu erforderlich sei.[56] Als Rechtfertigungsgründe[57] wurden vom EUGH anerkannt:

- Wahrung einer ausgewogenen Aufteilung der Besteuerungsbefugnis zwischen den betroffenen Mitgliedsstaaten
- Verhinderung der Gefahr einer doppelten Verlustnutzung, die bestände, wenn die Verluste im Mitgliedsstaat der Muttergesellschaft und in den Mitgliedsstaaten der Tochtergesellschaften berücksichtigt würden
- Verhinderung des Ausnutzens von unterschiedlichen Steuersätzen in den Mitgliedsstaaten (Steuerfluchtgefahr).

Wenn die auf das Inland beschränkte Verlustverrechnung jedoch dazu führt, dass die Verluste der ausländischen Tochtergesellschaft definitiv werden, da dort keine Möglichkeit der Verlustberücksichtigung mehr besteht, sei dies mit dem EGV nicht mehr vereinbar.[58]

Anders als in der Rechtssache Marks & Spencer hatte der EUGH in der Rechtssache Oy AA[59] nicht über eine Verlustbeschränkung, sondern über eine Gewinnverrechnungsbeschränkung und deren Vereinbarkeit mit der Niederlassungsfreiheit zu entscheiden. Vereinfacht ausgedrückt lässt es das finnische Steuersystem zu, dass eine zu einer Gruppe gehörende, gewinnzielende, Gesellschaft einen Konzernbeitrag an eine Verlustgesellschaft der gleichen Gruppe zahlen kann und damit einen steuerlich wirksamen Gewinntransfer bewerkstelligt. Diese Konzernbeitragsregelung ist allerdings auf Finnland beschränkt, so dass der EUGH darüber zu entscheiden hatte, ob der Konzernbeitrag der finnischen Tochtergesellschaft an die Muttergesellschaft in Großbri-

---

[54] *Haase*, BB 2009, 980, 985.
[55] EUGH vom 13. 12. 2005-Rs. C-446/03.
[56] EUGH 13. 12. 2005- Rs. C-446/03 Rn. 35.
[57] EUGH 13. 13. 2005-Rs. C-446/03 Rn. 45 – 50.
[58] EUGH 13. 12. 2005,-Rs. C-446/03 Rn. 55.
[59] EUGH 18. 7. 2007-Rs. C-231/05.

tannien verrechnet werden kann. Auch hier hat der EUGH zwar eine Beschränkung der Niederlassungsfreiheit erkannt, jedoch die Rechtfertigungsgründe, wie sie bereits im Urteil Marks & Spencer zum Tragen kamen, nämlich die Wahrung der Aufteilung der Besteuerungsbefugnisse und die Vermeidung der Steuerumgehung, anerkannt. Wenn mit der finnischen Konzernbeitragsregelung eine grenzüberschreitende Gewinnübertragung möglich wäre, würde dies dazu führen, dass Unternehmensgruppen nach Belieben den Mitgliedstaat wählen könnten, in dem die Gewinne der Tochtergesellschaft besteuert würden und das Steueraufkommen Finnlands wäre gefährdet.[60] Auch hier hat der EUGH im Ergebnis also entschieden, dass die Beschränkung der Niederlassungsfreiheit durch zwingende Gründe des allgemeinen Interesses gerechtfertigt ist.[61]

Der EUGH nimmt also mit seinen aktuellen Entscheidungen den Druck von den Mitgliedsstaaten, ihre Steuersysteme grenzüberschreitend und europarechtskonform auszugestalten.[62]

II. Gruppenbesteuerungssysteme anderer Staaten

Eine einheitliche Regelung zur Besteuerung von Unternehmensgruppen existiert nicht. Am weitesten verbreitet sind sog. Konsolidierungsmodelle mit vollständiger oder teilweiser Zwischenerfolgseliminierung, aber auch Zurechnungs- und group-contribution/group-relief-Modelle sind in der Praxis häufig vorzufinden. Im Vorgriff auf die EUGH-Entscheidung zu Marks & Spencer haben mit Österreich und Italien zwei weitere Länder eine internationale Gruppenbesteuerung eingeführt.[63] Insbesondere die seit 2006 geltende österreichische Gruppenbesteuerung, welche das bisherige System der körperschaftsteuerlichen Organschaft ablöste, dürfte den Vorgaben des EuGH aus der Rechtssache Marks & Spencer zu einer europarechtskonformen Gruppenbesteuerung samt der grenzübergreifenden Verlustberücksichtigung sehr nahe kommen. Eine Unternehmensgruppe in Österreich wird durch finanzielle Verbundenheit, d.h. unmittelbar oder mittelbar mehr als 50 % des Kapitals oder der Stimmrechte der Beteiligungsgesellschaft, gebildet. Neben österreichischen Gesellschaften können auch Auslandstochtergesellschaften Gruppenmitglieder der österreichischen Unternehmensgruppe sein. Anders jedoch als bei österreichischen Gruppenmitgliedern findet keine Gewinnzurechnung statt und erfolgt die Zurechnung der Auslandsverluste nur quotal in Abhängigkeit der Beteiligungshöhe. Zur Vermeidung einer doppelten Verlustberücksichtigung kommt es in den Jahren, in denen der ausländische Verlust mit einem ausländischen Gewinn verrechnet wird oder verrechnet werden könnte, zu einer Nachversteuerung bei demjenigen inländischen Gruppenmitglied, dem zuvor der Verlust zugerechnet wurde. Scheidet die ausländische Verlustgesellschaft aus der Unternehmensgruppe aus, so ist im Jahr des Ausscheidens ein Betrag in Höhe aller zugerechneten und im Ausland noch nicht verrechneten Verluste beim Gruppenmitglied bzw. Gruppenträger als Gewinn zuzurechnen. Dies gilt grundsätzlich nicht für die Fälle, in denen es dadurch zu einem „Verlust" käme, vor allem in den Fällen der Liquidation bzw. Insolvenz der Auslandsgesellschaft.[64]

---

[60] EUGH 18. 7. 2007-Rs. C-231/05 Rn. 54 – 56.
[61] EUGH 18. 7. 2007-Rs. C-231/05 Rn. 67.
[62] *Kußmaul/Niehren*, IStR 2008, S. 81, 87.
[63] *Schmidt/Heinz* Stbg, 2006 141, 143 mit einer ausführlichen Übersicht zu verschiedenen Gruppenbesteuerungsmodellen.
[64] *Dörr*, DSWR 2005, 156.

III. Ergebnisabführungsvertrag als Rechtfertigungsgrund?

Da die Organschaftsregelungen in Deutschland die vom EUGH geforderte Verlustberücksichtigung über die Grenze auch im Falle von Definitivverlusten nicht zulässt, ist sich die Fachliteratur im Wesentlichen einig, dass die deutschen Regelungen nicht europarechtskonform sind.[65] Diskutiert wird jedoch, ob die Besonderheit im deutschen Recht, nämlich das Erfordernis eines Ergebnisabführungsvertrages als Rechtfertigungsgrund zu berücksichtigen wäre. Da ein solcher Vertrag in vielen Fällen im Ausland nicht anerkannt würde, stelle dieses Erfordernis eine Verletzung des Inländergleichbehandlungsgebots und damit eine Diskriminierung der in- und ausländischen Unternehmen dar, die deshalb keine Organschaft bilden können, da von den Beteiligten etwas Unmögliches verlangt werde.[66] Zudem lasse auch das (deutsche) Gesellschaftsrecht einen Ergebnisabführungsvertrag mit einem ausländischen abhängigen Unternehmen nicht zu.[67] Daher müsse es für die steuerliche Anerkennung einer Organschaft über die Grenze ausreichend sein, wenn der Ergebnisabführungsvertrag tatsächlich gelebt wird.[68] [69] Teilweise wird die Auffassung vertreten, dass eine völlige Vergleichbarkeit mit einem Gewinnabführungsvertrag nicht bestehen muss, sondern nur eine Vereinbarung zur Verlustübernahme in Form einer uneingeschränkten Garantie insoweit ausreichend ist.[70]

IV. Vertragsverletzungsverfahren EU-Kommission

Doch selbst wenn ein tatsächlich (nur) gelebter Gewinnabführungsvertrag mit einer ausländischen Tochtergesellschaft ausreichend ist, wäre eine Organschaft nach derzeitiger Rechtslage aufgrund des Erfordernisses in § 14 Abs. 1 Satz 1 Nr. 1 KStG, wonach die Organgesellschaft Sitz und Geschäftsleitung im Inland haben muss, nicht möglich. Deshalb stellt sich die Frage, ob gerade diese Regelung des doppelten Inlandsbezugs EU-rechtswidrig ist. Die EU-Kommission hat durch Beschluss vom 29. 1. 2009 (Beschwerde Nr. 2008/4409 gegen Deutschland wegen § 14 Abs. 1 KStG) nach Artikel 226 EGV ein Vertragsverletzungsverfahren gegen Deutschland eingeleitet und der deutschen Regierung Gelegenheit zu äußern gegeben, warum die Diskriminierung von nach ausländischem Recht errichteten Organgesellschaften durch § 14 aufrechterhalten wird, obwohl sie offensichtlich gegen die Überseering-Rechtsprechung des EuGH verstößt. Gestützt wird dies darauf, dass der EuGH in seiner Entscheidung Überseering[71] das Verbot der Diskriminierung für nach EU-Recht errichtete Kapitalgesellschaften bestätigte, wie er dies bereits in seinem Urteil Centros (EUGH vom 9. 3. 1999 - RS.C-217/97) aussprach und ein generelles Diskriminierungsverbot für nach einem anderen EU-Recht errichtete Gesellschaften statuierte. Nach Auffassung in der Fachliteratur[72] liegt hier eine Diskriminierung vor, nach deren Beseitigung in Zukunft auch nach einem anderen Recht eines EU-Mitgliedsstaates oder des EWR

---

[65] *Pache/Englert*, IStR 2007, 47, 49.
[66] *Kleinert/Nagler/Rehm*, DB 2005, 1869, 1871.
[67] U. a. *AltrichterHerzberger/Nuernberg*, GmbHR 2006, 466 m. w. N.
[68] *Kleinert/Nagler/Rehm* DB 2005, 1869, 1871.
[69] Vor dem Niedersächsischen Finanzgericht ist ein Verfahren anhängig (Az:6 K 406/08), das die Frage klären soll, ob die Verluste einer zwischenzeitlich liquidierten italienischen Tochtergesellschaft, die alljährlich von der deutschen Muttergesellschaft getragen wurden, in Anlehnung an die Grundsätze der EuGH-Entscheidung Marks & Spencer im Inland berücksichtigt werden müssen.
[70] *Frotscher* in Frotscher/Maas, KStG § 14 Rz. 15a.
[71] EUGH 5. 11. 2002-RS. C-208/00.
[72] *Meilicke*, DB 2009, S. 653.

errichtete Gesellschaften risikolos einen Organschaftskonzern in Deutschland bilden können. Offensichtlich wird dabei davon ausgegangen, dass ein "gelebter" Gewinnabführungsvertrag ausreicht.

E. Zusammenfassung

Die Organschaft nach den §§ 14 ff. KStG ist für reine Inlandssachverhalte konzipiert. Die Organgesellschaft muss Sitz und Geschäftsleitung im Inland haben, der Organträger zumindest die Geschäftsleitung. Zwar kann nach § 18 KStG ein ausländischer Rechtsträger, der im Inland weder Sitz noch Geschäftsleitung hat, Organträger sein, aber nur mit seiner inländischen Betriebsstätte; die Wirkungen der Organschaft werden auch insoweit auf das Inland beschränkt. Diese Regelung ist bislang die einzige „grenzüberschreitende" Möglichkeit der Organschaftsbesteuerung im deutschen Konzernsteuerrecht. Die Gestaltungsmöglichkeiten beschränken sich im Wesentlichen auf die Gewinn-Verlustverrechnung inländischer Organgesellschaften, Liquiditätsvorteile bei Gewinnabführungen und die Durchschleusung von ausländischen Betriebsstättengewinnen zum ausländischen Organträger. Eine „echte" grenzüberschreitende Organschaft, etwa in dem Sinne, dass die Organgesellschaft eine ausländische Gesellschaft ohne Sitz und Geschäftsleitung im Inland sein könnte, sieht das Gesetz nicht vor.[73] Obwohl die EU-Kommission ausdrücklich die Notwendigkeit betont, zur Stärkung der Wettbewerbsfähigkeit der Unternehmen innerhalb des Binnenmarktes als auch auf dem Weltmarkt, mehr Möglichkeiten des grenzübergreifenden Verlustausgleichs für Konzerne zu eröffnen,[74] wird die weitere Rechtsentwicklung bei der deutschen Organschaftsbesteuerung fraglos vom Ausgang des Vertragsverletzungsverfahrens der EU-Kommission wegen § 14 Abs. 1 KStG abhängen. Die Berücksichtigung von definitiven Verlusten ausländischer Tochtergesellschaften dürfte jedenfalls nur noch eine Frage der Zeit sein, bis nämlich erstmals ein deutscher Anwendungsfall für Marks & Spencer erfolgreich durchgefochten wurde.[75]

---

[73] *Frotscher* in Frotscher/Maas, KStG § 14 Rz. 15.

[74] Mitteilung der Kommission an den Rat, das europäische Parlament und den europäischen Wirtschafts- und Sozialausschuss „Steuerliche Behandlung von Verlusten bei grenzübergreifenden Sachverhalten" (SEK(2006)1690) vom 19. 12. 2006 KOM(2006) 824.

[75] Vgl. hierzu: *Homburg*, IStR 2009/350.

5. Steuerplanungsüberlegungen bei Immobilieninvestitionen durch Steuerausländer im Inland

**von Wolfgang Tischbirek, LL.M. (U.C. Berkeley),
Rechtsanwalt und Steuerberater, Frankfurt am Main**[*]

Inhaltsübersicht

A. Einführung
B. Investitions- und Finanzierungsstrukturen für ausländische Investoren
   I. Ausländische Kapitalgesellschaft (Objektgesellschaft ohne deutsche Betriebsstätte)
   II. Deutsche Kapitalgesellschaft (Objektgesellschaft)
   III. Deutsche oder ausländische (Objekt-) Personengesellschaft
   IV. Kombination einer Investor-GmbH mit Objekt-GmbH und Co. KGs
   V. Spezialfonds
C. Zusammenfassende Übersicht

Literatur:

Böckenförde/Clauss, Der Begriff des „Betriebs" im Rahmen der Zinsschranke, BB 2008, 2213 ff.; *Bron*, Geänderte Besteuerung von gewerblichen Immobilieneinkünften beschränkt Steuerpflichtiger, DB 2009, 592 ff.; *Grotherr*, Keine deutsche Kapitalertragsteuerentlastung bei Einschaltung einer ausstattungslosen Zwischenholdinggesellschaft im Ausland – Nichtanwendungserlass zur Hilversum II-Entscheidung des BFH, IStR 2006, 361 ff.; *Günkel/Lieber*, Ausgewählte Zweifelsfragen im Zusammenhang mit § 50d Abs. 3 EStG i. d. F. des JStG 2007, Ubg 2008, 383 ff.; *Hölzemann*, Neues zur steuerlichen Anerkennung ausländischer Kapitalgesellschaften – Sind eigenes Personal, eigene Geschäftsräume und eine Geschäftsausstattung noch erforderlich?, IStR 2006, 830 ff.; *Huschke/Hartwig*, Das geplante Jahressteuergesetz 2009: Auswirkungen auf Vermietungseinkünfte beschränkt steuerpflichtiger Kapitalgesellschaften, IStR 2008, 745 ff.; *Jacob/Scheifele*, § 8 Abs. 7 Satz 2 KStG auf den Prüfstand des BFH: Welche Auswirkungen ergeben sich für ausländische Holdinggesellschaften mit Beteiligung an inländischen (Grundstücks-) Kapitalgesellschaften?, IStR 2009, 304 ff.; *Kaiser*, Zur Anerkennung funktionsschwacher Gesellschaften im deutschen Steuerrecht – Directive Shopping in Luxemburg, IStR 2009, 121 ff.; *Kröner/Bolik*, Die Anwendung der Zinsschranke bei vermögensverwaltenden und gewerblichen Personengesellschaften, DStR 2008, 1309 ff.; *Kußmaul/Pfirmann/Meyering/Schäfer*, Ausgewählte Anwendungsprobleme der Zinsschranke, BB 2008, 135 ff.; *Lieder/Kliebisch*, Nichts Neues im internationalen Gesellschaftsrecht: Anwendbarkeit der Sitztheorie auf Gesellschaften aus Drittstaaten?, BB 2009, 338 ff.; *Meining/Kruschke*, Die Besteuerung der „ausländischen Kapitalgesellschaft & Co. KG" bei ausschließlich grundstücksverwaltender Tätigkeit im Inland, GmbHR 2008, 91 ff.; *Mensching*, Neufassung des § 49 Abs. 1 Nr. 2 Buchst. f EStG durch das Jahressteuergesetz 2009, DStR 2009, 96 ff.; *Micker*, Anwendungsprobleme des Anti-Treaty-Shopping nach § 50d Abs. 3 EStG, FR 2009, 409 ff.; *Möhlenbrock*, Detailfragen der Zinsschranke aus Sicht der Finanzverwaltung, Ubg 2008, 1 ff.; *Töben/Fischer*, Fragen zur Zinsschranke aus der Sicht ausländischer Investoren, insbesondere bei Immobilieninvestitionen von Private-Equity-Fonds, Ubg 2008, 149 ff.; *Töben/Lohbeck*, Körperschaftsteuer und Gewerbesteuer bei inländischen Immobilieninvestitionen ausländischer Objektkapitalgesellschaften, in: Birk (Hrsg.), Transaktionen-Vermögen-Pro Bono, Festschrift P+P Pöllath + Partners, 2008, S. 211 ff.; *Töben/Lohbeck/Fischer*, Aktuelle steuerliche Fragen im Zusammenhang mit Inbound-Investitionen in deutsches Grundvermögen, FR 2009, 151 ff.; *van Lishaut/Schumacher/Heinemann*, Besonderheiten der Zinsschranke bei Personengesellschaften, DStR 2008, 2341 ff.; *Wassermeyer*, Gesetzliche Neuregelung der Vermietung inländischen Grundbesitzes in § 49 Abs. 1 Nr. 2 Buchst. f EStG, IStR 2009, 238 ff.

---

[*] Sozietät P+P Pöllath + Partners, Berlin/München/Frankfurt am Main.

A. Einführung

Deutsche Immobilien sind, berücksichtigt man den allgemeinen Rückgang der Investitionsaktivität wegen der seit dem Jahr 2008 durch die Finanzmarktkrise erheblich eingeschränkten Finanzierungsmöglichkeiten, nach wie vor bei ausländischen Investoren – insbesondere bei institutionellen Investoren wie Versicherungen oder Pensionsfonds – beliebte Investitionsobjekte. Dazu dürfte neben verschiedenen anderen Faktoren auch beitragen, dass die steuerliche Belastung sowohl laufender (Vermietungs-)Einkünfte als auch realisierter Wertsteigerungen bei Immobilien moderater ausfallen kann als bei anderen Investitionsobjekten. Diese Chance bietet sich nicht nur – wie auch in Deutschland ansässigen – natürlichen Personen und vermögensverwaltenden Personengesellschaften, sondern darüber hinaus aus der Perspektive von jenseits der Grenze auch den als Marktteilnehmer viel bedeutsameren institutionellen und sonstigen Großinvestoren, die in der Rechtsform von (ausländischen) Kapitalgesellschaften auftreten.

Der Gesetzgeber hat mit Wirkung ab 2008 § 49 Abs. 1 Nr. 2 Buchst. f EStG mit dem Ziel ergänzt, nach den bereits 1994 von Gesetzes wegen umqualifizierten Immobilien-Veräußerungsgewinnen beschränkt steuerpflichtiger Kapitalgesellschaften nun auch deren laufende Einkünfte aus deutschen Immobilien als Einkünfte aus Gewerbebetrieb zu erfassen. Auch wenn dies für die meisten betroffenen Investoren keine substantielle Änderung ihrer steuerlichen Belastung mit sich gebracht haben dürfte, zeigen sich doch – vom Gesetzgeber zum Teil nicht vorhergesehene – Probleme in Details der Gewinnermittlung mit möglichen schwerwiegenden Auswirkungen im Einzelfall. Von fundamentaler Bedeutung für den traditionell mit hoher Fremdfinanzierung operierenden Immobiliensektor ist hingegen die Ersetzung der steuerlichen Sanktionierung bestimmter, als „missbräuchlich" angesehener Formen der Gesellschafter-Fremdfinanzierung durch ein allgemeines, vom Missbrauchsgedanken unabhängiges und nur durch wenige, überaus komplizierte und unklar geregelte Ausnahmetatbestände gemildertes Zinsabzugsverbot oberhalb bestimmter Schwellenwerte („Zinsschranke").

In dem folgenden Beitrag sollen die (im Wesentlichen ertrag-)steuerlichen Aspekte und Probleme verschiedener, für ausländische Investoren in deutsche Immobilien geeigneter Investitions- und Finanzierungsstrukturen skizziert werden. Zumal aus Raumgründen eine gewisse Beschränkung des Untersuchungsgegenstandes unumgänglich ist, liegt das Hauptgewicht der Darstellung – entsprechend ihrer Bedeutung in der Praxis – auf den Gesichtspunkten, die für institutionelle Investoren (zumeist Kapitalgesellschaften) relevant sind; kollektive Investitionsformen wie etwa der offene Immobilienfonds oder der „G-REIT" müssen gesonderter Betrachtung vorbehalten bleiben.

B. Investitions- und Finanzierungsstrukturen für ausländische Investoren

I. Ausländische Kapitalgesellschaft (Objektgesellschaft ohne deutsche Betriebsstätte)

1. Strukturelle Voraussetzungen für die steuerliche Anerkennung von ausländischen Objektgesellschaften

Die **ausländische Objekt-Kapitalgesellschaft**, insbesondere in Form der niederländischen Ein-Objekt-B.V. oder der luxemburgischen Ein-Objekt-S.à.r.l., ist nach wie vor die **bevorzugte Rechtsform** für Investitionen aus dem Ausland in deutsche Immobilien. Institutionelle Großinvestoren und andere Eigentümer einer Mehrzahl von deutschen Immobilien halten diese häufig in einer

Kette von Ein-Objekt-B.V.s (-S.à.r.l.s), deren Anteile in einer Holding-B.V. (-S.à.r.l.) zusammengefasst sind. Das niederländische "Schachtelprivileg", das es ermöglicht, qualifizierte Beteiligungen, wie sie seitens der Holding-B.V. an den Objekt-B.V.s gegeben sind, steuerfrei zu veräußern, und einige andere vorteilhafte Bestimmungen des niederländischen Rechts (z. B. die Möglichkeit, eine geplante Struktur durch ein "Vorab-Ruling" der niederländischen Steuerverwaltung "absegnen" zu lassen) machen die niederländische doppelstöckige Struktur nicht nur für Investoren aus den Niederlanden selbst, sondern auch für solche aus Drittländern attraktiv, die gern die Niederlande als Investitionsdrehscheibe bzw. Durchgangsland benutzen. Ähnlich stellt sich die Situation in Luxemburg dar.

Wenn auch mit der **Steuerfreiheit der Veräußerungsgewinne** der vormals herausragende Steuervorteil ausländischer Objektgesellschaften bereits 1994 **weggefallen** ist, so haben sie doch **gegenüber anderen Investitionsformen Vorteile**, etwa weil sie in Deutschland auch ihrem Charakter nach gewerbliche Tätigkeiten entfalten können und dennoch **keine Gewerbesteuer** auslösen, wenn sie nur keine als Betriebsstätte zu qualifizierende feste Geschäftseinrichtung in Deutschland unterhalten,[1] auch wenn dieser Aspekt jetzt zwangsläufig ein anderer, weniger augenfälliger ist als die früher im Vordergrund stehende völlige Steuerfreiheit von Veräußerungsgewinnen. Abgesehen davon haben sich viele dieser Strukturen noch aus der Vergangenheit, aus den "paradiesischen Zeiten" vor dem 1. Januar 1994 erhalten.

Für diese alten wie für neu errichtete bzw. wieder verwendete alte Objektgesellschaften gelten einige **strukturelle Voraussetzungen**, deren Erfüllung zur Sicherstellung ihrer steuerlichen Anerkennung in Deutschland erforderlich ist:

a) **Existenz laut modifizierter Sitztheorie/Gründungstheorie**

Die ausländische Objektgesellschaft muss in der Lage sein, das deutsche Grundstück rechtlich wirksam zu erwerben und die zu seiner Verwaltung und Erhaltung erforderlichen Verträge rechtsgültig abzuschließen. Das kann sie nur, wenn sie **aus der Sicht des deutschen Rechts rechtsfähig** ist. Nach lange Zeit herrschender zivilrechtlicher Auffassung beurteilte sich die Frage, ob eine im Ausland gegründete juristische Person rechtsfähig ist, nach dem Recht, das am Ort ihres tatsächlichen Verwaltungssitzes gilt (sog. **Sitztheorie**).[2] Dabei ist unter Verwaltungssitz der Tätigkeitsort der Geschäftsführung und der dazu berufenen Vertretungsorgane zu verstehen, also der Ort, an dem die grundlegenden Entscheidungen der Unternehmensleitung in laufende Geschäfte umgesetzt werden (steuerlich "der Ort der tatsächlichen Geschäftsleitung" i. S. v. § 10 AO). Befindet sich der Verwaltungssitz der ausländischen Gesellschaft nicht in dem Staat ihres Satzungssitzes, sondern etwa in der Bundesrepublik Deutschland, galt nach der bis vor nicht allzu langer Zeit noch herrschenden Sitztheorie die Fiktion, dass die Gesellschaft im Ausland aufgelöst wurde. Dann fehlte der Gesellschaft aber zivilrechtlich die Rechtsfähigkeit als juristische Person, weil die nach deutschem Recht für ihre Gründung als solche notwendigen Voraussetzungen (z. B. notarielle Beurkundung des Gesellschaftsvertrages, Handelsregistereintragung) nicht erfüllt sind. Die Sitztheorie, die im Zeitalter des engen Zusammenrückens der europäischen Staaten und der Globalisierung der Märkte internationalen Aktivitäten von Gesellschaften kleinliches nationales Schubladendenken entgegensetzt, ist nach der vor etwa zehn Jahren einsetzenden, mittlerweile ständigen Rechtsprechung des EuGH auf Gesellschaften, die

---

[1] Näher dazu s. unten I. 2. a).

[2] Ständige Rspr., z. B. BGHZ 97, 269; h. M. in der Lit., Nachweise bei *Benkert/Haritz/Schmidt-Ott*, IStR 1995, 242 f., bei *Schuck*, BB 1994, 1538, Fn. 3 und bei *Hausmann*, Doppelter Sitz von Kapitalgesellschaften nach deutschem Gesellschaftsrecht und internationalem Privatrecht (1989), S. 16 f.

nach dem Recht eines EU-Mitgliedstaats gegründet sind, nicht mehr anwendbar.[3] Auch die deutschen Gerichte erkennen jetzt an, dass jedenfalls diese Gesellschaften infolge der Niederlassungsfreiheit gemäß Art. 43 und 48 EGV **ihre Rechts- und Parteifähigkeit** nach dem Recht des Gründungsstaates **behalten**, wenn sie durch **Verlegung ihres Verwaltungssitzes nach Deutschland „zuziehen"**.[4] Allerdings konnte sich der BGH bisher nicht dazu durchringen, auch bei Drittstaaten-Gesellschaften[5] zur **Gründungstheorie** überzugehen; insoweit verharrt er weiterhin bei der Sitztheorie, allerdings in einer modifizierten Gestalt: eine Drittstaat-Gesellschaft verliert zwar (nach wie vor) durch Zuzug nach Deutschland ihre Rechtsfähigkeit als juristische Person, wird dadurch jedoch nicht zu einem rechtlichen „Nullum", sondern als Personengesellschaft eingeordnet, die als solche nach deutschem Recht handlungsfähig sowie vor deutschen Gerichten aktiv und passiv parteifähig sei.[6] Diese Behandlung der Drittstaat-Gesellschaften ist nicht nur diskriminierend, sondern wirft auch eine Vielzahl von Zweifelsfragen hinsichtlich ihrer Rechtsstellung im Einzelnen und derjenigen ihrer Gesellschafter auf – in Deutschland und im Verhältnis zum Gründungsstaat.[7] Auch sie sollte jedoch nur ein Zwischenschritt zu einer konsistenten Anwendung der Gründungstheorie sein, wie sie in dem – leider noch nicht verabschiedeten – Entwurf eines Gesetzes zum internationalen Privatrecht (dort in Art. 10 EGBGB-E) bereits vorgesehen ist.

In ihrem Bestreben, die von ihr als unerwünscht empfundenen ausländischen Immobilien-Objektgesellschaften zurückzudrängen, hatte die Finanzverwaltung eine Zeit lang in einem **zur Grunderwerbsteuer ergangenen, aber auf die Ertragsteuern abzielenden Erlass**[8] eine (widerlegbare) **Vermutung** aufgestellt, nach der sog. "Briefkastengesellschaften" oder auch "Domizilgesellschaften" bestimmter Länder – deren Liste dem Erlass beigefügt war und z. B. die EU-Partnerstaaten England, Irland, Luxemburg und die Niederlande, aber etwa auch einzelne Bundesstaaten der USA enthielt –, wenn sie in Deutschland als Käufer oder Verkäufer von Immobilien auftraten, ihren Verwaltungssitz in Deutschland hätten; sie sollten daher hier als **nicht rechtsfähig** anzusehen sein, so dass – so der Erlass – bei Rechtsgeschäften unter Beteiligung solcher Gesellschaften eine grunderwerbsteuerliche Unbedenklichkeitsbescheinigung nicht erteilt werden konnte. Der Erlass war **zivilrechtlich**[9] **und steuerlich unzutreffend:** Der BFH, mit dessen – von der Finanzverwaltung anerkannter[10] – Rechtsprechung, nach der ausländische Kapitalgesellschaften mit Geschäftsleitung im Inland hier unbeschränkt steuerpflichtig sein können, der Erlass nicht vereinbar war, hat die Finanzverwaltung zu Recht für unzuständig erklärt, die Frage der zivilrechtlichen Rechtsfähigkeit einer ausländischen Gesellschaft mit Wirkung für die Grundbuchämter zu entscheiden, und klargestellt, dass die Aufgabe der Finanzver-

---

[3] EuGH-Urt. v. 9. 3. 1999, C-212/97, IStR 1999, 253 („Centros"); v. 5.11.2002, C-208/00, IStR 2002, 809 („Überseering") m. Anm. *Schnitger;* v. 30. 9. 2003, IStR 2003, 849 („Inspire Art").

[4] BGH-Urt. v. 13. 3. 2003; VII ZR 370/98, BB 2003, 810 m. Anm. *Kindler.*

[5] Außer bei solchen, die nach dem Recht der USA (BGH-Urt. v. 13. 10. 2004, I ZR 245/01, GmbHR 2005, 51) bzw. von Liechtenstein, Island oder Norwegen (BGH-Urt. v. 19. 9. 2005, II ZR 372/03, GmbHR 2005, 143) gegründet sind.

[6] BGH-Urt. v. 1. 7. 2002, II ZR 380/00, BB 2002, 2031; v. 27. 10. 2008, II ZR 158/06, BB 2009, 14 („Trabrennbahn"); dazu *Real,* JurisPR 2009, 151.

[7] Näher zu diesem Problem s. *Lieder/Kliebisch,* BB 2009, 338, 341.

[8] Gleichlautender Ländererlass, z. B. FinMin Brandenburg v. 19. 4. 1994, 32 – S 4600 – 2/94, BB 1994, 927.

[9] Vgl. OLG Hamm, Beschl. v. 18. 8. 1994, 15 W 209/94, BB 1995, 446.

[10] Gleichlautender Ländererlass, z. B. FinMin Brandenburg v. 1. 9. 1993, 35 – S 2850 – 2/93, FR 1993, 651; A. 2 Abs. 1 Sätze 7 - 9 KStR 1995.

Tischbirek

waltung im **Grunderwerbsteuerverfahren** über die **Sicherstellung der geschuldeten Steuern nicht hinausgeht.**[11] Die Finanzverwaltung hat die Position des BFH schließlich akzeptiert.[12]

Der denkbare Einwand, seriöse Steuerplanung brauche sich mit dem Problem gar nicht zu befassen, weil sie "Briefkastengesellschaften", "Domizilgesellschaften" und Ähnliches nicht in ihrem Repertoire habe, greift zu kurz. Zum einen verhallen gute Ratschläge häufig ungehört, und/oder es bleibt gar nichts anderes übrig, als auf der Basis von Vorgefundenem zu operieren oder nachträgliche Veränderungen hinzunehmen. Zum anderen ist der in ganz anderem Zusammenhang entstandene Begriff der "Domizilgesellschaft" durchaus unscharf[13] und keinesfalls mit dem der Objektgesellschaft einfach gleichzusetzen, wie dies von Seiten der Finanzverwaltung immer wieder versucht wird.

b) Tätigkeitszurechnung

Auch wenn die Rechtsfähigkeit der ausländischen Objektgesellschaft nach deutschem Recht bejaht wird, ist damit noch nichts über die Erfüllung der Kriterien ausgesagt, die dafür maßgeblich sind, dass die in Frage stehenden **Einkünfte aus der deutschen Immobilie der Objektgesellschaft** und nicht etwa deren Anteilseigner(n), einer in demselben Staat ansässigen Holdinggesellschaft oder u. U. einer in einem Drittstaat ansässigen Muttergesellschaft, **steuerlich zuzurechnen** sind.

Deshalb muss bei der Wahl einer bestimmten ausländischen Gesellschaftsform als Investor zunächst ermittelt werden, ob eine derartige Gesellschaft als solche in Deutschland (körperschaft-)steuerpflichtig oder ob sie als Personengesellschaft zu behandeln ist, d. h. ob ihre einzelnen Gesellschafter – je nach ihrer Rechtsform – der deutschen beschränkten Einkommen- oder Körperschaftsteuerpflicht unterliegen. Das richtet sich danach, ob die Gesellschaft nach ihrem im Ausland geregelten rechtlichen Aufbau und ihrer wirtschaftlichen Stellung mit den in § 1 Abs. 1 KStG aufgeführten Steuersubjekten vergleichbar ist oder nicht (sog. "**Typenvergleich**").[14] Maßgeblich sind dabei **gesellschaftsrechtliche Strukturmerkmale**; demgegenüber ist die Frage der Steuersubjekteigenschaft der Gesellschaft im Ausland unerheblich. So sind z. B. in romanischen, aber auch in einigen osteuropäischen Ländern Personengesellschaften häufig zivilrechtlich rechtsfähige und steuerrechtlich selbständige Körperschaftsteuersubjekte; dennoch werden sie in Deutschland, weil ihnen wesentliche Strukturmerkmale deutscher Körperschaften nach § 1 Abs. 1 KStG fehlen, als Mitunternehmerschaften gem. § 15 Abs. 1 Nr. 2 EStG behandelt, und ihre Einkünfte werden für Zwecke der deutschen beschränkten Steuerpflicht den einzelnen Gesellschaftern anteilig zugerechnet. Deshalb muss, wenn es aus steuerplanerischer Sicht darauf ankommt, dass die deutschen Immobilieneinkünfte bei der Objektgesellschaft und nicht bei deren Gesellschafter(n) im Rahmen der deutschen beschränkten Steuerpflicht steuerlich zu erfassen sind, darauf geachtet werden, dass der "Typenvergleich" zu einer Einordnung der ins Auge gefassten Gesellschaftsform der Objektgesellschaft als **selbständiges Steuersubjekt** führt. Die Kriterien, die hierbei im Einzelnen angelegt werden können, sind griffig in einem Erlass

---

[11] BFH-Beschl. v. 12. 6. 1995, II S 9/95, IStR 1995, 393.
[12] Fin MinHessen, Erl. v. 17. 7. 1995, S 4540 A – 30 – II A 41, DStR 1995, 172; SenVerw. Bremen, Erl. v. 21. 3. 2000, S 4600 – 103 – 392, DStR 2000, 778; ausführlich zu dem Problem *Schuck*, BB 1998, 616.
[13] Näher dazu s. unten b).
[14] Ständige Rspr. seit RFH-Urt. v. 12. 2. 1930, VI A 899/27, RStBl 1930, 444; eingehend dazu *Mössner*, Steuerrecht international tätiger Unternehmen, Rn. B 46 ff.

Tischbirek

zusammengefasst, den die Finanzverwaltung zur Einordnung U.S.-amerikanischer LLCs herausgegeben hat[15] und der insoweit verallgemeinert werden kann.

Das Instrument der **Nichtanerkennung nach § 42 AO** wandte die Finanzverwaltung früher insbesondere dann an, wenn hinter der ausländischen Objektgesellschaft inländische Investoren standen. In jüngerer Zeit zeigt sie eine wachsende Neigung, auch Objektgesellschaften ausländischer Investoren als angeblichen "Domizilgesellschaften" die steuerliche Anerkennung zu versagen. Zwar hatte der BFH zu **sog. Briefkasten-, Domizil- oder Basisgesellschaften** einmal ausdrücklich entschieden, dass die allgemeine Missbrauchsregel des deutschen Steuerrechts nicht gelte, wenn die Anteilseigner einer solchen Gesellschaft ebenfalls im Ausland ansässig sind.[16] Der Gesetzgeber hat diese Rechtsprechung in einem Teilbereich (nämlich für die Anwendung von Kapitalertragsteuer-Entlastungen nach den DBA und der EU-Mutter-Tochter-Richtlinie, § 50d Abs. 3 EStG[17]) korrigiert, aber ausländische Objektgesellschaften mit deutschen Immobilieneinkünften bisher nicht ausdrücklich angesprochen, noch nicht einmal für den Fall, dass es sich bei einer solchen Objektgesellschaft wirklich um eine "Briefkastengesellschaft" handelt. Der BFH hat allerdings den Anwendungsbereich seiner früheren Rechtsprechung auf die hier nicht einschlägigen sog. "Treaty Shopping"-Fälle (in denen sich jemand ein auf ihn eigentlich nicht anwendbares DBA zunutze macht) beschränkt und entschieden, dass auch ausländische Gesellschaften mit ebenfalls ausländischen Gesellschaftern nach den zur Zwischenschaltung von "Basisgesellschaften" entwickelten Kriterien beurteilt werden können.[18]

Danach gilt eine tatsächliche Vermutung einer rechtsmissbräuchlichen Zwischenschaltung einer ausländischen Basisgesellschaft, wenn für ihre Errichtung **wirtschaftliche oder sonst beachtliche (außersteuerliche) Gründe** fehlen; übt die ausländische Gesellschaft eine **"eigene wirtschaftliche Aktivität"** aus, so stellt dies ein Indiz dar, das die Vermutung einer missbräuchlichen Gestaltung erschüttern kann.[19]

In seinem Urteil im „**Stiftungsfall I**"[20] hatte der BFH diese allgemeinen Grundsätze **erstmals auf eine ausländische Immobilien-Objektgesellschaft mit einem deutschen Grundstück angewandt** und präzisiert. Die Entscheidung betraf allerdings einen in mancher Hinsicht extremen, atypischen Sachverhalt – wie leider häufig die Leitlinien, an denen sich der Steuerplaner zu orientieren hat, anlässlich von Entscheidungen über verunglückte Fälle gebildet werden und nicht anhand einer sorgfältig und lege artis geplanten und seriös umgesetzten Struktur. Der BFH wertete die zu beurteilende Gestaltung als ausschließlich steuerlich motiviert, da die Objekt-B.V.s „eigenwirtschaftlich funktionslos" gewesen seien und „treuhandähnlich für ihren Alleingesell-

---

[15] BMF-Schreiben vom 19. 3. 2004, IV B 4-S 1301 USA-22/04, BStBl 2004 I 411.

[16] "Monaco-Urteil", BFH-Urt. v. 29. 10. 1981, I R 89/80, BStBl 1982 II 150; zur Basisgesellschafts-Rechtsprechung des BFH s. *Luttermann*, IStR 1993, 153 m. w. N.

[17] Nur für diesen Teilbereich ist § 50d Abs. 3 EStG anwendbar, nicht dagegen für eventuelle Entlastungsansprüche nach DBA für andere Einkünfte (BMF-Schreiben v. 3.4.2007, IV B 1 – S 2411/07/0002, BStBl 2007 I 446, Tz. 2); deswegen wäre es verfehlt, die in dem Tatbestand dieser Spezialnorm enthaltenen Konkretisierungen bei der Auslegung von § 42 AO im Zusammenhang mit veranlagten Grundstücks-Einkünften heranzuziehen.

[18] BFH-Urt. v. 21. 12. 1994, I R 65/94, BB 1995, 1174; v. 27. 8. 1997, I R 8/97, BStBl 1998 II 163; v. 29. 10. 1997, I R 35/96, BStBl 1998 II 235; v. 20. 3. 2002, I R 38/00, IStR 2002, 597, m. Anm. *Jacob/Klein*; zu den möglichen Folgen dieser Rspr. s. *Jegzentis/Kahl*, IStR 2001, 131.

[19] BFH-Urt. v. 28. 1. 1992, VIII R 7/88, BStBl 1993 II 84; v. 2. 6. 1992, VIII R 8/89, BFH/NV 1993, 416; *Klein/Brockmeyer*, AO, § 42 Rn. 39.

[20] BFH-Urt. v. 27. 8. 1997, I R 8/97, BStBl II 1998, 163.

schafter" gehandelt hätten. Er hielt daher die Einschaltung der B.V.s für missbräuchlich i. S. v. von § 42 AO und rechnete die Einkünfte aus der Vermietung des deutschen Grundstücks unmittelbar dem Alleingesellschafter zu. Diese VuV-Einkünfte wurden im Urteilsfall nicht durch Darlehenszinsen reduziert, weil bei steuerlicher Nichtanerkennung der Objektgesellschaften zugleich auch das Darlehensverhältnis zwischen diesen und dem Alleingesellschafter in sich zusammenfiel. Entscheidend war im Urteilsfall, dass der BFH in dem (sicherlich extremen) Sachverhalt in der Begrenzung des Haftungsrisikos für den Alleingesellschafter kein hinreichendes außersteuerliches Motiv für die Zwischenschaltung der Objektgesellschaften sah, weil diese treuhänderisch für den Alleingesellschafter gehandelt hätten; dieser habe jegliches Risiko aus dem Erwerb und der Vermietung des Grundstücks getragen, wie insbesondere aus dem Erlass von Darlehens- und Zinsforderungen gegen die Objekt-B.V.s deutlich werde. Da die **Haftungsbeschränkung**, die durch die Separierung der einzelnen Objekte in je eine eigene juristische Person erreicht wird, regelmäßig den wichtigsten der "wirtschaftlichen oder sonst beachtlichen Gründe" für die Verwendung von Objektgesellschaften seitens ausländischer Investoren darstellt (aus diesem Grunde sind auch im Inland Objektgesellschaften durchaus geläufig), war im Urteilsfall die Verwendung der Objektgesellschaften nicht mit außersteuerlichen Motiven zu rechtfertigen.

Obgleich zu Outbound-Kapitalanlagen ergangen, enthalten die beiden BFH-Urteile **„Dublin Docks I"**[21] und **„Dublin Docks II"**[22] Aussagen zur Auslegung von § 42 Abs. 1 AO, die auch im Zusammenhang mit Inbound-Grundstücksinvestitionen von Bedeutung sind. So erkannte der BFH in **„Dublin Docks I"** eine **„eigenwirtschaftliche Tätigkeit"** einer ausländischen Gesellschaft aufgrund der tatsächlichen **Ausübung von Entscheidungsbefugnissen ihres „Board of Directors"** an, obwohl die Gesellschaft weder eigene Geschäftsräume noch Personal aufwies und ihre **Geschäftsführung und Verwaltung im Übrigen**, wie in der Kapitalanlage-Branche üblich, **auf eine Management-Gesellschaft übertragen** hatte („Outsourcing").

Laut **„Dublin Docks II"** ist eine ausländische Gesellschaft nicht „funktionslos", wenn sie auf eine gewisse Dauer angelegt ist und über ein Mindestmaß an personeller und sachlicher Ausstattung verfügt, die die unternehmerische Entscheidungs- und Handlungsfähigkeit sicherstellt. Unerheblich war auch hier wiederum, dass wesentliche Teile der Anlagetätigkeit auf eine Management-Gesellschaft übertragen worden waren und die Gesellschaft über kein eigenes Personal oder Geschäftsräume verfügte; das von ihr verlangte Mindestmaß an personeller und sachlicher Ausstattung sah der BFH dadurch als gegeben an, dass die Gesellschaft einen eigenen „Board of Directors" hatte. Darüber hinaus stellte der BFH auch auf europarechtliche Erwägungen ab: einerseits habe die Rechtsprechung des BFH noch nie eine auf Dauer angelegte Zwischenschaltung inländischer Kapitalgesellschaften als Rechtsmissbrauch qualifiziert, wenn ein Steuerpflichtiger – aus welchen Gründen auch immer – zwischen sich und eine Einkunftsquelle eine inländische Kapitalgesellschaft geschaltet und alle sich daraus ergebenden Konsequenzen gezogen habe.[23] Andererseits sehe es der EuGH generell als **Verstoß gegen die gemeinschaftsrechtlich garantierte Niederlassungsfreiheit** an, wenn eine in einem Mitgliedstaat errichtete Kapitalgesellschaft in einem anderen Mitgliedstaat gegenüber dort ansässigen Kapitalgesellschaften benachteiligt werde.[24] Deshalb lasse es sich schwerlich rechtfertigen, die entsprechen-

---

[21] BFH-Urt. v. 19. 1. 2000, I R 94/97, BStBl 2001 II 222.

[22] BFH-Urt. v. 25. 2. 2004, I R 42/02, BStBl 2005 II 14.

[23] Der BFH verweist hier auf seine Urteile v. 23. 10. 1996, I R 55/95, BStBl 1998 II 90 und v. 15. 10. 1998, III R 75/97, BStBl 1999 II 119.

[24] Der BFH bezieht sich auf EuGH v. 30. 9. 2003, C-167/01, IStR 2003, 849 („Inspire Art"). Zu diesem EuGH-

de Zwischenschaltung ausländischer Kapitalgesellschaften innerhalb der EU als Missbrauch i. S. d. § 42 AO zu behandeln. Die Abschirmwirkung einer solchen Gesellschaft sei vielmehr grundsätzlich auch dann zu akzeptieren, wenn damit steuerliche Vorteile verbunden seien.

Im „**Stiftungsfall II**"[25] übertrug der BFH einen Teil der „Dublin Docks"-Grundsätze auf eine Grundstücksgesellschaft: Wenn eine solche Gesellschaft über eine eigene Geschäftsführung verfüge, die Errichtung eines Gebäudes in eigener Regie verwirkliche und die Vermietungstätigkeit „aktiv" betreibe, entfalte sie eine eigene wirtschaftliche Tätigkeit und sei nicht funktionslos. In Anbetracht dessen trete der Umstand, dass die Gesellschaft abgesehen von der Geschäftsführung über kein Personal und auch über keine Büroräume verfügte, zurück. Entscheidend sei, dass sie über ihre Geschäftsführung in der Lage war, die Vermietungstätigkeit auszuüben. „Wirtschaftliche Gründe" erkannte der BFH auch darin, dass die Gesellschafterin die **Auslagerung der Immobilien auf Objektgesellschaften konzernweit als einheitliches Strukturkonzept** verfolgte.

Im sog. „**Hilversum I**"-Urteil[26] hatte der BFH noch entschieden, dass bei einer ausländischen Gesellschaft ohne eigenes Personal, eigene Geschäftsräume und ohne eigene Geschäftsausstattung, deren Geschäftsführung dem Mehrfachgeschäftsführer verschiedener Konzerngesellschaften oblag, die tatsächliche Gestaltung die Vermutung rechtfertige, dass die Zwischenschaltung der Gesellschaft lediglich formaler Natur war. Diese Vermutung hätte jedoch durch beachtliche wirtschaftliche Gründe für die Einschaltung der ausländischen Gesellschaft entkräftet und widerlegt werden können (was im Urteilsfall allerdings nicht gelang). Bei einem entsprechenden Sachverhalt erkannte der BFH drei Jahre später unter Aufgabe seiner früheren Rechtsprechung die vorgetragenen wirtschaftlichen Gründe für die Zwischenschaltung der ausländischen Gesellschaft (insbesondere das Verfolgen eines einheitlichen Strukturkonzepts) an, obwohl die zwischengeschaltete Gesellschaft über keine eigenen Geschäftsräume, kein eigenes Personal und keine sonstige Geschäftsausstattung verfügte („**Hilversum II**")[27]. Auf diese Entscheidung hat die Finanzverwaltung mit einem **Nichtanwendungserlass** reagiert.[28]

Ausländische Investoren, die nach „**Hilversum II**" geglaubt hatten, vom BFH einen Freibrief[29] für die Zwischenschaltung funktions- und substanzschwacher Gesellschaften erhalten zu haben, wenn dies nur im Rahmen einer einheitlichen Konzernstrategie erfolgte, hatten sich allerdings über ihren vermeintlich uneingeschränkten Handlungsspielraum zu früh gefreut. In „**SOPARFI**"[30] schlug der BFH die Brücke zwischen den von der deutschen Rechtsprechung zu Grunde gelegten Merkmalen der Unangemessenheit und der fehlenden eigenwirtschaftlichen Funktion und den vom **EuGH** entwickelten „modernen Abgrenzungskriterien zur europarechtlichen Vereinbarkeit von Anti-Missbrauchsregelungen",[31] wonach es darauf ankommt, ob eine **rein „künstliche Ge-**

Urt. s. auch *Kaiser*, IStR 2009, 121, 128.

[25] BFH-Urt. v. 17. 11. 2004, I R 55/03, BFH/NV 2006, 1016.

[26] BFH-Urt. v. 20. 3. 2002, I R 38/00, BStBl 2002 II 819.

[27] BFH-Urt. v. 31. 5. 2005, I R 74, 88/04, BStBl 2006 II, 118.

[28] BMF-Schreiben v. 30. 1. 2006, IV B 1 – 2411 – 4/06, BStBl 2006 I, 166; kritisch dazu *Grotherr*, IStR 2006, 361.

[29] *Kaiser*, IStR 2009, 121, 125.

[30] BFH-Urt. v. 29. 1. 2008, I R 26/06, IStR 2008, 364 (auch „Luxemburg-Holding", gelegentlich – fälschlicherweise – auch „Hilversum III" genannt), mit Anm. *Kessler/Eicke*. Siehe auch *Hölzemann*, IStR 2006, 830.

[31] *Kessler/Eicke* a. a. O., 367.

staltung" vorliegt, bei der es „an objektiven, von dritter Seite nachprüfbaren Anhaltspunkten", die Rückschlüsse auf ein **„greifbares Vorhandensein" der ausländischen Gesellschaft** und eine **„wirkliche" eigenwirtschaftliche Tätigkeit** zulassen, fehlt.[32] Im Urteilsfall äußerte der BFH zunächst Zweifel, dass die Luxemburger Gesellschaft zur Entfaltung einer „eigenen Wirtschaftstätigkeit" überhaupt in der Lage war. Dagegen spreche als Indiz, dass die Gesellschaft weder über Büroräume oder Personal noch über Kommunikationsmittel verfügte, „also substanzlos" war. Bei diesem Argument ließ er es jedoch nicht bewenden; vielmehr könne es bei bestimmten Gesellschaften (etwa solchen mit „Kapitalanlage- und Finanzierungsfunktionen"), für die „keine besondere, sachliche, räumliche und personelle Ausstattung und kein besonderer Apparat benötigt" werde, gerechtfertigt sein, „die Substanzanforderungen im konkreten Einzelfall herabzusetzen". Dann erst formulierte der BFH die im Urteilsfall entscheidende Frage, ob die in Luxemburg residierenden Verwaltungsratsmitglieder überhaupt entscheidungsbefugt waren oder aber nicht ganz anderen, in Drittländern ansässigen Personen („Hintermännern") die **Letztentscheidungen über die Konzernstrategie und die Finanzierungsmaßnahmen** oblagen. Diese Erwägungen zeigen, dass ein Mangel an äußerer Substanz kompensiert werden kann. Sie machen aber auch deutlich, wie wichtig es gerade bei funktions- und substanzschwachen ausländischen Gesellschaften ist, Entscheidungsvorgänge und -wege stets sorgfältig zu dokumentieren.

Die nachgezeichnete Entwicklung der Rechtsprechung, die immer stärker auch **europarechtliche Aspekte** einbezieht, gestattet u. a. die folgenden, für die Praxis besonders wichtigen Erkenntnisse: Wo es sinnvoll und machbar ist, wird der Berater empfehlen, ausländische Grundstücksgesellschaften (Objektgesellschaften, Holdinggesellschaften), deren Existenz von Bedeutung für die deutsche Besteuerung ist, jeweils selber mit dem für die beabsichtigte Tätigkeit erforderlichen Mindestmaß an Büroräumen, Personal und Geschäftsausstattung zu versehen, schon um jeder Diskussion mit der Finanzverwaltung, für diese Umstände bereits wegen ihrer leichten Erkennbarkeit im Vordergrund stehen, aus dem Weg zu gehen. Wenn nötig – z. B. bei sehr großen Grundstücks-Portfolien, bei denen aus haftungsrechtlichen, markttechnischen und betriebswirtschaftlichen Gründen Ketten von Objektgesellschaften und mehrstufige Holding-Strukturen errichtet werden und bei denen eine entsprechende Ausstattung jeder Einzelgesellschaft sinnlos wäre – ist deren eigenwirtschaftliche Funktion aber auch ohne derartige Ressourcen darstellbar. Eine eigenwirtschaftliche Funktion kann insbesondere durch die Tätigkeit der Geschäftsführung bzw. des Vorstands („Board of Directors") der jeweiligen Gesellschaft dargestellt werden; diese Tätigkeit (Auübung von Entscheidungsbefugnissen) ist **zu Nachweiszwecken zu dokumentieren**. Bei Vorliegen dieser Voraussetzungen ist es für die steuerliche Anerkennung der Gesellschaft in Deutschland unschädlich, wenn das Alltagsgeschäft der Gesellschaft teilweise auf eine Management Company übertragen wird; die **wesentlichen Entscheidungsbefugnisse** müssen jedoch bei den **Organen der Gesellschaft** verbleiben.

2. Laufende Einkünfte

a) Besteuerung bei Eigenkapitalfinanzierung

Laufende Einkünfte einer ausländischen Objekt-Kapitalgesellschaft können seit 1. 1. 2008[33] unabhängig von ihrem tatsächlichen Charakter auch im Rahmen der isolierenden Betrachtungsweise nicht mehr als **Einkünfte aus Vermietung und Verpachtung**, sondern nur noch als **Einkünfte aus Gewerbebetrieb** entstehen (§ 49 Abs. 1 Nr. 2 Buchst. f EStG n. F.). Als speziell gere-

---

[32] Der BFH verweist hier auf das EuGH-Urt. v. 12. 9. 2006, C-196/04, IStR 2006, 670, Tz. 55 („Cadbury Schweppes").

[33] Für eine Zusammenfassung der Rechtslage nach altem Recht s. OFD Münster v. 27. 7. 2008 – S 1300 – 169 – St 45 – 32, RIW 2008, 735.

gelte Einkünfte aus Gewerbebetrieb unterliegen sie in Deutschland der Körperschaftsteuer auch dann, wenn für den Betrieb im Inland keine Betriebsstätte unterhalten wird und kein ständiger Vertreter bestellt ist.

Die Existenz oder Nichtexistenz einer **Betriebsstätte** in Deutschland i. S. v. § 12 AO ist bei der Körperschaftsteuer nur noch für die Gewinnermittlung von Bedeutung. Entscheidend für das Entstehen einer signifikanten Steuerbelastung ist die Existenz oder Nichtexistenz einer Betriebsstätte jedoch bei der **Gewerbesteuer**, wenn die Voraussetzungen für die erweiterte Kürzung gem. § 9 Nr. 1 Satz 2 GewG nicht erfüllt werden können. Zwar führt das bloße Vermieten eines Grundstücks auch als Teil einer gewerblichen Tätigkeit nicht zu einer inländischen Betriebsstätte des Vermieters auf dem Grundstück, weil es an der tatsächlichen Verfügungsmacht des Vermieters über das vermietete Grundstück fehlt und dieses der (Vermietungs-)Betrieb des Vermieters nicht in dem Grundstück selbst stattfindet.[34] Im Hinblick auf die Gewerbesteuer sollte man sich jedoch darüber im Klaren sein, dass auch das Büro des Hausverwalters oder sogar eine Abstellkammer des Hausmeisters eine Betriebsstätte des Eigentümers in Deutschland i. S. v. § 12 AO begründen kann, wenn solche Personen Angestellte des ausländischen Eigentümers sind und Räumlichkeiten auf dem betreffenden Grundstück nutzen. Wenn eine deutsche Betriebsstätte nicht gewünscht wird, sollten solche Personen daher Angestellte eines selbständigen, vom Grundstückseigentümer unabhängigen Hausverwaltungsunternehmens sein, mit dem der Grundstückseigentümer kontrahiert, und keine Räumlichkeiten auf dem Grundstück nutzen, die als "feste Geschäftseinrichtung" qualifiziert werden können. Bei relativ funktionsschwachen ausländischen Objektgesellschaften kann das Risiko entstehen, dass die – notwendigerweise zu einem gewissen Teil – in Deutschland stattfindende Grundstücksverwaltung („Asset Manager", „Property Manager") nach den vertraglichen Vereinbarungen eine so starke Stellung und ein so umfassendes Aufgabengebiet erhält, dass „die Stätte der Geschäftsleitung" der Gesellschaft und damit eine Betriebsstätte (§ 12 Satz 2 Nr. 1 AO) in Deutschland angenommen wird.

Einschränkungen, die etwa in den Begriffsbestimmungen der **DBA**[35] erscheinen, sind hier **nicht anwendbar**, weil die DBA in der Regel unabhängig von der Existenz einer Betriebsstätte **dem Belegenheitsstaat des Grundstücks** die Besteuerung der Grundstückserträge überlassen[36] und diesem damit auch das Recht zugestehen, diese Besteuerung nach seinem nationalen Recht im Einzelnen auszugestalten. Aus diesem Grunde kann Deutschland auch deutsche Immobilien-Einkünfte eines ausländischen Steuerpflichtigen z. B. als "Einkünfte aus Gewerbebetrieb" besteuern, obwohl es die Besteuerungsbefugnis für diese Einkünfte aus dem DBA für "Einkünfte aus unbeweglichem Vermögen" erhalten hat. Für die Frage, ob diese Einkünfte in Deutschland auch der Gewerbesteuer unterliegen, kommt es deshalb auch nicht darauf an, ob der ausländische Eigentümer in Deutschland eine Betriebsstätte nach dem (regelmäßig engeren) Begriffsverständnis des anwendbaren DBA hat, sondern allein darauf, ob die **Betriebsstätten-Voraussetzungen des deutschen nationalen Rechts** erfüllt sind (was viel eher der Fall ist).

b) Ermittlung der laufenden Einkünfte

Bisher wurden Einkünfte einer ausländischen Objektgesellschaft, die ihrer Natur nach (isolierende Betrachtungsweise) als solche aus **Vermietung und Verpachtung** einzuordnen sind, für

---

[34] BFH-Urt. v. 28. 10. 1977, III R 77/75, BStBl 1978 II 116; v. 10. 2. 1988, VIII R 159/84, BStBl 1988 II 653; näher *Töben/Lohbeck*, in: Birk (Hrsg.), Transaktionen-Vermögen-Pro Bono (2008), 211, 213 ff.

[35] In den Art. 5, insbes. Abs. 5 und 6, des OECD-MA entsprechenden Artikeln.

[36] Vorrang des Belegenheitsprinzips vor dem Betriebsstättenprinzip, Art. 7 Abs. 7 OECD-MA.

die Körperschaftsteuer als **Überschuss** der Einnahmen über die Werbungskosten nach dem Zufluss-Abfluss-Prinzip ermittelt. Für ausländische Körperschaften galten die Gewerblichkeitsfiktion des § 8 Abs. 2 KStG und damit auch die (nur) bei den sog. Gewinneinkünften anwendbaren Einkünfteermittlungsregeln (§§ 4, 5 EStG) nicht.

Als Folge der **gesetzlichen Umqualifizierung der Vermietungseinkünfte in solche aus Gewerbebetrieb mit Wirkung ab 1. 1. 2009** haben die ausländische Bezieher diese Einkünfte als Gewinn gemäß §§ 4, 5 EStG zu ermitteln, in der Regel nach § 4 Abs. 3 EStG als **Überschuss der Betriebseinnahmen über die Betriebsausgaben**, durch **Betriebsvermögensvergleich nur dann**, wenn eine **Buchführungspflicht** besteht oder wenn freiwillig Bücher geführt werden. Eine derivative Buchführungspflicht kommt nicht in Frage, weil eine Verpflichtung nach ausländischen Gesetzen zur Erfüllung des § 140 AO nicht ausreicht. Fraglich ist, ob nicht auch eine originäre Buchführungspflicht nach steuerrechtlichen Vorschriften, insbesondere § 141 AO, im Regelfall der ausländischen Objektgesellschaften mit deutschen Vermietungseinkünften ausscheidet: § 141 AO ist nach Rechtsprechung und Verwaltungsauffassung[37] „jedenfalls dann" anwendbar, wenn das betreffende ausländische Unternehmen im Inland eine Betriebsstätte unterhält oder einen ständigen Vertreter bestellt hat; beides ist bei ausländischen Grundstücksobjektgesellschaften typischerweise nicht der Fall. Letztlich ungeklärt ist aber, ob die Wendung „jedenfalls dann" als „nur dann" gelesen werden darf, wie ein bedeutender Teil der Literatur dies tut[38] oder ob der Umfang der originären steuerlichen Buchführungspflicht unabhängig von der Existenz einer Betriebsstätte mit der Steuerbarkeit der zugrundeliegenden (gewerblichen) Einkünfte korrespondiert, wie andere Autoren meinen.[39] Wenn eine Buchführungsverpflichtung entsteht, beginnt sie aber jedenfalls erst ab dem Wirtschaftsjahr, das auf die – insoweit konstitutive – Mitteilung der Pflicht durch die Finanzbehörde folgt (§ 141 Abs. 2 Satz 1 AO), also in den meisten Fällen wohl ab 2010 oder 2011; die Möglichkeit freiwilliger Buchführung gibt es natürlich schon vorher. Unklar ist derzeit ferner, ob die Umqualifizierung der Vermietungserträge von Überschuss- in Gewinneinkünfte eine **„Überführung" der betreffenden Wirtschaftsgüter vom Privatvermögen in ein Betriebsvermögen** mit sich bringt[40] und, wenn ja, welchen Umfang dieses Betriebsvermögen dann haben soll. Die sich anbietende Formel, dass auf die „mit den inländischen Einkünften in wirtschaftlichem Zusammenhang stehenden Wirtschaftsgüter abzustellen" sei,[41] ist angesichts der strikten Bezogenheit von § 49 Abs. 1 Nr. 2 Buchst. f EStG n. F. auf Vermietungseinkünfte jedenfalls viel zu weit; so sind etwa Einkünfte, welche der Objektgesellschaft aus dem Verzicht eines Kreditgebers auf ein Darlehen zugerechnet werden, beim besten Willen nicht „durch Vermietung und Verpachtung...erzielt", selbst wenn das Darlehen im wirtschaftlichen Zusammenhang mit der Errichtung der Immobilie gewährt worden war.

Wenn und soweit eine „Überführung" von Wirtschaftsgütern aus dem Privatvermögen in ein Betriebsvermögen anlässlich der Gesetzesänderung angenommen wird, führt sie dennoch **nicht** zu einer – gemäß § 6 Abs. 1 Nr. 5 EStG mit dem Teilwert zu bewertenden – **Einlage** i. S. v. § 4 Abs. 1 Satz 7 EStG, da als solche nur aktive Handlungen des Steuerpflichtigen, die von seinem „natürlichen Willen" getragen werden, anzusehen sind. Beruht die Änderung der steuerlichen Vermö-

---

[37] BFH-Urt. v. 14. 9. 1994 – I R 116/93, BStBl 1995 II 238; AEAO Nr. 1 Abs. 2 Satz 1.

[38] Z. B. *Trzaskalik*, in: Hübschmann/Hepp/Spitaler, AO, § 141 Rdn. 9; *Brockmeyer*, in: Klein, AO, 10. Aufl. (2009), § 141 Rz. 1; *Lindauer/Westphal*, BB 2009, 420, 421.

[39] Z. B. *Bron*, DB 2009, 592.

[40] Dafür *Lindauer/Westphal*, a. a. O. (Fn. 38), 421; *Huschke/Hartwig*, IStR 2008, 745, 747; dagegen *Wassermeyer*, IStR 2009, 238, 239.

[41] *Huschke/Hartwig*, a. a. O. (Fn. 40), 747.

genszuordnung dagegen **ausschließlich auf einer gesetzlichen Maßnahme,** welche der Steuerpflichtige nicht beeinflussen kann und die somit nicht auf seiner willentlichen Entscheidung beruht, gelten die betreffenden Wirtschaftsgüter **lediglich als „quasi-eingelegt".**[42] Da diese Wirtschaftsgüter bereits vorher im Rahmen der beschränkten Steuerpflicht steuerverstrickt waren, sind sie mit den bisher angesetzten Werten in dem neuen Betriebsvermögen fortzuführen; eine **Realisierung stiller Reserven findet** anlässlich der „Überführung" für Zwecke der Ermittlung der gewerblichen Einkünfte aus der Vermietungstätigkeit **nicht statt.**[43] Die Werte dürften – entsprechend der Intention des Gesetzgebers,[44] die allerdings im Wortlaut des § 49 Abs. 1 Nr. 2 Buchst. f keinen Ausdruck gefunden hat,[45] einheitlich mit den bei der Ermittlung eines Veräußerungsgewinns zugrundezulegenden zu bestimmen sein. Das sind bei Anschaffung des Grundstücks vor dem 1. 1. 1994 der Teilwert zum 1. 1. 1994 und bei späteren Anschaffungen die **Anschaffungskosten abzüglich der bisher geltend gemachten AfA.**[46] Allerdings wäre, wenn die Unterscheidung des BFH zwischen Einlage und „Quasi-Einlage" ernst genommen wird, nicht einzusehen, warum Bemessungsgrundlage für die AfA nach der „Quasi-Einlage" nur die um die bisher geltend gemachte AfA verminderten Anschaffungskosten bzw. Herstellungskosten entsprechend § 7 Abs. 1 Satz 5 EStG sein sollen; da es im Rahmen der Vermietungseinkünfte um laufende AfA und nicht um eine „Wertaufholung" anlässlich eines Veräußerungsgewinns geht, müsste eigentlich die **ursprüngliche AfA-Bemessungsgrundlage (die unverminderten Anschaffungs-/Herstellungskosten)** schlicht weiter geführt werden können.[47] Unabhängig davon kann nach der „Quasi-Einlage" der höhere lineare AfA-Satz von 3 % gemäß § 7 Abs. 4 Satz 1 Nr. 1 EStG in Anspruch genommen werden.

c) **Steuerfolgen bei Fremdfinanzierung**

aa) **Möglichkeiten einschließlich gewinnabhängiger Finanzierungsformen**

Die steuerliche Belastung von Einkünften einer ausländischen Objektgesellschaft mit deutscher Körperschaftsteuer kann durch Fremdfinanzierung erheblich gesenkt werden, weil die von der Objektgesellschaft für solches Fremdkapital zu zahlenden Zinsen bei der Berechnung ihrer Bemessungsgrundlage für die deutsche Körperschaftsteuer grundsätzlich[48] abzugsfähig sind (soweit – was bei einer Objektgesellschaft unterstellt werden kann – die Darlehensaufnahme durch den Erwerb bzw. die Errichtung oder den Umbau der deutschen Immobilie veranlasst ist, also ein wirtschaftlicher Zusammenhang besteht). Dieser "Leverage"-Effekt entsteht nicht nur bei "echter" Fremdfinanzierung über Banken u. ä., bei der die gezahlten Zinsen wirtschaftlich einem Dritten zugute kommen, sondern auch dann, wenn die Objektgesellschaft das Darlehen aus der eigenen Gruppe des Investors, also z. B. von einer Holdinggesellschaft als ihrer direkten Anteilseignerin, von dem Investor selbst als ihrem indirekten Anteilseigner oder von einer – ggf. in einem Drittland ansässigen – konzernangehörigen Finanzierungsgesellschaft (Schwesterge-

---

[42] BFH-Urt. v. 5. 6. 2002, I R 81/00, BStBl 2004 II 344.

[43] *Töben/Lohbeck/Fischer*, a. a. O., 151, 154; *Blumenberg*, IStR 2009, 549, 551.

[44] Vgl. BT-Drucks. 16/10189, 58.

[45] Der Wortlaut legt eher die Existenz von zwei getrennt voneinander fingierten Einkunftsquellen nahe als einen einheitlichen Gewerbebetrieb. Die „Trennungstheorie" hätte u. a. zur Folge, dass auch bei Bestandsvergleich während der Haltedauer der Immobilie keine Teilwertabschreibungen geltend gemacht werden könnten. S. auch *Töben/Lohbeck/Fischer*, a. a. O.; *Mensching*, DStR 2009, 96, 98.

[46] BFH-Urt. v. 22. 8. 2006 – I R 6/06, FR 2007, 296; s. auch unten [3.b)].

[47] Vl. *Lindauer/Westphal*, a. a. O. (Fn. 38), 422; a. A. *Töben/Lohbeck/Fischer*, a. a. O., 154.

[48] D.h. vorbehaltlich gewisser, allerdings bedeutsamer Einschränkungen der Höhe nach, s. unten bb) zur sog. „Zinsschranke".

sellschaft), erhält, so dass die von der Objektgesellschaft gezahlten Darlehenszinsen "in der Familie bleiben".

Außer einem gewöhnlichen, mit festem Zinssatz ausgestatteten Darlehen sind noch andere Finanzierungsformen denkbar, z. B.

- partiarisches Darlehen,
- Darlehen mit gestaffelten oder variablen Zinssätzen,
- typische stille Gesellschaft,
- Darlehen mit "equity kicker" (Darlehen, das zusätzlich zu den laufenden Zinsen zu einer Teilhabe am Gewinn bei Veräußerung des Objekts berechtigt),
- Genussrechtskapital,
- Gewinnschuldverschreibungen,
- atypische stille Gesellschaft.

Zinsen und sonstige Entgelte, die von der finanzierten Gesellschaft gezahlt werden, sind jedoch nur bei einem Teil dieser Finanzierungsformen steuerlich abzugsfähig, bei einem anderen Teil aber nicht, weil die Zahlungen insoweit als "Gewinnverteilung" im Rahmen einer aus steuerlicher Sicht angenommenen Mitunternehmerschaft behandelt werden (was u. a. auch zur Folge haben kann, dass der Finanzier selbst mit seinen Einkünften aus der Hingabe der Finanzierung der deutschen Besteuerung unterliegt). Zinsen und andere Entgelte für "Fremdkapital" sind insbesondere dann nicht abzugsfähig, wenn das "Fremdkapital" zur Teilhabe an den stillen Reserven der finanzierten Gesellschaft berechtigt. Das ist jedenfalls bei Genussrechten, mit denen das Recht auf Beteiligung am Gewinn und am Liquidationserlös verbunden ist (§ 8 Abs. 3 Satz 2 KStG), bei der atypischen stillen Gesellschaft und auch beim Darlehen mit "equity kicker" der Fall.

Wenn die Finanzierungsform grundsätzlich steuerlich anerkennungsfähig ist, kommt es für die Abzugsfähigkeit der Zinsen und sonstigen Entgelte dem Grunde nach im Einzelfall darauf an, dass die Finanzierung im Voraus klar und eindeutig vereinbart ist und dass dieser Vereinbarung entsprechend auch verfahren wird, also nicht etwa der Muttergesellschaft oder einem sonstigen konzernangehörigen Darlehensgeber geschuldete Zinsen nicht der Vereinbarung entsprechend gezahlt, sondern "stehen gelassen" oder sonst irgendwie "verrechnet" werden.

bb) Begrenzung der Abzugsfähigkeit („Zinsschranke")

Seit einer Reihe von Jahren versucht der deutsche Steuergesetzgeber, das von ihm beanspruchte Steuersubstrat gegen übermäßige Verminderung durch Zinsabzüge resistent zu machen. Lange Zeit hatte er es dabei mit Blick auf möglichen „Missbrauch" auf die steuerlichen Wirkungen der Fremdfinanzierung von Gesellschaften durch ihre (zunächst nur ausländischen, dann auch inländischen) Gesellschafter bzw. dieser Situation wirtschaftlich entsprechende Umgehungsgestaltungen abgesehen (§ 8a KStG). Diese Regelung hat er mit grundsätzlicher Wirkung **ab 2008** durch ein **generelles**, d.h. **auch „echte" Fremdfinanzierung durch unbeteiligte Dritte**, z. B. Banken, **umfassendes Zinsabzugsverbot oberhalb bestimmter Grenzwerte**, die sog. **„Zinsschranke"**, ersetzt.[49] Danach ist in einem gegebenen Jahr der Netto-Zinsaufwand (Überschuss des Zinsaufwandes über die Zinserträge) eines „Betriebs" nur **bis zur Höhe von 30 % des** (steuerlichen)

---

[49] § 4h EStG und § 8a KStG i.d.F. des Unternehmenssteuerreformgesetzes (UntStRefG) 2008 v. 14. 8. 2007, BGBl 2007 I 1912. Die Neuregelung wird weithin als verfassungs- und europarechtlich bedenklich eingestuft (s. z. B. *Streck/Schwedhelm*, KStG, § 8a Rz. 4 m. w. N.).

EBITDA[50] abziehbar (und im Übrigen lediglich vortragsfähig, mit dem Risiko des Verfalls bei Übertragung oder Aufgabe des „Betriebs"), es sei denn, eine der folgenden Ausnahmen ist gegeben (§ 4h Abs. 2 EStG):

- **Freigrenze:** Der Netto-Zinsaufwand des Betriebs unterschreitet die Freigrenze von drei Millionen Euro.[51]
- **Konzernklausel:** Der Betrieb gehört nicht oder nur anteilmäßig zu einem Konzern; das ist nach Auffassung der Finanzverwaltung auch ein sog. „Gleichordnungskonzern".[52]
- **„Escape"-Klausel:** Die Eigenkapital-Quote des Betriebs ist gleich hoch wie oder höher als die des Gesamt-Konzerns oder unterschreitet sie bis zu max. 1 Prozentpunkt.

Konzernklausel und Escape-Klausel können nur in Anspruch genommen werden, wenn **keine schädliche Gesellschafter-Fremdfinanzierung**[53] gegeben ist. Die Escape-Klausel ist gar nur anwendbar, wenn die Abwesenheit einer schädlichen Gesellschafter-Fremdfinanzierung für sämtliche Mitglieder des betreffenden Konzerns nachgewiesen werden kann.[54]

Im Falle ausländischer Immobilien-Objektgesellschaften fragt sich allerdings, ob sie überhaupt unter die Zinsschranke fallen oder ob sie – möglicherweise aufgrund eines gesetzgeberischen Versehens – von ihr gar nicht erfasst werden. Ansatzpunkt der Zinsschranke sind die Zinsaufwendungen eines „Betriebs" (§ 4h Abs. 1 Satz 1 EStG). Vor Inkrafttreten des § 49 Abs. 1 Nr. 2 Buchst. f EStG n. F. bezogen die meisten dieser Objektgesellschaften aber keine betrieblichen Einkünfte, sondern Einkünfte aus Vermietung und Verpachtung, d. h. Überschusseinkünfte i. S. d. § 2 Abs. 2 Nr. 2 EStG. Damit diese Gesellschaften der Zinsschranke nicht entkommen, ordnet das Gesetz an, die entsprechenden gesetzlichen Vorschriften (§ 4h EStG) seien auf sie „sinngemäß anzuwenden" (§ 8a Abs. 1 Satz 4 EStG). Seit die deutschen VuV-Einkünfte ausländischer Objektgesellschaften jedoch qua gesetzliche Fiktion in gewerbliche Einkünfte umqualifiziert werden, fallen diese nicht mehr unter § 2 Abs. 2 Nr. 2 EStG und folglich auch nicht mehr unter § 8a Abs. 1 Satz 4 KStG. Die Zinsschranke greift in dieser Situation also nur, **wenn die deutsche Immobilie der jeweiligen Objektgesellschaft als „Betrieb" einzuordnen** ist. Da die Finanzverwaltung nicht einmal eine Betriebsstätte als **eigenständigen „Betrieb"** ansieht,[55] eine vermietete Immobilie aber im Normalfall nicht einmal eine Betriebsstätte, sondern einer solchen gegenüber ein Minus darstellt, könnte man zweifeln, ob die gesetzliche Umqualifikation der Vermietungseinkünfte auch ein „Umspringen" von § 8a Abs. 1 Satz 4 KStG auf die Basisregelung des Satzes 1 i. V. m. § 4h Abs. 1 Satz 1 EStG bewirkt hat oder ob nicht der Gesetzgeber die Folgen der Neuregelung von § 49 Abs. 1 Nr. 2 Buchst. f EStG für die Einordnung der Einkünfte

---

[50] Zur Berechnung s. BMF-Schreiben v. 4. 7. 2008 – IV C 7 – S 2742 – a/07/10001, DOK 2008/0336202, BStBl 2008 I 718, Tz. 40. Ungenutzter EBITDA, auch solcher aus den Jahren 2007 bis 2009, kann neuerdings auf fünf Jahre vorgetragen werden (Wachstumsbeschleunigungsgesetz v. 22.12.2009, BGBl 2009 I 3950; s dazu *Bien/Wagner*, BB 2009, 2627, 2632; *Herzig/Bohn*, DStR 2009, 2341, 2344; *Nacke*, DB 2009, 2507).

[51] Die Freigrenze wurde von einer Million Euro auf drei Millionen Euro hinaufgesetzt, zunächst befristet für die Jahre 2008 und 2009 durch das Bürgerentlastungsgesetz v. 10. 7. 2009, BGBl 2009 I 1959, endgültig und dauerhaft dann durch das Wachstumsbeschleunigungsgesetz, a. a. O. (Fn. 50).

[52] BMF-Schreiben v. 4. 7. 2008, a. a. O. (Fn. 50), Tz. 60.

[53] Schädlich ist, wenn mehr als 10 % des Netto-Zinsaufwandes an einen unmittelbar oder mittelbar zu mehr als 25 % beteiligten Anteilseigner, ihm nahestehende oder ihm gegenüber rückgriffsberechtigte Personen gezahlt werden (§ 8a Abs. 2, 3 KStG).

[54] § 8a Abs. 3 KStG; BMF-Schreiben v. 4. 7. 2008, a. a. O. (Fn. 50), Tz. 80.

[55] BMF-Schreiben v. 4. 7. 2008, a. a. O. (Fn. 51), Tz. 9.

unter die Zinsschranken-Regelungen ganz einfach übersehen hat. Das Problem dadurch lösen zu wollen, dass man den Betriebsbegriff für bedeutungslos erklärt und als notwendige Folge der Existenz gewerblicher Einkünfte mit fingiert,[56] stünde allerdings im Widerspruch zum Grundsatz der Tatbestandsmäßigkeit der Besteuerung.

Wenn man dennoch (u. U. auch erst nach einer gesetzgeberischen „Reparaturmaßnahme") zu dem Ergebnis gelangt, dass eine ausländische Immobilie-Objektgesellschaft einen „Betrieb" i. S. d. § 4h Abs. 1 Satz 1 EStG hat und somit grundsätzlich von der Zinsschranke erfasst wird, treten – insbesondere im Zusammenhang mit der Konzernklausel, der Escape-Klausel und der Gesellschafter-Fremdfinanzierung – zahlreiche weitere, zum Teil derzeit nicht lösbare Zweifelsfragen auf; deren Diskussion muss schon aus Raumgründen der bereits jetzt kaum noch übersehbaren Spezialliteratur zur Zinsschranke überlassen bleiben.[57]

3. Veräußerungsgewinne

a) Rechtslage seit 1994

Seit dem 1. Januar 1994 sind gewerbliche und auch nicht gewerbliche **Gewinne ausländischer Objektgesellschaften**, die in ihrer rechtlichen Ausgestaltung deutschen Kapitalgesellschaften (seit 2006 auch sonstigen juristischen Personen i. S. d. § 1 Abs. 1 Nr. 1-3 KStG) typmäßig vergleichbar sind (das sind im Wesentlichen alle geläufigen, in der Praxis brauchbaren Rechtsformen von Objektgesellschaften), **aus der Veräußerung deutscher Immobilien** auch nach Ablauf der Spekulationsfrist von 10 Jahren **in Deutschland steuerbar** (§ 49 Abs. 1 Nr. 2 Buchst. f EStG). Grundstücks-Veräußerungsgewinne solcher ausländischer juristischer Personen werden, auch wenn sie als Abschluss einer rein vermögensverwaltenden Nutzung und auch nicht im Rahmen eines Grundstückshandels anfallen, als Einkünfte aus einem fiktiven Gewerbebetrieb der Körperschaftsteuer unterworfen (allerdings nicht der Gewerbesteuer, für deren Entstehung nach wie vor die Existenz einer Betriebsstätte des ausländischen Grundstückseigentümers in Deutschland erforderlich ist). Der deutsche Steuergesetzgeber verfolgte mit der Neuregelung die Absicht, den Kreis der ausländischen Steuerpflichtigen an den Kreis der inländischen Steuerpflichtigen, deren Einkünfte unabhängig von ihrer wahren Natur in jedem Falle als solche aus Gewerbebetrieb angesehen werden, anzugleichen. Nicht subjektiv steuerpflichtig bleiben auch nach der Neuregelung lediglich z. B. ausländische rechtsfähige Idealvereine, Stiftungen, bestimmte Arten von Trusts und sonstige, eher exotische Rechtsformen, die mit deutschen juristischen Personen nicht vergleichbar sind. Derartige ausländische Körperschaften, die auch nach der Neuregelung Grundstücks-Veräußerungsgewinne aus Deutschland steuerfrei beziehen könnten, bringen allerdings durchweg andere Nachteile (z. B. Vermögensbindung; Nachholung der Besteuerung bei Gewinnausschüttung; Risiko, als Treuhänder oder als missbräuchliche Gestaltung angesehen zu werden) mit sich und dürften deshalb in der Praxis allenfalls für Ausnahmefälle geeignet sein.

Im Rahmen der Besteuerung besteht nach allgemeinen Grundsätzen und in den Grenzen des § 10d Abs. 2 EStG (Mindestbesteuerung) die Möglichkeit, einen Teil des Veräußerungsgewinns durch während der Haltedauer angesammelte Verlustvorträge, die keiner zeitlichen Beschränkung unterliegen, zu neutralisieren. Es sollte steuersystematisch auch möglich sein, einen Ver-

---

[56] So *Dörr/Fehling*, Ubg 2008, 345, 348; van *Lishaut/Schumacher/Heinemann*, DStR 2008, 2341, 2342; *Wassermeyer*, a. a. O. (Fn. 40), 240.

[57] Zu den hier einschlägigen Fragen s. insbesondere *Töben/Lohbeck/Fischer*, a. a. O., 151; *Raupach/Pohl/Töben/Sieker*, Praxis des Internationalen Steuerrechts, 2009, 43 ff. m. w. N.; *Möhlenbrock*, Ubg 2008, 1; *Töben/Fischer*, Ubg 2008, 149.

lust aus der Veräußerung eines Objektes vorzutragen und später – wiederum in den Grenzen des § 10 Abs. 2 EStG (Mindestbesteuerung) – von positiven laufenden Einkünften oder gar einem Veräußerungsgewinn eines neuen Objektes abzuziehen.

b) Ermittlung des Veräußerungsgewinns

Zu der Frage, wie der gem. § 49 Abs. 1 Nr. 2 Buchst. f EStG steuerbare Veräußerungsgewinn zu ermitteln ist, sagt das Gesetz nichts. Der Rückgriff auf allgemeine Einkünfte-Ermittlungsregeln wird z. T. als problematisch angesehen, weil diese, soweit sie sich auf Einkünfte aus Gewerbebetrieb beziehen, ansonsten auf die periodengerechte Ermittlung des Ergebnisses der gewerblichen Tätigkeit abzielen, nicht aber, wie § 49 Abs. 1 Nr. 2 Buchst. f EStG, auf die einmalige punktuelle Ermittlung eines steuerpflichtigen Gewinns.[58] Umstritten war lange zum einen, was als **Buchwert bzw. Anschaffungskosten** anzusetzen ist, insbesondere, ob und, wenn ja, zu welchem Zeitpunkt die **Eröffnung eines Gewerbebetriebs** bzw. eine **Einlage** des Grundstücks in einen solchen mit seinem Teilwert zum Einlagezeitpunkt **zu fingieren** ist[59] oder ob in entsprechender Anwendung von § 17 Abs. 2 EStG wie bei der Veräußerung einer wesentlichen Beteiligung an einer Kapitalgesellschaft die **historischen Anschaffungskosten** maßgeblich sein sollen,[60] und zum anderen, ob während der Haltedauer des Grundstücks tatsächlich in Anspruch genommene oder gar fiktive **Abschreibungen** buchwertmindernd und damit gewinnerhöhend zu berücksichtigen sind[61] oder nicht.[62]

Bei Einführung der Erstfassung von § 49 Abs. 1 Nr. 2 Buchst. f EStG mit Wirkung vom 1. 1. 1994 **wurde keine gesetzliche Übergangsregelung** für die (zahlreichen) Fälle vorgesehen, in denen das Grundstück vor diesem Datum, u. U. bereits Jahrzehnte zuvor, angeschafft worden war und **in diesem zurückliegenden Zeitraum erhebliche Wertsteigerungen** erfahren hatte. Nach langen und intensiven Auseinandersetzungen in der Literatur[63] hat der BFH schließlich entschieden, dass mangels Vorliegens eines "Gewerbebetriebs" jedenfalls vor dem 1. 1. 1994 in dem davor liegenden Zeitraum entstandene stille Reserven nicht erfasst werden können.[64] Da der Gesetzgeber darauf verzichtet habe, Übergangsregelungen zu erlassen, wonach es auf die Wertverhältnisse zu einem früheren Zeitpunkt als dem 1. 1. 1994 ankomme, sei auf die Wertverhältnisse bei Beginn der Steuerbarkeit, also auf den **Teilwert zum 1. 1. 1994** abzustellen; die Wertbegrenzung auf die Anschaffungs-/Herstellungskosten bei Anschaffung der Immobilie innerhalb von drei Jahren vor dem 1. 1. 1994 gemäß § 6 Abs. 1 Nr. 5 Satz 1 Buchst. a EStG gelte nicht, da der Übergang des Wirtschaftsguts in den steuerverstrickten Bereich auf einer gesetzlichen Maßnahme und nicht auf einer Willensentscheidung des Steuerpflichtigen beruhte und das keine

---

[58] *Lüdicke*, DB 1994, 954 ff.; *Thömmes*, in: Fischer (Hrsg.), Besteuerung wirtschaftlicher Aktivitäten von Ausländern in Deutschland 1995, S. 117 ff.

[59] S. dazu BFH-Urt. v. 5. 6. 2002, I R 81/00, DStR 2002, 1480, und I R 105/00, IStR 2002, 596; *Gosch*, StBp 2000, 220.

[60] So FG Berlin, Urt. v. 11. 5. 1998, 8 K 8440/96, EFG 1998, 1590 (rkr.) und v. 25. 6. 2001, 8 K 8234/00, EFG 2002, 88 mit Anm. *Herlinghaus*; FG Hessen, Urt. v. 29. 9. 1999, 4 K 4926/96, EFG 2000, 218 (rkr.); FG München, Urt. v. 25. 7. 2000, 7 K 2440/97, EFG 2000, 1191 (rkr.); *Grützner*, IWB F. 3 Deutschland Gr. 3 S. 1077 ff.; *Hendricks*, IStR 1997, 229.

[61] So der BFH a. a. O. (oben Fn. 59) und FG Hessen, FG München und *Grützner*, jeweils a. a. O. (oben Fn. 60).

[62] So FG Schleswig-Holstein, Urt. v. 21. 6. 2000, I – 1298/98, EFG 2001, 505 (nrkr., aufgehoben durch BFH I R 105/00, a. a. O. [oben Fn. 59]); *Lüdicke* und *Thömmes*, jeweils a. a. O. (s. oben Fn. 58).

[63] Vgl. die Nachweise in Fn. 28-31 der Vorauflage.

[64] BFH-Urt. v. 5. 6. 2002 – I R 81/00, BStBl 2004 II 344 und I R 105/00, BFH/NV 2002, 1433.

Tischbirek

„Einlage im Rechtssinne", sondern lediglich eine „Quasi-Einlage" darstellte.[65] Erfreulicherweise hat sich der BFH nicht dazu bereitgefunden, das gesetzgeberische Regelungsversäumnis durch Zulassung einer analogen Anwendung der zu § 17 Abs. 2 bzw. § 23 Abs. 3 EStG entwickelten Regeln zu reparieren, wie es verschiedene Finanzgerichte getan hatten, sondern durch Annahme einer Einlagefiktion auf den 1. 1. 1994 zu dem an diesem Datum bestehenden Teilwert den ausländischen vermögensverwaltenden Gesellschaften mit Grundstücken in Deutschland im Ergebnis den **Vertrauensschutz** gewährt, den eine faire Gesetzgebung von vornherein ausdrücklich vorgesehen hätte.

Der Teilwert per 1. 1. 1994 bzw. – **bei Veräußerung einer nach dem 1. 1. 1994 angeschafften Immobilie** – die ursprünglichen **Anschaffungs-/Herstellungskosten** sind als Ausgangswert noch **um solche AfA zu reduzieren,** die während der Haltedauer des Grundstücks (ggf. seit 1. 1. 1994) in Anspruch genommen wurde.[66] Seit auch laufende Vermietungseinkünfte einer ausländischen Objektgesellschaft durch die Neufassung von § 49 Abs. 1 Nr. 2 Buchst. f EStG in gewerbliche Einkünfte umqualifiziert werden, ist die vorher bestehende steuersystematische Ungereimtheit, dass Abschreibungen, die im Rahmen einer Einkunftsart (VuV) steuerlich berücksichtigt wurden, im Rahmen einer anderen Einkunftsart (Einkünfte aus Gewerbebetrieb) „wieder aufgeholt" wurden, beseitigt worden.

c) Gestaltungsüberlegungen

Bei einer Prüfung, ob § 49 Abs. 1 Nr. 2 Buchst. f EStG der ausländischen Objektgesellschaft Möglichkeiten zu einer steuerfreien "Sicherung" bis zu einem bestimmten Zeitpunkt entstandener, aber noch nicht realisierter Wertsteigerungen ihrer deutschen Immobilie belässt, könnte an folgende Gestaltungen gedacht werden. Sie alle haben gemeinsam, dass sie den Vorwurf missbräuchlicher Gestaltung (§ 42 AO) auf sich ziehen könnten, wenn sie in zeitlichem Zusammenhang mit einer Veräußerung der Immobilie vorgenommen werden und nicht mit überzeugenden nicht-steuerlichen Gründen gerechtfertigt werden können.

aa) Verlegung des Ortes der Geschäftsleitung

Dem BFH-Urteil, nach dem eine ausländische Kapitalgesellschaft mit Geschäftsleitung im Inland ggf. sogar trotz fehlender Eigenschaft als juristische Person unbeschränkt steuerpflichtiges Körperschaftsteuersubjekt sein kann,[67] hat sich die Finanzverwaltung im Wesentlichen angeschlossen.[68] Da einerseits ein Wechsel von der beschränkten zur unbeschränkten Steuerpflicht keine "Veräußerung" i. S. von § 49 Abs. 1 Nr. 2 Buchst. f EStG darstellen kann, wenn (steuerlich) der Rechtsträger identisch bleibt, andererseits aber dennoch die Immobilie in dem durch die Fiktion des § 8 Abs. 2 KStG neu eröffneten "Betrieb" nach §§ 8 Abs. 1 KStG, 6 Abs. 1 Nr. 5 Satz 1 1. HS EStG mit dem **Teilwert anzusetzen** ist, ergibt sich eine Chance zur steuerfreien Aufstockung des Buchwerts. Ein derartiger **Zuzug beschädigt zwar jedenfalls innerhalb der EU auch nicht mehr die zivilrechtliche Handlungsfähigkeit** der Gesellschaft.[69] Allerdings dürfte in vielen Fällen der Wegzugstaat die bis zum Weggang in den Wirtschaftsgütern der Gesellschaft einschließlich der deutschen Immobilie(n) entstandenen stillen Reserven steuerlich erfassen.

---

[65] BFH-Urt. v. 22. 8. 2006 – I R 6/06, FR 2007, 296 m. Anm. *Kempermann.*
[66] BFH a. a. O. (Fn. 64).
[67] BFH-Urt. v. 23. 6. 1992, IX R 182/87, BStBl 1992 II 972.
[68] Gleichlautender Ländererlass, z. B. FinMin Brandenburg v. 1. 9. 1993, 35 – S 2850 – 2/93, FR 1993, 651.
[69] S. dazu oben B.I.1.a).

Tischbirek

bb) Überführung des Grundstücks in eine gewerbliche Betriebsstätte

Die Überführung der bis dato vermögensverwaltend gehaltenen Immobilie in eine zur Aufnahme einer gewerblichen Tätigkeit in Deutschland (z. B. Grundstückshandel) neu eröffnete Betriebsstätte der Objektgesellschaft stellt zwar **keine Veräußerung** i. S. v. § 49 Abs. 1 Nr. 2 Buchst. f EStG dar und ist daher trotz des mit ihr einhergehenden "step-up" als solche nicht steuerbar. Dennoch wird mit ihr das angestrebte Ziel einer steuerlichen "Sicherung" bis dato angewachsener Wertsteigerungen nach überwiegender Literaturansicht **nicht erreicht**:[70]

Da das Gesetz die Subsidiarität einer Besteuerung nach Buchst. f gegenüber einer konkurrierenden Besteuerung als Betriebsstättengewinn nach Buchst. a mit dem Wort "soweit" (und nicht mit "wenn") anordnet (subtile Regelungsabsicht oder ungewollte stilistische Unsauberkeit?), soll die Differenz zwischen den ursprünglichen Anschaffungs- bzw. Herstellungskosten der Immobilie in der ausländischen Gesellschaft (abzüglich AfA) und dem Teilwert der Immobilie zur Zeit ihrer Überführung in die Betriebsstätte **steuerlich "verstrickt" bleiben** und bei Veräußerung der Immobilie aus der Betriebsstätte heraus nach Buchst. f zu versteuern sein – **zusätzlich** zu dem den Überführungs-Teilwert übersteigenden Teil des Veräußerungserlöses, der als **Betriebsstättengewinn** nach Buchst. a steuerlich erfasst wird. Die Finanzverwaltung dürfte sich dieser Auffassung anschließen.

cc) Verdeckte Einlage des Grundstücks in eine deutsche Kapitalgesellschaft

Gangbar erscheint hingegen der Weg, unrealisierte Wertsteigerungen einer deutschen Immobilie in den Händen einer ausländischen Objektgesellschaft dadurch steuerfrei aufzudecken, dass die ausländische Objektgesellschaft – nach Ablauf der (seit 1. 1. 1999 auf 10 Jahre verlängerten) Spekulationsfrist (§ 23 Abs. 1 Satz 1 Nr. 1 i. V. m. Satz 5 Nr. 2 EStG) – die Immobilie in eine deutsche Kapitalgesellschaft verdeckt einlegt.[71] **Die verdeckte Einlage** einer Immobilie in eine Kapitalgesellschaft stellt außerhalb der Spekulationsfrist des § 23 Abs. 1 Satz 5 Nr. 2 EStG **keine "Veräußerung"** dar, weil es im Gegensatz zur Einlage bei Kapitalerhöhung (gegen Gewährung von Gesellschaftsrechten) an einer **Gegenleistung fehlt**;[72] die Werterhöhung der bereits bestehenden Gesellschaftsrechte durch die verdeckte Einlage ist keine Gegenleistung, sondern lediglich eine Reflexwirkung der Einlage. Diese zu § 17 EStG ergangene höchstrichterliche Rechtsprechung[73] ist auf § 49 Abs. 1 Nr. 2 Buchst. f EStG übertragbar; Sonderregelungen wie in § 17 Abs. 1 Satz 2 oder § 23 Abs. 1 Satz 5 Nr. 2 EStG sind in § 49 Abs. 1 Nr. 2 Buchst. f EStG nicht enthalten und können hier auch nicht analog angewendet werden, weil der Gesetzgeber in Kenntnis der Problematik und der Regelungen bei §§ 17, 23 EStG eine entsprechende Vorschrift in § 49 Abs. 1 Nr. 2 Buchst. f EStG offenbar bewusst nicht aufgenommen hat.[74]

Bei dem einlegenden Gesellschafter sind dennoch – soweit nicht § 6 Abs. 1 Nr. 5 Satz 1 Buchst. a EStG Anwendung findet – die in der Immobilie enthaltenen stillen Reserven aufzudecken,[75] so dass die Immobilie zum **Teilwert** in den Büchern der deutschen Kapitalgesellschaft erscheint,

---

[70] *Lüdicke*, DB 1994, 953; *ders.*, in: Lademann/Söffing, vor § 49 EStG Rn. 8; a. A. *Thömmes* a. a. O. (oben Fn. 58), S. 128.

[71] *Lüdicke*, DB 1994, 957; *ders.*, in: Lademann/Söffing, vor § 49 EStG Rn. 8; *Thömmes* a. a. O. (oben Fn. 58), S. 125 f.; *Herrmann/Heuer/Peffermann*, § 49 EStG Anm. 621.

[72] BFH-Urt. v. 5. 6. 2002, a. a. O. (Fn. 64).

[73] BFH-Urt. v. 27. 7. 1988, I R 147/83, BStBl 1989 II 271.

[74] S. die Lit. a. a. O. (oben Fn. 71).

[75] *Knobbe-Keuk*, Bilanz- und Unternehmenssteuerrecht, S. 217 m. w. N.

ohne dass bei der Aufwertung Steuern angefallen wären[76]. Dieser Weg dürfte, wenn er nicht in zeitlichem Zusammenhang mit einer Veräußerung der Anteile an der deutschen Kapitalgesellschaft durch die ausländische Objektgesellschaft (die bei Anwendbarkeit eines DBA in Deutschland regelmäßig nicht steuerbar wäre) beschritten wird und deshalb § 42 AO-gefährdet ist, rechtlich haltbar sein, kostet allerdings Grunderwerbsteuer.

dd) Sonstige

In geeigneten Sonderfällen kommt ggf. auch eine Übertragung der Immobilie im Wege der (verdeckten) Sachausschüttung[77] oder auf einen "irrevocable trust"[78] in Betracht.

d) Veräußerung der Anteile an der ausländischen Objekt-Kapitalgesellschaft

Theoretisch ist es auch nach der Einführung von § 49 Abs. 1 Nr. 2 Buchst. f EStG nach wie vor möglich, eine deutsche Immobilie aus dem Ausland in der Form **steuerfrei** zu veräußern, dass nicht die Immobilie selbst, sondern die **Anteile an der sie haltenden Objektgesellschaft veräußert** werden. Da sich an der Zuordnung der deutschen Immobilie zum Vermögen der ausländischen Objektgesellschaft nichts ändert und die Veräußerung von Anteilen an einer ausländischen Gesellschaft durch eine andere von der deutschen Besteuerung nicht erfasst wird, könnte dieser Weg insbesondere dann vorteilhaft sein, wenn der Gewinn aus der Veräußerung der Anteile auch im Ausland nicht besteuert wird (wie z. B. bei einer doppelstöckigen Struktur aus Holding- und Objektgesellschaft in den Niederlanden). Dieser Weg, so einfach und zweifelsfrei er aus rein steuerlicher Sicht erscheint, könnte es jedoch dem Verkäufer **sehr erschweren, einen Käufer für sein Grundstück zu finden.** Viele Käufer – deutsche wie ausländische – werden den Erwerb einer deutschen Immobilie in Form von Anteilen an einer ausländischen Objektgesellschaft wegen der in der Gesellschaft ruhenden, potentiellen Steuerverbindlichkeit scheuen. Bei deutschen Käufern kommt noch hinzu, dass sie unmittelbar steuerliche Risiken befürchten müssen, die sich aus der häufig nicht zu vermeidenden örtlichen Verlegung der Geschäftsleitung der ausländischen Objektgesellschaft nach Deutschland aus Anlass des Erwerbs ihrer Anteile durch einen deutschen Käufer ergeben.[79]

II. Deutsche Kapitalgesellschaft (Objektgesellschaft)

Nach der Einführung von § 49 Abs. 1 Nr. 2 Buchst. f EStG zum 1. 1. 1994 erlebten **Objektgesellschaften in der Rechtsform der deutschen GmbH** eine Renaissance. Während diese Gestaltung davor eher als "Kunstfehler" anzusehen war, weil ein Gewinn aus der Veräußerung einer Immobilie durch eine GmbH schon immer steuerbar gewesen war, wohingegen mittels einer ausländischen Objektgesellschaft ein Veräußerungsgewinn unter Umständen steuerfrei vereinnahmt werden konnte, standen nach dem Wegfall des Privilegs der ausländischen Objektgesellschaften zunächst Steuersatzvorteile der GmbH im Vordergrund. Die Unternehmenssteuerreform 2001[80]

---

[76] Da § 49 Abs. 1 Nr. 2 Buchst. f Satz 2 EStG lediglich Veräußerungseinkünfte als gewerblich fingiert, nicht aber die veräußerten Grundstücke als Betriebsvermögen (*Schmidt/Heinicke*, § 49 Rn. 38: "auf die Veräußerung begrenzte Einkünftewechselfiktion"), ist § 6 Abs. 6 Satz 2 EStG nicht einschlägig; vielmehr gelten die Grundsätze für eine Einlage aus dem Privatvermögen in eine Kapitalgesellschaft, d. h. nach Ablauf der Zehnjahresfrist ist die Veräußerungsfiktion des § 23 Abs. 1 Satz 5 Nr. 2 EStG nicht mehr anwendbar und der Vorgang damit steuerfrei (vgl. *Schmidt/Glanegger*, § 6 Rn. 440 "Verdeckte Einlagen (3)").

[77] S. die Lit. a. a. O (oben Fn. 71).

[78] S. dazu *Thömmes* a. a. O. (oben Fn. 58), S. 132 ff.

[79] S. dazu oben B. I. 1. a).

[80] Gesetz zur Senkung der Steuersätze und zur Reform der Unternehmensbesteuerung (StSenkG) v. 23. 10. 2000 (BGBl I 1433).

Tischbirek

mit dem Übergang zum Halbeinkünfteverfahren ergab erstmals eine grundsätzliche Gleichstellung von ausländischer und deutscher Objektgesellschaft durch die Vereinheitlichung des Körperschaftsteuersatzes. Kommt es dem Investor besonders auf einen größeren Spielraum möglicher geschäftlicher Aktivitäten an, dürfte nach wie vor einer ausländischen Objektgesellschaft der Vorzug gegeben werden. Im Normalfall dürfte nach derzeitiger Rechtslage allerdings die deutsche GmbH, die in einer **doppelstöckigen Struktur aus Holding-GmbH und Objekt-GmbHs** noch zusätzliche Vorteile bietet, als geeignete Gestaltungsform für Investitionen aus dem Ausland in deutsche Immobilien mit der ausländischen Objektgesellschaft gleichwertig sein. Das gilt jedenfalls für Investoren aus EU-Ländern und aus solchen weiteren Ländern, mit denen Deutschland ein DBA abgeschlossen hat, das die deutsche Kapitalertragsteuer auf Dividenden reduziert und dessen Anwendung im Einzelfall nicht an der Hürde von § 50d Abs. 3 EStG scheitert.

1. Gewerbesteuerfreiheit durch "erweiterte Kürzung"

Grundsätzlich gleichwertig ist die deutsche GmbH mit der ausländischen Objektgesellschaft allerdings nur, wenn die Objekt-GmbH in den Genuss der **"erweiterten Kürzung"** der Immobilien-Erträge **von der gewerbesteuerlichen Bemessungsgrundlage** (§ 9 Nr. 1 Satz 2 GewStG) kommt, mit der Folge, dass die Immobilien-Erträge (einschließlich eines "gelegentlichen Veräußerungsgewinns"[81]) nicht der Gewerbesteuer unterliegen. Voraussetzung dafür ist, dass die Objekt-GmbH ihren Grundbesitz ausschließlich vermögensverwaltend hält bzw. nutzt. Die **Beschränkung der Aktivitäten auf Vermögensverwaltung**, den meisten ausländischen Investoren aus B.V.-Zeiten wohl bekannt, und die damit verbundenen Vorsichtsmaßnahmen und Abgrenzungsschwierigkeiten bleiben folglich ständige Begleiter einer Immobilieninvestition in Deutschland, wenn – vor dem Hintergrund einer grundsätzlichen Unvermeidbarkeit der Besteuerung von Veräußerungsgewinnen nach neuem Recht – der optimale Steuersatz bei der deutschen Besteuerung in Anspruch genommen werden soll.

2. Laufende Einkünfte

a) Besteuerung bei Eigenkapitalfinanzierung

Seit dem Inkrafttreten des Unternehmenssteuerreformgesetzes 2008[82] unterliegt das zu versteuernde Einkommen einer deutschen GmbH wie auch dasjenige einer ausländischen Objektgesellschaft der Körperschaftsteuer zu einem einheitlichen Satz von 15 % (15,825 % einschl. 5,5 % SolZ), unabhängig davon, ob die GmbH Gewinnausschüttungen vornimmt oder nicht. Wird ausgeschüttet, lassen sich die Belastungen erst vergleichen, wenn man die von der GmbH auf Ausschüttungen an ihre(n) Gesellschafter einzubehaltene **Kapitalertragsteuer** mit berücksichtigt. Ist dieser Gesellschafter eine beschränkt steuerpflichtige Körperschaft i. S. d. § 2 Nr. 1 KStG, d.h. insbesondere eine ausländische Kapitalgesellschaft, werden bereits nach nationalem deutschen Steuerrecht (§ 44a Abs. 9 EStG) zwei Fünftel der i. H. v. 25 % (26,375 % einschl. SolZ) einbehaltenen und abgeführten Kapitalertragsteuer erstattet, um eine Angleichung an den auch für beschränkt steuerpflichtige Gesellschaften mit veranlagten Einkünften in Deutschland geltenden allgemeinen Körperschaftsteuersatz herbeizuführen.

---

[81] BFH-Urt. v. 24. 2. 1971, I R 174/69, BStBl 1971 II 338.
[82] Gesetz v. 14. 8. 2007, BStBl 2007 I 630.

aa) Anteilseigner in DBA-Staat (insbesondere EU-Staat)

In den **DBA**, die Deutschland mit über 80 Staaten der Welt abgeschlossen hat,[83] wird die **deutsche Kapitalertragsteuer auf Dividenden** für ausländische natürliche Personen zumeist auf 15 %, für ausländische juristische Personen, die eine Beteiligung von 25 % oder mehr an der deutschen Gesellschaft halten (gelegentlich genügt auch schon eine Beteiligungsquote von mindestens 10 %), zumeist auf 15 %[84] bis hinunter zu 5 % **reduziert**.[85] Für qualifizierte Beteiligungen einer in einem anderen EU-Staat ansässigen juristischen Person (Beteiligungsquote 10 %) gilt aufgrund der EU-Mutter-Tochter-Richtlinie seit 1. 7. 1996 sogar eine völlige Quellensteuerbefreiung.[86]

Für institutionelle und sonstige körperschaftlich organisierte Investoren, die in einem Mitgliedsland der EU beheimatet sind oder über ein EU-Land investieren können, steht die deutsche Objekt-GmbH einer ausländischen Objektgesellschaft nach der deutschen Unternehmenssteuerreform und dem **Wegfall der deutschen Kapitalertragsteuer auf Ausschüttungen an EU-Muttergesellschaften** im Hinblick auf den Steuersatz also gleich. Wenn nicht die EU-Mutter-Tochter-Richtlinie anwendbar ist, sondern nur eine weniger weitgehende Quellensteuer-Ermäßigung über DBA in Anspruch genommen werden kann, kommt es für die letztlich maßgebliche Gesamtsteuerbelastung darauf an, ob die deutsche Kapitalertragsteuer im Ansässigkeitsstaat des Anteilseigners der deutschen GmbH anrechenbar ist oder nicht (und damit die definitive Belastung erhöht). Letzterenfalls ergeben sich im Vergleich Vorteile für die ausländische Objektgesellschaft, wenn diese quellensteuerfrei ausschütten oder von ihr abgeführte Quellensteuer beim Anteilseigner angerechnet werden kann.

Der Vergleich ist allerdings idealtypischer Natur, weil er davon ausgeht, dass die zur Verfügung stehenden Quellensteuer-Ermäßigungen nach § 44a Abs. 9 EStG, den einschlägigen DBA und der Mutter-Tochter-Richtlinie (§ 43b EStG) auch wirklich in Anspruch genommen werden können. Dem kann im Einzelfall **§ 50d Abs. 3 EStG, eine spezialgesetzliche Anti-Missbrauchsvorschrift** mit zusätzlichen Tatbestandsvoraussetzungen und **Vorrang gegenüber § 42 AO**,[87] entgegen stehen. § 50d versagt die genannten Quellensteuer-Ermäßigungen (bzw. -Freistellungen, -Erstattungen), wenn die ausländische Gesellschaft, welche Dividenden von einer deutschen (z. B. Objekt-)Gesellschaft bezieht, bestimmte „Tests" hinsichtlich ihrer Substanz bzw. ihrer Gesellschafterstruktur nicht besteht. Neben den allgemeinen, von § 42 AO selbst geläufigen Kriterien, dass „für die Einschaltung der ausländischen Gesellschaft wirtschaftliche oder sonst beachtliche Gründe" nicht fehlen dürfen und dass die ausländische Gesellschaft „mit einem für ihren Geschäftszweck angemessen eingerichteten Geschäftsbetrieb am allgemeinen wirtschaftlichen Verkehr teilnehmen" müsse, wird hier insbesondere verlangt, dass „die ausländische Gesellschaft **mehr als 10 % ihrer gesamten Bruttoerträge des betreffenden Wirtschaftsjahrs aus eigener Wirtschaftstätigkeit erzielt",** woran es **fehlen** soll, „soweit die ausländische Gesellschaft ihre Bruttoerträge aus der **Verwaltung von Wirtschaftsgütern** erzielt oder ihre wesentlichen Geschäftstätigkeiten **auf Dritte überträgt"** (§ 50d Abs. 3 Satz 1 Nr. 2,

---

[83] Der Stand der deutschen DBA und der Doppelbesteuerungsverhandlungen am 1. 1. 2009 ist dokumentiert in BStBl 2009 I 355 ff.

[84] Die Begrenzung auf 15 % wirkt sich dann wegen § 44a Abs. 9 EStG nur noch auf den SolZ aus.

[85] Eine detaillierte Aufstellung der nach den einzelnen DBA geltenden Quellensteuersätze und der jeweiligen Voraussetzungen für ihre Anwendung findet sich bei *Tischbirek* in: Vogel/Lehner, DBA, Art. 10 Rn. 67.

[86] § 43b EStG.

[87] Für die Vorgängervorschrift § 50d Abs. 1a EStG 1990 entschieden durch BFH-Urt. v. 29. 1. 2008 – I R 26/06, DStRE 2008, 812.

Tischbirek

Satz 3 EStG)[88]. Das Gesetz legt hier die Messlatte für die hinreichende Substanz einer Holdinggesellschaft derart hoch,[89] dass die Finanzverwaltung durch „verwaltungsseitige teleologische Reduktion" [90] eine Erfüllung der Kriterien wenigstens für die sog. „geschäftsleitende Holding" ermöglichen musste, um ein Mindestmaß an Realitätsbezug wieder herzustellen. Bei einer **„geschäftsleitenden Holding"** (d. h. einer Holding, die mindestens zwei Beteiligungen von einigem Gewicht hält, auf welche mit strategischen Führungsentscheidungen tatsächlich Einfluss genommen wird[91]) sollen die **von den geleiteten Gesellschaften empfangenen Dividenden, Zinsen u. a.** zu den **„aktiven" Erträgen** gehören.[92] Diese Ausnahmeregelung ist für die Praxis von so entscheidender Bedeutung, dass eine weitere Konkretisierung des Begriffs der Geschäftsleitung ebenso wie die Klärung zahlreicher weiterer Zweifelsfragen im Zusammenhang mit § 50d Abs. 3 EStG durch die Finanzverwaltung oder die -gerichte mehr als wünschenswert wäre.[93]

Als gestalterische Lösung des § 50d Abs. 3-Problems könnte die Einbringung der Objektgesellschaft in eine in Deutschland ansässige gewerbliche Personengesellschaft in Betracht gezogen werden; diese bezieht dann die Dividenden und ist bezüglich der Kapitalertragsteuer anrechnungs- bzw. erstattungsberechtigt, ohne dass der Anwendungsbereich von § 50d Abs. 3 EStG berührt wäre. Zu Recht wird in der Diskussion dieser Gestaltung darauf hingewiesen, dass hier die deutsche Betriebsstätte gewissen funktionalen Mindesterfordernissen nachkommen muss, insbesondere die Geschäftsleitung der Gesellschaft eindeutig in Deutschland sein muss, um den Eintritt des gewünschten steuerlichen Effekts sicherzustellen.[94]

bb) Anteilseigner in Nicht-DBA-Staat (z. B. Steueroase)

Wenn der Anteilseigner einer deutschen GmbH in einem Staat ansässig ist, mit dem Deutschland kein DBA hat, etwa in einem Staat mit Steueroasen-Charakter (wie z. B. Panama, Liechtenstein, Niederländische Antillen, Hongkong, aber auch Jersey und Guernsey, für die das DBA mit Großbritannien nicht gilt und die auch nicht zur EU gehören), so dass die deutsche Kapitalertragsteuer (einschließlich SolZ) nicht ermäßigt wird und voll in die Gesamtbelastung eingeht, ergibt sich unter oben genannten Voraussetzungen ein **Steuersatzvorteil zugunsten einer ausländischen Objektgesellschaft** und zu Lasten der deutschen GmbH.

b) Gesellschafter-Fremdfinanzierung

Nach der **Absenkung der Körperschaftsteuer-Satzes auf 15 %** einerseits und der **Einführung der „Zinsschranke"**[95] andererseits ist für ausländische Immobilieninvestoren mit deutschen Objektgesellschaften der Anreiz, deren körperschaftsteuerliche Belastung durch Gesellschafter-Fremdfinanzierung bzw. Fremdfinanzierung aus dem ausländischen Konzern zu reduzieren, erheblich schwächer und der mögliche Gestaltungsspielraum noch kleiner geworden. Dennoch trifft nach wie vor zu, dass **ins Ausland abfließende Zinsen** und sonstige Vergütungen für Fremdkapital (im steuerlichen Sinne) im Normalfall aufgrund nationalen Rechts und DBA keiner

---

[88] Zu diesen Kriterien aus der Sicht der Verwaltung *Micker*, FR 2009, 409.

[89] Und lässt auch keine Widerlegung der aus dem Verfehlen dieser Tests resultierenden „Missbrauchs"-Vermutung zu; dies wird weithin zu Recht als mit der EuGH-Rechtsprechung zur Zulässigkeit von Missbrauchs-Typisierungen unvereinbar angesehen.

[90] Vgl. *Günkel/Lieber*, Ubg 2008, 383, 386.

[91] S. BMF-Schreiben v. 3. 4. 2007 – IV B 1 – S 2411/07/0002, BStBl 2007 I 446, Tz. 6.2, 6.3.

[92] BMF, a. a. O. (Fn. 91), Tz. 7b.

[93] Zutreffend *Günkel/Lieber*, a. a. O. (Fn. 90).

[94] S. dazu einerseits *Frotscher*, EStG, § 50d Rz. 111, anderseits *Günkel/Lieber*, a. a. O. (Fn. 90), 388.

[95] S. oben B.I.2. c) bb).

deutschen Steuer (weder der Nettobesteuerung aufgrund Veranlagung[96] noch einem Quellenabzug von den Bruttoeinkünften) unterliegen und nur in dem Ausnahmefall gewinnabhängiger Fremdkapitalvergütungen (bei partiarischem Darlehen, typischer stiller Gesellschaft) eine – u. U. durch DBA reduzierte – Quellensteuer erhoben wird. Wenn und soweit die auf die gewählte Finanzierung zu leistenden Zahlungen (Zinsen usw.) nach deutschem Steuerrecht abzugsfähig sind (also jedenfalls keine Beteiligung des Finanziers an den stillen Reserven vorliegt und die „Zinsschranke" nicht eingreift), ist die durch Gesellschafter-Fremdfinanzierung in den noch möglichen Situationen und in dem noch möglichen Ausmaß reduzierte deutsche Steuer aber nur die eine Seite der Medaille; die andere ist die **Besteuerung der Zinsen** und anderen Fremdkapitalvergütungen im **Ansässigkeitsstaat des Empfängers** im Vergleich zur Dividendenbesteuerung beim Anteilseigner. Besonderheiten des Einzelfalles (z. B. Verlustvorträge beim Zinsempfänger/Anteilseigner) können die Parameter entscheidend verändern.

3. Veräußerungsgewinne

Ein Gewinn, den eine deutsche Objekt-GmbH aus der Veräußerung ihrer deutschen Immobilie erzielt, unterliegt der Körperschaftsteuer (+ SolZ) ebenso wie die laufenden Einkünfte. Auch wenn die GmbH ihr einziges Objekt veräußert, muss darauf geachtet werden, dass die Gesellschaft nicht im Rahmen ihrer Verkaufsbemühungen in zu großem Umfang "am wirtschaftlichen Verkehr teilnimmt" und damit möglicherweise die **Grenze zum gewerblichen Grundstückshandel** überschreitet; denn das würde – wegen Wegfalls der erweiterten Kürzung – zusätzlich Gewerbesteuer auf den Veräußerungsgewinn auslösen und damit die Gesamtsteuerbelastung drastisch erhöhen.

Theoretisch ist auch vorstellbar, dass nicht die deutsche Objektgesellschaft das Grundstück, sondern der ausländische Anteilseigner (die ausländische Holding) die von ihm (ihr) gehaltenen **Anteile an der Objektgesellschaft veräußert.** In dieser Form wäre die Veräußerung nach § 8b Abs. 2 KStG sogar schon nach nationalem Steuerrecht frei von deutschen Ertragsteuern (mit Ausnahme von 5 % des Gewinns, die als fiktive nicht abziehbare Betriebsausgaben steuerlich erfasst werden, § 8b Abs. 3 Satz 1 KStG).[97] Außerdem überlassen fast alle deutschen **DBA** die Besteuerung des Gewinns aus der Veräußerung von **Gesellschaftsanteilen** ganz dem **Ansässigkeitsstaat des veräußernden Anteilseigners** und schließen den Staat, in dem die veräußerte Gesellschaft ansässig ist, von der Besteuerung aus (nur ganz wenige deutsche DBA, z. B. diejenigen mit den USA und Schweden, sehen die Besteuerung von Gewinnen aus der Veräußerung von Anteilen an Immobiliengesellschaften im Sitzstaat der veräußerten Gesellschaft vor[98]). Für die Steuerbelastung des Veräußerungsgewinns kommt es dann also auf die Besteuerung durch den Ansässigkeitsstaat des Anteilseigners an; verzichtet dieser im Rahmen eines auch für Veräußerungsgewinne geltenden nationalen Schachtelprivilegs bzw. aufgrund einer dem deut-

---

[96] Die im nationalen deutschen Recht (§ 49 Abs. 5 Buchst. c Doppelbuchst. aa EStG) vorgesehene Besteuerung von Zinsen auf durch inländischen Grundbesitz gesicherte Darlehen durch Veranlagung wird durch die DBA regelmäßig abgeschnitten; vgl. *Pöllath/Lohbeck* in: Vogel/Lehner, DBA, Art. 11 Rn. 81, 83.

[97] Die Befreiung nach § 8 Abs. 2 KStG steht gemäß § 8 Abs. 7 Satz 2 KStG nicht zur Verfügung, wenn und soweit die Holding Anteile an Objektgesellschaften „mit dem Ziel der kurzfristigen Erzielung eines Eigenhandelserfolges erworben" hat. Das ist nach Auffassung der Finanzverwaltung stets dann der Fall, wenn die Anteile dem Umlaufvermögen zugeordnet werden (BMF-Schreiben v. 25. 7. 2002, IV A 2 – S 2750a – 6/02, BStBl 2002 I 712, C.II), nach aA nur dann, wenn die Anteile binnen Jahresfrist nach Erwerb veräußert werden sollen (s. zum Ganzen *Jacob/Scheifele*, IStR 2009, 304 sowie das dort besprochene BFH-Urt. v. 14. 1. 2009, I R 36/08, IStR 2009,282).

[98] Vgl. die Übersicht bei *Reimer* in: Vogel/Lehner, DBA, Art. 13 Rn. 149.

Tischbirek

schen § 8b Abs. 2 KStG entsprechenden Bestimmung auf eine Besteuerung, bleibt der Veräußerungsgewinn insgesamt steuerfrei.

Ein Anteilsverkauf statt einer Veräußerung des Grundstücks selbst hat obendrein den Vorteil, dass sich die **Grunderwerbsteuer** nicht nach dem Kaufpreis/Verkehrswert des Grundstücks, sondern nach dem sog. "Bedarfswert" i. S. v. § 138 Abs. 2 oder 3 BewG richtet, der zwar von dem Verkehrswert nicht mehr so weit nach unten abweicht wie der früher maßgebliche Einheitswert, aber immer noch deutlich niedriger sein dürfte als jener (§ 8 Abs. 2 Nr. 3 GrEStG).

So attraktiv der Weg über die Anteilsveräußerung aus rein steuerlicher Perspektive des Verkäufers aus diesen Gründen auch erscheinen mag, so **verringert** er jedoch die **Marktchancen** für die Immobilie derart, dass er nur in Ausnahmefällen gegangen wird. Zwar dürfen die am Markt sehr aktiven deutschen offenen Immobilienfonds (Immobilien-Sondervermögen nach InvG) bis zu 49 v. H. ihres Vermögens in Beteiligungen an Grundstücksgesellschaften anlegen.[99] Sie wie auch andere Käufer wollen jedoch häufig wegen der in der GmbH ruhenden **potentiellen Steuerverbindlichkeit** nicht Gesellschaftsanteile statt des Grundstücks selbst kaufen. Dafür ist insbesondere auch § 8b Abs. 3 Satz 3 KStG verantwortlich, der es dem Käufer unmöglich macht, die anlässlich der Veräußerung des Grundstücks bei der Objektgesellschaft entstehende Steuerlast nach Ausschüttung des Gewinns durch Teilwertabschreibung zu neutralisieren. Außerdem erwirbt der Käufer einer Gesellschaft **Haftungsrisiken,** von denen er sich zwar vertraglich vom Verkäufer freistellen lassen kann, die ihn aber dennoch treffen, wenn der Verkäufer seiner Freistellungsverpflichtung nicht nachkommt oder nicht nachkommen kann.

4. Vorteile einer doppelstöckigen GmbH-Struktur

Für einen ausländischen Investor, der mehrere deutsche Immobilien hält bzw. erwerben möchte, aber seine Aktivitäten im Zusammenhang mit den Immobilien auf reine Vermietung (Vermögensverwaltung) beschränken kann, bietet eine zweistöckige inländische Struktur aus Holding-GmbH und mit ihr durch körperschaftsteuerliche (und gewerbesteuerliche) Organschaften verbundenen nachgeordneten Objekt-GmbHs die Chance steuerlicher Vorteile.

Gewerbesteuer entsteht durch die Tätigkeit der Objekt-GmbHs nicht, wenn sie – wie hier unterstellt wird – ihre Aktivitäten auf reine Vermögensverwaltung beschränken und die Holding daher insoweit in den Genuss der im Rahmen der Organschaft "weitergereichten" erweiterten Kürzung nach § 9 Nr. 1 Satz 2 GewStG kommt.

Zwar kennt das „System" der „Zinsschranke", anders als die frühere, rein gesellschafterbezogene § 8a KStG-Regelung, kein Holdingprivileg. Eine zweistöckige inländische Struktur aus Holding-GmbH und Objekt-GmbH eröffnet jedoch die Möglichkeit, einen **Ausgleich von Gewinnen und Verlusten zwischen verschiedenen deutschen Objektgesellschaften** herbeizuführen. Auch der Nachteil der GmbH als Rechtsform, dass entstehende Verluste in ihr "steckenbleiben" und nicht an die Muttergesellschaft (Holding) zum Ausgleich mit Gewinnen aus anderen Tochtergesellschaften "hochgereicht" werden können, lässt sich durch Errichtung einer **Organschaft** zwischen der Holding-GmbH als Organträgerin und der jeweiligen Objekt-GmbH als Organgesellschaft beseitigen. Zu beachten ist allerdings, dass als Folge der Verlustübernahmeverpflichtung der Holding-GmbH als Organträgerin gegenüber den einzelnen Organgesellschaften auch die **Haftungsabschirmung** zwischen diesen Gesellschaften **verloren geht**.[100]

---

[99] Dabei werden 100 %-Beteiligungen an Immobiliengesellschaften nicht mitgerechnet, s. § 68 Abs. 6 InvG.

[100] Zur Organschaft s. z. B. *H. P. Müller*, Steuern im Konzern, in: WP-Handbuch der Unternehmensbesteuerung, Rn. 35 ff.

III. Deutsche oder ausländische (Objekt-)Personengesellschaft

Als Alternative könnte auch eine deutsche oder ausländische Objekt-Personengesellschaft in Betracht gezogen werden. Die Besonderheiten der Personengesellschaft ergeben sich aus ihrer **grundsätzlichen steuerlichen Transparenz**. Da Gewinne und Verluste von Personengesellschaften ihren Gesellschaftern anteilig für die Besteuerung zugerechnet werden, entsteht bei mehreren Objekt-Personengesellschaften ein **automatischer Gewinn- und Verlustausgleich auf der Ebene der jeweils beteiligten Gesellschafter**. Wenn die Haftung dieser Gesellschafter jeweils auf ihre Einlage beschränkt ist (wie z. B. bei einem Kommanditisten mehrerer KGs oder ähnlicher, ausländischer Personengesellschaften), **bleibt** die daraus resultierende zivilrechtliche Haftungsabschirmung – anders als bei der doppelstöckigen GmbH-Struktur mit Organschaft – trotz des automatischen (steuerlichen) Gewinn- und Verlustausgleichs auf Gesellschafterebene **erhalten**.

1. Gewerbesteuerfreiheit kraft Rechtsform oder durch "erweiterte Kürzung"

Auch für die deutsche oder ausländische Personengesellschaft gilt, dass sie aus dem Wettbewerb der steuerlich günstigsten Rechtsformen für die Immobilieninvestition durch Ausländer in Deutschland ausscheiden würde, wenn sich bei ihrer Verwendung die enorme Zusatzbelastung, welche die Gewerbesteuer darstellt, nicht vermeiden ließe. Dieses Ziel kann nur – mit mehr oder weniger Sicherheit – erreicht werden,

- wenn eine unbedingt erforderliche gewerbliche Tätigkeit nur **ohne Betriebsstätte** in Deutschland ausgeübt wird,
- wenn bei gewerblicher "Prägung" und der Unmöglichkeit, eine Geschäftseinrichtung in Deutschland zu vermeiden, die als Betriebsstätte angesehen werden könnte, z. B. ein Büro (in dieser Situation werden sich deutsche Personengesellschaften häufig befinden), die Tätigkeit strikt auf Vermögensverwaltung beschränkt wird, so dass die **"erweiterte Kürzung"** der Immobilienerträge von der gewerbesteuerlichen Bemessungsgrundlage zur effektiven Gewerbesteuerfreiheit führt, oder
- wenn bei einem gewissen Risiko gewerblicher Tätigkeit und zusätzlich der Unmöglichkeit, eine Geschäftseinrichtung in Deutschland zu vermeiden, die als Betriebsstätte angesehen werden könnte, jedenfalls die **gewerbliche "Prägung" beseitigt** wird, etwa dadurch, dass eine natürliche Person ggf. zusätzlich persönlich haftende Gesellschafterin der Personengesellschaft wird oder dass stattdessen eine natürliche Person, die Kommanditistin oder sonst beschränkt haftende Gesellschafterin ist, Geschäftsführungsbefugnis in der Gesellschaft erhält.[101]

2. Steueroptimierung durch die Art und Weise der Finanzierung

Auch bei einer Objektgesellschaft in der Rechtsform einer Personengesellschaft, deren Gesellschafter sämtlich oder zum Teil im Ausland ansässige Kapitalgesellschaften sind, lässt sich die deutsche Steuerlast (der Gesellschafter) durch die Art und Weise der Finanzierung verringern. Ansatzpunkte und Problemstellungen sind allerdings anders als bei einer Objekt-Kapitalgesellschaft.

Eine – in- oder ausländische – vermögensverwaltende Personengesellschaft kann auf zweierlei Weise fremdfinanziert werden: durch Darlehen, die von der Gesellschaft selbst aufgenommen

---

[101] Nach *Schmidt/Wacker*, EStG, § 15 Rn. 221 f. ist eine gewerbliche Prägung nicht dadurch zu vermeiden, dass neben einer Kapitalgesellschaft, die einzige persönlich haftende Gesellschafterin ist, eine weitere Kapitalgesellschaft zur Geschäftsführung befugt ist, die nur Kommanditistin ist; a. A. z. B. *Groh*, DB 1987, 1006 ff., 1011 und auch EStR 15.8 (6) Sätze 1 und 2.

werden (**unmittelbare Fremdfinanzierung**), oder durch Darlehen, die von den Gesellschaftern zur Finanzierung ihre Eigenkapitalanteile in der Gesellschaft aufgenommen werden (**mittelbare Fremdfinanzierung**). In beiden Fällen sind die auf das Darlehen zu zahlenden Zinsen im Rahmen der einheitlichen und gesonderten Gewinnfeststellung der Gesellschaft grundsätzlich abzugsfähig: bei der unmittelbaren Fremdfinanzierung unmittelbar als Ausgaben der Gesellschaft, bei der mittelbaren Fremdfinanzierung mittelbar als **Sonderwerbungskosten** des betreffenden Gesellschafters.

In beiden Fällen ist auch eine **Gesellschafter-Fremdfinanzierung** oder eine Fremdfinanzierung aus dem Konzern des Gesellschafters möglich: Bei der unmittelbaren Fremdfinanzierung einer vermögensverwaltenden Personengesellschaft kann diese auch bei ihren Gesellschaftern Darlehen mit steuerlicher Wirkung aufnehmen. Die **Hinzurechnung an einen Gesellschafter gezahlter Vergütungen** für die Hingabe eines Darlehens zum Gewinn des Gesellschafters aus der Gesellschaft gem. § 15 Abs. 1 Satz 1 Nr. 2 EStG gilt nur bei gewerblichen Mitunternehmerschaften und **nicht bei vermögensverwaltenden Personengesellschaften**.[102] Bei der mittelbaren Fremdfinanzierung kann sich ein Gesellschafter, der zu einem Konzern gehört, den von ihm als Darlehen aufzunehmenden und als Einlage in die Gesellschaft zu gebenden Betrag bei einer anderen konzernangehörigen Gesellschaft beschaffen.

Die Fremdfinanzierung einer vermögensverwaltenden Personengesellschaft ist – mangels eines eigenen „Betriebs" – zwar nicht durch die „Zinsschranke" begrenzt, dafür aber durch die Spezialvorschrift des **§ 15a EStG**, der für Personengesellschafter, deren Haftung beschränkt ist (z. B. Kommanditisten einer KG), den Verlustausgleich bzw. -abzug auf die Höhe ihres jeweiligen Kapitalkontos begrenzt. Da Darlehen, die von der Gesellschaft selbst aufgenommen worden sind, die Kapitalkonten der Gesellschafter mindern, kommt es bei der unmittelbaren Fremdfinanzierung von Personengesellschaften, bei denen ein Teil der Gesellschafter beschränkt haftet, häufig zu einem Eingreifen der Verlustabzugsbegrenzung des § 15a EStG. Auch wenn es aufgrund einer Anwendung dieser Vorschrift nicht zu einer sofortigen, ungünstigeren Besteuerung kommt, sondern lediglich das Kapitalkonto eines Gesellschafters überschreitende Verluste erst später "verrechenbar" und nicht sofort mit anderen Einkünften des Gesellschafters ausgleichsfähig sind, geht das Bestreben der Steuerplanung dahin, einer Anwendung von § 15a EStG aus dem Wege zu gehen, etwa dadurch, dass die **Personengesellschaft in der Rechtsform der GbR** errichtet wird, bei der es grundsätzlich nur unbeschränkt haftende Gesellschafter gibt.[103] Die Haftungsbeschränkung kann dann möglicherweise "eine Stufe höher", d. h. durch Verwendung von B.V., Ltd. o. ä. als Gesellschafter herbeigeführt werden, wobei allerdings, wenn eine gewerbliche Prägung der GbR vermieden werden soll, mindestens eine natürliche Person GbR-Gesellschafterin sein muss.

Wenn die Haftungsbeschränkung eines Gesellschafters in der Gesellschaft selbst hergestellt werden soll und deshalb als Rechtsform für eine Objekt-Personengesellschaft die GmbH & Co. KG gewählt wird (zur Vermeidung einer gewerblichen Prägung mit einer natürlichen Person als

---

[102] *Schmidt/Wacker*, EStG, § 15 Rn. 200.

[103] Während die Rechtsprechung (BFH-Urt. v. 17. 12. 1992, IX R 150/89, BStBl 1994 II 490; IX R 7/91, BStBl 1994 II 492; v. 30. 11. 1993, IX R 60/91; BStBl 1994 II 496) eine sinngemäße Anwendung von § 15a EStG auch auf eine vermögensverwaltende GbR mit Einkünften aus Vermietung und Verpachtung befürwortet, nimmt die Finanzverwaltung in dieser Frage eine großzügigere Haltung ein und hat in einem Erlass (BMF-Schreiben v. 30. 6. 1994, IV B 3 – S 2253 b – 12/94, BStBl 1994 I 355) die Kriterien aufgezeigt, bei deren Erfüllung sie grundsätzlich davon auszugehen bereit ist, dass § 15a EStG bei der vermögensverwaltenden GbR nicht eingreift.

– zusätzlicher – persönlich haftender Gesellschafterin oder einer natürlichen oder einer juristischen Person als Kommanditistin mit Geschäftsführungsbefugnis), wird wegen der Anwendbarkeit von § 15a EStG auf den/die beschränkt haftenden Gesellschafter meist die mittelbare Fremdfinanzierung gewählt, d. h. die **Gesellschafter** und nicht die Gesellschaft selbst **nehmen Fremdmittel auf** und legen sie als **Eigenkapital** in die Gesellschaft ein; die Zinsen sind dann **als Sonderwerbungskosten grundsätzlich abzugsfähig,** und das Verlustausgleichspotential i. S. v. § 15a EStG wird nicht geschmälert. Allerdings unterliegt das vom Gesellschafter aufgenommene Darlehen möglicherweise bei ihm der „Zinsschranke", nämlich wenn seine Beteiligung an der vermögensverwaltenden Objekt-Personengesellschaft mit Einkünften aus VuV bei ihm einen „Betrieb" darstellen sollte. Das allerdings wäre schon unklar, wenn der (ausländische) Gesellschafter die Immobilie unmittelbar hielte[104] und ist es in der hier diskutierten Situation um so mehr, da der Gesellschafter die Einkünfte, die bei ihm betriebsbegründend sein sollen, nicht unmittelbar bezieht, sondern ihm lediglich einen Anteil am Ergebnis einer (vermögensverwaltenden, Einkünfte aus VuV beziehenden) Gesellschaft zugerechnet wird;[105] denn anders als bei einer „Zebragesellschaft", bei der der Charakter der Einkünfte auf der Ebene des Gesellschafters verändert wird, weil er den Gesellschaftsanteil im Betriebsvermögen hält, müsste hier die Umqualifikation der Einkünfte einen „Betrieb" überhaupt erst zur Entstehung bringen.

3. Gewinne aus Beteiligungsveräußerung

Verkauft nicht die Personengesellschaft die deutsche Immobilie, sondern ein **ausländischer Gesellschafter seine Beteiligung an der Personengesellschaft,** ist die steuerliche Behandlung **umstritten.** Gesichert ist lediglich, dass für die Beteiligung an einer Grundstücks-Personengesellschaft ebenso eine Spekulationsfrist von 10 Jahren gilt wie für das Grundstück selbst (§ 23 Abs. 1 Satz 4 EStG).[106] Während im Übrigen die **Finanzverwaltung** dem EStG einen "allgemeinen Rechtsgedanken" entnehmen will, demzufolge die Veräußerung einer Beteiligung an einer Grundstücks-Personengesellschaft insgesamt **wie die Veräußerung des Grundstücks selbst** zu behandeln sei und dies folglich auch im Rahmen des § 49 Abs. 1 Nr. 2 Buchst. f EStG für die Besteuerung ausländischer Gesellschafter von Grundstücks-Personengesellschaften mit deutschen Grundstücken gelte,[107] wird in der Literatur einhellig der Standpunkt vertreten, dass Personengesellschafts-Beteiligungen in § 49 Abs. 1 Nr. 2 Buchst. f EStG nicht erwähnt seien (dort ist lediglich von der "Veräußerung von unbeweglichem Vermögen" die Rede) und dass bei der vom BFH gebotenen **zivilrechtlichen Betrachtungsweise eine Gleichsetzung auch nicht möglich** sei.[108] Der Meinungsstreit wird wohl endgültig nur durch eine gesetzliche Klarstellung oder durch eine höchstrichterliche Entscheidung beigelegt werden können.

---

[104] S. dazu oben B.I.2. c) bb).

[105] *Kußmaul/Pfirmann/Meyering/Schäfer*, BB 2008, 135, 137 f.

[106] Vor Einfügung dieser Vorschrift mit Wirkung zum 1. 1. 1994 hatte der BFH die Beteiligung an einer Grundstücks-Personengesellschaft als "bewegliches Wirtschaftsgut" angesehen und folglich die (damals) nur sechsmonatige Spekulationsfrist für anwendbar erklärt (BFH-Urt. v. 4. 10. 1990, X R 148/88, BStBl 1992 II 211).

[107] BMF-Schreiben v. 15. 12. 1994, IV B 4 – S 2300 – 18/94, BStBl 1994 I 883.

[108] *Lüdicke*, DB 1994, 958; *ders.*, in: Lademann/Söffing, § 49 EStG, Rn. 8; *Thömmes* a. a. O. (oben Fn. 58), 129; *Herrmann/Heuer/Peffermann*, § 49 EStG Anm. 62 a. E. Aus der BFH-Entscheidung (oben Fn. 106) ergibt sich mittelbar, dass der von der Finanzverwaltung behauptete allgemeine Rechtsgedanke gerade nicht existiert.

IV. Kombination einer Investor-GmbH mit Objekt-GmbH & Co. KGs

Legt ein ausländischer Investor Wert darauf, **die Vorteile der doppelstöckigen GmbH-Struktur mit Organschaft** (theoretische Möglichkeit des steuerfreien Verkaufs von Objekt-GmbHs, Gewinn- und Verlustausgleich zwischen mehreren Objektgesellschaften) **mit denen von Objekt-Personengesellschaften** (Gewinn- und Verlustausgleich ohne Verlust der Haftungsabschirmung zwischen mehreren Objektgesellschaften) zu **verbinden,** kann man ihm diesen Wunsch erfüllen, allerdings nur um den Preis einer etwas komplizierteren Struktur: Jedes Objekt wird von einer eigenen GmbH & Co. KG gehalten; die KGs haben jeweils unterschiedliche Komplementäre (z. B. je eine eigene, mit Mindestkapital ausgestattete und nur gering an der KG beteiligte Komplementär-GmbH), aber alle dieselbe (große) Investor-GmbH als Kommanditistin. Da Gewinne und Verluste der einzelnen Objekt-GmbH & Co KGs steuerlich ihren Gesellschaftern zugerechnet werden, ergibt sich bei dem Multikommanditisten ein **automatischer Gewinn- und Verlustausgleich** aus den verschiedenen Objekten – jedenfalls soweit § 15a EStG einem Verlustausgleich nicht im Wege steht. **Die Haftung des Kommanditisten bleibt** aber jeweils auf seine Einlage bei der einzelnen KG **beschränkt.**

Bei dieser Struktur dürfte sich **kein Gewerbesteuerproblem** ergeben: Auf der Ebene der Objektgesellschaften, die gewerblich geprägt, aber ausschließlich vermögensverwaltend tätig sind, greift die **erweiterte Kürzung** nach § 9 Nr. 1 Satz 2 GewStG ein und führt zur faktischen Gewerbesteuerfreiheit der Immobilienerträge. Der Kommanditist hingegen, der als GmbH kraft Rechtsform gewerblich ist, kann zwar nicht von der erweiterten Kürzung Gebrauch machen, da er nicht "ausschließlich eigenen Grundbesitz verwaltet", sondern Beteiligungen an mehreren Personengesellschaften hält. Er kann stattdessen aber seine gewerbesteuerliche Bemessungsgrundlage um seine Anteile an den Gewinnen der GmbH & Co. KGs kürzen (§ 9 Nr. 2 GewStG) und damit die faktische Gewerbesteuerfreiheit dieser Gewinnanteile herbeiführen. Die erweiterte Kürzung für Immobilienerträge auf Objektgesellschafts-Ebene hindert die Inanspruchnahme dieser **mitunternehmerischen Kürzung** auf der Ebene des Kommanditisten nicht.[109] Gewerbesteuer entstünde lediglich, wenn der Kommanditist seine Beteiligung an einer Objekt-Personengesellschaft veräußern oder diese auflösen würde,[110] ohne sie vorher "entleert" zu haben. Günstiger wäre daher, das Grundstück vor dem "Ausstieg" aus der Objekt-Personengesellschaft heraus zu verkaufen, sofern dieser Verkauf sich "als letzter Akt der Fruchtziehung", d. h. als Vermögensverwaltung darstellt, und den Erlös zu entnehmen.

Für die Finanzierung sind hier **zwei Ansatzpunkte** vorhanden: Zum einen kann die jeweilige Objekt-GmbH & Co. KG aus dem Ausland durch den Investor oder durch die Gruppe des Investors fremdfinanziert werden, wobei für die sofortige steuerliche Wirksamkeit des Zinsabzugs die Grenzen des § 15a EStG zu beachten sind und die „Zinsschranke" zur Anwendung kommt; zum anderen kann zusätzlich noch die Investor-GmbH in den Grenzen der „Zinsschranke" von ihrem ausländischen Anteilseigner bzw. aus dessen Gruppe Darlehen mit steuerlicher Wirkung erhalten.

Ein positiver Saldo aus Gewinnen und Verlusten der Objekt-Personengesellschaften erscheint als Einnahme bei der Investor-GmbH; soweit nach ihrer Verrechnung mit abzugsfähigen Ausgaben der GmbH (z. B. Zinsen auf Gesellschafter- oder Bankdarlehen) ein Gewinn verbleibt, kann

---

[109] FG Baden-Württemberg, Urt. v. 28. 4. 1986, X – K 178/83, DStZ/E 1986, 239.

[110] Vgl. § 7 Satz 2 GewStG i. d. F. des Gesetzes zur Fortentwicklung des Unternehmenssteuerrechts v. 20. 12. 2001 (BGBl I 3858).

dieser mit einer relativ günstigen deutschen Steuerbelastung[111] an den ausländischen Investor ausgeschüttet werden.

V. Spezialfonds

1. Allgemeine Grundsätze

Investitionen aus dem Ausland in deutsche Immobilien über **deutsche offene Immobilienfonds (Grundstücks-Sondervermögen)** bieten Gelegenheit zu steuerlicher Optimierung und Risikostreuung. Das InvG stellt neben dem "gewöhnlichen" offenen Immobilienfonds (Publikumsfonds), dessen Anteilscheine über die Börse ausgegeben und zurückgenommen werden, noch eine weitere, interessante Investitionsform zu Verfügung: den **Spezialfonds für (deutsche oder ausländische) Investoren, die nicht natürliche Personen sein dürfen**, d. h. Kapitalgesellschaften, sonstige juristische Personen oder Personengesellschaften sein müssen (§ 2 Abs. 3 InvG); die Anteilscheine dieses Fondstyps dürfen nur mit Zustimmung der den Fonds haltenden Kapitalanlagegesellschaft übertragen werden.

Spezialfonds sind **"maßgeschneiderte" Fonds für einen oder wenige Großanleger**; im Extremfall kann für einen Anleger (Kapital- oder Personengesellschaft) ein Sondervermögen, ein sog. **Individualfonds**, gebildet werden. Das gilt für in- wie für ausländische Großanleger. Wegen des geringeren Schutzbedürfnisses von Großanlegern, die der Kapitalanlagegesellschaft als gleichberechtigte und gleichermaßen "aufgeklärte" Vertragspartner gegenüberstehen, sind die auf den Schutz der Anteilinhaber von Publikumsfonds zugeschnittenen Regelungen des InvG bei Spezialfonds z. T. gelockert.[112] Gewöhnlich findet bei Spezialfonds eine vertraglich abgesicherte, **enge Abstimmung zwischen Kapitalanlagegesellschaft und Investoren** statt, zumeist über einen Anlageausschuss, in dem die Investoren vertreten sind, so dass sie auf die Anlagepolitik des Spezialfonds laufend Einfluss nehmen können.

2. Einkünfte aus dem Immobilienvermögen

Das inländische Grundstücks-Sondervermögen (der Spezialfonds) selbst ist **von der Körperschaftsteuer und der Gewerbesteuer befreit** (§ 11 Abs. 1. Satz 2 InvStG). Diese Steuerbefreiung ist Ausdruck des Transparenzprinzips, nach dem sich die Besteuerung des Fonds und der Anteilinhaber richtet: Grundsätzlich soll das Einkommen des Fonds bei seinen Investoren so besteuert werden, als ob sie dieses Einkommen unmittelbar bezogen hätten. Der **Transparenzgrundsatz gilt jedoch nicht uneingeschränkt**,[113] sondern nur, soweit er vom Gesetzgeber umgesetzt worden ist. Im Falle eines ausländischen Investors, der Anteilscheine an einem deutschen offenen Immobilienfonds (z. B. Immobilien-Spezialfonds) hält, wich das Gesetz bis 2003 zum Vorteil des Steuerpflichtigen vom Transparenzprinzip ab: ausländische Inhaber von Anteilscheinen an deutschen Immobilien-Sondervermögen (einschließlich Spezialfonds) waren mit den Immobilien-Erträgen dieses Sondervermögens grundsätzlich in Deutschland nicht steuerpflichtig, d. h. sie unterlagen weder der Nettobesteuerung (Veranlagung) noch einem Kapitalertragsteuerabzug, und zwar, unabhängig davon, ob solche Erträge aus laufenden Vermietungseinkünften oder aus Veräußerungsgewinnen (innerhalb oder außerhalb der Spekulationsfrist) des Fonds stammten oder ob sie vom Fonds einbehalten oder ausgeschüttet wurden. Eine Steuerpflicht von Erträgen eines deutschen Immobilien-Sondervermögens bestand für den ausländischen Anteilinhaber lediglich, wenn er seine Anteilscheine in einem deutschen Betriebsvermögen hielt

---

[111] S. oben B. II. 2. a).
[112] S. §§ 91 Abs. 2, 95 InvG. Umfassend zu den investmentrechtlichen Aspekten T. *Thömmes*, ZfJR 2009, 550.
[113] BFH-Urt. v. 4. 3. 1980, VIII R 48/76, BStBl 1980 II 453.

oder wenn ihm solche Erträge ausgezahlt oder zugerechnet wurden, ohne dass die Anteilscheine bei einem inländischen Kreditinstitut verwahrt wurden (Tafelgeschäft).[114]

Diese steuerlichen Privilegien stehen ausländischen Anlegern in inländische Grundstücks-Spezialfonds seit 2004 nicht mehr zur Verfügung; seitdem fingiert das Gesetz Erträge des Spezialfonds aus der Vermietung oder Verpachtung von inländischen Grundstücken und Gewinne aus privaten Veräußerungsgeschäften mit solchen Grundstücken als vom ausländischen Anleger unmittelbar bezogene Einkünfte gemäß § 49 Abs. 1 Nr. 2 Buchst. f oder Nr. 8 EStG und ordnet überdies die Einbehaltung von Kapitalertragsteuer durch die Investmentgesellschaft zum Satz von derzeit 25 % ohne Abgeltungswirkung an.[115] Damit dürfte der deutsche Grundstücks-Spezialfonds als Investitionsvehikel für ausländische institutionelle Anleger seine steuerliche Attraktivität weitgehend eingebüßt haben.

Zu prüfen bleibt allerdings, ob und ggf. inwieweit die deutsche Besteuerung des ausländischen Investors durch ein anwendbares DBA eingeschränkt wird. Die meisten deutschen DBA ordnen Einkünfte aus Investmentanteilen als Dividenden ein und beschränken den deutschen Kapitalertragsteuerabzug auf zumeist 15 %, bezogen auf die Bruttodividende.[116] Das InvStG bestimmt jedoch durch einen „Treaty Override",[117] dass die unmittelbare Zurechnung der genannten Grundstücks-Spezialfonds-Erträge auch für die DBA gelten soll; damit entfällt diese Quellensteuerbegrenzung.

Zu welcher Gesamt-Steuerbelastung es beim ausländischen Investor in einen deutschen Grundstücks-Spezialfonds letztlich kommt, hängt in allen Fällen vor allem auch davon ab, ob und wie er die Erträge nach dem Steuerrecht seines Heimatstaats zu versteuern hat.

3. Gewinne aus der Veräußerung oder Rückgabe von Fondsanteilen

Gewinne, die ein ausländischer Investor aus der **Veräußerung oder Rückgabe von Anteilen an einem deutschen Immobilienfonds, auch Spezialfonds**, erzielt, sind nach deutschem Recht **nicht steuerbar**, es sei denn, die Fondsanteile oder die Vermögensgegenstände des Fonds werden durch eine deutsche Betriebsstätte oder einen ständigen Vertreter des Investors in Deutschland gehalten bzw. verwaltet. Die grundsätzliche Steuerfreiheit gilt auch für Spekulationsgeschäfte mit derartigen Fondsanteilen; einer etwaigen Anwendung der für Grundstücks-Personengesellschaften geltenden Regelung, nach der bei der Veräußerung einer Beteiligung die Spekulationsfrist für Grundstücke, d. h. 10 Jahre, zugrundezulegen ist (§ 23 Abs. 1 Satz 4 EStG), auf Anteilscheine an Immobilienfonds würde die gesetzliche Grundlage fehlen.

C. Zusammenfassende Übersicht

Die jeweiligen Vor- und Nachteile der besprochenen Gestaltungsmöglichkeiten für Investitionen durch Steuerausländer in deutsche Immobilien lassen sich wie folgt übersichtsartig zusammenfassen:

---

[114] *Fock*, DStR 2000, 855, 860 bei Fn. 50, m. w. N.

[115] § 15 Abs. 2 InvStG; dazu *Ramackers* in: Littmann/Bitz/Pust, Das Einkommensteuerrecht, § 15 InvStG Rn. 30 ff.

[116] S. die Übersicht bei *Tischbirek* in: Vogel/Lehner, DBA, Art. 10 Rn. 67.

[117] Zu Unrecht a. A. *Ramackers*, a. a. O. (Fn. 115) Rn. 48. Wenn der nationale Gesetzgeber DBA dadurch umgeht, dass er ausdrücklich und eindeutig von den DBA erfasste Einkünfte („...aus Investement-Anteilen" o. ä.) dem Geltungsbereich der DBA durch eine Zurechnungsfiktion entzieht, lässt sich diese Umgehung nicht mit der allgemeinen Feststellung bagatellisieren, dass DBA Zurechnungsfragen grundsätzlich nicht regeln.

Ausländische Kapitalgesellschaft (Objektgesellschaft) ohne deutsche Betriebsstätte
- **Vorteile:** Flexibilität: keine Gewerbesteuer ohne Betriebsstätte.
- **Nachteile:** Kein Gewinn- und Verlustausgleich zwischen verschiedenen Objektgesellschaften.

Deutsche Kapitalgesellschaft (Objektgesellschaft)
- **Vorteile:** Keine Kapitalertragsteuer innerhalb der EU; Gewerbesteuer: erweiterte Kürzung möglich.
- **Nachteile:** Beschränkung auf Vermögensverwaltung erforderlich (sonst Gewerbesteuer); kein Gewinn- und Verlustausgleich zwischen verschiedenen Objektgesellschaften.

Deutsche Holding-GmbH mit Objekt-GmbHs
- **Vorteile:** Wie bei einzelner Objektgesellschaft; Gewinn- und Verlustausgleich zwischen verschiedenen Objekt-GmbHs herstellbar (Preis: Verlust der Haftungsabschirmung).
- **Nachteile:** Beschränkung der Objekt-GmbHs auf Vermögensverwaltung erforderlich (sonst Gewerbesteuer).

Deutsche oder ausländische (Objekt-)Personengesellschaft
- **Vorteile:** Gewerbliche Prägung vermeidbar; wenn nicht: erweiterte Kürzung bei der Gewerbesteuer möglich. Refinanzierungsaufwand bei der laufenden Besteuerung als Sonderwerbungskosten abzugsfähig (u. U. Begrenzung durch „Zinsschranke"). Bei einem Gesellschafter mehrerer Objekt-Personengesellschaften automatischer Gewinn- und Verlustausgleich zwischen den Beteiligungen.
- **Nachteile:** Beschränkung des Verlustausgleichs und -abzugs nach § 15a EStG, dadurch Beschränkung der steuerlichen Wirksamkeit der unmittelbaren Finanzierung der Objekt-Personengesellschaft; Beschränkung auf Vermögensverwaltung erforderlich, sonst Gewerbesteuer.

Kombination einer Investor-GmbH mit Objekt-GmbH & Co. KGs
- **Vorteile:** Keine Kapitalertragsteuer innerhalb der EU; bei Beteiligung der Investor-GmbH an mehreren GmbH & Co. KGs automatischer Gewinn- und Verlustausgleich ohne Verlust der Haftungsabschirmung; Gewerbesteuer: erweiterte Kürzung möglich.
- **Nachteile:** Finanzierung der GmbH: „Zinsschranke" anwendbar; zusätzliche Finanzierung der KG: „Zinsschranke" und § 15a EStG anwendbar; Beschränkung auf Vermögensverwaltung erforderlich, sonst Gewerbesteuer.

Spezialfonds
- **Vorteile:** Gewerbliche Tätigkeit (soweit nach InvG zulässig) steuerlich unschädlich.
- **Nachteile:** Fremdfinanzierung innerhalb des Sondervermögens nur sehr eingeschränkt zulässig; relativ hohe Rechtsform- und Verwaltungskosten aufgrund der besonderen Anforderungen des InvG.

Tischbirek

6. Umstrukturierung eines inländischen Unternehmens unter Beteiligung von beschränkt steuerpflichtigen Gesellschaftern

von Dr. Ralf Dremel, Rechtsanwalt, Steuerberater, Bonn[*]

Inhaltsübersicht

A. Sachlicher und persönlicher Anwendungsbereich des Umwandlungsteuergesetzes
B. Umwandlung von Kapitalgesellschaften in/auf eine Personengesellschaft
  I. Das steuerliche Umwandlungskonzept
  II. Steuerliche Folgen bei der übertragenden Kapitalgesellschaft
  III. Steuerliche Folgen bei der übernehmenden Personengesellschaft
  IV. Besteuerung der Anteilseigner der Kapitalgesellschaft und zukünftigen Gesellschafter der Personengesellschaft
C. Verschmelzung von Kapitalgesellschaft auf Kapitalgesellschaft
  I. Steuerliche Folgen bei der übertragenden Kapitalgesellschaft
  II. Steuerliche Folgen bei der übernehmenden Kapitalgesellschaft
  III. Steuerliche Folgen auf der Gesellschafterebene
D. Spaltung von Kapitalgesellschaften
E. Umwandlungen von Personengesellschaften in Kapitalgesellschaften
F. Umstrukturierung unter ausschließlicher Beteiligung von Personengesellschaften

Literatur:

Benecke/Schnitger, Neuregelung des UmwStG und der Entstrickungsnormen durch das SEStEG, IStR 2006, S. 765; *Benecke/Schnitger,* Letzte Änderungen der Neuregelungen des UmwStG und der Entstrickungsnormen durch das SEStEG, IStR 2007, S. 22; *Behrendt/Arjes,* Das Verhältnis der Ausschüttungsfiktion (§ 7 UmwStG) zur Einlagefiktion (§ 5 UmwStG), DB 2007, S. 824; *Bilitewski,* Gesetz über steuerliche Begleitmaßnahmen zur Einführung der Europäischen Gesellschaft und zur Änderung weiterer steuerrechtlicher Vorschriften (SEStEG), FR 2007, S. 57; *Blumers,* DBA-Betriebsstätten-Zurechnungen in der jüngsten BFH-Rechtsprechung, DB 2008, S. 1765; *Blumers,* Zur möglichen Holdingfunktion einer ausländischen Tochter-Personengesellschaft, DB 2007, S. 312; *Bodden,* Verschmelzung und Formwechsel von Kapitalgesellschaften auf gewerbliche Personengesellschaften nach dem SEStEG (§§ 3-10 UmwStG n. F.), FR 2007, S. 66; *Förster,* Ausländische Anteilseigner bei der Umwandlung von Kapitalgesellschaften in Personenunternehmen, Festschrift Schaumburg 2009, S. 629; *Förster/Felchner,* Umwandlung von Kapitalgesellschaften in Personenunternehmen nach dem Referentenentwurf zum SEStEG, DB 2006, S. 1072; *Goebel/Boller/Ungemach,* Die Zuordnung von Beteiligungen zum Betriebsvermögen im nationalen und internationalen Kontext, IStR 2008, S. 643; *Hagemann/Jakob/Ropohl/Viebrock,* SEStEG, NWB Sonderheft 1/2007; *Haisch,* Umwandlungen, Abgeltungsteuer und Teileinkünfteverfahren, Ubg 2009, S. 96; *Krohn/Greulich,* Ausgewählte Einzelprobleme des neuen Umwandlungssteuerrechts aus der Praxis, DStR 2008, S. 646; *Lemaitre/Schönherr,* Die Umwandlung von Kapitalgesellschaften in Personengesellschaften durch Verschmelzung und Formwechsel nach der Neufassung des UmwStG durch das SEStEG, GmbHR 2007, S. 173; *Orth,* Einbringung nach dem sog. erweiterten Anwachsungsmodell, DStR 2009, 192; *Ott,* Überblick über die Änderungen im Körperschaft- und Umwandlungssteuerrecht durch das SEStEG, INF 2007, S. 97; *Schaflitzl/Widmayer,* Die Besteuerung von Umwandlungen nach dem Regierungsentwurf des SEStEG, BB-Special 8/2006, S. 36; *Strahl,* Umwandlung der Kapitalgesellschaft in die Personenunternehmung nach dem neuen Umwandlungssteuerrecht, KÖSDI 2007, S. 15513; *Suchanek/Herbst,* Auslegungsfragen zum DBA-USA: Die Zuordnung von Beteiligungen zum Betriebsstättenvermögen, IStR 2007, S. 620; *Trossen,* Aufgabe der Maßgeblichkeit bei Umwandlungsvorgängen, FR 2006, S. 617; *Viebrock/Hagemann,* Verschmelzungen mit grenzüberschreitendem Bezug, FR 2009, S. 737; *Widmann,* Auswirkungen der beschränkten Steuerpflicht und der Doppelbesteuerungsabkommen bei Umwandlungen, Festschrift Wassermeyer 2005, 581.

---

[*] Der Autor ist bei der Partnerschaft Flick Gocke Schaumburg am Standort Bonn tätig.

A. Sachlicher und persönlicher Anwendungsbereich des Umwandlungsteuergesetzes

Der Regelungsbereich des Umwandlungssteuergesetzes (UmwStG) erfasst u. a. Umwandlungen von Rechtsträgern mit Sitz und Ort der Geschäftsleitung in Deutschland, auch wenn an diesen in Deutschland nicht unbeschränkt steuerpflichtige Gesellschafter bzw. Anteilseigner beteiligt sind. Für diesen Gesellschafterkreis stellen sich trotz der Europäisierung des Umwandlungssteuerrechts durch das SEStEG weiterhin verschiedene Fragen, denen im Folgenden näher nachgegangen werden soll. Thematisch bezieht sich das UmwStG zum einen auf Umwandlungen i. S. v. § 1 UmwG, d. h. auf Fälle der Gesamtrechtsnachfolge, der Sonderrechtsnachfolge und des Formwechsels. Zum anderen werden auch Umstrukturierungen erfasst, bei denen Vermögen im Wege der Einzelrechtsnachfolge von einem Rechtsträger auf den anderen Rechtsträger übergehen.

Die Vorschriften des 2. bis 5. Teils (§§ 3 bis 19 UmwStG) gelten nach § 1 Abs. 1 Satz 1 Nr. 1 bis 4 UmwStG sachlich für die Verschmelzung, Aufspaltung und Abspaltung im Sinne der §§ 2, 123 Abs. 1 und 2 UmwG von Körperschaften auf Personengesellschaften und Kapitalgesellschaften sowie den Formwechsel einer Kapitalgesellschaft in eine Personengesellschaft (§ 190 Abs. 1 UmwG). Dem sind vergleichbare ausländische Vorgänge gleichgestellt. Ebenfalls in den Anwendungsbereich des 2. bis 5. Teils sind die Umwandlungen im Sinne des § 1 Abs. 2 UmwG einbezogen, soweit sie einer Umwandlung im Sinne des § 1 Abs. 1 UmwG entsprechen sowie die Vermögensübertragung nach § 174 UmwG. Der persönliche Anwendungsbereich des UmwStG ist für diese Umwandlungsarten durch § 1 Abs. 2 UmwStG eröffnet, wenn beim Formwechsel der formwechselnde Rechtsträger bzw. bei der Verschmelzung der übertragende und der übernehmende Rechtsträger nach den Rechtsvorschriften eines Mitgliedstaates der EU oder eines EWR-Staates gegründete Gesellschaften im Sinne des Art. 48 EG bzw. des Art. 34 EWR-Abkommens sind und sich dessen Sitz und Ort der Geschäftsleitung innerhalb des Hoheitsgebietes eines dieser Staaten befindet (EU- bzw. EWR-Gesellschaften). Diese Voraussetzungen sind bei den hier interessierenden inländischen Umwandlungen immer gegeben. Besondere Anforderungen an die Anteilseigner der umzuwandelnden Kapitalgesellschaft und Gesellschafter der übernehmenden Personengesellschaft enthält das Gesetz dagegen für diese Umwandlungsarten nicht.

Der 6. Teil des UmwStG regelt die Besteuerung der Einbringung eines Betriebes, Teilbetriebes, eines Mitunternehmeranteils und der qualifizierten Beteiligung an einer Kapitalgesellschaft in eine Kapitalgesellschaft gegen Gewährung neuer Gesellschaftsanteile an der übernehmenden Kapitalgesellschaft zugunsten des Einbringenden (§§ 20 bis 23 UmwStG). Ergänzt wird der 6. Teil im 8.Teil mit § 25 UmwStG um Regelungen für den Formwechsel einer Personengesellschaft in eine Kapitalgesellschaft. Der 7. Teil enthält schließlich Regelungen hinsichtlich der Einbringung eines Betriebs, Teilbetriebs oder Mitunternehmeranteils in eine Personengesellschaft unter der Voraussetzung, dass der Einbringende Mitunternehmer der Gesellschaft wird (§ 24 UmwStG). In den sachlichen Anwendungsbereich des 6. bis 8. Teils fallen nach § 1 Abs. 3 UmwStG die Verschmelzung, Aufspaltung und Abspaltung im Sinne des §§ 2 und 123 Abs. 1 und 2 UmwG von Personenhandelsgesellschaften, die Ausgliederung von Vermögensteilen im Sinne des § 123 Abs. 3 UmwG sowie der Formwechsel einer Personengesellschaft in eine Kapitalgesellschaft im Sinne des § 190 Abs. 1 UmwG. Dem sind vergleichbare ausländische Vorgänge gleichgestellt. Darüber hinaus sind aber auch die Einbringung von Betriebsvermögen durch Einzelrechtsnachfolge in eine Kapitalgesellschaft, Genossenschaft oder Personengesellschaft sowie der Austausch von Anteilen in den sachlichen Anwendungsbereich einbezogen (§ 1 Abs. 3 Nrn. 4 und 5 UmwStG). Der persönliche Anwendungsbereich des 6. und 8. Teils ist nach § 1 Abs. 4 UmwStG eröffnet, wenn der übernehmende Rechtsträger eine EU- oder EWR-Gesellschaft ist. Bei der Einbringung von Betrieben, Teilbetrieben und Mitunternehmeranteilen gilt dies auch

Dremel

für den Einbringenden. Ist dieser eine natürliche Person, muss sich deren Wohnsitz oder gewöhnlicher Aufenthalt innerhalb der EU oder des EWR befinden. Bei Personengesellschaften als Einbringende ist insoweit auf deren Gesellschafter abzustellen. Eine Ausnahme von den o.g. Anforderungen an die Einbringenden macht insoweit § 1 Abs. 4 Satz 1 Nr. 2 Buchst. b) UmwStG: Wird das Recht der Bundesrepublik Deutschland hinsichtlich des Gewinns aus der Veräußerung der erhaltenen Anteile nicht ausgeschlossen oder beschränkt, sind an den Einbringenden keine besonderen Anforderungen zu stellen, um den Anwendungsbereich des UmwStG zu eröffnen.

Sind an der Umwandlung nur Personengesellschaften beteiligt, liegt also ein Anwendungsfall des 7. Teils (§ 24 UmwStG) vor, ist der Anwendungsbereich der Umwandlungssteuergesetzes unabhängig von den persönlichen Voraussetzungen der beteiligten Rechtsträger eröffnet (§ 1 Abs. 4 Satz 2 UmwStG).

B. Umwandlung von Kapitalgesellschaften in/auf eine Personengesellschaft

I. Das steuerliche Umwandlungskonzept

Bei Personengesellschaften, die als solche nicht einkommensteuer- oder körperschaftsteuerpflichtig, sondern nur gewerbesteuerpflichtig sind, unterliegen die Gesellschafter der Einkommen- oder der Körperschaftsteuer. Kapitalgesellschaften sind hingegen als juristische Personen im Ertragsteuerrecht eigenständige Steuersubjekte. Dementsprechend kennt das Körperschaftsteuersystem stille Reserven auf zwei Ebenen, nämlich der Ebene der Kapitalgesellschaft und der Ebene der Anteilseigner, während im Mitunternehmerkonzept stille Reserven nur auf einer Ebene vorhanden sind. Die Umwandlung einer Kapitalgesellschaft in/auf eine Personengesellschaft bewirkt somit steuerrechtlich einen Systemwechsel. Ziel des Umwandlungssteuerrechts ist es, den Wegfall einer Besteuerungsebene und die Übertragung von Wirtschaftsgütern von einem Steuersubjekt auf ein anderes Steuersubjekt zu regeln. Dies ist in den §§ 3 ff. UmwStG erfolgt.[1]

Wie auch bisher setzt das Umwandlungssteuergesetz in der Regelung der steuerlichen Folgen der Umwandlung einer Kapitalgesellschaft in/auf eine Personengesellschaft auf drei Ebenen an: Der Ebene der übertragenden Kapitalgesellschaft, der Ebene deren Anteilseigner sowie der Ebene der übernehmenden Personengesellschaft. Kern der Regelung ist, dass die in der Kapitalgesellschaft gebildeten stillen Reserven unter Durchbrechung des Subjektsteuerprinzips auf die Personengesellschaft bzw. deren Gesellschafter übertragen werden können. Die Rechtsfolgen auf Ebene der Kapitalgesellschaft werden dabei in § 3 UmwStG behandelt. Im Gegensatz zum bisherigen Recht hat die Gesellschaft die Wirtschaftsgüter in ihrer Schlussbilanz grundsätzlich mit dem gemeinen Wert anzusetzen (§ 3 Abs. 1 UmwStG). Auf Antrag ist jedoch auch der Ansatz mit dem Buchwert oder einem Zwischenwert zulässig, wenn die in § 3 Abs. 2 UmwStG genannten Voraussetzungen erfüllt sind, und zwar ohne dass es hierbei auf den Ansatz in der Handelsbilanz ankommt (keine Maßgeblichkeit der Handelsbilanz). Die Personengesellschaft hat ihrerseits die Wirtschaftsgüter mit dem Wert zu übernehmen, mit dem diese in der Schlussbilanz der übertragenden Kapitalgesellschaft angesetzt wurden (Grundsatz der Wertverknüpfung). Soweit die Anteile an der übertragenden Kapitalgesellschaft im Betriebsvermögen der übernehmenden Personengesellschaft enthalten waren oder als in dieses Betriebsvermögen eingelegt gelten,

---

[1] Vgl. zu den Einzelheiten: *Dremel* in Hesselmann/Tillmann/Mueller-Thuns, Handbuch GmbH & Co. KG, § 11 Rz. 1 ff.

errechnet sich zwanglos ein Übernahmegewinn -verlust in Höhe des Unterschiedsbetrages zwischen dem Wert, mit dem die Wirtschaftsgüter zu übernehmen sind, und dem Buchwert der wegfallenden Anteile (vgl. § 4 Abs. 4 UmwStG). Die in der Kapitalgesellschaft gebildeten offenen Rücklagen sind dagegen von deren Anteilseignern mit der Umwandlung als Einkünfte aus Kapitalvermögen zu versteuern (§ 7 UmwStG), nunmehr unabhängig davon, mit welcher Quote der jeweilige Anteilseigner an der Kapitalgesellschaft beteiligt ist und ob die Anteile Privat- oder Betriebsvermögen darstellen.

II. Steuerliche Folgen bei der übertragenden Kapitalgesellschaft

Die übertragende Kapitalgesellschaft hat die übergehenden Wirtschaftsgüter in ihrer Schlussbilanz nach § 3 Abs. 1 Satz 1 UmwStG im Grundsatz mit deren gemeinen Wert anzusetzen. Sie kann diese Wirtschaftsgüter aber auch nach § 3 Abs. 2 UmwStG unter den dort genannten Voraussetzungen mit dem Buchwert oder einem Zwischenwert, höchstens jedoch mit dem gemeinen Wert, ausweisen. Damit sind durch das SEStEG in zwei Punkten im Vergleich zur bisherigen Rechtslage wesentliche Änderungen eingetreten. Zum einen ist das gesetzliche Regel-Ausnahme-Verhältnis zwischen Buchwertfortführung und Aufdeckung stiller Reserven umgekehrt worden. Zum anderen wird im Fall der Aufdeckung der stillen Reserven auf den gemeinen Wert und nicht länger auf den Teilwert abgestellt.

Da der Ansatz mit dem gemeinen Wert den gesetzlichen Regelfall darstellt und nicht mehr antragsgebunden ist, stellt sich auch nach dem BilMoG die Frage nicht mehr, ob das umwandlungssteuerrechtliche Wahlrecht durch den Grundsatz der Maßgeblichkeit der Handelsbilanz für die Steuerbilanz (§ 5 Abs. 1 EStG) eingeschränkt wird.[2] Voraussetzung für den Ansatz mit Buch- bzw. Zwischenwerten ist ein entsprechender Antrag. Weitere Voraussetzungen sind:

- Die Wirtschaftsgüter werden Betriebsvermögen der übernehmenden Personengesellschaft, und es ist sichergestellt, dass sie später der Besteuerung mit Einkommensteuer oder Körperschaftsteuer unterliegen. Hierbei unterscheidet das Gesetz nicht zwischen ausländischer und inländischer Steuer.[3]
- Das Recht der Bundesrepublik Deutschland hinsichtlich der Besteuerung des Gewinns aus der Veräußerung der übertragenen Wirtschaftsgüter bei den Gesellschaftern der übernehmenden Personengesellschaft wird nicht ausgeschlossen oder beschränkt.
- Eine Gegenleistung wird nicht gewährt oder besteht in Gesellschaftsrechten.

Die vorgenannten Voraussetzungen sind gesellschafterbezogen zu prüfen.[4] Soweit sie erfüllt sind, ist das Wahlrecht jedoch für alle Wirtschaftsgüter einheitlich auszuüben.[5] Der Antrag ist in der Regel von der übernehmenden Personengesellschaft als Rechtsnachfolgerin für die in diesem Zeitpunkt bereits untergegangene übertragende Kapitalgesellschaft bei dem für die Be-

---

[2] *Birkemeier* in Rödder/Herlinghaus/van Lishaut, § 3 UmwStG Rz. 64; *Schmitt* in Schmitt/Hörtnagl/Stratz, UmwG/UmwStG, § 3 UmwStG Rz. 26.

[3] *Dötsch/Pung* in Dötsch/Patt/Pung/Möhlenbrock, Umwandlungssteuerrecht, § 3 UmwStG (SEStEG) Rz. 35; *Schmitt* in Schmitt/Hörtnagl/Stratz, UmwG/UmwStG, § 3 UmwStG Rz. 79. A. A. *Widmann* in Widmann/Mayer, Umwandlungsrecht, § 3 UmwStG Rz. R 63.25.

[4] *Birkemeier* in Rödder/Herlinghaus/van Lishaut, § 3 UmwStG Rz. 80; *Dötsch/Pung* in Dötsch/Patt/Pung/Möhlenbrock, Umwandlungssteuerrecht, § 3 UmwStG (SEStEG) Rz. 21; *Bodden*, FR 2007, 66 (68); *Lemaitre/Schönherr*, GmbHR 2007, 173 (174).

[5] *Dötsch/Pung* in Dötsch/Patt/Pung/Möhlenbrock, Umwandlungssteuerrecht, § 3 UmwStG (SEStEG) Rz. 29.

steuerung dieser Gesellschaft zuständigen Finanzamt zu stellen (§ 3 Abs. 2 Satz 2 UmwStG), und zwar spätestens bis zur erstmaligen Abgabe der steuerlichen Schlussbilanz.

Insbesondere dann, wenn an der übernehmenden Personengesellschaft Gesellschafter beteiligt sind oder mit der Umwandlung beteiligt werden, die in Deutschland nicht unbeschränkt einkommen- oder körperschaftsteuerpflichtig sind, stellt sich die Frage, ob mit der Umwandlung das deutsche Besteuerungsrecht an dem Betriebsvermögen der übertragenden Kapitalgesellschaft ausgeschlossen oder beschränkt wird (§ 3 Abs. 2 Satz 1 Nr. 2 UmwStG). Dies setzt zunächst voraus, dass vor der Umwandlung überhaupt ein deutsches Besteuerungsrecht bestanden hat.[6] Bestand dieses Besteuerungsrecht, kann dessen Ausschluss bzw. dessen Beschränkung durch das innerstaatliche Recht oder abkommensrechtlich, also durch ein DBA erfolgen. So wird z. B. das deutsche Besteuerungsrecht ausgeschlossen, wenn an der übernehmenden Personengesellschaft beschränkt steuerpflichtige Gesellschafter beteiligt sind, soweit die übertragende Kapitalgesellschaft eine ausländische Betriebsstätte in einem Staat unterhält, mit dem Deutschland kein DBA abgeschlossen hat. Die Gewinne aus der ausländischen Betriebsstätte sind dann vor der Umwandlung von der Kapitalgesellschaft im Rahmen ihrer deutschen unbeschränkten Körperschaftsteuerpflicht zu versteuern. Mangels Beschränkung durch ein DBA steht das Besteuerungsrecht Deutschland zu. Nach der Umwandlung in eine Personengesellschaft unterliegen die den beschränkt steuerpflichtigen Gesellschaftern zuzurechnenden Gewinne aus der ausländischen Betriebsstätte bereits nach innerstaatlichem Recht nicht mehr der beschränkten Steuerpflicht i. S. des § 49 Abs. 1 Nr. 2 EStG. Folge ist, dass die übertragende Kapitalgesellschaft die Wirtschaftsgüter in ihrer Schlussbilanz mit dem gemeinen Wert ansetzen muss.

Entsprechendes gilt in dieser Konstellation, wenn im Verhältnis zum Betriebsstättenstaat zwar ein DBA besteht, die Doppelbesteuerung aber nicht durch die Freistellung der Betriebsstättengewinne, sondern durch die Anrechnung der ausländischen Steuer bei der in Deutschland ansässigen Kapitalgesellschaft vermieden wird.[7] Da auch in diesem Fall die ausländischen Betriebsstätteneinkünfte nicht der beschränkten Steuerpflicht der ausländischen Gesellschafter der übernehmenden Personengesellschaft unterliegen, ist insoweit ein Buch- oder Zwischenwertansatz nicht möglich. Hier besteht eine weitere Besonderheit: Sieht der ausländische Betriebsstättenstaat in der Umwandlung keinen Realisationsakt, entsteht keine ausländische Steuer, die anzurechnen wäre. Bezogen auf die Gesamtperiode kann eine echte Doppelbesteuerung eintreten. Für in der EU belegene Betriebsstätten sieht § 3 Abs. 3 UmwStG in einem solchen Fall daher die Anrechnung einer fiktiven ausländischen Steuer vor.

Ein Ausschluss des deutschen Besteuerungsrechts erfolgt zudem, soweit Wirtschaftsgüter vor der Umwandlung der deutschen Betriebsstätte der übertragenden Kapitalgesellschaft zuzuordnen sind und nach der Umwandlung eine tatsächliche Zuordnung dieser Wirtschaftsgüter nach

---

[6] *Birkemeier* in Rödder/Herlinghaus/van Lishaut, § 3 UmwStG Rz. 100; *Dötsch/Pung* in Dötsch/Patt/Pung/Möhlenbrock, Umwandlungssteuerrecht, § 3 UmwStG (SEStEG) Rz. 38; *Schmitt* in Schmitt/Hörtnagl/Stratz, UmwG/UmwStG, § 3 UmwStG Rz. 85; *Lemaitre/Schönherr*, GmbHR 2007, 173 (175); *Schafliz/Widmayer*, BB-Special 8/2006, 36 (41); *Trossen*, FR 2006, 617 (620). Hat vor der Umwandlung an den Gewinnen der ausländischen Betriebsstätte kein deutsches Besteuerungsrecht bestanden, so können die Wirtschaftsgüter, die dieser Betriebsstätte zuzuordnen sind, in der Schlussbilanz der GmbH mit deren Buchwerten angesetzt werden. Zu berücksichtigen ist aber, dass für die Ermittlung des Übernahmegewinns nach § 4 Abs. 4 Satz 2 UmwStG insoweit der gemeine Wert anzusetzen ist.

[7] Z. B. wegen einer abkommensrechtlichen Aktivitätsklausel oder einer nationalen Regelung (§ 20 Abs. 2 AStG oder § 50d Abs. 9 EStG).

Dremel

dem zwischen Deutschland und dem Ansässigkeitsstaat des Anteilseigners geschlossenen DBA scheitert.[8]

Hat die übertragende Kapitalgesellschaft die Wirtschaftsgüter mit dem gemeinen Wert anzusetzen, so entsteht durch die Umwandlung ein Übertragungsgewinn der nach allgemeinen Grundsätzen der Besteuerung mit Körperschaft- und Gewerbesteuer unterliegt. Dies bedeutet u. a., dass auf einen Gewinn aus dem Ansatz mit dem gemeinen Wert § 8b Abs. 2 KStG anzuwenden ist, soweit der Gewinn auf Anteile an anderen Kapitalgesellschaften im Vermögen der übertragenden Kapitalgesellschaft entfällt.[9]

III. Steuerliche Folgen bei der übernehmenden Personengesellschaft

Die übernehmende Personengesellschaft hat die auf sie übergegangenen Wirtschaftsgüter nach § 4 Abs. 1 Satz 1 UmwStG mit den in der steuerlichen Schlussbilanz der übertragenden Kapitalgesellschaft ausgewiesenen Werten zu übernehmen. Die Anteile an der Kapitalgesellschaft, die sich im Betriebsvermögen der Personengesellschaft befinden, hat die Personengesellschaft nach § 4 Abs. 1 Satz 2 UmwStG mit dem Buchwert, dieser erhöht um steuerbare Abschreibungen in den Vorjahren sowie um Abzüge nach § 6b EStG und ähnliche Abzüge, anzusetzen. Obergrenze ist der gemeine Wert. Hat die Kapitalgesellschaft in ihrer Schlussbilanz die Buchwerte fortgeführt, so bewirkt die Buchwertverknüpfung, dass die stillen Reserven auf die Personengesellschaft übertragen werden können und – soweit sie dann noch vorhanden sind – erst bei Veräußerung der Wirtschaftsgüter, Veräußerung der Mitunternehmeranteile oder Aufgabe des Gewerbebetriebs der Personengesellschaft aufgedeckt und versteuert werden müssen.

Korrespondierend zu dieser Buchwertverknüpfung bestimmt § 4 Abs. 2 UmwStG, dass die übernehmende Personengesellschaft in die Rechtsstellung der übertragenden Kapitalgesellschaft eintritt. Die Vorschrift ist weit gefasst. So hat die Personengesellschaft z. B. auch das Wertaufholungsgebot nach § 6 Abs. 1 Nr. 1 Satz 4 und Nr. 2 Satz 3 EStG zu beachten, wenn die Kapitalgesellschaft Teilwertabschreibungen vorgenommen hat. Ausdrücklich geregelt ist, dass die Personengesellschaft die von der Kapitalgesellschaft in Anspruch genommene Absetzung für Abnutzung (AfA) fortzuführen hat (§ 4 Abs. 2 Satz 1 UmwStG). Verlustvorträge, gehen dagegen – unabhängig von ihrer Art – nicht auf die übernehmende Gesellschaft über (§ 4 Abs. 2 Satz 2 UmwStG). Das gilt auch für verrechenbare Verluste sowie vom übertragenden Rechtsträger nicht ausgeglichene negative Einkünfte. Damit können anders als nach bisherigem Recht – insbesondere die laufenden Verluste des Umwandlungsjahres nicht von der übernehmenden Gesellschaft genutzt werden, soweit diese vor dem Umwandlungsstichtag entstehen.[10] Die verrechenbaren Verluste, verbleibenden Verlustvorträge und nicht ausgeglichenen negativen Einkünfte gehen somit mit der Umwandlung unter. Darüber hinaus geht kraft ausdrücklicher

---

[8] Eine tatsächliche Zuordnung zu einer Betriebsstätte ist gegeben, wenn die Beteiligungen in einem funktionalen Zusammenhang mit der Betriebsstättentätigkeit stehen, vgl. BFH v. 19. 12. 2007 – I R 66/06, BStBl. II 2008, 510, 447; BFH v. 29. 11. 2000 – I R 84/99, IStR 2001, 185; BFH v. 30. 8. 1995 – I R 112/04, BStBl. II1996, 563; BFH v. 26. 2. 1992 – I R 85/91, BStBl. I 1992, 937 (jeweils zum DBA-Schweiz); *Blumers*, DB 2008, 1765; *Blumers*, DB 2007, 312; *Goebel/Boller/Ungemach*, IStR 2008, 643; *Suchanek/Herbst*, IStR 2007, 620.

[9] BMF v. 28. 4. 2003 – IV AZ - S 2750a - 7/03, BStBl. I 2003, 293, 603, Rz. 23 zu §§ 11 und 15 UmwStG a. F. Dies kann im Rahmen des § 3 UmwStG nicht anders gewertet werden; vgl. *Birkemeier* in *Rödder/Herlinghaus/van Lishaut*, § 3 UmwStG Rz. 156; *Dötsch/Pung* in Dötsch/Patt/Pung/Möhlenbrock, Umwandlungssteuerrecht, § 3 UmwStG (SEStEG) Rz. 57; *Schmitt* in Schmitt/Hörtnagl/Stratz, UmwG/UmwStG, § 3 UmwG Rz. 152.

[10] *Schmitt* in Schmitt/Hörtnagl/Stratz, UmwG/UmwStG, § 4 UmwStG Rz. 77.

gesetzlicher Regelung in § 4 Abs. 2 Satz 2 UmwStG auch ein Zinsvortrag nach § 4h Abs. 1 Satz 5 EStG sowie auf Grund des Wachstumsbeschleunigungsgesetzes auch ein EBITDA-Vortrag nach § 4h Abs. 1 Satz 3 EStG[11] nicht auf die Personengesellschaft über.

IV. Besteuerung der Anteilseigner der Kapitalgesellschaft und zukünftigen Gesellschafter der Personengesellschaft

1. Überblick

Anders als nach der Rechtslage vor dem SEStEG ist das Umwandlungsergebnis nunmehr in eine fingierte Vollausschüttung und einen Veräußerungsteil (Übernahmegewinn bzw. -verlust) zweigeteilt. Nach § 7 UmwStG sind zunächst die in der Kapitalgesellschaft gebildeten offenen Rücklagen den Anteilseignern als Einkünfte aus Kapitalvermögen i. S. des § 20 Abs. 1 Nr. 1 EStG zuzurechnen, und zwar unabhängig von der Beteiligungsquote der Anteilseigner und unabhängig davon, ob für die jeweiligen Anteilseigner ein Übernahmeergebnis nach § 4 UmwStG zu ermitteln ist. Die Zurechnung der Bezüge erfolgt in dem Verhältnis, in dem die Anteilseigner am Nennkapital der Kapitalgesellschaft beteiligt sind. Die offenen Rücklagen definiert § 7 Satz 1 UmwStG als das in der Steuerbilanz ausgewiesene Eigenkapital abzüglich des Bestandes des steuerlichen Einlagekontos i. S. v. § 27 KStG. Das Einlagekonto ist wegen § 29 Abs. 1 KStG um das Nennkapital der Kapitalgesellschaft zu erhöhen, so dass insoweit keine Einkünfte anzunehmen sind.

Die Einkünfte unterliegen nach wohl herrschender Meinung dem Kapitalertragsteuerabzug nach § 43 Abs. 1 Nr. 1 EStG für Umwandlungen mit einem steuerlichen Übertragungsstichtag nach dem 31.12.2008 in Höhe von grundsätzlich 25 % zzgl. Solidaritätszuschlag (§ 43a Abs. 1 Nr. 1 EStG).[12] Die Kapitalertragsteuer entsteht mit Eintragung der Umwandlung in das öffentliche Register.[13] Besteht im Verhältnis zum Wohnsitzstaat ein DBA, welches das deutsche Besteuerungsrecht begrenzt, so ist diese Begrenzung im Rahmen des § 50d EStG zu berücksichtigen. Die Quellensteuerbefreiung auf Grund der Umsetzung der Mutter-Tochter-Richtlinie in § 43b EStG findet auf Grund der ausdrücklichen Anordnung in § 43b Abs. 1 Satz 4 EStG dagegen keine Anwendung.[14] Ob dieser Ausschluss europarechtskonform ist, ist allerdings zweifelhaft.[15] Die Kapitalertragsteuer hat für in Deutschland beschränkt steuerpflichtige Anteilseigner nach § 50 Abs. 2 EStG, § 32 Abs. 1 Nr. 2 KStG abgeltende Wirkung, soweit keine inländischen Betriebsstätteneinkünfte vorliegen.

---

[11] Gesetz zur Beschleunigung des Wirtschaftswachstums (Stand: Gesetzesbeschluss vom 4.12.2009, BR Drs 865/09).

[12] *Schmitt* in Schmitt/Hörtnagl/Stratz, UmwG/UmwStG, § 7 UmwStG Rz. 15; *Birkemeier* in Rödder/Herlinghaus/van Lishaut, § 7 UmwStG Rz. 27; *Bilitewski*, FR 2007, 57 (62); *Strahl*, KÖSDI 2007, 15513 (15519); *Förster/Felchner*, DB 2006, 1072 (1074); *Lemaitre/Schönherr*, GmbHR 2007, 173 (177). Zur alten Rechtslage vgl. BMF v. 16. 12. 2003 – IV A 2-S 1978 - 16/03, BStBl. I 2003, 786, Tz. 10. Nach a. A. ist Kapitalertragsteuer nicht einzubehalten, da ein Gläubiger der Kapitalerträge mangels tatsächlichen Liquiditätszuflusses nicht vorhanden ist; vgl. *Pung*, in Dötsch/Patt/Pung/Möhlenbrock, Umwandlungssteuerrecht, § 7 UmwStG (SEStEG) Rz. 18.

[13] BMF v. 16. 12. 2003 – IV A 2-S 1978 - 16/03, BStBl. I 2003, 786, 200, Tz. 10 zur alten Rechtslage.

[14] *Ott*, INF 2007, 97 (100); *Benecke/Schnitger*, IStR 2007, 22 (26); *Hagemann/Jakob/Ropohl/Viebrock*, NWB Sonderheft 1/2007, 20. Kritisch *Lemaitre/Schönherr*, GmbHR 2007, 173 (177); *Strahl*, KÖSDI 2007, 15513 (15519).

[15] Vgl. *Krohn/Greulich*, DStR 2008, 646 (650). Im Vorfeld der Umwandlung sollten die offenen Rücklagen daher in diesen Fällen soweit als möglich ausgeschüttet werden. Der Beschluss über die Ausschüttung muss hierbei vor dem steuerlichen Übertragungszeitpunkt gefasst sein.

Die nach § 7 UmwStG zu ermittelnden Bezüge gelten als vom Anteilseigner mit Ablauf des Übertragungsstichtages bezogen (§ 2 Abs. 1 UmwStG).[16] Befinden sich die Anteile in einem Betriebsvermögen, sind die nach § 7 UmwStG für diese Personen zu ermittelnden Bezüge nach allgemeinen Grundsätzen zu versteuern; sie sind jedoch gem. § 3 Abs. 40 Satz 1 Buchst. d) EStG in Höhe von 40 % steuerfrei, soweit die Bezüge natürlichen Personen zuzurechnen sind und die Kapitalertragsteuer keine abgeltende Wirkung hat. Das gilt nach der hier vertretenen Auffassung auch für die Bezüge aus den Anteilen, die unter § 5 Abs. 2 UmwStG fallen. Nur die Bezüge aus den Anteilen, die nicht an der Ermittlung des Übernahmegewinnes oder -verlustes teilnehmen, unterfallen ab 2009 der sog. Abgeltungsteuer (vgl. § 32d Abs. 1 Satz 1 EStG bzw. § 43 Abs. 5 EStG). Werden die Anteile an der umgewandelten Kapitalgesellschaft ihrerseits von einer Kapitalgesellschaft gehalten, greift die Steuerbefreiung des § 8b Abs. 1 KStG. 5 % der Bezüge gelten dann als nicht abziehbare Betriebsausgaben (§ 8b Abs. 5 KStG).

Zusätzlich zu der steuerlichen Erfassung der offenen Rücklagen im Rahmen des § 7 UmwStG ist für die Anteile an der übertragenden Gesellschaft, die sich im Betriebsvermögen der übernehmenden Gesellschaft befinden oder die als für die Ermittlung des Umwandlungsergebnisses als in dieses Betriebsvermögen eingelegt gelten, ein Übernahmegewinn oder -verlust zu ermitteln. In diesem Fall steht der Betriebsvermögensmehrung durch die Übernahme der Wirtschaftgüter von der Kapitalgesellschaft eine Betriebsvermögensminderung in der Höhe entgegen, in der die Anteile an dieser Gesellschaft – mit dem nach § 4 Abs. 1 Satz 2 UmwStG korrigierten Wert – untergehen. Entsprechend bezeichnet § 4 Abs. 4 Satz 1 UmwStG den Unterschiedsbetrag zwischen dem Wert, mit dem die übergegangenen Wirtschaftsgüter zu übernehmen sind, und dem Buchwert der Anteile an der übertragenden Gesellschaft[17] abzüglich der Kosten für den Vermögensübergang[18] als Übernahmegewinn bzw. als Übernahmeverlust. Da die übernommenen Wirtschaftsgüter – mit Ausnahme des sog. neutralen Vermögens, also des Vermögens an dem kein deutsches Besteuerungsrecht bestand (§ 4 Abs. 4 Satz 2 UmwStG) – für die Ermittlung des Übernahmeergebnisses mit dem Wert anzusetzen sind, mit dem sie in der Schlussbilanz der Kapitalgesellschaft ausgewiesen waren, entscheidet der Ansatz durch die Kapitalgesellschaft über die Realisierung der stillen Reserven sowohl der Wirtschaftgüter auf Ebene der Kapitalgesellschaft als auch auf Ebene der Personengesellschaft und deren Gesellschafter. Um eine doppelte Erfassung zu vermeiden, sind die offenen Rücklagen der übertragenden Kapitalgesellschaft, die den Anteilseignern nach § 7 UmwStG als Einkünfte aus Kapitalvermögen zuzurechnen sind und als solche der Besteuerung unterliegen, bei der Ermittlung des Übernahmeergebnisses abzuziehen (§ 4 Abs. 5 Satz 2 UmwStG).

---

[16] *Schmitt* in Schmitt/Hörtnagl/Stratz, UmwG/UmwStG, § 7 UmwStG Rz. 14.

[17] Einschließlich des Ansatzes in einer bestehenden Ergänzungsbilanz.

[18] Dies betrifft nur die von der Personengesellschaft zu tragenden Kosten. Die Einbeziehung der Umwandlungskosten in die Ermittlung des Übernahmegewinns ist neu in das Gesetz aufgenommen worden. Damit erübrigt sich der Streit, ob die Kosten unter den Anwendungsbereich des § 3c EStG fallen; vgl. dazu BMF v. 16. 12. 2003 – IV A 2 - S 1978 - 16/03, BStBl. I 2003, 786, 200, Tz. 4; zum UmwStG 1977: BFH v. 22. 4. 1998 – I R 83/96, BStBl. II 1998, 698 (700); differenzierend zwischen § 3c Abs. 1 und Abs. 2 EStG noch *Widmann* in Widmann/Mayer, Umwandlungsrecht, § 4 UmwStG (StSenkG/UntStFG) Rz. 11.

Der Übernahmegewinn bzw. -verlust berechnet sich somit wie folgt:

Wert, mit dem die übergegangenen Wirtschaftsgüter nach § 4 Abs. 1 UmwStG zu übernehmen sind

+ stille Reserven des neutralen Vermögens

./. Kosten für den Vermögensübergang

./. (korrigierter) Buchwert der Anteile an der übertragenden Körperschaft

= Übernahmegewinn/-verlust i. S. d. § 4 Abs. 4 Satz 1 UmwStG

+ Sperrbetrag nach § 50c EStG

./. Bezüge nach § 7 UmwStG

= Übernahmegewinn/-verlust i. S. d. § 4 Abs. 4 und 5 UmwStG

2. Die Anteile an der übertragenden Kapitalgesellschaft werden in einem inländischen Betriebsvermögen gehalten

a) Innerstaatliches Recht

Werden die Anteile in einem deutschen Betriebsvermögen des beschränkt steuerpflichtigen Anteilseigners gehalten, so nehmen diese Anteile an der Ermittlung des Umwandlungsergebnisses nach § 4 ff. UmwStG teil. Entweder sind die Anteile bereits Betriebsvermögen der übernehmenden Personengesellschaft oder sie gelten nach § 5 Abs. 3 UmwStG für die Ermittlung des Übernahmegewinns oder -verlustes als aus dem anderen inländischen Betriebsvermögen in das Betriebsvermögen der Personengesellschaft eingelegt. Der Übernahmegewinn oder -verlust, der auf den beschränkt steuerpflichtigen Anteilseigner entfällt, ist bei diesem im Rahmen der beschränkten Steuerpflicht nach § 49 Abs. 1 Nr. 2 Buchst. a) EStG zu erfassen.[19] Gleiches gilt hinsichtlich der offenen Rücklagen der Kapitalgesellschaft, die als Bezüge i. S. v. § 7 UmwStG einzuordnen sind. Insoweit liegen wegen § 20 Abs. 8 EStG gewerbliche Einkünfte i. S. v. § 49 Abs. 1 Nr. 2 Buchst. a) EStG vor.[20] Da die Bezüge in einem inländischen Betrieb anfallen, hat die für den Anteilseigner einzubehaltende Kapitalertragsteuer keine abgeltende Wirkung, und zwar weder nach § 50 Abs. 2 EStG bzw. § 32 Abs. 1 KStG[21] noch nach § 43 Abs. 5 Satz 1 EStG.[22] Entsteht ein Umwandlungsverlust, so ist dieser im Rahmen des § 4 Abs. 6 EStG mit den Bezügen i. S. v. § 7 UmwStG zu verrechnen.[23]

b) Beurteilung unter Berücksichtigung von Doppelbesteuerungsabkommen

Besteht zwischen Deutschland als Betriebsstättenstaat und dem Ansässigkeitsstaat des Anteilseigners ein DBA, so wird dieses DBA in der hier interessierenden Konstellation das Besteuerungsrecht sowohl an dem Übernahmegewinn oder -verlust als auch an den Bezügen i. S. v. § 7 UmwStG i. d. R. Deutschland zuweisen. Das ist immer dann die Fall, wenn das konkret anwendbare DBA dem OECD-MA folgt (vgl. Art. 13 Abs. 2, 10 Abs. 4 OECD-MA). Voraussetzung ist aber, dass die Anteile an der übertragenden Kapitalgesellschaft auch tatsächlich einer deutschen Betriebsstätte zuzuordnen waren, also die Beteiligung in einem funktionalen Zusammen

---

[19] *Förster*, in FS Schaumburg, 629 (642 f.).
[20] *Förster*, in FS Schaumburg, 629 (642 f.).
[21] Vgl. § 50 Abs. 2 Stz 2 Nr. 1 EStG, § 32 Abs. 2 Nr. 1 KStG.
[22] *Haisch*, Ubg 2009, 96, 97; *Pung* in Dötsch/Patt/Pung/Möhlenbrock, § 7 UmwStG (SEStEG) Rz. 24; *Schmitt* in Schmitt/Hörtnagl/Stratz, UmwG/UmwStG § 4 UmwStG Rz. 18.
[23] *Schmitt* in Schmitt/Hörtnagl/Stratz, UmwG/UmwStG § 4 UmwStG Rz. 126.

mit der Betriebsstättentätigkeit steht.[24] Für die abkommensrechtliche Einordnung von Veräußerungsgewinnen hat der BFH zwar im Anwendungsbereich des Art. 13 DBA Deutschland/Schweiz eine tatsächliche Zuordnung des veräußerten Wirtschaftsgutes zu einer Betriebsstätte nicht für erforderlich gehalten,[25] in einer späteren Entscheidung aber wiederum auf die tatsächliche Zuordnung abgestellt.[26] Hat Deutschland unter Beachtung dieser Grundsätze abkommensrechtlich das Besteuerungsrecht, so gelten die unter a) dargestellten Grundsätze trotz des DBA.

Sind die Anteile an der übertragenden Kapitalgesellschaft abkommensrechtlich keiner deutschen Betriebsstätte zuzuordnen, so wird das Besteuerungsrecht an dem Übernahmegewinn oder -verlust dem ausländischen Sitzstaat zustehen (vgl. Art. 13 Abs. 5 OECD-MA). Hinsichtlich der Bezüge i. S. v. § 7 UmwStG sind die jeweiligen abkommensrechtlichen Vorschriften über die Verteilung des Besteuerungsrechts bei Dividenden zu beachten. Damit ist das deutsche Besteuerungsrecht in der Regel beschränkt (vgl. Art. 10 Abs. 2 OECD-MA). Soweit Deutschland das Besteuerungsrecht hat, setzt sich nach innerstaatlichem Recht die Einordnung als Betriebsstättengewinn durch. Folglich insbesondere die Bezüge nach § 7 UmwStG im Rahmen der beschränkten Steuerpflicht der Anteilseigner nach § 49 Abs. 1 Nr. 2 Bucht. a) EStG zu erfassen. I. E. gelten die gleichen Grundsätze, als wenn die Anteile in einem ausländischen Betriebsvermögen gehalten werden oder Privatvermögen darstellen.[27] Auf die Reichweite der Einlagefiktion des § 5 Abs. 2 und 3 UmwStG kommt es hier jedoch nicht an, da die Anteile unabhängig von dieser Regelung nach innerstaatlichem Recht bereits als deutsches Betriebsstättenvermögen einzuordnen sind.

3. Die Anteile an der übertragenden Gesellschaft werden in einem ausländischen Betriebsvermögen gehalten

a) Innerstaatliches Recht

Nach § 5 Abs. 3 UmwStG gelten auch die Anteile an der übertragenden Kapitalgesellschaft, die sich in einem ausländischen Betriebsvermögen des Anteilseigners befinden, für die Ermittlung des Übernahmegewinns als in das Betriebsvermögen der übernehmenden Personengesellschaft eingelegt. Eine Beschränkung der Einlagefiktion auf die Anteile, die in einem inländischen Betriebsvermögen gehalten werden, sieht das Gesetz nicht mehr vor. Zumindest dann, wenn Deutschland an den Gewinnen aus der Veräußerung der Anteile das Besteuerungsrecht zusteht, gelten die gleichen Grundsätze als wenn die Anteile in einem inländischen Betriebsvermögen gehalten würden. D. h. der Übernahmegewinn oder Übernahmeverlust ist so zu ermitteln, als seien die Anteile am Umwandlungsstichtag mit dem um steuerwirksame Abschreibungen aus den Vorjahren, Abzügen nach § 6b EStG und ähnlichen Abzügen, erhöhten Buchwert (§ 5 Abs. 3 UmwStG) in das Betriebsvermögen eingelegt worden.[28] Aus Sicht des beschränkt steuerpflichtigen Anteilseigners ergibt sich – zunächst nur unter Berücksichtigung des innerstaatlichen Rechts – die beschränkte Steuerpflicht des Übernahmegewinns aus § 49 Abs. 1 Nr. 2 Bucht. a)

---

[24] Vgl. zu den Anforderungen an die tatsächliche Zuordnung zu einer abkommensrechtlichen Betriebsstätte bereits oben IV 2.b) (Fn. 8).

[25] BFH v. 13. 2. 2008 - I R 63/06, BStBl. II 2009, 414.

[26] BFH v. 17. 7. 2008 - I R 77/06, BStBl. II 2009, 464 unter B.III.3.b).

[27] Vgl. dazu sogleich unter IV 3 sowie IV 4, wobei zu beachten ist, dass es hier auf die Reichweite der Einlagefiktion des § 5 Abs. 2 und 3 UmwStG nicht ankommt, da die Anteile unabhängig von dieser Regelung nach innerstaatlichem Recht bereits als deutsches Betriebsstättenvermögen einzuordnen sind.

[28] Werden die Anteile aus einem ausländischen Betriebsvermögen eingelegt, stellt sich die Frage nach dem Verhältnis zu § 4 Abs. 1 Satz 7 EStG. Hier ist ggf. zu überlegen, die Anteile vor der Umwandlung in ein deutsches Betriebsvermögen zu überführen.

EStG.[29] Eine Einordnung unter § 49 Abs. 1 Nr. 2 Buchst. e) EStG kommt nicht in Betracht: § 5 Abs. 3 UmwStG sieht vor, dass die Anteile als in das Betriebsvermögen der übernehmenden Personengesellschaft eingelegt gelten. Dafür, dass für Zwecke der Ermittlung des Übernahmeergebnisses eine ausländische Betriebsstätte dieser Personengesellschaft fingiert wird, in die die Anteile an der übertragenden Gesellschaft als eingelegt gelten, sind keine Ansatzpunkte ersichtlich.[30]

Ob auch die Bezüge i. S. v. § 7 UmwStG nach innerstaatlichem Recht von der Einlagefiktion des § 5 Abs. 3 UmwStG erfasst sind, ist ebenfalls umstritten. Zum Teil wird unter Hinweis auf den Wortlaut der Vorschrift die Auffassung vertreten, dass § 5 Abs. 3 UmwStG nur für die Ermittlung des Übernahmegewinns oder Übernahmeverlustes i. S. v. § 4 Abs. 4 und 5 UmwStG gelte und die Bezüge i. S. v. § 7 UmwStG damit immer § 49 Abs. 1 Nr. 5 Buchst. a) EStG unterfallen.[31] Dem ist im Ergebnis nicht zu folgen. Zunächst einmal geht die gesetzliche Regelung in § 18 Abs. 2 Satz 2 UmwStG zumindest für die Fälle des § 5 Abs. 2 UmwStG (Anteile i. S. d. § 17 EStG werden im Privatvermögen gehalten) davon aus, dass die Bezüge nach § 7 UmwStG als Teil des Übernahmeergebnisses in der übernehmenden Personengesellschaft entstehen. Insoweit ist nicht erkennbar, warum dies im Geltungsbereich des § 5 Abs. 3 UmwStG anders sein sollte. Darüber hinaus sind der Übernahmegewinn bzw. -verlust sowie die Bezüge nach § 7 UmwStG derart eng miteinander verzahnt, dass auch insoweit die einheitliche Ermittlung des Übernahmeergebnisses sinnvoll und geboten erscheint. Konsequenterweise sind die Bezüge i. S. d. des § 7 UmwStG im Rahmen der beschränken Steuerpflicht nach § 49 Abs. 1 Nr. 2 Buchst. a) EStG zu erfassen.[32] Ein eventuell entstehender Übernahmeverlust ist im Rahmen des § 4 Abs. 6 UmwStG mit diesen Bezügen auszugleichen.

Für die Gewerbesteuer bedeutet das, dass der Übernahmegewinn bzw. Übernahmeverlust i. S. v. § 4 Abs. 4 und 5 UmwStG zwar grundsätzlich in der übernehmenden Gesellschaft entsteht, jedoch nach § 18 Abs. 2 Satz 1 UmwStG aus dem Gewerbeertrag auszuscheiden ist. Die Bezüge i. S. v. § 7 UmwStG sind dagegen im Grundsatz bei der übernehmenden Personengesellschaft gewerbesteuerpflichtig. Wenn die Anteile – wie in der hier interessierenden Konstellation – vor der Umwandlung einem ausländischen Betriebsvermögen zuzuordnen sind, führt dies insoweit zu einem unbilligen Ergebnis, als dass die offenen Rücklagen künstlich in die deutsche Gewerbesteuer überführt werden, da eine dem § 18 Abs. 2 Satz 2 UmwStG vergleichbare Vorschrift für die Einlagenvorgänge nach § 5 Abs. 3 UmwStG fehlt. Zu erwägen wäre hier eine entsprechende Anwendung dieser Vorschrift.

---

[29] *Pung* in Dötsch/Patt/Pung/Möhlenbrock, Umwandlungssteuerrecht, § 4 UmwStG (SEStEG) Rz. 5; *Schmitt* in Schmitt/Hörtnagl/Stratz, UmwG/UmwStG, § 4 UmwStG Rz. 145; *van Lishaut* in Rödder/Herlinghaus/van Lishaut, § 5 UmwStG Rz. 34.

[30] In diesem Sinne *Förster* in FS Schaumburg, 629 (641 f.), wonach sich die Steuerpflicht des Übernahmegewinns aus § 49 Abs. 1 Nr. 2 Buchst. e, Abs. 2 EStG ergibt.

[31] *Behrendt/Arjes*, DB 2007, 824 (827). *Förster* in FS Schaumburg, 629 (643 f.); *Förster/Felchner*, DB 2006, 1072 (1079); *Viebrock/Hagemann*, FR 2009, 737 (740).

[32] *Birkemeier* in Rödder/Herlinghaus/vanLishaut, § 7 UmwStG Rz. 20; *Pung* in Dötsch/Patt/Pung/Möhlenbrock, Umwandlungssteuerrecht, § 4 UmwStG (SEStEG) Rz. 5; *Schmitt* in Schmitt/Hörtnagl/Stratz, UmwG/UmwStG, § 4 UmwStG Rz. 145; *Schmitt* in Schmitt/Hörtnagl/Stratz, UmwG/UmwStG, § 7 UmwStG Rz. 17; *Krohn/Greulich*, DStR 2008, 646 (649 ff.). Insoweit kann auch auf die Diskussion zu § 5 Abs. 2 UmwStG zurückgegriffen werden.

Dremel

b) Beurteilung unter Berücksichtigung von Doppelbesteuerungsabkommen

Sind die Anteile an der übertragenden Kapitalgesellschaft einer ausländischen Betriebsstätte des Anteilseigners zuzuordnen, hat Deutschland in Bezug auf Gewinne aus der Veräußerung dieser Anteile in der Regel abkommensrechtlich kein Besteuerungsrecht. Ein solches Besteuerungsrecht wird im Rahmen der Umwandlung insbesondere auch nicht durch § 5 Abs. 3 UmwStG begründet, da die Einlagefiktion des innerstaatlichen Rechts keine funktionale Zuordnung zu einer abkommensrechtlichen Betriebsstätte zu vermitteln vermag.[33] Auf die Bezüge i. S. v. § 7 UmwStG sind damit die jeweiligen abkommensrechtlichen Vorschriften über die Verteilung des Besteuerungsrechts bei Dividenden anzuwenden.[34] Hier ist das deutsche Besteuerungsrecht in der Regel beschränkt (vgl. Art. 10 Abs. 2 OECD-MA).

Welche Folgen sich für die Besteuerung des beschränkt steuerpflichtigen Anteilseigners hieraus ergeben ist nicht eindeutig geklärt. Überwiegend wird die Auffassung vertreten, dass in diesem Fall ein Übernahmegewinn oder -verlust nach § 4 Abs. 4 und 5 UmwStG nicht zu ermitteln ist und somit auch die Einlagefiktion des § 5 Abs. 3 UmwStG nicht greift.[35] Von Bedeutung ist dieser Ansatz dabei in erster Linie nicht für die Behandlung des Übernahmegewinnes oder -verlustes, weil dieser i. E. in Deutschland nicht der Besteuerung unterliegt, sondern für die Besteuerung der Bezüge i. S. d. § 7 UmwStG. Diese sollen nach der vorstehend dargestellten Auffassung mangels Einlage in das Betriebsvermögen der übernehmenden Personengesellschaft der beschränkten Steuerpflicht nach § 49 Abs. 5 Buchst. a) EStG unterliegen[36] und dementsprechend unter die Abgeltungswirkung der Kapitalertragsteuer nach § 50 Abs. 2 EStG bzw. § 32 Abs. 1 KStG fallen. Zum gleichen Ergebnis führt die Auffassung, nach der § 5 Abs. 3 UmwStG in Bezug auf die als ausgeschüttet geltenden offenen Rücklagen bereits nach innerstaatlichem Recht für den beschränkt Steuerpflichtigen nicht zu deutschen Betriebsstätteneinkünften i. S. v. § 49 Abs. 1 Nr. 2 Buchst. a) EStG führt.[37] Im Zusammenspiel mit § 43b Abs. 1 Satz 4 EStG kann eine Umwandlung in eine Personengesellschaft auf Grundlage dieser Auffassungen insbesondere für an der übertragenden Kapitalgesellschaft beteiligte ausländische Kapitalgesellschaften i. S. d. Mutter-Tochter-Richtlinie nachteilig sein, wenn das deutsche Besteuerungsrecht nicht bereits abkommensrechtlich ausgeschlossen ist.[38] Hier kann es sich anbieten, entweder die offenen Rücklagen vor der Umwandlung auszuschütten oder die Voraussetzung für eine abkommensrechtliche Zuordnung zu einer deutschen Betriebsstätte zu schaffen.

---

[33] *Pung* in Dötsch/Patt/Pung/Möhlenbrock, Umwandlungssteuerrecht, § 4 UmwStG (SEStEG) Rz. 5; *Schmitt* in Schmitt/Hörtnagl/Stratz, UmwG/UmwStG, § 4 UmwStG Rz. 145; *Benecke/Schnitger*, IStR 2006, 765 (773); *Lemaitre/Schönherr*, GmbHR 2007, 173 (181). Zur abkommensrechtlichen Zuordnung von Wirtschaftsgütern zu einer Betriebsstätte vgl. bereits unter IV 2.b).

[34] *Birkemeier* in Rödder/Herlinghaus/van Lishaut, § 7 UmwStG Rz. 9; *Benecke/Schnitger*, IStR 2006, 765 (773); *Lemaitre/Schönherr*, GmbHR 2007, 173 (177); *Krohn/Greulich*, DStR 2008, 646 (652).

[35] *Van Lishaut* in Rödder/Herlinghaus/van Lishaut, § 5 UmwStG Rz. 34.

[36] *Pung* in Dötsch/Patt/Pung/Möhlenbrock, Umwandlungssteuerrecht, § 4 UmwStG (SEStEG) Rz. 5 a. E.; *Pung* in Dötsch/Patt/Pung/Möhlenbrock, Umwandlungssteuerrecht, § 7 UmwStG (SEStEG) Rz. 30; i. E. wohl auch und *Schmitt* in Schmitt/Hörtnagl/ Stratz, UmwG/UmwStG, § 4 Rz. 127; *Schmitt* in Schmitt/Hörtnagl/Stratz, UmwG/UmwStG, § 7 Rz. 17.

[37] *Behrendt/Arjes*, DB 2007, 824 (827). *Förster* in FS Schaumburg, 629 (643 f.); *Lemaitre/Schönherr*, GmbHR 2007, 173 (177); *Viebrock/Hagemann*, FR 2009, 737 (740).

[38] Z. B. hat der Quellenstaat nach Art. 13 Abs. 4 DBA-Deutschland/Niederlande auch bei Vorliegen einer Schachtelbeteiligung grundsätzlich ein Besteuerungsrecht von 10 %. Folge ist, dass die offenen Rücklagen der übertragenden Kapitalgesellschaft mit der Umwandlung in eine Personengesellschaft systemwidrig einer definitiven Belastung mit deutscher Kapitalertragsteuer ausgesetzt würden.

Richtiger scheint es dagegen zu sein, bereits im Ausgangspunkt die innerstaatliche und die abkommensrechtliche Beurteilung streng voneinander zu trennen. Hintergrund ist, dass die DBA ausschließlich regeln, in welchem Umfang ein Vertragsstaat Einkünfte und Vermögen besteuern darf und somit den Steueranspruch des deutschen Fiskus nicht erweitern, sondern diesen lediglich einschränken können (bzw. wollen).[39] Eine abkommensrechtliche Beschränkung des deutschen Besteuerungsrechts ist somit für die Fragen, ob ein Übernahmegewinn i. S. d. § 4 Abs. 4 und 5 UmwStG zu ermitteln ist und ob die Einlagefiktion des § 5 Abs. 3 UmwStG greift, nicht von Bedeutung.[40] Auf der Grundlage der Auffassung, dass die Bezüge i. S. v. § 7 UmwStG nach innerstaatlichem Recht über die übernehmende Personengesellschaft bezogen werden, ist es dann aber konsequent, dass diese Bezüge auch dann zu einer beschränkten Steuerpflicht nach § 49 Abs. 1 Nr. 2 Buchst. a) EStG und nicht nach § 49 Abs. 1 Nr. 5 Buchst. a) EStG führen, wenn Deutschland hinsichtlich des Veräußerungsteils des Umwandlungsergebnisses kein Besteuerungsrecht hat. Dass eine deutsche Betriebsstätte des beschränkt steuerpflichtigen Anteilseigners nach innerstaatlichem Recht ggf. zu diesem Zeitpunkt noch nicht bestanden hat, ist wegen § 2 Abs. 2 UmwStG unerheblich.

Damit hat die in Deutschland einzubehaltende Kapitalertragsteuer für diese Bezüge keine abgeltende Wirkung (§ 50 Abs. 2 Satz 2 EStG bzw. § 32 Abs. 2 KStG).[41] Die Bezüge sind im Rahmen der Veranlagung des beschränkt steuerpflichtigen Gesellschafters zu erfassen. Es darf jedoch nur die sich die aus dem jeweiligen DBA ergebende Steuer festgesetzt werden.[42] Die einbehaltende Kapitalertragsteuer ist anzurechnen. Ein Ausgleich mit einem eventuell entstehenden Umwandlungsverlust (§ 4 Abs. 4 und 5 UmwStG) erfolgt nur, wenn Deutschland in Bezug auf den Veräußerungsteil des Umwandlungsergebnisses das Besteuerungsrecht hat.[43] Darüber hinaus sind die allgemeinen Vorschriften zu beachten. Ist an der übertragenden Kapitalgesellschaft eine ausländische Kapitalgesellschaft beteiligt, so ist im Rahmen der Veranlagung auf die Bezüge i. S. v. § 7 UmwStG auch § 8b Absätze 1 und 5 KStG anzuwenden. Die einbehaltene Kapitalertragsteuer ist nach § 31 Abs. 1 KStG, § 36 Abs. 2 Nr. 2 EStG anzurechnen. Im Ergebnis wird das Ziel des Gesetzgebers, im Rahmen der Umwandlung das deutsche Quellensteuerrecht zu sichern,[44] auch bei diesem Ansatz nicht wesentlich beeinträchtig. Dieses wird lediglich im Rahmen einer Veranlagung durchgesetzt. Ins Leere geht allerdings weitgehend § 43b Abs. 1 Satz 4 EStG, da die als ausgeschüttet geltenden offenen Rücklagen wegen § 8b Absätze 1 und 5 KStG i. E. zu 95 % steuerfrei sind, während die einbehaltene Kapitalertragsteuer nach § 31 Abs. 1 KStG, § 36 Abs. 2 Nr. 2 EStG anzurechnen ist. Damit wird allerdings nur die materiell richtige Steuerbelastung hergestellt.

---

[39] Vgl. nur *Wasssermeyer* in Debatin/Wassermeyer, DBA, Art. 1 MA Rz. 10. Dass sich die Begründung nationaler Steueransprüche ausschließlich nach innerstaatlichem Recht richtet hat der BFH erst jüngst wieder bestätigt, BFH v. 17. 7. 2008 - BStBl. II 2009 - I R 77/06, 464.

[40] *Krohn/Greulich*, DStR 2008, 646 (651 ff.). Vgl. auch *Pung* in Dötsch/Patt/Pung/Möhlenbrock, Umwandlungssteuerrecht, § 5 UmwStG (SEStEG) Rz. 40.

[41] *Schaumburg/Schumacher* in Lutter, UmwG Anh. 2 nach § 122l Rz. 33.

[42] *Wassermeyer* in Debatin/Wassermeyer, DBA, Art. 10 OECD-MA Rz. 55.

[43] Symmetriethese, vgl. BFH v. 17. 7. 2008 - I R 84/04, BFH/NV 2008, 1940.

[44] Vgl. Begründung zum Gesetzesentwurf des SEStEG zu § 7 UmwStG, BT-Drs. 16/2710. *Birkemeier* in Rödder/Herlinghaus/van Lishaut, § 7 UmwStG Rz. 35; *Schaumburg/Schumacher* in Lutter, UmwG Anh. 2 nach § 122l Rz. 31.

4. Anteile i. S. v. § 17 EStG werden im Privatvermögen gehalten

a) Innerstaatliches Recht

Anteile an der übertragenden Kapitalgesellschaft, die im Privatvermögen gehalten werden und eine Beteiligung i. S. v. § 17 EStG darstellen, sowie einbringungsgeborene Anteile i. S. v. § 21 UmwStG a. F. gelten für die Ermittlung des Umwandlungsergebnisses als zum steuerlichen Übertragungsstichtag mit den Anschaffungskosten eingelegt (§ 5 Abs. 2 Satz 1 UmwStG). Die vor der Änderung des UmwStG in § 5 Abs. 2 UmwStG a.F. enthaltene Beschränkung der Einlagefiktion auf unbeschränkt steuerpflichtige Anteilseigner ist entfallen, so dass ein Übernahmeergebnis grundsätzlich auch für beschränkt steuerpflichtige Anteilseigner zu ermitteln ist.

Nach innerstaatlichem Recht ist der Übernahmegewinn damit im Rahmen der beschränkten Einkommen- bzw. Körperschaftsteuerpflicht der Gesellschafter nach § 49 Abs. 1 Nr. 2 Buchst. a) EStG zu erfassen.[45] Soweit der Übernahmegewinn unter § 49 Abs. 1 Nr. 2 Buchst. e) EStG eingeordnet wird,[46] ist dem nicht zu folgen. Diese Auffassung wird damit begründet, dass die Betriebstätte des Gesellschafters erst mit der Umwandlung entsteht, so dass der Übernahmegewinn nicht zu den Einkünften zählt, für die im Inland eine Betriebsstätte unterhalten wird. Eine Einordnung unter § 49 Abs. 1 Nr. 2 Buchst. e) EStG sei möglich, obwohl die Vorschrift die Veräußerung von Anteilen i. S. v. § 17 EStG voraussetze, weil § 5 Abs. 2 UmwStG an dieselbe Qualität bezüglich der Anteile anknüpfe, wie in § 17 EStG.[47] Dabei wird allerdings verkannt, dass § 5 Abs. 2 UmwStG für die Ermittlung des Umwandlungsergebnisses die Einlage der Anteile an der übertragenden Kapitalgesellschaft fingiert und das Umwandlungsergebnis damit nach innerstaatlichem Recht bereits als Gewinn der Personengesellschaft entsteht. Dass die Personengesellschaft im Umwandlungszeitpunkt ggf. noch gar nicht bestanden hat, ist wegen der Rückwirkungsfiktion des § 2 Abs. 2 UmwStG unerheblich. So ist es im Übrigen auch völlig unstreitig, dass der beschränkt steuerpflichtige Gesellschafter im Rückwirkungszeitraum aus seiner Beteiligung an der Personengesellschaft laufende Betriebsstätteneinkünfte gem. § 49 Abs. 1 Nr. 2 Buchst. a) EStG erzielt. Dass der Übernahmegewinn bzw. der Übernahmeverlust nach der Vorstellung des Gesetzgebers zum Betriebsstättengewinn der übernehmenden Personengesellschaft zu rechnen ist, zeigt im Übrigen auch § 18 Abs. 2 UmwStG, der den Übernahmegewinn oder Übernahmeverlust aus dem Gewerbeertrag herausnimmt. Läge kein inländischer Betriebsstättengewinn vor, wäre diese Vorschrift überflüssig.

Hinsichtlich der offenen Rücklagen, die dem beschränkt steuerpflichtigen Anteilseigner nach § 7 UmwStG als Bezüge aus Kapitalvermögen zuzurechnen sind, stellt sich die Frage, ob die Einlagefiktion des § 5 Abs. 2 UmwStG auch für die steuerliche Bestimmung der Einkunftsart gilt. Der Wortlaut des § 5 Abs. 2 UmwStG spricht, wie auch der Wortlaut des § 5 Abs. 3 UmwStG, gegen eine solche Sichtweise, da die Anteile nur für die Ermittlung des Übernahmegewinns als eingelegt gelten, so dass die als ausgeschüttet geltenden offenen Rücklagen im Rahmen der beschränkten Steuerpflicht des Anteilseigners nach § 49 Abs. 1 Nr. 5 Buchst. a) EStG zu erfassen

---

[45] *Schmitt* in Schmitt/Hörtnagl/Stratz, UmwG/UmwStG, § 5 UmwStG Rz. 34; *Pung* in Dötsch/Patt/Pung/Möhlenbrock, Umwandlungssteuerrecht, § 4 UmwStG (SEStEG) Rz. 5; *Schmitt* in Schmitt/Hörtnagl/Stratz, UmwG/UmwStG, § 4 UmwStG Rz. 145; *Lemaitre/Schönherr*, GmbHR 2007, 173 (181). *Widmann* in Widmann/Mayer, Umwandlungsrecht, § 4 UmwStG Rz. 554, 564.

[46] *Förster* in FS Schaumburg 2009, 629 (644); *Widmann* in FS Wassermeyer 2005, 581 (582); *Widmann* in Widmann/Mayer, Umwandlungsrecht, § 4 UmwStG Rz. 554; a.A. nunmehr *Widmann* in Widmann/Mayer, Umwandlungsrecht, § 4 UmwStG Rz. 564 unter Aufgabe der bisherigen Auffassung.

[47] *Widmann* in FS Wassermeyer 2005, 581 (582).

wären.[48] Andererseits geht § 18 UmwStG offensichtlich davon aus, dass die Bezüge i. S. v. § 7 UmwStG, die auf die nach § 5 Abs. 2 UmwStG als eingelegt geltenden Anteile entfallen, Teil des Gewerbeertrages der übernehmenden Personengesellschaft sind. Ansonsten hätte es die Regelung des § 18 Abs. 2 Satz 2 UmwStG nicht bedurft, nach der die Bezüge nicht der Gewerbesteuer unterliegen. Darüber hinaus spricht auch ein praktisches Bedürfnis dafür, die Bezüge nach § 7 UmwStG in die Gewinnfeststellung bei der übernehmenden Gesellschaft einzubeziehen, da das Übernahmeergebnis und die Bezüge nach § 7 UmwStG eng miteinander verzahnt sind.[49] Auch diese Bezüge sind somit bei dem beschränkt steuerpflichtigen Gesellschafter als Einkünfte gem. § 49 Abs. 1 Nr. 2 Buchst. a) EStG zu erfassen.[50]

Ein Umwandlungsverlust kann im Rahmen des § 4 Abs. 6 UmwStG zum Ausgleich mit den Bezügen nach § 7 UmwStG genutzt werden. Sowohl ein Übernahmegewinn als auch verbleibende Bezüge nach § 7 UmwStG sind im Rahmen der Veranlagung des beschränkt Steuerpflichtigen zu erfassen. Insbesondere hat der Kapitalertragsteuerabzug auf die Bezüge nach § 7 UmwStG keine abgeltende Wirkung nach § 50 Abs. 2 EStG, § 32 Abs. 1 Nr. 2 KStG.[51] Die Kapitalertragsteuer ist nach § 36 EStG auf die festgesetzte Einkommensteuer bzw. Körperschaftsteuer anzurechnen. Ist der Anteilseigner eine Kapitalgesellschaft, wird in der Regel die einbehaltende Kapitalertragsteuer erstattet werden, da die Bezüge nach § 7 UmwStG als Einkünfte aus § 20 Abs. 1 Nr. 1 EStG gelten und somit § 8b Abs. 1 und 5 KStG Anwendung finden.

b) Beurteilung unter Berücksichtigung eines Doppelbesteuerungsabkommens

Hat Deutschland mit dem Sitzstaat des an der übertragenden Kapitalgesellschaft beteiligten Anteilseigners ein DBA abgeschlossen, auf Grund dessen das Besteuerungsrecht an Gewinnen aus der Veräußerung der Anteile dem ausländischen Sitzstaat zusteht, stellt sich – wie auch in der Konstellation in der sich die Anteile in einer ausländischen Betriebsstätte befinden – die Frage, ob der Ausschluss des deutschen Besteuerungsrechts Auswirkungen auf die steuerliche Beurteilung des Umwandlungsergebnisses nach innerstaatlichem Recht hat. Insoweit kann auf die oben dargestellte Diskussion weitgehend verwiesen werden. Nach der hier vertretenen Auffassung ist es auch für die Anwendung von § 5 Abs. 2 UmwStG unerheblich, ob Deutschland an dem Übernahmegewinn abkommensrechtlich das Besteuerungsrecht hat.[52] Insoweit ist zwischen der Beurteilung nach innerstaatlichem Recht und der abkommensrechtlichen Zuweisung des Besteuerungsrechts zu unterscheiden. Die Frage, ob Deutschland den nach innerstaatlichem Recht entstehenden Übernahmegewinn der Besteuerung unterwerfen darf, stellt sich

---

[48] *Behrendt/Arjes*, DB 2007, 824; *Förster* in FS Schaumburg 2009, 629 (644); *Förster/Felchner*, DB 2006, 1072 (1076).

[49] So auch *Birkemeier* in Rödder/Herlinghaus/van Lishaut, § 7 UmwStG Rz. 20; *van Lishaut* in Rödder/Herlinghaus/van Lishaut, § 4 UmwStG Rz. 115; *Pung* in Dötsch/Patt/Pung/Möhlenbrock, Umwandlungssteuerrecht, § 7 UmwStG (SEStEG) Rz. 22; *Schmitt* in Schmitt/Hörtnagl/Stratz, UmwG/UmwStG, § 7 UmwStG Rz. 17; *Krohn/Greulich*, DStR 2008, 646 (649ff.).

[50] *van Lishaut* in Rödder/Herlinghaus/van Lishaut, § 4 UmwStG Rz. 115; *Schmitt* in Schmitt/Hörtnagl/Stratz, UmwG/UmwStG, § 7 UmwStG Rz. 17.

[51] *Pung* in Dötsch/Patt/Pung/Möhlenbrock, Umwandlungssteuerrecht, § 4 UmwStG (SEStEG) Rz. 5; *Schmitt* in Schmitt/Hörtnagl/Stratz, UmwG/UmwStG, § 7 UmwStG Rz. 17.

[52] *Pung* in Dötsch/Patt/Pung/Möhlenbrock, Umwandlungssteuerrecht, § 5 UmwStG (SEStEG) Rz. 26; *Pung* in Dötsch/Patt/Pung/Möhlenbrock, Umwandlungssteuerrecht, § 4 UmwStG (SEStEG) Rz. 5 m. w. N.; *Schmitt* in Schmitt/Hörtnagl/Stratz, UmwG/UmwStG, § 5 UmwStG Rz. 29; *Widmann* in Widmann/Mayer, Umwandlungsrecht, § 5 UmwStG Rz. 457: Einlage zum gemeinen Wert. A. A. *van Lishaut* in Rödder/Herlinghaus/van Lishaut, § 5 UmwStG Rz. 21; Zu § 5 Abs. 2 UmwStG a. F. vgl. FG Köln v. 20. 3. 2008 – 15 K 2852/01, EFG 2008, 1187.

erst abkommensrechtlich und dürfte zu verneinen sein, wenn mit dem Sitzstaat des Anteilseigners ein DBA entsprechend dem OECD-MA abgeschlossen wurde (vgl. Art. 13 Abs. 5 OECD-MA). Die Einlagefiktion des § 5 Abs. 2 UmwStG reicht zur Begründung abkommensrechtlicher Betriebstätteneinkünfte nicht aus.[53]

In Bezug auf die als ausgeschüttet geltenden offenen Rücklagen der übertragenden Kapitalgesellschaft verbleibt Deutschland in der Regel ein eingeschränktes Besteuerungsrecht (vgl. Art. 10 Abs. 2 OECD-MA). Auch hier stellt sich die Frage, ob diese Einkünfte in einer deutschen Betriebsstätte anfallen, also im Rahmen der beschränkten Steuerpflicht nach § 49 Abs. 1 Nr. 2 Buchst. a) EStG zu erfassen sind. Dies ist nach der hier vertretenen Auffassung zu bejahen.[54] Für die Beurteilung im Rahmen des § 49 EStG sowie der §§ 50 Abs. 2 EStG bzw. 32 Abs. 1 KStG ist insoweit ausschließlich auf innerstaatliches Recht abzustellen, so dass die Einlagefiktion des § 5 Abs. 2 UmwStG auch dann für die als ausgeschüttet geltenden offenen Rücklagen greift, wenn in Bezug auf den Veräußerungsteil des Umwandlungsergebnisses kein deutsches Besteuerungsrecht besteht. Die auf diese Bezüge einzubehaltende Kapitalertragsteuer hat damit keine abgeltende Wirkung. Die Bezüge sind im Rahmen der Veranlagung des beschränkt Steuerpflichtigen nach § 49 Abs. 1 Nr. 2 Buchst. a) EStG zu erfassen, soweit Deutschland das Besteuerungsrecht hat. Die einbehaltene Kapitalertragsteuer ist nach §§ 31 Abs. 1 KStG, 36 Abs. 2 Nr. 2 EStG anzurechnen. Ein Ausgleich mit einem eventuell entstehenden Umwandlungsverlust (§ 4 Abs. 4 und 5 UmwStG) erfolgt nur, wenn Deutschland in Bezug auf den Veräußerungsteil des Umwandlungsergebnisses das Besteuerungsrecht hat.[55]

5. Sonstige Anteile werden im Privatvermögen gehalten

Sonstige Anteile an der übertragenden Kapitalgesellschaft, also solche Anteile, die weder Anteile i. S. d. § 17 EStG noch einbringungsgeboren i.S.v. § 21 UmwStG a. F. sind, nehmen an der Ermittlung des Umwandlungsergebnisses nicht teil. Insbesondere greifen weder § 5 Abs. 2 UmwStG noch § 5 Abs. 3 UmwStG. Zu ermitteln sind somit nur die Bezüge des Steuerpflichtigen nach § 7 UmwStG. Das gilt unabhängig davon, ob der Anteilseigner in Deutschland unbeschränkt oder beschränkt steuerpflichtig ist.

Dem beschränkt steuerpflichtigen Anteilseigner fließen Einkünfte gemäß § 49 Abs. 1 Nr. 5 Buchst. a) EStG zu. Mangels Betriebsstätte des Anteilseigners in Deutschland hat die einzubehaltende Kapitalertragsteuer insoweit abgeltende Wirkung (§ 50 Abs. 2 Satz 1 EStG, § 32 Abs. 1 Nr. 2 KStG). Findet ein zwischen Deutschland und dem Ansässigkeitsstaat des Anteilseigners geschlossenes DBA Anwendung, wird das deutsche Besteuerungsrecht in der Regel beschränkt sein. Die deutsche Kapitalertragsteuer ist somit im Rahmen des § 50d EStG entweder zu reduzieren oder zu erstatten.

---

[53] *Schmitt* in Schmitt/Hörtnagl/Stratz, UmwG/UmwStG, § 5 UmwG Rz. 31; *Widmann* in Widmann/Mayer, Umwandlungsrecht, § 4 UmwStG Rz. 565.

[54] *Schaumburg/Schumacher* in Lutter, UmwG Anh. 2 nach § 122l Rz. 28. A.A. *Pung* in Dötsch/Patt/Pung/Möhlenbrock, Umwandlungssteuerrecht, § 4 UmwStG (SEStEG) Rz. 5 a.E.; *Pung* in Dötsch/Patt/Pung/Möhlenbrock, Umwandlungssteuerrecht, § 7 UmwStG (SEStEG) Rz. 30; i. E. wohl auch *van Lishaut* in Rödder/Herlinghaus/van Lishaut, § 5 UmwStG Rz. 34.

[55] Sog. Symmetriethese, vgl. BFH v. 17. 7. 2008 - I R 84/04, BFH/NV 2008, 1940.

C. Verschmelzung von Kapitalgesellschaft auf Kapitalgesellschaft

I. Steuerliche Folgen bei der übertragenden Kapitalgesellschaft

Für die Verschmelzung einer Kapitalgesellschaft auf eine andere Kapitalgesellschaft nach § 2 ff. UmwStG unterscheidet das UmwStG wiederum zwischen den Besteuerungsfolgen bei der übertragenden Kapitalgesellschaft, bei der übernehmenden Kapitalgesellschaft und bei den Anteilseignern der übertragenden Kapitalgesellschaft.

Die übertragende Kapitalgesellschaft hat die übergehenden Wirtschaftsgüter grundsätzlich mit dem gemeinen Wert anzusetzen (§ 11 Abs. 1 Satz 1 UmwStG). Auf Antrag können die übergehenden Wirtschaftsgüter einheitlich mit dem Buchwert oder einem höheren Wert, höchstens jedoch mit dem gemeinen Wert angesetzt werden (§ 11 Abs. 2 UmwStG). Weitere Voraussetzung für den Ansatz unter dem gemeinen Wert ist, dass die übertragenen Wirtschaftsgüter später bei der übernehmenden Körperschaft der Besteuerung mit Körperschaftsteuer unterliegen müssen und das deutsche Besteuerungsrecht insoweit nicht ausgeschlossen wird (§ 11 Abs. 2 Satz 1 Nr. 1 und 2 UmwStG). Dies wird bei einer rein inländischen Verschmelzung in der Regel der Fall sein.[56] Darüber hinaus darf eine Gegenleistung nicht gewährt werden außer sie besteht in Gesellschaftsrechten (§ 11 Abs. 2 Satz 1 Nr. 3 UmwStG).

II. Steuerliche Folgen bei der übernehmenden Kapitalgesellschaft

Die übernehmende Kapitalgesellschaft hat gem. § 12 Abs. 1 UmwStG i. V. m. § 4 Abs. 1 Satz 2 und 3 UmwStG die auf sie im Rahmen der Verschmelzung übergehenden Wirtschaftsgüter mit den in der steuerlichen Schlussbilanz der übertragenden Kapitalgesellschaft enthaltenen Werten zu übernehmen. Es kommt somit steuerlich zwingend zu einer Buchwertverknüpfung. Auf Ebene der übernehmenden Kapitalgesellschaft entsteht ein Übernahmegewinn oder -verlust, auf den § 12 Abs. 2 UmwStG anzuwenden ist. Besonderheiten bei der Beteiligung beschränkt einkommensteuer- oder körperschaftsteuerpflichtiger Anteilseigner bestehen auf dieser Ebene nicht, so dass auch in Bezug auf die weiteren Besteuerungsfolgen die allgemeinen Grundsätze gelten.

III. Steuerliche Folgen auf der Gesellschafterebene

Für die Anteilseigner der übertragenden Kapitalgesellschaft gelten die Anteile an der übertragenden Körperschaft im Grundsatz als zum gemeinen Wert veräußert und die an ihre Stelle Anteile an der übernehmenden Körperschaft gelten als mit diesem Wert angeschafft (§ 13 Abs. 1 UmwStG). Abweichend davon sind die Anteile der übernehmenden Körperschaft auf Antrag mit dem Buchwert der Anteile der übertragenden Körperschaft anzusetzen (§ 13 Abs. 2 UmwStG). § 13 UmwStG differenziert hierfür weder zwischen inländischem und ausländischem Betriebsvermögen noch zwischen beschränkt und unbeschränkt steuerpflichtigen Gesellschaftern. Die Vorschrift ist damit immer dann anwendbar, wenn im Rahmen der unbeschränkten oder beschränkten Steuerpflicht des Anteilseigners ein Anknüpfungspunkt in Deutschland be-

---

[56] Vgl. aber zur Verschmelzung einer deutschen Kapitalgesellschaft auf ihre deutsche Tochterkapitalgesellschaft: *Schmitt* in Schmitt/Hörtnagl/Stratz, UmwG/UmwStG, § 13 UmwStG Rz. 37

steht. Davon zu unterscheiden ist die Frage, ob Deutschland an einem möglichen Veräußerungsgewinn, der im Rahmen der Verschmelzung realisiert wird, das Besteuerungsrecht hat.[57]

Voraussetzung für einen wirksamen Antrag nach § 13 Abs. 2 UmwStG ist, dass das deutsche Besteuerungsrecht hinsichtlich der Veräußerung der Anteile an der übernehmenden Gesellschaft nicht ausgeschlossen oder beschränkt wird (§ 13 Abs. 2 Nr. 1 UmwStG). § 13 UmwStG will insoweit die Besteuerung der stillen Reserven in den Anteilen der übertragenden Kapitalgesellschaft sicherstellen. Dies wird durch die Anknüpfung an die Anteile der übernehmenden Gesellschaft erreicht, da diese nach § 13 Abs. 2 Satz 2 UmwStG an die Stelle der Anteile an der übertragenden Gesellschaft treten. Das deutsche Besteuerungsrecht wird daher ausgeschlossen bzw. beschränkt, wenn es hinsichtlich der Anteile an der übertragenden Kapitalgesellschaft bestand, aber hinsichtlich der Anteile am übernehmenden Rechtsträger durch ein DBA mit Freistellungsmethode einem anderen Staat zugewiesen ist bzw. eine Anrechnungsverpflichtung besteht.[58]

In der Regel wird bei Inlandsverschmelzungen das deutsche Besteuerungsrecht allerdings weder ausgeschossen noch beschränkt werden, da die steuerliche Einordnung der Anteile an der übertragenden Gesellschaft und an der übernehmenden Gesellschaft identisch sein wird und zwar unabhängig davon, ob der Anteilseigner in Deutschland beschränkt oder unbeschränkt steuerpflichtig ist und unabhängig davon, ob die Anteile im Betriebsvermögen oder Privatvermögen gehalten werden.[59] Ausnahmsweise kann das deutsche Besteuerungsrecht an den von einem ausländischen Anteilseigner gehaltenen Anteilen auch durch eine Inlandsverschmelzung zweier Kapitalgesellschaften verloren gehen, weil sich deren steuerliche Einordnung ändert. Dies ist z. B. der Fall, wenn die Anteile an der übertragenden Kapitalgesellschaft nach dem zwischen Deutschland und dem Sitzstaat des Anteilseigners geschlossenen DBA einer deutschen Betriebsstätte des Anteilseigners zuzuordnen sind, so dass Deutschland das Besteuerungsrecht hat (vgl. Art. 13 Abs. 2 OECD-MA), während die Anteile an der übernehmenden Gesellschaft die Voraussetzungen für eine derartige Zuordnung (auch) nach der Verschmelzung nicht erfüllen. Gleiches gilt, wenn Deutschland an der übertragenden Gesellschaft das Besteuerungsrecht hat, weil die Gesellschaft abkommensrechtlich als Grundstücksgesellschaft einzuordnen ist (vgl. Art. 13 Abs. 4 OECD-MA)[60] und die übernehmende Gesellschaft nach der Verschmelzung nicht als eine solche Gesellschaft einzuordnen ist und das Besteuerungsrecht nach den Regelungen des betreffenden DBA dem Ansässigkeitsstaat zuzuordnen ist.

Hinzuweisen ist in diesem Zusammenhang darauf, dass auch das Besteuerungsrecht an den Anteilen an der übernehmenden Kapitalgesellschaft eines beschränkt steuerpflichtigen Anteilseigners mit der Verschmelzung verloren gehen kann, wenn diese Anteile vor der Verschmelzung einer deutschen Betriebsstätte zuzurechnen waren oder die Gesellschaft als Grundstücksgesellschaft einzuordnen war und nach der Verschmelzung die Voraussetzung hierfür nicht mehr vorliegen. Dies berührt die Steuerneutralität der Verschmelzung nicht. Zu prüfen ist insoweit aber eine Anwendung der allgemeinen Entstrickungsregelungen.

---

[57] A.A. wohl *Dötsch* in Dötsch/Patt/Pung/Möhlenbrock, Umwandlungssteuerrecht, §13 UmwStG (SEStEG) Rz. 11; *Frotscher* in Frotscher/Maas, KStG/UmwStG, § 13 UmwStG Rz. 6, wonach § 13 UmwStG keine Anwendung findet, wenn die Anteile auf Grund eines DBA nicht der deutschen Besteuerung unterliegen.

[58] *Schmitt* in Schmitt/Hörtnagl/Stratz, UmwG/UmwStG, § 13 UmwStG Rz. 39.

[59] Vgl. zu Einzelheiten: *Schaumburg/Schumacher* in Lutter, UmwG, Anhang 2 nach § 122l Rz. 41.

[60] Zur Übersicht über die deutsche Abkommenspraxis vgl. *Reimer* in Vogel, DBA, Art. 13 Rz. 149.

D. Spaltung von Kapitalgesellschaften

Im Gegensatz zur Verschmelzung, bei der das gesamte Vermögen eines Rechtsträgers auf einen anderen Rechtsträger übergeht, wird bei der Spaltung das Vermögen des übertragenden Rechtsträgers aufgeteilt. Bei der Aufspaltung (§ 123 Abs. 1 UmwG) erlischt der übertragende Rechtsträger und sein gesamtes Vermögen wird auf mehrere Rechtsträger übertragen. Hingegen bleibt bei der Abspaltung der übertragende Rechtsträger rechtlich bestehen und nur Teile seines Vermögens gehen auf einen anderen Rechtsträger über (§ 123 Abs. 2 UmwG). Die Übertragung erfolgt sowohl bei der Auf- als auch bei der Abspaltung gegen Gewährung von Anteilen an die Anteilsinhaber des übertragenden Rechtsträgers. Bei der Ausgliederung überträgt ein Rechtsträger Teile seines Vermögens auf eine Tochtergesellschaft, d. h. die Anteile an diesem aufnehmenden Rechtsträger werden nicht den Anteilseignern des Übertragenden gewährt, sondern vielmehr diesem selbst.

In Anlehnung an die handelsrechtlichen Vorschriften zur Spaltung wurde im Umwandlungssteuergesetz die Auf- und Abspaltung von Kapitalgesellschaften auf eine andere Kapitalgesellschaft in § 15 UmwStG, die Auf- und Abspaltung von Kapitalgesellschaften auf eine Personengesellschaft in § 16 UmwStG geregelt. Die Ausgliederung wird nicht durch §§ 15, 16 UmwStG erfasst, sondern fällt thematisch in den Regelungsbereich der §§ 20 ff. UmwStG.

Bei der Auf- und Abspaltung einer Kapitalgesellschaft auf eine andere Kapitalgesellschaft findet gem. § 15 Abs. 1 UmwStG grds. die Regelung über die Verschmelzung (§§ 11 bis 13 UmwStG) entsprechende Anwendung; bei der Auf- und Abspaltung auf eine Personengesellschaft verweist § 16 Satz 1 UmwStG auf die §§ 3 bis 8, 10 UmwStG. Die Verweise gelten auch für beschränkt steuerpflichtige Anteilseigner, unabhängig davon, ob diese ihre Anteile in einem Betriebsvermögen halten oder ob die Anteile Privatvermögen darstellen.[61]

E. Umwandlungen von Personengesellschaften in Kapitalgesellschaften

Während die Umwandlung einer Kapitalgesellschaft in eine Personengesellschaft wegen der Verknüpfung der §§ 3 ff. UmwStG mit den Regelungen des UmwG bzw. vergleichbaren Vorgängen des ausländischen Rechts in der Praxis entweder als Formwechsel oder im Wege der Verschmelzung erfolgt, ist die Ertragsteuerneutralität der Umwandlung einer Personengesellschaft in eine Kapitalgesellschaft nicht von der Anwendung des UmwG abhängig. Hierdurch ist die Zahl der in der Praxis gangbaren Wege einer Umwandlung erheblich größer.

Neben den Umwandlungsmöglichkeiten nach dem UmwG, also dem Formwechsel der Personengesellschaft in eine Kapitalgesellschaft und der Verschmelzung der Personengesellschaft auf eine bereits bestehende Kapitalgesellschaft, kommen als weitere Umwandlungsmöglichkeiten außerhalb des UmwG in Betracht: die Übertragung sämtlicher Gesellschaftsanteile an der Personengesellschaft auf die aufnehmende Kapitalgesellschaft im Rahmen einer Sachkapitalerhöhung mit dem anschließenden Übergang des Vermögens auf die Kapitalgesellschaft („erweitertes Anwachsungsmodell") sowie die Übertragung sämtlicher Aktiva und Passiva der Personengesellschaft auf eine Kapitalgesellschaft ebenfalls gegen Gewährung von Gesellschaftsrechten. Der Auffassung, dass Umwandlungen im Wege der erweiterten Anwachsung nicht mehr in den Anwendungsbereich des UmwStG fallen, weil weder eine Umwandlung nach dem UmwG

---

[61] *Schaumburg/Schumacher* in Lutter, UmwG, Anh. § 151 Rz. 72, 75.

(§ 1 Abs. 3 Nr. 1 bis 3 UmwStG), noch die Übertragung im Wege der Einzelrechtsnachfolge vorliege,[62] ist nicht zu folgen.[63]

Steuerrechtlich werden sämtliche der vorgenannten Umwandlungsmöglichkeiten – einschließlich des Formwechsels (vgl. § 25 UmwStG) – als Einbringungen i. S. des § 20 UmwStG behandelt. Sind die Voraussetzungen dieser Vorschrift erfüllt, wird also insbesondere ein Betrieb, Teilbetrieb oder ein Mitunternehmeranteil in eine Kapitalgesellschaft gegen Gewährung von Gesellschaftsrechten eingebracht, so kann die übernehmende Kapitalgesellschaft auch nach den Änderungen, die das UmwStG durch das SEStEG erfahren hat, die Buchwerte der übernommenen Wirtschaftsgüter so fortführen, wie sie der Einbringende im Zeitpunkt der Sacheinlage nach den steuerrechtlichen Vorschriften über die Gewinnermittlung anzusetzen hatte (§ 20 Abs. 2 Satz 2 UmwStG). Geändert wurde jedoch das Regel-/Ausnahmeverhältnis zwischen Buchwertfortführung und Aufdeckung stiller Reserven. Der Grundsatz ist nunmehr der Ansatz mit dem gemeinen Wert; die Buchwertfortführung setzt – neben materiellen Voraussetzungen – einen Antrag voraus. Für den Einbringenden stellt sich wie bisher der Wert, mit dem die Kapitalgesellschaft die Wirtschaftsgüter ansetzt, als Veräußerungspreis dar, so dass die Einbringung grundsätzlich ertragsteuerneutral möglich ist.

Einbringender muss grundsätzlich entweder eine EU bzw. EWR-Gesellschaft oder eine natürliche Person mit Wohnsitz oder gewöhnlichem Aufenthalt in der EU oder dem EWR sein (§ 1 Abs. 4 Satz 1 Nr. 2 Buchst. a) Doppelbuchst. aa) bzw. bb) UmwStG). Neben dem Hauptfall der Einbringung durch eine in- oder ausländische EU- bzw. EWR-Kapitalgesellschaft oder natürliche Person unterfallen Einbringungen auch dann dem persönlichen Anwendungsbereich des §§ 20 ff. UmwStG, wenn Einbringender ein rechtsfähiger Verein oder eine rechtsfähige Stiftung ist.[64] Ist Einbringender eine natürlichen Person, so muss sich auch deren abkommensrechtliche Ansässigkeit in der EU oder dem EWR befinden (§ 1 Abs. 2 Satz 1 Nr. 2 UmwStG). Eine Besonderheit besteht, wenn es sich bei dem umwandelnden, einbringenden bzw. übertragenden Rechtsträger um eine Personengesellschaft handelt. In diesem Fall ist für die Bestimmung des persönlichen Anwendungsbereiches nicht auf den Rechtsträger selbst, sondern auf dessen Gesellschafter abzustellen (§ 1 Abs. 4 Satz 1 Nr. 2 Buchst. a) Doppelbuchst. aa) UmwStG).

Ausnahmsweise ist der persönliche Anwendungsbereich der §§ 20 ff. UmwStG auch für andere als die vorgenannten einbringenden Rechtsträger eröffnet, wenn Deutschland das uneingeschränkte Besteuerungsrecht an einem Gewinn aus der Veräußerung der aufgrund der Umwandlung erhaltenen Anteile erhält. Dies ist der Fall, wenn ein Veräußerungsgewinn der deutschen beschränkten Steuerpflicht unterliegt, also die Anteile an einer deutschen Kapitalgesellschaft bestehen (§ 49 Abs. 1 Buchst. e) EStG) oder in einer deutschen Betriebsstätte gehalten werden. Hinzu muss kommen, dass Deutschland auch zwischenstaatlich das Besteuerungsrecht zusteht, weil mit dem Staat, in dem der Einbringende steuerlich ansässig ist, entweder kein DBA

---

[62] *Patt* in Dötsch/Patt/Pung/Möhlenbrock, Umwandlungssteuerrecht, § 20 UmwStG (SEStEG) Rz. 6; kritisch auch *Orth*, der eine klarstellende Änderung des § 1 Abs. 3 Nr. 4 UmwStG fordert, *Orth*, DStR 2009, 192 (194).

[63] Vgl. *Dremel* in Hesselmann/Tillmann/Mueller-Thuns, Handbuch GmbH & Co. KG, § 11 Rz. 196 ff. Für eine derartige Sichtweise spricht auch, dass der Gesetzgeber nicht zu erkennen gegeben hat, die bisher anerkannte steuerneutrale Umwandlung durch Anwachsung aus dem Anwendungsbereich des Umwandlungssteuergesetzes herauszunehmen. Dem Vernehmen nach soll die Finanzverwaltung davon ausgehen, dass das erweiterte Anwachsungsmodell weiterhin in den Anwendungsbereich fällt, *Orth*, DStR 2009, 192 (194).

[64] *Herlinghaus* in Rödder/Herlinghaus/van Lishaut, § 20 UmwStG Rz. 7; *Patt* in Dötsch/Patt/Pung/Möhlenbrock, Umwandlungssteuerrecht, § 20 UmwStG (SEStEG) Rz. 13.

abgeschlossen wurde, der Einbringende sich nicht auf ein bestehendes Abkommen berufen kann oder das entsprechende Abkommen Deutschland das Besteuerungsrecht zuweist. Ist der Anwendungsbereich der §§ 20 ff. UmwStG erfüllt, gelten für den beschränkt steuerpflichtigen Gesellschafter der Personengesellschaft gegenüber einem unbeschränkt steuerpflichtigen keine Besonderheiten. Insbesondere kommt es – außerhalb des § 1 Abs. 4 UmwStG – nicht darauf an, ob Deutschland das Besteuerungsrecht an den für die Einbringung gewährten Anteilen erhält.

Die steuerlichen Folgen einer Veräußerung der erhaltenen Anteile sind in § 22 UmwStG geregelt. Mit dieser Vorschrift wurde das System der der einbringungsgeborenen Anteile (§ 21 UmwStG a. F.) weitgehend aufgegeben. Nach neuem Recht sind die Besteuerungsfolgen für den Anteilseigner in Bezug auf die im Rahmen einer Einbringung unter dem gemeinen Wert erhaltenen Anteile in § 22 UmwStG sowie – für Anteile, die eine Beteiligung von weniger als 1 % vermitteln – in § 17 Abs. 6 Nr. 1 EStG geregelt. Anders als nach altem Recht enthält das Gesetz nunmehr bei einer Veräußerung der aus der Einbringung erhaltenen Anteile keine Sonderregelung für die Besteuerung des Veräußerungsgewinns, sondern ordnet an, dass der Gewinn aus der Einbringung rückwirkend im Jahr der Einbringung als Gewinn des Einbringenden i. S. v. § 16 EStG zu versteuern ist (Einbringungsgewinn I). Schädlich sind dabei nur Veräußerungen innerhalb einer Frist von sieben Jahren nach dem Einbringungszeitpunkt. Der Veräußerung gleichgestellt sind in § 22 Abs. 1 Satz 6 Nr. 1 bis 6 UmwStG verschiedene Ersatzrealisationstatbestände. Hervorzuheben ist an dieser Stelle § 22 Abs. 1 Satz 6 Nr. 6 UmwStG. Danach treten die gleichen steuerlichen Folgen wie bei einer Veräußerung ein, wenn innerhalb der siebenjährigen Sperrfrist für den einbringenden oder die übernehmende Gesellschaft die Voraussetzungen des § 1 Abs. 4 UmwStG verloren gehen. Das sind insbesondere die Fälle, in denen der Einbringende eine Gesellschaft oder natürliche Person mit (Wohn-)Sitz in der EU oder des EWR ist und diese innerhalb der Sperrfrist den Wohnsitz bzw. den Sitz oder den Ort der Geschäftsleitung in einen Drittstaat verlegt und Deutschland im Verhältnis zum Drittstaat nicht das Besteuerungsrecht an den Anteilen erhält.[65] Zu beachten ist, dass im Fall der unentgeltlichen Rechtsnachfolge der Rechtsnachfolger die Voraussetzungen des § 1 Abs. 4 UmwStG während der restlichen Sperrfrist zu erfüllen hat, so dass es auch durch eine Schenkung oder einen Erbfall zu einer Gewinnrealisierung kommen kann, wenn der Beschenkte/Erbe nicht in der EU bzw. dem EWR ansässig ist.[66]

Die Veräußerung der Anteile gilt nach § 22 Abs. 1 Satz 2 UmwStG als rückwirkendes Ereignis i. S. v. § 175 Abs. 1 Satz 1 Nr. 2 AO. Zur Ermittlung des Einbringungsgewinns I sind von dem gemeinen Wert des eingebrachten Betriebsvermögens die Kosten des Vermögensübergangs und der Wert, mit dem die Kapitalgesellschaft das eingebrachte Betriebsvermögen angesetzt hat, abzuziehen; der Einbringungsgewinn I ist jeweils um ein Siebtel für jedes seit dem Einbringungszeitpunkt abgelaufene Zeitjahr zu kürzen (§ 22 Abs. 1 Satz 2 UmwStG).

Den Einbringungsgewinn I hat der Einbringende im Jahr der Einbringung nach allgemeinen Grundsätzen zu versteuern. Der beschränkt Steuerpflichtige erzielt somit nach innerstaatlichem Recht einen Veräußerungsgewinn der im Rahmen der beschränkten Steuerpflicht gem. § 49 Abs. 1 Nr. 2 Buchst. a) EStG zu erfassen ist. § 16 Abs. 4 und § 34 EStG finden auf diesen Gewinn keine Anwendung (§ 22 Abs. 1 Satz 1 Halbs. 2 UmwStG). Abkommensrechtlich handelt es sich um einen Gewinn, der soweit die stillen Reserven in einer deutschen Betriebsstätte gebildet wurden noch der durch die Personengesellschaft vermittelten Betriebsstätte des ehemaligen Gesellschafters zuzurechnen ist, so dass Deutschland in der Regel das Besteuerungsrecht hat.

---

[65] Vgl. § 1 Abs. 4 Nr. 2 Buchst. b) UmwStG.
[66] *Stangl* in Rödder/Herlinghaus/van Lishaut, UmwStG, § 22 Rz. 130.

F. Umstrukturierung unter ausschließlicher Beteiligung von Personengesellschaften

Ein Wechsel der Rechtsform einer Personengesellschaft in eine Personengesellschaft anderer Rechtsform – z. B. von einer gewerblich tätigen GbR in eine GmbH & Co. KG – ist steuerrechtlich ein „Nullum" und führt nicht zu einer Gewinnrealisierung.[67] Dies gilt auch, wenn an der Personengesellschaft ein beschränkt steuerpflichtiger Gesellschafter beteiligt ist. Dieser Vorgang fällt insbesondere nicht unter § 24 UmwStG, und zwar auch dann nicht, wenn mit dem Rechtsformwechsel eine Komplementärgesellschaft ohne Beteiligung am Vermögen aufgenommen wird.[68] Da die Unternehmeridentität erhalten bleibt, gehen gewerbesteuerliche Verlustvorträge nicht unter.[69] Mangels Rechtsträgerwechsels ist der Rechtsformwechsel in die GmbH & Co. KG weder umsatzsteuerlich noch grunderwerbsteuerlich relevant.

Wird dagegen ein Betrieb, Teilbetrieb oder Mitunternehmeranteil in eine Personengesellschaft eingebracht und wird der einbringende Mitunternehmer dieser Personengesellschaft bzw. wird seine Mitunternehmerstellung verstärkt, so fällt dieser Vorgang in den sachlichen Anwendungsbereich des § 24 UmwStG. Das Gesetz stellt auch keine besonderen Anforderungen an den Einbringenden, um den persönlichen Anwendungsbereich des UmwStG zu eröffnen (vgl. § 1 Abs. 4 Satz 2 UmwStG). Inhaltlich differenziert § 24 UmwStG weder zwischen inländischem und ausländischem Betriebsvermögen noch zwischen beschränkt und unbeschränkt steuerpflichtigen Gesellschaften, so dass kein besonderer Entstrickungsvorbehalt in diesem Zusammenhang existiert. In der Regel wird durch die Umwandlung auch kein deutsches Besteuerungsrecht verloren gehen, weil die deutsche Betriebsstätte des jeweiligen ausländischen Gesellschafters hiervon unberührt bleibt und das dieser Betriebsstätte zuzuordnende Vermögen weiter dem deutschen Besteuerungsrecht unterliegen wird In Bezug auf Vermögen der Personengesellschaft, das einer ausländischen Betriebsstätte zuzuordnen ist, wird ebenfalls kein Verlust des deutschen Besteuerungsrechtsrecht durch die Umwandlung eintreten soweit beschränkt steuerpflichtige Gesellschafter beteiligt sind. da dieses ausländische Betriebsstättenvermögen außerhalb der Reichweite der beschränkten Steuerpflicht liegt (vgl. § 49 Abs. 1 Nr. 2a EStG).

---

[67] *Rödder* in Rödder/Herlinghaus/van Lishaut, UmwStG, Einf. Rz. 45; *Schmitt* in Schmitt/Hörtnagl/Stratz, UmwG/UmwStG, § 24 UmwStG Rz. 57; *Wacker* in Schmidt, § 16 EStG Rz. 416. Centrale-Gutachtendienst, GmbHR 2003, 32. Vgl. auch BFH v. 17. 12. 2008 – IV R 65/07, GmbHR 2009, 382; BFH v. 21. 3. 1994 – VIII R 5/92, BStBl. II1994,856; BFH v. 28. 11. 1989 – VIII R 40/84, BStBl. II 1990, 561; BFH v. 16. 3. 1983 – IV R 36/79, BStBl. II 1983, 459. Vgl. zu Einzelheiten *Dremel* in Hesselmann/Tillmann/Müller-Thuns, Handbuch der GmbH & Co. KG, Rz. 381 ff.

[68] BFH v. 20. 9. 2007 – IV R 70/05, DStR 2008, 44.

[69] R 68 Abs. 3 Satz 7 Nr. 5 Satz 6 GewStR 1998.

7. Typische Investitionsstrukturen für Direktinvestitionen von US-Unternehmen in Europa

von Dipl.-Kfm., Dipl.-Bw. Dr. rer. pol. Andreas Kowallik, Steuerberater, München[*]

Inhaltsübersicht

A. Sachlicher und persönlicher Anwendungsbereich des Umwandlungsteuergesetzes
B. Umwandlung von Kapitalgesellschaften in/auf eine Personengesellschaft
   I. Das steuerliche Umwandlungskonzept
   II. Steuerliche Folgen bei der übertragenden Kapitalgesellschaft
   III. Steuerliche Folgen bei der übernehmenden Personengesellschaft
   IV. Besteuerung der Anteilseigner der Kapitalgesellschaft und zukünftigen Gesellschafter der Personengesellschaft
C. Verschmelzung von Kapitalgesellschaft auf Kapitalgesellschaft
   I. Steuerliche Folgen bei der übertragenden Kapitalgesellschaft
   II. Steuerliche Folgen bei der übernehmenden Kapitalgesellschaft
   IIII. Steuerliche Folgen auf der Gesellschafterebene
D. Spaltung von Kapitalgesellschaften
E. Umwandlungen von Personengesellschaften in Kapitalgesellschaften
F. Umstrukturierung unter ausschließlicher Beteiligung von Personengesellschaften

Literatur:

Deloitte & Touche (Hrsg.), Unternehmenskauf im Ausland – Steuerliche Rahmenbedingungen bei M&A-Transaktionen im Ausland, Herne/Berlin 2006; **Department of the Treasury**, General Explanations of the Administration's Fiscal Year 2011 Revenue Proposals, http://www.treas.gov/offices/tax-policy/library/greenbk10.pdf; **ders.**, General Explanations of the Administration's Fiscal Year 2010 Revenue Proposals, http://www.treas.gov/offices/tax-policy/library/grnbk09.pdf; **Eyre**, Großbritannien, in: Deloitte & Touche (Hrsg.), Unternehmenskauf im Ausland – Steuerliche Rahmenbedingungen bei M & A-Transaktionen im Ausland, Herne/Berlin 2006, S. 165 ff.; **Fingal/Kowallik**, in: Deloitte & Touche (Hrsg.), Unternehmenskauf im Ausland – Steuerliche Rahmenbedingungen bei M&A-Transaktionen im Ausland, Herne/Berlin 2006, S. 301 ff.; **Jentsch/Striegel**, Grundlagen des US-amerikanischen Steuerrechts, Berlin 2007; **Kowallik**, Die zivilrechtliche und steuerliche Vorteilhaftigkeit der "Kapitalgesellschaft & Co. KG" für Direktinvestitionen in Deutschland, den Niederlanden, England und den USA, Frankfurt/M. u. a. 1998; **Moolenburgh**, Gebruik of misbruik van de commanditaire vennootschap in het grensoverschrijdende verkeer, Internationaal Belasting Bulletin 2000, S. 10 ff.; **Sheppard**, News Analysis – Should We Expand Partnership Nonrecognition Exchanges?, 2002 TNT 42-3; **Smits u. a.**, Niederlande, in: Deloitte & Touche (Hrsg.), Unternehmenskauf im Ausland, Herne/Berlin 2006, S. 189 ff.; **Zschiegner**, Das Einkommensteuerrecht der USA (Teil I), IWB F. 8 USA Gr. 2 S. 1141 ff.; **ders.**, Das Einkommensteuerrecht der USA (Teil II), IWB F. 8 USA Gr. 2 S. 1171 ff.; **ders.**, Das Einkommensteuerrecht der USA (Teil III), IWB F. 8 USA Gr. 2 S. 1195 ff.; **ders.**, Einkommensteuerrecht der USA – Inflationsbedingte Anpassungen und andere Steueränderungen für 2009, IWB F. 8 USA Gr. 2 S. 1517 ff.

A. Einführung

Kapitalgesellschaften mit Sitz in den Vereinigten Staaten sind seit Jahrzehnten die wichtigsten ausländischen Investoren in Europa. Aufgrund von Besonderheiten des amerikanischen Steuerrechts – und noch verstärkt durch die Einführung neuer steuerlicher Klassifizierungsregeln für in- und ausländische Gesellschaften ab dem 1. 1. 1997 – haben sich einige typische Investitionsstrukturen für Direktinvestitionen amerikanischer Unternehmen in Europa herausgebildet, die Gegenstand dieses Beitrags sind.

---

[*] Deloitte & Touche, Wirtschaftsprüfungs- und Steuerberatungsgesellschaft, München.

Da der überwiegende Teil der amerikanischen Direktinvestitionen in Europa durch juristische Personen (im Regelfall Kapitalgesellschaften) getätigt wird, beschränken sich die folgenden Ausführungen auf europäische Investitionen von US-Kapitalgesellschaften.

Am 11. 5. 2009 hat das US-Finanzministerium ("Department of the Treasury") erste grobe Steuerreformpläne (das sog. "Greenbook"[1]) der Regierung Obama vorgelegt, die eine tiefgreifende Reform der steuerlichen Rahmenbedingungen für Auslandsinvestitionen von US-Unternehmen vorsehen und spätestens ab dem 31. 12. 2010 zu größeren Veränderungen bei bisher typischen Investitionsstrukturen in Europa führen könnten; es bleibt abzuwarten, welche Einzelmaßnahmen die Regierung Obama im Rahmen des weiteren Gesetzgebungsprozesses durch- bzw. umsetzen kann.[2]

B. Überblick über wichtige Rahmenbedingungen des US-Steuerrechts für Auslandsinvestitionen von amerikanischen Kapitalgesellschaften

I. Steuererhebung in den USA

In den Vereinigten Staaten kann das zu versteuernde Einkommen von ansässigen Kapitalgesellschaften gleichzeitig einer Besteuerung auf bis zu drei Ebenen unterliegen: (1) Bundessteuern, (2) Bundesstaatssteuern und (3) lokale Steuern. Der Bund erhebt Einkommensteuern nach den Bestimmungen des Bundessteuergesetzes ("Internal Revenue Code", IRC) mit administrativen Hinweisen in den hierzu veröffentlichten Richtlinien ("Treasury Regulations", Treas. Reg.). Bundesstaats- sowie lokale Steuern spielen bei der Strukturierung von Auslandsinvestitionen für amerikanische Gesellschaften regelmäßig nur eine stark untergeordnete Rolle, so dass sich der folgende Beitrag auf die amerikanische Bundesbesteuerung bezieht.

II. Steueranrechnung als ausschließliche Methode zur Vermeidung einer Doppelbesteuerung bei grenzüberschreitenden Investitionen

Die Vereinigten Staaten haben ein klassisches Körperschaftsteuersystem, das bei Kapitalgesellschaften zu einer Mehrfachbesteuerung führt. Für Gewinnausschüttungen im nationalen Kontext zwischen ansässigen Kapitalgesellschaften wird eine Doppelbesteuerung bei Dividenden durch ein Kürzungssystem vermieden:[3] Eine amerikanische Kapitalgesellschaft, die Gewinnausschüttungen von einer anderen Kapitalgesellschaft, die in den Vereinigten Staaten einer Besteuerung unterliegt, erhält, ist dazu berechtigt, von ihrem zu versteuernden Einkommen bestimmte Teile der empfangenen Dividende zu kürzen.[4] Die Kürzung beläuft sich auf zwischen 70 % und 100 % der Dividende (100 % für Dividenden von amerikanischen Kapitalgesellschaften einer Unternehmensgruppe bei 80 % oder höherer Beteiligung).

---

[1] *Department of the Treasury*, General Explanations of the Administration's Fiscal Year 2010 Revenue Proposals, http://www.treas.gov/offices/tax-policy/library/grnbk09.pdf

[2] Am 1. 2. 2010 hat das US-Finanzministerium seine ersten Vorschläge aus dem Jahr 2009 in überarbeiteter Fassung mit einigen substantiellen Änderungen vorgelegt, vgl. *Department of the Treasury*, General Explanations of the Administration's Fiscal Year 2011 Revenue Proposals, http://www.treas.gov/offices/tax-policy/library/greenbk10.pdf.

[3] In Deutschland technisch etwa vergleichbar mit der gewerbesteuerlichen Kürzung von inländischen Dividenden nach § 9 Nr. 2a GewSt.

[4] "Dividend received deduction" (DRD), IRC § 243.

Für ausländische Einkünfte vermeiden die Vereinigten Staaten – sowohl im Nicht-DBA- als auch DBA-Fall – eine Doppelbesteuerung (fast) ausschließlich durch Anwendung der Anrechnungsmethode.[5] Über die direkte Anrechnung ausländischer Ertragsteuern hinaus[6] können Kapitalgesellschaften bei einer Mindestbeteiligung von 10 % der stimmberechtigten Anteile einer ausländischen (Tochter-)Kapitalgesellschaft den Dividendeneinkünften zuzuordnende ausländische Ertragsteuern jener Gesellschaft auf ihre US-Körperschaftsteuerschuld anrechnen.[7] Nach den geltenden Bestimmungen kann eine solche indirekte Steueranrechnung über bis zu sechs Beteiligungsebenen ("sixth-tier") erfolgen, sofern eine indirekte Beteiligung von mindestens 5 % besteht. Zur Verhinderung unerwünschter Steuergestaltungen wird bei Dividenden eine Anrechnung direkter und indirekter Ertragsteuern nur gewährt, sofern Stammaktien mindestens 16 Tage (Vorzugsaktien mindestens 45 Tage) gehalten wurden.[8]

Ausländische Ertragsteuern können jeweils nur bis zur Höhe der amerikanischen Körperschaftsteuerbelastung der entsprechenden Einkünfte ("earnings and profits") angerechnet werden.[9] Zwar kennen die Vereinigten Staaten, im Gegensatz zu Deutschland,[10] keine Beschränkung des Steueranrechnungsvolumens nach Quellenstaaten (d.h. es gibt keine "per-country limitation"). Um aber einen unerwünschten Ausgleich bei der Erfassung hoch- und niedrigbesteuerter Auslandseinkünfte zu verhindern, müssen die ausländischen Einkünfte nach Kategorien ("baskets") getrennt werden.[11] Mit Wirkung für Steuerjahre ab 2006 wurde die Zahl der "baskets" von vormals neun auf nur noch zwei ("passive income" sowie "general limitation") reduziert.[12] Sofern dem Grunde nach anrechnungsfähige ausländische Ertragsteuern eines Jahres wegen Überschreitung des Maximalbetrags im laufenden Jahr nicht anrechnungsfähig sind ("excess foreign tax credits"), können diese seit einer Steueränderung ab dem 22. 10. 2004 maximal zehn (zuvor fünf) Jahre vor- und ein Jahr (zuvor zwei Jahre) zurückgetragen werden, soweit der Maximalbetrag jener Jahre in der entsprechenden Kategorie nicht ausgeschöpft wurde.[13] Das "Greenbook" der Regierung Obama sieht bei "foreign tax credits" zwei fundamentale neue Beschränkungen vor: Zum einen soll für alle Steuerjahre ab 31. 12. 2010 der Betrag an anrechenbaren ausländischen Steuern für alle ausländischen Tochtergesellschaften zusammen nur noch auf konsolidierter Basis und nicht mehr, wie bisher, getrennt für jede einzelne ausländische Gesellschaft ermittelt werden ("foreign tax credit on a consolidated basis").[14] Weiterhin sollen ab

---

[5] Eine mittlerweile nur noch historisch interessante Ausnahme von dieser Regel galt etwa für bestimmte Dividenden einer ausländischen Kapitalgesellschaft mit dem besonderen steuerlichen Status einer "Foreign Sales Corporation" (FSC) an ihre US-Muttergesellschaft.

[6] Direkte Steueranrechnung nach IRC § 901 ("901 credit"); entspricht in Deutschland § 34c EStG i. V. m. § 26 Abs. 1 KStG.

[7] Indirekte Steueranrechnung nach IRC § 902 ("902 credit"); entspricht in Deutschland § 26 Abs. 2 bis 7 KStG a. F.

[8] IRC § 901(k) und (l).

[9] Die Bundeskörperschaftsteuer beläuft sich auf zwischen 15 % und 35 % (auf ein zu versteuerndes Einkommen von mehr als US$ 18,3 Mio.). Der sich aus den niedrigen Körperschaftsteuereingangssätzen ergebende Steuervorteil wird durch erhöhte Steuersätze auf das zu versteuerndes Einkommen zwischen US$ 100.000 und US$ 18,3 Mio. abgeschmolzen.

[10] § 34c Abs. 1 Satz 1 EStG ("aus diesem Staat").

[11] IRC § 904(d)(1).

[12] IRC § 904(d)(2)(K)(i).

[13] IRC § 904(c).

[14] Department of the Treasury, 2010, S. 30.

31. 12. 2010 neue steuerliche Bestimmungen eingeführt werden, die ein bisher mögliches – und zur Steuerplanung oft attraktives – Trennen ("splitting") von ausländischen Steueranrechnungsguthaben („creditable foreign taxes") sowie thesaurierten Gewinnen ("earnings and profits") verhindern.[15]

Vor dem Hintergrund des amerikanischen Steueranrechnungssystems für ausländische Einkünfte ist es für amerikanische Gesellschaften im Regelfall nicht möglich, einen permanenten Steuervorteil aus niedrig besteuerten ausländischen Einkünften zu erzielen. US-Gesellschaften sind daher regelmäßig bestrebt, für niedrig besteuerte Einkünfte ausländischer Tochtergesellschaften zunächst (nur) eine unmittelbare Besteuerung in den USA zu vermeiden.[16] Weiterhin versuchen sie häufig, eine amerikanische Besteuerung ggf. langfristig hinauszuschieben, indem ausländische Einkünfte im Ausland reinvestiert und nicht als Ausschüttungen in die USA repatriiert werden ("deferral").

III. Bestimmungen des US-amerikanischen Außensteuergesetzes ("Subpart F")

Die in den Vereinigten Staaten unbeschränkt steuerpflichtigen Gesellschafter einer beherrschten ausländischen Kapitalgesellschaft ("controlled foreign corporation", CFC) unterliegen in bestimmten Fällen mit den durch die CFC thesaurierten Gewinnen einer sofortigen Besteuerung in den Vereinigten Staaten im Wege einer Hinzurechnungsbesteuerung.[17] Von der Hinzurechnungsbesteuerung betroffene Gesellschafter sind u. a. amerikanische Kapitalgesellschaften, die direkt oder indirekt mindestens 10 % oder mehr der stimmberechtigten Anteile einer ausländischen Gesellschaft halten. Stehen mehr als 50 % der Stimmrechte ("control") einer ausländischen Gesellschaft an irgendeinem Tag im Wirtschaftsjahr der ausländischen Gesellschaft im Besitz von US-Anteilseignern, so gilt diese als CFC.[18] Sofern eine ausländische Gesellschaft für einen ununterbrochenen Zeitraum von mindestens 30 Tagen im vorgenannten Sinne als beherrscht gilt, unterliegen die während der Zeit der Beherrschung thesaurierten Gewinne einer Hinzurechnungsbesteuerung, wenn sie bestimmten hinzuzurechnenden Einkünften ("Subpart F income") zuzuordnen sind.

Auch im Fall hinzurechnungspflichtiger Einkünfte erfolgt eine Hinzurechnungsbesteuerung dann nicht, wenn der Steuersatz im Sitzstaat der CFC mehr als 90 % des maximalen amerikanischen Körperschaftsteuersatzes beträgt ("high tax exception") sowie bestimmte Bestandteile der Einkünfte[19] der CFC relativ weniger als 5 % ihrer Bruttoeinkünfte und absolut weniger als US$ 1 Mio. betragen.[20] Eine für die steuerliche Gestaltungspraxis überaus wichtige Ausnahme von der amerikanischen Hinzurechnungsbesteuerung sind überdies passive Einkünfte der CFC aus dem Sitzstaat der CFC ("same country exception"):[21] Erzielt eine CFC passive sowie niedrig besteuerte Einkünfte, die normalerweise direkt einer amerikanischen Hinzurechnungsbesteue-

---

[15] Department of the Treasury, 2010, S. 31.

[16] Dieses erfordert neben einem Verzicht auf eine Ausschüttung in die USA auch Gestaltungen, mit denen ggf. eine Anwendung von Subpart F (US-Hinzurechnungsbesteuerung) auf diese Einkünfte vermieden werden kann.

[17] IRC § 951(a).

[18] IRC § 957(a).

[19] Hierbei handelt es sich um "foreign base company income" und "gross insurance income".

[20] IRC § 954(b)(3)(A) ("de minimis rule").

[21] IRC § 954(c)(3).

rung bei ihrem bzw. ihren Anteilseignern unterlägen (z. B. Zinseinkünfte, die "foreign personal holding company income"[22] darstellen), so werden diese dann von der US-Hinzurechnungsbesteuerung ausgenommen, wenn sie aus Quellen in dem Staat stammen, in dem auch die CFC ihren Sitz hat.

Alle US-Staatsbürger sowie US-Ansässige, die gesetzlicher Vertreter ("officer" oder "director") oder ein mindestens 10 %iger Anteilseigner einer CFC sind, müssen jedes Jahr in den Vereinigten Staaten zusammen mit ihrer US-Steuererklärung getrennt für jede einzelne berichtspflichtige CFC eine detaillierte US-Informations-Steuererklärung ("informational tax return") einreichen (US-Steuer-Formular 5471).[23] Überdies bestehen umfangreiche unterjährige Berichts- sowie Anzeigeverpflichtungen gegenüber der US-Finanzverwaltung für alle Veränderungen der Beteiligungen an CFC.[24] Die Nichterfüllung bzw. nicht rechtzeitige Erfüllung dieser steuerlichen Berichtspflichten kann zu hohen Strafzuschlägen ("penalties") sowie reduzierten ausländischen Steueranrechnungsguthaben für US-Besteuerungszwecke führen.

IV. Amerikanische steuerliche Klassifizierungsbestimmungen für in- und ausländische Gesellschaften

Ob eine wirtschaftliche Einheit für amerikanische Steuerzwecke als Kapital-, Personengesellschaft oder aber als unselbständige Zweigniederlassung qualifiziert wird, bestimmt sich nach der Rechtsform und, seit dem 1. 1. 1997, in vielen Fällen nach der Zielsetzung der Anteilseigner bzw. Gesellschafter. Die steuerlichen Klassifizierungsregeln für in- und ausländische Gesellschaften ("check-the-box regulations") haben aufgrund ihrer weltweiten Anwendung und ihrer großen Flexibilität die internationale amerikanische Steuerplanung revolutioniert und gehören mittlerweile zu den wichtigsten Parametern für die grenzüberschreitende Steuergestaltung.[25] Bis 31. 12. 1996 folgten die USA mit den sog. Kintner-Richtlinien ("four factor test") einem ähnlichen Klassifizierungsansatz für ausländische Gesellschaften wie Deutschland nach der RFH- sowie BFH-Rechtsprechung.[26]

Seit dem 1. 1. 1997 werden sämtliche amerikanischen Gesellschaften, die nach einem US-Kapitalgesellschaftsstatut ("U.S. corporate statute") errichtet wurden, für Zwecke der Bundessteuer stets, automatisch und zwingend als Kapitalgesellschaften behandelt (z. B. alle "corporations").[27] Die Richtlinien legen zudem verbindlich fest, welche ausländischen Gesellschaften für Zwecke der Bundessteuer zwingend als Kapitalgesellschaften besteuert werden ("per-se corporations"). In Europa sind dieses die nach nationalem Recht errichteten Aktiengesellschaften sowie die nationale Societas Europaea (SE), nicht jedoch in Deutschland etwa die Kommanditgesellschaft auf Aktien.[28]

---

[22] IRC § 954(c).

[23] IRC § 6038.

[24] IRC § 6046.

[25] Allerdings werden die "check-the-box rules" nicht nur von der US-Finanzverwaltung kritisch gesehen, vgl. etwa *Sheppard*, News Analysis – Should We Expand Partnership Nonrecognition Exchanges?, 2002 TNT 42-3: "Listening to what the partnership bar wants has brought us the check-the-box rules, limited liability companies, and the section 704(b) regulations, among other things. All of these things are detrimental to the revenue and should be restricted if not undone."

[26] Für eine deutschsprachige Übersicht zu den "check-the-box"-Richtlinien vgl. *Fingal/Kowallik* in: Deloitte & Touche a. a. O., S. 302 f.

[27] Treas. Reg. § 301.7701-2(b).

[28] Treas. Reg. § 301.7701-2(b)(8).

Alle anderen Gesellschaften, unabhängig davon, ob sie als amerikanische oder ausländische Gesellschaften errichtet wurden ("eligible entities"), werden nur noch dann als Kapitalgesellschaften behandelt, wenn alle Gesellschafter beschränkt haften ("default status").[29] Der steuerliche Status einer solchen Gesellschaft ("business entity") für Zwecke der US-Bundessteuer kann jedoch durch Ausübung eines Wahlrechts frei bestimmt und dadurch eine Anwendung des "default status" ggf. vermieden werden.[30] Für eine berechtigte Gesellschaft mit mindestens zwei Gesellschaftern ("members") kann gewählt werden, diese als Verein ("association") oder Personengesellschaft ("partnership") zu klassifizieren. Eine berechtigte Gesellschaft mit einem Eigentümer ("owner") kann entweder als Verein oder als unselbständiger Teil des Eigentümers[31] ("branch") klassifiziert werden. Für eine Gesellschaft, die nach den Bestimmungen ihres Gründungsstaats eine Personengesellschaft ist (z. B. eine deutsche GmbH & Co. KG), besteht die Möglichkeit, für amerikanische Steuerzwecke durch bloße Option steuerlich als Kapitalgesellschaft ("reverse hybrid") behandelt zu werden.[32]

Die Ausübung des steuerlichen Klassifizierungswahlrechts ("check-the-box election") erfolgt durch die Gesellschafter bzw. Anteilseigner der "eligible entity" durch bloßes Ankreuzen des entsprechenden Feldes auf US-Steuer-Formular 8832 (daher die Bezeichnung "'check-the-box' election").[33] Für die Ausübung eines erstmaligen Wahlrechts gilt eine Frist von 75 Tagen.[34] Eine Änderung der steuerlichen Klassifizierung einer Gesellschaft kann im Fall einer erfolgten Ausübung des erstmaligen Wahlrechts erst nach 60 Monaten erfolgen.[35]

Das "Greenbook" der Regierung Obama sieht bei "check-the-box" tiefgreifende Änderungen der bisherigen Praxis für ausländische Gesellschaften vor:[36] Für alle Steuerjahre ab dem 31. 12. 2010 soll für ausländische Gesellschaften mit nur einem einzigen ausländischen Eigentümer ("single owner"), für die bisher ein Wahlrecht für ihre steuerliche Klassifizierung bestand ("eligible entity"), eine US-Wahlrechtsausübung zur steuerlichen Behandlung als unselbständiger Teil dieses Eigentümers ("branch") nur dann noch möglich sein, wenn der Eigentümer nach dem gleichen ausländischen Recht gegründet oder organisiert ist, nach dem auch die "eligible entity" gegründet oder organisiert ist. Jede ausländische "eligible entity", die diese Voraussetzungen dann nicht (mehr) erfüllt (bzw. erfüllen kann), wird automatisch für US-Besteuerungszwecke als Kapitalgesellschaft ("corporation") behandelt. Eine Ausnahme soll – wiederum mit einer (Rück-)Ausnahme für Missbrauchsfälle ("U.S. tax avoidance") – nur für eine "eligible entity" direkt unter einem einzigen US-Eigentümer gelten ("first-tier foreign eligible entity wholly owned by a United States person"). Weiterhin sind dem Vernehmen nach auch keine Änderungen gegenüber der bisherigen Praxis für "reverse hybrids" geplant.[37]

---

[29] Treas. Reg. § 301.7701-3(b)(1) ("domestic eligible entities") bzw. -(2) ("foreign eligible entities").

[30] Treas. Reg. § 301.7701-3(a).

[31] "... disregarded as an entity separate from its owner."; ein solcher unselbständiger Teil wird in der Praxis als "branch" (Betriebsstätte) bezeichnet.

[32] Treas. Reg. § 301.7701-3(a). Eine solche im Gründungsstaat als Personen- und für amerikanische Steuerzwecke als Kapitalgesellschaft behandelte Gesellschaft wird als "reverse hybrid" bezeichnet.

[33] Formular 8832 ("entity classification election").

[34] Treas. Reg. § 301.7701-3(c)(1)(iii).

[35] Treas. Reg. § 301.7701-3(c)(1)(iv) (mit einer Billigkeitsregelung im Fall eines mindestens 50 %igen Gesellschafterwechsels).

[36] *Department of the Treasury*, 2010, S. 28.

[37] Am 1. 2. 2010 hat das US-Finanzministerium seine ersten Steuerreformvorschläge aus dem Jahr 2009 in überarbeiteter Fassung mit einigen substantiellen Änderungen vorgelegt So sind insbesondere keine

V. "Anti-Inversion"-Regeln

Im Oktober 2004 hat der US-Kongress, rückwirkend zum 5. 3. 2003, eine neue Steuerbestimmung eingeführt, um eine steuermotivierte Verlagerung von US-Vermögen auf eine ausländische Kapitalgesellschaft ("inversion transactions")[38] zu verhindern, deren Wirkung in grenzüberschreitenden Strukturen zu überraschenden Ergebnissen führen kann.

Der kumulative Tatbestand von IRC § 7874 lautet wie folgt: (1) Das wesentliche Vermögen einer US-Kapitalgesellschaft oder einer US-Personengesellschaft wird direkt oder indirekt von einer ausländischen Kapitalgesellschaft (oder für US-Steuerzwecke als Kapitalgesellschaft behandelten Personengesellschaft) erworben, (2) die Anteilseigener halten nach der Übertragung mindestens 80 % der Anteile an der erwerbenden Gesellschaft,[39] (3) die erwerbende Gesellschaft übt in dem Land, in dem sie gegründet worden ist, keine wesentliche Geschäftätigkeit ("substantial business activities") im Verhältnis zur gesamten Geschäftätigkeit der Unternehmensgruppe aus, für die die erwerbende Gesellschaft die Obergesellschaft darstellt,[40] und (4) die Umstrukturierung beruht auf einem Gesamtplan.

Als Rechtsfolge wird die erwerbende ausländische Gesellschaft in den USA mit ihrem Welteinkommen unbeschränkt körperschaftsteuerpflichtig, Gewinnausschüttungen der ausländischen Gesellschaft unterliegen der US-Dividendenquellensteuer von 30 % (falls eine Absenkung durch ein anwendbares Doppelbesteuerungsabkommen zur Anwendung kommt), und die ausländische Gesellschaft ist im gleichen Umfang wie eine US-Kapitalgesellschaft in den Vereinigten Staaten steuererklärungspflichtig.

Die Brisanz von IRC § 7874 liegt in der rückwirkenden Anwendung ab dem 5. 3. 2003, der potentiellen Anwendung auch auf nichtansässige Auslandsgesellschaften sowie der expliziten Ausgestaltung als "treaty override".[41] In der Praxis im Einzelfall detailliert zu prüfen sind insbesondere die folgenden grenzüberschreitenden Strukturen: (1) Die erstmalige Ausübung des Wahlrechts zur Behandlung einer ausländischen Personengesellschaft (z. B. einer GmbH & Co. KG) als Kapitalgesellschaft für US-Besteuerungszwecke in einer bestehenden Beteiligungsstruktur; (2) die erstmalige Einfügung einer US-Personengesellschaft in eine bestehende Beteiligungsstruktur oder (3) die Einbringung einer US-Tochtergesellschaft in eine internationale Holdingstruktur mit Kapitalgesellschaften.

Das "Greenbook" der Regierung Obama sieht für "expatriated entities" eine Einschränkung des US-Zinsabzugs für alle Steuerjahre ab dem 31. 12. 2010 vor.[42]

Veränderungen bei "check-the-box" für ausländische Gesellschaften mehr vorgesehen. Das weitere Gesetzgebungsverfahren bleibt hier aber abzuwarten.

[38] IRC § 7874 ("rules relating to expatriated entities and their foreign parents") als Bestandteil des "The American Jobs Creation Act of 2004".

[39] Falls die Anteilseigner der US-Gesellschaft nach der Übertragung weniger als 80 %, aber mehr als 60 % der Anteile an der erwerbenden Gesellschaft halten, wird diese zwar nicht als einheimische (US-)Kapitalgesellschaft behandelt, aber es werden stattdessen bestimmte Erträge ("inversion gains"), die auf die Zwischenschaltung der ausländischen Gesellschaft zurückzuführen sind, in den Vereinigten Staaten besteuert.

[40] Der relevante Teilkonzern umfasst alle Gesellschaften, die zu mindestens 50 % direkt oder indirekt von der Obergesellschaft gehalten werden.

[41] IRC § 7874(f).

[42] *Department of the Treasury*, 2010, S. 33 f.

Kowallik

VI. Steuerbefreiungsbestimmungen

In den USA werden eine Vielzahl von Transaktionen zwischen verbundenen Unternehmen sowie Gesellschaften und ihren Anteilseignern für steuerliche Zwecke ignoriert, was auch im Fall von grenzüberscheitenden Gestaltungen gilt und aus Sicht des deutschen Steuerrechts zum Teil zu überraschenden Ergebnissen führen kann.

Eine Kenntnis dieser Steuerbestimmungen spielt für die internationale Gestaltungspraxis insofern eine wichtige Rolle, als die amerikanische Finanzverwaltung ("Internal Revenue Service", IRS) stets die Möglichkeit hat, eine Erwerbsstruktur auf der Grundlage nicht kodifizierter Rechtsgrundsätze anzugreifen, etwa dem Grundsatz über Scheingeschäfte bzw. Scheinhandlungen ("step-transaction doctrine").[43]

1. Geschäftliche Transaktionen zwischen verbundenen Unternehmen, die nach Drittvergleichsgrundsätzen abgewickelt werden

Im Gegensatz zur Praxis in vielen anderen Staaten (z. B. Deutschland) werden in den Vereinigten Staaten viele geschäftliche Transaktionen zwischen verbundenen Unternehmen (z. B. einer US-Muttergesellschaft und ihrer ausländischen Tochtergesellschaft, an der die Muttergesellschaft mehr als 50 % hält) für amerikanische Steuerzwecke vollständig ignoriert, selbst wenn diese Transaktionen zu Bedingungen wie zwischen fremden Dritten ("arm's-length standard") abgewickelt wurden.[44]

2. Steuerliche Reorganisationsbestimmungen

a) Abspaltung von Tochtergesellschaften auf eine neue Mutter- oder Schwestergesellschaft

In Fällen, in denen der Veräußerer von Anteilen an einer Kapitalgesellschaft Anteile an der erwerbenden Gesellschaft als Gegenleistung für seine Übertragung erhält, wird ein solcher Anteilstausch im Allgemeinen als Veräußerung und damit steuerpflichtiger Vorgang behandelt, sofern der Vorgang nicht als "'B' reorganization" einzuordnen ist.[45] Eine "'B' reorganization" ist der Erwerb von Anteilen an einer Kapitalgesellschaft nur gegen stimmberechtigte Anteile der Erwerbsgesellschaft (oder ihrer Muttergesellschaft), wenn die erwerbende Kapitalgesellschaft unmittelbar nach der Transaktion die erworbene Kapitalgesellschaft kontrolliert.

Im Fall einer Abspaltung auf eine ausländische Gesellschaft ("outbound spin-off") behandelt IRC § 367(a)(1) die Übertragung von Vermögensgegenständen (einschließlich Aktien sowie Wertpapieren) durch US-Steuerpflichtige auf eine ausländische Kapitalgesellschaft im Zusammenhang mit bestimmten Tauschvorgängen[46] als steuerpflichtige Transaktion, wenn die Abspaltung nicht die Voraussetzungen für eine Ausnahmeregelung erfüllt. Diese besonderen Bedingungen sind in der Praxis im Regelfall nur schwer zu erfüllen.[47]

---

[43] Nach der "step-transaction doctrine" kann eine Serie von formal getrennten Zwischenschritten kollabiert und so behandelt werden, als bestünde nur eine einzige einheitliche Transaktion, vgl. *Fingal/Kowallik* in: Deloitte & Touche a. a. O., S. 304.

[44] IRC § 1239.

[45] IRC § 368(a)(1)(B).

[46] D. h. ein Tauschvorgang i. S. von IRC §§ 332, 351, 354, 356 oder 361.

[47] Das "Greenbook" der Regierung Obama sieht eine Änderung bei IRC § 356(a)(1) und -(2) für grenzüberschreitende Reorganisationen ("cross-border reorganizations") vor, vgl. *Department of the Treasury*, 2010, S. 35.

b) Tausch von Wirtschaftsgütern gegen Anteile

In einer "'C' reorganization"[48] erwirbt eine Kapitalgesellschaft "im Wesentlichen alle"[49] Wirtschaftsgüter einer anderen Kapitalgesellschaft "(nur) gegen stimmberechtigte Anteile"[50] der erwerbenden Kapitalgesellschaft (oder ihrer Muttergesellschaft). In Fällen, in denen diese Voraussetzungen erfüllt werden, findet eine Buchwertübertragung statt, und der Buchwert der Anteile, die die Kapitalgesellschaft im Rahmen des Tauschs erhält, ist der Buchwert der auf die übernehmende Kapitalgesellschaft übertragenen Vermögensgegenstände.

c) Abspaltung oder Aufspaltung von Aktivitäten

Voraussetzung für eine "'D' reorganization"[51] ist, dass eine übertragende Kapitalgesellschaft sämtliche oder Teile ihrer Vermögensgegenstände auf eine "kontrollierte"[52] Kapitalgesellschaft überträgt und die übertragende Kapitalgesellschaft dann Aktien oder Wertpapiere der kontrollierten Kapitalgesellschaft entweder in einer "non-divisive § 354 transaction" oder einer "divisive § 355 transaction" überträgt.

3. Veräußerung von Tochtergesellschaften an verbundene Unternehmen

IRC § 304 qualifiziert in bestimmten Fällen den Verkauf von Anteilen zwischen verbundenen Unternehmen in eine Kapitaleinlage durch die veräußernde Kapitalgesellschaft sowie Gewinnausschüttungen durch die erwerbende sowie erworbene Kapitalgesellschaft um. Die Bestimmung wurde eingeführt, um Anteilseigner daran zu hindern, Anteile an einer Kapitalgesellschaft an eine andere verbundene Kapitalgesellschaft zu veräußern und dadurch die thesaurierten steuerlichen Gewinne ("earnings and profits") zu Kapitalgewinnsteuersätzen zu realisieren. IRC § 304 kommt zur Anwendung, wenn eine oder mehrere Personen Anteile an beiden Kapitalgesellschaften besitzen, die mindestens 50 % aller Stimmrechte oder des Gesamtwerts beider Kapitalgesellschaften ausmachen. In Fällen, in denen eine Tochtergesellschaft abwärts oder seitwärts in der Beteiligungskette veräußert wird, kann IRC § 304 zu überraschenden Ergebnissen führen.[53]

---

[48] IRC § 368(a)(1)(C).

[49] Der genaue Umfang von "im Wesentlichen alle" ist gesetzlich nicht geregelt. Für Zwecke einer verbindlichen Auskunft ist die Anforderung nur dann erfüllt, wenn die übertragenen Wirtschaftsgüter mindestens 90 % des Verkehrswerts des Eigenkapitals ("net assets") und mindestens 70 % der Gesamtaktiva ("gross assets") der Kapitalgesellschaft unmittelbar vor der Übertragung ausmachen.

[50] Dieses bedeutet, dass die erwerbende Kapitalgesellschaft kein Bargeld für den Erwerb verwenden darf, da die Transaktion sonst steuerpflichtig wird. Allerdings bestehen zwei wichtige Ausnahmen: Zum einen erlaubt IRC § 368(a)(1)(C), dass die erwerbende Kapitalgesellschaft, ohne jede Beschränkung, Verbindlichkeiten der übertragenden Kapitalgesellschaft übernehmen kann (oder Vermögensgegenstände erwerben kann, die durch eine Verbindlichkeit belastet sind), sofern die Gegenleistung ausschließlich in der Gewährung stimmberechtigter Anteile besteht. Zum anderen erlauben die sog. "boot relaxation rules" in IRC § 368(a)(2)(B) die Gewährung von Bargeld oder anderen Wirtschaftsgütern ("boot"), sofern mindestens 80 % der Wirtschaftsgüter der übertragenden Kapitalgesellschaft (gemessen am Verkehrswert) nur für stimmberechtigte Anteile erworben werden.

[51] IRC § 368(a)(1)(D).

[52] Die Kontrollanforderung ist erfüllt, wenn die übertragende Kapitalgesellschaft oder einer oder mehrere ihrer Anteilseigner unmittelbar nach der Ab- oder Aufspaltung mindestens 50 % sämtlicher stimmberechtigten Aktiengattungen oder 50 % des Werts aller Aktiengattungen der übernehmenden Kapitalgesellschaft kontrollieren.

[53] In einer Beteiligungskette mit Kapitalgesellschaften findet IRC § 304 keine Anwendung auf Veräußerungen, die aufwärts in der Beteiligungskette erfolgen ("upstream"). Dagegen findet IRC § 304 Anwendung auf Veräußerungen, die abwärts ("downstream") oder seitwärts ("cross-chain") erfolgen. Bei Veräuße-

VII. Wahlrecht, einen Anteilskauf steuerlich als Erwerb von Einzelwirtschaftsgütern zu behandeln

Eine amerikanische Kapitalgesellschaft, die einen qualifizierten Anteilskauf ("qualified stock purchase") macht, hat ein Wahlrecht (sog. "338 election") für eine steuerliche Buchwertaufstockung der Wirtschaftsgüter der Zielgesellschaft bis zur Höhe der anteiligen Verkehrswerte.[54] IRC § 338 findet sowohl auf in den USA ansässige als auch nicht ansässige Kapitalgesellschaften Anwendung. Erfolgt eine Ausübung des Wahlrechts für die Zielgesellschaft, wird diese so behandelt, als hätte sie sämtliche Wirtschaftsgüter zum Erwerbsstichtag veräußert und diese als eine neue Kapitalgesellschaft ("neue Zielgesellschaft") am Tag nach dem Erwerbsstichtag angeschafft.[55] Zusätzlich erzielt die Zielgesellschaft aus der fiktiven Transaktion einen fiktiven steuerlichen Gewinn oder Verlust ("fiktiver Veräußerungsgewinn"). Aufgrund der hieraus resultierenden Steuerlast ist eine Ausübung des Wahlrechts nach IRC § 338(a) im Fall eines in den Vereinigten Staaten steuerpflichtigen Veräußerers eher selten. Unterliegt der Veräußerer allerdings keiner US-Besteuerung – etwa in den Vereinigten Staaten beschränkt Steuerpflichtige (z. B. in Deutschland unbeschränkt steuerpflichtige natürliche Personen und/oder Kapitalgesellschaften) – ist eine Wahlrechtsausübung für den Erwerber häufig sinnvoll.

Wird das Wahlrecht nach IRC § 338(h)(10) für die Zielgesellschaft ausgeübt, wird diese im Allgemeinen so behandelt, als hätte sie den fiktiven Verkauf vorgenommen und wäre anschließend liquidiert worden. Die steuerliche Behandlung der Anteilseigner der Zielgesellschaft geht ebenfalls von einem fiktiven Verkauf sowie einer Liquidation aus. Ein Wahlrecht nach IRC § 338(h)(10) kann für eine Zielgesellschaft dann nicht ausgeübt werden, wenn diese nicht von einer veräußernden konsolidierten Unternehmensgruppe ("consolidated group"), einer veräußernden Konzerngesellschaft ("affiliate"[56]) oder vom Gesellschafter bzw. den Gesellschaftern einer Kapitalgesellschaft mit dem Status einer "S-corporation" erworben wird.

C. Typische Investitionsstrukturen für Direktinvestitionen von US-Unternehmen in Europa

I. Beispiel für eine einfache "check-the-box"-Struktur im Verhältnis zu Deutschland

Eine amerikanische Gesellschaft hält eine deutsche Holding-GmbH, die an zwei deutschen operativen Gesellschaften beteiligt ist. Zwischen der Holding-GmbH und ihren Tochtergesellschaften bestehen Organschaften. Für US-Steuerzwecke wird Holding-GmbH als unselbständiger Teil ("branch") der US-Gesellschaft behandelt. Die US-Gesellschaft gewährt der Holding-GmbH – unter Beachtung der deutschen Gesellschafterfremdfinanzierungsbeschränkungen – ein ver-

---

rungen zwischen Schwestergesellschaften behandelt IRC § 304(a)(1) den Anteilseigner, als habe er eine steuerpflichtige Dividende bis zur Höhe der "earnings and profits" beider Kapitalgesellschaften erhalten. Nach IRC § 304(a)(2) finden ähnlich Regeln Anwendung, wenn eine Tochtergesellschaft Anteile ihrer Muttergesellschaft von einem beherrschenden Gesellschafter erwirbt.

[54] IRC § 338(a).

[55] Die Richtlinien enthalten detaillierte Bestimmungen für die Verteilung der Aufstockungsbeträge auf die Wirtschaftsgüter der Zielgesellschaft (Treas. Reg. § 1.338(b)-2T), die der Residualzuordnungsmethode ("residual allocation method") gleichen, vgl. *Fingal/Kowallik*, a. a. O., S. 209 f.

[56] Definiert in Treas. Reg. § 1.338(h)(10)-1(c)(4).

zinsliches Darlehen zu marktüblichen Bedingungen, das Holding GmbH an ihre beiden deutschen Tochtergesellschaften als Eigenkapital weiterreicht.

Für Zwecke der amerikanischen Besteuerung führt das Darlehen weder zu Zinsertrag bei der US-Gesellschaft noch zu Zinsaufwand bei der Holding-GmbH in Deutschland, da es sich um ein steuerlich nicht existentes Darlehen an eine unselbständige Niederlassung der US-Gesellschaft handelt. In Deutschland ist der Zinsaufwand hingegen abzugsfähig, so dass der effektive deutsche Steuersatz für Zwecke der US-Steueranrechnung unter den Regelsatz für Kapitalgesellschaften von zurzeit im Durchschnitt etwa 28,8 % sinkt. Die Zinszahlungen der Holding-GmbH an die US-Gesellschaft unterliegen zudem – was aus US-Besteuerungssicht günstig ist, da dieses die effektive ausländische Steuerbelastung absenkt – regelmäßig keiner deutschen Quellensteuer.[57]

Variationen der vorgenannten Struktur sind auch mit Leasing, Vermietung und Verpachtung, entgeltlicher Gebrauchsüberlassung oder (Unter-)Lizenzvergabe möglich. Zielsetzung sämtlicher Strukturen ist, im Ausland einen Abzug zu generieren, der für amerikanische Steuerzwecke ignoriert wird, wodurch die effektive ausländische Steuerbelastung absinkt, was Anrechnungsüberhänge an ausländischen Steuern in den Vereinigten Staaten vermeidet.

Diese Darstellung berücksichtigt noch nicht die potentiellen Auswirkungen einer Änderung der "check-the-box"-Regeln für Steuerjahre ab dem 31. 12. 2010.[58] Da es sich hier allerdings um einen potentiellen (Rück-)Ausnahmefall handelt ("first-tier foreign eligible entity wholly owned by a United States person"), bleibt abzuwarten, ob diese Struktur nicht auch nach dem 31. 12. 2010 noch möglich sowie vorteilhaft wäre.

II. "Post 98-35"-Europa-Holding-Strukturen
1. Hintergrund

Amerikanische Kapitalgesellschaften begannen unmittelbar nach der Einführung der neuen steuerlichen US-Klassifizierungsregeln für in- und ausländische Gesellschaften zum 1. 1. 1997 ("check-the-box"), diese gezielt auch als Instrument für ihre ausländische Steuerplanung und vor allem zur Vermeidung des Zugriffs der US-Hinzurechnungsbesteuerung auf niedrig besteuerte ausländische Strukturen einzusetzen. Die "check-the-box"-Richtlinien eröffneten in Verbindung mit der "same country exception"[59] weitreichende steuerliche Planungsmöglichkeiten zur Vermeidung von Subpart F, indem sämtliche ausländischen Untergesellschaften unter einer ausländischen Obergesellschaft für US-Steuerzwecke als Betriebsstätten ("branches") der Obergesellschaft behandelt wurden. In diesem Fall galt für alle Transaktionen zwischen der Obergesellschaft und ihren Untergesellschaften sowie zwischen den einzelnen Untergesellschaften untereinander für US-Besteuerungszwecke die "same country exception", wodurch eine Anwendung von Subpart F vermieden werden konnte.

---

[57] Es würde den Rahmen dieses Beitrags sprengen, detailliert auf die steuerliche Behandlung der anrechenbaren ausländischen Steuern ("foreign tax credits") sowie die steuerliche Behandlung der deutschen Organschaft für Zwecke der anrechenbaren ausländischen Steuern in den Vereinigten Staaten einzugehen.

[58] *Department of the Treasury*, 2010, S. 28. Zu beachten ist, dass die am 1. 2. 2010 vorgelegten überarbeiteten Steuerreformpläne des US-Finanzministeriums keine Änderung der "check-the-box"-Regeln mehr vorsehen. Das weitere Gesetzgebungsverfahren bleibt hier aber abzuwarten.

[59] RC § 954(c)(3).

In Notice 98-11[60] vom 16.1.1998 kündigte der IRS die Möglichkeit an, in Zukunft durch neue Richtlinien zu verhindern, dass die steuerlichen Klassifizierungsregeln zur Vermeidung der Subpart F-Regelungen genutzt werden. Allerdings revidierte der IRS in Notice 98-35[61] vom 19.6.1998 seine Position und gab bekannt, während eines Zeitraums von fünf Jahren ab dem Erlass neuer Richtlinien die (internationale) Steuerplanung mit hybriden Gesellschaften auch dann nicht anzugreifen, wenn sie der Vermeidung von Subpart F dient (d. h. Moratorium). Die im Anschluss an Notice 98-35 in den USA populären Strukturen, etwa die nachfolgend vorgestellte sog. CV/BV-Struktur, werden in den Vereinigten Staaten häufig als "post 98-35 structures" bezeichnet.

2. BV/BV-Strukturen

Unmittelbar nach Einführung der "check-the-box"-Richtlinien zum 1.1.1997 begannen US-Gesellschaften, für ihre internationale Steuerplanung doppelstöckige ausländische Kapitalgesellschaftstrukturen, die für Zwecke der amerikanischen Besteuerung mit Hilfe der "check-the-box"-Richtlinien optimiert wurden, einzusetzen, von denen die größte praktische Relevanz zunächst die sog. BV/BV-Struktur hatte, die später durch die sog. CV/BV-Struktur abgelöst wurde. Die BV/BV-Struktur wurde vielfach von amerikanischen Konzernen als "Europa-Holding" für ihre europäischen Tochtergesellschaften verwendet.

a) Errichtung

Im Fall einer klassischen BV/BV-Struktur gründete eine US-Kapitalgesellschaft eine niederländische Holding-BV (BV_1), die für amerikanische Steuerzwecke als Zweigniederlassung der US-Kapitalgesellschaft behandelt wurde. BV_1 gründete eine 100 %ige Tochter-BV in den Niederlanden (BV_2), die für US-Steuerzwecke als Kapitalgesellschaft behandelt wurde. Die US-Gesellschaft verkaufte dann ausländische Beteiligungen an BV_1 und gewährt den Kaufpreis als verzinsliches Darlehen, so dass auf Ebene von BV_1 Zinsaufwand entstand. BV_1 legte die Beteiligungen in BV_2 als Eigenkapital ein. Alternativ gewährt die US-Kapitalgesellschaft an BV_1 ein verzinsliches Darlehen, das diese an BV_2 als Eigenkapital weiterreichte. BV_2 gab im Regelfall verzinsliche Darlehen an ihre Tochtergesellschaften in anderen europäischen Staaten, so dass es im Sitzstaat der Untergesellschaften zu einem Zinsabzug und bei BV_2 zu Zinsertrag kam.

b) Besteuerung in den Niederlanden

In den Niederlanden wurde zwischen BV_1 und BV_2 eine niederländische Organschaft ("fiscale eenheid") begründet.[62] Aufgrund der steuerlichen (Vermögens-)Konsolidierung in den Niederlanden konnten der Zinsertrag von BV_2 sowie der Zinsaufwand von BV_1 für steuerliche Zwecke gegeneinander verrechnet werden, so dass im Ergebnis nur eine geringe Marge ("spread") einer Besteuerung in den Niederlanden unterlag. Zinszahlungen von BV_1 an die US-Gesellschaft waren in den Niederlanden abzugsfähig und unterlagen keiner Quellensteuer.

c) Besteuerung in den USA

Für Zwecke der amerikanischen Besteuerung führte das Darlehen an BV_1 weder zu Zinsertrag bei der US-Gesellschaft noch zu Zinsaufwand in den Niederlanden, da es sich um ein Darlehen an eine unselbständige Niederlassung handelte. Die gezahlten "Zinsen" waren lediglich (steuerfreie) Kapitalentnahmen aus dieser Niederlassung. Entsprechendes galt im Regelfall für die Darlehen von BV_2 an ihre ausländischen Untergesellschaften, da diese – zur Vermeidung von

---

[60] Notice 98-11, Internal Revenue Bulletin 1998, Heft 6, S. 13 ff.
[61] Notice 98-35, Internal Revenue Bulletin 1998, Heft 27, S. 35 ff.
[62] Zur niederländischen Organschaft vgl. *Smits u. a.* in: Deloitte & Touche a. a. O., S. 203 f.

Subpart F – für Zwecke der amerikanischen Besteuerung regelmäßig als Zweigniederlassungen von BV_2 behandelt wurden. Aus US-Sicht bedeutend war, dass Erträge von BV_2, bei entsprechender Strukturierung, aufgrund der "same-country-exception" im Regelfall nicht den Subpart F Regeln unterlagen.

3. CV/BV-Strukturen

Aufgrund von erwarteten Änderungen der niederländischen Organschaftsbesteuerung ("fiscale eenheid"), die die Grundlage für die Popularität des BV/BV-Modells war, gingen amerikanische Gesellschaften seit etwa dem Jahr 2000 vermehrt von BV/BV- zu CV/BV-Strukturen über, für die keine steuerliche Konsolidierung in den Niederlanden erforderlich ist.

Die sog. CV/BV-Struktur über die Niederlande (bzw. vergleichbare Varianten dieser Struktur mit anderen Ländern) ist die zurzeit wichtigste und in der Praxis am häufigsten verwendete, grenzüberschreitende Investitionsstruktur für amerikanische Gesellschaften, die Beteiligungen über eine "Europa-Holding" erwerben oder halten wollen. Diese Struktur verbindet für US-Unternehmen in nahezu idealer Weise die Vorteile einer "reverse hybrid" mit den Vorteilen eines guten Holdingregimes.

a) Errichtung

Bei der klassischen CV/BV-Struktur gründet eine amerikanische Gesellschafter zunächst eine niederländische GmbH & Co. KG – d. h. eine niederländische Kommanditgesellschaft ("commanditaire vennootschap", CV) mit einer BV als einziger Komplementärin ohne Einlage und der US-Gesellschaft als einziger Kommanditistin[63] – und finanziert diese mit Eigenkapital, entweder in Form einer Geld- oder Sacheinlage (z. B. durch Einlage eines Lizenzrechts mit dem Recht zur Unterlizenzierung). Die CV gründet eine 100 %ige niederländische Tochter-BV, der sie ein verzinsliches Darlehen zu marktüblichen Bedingungen oder eine (Unter-)Lizenz gegen Zahlung einer marktüblichen Lizenzgebühr gewährt. Alternativ verkauft die CV zuvor durch die Gesellschafter als Eigenkapital eingelegte Beteiligungen an Kapitalgesellschaften mit Sitz in anderen europäischen Staaten an die BV und gewährt den Kaufpreis als verzinsliches Darlehen ("debt push-down"). Die BV ist somit häufig an Holdinggesellschaften oder operativen Kapitalgesellschaften in Drittstaaten beteiligt (z. B. als EU-Holding an Landesgesellschaften in anderen EU-Mitgliedstaaten).

---

[63] In den Niederlanden als "bv/cv-constructie" ("GmbH/KG-Gestaltung") bezeichnet. Zur niederländischen GmbH & Co. KG vgl. ausführlich *Kowallik*, Die zivilrechtliche und steuerliche Vorteilhaftigkeit der "Kapitalgesellschaft & Co. KG" für Direktinvestitionen in Deutschland, den Niederlanden, England und den USA, S. 25 ff. (Zivilrecht) und S. 103 ff. (Steuerrecht).

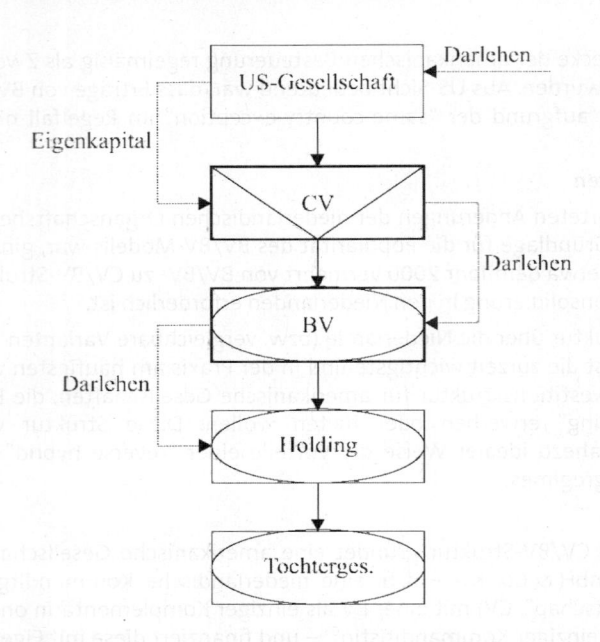

Abb.: Aufbau einer typischen CV/BV-Struktur[64]

b) Besteuerung in den Niederlanden

Die vertraglichen Vereinbarungen zwischen CV und BV werden im Regelfall so gestaltet, dass die BV keinerlei Risiko trägt.[65] In diesem Fall behandelt der niederländische Fiskus die BV entweder als Durchlauffinanzierungsgesellschaft ("conduit financing") oder Lohnfertiger ("contract manufacturing") und erlaubt eine Ermittlung ihres steuerlichen Gewinns nach der Kostenaufschlagsmethode.[66]

---

[64] Die CV ist für US-Steuerzwecke eine Kapitalgesellschaft (gekennzeichnet durch einen Kasten) und für niederländische Steuerzwecke eine Personengesellschaft (gekennzeichnet durch ein umgekehrtes Dreieck) und damit eine "reverse hybrid". Die BV ist für niederländische Zwecke eine Kapitalgesellschaft und für US-Steuerzwecke eine Betriebsstätte ("branch") der CV (gekennzeichnet durch einen Kreis). Im Beispiel sind die ausländische Holding und ihre Tochtergesellschaft im Sitzstaat steuerlich Kapitalgesellschaften und für US-Steuerzwecke Betriebsstätten der CV. Anstelle der dargestellten Struktur (für US-Steuerzwecke stellt diese eine "Liquidation" bzw. "Verschmelzung" der Zielgesellschaften auf die CV dar) sind – je nach gewünschten Steuereffekten – folgende Varianten denkbar: (1) Die Holding wird als Betriebsstätte der CV behandelt und die Tochtergesellschaft ist auch für US-Steuerzwecke eine Kapitalgesellschaft, die beide eine konsolidierte Steuererklärung im Sitzstaat abgeben; (2) die Holding wird als Betriebsstätte der CV behandelt und die Tochtergesellschaft ist für US-Steuerzwecke eine Kapitalgesellschaft, die jedoch für lokale Steuerzwecke in eine Personengesellschaft umgewandelt wird oder (3) es besteht im Drittstaat nur eine Tochtergesellschaft, die für US- sowie lokale Steuerzwecke eine Kapitalgesellschaft ist.

[65] Etwa, indem vertraglich bestimmt ist, dass die BV statt einer Rückzahlung des an sie durch die CV gewährten Darlehens in Bargeld jederzeit das (Wahl-)Recht hat, ihre Darlehensforderung an die Untergesellschaft in Erfüllung ihrer Rückzahlungsverpflichtung an die CV abzutreten. Im Ergebnis trägt die BV bei einer solchen Vereinbarung keinerlei Ausfallrisiko.

[66] Im Fall eines "conduit financing rulings" unterliegt auf der Ebene der BV nur eine Marge ("spread") einer Besteuerung (z. B. 1/8% bei "back-to-back"-Finanzierung).

Für die Steuerpflicht der CV[67] bzw. ihrer Gesellschafter vertritt der niederländische Fiskus in einer Reihe veröffentlichter Rulings die Auffassung, dass die bloße Vergabe einer Lizenz bzw. Unterlizenz durch eine CV an die BV oder die Vergabe von Darlehen keine gewerbliche Tätigkeit ("ondernemingsactiviteit") in den Niederlanden darstellt, so dass die durch die US-Kommanditistin über die CV erzielten Lizenz- oder Zinseinnahmen – in Ermangelung einer niederländischen Betriebsstätte – keiner Besteuerung als gewerbliche Einkünfte in den Niederlanden unterliegen.[68]

c) Besteuerung in den USA

Für US-Steuerzwecke wird die CV als Kapitalgesellschaft ("reverse hybrid") behandelt, während – zur Vermeidung von Subpart F nach der "same country exception" – sämtliche Untergesellschaften im Regelfall als Betriebsstätten ("branches") der CV behandelt werden. Steuerlich erzielt damit die CV selber, nicht aber ihr US-Gesellschafter, das Lizenz- oder Zinseinkommen der CV. Zu einer Steuerpflicht in den USA kommt es damit erst bei einer "Ausschüttung" der CV an ihren amerikanischen Gesellschafter.

Die niederländischen Einkünfte der CV unterliegen im Ergebnis damit weder in den Niederlanden noch den Vereinigten Staaten einer sofortigen Besteuerung ("current taxation"). Hieraus ergibt sich für US-Gesellschaften die Möglichkeit, mit Hilfe des CV/BV-Modells, bisher ohne Einschränkungen durch Subpart F, eine Besteuerung ausländischer Einkünfte ggf. über längere Zeit hinauszuschieben ("deferral"), woraus sich für amerikanische Gesellschaften beträchtliche Zins- sowie Liquiditätsvorteile ergeben können

Die von der Regierung Obama angedachten Änderungen der "check-the-box"-Regeln zielen nach der Begründung des Gesetzesvorhabens direkt auf CV/BV-Strukturen (sowie ähnliche "reverse hybrid" Gestaltungen).[69] Für alle Steuerjahre ab dem 31. 12. 2010 soll für ausländische Gesellschaften mit nur einem einzigen (ausländischen) Eigentümer ("single owner"), für die ein Wahlrecht besteht ("eligible entity"), eine Option zur steuerlichen Behandlung als Betriebsstätte ("branch") nur noch möglich sein, wenn der Eigentümer nach dem gleichen ausländischen Recht gegründet oder organisiert ist, nach dem auch die "eligible entity" gegründet oder organisiert ist. Während die CV und die BV diese Voraussetzung i. d. R. erfüllen, würden alle nicht-niederländischen direkten und indirekten Tochtergesellschaften der CV für US-Besteuerungszwecke in Zukunft zwingend Kapitalgesellschaften ("corporations") sein. Da für diese die "same-country-exception" dann nicht (mehr) greifen würde, unterlägen sie als CFC mit

---

[67] Die CV ist einkommensteuerlich in den Niederlanden eine Personengesellschaft und wird im Regelfall transparent besteuert. Eine Ausnahme hiervon gilt für die "open CV". Die CV in der CV/BV-Struktur wird regelmäßig als transparente Personengesellschaft gestaltet, so dass nur die Steuerpflicht ihrer Gesellschafter zu prüfen ist.

[68] Der Finanzminister hat mit Schreiben v. 18. 6. 1999 sieben abweichende Rulings ("afwijkende rulings") veröffentlicht, von denen bei fünf die Verwendung einer CV einen zentralen Teil der gesamten Gestaltung ausmachte, vgl. Staatssecretaris van Financi|<chr;f5>n, Beschikking van 18 juni 1999, nr. WJB 991534; vgl. *Moolenburgh*, Internationaal Belasting Bulletin 2000, S. 10 ff.

[69] *Department of the Treasury*, 2010, S. 28: "As applied to foreign eligible entities, the entity classification rules may result in the unintended avoidance of current U.S. tax, particularly if a foreign eligible entity elects to be treated as a disregarded entity. In certain cases, locating a foreign disregarded entity under a centralized holding company (or partnership) may permit the migration of earnings to low-taxed jurisdictions without a current income inclusion of the amount of such earnings to a U.S. taxpayer under the subpart F provisions of the Code.".

Kowallik

ihren passiven Einkünften ("Subpart F income") einer US-Hinzurechnungsbesteuerung bei den US-Gesellschaftern.[70]

III. Double- oder Triple-Dip-Strukturen

Aufgrund der Tatsache, dass die USA die grenzüberschreitende Doppelbesteuerung nur durch die Anwendung der Anrechnungsmethode vermeiden, die Anrechnung auf die Höhe der US-Steuer begrenzt ist und Anrechnungsüberhänge an ausländischer Steuer nur zeitlich beschränkt vor- und zurückgetragen werden können, versuchen amerikanische Gesellschaften, Anrechnungsüberhänge an ausländischen Steuern entweder ganz zu vermeiden oder durch aktive Planung zu minimieren ("foreign tax credit management"). Neben "check-the-box"-Gestaltungen werden hierzu auch Strukturen verwendet, die zu einem gleichzeitigen Abzug einer identischen Aufwandsposition in zwei ("double dip") oder auch drei Staaten ("triple dip") führen und damit die effektive ausländische Steuerlast auf die ausländischen Einkünfte für Zwecke der amerikanischen Steueranrechnung vermindern.

1. Beispiel für eine Double-Dip-Struktur im Verhältnis zu Deutschland

Eine US-Gesellschaft nimmt in den USA ein Bankdarlehen auf und erwirbt mit diesen Geldmitteln in Deutschland eine GmbH & Co. KG. In den USA sind die Darlehenszinsen auf das Bankdarlehen steuerlich abzugsfähig. In Deutschland werden die Zinsen als Sonderbetriebsausgaben auf Ebene der GmbH & Co. KG (für gewerbesteuerliche Zwecke) bzw. ertragsteuerlich gegen den Gewinnanteil der US-Gesellschaft aus der GmbH & Co. KG ebenfalls zum Abzug zugelassen.[71] Im Regelfall wird die GmbH & Co. KG zur Erreichung einer steuerlichen Abschirmwirkung für US-Steuerzwecke als "reverse hybrid"[72] behandelt. Durch den Sonderbetriebsausgabenabzug kommt es zu einer Senkung des effektiven deutschen Steuersatzes auf unter 28,8 %, so dass in den USA ein Anrechnungsüberhang an ausländischer Steuer im Regelfall vermieden werden kann. Weiterhin vermeidet die vorgenannte GmbH & Co. KG-Struktur den Anfall deutscher Quellensteuern.

Für US-Steuerzwecke führt die vorgenannte GmbH & Co. KG-Variante zudem zu folgenden Konsequenzen bei der Anrechnung ausländischer Steuern: Für US-Steuerzwecke gilt die US-Gesellschaft als Kommanditistin der GmbH & Co. KG – trotz des steuerlichen Status der GmbH & Co. KG als Kapitalgesellschaft – als Schuldnerin der deutschen Körperschaftsteuer ("technical taxpayer"). Die US-Gesellschaft kann daher die deutsche Körperschaftsteuer sofort in den Vereinigten Staaten als anrechenbare ausländische Steuer ("foreign tax credit") geltend machen. Die "thesaurierten" Gewinne der GmbH & Co. KG stellen für US-Steuerzwecke einen sog. "low-tax pool" dar, da mit diesen Gewinnen lediglich die deutsche Gewerbesteuer der GmbH & Co. KG als Steueranrechnungsguthaben verbunden ist, der erst bei "Ausschüttung" in die Vereinigten Staaten dort einer Besteuerung unterliegt. Technisch führt eine GmbH & Co. KG in der Variante einer "reverse hybrid" damit zu einer Trennung ("splitting") von anrechenbaren ausländischen Steuern ("foreign tax credits") sowie den thesaurierten Gewinnen ("earnings and

---

[70] Zu beachten ist, dass die am 1. 2. 2010 vorgelegten überarbeiteten Steuerreformpläne des US-Finanzministeriums keine Änderung der "check-the-box"-Regeln mehr vorsehen. Das weitere Gesetzgebungsverfahren bleibt hier aber abzuwarten.

[71] Nach BFH v. 20. 6. 2000, VIII R 57/98, n. v., DB 2000, S. 2098 ff. können auch beschränkt steuerpflichtige Gesellschafter Sonderbetriebsausgaben geltend machen. Vgl. auch § 50d Abs. 10 EStG.

[72] D. h. Personengesellschaft für deutsche Steuerzwecke und Kapitalgesellschaft für Zwecke der US-Besteuerung.

Kowallik

profits" in der Variante eines "low-tax pools" aufgrund der deutschen Gewerbesteuer), die interessante Steuerplanungsmöglichkeiten eröffnet.

Das "Greenbook" der Regierung Obama strebt hier eine gesetzliche Änderung an, mit der ab 31. 12. 2010 dieses bisher mögliche Aufteilen bzw. Trennen ("splitting") von ausländischen Steueranrechnungsguthaben ("foreign tax credits") sowie thesaurierten ausländischen Gewinnen ("earnings and profits") verhindert werden soll.[73]

2. Beispiel für eine Triple-Dip-Struktur im Verhältnis zu Deutschland

Eine US-Gesellschaft nimmt in den USA ein Bankdarlehen auf und reicht die ihr hieraus zufließenden Mittel an eine britische Tochtergesellschaft als verzinsliches Darlehen weiter. Die britische Tochtergesellschaft verwendet die Darlehensmittel zum Erwerb einer GmbH & Co. KG in Deutschland. Für Zwecke der amerikanischen Besteuerung wird die britische Tochtergesellschaft als Betriebsstätte der US-Gesellschaft behandelt ("branch"), so dass für US-Steuerzwecke das an sie gewährte Darlehen weder zu Zinsaufwand noch -ertrag führt. In den USA sind die Darlehenszinsen auf das Bankdarlehen steuerlich abzugsfähig.

In Großbritannien sind die Zinsen auf das Gesellschafterdarlehen im Rahmen der britischen Bestimmungen zur Gesellschafterfremdfinanzierung abzugsfähig. Nach den britischen Gruppenbesteuerungsregelungen ("group relief") tritt die britische Gesellschaft ihren Verlust aus dem Zinsabzug an eine britische Schwestergesellschaft ab, die diesen gegen ihr zu versteuernden Einkommen verrechnen kann.[74]

In Deutschland werden die Zinsen als Sonderbetriebsausgaben auf Ebene der GmbH & Co. KG (für gewerbesteuerliche Zwecke) bzw. ertragsteuerlich gegen den Gewinnanteil der US-Gesellschaft aus der GmbH & Co. KG ebenfalls zum Abzug zugelassen.[75]

Diese Darstellung berücksichtigt noch nicht die Auswirkungen einer möglichen Änderung der "check-the-box"-Regeln für Steuerjahre ab dem 31. 12. 2010.[76] Da es sich es bei der britischen Tochtergesellschaft um eine direkte Tochtergesellschaft eines US-Anteilseigners handelt ("first-tier foreign eligible entity wholly owned by a United States person") handelt und dem Vernehmen nach in den Vereinigten Staaten keine gesetzlichen Änderungen im Hinblick auf ausländische "reverse hybrids" (d. h. die GmbH & Co. KG) vorgesehen sind, bleibt abzuwarten, ob diese Struktur nicht auch nach dem 31. 12. 2010 für US-Besteuerungszwecke noch möglich sowie vorteilhaft wäre.

---

[73] *Department of the Treasury*, 2010, S. 31.

[74] Zum "group relief" vgl. *Eyre* in: Deloitte & Touche a. a. O., S. 168 f.

[75] Zu den Folgen dieser Gestaltung für die Anrechnung ausländischer Steuern in den Vereinigten Staaten vgl. C. III. 1) m. w. H.

[76] *Department of the Treasury*, 2010, S. 28. Zu beachten ist, dass die am 1. 2. 2010 vorgelegten überarbeiteten Steuerreformpläne des US-Finanzministeriums keine Änderung der "check-the-box"-Regeln mehr vorsehen. Das weitere Gesetzgebungsverfahren bleibt hier aber abzuwarten.

Teil 5:

Internationale Besteuerungsprobleme unter dem Gesichtspunkt branchenspezifischer Besonderheiten

	Inhaltsübersicht	Seite
1. Thema:	Besteuerungsprobleme bei internationaler Geschäftstätigkeit deutscher Banken (einschl. der Nutzung von offshore-Zentren) (*Ammelung/Langhorst*)	1261
2. Thema:	Besteuerungsfragen beim grenzüberschreitenden Einsatz derivativer Finanzinstrumente (*Häuselmann*)	1293
3. Thema:	Besteuerungsprobleme bei international tätigen Versicherungsgesellschaften (*Roser/Schrepp*)	1313
4. Thema:	Internationale Besteuerungsprobleme bei Luftfahrtunternehmen (*Wolter*)	1353
5. Thema:	Internationale Besteuerungsprobleme bei Schifffahrtsunternehmen (*Kreutziger*)	1381
6. Thema:	Internationale Besteuerungsprobleme im Bereich der Software-Entwicklung und -Vermarktung (*Malinski*)	1411
7. Thema:	Steuerliche Aspekte bei Corporate Investments in internationale Venture Capital Fonds (*Kaeser/Geberth*)	1425

Teil 5:

Internationale Besteuerungsprobleme unter dem Gesichtspunkt branchenspezifischer Besonderheiten

Inhaltsübersicht

		Seite
1. Thema:	Besteuerungsprobleme bei internationaler Geschäftstätigkeit deutscher Banken (einschl. der Nutzung von offshore-Zentren) (Ammelung/Landolt)	1261
2. Thema:	Besteuerungsfragen beim grenzüberschreitenden Einsatz derivativer Finanzinstrumente (Häuselmann)	1299
3. Thema:	Besteuerungsprobleme bei international tätigen Versicherungsgesellschaften (Roser/Schreppi)	1339
4. Thema:	Internationale Besteuerungsprobleme bei Luftfahrtunternehmen (Wolter)	1359
5. Thema:	Internationale Besteuerungsprobleme bei Schiffahrtsunternehmen (Kreuziger)	1381
6. Thema:	Internationale Besteuerungsprobleme im Bereich der Software-Entwicklung und -Vermarktung (Molinski)	1411
7. Thema:	Steuerliche Aspekte bei Corporateinvestments in internationale Venture Capital Fonds (Kaeser/Geberth)	1425

1. Besteuerungsprobleme bei internationaler Geschäftstätigkeit deutscher Banken (einschl. der Nutzung von offshore-Zentren)

von Dipl.-Kfm. Ulrich Ammelung, Steuerberater, Grünwald und
Jörn Langhorst, Rechtsanwalt und Steuerberater, München[*]

Inhaltsübersicht

A. Einleitung
B. Ausgewählte steuerplanerische Aspekte bei Rechtsformwahl der Auslandseinheit
   I. Außersteuerliche Gründe
   II. Ausländische Tochterkapitalgesellschaft
   III. Auslandsniederlassung
   IV. Sonderform SE – ausgewählte Aspekte bei Banken
C. Steuerlich optimierte Vergabe von Auslands-Krediten
   I. Besteuerungsparameter bei Ausreichungen an ausländische Kreditnehmer
   II. Ausreichung aus dem Inland
   III. Ausreichung durch Auslandseinheiten
D. Offshore-Zentren
   I. Begriffsabgrenzung
   II. Bedeutung und steuerliche Restriktionen für internationale Bankgeschäfte
E. Steuerliche Reputationsrisiken für Banken bei internationaler Betätigung

Literatur:
Adler/Düring/Schmaltz, Rechnungslegung und Prüfung der Unternehmen, 6. Aufl., Stuttgart 1995; **Ammelung,** Der Entlastungsnachweis bei Finanzierungen durch Banken mit Rückgriffsmöglichkeit nach § 8a KStG, FR 1996, S. 125 ff.; ***ders.,*** Steueraspekte der Rechtsformwahl operativer Auslandseinheiten von Banken, IStR 1998, S. 713 ff.; ***ders.,*** Steuerliche Implikationen bei Nutzung von offshore-Zentren durch international tätige Banken, IWB 1998, F. 10 Gr. 2 S. 1377 ff.; ***ders.,*** Optimierung ausländischer Quellensteuer bei Banken – als Urteilsanm. zu FG Düsseldorf v. 20. 10. 1998 –, IStR 1999, S. 425 ff.; Ammelung / Altvater, German banking bailouts, International Tax review 2008, Capital Markets, 11th Edition, S. 8 ff.; **Ammelung/Sorocean,** Patronatserklärungen zugunsten ausländischer Tochtergesellschaften, RIW 1996, S. 668 ff.; **Arndt,** Die Besteuerung internationaler Geschäftstätigkeit deutscher Banken, Baden-Baden 1986; **Athanas,** International Fiscal Association, 1996 Geneva Congress, Volume LXXXIa, Permanent establishments of banks, insurance companies and other financial institutions; **Baranowski,** Währungsverluste einer belgischen Betriebsstätte, Anm. zum BFH-Urt. v. 16. 2. 1996, I R 43/95, IWB 1996, F. 3a Rspr. Gr. 1 S. 574 ff.; ***ders.,*** Rechtsfolgen einer Patronatserklärung zugunsten ausländischer Tochtergesellschaft, Anm. zum Urt. des FG BW v. 26. 11. 1996 – 10 K 156/93 (rkr.), IWB 1997, F. 3a Rspr. Gr. 1 S. 595 ff.; ***ders.,*** Besteuerung von Auslandsbeziehungen, 2. Aufl., Herne/Berlin 2000; **Birker/Seidel,** Neue Auslegung des DBA-Schachtelprivilegs bei Einkünften aus typisch stillen Beteiligungen, BB 2009, S. 244 ff.; **Blümich,** Einkommensteuergesetz Körperschaftsteuergesetz Gewerbesteuergesetz, Kommentar, München 2008; **Dallo/Schillig,** International Fiscal Association, 1996 Geneva Congress, Volume LXXXIa, Permanent establishments of banks, insurance companies and other financial institutions; **Dehnen,** International Fiscal Association, 1996 Geneva Congress, Volume LXXXIa, Permanent establishments of banks, insurance companies and other financial institutions; **Dehnen,** Betriebsstättenbesteuerung – Forderungen an den Erlassgeber, DB 1997, S. 1431 ff.; **Doggart,** Tax havens and their uses, London 1997; **Dötsch,** Umwandlungssteuerrecht, 6. Aufl., Stuttgart, 2007; **Dreßler,** Gewinn- und Vermögensverlagerungen in Niedrigsteuerländer und ihre steuerliche Überprüfung, 4. Aufl., Köln 2007; **Eilenberger,** Bankbetriebswirtschaftslehre, 7. Aufl., München 1997; **Flick,** Die neuen US-Richtlinien zur Ermittlung der abzugsfähigen Zinsaufwendungen bei US-Niederlassungen ausländischer Banken: Anpassung des weltweiten Handelsbilanzabschlusses an das US-Steuerrecht, IStR 1996, S. 372 ff.; **Förster/Naumann/Rosenberg,** Generalthema II des IFA-Kongresses 2006 in Amsterdam: Gewinnabgrenzung bei Betriebsstätten, IStR 2006, 617ff, **Förster,** Veröffentlichung der OECD zur Revision des Kommentars zu Artikel 7 OECD-Musterabkommen, IStR 2007, S. 398 ff.; **Franklin/Sherwood,** International Fiscal Association, 1996 Geneva Congress, Volume LXXXIa, Permanent establishments of banks, insurance companies and other financial institutions; **Frotscher,** Einkommensteuergesetz, Freiburg i. Br., 2007;

---

[*] Partner und Manager Financial Services Tax, PricewaterhouseCoopers AG.

Gosch, IStR 2008, S. 413 (416); *Gramlich*, Operatives Auslandsgeschäft deutscher Kreditinstitute und Besteuerung, Wiesbaden 1999; *Grotherr*, IStR 2007, S. 265 (268); *Gundel*, Finanzierungsgestaltungen über das Ausland, IStR 1994, S. 263 ff.; *Haase*, Die grenzüberschreitende Organschaft – eine Bestandsaufnahme, BB 2009, S. 980 ff.; *Herrmann*, Asset-Backed securities als innovatives Finanzierungsinstrument deutscher Leasinggesellschaften, in: Finanzierung, Leasing, Factoring 1996, S. 240 ff.; *Herrmann/Heuer/Raupach*, Einkommensteuer- und Körperschaftsteuergesetz (Losebl.), Köln 2009; *Hofmann*, Der OECD-Bericht über die Besteuerung multinationaler Bankunternehmen, IWB 1986, F. 10 International Gr. 2 S. 581 ff.; *IDW*-Stellungnahme zu Tz. 2.4., 1997, WPg 1997, S. 644; *Jacob*, Besteuerung hybrider Finanzierung in grenzüberschreitenden Situationen, IWB 2000, Fach 1, IFA-Mitteilungen, S. 1521 ff.; *Jacobs*, Internationale Unternehmensbesteuerung, 6. Aufl., München 2007; *Jander/Hess*, Patronatserklärungen im deutschen und amerikanischen Recht, RIW 1995, S. 730 ff.; *Jann*, Die Auswirkung des EU-Rechts auf die Abkommensberechtigung von beschränkt Steuerpflichtigen, SWI 1996, S. 400 f.; *Kahle*, IStR 2007, S. 757 (761); *Kirchhof*, KompaktKommentar zum EStG, 8. Aufl., Heidelberg 2002; *Krumnow u. a.*, Rechnungslegung der Kreditinstitute, 2. Aufl., Stuttgart 2004; *Lauermann*, Regulation dictates financial services tax, International Tax review 2010, February 2010, S.53; *Loschelder* in Ludwig Schmidt, EStG, (2009), § 50d Tz. 56; *Macharzina/Welge (Hrsg.)*, Handwörterbuch Export und Internationale Unternehmung, Stuttgart 1989; *Malinski*, Anmerkung, IStR 1996, S. 437; *Menck*, Neuere Grundmodelle grenzüberschreitender Steuerplanung im Blickfeld der Außenprüfung StBp 1997, S. 173 ff.; *ders.* in Blümich, 2008, § 50d EStG, Rz. 81; *Menzel*, Global Banking/Global Trading, in: Raupach (Hrsg.), Verrechnungspreissysteme multinationaler Unternehmen, 1. Aufl., Herne/Berlin 1999; *Pachmann/Pilny*, Das steuerliche Dotationskapital von Auslandsbanken in Deutschland, IStR 1997, S. 546 ff.; *Plewka/Beck*, German Tax Issues for Hybrid Forms of Financing, TNI 2006, S. 375 ff.; *Pfaar*, China: Besteuerung ausländischer Repräsentanzbüros, IStR 1997, Beihefter zu Heft 13, S. 8; *Rosenthal*, Die steuerliche Beurteilung von Auslandssachverhalten im Spannungsfeld zwischen Abkommensrecht und Europarecht – zugleich Besprechung des Urteils des FG Hamburg vom 22. 8. 2006 zur Veräußerung von Anteilen an einer spanischen Personengesellschaft, IStR 2007, S. 610 ff.; *Runge*, Der OECD-Bericht über die Besteuerung multinationaler Bankunternehmen, IWB 1986, F. 10 International Gr. 2 S. 567 ff.; *Schaumburg*, Internationales Steuerrecht, 2. Aufl., Köln 1997; *Schmidt*, Einkommensteuergesetz Kommentar, 28. Aufl., München 2009; *Suchanek*, IStR 2007, S. 654 (658); *Tipke/Kruse*, Kommentar zur Abgabenordnung und Finanzgerichtsordnung (Losebl.), Köln 2009; *Vliegen*, Anwendung der Rückfallklausel im künftigen DBA-USA auch auf Dividenden, Zinsen ect., die von einer US-Betriebsstätte eines deutschen Kreditinstituts vereinnahmt werden?, IWB 10/2007, Fach 8, USA, Gruppe 2, 1483 ff.; *Vogel*, IStR 2007, S. 225 ff; *Vogel/Lehner*, Doppelbesteuerungsabkommen, 5. Aufl., München 2008; *Wagner*, Steueroptimierung durch Steueranrechnung, StBp 1996, S. 298 ff.; *ders.*, Erträge aus einer stillen Gesellschaft an einer luxemburgischen Kapitalgesellschaft, Stbg 2007, S. 21 ff.; *Weitbrecht*, Zuordnung von Gewinnen zu Betriebsstätten: Ausgewählte Themen für Finanzinstitute, IStR 2007, S. 547 ff.

A. Einleitung

Die Turbulenzen an den Finanzmärkten der letzten Monate und ihre fatalen Auswirkungen auf international tätige Kreditinstitute sind immens.[1] Die zahlreichen dramatischen Veränderungen die insbesondere. durch Banken mit verursacht worden sind, erfordern eine grundlegende Überarbeitung dieses Beitrages. Die im Folgenden aufgezeigten Treiber bzw. Reaktionen der Fisci können hier nicht mehr erschöpfend diskutiert werden. Hingegen erlauben diese einen Einblick in die neuen steuerlichen Herausforderungen, deren Veränderungsgrad und Dynamik, die in anderen Branchen derzeit ihres gleichen sucht.

Bereits in der ersten Auflage dieses Werkes wurde die Globalisierungstendenz deutscher Bankenkonzerne und damit einhergehende internationalsteuerliche Aspekte aufgezeigt. Nach aktualisierten Zahlen betrug an einem durchschnittlichen Werktag im April 2007 die Summe aller Devisen- und Derivategeschäfte an einem durchschnittlichen Werktag 5,2 Billionen Dollar. Das Weltsozialprodukt am selben Tag lag dagegen bei 148 Millionen Dollar.[2] Diese Diskrepanz wur-

---

[1] Vgl. z. B. steuerliche Implikationen für Banken in der Krise bei *Ammelung/Altvater*, German banking bailouts, International Tax review 2008, Capital Markets, 11th Edition, S. 8 ff.

[2] Vgl. SZ vom 1. 4. 2009 , S.21.

de nicht zuletzt durch den Einsatz moderner Finanzinstrumente gefördert, deren Summe in der Krise unbeherrschbar geworden ist.

Krisenbedingt hat sich das Umfeld der agierenden Banken innerhalb kürzester Zeit radikal verändert. Deutlich stärkere Regulierungen des Bankgeschäftes, befristete Sondersteuern für Banken auf Bonuszahlungen ihrer Angestellten[3] sowie Änderungen der bilanziellen Regelungen im Bankbereich, die das Entstehen von parallel existierenden Bad Banks als Ausgründungsvehikel bestehender Häuser ermöglichen sollen, sind nur einige wesentliche Aspekte. Der zusätzlich erzeugte politische Druck der G-20 Staaten auf die Steuerparadiese führte z. B. zur Lockerung des Bankgeheimnisses einzelner Staaten sowie zur künftigen Einhaltung der OECD Standards für Hilfe bei Steuerverfahren. Insoweit wird die Nutzung von offshore-Zentren durch Banken künftig auch eine andere Bedeutung in der Öffentlichkeit erfahren als in der Vergangenheit.

Vor diesem Hintergrund werden zunehmend auch Reputationsrisiken aus Transaktionen mit steuerlicher Zielgerichtetheit verstärkt in den Fokus der internationalen Fisci gerückt. Unternehmenseigene Standorte in traditionellen offshore-Regionen (z. B. Lichtenstein), die Auslegung der Beratung von sog. "high net worth individuals" (z. B. Verlagerung von Vermögen durch US-Anleger in offshore-Ländern) als Beihilfe zur Steuerhinterziehung oder die Vorabanzeige und Klärung von steuerinduzierten internationalen Transaktionen mit den Fisci (Erklärung von Kapstadt) um nicht auf eine Black List der lokalen Behörden zu gelangen — diese Beispiele zeigen auf, welche steuersensible Aufmerksamkeit die internationale Betätigung von Banken in der Öffentlichkeit und Finanzverwaltungen mittlerweile erfährt. Auch die internationale steuerrechtliche Entwicklung hat sich in den letzten Jahren weiterentwickelt. So sind neuere Tendenzen auch auf OECD-Ebene wie "KERT-Functions", "beneficial ownership tests" insb. in Bezug auf ausländische Quellensteuern, der Betriebsstättenbesteuerung sowie Entwicklungen zur Besteuerung weißer Einkünfte zu nennen.

Will eine Bank erfolgreich international partizipieren, sind neben den geschäftspolitischen Interessen auch sorgfältige steuerplanerische Untersuchungen sowohl bei der Errichtung von Auslandsstützpunkten (Standort und Rechtsform) und deren Zuweisung von Geschäftsfeldern, als auch beim grenzüberschreitenden Tagesgeschäft unverzichtbar, um die Steuerposition des jeweiligen Hauses, die entwickelten Produkte als auch verstärkt die "Steuerreputationsposition" zu beherrschen und zu optimieren.

Der Begriff "internationale Geschäftstätigkeit einer deutschen Bank" kann für Zwecke dieses Beitrags nicht sämtliche internationale Bankmarktleistungen und deren steuerliche Behandlung abbilden[4]. Zumal begrifflich ein seitens der Wissenschaft allgemein anerkanntes Klassifizierungskriterium fehlt bzw. ein alleiniges Kriterium nicht ausreicht, um eine eindeutige Begriffsabgrenzung treffen zu können[5].

---

[3] Vgl. die im Dezember 2009 angekündigte zusätzliche 50 % Steuerbelastung für Banken "Bank payroll tax" auf Bonuszahlungen in Großbritannien http://www.hmrc.gov.uk/pbr2009/bank-pay-tech-note.htm.

[6] Vgl. z. B. die umfassenden Schaubilder bei *Gramlich*, Operatives Auslandsgeschäft deutscher Kreditinstitute und Besteuerung, S. 84 und die dortigen Nachw. sowie *Eilenberger*, Bankbetriebswirtschaftslehre, S. 419.

[5] Vgl. insb. *Eilenberger* a. a. O. (oben Fn. 6), S. 418, der zu Recht darauf hinweist, dass der Sprachgebrauch der Praxis, der nach "internationalem Geschäft" (= Produktion von Bankleistungen mit Hilfe von Auslandsstützpunkten sowie internationales Konsortialgeschäft) und "Auslandsgeschäft" (= kommerzielles Auslandsgeschäft wie traditionelle Formen der Außenhandelsfinanzierung einschließlich banktechnischer Abwicklung) unterscheidet, zum Verständnis der internationalen Banktätigkeit untauglich ist.

Ammelung/Langhorst

Auch wäre es für eine steuerliche Diskussion kaum lohnend, ausschließlich systematisch einer ausgewählten Typologie eines Marktleistungsprogrammes zu folgen, die differenziert nach Geschäftsfeldern (Merchant-, Commercial-, Investment Banking), Kundenorientierung (Wholesale-, Retail Banking), onshore- / offshore-Geschäfte oder nach dem Geschäftsspektrum der Auslandsstützpunkte (national-, international Banking) vorgeht[6]. Hierfür spricht auch, dass insbesondere nach deutschem Steuerrecht keine besonderen Besteuerungsformen entsprechend einer der aufgeführten Typologien bestehen, so dass einer Einteilung nach steuerlichen Merkmalen der Vorzug gegeben wurde.

Dieser Beitrag beschränkt die steuerliche Diskussion des Begriffes "internationale Geschäftstätigkeit" daher schwerpunktmäßig auf die Besonderheiten der Rechtsformwahl der Auslandseinheit, das Auslandskreditgeschäft sowie die Nutzung von offshore-Zentren. Gegenüber der Vorauflage sind einige neuere rechts- und branchenspezifische Entwicklungen berücksichtigt wie z. B. "weiße Einkünfte" und aktuelle Diskussionen im Bereich der Reputationsrisiken.

Nicht eingegangen werden soll an dieser Stelle auf die Besteuerungsprobleme des Global Trading (= weltweiter Handel mit Finanzinstrumenten), wenngleich gerade dieses Thema eine Fülle von Risiken sowie "Chancen" der Doppel- oder Nichtbesteuerung beschreibt. Was dieses Thema angeht, empfiehlt sich insbesondere die Entwicklungen auf Ebene der OECD zu beachten[7].

B. Ausgewählte steuerplanerische Aspekte bei Rechtsformwahl der Auslandseinheit

I. Außersteuerliche Gründe

Bei der Kernfrage, ob hinsichtlich der Auslandsaktivität eine Auslandsniederlassung oder eine Tochterkapitalgesellschaft sinnvoll ist, werden Banken in der Wahl des Rechtskleides wesentlich von bankaufsichtsrechtlichen Regelungen und den Marktbedingungen des jeweiligen Bankenplatzes geleitet. Innergemeinschaftlich ist aufgrund des sog. EU-Passes[8] die Expansion durch Bankbetriebstätten mit dem geringsten administrativen Aufwand verbunden. Für eigenständige Tochterbanken spricht hingegen eine verstärkte Reputation z. B. durch Eingliederung in lokale Einlagensicherungssysteme. Außereuropäisch sind Länderspezifika von größerer Bedeutung, die die Auslandsaktivitäten einschränken. Z. B. kann der Standort Tokio nur als Filiale betrieben werden[9]; die Gründung einer Niederlassung in New York erlaubt nur bestimmte Formen des Bankgeschäfts[10]. Sollen vor allem liberalere aufsichtsrechtliche Bestimmungen im Ausland genutzt werden, wird dies im Wesentlichen nur über eine Tochtergesellschaft erfolgen können,

---

[6] Ähnlich *Gramlich* a. a. O. (oben Fn. 6), S. 84.

[7] Es liegt ein vom 4. März 2003 veröffentlichtes Diskussionspapier der OECD im Entwurf vor, welche nicht nur die gegenwärtige Situation des "global trading" darstellt, sondern auch das verfügbare Instrumentarium der materiellen Besteuerung sowie die Durchsetzung der nationalen Steueransprüche beschreibt, vgl. auch www.oecd.org/datoecd/13/55/2497701.pdf. Als ein Beitrag mit Fallbeispiel einer Großbank aus Praktikersicht empfiehlt sich *Menzel* in: Raupach (Hrsg.), Verrechnungspreise multinationaler Unternehmen, S. 175 ff.

[8] Zweite Richtlinie 89/646/EWG des Rates vom 15.12.1989; vgl. dazu Erb, IStR 2005, S. 328 (329 f.).

[9] Vgl. *Gramlich* a. a. O. (oben Fn. 6), S. 62.

[10] Vgl. *Franklin/Sherwood*, International Fiscal Association, 1996 Geneva Congress, Volume LXXXIa, Permanent establishments of banks, insurance companies and other financial institutions, S. 775. Danach kann eine US-Niederlassung mehr Kreditgeschäft betreiben als eine vergleichbar große Tochtergesellschaft.

z. B. wird das Vermögensverwaltungsgeschäft in der Schweiz[11] aus regulatorischen Gründen weitgehend in der Rechtsform einer AG nach schweizerischem Recht getätigt.

II. Ausländische Tochterkapitalgesellschaft

1. Dividenden, Veräußerungsgewinne und zuordenbare Aufwendungen

Für Banken sind sämtliche Auslandsdividenden sowie Veräußerungsgewinne aus Anteilen, sofern die Beteiligung nicht dem Handelsbuch gem. § 8b Abs. 7 KStG zugeordnet wird, effektiv zu 95% steuerbefreit. Dies ist unabhängig von den tatsächlichen Refinanzierungskosten einer Auslandsbeteiligung, die in vollem Umfang abzugsfähig sind. Die Prüfung bzw. Strategien zur Vermeidung anfallender ausländischer Quellensteuer, sowie die Anwendung der Mutter-Tochter-Richtlinie sind bei Banken ebenso wie in anderen Branchen bei grenzüberschreitenden Dividendenzahlungen relevant.

2. Nutzbarmachung von Verlusten / Teilwertabschreibung

Nachdem eine direkte Nutzbarmachung von Verlusten aus der Beteiligung an einer ausländischen Kapitalgesellschaft aufgrund der Trennungstheorie ausgeschlossen ist und eine körperschaftsteuerliche Organschaft grenzüberschreitend nicht möglich ist, sind Verluste der ausländischen Kapitalgesellschaft lediglich von dieser selbst nach den Regeln des jeweiligen nationalen Steuerrechts kompensierbar (Verlustvor- bzw. Verlustrücktrag).[12]

Die Teilwertabschreibung auf ausländische Beteiligungen ist gem. § 8b Abs. 3 KStG gänzlich untersagt, sofern die Anteile nicht dem Handelsbuch (§ 8 Abs. 7 KStG) zuzurechnen sind.

3. Patronatserklärung / Garantien

Es ist mittlerweile branchenüblich, dass große Bankinstitute für ihre Auslandstöchter als Form einer schwach ausgeprägten Sicherheitengestellung gegenüber den Kreditgebern der Auslandsgesellschaft jeweils Patronatserklärungen gegenüber der Allgemeinheit in ihren Geschäftsberichten abgeben[13]. Lange fehlte es an Finanzrechtsprechung, ob und inwieweit bei Patronatserklärungen grds. eine Einkunftsberichtigung gem. § 1 AStG zu erfolgen hat, wie es Tz. 4.4.3. des BMF-Schreibens zur Einkunftsabgrenzung vorsieht[14].

Mit Urt. v. 26. 11. 1996 folgte das FG Baden-Württemberg der h. M. im Schrifttum, dass zumindest weiche Patronatserklärungen kein Leistungsentgelt begründen[15]. Nachdem das FG treffend die Praxis wiedergibt, dass sich auch bei Prüfung der Jahresabschlüsse von Kreditinstituten keine üblichen Provisionen für Patronatserklärungen feststellen lassen, sollte es nunmehr u. E. keinen Unterschied mehr machen, ob eine Patronatserklärung harten oder weichen Charakter

---

[11] Vgl. *Dallo/Schillig*, International Fiscal Association, 1996 Geneva Congress, Volume LXXXIa, Permanent establishments of banks, insurance companies and other financial institutions, S. 728.

[12] Der EuGH hat mit der Entscheidung Marks & Spencer (EuGH 13. 12. 2005 - C - 446 / 03) einer grenzüberschreitenden Verlustberücksichtigung eine Absage erteilt. Trotzdem wird nach Ansicht des BMF zu prüfen sein, inwieweit die deutschen Regeln zur körperschaftsteuerlichen Organschaft anzupassen sind; soweit nämlich die Verluste ausländischer Tochtergesellschaften im Ausland nicht genutzt werden können, könnte ein Verstoß gegen die Niederlassungsfreiheit vorliegen, vgl. *Haase* in Betriebs-Berater 2009, S. 980 ff.

[13] Vgl. auch *Jander/Hess*, RIW 1995, 731.

[14] Vgl. BMF-Schreiben v. 23. 2. 1983, IV C 5 – S 1341 – 4/83 (BStBl 1983 I 218).

[15] Vgl. FG Baden-Württemberg, Urt. v. 26. 11. 1996 – 10 K 156/93, rkr. m. w. N. des Schrifttums, IWB F. 3a Gr. 1 S. 595.

hat[16], zumal sich insbesondere in der Bankenbranche die abgegebenen Patronatserklärungen gegenüber der Allgemeinheit nicht konkretisieren lassen[17].

Mit einem BFH-Urteil wurde zudem die Verrechnung von Garantieprovisionen für transaktionsbezogene Abgabe von Garantien jüngst höchstrichterlich abschließend[18] zumindest für die Rechtlage vor Neufassung des § 1 Abs. 4 AStG ab VZ 2003 geklärt. Im Urteilsfall hatte ein börsennotiertes Unternehmen für seine ausländischen Finanzierungstochtergesellschaft eine unbedingte und unwiderrufliche Garantieerklärung abgegeben, ohne hierfür ein Entgelt zu verlangen. Der BFH sah die Übernahme der Garantie allein durch das Gesellschaftsverhältnis veranlasst, weil die für den Konzern bestimmte Mittelaufnahme durch Begebung von Anleihen auf dem Kapitalmarkt anderenfalls durch die Tochter nicht durchführbar gewesen wären. Für den BFH ist entscheidend, ob die Kreditwürdigkeit einer Tochtergesellschaft durch eine von der Muttergesellschaft gewährte Sicherheit erst hergestellt und hierdurch ihre wirtschaftliche Betätigung erst ermöglicht wird. Die Übernahme der Garantie war demnach entsprechend der Ersatz für eine funktionsgerechte Kapitalausstattung der Tochter. Maßnahmen dieser Art durch die Mutter entziehen sich ihrer Natur nach dem in § 1 AStG manifestierten Fremdvergleich. Das Urteil erging zwar zur Rechtslage des AStG vor dem 1. 1. 1992. Der BFH hat seine Entscheidung jedoch mit dem Sinn und Zweck des § 1 AStG begründet. Da sich dieser bis heute nicht verändert hat, gilt das Urteil u. E. auch nach diesem Zeitraum.[19] Das BMF reagiert mit Schreiben vom 12. Januar 2010 und folgt der Ansicht des BFH sog. harte Patronatserklärungen betreffend für die Rechtslage bis VZ 2003. Das BMF hebt damit explizit das BMF-Schreiben vom 17.Oktober 2002 auf[20].

Mit der Änderung des Gesetzeswortlauts und der Definition des Begriffs Geschäftsbeziehung gem. § 1 Abs. 4 AStG (jetzt Abs. 5) ist seit VZ 2003 für das Bestehen einer Geschäftsbeziehung unbedeutend, ob diese betrieblich oder gesellschaftsrechtlich veranlasst ist. So sollen u.a. auch verbindliche Kreditgarantien einer inländischen Kapitalgesellschaft an ihre Tochtergesellschaft zu den verrechenbaren Geschäftsbeziehungen gehören, und zwar unabhängig davon, ob sie fehlendes Eigenkapital der Tochterkapitalgesellschaft ersetzen oder deren wirtschaftliche Betätigung stärken sollen.

Im Rahmen der Finanzmarktkrise stellt sich auch die Frage nach dem Umfang und der Höhe des Entgeltes für konzerninterne Bürgschaften und Garantien neu. Die im Schrifttum[21] bisher genannten Provisionsbandbreiten der Praxis von 1/8 bis 1/4 sind u.E. eher aus pragmatischen (gegenüber der Betriebsprüfung) als aus objektivierbaren Gründen gewählt worden.

4. Gewerbesteuerliche Hinzurechnung von Schuldentgelten

Jedwede Beteiligung an Unternehmen stellt für Banken ein schädliches Aktivum gem. § 19 GewStDV dar. Soweit das Eigenkapital durch diese schädlichen Aktiva überschritten wird, gilt der Saldo als Schuld i.S. des GewStG. Das Entgelt ist nach dem gewogenen Durchschnitt der

---

[16] A. A. *Baranowski*, IWB F. 3a Rspr. Gr. 1 S. 596.

[17] Vgl. *Ammelung/Sorocean*, RIW 1996, 670, sowie die einschlägige handelsrechtliche Lit., insb. Krumnow, u. a., Kommentar zum Bankbilanzrichtlinie-Gesetz, § 26 RechKredV Anm. 10, sowie *Adler/Düring/Schmalz*, § 251 HGB Anm. 55 m. w. N.

[18] BFH v. 29. 11. 2000, I R 85/99 (DStR 2001, 738).

[19] A.A. BMF. Nichtanwendungserlass v. 17.10.2002, IV B 4 – S 1341 – 14/02, DStR 2002, 2079.

[20] BMF vom 12. Januar 2010, IV B 5 – S 1341/07/10009.

[21] Vgl. *Gundel*, IStR 1994, 267, *Baumhoff* in: Flick/Wassermeyer/Baumhoff; AStG Kommentart, § 1 AStG, Anm. 767 (Lfg. 47, Nov.2000).

Entgelte für hereingenommene Gelder, Darlehen und Anleihen gem. Abschn. 47 GewStR zu ermitteln.

5. Hybride Finanzierungen

Hybride Finanzierungsinstrumente gewinnen im Rahmen grenzüberschreitender Kapitalausstattungen von ausländischen Beteiligungen zunehmend Bedeutung. Hierbei kommt es zur Substitution von klassischem Fremdkapital durch hybrides Kapital, welches zivilrechtlich zwar weiterhin als Fremdkapital qualifiziert wird, in der Handelsbilanz aufgrund seiner Eigenkapitalkomponenten jedoch dem Eigenkapital zugerechnet wird, ohne die steuerlichen Vorzüge von Fremdkapital vollständig zu verlieren.[22]

Oftmals eignen sich hybride Finanzierungsinstrumente insb. im Bankenbereich auch zur Stärkung der Eigenkapitalquote, wobei aufsichtsrechtlich für die Auswahl der spezifischen Ausgestaltung insb. die Einordnung als Kern- oder Ergänzungskapital von Bedeutung ist. Bei der Entscheidungsfindung hinsichtlich eines geeigneten Finanzierungsinstrumentes spielen insbesondere Fragen der rechtlichen Position (Mitgliedschaftsrechte vs. Schuldrechte) beziehungsweise der Rechnungslegung (wobei hier zunehmend die Dominanz der Internationalen Rechnungslegung nach US-GAAP oder IFRS sichtbar wird) eine bedeutsame Rolle. Steuerplanerisches Ziel ist es, die Abzugsfähigkeit der Vergütung im Ausland bei gleichzeitiger steuerlicher Freistellung der Erträge im Inland zu erreichen. Neben dem üblichen Vorwurf des Vorliegens eines Gestaltungsmissbrauchs gem. § 42 AO wird die Finanzverwaltung ihre Vorbehalte auf zusätzliche Argumente zu stützen.

Ein Beispiel ist der Standpunkt der Finanzverwaltung zu typisch stillen Beteiligungen an einer luxemburgischen Kapitalgesellschaft: Erträge sind in vielen deutschen DBA - in Abweichung vom OECD-Musterabkommen - in den Dividendenbegriff aufgenommen worden. Hierdurch wurde im Wesentlichen bezweckt, die nach nationalem Recht erhobene Kapitalertragsteuer auch unter den jeweiligen DBA abzusichern. Soweit die Erweiterung des Dividendenbegriffes für Dividenden aus beiden Vertragsstaaten gilt, stellt sich die Frage, ob Deutschland derartige Erträge bei hier ansässigen Kapitalgesellschaften freistellen muss, wenn die Erträge von einer Tochtergesellschaft stammen, an der die inländische Kapitalgesellschaft zusätzlich eine Schachtelbeteiligung hält. Die Außensteuerreferenten hatten sich dem Vernehmen nach entschieden, die Begriffserweiterung im Dividendenartikel nicht auf den Methodenartikel durchschlagen zu lassen und die Freistellung für solche Erträge zu verweigern. Dies wurde insbesondere für das DBA Luxemburg erörtert und soll offenbar auch für Altfälle gelten. Nach erfolglosen Verhandlungen mit der Luxemburger Finanzverwaltung wurde vom Erlass eines BMF-Schreibens abgesehen. Der Rechtsstandpunkt der Finanzverwaltung wurde jedoch in einem internen Schreiben wiedergegeben. Dem Vernehmen nach wird das BMF die Auffassung zu Luxemburg in allen offenen Fällen für alle DBA anwenden. Deutsche Banken, die zahlreich diese Finanzierungsstruktur insbesondere aus aufsichtsrechtlichen Erwägungen umgesetzt haben, akzeptieren den Rechtsstandpunkt des BMF zur typisch stillen Beteiligung im Luxemburg-Fall nicht. Unterstützt wurde diese Auffassung im Grunde auch zunächst durch die Finanzgerichtsbarkeit. So hat das FG Baden-Württemberg entschieden, dass Einkünfte einer in Deutschland ansässigen GmbH aus der (typisch) stillen Beteiligung an einer Luxemburger Kapitalgesellschaft, an der sie mindestens mit 25% beteiligt ist, als Dividenden i.S.d. DBA Luxemburg dem Schachtelprivileg des Art. 20 Abs. 2 Satz 3 DBA Luxemburg unterfallen und damit von der Besteuerung in Deutschland

---

[22] Vgl. *Jacob*, IWB 2000, 785.

freigestellt sind.[23] Die anschließende Revision des BFH hob dieses Ergebnis jedoch wieder auf.[24] Zwar werden die Einkünfte aus typisch stillen Beteiligungen nach Abschn. 11 Satz 2 des Schlussprotokolls als Dividenden behandelt (Art. 13 DBA Luxemburg). Unbeschadet dessen werden Einkünfte einer in Deutschland ansässigen Kapitalgesellschaft aus einer Luxemburger Kapitalgesellschaft nicht nach Art. 20 Abs. 2 Satz 3 DBA Luxemburg von der Bemessungsgrundlage für die deutsche Steuer ausgenommen, wenn es sich um fiktive Dividenden handelt, denen nur in Dividenden umqualifizierte Einkünfte ohne gesellschaftsrechtliche Kapitalbeteiligung zugrunde liegen.[25]

Der Steuergesetzgeber hatte noch nicht einmal die Entscheidung des BFH abgewartet, sondern umgehend zu Lasten solcher Instrumente im Rahmen des Jahressteuergesetzes 2007 reagiert. Hier wurden insb. Neuregelungen zur Vermeidung sog. weißer Einkünfte bei DBA-Freistellung (§ 50d Abs. 9 EStG) eingeführt, welche seit 1. 1. 2007 gegenüber der derzeitigen Rechtslage teilweise zu erheblichen Verschärfungen für den Steuerpflichtigen führen[26]. Bei Finanzierungsstrukturen wird der abkommensrechtlichen Beurteilung künftig mehr Beachtung im Hinblick auf im DBA eingeräumte Steuerbefreiungen geschenkt werden müssen, als das bisher der Fall war. Im Ergebnis führt diese Entwicklung zu einem sog. Treaty Override deutscher Abkommen (insb. innerhalb der Europäischen Union).[27] Es wurde bereits zu Recht bezweifelt, ob diese Maßnahmen des Gesetzgebers mit dem EU-Recht im Einklang stehen bzw. ob es an einer Rechtsgrundlage für die Anwendung der Gesetzesinitiative fehlt.[28] Auch die Vereinbarkeit mit völkerrechtlichen Prinzipien erscheint fraglich.

Jedoch: nicht alle hybride Finanzierungen sind aber von der Neuregelung betroffen, bei beteiligungsähnlichen Genussrechten, die grenzüberschreitend zum Einsatz kommen, findet § 50d Abs. 9 EStG vom Wortlaut her keine Anwendung, da die Einkünfte schon durch § 8b KStG von der Besteuerung (weitgehend) befreit sind und nicht aufgrund eines Doppelbesteuerungsabkommens. Neben § 50d Abs. 9 EStG neu wurde aber auch § 8b Abs. 3 KStG geändert. Bei erweiternder Auslegung des § 8b Abs. 3 KStG neu könnten auch Zahlungen aus einem beteiligungsähnlichen Genussrecht unter die neugeschaffene Klausel zur Behandlung der verdeckten Ge-

---

[23] FG Baden-Württemberg v. 24. 7. 2006, 6 K 164/04 (nrkr.), Az. BFH: I R 62/06, EFG 2007, 167.
[24] BFH v. 4. 6. 2008, I R 62/06, BStBl II 2008, 793.
[25] Zur Kritik am Urteil vgl. *Birker/Seidel*, BB 2009, S. 244.
[26] Durch das Jahressteuergesetz 2007 wurde mit § 50d Abs. 9 EStG eine "subject-to-tax"-Klausel in das deutsche Einkommensteuerrecht aufgenommen. Ziel der Regelung ist die Vermeidung niedrig oder unbesteuerter ("weißer") Einkünfte, d.h. die Besteuerung von Einkünften, die nicht im Quellenstaat besteuert werden und deren Besteuerung nicht durch Regelungen eines DBAs im Quellenstaat der Besteuerung unterworfen werden (Freistellungsmethode). Obwohl in DBA durch Ansässigkeitsprinzip bzw. Belegenheitsprinzip die Besteuerung grds. geregelt ist, boten insbesondere Qualifikationskonflikte Gestaltungsspielraum. Nunmehr erfasst und definiert § 50d Abs. 9 Nr. 1 EStG (Einkünfte-) Qualifikationskonflikte zwischen Vertragsstaaten, die dieselben Einkünfte unterschiedlichen Bestimmungen eines bestehenden DBAs (Fälle des Art. 23 A Abs. 1 und Abs. 4 OECD-Musterabkommen) zuordnen, weil von unterschiedlichen Rechtsfolgen ausgegangen wird und die Regelungen des DBA unterschiedlich ausgelegt werden (z. B. nach Maßgabe nationalen Rechts). Daneben erfasst § 50d Abs. 9 Nr. 2 EStG Tatbestände, in denen Einkünfte von der Besteuerung im Inland freigestellt werden und im Ausland mangels unbeschränkter Steuerpflicht nicht besteuert werden können, weil der Einkünftebezieher nicht unbeschränkt steuerpflichtig ist ("partielle" "subject to tax"- Klausel). Nicht erfasst werden Einkünfte, die im Quellenstaat nach lokalem Recht von der Besteuerung ausgenommen sind. Speziell für diese haben aber verschiedene DBA (z. B. DBA USA 2007) konkrete Regelungen getroffen.
[27] Vgl. *Plewka/Beck*, Tax Notes International 2006, S. 375 ff.
[28] Vgl. *Wagner*, Stbg 1/2007. S. 21, 35.

winnausschüttung fallen. Diese Auslegung ist aber u.E. nicht mit dem Wortlaut der Vorschrift vereinbar und deshalb anfechtbar. Zur Frage, in welchem Verhältnis § 50d EStG und § 8b KStG zueinander stehen bzw. zu der Frage, ob eine der Normen vorrangig anzuwenden ist, hat auch bereits der BFH Stellung genommen. Demnach findet jeweils die günstigere Norm Anwendung.[29] Jedenfalls sollten Finanzierungsstrukturen, die steuerfreie Einkünfte gem. § 8b KStG vermitteln wollen, keine verdeckten Gewinnausschüttungen provozieren. Ein Aspekt, um einen solchen Vorwurf zu entkräften ist die zeitnahe Erstellung von Verrechnungspreisstudien als Dokumentation der Fremdvergleichbarkeit.

III. Auslandsniederlassung
1. Grundsätzliches

Auslandsniederlassungen deutscher Banken in DBA-Staaten werden aufgrund der Freistellungsmethode deutscher DBA grds. von der inländischen Besteuerung ausgenommen. Bei Anwendung des Anrechnungsverfahrens bzw. in Nicht-DBA-Staaten unterliegen sie aufgrund der Besteuerung des Welteinkommens des Stammhauses der Inlandsbesteuerung. Danach wird die Körperschaftsteuer vom Bruttogewinn der Niederlassung unter Anrechnung der ausländischen Steuer berechnet, wobei die Höchstbetrags-Berechnung zu beachten ist. Hinsichtlich der Gewerbesteuer führt der Teil des Gewerbeertrags, der auf die Niederlassung entfällt, zur Kürzung der Bemessungsgrundlage gem. § 9 Nr. 3 GewStG.

Verluste der Auslandsniederlassung können bei einem DBA mit Freistellungsmethode nicht geltend gemacht werden. Die Besteuerung im Niederlassungsstaat hängt zunächst davon ab, inwieweit der dortige Betriebsstättenbegriff erfüllt wird. Nach dem Generalbericht der IFA kann die allgemeine Betriebsstättendefinition in drei Gruppen von Ländern eingeteilt werden.[30] Danach gibt es Staaten, welche

- sich an der Definition des OECD-MA orientieren;
- zwar keine Legaldefinition der Betriebsstätte kennen, aber über Case Law an die Definition des OECD-MA anlehnen oder
- den Rahmen des OECD-Betriebsstättenbegriffs überschreiten.

Aufgrund europarechtlicher Bedenken beschränkt das JStG 2009 nach Aufforderung durch die EU-Kommission die Anwendung von § 2a EStG auf Drittstaaten.[31] Da mit allen EU-Staaten DBA bestehen, die wiederum den Verlustabzug einschränken, wenn Gewinne dem anderen Staat zugewiesen sind, geht die Gesetzesänderung weitgehend ins Leere. EWR-Staaten sind nur dann gleich gestellt, wenn ein gegenseitiges Amtshilfe- und Auskunftsrecht besteht. Bei DBA-Einkünftefreistellung hat der EuGH im Wesentlichen die BFH-Rechsprechung bestätigt. Sofern von Betriebsstätten im EU-Ausland erzielte Gewinne nur dort zu versteuern sind, sind auch die dort erlittenen Verluste grundsätzlich im Inland nicht abziehbar.[32]

2. Abgrenzung zur Repräsentanz

Banken beginnen ihre Auslandspräsenz oftmals mit der Eröffnung einer Repräsentanz im jeweiligen Zielland, um z. B. die Phase bis zum Erhalt der Niederlassungslizenz zu überbrücken. Steu-

---

[29] BFH NV I 30/2005, Ausführungen *Gosch*.
[30] Vgl. *Athanas*, International Fiscal Association, 1996 Geneva Congress, Volume LXXXIa, Permanent establishments of banks, insurance companies and other financial institutions, S. 23 m. w. N.
[31] Vgl. *Ditz*, DB 2009, S. 1669 (1673); *Schmidt/Heinicke* EStG 2009, § 2a EStG, Tz. 1 und 8 mwN.
[32] Vgl. *Schmidt/Heinicke* EStG 2009, § 2a EStG, Tz. 12 mwN.

erlich werden Repräsentanzbüros in DBA-Staaten i. d. R. aufgrund Art. 5 IV e) OECD-MA nicht als Betriebsstätte qualifiziert, soweit ihnen lediglich die Funktionen "Informationssammlung" und "Etablierung von Kundenkontakten" zukommen.[33]

Ein Sonderfall stellte lange das alte DBA Österreich dar. Danach wurden bloße unternehmerische Hilfsstützpunkte – abweichend von den modernen OECD-konformen Abkommen – nicht aus dem DBA-Betriebsstättenbegriff ausgenommen. So wurde bereits eine Betriebsstätte nach österreichischem Steuerrecht begründet, wenn eine österreichische Bank einer deutschen Bank Räumlichkeiten überlässt, damit darin ein Angestellter der deutschen Bank – ohne Vertragsabschlussvollmacht – als Ansprechpartner für Kunden tätig werden kann.[34] Zwar verwendet das neue DBA 2002 nunmehr die Betriebsstättendefinition des OECD-MA, jedoch wird in der österreichischen Finanzverwaltungspraxis zum Teil weiterhin versucht, Hilfs- oder vorbereitende Tätigkeiten in der Finanzdienstleistungsindustrie in Haupttätigkeiten umzumünzen.

Sämtliche in der Repräsentanz anfallenden Aufwendungen sind grds. dem inländischen Stammhaus zuzuordnen und mindern somit die körperschaftsteuerliche Bemessungsgrundlage des Stammhauses. Die Repräsentanz darf keine Einnahmen erzielen, sondern lediglich vom Stammhaus Zuweisungen zur Deckung ihrer Kosten erhalten.

Unter ausschließlich national betrachteten Voraussetzungen fallen Bankrepräsentanzen international operierender Kreditinstitute genau wie Auslandsniederlassungen unter den nationalen Betriebsstättenbegriff gemäß § 12 AO.[35]

Dies hat nicht nur Bedeutung im Hinblick auf die Qualifikation der Repräsentanzen in Nicht-DBA-Staaten, sondern ist insbesondere unter gewerbesteuerlichen Gesichtspunkten relevant.. Hieraus ergibt sich, dass die Bemessungsgrundlagen dieser somit als ausländisch zu qualifizierenden Betriebsstätten für Gewerbesteuerzwecke nach § 9 Nr. 3 GewStG zu kürzen sind. Nachdem Repräsentanzen üblicherweise buchhalterisch lediglich Verlustbeiträge zugeordnet werden und damit u. E. unvollständig erfasst sind, ist Baranowski zuzustimmen, dass ein etwaiger betrieblicher Nutzen, der durch die Existenz des Repräsentanzbüros enstanden ist, gegenzurechnen ist.[36] So sollte es durch die Controlling-Abteilungen möglich sein, länderbezogene Zunahmen einzelner Geschäftssegmente wie z. B. Steigerung von Provisionserträgen durch die Belebung des Konsortialgeschäfts oder von Zinserträgen aus Kreditausreichungen zu dokumentieren. Übersteigt der zuordenbare Nutzen den Aufwand, erfolgt somit eine Kürzung des Ergebnisbeitrags der Repräsentanz. Diese Methode wird auch von Betriebsprüfern anzuerkennen sein, nachdem Abschn. 62 Abs. 2 GewStR auf die Möglichkeit der Schätzung verweist, sofern der Betrag nicht aus der Buchführung festzustellen ist.

Werden Repräsentanzen hingegen im Ausland auch für Gewinn bringende Aktivitäten eingesetzt, bleibt dies nicht ohne entsprechende steuerliche Qualifikationskonflikte, sofern dadurch die Tätigkeit der Repräsentanz nicht mehr steuerbefreit bleibt. Ein Beispiel: Eine Besonderheit stellen Repräsentanzbüros in der Volksrepublik China dar. Aufgrund aufsichtsrechtlicher Rahmenbedingungen ist das Repräsentanzbüro eine beliebte Markeintrittsform. Abweichend vom

---

[33] Einen weiteren Ansatz bietet das IFA Cahier of 2009 "Is there a Permanent Establishment?" (Vol 94a) - jedoch nicht bankspezifisch.

[34] Vgl. die Verlautbarung einer entsprechenden österreichischen Verwaltungsanweisung EAS. 1261 v. 4. 5. 1998, IStR 1999, 376.

[35] Vgl. die Rechtsprechungsnachweise bei *Tipke/Kruse*, AO, § 12 Tz. 8, die darlegen, dass auch Hilfstätigkeiten dem Unternehmen dienen können und damit die Voraussetzung von § 12 Abs. 1 Satz 1 AO erfüllen.

[36] Vgl. *Baranowski*, Besteuerung von Auslandsbeziehungen, S. 90 ff. mit anschaulichen Beispielen.

OECD-Standard ist das Repräsentanzbüro regelmäßig Steuersubjekt in der Volksrepublik. In der Praxis ist die Zuweisung von Geschäftsaktivitäten und -erfolgen Gegenstand der Verfahren mit der lokalen Finanzverwaltung.[37] Häufig sind die Aktivitäten der Shanghai bzw. Peking Repräsentanz und die der Hong Kong Niederlassung nicht eindeutig abgegrenzt. Die Schätzung auf Basis der Kostenaufschlagmethode (hier: Cost plus 10 %) ist nicht unüblich. Durch die Besteuerung der Repräsentanz entsteht faktisch eine Doppelbesteuerung, wenn in dem Moment, in dem ein DBA-Staat eine Repräsentanz besteuert, er damit den Repräsentanzstatus als solchen in Frage stellt. Die Anrechnung oder der Abzug der auf einen fiktiven Gewinn der Repräsentanz erhobenen ausländischen Steuer wird in der Praxis in der ertragssteuerlichen Außenprüfung im Inland nicht zugelassen.

3. Dotationskapital

a) Bedeutung

Als unselbständiger Teil des Gesamtunternehmens nimmt eine Auslandsniederlassung einer Bank auch an dessen Eigenkapital teil – anteilig wird dieses der Betriebstätte zugewiesen. Die Motive zur Ausreichungshöhe des Dotationskapitals an Auslandsniederlassungen sind nicht nur von zivil- oder bankaufsichtsrechtlichen Anforderungen bestimmt. Auch können Reputationsgründe der Inlandszentrale ausschlaggebend sein (z. B. Ausweisung einer adäquaten Haftungsbasis des Stützpunktes).

Steuerlich wird Dotationskapital als Eigenkapital der Niederlassung betrachtet, für das im Ausland keine Zinsen gegenüber der Zentrale verrechnet werden können.[38] Die Bestimmung des Dotationskapitals als eine Art betriebsnotwendige Anfangsausstattung dient gleichzeitig der Abgrenzung zu entgeltlichen Geschäften zwischen Zentrale und Niederlassung. Aus isolierter steuerplanerischer Sicht sind Jurisdiktionen günstig, in denen ein regulatorisch geringes Dotationskapital verlangt wird und geringe effektive Besteuerung besteht.

Ausländische und inländische Finanzverwaltung ermitteln für Zwecke der Besteuerung oftmals jeweils unterschiedliches Dotationskapital der Niederlassung. Soweit im Einzelfall Härten durch die unterschiedliche Beurteilung des Dotationskapitals durch die beteiligten Fisci auftreten, verbleibt nur der Weg des Verständigungsverfahrens (ohne Einigungszwang mit dem Risiko der Doppelbesteuerung) bzw. innereuropäisch das Schiedsverfahren (mit Einigungszwang).

b) Steuerliche Behandlung des Dotationskapitals im Inland

Mit Schreiben vom 29. September 2004 "Grundsätze der Verwaltung zur Bestimmung des Dotationskapitals bei Betriebstätten international tätiger Kreditinstitute (Verwaltungsgrundsätze – Dotationskapital)" hat das BMF erstmals Stellung bezogen. Die Verwaltungsgrundsätze geben die Meinung des BMF zum Inbound-Fall und Outbound-Fall wieder, weiterhin sind Mitwirkungspflichten geregelt. Ausländische Betriebstätten inländischer Kreditinstitute benötigen für Zwecke der steuerlichen Gewinnaufteilung ein Dotationskapital, das der Eigenart der Geschäfte der Betriebstätte Rechnung trägt. Eine darüber hinaus gehende Dotierung ist nicht anzuerkennen.[39]

Grundsätzlich bemisst sich das Dotationskapital an den Verhältnissen des Vorjahres. Wird die Geschäftstätigkeit der Betriebsstätte während des Veranlagungszeitraumes erstmals aufge-

---

[37] Vgl. erstmals und seitdem in ständiger Wiederholung: Handelsblatt v. 1. 4. 1997 "China: Peking sucht nach Steuerlöchern."
[38] Vgl. *Gramlich* a. a. O. (oben Fn. 6), S. 113 m. w. N.
[39] Verwaltungsgrundsätze – Dotationskapital Tz. 3.

nommen, ist wie bei einem selbständigen Kreditinstitut, entsprechend § 33 Abs. 1 Nr. 1 lit. d KWG mindestens ein Dotationskapital von EUR 5 Mio. anzusetzen.[40]

Für den Fall, dass die Eigenkapitalausstattung zu niedrig ist, muss eine entsprechende Erhöhung durchgeführt werden. Umgekehrt kann überflüssiges Dotationskapital ausgeschüttet und durch Fremdkapital ersetzt werden. Die dadurch erhöhten Finanzierungsaufwendungen reduzieren das steuerliche Einkommen der Betriebsstätte.

Die Überprüfung, inwieweit das Dotationskapital in ausreichender Höhe vorhanden ist, hat jeweils zum Ende des Wirtschaftsjahres zu erfolgen.[41] Dabei ist dem Aktivvermögen, das zur Ausführung des operativen Geschäftes der Betriebsstätte erforderlich ist, ein Passivvermögen in identischer Höhe zuzuordnen. Das Passivvermögen setzt sich aus dem Dotationskapital (vergleichbar mit Eigenkapital) und diversen Arten von Fremdkapital zusammen. Es werden drei Arten von Fremdkapital unterschieden, (i) von der Betriebsstätte direkt aufgenommenes Fremdkapital, (ii) vom Stammhaus zweckgebunden für die Betriebsstätte aufgenommenes Fremdkapital (= durchgeleitetes Fremdkapital) und (iii) weitergeleitetes Fremdkapital als Residualgröße (= Saldo aus Dotationskapital abzgl. FK (i) und (ii).

Das Verhältnis zwischen Dotations- und Fremdkapital kann nach drei, von der Finanzverwaltung anerkannten, verschiedenen Methoden festgelegt werden, wodurch ein gewisser Gestaltungsspielraum hinsichtlich der Höhe des Dotationskapitals gegeben ist. Methoden zur Ermittlung des Verhältnisses "Dotationskapital zu Fremdkapital" sind (i) anhand (externer oder interner) Fremdvergleichsmethode oder (ii) gemäß Kapitalspiegeltheorie (d. h. gleiches EK-FK-Verhältnis wie das Stammhaus) oder (iii) auf Grundlage einer unternehmerischen Entscheidung des Stammhauses. Für kleine Betriebstätten mit einer Bilanzsumme kleiner EUR 500 Mio ist Vereinfachungsregel, dass Mindestdotationskapital EUR 5 Mio oder 3% (ab VZ 2005) der Bilanzsumme ist.

Im Übrigen findet die Kapitalaufteilungsmethode häufig Anwendung und wird auch von der Finanzverwaltung regelmäßig anerkannt, soweit der Nachweis erbracht wird, dass sich das Erfordernis aus den übernommenen Risiken und Funktionen ergibt. Die Obergrenze ist die Kapitalaufteilung wie sie für inländische Niederlassungen ausländischer Institute vorgegeben ist. Auch eine Überdotierung ist möglich, wenn lediglich geringfügig und im Übrigen das Risiko der Doppelbesteuerung bestünde[42].

Weist eine ausländische Niederlassung ein zu hohes Dotationskapital aus, findet die Korrektur im Folgeveranlagungszeitraum statt, d.h. der Refinanzierungsaufwand auf Ebene des Stammhauses würde reduziert.

Es erscheint aber mehr als fragwürdig, ob die Regelungen des BMF-Schreibens einer der OECD Methoden zur Bestimmung des Dotationskapitals wirklich entspricht[43], da einerseits der Ansatz der OECD um ein vielfaches differenzierter ist (die OECD bemüht insgesamt vier Methoden) und z. B. werden auch Mehrfachchancen oder -risiken aus z. B. einem Kreditgeschäft berücksichtigt[44]. Die Bezugsgrößen des BMF-Schreibens aus dem Jahr 2004 werden auch von der Praxis als über-

---

[40] Verwaltungsgrundsätze – Dotationskapital Tz. 3.1 u. 2.1.4.
[41] Verwaltungsgrundsätze – Dotationskapital "[...] Ein gemäß den nachstehenden Grundsätzen jeweils zum Ende des Wirtschaftsjahres ermitteltes Dotationskapital [...].", Tz 1.
[42] Dies gilt nicht für USA.
[43] OECD Centre for Tax Policy and Administrations, "Report on the Attribution of Profits to Permant Establishments", OECD vom 17.07.2008, Tz 85ff.
[44] *Weitbrecht*, IStR 2006, S. 548.

rollt. Als Maßstab dient hier häufig die aufsichtsrechtlich vorgeschriebene Kapitalausstattung nach SolvV[45].

c) Steuerliche Behandlung des Dotationskapitals im Ausland

Problematisch wird es, wenn die ausländische Finanzverwaltung für Zwecke der Besteuerung eine unabhängige Ermittlung des Dotationskapitals der Filiale durchführt. Dies soll am **Beispiel der USA** dargelegt werden:

In den USA ist für Bankniederlassungen nach US-Bankenrecht kein Mindesteigenkapital vorgeschrieben. Hieraus erklärt sich, dass das amerikanische Steuerrecht also nach anderen Methoden suchen muss, um die Ermittlung der abzugsfähigen Zinsaufwendungen zu bestimmen. Hierzu stellen die US-Richtlinien (reg. sec. 1882-5) die Auslandsniederlassung vor die Wahl, die US-Verbindlichkeiten entweder

(1) durch die Anwendung eines festen Prozentsatz auf 93% auf die ermittelten US Assets oder

(2) unter Berücksichtigung der weltweiten Fremdkapitalquote der Bank zu ermitteln.[46]

Danach wird der dieser Quote entsprechende Zinsaufwand ermittelt. Der darüber hinausgehende Zinsaufwand ist vom Abzug ausgenommen.

Ausländische Banken in den USA sind zum Teil auf die Methode "weltweite Fremdkapitalquote" übergegangen, um nicht eine beträchtliche US-Steuerbelastung in Kauf zu nehmen. Die Wahl der festen Quote von 93 % bedeutet im Ergebnis, dass die US-Zweigniederlassung für steuerliche Zwecke ein Dotationskapital von 7 % vorhalten muss, weil dieser Anteil der Fremdaktiva so behandelt wird, als wäre sie mit Eigenkapital finanziert, selbst wenn die tatsächliche Dotationskapitalausstattung geringer ist oder es an einer solchen tatsächlichen Ausstattung ganz fehlt.[47] Auf der anderen Seite gibt es aber auch vereinfachte Bestimmungsmöglichkeiten des steuerlichen Dotationskapitals. Die Bandbreite reichte gem. einer früheren Untersuchung hierbei von einer völligen Ablehnung (Dänemark) über die pauschale Bestimmung eines fiktiven Dotationskapitals (Frankreich, USA bei Inanspruchnahme des festen Prozentsatzes) bis hin zur Akzeptierung sämtlicher Beträge, welche das deutsche Stammhaus zur Verfügung stellt, als steuerlich relevantes Eigenkapital (Mexiko).[48] Innerhalb der bedeutsameren Finanzplätze Europas sind seit einiger Zeit insb. Diskussionen mit den UK Finanzbehörden zu verzeichnen. So kam es für deutsche Institute mit Niederlassungen in UK in den letzten Jahren vermehrt zu Diskussionen bezüglich einer anderen lokalen Ermittlung des Dotationskapitals. Diese erfolgt unter Einordnung prozentualer Vergleichszahlen lokaler Banken und betrachtet hierbei insb. die aufsichtsrechtlichen Tier 1 oder Tier 2 Eigenkapitalzuordnungen.

---

[45] SolvV – Verordnung über die angemessene Eigenmittelausstattung von Instituten, Institutsgruppen und Finanzholding-Gruppen) ist eine Verordnung des BMF vom 14. Dezember 2006 im Rahmen des Bankenaufsichtsrechts. Die SolvV konkretisiert die Anforderungen der §§ 10 ff. des Kreditwesengesetzes über die Mindesteigenkapitalbestimmungen.

[46] Zu Einzelheiten vgl. *Flick*, IStR 1996, 372.

[47] Vgl. auch *Pachmann/Pilny*, IStR 1997, 548.

[48] *Athanas* a. a. O. (oben Fn. 31), S. 34 m. w. N.

4. Behandlung von Währungsverlusten und -gewinnen

Mit den beiden BFH-Urteilen v. 16. 2. 96[49] wurde ein Schlussstrich unter einen langjährigen Meinungsstreit im Schrifttum gezogen. Danach sind sowohl Währungsverluste als auch Währungsgewinne, die ein inländisches Stammhaus einer ausländischen Betriebsstätte erleidet, im Inland steuerlich nicht zu berücksichtigen. Systematisch gesehen wurde das Urteil vom Schrifttum als zutreffend gewertet.[50] Nach Ansicht des BFH besteht eine kausale Verknüpfung der Wechselkursänderung des Dotationskapitals und der ausländischen Betriebsstätte.[51] Von wem das Währungsrisiko letztlich getragen wird, sei unbeachtlich. Vielmehr sei entscheidend, dass die ausländische Betriebsstätte Voraussetzung für das Entstehen von Aufwendungen und Erträgen ist, die aus Wechselkursänderungen herrühren.

Die Finanzverwaltung folgt der Rechtsprechung des BFH und verweist darauf, dass (bis einschließlich VZ 1998) Währungsschwankungen lediglich Auswirkungen bei Anwendung des § 2a Abs. 3 EStG haben sollen.[52]

Weil aber auf der anderen Seite die Betriebsstätteneinkünfte in DBA-Staaten regelmäßig aufgrund des Betriebsstättenvorbehalts in Deutschland von der Inlandsbesteuerung freigestellt sind, kann es wirtschaftlich gesehen zu einem "steuerlichen Niemandsland" (Doppelbesteuerungen oder Erzielung weißer Einkünfte) kommen, da solche Beträge nur in seltenen Ausnahmefällen im Belegenheitsstaat steuerlich berücksichtigt werden.[53] Üblicherweise wird das Dotationskapital in der Währung des Sitzlandes gehalten, weswegen eine Umrechnung bei der Niederlassung entfällt und sich folglich Währungsschwankungen bei ihr auch nicht auswirken können.[54]

Seit der Einführung des Euro ist dieses Problem zumindest im Eurowährungsgebiet eliminiert. Der EuGH hat nunmehr kürzlich im Gegensatz zur BFH Rechtsprechung entschieden, dass Währungskursverluste am Dotationskapital nicht in das Niemandsland fallen dürfen.[55] Damit sind währungsbedingte Dotationskapitalverluste einer EU-Auslandsbetriebsstätte in Deutschland steuerlich abzugsfähig.

5. Erfolgs- und Vermögensabgrenzung

a) Allgemeines

Zur Ermittlung der wirtschaftlichen Zugehörigkeit von Erfolg und Vermögen sind sowohl die direkte als auch die indirekte Methode denkbar. Bei ersterem Verfahren erfolgt die Zuordnung auf der Grundlage eines eigenständigen Rechenwerks der Auslandsbetriebsstätte (Fiktion einer wirtschaftlich selbständigen Einheit), hingegen geht das zweite Verfahren vom Gesamtvermögen bzw. Gesamtergebnis des Einheitsunternehmens aus und verteilt dieses mittels geeigneter Aufteilungsschlüssel auf Stammhaus und Auslandniederlassung. Bei Funktionengleichheit und

---

[49] BFH, I R 46/95 BStBl 1996 II 588 zu DBA-USA, I R 43/95 BStBl 1997 II 128 zu DBA-Belgien jeweils v. 16. 2. 1996.

[50] Vgl. *Malinski*, IStR 1996, 437; *Baranowski*, IWB F. 3a Rspr. Gr. 1 S. 574.

[51] Vgl. BFH v. 16. 2. 96 I R 43/95 (BStBl 1997 II 128 zu DBA-Belgien).

[52] Vgl. BMF-Schreiben v. 24. 12. 1999, (Schreiben betr. Grundsätze der Verwaltung für die Prüfung der Aufteilung der Einkünfte bei Betrieben international tätiger Unternehmen (Betriebsstätten-Verwaltungsgrundsätze), Tz. 2.8.1.d).

[53] Vgl. auch *Malinski*, IStR 1996, 437.

[54] Vgl. auch *Gramlich* a. a. O. (oben Fn. 6), S. 119 m. w. N.

[55] EuGH v. 28. 2. 2008 – C-293/06, IStR 2008, S. 224 (Deutsche Shell); vgl. hierzu auch *Ditz*, DB 2009, S. 1669 (1669 f.)

gleicher innerer Struktur kann im Bankenbereich laut Betriebsstättenerlass der Anteil am gesamten Betriebskapital als Schlüssel dienen[56]. Trotz Fehlens einer eindeutigen Rechtsgrundlage wird insbesondere in der deutschen Bankenbesteuerungspraxis grds. die direkte Methode bevorzugt.[57] Auch die Finanzverwaltung sieht in der direkten Methode die Regelmethode.[58]

In den 33 von der IFA untersuchten Ländern dominiert auch international im Bereich der Bankbetriebsstättenbesteuerung die direkte Methode (Ausnahmen: Schweiz, Japan, Malaysia).[59] Die IFA selbst hat im IFA Cahier of 2006 "The Attribution of Profits to Permanent Establishments" (Vol 91b) zu der Frage Stellung bezogen.

Sofern allerdings Doppelbesteuerungen durch unterschiedliche Erfolgs- und Vermögenszuordnungen entstehen, muss versucht werden, dass die beteiligten in- und ausländischen Finanzverwaltungen diese im Rahmen einer Verständigung gem. Art. 25 OECD-MA tatsächlich beseitigen, innereuropäisch gilt das Schiedsverfahren.

b) OECD

Die überbrachte Erfolgs- und Vermögensabgrenzung wird durch die OECD-Prinzipien zunehmend in Frage gestellt:

Der "Report on the Attribution of Profits to Permanent Establishments" der OECD[60] behandelt explizit die Erfolgsabgrenzung bei Banken[61], im Rahmen des sog. Global Trading[62] und bei Versicherungsunternehmen.

Nach dem "Authorised OECD Approach" folgt die Zuweisung dem "functionally separate entity approach", die Gewinnabgrenzung zwischen Stammhaus und Betriebstätte erfolgt in einem zweistufigen Verfahren[63].

Zunächst sind die Aktivitäten der Betriebstätte und die Rahmenbedingungen auf Basis einer Funktionsanalyse zu bestimmen bzw. zuzuordnen[64]. Maßgebend sind die vom Personal und der Unternehmenseinheit ausgeübten sog. Personalfunktionen (**S**ignificant **P**eoples **F**unctions, SPF). Anschließend sind die für ihre Erbringung erforderlichen Wirtschaftsgüter zuzuordnen. Soweit ein Wirtschaftsgut mit mehreren Funktionen bzw. mit mehreren unselbstständigen Unternehmensteilen in Zusammenhang steht, ist für dessen Zuordnung entscheidend, welchem Unternehmensteil die hauptsächliche Risikoübernahmefunktion, **K**ey **E**ntrepreneurial **R**isk-Taking

---

[56] Vgl. BMF-Schreiben v. 24. 12. 1999, a. a. O. (oben Fn. 53), Tz. 2.3.2.

[57] Vgl. Dehnen, International Fiscal Association, 1996 Geneva Congress, Volume LXXXIa, Permanent establishments of banks, insurance companies and other financial institutions, S. 411, der darauf hinweist, dass hierfür gerade die strengen Bilanzierungsvorschriften des Kreditwesengesetzes (KWG) sprechen.

[58] Vgl. BMF-Schreiben v. 24. 12. 1999, a. a. O. (oben Fn. 53), Tz. 2.3; Dehnen hingegen fordert, dass ausschließlich die direkte Methode anzuwenden ist, auch in Fällen einer "nach außen kongruenten Wahrnehmung von Funktionen", DB 1997, 1432. Ausführlich hierzu m. w. N. auch Dehnen a. a. O. (oben Fn. 58), S. 410 f.

[59] Vgl. *Athanas* a. a. O. (oben Fn. 31), S. 29.

[60] OECD Centre for Tax Policy and Administrations, "Report on the Attribution of Profits to Permant Establishments", OECD vom 17.07.2008.

[61] OECD Report S. 75 - 118

[62] OECD Report S. 118 – 178

[63] OECD Report, Part 1

[64] OECD Report Tz. 80 ff, "Determining the profits attributable to the PE"

Function, kurz KERT, zugerechnet wird. In einem zweiten Schritt[65] sind die Gewinne des gedachten eigen- und selbstständigen Unternehmens durch analoge Anwendung der Verrechungspreisrichtlinie 1995 zu bestimmen.

O.g. Ansatz ermöglicht die Erfolgszuweisung aus zahlreichen Situationen, z. B. der Transfer von Wirtschaftsgütern, interne Leistungsbeziehungen, Vertreterbetriebstätten etc. Die OECD Ansätze weichen strukturell von den Vorstellungen im deutschen Betriebsstättenerlass ab[66]. Während das BMF die Funktions- und Risikobezogene Kapitalaufteilungsmethode präferiert, verfolgt die OECD einen Ansatz nach der Kapitalzuordnungsmethode nach den risikogewichteten Finanzanlagen und dem Fremdvergleich. Die Regeln im nationalen Recht / die Verwaltungsanweisungen dürfen wohl als unzureichend betrachtet werden, dies gilt insbesondere für den Fremdvergleichsgrundsatz. Bei der Umsetzung ist insbesondere auf die Vereinbarkeit mit den Diskriminierungsverboten des Europarechts zu achten (z. B. ist die Rechtmäßigkeit des AStG bekanntlich umstritten).

c) Auswirkungen des Aufsichtsrechts auf die Erfolgs- und Vermögenszuweisung

Aufgrund des enormen Zuwachses staatlicher Anteilseigner an ihren lokalen Banken münden nunmehr steuerliche und regulatorische Aspekte in einen Zielkonflikt. So führen die steuerliche Kapitalallokation nach der KERT-Funktion einerseits, der gesteigerte regulatorische Schutz des Eigenkapitals zum Erhalt der lokalen Einlagen der Gläubiger andererseits, sowie die nunmehr als Eigenkapital investierten Beihilfen des Staates unter Umständen zum paradoxen Szenario, dass das vorzuhaltende Kapital höher als das zum Betrieb der Bank erforderliche Kapital ist. In der Folge führt ein höheres Eigenkapital auch zu einer höheren steuerlichen Bemessungsgrundlage, da sich der Leverageeffekt mit steuerlich abzugsfähigen Zinsen verringert.[67]

d) Voreröffnungskosten

Inwieweit sog. Voreröffnungskosten (Kosten vor Eröffnung der Betriebsstätte, die aber mit dieser in wirtschaftlichem Zusammenhang stehen) noch dem Stammhaus oder bereits der späteren Betriebsstätte zugeordnet werden sollen, ist ungeklärt.[68]

Aus Sicht der deutschen Finanzverwaltung sind die Kosten zu Lasten des Betriebsstättenergebnisses – und damit bei Bestehen eines DBA mit Freistellungsmethode grds. im Niederlassungsstaat – anzusetzen.[69] In der Bankenbranche erscheint eine solche Aufteilung freilich dann nicht zweckmäßig, wenn – wie oben ausgeführt[70] – in Fällen bis zum Erhalt einer Niederlassungslizenz die erste Phase der Auslandstätigkeit bis eine aktive Niederlassung gegründet werden kann mittels einer Repräsentanz wahrgenommen wird. Aufgrund der unterschiedlichen inländischen Besteuerungsfolgen für Repräsentanz und Niederlassung[71] in DBA-Staaten kann u. E. nur eine entsprechende Schlüsselung nach wirtschaftlichen Gesichtspunkten unter Beachtung o.g. allgemeiner Grundsätze der OECD zur Lösung des Konflikts weiterhelfen.

---

[65] OECD Report Tz. 218 ff., "Determining the profits of the hypothesised and separate enterprise based upon a comparability analysis" die auch auf die SPF – "Significant People Functions" abstellt

[66] Vgl. *Förster, Naumann, Rosenberg*, IStR 2006, 617

[67] Vgl. ausführlich auch *Hans-Ulrich Lauermann*, Regulation dictates financial services tax, International Tax review 2010, February 2010, S.53

[68] Vgl. *Hofmann*, IWB F. 10 International Gr. 2 S. 589.

[69] Vgl. BMF-Schreiben v. 24. 12. 1999, a. a. O. (oben Fn. 53), Tz. 2.9.1.

[70] Vgl. B. III. 2.

[71] Vgl. B. III. 2.

Beispiel:

Die Sach- und Personalkosten der Auslandsrepräsentanz steigen z. B. durch Einrichtung der Arbeitsplätze im letzten halben Jahr vor der Eröffnung der Niederlassung von 100 auf 250 überdurchschnittlich stark an. Das die bisher durchschnittlichen Aufwendungen übersteigende Volumen von 150 ist der Betriebsstätte zuzuordnen. Sofern allerdings auch das nationale Steuerrecht des Niederlassungsstaates die 150 nicht zulässt – weil sie vor Erteilung der Banklizenz angefallen sind –, liegt eine Doppelbesteuerung vor.

Sieht das DBA die Freistellungsmethode vor, konnten die Verluste gem. § 2a Abs. 3 EStG bis einschließlich VZ 1998 bei Vorliegen der weiteren Voraussetzungen auch bei der Inlandsbesteuerung berücksichtigt werden. Hinsichtlich des aktuellen europarechtlichen Standes verweisen wir auf die o.g. Ausführungen.

e) Schließungskosten und nachträgliche Einkünfte der Niederlassung

Korrespondierend zu den Zuordnungsproblemen gilt es die entsprechenden Kosten, die nach Schließung einer Auslandsniederlassung anfallen, zu regeln. Bei der Auflösung ist zunächst zu überprüfen, ob und nach welcher Höhe nach ausländischem Steuerrecht ein Auflösungsgewinn besteuert wird. Sofern man unterstellt, dass im Ausland eine vergleichbare Steuerrechtsordnung vorliegt, ist eine Liquidationsrechnung zu erstellen.[72]

Für die Inlandsbesteuerung schlägt die Finanzverwaltung hierzu vor, dass eine "Liquidationsbilanz" der Niederlassung erstellt wird, welche auf das Jahr der Schließung folgt. Nach diesem Zeitpunkt wird das Betriebsstättenvermögen dem Stammhaus zugerechnet, so dass folglich auch spätere Ergebnisveränderungen (z. B. nach Übertragung von Krediten an das Stammhaus eintretende nachträgliche Forderungsausfälle) der Niederlassung sich beim Stammhaus niederschlagen.[73] Wenngleich dieses Ergebnis u. E. dem Prinzip des Veranlassungzusammenhangs entgegenstehen könnte, ist diese Lösung andererseits aus Vereinfachungsgründen zu begrüßen. Die Vereinbarkeit mit o.g. OECD Maßstäben ist jedoch mehr als fragwürdig. Das IDW schlägt in seiner Stellungnahme zum Betriebsstätten-Erlass vor, die Aufwendungen nach einem einheitlichen Schlüssel zuzuordnen und aus Vereinfachungsgründen auf den zeitlichen Anfall der Aufwendungen abzustellen.[74] Die Rechtsfolgen hinsichtlich der nachträglichen Einkünfte gelten sowohl im DBA-Fall als auch im Nicht-DBA-Fall.

f) Steuerliche Zuordnung von Krediten

Im Kreditgeschäft zeigt sich deutlich, welchen Schwierigkeiten die Zuordnung beispielsweise von Forderungen den einzelnen Betriebstätten mit sich bringt. Der Betriebstätten-Erlass 1999 befasst sich vereinfachend mit der Zuordnung von Forderungen, also dem Kreditgeschäft[75], andere Finanzinstrumente (z. B. Derivate) werden vernachlässigt.

Die steuerliche Zuordnung von Krediten ist schon lange Gegenstand kontroverser Diskussion: In der Besteuerungspraxis des internationalen Bankgeschäfts hängt die Frage der Zinserfassung bei Stammhaus oder ausländischer Niederlassung dem Grund nach von der Zuordnung der Forderung, der Höhe nach vom Umfang der Leistungsberücksichtigung der jeweiligen Unter-

---

[72] Vgl. auch *Baranowski* a. a. O. (oben Fn. 37), S. 131.
[73] Vgl. BMF-Schreiben v. 24. 12. 1999, a. a. O. (oben Fn. 53), Tz. 2.9.2.
[74] Vgl. IDW-Stellungnahme zu Tz. 2.4., 1997, WPg 1997, 644.
[75] Betriebsstätten-Erlass vom 24.12.1999, Tz. 4.1.2.

nehmensteile ab.[76] Für eine Berücksichtigung dem Grunde nach werden im Schrifttum zwei Varianten angeführt:

- Verbuchung und Ausreichung des Kredits;
- Funktionsgewichtungen bei der Kreditvergabe.

Für eine Berücksichtigung des Zinsertrags der Höhe nach wird im Schrifttum insbesondere die Margenteilung erwähnt, d. h. die zu erhaltende Marge zwischen Zentrale und Auslandsniederlassung wird z. B. nach einem erfahrungsgemäßen Mitwirkungsgrad der beteiligten Unternehmensteile aufgeteilt. Nach Dehnen sollen die Margenteilungen durch die inländische Finanzverwaltung steuerlich teilweise nicht anerkannt werden, so dass zumindest ein Großteil der Gesamtmarge dem inländischen Stammhaus zugerechnet und damit im Inland besteuert wird.[77] Die Margenteilung ist zwar praktikabel, erscheint aber in einigen Fällen nicht sachgerecht. So könnte u. E. bei syndizierten Krediten sowie bei der Mitwirkung mehrerer Betriebsstätten die Margenteilung aufgeben werden und stattdessen eine Kompensationszahlung auf "arm's length"-Basis durch die Niederlassung, welcher der Kredit zugeteilt wurde, an die mitwirkenden Niederlassungen / Stammhaus (z. B. für Vermittlung) zu leisten. Ebenso ist Dehnen zuzustimmen, dass speziell bei Bankbetriebsstätten der Regelung des § 1 Abs. 1 Satz 2 Nr. 8 KWG[78] Rechnung getragen werden sollte, dass eine Trennung von Kreditausreichung und Risikotragung unter Fremdvergleichsbedingungen möglich sein muss.[79] Diese Ausführungen machen m. E. deutlich, dass die in der Betriebsprüfungspraxis unflexiblen Margenteilungen lediglich Ausnahmecharakter haben sollten. Sofern hingegen marktpreisorientierte Vergütungen für abgrenzbare Leistungsbeiträge (z. B. für Vermittlung) möglich sind, sollten diese in erster Linie den zutreffenden Verrechnungspreis widerspiegeln.

Nach den Verwaltungsgrundsätzen, die ab dem VZ 2000 angewendet werden, richtet sich die Zuordnung von Forderungen nach folgenden wesentlichen Haupttätigkeiten:

(1) Akquisition;

(2) Bewertung des Kreditnehmers und des Kreditrisikos;

(3) Tragen des Kreditrisikos;

(4) Übernahme der Refinanzierung;

(5) Entscheidung über die Kreditvergabe;

(6) Abschluss des Vertrages;

(7) Kreditverwaltung, -überwachung und -abwicklung.

Werden die vorgenannten wesentlichen Stufen der Kreditvergabe von der Auslandsniederlassung erbracht, so ist die Forderung regelmäßig deren Betriebsvermögen zuzurechnen. Etwaiger Wertberichtigungsaufwand ist von der Betriebsstätte zu tragen, sofern nicht eine andere Einheit das Kreditrisiko vor der Kreditvergabe durch interne Vereinbarung und gegen marktübliche Vergütung übernommen hat. Haben das Stammhaus oder eine andere Betriebsstätte an der

---

[76] Vgl. im Einzelnen *Ammelung*, FR 1996, 127 f. m. w. N.

[77] Vgl. *Dehnen* a. a. O. (oben Fn. 58), S. 414.

[78] Danach sind die Übernahme von Bürgschaften, Garantien und sonstigen Gewährleistungen ausdrücklich in den Kreis der üblichen Bankgeschäfte einbezogen, so dass eine Risikoausgliederung durchaus branchenüblich ist.

[79] Vgl. *Dehnen*, DB 1997, 1432.

Kreditvergabe mitgewirkt, kann die Marge entsprechend dem Leistungsbeitrag aufgeteilt (Margenteilung) oder mit dem marktüblichen Kostenersatz vergütet werden.

Einen ähnlichen aber differenzierteren Ansatz verfolgt die OECD mit dem KERT-Prinzip (s.o.), demnach für die Zuordnung maßgeblich ist, wer diese Funktion ausübt. Die Gewinnverteilung zwischen Stammhaus und Betriebstätte ist mittlerweile speziell für Banken auf OECD Ebene geregelt[80]. Abweichend von BMF erlaubt die OECD jedoch die Möglichkeit interner Geschäfte und kommt damit den Gepflogenheiten des Verkehrs deutlich näher.

Die Zuordnung von Forderungen kann aber auch dadurch in Frage gestellt werden, dass das Kreditrisiko von mehreren Einheiten getragen wird – sowohl horizontal, d.h. durch parallele Haftung Mehrerer nebeneinander, als auch vertikal, d.h. durch Haftung Mehrerer nacheinander (Senior- und Juniortranchen).[81] In diesem Sinne könnte die Gewinnabgrenzung nach dem Maßstab des Fremdvergleiches sinnvoll erscheinen.[82] Auch die Zuordnung von Finanzwirtschaftsgütern im Global Trading folgt regelmäßig dem "KERT Function"-Prinzip,[83] auch hier könnte o.g. Maßstab zur Einkunftsabgrenzung dienlich sein.

Falls die Wahl der Methode der Forderungszuordnung von einem der beteiligten Fisci kritisch gesehen wird (dies trifft z. B. für die o. g. Verbuchungsmethode seitens der deutschen Betriebsprüfungspraxis zu), ist nicht ausgeschlossen, dass es zu Doppelbesteuerungen aufgrund der Erfassung im Niederlassungsstaat sowie im deutschen Stammhaus kommen kann, sofern keine Verständigung gem. Art. 25 OECD-MA erzielt werden kann.

Die Übertragung einer Forderung zwischen Hauptstelle und Betriebsstätte (z. B. im Rahmen von innerbetrieblichen Zuständigkeitswechseln, ausdrücklicher Kundenwunsch) ist aus Sicht der deutschen Finanzverwaltung[84] zulässig, sofern wirtschaftlich beachtliche Gründe vorliegen. Lediglich steuerlich motivierte Wechsel sind hingegen unzulässig. Die Übertragung des Kredits hat zu Marktpreisen zu erfolgen, wobei die mit der Forderung zusammenhängenden Haupt- und Nebenleistungsfunktionen (Management, Verbuchung, Mahnung, laufende Risikoüberwachung, etc.) mit zu übertragen sind. Beim Fehlen von Marktpreisen ist Athanas zuzustimmen, dass auf den Barwert der übertragenen Darlehen abzustellen ist, wobei im Diskontsatz das Ausfallrisiko des Schuldners angemessen zu berücksichtigen wäre[85].

Allerdings erscheint es bei der Übertragung zur Auslandsniederlassung u. E. unbillig, die in den übertragenen Darlehen enthaltenen stillen Reserven bei der deutschen Zentrale aufzudecken. Auch Banken sollte das grundsätzliche Wahlrecht einer entsprechenden aufschiebenden Besteuerung bis zum Ausscheiden aus der DBA-Niederlassung via Merkposten ermöglicht werden, wie es an anderer Stelle im Erlass[86] vorgesehen ist.

6. Einkünfte ausländischer Bankbetriebsstätten in Zuordnungs- und Qualifikationskonflikten

Durch Änderung der Steuergesetze und der Rechtsprechung können bestimmte sog. weiße Einkünfte ausländischer Bankbetriebsstätten in Deutschland nachträglich und in Zukunft be-

---

[80] "Report on the Attribution of Profits to Permant Establishments", OECD vom 17.07.2008, S. 75 ff

[81] Vgl. *Weitbrecht*, IStR 2006, S. 548 ff.

[82] "Report on the Attribution of Profits to Permant Establishments", OECD vom 17.07.2008, S. 75 ff

[83] *Förster*, IStR 2007, S. 398 ff.

[84] Vgl. BMF-Schreiben v. 24. 12. 1999, a. a. O. (oben Fn. 53), Tz. 4.1.2., der hierbei Tz. 15.2. des OECD-Kommentars zu Art. 7 OECD-MA 92 folgt.

[85] Vgl. Athanas a. a. O. (oben Fn. 31), S. 52.

[86] Vgl. BMF-Schreiben v. 24. 12. 1999, a. a. O. (oben Fn. 53), Tz. 2.6.1b).

steuert werden. In der ertragsteuerlichen Außenprüfung finden bereits erste Diskussionen im Zusammenhang mit Niederlassungen in den USA statt.

Durch Einführung des § 50d Abs. 9 EStG hat die Bundesrepublik Deutschland die Freistellungsmethode in DBA einseitig und ohne Zustimmung der jeweiligen Vertragspartner eingeschränkt.[87] Die Vereinbarkeit dieses Treaty Overrides mit den Vorschriften des Europarechts, dem internationalen Recht und dem deutschen Verfassungsrecht ist fragwürdig.[88] Nach Meinung des Schrifttums stellen Rückfallklauseln in DBA[89] Lex Specialis zur Regelung des § 50d Abs. 9 EStG dar.[90]

Das Verhältnis ist dogmatisch umstritten und insbesondere für noch nicht bestandskräftige Steuertatbestände vor dem 01.01.2007 von Bedeutung, da auch die (echte) Rückwirkung von § 50d Abs. 9 EStG umstritten ist.[91] Für eben diese Sachverhalte ist die Rechtsprechung des BFH zur Auslegung von Rückfallklauseln in DBA zu beachten, die in zahlreichen Fällen zu einer § 50d Abs. 9 EStG entsprechenden Rechtsfolge führen kann.

§ 50d Abs. 9 EStG[92] ist eine Reaktion des Gesetzgebers auf die Rechtsprechung des BFH im Urteil vom 17.12.2003.[93] Im Jahr 2003 entschied der BFH (BFH v. 17.12.2003, I R 14/02), dass Art 23 Abs. 3 DBA Kanada grundsätzlich nicht als "subject-to-tax"-Klausel zu verstehen ist, "d.h. wenn die Einkünfte, die ausschließlich in Kanada besteuert werden können, dort nicht besteuert werden, begründet Art. 23 Abs. 3 DBA Kanada 1981 (Methodenartikel) kein Besteuerungsrecht Deutschlands für diese Einkünfte" und änderte damit die ständige Rechtsprechung. Die OFD Frankfurt reagierte mit einer Rundverfügung vom 13.04.2006 und hielt fest, dass nur noch in Einzelfällen von Rückfallklauseln auszugehen sei.[94]

Parallel zum Gesetzgebungsverfahren zu § 50d Abs. 9 EStG änderte aber auch der BFH erneut seine Rechtsauffassung. Mit Auslegung des DBA Italien 1989 hat der BFH die Auslegung des Methodenartikels erneut geändert.[95] Uneindeutig ist die Reichweite der Rechtsprechungsänderung. Das DBA Italien enthält eine spezielle Formulierung ("effektiv besteuert"), die schon bisher Anlass zur Auslegung als echte Rückfallklausel gab. U.E. könnte die Trennlinie zwischen unvollständigen ("können in ... besteuert werden") und sog. Verteilungsnormen mit abschließender Rechtsfolge (kurz: vollständige Verteilungsnormen) ("können NUR in ... besteuert werden"), gezogen werden. Bei vollständigen Verteilungsnormen bedarf es grundsätzlich nicht des Methodenartikels, insoweit kommen nach herkömmlichem Abkommensverständnis auch die zum Methodenartikel gehörenden Rückfallklauseln nicht zur Anwendung.

Bankenprüfer der Finanzverwaltung zitieren folgenden Fall öffentlich:[96] Ein in Deutschland ansässiges Kreditinstitut hält in seiner US-Betriebstätte US-Wertpapiere. In den USA unterliegt

---

[87] Einzelheiten s. Fußnote 26
[88] Vgl. *Rosenthal*, IStR 2007, S. 610 f., *Kahle*, IStR 2007, S. 757 (761); *Vogel*, IStR 2007, S. 225 ff.
[89] Art. 23 OECD MA
[90] Vgl. u. a. *Menck* in Blümich (2008), § 50d EStG, Rz. 81; *Grotherr*, IStR 2007, S. 265 (268).
[91] Vgl. *Gosch*, IStR 2008, S. 413 (416), *Suchanek*, IStR 2007, S. 654 (658).
[92] auch der neue Methodenartikel in Art 23 Abs. 4b DBA-USA 2007
[93] BFH I R 14/02, BStBl. II 2004, S. 260.
[94] OFD Frankfurt v. 19. 7. 2006; OFD Rundverfügung vom 13. 4. 2006, demnach z. B. die DBA USA, Schweden, Norwegen, Neuseeland etc. keine Rückverweisung enthalten sollen.
[95] BFH v. 17. 10. 2007, IR 96/06
[96] Vortragsveranstaltung Bayerische IFA-Sektion, 16. 9. 2008.

nur ein bestimmter Teil der Wertpapierzinsen der lokalen Steuerpflicht, der andere Teil der Zinsen ist in den USA nach lokalem Recht steuerfrei.[97] Entgegen der Ansicht der Finanzverwaltung, wonach der Anwendungsbereich des § 50d Abs. 9 EStG trotz Lex Specialis des DBA eröffnet sei, spricht die Dogmatik dafür, dass der Anwendungsbereich der Regelung nicht eröffnet sei und die Regeln des DBA USA 2007 keinen Raum für die Zuweisung eines Besteuerungsrechtes an die Bundesrepublik ließen.[98]

Neben der strittigen Frage, inwieweit die Einkünfte der ausländischen Betriebstätte dem Grunde nach der Besteuerung in Deutschland unterworfen werden dürfen, ist im Falle der Bejahung auf zweiter Ebene die Bemessungsgrundlage zu ermitteln. Hier schlicht die Ermittlung der Betriebstätte nach lokalem Steuerrecht zu Grunde zu legen, wäre sicherlich zu kurz gegriffen.

Der Umfang der Zuweisung ist ebenfalls zu klären. Nach wohl herrschender Meinung erfasst der Einkunftsbegriff in § 50d Abs. 9 EStG sowohl positive als auch negative Einkunftsarten für Körperschaft- und Gewerbesteuer.[99] Entsprechend sollten Regelungen in Parallelvorschriften wie bilateralen Abkommen, z. B. § 23 Abs. 4 DBA USA, auszulegen sein, so dass auch hier positive und negative Einkünfte erfasst sind.[100]

IV. Sonderform SE – ausgewählte Aspekte bei Banken

Nachdem die Rechtsform der SE im Markt zunächst wenig Akzeptanz fand, haben sich nach zahlreichen Industrieunternehmen auch Finanzdienstleister für die Rechtsform einer SE entschieden.[101] Die Gründe variieren, sind aber regelmäßig nicht steuerlicher Natur.[102] Auf dem Weg in die SE sind für Kreditinstitute Besonderheiten zu beachten. Die folgenden Beispiele werden auf der Basis der Gründungsvariante der Verschmelzung einer Bank im Gemeinschaftsgebiet auf das deutsche Institut zur Gründung einer SE dargestellt.

Durch den Statuswechsel der aufgehenden Gesellschaft zur Betriebsstätte ist der Anwendungsbereich des DBA des Stammhauses eröffnet, sodass es in diesem Zusammenhang zu einer Änderung des Vertragsnetzwerkes kommt.[103] Infolgedessen können sich Änderungen im Hinblick auf die Quellenbesteuerung auf Erträge ergeben, die beispielsweise Auswirkungen auf (i) die Dividendenpolitik, (ii) die Kredit- und Leasingbeziehungen und daraus resultierenden Zinszahlungen zwischen den Konzernunternehmen bzw. mit Dritten und/oder (iii) Lizenzverträgen und daraus resultierenden Lizenzgebühren zwischen den Konzernunternehmen bzw. mit Dritten nach sich ziehen. Weiterhin gelten für die aufgehende Gesellschaft mit dem Statuswechsel erstmals die Regeln für die Ausstattung der Betriebsstätte mit Dotationskapital.

Durch den Statuswechsel einer Tochtergesellschaft in eine Betriebsstätte können Gewinne aus der Veräußerung von Beteiligungen, die in der Betriebsstätte entstehen, in Deutschland als Eigenhandelserfolge der Besteuerung unterworfen werden.[104] Sofern in der Betriebsstätte im

---

[97] TR, Subchapter A, Sec. 1.864-4.
[98] Vgl. auch *Vliegen*, IWB Nr. 10 v. 23.5.2007, S. 1483 ff.
[99] Vgl. *Loschelder* in Ludwig Schmidt, EStG, (2009), § 50d Tz. 56.
[100] Eine abweichende Ansicht stünde auch im Widerspruch zur Symmetriethese des BFH.
[101] Z. B. Allianz SE, DVB SE.
[102] Häufig sind mitbestimmungsrechtliche Erwägungen aber auch Reputation oder Freizügigkeit die Motive.
[103] Vgl. *Frotscher*, in Frotscher, EStG, § 50g EStG Rz. 6, Stand: 15. 3. 2007.
[104] Vgl. § 8b Abs. 7 KStG.

Ausland Veräußerungsgewinne aus Wertpapieren des Handelsportfolios steuerfrei gestellt werden, können Eigenhandelserfolge der Betriebsstätte über die Auslegung des einschlägigen DBAs oder über die Anwendung des § 50d Abs. 9 EStG ungeachtet eines DBA Gegenstand der deutschen Besteuerung sein.

Mit der Verschmelzung erlöschen sämtliche Forderungen/ Verbindlichkeiten, die zwischen der Überträgerin und der Übernehmerin bestehen, da sich beide Positionen in einem Rechtsträger vereinen (Konfusion). Die Konfusion von Forderungen und Verbindlichkeiten kann zusätzlichen Verschmelzungsgewinn bzw. Verschmelzungsverlust generieren. Es besteht allerdings die Möglichkeit, eine entsprechende Rücklage zu bilden. Verluste aus dem Zusammenfallen von Forderungen und Verbindlichkeiten sind steuerlich abzugsfähig.[105] Die Ausstattung eines Tochterinstituts mit finanziellen Mitteln sollte also vor der Verschmelzung auf Konfusionswirkungen überprüft werden und ggf. angepasst werden.

Die Zuordnung der Beteiligungen, die zunächst von der Überträgerin gehalten werden, kann sich durch die Verschmelzung verschieben. Aus handelsrechtlicher Sicht sind durch die Verschmelzung die Beteiligungen der Überträgerin bzw. deren Betriebsstätte in der Bilanz der SE auszuweisen. Ungeachtet dessen ist unter steuerlichen Gesichtspunkten (z. B. OECD-Richtlinien) der Ausweis der Beteiligungen auf Ebene der ausländischen Betriebsstätte möglich.[106] Die Zuordnung erfolgt anhand des Funktionszusammenhangs, d. h. nur für den Fall, dass die Beteiligungen (ggf. weitere nachgelagerte Betriebsstätten) für das operative Geschäft der Überträgerin relevant sind, kann die bisherige Zuordnung der Beteiligungen/ Betriebsstätten beibehalten werden.

Des Weiteren stellt sich die Frage nach den steuerlichen Auswirkungen der Zuordnung nachgelagerter Betriebsstätten zur SE. Grundsätzlich führt die Übertragung einer Betriebsstätte d. h. der einzelnen Wirtschaftsgüter (z. B. durch Verkauf/ Tausch) zur Aufdeckung und Besteuerung möglicher stiller Reserven. Allerdings kann ggf. in Abstimmung mit der Finanzverwaltung der betreffenden Jurisdiktion eine steuerneutrale Übertragung der (Wirtschaftgüter der) Betriebsstätte erreicht werden, da die Zuordnung der Betriebsstätte der Überträgerin zur SE auf der Verschmelzung zwischen Überträgerin und Übernehmerin basiert. Sicherheit bietet allerdings eine verbindliche Auskunft.

C. Steuerlich optimierte Vergabe von Auslandskrediten

I. Besteuerungsparameter bei Ausreichungen an ausländische Kreditnehmer

Die optimierte Steuerung der Vergabe von Auslandskrediten zählt wohl mit zu den wesentlichen Wettbewerbsvorteilen in diesem Geschäftsfeld. Nur Banken, die unter Einbeziehung der steuerlichen Auswirkungen ihr Auslandskreditgeschäft planen, können international wettbewerbsfähige Konditionen anbieten, wobei auch die Erfüllung von Dokumentationsanforderungen vorausgesetzt wird, um die so errechneten Margen auch sicherzustellen. Unterbleibt die steuerliche Prüfung, können sich aus Sicht des Stammhauses bereits unter Berücksichtigung von ausländischen Quellensteuern und inländischen Ertragsteuern Null- bis sogar Negativ-Renditen ergeben[107].

---

[105] Vgl. *Pung, A.* (2007): § 6 UmwStG (SEStEG), in: Dötsch et al. (2007): Umwandlungssteuerrecht, S. 276, Rz. 6.

[106] Vgl. BFH vom 29. 7. 1992, II R 39/89, BStBl. II 1993, S. 63.

[107] Im Rahmen der Quellensteuer ist die Klärung der "beneficial ownership" von grundlegender Bedeutung,

Für international tätige Banken nimmt daher insbesondere die Quellenbesteuerung der Zinseinnahmen aufgrund ihrer Dimension einen bedeutenden Parameter der Kreditausreichung ein. Weil Quellenstaat (Quellensteuer auf Bruttomarge) und Ansässigkeitsstaat (Anrechnung ausländischer Steuer auf Nettomarge) extrem unterschiedliche Bemessungsgrundlagen zugrunde legen, entstehen bei Anfall einer Quellensteuer regelmäßig nicht kompensierbare Steueranrechnungsüberhänge (= Doppelbesteuerung), welche die Nettomargen der Banken deutlich kürzen, sofern eine Überwälzung auf den Kreditnehmer (sog. Grossing Up) nicht möglich ist.

Entsprechend bleiben auch die jeweils nationalen Absorptionsmöglichkeiten nicht ohne Einfluss auf Standortvorteile bei der Kreditausreichung. In einigen Staaten gibt es z. B. keine "per-country-limitation" oder es lassen sich Anrechnungsüberhänge einige Jahre vortragen und somit noch nutzen. So soll insbesondere das britische Anrechnungssystem den deutschen Methoden überlegen sein, weswegen die Wettbewerbsfähigkeit in bestimmten Konstellationen günstiger als die eines inländischen Instituts sein kann.[108]

Neben transnationalen Faktoren mögen in Einzelfällen aus Wettbewerbsgründen auch Ausweichstrategien einzelner Häuser hinsichtlich der Wahl des Ausreichungsortes eine Rolle spielen. So sind in vielen deutschen DBA nur Zinsen von Schuldnern aus dem Vertragsstaat an die Kreditanstalt für Wiederaufbau explizit von der Quellensteuer befreit. Somit zwingt auch aus diesen Gründen der Wettbewerb zum Unterhalt einer umfangreichen Standortinfrastruktur bei der im Einzelfall durch Prüfung der DBA sowie der nationalen Regelungen auf alternative Ausreichungsorte hinsichtlich der inländischen Kreditausreichung zurückgegriffen werden kann.

Nicht zu übersehen ist bei der Laufzeit langfristiger Darlehen die steuerliche Planungsunsicherheit, die vor allem in der Unvorhersehbarkeit folgender Faktoren besteht:

- Änderung von DBA;
- Etwaige lokale Quellensteueränderungen;
- Etwaige lokale Änderung von Verfahrensabläufen, z. B. durch Vorabreduzierung der Quellensteuer auf Anwendung des DBA-Satzes oder ein nachgeschaltetes Erstattungsverfahren, bei welchem entsprechende Zins- und Liquiditätsverluste durch die zeitliche Verzögerung zu berücksichtigen sind (z. T. Wartezeiten bis zu 2 Jahren) und damit zur Absenkung der Rendite durch Timingverluste führen;
- Änderung der Absorptionsmöglichkeit von ausländischen Quellensteuern im In- oder Ausland;
- Steuerposition der Spitzeneinheit bzw. der Auslandseinheiten in zukünftigen Perioden.

II. Ausreichung aus dem Inland

Bei einer Ausreichung von Auslandskrediten aus dem Inland sind aus steuerlicher Sicht u. E. folgende steuerrechtliche Prüfungen vorzunehmen:

---

da durch eine von der rechtlichen Eigentümerschaft abweichende steuerliche Zuweisung der Wirtschaftsgüter diese mglw. einer Einheit in einer anderen Jurisdiktion zugewiesen werden und sich dadurch das einschlägige DBA-Netzwerk ändert. Die Prinzipien der Benefial Ownership werden an dieser Stelle nicht weiter erläutert (siehe aber dazu: *Vogel/Lehner*, DBA-Kommentar, 5. Aufl., Vor Art. 10 – 12 Rz. 13 m. w. N.).

[108] Vgl. *Arndt*, Die Besteuerung internationaler Geschäftstätigkeit deutscher Banken, S. 56.

▶ **Qualifizierung der Erträge als Zinsen gem. DBA?**

Hierbei gilt zu untersuchen, inwieweit Zinsen i. S. v. DBA vorliegen. Insbesondere die Qualifizierung von Provisionen und Gebühren verdient eine nähere Untersuchung. Die in internationalen Kreditverträgen auch als Fees bekannten Zahlungen sind nach zivilrechtlichem Verständnis keine Zinsen (§ 488 Abs. 2 BGB).[109] Auch gem. der OECD-Begriffsbestimmung gelten als Zinsen nur Vergütungen, die für die Kapitalüberlassung gezahlt werden, d. h. die zu ihr in einem Verhältnis der Gegenseitigkeit stehen. Vergütungen für andere oder Nebenleistungen, insbesondere z. B. Avalprovisionen, fallen nicht hierunter. Hieraus sind Gestaltungsmöglichkeiten darstellbar, in dem bestimmte Bankleistungen, welche die Bank auch über die Zinsmarge decken könnte, aufgrund der getrennten Abwicklung und Vergütung abkommensrechtlich "Unternehmergewinn" und damit vorbehaltlich einer Betriebsstätte im Quellenstaat steuerfrei sind.[110]

Sofern allerdings das nationale ausländische Recht Provisionen Zinsen gleichstellt sind Auslegungskonflikte zwischen Darlehensgeber und ausländischem Fiskus vorprogrammiert. Einige deutsche DBA wie z. B. Brasilien und Bolivien subsumieren Provisionen daher bereits explizit von vornherein unter den Zinsartikel.[111]

Die Erweiterung der Zinsbegriffe dieser DBA ist daneben nicht nur für die Anrechnung bzw. den Abzug von effektiver, sondern auch für die Anrechnung von fiktiver Quellensteuer maßgeblich, weil sie in diesen Fällen in die inländische Bemessungsgrundlage mit einfließt.[112]

▶ **Anfall einer ausländischen Quellensteuer auf Kreditzinsen / Begrenzung durch DBA?**

Für Zinszahlungen an Banken gelten oftmals bereits besondere Begünstigungen nach nationalem ausländischem Recht, so dass von vornherein eine Reduzierung bzw. Nichterhebung einer Quellensteuer in Betracht kommt. Ansonsten sind auch in vielen DBA Zinszahlungen an Banken, diese im Vergleich zu anderen Branchen durch niedrigere DBA-Sätze begünstigt.

Beispiel DBA Mexiko: Zinszahlungen für durch Hermes-Deckung verbürgte Darlehen mit einer Laufzeit von mindestens drei Jahren dürfen in Mexiko mangels Quellenbesteuerungsrecht gem. DBA nicht besteuert werden. Die Quellensteuer für Zinszahlungen aus Krediten, die von Banken, Versicherungen und Pensionsfonds gewährt werden, ist auf 10 % begrenzt, Zinszahlungen an sonstige deutsche Gläubiger dürfen in Mexiko grundsätzlich bis 15 % besteuert werden (vgl. Art. 11 DBA Mexiko).

Werden Quellensteuern erhoben bzw. will man ausschließen, dass längerfristige Engagements einer nationalen Änderung der Quellenbesteuerung (z. B. Wegfall der Begünstigung) unterliegen, entspricht es internationalen Gepflogenheiten, dass Banken etwaige anfallende Quellensteuer durch Vereinbarung einer sog. "grossing-up"-Klausel vermeiden.[113] Die Durchsetzung hängt allerdings von der Marktmacht der jeweilgen Vertragspartner ab.

"Grossing-up"-Klauseln sehen vor, dass der Schuldner im Fall der Erhebung einer ausländischen Quellensteuer den vertraglich vereinbarten Zahlungsbetrag (z. B. Zins) um denjenigen

---

[109] Gl. A. *Wagner*, StBp 1996, 299.
[110] Vgl. *Vogel/Lehner* a. a. O. (oben Fn. 108), Art. 11 Rz. 77a.
[111] Vgl. Ziff. 3b) des Protokolls zu DBA-Brasilien (außer Kraft getreten durch Kündigung am 7. April 2005) sowie Ziff. 5 des Protokolls zu DBA-Bolivien.
[112] So auch *Wagner*, StBp 1996, 299.
[113] Vgl. die steuerliche Wirkung der Absorption sowohl mit als auch ohne "grossing up"-Effekt bei *Arndt* a. a. O. (oben Fn. 109), S. 47.

Betrag zu erhöhen hat, der erforderlich ist, damit auch nach Abzug der ausländischen Quellensteuer vom (erhöhten) Zahlungsbetrag genau der vertraglich vereinbarte Zahlungsbetrag beim Kreditgeber ankommt. Die Erhöhung wird nach folgender Formel berechnet:

$$\text{erhöhter Zahlungsbetrag} = \frac{\text{vereinbarte Zahlung} \times 1}{1 - \text{Quellensteuersatz}}$$

Sofern eine "grossing-up"-Klausel vereinbart wurde und somit aufseiten der Bank das Hindernis einer hinreichenden Anrechnungsmöglichkeit entfällt, verpflichtet sich die Bank im Normalfall, einen Teil des erlangten Vorteils an den Darlehensnehmer im Wege einer Rückerstattung auszukehren. Die Berechnung der Erstattung sollte organisatorisch nicht durch die kreditausgebende Stelle, sondern durch die Steuerabteilung vorgenommen werden.[114] Denn zum einen erhöht sich durch die Aufstockung des Zinszahlungsbetrages die Gewerbeertragsteuer, zum anderen kann zum Zeitpunkt der Vereinbarung bzw. Zinszahlung noch gar nicht abgesehen werden, ob und in welchem Umfang der Aufstockungsbetrag zum Zeitpunkt der Veranlagung tatsächlich zur Steueranrechnung nutzbar gemacht werden kann (Stichwort: Anrechnungsüberhang). Die Rückzahlung des Vorteils kann im Jahr der Rückstellung als Betriebsausgaben geltend gemacht werden.

▶ **Anrechnungsmöglichkeiten der Quellensteuer im Inland?**

Neben der Planung ist allerdings auch die gewissenhafte Einhaltung der notwendigen Dokumentationsanforderungen unerlässlich, will man die vor der Kreditvergabe errechnete Marge auch nach Steuern realisieren. Ab dem Zeitpunkt der Zinszahlungen, muss zunächst eine etwaige höhere als im DBA-Satz vorgesehene Quellensteuer vom Quellenstaat erstattet werden. Effektive ausländische Steuern sind im Inland nur insoweit anrechenbar, als kein Erstattungsanspruch gegen den jeweiligen Staat besteht (Grundsatz "Erstattung vor Anrechnung" gem. § 68a EStDV, H 34c (5) EStR).

Bezüglich des in Deutschland anrechenbaren Teils muss für jedes Land pro Jahr gerechnet werden, ob die Anrechnungsmethode oder die Abzugsmethode gem. § 34c EStG sich bei der Bank günstiger auswirkt. Um der steuerlichen Betriebsprüfung Genüge zu tun, müssen die ausländischen Steuerbescheinigungen vorgelegt werden können.

Im nächsten Schritt sind die ausländischen Einkünfte zu ermitteln. In der Vergangenheit war umstritten, ob die mit den ausländischen Einkünften im Zusammenhang stehenden Ausgaben in einem unmittelbaren oder lediglich mittelbaren Zusammenhang stehen müssen. Bei Banken erweist sich insbesondere die Abbildung des Umfangs der Refinanzierungsaufwendungen als schwierig. In der Praxis werden vielfach diese Kosten anhand der Durchschnittskosten ermittelt.[115] Mit Urt. v. 9. 4. 1997[116] hatte der BFH erneut[117] bestätigt, dass, im Zusammenhang mit Einkünften aus ausländischen Quellen (im Streitfall Dividendeneinkünfte einer Lebensversicherung) auf die Unmittelbarkeit abzustellen ist, d. h. nur solche Betriebsausgaben zuzuordnen sind, "die die Eignung hätten, in die Bemessungsgrundlage der Einkünfte aus Kapitalvermögen i. S. d. § 20 Abs. 1 Nr. 1 einzugehen". Für die Wettbewerbsfähigkeit deutscher Banken erschien hierbei etwas erfreulicher, dass auch die Gewerbesteuer die ausländischen Einkünfte – und damit das Anrechnungspotential – nicht minderte. Die

---

[114] So bereits *Arndt* a. a. O. (oben Fn. 109), S. 79 f.
[115] Vgl. *Arndt* a. a. O. (oben Fn. 109), S. 51 f. mit entsprechender Kritik.
[116] I R 178/94, IStR 1997, 495.
[117] So bereits am 16. 3. 1994, BFH, I R 42/93 (BStBl 1994 II 799).

Finanzverwaltung hatte allerdings in einem teilweisen Nichtanwendungserlass die Anwendung des Urteils hinsichtlich der Abzugsfähigkeit der Refinanzierungszinsen für Banken eingeschränkt.[118] Weil es problematisch war, ob die Gleichmäßigkeit der Besteuerung noch gewahrt bliebe, sofern ausschließlich bei Banken eine geschätzte Refinanzierung in Abzug gebracht werden müsste,[119] bedurfte es einer weiteren Entscheidung des BFH der sich letztendlich auch mit der Frage der Ermittlung ausländischer Zinseinkünfte bei einem inländischen Kreditinstitut auseinandersetzen musste.[120]

Das Urteil verschaffte inländischen Banken eine verbesserte Wettbewerbsfähigkeit bei Portfolien, aus welchen Zinserträge generiert werden (v. a. Auslandskredite und Schuldverschreibungen ausländischer Staaten bzw. sonstiger ausländischer Emittenten.). Die Finanzverwaltung hat mittlerweile den Nichtanwendungserlass aufgehoben und wendet die BFH-Rechtsprechung in allen offenen Fällen auch bei Banken entsprechend an.[121] Der Gesetzgeber reagierte und erweiterte mit erstmaliger Anwendung ab Vz 2003 § 34c Abs.1 Satz 4 EStG den Abzug bei ausländischen Einkünften u.a. gem. § 34 d Nr. 6 EStG "Einkünfte aus Kapitalvermögen (§ 20)" auf alle in wirtschaftlichem Zusammenhang stehenden Betriebsausgaben, was folglich eine Anrechnungskürzung nach § 34 c Abs.2 EStG zur Folge hat. Der Gesetzgeber hatte für die Beurteilung des wirtschaftlichen Zusammenhanges die Refinanzierungszinsen, die im Zusammenhang mit Zinseinnahmen entstehen, im Blick.[122] U.E. ist es vertretbar[123], die tatbestandliche Voraussetzung des wirtschaftlichen Zusammenhanges eng auszulegen. Es bedarf zwar keines unmittelbaren wirtschaftlichen Zusammenhanges, jedoch ist ein zweckgerichteter Bezug der betreffenden Betriebsausgaben und Betriebsvermögensminderungen notwendig. Allgemeinen Verwaltungskosten, Rückstellungen bei der Ermittlung der anrechenbaren Steuern und Währungsverlusten fehlen der zweckgerichtete Bezug und damit der wirtschaftliche Zusammenhang zu den betreffenden Einkünften. Im Ergebnis hat der Gesetzgeber die o.a. Verbesserung der Wettbewerbsfähigkeit wieder kassiert.

► **Wertberichtigungen auf internationale Kreditgeschäfte / Länderrisiken?**

Unter steuerlichen Gesichtspunkten ist neben der Absorption der Quellensteuer aber auch die Wirkung des Ausfalls eines Kredits zu berücksichtigen. Die steuerliche Anerkennung der Bildung von Einzelwertberichtigungen kann je nach Standort ganz unterschiedlich geregelt werden. So ist z. B. in den USA die Bildung einer Einzelwertberichtigung auf Forderungen für Banken nicht möglich. Im Gegensatz dazu ist nach deutschem Handelsrecht – und über die Maßgeblichkeit auch steuerrechtlich – das Vorsichtsprinzip bei der Bewertung der Forderungen zu beachten.

Für Banken stellt sich insbesondere das Erfordernis nach Berücksichtigung von Länderrisiken. Nach allgemeiner Auffassung kann diese nur im Rahmen von Einzelwertberichtigungen, nicht über Sammelwertberichtigungen erfolgen.[124] Ausgangspunkt für die grds. steuerliche Zulässigkeit zur Bildung von Einzelwertberichtigungen bildet ein als Grundsatzentschei-

---

[118] Vgl. BMF-Schreiben v. 23. 12. 1997, IV C 1 – S 2293 – 15/97, BStBl 1997 I 1022.
[119] Vgl. hierzu auch ausführlich *Ammelung*, IStR 1999, 425.
[120] BFH v. 29. 3. 2000, I R 15/99 (IStR 2000, 524).
[121] Vgl. OFD Magdeburg v. 2. 3. 2001 – S 2293 – 7 – St 14, DB 2001, 840.
[122] Vgl. *Kuhn* in Herrmann/Heuer/Raupach, EStG Kommentar, § 34c EStG, Tz. 93 (Lfg. 225, Okt. 2006).
[123] So auch *Gosch* in Kirchhof, EStG Kommentar, 7. Auflage, § 34c EStG, S. 1358, Tz. 21; *Kuhn* in Herrmann/Heuer/Raupach, EStG Kommentar, § 34c EStG, Tz. 93 (Lfg. 225, Okt. 2006).
[124] Vgl. *Gramlich* a. a. O. (oben Fn. 6), S. 87 m. w. N.; Arndt a. a. O. (oben Fn. 109), S. 178 ff.

dung[125] angesehenes Urteil des Hessischen FG aus dem Jahr 1983.[126] Eine einheitliche Verwaltungsregelung liegt seit März 2003 lediglich im Erlassentwurf vor.[127] Auslöser war die Kritik des Bundesrechnungshofes, der wiederholt die Duldung uneinheitlicher Wertansätze kritisiert hatte, weil unterschiedliche Handhabungen in den einzelnen Bundesländern vorliegen sollen: "Während die Finanzbehörden in Bayern, Hamburg und Nordrhein-Westfalen die handelsrechtlichen Wertberichtigungen nur eingeschränkt steuerrechtlich anerkannten, konnten die Finanzbehörden Hessens eine solche Verfahrensweise gegenüber den Kreditinstituten am bedeutenden Bankenplatz Frankfurt/M. bisher nicht durchsetzen".[128] In der Praxis werden seitdem jährlich vom Bundeszentralamt für Steuern Berechnungen über Bandbreiten für die Einzelwertberichtigung der Länderrisiken erstellt, die nach Angaben des Bundeszentralamtes dem o.g. Erlassentwurf entsprechen.

III. Ausreichung durch Auslandseinheiten

1. Steuerliche Besonderheiten

Sofern der Bankkonzern Kunden Alternativen bezüglich des Ausreichungsorts eines Darlehens bieten kann, ist es aus Sicht der Bank wichtig, nicht isoliert auf die Höhe eines etwaig günstigeren Ertragsteuersatzes durch Einschaltung einer Auslandseinheit – zur Nutzung von **Steuersatzarbitrage** – abzustellen. Daneben ist nicht nur zu beachten, dass sich je nach Ausreichungsort und Sitz des Kreditnehmers unterschiedliche DBA-Konstellationen ergeben können; insbesondere gilt es die Absorptionsmöglichkeiten ausländischer Quellensteuer wie auch die steuerlichen Folgewirkungen eines etwaigen Wertberichtigungsbedarfs jeweils nach nationalem Recht der Auslandseinheit zu untersuchen. Durch Beteiligung einzelner Einheiten des Konzerns ist außerdem die Berücksichtigung angemessener Verrechnungspreise zu beachten.[129]

2. Kreditgewährung durch Auslandsniederlassungen

Für Auslandsniederlassungen gelten hinsichtlich der Quellenbesteuerung der Zinsen nicht die DBA zwischen Quellenstaat und dem Betriebsstättenstaat, sondern jeweils die DBA zwischen dem Sitzstaat des Kreditnehmers (Drittstaat) und Deutschland (sog. "Dreiecksverhältnis").[130] Dies liegt darin, dass Betriebsstätten nicht abkommensberechtigt sind.

3. Kreditgewährung durch ausländische Tochterkapitalgesellschaften

Im Gegensatz zu Niederlassungen kann eine Tochterkapitalgesellschaft durch ihre Abkommensberechtigung Vorteile aus "Drittstaaten-DBA" für sich in Anspruch nehmen. Je umfangreicher das DBA-Netz des Sitzstaates ist, umso größer sind die Steuergestaltungspotentiale des Konzerns. Dies kann exemplarisch am Beispiel Österreich belegt werden:

> So profitierte z. B. eine österreichische Tochterbank durch den Erwerb von griechischen Staatsanleihen von der Abkommensvergünstigung unter dem Art. 11 Abs. 2 des alten DBA Österreich – Griechenland.[131] Hierdurch wird die Besteuerung dieser Zinseinkünfte in Öster-

---

[125] Vgl. *Gramlich* a. a. O. (oben Fn. 6), S. 87 m. w. N.
[126] Vgl. Hess. FG v. 16. 9. 1983 – IV 232 – 233/82, BB 1984, 36.
[127] BMF IV A 6 – S 2174 - ../02 (Entwurf vom März 2003)
[128] Vgl. Drucks. 13/5700, S. 121 (11, Tz. 48.2.2.).
[129] Vgl. auch B. III. 5. d).
[130] Vgl. auch *Vogel/Lehner*, a. a. O. (oben Fn. 108), Art. 1 Rz. 8.
[131] Das neue DBA, dass am 1.4.2009 in Kraft getreten und erstmals ab 2010 anzuwenden ist, sieht diese Vergünstigung nicht mehr vor.

reich in vollem Umfang ausgeschlossen. Bei Ausreichung eines Krediteserss nach Brasilien durch eine österreichische Tochterbank ergibt sich höheres Absorptionsvolumen durch eine in Österreich im Vergleich zu Deutschland[132] um 5 % großzügigere Anrechnung fiktiver Quellensteuer.[133]

Durch die Bildung sog. Regional Headquarters (z. B. in Singapur oder Australien) lassen sich in der Rechtsform einer Kapitalgesellschaft nicht nur bestimmte nationale steuerliche Vergünstigungen erzielen. Fungiert das Regional Headquarter als Kapitalversorger, übernimmt es durch die Ausreichung von Krediten an die Einheiten dieser Region eine wichtige Konzernfinanzierungsfunktion. Daher stellen die von Wagner als "Karussellfinanzierung" bezeichneten Darlehensausreichungen deutscher Zentralen an ihre Tochtergesellschaften in Singapur, die zum Teil auch zur Weiterreichung an deren Schwesterbanken außerhalb Singapurs verwendet werden, m. E. lediglich mittelbar vorgenommene Konzernfinanzierungen im Auftrag der Spitzeneinheit denn steuerplanerische Gestaltungen dar.[134] Nachdem insbesondere der Standort Singapur vielfach als asiatisches Regional Headquarter tätig wird – und damit die Kapitalversorgung in der Region zu verantworten hat –, ist diese Vorgehensweise durchaus nicht ungewöhnlich und sollte nicht primär unter dem steuerlichen Blickwinkel eines Treaty Shoppings zur Nutzung der fiktiven Steueranrechnung in Deutschland betrachtet werden.

D. Offshore-Zentren

I. Begriffsabgrenzung

Der Begriff offshore-Zentrum kennt unterschiedlich weitreichende Fassungen. In seiner weitesten Fassung werden danach neben Dienstleistungsmärkten auch Gütermärkte (Freihäfen) mit einbezogen. Als engste Terminologie wird allein auf die Steuervergünstigungen in dieser Region abgestellt. Im Folgenden sei an die Begriffsfassung von Fischer angelehnt, der aufgrund der schwierigen Abgrenzung als offshore-Markt ein Zentrum internationaler Bank-, Finanzierungs- und anderer Dienstleistungen definiert, der steuerliche Vergünstigungen mit einschließt.[135]

II. Bedeutung und steuerliche Restriktionen für internationale Bankgeschäfte

Insbesondere für das Kreditgewerbe wird seit jeher kontrovers diskutiert, ob bestimmte Standorte erst zu leistungsfähigen Finanzplätzen aufgrund der eingeräumten Steuervorteile geworden sind[136] oder ob für die Standortwahl die steuerlichen Bedingungen eher eine untergeordnete Rolle spielen aufgrund der Attraktivität des Finanzplatzes. Aber insbesondere in der Bankenbranche kann es nicht auf die Steuervorteile allein ankommen, weswegen die Wahrheit etwa in der Mitte beider Extrempositionen liegen dürfte und somit die unter D.I. (in Anlehnung an Fischer) gewählte Definition angebracht scheint.

Das Prinzip des offshore Banking besteht grds. aus der Finanzmittelaufnahme von Nichtansässigen des Standorts und der Weitergabe der Mittel an andere Nichtansässige unter Verbleib

---

[132] Art. 23 Abs. 3 b) DBA-Brasilien (außer Kraft getreten durch Kündigung am 7. April 2005)
[133] Vgl. *Jann*, SWI 1996, 400 f, Art. 23 DBA Österreich - Brasilien.
[134] Vgl. Wagner, StBp 1996, 300 f.
[135] Vgl. hierzu i. E. *Fischer* in: Marchazina/Welge (Hrsg.), Handwörterbuch Export und internationale Unternehmung, Spalte 1554.
[136] Vgl. hierzu im Schrifttum auch Runge, IWB F. 10 Gr. 2 S. 569. Die Gegenposition ist zu finden bei *Hofmann*, IWB F. 10 Gr. 2 S. 585.

Ammelung/Langhorst

einer Marge. Dabei ist als Nebenbedingung unerlässlich, dass in dem offshore-Zentrum weder Wechselkurse kontrolliert werden noch Quellensteuer auf die Zinseinnahmen erhoben werden. Für das Bankgeschäft stellt daher Doggart u. E. zutreffend einschränkend fest, dass im internationalen Bankengeschäft einerseits nicht automatisch jede neue Steueroase sich auch für offshore Banking eignet, andererseits nicht jedes offshore-Zentrum auch eine Steueroase darstellt.[137]

Auch deutsche Großbanken nehmen in gewissem Umfang am offshore-Geschäft teil. Dazu zählen neben der Gründung von Auslandsniederlassungen in solchen Regionen insbesondere die Übertragung betriebswirtschaftlicher Funktionen (z. B. Konzernfinanzierung durch Anleiheemissionen) sowie die Errichtung neuer Geschäftssegmente (z. B. vor Ausbruch der "subprime"-Krise sog. Asset-Backed-Securities-Geschäfte). Nach Angabe der Deutschen Bundesbank waren im März 2009 13 deutsche Kreditinstitute mit 25 Auslandsfilialen in sog. offshore-Bankzentren vertreten.[138]

Der internationale Wettbewerbsdruck sowohl des Bankgeschäftes als auch der Schaffung günstiger Investitionsbedingungen durch die jeweiligen Staaten sorgte hier offenbar dafür, dass bestimmte oligopolartige Geschäftsfelderzentren entstehen.

Die den Kennern des internationalen Steuerrechts einschlägig bekannten Standorte sind meist Nischenanbieter[139], die es geschickt verstehen, eine optimale Bündelung von – und im Vergleich zum hiesigen Niveau günstigeren – qualifizierten Fachkräften, preiswerteren Raumkosten, rechtlichen (inklusive liberaleren aufsichtsrechtlichen) Rahmenbedingungen zur Vornahme bestimmter Geschäfte sowie auch steuerliche Anreize zu gewährleisten. Dabei sind im deutschen Bankgewerbe weniger die klassischen Steueroasen (wie z. B. Bahamas, Cayman Islands) von Interesse als vielmehr Standorte, mit denen ein DBA besteht. Diese sind in den letzten Jahrzehnten insbesondere in Europa entstanden. Bei der Etablierung von ausländischen Tochtergesellschaften deutscher Banken in sog. Niedrigsteuerländern sind trotz des DBA-Schutzes insbesondere die Bestimmungen des AStG zu beachten. Hier interessiert in erster Linie, ob aktive Einkünfte gem. § 8 Abs. 1 Nr. 3 (Banken) AStG oder § 8 Abs. 1 Nr. 7 (Finanzierungsgesellschaften) AStG vorliegen. Die Auslegung insbesondere dieser Vorschriften und deren Haltbarkeit vor der Großbetriebsprüfung gestaltet sich für Steuerabteilungen deutscher Bankkonzerne häufig mehr zu einem Glücksspiel als zu seriöser internationaler Steuerplanung.

Die einzige finanzrichterliche Auslegungshilfe im Bereich der Banken hat bislang lediglich das FG Baden-Württemberg mit Urt. v. 27. 7. 1995[140] geleistet. Von Bedeutung war zum einen die Feststellung des Gerichts, dass ausschließlich der inländische Begriff des Kreditinstituts maßgebend ist. Danach ist für Zwecke des AStG nicht auf eine erteilte Banklizenz im Ausland abzustellen. Zum anderen wurden hinsichtlich der einschränkenden Voraussetzung des § 8 Abs. 1 Nr. 3, 2. Halbs. AStG zwei weitere wichtige Orientierungshilfen gegeben. Danach liegen passive Einkünfte vor, wenn die Geschäfte der Auslandsgesellschaft mit überwiegend – d. h. mehr als 50 % – mit dem Inlandsgesellschafter bzw. nahe stehenden Personen betrieben werden. So ist bei

---

[137] *Doggart*, Tax havens and their uses, S. 58.
[138] Vgl. Deutsche Bundesbank, Bankenstatistik Juni 2009, S. 96 (Statistisches Beiheft zum Monatsbericht I) http://www.bundesbank.de/download/volkswirtschaft/bankenstatistik/2009/bankenstatistik062009.pdf
[139] Insbes. für neue Offshore-Zentren ist die Spezifikation essentiell, um sich gegenüber den etablierten Standorten behaupten zu können, vgl. *Doggart* a. a. O. (oben Fn. 138), S. 2.
[140] FG Baden-Württemberg, Außensenate Stuttgart, Zwischenurt. v. 27. 7. 1995 6, K 216/88 rkr., EFG 1996, 350.

dieser Prüfung auf sämtliche Geschäfte (Aktiv- und Passivgeschäfte) abzustellen. Weiterhin wurden die bisweilen umstrittene Bezugsgröße[141] (Zahl der Geschäfte, Gewinn, Umsatz aus bestimmten Geschäften?) bzw. die Frage einer etwaigen Gewichtung u. E. begrüßenswert pragmatisch gelöst. Im Streitfall wurde das Abstellen auf Kreditsummen in den jeweiligen Bilanzen als sachgerechtes Kriterium bezeichnet, weil es in der Tat in praxi aufgrund der Unterschiedlichkeit bezüglich der Anzahl der Geschäfte nahezu unmöglich erscheint, eine Zuordnung von Aktiv- und Passivgeschäften und die dahinterstehende Zinsspanne zu berücksichtigen und heraus zurechnen.

E. Steuerliche Reputationsrisiken für Banken bei internationaler Betätigung[142]

Aufgrund der jüngsten Entwicklungen haben sich zum Teil ursprünglich etablierte Funktionen überholt. So ist das Geschäft mit Asset Backed Securities als Mitauslöser der "subprime"-Krise faktisch zum Erliegen gekommen. International tätige Banken werden aber in einem deutlich stärkeren Ausmaß als bisher mit einer geänderten Wahrnehmung bis hin zu Misstrauen der Öffentlichkeit sowie der Fisci konfrontiert, die neben regulatorischen auch zu zahlreichen steuerliche Umfeldveränderungen geführt haben. Aufgrund dieser jüngsten Entwicklungen gewinnt bei der internationalen Steuerplanung das Reputationsrisiko für Banken zunehmend an Bedeutung. U.E. sind folgende aktuelle Entwicklungen der Reputationsrisiken zu nennen:

► **Internationale Entwicklungen**

Der kürzlich erschienen OECD Bericht zur Rolle der Banken in aggressiver Steuerplanung[143] richtet sich mit sog Good Practise – Empfehlungen an die Banken, die insbesondere Hinweise für die Überprüfung der internen organisatorischen und dokumentarischen Prozesse in Bezug auf Steuerrisiken und Transparenz einer Bank nahelegen. So sollten Steuerabteilungen von Banken die letzte Entscheidung über komplexe strukturierte Finanzierungen haben, bevor ein Investment auf die Bücher genommen wird. Darüber hinaus sollten Steuerabteilungen der Banken ermutigt werden, hinsichtlich auch steuerlich motivierter Strukturen – unabhängig ob für Kunden oder für die eigenen Bücher – mit den für die Bank zuständigen Finanzbehörden einen gewissen Grad an Transparenz vorzusehen.

Als Vorteile einer solchen internen Umsetzung wird nicht nur die Reduktion von Reputationsrisiken sowie der Unsicherheit der Steuerrisiken, sondern auch eine proaktive Klärung bei Rechtsunsicherheiten mit den Finanzbehörden gesehen.

---

[141] Zum Meinungstand vgl. *Rödel* in Kraft, Kommentar zum AStG, München, 2009, § 8 Rz. 205f.

[142] An dieser Stelle wurden bisher ausgewählte offshore-Standorte und deren Funktionen für eine bedeutende Auswahl an interessanten offshore-Zentren deutscher Banken und deren Einsatzmöglichkeiten im Rahmen internationaler Geschäftstätigkeit wie z. B. Labuan (Malaysia) und das International Financial Centre in Dublin (Irland) für Bankniederlassungen oder Jersey (Kanalinseln) für Zweckgesellschaften für das Asset-Backed-Securities-Geschäft skizziert (vgl. die 2. Auflage dieses Beitrages). Eine umfassende Übersicht mit ausführlicher Einzelbetrachtung hauptsächlich genutzter Oasengebiete findet sich bei *Dreßler*, Gewinn- und Vermögensverlagerungen in Niedrigsteuerländer und ihre steuerliche Überprüfung, 4. Auflage, Köln 2007, S. 42ff.

[143] Forum on Tax Administration: Building Transparent Compliance by Banks, May 2009 http://www.oecd.org/dataoecd/5/29/42797744.pdf

Exemplarisch werden dort bereits die Voraussetzungen für eine Anzeigepflicht einer Transaktion sowie die Erfahrungen dieser sog. Disclosure Regimes der USA und des Vereinigten Königreiches dargestellt.[144]

▶ **Erhöhte Kooperationspflicht bei Geschäftsbeziehungen zu Steueroasen**

In diesem Zusammenhang ist auch das Steuerhinterziehungsbekämpfungsgesetz[145] zu nennen. Die Finanzverwaltung erhält u. a. die Möglichkeit, den Abzug von Betriebsausgaben/ Werbungskosten sowie die Steuerbefreiung von Dividenden nach § 8b Abs. 1 KStG sowie nach einem DBA von erweiterten Nachweis- und Mitwirkungspflichten abhängig zu machen, sofern die Beteiligten oder andere nahestehende Personen in Staaten oder Gebieten ansässig sind, die keine Auskünfte nach den OECD Standards erteilen oder dazu bereit sind. Hierdurch soll sowohl den eingeschränkten Ermittlungsmöglichkeiten der Finanzbehörden Rechnung getragen und andererseits der Anreiz für den jeweiligen Staat erhöht werden, mit Deutschland einen effektiven Auskunftsaustausch nach den OECD Standards zu vereinbaren. So können sich die besonderen Nachweis- und Mitwirkungspflichten auf die Angemessenheit der zwischen nahestehenden Personen i. S. des § 1 Abs. 2 AStG in ihren Geschäftsbeziehungen vereinbarten Bedingungen und die Bevollmächtigung der Finanzbehörde, im Namen des Steuerpflichtigen mögliche Auskunftsansprüche gegenüber den von der Finanzbehörde benannten Kreditinstitute außergerichtlich und gerichtlich geltend zu machen, erstrecken. Zu dieser Verschärfung kommt es nicht in Fällen, in denen die Steuerpflichtigen in DBA-Staaten ansässig sind mit denen die Erteilung von Auskünften gem. Art. 26 des OECD-MA vorgesehen ist.[146] Der immer stärker werdende internationale Druck auf sog. Steueroasen zeigt indes Wirkung. So kündigten die Regierungen Österreichs, Luxemburgs, Belgiens und der Schweiz auf der zweiten Konferenz zum Kampf gegen internationalen Steuerbetrug und Steuerhinterziehung durch mehr Transparenz und effektiven Auskunftsaustausch für Steuerzwecke der OECD-Staaten an, sich künftig an die OECD-Standards zu halten um nicht länger auf der "grauen Liste" der OECD vermerkt zu sein.[147] Auf diesen Treffen wurden auch sind einige Schlussfolgerungen getroffen worden, die u.a. auch Finanzinstitute betreffen.

So erwägen die OECD Mitgliedstaaten eine Harmonisierung ihrer Maßnahmen zum Schutz ihrer Besteuerungsbasis gegenüber solchen Staaten und Gebieten, die die OECD-Standards nicht zeitnah und effektiv umsetzen. Folgende Maßnahmen werden in Erwägung gezogen (beispielhaft):

▶ verstärkte Offenlegungspflichten für inländische und ausländische Finanzinstitute sowie Einrichtungen für kollektive Wertpapieranlagen hinsichtlich der Meldung von Transaktionen, an denen nicht-kooperative Jurisdiktionen beteiligt sind;

▶ Versagung der Steuerbefreiung für Beteiligungsgewinne aus nicht-kooperativen Jurisdiktionen;

---

[144] Forum on Tax Administration: Building Transparent Compliance by Banks, May 2009, S. 31
[145] Verabschiedet im Bundestag am 3. Juli 2009
[146] BT-Drucksache 16/13106 vom 22. 5. 2009, Begründung zu Artikel 2
[147] SZ vom 24. Juni 2009, S. 17

► Aufforderung an internationale Finanzinstitute, ihre Anlagestrategie hinsichtlich nichtkooperativer Jurisdiktionen zu überprüfen.[148]

Für die erstmalige Anwendung des Steuerhinterziehungsgesetzes und der Steuerhinterziehungsbekämpfungsverordnung im Veranlagungszeitraum 2010 hat das BMF festgestellt, dass zum 1. Januar 2010 kein Staat oder Gebiet die Voraussetzungen für Maßnahmen nach der Steuerhinterziehungsbekämpfungsverordnung erfüllt.[149]

Der jüngste Rechtsstreit zwischen der USA und der einer Schweizer Großbank machen deutlich, wie sehr das internationale Geschäftsmodell von Kreditinstituten aufgrund der Betätigung von Banken in Steueroasen gefährdet ist.[150] Im vorliegenden Fall hat ein amerikanischer Bankberater als Kronzeuge gestanden, amerikanischen Staatsbürgern bei der Steuerhinterziehung über Kapitalanlagen in Steueroasen verholfen zu haben. In der Folge verklagte die US-Steuerbehörde Internal Revenue Service die Bank auf Herausgabe von 52.000 amerikanischen Kunden unter Androhung eines Ultimatums die Lizenz der Gesellschaft in den USA zu entziehen.

Angesichts dieser Entwicklungen erwarten wir, dass das Thema proaktive Überwachung der Steuerreputation die Steuerfunktion von Banken und deren Verantwortung für die Häuser zu einer noch stärkeren Einbettung in die Abläufe des Geschäftsbetriebs führen wird als bisher.

---

[148] http://www.bundesfinanzministerium.de/nn_2368/DE/Wirtschaft__und__Verwaltung/Internationale__Beziehungen/220609__Steuerkonferenz__anl__de,templateId=raw,property=publicationFile.pdf
[149] Vgl. BMF- Schreiben v. 5. Januar 2010.
[150] "Showdown zwischen Schweiz und Amerika: Der Streit mit der US-Steuerbehörde bedroht die Existenz der Großbank UBS", SZ vom 30. Juni 2009, S. 26

Ammelung/Langhorst

2. Besteuerungsfragen beim grenzüberschreitenden Einsatz derivativer Finanzinstrumente

von Holger Häuselmann, Rechtsanwalt, Wirtschaftsprüfer, Steuerberater, Frankfurt/M.

Inhaltsübersicht

A. Die steuerliche Erfassung derivativer Finanzinstrumente
  I. Was sind Finanzinnovationen und derivative Finanzinstrumente?
  II. Typische derivative Finanzinstrumente
  III. Die Einordnung derivativer Finanzinstrumente im deutschen Bilanz- und Steuerrecht
  IV. Derivative Finanzinstrumente und steuerliche Gewinnermittlung

B. Steuerliche Besonderheiten grenzüberschreitender Derivativgeschäfte
  I. Zahlungen von ausländischen Kontraktpartnern
  II. Zahlungen an ausländische Kontraktpartner
  III. Derivative Finanzinstrumente im deutschen Abkommensrecht

Literatur:

Amann, Zur Systematik der Ermittlung ausländischer Einkünfte, DB 1997, 796; **Behrens,** Neuregelung der Besteuerung der Einkünfte aus Kapitalvermögen ab 2009, BB 2007, 1025; **Briesemeister,** Hybride Finanzinstrumente im Ertragsteuerrecht, 2006; **Haisch,** Auswirkungen der IDW RS HFA 22 auf die Besteuerung von strukturierten Finanzinstrumenten, FR 2009, 65; **Haisch,** Kapitalanlage unter der Abgeltungssteuer, FB 2008, 248; **Hamacher,** Steuerrechtliche Fragen der Geschäfte an der Deutschen Terminbörse, WM 1990, 1441; **Häuselmann,** Die Bilanzierung und Besteuerung von Zinsbegrenzungsverträgen (Caps, Floors, Collars), BB 1990, 2149; **Häuselmann,** Wertpapier-Darlehen in der Steuerbilanz, DB 2000, 495; **Häuselmann,** Repo-Geschäfte in der Steuerbilanz, BB 2000, 1287; **Häuselmann,** Das Ende des "Steuerschlupfloches" Wertpapierleihe, DStR 2007, 1379; **Häuselmann,** Zweifelsfragen bei der bilanzsteuerlichen Erfassung von anteilsbezogenen Derivaten, Ubg 2008, 391; **Häuselmann,** Möglichkeiten und Grenzen des Zinsschrankenmanagements beim Einsatz von Wertpapieren, Ubg 2009, 225; **Häuselmann,** Die Einordnung von Kapitalüberlassungsverhältnissen für Zwecke der Zinsschranke, FR 2009, 506; **Häuselmann/Wiesenbart,** Die Bilanzierung und Besteuerung von Wertpapier-Leihgeschäften, DB 1990, 2129; **Herzig/Briesemeister,** Steuerliche Konsequenzen des BilMoG – Deregulierung und Maßgeblichkeit, DB 2009, 926; **IDW,** Anhangangaben nach § 285 Satz 1 Nr. 18 und 19 HGB sowie Lageberichterstattung nach § 289 Abs. 2 Nr. 2 HGB in der Fassung des Bilanzrechtsreformgesetzes IDW RH HFA 1.005, WPg 2005, 531; **IDW,** Zur einheitlichen oder getrennten handelsrechtlichen Bilanzierung strukturierter Finanzinstrumente (IDW RS HFA 22), WPg Supplement 4/2008, S. 41; **Ruf,** Steuerplanung mittels Wertpapierleihe nach dem Unternehmensteuerreformgesetz 2008, FB 2008, 292; **Scharpf,** Handbuch Bankbilanz, 2. Aufl. 2004; **Scharpf,** in: Küting/Pfitzer/Weber, Das neue deutsche Bilanzrecht, 2. Aufl. 2009, S. 197ff.; **Scharpf/Schaber,** Bilanzierung von Bewertungseinheiten nach § 254 HGB-E (BilMoG), KoR 2008, 532; **Woywode,** Die abkommensrechtliche Einordnung von Einkünften aus Forward-/Future- und Optionsverträgen, IStR 2006, 325; **Woywode,** Die abkommensrechtliche Einordnung von Einkünften aus Swapverträgen, IStR 2006, 368.

A. Die steuerliche Erfassung derivativer Finanzinstrumente

I. Was sind Finanzinnovationen und derivative Finanzinstrumente?

Der Begriff der Finanzinnovationen, der Derivate oder der Finanzinstrumente wird zumeist in einer relativ diffusen Art und Weise gebraucht. Eine spezifische bilanzrechtliche oder steuerliche Begrifflichkeit ist nicht erkennbar. Der undifferenzierte Gebrauch reicht von reinen Systeminnovationen, wie z. B. der Errichtung von Terminbörsen, über bloße Prozessinnovationen, d. h. neue Verfahrensweisen der Kontrahierung und neue Techniken der Abwicklung von Finanztransaktionen wie z. B. die Securitization, technologisch geprägte Finanzinnovationen wie Cyber-Cash und Electronic-Banking bis zu den Produktinnovationen. Die Produktinnovationen ihrerseits können auf der rein technischen Ebene des Financial Engineering liegen, z. B. im Unbundling oder Rebundling, z. B. bei der Emission von Repacked Bonds. Auch die originären Finanzproduktinnovationen, d. h. die Weiterentwicklungen von klassischen Anteils- und Anleihepapieren, z. B. Wandel- und Umtauschanleihen, Zerobonds, Floating Rate Notes und Indexanleihen, werden vielfach dem Begriff der Finanzinnovationen zugeordnet. Im Mittelpunkt der nachfolgenden Erwägungen sollen primär die Produktinnovationen im engeren Sinne stehen, d. h. die Options- und Termingeschäfte in ihren unterschiedlichen Ausprägungen, aber auch Wertpapierdarlehens- und Repogeschäfte.

II. Typische derivative Finanzinstrumente

Alle derivativen Finanzinstrumente (Derivate) lassen sich auf zwei Grundformen zurückführen:
- Verträge mit Termincharakter (unbedingte Termingeschäfte),
- Verträge mit Optionscharakter (bedingte Termingeschäfte).

Beim **Optionsgeschäft** erwirbt der Käufer der Option vom Verkäufer (sog. Stillhalter) gegen Bezahlung einer Prämie das Recht, eine bestimmte Anzahl zum Optionshandel zugelassener Basiswerte (z. B. Aktien) am Ende der Laufzeit oder jederzeit innerhalb der Laufzeit der Option zum vereinbarten Basispreis entweder vom Verkäufer der Option zu kaufen (Kaufoption oder **Call**) oder an diesen zu verkaufen (Verkaufsoption oder **Put**). Diesem Recht des Optionskäufers steht die entsprechende Verpflichtung des Verkäufers der Option gegenüber, die Basiswerte zu liefern oder abzunehmen, wenn der Optionskäufer sein Optionsrecht ausübt. Ist die effektive Annahme oder Lieferung des Basiswerts aufgrund der Natur der Sache (z. B. bei Indizes) oder aufgrund von Handelsbedingungen ausgeschlossen, besteht die Verpflichtung des Optionsgebers bei Ausübung der Option durch den Optionskäufer in der Zahlung der Differenz zwischen vereinbartem Basispreis und Tageskurs des Basiswerts (Barausgleich oder **Cash Settlement**).

Optionen können als Optionsscheine verbrieft oder unverbrieft sein; sie können börsengehandelt oder individualvertraglich vereinbart sein (OTC-Optionen). Die Option erlischt mit Ablauf der Optionsfrist durch Verfall, durch Ausübung der Option oder durch sog. Glattstellung. Bei der Glattstellung ist zwischen der "wirtschaftlichen Glattstellung" und der "rechtlichen Glattstellung" zu unterscheiden. Im ersteren Fall wird durch ein komplementäres Gegengeschäft das wirtschaftliche Ergebnis festgeschrieben; der Steuerpflichtige ist einerseits Berechtigter aus einer Option und Verpflichteter aus einer gegenläufigen zweiten Option. Im zweiten Falle, etwa einer Glattstellung an der Terminbörse EUREX, wird durch den Abschluss des Gegengeschäftes der ursprüngliche Kontrakt auch rechtlich aufgehoben.

Besondere Ausprägungen der Verträge mit Optionscharakter sind **Zinsbegrenzungsvereinbarungen** (Cap, Floor oder Collar). Ein **Cap** ist die auf einen bestimmten Kapitalbetrag bezogene vertragliche Vereinbarung einer Zinsobergrenze. Der Verkäufer eines Zinscaps verpflichtet sich, am Ende der vereinbarten Zinsperioden dem Capkäufer die Differenz zwischen der festgelegten Zinsobergrenze und dem vereinbarten variablen Referenzzinssatz (z. B. LIBOR) zu zahlen. Liegt der Marktzins unterhalb der Obergrenze, werden keine Zahlungen fällig. Als Gegenleistung für seine Leistungsverpflichtung erhält der Cap-Verkäufer eine i. d. R. einmalige Vergütung. Das Gegenstück ist ein **Floor**, die vertragliche Vereinbarung einer Zinsuntergrenze. Unterschreitet dabei der Referenzzinssatz die vertraglich festgelegte Zinsuntergrenze, zahlt der Verkäufer (Stillhalter) dem Käufer des **Floor** die Differenz zur Zinsuntergrenze. Ein **Collar** entspricht dem gleichzeitigen Kauf eines Cap und Verkauf eines Floor. Wirtschaftlich kann man sich Zinsbe-

Häuselmann

grenzungsvereinbarungen als eine Reihe hintereinander gestaffelter Zinsoptionen (sog. europäischen Einzeloptionen) vorstellen[1].

Financial Futures stellen im Gegensatz zu Optionen für den Käufer und Verkäufer die feste Verpflichtung dar, nach Ablauf einer Frist einen bestimmten Basiswert (z. B. Anleihen) zu standardisierten Bedingungen und zum vorab vereinbarten Preis zu erwerben bzw. zu liefern. Bei physisch nicht lieferbaren Basiswerten (z. B. einem Aktienindex) wandelt sich die Verpflichtung auf Lieferung oder Abnahme notwendigerweise in einen Barausgleich in Höhe der Differenz zwischen Kaufpreis des Kontrakts und dem Wert des Basisobjekts am letzten Handelstag. Aber auch bei ansonsten physisch lieferbaren Basiswerten können die Kontraktbedingungen einen zwingenden Barausgleich (*Cash Settlement*) vorsehen. Als **Financial Futures** werden dabei hinsichtlich Nominalbetrag, Laufzeit und Basiswert standardisierte, an Terminbörsen gehandelte Finanzterminkontrakte verstanden; **Forward Rate Agreements** (FRAs) sind zwischen zwei Vertragsparteien individuell vereinbarte Zinstermingeschäfte.

Ein **Swap** ist eine individualvertragliche Verpflichtung zum mehrmaligen Austausch von Zahlungsströmen, grundsätzlich über mehrere Abrechnungsperioden, die auf der Basis eines fiktiven Kapitalbetrages und einer bestimmten Bezugsgröße berechnet werden. Bezugsgröße können Zinsen sein (Zinsswap), d. h. der "Tausch" fester gegen variable Verzinsung oder umgekehrt, ferner Währungen (Devisenswap), Zinsen und Währung (Zins-Währungsswap), Kreditrisiken (Credit Default Swap) usw. Wirtschaftlich kann man einen Swap als eine Reihe von nacheinander geschalteten Termingeschäften mit Barausgleich (Forwards) betrachten. Im Falle von sog. **Equity Swaps** (Total Return Swaps) ist eine Aktie die Bezugsgröße: eine Partei zahlt Dividendenausgleichszahlungen und bei Endfälligkeit ggf. einen Äquivalenzbetrag für einen Wertzuwachs der Aktie; die Gegenpartei zahlt einen Zinsäquivalenzbetrag (z. B. EURIBOR plus Marge) und bei Endfälligkeit ggf. einen Äquivalenzbetrag für eine Wertminderung der Aktie.

Nicht unmittelbar zum Kreis der Verträge mit Termin- und Optionscharakter gehören die Repo- bzw. **Pensionsgeschäfte (Repurchase Agreements)**. Pensionsgeschäfte sind Verträge, durch die ein Kreditinstitut oder der Kunde eines Kreditinstituts (Pensionsgeber) ihm gehörende Vermögensgegenstände einem anderen Kreditinstitut oder einem seiner Kunden (Pensionsnehmer) gegen Zahlung eines Betrags überträgt und in denen gleichzeitig vereinbart wird, dass die Vermögensgegenstände später gegen Entrichtung des empfangenen oder eines im Voraus vereinbarten anderen Betrags an den Pensionsgeber zurück übertragen werden müssen[2] oder können[3] (§ 340b Abs. 1 HGB).

Das funktionsverwandte **Wertpapierdarlehensgeschäft (Securities Lending Contract)** ist hingegen nicht als Termingeschäft, sondern als Sachdarlehensgeschäft zu qualifizieren. Bei einem Wertpapierdarlehensgeschäft werden Wertpapiere mit der Verpflichtung übereignet, dass der Darlehensnehmer nach Ablauf der vereinbarten Zeit Papiere gleicher Art, Güte und Menge zurück übereignet und für die Dauer des Darlehens ein Entgelt entrichtet.

---

[1] Vgl. *Häuselmann*, Die Bilanzierung und Besteuerung von Zinsbegrenzungsverträgen (Caps, Floors, Collars), BB 1990, 2149, 2151.
[2] Echtes Pensionsgeschäft i. S. d. § 340b Abs. 2 HGB als Vertrag mit Termincharakter.
[3] Unechtes Pensionsgeschäft i. S. d. § 340b Abs. 3 HGB als Vertrag mit Optionscharakter.

III. Die Einordnung derivativer Finanzinstrumente im deutschen Bilanz- und Steuerrecht

1. Die Begriffsbestimmungen des Handelsrecht

Das deutsche Rechtssystem gebrauchte den Begriff des "Finanzinstruments" erstmals infolge der Umsetzung der EG-Bankbilanzrichtlinie in § 340c Abs. 1 Satz 1 HGB a.F. und § 27 Abs. 1 RechKredV für die **Handelsbilanz** der Kreditinstitute, ohne ihn jedoch zu definieren. In Abgrenzung zu Wertpapieren, Devisen und Edelmetallen wurden unter den Begriff **'Finanzinstrumente'** dabei insbesondere Optionen, Termingeschäfte (Futures, Forward Rate Agreements), Swaps, Zinsbegrenzungsvereinbarungen (Caps, Floors, Collars) und Kreditderivate subsumiert[4]. Mit dem Bilanzrechtsmodernisierungsgesetz (BilMoG) wird der Begriff der Finanzinstrumente nun für die handelsrechtliche Gewinnermittlung aller Kaufleute relevant (§ 254 Satz 1 HGB n.F; § 285 Nr. 18 HGB n. F.). Zu den Finanzinstrumenten für Zwecke des § 254 HGB zählt der Gesetzgeber aber nicht nur derivative Finanzinstrumente (wie z. B. Optionen und Termingeschäfte), sondern auch sog. originäre Finanzinstrumente (wie z. B. Aktien, Anleihen usw.)[5]; Warentermingeschäfte werden für Zwecke des § 254 HGB n. F. als Finanzinstrumente fingiert (§ 254 Satz 2 HGB n. F.). Für die Rechnungslegung der Kreditinstitute unterscheidet das BilMoG weiter die **'Finanzinstrumente des Handelsbestandes'** (§ 340c Abs. 1 Satz 1 HGB n .F.; § 340e Abs. 3 Satz 1 n. F.). Da das HGB weiterhin auf eine Definition des Begriffs 'Finanzinstrumente' verzichtet, lehnt sich die Praxis an die aufsichtsrechtliche Definition in § 1a Abs. 3 KWG an (*"Finanzinstrumente sind ... alle Verträge, die für eine der beteiligten Seiten einen finanziellen Vermögenswert und für die andere Seite eine finanzielle Verbindlichkeit oder ein Eigenkapitalinstrument schaffen"*)[6]. Diese Definition entspricht grosso modo der des *'financial instrument'* in IAS 32.11. Daneben gebraucht das HGB den Begriff der **'derivativen Finanzinstrumente'** (§ 285 Nr. 19 HGB n. F.). In Anlehnung an die Definition des insoweit synonym zu gebrauchenden Begriffs **'Derivat'** in § 1 Abs. 11 Satz 4 KWG sind darunter als Festgeschäfte oder Optionsgeschäfte ausgestaltete Termingeschäfte, deren Preis unmittelbar oder mittelbar von dem Börsen- oder Marktpreis von Wertpapieren, Geldmarktinstrumenten, Waren oder Edelmetallen, oder von Zinssätzen oder anderen Erträgen abhängt, zu verstehen[7].

2. Die Begrifflichkeiten des deutschen Steuerrechts

Im Bereich der Gewinnermittlung wurde mit der Verlustverrechnungsbegrenzung für **'Termingeschäfte'** nach § 15 Abs. 4 Satz 3 EStG erstmals eine Sonderregelung für die Besteuerung bestimmter Finanzinstrumente geschaffen. Termingeschäfte sollten nach dem Willen des Gesetzgebers in Anlehnung an § 2 WpHG Festgeschäfte und Optionsgeschäfte sein, deren Preis unmittelbar oder mittelbar vom Börsen- oder Marktpreis von Wertpapieren, Zinssätzen usw. abhängt[8]. Die h. M. geht dahin, den Begriff des Termingeschäfts für Zwecke des § 15 Abs. 4 EStG eigenständig auszulegen und darunter – im Gegensatz zum sofort zu erfüllenden Kassageschäft – Verträge (über Wertpapiere, Devisen usw.) zu fassen, die von beiden Seiten bindend oder optional erst zu einem späteren Zeitpunkt zu erfüllen sind, wobei deren Konditionen aber schon

---

[4] *Scharpf*, Handbuch Bankbilanz, 2. Aufl. 2004, S. 770.

[5] BT-Drs. 16/10067 S. 58.

[6] Vgl. *Scharpf*, in: Küting/Pfitzer/Weber, Das neue deutsche Bilanzrecht, 2. Aufl. 2009, S. 229 m. w. N.

[7] Vgl. *IDW*, Anhangaben nach § 285 Satz 1 Nr. 18 und 19 HGB sowie Lageberichterstattung nach § 289 Abs. 2 Nr. 2 HGB in der Fassung des Bilanzrechtsreformgesetzes IDW RH HFA 1.005, WPg 2005, 531 Anm. 5; *Ellrott*, in: Beck Bil-Komm., 6. Aufl. 2006, § 285 HGB Rn. 282.

[8] BT-Drs. 14/443 S. 28.

bei Abschluss des Geschäftes festgelegt sind[9]. Entgegen der Ansicht der Finanzverwaltung[10] liegen aufgrund des Wortlautes des Gesetzes (*"Termingeschäfte durch die der Steuerpflichtige einen Differenzausgleich oder einen durch den Wert einer veränderlichen Bezugsgröße bestimmten Geldbetrag oder Vorteil erhält"*) Termingeschäfte, die von vornherein auf eine physische Erfüllung angelegt sind, außerhalb des Anwendungsbereichs der Norm[11]. Bei Optionsgeschäften mit Barausgleich kann es beim Optionsberechtigten nur im Fall der Ausübung zu einem Verlust "aus" dem Termingeschäft kommen, nicht jedoch bei dessen Veräußerung mit Verlust oder bei dessen Verfall[12]. Beim Stillhalter kann es grundsätzlich zu keinem Termingeschäftsverlust kommen[13]. Entsprechendes gilt bei Zinsbegrenzungsvereinbarungen. Bei Futures und Forwards, die einen Barausgleich vorsehen (*Cash Settlement*) sowie bei Swaps steht die Anwendbarkeit des § 15 Abs. 4 Satz 3 EStG außer Frage. Wertpapierdarlehensgeschäfte und Repo-Geschäfte sind hingegen keine Termingeschäfte i. S. des § 15 Abs. 4 Satz 3 EStG[14]. Als Kassageschäfte fallen Compound Instruments (strukturierte Produkte) und Zertifikate ebenfalls nicht in den Anwendungsbereich des § 15 Abs. 4 Satz 3 EStG[15].

Sonderregelungen für die steuerliche Erfassung von Finanzinstrumenten enthält das KStG seit dem VZ 2007 für **Wertpapierdarlehensgeschäfte** und **Wertpapierpensionsgeschäfte** (§ 8b Abs. 10 KStG; § 2 Nr. 2 KStG; § 32 Abs. 3 KStG).

Infolge des BilMoG bestehen ab dem VZ 2010 erstmals auch im Bereich der steuerlichen Gewinnermittlung Sonderregelungen für **'Finanzinstrumente'**. Sie betreffen namentlich Kreditinstitute, die auch für Zwecke der steuerlichen Gewinnermittlung ihre 'Finanzinstrumente des Handelsbestandes' i. S. des § 340e Abs. 3 HGB mit dem beizulegenden Zeitwert (§ 255 Abs. 4 HGB)[16] abzüglich eines Risikoabschlages zu bewerten haben, solange die betreffenden Finanzinstrumente nicht Bestandteil einer Bewertungseinheit i. S. des § 5 Abs. 1a Satz 2 EStG (i. V. mit § 254 HGB) sind (§ 6 Abs. 1 Nr. 2b EStG). Die Besonderheit der Zeitwertbilanzierung liegt darin, dass insoweit auch das ansonsten aufgrund des Grundsatzes der Nichtbilanzierung schwebender Geschäfte bestehende Aktivierungsverbot für Derivate aufgehoben und das Realisationsprinzip i. S. des § 252 Abs. 1 Nr. 4 HGB durchbrochen wird[17].

§ 5 Abs. 1a Satz 2 EStG gebietet die steuerliche Adaption handelsrechtlich gebildeter Bewertungseinheiten. Die maßgebliche handelsrechtliche Bezugsnorm ist § 254 HGB n. F.[18]. Es gilt insoweit eine "konkrete Maßgeblichkeit", die den allgemeinen Maßgeblichkeitsgrundsatz des

---

[9] Vgl. *Intemann*, in: Herrmann/Heuer/Raupach, EStG/KStG [März 2009], § 15 EStG Rn. 1541 m. w. N.

[10] Vgl. BMF v. 23. 9. 2005, DStR 2005, 1900; BMF v. 12.2.2007, DStR 2007, 719.

[11] Vgl. *Feyerabend*, in: Erle/Sauter, KStG, 2. Aufl. 2006, § 15 EStG Rn. 30.

[12] Vgl. *Häuselmann*, Zweifelsfragen bei der bilanzsteuerlichen Erfassung von anteilsbezogenen Derivaten, Ubg 2008, 391, 394. A.M. *Intemann*, in: Herrmann/Heuer/Raupach, EStG/KStG [März 2009], § 15 EStG Rn. 1550.

[13] Vgl. *Häuselmann*, Zweifelsfragen bei der bilanzsteuerlichen Erfassung von anteilsbezogenen Derivaten, Ubg 2008, 391, 392f. A.M. *Intemann*, in: Herrmann/Heuer/Raupach, EStG/KStG [März 2009], § 15 EStG Rn. 1550.

[14] *Häuselmann*, Wertpapier-Darlehen in der Steuerbilanz, DB 2000, 495.

[15] Ebenso *Intemann*, in: Herrmann/Heuer/Raupach, EStG/KStG [März 2009], § 15 EStG Rn. 1552f.

[16] Zu Zeitwertermittlung nach § 255 Abs. 4 HGB n. F. im einzelnen *Scharpf*, in: Küting/Pfitzer/Weber, Das neue deutsche Bilanzrecht, 2. Aufl. 2009, S. 235f m. w. N.

[17] BR-Drs. 344/08 S. 113.

[18] BT-Drs. 16/10067 S. 57.

§ 5 Abs. 1 Satz 1 EStG (i.d.F. des BilMoG) überlagert bzw. ergänzt[19]. § 254 Satz 1 HGB n. F. erlaubt unter anderem, Vermögensgegenstände, Schulden und schwebende Geschäfte mit 'Finanzinstrumenten' zu einer Bewertungseinheit zusammenzufassen. Als Sicherungsinstrumente fungierende 'Finanzinstrumente' sind dabei nicht nur 'Derivate' sondern auch originäre finanzielle Vermögenswerte, sowie finanzielle Verbindlichkeiten, wie z. B. Währungsverbindlichkeiten; nicht jedoch Rückstellungen[20].

IV. Derivative Finanzinstrumente und steuerliche Gewinnermittlung

1. Besonderheiten der handelsrechtlichen Gewinnermittlung

In der handelsrechtlichen Gewinnermittlung gelten für die bilanzielle Erfassung derivativer Finanzinstrumente (Optionen, Termingeschäfte, Swaps usw.) grundsätzlich die allgemeinen Bilanzierungs- und Bewertungsgrundsätze. Aktivierungsfähige Vermögensgegenstände sind allein Optionsrechte und gleichstehende Rechte aus Zinsbegrenzungsverträgen. Termingeschäfte im engeren Sinne (Forwards, Futurs) und Termingeschäfte im weiteren Sinne (Swaps) sind als schwebende Geschäfte grundsätzlich nicht bilanzierungsfähig; allenfalls sind nach dem Vorsichtsprinzip Rückstellungen für drohende Verluste aus schwebenden Geschäften zu bilden (§ 249 Abs. 1 Satz 1 HGB). Die Tatsache, dass Finanzinstrumente und damit auch derivative Finanzinstrumente nun explizit als Sicherungsinstrumente bei der Bildung von Bewertungseinheiten genannt werden (§ 254 HGB n. F.), kann man auch als eine bloße gesetzliche Verankerung bisher ungeschriebener GoB durch das BilMoGwerten[21]. Entsprechendes kann man im Hinblick auf § 340b HGB zur Erfassung von Pensionsgeschäften sagen[22]. Die einzige Besonderheit im Rahmen der handelsrechtlichen Gewinnermittlung ergibt sich für das Handelsgeschäft der Kreditinstitute mit (derivativen) Finanzinstrumenten, bei dem die Zeitwertbilanzierung angeordnet wird (§ 340e Abs. 3 Satz 1 HGB n. F.).

Besondere Fragen stellen sich, wenn derivative Finanzinstrumente integrale Bestandteile von Vermögensgegenständen mit Forderungscharakter (z. B. Ansprüchen aus Krediten, Schuldscheindarlehen oder Anleihen) bzw. entsprechenden Verbindlichkeiten sind (sog. **strukturierte Finanzinstrumente**). Die Ausgestaltung dieser Instrumente besteht darin, dass ein Basisinstrument (ein verzinsliches oder unverzinsliches Kassainstrument, wie z. B. eine Darlehensforderung) mit einem oder mehreren Derivaten (z. B. Swap, Forward, Future, Option, Cap, Floor, Swaption) vertraglich zu einer Einheit verbunden ist. Eine Verfügung über die einzelnen Bestandteile eines strukturierten Finanzinstruments ist regelmäßig nicht möglich. Aufgrund des eingebetteten Derivats werden die Zahlungsströme des strukturierten Finanzinstruments letztlich ähnlichen Schwankungen in Abhängigkeit von einer Basisvariablen (*Underlying*), z. B. einem bestimmten Zinssatz, Preis- oder Kursindex oder einer anderen Variablen, ausgesetzt wie bei einem freistehenden Derivat. Typische strukturierte Finanzinstrumente sind Umtauschanleihen (*Exchangeables*), Aktienanleihen (*Reverse Convertibles*) und Credit Linked Notes. Das *IDW* postuliert für Zwecke der Handelsbilanz eine getrennte Bilanzierung von Underlying und eingebette-

---

[19] Vgl. *Herzig/Briesemeister*, Steuerliche Konsequenzen des BilMoG – Deregulierung und Maßgeblichkeit, DB 2009, 926, 930.

[20] Vgl. *Scharpf/Schaber*, Bilanzierung von Bewertungseinheiten nach § 254 HGB-E (BilMoG), KoR 2008, 532, 535.

[21] So auch BR-Drs 344/08; S. 124.

[22] Vgl. *Krumnow*, Rechnungslegung der Kreditinstitute, 2. Aufl. 2004, § 340b HGB Rn. 3.

tem Derivat, wenn dieses einem über das Zinsrisiko hinausgehenden Marktpreisrisiko (z. B. Aktienkursrisiko) unterliegt[23].

2. Besonderheiten der steuerlichen Gewinnermittlung

Über den Grundsatz der materiellen Maßgeblichkeit (§ 5 Abs. 1 Satz 1 EStG) gelten auch im Rahmen der steuerlichen Gewinnermittlung für die Erfassung von derivativen Finanzinstrumenten keine Besonderheiten. Die Tatsache, dass die Bankbilanzierungsvorschriften, namentlich § 340e Abs. 3 HGB, für Finanzinstrumente des Handelsbestandes und damit auch für zuordenbare derivative Finanzinstrumente die Zeitwertbilanzierung anordnen, ist für die steuerliche Gewinnermittlung zunächst ohne Bedeutung, da für die steuerliche Gewinnermittlung allein eine Bindung an die für "alle Kaufleute verbindlichen GoB"[24] besteht und dementsprechend die nicht GoB-konformen Normen der §§ 264 ff. HGB sowie die §§ 340 ff. HGB für die steuerliche Gewinnermittlung zu eliminieren sind[25]. Dies erklärt auch warum in § 6 Abs. 1 Nr. 2b EStG - speziell für Kreditinstitute - gesondert die Zeitwertbilanzierung auch für die steuerliche Gewinnermittlung angeordnet ist.

Als nicht GoB-konform und für die steuerliche Gewinnermittlung unbeachtlich sind auch die handelsrechtlichen Grundsätze für die bilanzielle Zerlegung strukturierter Finanzinstrumente in nicht-derivative und derivative Finanzinstrumente anzusehen[26]. Für die steuerliche Gewinnermittlung sind die betreffenden Finanzinstrumente als nicht-derivative Finanzinstrumente wie andere Forderungen oder Wertpapiere bzw. Verbindlichkeiten zu berücksichtigen. Dies schließt insbesondere eine auch nur teilweise Anwendung der Verlustverrechnungsbeschränkung des § 15 Abs. 4 Satz 3 EStG auf strukturierte Finanzinstrumente aus[27].

Derivative Finanzinstrumente, auch wenn sie wie z. B. Zins-Swaps 'Zinsen' als Bezugsgröße haben, begründen kein Kapitalüberlassungsverhältnis zwischen den jeweiligen Kontraktparteien[28]. Dementsprechend begründen geleistete oder erhaltene Zahlungen daraus keinen Zinsaufwand oder -ertrag für Zwecke der **Zinsschranke** (§ 4h EStG)[29] oder Entgelte für Schulden i. S. des § 8 Nr. 1 Buchstabe a GewStG[30]. Dies gilt für jede Form von Swap-Vereinbarung, sei es Zinsswap, Währungsswap, Zins-Währungsswap oder Total Return Swap. Auch bei Optionen und Forwards bzw. Futures fehlt es an einem (Geld-) Kapitalüberlassungsverhältnis. Dementsprechend haben Ergebnisbeiträge aus Zinsoptionen, Zinsbegrenzungsvereinbarungen (Cap, Floor, Collar) und Zinstermingeschäften (Zinsfutures) keine Auswirkungen auf die Zinsschranke – auch nicht, wenn es sich bei den betreffenden Geschäften um Sicherungsgeschäfte für zinstragende Grundgeschäfte (Forderungen oder Verbindlichkeiten) handelt[31].

---

[23] Vgl. *IDW*, Zur einheitlichen oder getrennten handelsrechtlichen Bilanzierung strukturierter Finanzinstrumente (IDW RS HFA 22), WPg Supplement 4/2008, S. 41ff. Tz.15.

[24] BFH v. 23. 6. 1997, GrS 2/93, BStBl. II 1997, 735.

[25] Vgl. *Schreiber*, in: Blümich, EStG/KStG/GewStG [April 2007], § 5 EStG Rn. 207.

[26] Vgl. *Haisch*, Auswirkungen der IDW RS HFA 22 auf die Besteuerung von strukturierten Finanzinstrumenten, FR 2009, 65, 69; *Briesemeister*, Hybride Finanzinstrumente im Ertragsteuerrecht, 2006, S. 216.

[27] Ebenso *Intemann*, in: Herrmann/Heuer/Raupach, EStG/KStG [März 2009], § 15 EStG Rn. 1552f.

[28] Vgl. BFH v. 4.6.2003, I R 89/02, BStBl. II 2004, 517.

[29] Vgl. *Häuselmann*, Die Einordnung von Kapitalüberlassungsverhältnissen für Zwecke der Zinsschranke, FR 2009, 506, 513 m. w. N.

[30] Vgl. Gleichlautender Ländererlass v. 4.7.2008, BStBl. I 2008, 730 Tz. 15.

[31] Vgl. *Häuselmann*, Möglichkeiten und Grenzen des Zinsschrankenmanagements beim Einsatz von Wertpapieren, Ubg 2009, 225, 232.

Häuselmann

B. Steuerliche Besonderheiten grenzüberschreitender Derivativgeschäfte

I. Zahlungen von ausländischen Kontraktpartnern

1. Gewinnermittlung durch Betriebsvermögensvergleich

Auch beim Derivategeschäft über die Grenze sind die *Einkünfte* einer inländischen Kontraktpartei (zunächst) unterschiedslos nach § 5 Abs. 1 EStG zu ermitteln. Bei der Ermittlung der Höhe des zu versteuernden *Einkommens* sind Einkünfte aus ausländischen Quellen als Teil der gesamten Einkünfte aus Gewerbebetrieb (§ 8 Abs. 2 KStG) einzubeziehen. Schließlich ist von der Einkünfteermittlung im Rahmen der Ermittlung des zu versteuernden Einkommens nach §§ 7f. KStG die Ermittlung der *ausländischen Einkünfte* für Zwecke der *Anrechnung* ausländischer Steuern nach § 26 Abs. 1 KStG zu unterscheiden.

2. Identifikation ausländischer Einkünfte i. S. d. § 34d EStG

Auch beim grenzüberschreitenden Einsatz derivativer Finanzinstrumente ist die Abgrenzung ausländischer Einkünfte von den übrigen Einkünften nach Maßgabe des § 34d EStG vorzunehmen (Identifikation ausländischer Einkünfte dem Grunde nach). Nur die im Katalog des § 34d EStG positiv enthaltenen Einkünfte sind 'ausländische Einkünfte', die bei Bestehen eines DBA nach Maßgabe des § 26 Abs. 6 KStG i. V. mit § 34c Abs. 6 EStG zur Anrechnung[32] eventuell angefallener ausländischer (Quellen-)Steuern berechtigen. Ob ausländische Einkünfte i. S. d. § 34d EStG vorliegen, ist unabhängig von der letztlichen Zugehörigkeit zu einer der (Grund-)Einkunftsarten i. S. d. § 2 Abs. 1 EStG allein für die konkrete Tätigkeit bzw. die konkreten Einnahmen zu prüfen[33].

Unterhält ein Steuerpflichtiger im Ausland eine Betriebsstätte, sind alle nach dem Prinzip der wirtschaftlichen Zuordnung dieser Betriebsstätte zuzuweisenden Gewinne ausländische Einkünfte i. S. d. § 34d Nr. 2 Buchstabe a erster Halbsatz EStG[34].

Sind Wirtschaftsgüter oder Kontrakte (derivative Finanzinstrumente) keinem ausländischen Betriebsstättenvermögen zuzuordnen, bedeutet dies nicht, dass ihnen jeglicher Auslandsbezug i. S. d. § 34d EStG abgeht. Ungeachtet des § 8 Abs. 2 KStG oder etwa des § 20 Abs. 8 EStG liegen auch bei der Zugehörigkeit zu einem inländischen Betriebsstättenvermögen gem. § 34d Nr. 2 Buchstabe a zweiter Halbsatz EStG 'ausländische Einkünfte aus Gewerbebetrieb' vor, wenn isoliert betrachtet z. B. die Tatbestände der § 34d Nr. 4, 6 und 8 Buchstabe c EStG verwirklicht werden. Ob es sich beispielsweise bei Einkünften aus Kapitalvermögen um 'ausländische Einkünfte' handelt, bestimmt sich allein danach, ob diese Einkünfte isoliert gesehen ("umgekehrt isolierte Betrachtungsweise"[35]) die Voraussetzungen des § 34d Nr. 6 EStG erfüllen, auch wenn sie zu einem ansonsten im Inland betriebenen Gewerbebetrieb gehören (§ 34d Nr. 2 Buchstabe a zweiter Halbsatz EStG). Die Subsidiaritätsregel des § 20 Abs. 8 EStG wird insoweit durch § 34d Nr. 2 Buchstabe a zweiter Halbsatz EStG ersetzt[36].

---

[32] Bzw. zum Abzug nach § 34c Abs. 2 EStG (§ 34c Abs. 6 Satz 2 EStG; Abschn. 76 Abs. 30 Satz 3 KStR 1995); auch bei Fehlen einer entsprechenden DBA-Regelung.

[33] BFH v. 29. 3. 2000, I R 15/99, BStBl. II 2000, 577; BFH v. 9.4.1997, I R 178/94, BStBl. II 1997, 675.

[34] Im Einzelnen zur Problematik auch *Amann*, Zur Systematik der Ermittlung ausländischer Einkünfte, DB 1997, 796, 798 m. w. N.

[35] So *Wied* in: Blümich, EStG/KStG/GewStG [Mai 2005] § 34d EStG Rn. 9.

[36] Vgl. *Siegers*, in: Dötsch/Jost/Pung/Witt, Die Körperschaftsteuer [März 2005], § 26 KStG nF Rn. 72.

Für die Feststellung, ob beim grenzüberschreitenden Geschäft mit derivativen Finanzinstrumenten ausländische Einkünfte i. S. d. § 34d EStG erzielt werden, bedeutet dies Folgendes:

- Wird ein **Optionsrecht** (long-Position) verkauft oder kommt es zu einem glattstellenden Abschluss eines Gegengeschäfts (mit Closing-Vermerk), führt dies im Privatvermögen nach der Einführung der Abgeltungsteuer durch das Unternehmenssteuerreformgesetz (UntStRefG) zu Kapitaleinkünften i. S. des § 20 Abs. 2 Satz 1 Nr. 3 Buchstabe b EStG. Ausländische Einkünfte aus Kapitalvermögen werden erzielt, wenn der Schuldner der Kapitalerträge Ausländer ist. Schuldner im Sinne des § 34d Nr. 6 EStG ist der Erwerber des Optionsrechts. Mithin führt die Veräußerung an Ausländer zu ausländischen Kapitaleinkünften, auch wenn der Stillhalter des veräußerten Optionskontrakts Inländer ist. Der Vorgang ist im Falle eines ausländischen Erwerbers trotz der grundsätzlichen Einbeziehung der Veräußerungsgeschäfte in die Abgeltungssteuer (§ 43 Abs. 1 Satz 1 Nr. 11 EStG) im Ergebnis aus mehreren Gründen nicht kapitalertragsteuerpflichtig: zunächst weil nur ein hier nicht vorliegendes Veräußerungsgeschäft an ein inländisches Kreditinstitut zum Kapitalertragsteuereinbehalt führen kann (§ 44 Abs. 1 Satz 3 und 4 Nr. 1 Buchstabe a Doppelbuchstabe aa EStG) und zudem Veräußerer, die Terminkontrakte (einschließlich Optionsrechten) aus ihrem Betriebsvermögen veräußern, kraft expliziter gesetzlicher Anordnung keinen Kapitalertragsteuereinbehalt erleiden (§ 43 Abs. 2 Satz 3 EStG).

Bei der Ausübung einer durch Lieferung (*Physical Settlement*) zu erfüllenden Kauf- oder Verkaufsoption kommt es zu einem Anschaffungs- oder einem Veräußerungsgeschäft in Bezug auf die der Option zugrunde liegenden Basiswerte, nicht jedoch zur Erzielung von Kapitaleinkünften i. S. des § 20 EStG, die ggf. als ausländische Einkünfte i. S. des § 34d Nr. 6 EStG qualifiziert werden könnten. Bei der Ausübung einer Verkaufsoption kann es jedoch ausnahmsweise zu 'ausländischen Einkünfte aus Veräußerungen' i. S. des § 34d Nr. 4 EStG kommen, wenn aus dem Anlagevermögen des Unternehmens Wertpapiere ausländischer Emittenten veräußert werden. Sieht ein Optionsrecht eine Barausgleichszahlung (*Cash Settlement*) vor und erhält der inländische Optionsberechtigte von seiner ausländischen Kontraktpartei eine entsprechende Zahlung, so werden hierbei ausländische Kapitaleinkünfte erzielt (§ 34d Nr. 6 i. V. mit § 20 Abs. 2 Satz 1 Nr. 3 Buchstabe a EStG).

- Die vom **Stillhalter** eines Optionskontraktes von einem ausländischen Kontraktpartner erhaltene Optionsprämie führt isoliert betrachtet zu Kapitalerträgen i. S. des § 20 Abs. 1 Satz 1 Nr. 11 EStG und dementsprechend zu ausländischen Einkünften i. S. d. § 34d Nr. 6 EStG. Bei dem dem Grunde nach kapitalertragsteuerpflichtigen Vorgang (§ 43 Abs. 1 Satz 1 Nr. 8 EStG) kommt es mangels Einbehaltpflicht der ausländischen Kontraktpartei zu keiner Einbehaltsbelastung für den inländischen Stillhalter.

- Für **Zinsbegrenzungsvereinbarungen** (Caps, Floors, Collars) gelten sowohl für den Erwerber als auch für den Veräußerer (Stillhalter) die Grundsätze für Optionen entsprechend.

- Erträge aus **Finanzterminkontrakten** (Futures und Forwards), die eine Barausgleichsverpflichtung vorsehen, führen zu Kapitaleinkünften i. S. des § 20 Abs. 2 Satz 1 Nr. 3 Buchstabe a EStG und damit zu ausländischen Einkünften i. S. des § 34d Nr. 6 EStG. Die Einnahmen unterliegen keiner inländischen Kapitalertragsteuer.

- Bei **Swaps** handelt es sich steuerlich um den Finanzterminkontrakten vergleichbare Termingeschäfte, die ebenfalls zu Kapitaleinkünften i. S. des § 20 Abs. 2 Satz 1 Nr. 3 Buchstabe a EStG führen.

- Bei **Wertpapierdarlehensgeschäften** stellen die vom inländischen Darlehensgeber vereinnahmten Sachdarlehenszinsen und die erhaltenen Kompensationszahlungen (*manufactured* *dividends*) Einkünfte aus sonstigen Leistungen i. S. d. § 22 Nr. 3 EStG dar[37]. Entsprechende Zahlungen ausländischer Kontraktpartner führen zu ausländischen Einkünften i. S. d. § 34d Nr. 8 Buchst. c EStG. Da der Verleihvorgang selbst nicht als Veräußerung qualifiziert werden kann[38], sind beim Verleihen ausländischer Aktien ausländische Veräußerungsgewinne i. S. d. § 34d Nr. 4 Buchst. b EStG ausgeschlossen.

- Die steuerliche Erfassung von Pensionsgeschäften (**Repo-Geschäften**) kann weder im Allgemeinen noch für das Privatvermögen im Besonderen als abschließend geklärt angesehen werden. Der Differenzbetrag zwischen Verkaufs- und Rückkaufspreis wird angesichts des zivilrechtlichen Kaufvertragscharakters von Pensionsgeschäften nicht als Kapitalüberlassungsentgelt i. S. d. § 20 Abs. 1 Nr. 7 EStG angesehen, auch wenn der Terminaufschlag materiell als Zins interpretiert werden kann. Für den Pensionsgeber läge dann kein einkünfterelevanter Vorgang vor. Für den Fall der Zurechnung der Erträge zum Pensionsnehmer[39] werden entsprechende Zins- oder Dividendenausgleichszahlungen des Pensionsnehmers als sonstige Einkünfte i. S. d. § 22 Nr. 3 EStG des Pensionsgebers angesehen[40], der insoweit ausländische Einkünfte i. S. d. § 34d Nr. 8 Buchst. c EStG beziehen würde. Qualifiziert man die heute übliche Form von Repo-Geschäften als wechselseitiges Geld- und Sachdarlehen[41], ergeben sich die gleichen steuerlichen Konsequenzen wie bei Wertpapierdarlehensgeschäften.

3. Ermittlung ausländischer Einkünfte für Zwecke der Steueranrechnung

Die **Höhe** der ausländischen Einkünfte aus grenzüberschreitenden Derivatgeschäften ist nach innerstaatlichem Recht unter Berücksichtigung der differenzierenden Behandlung ausländischer Einkünfte nach § 34d EStG zu ermitteln. Damit sind die Einkünfte einer ausländischen Betriebsstätte (§ 34d Nr. 2 Buchst. a EStG) aus Derivatgeschäften der Höhe nach im Wege des Betriebsvermögensvergleichs nach § 5 Abs. 1 EStG zu ermitteln. Dies hat unabhängig davon zu geschehen, ob die so ermittelten Einkünfte bei Bestehen eines DBA "von der Besteuerung ausgenommen" (Art. 23A Abs. 1 OECD-MA), d. h. im Rahmen der Ermittlung der Einkünfte in einer 2. Stufe eliminiert werden.

Einkünfte, die nicht ausländische (Betriebsstätten-) Einkünfte i. S. d. § 34d Nr. 2 Buchst. a EStG sind, sondern der Art nach dem inländischen Stammhaus zuzuordnende ausländische Einkünfte nach § 34d Nr. 6 oder 8 EStG, sind zwar generell nach Maßgabe des § 5 Abs. 1 EStG zu ermitteln, auch wenn sie – wie z. B. ausländische Zinseinkünfte – isoliert betrachtet nicht gewerblich sind. Daher ist das Zuflussprinzip ohne Bedeutung; es gelten auch insoweit die allgemeinen Gewinnermittlungsgrundsätze, insbesondere das Realisationsprinzip[42]. Für die Bestimmung der Höhe der ausländischen Einkünfte für Zwecke der Anrechnung ausländischer Steuern sind beim Gewinnermittler nicht nur solche Aufwendungen zu berücksichtigen, die auch im Fall der Ermittlung des Überschusses der Einnahmen über die Werbungskosten zu berücksichtigen gewesen

---

[37] OFD Frankfurt v. 25. 6. 1996, DB 1996, 1702; *Häuselmann/Wiesenbart*, Die Bilanzierung und Besteuerung von Wertpapier-Leihgeschäften, DB 1990, 2129, 213.

[38] *Häuselmann/Wiesenbart*, Die Bilanzierung und Besteuerung von Wertpapier-Leihgeschäften, DB 1990, 2129, 2133.

[39] So BFH/GrS v. 29. 11. 1982, GrS 1/81, BStBl. II 1983, 272; OFD Frankfurt v. 17. 5. 2004, DStR 2004, 1831.

[40] So *Hamacher*, Steuerrechtliche Fragen der Geschäfte an der Deutschen Terminbörse, WM 1990, 1441, 1448.

[41] Vgl. *Häuselmann*, Repo-Geschäfte in der Steuerbilanz, BB 2000, 1287, 1290.

[42] Vgl. *Siegers*, in: Dötsch/Jost/Pung/Witt, Die Körperschaftsteuer [Februar 2008], § 26 KStG nF Rn. 151.

wären[43], sondern alle Betriebsausgaben und Betriebsvermögensminderungen des jeweiligen Veranlagungszeitraums, die mit den betreffenden Kapitalerträgen des jeweiligen Veranlagungszeitraums "in wirtschaftlichem Zusammenhang" stehen (§ 34c Abs. 1 Satz 4 i. V. mit § 34d Nr. 6 EStG). Dabei genügt nicht jeder indirekte Bezug zu den Erträgen, vielmehr muss ein finaler und kausaler Zusammenhang zu den Einnahmen bestehen[44]. Aufwendungen, die anderen – auch anderen ausländischen – Einnahmen direkt zuordnenbar sind, scheiden damit schon von vornherein aus. Zu berücksichtigen sind aber anteilige Zinsaufwendungen einer Pool-Finanzierung sowie anteilige Verwaltungskosten, die durch die entsprechenden operativen Abteilungen (z. B. Konzern-Treasury) verursacht wurden. Zum Kreis der zu berücksichtigenden Aufwendungen gehören auch Aufwendungen für Wertberichtigungen, Fremdwährungsverluste und Hedgingkosten[45].

Negative ausländische Einkünfte können bei im Inland gehaltenen Finanzinstrumenten aus verschiedenen Gründen entstehen: zunächst daraus, dass die gemäß § 34c Abs. 1 Satz 4 EStG zuordenbaren Betriebsausgaben und Betriebsvermögensminderungen die ausländischen (Kapital-) Erträge übersteigen. Durch die Neufassung des § 20 EStG durch das UntStRefG und denn beibehaltenen undifferenzierten Verweis des § 34d Nr. 6 EStG auf den gesamten § 20 EStG, sind nunmehr auch Veräußerungssachverhalte, namentlich die Veräußerung von Kapitalforderungen, zinstragenden Wertpapieren, Optionsrechten und Terminkontrakten (einschließlich solcher mit inländischen Schuldnern bzw. Kontraktparteien) an ausländische Erwerber von § 34d Nr. 6 i. V. mit § 20 Abs. 2 EStG erfasst. Dies schließt auch Veräußerungsverluste ein, die damit – zwar nach bilanzrechtlichen Grundsätzen ermittelt – ‚negative ausländische Kapitaleinkünfte' werden.

Zu den bei der Einkünfteermittlung zu beachtenden maßgebenden Vorschriften des deutschen Steuerrechts gehören auch die Regelungen über Verlustausgleichsbeschränkungen[46]. Die Regelungen des § 2a EStG sind insoweit ohne Bedeutung, als sie strukturierte Finanzinstrumente und derivative Finanzinstrumente nicht betreffen. Allein die Verlustbegrenzungsregelung des § 15 Abs. 4 Satz 3 EStG für derivative Finanzinstrumente, die einen Differenzausgleich (*Cash Settlement*) vorsehen, ist insoweit beachtlich.

4. Durchführung der Steueranrechnung

Für Zwecke der Steueranrechnung sind alle positiven und negativen Einkünfte aus einem ausländischen Staat (*per country limitation*) zu saldieren. Nicht zu berücksichtigen sind insoweit jedoch ausländische Einkünfte, die nach dem einschlägigen DBA in Deutschland freizustellen oder die nach nationalem Recht – etwa nach § 8b KStG – von der inländischen Besteuerung ohnehin auszunehmen sind[47]. Zugleich findet eine Addition aller auf die einzubeziehenden ausländischen Einkünfte erhobenen, unter § 34c Abs. 1 EStG bzw. § 26 Abs. 1 KStG fallenden ausländischen Steuern statt. Bei der länderbezogenen Zusammenfassung ist keine Berechnung pro Einkunftsart vorzunehmen[48]. Dies ermöglicht es, mögliche Anrechnungsüberhänge, die sich

---

[43] So BFH v. 29.3.2000, I R 15/99, BStBl. II 2000, 577 für die Rechtslage bis einschließlich VZ 2002.
[44] Vgl. *Siegers*, in: Dötsch/Jost/Pung/Witt, Die Körperschaftsteuer [März 2005], § 26 KStG nF Rn. 168; *Täske*, in: Blümich, EStG/KStG/GewStG [März 2006], § 26 KStG Rn. 63; jeweils m. w. N.
[45] Vgl. *Täske*, in: Blümich, EStG/KStG/GewStG [März 2006], § 26 KStG Rn. 64ff.
[46] Vgl. *Siegers*, in: Dötsch/Jost/Pung/Witt, Die Körperschaftsteuer [März 2005], § 26 KStG nF Rn. 153; *Täske*, in: Blümich, EStG/KStG/GewStG [März 2006], § 26 KStG Rn. 70.
[47] Vgl. *Siegers*, in: Dötsch/Jost/Pung/Witt, Die Körperschaftsteuer [März 2005], § 26 KStG nF Rn. 152, 260.
[48] Vgl. *Siegers*, in: Dötsch/Jost/Pung/Witt, Die Körperschaftsteuer [März 2005], § 26 KStG nF Rn. 140.

etwa bei fremdfinanzierten ausländischen Einkünften ergeben, dadurch zu mindern oder gar auszuschalten, dass (positive) ausländische Einkünfte aus derivativen Finanzinstrumenten einbezogen werden, die keiner ausländischen Quellensteuerbelastung unterlegen haben.

Bei der Ermittlung ausländischer Einkünfte für Zwecke der Steueranrechnung ist jedoch zu beachten, dass nur solche Einkünfte eines Inländers für eine Anrechnung ausländischer Steuern im Rahmen des § 34c EStG berücksichtigt werden können, die im Staat aus dem sie stammen, nach dessen Recht besteuert werden können (§ 34c Abs. 1 Satz 3 EStG). Ausländische Einkünfte aus (derivativen) Finanzinstrumenten können demnach in einem „Ländertopf" (*per country limitation*) ausländischer Einkünfte nur dann mit berücksichtigt werden, wenn der deutsche Empfänger mit ihnen – vorbehaltlich einer entgegenstehenden DBA-Regelung – im ausländischen Quellenstaat einer beschränkten Steuerpflicht unterliegt. Bei ausländischen Erträgen, die aus dem derivativen Finanzinstrument selbst und nicht aus dessen Verwertung erzielt werden, ist eine solche Sachlage denkbar. Strukturell ist eine ausländische beschränkte Steuerpflicht eines Inländers bei von ausländischen Optionsberechtigten gezahlten Stillhalterprämien (§ 20 Abs. 1 Nr. 11 EStG), von ausländischen Kontraktpartnern geleisteten Barausgleichszahlungen (i. S. des § 20 Abs. 2 Nr. 3 Buchstabe a EStG) bei Optionen, Zinsbegrenzungsverträgen, Swaps und Futures sowie bei Kompensationszahlungen aus Wertpapierleihgeschäften (§ 22 Nr. 3 EStG) vorstellbar.

Bei von § 20 Abs. 2 EStG als Kapitaleinkünften fingierten Veräußerungssachverhalten, etwa bei der Veräußerung eines Optionsrechts (§ 20 Abs. 2 Satz 1 Nr. 3 Buchstabe b EStG) oder der Veräußerung eines strukturierten Wertpapiers (z. B. eines Garantiezertifikates oder einer Umtauschanleihe (§ 20 Abs. 2 Satz 1 Nr. 7 EStG), ist im Übrigen die Umschiffung der Klippe des § 34c Abs. 1 Satz 3 EStG schwerer vorstellbar. Dies gilt insbesondere dann, wenn die Veräußerungserlöse nur deshalb ausländische Kapitaleinkünfte i. S. des § 34d Nr. 6 EStG sind, weil der Erwerber des derivativen Finanzinstruments (und damit der Schuldner der „Kapitaleinkünfte") ein Ausländer ist. Derartige Veräußerungssachverhalte, bei denen der einzige Bezugspunkt zum und für den ausländischen Staat die Tatsache ist, dass der Erwerber dort ansässig ist, begründet für den (hier: deutschen) Veräußerer aber regelmäßig keine Besteuerung im ausländischen Erwerber-Staat. Damit dürfte nach § 26 Abs. 6 Satz 1 KStG i. V. mit § 34c Abs. 1 Satz 3 EStG in diesen Fällen eine Berücksichtigung solcher ausländischen Einkünfte für Zwecke der Steueranrechnung im Inland zumeist ausgeschlossen sein.

Werden zu Lasten eines deutschen Steuerpflichtigen im Ausland Quellensteuern auf derivative Finanzinstrumente erhoben und liegen – ungeachtet der Tatbestandsausweitung des § 34d Nr. 6 i. V. mit § 20 EStG in der Fassung des UntStRefG – keine ausländischen Einkünfte i. S. des § 34d EStG vor, besteht die Möglichkeit, die ausländische Steuer nach Maßgabe des § 26 Abs. 6 KStG i. V. m. § 34c Abs. 3 EStG abzuziehen; dies gilt auch für DBA-Fälle[49]. Denkbar wären Fälle physisch zu erfüllender Optionskontrakte mit ausländischen Stillhaltern, bei denen der ausländische Staat auf die „Sachleistung" in Gestalt der Lieferung des Basiswerts eine Quellensteuer einbehält. Die ausländische Steuer bleibt dann – wenn sie der deutschen Einkommensteuer entspricht – nichtabziehbare Aufwendung i. S. des § 10 Nr. 2 KStG bzw. § 12 Nr. 3 EStG.

---

[49] Vgl. *Siegers*, in: Dötsch/Jost/Pung/Witt, Die Körperschaftsteuer [März 2005], § 26 KStG nF Rn. 129.

Häuselmann

II. Zahlungen an ausländische Kontraktpartner

1. Abziehbarkeit der Zahlungen für den inländischen Steuerpflichtigen

Ist ein inländischer unbeschränkt Steuerpflichtiger Zahlungsverpflichteter aus einem grenzüberschreitenden Derivatgeschäft oder ergeben sich Bewertungsergebnisse aus einem Kontrakt, so hat dies keine steuerlichen Besonderheiten gegenüber Geschäften mit inländischen Adressen zur Folge. Dies ist nicht zuletzt das Ergebnis der Bemühungen des Gesetzgebers, Ausländerdiskriminierungen zu beseitigen. Als einer der wenigen verbleiben Sonderfälle kann das Wertpapierleihgeschäft über Aktien mit ausländischen Verleihern angesehen werden. § 8b Abs. 10 Satz 1 KStG verwehrt einer inländischen Körperschaft, die kein Kreditinstitut oder Finanzunternehmen (§ 8b Abs. 7 KStG) und kein Versicherungsunternehmen (§ 8b Abs. 8 KStG) ist, die steuerliche Abziehbarkeit der an den Verleiher gezahlten Dividendenausgleichszahlung und der Sachdarlehenszinsen, wenn der Verleiher mit den Dividenden und Veräußerungsgewinnen aus den Aktien nicht entsprechend § 8b Abs. 1 und 2 KStG steuerfrei gestellt ist[50].

2. Beschränkte Steuerpflicht ausländischer Kontraktpartner und Einbehaltspflichten

Zahlungen aus derivativen Finanzinstrumenten an in- und ausländische Kontraktpartner unterlagen bis Ende 2008 grundsätzlich keiner deutschen Quellenbesteuerung (Kapitalertragsteuer). Nach dem Prinzip der isolierenden Betrachtungsweise (§ 49 Abs. 2 EStG) fehlte es auch regelmäßig an einer entsprechenden beschränkten Steuerpflicht der ausländischen Adresse, solange diese keine Betriebsstätte im Inland unterhält. Mit der Einbeziehung der derivativen Finanzinstrumente in die Kapitaleinkünftebesteuerung infolge der Einführung der sog. Abgeltungsteuer durch das UntStRefG haben sich ab 2009 die Parameter für die Quellenbesteuerung und die beschränkte Steuerpflicht ausländischer Kontraktpartner leicht verschoben. Ausgangspunkt für die Analyse einer deutschen Steuerpflicht des ausländischen Kontraktpartners und der Frage der Einbehaltspflicht (Kapitalertragsteuerhebung) für die deutsche Gegenpartei bleibt aufgrund der Bezugnahme des § 49 Abs. 1 Nr. 5 EStG und des § 43 Abs. 1 EStG auf den § 20 EStG insoweit die Einordnung der jeweiligen derivativen Finanzinstrumente für Zwecke der Überschussrechnung.

▶ Die Verwertung eines **Optionsrechts** (long-Position) durch den Optionsberechtigten führt grundsätzlich zu Kapitaleinkünften aus Veräußerungsgeschäften (§ 20 Abs. 2 Satz 1 Nr. 3 Buchstabe b EStG). Diese sind grundsätzlich kapitalertragsteuerpflichtig (§ 43 Abs. 1 Satz 1 Nr. 11 EStG), wenn der Erwerber des veräußerten Optionsrechts ein inländisches Kreditinstitut ist (§ 44 Abs. 1 Satz 3 EStG). Die Verwertung eines Optionsrechts durch ein gegenläufiges Glattstellungsgeschäft ist wie ein Veräußerungsgeschäft zu erfassen[51]. Für einen ausländischen Optionsberechtigten sind beide Vorgänge im Inland nicht steuerpflichtig, da § 49 Abs. 1 Nr. 5 EStG nicht auf den insoweit maßgeblichen § 20 Abs. 2 EStG verweist.

Der Gewinn aus der Veräußerung von Optionsrechten ist für den Optionsberechtigten grundsätzlich kapitalertragsteuerpflichtig (§ 43 Abs. 1 Satz 1 Nr. 11 EStG). Für Optionsrechte veräußernde inländische Kapitalgesellschaften und Gewerbebetriebe ist ein Steuerabzug schon von vornherein explizit ausgeschlossen (§ 43 Abs. 2 Satz 3 EStG). Für ausländische Optionsberechtigte ist die Veräußerung im Ergebnis ebenfalls kapitalertragsteuerfrei. Die Begründung hierfür ist jedoch komplexer: Einbehaltspflichtig sind nach § 43 Abs. 1 Satz 3 EStG nur "auszahlende Stellen" i. S. des § 44 Abs. 1 Satz 4 Nr. 1 EStG, d. h. inländische Kreditinstitute als Erwerber eines

---

[50] Vgl. *Dötsch/Pung*, in: Dötsch/Jost/Pung/Witt, Die Körperschaftsteuer [Juni 2008], § 8b KStG Rn. 303. Abw. *Ruf*, Steuerplanung mittels Wertpapierleihe nach dem Unternehmensteuerreformgesetz 2008, FB 2008, 292, 295.

[51] Vgl. *Stuhrmann*, in: Blümich, EStG/KStG/GewStG [Dezember 2007], § 20 EStG Rn. 447.

Optionsrechts. Erwerben inländische Nicht-Banken Optionsrechte gegenüber einem in- oder ausländischen Stillhalter, liegt schon von daher kein kapitalertragsteuerpflichtiger Sachverhalt vor. Wird das Optionsrecht von einem inländischen Kreditinstitut erworben, gelten die nicht kodifizierten allgemeinen Grundsätze, wonach es – wie bei Zinserträgen i. S. des § 20 Abs. 1 Nr. 7 EStG – deshalb nicht zu einem Kapitalertragsteuereinbehalt kommen kann, weil es mangels Auflistung der betroffenen Kapitalerträge (§ 20 Abs. 2 Satz 1 Nr. 3 EStG) in § 49 Abs. 1 Nr. 5 EStG an einer materiellen Besteuerungsgrundlage fehlt und die Einbehaltspflicht nicht weiterreichen kann als die materielle Steuerpflicht[52]. Voraussetzung für die Abstandnahme vom Kapitalertragsteuereinbehalt in diesen Fällen ist jedoch, dass die Ausländereigenschaft vom Kreditinstitut im Rahmen einer Legitimationsprüfung entsprechend § 154 AO festgestellt wurde[53].

Übt ein ausländischer Optionsberechtigter sein Optionsrecht gegenüber dem inländischen Kontraktpartner aus und ist dieser danach verpflichtet, ein Finanzinstrument zum vereinbarten Basispreis zu liefern (Kaufoption), liegt für den Optionsberechtigten regelmäßig kein Besteuerungstatbestand i. S. des § 49 Abs. 1 Nr. 5 EStG vor, da bloße Erwerbsgeschäfte infolge der Ausübung einer Kaufoption (*Physical Settlement*) nicht zu Kapitaleinkünften i. S. des § 20 EStG führen. Diese können sich allenfalls im Anschluß infolge der Weiterveräußerung des mittels Optionsausübung erworbenen Finanzinstruments ergeben. Ein solcher nachgeschalteter Veräußerungssachverhalt ist für einen ausländischen Optionsberechtigten allenfalls dann steuerrelevant, wenn es sich um die Veräußerung einer Beteiligung an einer inländischen Kapitalgesellschaft i. S. des § 17 EStG handelt (§ 49 Abs. 1 Nr. 2 Buchstabe e EStG)[54] und kein DBA besteht, das entsprechend Art. 13 Abs. 5 OECD-MA das Besteuerungsrecht ausschließlich dem Sitzstaat des ausländischen Veräußerers zuweist[55]. Übt ein ausländischer Optionsberechtigter eine Verkaufsoption aus und liefert ein Finanzinstrument an eine inländische Kontraktpartei, kann dies für ihn ebenfalls allein bei einer Veräußerung von Anteilen i. S. des § 17 EStG im Inland steuerrelevant sein (§ 49 Abs. 1 Nr. 2 Buchstabe e EStG).

Sehen die Optionsbedingungen im Fall der Ausübung einer Kauf- oder Verkaufsoption eine Barausgleichszahlung (*Cash Settlement*) des Stillhalters vor, wird damit beim Optionsberechtigten grundsätzlich der Kapitaleinkünftetatbestand des § 20 Abs. 2 Satz 1 Nr. 3 Buchstabe a EStG verwirklicht. Dieser liegt jedoch außerhalb der beschränkten Steuerpflicht für inländische Kapitaleinkünfte (§ 49 Abs. 1 Nr. 5 EStG). Nach den vorstehend genannten Grundsätzen kommt es auch nicht zum Kapitalertragsteuereinbehalt gemäß § 43 Abs. 1 Satz 1 Nr. 11 EStG.

Der Verfall eines Optionsrechts infolge der Nichtausübung durch den (ausländischen) Optionsberechtigten führt nicht zu negativen Kapitaleinkünften nach § 20 Abs. 2 Satz 1 Nr. 3 EStG[56] und ist damit auch im Anwendungsbereich des § 49 EStG für die beschränkte Steuerpflicht eines ausländischen Optionsberechtigten ohne Bedeutung.

▶ Prämien, die für die Einräumung eines Optionsrechts (**Stillhalter-Geschäft**) vereinnahmt werden, gehören zu den laufenden Kapitalerträgen (§ 20 Abs. 1 Satz 1 Nr. 11 EStG). Sie sind

---

[52] Zur entsprechenden Sachlage beim Zinsabschlag vgl. OFD Frankfurt v. 25.6.1997, S 2140A – 26 – St II 1, IStR 1997, 761. Ferner *Klein/Link*, in: Herrmann/Heuer/Raupach, EStG/KStG [März 2009], § 49 EStG Rn. 810 mit Verweis auf BT-Drs. 12/2501 S. 17.

[53] Vgl. auch BMF 14.12.2007, IV B 8 - S 2000/07/0001 Tz. 4 a).

[54] Einschließlich eines Eigenkapitalgenussrechts i. S. des § 20 Abs. 1 Nr. 1 EStG (vgl. dazu *Ebling*, in: Blümich, EStG/KStG/GewStG [März 2007], § 17 EStG Rn. 88 m. w. N.

[55] Vgl. *Reimer* in: Vogel/Lehner, DBA, 5. Aufl. 2008, Art. 13 OECD-MA Rn. 190.

[56] Vgl. *Haisch*, Kapitalanlage unter der Abgeltungssteuer, FB 2008, 248, 252. A.M. *Behrens*, Neuregelung der Besteuerung der Einkünfte aus Kapitalvermögen ab 2009, BB 2007, 1025, 1027.

grundsätzlich kapitalertragsteuerpflichtig (§ 43 Abs. 1 Satz 1 Nr. 8 EStG). Einbehaltspflichtig sind jedoch nur "auszahlende Stellen" i. S. des § 44 Abs. 1 Satz 4 Nr. 1 EStG, d. h. inländische Kreditinstitute, die als Optionsberechtigte dem Stillhalter die Optionsprämien zahlen. Erwerben inländische Nicht-Banken Optionsrechte gegenüber einem in- oder ausländischen Stillhalter, liegt schon von vornherein kein kapitalertragsteuerpflichtiger Sachverhalt vor.

Ausländische Stillhalter sind mit von einer inländischen Gegenpartei vereinnahmten Optionsprämien nicht beschränkt steuerpflichtig, da der Katalog des § 49 Abs. 1 Nr. 5 EStG nicht auf § 20 Abs. 1 Satz 1 Nr. 11 EStG verweist.

Schließen ausländische Stillhalter, die keinen "inländischen Betrieb" unterhalten, Optionsgeschäfte mit deutschen Kreditinstituten ab, sind die von diesen ins Ausland gezahlten Optionsprämien nicht nach § 43 Abs. 2 Satz 3 Buchstabe b EStG explizit vom Kapitalertragsteuereinbehalt ausgenommen. Für sie gelten aber weiter die angesprochenen nicht kodifizierten allgemeinen Grundsätze, wonach es mangels materieller Steuerpflicht nach § 49 Abs. 1 Nr. 5 EStG an den Voraussetzungen für den Einbehalt von Kapitalertragsteuer fehlt, vorausgesetzt dem inländischen Kreditinstitut als Erwerber des Optionsrechts wurde vom Stillhalter dessen Ausländereigenschaft nachgewiesen.

Sowenig danach das Eingehen einer Stillhalterposition durch einen ausländischen Kontraktpartner im Inland steuerrelevant ist, sowenig ist es die Auflösung seiner Stillhalterposition durch Abschluss eines Glattstellungsgeschäftes; Gleiches gilt für den Verfall der Option infolge Nichtausübung der Option durch den Berechtigten. Übt ein inländischer Optionsberechtigter gegenüber einem ausländischen Stillhalter das Optionsrecht aus und kommt es bei einer Kaufoption (Call Option) zur Lieferung von Wertpapieren bzw. bei einer Verkaufsoption (Put Option) zu einer Abnahme von Wertpapieren durch den Ausländer, ist dieser Sachverhalt für den ausländischen Stillhalter in Deutschland nicht steuerrelevant i. S. des § 49 EStG. Entsprechendes gilt bei Optionen, die einen Barausgleich (*Cash Settlement*) vorsehen, da die Barausgleichszahlung eines Stillhalters ohnehin außerhalb des Tatbestandes des § 20 EStG liegt[57]. Die vom ausländischen Stillhalter zu leistende Ausgleichszahlung ist für ihn im Inland nicht steuerrelevant.

▶ Für **Zinsbegrenzungsvereinbarungen** (Caps, Floors, Collars) gelten die Grundsätze für Optionen mit Barausgleich entsprechend. Die Zahlung der Prämie zum Zeitpunkt des Erwerbs der Zinsbegrenzungsvereinbarung stellt die Anschaffung eines Optionsrechts dar, die als solche für den Erwerber zunächst steuerlich irrelevant ist. Durch die erhaltenen Ausgleichszahlungen verwirklicht der Berechtigte den Kapitaleinkünftetatbestand des § 20 Abs. 2 Satz 1 Nr. 3 Buchstabe a EStG, wobei die für den Erwerb der Zinsbegrenzungsvereinbarung geleisteten Aufwendungen zum Zeitpunkt der ersten Ausgleichszahlung berücksichtigt werden (§ 20 Abs. 4 Satz 5 EStG)[58]. Kommt es zu keiner Ausgleichszahlung, verfallen die geleisteten Prämien ohne im Rahmen des § 20 EStG steuerwirksam zu werden[59]. Für einen ausländischen Erwerber einer Zinsbegrenzungsvereinbarung liegen – wie bei erworbenen Optionsrechten – alle Erträge und Aufwendungen mangels entsprechender Bezugnahme in § 49 Abs. 1 Nr. 5 EStG außerhalb der deutschen Besteuerung; dementsprechend sind die Leistungen eines inländischen Stillhalters – gleich ob Kreditinstitut oder Nicht-Kreditinstitut – ohne Einbehalt von Kapitalertragsteuer zu leisten.

---

[57] BMF v. 14. 12. 2007, IV B 8 – S 2000/07/0001, Tz. 4 h.
[58] BMF v. 13. 6. 2008, IV C 1 – S 2000/07/0009, DStR 2008, 1236, Tz. II.6.
[59] BMF v. 13. 6. 2008, IV C 1 – S 2000/07/0009, DStR 2008, 1236, Tz. II. 6.

Hat eine ausländische Kontraktpartei eine Zinsbegrenzungsvereinbarung an eine inländische Gegenpartei veräußert (Stillhaltergeschäft), zählt die zu Vertragsbeginn von ihr vereinnahmte Prämie zu den nach § 20 Abs. 1 Nr. 11 EStG abgeltungsteuerpflichtigen Kapitalerträgen[60]. Wie bei Optionsgeschäften fehlt es aber an den Voraussetzungen für eine beschränkte Steuerpflicht nach § 49 Abs. 1 Nr. 5 EStG und der Pflicht zum Einbehalt von Kapitalertragsteuer für die zahlungspflichtige inländische Gegenpartei.

- Forwards und Futures fallen unter den Begriff des Termingeschäfts des § 20 Abs. 2 Satz 1 Nr. 3 Buchstabe a EStG. Steuerlich wird nach dieser Norm nicht nur der bei Fälligkeit des Termingeschäfts erhaltene oder gezahlte Differenzausgleich (*Cash Settlement*) erfasst; auch Glattstellungsgeschäfte bei Futures sind nach § 20 Abs. 2 Nr. 3 Buchstabe a EStG steuerbar[61]. Termingeschäfte, die eine physische Lieferung (*Physical Delivery*) das Basiswerts vorsehen, fallen nicht unter § 20 Abs. 2 Satz 1 Nr. 3 EStG, sondern sind als private Veräußerungsgeschäfte (§ 23 Abs. 1 Satz 1 Nr. 2 EStG) zu qualifizieren.

In beiden Fällen ist eine ausländische Kontraktpartei nicht beschränkt steuerpflichtig, da es in § 49 Abs. 1 Nr. 5 EStG an einer Bezugnahme auf § 20 Abs. 2 EStG und in § 49 Abs. 1 Nr. 8 EStG bei Finanzinstrumenten an einer hinreichenden Bezugnahme auf § 22 Nr. 2 i. V. mit § 23 Abs. 1 Satz 1 Nr. 2 EStG fehlt. Dementsprechend sind die Leistungen einer inländischen Kontraktpartei – gleich ob Kreditinstitut oder Nicht-Kreditinstitut – ohne Einbehalt von Kapitalertragsteuer zu leisten.

- Beim Abschluss von **Devisentermingeschäften** ist ebenfalls danach zu unterscheiden, ob das Geschäft auf Differenzausgleich gerichtet ist oder die effektive Lieferung der vereinbarten Währungsbeträge zum Gegenstand hat. Im ersteren Fall wird der Tatbestand des § 20 Abs. 2 Satz 1 Nr. 3 Buchstabe a EStG verwirklicht, im Fall der Lieferung des geschuldeten Wirtschaftsguts (Währung) ist ein privates Veräußerungsgeschäft (§ 23 Abs. 1 Satz 1 Nr. 2 EStG) anzunehmen[62]. Auch hier fehlt es zur Begründung einer beschränkten Steuerpflicht für die ausländische Kontraktpartei an der notwendigen Bezugnahme auf § 20 Abs. 2 EStG und § 22 Nr. 2 i. V. mit § 23 Abs. 1 Satz 1 Nr. 2 EStG in § 49 Abs. 1 Nr. 5 und 8 EStG. Gleichermaßen sind die entsprechenden Zahlungen ohne Einbehalt von Kapitalertragsteuer zu leisten.

- **Swapgeschäfte** sind im System des revidierten § 20 EStG als Termingeschäfte i. S. des § 20 Abs. 2 Nr. 3 Buchstabe a EStG zu qualifizieren[63]. Dies gilt sowohl für Zinsswaps, Währungsswaps, Aktienswaps (Equity Swaps) und Credit Default Swaps (Total Return Swaps). Entsprechend der Rechtslage bei Forwards und Futures ist eine ausländische Kontraktpartei mit den aus Deutschland erzielten Erträgen nicht beschränkt steuerpflichtig. Die deutsche Kontraktpartei hat auf die Zahlungen keine Kapitalertragsteuer einzubehalten.

- Bei **Wertpapierdarlehensgeschäften** stellen auch nach der Neufassung des § 20 EStG durch das UntStRefG die vom inländischen Darlehensgeber vereinnahmten Sachdarlehenszinsen und die erhaltenen Kompensationszahlungen Einkünfte aus sonstigen Leistungen i. S. des § 22 Nr. 3 EStG dar[64]. Es handelt sich jedoch nicht um Entgelte für die Nutzung beweglicher Sachen im Inland, was Voraussetzung für eine beschränkte Steuerpflicht nach § 49 Abs. 1

---

[60] BMF v. 13. 6. 2008, IV C 1 – S 2000/07/0009, DStR 2008, 1236, Tz. II.6.
[61] BT-Drs. 16/4841, S. 55.
[62] Vgl. BMF v. 15. 8. 2008, IV C 1 – S 2000/07/009 Tz. III.1; BMF v. 13. 6. 2008, IV C 1 – S 2000/07/0009, DStR 2008, 1236, Tz. II (mit Verweis auf BMF v. 27. 11. 2001, BStBl. I 2001, 966 Tz. 39ff.).
[63] BT-Drs. 16/4841 S. 55; BMF v. 13. 6. 2008, IV C 1 – S 2000/07/0009, DStR 2008, 1236, Tz. II.7.
[64] OFD Frankfurt v. 25. 6. 1996, DB 1996, 1702; *Häuselmann/Wiesenbart*, DB 1990, 2129 (2133 f.).

Nr. 9 EStG wäre. Mangels Kapitalüberlassungsverhältnis ist vom Entleiher auf den Sachdarlehenszins und auf die geleisteten Kompensationszahlungen (z. B. Dividendenausgleichszahlungen) auch keine Kapitalertragsteuer i. S. des § 43 Abs. 1 EStG einzubehalten. Die durch § 32 Abs. 3 KStG angeordneten besonderen Abzugsteuer auf Dividendenausgleichzahlungen betrifft nur inländische beschränkt Körperschaftsteuerpflichtige (i. S. des § 2 Nr. 2 KStG), nicht jedoch ausländische beschränkt Körperschaftsteuerpflichtige (i. S. des § 2 Nr. 1 KStG)[65].

▸ Erträge ausländischer Pensionsgeber aus Pensionsgeschäften mit Wertpapieren (**Repo-Geschäften**) führen nicht zu einer beschränkten Steuerpflicht. Ordnet man den Vorgang als Kaufgeschäft ein fehlt es schon von vornherein an der Erfüllung der Tatbestandsvoraussetzungen des § 49 Abs. 1 EStG solange nicht eine Beteiligung i. S. des § 17 EStG Gegenstand der Transaktion ist. Auch wenn man ein Pensionsgeschäft als wechselseitiges Geld und Sachdarlehen versteht[66], erzielt die ausländische Kontraktpartei beim Repo – wie bei der Wertpapierleihe – für eine beschränkte Steuerpflicht irrelevante Ausgleichszahlungen (i. S. des § 22 Nr. 3 EStG). Beim Reverse Repo würde der ausländischer Pensionsnehmer von § 49 Abs. 1 Nr. 5 Buchstabe c EStG nicht erfasste und demnach auch kapitalertragsteuerfreie Zinserträge (i. S. des § 20 Abs. 1 Nr. 7 EStG) erzielen.

Schließen somit ausländische Kontraktparteien mit inländischen Kontraktparteien Verträge über derivative Finanzgeschäfte ab, so werden sie damit unabhängig vom Bestehen eines DBA in Deutschland regelmäßig nicht beschränkt steuerpflichtig, solange die jeweiligen Kontrakte keiner im Inland unterhaltenen Betriebstätte zuzuordnen sind. Die deutschen Gegenparteien, seien es Kreditinstitute oder Nicht-Banken, brauchen bei Zahlungen an die ausländischen Kontraktparteien grundsätzlich keine Kapitalertragsteuer einzubehalten.

III. Derivative Finanzinstrumente im deutschen Abkommensrecht

Im Abkommensrecht werden Derivate nicht gesondert geregelt. Allein die Tz. 21.1. des Kommentars zu Art. 11 des OECD-Musterabkommens spricht von "Finanzderivaten" und "gewissen nichttraditionellen Finanzinstrumenten", ohne wiederum den Begriff zu spezifizieren; lediglich Zinsswaps werden beispielhaft genannt[67].

Zahlungen aus derivativen Finanzinstrumenten fallen regelmäßig nicht in den Anwendungsbereich von Art. 11 OECD-MA. Nach Art. 11 Abs. 3 OECD-MA fallen unter den Begriff „Zinsen" allein Einkünfte aus Forderungsrechten, denen eine Kapitalüberlassung zugrunde liegt[68], wobei als Zins grundsätzlich der über die Kapitalüberlassung hinaus vom Schuldner gezahlte Betrag verstanden wird[69]. "Zahlungen aufgrund gewisser nichttraditioneller Finanzinstrumente" (Finanzderivate) werden nach OECD-Verständnis unter dem Vorbehalt des *substance-over-form-approach* nicht als Zinsen i. S. des OECD-MA angesehen[70]. Das deutsche Abkommensrecht orientiert sich hinsichtlich des Zinsbegriffs regelmäßig am OECD-MA; lediglich in einzelnen Abkommen wird ergänzend auf das nationale Steuerrecht des Quellenstaates verwiesen[71].

---

[65] Vgl. *Häuselmann*, Das Ende des "Steuerschlupfloches" Wertpapierleihe, DStR 2007, 1379, 1383.

[66] So *Häuselmann*, Repo-Geschäfte in der Steuerbilanz, BB 2000, 1287, 1290.

[67] OECD-MK zu Art. 11 Ziff. 21.1. (Nicht traditionelle Instrumente).

[68] Nr. 18 OECD-MK zu Art. 11 OECD-MA; *Pöllath/Lohbeck*, in: Vogel/Lehner, DBA, 5. Aufl. 2008, Art. 11 OECD-MA Rn. 56.

[69] Nr. 20 OECD-MK zu Art. 11 OECD-MA.

[70] Nr. 21.1. OECD-MK zu Art. 11 OECD-MA.

[71] Vgl. Art. 11 Abs. 2 Satz 1 DBA USA; Art. 11 Abs. 2 DBA Schweiz.

Für die Praxis bedeutet dies, dass Zinsen und Kompensationszahlungen aus **Wertpapierdarlehensgeschäften** nicht unter den abkommensrechtlichen Zinsbegriff fallen, da die Forderung nicht auf Zahlung eines Geldbetrages gerichtet ist[72]. Nach nationalem Steuerrecht können Dividendenausgleichszahlungen (*Substitute Dividend Payments*) aus Aktien-Leihgeschäften (*Stock Loans*) insbesondere für Zwecke der Quellenbesteuerung auch gegenüber ausländischen Verleihern Dividenden gleichgestellt sein[73]. Dessen ungeachtet fehlt es hier regelmäßig an einem Bezug des Verleihers aufgrund einer Gesellschafterstellung, so dass Art. 10 OECD-MA für die Verteilung der Besteuerungsrechte insoweit nicht einschlägig ist[74]. Auch bei grenzüberschreitenden Wertpapierdarlehensgeschäften mit Zinstiteln kann eine nationale Umqualifikation der Wertpapierdarlehensentgelte in "Kapitalüberlassungszinsen" in Betracht kommen[75].

Mangels Kapitalüberlassungsverhältnis zwischen den Parteien stellen Erträge aus **Swaps** grundsätzlich keine Zinsen im abkommensrechtlichen Sinne dar[76]. Verweist die Zinsdefinition des einschlägigen DBA jedoch (auch) auf die Zinsdefinition des Quellenstaates, wie z. B. Art. 11 Abs. 2 Satz 1 DBA USA können Swapzahlungen im Einzelfall auch abkommensrechtlich als Zinsen anzusehen sein. Die USA nehmen etwa bei signifikanten nicht-periodischen Swapzahlungen oder bei Prämienzahlungen auf deep-in-the money Optionen nach nationalem Recht eine Umqualifikation in Zinszahlungen vor[77]. Bei sog. **Equity Swaps** kommt es wie bei Aktien-Leihgeschäften zu Dividendenausgleichszahlungen. Auch hier fehlt es für Zwecke des Art. 11 OECD-MA an einem Kapitalüberlassungsverhältnis und für Zwecke des Art. 10 OECD-MA an einem Bezug aufgrund einer Gesellschafterstellung[78].

Ebenso wenig wie Zahlungen aus Swaps fallen Erträge aus **Optionen** und **Termingeschäften** mangels eines zwischen den Parteien bestehenden Kapitalüberlassungsverhältnisses unter den Begriff der „Zinsen" im Sinne des Art. 11 Abs. 3 OECD-MA[79]. Die Einordnung von Termin- und Optionsgeschäften als Veräußerungsgeschäfte i. S. des Art. 13 OECD-MA scheidet bei Kontrakten mit Barausgleich grundsätzlich aus. Bei durch Lieferung erfüllbaren Kontrakten kann jedoch die durch ein Options- oder Termingeschäft bewirkte Veräußerung von Art. 13 OECD-MA erfasst

---

[72] *Wassermeyer*, in: Debatin/Wassermeyer, Doppelbesteuerung [Oktober 2001], Art. 11 OECD-MA Rn. 91; *Grützner*, in: Gosch/Kroppen/Grotherr, DBA-Kommentar [2007], Art. 11 OECD-MA Rn. 59.

[73] In den USA nach Treas.Reg. § 1.894-1 (c).

[74] Vgl. *Woywode*, Die abkommensrechtliche Einordnung von Einkünften aus Swapverträgen, IStR 2006, 368, 370.

[75] In den USA nach US-Reg. § 1.861-2(a) (7). Vgl. dazu *Wolff*, in: Debatin/Wassermeyer, Doppelbesteuerung [Juli 1997], Art. 11 DBA USA Rn. 77.

[76] *Pöllath/Lohbeck*, in: Vogel/Lehner, DBA, 5. Aufl. 2008, Art. 11 OECD-MA Rn. 74; *Woywode*, Die abkommensrechtliche Einordnung von Einkünften aus Swapverträgen, IStR 2006, 368, 371.

[77] In den USA nach US-Reg. § 1.446-3(g) (4). Vgl. dazu auch *Kopp/Pross*, Zinsswaps im nationalen und internationalen Steuerrecht der USA, RIW 1994, 488, 493; *Wolff*, in: Debatin/Wassermeyer, Doppelbesteuerung [Juli 1997] Art. 7 DBA-USA, Anm. 174. Ferner *Geurts*, in: Strunk/Kaminski/Köhler, AStG/DBA [September 2008], Art. 11 OECD-MA Rn. 76.

[78] Vgl. *Tischbirek*, in: Vogel/Lehner, DBA, 5. Aufl. 2008, Art. 10 OECD-MA Rn. 188; *Woywode*, Die abkommensrechtliche Einordnung von Einkünften aus Swapverträgen, IStR 2006, 368, 371.

[79] Vgl. *Geurts*, in: Strunk/Kaminski/Köhler, AStG/DBA [September 2008], Art. 11 OECD-MA Rn. 75; *Wolff*, in: Debatin/Wassermeyer, Doppelbesteuerung [Juli 1997], Art. 11 DBA USA Rn. 77; *Woywode*, Die abkommensrechtliche Einordnung von Einkünften aus Forward-/Future- und Optionsverträgen, IStR 2006, 325 m. w. N.

sein. Gleiches gilt bei der nachfolgenden Veräußerung von Finanzinstrumenten, die mit Hilfe von Options- oder Termingeschäften angeschafft wurden[80].

Nach Art. 21 Abs. 1 OECD-MA können nicht von Art. 6 bis 20 OECD-MA erfasste Einkünfte nur im Ansässigkeitsstaat besteuert werden. Dies betrifft insbesondere die von Art. 11 OECD-MA nicht erfassten Einkünfte aus "neuen Finanzinstrumenten" wie z. B. **Swaps** und **Futures**[81]. Für die deutsche Abkommenspraxis bedeutet dies im Ergebnis, dass Erträge aus derivativen Finanzinstrumenten ausländischer Kontraktparteien grundsätzlich in voller Höhe in die deutsche Bemessungsgrundlage einzubeziehen sind. Gleiches gilt für Erträge aus der Verwertung von derivativen Finanzinstrumenten ausländischer Kontraktparteien.

---

[80] Vgl. *Wassermeyer*, in: Debatin/Wassermeyer, Doppelbesteuerung [Oktober 2002], Art. 13 OECD-MA Rn. 33f.

[81] Vgl. *Lehner*, in: Vogel, DBA, 5. Aufl. 2008, Art. 21 OECD-MA Rn. 12.

3. Besteuerungsprobleme bei international tätigen Versicherungsgesellschaften

von Dipl.-Kfm. Dr. Frank Roser, Rechtsanwalt, Wirtschaftsprüfer, Steuerberater* und Klaus-Dietrich Schrepp, Rechtsanwalt**, Hamburg

Inhaltsübersicht

A. Einführung in die Problemstellung
  I. Bereiche eines Auslandsengagements
  II. Stand der Harmonisierung des Versicherungs-(Steuer-)rechts
B. Grundsätzliche Problembereiche
  I. Vorgaben der Spartentrennung
  II. Unterschiede in der steuerlichen Zuordnung des Versicherungsverhältnisses
  III. Steuerliche Rahmenbedingungen für Strukturentscheidungen
C. Sonderbestimmungen für Versicherungsunternehmen
  I. Steuerliche Berücksichtigung der versicherungstechnischen Posten
  II. Bewertung der Aktiva
  III. Besonderheiten der Leistungsbeziehungen
  IV. Nationale Unterschiede im Rahmen der Rückversicherung
V. Besonderheiten für Beteiligungen von Versicherungsunternehmen
D. Auslandsengagement eines deutschen Versicherungsunternehmens
  I. Steuerliche Rahmenbedingungen im Ausland abkommen
  II. Folgen eines Auslandsengagements für die Besteuerung in Deutschland
E. Inlandsengagement eines ausländischen Versicherungsunternehmens
  I. Beschränkte Steuerpflicht
  II. Sonderregelungen für Umwandlungsfälle
  III. Organschaft im Inland
F. Sonderfragen der internationalen Captive-Gesellschaften
  I. Grundlagen
  II. Nationale Sonderbestimmungen
G. Zusammenfassung

Literatur:

Angermayer/Oser, Konzernrechnungslegung von Versicherungsunternehmen, VW 1996, 887 ff.; **Athanas,** Grundsätze der Einkunfts- und Vermögensermittlung bei Betriebsstätten sowie ihre Anwendung auf Banken, Versicherungen und andere Finanzinstitutionen, IFA- Generalbericht, CDFI 1996, 21 ff.; **Bernhard,** Solvabilität europäischer Lebensversicherer, VW 1998, 356 ff.; **Bierbach,** Captive oder Abzugsfranchise, VW 1995, 650 ff.; **Boller/Rosenbaum,** Determinanten der Risikotragung: Die Entscheidung zwischen Captive und Abzugsfranchise, VW 1995, 1180 ff.; **Boone/Coosemans,** New Beligan Tax Measures Confirmed by Law of 13 June 1997, INTERTAX 1997, S. 31 ff.; **Broesche,** Besonderes Kennzeichen: Unbeschränkte Vertragshaftung für den Rückversicherer, VW 1996, 1202 ff.; **Brühwiler,** Das Fürstentum Liechtenstein als Capitive-Standort, VW 1996, 405 f.; **Burwitz,** Der Entwurf eines Gesetzes zur Änderung des Außensteuergesetzes und anderer Gesetze (AStÄG), FR 1998, 299 ff.; **Chuter,** The Inland Revenue versus Captive Insurance Companies, EUROPEAN TAXATION 1994, S. 166 ff.; **Coopers & Lybrand,** Continuing Developments in the Taxation of Insurance Companies 1997 – The Year in Review, 1998; dies., International comparison of insurance taxation, 1996; **Dietz/Angermayer,** Financial Reinsurance – Abgrenzung und Bilanzierung aus risikotheoretischer Sicht, VW 1998, 426 ff.; **Dötsch/Pung,** Steuerentlastungsgesetz 1999/2000/2002: Änderungen des KStG, DB 1999, 867 ff.; **Durrer,** Alternativer Risikotransfer über Finanzmärkte, VW 1996, 1198 ff.; **Eberhartinger,** Das Verhältnis zwischen (handels-)bilanziellem und steuerlichem Gewinn in der Rechtsprechung von Großbritannien, IStR 1997, 279 ff.; **Förster,** Nichtanwendungserlass zu Beteiligungen an irischen "IFSC-Kapitalgesellschaften", PIStB 2001, 127 ff.; **Fourie,** Internationale Analyse der Jahresabschlüsse von Schadenversicherungsunternehmen in Deutschland und in Großbritannien, VW 1997, 442 ff.; **Göth,** Grundsätze der Einkunfts- und Vermögensermittlung bei Betriebsstätten sowie ihre Anwendung auf Banken, Versicherungen und andere Finanzinstitutionen, Nationalbericht Österreich, CDFI 1996, 257 ff.; **Großer,** Sind Captives eine Konkurrenz für Industrieversicherer? VW 1997, 438 ff.; **Haas,** Die Gewerbesteuerpflicht von Dividenden aus Streubesitz nach § 8 Nr. 5 GewStG und ihre Auswirkungen auf 100 %-Beteiligungen, DB 2002, 549 ff; **Harris,** Grundsätze der Einkunfts- und Vermögensermittlung bei Be-

---

* Geschäftsführender Gesellschafter der SUSAT & PARTNER oHG Wirtschaftsprüfungsgesellschaft, Hamburg.
** Bereichsleiter Beteiligungen der SIGNAL IDUNA-Gruppe.

triebsstätten sowie ihre Anwendung auf Banken, Versicherungen und andere Finanzinstitutionen, Nationalbericht Deutschland CDFI 1996, 751 ff.; **Herzig/Dauzenberg,** Die Einwirkungen des EG-Rechts auf das deutsche Unternehmenssteuerrecht, DB 1997, 8 ff.; **Heß,** Financial Reinsurance, Hamburg 1998; **Hey,** Verfassungswdrigkeit des Ausschlusses von Lebens- und Krankenversicherungsunternehmen von der körperschaft- und gewerbesteuerlichen Oranschaft, FR 2001, 1279; **van der Hoeven,** Tax Implications on the Third Non-life and Life Directive for EU Based Insurers doing Business in Other Member States, INTERTAX 1995, S. 434 ff.; **Horton/Macve,** Planned Changes in Accounting Principles for UK Life Insurance Companies: A Preliminary Investigation of Stock Market Impact, Journal of Business & Accounting 1998, S. 69 ff.; **Hundt,** UN-Musterabkommen zur Vermeidung der Doppelbesteuerung zwischen Industriestaaten und Entwicklungsländern, RIW/AWD 1981, 306 ff.; **Jäger/Husch,** Die versicherungstechnischen Posten des Jahresabschlusses der Lebensversicherungsunternehmen, in: IDW: Rechnungslegung und Prüfung der Versicherungsunternehmen, Stand 2001; **Kalusche/Schmidt,** Darstellung und Bedeutung von Financial Reinsurance für die Rückversicherungswirtschaft, ZfV 1993, 579 ff.; **Köhlmark/Tivéus,** Grundsätze der Einkunfts- und Vermögensermittlung bei Betriebsstätten sowie ihre Anwendung auf Banken, Versicherungen und andere Finanzinstitutionen, Nationalbericht Schweden, CDFI 1996, 715 ff.; **KPMG,** Rechnungslegung von Versicherungsunternehmen nach neuem Recht, Butzbach 1994; **Lüdicke,** Steuerentlastungsgesetz 1999/2000/2002: Änderungen bei beschränkt Steuerpflichtigen, IStR 1999, 193 ff.; **Macleod,** Insurance Premium Taxes – Some International Aspects, British Tax Review 1996, S. 263 ff.; **ders.,** Proprietary Life Assurance Companies – Trading Losses, British Tax Review 1992, S. 228 ff.; **ders.,** The Insurance Taxation Provisions – sections 51 – 57, British Tax Review 1995, S. 217 ff.; **Manekeller,** Captives, Irrweg oder Lösung?, VW 1994, 1189 ff.; **Maser,** Die Mindesteigenkapitalausstattung von Niederlassungen ausländischer Versicherungsunternehmen in Deutschland, VW 1998, 439 ff.; **ders.,** Konzernrechnungslegung von Versicherungsunternehmen nach International Accounting Standards, VW 1998, 876 ff. (Teil I) und 976 ff. (Teil II); **ders.,** Kostenumlageverträge bei international verbundenen Versicherungsunternehmen, VW 2000, 381 ff.; **Müller-Gothard,** Captives nun auch in Deutschland "in", VW 1996, 1464; **o.V.,** Sind Gegenseitigkeitsvereine international ein Auslaufmodell?, ZfV 1998, 193; OECD Tax Policy Studies, Taxing Insurance Companies, No.3, Paris 2001; **OECD,** Report on the Attribution of Profits to Permanent Establishments, Part IV (Insurance), Revised public discussion draft 22. 8. 2007; **OECD,** Insurance Statistics Yearbook 1988 – 1995, Paris 1997; **Rädler/Lausterer,** Gutachten zu der europarechtlichen Anerkennung der IFSC in Irland, abgedr. in DB 1996, Beilage 3; **Orth,** Schritte in Richtung einer "grenzüberschreitenden Organschaft", IStR 2002, Beihefter 9; **Rättig/Protzen,** Die "neue Hinzurechnungsbesteuerung" der §§ 7-14 AStG in der Fassung des UntStFG – Problembereiche und Gestaltungshinweise IStR 2002, 123 ff; **dies,** Überblick über die Hinzurechnungsbesteuerung des AStG in der Fassung des Unternehmensteuerfortentwicklungsgesetzes, DStR 2002, 241 ff.; **Rödder/Wochinger,** Veräußerung von Kapitalgesellschaften durch Kapitalgesellschaften, FR 2001, 1253 ff.; **Roser,** Umsetzung und Umfang der Verlustnutzung nach Marks & Spencer, Ubg 2010, 30 ff.; **ders.,** Überführung von Wirtschaftsgütern ins Ausland – eine Grundsatzentscheidung mit vielen Fragen, DStR 2008, 2389; **ders.,** Erforderliche Änderungen der Hinzurechnungsbesteuerung, IStR 2000, 78 ff.; **Roser/Tesch/Seemann,** Grundsätze der Abzinsung von Rückstellungen nach dem StEntlG, FR 1999, 1345 ff.; **Schlüter,** Die versicherungstechnischen Posten des Jahresabschlusses der Krankenversicherungsunternehmen, in: IDW: Rechnungslegung und Prüfung der Versicherungsunternehmen, Stand 2001; **Schnittker/Hartmann,** Zur Verfassungsmäßigkeit des Ausschlusses der Lebens- und Krankenversicherungsunternehmen von der körperschaft- und gewerbesteuerlichen Organschaft, BB 2002, 277 ff.; **Skaar,** Taxation Issues relating to Captive Insurance Companies, Amsterdam 1998; **Sorgenfrei,** Zur Reichweite von "Subject to tax"-Klauseln, IStR 1999, 201 ff.; **Strunz,** Die Versicherungssteuer in der Schweiz, VW 1994, 41 ff.; **ders.,** Zur Doppelbesteuerung mit versicherungssteuer in der Bundesrepublik Deutschland, IStR 2001, 777 f; **Töben,** Keine Gewerbesteuer auf Dividenden und auf Gewinne aus der Veräußerung von Anteilen an Kapitalgesellschaften bei Zwischenschaltung einer Personengesellschaft, FR 2002, 361 ff.; **Töben/Schulte-Rummel,** Doppelte Verlustberücksichtigung in Organschaftsfällen mit Auslandsberührung, FR 2002, 425 ff.; **van der Linden/van der Wal,** Insurance Premium Tax in an European Perspective, INTERTAX 2000, 131 ff.; **Vogel,** Die Mär von den "Rückfall-Klauseln" in Doppelbesteuerungsabkommen, IStR 1997, Beihefter 24/97, S. 1 ff.; **Wagner,** Internationalisierung und Internationalisierungsstrategien in der deutschen Versicherungswirtschaft, VW 1994, 348 ff. (Teil I), 414 ff. (Teil II), 514 ff. (Teil III); **ders.,** Internationalisierung und Globalisierung – Strategien für deutsche Erstversicherer?, VW 1998, 732 ff.; **Wassermeyer,** Will Baden-Württemberg wirklich das Veranlassungsprinzip des deutschen Ertragsteuerrechts abschaffen?, DB 1998, 642 ff.; **Warth,** Luxemburg und das europäische Versicherungsgeschäft, VW 1997, 189 ff.; **Wiechmann/Paaßen,** Das neue Bewertungswahlrecht für Wertpapiere von Versicherungsunternehmen, ZfV 2002, 157 ff; **Wright/Weber/Lynch,** Seeling Out Safe Harbours, Captive Review 2003, 39.; **Zwonicek,** Die indirekte Besteuerung der Versicherungsverträge in Europa, VW 1998, 26 ff.

A. Einführung in die Problemstellung

Die Deregulierung des Versicherungsmarktes[1] und die hiermit zusammenhängende Niederlassungs- und Dienstleistungsfreiheit sowie der Zusammenschluss immer größerer Unternehmen im Rahmen von Allfinanzkonzepten[2] (vgl. § 111f VAG) ist Ausdruck der zunehmenden Internationalisierung der Versicherungswirtschaft und der Flexibilität der Marktteilnehmer. Zunehmend bilden sich internationale Versicherungskonzerne. Auch die Risikoverteilung zwischen Erst- und Rückversicherern wird in verstärktem Umfang international abgewickelt. Daher ist seit vielen Jahren eine immer größer werdende Bedeutung der internationalen Tätigkeit der Versicherungsgesellschaften festzustellen[3], wobei der Konzentrationsprozess von Versicherungskonzernen einen wesentlichen Beitrag geleistet hat. Der internationalen Ausbreitung steht nur in wenigen Ländern noch eine Untersagung von Versicherungsgeschäften für Ausländer entgegen[4].

Bisher finden sich nur wenige Untersuchungen zu den steuerlichen Fragestellungen international tätiger Erst- und Rückversicherer, so dass auch einige grundlegende Hinweise in die vorliegende Darstellung aufgenommen wurden. Soweit erforderlich, wird dabei zwischen Lebensversicherern und übrigen Versicherern (insbes. Kranken- und Sachversicherer) unterschieden[5].

I. Bereiche eines Auslandsengagements

Die Internationalität des Versicherungsgeschäftes mag die nachfolgende Statistik verdeutlichen:

OECD countries	All undertakings	Domestic companies	Of which: Foreign controlled companies	Foreign companies (branches)
Australia	160	123	40	37
Belgium	156	106	..	50
Canada	460	346	61	114
Czech Republic	52	34	22	18
Finland	127	127	0	0
Germany	513	425	69	88
Greece	94	62	..	32
Hungary	44	37	26	11
Iceland	13	12	0	1
Italy	243	163	61	80

---

[1] D. h. die Lockerung der Versicherungsaufsicht zur Herstellung eines gemeinsamen europäischen Binnenmarktes für Finanzdienstleistungen.

[2] Vgl. z. B. Winterthur/Credit Suisse, Royal/Sun Alliance und Allianz/Dresdner Bank (inzwischen gescheitert).

[3] Vgl. ZfV 1997, 251 zu den Auslandsaktivitäten 1996 der europäischen Versicherungswirtschaft; Jahrbuch der Versicherungswirtschaft – Versicherungsreport 1997, S. 14 f.; BAV: Geschäftsbericht 1992, Tabellen 031 und 032; BAV: Geschäftsbericht 1994, Tabelle 031; Gesamtverband der deutschen Versicherungswirtschaft e. V., Jahrbuch 1996, S. 42 f. BAV Geschäftsbericht 1998, Tabellen 035 und 036.

[4] Sri Lanka, Malaysia, Uruguay.

[5] In Deutschland werden die sog. "substitutiven" Krankenversicherer den Lebensversicherungen gleichgestellt (§ 12 Abs. 1 VAG).

Roser/Schrepp

Luxembourg	356	341	270	15
Mexico	95	95	54	0
Netherlands	322	315	6	7
New Zealand	..	..	..	..
Norway	132	86	5	44
Poland	69	68	45	1
Portugal	83	48	14	35
Spain	285	283	28	2
Switzerland	214	171	..	43
United States	4486	4474	465	12
Non-OECD countries				
Russian Federation	857	857	27	0

Source: OECD Insurance Statistics, 2008

In Deutschland sind schon seit vielen Jahren in erheblichem Umfang ausländische Versicherungsunternehmen tätig[6]; Gleiches gilt für deutsche Versicherungsunternehmen hinsichtlich ihres Auslandsengagements. Die internationale Tätigkeit der Versicherungsunternehmen lässt sich grds. nach der Vertriebsform und nach der Art des betriebenen Versicherungsgeschäftes untergliedern.

1. Vertriebsformen des Versicherungsgeschäftes

Als Vertriebsformen des Versicherungsgeschäfts in dem "jeweils anderen Staat"[7] kommen grds. in Betracht[8]:

▶ Direktvertrieb
▶ Gründung einer Vertriebsniederlassung (Betriebsstätte oder Tochtergesellschaft)
▶ Kooperationen oder Joint-Ventures

Die nachfolgende Übersicht soll – ohne Anspruch auf Vollständigkeit und hinreichende Aktualität – einen ersten Eindruck von der Verbreitung und die Entwicklung der einzelnen Rechtsformen für die internationale Tätigkeit der Versicherungsgesellschaften (incl. Rückversicherung) geben:

Stand: 1991/1992 [1995]	Direktvertrieb	Agentur	Betriebsstätte	Tochtergesellschaft
Deutsche Versicherungen im Ausland	keine Information	70	96	126
Ausländische Versicherungen in Deutschland	keine Information	n/a	81 [14]	58 [52]

(Quelle der statistischen Angaben: Wagner 1994, S. 352 und 516 und OECD Insurance Statistic Yearbook 1988 – 1995)

---

[6] Vgl. OECD Insurance Statistics Yearbook, S. 42 (life) and 43 (non-life).
[7] Jeweils gesehen aus der Sicht des Ansässigkeitsstaates des Versicherungsunternehmens.
[8] Zu den verschiedenen institutionellen Gestaltungsmöglichkeiten vgl. *Wagner*, VW 1998, 736.

Nach den verfügbaren und nicht uneingeschränkt abstimmbaren Informationen[9] sind die Vertriebsstrukturen – trotz freiem Direktverkehr – vornehmlich auf die Form eigenständiger Rechtsträger bzw. von Niederlassungen ausgerichtet. Der deutsche IFA-Nationalbericht[10] bezeichnet allerdings die Anzahl der Betriebsstätten ausländischer Versicherungsunternehmen in Deutschland als "verschwindend gering", was zumindest im Hinblick auf Lebensversicherungsunternehmen wohl als zutreffend anzusehen ist.

Besonders zu beachten ist, dass die einzelnen rechtlichen Gestaltungen häufig Stufen einer zeitlichen Entwicklung sind, so dass die Frage eines Wechsel des Rechtskleides (Bestandsübertragungen[11], Umwandlung Betriebsstätte in Tochtergesellschaft) sowie die Möglichkeit (von grenzüberschreitenden) Umstrukturierungen (Fusion von Tochtergesellschaften bzw. Betriebsstätten) von erheblicher Bedeutung sein können.

Auf die Besonderheiten des deutschen VVaG wird in der vorliegenden Betrachtung nicht eingegangen[12].

2. Art der Tätigkeit

Die Tätigkeit der Versicherungen gliedert sich in das technische Versicherungsgeschäft[13], nämlich

- Erstversicherung
- Rückversicherung (für Dritte und innerhalb eines Konzerns[14]),

sowie das nicht-versicherungstechnische Geschäft

- Arten der Kapitalanlagen (Grundstücke, Beteiligungen, Wertpapiere),
- Verwaltungsformen von Kapitalanlagen (z. B. über IFSC).

II. Stand der Harmonisierung des Versicherungs-(Steuer-)rechts

Die EG-Versicherungs-Bilanzrichtlinie[15] hat hinsichtlich der Rechnungslegung innerhalb der EU eine erste Vereinheitlichung gebracht[16]. Durch Einführung der §§ 341 ff. HGB wurden die

---

[9] Der Gesamtverband der Deutschen Versicherungswirtschaft weist darauf hin, dass nur wenige statistische Angaben über das Auslandsengagement verfügbar sind, aktuelle Statistiken sind zudem durch den Wegfall der Aufsicht für EU-Niederlassungen erschwert (Jahrbuch 1996, S. 42); die OECD-Übersichten "Deutschland" (in OECD 1997), S. 96 ff. weisen ca. 60 (1988) bis 52 (1995) Tochtergesellschaften ausländischer Versicherungsunternehmen und 108 (1988) bis 14 (1995) Niederlassungen aus, allerdings ist der Hinweis auf S. 230 f. zu dem verfügbaren Datenmaterial zu beachten.

[10] Vgl. *Dehnen*, Grundsätze der Einkunfts- und Vermögensermittlung bei Betriebsstätten sowie ihre Anwendung auf Banken, Versicherungen und andere Finanzinstitutionen, Nationalbericht Deutschland, CDFI 1996, S. 401.

[11] §§ 178–189 UmwG "Vermögensübertragung unter Versicherungsunternehmen", § 14 Abs. 1a VAG "Bestandsübertragungen an EU-Versicherungsunternehmen" und § 108 VAG "Bestandsübertragungen an Nicht-EU-Niederlassungen".

[12] Vgl. dazu o. V., ZfV 1998, 193 zu internationalen Gegenseitigkeitsvereinen.

[13] Z. T. auch Primärgeschäft genannt, vgl. *Boetius*, Handbuch der versicherungstechnischen Rückstellungen, S. 32, Tz. 96.

[14] Sog. "Captives", vgl. dazu Abschn. E.

[15] V. 19. 12. 1991 (91/674/EWG), ABl. der EG Nr. L 374/7 v. 31. 12. 1991 und Durchführungsgesetz v. 24. 6. 1994, BGBl 1994 I 1377.

[16] Zu der weiteren Vereinheitlichung im Rahmen der Umstellung auf IAS und US-GAAP vgl. *Maser*, VW 1998, 876 ff., 976 ff.

Grundsätze der EU-Rechnungslegung zu den Ansatz- und Bewertungsvorschriften in nationales Recht umgesetzt. Neben der Versicherungs-Bilanzrichtlinie wurden die EG- Richtlinie Schadensversicherung[17] und die EG-Richtlinie Lebensversicherung[18] erlassen, die Regelungen zu versicherungstechnischen Rückstellungen enthalten[19]. In § 106 Abs. 2 Satz 3 VAG wurde für die Geschäftstätigkeit der Niederlassungen ausländischer Versicherungsunternehmen die Verpflichtung eingeführt, gesondert Rechnung zu legen und insoweit die harmonisierten Grundsätze zu beachten.

In Deutschland wirkt die Vereinheitlichung der Rechnungslegungsvorschriften über den Grundsatz der (allerdings zunehmend eingeschränkten) Maßgeblichkeit der Handelsbilanz für die Steuerbilanz (§ 5 Abs. 1 Satz 2 EStG) auch in die deutsche Besteuerung hinein[20]. Durch das Bilanzrechtsmodernisierungsgesetz (BilMoG) wird sich hier künftig eine Einschränkung ergeben - § 5 Abs.1 EStG idF des BilMoG[21]. Es ist weiter zu beachten, dass die EU-Richtlinie den Mitgliedsstaaten diverse Wahlrechte bei der Umsetzung in nationales Recht eingeräumt hat[22]. Die Sonderregelungen der §§ 300 Abs. 2 Satz 3, 308 Abs. 2 Satz 2 HGB zu der konzerneinheitlichen Bilanzierung und Bewertung bei Versicherungsunternehmen verdeutlichen, dass eine Vereinheitlichung bisher nur in Grundzügen erfüllt ist[23]. Zwischen den EU-Staaten wurde mit der EU-Richtlinie aber zumindest eine Harmonisierung der Besteuerungsgrundlagen erreicht[24], mit einer Harmonisierung im Bereich der indirekten Steuern insgesamt ist allerdings kurzfristig kaum zu rechnen[25]. Für die Beurteilung der internationalen Besteuerung ist zudem zu beachten, dass die Maßgeblichkeit der handelsrechtlichen Rechnungslegungsgrundsätze für die Besteuerung nicht als internationaler Grundsatz anerkannt ist und damit Unterschiede trotz handelsrechtlicher Vergleichbarkeit bestehen können[26].

Ein neuer Ansatz der Harmonisierung der Besteuerung findet sich in dem Konzept der CCCTB[27], das auch für Versicherungsunternehmen im Grundsatz Bedeutung haben wird.[28]

---

[17] 3. SchadenRL 92/49/EWG v. 18. 6. 1992, ABl. Nr. L 228/1 v. 11. 8. 1992.
[18] 3. LebensRL 92/96/EWG v. 10. 11. 1992, ABl. Nr. L 360/1 v. 9. 12. 1992.
[19] Art. 17 SchadenRL (Pflicht zur Bildung ausreichender versicherungstechnischer Rückstellungen); Art. 18 LebensRL (Pflicht zur Bildung ausreichender versicherungstechnischer Rückstellungen und Festlegung maßgeblicher Grundsätze der Bildung); die Solvabilitätsanforderungen wurden ursprünglich in der ersten LebensRL (79/267, v. 5. 3. 1979, ABl. EG Nr. L 63, v. 13. 3. 1979) geregelt.
[20] Vgl. zur Maßgeblichkeit bei VU: *Boetius* a. a. O. (oben Fn. 13), S. 61 f., Tz. 171 f. Einschränkungen ergeben sich insb. aus dem Steuerentlastungsgesetz v. 24. 3. 1999, BStBl 1999 I 304, § 6 Abs. 1 Nr. 1 und Nr. 3a EStG, §§ 20, 21 KStG, sowie aus dem Steuerbereinigungsgesetz 1999 v. 22. 12. 1999, BStBl 2000 I 13, § 5 Abs. 2a EStG.
[21] BGBl. 2009, 1102 ff
[22] Vgl. zu den Wahlrechten *Boetius* a. a. O. (oben Fn. 13), S. 15, Tz. 29; insb. die in Deutschland obligatorische Schwankungsrückstellung wurde EG-weit nicht als obligatorisch übernommen.
[23] Vgl. *Richter* in: FS H. Havermann, S. 647 f.
[24] So auch *van der Hoeven*, INTERTAX 1995, S. 426.
[25] Zu der Notwendigkeit der Harmonisierung vgl. RUDING-REPORT v. 18. 3. 1992, DB 1995, Beil. 9.
[26] In Europa wird überwiegend die handelsrechtliche Gewinnermittlung unter Berücksichtigung steuerlicher Anpassungen (insb. nicht absetzbarer Betriebsausgaben) zugrunde gelegt, in anderen Ländern (z. B. Großbritannien, Argentinien, Singapur, USA) handelt es sich weitgehend um eine Sonderrechnung (vgl. z. B. *Eberhartinger*, IStR 1997, 279 ff.).
[27] Common Consolidated Corporate Tax Base, Working Document for the European Commission, 26.7.2007.

B. Grundsätzliche Problembereiche

I. Vorgaben der Spartentrennung

Grds. ist in der Bundesrepublik Deutschland § 8 Abs. 1a Satz 1 VAG zu beachten, demzufolge die Erlaubnis zum Betrieb einer Lebens- oder Krankenversicherung und die Erlaubnis zum Betrieb anderer Versicherungssparten einander ausschließen. Dies führt dazu, dass sich Versicherungsunternehmen zur Abdeckung des gesamten Leistungsspektrums selbständiger Tochtergesellschaften oder eigenständiger Zweigniederlassungen bedienen müssen[29]. Für Niederlassungen ausländischer EU-Versicherungsunternehmen ist allerdings anstelle der Genehmigung das Anzeige- und Meldeverfahren der §§ 13a–d VAG vorgesehen, für das Direktgeschäft von EU-Versicherungsunternehmen wurden durch die §§ 110a–d VAG ebenfalls Sondervorschriften eingeführt. Jeweils besteht die Möglichkeit der Aufsichtsbehörde, die Aufnahme der Geschäftstätigkeit zu untersagen[30]. Nach § 106c VAG bestehen Sonderregelungen für die Gründung von Lebensversicherungsgesellschaften durch Mehrbranchen- Versicherungsunternehmen in der EU erlassen.

Die Spartentrennung führt zu Sonderfragen des Verlustausgleichs zwischen den Sparten und des Risikos verdeckter Gewinnausschüttungen[31]. Diese sollen hier nicht im Einzelnen behandelt werden.

II. Unterschiede in der steuerlichen Zuordnung des Versicherungsverhältnisses

Ein steuerliches Grundproblem der Besteuerung international tätiger Versicherungsunternehmen ist, dass der Versicherungsschutz ein virtuelles (immaterielles) Gut darstellt, das keinen exakten Zuordnungsregeln folgt. Daher ist es im Grundsatz möglich, das Versicherungsgeschäft nach verschiedenen Kriterien zuzuordnen:

- nach dem Ort des versicherten Risikos (Risikobelegenheit)[32],
- nach dem Ort des Vertragsabschlusses[33] oder
- nach dem Ort der Schadensabwicklung[34].

---

[28] PriceWaterhouseCoopers, Study on the possible adjustments for Financial Institutions of the general rules of the Common Consolidated Corporate Tax Base (CCCTB) under Framework contract 2006/CC/087, January 2008, insbesondere S. 24 – 28.

[29] Vgl. *Richter/Graf von Treuberg* in: IDW (Hrsg.), Rechnungslegung und Prüfung der Versicherungsunternehmen, S. 560, Tz. H 9.

[30] §§ 13c Abs. 2, 110a Abs. 4 Nr. 3a i. V. m. 81 Abs. 4a VAG.

[31] Vgl. zum VVaG: BFH, Urt. v. 13. 11. 1991 I R 45/90, BStBl 1992 II 429, BMF v. 15. 1. 1996 (IV B 7 – S 2775 – 4/96, DStR 1996, 585): Wenn ein versicherungstechnischer Verlust (Spartenausgleich) auf die folgenden 5 Jahre vorgetragen und mit versicherungstechnischen Gewinnen dieser Jahre verrechnet wird, ist keine vGA anzunehmen. Erst ab dem 5. Jahr gilt das BMF-Schreiben v. 24. 11. 1981, IV B 7 – S 2775 – 30/81.

[32] Vgl. *Athanas*, Grundsätze der Einkunfts- und Vermögensermittlung bei Betriebsstätten sowie ihre Anwendung auf Banken, Versicherungen und andere Finanzinstitutionen, IFA-Generalbericht, CDFI 1996, S. 56.

[33] So z. B. USA: Ausstellung einer Versicherungspolice durch die Betriebsstätte entscheidend.

[34] Vgl. dazu die Hinweise bei *Athanas* a. a. O. (oben Fn. 32), S. 56.

Deutschland geht nach § 13a VAG sowohl von der Risikobelegenheit (für unbewegliche Sachen und Fahrzeuge) als auch von dem Ort des Vertragsabschlusses (Reiseversicherung) bzw. dem Ort des Versicherungsnehmers (sog. "andere Fälle") aus.

Die unterschiedliche Zuordnung des Risikos des jeweiligen nationalen Rechts findet regelmäßig Berücksichtigung in der steuerlichen Behandlung sowie der internationalen Einkunftsabgrenzung und ist damit unter Umständen die Ursache einer möglichen Doppelbesteuerung im Rahmen der internationalen Tätigkeit. Allgemeingültige Regelungen zu der Lösung von möglichen Zuordnungskonflikten sind nicht ersichtlich.

Unter Berücksichtigung der Untersuchung des Comité Européen des Assurances (CEA) kann davon ausgegangen werden, dass eine Steuer auf die Prämienzahlungen (Versicherungssteuer), eine Stempelabgabe oder eine zweckgebundene Abgabe in nahezu allen europäischen (und natürlich vielen außereuropäischen[35]) Ländern erhoben wird, allerdings mit höchst unterschiedlichen Prozentsätzen[36]. Von einer fiskalischen Harmonisierung kann insoweit unter Berücksichtigung der unterschiedlichen Bemessungsgrundlagen und Steuersätze keine Rede sein. Aufgrund dieser fehlenden Harmonisierung wurde das Territorialitätsprinzip eingeführt, demzufolge die Versicherungsleistungen in dem Land den indirekten Steuern und steuerähnlichen Abgaben unterliegt, in dem die Dienstleistung erbracht wird. Der "Ort der Dienstleistung" ist allerdings national unterschiedlich, zum Teil das Land des Hauptwohnsitzes des Versicherungsnehmers, zum Teil das Land, in dem sich das versicherte Risiko befindet[37]. Vor allem dann, wenn internatonale Transportmittel versichert werden (z. B. Seeschiffe), bietet sich durch die Anknüpfungspunkte allein schon der deutschen Versicherungssteuer an die Registrierung oder den Ort der versicherten Sache (z. B. eines Seeschiffes) zum Zeitpunkt der Begründung des Versicherungsverhältnisses (§§ 1, 4 VersStG) eine erhebliche Beurteilungsunsicherheit. Nur einige DBA tragen diesen indirekten Steuern Rechnung[38]. Auch die Frage der Anrechenbarkeit dieser Versicherungssteuern wird uneinheitlich beantwortet. Insgesamt kann die fehlende Harmonisierung der Versicherungssteuern erhebliche Zusatzbelastungen auslösen, bedenkt man den Versicherungsteuersatz von 19 % (Seekasko: 3 %) in Deutschland.

III. Steuerliche Rahmenbedingungen für Strukturentscheidungen

Die erforderliche Flexibilität von internationalen Strukturentscheidungen wurde in der Vergangenheit durch nationale Gesetze behindert. Während die Zusammenlegung zweier inländischer Betriebsstätten desselben ausländischen Stammhauses wohl keine steuerlichen Folgen in Deutschland auslöste[39], konnte z. B. die Verschmelzung ausländischer **Nicht-EU**-Versicherungsgesellschaften mit deutschen Betriebsstätten nach § 12 Abs. 2 KStG dazu führen, dass hinsichtlich der stillen Reserven inländischer Betriebsstätten des übertragenden Rechtsträgers eine

---

[35] Z. B. hat Australien zum 1. 1. 2008 eine Retail Sales Tax von 15% auf Versicherungsprämien eingeführt.

[36] Die indirekte Besteuerung der Versicherungsverträge in Europa, Stand 1999; dazu auch *Zwonicek*, VW 1998, 26 f; *Macleod*, British Tax Review 1996, S. 263 ff.; *Strunz*, VW 1994, 41 ff.; *van der Linden/van der Wal*, INTERTAX 2000 131 ff.

[37] Hierzu das Beispiel von *Macleod*, British Tax Review 1996, 265 von einer Yacht, die in UK registriert ist, sich allerdings überwiegend in Maltesischen Gewässern befindet.

[38] *Macleod*, British Tax Review 1996, 266 f. zu den DBA USA-UK (Art. I Abs.2 Buchst (a)) und Papua Neu Guinea – UK; *Strunz*, IStR 2001, 777 zu der Regelung der Anrechnung im Verhältnis Türkei – Österreich (§ 6 Abs. 4, 5 öVersStG).

[39] Vgl. dazu *Roser* DStR 2008, 2389, 2393.

Gewinnrealisierung eintritt[40], wobei nach Auffassung der Finanzverwaltung auch selbstgeschaffene immaterielle Wirtschaftsgüter zu berücksichtigen waren[41]. Durch die Änderung des § 12 Abs. 2 KStG durch das UntStFG[42] wurden diese erheblichen Nachteile zugunsten einer Sicherstellung der steuerlichen Verstrickung in Deutschland aufgegeben. Es ist allerdings zu beachten, dass auch das ausländische Recht unter Umständen für Umstrukturierungen in Deutschland steuerliche Nachteile vorsieht. So ist eine internationale Einbringung von Anteilen an einer polnischen Versicherungsgesellschaft im Wege des Anteilstausches (§ 21 UmwStG) nicht möglich, da eine Übertragung nur gegen Zahlung eines Barkaufpreises zulässig ist (Art. 35 des Gesetzes über das Versicherungsgeschäft).

C. Sonderbestimmungen für Versicherungsunternehmen

I. Steuerliche Berücksichtigung der versicherungstechnischen Posten

Im Gegensatz zu anderen Wirtschaftszweigen sind in der Versicherungswirtschaft die Passivposten prägend für das Bilanzbild und die Ertragsermittlung im versicherungstechnischen Ergebnis[43]. Versicherungstechnische Rückstellungen werden definiert als Beträge, die aus Gründen der Versicherungstechnik zurückgelegt werden müssen, weil sie dazu bestimmt sind, für die Gefahrengemeinschaft bzw. für einzelne Versicherungsnehmer verwendet zu werden oder an diese wegen des Risikoverlaufs zurückzufließen[44]. Ihre Ermittlung stützt sich auf verschiedene versicherungsmathematische Modelle und hat die Aufgabe, jederzeit zu gewährleisten, dass das Versicherungsunternehmen seine aus den Versicherungsverträgen resultierenden Verpflichtungen im Rahmen dessen, was bei vernünftiger Betrachtung vorhersehbar ist, erfüllen kann (Art. 56 Versicherungs-Bilanzrichtlinie, § 341e Abs. 1 Satz 1 HGB). Insoweit werden in die versicherungstechnischen Rückstellungen auch Posten einbezogen, die der Ergebnisbeteiligung der Versicherten Rechnung tragen. Eine abschließende Aufzählung der versicherungstechnischen Rückstellungen dürfte kaum möglich sein[45]. Im Wesentlichen werden die folgenden versicherungstechnischen Rückstellungen unterschieden, deren Zuführung – wie in den nachfolgenden Tabellen 1 und 2 dargestellt – grds. steuerlich abzugsfähigen Aufwand darstellt (die Begriffe orientieren sich an den deutschen Bilanzierungsgrundsätzen der §§ 341e–h HGB, §§ 23 ff. RechVersV):

▶ **Schadenrückstellung** (Rückstellung für noch nicht abgewickelte Versicherungsfälle)[46], Spätschadenrückstellung,

---

[40] Vgl. *Dötsch* in Dötsch/Jost/Pung/Witt, KStG (Loseblatt),, § 12 KStG Tz. 47, der darauf hinweist, dass nur im Rahmen der EU über § 23 Abs. 2 UmwStG die Besteuerung hinausgeschoben werden kann; durch die Neuregelung des § 12 Abs. 2 KStG i. d. F. des Unternehmenssteuerfortentwicklungsgesetzes (UntStFG) v. 20. 12. 2001, BStBl 2002 I 35, Art. 2, Ziff. 5 dürfte sich die Brisanz vermindert haben, da im Falle einer Erhaltung des Besteuerungsrechtes in Deutschland keine Gewinnrealisierung mehr erforderlich ist.

[41] Vgl. OFD Frankfurt/M, Vfg. v. 1. 8. 1985, – S 2761 A – 2 – St II 10, WPg 1985, 499; dazu auch *Dötsch* a. a. O. (oben Fn. 40), § 12 KStG Tz. 53 i. V. m. Tz. 25 (m. w. N.).

[42] UntStFG v. 20. 12. 2001 a. a. O. (oben Fn. 40).

[43] Vgl. statt aller *Boetius* a. a. O. (oben Fn. 13), S. 29, Tz. 91 m. w. N; *KPMG*, Rechnungslegung von Versicherungsunternehmen nach neuem Recht, S. 110 ff.

[44] Vgl. schon RFH, Gutachten v. 24. 3. 1925 I D 1/25, RFHE 16, 31 ff, 39 ff.

[45] Vgl. schon RFH v. 13. 3. 1930 III A 189/29, RStBl 1930, 396 ff., so auch § 341e Abs. 2 HGB "... sind insb. zu bilden ..."; auch *Boetius* a. a. O. (oben Fn. 13), Tz. 145.

[46] § 341g HGB, § 26 RechVersV; dazu ausführlich *Jäger*, Rückstellung für drohende Verluste aus schweben-

- **Schwankungsrückstellung** (§ 20 KStG)[47] und – soweit nicht für denselben versicherungstechnischen Tatbestand eine Schwankungsrückstellung gebildet wurde[48] – **Großrisikenrückstellung**[49] (Pharma–, Nuklear- und Kumulrisiken),
- **Beitragsüberträge** und **Rückstellung für Beitragsrückerstattung** (§ 21 KStG)[50],
- **Deckungsrückstellung**[51]
- **Stornorückstellung**[52].

Technische Rückstellungen	Kanada	USA	UK	Belgien	Niederlande	Deutschland
Beitragsüberträge (unearned premium reserve, UPR)	1/2 Methode, davon 80 % abzugsfähig	Zeitbezug, grds. discount, vereinfacht 80 % der unearned premiums abzugsfähig	zeitliche Zuordnung, statistischer Nachweis erforderlich	1/8, 1/12 oder 1/24 Methode, bis zu 50 % der Netto-Prämien abzugsfähig	1/365 oder 1/24 oder 1/8 Methode oder 40 % der Netto-Prämien abzugsfähig	üblich: 1/360 Methode, abz. 85 % der Abschluss-Provisionen
Rückstellung für Beitragsrückerstattung (RfB) (Provision for bonuses and rebates)	keine Angabe	keine Angabe	keine Angabe	keine Angabe	keine Angabe	erfolgsabhängige Teile abzugsfähig (versicherungstechnischer Überschuss)

den Geschäften in den Bilanzen von Versicherungsunternehmen, S. 184 ff.; § 21 Abs. 2 KStG i. d. F. des Steuerentlastungsgesetzes 1999/2000/2002 v. 24. 3. 1999 (a. a. O. [oben Fn. 20]) zu der steuerlichen Gesamtbetrachtung (Minderungsbetrag) unter Berücksichtigung der Gesamtwahrscheinlichkeit der Inanspruchnahme; zur steuerlichen Behandlung der Schadenrückstellungen vgl. auch BMF v. 5. 5. 2000 IV C 6 – S 2775 – 9/00 (FR 2000, 735).

[47] Grundlage: § 30 RechVersV, BAV-Rundschreiben R 4/78, und R 5/78, BStBl 1979 I 61, BMF v. 2. 1. 1979, S 2775 – 3 – V B 4, BStBl 1979 I 58.

[48] Unklar insoweit § 30 Abs. 3 RechVersV, vgl. *Boetius* a. a. O. (oben Fn. 13), S. 262 Tz. 801: Für unterschiedliche versicherungstechnische Vorgänge können Schwankungsrückstellung und Großrisikenrückstellung nebeneinander gebildet werden.

[49] § 30 Abs. 2 RechVersV für Kernbrennstoffe; BMF v. 8. 5. 1991, BStBl 1991 I 535 betr. die Produkthaftpflicht-Versicherung von Pharma-Risiken (nach dem Arzneimittelgesetz): steuerliche Anerkennung einer jährlichen Zuführung von 75 % des Saldos aus verdienten Beiträgen und gewährten erfolgsabhängigen Beitragsrückerstattungen des Wirtschaftsjahres für eigene Rechnung. Unzulässig gebildete Beträge sind der Schwankungsrückstellung zuzuführen.

[50] Vgl. § 341e Abs. 2 Nr. 1 und 2 HGB, §§ 81c und 81d VAG, § 28 RechVersV, BMF v. 7. 3. 1978 (BStBl 1978 I 160) i. d. F. v. 14. 12. 1984 (BStBl 1985 I 11), zur Maßgeblichkeit des handelsrechtlichen Jahresüberschusses BFH v. 3. 2. 1959 I 145/57 U, BStBl 1959 III 138 und v. 9. 6. 1999 I R 17/97, BStBl 1999 II 739 (für Lebens-VU); v. 6. 8. 1962 I 197/60 U, BStBl 1960 III 483 und v. 21. 10. 1999 I R 36/95, DB 2000, 255 (für Schaden-VU); vgl. FG München, Urt. v. 22. 1. 1997 7 K 3704/94, EFG 1997, 1053; nach § 21 Abs. 3 KStG ist § 6 Abs. 1 Nr. 3a EStG n. F. unbeachtlich.

[51] Vgl. § 341f HGB, § 25 RechVersV; vgl. dazu *Jäger/Husch* in: IDW a. a. O. (oben Fn. 26), Tz. B I 50 ff. und *Schlüter*, ebenda, Tz. B III 39 f; der technische Geschäftsplan legt die Rechnungsgrundlagen der Deckungsrückstellung fest. Diese Festlegung ist auch nach Entfallen der generellen Genehmigungspflicht des Geschäftsplans bestehen geblieben. Zu den steuerlichen Bedingungen vgl. Erl. FinMin NRW v. 27. 1. 1967 S 2750 – 3 VB 4, BStBl 1967 II 139; § 21a KStG i. d. F. des Steuerentlastungsgesetzes 1999/2000/2002.

[52] Vgl. § 31 Abs. 1 Nr. 1 RechVersV.

Technische Rückstellungen	Kanada	USA	UK	Belgien	Niederlande	Deutschland
noch nicht abgewickelte Versicherungsfälle (claims outstanding)	Einzelbewertung ohne Abzinsung 95 % abzugsfähig	abgezinster Barwert, Ansatz zu 100 %	Einzelbewertung; ; kein Abzug sog. „excessive rates"	Einzelbewertung, incl. Schadenregulierungsaufwendungen	Einzelbewertung, abzugsfähig	Einzelbewertung und anschließende Gesamtbetrachtung, Abzinsung erforderlich[53], incl. Schadenregulierungsaufwendungen
Spätschadenrückstellung (claims incurred, but not reported, IBNR)	95 % abzugsfähig	abgezinster Barwert Ansatz zu 100 %;	100 %, Statistische Methoden; kein Abzug sog. „excessive rates"	100 %, Statistische Methoden basierend auf Vergangenheit	100 %, Statistische Methoden, Ansatz zu 100 %	100 %, Statistische Methoden, Ansatz zu 100 %
Drohende Verluste (unexpired risks)	keine Angabe	steuerlich unzulässig	Einzelverluste gesondert zu ermitteln	n/a (in UPR enthalten)	Statistische Methoden, steuerlich abzugsfähig	unzulässig[54]
allgemeine Risiken (solvency reserves)	steuerlich unzulässig	steuerlich unzulässig	n/a (Solvabilitätsreserve)	steuerlich unzulässig	steuerlich unzulässig	n/a (Solvabilitätsreserve)
Schwankungsreserve/-rückstellung (equalisation reserve)	steuerlich unzulässig	Steuerlich unzulässig	höchstens Netto-Prämie des Berichtsjahres und der vorangehenden 4 Jahre	steuerlich unzulässig	in Höhe von 22,5 % der Jahresprämien (ohne Nuklear- Risiken)	auf 15-Jahres-Basis, mind. 3,5 % des Barwertes der Überschäden[55]

53 54 55

---

[53] Zu Fragen der Abzinsung vgl. BMF v. 16. 8. 2000 IV C 2 – S 2175 – 14/00, BStBl 2000 I 1218.
[54] Vgl. § 5 Abs. 4a EStG.
[55] Abschn. II Nr. 3 Abs. 1 Satz 1 BAV-Rundschreiben 7/1991; vgl. dazu *Boetius* a. a. O. (oben Fn. 13), S. 353 ff., Tz. 1128.

Roser/Schrepp

Technische Rückstellungen	Kanada	USA	UK	Belgien	Niederlande	Deutschland
Großschadenrückstellung (catastrophy reserve)	steuerlich unzulässig	steuerlich unzulässig	(vgl. Schwankungsreserve)	z. T. steuerlich unzulässig	1/2 des technischen Ergebnisses der Nuklear-Risiken (atoomrisico)	max. 15-fache Beiträge der Pharmarückstellung bzw. 100 % des Nu
Stornokosten/ Abschlusskosten (acquisition costs)	sofort abzugsfähig	deferred acquisition costs (10-Jahres-Basis), festgelegte %-Sätze der Nettobeiträge abzugsfähig	abzugrenzen entsprechend der Beitragseinnahmen	sofort abzugsfähig	sofort abzugsfähig	sofort abzugsfähig, Aktivierungsverbot (§ 248 Abs. 3 HGB), Bildung einer Stornorückstellung

Abb. 1: Steuerliche Behandlung: Allgemeine Versicherung (General Insurance)[56]

Für steuerliche Zwecke ist in Deutschland das neu eingeführte Abzinsungsgebot langfristiger Rückstellungen (Laufzeit mindestens 12 Monate, Abzinsung mit 5,5 %) nach § 6 Abs. 1 Nr. 3a Buchst. e EStG zu beachten[57].

Für die Lebensversicherung und – soweit nationale Sonderregelungen zu berücksichtigen sind – auch für die Krankenversicherung gelten ergänzende Vorgaben für versicherungstechnische Rückstellungen:

Technische Rückstellungen	Kanada	USA	UK	Belgien	Niederlande	Deutschland
versicherungsmathematische Rückstellungen, Deckungsrückstellung (actuarial reserves, assurance fund)	abzugsfähig, policy premium method; Ab 2007 Angleichung an die Handelsbilanz	Berechnungsvorgaben (Zinssatz, Sterbetafel), abzugsfähig, zu berechnen nach der "policy by policy method"	abzugsfähig für Notional Case I und Case IV	gesetzliche Berechnungsvorgaben (Zinssatz, Sterbetafel), abzugsfähig	Netto-Methode oder Zillmerung	gesetzliche Berechnungsvorgaben (Zinssatz, Sterbetafel), abzugsfähig, Zillmerung zulässig

---

[56] Für USA: Sec. 832 (8) (A) IRC für Beiträge, Sec. 846 für discounted losses, Sec. 848 (b) (1) IRC für policy acquisition expenses, ergänzend ist Revenue Ruling 97-5 beachtlich, das sich mit der Einbeziehung einer "stabilization reserve" in die Ermittlung der "earned premiums" (Sec. 832 (b) 4 (4) IRC) befasst.
Für UK: Insurance Companies (Reserves) Regulations 1996
Für NL: Art. 29 KStG i. V. m. Besluit Reserves Verzekeraars v. 18. 7. 1972/ 25. 11. 1993

[57] Eingefügt durch das Steuerentlastungsgesetz 1999/2000/2002; vgl. dazu GDV-Nachrichten 3/1999.

Technische Rückstellungen	Kanada	USA	UK	Belgien	Niederlande	Deutschland
Rückstellung für Beitragsrückerstattung (RfB) (Provision for bonuses and rebates)	abzugsfähig, aber Nebenrechnung erforderlich	nur begrenzt abzugsfähig	Bonusgutschriften sind abzugsfähig;	Bonusgutschriften sind abzugsfähig	Bonusgutschriften sind abzugsfähig	erfolgsabhängige Teile abzugsfähig, Mindestzuführung, verbindliche Festlegung der Ausschüttung; Sonderberechnungen[52]
Schwankungsreserve (equalisation reserve)	keine Angabe	keine Angabe	keine Angabe	keine Angabe	2,25 % der Prämienreserve	n/a (Deckungs- und Alterungsrückstellung)
Stornokosten/ Abschlusskosten	sofort 100 % abzugsfähig	deferred acquisition costs (10-Jahres-Basis), feste %-Sätze	nach der 1/7-Methode abzugsfähig	sofort 100 % abzugsfähig	sofort 100 % abzugsfähig, Abgrenzung zulässig	sofort 100 % abzugsfähig, Aktivierungsverbot (§ 248 Abs. 3 HGB), Bildung einer Stornorückstellung

Abb. 2: Steuerliche Behandlung: Lebens- (Life Insurance) und ggf. Krankenversicherung[58 59]

Die aufsichtsrechtlichen Besonderheiten des Herkunftslandes auf Grundlage der Heimatlandkontrolle[60] betreffen wesentlich Versicherungsbetriebsstätten. Tochtergesellschaften eines VU unterliegen grds. der Versicherungsaufsicht des Sitzstaates.

Die nationalen Unterschiede hinsichtlich der Bewertung und der steuerlichen Anerkennung versicherungstechnischer Rückstellungen verdeutlichen, dass die Steuerplanung international tätiger Versicherungsunternehmen nur unter Berücksichtigung der länderspezifischen Besonderheiten möglich ist. Hierbei muss nicht nur der Frage unterschiedlicher Bemessungsgrundlagen Beachtung geschenkt werden, wobei die Sonderregelungen der Drohverlustrückstellung in Deutschland[61] oder die Sonderregelungen für die Reservenbildung in den USA[62] zu erwähnen sind. Es können sich auch Probleme einer möglichen Hinzurechnungsbesteuerung ergeben, wenn die konkreten Bilanzierungsmöglichkeiten oder -vorgaben als Ausdruck einer "niedrigen

---

[58] Zu der Abzugsfähigkeit der RfB-Zuführung bei geschäftsplanmäßiger Erklärung zur Mindest-Beitragsrückerstattung bei Lebens-VU s. BFH v. 9. 6. 1999 I R 17/97, BStBl 1999 II 739.

[59] Für Deutschland: gem. § 12 Abs. 1 VAG vergleichbare Grundsätze auch für Krankenversicherungen; für USA: Sec. 805 (a) (2), 807, 816 IRC für life-insurance reserves.

[60] Vgl. *Athanas* a. a. O. (oben Fn. 32), S. 53.

[61] Die fehlende steuerliche Abzugsfähigkeit der Drohverlustrückstellungen nach § 5 Abs. 4a EStG gilt ab 1997.

[62] Zu erwähnen ist die Zulässigkeit des sog. "reserve strengthening" (Reg. Sec. 1.846-3(c): defined as any increase in a prior-year reserve) aufgrund zusätzlicher Erfahrungen oder Routineanpassungen sowie die Regelungen zu "changes in the basis" (Sec. 807 (f) IRC) mit der Folge einer ten-year- amortization ("ten-year-spread").

Besteuerung" angesehen werden[63]. Insbesondere der bestehende Streit zwischen Luxemburg und Frankreich bezüglich der steuerlichen Anerkennung der Luxemburgischen Schwankungsrückstellung (provision pour fluctuation de sinistralité)[64] und der damit verbundenen Korrektur nach Art. 209B Code General des Impots verdeutlicht die steuerliche Brisanz.

Ein wesentlicher Aspekt der versicherungstechnischen Rückstellungen ist die Frage der Abzinsung. Wie sich aus den vorstehenden Übersichten (Tabellen 1 und 2) ergibt, wird in einigen Ländern eine Abzinsung der versicherungstechnischen Rückstellungen gefordert. Diese Abzinsung beruht in der EU auf dem Wahlrecht nach Art. 60 Abs. 1 Buchst. g der VersBiRiLi; in Deutschland wurde von diesem Wahlrecht bis 2009 noch kein Gebrauch gemacht und dementsprechend war nach § 253 Abs. 1 Satz 2 2. Hs. HGB eine Abzinsung für handelsrechtliche Zwecke – nicht für steuerliche Zwecke[65] – ausgeschlossen. Durch § 253 Abs.2 HGB idF des BilMoG wurde nunmehr ein Abzinsungsgebot eingeführt. Im Zuge des Altfahrzeuggesetzes[66] war in der Entwurfsfassung § 253 Abs. 1 eine Berücksichtigung künftiger Kostensteigerungen und eine Diskontierung des erwarteten Erfüllungsbetrages vorgesehen; steuerlich werden die bestehenden Grundsätze voraussichtlich unverändert anzuwenden sein, da die handelsrechtliche Maßgeblichkeit durch § 6 Abs. 1 Nr. 3a Buchst. e EStG verdrängt ist (§ 5 Abs. 6 EStG).

Für die Bewertung der Risiken wird in einzelnen Ländern die Anwendung statistischer Verfahren zugelassen, während z. B. in Deutschland, Frankreich, Großbritannien und in den Niederlanden eine Gruppen- oder Einzelbewertung erforderlich ist[67]. Im Rahmen der steuerlichen Betriebsprüfung in Deutschland wurde daher im Nachhinein stets über die zulässigen Abwicklungsgewinne gestritten. Seit 1999 gilt in Deutschland allerdings das Gebot einer stark modifizierten Einzelbewertung (§ 20 Abs. 2 KStG: mathematischer Minderungsbetrag nach Maßgabe der wahrscheinlichen Gesamtinanspruchnahme).

II. Bewertung der Aktiva

Erheblich für die Bewertung der Kapitalanlagen ist die Frage der Realisation stiller Reserven aufgrund von Wertveränderungen in den Anlagewerten (investment values). In den meisten Ländern (z. B. USA)[68] erfolgt eine Gewinnrealisation, eine Ausnahme besteht durch das Anschaffungskostenprinzip[69] für die Niederlande, Deutschland und Luxemburg. In Großbritannien wurde zum 1. 4. 1996 eine Sonderbestimmung für Gewinne und Verluste aus Wertsachen und Wertpapieren (gilts and bonds) eingeführt (Basis: accounts basis). In Deutschland besonders zu beachten sind die Bewertungsregelungen für Kapitalanlagen. Besonders hervor zu heben ist, dass im Jahr 2008 (zuvor bereits 2002) angesichts der erheblichen Einbrüche auf den Aktien-

---

[63] Vgl. dazu auch *Roser*, IStR 2000, 78 ff.

[64] Für neu gegründete Unternehmen besteht in Luxemburg die handelsrechtliche Pflicht zur Bildung einer Schwankungsrückstellung (für den Ausgleich zukünftiger Verluste) i. H. d. 12,5 bis 20-fachen des Durchschnitts (der letzten 5 Jahre) i. H. d. Netto-Prämien (ohne Rückversicherung).

[65] Vgl. § 6 Abs. 1 Nr. 3e EStG; vgl. dazu *Roser/Tesch/Seemann*, FR 1999, 1345.

[66] AltfahrzeugG – III A 3 – 3507 – 11-32 1205/2001, vgl. dazu die Stellungnahme des IDW, FN 2001, 554 ff.

[67] Vgl. *Richter* a. a. O. (oben Fn. 22), S. 635 für Beitragsüberträge.

[68] Vgl. z. B. Sec. 806 (a) (3) (C) (i) IRC: Valuation of assets ... real property and stock shall be the fair market value thereof.

[69] Vgl. das Wahlrecht nach Art. 46 ff. EG-Versicherungsbilanzrichtlinie: Zeitwertansatz von Kapitalanlagen "Aktiva C" anstelle der Anschaffungskosten; zu den Berichtspflichten über den Zeitwert vgl. *Geib*, Die Pflicht zur Offenlegung des Zeitwertes von Kapitalanlagen der Versicherungsunternehmen nach Umsetzung der Versicherungsbilanzrichtlinie.

märkten und der damit verbundenen handelsrechtlichen Ergebnisbelastung durch Abschreibungen auf Kapitalanlagen von dem strengen Niederstwertprinzip abgerückt wurde, soweit die Kapitalanlagen dazu bestimmt werden, dauernd dem Geschäftsbetrieb zu dienen[70] (§ 341b Abs. 2 S. 1 HGB Abkehr vom bisherigen "strengen Niederstwertprinzip"[71]). Da es auf die künftige Einbindung der Kapitalanlagen ankommt ("... dazu bestimmt werden ..."), ist ein Bewertungsspielraum eröffnet. Mit dieser Änderung haben sich – auf den ersten Blick – die zuvor ergebenden erheblichen Unterschiede zwischen Handels- und Steuerbilanz, die sich seit 1999 durch die steuerlichen Neuregelungen (§ 6 Abs. 1 Nr. 2 EStG: "eingeschränktes Niederstwertprinzip")[72] ergeben hatten, reduziert. Diese Annahme hat sich indes wieder „verflüchtigt". Der BFH hat in seinem sog. „Infineon-Urteil"[73] für steuerliche Zwecke eine Anknüpfung der dauernden Wertminderung an den Börsenkurs des Bilanzstichtags vorgegeben. Eine unterschiedliche Bewertung und Erfassung stiller Reserven hat spürbare Besteuerungsunterschiede zur Folge und führt zu einem handelsrechtlichen Ergebnisausweis, der steuerlich nicht besteht (Abgrenzung latenter Steuern nach § 274 HGB erforderlich).

Diejenigen Aktiva, die die versicherungstechnischen Rückstellungen bedecken, sollen nach Art. 24 Schaden-RL bzw. 23 Leben-RL[74] in der Währung der zu bedeckenden Risikoverpflichtungen (20 % mismatch zulässig) gehalten werden. Die Währungskongruenz führt zu der Vermeidung von Währungsgewinnen (soweit unrealisierte Gewinne erfasst werden müssen) oder Währungsverlusten (unter Berücksichtigung des Imparitätsprinzips). Ungeachtet dieser Vorgabe fordern einige Staaten (z. B. Polen) für Solvabilitätszwecke eine Umrechnung in Euro, so dass Währungseffekte mittelbar über die Nachschusspflichten aus der Solvency II – Berechnung zu Nachdotierungspflichten des Anteilseigner führen.

III. Besonderheiten der Leistungsbeziehungen

Die Leistungsbeziehungen zwischen international tätigen Versicherungsunternehmen haben sich nach dem „at-arm´s length-Grundsatz" zu richten. Die Einhaltung dieses Maßstabs richtet sich nach den internationalen Grundsätzen. Hinsichtlich der Rückversicherungsprämien im Konzern vgl. Abschn. F.

Umsatzsteuerlich sind Leistungen der Versicherungsunternehmen (sowie deren Vermittlung) steuerfrei (§ 4 Nr. 10 und 11 UStG). Nicht immer eindeutig ist allerdings, ob Leistungen zwischen zwei Versicherungsunternehmen (z.B. Rückversicherungsverträge) ebenfalls von der Steuerbefreiung erfasst sind[75]. Soweit Leistungen im Zuge der Reorganisation oder Kostenreduzierung auf Dritte im Wege des **Outsourcing** übertragen werden, stellen sich umsatzsteuerliche Abrechnungsfragen. Da die Leistungen der Versicherungen nach § 4 Nr. 10 UStG umsatzsteuer-

---

[70] Dazu auch *Wiechmann/Paassen*, ZfV 2002, 157.

[71] Anschaffungskostenprinzip und strenges Niederstwertprinzip, für Kapitalanlagen nach § 341b Abs. 2 HGB Bewertung nach den für das Umlaufvermögen geltenden Vorschriften.

[72] Handelsrecht: Wahlrecht zur Bewertung von Wertpapieren nach den für das Anlagevermögen geltenden Vorschriften, sofern sie dazu bestimmt sind, dauernd dem Geschäftsbetrieb zu dienen (§ 341b Abs. 2 HGB); Steuerrecht § 6 Abs. 1 Nr. 2 EStG n. F.: Voraussetzung für eine Teilwertabschreibung ist eine "voraussichtlich dauernde Wertminderung".

[73] BFH, Urt. v. 26. 9. 2007 – I R 58/06, BStBl II 2009, 294; dazu BMF v. 26. 3. 2009 – IV C 6 – S 2171 – b/0, BStBl I 2990, 514.

[74] Vgl. dazu auch *van der Hoeven*, INTERTAX 1995, 437.

[75] BFH, Urt. v. 16. 4. 2008 – XI R 54/06, BStBl II 2008, 772: Vorlagebeschluss bzgl. Lebensrückversicherungsverträgen (Az. EuGH C-242/08).

befreit sind, ist der Vorsteuerabzug ausgeschlossen. Dies verteuert den Leistungseinkauf erheblich. Art. 132 Abs.1 Buchst. f MwStSytRL sieht eine Möglichkeit der Umsatzsteuerbefreiung für Dienstleistungen (grundsätzlich) vor. Die Umsetzung ist innerhalb der EU bisher nur halbherzig erfolgt (Österreich, Niederlande, Luxemburg); in Deutschland bestehen Planungen soll nunmehr mit § 4 Nr. 29 UStG-E[76] eine begrenzte Umsatzsteuerbefreiung einzuführen. Die umsatzsteuerliche Belastung eines internationalen Outsourcing wird damit gegenwärtig von nationalen Besonderheiten geprägt.

IV. Nationale Unterschiede im Rahmen der Rückversicherung

Versicherungsunternehmen bedienen sich der Rückversicherung als Mittel des Risikomanagements. Üblicherweise dient die Rückversicherung der wirtschaftlichen Risikoabdeckung. Es sind jedoch auch steuerliche Gesichtspunkte beachtlich, insbesondere[77]

- Ausgleich von Verlusten zwischen steuerpflichtigen und nicht steuerpflichtigen Versicherungsunternehmen,
- Übertragung von Wirtschaftsgütern auf einen nicht ansässigen Rückversicherer um die Besteuerung des damit zusammenhängenden Investment-Einkommens zu vermeiden,
- Übertragung von Vermögen auf offshore-Rückversicherungsunternehmen.

1. Übernommenes Rückversicherungsgeschäft

Die Besteuerung des Rückversicherungsgeschäftes unterscheidet regelmäßig nicht zwischen (übernommener) Rückversicherung und Erstversicherung, so dass die Bemessungsgrundlage aus dem handelsrechtlichen Jahresüberschuss abzuleiten ist. Dennoch ist die Einzelbetrachtung übernommenen Rückversicherungsgeschäftes international sehr unterschiedlich. Unter Berücksichtigung der Besonderheiten der versicherungstechnischen Posten ist auf Folgendes hinzuweisen:

- **Guernsey, Isle of Man und Liechtenstein** sehen für Rückversicherungen grds. Ausnahmen von der Besteuerung vor (unsupervised reinsurers: 0,1 % auf Nettovermögen und 4 % auf Ausschüttungen; supervised reinsurers: 7,5 -20 % auf steuerliche Gewinne[78]).
- In der **Schweiz** können Rückversicherungs- Tochtergesellschaften ausländischer Rückversicherer teilweise steuerfrei gestellt werden.
- **Deutschland, die Niederlande** und **Luxemburg** ermöglichen einen Risikoausgleich über besondere Rückstellungen (Schwankungsrückstellung, Rückstellung für Katastrophen, Großschäden, Kumulrisiken).
- **Irland** hat einen "funded accounting approach" (= die Besteuerung der Gewinne aus captivereinsurers ist 5 Jahre aufgeschoben).
- **Frankreich** berechnet das Einkommen von Nicht-DBA-Rückversicherern auf Grundlage von 0,5 % der Prämien, die in Frankreich anfallen; Quellensteuern von 33,33 % werden einbehalten.
- die **USA** sehen bei der Einkommensermittlung von verbundenen Rückversicherern spezielle Korrekturmöglichkeiten vor ("Anti Avoidance Rule" Sec. 845 IRC).

---

[76] Entwurf eines Dritten Gesetzes zur Änderung des Umsatzsteuergesetzes, BT-Drs. 16/11340.
[77] Vgl. dazu OECD No. 3, S. 58 f.
[78] Vgl. *Brühwiler*, VW 1996, 406 für Liechtenstein.

Nicht-Lebensversicherungs-Risiken werden grds. auf Basis der "underwriting and investment profits" ermittelt. Die Abzüge sind grds. mit denen der Erstversicherer vergleichbar. Einige Besonderheiten sind zu erwähnen:

- Abzugsfähigkeit spezieller Schadenkosten und Schadenermittlungskosten (claims settlement costs)
- Inflationierung (nicht erlaubt in Deutschland[79], den Niederlanden (Ausnahme: Health insurance contracts), Schweden und Portugal)
- Besondere Einbehaltungsbesteuerung der Rückversicherungsprämien (Australien: 3,6 % withholding tax, Neuseeland: 3,3 %[80])

Lebensversicherungsrisiken werden in den meisten Ländern vergleichbar besteuert wie non-life risks, d. h. die zuzurechnenden "underwriting and investment profits" sind maßgeblich. Eine Ausnahme gilt für **Frankreich** und **Schweden**, wo auf dem Nettovermögen aufgesetzt wird. **England** hat auch für Lebens-Rückversicherer besondere Besteuerungsvorschriften auf E-I-Basis[81]. Maßgeblich ist ansonsten das versicherungstechnische Ergebnis. Abzüge sind zulässig[82], wobei im Grundsatz auf die Übersicht der versicherungstechnischen Rückstellungen verwiesen werden kann (vgl. u. a. Anerkennung der "catastrophy/equalisation reserve" in Australien, Belgien, USA, Irland und UK).

2. Abgegebene Rückversicherung

Es bestehen national unterschiedliche Kriterien für die Abzugsfähigkeit von Rückversicherungsprämien. In **Frankreich**, **Irland** und **Großbritannien** muss die Prämie ganz und ausschließlich im Zusammenhang mit der Geschäftstätigkeit stehen (wholly and exclusively incurred for trading purposes). **Großbritannien** sieht aufgrund der Sonderbesteuerung der Lebensversicherungsunternehmen Einschränkungen für abgegebenes Rückversicherungsgeschäft vor[83].

Viele Staaten fordern einen "bona fide reinsurance contract" (Frankreich, Deutschland, Irland, Luxemburg, Niederlande, Portugal und UK). In anderen Ländern wird ein "genuine transfer of insurance risk" gefordert (Australien, USA, Niederlande, Schweden, Großbritannien und Irland)[84].

Für Risikoportfolios, die durch das Stammhaus rückversichert werden, kommt der Aufteilung der Schadenssumme im Schadensfall eine besondere Bedeutung zu. National wird zum Teil auf das Prämienvolumen als Verteilungsschlüssel abgestellt, zum Teil auf die Risikoübernahme. Die Art des Rückversicherungsvertrages (Excedenten, Stop-Loss, Quoten) ist hierbei zu beachten.

Die unterschiedlichen Steuersysteme reizen zu einer steuerinduzierten Rückversicherung, wobei wesentlich an Captives zu denken ist (vgl. dazu unter Abschn. F). Die Steuerverwaltung hat unterschiedliche Ansätze zur steuerlichen Beurteilung dieser Rückversicherungen entwickelt.

---

[79] Zu der Problematik der Inflationierung vgl. *Roser/Tesch/Seemann*, FR 2000, 1345 ff.; *Schmidt*, § 6 EStG Rz. 408.

[80] Vgl. *Macleod*, British Tax Review 1996, 265: Australien behandelt 10 % der Prämienzahlung ins Ausland als Einkommen des Empfängers, auf das 36 % Quellensteuer erhoben wird (daraus folgt eine Effektivbelastung von 3,6 %), zu Neuseeland S. 268.

[81] Expenses (E) and Income (I).

[82] Niederlande: nur im Rahmen von "sound business practice", in USA Anpassung nach IRC.

[83] The Insurance Companies (Taxation of Reinsurance Business) Regulations SI 1995/1730, vgl. dazu detailliert *Harris*, Permanent Establishments of Banks, Insurance Companies and other financial Institutions, Nationalbericht Deutschland, CDFI 1996, S. 767 f.

[84] Vgl. *Athanas* a. a. O. (oben Fn. 32), S. 60 f.

3. Financial Reinsurance

Die Qualifikation als "Financial Reinsurance" basiert darauf, dass nicht die Verteilung des versicherungstechnischen Risikos im Vordergrund der Rückversicherungsvereinbarung steht, sondern finanzielle Ziele[85]. Die Abgrenzung dieser Rückversicherungsverträge richtet sich nach den erfassten Risiken und ist nicht in jedem Falle eindeutig[86]; die ersten Erscheinungsformen waren die sog. "Time & Distance- Verträge". Die steuerliche Anerkennung des "Financial Reinsurance" richtet sich nach der konkreten Zielsetzung und unterliegt in vielen Ländern den Vorbehalten des "limited risk transfers" bzw. der "wirtschaftlichen Betrachtungsweise (substance over form)"[87]. Deutschland hat mit der Finanzierungsrückversicherungsverordnung (FinRVV)[88] Maßstäbe für die Abgrenzung und Bilanzierung entwickelt. Die Kriterien setzen folgendes voraus (§ 4 FinRVV):

- es ist ein Risikotransfertest erforderlich (sog. „nicht unerhebliches Verlustrisiko");
- bei Nichtlebensversicherungen soll der erwartete Verlust sich auf mindestens 1 % des erwarteten Verlustes belaufen (§ 4 Abs.2 Nr. 1 FinRVV);
- bei Lebensversicherungen (und ggf. Krankenversicherungen) ist eine Mindestwahrscheinlichkeit für einen nicht unerheblichen Verlust erforderlich; zudem muss das übernommene Geschäft nach dem Herkunftsstaat des Vorversicherers als Versicherungsgeschäft anerkannt worden sein (§ 4 Abs.3 FinRVV).

Auch in diesem Bereich ist eine Harmonisierung kaum feststellbar. Einige Länder[89] gehen nämlich von der rechtlichen Betrachtungsweise aus, und insoweit ist eine steuerliche Anerkennung möglich. Wegen der Vielfalt der vertraglichen Ausgestaltungsmöglichkeiten richtet sich die steuerliche Beurteilung maßgeblich nach den Umständen des Einzelfalles, wobei erfahrungsgemäß erhebliche Abgrenzungsprobleme zu erwarten sind.

4. Captive-Reinsurance

Da die Captive-Reinsurance keine Sonderform der Rückversicherung ist, sondern nur die konzerninterne Risikoabdeckung zum Inhalt hat, wird an dieser Stelle auf die Ausführungen unter Abschn. F verwiesen.

V. Besonderheiten für Beteiligungen von Versicherungsunternehmen

Die Sonderregelung des § 8b Abs.8 KStG idF des Korb II – Gesetzes v. 22. 12. 2003[90] nimmt für Lebens- und Krankenversicherungsunternehmen die Dividenden- und Veräußerungsgewinne von der Steuerfreistellung des § 8b Abs. 1 bis 7 KStG aus. Diese Ausnahme ist auf Kapitalanlagen anzuwenden und damit auch auf Anteilen an verbundenen Unternehmen (§ 7 RechVersV i. V. m. Formblatt 1, Position C.II.1.). Somit werden im Zuge einer internationalen Expansion auch durch

---

[85] Vgl. § 6 Abs. 2 Prüfungsberichte-Verordnung v. 3. 6. 1998, BGBl 1998 I 1209 und BerVersV Nachweisung 240; derartige finanzielle Ziele können sein die Abmilderung von versicherungstechnischen Risiken, Verbesserung der Solvabilität und damit Erhöhung der Zeichnungskapazität, Verbesserung des Bilanzbildes durch Ausgliederung von Risiken, Ersetzung steuerlich nicht abzugsfähiger Drohverlustrückstellungen durch abzugsfähige Rückversicherungsprämien; vgl. auch *Hess*, Financial Renisurance 1998.

[86] Vgl. *Dietz/Angermeyer*, VW 1998, 426 ff., hierbei ist zwischen "versicherungsspezifischen Risiken" (underwriting risk, timing risk) und "anderen Risiken" (Bonität, Währung, Zinsänderung) zu unterscheiden.

[87] Vgl. auch OECD No..3, S. 60.

[88] FinRVV v. 14. 7. 2008, BGBl. I 2008, 1291.

[89] Z. B. Frankreich, Isle of Man, Luxemburg, Schweiz.

[90] BGBl. I 2003, 2840.

Lebens- und Krankenversicherungsunternehmen gegründete Auslandstochtergesellschaften von § 8b KStG nicht erfasst. Beachtung finden muss, dass damit auch § 8b Abs.3 S.4 ff KStG idF des JStG 2008 v. 20. 12. 2007[91] nicht auf die Forderungen aus der Finanzierung von Auslands-Versicherungsunternehmen (Ausleihungen, (§ 7 RechVersV i. V. m. Formblatt 1, Position C.II.2.) anzuwenden ist. Etwas anderes gilt für sonstige (kurzfristige) Forderungen gegen verbundene Unternehmen, die unter den anderen Forderungspositionen auszuweisen und nur über einen „davon-Vermerk" (§ 3 RechVersV) kenntlich zu machen sind.

Auf die Antragsbesteuerung nach § 34 Abs.7 KStG i. d. F. des Korb II - Gesetzes wird hier nicht weiter eingegangen.

VI. Besondere Regelungen für Betriebsstätten von Versicherungsunternehmen

Die Gründe, die Versicherungsunternehmen zu einem Einsatz von Betriebsstätten führen könnten, sind in dem OECD-Report „Report on the Attribution of Profits to Permanent Establishments"[92] zusammengefasst:

- geringere aufsichtsrechtliche Regulierung im Betriebsstättenstaat,
- geringe Vorgaben der Kapitalausstattung,
- Vorteile in der Gewinnzurechnung nach Betriebsstättengrundsätzen.

1. Steuerliche Anknüpfung

a) Grundsatz

Die Frage der steuerlichen Ansässigkeit und damit der Steuerpflicht im anderen Staat hat vor allem im Rahmen des Direktvertriebes große Bedeutung. Wesentlich ist, ob und wann der Abschluss von Versicherungspolicen durch einen **Versicherungsagenten** (mit Abschlussvollmacht) eine Betriebsstätte nach Art. 5 Abs. 5 OECD-MA im anderen Staat begründet. Diese Frage ist international noch nicht abschließend entschieden. Für einen Versicherungsagenten wird grds. nach Art. 5 Abs. 6 OECD-MA regelmäßig darauf abzustellen sein, ob der Agent im Rahmen der ordentlichen Geschäftstätigkeit gehandelt hat. Dies wurde – entsprechend Tz. 38 zu Art. 5 OECD-Kommentar – z. B. für Deutschland[93] und für die Niederlande[94] höchstrichterlich entschieden[95]. Der BFH hatte auch schon 1975[96] im Rahmen des DBA-Niederlande anerkannt, dass ein Versicherungsvertreter nach der Verkehrsauffassung und den rechtlichen Rahmenbedingungen weitgehende Befugnisse und Vollmachten übertragen bekommen kann. Die gleiche Auffassung bestätigte auch der Hooge Raad[97]. Auch das TAISEI-Urteil des US Tax Court vom 2. 5. 1995[98] bestätigt diese Betrachtung, derzufolge ein rechtlich und wirtschaftlich unabhängi-

---

[91] BGBl. I 2007, 3150.
[92] Part IV (Insurance), Revised public discussion draft 22. 8. 2007.
[93] BFH-Urt. v. 14. 9. 1994, I R 116/93, BStBl 1995 II 238 ff. (Auslegung der Betriebsstättenmerkmale des DBA-Großbritannien).
[94] Mit Ausnahme von Rückversicherungsunternehmen, vgl. auch *Hundt*, RIW/AWD 1981, 313.
[95] Für Österreich auch BMF v. 26. 1. 1998, EAS 1217, IWB F. 1 S. 227 (KN Nr. 76/1998).
[96] I R 152/73, BStBl 1975 II 626 (DBA-Niederlande); auch BFH, Urt. v. 9. 3. 1962 I B 156/58 S, BStBl 1962 III 227.
[97] Vgl. *Hooge Raad* v. 28. 6. 1995, VN 1995, No. 29435, S. 2561.
[98] Taisei Fire and Marine Insurance Co., Ltd. 104 TC No. 27; vgl. dazu *Endres*, IStR 1996, 1 ff.

ger Vertreter vorliegt, wenn die Abschlussvollmacht für mehrere Versicherungsgesellschaften vorliegt und das wirtschaftliche Risiko des Prämienausfalls den Versicherungsvertreter trifft.

Es sind allerdings – wie das Urteil des FG Bremen vom 26. 6. 1997[99] verdeutlicht – die Umstände und Gestaltungen des Einzelfalls zu beachten.

In **Frankreich** ist demgegenüber für die steuerliche Anwesenheit die örtliche Zuordnung des versicherten Risikos ausreichend, so dass eine steuerliche "Ansässigkeit" nicht gefordert wird.

b) Besonderheiten einzelner DBA

Für die steuerliche Behandlung von Versicherungsagenten weist der OECD-Kommentar[100] auf nationale Besonderheiten der DBA hin, die eine Betriebsstätte im anderen Staat als begründet ansehen (deemed permanent establishment), wenn durch einen Versicherungsagenten – mit Abschlussvollmacht – Prämien in diesem Staat eingezogen werden oder in diesem Staat belegene Risiken versichert werden[101]. Für Versicherungsunternehmen (ohne Rückversicherer) wird im Rahmen des Art. 5 Abs. 6 UN-Modell unter vergleichbaren Umständen eine Betriebsstätte angenommen. Das US-Modell gibt als Fußnote Besonderheiten für das Protokoll zu Art. 7 Abs.3 vor, dass die Zurechnung von Einkommen und Risiken unter Berücksichtigung der Regelungen des anderen Staates festzulegen ist.

Folgende Sonderregelungen einzelner DBA sind als Ausnahmen von dem Regelungsgrundsatz für die Besteuerung zu beachten, durch die die Problematik der internationalen Tätigkeit besonders deutlich wird:

▶ es wird eine Betriebsstätte unterstellt[102];

▶ es erfolgt keine Zuordnung von Einkünften aus Versicherungs- und Rückversicherungsgeschäften, die vom Hauptsitz abgeschlossen wurden[103];

▶ Rückversicherungsgeschäfte werden nur im Sitzstaat der Rückversicherungsgesellschaft besteuert[104];

▶ die Besteuerung nach den nationalen Gesetzen bleibt aufrecht erhalten[105], ist aber gegebenenfalls der Höhe nach begrenzt[106].

---

[99] Das FG Bremen, Urt. v. 26. 6. 1997 395016 K 5, EFG 1998, 438 hat hinsichtlich einer im Handelsregister eingetragenen Niederlassung, die nach § 106 VAG genehmigt und durch Agenturgesellschaft im Rahmen eines Funktionsausgliederungsvertrages vertreten wurde, eine Betriebsstätte angenommen.

[100] Anm. 39 zu Art. 5 OECD-MA.

[101] Vgl. Deutschland: Art. 5 Abs.6 DBA-Mexiko; Art.5 Abs.6 DBA-Aserbaidschan; Art. 5 Abs.6 DBA-Ägypten, Art. 5 Abs.6 DBA-Usbekistan, Art. 5 Abs.6 DBA-Indonesien, Art. 5 Abs.6 DBA-Pakistan, Art. 5 Abs.6 DBA-Philippinen, Art. 7 Abs.7 DBA-Papua Neuginea; Art. 2 Abs. 7 Buchst. c DBA-Frankreich; .Sonstige: ; Art. 5 Abs. 6 DBA Belgien-Großbritannien; Art. 5 Abs.6 DBA Großbritannien-Indonesien; Art. 5 Abs. 6 DBA Belgien-Österreich; Art. V Abs. 5 DBA Frankreich-Schweiz; Art. 5 Abs.5 Buchst. c) 1. DBA Indien-Luxemburg; zu weiteren Nachweisen für Deutschland vgl. Vogel, DBA, Art. 5 Tz. 161.

[102] Protokoll Nr. 2b zu Art. 7 DBA Schweiz-Neuseeland; Protokoll Nr. 2c zu Art. 7 DBA Schweiz-Australien (für Versicherungen außer Lebensversicherungen); Art. 5 Abs. 5 DBA Belgien-Niederlande (für den sog. "2-Firmen-Vertreter"); Art. 2 Abs. 1 Nr. 7d DBA Frankreich-Deutschland, wobei keine Abschlussvollmacht erforderlich ist.

[103] Art. 5 Abs. 6 DBA Schweiz-Belgien.

[104] Briefwechsel Schweiz-Frankreich.

[105] Art. III Abs. 2 2. Unterabs. DBA Irland-Kanada und Art. 8 Abs. 4 DBA Irland-Großbritannien, Protokoll Nr. 3 zu Art. 7-23 DBA Niederlande-Australien (mit Beseitigung einer Doppelbesteuerung durch Fiktion eines entsprechenden Betriebsstätten-Einkommens), Protokoll DBA Niederlande-Neuseeland; Protokoll Nr. 3 zu Art. 7 DBA USA-Dänemark; Art. 7 Abs.6 DBA Kanada - Neuseeland.

Roser/Schrepp

Die Unterschiede der einzelnen DBA machen deutlich, dass die Entscheidung, ob und in welchem Umfang die internationale Tätigkeit eines Versicherungsunternehmens – vorbehaltlich eines Verständigungsverfahrens – einer Mehrfachbelastung ausgesetzt ist, nur anhand der konkreten Planung unter Berücksichtigung der einzubeziehenden Länder entschieden werden kann.

Zu dem Umfang und Anwendungsbereich sog. "Subject-to-tax"- Klauseln (Art. 23 Abs. 3 DBA Deutschland-Kanada) hat der BFH mit Urteil vom 27. 8. 1997[107] klargestellt, dass die Freistellung der Ergebnisse einer Betriebsstätte (hier: in Kanada) auch dann vorzunehmen ist, wenn im Ausland (Kanada) bestimmte Teile der Gewinne aus dem Lebensversicherungsgeschäft nach Sec. 138 (2) ITA nicht in die Besteuerungsgrundlagen einbezogen werden. Werden im Ausland (Kanada) Besteuerungslücken gelassen, so ändert dies nichts an der Herkunft aus ausländischen Quellen, da lediglich eine qualitativ-konditionale Voraussetzung der Besteuerung beinhaltet ist ("wenn") und keine quantitativ- konditionale Voraussetzung ("soweit"). Daher darf die besondere steuerliche Situation einzelner Versicherungsunternehmen im Ausland nicht dazu genutzt werden, grds. zu der Anwendung der "subject-to-tax-clause" oder Rückfallklausel zu kommen[108].

2. Bestimmung des Dotationskapitals und Betriebsstättenergebnisses

Für die Bestimmung des Dotationskapitals ist wesentlich, ob das Aufsichtsrecht des Sitz- oder Heimatlandes bestimmte Mindestkapitalanforderungen für den Versicherungsbetrieb stellt. In Höhe der sog. "Solvabilitätsspanne"[109] setzen die meisten Länder Eigenmittel der Betriebsstätte voraus[110]; nur in einigen Ländern können über die erforderliche Mindestkapitalausstattung eigene Vereinbarungen geschlossen werden[111]. Die erforderlichen Mindesteigenmittel werden entweder aus dem eigenständigen Versicherungsbetrieb im Tätigkeitsstaat (regelmäßig als Durchschnittswert aller Versicherungen) oder aus dem Anteil an den weltweit genutzten Vermögenswerten abgeleitet [112].

Das Betriebsstättenergebnis ist in den versicherungstechnischen Teil, der wesentlich von der mathematischen Zuordnung von Aufwendungen und Erträgen dominiert wird, und den Bereich der Aufwendungen und Erträge aus Kapitalanlagen zu untergliedern. Die weitgehende Übereinstimmung der Berechnung des Betriebsstätteneinkommens trotz Beachtung der nationalen Besonderheiten ist grds. Voraussetzung für die Vermeidung einer Doppelbesteuerung.

---

[106] Vgl. 2,5% des Bruttobetrages nach dem DBA Schweiz-Argentinien; 2,5% des Bruttobetrages nach dem DBA Großbritannien -Argentinien.

[107] I R 127/95, FR 1998,169 ff.

[108] Vgl. zu den Rückfallklauseln der DBA auch die detaillierte Darstellung von *Vogel*, IStR 1997, 1 ff.; *Sorgenfrei*, IStR 1999, 201 ff.

[109] Gem. § 53c Abs. 1 VAG dient die Solvabilitätsspanne der Sicherstellung der dauernden Erfüllbarkeit der Verträge durch Bildung freier unbelasteter Eigenmittel.

[110] Die Niederlande gehen von dem "normative minimum investment portfolio" aus (vgl. Amsterdam Corporate Income Tax District Office, Fiscaal Up to Date 87-636).

[111] Vgl. dazu *Athanas* a. a. O. (oben Fn. 32), S. 54; Belgien kennt z. B. keine Mindestausstattung der Zweigniederlassung, Großbritannien lässt Vereinbarungen mit dem Tax Inspector zu (*Harris* a. a. O. [oben Fn. 82], S. 758).

[112] Vgl. *Ashton/Harris*, CDFI 1996, S. 332; krit. zu dem Durchschnittswert aller Versicherungen als Maßstab u. a. *van der Hoeven*, INTERTAX 1995, 435.

Für die Anerkennung einer (in- oder ausländischen) Betriebsstätte eines Versicherungsunternehmens sowie deren Gewinnermittlung ist – entsprechend Art. 7 Abs. 2 OECD-MA[113]. – in den meisten DBA die Anwendung der direkten Methode festgeschrieben[114]. Allerdings sind Sonderregelungen festzustellen, die erhebliche Auswirkungen auf die Besteuerung haben:

- Anwendung der indirekten Methode durch (proportionale) Aufteilung des Gewinns im Verhältnis der Brutto-Prämieneinnahmen der Betriebsstätte zu denen des gesamten Unternehmens[115],
- Sonderregelungen für die Gewinnermittlung mehrerer Betriebsstätten durch Ansatz eines Vorausanteils von 10 % für das Headoffice des Versicherungsunternehmens[116] bzw. durch Ausgrenzung der Prämien an ausländischen Versicherer[117],
- Pauschalbesteuerung in Form eines festen Prozentsatzes des Prämienvolumens (Sollbesteuerung) ohne Berücksichtigung der tatsächlichen Kosten- und Ertragstruktur[118].

In die Gewinnermittlung sind neben dem versicherungstechnischen Ergebnis die Investmenterträge einzubeziehen, die im Wege einer proportionalen Zuteilung, als fiktives Einkommen oder als fiktive Durchschnittsrendite auf zugeordnete Aktiva ermittelt werden[119]. Soweit ein zentrales Treasury-Management durch das Stammhaus vorgenommen wird, können sich hinsichtlich der verursachungsgerechten Ertragszuordnung erhebliche Probleme ergeben.

Schließlich ist zu beachten, dass durch die EU-Vereinheitlichung die Frage zu entscheiden ist, ob im Ausland anerkannte versicherungstechnische Rückstellungen aufgrund der Heimatlandkontrolle auch für die inländische Betriebsstättenbesteuerung beachtlich sein können[120]. Diese Frage kann nicht einheitlich beantwortet werden, und die Bedeutung der möglichen Unterschiede für den Umfang der Steuerfreistellung ist nicht zu unterschätzen. Hier sollte eine Detailprüfung im Einzelfall vorgenommen werden.

3. Betrachtung nationaler Sonderregelungen

Es bestehen national – auch EU-weit – erhebliche Unterschiede in der Bestimmung des steuerpflichtigen Einkommens und des erforderlichen Dotationskapitals. Insoweit spielen die nationalen Wahlrechte im Rahmen der Umsetzung der EU-Versicherungsbilanzrichtlinie eine Rolle, auch ist der zeitpunktbezogene unterschiedliche Ansatz von Wechselkursen von Bedeutung[121].

---

[113] OECD-Insurance-Draft (Fn. 92), Tz. 68 ff, 90, 100 ff.; Funktions- und Risikoanalyse sowie der Einkommenszurechnung der Anlagen

[114] Vgl. BMF v. 31. 5. 1979 IV B 7 – S 2775 – 9/79, BStBl 1979 I 306, Tz. 2.3.1 und FinMin NRW v. 10. 4. 1974 S 3502 – 8 – VC 1.

[115] Art. 4 Abs. 6 Satz 3 2. Halbs. DBA Deutschland-Frankreich, Prot. Nr. 13 DBA Deutschland-Österreich (mit Ausnahme der Rückversicherer), Art. 6 Abs. 4b DBA Schweiz-Irland, Art. 4 Abs. 7 DBA Schweiz-Österreich.

[116] Protokoll Nr. 8 zu Art. 4 DBA Schweiz-Dänemark, Protokoll Nr. 7 zu Art. 4 DBA Schweiz-Niederlande.

[117] Protokoll Art. II zu Art. 7 Abs. 6a DBA Großbritannien-USA.

[118] Vgl. *Athanas* a. a. O. (oben Fn. 32), S. 57; vgl. Art. 7 Abs: 5 DBA Österreich-Schweiz (Verhältnis der Rohprämieneinnahmen der Betriebsstätte zu den Rohprämieneinnahmen des Unternehmens).

[119] Vgl. *Athanas* a. a. O. (oben Fn. 32), S. 59.

[120] Vgl. zu Österreich *Göth*, Grundsätze der Einkunfts- und Vermögensermittlung bei Betriebsstätten sowie ihre Anwendung auf Banken, Versicherungen und andere Finanzinstitutionen, Nationalbericht Österreich, CDFI 1996, S. 269.

[121] Vgl. *Maser*, VW 1998, 442; *van der Hoeven*, INTERTAX 1995, 437.

Die steuerlichen Gewinnermittlungsvorschriften weichen – wie in Abschn. C.I. dargestellt – erheblich voneinander ab[122].

Auf die Besonderheiten der Konzernverrechnung von Dienstleistungen zwischen Versicherungsunternehmen im In- und Ausland soll an dieser Stelle nicht im Einzelnen eingegangen werden. Aufgrund der Selbständigkeitsfiktion der Betriebsstätte gelten die Grundsätze zur Einkunftsabgrenzung zumindest analog[123]. Erhöhte Anforderungen – insbesondere hinsichtlich der Dokumentation – ergeben sich aus den "Grundsätzen für die Prüfung der Einkunftsabgrenzung durch Umlageverträge zwischen international verbundenen Unternehmen"[124] bei international verbundenen Versicherungsunternehmen[125].

a) Deutschland

aa) Bestimmung des Dotationskapitals

Zu der **Gewinnaufteilung zwischen deutscher Betriebsstätte und ausländischem Stammhaus eines Versicherungsunternehmens** geht der BFH[126] für das DBA-Italien davon aus, dass eine Zurechnung fiktiver Vermögenserträge zu einer inländischen Betriebsstätte grds. entsprechend der aufsichtsrechtlich gebotenen Mindestkapitalausstattung zu erfolgen hat. Insoweit folgt er dem BMF-Schreiben vom 31. 5. 1979[127]. Allerdings ist einer Versicherung mit Sitz in einem EU-Staat die Möglichkeit eröffnet, durch Vorlage einer sog. Solvabilitätsbescheinigung (§ 106b Abs. 5 VAG) eine ausreichende Eigenkapitalausstattung nachzuweisen. Im Rahmen der "Verwaltungsgrundsätze für die Prüfung der Aufteilung der Einkünfte und des Vermögens der Betriebsstätten international tätiger Unternehmen"[128] übernimmt die Finanzverwaltung in Tz. 4.2 für Versicherungsbetriebsstätten von EU-Versicherungsunternehmen die Rechtsprechungsgrundsätze des BFH.

Das inländische Dotationskapitals eines ausländischen Versicherungsunternehmens, das nicht der Aufsicht des BAV unterliegt, wird nicht verbindlich vorgegeben[129], vielmehr ist eine allgemeine Ableitung erforderlich[130]. Zu Recht wird allerdings in der Literatur darauf hingewiesen,

---

[122] OECD-Insurance-Draft (Fn. 92), Tz. 145 f.

[123] Für Deutschland: "Verwaltungsgrundsätze für die Prüfung der Aufteilung der Einkünfte und des Vermögens der Betriebsstätten international tätiger Unternehmen" (Betriebsstättenerlass), insb. Tz. 3.1 und 3.4; auch *Dehnen* a. a. O. (oben Fn. 10), S. 417; andererseits für Niederlande: Hooge Raad v. 7. 5. 1997, V. N. 1997/1982, zu der Voraussetzung einer Finanzierung der Betriebsstätte durch das Stammhaus (Erfordernis des Drittkredits).

[124] V. 30. 12. 1999 IV B 4 – S 1341 – 14/99, BStBl 1999 I 1122.

[125] Vgl. dazu *Maser*, VW 2000, 381 ff.

[126] BFH v. 18. 9. 1996, I R 59/95, IStR 1997, 145; a. A. Vorinstanz FG Köln v. 16. 3. 1995: keine Zurechnung.

[127] BStBl 1979 II 306.

[128] V. 24. 12. 1999 IV B 4 – S 1300 – 111/99, BStBl 1999 I 1076 (im Folgenden "Betriebsstätten-Erlass"); krit. dazu *Maser*, VW 1998, 439 ff. und VW 2000, 437 ff.

[129] Anders als für Banken (Dotationskapital laut BMF v. 29. 11. 1996, IV C 7 – S 1300 – 176/96, BStBl 1997 I 136) gibt es keine betragsmäßige Festlegung durch die Finanzverwaltung für Versicherungsunternehmen, das Dotationskapital ist allerdings aus den versicherungstechnischen Rückstellungen, den Depotverbindlichkeiten sowie den Mindesteigenmitteln (Solvabilitätsspanne) zu bestimmen, vgl. BMF v. 31. 5. 1979 IV B 7 – S 2775 – 9/79, BStBl 1979 I 306, Tz. 2.3.2.2.

[130] Inhaltliche Übersicht über die wesentlichen Regelungen des Betriebsstätten-Erlasses: Tz. 4.2.2. Für Versicherungsunternehmen (VU), die der Versicherungsaufsicht durch das BAV unterliegen, richtet sich das Dotationskapital nach der aufsichtsrechtlichen Mindestkapitalausstattung. Es soll eine Zurechnung erfolgen mindestens von Kapitalanlagen – i. H. d. versicherungstechnischen Rückstellungen (einschließlich Beitragsüberträge) und der Depotverbindlichkeiten – i. H. d. Mindesteigenmittel i. H. d. Sol-

dass die Mindesteigenkapitalausstattung gerade für neu errichtete Niederlassungen zu unzutreffenden Ergebnissen führt[131] und die Maßgeblichkeit der handelsrechtlichen Bewertung die zulässigen stillen Reserven in den Kapitalanlagen (Zeitwertansatz) unbeachtet lässt[132]. Auch sind nicht allein die Kapitalanlagen (i. S. v. Aktiva C. des Formblattes 1, RechVersV) die Quelle der Kapitalerträge, wie sog "off-balance- sheet-transactions" (nicht bilanzierungspflichtige/-fähige Vorgänge) verdeutlichen.

Für Niederlassungen von EU-Versicherungsunternehmen fordert die Finanzverwaltung[133] auf Basis der BFH-Entscheidung vom 18. 9. 1996[134] eine Zuordnung von Eigenkapitalanteilen entsprechend dem Aufsichtsrecht des Stammhauses.

bb) Einkommensermittlung und Zurechnung von Wirtschaftsgütern

Für die Betriebsstättenbesteuerung ist die direkte Methode maßgeblich, wobei die Bücher nach Auffassung der Finanzverwaltung in Deutschland zu führen sind[135]. Hinsichtlich der Einkommensermittlung und Zurechnung von Wirtschaftsgütern sowie für die Behandlung einer Rückversicherung durch die ausländische Hauptverwaltung hat die Finanzverwaltung in ihrem Schreiben vom 31. 5. 1979 Stellung genommen[136]. Hiernach ist die Zurechnung im Grundsatz danach vorzunehmen, wenn die Wirtschaftsgüter in dem inländischen Betrieb gehalten werden, wenn aus ihnen Einkünfte fließen, zu deren Erzielung die Tätigkeit des inländischen Betriebes wesentlich beigetragen hat, oder wenn die Wirtschaftsgüter zu dem Zweck gehalten werden, die Geschäftstätigkeit des inländischen Betriebs zu fördern (a. a. O., Tz. 2.3.2.1).

Besonders zu betonen ist, dass der Betriebsstättenerlass der inländischen Betriebsstätte, die der Aufsicht des BAV unterliegt, mindestens Kapitalanlagen zurechnet in Höhe

- der versicherungstechnischen Rückstellungen und der Depotverbindlichkeiten zuzüglich
- der Mindesteigenmittel in Höhe der Solvabilitätsspanne (§§ 53c, 106b Abs. 2 VAG, Kapitalausstattungs-VO) oder dem Mindestbetrag des Garantiefonds nach §§ 2, 5 Kapitalausstattungs-VO[137].

---

vabilitätsspanne (§§ 53c, 106b Abs. 2 VAG, Kapitalausstattungs-VO). Übersteigt der zuzurechnende Mindestbetrag das arithmetische Mittel der bilanzierten Kapitalanlagen, ist der Differenzbetrag der inländischen Betriebsstätte zuzurechnen, ebenso die zusätzlichen Erträge aus dem Differenzbetrag (nach der Durchschnittsrendite des Gesamtvermögens) Tz. 4.2.3. Für Niederlassungen, die nicht der Versicherungsaufsicht durch das BAV unterliegen, werden wesentlich die Regelungen übernommen, die für VU gelten, die der Versicherungsaufsicht unterliegen. Beim Dotationskapital wird allerdings zwischen Stammhaus und Betriebsstätte nach den Grundsätzen des Fremdvergleichs aufgeteilt. (Im Betriebsstätten-Erlass [Entwurf] war noch eine besondere Beschränkung enthalten: Für die Zurechnung von Wirtschaftsgütern kann einer nach § 106b Abs. 5 VAG erteilten Erlaubnis, die Solvabilitätsspanne auf Grundlage der gesamten Geschäftstätigkeit des ausländischen VU zu berechnen, wegen des Grundsatzes der Gleichmäßigkeit der Besteuerung nicht gefolgt werden. Diese Einschränkung ist nun nicht mehr vorhanden).

[131] Vgl. *Maser*, VW 1998, 440, der darauf hinweist, der Fremdvergleich solle sich nach der Eigenkapitalausstattung der in Deutschland tätigen Versicherungsunternehmen mit ausländischem Sitzstaat sowie nach den Nachweisen gegenüber dem BAV aufgrund der Geschäftsplanerläuterungen nach § 5 Abs. 4 VAG bestimmen.

[132] § 53c Abs. 3 Nr. 4 VAG lässt auf Antrag die Berücksichtigung zu.

[133] Betriebsstättenerlass Tz. 4.2.3. unter "Dotationskapital".

[134] Urt. v. 18. 9. 1996, I R 59/95, IStR 1997, 145.

[135] OFD Düsseldorf, Vfg. v. 2. 9. 1997 – S 0319 – 1 – St 2223, DB 1997, 1896.

[136] BMF v. 31. 5. 1979 IV B 7 – S 2775 – 9/79, BStBl 1979 I 306, Tz. 2.3.

[137] Betriebsstättenerlass Tz. 4.2.2. unter "Zurechnung von Wirtschaftsgütern".

Grds. gelten hiernach die Grundsätze des inländischen Steuerrechts, bei Rückversicherungen durch die Hauptverwaltung im Ausland sind die Rückversicherungsanteile bei allen in Betracht kommenden G+V-Posten anteilig zu berücksichtigen. Die Anbindung an den Garantiefond berücksichtigt allerdings nicht dessen besondere Aufgabe, jene Risiken abzudecken, die nicht in die Solvabilitätsspanne eingeflossen sind, sowie eine Mindestzutrittsvoraussetzung für die Aufnahme des Versicherungsbetriebes zu definieren[138]. Damit ist der Mindestgarantiefonds als Maßstab eines Fremdvergleichs ungeeignet.

Die Solvabilitätsspanne nach § 106b Abs. 5 VAG kann nach Auffassung des BAV[139] auch auf Grundlage der Gesamttätigkeit des ausländischen (nicht-EU-)Versicherungsunternehmens berechnet werden. Dieser Vorgehensweise folgte die Finanzverwaltung nach dem Betriebsstättenerlass wegen des "Grundsatzes der Gleichmäßigkeit der Besteuerung" zunächst nicht.

Im Rahmen der Gewinnermittlung stellt § 8b Abs. 2 und 3 KStG eine weitreichende Sonderregelung dar, die insbesondere für Versicherungsunternehmen mit hohen Kapitalanlagen von Bedeutung ist[140]. § 8b KStG ist als Gewinnermittlungsvorschrift über § 7 GewStG auch für die Gewerbesteuer zu beachten. Die grds. Steuerfreistellung von Dividenden und Veräußerungsgewinnen von der Körperschaftsteuer führt zu erheblichen steuerlichen Effekten – insbesondere vor dem Hintergrund der steuerlichen Abzugsfähigkeit der RfB auf der Grundlage des handelsrechtlichen Ergebnisses. Da die Kapitalanlagen allerdings in der Regel eine Beteiligungsquote von 15 % nicht erreichen, ist ab 2002 aufgrund der neu eingeführten gewerbesteuerlichen Hinzurechnungs- und Kürzungsvorschriften für Gewinnausschüttungen gewerbesteuerlich wieder von einer Steuerbelastung auszugehen[141]. Zu § 8b Abs. 8 KStG vgl. Abschn. C.V. Veräußerungsgewinne aus Anteilen an Personengesellschaften werden ab 2002 nach § 7 Satz 2 GewStG im Gewerbeertrag berücksichtigt[142].

cc) Ergänzende Fragestellungen der Betriebsstättenbesteuerung

Die durch die Spartentrennung vorgegebene rechtliche Verselbständigung der gruppenzugehörigen Versicherungsunternehmen wirft die Frage nach der Anwendung des (internationalen) Schachtelprivilegs auf. Unter Berücksichtigung des EuGH-Urteils „Saint Gobain"[143] war die einschränkende Betrachtung zu der Abkommensberechtigung, dem Schachtelprivileg nach § 102 Abs. 2 BewG bzw. der indirekten Steueranrechnung nach § 26 Abs. 2 KStG als Betriebsstätten-Diskriminierung nach Art. 43 (vormals Art. 52) i. V. m. Art. 48 (vormals Art. 58) EG-Vertrag und Verstoß gegen die Niederlassungsfreiheit anzusehen.

---

[138] Vgl. zu § 53c Abs. 1 Satz 2 VAG auch *Prölls*, Versicherungsaufsichtsgesetz, § 53c VAG, Tz. 16.

[139] Rundschreiben R 4/97 v. 16. 5. 1997.

[140] Zu den Gestaltungsmöglichkeiten vgl. *Rödder/Wochinger*, FR 2001, 1253.

[141] Für die Gewerbesteuer gelten seit 2002 die allgemeinen Hinzurechnungs- und Kürzungsregelungen für Dividenden ab 10%, §§ 8 Nr. 5, 9 Nr. 7 GewStG i. d. F. des UntStFG v. 20. 12. 2001 , BStBl 2002 I 35. Veräußerungsgewinne werden nach § 8b KStG steuerlich nicht erfasst.

[142] Veräußerungsgewinne werden gewerbesteuerlich nach § 7 Satz 2 GewStG i. d. F. des UntStFG v. 20. 12. 2001 BStBl 2002 I 35 sowie des Solidarpaktfortführungsgesetzes v. 20. 12. 2001, BStBl 2002 I 60 steuerlich erfasst – auf die Unklarheit der sich widersprechenden Gesetzesregelung ist allerdings hinzuweisen; offen ist die Besteuerung, wenn die Personengesellschaft ihrerseits Anteile an Kapitalgesellschaften hält, vgl. *Töben*, FR 2002, 371.

[143] Urt. vom 21. 9. 1999 – C-307/97, IStR 1999, 592 (Vorlage FG Köln vom 30. 6. 1997, 13 K 4342/91, EFG 1997, 1056 f. zu der deutschen Niederlassung einer französischen Kapitalgesellschaft); EuGH v. 28. 2. 2008 – C-293/06, IStR 2008, 224 "Deutsche Shell" (Währungsverluste Dotationskapital); EuGH v. 15. 5. 2008 - C-414/06, DStR 2008, 1030 "Lidl Belgium" (Betriebsstättenverluste bei DBA-Freistellung in den Grenzen von Marks & Spencer).

Roser/Schrepp

Weiter sind diverse EuGH-Urteile zu der Nutzung von Betriebsstättenverlusten zu beachten[144]. Der österreichische VGH hatte sich mit den Grundsätzen der grenzüberschreitenden Verlustnutzung bei Betriebsstätten auseinander gesetzt[145] und eine Diskussion über die zulässigen Grenzen des § 2a EStG ausgelöst[146]. Soweit **in der Vergangenheit**[147] Verluste ausländischer Betriebsstätten in DBA-Staaten nach § 2a Abs. 3 EStG bzw. § 2 Abs.1 S. 3 und 4, Abs. 2 AuslInvG in Deutschland steuerlich geltend gemacht wurden, ist in zukünftigen Gewinnjahren eine Nachversteuerung dieser Betriebsstättenverluste vorzunehmen; dies gilt nach § 52 Abs. 3 Satz 3 EStG unbefristet[148]. Gewinne nach dem AuslInvG sind nach dem JStG 2009 ebenfalls unbegrenzt zuzurechnen[149]. Da "künftige Gewinne" nach Maßgabe der deutschen steuerlichen Gewinnermittlung bestimmt werden, können Änderungen der steuerlichen Gewinnermittlungsvorschriften (zwischen Verlustentstehung und Gewinnausgleich) erhebliche Auswirkungen auf die Frage und den Umfang der Hinzurechnung haben. Es sind durchaus Fallgestaltungen denkbar, bei denen im Ausland ein Verlust ausgewiesen wird, der nach deutschen Gewinnermittlungsgrundsätzen zu einem Gewinn wird und entsprechend die Hinzurechnung nach § 2a EStG auslöst. Dabei ist nicht in jedem Falle als Voraussetzung erforderlich, dass diese Betriebsstättenverluste im Ansässigkeitsstaat auch tatsächlich genutzt werden können[150].

Schließlich ist auf den einheitlichen Pauschalsteuersatz von 25 %[151] hinzuweisen; in der Vergangenheit waren erhebliche Bedenken gegen den Pauschalsteuersatz von 40 % geltend gemacht worden [152], wobei insoweit allerdings kein Sonderproblem der Betriebsstättenbesteuerung von Versicherungsunternehmen vorlag.

b) USA

aa) Amerikanische Betriebsstätten ausländischer Versicherungsunternehmen

In den USA ist durch Sec. 842 IRC ("Foreign companies carrying insurance business") für das Versicherungsgeschäft einer ausländischen Gesellschaft grds. der Bezug zu den USA maßgeblich[153]. Für das Investment-Einkommen ist nach § 842 (b) IRC eine Berechnung des erforderlichen Mindesteinkommens (unter Einbeziehung erfolgsunabhängiger Faktoren) vorzunehmen[154]. Eine Entscheidung des US-Tax- Court[155] hat allerdings auf Grundlage der Auslegung des § 842 (b) IRC

---

[144] EuGH, Urt. v. 15. 5. 1997 RS. C-250/95, DB 1997, 1211; dazu *Sass*, DB 1997, 1533 f.; vgl. die Übersichten bei *Roser*, Ubg 2010, 30 ff.

[145] Vgl. v. 25. 9. 2001, IStR 2001, 754 mit Anm. FW.

[146] Vgl. dazu *Orth*, IStR 2002, Beihefter 9, 10 m. w. N.

[147] § 2a Abs. 3 und 4 EStG wurden durch das Steuerentlastungsgesetz 1999/2000/2002 a. a. O. (oben Fn. 20), mit Wirkung ab Veranlagungszeitraum 1999 aufgehoben.

[148] JStG 2008 v. 20.12.2008, BGBl. I 2007, 3150 (zuvor war die Hinzurechnung bis zum VZ 2008 begrenzt).

[149] BGBl. I 2008, 2794, Art. 15.

[150] Das BMF v. 17. 12. 1997 IV C 6 – S 2118a – 6/97, IStR 1998, 151, fordert für österreichische Betriebsstätten eine Nachversteuerung, obgleich Österreich den Verlustabzug aus österreichischen Betriebsstätten bei Steuerausländern nur bei negativem Welteinkommen zulässt (§ 102 Abs. 2 Nr. 2 Österr.-EStG).

[151] Vgl. zuvor 40 %; zu der Aufhebung des § 23 Abs. 3 KStG: *Lüdicke*, IStR 1999, 193 ff., 197 f.

[152] Vgl. dazu *Herzig/Dautzenberg*, DB 1997, 14 m. w. N.

[153] Sec. 842 (a): "... shall be taxable under such part of its income effectively connected with its conduct of any trade or business within the United States ..."

[154] "Minimum effectively connected net investment income", basierend auf dem Produkt aus "the required United States assets" und dem "domestic investment yield applicable to such company for such year".

[155] North West Life Assurance Company of Canada v. Commissioner, 107 T.C. 19, 1996: Der Tax Court erachtete Sec. 842 (b) IRC als "inconsistent method of profit attribution" und erkannte, dass Sec. 842 (b)

i. V. m. Art. VII DBA USA-Canada für die Zuordnung von "required US assets" und damit für die Gewinnermittlung von ausländischen Versicherungsunternehmen, die in den USA eine Betriebsstätte unterhalten, eine klarstellende Auslegung erfahren. Der Tax-Court sah zwar eine pauschale Berechnung nicht für unzulässig an, schränkte aber unter Beachtung des DBA-USA-Canada die Anwendung betriebsstättenfremder Faktoren ein.

Es werden in einigen DBA Sonderbestimmungen für die Federal Excise Tax (Sec. 4371 ff. IRC) vorgesehen, soweit diese von ausländischen Versicherungsunternehmen erhoben wird[156].

Die in den USA erhobene Branch Profits Tax auf Zinsen ist auch für Betriebsstätten von Versicherungsunternehmen zu beachten[157].

bb) Ausländische Betriebsstätten amerikanischer Versicherungsunternehmen

Für Betriebsstätten von Lebensversicherern enthält der IRC Sonderregelungen[158], zudem werden Sonderbestimmungen für den USA unmittelbar benachbarte Länder vorgesehen[159].

c) Belgien

In Belgien wird eine jährliche Steuer von 0,06 % für Versicherungsunternehmen erhoben[160], die auf Grundlage der "mathematical and technical reserves" unter Einbeziehung steuerfreier Lebensversicherungsverträge kalkuliert ist.

Weiter ist zu beachten, dass sog. "belgische Coordination Centres" nicht für den Versicherungsbereich anerkannt werden[161].

d) Großbritannien

Für sog. "basic life and general annuity assurance business" (BLAGAB) hat Großbritannien für Lebensversicherungen einen besonderen Ansatz der Besteuerung auf Basis des "Income less Expenses", unabhängig vom versicherungstechnischen Ergebnis[162]. Dies gilt auch für UK-Betriebsstätten ausländischer Versicherungsunternehmen (OLICS = "overseas life insurance companies").

Für sog. "overseas life assurance business" (OLAB) und für Nicht-Lebensversicherungen hingegen wird das versicherungstechnische Ergebnis nach versicherungsmathematischen Grundsätzen besteuert (Ermittlung nach schedule D, case I, Besteuerung nach schedule D case VI). Für britische Versicherungsunternehmen wurde mit den Regelungen für OLAB 1994 die Zielsetzung verfolgt, diese von UK-Steuern auf Erträgen aus Kapitalanlagen freizustellen, die dem ausländi-

---

IRC nicht jedes Jahr dieselbe Zuordnungsmethode fordert.

[156] Vgl. aber Protokoll Nr. 3 des DBA Großbritannien-USA (dazu *Macleod*, British Tax Review 1996, 266); Art. 2 Abs. 1 Buchst. a Doppelbuchst. bb DBA Deutschland-USA (vgl. dazu auch *Arthur Andersen*, DBA Deutschland-USA, Art. 2 Tz. 4).

[157] Vgl. *Franklin/Sherwood*, Grundsätze der Einkunfts- und Vermögensermittlung bei Betriebsstätten sowie ihre Anwendung auf Banken, Versicherungen und andere Finanzinstitutionen, IFA-Nationalbericht Deutschland, CDFI 1996, S. 794.

[158] Sec. 807 (e) (4) (A) IRC: Minimum reserve entsprechend laws, regulations or administrative guidance of the regulatory authority of the foreign country referred to in subparagraph (B).

[159] Sec. 814 IRC: "contingous country life insurance branches".

[160] Royal Decree v. 18. 11. 1996, vgl. *Boone/Coosemans*, INTERTAX 1997, 37 f.

[161] Vgl. *Breuninger*, JbFSt 1994/95, S. 403.

[162] Vgl. *Macleod*, British Tax Review 1995, 217 ff.

schen Geschäft zuzuordnen sind. Andererseits werden aber auch anteilige Management-Kosten in Großbritannien vom Abzug ausgeschlossen[163].

Das Eigenkapital der UK-Betriebsstätte eines Lebensversicherungsunternehmens wird nach dem sog. "notional value" bestimmt, basierend auf der Annahme der rechtlichen Selbständigkeit der Betriebsstätte und dem daraus resultierenden Erfordernis einer Mittelausstattung zur Erfüllung der abgeschlossenen Versicherungsverträge[164].

e) Schweden

In **Schweden** wird das Lebensversicherungsgeschäft auf Basis der Assets, nicht auf Grundlage der commercial accounts besteuert[165].

D. Auslandsengagement eines deutschen Versicherungsunternehmens

I. Steuerliche Rahmenbedingungen im Ausland

Die steuerlichen Rahmenbedingungen eines Versicherungsunternehmens im Ausland sind gekennzeichnet durch das allgemeine Steuerrecht, ergänzend jedoch durch regelmäßig bestehende Sonderregelungen für Versicherungsunternehmen[166], sei es bezogen auf die Ermittlung der Bemessungsgrundlage (versicherungstechnisches und nicht-versicherungstechnisches Ergebnis), sei es bezogen auf die Steuersätze[167]. Auch werden vertragliche Vereinbarungen, wesentlich im Bereich der Rückversicherungsverträge[168], nicht in jedem Falle durch die ausländischen Steuerbehörden anerkannt. Vor Durchführung eines Auslandsengagements ist daher eine Detailplanung unter Berücksichtigung der steuerlichen Rahmenbedingungen vorzunehmen, wobei auf ausländische Berater nicht verzichtet werden kann.

II. Folgen eines Auslandsengagements für die Besteuerung in Deutschland

1. Versicherungstechnisches Ergebnis

Die unternehmerischen Einkünfte unterliegen nach § 34c i. V. m. § 34d Nr. 2 EStG der deutschen Besteuerung. Grds. gewährt Deutschland allerdings für betriebliche (unternehmerische) Tätigkeiten im Ausland im Rahmen der abgeschlossenen DBA die Steuerfreistellung (Art. 23A i. V. m. Art. 7 OECD-MA). Der Versicherungsbetrieb im Ausland unterliegt daher bei Vorliegen einer Betriebsstätte im Ausland (unerheblich, ob rechtlich selbständig oder unselbständig) in Deutschland keiner Besteuerung. Der Umfang der Freistellung richtet sich nach den deutschen Gewinnermittlungsmethoden, wobei – entgegen der bisher h. M.[169] – auch bei Auslandssach-

---

[163] Vgl. *Macleod*, British Tax Review 1995, 221; *Harris* a. a. O. (oben Fn. 82), S. 762 f.

[164] *Harris* a. a. O. (oben Fn. 82), S. 765 f.

[165] *Köhlmark/Tivéus*, Grundsätze der Einkunfts- und Vermögensermittlung bei Betriebsstätten sowie ihre Anwendung auf Banken, Versicherungen und andere Finanzinstitutionen, IFA-Nationalbericht Schweden, CDFI 1996, S. 721 f.

[166] Vgl. insb. die Darstellung Abb. 1 und Abb. 2.

[167] Z. B. den besonderen Steuersatz in Spanien: 28 %.

[168] Fehlende steuerliche Anerkennung sog. "Time & Distance"- Verträge durch amerikanische und englische Steuerbehörden, vgl. *Dietz/Angermayer*, VW 1998, 428; *Broesche*, VW 1996, 1202; Entwicklung der "Finite Risk"-Verträge auf Druck amerikanischer Steuerbehörden, vgl. *Kalusche/Schmidt*, ZfV 1993, 612.

[169] Vgl. statt aller BFH, Urt. v. 16. 2. 1996 I R 43/95, BStBl 1997 II 132; *Schmidt-Heinicke*, EStG, § 34d EStG, Tz. 4.

verhalten grds. nicht maßgebliche deutsche Gewinnermittlungsvorschriften zu beachten sind[170]. Differenzen aus der Währungsumrechnung des Betriebsstättenvermögens wurden bisher den ausländischen Einkünften zugeordnet[171]; angesichts des EuGH-Urteils „Deutsche Shell"[172] werden diese Zuordnung nicht mehr aufrecht zu erhalten sein. Wie oben angedeutet, muss allerdings im Einzelfall geklärt werden, welche steuerlichen Folgen sich ergeben können, wenn das – nach deutschen Besteuerungsgrundsätzen ermittelte – Betriebsstättenergebnis von dem in der ausländischen Betriebsstättenbilanz ausgewiesenen Ergebnis abweicht. Aus der unterschiedlichen Gewinnermittlung können sich – trotz Freistellungsmethode – steuerliche Folgen in Deutschland ergeben. Die Freistellung muss nicht in jedem Falle deckungsgleich sein mit dem Ergebnis der ausländischen Betriebsstätte.

Die Zulässigkeit und Höhe der Schwankungsrückstellung wird allerdings – ungeachtet der konkreten Methode der Betriebsstättengewinnermittlung – nach Auffassung der Finanzverwaltung nach dem Verhältnis der verdienten Beiträge für eigene Rechnung Inland/Ausland ermittelt, um der Risikovorsorge für den Gesamtbetrieb Rechnung zu tragen[173].

Der 1998 eingereichte Gesetzesentwurf zum AStG[174], der einen weitestgehenden Übergang zur Anrechnungsmethode vorsah und damit auch für Versicherungsbetriebsstätten Bedeutung hatte, wurde im Rahmen der Reform des AStG[175] nicht umgesetzt; die Systematik der Freistellung und Hinzurechnung wurde beibehalten, ergänzend wurden erhebliche Verschärfungen vorgenommen.

2. Nicht-versicherungstechnisches Ergebnis

Hinsichtlich der Kapitalanlagen (Wertpapiere, Darlehen u. a.) kommt regelmäßig die Steueranrechnung nach §§ 34c EStG, 26 KStG zur Anwendung. Durch das Urteil des Hessischen Finanzgerichtes[176] war hinsichtlich des Umfanges der Steueranrechnung erhebliche Verunsicherung aufgetreten. Das Hessische Finanzgericht hatte bei der Ermittlung des für die Steueranrechnung maßgeblichen ausländischen Einkommens (§ 34c Abs. 1 Satz 1 EStG) für Versicherungsunternehmen Aufwendungen für versicherungstechnische Rückstellungen, insbesondere für die Beitragsrückerstattung, einbezogen. Hierdurch ergab sich ein weitgehender Ausschluss der Anrechnung ausländischer Steuern und eine erhebliche Steuerbelastung der Auslandsanlagen.

Der BFH hat mit Urteil vom 9. 4. 1997[177] (betreffend einen Lebensversicherungs-VVaG) das Urteil des Hessischen Finanzgerichts aufgehoben und dabei folgende Grundsätze zur Steueranrechnung definiert:

---

[170] BFH, Urt. v. 17. 12. 1997 I R 95/96, IStR 1998, 212 mit Anm. F. W. (zu der Anwendung § 13a EStG); zu der Problematik der Gewinnermittlungsgrundsätze nach deutschem Recht vgl. auch *Roser*, IStR 2000, 78.

[171] BFH, Urt. v. 16. 2. 1996 I R 46/95, BStBl 1996 II 588; Urt. v. 16. 2. 1996 I R 43/95, BStBl 1997 II 128 ff.

[172] EuGH, Urt. v. 28. 2. 2008 – C-293/06, WPg 2008, 298; dazu BMF-Schreiben v. 23. 11. 2009 – IV B 5 – S 2118 – a/07/10011, BStBl I 2009, 1332

[173] FinMin NRW v. 2. 1. 1979 S 2775 – 3 – VB 4; IDW Praktiker Handbuch 2001 Außensteuerrecht Bd. I, S. 570.

[174] Gesetzesinitiative des Landes Baden-Württemberg, BR-Drucks. 12/98 v. 16. 1. 1998; dazu auch *Wassermeyer*, DB 1998, 642 ff.; *Burwitz*, FR 1998, 299 ff.

[175] StSenkG v. 23. 10. 2000, BStBl 2000 I 1428 und UntStFG v. 20. 12. 2001, BStBl 2002 I 35; vgl. dazu *Rättig/Protzen*, DStR 2002, 241; *dies.*, IStR 2002, 123.

[176] Hess. FG, Urt. v. 11. 10. 1994 4 K 4306/96, EFG 1995, 317 ff.

[177] I R 178/94, BStBl 1997 II 657.

- rechnungsmäßige Zinsen (Zuführung zu Deckungsrückstellung) sind allein durch das Versicherungsgeschäft verursacht (= inländische Einkünfte);
- die Rückstellung für Beitragsrückerstattung ist dem inländischen Versicherungsbetrieb zuzuordnen. Diese Rückstellung ist nicht durch das Halten von Beteiligungen verursacht, sondern vielmehr dem Versicherungsbetrieb zuzuordnen, da der einzelne Versicherungsnehmer einen Teil des vom Versicherungsunternehmen erzielten Überschusses erhält;
- die Gewerbesteuer mindert die ausländischen Einkünfte nicht;
- allgemeine Verwaltungskosten (Reisekosten) sowie Raum- und Personalkosten sind (ggf. im Schätzungswege) zuzuordnen.

Das BMF[178] wendet dieses Urteil auf inländische Versicherungsunternehmen an, **nicht** aber auf inländische Kreditinstitute (hier wird der Ansatz der Zinsaufwendungen aus der Refinanzierung weiterhin als erforderlich angesehen).

Das Gebot der Spartentrennung für Versicherungsunternehmen führt i. d. R. zu der Bildung von Versicherungskonzernen. Die Verwaltung dieser Versicherungskonzerne durch die inländische Muttergesellschaft oder das Stammhaus ist regelmäßig mit spürbaren Overheadkosten verbunden. Die Finanzverwaltung hatte kurzfristig durch eine strenge Auslegung des § 3c EStG erhebliche Teile dieser Overheadkosten im Inland steuerlich als nicht abzugsfähig angesehen. Der BFH hat mit drei Urteilen vom 29. 5. 1996[179] zu den Refinanzierungskosten im unmittelbaren Zusammenhang mit steuerfreien Schachteldividenden die insoweit erforderliche Klarstellung gebracht und die folgenden Grundsätze festgeschrieben:

- In den DBA enthaltene "Methodenartikel" regeln die steuerliche Behandlung im Ansässigkeitsstaat, wobei hinsichtlich des Umfangs der Freistellung ("Einkünfte" bzw. "Einnahmen") auf den jeweiligen Abkommensartikel abzustellen ist.
- Der Ausdruck "Dividenden" ist abkommensspezifisch auszulegen und erfasst (in den DBA Frankreich und USA) "Einnahmen". Diese Rechtsprechung steht nicht im Widerspruch zu der Rechtsprechung vom 16. 3. 1994[180], da dort über den Höchstbetrag der Steueranrechnung zu entscheiden war und insoweit das DBA Niederlande auf "Einkünfte" abstellte.
- Entsprechend dem bisherigen Verständnis und der Auslegung als "Einnahmen" liegt kein Betriebsausgabenabzugsverbot vor. Es ist daher auf § 3c EStG abzustellen, dessen Abzugsverbot – nach ständiger Rechtsprechung des BFH – erst bei Dividendenausschüttungen greift.
- Für die Beurteilung des Veranlassungszusammenhangs zwischen Betriebsausgaben (Zinsen) und Dividenden kommt es auf die tatsächliche Mittelverwendung an.

Die grundlegende Kritik des BFH an § 3c EStG ("... fragwürdiger Gesetzeswortlaut ...") ist ebenso bemerkenswert wie die ausdrückliche Bezugnahme auf die gesetzgeberische Zielsetzung einer Verbesserung des Wirtschaftsstandortes Deutschland (insbesondere durch das StandOG). Die Finanzverwaltung wendet die Urteilsgrundsätze an[181]. Durch das Steuerentlastungsgesetz 1999/2000/2002 (geändert durch das Steuerbereinigungsgesetz 1999) ist allerdings für Kapitalgesellschaften mit § 8b Abs. 5 KStG eine Sonderregelung eingeführt worden, derzufolge 5 %

---

[178] Schreiben v. 23. 12. 1997, BStBl 1997 I 1022.
[179] I R 167/94, BStBl 1997 II 60; I R 15/94, BStBl 1997 II 57 und I R 21/95, BStBl 1999 II 63.
[180] I R 42/93, BStBl 1994 II 799.
[181] OFD Düsseldorf, Vfg. v. 24. 3. 1997 – S 1301 A – St. 131.

(zunächst waren 15 % vorgesehen) der nach einem DBA steuerbefreiten Gewinnausschüttungen "für die Anwendung des § 3c EStG" als in unmittelbarem Zusammenhang stehend gelten[182].

Auch für Immobilieninvestitionen (im Rahmen der Kapitalanlagen) werden die laufenden Erträge nach dem Belegenheitsprinzip (Art. 6 OECD-MA) nur in dem Belegenheitsstaat besteuert. Gleiches gilt für die Veräußerung der Immobilie (Art. 13 Abs. 1 OECD-MA).

3. Besonderheiten bei Betriebsstätten

Im Rahmen der Ergebnisabgrenzung ist auf die Sonderregelungen für die Zuordnung der Schwankungsrückstellung ausländischer Betriebsstätten bei Vorliegen eines DBA hinzuweisen[183], durch die der Umfang der Freistellung (Art. 7 OECD-MA) erheblich modifiziert wird. Weiter kann die internationale Absicherung von Großrisiken (Vertragsabschluss regelmäßig durch das Stammhaus) zu Abgrenzungsproblemen aufgrund einer offenen Verursachungs- und Ergebniszuordnung führen[184]. In Versicherungsgruppen wird regelmäßig eine Risikoverteilung über interne Rückversicherungsverträge vorgenommen, wobei internationale Risikoportfolios vorliegen können. Eine Aufwands- und Schadenszuordnung ist hier sehr schwierig und nicht selten streitig. Im Kapitalanlagebereich sind erhebliche Unterschiede in der Zuordnung des Investmenteinkommens zu beachten[185].

Grds. stellen sich im Rahmen der Übertragung von Wirtschaftsgütern mit stillen Reserven in eine ausländische Betriebsstätte keine versicherungsspezifischen Probleme, so dass die allgemeinen Grundsätze gelten[186]. Da allerdings die Vermögenswerte zum Teil der Bedeckung von versicherten Risiken dienen, kann der Umfang und die Häufigkeit der Übertragung (z. B. bei portfolio management durch das Stammhaus) eine größere Bedeutung haben. Sehr kompliziert ist insoweit, dass hierbei regelmäßig auch eine Übertragung von Risiken erfolgt, soweit sie über den Abschluss von Rückversicherungsverträgen hinausgehen. Die Bestands- und Vermögensübertragungen (vgl. z. B. § 14 VAG, §§ 178 ff. UmwG) zu Marktkonditionen zwischen Betriebsstätte und Stammhaus im Rahmen einer Risikozentralisierung sind kaum einer Einzelbewertung zugänglich, da den stillen Reserven der Aktiva stille Lasten aus dem Versicherungsverhältnis gegenüberstehen können.

Ein Sonderproblem ist bezüglich der Abgeltungsteuer zu beachten. Bei der Tätigkeit über ausländische Betriebsstätten stellt die Frage des Kapitalertragsteuer-Einbehalts nach § 43 Abs. 1 Nr. 4 EStG im Zusammenhang mit der beschränkten Steuerpflicht ausländischer Versicherungsnehmer nach § 49 Abs. 1 Nr. 5a) i. V. m. § 20 Abs. 1 Nr. 6 EStG dar, wenn die – gegenwärtig noch

---

[182] Auf die vielfältigen Zweifelsfragen, die sich aus dieser Neuregelung ergeben, kann an dieser Stelle nur hingewiesen werden; zu den europarechtlichen Bedenken sowie zu den konkreten Anwendungsproblemen vgl. *Dötsch/Pung*, DB 1999, 867 ff.; in dem Koalitionsvertrag SPD-Grüne 10/2002 sind allerdings erhebliche Änderungen des Betriebsausgabenabzugs vorgesehen.

[183] Vgl. BMF v. 23. 10. 1978, BStBl 1979 I 58, Tz. 2: Maßgeblichkeit des Gesamtergebnisses des Versicherungszweiges trotz Vorliegen eines DBA und Aufteilung des zu berücksichtigenden Teils der Schwankungsrückstellung nach dem Verhältnis der verdienten Beiträge für eigene Rechnung für das der inländischen Besteuerung unterliegende Geschäft zu den verdienten Beiträgen für eigene Rechnung für das gesamte Geschäft.

[184] Maßgeblichkeit der Prämienaufteilung mit Ausnahme von Taiwan (Ort der Versicherungspolice) und Italien (Aufteilung nach den akzeptierten Risiken), vgl. *Athanas* a. a. O. (oben Fn. 29), S. 62.

[185] Vgl. *Athanas* a. a. O. (oben Fn. 29), S. 59 zu den Methoden "proportionale Zuteilung", "fiktives Einkommen" und "Durchschnittsrendite".

[186] Vgl. § 4g EStG; allerdings ist die BFH-Rechtsprechung zur Aufgabe der finalen Entnahmetheorie beachtlich: BFH v. 17.7.2008 – I R 77/06, DStR 2008, 2001; dazu Roser DStR 2008, 2389.

fortgeltenden[187] – Voraussetzungen der deutschen Steuerfreiheit (insbes. 12 Jahre) nicht erfüllt werden. Nach Auffassung der deutschen Finanzverwaltung ist "Schuldner" der Kapitalerträge das inländische Stammhaus[188], soweit nicht für die Abkommensanwendung nach Art. 11 Abs. 5 OECD-MA als Schuldner die ausländische Betriebsstätte qualifiziert wird. Dieser Kapitalertragsteuerabzug, der nach Finanzverwaltungsauffassung bei einigen älteren deutschen DBAs erforderlich wäre[189], dürfte weder der zivilrechtlichen Beurteilung der Betriebsstätte als tatsächlichem "Schuldner" aller Versicherungsleistungen noch der Freiheit des Versicherungsverkehrs entsprechen.

4. Steuerliche Anerkennung des Auslandsengagements in Sonderfällen

Als besonderes Beispiel eines speziellen Auslandsengagements sind die sog. "International Finance and Service Centres" (IFSC) in Irland zu nennen. In diesen IFSC betreiben auf Grundlage der steuerlicher Sonderregelungen (insbesondere einer 10%-Besteuerung) des Irischen Finance Acts 1992/93[190] Management-Gesellschaften für deutsche Versicherungsunternehmen das Versicherungs- und Rückversicherungsgeschäft. Ergänzend erfolgen Kapitalanlagen über diese IFSC. Die USA behandeln Asset-Management als „aktiv", wenn es im Zusammenhang mit einer Versicherung steht[191].

In Anbetracht der Diskussion um die steuerliche Anerkennung dieser Gesellschaften im Hinblick auf § 42 AO sowie §§ 7 ff AStG (Hinzurechnungsbesteuerung bei Kapitalanlagegesellschaften) kann an dieser Stelle nur auf die unterschiedlichen steuerlichen Standpunkte verwiesen werden. Der BFH hat mit Urteilen vom 19. 1. 2000[192] vor allem den "Gestaltungsmissbrauch" abgelehnt[193]; die Finanzverwaltung hat mit einem Nichtanwendungserlass[194] und der Änderung des § 42 AO[195] reagiert.

Einzelne Versicherungsunternehmen nehmen inzwischen auf Antrag die steuerlichen Vergünstigungen nicht mehr in Anspruch und unterliegen der normalen Besteuerung mit 30 % in Irland. Würden die nach Ansicht der deutschen Finanzverwaltung "freiwillig" gezahlten Steuern aus deutscher Sicht nicht als Betriebsausgabe anerkannt, ergäben sich gegenüber inländischen Kapitalanlagen spürbare Nachteile[196].

---

[187] Im Entwurf des Steuerbereinigungsgesetzes 1999 sollte die Steuerfreiheit beseitigt werden.

[188] Vgl. BMF, Merkblatt v. Dezember 1988 IV C 5 – S 1300 – 239/88 (BStBl 1988 I 497 Tz. 5.5); dazu *Schmidt*, § 43 EStG Tz. 12.

[189] Aktuelles Beispiel: DBA-Österreich, im Rahmen der Neuverhandlungen wurde allerdings Art. 11 Abs. 4 DBA-Österreich eine entsprechende Quellenregelung aufgenommen.

[190] Vgl. zu den rechtlichen Rahmenbedingungen ausführlich *Rädler/Lausterer*, DB 1996, Beil. 3.

[191] Art. 22 Abs. 3 Buchst. b) DBA USA-Dänemark; Protokoll zu Art. 7 Abs. 4 zum DBA USA – Niederlande.

[192] Vgl. der BFH hat inzwischen mit Urt. v. 19. 1. 2000 I R 117/97, IStR 2000, 182 (mit Anm. *Clausen*) und I R 94/97, DB 2000, 651 die Anwendung des § 42 AO abgelehnt, insb. jedoch unter Verweisung auf § 10 Abs. 6 AStG i. d. F. des Steueränderungsgesetzes 1992; zu der Diskussion einerseits FG Baden-Württemberg Urt. v. 17. 7. 1997 10 K 309/96 (Rev. eingelegt), EFG 1997, 1442 ff. und auch Archivmitteilung des Sen.Fin.Bremen v. 22. 11. 1995 – S 1300 – 5019 – 130, FN-IDW 1996, S. 139 ff. sowie andererseits das Gutachten von *Rädler/Lausterer*, DB 1996, Beil. 3.

[193] Dem folgend auch FG Hamburg, Urt. v. 6. 12. 2001 VI 123/00 (Revision II R 15/02), IStR 2002, 313 unter Berücksichtigung der "unlimited companies".

[194] BMF v. 19. 3. 2001 IV B 4 – S 1300 – 65/01, IStR 2001, 228; vgl. dazu *Förster*, PIStB 2001, 127.

[195] Einfügung der grds. Anwendbarkeit des Gestaltungsmissbrauchs – § 42 Abs. 2 AO, Gesetz v. 20. 12. 2001 (StÄndG 2001), BStBl 2002 I 4.

[196] Vgl. zu den Zweifelsfragen des Abzugs auch BFH v. 24. 3. 1998 I R 38/97, DStR 1997, 1008 (Abzug aus-

E. Inlandsengagement eines ausländischen Versicherungsunternehmens

I. Beschränkte Steuerpflicht

1. Formale Anforderungen an die Buchführung

Die Finanzverwaltung hat lange Zeit sehr deutlich betont, dass sie von einer Buchführungspflicht in Deutschland ausgeht[197]. Damit werden konzernspezifische Vorteile einer Zentralisierung der Verwaltung durch den deutschen Fiskus erschwert. Durch Einführung des § 146 Abs.2a AO durch das JStG 2009 wurde eine Buchführung grundsätzlich zugelassen – allerdings mit erheblichen formalen Anforderungen an die Verfügbarkeit der Daten im Inland (§ 146 Abs.2a S.3 Nr. 4 AO).

2. Steuerliche Sonderregelungen

Ein Sonderrecht für in Deutschland beschränkt steuerpflichtige Versicherungsunternehmen gibt es nicht. Wie oben dargestellt, sind die wesentlichen Regelungen der Behandlung beschränkt steuerpflichtiger Versicherungsunternehmen in dem BMF-Schreiben vom 31. 5. 1979 festgelegt. Hierzu verweisen wir auf die detaillierten Ausführungen unter Abschn. C IV 3a.

Inländische Niederlassungen ausländischer Versicherungsunternehmen haben Kapitalertragsteuer zu erheben, soweit der Schuldner eine Niederlassung im Sinne der §§ 106, 110a oder 110d VAG im Inland hat (§ 43 Abs.3 S.1 2. Hs. EStG); auf den Abschluss oder die Verwaltung des Versicherungsvertrages über die inländische Niederlassung oder über eine ausländische Geschäftsstelle kommt es nicht an[198].

II. Sonderregelungen für Umwandlungsfälle

Das deutsche UmwG enthält neben den allgemeinen Umwandlungsfällen Sonderregelungen für Versicherungsunternehmen, auf die hier nur kurz hingewiesen werden kann:

- §§ 109 ff. UmwG (Verschmelzung von VVaG);
- §§ 174 f UmwG (Vermögensübertragung) und §§ 178 bis 189 UmwG, § 14a VAG. Hierbei wird eine Gegenleistung gewährt, die nicht in Gesellschaftsrechten besteht (§ 175 Abs. 1 UmwG), so dass die §§ 11 ff. UmwStG nicht zu Anwendung kommen[199];
- Die (ganze oder teilweise) Übertragung des Versicherungsbestandes eines Versicherungsunternehmens ist durch §§ 14, 108 VAG geregelt. Grds. stellt der Versicherungsbestand keinen Teilbetrieb dar, so dass § 20 UmwStG keine Anwendung findet[200]. Eine steuerneutrale Übertragung ist daher nur möglich, wenn für den zu übertragenden Versicherungsbestand die versicherungstechnischen Passiva und die sie bedeckenden Aktiva als wertgleich anzusehen

---

ländischer Steuern bei Doppelansässigkeit); auch *Roser* in Gosch 2.Aufl. 2009, § 26 KStG Tz. 98.

[197] OFD Düsseldorf, Vfg. v. 2. 9. 1997 – S 0319 – 1 – St 2223, DB 1997, 1896; Betriebsstättenerlass Tz. 4.2.2.

[198] BMF v. 22. 12. 2009 – IV C 1 – S 2252/08/10004, Rz. 180 f.

[199] Es sei denn, dass eine Vermögensübertragung zwischen 100%- Beteiligten vorliegt und keine Gegenleistung gewährt wird, vgl. Schreiben betr. Umwandlungsteuergesetz 1995 (UmwStG 1995); Zweifels- und Auslegungsfragen, v. 25. 3. 1998, BStBl 1998 I 268 ff., Tz. 11.17 UmwSt-Erlass: Der Wegfall der Beteiligung an der übertragenden Gesellschaft stellt keine Gegenleistung dar.

[200] Vgl. *Widmann/Mayer*, Umwandlungsrecht, § 20 UmwStG Tz. 6817 m. w. N.

sind. Aufgrund des Vorlagebeschlusses des BFH vom 16. 4. 2008[201] muss zudem abgewartet werden, ob die entgeltliche Übertragung von Versicherungsverträgen als ein steuerbefreiter Versicherungsumsatz anzusehen ist.

Für Einbringungsfälle sind auch für Versicherungsunternehmen die allgemeinen Beschränkungen zu beachten (z. B. §§ 20 Abs. 3, 21 UmwStG).

III. Organschaft im Inland

1. Körperschaftsteuerliche und gewerbesteuerliche Organschaft

Hinsichtlich der körperschaftsteuerlichen Organschaft war vor allem die organisatorische Eingliederung problematisch, da eine rechtliche Durchsetzbarkeit des Organträgerwillens gefordert wurde[202]. Im Rahmen des Allfinanzkonzeptes (im Bereich Banken und Versicherungen) haben sich deshalb aufsichtsrechtliche Probleme aus der Vorgabe einer getrennten Führung (§ 7a Abs. 1 VAG, 1 Abs. 2 KWG) und der Rechtsform des Versicherungsunternehmens (üblich: Aktiengesellschaft, § 76 Abs. 1 AktG) ergeben. In der Praxis waren bisher Beherrschungsverträge gem. § 291 Abs. 1 Satz 1 1. Alt. AktG möglich, durch die – vorbehaltlich vorgehender aufsichtsrechtlicher Bestimmungen – Versicherungsunternehmen einer einheitlichen Leitung eines anderen Versicherungsunternehmens oder einer Holdinggesellschaft unterstellt werden. Beherrschungsverträge zu Kreditunternehmen sind allerdings nicht möglich. Ergebnisabführungsverträge zwischen Lebensversicherungen (Organgesellschaft) und Sachversicherungen oder Nicht-Versicherungsunternehmen galten wegen des Prinzips der Spartentrennung (§ 8 Abs. 1a S. 1 VAG) und der Voraussetzung der organisatorischen Eingliederung als unzulässig; das BAV versagte generell die erforderliche Genehmigung[203]. Diese Restriktionen sind wiederholt Gegenstand ausdrücklicher Kritik der Versicherungswirtschaft gewesen[204]. Aufgrund der erheblichen Verringerung der körperschaftsteuerlichen Organschaftsvoraussetzungen[205], der Verordnung über die Mindestbeitragsrückerstattung in der Lebensversicherung[206] und unter Beachtung besonderer vertraglicher Sicherstellungen zugunsten der Versicherungsnehmer[207] genehmigt das BAV inzwischen Ergebnisabführungsverträge[208]. Abgeführte Gewinne sind nach § 277 III 2 HGB i. V. m. Formblatt 2 bis 4[209] RechVersV in der Gewinn- und Verlustrechnung unmittelbar vor dem Jahresergebnis gesondert auszuweisen[210]. Es ist davon auszugehen, dass die Bildung der RfB mit steuerlicher Wirkung erfolgt, obgleich es an der Bemessungsgrundlage des "handelsrechtlichen Jahresergebnisses" fehlt[211]. Da sich aus dem Zusammenspiel von § 8b KStG und der

---

[201] IX R 54/06, BStBl II 2008, 772

[202] Zu der Organschaft FG Berlin v. 13. 5. 1998 6 K 62 94/93, EFG 1999, 82.

[203] GB BAV 1972, S. 31.

[204] BMF, Bericht zur Fortentwicklung der Unternehmenssteuerreform, Abschn. C.II.2.

[205] Vorausgesetzt wird ab 2001 nur noch die finanzielle Eingliederung.

[206] V. 23. 7. 1996 (ZRQuotenV) bzw. ab 2008: Verordnung über die Mindestbeitragsrückerstattung in der Lebensversicherung v. 4. 4. 2008, BGBl. I 2008, 690.

[207] Gewinnabführung nach Abzug vorgeschriebener Zuführungen, Zulässigkeit der Bildung freier Rücklagen zur Erfüllung der Solvabilität, Verlangen des BAV als a. o. Kündigungsgrund; vgl. GB BAV 1998, S. 50 f.

[208] BAV-Schreiben v. 5. 4. 2001 an den Gesamtverband der Deutschen Versicherungswirtschaft e. V.

[209] Formblatt 2 Nr. 13; Formblatt 3 Nr. 10; Formblatt 4 Nr. 14.

[210] Vgl. zum handelsrechtlichen Ausweis: *Beck'scher Bilanzkommentar-Förschle* § 277 HGB RZ. 23.

[211] In der Praxis sind in dem Ergebnisabführungsvertrag entsprechende Vorbehalte aufzunehmen, durch die eine RfB-Bildung unverändert mit steuerlicher Wirkung möglich bleibt.

steuerlichen Abzugsfähigkeit der RfB erhebliche steuerliche Vorteile ergeben konnten, wurden im Jahr 2001 bei einer Vielzahl von Versicherungsunternehmen Strukturkonzepte entwickelt, die eine Organschaft mit einem Lebens- oder Krankenversicherungsunternehmen als Organgesellschaft vorsahen[212]. Diesen Überlegungen wurde ein gesetzlicher Riegel vorgeschoben, indem die körperschaftsteuerliche Organschaft mit einem Lebens- oder Krankenversicherungsunternehmen gesetzlich ausgeschlossen wurde (§ 14 Abs. 3 KStG i. d. F. des StVBG[213]; später § 14 Abs. 2 KStG). Mit dem JStG 2009[214] wurde § 14 Abs. 2 KStG ersatzlos aufgehoben, da in § 21 KStG Sonderregelungen aufgenommen wurden, die eine Sonderregelung für Versicherungsunternehmen entbehrlich machten[215]. Für international tätige Versicherungsunternehmen wurden weitere Vorschriften geschaffen, die die künftige Besteuerungssituation in Deutschland beeinflussen werden:

- Die Neuregelung der sog. "grenzüberschreitenden Organschaft" mit der Aufgabe des doppelten Inlandsbezugs für den Organträger (§ 14 Abs. 1 Nr. 2 KStG i. d. F. des UntStFG)[216] lässt künftig die Geschäftsleitung im Inland genügen;
- im Gegenzug wurde in § 14 Abs. 1 Nr. 5 KStG i. d. F. des UntStFG für "dual resident companies" eine Begrenzung der Verlustverrechnung eingeführt[217].

Für die Gewerbesteuer blieb es bis zum 31. 12. 2001 bei den Voraussetzungen der wirtschaftlichen organisatorischen und finanziellen Eingliederung; ab 2002 ist nur noch – wie bei der Körperschaftsteuer – ein Ergebnisabführungsvertrag erforderlich (§§ 2 Abs. 2 S. 2, 36 Abs. 2 GewStG i. d. F. des UntStFG); mit dieser zusätzlichen Voraussetzung sind vor dem Hintergrund des § 14 Abs. 3 KStG i. d. F. des StVBG für Versicherungsunternehmen **erhebliche steuerliche Nachteile** verbunden, da neben der fehlenden Verlustverrechnung eine gewerbesteuerliche Mehrbelastung begründet wurde.

2. Umsatzsteuerliche Organschaft

Versicherungsunternehmen erbringen nach § 4 Nr. 10 UStG steuerbefreite Leistungen, so dass ihnen der Vorsteuerabzug nicht gewährt wird (§ 15 Abs. 2 Nr. 1 UStG). Da die Spartentrennung in der Regel verschiedene Rechtsträger zur Abrundung des Gesamtleistungsspektrums erfordert, stellt sich das Problem der Umsatzsteuerpflicht auf konzerninterne Leistungsbeziehungen. Die insoweit im Bereich der Versicherungen sehr wichtige umsatzsteuerliche Organschaft, bei der nach wie vor die finanzielle, wirtschaftliche und organisatorische Eingliederung erforderlich ist, wird für die inländischen Unternehmen auch dann anerkannt, wenn die Muttergesellschaft (Organträger) im Ausland ansässig ist[218]. Ausländische Versicherungsunternehmen werden hiernach in ihrer deutschen Betätigung nicht behindert. Eine grenzüberschreitende Organschaft wird allerdings nicht gewährt.

---

[212] Unter anderem PARION, ERGO, GOTHAER, Aachner und Münchner.

[213] V. 19. 12. 2001, BStBl 2002 I 32; zur verfassungsrechtlichen Beurteilung Schnittker/Hartmann, BB 2002, 277; es ist beabsichtigt, die Beschränkung des § 14 Abs. 3 KStG auf alle Unternehmen, die der Spartentrennung unterliegen, auszuweiten.

[214] V. 19. 12. 2008, BGBl. I 2008, 2794.

[215] Vgl. dazu Roser in Gosch, 2. Aufl. 2009, § 21 KStG, Tz. 25a ff.

[216] Vgl. dazu Orth, IStR 2002, Beihefter 9, 2 ff.

[217] Vgl. dazu Orth, IStR 2002, Beihefter 9, 10 ff.; Töben/Schulte-Rummel, FR 2002, 425.

[218] Abschn. 21a Abs. 7 UStR, der "bedeutendste Unternehmensteil" (wichtig für die Frage der Steuerschuldnerschaft) wird für Versicherungsunternehmen im Zweifel nach dem Ort des Hauptbevollmächtigten festgelegt (Abs. 7 Satz 7).

F. Sonderfragen der internationalen Captive-Gesellschaften

I. Grundlagen

Captive-Gesellschaften sind rechtlich selbständige Einrichtungen der Selbstversicherung (konzerngebundene Versicherungsunternehmen der Großindustrie)[219]. Grds. werden Captives aus risikotechnischen und liquiditätsmäßigen Vorteilsüberlegungen[220] sowie aus steuerlichen Erwägungen gewählt[221]. Die steuerlichen Vorteile einer ausländischen Captive-Gesellschaft können in der Anerkennung versicherungstechnischer Rückstellungen sowie günstigerer Bilanzierungsgrundsätze (großzügige Rückstellungsanerkennung im Ausland mit dem Erfolg einer Steuerstundung) oder in einer Steuerminderung durch Errichtung in einem Niedrigsteuerland bestehen[222]. Die Gestaltungsmöglichkeiten des Captive-Einsatzes sind üblicherweise der Einsatz als Erstversicherung (fronting insurer) oder als Rückversicherer eines anderen Versicherungsunternehmens[223].

Nach den zugänglichen Quellen waren z. B. in Luxemburg Ende 1995 ca. 220 Rückversicherungsunternehmen registriert, davon die meisten als Captives[224]. Weitere Captive-Standorte sind Irland, die Kanalinseln, Liechtenstein und neuerdings auch Zürich bzw. Zug[225].

Die möglichen Vorteile der Captive-Versicherungen sind wiederholt Anlass zur Einführung strengerer Anforderungen für die steuerliche Anerkennung gewesen, wobei die Gesichtspunkte

- Ort des Managements der Captive,
- Einfluss der Muttergesellschaft,
- Ort des wirtschaftlichen Erfolges,
- Risikotransfer und ausreichende Ressourcen der Captive zur Risikoabdeckung,
- Abzugsfähigkeit der Versicherungsprämien und Verrechnungspreisbeziehungen (Transfer Pricing),

eine besondere Rolle spielen[226].

Bei Captive-Gesellschaften ist der Dokumentation der Eigenverantwortlichkeit, der Risikoabsicherung durch die Captive-Gesellschaft sowie der Angemessenheit der Versicherungsprämien hinsichtlich des versicherten Risikos besondere Aufmerksamkeit zu schenken.

---

[219] Vgl. *Boetius* a. a. O. (oben Fn. 13), S. 97, Tz. 232 mit Darstellung der Problematik bei rechtlich unselbständiger Selbstversicherung; *Jacobs*, Internationale Unternehmensbesteuerung, 5. Aufl. ...., S. [643] ff.

[220] Vgl. *Skaar*, Taxation Issues relating to Captive Insurance Companies, S. 12 ff.; *Chuter*, The Inland Revenue versus Captive Insurance Companies, EUROPEAN TAXATION 1994, S. 167: verbessertes Risikomanagement, Vermeidung von Liquiditätsabflüssen vor Risikorealisierung, Rückstellungsbildung für Risiken, die sonst nicht versicherbar sind, Verbesserung der Verhandlungsposition gegenüber Versicherern.

[221] Wobei in der Literatur einheitlich darauf hingewiesen wird, dass eine rein steuerlich orientierte Betrachtung nicht im Vordergrund stehen darf, vgl. *Bierbach*, VW 1995, 655 f.; *Boller/Rosenbaum*, VW 1995, 1184; *Brühwiler*, VW 1996, 405; vgl. auch OECD No. 3, S. 35 f.

[222] Vgl. *Jacobs* a. a. O. (oben Fn. 216), S. 643; *Grosser*, VW 1997, 438 f.; *Brühwiler*, VW 1996, 406.

[223] Vgl. im Einzelnen *Chuter* a. a. O. (oben Fn. 199), S. 167.

[224] O. V. ZfV 1995, 644 ("Europäisches Versicherungszentrum"); *Warth*, VW 1997, 189.

[225] Vgl. *Chuter* a. a. O. (oben Fn. 199), S. 167; *Manekeller*, VW 1994, 1196 f.; *Brühwiler*, VW 1996, 405; *Warth*, VW 1997, 189 ff.

[226] Eingehend dazu aus Sicht des UK Inland Revenue: *Chuter* a. a. O. (oben Fn. 199), S. 166 ff.

II. Nationale Sonderbestimmungen[227]

Auf einige nationale Sonderregelungen soll an dieser Stelle – ohne Anspruch auf Vollständigkeit – hingewiesen werden.

- Belgien: ungewöhnliche oder unangemessene Vorteile werden dem steuerlichen Einkommen hinzugefügt
- Frankreich, Deutschland, Großbritannien, USA: Sonderregelungen bezüglich verbundener Unternehmen
- Luxemburg, Niederlande, Großbritannien, Schweiz: arm's length test und abuse of law (in UK erfolgt eine "imputation of investment return" für Lebensversicherungen)
- Schweden: motive test
- USA: grds. abzugsfähig, allerdings hat der IRS besondere Vollmachten, das Einkommen zu verändern

1. Deutschland

Auch für den Ort der Geschäftsleitung einer Captive-Gesellschaft dürfte das BFH-Urteil vom 3. 7. 1997[228] bedeutsam sein. Der BFH hat in seinem Urteil darauf verwiesen, dass für den Ort der Geschäftsleitung die Einflussnahme auf das Tagesgeschäft entscheidend ist; Sondermaßnahmen (Grundsätze der Unternehmenspolitik, Sondergeschäfte von ungewöhnlicher Bedeutung, Finanzierungs- und Besicherungsentscheidungen) können auch am Ort des Gesellschafters veranlasst werden.

Nach § 8 Abs. 1 Nr. 3 AStG sind Versicherungsunternehmen, die für ihre Geschäfte einen in kaufmännischer Weise eingerichteten Geschäftsbetrieb unterhalten und die **nicht** überwiegend[229] Geschäfte mit Gesellschaftern (nach § 7 Abs. 2 AStG) oder nahe stehenden Personen betreiben, als aktive Gesellschaften keine Zwischengesellschaften i. S. des § 7 AStG. Die Finanzverwaltung geht davon aus, es müsse sich um Versicherungsgeschäfte i. S. des § 1 VAG handeln[230]. Die Qualität eines Versicherungsbetriebes setzt aufgrund des Risikoausgleichs durch das Gesetz der großen Zahl eine Vielzahl von Versicherungsgeschäften voraus[231], andererseits gehört gerade auch die Vermögensanlage zu den originären Verpflichtungen eines Versicherungsunternehmens (§§ 54 ff VAG). Soweit Risiken im Konzern versichert werden, handelt es sich nach Auffassung der Finanzverwaltung selbst dann um ein Versicherungsgeschäft mit nahe stehenden Personen, wenn die damit übernommenen Risiken bei fremden Dritten rückversichert sind, wobei davon ausgegangen wird, dass kein der inländischer Versicherungsaufsicht unterliegender Versicherungsbetrieb vorliegt, sondern lediglich ein konzerninterner Risikoausgleich[232].

---

[227] Vgl. im Einzelnen die detaillierte Darstellung bei *Skaar* a. a. O. (oben Fn. 199).

[228] IV R 58/95, BStBl 1998 II 86 (zum DBA-Zypern), Anm. von *Gosch*, StBp 1998, 106 ff.

[229] Anwendungsschreiben zum AStG v. 14. 5. 2004 – IV B 4 – S 1340 – 11/04, BStBl 2004 I, Sondernummer 1, Tz. 8.1.3.5.: "überwiegend" = mehr als 50 %, so auch *Flick/Wassermeyer/Baumhoff*, Kommentar zum AStG, § 8 Tz. 41h m. w. N; offen sind allerdings die Bezugsgröße (Anzahl der Verträge, Prämienaufkommen, Risikopotential) und der Bezugszeitraum (Zeitraum der Geschäfte oder Jahresbetrachtung).

[230] Anwendungsschreiben zum AStG v. 14. 5. 2004, a. a. O. (oben Fn. 226), Tz. 8.1.3.2.

[231] So auch *Flick/Wassermeyer/Baumhoff* a. a. O. (oben Fn. 226), § 8 AStG Tz. 41a.

[232] Anwendungsschreiben zum AStG v. 14. 5. 2004, a. a. O. (oben Fn. 226), Tz. 8.1.3.6. FinMin NRW v. 10. 1. 1977, IV C 5 – S 1351 – 12/76, FR 1977, 118.

Soweit mit dem Sitzland der Captive-Gesellschaft ein DBA besteht, kommt bei Nichterfüllung der Aktivitätsvoraussetzungen des § 8 Abs. 1 Nr. 3 AStG der Frage der DBA-Aktivitätsklausel besondere Bedeutung zu. Die Tendenz der deutschen DBA-Politik geht zwar klar zu der Einführung von Aktivitätsklauseln, in einigen älteren DBAs fehlen derartige Klauseln jedoch[233]. Für die Anwendung der Hinzurechnungsbesteuerung sind die Regelungen des § 10 Abs. 6 Satz 2 AStG[234] zu beachten. In Einzelfällen ist daher eine Hinzurechnungsbesteuerung mangels schädlicher Zwischeneinkünfte nicht gegeben. Insoweit ist eine Prüfung des Einzelfalles erforderlich.

Im Rahmen der steuerlichen Anerkennung wird eine Angemessenheitsprüfung nach § 1 AStG durchgeführt, wobei auf Basis der Besonderheiten des Versicherungsgeschäftes wohl üblicherweise auf einen "comparable price test"[235] abzustellen ist.

2. USA

Die US-Regulations sowie hierzu ergangene Rulings verdeutlichen eine begrenzte Anerkennung. Sec. 845 (a) IRC bietet eine besondere Grundlage für die Einkommensberichtigung einer Rückversicherungsvereinbarung bei verbundenen oder nahe stehenden Personen (related partys). Durch die sog. "economic family theory" wurde in der Vergangenheit die Abzugsfähigkeit von Rückversicherungsprämien in Frage gestellt[236]. In neueren Entscheidungen haben die US-Steuergerichte allerdings diesen pauschalen Ansatz zu Gunsten einer Prüfung der Frage aufgegeben, ob adäquate Gründe für eine Umqualifikation des grds. vorliegenden Versicherungsgeschäftes durch den IRS vorliegen[237]. Wesentlich für die steuerliche Beurteilung sind jedoch die 7 indikativen Faktoren[238].

3. Großbritannien

Großbritannien hat in letzter Zeit eine aggressivere Haltung gegenüber Captives eingenommen und geht wohl nahezu grds. davon aus, dass Captive-Vereinbarungen der Steuerersparnis oder -verschiebung dienen. Nicht nur der Ort der Geschäftsleitung der Captive wird insoweit eingehend geprüft, es kommt auch der Frage Bedeutung zu, wo der wirtschaftliche Erfolg verursacht wurde. Hierzu wird vorrangig auf den Ort des Vertragsabschlusses und den Ort des Personaleinsatzes abzustellen sein, da eine exakte Zuordnung des Erfolges entsprechend den Abgrenzungsgrundsätzen bei Warenlieferungen kaum möglich ist[239].

---

[233] Z. B. Irland, Luxemburg.

[234] Bis zur Änderung durch das StMBG geltende Fassung des § 10 Abs. 6 Satz 2 AStG.
Nr. 3: Einkünfte aus der Finanzierung von ausländischen Betriebsstätten und ausländischen Gesellschaften, die zu demselben Konzern gehören wie die ausländische Zwischengesellschaft.Nr. 4: Einkünfte, die einem nach dem Maßstab des § 1 AStG angemessenen Teil der Einkünfte entsprechen, der auf die von der ausländischen Zwischengesellschaft erbrachten Dienstleistungen entfällt.

[235] Verwaltungsgrundsätze v. 23. 2. 1983, BStBl 1983 I 218, Tz. 2.2.2.

[236] Z. B. Clougherty Packing Company 1987, 87-1 USTC 87,325, demzufolge keine Übertragung des Risikos bei Versicherung über eine Tochtergesellschaft vorliegen soll. Zu beachten ist eine Reihe von IRS-Rulings vom 30. 12. 2002, Internal Revenue Bulletin 2002, 984 ff: Rev-Rul. 2002_89 (7 Factors); Rev-Rul. 2002/90 (total risk) und Rev-Rul. 2002-91 (shareholder requirements) sowie Rev-Rul. 2005-40 vom 5.7.2005; *Wright/Weber/Lynch* Captive Review 2003, 39 ff.

[237] Sears Roebruck & Co. (1992) 92-2 USTC 50, 426.

[238] (1) Guarantees, (2) loan backs, (3) Unrelated premium tested on both a net and gross earned basis; (4) homogeneity of risk; (5) Liability analysis; (6) Quantum of unrelated risk; (7) Arm's-length premium according to customary industry formulas and normal insurance practices.

[239] Vgl. *Chuter* a. a. O. (oben Fn. 199), S. 169 m. w. N.

In den CFC-Rules[240] in Großbritannien werden vorgegeben
- der "excluded countries test" (sog. Weisse Liste von Ländern)
- der "motive-test" der Einschaltung
- der "exemt activities test" (wenn mehr als 50 % des Prämienaufkommens von unabhängigen Dritten stammt)
- der "acceptable distribution policy test"[241]

4. Niederlande

In den Niederlanden wurde – vergleichbar den USA – die Abzugsfähigkeit der Prämien mit dem "economic-family"-Argument verneint. In einer neueren Entscheidung des Dutch Supreme Court (zu den Niederländischen Antillen) wurde dieses Argument jedoch aufgegeben[242]. In den Niederlanden wird zusätzlich geprüft, ob Captives ohne Gruppenunterstützung ihren Verpflichtungen nachkommen können.

G. Zusammenfassung

Die vorliegende Untersuchung hat das Ziel, für das sich immer stärker ausbreitende internationale Tätigkeitsfeld der Versicherungsunternehmen einen Aufriss über mögliche steuerliche Probleme und Zweifelsfragen zu geben. Naturgemäß kann es sich nur um eine Auswahl handeln, die im Detail noch näher vertieft werden muss.

Es wurde insoweit deutlich, dass das Sonderrecht der Versicherungen (Aufsichtsrecht, Bilanzrecht, Steuerrecht) noch am Anfang einer umfassenden Harmonisierung steht, sei es innerhalb der EU aufgrund der vielfältigen Mitgliedsstaatenwahlrechte, sei es international wegen der Vielfältigkeit der rechtlichen Regelungsvorgaben.

Besondere steuerliche Probleme ergeben sich aus den fehlenden objektiven Zuordnungskriterien für das Versicherungsgeschäft, der unterschiedlichen inhaltlichen Bestimmung der sog. "versicherungstechnischen Passiva" und der besonderen Funktion der Kapitalanlagen. Es sollte vor dem Hintergrund der besonderen Bedeutung der Internationalisierung des Versicherungsgeschäftes und der besonderen Flexibilität der Kapitalanlagen (Nutzung von Hedging, Treasury-Centres) das Ziel einer Harmonisierung und eines internationalen Konsens nicht vernachlässigt werden. Im Rahmen der Verhandlungen der DBA wäre eine einheitliche Regelungssystematik für die direkten und indirekten Steuern/Abgaben für Versicherungsunternehmen zu entwickeln. Die Einkommensermittlung und -zuordnung sowie die Bestimmung des Dotationskapitals sind gegenwärtig wiederholt Anlass für eine Doppelbesteuerung. Ob die zunehmend angestrebten Vorabauskünfte der betreffenden Finanzverwaltungen (APA, Qualifikationsanfrage, § 89 Abs. 2 AO) eine sachgerechte Abhilfe schaffen können, muss bezweifelt werden. Eine notwendige Harmonisierung können sie jedenfalls nicht ersetzen. Selbst Konsultationsabstimmungen nach Art. 25 Abs.3 OECD-MA können insoweit nicht immer weiter helfen.

---

[240] CFC = Controlled Foreign Company.
[241] Vgl. *Chuter* a. a. O. (oben Fn. 199), S. 173.
[242] Hooge Raad in BNB 1985/302.

4. Internationale Besteuerungsprobleme bei Luftfahrtunternehmen

von Dipl.-Ökonom, Dipl.-Finanzwirt, Steuerberater, Hartmut Wolter, Leiter Konzernsteuern der Deutschen Lufthansa Aktiengesellschaft

Inhaltsübersicht

A. Zur Notwendigkeit besonderer Regelungen für die Besteuerung des internationalen Luftverkehrs
B. Grundsätzliche Möglichkeiten zur Vermeidung der Doppelbesteuerung im internationalen Luftverkehr
C. Unilaterale steuerliche Maßnahmen im Luftverkehr
D. Doppelbesteuerungsabkommen aus Sicht der Steuerplanung
E. Probleme der Praxis im Zusammenhang mit Art. 8 OECD-MA
F. Grundzüge der Umsatzbesteuerung
G. Stand und Perspektiven einer Steuerpolitik im internationalen Luftverkehr

Literatur:

Andreas Arndt, Der innereuropäische Linienluftverkehr, Berichte aus dem Weltwirtschaftlichen Colloquium der Universität Bremen, Nr. 73, Mai 2001, S. 14 ff; Jorczyk, DStR 2007, S. 1660ff ; **Klöttschen,** StUB 2009, S. 769ff; **Kreutziger,** in: Debatin/Wassermeyer MA Art. 8 Rz. 21; **Lieber,** in: Herrmann/Heuer/Raupach, § 49 Anm. 410; **Wassermeyer,** in: Debatin/Wassermeyer MA Art. 3 MK 34;**Wolter,** in: Gosch/Kroppen/Grotherr, DBA-Kommentar, Art. 8 OECD-MA Rn. 25; ders., in: Hobe/v. Ruckteschell (Hrsg.) „Kölner Kompendium Luftrecht", Bd. 3, S. 790ff; **Wolter/Pitzal,** in: IStR 2008, 793 ff.

Einleitung

Die besonderen steuerrechtlichen Regelungen für die Besteuerung des internationalen Luftverkehrs erklären sich aus der Tatsache, dass die „Produktion" der Luftverkehrsleistung nicht an einem festen Ort stattfindet. Ein im internationalen Luftverkehr tätiges Unternehmen überfliegt mit den von ihm betriebenen Flugzeugen regelmäßig verschiedene Staaten und Steuerhoheiten. Die fiskalische Eingriffsmöglichkeit reduziert sich im Prinzip auf den Ort der Planung der Luftverkehrsaktivitäten, der fast immer mit dem Ort der Geschäftsleitung des ganzen oder zumindest eines Teils des Luftverkehrsunternehmens identisch ist. Der Luftverkehr ist daher weitgehend frei von der Betriebsstättenbesteuerung des Art. 7 OECD-MA, weil eben die Produktion der Luftverkehrsleistung nicht an einem festen „Ort des Betriebs" erfolgt. Das Besteuerungsrecht für Einkünfte aus der internationalen Luftfahrt dem Geschäftsleitungsstaat zuzuweisen, folgt damit einer für die internationale Seeschifffahrt geltenden Regelung nach.[1]

Auch wurde der internationale Luftverkehr bis weit in das vergangene Jahrhundert überwiegend durch staatsnahe Unternehmen betrieben, die sich an dem völkerrechtlichen Prinzip der staatlichen Souveränität über den Luftraum orientierten. Zum Umgang mit faktisch reduzierten fiskalischen Eingriffsmöglichkeiten bot sich für die betroffenen Unternehmen in der historischen Entwicklung das zwischenstaatliche Abkommen als geeignetes Instrument an. Schon vor dem Zweiten Weltkrieg gab es sowohl zwischen Regierungen als auch zwischen einzelnen Luftverkehrsunternehmen eine Reihe von bilateralen Abkommen, auf denen der internationale

---

[1] Wolter in: Gosch/Kroppen/Grotherr, DBA-Kommentar, Art. 8 OECD-MA Rn. 25: Schon in den ältesten Abkommen zur Vermeidung der Doppelbesteuerung wurde das Besteuerungsrecht für Einkünfte aus der internationalen Seeschifffahrt dem Geschäftsleitungsstaat zugewiesen (vgl. Art. 4 DBA Italien v. 31. 10. 1925). Mit zunehmendem internationalen Luftverkehr wurde dieser Grundsatz auf den Luftverkehr übertragen.

Luftverkehr beruhte.[2] Zu nennen sind die Pariser Konvention von 1919, die ibero-amerikanische Konvention von 1926 und die Panamerikanische Konvention von 1928. Die Vertragspartner bekannten sich in diesen Abkommen zum Grundsatz der staatlichen Souveränität über den Luftraum. Jedem Staat wurde die vollständige und ausschließliche Souveränität über seinem Territorium zugesichert. Darüber hinaus erlangten die Unterzeichnerstaaten das Recht, die Hoheitsgebiete der anderen Vertragspartner zu überfliegen. Nationen, die sich nicht an den Konventionen beteiligten, wurde das sog. Transitrecht nicht zugestanden.

An diese Grundsätze anknüpfend wurde 1944 das sog. Chicagoer Abkommen geschlossen, welches das Souveränitätsprinzip der Staaten über ihren Luftraum bestätigte und bis heute die Rechte und Pflichten der Staaten im internationalen Luftraum regelt,[3] vor allem aber die Vertragspartner gegenseitig auf den Verzicht von Abgaben im Flugverkehr verpflichtet. Nachfolgende Doppelbesteuerungsabkommen haben die geschilderten Entwicklungen berücksichtigt.

Sind sowohl die in dem Chicagoer Abkommen niedergelegten Grundsätze als auch später geschlossene Doppelbesteuerungsabkommen aus Sicht des steuerpflichtigen Luftfahrtunternehmens zumeist vorteilhaft, so setzt an anderer Stelle das Luftverkehrsrecht der internationalen Steuerplanung engere Grenzen als in anderen Branchen: Der gewerbsmäßige Betrieb von Luftfahrzeugen unterliegt in jedem Land mehr oder weniger strengen Zulassungs- und Überwachungsvorschriften, die erfüllt sein müssen. Da die Luftverkehrshoheit als Teil der Staatshoheit bei den einzelnen Staaten liegt, ist zur Aufnahme und zum Betrieb des Linienluftverkehrs zwischen zwei Ländern regelmäßig in bilateralen Abkommen die Vereinbarung von Verkehrsrechten erforderlich. Diese Abkommen enthalten „Eigentumsklauseln", d. h. nur die im Vertragstaat ansässige Person erhält das Recht, in den anderen Staat zu fliegen. Dieses Recht würde bei einer Verlagerung des Sitzes oder Ortes der Geschäftsleitung einer Luftverkehrsgesellschaft in ein anderes Land erlöschen.

Genauso erlöschen einmal erteilte Genehmigungen für Start- und Landerechte (sog. Slots), wenn sie nicht wahrgenommen werden. Flugzeuge im gewerblichen Luftverkehr dürfen nicht ohne weiteres starten und landen, sondern bedürfen Genehmigungen, die eine hohe wirtschaftliche Bedeutung haben und die – einmal aufgegeben – wegen der tendenziellen Überbelastung der Flughäfen schwer wieder erhältlich sind. Dies begrenzt faktisch Verlagerungen von Luftverkehrsaktivitäten auch nach dem zum 1. 4. 1997 liberalisierten EU-Luftverkehrsrecht. Seitdem ist es jeder Luftverkehrsgesellschaft eines EU-Landes erlaubt, den Luftverkehr innerhalb der EU (nicht in Drittländer) von jedem Land der EU aus zu betreiben. Eine Luftverkehrsgesellschaft in Spanien könnte daher aus Sicht des EU-Verkehrsrechts z. B. eine Tochtergesellschaft in Frankreich gründen, die den internationalen Verkehr zwischen Frankreich und Deutschland betreibt. Daran anknüpfend soll nach einer vom Europäischen Parlament am 25. 3. 2009 beschlossenen Verordnung ein einheitlicher europäischer Luftraum („Single European Sky") geschaffen werden. Bis 2012 soll der europäische Luftraum in neun Blöcke aufgeteilt werden, um die bisher jeweils einzelstaatlich wahrgenommene Luftaufsicht zu ersetzen. Luftverkehrsunternehmen und Bürger sollen durch die Verkürzung von Flugstrecken und dadurch verminderte CO_2-Emissionen profitieren.

Zudem ist in den vergangenen zwei Dekaden ein weiteres Besteuerungsproblem in den Vordergrund getreten. Dabei geht es um die in der Praxis wesentliche Frage der Abgrenzung von Ein-

---

[2] *Andreas Arndt*: Der innereuropäische Linienluftverkehr, Berichte aus dem Weltwirtschaftlichen Colloquium der Universität Bremen, Nr. 73, Mai 2001, S. 14 ff.

[3] *Arndt*: a. a. O., S. 15.

künften aus dem Betrieb von Luftfahrzeugen im internationalen Verkehr zu dazugehörigen Nebeneinkünften. Ursächlich für die zunehmende Bedeutung dieser Grundfrage sind die immer enger werdenden Verflechtungen der Weltwirtschaft, die auch vor Luftfahrtgesellschaften nicht Halt machen. In einem heutigen Luftfahrtkonzern mit Konzerntöchtern, deren Sitz in unterschiedlichen Staaten liegen mag, stellt sich in diesem Zusammenhang beispielsweise die Frage nach der Behandlung konzerninterner Dienstleistungen (z. B. bei gemeinsamer Nutzung eines angemieteten Verkaufsbüros in New York durch dort stationiertes Personal) vor dem Hintergrund von Art. 8 OECD-MA. Nach Auffassung des Verfassers dieses Beitrags sind dabei die Grundgedanken dieser Rechtsvorschrift – Praktikabilität, Vereinfachung, Vermeidung der Doppelbesteuerung, Heimatstaatbesteuerung, Kriterium des Ortes der Geschäftsleitung – fortzuentwickeln und an die heutigen tatsächlichen Umstände der Existenz von Konzernstrukturen im Luftverkehr anzupassen. Der historische Gesetzgeber von Art. 8 OECD-MA hätte in Anerkennung dieser neuen Umstände auch konzerninterne Dienstleistungen als von Art. 8 OECD-MA umfasst angesehen und hätte eine Subsumtion unter Art. 7 OECD-MA vermieden.

A. Zur Notwendigkeit besonderer Regelungen für die Besteuerung des internationalen Luftverkehrs

I. Territorialitätsprinzip der Besteuerung im internationalen Luftverkehr

Ein international tätiges Luftverkehrsunternehmen ist durch seine Tätigkeit stets gefährdet, einer Doppelbesteuerung zu unterliegen: Es mag in einem einzigen Land unbeschränkt steuerpflichtig sein, es berührt aber die Staatshoheit vieler Staaten in mehr oder weniger engem Maße.

Es reicht aus, einen internationalen Flug von einem beliebigen Ziel in Europa nach Nordamerika zu betrachten: Denkbar wäre, dass die Besteuerung an das Überfliegen eines Staatsgebiets oder an das Landen bzw. Starten in einem Staatsgebiet anknüpft. Jeder von einem Transportvorgang berührte Staat könnte etwa einen Teil oder auch den gesamten mit einem Flug erwirtschafteten Ertrag zur Besteuerungsgrundlage machen. Die Aufteilung eines jeden Fluges etwa nach, über bzw. in einem Land zurückgelegten Streckenabschnitten bedeutet eine in der Praxis nicht darstellbare Aufgabe. Auch die internationale Auffassung hält das Überfliegen für eine Ertragsbesteuerung nicht für ausreichend.[4] Das andere Extrem einer Mehrfachbesteuerung des Gesamtertrages in allen vom Flug berührten Ländern, führt zu einer erdrosselnden Übermaßbesteuerung der Luftverkehrsunternehmen und ist keine Alternative. Die Notwendigkeit einer gesonderten Regelung zur Vermeidung der skizzierten unbilligen Ergebnisse ist also offenkundig und wurde mit dem inzwischen bewährten Art. 8 des OECD-MA gefunden.

Besteht zwischen Deutschland und einem anderen Staat ein DBA, so gilt regelmäßig die Heimatbesteuerung im Sinne des Art. 8 Abs. 1 OECD-MA. Danach sind die Erträge eines Luftverkehrsunternehmens nur in dem Staat zu besteuern, in dem das Unternehmen tatsächlich ansässig ist. Gleiches gilt gemäß Art. 8 Abs. 4 OECD-MA für Gewinne aus der Beteiligung an einem Pool, einer Betriebsgemeinschaft oder einer internationalen Betriebsstätte. Dies bedeutet für inländische Luftverkehrsunternehmen, dass sie Gewinne aus dem Betrieb von Luftfahrzeugen im internationalen, d. h. grenzüberschreitenden, Luftverkehr stets nur im jeweiligen Heimat-

---

[4] Allerdings gilt die Arbeit an Bord eines Flugzeuges als in dem Staat ausgeübt, wo sich das Flugzeug befindet, so dass die Überfliegen des Staatsgebietes nach dem alten DBA-Italien von 1925, das bei der Besteuerung der „Einkünfte aus Arbeit" eine 183-Tage-Regelung nicht kannte, zu einer Verlagerung des Besteuerungsrechtes für diese Art der Einkünfte führen konnte (vgl. BFH v. 14. 12. 1988, BStBl. 1989 II 319).

staat versteuern. Liegen aber der Start- und der Zielflughafen in demselben Staat, handelt es sich um nationalen Luftverkehr mit der Folge, dass die hieraus erzielten Gewinne in diesem Staat, also gegebenenfalls im Ausland, der Besteuerung unterliegen. Soweit Gewinne nicht aus Tätigkeiten aus dem Flugverkehr oder für den Flugverkehr erzielt werden (z. B. Einkünfte eines rechtlich selbständigen Catering- oder Technikunternehmens), gilt das allgemeine Steuerrecht ohne die steuerrechtlichen Besonderheiten des internationalen Luftverkehrs.

Art. 8 OECD-MA erstreckt sich auf Gewinne aus dem Betrieb von Luftfahrzeugen im internationalen Verkehr und unmittelbar damit verbundenen Aktivitäten der Luftverkehrsunternehmen. Für alle anderen Tätigkeiten bleibt es bei den allgemeinen Regelungen, insbesondere bei Art. 7 OECD-MA hinsichtlich der Besteuerung von Unternehmensgewinnen. Die zunehmende Arbeitsteilung und Kooperation der Unternehmen im internationalen Luftverkehr wird in Zukunft den Zwang für diese Unternehmen erhöhen, spezialisierte Leistungen anzubieten, die notwendig sind und mit dem Luftverkehr zusammenhängen, die jedoch nicht unter Art. 8 OECD-MA fallen. Hierzu könnten z. B. Bodenabfertigungsleistungen oder Wartungs- und Reparaturdienstleistungen für andere Airlines an bestimmten Airports zählen. Diese anderen Airlines erbringen ihrerseits vergleichbare Dienstleistungen an anderen Airports. Eine Ermittlung von Betriebsstättenergebnissen durch entsprechende Betriebsstättenbilanzen und darauf basierende steuerliche Bemessungsgrundlagen mit anschließender Versteuerung im Ausland und folgerichtiger Freistellung im Inland würde den Vereinfachungsgedanken des Art. 8 OECD-MA zunichte machen.

II. Exkurs: Besteuerung nach allgemeinen Regeln

Zur Beantwortung der immer wieder diskutierten Frage, ob besondere Steuerregelungen für den internationalen Luftverkehr tatsächlich notwendig sind, wird nachfolgend einmal unterstellt, es gäbe diese Regelungen nicht. Bei Bestehen eines Abkommens zur Vermeidung der Doppelbesteuerung wären somit die allgemeinen DBA-Vorschriften zur Besteuerung der Unternehmensgewinne anzuwenden.

1. Mit Doppelbesteuerungsabkommen

DBA-Gesichtspunkte verlangen die bilanzielle Ermittlung eines Betriebsstätten-Ergebnisses nach sachlich-funktionalen Kriterien. Wie kann damit der internationale Luftverkehr umgehen? Dazu folgender Ausgangsfall: Eine britische Luftverkehrsgesellschaft befördert Passagiere von London nach Paris.

Frankreich hätte nach DBA dann ein Besteuerungsrecht, wenn in Paris eine Betriebsstätte vorhanden ist. Unterstellt, eine Betriebsstätte läge vor, stünde Frankreich das volle Besteuerungsrecht für die der Betriebsstätte sachlich-funktional zuzurechnenden Einkünfte zu. Wie aber sollen diese ermittelt werden?

Die britische Luftverkehrsgesellschaft müsste eine Betriebsstättenbilanz und eine GuV für seine französische Betriebsstätte aufstellen. Dann stellt sich allerdings die Frage, in welcher Höhe erzielte Einkünfte der französischen Betriebsstätte zuzurechnen sind. Sind es in voller Höhe die mit dem Flug von London nach Paris erzielten Einkünfte? Das wohl kaum, weil nur ein Teil des Fluges über Frankreich stattgefunden hat. Der genaue Anteil kann unmöglich präzise ermittelt werden. Es lässt sich kein nachvollziehbarer und praktikabler Aufteilungsschlüssel zwischen dem Stammhaus in UK und der Betriebsstätte in Frankreich finden. Eine Aufteilung nach Streckenkilometern entsprechend überflogenem Gebiet ist unpraktikabel, weil Faktoren wie Wetter, Streckenänderung, Nachprüfbarkeit anhand vorzuhaltender Dokumentationen berücksichtigt werden müssen. Ein pauschaler Aufteilungsschlüssel dagegen erbringt mit Sicherheit eine unzutreffende Aufteilung.

Berücksichtigung müsste schließlich ebenfalls finden, wer der Verkäufer der Tickets war. Der Verkauf von Flugscheinen (Passage-Beförderungsdokument und gleichzeitig Vertragsdokument zwischen dem Fluggast und der ausstellenden Luftverkehrsgesellschaft) erfolgt sowohl von der Fluggesellschaft (über „Stationen" an Flughäfen bzw. via Internet) als auch von sogenannten Agenturen, also rechtlich selbständigen, von der Fluggesellschaft unabhängigen Unternehmen. In beiden Fällen wäre zu klären, in welcher Weise eine Verkaufsprovision Berücksichtigung findet.

Es ist also leicht zu erkennen, dass die Annahme einer Betriebsstätte nach allgemeinen steuerlichen Prinzipien im internationalen Luftverkehr kaum zu klärende Fragen der Bilanzierung und Einkünfteallokation aufwerfen würde. Im Übrigen werden sowohl die betreffenden Finanzverwaltungen der beteiligten Staaten als auch die jeweiligen Luftverkehrsgesellschaften je nach Gewinn-/Verlustsituation über das tatsächliche Vorhandensein von Betriebsstätten im Grenzbereich unterschiedlich argumentieren. Das Hauptproblem aber bleibt: Ein Betriebsstättenergebnis kann überhaupt nicht sachgerecht festgestellt werden, weil ein Rechenwerk, welches das Betriebsstättenergebnis nach sachlich-funktionalen Kriterien also unter DBA-Gesichtspunkten ermittelt, nicht zur Verfügung steht. Zwischenergebnis: Selbst der einfache Ausgangsfall wäre praktisch nicht mehr zu lösen.

2. Ohne Doppelbesteuerungsabkommen

Liegen keine Doppelbesteuerungsabkommen vor, wäre die steuerpflichtige Luftverkehrsgesellschaft der jeweiligen finanzrechtlichen Praxis der betroffenen Staaten ihres Luftverkehrs überlassen:

In Ländern wie Deutschland, die beschränkt steuerpflichtige gewerbliche Unternehmen nur über inländische Betriebsstätten erfassen können, würden die ausländischen Fluggesellschaften gemäß § 49 Abs. 1 Nr. 2b und 2c i. V. m. § 49 Abs. 3 EStG besteuert werden.[5] Auf die übliche Annahme einer Betriebsstätte als Anknüpfungspunkt für die beschränkte Steuerpflicht kommt es in dem Fall nicht an. In anderen Staaten würden Steuern für ausländische Fluggesellschaften wahrscheinlich mehr oder weniger willkürlich festgesetzt. Diese Steuer wäre für deutsche Fluggesellschaften grds. nicht auf die deutsche Steuer anrechenbar, weil es sich dabei nicht um eine der deutschen Ertragsteuer entsprechende ausländische Steuer handelt. Ausländische Einkünfte wären nämlich ohne Sondervorschrift nur die Einkünfte, die aus einer in einem ausländischen Staat belegenen Betriebsstätte erzielt werden. Es bliebe daher nur ein Abzug der ausländischen Steuer von der Bemessungsgrundlage.

Aus beiden Konstellationen ist folgende Konsequenz zu ziehen: Im internationalen Luftverkehr sind besondere Regelungen der Besteuerung allein aus Praktikabilitätsgründen und zum Schutz der Luftverkehrsgesellschaften vor willkürlicher Besteuerung unerlässlich.

B. Grundsätzliche Möglichkeiten zur Vermeidung der Doppelbesteuerung im internationalen Luftverkehr

Zur Vermeidung einer Doppelbesteuerung kennt das **nationale** Steuerrecht grds. zwei verschiedene Wege: Zum einen kann es eine ausländische Steuer auf die nationale Steuer anrechnen

---

[5] Siehe unten C.II.

(oder zumindest den Abzug von der Bemessungsgrundlage zulassen), zum anderen kann es ausländischen Steuerpflichtigen Steuerfreiheit unter der Voraussetzung der Reziprozität zubilligen, d. h. wenn auch in Deutschland unbeschränkt Steuerpflichtige in dem betroffenen ausländischen Staat keine Steuern zahlen.

Das deutsche Steuerrecht sieht als einseitige (unilaterale) Maßnahme beide Möglichkeiten vor, doch ist die Wirksamkeit beider Methoden begrenzt (Einzelheiten s. u. C. III.).

Das Gegenstück zu der unilateralen Maßnahme wäre ein multinationales, weltumfassendes Besteuerungssystem für den internationalen Luftverkehr. In der Tat empfahl die ICAO (International Civil Aviation Organization), die Vereinigung der Länder mit internationalem Zivil-Luftverkehr, Anfang der 50er Jahre ein spezielles multinationales Abkommen zur Regelung der Besteuerung der Einkünfte aus internationalem Luftverkehr. Leider konnte es nicht realisiert werden. Die wirtschaftliche Basis, die Ausgestaltung des Steuersystems und die wirtschaftspolitischen Vorstellungen der beteiligten Staaten waren zu unterschiedlich. Außerdem wurde die fehlende Flexibilität bemängelt, die einzelnen Staaten die Möglichkeit nahm, mit verschiedenen Staaten unterschiedliche Maßnahmen zur Regelung des Besteuerungssystems auf Gegenseitigkeitsbasis zu realisieren.

Wenn die unilateralen Maßnahmen nur begrenzt wirken und weltumspannende multinationale Abkommen zur Regelung der Besteuerung im internationalen Luftverkehr nicht realisierbar sind, so bleibt die Möglichkeit der Regelung in bilateralen Abkommen. Diese Regelungen gibt es in **besonderen** Steuerabkommen zum internationalen Luftverkehr, die vielfach auch Regelungen zur internationalen Seeschifffahrt enthalten. Solche Abkommen existieren nur mit wenigen Ländern. Die sog. Luftverkehrsabkommen, also die völkerrechtlichen Verträge zur Regelung des Linienluftverkehrs, sind damit nicht gemeint. In diesen bilateralen Abkommen sind vielfach auch Steuerklauseln enthalten, die sich aber regelmäßig nur auf indirekte Steuern (z. B. Mineralölsteuern) beziehen.

Von großer praktischer Bedeutung sind dagegen die Abkommen zur Vermeidung der Doppelbesteuerung (DBA), die regelmäßig besondere Vorschriften zur Besteuerung des internationalen Luftverkehrs enthalten.

Schon in den ersten, nach dem 1. Weltkrieg abgeschlossenen Abkommen wurde realisiert, dass das Betriebsstättenprinzip für die internationale Seeschifffahrt nicht gelten kann, weil das Seeschiff keinen festen Bezug hat zu einem bestimmten Punkt der Erdoberfläche. Das in diesen Abkommen entwickelte besondere Vertragsrecht für die Seeschifffahrt wurde mit der Ausweitung des Weltluftverkehrs auf den internationalen Luftverkehr übertragen. Der Gedanke der Übertragung lag nahe, doch beinhaltet er zugleich die Grundlage für die Interpretationsprobleme des besonderen Vertragsrechts. Die einzelnen DBA unterscheiden sich auch bei der Anwendung der Luftverkehrsbesteuerung. Sie lehnen sich jedoch im Grundsatz an das OECD-MA an. Dieses Abkommen ist daher für den internationalen Luftverkehr ein bedeutendes Regelungswerk für die Besteuerung.

C. Unilaterale steuerliche Maßnahmen im Luftverkehr

I. International übliche Schätzverfahren

Das nationale Steuerrecht der Staaten, die am internationalen Luftverkehr beteiligt sind, reflektiert regelmäßig die Tatsache, dass Luftverkehr auch ohne Betriebsstätte – wie auch immer definiert – stattfindet. Zwar ist Anknüpfungspunkt für beschränkt steuerpflichtige Luftverkehrsunternehmen in den meisten Fällen nach wie vor die Betriebsstätte, doch wird – wenn überhaupt Sondervorschriften bestehen – entweder der Begriff der Betriebsstätte extensiv ausgelegt ("als Betriebsstätte gilt auch das Landen des Flugzeuges"), oder neben dem Betriebsstättentatbestand wird als Auffangklausel ein Sondertatbestand für beschränkt steuerpflichtige Luftverkehrsgesellschaften geschaffen.

Das steuerliche Ergebnis im Ausland wird regelmäßig nicht aus einer steuerlichen Betriebsstätten-Buchführung abgeleitet. Entweder liegen der Besteuerung leichter feststellbare Ersatzgrößen wie Einnahmen oder Umsätze zugrunde, oder das Betriebsstättenergebnis wird fiktiv nach Annäherungsverfahren ermittelt. International üblich sind sog. "Formeln", von denen drei existieren:

Am bekanntesten ist die sog. **"Maritime Formel"**, die ursprünglich für die internationale Seeschifffahrt entwickelt worden ist. Sie ist ein Schlüsselungsverfahren, das indirekt das Ergebnis für ein Land aus dem Gesamtergebnis ermittelt. Das Problem liegt in dem anzuwendenden Schlüssel.

Nach der **"Calcutta-Formel"** wird das Ergebnis entsprechend der direkten Methode für jedes Land nach einer groben Aufwands- und Ertragsschätzung festgelegt.

Nach der **"Massachusetts-Formel"** wird der gesamte Nettogewinn des Luftverkehrsunternehmens aus der landesspezifischen relativen Bedeutung der Produktionsfaktoren Arbeit und Kapital abgeleitet.

Die deutsche Finanzverwaltung hat schon seit langem für die Ermittlung des Gewerbeertrages ausländischer Betriebsstätten von Luftverkehrsgesellschaften Schlüsselungsmethoden akzeptiert. Diese Methoden waren früher als "Drittelungsregel" in der Branche bekannt und basieren heute auf Personalkostenschlüsselungen auf der Grundlage eines Finanzgerichts-Urteils.[6]

II. Der deutsche Weg: Die besondere beschränkte Steuerpflicht für ausländische Luftverkehrsunternehmen nach § 49 EStG

Im Ausland ansässige und in Deutschland tätige Luftverkehrsunternehmen können in Deutschland beschränkt steuerpflichtig sein. Zunächst gilt die allgemeine beschränkte Steuerpflicht gemäß § 49 Abs. 1 Nr. 2a EStG, nach der ein ausländisches Luftverkehrsunternehmen, das im Inland eine Betriebsstätte unterhält oder einen ständigen Vertreter bestellt hat, im Inland beschränkt steuerpflichtig ist.

Wird im Inland ein ausländisches Luftverkehrsunternehmen tätig, ohne eine Betriebsstätte zu begründen, so wird die beschränkte Steuerpflicht durch den § 49 Abs. 1 Nr. 2b und Nr. 2c EStG ausgedehnt. Daher ist vorab stets zu prüfen, ob im Inland eine Betriebsstätte vorliegt und so bereits eine beschränkte Steuerpflicht nach § 49 Abs. 1 Nr. 2a EStG besteht.

§ 49 Abs. 1 Nr. 2b EStG regelt die Besteuerung gewerblicher Einkünfte, die durch die von einem inländischen Flughafen ausgehende Beförderung mit einem Luftfahrzeug erzielt werden. Zu beachten ist, dass § 49 Abs. 1 Nr. 2b EStG nachrangig zu Doppelbesteuerungsabkommen oder Luftverkehrsabkommen bzw. sonstigen völkerrechtlichen Verträgen zur Besteuerung von ausländischen Luftverkehrsunternehmen oder zur Betriebsstättenbesteuerung des betreffenden Steuerpflichtigen im Inland zur Anwendung kommt.[7]

---

[6] FG Düsseldorf, Urt. v. 11. 4. 1978 II 39/70, EFG 1978, 503; s. auch EFG 1982, 441 betr. Rücknahme der Revision.
[7] *Lieber* in: Herrmann/Heuer/Raupach, § 49 Anm. 410.

§ 49 Abs. 1 Nr. 2c EStG regelt die Besteuerung inländischer Einkünfte, die ein gewerbliches Unternehmen im Rahmen einer internationalen Betriebsgemeinschaft oder eines Pool-Abkommens, bei denen ein Unternehmen mit Sitz oder Geschäftsleitung im Inland die Beförderung durchführt, aus Beförderungen und Beförderungsleistungen nach § 49 Abs. 1 Nr. 2b EStG erzielt. Unter einer Betriebsgemeinschaft oder einem Pool-Abkommen in dem hier gemeinten Sinn sind sämtliche Formen der Beförderung zu verstehen, bei denen Beförderungen im Innenverhältnis auf gemeinsame Rechnung durchgeführt werden. Besteuert wird der Ergebnisanteil des ausländischen Partners an der Betriebsgemeinschaft bzw. dem Pool. Voraussetzung für die Poolbesteuerung nach § 49 Abs. 1 Nr. 2c EStG ist, dass die tatsächliche Beförderung von einem **inländischen** Luftverkehrsunternehmen durchgeführt wird.

Die Regelungen zur besonderen beschränkten Steuerpflicht nach § 49 Abs. 1 Nr. 2b und Nr. 2c EStG sind nicht anwendbar, wenn Steuerfreiheit für das beschränkt steuerpflichtige ausländische Luftverkehrsunternehmen nach deutschem Recht aufgrund § 49 Abs. 4 EStG (sog. Gegenseitigkeitserklärung) oder nach DBA-Recht gegeben ist.

Da ohne Inlandsbetriebsstätte kein Betriebsstättenergebnis nach steuerlichen Vorschriften zur Verfügung steht, ist es aus Sicht der Praxis nur konsequent, dass in diesen Fällen die Einkünfte nach einem besonderen pauschalen Verfahren, nämlich auf der Grundlage der für die Beförderungsleistungen vereinbarten Entgelt gem. § 49 Abs. 3 EStG ("Gewinnvermutungsregel") ermittelt werden. Die Einkünfte sind nach der Sondervorschrift des § 49 Abs. 3 EStG mit 5 % der für diese Beförderungsleistungen vereinbarten Entgelte anzusetzen. Es ist aus Sicht der Praxis zweifelhaft, ob angesichts des allgemeinen Margenverfalls im Luftverkehr ein pauschaler Satz von 5 % noch angemessen ist.

Für den Fall, dass besondere DBA-Vorschriften für den Luftverkehr deswegen nicht zur Anwendung kommen, weil keine Einkünfte aus internationalem Verkehr in der Definition des DBA vorliegen, haben die dann geltenden allgemeinen DBA-Vorschriften zur Betriebsstättenbesteuerung auch für den Luftverkehr Geltung.[8]

Daher richtet sich die Ermittlung des Gewinns in diesen Fällen grds. nach den allgemeinen Regeln. Der deutschen Besteuerung kann jedoch höchstens der nach § 49 Abs. 3 EStG ermittelte Gewinn zugrunde gelegt werden, weil ein DBA grds. die Steuerpflicht weder begründet noch erhöht. Ergibt sich nach den allgemeinen Regeln ein Verlust, so ist dieser anzusetzen.

III. Bewertung der unilateralen Methoden für deutsche Luftverkehrsgesellschaften

Grundsätzlich bietet das deutsche Steuerrecht für Luftverkehrsgesellschaften die sachgerechte Erleichterung, dass eine ausländische Steuer, die der deutschen Einkommensteuer entspricht, auch dann auf die deutsche Steuer angerechnet werden kann, wenn diese Steuer nicht als Folge einer im Ausland belegenen Betriebsstätte anfällt, sofern es sich um eine ausländische Steuer auf die in § 34d Nr. 2 c) EStG genannten speziellen Einkünften aus Luftverkehrsaktivitäten handelt.

Aufgrund der mehr oder weniger realistisch geschätzten Bemessungsgrundlagen im Ausland und der auch für Luftverkehrsgesellschaften geltenden Beschränkung des § 34c Abs. 1 Satz 5 EStG, dass nämlich die ausländischen Steuern nur insoweit angerechnet werden können, als sie der deutschen Einkommensteuer entsprechen und auf solche im Veranlagungszeitraum bezo-

---

[8] Vgl. Erl. FM Niedersachsen – S. 1301 – 589 – 33 – 2 v. 28. 6. 1993 und BMF-Schreiben v. 18. 5. 1993, RIW 1993, 695.

genen Einkünfte entfallen, ist die Bedeutung einer Steueranrechnung im Luftverkehr stark relativiert. In Verlustjahren wäre überhaupt keine Anrechnung möglich, was sich bei den relativ hohen Schwankungen im Ergebnis vieler Luftverkehrsgesellschaften sehr negativ auswirken würde. Darüber hinaus wäre die Anrechnung durch die in § 68a EStDV enthaltene sog. "per-country limitation" praktisch nicht durchführbar. Der Steuerausgleich würde daher in der Praxis nicht auf Anrechnung der ausländischen Steuer, sondern auf Abzug von der deutschen Bemessungsgrundlage basieren und damit in den allermeisten Fällen im Ergebnis zu einer wirtschaftlichen Doppelbelastung führen.

Die dargestellte Freistellung ausländischer Luftverkehrsgesellschaften nach § 49 Abs. 4 EStG kann für deutsche Luftverkehrsgesellschaften hingegen eine volle Entlastung von der Doppelbesteuerung bringen. Voraussetzung für die Steuerfreistellung ist nämlich, dass der jeweilige ausländische Staat des Sitzlandes der ausländischen Luftverkehrsgesellschaft die deutschen Luftverkehrsgesellschaften nicht besteuert. Diese Methode der "Gegenseitigkeitserklärung" ist einfach und wirksam. Sie greift aber nur zwischen Staaten mit eigenen Luftverkehrsgesellschaften, die sich wechselseitig anfliegen. Bei zunehmender Konzentration des Weltluftverkehrs und eines weltumfassenden Drittlandverkehrs ist die Methode weniger geeignet, die internationale Doppelbesteuerung zu vermeiden.

D. Doppelbesteuerungsabkommen aus Sicht der Steuerplanung

I. Herausragende Bedeutung von Art. 8 OECD-MA für den internationalen Luftverkehr

Art. 8 OECD-MA hat für die Besteuerung des internationalen Luftverkehrs eine überragende Bedeutung. Grundgedanke der Vorschrift ist es, die Besteuerung der Gewinne der international tätigen Luftverkehrsunternehmen, die in einer Vielzahl von Staaten ihre Einnahmen erzielen, nur in einem Staat anfallen zu lassen. Es handelt sich um eine Spezialnorm für Gewinne aus einer gewerblichen Tätigkeit (Unternehmensgewinne), für die allgemein Art. 7 OECD-MA gilt, die aber bei den hier geregelten Gewinnen aus Luftverkehr diesem Artikel vorgeht.

Art. 8 ist zwar die einzige Vorschrift des OECD-MA, die für Gewinne aus bestimmten gewerblichen Tätigkeiten gilt ("Branchensteuerrecht"), doch sind nicht alle Gewinne aus Luftverkehr besonders geregelt, sondern eben nur die durch Art. 8 erfassten Gewinne im internationalen Verkehr.

Gewinne der hier genannten Art können nach dem OECD-MA nur im Staat der tatsächlichen Geschäftsleitung besteuert werden, unabhängig davon, ob sie einer in einem anderen Staat bestehenden Betriebsstätte zuzurechnen sind oder nicht. Alternativ wäre auch der Staat des Wohnortes (natürliche Personen) bzw. des Sitzes (juristische Personen) in Frage gekommen, wobei in den meisten Fällen der Ort des Sitzes auch der Ort der Geschäftsleitung sein wird.

Auch durch Art. 8 OECD-MA wird kein selbständiges Besteuerungsrecht geschaffen, sondern nur bestimmt, welcher Staat seine nationalen Besteuerungsvorschriften auf diese Gewinne anwenden darf und welcher Staat darauf zu verzichten hat. Art. 8 regelt diese Zuordnung abschließend; im Gegensatz zu anderen im MA geregelten Einkünften bedarf es keiner Ausgleichsvorschrift (Art. 23) zur Vermeidung der Doppelbesteuerung.

Die Anwendung des Art. 8 OECD-MA beinhaltet implizit die Freistellungsmethode; für die Anrechnungsmethode ist hier kein Raum.

Art. 8 Abs. 1 und 2 des ersten OECD-MA von 1963 sind identisch mit der heute geltenden Fassung von 2005; bei Abs. 3 gibt es eine redaktionelle Änderung ohne Bedeutung; einen Abs. 4 gab es bei Art. 8 des OECD-MA von 1963 nicht. Art. 8 OECD-MA ist daher bis heute nicht wesentlich revidiert worden.

Der Artikel regelt das Besteuerungsrecht für Gewinne, die Unternehmen aus dem Betrieb von Luftfahrzeugen im internationalen Verkehr erzielen.[9] Nur diese Gewinne fallen unter Art. 8, nicht alle Gewinne der Luftverkehrsunternehmen.

Damit gibt es zunächst ein Abgrenzungsproblem "internationaler" zum "nicht-internationalen" Verkehr. Diese Abgrenzungsproblematik wird durch die nicht sehr glückliche Definition in Art. 3 Abs. 1 e) OECD-MA nicht erleichtert. Hier bedarf es einer sachgerechten Interpretation des "internationalen Verkehrs", insbesondere bei der Luftfahrt.

Darüber hinaus kann nicht nur die reine Transportleistung unter den Art. 8 fallen, sondern auch bestimmte damit zusammenhängende Hilfs- und Nebentätigkeiten.[10] Auch hierbei gibt es ein Abgrenzungsproblem. Zu einer sinnvollen Abgrenzung des branchenbezogenen Art. 8 ist die Kenntnis der Praxis des internationalen Luftverkehrs besonders hilfreich. Die offizielle Kommentierung des MA gibt nur wenig Aufschluss.

II. "Luftverkehrsbetriebsstätte" in der Steuerplanung

Für die unter Art. 8 Abs. 1 fallenden Einkünfte aus Luftverkehr hat der Geschäftsleitungsstaat des Luftverkehrsunternehmens das Besteuerungsrecht unabhängig davon, ob im anderen Vertragsstaat eine DBA-Betriebsstätte besteht oder nicht. Daraus ist jedoch nicht der Schluss zu ziehen, als habe die Betriebsstätteneigenschaft für den internationalen Luftverkehr keine oder nur eine geringe Bedeutung:

- Kommt Art. 8 Abs. 1 im Luftverkehr nicht zur Anwendung, weil spezielle Voraussetzungen zur Anwendung dieser Vorschrift nicht erfüllt sind (z. B. wenn kein internationaler Verkehr i. S. des Abs. 1 gegeben ist), so hat der Geschäftsleitungsstaat kein Besteuerungsrecht. Dies bedeutet nicht notwendigerweise, dass der andere (angeflogene) Vertragsstaat das Besteuerungsrecht hat. Vielmehr sind die allgemeinen Regeln anzuwenden, d. h. die Zuweisung des Besteuerungsrechts richtet sich nicht nach Art. 8, sondern nach Art. 7. Damit hat der andere Vertragsstaat nur ein Besteuerungsrecht für Luftverkehrseinkünfte, die einer dort belegenen (Luftverkehrs-)Betriebsstätte zurechenbar sind.

- Luftverkehrseinkünfte unterliegen nicht der deutschen Gewerbeertragsteuer, wenn sie einer ausländischen Betriebsstätte nach § 12 AO oder nach Art. 5 OECD-MA zurechenbar sind. Dies folgt aus § 9 Satz 1 Nr. 3 GewStG, demzufolge ausländische Betriebstättengewinne aus der inländischen Besteuerungsgrundlage herauszunehmen sind.

Für den Luftverkehr ist die Frage, ob eine Betriebsstätte besteht oder nicht, häufig strittig, aber auch gestaltbar. Die typischen Aktivitäten im Luftverkehr, also das bloße Landen und Starten des Flugzeuges, das Ein- und Aussteigen, das Be- und Entladen und das Betanken führen isoliert gesehen weder zu einer Betriebsstätte in der Definition des Art. 5 OECD-MA noch i. S. des § 12 AO. Solche vorübergehenden Aktivitäten führen nicht zu einer "Betriebsstätte" im wörtlichen Sinn, also zu einer festen Stätte des Betriebes. Zur Annahme einer Betriebsstätte muss im Luftverkehr über die wechselnde Nutzung von Flughafeneinrichtungen hinaus noch eine feste Ver-

---

[9] *Wassermeyer* in: Debatin/Wassermeyer MA Art. 3 MK 34.
[10] *Kreutziger* in: Debatin/Wassermeyer MA Art. 8 Rz. 21.

bindung zur Erdoberfläche hinzukommen. Für eine Charterfluggesellschaft wurde entschieden, dass bei planmäßig sich wiederholenden Flügen zu bestimmten Flughäfen dort Betriebsstätten i. S. der Abgabenordnung vorliegen können, wenn in gemieteten Räumen Material vorhanden ist.[11] Kritisch sind u. a. die Fälle, in denen kein eigenes Personal vorhanden ist und die Flughafengesellschaften den Luftverkehrsgesellschaften zur Ruhe der Crew, den Einsatzbesprechungen usw. zwar vertragsgemäß freie Räume überlassen müssen, diese aber nicht bestimmbar sind, weil die Räume alle gleich ausgestattet sind und jede Gesellschaft der Reihe nach den nächsten freien Raum bekommt. Betriebsprüfungen verlangen daher häufig die Vorlage von Personallisten und Mietverträgen zur Beurteilung, ob im Ausland eine Betriebsstätte vorliegt.

E. Probleme der Praxis im Zusammenhang mit Art. 8 OECD-MA

I. Was ist internationaler Luftverkehr?

Die Definition des internationalen Verkehrs ist für die Anwendung von Art. 8 OECD-MA entscheidend, denn Art. 8 regelt nicht die Besteuerung der Luftverkehrseinkünfte allgemein, sondern nur diejenigen aus internationalem Verkehr. Der Begriff des internationalen Verkehrs ist definiert in Art. 3 Nr. 1 e) OECD-MA als jede Beförderung im Luftverkehr, "(...) es sei denn, (...) das Luftfahrzeug wird ausschließlich zwischen Orten im anderen Vertragsstaat betrieben".

Im Gegensatz zum internationalen Verkehr ist damit in dieser Definition nicht der nationale Luftverkehr innerhalb des Sitzlandes einer Luftverkehrsgesellschaft gemeint.

Streng genommen gäbe es so gut wie keinen "Nicht-Internationalen" Verkehr, jedenfalls dann nicht, wenn die Definition des OECD-MA so verstanden wird, dass sich ein bestimmtes Luftfahrzeug "ausschließlich" im Vertragsstaat bewegen sollte. Dies kommt kaum vor, da bei international operierenden Gesellschaften aus Gründen der Kapazitätsauslastung der Luftfahrzeuge und einer flexiblen Einsatzplanung keine feste Bindung eines bestimmten Flugzeuges an eine bestimmte Strecke besteht.

Der Fall der Anschlusskabotage, d. h. die Beförderung von Personen oder Gütern innerhalb eines Vertragsstaates im Anschluss an einen internationalen Verkehr, ist von großer praktischer Bedeutung. Nach international geltender Praxis und der Auffassung der deutschen Finanzverwaltung[12] gehört die Anschlusskabotage zum internationalen Verkehr. Dies sollte bei einer Neuformulierung der Definition klargestellt werden.

II. Was heißt "Betrieb" von Luftfahrzeugen?

Die Fragen, die in der Praxis zum "Betrieb" i. S. des Art. 8 auftreten, betreffen selten die Eigentumsverhältnisse. Betrieben werden kann der Luftverkehr grds. auch mit gemieteten (geleasten, gecharterten) Flugzeugen. Das Vorliegen einer Betriebsgenehmigung (in Deutschland etwa die Zulassung als Linienunternehmung nach § 20 LuftVG, die Fluglinienmgenehmigung nach § 21 LuftVG oder eine EU-Betriebsgenehmigung) für ein bestimmtes Unternehmen ist ein Indiz, aber nicht ausreichend zur Beurteilung. Ein Anhaltspunkt, ob ein deutsches Unternehmen internationalen Flugverkehr betreibt, bietet die Tatsache, ob es in der Liste des BMF der Unternehmen enthalten ist, die im entgeltlichen Luftverkehr überwiegend internationalen Flugverkehr betreiben.[13]

---

[11] FG Düsseldorf, Urt. v. 11. 4. 1978 II 39/70, EFG 1978, 503.
[12] Vgl. Schr. FinMin. Hessen v. 18. 6. 1996 – S 1302 – A 32 – II B 31.
[13] BMF-Schreiben v. 27. 1. 2010 Gz. IV B 9 – S 7155a/09/10001; DOK/20100057479.

Schwierig zu beurteilen sind die Fälle der Unternehmung-Verkettung, in denen ein Luftverkehrsunternehmen ein Luftfahrzeug zwar technisch betreibt, wirtschaftlich aber ein Dritter teilweise oder ganz am Erfolg beteiligt ist und demgemäß ein wirtschaftliches Risiko trägt. Die Möglichkeiten zwischen einem "block-space-agreement", in dem eine Luftverkehrsgesellschaft einen Teil der Flugzeugkapazität fest von vornherein an ein Reiseunternehmen veräußert, und dem "wet-lease" sind mannigfaltig. Die verschiedenen Modelle beinhalten die klassische Vercharterung des Flugzeuges mit Besatzung, aber mittlerweile auch die Zusammenarbeit im Wege der Einschaltung als Costplus-Dienstleister auf ACMIO-Basis (ACMIO = Airline, Crew, Maintenance, Interest, Operation).

Folgender Grundsatz muss gelten:

Die Einkünfte aus dem "Betrieb" müssen für die Anwendung von Art. 8 zurechenbar sein, das heißt, der Betreiber muss das wirtschaftliche Risiko aus dem Betrieb haben. Das wirtschaftliche Risiko konkretisiert sich im Luftverkehr in dem Auslastungsrisiko.

Ein Auslastungsrisiko liegt nicht vor, wenn die Beförderung lediglich organisiert oder vermittelt wird. Erhält ein Luftverkehrsunternehmer lediglich eine provisionsähnliche Vergütung, so wird er eine dem Luftverkehr dienende Tätigkeit ausführen, die aber nicht unter Art. 8 fallen kann.

Die internationalen Verflechtungen der Luftverkehrsunternehmen nehmen aus Gründen der Verbesserung der Wirtschaftlichkeit zu. Sie reichen von Kooperationen bei einzelnen Luftverkehrsaktivitäten (z. B. Streckenplanung, Werbung, Wartung, Reiseverkehrssysteme) bis hin zur gesellschaftsrechtlichen Beteiligung, Fusion oder zum Konzernverbund von Luftfahrtgesellschaften. Nach Meinung des Verfassers dieses Beitrags müssen derartige tatsächliche Umstände bei der Fortbildung der Rechtsanwendung von Art. 8 OECD-MA Berücksichtigung finden. Es überzeugt nicht, wenn unter Hinweis auf das LuftVG begründet wird, dass die Voraussetzungen des Art. 8 OECD-MA für jede einzelne Konzerngesellschaft zu prüfen sind, weil das LuftVG nur die einzelne Luftfahrtgesellschaft als Konzerngesellschaft betrachtet. Art. 8 OECD-MA ist anders als das LuftVG, welches einen wichtigen, aber völlig anderen Regelungsgegenstand zum Inhalt hat, eine steuerrechtliche Norm. Im Steuerrecht kommt es auf die wirtschaftliche Betrachtungsweise an und nicht auf einen formal-rechtlichen Ansatz. Insofern plädiert der Verfasser für eine Konzernbetrachtung in Anwendung von Art. 8 OECD-MA. Eine Abkehr vom single-entity-approach wäre in dieser Hinsicht wünschenswert.

Dafür spricht auch, dass sich der Ort der tatsächlichen Geschäftsleitung nach Art. 8 Abs. 1 OECD-MA für eine Fluggesellschaft im Konzern, welche Organgesellschaft ist, am Ort der tatsächlichen Geschäftsleitung des Organträgers befinden kann.[14]

III. Kriterien für Nebentätigkeiten

Die Frage, ob eine Tätigkeit eines Luftverkehrsunternehmens unter Art. 8 fällt oder nicht, ist dann entscheidend, wenn Luftverkehrsbetriebsstätten im DBA-Ausland bestehen. Eine nicht qualifizierende Nebentätigkeit i. S. des Art. 8 könnte zur Anwendung der normalen Betriebsstättenbesteuerung nach Art. 7 mit daraus sich ergebenden steuerlichen Konsequenzen führen.

Grundsätzlich regelt Art. 8 zwar nur die Besteuerung der Einkünfte aus dem Betrieb von Luftfahrzeugen. Das sind zunächst einmal Einkünfte unmittelbar aus Transportleistungen. Eine solche wörtliche Interpretation würde jedoch den Anwendungsbereich der Vorschrift im Hinblick auf das Service-Angebot der Luftverkehrsgesellschaften zu sehr einengen. Damit wäre die

---

[14] Vgl. BFH v. 26. 5. 1970, BStBl. 1970 II, S. 759.

Vorschrift nicht mehr praktikabel. Sie erfasst daher auch nach dem Kommentar zum OECD-MA (Nr. 4 zu Art. 8) andere Einkünfte, soweit sie aufgrund ihrer Art und des engen Zusammenhangs mit Beförderungseinkünften in dieselbe Kategorie eingeordnet werden können. In dem Kommentar zum OECD-MA sind einige Arten von Nebentätigkeiten aufgeführt (u. a. Inlandsbeförderungen, Fahrkartenverkauf, Werbung, Verwendung von Containern, Leistungen durch Bodenpersonal).[15]

Einen solchen Katalog der Tätigkeiten (der Art nach) aufzustellen, ist zur Qualifizierung von Einkünften i. S. der Anwendung des Art. 8 hilfreich, aber er ist für sich allein nicht entscheidend und nicht abschließend.

Folgende Beurteilungsstufen sind sachgerecht:

- Die Tätigkeit als solche muss begünstigt sein: Steht eine Tätigkeit nicht mit dem Betrieb von Luftfahrzeugen in sachlich-funktionalem Zusammenhang, wäre sie also in einem (gedachten) Katalog der möglichen Luftverkehrs-Nebentätigkeiten nicht enthalten, so ist Art. 8 nicht anwendbar, und zwar unabhängig vom Umfang der Tätigkeit. Es muss sich um eindeutig getrennte Tätigkeiten handeln (vgl. Nr. 11 des Kommentars zum OECD-MA zu Art. 8).[16]

Beispiel 1:
Produktion von Bordverpflegung: Sie ist als solche begünstigt, da sie mit dem Betrieb von Luftfahrzeugen im internationalen Verkehr zusammenhängen kann.

- Die Tätigkeit muss aus Sicht des produzierenden Unternehmens eine Nebentätigkeit sein.

Beispiel 2:
Ein rechtlich selbständiges Catering-Unternehmen produziert in einer in einem Vertragsstaat belegenen Betriebsstätte Bordverpflegung. Diese Bordverpflegung wird an Luftverkehrsgesellschaften mit internationalem Verkehr veräußert.

Art. 8 OECD-MA ist nicht anwendbar, weil für das Catering-Unternehmen die Produktion von Bordverpflegung keine Nebenleistung ist, sondern Haupt-Geschäftszweck.

Beispiel 3:
Abwandlung zu Beispiel 2: Ein rechtlich selbständiges Catering-Unternehmen verkauft die Bordverpflegung selbst an Bord bzw. bietet dort andere Produkte zum Verkauf an („Buy-on-Board").

Art. 8 OECD-MA ist ebenfalls nicht anwendbar. Diese Auffassung wird durch Auslegung des Wortes „des Unternehmens" in Art. 8 OECD-MA unterstützt. Denn Art. 8 Abs. 1 ist nur sinnvoll so zu interpretieren, dass das Unternehmen nur im Staat des Ortes der tatsächlichen Geschäftsleitung mit seinen (eigenen) Gewinnen aus dem Betrieb von Luftfahrzeugen besteuert werden kann, dass also überhaupt eigene Gewinne dieser Art vorhanden sein müssen. Sind keine Gewinne aus dem Betrieb von Luftfahrzeugen vorhanden, können folglich auch keine Nebenleistungen dazu vorliegen.

---

[15] Wassermeyer in: Debatin/Wassermeyer MA Art. 8 MK 7-12.
[16] *Wolter* in: Gosch/Kroppen/Grotherr, DBA-Kommentar, Art. 8 OECD-MA Rn. 97.

Unternehmen i.S. des Art. 8 Abs. 1 ist die abkommensberechtigte Person,[17] also die rechtliche Einheit, nicht eine Gruppierung von Gesellschaften.

Beispiel 4:

Eine international tätige Luftverkehrsgesellschaft hält im Konzern eine 100%-Tochtergesellschaft, welche ausschließlich Bordverpflegung für den internationalen Verkehr der Luftverkehrsgesellschaft produziert.

Die Tätigkeit ist keine Nebentätigkeit zu Art. 8, sondern aus Sicht der Beteiligungsgesellschaft eine Haupttätigkeit. Es kommt auf die Sicht des „ortsnäheren" Vertragsstaates an, ob eine Nebentätigkeit vorliegt.

Beispiel 5:

Eine international tätige Luftverkehrsgesellschaft produziert in einem ausländischen Vertragsstaat in einer DBA-Betriebsstätte Bordverpflegung für eigene Flüge im internationalen Verkehr.

Die Tätigkeit fällt nicht unter Art. 8. Sie ist zwar aus Sicht der Luftverkehrsgesellschaft eine Nebentätigkeit, aus Sicht des „ortsnäheren" Betriebsstättenstaates aber eine Haupttätigkeit (korrespondierend zu der deutschen isolierenden Betrachtungsweise gem. § 49 Abs. 2 EStG). Der Betriebsstättenstaat könnte gar nicht beurteilen, ob die Tätigkeit auf das Gesamtunternehmen bezogen eine Nebentätigkeit ist oder nicht.

IV. Behandlung sog. Leerkosten

Wenn die Tätigkeit, die nach Art. 8 Abs. 1 begünstigt ist, nicht zu einer vollen Auslastung des Personals oder einer Einrichtung führt, so stellt sich die Frage, ob die Nutzung dieser Leerkapazitäten gleichsam als Nebentätigkeit i. S. des Art. 8 Abs. 1 OECD-MA zu qualifizieren ist. Denn wirtschaftlich gesehen ergibt sich ein Zwang zur Nutzung der Leerkosten, ob entgeltlich oder – bei verbundenen Unternehmen denkbar – unentgeltlich. Sind die Leerkosten selber von relativ untergeordneter Bedeutung, so fällt die Qualifizierung als unschädliche Nebentätigkeit leicht.

Beispiel 1:

Zur Wartung von eigenen Flugzeugen im internationalen Verkehr sind auf einem Flughafen mit DBA-Luftverkehrsbetriebsstätte zwei Ingenieure tätig. Beide sind bei jeder Landung von Flugzeugen eingesetzt, insgesamt aber nur zu 70 %.

Hier kann die Fremdnutzung der geringen Leerkapazitäten nicht zu einer Aufsplitterung des Besteuerungsrechts führen. Die Auffassung, dass Art. 7 für die Besteuerung einschlägig wäre, ist überspitzt. Auf die Art der Fremdnutzung kommt es nicht an. Im Einzelfall kann auch eine relativ hohe Nebentätigkeit einzelner Ressourcen nicht die Anwendung des Art. 8 versagen.[18]

Beispiel 2:

Zur Betreuung von Flugzeugen im internationalen Verkehr sind auf einem Flugplatz eines Vertragsstaats mit DBA-Betriebsstätte drei Ingenieure für Spezialsysteme erforderlich. Jeder

---

[17] Der Verfasser plädiert zwar für eine der wirtschaftlichen Entwicklung angemessene, fortgeschriebene Interpretation von Art. 8 OECD-MA, jedoch nur soweit Dienstleistungen von Luftfahrtgesellschaften, die zu einem Konzern gehören, betroffen sind. Die h. M. folgt aber heute noch dem single entity approach.

[18] *Wolter* in: Gosch/Kroppen/Grotherr, DBA, Art. 8 OECD-MA Rn. 97.

ist damit nur zu 30 % ausgelastet, sie können sich aber nicht gegenseitig ersetzen. Die Leerkapazität von 70 % sollte in diesem Fall unschädlich eingesetzt werden können.[19]

V. Beurteilung wichtiger Nebentätigkeiten

1. Verkauf von Flugscheinen

Es sind drei Fälle zu unterscheiden:

▶ Zu einem geringen Teil werden Flugscheine durch Luftverkehrsgesellschaften selber verkauft, und zwar durch „Stationen" auf den Flughäfen, durch eigene „Stadtbüros" oder immer mehr via Internet. Führt die verkaufende Fluggesellschaft den Transport selber durch, so entfällt der Gesamterlös auf den Betrieb von (eigenen) Luftfahrzeugen. Eine kalkulatorische Verkaufsprovision wäre nicht von Bedeutung. Art. 8 ist bei Vorliegen der weiteren Voraussetzungen anwendbar.

▶ Verkauft eine Luftverkehrsgesellschaft Flugscheine, wird der Transport aber von einer anderen Fluggesellschaft durchgeführt, so ist dies auch nach Auffassung der OECD (MK Nr. 8 zu Art. 8 OECD-MA) eine unter Art. 8 fallende Nebentätigkeit, die in direktem Zusammenhang mit dem Betrieb von Luftfahrzeugen steht. Dies bedeutet, dass die der verkaufenden Fluggesellschaft verbleibende Provision mit zu den Einkünften zählen kann, die unter Art. 8 fallen.

▶ Zu einem gewissen Teil werden Flugscheine durch rechtlich selbständige Reisebüros oder rechtlich selbständige Agenturen veräußert. Die Provisionen bei den Reisebüros fallen auch dann nicht unter Art. 8, wenn die Voraussetzungen zur Anwendung von Art. 8 bei der Fluggesellschaft, die die Beförderung durchführt, gegeben sind.

Verkauft eine Luftverkehrsgesellschaft Flugscheine für eine andere Luftverkehrsgesellschaft, so ist dies nach dem offiziellen Kommentar eine unter Art. 8 OECD-MA fallende ergänzende Tätigkeit, die mit dem unmittelbaren Betrieb von Luftfahrzeugen verbunden ist.[20] Verkauft eine Luftverkehrsgesellschaft einen eigenen Flugschein, erfolgt aber die Beförderungsleistung durch eine fremde Fluggesellschaft, so ist die Provision, die an die verkaufende Fluggesellschaft durch Verrechnung gezahlt wird, nur in dem Staat des Ortes der tatsächlichen Geschäftsleitung der verkaufenden Fluggesellschaft steuerpflichtig. Dies gilt auch, wenn der Flugschein durch eine in einem ausländischen Vertragsstaat belegene Betriebsstätte i. S. d. Art. 7 OECD-MA verkauft wird. Dieses vertragliche Handeln im Wege des sog. Interlining wird von den in der IATA (international Air Transport Association) organisierten internationalen Fluggesellschaften praktiziert.

Dass in diesem Fall das Besteuerungsrecht für Gewinne (Provisionen), die die Luftverkehrsgesellschaft aus dem Verkauf des fremd ausgeflogenen Tickets erzielt, dem ausländischen Vertragsstaat zusteht, ist allenfalls theoretisch denkbar. Denn die Anwendung des Art. 8 müsste ausgeschlossen werden und die Gewinne müssten gem. Art. 7 einer Betriebsstätte (oder einem unabhängigen Vertreter i. S. d. Art. 5 Abs. 6 OECD-MA) zuzurechnen sein. In der Praxis ließe sich im Einzelfall kaum verfolgen, wem das Besteuerungsrecht zusteht, da im Normalfall verkaufte Flugscheine problemlos bei allen Fluggesellschaften und durch Umbuchungen auch auf anderen Strecken ausgeflogen werden können.

---

[19] *Wolter* in: Gosch/Kroppen/Grotherr, DBA, Art. 8 OECD-MA Rn. 97.
[20] *Wassermeyer*: in Debatin/Wassermeyer MA Art. 8 MK 8.

2. Verkauf von Frachtleistung

Der Verkauf von Frachtbriefen (Airway-Bills als Beförderungsdokument und gleichzeitig als Vertragsdokument zwischen der vermittelnden Gesellschaft und dem Kunden) unterscheidet sich vom Flugscheinverkauf hinsichtlich der Anwendung des Art. 8 besonders in folgendem Punkt:

Die Frachtbeförderung erfolgt nicht nur mit besonderen Frachtflugzeugen, sondern auf fast allen Passagierflügen, da auch die Passagierflugzeuge Frachträume haben ("bellies"), die vermarktet werden. Dadurch, dass Frachtstücke "one-way" befördert werden, also auf dem Rückflug zwangsweise Leerkapazitäten entstehen und dass zur Kapazitätsauslastung Umwegflüge, Zwischenlagerungen usw. und die Benutzung aller "Luftfrachtführer" unter Beachtung der zeitlichen Restriktion möglich sind und sich das Fracht-Tarifsystem sehr komplex gestaltet, ist die logistische Fracht-Planung eine herausragende Leistung bei der Fracht-Beförderung. Sie wird vorgenommen von der Luftverkehrsgesellschaft selbst oder von anderen Unternehmen. Sie kann nur dann eine ergänzende Tätigkeit i. S. d. Art. 8 sein, die mehr oder weniger eng mit dem unmittelbaren Betrieb von Luftfahrzeugen verbunden ist, wenn die vermittelnde Gesellschaft (Spediteur i. S. d. HGB) Einkünfte aus dem Betrieb von Luftfahrzeugen im internationalen Verkehr hat. Betreiber der Luftfahrzeuge ist aber nicht derjenige, der eine Organisationsleistung als Vermittler durchführt. Eine Gesellschaft, die für jedes vermittelte Frachtstück von den befördernden Gesellschaften ein Entgelt erhält, ist ein Dienstleistungsunternehmen und hat keine Einkünfte i. S. d. Art. 8.

Als Kriterium für den Betrieb von Luftfahrzeugen im Frachtbereich kann ein wirtschaftliches Risiko durch die Menge der beförderten Frachtstücke gelten, das als Auslastungsrisiko beschrieben werden kann. Ein Unternehmen, das eine feste Kapazität an Frachtraum eines anderen Unternehmens im Voraus kauft und diese Kapazität dann selbst vermarktet, kann nach diesem Kriterium Einkünfte aus dem Betrieb von Flugzeugen i. S. d. Art. 8 haben.

3. Gastronomie

Nur wenn die Luftverkehrsgesellschaft die Gastronomie selber betreibt (z. B. Bordverzehr) kann die Anwendung des Art. 8 überhaupt in Frage kommen. Bei einem von der Luftverkehrsgesellschaft betriebenen Restaurant- oder Hotelbetrieb wären nur Ausnahmefälle denkbar, die zur Anwendung von Art. 8 führen könnten, nämlich der Betrieb eines reinen Crew-Hotels oder eines Hotels, das ausschließlich Passagieren eine Übernachtungsmöglichkeit bietet. Nach Auffassung der OECD müssten im letzten Fall die Leistungen im Preis der Flugkarte inbegriffen sein.

4. Lagerhaltung

Im OECD-Musterkommentar wird die Lagerhaltung nicht angesprochen. Überträgt man die Grundsätze des Hotelbetriebes (s. o.) auf die Lagerhaltung und ordnet man das Lager als „Hotel für Frachtgut" ein, so würde der Betrieb eines Lagers nur insoweit als Nebentätigkeit zum Betrieb von Luftfahrzeugen im internationalen Verkehr anzusehen sein, als es sich um ein Zwischenlager vor, zwischen oder nach einer Güterbeförderung im internationalen Verkehr handelt und die Lagerkosten nicht gesondert in Rechnung gestellt werden.

Eine solche Betrachtungsweise wird der Praxis nicht mehr gerecht. Einmal ist bereits die Analogie zwischen den Grundsätzen des Hotelbetriebs und der Lagerhaltung vielleicht in der Vergangenheit mit ihren staatlichen Luftverkehrsgesellschaften zutreffend gewesen, mittlerweile durch die Weiterentwicklung der Airline-Industrie jedoch überholt. In der heutigen Zeit weist das Frachtgeschäft Besonderheiten auf, insbesondere ist es geprägt durch einen hohen Kooperationsgrad der Fracht befördernden Gesellschaften. Deswegen ist das Lagergeschäft mit dem internationalen Frachtgeschäft wesentlich enger verbunden als umgekehrt der Hotelbetrieb mit

Wolter

dem internationalen Passagierbereich. Zweitens unterliegt der Lagerbetrieb hohen Auslastungsschwankungen. Die zur Kapazitätsauslastung notwendigen Drittgeschäfte gegen gesondertes Entgelt würden nach der eingangs erwähnten Theorie dann aber im Vertragsstaat der Betriebsstättenbesteuerung unterliegen. Denn jedes Drittgeschäft, das zur Kapazitätsauslastung des Lagerbetriebs in einem Vertragsstaat notwendig ist, würde zum Wechsel des Besteuerungsrechts (von Art. 8 zu Art. 7 OECD-MA) führen, es sei denn, dass das Lager unter den Negativkatalog des Art. 5 Abs. 4 OECD-MA fällt und somit keine Betriebsstätte begründet. Damit würde der Praktikabilitätsgedanke, der hinter Art. 8 OECD-MA steht, in sein Gegenteil verkehrt, denn für den Lagerbetrieb – soweit ein Drittgeschäft betrieben wurde – müsste danach eine eigene Betriebsstättenbuchführung eingerichtet werden.

Die Nutzung von Leerkapazitäten des Lagers sollte daher nach Ansicht des Verfassers stets als Nebentätigkeit unter Art. 8 OECD-MA fallen.

5. „ground-handling"

Unter „ground-handling" versteht man in der „Fachsprache" der Luftverkehrsgesellschaften die vielfältigen Bodendienste, die im Zusammenhang mit der Beförderung von Passagieren oder Frachtgut erbracht werden. In der Praxis stellt sich die Frage der steuerlichen Zuordnung von Gewinnen aus den bisher noch nicht erwähnten Tätigkeiten des „ground-handling" allenfalls bei der Betreuung von Passagieren im internationalen Luftverkehr, die von der Buchung/Reservierung über das check-in bis hin zum Einstieg in das Flugzeug reichen könnte. Die meisten anderen Dienste werden entweder durch von den Luftverkehrsgesellschaften oder von den Flughafengesellschaften beauftragte selbständige Unternehmen durchgeführt. Die Flughafengesellschaften erhalten dafür von den Luftverkehrsunternehmen ein pauschales Entgelt.

> **Beispiel:**
> Die Reinigung des Flugzeugs wird von einem selbständigen Reinigungsunternehmen durchgeführt, das die Flughafengesellschaft beauftragt und bezahlt. Die Flughafengesellschaft erhält dafür von der Luftverkehrsgesellschaft eine „Abfertigungsgebühr".

Würde im Beispielsfall die Reinigung der im internationalen Verkehr eingesetzten Flugzeuge von der Luftverkehrsgesellschaft selber durchgeführt, so wäre ein Gewinn aus dieser Tätigkeit unter Art. 8 Abs. 1 als qualifizierende Nebentätigkeit mit zu erfassen. Das Gleiche würde z. B. für die Durchführung von Sicherheitskontrollen von Passagieren im internationalen Verkehr gelten oder für den Bereich von Flughafeneinrichtungen, wie z. B. Frachtförderbändern, soweit sie im internationalen Verkehr eingesetzt sind.

VI. Offene Fragen der Pool-Besteuerung nach Art. 8 Abs. 4 OECD-MA

In der internationalen Zivilluftfahrt gibt es eine Reihe von Formen der Zusammenarbeit zwischen Luftfahrtunternehmen, die in Art. 8 Abs. 4 an den Beispielen der Beteiligung an einem Pool, einer Betriebsgemeinschaft oder einer internationalen Betriebsstelle erwähnt sind.

Die internationalen Verflechtungen der Luftverkehrsunternehmen nehmen aus Gründen der Verbesserung der Wirtschaftlichkeit im Rahmen der durch das Luftverkehrsrecht und die Kartellgesetzgebung gesetzten Schranken zu. Sie reichen von Kooperationen bei einzelnen Luftverkehrsaktivitäten (z. B. Streckenplanung, Werbung, Wartung, Reisevertriebssysteme, usw.) bis hin zu gemeinsamen Tochtergesellschaften und in jüngster Zeit auch Fusionen bzw. Übernahmen von Luftverkehrsgesellschaften.[21]

---

[21] Z. B. Air France und KLM, Lufthansa und Swiss, Lufthansa und AUA, Lufthansa und BMI.

Ist die Kooperation dergestalt, dass neben den beteiligten Unternehmen ein „drittes" abkommensberechtigtes „Unternehmen" i. S. des Art. 8 Abs. 1 entsteht, so hat Abs. 4 für dieses dritte Unternehmen keine Bedeutung mehr, denn Art. 8 Abs. 1 ist unmittelbar auf dieses dritte Unternehmen anwendbar. Klassischer Fall dieser Betrachtung ist die Gründung einer gemeinsamen Tochtergesellschaft als Kapitalgesellschaft. In dieser Frage besteht Einigkeit.

Es käme – nach dieser Auffassung – für die Anwendung von Art. 8 Abs. 4 darauf an, ob die Kooperation selber abkommensberechtigt ist oder nicht. Nur wenn dies nicht der Fall ist, wäre für die Anwendung des Art. 8 Abs. 4 kein Raum. Dieser Raum würde dann aber nicht materiell ausgefüllt, denn die Vorschrift des Abs. 4 verweist auf Abs. 1. Dieser Abs. 1 wäre dann sowieso anwendbar, was auch ohne Abs. 4 der Fall wäre. Mit anderen Worten, es wird überwiegend die Auffassung vertreten, dass Art. 8 Abs. 4 OECD-MA rein deklaratorischen Charakter hat.

Die Entstehungsgeschichte des Art. 8 Abs. 4 scheint dieser Auffassung Recht zu geben.

In dem MA von 1963 gab es noch keinen Art. 8 Abs. 4. Er wurde eingeführt, um zu verdeutlichen, dass auch im Fall einer Fluggesellschaft, die als internationales Konsortium geführt wurde, jedes Mitglied seinen Anteil aus den Gewinnen aus dem Betrieb von Luftfahrzeugen im internationalen Verkehr auch dann nach Art. 8 Abs. 1 behandeln konnte, wenn die Aktivität nicht vom Sitzland des Mitglieds des Konsortiums durchgeführt und geplant wurde. Die Meinungen über Sinn und Zweck und Notwendigkeit des Abs. 4 waren schon bei der Einführung selbst in den damit befassten Arbeitsgruppen der OECD sehr geteilt.

Die Praxis geht bei der Interpretation des Abs. 4 davon aus, dass damit klargestellt werden soll, dass ein Vertragsstaat mit sog. Luftverkehrsbetriebsstätten in der Definition des Art. 5 OECD-MA das Besteuerungsrecht für Pool-Gewinne usw. nicht mit dem Hinweis beanspruchen kann, die Besteuerung richte sich wegen der Besonderheit dieser Kooperation nicht nach Art. 8 Abs. 1, sondern nach Art. 7 mit der Folge der Betriebsstättenbesteuerung.

Da bei einer Kooperation die Geschäftsleitung für die Aktivität von den Partnern gelegentlich separiert und gebündelt von einem einzigen Land ausgeht, stellt sich die Frage nach dem Besteuerungsrecht, wenn die Poolpartner eine solche Betriebsstätte betreiben.

Beispiel:
Eine deutsche und eine britische Luftverkehrsgesellschaft bilden einen Pool zur Bedienung eines internationalen Verkehrs. Der Ort der gemeinsam durchgeführten Geschäftsleitung nur für den Pool liegt in einer französischen Betriebsstätte der Pool-Partner. Im Übrigen sind hinsichtlich der Art der Aktivitäten bei beiden Partnern die Voraussetzungen des Abs. 1 gegeben. Der Ort der Geschäftsleitung für die übrigen Luftverkehrsaktivitäten ist in Deutschland bzw. in UK.

Frage: Welches Land hat das Besteuerungsrecht für die Pool-Gewinne?

Im internationalen Steuerrecht ist die Betriebsstätte (Art. 5 OECD-MA) Anknüpfungspunkt der Besteuerung (Art. 7OECD-MA). Der Betriebsstättenbegriff wird durch Art. 8 OECD-MA nicht verändert. Eine Luftverkehrsbetriebsstätte ist demzufolge eine Betriebsstätte i. S. v. Art. 5 OECD-MA, die sich allerdings dadurch auszeichnet, dass durch sie der Betrieb von Luftfahrzeugen im internationalen Verkehr erfolgt. Um die Praktikabilität der Einkünftezuordnung zwischen Betriebsstättenstaat und Heimatstaat des Stammhauses (= Rechtsträger) der Betriebsstätte zu wahren, ordnet Art. 8 OECD-MA die Heimatstaatbesteuerung an. Hierbei ist Heimatstaat der Ort der tatsächlichen Geschäftsleitung. Eine Geschäftsleitungsbetriebsstätte für den Luftverkehr verlagert nach Auffassung des Verfassers den Ort der tatsächlichen Geschäftsleitung durch diese Betriebsstätte in den Betriebsstättenstaat, dem damit das Besteuerungsrecht nach Art. 8 OECD-MA zusteht. Zwar ist die Betriebsstätte im rechtlichen Sinn nicht das Unternehmen, sondern nur ein unselbständiger Teil davon, wirtschaftlich betrachtet wird sie durch die partielle Geschäftsleitungsfunktion aber wie ein Unternehmen am Markt aktiv. Dem stehen auch nicht Gründe der Praktikabilität entgegen. Denn für eine Betriebsstätte mit Geschäftsleitungsfunktion werden üblicherweise in den Unternehmen die entsprechenden Controlling- und Buchführungskreise eingerichtet, um den Erfolg messen zu können.

Aus Sicht des Staates, in dem die Geschäftsleitungsbetriebsstätte ihren Sitz hat, hätte ihm nach den Regelungen des internationalen Steuerrechts auch das Besteuerungsrecht zugestanden, wenn die Geschäftsleitung eines ganzen Unternehmens bzw. eines gesamten Betriebs eine Geschäftsleitungsbetriebsstätte auf seinem Gebiet eingerichtet hätte.[22] Warum dies nicht für eine Geschäftsleitungsbetriebsstätte nur für Teilbereiche des Unternehmens gelten soll, ist nicht einzusehen, zumal Art. 8 OECD-MA gerade den Betrieb der Geschäftsleitung als Kriterium für die Heimatstaatbesteuerung wählt. Im Übrigen haben es die Unternehmen selbst in der Hand derartige Geschäftsleitungsbetriebsstätten zu vermeiden.

Auf den Beispielsfall bezogen, bedeutet das: Wenn die Partner eine Geschäftsleitungsbetriebsstätte in Frankreich gegründet haben, sollte nach Ansicht des Verfassers die Besteuerung auch dort erfolgen.

Abwandlung 1:

Die deutsche Luftverkehrsgesellschaft plant und organisiert in der französischen Betriebsstätte den internationalen Verkehr allein. Die britische Fluggesellschaft bleibt passiv, ist jedoch zu 50 % jeweils an allen Aufwendungen und Erträgen für den spezifischen internationalen Verkehr beteiligt

Die passive britische Gesellschaft hätte nach dieser Abwandlung keine Einkünfte bezüglich des Pools aus dem Betrieb von Luftfahrzeugen und ähnelt in ihrer Rolle einem Finanzinvestor. Ihre Einkünfte aus dem Pool unterlägen Art. 7 OECD-MA und wären in Frankreich zu versteuern. Besteuerungsmerkmale in UK blieben wegen der maßgeblichen Betrachtungsweise aus französischer Sicht unberücksichtigt. Die deutsche Gesellschaft hätte demgegenüber Einkünfte gemäß Art. 8 OECD-MA Abs. 1 und 4, müsste sie aber wegen des Ortes der Geschäftsleitung aus denselben Gründen ebenfalls in Frankreich versteuern.

Und schließlich kann das Beispiel noch schwieriger ausfallen, indem die Frage gestellt wird, ob durch den Verweis des Abs. 4 Aktivitäten eines Pool-Partners, die isoliert gesehen nicht unter Abs. 1 fallen, weil kein Luftfahrzeug betrieben wird, zu begünstigten Gewinnen aus dem Betrieb von Luftfahrzeugen werden:

Abwandlung 2:

Die belgische Staatsbahn wird in den Pool aufgenommen, weil sie die deutsche und die britische Luftverkehrsgesellschaft bei dem Verkauf von Flugscheinen für den internationalen Verkehr unterstützt.

Erzielt die belgische Staatsbahn Poolgewinne, die deswegen unter Art. 8 Abs. 1 OECD-MA fallen, weil sie innerhalb des Pools zu begünstigten Nebeneinkünften gehören?

Die belgische Staatsbahn erzielt gemäß Art. 8 Abs. 1 und Abs. 4 OECD-MA Poolgewinne. Ausschlaggebend hierfür ist wiederum die maßgebliche Betrachtungsweise, die isoliert aus Sicht der Geschäftsleitung in Frankreich zu erfolgen hat. So würde also eine Nicht-

---

[22] *Wolter* in: Gosch/Kroppen/Grotherr, DBA, Art. 8 OECD-MA Rn. 55 ff.

Luftverkehrsgesellschaft Einkünfte aus dem Betrieb von Luftfahrzeugen im internationalen Verkehr gem. Art. 8 Abs. 1 OECD-MA haben, die in Frankreich zu besteuern wären.

VII. Unbewegliches Vermögen im Luftverkehr

Art. 6 Abs. 2 OECD-MA legt ausdrücklich fest, dass Luftfahrzeuge für die Anwendung des Abkommens auch dann nicht zum unbeweglichen Vermögen zählen, wenn sie in ein grundbuchähnliches Register (Flugzeugrolle) eingetragen werden. Ein ausländisches Rechtssystem, das dies anders sieht, könnte daher die aus Luftfahrzeugen erzielten Einkünfte nicht nach dem Grundsatz des Besteuerungsrechtes des Belegenheitsstaates erfassen. Art. 6 wäre nicht anwendbar.

Dient ein in einem Vertragsstaat befindliches Grundstück der Erzielung von Einkünften im internationalen Luftverkehr, so stellt sich die Frage, ob die Zuweisungsnorm des Art. 8 Vorrang hat vor dem Besteuerungsrecht des Belegenheitsstaates nach Art. 6 OECD-MA. Grundsätzlich fällt die Nutzung eines Grundstückes auch durch eine Luftverkehrsgesellschaft nicht unter Art. 8, sondern unter Art. 6 OECD-MA. Dies gilt auch dann, wenn ein Grundstück zu einer im Belegenheitsstaat befindlichen Betriebsstätte gehört und somit in die Betriebsstättengewinnermittlung eingeht. Das Besteuerungsrecht des Betriebsstättenstaates für das unbewegliche Vermögen ergibt sich auch in diesem Fall aus Art. 6.

Fraglich ist, ob die Anwendung des Art. 8 bei der Nutzung von unbeweglichem Vermögen in allen Fallkonstellationen ausgeschlossen ist. Der Musterkommentar weist das Besteuerungsrecht für Einkünfte aus unbeweglichem Vermögen dem Belegenheitsstaat mit der Begründung zu, zwischen der Quelle der Einkünfte und dem Quellenstaat bestehe eine enge wirtschaftliche Verbindung.[23] Dieses Argument kann allerdings vor dem Hintergrund von Art. 8 OECD-MA nicht überzeugen, denn Wesensmerkmal des Art. 8 ist gerade der Verzicht auf eine enge wirtschaftliche Bindung zu anderen Staaten als dem Staat, an dem sich der Ort der Geschäftsleitung befindet.

Nach Meinung des Verfassers sollte Art. 8 OECD-MA daher jedenfalls dann Anwendung finden, sofern das unbewegliche Vermögen eindeutig zur Erzielung von Gewinnen aus dem Betrieb von (eigenen) Luftfahrzeugen im internationalen Verkehr dient. Gemeint sind damit folgende Konstellationen:

Beispiel 1:

Ein Grundstück wird ausschließlich durch die Luftfahrtgesellschaft für Zwecke des Luftverkehrsbetriebs eigengenutzt. Das kann konkret eine Wartungshalle zur Aufrechterhaltung des Betriebs eigener Flugzeuge im internationalen Luftverkehr in einem Vertragsstaat.[24] Dieses Grundstück wäre auch nach allgemeinen Grundsätzen der Luftverkehrsbetriebsstätte zuzuordnen, denn würde diese – was sie nicht muss – eine eigene Bilanz aufstellen, wäre das Grundstück zwingend dort zu bilanzieren.

Beispiel 2:

Innerhalb eines Luftverkehrskonzerns werden Gebäude von einer Luftverkehrsgesellschaft an eine weitere vermietet. Die Mieteinkünfte sind klassische Nebenleistungen und unterliegen dem Art. 8 Abs. 1 OECD-MA. Dieses Ergebnis ist sachgerecht, denn Art. 8 ist im Beispielsfall die gegenüber Art. 6 speziellere Norm.

---

[23] *Wassermeyer* in: Debatin/Wassermeyer MA Art. 6 MK 1.
[24] *Kreutziger* in: Debatin/Wassermeyer MA Art. 8 Rz. 38.

Beispiel 3:

Wie Beispiel 2; aber 10 Prozent der Nutzfläche werden wegen Leerstandes an ein Drittunternehmen fremdvermietet. Hier ist nach Meinung des Verfassers in analoger Begründung zu Leerkapazitäten bei Lagern[25] nicht von vornherein jeder Drittnutzung des Grundstücks als schädlich für die Anwendung des Art. 8 OECD-MA anzusehen. Eine Drittnutzung von bis zu 10 Prozent sollte als unwesentlich und daher noch nicht als schädlich gelten.

Die Beispiele 1 bis 3 nennen Fälle, in denen bei im anderen Vertragsstaat selbstgenutzten Grundstücken eine Nutzung für den Betrieb von Luftfahrzeugen im internationalen Verkehr häufig möglich ist. Geht man also in derartigen Einzelfällen davon aus, dass Art. 8 als Sonderregelung Vorrang hat, so könnten Abschreibungen und sonstige Gebäudeaufwendungen im Geschäftsleitungsstaat geltend gemacht werden.

Bei selbstgenutzten Gebäuden *auf fremden Grund und Boden* könnte es sein, dass diese Gebäude nach dem Recht des Belegenheitsstaates, das zur Vermeidung von Qualifikationskonflikten bei der Interpretation des DBA gemäß Art. 6 Abs. 2 Satz 1 Vorrang hat, nicht zum unbeweglichen Vermögen zu rechnen sind (Scheinbestandteile des Grundstücks nach deutschem Recht).

Wird das selbstgenutzte Grundstück einer Luftverkehrsgesellschaft in einem anderen Vertragsstaat veräußert, so stellt dies eine Beendigung der Beziehung dieses Grundstücks zur Luftverkehrsbetriebsstätte dar. Die Luftverkehrsbetriebsstätte als solche kann in diesem Fall entweder beendet sein (z. B. Aufgabe des Standortes) oder aber in gemieteten Räumlichkeiten weiter geführt werden. Dies leitet nunmehr zu der Frage über, welchem Staat das Besteuerungsrecht und damit gegebenenfalls die Steuer auf den Veräußerungsgewinn (z. B. in den USA: capital gains tax) zusteht. Art. 13 OECD-MA ist hier einschlägig und verweist auf Art. 6 OECD-MA, der in Veräußerungsfällen somit Art. 8 OECD-MA eindeutig vorgeht. Sachgerecht wäre also eine Lösung, die bei einer Veräußerung dem Belegenheitsstaat eine Besteuerung auf der Basis der historischen Anschaffungskosten zuweist, während im DBA-Staat des Ortes der tatsächlichen Geschäftsleitung die Abschreibungen auf das Gebäude rückgängig gemacht werden (recapture tax). Aus Sicht des Luftverkehrsunternehmens ergäbe sich eine weitgehend konforme steuerliche Behandlung wie bei inländischen Grundstücksveräußerungen.

Ist dagegen bereits die Zurechnung des im Vertragsstaat befindlichen selbstgenutzten Grundstücks einer Luftverkehrgesellschaft nach Art. 8 aus rechtlichen oder praktischen Gründen nicht möglich und wird es daher nach Art. 6 dem Belegenheitsstaat zugerechnet, so sind die Aufwendungen im Belegenheitsstaat regelmäßig steuerlich nicht nutzbar, weil die daraus erzielten Einnahmen aus internationalem Luftverkehr dem Geschäftsleitungsstaat zugerechnet werden, es also an einer Steuerposition im Belegenheitsstaat fehlt. Bei einer Nutzung von fremden Grundstücken wären die Aufwendungen (z. B. Mieten anstelle von Abschreibungen) im Rahmen des Art. 8 im Geschäftsleitungsstaat voll steuerlich nutzbar. Dies wäre bei der Entscheidung zwischen Erwerb oder Miete zu berücksichtigen.

F. Grundzüge der Umsatzbesteuerung

Luftverkehrsunternehmen erbringen mit der Beförderung von Personen und Gütern typischerweise sonstige Leistungen gemäß § 3 Abs. 9 UStG in Form von Beförderungsdienstleistungen im Sinne von § 3b UStG.[26]

---

[25] Vgl. oben E.V.4.
[26] *Wolter* in: Hobe/v. Ruckteschell (Hrsg.) „Kölner Kompendium Luftrecht", Bd. 3, S. 790ff.

I. Beförderung im Ausland

Ausländische Strecken oder Streckenanteile sind bei Personenbeförderung nicht steuerbar. Anders ist es dagegen bei der Beförderung von Gütern. Erfolgt sie von einem EU-Mitgliedstaat in einen anderen oder handelt es sich um eine nicht-innergemeinschaftliche Beförderung von Gütern liegen umsatzsteuerpflichtige Vorgänge vor. Es gelten jedoch unterschiedliche umsatzsteuerliche Regelungen je nach dem, ob die Güterbeförderung zwischen Unternehmen („B2B") oder zwischen Unternehmen und Privatpersonen („B2C") erfolgt.

Für die Konstellation B2B gilt folgendes: Sowohl bei innergemeinschaftlicher Beförderung von Fracht als auch bei nicht-innergemeinschaftlicher Beförderung von Fracht als auch bei selbständigen Leistungen i. Z. m. der Frachtbeförderung (z. B. Beladen, Entladen, Umschlagen, etc.) ist die Leistung am Empfängerort steuerbar und steuerpflichtig.

Für die Konstellation B2C gilt folgendes: Die innergemeinschaftliche Beförderung von Fracht ist – wie bislang auch – am Abgangsort steuerbar und steuerpflichtig. Bei nicht innergemeinschaftlicher Beförderung von Fracht ist der auf das Inland entfallende Streckenanteil zwar steuerbar, aber nach § 3b Abs. 1 Satz 2 UStG, § 4 Nr. 3 UStG steuerfrei.

II. Beförderung im Inland

Beförderungsdienstleistungen mit im Inland gelegenen Start- und Zielpunkt unterliegen sowohl für Personen wie für Güter der Umsatzsteuer (§ 1 Abs. 1 Nr. 1 UStG, § 3b Abs. 1 UStG). Dies gilt auch dann, wenn zum Erreichen des Zielpunktes die Beförderungsstrecke zu einem geringfügigen Teil im Ausland liegt. Geringfügig meint hierbei eine Strecke von weniger als 10 Kilometern (§ 3b Abs. 1 Satz 4 UStG i. V. m. § 3 UStDV).

III. Grenzüberschreitende Beförderung

Bei einer Personenbeförderung ist der inländische Streckenanteil umsatzsteuerbar und steuerpflichtig nach § 1 Abs. 1 Nr. 1 UStG, § 3b Abs. 1 UStG. Die Berechnung des auf den inländischen Streckenanteil entfallenden Entgelts ist wiederum problematisch. Die Flugroute zwischen dem inländischen und dem ausländischen Flughafen hängt in jedem Einzelfall ab von Wetterbedingungen, Beladung und Verkehrsdichte. Sie wird von Piloten und der Flugsicherheit situativ festgestellt. Es gibt keine als bekannt feststehenden Daten für den jeweiligen inländischen Streckenanteil für die von den Luftverkehrsgesellschaften angebotenen Flugrouten. Deswegen und aus Gründen der Administrierbarkeit und Vereinfachung wird im Fall einer grenzüberschreitenden Personenbeförderung im Luftverkehr die auf die inländischen Streckenanteile entfallende Umsatzsteuer regelmäßig auf Grundlage des § 26 Abs. 3 UStG durch die Finanzverwaltung erlassen.

IV. Steuerschädliche Unterbrechung

Wie ist zu verfahren, wenn der Flug unterbrochen wird, obwohl der Passagier eine einheitliche Flugreise gebucht hat und das Ticket entsprechend ausgestellt wird (z. B. ein Flug von New York nach Hamburg über München)? Ist der Weiterflug von München nach Hamburg umsatzsteuerlich wie ein rein inländischer Flug anzusehen, d. h. ohne Anwendung des Steuererlasses nach § 26 Abs. 3 UStG?

Nach Auffassung der deutschen Finanzverwaltung ist das zu bejahen. Voraussetzung ist, dass der Fluggast seinen Aufenthalt über den nächstmöglichen Anschluss hinaus ausdehnt. In der Praxis der Finanzverwaltung sollen bereits 4 Stunden als Indiz für eine steuerschädliche Unterbrechung gewertet werden. Das kann im Rahmen dieses Beitrags nicht unwidersprochen blei-

Wolter

ben: Der Ansatz der Finanzverwaltung verursacht erheblichen administrativen Aufwand für deutsche Luftverkehrsunternehmen hinsichtlich der Ermittlung des Passagierverhaltens. Er benachteiligt einseitig deutsche Luftverkehrsunternehmen, denn kein anderer EU-Mitgliedsstaat geht innerhalb seiner jeweiligen Zuständigkeit entsprechend vor. Die beschriebene Vorgehensweise wird von der deutschen Finanzverwaltung schließlich nicht gegenüber ausländischen Luftverkehrsunternehmen durchgesetzt.

V. Weitere Änderung durch EU-Mehrwertsteuerpaket 2010

Das Mehrwertsteuerpaket 2010 beinhaltet grundlegende Änderungen bezüglich des Leistungsortes bei Dienstleistungen und der Vorsteuervergütung von ausländischer Vorsteuer innerhalb der EU.[27] Luftfahrtgesellschaften sind zudem von einer Änderung betroffen, welche für die Besteuerung von Catering-Umsätzen gilt.

Ab dem 1. 1. 2010 gilt nach § 3e UStG für im Rahmen von innergemeinschaftlichen Personenbeförderungen an Bord erzielte Umsätze aufgrund von Catering/Restauration/Buy on Bord das Prinzip des Abgangsortes. Danach sind die genannten Umsätze sowohl für B2B wie für B2C einheitlich jeweils in dem EU-Mitgliedstaat der Umsatzbesteuerung zu unterwerfen, in welchem die Reise beginnt.

VI. Restaurationsumsätze an Bord eines Luftfahrzeuges gemäß § 4 Nr. 6e UStG

Nach dem Wortlaut von § 4 Nr. 6e UStG sind Umsätze aus der Abgabe von Speisen und Getränken zum Verzehr an Ort und Stelle auf Seeschiffen steuerfrei. Bisher schon wurde diese Norm analog auf Umsätze an Bord von Luftfahrzeugen angewendet, da die umsatzsteuerlichen Regelungen für den Ort der Lieferungen während einer Beförderung ebenfalls gleichmäßig für die Beförderung mit Schiffen, Luftfahrzeugen oder mit der Eisenbahn gelten. Die Steuerbefreiung nur für eines der genannten Transportmittel anzuwenden, widerspricht der Denklogik. Es ist zudem anzunehmen, dass der historische Gesetzgeber den Regelungsbedarf hinsichtlich der Restaurationsumsätze an Bord eines Luftfahrzeuges schlichtweg übersehen hatte, als er im Jahr 1998 die Regelung des § 4 Nr. 6e UStG verabschiedete.

Durch die EG-Richtlinie 2008/8 des Rates vom 12. 2. 2008 zur Änderung der EG-Richtlinie 2006/112 bezüglich des Ortes der Dienstleistung und deren Umsetzung in nationales Recht (Mehrwertsteuerpaket 2010) sind in § 3e UStG mit Wirkung ab 1. 1. 2010 ausdrücklich auch Restaurationsumsätze während einer Beförderung an Bord eines Schiffs, in einem Luftfahrzeug oder in einer Eisenbahn aufgenommen worden. Dies bestätigt nach Ansicht des Verfassers die bisherige Auslegung als zutreffend. § 4 Nr. 6 e UStG sollte klarstellend bei nächster Gelegenheit geändert werden.

Im Ergebnis ist die von Luftfahrtgesellschaften angebotene entgeltliche Bordrestauration in analoger Anwendung von § 4 Nr. 6e UStG steuerbefreit.[28]

VII. Vermittlung von Beförderungsleistungen gemäß § 4 Nr. 5 b UStG

Die Vermittlung von grenzüberschreitenden Personenbeförderungen mit einem Luftfahrzeug (oder Seeschiff) ist steuerbefreit. Hierbei ist es unerheblich, ob kurze inländische oder ausländi-

---

[27] Einen guten Überblick gibt: *Klöttschen*, StUB 2009, S. 769ff.
[28] *Jorczyk*, DStR 2007, S. 1660ff.

sche Streckenanteile nach § 3 b Abs. 1 UStG als jeweils zum anderen Gebiet (Ausland oder Inland) gehörig gelten.[29] Die Steuerbefreiung gilt auch im Fall der Vermittlung durch ein Reisebüro für das Luftverkehrsunternehmen.[30]

Nicht befreit ist jedoch die Vermittlung derartiger Umsätze von Reisebüros für Reisende nach der Ausnahmeregelung des § 4 Nr. 5 Satz 2 UStG. Hintergrund ist eine in den letzten Jahren erfolgte Änderung der Vertragsbeziehungen zwischen Luftverkehrsunternehmen und Reisbürounternehmen von Agenturverträgen mit einer Vermittlungsprovision zu Maklerverträgen mit Nullprovision (so genanntes Nullprovisionsmodell). Indiz für das Vorliegen einer steuerbaren und steuerpflichtigen, da nicht steuerbefreiten Vermittlungsleistung des Reisebüros gegenüber einem Reisenden ist die Berechnung eines Entgelts gegenüber dem Reisenden und das Fehlen eines Anspruchs auf ein solches Entgelt gegenüber dem Luftverkehrsunternehmen. Steuerpflichtig ist in solchen Fällen das Entgelt, soweit die vermittelte Leistung anteilig auf das Inland entfällt. Der übrige Teil des Entgelts ist nicht steuerbar.[31] Der steuerpflichtige Teil des Entgelts kann in einer vereinfachten Pauschalregelung wie folgt ermittelt werden:

- 25 % des Entgelts für die Vermittlungsleistung bei grenzüberschreitenden Beförderungen von Personen im Luftverkehr in das übrige Gemeinschaftsgebiet (EU-Flüge),
- 5 % des Entgelts für die Vermittlungsleistung bei grenzüberschreitenden Beförderungen von Personen im Luftverkehr in das Drittländergebiet.

Die Pauschalregelung findet auch Anwendung auf Fälle ohne Start und Ziel im Inland, Zwischen- oder Umsteigehalte gelten nicht als Beförderungsziele. Sie findet keine Anwendung auf die Vermittlung anderer Leistungen (z. B. Hotelunterkunft oder Mietwagen).[32]

VIII. Antrag und Erlass von Umsatzsteuer nach § 26 Abs. 3 UStG

Nach dieser Ermächtigungsvorschrift des Gesetzgebers kann das Bundesfinanzministerium unbeschadet der ansonsten für Billigkeitsmaßnahmen einschlägigen Normen der Abgabenordnung (§§ 163, 227 AO) anordnen, dass die Umsatzsteuer für Beförderungen von Personen im grenzüberschreitenden Luftverkehr niedriger festgesetzt oder ganz oder zum Teil erlassen wird, soweit der Unternehmer keine Rechnungen mit gesondertem Steuerausweis (§ 14 Abs. 4 UStG) erteilt hat. Bei Beförderungen durch ausländische Unternehmer kann diese Anordnung von einer Reziprozität dieser Billigkeitsmaßnahme im jeweiligen Sitzland des ausländischen Unternehmers abhängig gemacht werden.

---

[29] Vgl. Abschn. 52 Abs. 5 i. V. m. Abschn. 42a Abs. 6 – 16 UStR.
[30] Vgl. Abschn. 53 Abs. 1 – 5 UStR.
[31] Vgl. Abschn. 53 Abs. 6 und 7 UStR.
[32] Vgl. Abschn. 53 Abs. 7 S. 3 Nr. 1 UStR.

Weitere Voraussetzungen sind:
- Die Beförderung muss durch einen Luftverkehrsunternehmer erbracht werden.[33]
- Es muss eine grenzüberschreitende Beförderung von
  - einem ausländischen zu einem inländischen Flughafen,
  - einem inländischen zu einem ausländischen Flughafen, oder
  - einem ausländischen zu einem ausländischen Flughafen über das Inland vorliegen.[34]
- Es darf keine steuerschädliche Unterbrechung des grenzüberschreitenden Fluges vorliegen.[35]

Eine einheitlich vereinbarte, grenzüberschreitende Beförderung, die über Teilstrecken durch mehrere aufeinander folgende Beförderungsunternehmer erbracht wird, gilt nach dem Luftverkehrsrecht als eine einzige Beförderung.[36] Dies gilt auch für die Anwendung des § 26 Abs. 3 UStG, wiederum mit der deutschen Besonderheit, dass keine steuerschädliche Unterbrechung vorliegen darf.[37]

Die Zuständigkeit für das auf Antrag durchzuführende Erlassverfahren liegt bei den obersten Finanzbehörden der Länder, die in aller Regel die nachgeordneten Oberfinanzdirektionen mit der Durchführung betraut haben. Das BMF ist unabhängig von der Höhe des Steuerbetrags nicht zu beteiligen.[38]

IX. Fahrausweise als Rechnung nach § 34 UStG

Die umsatzsteuerlichen Erfordernisse einer Rechnungserteilung, Aufbewahrungspflichten und Rechtsfolgen bei unrichtigem oder unberechtigtem Steuerausweis sind in § 14 Abs. 1 bis 5 sowie §§ 14 a – c UStG gesetzlich niedergelegt. Auf Basis der Ermächtigung des Gesetzgebers in § 14 Abs. 6 UStG hat das BMF mit Zustimmung des Bundesrates in den §§ 31 – 34 UStDV Konkretisierungen, Vereinfachungen bzw. Erleichterungen erlassen.

Um als Rechnung im Sinne von § 14 UStG zu gelten, sieht § 34 UStDV für die Ausstellung von Fahrausweisen für die Personenbeförderung folgende Mindestangaben kumulativ vor:

- Den vollständigen Namen und die vollständige Anschrift des Unternehmers, der die Beförderungsleistung ausführt. Hierbei genügt es, wenn sich auf Grund der in die Rechnung aufgenommenen Bezeichnungen der Name und die Anschrift des leistenden Unternehmers eindeutig feststellen lassen (§ 34 Abs. 1 Nr. 1 S. 2 i. V. m. § 31 Abs. 2 UStDV). Die Angabe des Leistungsempfängers entfällt somit in Fahrausweisen,
- das Ausstellungsdatum,
- das Entgelt und den darauf entfallenden Steuerbetrag in einer Summe. Hierbei ist § 34 UStDV als speziellere Vorschrift gegenüber § 33 UStDV zu sehen, d. h., auch höhere Beträge als 150 Euro können in einer Summe ausgewiesen werden,

---

[33] Vgl. Abschn. 277 UStR.
[34] Vgl. Abschn. 278 Abs. 1 und 2 UStR.
[35] Vgl. Abschn. 278 Abs. 3 und 4 UStR; siehe hierzu im Einzelnen und zur Kritik IX. 1. c).
[36] Art. 1 Abs. 3 des Montrealer Abkommens v. 28. 5. 1999, BGBl. II 2004, S. 458 und BGBl. I 2004, S. 1027.
[37] Vgl. Abschn. 279 UStR.
[38] Vgl. Abschn. 281 Nr. 2 UStR.

- den anzuwendenden Steuersatz, wenn die Beförderungsleistung nicht dem ermäßigten Steuersatz nach § 12 Abs. 2 Nr. 10 UStG unterliegt (der ermäßigte Steuersatz gilt nicht für den Luftverkehr), und
- im Fall der Anwendung des § 26 Abs. 3 UStG einen Hinweis auf die grenzüberschreitende Beförderung von Personen im Luftverkehr.
- Die Anforderung einer Bescheinigung über den inländischen Streckenanteil gemäß § 34 Abs. 2 Satz 1 UStDV kann sich denklogisch nicht auf den grenzüberschreitenden Luftverkehr beziehen, da hier wegen der Voraussetzung in der Vorschrift des § 26 Abs. 3 UStG generell keine Steuer in Fahrausweisen ausgewiesen bzw. ein Steuersatz von 0 % angewendet wird. Die Angabe eines inländischen Streckenanteils in Fahrausweisen bei grenzüberschreitenden Beförderungen bzw. einer Bescheinigung hierüber entfällt also bei grenzüberschreitender Personenbeförderung im Luftverkehr. Sie wäre auch kontraproduktiv zum Vereinfachungsgedanken, der dem § 26 Abs. 3 UStG zugrunde liegt. Denn die tatsächlich geflogene Strecke zwischen zwei Destinationen steht nicht ex ante fest, sondern ist von der Streckenführung durch die beteiligten Flugsicherungen, den Wetterkonditionen, der aktuellen Verkehrsdichte, etc., abhängig. Bei Ausstellung des Fahrausweises ist es somit noch nicht bekannt, wie groß der inländische Streckenanteil sein wird. Eine exakte Feststellung im Nachhinein durch das Luftverkehrsunternehmen wäre – wenn überhaupt möglich – in der Praxis äußerst aufwendig und macht keinen Sinn, denn es kommt § 26 Abs. 3 UStG zur Anwendung, mit der Folge dass eine Steuer nicht anfällt.

G. Stand und Perspektiven einer Steuerpolitik für den internationalen Luftverkehr

Der Luftverkehr befindet sich in einem ständigen Anpassungsprozess auf sich verändernde Wettbewerbs- und sonstige Rahmenbedingungen.

Im Vordergrund der steuerlichen Betrachtung stehen nicht nur neue internationale Kooperationsformen (Strategische, operative Allianzen und ähnliche Beteiligungsformen, Code-sharing, usw.), die sich auf alle Bereiche erstrecken, die für den internationalen Luftverkehr wirtschaftlich von Bedeutung sind, wie z. B. die Art und Weise der Finanzierung (Internationales Flugzeugleasing, Fondsfinanzierungen). Seit einigen Jahren sind auch Unternehmenskäufe und Fusionen im internationalen Luftverkehr zu beobachten mit allen Auswirkungen auf vorhandene Genehmigungen (z. B. Slots) der übernommenen Luftverkehrsgesellschaft.

Daneben ist nach wie vor die Beschäftigung mit der Problematik einer Auslagerung von Teilbereichen auf rechtlich selbständige Einheiten (sog. Shared Service Center) auch aus steuerlicher Sicht aktuell. Die Gründe, die für eine solche Auslagerung sprechen, liegen auch im Luftverkehr vorwiegend im nicht-steuerlichen Bereich (Schaffung klarer Verantwortlichkeiten, Beteiligungsmöglichkeit an einzelnen Geschäftsfeldern, Nutzung von Synergiepotentialen nach Unternehmenszusammenschlüssen usw.), doch gibt es steuerliche Besonderheiten:

- Notwendige Luftverkehrsaktivitäten, die nicht in den Regelungsbereich des Art. 8 Abs. 1 OECD-MA fallen, führen zu Abgrenzungsschwierigkeiten und im Zweifel zu einer negativen Infektwirkung für die unter Art. 8 OECD-MA fallenden Tätigkeiten, so dass sie auch rechtlich separiert werden. Nach Meinung des Verfassers sollte auch hier mit Blick auf die Intention des Art. 8 OECD-MA (Vereinfachungsregelung) eine möglichst weit hinausgeschobene Interpretation erfolgen. D. h., soweit eine Luftverkehrsgesellschaft nur für sich und konzerneigene weitere Luftverkehrsgesellschaften tätig wird, sollte Art. 8 OECD-MA zur Anwendung gelangen. Dies wird jedoch heute noch nicht von der h. M. geteilt, die den single entity approach einer wirtschaftlichen Betrachtungsweise (substance over form) vorzieht. Drittgeschäfte mit konzernexternen Vertragspartnern gehören jedoch zweifellos unter Art. 7 OECD-MA subsumiert.

▶ Die durch Art. 8 OECD-MA vorgegebene zentrale Besteuerung im Staat der Geschäftsleitung des Luftverkehrsunternehmens kann zu steuerlich nicht mehr optimalen Bedingungen führen, wenn dieser Geschäftsleitungsstaat innerhalb der DBA-Länder ein Hochsteuerland ist. Wenn der Ort der Geschäftsleitung aus luftverkehrsrechtlichen Gründen auch vielleicht nicht verlegt werden kann, so können eventuell Teilbereiche ausgegliedert werden (z. B. über eine Geschäftsleitungsbetriebsstätte).

▶ Auch im Bereich des Luftverkehrs ist die zum 1. 1. 2008 für Deutschland eingeführte Besteuerung von Funktionsverlagerungen von hoher Bedeutung. Durch die Regelungen soll eine grenzüberschreitende Funktionsverlagerung abweichend vom Grundsatz der Einzelbewertung die Besteuerung eines Transferpakets auf der Grundlage einer Bewertung der Funktion als Ganzes auslösen und damit auch unrealisierte Gewinnpotenziale umfassen.[39] Betroffen hiervon sind für im internationalen Luftverkehr tätige Unternehmen diejenigen Einkünfte, die nicht aus dem Betrieb von Luftfahrzeugen im internationalen Verkehr stammen und damit nicht solche im Sinne des Art. 8 Abs. 1 OECD-MA sind. Der Gesetzgeber plant für das Jahr 2010, die Besteuerung von Funktionsverlagerungen wieder einzuschränken.[40] Zum 1. 3. 2010 war das Gesetzgebungsverfahren dazu noch nicht abgeschlossen.

▶ Die sog. indirekten Steuern (USt/VAT, GrSt, GrESt, ökologische Steuern, etc.) gewinnen aus Wettbewerbsgesichtspunkten immer mehr an Bedeutung: Nicht nur werden die Wirkungen der Einbeziehung des Luftverkehrs in das Emissionshandelssystem der EU ab 2012 sowie eventueller Energiesteuern auf die Wettbewerbsposition von Luftverkehrsgesellschaften aktuell diskutiert. In einigen Ländern wurden in den vergangenen Jahren besondere Abfluggebühren eingeführt (u. a. Großbritannien: *air passenger duty;* Irland: *air travel tax;* Niederlande: *vliegtaks;* Frankreich: *taxe solidarité*), die den Grundsatz des gegenseitigen Verzichts auf Abgaben im internationalen Flugverkehr nach dem Chicagoer Abkommen missachten.[41]

Sollte in der näheren Zukunft eine Neuformulierung des Art. 8 OECD-MA anstehen, kommt es darauf an, die Grundsätze (Praktikabilität, Vereinfachung, Vermeidung einer Doppelbesteuerung, Heimatstaatbesteuerung, Kriterium des Ortes der Geschäftsleitung) der seit dem OECD-MA 1963 im wesentlichen unveränderten Fassung zu bewahren und sie gemäß der modernen Entwicklung des Luftverkehrs mit all seinen heutigen Erscheinungsformen (Allianzen, Unternehmenszusammenschlüsse, Shared Service Center, rechtliche Separierung von Haupt- oder Nebentätigkeiten, etc.) fortzuschreiben. Denn es ist nach wie vor nicht praktikabel, das Besteuerungsrecht für die Einkünfte aus internationalem Luftverkehr – wie auch immer definiert – unter den jeweils angeflogenen Ländern aufzuteilen. Andererseits darf sich aus politischen Überlegungen das Besteuerungsrecht für die Einkünfte aus dem internationalen Luftverkehr nicht nur auf ein einziges oder ganz wenige Länder konzentrieren. Dies erscheint aber nur im

---

[39] *Wolter/Pitzal* in: IStR 2008, 793 ff.

[40] Im Januar 2010 hat das Bundesfinanzministerium sogar einen bereits als Entwurf veröffentlichten Text eines BMF-Schreibens zur Anwendung der geänderten steuerlichen Regelungen bei Funktionsverlagerungen ersatzlos zurückgezogen.

[41] Bezeichnenderweise haben die Niederlande zum 1. 7. 2009 die *vliegtaks* nach nur einem Jahr Bestehen wieder abgeschafft, weil die Passagiere die Besteuerung durch Wahl von Flughäfen außerhalb der Niederlande umgingen.

theoretischen Modell denkbar. Aus Sicht der Praxis ist wünschenswert, wirkungsvoller als bislang der zunehmenden Erhebung indirekter Steuern im Flugverkehr durch Aushöhlung des Geschäftsleitungsprinzips des Art. 8 Abs. 1 OECD-MA und des Chicagoer Abkommens zu begegnen.

5. Internationale Besteuerungsprobleme bei Schifffahrtsunternehmen

von Dr. Stefan Kreutziger, Rechtsanwalt, Steuerberater, Hamburg[*]

Inhaltsübersicht

A. Einleitung
B. Nationale Besteuerung
   I. Einkommensteuer, Körperschaftsteuer
   II. Gewerbesteuer
   III. Lohnsteuerermäßigung
   IV. Fonds-Schiffe und § 15b EStG
   V. Beschränkte Steuerpflicht
C. Internationale Besteuerung
   I. Artikel 8 Abs. 1 OECD-MA
   II. Artikel 15 Abs. 3 OECD-MA
   III. Außensteuergesetz
D. Einzelaspekte der Tonnagegewinnermittlung
   I. Einführung
   II. Voraussetzungen
   III. Rechtsfolgen
E. Resümee

Literatur:
Bartholl, Offene Fragen zur Tonnagesteuer 1998 Hansa-Schifffahrt-Schiffbau-Hafen 10/1998, 14 ff.; *Debatin/Wassermeyer*, Doppelbesteuerung, Stand Mai 2009; *FW*, Anm. zum BFH-Urteil v. 5. 9. 2001, IStR 2002, 166; *Gosch/Kroppen/Grotherr*, (Hrsg), DBA-Kommentar, Stand März 20011; *Hildesheim*, Die Gewinnermittlung bei Handelsschiffen im internationalen Verkehr nach der Tonnage (§ 5 a EStG), DStZ 1999, 283 ff.; *Kirchhof*, EStG, 8. Auflage Heidelberg 2008; *Kreutziger*, Festlegung des Mittelpunktes der geschäftlichen Oberleitung eines Schifffahrtsunternehmens, DStR 1998, 1122 ff.; *Rabe*, Seehandelsrecht, 4. Aufl., München 2000; Ruhwedel, Die Partenreederei, Bielefeld 1973; *Schaps/Abraham*, Seerecht, 4. Aufl., Berlin 1978; *Schlegelberger/Liesecke*, Seehandelsrecht, 2. Aufl., Berlin/Frankfurt am Main 1964; *Schulze*, Zweifelsfragen zur Besteuerung von Seeschiffen im internationalen Verkehr ("Tonnagesteuer"), FR 1999, 977 ff.; *Vogel/Lehner*, DBA-Kommentar, 5. Auflage München 2008; *Voß/ Unbescheid*, Einbehaltung der Lohnsteuer nach dem Seeschifffahrtsanpassungsgesetz, DB 1998, 2341 ff.; *dies.*, Anm. zum BMF-Schreiben über die Gewinnermittlung bei Handelsschiffen im internationalen Verkehr nach § 5a EStG, DB 1999, 1777 ff.

A. Einleitung

"Mein Feld ist die Welt". Dieser Satz Albert Ballins, 1899 – 1918 Generaldirektor der Hamburg-Amerika Linie (heute Hapag-Lloyd), steht sinnbildhaft für die Internationalität der Seeschifffahrt. Kaum eine Branche hat so viel internationalen Bezug wie diese. Schon geographisch leuchtet dies ein, denn wo findet Seeschifffahrt statt: natürlich auf den Weltmeeren. Ohne die Frachter, die Erdöl, Kohle und andere Energien, ohne die Frachter, die Chemikalien und Lebensmittel von einem Kontinent in den anderen transportieren, wäre unser Wirtschaftsleben gar nicht denkbar. Der internationale Steuerbezug wird sogleich klar. Ein Seeschiff wird beispielsweise von einem deutschen Reeder in Korea gebaut, sodann mit deutschem, englischem, panamesischem und philippinischem Personal ausgestattet, wird mit deutscher Flagge in Fahrt gesetzt, nach einigen Jahren aber nach Panama ausgeflaggt. Das Schiff transportiert regelmäßig Wirtschaftsgüter, z. B. von Havanna nach Rotterdam. Dieses kleine Beispiel macht deutlich, dass alle erdenklichen steuerlichen Fragen nationaler und internationaler Art bei der Seeschifffahrt auftauchen. Grundsätzlich beansprucht jeder Staat, in dem mit der Seeschifffahrt Geld verdient wird, über die unbeschränkte oder beschränkte Steuerpflicht ein Besteuerungsrecht. Ohne die internationale Seeschifffahrt regelnde Sondernormen, insb. derjenigen der Art. 8 und 15 OECD–MA, würde es eine unauflösbare Steuerkonkurrenz der einzelnen Länder geben und die Besteuerrechte würden zersplittert.

---

[*] Partner der PKF Fasselt Schlage Lang und Stolz, Partnerschaft, Wirtschaftsprüfungsgesellschaft, Steuerberatungsgesellschaft, Hamburg.

Es sollen deshalb in diesem Beitrag die Grundlagen und Einzelheiten der Besteuerung der internationalen Seeschifffahrt, unterteilt nach nationalen und internationalen Vorschriften, aufgezeigt werden. Dabei werden die Bezüge zum Außensteuergesetz ebenso erörtert wie die seit 1. 1. 1999 geltende Gewinnermittlung nach der Tonnage bei Handelsschiffen im internationalen Verkehr (§ 5a EStG).

B. Nationale Besteuerung

I. Einkommensteuer, Körperschaftsteuer

1. Betrieb von Seeschiffen

Um die internationalen Steuerprobleme der Seeschifffahrt herausarbeiten zu können, muss zunächst bestimmt werden, in welcher Form Seeschifffahrt heutzutage betrieben wird. Denn die Bestimmung der nationalen Einkunftsart deckt sich nicht notwendigerweise mit den Regelungen in den DBA (= isolierende Betrachtungsweise). Seeschifffahrt kann in folgende Kategorien aufgeteilt werden:

- aktive Seeschifffahrt mit eigenen Schiffen
- aktive Seeschifffahrt mit gecharterten Schiffen
- Vercharterung von Seeschiffen
    - Zeitcharter
    - bare-boat-Charter.

Als Betrieb von Seeschiffen gilt stets sowohl die Bereederung eigener Schiffe als auch die Bereederung gecharterter Schiffe. Für den Bereich der beschränkten Steuerpflicht bestimmt § 49 Abs. 1 Nr. 2 Buchst. b EStG, dass durch den Betrieb eigener oder gecharterter Seeschiffe Einkünfte aus Gewerbebetrieb erzielt werden. Im Bereich der internationalen Seeschifffahrt trifft man Seeschiffe, die von einem Reeder als Einzelunternehmer unmittelbar betrieben werden, kaum noch an. Dies liegt darin begründet, dass niemand bereit ist, sich unübersehbaren Haftungsrisiken auszusetzen. Deshalb wird internationale Seeschifffahrt heutzutage vorwiegend in so genannten Einschiffsgesellschaften betrieben. Jedes Schiff bildet ein eigenes Unternehmen, meistens in der Rechtsform der GmbH & Co. KG oder der GmbH. Sinn der Einschiffsgesellschaften ist es, zu einer Haftungsbegrenzung insoweit zu kommen, als eben nur diese Gesellschaft mit ihrem eigenen Vermögen haftbar gemacht werden kann.

Als Betrieb von Seeschiffen gelten auch die mit der Beförderung verbundenen **Vorbereitungs- und Hilfstätigkeiten**.[1] Dies sind z. B. die Tätigkeit von Agenturen, die Schiffskarten für Rechnung des Betreibers des Seeschiffes verkaufen, die Reklame und Werbung auf dem Seeschiff und die Beförderung von Waren mit Lastwagen zwischen einem Lager und einem Hafen. Diese Tätigkeiten sind steuerlich nicht gesondert zu erfassen, sondern Teil des Betriebs von Seeschiffen.

Als Betrieb von Seeschiffen gilt nicht der Auftrag an die Werft, ein Schiff zu bauen. Ebenfalls ist die Ablieferung des fertig gestellten Schiffes von der Werft an den Reeder noch kein Betrieb von Seeschiffen. Es muss zumindest zeitweise zum Einsatz des Seeschiffes auf hoher See gekommen

---

[1] *Kreutziger* in: Debatin/Wassermeyer, MA, Art. 8 Rz. 21, OECD-MA, Art. 8 Nr. 7 und 8; Vogel, DBA, Art. 8 Rz. 14.

sein.[2] Diese Abgrenzung ist deshalb erforderlich, weil erst mit dem „Betrieb" von Seeschiffen im internationalen Verkehr Art. 8 OECD-MA Anwendung finden kann. Ebenso gelten die Vergünstigungen der Tonnagesteuer (§ 5 a EStG) erst ab dem Betrieb von Seeschiffen im internationalen Verkehr (s. dazu unten D).

Ohne Berücksichtigung von DBA hat der deutsche Reeder die mit dem Schiff weltweit erzielten Einkünfte als Einkünfte aus Gewerbebetrieb nach § 15 Abs. 1 EStG zu besteuern. Mit Einführung der Tonnagegewinnermittlung nach § 5a EStG zum 1. 1. 1999 ist eine wichtige Steuervergünstigung für die Seeschifffahrt bei normaler Gewinnermittlung fortgefallen. Eingedenk der Tatsache, dass es sich bei Schifffahrtseinkünften aus deutscher Sicht in der Regel um ausländische Einkünfte handelt, bestimmte § 34c Abs. 4 EStG a. F., dass bei Handelsschiffen, die im internationalen Verkehr betrieben werden, einerlei, ob es eigene oder gecharterte Handelsschiffe sind, wenn sie im Wirtschaftsjahr überwiegend in einem inländischen Seeschiffsregister eingetragen sind und die Flagge der Bundesrepublik Deutschland führen, die Einkommensteuer bzw. Körperschaftsteuer zu 80 % nur mit dem halben durchschnittlichen Steuersatz zu bemessen ist. Die verbleibenden 20 % wurden dann nach § 32c EStG a. F. abgesenkt mit 45 % besteuert. § 34c Abs. 4 EStG ist zum 1. 1. 1999, § 32c EStG zum 1. 1. 2001 aufgehoben worden. Diese Vergünstigungen sind nicht mehr erforderlich, weil der Reeder über die Tonnagegewinnermittlung, wirtschaftlich betrachtet, nahezu steuerfreie Schifffahrtseinkünfte erzielen kann (s. dazu unten D).

Vorstehende Ausführungen gelten für die Bereederung gecharterter Schiffe entsprechend. Wer keine eigene Flotte hält, wohl aber als Reeder am Markt auftritt, wird als solcher besteuert. Dabei kommt es nicht darauf an, ob die Schiffsausrüstung vom Schiffseigentümer oder vom Charterer vorgenommen wird. Diese Unterscheidung hat aber Bedeutung bei der Vercharterung eines Schiffes.

2. Charterverträge

Angesichts der vielfältigen Schwierigkeiten bei der Bereederung von Schiffen und den Gegebenheiten an den internationalen Märkten, gehen viele Schiffseigentümer dazu über, ihre Schiffe nicht mehr selbst zu bereedern, sondern sie zu verchartern. In der Seeschifffahrt unterscheidet man zwei unterschiedliche Charterverträge, die zu unterschiedlichen Einkunftsarten führen:

a) Die Zeitcharter

Unter Zeitcharter, üblicherweise time charter, versteht man die Überlassung eines vollständig ausgerüsteten Schiffes, insb. verbunden mit der Mannschaftsgestellung. Es handelt sich zivilrechtlich um einen gemischten Vertrag, der neben Elementen eines Mietvertrages auch und überwiegend Elemente eines Werkvertrages beinhaltet. Der Zeitchartervertrag wird steuerlich wie das Betreiben aktiver Seeschifffahrt angesehen[3] und führt zu gewerblichen Einkünften.

b) Die bare-boat-charter

Der bare-boat-Chartervertrag unterscheidet sich von der Zeitcharter dadurch, dass der Vercharterer lediglich das nackte bzw. leere Schiff verchartert. Ausgerüstet und betrieben wird das Geschäft vom Charterer. Zivilrechtlich wird der Vercharterer verpflichtet, ein bewegliches Wirtschaftsgut zum Gebrauch zur Verfügung zu stellen ohne weitergehende Verpflichtungen. Damit liegt bürgerlich-rechtlich ein Mietvertrag vor. Steuerrechtlich ist diese Unterscheidung von höchster Bedeutung. Der bare-boat-Chartervertrag vermittelt als Mietvertrag

---

[2] BFH-Urt. v. 1. 4. 2003, BStBl 2003 II, 875.
[3] *Kreutziger* a. a. O. (oben Fn. 2), Art. 8 Rz. 19; OECD-MA, Art. 8 Nr. 5 [Charter].

keine gewerblichen Einkünfte,[4] es sei denn, die Vercharterung wird nach Art und Umfang gewerblich betrieben. Einkommensteuerlich wird danach unterschieden, ob es sich um ein Schiff handelt, welches in einem inländischen Schiffsregister eingetragen ist (dann Einkünfte aus Vermietung und Verpachtung i. S. v. § 21 Abs. 1 Nr. 1 EStG) oder aber um ein nicht registriertes Schiff (dann sonstige Einkünfte nach § 22 Nr. 3 EStG).

3. Container

Als Betrieb von Seeschiffen im internationalen Verkehr gelten auch die Einkünfte aus der Vermietung und Gestellung von Containern, die zu Lande und zu Wasser eingesetzt werden, um Waren zu ihrem Bestimmungsort zu transportieren. Streitig ist dabei, ob auch der Landtransport vom Hersteller zum Verladehafen und vom Endladehafen zum Abnehmer als Betrieb von Seeschiffen im internationalen Verkehr gewertet werden können.[5] Dies hat erhebliche Auswirkungen darauf, ob auf den Containertransport zu Lande Art. 8 OECD-MA anzuwenden ist, mit der Folge des ausschließlichen Besteuerungsrechts im Geschäftsleitungsstaat oder aber ob die Tätigkeit unter Art. 7 OECD-MA (= Betriebsstättenprinzip) zu subsumieren ist.[6] Die Praxis richtet sich hier nach dem Hessischen Finanzministerium, das im Erlass vom 15. 4. 1969[7] seine Auffassung niedergelegt hat. Danach gehören zum Containerverkehr insb.:

1. Gestellung von Containern und Spezialfahrgestellen zur Beförderung in den Abgangsseehafenplatz und während des Überseetransportes,
2. Umladen der Container vom Spezialfahrgestell oder vom Eisenbahnwaggon in das Seeschiff,
3. Transport auf dem Seeschiff,
4. Entladen der Container im Bestimmungshafen auf Spezialfahrgestellen oder Eisenbahnwaggons,
5. Gestellung von Containern und Spezialfahrgestellen vom Eingangsseehafenplatz zum Inlandsempfänger.

Darüber hinaus sollen nach der Verwaltungsauffassung alle mit dem Containerverkehr zusammenhängenden Leistungen, wenn für sie vom Reeder kein besonderes Entgelt erhoben wird, unter die Schifffahrtseinkünfte, und damit unter Art. 8 OECD-MA, fallen. Voraussetzung für eine solche steuerliche Behandlung des Containerverkehrs in Deutschland ist allerdings, dass auch die ausländischen Staaten auf diese Einkünfte Art. 8 OECD-MA entsprechend anwenden, also die Gegenseitigkeit gewährleistet ist.[8]

4. Die Partenreederei

Die Partenreederei ist eine eigentümliche Rechtsform des Seehandelsrechts. Sie ist geregelt in den §§ 489 – 509 HGB. § 489 Abs. 1 HGB lautet: "Wird von mehreren Personen ein ihnen gemeinschaftlich zustehendes Schiff zum Erwerbe durch die Seefahrt für gemeinschaftliche Rechnung verwendet, so besteht eine Reederei". Zivilrechtlich ist die Partenreederei nach noch herrschender Meinung eine Bruchteilsgemeinschaft,[9] bei der mehrere Personen Miteigentum am Schiff erwerben, um es auf gemeinschaftliche Rechnung zu betreiben. Üblich ist die Partenree-

---

[4] *Kreutziger* a. a. O. (oben Fn. 2), Art. 8 Rz. 19; *Vogel*, DBA, Art 8 Rz. 17.
[5] S. i. E. *Kreutziger* a. a. O. (oben Fn. 2), Art. 8 Rz. 20; *Vogel*, DBA, Art. 8 Rz. 19.
[6] So z. B. *Kreutziger* a. a. O. (oben Fn. 2), Art. 8 Rz. 20.
[7] Beck'sches Handbuch des Außensteuerrechts 2002, S. 696.
[8] Krit. dazu *Kreutziger* a. a. O. (oben Fn. 2), Art. 8 Rz. 20.
[9] *Schaps/Abraham*, Seerecht, § 468 Rz. 13; *Schlegelberger/Liesecke*, Seehandelsrecht, § 489 Rz. 1.

derei beispielsweise, wenn mehrere Reeder gemeinschaftlich ein Schiff betreiben wollen oder aber wenn eine Reederei einen finanzstarken Drittpartner als Kapitalgeber mit aufnehmen möchte. Im Vordringen ist die Auffassung, die die Partenreederei als Gesamthand ansieht.[10] Die Anteile werden Parten genannt, deshalb Partenreederei. Es handelt sich mithin um eine Personengesellschaft des Handelsrechts, ähnlich wie eine offene Handelsgesellschaft, deren einziger Gesellschaftszweck der Betrieb eines Schiffes ist. Die Mitreeder haften zwar persönlich, aber beschränkt auf ihren Anteil aus der Partenreederei (§ 507 Abs. 1 HGB). Das heißt konkret, dass zwischen den Mitreedern keine Gesamtschuldnerschaft besteht, sondern jeder Mitreeder als Teilschuldner nach dem Verhältnis der Größe seiner Schiffspart haftet, so genannte pro-rata-Haftung. Gegen jeden Mitreeder kann also nur der diesem Verhältnis entsprechende Teil der Reedereischuld geltend gemacht werden.

Die Partenreederei erzielt durch den Betrieb des Seeschiffs Einkünfte aus Gewerbebetrieb nach § 15 Abs. 1 EStG. Um die Geschäftsleitung auszuüben, wird in aller Regel ein so genannter Korrespondentreeder bestellt (§ 492 HGB). Er ist im Verhältnis zu Dritten kraft seiner Bestellung befugt, alle Geschäfte und Rechtshandlungen vorzunehmen, die der Geschäftsbetrieb einer Reederei gewöhnlich mit sich bringt (§ 493 HGB). Daraus ist abzuleiten, dass dort, wo der Korrespondentreeder tätig wird, die Geschäftsleitung für die Partenreederei ausgeübt wird. Fallen Ansässigkeit der Partenreeder bzw. der Sitz der Reederei und die Ansässigkeit des Korrespondentreeders auseinander, kommt es darauf an festzustellen, welcher Staat das Besteuerungsrecht für die Einkünfte der Partenreederei hat. Es ist dies der Ort, an dem die Geschäftsleitung tatsächlich ausgeübt wird (s. dazu unten C. I.).

II. Gewerbesteuer

1. Kürzung nach § 9 Nr. 3 GewStG

Da der Betrieb eines Seeschiffes zu gewerblichen Einkünften führt (ausgenommen die bareboat-Vercharterung), unterliegen diese Einkünfte grundsätzlich der Gewerbesteuer. Da hebeberechtigt die Gemeinden sind, können nur solche Gewerbebetriebe der Gewerbesteuer unterliegen, die im Inland betrieben werden, für die also im Inland eine Betriebsstätte besteht (§ 2 Abs. 1 Satz 3 GewStG). Da das Seeschiff selbst keine Betriebsstätte darstellt,[11] führte dies in der Vergangenheit verstärkt zu Abgrenzungsproblemen, ob die Reederei im Inland oder im Ausland betrieben wird. Gewerbesteuerlich ist diese Frage insoweit entschärft worden, als der Gesetzgeber mit Wirkung vom Veranlagungszeitraum 1997 angeordnet hat, dass bei Unternehmen, die ausschließlich den Betrieb von eigenen oder gecharterten Handelsschiffen im internationalen Verkehr zum Gegenstand haben, 80 v. H. des Gewerbeertrages als auf eine nicht im Inland belegene Betriebsstätte entfallend gelten (§ 9 Nr. 3 Satz 2 GewStG). Die Vorschrift steht in engem Zusammenhang mit der zwischenzeitlich aufgehobenen einkommensteuerlichen Vorschrift des § 34c Abs. 4 EStG, bei der ebenfalls 80 v. H. der Einkünfte begünstigt besteuert wurden. Die verbleibenden 20 % unterliegen der Gewerbeertragsteuer. Durch die seit dem 1. 1. 2001 gegebene Möglichkeit der Anrechnung der Gewerbesteuer auf die Einkommensteuer (§ 35 EStG) kann die Gewerbesteuer bei natürlichen Personen im Regelfall vernachlässigt werden.

---

[10] *Schmidt*, K., Gesellschaftsrecht, § 65 I 3; *Rabe*, Seehandelsrecht, § 489 Rz. 6; *Ruhwedel*, Die Partenreederei, S. 124, 135.

[11] *Tipke/Kruse*, AO, § 12 Rz. 7.

2. Hinzurechnung nach § 8 Nr. 1d GewStG (= Nr. 7 a.F.)

Nach § 8 Nr. 7 GewStG a.F. war die Hälfte der Miet- und Pachtzinsen für die Benutzung der nicht in Grundbesitz bestehenden Wirtschaftsgüter des Anlagevermögens, die im Eigentum eines anderen stehen, dem Gewerbeertrag wieder hinzuzurechnen. Im Hinblick darauf, dass nach § 8 Nr. 7 Satz 2 GewStG a.F. die Hinzurechnung nur dann erfolgte, wenn die Miet- oder Pachtzinsen beim Vermieter oder Verpächter nicht zur Gewerbesteuer heranzuziehen waren, hatte der EuGH in seiner Entscheidung vom 26. 10. 1999[12] die deutsche Praxis für rechtswidrig gehalten, weil damit Miet- und Pachtzinsen an einen inländischen Leasinggeber von der Hinzurechnung ausgenommen sind, solche an einen ausländischen Leasinggeber dagegen nicht. Unter die Vorschrift des § 8 Nr. 7 GewStG a.F. fielen Schiffschartervertäge, die keine Elemente eines Fracht- oder Werkvertrages enthalten, also die bare-boat-Charterverträge,[13] nicht aber Zeitcharterverträge[14]. Im Hinblick auf die Entscheidung des EuGH hatte die Finanzverwaltung mit gleich lautendem Ländererlass vom 26. 4. 2000[15] angeordnet, dass bis zu einer gesetzlichen Neuregelung in den Fällen, in denen der ausländische Vermieter, Verpächter oder Leasinggeber in einem EU- bzw. EWR-Staat oder in einem Staat ansässig ist, mit dem ein DBA besteht, die Festsetzung des Gewerbesteuermessbetrages gegen den inländischen Mieter, Pächter oder Leasing-Nehmer nach § 165 Abs. 1 Satz 4 AO auszusetzen ist. Die gesetzliche Neuregelung kam erst mit dem Unternehmensteuerreformgesetz 2008[16] Nunmehr ist seit dem Erhebungszeitraum 2008 europarechtskonform geregelt, dass dem Gewinn aus Gewerbebetrieb hinzuzurechnen sind ¼ der Summe aus 1/5 (also 5 %) der Miet- und Pachtzinsen (einschließlich Leasingraten) für die Benutzung von beweglichen Wirtschaftsgütern des Anlagevermögens, die im Eigentum eines Anderen stehen (§ 8 Nr. 7 d GewStG). Diese Regelung ist deshalb europarechtsgemäß, weil nunmehr die Hinzurechnung unabhängig davon erfolgt, ob der Vermieter bzw. Verpächter Inländer oder EU-Ausländer ist.

III. Lohnsteuerermäßigung

Eine neue Vergünstigung für Schifffahrtsunternehmen sieht das Gesetz in § 41a Abs. 4 EStG vor. Durch das Gesetz zur Anpassung der technischen und steuerlichen Bedingungen in der Seeschifffahrt an den internationalen Standard (Seeschifffahrtsanpassungsgesetz) vom 9. 9. 1998[17] wurde die Vorschrift eingeführt. Das Gesetz sieht hier – etwas systemwidrig – eine spezielle Subvention für Reeder vor. Danach dürfen Arbeitgeber, die eigene oder gecharterte Handelsschiffe betreiben, vom Gesamtbetrag der anzumeldenden und abzuführenden Lohnsteuer einen Betrag von 40 % der Lohnsteuer der auf solchen Schiffen in einem zusammenhängenden Arbeitsverhältnis von mehr als 183 Tagen beschäftigten Besatzungsmitglieder abziehen und einbehalten. Voraussetzung ist, dass die Handelsschiffe in einem inländischen Seeschiffsregister eingetragen sind, die deutsche Flagge führen und zur Beförderung von Personen oder Gütern im Verkehr mit oder zwischen ausländischen Häfen, innerhalb eines ausländischen Hafens oder zwischen einem ausländischen Hafen und der hohen See betrieben werden. Die gleiche Vergünstigung gilt für solche Seeschiffe, die im Wirtschaftsjahr überwiegend außerhalb der deut-

---

[12] BStBl 1999 II 851 –"Eurowings"–
[13] A 53 I 12 GewStR.
[14] A 53 I 5 GewStR.
[15] BStBl 2000 I 486.
[16] BStBl 2007 I 630.
[17] BStBl 1998 I 1158.

schen Hoheitsgewässer zum Schleppen, Bergen oder zur Aufsuchung von Bodenschätzen oder zur Vermessung von Energielagerstätten unter dem Meeresboden eingesetzt werden. Zweck des Gesetzes ist die Stärkung der Eigenkapitalbasis der maritimen Wirtschaft, das Entgegenwirken von Ausflaggungsbestrebungen und der Erhalt des maritimen Standortes Deutschland und der deutschen Handelsflotte. Die Vorschrift ist zum Teil auf scharfe Kritik gestoßen.[18] Berücksichtigt man, dass die Lohnsteuerermäßigung im Zusammenhang mit der Einführung der Tonnagebesteuerung ergangen ist und ferner, dass das Gesetz unter Vorbehalt der Zustimmung der EU-Kommission stand, die ihre Zustimmung zwischenzeitlich erteilt hat,[19] so sind derartige Förderungen, die nicht nur Arbeitsplätze erhalten, sondern auch neue schaffen, m. E. durchaus akzeptabel.

Begünstigt sind nur Arbeitgeber, die eigene oder gecharterte Handelsschiffe betreiben. Umstritten ist, inwieweit Vertrags- bzw. Korrespondentreeder zu dem begünstigten Personenkreis gehören und was das Gesetz unter "betreiben" versteht.

1. Begünstigter Personenkreis

§ 41a Abs. 4 EStG begünstigt Arbeitgeber, die andere in einem Heuerverhältnis (§§ 23 ff. Seemannsgesetz) als Arbeitnehmer beschäftigen. Darüber hinaus muss der Arbeitgeber ein eigenes oder ein gechartertes Handelsschiff betreiben. Als Charter kommen die Zeitcharter, Reisecharter oder bare-boat-charter in Betracht. Voß/Unbescheid[20] vertreten die Auffassung, dass, wenn sich die Reederei eines Korrespondentreeders bedient, der im eigenen Namen bereedert, insb. auch die Heuerverhältnisse abschließt, der Korrespondentreeder ein Handelsgeschäft i. S. v. § 41a Abs. 4 EStG betreibt und damit die Lohnsteuerermäßigung beanspruchen kann. Dazu hat sich das BMF mit Schreiben vom 18. 6. 1999[21] einschränkend dahingehend geäußert, dass dies nur für den Fall gelte, dass der Korrespondent- oder Vertragsreeder die Bereederung in ihrer Eigenschaft als Mitgesellschafter an der Eigentümergesellschaft vornehme. Nach dem eindeutigen Gesetzeswortlaut verdient die einschränkende Auffassung den Vorzug. Zwingende Voraussetzung für den Lohnsteuereinbehalt ist die gleichzeitige Stellung als Arbeitgeber und Bereederer. Wer nur bereedert, ohne am Schiff eigentumsmäßig oder an der Gesellschaft als Mitunternehmer beteiligt zu sein, ist zwar Arbeitgeber, betreibt aber kein eigenes (oder gechartertes) Handelsschiff. Umgekehrt kann aber der Reeder sich eines Vertrags- oder Korrespondentreeders bedienen, der die Heuerverhältnisse nicht im eigenen Namen, sondern für den Reeder abschließt. In diesem Fall braucht der Vertrags- oder Korrespondentreeder nicht am Schiff beteiligt zu sein, weil er nicht selbst in die Arbeitgeberfunktion einrückt.

2. Das Betreiben von Handelsschiffen

§ 41a Abs. 4 EStG verlangt einen Betrieb eines Handelsschiffes. Fraglich ist, wie Zeiten, in denen sich das Schiff nicht im Einsatz befindet (Be- und Entladezeiten, Aufliegezeiten, Leerfahrtzeiten, Beschäftigungslosigkeit des Schiffes) auf den Lohnsteuereinbehalt auswirken. Stellt man auf das tatsächliche Betreiben ab, so müsste beispielsweise in dem Fall, in dem ein Schiff wegen einer Großreparatur keine Beschäftigung hat, der Lohnsteuerabzug entfallen. Nach Sinn und Zweck des Gesetzes kann man nicht davon ausgehen, dass ein Schiff, welches – vorübergehend – nicht im Einsatz ist, nicht mehr betrieben wird. Der Betrieb ist lediglich befristet unterbrochen, was man bereits daran erkennen kann, dass die Arbeitsverhältnisse in der Regel nicht unterbro-

---

[18] *Schmidt/Drenseck*, EStG, § 41a Rz. 10.
[19] BGBl 1998 I 4023; dies übersieht *Drenseck* a. a. O. (oben Fn. 18) bei seiner Kritik.
[20] DB 1998, 2341, 2342.
[21] DStR 1999, 1230.

chen werden. Es kann deshalb nur darauf ankommen, dass ein zusammenhängendes Arbeitsverhältnis von mehr als 183 Tagen vorliegt (§ 41a Abs. 4 Satz 1 EStG) und dass das Schiff im tatsächlichen Einsatz die qualifizierten Voraussetzungen erfüllt.[22] In diesem Fall macht es keinen Unterschied, ob das Schiff tatsächlich im Einsatz ist oder vorübergehend nicht fährt. Eine Grenze wird man dort ziehen müssen, wo das Schiff länger als 183 Tage im Jahr nicht im Einsatz ist. In diesem Fall ist das Schiff bezogen auf ein Kalenderjahr überwiegend nicht im Einsatz, was die Lohnsteuerermäßigung m. E. ausschließt.

IV. Fonds-Schiffe und § 15b[23] EStG

Bereits in den sechziger Jahren des letzten Jahrhunderts wurde die Idee geboren, nicht mit der Schifffahrt, sondern an der Schifffahrt Geld zu verdienen. Es wurden Konzepte entwickelt, die es Steuerpflichtigen mit hoher Steuerprogression ermöglichten, sich mitunternehmerisch an einem Schiff zu beteiligen in der Erwartung, hohe Verlustzuweisungen zu erhalten, mit denen dann Gewinne aus anderen Einkunftsquellen verrechnet wurden. Dazu wurden so genannte Publikumsgesellschaften, meistens in der Rechtsform einer Kommanditgesellschaft, gegründet, an denen sich dann eine Vielzahl von Steuerpflichtigen als Kommanditisten beteiligen. Der Steuereffekt beruhte im Wesentlichen auf zwei Komponenten: Zum einen wurden für Handelsschiffe, die in einem inländischen Seeschiffsregister eingetragen waren, eine Sonderabschreibung in Höhe von 40 % gem. § 82f EStDV gewährt. Diese 40 % konnten im Jahr der Anschaffung oder Herstellung oder verteilt auf die ersten fünf Wirtschaftsjahre in Anspruch genommen werden. Daneben konnte die lineare Abschreibung geltend gemacht werden. So entstanden in den ersten Jahren hohe Verluste, die sich beim Anleger einkunfts- und steuermindernd auswirkten. Die Verlustbegrenzung nach § 15a EStG auf 100 % der Einlage galt nicht für Schiffe, für die Sonderabschreibungen nach § 82f EStDV in Anspruch genommen oder die degressiv abgeschrieben wurden. Vielmehr konnten Verluste, die bis zum 31. 12. 1994 entstanden waren, bis zu 150 % der Einlage berücksichtigt werden und Verluste, die bis zum 31. 12. 1998 entstanden waren, bis zu 125 % berücksichtigt werden (§ 52 Abs. 33 EStG). Zum anderen wurde die Veräußerung des Schiffes bzw. die Anteilsveräußerung durch die Kommanditisten wie eine Betriebsaufgabe gewertet und demgemäß der halbe durchschnittliche Steuersatz auf den Veräußerungsgewinn gewährt (bis 1998, §§ 16 Abs. 1, Abs. 3 i. V. m. 34 Abs. 2 Nr. 1 EStG).

Im Zuge der Steuerrechtsänderungen der letzten Jahre wurden die Schiffsanlagemodelle als unerwünschte Konstruktionen angesehen mit der Folge einschneidender Änderungen in diesem Bereich. Bereits mit dem Jahressteuergesetz 1997 wurde § 82f EStDV dahingehend geändert, dass die Sonderabschreibung in Höhe von 40 % nur für solche Schiffe in Anspruch genommen werden konnte, deren Kaufvertrag oder Bauvertrag vor dem 25. 4. 1996 abgeschlossen worden ist. Da darüber hinaus Kommanditisten, die einer Gesellschaft nach Abschluss des Schiffsbauvertrages beitreten wollten, dies, um die Sonderabschreibungen noch zu erhalten, bis zum 31. 12. 1998 getan haben mussten, spielt § 82f EStDV seit 1999 keine Rolle mehr. Überdies wurde der halbe durchschnittliche Steuersatz für die Veräußerung von Mitunternehmeranteilen zum 31. 12. 1998 gestrichen, so dass Veräußerungsgewinne seit 1999 voll besteuert werden.[24]

---

[22] *Blümich/Heuermann*, EStG, § 41a Rz. 42; s. auch *Voß/Unbescheid*, DB 1998, 2341, 2342, 2343.

[23] § 15 b EStG wurde eingefügt durch das Gesetz zur Beschränkung der Verlustverrechnung im Zusammenhang mit Steuerstundungsmodellen v. 22. 12. 2005 (BStBl 2006, I 80).

[24] Die einschränkende Wiedereinführung durch das StSenkErgG v. 19. 12. 2000 (BStBl 2000 I 25) in § 34 Abs. 3 EStG hat kaum Auswirkungen auf den Markt für Schiffsbeteiligungen, weil die Vergünstigung erst ab dem 55. Lebensjahr und nur einmal im Leben gewährt wird.

Kreutziger

Da zusätzlich die Verlustbegrenzung des § 15a EStG auf 100 % der Einlage seit 1. 1. 1999 gilt, haben sich die Renditen aus derartigen Einlagebeteiligungen nicht unerheblich verschlechtert.

Die größte Bremse für Beteiligungsmodelle herkömmlicher Prägung bildet indes der durch das Gesetz zur Beschränkung der Verlustverrechnung im Zusammenhang mit Steuerstundungsmodellen ab Erhebungszeitraum 2006 in das EStG eingefügte § 15b. Nach dessen Absatz 1 dürfen Verluste im Zusammenhang mit einem Steuerstundungsmodell weder mit Einkünften aus Gewerbebetrieb noch mit Einkünften aus anderen Einkunftsarten ausgeglichen werden, sondern nur noch mit zukünftigen positiven Einkünften derselben Einkunftsquelle verrechnet werden. § 15b ist die Folgevorschrift des § 2b EStG a.F., der ebenfalls durch das Gesetz zur Beschränkung der Verlustverrechnung im Zusammenhang mit Steuerstundungsmodellen v. 22.12.2005 aufgehoben worden ist.[25] Nach § 15b Abs. 2 EStG liegt ein Steuerstundungsmodell i.S.d. Abs. 1 vor, wenn aufgrund einer modellhaften Gestaltung steuerliche Vorteile in Form negativer Einkünfte erzielt werden sollen. Dies ist der Fall, wenn dem Steuerpflichtigen aufgrund eines vorgefertigten Konzepts die Möglichkeit geboten werden soll, zumindest in der Anfangsphase der Investition Verluste mit übrigen Einkünften zu verrechnen. Betroffen sind von dieser Neuregelung insbesondere Schiffsfonds, Medienfonds, Bauherren-modelle, New-Energy-Fonds, Leasingfonds, Wertpapierhandelsfonds, Videogame-Fonds, Lebensversicherungszweitmarkt-fonds und geschlossene Immobilienfonds. Es würde den Rahmen dieses Beitrages sprengen, auf die Voraussetzungen und Inhalte des § 15b EStG im Einzelnen einzugehen.[26] Es wäre auch vom Zeitpunkt her verfrüht. Denn praktische Erfahrungen mit dieser Vorschrift, also z.B. erste finanzgerichtliche Urteile, liegen noch nicht vor. Die Verwaltung hat sich in einem BMF-Anwendungsschreiben vom 17.7.2007[27] zur Anwendung des § 15b EStG geäußert und die wichtigsten praktischen Fragen beantwortet. Im Kern geht es darum zu bestimmen, was ein Steuerstundungsmodell ist. Das Gesetz enthält dazu Begriffe der Umgangssprache, nämlich Einkunftsquelle, Steuerstundungsmodell, modellhafte Gestaltung, vorgefertigtes Konzept, die sich derzeit nicht hinreichend genau definieren lassen. Deshalb sind Teile der Literatur bereits jetzt der Auffassung, dass § 15b EStG wegen inhaltlicher Unklarheit verfassungswidrig ist.[28] Die weitere Entwicklung hierzu bleibt abzuwarten. Überdies haben Schiffsanlagekonzepte herkömmlicher Prägung seit dem 1.1.1999 durch die Einführung der Tonnagesteuer an Bedeutung verloren, denn die Tonnagesteuer beruht auf dem Konzept der Gewinnerzielung ab dem ersten Jahr der Investition. Verluste sind bei der Tonnagesteuer ausgeschlossen (s. dazu unten D).

V. Beschränkte Steuerpflicht

Ein ausländisches Schifffahrtsunternehmen unterliegt wie jedes andere gewerbliche Unternehmen dann der inländischen beschränkten Steuerpflicht nach § 49 Abs. 1 Nr. 2 a EStG, wenn für das Unternehmen im Inland eine Betriebsstätte unterhalten wird oder ein ständiger Vertreter bestellt ist. Da weder das Anlaufen inländischer Häfen durch ausländische Schiffe betriebsstättenbegründend wirkt, noch das Schiff selbst eine Betriebsstätte darstellt,[29] gleichwohl aber ein Besteuerungsbedürfnis für die im Inland erzielten Einkünfte besteht, bestimmt § 49 Abs. 1 Ziff. 2 Buchst. b EStG, dass Einkünfte aus Gewerbebetrieb auch solche sind, die durch den Be-

---

[25] Vgl. *Reiß* in: Kirchhof, EStG, § 15b Rz. 16.
[26] S. dazu *Schmidt/Seeger*, EStG, § 15b Rz. 1 ff m. w. N.
[27] BStBl. 2007 I 542
[28] *Schmidt/Seeger*, EStG § 15b Rz. 16; i. E. *Söffing* DStR 2006, 1585
[29] *Tipke/Kruse*, AO, § 12 Rz. 7.

trieb eigener oder gecharterter Seeschiffe aus Beförderungen zwischen inländischen und von inländischen zu ausländischen Häfen erzielt werden, einschließlich der Einkünfte aus anderen mit solchen Beförderungen zusammenhängenden, sich auf das Inland erstreckenden Beförderungsleistungen. Einkünfte eines bare-boat-Vercharterers können also durch diese Vorschrift nicht erfasst werden. Sie fallen unter § 49 Abs. 1 Nr. 6 EStG, soweit das Schiff in einem inländischen Register eingetragen ist, sonst unter § 49 Abs. 1 Nr. 9 EStG.

Da keine Betriebsstättengewinnermittlung vorgelegt werden kann, werden in diesen Fällen die Einkünfte nach einem besonderen pauschalen Verfahren besteuert. Nach § 49 Abs. 3 EStG sind die Einkünfte i. S. des § 49 Abs. 1 Nr. 2b EStG mit 5 % der für diese Beförderungsleistungen vereinbarten Entgelte (= ausgehende Frachten) anzusetzen. Die 5 % bilden die Steuerbemessungsgrundlage, wobei sich der Steuersatz für natürliche Personen nach der ESt-Grundtabelle berechnet. Für ausländische Körperschaften beträgt der Steuersatz seit 1.1.2008 15 %.

Die Vorschriften über die beschränkte Steuerpflicht gelten nicht, wenn – was die Regel ist – das Besteuerungsrecht über ein DBA einem ausländischen Staat zugewiesen ist. Darüber hinaus sind die Einkünfte nach § 49 Abs. 4 EStG dann steuerfrei, wenn eine Gegenseitigkeitserklärung über die Steuerfreiheit vorliegt und das Bundesministerium für Verkehr die Steuerbefreiung für verkehrspolitisch unbedenklich erklärt hat.

Die Pauschalbesteuerung nach § 49 Abs. 3 EStG gilt nicht, wenn das ausländische Schifffahrtsunternehmen selbst nicht die Voraussetzungen des § 49 Abs. 1 Nr. 2b EStG erfüllt, wohl aber an einem Pool beteiligt ist, der Transporte von einem Unternehmen mit Sitz oder Geschäftsleitung im Inland durchführen lässt (§ 49 Abs. 1 Nr. 2c EStG). Der ausländische Poolpartner ist in diesem Fall nur ergebnismäßig an den inländischen Beförderungserträgen beteiligt. Diese Erträge hat er nach den allgemeinen Vorschriften über die beschränkte Steuerpflicht ohne Geltung des § 49 Abs. 3 EStG zu versteuern.[30] Die Vorschrift hat nur Bedeutung, wenn kein DBA vorliegt. Im DBA-Fall gilt Art. 8 Abs. 4 OECD-MA mit dem Besteuerungsrecht ausschließlich am Ort der tatsächlichen Geschäftsleitung des (am Pool beteiligten) Unternehmens.

C. Internationale Besteuerung

Angesichts der Internationalität der Seeschifffahrt sind unilaterale Maßnahmen nicht ausreichend, Schifffahrtseinkünfte, die im Folgenden begrifflich auch die Besteuerung der Seeleute umfassen soll, einer sachgerechten Besteuerung zuzuführen. Dies soll an folgendem Beispiel verdeutlicht werden:

Eine deutsche Reederei in der Rechtsform einer KG ist zu 99% an einer limited partnership (vergleichbar mit einer Kommanditgesellschaft) in einem DBA-Staat beteiligt. 1 % werden von einer limited company, die ebenfalls im DBA-Staat ansässig ist, gehalten. Die limited partnership besitzt ein Seeschiff, welches international für Transporte eingesetzt wird. Das Seeschiff nimmt Ladung in Havanna auf und verbringt diese Ladung nach Rotterdam, wo sie an den Erwerber übergeben wird. Bereedert wird das Schiff durch einen im DBA-Staat ansässigen Schiffsmanager, der selbst nicht an der limited partnership beteiligt ist. Alle für die Tagesgeschäfte notwendigen Entscheidungen werden von ihm getroffen. Er berichtet einmal monatlich der Reederei in Deutschland. Er schließt insb. die Frachtverträge ab, und er ist verantwortlich für die Gestellung der Schiffsmannschaft. Dieses so genannte crewing hat er an eine in Panama ansässige crewing company vergeben, die ihm die Schiffsmannschaft zur Verfügung stellt. Die Schiffsmannschaft besteht aus den sonstigen Seeleuten, die nicht unbeschränkt steuerpflichtig sind, und dem

---

[30] Blümich/Wied, EStG, § 49 Rz. 193;

Kapitän und dem Ersten Offizier. Beide sind deutsche Staatsangehörige mit Wohnsitz in Deutschland. Das Schiff fährt die Flagge des DBA-Staates.

In diesem Beispiel sind die wesentlichen Problemfälle bei der Besteuerung der internationalen Seeschifffahrt untergebracht. Der Fall zeigt, dass ohne internationale Regelungen ein vollkommenes Steuerchaos ausbrechen würde. Insgesamt fünf Länder könnten sich um Besteuerungsrechte streiten: Deutschland als Sitzstaat der Reederei, die Gesellschafterin der limited partnership ist, der DBA-Staat als Staat der limited partnership, der das Schiff gehört und von wo aus die Geschäftsleitung für das Schiff ausgeübt wird, Kuba als Schiffsabgangsort, die Niederlande als Land der Übergabe der Ladung und Panama, wo die Crewing-Gesellschaft für das Bordpersonal ansässig ist. Überdies könnte Deutschland Lohnsteuer für den Kapitän und den Ersten Offizier beanspruchen, weil beide in Deutschland unbeschränkt steuerpflichtig sind.

I. Artikel 8 Abs. 1 OECD-MA

Die aufgezeigte Steuerkonkurrenz besteht tatsächlich nicht. Das OECD-MA trägt mit seinem Art. 8, welcher in nahezu alle DBA übernommen worden ist, dem typischen Erscheinungsbild der internationalen Seeschifffahrt Rechnung. Der Betrieb erstreckt sich über eine Vielzahl von Staaten, in denen häufig auch Betriebsstätten begründet werden. Da auf einer einzigen Reise oft mehrere ausländische Staaten nacheinander angelaufen werden, würden sich bei einer Besteuerung nach dem für gewerbliche Einkünfte an sich geltenden Betriebsstättenprinzip (Art. 7 i. V. m. Art. 5 OECD-MA) Schwierigkeiten insoweit ergeben, den einzelnen Betriebsstätten ihren Gewinnanteil an der Beförderungstätigkeit des die Seeschifffahrt betreibenden Unternehmens zuzurechnen. Folge wäre eine Zersplitterung der Besteuerung. Um dies zu vermeiden, bestimmt Art. 8 Abs. 1 OECD-MA, dass Gewinne aus dem Betrieb von Seeschiffen nur in dem Vertragsstaat besteuert werden können, in dem sich der **Ort der tatsächlichen Geschäftsleitung** befindet. Auf das Vorliegen einer (weiteren) Betriebsstätte in dem einen oder anderen Staat kommt es nicht an. Der Ort der tatsächlichen Geschäftsleitung ist der zentrale Anknüpfungspunkt für die Besteuerung der internationalen Seeschifffahrt. Durch die Exklusivität des Besteuerungsrechts sind der Wohnsitzstaat des Reeders, der Sitzstaat der Reederei, ggf. der Betriebsstättenstaat, die Länder, die das Schiff auf seiner Reise anläuft und wieder verlässt, so wie im Beispielsfall Panama als Sitzstaat des Crewing-Unternehmens, keine Anknüpfungspunkte für die Besteuerung. Das allgemeine Betriebsstättenprinzip, d. h. also, dass ein Unternehmen, welches in dem einen Staat eine Betriebsstätte begründet, den Gewinn, der in der Betriebsstätte erzielt wird, auch dort versteuern muss, wird durch Art. 8 OECD-MA zwar nicht außer Kraft gesetzt, aber auf die Geschäftsleitungsbetriebsstätte als einziges Anknüpfungsmerkmal reduziert.

Der für das internationale Steuerrecht maßgebende Ort der tatsächlichen Geschäftsleitung i. S. v. Art. 8 Abs. 1 OECD-MA entspricht dem des Art. 4 Abs. 3 OECD-MA und ist deckungsgleich mit dem Mittelpunkt der geschäftlichen Oberleitung i. S. v. § 10 AO.[31] Der Mittelpunkt der geschäftlichen Oberleitung befindet sich dort, wo der für die Geschäftsführung maßgebende Wille gebildet wird. Es kommt darauf an, an welchem Ort alle für die Geschäftsführung nötigen Maßnahmen von einiger Wichtigkeit angeordnet werden. Maßgebend sind die tatsächlichen Umstände des Einzelfalles. Seine inhaltliche Ausprägung hat der Begriff durch die Rechtsprechung des BFH erfahren. Er hat zunächst für **Kapitalgesellschaften** entschieden, dass unter dem Begriff der geschäftlichen Oberleitung die Geschäftsführung im engeren Sinne zu verstehen ist.[32] Ge-

---

[31] *Wassermeyer* a. a. O. (oben Fn. 2), Art. 4 Rz. 99.
[32] BFH-Urt. v. 7. 12. 1994, BStBl 1995 II 175.

meint ist die so genannte laufende Geschäftsführung. Zu ihr gehören die tatsächlichen und rechtsgeschäftlichen Handlungen, die der gewöhnliche Betrieb der Gesellschaft mit sich bringt und solche organisatorischen Maßnahmen, die zur gewöhnlichen Verwaltung der Gesellschaft gehören, die so genannten Tagesgeschäfte. Diese laufende Geschäftsführung ist von anderen Maßnahmen, die die Festlegung der Grundsätze der Unternehmenspolitik und die Mitwirkung der Gesellschafter an Entscheidungen von besonderer wirtschaftlicher Bedeutung betreffen, zu unterscheiden. Letztere gehören nicht zur laufenden Geschäftsführung und können damit nicht zur Bestimmung des Mittelpunktes der geschäftlichen Oberleitung einer Kapitalgesellschaft herangezogen werden. Der bloße gesellschaftsrechtliche Einfluss reicht dem BFH insoweit nicht aus. Er verlangt, dass der Gesellschafter die tatsächliche Geschäftsleitung dadurch völlig an sich zieht, dass er den laufenden Geschäftsgang nicht nur beobachtet, kontrolliert und fallweise beeinflusst, sondern ständig in die Tagespolitik der Gesellschaft eingreift und dauernd die im gewöhnlichen Geschäftsverkehr erforderlichen Entscheidungen von einigem Gewicht selbst trifft.[33]

Diese Rechtsprechung hat der BFH in einem Grundsatzurteil[34] auch auf **Personengesellschaften** im Allgemeinen und die **Partenreederei** im Besonderen übertragen. Der BFH hat mit dieser Entscheidung erstmals und mit prägnanter Klarheit festgestellt, dass der Mittelpunkt der geschäftlichen Oberleitung bei einer Personengesellschaft nicht anders zu bestimmen ist als bei einer Kapitalgesellschaft. Er befindet sich regelmäßig an dem Ort, an dem die zur Vertretung befugten Personen die ihnen obliegende Geschäftsführertätigkeit entfalten. Gemeint sind nach dem BFH die Maßnahmen, die zur gewöhnlichen Verwaltung der Gesellschaft gehören, nicht aber solche Gesellschafterrechte, die die Festlegung der Grundsätze der Unternehmenspolitik betreffen, die Mitwirkung der Gesellschafter an Entscheidungen von besonderer Bedeutung, z. B. Ankauf oder Verkauf eines Schiffes und die Wahrnehmung von Kontrollfunktionen nach Vorbild eines Aufsichtsrates. Dies sind nicht die laufenden Geschäfte, die den Seeschifffahrtsbetrieb ausmachen. Der BFH hat dies sowohl für eine GmbH & Co. KG als auch für eine Partenreederei festgestellt, wenn der Korrespondentreeder die Geschäftsleitung tatsächlich ausübt.

Die Entscheidung ist auch deshalb von besonderer Bedeutung, weil der BFH unmissverständlich klarstellt, dass die Ausübung der tatsächlichen Geschäftsleitung tatsächlicher Natur ist. Sie kann vom Gesellschafter selbst ausgeübt werden, aber auch von einem angestellten Manager, sofern er die Geschäftsführung ohne Eingriffe der Gesellschafter tatsächlich ausübt. Beschränkt der Gesellschafter sich auf eine allgemeine Weisungsbefugnis, die nur im Ausnahmefall ausgeübt wird, so zieht er damit nicht die tatsächliche Geschäftsleitung i. S. d. Art. 8 Abs. 1 OECD-MA an sich.

Zusammenfassend ist daher festzustellen, dass das Kriterium des tatsächlichen Ortes der Geschäftsleitung das alleinige Anknüpfungsmal für die Besteuerung der internationalen Seeschifffahrt ist. Bezogen auf das obige Beispiel bedeutet dies, dass weder der Sitzstaat der Reederei noch der Ansässigkeitsstaat ihrer Gesellschafter Besteuerungsmerkmal ist. Ob das Seeschiff durch das Aufnehmen der Ladung in Havanna und das Löschen der Ladung in Rotterdam jeweils Betriebsstätten begründet, ist ebenfalls nicht entscheidend, weil die Betriebsstätte außerhalb der Geschäftsleitung kein Besteuerungsmerkmal für internationale Seeschifffahrtsunternehmen ist. Entscheidend ist, von wo aus das Schiff tatsächlich eingesetzt wird, mithin, wo der Ort der geschäftlichen Oberleitung liegt. Diese wird von dem im DBA-Staat ansässigen Schiffsma-

---

[33] BFH a. a. O. (oben Fn. 33).
[34] BFH-Urt. v. 3. 7. 1997, BStBl 1998 II 86.

nager ausgeübt, so dass die Einkünfte der limited partnership ausschließlich im DBA-Staat besteuert werden können. Dies kann dazu führen, dass so genannte "weiße Einkünfte" entstehen. Befinden sich nämlich die Gesellschafter des die Seeschifffahrt betreibenden Unternehmens in einem anderen Staat (z. B. Deutschland) und besteht zwischen Deutschland und dem Geschäftsleitungsstaat (z. B. Zypern) ein DBA, welches in Art. 8 Abs. 1 die Regelung des Art. 8 Abs. 1 OECD-MA übernommen hat, so können die Schifffahrtseinkünfte ausschließlich in Zypern besteuert werden.[35] Ob Zypern sein Besteuerungsrecht tatsächlich ausübt, hat auf die Besteuerung im Ansässigkeitsstaat der Gesellschafter keinen Einfluss. Das DBA Deutschland/ Zypern hat in seinem Art. 23 (Methodenartikel) weder eine Rückfall- noch eine subject-to-tax-clausel übernommen. Nur derartige Klauseln sind aber in der Lage, die Besteuerung an den Ansässigkeitsstaat der Gesellschafter zurückfallen zu lassen, wenn an sich der Geschäftsleitungsstaat das alleinige Besteuerungsrecht hat. Auch der durch das Jahressteuergesetz 2007 im Einkommensteuerrecht neu eingefügte § 50d Abs. 9 EStG führt nicht zu einem Rückfall des Besteuerungsrechts an Deutschland, weil es sich bei dem Verzicht eines Staates auf die Ausübung seines ihm an sich durch DBA zugewiesenen Besteuerungsrechts nicht um einen Fall des Qualifikations-konflikts bei der Auslegung eines Doppelbesteuerungsabkommens handelt.[36]

II. Artikel 15 Abs. 3 OECD-MA
1. Ort der tatsächlichen Geschäftsleitung

Die vorstehenden Ausführungen haben Bedeutung für die Einkommensteuer, Körperschaftsteuer und Gewerbesteuer bezüglich der Schifffahrtseinkünfte. Art. 8 OECD-MA klärt nicht, welcher Staat das Besteuerungsrecht für die Heuer der Schiffsmannschaft hat. In unserem Beispiel sind der Kapitän und der Erste Offizier deutsche Staatsangehörige mit Wohnsitz in Deutschland. Beide sind also in Deutschland unbeschränkt steuerpflichtig und haben deshalb ihr Welteinkommen in Deutschland zu versteuern, sofern nicht das Schrankenrecht der DBA einem anderen Staat das (ausschließliche) Besteuerungsrecht zuweist. Liegt ein DBA vor, so werden nach Art. 15 Abs. 1 und 2 des OECD-MA Gehälter, Löhne und ähnliche Vergütungen im Tätigkeitsstaat besteuert (Art. 15 Abs. 1 OECD-MA). Das Besteuerungsrecht verbleibt beim Ansässigkeitsstaat des Arbeitnehmers, wenn er sich nicht länger als 183 Tage im Tätigkeitsstaat aufgehalten hat und seine Vergütung auch nicht von einem Arbeitgeber, der im Tätigkeitsstaat ansässig ist, unmittelbar oder mittelbar z. B. durch Verrechnung getragen wird (Art. 15 Abs. 2 OECD-MA). Es leuchtet unmittelbar ein, dass diese Regelung für Seeleute in der internationalen Seeschifffahrt unpraktikabel ist, denn der Ort der tatsächlichen Ausübung der Tätigkeit an Bord eines Schiffes wechselt ständig. Befindet sich das Schiff in Deutschland, hätte Deutschland das Besteuerungsrecht, befindet es sich im Ausland, hätte das Ausland das Besteuerungsrecht, befindet es sich auf hoher See, bestimmt die Flagge[37] den Ort der Tätigkeit. Ohne eine für die Seeschifffahrt gesonderte Regelung wäre eine Aufsplittung des Besteuerungsrechts genauso die Folge wie bei der Einkommensteuer und Körperschaftsteuer. Demgemäß folgt das OECD-MA in seinem Art. 15 Abs. 3 dem Art. 8 Abs. 1, indem es die Regelung über die Besteuerung von Unternehmensgewinnen aus Seeschiffen auf die gezahlten Vergütungen überträgt. Die Gehälter und Löhne der Seeleute können demgemäß nur in dem Staat besteuert werden, in dem sich der Ort

---

[35] Auf die Besonderheit des Art. 8 Abs. 3 DBA Deutschland/Zypern, der den Rückfall des Besteuerungsrechts für zyprische Personengesellschaften regelt, wird im Rahmen dieser Abhandlung nicht eingegangen; s. dazu *Müller* in: Debatin/Wassermeyer, Zypern, Art. 8 Rz. 14 ff.

[36] Vgl. dazu im einzelnen *Schmitt/Loschelder*, EStG, § 50d Rz. 55 ff.

[37] *Vogelgesang* in: B/H/G/K, MA, Art. 15 Rz. 262.

der tatsächlichen Geschäftsleitung des Unternehmens befindet. Art. 15 Abs. 3 enthält damit eine Spezialregelung (lex specialis) gegenüber den Abs. 1 und 2 der Vorschrift.[38] Die Regelung bedeutet, dass die an das Bordpersonal gezahlten Vergütungen den Gewinn der Unternehmen und damit das Steueraufkommen des jeweiligen Geschäftsleitungsstaates mindern. Zum Ausgleich dafür soll dem Geschäftsleitungsstaat das Recht zustehen, die an das Bordpersonal für dessen unselbständige Tätigkeit gezahlten Vergütungen zu besteuern.[39] Vor diesem Hintergrund kann, zurückkommend auf unser Beispiel, die Frage, ob die Heuer des Kapitäns und des Ersten Offiziers nur im DBA-Staat besteuert werden können, weil hier die Geschäftsleitung des Unternehmens ausgeübt wird, nicht isoliert nach dem Ort der tatsächlichen Geschäftsleitung beurteilt werden. Art. 15 Abs. 3 OECD-MA spricht in seinem letzten Satzteil von dem Vertragsstaat, **"in dem sich der Ort der tatsächlichen Geschäftsleitung des Unternehmens befindet"**. "Unternehmen" i. S. v. Art. 15 Abs. 3 ist das die Schifffahrt betreibende Unternehmen.[40] Es handelt sich um dasselbe Unternehmen wie das in Art. 8 Abs. 1 OECD-MA genannte.

2. Crewing-Unternehmen

Damit sind die Fälle des Arbeitnehmerverleihs angesprochen. Nach dem Einleitungsfall wird die Schiffsmannschaft von einem Crewing-Unternehmen aus einem Drittstaat gestellt. In der Praxis nehmen diese Crewing-Unternehmen die vollständigen Arbeitgeberfunktionen wahr, sie zahlen insb. die Heuern und etwaigen Sozialabgaben für die Mannschaft. Sämtliche Aufwendungen werden dem Schiffsmanager wieder in Rechnung gestellt. Es handelt sich damit um einen Fall der Arbeitnehmerüberlassung. Fraglich ist damit, ob das Crewing-Unternehmen im Drittstaat als Arbeitgeber oder aber die limited partnership im DBA-Staat, von wo aus die Geschäftsleitung für den Schifffahrtsbetrieb ausgeübt wird, "Unternehmen i. S. des Art. 15 Abs. 3 OECD-MA" ist. Der BFH hat hierzu in verschiedenen Urteilen unmissverständlich festgestellt, dass mit einer crewing-company nicht "das Unternehmen" i. S. d. Art. 15 Abs. 3 OECD-MA gemeint ist.[41] Unternehmen in diesem Sinne kann nur ein Unternehmen sein, das selbst internationale Seeschifffahrt betreibt. Wassermeyer[42] spricht unter Hinweis auf das BFH-Urteil vom 10. 11. 1993, BStBl 1994 II 218, zu Recht von einer teleologischen Reduktion des Art. 15 Abs. 3 OECD-MA. Die Vorschrift findet keine Anwendung, wenn der Arbeitgeber der an Bord tätigen Arbeitnehmer kein Unternehmen ist, das die Seeschifffahrt im internationalen Verkehr betreibt.[43] Diese Grundsätze gelten konsequenterweise auch für Crewing-Gesellschaften, denn sie betreiben keine Seeschifffahrt im internationalen Verkehr. In seinem jüngsten Urteil zu dieser Problematik hat der BFH[44] eine weitere – bisher noch offen gebliebene – Frage geklärt. Der BFH hatte bislang unentschieden gelassen, ob für die Anwendung von Art. 15 Abs. 3 OECD-MA vorauszusetzen sei, dass der Reeder auch der Arbeitgeber ist.[45] In Fällen der Vercharterung eines Seeschiffes kann es nämlich so sein, dass sowohl der Vercharterer als auch der Charterer Seeschifffahrt im internationalen Verkehr betreiben. In diesem Fall kommt es nach der zutreffenden Auffassung des BFH nur

---

[38] *Wassermeyer* a. a. O. (oben Fn. 2), Art. 15 Rz. 181; *Vogel*, DBA, Art. 15 Rz.105; *Vogelgesang* a. a. O. (oben Fn. 38), MA Art. 15 Rz. 261.
[39] *Wassermeyer* a. a. O. (oben Fn. 2), Art. 15 Rz. 196.
[40] BFH-Urt. v. 8. 2. 1995, BStBl 1995 II 405.
[41] BFH-Urt. v. 5. 9. 2001, IStR 2002, 164 ff.; 10. 11. 1993, BStBl 1994 II 218; 11. 2. 1997, BStBl 1997 II 432.
[42] A. a. O. (oben Fn. 2), Art. 15 Rz. 196.
[43] *Wassermeyer* a. a. O. (oben Fn. 2), Art. 15 Rz. 196.
[44] Urt. v. 5. 9. 2001, IStR 2002, 164 ff.
[45] BFH-Urt. v. 10. 11. 1993, BStBl 1994 II 218 (220).

darauf an, dass das **Unternehmen**, welches Seeschifffahrt im internationalen Verkehr betreibt, wirtschaftlich betrachtet auch **Arbeitgeber** des Schiffspersonals ist. Ist Arbeitgeber aber ein Crewing-Unternehmen, so sind weder der Charterer noch der Vercharterer Arbeitgeber des Schiffspersonals mit der Folge der Nichtanwendbarkeit des Art. 15 Abs. 3 OECD-MA[46]. Insoweit folgerichtig greift der BFH im Falle des Nichtvorliegens der Voraussetzungen des Art. 15 Abs. 3 OECD-MA zunächst auf die innerstaatlichen Regelungen zurück, besteuert mithin die Heuern des Kapitäns und des Ersten Offiziers im Beispielsfall nach den Regeln der unbeschränkten Steuerpflicht.

3. Art. 15 Abs. 3 OECD-MA als lex specialis zu Art. 15 Abs. 1, Abs. 2 OECD-MA

Allerdings stellt sich jetzt die Frage, ob auf die Abs. 1 und 2 des Art. 15 OECD-MA zurückgegriffen werden kann, mit der Folge der Zuweisung des Besteuerungsrechts an den Tätigkeitsstaat unter Beachtung der 183 Tage-Regel, oder ob ein Rückgriff auf die Abs. 1 und 2 der Vorschrift ausgeschlossen ist, mithin die Seeleute (nur) nach den Vorschriften der unbeschränkten Steuerpflicht, und damit im Inland, steuerpflichtig sind. Der BFH hat sich hier festgelegt. Bereits mit Urteil vom 11. 2. 1997[47] hat er zum DBA-Philippinen entschieden, dass eine subsidiäre Anwendung des Art. 15 Abs. 1 Satz 2, Abs. 2 DBA-Philippinen ausscheidet, weil Art. 15 Abs. 3 DBA-Philippinen für Tätigkeiten an Bord von Seeschiffen im internationalen Verkehr lex specialis sei. Diese Rechtsprechung ist in der jüngsten Entscheidung des BFH[48] zu dieser Problematik ausdrücklich bestätigt worden. In seiner Anmerkung zu diesem Urteil betont Wassermeyer,[49] dass Sinn des Art. 15 Abs. 3 OECD-MA sei, auszuschließen, dass über Art. 15 Abs. 1 OECD-MA die nichtselbständige Tätigkeit als in dem Staat ausgeübt gilt, dessen Flagge das Seeschiff führt. Seien also ausnahmsweise die Voraussetzungen von Art. 15 Abs. 3 OECD-MA nicht erfüllt, würden die Abs. 1 und 2 der Vorschrift nicht wieder aufleben. Dies führt im Ergebnis dazu, dass das Tätigkeitsortsprinzip für Seeleute nicht gilt und unbeschränkt steuerpflichtige Seeleute immer ihre Heuer vollen Umfangs in Deutschland zu versteuern haben, wenn die tatbestandlichen Voraussetzungen des Art. 15 Abs. 3 OECD-MA nicht erfüllt sind.

Dieser Sichtweise kann nicht zugestimmt werden. Zwar ist es richtig, dass Sinn und Zweck der Regelung des Art. 15 Abs. 3 OECD-MA u. a. darin zu sehen ist, dass demjenigen Staat, dessen Steueraufkommen durch den Abzug der Arbeitsvergütungen als Betriebsausgaben gemindert wird, ein Ausgleich dadurch gewährt werden soll, dass ihm folgerichtig auch die Befugnis zur Besteuerung der Vergütungen zugeordnet wird.[50] Art. 15 Abs. 3 OECD-MA muss deshalb vor dem Hintergrund der Regelung des Art. 8 Abs. 1 verstanden werden.[51] Es soll das ESt- bzw. KSt-Aufkommen des Geschäftsleitungsstaates letztlich nicht geschmälert werden, nachdem die Lohnkosten bereits den Unternehmensgewinn des das Seeschiff betreibenden Unternehmens gemindert haben.[52] Diese Argumentation ist hingegen nur dazu geeignet, die teleologische Reduktion der Vorschrift dahingehend zu begründen, dass die Seeschifffahrt betreibende Unternehmen gleichzeitig Arbeitgeber des Schiffspersonals sein muss. Fallen hingegen Geschäftsleitungsstaat des die Seeschifffahrt betreibenden Unternehmens und der Sitz des Arbeitgebers

---

[46] BFH-Urt. v. 5. 9. 2001, IStR 2002, 164 ff.
[47] BStBl 1997 II 432 (433).
[48] Urt. v. 5. 9. 2001, IStR 2002, 164 ff.
[49] IStR 2002, 166.
[50] *Wassermeyer* a. a. O. (oben Fn. 2), Art. 15 Rz. 196; *Vogelgesang* a. a. O. (oben Fn. 38), Art. 15 Rz. 262.
[51] *Wassermeyer* a. a. O. (oben Fn. 2), Art. 15 Rz. 196.
[52] S. o. Fn. 52

der Seeleute auseinander, so ist die Argumentation des BFH nicht mehr stichhaltig. Denn jetzt besteuert der Geschäftsleitungsstaat, sofern er mit Deutschland ein DBA geschlossen hat, den Unternehmensgewinn und gleichwohl besteuert ein anderer Staat die Arbeitslöhne. Die strenge Bindung des Besteuerungsrechts an einen Staat ist in diesem Fall aufgehoben. Es kommt also entscheidend darauf an, ob die tatbestandlichen Voraussetzungen des Art. 15 Abs. 3 OECD-MA gegeben sind. Nur dann, wenn sie vorliegen, ist Abs. 3 gegenüber den Abs. 1 und 2 lex specialis.[53] Es ist deshalb der Auffassung zuzustimmen, die die Spezialität der Vorschrift nur auf die Rechtsfolgen bezieht.[54] Liegen alle tatbestandlichen Voraussetzungen des Art. 15 Abs. 3 OECD-MA vor, dann ist für die Anwendung der Abs. 1 und 2 kein Raum. Liegen hingegen die tatbestandlichen Voraussetzungen des Art. 15 Abs. 3 OECD-MA nicht vor (Beispiel: ein deutscher Seemann fährt auf einem Schiff mit zyprischer Flagge, dessen Geschäftsleitung sich auf den Niederländischen Antillen befindet[55]), lebt das Tätigkeitsortsprinzip quasi wieder auf. Dies erkennt auch Vogel[56] für den Fall an, dass der Ort der tatsächlichen Geschäftsleitung sich in keinem der beiden Vertragsstaaten befindet. Nach Vogel ist Abs. 3 dann unanwendbar, maßgebend seien für die Besteuerung dann die Abs. 1 und 2 des Art. 15. Es kann aber keinen Unterschied machen, ob Art. 15 Abs. 3 OECD-MA deshalb nicht anwendbar ist, weil sich der Ort der tatsächlichen Geschäftsleitung in einem Drittstaat befindet oder aber weil das die Seeschifffahrt betreibende Unternehmen nicht zugleich Arbeitgeber des Seemanns ist. Art. 15 Abs. 3 OECD-MA tritt deshalb als lex specialis nur dann neben die Abs. 1 und 2 der Vorschrift (= Rechtsfolgenvorrang), wenn alle tatbestandlichen Voraussetzungen der Vorschrift gegeben sind. Dass dieses Ergebnis sachgerecht ist, zeigt auch ein Vergleich mit einem solchen DBA, welches den Art. 15 Abs. 3 OECD-MA nicht übernommen hat, z. B. Liberia. In einem solchen Fall finden ganz selbstverständlich die Vorschriften des Art. 15 Abs. 1 und 2 DBA Deutschland/Liberia Anwendung. D. h., dass ein in Deutschland unbeschränkt steuerpflichtiger Seemann, der auf einem Schiff unter Liberia-Flagge fährt, nach dem Tätigkeitsortsprinzip in Liberia besteuert werden kann. Der gleiche Seemann, der auf einem Schiff unter Zypern-Flagge fährt, die Geschäftsleitung für das Schiff sich aber außerhalb Zyperns befindet, worauf der Seemann keinen Einfluss hat, darf nach der Rechtsprechung des BFH nicht auf den Tätigkeitsstaat (= Zypern) verweisen, sondern muss seine Heuer in Deutschland versteuern. Für dieses unterschiedliche Ergebnis gibt es keine dogmatische Rechtfertigung.

III. Außensteuergesetz

Verlegt ein inländischer Reeder seine geschäftlichen Aktivitäten ganz oder teilweise ins Ausland, so tut er dies nicht nur, aber auch vor dem Hintergrund von Steuerersparnissen. Er wird also ein Land wählen, in welchem Schifffahrtseinkünfte begünstigt oder gar nicht besteuert werden. Damit wird das Außensteuergesetz anwendbar, welches bezüglich passiver Tätigkeit bei der internationalen Seeschifffahrt im Wesentlichen in zweifacher Hinsicht zu beachten ist.

1. Bare-boat-Vercharterung

Wie bereits oben[57] bei der Darstellung der verschiedenen Formen des Betreibens internationaler Seeschifffahrt dargestellt, ist die Vermietung von Schiffen im internationalen Verkehr weit

---

[53] So auch *Vogel*, DBA, Art. 15 Rz. 105
[54] FG Hessen, Beschl. v. 26. 5. 1993, EFG 1993, 638 (640).
[55] Vgl. den Sachverhalt im BFH-Urt. v. 10. 11. 1993, BStBl 1994 II 218.
[56] DBA, Art. 15 Rz. 112 a. E.
[57] B.I.2.

verbreitet. Man unterscheidet die time-charter, also die Vermietung eines voll ausgerüsteten und bemannten Seeschiffs von der bare-boat-Vercharterung, also die Vermietung eines leeren Schiffes. Die time-Vercharterung führt zu Einkünften aus dem Betrieb eines Seeschiffes im internationalen Verkehr und damit zur Anwendung von Art. 8 Abs. 1 OECD-MA. Die Einkünfte sind aktiver Natur. Hingegen ist die Vercharterung eines unbemannten Seeschiffes nach der einschlägigen BFH-Rechtsprechung[58] als Mietchartervertrag anzusehen. Gem. § 8 Abs. 1 Ziff. 6 Buchst. c AStG gehört die Vermietung und Verpachtung von beweglichen Sachen zu den passiven Einkünften. Der bare-boat-Vercharterer erzielt keine Einkünfte aus internationaler Seeschifffahrt i. S. v. Art. 8 Abs. 1 OECD-MA, sondern als Vermietung eines Sachinbegriffs entweder Einkünfte nach Art. 7 OECD-MA, sofern die Vermietung gewerblich durchgeführt wird, was die Regel sein dürfte, oder aber sonstige Einkünfte nach Art. 21 OECD-MA. Vermietet also ein inländischer Reeder über eine im niedrig besteuerten Ausland belegene Tochterge-sellschaft ein Schiff bare-boat, so unterliegen die im Ausland erzielten Erträge grundsätzlich der Hinzurechnungs-besteuerung. Nach der Ausnahme innerhalb des § 8 Abs. 1 Ziff. 6c AStG ist es allerdings möglich, die bare-boat-Vercharterung dann aktiv zu gestalten, wenn die ausländische Gesellschaft über einen so genannten qualifizierten Geschäftsbetrieb unter Teilnahme am allgemeinen wirtschaftlichen Verkehr verfügt. Sie muss also bare-boat-Vercharterung gewerbsmäßig betreiben und die Tätigkeit ohne Mitwirkung des inländischen Beteiligten ausüben. Diese Voraussetzung ist regelmäßig gegeben, denn der Vercharterer wird sich an eine Vielzahl von potentiellen Charterern wenden und damit über eine bloße Vermögensverwaltung hinausgehen und eine gewerbliche Tätigkeit ausüben. Um Schwierigkeiten mit der Finanzverwaltung von vornherein aus dem Weg zu gehen, empfiehlt es sich, statt einer bare-boat-charter die Zeitcharter zu wählen, sofern dies möglich ist. Bei der Zeitcharter handelt es sich um eine aktive Tätigkeit i. S. des Dienstleistungstatbestandes nach § 8 Abs. 1 Ziff. 5 AStG.

Zur geänderten Rechtslage seit 1. 1. 2008 s. u. III 3.

2. Mitwirkungstatbestände

Das Bewirken von Schiffsdienstleistungen im internationalen Verkehr ist eine aktive gewerbliche Dienstleistung. Dies gilt auch, wenn das Schiff im Wege der time-charter einem Dritten überlassen wird, der dann als Charterer ebenfalls aktive Schifffahrtseinkünfte erzielt. Höchste Vorsicht ist jedoch bei den so genannten konzerninternen Dienstleistungen geboten. Zwei Fälle sind zu unterscheiden:

a) Der "Sich-Bedienens-Tatbestand" des § 8 Abs. 1 Ziff. 5a AStG

Die ausländische Schifffahrtsgesellschaft hat einen eingerichteten und ausgeübten Geschäftsbetrieb. Sie betreibt ein Passagierschiff. Zur vollständigen Organisation und Durchführung der Reisen ist die ausländische Gesellschaft jedoch nicht in der Lage. Sie kauft deshalb von ihrem inländischen Anteilseigner wesentliche Leistungen für die Erbringung der Schiffsreise ein. Die Vergütung ist at arm's length.

Hier kommt es weder darauf an, dass die ausländische Gesellschaft einen eingerichteten und ausgeübten Geschäftsbetrieb unterhält, noch – jedenfalls nach der noch gültigen Verwaltungsmeinung[59] – dass die Vergütung at arm's length ist. Bedient sich die ausländische Gesellschaft bei der Erbringung einer Dienstleistung ihres inländischen Gesellschafters, um eine eigene Verpflichtung zum Erbringen oder zum Verschaffen dieser Dienstleistung ganz oder zu einem nicht nur unwesentlichen Teil zu erfüllen, kommt es immer zur Hinzurech-

---

[58] Urt. v. 27. 11. 1975, BStBl 1976 II 220.
[59] Anwendungserl. zum AStG = BMF-Schreiben v. 2. 12. 1994, BStBl 1995 I Sondernr. 1 Tz. 8.1.4.3.1.

nungsbesteuerung. Eine Ausnahme kommt für die Fälle der Mitwirkung in Betracht, in denen es sich lediglich um Vorbereitungshandlungen und Hilfstätigkeiten handelt, die die ausländische Gesellschaft dem Leistungsempfänger gegenüber nicht selbst schuldet, sondern von jedem Dritten erbracht werden kann. Hier erfüllt das bloße Mitwirken noch nicht die Voraussetzungen des "Sich Bedienens".[60] In der Praxis sollte hiervon jedoch nur zurückhaltend Gebrauch gemacht werden, da die Abgrenzung zwischen einer schädlichen Mitwirkung und einer unschädlichen unterstützenden Tätigkeit in der Betriebsprüfungspraxis immer wieder zu Schwierigkeiten führt.

Zur geänderten Rechtslage ab 1.1.2008, s.u. III 3.

b) Der Erbringungstatbestand des § 8 Abs. 1 Ziff. 5b AStG

Diese Vorschrift regelt den umgekehrten Fall, dass nämlich eine inländische Reederei eine Schifffahrtsdienstleistung erbringt und dabei zur Unterstützung eine Dienstleistung einer ausländischen nahe stehenden Person erhält. Führt beispielsweise eine inländische Reederei Kreuzfahrten durch und wird die Schiffsmannschaft durch ein ausländisches Tochterunternehmen gestellt, so bedient sich der inländische Anteilseigner bei der Erbringung einer Dienstleistung seiner ausländischen Gesellschaft, und es liegt grundsätzlich auch ein passiver Mitwirkungstatbestand vor. Im Gegensatz zu § 8 Abs. 1 Ziff. 5 Buchst. a AStG hat jedoch hier die ausländische Gesellschaft die Möglichkeit, durch den Nachweis eines qualifizierten Geschäftsbetriebs die Mitwirkung wieder aktiv werden zu lassen. Dazu muss die ausländische Gesellschaft einen für das Bewirken derartiger Dienstleistungen eingerichteten Geschäftsbetrieb unter Teilnahme am wirtschaftlichen Verkehr unterhalten, und der inländische Anteilseigner darf bei der Erbringung der gegenüber Dritten erbrachten Dienstleistungen nicht mitwirken.[61]

Liegt ein passiver Mitwirkungstatbestand vor, so kommt es nach Auffassung der Finanzverwaltung zur Hinzurechnungs-besteuerung auch dann, wenn für die Dienstleistung ein Entgelt verlangt und gezahlt wird, das wie unter unabhängigen Dritten bemessen worden ist.[62] Allerdings kommt es zur Hinzurechnungsbesteuerung nur, wenn die ausländische Gesellschaft auch tatsächlich einen Gewinn erzielt. Der Betriebsprüfer ist nicht etwa berechtigt, das wie unter fremden Dritten bemessene Entgelt beim inländischen Beteiligten als Betriebsausgabe zu streichen. In diesem Fall bleibt der Betriebsausgabenabzug selbst dann bestehen, wenn die ausländische Gesellschaft einen Verlust erzielt und damit die Hinzurechnungsbesteuerung, obwohl grundsätzlich ein Hinzurechnungstatbestand gegeben ist, entfällt.

3. § 8 Abs. 2 AStG i. d. F. d. Jahressteuergesetzes 2008[63]

Die vorstehenden Ausführungen zu III.1, 2 müssen seit dem 1.1.2008 innerhalb der EU unter einem veränderten Licht gesehen werden. Nach § 8 Abs. 2 AStG liegt ungeachtet des Vorliegens einer passiven Tätigkeit nach § 8 Abs. 1 AStG kein Hinzurechnungstatbestand vor, wenn die ausländische Gesellschaft ihren Sitz oder ihre Geschäftsleitung in der EU hat, sie nachweist, dass sie einer tatsächlichen wirtschaftlichen Tätigkeit in diesem Staat nachgeht und der Fremdver-gleichsgrundsatz (§ 1 AStG) beachtet worden ist. Dies ist die wichtigste Änderung des Au-

---

[60] Str. wie hier: *Flick/Wassermeyer/Baumhoff*, AStG, § 8 Rz. 197, 181.

[61] S. den Wortlaut des § 8 Abs. 1 Ziff. 5b. AStG; zum Ganzen: *Flick/Wassermeyer/Baumhoff*, AStG, § 8 Rz. 195 ff.

[62] Anwendungserl. zum AStG a. a. O. (oben Fn. 60), Tz. 8.1.5.3.2.

[63] BGBl. I 3150.

ßensteuergesetzes seit seiner Einführung im Jahre 1972. Mit dieser Änderung wird eine richtungsweisende Entscheidung des Europäischen Gerichtshofes, nämlich Cadburry/Schweppes,[64] in nationales Recht umgesetzt. Der Europäische Gerichtshof hat mit Cadburry/Schweppes entschieden, dass die Hinzurechnungsbesteuerung die Niederlassungsfreiheit verletzt, wenn nur wegen der Niedrigbesteuerung im Ausland eine Hinzurechnungsbesteuerung bei der Muttergesellschaft erfolgt, es sei denn, es liegt bei der Einschaltung der Tochtergesellschaft eine sogenannte künstliche Gestaltung vor, die nur gewählt worden sei, um Steuern zu sparen. Geht hingegen die ausländische Gesellschaft einer tatsächlichen wirtschaftlichen Tätigkeit nach, so ist für eine Hinzurechnungsbesteuerung kein Raum.

Diese nunmehr durch § 8 Abs. 2 AStG umgesetzte Entscheidung des Europäischen Gerichtshofes hat unmittelbar Auswirkungen auf die Hinzurechnungstatbestände des § 8 Abs. 1 AStG. Denn nach der bisherigen Konzeption des Außensteuer-gesetzes kommt es auch dann zur Hinzurechnungsbesteuerung, wenn die ausländische Gesellschaft im Niedrigsteuerland tatsächlich einer aktiven Tätigkeit nachgeht. Inkriminiert ist beispielsweise der konzerninterne Handel nach § 8 Abs. 1 Nr. 4 AStG als auch die – gerade bei der internationalen Seeschifffahrt relevanten – konzerninternen Dienstleistungen nach § 8 Abs. 1 Ziff. 5 AStG. Für die internationale Seeschifffahrt ist die zwingende Konsequenz aus der Neufassung des § 8 Abs. 2 AStG, dass es nur noch darauf ankommt, ob im niedrigbesteuerten Ausland tatsächlich ein eingerichteter und ausgeübter Gewerbebetrieb betrieben wird, um internationale Seeschifffahrt zu betreiben. Ist dies der Fall, können weder die bare-boat-Vercharterung (s. oben III. 1) noch die Mitwirkungstatbestände des § 8 Abs. 1 Ziff. 5 AStG zu passiven Einkünften führen. Damit kann die noch gültige Auffassung der Finanzverwaltung in Tz. 8.1.4.3.1. des Anwendungs-erlasses zum AStG,[65] dass es selbst dann zur Hinzurechnungsbesteuerung kommt, wenn die ausländische Gesellschaft einen eingerichteten und ausgeübten Geschäftsbetrieb unterhält und die Vergütung at arm's length erfolgt, keine Anwendung mehr finden. Konzerninterner Handel und konzerninterne Dienstleistungen sind unter den genannten Voraussetzungen immer aktiv. Damit hat sich im Ergebnis die seit vielen Jahren vertretene Rechtsauffassung von Wassermeyer',[66] dass es nicht Sinn des AStG sein kann, wirtschaftlich vernünftige Gestaltungen durch die Hinzurechnungsbesteuerung zu erfassen, durchgesetzt. Die in III. 2 a und b genannten Fälle sind deshalb dahingehend zu entscheiden, dass es sich um aktive Tätigkeiten handelt, sofern die ausländische Tochtergesellschaft sich in einem EU-Land befindet. Die Hinzurechnungstatbestände des § 8 Abs. 1 AStG haben allerdings weiterhin Gültigkeit für Tochtergesellschaften, die im niedrigbesteuerten nicht EU-Ausland belegen sind.

D. Einzelaspekte der Tonnagegewinnermittlung

I. Einführung

Durch das "Gesetz zur Anpassung der technischen und steuerlichen Bedingungen in der Seeschifffahrt an den internationalen Standard" (Seeschifffahrtsanpassungsgesetz) vom 9. 9. 1998[67] wurde mit Wirkung zum 1. 1. 1999 die Gewinnermittlung nach der Tonnage gem. § 5a EStG eingeführt. Die Vorschrift dient der Sicherung des maritimen Standortes Deutschland

---

[64] IStR 2006, 670.
[65] BMF-Schreiben v. 2.12.1994, BStBl. 1995, I Sondernr. 1.
[66] *Flick/Wassermeyer/Baumhoff*, AStG, § 8 Rz. 196
[67] BStBl 1998 I 1158.

durch Verringerung der Abgabenbelastung der Reeder im internationalen Verkehr. Die internationale Wettbewerbsfähigkeit deutscher Reeder soll verbessert werden, um dem Trend der Ausflaggung entgegen zu wirken. Erreicht werden soll dies durch § 5a EStG, der bestimmt, dass Schifffahrtsbetriebe mit Geschäftsleitung im Inland auf Antrag die Gewinne aus dem Betrieb von im Inland bereederten Handelsschiffen im internationalen Verkehr statt durch Vermögensvergleich pauschal nach der Tonnage der Schiffe ermitteln dürfen. § 5a EStG ist eine Gewinnermittlungsvorschrift, nicht etwa eine Tarifvergünstigung. Wenngleich sachlich etwas ungenau, hat sich der Begriff der Tonnagesteuer eingebürgert. Vorbild für die pauschale Gewinnermittlung waren Norwegen und insb. die Niederlande, die im Jahre 1995 eine ähnliche Vorschrift eingeführt haben. Da § 5a EStG eine Subventionsvorschrift ist, wird ihre Verfassungsmäßigkeit teilweise in Zweifel gezogen.[68] Ohne hierauf im Einzelnen einzugehen kann aber festgehalten werden, dass es dem Gesetzgeber nicht verwehrt sein kann, bei Vorliegen besonderer sachlicher Gründe eine bestimmte Branche bzw. Berufsgruppe zu begünstigen. Im Bereich der Land- und Forstwirtschaft ist dies von jeher der Fall (vgl. die Gewinnermittlung nach Durchschnittssätzen gem. § 13a EStG). Der Erhalt des maritimen Standortes Deutschland und damit die Sicherung einer Vielzahl von Arbeitsplätzen sowie der Erhalt der Wettbewerbsfähigkeit deutscher Reeder sollten für die Verfassungsmäßigkeit der Vorschrift sprechen. Dies umso mehr, als auch bereits vor Einführung der Gewinnermittlung nach der Tonnage Schifffahrtseinkünfte begünstigt waren. Nach § 34c Abs. 4 EStG a. F. konnten bis einschließlich 1998 inländische Reedereien, die ausländische Schifffahrtseinkünfte erzielten, 80 v. H. dieser Einkünfte mit dem halben durchschnittlichen Steuersatz versteuern. Die Verfassungsmäßigkeit dieser zum 1. 1. 1999 aufgehobenen Vorschrift wurde nicht in Zweifel gezogen.

Eine umfassende Darstellung des § 5a EStG würde den Rahmen dieser Abhandlung sprengen. Hierzu kann auf die einschlägigen Darstellungen und Kommentierungen verwiesen werden.[69] Es sollen deshalb hier neben den tatbestandlichen Voraussetzungen und Rechtsfolgen einige Einzelaspekte der Tonnagegewinnermittlung herausgearbeitet werden. Insbesondere sollen die wesentlichen Änderungen des sog. Tonnagesteuererlasses vom 29. 6. 1999 durch die BMF-Schreiben vom 12. 6. 2002 und 31.10.2008[70] erläutert werden.

II. Voraussetzungen

Die Voraussetzungen, die der Steuerpflichtige zu erfüllen hat, um die Gewinnermittlungsmethode nach der Tonnage anzuwenden, sind in § 5a Abs. 1 und 2 EStG geregelt. Aufgrund der Komplexität der Regelungen hat das Bundesministerium der Finanzen ein überarbeitetes Anwendungsschreiben[71] (im Folgenden: BMF-Schreiben) und drei Ergänzungsschreiben[72] herausgegeben.

1. Inländisches Seeschiffsregister/Überwiegender Einsatz

Der Steuerpflichtige muss Handelsschiffe im internationalen Verkehr betreiben. Als Betrieb von Handelsschiffen im internationalen Verkehr definiert § 5a Abs. 2 EStG den Einsatz von eigenen oder gecharterten Seeschiffen, die im Wirtschaftsjahr überwiegend in einem inländischen Seeschiffsregister eingetragen sind und in diesem Wirtschaftsjahr überwiegend zur Beförderung

---

[68] *Gosch* in: Kirchhof, EStG, § 5a Rz. 1; *Weiland* in: Littmann/Bitz/Hellwig, EStG, § 5a Rz. 5;

[69] Vgl. Literaturverzeichnis.

[70] BStBl 2008 I 956.

[71] BStBl 2002 I 614.

[72] BStBl 2000 I 453; BStBl 2000 I 809; BStBl 2008 I 956.

von Personen oder Gütern im Verkehr mit oder zwischen ausländischen Häfen, innerhalb eines ausländischen Hafens oder zwischen einem ausländischen Hafen und der hohen See eingesetzt werden. Was das Gesetz in beiden Fällen mit dem Wort "überwiegend" meint, wird nicht vollends deutlich. Während es nach zutreffender Auffassung der Finanzverwaltung[73] beim überwiegenden Einsatz im internationalen Verkehr auf die tatsächlichen Reisetage ankommt, wobei Wartezeiten des Schiffes im betriebsbereiten Zustand insoweit als Reisetage gelten, wird man bei der Registervoraussetzung ausschließlich darauf abzustellen haben, dass das Schiff während mehr als der Hälfte des Zeitraums des Wirtschaftsjahres, in dem es im Eigentum des Steuerpflichtigen steht oder von ihm gechartert ist, im inländischen Seeschiffsregister eingetragen ist.[74] Auf den tatsächlichen Einsatz des Schiffes kommt es insoweit nicht an.[75]

2. Exkurs: Ausflaggung

Das Gesetz spricht ausdrücklich nur von dem Eintrag im inländischen Seeschiffsregister, nicht von der deutschen Flagge. Die Eintragung ins inländische Seeschiffsregister bedingt jedoch nach dem Flaggenrechtsgesetz eine Verpflichtung zum Führen der deutschen Flagge. Von dieser Verpflichtung kann wie bisher eine Ausnahme nach § 7 Flaggenrechtsgesetz erteilt werden. Dieser lautet:

Wird ein Seeschiff einem Ausrüster, der nicht Deutscher ist oder seinen Wohnsitz oder Sitz nicht im Geltungsbereich des Grundgesetzes hat, auf mindestens ein Jahr zur Bereederung im eigenen Namen überlassen, so kann auf Antrag des Eigentümers der Bundesminister für Verkehr für bestimmte Zeit, höchstens jeweils für die Dauer von zwei Jahren, unter dem Vorbehalt des Widerrufs gestatten, dass das Schiff anstelle der Bundesflagge eine andere Nationalflagge führt, deren Führung nach dem maßgeblichen ausländischen Recht erlaubt ist.

Aufgrund dieser Regelung ist es also möglich, trotz Führen einer ausländischen Flagge im inländischen Seeschiffsregister eingetragen zu sein. Das Problem besteht indes darin, dass die Anwendung von § 7 Flaggenrechtsgesetz das Vorliegen eines Bare-Boat-Chartervertrages voraussetzt, die Bare-Boat-Charter aber beim Vercharterer keine (tonnagesteuer-) begünstigten Einkünfte vermittelt.[76] Hier hilft sich die Praxis damit, dass der Bare-Boat-Chartervertrag tatsächlich nicht durchgeführt wird und das Schiff tatsächlich vom Inland her bereedert wird. Unter Gestaltungsgesichtspunkten ist dieser Weg dann zu empfehlen, wenn auf ein ausgeflaggtes Schiff die Tonnagesteuerregeln Anwendung finden sollen. Hier kommt es dann zu einem double-dip in der Weise, dass die Erträge des Schiffes weitgehend steuerfrei bleiben und gleichwohl die Schiffsbetriebskosten, insb. Personalkosten, wegen der ausländischen Flagge niedrig gehalten werden können.

3. Bereederung im Inland

Die wichtigste Voraussetzung für die Anwendung der Tonnagegewinnermittlung ist, dass sich die Geschäftsleitung und die Bereederung im Inland befinden müssen. Beide Begriffe sind nur scheinbar deckungsgleich; der Begriff der Geschäftsleitung geht über den der Bereederung hinaus. Wie bei Art 8 Abs. 1 OECD-MA ist mit Geschäftsleitung in diesem Sinne der Mittelpunkt der geschäftlichen Oberleitung (§ 10 AO) gemeint, also jener Ort, an dem der für die Geschäftsleitung maßgebliche Wille gebildet wird.[77] Dieses Tatbestandsmerkmal ist konsequent, denn die

---

[73] BMF-Schreiben, Tz. 5; a. A. *Blümich/Hofmeister*, EStG, § 5a Rz. 33, der auf die Betriebstage abstellt.
[74] Zutreffend *Blümich/Hofmeister* a. a. O. (oben Fn. 74) § 5a Rz. 32.
[75] A.A. BMF-Schreiben, Tz. 5.
[76] BMF-Schreiben, Tz. 10; *Weiland* a. a. O. (oben Fn. 69) EStG, § 5a Rz. 90.
[77] BFH-Urt. v. 3. 7. 1997 a. a. O. (oben Fn. 35), *Lindberg* in: Frotscher, EStG, § 5a Rz. 16; s. o. C.I.

DBA weisen dem Staat das Besteuerungsrecht zu, in dem sich die tatsächliche Geschäftsleitung des Schifffahrtsunternehmens befindet. Ist dies ein ausländischer Staat, so findet § 5a EStG keine Anwendung. Die Bereederung umfasst die allgemeine Geschäftsbesorgung des Betriebs in kommerzieller, technischer und personeller Hinsicht. Das BMF-Schreiben vom 12. 6. 2002 führt in Tz. 1 beispielhaft die wesentlichen Tätigkeiten auf, die "zumindest fast ausschließlich" tatsächlich im Inland durchgeführt werden müssen. Dies sind folgende Tätigkeiten:

a) Abschluss von Verträgen, die den Einsatz des Schiffes betreffen,
b) Ausrüstung und Verproviantierung der Schiffe,
c) Einstellung von Kapitänen und Schiffsoffizieren,
d) Befrachtung des Schiffes,
e) Abschluss von Bunker- und Schmierölverträgen,
f) Erhaltung des Schiffes,
g) Abschluss von Versicherungsverträgen über Schiff und Ausrüstung,
h) Führung der Bücher,
i) Rechnungslegung,
j) Herbeiführung und Verwirklichung der Beschlüsse der Mitreeder (bei Korrespondentreedern).

Als weitere typische Geschäftsleitungtätigkeiten bei einem Schifffahrtsunternehmen sind zu nennen:[78]

- die Ernennung von Schiffsagenten,
- die Abwicklung des Ladens und Löschens sowie anderer durch den Handel des Schiffes erforderlichen Dienste,
- die Aufnahme des Schiffs in "Protecting and Indemnity-Defens-Clubs" (= Schutzgemeinschaften) in Abstimmung mit den Weisungen der Eigner,
- die Bearbeitung aller Versicherungen, Havarien und Bergungen,
- das Inkasso aller Frachteinnahmen und anderer mit dem Schiff zusammenhängenden Erträge,
- die Aufgaben, die durch die Einführung des Sicherheitscodes „International Safety Management" (ISM ab 1.7.2002)
- und "International Ship and Port Security Code" (ISPS ab 1.7.2004) wahrgenommen werden müssen[79]

4. Bereederung auch im Ausland?

Unter Gestaltungsgesichtspunkten wird natürlich in der Praxis überlegt, wie diese Bereederungstätigkeiten im ungleich billigeren Ausland erledigt werden können und gleichwohl die Anwendung der Tonnagesteuerregelung nicht gefährdet wird. Einigkeit besteht zunächst darüber, dass die oben aufgelisteten Bereederungstätigkeiten nicht kumulativ Merkmal für Merkmal erfüllt sein müssen. Die Formulierung "fast ausschließlich" in Tz. 2 des BMF-Schreibens vom 12. 6. 2002 ist ausreichend flexibel, um den tatsächlichen Abläufen des Bereederungsgeschäfts

---

[78] Vgl. *Weiland* a. a. O. (oben Fn. 69), EStG, § 5a Rz. 30.
[79] Weiland a. a. O. (oben Fn. 69), EStG, § 5a Rz. 34; Schmidt/Seeger, EStG, § 5a Rz. 9.

Rechnung zu tragen.[80] Es ist durchaus möglich, dass einzelne Merkmale im Ausland durchgeführt werden, wenn nur in einer wertenden Gesamtbetrachtung die Bereederung fast ausschließlich im Inland vorgenommen wird. Die in der Literatur vielfach vorgeschlagene Abgrenzung nach Prozenten[81] ist abzulehnen. Sie führt teilweise zu mit dem Gesetzeswortlaut nicht mehr zu vereinbarenden Aufweichungen des Tatbestandserfordernis der Bereederung im Inland.[82] Man wird zu untersuchen haben, was wesentliche Tätigkeiten bei der Bereederung eines Schiffes sind (z. B. die Bemannung, die Befrachtung sowie Verträge, die den Einsatz des Schiffes betreffen) und was zwar auch wesentliche Tätigkeiten sind, jedoch innerhalb der Gesamtbereederung eher in den Hintergrund tritt (z. B. Führung der Bücher, Rechnungslegung, Verproviantierung). Die weniger gewichtigen Tätigkeiten können durchaus auch im Ausland vorgenommen werden. Beim Crewing ergibt ein Umkehrschluss aus dem Merkmal in Tz. 1 des BMF-Schreibens vom 12. 6. 2002 Einstellung von Kapitänen und Schiffsoffizieren, dass die übrige Mannschaft – wie in der internationalen Seeschifffahrt allgemein üblich – durchaus auch von ausländischen Crewing-Unternehmen vermittelt werden kann. Dies ist unter Tonnagesteuergesichtspunkten nicht schädlich. Der inländische Reeder kann einzelne Aufgaben der Bereederung auf andere (inländische) Unternehmen delegieren. Ebenso unschädlich ist es, wenn er sich bei der Erfüllung seiner Bereederungsaufgaben ausländischer Unternehmen bedient, wenn er nur die letzte Entscheidungsgewalt hat. So ist es z. B. zulässig, Kapitäne und Schiffsoffiziere durch ein ausländisches Crewing-Unternehmen vermittelt zu bekommen, um dann diese Personen im Inland nach der Entscheidung des Reeders einzustellen. Die Praxis in der Seeschifffahrt hat bereits hier zu flexiblen Lösungen geführt, die auch von der Finanzverwaltung anerkannt werden. Unabdingbar ist allerdings unter wertenden Gesichtspunkten, dass die wesentlichen Bereederungstätigkeiten fast ausschließlich im Inland vorgenommen werden.[83]

5. Unwiderruflicher Antrag

Das Wahlrecht zur Anwendung der Tonnagegewinnermittlung wird durch einen unwiderruflichen Antrag des Steuerpflichtigen ausgeübt (§ 5a Abs. 1 Satz 1 EStG) und zwar gem. § 5a Abs. 3 Satz 1 EStG im Wirtschaftsjahr der Anschaffung oder Herstellung (Indienststellung) mit Wirkung ab Beginn dieses Wirtschaftsjahres. Wird der Antrag auf Anwendung der Gewinnermittlung nicht im Wirtschaftsjahr der Anschaffung oder Herstellung des Handelsschiffs (In dienststellung) gestellt, kann er erstmals in dem Wirtschaftsjahr gestellt werden, das nach Ablauf eines Zeitraumes von 10 Jahren, vom Beginn des Jahres der Indienststellung gerechnet, endet. Die bis zum Jahre 2005 einschließlich geltende Option, den Antrag bis zum Ende des zweiten Wirtschaftsjahres, das auf das Wirtschaftsjahr folgt, in dem der Steuerpflichtige durch den Gewerbebetrieb erstmals Einkünfte aus dem Betrieb von Handelsschiffen im internationalen Verkehr erzielt, zu stellen, ist wegen missbräuchlicher Gestaltungen durch das Haushaltsbegleitgesetz 2004 v. 29.12.2003[84] abgeschafft worden.[85] Mit dlieser Gesetzesänderung erledigt sich auch die frühere Streitfrage, ob der Antrag bereits mit seiner Einreichung beim Finanzamt oder erst mit Bestandskraft der Veranlagung bzw. Gewinnfeststellung, in der die Gewinnermitt-

---

[80] Zutreffend *Weiland* a. a. O. (oben Fn. 69), Rz. 33.
[81] *Schmidt/Seeger*, EStG, § 5a Tz. 5: mehr als 10 % im Ausland schädlich.
[82] *Bartholl* in: Hansa 10/98, S. 14 f.: ab 50 v. H. im Ausland schädlich; *Gosch* a. a. O. (oben Fn. 69), EStG, § 5a Rz. 22: mehr als 50 v. H. im Ausland schädlich.
[83] i. E. auch *Weiland* a. a. O. (oben Fn. 69), EStG, § 5a Rz. 33.
[84] BGBl. 2003 I 3076.
[85] *Schmidt/Seeger*, EStG, § 5a Rz. 15.

lung nach § 5a Abs. 1 EStG erstmals angewendet wird, unwiderruflich wird (d.h. zurückgenommen werden kann).[86] Der Antrag ist nunmehr (ausschließlich) im Jahr der Indienststellung des Schiffes zu stellen. Nach dem Wortlaut des Gesetzes ist der Antrag als solcher unwiderruflich, eine strenge Auslegung kommt demgemäß zu dem Ergebnis, dass bereits mit der Einreichung des Antrags beim Finanzamt die Bindungswirkung einsetzt.[87] Hier wird man aber dem Antragsteller aus Billigkeitsgründen ein Rücknahmerecht so lange zubilligen müssen, wie das Schiff in dem betreffenden Wirtschaftsjahr tatsächlich nicht in Dienst gestellt worden ist, denn bis dahin ist der Tatbestand des § 5a EStG noch nicht verwirklicht.

Bei Mitunternehmerschaften, insbesondere Personengesellschaften, gilt die Gesellschaft als Steuerpflichtiger (5a Abs. 4a Satz 1 EStG). Das bedeutet für den Antrag, dass er nicht durch die Gesellschafter, sondern durch die Gesellschaft gestellt wird, mithin die pauschale Gewinnermittlung nur einheitlich gegenüber allen Gesellschaftern erfolgen kann. Unterschiedliche Anträge der Gesellschafter, wie z.B. in den Niederlanden erlaubt, sind nicht möglich.

III. Rechtsfolgen

Wer die Voraussetzungen für die Anwendung der Tonnagegewinnermittlung erfüllt, versteuert seinen Gewinn aus dem Betrieb von Handelsschiffen fortan anstelle der Ermittlung nach § 4 Abs. 1 oder § 5 EStG nach der in seinem Betrieb geführten Tonnage (Netto-Tonnen). Der im Wirtschaftsjahr erzielte Gewinn beträgt pro Tag des Betriebes für jedes im internationalen Verkehr betriebene Handelsschiff für jeweils 100 Netto-Tonnen:

0,92 Euro bei einer Tonnage bis zu 1.000 Netto-Tonnen,

0,69 Euro für die 1.000 Netto-Tonnen übersteigende Tonnage bis zu 10.000 Netto-Tonnen,

0,46 Euro für die 10.000 Netto-Tonnen übersteigende Tonnage bis zu 25.000 Netto-Tonnen,

0,23 Euro für die 25.000 Netto-Tonnen übersteigende Tonnage.

1. Betriebstage

Der Gewinn ist nach § 5a Abs. 1 Satz 2 EStG pro Tag des Betriebs für jedes im internationalen Verkehr betriebene Handelsschiff des Steuerpflichtigen zu ermitteln. Fraglich ist, was das Gesetz mit "Betriebstag" meint. Die Finanzverwaltung geht davon aus, dass Betriebstag grundsätzlich jeder Kalendertag seit Infahrtsetzung des Schiffes bzw. ab Charterbeginn ist. Ein 12 Monate umfassendes Wirtschaftsjahr habe demnach grundsätzlich 365 Betriebstage; ausgenommen sind Tage des Umbaus und der Großreparatur.[88] Dem kann nicht gefolgt werden, weil das Gesetz ersichtlich von einer Besteuerung nach der im Betrieb geführten tatsächlich vorhandenen Tonnage ausgeht. Ein Betriebstag kann demnach nur ein solcher sein, in dem das Schiff tatsächlich in Betrieb ist, mithin Geld verdient. Zwar muss das Schiff nicht "auf Reisen" sein. Ein Handelsschiff ist auch dann "in Betrieb", wenn es im Hafen entladen wird.[89] Aufliegezeiten sind hingegen keine Betriebstage.[90] Die von der Finanzverwaltung vorgenommene Unterscheidung zwischen Großreparaturen und sonstigen Reparaturen findet im Gesetz keine Stütze. Der BFH,[91]

---

[86] Vgl. *Weiland* a. a. O. (oben Fn. 69), EStG, § 5a Rz. 39

[87] So z. B. *Weiland* a. a. O. Rz. 40.

[88] BMF-Schreiben, Tz. 4.

[89] *Hofmeister* a. a. O. (oben Fn. 74), Rz. 23.

[90] *Hofmeister* a. a. O. (oben Fn. 74); *Gosch* a. a. O. (oben Fn. 69), EStG, § 5a Rz 35; a. A. *Weiland* a. a. O. (oben Fn. 69), Rz. 51; *Lindberg* a. a. O. (oben Fn. 78), Rz. 39; *Schmid/Seeger* a. a. O. (oben Fn. 80), Rz 10.

[91] Urt. v. 11. 4. 1990, BStBl 1990 II 783.

auf den sich Weiland[92] zur Stützung dieser Auffassung beruft, hat zwar entschieden, dass der Begriff "Betrieb von Handelsschiffen" jede Tätigkeit erfasst, die durch den Zweck, Personen oder Güter per Schiff zu befördern, ausgelöst wird. Es sei dabei unerheblich, ob die Tätigkeit im In- oder im Ausland ausgeübt werde und ob sie unmittelbar oder nur mittelbar (wie z. B. bei Reparaturen, Ballastfahrten oder Leerfahrten) der Beförderung von Personen oder Gütern diene.[93] Diese Entscheidung dient jedoch allein der Definition des "Betriebs von Handelsschiffen im internationalen Verkehr" unter Geltung des inzwischen abgeschafften § 34c Abs. 4 EStG und kann auf die Definition des Betriebstags für die Tonnagesteuer nicht übertragen werden. Es ist deshalb mit Gosch[94] auf die tatsächlichen Einsatztage unter Ausschluss von Auflege-, Reparatur- und ähnlichen Zeiten abzustellen. Die Auffassung der Finanzverwaltung, nur Tage des Umbaues oder von Großreparaturen seien keine Betriebstage, ist zu eng.[95]

2. Steuerfreie Veräußerung

Da die Gewinnermittlung nach § 5a Abs. 1 EStG an die Stelle der Gewinnermittlung durch Vermögensvergleich nach § 4 Abs. 1 oder § 5 EStG tritt, sind allgemeine Bilanzierungsregeln nicht anzuwenden. Ein Verlust kann naturbedingt nicht entstehen. Auf die Betriebseinnahmen bzw. Betriebsausgaben kommt es für die Gewinnermittlung nicht an. Folglich unterliegen die dem Betrieb von Handelsschiffen dienenden Wirtschaftsgüter, insb. also das Schiff selbst, nicht mehr der AfA. Nach § 5a Abs. 5 Satz 1 EStG sind durch den Tonnagesteuergewinn auch Veräußerungsgewinne mit abgegolten. Fährt also beispielsweise ein Schiff ab Infahrtsetzung unter Tonnagesteuerregeln, so kann das Schiff jederzeit, also auch vor Ablauf des 10-jährigen Bindungszeitraums, steuerfrei veräußert werden. Dies trifft nicht nur für das Schiff selbst zu, sondern für alle Wirtschaftsgüter, die unmittelbar dem Betrieb von Handelsschiffen im internationalen Verkehr dienen (§ 5a Abs. 2 Satz 2 Satzteil 2 EStG). Nach Tz. 21 des BMF-Schreibens vom 12. 6. 2002 kann ein Wirtschaftsgut, das unmittelbar den Betrieb von Handelsschiffen im internationalen Verkehr dient, nicht nur das Handelsschiff selbst, sondern auch ein anderes Wirtschaftsgut des Betriebsvermögens sein, z. B. die Betriebs- und Geschäftsausstattung. Unter Gestaltungsgesichtspunkten ist hier besonders zu erwähnen, dass nach herrschender Meinung[96] auch Bürogebäude zu den Wirtschaftsgütern i. S. des § 5a Abs. 2 Satz 2 EStG gehören können, soweit eine unmittelbare Zuordnung zu den in die pauschale Gewinnermittlung einbezogenen Handelsschiffen gegeben ist. Betreibt also beispielsweise eine Reederei alle ihr gehörenden Schiffe unter Tonnagesteuerregeln, so muss die Bereederung vom Inland her vorgenommen werden. Wird das Bürogebäude ausschließlich für Bereederungszwecke genutzt, so dient das Gebäude unmittelbar dem Betrieb der Handelsschiffe und kann demgemäß jederzeit steuerfrei veräußert werden.

3. Neben- und Hilfsgeschäfte

Mit der Tonnagesteuer abgegolten sind auch die sog. Neben- und Hilfsgeschäfte (§ 5a Abs. 2 Satz 2 Satzteil 2 EStG). Nebengeschäfte sind Geschäfte, die nicht den Hauptzweck der unternehmerischen Betätigung ausmachen und sich auch nicht notwendig aus dem hauptsächlichen

---

[92] A. a. O. (oben Fn. 69), Rz. 51.
[93] BFH a. a. O. (oben Fn. 92), S. 785.
[94] A. a. O. (oben Fn. 69), EStG, § 5a Rz. 35.
[95] *Hofmeister* a. a. O. (oben Fn. 74), EStG, § 5a Rz. 23
[96] Vgl. *Weiland* a. a. O. (oben Fn. 69), EStG, § 5a Rz. 77; *Gosch* a. a. O. (oben Fn. 69), Rz. 27; a. A. *Hofmeister* a. a. O. (oben Fn. 74), Rz 47.

Geschäftsbetrieb ergeben, aber in seiner Folge vorkommen und nebenbei mit erledigt werden.[97] Hilfsgeschäfte sind solche Geschäfte, die der Geschäftsbetrieb üblicherweise mit sich bringt, und die die Aufnahme, Fortführung und Abwicklung der Haupttätigkeit erst ermöglichen.[98] Erforderlich für beide Arten von Geschäften ist ein unmittelbarer Zusammenhang mit dem Einsatz bzw. der Vercharterung von Handelsschiffen (also z. B. die Personaleinstellung, Anmietung von Geschäftsräumen, Betreuung von etwaigen Passagieren, Schadensabwicklungen, Anschaffung von Wirtschaftsgütern, die unmittelbar dem Betrieb der Handelsschiffe dienen, wie Betriebsstoffe, Proviant, Ersatzteile und sonstige Materialien). Begünstigt sind damit auch der Warenverkauf an Bord von Fährschiffen[99] und auf Kreuzfahrtschiffen.[100] Unter Gestaltungsgesichtspunkten ist auf einen Aspekt der Neben- und Hilfsgeschäfte hinzuweisen. Üblicherweise fallen bei einem Schifffahrtsunternehmen, wie bei jedem anderen Unternehmen auch, Zinserträge im betrieblichen Bereich an. Diese Zinserträge können, z. B. nach dem Eingang von Frachtraten, beträchtliche Höhen erreichen. Bei der Gewinnermittlung nach § 4 Abs. 1 oder § 5 EStG sind diese Zinserträge als Einkünfte aus Gewerbebetrieb voll zu versteuern. Unter Tonnagesteuergesichtspunkten können diese Zinserträge steuerfrei vereinnahmt werden, sofern es sich um Zinserträge aus laufenden Geschäftskonten handelt.[101] Erträge aus Kapitalanlagen bzw. Beteiligungen an Kapitalgesellschaften gehören hingegen mangels unmittelbaren Zusammenhangs mit dem Betrieb von Schiffen grundsätzlich nicht zu dem Gewinn nach § 5a Abs. 1 EStG.[102] Es ist deshalb in der Praxis darauf zu achten, dass zwischen Kapitalanlagen und dem Einsatz bzw. der Vercharterung von Handelsschiffen ein unmittelbarer Zusammenhang insoweit besteht, dass die Art, die Höhe und die Dauer der Kapitalanlage direkt durch den Einsatz bzw. die Vercharterung veranlasst sind.[103] Dieser Zusammenhang dürfte solange gegeben sein, wie auf dem Schiff noch eine Schiffshypothek lastet, die laufend bedient werden muss. Entschließt der Reeder sich, Zinserträge aus dem Betrieb für die Lebensführung zu entnehmen, so ist dies noch kein Indiz dafür, dass kein unmittelbarer Zusammenhang i. S. des § 5a Abs. 2 Satz 2 EStG besteht. Hier wird es sehr auf die tatsächlichen Umstände des Einzelfalles ankommen.

4. Bereederungsgebühr

Üblicherweise enthält der Bereederer eine Bereederungsgebühr. Nach Tz. 7 des BMF-Schreibens vom 12. 6. 2002 ist die Bereederung von Handelsschiffen im internationalen Verkehr begünstigt, wenn der Bereederer an den Schiffen beteiligt ist. Die Bereederung fremder Schiffe ist dagegen nicht begünstigt. Dieser Handhabung durch die Finanzverwaltung kommt in der Praxis eine erhebliche Bedeutung zu. Denn nach § 5a Abs. 4a Satz 3 EStG sind Sondervergütungen i. S. des § 15 Abs. 1 Satz 1 Nr. 2 und Satz 2 EStG dem Tonnagesteuergewinn hinzuzurechnen, durch ihn also nicht abgegolten. Wird ein Schiff in der Rechtsform einer Personengesellschaft betrieben und ist der Bereederer am Schiff beteiligt, so handelt es sich vom Charakter des Bereederungsentgelts eindeutig um Sondervergütungen, denn der Gesellschafter erhält eine Vergütung für eine Tätigkeit im Dienst der Gesellschaft. Dies hat in der Praxis zu Missbräuchen geführt. Der

---

[97] BFM-Schreiben, Tz. 6.
[98] S. Fn. 98.
[99] *Hofmeister* a. a. O. (oben Fn. 74), Rz. 33
[100] *Weiland* a. a. O. Rz. 73.
[101] BFM-Schreiben, Tz. 9; wohl a. A. *Gosch* a.a.O. (oben Fn. 69), Rz 29.
[102] S. Fn.102.
[103] Ähnlich *Hofmeister* a. a. O. (oben Fn. 74), Rz. 46.

Bereederer musste sich nur minimal[104] an der Gesellschaft beteiligen und sein Bereederungsentgelt war bis zum Jahre 2007 einschließlich voll von der Hinzurechnung ausgenommen. Die Finanzverwaltung hat hierauf mit ihrem Schreiben vom 31.10.2008.[105] reagiert. Seit dem 1.1.2008 gehört das Bereederungsentgelt nur dann nicht zu den hinzuzurechnenden Sondervergütungen, soweit es zuzüglich des für die Bereederung bezahlten Vorabgewinns 4 % der Bruttofrachten nicht übersteigt. Übersteigt das Bereederungsentgelt den vorstehenden Betrag, so sind auch die dazugehörigen Aufwendungen in dem Verhältnis des Bereederungsentgelts, das mit der Tonnagesteuer abgegolten ist, zu dem Bereederungsentgelt, das darüber hinaus eine gem. § 5a Abs. 4a Satz 3 EStG hinzurechnende Sondervergütung darstellt, aufzuteilen. Auf die Anzahl der beteiligten Vertragsreeder kommt es insoweit nicht an. Eine neben dem Bereederungsentgelt anfallende Befrachtungskommission ist nicht mit dem Tonnagesteuergewinn abgegolten. Sie ist als hinzuzurechnende Vergütung i.S.d. § 15 Abs. 1 Satz 1 Nr. 2 und Satz 2 EStG zu berücksichtigen.

Die Verwaltung hat sich mit den 4 % der Bruttofrachten festgelegt. Es bleibt abzuwarten, ob diese Auffassung bei den Gerichten standhält. Sie werden allerdings kaum Gelegenheit haben, über diese Frage zu entscheiden, denn der Steuerpflichtige geht bei einem Prozess das Risiko ein, dass die Gerichte auch die Abgeltung von 4 % der Bruttofrachten mit dem Tonnagesteuergewinn als mit dem Gesetz nicht in Einklang erachten.[106] Als Gestaltungsmittel bietet es sich hier an, das Bereederungsentgelt als Vorabgewinn auszugestalten. Denn wenn ein Vorabgewinn vereinbart ist, kann dies auch zu einem Verlust führen und damit zum vollständigen Ausfall des Bereederungsentgelts. Bei dieser Ausgestaltung müsste auch unter dem Gesichtspunkt der Rz. 24 des BMF-Schreibens v. 31.10.2008 das Bereederungsentgelt weiterhin nicht dem Tonnagesteuergewinn hinzuzurechnen sein. Die weitere Entwicklung hierzu bleibt abzuwarten.

5. Gewerbesteuer

Der nach der Tonnagesteuer ermittelte Gewinn ist mit dem individuellen Steuersatz des Reeders, sofern er eine natürliche Person ist oder es sich um eine Mitunternehmerschaft handelt bzw. sofern es sich um eine Kapitalgesellschaft handelt mit dem Steuersatz von 15 % zu belegen. Der so ermittelte Gewinn ist auch Grundlage für die Gewerbesteuer. Soweit der Gewinn nach § 5a EStG ermittelt worden ist, kommen Hinzurechnungen und Kürzungen nicht in Betracht.[107] Es ist also nicht möglich, nach § 9 Nr. 3 Satz 2 GewStG den nach der Tonnage ermittelten Gewinn gewerbesteuerlich nur mit 20 % anzusetzen. Nach § 7 Satz 1 GewStG ist Gewerbeertrag das Ergebnis von einkommensteuerlichem Gewinn und von Hinzurechnungen und Kürzungen. Da § 7 Satz 3 GewStG den Gewinn nach § 5a EStG zum Gewerbeertrag erklärt, sind Hinzurechnungen und Kürzungen nicht mehr zulässig.

Eine wichtige Änderung enthält das BMF-Schreiben vom 12. 6. 2002 in Tz. 38. Es ist zwar unstreitig, dass die Auflösung des Unterschiedsbetrages nach § 5a Abs. 4 Satz 3 EStG zum Gewerbeertrag rechnet. Davon ausgenommen ist nach zutreffender bisheriger Verwaltungsauffassung die Auflösung des Unterschiedsbetrages bei Personengesellschaften, sofern der Betrieb aufgegeben wird, also z. B. beim Schiffsverkauf. Diese Regelung entspricht allgemeinen gewerbesteuerlichen Grundsätzen, dass nämlich Veräußerungsgewinne bei natürlichen Personen und

---

[104] *Hofmeister* a. a. O. (oben Fn. 74) Rz. 99.
[105] BStBl 2008 I 956.
[106] Weiland a. a. O. (oben Fn. 69) Rz. 173.
[107] BMF-Schreiben, Tz. 37.

Personengesellschaften nicht der Gewerbesteuer unterliegen.[108] Die entsprechende Passage im bisherigen BMF-Schreiben vom 24. 6. 1999 in Tz. 33 ist im BMF-Schreiben vom 12. 6. 2002 in Tz. 38 gestrichen worden. Das Finanzgericht Hamburg[109] hatte dazu erstinstanzlich entschieden, dass der Unterschiedsbetrag auch weiterhin dann nicht der Gewerbesteuer unterliege, wenn er in unmittelbarem sachlichem Zusammenhang mit einer Betriebsveräußerung oder Betriebsaufgabe stünde, denn dann handele es sich nicht um einen „laufenden" Gewinn, der allein Gegenstand der Gewerbesteuer sein soll. Der BFH[110] hat diese Sicht der Dinge nicht geteilt. Er geht davon aus, dass sich aus § 5a Abs. 5 Satz 1 EStG ergäbe, dass Aufgabegewinne mit von den nach der Tonnage ermittelten Gewinne umfasst seien und daher § 5a EStG keinen Raum für begünstigte Veräußerungs- und Aufgabegewinne lasse. Überdies stünde die Hinzurechnung des Unterschiedsbetrages nicht im sachlichen Zusammenhang mit der Aufgabe des Betriebes, sondern im sachlichen Zusammenhang mit dem Wechsel der Gewinnermittlungsart vom Bestandsvergleich nach § 4 Abs.1 oder 5 EStG zur Tonnagebesteuerung nach § 5a EStG. Der Gesetzgeber hätte auch entscheiden können, bereits beim Wechsel der Gewinnermittlungsart den Unterschiedsbetrag zu besteuern; in diesem Fall würde die Gewerbesteuer unstreitig vollen Umfangs greifen.

Die Auffassung des BFH kann nicht überzeugen. Der Gewerbesteuer unterliegen laufende Erträge, nicht aber Veräußerungs- und Aufgabegewinne, sofern sie durch natürliche Personen oder Personengesellschaften erzielt werden. Zwar gilt nach § 7 Satz 3 GewStG der nach § 5a EStG ermittelte Gewinn als Gewerbeertrag nach § 7 Satz 1 GewStG. Dieser Verweis will allerdings lediglich ausschließen, dass es beim **laufenden** Tonnagesteuergewinn, der der Gewerbesteuer unterliegt, zu Hinzurechnungen und Kürzungen nach §§ 8, 9 GewStG kommt. § 7 Satz 3 GewStG kann keine Rechtsgrundlage dafür sein, die allgemeinen gewerbesteuerlichen Grundsätze außer Kraft zu setzen, dass nämlich der Gewerbesteuer (nur) der stehende Gewerbebetrieb, soweit er im Inland betrieben wird, unterliegt. Es ist deshalb der Auffassung zu folgen, die die Tarifermäßigungen nach den §§ 34, 34c I bis III, 35, für die Besteuerung des Unterschiedsbetrages bei Schiffsveräußerung oder Betriebsaufgabe für anwendbar erklären.[111] Die Praxis wird sich allerdings mit dem BFH-Urteil abfinden müssen; es ist nicht zu erwarten, dass diese Rechtsprechung sich kurzfristig wieder ändern wird.

§ 5a Abs. 4 Satz 3 EStG regelt in seinen Ziffern 1,2 und 3, wann der Unterschiedsbetrag nach § 5a Satz 1 EStG dem Gewinn hinzuzurechnen ist:

- § 5a Abs. 4 Satz 3 Nr. 1 EStG:

    In dieser Ziffer ist der Fall beschrieben, dass von der Tonnagegewinnbesteuerung zur normalen Gewinnermittlung übergegangen wird. Der Betrieb bleibt bestehen. Folglich unterliegt der Gewinn aus der Auflösung des Unterschiedsbetrages der Gewerbesteuer.

- § 5a Abs. 4 Satz 3 Nr. 2 EStG:

    Diese Variante erfasst Fälle, in denen entweder einzelne Wirtschaftsgüter (z. B. eines von mehreren Schiffen, Auflösung einer Fremdwährungsverbindlichkeit[112]) aus dem Betriebsvermögen ausscheidet oder nicht mehr dem Betrieb von Handelsschiffen im internationalen Verkehr dienen. Hier ist zu unterscheiden, ob mit dem Ausscheiden des Wirtschaftsgutes

---

[108] A 38 Abs. 3, 39 Abs. 1 GewStR.
[109] Urt. v. 27. 10. 2004, EFG 2005, 466.
[110] Urt. v. 13. 12. 2007, BStBl 2008 II 583.
[111] *Schmidt/Seeger*, EStG, § 5a Rz. 12.
[112] Vgl. *Hofmeister* a. a. O. (oben Fn. 74), Rz. 87.

aus dem Betriebsvermögen bzw. dem nicht mehr dem Betrieb von Handelsschiffen im internationalen Verkehr dienen zugleich der Gewerbebetrieb veräußert bzw. aufgegeben wird. Ist letzteres der Fall, gelten nach richtiger Auffassung die allgemeinen Grundsätze der Gewerbesteuerfreiheit von Veräußerungs- bzw. Aufgabegewinnen.[113] Der Hinzurechnungsbetrag ist in diesen Fällen nicht gewerbesteuerpflichtig.

▶ § 5a Abs. 4 Satz 3 Nr. 3 EStG:

Diese Variante bestimmt, dass der Unterschiedsbetrag bei Ausscheiden eines Gesellschafters in Höhe des auf ihn entfallenden Anteils aufzulösen ist. Hauptanwendungsfall ist das Ausscheiden eines Mitunternehmers durch Veräußerung seines Mitunternehmeranteils. Da dies einen Fall des § 16 Abs. 1 Nr. 2 EStG darstellt, handelt es sich für den Mitunternehmer um einen Veräußerungsgewinn, der von der Gewerbesteuer freizustellen ist.[114]

E. Resümee

Der Beitrag hat gezeigt, in welcher Form heute internationale Seeschifffahrt betrieben wird, und welche steuerlichen Probleme dabei zu bewältigen sind. Mit der Entscheidung des BFH vom 3. 7. 1997[115] ist die Rechtsprechung in Richtung Verlässlichkeit bei der Besteuerung von Seeschifffahrtsunternehmen einen gehörigen Schritt vorangekommen. Zukünftige Auseinandersetzungen mit der Betriebsprüfung über den tatsächlichen Ort der Geschäftsleitung sollten die Ausnahme sein. Anders sieht es hingegen aus bei der Besteuerung der Seeleute. Zwar hat der BFH in seinem jüngsten Urteil vom 5. 9. 2001[116] in erfreulicher Klarheit die Identität des die Seeschifffahrt betreibenden Unternehmens und des Arbeitgebers des Seemanns für die Anwendung des Art. 15 Abs. 3 OECD-MA festgestellt. Die Konsequenz, die der BFH allerdings aus der Nichtanwendbarkeit des Art. 15 Abs. 3 OECD-MA zieht, nämlich die Besteuerung nach den Regeln der unbeschränkten Steuerpflicht ohne Rückgriff auf die Abs. 1 und 2 des Art. 15 OECD-MA (= Anwendung der 180 Tage-Regel), kann weder steuerdogmatisch noch unter rein praktischen Gesichtspunkten überzeugen. Sie führt im Extremfall dazu, dass der Seemann, ohne auch nur einen einzigen Tag in Deutschland gearbeitet zu haben, sein gesamtes Einkommen aus der Schifffahrt in Deutschland versteuern muss, und zwar selbst dann, wenn er auf einem Schiff fährt, dessen Flagge einen Staat repräsentiert, mit dem Deutschland ein DBA abgeschlossen hat (ausgenommen Liberia). Man darf davon ausgehen, dass die wissenschaftliche Diskussion zu dieser Frage noch nicht abgeschlossen ist.

Mit der Einführung der Gewinnermittlung nach der Tonnage ist Deutschland ein gehöriges Stück wettbewerbsfähiger geworden. Die Einführung ist uneingeschränkt zu begrüßen. Auf der maritimen Standortkonferenz im März 2009 in Rostock haben sowohl die Bundeskanzlerin als auch der Bundeswirtschaftsminister in ihren Reden sich zur Beibehaltung der Tonnagebesteuerung bekannt. Es kann allerdings nicht übersehen werden, dass die Finanzverwaltung teilweise versucht, durch nicht überzeugende Verwaltungsanweisungen die die Reeder begünstigende Gewinnermittlung wieder zu konterkarieren. Die Entscheidung des BFH v. 13. 12. 2007[117] zeigt, dass selbst bei den Rechtsanwendern noch große Unsicherheit in der zutreffenden Auslegung

---

[113] A. A. BFH-Urt. v. 13. 12. 2007, BStBl 2008 II 583.
[114] A. A. BFH (s. Fn. 113).
[115] BStBl 1998 II 86 ff.
[116] IStR 2002, 164 ff.
[117] S. Fn. 111.

des § 5a EStG besteht. Es bleibt zu hoffen, dass zukünftig Gerichtsent-scheidungen gefällt werden, die dem Sinn und Zweck des § 5a EStG, nämlich den zur Zeit noch im Ausland tätigen deutschen Reedern einen Anreiz dafür zu bieten, wieder im Inland zu investieren, entsprechen.

Kreutziger

6. Internationale Besteuerungsprobleme im Bereich der Software-Entwicklung und -Vermarktung

von Dr. Peter Malinski, Eggenstein-Leopoldshafen

Inhaltsübersicht

A. Die besondere steuerliche Problematik der Software
B. Die Wahl des Entwicklungsstandorts
   I. Entwicklung von Individualsoftware
   II. Entwicklung von Standardsoftware
C. Die Gestaltung des Vertriebs

I. Direktvertrieb
II. Vertrieb über eine Tochterfirma
III. Vertrieb über eine Betriebsstätte
D. Ausblick

Literatur:

Brodersen, International Tax Issues in Cyberspace: Taxation of Cross-border Electronic Commerce – Germany, intertax 1997, S. 133 ff.; ***Garcia Hereda***, Software Royalties in Tax Treaties, TTM 2005, 225; ***Jones/Mattson***, General Report, in: Cahiers de droit fiscal international (CDFI), Vol. LXXIIIb 1988, deuxième sujet: Steuerliche Behandlung von "Computer-Software"; ***Kessler***, Entwicklungskosten in der Bilanz des Herstellers, BB 1994, Beil. 12; ***ders.***, Qualifikation der Einkünfte aus dem Online-Vertrieb von Standard-Software nach nationalem und DBA-Recht, IStR 2000, 70 ff., 98 ff.; ***Lotz***, Die Besteuerung von (Software-)Lizenzgebühren im Rahmen deutsch-australischer Wirtschaftsbeziehungen, IWB Fach 9 Australien, Gr.2 S. 123; ***Pankow***, Länderbericht Deutschland, in: Cahiers de droit fiscal international (CDFI), Vol. LXXIIIb 1988, deuxième sujet: Steuerliche Behandlung von "Computer-Software"; ***Pöllath/Lohbeck***, in: Vogel/Lehner, DBA, Art. 12 Rz. 64 – 64b; ***Wassermeyer***, in: Debatin/Wassermeyer, Doppelbesteuerung, Art. 12 MA Rz. 63 – 67.

A. Die besondere steuerliche Problematik der Software

Die Informationstechnik hat in den vergangenen Jahren stetig an Bedeutung in der Weltwirtschaft gewonnen. Lag in den Anfangszeiten der EDV der Schwerpunkt der Entwicklung noch auf der benötigten Hardware, so stellt heute die Software regelmäßig den entscheidenden Faktor dar. Die steuerliche Einordnung der Hardware bildet dabei kein besonderes steuerliches Problem. Die Produktion entsprechender Geräte entspricht dem Bild von Industrie und Handel, das auch der steuerlichen Gesetzgebung zugrunde liegt. Mit der Einordnung als Vermögensgegenstände bzw. Wirtschaftsgüter unterscheiden sich die auftretenden Fragestellungen im steuerlichen oder steuerplanerischen Bereich nicht von denen, die in der Industrie bisher bereits aufgetreten waren.

Mit der raschen Fortentwicklung der technischen Leistungsfähigkeit verlor die Hardware aber mehr und mehr ihre Rolle als Engpassfaktor. Dagegen wuchs die Bedeutung der zu ihrem Betrieb notwendigen Programme. Zu Beginn des Informationszeitalters war die Erstellung der benötigten Software meist die Aufgabe des jeweiligen Anwenders. Die Vergabe spezifischer Programmierungsaufträge sowie die Erstellung von firmenübergreifender Standardsoftware wuchsen erst allmählich. Diese Branche brachte nun auch eine ganze Reihe neuer steuerlicher Fragen mit sich, die nicht ohne weiteres mit den überkommenen Begriffen zu beschreiben waren. Ihre Stellung am Schnittpunkt von materiellem Gegenstand und immateriellem Nutzungsrecht macht Software zu einem besonderen Gut auch im Steuerrecht.

Im Zivilrecht stellen sich vergleichbare Probleme. Dem Erwerber der Software wird im Regelfall nicht das Eigentum an der darin verkörperten geistigen Leistung eingeräumt. Er erhält vielmehr lediglich ein Nutzungsrecht. Ist dieses bei Standardprogrammen unbefristet, liegt zivilrechtlich gleichwohl ein Kauf vor.[1] Bei einer zeitlich begrenzten Überlassung wird regelmäßig Mietvertragsrecht anzuwenden sein. Die Erstellung von Individualsoftware wird hingegen nach Werkvertragsrecht beurteilt.[2] Je nach Ausgestaltung der Vertragsbeziehung – vor allem in Hinblick auf das Herstellungsrisiko – können aber auch die Regelungen über den Dienstvertrag anzuwenden sein.[3]

Für die weitere Betrachtung werden die spezifischen steuerlichen Probleme und steuerplanerischen Ansätze erörtert, die sich für einen in Deutschland ansässigen Software-Hersteller ergeben, der international tätig ist oder tätig werden will. Es bietet sich dabei an, die beiden wesentlichen betrieblichen Funktionen eines solchen Unternehmens

- zum einen die Entwicklung der Programme (die "Produktion") und
- zum anderen die Lizenzierung der entwickelten Programme (die Vermarktung) getrennt zu untersuchen.

B. Die Wahl des Entwicklungsstandortes

Moderne Standard- und Individualsoftware zeichnet sich durch eine zunehmende Komplexität aus. Die Entwicklung von Programmen ist keine Aufgabe weniger Wochen, sondern erstreckt sich häufig über einen Zeitraum von mehreren Jahren. Aus steuerplanerischer Sicht besteht daher die Aufgabe, schon in dieser Phase nach einer optimalen Gestaltung zu suchen.

I. Entwicklung von Individualsoftware

Erfolgt die Erstellung eines Programms ausschließlich für einen bestimmten Auftraggeber, spricht man insoweit von Individualsoftware. Ihre steuerliche Behandlung beim Hersteller und auch beim Kunden hängt von der Art des Vertragsverhältnisses ab.

Hat das programmierende Unternehmen den Auftrag zur Lieferung einer funktionsfähigen Software, die ein bestimmtes, regelmäßig in einem Pflichtenheft beschriebenes Aufgabenspektrum erfüllt, erhalten, liegt ein **Werkvertrag** vor. Die Aufwendungen des Herstellers sind als Herstellungskosten für ein immaterielles Wirtschaftsgut des Umlaufvermögens aktivierungspflichtig.[4] Die Entwicklung hat – vorbehaltlich der steuerlichen Wahlrechte im Hinblick auf die Aktivierung bestimmter Kostenarten[5] – keine ergebnismindernde Wirkung. Ertragsteuerliche Folgen entstehen erst durch den Umsatzakt, bei Lieferung des Programms an den Auftraggeber. Als Realisierungszeitpunkt ist die Abnahme der Software durch den Besteller anzusehen.[6] Bei diesem liegt ein entgeltlicher Erwerb eines immateriellen Wirtschaftsguts im Bereich des Anlagevermögens vor,[7] das zu aktivieren und über die voraussichtliche Nutzungsdauer abzuschreiben ist.

---

[1] Vgl. Münchner Kommentar zum BGB, § 433 BGB, Rz. 12

[2] Vgl. Münchner Kommentar zum BGB, § 631 BGB, Rz. 254

[3] S. u. unter B.

[4] Vgl. *Schmidt/Weber-Grellet*, § 5 EStG Rz. 270 "Software"; *Kessler*, BB 1994, Beil. 12, S. 12. Die Frage, ob es sich bei Software um ein materielles oder ein immaterielles Wirtschaftsgut handelt, kann insoweit offen bleiben, da im Umlaufvermögen keine Unterschiede in der Bilanzierung zwischen diesen beiden Gruppen bestehen.

[5] R. 6.3 EStR.

[6] Vgl. BFH v. 25. 2. 1986 VIII R 134/80 BStBl 1986 II 788 m. w. N.

[7] R. 5.5 Abs. 2 EStR

Ein Vertragsverhältnis über die Erstellung von Software kann aber auch in der Art und Weise gestaltet sein, dass das Herstellungsrisiko beim Auftraggeber liegt. Die Tätigkeit des entwickelnden Unternehmens erfolgt dann im Rahmen eines **Dienstvertrages**. Maßgebliches Abgrenzungskriterium zum Werkvertrag ist, ob ein funktionsfähiges Programm geschuldet wird oder nur die Programmierungstätigkeit. Beide Vertragsarten unterscheiden sich letztlich in der Frage, wer unvorhergesehenen Mehraufwand bei der Entwicklung zu tragen hat. Zivilrechtlich ist die Differenzierung von überragender Bedeutung. Steuerlich sind hingegen die Unterschiede zwischen den beiden Vertragsarten weniger gewichtig. Bei der Programmerstellung im Rahmen eines Dienstvertrags wird die Tätigkeit in der gleichen Periode dem Auftraggeber in Rechnung gestellt. Im Vergleich zum Werkvertrag erfolgt lediglich die Realisierung eines möglichen Gewinns früher, da schon mit der Ausführung der Arbeit – unabhängig von ihrem Ergebnis – der Umsatz ausgeführt wird.[8]

Aus steuerplanerischer Sicht weist die Herstellung von Individualsoftware keine Besonderheiten auf. Die auftretenden Probleme sind dabei denen des langfristigen Anlagenbaus ähnlich. Bei der Wahl des Entwicklungsstandorts wird man in erster Linie auf die steuerliche Belastung des Umsatzaktes abstellen.

II. Entwicklung von Standardsoftware

Bei Schaffung eines Programms zur späteren Lizenzierung an eine Vielzahl von Kunden (Standardsoftware) bereitet die Einordnung des entstehenden Vermögensgegenstandes Schwierigkeiten. Aus Sicht des Käufers ist es umstritten, ob er ein materielles oder immaterielles Wirtschaftsgut erwirbt.[9] Die gegenwärtige Auffassung der Finanzverwaltung macht die Art des Wirtschaftsguts an ungeeigneten Kriterien fest. So soll es sich bei Software mit Anschaffungskosten bis zu 410 € um materielle Wirtschaftsgüter handeln, bei darüberliegenden Preisen hingegen um immaterielle Wirtschaftsgüter.[10] Diese Einordnung war allenfalls als Versuch verständlich, für preiswerte Programme die Bewertungsfreiheit des § 6 Abs. 2 EStG a.F. zu ermöglichen.[11] Als Unterscheidungskriterium zwischen materiellen und immateriellen Wirtschaftsgütern ist sie jedoch ungeeignet. Zudem erscheint die Betragsgrenze im Hinblick auf die geänderte Behandlung geringwertiger Wirtschaftsgüter im § 6 Abs. 2 und 2a EStG n.F. nun ohnehin überholt.

Es muss darauf abgestellt werden, dass es dem Käufer in erster Linie auf den geistigen Gehalt in der Software ankommt. Mit dem Erwerb will er eine bestimmte Lösung für ein Datenverarbeitungsproblem erwerben. Die materielle Verkörperung auf einer Diskette oder CD-ROM hat insoweit nur eine völlig untergeordnete Bedeutung. Dies zeigt sich nicht zuletzt in der aktuellen Entwicklung. Zunehmend wird Software nicht mehr durch die Übersendung von Datenträgern vertrieben, sondern – etwa über das Internet – "unkörperlich" auf den oder die Rechner des Kunden übertragen. In beiden Fällen ist das wirtschaftliche Substrat, das der Käufer erwirbt, identisch.[12] Es kann aber nicht bei dem einen Erwerbsweg ein materielles und bei dem anderen

---

[8] Vgl. BFH v. 20. 5. 1992 X R 49/89 BStBl 1992 II 904.
[9] Zur Diskussion s. *Treiber*, DStR 1993, 887 ff.
[10] R. 5.5 Abs. 1 Satz 2 und 3 EStR.
[11] Zur Erreichung dieses Ziels wäre hier eine Ausdehnung des Anwendungsbereichs des § 6 Abs. 2 EStG auf immaterielle Vermögensgegenstände des Anlagevermögens durch eine entsprechende Gesetzesänderung angebracht gewesen.
[12] So auch Art.12 Nr. 14.1 Musterkommentar zum OECD-MA, der die Art der Übertragung für unerheblich hält.

ein immaterielles Wirtschaftsgut vorliegen. Vielmehr ist beim Erwerb von Standardsoftware genauso wie beim Erwerb von Individualprogrammen von der Anschaffung eines immateriellen Wirtschaftsguts auszugehen.[13]

Wenn schon aus Sicht des Kunden ein immaterielles Wirtschaftsgut vorliegt, kann für die Betrachtung beim Hersteller letztlich nichts anderes gelten. Durch die Erstellung eines Programms entsteht eine geistige Leistung, eine bestimmte Problemlösung, die sich in einer bestimmten Befehlsfolge verwirklicht. In der Phase der Entwicklung bildet die Software i. d. R. auch keinen körperlichen Gegenstand. Die Datenträger, auf denen sie später zur Veräußerung bereitgehalten wird, sind zu diesem Zeitpunkt noch nicht hergestellt. Die Programmierung führt nicht zur Herstellung eines Gegenstandes, sondern zur Schaffung eines bestimmten Know-hows, also eines immateriellen Wirtschaftsgutes. Dieses wird anschließend durch die Kopie auf einen Datenträger oder die Überspielung direkt an den Kunden genutzt. Es ist dazu bestimmt, dauernd dem Geschäftsbetrieb zu dienen. Mit der Entwicklungstätigkeit entsteht somit ein immaterielles Wirtschaftsgut des Anlagevermögens.

Für solche selbstgeschaffenen immateriellen Wirtschaftsgüter des Anlagevermögens besteht handelsrechtlich seit der Änderung des HGB durch das BilMoG ein Aktivierungswahlrecht.[14] Steuerlich bleibt es dagegen beim dem bisherigen Aktivierungsverbot.[15] Dies gilt unabhängig davon, ob die Software im eigenen Betrieb eingesetzt oder an eine Vielzahl von Kunden lizenziert werden soll. Im Rahmen der Programmierung anfallende Kosten sind daher steuerlich sofort als Aufwand bzw. Betriebsausgaben zu verrechnen.[16] Aus steuerplanerischer Sicht ergibt sich hieraus die Notwendigkeit, für eine effiziente Verrechnungsmöglichkeit der so entstehenden negativen Erfolgsbeiträge zu suchen. Die Auslagerung der Entwicklung von Standardsoftware in einen steuerlich eigenständigen Rechtsträger (Kapitalgesellschaft), der ansonsten keine weitere Tätigkeit ausübt, erweist sich vor diesem Hintergrund als problematisch. Ohne weitere Maßnahmen können anfallende Betriebsausgaben in der Entwicklungsphase (noch) nicht steuermindernd gegen die Einnahmen verrechnet werden, da entsprechende Verkaufserlöse erst zu einem späteren Zeitpunkt anfallen. Im Inland könnte diese steuerliche Folge durch den Abschluss eines Ergebnisabführungsvertrags und der daraus folgenden ertragsteuerlichen Organschaft mit einem Rechtsträger, der über ein positives Einkommen verfügt, korrigiert werden.

Schwieriger ist jedoch die Situation bei einer Verlagerung ins Ausland. Wird eine solche aus betriebswirtschaftlichen Gründen angestrebt,[17] stellt sich die Frage, wie die Kosten gegebenenfalls im Inland bei einem Rechtsträger mit einem positiven Einkommen geltend gemacht werden können. Zunächst bietet sich eine Durchführung der Programmierung im Ausland in einer rechtlich unselbständigen Einheit (**Betriebsstätte**) an. In der Entwicklungsphase entstehen in dieser nur Aufwendungen, die gegen (positive) inländische Einkünfte verrechnet werden können. § 2a EStG schränkt diese Möglichkeit, auch wenn sich die Betriebstätte außerhalb der EU befindet, nicht ein. Werden Standard- oder Trivialprogramme hergestellt, liegt eine Herstellung von Waren vor, bei der das Verlustverrechnungsverbot nach § 2 a Abs. 2 EStG nicht greift.[18] Das

---

[13] Vgl. BFH v. 3. 7. 1987 III R 7/86 BStBl 1987 II 728; BFH v. 28. 7. 1994 III R 47/92 BStBl 1994 II 873.

[14] § 248 Abs. 2 HGB n. F.

[15] § 5 Abs. 2 EStG

[16] Vgl. *Schmidt/Weber-Grellet*, § 5 EStG Rz. 270 "Software"

[17] Als Grund wird meist die Erzielung von Kostenvorteilen in Ländern wie Indien angeführt, wo gut ausgebildete Programmierer zu niedrigeren Personalkosten zur Verfügung stehen.

[18] Vgl. BFH v. 28.10.2008 IX R 22/08, DStRE 2009, S. 130, wo allerdings entscheidend auf die Verkörperung in einem Gegenstand (z.B. CD-ROM) abgestellt wird; a. A. *Blümich/Wagner*, § 2a EStG Rz. 98

Malinski

Verbot einer Verrechnung negativer ausländischer Einkünfte aus einer in einem Drittstaat belegenen gewerblichen Betriebsstätte gilt aber auch nicht, wenn die Betriebsstätte die Bewirkung gewerblicher Leistungen zum Gegenstand hat.[19] Die reine Entwicklung von Software ist nicht als schädliche Überlassung von Rechten zu qualifizieren. Eine solche kann – wenn überhaupt – erst bei der Vertriebstätigkeit in Betracht kommen.[20] Programmierungstätigkeit ist hingegen stets als gewerbliche Dienstleistung anzusehen,[21] so dass eine unbeschränkte Verlustverrechnung der Betriebsstätte möglich ist. Besteht mit dem Land, im dem die Entwicklung durchgeführt wird, ein DBA, sieht dieses regelmäßig die Freistellung des Betriebstättenergebnisses vor. Ein durch die Entwicklungstätigkeit entstehender Verlust kann in diesem Fall nicht gegen positive inländische Einkünfte verrechnet werden.

Wird die Programmierung im Ausland durch eine **Tochterkapitalgesellschaft** durchgeführt, besteht die Möglichkeit einer sofortigen Verrechnung der dort entstehenden Aufwendungen mit positiven inländischen Einkünften nicht ohne weiteres. Es ist vielmehr zu unterscheiden, welche Vertragsverhältnisse der Tätigkeit der Tochtergesellschaft zugrunde gelegt werden. Erhält sie den Auftrag, eine bestimmte Software zu erstellen und nach Abschluss der Entwicklung an die Muttergesellschaft im Inland zu verkaufen, wird sie auf Basis eines Werkvertrags tätig. Unterstellt man für den Staat der Tochterkapitalgesellschaft ähnliche steuerliche Bilanzierungsregeln wie im Inland, sind in der Programmierungsphase anfallende Kosten zu aktivieren. Sie entfalten keine steuerliche Wirkung. Die Übertragung des fertigen Arbeitsergebnisses stellt aus Sicht der Muttergesellschaft einen entgeltlichen Erwerb von Software dar. Diese ist zu aktivieren und über die voraussichtliche Nutzungsdauer abzuschreiben. Die Entwicklungsaufwendungen wirken sich daher erst nach Fertigstellung der Software und zudem über mehrere Jahre verteilt aus. Erfolgt die Einbindung der Tochtergesellschaft im Ausland hingegen auf Dienstvertragsbasis, sind die Programmierungstätigkeiten bei ihrem Anfall an die Muttergesellschaft zu berechnen. Die entstehenden Aufwendungen dienen bei dieser Variante der Schaffung eines immateriellen Wirtschaftsguts bei der Muttergesellschaft und können deshalb sofort als Betriebsausgaben geltend gemacht werden. Sind im Inland positive Einkünfte in entsprechender Höhe vorhanden, wirkt sich so der im Konzern entstehende Entwicklungsaufwand deutlich früher steuermindernd aus.

Grundsätzlich stellt sich die Frage, ob die relativ lange Entwicklungsphase dazu führt, dass ein Standort in einem hoch besteuerten Land günstig sein kann. Wird die Programmierung in einem solchen Staat durchgeführt, ergibt sich der Vorteil einer hohen steuerlichen Entlastung in der Entwicklungsphase von Standardprogrammen. Ihm steht dann der Nachteil einer höheren Belastung beim Vertrieb gegenüber. Dieser lässt sich auch nicht dadurch vermeiden, dass die Software nach Beendigung der Entwicklung an eine in einem steuergünstigeren Staat belegene Gesellschaft veräußert wird. Für die vollständigen Rechte an einer bestimmten Standard-Software besteht regelmäßig kein Marktpreis. Allerdings haben sich für das Vollrecht an Software-Produkten generell bestimmte Preisfindungsregeln herausgebildet, die auch bei einer konzerninternen Veräußerung Anwendung finden müssen. Für den Erwerber verkörpert sich der Wert eines zur Weiterveräußerung bestimmten Programms in den zukünftigen Umsätzen. Der

---

[19] § 2a Abs. 2 Satz 1 EStG.

[20] Zur ähnlich gelagerten Situation bei der Herstellung von Spielfilmen siehe die Ausführungen von *Blümich/Wagner*, § 2a EStG Rz. 105

[21] Zur Abgrenzung von gewerblicher und freiberuflicher Tätigkeit bei der Programmierung s. BFH v. 7. 12. 1989 IV R 115/87 BStBl 1990 II 337. Auch wenn man von einer freiberuflichen Tätigkeit ausgeht, ändert sich am Ergebnis nichts, da diese schon dem Grunde nach von § 2a Abs. 1 EStG nicht erfasst wird.

zutreffende Preis ist daher die abgezinste Summe der zukünftigen Erlöse aus dieser Software. Abstrahiert man von dem in hohem Maße gegebenen Prognoseproblem, so ändert sich die steuerliche Belastung des Vertriebs von Software, die in einem Hochsteuerland wie der Bundesrepublik Deutschland entwickelt wurde, nicht in Abhängigkeit davon, welche Gesellschaft später den Vertrieb durchführt.

Es macht also keinen Unterschied, ob die Software nach ihrer Fertigstellung aus der Bundesrepublik Deutschland heraus an die Kunden verkauft wird (Alternative 1) oder der Vertrieb nach der vorherigen Übertragung auf eine andere Gesellschaft im steuergünstigeren Ausland erfolgt (Alternative 2). Dies zeigt nachfolgende Gegenüberstellung, bei der die Kosten der Entwicklung nicht betrachtet werden, da sie in beiden Alternativen gleich hoch sind.

Alternative 1:

Beim Verkauf der Software aus Deutschland heraus an die Kunden entsteht folgende Steuerbelastung:

$$T_1 = \sum_t \frac{E_t}{(1+i)^t} \times S_D \quad (1)$$

T_1 = Gesamte Steuerbelastung bei Alternative 1
E_t = Erlöse des Jahres t
i = Abzinsungssatz
S_D = Steuersatz in Deutschland

Alternative 2:

Wird die Software im Zeitpunkt vor dem Beginn des Vertriebs komplett an eine andere Konzern-Gesellschaft im Land A veräußert, ist der zutreffende Preis gleich der abdiskontierten Summe der zukünftigen Erlöse, also:

$$P = \sum_t \frac{E_t}{(1+i)^t} \quad (2)$$

P = Rechnerischer Preis für die Software

Unterstellt man hinsichtlich der Aufwandsverrechnung des Kaufpreises bei der erwerbenden Gesellschaft den günstigsten Fall, also die sofortige Abschreibung im Zeitpunkt des Erwerbs, ergibt sich folgende Steuerbelastung für die Verkaufsphase:

T_2 = Steuer auf den Verkauf − Steuerentlastung aus + Steuer auf die Verkaufserlöse
aus D nach A Abschreibung in A in A

$$T_2 = P \times S_D - P \times S_A + \sum_t \frac{E_t}{(1+i)^t} \times S_A \quad (3)$$

T_2 = Gesamte Steuerbelastung bei Alternative 2
S_A = Steuersatz im Land A

Durch Ersetzen von P gemäß obiger Preisformel (2) ergibt sich:

$$T_2 = \sum_t \frac{E_t}{(1+i)^t} \times (S_D - S_A + S_A) \quad (4)$$

was der steuerlichen Belastung in Deutschland unter (1) entspricht. Berücksichtigt man – wie es der Wirklichkeit eher entspricht – dass der Kaufpreis für die Software im Land A nur über einen bestimmten Zeitraum hinweg geltend gemacht (abgeschrieben) werden kann, ergibt sich zudem noch ein Zinsnachteil.

Die Entscheidung über den Entwicklungsstandort hat somit auch immer die Festlegung der Besteuerung in der Vertriebsphase zur Folge. Zu untersuchen ist daher die Frage, ob Entwicklung und Vertrieb zusammen entweder in einem Hochsteuerland oder einem niedrig besteuerten Staat erfolgen sollten. Aus steuerlichen Gesichtspunkten muss dazu der Zinsvorteil aus der Steuerentlastung in einem Hochsteuerland dem Nachteil der späteren Versteuerung aller Erträge in diesem Staat gegenübergestellt werden. Führen Aufwendungen sofort zu einer Steuerentlastung, ist eine Entwicklung in einem Hochsteuerland (D) gegenüber einem niedriger besteuerten Land (A) vorteilhaft, wenn Folgendes gilt:

$$\sum t \frac{K_t}{(1+i)^t} \times (S_D - S_A) > \sum t \frac{E_t}{(1+i)^t} \times (S_D - S_A) \quad (5)$$

was gleich bedeutend ist mit:

$$\sum t \frac{K_t}{(1+i)^t} > \sum t \frac{E_t}{(1+i)^t} \quad (6)$$

K_t = Entwicklungskosten des Jahres t

Die Entscheidung für ein Hochsteuerland ist somit steuerlich nur vorteilhaft, wenn die Summe der abdiskontierten Erträge unter der Summe der abdiskontierten Kosten liegt, d. h. nur in einer Situation, die wirtschaftlich ohnehin das Projekt scheitern lassen würde. Die lange Entwicklungsphase führt also nicht dazu, dass hierdurch ein Standort in einem Hochsteuerland zu bevorzugen wäre.

Dieses Ergebnis gilt aber auch für den umgekehrten Fall. Wird ein EDV-Programm im niedrig besteuerten Ausland entwickelt und anschließend zur Vermarktung an einen Rechtsträger in der Bundesrepublik zu dem angemessenen Preis gem. Formel (2) verkauft, ergibt sich letztlich eine Steuerbelastung auf dem Niveau des ausländischen Staates. Nur der Zinsnachteil aus der Abschreibung der erworbenen Software führt zu einer Mehrbelastung.

Unterstellt man jedoch eine Situation, in der die Entwicklung in einem anderen Land mangels positiver Erträge in diesem Land erst bei Erzielung von Umsätzen zu einer Steuerentlastung führt, ergibt sich ein anderes Bild. Die sofortige Verrechnungsmöglichkeit reduziert die Kostenbelastung im Hochsteuerland auf den Nettobetrag nach Steuern, während im Land A die Aufwendungen zunächst in voller Höhe zu Buche schlagen und erst später eine entlastende Wirkung haben. Ob der Zinsvorteil einer frühzeitigen Aufwandsverrechnung den Nachteil einer späteren höheren Belastung des Vertriebs ausgleichen kann, ist spezifisch für jedes Projekt anhand der Planungen zu ermitteln. Allgemein gültige Aussagen lassen sich insoweit nicht treffen.

Die Auslagerung der Entwicklung in eine ausländische Tochtergesellschaft mit Sitz in einem niedrig besteuerten Staat kann auch vor dem Hintergrund der Regelungen in den §§ 7 ff. AStG problematisch sein. Selbst wenn die Programmiertätigkeit komplett eigenständig durch die Tochtergesellschaft durchgeführt wird, ist sie nicht ohne weiteres als aktiv zu qualifizieren.

Erfolgt die Software-Entwicklung im Rahmen eines Dienstvertrages, ist die Tätigkeit der Tochtergesellschaft als Dienstleistung zu qualifizieren.[22] Damit diese als aktiv gilt, ist es nach § 8 Abs. 1 Nr. 5 AStG erforderlich, dass bei Tätigkeiten für die inländische Muttergesellschaft die Tochtergesellschaft "einen für das Bewirken derartiger Dienstleistungen eingerichteten Ge-

---

[22] Blümich/Vogt, § 8 AStG Rz. 51

schäftsbetrieb unter Teilnahme am allgemeinen wirtschaftlichen Verkehr unterhält...". Erfolgt die Programmerstellung ausschließlich für die Muttergesellschaft in Deutschland, wird diese Voraussetzung fehlen. Die Vermeidung einer Hinzurechnungsbesteuerung kann daher nur erreicht werden, wenn die Erbringung entsprechender Leistungen auch für andere, konzernfremde Kunden vorgesehen ist und auch praktiziert wird. Das Eingreifen der Hinzurechnungsbesteuerung würde ansonsten die Besteuerung im Ausland auf das deutsche Niveau anheben und somit die Software-Entwicklung letztlich einer Programmierung im Inland gleichstellen.

C. Die steuerliche Gestaltung des Vertriebs

Für den Verkauf von Software im Ausland stehen wie bei anderen Wirtschaftsgütern verschiedene rechtliche Möglichkeiten zur Verfügung. In Frage kommen:

- der Vertrieb direkt an den ausländischen Kunden durch den deutschen Softwarehersteller (Direktvertrieb),
- der Vertrieb über einen im Ausland ansässigen, rechtlich selbständigen Verkäufer (Zwischenhändler), wobei es sich dabei um eine fremde oder eine konzerneigene Gesellschaft handeln kann,
- der Vertrieb über eine unselbständige Niederlassung des deutschen Softwareherstellers im Ausland (Betriebsstätte).

I. Direktvertrieb

Bei dieser Gestaltung wird der Vertrag über die Nutzung der Software direkt zwischen dem (deutschen) Softwarehersteller und dem ausländischen Kunden abgeschlossen. Letzterer erhält dabei nicht alle Rechte an der Software, sondern lediglich ein Nutzungsrecht, das hinsichtlich Umfang, Zeitdauer und Übertragbarkeit beschränkt sein kann, in jedem Fall aber das Recht zur Reproduktion ausschließt.

Von großer steuerlicher Relevanz ist in diesem Zusammenhang vor allem die Frage, ob der Verkaufserlös als Lizenz einer Quellensteuer im Ausland unterliegt und wie diese im Inland zu behandeln ist.

Software unterliegt wegen der in ihr verkörperten geistigen Leistung dem Urheberrecht.[23] Beim Verkauf von Software erhält der Kunde nicht das gesamte intellektuelle Eigentum an der Software übertragen, sondern bekommt nur ein Nutzungsrecht eingeräumt. Aufgrund dieser Tatsache werden Verträge über den Verkauf von Software – unbeschadet ihrer rechtlichen Qualifikation als Kauf – im geschäftlichen Verkehr oft auch als "Lizenzverträge" bezeichnet. Im Gegensatz zum Verkauf von Waren oder der Erbringung von Dienstleistungen gelten für Lizenzbeziehungen im Steuerrecht regelmäßig besondere Vorschriften. Insbesondere unterliegt die Zahlung von Lizenzgebühren in vielen Staaten einer Besteuerung an der Quelle.[24] Je nach steuerlicher Situation des Lizenzgebers (im hier interessierenden Fall des Softwareherstellers) kann sich hieraus eine zusätzliche Steuerbelastung ergeben.

---

[23] In Deutschland vgl. § 2 Abs. 1 Nr. 1 UrhG.

[24] So auch in der Bundesrepublik Deutschland gem. § 50a Abs. 1 Nr. 3 EStG mit 15 %. In zahlreichen Ländern wird dies auch auf Software-Vergütungen bezogen; vgl. *Jones/Mattson*, General Report, in: Cahiers de droit fiscal international, Vol. LXXIIIb deuxiéme sujet: Steuerliche Behandlung von "Computer-Software", S. 38.

Zunächst soll der Fall betrachtet werden, dass der Kunde (Erwerber der Software) in einem Land ansässig ist, das in seiner nationalen Gesetzgebung die Einbehaltung einer Quellensteuer auf Softwarevergütungen vorsieht und **kein DBA** mit der Bundesrepublik Deutschland abgeschlossen hat. Steuerlich neutral kann eine solche Quellensteuer nur sein, wenn sie beim Zahlungsempfänger im Inland vollständig angerechnet wird. Voraussetzung hierfür ist u. a., dass die Erlöse aus dem Software-Verkauf ausländische Einkünfte nach § 34d EStG darstellen.

Erfolgte die Nutzungsüberlassung zeitlich begrenzt, könnten ausländische Einkünfte nach § 34d Nr. 7 i. V. m. § 21 Abs. 2 Nr. 3 EStG vorliegen, da gewerbliche Urheberrechte zur Nutzung in einem ausländischen Staat überlassen werden. Eine Subsumtion unter diese Norm wird aber eher die Ausnahme darstellen. Zum einen ist die Anwendung des § 21 Abs. 1 Nr. 3 EStG und damit auch von § 34d Nr. 7 EStG i. d. R. auf erworbene Urheberrechte begrenzt.[25] Die Vermarktung von EDV-Programmen durch den Hersteller selbst wird daher von dieser Vorschrift nicht erfasst. Zum anderen ist eine zeitliche Begrenzung beim Softwareverkauf eher unüblich, so dass auch aus diesem Grund keine ausländischen Einkünfte anzunehmen sind.

Der Verkauf von Software durch den Hersteller selbst kann daher ausländische Einkünfte nur darstellen, wenn die Nutzungsvergütung unter § 34d Nr. 8 Buchst. c EStG fällt. Eine Subsumtion unter § 34d Nr. 3 EStG scheidet aus, da die Software-Erstellung regelmäßig als gewerblich gilt.[26] Um § 34d Nr. 8 Buchst. c EStG anwenden zu können, muss – neben der gegebenen Ansässigkeit des Vergütungsschuldners im Ausland – die Vergütung für die Software als Leistung i. S. des § 49 Abs. 1 Nr. 9 EStG zu qualifizieren sein.

Die steuerrechtliche Beurteilung von Software-Verträgen war lange von einem sehr weiten Lizenzbegriff geprägt und wenig umstritten.[27] In der Vermarktung von EDV-Programmen wurde vorrangig die Einräumung eines Nutzungsrechts gesehen, die sich als Überlassung gewerblichen Know-hows darstellte. Eine fehlende zeitliche Begrenzung war insoweit unschädlich. Entsprechende Vergütungen wurden unter den Lizenzbegriff des § 49 Abs. 1 Nr. 9 EStG gefasst und führten über § 34d Nr. 8 Buchst. c EStG zu ausländischen Einkünften. Eine Anrechnung ausländischer Quellensteuern war damit dem Grunde nach gegeben. In jüngster Zeit beginnt sich das Bild von Wesen des Software-Vertrags und seiner steuerrechtlichen Qualifizierung zu wandeln. Es mehren sich die Stimmen, die in der Lizenzierung von (vor allem Standard-)Programmen an den Endnutzer wie im Zivilrecht einen Kauf sehen. Diese Auffassung wird vonseiten der Finanzverwaltung inzwischen im Umsatzsteuerrecht generell für Standard-Software vertreten.[28] Aber auch im Ertragsteuerrecht wird eine ähnliche Einschätzung getroffen,[29] da die Nutzungsüberlassung nicht (mehr) im Vordergrund stehe, sondern die Kaufelemente überwiegen. Folgt man dieser Auffassung, ergibt sich für den Verkauf von Standard-Software an den Endnutzer keine Qualifikation als ausländische Einkünfte mehr. Eine im Ausland erhobene Quellensteuer würde dann zu einer zusätzlichen Steuer führen. Aufgrund ihrer Anknüpfung an den Bruttobetrag belastet sie entsprechende Geschäfte sehr stark und kann möglicherweise eine gravierende Behinderung des grenzüberschreitenden Verkaufs darstellen. Die Finanzverwaltung scheint

---

[25] Vgl. *Schmidt/Drenseck*, § 21 EStG Rz. 54
[26] Vgl. BFH v. 7. 12. 1989 a. a. O. (oben Fn. 21); BFH v. 24. 8. 1995 IV R 60-61/94 BStBl 1995 II 888.
[27] Vgl. *Pankow*, Länderbericht Deutschland, in: Cahiers de droit fiscal international a. a. O. (oben Fn. 24), S. 151.
[28] Vgl. BFH v. 13. 3. 1997 V R 13/96, BStBl 1997 II 372
[29] Vgl. *Kessler*, IStR 2000, 75; *Schmidt/Heinicke*, § 49 EStG Rz. 44, 77, 93; ; *Blümich/Wied*, § 49 EStG Rz. 190.

inzwischen auch dieser Beurteilung zu folgen.[30] Eine Berücksichtigung der im Ausland bezahlten Quellensteuer ist dann nur noch im Rahmen des § 34c Abs. 3 EStG durch den Abzug von der Bemessungsgrundlage möglich, wodurch die Doppelbesteuerung nicht vollständig vermieden wird.

Besteht zwischen dem Land, in dem der Verkäufer ansässig ist, und der Bundesrepublik Deutschland ein **DBA**, so ist zu prüfen, ob die gezahlte Vergütung unter den Lizenzartikel des Abkommens fällt.[31] Die erhebliche Bedeutung dieser Frage in Bezug auf Software wurde von der OECD erkannt und hat 1992 zur Einfügung der Nummern 12 bis 17 in den Musterkommentar zu Art. 12 des OECD-MA geführt. Diese Ausführungen wurden im Laufe des Jahres 2000 zwar überarbeitet, jedoch hat sich dabei keine grundlegend neue Einschätzung der Qualifikation von Software-Vergütungen ergeben. Bei Einräumung eines Nutzungsrechts nur für den persönlichen oder betrieblichen Gebrauch des Erwerbers, also dem Verkauf an einen Endkunden, sollen danach keine Lizenzgebühren, sondern Unternehmensgewinne nach Art. 7 angenommen werden.[32] Auch auf internationaler Ebene zeichnet sich damit eine ähnliche Entwicklung wie im nationalen Schrifttum ab. Diese Einschätzung lässt sich vor allem damit begründen, dass beim Erwerb von Software nicht die Übertragung einer urheberrechtlich geschützten Position im Vordergrund steht. Der Endnutzer ist vielmehr dem Käufer eines Buches vergleichbar, der auch ein Werk erwirbt, das dem Schutz des Urheberrechts unterliegt. In beiden Fällen steht die Nutzung durch den Erwerber selbst im Vordergrund und nicht die Nutzung durch die weitere Vermarktung an andere Personen. Vom wirtschaftlichen Gehalt her ist der Erwerb von Software dem Kauf eines Gegenstandes eher angenähert als etwa der Erteilung einer Lizenz zur Produktion einer bestimmten Ware.

Das Bemühen des Musterkommentars, Softwarevergütungen aus dem Anwendungsbereich des Art. 12 OECD-MA herauszunehmen, ist anzuerkennen. Noch sehen viele DBA für Lizenzgebühren noch die Möglichkeit zur Erhebung einer Quellensteuer vor. Die Methoden zur Vermeidung der Doppelbesteuerung sind in vielen Fällen unzulänglich, so dass Quellensteuern gerade bei Software eine erhebliche Behinderung des grenzüberschreitenden Vertriebs darstellen können. Fallen die entsprechenden Vergütungen hingegen unter Art. 7 MA entschärft sich die Problematik deutlich. Sofern man dem Ergebnis zustimmt, dass Vergütungen für die Software-Nutzung durch den unternehmerischen oder privaten Endverbraucher nicht unter Art. 12 MA fallen, muss dies für alle Arten von Software gelten. Eine allgemeine Unterscheidung zwischen Standard- und Individualsoftware sollte insoweit nicht vorgenommen werden. Abzustellen ist nur auf das Ausmaß der übertragenen Rechte, die jedoch bei der Erstellung individuell gestalteter Programme stark variieren kann.

Fallen die entsprechenden Zahlungen nicht unter den Lizenzbegriff des DBA, verliert der Quellenstaat regelmäßig das Recht zur Steuererhebung. Für den Verkäufer entstehen damit keine ertragsteuerlichen Nachteile. Auf der anderen Seite können mögliche Vergünstigungen, die aus der Qualifikation als Lizenz herrühren (wie die fiktive Anrechnung von Steuern), nicht in Anspruch genommen werden. Es bleibt aber festzustellen, dass international zum gegenwärtigen Zeitpunkt noch keine einheitliche Praxis bezüglich der Qualifikation von Vergütungen für Soft-

---

[30] Vgl. OFD München v. 28. 5. 1998, S 2303 – 34/11 St 41/42, DB 1998, 1307 zur Frage des Steuerabzugs nach § 50a EStG
[31] Art. 12 MA.
[32] Art. 12 Nr. 14 Musterkommentar zum OECD-MA a. E.

Malinski

ware besteht. Gerade abweichende rechtliche Einschätzungen können aber zu ungewollten zusätzlichen steuerlichen Belastungen in diesem Bereich führen.

In einigen DBA wurde das Problem der Einordnung von Software-Entgelten speziell geregelt. Ein Teil dieser Abkommen will solche Zahlungen grundsätzlich in den Lizenzbegriff einschließen.[33] Damit ist in einigen Fällen das Recht zu Quellensteuereinbehalt verbunden (DBA Bulgarien, Rumänien), in anderen dagegen wird damit ein Quellensteuereinbehalt in der Regel ausgeschlossen (DBA Russland, Kanada).

Im geschäftlichen Verkehr zwischen den meisten Industriestaaten kann die Frage, unter welchen Artikel des DBA der Verkauf von Software an den Endkunden fällt, letztlich offen bleiben. Weder der Artikel über die gewerblichen Einkünfte noch der Artikel über die Lizenzgebühren gestatten beim Direktvertrieb die Erhebung einer Quellensteuer. Der Vertrieb in diese Länder erfordert diesbezüglich keine steuerplanerischen Aktivitäten. Bei Staaten, die in ihren DBA mit Deutschland die Einbehaltung von Quellensteuern kennen,[34] ist zu erwägen, ob durch einen anderen Vertriebsweg die Quellensteuer vermieden oder zumindest vermindert werden kann.

II. Vertrieb über eine Tochtergesellschaft

Der Vertrieb von Software an einen Kunden im Ausland kann auch über eine im gleichen Staat ansässige Tochterkapitalgesellschaft als Zwischenhändler erfolgen. Diese erhält vom Software-Hersteller das Recht, die Programme weiterzuveräußern. Der Zwischenhändler schließt die Verträge mit den Endkunden in eigenem Namen und auf eigene Rechnung ab. Für jeden Verkauf hat er ein fixes oder prozentuales Entgelt an den Hersteller zu zahlen.

1. Quellensteuer

Die Zahlungen, die der Händler an den Software-Hersteller entrichtet, sind unstreitig als Lizenzen zu qualifizieren. Die Vertriebsgesellschaft erhält die Befugnis, ein Urheberrecht zu nutzen, in dem sie die weitere Vermarktung vornimmt. Nach nationalem Recht liegen ausländische Einkünfte nach § 34d Nr. 8 Buchst. c i. V. m. § 49 Abs. 1 Nr. 9 EStG vor. Bei Bestehen eines DBA ist auf sie der Lizenzartikel anzuwenden.[35] Die Befugnis zur Erhebung von Quellensteuern bleibt damit, sofern sie im Abkommen vorgesehen ist, erhalten.

Zur Vermeidung der Doppelbesteuerung beim Software-Hersteller ist in den von der Bundesrepublik Deutschland abgeschlossenen Abkommen regelmäßig die Anrechnung der ausländischen Steuer vorgesehen. Hinsichtlich der Begrenzung der Anrechnung gelten die gleichen Erwägungen wie bei der direkten Anwendung des § 34c EStG. Ist die Anrechnung dem Grunde nach möglich, kann sie nur bis zur Höhe der auf die ausländischen Einkünfte entfallenden anteiligen deutschen Steuer erfolgen.[36] Zu deren Ermittlung sind die ausländischen Einkünfte aus dem Software-Vertrieb zu bestimmen. Diese umfassen stets nur die Netto-Einkünfte. Aufwendungen im Zusammenhang mit den ausländischen Einkünften sind abzuziehen. Da die entsprechenden Einnahmen regelmäßig in einem Gewerbebetrieb anfallen, genügt hierbei ein wirtschaftlicher Zusammenhang.[37] Die Veräußerungskosten sind damit in jedem Fall zu subtrahie-

---

[33] Vgl. Art. 11 Abs. 3 DBA Bulgarien; Art. 12 Abs. 3 Buchst. b DBA Kanada; Art. 12 Abs. 3 DBA Rumänien; Art. 12 Abs. 2 DBA Russland

[34] Unter den Industrieländern sind hier vor allem Italien, Japan, Korea, Neuseeland und Spanien zu nennen.

[35] Art. 12 Nr. 13.1 Musterkommentar zum OECD-MA.

[36] § 34c Abs. 1 EStG.

[37] § 34c Abs. 1 Satz 4 EStG

ren. Gleiches gilt aber auch für die Berücksichtigung der Entwicklungskosten. Auch sie stehen den Erlösen aus dem Verkauf im Zusammenhang. Problematisch könnte aber sein, dass die Aufwendungen für die Erstellung des Programms mit mehr oder minder großem zeitlichen Vorlauf entstanden sind. Zum Zeitpunkt ihrer Entstehung ist eine Zuordnung zu ausländischen Einkünften oft noch nicht möglich, da entsprechende Erträge aus dem Verkauf noch nicht anfallen. Im Veranlagungszeitraum, in dem die Verkaufserlöse tatsächlich erzielt werden, fallen hingegen unter Umständen keine der nur noch geringe Aufwendungen an, da diese für die verkauften Programme oder Programmversionen bereits in der Vergangenheit entstanden sind. Eine Verrechnung könnte wegen der fehlenden Aktivierung selbstgeschaffener immaterieller Wirtschaftsgüter aber nur dann erfolgen, wenn sie im gleichen Veranlagungszeitraum wie die Erlöse anfallen. Aus steuerplanerischer Sicht stellt sich damit die Aufgabe, vor allem die allgemeinen Voraussetzungen für eine Steueranrechnung sicherzustellen, insbesondere eine Verlustsituation des Gesamtunternehmens zu vermeiden. Weitergehende spezifische Anforderungen aus Sicht eines Software-Unternehmens bestehen insoweit nicht.

Mit der Einordnung der Erlöse, die ein Software-Hersteller von Zwischenhändlern im Ausland erhält, als Lizenzen i. S. des einschlägigen DBA entsteht ggf. auch ein Anspruch auf die Anrechnung fiktiver Quellensteuern. Die Bedingungen nach den einzelnen DBA variieren sehr stark, so dass jeweils die Bestimmungen des anzuwendenden DBA zu prüfen sind. So ist häufig eine fiktive Anrechnung nur für bestimmte Arten von Lizenzen vorgesehen. Für eine solche Vergünstigung in Betracht kommen Software-Lizenzgebühren aus bestimmten Entwicklungs- oder Schwellenländern. Aus steuerplanerischer Sicht bietet es sich an, den Vertrieb in bestimmten Regionen über solche Staaten abzuwickeln, um die bestehenden Vorteile zu nutzen.[38]

2. Aktivität i. S. des AStG

Große Sorgfalt verlangt der Vertrieb über konzerneigene Tochtergesellschaften in Staaten, die nach dem deutschen AStG als niedrig besteuert gelten. Zum Zeitpunkt der Entstehung des AStG war die Wirtschaft in Deutschland noch deutlich durch den industriellen Sektor geprägt. Entsprechend sind die Vorschriften zur Aktivität in § 8 AStG auch stark durch das Leitbild eines Unternehmens geprägt, das körperliche Güter produziert. Die zunehmende Bedeutung der Informationswirtschaft hat in den Gesetzesformulierungen noch keinen adäquaten Niederschlag gefunden.[39] Es besteht daher latent immer die Gefahr, dass Vertriebsaktivitäten für EDV-Programme als passive Tätigkeit qualifiziert werden und damit die Hinzurechnungsbesteuerung bei einer deutschen Muttergesellschaft auslösen.

Mit dem Verkauf von Software an einen Endkunden erhält dieser durch den Zwischenhändler das Recht eingeräumt, die erworbenen Programme zu nutzen. Die Umsatzerzielung kann als Überlassung der Nutzung von Rechten verstanden werden. Eine solche gilt nach § 8 Abs. 1 Nr. 6a AStG u. U. als passive Tätigkeit, die geeignet ist, die eigentliche Geschäftstätigkeit eines konzerneigenen Vertriebspartners in einem niedrig besteuerten Land der Hinzurechnungsbesteuerung zu unterwerfen. § 8 Abs. 1 Nr. 6 AStG betrifft aber nur die Vermietung oder Verpachtung. Diese beiden Geschäftsarten zeichnen sich aber durch eine zeitliche Begrenzung der Nutzung aus. Fehlt es an dieser (wie bei den meisten Software-"Lizenzen"), fallen entsprechende Einkünfte auch nicht unter die genannte Vorschrift. Der wirtschaftliche Gehalt der ausgeführten Ge-

---

[38] Es muss aber in jedem Fall eine Abwägung mit den außersteuerlichen Nachteilen eines bestimmten Vertriebsstandortes erfolgen (vor allem in Bezug auf den Schutz der Urheberrechte).

[39] Auch durch die Finanzverwaltung wird anerkannt, dass der Aktiv-Katalog des § 8 AStG der Überarbeitung bedarf; vgl. *Wolff*, IStR 2001, 440.

Malinski

schäfte ist vielmehr einem Handelsbetrieb ähnlich. Der Kunde erwirbt das Nutzungsrecht an einer Kopie der Software und kann über dieses verfügen wie der Eigentümer eines Gegenstandes. Dies gilt unabhängig davon, ob es sich um Individual- oder Standardsoftware handelt. Es ist daher angezeigt, die Tätigkeit eines Zwischenhändlers als Handel i. S. des § 8 Abs. 1 Nr. 4 AStG zu qualifizieren und als aktiv einzustufen, sofern die übrigen Voraussetzungen dieser Vorschrift erfüllt sind. Wird die Software hingegen nur für eine begrenzte Zeit überlassen, also etwa vermietet oder verleast, entfernt sich hingegen der Inhalt der getätigten Geschäfte vom Handelsbegriff. Entsprechende Umsätze fallen unter § 8 Abs. 1 Nr. 6 AStG und führen ggf. zur Hinzurechnungsbesteuerung.

III. Vertrieb über eine Betriebsstätte

Beim Vertrieb über eine Betriebsstätte erfolgt der Vertragsabschluss mit dem Kunden durch eine rechtlich unselbständige Einrichtung des Software-Herstellers im Land des Kunden.

Die Betriebsstätte kann als unselbständiger Teil des Software-Herstellers keine Lizenzgebühren an das Stammhaus entrichten. Ein Quellensteuereinbehalt ist daher nicht vorzunehmen, so dass sich hieraus keine steuerlichen Belastungen ergeben. Allerdings ergibt sich im Gegenzug das Problem, den Verkaufserlösen der Betriebsstätte einen Teil der Entwicklungskosten zuzuordnen. Die dabei auftretenden Fragestellungen ähneln denen bei der Ermittlung der ausländischen Einkünfte zur Bestimmung des Anrechnungshöchstbetrages. Aufwendungen werden schon zu einem Zeitpunkt entstehen, in dem die Betriebsstätte möglicherweise noch nicht existent war. Andererseits fallen in den Jahren, in denen die Verkäufe stattfinden, keine Entwicklungskosten mehr für die verkauften Programmversionen an. Unbeschadet dessen ist es schon kostenrechnerisch fast unmöglich, die ausschließlich fixen Entwicklungskosten nach einem geeigneten Schlüssel den einzelnen Erlösen zuzuordnen.

D. Ausblick

Die vorstehenden Ausführungen haben gezeigt, dass die steuerliche Einordnung der Software in Teilbereichen immer noch von Diskussionen begleitet ist. Diese wirkt sich auch steuerplanerischen Überlegungen aus. Insbesondere bei grenzüberschreitenden Gestaltungen, die gerade bei einem „hoch mobilen" Produkt, wie es die Software darstellt, relativ leicht umzusetzen sind, verbleibt damit ein gewisses Risiko, dass eine steuerliche Einordnung vorgenommen wird, die den ursprünglichen Absichten zuwider läuft.

Gleichwohl bleibt festzuhalten, dass steuerplanerische Aktivitäten bei der Wahl des Ortes, an dem die Software programmiert wird, möglich sind. Zum anderen erfordert die Tatsache, dass der Vertrieb von Software gelegentlich mit Quellensteuern belastet ist, aktive Gestaltungsmaßnahmen, um die hieraus resultierenden Nachteile zu vermeiden und ggf. für das betroffene Unternehmen mögliche Vorteile im Rahmen der Anrechnung fiktiver Quellensteuern zu ermöglichen.

Malinski

7. Steuerliche Aspekte bei Corporate Investments in internationale Venture Capital Fonds

von Dr. Christian Kaeser, Rechtsanwalt und
Georg Geberth, Rechtsanwalt, München[*]

Inhaltsübersicht

A. Gewerbesteuerpflichtigkeit eines VCF
   I. Gewerbliche Betätigung des VCF
   II. Gewerbliche Prägung des VCF (§ 15 Abs. 3 Nr. 2 EStG)
   III. Gewerbliche Infektion des VCF
B. Die Regelung des § 8 Nr. 5 GewStG
   I. Darstellung der Regelung
   II. Auswirkungen auf einen inländischen VCF
   III. Auswirkungen auf den inländischen Corporate Investor
C. Wirkung des § 8b Abs. 6 KStG auf der Ebene der Mitunternehmerschaft
D. Die Regelung des § 7 Satz 2 GewStG
E. VCF als Finanzunternehmen i. S. d. § 8b Abs. 7 KStG
F. VCF und InvStG
   I. Entwicklung
   II. Anwendbarkeit des InvStG
   III. Steuerliche Konsequenzen
   IV. Schlussfolgerungen für den Investor
G. Außensteuerrechtliche Konsequenzen eines Investments in einen ausländischen VCF
   I. Entwicklung
   II. Gegenwärtige Rechtslage
H. Ausländische Besteuerung am Beispiel eines in den USA ansässigen VCF
   I. Steuerliche Transparenz einer US Personengesellschaft
   II. US trade or business" eines US-VCF
I. Ausländische Besteuerung am Beispiel eines israelischen VCF
   I. VCF stellt keine Betriebsstätte dar
   II. VCF als Betriebsstätte des deutschen Corporate Investors
   III. In 2001 neu eingeführte Steuervergünstigung
J. Schlussbemerkung

Literatur:

Bergemann, Unternehmensteuerreform 2001: Schwerpunkte des Steuersenkungsgesetzes, DStR 2000, 1410; **Blumers/Witt**, Gewerblichkeit durch Beteiligung an Kapitalgesellschaften – Stellungnahme zum Erlass-Entwurf zu Venture Capital und Private Equity Fonds sowie zum BFH-Urteil v. 25. 7. 2001 X R 55/97 –, DB 2002, 60; **Boxberger**, Germany Updates Financial Investment Tax Regime, tax notes international 2008; **Bünning**, Steuerliche Aspekte der Beteiligung von Inländern an ausländischen Venture Capital und Private Equity Fonds, FR 2002, 982; **Debatin/Wassermeyer**, Doppelbesteuerung; **Ernst**, Private Equity Fonds zwischen Gewerblichkeit und Vermögensverwaltung, BB 2005, 2213; **Ernst & Young/BDI (Hrsg.)**, Die Fortentwicklung des Unternehmensteuerrecht, 2002; **Fock**, Investmensteuerrecht und Außensteuergesetz, IStR 2006, 734; **Gemmel/Miske**, BaFin erläutert Änderung des Begriffs „ausländische Investmentanteile", NWB 2009, 1418; **Gemmel/Schierle**, Ausländische Investmentanteile im Investmentgesetz – Kleine Änderung des Investmentgesetzes mit großer Auswirkung auf das (Investment-)Steuerrecht?, BB 2008, 1144; **Helios/Schmies**, Ausländische Investmentanteile i. S. d. § 2 Abs. 9 InvG, BB 2009, 1100; **Hoffmann-Riem**, Der Geltungsbereich der Investmentgesetze, BB 1972, 244; **Jung**, Die steuerrechtlichen Vorschriften der neuen Investmentgesetzgebung, WM 1969, Sonderbeilage 2, 19; **Kirchhof (Hrsg.)**, EStG KompaktKommentar, 2008; **Krüger**, Steuerliche Aspekte des Corporate Venture Capital – Rechtsformproblematik und Managementvergütung, FB 2002, 57, 63; **Lang**, Steuerberaterkongress-Report 1988, 53; **Lenski/Steinberg**, GewStG Kommentar, **Löffler/Hansen**, Zur Reichweite von § 8b Abs. 7 Satz 2 KStG nach dem BFH-Urteil vom 14. 1. 2009, I R 36/08, DStR 2009, 635, DStR 2009, 1135; **Mogenson/Benson**, IRS Issues Final Check-the-Box Regs – Tax Simplification Creates Planning Opportunities, TNI 1996, 2159 f.; **Plewka**, Aufgabe der BFH-Rechtsprechung zur Abfärbewirkung und die Auswirkungen auf die steuerliche Behandlung von Private Equity Fonds, DB 2005, 1076; **Pöllath + Partner/Deutsches Venture Capital Institut (Hrsg.)**, Private Equity Fonds, Einkommensteuerliche Behandlung von Venture Capital und Private Equity Fonds (Kommentar zum BMF-Schreiben vom 16. Dezember 2003), 2006; **Prinz/Simon**, Ungewollte Abschaffung des gewerbesteuerlichen Schachtelprivilegs für Kapitalgesellschaften durch das UntStFG?, DStR 2002, 149; **Rosenberg**, The U.S. In-

---

[*] Steuerabteilung der Siemens AG, München.

ternational Tax Withholding Nightmare, TPIR 1995, 3; **Rödder/Schumacher,** Der Regierungsentwurf eines Gesetzes zur Fortentwicklung des Unternehmenssteuerrechts, DStR 2001, 1685; **Rodin/Veith/Bärenz,** Einkommensteuerliche Behandlung von Venture Capital und Private Equity Fonds – Abgrenzung der privaten Vermögensverwaltung vom Gewerbebetrieb, DB 2004,103; **Rutkowsky,** Probleme der Besteuerung von Investmentanteilen, NJW 1971, 1348; **Schaumburg,** Internationales Steuerrecht, 1998; **Schaumburg/Schulte,** Die KGaA – Recht und Steuern in der Praxis, 2000; **Schmidt,** EStG – Kommentar zum Einkommensteuergesetz, 2009; **Schönfeld,** Probleme der Anwendung von § 8 Abs. 1 Nr. 9 AStG (Anteilsveräußerungsgewinne und –verluste) in mehrstufigen Beteiligungsstrukturen, IStR 2008, 392; **Schüppen/Ehlermann,** Corporate Venture Capital, 2009; **Seto/Wieckert/Siegel,** Foreign Entity Classification Proposed regulations Issued, TNI 1996, 1727, 1729 ff.; **Small,** USA: Das neue Wahlrecht zur Klassifizierung von Kapital- und Personengesellschaften, IStR 1996, 280 ff.; **Sradj/Mertes,** Neuregelungen bei der Besteuerung von Investmentvermögen, DStR 2004, 201; **Stadler (Hrsg.),** Venture Capital und Private Equity – Erfolgreich wachsen mit Beteiligungskapital, 2002; **Tibo/Bogenschütz,** Erneute Änderung des § 8b KStG und weiterer Vorschriften betreffend den Eigenhandel von Banken und Finanzdienstleistern – Auswirkungen auf Unternehmen außerhalb der Kreditwirtschaft, DB 2001, 8; **Tullius,** Neue steuerrechtliche Vorschriften zu Investmenterträgen, DB 1969, 1715; **Wassermeyer,** Merkwürdigkeiten bei der Auslegung von DBA durch die Finanzverwaltung, IStR 1995, 49; **Watrin/Wittkowski/Pott,** Förderung von Wagniskapital im Visier des Gesetzgebers – Was erwartet Private Equity und Venture Capital Gesellschaften?, DB 2007, 1939; **Weitnauer,** Handbuch Venture Capital, Von der Innovation zum Börsengang, 2007; **Ziegenhain,** Vereinfachtes Verfahren zur steuerlichen Klassifizierung von Personen- und Kapitalgesellschaften in den USA, RIW 1995, 671.

Den Zugang zur Teilnahme an den starken Wachstumschancen eines start ups erlangt man in der Regel erst mit der Börsennotierung einer solchen Gesellschaft. Der dem IPO vorgelagerte dynamischere Part der Entwicklung junger Unternehmen ist dann aber bereits abgeschlossen. Eine Beteiligung in der „pre IPO-Phase" erfolgt zu einem großen Teil über sog. Venture Capital Fonds (VCF). Die VCF analysieren Unternehmen (Zielgesellschaften), beteiligen sich an diesen über Eigenkapital oder als stille Gesellschafter und versuchen nicht zuletzt aktiv auf die Entwicklung der Zielgesellschaften Einfluss zu nehmen. Das Investment zielt dabei regelmäßig auf eine Wertsteigerung innerhalb eines Zeitraums von 3–6 Jahren, der idealtypisch mit dem IPO der Zielgesellschaft endet.[1] Für Corporate Investors eröffnet die Beteiligung an jungen Wachstumsgesellschaften neben dem Ziel einer Wertsteigerung des Investments überdies noch Einblicke in neue Marktentwicklungen. Dies mag der Grund dafür sein, dass trotz der Flaute auf den Neuen Märkten Corporate Investors weiterhin Venture Capital zur Verfügung stellen. Hinzu kommt, dass eine Beteiligung im Vorfeld einer Börsennotierung erst ab einer Höhe in Betracht kommt, die Einzelpersonen normalerweise nicht möglich ist. Die Rentabilität des Investments hängt dabei in nicht unbeträchtlichem Maße an der Steuerbelastung des VCF sowie der Beteiligung an diesem. Bei Zwischenschaltung des VCF sollte versucht werden, eine Mehrbelastung erzielter Gewinne im Vergleich zu einem Direktinvestment zu vermeiden. Im Folgenden werden ausgewählte steuerliche Fragen dargestellt, die bei Corporate Investments in internationale VCF (VCF, die auch ausländische Zielgesellschaften erwerben oder selbst ihren Sitz im Ausland haben) Bedeutung erlangen können. Dabei wird auf eine Darstellung des MoRaKG (Gesetz zur Modernisierung der Rahmenbedingungen für Kapitalbeteiligungen) verzichtet, da die in ihm enthaltenen steuerlichen Regelungen wegen der durch das Gesetz aufgestellten hohen Hürden zu ihrer Nutzbarmachung in der Praxis kaum relevant sind.[2]

---

[1] Allgemein zu Corporate Venture Capital: *Weitnauer*, Handbuch Venture Capital, 2007; *Schüppen/Ehlermann*, Corporate Venture Capital, 2009; *Stadler* (Hrsg.), Venture Capital und Private Equity, 2002.

[2] Vgl. zu den Änderungen: *Boxberger*, tax notes international 2008; *Watrin/Wittkowski/Pott*, DB 2007, 1939.

A. Gewerbesteuerpflichtigkeit eines VCF

Der Gewerbesteuer unterliegt jeder stehende Gewerbebetrieb, soweit er im Inland betrieben wird (§ 2 Abs. 1 S. 1 GewStG). VCF mit Sitz im Ausland scheiden damit hinsichtlich ihrer laufenden Erträge grundsätzlich aus dem gewerbesteuerlichen Nexus aus. Bei einem inländischen VCF stellt sich hingegen die Frage, ob dieser einen Gewerbebetrieb unterhält. Unter Gewerbebetrieb ist dabei ein gewerbliches Unternehmen i. S. des EStG zu verstehen (§ 2 Abs. 1 Satz 2 GewStG). Wird der VCF in der Rechtsform einer Kapitalgesellschaft betrieben, stellt er per se einen Gewerbebetrieb dar (§ 2 Abs. 2 GewStG). Bei einem VCF in der Rechtsform der Personengesellschaft kommt es hingegen darauf an, ob er entweder selbst gewerblich tätig wird (§ 15 Abs. 2 EStG), gewerblich geprägt (§ 15 Abs. 3 Nr. 2 EStG) oder gewerblich infiziert ist (§ 15 Abs. 3 Nr. 1 EStG).

I. Gewerbliche Betätigung des VCF

Die Frage nach der eigenen gewerblichen Betätigung des VCF zielt auf die Abgrenzung zwischen **privater Vermögensverwaltung und gewerblichem Handeln**.[3] Die Determinanten dieser Abgrenzung gibt die Vorschrift des § 14 AO vor, die zwei typische Fälle der Vermögensverwaltung nennt: "wenn Vermögen genutzt, zum Beispiel Kapitalvermögen verzinslich angelegt oder unbewegliches Vermögen vermietet oder verpachtet wird."

Zur Vermögensverwaltung gehören neben der bloßen Fruchtziehung aber auch Vermögensumschichtungen, also der An- und Verkauf bestimmter Vermögensgüter, so dass der VCF, der ja hauptsächlich einen Gewinn aus einer mittelfristigen Vermögensumschichtung erzielen will, grds. ebenfalls noch den Bereich der bloßen Vermögensverwaltung berühren kann. Wann sich solche Vermögensumschichtungen noch im Bereich der Vermögensverwaltung bewegen bzw. ab wann sie in die gewerbliche Vermögensnutzung tendieren, bestimmt sich dabei maßgebend anhand des Gesamtbildes der Verhältnisse und der Verkehrsanschauung. Sein Vermögen verwaltet der Steuerpflichtige, der die Fruchtziehung in den Vordergrund seiner Interessen und Aktivitäten stellt, gewerbliche Aktivitäten entfaltet derjenige, der sein Vermögen durch Umschichtung ausnutzt.[4] Dabei soll es im Zweifel darauf ankommen, **ob die Tätigkeit dem Bild entspricht, das die Verkehrsanschauung von einem Gewerbebetrieb zeichnet, bzw. ob sie dem Bild typischer Vermögensverwaltung widerspricht**.[5]

Einzelheiten hierzu hat die Finanzverwaltung in dem BMF-Schreiben vom 16. Dezember 2003 "Einkommensteuerliche Behandlung von Venture Capital Fonds und Private Equity Fonds; Abgrenzung der privaten Vermögensverwaltung vom Gewerbebetrieb" geregelt.[6] Weitere Zweifelsfragen haben die Einkommensteuer-Referatsleiter der obersten Finanzbehörden des Bundes und der Länder in einer gleichlautenden Verfügung geklärt.[7] Dennoch verbleiben zahlreiche Unsicherheiten, so dass die Einordnung eines VCF als vermögensverwaltend oder gewerblich

---

[3] Die private Vermögensverwaltung stellt ein ungeschriebenes negatives Tatbestandsmerkmal des § 15 Abs. 2 EStG dar, vgl. *Weber-Grellet* in: Schmidt, EStG § 15 Rn. 50.

[4] BFH, BStBl 1980 II 106; BStBl 1988 II 65; BStBl 1991 II 844; BStBl 1993 II 668; *Stuhrmann* in: Blümich, EStG, § 15 Rz. 152; nach *Lang* läuft das auf die Aussage hinaus: "Die private Vermögensverwaltung operiert grundsätzlich nur mit Anlagevermögen, nicht mit Umlaufvermögen", StbKRep. 1988, 53.

[5] BFH GrS, BStBl 1995 II 617; *Weber-Grellet* in: Schmidt, EStG, § 15 Rn. 50.

[6] Vgl. dazu auch *Ernst*, BB 2005, 2213; *Rodin/Veith/Bärenz*, DB 2004,103; *Blumers/Witt*, DB 2002, 60; *Baasch*, Handelsblatt v. 28. 3. 2002.

[7] Vgl. OFD Frankfurt a.M. vom 16. 2. 2007 S 2241 A – 67 – St 220, Venture Capital und Private Equity Fonds – Zweifelsfragen, GmbHR 2007, 671.

nach wie vor schwer vorherzusagen ist. Eine umfassende Darstellung der gesamten Kasuistik würde den hier angemessenen Rahmen sprengen, weshalb eine Beschränkung auf die wesentlichen Grundsätze erfolgt.[8] Damit ein Steuerpflichtiger beim Wertpapierhandel wie ein "Händler am Markt" agiert, sind nach dem BMF-Schreiben folgende Umstände zu berücksichtigen, die nachfolgend mit der Rspr. des BFH in Einklang gebracht wurden:

- nach Ziffer 11 des BMF-Schreibens ist der **Umfang der Geschäfte** von relativ geringer Aussagekraft, da auch die größten Vermögen noch verwaltet werden müssen;
- das **Unterhalten eines Büros oder einer Organisation** zur Durchführung von Geschäften kann nach Ziffer 11 des BMF-Schreibens nur ab einem bestimmten Umfang negativ ins Gewicht fallen; gerade bei international tätigen deutschen VCF kann aber das Unterhalten eines **Büros im Ausland** ein Indiz für gewerbliche Betätigung sein, da dies bei privater Vermögensverwaltung zumindest ungewöhnlich ist. Allerdings verweist das BMF-Schreiben auch darauf, dass dies insoweit unschädlich ist, als es nicht das Ausmaß dessen übersteigt, was bei einem privaten Großvermögen üblich ist.
- Das **Ausnutzen eines Marktes unter Einsatz beruflicher Erfahrungen** ist nur dann schädlich, wenn der VCF **auf fremde Rechnung** handelt, da auch private Anleger bei der Verwaltung ihres Vermögens oftmals auf eigenes berufliches Know-how zurückgreifen (Ziffer 12 des BMF-Schreibens).
- Das **Anbieten von Wertpapiergeschäften gegenüber einer breiten Öffentlichkeit** führt zwar nach Ziffer 13 des BMF-Schreibens zur Gewerblichkeit, im Regelfall erwirbt der VCF seine Beteiligungen jedoch auf eigene Rechnung.
- Da der VCF in nicht börsennotierte Beteiligungen investiert, kann nach Ziffer 14 des BMF-Schreibens auch deren **kurzfristiger Umschlag** zur Gewerblichkeit führen. Zwar hat der BFH für den Wertpapierhandel entschieden, dass gerade infolge des technischen Fortschritts auch dem Privatanleger eine kurzfristige Vermögensumschichtung möglich sei.[9] Dies gelte aber nicht für kurzfristige An- und Verkäufe nicht börsennotierter Unternehmensbeteiligungen.[10] Der Bereich privater Vermögensverwaltung wird dabei jedoch erst dann verlassen, wenn nachhaltig und in engem zeitlichen Zusammenhang an- und verkauft wird. Die Ziffer 14 des BMF-Schreibens muss daher so interpretiert werden, dass einzelne kurzfristige Investments die private Vermögensverwaltung nicht nachteilig tangieren.
- Tätigt der VCF Investments in **ausländische, nicht börsennotierte Kapitalgesellschaften**, kann er auf der Basis der eben zitierten BFH-Rspr. auch bei wenigen kurzfristigen Vermögensumschichtungen schneller zur Gewerblichkeit tendieren. Bewegt man sich mit einem Investment in nicht börsennotierte, inländische Kapitalgesellschaften bereits auf einem schmalen Grat zur Gewerblichkeit, so wird dieser Grat bei einem Investment in eine ausländische, nicht börsennotierte Gesellschaft leichter überschritten. Der typische Privatanleger wird zu einer solchen Anlage kaum eine Möglichkeit finden, hinzu kommt, dass auch noch Regeln des ausländischen Gesellschafts- und Kapitalmarktrechts zu beachten sind, so dass der erforderliche Aufwand für ein derartiges Investment höher ist. Hier gilt es, sich abzusichern, um der Finanzverwaltung keine Steilvorlage zu geben. Zumindest innerhalb der EU kann argumentiert werden, dass die zusehends harmonisierten rechtlichen Rahmenbedin-

---

[8] Für Details verweisen wir auf die eingehende Kommentierung in Pöllath + Partner (Hrsg.), Private Equity Fonds, Kommentar zum BMF-Schreiben vom 16. 12. 2003.
[9] BFH-Urteil v. 20. 12. 2000, DStR 2001, 888.
[10] Vgl. BFH v. 25. 7. 2001, BStBl 2001 II 809.

gungen ein grenzüberschreitendes Investment in EU-Mitgliedstaaten auch dem Privatanleger ermöglichen.

- Ob eine **Fremdfinanzierung des Beteiligungserwerbs** schädlich ist – so Ziffer 9 des BMF-Schreibens –, erscheint zweifelhaft. Der BFH hat auch bei der Fremdfinanzierung von Wertpapiergeschäften in erheblichem Umfang ein Umschlagen der Tätigkeit in die Gewerblichkeit verneint.[11] Ein Unterschied kann sich hier nur in der Gesamtschau mit dem vorangegangenen Aspekt ergeben. Anders als beim fremdfinanzierten Erwerb börsennotierter Wertpapiere steigen die Risiken des fremdfinanzierten Beteiligungserwerbs überproportional. Im Regelfall nimmt der VCF jedoch keine Bankkredite, sondern Gesellschafterfremdkapital auf. Da es sich aus Sicht des Gesellschafters dabei um eine Alternative zur Eigenkapitalfinanzierung handelt, sollte die Gesellschafterfremdfinanzierung einer Personengesellschaft nicht zu deren Gewerblichkeit führen.

- Der normale Privatanleger **reinvestiert Veräußerungserlöse**. Trotz gegenteiliger Ansicht der Finanzverwaltung in Ziffer 15 des BMF-Schreibens ist kein Grund ersichtlich, die Reinvestition von Veräußerungserlösen innerhalb eines VCF abweichend zu beurteilen. Soll eine Reinvestition erfolgen, sollte dies aber bereits im Gesellschaftsvertrag zum Ausdruck gebracht werden.

- Die wohl größte Gefahr für die private Vermögensverwaltung erwächst aus einer **unternehmerischen Betätigung des VCF in den von ihm gehaltenen Gesellschaften** (Ziffer 16 des BMF-Schreibens). Dabei kann die Höhe der Beteiligung an der jeweiligen Gesellschaft höchstens ein Indiz für eine derartige unternehmerische Betätigung sein; für sich allein ist jedoch auch die 100 % Beteiligung so unschädlich wie die bloße Wahrnehmung gesellschaftsrechtlich begründeter Funktionen, wie etwa der eines Aufsichtsrates. Indizielle Bedeutung kommt insoweit auch dem carried interest der geschäftsführenden Kommanditisten zu. Problematisch ist insbesondere die Frage, wann das unternehmerische Tätigwerden Dritter (insbesondere sog. Inkubatoren) dem VCF als eigenes zugerechnet werden kann.

- Kommt ein sog. **Inkubator** (gewerbliche Entwicklungsgesellschaft, die meist als Kapitalgesellschaft ausgeformt ist) zum Einsatz, der sein betriebliches Know-how bereits in der Vorgründungsphase der Zielgesellschaften zur Verfügung stellt, an diesen und an später aus Umstrukturierungen entstehenden Kapitalgesellschaften Beteiligungen erwirbt und etwa auch die Zielgesellschaft bis zur IPO-Phase begleitet, soll nach Ziffer 21 des BMF-Schreibens dessen gewerbliche Tätigkeit dem VCF als eigene zugerechnet werden. Besteht zwischen den Gesellschaftern des VCF und des Inkubators Personenidentität, dient die Einschaltung des Inkubators u. a. dazu, eine gewerbliche Betätigung aus dem VCF zu verlagern. Warum diese dem VCF zugerechnet werden sollte, ist trotzdem kaum nachvollziehbar.[12] Dies gilt umso mehr, wenn es an der Personenidentität fehlt, und der Inkubator allein aufgrund eines schuldrechtlichen Vertrages mit der Zielgesellschaft tätig wird. Wer als Vermieter seinen Mieter verpflichtet, einmal im Jahr die Mietwohnung von einem bestimmten Maler streichen zu lassen, wird deshalb noch nicht gewerblich tätig.

---

[11] BFH v. 20. 12. 2000, DStR 2001, 888.
[12] Es handelt sich schließlich auch um keinen Fall der sog. Betriebsaufspaltung; vgl. dazu *Lenski/Steinberg*, § 2 GewStG Rn. 1070 ff.

II. Gewerbliche Prägung des VCF (§ 15 Abs. 3 Nr. 2 EStG)

Selbst ohne eine eigene gewerbliche Betätigung gilt gem. § 15 Abs. 3 Nr. 2 EStG (vgl. Ziffer 17 des BMF-Schreibens) die mit Einkünfteerzielungsabsicht unternommene Tätigkeit einer Personengesellschaft dann in vollem Umfang als Gewerbebetrieb, wenn bei dieser ausschließlich eine oder mehrere Kapitalgesellschaften persönlich haftende Gesellschafter sind und nur diese oder Personen, die nicht Gesellschafter sind, zur Geschäftsführung befugt sind (gewerblich geprägte Personengesellschaft). Im Regelfall des VCF kommt es daher nicht zu einer gewerblichen Prägung, da häufig neben der Komplementär-GmbH auch Kommanditisten zur Geschäftsführung berufen sind. Allerdings ist dreierlei zu beachten: (1) Es sollte sich nicht nur um eine pro forma-Geschäftsführung handeln, die allein zur Umgehung des § 15 Abs. 3 Nr. 2 EStG vereinbart wurde, aber keinerlei praktische Bedeutung hat. (2) Wird einer Kapitalgesellschaft als Kommanditist zusätzlich (oder allein) die Geschäftsführungsbefugnis eingeräumt, besteht die Gefahr, dass der an sich unpassende Wortlaut des § 15 Abs. 3 Nr. 2 EStG teleologisch angepasst wird, so dass es auch in dieser Konstellation zu einer gewerblichen Prägung kommen kann.[13]

III. Gewerbliche Infektion des VCF

Beteiligt sich der VCF nicht nur an Kapitalgesellschaften, sondern auch an Personengesellschaften, die selbst gewerblich tätig sind (z. B. im Rahmen eines "funds to funds"-Investments an einem anderen VCF, der als eine gewerblich tätige Personengesellschaft einzuordnen ist), kommt es über § 15 Abs. 3 Nr. 1 EStG unvermeidbar zur Infektion der gesamten Tätigkeit des VCF (vgl. Ziffer 17 des BMF-Schreibens).[14] Dies gilt allerdings nicht, wenn die Beteiligung des VCF auf einen „äußerst geringen Anteil" des Umsatzes entfällt.[15] Wird ein vermögensverwaltender Fonds angestrebt, sollte daher eine Investition in Personengesellschaften unterbleiben bzw. die Investition über eine zwischengeschaltete Kapitalgesellschaft erfolgen oder ggf. ein eigener "Parallelfonds" installiert werden. Da die atypisch stille Beteiligung des VCF zu Einkünften aus Gewerbebetrieb führt, tritt die Infektionswirkung des § 15 Abs. 3 Nr. 1 EStG auch bei einer atypisch stillen Beteiligung an einer Kapitalgesellschaft ein. Die typisch stille Beteiligung des VCF führt hingegen zu Einkünften aus Kapitalvermögen (§ 20 Abs. 1 Nr. 4 EStG) und löst daher weder für den Fall der Beteiligung an einer Kapital- noch an einer Personengesellschaft die Folge des § 15 Abs. 3 Nr. 1 EStG aus.

B. Die Regelung des § 8 Nr. 5 GewStG

§ 8 Nr. 5 GewStG enthält einen Hinzurechnungstatbestand, der bestimmte Gewinnanteile an Kapitalgesellschaften erfasst. Die Regelung kann zu einer erheblichen Verschlechterung bei der Beteiligung an ausländischen, aber auch an inländischen VCF führen.

I. Darstellung der Regelung

Der Hinzurechnung nach § 8 Nr. 5 GewStG liegt folgende Systematik zugrunde:

▶ Gewinnanteile aus Kapitalgesellschaften werden nach § 8b Abs. 1 KStG per se von der Steuer befreit und gehören damit auch nicht zum Gewerbeertrag i. S. des § 7 GewStG.

---

[13] Vgl. BFH v. 22. 11. 1994, BStBl 1996 II 93 (zu einer GbR); *Reiß* in: Kirchhof, EStG KompaktKommentar, § 15 Rn. 138.

[14] Vgl. BFH v. 27. 3. 2001, BStBl 2001 II 449.

[15] Im entschiedenen Fall waren dies 1,25 %, vgl. BFH-Urteil v. 11. 8.1999, XI R 12/98, BStBl II 2000, 229; *Pöllath + Partner* (Hrsg.), 135.

- § 8 Nr. 5 GewStG führt nun grundsätzlich zu einer Hinzurechnung der auf der ersten Stufe steuerbefreiten Gewinnanteile, **es sei denn**, die Gewinnanteile stammen:
  - aus einer inländischen Kapitalgesellschaft, an der die Beteiligung zu Beginn des Erhebungszeitraums mindestens 15 % des Grund- oder Stammkapitals beträgt (§ 9 Nr. 2a GewStG) oder
  - aus einer ausländischen Kapitalgesellschaft, an der die Beteiligung seit Beginn des Erhebungszeitraums ununterbrochen mindestens 15 % des Nennkapitals beträgt und die ihre Bruttoerträge zumindest fast ausschließlich aus aktiven Tätigkeiten i. S. des § 8 Abs. 1 **Nr. 1 bis 6** AStG bezieht oder die als Landes- bzw. Funktionsholding i. S. des § 8 Abs. 2 AStG a. F. zu qualifizieren ist (§ 9 Nr. 7 GewStG) oder
  - aus einer Beteiligung an einer ausländischen Kapitalgesellschaft, die unter den Schutz der Mutter-Tochter-Richtlinie fällt.

In den Ausnahmefällen des § 9 Nr. 2a und Nr. 7 GewStG wäre vom Wortlaut her zwar erforderlich, dass die Gewinnanteile bei der Ermittlung des Gewinns (§ 7 GewStG) angesetzt worden sind. Da der unterbliebene Gewinnansatz auf der Ebene des § 7 GewStG bereits vom Tatbestand der Hinzurechnung nach § 8 Nr. 5 GewStG vorausgesetzt wird, kann die Ausnahme von der Hinzurechnung jedoch nicht an eine Berücksichtigung auf der Ebene des § 7 GewStG anknüpfen. Der Ausnahmetatbestand könnte dann denklogisch nie vorliegen. Der Tatbestand des § 9 Nr. 2a u. Nr. 7 GewStG ist daher durch Auslegung entsprechend zu korrigieren.[16]

Durch das Jahressteuergesetz 2007 wurden die geschilderten Vorschriften ergänzt: Demnach mindern Aufwendungen, die in unmittelbarem wirtschaftlichen Zusammenhang mit den hinzuzurechnenden Gewinnanteilen stehen, den Kürzungsbetrag, soweit entsprechende Beteiligungserträge zu berücksichtigen sind (§ 9 Nr. 2a Satz 3 und § 9 Nr. 7 S. 2 GewStG). Durch die Beschränkung „soweit" kann es nicht zu einer "negativen Hinzurechnung" kommen, auch wenn die Aufwendungen die Gewinnanteile übersteigen (anders als noch in der Vorauflage dieses Beitrags mit guten Argumenten vertreten).

II. Auswirkungen auf einen inländischen VCF

§ 8 Nr. 5 GewStG hat für den inländischen VCF selbst keine große Bedeutung, da VCF ihre Erwartungen nicht in laufende Erträge aus den Beteiligungen setzen, sondern auf einen Gewinn aus der Veräußerung dieser Beteiligung hoffen. Da die gewerbesteuerliche Hinzurechnung allerdings – wie nachfolgend dargestellt – auf die Investment-Entscheidung des Corporate Investors starken Einfluss haben kann, sind die VCF jedoch mittelbar betroffen. Unmittelbar betroffen wird nur der VCF, der in andere in- oder ausländische VCF investiert. Für ihn gelten die Ausführungen unter III. entsprechend.

III. Auswirkungen auf den inländischen Corporate Investor

Für den Corporate Investor ergeben sich aus § 8 Nr. 5 GewStG unterschiedliche Konsequenzen, je nachdem, ob der VCF als Personengesellschaft oder Kapitalgesellschaft strukturiert ist, bzw. im Inland oder Ausland ansässig ist.

1. Im Inland ansässiger VCF in der Rechtsform der Kapitalgesellschaft

Handelt es sich bei dem VCF um eine im Inland ansässige Kapitalgesellschaft, muss der Corporate Investor darauf achten, dass er an dieser zu mindestens 15 % beteiligt ist und eine Gewinn-

---

[16] So auch *Prinz/Simon*, DStR 2002, 149.

ausschüttung nicht im ersten Jahr seiner Beteiligung erhält. Ansonsten kommt es zur gewerbesteuerlichen Belastung der Gewinnausschüttungen. Da bei entsprechender Entwicklung der Beteiligungsgesellschaften im VCF erhebliche Gewinne anfallen können, würde die gewerbesteuerliche Hinzurechnung der ausgeschütteten Gewinne den Ertrag deutlich schmälern.

Eine Beteiligung von weniger als 15 % sollte daher nur eingegangen werden, wenn die Hinzurechnung durch entsprechende Gestaltungen vermieden wird. Hierzu gehört in jedem Fall, dass aus den Investments erzielte Gewinne nicht ausgeschüttet, sondern thesauriert werden (Stichwort: "ballooning"). Die Möglichkeit der Liquidierung und einer anschließenden steuerfreien Vereinnahmung des Liquidationserlöses ist bereits aufgrund der Vorschrift des § 20 Abs. 1 Nr. 2 EStG verbaut. Durch sie wird ein Betrag i. H. des Nennkapitals unter die Steuerbefreiung des § 8b Abs. 2 KStG gefasst, während der Rest der Liquidationsrate unter § 8b Abs. 1 KStG fällt. Es erfolgt also eine gewerbesteuerliche Hinzurechnung der Liquidationsrate, insoweit sie das Nennkapital übersteigt. Deshalb sollte der Ausstieg aus dem VCF über einen Verkauf der Beteiligung am sog. "Secondary Market" oder innerhalb des Konzerns erfolgen. Als Erwerber bieten sich insbesondere ausländische Corporate Investors an, deren Gewinnausschüttungen wegen eines DBA oder dank der Mutter-Tochter-Richtlinie nicht § 8 Nr. 5 GewStG unterliegen. Der Veräußerungserlös wird gewerbesteuerlich nicht hinzugerechnet, da er nicht der Steuerbefreiung des § 8b Abs. 1 KStG, sondern der des § 8b Abs. 2 KStG unterliegt. Der Erwerber kann gefahrlos Gewinnausschüttungen oder Liquidationsraten empfangen, da er als ausländischer Investor jedenfalls nicht der Regelung des § 8 Nr. 5 GewStG unterliegt.

2. Im Ausland ansässiger VCF in der Rechtsform der Kapitalgesellschaft

Bei der Beteiligung an ausländischen VCF in der Rechtsform der Kapitalgesellschaft stellt § 8 Nr. 5 GewStG einen echten Stolperstein dar. Da VCF auf einen Gewinn durch Veräußerung der Anteile an den Beteiligungsgesellschaften abzielen, § 9 Nr. 7 GewStG aber nur auf § 8 Abs. 1 Nr. 1 – 6 AStG und gerade nicht auf § 8 Abs. 1 Nr. 8 und 9 AStG verweist, bezieht der VCF im Regelfall schädliche Einkünfte i. S. des § 9 Nr. 7 GewStG.[17] Es ist daher völlig unerheblich, ob die Beteiligung des Corporate Investors 15 % beträgt, oder darunter liegt. Eine Gewinnausschüttung des VCF an den Corporate Investor würde in jedem Fall gewerbesteuerlich hinzugerechnet.[18]

Einen Ausweg aus diesem Dilemma kann man finden, wenn man die Gewinne auf Ebene des ausländischen VCF thesauriert und der Corporate Investor seine Beteiligung an dem VCF selbst veräußert. Ohne Thesaurierung können die Erträge an den Corporate Investor nur dann steuerfrei ausgeschüttet werden, wenn der Sitzstaat für den VCF richtig gewählt wird. Insofern empfiehlt sich ein Investment in VCF mit Sitz in einem EU-Staat, da der Schutzbereich der Mutter-Tochter-Richtlinie die gewerbesteuerliche Hinzurechnung überlagert. Dabei ist jedoch das Mindestbeteiligungserfordernis zu beachten. So muss seit dem 1. 1. 2009 der Corporate Investor am ausländischen VCF zu mindestens 10 % beteiligt sein, damit ihm die Mutter-Tochter-Richtlinie Schutz gewährt – im Jahr zuvor waren es noch 15 %. Die Möglichkeit einen Sitzstaat zu wählen, der in seinem DBA mit Deutschland keinen Aktivitätsvorbehalt enthält, hat der Gesetzgeber durch die Einführung einer switch over-Klausel in § 50d Abs. 9 EStG verbaut.

---

[17] Das mag zwar vielleicht ein gesetzgeberisches Versehen sein, kann aber jedenfalls nicht durch Auslegung beseitigt werden, vgl. *Prinz/Simon*, DStR 2002, 149.

[18] An diesem Ergebnis kann man zweifeln, sofern der VCF als Landesholding i. S. des § 9 Nr. 7 Satz 1 Nr. 1 GewStG agiert und Anteile an Beteiligungsgesellschaften mit Sitz im gleichen Land veräußert.

3. VCF in der Rechtsform der Personengesellschaft

Ist der VCF in die Rechtsform der Personengesellschaft gekleidet, stellt § 8 Nr. 5 GewStG auf der Ebene des Corporate Investors weder bei einem inländischen noch bei einem ausländischen VCF ein Problem dar. Dies resultiert daraus, dass der Corporate Investor als Gesellschafter einer Personengesellschaft von dieser keine Gewinnausschüttung i. S. des § 8b Abs. 1 KStG, sondern einen Gewinnanteil i. S. des § 15 Abs. 1 Nr. 2 EStG erhält. Dieser Gewinnanteil ist über § 8b Abs. 2 i. V. m. Abs. 6 KStG körperschaftsteuerfrei,[19] soweit er – wie im Regelfall des VCF – aus der Veräußerung von Anteilen an Kapitalgesellschaften durch den VCF resultiert. Diese Befreiung wirkt – mittlerweile de lege lata gem. § 7 Satz 4 GewStG – auch für Zwecke der Gewerbesteuer, so dass insofern nicht auf § 9 Nr. 2 GewStG zurückgegriffen werden muss. Durch das UntStFG ist überdies klargestellt worden, dass § 8b Abs. 6 KStG auch den Gewinn aus der Veräußerung des Anteils an der Mitunternehmerschaft selbst erfasst, sofern er auf von der Mitunternehmerschaft gehaltene Anteile an Körperschaften entfällt.

C. Wirkung des § 8b Abs. 6 KStG auf der Ebene der Mitunternehmerschaft

Ist der VCF in der Rechtsform einer gewerblich tätigen Personengesellschaft organisiert, hängt die Gewerbesteuerbelastung von Veräußerungsgewinnen mangels entsprechender Kürzungsvorschriften an der Anwendbarkeit des § 8b Abs. 6 KStG auf den VCF. In der Vergangenheit wurde die Anwendbarkeit des § 8b Abs. 6 KStG auf Ebene der Mitunternehmerschaft im Schrifttum kontrovers diskutiert.[20] § 8b Abs. 6 KStG regelt für Mitunternehmerschaften, dass die Absätze 1 bis 5 für die dort genannten Bezüge, Gewinne und Gewinnminderungen auch dann gelten, wenn sie dem Steuerpflichtigen im Rahmen seines Gewinnanteils an der Mitunternehmerschaft zugerechnet werden. Da die Regelung eine Befreiung "im Rahmen des Gewinnanteils" bewirkt, handelt es sich bei ihr noch um ein Element der Gewinnermittlung der Mitunternehmerschaft, nicht aber um eine Steuerbefreiung, die erst nach Abschluss dieser Gewinnermittlung eingreift. Andernfalls hätte eine Steuerbefreiung des Gewinnanteils an der Mitunternehmerschaft selbst erfolgen müssen, und zwar insoweit er Gewinne i. S. des § 8b Abs. 2 KStG enthält. Auch Sinn und Zweck des § 8b KStG sprechen für einen umfassenden Anwendungsbereich der Regelung. Die Personengesellschaft ist zwar selbst Steuerschuldner der Gewerbesteuer (§ 5 Abs. 1 Satz 3 GewStG), Unternehmer sind jedoch ihre Gesellschafter.[21] Aus diesem Grund hat auch der Unternehmerwechsel bei einer Personengesellschaft Einfluss auf deren gewerbesteuerliche Situation (vgl. § 5 Abs. 2). Diese gewerbesteuerliche Verknüpfung der Ebene der Personengesellschaft mit ihren Gesellschaftern unterstreicht, dass die für bestimmte Mitunternehmer (Körperschaften i. S. des KStG) zugeschnittene Gewinnermittlungsvorschrift des § 8b Abs. 6 KStG auch gewerbesteuerlich ihre Wirkung auf der Ebene der Personengesellschaft entfalten muss. § 8b Abs. 6 KStG stellt somit sicher, dass über § 7 GewStG auch die Steuerbefreiung des § 8b Abs. 2 KStG (und Abs. 1) bei der Ermittlung des Gewerbeertrags der Mitunternehmerschaft wirkt. Diese Diskussion hat sich mit der Anfügung von § 7 S. 4 GewStG durch das EUR-

---

[19] Für den Fall, dass der Fonds eine vermögensverwaltende Personengesellschaft darstellt, greift § 8b Abs. 6 KStG nicht. Wegen der steuerrechtlichen Transparenz der vermögensverwaltenden Personengesellschaft (Arg. ex § 39 Abs. 2 Nr. 2 AO) wird der § 8b Abs. 1 und Abs. 2 KStG bei dieser jedoch ohnehin direkt angewendet. Ein "Erst-Recht-Schluss" aus der Vorschrift des § 8b Abs. 6 KStG stützt dieses Ergebnis.

[20] Gegen eine Anwendbarkeit unter der damaligen Rechtslage: *Bergemann*, DStR 2000, 1410 ff; *Krüger*, FB 2002, 57, 63.

[21] Vgl. *Lenski/Steinberg*, § 5 Rn. 4.

LUmsG entschärft. Der Gesetzgeber hat darin geregelt, dass „im Übrigen" – also bei Beteiligung einer Körperschaft – § 8b KStG bei der Ermittlung des Gewerbeertrags einer Mitunternehmerschaft anzuwenden ist.[22] Einem Erlass der Finanzverwaltung ist überdies zu entnehmen, dass dies unabhängig von der gesetzlichen Regelung in § 7 S. 4 GewStG und damit auch für Erhebungszeiträume vor 2004 gilt. Die Vorschrift hat mithin nur klarstellende Wirkung.[23]

D. Die Regelung des § 7 Satz 2 GewStG

Die Veräußerung von Mitunternehmeranteilen unterlag nach der Rechtsprechung des BFH[24] nicht der Gewerbesteuer. Das Gleiche galt für die Veräußerung oder Aufgabe eines Betriebes oder Teilbetriebes. Nach der Rechtsprechung handelte es sich bei diesen Handlungen nicht mehr um eine gewerbliche Betätigung, sondern gerade um die Beendigung derselben. Der Objektsteuercharakter der Gewerbesteuer verbiete eine Besteuerung, vorausgesetzt die gewerbliche Betätigung werde komplett eingestellt, was bei der Veräußerung von Mitunternehmeranteilen etwa voraussetzt, dass auch das Sonderbetriebsvermögen mitveräußert wird. Auf der Basis dieser Rechtsprechung konnte ein Corporate Investor demnach seine Beteiligung an einem VCF in der Rechtsform einer gewerblichen Personengesellschaft ohne Gewerbesteuerbelastung veräußern.

Die dogmatischen Bedenken des BFH hat der Gesetzgeber mit der Einführung des § 7 Satz 2 GewStG in der Fassung des UntStFG über Bord geworfen. Die Regelung bestimmt, dass zum Gewerbeertrag auch der Gewinn aus der Veräußerung oder Aufgabe

- des Betriebs oder eines Teilbetriebs einer Mitunternehmerschaft,
- des Anteils eines Gesellschafters, der als Unternehmer (Mitunternehmer) des Betriebs einer Mitunternehmerschaft anzusehen ist, sowie
- des Anteils eines persönlich haftenden Gesellschafters einer Kommanditgesellschaft auf Aktien gehört, soweit er nicht auf eine natürliche Person als unmittelbar beteiligter Mitunternehmer entfällt. Damit werden die Fälle erfasst, die vom BFH bisher mit der Begründung, es läge kein laufender Gewerbeertrag vor, nicht der Gewerbesteuer unterworfen wurden.[25]

Der Wortlaut der Regelung lässt nicht eindeutig erkennen, ob der Gewinn aus der Veräußerung/Aufgabe eines Mitunternehmeranteils als Gewerbeertrag des Mitunternehmers oder der Mitunternehmerschaft zu behandeln ist.[26] Lediglich aus der Einschränkung "soweit er nicht auf

---

[22] *Roser* in: Lenski/Steinberg, § 7, Rn. 393.

[23] Erlass Bayerisches Landesamt für Steuern vom 13. 12. 2005.

[24] Vgl. BFH-Urteil v. 24. 8. 2000, DStR 2000, 1768.

[25] Die von der Gesetzesbegründung genannten Missbrauchsmöglichkeiten, denen mit der Neuregelung begegnet werden müsste, überzeugen nicht. So sollen Kapitalgesellschaften ohne die Neuregelung die Möglichkeit haben, Einzelwirtschaftsgüter, die bei ihrer Veräußerung mit Gewinn der Gewerbesteuer unterliegen, stattdessen nach § 6 Abs. 5 Satz 3 EStG steuerneutral auf eine Personengesellschaft zu übertragen und anschließend die Beteiligung an der Personengesellschaft steuerfrei zu veräußern. Dass dies so nicht zutreffend ist, zeigt bereits die in § 6 Abs. 5 Satz 4 neu aufgenommene Sperrfrist, die die steuerneutrale Übertragung rückwirkend sowohl für Zwecke der Körperschaftsteuer als auch der Gewerbesteuer beseitigt und zu einer Versteuerung führt. Dass bei einer Übertragung nach Ablauf der Sperrfrist kaum ein Missbrauch vorliegen wird, bedarf keiner näheren Erörterung. Die Neuregelung scheint daher eher fiskalisch motiviert zu sein.

[26] Die Ausführungen gelten entsprechend für die dritte Variante, die Veräußerung/Aufgabe des Anteils eines persönlich haftenden Gesellschafters einer KGaA, da der Komplementär einer KGaA steuerlich wie ein Mitunternehmer behandelt wird, vgl. *Schaumburg/Schulte*, Die KGaA, Rz. 146 ff.

eine natürliche Person entfällt" kann gefolgert werden, dass der Gesetzgeber den Gewinn auf der Ebene der Mitunternehmerschaft sieht. Eine natürliche Person unterhält mit ihrer Beteiligung an einer Mitunternehmerschaft ohnehin keinen Gewerbebetrieb, so dass es der Einschränkung in § 7 Satz 2 GewStG nicht bedurft hätte.

Ein Vergleich mit der vollständigen Aufgabe des Betriebs stützt dieses Ergebnis. Gibt eine Mitunternehmerschaft ihren Betrieb auf, fällt der Aufgabegewinn gewerbesteuerlich auf der Ebene der Mitunternehmerschaft an. Gleichwohl entfällt der Aufgabegewinn anteilig auf die einzelnen Mitunternehmer. Die Aufgabe eines einzelnen Anteils kann insofern zu keiner abweichenden Zurechung des Aufgabegewinns führen. Der Anteil an der Mitunternehmerschaft ist nichts anderes als Ausdruck der gesamthänderischen Mitberechtigung des Mitunternehmers am Gesellschaftsvermögen. Gewerblich tätig wird jedoch nicht der Mitunternehmer mit dieser Beteiligung, sondern die Mitunternehmerschaft unter Einsatz des Gesamthandsvermögens. Die stillen Reserven dieses Gesamthandsvermögens, die sich in dem Veräußerungs-/Aufgabegewinn niederschlagen, müssen daher auch bei der Mitunternehmerschaft und nicht bei ihrem Mitunternehmer erfasst werden.

Mit der Zuordnung des Veräußerungs-/Aufgabegewinns zur Mitunternehmerschaft korrespondiert auch, dass die stillen Reserven auf der Ebene der Mitunternehmerschaft erwirtschaftet worden sind und ihre Realisation daher auch dort besteuert werden sollte. Resultieren die stillen Reserven aus der Abschreibung von Wirtschaftsgütern, hat diese Abschreibung den Gewerbeertrag der Mitunternehmerschaft gemindert. Stecken sie in selbst geschaffenen immateriellen Wirtschaftsgütern (Patente, Firmenwert), resultieren sie aus der gewerblichen Betätigung der Mitunternehmerschaft und nicht des Mitunternehmers und sollten daher auch dort erfasst werden.

Der gewerbesteuerliche Blick auf die Mitunternehmerschaft setzt sich fort, bedenkt man, dass es durch die Veräußerung zu einem höheren Abschreibungspotential der Mitunternehmerschaft kommt. Der neue Mitunternehmer hat letztlich seine Anschaffungskosten, soweit sie die auf den erworbenen Mitunternehmeranteil entfallenden Buchwerte der Wirtschaftsgüter der Mitunternehmerschaft übersteigen, in einer Ergänzungsbilanz anzusetzen. Die Abschreibung der Ansätze der Ergänzungsbilanz mindert den Gewerbeertrag der Mitunternehmerschaft. Wirkt sich das aus einem Anteilserwerb auf einen Mitunternehmer entfallende Abschreibungsvolumen jedoch gewerbesteuerlich bei der Mitunternehmerschaft und nicht bei dem Mitunternehmer selbst aus, sollte auch der auf einen Mitunternehmeranteil entfallende Veräußerungsgewinn auf der Ebene der Mitunternehmerschaft anfallen.

Eine solche Behandlung korrespondierte auch mit der Erfassung von Geschäftsvorfällen, die den Bereich des Sonderbetriebsvermögens eines Mitunternehmers betreffen. Gleichgültig ob es sich um laufende Sonderbetriebseinnahmen oder -ausgaben handelt bzw. der Mitunternehmer ein Wirtschaftsgut seines Sonderbetriebsvermögens veräußert, der Vorgang wirkt sich stets auf den Gewerbeertrag der Mitunternehmerschaft und nicht des Mitunternehmers aus.

Da somit die Gewerbesteuerbelastung aus der Veräußerung eines Mitunternehmeranteils die Mitunternehmerschaft und nicht den veräußernden Mitunternehmer trifft,[27] ergeben sich für den Corporate Investor selbst aus der Regelung des § 7 Satz 2 GewStG keine unmittelbaren Konsequenzen. Hält der VCF Beteiligungen an Kapitalgesellschaften wirkt sich § 7 Satz 2

---

[27] Vgl. Gesetzentwurf der Bundesregierung zum UntStFG, S. 67; *Rödder/Schumacher*, DStR 2001, 1685, 1689; dieses Ergebnis wird jedoch teilweise für nicht sachgerecht gehalten, etwa *Ernst & Young/BDI*, Die Fortentwicklung des Unternehmensteuerrecht, S. 153 f.

GewStG letztlich auch bei diesem nicht aus. Da § 8b Abs. 6 KStG Teil der Gewinnermittlung der Mitunternehmerschaft ist (vgl. oben C.), entfaltet die Vorschrift ihre Wirkung auch im Rahmen des § 7 Satz 2 GewStG. Hält der VCF jedoch Beteiligungen an Personengesellschaften, wird er bei der Veräußerung eines Anteils durch einen Corporate Investor selbst mit Gewerbesteuer belastet. Hier sollte an eine entsprechende vertragliche Regelung gedacht werden, die die Steuerlast angemessen verteilt.

E. VCF als Finanzunternehmen i. S. d. § 8b Abs. 7 KStG

Grundlegende Bedeutung bei der Auswahl eines passenden Sitzstaates eines VCF kommt der Befreiung von Gewinnen aus der Veräußerung der Zielgesellschaften zu. Diese ist in Deutschland nach § 8b Abs. 2 KStG grundsätzlich für Anteile an in- und ausländischen Körperschaften gewährleistet.[23] Kurzfristiges Unbehagen kommt jedoch auf, betrachtet man die Regelung des § 8b Abs. 7 KStG. Nach dieser Vorschrift gelten die Abs. 1 - 6 des § 8b KStG nicht für Anteile, die bei Kredit- und Finanzdienstleistungsinstituten nach § 1a des Gesetzes über das Kreditwesen (KWG) dem Handelsbuch zuzurechnen sind. Gleiches gilt für Anteile, die von Finanzunternehmen i. S. des Gesetzes über das Kreditwesen mit dem Ziel der kurzfristigen Erzielung eines Eigenhandelserfolgs erworben werden.[29]

Zwar sind VCF eindeutig keine Kredit- oder Finanzdienstleistungsinstitute. Jedoch kommen sie den ebenfalls erfassten "Finanzunternehmen" i. S. des KWG nahe. Gem. § 1 Abs. 3 Nr. 1 KWG ist ein Finanzunternehmen anzunehmen, wenn seine **Haupttätigkeit** u. a. darin besteht, Beteiligungen zu erwerben und zu halten. Die Tätigkeit von VCF besteht zumindest zu einem Teil im Erwerben, Halten und Veräußern von Beteiligungen. Da mit § 8b Abs. 7 KStG eigentlich eine Sonderregelung für den Bankensektor geschaffen werden sollte, ist dieses Ergebnis allerdings nicht befriedigend. Gleichwohl hat das BMF mit seinem Schreiben zu § 8b Abs. 7 KStG vom 25. 7. 2002[30] den Begriff des Finanzunternehmens denkbar weit gefasst. Nach Ansicht des BMF erfasst der Begriff des "Finanzunternehmens" alle Unternehmen des Finanzsektors als Restgröße. Für die Einordnung als Finanzunternehmen soll es darauf ankommen, ob die Haupttätigkeit des Unternehmens einer Tätigkeit i. S. d. § 1 Abs. 3 KWG entspricht, wobei für die Definition des Begriffs der "Haupttätigkeit" auf die Grundsätze der Tz. 81 und 82 des BMF-Schreibens v. 15. 12. 1994 zu § 8a KStG[31] verwiesen wird. Das BMF nennt insofern exemplarisch Holding-, Factoring-, Leasing-, Anlageberatungs- und bestimmte Unternehmensberatungsunternehmen sowie grundsätzlich auch vermögensverwaltende Kapitalgesellschaften. Da das BMF nicht auf die Tz. 84 des o. g. Schreibens zu § 8a KStG verweist, geht es anscheinend davon aus, dass auch Holdinggesellschaften mit nur einer Tochter (Tz. 84 verlangt mindestens zwei Beteiligungen) Finanzunternehmen sein können. Anhand dieser Definition der Finanzunternehmen wird das BMF auch VCF unter § 8b Abs. 7 Satz 2 KStG fassen, obwohl dies an der eigentlichen Regelungsintention der Vorschrift vorbeigeht.

Diese Auffassung hat der BFH jüngst mit seinem Urteil vom 14. 1. 2009 bestätigt. In dem zugrundeliegenden Fall erwarb eine GmbH innerhalb von zwei Monaten Anteile an einer anderen, in der Immobilienentwicklung und im Bau tätigen GmbH. Die Anteile buchte sie in ihr Um-

---

[28] Sofern die Gesellschaft, an der die zu veräußernden Anteile bestehen, ein kalenderjahrgleiches Wirtschaftsjahr besitzt.
[29] Zu der Problematik des § 8b Abs. 7 KStG *Tibo/Bogenschütz*, DB 2001, 8.
[30] BMF-Schreiben vom 25. 7. 2002, IV A 2 – S 2750a – 6/02, BStBl I 2003, 712.
[31] BMF-Schreiben vom 15. 12. 1994, IV B 7 – S 2742a – 63/94, BStBl I 1995, 25.

laufvermögen ein („zum Weiterverkauf bestimmte Beteiligungen") und veräußerte sie anschließend gewinnbringend weiter. Der BFH ordnete sie als Finanzunternehmen ein und versagte ihr die Steuerfreiheit der Veräußerungsgewinne gem. § 8 Abs. 7 Satz 2 KStG.

Schwebt über inländischen VCF in der Rechtsform von Kapitalgesellschaften somit das Damoklesschwert einer Qualifikation als Finanzunternehmen, so kommt dem zweiten Merkmal des § 8b Abs. 7 KStG entscheidendes Gewicht zu. Die Vorschrift greift schließlich nur ein, wenn das Finanzunternehmen Anteile an Kapitalgesellschaften "zur Erzielung eines kurzfristigen Eigenhandelserfolgs" erwirbt. Nach Ansicht des BMF soll ein solcher kurzfristiger Eigenhandelserfolg immer dann vorliegen, wenn die Anteile dem Umlaufvermögen zuzuordnen sind, wobei das Finanzunternehmen an seine Zuordnung gebunden sein soll. Das BMF-Schreiben lässt den Steuerpflichtigen damit mit einer ganzen Reihe von Unklarheiten zurück:

▶ Da die Formulierung des BMF-Schreibens nicht abschließend ist, kann es auch bei Anteilen im Anlagevermögen zur Annahme eines "kurzfristigen Eigenhandelserfolges" kommen. Wann dies der Fall sein soll, bleibt hingegen weiterhin offen. In der Literatur wird eine zeitliche Grenze von 12 Monaten Haltedauer diskutiert, was als sachgerechte Lösung erscheint. Das FG Hamburg[32] hat als Vorinstanz in dem Verfahren zum o. g. BFH-Urteil vom 14. 1. 2009 diese Frage ausdrücklich offen gelassen, jedoch wegen der kurzen Haltensdauer von nur 2 Monaten die Kurzfristigkeit bejaht.

▶ Nicht börsennotierte Anteile eignen sich per se nicht für den kurzfristigen Eigenhandel, da für sie kein institutionalisierter Markt besteht.

▶ Auch zur Relevanz der Zuordnung zum Umlaufvermögen haben leider weder der BFH noch das FG Hamburg Position bezogen. Eine Umwidmung vom Umlauf- zum Anlagevermögen und umgekehrt sollte allerdings zulässig sein, da auch bei Kredit- oder Finanzdienstleistungsinstituten Umwidmungen zwischen dem Handels- und Anlagebuch akzeptiert werden.

▶ Bei Anteilen, die zu Buchwerten nach § 20 UmwStG in eine Holdinggesellschaft eingebracht und dann von dieser veräußert werden, tritt nach § 22 Abs. 1 i. V. m. § 12 Abs. 3 Satz 1 UmwStG die übernehmende Holdinggesellschaft in die steuerliche Rechtsstellung der übertragenden Kapitalgesellschaft ein. Insofern sollte der übernehmenden Holdinggesellschaft auch die Haltedauer der Anteile bei der übertragenden Kapitalgesellschaft zugerechnet werden.

Für inländische VCF in der Rechtsform einer Kapitalgesellschaft bedeutet dies, dass Beteiligungen an Zielgesellschaften dem Anlagevermögen zugeordnet werden müssen. Dabei ist besonderes Augenmerk auf die Dokumentation der Halteabsicht zu legen.[33] Sollte versehentlich eine Zuordnung zum Umlaufvermögen erfolgt sein, ist eine Umwidmung zum Anlagevermögen vorzunehmen, da damit zumindest die Chance eröffnet wird, § 8b Abs. 7 KStG zu vermeiden.

F. VCF und InvStG

Die Anwendbarkeit des Investmentsteuergesetzes (InvStG) verhält sich akzessorisch zu den Vorschriften des Investmentgesetzes (InvG). Inländische Investmentvermögen müssen nach dem formellen Begriff als Investmendfonds (§ 2 Abs. 1 InvG) oder als Investmentgesellschaft (§ 2 Abs. 5 InvG) errichtet werden, um in den Anwendungsbereich zu gelangen. Im Gegensatz zu diesem formellen Begriff war der Begriff des ausländischen Investmentanteils vor dem Inkraft-

---

[32] FG Hamburg v. 26. 2. 2008, 2 K 54/07, DStRE 2009, 486.
[33] *Löffler/Hansen*, DStR 2009, 1135.

treten des Investmentänderungsgesetzes (InvÄndG) vom 21. 12. 2007 rein materiell ausgestaltet.

I. Entwicklung

Die Vorschriften des Auslandsinvestmentgesetzes (AusIInvG) unterschieden in ihren steuerlichen Rechtsfolgen zwischen weißen, grauen und schwarzen Fonds[34]. Mit dieser Einteilung waren erhebliche Auswirkungen auf den Nettoertrag eines Investments verbunden (Stichwort: „Strafsteuer"). Das AusIInvG war auf eine Beteiligung an einem ausländischen VCF anwendbar, sofern ausländische Investmentanteile vorlagen. Dies bestimmte sich nach zwei Kriterien: Zum einen musste das Vermögen der zu beurteilenden Gesellschaft (des VCF) nach dem Grundsatz der Risikomischung angelegt sein. Zum anderen musste sich dieses Vermögen aus Wertpapieren, verbrieften Schuldverschreibungen, Einlagen und Grundstücken zusammensetzen. Um die mit dem materiellen Investmentbegriff verbundene hohe Rechtsunsicherheit zu beseitigen, sah bereits der Entwurf des Investmentmodernisierungsgesetzes aus dem Jahr 2003 die Einführung des formellen Begriffs auch für ausländische Investmentfonds vor. Durchgesetzt hat sich dieser Vorschlag erst mit dem InvÄndG und er hat nur teilweise zu der erhofften Rechtssicherheit geführt. Allerdings ergeben sich daraus neue Gestaltungsmöglichkeiten.

II. Anwendbarkeit des InvStG

Der neue formelle Begriff des ausländischen Investmentanteils basiert nach wie vor auf dem oben geschilderten materiellen Begriff, schränkt diesen aber ein. Erforderlich ist demnach neben der Erfüllung der bisherigen materiellen Voraussetzungen, dass mindestens eine von zwei zusätzlichen formellen Bedingungen eingehalten wird. Genau darin liegt die vereinfachte Gestaltbarkeit, da die Anwendbarkeit des InvStG bei Auslandsinvestments durch bewusstes Nichterfüllen der formellen Kriterien leichter ausgeschlossen werden kann (allerdings kommt dann u. U. das AStG zur Anwendung, vgl. u.). Zum Anwendungsbereich von § 1 Satz 1 Nr. 3 InvG hat die Bundesanstalt für Finanzdienstleistungsaufsicht (BaFin) am 22. 12. 2008 ein Rundschreiben erlassen, auf dessen Basis die steuerrechtliche Praxis schon jetzt arbeitet, da das BMF beabsichtigt, dieses Schreiben auch für steuerliche Zwecke für verbindlich zu erklären[35]. Hierzu liegt auch bereits ein Entwurf zu einem BMF-Schreiben vor, wonach der Auslegung des § 1 Satz 2 und § 2 InvG durch die BaFin in ihrem Schreiben vom 22. Dezember 2008 „auch für das Steuerrecht zu folgen" ist. Allerdings wird darauf hingewiesen, dass keine formale Bindungswirkung des Steuerrechts an die aufsichtsrechtliche Entscheidung besteht. Demnach ist der Begriff des ausländischen Investmentanteils wie folgt zu verstehen:

1. Materielle Voraussetzungen

Die oben geschilderten Kriterien „Zusammensetzung des Vermögens i. S. d. § 2 Abs. 4 InvG" und „Risikomischung" können bei einem VCF leicht erfüllt sein. Bei VCF wird sich das Vermögen in der Regel neben Wertpapieren – Urkunden, die ein Vermögensrecht derart verbriefen, dass zur Ausübung des Rechts die Innehabung der Urkunde erforderlich ist –[36] auch aus Kapitalbeteiligungen und Beteiligungen an Personengesellschaften zusammensetzen. Bei solchen zusammengesetzten Vermögen erscheint es fraglich, ob ein Vermögen i. S. des InvG vorliegt. Dass es insofern nicht darauf ankommen kann, dass sich das Vermögen zu 100 % aus den o. g. Kompo-

---

[34] Zur Einführung des InvStG durch das InvModG: *Sradj/Mertes*, DStR 2004, 201.
[35] *Helios/Schmies*, BB 2009, 1100.
[36] Vgl. *Heckelmann*, in: Erman, Bürgerliches Gesetzbuch, Vor § 793 Rn. 2.

nenten zusammensetzt, liegt nahe. Andernfalls könnte die Intention des InvG durch die Beimischung eines geringen Prozentsatzes unschädlichen Vermögens unterlaufen werden. Auf der anderen Seite kann allein ein geringer Prozentsatz schädlichen Vermögens nicht dazu führen, dass ein Investmentanteil i. S. des InvG vorliegt. In dieser Situation liegt eine Abgrenzung anhand des Schwerpunktes sowohl der Zielsetzung als auch der Vermögensbestandteile nahe.[37] Sollte der Anteil der Wertpapiere oder der übrigen schädlichen Vermögenskomponenten die 50 %-Marke überschreiten, läge ein Investmentanteil vor. Ein lediglich kurzfristiges Überschreiten dieser Marke dürfte insofern jedoch nicht schädlich sein. Auch bei weniger als 50 % schädlichen Vermögens könnte dennoch ein Investmentanteil vorliegen, sofern die Anlage in den schädlichen Vermögenswerten zwar nicht wertmäßig aber bezogen auf den Tätigkeitsumfang bzw. die Zielsetzung des betroffenen Vermögens den Schwerpunkt bildet.[38] Die BaFin ist in ihrem Rundschreiben einen anderen Weg gegangen. Sie hat den erforderlichen Anteil an schädlichem Vermögen deutlich höher angesetzt und verlangt, dass das Vermögen tatsächlich oder nach seinem objektiven Geschäftszweck unmittelbar zu mehr als 90 % des Nettoinventarwertes auf die in § 2 Abs. 4 InvG genannten Vermögenswerte ausgerichtet ist. Letzteres sollte sich aus der Fondsdokumentation ergeben. Enthält diese keine Anlagegrenze für die in § 2 Abs. 4 aufgezählten Vermögenswerte, kann auch nicht davon ausgegangen werden, dass der Geschäftszweck darauf ausgerichtet, diese Grenze einzuhalten. Das alternative Abstellen auf die tatsächliche Zusammensetzung des Vermögens führt zu dem unschönen Ergebnis, dass sich bei wechselnder Zusammensetzung des Fonds auch dessen investmentrechtliche Einordnung ändern kann (investmentrechtliches „Chamäleon").

Liegen die Voraussetzungen des § 2 Abs. 4 InvG vor, ist weiter danach zu fragen, ob die Vermögensanlage nach dem Grundsatz der Risikomischung ausgerichtet ist. Die BaFin verlangt, dass zum Zweck der Risikostreuung in mindestens drei Vermögensgegenstände mit unterschiedlichen Anlagerisiken investiert wird (I.1.b.). Dabei legt sie wert auf die Zweckgerichtetheit und mithin auf eine subjektive Komponente: Demnach soll es nicht genügen, wenn die Risikomischung zufällig herbeigeführt wird, also wenn das Halten eines Vermögensgegenstandes nur der Unterhaltung von Liquidität dient. Wichtig ist, dass auch die mittelbare Risikomischung genügt, wenn der VCF an einem anderen Vermögen beteiligt ist, das wiederum nach dem Grundsatz der Risikomischung angelegt ist.

2. Formelle Voraussetzungen

Zusätzlich zu den materiellen Voraussetzungen ist zur Anwendung des InvG/InvStG wenigstens eine von zwei formellen Voraussetzungen erforderlich: Entweder ein Rückgaberecht (I.2.) oder eine ausländische Investmentaufsicht (I.3.). Umgekehrt ausgedrückt darf keine dieser beiden Voraussetzungen gegeben sein, wenn das InvStG vermieden werden soll.

Der Anleger muss die Rückgabe nicht jederzeit verlangen können, vielmehr reicht ein Rückgaberecht, das alle zwei Jahre ausgeübt werden kann. Der Teufel liegt bei den Rückgaberechten häufig im Detail. So werden zwar sog. lock up-Perioden bei der Rückgabefrist nicht mitgezählt, auch wenn sie länger als zwei Jahre dauern. Hingegen muss darauf geachtet werden, dass der zurückgegebene Anteil vollständig ausgezahlt wird. Allerdings können begründete Abschläge bis zu 15 Prozent berücksichtigt werden. Auch eine zeitliche Verzögerung der Auszahlung ist nicht

---

[37] So etwa *Baur*, Investmentgesetz zu § 1 AuslInvestmG Rn. 38.

[38] Vgl. hierzu die Entscheidung des VG Berlin, das dazu zu neigen scheint, auch bei zusammengesetzten Vermögen grds. das Investmentrecht anzuwenden, v. 2. 12. 1986, BAR Nr. 2 zu § 1 AuslInvestmG; hingegen hält *Hoffmann-Riem* das (damals geltende) AuslInvestmG auf gemischte Vermögen schlechthin für unanwendbar, BB 1972, 249.

schädlich, solange der Auszahlungszeitpunkt bestimmbar ist. In besonderes gelagerten Ausnahmefällen gewährt das InvG eine Aussetzung der Anteilrücknahme. Sind die vorgesehenen Ausnahmen aber zu ausufernd, so dass die Anteilrücknahme weitgehend im Belieben des VCF steht, wird es schwierig sein, ein Rücknahmerecht anzunehmen. Wo hier im Einzelnen die Trennlinie liegt, ist mithin nicht eindeutig vorherzusagen.

Zum zweiten formellen Kriterium stellt die BaFin in ihrem Schreiben zunächst klar, dass die ausländische Investmentaufsicht gerade (auch) dem Schutz der Investmentanleger dienen muss. Eine lediglich der Integrität und der Funktionsfähigkeit des Marktes dienende Aufsicht reicht hingegen nicht. Anschließend zählt die BaFin beispielhaft auf, dass eine ausländische Aufsicht dann anzunehmen ist, „wenn vor der Auflegung die Bonität der Investmentgesellschaft, die Zuverlässigkeit und die fachliche Eignung der leitenden Personen sowie nach der Auflegung die Beachtung der Vorgaben aus dem Gesetz oder den Vertragsbedingungen, der Satzung, den Anlagebedingungen oder vergleichbaren Bestimmungen zur Strukturierung des Portfolios (z.B. Anlagegrenzen) kontrolliert werden".

3. „Sonderfall" Private Equity

Liegen all diese Voraussetzungen vor, bedarf es eines weiteren Korrektivs. Da das InvG/InvStG neben dem Sparerschutz, der bei der Beteiligung von Corporate Investors nicht erforderlich ist, vor allem auch der Wettbewerbsgleichheit inländischer und ausländischer Investmentgesellschaften durch steuerliche Gleichbehandlung dient, kann ein solches Korrektiv nur aus einem Typenvergleich resultieren. Die typische Investmentgesellschaft bezweckt die Anlage von Geld in bestimmten Vermögensgegenständen, um auf diese Weise eine Kapitalsicherung und Kapitalwertentwicklung zu erreichen. Bei ihr steht demnach die Anschaffung, Verwahrung und Verwaltung von Wertpapieren im Vordergrund.[39] Der typische VCF nimmt hingegen auf die Entwicklung der Zielgesellschaften Einfluss. Beteiligen sich Unternehmen nicht lediglich am Kapitalwert eines anderen Unternehmens, sondern schränken sie dessen Selbständigkeit ein und beeinflussen den unternehmerischen Entscheidungs- und Verantwortungsprozess, betreiben sie damit keine bloße Kapitalanlage mehr, sondern entfalten selbst eine unternehmerische Tätigkeit. Dies wird man bejahen können, wenn der VCF eine wesentliche Beteiligung an der Zielgesellschaft hält, Leitungs- und Aufsichtsfunktionen durch eigenes Personal besetzt und beratend an Führungsprozessen teilnimmt. Demgemäß nimmt die BaFin unter der Rubrik „Sonderfälle" alle Investmentvermögen von der Anwendung des InvG aus, wenn ihre Anlagestrategie darin besteht, in beachtlichem Umfang in Unternehmensbeteiligungen zu investieren und deren Wert durch eine aktive unternehmerische Tätigkeit zu steigern (I.4.a.). Anhaltspunkte hierfür sind der (beabsichtigt oder tatsächlich) Erwerb von Mehrheitsbeteiligungen oder Sperrminoritäten, der Eintritt in den unternehmerischen Entscheidungs- und Verantwortungsbereich durch die Übernahme von Organfunktionen über die Ausübung von Aktionärsrechten in der Hauptversammlung hinaus oder die Durchführung einer due diligence.

Somit ist darauf zu achten, dass die Unternehmensbeteiligungen einen beachtlichen Umfang einnehmen, bzw. zumindest die Anlagestrategie darauf gerichtet ist. Gelingt dies nicht, kann die „exit-Strategie" – heraus aus dem Anwendungsbereich des InvStG – nur in der Nichterfüllung der materiellen und formellen Voraussetzungen bestehen.

---

[39] *Baur*, § 1 AusIInvestmG, Rn. 47.

III. Steuerliche Konsequenzen

Dass die Diskussion um die Qualifikation eines Anteils an einem VCF als "Investmentanteil" nicht im luftleeren Raum stattfindet, verdeutlichen die steuerlichen Vorschriften des InvStG eindrucksvoll.[40] Das InvStG unterscheidet zwischen der Besteuerung von

- transparenten Fonds (regelbesteuert),
- semi-transparenten Fonds und
- intransparenten Fonds (strafbesteuert)

Grundsätzlich kommt die „Regelbesteuerung" zur Anwendung. Werden jedoch die Nachweis- bzw. Veröffentlichungspflichten gemäß § 5 Abs. 1 Nr. 1 Buchst. c bzw. f InvStG (z. B. Ausweis von steuerfreien Veräußerungsgewinnen aus Aktien oder von Dividenden oder von ausländischen Steuern) nicht erfüllt, erfolgt gem. § 5 Abs. 1 Satz 2 InvStG eine Streichung zahlreicher Befreiungstatbestände. So gehören dann Ausschüttungen auf die Investmentanteile sowie die als ausgeschüttet zu behandelnden Erträge zu den Einkünften aus Kapitalvermögen i. S. d. § 20 Abs. 1 Nr. 1 EStG, wobei die Anwendbarkeit des § 8b Abs. 1 KStG ausdrücklich ausgeschlossen ist, so dass der entsprechende Betrag körperschaftsteuerpflichtig ist. Ob auch Gewerbesteuer anfällt, hängt davon ab, ob die Kürzungsvorschrift des § 9 Nr. 7 GewStG greift, was im Fall ausländischer VCF jedoch nur selten der Fall sein dürfte (vgl. oben B. III. 2). Da § 2 Abs. 1 Satz 2 InvStG Veräußerungsgewinne, die der VCF erzielt, auch ohne Ausschüttung als ausgeschüttet behandelt, sofern sie nicht zur Kostendeckung verwendet wurden, lässt sich die Vorschrift auch nicht durch Ergebnisthesaurierung umgehen. Diese Einkünfte zählen damit nach § 2 Abs. 1 Satz 1 InvStG beim Corporate Investor zu den voll steuerpflichtigen laufenden Betriebseinnahmen. Die Nichterfüllung auch der übrigen steuerlichen Nachweis- oder Veröffentlichungspflichten des § 5 Abs. 1 InvStG führt beim Anleger zur Pauschal- oder Strafbesteuerung gem. § 6 InvStG: Danach werden den Ausschüttungen an den Investor 70 % des Kursanstiegs seines Investmentanteils zwischen Kalenderjahresanfang und -ende, mindestens jedoch 6 % des Marktpreises zum Ende des jeweiligen Jahres hinzugerechnet. Da nicht alle (insbesondere ausländische) Fonds die geforderten Angaben nach § 5 InvStG erbringen (können oder wollen), ist dieses Szenario nicht unrealistisch. Diese steuerlichen Konsequenzen sind vor allem dann nachteilig, wenn sich der Wert des Investments neutral oder sogar rückläufig entwickelt hat, da in diesen Fällen bereits versteuertes Einkommen nochmals besteuert wird. Es kommt mithin zur Substanzbesteuerung.

IV. Schlussfolgerungen für den Investor

Die steuerlichen Folgen der Vorschriften des InvStG legen es dem Corporate Investor nahe, ein Investment in einen ausländischen VCF sehr genau zu überprüfen. Bezweckt der VCF keine Einflussnahme auf die Geschäftsführung der Zielgesellschaften und wird er auch keine zumindest wesentlichen Beteiligungen an diesen erwerben, gleichwohl aber verbriefte Rechte (Wertpapiere) erwerben, sollten die übrigen Ausschlusskriterien des InvG eingehalten werden. Ansonsten sollte das entsprechende Investment lieber über einen inländischen VCF getätigt werden.

---

[40] Allg. dazu: *Rutkowsky*, NJW 1971, 1348; *Tullius*, DB 1969, 1715; *Jung*, WM 1969, Sonderbeilage 2, 19.

G. Außensteuerrechtliche Konsequenzen eines Investments in einen ausländischen VCF

I. Entwicklung

Grundsätzlich verfolgen das InvStG – durch die transparente bis hin zur Strafbesteuerung – und das AStG – durch die Hinzurechnungsbesteuerung – ähnliche Ziele.[41] Das Konkurrenzverhältnis zwischen beiden Regelungswerken war bis zu den Änderungen des AStG durch das UntStFG nicht klar geregelt. Deshalb musste ein inländischer Corporate Investor stets auch die außensteuerrechtlichen Folgen eines Investments in einen ausländischen VCF bedenken. Durch das UntStFG wurde § 7 Abs. 7 AStG a.F. eingeführt, wonach § 7 Abs. 1 bis 6 AStG nicht anzuwenden waren, wenn auf dieselben Einkünfte, die investmentsteuerlichen Vorschriften anwendbar waren. Dies führte zu einer signifikanten Verbesserung der Rechtslage für die Steuerpflichtigen. § 7 Abs. 7 AStG wurde seit seiner Einführung mehrfach geändert. So wurde der Anwendungsbereich auf den später eingeführten § 7 Abs. 6a AStG ausgedehnt und gleichzeitig eine Rückausnahme geschaffen, wenn Ausschüttungen oder ausschüttungsgleiche Erträge durch ein DBA von der inländischen Bemessungsgrundlage ausgenommen sind. Auch hat der Gesetzgeber zeitweise nicht die Anwendbarkeit der investmentsteuerlichen Vorschriften dem Grunde nach sondern eine tatsächliche Steuerpflicht der Einkünfte als Voraussetzung für das Zurücktreten der außensteuerlichen Regelungen aufgestellt.

II. Gegenwärtige Rechtslage

§ 7 Abs. 7 AStG regelt also in seiner gegenwärtigen Fassung, dass die Absätze 1 bis 6a des § 7 AStG nicht greifen, wenn auf die darin genannten Einkünfte der Zwischengesellschaft das InvStG dem Grunde nach anwendbar ist, es sei denn deren Besteuerung ist durch ein DBA ausgeschlossen. Wenn aber, wie oben unter (F.) dargestellt, das InvStG nicht anwendbar ist, besteht zunächst ein AStG-Risiko.

Hinsichtlich des AStG ist dann zu differenzieren: Werden nur aktive Einkünfte im Sinne von § 8 Abs. 1 AStG erzielt, findet das AStG grundsätzlich keine Anwendung. Dividenden und Veräußerungsgewinne fallen beispielsweise – vorbehaltlich der für Veräußerungsgewinne erforderlichen Nachweise – unter § 8 Abs. 1 Nr. 8 und Nr. 9 AStG. Liegt kein Fall des § 8 Abs. 1 AStG vor (sind die Einkünfte mithin passiv), ist das AStG nur anwendbar, soweit 50 % oder mehr des Kapitals mittelbar von in Deutschland steuerpflichtigen Personen gehalten wird. Werden hingegen auch „Zwischeneinkünfte mit Kapitalanlagecharakter" im Sinne von § 7 Abs. 6a AStG erzielt (z. B. Zinsen), genügt bereits eine Beteiligung von nur 1 %, damit die Hinzurechnungsbesteuerung des AStG eingreift. Dividenden und Veräußerungsgewinne sind von der Anwendung des § 7 Abs. 6a ausdrücklich ausgenommen. Im Einzelnen enthält das AStG zur Qualifizierung von Zwischeneinkünften eine Vielzahl komplizierter, tief geschachtelter Regel/Ausnahme-Kriterien, wodurch die Einordnung im Einzelfall schwierig sein kann.

Zu erwähnen ist schließlich die Regelung in § 8 Abs. 2 AStG, die aufgrund des Cadbury-Schweppes-Urteils des EuGH[42] eingefügt wurde. In dem Urteil hat der EuGH eine Hinzurechnung nur dann als mit der Niederlassungsfreiheit vereinbar erklärt, wenn objektiv ein Missbrauch zur Ausnutzung unterschiedlicher Besteuerungsniveaus vorliegt. Maßstab hierfür ist, ob

---

[41] Vgl. *Fock*, IStR 2006, 734.

[42] EuGH-Urteil v. 12. 9. 2006, DStR 2006, 1686, siehe auch BMF-Schreiben hierzu vom.

die Ansiedlung der Zwischengesellschaft als „rein künstliche Gestaltung" anzusehen ist. Der neue § 8 Abs. 2 AStG schließt nunmehr die Hinzurechnungsbesteuerung grundsätzlich aus, wenn die Gesellschaft (mit Sitz in der EU/EWR) eine tatsächliche wirtschaftliche Tätigkeit ausübt und der Steuerpflichtige dies nachweist.

H. Ausländische Besteuerung am Beispiel eines in den USA ansässigen VCF

Die Rendite eines Corporate Investments in einen ausländischen VCF wird maßgeblich durch die Steuerlast des VCF in seinem Sitzstaat sowie durch die Steuerbelastung im Sitzstaat der Zielgesellschaften bestimmt. Besonderheiten sind insbesondere dann zu beachten, wenn es sich bei dem VCF um eine Personengesellschaft handelt. Die Folgen seien am Beispiel eines deutschen Corporate Investments in einen in den USA ansässigen VCF in der Rechtsform einer Limited Liability Partnership (LLP) [43] dargestellt.

I. Steuerliche Transparenz einer US-Personengesellschaft

Wie auch im deutschen Steuerrecht sind nach dem Internal Revenue Code (IRC) Personengesellschaften für Zwecke der US-Bundeseinkommensteuer als solche grundsätzlich nicht einkommensteuerpflichtig, sondern werden als transparent behandelt. Das heißt, ihre Gesellschafter sind mit der durch die Personengesellschaft ausgeübten Tätigkeit und ihrem daraus resultierenden Gewinnanteil selbst einkommensteuerpflichtig. Das US-Steuerrecht hält jedoch mit den sog. "check-the-box rules"[44] (Treas. Reg. § 301.7701-3) die Option bereit, den steuerlichen Status einer Kapitalgesellschaft zu wählen.[45] Wird das Wahlrecht nicht ausgeübt, kann die Personengesellschaft trotz ihrer steuerlichen Transparenz in bestimmten Fällen dazu verpflichtet sein, von den Gewinnanteilen ausländischer Partner ("non-US Partners") Quellensteuer einzubehalten.[46] Ob der deutsche Corporate Investor mit seinen Gewinnanteilen aus dem VCF in den USA steuerpflichtig ist, hängt davon ab, ob seine Beteiligung an dem VCF zu einer gewerblichen Betätigung ("US trade or business") in den USA führt.

---

[43] Ob eine US-Personengesellschaft in Deutschland ebenfalls als Personengesellschaft qualifiziert oder als Kapitalgesellschaft eingestuft wird, hängt von einem Typenvergleich ab. Entscheidend für eine Kapitalgesellschaft ist ihre Rechtsfähigkeit, die sich nach der sog. Sitztheorie (vgl. BFH v. 19. 3. 1996, BStBl 1996 II 312; v. 12. 6. 1995, BStBl 1995 II 605) am Recht des Sitzstaates der betroffenen Gesellschaft orientiert. Neben der Rechtsfähigkeit der Gesellschaft kommt ihrer Organisation maßgebliche Bedeutung im Rahmen des Typenvergleichs zu. Hier gilt es danach zu unterscheiden, ob es sich eher um eine kapitalistische oder um eine mitunternehmerschaftliche Struktur i. S. des § 15 Abs. 1 Nr. 2 EStG handelt. Der Prüfungsmaßstab der Gesamtwürdigung gilt in Deutschland dabei seit dem sog. "Venezuela-Fall" des RFH v. 12. 2. 1930, RStBl. 1930, 444; vgl. auch BFH v. 15. 3. 1995, BStBl 1995 II 653. Einen US-amerikanischen Problemfall stellt dabei die Limited Liability Company (LLC) dar. Zwar tendiert die Finanzverwaltung eher dazu, die LLC als Personengesellschaft anzusehen, jedoch ist das bereits für 2001 angekündigte BMF-Schreiben zu dieser Problematik noch immer nicht erlassen, so dass insofern noch keine Rechtssicherheit besteht (?).

[44] Ausführlich zu dieser Regelung: *Mogenson/Benson*, TNI 1996, 2159 f.; *Seto/Wieckert/Siegel*, TNI 1996, 1727, 1729 ff.; *Small*, IStR 1996, 280 ff; *Ziegenhain*, RIW 1995, 671.

[45] Vgl. zu den Folgen unterschiedlicher Qualifikation einer Gesellschaft etwa *Wassermeyer*, IStR 1995, 49.

[46] Vgl. *Wolff* in: Debatin/Wassermeyer, Doppelbesteuerung, DBA USA/D, Art. 7 Rn. 2; *Rosenberg*, TPIR 1995, 3.

II. "US trade or business" eines US-VCF

Übt der US-VCF ein "US trade or business" aus und kann der VCF als Betriebsstätte des Corporate Investors qualifiziert werden, unterliegt der Gewinn des VCF voll dem US-Steuerzugriff. Was genau unter einem "US trade or business" zu verstehen sein soll, wird weder vom IRC noch von den treasury regulations näher definiert. Nach Treas. Reg. § 1.864-2 (e) soll dies vielmehr nach den Umständen des jeweiligen Einzelfalles ermittelt werden. Um dem Begriff des "US trade or business" somit Konturen zu verleihen, müssen aus den Einzelfallentscheidungen des Internal Revenue Service allgemein zutreffende Merkmale herausfiltriert werden. Für die Prüfung lassen sich auf diese Weise zunächst einige äußerliche Merkmale des "US trade or business" ausmachen. So kommt es darauf an, ob die zu beurteilenden Tätigkeiten einen beträchtlichen Umfang haben ("considerable"), dauerhaft ausgeübt werden ("continuous") und regelmäßiger Natur sind ("regular"). Ein VCF wird im Regelfall diese formellen Voraussetzungen erfüllen, da er ein beträchtliches Investitionsvolumen dauerhaft platziert und dabei auch nicht nur einmalig, sondern regelmäßig tätig wird.

Neben den formellen Kriterien besitzt ein "US trade or business" auch einen inhaltlichen Kern. Bloße Kapitalanlagetätigkeiten reichen dabei im Allgemeinen nicht aus, um eine gewerbliche Betätigung annehmen zu können. Das US Steuerrecht unterscheidet in diesem Zusammenhang zwischen der reinen Kapitalanlage ("investment") und dem Wertpapierhandel ("trading"). Die Abgrenzung zwischen den beiden Fallgruppen wird anhand folgender Kriterien vorgenommen:

- Die **Kapitalanlagetätigkeit** setzt auf langfristige Wertsteigerung von Wertpapieren und hält diese daher unbeeinflusst von kurzfristigen Wertschwankungen über einen längeren Zeitraum.
- Der **Wertpapierhandel** zielt hingegen darauf ab, durch kurzfristigen Umschlag von Wertpapieren aus Marktschwankungen Gewinn zu erzielen.

Bei den Investitionstätigkeiten des VCF handelt es sich bei einem Vergleich mit den beiden Fallgruppen eher um eine Kapitalanlagetätigkeit als um einen Wertpapierhandel. Die typische Anlagestrategie eines VCF basiert auf dem Kaufen und Halten einer Beteiligung an den Zielgesellschaften und bezweckt gerade keine kurzfristige Wertsteigerung. Selbst wenn doch ausnahmsweise kurzfristig mit Wertpapieren gehandelt würde, scheidet eine gewerbliche Betätigung regelmäßig deshalb aus, weil der VCF auf eigene Rechnung agiert ("own account trading"). Bei dieser Tätigkeit handelt es sich jedoch gem. IRC sec. 864 (b) (2) (A) um keine gewerbliche Tätigkeit.

Zu einem "US trade or business" kann es dennoch kommen, wenn die Gesellschafter des US VCF beratende und operative Tätigkeiten in US Zielgesellschaften ausüben. Auch die Beteiligung des VCF an einer gewerblich tätigen US Personengesellschaft führt zu einem "US trade or business" des Corporate Investors. Kann demnach die Tätigkeit des VCF als "US trade or business" eingestuft werden, ist danach zu fragen, ob insofern auch eine US Betriebsstätte vorliegt. Das wird bei einem US VCF in der Regel, aber nicht zwingend der Fall sein (Art. 5 Abs. 2 DBA USA/D). Kann die Aktivität des VCF demnach in den USA besteuert werden, hat dies erhebliche nachteilige Konsequenzen auf die Rendite des Corporate Investments, da die USA keine dem § 8b Abs. 1 und 2 KStG vergleichbaren Steuerbefreiungen kennen. Gewinne aus der Veräußerung von Anteilen an Zielgesellschaften wären demnach in den USA steuerpflichtig. Würden sie von einem deutschen VCF gehalten oder von einem US VCF, der als nicht gewerblich tätig angesehen wird, fiele hingegen weder US noch deutsche Steuer auf die Veräußerungsgewinne an.

I. Ausländische Besteuerung am Beispiel eines israelischen VCF

Wesentlich komplexer gestaltet sich ein Investment in einen israelischen VCF in der Rechtsform einer Personengesellschaft. Dies liegt nicht so sehr an der israelischen Steuerrechtslage, sondern vielmehr an der praktischen Handhabung des geltenden Rechts durch die israelische Finanzverwaltung. Dabei hat es jedoch in letzter Zeit signifikante Verbesserungen für ausländische Investoren gegeben.

I. VCF stellt keine Betriebsstätte dar

Da der israelische VCF auch aus der israelischen Perspektive transparent ist, werden Gewinne des VCF direkt dem deutschen Corporate Investor zugerechnet. Die dem deutschen Corporate Investor auf diese Weise zuzurechnenden Einkünfte aus israelischen Quellen werden daher unter das DBA Deutschland/Israel gefasst. Bildet der VCF keine israelische Betriebsstätte des deutschen Corporate Investors, stünde ein Besteuerungsrecht nach dem DBA Deutschland/Israel allein Deutschland zu. Die vergangenen Jahre haben jedoch gezeigt, dass die israelische Steuerverwaltung abweichend von diesen abkommensrechtlichen Vorgaben grundsätzlich versucht, auch Gewinne aus der Veräußerung israelischer Kapitalgesellschaftsbeteiligungen durch Nichtansässige, die diese Beteiligungen nicht über eine lokale Betriebsstätte halten, einer Quellensteuer von 25 % zu unterwerfen. Soweit Quellensteuer auf Dividenden erhoben wird, ist diese in Deutschland nicht anrechenbar, da Dividenden durch § 8b KStG steuerfrei gestellt sind. Da die einbehaltene Quellensteuer auf Veräußerungsgewinne nicht DBA-konform ist, kann der deutsche Investor sie sich jedoch erstatten lassen, müsste dann aber wegen des i. d. R. langwierigen Erstattungsverfahrens einen Zinsverlust hinnehmen.

Um den Quellensteuerabzug und den damit verbundenen Zinsverlust zu vermeiden, wurden von israelischen VCF immer wieder Ruling Anträge bei der israelischen Finanzverwaltung mit dem Ziel gestellt, die Quellensteuer auf 0 % zu reduzieren. Dies führte jedoch regelmäßig dazu, dass die Finanzverwaltung ein Ruling erließ, in dem sie den VCF als Betriebsstätte der ausländischen Investoren qualifizierte und demgemäß eine auf 20 % reduzierte Betriebsstättenbesteuerung durchführte. Die auf diese Weise einbehaltene Steuer kann der ausländische Investor sich nicht erstatten lassen, so dass im Endeffekt über den Versuch, ein positives Ruling zu erlangen, eine Verschlechterung der steuerlichen Position des Investors eingetreten ist. In dieser Konstellation konnte man sich nur über ein zweites Ruling behelfen, mit dem über eine sog. CPA-Confirmation geltend gemacht wird, dass der Begünstigte (hier der Corporate Investor) in seinem Sitzstaat keine oder eine geringere Steuer auf entsprechende Gewinne zu entrichten hat. In der Praxis haben deutsche Investoren unseres Wissens jedoch nie ein Ruling erhalten, dass Ihnen einen Nullsteuersatz zusagte, so dass letztlich auch nach einem zweiten Ruling eine Verschlechterung zur Ausgangslage eintreten würde. Insoweit (keine Betriebsstätte) hat sich auch durch die unter III. dargestellte neu eingeführte Steuervergünstigung keine wesentliche Verbesserung der tatsächlichen Situation für ausländische Investoren ergeben.

II. VCF als Betriebsstätte des deutschen Corporate Investors

Wird durch das Investment eine israelische Betriebsstätte begründet, steht Israel das Besteuerungsrecht für die dieser Betriebsstätte zurechenbaren Einkünfte zu. Ob eine Betriebsstätte begründet wird hängt unter anderem von der Rechtsform der Zielgesellschaften ab. Investments in israelische Zielgesellschaften in der Rechtsform von Personengesellschaften begründen eine Betriebsstätte des Investors in Israel und damit das israelische Besteuerungsrecht für die dieser Betriebsstätte (Zielpersonengesellschaft) zurechenbaren Einkünfte. Zu einer israelischen Betriebsstätte des Investors kann es auch bei einem Investment in Zielkapitalgesellschaften kommen, und zwar insbesondere dann, wenn die israelische Fondsgesellschaft eigene Aktivitäten in Israel, insbesondere durch eine der Fondsgesellschaft zuzurechnende israelische Beratungsgesellschaft, ausübt. In diesem Fall hat Israel ein Besteuerungsrecht für der Betriebsstätte (VCF) zuzurechnende Einkünfte.

Liegt eine israelische Betriebsstätte vor, werden z. B. ihr zurechenbare Veräußerungsgewinne grundsätzlich mit einem Körperschaftsteuersatz von 36 % besteuert. Ein günstigerer Steuersatz konnte jedoch bislang über ein Ruling erreicht werden. Danach wurden alle Erträge israelischer Fondsgesellschaften aus israelischen Beteiligungen mit einer Quellensteuer mit Abgeltungswirkung von 20 % belegt. Zusätzlich bestand theoretisch auch hier die Möglichkeit, über ein zweites Ruling diese 20 %ige Steuer für ausländische Investoren zu reduzieren, welche in ihrem Heimatland mit diesen Erträgen einer niedrigeren oder sogar keiner Steuerbelastung unterliegen. Nach unserer Kenntnis wurde allerdings deutschen Investoren noch kein Ruling gewährt, welches die Besteuerung mit 0 % festsetzt. Gegenüber einem Direktinvestment in Ziel(kapital)gesellschaften, bei dem keine Betriebsstätte des Investors begründet wird, stellt sich die steuerliche Situation bei Zwischenschaltung eines israelischen VCF in der Rechtsform einer Personengesellschaft (Betriebsstätte) somit erheblich schlechter dar. Ab Ende 2001 besteht allerdings eine weitere, im Folgenden unter III. dargestellte Variante, über ein Ruling Rechtssicherheit und bestimmte deutlich höhere Steuervergünstigungen zu erhalten.

III. In 2001 neu eingeführte Steuervergünstigung

Die oben geschilderten praktischen Unwägbarkeiten haben in der Vergangenheit immer mehr Investoren davon abgehalten, in den Standort Israel zu investieren. Dies führte dazu, dass der israelische Finanzminister am 24. 9. 2001 bestimmte Steuerbefreiungen für ausländische Investments in israelische VCF ankündigte. Die in der Folge zwischen dem Commissioner of Income Tax (CIT) und Vertretern der Association of Venture Capital Funds verhandelten Details dieser Steuerbefreiung lauten wie folgt:

- Das gesamte Einkommen des VCF sowie der ausländischen Investoren wird – ohne zeitliche Begrenzung – steuerfrei gestellt, sofern
  - der VCF grds. entweder mindestens 20 % seiner Einlagen (nach Abzug der Management Fee) in israelische Gesellschaften investiert oder mindestens 30 % der Einlagen des VCF (nach Abzug der Management Fee) durch die Zielgesellschaften ausgegeben werden (über Löhne für R & D Personal, etc.), und
  - der VCF im Oktober 2001 entweder noch keine Einlage von Investoren erhalten und das erste Einlagenclosing bis zum 1. 1. 2004 beendet hat oder er zwar schon mit der Einziehung von Einlagen begonnen hat, diese aber am 24. 9. 2001 noch nicht vollendet hatte.
- Eine Steuerreduzierung nach einer bestimmten Formel können VCF für nach dem 24. 9. 2001 erzieltes Einkommen erlangen, sofern sie am 24. 9. 2001 bereits ihre Einlagen vollständig erhoben, aber noch nicht all ihre Mittel investiert haben. Der ermäßigte Steuersatz berechnet sich dabei nach folgender (vereinfachter) Formel:

$$\text{Steuersatz für VCF nach ursprünglichem Ruling} \times \frac{\text{Vom VCF bis zum 30. 10. investiertem Kapital}}{\text{Gesamtbetrag des vom VCF vereinnahmten Kapitals}} = \text{Ermäßigter Steuersatz}$$

Die dargestellten Steuervergünstigungen setzen ein Ruling der Finanzverwaltung voraus. Für VCF, die für den ausländischen Investor eine Betriebsstätte in Israel begründen, stellt die Neuregelung eine echte Verbesserung sowohl in Punkto Reduzierung der Steuerbelastung als auch größere Rechtssicherheit dar. VCF, die keine Betriebsstätte begründen und deren Investoren daher ohnehin nach dem DBA Deutschland/Israel keiner israelischen Besteuerung unterliegen, können über ein entsprechendes Ruling ihre Situation jedoch nicht verbessern, sondern riskieren sogar, dass die israelische Finanzverwaltung ihr Investment in den VCF als lokale Betriebsstätte ansieht.

J. Schlussbemerkung

Die Darstellung einiger steuerlicher Aspekte des Corporate Investment in internationale VCF hat gezeigt, dass sowohl der Investor als auch der VCF eine ganze Reihe von Fallstricken zu beachten hat. So legt die Vorschrift des § 8 Nr. 5 GewStG es nahe, statt eines ausländischen VCF in der Rechtsform der Kapitalgesellschaft, die Rechtsform der Personengesellschaft zu wählen. Die US-steuerliche Behandlung verlangt wiederum danach, bei einem Investment in einen US-VCF in der Rechtsform der Personengesellschaft sehr genau darauf zu achten, dass der VCF nicht als gewerblich tätig angesehen wird. Eine Patentlösung, mit der jedes Investment bestmöglich abgedeckt wird, kann somit nicht existieren. Venture Capital verlangt eben nicht nur aus wirtschaftlicher, sondern gerade auch aus steuerlicher Sicht nach maßgeschneiderten Lösungen. Da aber auch der beste Maßschneider nichts dagegen unternehmen kann, dass sich die Statur seines Kunden verändert, bleibt insofern nur zu hoffen, dass die – auch seit der letzten Auflage dieses Werks zu beobachtende – immer weitergehende Beschleunigung in der Steuergesetzgebung nachlässt und die Halbwertzeit deutscher Steuervorschriften wieder in mehreren Jahren, und nicht bloß in Monaten gemessen wird.

Teil 6:
Internationale Steuerplanung bei natürlichen Personen

	Inhaltsübersicht	Seite
1. Thema:	Die schweizerische Besteuerung nach dem Aufwand (*Elicker*)	1451
2. Thema:	Besteuerungsprobleme privater Kapitalanleger bei der Beteiligung an ausländischen Investmentfonds (*Arlt/Rolfs*)	1467
3. Thema:	Anteile an ausländischen Sondervermögen, aber keine ausländischen Investmentanteile: Steuerfolgen für inländische Anleger? (*Hagen/Weber*)	1483
4. Thema:	Ausländische Familienstiftungen als Instrument der Steuergestaltung (*Berger/Kleinert*)	1503
5. Thema:	Wohnsitzverlegung ins Ausland als Instrument der Steuerplanung und damit zusammenhängende Besteuerungsprobleme bei und nach der Wohnsitzverlegung (*Roser/Hamminger*)	1523

Teil 6:

Internationale Steuerplanung bei natürlichen Personen

Inhaltsübersicht

		Seite
1. Thema:	Die schweizerische Besteuerung nach dem Aufwand (Flicker)	1457
2. Thema:	Besteuerungsprobleme privater Kapitalanleger bei der Beteiligung an ausländischen Investmentfonds (Arlt/Raß)	1467
3. Thema:	Anteile an ausländischen Sondervermögen aber keine ausländischen Investmentanteile. Steuerfolgen für inländische Anleger (Hagen/Weber)	1483
4. Thema:	Ausländische Familienstiftungen als Instrument der Steuergestaltung (Berger/Kramer)	1503
5. Thema:	Wohnsitzverlegung ins Ausland als Instrument der Steuerplanung und damit zusammenhängende Besteuerungsprobleme bei und nach der Wohnsitzverlegung (Rosenfümmler)	1523

1. Die schweizerische Besteuerung nach dem Aufwand

von Prof. Dr. iur. habil. Michael Elicker[*]

Inhaltsübersicht

A. Bestandsaufnahme nach dem Zürcher Votum
B. Persönliche Voraussetzungen
  I. Begründung der steuerlichen Ansässigkeit in der Schweiz
  II. Unbegrenzte Dauer der Besteuerung nach dem Aufwand für Ausländer
  III. Keine Erwerbstätigkeit in der Schweiz
C. Bemessungsgrundlage bei der Besteuerung nach dem Aufwand
D. Anwendbare Tarife
E. Modifizierte Besteuerung nach dem Aufwand
F. Vermögensbesteuerung nach dem Aufwand
G. Bewertung und Ausblick

Literatur:

Agner, P./Digeronimo, A./Neuhaus, H.-J./Steinmann, G., Kommentar zum Gesetz über die direkte Bundessteuer, Zürich 2000; **Amann, R.,** Besteuerung nach Aufwand (Pauschalsteuer) bei Zuzug in die Schweiz, IWB 1997/7 Fach 5, Schweiz, Gruppe 2, S. 463 ff.; **Arter, O.,** Die Aufwandbesteuerung, Aktuelle Juristische Praxis 2/2007 (St. Gallen), S. 156 ff.; **Bernasconi, M.,** Die Pauschalbesteuerung, Eine Darstellung der Bestimmungen des eidgenössischen Rechts, des Rechts der schweizerischen Kantone – insbesondere des Kantons Tessin – sowie des schweizerisch-deutschen Doppelbesteuerungsabkommens, Diss. Zürich 1983; **Bischoff, K./Kotyrba, M. H.,** Wohnsitzverlegung in die Schweiz – Steuerfolgen und Steuerplanung, BB 2002, S. 382 ff.; **Bron, J. F./Seidel, K.,** Mögliche Inlandsbesteuerung aufgrund der Abschaffung der Besteuerung nach dem Aufwand (Pauschalbesteuerung) in der Schweiz – Zugleich Überlegungen zum Verhältnis der Nebentatbestände zum Grundtatbestand des § 6 AStG, IStR 2009, S. 312 ff.; **Dorenkamp, Chr.,** Unternehmenssteuerreform und partiell nachgelagerte Besteuerung von Einkommen, StuW 2000, S. 121 ff.; **Eidgenössisches Finanzdepartement,** Wegleitung zur Steuererklärung für die Besteuerung nach dem Aufwand, Steuerperiode, Bern 2008; **Eidgenössische Steuerverwaltung,** Kreisschreiben Nr. 9 v. 3. 12. 1993 über die Besteuerung nach dem Aufwand bei der direkten Bundessteuer, Bern 1993; **Elicker, M.,** Die Grenzziehung zwischen Gewerbebetrieb und Vermögensverwaltung, Vortrag anlässlich der 31. Jahrestagung der Deutschen Steuerjuristischen Gesellschaft, in: Wolfgang Schön (Hrsg.), Einkommen aus Kapital, Veröffentlichungen der Deutschen Steuerjuristischen Gesellschaft e.V. (DStJG) Band 30, Köln 2007, S. 97 ff.; **Elicker, M.,** Die Zukunft des deutschen internationalen Steuerrechts, Systemkritik am Welteinkommensprinzip – Vorrang des Abkommensrechts, Institut „Finanzen und Steuern" e.V., IFSt-Schrift Nr. 438, Bonn 2006; **Fisher, I.,** Income in Theory and Income Taxation in Practice, Econometrica 1937, S. 1 ff.; **Flick, H.,** Folgerung und Fortentwicklung, in: Engelschalk, U./Flick, H. u. a. (Hrsg.), Steuern auf ausländische Einkünfte, München 1985, S. 93 ff.; **Goode, R.,** in: Pechman, J. (Hrsg.), What Should be Taxed: Income or Expenditure, Washington D.C. 1980, S. 49 ff.; **Gröpl, Chr.,** Intertemporale Korrespondenz und konsumorientierte Betrachtungsweise im System des geltenden Einkommensteuerrechts, FR 2001, S. 568 ff.; **Gröpl, Chr.,** Verfassungsrechtliche Vorgaben für intertemporale Korrespondenz und konsumorientierte Betrachtungsweise im Einkommensteuerrecht, FR 2001, S. 620 ff.; **Kluge, V.,** Das Internationale Steuerrecht, 4. Aufl. 2000; **KPMG,** Pauschalbesteuerung und ihre Bedeutung für den (Steuer-)Standort Schweiz, Zürich 2007; **Lang, J.,** Taxing Consumption from a Legislative Point of View in: Rose, M. (Hrsg.), Heidelberg Congress on Taxing Consumption, Berlin u.a. 1990, S. 273 ff.; **Lang, J.,** Reform der Unternehmensbesteuerung auf dem Weg zum europäischen Binnenmarkt und zur deutschen Einheit, StuW 1990, S. 107 ff.; **Lang, J.,** Systeme und Prinzipien der Besteuerung von Einkommen, in: Iris Ebling (Hrsg.), Besteuerung von Einkommen, DStJG Bd. 24 (2001), S. 63 ff.; **Locher, P.,** Einführung in das internationale Steuerrecht der Schweiz, 3. Aufl., Bern 2005; **Müller, P.,** Deutsche Steuerhoheit über ausländische Tochtergesellschaften, Herne/Berlin 1970; **Prätzler, R.,** Systematische Untersuchung einer möglichen Vorzugsbesteuerung ausländischer Spitzenarbeitskräfte, ausgehend vom entsprechenden Gesetzesantrag des Landes Hessen vom 28. 8. 2003, IStR 2004, S. 512 ff.; **Rose, M.,** Reform der Besteuerung des Sparens und der Kapitaleinkommen, BB-Beilage 5/1992; Rose, M., The Superiority of a Consumption-Based Tax System, in: ders. (Hrsg.), Heidelberg Congress on Taxing Consumption, Berlin u.a. 1990, S. 3 ff.; **Rossmann, Chr. R.,** Das Steuerklima Deutschlands und der Schweiz, Eine rechtsvergleichende Studie hinsichtlich einer Interdependenz (direkt)demokratischer Partizipation, Gesetzgebungsmethodik und kooperativen Verwaltungshandelns, Diss. Frankfurt/Main 2005; **Schaumburg, H.,** Das Leistungsfähigkeitsprinzip im internationalen

---

[*] Hochschullehrer für Europäisches und Internationales Steuerrecht an der Universität des Saarlandes, Saarbrücken und Rechtsanwalt in Ottweiler.

Steuerrecht, in: Festschrift für Klaus Tipke zum 70. Geburtstag, Köln 1995, S. 125 ff.; **Schweizerische Steuerkonferenz (Hrsg.),** *Die Besteuerung nach dem Aufwand, Bern 2003;* **Schmidt, E.,** *Das interkantonale Konkordat über den Ausschluß von Steuerabkommen, Diss. Basel 1959;* **Steffen, J. P.,** *Die Wohnsitznahme Schweiz, Eine Wegleitung für vermögende Personen, Mit eingehender Betrachtung der Pauschalbesteuerung, Zürich 2008;* **Strunz, W.,** *Die Besteuerung nach dem Aufwand in der Schweiz, RIW 1994, S. 484 ff.;* **Tipke, K.,** *Die Steuerrechtsordnung, Bd. 2, 1. Aufl., Köln 1993;* **Tschumper, R.,** *Zur Frage der Pauschalierung im schweizerischen Steuerrecht, Zürich 1953;* **Uebersax, P./Münch, P./Geiser, Th./Arnold, M. (Hrsg.),** *Ausländerrecht, Ausländerinnen und Ausländer im öffentlichen Recht, Privatrecht, Strafrecht, Steuerrecht und Sozialrecht der Schweiz, Basel/Genf/München 2002;* **Vater, H.,** *Die Besteuerung nach dem Aufwand im Schweizer Steuerrecht, IStR 2003, S. 482 ff.;* **Vogel, K.,** *Der räumliche Anwendungsbereich der Verwaltungsrechtsnorm, Eine Untersuchung über die Grundfragen des sog. internationalen Verwaltungs- und Steuerrechts, Habil. Hamburg, Frankfurt a.M./Berlin 1965;* **Wagner, F. W.,** *Die zeitliche Erfassung steuerlicher Leistungsfähigkeit, in: Hax/Kern/Schröder (Hrsg.), Zeitaspekte in betriebswirtschaftlicher Theorie und Praxis, Stuttgart 1989, S. 261 ff.*

A. Bestandsaufnahme nach dem Zürcher Votum

Die Besteuerung nach dem Aufwand hat in der Schweiz eine lange Tradition.[1] Die Kantone Genf und Waadt, die heute zu den bevorzugten Zielen der Aufwandbesteuerten zählen, nahmen schon im 19. Jahrhundert entsprechende Regelungen in ihre Steuergesetze auf.[2] Sie ist heute für die Einkommensteuer des Bundes gesetzlich verankert in Art. 14 des Gesetzes über die direkte Bundessteuer (DBG) Gestützt darauf hat der Bundesrat am 15. März 1993 eine Ausführungsverordnung erlassen.[3] Ein Kreisschreiben der Eidgenössischen Steuerverwaltung vom 3. Dezember 1993 erläutert diese Rechtsgrundlagen. Es handelt sich um eine gesetzliche Besteuerungsvariante, auf die bei Vorliegen der Voraussetzungen ein Rechtsanspruch besteht. Entgegen möglicherweise durch den veralteten Begriff der „Pauschalbesteuerung" geförderten Fehlvorstellungen handelt es sich keineswegs um pauschalierende Steuervereinbarungen zwischen schweizerischen Steuerbehörden und Mitgliedern einer vermögenden Klientel. Voraussetzungen und Rechtsfolgen ergeben sich vielmehr aus dem Gesetz. Dazu gehören auch mehrere gesetzliche Absicherungen gegen Missbräuche und eine planwidrig niedrige Besteuerung.

Die gesetzliche Rechtslage im Bund gilt meist in entsprechender Weise auch für die kantonalen Steuern. Die Besteuerung nach dem Aufwand hat Niederschlag gefunden im Bundesgesetz über die Harmonisierung der direkten Steuern der Kantone und Gemeinden (Art. 6 StHG) sowie in den Steuergesetzen aller Kantone (allerdings Abschaffung zum 1.1.2010 im Kanton Zürich[4]). Art. 6 StHG enthält weitestgehend die gleiche Regelung wie Art. 14 DBG, was zu einer sehr weitreichenden Vereinheitlichung geführt hat. Zwar müssen die Kantone die Aufwandbesteuerung nach Art. 6 StHG nur bis zum Ende der beim Zuzug laufenden Steuerperiode gewähren. Die Kantone schlossen sich jedoch aus freien Stücken dem Gewährleistungsumfang des Art. 14 DBG an. Auch das Kreisschreiben der Eidgenössischen Steuerverwaltung vom 3. Dezember 1993 über die Besteuerung nach dem Aufwand wird sinngemäß auf Kantons- und Gemeindesteuern angewendet.[5]

---

[1] *Vater*, IStR 2003, 482 (482).

[2] Vgl. *Tschumper*, Zur Frage der Pauschalierung im schweizerischen Steuerrecht, 1953; S. 122 ff.; *Schmidt*, Das interkantonale Konkordat über den Ausschluss von Steuerabkommen, 1959, S. 92; *Bernasconi*, Die Pauschalbesteuerung, 1983, S. 89 ff.

[3] Verordnung über die Besteuerung nach dem Aufwand bei der direkten Bundessteuer vom 15. März 1993, SR 642.123.

[4] Siehe folgende Absätze.

[5] *Steffen*, Die Wohnsitznahme Schweiz, 2008, S. 116.

Bei der Aufwandbesteuerung werden vor allem Einkünfte aus Erwerbstätigkeit und Kapitalanlagen im Ausland, für die keine Entlastung aus einem Doppelbesteuerungsabkommen mit der Schweiz in Anspruch genommen wird, nicht in die schweizerische Bemessungsgrundlage einbezogen. Die spezielle Bemessungsgrundlage sieht aber auch keine Sozialabzüge (Art. 35 DBG, Art. 213 DBG) vor.[6] Bei der Besteuerung nach dem Aufwand wird die Bemessungsgrundlage zu den ordentlichen Tarifen (Art. 36 DBG, Art. 214 DBG) taxiert.

Gleichwohl ist nicht zu leugnen, dass die Besteuerung nach dem Aufwand gerade für Vermögende äußerst attraktiv sein kann; beim Kunden (so die zum „Steuerklima" der Schweiz passende Betitelung des Steuerpflichtigen durch schweizerische Finanzverwaltungen[7]) ist sie heute so beliebt wie nie zuvor. Zwischen 2003 und 2006 hat die Anzahl der nach dem Aufwand besteuerten Personen[8] in der Schweiz um ca. 75 % zugenommen.[9] Traditionell sind es die südlich gelegenen Kantone Wallis, Genf, Waadt, Tessin und Graubünden, auf die der Löwenanteil der Aufwandbesteuerten entfällt. Aber auch weitere Regionen, insbesondere Bern und die Kantone der Zentralschweiz, haben in den letzten Jahren einen besonders starken Zuwachs verzeichnet. Die Besteuerung nach dem Aufwand ist offenkundig ein im Wettbewerb konkurrenzfähiges Angebot der Schweiz. Gleichwohl wurde ihr Fortbestand nach der Abschaffung der Aufwandbesteuerung auf der Ebene des Kantons Zürich durch eine kantonale Volksabstimmung auch für die Bundessteuer und für andere Kantone von manchen Kommentatoren in Zweifel gezogen. In der Tat sprachen sich die teilnehmenden Bürger des bevölkerungsreichsten Kantons – gegen die Empfehlungen von Kantons- und Regierungsrat – am 8. Februar 2009 mit einer Mehrheit von 53 % für die Abschaffung der Besteuerung nach dem Aufwand auf der kantonalen Ebene aus.[10] Die von manchen erwartete Signalwirkung hat diese Volksabstimmung aber nicht entfaltet – und es wird klar weshalb, wenn man sich die strukturellen Daten anschaut: Im Kanton Zürich gab es traditionell – bezogen auf die Bevölkerungszahl des Kantons – nur eine weit unterproportionale Anzahl von nach dem Aufwand besteuerten Personen. Diese haben für die Wirtschaft des Kantons kaum eine Rolle gespielt – ganz im Gegensatz etwa zum Wallis, in dem der nach dem Aufwand besteuerte Personenkreis alleine 5,2 % der Gesamtsteuereinnahmen aufbringt.[11] So haben sich denn auch Prognosen, das Zürcher Votum sei der Anfang vom Ende der Aufwandbesteuerung, nicht bewahrheitet. Vereinzelte Initiativen (vonseiten linker Parteien, des FDP-Vizepräsidenten *Noser* und des Kantons St. Gallen) in dieser Richtung sind durchwegs stecken geblieben:[12] Der Bundesrat und die Finanzdirektoren-Konferenz der Kantone wollen an der Aufwandbesteuerung festhalten. Die Finanzdirektoren-Konferenz hat jedoch die Kommission für die Harmonisierung der direkten Steuern des Bundes, der Kantone und der Gemeinden (KHSt) beauftragt, über eine mögliche Modifikation der Aufwandbesteuerung zu beraten. *Chris-*

---

[6] Eidgenössische Steuerverwaltung, Kreisschreiben Nr. 9 v. 3. 12. 1993 über die Besteuerung nach dem Aufwand bei der direkten Bundessteuer, Ziff. 3 (S. 5 f.).

[7] Hierzu auch *Rossmann*, Das Steuerklima Deutschlands und der Schweiz, 2005.

[8] Oftmals veraltet noch als „Pauschalbesteuerte" bezeichnet.

[9] KPMG, Pauschalbesteuerung und ihre Bedeutung für den (Steuer-)Standort Schweiz, 2007.

[10] Die Volksinitiative war von ihren Initiatoren in einer deutlich mit dem Neidgedanken spielenden Weise betitelt worden: „Schluss mit den Steuerprivilegien für ausländische Millionärinnen und Millionäre (Abschaffung der Pauschalsteuer)". Zu den Handlungsmöglichkeiten der bisher im Kanton Zürich nach dem Aufwand Besteuerten: *Bron/Seidel*, IStR 2009, 312 (312 f.).

[11] KPMG, Pauschalbesteuerung und ihre Bedeutung für den (Steuer-)Standort Schweiz, Pressemitteilung, 2007.

[12] Zum Zukunftspotential der Aufwandbesteuerung vgl. auch unten G.

tian Wanner, Präsident der Finanzdirektoren-Konferenz der Kantone geht davon aus, dass Veränderungen im Wesentlichen drei Punkte betreffen könnten: Diskutiert werden wohl die Fragen eines höheren Minimalbetrags[13,] einer Altersgrenze und der Vereinbarkeit von Einkommen aus einer Erwerbstätigkeit im Ausland[14] mit der Aufwandbesteuerung.

B. Persönliche Voraussetzungen

Nach Artikel 14 Absatz 1 des schweizerischen Bundesgesetzes über die direkte Bundessteuer haben Personen, die erstmals oder nach mindestens zehnjähriger Landesabwesenheit in der Schweiz steuerrechtlichen Wohnsitz oder Aufenthalt nehmen, ohne dort eine Erwerbstätigkeit auszuüben, die Möglichkeit, statt der regulären Einkommensbesteuerung die Besteuerung nach dem Aufwand zu beantragen.

I. Begründung der steuerlichen Ansässigkeit in der Schweiz

Das Recht auf die Besteuerung nach dem Aufwand entsteht mit Beginn der Steuerpflicht in der Schweiz.[15] Die in Betracht kommenden Personen müssen tatsächlich in der Schweiz steuerrechtlichen Wohnsitz oder Aufenthalt nehmen. Diese Begriffe sind in Art. 3 des Bundesgesetzes über die direkte Bundessteuer legaldefiniert: Einen steuerrechtlichen Wohnsitz in der Schweiz hat eine Person nach Art. 3 Abs. 2 DBG, wenn sie sich dort mit der Absicht dauernden Verbleibens aufhält (oder wenn ihr das Bundesrecht dort einen besonderen gesetzlichen Wohnsitz zuweist). *Einen* steuerrechtlichen Aufenthalt in der Schweiz hat eine Person nach Art. 3 Abs. 3 DBG, wenn sie in der Schweiz während mindestens 30 Tagen verweilt und eine Erwerbstätigkeit ausübt oder ohne Erwerbstätigkeit während mindestens 90 Tagen dort verweilt. Aufenthalte an verschiedenen Orten der Schweiz werden zusammengerechnet.[16] Eine vorübergehende Unterbrechung durch Verlassen des Landes beeinträchtigt den steuerlichen Aufenthalt nicht (Art. 3 Abs. 3 DBG).[17] Die Steueransässigkeit in der Schweiz beginnt nicht etwa erst nach Ablauf der den steuerlichen Aufenthalt begründenden Zeitspanne, sondern mit deren erstem Tag. Der Anspruch auf Besteuerung nach dem Aufwand bleibt Ausländern versagt, die lediglich einen Scheinwohnsitz errichten bzw. nicht die notwendige Mindestaufenthaltsdauer zur Begründung der schweizerischen Steuerpflicht erreichen; auch freiwillig kann dann eine Steuer nach dem Aufwand in der Schweiz nicht entrichtet werden.[18]

II. Unbegrenzte Dauer der Besteuerung nach dem Aufwand für Ausländer

Die Wahl der Besteuerung nach dem Aufwand wird ausgeübt durch Wahrnehmung des antragsgebundenen Rechts des sich qualifizierenden Steuerpflichtigen.[19] Ausländern (Personen

---

[13] Siehe unten C. 3.

[14] Siehe unten B. III.

[15] Eidgenössische Steuerverwaltung, Kreisschreiben Nr. 9 v. 3.12.1993 über die Besteuerung nach dem Aufwand bei der direkten Bundessteuer, Ziff. 1.2.

[16] Eidgenössische Steuerverwaltung, Kreisschreiben Nr. 9 v. 3.12.1993 über die Besteuerung nach dem Aufwand bei der direkten Bundessteuer, Ziff. 1.2.

[17] Eidgenössische Steuerverwaltung, Kreisschreiben Nr. 9 v. 3.12.1993 über die Besteuerung nach dem Aufwand bei der direkten Bundessteuer, Ziff. 1.2.

[18] Eidgenössische Steuerverwaltung, Kreisschreiben Nr. 9 v. 3.12.1993 über die Besteuerung nach dem Aufwand bei der direkten Bundessteuer, S. 1.

[19] Vgl. auch *Amann*, IWB 1997/7 Fach 5, Schweiz, Gruppe 2, 463 (468).

mit ausschließlich nichtschweizerischer Staatsangehörigkeit) steht die Möglichkeit unbegrenzt offen, während sie für Schweizer Staatsangehörige gem. Art. 14 Abs. 1, 2 DBG bzw. Art. 6 Abs. 1, 2 StHG auf die Zeit bis zum Ende der beim Zuzug laufenden Steuerperiode begrenzt ist.[20] Ausländer, die die subjektiven Voraussetzungen erfüllen, können auf der Ebene der Bundessteuer gem. Artikel 14 Abs. 2 DBG nach ihrem Zuzug für jede Steuerperiode zwischen der Besteuerung nach dem Aufwand und der ordentlichen Besteuerung wählen.[21] In etlichen Kantonen ist jedoch eine Rückkehr zur Besteuerung nach dem Aufwand nach einem Wechsel zur ordentlichen Besteuerung nicht mehr möglich. Das Recht auf die Besteuerung nach dem Aufwand endet ansonsten per Gesetz bei Wegfall einer der Voraussetzungen, insbesondere durch Aufnahme einer Erwerbstätigkeit in der Schweiz oder durch Erwerb der schweizerischen Staatsbürgerschaft.[22]

Ist nur einer der Ehegatten Schweizer Staatsbürger, erhalten auf Ebene der Bundessteuer beide Ehegatten einen zeitlich unbeschränkten Anspruch auf eine Besteuerung nach dem Aufwand, sofern die übrigen Bedingungen, insbesondere die fehlende Erwerbstätigkeit in der Schweiz, bei *beiden* gegeben sind.[23] Auf der Ebene der kantonalen Steuern bestehen insoweit unterschiedliche Regelungen.[24] Viele Kantone folgen der Behandlung auf Bundesebene. In den Kantonen Appenzell-Außerrhoden, Obwalden, Schwyz und Uri haben Ehepaare mit einem Gatten schweizerischer Staatsangehörigkeit nur für die bei der Einreise laufende Steuerperiode die Möglichkeit, die Besteuerung nach dem Aufwand zu wählen. In Bern, Genf, Luzern, Neuenburg und im Tessin kann der Ehegatte mit ausschließlich ausländischer Staatsangehörigkeit die Besteuerung nach dem Aufwand dauerhaft beanspruchen, derjenige mit schweizerischer Staatsangehörigkeit nicht.[25]

III. Keine Erwerbstätigkeit in der Schweiz

Voraussetzung der Inanspruchnahme der Besteuerung nach dem Aufwand ist, dass der Antragsteller in der Schweiz aktuell keine Erwerbstätigkeit ausübt und in den letzten 10 Jahren vor seiner Einreise in die Schweiz keine Erwerbstätigkeit ausgeübt hat und auch nicht wegen eines öffentlich-rechtlichen Dienstverhältnisses in der Schweiz steuerpflichtig gewesen ist.

Eine die Besteuerung nach dem Aufwand ausschließende Erwerbstätigkeit in der Schweiz übt aus, wer in der Schweiz ganz oder teilweise einem Haupt- oder Nebenberuf nachgeht und daraus in der Schweiz oder im Ausland Einkünfte im Sinne des Art. 17 DBG – unselbständige Erwerbstätigkeit – oder des Art. 18 DBG – selbständige Erwerbstätigkeit – erzielt; dies trifft auch zu auf Schriftsteller, Komponisten, andere Künstler, Erfinder, Schauspieler, Musiker, Regisseure, Sportler und Wissenschaftler die in der Schweiz persönlich zu Erwerbszwecken tätig werden. Dabei findet in der Praxis oft eine – unbedingt mit der kantonalen Steuerbehörde abzuklärende – Abgrenzung zu nur vereinzelten Auftritten von Künstlern oder Sportlern in der Schweiz statt,

---

[20] Schweizerische Steuerkonferenz (Hrsg.), Die Besteuerung nach dem Aufwand, 2003, S. 5; vgl. auch *Strunz*, RIW 1994, 484 (485).

[21] Eidgenössische Steuerverwaltung, Kreisschreiben Nr. 9 v. 3.12.1993 über die Besteuerung nach dem Aufwand bei der direkten Bundessteuer, S. 1.

[22] Schweizerische Steuerkonferenz (Hrsg.), Die Besteuerung nach dem Aufwand, S. 6.

[23] Eidgenössische Steuerverwaltung, Kreisschreiben Nr. 9 v. 3.12.1993 über die Besteuerung nach dem Aufwand bei der direkten Bundessteuer, Ziff. 1.1; *Agner/Gigeronimo/Neuhaus/Steinmann*, Kommentar zum Gesetz über die direkte Bundessteuer, 2000, S. 14.

[24] Schweizerische Steuerkonferenz (Hrsg.), Die Besteuerung nach dem Aufwand, 2003, S. 5.

[25] Schweizerische Steuerkonferenz (Hrsg.), Die Besteuerung nach dem Aufwand, 2003, S. 5.

die einer Besteuerung nach dem Aufwand nicht entgegenstehen.[26] Ebenso können in der Praxis Personen, die lediglich ein Verwaltungsratsmandat ausüben, oftmals die Aufwandbesteuerung in Anspruch nehmen.[27] Die Verwaltung eigenen Vermögens gilt nicht als Erwerbstätigkeit.[28]

Eine Erwerbstätigkeit ist schädlich, wenn der Ausübungsort sich auf Schweizer Staatsgebiet befindet. Ein sachlicher Zusammenhang der Erwerbstätigkeit mit der Schweizer Wirtschaft ist nicht erforderlich; gleichgültig ist auch, ob die Einkünfte, sofern sie im Ausland anfallen, in die Schweiz überwiesen werden.[29] Eine Erwerbstätigkeit im Ausland schließt die Besteuerung nach dem Aufwand in der Schweiz nach der Rechtsprechung auch dann nicht aus, wenn sie für ein schweizerisches Unternehmen ausgeübt wird,[30] anders allerdings die Wegleitung des Eidgenössischen Finanzdepartements, nach der eine die Besteuerung nach dem Aufwand ausschließende Erwerbstätigkeit ausübt, wer als Angestellter oder Beauftragter einer Gesellschaft mit Sitz in der Schweiz beruflich tätig ist, auch wenn dies vorwiegend oder ausschließlich im Ausland geschieht.[31] Die Maßgeblichkeit des Ausübungsortes bedeutet auch, dass eine Tätigkeit, die unter arbeitstäglicher Rückkehr zu einer schweizerischen Wohnung als Arbeitnehmer- oder Unternehmer-Grenzgänger im Ausland ausgeübt wird, einer Besteuerung nach dem Aufwand nicht entgegensteht.[32]

C. Bemessungsgrundlage bei der Besteuerung nach dem Aufwand

Die Bemessungsgrundlage, die der Besteuerung nach dem Aufwand zugrunde zu legen ist, wird nur im ersten Schritt aus dem namengebenden tatsächlichen Aufwand des Steuerpflichtigen ermittelt; das so gewonnene Ergebnis wird dann an zwei Untergrenzen und einer Kontrollrechnung gemessen und ggf. nach oben korrigiert.

1. Schritt: Ermittlung des Aufwands

Gesetzliche Primärmethode zur Ermittlung der Bemessungsgrundlage ist die Erfassung der jährlichen, in der Bemessungsperiode entstandenen Lebenshaltungskosten des Steuerpflichtigen und der von ihm unterhaltenen, in der Schweiz lebenden Personen. Diese Bemessungsgrundlage ergibt sich aus dem Gesamtbetrag der jährlichen Kosten der Lebenshaltung, die der Steuerpflichtige in der jeweiligen Besteuerungsperiode im In- und Ausland für sich und die von ihm unterhaltenen, in der Schweiz lebenden Personen aufwendet. Darunter fallen:

---

[26] *Agner/Digeronimo/Neuhaus/Steinmann*, Kommentar zum Gesetz über die direkte Bundessteuer, 2000, S. 13 f.

[27] *Steffen*, Die Wohnsitznahme Schweiz, 2008, S. 118; siehe aber auch Eidgenössische Steuerverwaltung, Kreisschreiben Nr. 9 v. 3. 12. 1993 über die Besteuerung nach dem Aufwand bei der direkten Bundessteuer, Ziff. 1.3.2.

[28] Vgl. *Bischoff/Kotyrba*, BB 2002, 382 (382).

[29] *Vater*, IStR 2003, 482 (483).

[30] Urteil des Bundesgerichts vom 15. Mai 2000, Verfahren 2A.137/1999, E.2a, Archiv für Schweizerisches Abgaberecht 70, 575 ff.

[31] Eidgenössisches Finanzdepartement, Wegleitung zur Steuererklärung für die Besteuerung nach dem Aufwand, Steuerperiode 2008, Allgemeines, Voraussetzungen für die Besteuerung nach dem Aufwand.

[32] Schweizerische Steuerkonferenz (Hrsg.), Die Besteuerung nach dem Aufwand, 2003, S. 4.

- Die Kosten für Verpflegung und Bekleidung,
- die Kosten für Unterkunft, einschließlich der Ausgaben für Heizung, Reinigung, Gartenunterhalt usw.,
- die gesamten Aufwendungen (Bar- und Naturalleistungen) für das Personal, das dem Steuerpflichtigen dient,
- die Ausgaben für Bildung, Unterhaltung, Sport usw.,
- die Aufwendungen für Reisen, Ferien, Kuraufenthalte usw.,
- die Kosten der Haltung von aufwendigen Haustieren (Reitpferde usw.),
- die Kosten des Unterhalts und des Betriebes von Automobilen, Motorbooten, Yachten, Flugzeugen usw.,
- alle anderen Kosten der Lebenshaltung.[33]

Zum steuerbaren Aufwand sind auch die Lebenshaltungskosten zu rechnen, die der Ehegatte und die Kinder unter elterlicher Gewalt aus eigenen Mitteln bestreiten (vgl. Art. 9 DBG), sofern sie in der Schweiz leben.[34]

2. Schritt: Mietzinstest

Der ermittelte Aufwand bleibt – zunächst zu Zwecken der Einkommensteuer des Bundes – nur dann die maßgebliche Bemessungsgrundlage, wenn er mindestens dem Fünffachen des Mietzinses oder des Eigenmietwertes der Wohnung oder des Hauses des Steuerpflichtigen entspricht oder dem doppelten Pensionspreis für Unterkunft und Verpflegung des (mit seiner Familie) im Hotel wohnenden Steuerpflichtigen.[35] Ansonsten ist der höhere fünffache Mietwert maßgebend. Hiernach sind für jedes Jahr sowohl der Aufwand als auch der Mietwert bzw. oder der Pensionspreis zu ermitteln. In der Praxis geht die Tendenz dahin, wegen der leichteren Feststellbarkeit des Mietwertes von diesem auszugehen, während die Angaben über die tatsächlichen Lebenshaltungskosten zur Kontrolle herangezogen werden.

Als jährlicher Mietzins gilt die wirkliche, für ein volles Jahr bezahlte Miete ohne Heizungskosten. Steht die gemietete Wohnung oder das gemietete Haus im Eigentum einer dem Steuerpflichtigen nahestehenden natürlichen oder juristischen Person, so ist der Betrag in Anrechnung zu bringen, den ein unabhängiger Dritter bezahlen müsste. Hat der Steuerpflichtige in der Schweiz mehrere Liegenschaften zu seiner Verfügung, so ist dieser Berechnung der höchste Mietzins bzw. Mietwert zugrunde zu legen. Zur Festsetzung des Lebensaufwandes sind die Mietzinsen bzw. die Mietwerte der übrigen Liegenschaften zu berücksichtigen. Als Mietwert des eigenen Hauses oder der eigenen Wohnung ist der Betrag einzusetzen, den der Steuerpflichtige als jährlichen Mietzins für ein gleichartiges Objekt in gleicher Wohnlage zu bezahlen hätte. Ein Abschlag für eventuelle Unternutzung ist ausgeschlossen. Als jährlicher Pensionspreis gelten die

---

[33] Eidgenössische Steuerverwaltung, Kreisschreiben Nr. 9 v. 3. 12. 1993 über die Besteuerung nach dem Aufwand bei der direkten Bundessteuer, Ziff. 2.

[34] Eidgenössische Steuerverwaltung, Kreisschreiben Nr. 9 v. 3. 12. 1993 über die Besteuerung nach dem Aufwand bei der direkten Bundessteuer, Ziff. 2.

[35] Nach Art. 1 Abs. 1 lit. a der Verordnung über die Besteuerung nach dem Aufwand bei der direkten Bundessteuer vom 15. März 1993; Eidgenössische Steuerverwaltung, Kreisschreiben Nr. 9 v. 3. 12. 1993 über die Besteuerung nach dem Aufwand bei der direkten Bundessteuer, Ziff. 2.

gesamten Auslagen für Unterkunft und Verpflegung in Hotels, Pensionen und dergleichen, einschließlich der Kosten für Getränke, Heizung, Bedienung usw.[36]

Ebenso wie bei der Bundessteuer muss der ermittelte Aufwand auch in den meisten Kantonen mindestens dem Fünffachen des Mietzinses bzw. des Eigenmietwerts der Wohnung oder des Hauses entsprechen.[37] Anders ist es in den Kantonen Schwyz und Jura. In Schwyz wird der Multiplikator vom Regierungsrat festgelegt; er liegt dort durchweg über dem sonst üblichen Faktor. Der Kanton Jura verlangt das Sechs- bis Achtfache des Mietzinses. Auch im Falle des Hotel- oder Pensionsaufenthaltes ist in den meisten Kantonen der doppelte Pensionspreis als Basis des Mietzinstests heranzuziehen. In Schwyz findet wiederum eine Festlegung durch den Regierungsrat statt. Im Jura gilt ein Betrag zwischen den zwei- bis dreifachen Pensionskosten als Basis des Mietzinstests.[38]

3. Schritt: Minimalansatz als Untergrenze der Bemessungsgrundlage

Die kantonalen Steuerverwaltungen verhindern eine unangemessen geringe Besteuerung infolge übergroßer Bescheidenheit des Kunden bei Auswahl seiner Wohnung in der Praxis dadurch, dass sie der Aufwandbesteuerung an der Stelle des fünffachen Mietwertes einen – zahlenmäßig je nach Kanton unterschiedlich festgelegten – Minimalansatz als Bemessungsgrundlage zugrunde legen. Die meisten Kantone verlangen eine Bemessungsgrundlage von mindestens 300.000 Franken, selbst wenn der fünffache Mietzins oder Eigenmietwert tiefer ist. Einzelne Kantone, durchweg mit besonders niedrigen Tarifen in der kantonalen Steuer, arbeiten mit Minimalansätzen von bis zu 500.000 Franken.[39]

4. Schritt: Kontrollrechnung

Die Steuerschuld, die sich aus den Lebenshaltungskosten bzw. aus dem fünffachen Mietwert ergibt, muss mindestens gleich hoch angesetzt werden wie die als Vergleichszahl zu errechnende reguläre Steuer auf die gesamten Bruttoeinkünfte aus Schweizer Quellen und von den Einkünften, für die der Steuerpflichtige auf Grund eines von der Schweiz abgeschlossenen Doppelbesteuerungsabkommens die ganze oder teilweise Entlastung von ausländischen Steuern beansprucht, Art. 14 Abs. 3 DBG und Art. 6 Abs. 3 StHG.[40]

a) Einzubeziehende Einkünfte

In die Kontrollrechnung sind folgende Einkünfte des Steuerpflichtigen, seines Ehegatten und seiner Kinder unter elterlicher Gewalt[41] heranzuziehen:[42]

---

[36] Eidgenössische Steuerverwaltung, Kreisschreiben Nr. 9 v. 3. 12. 1993 über die Besteuerung nach dem Aufwand bei der direkten Bundessteuer, Ziff. 2.1 (S. 4).

[37] Vgl auch *Strunz*, RIW 1994, 484 (486).

[38] Vgl. *Vater*, IStR 2003, 482 (484).

[39] *Steffen*, Die Wohnsitznahme Schweiz, 2008, S. 121 f.

[40] Eidgenössische Steuerverwaltung, Kreisschreiben Nr. 9 v. 3. 12. 1993 über die Besteuerung nach dem Aufwand bei der direkten Bundessteuer, Ziff. 2.

[41] Art. 9 DBG.

[42] Schweizerische Steuerkonferenz (Hrsg.), Die Besteuerung nach dem Aufwand, 2003, S. 10.

aa) Einkünfte aus inländischen Quellen:

- Einkünfte aus dem in der Schweiz gelegenen unbeweglichen Vermögen,
- Einkünfte aus der in der Schweiz gelegenen Fahrnis (dem beweglichen Vermögen), auch aus dem in der Schweiz angelegten beweglichen Kapitalvermögen unter Einschluss der grundpfandrechtlich abgesicherten Forderungen. Unter das bewegliche Kapitalvermögen sind alle Wertschriften und Guthaben zu subsumieren, die der schweizerischen Verrechnungssteuer (Quellensteuer) unterliegen. Der nach dem Aufwand steuerpflichtigen Person steht ein Anspruch auf Verrechnung der ihr an der Quelle abgezogenen schweizerischen Verrechnungssteuer mit den von ihr zu entrichtenden Kantons- und Gemeindesteuern und auf Rückerstattung eines eventuellen Überschusses zu.[43] Trotz dieser Milderung sollte vor dem Engagement in Vermögensanlagen, die der schweizerischen Quellensteuer (sog. Verrechnungssteuer) unterliegen, geprüft werden, ob sie dazu beitragen können, die Bemessungsgrundlage gegenüber der Summe der Lebenshaltungskosten bzw. dem fünffachen Mietwert zu erhöhen.
- Einkünfte aus den in der Schweiz verwerteten Urheberrechten, Patenten und ähnlichen Rechten,
- Einkünfte aus den aus schweizerischen Quellen fließenden Ruhegehältern, Renten und Pensionen.

bb) Einkünfte aus bestimmten ausländischen Quellen

In die Kontrollrechnung werden an Einkünften aus ausländischen Quellen nur die Einkünfte einbezogen, für die der Steuerpflichtige aufgrund eines von der Schweiz abgeschlossenen Abkommens zur Vermeidung der Doppelbesteuerung gänzliche oder teilweise Entlastung von ausländischen Steuern beansprucht. Hierfür reicht es aus, dass irgendwelche Steuern des Quellenstaates (sowohl solche, die an der Quelle, wie auch jene, die im ordentlichen Verfahren erhoben werden) kraft Abkommens gänzlich oder teilweise entfallen.[44]

Als Einkünfte, für die der Steuerpflichtige kraft eines Doppelbesteuerungsabkommens gänzliche oder teilweise Befreiung oder Rückerstattung von ausländischen Steuern beanspruchen kann, kommen neben Dividenden, Zinsen und Lizenzgebühren auch Erwerbseinkünfte, Pensionen und Renten aus allen Staaten in Betracht, mit denen die Schweiz ein Doppelbesteuerungsabkommen abgeschlossen hat. Unter dem Bruttobetrag dieser Einkünfte ist der um den nicht rückforderbaren Teil der ausländischen Steuer gekürzte Ertrag zu verstehen.[45]

---

[43] Eidgenössisches Finanzdepartement, Wegleitung zur Steuererklärung für die Besteuerung nach dem Aufwand, Steuerperiode 2008, zu Ziff. 6.

[44] Das trifft auch dann zu, wenn der ausländische Staat gestützt auf ein mit der Schweiz abgeschlossenes Abkommen bei beschränkter Steuerpflicht z. B. auf die Besteuerung eines Ruhegehaltes im Veranlagungsverfahren verzichtet.

[45] Eidgenössische Steuerverwaltung, Kreisschreiben Nr. 9 v. 3. 12. 1993 über die Besteuerung nach dem Aufwand bei der direkten Bundessteuer, Ziff. 2.2. (S. 5); vgl. auch den Spezialfall der modifizierten Aufwandbesteuerung unten E.

b) Abziehbare Kosten

Von diesen Bruttoeinkünften sind abziehbar die Kosten für den Unterhalt und die Verwaltung des in der Schweiz gelegenen unbeweglichen Vermögens sowie die Kosten für die allgemein übliche Verwaltung von Wertschriften und Guthaben, deren Erträge besteuert werden.[46]

aa) **Die Unterhalts-, Betriebs- und Verwaltungskosten der Liegenschaften umfassen Auslagen für:**

- Reparaturen und Renovierungen ohne wertvermehrende Aufwendungen (Unterhaltskosten); energiesparende und dem Umweltschutz dienende Investitionen können in einem gewissen Umfange abgezogen werden;
- Abwasserentsorgung, Strassenbeleuchtung, Liegenschaftssteuern usw., Entschädigungen an den/die Hauswart/in, sofern sie nicht in der Heiz- und Nebenkostenabrechnung enthalten sind (Betriebskosten);
- Sachversicherungsprämien für Brand-, Wasserschaden-, Glas- und Haftpflichtversicherungen für die Liegenschaften ohne Hausratversicherung;
- Porti, Telefon, Inserate, Betreibungen, Prozesse usw., Entschädigung an den Liegenschaftsverwalter, wenn tatsächliche Auslagen anfallen; eine Entschädigung für eigene Arbeitsleitung ist nicht ansetzbar (Verwaltungskosten).[47]

Es können entweder die tatsächlichen Kosten nach Aufstellung oder ein Pauschalabzug geltend gemacht werden. Der Pauschalabzug beträgt 10 v. H. vom Brutto-Mietertrag bzw. Mietwert, wenn das Gebäude zu Beginn der Steuerperiode bis zehn Jahre alt ist und 20 v. H., wenn das Gebäude in diesem Zeitpunkt älter als zehn Jahre ist.[48]

bb) Als Kosten der allgemein üblichen Verwaltung der Wertschriften und Guthaben gelten Depotspesen und Safegebühren sowie weitere notwendige Auslagen wie Inkasso- und Affidavitspesen. Außerdem können hier die nicht rückforderbaren ausländischen Quellensteuern abgezogen werden.[49]

cc) Alle anderen Aufwendungen, insbesondere Schuldzinsen, Renten und dauernde Lasten, können nicht in Abzug gebracht werden.[50] Sozialabzüge werden in die Kontrollrechnung ebenfalls nicht eingesetzt.

D. Anwendbare Tarife

Auf die so ermittelte Bemessungsgrundlage werden die ordentlichen Einkommenssteuertarife nach Art. 36 bzw. Art. 214 DBG herangezogen, vgl. Art. 14 Abs. 3 DBG und Art. 6 Abs. 3, Art. 11

---

[46] Eidgenössische Steuerverwaltung, Kreisschreiben Nr. 9 v. 3. 12. 1993 über die Besteuerung nach dem Aufwand bei der direkten Bundessteuer, S. 5.
[47] Eidgenössisches Finanzdepartement, Wegleitung zur Steuererklärung für die Besteuerung nach dem Aufwand, Steuerperiode 2008, zu Ziff. 11 a.
[48] Eidgenössisches Finanzdepartement, Wegleitung zur Steuererklärung für die Besteuerung nach dem Aufwand, Steuerperiode 2008, zu Ziff. 11 a.
[49] Eidgenössisches Finanzdepartement, Wegleitung zur Steuererklärung für die Besteuerung nach dem Aufwand, Steuerperiode 2008, zu Ziff. 11 b.
[50] Schweizerische Steuerkonferenz (Hrsg.), Die Besteuerung nach dem Aufwand, S. 10; Eidgenössische Steuerverwaltung, Kreisschreiben Nr. 9 v. 3. 12. 1993 über die Besteuerung nach dem Aufwand bei der direkten Bundessteuer, Ziff. 2.2.

Abs. 1 StHG. Je nachdem, welches System der zeitlichen Bemessung im zuständigen Kanton gilt, wird der Einkommenssteuertarif des Pränumerandosystems (Art. 36 DBG) oder – in sinngemäßer Ergänzung des Gesetzestextes – jener des Postnumerandosystems (Art. 214 DBG) angewendet.[51] Insofern werden auch die den Tarif mitbestimmenden persönlichen Verhältnisse (z. B. der Familienstand) berücksichtigt.[52]

Die in der Kontrollrechnung nicht unter die „bestimmten Einkünfte" fallenden Einkünfte des Steuerpflichtigen werden in Abweichung von Art. 7 Abs. 1 DBG auch für die Festsetzung des Steuersatzes außer Betracht gelassen. Das nicht in die Bemessungsrundlage fallende Auslandseinkommen wird also auch nicht in die Bestimmung des Steuersatzes einbezogen.[53]

F. Modifizierte Besteuerung nach dem Aufwand

Die Doppelbesteuerungsabkommen Belgiens, Deutschlands, Italiens, Kanadas, Norwegens, Österreichs und der USA mit der Schweiz[54] gewähren dem in der Schweiz Ansässigen die Abkommensvorteile nur dann, wenn alle nach schweizerischem Recht steuerbaren Einkünfte, die aus der Schweiz und dem im Einzelfall einschlägigen Vertragsstaat herrühren, regulär den direkten Steuern des Bundes, der Kantone und der Gemeinden unterworfen werden[55] (sofern deren Besteuerung nach den Verteilungsartikeln des Abkommens nicht ohnehin dem Vertragsstaat zugewiesen ist). Anderenfalls wird die in der Schweiz wohnhafte Person für Zwecke dieses Abkommens nicht als in der Schweiz ansässig angesehen oder vom persönlichen Geltungsbereich des Abkommens ausgeschlossen. Will der Steuerpflichtige die Entlastung von den Steuern dieser Vertragsstaaten beanspruchen, müssen neben den in Artikel 14 Absatz 3 DBG bezeichneten Einkünften *alle* aus dem jeweiligen Vertragsstaat stammenden Einkünfte in die Kontrollrechnung eingeschlossen werden, soweit sie nach dem internen schweizerischen Recht steuerbar und nicht nach den Verteilungsartikeln des jeweils einschlägigen Doppelbesteuerungsabkommens, dessen Anwendbarkeit erstrebt wird, von der schweizerischen Besteuerung freigestellt sind. Sie müssen zusammen mit den Einkünften aus Schweizer Quellen mit dem Satz für das gesamte Einkommen belastet werden.[56] Nicht betroffen sind Einkünfte aus Drittstaaten.

Die Ermittlung der Bemessungsgrundlage für die aus diesen Gründen zur Verfügung gestellte modifizierte Aufwandbesteuerung[57] folgt zunächst den allgemeinen Grundsätzen der Aufwandbesteuerung.[58] Erst der vierte Schritt, die Kontrollrechnung, ist um alle in der Schweiz steuerbaren Einkünfte aus dem jeweiligen Vertragsstaat, die der Schweiz kraft der Verteilungsregeln des Abkommens zugewiesen sind, zu erweitern. Die Steuern, die auf die aus diesen Ver-

---

[51] Eidgenössische Steuerverwaltung, Kreisschreiben Nr. 9 v. 3. 12. 1993 über die Besteuerung nach dem Aufwand bei der direkten Bundessteuer, Ziff. 3.

[52] *Steffen*, Die Wohnsitznahme Schweiz, 2008, S. 123.

[53] Eidgenössische Steuerverwaltung, Kreisschreiben Nr. 9 v. 3. 12. 1993 über die Besteuerung nach dem Aufwand bei der direkten Bundessteuer, Ziff. 3.

[54] Siehe hierzu Locher, Einführung in das internationale Steuerrecht der Schweiz, 2005, S. 230 f.

[55] Eidgenössische Steuerverwaltung, Kreisschreiben Nr. 9 v. 3. 12. 1993 über die Besteuerung nach dem Aufwand bei der direkten Bundessteuer, Ziff. 4.2 (S. 7).

[56] Eidgenössische Steuerverwaltung, Kreisschreiben Nr. 9 v. 3. 12. 1993 über die Besteuerung nach dem Aufwand bei der direkten Bundessteuer, Ziff. 4.2.

[57] Siehe Art. 5 der Verordnung vom 15. März 1993 über die Besteuerung nach dem Aufwand bei der direkten Bundessteuer und Eidgenössische Steuerverwaltung, Kreisschreiben Nr. 9 v. 3. 12. 1993 über die Besteuerung nach dem Aufwand bei der direkten Bundessteuer, Ziff. 4.2.

[58] Schweizerische Steuerkonferenz (Hrsg.), Die Besteuerung nach dem Aufwand, S. 12.

tragsstaaten stammenden Einkünfte eingehoben werden, sind zusammen mit jenen auf den Einkünften gemäß Artikel 14 Absatz 3 DBG zum Tarif für das gesamte Einkommen zu belasten. Das bedeutet, dass für die Bestimmung des Steuersatzes z. B. auch Schuldzinsen in Abzug gebracht werden können, obwohl sie die Bemessungsgrundlage im Rahmen der Aufwandbesteuerung nicht mindern.[59]

Die modifizierte Aufwandbesteuerung wird in der Praxis vergleichsweise selten gewählt. Für die Steuerpflichtigen kann es attraktiver sein, die Grundvariante der Besteuerung nach dem Aufwand zu wählen und auf etwaige Abkommensvorteile zu verzichten.[60] Die Wahl der modifizierten Aufwandbesteuerung kann jedoch in den ersten Jahren nach dem Wegzug aus Ländern mit einem wegzugsfeindlichen Außensteuerrecht Sinn machen, da ansonsten zuweilen die Gefahr besteht, dass diese bisherigen Wohnsitzstaaten die Steuerpflichtigen weiterhin voll besteuern.[61] Da der Steuerpflichtige in jeder Steuerperiode wählen kann, ob er nach der Grundvariante oder modifiziert aufwandbesteuert wird,[62] kann er nach einer vom Recht des bisherigen Wohnsitzstaates abhängigen Übergangszeit problemlos zur für ihn dann ggf. günstigeren Grundvariante übergehen.

G. Vermögensbesteuerung nach dem Aufwand

Die Steuergesetze von vielen Kantonen sehen auch eine Vermögensbesteuerung nach dem Aufwand vor. In den meisten Kantonen wird das steuerbare Vermögen durch die Multiplikation der jährlichen Lebenshaltungskosten/des fünffachen Mietwerts mit dem Faktor 20 festgestellt. Einzelne Kantone stellen unmittelbar auf das in der Schweiz belegene Vermögen ab.[63] Auch hier findet eine Kontrollrechnung insofern statt, als die Vermögensteuer nach dem Aufwand mindestens einer regulären Vermögensteuer auf das gesamte in der Schweiz belegene Vermögen entsprechen muss.[64] Als solches gilt das in der Schweiz belegene unbewegliche und bewegliche Vermögen, in der Schweiz angelegtes Kapitalvermögen, der Rückkaufswert von Schweizer Renten- und Lebensversicherungen sowie der Steuerwert der in der Schweiz verwerteten Patente, Urheberrechte und ähnlichen Rechte.[65]

Auf das steuerbare Vermögen wird der gleiche Steuertarif angewendet wie für die ordentliche kantonale Vermögenssteuer. Wie auch sonst werden die persönlichen Verhältnisse des Steuerpflichtigen (z. B. alleinstehend oder verheiratet) bei der Bestimmung des anwendbaren Tarifs berücksichtigt.[66]

H. Bewertung und Ausblick

Die Besteuerung nach dem Aufwand ist auch in der Schweiz nicht frei von Kritik geblieben. Es wurde vorgebracht, sie sei systemfremd und verstoße gegen den Grundsatz der Lastengleichheit

---

[59] Eidgenössische Steuerverwaltung, Kreisschreiben Nr. 9 v. 3. 12. 1993 über die Besteuerung nach dem Aufwand bei der direkten Bundessteuer, Ziff. 4.2 (S. 7 f.).

[60] Siehe *Vater*, IStR 2003, 482 (483) mit Berechnungsbeispiel.

[61] *Steffen*, Die Wohnsitznahme Schweiz, 2008, S. 127.

[62] *Steffen*, Die Wohnsitznahme Schweiz, 2008, S. 127.

[63] Dazu *Steffen*, Die Wohnsitznahme Schweiz, 2008, S. 122.

[64] *Uebersax/Münch/Geiser/Arnold (Hrsg.)*, Ausländerrecht, Ausländerinnen und Ausländer im öffentlichen Recht, Privatrecht, Strafrecht, Steuerrecht und Sozialrecht der Schweiz, 2002, S. 737.

[65] *Steffen*, Die Wohnsitznahme Schweiz, 2008, S. 124.

[66] *Steffen*, Die Wohnsitznahme Schweiz, 2008, S. 123.

und das Leistungsfähigkeitsprinzip.[67] Sie unterstütze die internationale Steuerflucht.[68] Die Befürworter der Besteuerung nach dem Aufwand führen Praktikabilitätsüberlegungen ins Feld: Einkommens- und Vermögensverhältnisse im Ausland könnten von den Schweizer Steuerbehörden meist nicht überprüft werden; eine Besteuerung von reichen Ausländern, die keine feste Bindung zur Schweiz haben, sei ansonsten gar nicht möglich.[69]

Es werden damit in Wahrheit Probleme angesprochen, die zu den schwierigsten des internationalen Steuerrechts zählen: Die Frage, was Leistungsfähigkeit für grenzübergreifende Sachverhalte bedeutet und die Problematik, was sich aus der Lehre der Steuerrechtfertigung für diese Besteuerungssituationen ergibt, insbesondere ob eine Besteuerung des Welteinkommens geboten ist. Nach neuerer Auffassung ist die Steuerrechtfertigung der Frage der Anwendung des Leistungsfähigkeitsprinzips als Verteilungsprinzip vorgelagert, so dass die Besteuerung auch ausländischen Einkommens kein Gebot des Leistungsfähigkeitsprinzips sein kann.[70] Die Aufwandbesteuerung stellt in einer sachgerechten Weise auf dieses Rechtfertigungserfordernis ab: Es ist im Hinblick auf dieses Erfordernis gerade sachangemessen, die Besteuerung von Personen, die nur eine eingeschränkte persönliche Verbindung zur Schweiz haben, die Infrastruktur und Sozialwerke nicht belasten, nicht in der lokalen Wirtschaft aktiv sind und daher auch nicht im Wettbewerb zu lokalen Unternehmen stehen,[71] weitgehend nach dem Territorialitätsprinzip und dem Konzept der Kapitalimportneutralität auszugestalten, ausländische Steuergüter also von vornherein ausländischen Fisci zu überlassen. Was die Problematik der internationalen Aufteilung der Steuerbasen angeht, wirkt diese Selbstbeschränkung der Schweiz von vornherein konfliktvermeidend.[72]

Die oben dargestellte[73] Kontrollrechnung, die eine der Untergrenzen der Bemessungsgrundlage darstellt und sich aus der Anwendung des regulären schweizerischen Steuerrechts auf die aus schweizerischer Sicht inländischen Einkünfte ergibt, stellt sicher, dass die Aufwandsteuer die nach den regulären Besteuerungsregeln ermittelte Steuer auf inländische Einkünfte nicht unterschreitet. Deutlich wird daraus, dass sich nur für das im Ausland belegene Vermögen bzw. die dort erzielten Einkünfte eine Sonderbehandlung ergibt.[74] Dafür werden aber auch die subjektiven Minderungen der Leistungsfähigkeit dieser Personen in der Schweiz nicht berücksichtigt, da Sozialabzüge nicht gewährt werden.[75] Der Aufwandbesteuerte wird insofern trotz seiner schweizerischen Steueransässigkeit in ähnlicher Weise besteuert wie ein beschränkt Steuerpflichtiger. Vorwerfen könnte man der Schweiz daher allenfalls, dass sie das Universalitätsprinzip/Welteinkommensprinzip nicht konsequent umgesetzt habe. Viele andere Länder, unter ihnen Deutschland, wechseln aber in einer derart unsystematischen Weise zwischen Weltein-

---

[67] *Arter*, Aktuelle Juristische Praxis 2/2007, 156 (158); *Oberholzer-Leutenegger*, Amtl. Bulletin, Nationalrat 1987, S. 1737; *Bernasconi*, Die Pauschalbesteuerung, 1983, S. 1.
[68] Referierend *Bron/Seidel*, IStR 2009, 312 (312).
[69] *Bron/Seidel*, IStR 2009, 312 (312).
[70] Ausführlich hierzu *Elicker*, Die Zukunft des deutschen internationalen Steuerrechts, IFSt-Schrift Nr. 438, 2006, S. 27 ff. mit zahlr. Nachweisen.
[71] *Bron/Seidel*, IStR 2009, 312 (313.).
[72] *Elicker*, Die Zukunft des deutschen internationalen Steuerrechts, IFSt-Schrift Nr. 438, 2006, S. 41 m.w.N.
[73] C. 4.
[74] Schweizerische Steuerkonferenz (Hrsg.), Die Besteuerung nach dem Aufwand, 2003, S. 10.
[75] Eidgenössische Steuerverwaltung, Kreisschreiben Nr. 9 v. 3.12.1993 über die Besteuerung nach dem Aufwand bei der direkten Bundessteuer, Ziff. 3 (S. 5, 6).

kommens- und Territorialitätsprinzip hin und her,[76] dass sie kaum in der Position sein werden, die Schweiz für ihre sachlich begründete Abstufung in Form der Aufwandbesteuerung zu kritisieren. Auch für sich genommen wirkt die Beschränkung auf das eigene Territorium von vornherein konfliktvermeidend. Aus diesem Grunde hat das Territorialitätsprinzip auch bis zum Ende des 19. Jahrhunderts nicht nur die allgemeine Staatenpraxis beherrscht, sondern war auch völkerrechtlich verbindlich,[77] was durch staatliche Proteste und Entscheidungen internationaler und nationaler Gerichte belegt wird.[78] Die Entscheidung zu einer Besteuerungsvariante, die nicht dem erst im 20. Jahrhundert salonfähig gewordenen, von vornherein zu weit gesteckten und konfliktverursachenden Anspruch auf Welteinkommensbesteuerung folgt, ist Teil des souveränen Rechts der Schweiz, ihre Wirtschafts- und Sozialordnung selbst zu gestalten. Angriffe anderer Staaten oder Staatengruppen wie OECD oder EU hiergegen können auf der Grundlage des Völkerrechts zurückzuweisen: Das völkerrechtliche Interventionsverbot[79] findet seine dogmatische Grundlage im Prinzip der souveränen Gleichheit der Staaten (Art. 2 Nr. 1 UN-Charta). Es verbietet die Einmischung in die *„inneren Angelegenheiten"*, die *„domaine réservée"* anderer Staaten. Der Begriff der „inneren Angelegenheiten" umfasst nach allgemeiner Auffassung als einen seiner Kernbereiche die autonome Gestaltung der Wirtschaftsordnung – insbesondere auch des Steuersystems – durch den jeweiligen Staat. Hierzu heißt es in der „Friendly Relations Declaration" von 1970: „Ein Staat darf keine wirtschaftlichen, politischen oder sonstigen Maßnahmen gegen einen anderen Staat anwenden oder ihre Anwendung begünstigen, um von ihm die Unterordnung bei der Ausübung seiner souveränen Rechte zu erlangen oder von ihm Vorteile irgendwelcher Art zu erwirken. [...] Jeder Staat hat das unveräußerliche Recht, sein politisches, wirtschaftliches, soziales und kulturelles System ohne Einmischung irgendwelcher Art durch einen anderen Staat zu wählen."[80] Wiederholt und verstärkt wird dies durch Art. 32 der Charta der wirtschaftlichen Rechte und Pflichten der Staaten von 1974[81]: „No State may use or encourage the use of economic, political or any other type of measures to coerce another State in order to obtain from it the subordination of the exercice of its sovereign rights."

Wenn im Rahmen der schweizerischen Besteuerung nach dem Aufwand nach dem primären Maßstab im wesentlichen das „tatsächlich konsumierte Einkommen" als Bemessungsgrundlage herangezogen wird und nicht das „konsumierbare Einkommen", wie es der Reinvermögenszugangstheorie entspräche,[82] so liegt auch hierin keine Angriffsfläche gegenüber der Besteuerung nach dem Aufwand. Diese Form der Besteuerung belastet ihrer primären Konzeption nach das

---

[76] Ausführlich zu Deutschland *Elicker*, Die Zukunft des deutschen internationalen Steuerrechts, IFSt-Schrift Nr. 438, 2006, S. 36 ff. m. w. N.

[77] *Vogel*, Der räumliche Anwendungsbereich der Verwaltungsrechtsnorm, Eine Untersuchung über die Grundfragen des sog. internationalen Verwaltungs- und Steuerrechts, 1965, S. 89 ff.; *Kluge*, Das Internationale Steuerrecht, 2000, S. 76.

[78] Zahlr. Nachweise bei *Müller*, Deutsche Steuerhoheit über ausländische Tochtergesellschaften, 1970, S. 61, 63 ff.; siehe auch *Flick*, in Engelschalk/Flick u. a. (Hrsg.), Steuern auf ausländische Einkünfte, 1985, S. 93 (93 f.); *Schaumburg*, in: Festschrift für Tipke, 1995, S. 125 (128).

[79] Art. 2 Nr. 4 UN-Charta. Da das Prinzip mittlerweile völkergewohnheitsrechtlich anerkannt ist, sind auch Nicht-UN-Mitgliedsstaaten berechtigt und verpflichtet.

[80] „Der Grundsatz betreffend die Pflicht, im Einklang mit der Charta nicht in Angelegenheiten einzugreifen, die zur inneren Zuständigkeit eines Staates gehören".

[81] GA Res. 3281.

[82] Vgl. referierend *Tipke*, Die Steuerrechtsordnung, Bd. 2, 1993, S. 570 f. m. w. N.; die Verwendung des Einkommensbegriffs zeigt, dass diese Argumentation vom Boden der Reinvermögenszugangstheorie aus geführt wird.

vom Erwirtschafteten tatsächlich Genossene,[83] dasjenige also, was der Steuerpflichtige vom Erwirtschafteten für sich selbst verwendet,[84] statt zu reinvestieren. Genau dies wird von den immer zahlreicher werdenden Vertretern einer konsumorientierten Einkommensbesteuerung[85] als die vorzugswürdige Bemessungsgrundlage angesehen. Interessanterweise halten es heute aber auch Anhänger der Reinvermögenszugangsdefinition im Hinblick auf das Leistungsfähigkeitsprinzip für „vertretbar", nur das konsumierte Einkommen zu erfassen.[86] So erkannte *Klaus Tipke*, der Doyen der deutschen Steuerrechtswissenschaft, bereits im Jahre 1993 in seinem Grundsatzwerk „Die Steuerrechtsordnung" an, dass es für die Erfassung nur des konsumierten Einkommens jedenfalls beachtliche Gründe gebe. Die Konsumaufwendungen seien auch als Gradmesser von Leistungsfähigkeit geeignet.[87] Er argumentierte, wenn selbst eminente Steuerwissenschaftler in aller Welt sich nicht darüber einigen könnten, ob die besseren Gründe für die Kapitalorientierung, also die Betrachtung des Reinvermögenszugangs[88] oder für die Konsumorientierung[89] sprechen, sei es dem Gesetzgeber erlaubt, sich auch für eine konsumorientierte Einkommensbesteuerung zu entscheiden.[90] Nach der im Vordringen befindlichen Auffassung rechtfertigt es der zu hohe Konsum auf Kosten der Umwelt, künftiger Generationen und der Entwicklungsländer, die Prozesse des Erwirtschaftens steuerlich zu schonen und Steuerlasten stärker als bisher am Konsum festzumachen.[91]

Auch der Vorwurf, die internationale Steuerflucht werde durch die schweizerische Aufwandsteuer begünstigt, ist in Wahrheit nicht haltbar: Die Besteuerung nach dem Aufwand ist keine Besteuerung nach Individualvereinbarung,[92] sondern eine auf Bundes- und Kantonsebene gesetzlich geregelte Methode zur abweichenden Ermittlung der Bemessungsgrundlage. Die Schweiz akzeptiert auch gerade keine Täuschungshandlungen gegenüber den Herkunftsstaaten der betreffenden Personen. Wie bereits dargelegt, wird die Begründung eines Scheinwohnsitzes in der Schweiz von den schweizerischen Behörden nicht anerkannt; auch die freiwillige Entrichtung einer Steuer nach dem Aufwand ist dann unzulässig.[93] Die Tatsache, dass der Besteuerung in der Schweiz durch diese zusätzliche Variante im Ergebnis unterschiedliche Einkommensbegriffe zugrunde liegen, ist international nichts Besonderes. Wie viele andere Länder praktiziert auch etwa Deutschland mit dem Dualismus der Einkommensbesteuerung eine zu Belastungsunterschieden führende Aufspaltung der Einkommensbegriffe,[94] für die schon in der Gesetzes-

---

[83] *Fisher*, Income in Theory and Income Taxation in Practice, Econometrica 1937, 1.
[84] *Fisher*, spricht von "the enjoyed income", Econometrica 1937, 1.
[85] Dazu insb. *Rose*, BB-Beilage 5/1992; *Wagner*, in: Hax/Kern/Schröder (Hrsg.), Zeitaspekte in betriebswirtschaftlicher Theorie und Praxis, 1989, S. 261 (270 ff.); *Gröpl*, FR 2001, 568; *ders.*, FR 2001, 620; *Lang*, in: Ebling (Hrsg.) DStJG Bd. 24 (2001), S. 63 (79 f.); *Dorenkamp*, StuW 2000, 121.
[86] *Tipke*, Die Steuerrechtsordnung, Bd. 2, 1993, S. 573 f.
[87] *Tipke*, Die Steuerrechtsordnung, Bd. 2, 1993, S. 905.
[88] So etwa *Goode*, in: J. Pechman (Hrsg.), What Should be Taxed: Income or Expenditure, 1980, S. 49 ff.
[89] Siehe hierzu nur *Rose*, in: ders. (Hrsg.), Heidelberg Congress on Taxing Consumption, 1990, S. 3 ff.
[90] Tipke, Die Steuerrechtsordnung, Bd. 2, 1993, S. 573; siehe auch *Lang*, in: M. Rose (Hrsg.), Heidelberg Congress on Taxing Consumption, 1990, S. 273 (311).
[91] *Lang*, StuW 1990, 107 (118).
[92] *Bron/Seidel*, IStR 2009, 312 (312).
[93] Eidgenössische Steuerverwaltung, Kreisschreiben Nr. 9 v. 3.12.1993 über die Besteuerung nach dem Aufwand bei der direkten Bundessteuer, S. 1.
[94] Vgl. zu diesem Problem z. B. *Elicker*, in: Schön (Hrsg.), Einkommen aus Kapital, Veröffentlichungen der Deutschen Steuerjuristischen Gesellschaft e.V. (DStJG) Bd. 30, 2007, S. 97 ff.

begründung nur die Gesichtspunkte der Praktikabilität und der Tradition (!) angeführt worden sind.[95] Zudem gibt es im deutschen Steuerrecht etwa die explizit standortpolitisch motivierte Pauschalbesteuerung in Form der Tonnagebesteuerung (erst 1999 eingeführt),[96] wie sie in ähnlicher Form auch in anderen Mitgliedstaaten der Europäischen Union existiert. Noch weitergehend wurde in Deutschland auch eine pauschalierte Besteuerung von ausländischen „Spitzenarbeitskräften", sog. Expatriates, ernsthaft erwogen.[97] In zahlreichen wichtigen EU-Mitgliedstaaten bestehen entsprechende Sonderregelungen für eine bestimmte internationale Klientel mit ähnlichen Zielsetzungen und Wirkungen.[98]

Es hat sich gezeigt, dass die Bemessungsgrundlage der Aufwandbesteuerung keineswegs ein sachwidriges Auslaufmodell ist, sondern in mehrfacher Hinsicht – durch ihre Konsumorientierung und durch die sachgerechte Schlussfolgerung aus dem Erfordernis der Steuerrechtfertigung für den Zuschnitt des Steueranspruchs – durchaus fortschrittlich erscheint. Im internationalen Umfeld ist sie von vornherein konfliktvermeidend. Nach dem Völkerrecht kann es niemand der Schweiz verbieten, durch diesen Besteuerungsmodus Wirtschaftsförderung zu betreiben. Für etliche Kantone stellen die nach dem Aufwand besteuerten Personen einen wichtigen ökonomischen und fiskalischen Faktor dar.[99] Eine Abschaffung der Besteuerung nach dem Aufwand, die für die Schweiz eine lange Tradition hat, würde die internationale Wettbewerbsfähigkeit der Schweiz beeinträchtigen.[100] Es kann daher prognostiziert werden, dass die Besteuerung nach dem Aufwand, an der ja auch im Zuge der innerschweizerischen Steuerharmonisierung festgehalten wurde, im Bund und in den meisten Kantonen Bestand haben wird.[101]

---

[95] Siehe die ausführliche Darstellung bei *Elicker*, DStJG 30 (2007), S. 103 ff.

[96] § 5a des deutschen Einkommensteuergesetzes, eingeführt durch Gesetz vom 9. 9. 1998, BGBl. I 1998, 2860.

[97] Hierzu *Prätzler*, IStR 2004, 512 ff; Im Wesentlichen sah der Gesetzentwurf (BR-Drs. 613/03 v. 28. 8. 2003) die Einführung eines neuen § 40c EStG vor, im Rahmen dessen die Lohnsteuer eines ausländischen Arbeitnehmers auf Antrag pauschal mit 35 % des Arbeitslohns erhoben werden kann. Die Pauschalierung ist u. a. an die Bedingung geknüpft, dass der Arbeitnehmer durch Zuzug aus dem Ausland im Veranlagungszeitraum oder den beiden vorangegangenen Veranlagungszeiträumen in Deutschland erstmals unbeschränkt steuerpflichtig geworden ist.

[98] Zur Rechtslage n anderen Ländern siehe *Prätzler*, IStR 2004, 512 (514 f.) und Steffen, Die Wohnsitznahme Schweiz, Eine Wegleitung für vermögende Personen, Mit eingehender Betrachtung der Pauschalbesteuerung, S. 136 f.

[99] *Steffen*, Die Wohnsitznahme Schweiz, 2008, S. 117, 135.

[100] *Arter*, Aktuelle Juristische Praxis 2/2007, 156 (159).

[101] So auch *Steffen*, Die Wohnsitznahme Schweiz, 2008, S. 136 f.

2. Besteuerungsprobleme privater Kapitalanleger bei der Beteiligung an ausländischen Investmentfonds

von Dipl.-Kfm. Dr. Bernhard Arlt, München[*]
und Dipl.-Kfm. Dr. Wolfgang Rolfs, Düsseldorf [**]

Inhaltsübersicht

A. Besteuerung von ausländischen Investmentvermögen nach dem Investmentsteuergesetz
B. Begriff des ausländischen Investmentfonds (-anteils)
C. Besteuerung des privaten Kapitalanlegers
   I. Typisierung des Investmentvermögens
   II. Ertragsteuerliche Behandlung der laufenden Erträge
III. Ertragsteuerliche Behandlung der Veräußerung bzw. Rückgabe von Anteilen an ausländischen Investmentfonds
IV. Quellensteuern
V. Hinzurechnungsbesteuerung nach dem AStG
D. Bedeutung für die internationale Steuerplanung

Literatur:

Beckmann/Scholtze/Vollmer, Investment – Handbuch für das gesamte Investmentwesen, Berlin 2009 (Losebl.), Stand Juni 2009; **Carlé**, Die Besteuerung von Kapitalerträgen nach dem Investmentsteuergesetz, DStZ 2004, 77 ff.; **Bödecker/Binger**, Anmerkungen zum BFH-Urteil vom 18.11.2008, IWB F. 3a, Gr. 1, 1121 ff.; **Ebner**, Änderungen für Investmentfonds; NWB 2009, 203 ff.; **Feyerabend/Vollmer**, Investmentfondsbesteuerung und Abgeltungssteuer, BB 2008, 1088 ff.; **Gosch/Kroppen/Grotherr**, DBA-Kommentar, Herne; Berlin 1997 (Losebl.), Stand Dezember 2008; **Grabbe/Simonis**, Investmentsteuerrecht: Jahressteuergesetz 2009 und andere aktuelle Änderungen, DStR 2009, 837 ff.; **Harenberg**, Ausländische private Kapitaleinkünfte und Abgeltungssteuer, IWB F. 3, 1561 ff.; **Helios/Link**, Zweifelsfragen der Abgeltungssteuer auf Kapitalerträge aus Finanzinnovationen und offene Fonds, DStR 2008, 386 ff.; **Jacob/Geese/Ebner**, Handbuch für die Besteuerung von Fondsvermögen, 3. Aufl., Neuwied, 2007; **Kayser/Steinmüller**, Die Besteuerung von Investmentfonds ab 2004, FR 2004, 137 ff.; **Köndgen/Schmies**, Die Neuordnung des deutschen Investmentrechts, WM 2004, Sonderheft 1,23.; **Mertes/Hackemann**, Verspätete Veröffentlichung der Besteuerungsgrundlagen im elektronischen Bundesanzeiger (§ 5 Abs. 1 Satz 1 InvStG) und Billigkeitsregelung gemäß BMF-Schreiben vom 4.12.2007, DStR 2008, 2407 ff.; **Sradj/Mertes**, Neuregelungen bei der Besteuerung von Investmentvermögen, DStR 2004, 201 ff.; **Storg**, Die Besteuerung von Investmentvermögen, NWB 2004, Fach 3, 12999 ff.; **Wellisch/Quast/Lenz**, Besonderheiten bei der Besteuerung inländischer und ausländischer Investmentvermögen, BB 2008, 490 ff.; **Zeller**, Einkünfteermittlung bei Investmentfonds, DStR 2005, 899 ff.

A. Besteuerung von ausländischen Investmentvermögen nach dem Investmentsteuergesetz

Im Rahmen des Investmentmodernisierungsgesetzes[1] hatte der deutsche Gesetzgeber die aufsichtsrechtliche Behandlung sowie die Besteuerung inländischer und ausländischer Investmentvermögen und deren Anleger neu gefasst. Die aufsichtsrechtlichen Regelungen des früheren KAAG für inländische sowie des Auslandsinvestmentsgesetzes für ausländische Investmentvermögen wurden in das Investmentgesetz[2] (im Folgenden „InvG") aufgenommen. Weiterhin ersetzte das Investmentsteuergesetz (im Folgenden „InvStG") die bisherigen Regelungen zur

---

[*] Steuerberater, München.
[**] Kanzlei Marccus Rechtsanwaltsgesellschaft mbH, Düsseldorf – Rechtsanwälte, Steuerberater –.
[1] Gesetz zur Modernisierung des Investmentwesens und zur Besteuerung von Investmentvermögen, BGBl. I 2003, 2676 ff.
[2] Investmentgesetz/Investmentsteuergesetz v. 15. 12. 2003 BGBl. I 2003, 2676/2724.

Besteuerung von Investmentvermögen, die bis dahin im KAAG sowie Auslandsinvestmentgesetz verankert waren.

Durch die Einführung der Abgeltungssteuer erfolgte mit dem Unternehmensteuerreformgesetzes 2008[3] ein Systemwechsel bei der Besteuerung von Einkünften aus Kapitalvermögen, die ein privater Kapitalanleger bei Direktinvestments erzielt. Dieser Systemwechsel wurde für die Besteuerung von Investmentfonds nach dem InvStG weitgehend nachvollzogen, so dass insbesondere durch das Jahressteuergesetz 2009[4] und das Mitarbeiterkapitalbeteiligungsgesetz[5] einige Modifikationen eingeführt wurde.

B. Begriff des ausländischen Investmentfonds (-anteils)

Der sachliche Anwendungsbereich des InvStG umfasst auch Anteile an ausländischen Investmentvermögen.[6] Entsprechend der gesetzlichen Definition in § 1 Satz 2 InvG gelten als ausländische Investmentvermögen ausländischem Recht unterstehende Vermögen zur gemeinschaftlichen Kapitalanlage, die nach dem **Grundsatz der Risikomischung** in Vermögensgegenstände i. S. des § 2 Abs. 4 InvG angelegt sind.[7] Der Grundsatz der Risikomischung muss im Falle ausländischer Investmentvermögen nicht unmittelbar vom ausländischen Investmentvermögen verwirklicht werden. Hinsichtlich von Schwierigkeiten bei der Festlegung formeller (rechtsformabhängiger) Kriterien für ein ausländisches Investmentvermögen wurde der bisher im AuslInvestmG normierte materielle (rechtsformneutrale) Investmentbegriff in das InvG sowie InvStG übernommen. Demzufolge bildet der Grundsatz der Risikomischung das prägende Tatbestandsmerkmal für die investmentrechtlich Klassifizierung ausländischer Investmentvermögen und deren Subsumtion unter den Anwendungsbereich des InvStG.[8]

Der unbestimmte Begriff der Risikomischung war bereits im Rahmen des bisherigen AuslInvG nicht eindeutig abgegrenzt. Zu Zwecken der Anwendbarkeit des InvStG hat das BMF die Reichweite des Grundsatzes der Risikomischung insofern eingeschränkt, als bestimmte ausländische Investmentfondsvermögen im Rahmen des InvStG nicht zu erfassen sind. Danach ist das InvStG aufgrund einer expliziten Negativabgrenzung bei folgendem ausländischen Vermögen nicht anwendbar:[9]

▶ Vermögen von ausländischen Personengesellschaften mit Ausnahme solcher ausländischer Gesellschaften, die entweder selbst hinsichtlich ihrer Anlagepolitik Anforderungen unterliegen, die denen für Sondervermögen mit besonderen Risiken i. S. des § 112 InvG vergleichbar sind (ausländische Single-Hedgefonds) oder die in andere Vermögen investieren, die ihrerseits hinsichtlich ihrer Anlagepolitik Anforderungen unterliegen, die denen für Sondervermögen mit besonderen Risiken i. S. des § 112 InvG vergleichbar sind (ausländische Dach-Hedgefonds). Auch wenn die ausländische Personengesellschaft selbst nicht zu den ausländischen Investmentvermögen zählt, kann sie Anteile an anderen Investmentvermögen halten;

---

[3] Unternehmensteuerreformgesetz 2008 vom 14. 8. 2007, BGBl. I 2007, 1912.
[4] Jahressteuergesetz 2009 vom 19. 12. 2008, BGBl. I 2008, 2794.
[5] Mitarbeiterkapitalbeteiligungsgesetz vom 7. 3. 2009, BGBl. I 2009, 451.
[6] § 1 Abs. 1 Nr. 2 InvStG.
[7] § 2 Abs. 8 InvG.
[8] Vgl. hierzu insbes. *Jacob/Geese/Ebner*, Handbuch für die Besteuerung von Fondsvermögen, 23 ff.
[9] Vgl. BMF Schreiben v. 2. 6. 2005 – IV C 1 – S 1980 – 1 – 87/05, BStBl I 2005, 728, Rz. 6.

- Gesellschaftsvermögen von anderen ausländischen Immobilienunternehmen als Personengesellschaften (REITS), deren Anteile an einer Börse zum amtlichen Markt zugelassen oder in einen anderen organisierten Markt einbezogen sind und die in ihrem Sitzstaat keiner Investmentaufsicht unterliegen. Investmentaufsicht ist eine Aufsicht, die über eine Bank- oder Wertpapieraufsicht und die Überprüfung steuerlicher Voraussetzungen hinaus aus Gründen des Anlegerschutzes gesetzliche Vorgaben zur Struktur des Portfolios kontrolliert (Wahrung des Grundsatzes der Risikomischung);
- Bestimmten Vermögen, die Collaterised Debt Obligations („CDOs", d. h. Schuldtitel, die von einer Zweckgesellschaft zur Finanzierung ihres Portfolios ausgegeben werden) ausgeben, sofern das Vermögen der Emittentin nach den Vertragsbedingungen nicht aus Vermögensgegenständen im Sinne des § 2 Abs. 4 InvG bestehen kann, oder sofern nach den Vertragsbedingungen neben dem Ersatz von Schuldtiteln zur Sicherung des Umfangs, der Laufzeit sowie der Risikostruktur lediglich bis zu 20 v. H. des Vermögens der Emittentin pro Jahr frei gehandelt werden dürfen.

Demgegenüber fallen materiell insbesondere Anteile an folgenden ausländischen Vermögen als „ausländische Investmentvermögen" in den Anwendungsbereich des InvStG:

- Single-Hedgefonds;
- Dach-Hedgefonds;
- Private Equity-Gesellschaften;
- CDOs;
- Mezzanine-Fonds,
- Derivatefonds,
- Stille Beteiligungen an ausländischen Hedgefonds.

Für ausländische Investmentvermögen gilt seit Inkrafttreten des Investmentänderungsgesetzes[10] am 28. 12. 2007 jedoch ein um formelle Kriterien erweiterter Begriff des Investmentfonds. Ein ausländisches Investmentvermögen fällt demnach nur in den Anwendungsbereich des InvStG, wenn zusätzlich zu den materiellen Voraussetzungen entweder

dem Anleger hinsichtlich dessen Anteil eine Rückgabemöglichkeit eingeräumt wird, oder

die ausländische Investmentgesellschaft einer Aufsicht über Vermögen zu gemeinschaftliche Kapitalanlage unterstellt ist.[11]

C. Besteuerung des privaten Kapitalanlegers

I. Typisierung der Investmentvermögens

Vor der Schaffung des InvStG wurde nach den Vorschriften des KAGG sowie des Auslandinvestmentgesetzes zwischen drei verschiedenen Typen ausländischer Investmentfonds (registrierter Fonds (Typ 1), nicht registrierter Fonds mit inländischem Steuervertreter (Typ 2), nicht registrierter Fonds ohne inländischen Steuervertreter (Typ 3)) unterschieden, bei denen jeweils unterschiedliche steuerliche Konsequenzen zu berücksichtigen waren.

---

[10] Gesetz zur Änderung des Investmentgesetzes und zur Anpassung anderer Vorschriften (Investmentänderungsgesetz), BGBl. I 2007, 3089.
[11] § 1 Abs. 1 Nr. 2 InvStG i. V. mit § 2 Abs. 9 InvG.

Demgegenüber sind nach dem InvStG für private Kapitalanleger, die Anteile an einem Vermögen halten, das als ausländischen Investmentvermögen qualifiziert wird, einheitliche Regelungen für die Besteuerung vorgesehen. Allerdings ist wie in der Vergangenheit ein dreistufiges Besteuerungssystem vorgesehen. Dieses kommt gleichermaßen für inländische als auch für ausländische Anteile an Investmentvermögen zur Anwendung.

Wesentlich für den Umfang der Besteuerung nach dem InvStG ist, inwieweit die Investmentgesellschaft bezüglich des Investmentvermögens bestimmte Besteuerungsgrundlagen innerhalb bestimmter Fristen bekannt macht. Sofern hier die Bekanntgabepflichten fristgerecht erfüllt werden, unterliegen die Einkünfte aus den Investmentanteilen bei einem privaten Kapitalanleger einer Regelbesteuerung, die grundsätzlich auf dem Transparenzprinzip basiert.[12] Die steuerliche Behandlung der Anleger erfolgt in diesem Fall weitgehend nach dem Transparenzprinzip, d. h. der Anleger wird steuerlich so erfasst, als hätte er nicht in ein ausländischen Investmentvermögen investiert, sondern das zugrunde liegende Investment unmittelbar getätigt.[13]

Sofern die Investmentgesellschaft die Bekanntgabepflichten hinsichtlich der Besteuerungsgrundlagen nicht ausreichend erfüllt, unterliegen die Einkünfte aus den Investmentanteilen bei privaten Kapitalanleger einer Pauschalbesteuerung nach strengen Regeln; hierbei wird das Investmentvermögen steuerlich als intransparente Einheit behandelt.

Aufgrund der Einführung der Abgeltungssteuer im Rahmen des Unternehmensteuerreformgesetzes 2008[14] wurden für Zeiträume ab dem 1. 1. 2009 verschiedene Änderungen der Besteuerungsregelungen vorgenommen. Diese betreffen insbesondere die steuerliche Behandlung von Veräußerungsgewinnen sowie den Einbehalt von Kapitalertragsteuer.

II. Ertragsteuerliche Behandlung der laufenden Erträge

1. Ertragsteuerliche Behandlung bei ordnungsgemäßer Bekanntgabe der Besteuerungsgrundlagen

Sofern die Investmentgesellschaft die in § 5 Abs. 1 Satz 1 InvStG geforderten **Besteuerungsgrundlagen**[15] **ordnungsgemäß bekannt macht**, unterliegen die Erträge aus einem ausländischen Investmentvermögen der Regelbesteuerung. Dabei werden zunächst die aus dem Investmentvermögen stammenden laufenden Erträge unabhängig davon erfasst, ob diese dem privaten Kapitalanleger tatsächlich vollumfänglich zugeflossen sind.

Zu differenzieren ist zwischen aus dem Investmentvermögen stammenden ausgeschütteten Erträgen, ausschüttungsgleichen Erträgen und Zwischengewinnen.

a) Ausgeschüttete Erträge

Ausschüttungen im Sinne des Investmentsteuergesetzes sind die dem Anleger tatsächlich gezahlten oder gutgeschriebenen Beträge. Diese beinhalten die einbehaltene deutsche Kapitalertragsteuer einschließlich Solidaritätszuschlag sowie ausländische Quellensteuern[16], die auf die vom Investmentfonds vereinnahmten Zinsen und Dividenden entrichtet wurden.[17] Bei einem

---

[12] Vgl. BT-Drucks. 15/1553, 120.
[13] Vgl. *Storg* NWE 2004, Fach 3, 12999; *Sradj/Mertes*, DStR 2004, 201; *Kayser/Steinmüller*, FR 2004, 137; *Zeller*, DStR 2005, 899.
[14] Vgl. BGBL. I 2007, 1912.
[15] Siehe dazu Gliederungspunkt C.II.2.
[16] Sofern dies nicht auf Ebene der Fondsgesellschaft als Werbungskosten abgezogen wurden.
[17] § 1 Abs 3 Satz 1 InvStG.

privaten Kapitalanleger führen Ausschüttungen eines ausländischen Investmentvermögens nur zu steuerpflichtigen Einkünften, wenn diese als **ausgeschüttete Erträge** qualifiziert werden. Ausgeschüttete Erträge eines Investmentvermögens Kapitalerträge, Erträge aus der Vermietung und Verpachtung von Grundstücken und grundstücksgleichen Rechten, sonstige Erträge und Gewinne aus Veräußerungsgeschäften sein.[18]

Aufgrund der ab 1. 1. 2009 eingeführten Verwendung des Begriffs der „Kapitalerträge" (bis 31. 12. 2008: Zinsen, Dividenden) erfolgt letztlich eine Erweiterung der grundsätzlich steuerbaren ausgeschütteten Erträge aus einem ausländischen Investmentfonds, da hier u. a. alle Einkünfte bzw. Vermögenszuwächse i. S. des § 20 Abs. 2 EStG erfasst werden, die in der Neufassung des § 20 EStG nunmehr unter die Kapitalerträge subsumiert werden.

Der Begriff der ausgeschütteten Erträge umfasst auch Gewinne aus Veräußerungsgeschäften, die aus sämtlichen in § 23 Abs. 1 Satz 1 Nr. 1 bis 3 EStG aufgeführten Sachverhalten stammen können.[19] Dabei sind hinsichtlich der Begriffsbestimmung der ausgeschütteten Erträge die in § 23 Abs. 1 Nr. 1 sowie Nr. 2 EStG genannten zeitlichen Beschränkungen bei der Veräußerung von Grundstücken sowie grundstücksgleichen Rechten (sowie Wertpapieren bis zum 31. Dezember 2008) ohne Bedeutung.[20] Nicht erfasst werden solche ausgeschütteten Erträge, die bereits in vorangegangen Besteuerungszeiträumen als ausschüttungsgleiche Erträge der Besteuerung unterlagen, sowie Kapitalrückzahlungen.[21]

Die ausgeschütteten Erträge eines ausländischen Investmentfonds sind bei einem privaten Kapitalanleger aufgrund der ab 1. 1. 2009 geltenden Fassung des § 2 Abs. 3 InvStG insoweit steuerfrei, als darin Gewinne aus der Veräußerung von Grundstücken sowie grundstücksgleichen Rechten enthalten sind, sofern diese Veräußerungen außerhalb der zehnjährigen Behaltensfrist erfolgten und somit nicht unter § 23 Abs. 1 Satz 1 Nr. 1 und 3, Abs. 2 und 3 EStG zu subsumieren sind. Das bis zum 31. 12. 2008 vorgesehene „Fondsprivileg", wonach ausgeschüttete Gewinne aus der Veräußerung von Wertpapieren, Termingeschäften und Bezugsrechte auf Anteile an Kapitalgesellschaften bei einem privaten Kapitalanleger steuerfrei sind,[22] wurde ab dem 1. 1. 2009 abgeschafft.

b) Ausschüttungsgleiche Erträge

Ausschüttungsgleiche Erträge sind Erträge des ausländischen Investmentvermögens, die nach dem Abzug von Werbungskosten nicht für Ausschüttungen an die Anleger verwendet sondern **auf Fondsebene thesauriert** werden.

Zu den ausschüttungsgleichen Erträgen gehören insbesondere nicht begünstigte Kapitalerträge. Ausgenommen werden dabei allerdings Erträge aus Stillhalterprämien, Gewinne aus Termingeschäften und Wertpapierveräußerungsgeschäften,[23] die aufgrund eines Thesaurierungsprivileg erst bei einer Ausschüttung bzw. bei der Veräußerung oder Rückgabe des Fondsanteils besteuert werden. Weiterhin zählen zu den ausschüttungsgleichen Erträgen die Erträge aus der Vermietung und Verpachtung von Grundstücken und grundstücksgleichen Rechten, sowie sonstige

---

[18] § 1 Abs 3 Satz 2 InvStG.

[19] Z. B.: Gewinne aus der Veräußerung von Grundstücken, Wertpapieren, Termingeschäften sowie Veräußerungsgeschäfte, bei denen die Veräußerung des Wirtschaftsgutes früher erfolgt als der Erwerb.

[20] Vgl. BMF-Schreiben v. 2. 6. 2005, a. a. o. (Fn. 9), Rz. 15.

[21] Vgl. BMF Schreiben v. 2. 6. 2005, a. a. o. (Fn. 9), Rz. 16f.

[22] § 2 Abs. 3 Nr. 1 InvStG a.F.

[23] § 1 Abs. 3 Satz 3 Nr. 1 InvStG.

Erträge und Gewinne aus privaten Veräußerungsgeschäften i. S. des § 23 Abs. 1 Satz 1 Nr. 1, Abs. 2 und 3 EStG.[24]

Ausschüttungsgleiche Erträge gelten bei einem privaten Kapitalanlegers aufgrund einer Zuflussfiktion bei Ablauf des Geschäftsjahres des ausländischen Investmentfonds als zugeflossen. Bei Teilausschüttungen sind ausschüttungsgleiche Erträge im Zeitpunkt der Ausschüttung zuzurechnen.[25]

c) Zwischengewinn

Der Zwischengewinn ist **das beim Erwerb des Fondsanteils gezahlte Entgelt für bestimmte**, dem privaten Kapitalanleger **noch nicht zugeflossene oder als zugeflossen geltende Einnahmen** des ausländischen Investmentfonds. Bei diesen Einnahmen kann es sich um verschiedene Arten von Einkünften aus Kapitalvermögen,[26] um Zwischengewinne des Investmentvermögens oder um zum Zeitpunkt der Rückgabe oder Veräußerung des Investmentanteils veröffentlichte Zwischengewinne u. ä. für Anteile an anderen Investmentvermögen, die der Investmentfonds hält, handeln.[27]

d) Steuerliche Behandlung

Unter der Voraussetzung, dass seitens der ausländischen Investmentgesellschaft bestimmte Bekanntmachungs- und Veröffentlichungspflichten erfüllt werden,[28] werden die ausgeschütteten und ausschüttungsgleichen Erträge aus einem ausländischen Investmentfonds bei einem privaten Kapitalanleger regelmäßig im Rahmen der Einkünfte aus Kapitalvermögen[29] erfasst. Das Teileinkünfteverfahren[30] ist grundsätzlich nicht anzuwenden.[31] Dabei unterliegen die ausgeschütteten und ausschüttungsgleichen Erträge aus einem ausländischen Investmentfonds als Einkünfte aus Kapitalvermögen bei einem privaten Kapitalanlegers ab dem Jahr 2009 der pauschalen Abgeltungssteuer in Höhe von 25 v. H. (zuzüglich 5,5 v. H. SolZ und ggfs. Kirchensteuer hierauf).[32]

Ein gezahlter Zwischengewinn ist dabei im Veranlagungszeitraum des Erwerbs eines Fondsanteils als negative Einnahme aus Kapitalvermögen geltend zu machen.

Eine Besonderheit besteht bei der steuerlichen Behandlung sog. „**Alt-Veräußerungsgewinne**", die der ausländische Investmentfonds aus der Veräußerung von vor dem 1. 1. 2009 angeschafften Wertpapieren und Bezugsrechten auf Anteile an Kapitalgesellschaften sowie aus vor dem 1. 1. 2009 geschlossenen Termingeschäften erzielt.[33] Auch wenn diese dem privaten Kapitalanleger nach dem 31. 12. 2008 zufließen, sind diese unabhängig vom Zeitpunkt des Erwerbs der

---

[24] § 1 Abs. 3 Satz 3 Nr. 2 InvStG.

[25] § 2 Abs. 1 Satz 2 und 3 InvStG.

[26] Insbesondere um Zinsen i. S. v. § 20 Abs. 1 Nr. 7 EStG und bestimmte Erträge aus Zinssurrogaten i. S. v. § 20 Abs. 2 EStG, sowie angewachsene Ansprüche des Investmentfonds auf derartige Einnahmen.

[27] § 1 Abs. 4 InvStG.

[28] § 5 Abs. 1 InvStG. Siehe dazu Punkt C.II.2.

[29] § 20 Abs. 1 Nr. 1 EStG. Eine Ausnahme besteht, wenn es sich bei den Erträgen um sonstige Einkünfte aus Leistungen nach §§ 22 Nr. 1 Satz 3a) aa) i. V. mit 10 Abs. 1 Nr. 2b) EStG oder aus Leistungen im Sinne des § 22 Nr. 5 EStG handelt.

[30] § 3 Nr. 40 EStG.

[31] § 2 Abs. 1 Satz 1 InvStG.

[32] § 32d Abs. 1 EStG.

[33] § 18 Abs. 1 Satz 2 InvStG.

Anteile an dem ausländischen Investmentfonds durch den Anleger bei diesem steuerfrei. Diese Steuerfreiheit soll nur gewährt werden, wenn der private Kapitalanleger den Anteil am jeweiligen ausländischen Investmentfonds vor dem 1.1.2009 erworben hat. Aus diesem Grund besteht eine Nachversteuerungspflicht der grundsätzlich steuerfreien „Alt-Veräußerungsgewinne" für einen privaten Kapitalanleger, der die Anteile am entsprechenden ausländischen Investmentfonds erst nach dem 31.12.2008 erworben hat.[34]

2. Bekanntmachungspflichten

Voraussetzung für die dargestellte investmentsteuerliche Regelbesteuerung bei einem privaten Kapitalanleger ist, dass die Investmentgesellschaft für den ausländischen Investmentfonds für jede Ausschüttung sowie für die Zurechnung ausschüttungsgleicher Erträge bezogen auf einen Investmentanteil bestimmte, in § 5 Abs. 1 Satz 1 Nr. 1 InvStG genannte Besteuerungsgrundlagen in deutscher Sprache bekannt macht.

Bei den bekanntzumachenden Besteuerungsgrundlagen handelt es sich insbesondere um folgende steuerbelastende Tatsachen:

- Betrag der Ausschüttung,
- Betrag der ausgeschütteten Erträge,
- Betrag der ausschüttungsgleichen Erträge,
- der zur Anrechnung oder Erstattung von Kapitalertragsteuer berechtigende Teil der Ausschüttung,
- der entsprechende Kapitalertragsteuerbetrag,
- Betrag der Absetzung für Abnutzung oder Substanzverringerung.

Weiterhin sind im Rahmen der bekanntzumachenden Besteuerungsgrundlagen von der Investmentgesellschaft für den ausländischen Investmentfonds folgende steuerentlastende Tatsachen anzugeben:

- Aktiengewinn nach § 8 InvStG,
- für den privaten Kapitalanleger steuerfreie „Alt-Veräußerungsgewinne" aus der Veräußerung von Wertpapieren und Bezugsrechten auf Anteile an Kapitalgesellschaften sowie aus Termingeschäften,
- Erträge und Veräußerungsgewinne des Investmentvermögens, auf die das Teileinkünfteverfahren gem. § 3 Nr. 40 EStG (bis 31.12.2008: Halbeinkünfteverfahren) anzuwenden ist,
- bei Privatanlegern steuerfreie Gewinne aus der Veräußerung von Grundstücken und grundstücksgleichen Rechten,
- Einkünfte, die nach einem mit dem jeweiligen ausländischen Staat geschlossene DBA in Deutschland steuerfrei gestellt sind,
- Einkünfte, die den Kapitalanleger zur Anrechnung der entrichteten ausländischen Steuer berechtigen und die das Investmentvermögen nicht als Werbungskosten abziehen kann,
- Einkünfte, die nach mit einem ausländischem Staat geschlossenen DBA zum Abzug einer fiktiven Quellensteuer berechtigen,
- Betrag der ausländischen Steuern gegliedert nach anrechenbaren sowie abziehbaren Steuern,

---

[34] § 8 Abs. 5 Satz 5 InvStG.

Im Falle thesaurierender Investmentvermögen: die besteuerten ausschüttungsgleichen Erträge der Vorjahre.

Die Bekanntmachung dieser Angaben hat innerhalb der ersten vier Monate nach Ablauf des Geschäftsjahres, in dem die zu Grunde liegenden Erträge aus zugeflossen gelten, zu erfolgen.[35]

Neben den verschiedenen steuerbelastenden sowie steuerentlastenden Tatsachen, die sowohl von einer inländischen als auch von einer ausländischen Investmentgesellschaften bekanntgemacht werden müssen, bestehen für eine ausländische Investmentgesellschaft noch weitergehende Bekanntgabeverpflichtungen.[36] So hat eine ausländische Investmentgesellschaft zusätzlich innerhalb der ersten vier Monate nach Ablauf des Geschäftsjahres die Summe der dem Anleger als zugeflossen geltenden Erträge zu ermitteln, die noch nicht dem Kapitalertragsteuerabzug unterlagen. Diese gehören zusammen mit dem Rücknahmepreis für die Fondsanteile ebenfalls zu den bekanntzumachenden Besteuerungsgrundlagen.[37] Darüber hinaus muss die ausländische Investmentgesellschaften auf Anforderung dem Bundeszentralamts für Steuern die Richtigkeit der bekannt gemachten Angaben innerhalb einer Frist von drei Monaten vollständig nachzuweisen.[38]

3. Ertragsteuerliche Behandlung bei nicht ordnungsgemäßer Bekanntmachung der Besteuerungsgrundlagen

Wenn die ausländische Investmentgesellschaft die Besteuerungsgrundlagen nicht oder nur unvollständig bekannt macht, ist eine **pauschale Ermittlung der Besteuerungsgrundlagen** vorgesehen.[39] Dabei werden beim privaten Kapitalanleger

- die tatsächliche erfolgten Ausschüttungen,
- der Zwischengewinn, sowie zusätzlich
- 70 v. H. des Wertzuwachses der Anteile am ausländischen Investmentvermögen

steuerlich erfasst.

Der **Wertzuwachs** der Anteile am ausländischen Investmentvermögen ermittelt sich in diesem Fall als der Mehrbetrag des letzten im Kalenderjahr festgesetzten Rücknahmepreises zum ersten im Kalenderjahr festgesetzten Rücknahmepreis.[40] Er beträgt mindestens 6 v. H. des letzten im Kalenderjahr festgesetzten Rücknahmepreises.[41] Der Mehrbetrag in Höhe von 70 v. H. der Differenz zwischen dem letzten und dem ersten Rücknahmepreis im Kalenderjahr bzw. der

---

[35] § 5 Abs. 1 Satz 1 Nr. 3 InvStG. Siehe zu den Billigkeitsregeln, die beim Überschreiten der Veröffentlichungsfrist eingreifen können: BMF Schreiben v. 4. 12. 2007, DStR 2008, 255; *Mertes/Hackemann*, DStR 2008, 2407.

[36] Da die weitergehenden Bekanntgabeverpflichtungen nur für ausländische Investmentgesellschaften gelten, wird darin in der Literatur innerhalb der EU bzw. des EWR ein Verstoß gegen Europarecht gesehen, vgl. *Bödecker/Binger*, IWB F. 3a, Gr. 1, 1121 (1125).

[37] § 5 Abs. 1 Satz 1 Nr. 4 InvStG.

[38] § 5 Abs. 1 Satz 1 Nr. 5 InvStG.

[39] Die vor der Einführung des InvStG in § 18 Abs. 3 Sätze 1 bis 4 AuslInvestmG geregelte Pauschalbesteuerung wurde vom BFH mit Urteil vom 18. 11. 2008, VIII R 24/07, BFH/NV 2009, 731 als Verstoß gegen die europarechtliche Kapitalverkehrsfreiheit gesehen, da sie Anleger, die Anteile an einem ausländischen Fonds halten, gegenüber Anlegern diskriminieren, die Anteile an einem inländischen Fonds besitzen. Vgl. dazu *Bödecker/Binger*, IWB F. 3a, Gr. 1, 1121 (1124).

[40] Zum Umfang des Rücknahmepreises: BMF Schreiben v. 2.6.2005, a. a. O. (Fn. 9), Rz. 129.

[41] Bei fehlender Bekanntmachung des Rücknahmepreises tritt an dessen Stelle der Börsen- oder Marktpreis der Anteile.

Mindestmehrbetrag in Höhe von 6 v. H. des letzten im Kalenderjahr festgesetzten Rücknahmepreises gilt mit Ablauf des jeweiligen Kalenderjahres als ausgeschüttet sowie zugeflossen.[42] Er zählt beim privatem Kapitalanleger zu den Einkünften aus Kapitalvermögen gem. § 20 Abs. 1 Nr. 1 EStG.

III. Ertragsteuerliche Behandlung der Veräußerung bzw. Rückgabe von Anteilen an ausländischen Investmentfonds

Die ertragsteuerliche Behandlung der Veräußerung eines Anteils an einem ausländischem Investmentfonds bzw. dessen Rückgabe an die Fondgesellschaft durch einen inländischen Privatanleger entspricht grundsätzlich der Besteuerung der Veräußerung bzw. Rückgabe eines entsprechenden Anteils an einem von einer Kapitalanlagegesellschaft aufgelegten inländischen Investmentfonds.

Dabei besteht Bestandsschutz für sog. „**Alt-Anteile**", die ein Privatanleger vor dem 1.1.2009 erworben hat.[43] In diesen Fällen ist die Vereinnahmung eines Veräußerungs- bzw. Rückgabegewinns steuerfrei, wenn zwischen dem Zeitpunkt des Anteilserwerbs und dem Zeitpunkt der Veräußerung bzw. Rückgabe **mindestens ein Jahr** liegt.

Wenn diese Voraussetzungen nicht vorliegen, muss im Falle einer Veräußerung bzw. Rückgabe von Anteilen an ausländischen Investmentanteilen zwischen einem Zwischengewinn und einem den Zwischengewinn übersteigenden Veräußerungsgewinn differenziert werden:

▶ Da der beim Erwerb eines Fondsanteils gezahlte **Zwischengewinn** als negative Einnahme aus Kapitalvermögen behandelt wird, erhöht ein bei einer Rückgabe oder bei der Veräußerung des Fondsanteils im Rücknahmebetrag oder Veräußerungserlös enthaltene Zwischengewinn die vom privaten Kapitalanleger zu versteuernden Einkünfte aus den Investmentanteilen.[44]

Die Investmentgesellschaft ist dazu verpflichtet, bewertungstäglich den in einem ausländischen Fondsvermögen enthaltenen Zwischengewinn zu ermitteln und zusammen mit dem Rücknahmepreis zu veröffentlichen. Wenn die Fondsgesellschaft dieser Veröffentlichungspflicht nicht nachkommt, ist für die Ermittlung der steuerlichen Bemessungsgrundlage als Zwischengewinn ein Ersatzwert in Höhe von 6 v. H. des Entgelts für die Rückgabe oder Veräußerung des Investmentanteils heranzuziehen.[45]

Der bei der Veräußerung oder Rückgabe von Anteilen an einem ausländischen Investmentfonds im Veräußerungs- zw. Rücknahmepreis enthaltene Zwischengewinn wird beim inländischen Privatanleger im Rahmen der Einkünfte aus Kapitalvermögen erfasst.[46] Die Besteuerung des Zwischengewinns erfolgt unabhängig von der Haltedauer der Investmentanteile. Der Zwischengewinn unterliegt der Kapitalertragsteuer (Abgeltungssteuer).[47] In Fällen eines negativen Zwischengewinns ist dem Anteilsscheininhaber ein Zwischengewinn in Höhe von

---

[42] § 6 InvStG.

[43] § 18 Abs. 2 Satz 2 InvStG. Dies gilt nach § 18 Abs. 2a InvStG jedoch nicht für sog. ausländische „Spezial-Investmentvermögen", bei denen die Beteiligung von der Sachkunde des Anlegers abhängt oder eine Mindestanlagesumme von 100.000 EUR vorgeschrieben ist und deren Anteile nach dem 9.11.2007 und vor dem 1.1.2009 erworben wurden.

[44] § 2 Abs. 1 Satz 5 InvStG. Eine Ausnahme hiervon besteht für Sondervermögen bzw. Dachsondervermögen mit zusätzlichen Risiken i. S. der §§ 112 und 113 InvG.

[45] § 5 Abs. 3 InvStG.

[46] § 20 Abs. 1 Nr. 7, Abs. 2 EStG.

[47] § 7 Abs. 1 Satz 1 Nr. 4 InvStG .

Null zuzurechnen. Bei Erwerb von Investmentanteilen mit positivem Zwischengewinn ist dieser als negative Einnahme aus Kapitalvermögen zu berücksichtigen.[48]

- Bei der Veräußerung oder Rückgabe von **bis zum 31. 12. 2008** erworbenen Anteilen an ausländischen Investmentfonds, die im Privatvermögen gehalten werden und bei denen der **Gewinn den Zwischengewinn übersteigt**, unterliegt der übersteigende Betrag der Einkommensteuer, wenn zwischen Erwerb und Veräußerung der Anteile **weniger als ein Jahr** liegt.[49] Ebenfalls steuerpflichtig sind Veräußerungsgeschäfte im Rahmen von Leerverkäufen von Investmentanteilen, bei denen die Veräußerung der Anteile früher erfolgt als der Erwerb.[50] Keine steuerpflichtigen Veräußerungsgewinne liegen demgegenüber in Fällen ausschüttungsgleicher Erträge vor, die bereits in der Vergangenheit der Besteuerung unterlegen haben.[51]

  Unabhängig vom Umfang der Beteiligung ist eine Anwendung von § 17 EStG bei im Privatvermögen gehaltenen Anteilen an einem ausländischen Investmentfonds ausgeschlossen. Darüber hinaus ist bei Veräußerungsgewinne aus Anteilen an ausländischen Investmentfonds das Teileinkünfteverfahren des § 3 Nr. 40 EStG nicht anwendbar.[52]

- Den **Zwischengewinn übersteigende Gewinne** aus der Veräußerung oder Rückgabe von Anteilen an ausländischen Investmentfonds, die **nach dem 31. 12. 2008** erworben wurden, gehören zu den Einkünften aus Kapitalvermögen i. S. von § 20 Abs. 2 Satz 1 Nr. 1 EStG i. V. m. §§ 8 Abs 5, 18 Abs. 2 Satz 2 InvStG. Aus diesem Grunde unterliegen die den Zwischengewinn übersteigenden Gewinne – unabhängig von der Haltedauer der Anteile – der der Abgeltungssteuer.[53] Die bisherige Steuerfreiheit für Gewinne aus der Veräußerung oder Rückgabe von Anteilen an ausländischen Investmentfonds nach Ablauf der einjährigen Haltefrist ist somit entfallen.

Die steuerliche Bemessungsgrundlage für den Gewinn aus der Veräußerung bzw. Rückgabe von nach dem 31. 12. 2008 erworbenen Anteilen an ausländischen Investmentfonds wird auf der Grundlage des um die Anschaffungskosten und die Veräußerungsnebenkosten gekürzten Veräußerungs- bzw. Rückgabepreises ermittelt.[54] Darauf aufbauend bestehen folgende investmentsteuerliche Besonderheiten:

- Bereinigung der Anschaffungskosten um den beim Anteilserwerb gezahlten Zwischengewinn;
- Bereinigung des Veräußerungserlöses um den bei Veräußerung oder Rückgabe erhaltenen Zwischengewinn;[55]
- Verringerung des Veräußerungsgewinns um die darin enthaltenen ausschüttungsgleichen Erträge, die während der Besitzzeit bereits als beim Anleger besteuert wurden;[56]
- Erhöhung des Veräußerungsgewinns um die darin enthaltenen ausschüttungsgleichen Erträge, die während der Besitzzeit an den Anleger ausgeschüttet wurden;[57]

---

[48] Vgl. BMF Schreiben v. 2. 6. 2005, a. a. O. (Fn. 9), Rz. 21.
[49] § 23 Abs. 1 Satz 1 Nr. 2 EStG i. V. mit §§ 8 Abs 5 a. F., 18 Abs. 2 Satz 2 InvStG.
[50] § 23 Abs. 1 Satz 1 Nr. 3 EStG.
[51] Vgl. *Carlé*, DStZ 2004, 77.
[52] § 8 Abs. 5, 2. Halbs. InvStG.
[53] § 32d EStG.
[54] § 20 Abs. 4 Satz 1 EStG.
[55] § 8 Abs. 5 Satz 2 InvStG.
[56] § 8 Abs. 5 Satz 3 InvStG.

- Erhöhung des Veräußerungsgewinns um die während der Besitzzeit ausgeschütteten Altgewinne nach § 18 Abs. 1 Satz 2 InvStG;[58]
- Erhöhung des Veräußerungsgewinns um Kapitalertragsteuer, die vom Fonds für den Anleger gezahlt wurde;
- Erhöhung des Veräußerungsgewinns um Vermögenssubstanz, die vom Fonds an den Anleger ausgekehrt wurde;[59]
- Verringerung des Veräußerungsgewinns um darin enthaltene Anschaffungskosten und Veräußerungserlöse, die die Investmentgesellschaft für den jeweiligen Stichtag zur Ermittlung des positiven Aktien- bzw. Immobiliengewinns veröffentlicht hat.[60]

Eine Besonderheit muss bei der Ermittlung der steuerliche Bemessungsgrundlage für den Gewinn aus der Veräußerung bzw. Rückgabe von im Privatvermögen gehaltenen Anteilen an einem ausländischen Investmentfonds beachtet werden, wenn diese in einem Wertpapierdeport girosammelverwahrt werden und zu unterschiedlichen Zeitpunkten angeschafft wurden. Aufgrund einer Verwendungsfiktion gilt in diesem Fall der zuerst angeschaffte Anteil als zuerst veräußert.[61]

IV. Quellensteuern

Bei Ausschüttungen eines ausländischen Investmentvermögens an den inländischen Anteilseigner können sowohl im ausländischen Staat (Quellenstaat) als auch im Inland Quellensteuern einbehalten werden. Die praktische Durchführung der Quellenbesteuerung ist aber daran gebunden, dass im jeweiligen Staat eine Zahlstelle (Bank etc.) dazu verpflichtet werden kann, die Steuer tatsächlich einzubehalten. Im Ergebnis wird deshalb eine Quellensteuer nur in dem Staat erhoben werden, in dem sich **Sitz der auszahlenden Stelle** befindet. Deshalb muss bei der Behandlung von Quellensteuern zwischen ausländischer und inländischer Quellensteuer unterschieden werden.

1. Ausländische Quellensteuern

Sofern die Auszahlung von Ausschüttungen eines ausländischen Investmentfonds an einen inländischen Privatanleger über eine **ausländische Zahlstelle** erfolgt, muss der Steuerpflichtige die entsprechenden Erträge in Deutschland grundsätzlich im Rahmen des **Veranlagungsverfahrens** erklären.

Sofern in den ausgeschütteten oder ausschüttungsgleichen Erträgen ausländischer Investmentvermögen Erträge enthalten sind, die aus Staaten stammen, mit denen kein DBA besteht bzw. in einem bestehenden DBA vorgesehen ist, dass die Vermeidung der Doppelbesteuerung durch die Anwendung der Anrechnungsmethode erfolgt, wird eine festgesetzte, gezahlte und keinem Ermäßigungsanspruch mehr unterliegende ausländische Quellensteuer beim uneingeschränkt steuerpflichtigen Anteilsinhaber auf seine deutsche Einkommensteuer **angerechnet**.[62] Ebenfalls anrechenbar sind solche ausländische Quellensteuern, die im Sitzstaat eines ausländischen

---

[57] § 8 Abs. 5 Satz 4 InvStG.
[58] § 8 Abs. 5 Satz 5 InvStG.
[59] Vgl. *Feyerabend/Vollmer*, BB 2008, 1088 (1094).
[60] § 8 Abs. 5 Satz 5 InvStG.
[61] § 20 Abs. 4 Satz 6 EStG.
[62] § 4 Abs. 2 Satz 1 InvStG, § 34c Abs. 1 EStG.

Investmentvermögens erhoben werden.[63] Sofern die Erträge ausländischer Investmentvermögen inländische Einkünfte enthalten, sind die sich darauf beziehenden deutschen Ertragsteuern beim inländischen Anleger entsprechend anrechenbar. In diesen Fällen erfolgt die Qualifikation der enthaltenen inländischen Einkünfte als ausländische Einkünfte und die Qualifikation der inländischen Steuer als ausländische Steuer.[64] Ebenfalls anrechenbar ist zudem eine ggfs. im entsprechenden DBA vorgesehene fiktive ausländische Quellensteuer.[65]

Dabei ist der berücksichtigungsfähige Betrag der anrechenbaren ausländischen Steuer bei einem privaten Kapitalanleger auf den Teil der deutschen Steuer eingeschränkt, die auf die entsprechenden in Deutschland steuerpflichtigen Bestandteile der Erträge entfällt. Darüber hinaus sind als Obergrenze für die anzurechnende ausländische Steuer 25 v. H. des Kapitalertrags vorgesehen.[66] Bei der Berechnung des jeweiligen Höchstbetrags ist auf das jeweilige Investmentvermögen abzustellen und der Höchstbetrag für ausgeschüttete sowie ausschüttungsgleiche Erträge zusammengefasst zu ermitteln.[67]

Bei der Anwendung eines DBA werden die Einkünfte aus einem ausländischen Investmentvermögen regelmäßig wie Dividenden behandelt.[68] Für die Besteuerung auf der Ebene des nationalen deutschen Steuerrechts ist aufgrund des Transparenzprinzips ggfs. wieder eine Aufspaltung des Ausschüttungsbetrages in seine Bestandteile erforderlich, da diese nur insoweit der Besteuerung unterliegen, als dies bei einem unmittelbaren Bezug des Ausschüttungsbetrags durch den inländischen Kapitalanleger der Fall wäre. Nach den Vorschriften der von Deutschland geschlossenen Abkommen ist häufig eine betraglich begrenzte Quellenbesteuerung vorgesehen, die üblicherweise 15 v. H. der Erträge nicht überschreiten darf. Dabei erfolgt im ausländischen regelmäßig der Abzug der Quellenstaat in voller Höhe. Ein über 15 v. H. hinausgehender Teil wird anschließend in einen im DBA festgelegten Verfahren wieder erstattet. Besteht aufgrund eines DBAs ein Anspruch auf Erstattung des über 15 v. H. hinausgehenden Steuereinbehaltes, ist die Anrechnung der Abzugsteuer für den Steuerpflichtigen in Deutschland nicht möglich. Wenn vom Steuerpflichtigen die Erstattung der ausländischen Quellensteuer geltend gemacht wurde, ist der Erstattungsbetrag zur Vermeidung einer doppelten steuerlichen Erfassung beim Inhaber des Anteils am ausländischen Investmentfonds aus der steuerlichen Bemessungsgrundlage auszuscheiden, da dieser bereits im Rahmen der Ermittlung der ausländischen Nettoerträge als Bestandteil der steuerpflichtigen Einkünfte berücksichtigt wurde. Eine Anrechnungsmöglichkeit besteht deshalb nur in Höhe der Beträge, die die abkommensrechtliche Begrenzung der Dividendenbesteuerung von 15 v. H. nicht übersteigen und die insofern vom Quellenstaat nicht erstattet werden müssen.

Neben der Anrechnung besteht beim Anleger die Möglichkeit, die einbehaltenen ausländischen Abzugssteuer bei der deutschen Steuerveranlagung auf Antrag im Rahmen der Ermittlung der

---

[63] § 4 Abs. 2 Satz 5 InvStG.
[64] § 4 Abs. 2 Satz 7 InvStG.
[65] § 4 Abs. 3 Satz 8 InvStG i. V. mit 32d Abs.5 Satz 2 EStG. Zu denVertragsstaaten, die mit der Bundesrepublik Deutschland ein DBA, das die Anrechnung fiktiver Steuern vorsieht abgeschlossen haben: *Jacob/Geese/Ebner*, Handbuch für die Besteuerung von Fondsvermögen, 345; OFD Nürnberg v. 26.8.2004, S 1300-247/St 32 mit Aktualisierungen.
[66] §§ 4 Abs. 2 Satz 8, 7 Abs. 1 Satz 3 InvStG, 32d Abs. 5, 43a Abs. 3 Satz 1 EStG.
[67] § 4 Abs. 2 Satz 3 InvStG.
[68] In diesem Fall ist die abkommensrechtliche Dividendenvorschrift auf den gesamten Ausschüttungsbetrag anzuwenden, vgl. *Grützner* in: Gosch/Kloppen/Grotherr, DBA-Kommentar, Teil 2, Art. 10 OECD-MA, Rn. 26ff.

Einkünfte **abzuziehen**.[69] Daraus können sich für den Steuerpflichtigen insbesondere dann steuerlich vorteilhafte Effekte ergeben, wenn dieser in einem Veranlagungszeitraum kein zu versteuerndes Einkommen hat und sich demzufolge eine Anrechnung der ausländischen Steuerbeträge nicht auswirken könnte. In diesem Fall führen die ausländischen Abzugsteuern gegebenenfalls zu einem nach § 10d EStG zu behandelnden Verlust.

Wenn die im Ausland erhobenen, beim inländischen Anteilseigner anrechenbaren oder abzugsfähigen Quellensteuern bereits auf der Ebene des ausländischen Investmentfonds als Werbungskosten erfasst werden, ist die Anrechnung oder der Abzug dieser Steuern auf der Ebene des inländischen Anlegers nicht mehr möglich.[70]

Weder eine Anrechnung noch ein Abzug ist in Fällen ausländischer Steuern vorgesehen, die auf solche ausländischen Einkünfte entfallen, die im Inland aufgrund eines DBA vom Anleger aufgrund der **Freistellungsmethode** steuerfrei[71] vereinnahmt werden können.[72]

Zur Anrechnung oder Abzug von im ausländischen Staat einbehaltenen Abzugs- und Zuflusssteuern bzw. für deren ggf. möglichen Abzug vom Gesamtbetrag der Einkünfte muss der inländische Steuerpflichtige **Nachweise** über die Höhe der ausländischen Einkünfte und über den ausländischen Steuereinbehalt erbringen. Dieser Nachweis hat grundsätzlich in **deutscher Sprache** zu erfolgen, so dass von den Finanzbehörden eine beglaubigte Übersetzung der entsprechenden Unterlagen verlangt werden kann.

2. Inländische Kapitalertragsteuer – Abgeltungssteuer

Bei Erträgen aus einem ausländischen Investmentfonds, die ein in Inland ansässiger Privatinvestor über eine inländische Zahlstelle erhält, hat die inländische Zahlstelle einen Kapitalertragsteuereinbehalt in Höhe von 25 v. H. (zuzüglich 5,5 v. H. SolZ und ggfs. Kirchensteuer hierauf) vorzunehmen, sofern die Erträge nicht steuerfrei sind. Der Kapitalertragsteuereinbehalt hat beim Privatanleger grundsätzlich abgeltende Wirkung (Abgeltungssteuer).[73]

Bezüglich der Durchführung des Kapitalsteuereinbehalts durch eine inländische Zahlstelle muss zwischen ausgeschütteten Erträgen, ausschüttungsgleichen Erträgen, Zwischengewinnen, Ausschüttungen, die der Pauschalbesteuerung gem. § 6 InvStG unterliegen, sowie Gewinnen, die im Rahmen der Veräußerung bzw. Rückgabe von Anteilen an einem ausländischen Investmentfonds über eine inländische Zahlstelle erzielt werden, unterschieden werden:

a) Ausgeschüttete Erträge

Bei **ausgeschütteten Erträgen** auf Anteile an einem ausländischen Investmentfonds ist ein Kapitalertragsteuerabzug an der Quelle einzubehalten. Dies gilt seit dem 1. 1. 2009 auch für in den ausgeschütteten Erträgen enthaltene ausländische Dividendenerträge.[74] Bemessungsgrundlage ist hierbei der bei Rückgabe ermittelte Zwischengewinn sowie die nach dem 31. 12. 1993 zugeflossenen Erträge, die noch nicht dem Steuerabzug unterlegen haben.[75] Ein Kapitalertragsteuerabzug erfolgt – vorbehaltlich der in § 18 Abs. 1 Satz 2 InvStG enthaltenen **Übergangsregelung für Alt-Veräußerungsgewinne** – seit dem 1. 1. 2009 auch für ausgeschüttete Gewinne

---

[69] § 4 Abs. 2 Satz 4 InvStG, § 34c Abs. 2 EStG.
[70] § 4 Abs. 4 InvStG.
[71] § 2 Abs. 2 und 3 oder § 4 Abs. 1 Satz 1 InvStG.
[72] § 4 Abs. 3 InvStG.
[73] §§ 43 Abs. 5 Satz 1 i. V. mit § 44a Abs. 1 Satz 1 Nr. 1 EStG.
[74] Vgl. *Helios/Link*; DStR 2008, 391 ff.
[75] Vgl. hierzu insbes. *Wellisch/Quast/Lenz*, BB 2008, 490 ff.; *Ebner*, NWB 2009, 203 ff.

aus der Veräußerung von Wertpapieren und Bezugsrechten auf Anteile an Kapitalgesellschaften sowie aus Termingeschäften. Dabei muss der Steuerabzug durch die inländische Zahlstelle bei ausgeschütteten ausländischen Dividenden unter Berücksichtigung einer u. a. darauf bereits im Ausland entrichteten Quellensteuer erfolgen.[76]

Sofern von der ausländischen Investmentgesellschaft die in § 5 Abs. 1 InvStG festgelegten Bekanntgabepflichten erfüllt werden, sind verschiedene Ausnahmen von der Verpflichtung zum Quellensteuereinbehalt durch eine inländische Zahlstelle vorgesehen. Diese Ausnahmen gelten insbesondere für in den ausgeschütteten Erträgen des ausländischen Investmentfonds enthaltenen inländischen Dividenden und für Altveräußerungsgewinne.[77] Ebenfalls keine Kapitalertragsteuer ist einzubehalten, soweit in den ausgeschütteten Erträgen Bestandteile enthalten sind, die gem. § 4 Abs. 1 InvStG aufgrund eines DBA von der deutschen Besteuerung freigestellt sind.

b) Ausschüttungsgleiche Erträge

Abweichend von ausgeschütteten Erträgen, bei denen ein tatsächlicher Zufluss an den Anleger stattfindet, handelt es sich bei ausschüttungsgleichen Erträgen um thesaurierte Erträge. Da Deutschland hinsichtlich der in einem ausländischen Fondsvermögen auflaufenden ausschüttungsgleichen Erträge kein Besteuerungsrecht hat, unterliegen diese dem deutschen Quellensteuereinbehalt erst in dem Zeitpunkt, in dem der inländische Privatanleger die entsprechenden Erträge im Rahmen einer Anteilsrückgabe oder Anteilsveräußerung über ein inländisches Kreditinstitut realisiert.[78]

c) Zwischengewinn

Bei einem in den Ausschüttungen enthaltenen Zwischengewinn hat eine inländische Zahlstelle ebenfalls einen Kaptalertragsteuereinbehalt vorzunehmen.[79]

d) Pauschalbesteuerung gem. § 6 InvStG

Sofern der ausländische Fonds mangels Erfüllung der in § 5 Abs. 1 InvStG festgelegten Bekanntgabepflichten der Pauschalbesteuerung gem. § 6 InvStG unterliegt, hat auf Ausschüttungen durch eine inländische Zahlstelle ein uneingeschränkter Kapitalertragsteuereinbehalt zu erfolgen. Der anteilige Mehrbetrag ist dabei allerdings nicht in die Bemessungsgrundlage für den Steuereinbehalt einzubeziehen.[80]

e) Veräußerung bzw. Rückgabe von Anteilen

Bei Einnahmen, die ein inländischer privater Kapitalanleger bei der Veräußerung bzw. Rückgabe von Anteilen an einem ausländischen Investmentfonds erzielt, hat eine inländische Zahlstelle ebenfalls einen Steuerabzug vorzunehmen.[81] Die Bemessungsgrundlage ist dabei der nach § 8 Abs. 5 InvStG ermittelte Gewinn.

Die von einer inländischen Zahlstelle für einen Privatinvestor, der Anteile an einem ausländischen Investmentfonds hält, einbehaltene Kapitalertragsteuer hat grundsätzlich **Abgeltungs-**

---

[76] §§ 43a Abs. 5 i. V. mit 34d Abs. 5 EStG.
[77] § 7 Abs. 1 Satz 1 Nr. 1 InvStG.
[78] § 7 Abs. 1 Satz 1 Nr. 3 InvStG.
[79] § 7 Abs. 1 Satz 1 Nr. 4 InvStG.
[80] Vgl. BMF Schreiben v. 2.6.2005, a. a. O. (Fn. 9), Rz. 138.
[81] § 8 Abs. 6 Satz 1 InvStG.

wirkung. Allerdings hat eine **Veranlagung** zu erfolgen, wenn der Anleger an einem ausländischen Investmentfonds beteiligt ist, der **auf Fondsebene Erträge thesauriert**.[82]

V. Hinzurechnungsbesteuerung nach dem AStG

Bei der Beteiligung eines inländischen privaten Kapitalanlegers an einem ausländischen Investmentfonds müssen stets auch mögliche Auswirkungen aufgrund der Vorschriften des Außensteuergesetzes (AStG) über die Hinzurechnungsbesteuerung[83] geprüft werden. Deren Anwendbarkeit hängt von der Struktur der ausländischen Investmentgesellschaft ab.

Dabei sind die Normierungen des InvStG sind gegenüber den Regelungen der §§ 7 ff. AStG jedoch vorrangig anzuwenden. Dies gilt jedoch nicht in Fällen, in denen Ausschüttungen oder ausschüttungsgleiche Erträge nach einem DBA in Deutschland von der Steuerbemessungsgrundlage auszunehmen wären.[84]

D. Bedeutung für die internationale Steuerplanung

Im Rahmen der Internationalen Steuerplanung sind die im InvStG enthaltenen Regelungen für die steuerliche Behandlung von Beteiligungen an ausländischen Investmentfonds für private Kapitalanleger von erheblicher Bedeutung. Deren Anwendung war jedoch bereits in der Vergangenheit von einer erheblichen Komplexität geprägt. Diese hat durch die im Rahmen der Einführung der Abgeltungssteuer erforderlichen Anpassungen des InvStG weiter zugenommen.

Insbesondere sollte ein privater Kapitalanleger bereits vor dem Erwerb von Anteilen an einem ausländischen Investmentfonds prüfen, ob dieser ggfs. der Pauschalbesteuerung nach § 6 InvStG unterliegt.

---

[82] Vgl. *Feyerabend/Vollmer*, BB 2008, 1088 (1096).
[83] §§ 7-14 AStG.
[84] § 7 Abs. 7 AStG.

3. Anteile an ausländischen Sondervermögen, aber keine ausländischen Investmentanteile: Steuerfolgen für inländische Anleger?

von Alexander Hagen, Rechtsanwalt/Steuerberater und
Dr. Heike Weber, Rechtsanwältin/Steuerberaterin[*]

Inhaltsübersicht

A. Hintergrund der Fragestellung
B. Ausländischer Investmentanteil
  I. Ergänzung des Begriffs des ausländischen Investmentanteils
  II. Ausländische Investmentvermögen nach § 2 Abs. 8 InvG
  III. Ausländische Investmentanteile nach § 2 Abs. 9 InvG
  IV. Auslegung durch Finanzaufsicht und Finanzverwaltung
  V. Folgen der geänderten Rechtslage und Interpretation durch Finanzaufsicht und Finanzverwaltung insbesondere für Anteile an ausländischen Sondervermögen
C. Folgen eines Nichteingreifens des InvG/InvStG
  I. Vergleichbarkeit des ausländischen Vermögens mit einem inländischen Sondervermögen
  II. Steuerliche Konsequenzen der Einstufung ausländischer Sondervermögen als intransparente/transparente Vermögen
D. Lösungsansatz bei Nichtanwendbarkeit des InvStG auf Anteile an ausländischen Sondervermögen
E. Ausblick: Forderung an den Gesetzgeber

Literatur:

Baur, Investmentgesetze, 2. Aufl., Berlin/New York 1997; **Beckmann, K./Scholtz, R.-D./Vollmer, L.,** Investment – Handbuch für das gesamte Investmentwesen, Loseblattsammlung (Stand: November 2009), Berlin; **Blümich,** EStG/KStG/GewStG/Nebengesetze, Loseblattsammlung (Stand: Mai 2009), München; **Bordewin, A./Brandt, J./Adamek, R.,** Einkommensteuergesetz, Loseblattsammlung (Stand: Oktober 2009), Heidelberg; **Brinkhaus, J./Scherer P.,** Gesetz über Kapitalanlagegesellschaften/Auslandinvestment-Gesetz, München 2003; **Dötsch, E./Jost, W./Pung, A./Witt, G.,** Die Körperschaftsteuer, Loseblattsammlung (Stand: Oktober 2009), Stuttgart; **ERNST&YOUNG/BDI,** Die Unternehmensteuerreform 2008, Bonn 2007; **Flick/Wassermeyer, F./Baumhoff, H.,** Außensteuerrecht, Loseblattsammlung (Stand: Mai 2009), Köln; **Frotscher, G./Maas; E.,** KStG/UmwStG, Loseblattsammlung (Stand: August 2009), Freiburg; **Gemmel, H./Miske, D.,** BaFin erläutert Änderung des Begriffs „ausländische Investmentanteile", NWB 2009, S. 1418 ff.; **Grotherr, S./Herfort, C./Strunk, K.,** Internationales Steuerrecht, 2. Aufl., Achim 2003; **Haase, F.,** Zweifelsfragen im Anwendungsbereich von § 1 Abs. 1 Nr. 2 InvStG, DStR 2009, S. 957 f.; **Habammer, Ch.,** Der ausländische Trust im deutschen Ertrag- und Erbschaft/Schenkungsteuerrecht, DStR 2002, S. 425 ff.; **Häusermann, R./Rengier, Ch.,** Die InvStG-Ausnahme des § 50d Abs. 3 EStG: Fortgeltung des materiellen Investmentbegriffs für Immobilienfonds, IStR 2008, S. 679 ff.; **Haisch, M./Bind E.,** Anteilsbesitz von Finanzunternehmen – Geklärte und offene Anwendungsfragen bei § 8b Abs. 7 Satz 2 KStG, Ubg 2009, S. 680 ff.; **Helios, M./Schmies, Ch.,** Ausländische Investmentanteile i. S. d. § 2 Abs. 9 InvG, BB 2009, S. 1100 ff.; **Hey, J.,** Hinzurechnungsbesteuerung bei ausländischen Familienstiftungen gemäß § 15 AStG i. d. F. des JStG 2009 – europa- und verfassungswidrig!, IStR 2009, S. 181 ff.; **Hils, M.,** Fragen zu § 8b KStG bei betrieblichen Fondsanlegern, DB 2009, S. 1151 ff.; **Jacobs, O.,** Internationale Unternehmensbesteuerung, 6. Aufl., München 2007; **Jung, F.,** Die Besteuerung des Sondervermögens und der Anteilinhaber nach dem Gesetz über Kapitalanlagegesellschaften, WM 1957, Sonderbeilage IV, S. 29 ff.; **Kirchhof, P./Söhn, H./Mellinghof, R.,** Einkommensteuergesetz, Loseblattsammlung (Stand: September 2009), Heidelberg; **Klein, F.,** Abgabenordnung, 10. Aufl., München 2009; **Korn, K.,** EStG, Loseblattsammlung (Stand: September 2009), Bonn; **Kraft, G.,** AStG, München 2009; **Krause, M./Litten, R.,** Strukturierte Absolute-Return-Produkte ohne Emittentenrisiko, Absolutreport 2009, S. 48 ff.; **Littmann, E./Bitz, H./Pust, H.,** Einkommensteuergesetz u. a., Loseblattsammlung (Stand: Mitte November 2009), Stuttgart; **Michel, B./Hernler, D.,** Rechtsverhältnisse zwischen Arbeitgeber und Arbeitnehmer – Einkünftequalifizierung insbesondere im Hinblick auf Management-

---

[*] Alexander Hagen und Dr. Heike Weber sind für Allen & Overy LLP am Standort Frankfurt am Main tätig.

Investments, BB 2009, S. 193 ff.; **Obermann, A./Brill, M./Heeren, S.**, Konsolidierungen in der Fondsindustrie – Eine Untersuchung der aufsichtsrechtlichen und steuerrechtlichen Behandlung der Verschmelzung von inländischen Sondervermögen und Investmentaktiengesellschaften, DStZ 2009, S. 152 ff.; **Pahlke, A./Koenig, U.**, Abgabenordnung, München 2004; **Ratjen, K.**, Der US-amerikanische Discretionary Trust im deutschen Steuerrecht, DB 1982, S. 1793 ff.; **Schmitt, B./Krause, H.**, Anmerkung zum BMF-Schreiben vom 22.10.2008, DStR 2008, S. 2217 ff.; **Sorgenfrei, U.**, Steuerlicher Transparenzgrundsatz und DBA-Berechtigung deutscher offener Immobilienfonds, IStR 1994, S. 465 ff.; **Steinmüller, J.**, Ausländische Hedgefonds und Private Equity-Pools im Investmentsteuerrecht, Aachen 2005; *ders.*; Die gewerbesteuerliche Hinzurechnung von Streubesitzdividenden aus einem Investmentvermögen, DStR 2008, S. 1564 ff.; **Süß, S./Mayer, S.**, Zweifelsfragen im Anwendungsbereich des InvStG – Erwiderung zu Haase, DStR 2009, S. 957 ff., DStR 2009, S. 1741 ff.; **Tipke, K./Kruse, H.**, Abgabenordnung/Finanzgerichtsordnung, Loseblattsammlung (Stand: Oktober 2009), Köln; **Wassermeyer, F.**, Einkommenszurechnung nach § 15 AStG, IStR 2009, S. 191 ff.; **Wienbracke, M.**, Die ertragsteuerliche Behandlung von trusts nach nationalem und nach DBA-Recht, RIW 2007, S. 201 ff.

A. Hintergrund der Fragestellung

Im Rahmen des Gesetzes zur Änderung des Investmentgesetzes und zur Anpassung anderer Vorschriften (Investmentänderungsgesetz - InvÄndG),[1] das am 28. Dezember 2007 in Kraft getreten ist, hat der Gesetzgeber den Begriff des ausländischen Investmentanteils nach § 2 Abs. 9 Investmentgesetz (InvG) um weitere Voraussetzungen ergänzt.

Ziel des Gesetzgebers war es, den bis dahin geltenden materiellen ausländischen Investmentbegriff des InvG, der im Rahmen des Investmentmodernisierungsgesetzes aus dem Auslandinvestmentgesetz nahezu wortgleich übernommen wurde,[2] formeller auszugestalten. Auf diese Weise sollten bereits unter dem Auslandinvestmentgesetz bestehende Rechtsunsicherheiten hinsichtlich des Anwendungsbereiches der aufsichtsrechtlichen und steuerrechtlichen Regelungen des deutschen Investmentrechts beseitigt werden, die durch den weiten materiellen ausländischen Investmentbegriff entstanden waren und die sich unter Geltung des InvG fortgesetzt hatten.[3]

Die Definitionen des ausländischen Investmentvermögens und des ausländischen Investmentanteils sind zwar seit Verabschiedung des Investmentmodernisierungsgesetzes im InvG geregelt.[4] Diese im InvG enthaltenen Regelungen wirken sich aber ebenfalls auf die steuerliche Einordnung ausländischer Vermögen und die Besteuerung ihrer in Deutschland steuerpflichtigen Investoren aus, da sich das Investmentsteuergesetz (InvStG) für die Frage seines Anwendungsbereichs unmittelbar auf die im InvG enthaltenen Definitionen bezieht (§ 1 Abs. 1 Nr. 2 InvStG).

Die durch das InvÄndG erfolgte formellere Ausgestaltung des Begriffs des ausländischen Investmentanteils ist auch im Zusammenhang mit der Einführung der seit dem 1. Januar 2009 geltenden Abgeltungsteuer und dem Wunsch der inländischen Depotbanken nach klaren Vorgaben zu deren Umsetzung zu sehen. Die Besteuerung von inländischen Privatanlegern erfolgt unter dem Abgeltungsteuerregime im Wesentlichen bereits auf Ebene der Depotbank bzw. (in bestimmten Fällen) durch den Schuldner im Wege eines "Kapitalertragsteuerabzugs an der

---

[1] BGBl. I 2007, S. 3089 ff.

[2] Im Rahmen der Einführung des Investmentmodernisierungsgesetzes war vom Gesetzgeber bereits die Einführung eines formellen ausländischen Investmentbegriffs angedacht. Dieses Vorhaben wurde allerdings unbefristet auf einen späteren Zeitpunkt, die Einführung einer generellen Besteuerung von Veräußerungsgewinnen, verschoben (vgl. BT-Drucks. 15/1944, S. 17), so dass es lediglich durch die Erweiterung der Anlagegegenstände des § 2 Abs. 4 InvG um z. B. Derivate zu einer inhaltlichen Divergenz des ausländischen Investmentsbegriffs im Auslandinvestmentgesetz und im Investmentgesetz kam.

[3] Vgl. z. B. *Steinmüller*, Ausländische Hedgefonds, S. 99 ff.

[4] Vgl. § 2 Abs. 8, 9 InvG.

Quelle". Die Rechtsnatur eines ausländischen Kapitalanlageprodukts (Investmentanteil, Aktie, Schuldverschreibung, Anteil an einer Personengesellschaft, etc.) ist aufgrund der weiter bestehenden unterschiedlichen Steuerfolgen für institutionelle Anleger und Privatanleger auch künftig von Bedeutung. Dies gilt bei Privatanlegern ebenfalls unter dem Abgeltungsteuerregime trotz einer weitgehenden Gleichbehandlung aller Kapitalmarktprodukte, insbesondere im Hinblick auf Übergangsregelungen, bestehende Unterschiede der Ermittlung der Höhe der laufenden Erträge bzw. eines Veräußerungsgewinns und Verlustverrechnungsmöglichkeiten.[5]

Der folgende Beitrag wird zeigen, dass das Ziel des Gesetzgebers, durch eine formalisierte Definition des Begriffs des ausländischen Investmentanteils mehr Rechtssicherheit für inländische Anleger (insbesondere hinsichtlich der Voraussehbarkeit der Steuerfolgen) zu schaffen, in Teilbereichen misslungen ist.

Zum einen bestehen weiterhin Unschärfen bei der Frage nach dem Anwendungsbereich des InvG und entsprechend des InvStG, da sich der Gesetzgeber zur Festlegung des formelleren ausländischen Investmentanteilsbegriffs zusätzlicher unbestimmter Rechtsbegriffe bedient. Dies gilt trotz deren Auslegung durch die Bundesanstalt für Finanzdienstleistungsaufsicht (BaFin) mit Rundschreiben vom 22. Dezember 2008,[6] der sich die Finanzverwaltung im Rahmen des Aktualisierungsschreibens vom 18. August 2009 zum Einführungsschreiben zu Zweifels- und Auslegungsfragen des Investmentsteuergesetzes vom 2. Juni 2005 angeschlossen hat.[7] Zum anderen führt die Änderung des Begriffs des ausländischen Investmentanteils und dessen Auslegung durch die BaFin und die Finanzverwaltung dazu, dass im Gegensatz zur bisherigen Rechtslage teilweise Anteile an ausländischen Vermögen nicht mehr als ausländische Investmentanteile anzusehen sind, obwohl nur die Anwendung der Regelungen des InvStG aus deutscher steuerlicher Sicht für diese Sinn macht. Dies betrifft insbesondere ausländische Vermögen, die in ihrem Sitzstaat als Investmentvermögen vergleichbar einem deutschen Sondervermögen aufgelegt sind (z. B. ein luxemburgisches Spezialinvestmentvermögen (SIF) in Form eines FCP), aber nach deutschem Verständnis (nunmehr) ihren Anlegern keine ausländischen Investmentanteile mehr vermitteln. Dies kann z. B. deshalb der Fall sein, weil bestimmte Anlagegrenzen nicht vorgegeben sind[8] oder das Merkmal der Risikomischung nicht erfüllt ist. Für inländische Anleger, die Anteile an diesen Vermögen halten, stellt sich die Frage, welche steuerlichen Konsequenzen aus diesem Investment folgen.

Der Beitrag wird insbesondere diesen letzten Aspekt untersuchen und zeigen, dass sich je nach Art des ausländischen Vermögens Schwierigkeiten der steuerlichen Einordnung ergeben können, die derzeit nur im Rahmen eines pragmatischen Ansatzes sinnvoll zu lösen sind.

---

[5] Vgl. im Einzelnen z. B. *Mertes/Hagen* in ERNST & YOUNG/BDI, Die Unternehmensteuerreform 2008, Abschnitt E. I.

[6] Rundschreiben 14/2008 (WA) zum Anwendungsbereich des Investmentgesetzes nach § 1 Satz 1 Nr. 3 InvG, WA41-Wp2136-2008/0001.

[7] Vgl. Rz. 5 bis 9 sowie Anhang 7 des BMF-Schreibens v. 18. 8. 2009, IV C 1 – S 1980-1/08/10019, (Aktualisierungsschreiben) zur Überarbeitung des BMF-Schreibens v. 2. 6. 2005 – IV C 1 – S 1980 – 1 – 87/05, BStBl. I 2005, S. 728 ff.

[8] Vgl. *Krause/Litten*, Absolutreport 2009, S. 52; BaFin, Fragenkatalog zum Anwendungsbereich des Investmentgesetzes nach § 1 Satz 1 Nr. 3 InvG und Rundschreiben 14/2008 (WA), WA 41-Wp 2136-2008/0001, Stand 12. 11. 2009.

B. Ausländischer Investmentanteil

I. Ergänzung des Begriffs des ausländischen Investmentanteils

Durch das InvÄndG wurde seitens des Gesetzgebers der Versuch unternommen, eine an formellen Kriterien orientierte Definition des ausländischen Investmentanteils einzuführen.

Bemerkenswert und unter Umständen für bestimmte das ausländische Vermögen selbst betreffende Rechtsfragen von Bedeutung ist dabei, dass der Gesetzgeber – ob bewusst oder unbewusst – nicht den Begriff des ausländische Investmentvermögens nach § 2 Abs. 8 InvG formeller ausgestaltet hat, sondern den Begriff des ausländischen Investmentanteils nach § 2 Abs. 9 InvG.[9] Die Frage, ob diese Diskrepanz vom Gesetzgeber gewollt war,[10] kann u.E. dahinstehen. Angesichts des eindeutigen Wortlauts des InvG und ihm folgend des InvStG kann es dazu kommen, dass ein ausländisches Vermögen ein ausländisches Investmentvermögen darstellt, für dessen Anleger allerdings – mangels Vorliegen eines ausländischen Investmentanteils – die Besteuerungsregeln des InvStG keine Anwendung finden.[11]

Auf Ebene der inländischen Anleger kommt es nur zu einer Besteuerung unter dem Regime des InvStG, wenn sowohl alle Kriterien für das Vorliegen eines ausländischen Investmentvermögens nach § 2 Abs. 8 InvG erfüllt sind als auch die Anteile hieran die Kriterien für das Vorliegen ausländischer Investmentanteile nach § 2 Abs. 9 InvG erfüllen.

II. Ausländische Investmentvermögen nach § 2 Abs. 8 InvG

Nach § 2 Abs. 8 InvG i. V. m. § 1 Satz 2 InvG liegt ein ausländisches Investmentvermögen dann vor, wenn

- ein Vermögen zur gemeinschaftlichen Kapitalanlage
- nach dem Grundsatz der Risikomischung
- in § 2 Abs. 4 InvG aufgezählte Vermögensgegenstände (z. B. Wertpapiere, Geldmarktinstrumente, Derivate, Bankguthaben, Grundstücke, Anteile an anderen Investmentvermögen, Darlehensforderungen, Unternehmensbeteiligungen, Edelmetalle) investiert ist *und*
- dem Recht eines anderen Staates untersteht.

---

[9] Eine Anwendung der Ausnahmeregelung des § 50d Abs. 3 Satz 4 EStG auf z. B. eine Luxemburger S.A., die die Kriterien eines ausländischen Investmentvermögens nach § 2 Abs. 8 InvG erfüllt, den inländischen Anlegern mangels Investmentaufsicht und Rückgabemöglichkeit der Anteile allerdings keine ausländischen Investmentanteile nach § 2 Abs. 9 InvG vermittelt, wird daher von *Häussermann/Rengier*, IStR 2008, S. 679 ff. zu Recht befürwortet; vgl. auch *Süß/Mayer*, DStR 2009, S. 1741 ff. und wohl auch *Haas*, DStR 2009, S. 957 ff.; a.A. *Helios/Schmies*, BB 2009, S. 1100 ff. Diese Diskrepanz kann zukünftig im Hinblick auf mögliche Forderungen ausländischer Investmentvermögen nach vollständiger Entlastung von deutscher Kapitalertragsteuer auf Dividenden im Hinblick auf das Urteil des EuGH vom 18. 6. 2009 (Aberdeen), Rs. C-303/07, von Bedeutung sein.

[10] *Helios/Schmies* gehen davon aus, dass diese Diskrepanz gesetzgeberisch nicht beabsichtigt war und die zusätzlichen Anforderungen bereits bei der Bestimmung des Vorliegens eines ausländischen Investmentvermögens zu berücksichtigen sind; vgl. *Helios/Schmies*, BB 2009, S. 1102. Dagegen kann angeführt werden, dass im Rahmen des Investmentmodernisierungsgesetzes in § 1 Abs. 1 Nr. 2 InvStG-E noch eine andere Regelungstechnik angedacht war, vgl. BT-Drucks. 15/1553, S. 55.

[11] A. A. *Helios/Schmies*, BB 2009, S. 1100 ff.

Der Grundsatz der Risikomischung gilt dabei auch dann als gewahrt, wenn das betreffende Investmentvermögen in nicht nur unerheblichem Umfang Anteile an einem oder mehreren anderen Vermögen enthält und diese anderen Vermögen unmittelbar oder mittelbar nach dem Grundsatz der Risikomischung angelegt sind.

III. Ausländische Investmentanteile nach § 2 Abs. 9 InvG

Um eine Angleichung an den formellen Investmentbegriff für inländische Investmentvermögen vorzunehmen[12] und Unsicherheiten hinsichtlich der Reichweite des materiellen ausländischen Investmentbegriffs zu beseitigen, hat der Gesetzgeber den Begriff "**ausländischer Investmentanteil**" durch das Einfügen von zusätzlichen Voraussetzungen enger gefasst.

Nach wie vor liegt ein ausländischer Investmentanteil nach § 2 Abs. 9 InvG nur vor, wenn Anteile an ausländischen Investmentvermögen (i. S. d. § 2 Abs. 8 InvG) von einer ausländischen Investmentgesellschaft ausgegeben werden. Neu hinzugekommen ist allerdings, dass zusätzlich entweder

- der Anleger ein Recht haben muss, gegen Rückgabe seines Anteils seinen Anteil an dem ausländischen Investmentvermögen ausgezahlt zu bekommen *oder*
- die ausländische Investmentgesellschaft in ihrem Sitzstaat einer Aufsicht über Vermögen zur gemeinschaftlichen Kapitalanlage unterstellt sein muss.

IV. Auslegung durch Finanzaufsicht und Finanzverwaltung

1. Teleologische Reduktion durch Finanzverwaltung und Finanzaufsicht bis zum InvÄndG

Nach Einführung des InvG und des InvStG durch das Investmentmodernisierungsgesetz und der Beibehaltung des weiten materiellen Begriffs des ausländischen Investmentvermögens hatte die Finanzverwaltung mit Schreiben vom 2. Juni 2005[13] und ihr folgend die BaFin mit Schreiben vom 22. August 2005[14] eine **teleologische Reduktion des materiellen Investmentbegriffs** vorgenommen. Dies führte insbesondere zu einer grundsätzlichen Generalausnahme von (Anteilen an) ausländischen Personengesellschaften aus dem Anwendungsbereich des deutschen Investmentrechts.[15]

2. Reaktion von Finanzaufsicht und Finanzverwaltung auf die Änderung des Investmentanteilsbegriffs durch das InvÄndG

Mit dem **Rundschreiben vom 22. Dezember 2008** hat die BaFin zu den zusätzlichen Voraussetzungen für das Vorliegen eines ausländischen Investmentanteils Stellung genommen. In diesem Zusammenhang hat die BaFin ebenfalls ihre Interpretation einzelner Definitionsbestandteile des bisher allein ausschlaggebenden materiellen Begriffs des ausländischen Investmentvermögens zusammen- bzw. teilweise neu gefasst.

Die BaFin weicht teilweise von ihrer bisherigen Rechtsansicht (insbesondere im Bereich der Immobilienvermögen und der bisher vorgenommen grundsätzlichen Durchsicht durch zwi-

---

[12] Als inländisches Investmentvermögen kommen nur von einer Kapitalanlagegesellschaft verwaltete Sondervermögen nach § 2 Abs. 2 InvG und Investmentaktiengesellschaften i. S. d. § 2 Abs. 5 InvG in Betracht. Im Gegensatz zum Begriff "ausländischer Investmentanteil" ist der Begriff des "inländischen Investmentanteils" nur im Investmentsteuergesetz in § 1 Abs. 1 Nr. 1 InvStG legal definiert.

[13] BMF-Schreiben v. 2. 6. 2005 – IV C 1 – S 1980 – 1 – 87/05, BStBl. I 2005, S. 728 ff.

[14] BaFin-Schreiben v. 22. 8. 2005, Gz. WA 4/09.

[15] BMF-Schreiben v. 2. 6. 2005 – IV C 1 – S 1980 – 1 – 87/05, BStBl. I 2005, S. 728 ff. Rz. 6.

schengeschaltete Gesellschaften auf die von diesen gehaltenen Immobilien) ab. Dies kann dazu führen, dass ausländische Vermögen, die bisher als **Immobilieninvestmentvermögen** galten, bzw. die von den Investoren gehaltenen Anteile in Zukunft nicht mehr den Regelungen des InvStG unterliegen. Durch die Abschaffung der grundsätzlich für ausländische Personengesellschaften geltenden Generalausnahme vom Anwendungsbereich des deutschen Investmentrechts[16] kann es auf der anderen Seite (abhängig davon, ob die weiteren Voraussetzungen vorliegen) dazu kommen, dass für Anteile an bestimmten ausländischen Vehikeln (z. B. Infrastrukturfonds oder Immobilienfonds in Form einer **ausländischen Personengesellschaft**) der Anwendungsbereich des InvG und des InvStG nunmehr eröffnet ist. Ob der Gesetzgeber allerdings wirklich bedacht hat, dass der Anwendungsbereich des InvG und des InvStG durch die Einführung des formalisierten ausländischen Investmentanteilsbegriffs erweitert wird, kann zumindest bezweifelt werden. § 18 Abs. 11 InvStG sieht nur Übergangsregelungen für Investmentanteile vor, die aus dem Anwendungsbereich des InvStG herausfallen, nicht aber für den umgekehrten Fall einer erstmaligen Anwendbarkeit des InvStG.[17]

Im Rahmen dieses Beitrags sind insbesondere die folgenden Auslegungen der BaFin interessant, da sie dazu führen können, dass in ihrem Sitzstaat als Sondervermögen aufgelegte Investmentanlagen nicht als ausländisches Investmentvermögen bzw. die Anteile hieran nicht als ausländische Investmentanteile anzusehen sind:

▶ Die tatsächliche oder nach dem objektiven Geschäftszweck vorgesehene unmittelbare Anlage in andere als in die in § 2 Abs. 4 InvG genannten Vermögensgegenstände (z. B. Kunstgegenstände) muss auf weniger als 10 % begrenzt sein. Bei Überschreiten dieser "**Schmutzgrenze**" stellt das ausländische Vermögen kein ausländisches Investmentvermögen mehr dar.

▶ Grundsätzlich kommt den für inländische Investmentvermögen vorgesehenen **Anlagegrenzen**[18] für die einzelnen Anlagegüter des § 2 Abs. 4 InvG zur Bestimmung des Vorliegens eines ausländischen Investmentvermögens keine Bedeutung zu. Für Publikumsfonds, d. h. Investmentvermögen an denen entweder mehr als 100 Investoren beteiligt oder bei denen auch natürliche Personen Anleger sein können, sollen jedoch bzgl. Edelmetallen, unverbrieften Darlehensforderungen und Unternehmensbeteiligungen vergleichbare Anlagegrenzen wie für inländische Investmentvermögen gelten. So soll kein ausländisches Investmentvermögen i. S. d. § 2 Abs. 8 InvG vorliegen, wenn das ausländische Vehikel nach den gesetzlichen Anforderungen, nach der Satzung oder den Vertragsbedingungen entweder zu mehr als 30 % in Edelmetalle oder zu mehr als 20 % in Unternehmensbeteiligungen anlegen darf.

▶ Das ausländische Vermögen muss, um ein ausländisches Investmentvermögen nach § 2 Abs. 8 InvG darzustellen, nach seinem objektiven Geschäftszweck auf eine Risikomischung

---

[16] Auch die Finanzverwaltung hält an der teleologischen Reduktion in Form der Herausnahme aller ausländischen Personengesellschaften aus dem Anwendungsbereich des InvStG nicht weiter fest, vgl. Rz. 6 des Aktualisierungsschreibens. Als Übergangsregelung wird allerdings für Geschäftsjahre von Personengesellschaften, die bis zum 30. 6. 2009 begonnen haben, eine Anwendung der teleologischen Reduktion weiter gewährt (vgl. Rz. 296 des Aktualisierungsschreibens). Die Finanzverwaltung begründet dies mit der nunmehrigen Präzisierung des Investmentanteilsbegriffs durch den Gesetzgeber, die keinen Spielraum für eine derartige teleologische Reduktion mehr lasse.

[17] Dementsprechend gewährt die Finanzverwaltung im Aktualisierungsschreiben v. 18.8.2009 bestimmte Übergangserleichterungen (z. B. Rz. 296, 297).

[18] Vgl. zu den Anforderungen an Anlagegrenzen BaFin, Fragenkatalog zum Anwendungsbereich des Investmentgesetzes nach § 1 Satz 1 Nr. 3 InvG und Rundschreiben 14/2008 (WA), WA 41-Wp 2136-2008/0001, Stand 12. 11. 2009.

gerichtet sein.[19] Eine **Risikomischung** kann auch dann vorliegen, wenn diese über die in nicht unerheblichem Umfang vorgenommene Anlage in Anteile an einem oder mehreren anderen Vermögen **unmittelbar oder mittelbar** vermittelt wird. Bei diesen **anderen Vermögen** kann es sich nach Ansicht der BaFin entweder um Investmentvermögen, Immobilien-Gesellschaften oder ÖPP-Projektgesellschaften handeln. Anteile an Unternehmensbeteiligungen, z. B. Anteile an Personengesellschaften, die keine ausländischen Investmentanteile darstellen, führen nicht zu einer mittelbaren Risikomischung, auch wenn die Personengesellschaft selbst risikodiversifiziert investiert ist.

- Hinsichtlich des **Rechts zur Rückgabe** kommt es darauf an, dass der Anleger mindestens einmal in zwei Jahren die Rückgabe verlangen kann. Sog. Lock-up Perioden sollen in diesem Zusammenhang unbeachtlich sein. Für das Rückgaberecht soll es nach Ansicht der BaFin auf die Mehrheit der Anteile ankommen.

- Eine **ausländische Investmentaufsicht** soll dann vorliegen, wenn eine staatliche Aufsicht vorliegt, die gerade auch dem Schutz der Investmentanleger dient. Dementsprechend fehlt es an einer Investmentaufsicht, wenn das ausländische Vermögen lediglich einer reinen Registrierungspflicht in seinem Sitzstaat unterliegt.[20] Eine Investmentaufsicht soll dagegen beispielsweise dann anzunehmen sein, wenn vor der Auflegung die Bonität der Investmentgesellschaft, die Zuverlässigkeit und die fachliche Eignung der leitenden Personen sowie nach der Auflegung die Beachtung der Vorgaben aus dem Gesetz oder den Vertragsbedingungen, der Satzung, den Anlagebedingungen oder vergleichbaren Bestimmungen zur Strukturierung des Portfolios (z. B. Anlagegrenzen) kontrolliert werden. U.E. kommt es für eine sinnvolle Abgrenzung zwischen Vorliegen und Nichtvorliegen einer ausländischen Investmentaufsicht entscheidend auf den zuletzt genannten Faktor an; es muss eine fortlaufende Aufsicht über die Einhaltung der durch Gesetz oder die Vertragsbedingungen vorgeschriebenen Portfoliostruktur im Sitzstaat vorhanden sein.[21]

V. Folgen der geänderten Rechtslage und Interpretation durch Finanzaufsicht und Finanzverwaltung insbesondere für Anteile an ausländischen Sondervermögen

Die obigen Ausführungen haben gezeigt, dass trotz der formelleren Ausgestaltung des Begriffs der "ausländischen Investmentanteile" die bisherigen Abgrenzungsmerkmale des materiellen Investmentbegriffs weiterhin ihre Bedeutung behalten. Im Gegensatz zur Rechtslage vor dem durch das InvÄndG formalisierten Begriff des ausländischen Investmentanteils kann zwar die **Prüfung**, ob die Regelungen des InvStG auf Ebene eines in Deutschland unbeschränkt steuerpflichtigen Anlegers eingreifen, dann beendet werden, wenn weder der Mehrheit der Anleger

---

[19] Vgl. zur Frage der Notwendigkeit des Vorliegens eines quantitativen und qualitativen Elements der Risikomischung das Schreiben der BaFin an den Bundesverband Investment und Asset Management e.V. (BVI) zum Grundsatz der Risikomischung (insbesondere bei Goldfonds) v. 28. 7. 2009.

[20] Damit sollten grundsätzlich Anteile an geschlossenen Immobilienfonds in Form der englischen Personengesellschaften oder vergleichbarer Jurisdiktionen (z. B. Guernsey oder Jersey), sofern sie lediglich einer Registrierungspflicht unterliegen, keine ausländischen Investmentanteile nach § 2 Abs. 9 InvG darstellen.

[21] In diesem Sinne hatte bereits bisher die Finanzverwaltung das Merkmal der Investmentaufsicht verstanden (vgl. BMF-Schreiben v. 2. 6. 2005 Rz. 60), wenn auch beschränkt auf eine Aufsicht über gesetzliche Vorgaben Es kann davon ausgegangen werden, dass auch dem Gesetzgeber diese Interpretation bei Verabschiedung des InvÄndG bekannt war.

ein (regelmäßiges) Rückgaberecht zusteht, noch das ausländische Vermögen einer Investmentaufsicht in seinem Sitzstaat unterliegt (z. B. im Fall einer luxemburgischen S.à r.l). Allerdings ist eine Prüfung des materiellen Investmentbegriffs weiterhin notwendig, sollte z. B. eine Investmentaufsicht gegeben sein. In einigen Fällen, z. B. im Fall ausländischer Personengesellschaften, bei denen die Anleger ein Rückgaberecht besitzen oder bei denen zweifelhaft erscheint, ob nicht doch eine Investmentaufsicht nach Interpretation der BaFin bzw. ihr folgend der Finanzverwaltung vorliegen könnte, könnte durch die Abschaffung der Generalausnahme für Personengesellschaften sogar erst jetzt eine derartige Prüfung überhaupt im Detail notwendig werden.

Der Gesetzgeber hat es versäumt, für die Frage nach dem Vorliegen eines ausländischen Investmentvermögens darauf abzustellen, ob das ausländische Vermögen nach seinem Sitzstaat als Investmentvermögen angesehen wird, das einer dem deutschen Investmentrecht vergleichbaren Investmentaufsicht unterliegt. So war es eine bewusste Entscheidung des Gesetzgebers, z. B. "geschlossene Fonds" in Form einer deutschen Personengesellschaft gerade nicht den Sondervermögen und Investmentaktiengesellschaften des InvG und des InvStG gleichzustellen. Auf der anderen Seite hat der Gesetzgeber dafür gesorgt, dass inländische Sondervermögen, die von einer Kapitalanlagegesellschaft im Rahmen des InvG aufgelegt werden, immer den Regelungen des Investmentrechts unterliegen. Dies ist für **ausländische Sondervermögen**, die vom Aufbau einem von einer inländischen Kapitalanlagegesellschaft verwalteten deutschen Sondervermögen entsprechen,[22] d. h. entsprechend als getrenntes Vermögen der Anleger von einer Managementgesellschaft verwaltet werden, insbesondere nach der Interpretation durch die BaFin nicht immer der Fall.

Die Steuerfolgen für inländische Anleger in ausländische Vermögen, deren Anteile keine ausländischen Investmentanteile nach § 2 Abs. 9 InvG darstellen, lassen sich aus den **allgemeinen Regelungen** ableiten, wenn das entsprechende Vermögen aus deutscher steuerlicher Sicht entweder als eine **Personengesellschaft** oder eine **Kapitalgesellschaft** einzuordnen ist. Die Einordnung erfolgt dabei auf der Basis einer Prüfung, ob das ausländische Vermögen nach dem von Rechtsprechung[23] und Finanzverwaltung[24] angewandten zweistufigen **Typenvergleich** einer Personengesellschaft oder einer in § 1 Abs. 1 KStG genannten Körperschaft, Personenvereinigung oder Vermögensmasse wirtschaftlich vergleichbar ist.[25] So ist beispielsweise nach dem Typenvergleich eine luxemburgische SICAV oder SICAR, die als Kapitalgesellschaft (S.A.) errichtet wurde, als Kapitalgesellschaft und nicht als Investmentvermögen anzusehen, wenn die Prüfung ergeben hat, dass das InvStG auf Grund der Portfoliostruktur nicht anwendbar ist.[26] In diesem

---

[22] Nach § 30 Abs. 1 InvG können die zum Sondervermögen gehörenden Gegenstände abhängig von den konkreten Vertragsbedingungen, nach denen sich das Rechtsverhältnis der Kapitalanlagegesellschaft zu den Anteilscheininhabern bestimmt, im (rechtlichen) Eigentum der Kapitalanlagegesellschaft oder im Miteigentum der Anteilscheininhaber stehen. Allerdings ist diese rechtliche Unterscheidung in der Praxis weitgehend bedeutungslos, da auch bei der Miteigentumslösung die Miteigentümer weitgehend nicht in der Lage sind, ihre Eigentumsrechte wahrzunehmen (vgl. *Beckmann* in Beckmann/Scholtz/Vollmer, Investment-Handbuch, § 30 InvG Rz. 20). Gem. § 31 Abs. 1 InvG ist die Kapitalanlagegesellschaft berechtigt, im eigenen Namen über die zu einem Sondervermögen gehörenden Gegenstände zu verfügen und alle Rechte an ihnen auszuüben.
[23] BFH-Urt. v. 23. 6. 1992, IX R 182/87, BStBl. II 1992, S. 972 ff.; v. 20. 8. 2008, I R 34/08, BStBl. II 2009, S. 263 ff.
[24] Ausführlich zu den relevanten Kriterien vgl. BMF-Schreiben v. 19. 3. 2004, IV B 4-S 1301 USA-22/04, BStBl. I 2004, S. 411 ff.
[25] Vgl. dazu im Einzelnen *Jacobs*, Internationale Unternehmensbesteuerung S. 459 ff., 516 ff.
[26] Vgl. Tabelle 1 des BMF-Schreibens v. 24. 12. 1999, BMF IV B 4 – S 1300 – 111/99, BStBl. I 1999, S. 1076 ff., zuletzt geändert durch BMF-Schreiben v. 20. 11. 2000, IV B 4 - S 1300 - 222/00, BStBl I 2000, S. 1509 ff.

Fall greifen für die inländischen Anleger die Besteuerungsregeln für das Halten von Anteilen an ausländischen Kapitalgesellschaften, d.h. neben den Fragen der Besteuerung nach den Regeln der Abgeltungsteuer inklusive Bestandsschutz (für Privatanleger) bzw. der Frage des Eingreifens des Teileinkünfteverfahrens nach § 3 Nr. 40 EStG oder des Freistellungsverfahrens nach § 8b KStG (betriebliche Anleger) sind unter Umständen auch die Regelungen des AStG oder eines anwendbaren Doppelbesteuerungsabkommens zu prüfen.

Im Gegensatz dazu ist derzeit allerdings weitgehend ungeklärt, welche Steuerfolgen eine Anlage inländischer Anleger in ausländische Sondervermögen, die keine ausländischen Investmentvermögen nach § 2 Abs. 8 InvG darstellen bzw. ihren Anlegern keine ausländischen Investmentanteile nach § 2 Abs. 9 InvG vermitteln, auslöst, wenn sie nicht als Kapitalgesellschaft oder Personengesellschaft eingeordnet werden können.

Folgende Beispiele sollen als Untersuchungsgegenstand dienen und einer (in der Praxis handhabbaren) Lösung zugeführt werden:

Fall 1: *Ein im Ausland aufgelegtes Sondervermögen des Vertragstyps, das einem Sondervermögen nach deutschem Investmentrecht vergleichbar ist, ist vollständig physisch in Gold investiert (**Goldfonds**). Die Anteilscheine werden an einer Börse gehandelt. Nach den oben dargestellten Grundsätzen liegt mangels Risikomischung und Einhalten der Anlagegrenzen kein ausländisches Investmentvermögen i. S. d. § 2 Abs. 8 InvG vor.[27] Es stellt sich die Frage, ob das ausländische Sondervermögen aus deutscher steuerlicher Sicht als eigenes Steuersubjekt anzusehen ist oder den Anlegern die Vermögensgegenstände anteilig zuzurechnen sind.*

Fall 2: *Die ausländische X-SA will zur Bündelung und einheitlichen Ausübung der Stimmrechte in der Hauptversammlung die an ihre Mitarbeiter auszugebenden Mitarbeiteraktien in einem belgischen Sondervermögen des Vertragstyps, das einem deutschen Sondervermögen vergleichbar ist, bündeln (**Mitarbeiteraktienfonds**). Eine reguläres Rückgaberecht und eine Investmentaufsicht liegen nicht vor. Die Mitarbeiter erhalten anstelle der Mitarbeiteraktien einen "Anteilschein" über die hinterlegte und von dem Sondervermögen verwaltete Mitarbeiteraktie(n). Ausschüttungen auf die Aktien werden vom belgischen Sondervermögen an die Mitarbeiter entsprechend ausgeschüttet. Schon auf Grund fehlender Risikomischung liegt kein ausländisches Investmentvermögen vor. Zudem wäre auch das Vorliegen eines Rückgaberechts i. S. d. BaFin-Schreibens vom 22. Dezember 2008 und damit das Vorliegen eines ausländischen Investmentanteils fraglich. Auch hier stellt sich die Frage, ob die jeweilige Mitarbeiteraktie dem einzelnen Anleger direkt zugerechnet werden kann bzw. muss (unter Behandlung des Sondervermögens als transparentes Vehikel) oder ob der einzelne Mitarbeiter an einem Sondervermögen, das ein eigenes Steuersubjekt darstellt, beteiligt ist sowie welche Steuerfolgen sich ergeben.*

Fall 3: *Die deutsche Y-AG ist zu 100 % an einem luxemburgischen FCP in Form des Vertragstyps beteiligt (**FCP-Spezialfonds**). Der luxemburgische FCP selbst ist in Übereinstimmung mit seinen Anlagekriterien zu 40 % an Unternehmensbeteiligungen (u. a. an geschlossenen Fonds in Form ausländischer Personengesellschaften, deren Anteile auf Grund der Portfoliostruktur und mangels Rückgabemöglichkeit sowie auf Grund einer fehlenden Investmentaufsicht keine ausländischen Investmentanteile oder Immobiliengesellschaften darstellen) beteiligt. Unter Anwendung des Rundschreibens der BaFin vom 22. Dezember 2008 liegt kein ausländisches Investmentvermögen vor. Die Höchstgrenze für den Erwerb von Unternehmensbeteiligungen von 20 % (für Publikumsfonds bzw. Spezialfonds) bzw. 30 % (für Hedgefonds) ist überschritten. Wiederum stellt sich die Frage, ob die Vermögensgegenstände des FCP-Spezialfonds der Y-AG direkt zuzurechnen sind, der FCP-Spezialfonds mithin als transparent zu behandeln ist, oder ob der FCP-Spezialfonds ein eigenes Steuersubjekt darstellt, so dass hinsichtlich der Steuerfolgen für die Y-AG auf das Verhältnis der Y-AG zum FCP-Spezialfonds abzustellen ist.*

---

[27] Vgl. hierzu auch Schreiben der BaFin an den Bundesverband Investment und Asset Management e.V. (BVI) zum Grundsatz der Risikomischung (insbesondere bei Goldfonds) v. 28. 7. 2009.

C. Folgen eines Nichteingreifens des InvG/InvStG

Die steuerliche Behandlung von ausländischen Sondervermögen in der Vertragsform, die nicht in den Anwendungsbereich des InvStG fallen, ist *de lege lata* unklar.

I. Vergleichbarkeit des ausländischen Vermögens mit einem inländischen Sondervermögen

Ein ausländisches Sondervermögen, d.h. ein Investmentvermögen in der sog. Vertragsform, ist regelmäßig weder als Körperschaft noch als Personenvereinigung einzuordnen.[28] Es ist, wie oben dargelegt, von seinem Aufbau am ehesten einem von einer Managementgesellschaft verwalteten inländischen Sondervermögen vergleichbar.

1. Steuerliche Behandlung als Zweckvermögen?

Während § 11 Abs. 1 S. 1 InvStG für inländische Sondervermögen ausdrücklich regelt, dass diese als Zweckvermögen i. S. d. § 1 Abs. 1 Nr. 5 KStG und damit als eigenständiges Steuersubjekt gelten, fehlt eine entsprechende Regelung für ausländische Sondervermögen.[29] Dies ist für die Besteuerung der deutschen Anleger allerdings solange nicht problematisch, wie die Anteile an dem ausländischen Sondervermögen unter die Regelungen des InvStG fallen, da hierdurch eine Abschirmwirkung impliziert wird.[30]

Demnach kann ein ausländisches Investmentvermögen in der Vertragsform, das keine zivilrechtliche Rechtsfähigkeit besitzt, nur als Zweckvermögen und damit als eigenständiges körperschaftsteuerliches Subjekt behandelt werden, wenn es die Voraussetzungen an ein Zweckvermögen i. S. d. § 1 Abs. 1 Nr. 5 KStG erfüllt.

Ein Zweckvermögen i. S. d. § 1 Abs. 1 Nr. 5 KStG ist ein selbständiges, einem bestimmten Zweck dienendes Sondervermögen, das aus dem Vermögen des Widmenden auf Dauer ausgeschieden ist, aus dem eigene Einkünfte fließen und das – mangels eigener Rechtsfähigkeit – wenigstens **wirtschaftliche Selbständigkeit** besitzt.[31] Entscheidend für ein Zweckvermögen ist, dass eine dauerhafte Zweckbindung besteht, die nicht einseitig aufgehoben werden kann[32] und auch tatsächlich durchgeführt wird.[33]

Teilweise wird vertreten, dass Sondervermögen *per se* als Zweckvermögen zu qualifizieren sind.[34] Für diese Auffassung spricht, dass der Anleger selbst zumindest bei Publikumsfonds nicht mehr nach Belieben über die Anlagegüter verfügen kann.[35] Allerdings erfolgt keine Trennung von Anlagegütern des Sondervermögens in einem wirtschaftlichen Sinn, da die Erträge des Sondervermögens den Anlegern zugute kommen sollen. Anders als in Fällen der Errichtung

---

[28] *Obermann/Brill/Heeren*, DStZ 2009, S. 154; FG Münster, Vorlagebeschluss v. 22. 2. 2008, 9 K 5096/07 K, EFG 2008, S. 983 ff., derzeit anhängig beim BVerfG unter 1 BvL 5/08.

[29] Vgl. *Steinmüller*, DStR 2009, S. 1567.

[30] Vgl. *Haisch/Bindl*, Ubg 2009, S. 689.

[31] BFH-Urt. v. 5. 11. 1992, I R 39/92, BStBl. II 1993, S. 388 ff.

[32] BFH-Urt. v. 19. 12. 1952, III 216/51 S, BStBl. III 1953, S. 54 ff.; *Frotscher* in Frotscher/Maas, KStG/UmwStG, § 3 KStG Rz. 16 m.w.N.

[33] RFH-Urt. v. 16. 4. 1943, III 84/42, RFHE 53, S. 71 ff.; *Rengers* in Blümich, EStG/KStG, § 1 KStG Rz. 107.

[34] *Carlé/Hamacher* in Blümich, EStG/KStG, § 11 InvStG Rz. 13.2.

[35] Die Rückgabe des Anteilscheins soll nach dieser Auffassung nicht als Verfügung gesehen werden können, da es sich dabei nur um einen Wertersatz für die Aufgabe der formalen Miteigentümerposition handelt, vgl. *Carlé/Hamacher* in Blümich, EStG/KStG, § 11 InvStG Rz. 13.2.

eines (unwiderruflichen) Trusts, bei dem Familienangehörige als Bezugs- und Anfallsberechtigte eingesetzt werden und die von der Rechtsprechung als Zweckvermögen qualifiziert werden,[36] sollen die Erträge eines ausländischen Sondervermögens den Anlegern zugute kommen, die auch einen Anspruch auf Wertersatz bei Rückgabe ihres Anteils haben. Damit fehlt es an der unwiderruflichen Weggabe des Vermögens durch den Anleger. Die abweichende Auffassung von *Carlé/Hamacher*[37] vermag nicht zu überzeugen, da sie die Unterschiede zwischen einem für Familienangehörige errichteten Trust und der Anlage in ein ausländisches Sondervermögen missachtet. Bezeichnenderweise wird bei einem widerruflichen Trust ein bloßes Treuhandverhältnis, aber kein Zweckvermögen angenommen.[38] Die **bloße Absonderung** und **getrennte Verwaltung** eines Vermögensbestandteils reicht nicht aus, um ein Zweckvermögen zu begründen.[39] Entsprechend erfüllt nach h. M. ein Sondervermögen nicht die Voraussetzungen an ein Zweckvermögen,[40] so dass es sich bei § 11 Abs. 1 InvStG um eine **Fiktion** handelt.[41]

Hintergrund der Regelung in § 11 Abs. 1 InvStG (bzw. der Vorgängerregelung des § 38 Abs. 1 KAGG) ist die Intention des Gesetzgebers, die Erforderlichkeit von einheitlichen und gesonderten Feststellungen der Besteuerungsgrundlagen zu vermeiden,[42] was angesichts der Vielzahl der Anleger, die regelmäßig der Managementgesellschaft nicht bekannt sind, auch **nicht praktikabel** gewesen wäre. Dementsprechend hat der Gesetzgeber inländische Sondervermögen als eigene Steuersubjekte fingiert. Die Fiktion des § 11 Abs. 1 InvStG bezieht sich allerdings ausdrücklich nur auf die deutsche ertragsteuerliche Behandlung inländischer Sondervermögen,[43] so dass sie für ausländische Sondervermögen keine Anwendung findet. Allerdings kommt es bei Anwendbarkeit des InvStG auf die Anteile an ausländischen Sondervermögen zu einer Abschirmwirkung durch die Regelungen des InvStG, da diese gerade nur eine eingeschränkte Transparenz vorsehen.[44]

Zusammenfassend lässt sich festhalten, dass nach der von uns geteilten h. M. ein ausländisches Sondervermögen grundsätzlich **kein Zweckvermögen** darstellt; ihm kommt damit **keine Abschirmwirkung** zu. Dies gilt allerdings nur dann, wenn die Anteile nicht unter das InvStG fallen und es daher nicht auf Grund der im InvStG vorgesehenen Regelungen zu einer Abschirmwirkung kommt.

2. Transparentes Vehikel

Bei einem ausländischen Sondervermögen wird es sich regelmäßig um ein zivilrechtlich nicht rechtsfähiges Konstrukt handeln, d. h. um eine Vermögensmasse, die den Anlegern entweder

---

[36] BFH-Urt. v. 5. 11. 1992, I R 39/92, BStBl. II 1993, S. 388 ff.; Urt. v. 2. 2. 1994, I R 66/92, BStBl. II 1994, S. 727 ff.

[37] A.A. *Carlé/Hamacher* in Blümich, EStG/KStG, § 11 InvStG Rz. 13.2.

[38] FG Köln-Urt. v. 8. 7. 1992, 11 K 406/90, EFG 1993, S. 40 f.; *Habammer*, DStR 2002, S. 427; *Ratjen*, DB 1982, S. 1795; *Wienbracke*, RIW 2007, S. 201 f.

[39] *Baur*, Investmentgesetze, § 38 KAGG Rz. 4.

[40] Vgl. *Baur*, Investmentgesetze, § 38 KAGG Rz. 4 m.w.N. So auch *Jung*, WM 1957, Sonderbeilage IV, S. 30.

[41] Aktualisierungsschreiben v. 18. 8. 2009 Rz. 212; *Ramackers* in Littmann/Bitz/Pust, Einkommensteuergesetz, § 11 InvStG Rz. 2; *Geurts* in Bordewin/Brandt/Adamek, Einkommensteuergesetz, § 11 InvStG Rz. 2; zur Vorgängervorschrift § 38 KAGG vgl. *Baur*, Investmentgesetze, § 38 KAGG Rz. 4 m. w. N.

[42] *Jung*, WM 1957, Sonderbeilage IV, S. 30.

[43] Zu den mit dieser Beschränkung verbundenen europarechtlichen Bedenken vgl. *Carlé/Hamacher* in Blümich, EStG/KStG, § 11 InvStG Rz. 14 m. w. N.

[44] Vgl. *Haisch/Bindl*, Ubg 2009, S. 689.

unmittelbar als Miteigentümer des Vermögens gehört (**Miteigentumslösung**) oder treuhänderisch von einer Managementgesellschaft für die Anleger gehalten wird (**Treuhandlösung**). Ohne eine besondere gesetzliche Regelung, wie sie in § 11 InvStG für inländische Sondervermögen ausdrücklich genannt bzw. durch die Abschirmwirkung der Regelungen des InvStG für Investmentanteile an ausländischen Investmentvermögen i. S. d. InvStG vorgesehen ist, müssen die im Rahmen des Sondervermögens erzielten Einkünfte und vom Sondervermögen gehaltenen Vermögensgegenstände daher grundsätzlich den Anlegern unabhängig von einer Ausschüttung zugerechnet werden. Eine transparente Behandlung für deutsche Steuerzwecke wird auch regelmäßig der transparenten Behandlung von derartigen Sondervermögen in den ausländischen Rechtsordnungen entsprechen.

a) Treuhandlösung

Ein Treuhandverhältnis ist dadurch gekennzeichnet, dass dem Treuhänder nach außen eine Rechtsstellung eingeräumt wird, die im Innenverhältnis durch eine schuldrechtliche Absprache mit dem Treugeber eingeschränkt ist.[45] Der Treuhänder übt die Rechte und Pflichten aus der Rechtsinhaberschaft nicht für eigene Rechnung, sondern entsprechend den Weisungen des Treugebers für dessen Rechnung aus;[46] der Treugeber muss das Treuhandverhältnis beherrschen.[47] Dabei kommt es auf die Umstände des Einzelfalls an, welche Kriterien für die steuerliche Anerkennung eines Treuhandverhältnisses von wesentlicher Bedeutung sind.[48]

Bei einem ausländischen Sondervermögen folgt aus der Treuhandlösung, dass die Managementgesellschaft das zivilrechtliche Eigentum hält, während die Anleger als wirtschaftliche Eigentümer anzusehen sind, da der Verwalter im Namen von und auf Rechnung der Anteilscheininhaber investiert. Nach § 39 Abs. 2 Nr. 1 Satz 2 AO werden bei einer Treuhand die Anlagegegenstände sowie die daraus resultierenden Einkünfte[49] dem wirtschaftlichen Eigentümer und damit den Anteilscheininhabern zugerechnet.

Im Fall der Beteiligung an einem Sondervermögen sind die Einwirkungsmöglichkeiten der Anleger gewöhnlich sehr eingeschränkt; ebenso fehlt regelmäßig ein Anspruch des Anlegers auf Herausgabe der Anlagegüter. Sofern diese Einschränkungen aber nicht einen Grad erreichen, der eine Einordnung der ausländischen Vermögensmasse als Zweckvermögen rechtfertigt, sollte bei zivilrechtlichem Eigentum der Managementgesellschaft auch bei eingeschränkten Herausgabepflichten und Weisungsrechten der Anleger dennoch von einer Treuhand auszugehen sein. Als maßgebliches Kriterium für ein Treuhand bei der vorliegenden Anlageform spricht u. E. dabei insbesondere, dass die Anleger die Chancen und Risiken der Wertentwicklung der Anlagegüter tragen sowie die Erträge erzielen. Bei der Beteiligung an einem in- oder ausländischen Sondervermögen handelt es sich aus Sicht des Anlegers regelmäßig um eine besondere Form der Kapitalanlage, bei der die Verbundenheit zu den Anlagegütern höher ist als bei reinen Schuldverschreibungen (z. B. Zertifikaten oder Gewinnobligationen). Anders als bei reinen Schuldverschreibungen muss tatsächlich eine Anlage in die Anlagegüter für die Anleger erfolgen. Das Sondervermögen ist zudem grundsätzlich von dem Vermögen der Managementgesellschaft zu

---

[45] *Brockmeyer* in Klein, Abgabenordnung, § 39 AO Rz. 32; *Koenig* in Pahlke/Koenig, Abgabenordnung, § 39 AO Rz. 50.

[46] *Brockmeyer* in Klein, Abgabenordnung, § 39 AO Rz. 32; *Kruse* in Tipke/Kruse, AO/FGO, § 39 AO Rz. 32.

[47] Vgl. etwa BFH-Urt. v. 20. 1. 1999, I R 69/97, BStBl. II 1999, S. 514 ff.

[48] Vgl. *Kruse* in Tipke/Kruse, AO/FGO, § 39 AO Rz. 33.

[49] Vgl. BFH-Urt. v. 24. 5. 1977, IV R 47/76, BStBl. II 1977, S. 740 ff.; FG Düsseldorf-Urt. v. 2. 11. 2004, 3 K 1377 03 G,F, DStRE 2005, S. 559 ff.

separieren, die hierüber nicht für eigene Rechnung frei verfügen kann. Mithin handelt es sich bei einem in- oder ausländischen Sondervermögen, das als Treuhandlösung ausgestaltet ist, um eine spezielle, an die Bedürfnisse eines "Vermögens zur gemeinschaftlichen Kapitalanlage" angepasste Form einer Treuhand, so dass in diesem Fall die Bedeutung von ggf. eingeschränkten Weisungs- und Herausgaberechte dahinter bei einer Gesamtbetrachtung grundsätzlich zurücktreten kann.[50]

b) Miteigentumslösung

Kann das ausländische Sondervermögen in der Vertragsform nicht als Zweckvermögen qualifiziert werden und stehen die Anlagegegenstände im zivilrechtlichen Eigentum der Anleger, sind die im Rahmen des ausländischen Sondervermögens erzielten Einkünfte und vom Sondervermögen gehaltenen Vermögensgegenstände den Anlegern gemäß § 39 Abs. 2 Nr. 2 AO als Bruchteilsgemeinschaft anteilig zuzurechnen.[51]

II. Steuerliche Konsequenzen der Einstufung ausländischer Sondervermögen als intransparente/transparente Vermögen

Die inländischen Inhaber von Anteilen an einer ausländischen Vermögensmasse, die entweder die Voraussetzungen des § 2 Abs. 8 InvG nicht erfüllt oder ihren Anteilscheininhabern keine ausländischen Investmentanteile i. S. d. § 2 Abs. 9 InvG vermittelt, unterliegen den allgemeinen Regeln des EStG, KStG und GewStG sowie ggf. des AStG, da das InvStG keine Anwendung findet.

1. Einstufung als Zweckvermögen

Sofern man mit der Mindermeinung ein ausländisches Sondervermögen per se als Zweckvermögen i. S. d. § 1 Abs. 1 Nr. 5 KStG qualifizieren würde, kommt ihm grundsätzlich Abschirmwirkung zu. Allerdings ist – wie oben dargelegt – nicht nur die Einordnung als Zweckvermögen zweifelhaft, sondern auch die sich daraus ergebenden Rechtsfolgen.

a) Privatanleger

Umstritten ist, ob Leistungen von sonstigen Körperschaften, die kein inländisches Körperschaftsteuersubjekt sind, nach § 20 Abs. 1 Nr. 9 EStG steuerbar sind. Nach § 20 Abs. 1 Nr. 9 EStG stellen Einnahmen aus Leistungen einer nicht von der Körperschaftsteuer befreiten Vermögensmasse i. S. d. § 1 Abs. 1 Nr. 5 KStG, die Gewinnausschüttungen i. S. d. § 20 Abs. 1 Nr. 1 EStG wirtschaftlich vergleichbar sind, Einkünfte aus Kapitalvermögen dar, die beim Privatanleger der Abgeltungsteuer unterliegen. Entsprechendes gilt für Gewinne aus der Übertragung oder Aufgabe der Beteiligung (§ 20 Abs. 2 Satz 1 Nr. 8 EStG).

Problematisch ist, ob ein ausländisches Sondervermögen eine "nicht von der Körperschaftsteuer befreite Vermögensmasse" darstellt. Da eine ausländische Vermögensmasse schon dem Grunde nach nicht der inländischen Körperschaftsteuerpflicht unterliegt, scheidet eine Befreiung von ihr aus. Entsprechend geht die überwiegende Anzahl der Stimmen in der Literatur davon aus,

---

[50] Vgl. zu anderen Fällen der eingeschränkten Relevanz von Mitwirkungs- und Herausgaberechten im Rahmen einer Gesamtbetrachtung die BFH-Urt. v. 15. 12. 1999, I R 29/97, BStBl. II 2000, S. 527 ff.; v. 20. 11. 2007, I R 85/05, BFH/NV 2008, S. 551 ff. zum Dividendenstripping, die mit Abschluss des Kaufvertrages wirtschaftliches Eigentum des Erwerbers an den Aktien annehmen, da ab diesem Zeitpunkt insbesondere Kursrisiken und -chancen auf den Erwerber übergegangen sind, obwohl der Erwerber zu diesem Zeitpunkt keine Herausgabeansprüche oder Stimmrechte wahrnehmen kann.

[51] Nach h. M. bilden die inländischen Anleger eine Bruchteilsgemeinschaft nach §§ 1008, 741ff. BGB. Zur Diskussion vgl. nur *Beckmann* in Beckmann/Scholtz/Vollmer, Investment-Handbuch, § 6 KAGG Rz. 2 m. w. N.

dass Ausschüttungen eines ausländischen Sondervermögens, das die Voraussetzungen eines Zweckvermögens erfüllt, nicht in den Anwendungsbereich des § 20 Abs. 1 Nr. 9 EStG fällt.[52] Bei konsequenter Anwendung wären die Ausschüttungen aus derartigen ausländischen Sondervermögen für Privatanleger im Inland damit nicht steuerbar.

b) Institutionelle Anleger

Bei institutionellen Anlegern führen dagegen sämtliche Ausschüttungen eines als Zweckvermögen qualifizierten ausländischen Investmentvermögens zu (betrieblichen) Einkünften. Entsprechend der Diskussion zu § 20 Abs. 1 Nr. 9 AStG ist zweifelhaft, ob diese Ausschüttungen von § 8b Abs. 1 KStG profitieren, da dieser Bezüge i. S. d. § 20 Abs. 1 Nr. 9 EStG voraussetzt. Vor diesem Hintergrund wird teilweise eine analoge Anwendung des § 8b Abs. 1 KStG auf die Ausschüttungen von als Zweckvermögen qualifizierenden ausländischen Vermögensmassen vorgeschlagen.[53]

Bei institutionellen Anlegern sind Gewinne aus der Veräußerung von Anteilen ebenfalls grundsätzlich steuerpflichtig. Zweifelhaft ist aber wiederum, ob das Beteiligungsprivileg des § 8b Abs. 2 KStG Anwendung findet. Selbst wenn § 20 Abs. 1 Nr. 9 KStG entgegen der h. M. auf Ausschüttungen aus ausländischen Zweckvermögen Anwendung finden würde, stellt sich die weitere Frage, ob Veräußerungsgewinne von § 8b Abs. 2 KStG erfasst werden, da dort anders als bei § 8b Abs. 1 KStG kein Bezug auf Vermögensmassen genommen wird. Gegen eine direkte Anwendbarkeit des § 8b Abs. 2 KStG bei inländischen Sondervermögen hat sich das FG Münster ausgesprochen.[54] Auch die Stimmen in der Literatur sprechen mehrheitlich gegen eine Anwendung des 8b Abs. 2 KStG,[55] so dass in der Konsequenz Gewinne aus der Rückgabe oder Veräußerung der Anteile an derartigen Vermögen bei institutionellen Anlegern der vollen Steuerpflicht unterliegen würden.

c) Außensteuerrecht

Sofern das ausländische Sondervermögen als Zweckvermögen i. S. d. § 1 Abs. 1 Nr. 5 AStG zu qualifizieren ist, kommt ihm grundsätzlich eine Abschirmwirkung zu. Diese Abschirmwirkung kann jedoch aufgrund der Regelungen des AStG durchbrochen werden. In Betracht kommt dabei die Einordnung als Stiftung i. S. d. § 15 Abs. 1, 4 AStG oder als Zwischengesellschaft gemäß § 7 AStG, wobei § 15 AStG[56] den Regelungen des §§ 7 ff. AStG vorgeht (§ 15 Abs. 5 Satz 2 AStG).

Ziel des § 15 Abs. 4 AStG sind Organisationsformen, die aufgrund ihrer Konzeption und Funktionsweise strukturelle Ähnlichkeit mit einer Stiftung aufweisen. Die Personen, die sie ins Leben gerufen haben, bzw. die Personen, die Bezugs- bzw. Anfallsberechtigten vergleichbar sind, sollen

---

[52] Nach *Stuhrmann* in Blümich, EStG/KStG, § 20 EStG Rz. 315b; *Wassermeyer* in Kirchhof/Söhn/Mellinghoff, Einkommensteuergesetz, § 20 EStG Rz. JA 9 und *Schlotter* in Littmann/Bitz/Pust, Einkommensteuergesetz, § 20 EStG Rz. 727 setzt diese Vorschrift die unbeschränkte Steuerpflicht der Körperschaft voraus; *Menck* in Blümich, EStG/KStG, § 8b KStG Rz. 76 subsumiert dagegen auch ausländische Körperschaften unter § 20 Abs. 1 Nr. 9 EStG.

[53] Dafür *Schlotter* in Littmann/Bitz/Pust, Einkommensteuergesetz, § 20 EStG Rz. 728.

[54] FG Münster-Vorlagebeschluss v. 22. 2. 2008, 9 K 5096/07 K, EFG 2008, S. 983 ff., derzeit anhängig beim BVerfG unter 1 BvL 5/08.

[55] *Dötsch/Pung* in Dötsch/Jost/Pung/Witt, Körperschaftsteuer, § 8b KStG Rz. 65 "unklar". Gegen die Anwendung des § 8b Abs. 2 KStG sprechen sich *Menck* in Blümich, EStG/KStG, § 8b KStG Rz. 114, *Lübbehüsen* in Brinkhaus/Scherer, KAGG/AuslInvestmG, § 39 KAGG Rz. 63 und *Frotscher* in Frotscher/Maas, KStG/UmwStG, § 20 KStG Rz. 38a aus.

[56] Zur nicht abreißenden Kritik an § 15 AStG vgl. nur *Hey*, IStR 2009, S. 181 ff.; *Wassermeyer*, IStR 2009, S. 191 ff.

der Einkommenszurechnung unterliegen.[57] Erforderlich ist, dass die Institution Stiftungsfunktion hat, d.h. dass nach ihrem Satzungszweck Anfalls- und Bezugsberechtigte zugelassen sind (wie dies z. B. bei Trusts der Fall ist, sofern bei diesen nicht eine bloße Treuhand vorliegt).[58] Nicht alle Zweckvermögen, Vermögensmassen und Personenvereinigungen werden automatisch von § 15 AStG erfasst.[59] Ausländische Sondervermögen sollten daher im Regelfall nicht als stiftungsähnlich angesehen werden. Dies ist allerdings einer Einzelfallprüfung zu unterziehen.

Sofern § 15 AStG mangels Stiftungscharakters des ausländischen Vermögens nicht greift, könnte die Abschirmwirkung des Zweckvermögens noch aufgrund der §§ 7ff. AStG durchbrochen werden, wenn es sich bei dem Zweckvermögen um eine Zwischengesellschaft handelt. Für Einkünfte aus ausländischen Vermögen, die nicht unter die Vorschriften des InvStG fallen, enthält das AStG keine dem § 7 Abs. 7 AStG vergleichbare Ausnahme von seinem Anwendungsbereich.

Ausländische Zweckvermögen, die Sitz oder Geschäftsleitung in einem EU- oder EWR-Mitgliedstaat haben, fallen allerdings unter den Voraussetzungen des § 15 Abs. 6 AStG bzw. § 8 Abs. 2 AStG nicht in den Anwendungsbereich des AStG. Für diese ausländischen Zweckvermögen bleibt die Abschirmwirkung erhalten.

2. Transparentes Vehikel (Treuhandlösung, Miteigentumslösung)

Wird das ausländische Zweckvermögen als steuerlich transparente Gesamthands- oder Bruchteilsgemeinschaft behandelt, so wird der Anleger so gestellt, als würde er die von dem ausländischen Sondervermögen gehaltenen Vermögensgegenstände direkt halten und die von diesem getätigten Geschäfte selbst tätigen (sog. Bruchteilsbetrachtung).[60] Die Erträge werden daher sowohl bei natürlichen Personen als auch bei institutionellen Anlegern direkt zugerechnet, wobei jeder einzelne Geschäftsvorfall auf Ebene des ausländischen Sondervermögens auf seine steuerlichen Auswirkungen bei den Anlegern untersucht werden müsste.

Neben Erträgen, die vom ausländischen Sondervermögen erzielt und den Anlegern unabhängig von einer Ausschüttung anteilig zugerechnet werden, lösen auch Veräußerungsvorgänge Steuerfolgen beim Anleger aus. Dabei ist aus praktischer Sicht problematisch, dass eine Veräußerung nicht nur dann anzunehmen ist, wenn der Anleger seinen Anteil an dem ausländischen Vermögen veräußert oder zurückgibt, sondern auch dann, wenn einerseits sich seine quotale Beteiligung am Vermögen aufgrund von Ausgabe oder Rücknahme von Anteilen verändert und andererseits Veräußerungsvorgänge auf Ebene des ausländischen Vermögens stattfinden.

Aus verfahrensrechtlicher Sicht erfordert die Bruchteilsbetrachtung eine gesonderte und einheitliche Feststellung der Besteuerungsgrundlagen nach § 180 Abs. 1 Nr. 2 lit. a AO, was aber, insbesondere bei an der Börse gehandelten Publikumsfonds, praktisch kaum durchzuführen sein wird.[61]

D. Lösungsansatz bei Nichtanwendbarkeit des InvStG auf Anteile an ausländischen Sondervermögen

Die obigen Ausführungen haben gezeigt, dass sich im Fall der Nichtanwendbarkeit des InvStG je nach der dann erfolgenden Einordnung des ausländischen Sondervermögens des Vertragstyps

---

[57] *Kraft*, AStG, § 15 Rz. 350.
[58] *Rundshagen* in Grotherr/Herfort/Strunk, Internationales Steuerrecht, S. 403; *Kraft*, AStG, § 15 Rz. 361.
[59] *Wassermeyer/Schönfeld* in Flick/Wassermeyer/Baumhoff, Außensteuerrecht, § 15 AStG Rz. 91.
[60] *Baur*, Investmentgesetze, § 38 KAGG Rz. 4ff.
[61] *Sorgenfrei*, IStR 2004, S. 466.

als "**transparentes Gebilde**" (z. B. Annahme einer Treuhand, Bruchteilsgemeinschaft bzw. vermögensverwaltende Personengesellschaft) oder als eigenes Steuersubjekt bzw. "**intransparentes Gebilde**" (Kapitalgesellschaft, Zweckvermögen) unterschiedliche Steuerfolgen ergeben. In bestimmten Fällen (z. B. Zurechnung der Anlagegüter zu einer unter Umständen unbekannten Anzahl von Anlegern) können sich Steuerfolgen und/oder steuerliche Verfahrensanforderungen (z. B. das Erfordernis einer einheitlichen und gesonderten Feststellung der Besteuerungsgrundlagen) ergeben, die in der Praxis nicht oder nur sehr schwer handhabbar sind und dem wirtschaftlichen Hintergrund der Anlage in bestimmten Fällen nicht gerecht werden.

Eine einheitliche Lösung, d. h. eine grundsätzliche Einstufung eines ausländischen Sondervermögen als Kapitalgesellschaft, (fiktives) Zweckvermögen oder transparentes Gebilde scheint unter praktischen Erwägungen nicht zielführend, mag dies aus Sicht der rechtsstaatlich gewollten Gleichbehandlung vergleichbarer Anlageformen auch wünschenswert erscheinen.

Eine generelle Einordnung als "transparentes Gebilde" hätte die zuvor dargestellte Problematik der (anteiligen) Veräußerungsvorgänge für den Anteilscheininhaber bei Änderung seiner quotalen Beteiligung auf Grund der Ausgabe oder Rücknahme von Anteilscheinen oder dem Verkauf von Anlagegütern durch das ausländische Sondervermögen zur Folge. Im Fall eines an der Börse gehandelten "Goldfonds" (Fall 1) würde dies zumindest den für die Erstellung der einheitlichen und gesonderten Feststellung der Besteuerungsgrundlagen verantwortlichen Steuerberater vor große bzw. unüberwindbare Probleme stellen, da diese Veräußerungsvorgänge abgebildet werden müssten.

Auf der anderen Seite erscheint eine generelle Einordnung von nicht unter das InvStG fallenden Anteilen an einem ausländischen Sondervermögen in Form des Vertragstyps als Zweckvermögen – wie dargelegt – steuersystematisch nicht begründbar. In Fällen, in denen das ausländische Sondervermögen z. B. von einer überschaubaren Zahl von Arbeitnehmern gehalten und zur Bündelung von an diesen gewährten Mitarbeiteraktien eingesetzt wird (Fall 2) oder in denen nur ein Anleger vorhanden ist (Fall 3), erscheint eine derartige generelle Fiktion als Zweckvermögen zudem nicht sachgerecht.

So spricht z. B. in Fall 2 nichts gegen eine transparente Behandlung des Mitarbeiteraktienfonds, da die Anteilscheine den einzelnen Inhabern größtenteils (regelmäßig bis auf die Möglichkeit der gesonderten Ausübung des Stimmrechts) die gleichen Rechte wie bei einer Direktanlage in die Mitarbeiteraktien zugestehen und damit einem Treuhandverhältnis zumindest sehr nahe kommen.[62]

Ein **praktischer Lösungsansatz** zur Lösung dieser Problematik könnte sein, die Ratio einzelfallbezogen anzuwenden, die sich hinter der für inländische Sondervermögen nach § 11 Abs. 1 InvStG geltenden Fiktion als Zweckvermögen nach § 1 Abs. 1 Nr. 5 KStG bzw. den unterschiedlichen Anforderungen an die Veröffentlichungspflichten hinsichtlich der Besteuerungsgrundlagen nach dem InvStG (und den korrespondierenden unterschiedlichen Korrekturvorschriften bei unzutreffender Angabe der Besteuerungsgrundlagen) für Publikumsinvestmentvermögen und Spezialinvestmentvermögen nach den Regelungen des InvStG verbirgt. Eine Anwendung dieser Ratio erscheint dann als sinnvoll, wenn eine individuelle Zuordnung der Anlagegüter des ausländischen Sondervermögens des Vertragstyps auf Grund der "**Verselbständigung**" **des ausländischen Sondervermögens** nicht mehr angebracht und praktisch handhabbar ist.

Dieser Lösungsansatz ergibt sich nicht aus dem Gesetz selbst, da die Fiktion des § 11 Abs. 1 InvStG ausdrücklich nur für die ertragsteuerliche Behandlung inländischer Sondervermögen gilt.

---

[62] Vgl. hinsichtlich Pool-Vereinbarungen in Treuhandverträgene, *Michel/Hernler*, BB 2009, S. 196 f.

Dies gilt selbst dann, wenn das betreffende ausländische Sondervermögen sowie die entsprechenden Anteile an diesem unter das InvStG fallen[63] wobei es im letzteren Fall allerdings bereits auf Grund der Regelungen des InvStG zu einer Abschirmwirkung bei der Zurechnung der Erträge an die inländischen Anleger kommt.[64] Da die direkte Anwendung des § 11 Abs. 1 InvStG sich nur auf inländische Sondervermögen bezieht, kann es in dieser Hinsicht auch keinen Unterschied machen, ob das ausländische Sondervermögen selbst (z. B. auf Grund fehlender Einhaltung von Anlagegrenzen) oder nur die Anteile an dem Vermögen nicht in den Anwendungsbereich des InvStG fallen.[65] Allerdings kann der Grund für die Einführung der Fiktion des § 11 Abs. 1 InvStG (bzw. der entsprechenden Vorgängerregelungen des § 38 Abs. 1 KAGG) sowie der besonderen Veröffentlichungs- und Korrekturvorschriften des InvStG als Begründung für einen derartigen Lösungsansatz herangezogen werden.

Die praktischen Schwierigkeiten, die sich bei einer transparenten Betrachtung durch die dann gegebene Notwendigkeit der Erstellung einer einheitlichen und gesonderten Feststellung der Besteuerungsgrundlagen mit Bindungswirkung für die Veranlagung der Anteilscheininhaber ergeben, sollte durch die Fiktion des § 11 Abs. 1 InvStG vermieden werden.[66] Diese praktischen Schwierigkeiten sind bei ausländischen Sondervermögen in der Vertragsform, deren Anteile nicht unter das InvStG fallen, in gleicher Weise vorhanden. Zwar sieht das InvStG für in- und ausländische Investmentvermögen, deren Anteile unter das InvStG fallen, in den §§ 5, 15 und 16 InvStG Verfahren vor, die insbesondere bei inländischen Spezialinvestmentvermögen denen einer einheitlichen und gesonderten Feststellung der Besteuerungsgrundlagen nahe kommen. Allerdings erfolgt die Berechnung der entsprechenden Besteuerungsgrundlagen nach den speziellen Regeln des InvStG, die auf einen anonymen Anlegerkreis zugeschnitten sind, so dass z. B. die Erträge pro Anteilschein ermittelt werden. Die Anlagegüter werden (im Gegensatz zu einer Bruchteilsgemeinschaft) zudem nicht den einzelnen Anlegern anteilig zugerechnet, so dass es zu keinen Veräußerungsvorgängen kommt, wenn neue Anleger hinzukommen oder alte Anleger ausscheiden. Diese speziellen Regelungen greifen für Anteile an ausländischen Vermögen allerdings nur im Fall der Anwendbarkeit des InvStG.

Den Gedanken, der hinter der Fiktion des § 11 Abs. 1 InvStG steht, nutzend, könnte eine Lösung des aufgezeigten Problems der steuerlichen Einordnung von (Anteilen an) ausländischen Sondervermögen darin bestehen, unter Anwendung der Ratio des § 11 Abs. 1 InvStG eine Einordnung als **korporationsähnliches Gebilde** dann vorzunehmen, wenn sich das Sondervermögen weitgehend "verselbständigt" hat, d. h. eine Vielzahl von Anlegern besitzt und es diesen Anlegern nur auf eine Kapitalanlage ankommt, mithin eine "kapitalmäßige Beteiligung" vorliegt.

In diese Richtung scheint auch die Rechtsprechung zu tendieren. Nach dem Urteil des BFH vom 23. September 1970[67] sollen dann Einkünfte aus Kapitalvermögen vorliegen, wenn wie im Urteilsfall (vor Einführung des Auslandinvestmentgesetzes) eine Beteiligung gegeben ist, die als Ausfluss einer kapitalmäßigen Beteiligung anzusehen ist. Zwar lag in dem dem Urteil zugrunde liegenden Sachverhalt zivilrechtlich eine Bruchteilsgemeinschaft vor; den Anteilscheininhabern

---

[63] Vgl. z. B. *Hils*, DB 2009, S. 1154.
[64] Vgl. *Haisch/Bindl*, Ubg 2009, S. 689.
[65] Zu möglichen Unterschieden z. B. hinsichtlich der Anwendung des § 50d Abs. 3 Satz 4 EStG vgl. Fußnote 9.
[66] Vgl. *Jung* in WM 1957, Sonderbeilage IV, S. 30 f.; *Sorgenfrei*, IStR 1994, S. 466; *Scholtz* in Beckmann/Scholtz/Vollmer, Investment-Handbuch, § 38 KAGG Rz. 8.
[67] Vgl. BFH-Urt. v. 23. 9. 1970, I R 22/67, BStBl. 1971 II, S. 47 ff.

kam jedoch lediglich eine aktionärsähnliche Stellung zu, da sie von der Verwaltung der Anlagegüter ausgeschlossen waren und nur einen Anspruch auf die beschlossene Ausschüttungen hatten. Da praktisch nicht den Regelungen einer Bruchteilsgemeinschaft gefolgt wurde, urteilte der BFH, dass die Anteile eine kapitalmäßige Beteiligung an einem Gebilde mit korporationsähnlichem Charakter darstellten. Die Ausschüttungen des Vermögens wurden im Ergebnis als Einkünfte aus Kapitalvermögen i. S. d. § 20 Abs. 1 Nr. 1 EStG behandelt – nicht zuletzt vor dem Hintergrund, dass eine Behandlung des ausländischen Vermögens als transparentes Gebilde in der Praxis unmöglich gewesen wäre. Der BFH ließ es in diesem Urteil dahinstehen, in welche Rechtsform das ausländische Vermögen, das nach dem Recht seines Sitzstaates als Investmentvermögen in Form der Miteigentumslösung ausgestaltet war, in einem solchen Fall dann nach deutschem Verständnis ausgestaltet ist.

Trotz dieses Urteils ist, wie oben im Einzelnen dargelegt, die Fiktion als Zweckvermögen in § 11 Abs. 1 InvStG u. E. für inländische Sondervermögen im Hinblick auf deren ertragsteuerliche Behandlung nicht entbehrlich.[68] Diese Auffassung wird offenbar vom Gesetzgeber geteilt, der im Rahmen der Einführung des InvStG an der Fiktion als Zweckvermögen weiter festgehalten hat und diese ebenfalls für erforderlich gehalten hat. Auch die Finanzverwaltung betont weiterhin die Fiktionswirkung des § 11 Abs. 1 InvStG für Ertragsteuerzwecke.[69]

Bei Verfolgung dieses Lösungsansatzes stellt sich die weitere Frage, ab wann eine derartige **"kapitalmäßige Beteiligung"** an den Anlagegütern des Sondervermögens angenommen werden kann. Ein **Abgrenzungsmerkmal** kann die (mögliche) **Anzahl der Anleger** sein. Angenommen werden könnte eine "kapitalmäßige Beteiligung" aber z. B. auch dann, wenn keine weitergehende Verbundenheit mit den übrigen Anlegern besteht und/oder keine Einflussnahme auf das Management des Sondervermögens, z. B. über ein Gremium der Anleger, möglich ist. Neben der (möglichen) Anzahl der Anleger kann u. E. somit auch eine irgendwie geartete **Verbundenheit zwischen den Anlegern** als Abgrenzungsmerkmal dienen, da der Grund für die Fiktion des Zweckvermögens für inländische Sondervermögen gerade war, die Nichthandhabbarkeit einer einheitlichen und gesonderten Feststellung der Besteuerungsgrundlagen bei einer unüberschaubaren Zahl von Anlegern zu vermeiden.

Für die Frage der (möglichen) Anzahl der Anleger könnten z. B. das BMF-Schreiben zu den so genannten Spezialfonds für Privatanleger und deren spezielle Übergangsregelungen im Rahmen der Abgeltungsteuer nach § 18 Abs. 2a InvStG ("SIF-Regelung") herangezogen werden. In diesem Schreiben will die Finanzverwaltung das Nichteingreifen dieser speziellen Übergangsregelung im Grundsatz erst anerkennen, wenn das betreffende Sondervermögen mehr als 10 Anleger hat.[70] Hilfreich könnte auch die im InvStG getroffene Unterscheidung zwischen Spezial-

---

[68] So auch *Scholtz* in Beckmann/Scholtz/Vollmer, Investment-Handbuch, § 38 KAGG Rz. 8; *Lübbehüsen* in Brinkhaus/Scherer, KAGG/ AuslInvstmG, § 38 KAGG Rz. 15; a.A. *Hamacher/Carlé* in Blümich, EStG/KStG, § 11 InvStG Rz. 13.2; zur Abschirmwirkung der Regelungen des InvStG für inländische Anleger vgl. auch *Haisch/Bindl*, Jbg 2009, S. 689.

[69] Vgl. Aktualisierungsschreiben v. 18. 8. 2009 Rz. 212. Dem Vernehmen nach will das zuständige Referat die Frage ausländischer Fonds des Vertragstyps einer eingehenden Prüfung unterziehen und mit dem KSt-Referat abstimmen. Diese Frage sollte daher nicht im Rahmen der Überarbeitung des BMF-Schreibens v. 2. 6. 2005 erfolgen. Im Gegensatz dazu sollen kanadische Income Trusts, die nur in ein einziges Objekt investieren, offensichtlich nicht als selbständige Steuersubjekte, sondern als transparente Gebilde behandelt werden, vgl. hierzu und zu den Schwierigkeiten unter der Abgeltungsteuer, BMF-Schreiben v. 1. 4. 2009, IV C 1 – S 2000/07/0009.

[70] Vgl. BMF-Schreiben v. 22. 10. 2008 - IV C 1 - S 1980 - 1/08/10011, DStR 2008, S. 2217 mit berechtigter Kritik von *Schmitt/Krause*.

investmentvermögen und Publikumsinvestmentvermögen sein. Danach wäre auf eine (mögliche) Anlegerzahl von bis zu bzw. mehr als 100 Anlegern abzustellen.[71]

Die Anlegerzahl kann aber nur als grober Anhaltspunkt für die Frage gelten, ab wann bei ausländischen Sondervermögen in Form des Vertragstyps eine "kapitalmäßige Beteiligung" vorliegt, die eine Einordnung als korporationsähnliches Vehikel als angemessen erscheinen lässt, bzw. wann eine Einordnung als transparentes Gebilde noch als vorzugswürdig erscheint. Neben der Anzahl der Anleger (sei es der tatsächlichen oder der nach den Vertragsbedingungen möglichen Anzahl) kann wie dargelegt auch eine "Verbundenheit der Anleger" dafür sprechen, ein transparentes Gebilde anzunehmen. Dies ist z. B. im Fall der Bündelung von Mitarbeiteraktien oder in Fällen ausländischer Vermögen, die Stiftungen nach § 15 AStG vergleichbar sind, aber nicht von dieser Regelung erfasst werden, denkbar. Letztlich sind – mangels vom Gesetz vorgegebener Abgrenzungsmerkmale – bei Verfolgung dieses Lösungsansatzes die Gesamtumstände abzuwägen und z. B. auch ein "anonymer" Handel über eine Börse mit zu berücksichtigen.

Bei Anwendung der aufgezeigten Grundsätze ergeben sich für die oben aufgeworfenen Fallgestaltungen folgende Lösungsansätze, die bezogen auf die Steuerfolgen praxisgerecht erscheinen:[72]

Fall 1: Da der Goldfonds an der Börse gehandelt wird, d.h. eine unübersehbare Anzahl von Anlegern besitzt und es diesen Anlegern auf eine Kapitalanlage ankommt (der Fonds investiert nur in Gold) erscheint es gerechtfertigt, das ausländische Sondervermögen als korporationsähnlich anzusehen. Dies hat zur Folge, dass den inländischen Anlegern nicht die Anlagegegenstände des Goldfonds zugerechnet werden, sondern dann steuerpflichtige Erträge zufließen, wenn der Goldfonds Ausschüttungen tätigt oder der Anleger seine Anteilscheine veräußert. Für inländische Privatanleger, die die Anteilscheine ab 1. Januar 2009 erworben haben, wären bei dieser Einstufung sowohl die Ausschüttungen als auch die Veräußerungsgewinne dann grundsätzlich voll steuerpflichtig und würden dem Abgeltungsteuersatz von 25 % (zzgl. 5,5 % Solidaritätszuschlag hierauf und ggf. Kirchensteuer) unterliegen. Im Falle des Erwerbs der Anteilscheine vor dem 1. Januar 2009 wären die Veräußerungsgewinne steuerfrei, sofern die Veräußerung außerhalb der Jahresfrist des § 23 Abs. 1 Satz 1 Nr. 2 EStG a. F. erfolgt, da in diesem Fall Bestandsschutzregelungen greifen. Bei betrieblichen und institutionellen Anlegern käme zudem unter Umständen eine Anwendung des Teileinkünfteverfahrens nach § 3 Nr. 40 EStG bzw. des Freistellungsverfahrens nach § 8b KStG in Betracht.

Fall 2: Der Mitarbeiteraktienfonds wird nur von einer begrenzten Anzahl von Anlegern gehalten, die namentlich bekannt sind. Zudem stehen den Anlegern weitgehende Rechte an den jeweiligen Aktien zu. Dies lässt es gerechtfertigt erscheinen, den Mitarbeitaktienfonds für deutsche Steuerzwecke nicht als korporationsähnlich, sondern als transparent anzusehen bzw. den jeweiligen Anteilschein als eine Art "Hinterlegungsschein" bzw. "Dokumentation eines Treuhandverhältnisses", der das Recht an einer bestimmten Zahl von Aktien repräsentiert ähnlich einem ADR (American Depositary Receipt).[73] Damit sollten eventuelle Ausschüttungen auf die betreffende Mitarbeiteraktie bei dem betreffenden Mitarbeiter unter der Abgeltungsteuer voll steuerpflichtige Dividenden darstellen. Hinsichtlich eventueller Veräußerungsgewinne bei Veräußerung der Aktie nach Rückforderung durch Rückgabe des Anteilscheins kommt es wiederum darauf an, ob die betreffende Aktie bzw. der diese repräsentierende Anteilschein vor oder ab dem 1. Januar 2009 er-

---

[71] Vgl. §§ 15 Abs. 1, 16 Satz 1 InvStG.

[72] Da die folgenden Lösungsvorschläge einer Rechtsgrundlage entbehren, sollte im Einzelfall geprüft werden, ob sich für den Anleger aus dem vorgeschlagenen Lösungsansatz nachteilige Folgen ergeben, die eine abweichende, zu günstigeren Steuerfolgen führende Handhabung als gerechtfertigt erscheinen lassen. Das Fehlen einer Rechtsgrundlage kann nicht zu einer Analogie zu Lasten eines Anlegers führen.

[73] Die genaue steuerliche Einordnung von ADRs ist nach Einführung des Abgeltungsteuerregimes allerdings in Einzelbereichen umstritten, vgl. z. B. Rz. 56 des Entwurfs eines BMF-Schreibens zu Einzelfragen zur Abgeltungsteuer vom 21. Juli 2009.

worben wurde und, falls die Aktie / der Anteilschein vor dem 1. Januar 2009 erworben wurde, ob eine Veräußerung innerhalb oder außerhalb der Jahresfrist des § 23 EStG a. F. stattfindet.[74]

Fall 3: *Der FCP-Spezialfonds wird nur von der Y-AG gehalten. Dies rechtfertigt es bei im vorliegenden Fall gegebenem Nichteingreifen der Spezialregelungen des InvStG, die selbst schon das Transparenzprinzip als Leitbild haben,*[75] *erst recht von einer völligen Transparenz auszugehen. Dieses Ergebnis wird von der Tatsache unterstützt, dass davon auszugehen ist, dass die Y-AG als alleiniger Anleger einen gewissen Einfluss auf die Auswahl der Anlagegegenstände nehmen kann, d.h. für die Y-AG nicht nur eine losgelöste kapitalmäßige Beteiligung vorliegt. Die Y-AG ist also so zu stellen, als ob sie direkt an den Anlagegütern beteiligt wäre. Für die Beteiligung als Kommanditistin (limited partner) an den ausländischen Personengesellschaft bedeutet dies, dass die Y-AG im Endeffekt an gewerblichen bzw. zumindest (wie bei ausländischen Personengesellschaften üblich) gewerblich geprägten ausländischen Personengesellschaft beteiligt ist. Sofern die aus der Beteiligung an der betreffenden ausländischen Personengesellschaft zuzurechnenden Erträge nicht nach einem Doppelbesteuerungsabkommen freizustellen sind, stellen sie bei der Y-AG voll steuerpflichtige Erträge dar. Allerdings kommt bei eventuellen über die Personengesellschaft erzielten Ausschüttungen aus Kapitalgesellschaften und Veräußerungsgewinnen aus der Veräußerung von Anteilen an diesen Kapitalgesellschaften grundsätzlich das Freistellungsverfahren nach § 8b KStG zur Anwendung. Zudem sind grundsätzlich alle Erträge in Deutschland nach § 9 Nr. 2 GewStG von der Gewerbesteuer freizustellen.*

E. Ausblick: Forderung an den Gesetzgeber

Angesichts der fehlenden Rechtsgrundlage für eine praktikable Besteuerung von ausländischen Sondervermögen in der Vertragsform, die nicht in den Anwendungsbereich des InvStG fallen, verbleibt die Forderung an den Gesetzgeber nach einer an den praktischen Gegebenheiten orientierten **Gesetzesänderung**:

Ausländische Sondervermögen in der Vertragsform sind grundsätzlich am besten mit inländischen Sondervermögen vergleichbar. Diese gelten per gesetzlicher Fiktion aus Praktikabilitätsgründen als Zweckvermögen i. S. d. § 1 Abs. 1 Nr. 1 KStG. Da auch ausländische Sondervermögen mit einer Vielzahl von Anlegern und ggf. regem Börsenhandel (siehe Fall 1), deren Anteile keine Investmentanteile nach § 2 Abs. 9 InvG darstellen, vor praktischen Schwierigkeiten hinsichtlich der Ermittlung und Vermittlung der Besteuerungsgrundlagen für ihre inländischen Anleger stehen, ist de *lege ferenda* für diese eine entsprechende Fiktion "Zweckvermögen" wie für inländische Sondervermögen erforderlich. Dies gilt dann, wenn die Anteile an dem ausländischen Sondervermögen keine ausländischen Investmentanteile i. S. d. § 2 Abs. 9 InvG darstellen. Dem Vernehmen nach finden sich keine Ausführungen zu dieser Problematik im Aktualisierungsschreiben vom 18. August 2009 zum Einführungsschreibens zum InvStG, da eine Lösung (ohne gesetzliche Grundlage) nach Ansicht des zuständigen Referats einer gründlichen Vorbereitung und Abstimmung innerhalb der Finanzverwaltung bedarf. Dem ist nicht zuletzt deswegen zuzustimmen, da eine gesetzliche Regelung für die steuerliche Behandlung von ausländischen Sondervermögen auch Folgeänderungen (u. a. in § 20 Abs. 1 Nr. 9 EStG sowie § 8b KStG) erfordern würde. Bei den Überlegungen zu einer Gesetzesänderung sollte der Gesetzgeber auch im Blick haben, dass eine transparente Behandlung ausländischer Sondervermögen in Fällen, in denen keine tatsächliche "Verselbständigung" eingetreten ist, wie aufgezeigt durchaus Sinn macht.

---

[74] Zu bestimmten Mitarbeiterbeteiligungsprogrammen nach französischem Recht (FCPE) vgl. OFD Karlsruhe vom 19. 3. 2009, S-2334/63 - St 141. Nach Tz. 4 des Entwurfs eines BMF-Schreibens (Stand: 28. 9. 2009) zur lohnsteuerlichen Behandlung der Überlassung von Vermögensbeteiligungen ab 2009 (§ 3 Nr. 39, § 19a EStG) sollen die von der OFD Karlsruhe aufgestellten Grundsätze offenbar allgemein für Mitarbeiterbeteiligungsprogramme nach französischem Recht Anwendung finden.

[75] Das Transparenzprinzip ist zwar der Grundsatz der Regelungen des InvStG, allerdings ist es von zahlreichen Ausnahmen durchbrochen (z. B. dem sog. "Fondsprivileg" für bestimmte thesaurierte Veräußerungsgewinne nach § 1 Abs. 3 Satz 3 InvStG) und gilt nach der Rechtsprechung nur soweit, wie es auch im InvStG zum Ausdruck kommt, vgl. z. B. BFH-Urt. v. 27. 3. 2001, I R 120/98, BFH/NV 2001, S. 1539 ff.

4. Ausländische Familienstiftung als Instrument der Steuergestaltung

von Dr. Hanno Berger/Dr. Jens Kleinert, Frankfurt am Main[*]

Inhaltsübersicht

A. Einleitung/Motive für die Einschaltung ausländischer Stiftungen
B. Das (neue) liechtensteinische Stiftungsrecht – ein Überblick
   I. Das liechtensteinische Stiftungsrecht im Allgemeinen
   II. Die Gründung der liechtensteinischen Familienstiftung
C. Zivilrechtliche Aspekte der Verwendung einer ausländischen Familienstiftung
D. Deutsche steuerliche Behandlung der ausländischen privatnützigen Stiftung
   I. Erbschaft- und Schenkungsteuer
   II. Inländische Ertragsteuern
E. Ergebnis und Ausblick
   III. Das liechtensteinische Steuerrecht betreffend Familienstiftungen

Literatur:

Pelz/von Löwe, Die liechtensteinische Stiftung – Bermuda-Dreieck zwischen Schenkungsteuer, Steueramnestie und Steuerstrafrecht, BB 2005, 1601; *Göres/Kleinert,* Die liechtensteinische Finanzaffäre – Steuer- und steuerstrafrechtliche Konsequenzen, NJW 2008, 1353; *Weber/Zürcher,* Keine Schenkungsteuerbarkeit der Übertragung von Vermögen auf eine liechtensteinische Familienstiftung als (unechte) Treuhänderin, DStR 2008, 803; *Rehm/Nagler,* Zurechnungsbesteuerung bei ausländischen Familienstiftungen (§ 15 AStG) und die Empfängerbenennung (§ 160 AO) auf dem Prüfstand des Gemeinschaftsrechts, IStR 2008, 284; *Ludwig/Jorde,* Ausländische Familienstiftungen und Trusts – Chancen und Risiken durch die neue BFH-Rechtsprechung, ZErb 2007, 361; *Hey,* Hinzurechnungsbesteuerung bei ausländischen Familienstiftungen gemäß § 15 AStG i. d. F. des JStG 2009 – europa- und verfassungswidrig!, IStR 2009, 181; *Kinzl,* Nachfolgeplanung mit Familienstiftungen: § 15 AStG zwischen Hindernis und Europarechtswidrigkeit, IStR 2005, 624.

A. Einleitung/Motive für die Einschaltung ausländischer Stiftungen

Die Verwendung von in- oder ausländischen Stiftungen bzw. Trusts ist seit geraumer Zeit ein gängiges Instrument der Steuergestaltung. Der Einsatz inländischer Stiftungen birgt dabei jedoch insbesondere zwei entscheidende Nachteile: Zum einen ist es nach deutschem Recht relativ aufwendig, eine Stiftung zu errichten. Entscheidend ist jedoch der Umstand, dass eine in Deutschland ansässige, nicht gemeinnützige Stiftung hier unbeschränkt körperschaftsteuerpflichtig ist, § 1 Abs. 1 Nr. 5 KStG. Ganz zu schweigen davon, dass Leistungen einer inländischen Stiftung an einen in Deutschland unbeschränkt steuerpflichtigen Stifter[1] dem Teileinkünfteverfahren unterliegen, § 20 Abs. 1 Nr. 9[2] i. V. m. § 3 Nr. 40a EStG. Ist der Stifter in Deutschland lediglich beschränkt steuerpflichtig i. S. d. § 1 Abs. 4 EStG, so unterliegen die Einkünfte dennoch der deutschen Besteuerung, § 49 Abs. 1 Nr. 5d EStG.

---

[*] Dr. Hanno Berger, Rechtsanwalt/Steuerberater, ist Managing Partner des Frankfurter Büro's von Dewey & LeBoeuf. Dr. Jens Kleinert, Rechtsanwalt/FAStR ist Partner bei Osborne Clarke in Köln. Die Verfasser danken Herrn Rechtsreferendar und Dipl.-Jurist Ulay Özer für seine wertvollen Anregungen und seine tatkräftige Unterstützung.

[1] Der Begriff „Stifter" umfasst im Rahmen dieses Beitrages auch die Begriffe „Destinatär" und auch alle sonstigen Anfalls- oder Bezugsberechtigten einer Stiftung bzw. eines Trusts.

[2] Siehe dazu BMF, BStBl. I 2006, 417 sowie *Wassermeyer,* DStR 2006, 1733.

Vorstehende Problematiken lassen sich durch den Einsatz einer ausländischen Familienstiftung bzw. eines ausländischen Trusts[3] weitestgehend umgehen. Die Motive für die Einschaltung einer ausländischen Familienstiftung sind:

- Die rechtliche Absicherung des Vermögens vor familien- und erbrechtlichen Ansprüchen (Anspruch des Ehegatten auf Zugewinnausgleich bei Scheidung bzw. Tod; Pflichtteilsansprüche) sowie für den Fall der Insolvenz des Stifters oder – wenn auch derzeit weniger aktuell – für den Fall der Enteignung (sog."asset protection");
- Sicherung der Unternehmensnachfolge durch den Ewigkeitscharakter der Stiftung;
- Vermeidung des bürokratischen Aufwands, der mit der Errichtung und laufenden Administrierung einer deutschen Stiftung einhergeht;
- Steuerminimierung bei Einkommen- und Erbschaftsteuer.

Diese Motive seien hier nur exemplarisch aufgezählt. Ihre Erreichbarkeit ist jeweils anhand des konkreten Einzelfalles zu überprüfen. Jedenfalls mit einer sog. „kontrollierten" Stiftung oder Anstalt[4], bei der der Stifter faktisch deren Geschicke lenkt, lassen sich diese Ziele zu Lebzeiten des Stifters wohl nicht erreichen.

Der Beitrag stellt, stellvertretend auch für andere Jurisdiktionen, dass liechtensteinische Stiftungsrecht und die Besteuerungsfolgen dar. Nachfolgend soll zunächst ein Überblick über das im Jahre 2009 reformierte liechtensteinische Stiftungsrecht gegeben werden (B.). Darauf folgen zivilrechtliche Ausführungen (C.). Den Schwerpunkt des Beitrages bildet die steuerliche Behandlung einer privatnützigen ausländischen Stiftung (D.). Es soll in diesem Kontext aber nicht nur der Rechtszustand de lege lata dargestellt werden, sondern insbesondere auf verfassungs- und europarechtliche Bedenken der im Rahmen des JStG 2009 vom 24. 12. 2008 eingefügten Neuregelung von § 15 Abs. 6 und 7 AStG eingegangen werden. Am Ende sollen nochmals exemplarisch Situationen aufgezeigt werden, in denen der Einsatz einer ausländischen Stiftung besonders sinnvoll erscheint (E.).

B. Das (neue) liechtensteinische Stiftungsrecht – ein Überblick

Die liechtensteinische Stiftung ist – insoweit vergleichbar mit einer deutschen Stiftung – ein zur juristischen Person erhobenes Zweckvermögen. Im Vordergrund steht, dass Liechtenstein die Stiftung für eine diskrete und flexible Vermögensplanung hochattraktiv macht.

I. Das liechtensteinische Stiftungsrecht im Allgemeinen

Das Stiftungsrecht des Fürstentums Liechtenstein zeichnet sich seit nunmehr über 80 Jahren durch ein hohes Maß an Liberalität und die konsequente Orientierung an der bestmöglichen Erfüllung des Stifterwillens aus. An dieser Ausrichtung hat sich durch die Reform im letzten Jahr nichts geändert[5]. Die stiftungsspezifischen Regelungen finden sich in den Art. 552 bis 570 des Personen- und Gesellschaftsrechts (PGR). Diese werden ergänzt durch die allgemeinen Vorschriften für juristische Personen (Art. 106 bis 245 PGR). Wie nahezu alle europäischen Rechtsordnungen kennt auch die liechtensteinische neben der dem Gemeinnutz verpflichteten Stif-

---

[3] Der Begriff „Stiftung" umfasst im Rahmen dieses Beitrages auch denjenigen des „Trusts".
[4] Dazu nachfolgend unter D.II.4.b).
[5] Zu den Änderungen siehe *Lennert*, ZEV 2008, 79 f.

tung auch die privatnützige und ihre Unterform der Familienstiftung[6]. Das Gesetz unterscheidet in Art. 553 PGR zwischen reinen und gemischten Familienstiftungen. Nach Art. 553 Abs. 2 und 3 PGR ist die Familienstiftung eine reine, wenn ihr Vermögen ausschließlich der Förderung der Angehörigen einer oder mehrerer bestimmter Familien gewidmet ist und eine gemischte, wenn zusätzlich außerfamiliäre Nebenzwecke verfolgt werden[7].

Neben den gesetzlichen Regelungen verbleibt ein weiter Spielraum für die individuelle Ausgestaltung der einzelnen Stiftung. So besteht zum Beispiel die Möglichkeit, die in Deutschland im stiftungsrechtlichen Schrifttum und von der Verwaltungspraxis als nicht anerkennungsfähig abgelehnte Stiftung für den Stifter zu gründen[8]. Ferner sieht das Gesetz bei Familienstiftungen zur Absicherung der Begünstigten die Möglichkeit des Stifters vor, die Bestimmung in die Statuten aufzunehmen, dass unentgeltlich erlangter Stiftungsgenuss aus der Familienstiftung bei den Begünstigten nicht auf dem Wege des Zwangsvollstreckungs- oder Konkursverfahrens entzogen werden kann[9]. Dadurch ist es möglich, die Familienstiftung als Haftungsexklave sowohl auf der Vermögens- als auch auf der Ertragsebene einzusetzen.

Auch im Hinblick auf die laufende staatliche Überwachung von Familienstiftungen bietet das liechtensteinische Recht dem Stifter eine Wahlmöglichkeit. Grundsätzlich unterliegen Familienstiftungen keiner laufenden staatlichen Aufsicht[10]. Allerdings besteht die Option einer freiwilligen Aufsichtsunterstellung. Voraussetzung ist ein entsprechender Hinweis in der Stiftungsurkunde[11].

II. Die Gründung der liechtensteinischen Familienstiftung

Voraussetzung für die Gründung einer Stiftung in Liechtenstein ist gem. Art. 122 Abs. 1 PGR ein Mindestvermögen in Höhe von 30.000 CHF. Daneben besteht seit 2003 die Möglichkeit, die Stiftung mit einem Mindestvermögen von 30.000 USD oder 30.000 Euro auszustatten[12]. Stifter kann jede geschäftsfähige natürliche oder juristische Person sein. Die Errichtung einer Stiftung durch letztwillige Verfügung setzt (lediglich) die Testierfähigkeit voraus[13].

Zur Errichtung einer Stiftung nach liechtensteinischem Recht bedarf es einer dreifachen Willensäußerung des Stifters, die in der Stiftungsurkunde zum Ausdruck kommt, auf der die Unterschrift des Stifters beglaubigt ist. Neben der Bekanntgabe des Willens, eine Stiftung zu gründen, sind das der Stiftung zu widmende Anfangsvermögen zu bezeichnen und der Stiftungszweck zu benennen. Vergleichbar dem deutschen Recht bedarf es eines Stiftungsgeschäfts als einseitige, nicht empfangsbedürftige Willenserklärung des Stifters, die sich in einen organisationsrechtli-

---

[6] Eine kompakte Bestandsaufnahme über die rechtliche und tatsächliche Situation der Familienstiftung in Deutschland findet sich bei *Richter*, Münch. Hdb. GesR Bd. V, § 80.

[7] Zu den Tatbestandsmerkmalen der reinen und gemischten Familienstiftung im Einzelnen, siehe *Müller/Bösch*, in Richter/Wachter, Handbuch des Internationalen Stiftungsrechts. Kritisch im Hinblick auf die Zulässigkeit der voraussetzungslos berechtigenden Familienstiftung in Deutschland vor allem Münchener Kommentar/BGB-*Reuter*, Vorbem. §§ 80 ff. Rn. 84.

[8] Vgl. *Lampert/Taisch*, in: Hopt/Reuter [Hrsg.] Stiftungsrecht in Europa, S. 521, 528.

[9] Vgl. Art. 567 Abs. 3 PGR.

[10] Siehe Art. Art. 564 Abs. 1 PGR.

[11] Zu den privatautonomen Schutzmechanismen, siehe sogleich.

[12] Art. 122 Abs. 1a PGR.

[13] Auf diese Weise können auch entmündigte Personen eine Stiftung gründen, denen aufgrund ihrer fehlenden Geschäftsfähigkeit der Zugang zum Stiftungsgeschäft unter Lebenden verwährt ist, vgl. *Lampert/Taisch*, in: Hopt/Reuter [Hrsg.] Stiftungsrecht in Europa, S. 521, 526.

chen, auf Errichtung der juristischen Person gerichteten und einen vermögensrechtlichen, die Dotation der Stiftung betreffenden Teil gliedert. Neben den drei oben genannten essentialia negotii ordnet der Gesetzgeber in Art. 555 Abs. 2 PGR als weitere Angaben in der Stiftungsurkunde die Bezeichnung, den Sitz, den Zweck oder Gegenstand der Stiftung, die Bezeichnung des Stiftungsvorstands, die Art und Weise dessen Bestellung, und eine Bestimmung über die Verwendung des Vermögens im Falle der Auflösung der Stiftung an. Über den zwingenden Inhalt hinausgehende Bestimmungen, wie etwa die namentliche Benennung der Destinatäre, werden regelmäßig in ein besonderes Beistatut aufgenommen, das keinerlei Publizitätspflichten unterliegt und auf das die Stiftungsurkunde lediglich Bezug nimmt.

Regelmäßig erfolgt die Stiftungserrichtung nicht durch den originären Stifter, sondern mittels eines Treuhänders vor Ort, der formell als Stifter auftritt und die Stiftung im eigenen Namen aber fiduziarisch für den eigentlichen Stifter errichtet[14]. Hinsichtlich der Implementierung fakultativer Stiftungsorgane verbleibt dem Stifter ein großer Gestaltungsspielraum, da das Gesetz neben dem Stiftungsrat (Vorstand) weder Art noch Anzahl der Organe vorgibt. In Bezug auf die Organbesetzung sind nur Minimalanforderungen zu beachten[15]. Häufig existiert als einziges Organ der Stiftungsrat, der auch aus einem einzigen Mitglied bestehen kann[16]. Die Aufnahme weiterer Organe erfolgt nach Maßgabe des Stifterwillens, wobei auch ein Kreationsorgan geschaffen werden kann. Die fakultativen Stiftungsorgane dienen in praxi meist der Beratung, Beaufsichtigung und Überwachung des Stiftungsrats und besitzen kein Recht zur Vertretung der Stiftung[17]. Zwecks Sicherstellung der Befolgung des Stifterwillens wird auch bei Familienstiftungen häufig ein Protektor[18] vom Stifter bestellt, der über ein Vetorecht verfügt. Kein Organ der Stiftung ist der so genannte Repräsentant. Ihm fällt die Aufgabe zu, alle an die Stiftung gerichteten Erklärungen und Mitteilungen von inländischen Gerichten und Verwaltungsbehörden entgegenzunehmen. Handlungen mit Wirkung für und gegen die Stiftung kann er nur bei ausdrücklicher Bevollmächtigung tätigen.

Von der Errichtung der Stiftung ist ihre Entstehung zu unterscheiden, also der Zeitpunkt, in dem sich die gewidmete Vermögensmasse rechtlich gegenüber dem Stifter verselbständigt. Ab dem Entstehen der Stiftung erstarrt der Stifterwille und wird als solcher grundsätzlich unabänderlich, was die Verewigung des Stifterwillens in der Stiftungsurkunde zum Ausdruck bringen soll[19]. Voraussetzung der Entstehung ist grundsätzlich die Eintragung der Stiftung in das Öffentlichkeitsregister[20]. Kirchliche Stiftungen, Familienstiftungen und Stiftungen, deren Genussberechtigte bestimmt oder bestimmbar sind, sind von der Bestimmung ausgenommen – sie entstehen mit dem Abschluss der rechtsgültigen Errichtung. Diese Ausnahmeregelung gilt indes nicht für Stiftungen, die ein nach kaufmännischer Art geführtes Gewerbe betreiben. Für Stiftungen, die nicht dem Eintragungserfordernis unterliegen, sieht Art. 554 PGR die deklaratorische Pflicht zur

---

[14] Zur Einordnung des Rechtsverhältnisses zwischen rechtlichem (Treuhänder) und wirtschaftlichem Stifter (eigentlicher Stifter), siehe OHG vom 6. 7. 2000, LES 2000, 148 (152).

[15] Vgl. die allgemeinen Vorschriften, Art. 106 bis 245 PGR.

[16] Der Stiftungsrat entspricht dann in etwa dem deutschen Stiftungsvorstand. Organmitglied kann auch eine (ausländische) juristische Person sein.

[17] Vgl. hierzu *Müller/Bösch*, in Richter/Wachter, Handbuch des Internationalen Stiftungsrechts, S. 1110.

[18] Zum Teil auch als Beirat bezeichnet.

[19] Sog. Erstarrungsprinzip. Vgl. hierzu *Müller/Bösch*, in Richter/Wachter, Handbuch des Internationalen Stiftungsrechts, S. 1071.

[20] Siehe Art. 557 Abs. 1 PGR.

Hinterlegung der Stiftungsurkunde bzw. der letztwilligen Verfügung beim Grundbuch- und Öffentlichkeitsregisteramt vor.

Das Gesetz hält das oben dargestellte Erstarrungsprinzip gegenüber dem Stifter nicht streng durch, sondern es bestehen Änderungs- und Widerrufsmöglichkeiten, die sich der Stifter vorbehalten und sich so einen gewissen Einfluss auf die bereits entstandene Stiftung sichern kann[21]. Gemäß Art. 559 Abs. 4 PGR kann der Stifter sich den Widerruf und die Abänderung der Stiftungsurkunde oder des Statuts vorbehalten, muss dieses aber ausdrücklich in der Stiftungsurkunde festlegen.

III. Das liechtensteinische Steuerrecht betreffend Familienstiftungen

Die Dotation der Stiftung sowie spätere Zustiftungen sind weder erbanfalls- noch schenkungssteuerpflichtig[22]. Es fällt eine Gründungsabgabe an, die sich in Abhängigkeit vom Stiftungskapital berechnet[23]. Betreibt die Stiftung kein nach kaufmännischer Art geführtes Gewerbe, ist sie auch hinsichtlich der laufenden Besteuerung privilegiert und hat lediglich eine minimale jährliche Kapitalsteuer zu entrichten[24].

C. Zivilrechtliche Aspekte der Verwendung einer ausländischen Familienstiftung

Aus deutscher Sicht ist die ausländische Stiftung insbesondere auch ein Mittel zum Vermögensschutz (asset protection), wobei es allerdings sehr schwierig sein dürfte, dies auf legalem Weg durchzusetzen.

So sind z.B. bei einer Scheidung im Rahmen des gesetzlichen Güterstands der Zugewinngemeinschaft zur Ermittlung des Zugewinnausgleichsanspruchs alle Vermögenspositionen mit ihrem wirtschaftlichen Wert einzubeziehen. Soweit also der Stifter aufgrund eines entsprechenden Vorbehalts in der Stiftungserklärung die Stiftung jederzeit widerrufen und das Vermögen/Dotationskapital zurückerhalten kann, sind die entsprechenden Vermögenspositionen bei ihm als Zugewinn anzusetzen. Dies mit der Folge, dass entsprechende Zugewinnausgleichsansprüche des anderen Ehegatten im Falle der Scheidung entstehen können.

Entsprechendes gilt für die Berechnung von Pflichtteilsansprüchen, insbesondere enterbter Kinder, nach deutschem Erbrecht. Dabei ist deutsches Erbrecht stets beim Erbfall eines deutschen Staatsangehörigen anzuwenden, soweit nicht ausländischer Grundbesitz vererbt wird, vgl. Art. 25 EGBGB.

Auch soweit der Stifter sich nicht den Zugriff auf das Stiftungsvermögen zu Lebzeiten vorbehalten und somit auf dieses Vermögen keinen Zugriff mehr hat, sind die Zugewinnausgleichs- und Pflichtteilsergänzungsansprüche, §§ 1375 Abs. 2, 3 bzw. § 2325 BGB zu beachten. Solche Ansprüche können entstehen, sofern im Zeitpunkt der Scheidung bzw. des Erbfalls seit der Übertragung des Vermögens auf die Stiftung noch keine 10 Jahre vergangen sind[25]. Dabei ist nach

---

[21] Daneben besteht natürlich die Möglichkeit des Stifters, sich selbst zum Stiftungsorgan zu benennen. Diese stellt aber streng genommen keine Durchbrechung des Erstarrungsprinzips dar, sondern sichert dem Stifter bloß tatsächliche Einflussnahmemöglichkeiten zu.

[22] *Müller/Bösch*, in Richter/Wachter, Handbuch des Internationalen Stiftungsrechts, S. 1131.

[23] Siehe hierzu im Einzelnen, *Lampert/Taisch*, in: Hopt/Reuter [Hrsg.] Stiftungsrecht in Europa, S. 521, 526.

[24] Siehe zur Höhe und zur Bemessungsgrundlage der Steuer, *Müller/Bösch*, in: Richter/Wachter, Handbuch des Internationalen Stiftungsrechts, S. 1132.

[25] Vgl. *Rawert/Katschinski*, ZEV 1996, 161.

der geplanten Erbrechtsreform[26] ein Abschmelzen über zehn Jahre vorgesehen, d.h. eine Schenkung sechs Jahre vor dem Erbfall wäre also nur noch mit 4/10 zu berücksichtigen, vgl. § 2325 Abs. 3 BGB/E.

D. Deutsche steuerliche Behandlung der ausländischen privatnützigen Stiftung

Lässt man den Sonderfall der sog. „kontrollierten" Stiftung einmal außen vor, lassen sich drei Besteuerungsbereiche festmachen: Erstens die Besteuerung der Stiftungserrichtung, späterer Zustiftungen sowie das Sonderproblem der Erbersatzsteuer. Zweitens die laufende Besteuerung während des Bestehens der Stiftung sowie, drittens, die Besteuerung der Stiftungsauflösung. Dies soll nachfolgend, unterteilt nach Erbschaft- und Schenkungsteuer sowie nach Ertragsteuer, dargestellt werden[27].

I. Erbschaft- und Schenkungsteuer

Für Zwecke der Erbschaft- und Schenkungsteuer ist zu unterscheiden zwischen der Errichtung der Stiftung, der späteren Zustiftung sowie der Auflösung der Stiftung.

1. Errichtung der Stiftung

Nach § 1 Abs. 1 Nr. 1 u. Nr. 2 ErbStG unterliegen der Erbschaft- bzw. Schenkungsteuer der Erwerb von Todes wegen sowie die Schenkung unter Lebenden. Als Erwerb von Todes wegen gilt auch die Übertragung von Vermögen auf eine vom Erblasser angeordnete Stiftung, § 3 Abs. 2 Nr. 1 ErbStG. Im Fall der Stiftungserrichtung unter Lebenden gilt als Schenkung unter Lebenden nach § 7 Abs. 1 Nr. 8 ErbStG auch die Übertragung von Vermögen aufgrund eines Stiftungsgeschäfts. Ob sich daraus eine persönliche Erbschaftsteuer- bzw. Schenkungsteuerpflicht ergibt, richtet sich nach § 2 ErbStG. Danach tritt, soweit die ausländische Stiftung weder ihre Geschäftsleitung noch ihren Sitz im Inland hat, die unbeschränkte Erbschaftsteuerpflicht nur dann ein, wenn der Stifter zum Zeitpunkt der Ausführung der Schenkung bzw. seines Todes Steuerinländer ist. In diesem Fall bezieht sich die Steuerpflicht auf den gesamten Vermögensanfall der ausländischen Stiftung. Ist der Stifter kein Inländer (mehr), fällt die deutsche Erbschaftsteuer nur im Rahmen der beschränkten bzw. erweiterten beschränkten Erbschaftsteuerpflicht an.

Der Erwerb einer ausländischen Stiftung fällt stets in die ungünstigste Steuerklasse III. Die Begünstigung der Familienstiftung in § 15 Abs. 2 S. 1 ErbStG, d.h. die Einordnung nach dem Verwandtschaftsverhältnis des nach der Stiftungsurkunde entferntest Berechtigten zum Erblasser bzw. Schenker, gilt nur für die inländische Familienstiftung[28]. Dies ist u. E. ganz eindeutig europarechtswidrig[29].

2. Zustiftung

Zustiftungen können nur an bereits existierende Stiftungen gemacht werden. Z.B. kann eine Stiftung Vermächtnisnehmerin sein, was als Erwerb von Todes wegen nach § 3 Abs. 1 Nr. 1 ErbStG steuerpflichtig wäre. Die Zustiftung an eine Stiftung unter Lebenden ist schenkungsteuerrechtlich unter § 7 Abs. 1 Nr. 1 ErbStG zu subsumieren und nicht unter § 7 Abs. 1 Nr. 8 ErbStG.

---

[26] Vgl. Gesetzesentwurf der Bundesregierung vom 24. 4. 2008 BT-Drs. 16/8954, S. 21.
[27] Siehe dazu als aktuelle Übersicht insbesondere Pohl, in JbFSt 2008/2009, S. 516, 521 ff.
[28] *Meincke*, ErbStG-Komm., § 15 Rn. 19.
[29] Siehe dazu *Thömmes*, in JbFSt 2008/2009 (Tagungsunterlage), S. 56-59 m. w. N.; *Kellersmann/Schnitger*, IStR 2005, 253ff; *Thömmes/Stockmann*, IStR 1999, 261 ff.

Dies hat bei inländischen Familienstiftungen die unschöne Konsequenz, dass für die Zustiftung die günstige Steuerklasse bei der Familienstiftung nach § 15 Abs. 2 S. 1 ErbStG nicht zur Anwendung gelangt. Für die ausländische Stiftung ist es letztlich ohne Auswirkung, ob sich die Steuerbarkeit aus § 7 Abs. 1 Nr. 1 oder aus § 7 Abs. 1 Nr. 8 ErbStG ergibt, da für diese § 15 Abs. 2 S. 1 ErbStG ohnehin nicht gilt[30].

3. Auflösung der Stiftung

Gemäß § 7 Abs. 1 Nr. 9 ErbStG unterliegt auch die Aufhebung einer Stiftung der Schenkungsteuer. Für Zwecke der Bestimmung der Steuerklasse gilt nach § 15 Abs. 2 S. 2 ErbStG der Stifter als Schenker. Man könnte geneigt sei, daraus zu folgern, der Vorgang sei nicht steuerbar, da niemand etwas an sich selbst schenken kann. In diesem Kontext ist jedoch die – kaum nachvollziehbare – jüngere BFH-Rechtsprechung[31] zu beachten, wonach sich die Regelung des § 15 Abs. 2 S. 2 ErbStG allein in der Bestimmung der maßgeblichen Steuerklasse erschöpft, und, anders als man bei Lektüre des Wortlauts annehmen könnte, keine Aussage über die Person des Schenkers trifft. Dies könnte nach einer Literaturauffassung dazu führen, dass der Rückfall des Stiftungsvermögens an den Stifter unter die ungünstigste Steuerklasse III fiele[32]. Diese Auffassung ist aber u. E. nicht stimmig. Der Rückfall des Stiftungsvermögens an den Stifter kann nur aufgrund eines in der Stiftungsurkunde vorbehaltenen Rückforderungsrechts erfolgen. Das bedeutet, dass gar keine freigiebige Zuwendung der Stiftung an den Stifter vorliegen kann[33].

4. Erbersatzsteuer

Das Vermögen einer Familienstiftung unterliegt gemäß § 1 Abs. 1 Nr. 4 ErbStG in Zeitabständen von jeweils 30 Jahren der sog. Erbersatzsteuer. Dies gilt aber gemäß § 2 Abs. 1 Nr. 2 ErbStG, wenn die Stiftung ihre Geschäftsleitung oder ihren statutarischen Sitz in Deutschland hat. D. h., eine ausländische Familienstiftung unterliegt nicht der Erbersatzsteuer. Es ist insoweit insbesondere streng darauf zu achten, dass kein inländischer Ort der Geschäftsleitung i. S. d. § 10 AO gegeben ist.

5. Destinatäre

Ordentliche Ausschüttungen der Familienstiftung an die durch sie Begünstigten (sog. Destinatäre) unterliegen nicht der Schenkungsteuer, da sie nicht zur Bereicherung der Destinatäre geleistet werden, sondern zur Erfüllung des Stiftungszwecks erfolgen.

II. Inländische Ertragsteuern

Die in Deutschland anfallenden Ertragsteuern betreffen insbesondere den Zeitpunkt der Errichtung der Stiftung sowie die laufende Besteuerung der Stifter/Destinatäre während des Bestehens der Stiftung.

1. Errichtung der Stiftung

Aus der Errichtung der Stiftung können sich bei dem Stifter insbesondere ertragsteuerliche Folgen ergeben, wenn Betriebsvermögen auf die Stiftung übertragen werden soll. Die Übertragung eines ganzen Unternehmens, eines Teilbetriebes oder eines Mitunternehmeranteils auf eine ausländische Familienstiftung kann unentgeltlich unter Buchwertfortführung bei der Stiftung erfolgen, § 6 Abs. 3 EStG. Soweit einzelne Wirtschaftsgüter aus einem Betriebsvermögen

---

[30] *Meincke*, ErbStG-Komm., § 15 Rn. 19.
[31] BFH BStBl. II 1993, 238 und BFH/NV 1993, 438.
[32] *Weinmann*, in: Chistoffel/Geckle/Pahlke, ErbStG-Komm., § 15 Rn. 43ff.
[33] Vgl. *Flick/Piltz*, Der Internationale Erbfall, Rn. 1931.

auf eine Stiftung übertragen werden, realisiert der Stifter einen steuerpflichtigen Entnahmegewinn in seinem Unternehmen, vgl. § 4 Abs. 1 S. 3 EStG. Werden wesentliche Anteile an Kapitalgesellschaften i. S. d. § 17 EStG auf eine Stiftung übertragen, so ist § 6 Abs. 1 S. 2 Nr. 1 AStG zu beachten, wonach eine Veräußerung der wesentlichen Beteiligung fingiert wird. Während bis zur Einführung des SEStEG[34] nur bei einem Wegzug eines Gesellschafters oder bei der schenkweisen Übertragung eines wesentlichen Anteils an einer Kapitalgesellschaft auf einen im Ausland ansässigen neuen Gesellschafter die Konsequenzen der Wegzugsbesteuerung beachtet werden mussten, sieht nunmehr § 6 Abs. 1 S. 2 Nr. 1 AStG vor, dass die Steuerfolgen auch bei einem Erwerb von Todes wegen anzuwenden sind[35]. Bisher bestand die Möglichkeit, dass die bei der Schenkung von Anteilen an eine nicht unbeschränkt steuerpflichtige Person entstehende Wegzugsteuer auf Antrag zu ermäßigen/erlassen war, wenn für die unentgeltliche Übertragung der Anteile zugleich auch eine Erbschaftsteuerbelastung eintrat. Diese Möglichkeit besteht mit Inkrafttreten des SEStEG nun nicht mehr, womit es zu einer Doppelbelastung der unentgeltlichen Übertragung sowohl mit Einkommen- als auch mit Erbschaftsteuer führen kann[36].

2. Laufende Besteuerung der Stiftung

Die ausländische Familienstiftung ist ein eigenständiges Rechtssubjekt. Soweit weder statutarischer Sitz noch Ort der Geschäftsleitung im Inland sind, ist sie hier nicht unbeschränkt steuerpflichtig, vgl. § 1 Abs. 1 Nr. 5 KStG. Sie unterliegt lediglich mit ihren inländischen Einkünften der beschränkten Steuerpflicht nach § 2 Nr. 1 KStG. Die ausländische Familienstiftung entfaltet normalerweise steuerliche Abschirmwirkung, d.h., die Stiftung selbst versteuert die durch ihr Vermögen erzielten Erträge. Der Umfang der inländischen Einkünfte ergibt sich aus § 49 EStG, sofern das deutsche Besteuerungsrecht nicht aufgrund von Doppelbesteuerungsabkommen ohnehin schon eingeschränkt ist, vgl. § 2 AO.

3. Destinatäre

Auskehrungen einer ausländischen Stiftung unterliegen nach dem Stiftungsbericht der Bundesregierung[37] beim Empfänger (lediglich) gemäß § 22 Nr. 1 S. 2 HS. 1 EStG der Einkommensteuer, d.h., es sind lediglich wiederkehrende Bezüge, nicht aber insbesondere einmalige Zahlungen[38] von ausländischen Stiftungen ertragsteuerpflichtig[39]. Die Auskehrungen unterliegen gemäß § 3 Nr. 40 i EStG dem Teileinkünfteverfahren[40].

4. Zurechnungsbesteuerung nach § 15 AStG

Die zentrale Besonderheit der Besteuerung von Erträgen aus ausländischen Familienstiftungen ergibt sich aus § 15 AStG.

---

[34] Das "Gesetz über steuerliche Begleitmaßnahmen zur Einführung der Europäischen Gesellschaft und zur Änderung weiterer steuerlicher Vorschriften – SEStEG" ist mit Wirkung zum 1. 1. 2007 in Kraft getreten; hierzu *Rödder/Schumacher*, DStR 2006, 1481 ff. (Teil I) und 1525 ff. (Teil II).

[35] *Rödder/Schuhmacher*, DStR 2006, 1481; vgl. Gesetzesbegründung in BT-Drs. 16/2710, S. 52.

[36] *Hannes/Onderka/von Oertzen*, ZEV 2007, 448.

[37] Vgl. BT-Drs. 8/3165, 9f. sowie *Feick*, in: Münchener Anwaltshdb ErbR, § 39 Rn. 27-30.

[38] Vgl. dazu *Weber-Grellet*, in: Schmidt, EStG-Kommentar, § 22 Rn. 13 m. w. N.

[39] Vgl. *von Löwe*, IStR 2005, 577, 583; *ders.*, Familienstiftung und Nachfolgegestaltung, 1999, S. 221; *Bellstedt*, IWB F. 8 USA Gr. 2, 809 (819f.); *Wachter*, DStR 2000, 1037, 1046 sowie jüngst FG Berlin-Brandenburg vom 16. 9. 2009, 8 K 9250/07, EFG 2010, 55, Revision eingelegt (BFH, I R 98/09); siehe auch *Lemaire*, EFG 2010, 56f. zur Besteuerung von inländischen Familienstiftungen.

[40] FG Baden-Württemberg vom 20. 11. 2008, 3-K-397/08, EFG 2009, 816; Revision eingelegt (BFH, X R 62/08).

a) Wortlaut der Norm/Hintergrund

Die Zentralnorm des § 15 AStG, aus dem sich die Funktion und Wirkungsweise der gesamten, mittlerweile aus sieben Absätzen bestehenden Vorschrift ergibt, ist dessen Absatz 1. Dieser hat folgenden Wortlaut:

> „Vermögen und Einkommen einer Familienstiftung, die Geschäftsleitung und Sitz außerhalb des Geltungsbereichs dieses Gesetzes hat, werden dem Stifter, wenn er unbeschränkt steuerpflichtig ist, sonst den unbeschränkt steuerpflichtigen Personen, die bezugsberechtigt oder anfallsberechtigt sind, entsprechend ihrem Anteil zugerechnet. Dies gilt nicht für die Erbschaftsteuer."

Diese Zurechnung führt dazu, dass die Abschirmwirkung der ausländischen Familienstiftung durchbrochen wird. Hintergrund der Einführung des § 15 AStG war die Bekämpfung einer Kapitalflucht in ausländische Familienstiftungen[41]. Es handelt sich bei § 15 AStG um eine dem Gestaltungsmissbrauch mittels Einschaltung ausländischer Familienstiftungen vorbeugende einzelsteuergesetzliche Vorschrift i. S. d. § 42 Abs. 1 S. 2 AO[42].

Dabei sind Familienstiftungen (nur![43]) solche Stiftungen, bei denen der Stifter, seine Angehörigen oder seine Abkömmlinge (vgl. § 15 AO) zu mehr als der Hälfte bezugs- oder anfallsberechtigt sind, § 15 Abs. 2 AStG. Gemäß § 15 Abs. 4 AStG stehen sonstige Zweckvermögen, Vermögensmassen und rechtsfähige oder nichtrechtsfähige Personenvereinigungen, welche ebenfalls Sitz und Geschäftsleitung im Ausland haben, den Familienstiftungen gleich[44].

Ob es sich bei einem ausländischen Rechtsgebilde um eine ausländische Familienstiftung i. S. d. § 15 AStG handelt, richtet sich nicht nach dem Gründungsrecht der Stiftung[45]. Entscheidend ist vielmehr, ob das ausländische Rechtsgebilde nach seiner inneren und äußeren rechtlichen Gestaltung mit einer Stiftung nach deutschem Recht vergleichbar ist. Deren Merkmale sind insbesondere: Gründung durch Übertragung von Vermögen, keine Gewährung von (übertragbaren) Mitgliedschaftsrechten, Zwecksetzung für das Vermögen durch dokumentierten Willen des Stifters, Bestimmung von Begünstigten durch den Gründer. Eine derartige Vergleichbarkeit ist bei liechtensteinischen Stiftungen ungeachtet des Umstandes, dass diese keiner Eintragung in ein öffentliches Register bedürfen und keiner Stiftungsaufsicht unterliegen, gegeben[46].

Handelt es sich bei der vom deutschen Steuerpflichtigen in Liechtenstein errichteten Stiftung um eine solche Familienstiftung i. S. d. § 15 AStG, so wird das Einkommen der Stiftung dem unbeschränkt steuerpflichtigen Stifter bzw. ansonsten den Bezugs- oder Anfallberechtigten als Saldogröße[47] in dem Jahr, in dem die Stiftung es erzielt[48], zugerechnet und ist von diesen Perso-

---

[41] *Schaumburg*, Internationales Steuerrecht, 2. Aufl., § 11 Rn. 114; *Wassermeyer*, in Flick/Wassermeyer/Baumhoff, AStG-Kommentar, § 15 Rn. 10.

[42] Vgl. *Rundshagen* in Strunk/Kaminski/Köhler, AStG, § 15 Rn. 24.

[43] Liegen die Voraussetzungen des § 15 AStG nicht vor, kann auch keine Zurechnung erfolgen!

[44] Dies sind insbesondere ausl. Trust, vgl. *Wassermeyer/Schönfeld* in Flick/Wassermeyer/Baumhoff, AStG, § 15 Rn. 91

[45] Vgl. *Reith*, Internationales Steuerrecht, Rn. 12.5; *Grotherr/Herfort/Strunk*, Internationales Steuerrecht, 1998, 405; *Kinzl*, IStR 2005, 624, 625.

[46] Vgl. BFH IStR 2001, 589; *von Löwe*, Familienstiftung und Nachfolgegestaltung, 1999, S. 224; *Grotherr/Herfort/Strunk*, Internationales Steuerrecht, 1998, 405; *Wassermeyer/Schönfeld* in Flick/Wassermeyer/Baumhoff § 15 AStG Rn. 25; *Baranowski*, Besteuerung von Auslandsbeziehungen, 2. Aufl., Rn. 1101; *Schütz*, DB 2008 603 ff.

[47] Vgl. AEAStG, BStBl. I Sondernr. 1/2004, 3 Tz. 15.1.1. S. 4 u. 5.

nen in Deutschland zu versteuern[49]. Die Zurechnung erfolgt unabhängig davon, ob die Stiftung die Erträge thesauriert oder ausschüttet.

b) Abgrenzung zur Treuhandschaft/Revocable Trust

Überträgt der steuerpflichtige Stifter Vermögen auf eine ausländische Stiftung und ist die Stiftung insoweit nur (unechte) Treuhänderin des zivilrechtlich wirksam auf sie übertragenen Vermögens, so sind im Ergebnis alle aus dem – treuhänderisch verwalteten – Vermögen erzielten Erträge ertragsteuerlich unmittelbar dem „Stifter" nach Maßgabe des EStG als eigene Einkünfte zuzurechnen[50], vgl. § 39 Abs. 2 Nr. 1 S. 2 AO[51].

Das Vorliegen einer solchen, sog. unechten Treuhand, ist von den getroffenen Vereinbarungen und deren tatsächlicher Durchführung abhängig. Als Anhaltspunkte gelten: Gebundenheit des Stiftungsrates an die Weisungen des Stifters; strikte Beachtung formloser Nebenabreden durch den Stiftungsrat; Möglichkeiten des Stifters, dem Stiftungsrat zu kündigen oder diesen abzusetzen; Einflussmöglichkeiten des Stifters auf Anlageentscheidungen des Stiftungsrates; Möglichkeit der Rückgängigmachung der Vermögensübertragung durch den Stifter; Verfügungsmöglichkeiten des Stifters über das Vermögen und die Konten der Stiftungen[52]. Dogmatisch ebenfalls möglich wäre es, in einem solchen Fall die Stiftungserrichtung als nicht wirklich gewolltes, sog. Scheingeschäft, § 41 Abs. 2 S. 1 AO, anzusehen und die Erträge direkt dem Stifter zuzurechnen.

Liegt eine derartige Konstellation vor und kann die Stiftung im Verhältnis zum Stifter bzw. dessen Erben nicht tatsächlich und rechtlich über die ihr übertragenen Vermögensmassen verfügen, so liegt auch in der Übertragung des Vermögens auf die Stiftung im Rahmen von deren Gründung oder im Rahmen von späteren Zustiftungen kein erb- und schenkungsteuerlich steuerbarer Erwerbsvorgang[53], vgl. § 3 Abs. 2 Nr. 1, § 7 Abs. 1 Nr. 1 u. 8 ErbStG. Zu beachten ist, dass die Übertragung von Vermögen auf einen Trust, sofern diese bis zum 4. 3. 1999 erfolgte, ohnehin schenkungsteuerfrei war[54].

c) Abgrenzung zu sog. Briefkasten-Stiftungen

Handelt es sich bei der ausländischen Familienstiftung um eine funktionslose, leere Hülle („Briefkasten"-Stiftung), so könnte die Finanzverwaltung geneigt sein, die Zwischenschaltung der ausländischen („Briefkasten"-)Stiftung als gestaltungsmissbräuchlich i. S. d. § 42 AO anzusehen und deren Einkünfte direkt dem Stifter zuzurechnen. Die Voraussetzungen für die Anwendung des § 42 AO auf sog. Briefkastengesellschaften und/oder -stiftungen sind jedoch – auch zurückgehend auf die Rechtsprechung des EuGH[55] sowie die entsprechende Reaktion dar-

---

[48] Siehe dazu unten unter II.) 4.) d.) bb.) sowie Vgl. AEAStG, BStBl. I Sondernr. 1/2004, 3 Tz. 15.1.2; *Wassermeyer/Schönfeld* in Flick/Wassermeyer/Baumhoff § 15 AStG Rn. 7 u. 58.

[49] Vgl. R 3 Abs. 1 EStR a.E.

[50] BMF vom 20. 7. 2004, Fragen zum StraBEG, DStR 2004, 1387, Antwort zu Frage 19.

[51] Zu den Voraussetzungen der Treuhandschaft vgl. BMF vom 1. 9. 1994, BStBl. I 1994, 604.

[52] Vgl. BMF vom 20. 7. 2004, Fragen zum StraBEG, DStR 2004, 1387 sowie BFH vom 28. 6. 2007, II R 21/05, BStBl. II 2007, 1775

[53] Vgl. BFH vom 28. 6. 2007, II R 21/05, BStBl. II 2007, 1775 sowie BFH vom 25. 1. 2001, II R 39/98, BFH/NV 2001, 908. – die Vereinbarung eines Widerrufsvorbehalts im Rahmen der Übertragung allein ist aber unschädlich.

[54] Vgl. auch *Schütz*, DB 2088, 603 ff.

[55] Zum Missbrauchsbegriff jüngst EuGH vom 12. 9. 2006, Rs. C-196/04, DStR 2006, 1986.

auf durch den BFH[56] – sehr eng[57]. Diese, die Zulässigkeit von Missbrauchserwägungen stark einschränkende Rechtsprechung des EuGH gilt auch gegenüber Liechtenstein, da Liechtenstein Vertragsstaat des EWR-Abkommens ist[58] und nach Art 31ff. des Abkommens die Niederlassungsfreiheit sowie insbesondere nach Art. 40ff. des Abkommens die Kapitalverkehrsfreiheit im Verhältnis zu Liechtenstein und damit auch zu liechtensteinischen Stiftungen Anwendung findet[59].

Überträgt man die Rechtsprechung des BFH vom Verhältnis der Hinzurechnungsbesteuerung, §§ 7ff. AStG, zu § 42 AO[60], wonach § 7 AStG der logische Vorrang gebührt, auf das Verhältnis zu § 15 AStG, der ausländische Familienstiftungen regelt (s. u.), so gilt: Eine Zwischenschaltung ist demnach nicht als rechtsmissbräuchlich i. S. d. § 42 AO anzusehen, wenn die Stiftung (1.) auf eine gewisse Dauer (mindestens 2 Jahre) angelegt ist, (2.) über ein Mindestmaß an sachlicher und personeller Substanz verfügt und (3.) keine „Briefkasten"-Stiftung darstellt[61]. Entscheidend für das Vorliegen einer nicht missbräuchlichen Gestaltung ist insoweit, dass die ausländische Stiftung sowohl im eigenen Namen als auch auf eigene Rechnung handelt und die mit Kapitalanlagen typischerweise verbundenen Risiken trägt. Dann entwickelt sie Aktivitäten, die über bloße Verwaltungs- und Rechtshandlungen hinausreichen und übt eigene wirtschaftliche Tätigkeit aus[62].

Liegen diese engen Voraussetzungen des § 42 AO hinsichtlich der ausländischen Familienstiftung nicht vor, so erzielt die liechtensteinische Stiftung, nicht aber der deutsche Stifter, die (Kapital-)Erträge.

d) Einzelfragen bzgl. der Stiftungseinkommensermittlung/Zurechnung

Die Anwendung der Vorschrift des § 15 AStG ist höchst streitig, zumal die Norm selbst ungenügend ist[63]. Nachfolgend sollen einzelne Themenkreise dargestellt werden.

aa) Persönliche Zurechnung/Rangfolge

Persönlich erfolgt die Zurechnung gegenüber demjenigen, der zum Zurechnungszeitpunkt unbeschränkt steuerpflichtiger Stifter (bzw. Destinatär) ist[64]. Das Einkommen der Stiftung wird vorrangig dem im Zeitpunkt der Zurechnung unbeschränkt (oder erweitert beschränkt; vgl. § 15

---

[56] Vgl. BFH vom 19. 1. 2000, I R 94/97, BStBl. II 2001, 222 (sog. Dublin Docks I.), mit Nichtanwendungserlass, BMF BStBl. I 2001, 243 belegt; BFH vom 19. 1. 2000, I R 117/97, IStR 2000, 182 (sog. Dublin Docks II.), mit Nichtanwendungserlass (s.o.) belegt; sowie BFH vom 25. 2. 2004, I R 42/02, BStBl. II 2005, 2005 (sog. Dublin Docks III), welches zur Aufhebung der beiden Nichtanwendungserlasse führte, vgl. BMF BStBl. I 2005, 28.

[57] Vgl. *Böing*, EWS 2007, 55ff.

[58] Vgl. auch dazu BGH vom 19. 9. 2005, II ZR 372/03, NJW 2005, 3351 zur Niederlassungsfreiheit

[59] So auch *Kinzle*, IStR 2005, 624; *Schütz*, DB 2008, 603 ff.

[60] Vgl. insbesondere die ab dem 1. 1. 2008 geltende Neufassung des § 42 Abs. 1 S. 2 AO, der auf die vorangegangene Rspr. des BFH zurückgeht. Siehe dazu insbesondere *v. Wedelstedt*, DB 2007, 2558

[61] Vgl. dazu insbesondere BFH vom 20. 3. 2003, I R 63/99, BStBl. II 2003, 50 sowie BFH vom 25. 2. 2004, I R 42/02, BStBl. II 2005, 14.

[62] Vgl. dazu insbesondere BFH vom 20. 3. 2003, I R 63/99, BStBl. II 2003, 50 sowie BFH vom 25. 2. 2004, I R 42/02, BStBl. II 2005, 14.

[63] *Wassermeyer*, IStR 2009, 191 (195): "Der jetzige Zustand des § 15 AStG ist jedenfalls eines Rechtsstaats unwürdig".

[64] Vgl. *Schaumburg*, Internationales Steuerrecht, 2. Aufl. Rn. 11.14

Abs. 5 AStG[65]) steuerpflichtigen Stifter zugerechnet[66]. Stifter ist, wer die Stiftung errichtet hat, d. h. für dessen Rechnung das Stiftungsgeschäft abgeschlossen worden ist[67], oder wer in der Art des Stifters (weiteres) Vermögen auf die Stiftung überträgt bzw. die Person, der das Stiftungsgeschäft bei wirtschaftlicher Betrachtung zuzurechnen ist[68].

Gegenüber den Bezugs- und Anfallsberechtigten (= sonstigen Destinatären oder Begünstigten) erfolgt eine Zurechnung nur subsidiär, wenn eine Zurechnung gegenüber dem unbeschränkt steuerpflichtigen Stifter (z. B. nach dessen Tod) ausscheidet[69]. Ein und dieselbe Person kann sowohl bezugs- als auch anfallsberechtigt sein[70]; die Anfallsberechtigung bezieht sich auf den Vermögensstamm, die Bezugsberechtigung auf das erwirtschaftete Einkommen[71]. Nicht jeder Einkünftebezug von einer Stiftung macht die betroffene Person zum Bezugsberechtigten (z. B. gilt dies für die Angestellten einer Stiftung)[72].

---

[65] Spielt vorliegend keine Rolle; hierzu vgl. BMF BStBl. I 2004 Sondernr. 1/2004 Rn. 15.5.1 (ggf. nur begrenzte Zurechnung).

[66] Vgl. *Schaumburg*, Internationales Steuerrecht, 2. Aufl. Rn. 11.22; *Wachter* DStR 2000, 1037, 1045; *Jülicher* PIStB 2001, 137 Tz. 2.2.1; *Habammer* DStR 2002, 425, 429; *Kellersmann/Schnitger* IStR 2005, 253, 259; *Runge* in Brezing/Krabbe/Lempenau/Mössner/ Runge § 15 AStG 1991 Rn. 12; Materialsammlung Auslandsbeziehungen unter Tz. 2.3.2.3 Familienstiftungen, Stand 07/1997.

[67] Vgl. BFH BStBl. II 1993, 388.

[68] Vgl. BMF BStBl. I 2004 Sondernr. 1/2004 Tz. 15.2.1; BFH IStR 2001, 589 = BFH/NV 2001, 1457; *Grotherr/Herfort/ Strunk*, Internationales Steuerrecht, 1998, 407; *Wachter* DStR 2000, 1037, 1045; *Reith*, Internationales Steuerrecht, Rn. 12.13; *Bremer* in Grotherr, Handbuch der internationalen Steuerplanung, 2000, 1439, 1460; *Schaumburg*, Internationales Steuerrecht, 2. Aufl. Rn. 11.15 u. 11.23; *dox* FR 1974, 508; *Rundshagen* in Strunk/Kaminski/Köhler § 15 AStG Rn. 34 ff.; *Wassermeyer* in Flick/Wassermeyer/Baumhoff § 15 AStG Rn. 27; *Baranowski*, Besteuerung von Auslandsbeziehungen, 2. Aufl., Rn. 1104 ff; *Runge* in Brezing/Krabbe/Lempenau/Mössner/Runge § 15 AStG 1991 Rn. 13 ff.

[69] Vgl. *Schaumburg*, Internationales Steuerrecht, 2. Aufl., Rn. 11.22; *Wachter* DStR 2000, 1037, 1045; *Jülicher* PIStB 2001, 137 Tz. 2.2.1; *Habammer* DStR 2002, 425, 429; *Runge* in Brezing/Krabbe/Lempenau/Mössner/ Runge § 15 AStG 1991 Rn. 12; *Kellersmann/Schnitger* IStR 2005, 253, 259; *von Löwe*, Familienstiftung und Nachfolgegestaltung, 1999, 200; Materialsammlung Auslandsbeziehungen unter Tz. 2.3.2.3. Familienstiftungen, Stand 07/1997.

[70] Vgl. *Runge* in Brezing/Krabbe/Lempenau/Mössner/Runge § 15 AStG 1991 Rn. 22.

[71] Vgl. *Habammer* DStR 2002, 425, 429; zu Bezugs- und Anfallsberechtigten sowie zu sog. Zufallsdestinatären vgl. auch BFH, IStR 2001, 589 = BFH/NV 2001, 1457; *Jülicher* PIStB 2002, 8; *Reith*, Internationales Steuerrecht, Rn. 12.13; *Bremer* in Grotherr, Handbuch der internationalen Steuerplanung, 2000, S. 1439, 1460; *Schaumburg*, Internationales Steuerrecht, 2. Aufl., Rn. 11.15 u. 11.23; *dox* FR 1974, 508; BMF BStBl. I 2004 Sondernr. 1/2004 Tz. 15.2.1; *Seibold* IStR 1993, 545, 549; *Rundshagen* in Strunk/Kaminski/Köhler § 15 AStG Rn. 34 ff.; *Wassermeyer* in Flick/Wassermeyer/Baumhoff § 15 AStG Rn. 30 ff; *von Löwe*, Familienstiftung und Nachfolgegestaltung, 1999, S. 224 f.; *von Löwe* IStR 2005, 577, 580; *Runge* DB 1977, 514; *Grotherr/Herfort/Strunk*, Internationales Steuerrecht, 1998, 407; *Baranowski*, Besteuerung von Auslandsbeziehungen, 2. Aufl., Rn. 1104 ff; *Bredow/Reich* WiB 1995, 775, 781; *Werkmüller* ZEV 1999, 138, 140; *Wassermeyer* SWI 1994, 279, 282; *Verstl*, Der internationale Trust als Instrument der Vermögensnachfolge, 2000, S. 251 ff; *Füger/Rieger* TNI 1994, 1923, 1927 f.; *Runge* in Brezing/Krabbe/Lempenau/Mössner/ Runge § 15 AStG 1991 Rn. 13 ff.; zu verfassungsrechtlichen Bedenken bei unklaren Berechtigungen vgl. insbesondere *Wassermeyer* IStR 1993, 124; *Wachter* DStR 2000, 1037, 1046; *Martin* GmbHR 1972, 228 ff.; verfassungsrechtlich (relativ) unbedenklich sind dagegen Einkommenszurechnungen gegenüber dem Stifter (vgl. BFH BStBl. II 1994, 727 und *Coutier/Schmalz* KFR F. 11 § 15 AStG 1/94, 263).

[72] Vgl. *Wassermeyer* in Flick/Wassermeyer/Baumhoff § 15 AStG Rn. 25.

bb) Sachliche Zurechnung/Zurechnungsgegenstand
(1) Die sachliche Zurechnung im Allgemeinen

Nach dem insofern eindeutigen Wortlaut von § 15 Abs. 1 AStG wird das (Netto-) Einkommen der Familienstiftung und nicht deren Tätigkeiten oder Leistungen, Einnahmen und Ausgaben bzw. Einkünfte (vorrangig) dem Stifter zugerechnet[73]. Mit dem Einkommen werden aber auch die diesem zugrunde liegenden Einkünfte – allerdings vermindert um insbesondere in § 2 Abs. 3 u. 4 EStG genannte Abzüge (z.B. Sonderausgaben) – zugerechnet[74]. In der Literatur wurde – und wird unverständlicherweise immer noch – die Frage erörtert, ob bei der Ermittlung des Einkommens auf die Person des Stifters (als Einkommenszurechnungssubjekt) oder auf die persönlichen Verhältnisse der jeweiligen Stiftung (tatsächliches Einkommenserzielungssubjekt) abzustellen ist.

Teile des Schrifttums[75] und wohl auch die Finanzverwaltung[76] gingen im Sinne einer Fiktionstheorie (statt reiner Zurechnungstheorie) von originärem Einkommen der Zurechnungsempfänger und davon aus, dass das Einkommen und damit auch die diesen zugrunde liegenden Einkünfte nach den Verhältnissen beim jeweiligen Stifter zu qualifizieren seien.

Nach der mittlerweile gefestigten, streng am Wortlaut des § 15 AStG orientierten und einer reinen Zurechnungstheorie folgenden BFH-Rechtsprechung[77] kann hieran nicht mehr festgehalten werden[78]: Die Familienstiftung ist diejenige, die die Besteuerungstatbestände verwirklicht und das Einkommen erzielt; der Stifter hat die Besteuerungsfolgen im Wege der Zurechnung des auf Ebene der Familienstiftung ermittelten Einkommensbetrages zu tragen.

Im ersten Schritt ist auf Ebene der ausländischen Familienstiftung (= Einkommenserzielungssubjekt) das Einkommen zu ermitteln[79]. Einkommen i. S. d. § 15 Abs. 1 AStG ist dabei dasjenige, das sich bei unterstellter unbeschränkter Steuerpflicht der Stiftung (für diese) ergeben würde. Die Ermittlung des Einkommens (i. S. d. § 8 KStG) bestimmt sich nach den Grundsätzen des deutschen Steuerrechts, dazu gehört die Gewährung von Pausch- und Freibeträgen. Die Finanzverwaltung folgt dem[80] (mit Schattenveranlagungen[81]).

Im zweiten Schritt ist dieses von der Familienstiftung erzielte und auf deren Ebene – getrennt vom eigenen Einkommen des Stifters – ermittelte Einkommen dem Stifter als saldierte Rechengröße (keinesfalls aber als originär vom Stifter erzieltes Einkommen) zuzurechnen und von die-

---

[73] Vgl. *Wassermeyer* in Flick/Wassermeyer/Baumhoff § 15 AStG Rn. 7 u. 58; *Grotherr/Herfort/Strunk*, Internationales Steuerrecht, 1998, 407; *Füger/Rieger* TNI 1994, 1923, 1929

[74] Vgl. BFH BStBl. II 1993, 388, 389; *Rundshagen* in Strunk/Kaminski/Köhler § 15 AStG Rn. 17, 47 u. 58; *Vogt* in Blümich § 15 AStG Rn. 23; *Wassermeyer* in Flick/Wassermeyer/Baumhoff § 15 AStG Rn. 22; Materialsammlung Auslandsbeziehungen unter Tz. 2.3.2.3. Familienstiftungen, Stand 07/1997

[75] Vgl. *Runge* DB 1977, 516; *ders.* in Brezing/Krabbe/Lempenau/Mössner/Runge § 15 AStG 1991 Rn. 10 u. 23; *Krabbe* in Lademann § 15 AStG Stand 1983 Rn. 3; *Felix* DB 1972, 2275; *Lehleitner*, Familienstiftung, 83 und wohl auch *Pöllath* in Seifert, Handbuch des Stiftungsrechts, 1987, § 14 Rn. 39; a. A. z. B. *Becker*, in Flick/Wassermeyer/Baumhoff § 15 AStG Rn. 54 ff.; *Sieker*, Der US-Trust, S. 346

[76] Vgl. hierzu *Wassermeyer* in Flick/Wassermeyer/Baumhoff § 15 AStG Rn. 55.1 u. 56; *Sieker*, Der US-Trust, 345 f.

[77] BStBl. II 1993, 388 ff. und BStBl. II 1994, 727 ff; dem das Nieders. FG (EFG 2000, 742 rkr) gefolgt ist

[78] Vgl. *von Löwe* IStR 2005, 577, 581

[79] Vgl. *Wassermeyer* in Flick/Wassermeyer/Baumhoff § 15 AStG Rn. 23; *Vogt* in Blümich § 15 AStG Rn. 23

[80] Vgl. BMF, BStBl. I 2004 Sondernr. 1/2004 Tz. 15.1.1 S. 4 u. 5

[81] Vgl. Materialsammlung Auslandsbeziehungen unter Tz. 2.3.2.3. Familienstiftungen, Stand 07/1997.

sem Einkommenszurechnungssubjekt zu versteuern[82]. In die Ermittlung des Einkommens des Zurechnungsempfängers geht der so ermittelte Einkommensbetrag – mangels ausdrücklicher Rechtsgrundlage – in ergänzender Auslegung[83] des § 2 Abs. 4 EStG an letzter Stelle (nach Abzug von Sonderausgaben, außergewöhnlichen Belastungen etc.) ein. Die Finanzverwaltung hat sich auch insofern der BFH-Rechtsprechung angeschlossen (vgl. R 2 Abs. 1 Zeile 12 EStR).

Besonders deutlich ergibt sich aus dem Urteil vom 2. 2. 1994[84], dass der BFH auf die persönlichen Verhältnisse der Stiftung als Einkommenserzielungssubjekt abstellt: Dort war eine Person die Begünstigte von drei[85] (Familienstiftungen gleichgestellten) Trusts. Bei der Berechnung des vom Zurechnungsempfänger – neben seinem eigenen Einkommen – zu versteuernden (Stiftungs-)Einkommens wurden die Pausch- und Freibeträge dreimal gewährt[86]. Bei einem Abstellen auf die persönlichen Verhältnisse des alleinigen Zurechnungsempfängers hätten die Pausch- und Freibeträge insgesamt nur einmal zum Abzug kommen dürfen[87].

Damit sind für die Bestimmung des Einkommens allein die Verhältnisse der Familienstiftung maßgebend[88]. Bei der Qualifizierung der Einkünfte, der Ermittlung zunächst der Einkünfte und dann des Einkommens sind die steuerlichen Vorschriften anzuwenden, die bei unbeschränkter Steuerpflicht der Familienstiftung anwendbar wären[89]. Bei der Qualifizierung der Einkünfte ist zu berücksichtigen, dass unbeschränkt steuerpflichtige Stiftungen – nach wie vor (vgl. § 8 Abs. 2 KStG i. d. F. des SEStEG) – und damit auch Familienstiftungen Einkünfte aus §§ 20 (17, 13, 15, 21 u. 22) EStG haben können.

Das dem Stifter zuzurechnende Stiftungseinkommen konnte vor Einführung des § 15 Abs. 7 S. 2 durch das JStG 2009 vom 19. 12. 2008, dies war in der Literatur völlig unstreitig, auch einen negativen Betrag aufweisen, d. h. es konnten auch Stiftungsverluste zugerechnet werden[90]. Dies

---

[82] Vgl. *Wassermeyer* in Flick/Wassermeyer/Baumhoff § 15 AStG Rn. 23, 53, 54 u. 56; *Reith*, Internationales Steuerrecht, Rn 12.8; *Schaumburg*, Internationales Steuerrecht, 2. Aufl., Rn. 11.12 u. 11.29; *Wachter* DStR 2000, 1037, 1045; *von Löwe*, Familienstiftung und Nachfolgegestaltung, 1999, S. 226; *Rundshagen* in Strunk/Kaminski/Köhler § 15 AStG Rn. 5 u. 46; *Coutier/Schmalz* KFR F. 11 § 15 AStG 1/94, 261; *Werkmüller* ZEV 1999, 138, 139; *Dreßler*, Gewinn- und Vermögensverlagerungen in Niedrigsteuerländer und ihre steuerliche Überprüfung, 3. Aufl., Tz. 10; *Bredow/Reich* WiB 1995, 775, 780; *Jülicher* IStR 1996, 575, 576; *Verstl*, Der internationale Trust als Instrument der Vermögensnachfolge, 2000, 287; a.A. noch *Runge* in Brezing/Krabbe/Lempenau/Mössner/Runge 1991 § 15 AStG Rn. 10 u. 23; *Krabbe* in Lademann/Söffing § 15 AStG Rn. 3 u. 14; unscharf *Grotherr/Herfort/Strunk*, Internationales Steuerrecht, 1998, S. 411 und *Habammer* DStR 2002, 425, 428 f.; differenzierend *Rundshagen* in Strunk/Kaminski/Köhler § 15 AStG Rn. 47 u. 61.

[83] Vgl. hierzu *Helmert* IStR 2005, 272, 273; *Wassermeyer* in Flick/Wassermeyer/Baumhoff § 15 AStG Rn. 23.1 u. 54; *Werkmüller* ZEV 1999, 138, 139.

[84] BStBl. II 1994, 727, 730.

[85] Der vierte Trust war nicht Familienstiftungen vergleichbar.

[86] Vgl. hierzu *Wassermeyer* IStR 1993, 124; *Jülicher* IStR 1996, 575, 576; *Bredow/Reich* WiB 1995, 775, 780; *Coutier/Schmalz* KFR F. 11 § 15 AStG 1/94, 263.

[87] So in etwa auch *von Löwe* IStR 2005, 577, 581.

[88] Vgl. *Reith*, Internationales Steuerrecht, Rn. 12.8; *Schaumburg*, Internationales Steuerrecht, 2. Aufl., Rn. 11.12 u. 11.29; *Jülicher* IStR 1996, 575, 576; *Verstl*, Der internationale Trust als Instrument der Vermögensnachfolge, 2000, 250; *von Löwe*, Familienstiftung und Nachfolgegestaltung, 1999, 226.

[89] Vgl. *von Löwe* IStR 2005, 577, 581; *Bremer* in Grotherr, Handbuch der internationalen Steuerplanung, 2000, 1439, 1461; *Wassermeyer* in Flick/Wassermeyer/Baumhoff § 15 AStG Rn. 54; *Rundshagen* in Strunk/Kaminski/Köhler § 15 AStG Rn. 54; *Vogt* in Blümich § 15 AStG Rn. 23.

[90] *Wassermeyer*, in Flick/Wassermeyer/Baumhoff § 15 AStG, Rn. 57; *Rundshagen*, in: Strunk/Kaminski/Köhler, § 15 AStG, Rn. 55; *Vogt*, in Blümich, § 15 AStG, Rn. 23; *Grotherr/Herfort/Strunk*, Internationales

ergab sich insbesondere auch daraus, dass in § 15 Abs. 5 S. 2 AStG die Anwendung des § 10 Abs. 1 S. 3 AStG, wonach negative Hinzurechnungsbeträge nicht zugerechnet werden, ausdrücklich von der Anwendung ausgeschlossen wird.

(2) Jüngste Entscheidungen zu § 15 AStG

In jüngster Zeit haben sich insbesondere das FG Baden-Württemberg in einem AdV-Verfahren[91] sowie der BFH[92] im hiergegen von der Finanzverwaltung betriebenen Beschwerdeverfahren, in dem die Verfasser jeweils Prozessbevollmächtigte waren, zu § 15 AStG geäußert.

Es ging in dem Verfahren um einen Sachverhalt, bei dem ein inländischer Stifter eine ausländische Familienstiftung errichtet hatte, welche sich an einer vermögensverwaltenden inländischen KG beteiligte und die KG wiederum ein Darlehen aufnahm, um damit in eine Schuldverschreibung zu investieren. Das Darlehen wurde unter Einbehalt eines Disagios i. H. v. 5 % des Nominalbetrages ausgezahlt, ferner fielen im Investitionsjahr weitere Zinsaufwendungen an. Den im Investitionsjahr entstandenen Verlust wollte das Betriebsstättenfinanzamt der KG zum einen deshalb nicht anerkennen, da es sich bei der KG um ein sog. Steuerstundungsmodell mittels eines vorgefertigten Konzepts i. S. d. § 15b EStG handele.

Hierzu führt der BFH aus, nicht die Stifter, sondern die ausländische Familienstiftung sei als Feststellungsbeteiligter in analoger Anwendung des § 180 Abs. 1 Nr. 2a AO[93] in die gesonderte und einheitliche Feststellung auf Ebene der KG aufzunehmen.

Ferner führt der BFH unter Verweis auf *Wassermeyer*[94] unmissverständlich aus, dass das Einkommen der ausländischen Familienstiftung nach den *für juristische Personen geltenden Vorschriften* zu ermitteln und dann anschließend als Saldobetrag dem Stifter zuzurechnen ist. Da somit z.B. für den Fall, dass die ausländische Familienstiftung Einkünfte i. S. d. § 8b Abs. 1 oder 2 KStG erzielen sollte, nur das unter Anwendung von § 8b KStG ermittelte Stiftungseinkommen[95], und nicht die diesem zugrunde liegenden Einkünfte dem Stifter zugerechnet werden, kann es auf die Frage, ob bei einem Stifter in der Rechtsform einer natürlichen Person das Teileinkünfteverfahren Anwendung findet, denklogisch gar nicht ankommen. Die Wohnsitzfinanzämter des Stifters sind daher verpflichtet, unter Beachtung der vorstehenden Grundsätze das – im Investitionsjahr negative – Stiftungseinkommen unter Bindung an den Feststellungsbescheid zu er-

---

Steuerrecht, S. 406; *Bremer*, in: *Grotherr*, Handbuch der internationalen Steuerplanung, 1577, 1600 sowie insbesondere FG Baden-Württemberg, Beschluss vom 19. 11. 2008 – 13 V 3428/08, auszugsweise abgedruckt in IStR 2009, 70 „Damit können keine ernstlichen Zweifeln an der Zurechnung auch negativen Einkommens nach § 15 Abs. 1 AStG bestehen."

[91] Beschluss vom 19. 11. 2008, 13 V 3428/08, auszugsweise abgedruckt in IStR 2009, 70 mit Anm. F. *Wassermeyer*.

[92] Beschluss vom 8. 4. 2009, I B 223/08, in Kürze in IStR 2009 abgedruckt.

[93] Verweis auf BFH vom 9. 6. 1999 – I R 43/97, BStBl. II 2000, 695.

[94] In *Flick/Wassermeyer/Baumhoff*, § 15 AStG, Rn. 24.

[95] So auch *Wassermeyer*, IStR 2009, 191, 193. Aufgrund der Neuregelung des § 8 Abs. 10 KStG ist seit dem VZ 2009 für den Fall, dass die Stiftung ihrerseits an einer ausländischen (Zwischen-)Gesellschaft beteiligt ist und Dividendeneinkünfte erzielt, das Werbungskostenabzugsverbot des § 20 Abs. 9 EStG nicht einschlägig, sofern die Tatbestandsvoraussetzungen des § 8 Abs. 10 KStG i. V. m. § 32d Abs. 2 S. 1 Nr. 1 EStG erfüllt sind. Die Auffassung des BMF vom 14. 5. 2004, BStBl. I Sondernr. 1/2004 S. 3 Tz. 15.5.3 S. 2, diese Situation sei so zu sehen, als ob der Stifter *unmittelbar* an der ausländischen (Zwischen-)Gesellschaft beteiligt sei, ist mit dem Gesetz schlechterdings nicht vereinbar, siehe dazu auch *Wassermeyer*, in: Flick/Wassermeyer/Baumhoff, § 15 AStG Rn. 97.1; nicht nachvollziehbar a. A. *Baranowski*, Besteuerung von Auslandsbeziehungen, Rn. 1112; *Runge*, in Brezing/Krabbe/Lempenau/Mössner/Runge, § 15 AStG Rn. 23; *Schelle/Gross*, in Wöhrle/Schelle/Gross, § 15 Rn. 26.

mitteln und dieses dem Stifter zuzurechnen, vgl. R. 2 Abs. 1 Zeile 12 EStR. Die Betriebsstättenfinanzämter der KG sind, sofern ein entsprechender Sachverhalt vorliegt, verpflichtet, in den Feststellungsbescheid mit aufzunehmen, dass bei auf die ausländische Familienstiftung entfallenden Einkünften auf Ebene der Stiftung § 8b KStG anzuwenden ist.

Für den Steuergestalter nicht minder interessant dürften die Ausführungen des BFH zum Begriff des Steuerstundungsmodells i. S. d. § 15b EStG sein. Er neigt der Auffassung zu, einer Gestaltung, die ganz konkret auf die Verhältnisse eines bestimmten Investors zugeschnitten sei, fehle die Modellhaftigkeit. Ein vorgefertigtes Konzept zeichne sich eher dadurch aus, dass es sich an einen nicht näher bestimmten Adressatenkreis wende[96] oder zur wiederholten Verwendung bestimmt[97] sei. Daran fehle es. Der BFH liegt damit auf einer Linie mit dem FG Baden-Württemberg[98], welches als Vorinstanz ebenfalls das Vorliegen eines Steuerstundungsmodells verneint hatte. Auch stufen andere Finanzämter und stuft insbesondere die OFD Karlsruhe Gestaltungen, die für bestimmte Anleger aufgelegt werden, sozusagen maßgeschneidert sind, nicht als modellhaft ein.

(3) Steueranrechnung

Nach § 15 Abs. 5 AStG sind die auf den zuzurechnenden Betrag nach § 15 Abs. 1 AStG von der Familienstiftung getragenen Steuern auf Antrag des Zurechnungsempfängers auf dessen deutsche Steuer anzurechnen. Die Anrechnung erfasst sowohl inländische als auch ausländische Steuern und erfolgt nach Maßgabe der §§ 12, 10 Abs. 1 AStG und § 34c EStG[99].

Soweit ausländische Kapitalertragsteuer aufgrund von Auskehrungen an Destinatäre (z.B. Stifter) erhoben wird, kann diese auch[100] nicht nach § 15 Abs. 5 i. V. m. 12 AStG und § 34c EStG angerechnet werden, denn sie wird zu Lasten der Destinatäre und nicht der Familienstiftungen erhoben[101]. In Liechtenstein wird aber keine Kapitalertragsteuer auf Auskehrungen einer Familienstiftung erhoben.

cc) (Keine) Zurechnung negativen Stiftungseinkommens – JStG 2009

Im Rahmen des Jahressteuergesetzes 2009 vom 19. 12. 2008[102] hat der Gesetzgeber § 15 AStG um die Absätze 6 und 7 ergänzt.

---

[96] Verweis auf BMF-Schreiben zu § 2b EStG a. F. vom 22. 8. 2001, BStBl. I 2001, 588 Rn. 18; *Hallerbach* in Herrmann/Heuer/Raupach, EStG/KStG-Komm., § 15b Rn. 30.

[97] *Kaminski*, in Korn, § EStG 15b Rn. 84.

[98] Beschluss vom 19. 11. 2008, 13 V 3428/08, auszugsweise abgedruckt in IStR 2009, 70 mit Anm. F. *Wassermeyer*.

[99] Vgl. BFH BStBl. II 1994, 727; BMF BStBl. I 2004 Sondernr. 1/2004 Tz. 15.5.2; Materialsammlung Auslandsbeziehungen unter Tz. 2.3.2.3 Familienstiftungen, Stand 07/1997; *Wassermeyer* in Flick/Wassermeyer/Baumhoff § 15 AStG Rn. 61 u. 98; *Rundshagen* in Strunk/Kaminski/Köhler § 15 AStG Rn. 11; *Bellstedt* IWB F. 8 USA Gr. 2, 809, 822; *Werkmüller* ZEV 1999, 138, 140; *Verstl*, Der internationale Trust als Instrument der Vermögensnachfolge, 2000, S. 282 ff; *Coutier/Schmalz* KFR F. 11 § 15 AStG 1/94, 263; *Schaumburg*, Internationales Steuerrecht, 2. Aufl., Rn. 11.29; *Seibold* IStR 1993, 545, 548; *Jülicher* IStR 1996, 575, 576; *von Löwe* IStR 2005, 577, 580; *Baranowski*, Besteuerung von Auslandsbeziehungen, 2. Aufl., Rn. 1110; *Wachter* DStR 2000, 1037, 1046; *Habammer* DStR 2002, 425, 429; *Grotherr/Herfort/Strunk*, Internationales Steuerrecht, 1998, 410 (auch zum alternativen Steuerabzug).

[100] Die Anrechnung nach allgemeinen einkommensteuerrechtlichen Vorschriften scheitert an der regelmäßig fehlenden Steuerbarkeit der Auskehrungen.

[101] Vgl. *von Löwe*, Familienstiftung und Nachfolgegestaltung, 1999, S. 227

[102] BGBl. I 2008, S. 2794.

Der Einfügung des § 15 Abs. 6 AStG geht darauf zurück, dass die EU-Kommission wegen § 15 AStG mit der Begründung, die Vorschrift verletzte die Kapitalverkehrsfreiheit, Art. 56 EG, sowie die allgemeine Freizügigkeit, Art. 18 EG, ein Vertragsverletzungsverfahren eingeleitet hatte[103]. Nach Maßgabe von Cadbury Schweppes[104] könne die Anwendung von § 15 AStG nicht als Missbrauchsnorm gerechtfertigt werden, da sie nicht auf rein künstliche Gestaltungen beschränkt sei und keinen Nachweis erlaube, dass die Stiftung im Aufnahmestaat einer wirklichen wirtschaftlichen Tätigkeit nachgeht. Diese steuerliche Behandlung behindere nicht nur die Gründung von Stiftungen im Ausland, sondern halte darüber hinaus ursprünglich im Ausland ansässige Bezugsberechtigte davon ab, sich in Deutschland niederzulassen.

Der neu eingefügte § 15 Abs. 6 AStG sieht deshalb für ausländische Familienstiftungen mit Geschäftsleitung oder Sitz in EU-/EWR-Staaten von der Zurechnung ab, wenn dem Steuerpflichtigen der Nachweis der Vermögenstrennung gelingt. Voraussetzung ist, dass (1.) nachgewiesen wird, dass das Stiftungsvermögen der Verfügungsmacht des Stifters bzw. der Destinatäre rechtlich und tatsächlich entzogen ist und (2.) dass zwischen der Bundesrepublik Deutschland und dem Staat, in dem die Familienstiftung Geschäftsleitung oder Sitz hat, aufgrund der Richtlinie 77/799/EWG oder einer vergleichbaren zwei- oder mehrseitigen Vereinbarung Auskünfte erteilt werden, die erforderlich sind, die Besteuerung durchzuführen. Der Gesetzgeber hat sich allerdings nicht darauf beschränkt, seinem Auftrag aus Art. 10 EG nachzukommen. Mindestens ebenso dringend war ihm das Anliegen, Steuerausfälle aufgrund einer Zurechnung von Verlusten der Stiftung zum inländischen Stifter zu verhindern[105]. Deshalb wurde gleichzeitig und ohne jeden Bezug zu Abs. 6 in § 15 Abs. 7 AStG geregelt, dass das nach Abs. 1 zuzurechnende Stiftungseinkommen in entsprechender Anwendung des deutschen Steuerrechts zu ermitteln ist, und, soweit sich hiernach ein negativer Betrag ergibt, d.h. die Stiftung Verluste gemacht hat, eine Zurechnung entfällt. § 10d EStG ist entsprechend anzuwenden. Gegen § 15 Abs. 6 und 7 AStG i.d.F. des JStG 2009 hat die EU-Kommission mittlerweile ebenfalls ein Vertragsverletzungsverfahren eingeleitet[106].

Besonderes Augenmerk verdient dabei die Anwendungsregelung zu § 15 Abs. 6 und 7 AStG in § 21 Abs. 18 KStG. Danach ist § 15 Abs. 6 AStG erstmals für den Veranlagungszeitraum 2009 anzuwenden. § 15 Abs. 7 ist dagegen rückwirkend in allen Fällen anzuwenden, in denen die Einkommen- oder Körperschaftsteuer noch nicht bestandskräftig festgesetzt ist.

Es entspricht wohl herrschender Auffassung im Schrifttum, dass die Neuregelung der § 15 Abs. 6 und Abs. 7 AStG ebenfalls europarechtswidrig sind[107], ein entsprechendes Vertragsverletzungsverfahren der EU-Kommission gegen die Bundesrepublik Deutschland soll dem Vernehmen nach bereits angeregt worden sein.

Völlig unstreitig ist, dass es sich bei der rückwirkenden Anwendung des § 15 Abs. 7 AStG und damit der Nichtzurechnung von negativem Stiftungseinkommen um eine sog. echte Rückwirkung handelt, die eindeutig verfassungswidrig ist[108]. Soweit die Finanzverwaltung – unter Ver-

---

[103] Vgl. Pressemitteilung IP/07/1151 v. 23. 7. 2007
[104] EuGH vom 12. 9. 2006, C-196/04, EuGHE 2006, I-7995, IStR 2006, 670 m. Anm. Körner.
[105] Vgl. *Hey*, IStR 2009, 181 (182); *H. Wunderlich*, BBEV 2008, 271.
[106] Schreiben der EU-Kommission an die Verfasser vom 18. 12. 2009.
[107] Siehe statt aller *Hey*, IStR 2009, 181, 182 m. w. N. und überzeugender Begründung.
[108] Siehe Stellungnahme des Bundes der Finanzrichterinnen und Finanzrichter gegenüber dem Finanzausschuss zum JStG 2009 vom 2.10.2008; Stellungnahme des Deutschen Anwaltsvereins durch den Steuerrechtsausschuss gegenüber dem Finanzausschuss zum JStG 2009 aus Oktober 2008; *F. Wassermeyer*,

weis auf die Gesetzesbegründung zum Jahressteuergesetz 2009 i. d. F. des Regierungsentwurfs vom 13. 6. 2009 und unter Berufung auf *Wassermeyer* – die Rechtsauffassung vertritt, § 15 AStG habe auch schon bisher nicht eine Zurechnung negativen Stiftungseinkommens ermöglicht, § 15 Abs. 7 S. 2 AStG stelle dies nur deklaratorisch klar, so ist dies schlechterdings nicht nachvollziehbar. Dies gilt insbesondere, soweit die Gesetzesbegründung *Wassermeyer*[109] zum Beleg dafür zitiert, es habe insoweit eine gewisse Unklarheit in der Literatur bestanden. *Wassermeyer*[110] wirft lediglich rhetorisch die Frage auf, ob auch ein negatives Einkommen zurechenbar sei, um diese Frage drei Sätze später dahingehend zu beantworten, dass dies mangels entgegenstehender gesetzlicher Regelung eindeutig der Fall sei[111].

Diese offenkundige Verfassungswidrigkeit wurde von den entsprechenden Gesetzgebungsorganen, einschließlich dem Bundespräsidenten, jedoch schlichtweg ignoriert. Abzuwarten bleibt lediglich, welches Gericht als erstes im Rahmen der konkreten Normenkontrolle, Art. 100 GG, dem BVerfG die Frage vorlegen wird, ob die Rückwirkung verfassungsgemäß ist. Weiterhin bleibt abzuwarten, ob die Finanzverwaltung nicht – um einer Schlappe in Karlsruhe zu entgehen – den Kläger, in diesem Falle den/die Stifter, nach ebenfalls altbewährter Methode klaglos stellt[112]. Amtshaftungsansprüche der Anleger/Stifter dürften in diesem Fall ebenfalls gegeben sein, da es sich bei der Rückwirkung aufgrund des Umstandes, dass – was den Initiatoren der Regelung definitiv bekannt war – nur ganz wenige solcher Stiftungsstrukturen mit negativem Stiftungseinkommen bestanden, um ein Einzelfall- oder Maßnahmegesetz handelt[113].

E. Ergebnis und Ausblick

Der Einsatz von ausländischen Familienstiftungen ist trotz aller Versuche des Gesetzgebers, solche ihm scheinbar missliebigen Gestaltungen zu unterbinden, immer noch und weiterhin eine sehr gute Gestaltungsoption. Bei geschickter Strukturierung ist es, trotz der Neuregelungen von § 15 Abs. 6 und 7 AStG, möglich, durch den Einsatz von Familienstiftungen steuerliche Vorteile zu generieren. So ist es, neben den im Rahmen dieses Beitrages aufgezeigten Steuerarbitragemöglichkeiten insbesondere möglich, durch den Einsatz von Stiftungen die Zinsschrankenregelung des § 8a KStG (i. V. m.) § 4h EStG geschickt zu umschiffen[114]. Es bleibt zu hoffen, dass der Gesetzgeber sich irgendwann zu den Werten zurückbesinnt, die ihm aus dem Grundgesetz und aus dem EG-Vertrag vorgeben sind: Rechtsstaatlichkeit[115] und europafreundliches Verhal-

---

Stellungnahme gegenüber dem Finanzausschuss zum JStG 2009 „...verfassungswidrig und eines Rechtsstaats unwürdig"; *Hey*, IStR 2009, 181ff m. w. N.

[109] In: Flick/Wassermeyer/Baumhoff, § 15 AStG, Rn. 24.1.

[110] In: Flick/Wassermeyer/Baumhoff, § 15 AStG, Rn. 24.1.

[111] Siehe dazu auch das eindeutige Statement von *Wassermeyer* in der Stellungnahme gegenüber dem Finanzausschuss zum JStG 2009 vom 2.10.2008.

[112] Siehe zu den Vorgängen um die rückwirkende Änderung von § 10a GewStG RiBFH *Kempermann*, DStR 2008, 2316 „Man fragt sich freilich, auf welcher Rechtsgrundlage das späte Entgegenkommen beruht, denn die verfassungswidrige – allerdings eindeutig formulierte – Rückwirkungsregelung (§ 36 Abs. 9 GewStG i. d. F. des JStG 2007) ist nicht etwa aufgehoben worden."

[113] Siehe *Kleinert/Podewils*, BB 2009, 2329, 2331; *dies.*, BB 2008, 1819 mit mehreren Beispielen für verfassungswidrige rückwirkende Gesetze der „Steinbrück-Ära".

[114] Generell zu dem Thema „gesellschafterlose Einheit" siehe z. B. *Eilers*, Ubg 2008, 197, 200; *Reiche/Kroschewski*, DStR 2007, 1330, 1334.

[115] Dazu, wie die Rechtsstaatlichkeit vom BMF und von den Gesetzgebungsorganen in der letzten Zeit gezielt mit Füßen getreten wurden besonders anschaulich *Hey*, in FAZ v. 28. 10. 2008, S. 14 „Die Täuschungsmanöver des Fiskus".

ten. Dies gilt, auch wenn das Finanzverwaltung und Regierung nicht schmecken mag, selbst auch gegenüber einem so kleinen Fürstentum wie dem EWR-Mitgliedstaat Liechtenstein. Wer steuerlich grenzüberschreitend im Rahmen der Gesetze strukturiert, macht von seinen grundrechtlich verbürgten Rechten Gebrauch und ist kein potentieller Schwerverbrecher. Wenn man allerdings den Gesetzeswortlaut und die Begründung zum Steuerhinterziehungsbekämpfungsgesetz (sog. Steueroasengesetz) liest, könnte man meinen, dies sei anders.

5. Wohnsitzverlegung ins Ausland als Instrument der Steuerplanung und damit zusammenhängende Besteuerungsprobleme bei und nach der Wohnsitzverlegung

von Dipl.-Kfm. Dr. Frank Roser, Rechtsanwalt, Wirtschaftsprüfer, Steuerberater[*] und Alexander Hamminger, Rechtsanwalt, Steuerberater [**], Hamburg

Inhaltsübersicht

A. Einführung in die Problemstellung
  I. Steuerplanung unter Berücksichtigung von Ertragsteuer, Erbschaftsteuer und Substanzsteuern
  II. Veränderung der privaten Lebensumstände
  III. Erbfallplanung
B. Steuerliches Zielsystem einer Wohnsitzverlegung
C. Zielerreichungsmöglichkeiten und Risiken
  I. Auswahl des zukünftigen Wohnsitzes und Kalkulation der steuerlichen Vorteile
  II. Steuerliche Wirkungen einer Wohnsitzverlegung
  III. Situation bei unzureichender Wohnsitzverlegung (Doppelwohnsitz)
  IV. Schutz/Nutzung von Doppelbesteuerungsabkommen
  V. Planungsanforderungen für die Beendigung der deutschen (unbeschränkten) Steuerpflicht
  VI. Veranlagungsfolgen
  VII. Planung des Auslandsaufenthaltes
  VIII. Nutzung möglicher Sondereffekte und Vorteile
  IX. Rückkehrmöglichkeiten
D. Schlussbemerkung

Literatur:

Steuerpflichtiger gegen EU-Recht, PIStB 2001, 147 ff.; **Pohl**, Zuzug und Wegzug – Aktuelle Rechtsentwicklungen im Ertragsteuerrecht; IStR 2001, 460 ff.; **Quack**, Überlegungen zum Steuerfall Sachs, DStR 1976, 69; **Rehm**, Zurechnungsbesteuerung bei ausländischen Familienstiftungen (§ 15 AStG) und die Empfängerbenennung (§ 160 AO) auf dem Prüfstand des Gemeinschaftsrechts; IStR 2008, 284ff; **Richter**, Die Unternehmensnachfolge im britischen Erbschaftsteuerrecht, IStR 2008, 59ff; **ders.**, Seminar D: Grenzüberschreitende Betriebliche Alterseinkünfte, IStR 2008, 546 ff; **Reuß**, Reformstau im internationalen Steuerrecht? – Ansätze für Gesetzesänderungen im Rahmen der Großen Steuerreform, Hefte zur Internationalen Besteuerung, Heft 112, S. 1 ff.; **Rolfs**, Steuerliche Aspekte einer Wohnsitzverlagerung von Deutschland nach Österreich, IWB F. 5 Österreich Gr. 2, 405 ff.; **Roser**, Erforderliche Änderungen der Hinzurechnungsbesteuerung, IStR 2000, 78 ff.; **Röpke/Schmidt**, Die abkommensrechtliche Behandlung von Arbeitnehmeraktienoptionen nach den Vorstellungen des BMF, IStR 2007,59ff; **Rüping**, Anpassung des Steuerrechts an Recht und Rechtsprechung der Europäischen Union durch Änderung der §§ 50, 5550a EStG im Entwurf des Jahressteuergesetzes 2009; IStR 2008, 575ff; **Savory**, in: Horvath & Horvath (Hrsg.), CCH International 1993, Turks & Caicos Islands, 78, 000 ff.; **Scheffler/Kölbl**, Besteuerung der betrieblichen Altersversorgung auf Ebene des Arbeitnehmers im internationalen Kontext, IStR 2007, 113ff; **Scherer**, Steuerentlastungsgesetz 1999/2000/2002 und Doppelbesteuerungsabkommen; Die Änderung der Beteiligungsquote des § 17 Abs. 1 Satz 4 EStG und der abkommensrechtlichen Auswirkungen bei der Wegzugsbesteuerung, IStR 2000, 142 ff.; **Schindhelm**, Grundfragen des internationalen Erbschaftsteuerrechts, ZEV 1997, 8 ff.; **Siemers/Müller**, Offshore-Trusts als Mittel der Vermögensnachfolgeplanung, IStR 1998, 385 ff.; **Schnitger**, Änderungen im Jahressteuergesetz2008 (JStG 2008), IStR 2008, 124ff; **Seitz**, EuGH und Erbschaftsteuer: Europarechtswidrigkeit der Bewertung des Auslandsvermögens, IStR 2008, 349ff; **Strunk**, Die 183- Tage-Regelung im Abkommensrecht nach Änderung der Rechtsprechung – Anm. zum BFH-Urteil v. 10. 7. 1996 –, DStR 1997, 192; **Strunz**, Die Besteuerung nach dem Aufwand in der Schweiz, RIW 1994, 484 ff.; **Theisen/Wenz,**

---

[*] Geschäftsführender Gesellschafter der SUSAT & PARTNER oHG Wirtschaftsprüfungsgesellschaft, Hamburg.
[**] Partner und Leiter der Rechtsabteilung der SUSAT & PARTNER oHG Wirtschaftsprüfungsgesellschaft, Hamburg.

Ansässigkeit und Körperschaftsteuerpflicht von Kapitalgesellschaften im Vereinigten Königreich von Großbritannien und Nordirland, RIW 1984, 397; **Vogel**, Die Mär von den "Rückfall-Klauseln" in Doppelbesteuerungsabkommen, IStR 1997, Beihefter 24/97, S. 1 ff.; **Wacker**, Internationale Besteuerung von Schenkungs- und Erbfällen, IStR 1998, 33 ff.; **Wartenburger**, Die Bedeutung des Gemeinschaftsrechts für innergemeinschaftliche Steueroasen, IStR 2001, 397 ff.; **Wassermeyer, F.**, Editorial, EuZW 1995, 813; **ders.**, Der BFH und sein Progressionsvorbehalt, IStR 2002, 289 ff.; **Wassermeyer, W.**, IStR-Oasenbericht: Die niederländischen Antillen, IStR 1997, 27 ff.; **Wellisch/Lenz**, Die Riester-Rente im Lichte des Gemeinschaftsrechts, IStR 2008, 489ff; **Zschiegner**, Das Einkommensteuerrecht der USA, IWB F. 8 Gr. 2, 919 ff.

A. Einführung in die Problemstellung

Gerade in Zeiten ständig wechselnder steuerlicher Rahmenbedingungen und in Anbetracht der ständigen Diskussion über die Notwendigkeit einer "großen Steuerreform" zur Verminderung der Steuerbelastungen in Deutschland stellt sich für manchen in Deutschland unbeschränkt Steuerpflichtigen die Frage, ob ein Wegzug ins Ausland in Erwägung gezogen werden sollte, um dem "enteignungsgleichen" Zugriff der deutschen Steuerverwaltung zu entgehen. Namhafte Beispiele der letzten Jahre[1] verdeutlichen eine solche Tendenz. Auch im Internet finden sich mittlerweile Angebote zur Konzeption und Ausführung von Wohnsitzverlagerungen[2]. Die vorliegende Darstellung hat das Ziel, die Möglichkeiten einer Steuerplanung durch Wohnsitzverlegung näher zu beleuchten, wobei der Begriff "Wohnsitzverlegung" aus deutscher Sicht die geplante Vermeidung oder Reduzierung der deutschen Steuerbelastung durch Beendigung möglicher Anknüpfungspunkte einer deutschen Besteuerung umfasst. Im Rahmen dieser Darstellung können insoweit allerdings nur erste Hinweise für eine Entscheidungsvorbereitung gegeben werden. Eine detaillierte Einzelplanung unter Einschaltung von Beratern der möglichen Wohnsitzländer ist unausweichlich, da die spezifischen Besonderheiten des jeweiligen Steuerrechts in der vorliegenden Analyse nicht ausreichend betrachtet werden können.

I. Steuerplanung unter Berücksichtigung von Ertragsteuer, Erbschaftsteuer und Substanzsteuern

Gegenstand der nachfolgenden Darstellung sind ausschließlich steuerinduzierte Überlegungen einer Wohnsitzverlegung. Eine Steuerplanung zur Minimierung der ertragsteuerlichen Belastungen sollte allerdings insoweit in jedem Fall berücksichtigen, dass bei Erfüllung dieser Bedingung nicht zwingend auch eine Minimierung der Erbschaftsteuerbelastung eintritt. Eine aus ertragsteuerlichen Gründen motivierte Wohnsitzverlegung kann erbschaftsteuerlich nachteilig sein, wie z. B. die Wohnsitzverlegung in die USA[3]. Umgekehrt kann eine aus erbschaftsteuerlichen Gründen motivierte Wohnsitzverlegung, z. B. in die Schweiz, aufgrund des im Doppelbesteuerungsabkommen (DBA) vorbehaltenen "überdachenden Besteuerungsrechts" Deutschlands[4] aus ertragsteuerlichen Gründen nachteilig sein[5]. Ebenfalls in die Steuerplanung einzube-

---

[1] B. Becker (Schweiz); M. Schumacher (Schweiz); R. Schumacher (Österreich); M. Schreinemakers (Belgien); diverse Spieler des 1. F.C. Köln (Belgien), Gebrüder Sachs (Schweiz)[vgl. *Quack*, DStR 1976, 69]; F. K. Flick (Österreich); M. Würth (Österreich); F. Beckenbauer (Österreich).

[2] www.taxresidences.com.

[3] Vgl. Einkommensteuer 48,9 % (Californien), Erbschaftsteuer 55 %.

[4] Vgl. *Hamminger* in: Debatin/Wassermeyer, DBA-Schweiz, Art. 4, Tz. 101.

[5] Wobei der Wohnsitzwechsel in die Schweiz als erbschaftsteuerliches Gestaltungsinstrument nur mittelfristig in Betracht kommt, da das ErbSt-DBA Schweiz ebenfalls ein "überdachendes" Besteuerungsrecht Deutschlands für die Zwecke der Erbschaftsbesteuerung vorsieht; vgl. *Füger/Rieger*, IStR 1998, 460 ff.; *Koch/Heeb*, PIStB 2000, 84.

ziehen sind die Substanzsteuern, wie z. B. die Vermögensteuer, die von ausländischen Rechtsordnungen z. T. noch erhoben werden.

II. Veränderung der privaten Lebensumstände

Es darf nicht verkannt werden, dass gerade die mit der Wohnsitzverlegung verbundene Veränderung und möglicherweise auch erhebliche Beeinträchtigung der privaten Lebensumstände besondere Bedeutung haben muss und allein durch steuerliche Vorteile kaum kompensiert werden kann. Für diese Beurteilung wesentliche Determinanten sind: liberales Einwanderungs- und Aufenthaltsrecht[6]; keine überzogenen Immobilenpreise[7]; günstige Verkehrsanbindungen nach Deutschland; funktionsfähiges Telekommunikationsnetz; geringe Kriminalitätsrate; funktionierendes Ausbildungswesen (Schulen und Hochschulen); gute ärztliche Versorgung sowie Verständigungsmöglichkeit in Weltsprachen. Auch die unverkennbar bestehenden Auswirkungen einer Wohnsitzverlegung auf sozialversicherungsrechtliche Ansprüche (insbesondere ob eine Zahlung in das Ausland möglich ist[8]) und die soziale Absicherung (z. B. wie eine gegebenenfalls im Inland erworbene Anwartschaft auf Rentenleistungen weiter aufrechterhalten werden kann) sind in die Planung einzubeziehen[9].

III. Erbfallplanung

Die Erbfallplanung muss neben Besonderheiten des ausländischen Steuersystems[10] und des Erbschaftsteuertarifs[11] auch die Frage des anzuwendenden Zivilrechts berücksichtigen[12]. Nach Art. 25 Abs. 1 EGBGB unterliegt die Rechtsnachfolge von Todes wegen dem Recht des Staates, dem der Erblasser im Zeitpunkt seines Todes als Staatsbürger angehörte (sog. Erbstatut), eine Rechtswahl ist bei der Bestimmung des Erbstatuts grundsätzlich unbeachtlich[13]. Eine Ausnahme gilt nach Art. 3 Abs. 3 EGBGB. Gelten etwa nach dem Recht des Belegenheitsstaates für die Vererbung eines Grundstücks andere Regeln als für die Vererbung des übrigen Vermögens (so z. B. in den USA[14] und Frankreich[15]), so wird dies im Inland anerkannt[16]. Es kann daher zu einer Nachlassspaltung kommen mit der Folge, dass der Grundbesitz nach einem anderen Recht vererbt wird als der übrige Besitz.

---

[6] Merkmal z. B. nicht erfüllt von der Schweiz.

[7] Merkmal z. B. in Monaco nicht erfüllt.

[8] Vgl. § 110 SGB VI (grds. Bezug bei gewöhnlichem Aufenthalt im Ausland möglich); s. a. EuGH, Urt. v. 5. 3. 1998, C-160/96, NJW 1998, 1767 (Leistungen der Pflegeversicherung dürfen nicht vom Wohnsitz in Deutschland abhängig gemacht werden).Zur Besteuerung der betrieblichen Altersversorgung im internationalen Kontext vgl. *Scheffler, Kölbl*, IStR 2007, 113 ff; *Wellisch/Lenz*, IStR 2008, 489ff; *Richter*, IStR 2008, 546ff.

[9] Vgl. auch *Libbuda /Otto*, RIW 2002, 378.

[10] Nachlasssteuer (z. B. Großbritannien und USA) oder Erbanfallsteuer oder Steuer auf den fiktiven Veräußerungsgewinn des Verstorbenen (z. B. Kanada).

[11] Ungünstiger z. B. in Belgien, und Spanien.

[12] *Bellstedt*, IWB F. 3 Gr. 9 S. 91 ff.

[13] *Heldrich* in: Palandt, Kommentar zum BGB, 61. A. EGBGB 25, Tz. 7.

[14] BGH, Urt. v. 21. 4. 1993, NJW 1993, 1920 f.

[15] *Heldrich* a. a. O. (oben Fn. 13), EGBGB 25, Tz. 7 unter Hinweis auf BayObLG, NJW RR 90, 1033.

[16] *Zimmermann* in: Beck'sches Notarhandbuch, G, Auslandsberührung, Tz. 54.

B. Steuerliches Zielsystem einer Wohnsitzverlegung

Unter Berücksichtigung der Steuerbelastung in Deutschland[17] wird eine Wohnsitzverlegung ins Ausland vorrangig zur Reduzierung oder sogar Vermeidung der Ertragsteuerlasten in Betracht gezogen[18][19][20][21][22][23] [24][25][26][27][28]

---

[17] Vgl. dazu *Reuß*, Reformstau im internationalen Steuerrecht? – Ansätze für Gesetzesänderungen im Rahmen der Großen Steuerrreform, S. 1 ff.

[18] Da gegenwärtig die Vermögensteuerpflicht in Deutschland nicht mehr besteht, kann allerdings durch eine Substanzsteuerbelastung im Ausland die Vorteilhaftigkeit beeinflusst werden.

[19] Die Erbschaftsteuersätze gelten überwiegend auch für die Schenkungsteuer. Eine Ausnahme macht z. B. Großbritannien. Dort wird die Schenkung nicht erfasst, es sei denn, der Schenker stirbt innerhalb von sieben Jahren nach der Schenkung. In diesem Fall wird die Schenkung auch für die Erbschaftsteuer erfasst.

[20] 43 % auf gewerbliche Einkünfte incl. 5,5 % SolZ (auf verfassungsrechtliche Zweifel der "Spreizung" gegenüber nicht gewerblichen Einkünften hat der BFH inzwischen allerdings hingewiesen und diese Frage dem BVerfG zur Entscheidung vorgelegt).

[21] 48,5 % auf nicht gewerbliche Einkünfte incl. 5,5 % SolZ (1999: 53 %, ab 2000: 51,5 %).

[22] Bundessteuer 35,0 % zzgl. State Taxes von 0 – 12 % (hier: Californien mit 9,3 %).

[23] Ggf. zzgl. 4,25 % IRAP (lokale Steuer) auf gewerbliche, freiberufliche und landwirtschaftliche Tätigkeit.

[24] Bundessteuern 11,5 % zzgl. kantonale und Gemeindesteuern (hier: Gemeinde Zürich).

[25] Von Kanton zu Kanton unterschiedlich, hier Kanton Zürich.

[26] Keine Erbschaft- oder Schenkungsteuer, sondern Nachlassabgabe.

[27] Zzgl. Aufschlag von maximal 50 %.

[28] Der Höchststeuersatz beträgt grds. 56 %. Durch Einführung des sog. "Pensionado-Systems" zum 1. 1. 1997 werden Pensionsempfänger pauschal mit 10 % besteuert, darüber hinaus sind Dividendenzahlungen von auf den niederländischen Antillen ansässigen Gesellschaften an dort ansässige Personen steuerbefreit, was zu Holdingkonstruktionen auf den Niederländischen Antillen reizt (vgl. IBFC 97/98, Niederlande, 92 ff.). Natürliche Personen, die Non-Residents der Niederländischen Antillen sind, unterliegen lediglich mit bestimmten Einkünften der Besteuerung (vgl. *Wassermeyer*, IStR 1997, 27).

Land	Einkommen- bzw. Ertragsteuer in %		Erbschaftsteuer[19] in %			
			Höchstsatz Kinder		Höchstsatz Dritte	
Deutschland	45,00		30,00[20]		50,00[21]	
Dänemark	62,28		36,25		36,25	
Frankreich	40,00		40,00		60,00	
Österreich	50,00		0,00		0,00	
USA	44,30[22]	(1)	50,00		50,00	
Spanien	43,00		34,00		34,00	
Italien	43,00[23]		0,00	(2)	0,00	(2)
Großbritannien	40,00		40,00		40,00	
Schweiz	11,50[24]	(3)	0,00[25]	(2)	0,00	(2)
Jersey/Guernsey	20,00		0,00[26]	(5)	0,00	(5)
Lichtenstein	18,90[27]	(6)		(7)	27,00	
Niederländische Antillen	10,00[28]	(8)	6,00		24,00	
Monaco	0,00		0,00		16,00	
Oman	0,00		0,00		0,00	
Sark, Nevis, Turk & Caicos Islands	0,00		0,00		0,00	

(1) Bundessteuer 38,6 % zuzüglich State Taxes.
(2) Für Erbschaften an Ehegatten, Kinder und andere Verwandte (bis 4. Grades) weggefallen; für andere Personen gilt ein Freibetrag von € 150.000, für den darüber liegenden Teil fallen "andere" Steuern an (z. B. Registrierungssteuer).
(3) Bundessteuer 11,5 % zuzüglich kantonale und Gemeindesteuern (14 – 30 %).
(4) Nicht bundeseinheitlich geregelt, von Kanton zu Kanton unterschiedlich.
(5) Keine Erbschaft- oder Schenkungsteuer (Nachlasssteuer).
(6) Die Einkommensteuer beträgt 1,08 % des z v E. Übersteigt die Steuer SFR 214,38, wird ein Zuschlag bis zu 425 % erhoben. Gemeinden können darüber hinaus einen Zuschlag von 160 – 200 % erheben.
(7) Unterschiede nach Verwandtschaftsgrad und Höhe der Bemessungsgrundlage.
(8) Höchststeuersatz = 57,2 %, Pauschalbesteuerung (10 %) der Pensionsempfänger ("Pensionado-System"), Dividenden an von auf den Niederländischen Antillen ansässigen Gesellschaften an dort ansässige Personen sind steuerbefreit.

Abb. 1: Überblick über Höchststeuersätze (Stand 2009, Quellen: diverse, vereinfachte Darstellung)

Die vorstehende Übersicht verdeutlicht die Spannbreite der Höchststeuersätze, die im Rahmen einer Wohnsitzverlegung zu beachten sind. Die Steuersätze sind in der Regel gestaffelt, und es werden Freibeträge eingeräumt[29].

Neben der Einkommen- bzw. Ertragsteuer sind ergänzend laufende Substanzsteuern zu beachten, die allerdings nicht in allen Ländern erhoben werden.

Eine Entscheidung lediglich unter Heranziehung nomineller Steuersätze kann allerdings wesentliche weitere entscheidungserhebliche Aspekte verdecken[30], so dass ein konkreter Steuerbelastungsvergleich für die Entscheidungsvorbereitung unvermeidlich ist. Eine Basis für den Steuerbelastungsvergleich von ausgewählten Industriestaaten kann der in 2007 von Ernst & Young

---

[29] USA: auf Ebene der Bundesstaaten und der Kommunen die Personal Property Tax; Schweiz: auf kantonaler Ebene; Niederlande: 0,8 %; Luxemburg: 0,5 %; Frankreich: bis zu 1,5 %; Spanien: bis zu 2,5 %; keine Vermögensteuer z. B.: Deutschland, Österreich, Belgien, Italien (ersetzt durch die lokale IRAP), Irland, Großbritannien

[30] Z. B. nationale Sonderregelungen der Besteuerung (z. B. Sonderabschreibungen, Investitionszulagen), individuelle Freigrenzen und Freibeträge, eine umfassende Verlustverrechnung, eine Begünstigung von Veräußerungsgewinnen (vergleichbar § 34 EStG), niedrige Quellensteuersätze (z. B. für Zinsen, Dividenden und Lizenzen) nach nationalem Recht/DBA.

(Paris) veröffentlichte "Tax Misery Index" bieten, welcher die Summe der Maximal-Sätze nationaler Steuer und Sozialabgaben angibt[31]. Weiter muss die Möglichkeit zukünftiger Gesetzesänderungen, vor allem unter Berücksichtigung der Bestrebungen einer Harmonisierung der direkten Steuern in der EU[32], sowie eine weitere Verschärfung der Steueroasen-Gesetzgebung als "Unbekannte" für die Wohnsitzverlegung berücksichtigt werden.

Insbesondere ist die weitere internationale und nationale Entwicklung zu steuerlichen Präferenzsystemen und "Steueroasen" zu verfolgen[33]. Die OECD hat im Jahr 1996 ihre Initiative zur Beseitigung wettbewerbsverzerrender Steuerpraktiken begonnen und im April 1998 ihren Bericht zur "Harmful Tax Competition" vorgelegt[34]. Der Bericht bestimmt im Wesentlichen die Kriterien zur Identifizierung von Präferenzsystemen und Steueroasen. Als "key factors" zur Identifikation von Präferenzsystemen und Steueroasen nennt der Bericht – neben weiteren Faktoren – insbesondere:

- Keine oder niedrige Effektivbesteuerung ("No or low effective tax rates")
- Abschottung, d. h. wenn die Unanspruchnahme der niedrigen Besteuerung keine Aktivitäten im Anbieterstaat zulässt oder wenn ansässige Personen keinen Zugang zu der niedrigen Besteuerung haben ("Ring-fencing" of Regimes")
- Mangelnde Tranparenz, d. h. keine Regelungen oder mangelnde Durchsetzung von grundlegenden Steuererklärungs- bzw. Gewinnermittlungsvorschriften ("Lack of transparency")
- Kein effektiver Informationsaustausch ("Lack of effective exchange of information").

In den Fortschrittsberichten aus den Jahren 2000, 2001 und 2004 wurden die Maßnahmen erläutert, wie eine zwischenstaatliche Kooperation zur Vermeidung der wettbewerbsverzerrenden Steuerpraktiken erfolgen könnte. Ein Ergebnis dieser Bemühungen ist, dass seit Mai 2009 keine Hoheitsgebiete mehr als unkooperative Steueroasen qualifiziert werden.

Ein weiteres Ergebnis ist das OECD Musterabkommen über den Informationsaustausch in steuerlichen Angelegenheiten[35] nebst entsprechendem Musterkommentar. Das Musterabkommen sieht Regelungen sowohl für multilaterale als auch für bilaterale Abkommen vor. Das Abkommen ist eingeteilt in 16 Artikel, wesentlich sind die Regelungen zum Informationsaustausch in den Art. 5 – 7. Art. 5 Abs. 1 enthält als Grundsatz, dass Auskünfte nur aufgrund eines Auskunftsersuchens erteilt werden (Exchange of Information Upon Request). Art. 6 enthält Grundsätze zur Prüfung im Ausland ("Tax examination abroad"). Art. 7 sieht Regelungen vor, wie ein Auskunftsersuchen abgewehrt werden kann ("Possibility of Declining a Request").

Auf nationaler Ebene ist der Entwurf des Gesetzes zur Bekämpfung der Steuerhinterziehung (Steuerhinterziehungsbekämpfungsgesetz) bedeutsam[36]. Mit dem Gesetz werden Steuerpflichtigen, die Geschäftsbeziehungen zu so genannten Steueroasen unterhalten, erhöhte Mitwirkungspflichten auferlegt, falls diese Staaten die Herausgabe von Informationen an die Finanzbehörden verweigern. So müssten sie den Steuerbehörden die Richtigkeit ihrer Angaben an Eides statt versichern. Verweigerten Steuerpflichtige die geforderten Abgaben, könnten die

---

[31] http://www.forbes.com/2007/05/03/misery-index-taxes-oped-cx_ja_daa_0503misery_land.html
[32] Vgl. dazu *Reuß*, a. a. O. (oben Fn. 17), S. 12.
[33] S. a. *Eimermann*, IStR 2001, 81; *Wartenburger*, IStR 2001, 397.
[34] www.oecd.org
[35] http://www.oecd.org/dataoecd/15/43/2082215.pdf
[36] BT-Drs. 16/13106 v. 22. 5. 2009, zu den aktuellen Ermittlungsmöglichkeiten deutscher Finanzbehörden bei Auslandssachverhalten s. a. *Korts/Korts*, IStR 2006, 869 ff.

Finanzbehörden den Betriebsausgabenabzug, eine Entlastung von der Kapitalertragsteuer oder eine Steuerbefreiung für Dividenden verweigern.

Steuerpflichtige, deren Überschusseinkünfte mehr als 500.000 EUR im Jahr betragen, müssten steuerlich erhebliche Unterlagen sechs Jahre lang aufbewahren. Bei diesen Steuerpflichtigen sollten die Finanzbehörden auch Außenprüfungen vornehmen dürfen.

Die Steuerplanung einer Wohnsitzverlegung wird grundsätzlich als **Hauptbedingung** auf die Minimierung der laufenden steuerlichen Belastungen auszurichten sein, als **Nebenbedingung müssen** steuerliche Nachteile in Sonderfällen und im Erbfall ergänzend berücksichtigt bzw. reduziert werden. Zumindest die folgenden Gesichtspunkte sollten beachtet werden:

(1) Festlegung des zukünftigen Aufenthaltsortes unter Berücksichtigung der zu erwartenden steuerlichen Vorteile einer Wohnsitzverlegung
(2) Prüfung der Anforderungen an die Wohnsitzverlegung
(3) Ermittlung der steuerlichen Auswirkungen der konkret geplanten Wohnsitzverlegung
(4) Abschätzung der (in- und ausländischen) steuerlichen Risiken und der hieraus resultierenden Vorbereitungserfordernisse
(5) Planung des Auslandsaufenthaltes
(6) Klärung der Nutzung möglicher Sondereffekte
(7) Klärung der Rückkehrmöglichkeiten einschließlich steuerlicher Optionen

C. Zielerreichungsmöglichkeiten und Risiken

I. Auswahl des zukünftigen Wohnsitzes und Kalkulation der steuerlichen Vorteile

Für die Auswahl des für die Wohnsitzverlegung geeigneten Landes hat sich die Entscheidung u. a. danach zu richten, ob ein Land mit

- günstigen (Höchst-)Steuersätzen oder
- mit einem günstigen Besteuerungssystem

vorzuziehen ist. Günstige Steuersätze finden sich in sog. Steueroasen[37], günstige Besteuerungssysteme werden zum Teil auch in "normalbesteuernden" Ländern angeboten. Insbesondere im Rahmen der EU ist die langfristige Beibehaltung und die internationale Anerkennungen begünstigender Besteuerungssysteme allerdings kaum vorherzusagen.

- Länder mit besonders günstigen Steuersätzen

---

[37] Die bekanntesten sind die Turcs und Caicos Islands (UK), Virgin Islands (UK), Cayman Islands (UK), Gibraltar (UK), Jersey/Guernsey (UK); s. a. die Beispiele bei *Littwin*, IWB F. 11 Gr. 2 S. 345 f.; hinzuweisen ist auf die z. T. restriktiven Regelungen bzw. faktischen Gegebenheiten zur Erlangung eines Wohnsitzes in einem Steueroasen- bzw. Niedrigsteuerland. Die Schweiz und Jersey/Guernsey sehen restriktive Einwanderungsvorschriften vor. Monaco setzt einen Wohnsitz voraus, der angesichts der starken Nachfrage und des geringen Angebots einen hohen finanziellen Einsatz verlangt.

Als Beispiele besonders günstiger Steuersätze können folgende Länder genannt werden:

- **Monaco:** Keine Erhebung von Einkommensteuer, Lohnsteuer, Vermögensteuer-, Kapitalertragsteuer und Grundsteuer[38]. Ehegatten und direkte Abkömmlinge sind von der Erbschaftsteuer befreit[39].
- **Turks und Caicos Islands:** Keine Erhebung direkter Steuern.[40] Beide Länder haben mittlerweile die europäische Richtlinie zur Zinsbesteuerung umgesetzt, so dass Zinserträge aus diesen Ländern einer Quellenbesteuerung unterliegen.
- **Nevis:** Keine Erhebung direkter Steuern[41].
- **Dominikanische Republik:** Nominal werden Grenzsteuersätze von 70 % erhoben, wobei dieser Satz allerdings nur für inländische Einkünfte gilt. Ausländische Einkünfte sind dagegen von der dominikanischen Besteuerung freigestellt. Nach unseren Informationen beträgt der Steuersatz mittlerweile – in Abhängigkeit vom Einkommen – nur noch 15 – 25 %, jedoch sind ausländische Einkünfte nicht mehr generell freigestellt[42].
- **Länder mit einem besonders vorteilhaften Besteuerungssystem**
  Bekannte Länder mit einem vorteilhaften Besteuerungssystem für einzelne Personengruppen sind die Schweiz und Großbritannien:
- **Großbritannien:** Im Fall des (noch) nicht begründeten "domiciles", also im Status des "ordinary resident" oder "domiciled abroad" erfolgt die Erfassung der Einkünfte auf "remittance basis"[43], d. h. nur der Teil der Einkünfte unterliegt der englischen Einkommensteuer (und Capital Gains Tax), der in Großbritannien erwirtschaftet oder nach Großbritannien bezahlt bzw. überwiesen wird[44]. Vorbehaltlich einzelner Sonderregelungen[45] kann damit davon ausgegangen werden, dass das in Großbritannien steuerpflichtige Einkommen eines "UK-ordinarily resident" in erheblichem Maße von konkreten Strukturierungs- und Gestaltungsentscheidungen[46] beeinflusst werden kann. Der in Großbritannien anzuwendende Steuersatz differenziert nicht zwischen dem unterschiedlichen steuerlichen Status. Im Jahr 2008 wurde das Besteuerungssystem dahingehend geändert, dass die Personen, die die Besteuerung auf "remittance basis" in Anspruch nehmen, bestimmte persönliche Freibeträge verlieren und eine Remittance Basis Charge von 30.000,00 brit. Pfund zu zahlen haben.
- **Schweiz:** Eine besondere Form der Besteuerung ist die schweizerische "pauschale Besteuerung nach dem Aufwand" (Art. 14 DBG, Art. 6 StHG)[47]. Danach können natürliche Personen,

---

[38] *Nieland*, IStR 1998, 221.
[39] Voraussetzung für die Steuerpflicht in Monaco ist ein Wohnsitz und ausreichendes Einkommen.
[40] *Savory* in: Horvath & Horvath (Hrsg.), CCH International 1993 Turks & Caicos Islands, 78, 057.
[41] *Novello* in: Horvath & Horvath (Hrsg.), CCH International 1993 Nevis, 60, 521.
[42] Vgl. *Hock/Mück*, RIW 1993, 127.
[43] ICTA 1988, S. 65 Abs. 4.
[44] Zur Auslegung der "remittance-Base-Klauseln" in DBA vgl. BFH-Urt. v. 29. 10. 2001, I R 102/99 (zu DBA-Zypern).
[45] Der Begriff der Überweisung ("remittance") ist weit auszulegen und beinhaltet neben direkten Geldtransfers auch indirekte Transaktionen, wie der Kauf von Waren in Großbritannien mit einer ausländischen Kreditkarte oder die Gutschrift von Kreditzinsen in Großbritannien aus dem Ausland.
[46] Kontenführung im Ausland, Einrichtung von Auslands-Trusts, Reinvestition im Ausland.
[47] Die Steuer wird nach Art. 14 Abs. 3 DBG, Art. 6 Abs. 3 StHG nach dem Aufwand des Steuerpflichtigen und seiner Familie bemessen und nach dem ordentlichen Steuertarif gem. Art. 36 DBG, Art. 11 Abs. 1 StHG berechnet.

die erstmals oder nach mindestens zehnjähriger Landesabwesenheit in der Schweiz ihren steuerrechtlichen Wohnsitz[48] oder Aufenthalt nehmen und damit in der Schweiz unbeschränkt steuerpflichtig sind und in der Schweiz keine Erwerbstätigkeit ausüben, anstelle der Einkommensteuer eine Besteuerung nach dem Aufwand wählen[49]. Die Steuer muss mindestens gleich hoch angesetzt werden wie die nach dem ordentlichen Tarif berechnete Steuer vom gesamten Bruttoertrag einzelner – ausdrücklich genannter und in der Schweiz belegenen bzw. wurzelnden – Einkunftsquellen. Bemessungsgrundlage sind die jährlichen Lebenshaltungskosten des Steuerpflichtigen und seiner Familie, wobei regelmäßig nach dem Grundsatz der Pränumerandobesteuerung die beiden letzten Kalenderjahre[50] ausgegangen wird. Als Mindestbemessungsgrundlage wird mindestens das Fünffache des Mietzinses oder des Mietwertes des eigenen Hauses oder der Bruttobetrag der in Art. 14 Abs. 3 DBG, Art. 6 Abs. 3 StHG genannten Einkünfte herangezogen. Im Kanton Zürich wurde eine Initiative zur Abschaffung der Aufwandbesteuerung auf kantonaler Ebene Anfang Februar 2009 mit knapp 53 Prozent der Stimmen angenommen. Die Aufwandbesteuerung wird im Kanton Zürich damit abgeschafft[51].

Auf Schweizer Bundesebene wurden parlamentarische Vorstöße eingereicht, die eine schweizweite Abschaffung oder Anpassung der Besteuerung nach dem Aufwand verlangen. Diese wurden bisher allerdings alle abgelehnt.

- Häufig genannt werden auch Malta (aufgrund der Besteuerung nach remittance-base-Prinzipien) und Campione d'Italia (Vorzugsbesteuerung durch besondere Umrechnungskurse bestimmter ausländischer Einkünfte sowie Besonderheiten bei Ermittlung des zu versteuernden Einkommens).

Auf eine weitergehende Darstellung möglicher steuerlich günstiger Domizile wird an dieser Stelle aus Platzgründen verzichtet[52].

Ein wesentliches Kriterium für die Auswahl des neuen Wohnsitzstaates kann – je nach der Vermögensstruktur – auch das DBA-Netz sein; Deutschland hat gegenwärtig 75 DBA's abgeschlossen und gewährt somit einen sehr weitreichenden Schutz. Soweit eine Vielzahl ausländischer Beteiligungen an (Kapital-)Gesellschaften bestehen, ist für den Gesellschafter die Frage der Quellensteuersätze für Dividenden und Zinsen sowie der "Treaty-shopping-provisions"[53] von erheblicher Bedeutung.

Nach Auswahl eines möglichen Zielstaates sollte auf eine Vergleichskalkulation der steuerlichen Vorteile zur Entscheidungsvorbereitung nicht verzichtet werden.

---

[48] Hinzuweisen ist auf die restriktiven Einwanderungsvorschriften der Schweiz, die im Rahmen der Planung zu beachten sind.
[49] *Amann*, IWB F. 5 Gr. 2 S. 463; *Strunz*, RIW 1994, 1484 ff.
[50] Art. 43, 20 Abs. 2 DBG.
[51] vgl. dazu und zu den steuerlichen Auswirkungen *Bron/Seidel*, IStR 2009, 312ff
[52] Vgl. zu den einzelnen länderspezifischen Sonderregelungen die Darstellung in CCH International, Offshore Financial Centres, Loseblattsammlung sowie Tax Havens of the World, Loseblattsammlung und Tax Havens Encyclopaedia, Loseblattsammlung.
[53] Vergleichbar § 50d EStG.

II. Steuerliche Wirkungen einer Wohnsitzverlegung

Eine steuerorientierte Wohnsitzverlegung aus Deutschland i. S. einer Vermeidung oder Reduzierung der deutschen Steuerbelastung hat sich an den Anknüpfungspunkten der deutschen Besteuerung zu orientieren.

1. Anforderungen an eine Wohnsitzverlegung

Anknüpfungspunkt für die deutsche unbeschränkte Einkommen- und Erbschaftsteuerpflicht ist gem. § 1 Abs. 1 EStG der **Wohnsitz**[54], § 8 AO oder der **gewöhnliche Aufenthalt**[55], § 9 AO in Deutschland. Die unbeschränkte Einkommensteuerpflicht erfasst das Welteinkommen.

Die an den Wohnsitz oder gewöhnlichen Aufenthalt gekoppelte unbeschränkte Erbschaftsteuerpflicht erfasst nach § 2 Abs. 1 Nr. 1 Satz 1 ErbStG den gesamten Vermögensanfall. Damit ist das gesamte in- und ausländische Vermögen gemeint. Die Nationalität ist – anders als z. B. in den USA[56] – für die deutsche Besteuerung grundsätzlich unbeachtlich, eine Ausnahme wird nur für die Sonderregelungen der erweitert beschränkten Steuerpflicht und die Erbschaftsteuer gemacht[57].

Für den **Wohnsitz** wird von der Rechtsprechung eine gewisse Regelmäßigkeit oder Gewohnheit des tatsächlichen Aufenthalts gefordert[58]. Die Beibehaltung einer Wohnung im Inland wird schon dann als Anknüpfungspunkt angesehen, wenn deren Benutzung jederzeit möglich ist und dergestalt ausgestattet ist, dass sie jederzeit als Bleibe dienen kann[59]. Die melderechtliche Abmeldung ist lediglich ein Indiz für die Absichten des Steuerpflichtigen[60]. Für die Bestimmung des persönlichen und geschäftlichen Lebensmittelpunktes werden vielfältige allgemeine Kriterien herangezogen, u. a. persönliche, geschäftliche oder gesellschaftliche Bindungen[61]. Daher werden bei Vorliegen einer intakten Ehe die persönlichen Bindungen im Inland bestehen bleiben, so dass eine Aufgabe des Wohnsitzes im Inland in Frage zu stellen ist[62]. In diesen Fällen ist die Mitnahme der Familie ins Ausland erforderlich.

Bei einem Aufenthalt von mehr als sechs Monaten in Deutschland wird der **gewöhnliche Aufenthalt** im Inland unwiderlegbar vermutet. Bei mehreren Aufenthalten mit einer Gesamtzeit-

---

[54] Nach § 8 AO dort, wo eine Wohnung unter Umständen innegehalten wird, die darauf schließen lassen, dass die Wohnung beibehalten und benutzt wird.

[55] Nach § 9 AO dort, wo er sich unter Umständen aufhält, die erkennen lassen, dass er an diesem Ort nicht nur vorübergehend verweilt.

[56] Sec. 911 IRC.

[57] Nach den §§ 2 Abs. 1 Satz 1 und 4 Abs. 1 Satz 1 AStG, § 2 Abs. 1 Nr. 1 b) ErbStG muss die Steuerpflicht "... als Deutscher .." bzw. "... als deutscher Staatsangehöriger..." bestanden haben.

[58] BFH, Urt. v. 5. 11. 2001, VI B 219/00, BFH/NV 2002, 311; BFH, Urt. v. 17. 5. 1995, I R 8/94, BStBl 1996 II 84 = RIW 1996, 84; BFH, Urt. v. 23. 11. 1988, II R 139/87, BStBl 1989 II 182.

[59] BFH, Urt. v. 23. 10. 1985, I R 274/82, BStBl 1986 II 133; BFH, Beschl. v. 29. 8. 1996, I B 12/96, BFH/NV 1997, 96; BFH, Urt. v. 19. 3. 1997, I R 69/96, BStBl 1997 II 447; Urt. des FG Münster v. 23. 5. 1996 12-K-25/93, LEXinform; s. a. Schlesw.-Holst. FG, Urt. v. 15. 12. 1995, EFG 1996, 553 (kein inländischer Wohnsitz bei längerfristig ins Ausland versetzten Arbeitnehmers in der Form eines leer stehenden Wohnungseigentums); Nds. FG, Urt. v. 28. 5. 1997, EFG 1997, 1150 (kein inländischer Wohnsitz bei Nutzung der Wohnung durch volljähriges, in der Ausbildung befindliches Kind).

[60] BFH, Urt. v. 23. 10. 1985, a. a. O. (oben Fn. 60); Anwendungserlass zur AO, zuletzt geändert mit Schreiben v. 2. 1. 2009 IV A 3 – S 0062/08/10007, BStBl 2009 I 3, zu § 8 – Wohnsitz Abs. 2 Satz 3.

[61] Vgl. auch EuGH, Urt. v. 12. 7. 2001, C 262/99, HFR 2001, 1026;

[62] *Korn/Stahl*, KÖSDI 6/95, 10267; BFH, Urt. v. 17. 5. 1995, a. a. O. (oben Fn. 56); Urt. des FG Hamburg v. 15. 4. 1994 V 61/92, EFG 1994, 730; FG Saarland, v. 26. 6. 1997 1 K 90/96, EFG 1997, 1151.

spanne von 6 Monaten, die nur durch kurzfristige Unterbrechungen getrennt sind, besteht die Gefahr einer Zusammenrechnung (unter Einbeziehung der Unterbrechungszeiten)[63]. Kurzfristige Unterbrechungen wie Familienheimfahrten am Wochenende stellen keine Unterbrechung eines zusammenhängenden Aufenthaltes dar. Bei täglichen Heimfahrten nach Geschäftsschluss wird grundsätzlich kein gewöhnlicher Aufenthalt nach § 9 AO in Deutschland angenommen[64]. Besonderheiten gelten nach der Rechtsprechung des BFH[65] zu Art. 10 DBA Niederlande. Danach kann auch der stundenweise Aufenthalt im Inland über einen Zeitraum von mehr als 183 Tagen eine Ansässigkeit im Inland begründen[66]. Eine weitere Besonderheit gilt nach Grenzgängerregelungen in DBA[67]. Nach diesen Regelungen wird das Besteuerungsrecht regelmäßig dem Wohnsitzstaat zugewiesen.

Die Begründung eines Wohnsitzes in einem anderen Staat hat nicht die Aufgabe des inländischen Wohnsitzes zur Folge. Der gewöhnliche Aufenthalt kann – anders als der Wohnsitz – nicht gleichzeitig an mehreren Orten bestehen, so dass bei fortdauernden Schwerpunktaufenthalten im Ausland kurzfristige Inlandsaufenthalte keinen gewöhnlichen Aufenthalt im Inland begründen[68]. Eine natürliche Person kann zwar nur einen gewöhnlichen Aufenthalt, aber mehrere Wohnsitze haben[69].

Für eine Beendigung der unbeschränkten Steuerpflicht ist somit im Regelfall eine sorgfältige Detailplanung erforderlich, da die Gefahr eines ungewollten Anknüpfungspunktes der unbeschränkten Steuerpflicht in Deutschland soweit wie möglich vermieden werden sollte[70]. In Anbetracht der Bedeutung der individuellen Lebensverhältnisse des Steuerpflichtigen kann nur als Leitlinie darauf hingewiesen werden, dass die Wohnung sowie alle der individuellen Nutzung zugänglichen Unterkünfte aufgegeben werden müssen, persönliche Anknüpfungspunkte zu Deutschland gekappt werden müssen (z. B. muss die Familie mit auswandern) und dass Deutschland nur zu gelegentlichen Besuchen aufgesucht wird.

2. Begrenzung der deutschen Steuerpflicht
a) Übergang zur beschränkten Steuerpflicht

Natürliche Personen, die in Deutschland weder ihren Wohnsitz noch ihren gewöhnlichen Aufenthalt haben, sind in Deutschland beschränkt steuerpflichtig[71] und unterliegen nur noch mit Einkünften aus deutschen Quellen (**inländischen Katalogeinkünften**[72] i. S. des **§ 49 EStG**) der

---

[63] BFH, Urt. v. 25. 5. 1988, I R 225/82, BStBl 1988 II 944 f.; *Tipke/Kruse*, AO § 9, Tz. 5.
[64] BFH, Urt. v. 20. 4. 1988, I R 219/82, BStBl 1990 II 701.
[65] BFH, Urt. v. 10. 7. 1996, I R 4/96, BStBl 1997 II 15 (Änderung der Rechtsprechung).
[66] S. a. *Strunk*, DStR 1997, 192 zur Möglichkeit der Mehrfachansässigkeit.
[67] Art. 15 Abs. 3 Nr. 1 DBA-Belgien; Art. 13 Abs. 5 DBA-Frankreich; Art. 9 Abs. 3 DBA-Österreich; Art. 15a DBA-Schweiz; AGGrenzG Niederlande.
[68] Anwendungserlass zur AO 77 v. 15. 7. 1998, a. a. O. (oben Fn. 61), zu § 9 – Gewöhnlicher Aufenthalt Abs. 3.
[69] *Schieber* in: Debatin/Wassermeyer, DBA, Art. 15 MA, Tz. 58; BFH, Urt. v. 10. 8. 1983, I R 241/82, BStBl 1984 II 11.
[70] Z. B. soll ein im Ausland ansässiger Schlagerstar, der seine Deutschlandtournee zu lange ausgedehnt hatte, ungewollt in Deutschland unbeschränkt steuerpflichtig geworden sein, vgl. Handelsblatt v. 30. 7. 1998, S. 40.
[71] Zu den Folgen der beschränkten Steuerpflicht s. a. unten Abschn. C. V. 1. c).
[72] Zu diesen Einkünften gehören z. B. Einkünfte aus einem im Inland belegenen Gewerbebetrieb, Einkünfte aus im Inland ausgeübter oder verwerteter (künstlerischer) selbständiger Arbeit, Einkünfte aus im Inland ausgeübter nichtselbständiger Arbeit, Einkünfte aus Vermietung und Verpachtung von im Inland belege-

deutschen (Mindest-)Besteuerung[73] (§ 50 Abs. 3 Satz 2 EStG; ab dem Veranlagungszeitraum 2009 ist der Mindeststeuersatz von 25% abgeschafft. Die Besteuerung richtet sich künftig nach § 32a Abs. 1 EStG (Grundtarif), jedoch grundsätzlich ohne Berücksichtigung des Grundfreibetrags[74]. Einkünfte aus ausländischen Quellen werden nicht von der deutschen Besteuerung erfasst[75].

Auch die beschränkte Erbschaftsteuerpflicht[76] orientiert sich gem. § 2 Abs. 1 Nr. 3 ErbStG i. V. m. § 121 BewG an Katalogtatbeständen[77]. Nicht in den Katalogtatbeständen genannte Einkommens-[78] und Vermögensteile[79] unterliegen – vorbehaltlich einer Ansässigkeit des Erwerbers/Beschenkten in Deutschland – keiner deutschen Besteuerung.

Eine Wohnsitzverlegung zur steuerlichen Gestaltung kann daher kurzfristig kaum genutzt werden, wenn die betreffende Personen in größerem Umfang inländische Katalogeinkünfte beziehen. Eine Ausnahme betrifft Zinseinkünfte aus sonstigen Kapitalforderungen.

b) Erweitert beschränkte Steuerpflicht

Wird der Wohnsitz eines **Deutschen**, der zuvor 5 Jahre unbeschränkt steuerpflichtig war, in ein so genanntes Niedrigsteuerland verlegt[80], tritt für den Zeitraum **von 10 Jahren nach der Beendi-**

---

nen unbeweglichen Vermögen und Einkünfte aus Kapitalvermögen, wenn der Schuldner Wohnsitz, Geschäftsleitung oder Sitz im Inland hat. Dies gilt auch bei Wandelanleihen oder Gewinnobligationen (§ 49 Abs. 1 Nr. 5a EStG). Erträge aus sonstigen Kapitalforderungen (§ 20 Abs. 1 Nr. 7 EStG, z. B. Anleihen mit schwankendem Zinssatz, Bankeinlagen, Darlehen, Zerobonds/Stripped Bonds, vgl. im Einzelnen *Schmidt*, EStG, § 20, Tz. 160 f.) gehören nur dann zu den inländischen Einkünften i. S. des § 49 EStG, wenn das Kapitalvermögen durch inländisches Grundvermögen oder ähnliche dingliche Rechte gesichert ist (§ 49 Abs. 1 Nr. 5c EStG).

[73] Zur Vereinbarkeit der Ungleichbehandlung von Ansässigen als unbeschränkt Steuerpflichtigen und Nichtansässigen als beschränkt Steuerpflichtigen mit europäischem Recht vgl. EuGH v. 14. 2. 1995 ("Schumaker"), IWB F. 11a Gr. 2 S. 25 sowie EuGH v. 27. 6. 1996 (Asscher), IStR 1996, 329; BFH v. 5. 2. 2001, I B 140/00, IStR 2001, 285 m. Anm. *Lüdicke* sowie Anm. *Pflüger*, PIStB 2001, 147; *Maßbaum*, IWB F. 3 Gr. 3 S. 1139; s.a. *Kaefer/Kaefer*, IStR 2006, 37ff.

[74] *Rüping*, IStR 2008, 575ff

[75] Zur Frage der Einkommensteuerpflicht eines nach dem Umzug von Deutschland nach Frankreich für die Tätigkeit in der Schweiz zugeflossenen Weihnachtsgeldes vgl. FG Baden-Württemberg, Außensen. Freiburg Urt. v. 25. 10. 2001, 14 K 21/97, EFG 2002, 125; zur Behandlung von Arbeitnehmeraktienoption s.a. BMF v. 14.09.2006, IV B 6 – S 1300 – 367/06 sowie *Röpke/Schmidt*, IStR, 2006, 59ff; *Hasbargen/Schmitt/Wiesemann*, IStR 2007, 380ff

[76] Vgl. zur erweiterten unbeschränkten Steuerpflicht (nachhängendes Besteuerungsrecht bei fortgezogenen eigenen Staatsangehörigen) *Jülicher*, PIStB 2001, 50.

[77] Inländisches land- und forstwirtschaftliches Vermögen, inländisches Grundvermögen, inländisches Betriebsvermögen, Anteile an inländischen Kapitalgesellschaften, Erfindungen und Gebrauchsmuster, Wirtschaftsgüter, die einem inländischen Gewerbebetrieb zur Nutzung überlassen sind, durch Bucheintragung im Inland gesicherte Forderungen, stille Gesellschaften und partiarische Darlehen und Nutzungsrechte.

[78] Insb. "sonstige Kapitalforderungen" nach § 20 Abs. 1 Nr. 7 EStG gehören nur dann zu den Katalogeinkünften, wenn sie durch inländisches Grundvermögen oder ähnliche dingliche Rechte gesichert sind; hinsichtlich der Einzelheiten verweisen wir auf *Schmidt*, EStG, § 49 Tz. 160 f.

[79] Insb. inländische Bank- und Sparguthaben, Wertpapierdepots, Geldvermächtnisse und Versicherungsansprüche, vgl. *Meincke*, Erbschaftsteuer- und Schenkungsteuer, § 2 ErbStG Tz. 10.

[80] Land, in welchem die Belastung durch die Einkommensteuer bei einer in diesem Gebiet ansässigen unverheirateten natürlichen Person, die ein steuerpflichtiges Einkommen von 77 000 Euro bezieht, um mehr als ein Drittel geringer ist als die Belastung mit deutscher Einkommensteuer oder Land, in welchem die Einkommensteuer aufgrund einer Vorzugsbesteuerung erheblich gemindert sein kann; danach wird

gung der unbeschränkten Steuerpflicht die erweitert beschränkte Einkommensteuer- und Erbschaftsteuerpflicht nach §§ 2, 4 AStG ein. Merkmal der erweitert beschränkten Steuerpflicht ist, dass bei natürlichen Personen, die infolge deutscher Staatsangehörigkeit und langjähriger Ansässigkeit im Inland mit Deutschland verbunden sind und diese Bindung trotz Wegzugs ins niedrig besteuernde Ausland durch Beibehaltung wesentlicher wirtschaftlicher Interessen im Inland fortsetzen, eine deutsche Besteuerung vorbehalten bleibt. Die erweitert beschränkte Steuerpflicht ist keine Steuerpflicht eigener Art. Sie modifiziert vielmehr die beschränkte Steuerpflicht, indem diese auf alle Einkünfte ausgedehnt wird, die nach dem deutschen Steuerrecht **nicht** als aus dem Ausland stammend gelten[81].

aa) Einkommensteuern

Die erweitert beschränkte Steuerpflicht hat hinsichtlich der Einkommensteuer vor allem Bedeutung für die Besteuerung der Zinseinkünfte. Werden sie bei der beschränkten Steuerpflicht nur erfasst, wenn das Kapitalvermögen dinglich gesichert ist, so unterliegen der erweitert beschränkten Steuerpflicht alle aus dem Inland gezahlten Zinsen. Ausländische Kapitaleinkünfte liegen demnach nur vor, wenn der Schuldner Wohnsitz, Geschäftsleitung oder Sitz in einem ausländischen Staat hat oder das Kapitalvermögen durch ausländischen Grundbesitz gesichert ist (§ 34d Nr. 6 EStG). Die Erweiterung der beschränkten Steuerpflicht zeigt sich darüber hinaus in der Aufhebung der Abgeltungswirkung inländischer Abzugsteuern (vgl. § 50 Abs. 5 Satz 1 EStG, ab VZ 2009: Abs. 2) und in der Bemessung der Steuer nach einem Satz, der dem Welteinkommen entspricht. Dies bedeutet, dass bei der Steuersatzfindung gem. § 32a Abs. 1 EStG (Grundtarif) auch alle ausländischen Einkünfte des Steuerpflichtigen einzubeziehen sind (Progressionsvorbehalt).

bb) Erbschaftsteuern

Für die erweiterte beschränkte Erbschaftsteuerpflicht tritt eine Erweiterung des Katalogs der der Steuerpflicht unterliegenden Vermögensgegenstände ein, wobei darauf abgestellt wird, ob es sich um Vermögensgegenstände handelt, deren Erträge bei unbeschränkter Einkommensteuerpflicht nicht ausländische Einkünfte i. S. des § 34c Abs. 1 EStG wären, insbesondere Kapitalforderungen im Inland, Spareinlagen und Bankguthaben im Inland, Aktien und Anteile an Kapitalgesellschaften, Rentenansprüche im Inland und Versicherungsansprüche.

III. Situation bei unzureichender Wohnsitzverlegung (Doppelwohnsitz)

Ist der Wohnsitz und der gewöhnliche Aufenthalt entsprechend den vorgenannten Merkmalen vom Inland in das Ausland verlegt worden, stellt sich die Frage, ob die deutsche Steuerpflicht vollständig beendet ist oder ob weitere Ansatzpunkte für die deutsche Besteuerung bestehen.

Wird der Wohnsitz oder der gewöhnliche Aufenthalt in das Ausland verlegt, **ohne** dass der Wohnsitz in Deutschland vollständig aufgegeben wird, kann – je nach den Anknüpfungsmerkmalen der ausländischen Rechtsordnung – eine Doppelansässigkeit eintreten[82]. Folge der Doppelansässigkeit ist die Unterwerfung unter den Besteuerungsanspruch derjenigen Staaten, in

---

ein Staat zu einem Niedrigsteuergebiet, wenn die Steuerbelastung dieses Staates auf weniger als 21,12 % sinkt. Im Zuge der Steuerreformen wird diese Grenze weiter sinken; offen ist u. E. die Rechtslage, wenn das Land aufgrund einer Steuerreform nachträglich zum Niedrigsteuerland wird, vgl. dazu *Roser*, IStR 2000, 78.

[81] *Schelle*, Praxis des Außensteuerrechts, Gebrauchsanleitung für das Management internationaler Steuerbeziehungen, S. 88.

[82] Anwendungserlass zur AO, a. a. O. (oben Fn. 61), zu § 8 – Wohnsitz Abs. 2 Satz 1.

welchen die Ansässigkeit begründet ist. Besteht kein DBA, ist eine Doppelbesteuerung die Folge, die auf innerstaatlicher Ebene durch die Anrechnung ausländischer Steuern gemildert werden kann. Besteht mit dem ausländischen Staat ein DBA, kann die Doppelbesteuerung aufgehoben, eingeschränkt oder gemildert sein.

Es muss im Einzelfall geprüft werden, ob die Doppelbesteuerung durch Anrechnung der im jeweils anderen Staat entrichteten Steuern abgemildert oder beseitigt wird. Im Fall der Doppelansässigkeit sind grundsätzlich beide involvierten Steuersysteme zu berücksichtigen.

Deutschland rechnet auf "ausländische Einkünfte" nach § 34c Abs. 1 EStG die ausländischen Steuern an, soweit sie der deutschen Einkommensteuer entsprechen. Dies gilt nicht für Einkünfte aus Kapitalvermögen, auf die ab dem Veranlagungszeitraum 2009 die Abgeltungssteuer nach § 32d EStG anzuwenden ist. Wie zudem das BFH-Urteil vom 24. 3. 1998[83] verdeutlicht, kann die Doppelansässigkeit zu einem Entfallen der Steueranrechnung führen, wenn die Einkünfte nach deutschem Rechtsverständnis aus dem Inland stammen.

Für Zwecke der Erbschaftsteuer wird nach § 21 Abs. 1 ErbStG ebenfalls die Anrechnungsmethode gewährt, wobei im Einzelfall aus der Restriktion des § 21 Abs. 1 Satz 4 ErbStG durch Zeitablauf[84] oder durch unterschiedliche Anknüpfungspunkte der Besteuerung[85] unliebsame Steuerfolgen entstehen können.

Beiden Anrechnungsfällen ist gemeinsam, dass eine Anrechnung höchstens bis zu dem Betrag der deutschen Steuer möglich ist, der auf das Auslandsvermögen entfällt, das im Ausland besteuert wurde. Ist der ausländische Steuerbetrag höher als der deutsche, kommt eine Erstattung nicht in Betracht[86].

IV. Schutz/Nutzung von Doppelbesteuerungsabkommen

1. Ertragsteuerliche Regelungen

Die Aufhebung, Einschränkung oder Milderung der Doppelbesteuerung durch ein DBA erfolgt dadurch, dass das Besteuerungsrecht für Einkünfte einem der Ansässigkeitsstaaten zugewiesen wird und der andere Ansässigkeitsstaat auf sein Besteuerungsrecht "verzichtet".[87]

Ausschlaggebend für die Zuordnung der Besteuerungsrechte zwischen Deutschland und dem weiteren Ansässigkeitsstaat ist die "Ansässigkeit"[88] i. S. des DBA (Art. 4 Abs. 1 OECD-MA)[89]. Deutschland darf, wenn es nicht Ansässigkeitsstaat i. S. des DBA ist, in der Regel nur noch be-

---

[83] I R 38/97, DStR 1998, 1008.

[84] Nach § 21 Abs. 1 Satz 4 ErbStG sind ausländische Steuern nur anrechenbar, wenn die deutsche Steuer innerhalb von 5 Jahren seit dem Zeitpunkt der Entstehung der ausländischen Steuer entstanden ist.

[85] Probleme können sich u. a. auch aus der Art der ausländischen Steuer ergeben, so z. B. bei der Wertzuwachsteuer nach kanadischem Recht, vgl. Fn. 195. Die Rechtsprechung vertritt die Ansicht, dass diese keine der deutschen Erbschaftsteuer entsprechende Steuer sei und damit als Nachlassverbindlichkeit anzusetzen sei. Eine Anrechnung unterbleibt auch, wenn der anrechnende Staat davon ausgeht, dass der der Besteuerung unterliegende Vermögensgegenstand im Inland belegen ist (vgl. *Schindhelm*, ZEV 1997, 13; *Arlt*, IWB F. 3 Gr. 9 S. 119).

[86] *Schindhelm*, ZEV 1997, 13 f.; *Arlt*, IWB F. 3 Gr. 9 S. 120 ff; s. a. die instruktiven Beispiele bei *Bellstedt*, IWB F. 3 Gr. 9 S. 99.

[87] Vgl. auch *Jülicher*, PIStB 2000, 91; *Kinzl*, IStR 2007, 561ff

[88] Vgl. BFH, Urt. v. 10. 7. 1996 a. a. O. (oben Fn. 66), zu Art. 10 DBA-Niederlande (Änderung der Rechtsprechung); *Kaminski/Strunk*, IStR 2007, 189ff

[89] Zur Auslegung des Begriffs der "Ansässigkeit" vgl. *Wassermeyer*, DBA, Art. 4 MA, Tz. 8.

stimmte, im DBA dem Nichtansässigkeitsstaat zugewiesene Einkünfte besteuern[90]. Sofern nach einer Wohnsitzverlegung eine doppelte Ansässigkeit vorliegt (z. B. Zweitwohnsitz in Deutschland), bestimmt Art. 4 Abs. 2 OECD MA, dass für Zwecke der Anwendung des DBA jener Wohnsitz maßgebend ist, zu dem die stärksten persönlichen und wirtschaftlichen Beziehungen bestehen (= Mittelpunkt der Lebensinteressen).

Unter persönlichen Beziehungen ist prinzipiell alles zu verstehen, was die gesamte private Lebensführung des Steuerpflichtigen ausmacht. Nach der Rechtsprechung des BFH[91] gehören dazu familiäre, gesellschaftliche, politische, religiöse und kulturelle Beziehungen. Dabei sind die familiären Beziehungen von vorrangiger Bedeutung[92]. Hinsichtlich der wirtschaftlichen Beziehungen ist entscheidend, von wo aus der Steuerpflichtige täglich seiner Arbeit nachgeht und von wo aus Vermögen und Einkünfte verwaltet werden[93].

Bei der Bestimmung des Mittelpunkts der Lebensinteressen müssen die persönlichen und wirtschaftlichen Beziehungen nicht kumulativ in einem Staat vorliegen. Hat der Steuerpflichtige die engeren persönlichen Beziehungen z. B. zu Deutschland, die engeren wirtschaftlichen Beziehungen aber zu dem anderen Staat, so ist es entscheidend, welcher Wohnsitz der für ihn bedeutungsvollere ist. Bestehen zu beiden Staaten sowohl persönliche als auch wirtschaftliche Beziehungen, liegt der Mittelpunkt der Lebensinteressen in dem Land, in dem die gesamten persönlichen und wirtschaftlichen Beziehungen überwiegen[94]. Dies ist im jeweiligen Einzelfall anhand der Abwägung der einzelnen Kriterien festzustellen[95]. Letztendlich haben die Finanzbehörden beider Länder im Wege des Verständigungsverfahrens gem. Art. 25 OECD MA die Möglichkeit, über den Mittelpunkt der Lebensinteressen zu befinden[96]. Eine besondere Regelung ist in einigen DBA für Grenzgänger getroffen[97]. Nach diesen Regelungen wird das Besteuerungsrecht regelmäßig dem Wohnsitzstaat zugewiesen.

---

[90] Unbewegliches Vermögen regelmäßig im Belegenheitsstaat (Freistellung); Einkünfte aus Unternehmergewinnen regelmäßig im Betriebsstättenstaat (Freistellung); Einkünfte aus Dividenden regelmäßig im Ansässigkeitsstaat unter Anrechnung ausländischer Quellensteuern (Ausnahme Schachteldividenden mit Freistellung); Zinsen regelmäßig im Ansässigkeitsstaat; Lizenzgebühren regelmäßig im Ansässigkeitsstaat; Veräußerungsgewinne aus der Veräußerung unbeweglichen Vermögens regelmäßig im Belegenheitsstaat, bei Veräußerung von Betriebsvermögens regelmäßig im Betriebsstättenstaat und im Übrigen im Ansässigkeitsstaat; Einkünfte aus selbständiger Arbeit regelmäßig im Ansässigkeitsstaat; Einkünfte aus nichtselbständiger Arbeit im Wohnsitzstaat und andere Einkünfte regelmäßig im Wohnsitzstaat.

[91] BFH, Urt. v. 31. 10. 1990, I R 24/89, BStBl 1991 II 562.

[92] Vgl. Art. 4 Nr. 15 Musterkommentar zum OECD-MA.

[93] BFH, Urt. v. 31. 10. 1990 a. a. O. (oben Fn. 88).

[94] *Wassermeyer*, DBA, Art. 4 MA, Tz. 70.

[95] Kann nicht bestimmt werden, in welchem Staat die Person den Mittelpunkt ihrer Lebensinteressen hat, oder verfügt sie in keinem der Staaten über eine ständige Wohnstätte, so gilt sie als in dem Staat ansässig, in dem sie ihren gewöhnlichen Aufenthalt hat, Art. 4 Abs. 2 Buchst. b MA. Hat die Person ihren gewöhnlichen Aufenthalt in beiden Staaten oder in keinem der Staaten, so gilt sie als nur in dem Staat ansässig, dessen Staatsangehöriger sie ist, Art. 4 Abs. 2 Buchst. c MA. Ist die Person Staatsangehöriger beider Staaten oder keines der Staaten, so regeln die zuständigen Behörden der Vertragsstaaten die Frage in gegenseitigem Einvernehmen, Art. 4 Abs. 2 Buchst. d MA.

[96] *Wassermeyer*, DBA, Art. 4 MA, Tz. 85.

[97] Art. 15 Abs. 3 Nr. 1 DBA-Belgien; Art. 13 Abs. 5 DBA-Frankreich; Art. 9 Abs. 3 DBA-Österreich; Art. 15a DBA Schweiz; AGGrenzG Niederlande.

Zu beachten sind jedoch Sonderregelungen einzelner DBA, die eine Ausnahme von dieser grundsätzlichen Regelungssystematik vorsehen können. Ein deutliches Beispiel ist Art. 4 Abs. 3 bis 5 DBA-Schweiz[98]. Durch diese Regelungen bleibt Deutschland das Recht vorbehalten, für einen Zeitraum von fünf Jahren ein "überdachendes Besteuerungsrecht" auszuüben[99]. Eine Reduzierung der Steuerlast setzt daher voraus, dass die Zuweisung des Besteuerungsrechtes für die einzelnen Einkunftsarten in dem konkret einschlägigen DBA geprüft wird. Eine aus dieser Sicht bestehende suboptimale Vermögens- und Einkunftsstruktur ist entsprechend – soweit möglich – anzupassen.

Das Vorliegen eines DBA kann den Umfang der Wohnsitzveränderung und Neuorientierung erheblich beeinflussen, wenn der Ansässigkeitsstaat weitgehende Besteuerungsrechte zugewiesen erhält und der Quellenstaat auf ein – möglichst reduziertes – Quellensteuerrecht begrenzt wird.

2. Nutzung von Erbschaftsteuer-DBA

Deutschland hat für die Erbschaftsteuer DBA bisher lediglich mit den USA[100], Schweden[101], Schweiz[102], Dänemark[103], Griechenland[104] und Frankreich[105] abgeschlossen[106]. Das mit Österreich bestehende Abkommen ist zum 1.1.2008 außer Kraft getreten[107]. Mit Finnland wurde ein neues Abkommen am 6. 6. 1997 paraphiert.

Das OECD-MA[108] wie auch der Abschluss von ErbSt-DBA haben international bislang keine wesentliche Verbreitung gefunden[109]. Der Schutz der ErbSt-DBA ist daher gering, weswegen der

---

[98] Eine Wegzugsbesteuerung im Verhältnis zur Schweiz haben sich auch andere Länder vorbehalten (Dänemark, Niederlande, Österreich, Schweden), vgl. *Höhn/v. Siebenthal* in: Höhn (Hrsg.), Handbuch des internationalen Steuerrechts der Schweiz, S. 138.

[99] Vgl. wegen der Einzelheiten *Hamminger* a. a. O. (oben Fn. 4), Art. 4 Tz. 95 ff. m. w. N.; nach Art. 4 Abs. 3 DBA-Schweiz hat Deutschland das Recht, einen ergänzenden Besteuerungsanspruch auf die natürlichen Personen auszuüben, die nach dem nationalen Steuerrecht sowohl in der Schweiz als auch in Deutschland unbeschränkt steuerpflichtig sind, jedoch nach Art. 4 Abs. 2 DBA-Schweiz nur in der Schweiz als ansässig gelten. Eine Besonderheit gilt nach Art. 4 Abs. 6 für Personen, die der sog. "Pauschalbesteuerung" unterliegen, da für diese die Ansässigkeit in dem Staat, in dem die Vorzugsbehandlung besteht, zu verneinen ist. Art. 4 Abs. 4 DBA-Schweiz ergänzt das Besteuerungsrecht Deutschlands für den Fall des Wegzugs, begründet jedoch keinen eigenen materiellen Steueranspruch, sondern verweist hinsichtlich der Durchführung der Besteuerung auf die Normen des innerstaatlichen Rechts. Art. 4 Abs. 5 DBA-Schweiz enthält eine Regelung für den Fall, dass natürliche Personen einen Teil des Jahres i. S. der abkommensrechtlichen Regelung in einem Vertragstaat als ansässig, für den Rest des gleichen Jahres aber in dem anderen Vertragstaat als ansässig gelten; *Bischoff/Kotyrba*, BB 2002, 382.

[100] V. 3. 12. 1980, BStBl 1982 I 765, Ergänzungsprotokoll v. 14. 12. 1998; s. a. *Eimermann*, IStR 1999, 237.

[101] V. 14. 7. 1992, BStBl 1994 I 422 (integriert in das DBA zur Vermeidung der Doppelbesteuerung auf dem Gebiet der Steuern vom Einkommen und vom Vermögen).

[102] V. 30. 11. 1978, BStBl 1980 I 243.

[103] V. 22. 11. 1995, BStBl 1996 I 1219 (integriert in das DBA zur Vermeidung der Doppelbesteuerung auf dem Gebiet der Steuern vom Einkommen und vom Vermögen).

[104] V. 18. 10./1. 12. 1910, RGBl 1912, 173.

[105] *Jülicher*, IStR 2007, 85ff; *Czakert*. IStR 2007, 281ff

[106] Zur Frage, ob die Mitgliedstaaten der EU nach Art. 220 des EWG-Vertrages verpflichtet sein könnten, DBA auf dem Gebiet der Erbschaftsteuern abzuschließen, vgl. *Wassermeyer*, EuZW 1995, 813.

[107] *Hoheisel*, IStR 2008, 139ff

[108] OECD-MA zur Vermeidung der Doppelbesteuerung der Nachlässe, Erbschaften und Schenkungen; nach Art. 1 OECD-MA gilt das Abkommen für Schenkungen, wenn der Schenker seinen Wohnsitz in einem der Vertragsstaaten hat und für Nachlässe von Erblassern, die zum Zeitpunkt ihres Todes ihren Wohnsitz in

Problematik der Doppelansässigkeit für die Erbschaftsteuer größere Aufmerksamkeit beigemessen werden muss. Zu der Abmilderung der Doppelbesteuerung im Rahmen der Steueranrechnung nach § 21 ErbStG vgl. Abschn. C III.

Zu beachten sind Sonderregelungen im Rahmen von Erbschaftsteuer-DBA. So hat sich Deutschland in Art. 4 Abs. 3 und 4 DBA Schweiz ErbSt – wie in Art. 4 Abs. 3 und 4 des DBA ESt – ein "überdachendes Besteuerungsrecht" vorbehalten, um die Besteuerungsmöglichkeit im Fall des Wegzugs aus Deutschland aufrecht zu erhalten[110].

3. Steuerstrafrechtliche Risiken einer unzureichenden Wohnsitzverlegung

Oft wird unterschätzt, dass die Wohnsitzverlegung nicht nur ein steuerplanerisches Instrument sein kann, sondern auch die Gefahr einer leichtfertigen Steuerverkürzung oder sogar Steuerhinterziehung mit sich bringen kann. Werden die Anknüpfungspunkte der deutschen Steuerpflicht nicht oder nicht vollständig beseitigt und dadurch hinsichtlich des Wohnsitzes oder der Ansässigkeitsdauer in Deutschland unvollständige oder unrichtige Angaben gemacht, können sich – je nach dem subjektiven Tatbestand – steuerstrafrechtliche Folgen ergeben[111].

V. Planungsanforderungen für die Beendigung der deutschen (unbeschränkten) Steuerpflicht

Mit der Verlagerung des Wohnsitzes in das Ausland sind unter Umständen aufgrund des Verlusts des deutschen Besteuerungsrechts steuerliche Folgen in Deutschland verbunden. Insbesondere kann es zu einer sog. "Wegzugsbesteuerung" (Grundsatz der Steuerentstrickung) kommen. Es sind daher im Vorwege u. U. Maßnahmen zur Vermeidung dieser steuerlichen Folgen erforderlich, die sich richten

► nach der örtlichen und inhaltlichen Struktur des Vermögens
► nach dem Umfang stiller Reserven in den Vermögenswerten.

1. Risikobereiche

a) Entstrickungsrisiko

Nach Auffassung der Finanzverwaltung soll die Beendigung des deutschen Besteuerungsrechtes für in Deutschland bisher verhaftete stille Reserven zu einer Endbesteuerung unter dem Gesichtspunkt der "steuerlichen Entstrickung" führen[112]. Dieser Besteuerungstatbestand wurde

---

einem der beiden Vertragsstaaten hatten. Nach Art. 5 Abs. 1 OECD-MA kann unbewegliches Vermögen in dem Vertragsstaat besteuert werden, in dem es belegen ist. Gem. Art. 6 Abs. 1 OECD-MA kann Vermögen einer Betriebsstätte und das Vermögen einer festen Einrichtung eines Freiberuflers in dem Vertragsstaat besteuert werden, in dem sich die Betriebsstätte bzw. die feste Einrichtung befindet. Art. 7 OECD-MA sieht vor, dass anderes Vermögen als Grundvermögen und Betriebsstättenvermögen nur in dem Vertragsstaat besteuert werden kann, in dem der Erblasser im Zeitpunkt seines Todes seinen Wohnsitz hatte. Nach Art. 9 OECD-MA kann die Vermeidung der Doppelbesteuerung durch Befreiung (Art. 9A) oder Anrechnung (Art. 9B) der Steuern erfolgen.

[109] Frankreich hat mit zz. 28 DBA's auf dem Gebiet der Erbschaftsteuer die meisten DBA's abgeschlossen. Die USA haben 17, Großbritannien 10 und Österreich 7 DBA's abgeschlossen, vgl. im Einzelnen die Übersichten bei *Wacker*, IStR 1998, 40.

[110] *Bellstedt/Meyer* in: Gosch/Kroppen/Grotherr (Hrsg.), DBA-Kommentar, Art. 4 DBA-Schweiz/ErbSt, Tz. 21 ff.; vgl. auch *Jülicher*, PIStB 2001, 50 zur Ausweitung der erweiterten unbeschränkten Steuerpflicht auf zehn Jahre bei Wegzug in die USA; *Koch*, PIStB 2001, 152; *Bischoff/Kotyrba*, BB 2002, 382.

[111] Vgl. die Zeitungsmeldungen zu dem Strafverfahren gegen Boris Becker wegen eines Wohnsitzes in Deutschland trotz seiner offiziellen Ansässigkeit in Monaco, Handelsblatt v. 24. 10. 2002, S. 14; zu den Ermittlungsmöglichkeiten deutscher Finanzbehörden bei Auslandssachverhalten s.a. *Korts/Korts*, IStR 2006, 869 ff.

[112] Obgleich es weder allgemeinen Tatbestand der Steuerentstrickung noch eine Absicherung der inländi-

z. B. angenommen, wenn Wirtschaftsgüter in eine ausländische Betriebsstätte verbracht werden, die aufgrund eines DBA von der deutschen Besteuerung freigestellt ist (seit der Einführung der Regelung des § 6 Abs. 5 Satz 1 EStG im Rahmen des StEntlG 1999/2000/2002 ist dieser Fall gesetzlich kodifiziert)[113]. Für die Wohnsitzverlegung ist ein derartiges Entstrickungsproblem im konkreten Einzelfall zu prüfen. Nach dem Bericht des BMF zur "Fortentwicklung des Unternehmenssteuerrechts"[114] wurde im Rahmen der Unternehmensteuerreform der Vorschlag gemacht, einen allgemeinen Entstrickungstatbestand einzuführen. Das Vorhaben war nach diesem Bericht derzeit (noch) nicht realisierbar und sollte auf der Grundlage einer weitergehenden Untersuchung entwickelt werden[115]. Mit dem SEStEG[116] wurde das Entstrickungskonzept für betrieblich gebundenes Vermögen umgesetzt, indem ein fiktiver Entnahmetatbestand in § 4 Abs.1 Satz 3 EStG eingeführt wurde. Die Bedeutung dieser gesetzlichen Regelung ist allerdings zunehmend umstritten, da der BFH mit der Aufgabe der finalen Entnahmetheorie[117] grundlegende Anpassungen der Besteuerungskonsequenzen eingeleitet hat.

aa) Zulässigkeit der Entstrickungsbesteuerung

Aufgrund des Vorbehalts des Gesetzes im Rahmen der Eingriffsverwaltung (Art. 20 Abs.3 GG) ist grundsätzlich ein gesetzlich normierter Gewinnrealisierungstatbestand erforderlich, um stille Reserven der Besteuerung zu unterwerfen. Spezialgesetzliche Regelungen der Entstrickung finden sich in § 4 Abs.1 Satz 3 EStG, § 12 Abs.1 KStG, sowie § 6 AStG. Für das Umwandlungsrecht wurde ein anderer Weg beschritten, da eine Abweichung von der Umwandlung zum Gemeinen Wert (Regelfall) nur zulässig ist, wenn das deutsche Besteuerungsrecht gesichert ist (§§ 11 Abs.2, 20 Abs.2, 21 Abs.2) und bleibt (§ 22 UmwStG). Es stellte sich bislang die Frage, ob die Wohnsitzverlegung als Veräußerung oder Entnahme derjenigen Wirtschaftsgüter angesehen werden kann, die bisher der deutschen Besteuerung unterlegen haben[118]. Grundsätzlich begründet die Verlegung des Wohnsitzes in das Ausland nach der Rechtsprechung des BFH[119] für sich allein keinen Tatbestand, der ohne unzulässige Rechtsanalogie eine Besteuerung rechtfertigen könnte. Der BFH hat zu diesen Grundsätzen mit seinem Urteil vom 28. 10. 2009[120] ergänzend ausdrücklich klargestellt, dass es einer „Entstrickung" auch gar nicht bedarf, da nachträgliche inländische Einkünfte anzunehmen seien. Der BFH hatte in diesem Urteil wegen der praktischen Schwierigkeiten der tatsächlichen Besteuerung angeregt, erweiterte Mitwirkungspflichten zur Sicherung des Besteuerungsrechtes einzuführen. Ob sich mit der gesetzlichen Neuregelung haben sich die Grundfragen, die sich aus der Rechtsprechung zu fingierten Entnahme- und Realisationstatbeständen entwickelt haben[121], weitgehend erledigt haben, bleibt abzuwarten.

---

schen stillen Reserven gibt, vgl. *Schmidt*, EStG, § 4, Tz. 63 "Steuerentstrickung".

[113] BFH, Urt. v. 14. 6. 1988, VIII R 387/83, BStBl 1989 II 187; v. 13. 11. 1990, VIII R 152/86, BStBl 1991 I 94; vgl. auch BMF, Schreiben v. 12. 2. 1990, IV B 2 – S 2135 – 4/90, BStBl 1990 I 72 f.; vgl. *Pfaar*, IStR 2000, 42.

[114] Abzurufen im Internet unter www.unternehmersteuerreform.de

[115] S. a. *Pohl*, IStR 2001, 460

[116] Gesetz v. 7.12.2006, BGBl. I 2006, 2782.

[117] BFH Urt. v. 17. 7. 2008 – I R 77/06, BStBl II 2009, 464; dazu *Roser* DStR 2008, 2389.

[118] Vgl. *Tipke*, Die Steuerrechtsordnung, 2. Aufl. ...., S. 113; *Schmidt*, EStG, § 4, Tz. 360 "Wohnsitzverlegung"; *Flick/Wassermeyer/Baumhoff*, AStG § 6 Tz. 5a.

[119] BFH, Urt. v. 26. 1. 1977, VIII R 109/75, BStBl 1977 II 283; v. 26. 10. 1977, VIII R 146/74, BStBl 1978 II 144.

[120] BFH, Urt. v. 28. 10. 2009, I R 99/08.

[121] BFH, Urt. v. 26. 1. 1977, VIII R 109/75, BStBl 1977 II 283;BFH v. 26. 10. 1977, VIII R 146/74, BStBl 1978 II

bb) Einzelfälle
(1) Anteile an inländischen Kapitalgesellschaften
(aa) Allgemeine Wegzugsbesteuerung

Mit der sog. "Lex Horten" (§ 6 AStG[122]) wurde bereits 1972 ein eigener Besteuerungstatbestand für Anteile an Kapitalgesellschaften eingeführt. § 6 AStG hat die Funktion, die deutsche Besteuerung der stillen Reserven in Anteilen an einer inländischen[123] Kapitalgesellschaft i. S. des § 17 EStG sicherzustellen[124]. Grundsätzlich ist die Besteuerung dieser stillen Reserven sichergestellt, wenn der Gesellschafter in Deutschland unbeschränkt oder beschränkt (§ 49 Abs. 1 Nr. 2 e) EStG) steuerpflichtig ist und Deutschland nach dem einschlägigen DBA als Wohnsitzstaat anzusehen ist (Art. 13 Abs. 4 OECD-MA). Wenn der Gesellschafter seinen Wohnsitz jedoch verlegt und durch ein DBA das (ausschließliche) Besteuerungsrecht für eine spätere Anteilsveräußerung dem (späteren) Wohnsitzstaat zugewiesen wird[125], ginge das deutsche Besteuerungsrecht an den stillen Reserven verloren. Hier greift § 6 AStG ein. Da sich die Wegzugsbesteuerung als letzter Akt der unbeschränkten Steuerpflicht vollzieht, wird sie nach herrschender Auffassung von DBA-Regelungen (§ 2 AO) nicht verdrängt[126].

Unter § 6 AStG fallen alle natürlichen Personen, die in Deutschland insgesamt mindestens 10 Jahre unbeschränkt steuerpflichtig waren, unabhängig davon, ob die betreffende Person die deutsche Staatsbürgerschaft hat, der neue Wohnsitzstaat ein Hoch- oder Niedrigsteuerland ist und ob mit diesem Staat ein DBA besteht[127]. Im Zeitpunkt der Beendigung der unbeschränkten Steuerpflicht in Deutschland sind die wesentlichen Anteile an einer deutschen Kapitalgesellschaft der Besteuerung nach den Grundsätzen des § 17 EStG zu unterwerfen. Nach § 6 Abs. 1 Satz 4 AStG tritt an die Stelle des Veräußerungspreises der gemeine Wert der Anteile zum Zeitpunkt der Beendigung der unbeschränkten Steuerpflicht. § 6 AStG greift jedoch nur ein, soweit der gemeine Wert der Anteile die Anschaffungskosten übersteigt (Verluste werden nicht erfasst[128]). Der so errechnete Vermögenszuwachs unterliegt seit 1999 dem normalen Steuersatz, nur ermäßigt durch eine Progressionsglättung[129].

In den Fällen einer Wohnsitzverlegung innerhalb der EU bzw. des EWR-Raumes wurde – als Konsequenz des EuGH-Urteils „Hugh de Lasteyrie de Salliant"[130] – in § 6 Abs.5 AStG eine Stun-

---

144; BFH, Urt. v. 12. 4. 1978, I R 136/77, BStBl 1978 II 494; auch Roser DStR 2008, 2389.

[122] Zur Verfassungsmäßigkeit des § 6 AStG vgl. BFH, Beschl. v. 17. 12. 1997, I B 108/97, LEXinform.

[123] Nicht erfasst werden Anteile an ausländischen Gesellschaften, vgl. *Flick/Wassermeyer/Baumhoff*, AStG § 6, Tz. 16 f.

[124] BMF-Schreiben v. 2. 12. 1994, IV C 7 – S 1340 – 20/94, BStBl 1995 I, Sonder-Nr. 1, Tz. 6.0.1.; s. dazu auch *Scherer*, IStR 2000, 142.

[125] Vgl. zu einem Überblick der DBA-Regelungen Roser EStB 2005, 342.

[126] BMF-Schreiben v. 2. 12. 1994 a. a. O. (oben Fn. 125), Tz. 6.1.5.1.; *Göttsche*, Wohnsitzverlagerung natürlicher Personen ins Ausland, S. 62 f.

[127] *Korn/Stahl*, KÖSDI 6/95, S. 10267.

[128] Nach dem BFH, Urt. v. 28. 2. 1990, I R 43/86, BStBl 1990 II 615 wird ein Veräußerungsverlust nicht berücksichtigt, da die Vorschrift nur auf Vermögenszuwächse anzuwenden ist.

[129] § 34 Abs. 1 EStG i. d. F. des Steuerentlastungsgesetzes 1999/2000/2002 sieht nur eine Milderungsregelung durch "Fünftelregelung" bei der Steuersatzermittlung vor. Durch das Steuersenkungsergänzungsgesetz v. 19. 12. 2000 z. T. wieder korrigiert für bestimmte Veräußerungsgewinne.

[130] EuGH v. 11. 3. 2004 – Rs C-9/02, IStR 2004, 236; auch EuGH v. 7. 9. 2005 Rs. C-470/07 „N", IStR 1996, 702.

dungsregelung eingeführt, die die Zinslosigkeit und den Ausschluss von Sicherheiten vorgibt. Diese Gesetzesregelung wird vom BFH als verfassungsgemäß angesehen[131].

Ein besonderes Problem tritt allerdings im Falle einer **späteren tatsächlichen Veräußerung** der wesentlichen Anteile nach erfolgtem Wohnsitzwechsel ein. Hier kann es zu einer Doppelbesteuerung kommen, wenn nunmehr der Wohnsitzstaat sein Besteuerungsrecht wahrnimmt, das ihm durch die DBA regelmäßig zugewiesen wird (vgl. Art. 13 Abs. 4 OECD-MA). Die Doppelbesteuerung kann im Wohnsitzstaat nur dadurch vermieden werden, dass dieser entweder an die Wertverhältnisse zum Zeitpunkt des Zuzugs aus Deutschland anknüpft (sog. Wertanknüpfung) oder die in Deutschland nach § 6 Abs. 1 AStG bereits erhobene Steuer auf seine eigene Steuer anrechnet (sog. Steueranrechnung)[132]. Die unterschiedlichen DBA- Regelungen verdeutlichen, dass kein einheitlicher und umfassender Schutz gegen eine Doppelbesteuerung gewährleistet ist. Im Zweifel bleibt nur die Einleitung eines Verständigungsverfahrens[133]. In den Fällen des § 6 Abs.5 AStG (EU/EWR) ist die bei Wohnsitzwechsel festgesetzte Steuer nach § 175 AO herabzusetzen, soweit die Wertminderung „betrieblich" veranlasst war (§ 6 Abs.6 AStG).

Durch Besonderheiten konkret anzuwendender DBAs kann die Nutzung der im Zuge der Wohnsitzverlegung geplanten Steuervorteile unterbunden bzw. zumindest zeitlich aufgeschoben sein. Im Falle eines Wohnsitzwechsels in die Schweiz sind sie aufgrund der Sonderregelung des § 6 Abs. 3 Nr. 2 AStG und Art. 4 Abs. 2 DBA Deutschland-Schweiz trotz Ansässigkeit in der Schweiz (noch) nicht nutzbar, weil nach Art. 4 Abs. 3 DBA Deutschland-Schweiz das deutsche Besteuerungsrecht noch aufrecht erhalten bleibt[134].

(bb) Einbringungsgeborene und sperrfristgebundene Anteile

Für Einbringungsvorgänge bis zum 12. Dezember 2006 galt noch das alte Umwandlungssteuerrecht. Dieses definierte den Begriff der sog. „einbringungsgeborenen Anteile". Soweit Anteile an Kapitalgesellschaften aus Einbringungen zu Buch- oder Zwischenwerten nach §§ 20, 23 UmwStG hervorgegangen waren, unterliegen diese sog. "einbringungsgeborenen Anteile" einer besonderen Steuerverstrickung. Auch nach der Änderung des UmwStG durch das SEStEG[135] bleiben diese Anteile nach § 27 Abs.3 UmwStG weiterhin steuerlich besonders gebunden. Das SEStEG hatte diese Systematik durch eine Sperrfrist von 7 Jahren mit einer abschmelzenden Besteuerung (Verminderung um 1/7 p. a.) ersetzt[136]. Die erfolgsneutrale Übertragung stiller Reserven im Rahmen einer Einbringung wird nach der Systematik des UmwStG nur gewährt, wenn und soweit die stillen Reserven in den Anteilen steuerverstrickt und der deutschen Besteuerung unterstellt bleiben.

Verliert allerdings Deutschland das Besteuerungsrecht an den Anteilen – z. B. bei Wegzug in ein DBA-Land mit einer Art. 13 Abs. 4 OECD-MA vergleichbaren Regelung – wird bei „einbringungsgeborenen Anteilen" durch § 21 Abs. 2 Nr. 2 UmwStG eine Versteuerung der stillen Reserven im Wegzugszeitpunkt normiert, da "das Besteuerungsrecht der Bundesrepublik Deutschland hin-

---

[131] BFH v. 23. 9. 2008 – I B 92/08, BFH/NV 2008, 2085.

[132] Wertanknüpfung nach Art. 13 Abs. 5 DBA Deutschland-Schweiz und Prot. Nr. 12 DBA Deutschland-Italien; Steueranrechnung z. B. nach Art. 13 Abs. 5 DBA Deutschland-Schweden und Art. 13 Abs. 6 DBA Deutschland-Kanada; vgl. *Vogel*, DBA, Art. 13 Tz. 101.

[133] BMF-Schreiben v. 2. 12. 1994, a. a. O. (oben Fn. 125), Tz. 6. 1. 5. 2.

[134] Vgl. dazu *Flick/Wassermeyer/Baumhoff*, AStG § 6, Tz. 62a.

[135] Gesetz v. 7. 12. 2006, BGBl. I 2006, 2782.

[136] Vgl. dazu eingehend Roser in Gosch/Schwedhelm/Spiegelberger, GmbH-Beratung, Stichwort „Einbringungsgeborene Anteile".

sichtlich des Gewinnes aus der Veräußerung der Anteile ausgeschlossen ist". Bemessungsgrundlage ist der gemeine Wert der Anteile nach § 9 Abs. 2 BewG[137].

Die Neuregelung des § 23 Abs. 1 EStG in der Fassung des Steuerentlastungsgesetzes 1999/2000/2002[138] – Anschaffungsfiktion bei Entstrickung – hat für Veräußerungen steuerlich entstrickter unwesentlicher Anteile innerhalb eines Jahres erhebliche Bedeutung erlangt, da die beschränkte Steuerpflicht von Spekulationsgeschäften durch die neue 1 %-Grenze in größerem Umfang Anteile an Kapitalgesellschaften erfasst (§ 49 Abs. 1 Nr. 8 EStG). Der BFH hat allerdings die Veräußerungsfiktion aufgrund eines Entstrickungsantrages ausdrücklich als „Fiktion" bezeichnet, so dass eine „Anschaffungsfiktion" damit nicht verbunden ist[139].

(2) Betriebe, Mitunternehmeranteile

Für Betriebe und Mitunternehmeranteile bleibt in der Regel das Besteuerungsrecht Deutschlands erhalten (Betriebsstättenprinzip nach § 49 Abs. 1 Nr. 2 EStG, Art. 7 OECD-MA), so dass eine Entstrickung nicht eintritt, solange die o. g. Sonderfälle nicht vorliegen.

Diese Steuerkonsequenzen gelten auch im Fall einer Betriebsverlegung bei freiberuflicher Tätigkeit gelten, vgl. Abschn C. V. 1. a) aa)[140].

(3) Immobilienvermögen

Für Immobilienvermögen bleibt das deutsche Besteuerungsrecht ebenfalls erhalten (§ 49 Abs. 1 Nr. 6 EStG, Art. 6 OECD-MA), so dass keine Entstrickung eintritt. In Einzelfällen kann allerdings die Übertragung von Wirtschaftsgütern bei Herauslösung aus dem Immobilienverbund – Beendigung der Zubehöreigenschaft – steuerlich relevant sein, da damit die steuerliche Qualifikation als "Immobilienvermögen" endet.

b) Risiko einer Sitzverlegung bei Kapitalgesellschaften

Bei einem in Deutschland ansässigen Gesellschafter-Geschäftsführer ist zu beachten, dass durch dessen Wohnsitzverlegung auch eine Verlegung des Verwaltungssitzes der Kapitalgesellschaft ausgelöst werden kann. Entscheidend ist nach ständiger Rechtsprechung der Ort der geschäftlichen Oberleitung der Kapitalgesellschaft, so dass bei Verlagerung des Ortes der tatsächlichen Leitungsentscheidungen ins Ausland eine steuerpflichtige Sitzverlegung (§ 12 Abs. 3 KStG) ausgelöst werden kann[141], deren steuerliche Auswirkungen erheblich – wenn auch in den Einzelheiten streitig[142] – sind.

---

[137] BMF-Schreiben v. 25. 3. 1998, IV B 7 – S 1978 – 21/98 / IV B 2 – S 1909 – 33/98, UmwStG – Auslegungs- und Zweifelsfragen, BStBl 1998 I 267 ff., Tz. 21.06; s. dazu auch *Kusterer*, DStR 1998, 319; *Roser* EStB 2005, 342.

[138] V. 24. 3. 1999, BStBl 1999 I 304 ff.

[139] BFH, Urt. v. 24. 6. 2008 - IX R 58/05, BStBl II 2008, 872.

[140] BFH, Urt. v 28. 10. 2009 - I R 99/08.

[141] Statt aller *Lambrecht* in Gosch, KStG, 2.Aufl. 2009, § 12 Rz. 92.

[142] Insb. die Frage des Ansatzes eines Firmenwertes (vgl. *Lambrecht* in Gosch, KStG, 2.Aufl. 2009, § 12 Rz. 100 ff , *Dötsch* in D/J/P/W, KStG § 12 Tz. 25; *Widmann/Mayer*, Umwandlungsrecht, Umwandlungsgesetz, Tz. 4439. 1). Zu den gesellschaftsrechtlichen Folgen einer Sitzverlegung ist im Anschluss an die Daily-Mail und Centros Entscheidung des EuGH eine rege Diskussion in Gang gekommen, vgl. z. B. *Forsthoff*, DB 2000, 1109.

c) Mittelbare Nachteile der Wohnsitzverlegung

Die Wohnsitzverlegung kann für in Deutschland verbleibende Vermögenswerte und Einkunftsquellen mittelbare Nachteile nach sich ziehen, da manche Begünstigungen an die unbeschränkte Steuerpflicht gebunden sind.

▶ **Veranlagungsbezogene Nachteile**

Als wesentliche veranlagungsbezogene Nachteile der beschränkten Steuerpflicht sind die einschränkenden Regelungen in § 50 EStG zu nennen[143]; nach h. M. wird ein bestehender Verlustabzug nach § 10d EStG durch den Wechsel von der unbeschränkten zur beschränkten Steuerpflicht nicht berührt. Er wird allerdings durch § 50 Abs. 1 Satz 2 i. V. m. Abs. 2 EStG eingeschränkt[144]. Die Einschränkung des Verlustabzugs ist durch die Neufassung des § 50 EStG mit Wirkung ab dem Veranlagungszeitraum 2009 aufgehoben worden.

▶ **Nachteile bei steuerlichen Fördermaßnahmen**

Der Wohnsitzwechsel kann unter Umständen einen Verlust staatlicher Förderungen zur Folge haben. Nach einer kürzlich ergangenen Entscheidung[145] des BFH zur Investitionszulage 1986 kann in den Fällen, in welchen bei Wohnsitzwechsel durch ein DBA die Besteuerungskompetenz für inländische Tätigkeiten[146] in das Ausland übergeht, der Anspruch auf Gewährung von Investitionszulagen ausgeschlossen sein, da es an der Voraussetzung einer deutschen "Steuerpflicht" fehlt[147]. Diese Grundsätze können auch für Sonderabschreibungen auf geplante oder bereits getätigte Investitionen Bedeutung haben, da in § 1 FördergebietsG ebenfalls "Steuerpflichtige" vorausgesetzt werden[148].

▶ **Nachteile bei Strukturmaßnahmen**

Soweit beschränkt Steuerpflichtige noch Betriebe in Deutschland unterhalten oder als Mitunternehmer an einer deutschen Personengesellschaft beteiligt sind[149], werden die Möglichkeiten einer steuerneutralen Umstrukturierung bzw. des Rechtsformwechsels begrenzt. Eine steuerneutrale Strukturmaßnahme setzt eine Sicherung und Erhaltung des deutschen Besteuerungsrechtes voraus (§§ 11 Abs.2, 20 Abs.2, 21 Abs.2 UmwStG einerseits und § 22 UmwStG andererseits). Das Besteuerungsrecht Deutschlands hinsichtlich des Gewinns aus der Veräußerung der dem Einbringenden gewährten Anteile ist überwiegend ausgeschlossen (wesentlich durch die Freistellungsmethode für Veräußerungsgewinne entsprechend

---

[143] Eingeschränkter Betriebsausgabenabzug (Abs. 1 Satz 1); kein Sparerfreibetrag (Abs. 1 Satz 3); keine Werbungskostenpauschbeträge (Abs. 1 Satz 3); kein Altersentlastungsbetrag (Abs. 1 Satz 3); grds. Versagung des Sonderausgabenabzugs (Abs. 1 Satz 4); kein Abzug außergewöhnlicher Belastungen (Abs. 1 Satz 4); eingeschränkter Verlustabzug (Abs. 1 Satz 2; Abs. 2 Satz 2); kein Kinderfreibetrag, kein Haushaltsfreibetrag (Abs. 1 Satz 4); keine Anwendung des Splittingtarifs (Abs. 3).

[144] Vgl. *Schmidt*, EStG § 10d, Tz. 3; § 50 EStG, Tz. 23.

[145] BFH, Urt. v. 14 8. 1997, III R 55/95, BStBl 1998 II 355; die Finanzverwaltung wendet dieses Urteil nach dem BdF-Schreiben v. 13. 5. 1998, IV B 3 – Invz-1160- 2/98, BStBl 1998 I 623, aus Vertrauensschutzgründen erst auf das InvZG 1999 an, da durch BMF-Schreiben v. 31. 3. 1992 – IV B 3 – InvZ 1010 – 10/92, BStBl 1992 I 235 unter 1. zunächst eine abweichende Auffassung vertreten wurde.

[146] Die nicht den Betriebsstättenbegriff i. S. des DBA erfüllen.

[147] Im Urteilsfall ging es um eine selbständige, im Handelsregister nicht eingetragene Repräsentanz eines japanischen Konzerns im Inland, die zwar nach deutschem Recht, nicht aber nach dem DBA-Japan als Betriebsstätte qualifiziert wurde.

[148] Fraglich ist, ob die Steuerpflicht wie eine "Verbleibensvoraussetzung" während des gesamten Begünstigungszeitraums vorliegen muss.

[149] Ggf. auch nach der Einbringung von Anteilen an einer Kapitalgesellschaft in eine GmbH & Co. KG.

Art. 13 Abs. 4 OECD-MA)[150]. Insofern sollte vor einer Wohnsitzverlegung geprüft werden, ob und welche Strukturmaßnahmen erforderlich sein könnten. Besteht die konkrete Absicht, eine Personengesellschaft in Deutschland in eine Kapitalgesellschaft umzuwandeln, ist vor der Wohnsitzverlegung zu prüfen, ob eine Realisierung der stillen Reserven (seit 1999 nicht mehr begünstigt; halber Steuersatz weitestgehend gestrichen) in Kauf genommen werden soll oder ob zur Erhaltung des Gestaltungsspielraums eine vorherige Einbringung dieser Mitunternehmeranteile in eine gewerblich geprägte Zwischenholding-Personengesellschaft vorzuziehen ist (mit dem Nachteil der höheren laufenden Besteuerung von 40 % bis Veranlagungszeitraum 2000; ab Veranlagungszeitraum 2001 von 25%), vgl. unten 2. b) bb).

▶ **Anwendbarkeit der Grundsätze der Gesellschafterfremdfinanzierung**

Die besonderen Vorgaben des alten § 8a KStG aF „Gesellschafterfremdfinanzierung", die auf ausländische Anteilseigner abzielten, sind durch die allgemeine Einführung einer „Zinsschranke" (§ 8a KStG, § 4h EStG) entfallen.[151] Im Hinblick auf die Finanzierungsstruktur in Deutschland unbeschränkt steuerpflichtiger Kapitalgesellschaften unterliegen diese daher nach einer Wohnsitzverlegung keinen strengeren Restriktionen der Gesellschafterfremdfinanzierung. Auch ausländische Anteilseigner haben daher ausreichende Eigenkapitalanteile in Deutschland vorzuhalten, um die Abzugsfähigkeit der Finanzierungszinsen zu gewährleisten. Angesichts der erheblichen Verschärfung der Zinsschrankenregelung nach § 4h EStG ergeben sich hier erhebliche Gestaltungsvorhaben. Diese Probleme der Gesellschafterfremdfinanzierung bestehen auch für Finanzierende, die ausländische Bankenfinanzierungen nutzen.

▶ **Nachteile durch DBA-Regelungen**

Die Wohnsitzverlegung unterstellt den Steuerpflichtigen u. U. einem anderen DBA-Netz mit möglicherweise nachteiligen Quellensteuersätzen oder Befreiungstatbeständen. Hier kann eine Gestaltungsempfehlung nur nach Analyse der einschlägigen DBA getroffen werden.

2. Vorgelagerte Maßnahmen zur Risikovermeidung

Die Planung der Wohnsitzaufgabe in Deutschland sollte entsprechend Gestaltungsüberlegungen hinsichtlich des der deutschen Besteuerung zuzuordnenden Vermögens umfassen.

a) Vorgelagerte Maßnahmen mit Rechtsverlust

Grundsätzlich besteht selbstverständlich die Möglichkeit, Anknüpfungspunkte der deutschen Besteuerung durch eine (u. U. steuerpflichtige) Veräußerung oder Schenkung zu vermeiden. Mit der Veräußerung können die Voraussetzungen für eine steueroptimale Reinvestition geschaffen werden. Durch eine Übertragung gegen Versorgungsrente, die nach gegenwärtiger Rechtslage nicht der beschränkten Steuerpflicht unterliegt[152] (§§ 22 Nr. 1 Satz 3, 49 Abs. 1 Nr. 7 i. V. m. § 50a EStG), kann erforderlichenfalls dem Versorgungsbedürfnis des Übertragenden ohne steuerliche Nachteile für diesen Rechnung getragen werden.

Eine Schenkung – wesentlich im Rahmen der vorweggenommenen Erbfolge – an in Deutschland ansässige Begünstigte kann der nach § 2 Abs. 1 Nr. 1 ErbStG fortgeltenden deutschen Erbschaftsteuerpflicht Rechnung tragen[153].

---

[150] BMF-Schreiben v. 25. 3. 1998, a. a. O. (oben Fn. 137), Tz. 20.24.
[151] Unternehmenssteuerreformgesetz (UntStRefG) v. 14.8.2007, BGBl. I 2007, 1912.
[152] Da keine gesetzliche Regelung eines Steuerabzugs vorliegt, vgl. *Schmidt*, EStG, § 49, Tz. 82.
[153] Zu den grds. Problemen im Rahmen des int. Erbrechts vgl. oben A. III. und des int. Erbschaftsteuerrechts vgl. oben C. II. 2. b).

b) Maßnahmen unter Erhaltung der Vermögenssubstanz
aa) Einbringung von Immobilienvermögen

Laufende Einkünfte aus in Deutschland belegenem Immobilienvermögen sind nach § 49 Abs. 1 Nr. 6 EStG in Deutschland steuerpflichtig. Diese Einkunftsverstrickung ist nicht zu vermeiden. Nicht erfasst sind Veräußerungsgewinne außerhalb des gewerblichen Grundstückshandels[154] und des § 49 Abs. 1 Nr. 2 f) EStG (Grundbesitz ausländischer Kapitalgesellschaften)[155].

Soweit in Deutschland steuerverhafteter Grundbesitz nach der Wohnsitzverlegung veräußert werden soll, ist zu prüfen, ob der Grundbesitz vor der Veräußerung steuerneutral auf eine ausländische (Objekt-)Kapitalgesellschaft übertragen werden kann, was durch die Regelungen des SEStEG deutlich erschwert worden ist. Die Veräußerung der Anteile an diesen (Objekt-) Kapitalgesellschaft wird – anders als die Veräußerung von Grundbesitz – in der Regel entsprechend Art. 13 Abs. 4 OECD-MA nur im Wohnsitzstaat des Gesellschafters besteuert[156].

Aus der neueren Rechtsprechung des BFH zur Gewinnerzielungsabsicht und der isolierenden Betrachtungsweise bei Immobilienvermögen[157], nach der die Gewinnerzielungsabsicht kein Besteuerungsmerkmal nach § 49 Abs. 2 EStG ist, können sich günstigere Gestaltungsmöglichkeiten von Investitionen in Immobilien in Deutschland bei beschränkter Steuerpflicht ergeben. Für die vom BFH vorgenommene Auslegung spricht zum einen der Wortlaut des § 49 Abs. 2 EStG. Er besagt, dass unter bestimmten Voraussetzungen im Ausland gegebene Besteuerungsmerkmale "außer Betracht bleiben". § 49 Abs. 2 EStG bestimmt hingegen nicht, dass nicht vorhandene Besteuerungsmerkmale fingiert werden dürfen[158] oder dass bei der Beurteilung der maßgeblichen Besteuerungsmerkmale nur auf die Gegebenheiten im Inland abzustellen sei. Deshalb bleibt es auch im Anwendungsbereich des § 49 EStG dabei, dass alle für die Besteuerung erforderlichen Voraussetzungen vorliegen müssen und dass die Prüfung dieser Voraussetzungen nach den allgemein geltenden Kriterien zu erfolgen hat. Speziell für die Problematik der "Liebhaberei" bedeutet dies, dass auch bei beschränkt Steuerpflichtigen das Vorhandensein einer Einkunftserzielungsabsicht positiv festgestellt und dass hierzu auf die jeweilige Gesamttätigkeit abgestellt werden muss. Ist diese nicht von einer Einkunftserzielungsabsicht getragen, so kann eine solche – abgesehen vom Sonderfall der "Segmentierung" – auch nicht (isoliert) bei der Inlandstätigkeit gegeben sein. Damit fehlt es in dieser Situation an einer Voraussetzung für das Vorliegen von Einkünften und also für eine Besteuerung.

bb) Schaffung von Betriebsvermögen

Durch eine (steuerneutrale) Einbringung von Wirtschaftsgütern[159], die der – von der Finanzverwaltung noch verfolgten – unmittelbaren Folge der Entstrickung oder Wegzugsbesteuerung

---

[154] Wobei nach Auffassung der Finanzverwaltung auch Grundstücksveräußerungen im Ausland zu berücksichtigen sind, vgl. OFD Münster, Vfg. v. 30. 6. 1997 – S-2240 – 91 – St 13 – 31 / S-1460 – 6 – St 22 – 32; Zur Frage der Gewinnermittlung bei Veräußerung s. BFH I R 105/00, vorangehend Schleswig-Holsteinisches FG I 1298/98, EFG 2001, 505.

[155] Streitig ist, ob stille Reserven vor Inkrafttreten des StMBG von dem Tatbestand erfasst werden, vgl. *Schmidt*, EStG, § 49, Tz. 38; auch BFH, Urt. v. 5. 6. 2002, I R 81/00, www.bundesfinanzhof.de.

[156] Zu den Einzelheiten der Gestaltung kann in diesem Rahmen nicht Stellung genommen werden, vgl. weiter *Hock/Mück*, RIW 1993, 129; *Kaligin*, IWB F. 10 Gr. 2 S. 1115 (zur grenzüberschreitenden Betriebsaufspaltung / Betriebsverpachtung); zu den Voraussetzungen der Grundstücksvermietung als Teilbetrieb vgl. BFH, Urt. v. 12. 11. 1997, XI-R-24/97, BFH/NV 1998, 690.

[157] BFH, Urt. v. 7. 11. 2001, I R 14/01.

[158] *Strunk* in: Korn, Einkommensteuergesetz, § 49 Rz. 237.

[159] Z. B. nach § 6 Abs. 5 EStG oder § 24 UmwStG.

unterliegen würden, in ein Betriebsvermögen kann dieser Entstrickungsfolge grundsätzlich vorgebeugt werden. Im Hinblick auf § 15 Abs. 3 EStG bietet sich die Nutzung einer GmbH & Co. KG an. Für gewerblich geprägtes Vermögen bleibt die steuerliche Verstrickung in Deutschland nach Art. 7 OECD-MA i. V. m. § 49 Abs. 1 Nr. 2a EStG erhalten[160].

Zu beachten ist, dass mit einer Einbringung in ein Betriebsvermögen Nachteile verbunden sind. So ist damit die spätere Veräußerung von Einzelwirtschaftsgütern (nicht bei einbringungsgeborenen Anteilen an Kapitalgesellschaften und durch Kapitalgesellschaften eingebrachte Betriebe[161]) gewerbesteuerlich erfasst[162]. Zugleich unterliegen die Gewinne in Deutschland der allgemeinen Besteuerung (bei Kapitalgesellschaften 15 % KSt (§ 23 Abs. 1 KStG) und der Gewerbesteuer[163]. Andererseits kann durch die Einbringung in Deutschland steuerverhaftetes Vermögen unter Beachtung der Anforderungen an produktives Vermögen unter die Begünstigung des § 13a ErbStG gebracht werden.

Für wesentliche Beteiligungen an Kapitalgesellschaften könnte auch die Einbringung in eine ausländische Kapitalgesellschaft nach § 23 Abs. 4 UmwStG erwogen werden[164]. Hierbei sind allerdings grundsätzlich die Einschränkungen des § 50d Abs. 1a EStG und die sich – auch für beschränkt Steuerpflichtige – aus § 42 AO ergebenden Beschränkungen zu beachten[165]. § 6 AStG knüpft an Anteile nach § 17 EStG an, während die einbringungsgeborenen Anteile nach § 21 Abs. 1 UmwStG als Anteile i. S. des § 16 EStG besteuert werden. Anders als für § 6 AStG muss für § 21 Abs. 2 UmwStG in Frage gestellt werden, ob die Entstrickungsregelung bei Verlegung in einen anderen EU-Mitgliedsstaat mit den Zielen der Fusionsrichtlinie und der Niederlassungsfreiheit (Art. 43 [ex. Art. 52] und Art. 48 [ex. Art. 58] EU-Vertrag) vereinbar ist[166]. Nachteilig ist insbesondere, dass damit **auch künftig entstehende stille Reserven** der deutschen Besteuerung unterworfen bleiben. Für einbringungsgeborene Anteile ist insoweit zu berücksichtigen, dass die Steuer in jährlichen Teilbeträgen von mindestens je einem Fünftel zu zahlen ist, wobei keine Stundungszinsen anfallen (§ 21 Abs. 2 Satz 3 und 4 UmwStG).

c) Organisationsmaßnahmen

Im Hinblick auf das Risiko einer Sitzverlegung (vgl oben C. V. 1. b)) für Kapitalgesellschaften sollte eine Organisations- und Ablaufplanung vorbereitet werden, durch die die laufenden Ent-

---

[160] Auf die besondere Problematik der Voraussetzung, dass das Wirtschaftsgut der Betriebsstätte tatsächlich zuzurechnen ("effectively connected") ist (vgl, z. B. BMF-Schreiben v. 25. 3. 1998 a. a. O. [oben Fn. 137], Tz. 20. 24) kann hier nur hingewiesen werden. Im Einzelfall kann die Frage der tatsächlichen Zurechnung bei strenger Auslegung zweifelhaft sein, vgl. Nds. FG, Urt. v. 16. 3. 1995, II 289/93, EFG 1995, 946 (Rev. eingelegt); s. a. *Dahnke*, IStR 1996, 475.

[161] Vgl. Abschn. 40 Abs. 1 Nr. 1 Satz 16 GewStR; BFH v. 27. 3. 1996, I R 89/95, BStBl 1997 II 224; OFD Kiel v. 24. 7. 1997, DB 1997, 1644.

[162] Eine interessante Frage ist, ob eine Gewerbesteuerpflicht bei einer gewerblich geprägten Personengesellschaft überhaupt entstehen kann, wenn kein "gewerblicher Betrieb in Gang gesetzt wird" (vgl. Abschn. 18 Abs. 1 Satz 5 GewStRL).

[163] Der besondere Betriebsstättensteuersatz nach § 23 Abs. 3 i. V. m. Abs. 2 KStG wurde im Rahmen des Steuerentlastungsgesetzes 1999/2000/2002 aufgehoben.

[164] *Flick/Wassermeyer/Baumhoff*, AStG, § 6, Tz. 20; *Kaligin*, IWB F. 10 Gr. 2 S. 1113; vorausgesetzt, im Wege der Einbringung werden mehr als 50 % der Anteile der ausländischen Kapitalgesellschaft vermittelt.

[165] Vgl. *Füger/Rieger*, IStR 1998, 353 ff.; BFH, Urt. v. 20. 3. 2002, I R 38/00, GmbHR 2002, 866 m. Anm. *Roser*.

[166] Vgl. "Leur-Bloem", Urt. des Gerichtshofs der Europäischen Gemeinschaft, C-28/95 v. 17. 7. 1997, HFR 1997, 865; *Flick/Wassermeyer/Baumhoff*, AStG, § 6 Tz. 8d, die auf die tatsächliche Fallgestaltung abstellen wollen und wohl grds. die Aufnahme einer Erwerbstätigkeit in dem anderen EU-Mitgliedsstaat fordern.

scheidungen des Tagesgeschäftes **dokumentierbar** am Sitz der Gesellschaft getroffen werden. Es sind entsprechende Vorkehrungen zu treffen, die einen Verwaltungssitz in Deutschland ausreichend dokumentieren. Soweit im Rahmen der Nachfolgeplanung ein Fremdgeschäftsführer mit ausreichenden Kompetenzen noch nicht bestellt wurde, ist eine erhebliche Detailplanung erforderlich. Leitlinien hat der BFH in seiner "Zypern-Entscheidung" vorgegeben[167].

3. Vorbereitung testamentarischer Verfügungen

Vorbehaltlich einer weitgehenden Vermeidung steuerlicher Anknüpfungspunkte in Deutschland sollten für in Deutschland verstricktes Vermögen testamentarische Verfügungen in die Überlegungen einbezogen werden. So sollte geprüft werden, ob es vorteilhaft sein könnte, erbschaftsteuerlich verstricktes Vermögen möglichst im Wege der Schenkung oder der vorweggenommenen Erbfolge an in Deutschland ansässige Angehörige zu übertragen (z. B. weil im Ausland keine Anrechnung der deutschen ErbStG gewährt wird).

Sollte eine Wohnsitzverlegung in ein DBA-Land erfolgen, ist für Anteile an inländischen Kapitalgesellschaften (wesentliche Beteiligungen, einbringungsgeborene Anteile) zu beachten, dass eine Vererbung an im Ausland ansässige Angehörige u. U. zu einer Steuerentstrickung nach §§ 6 AStG, 21 Abs. 2 Nr. 2 UmwStG führt.

Im Hinblick auf die konkrete Nachlassplanung ist eine detaillierte Untersuchung der Vermögenspositionen anzuraten.

VI. Veranlagungsfolgen[168]

Nach § 2 Abs. 7 Satz 3 EStG sind die während der beschränkten Einkommensteuerpflicht erzielten inländischen Einkünfte in eine Veranlagung zur unbeschränkten Einkommensteuerpflicht einzubeziehen.

Neben der Veranlagung in Deutschland ist zu überprüfen, welche steuerlichen Folgen sich aus einem abweichenden Veranlagungszeitraum in dem neuen Wohnsitzstaat ergeben. Unterschiedliche Veranlagungszeiträume[169] können zu Schwierigkeiten bei Steueranrechnungsmöglichkeiten führen[170].

VII. Planung des Auslandsaufenthaltes

1. Zuzugsplanung

a) Stille Reserven in Wirtschaftsgütern des Steuerpflichtigen

Neben der Problematik der Wegzugsbesteuerung ist die Problematik der Erfassung stiller Reserven zum Zuzugszeitpunkt zu beachten. Es kann nicht ausgeschlossen werden, dass der ausländische Staat seiner Besteuerung die historischen Anschaffungskosten zugrunde legt und damit auch einen Wertzuwachs besteuert, der vor seiner Rechtszuständigkeit entstanden ist. Soweit eine solche Besteuerungsfolge zu erwarten ist, sind konkrete Vorbereitungsmaßnahmen erforderlich (z. B. Veräußerung oder Einbringung), um nachteilige Folgen zu vermeiden.

---

[167] Vgl. Urt. v. 3. 7. 1997, IV R 58/95, BStBl 1998 II 86.
[168] Zu den Veranlagungsfolgen bei beschränkter Steuerpflicht vgl. auch Abschn. C. V. 1. c).
[169] Z. B. geht das Steuerjahr in Großbritannien vom 1. 4. bis 30. 3.; Pränumerandobesteuerung in der Schweiz.
[170] § 34c Abs. 1 EStG setzt u. a. voraus, dass die ausländischen Steuern auf den Veranlagungszeitraum entfallen; vgl. *Krabbe*, in: Blümich (Hrsg.), Einkommensteuer, Körperschaftsteuer, Gewerbesteuer, § 34c EStG, Tz. 32 f.

Auch sollte geprüft werden, ob der ausländische Staat Einkünfte in die Besteuerung einbezieht, die in Deutschland nicht besteuert werden. Eine Planung der Vermögensstruktur im Hinblick auf diese Besteuerungsdifferenzen muss das jeweilige nationale Steuerrecht und die Situation der DBA umfassen[171].

Da diese Fragen wesentlich von dem nationalen Steuerrecht abhängen, sollte grundsätzlich eine Konsultation ausländischer Berater erfolgen.

b) Zwischenholding für Auslandsbeteiligungen

Im Zuge der Wohnsitzverlegung ist zu prüfen, ob mögliche DBA-Nachteile im neuen Wohnsitzstaat durch Zwischenschaltung einer Auslandsholding mit günstigen DBA-Anbindungen vermieden werden können. Die Auswahl des Sitzstaates der Zwischenholding sollte unter Berücksichtigung der nationalen Regelungen (z. B. für Royalties[172]), der nach DBA vereinbarten Quellensteuersätze sowie möglicher Restriktionen ("limitation of benefits", "treaty shopping", "thin-capitalization", „Zinsschranke") erfolgen[173].

2. Folgeplanung mit Rücksicht auf eine Auslandsansässigkeit

a) Grundsatz

Wie oben dargestellt (Abschn. C. II. 1.), beinhaltet die Wohnsitzverlegung aus Deutschland nicht automatisch die Begründung eines neuen Wohnsitzes im Ausland. Es kann durchaus aus steuerplanerischer Sicht sinnvoll sein, den Wohnsitz in einer "Steueroase" zu begründen und – trotz dortiger regelmäßiger Aufenthalte – eine Ansässigkeit im normalbesteuernden Ausland zu vermeiden. Die Strategie zur Vermeidung der Ansässigkeit hat sich nach den im jeweiligen ausländischen Staat geltenden Ansässigkeitsregeln zu richten. Regelmäßig unterscheidet auch das Ausland zwischen unbeschränkter[174] und beschränkter Steuerpflicht[175].

Grundsätzlich muss davon ausgegangen werden, dass für die Besteuerung als internationales Anknüpfungsprinzip der Ansässigkeit der "Wohnsitz" oder "gewöhnliche Aufenthalt" (mit einer Dauer von mindestens 183 Tagen) geregelt ist. Der Begriff des "Wohnsitzes" wird von den einzelnen Rechtsordnungen unterschiedlich ausgefüllt. Z. T. werden objektive Elemente, wie das Innehaben einer Wohnung im Inland oder die berufliche oder wirtschaftliche Zugehörigkeit[176], in den Vordergrund gestellt, z. T. sind subjektive Elemente, wie z. B. die Absicht des dauernden Verbleibens[177], stärker betont. Die Wohnsitzverlegung muss sich daher auch an dem ausländischen Rechtsstandpunkt orientieren, um die beabsichtigte Steuerminimierung nicht zu gefährden. Trotz der grundsätzlichen Deckungsgleichheit der Anknüpfungspunkte ergeben sich im Einzelfall erhebliche Unterschiede und Auslegungsdifferenzen, die für die Steuerplanung genutzt werden können. Grundsätzlich sind objektive Anknüpfungspunkte leichter vorhersehbar, jedoch schwerer gestaltbar.

Überwiegend unterscheiden sich die Anknüpfungspunkte der Steuerpflicht für die Einkommen- und Erbschaftsteuerpflicht[178] nicht. Im Folgenden wird daher auf die einkommensteuerlichen

---

[171] Insb. in DBA können "subject-to-tax"-Klauseln bestehen; vgl. hierzu *Vogel*, IStR 1997, 1 ff.
[172] Beispielhaft sei erwähnt, dass die Niederlande keine Quellensteuer auf Lizenzzahlungen erheben.
[173] Zu den Auswahlkriterien vgl. auch *Kessler*, Die Euro-Holding, S. 84 ff.
[174] Mit dem Welteinkommen als Besteuerungsgegenstand.
[175] Besteuerung nationaler Einkunftsquellen.
[176] Z. B. nach deutschem Recht.
[177] Z. B. nach schweizerischem oder englischem Recht.
[178] Vgl. zu den Anknüpfungspunkten der Erbschaftsteuerpflicht: *Boochs*, UVR 1994, 265; *Schindhelm*,

Anknüpfungsmerkmale abgestellt. Es ist jedoch ausdrücklich darauf hinzuweisen, dass unter Umständen Sonderregelungen für die Erbschaftsteuerpflicht beachtet werden müssen[179].

b) Länder mit objektivierten Anknüpfungspunkten

Frankreich knüpft die unbeschränkte Steuerpflicht[180] an den Wohnsitz im Inland, für den Kriterien der persönlichen Zugehörigkeit, der beruflichen Zugehörigkeit und der wirtschaftlichen Zugehörigkeit maßgebend sind[181]. Beschränkt steuerpflichtig sind natürliche Personen, die keinen Wohnsitz in Frankreich haben, aber Einkünfte aus einer französischen Quelle beziehen[182].

Italien knüpft die unbeschränkte Steuerpflicht[183] an die Eintragung im Einwohnermelderegister und an den Wohnsitz[184] bzw. das Domizil[185] (Mittelpunkt der Interessen und Geschäfte) an[186].

In den **USA** wird die unbeschränkte Einkommensteuerpflicht durch die Staatsangehörigkeit und durch die Ansässigkeit begründet[187]. Die Ansässigkeit kann durch die Gestattung eines dauernden Aufenthaltes[188] (Einwanderungsvisum = "Green Card"[189]) oder durch einen längeren Aufenthalt[190] in den USA begründet werden[191]. Der Nachweis engerer Beziehungen zu einem anderen Land und einem steuerlichen Wohnsitz in einem anderen Staat bleibt unbenommen[192]. Beschränkt steuerpflichtig sind natürliche Personen, die weder US-Staatsbürger sind noch in den USA wohnen, wenn sie bestimmte Einkünften aus US-Quellen beziehen. Hierbei handelt es

---

ZEV 1997, 10 f.

[179] Z. B. in Großbritannien, das für die Erbschaftsteuer bei 17-jähriger Anwesenheit ausschließlich für erbschaftsteuerliche Zwecke ein sog. "deemed domicile" annimmt.

[180] Der unbeschränkten Steuerpflicht unterliegt das gesamte Welteinkommen des Steuerpflichtigen.

[181] Die berufliche Zugehörigkeit tritt ein, wenn in Frankreich die berufliche Haupttätigkeit ausgeübt wird. Die wirtschaftliche Zugehörigkeit tritt ein, wenn die Einkünfte des Steuerpflichtigen hauptsächlich aus in Frankreich belegenem Vermögen stammen.

[182] *Tillmanns* in: Mennel/Förster (Hrsg.), Steuern in Europa, Amerika und Asien, Frankreich, Tz. 39.

[183] Art. 58 der italienischen Abgabenordnung.

[184] "Residenza", Art. 43 Abs. 2 ZGB.

[185] "Domicilo", Art. 43 Abs. 1 ZGB.

[186] *Lobis* in: Menne/Förster (Hrsg.) a. a. O. (oben Fn. 171), Italien, Tz. 21.

[187] IRC Sec. 7701 [b], Treas. Reg. § 301 7701 [b].

[188] Hinzuweisen ist auf die restriktiven Einwanderungsbedingungen der USA, die im Rahmen der Steuerplanung nicht außer Acht gelassen werden dürfen.

[189] Da die "Green Card" bis zu ihrem Widerruf oder einer anderen Beendigung des Einwandererstatus gültig bleibt, kann eine Ansässigkeit dem Grunde nach auch noch dann bestehen, wenn der Inhaber der Green Card die USA für längere Zeit verlässt. Zur Vermeidung der daraus eventuell resultierenden Besteuerungskonflikte vgl. Protokoll Nr. 2 zu Art. 4 Abs. 1 DBA Deutschland-USA.

[190] Der Anknüpfungspunkt des "längeren Aufenthalts" ist erfüllt, wenn sich die natürliche Person im laufenden Jahr mindestens 31 Tage in den USA aufgehalten hat und die Summe der Anwesenheitstage in den USA im laufenden Jahr zuzüglich der $1/3$ der Anwesenheitstage im Vorjahr und $1/6$ der Anwesenheitstage im vorletzten Jahr mindestens 183 Tage beträgt.

[191] *Zschiegner*, IWB F. 8 Gr. 2 S. 922; IRC Sec. 7701 (b) (3) (A).

[192] Von jedem Ausländer, der in die USA einreisen möchte, wird vermutet, dass er vorhat, permanent in den USA zu bleiben, es sei denn, er kann nachweisen, dass er sich nur vorübergehend in den USA aufhalten möchte.

sich um passive Einkünfte wie z. B. Dividenden, Zinsen, Lizenzgebühren oder Einkünfte aus in den USA belegenen Grundvermögen[193].

Die Ansässigkeit auf **Jersey**[194] besteht, wenn der Wohnsitz oder der gewöhnliche Aufenthalt dort liegt[195].

c) Länder mit subjektivierten Anknüpfungspunkten

Die Steuerpflicht in **Großbritannien** knüpft an die Ansässigkeit an. Die Ansässigkeit ist gesetzlich nicht abschließend geregelt und basiert auf Regelungen, wie sie insbesondere durch den INLAND REVENUE[196] zusammengefasst wurden[197]. Aufbauend auf dem Ansässigkeitsbegriff ist der Steuerstatus einer natürlichen Person danach zu differenzieren, ob ein "Wohnsitz" (domicile) oder nur der "gewöhnliche Aufenthalt" (ordinarily resident) in Großbritannien besteht. Der Wohnsitz ist anzunehmen, wenn die äußeren Umstände erkennen lassen, dass der Steuerpflichtige die Absicht hat, Großbritannien als dauernde Heimat zu wählen[198]. Im Fall des Wohnsitzes in Großbritannien tritt die unbeschränkte Steuerpflicht ein, d. h. die Person ist mit dem gesamten Welteinkommen nach dem "arising principle" steuerpflichtig. Im Fall des (noch) nicht begründeten "domiciles", also im Status des "ordinary resident" oder "domiciled abroad", erfolgt die Erfassung der Einkünfte auf "remittance basis" (vgl. Satz 6 f.), d. h. nur in eingeschränktem Umfang[199].

---

[193] IRC Sec. 871.

[194] Aufenthaltsberechtigungen werden nur in sehr geringem Umfang erteilt und setzen eine enge wirtschaftliche oder soziale Bindung voraus (wobei auch die Frage der jährlich abzuführenden Steuer eine Rolle spielt). Soweit ersichtlich, werden etwa 5–10 Gestattungen jährlich erteilt. Insofern bedarf es einigen Aufwandes, um eine Ansässigkeit in Jersey zu begründen.

[195] *Grotherr*, IWB F. 5 Gr. 2 S. 4 f.; ein gewöhnlicher Aufenthalt ist dann anzunehmen, wenn ein Aufenthalt von mehr als sechs Monaten innerhalb eines Veranlagungszeitraums bestanden hat oder ein Aufenthalt in vier aufeinander folgenden Jahren von jeweils mehr als drei Monaten gegeben war oder auf Jersey eine Wohnung unterhalten wird.

[196] Zusammengefasst in der Verfügung IR 20.

[197] Bei der Ansässigkeit handelt es sich um eine Tatsachenfrage. Ob eine natürliche Person innerhalb eines bestimmten Steuerjahres als ansässig gilt, hängt davon ab, ob eine der folgenden Voraussetzungen erfüllt ist: – Unterhalten eines Hauses oder einer Wohnung in Großbritannien, es sei denn, dass im Ausland vollberuflich eine gewerbliche selbständige oder nichtselbständige Tätigkeit ausgeübt wird, – körperliche Anwesenheit in Großbritannien während des Steuerjahres (6. 4. bis 5. 4. des Folgejahres) von 183 Tagen oder länger, – regelmäßige Aufenthalte in Großbritannien, – ohne konkrete Bleibensabsicht, wenn sich diese innerhalb von vier Steuerjahren auf durchschnittlich über 90 Tage pro Steuerjahr belaufen. In diesem Fall wird der Status eines "in Großbritannien Ansässigen" normalerweise (d. h. ohne gestaltende oder verändernde Maßnahmen) mit Beginn des fünften Steuerjahres erworben, – sofern jedoch die Absicht besteht, regelmäßige Aufenthalte mit einer Dauer von über 90 Tagen zu haben und diese Absicht vor Beginn des fünften Steuerjahres besteht, so wird der Status eines in Großbritannien Ansässigen rückwirkend mit Beginn des Steuerjahres, in dem diese Absicht erstmals deutlich wurde, erworben; vgl. auch *Müssener* in: Mennel/Förster (Hrsg.) a. a. O. (oben Fn. 171), Großbritannien, Tz. 19.

[198] Maßgeblich sind Indizien für die Bestimmung dieser Absicht. Den Wohnsitz hat man in Großbritannien, wenn man hierzu die engsten langfristigen Bindungen unterhält. Vorausgesetzt wird, dass der Steuerpflichtige Großbritannien als seine Heimat betrachtet. Nach britischem Recht gilt der Geburtswohnsitz (üblicherweise vom Vater erworben). Ein Wahlwohnsitz in Großbritannien wird dann grds. nicht angenommen, sofern die auch nur vage Absicht dargelegt wird, an den früheren (oder einen anderen) Wohnsitz zurückzukehren. Bei einem gewöhnlichen Aufenthalt von ca. 10 Jahren soll in der Regel die Absicht, für unbestimmte Dauer zu bleiben, vom INLAND REVENUE angenommen werden können.

[199] Steuerplanerisch ist von wesentlicher Bedeutung, dass der Übergang von dem Status "UK-ordinary resident" (als Vorstufe) zum "domicile" vermieden wird. Im Falle eines Wechsels zum "domicile" muss das Risiko beachtet werden, dass eine rückwirkende Besteuerung für einen Zeitraum von 10 Jahren auf

Die **Schweiz** knüpft die unbeschränkte Steuerpflicht[200] an die "persönliche Zugehörigkeit",[201] Gegenstück zur beschränkten Steuerpflicht[202] ist die "Steuerpflicht aufgrund wirtschaftlicher Zugehörigkeit"[203]. Natürliche Personen sind in der Schweiz unbeschränkt steuerpflichtig, wenn sie sich dort ihren steuerrechtlichen Wohnsitz[204] oder Aufenthalt haben[205].

d) Erbfall- und Schenkungsplanung

Für eine Erbfall- und Schenkungsplanung nach Wegzug ins Ausland ist neben dem Umfang der beschränkten deutschen Erbschaftsteuerpflicht entscheidend, ob das nationale Steuerrecht eine Besteuerung der Schenkung oder der Vererbung kennt[206] oder ob nach dem nationalen Steuerrecht von einer Erbanfall-Besteuerung[207] oder einer Nachlassbesteuerung[208] auszugehen ist. Auch ist die Vermögens- und Schuldenstruktur so zu wählen, dass die Bewertung des Nachlasses unter Berücksichtigung möglicher Freibeträge, Bewertungsabschläge und Schuldenabzüge optimiert werden kann.

Zur Vermeidung erbschaftsteuerlicher Konsequenzen kann es sinnvoll sein, Schenkungen zu Lebzeiten vorzunehmen.

Beide Planungsgebiete sind nur unter Hinzuziehung ausländischer Berater zu realisieren.

VIII. Nutzung möglicher Sondereffekte und Vorteile

1. Steuerliches "Niemandsland"

Denkbar ist die Nutzung des steuerlichen "Niemandslandes". Steuerliches Niemandsland liegt vor, wenn weltweit kein Anknüpfungspunkt für das Besteuerungsrecht eines Staates erfüllt

---

der Grundlage des Welteinkommens ("arising principle") vorgenommen werden kann.

[200] Bei persönlicher Zugehörigkeit ist die Steuerpflicht grds. unbeschränkt. Die Steuerpflicht erstreckt sich nicht auf – aus Sicht der Schweiz – Geschäftsbetriebe, Betriebsstätten und Grundstücke im Ausland, Art. 6 Abs. 1 DBG; Art. 7 StHG.

[201] Art. 3, 6 Abs. 1, 49–50, 52 Abs. 1, 83–87 DBG; Art. 3 StHG.

[202] Bei wirtschaftlicher Zugehörigkeit beschränkt sich die Steuerpflicht auf die Teile des Einkommens, für die nach den Art. 4 und 5 DBG (z. B. Geschäftsbetriebe, Betriebsstätten, Grundstücke, Erwerbstätigkeit in der Schweiz) eine Steuerpflicht in der Schweiz besteht, Art. 6 Abs. 2 DBG.

[203] Art. 4, 5, 6 Abs. 2, 11, 51, 52 Abs. 2, 91 ff. DBG; Art. 4 StHG.

[204] Hinzuweisen ist auf die restriktiven Einwanderungsvorschriften der Schweiz, die im Rahmen der Planung zu beachten sind.

[205] Dieser setzt die "Absicht des dauernden Verbleibens" voraus. Weitere Möglichkeit ist die Zuweisung eines besonderen gesetzlichen Wohnsitzes durch Bundesrecht (Art. 3 Abs. 2 DBG; Art. 3 StHG). Einen steuerrechtlichen Aufenthalt in der Schweiz hat eine Person, wenn sie in der Schweiz ungeachtet vorübergehender Unterbrechung – während mindestens 30 Tagen verweilt und eine Erwerbstätigkeit ausübt; – während mindestens 90 Tagen verweilt und keine Erwerbstätigkeit ausübt (Art. 3 Abs. 3 DBG; Art. 3 Abs. 1 StHG).

[206] Z. T. wird der Erwerb von Todes wegen und unter Lebenden unterschiedlich besteuert, u. U. wird eine Ersatzbesteuerung über die Einkommensteuer vorgenommen (Kanada z. B. besteuert die stillen Reserven im Nachlass über die Einkommensteuer), z. T. wird keine Erbschaftsteuer erhoben (Kanada, Israel, Australien).

[207] Die Erbanfall-Besteuerung richtet sich nach dem Wert des Erwerbs, sie herrscht vor in den meisten EU-Staaten, der Schweiz und Japan.

[208] Die Nachlass-Besteuerung besteuert den Wert des Nachlasses ungeachtet seiner Verteilung, so z. B. in USA, UK.

Roser/Hamminger

wird, d. h. eine Ansässigkeit im steuerlichen Sinn in keinem Staat begründet wird und in keinem Staat eine zur Anknüpfung eines Besteuerungsrechtes dienende Einkunftsquelle installiert wird.

Ein Beispiel ist das Luxusschiff "The World", das im Jahr 250 unterschiedliche Häfen anlaufen soll. Die Überlegungen, die The World als steuerliches Niemandsland zu qualifizieren, sind nach Presseberichten jedoch gescheitert, da die Finanzbehörden Hochseeschiffe nicht als ersten Wohnsitz anerkennen[209]. Weiter wäre die zivilrechtliche Rechtslage schwierig. Auf hoher See gilt das Recht der hohen See, in den Häfen und den Territorialgewässern das Recht des Gastlandes. Für auf dem Schiff abgeschlossene Verträge soll das Recht des Bundesstaates New York gelten. Diese Probleme werden sich auch bei dem nächsten großen Schiffprojekt, der Freedom Ship, stellen. Die Freedom Ship soll ausschließlich in internationalen Gewässern schwimmen und niemals einen Hafen anlaufen.

Eine eingeschränkte Variante der "Nirgendsansässigkeit" dürfte darin bestehen, seinen Wohnsitz in einer Steueroase zu wählen (z. B. Turcs & Caycos Islands) und den gewöhnlichen Aufenthalt (nicht Wohnsitz) in einem oder mehreren Ländern zu nehmen, welche z. B. auf "remittance Basis" besteuern. Durch die örtliche Strukturierung des Vermögens und eine Planung der Zahlungsströme in das Aufenthaltsland können erhebliche Vorteile genutzt werden[210].

Die Nutzbarkeit und steuerliche Anerkennung des "Niemandslandes" und der steuerlichen Vorteile kann im Rahmen dieser Kurzdarstellung nur angedeutet werden. Eine abschließende Überprüfung ist daher vor einer entsprechenden Entscheidung dringend anzuraten.

Aus deutscher Sicht zu beachten sind die Korrektive, die die Besteuerungsmöglichkeit im Fall des Wegzugs eröffnen (z. B. §§ 2, 4, 6 AStG).

2. Zwischenwohnsitz zur Vermeidung der erweiterten beschränkten Steuerpflicht

Der Eintritt der Folgen der deutschen erweiterten beschränkten Steuerpflicht kann vermieden werden, wenn vor dem Wegzug in ein Niedrigsteuerland zunächst der Wohnsitz in einem nicht niedrig besteuerten Land (im Sinn des AStG) begründet wird. Aufgrund der Nachwirkungsfrist des AStG von 10 Jahren nach Ende der unbeschränkten Steuerpflicht würde damit die Verlagerung des Wohnsitzes in ein Land mit niedriger Besteuerung allerdings nur eine langfristige Perspektive darstellen. Zudem muss vor einer derartigen Entscheidung sorgfältig geprüft werden, welche steuerlichen Konsequenzen mit einem derartigen Zwischenwohnsitz und dessen späterer Aufgabe verbunden sind.

3. Stiftungs- und Trustgestaltungen[211]

a) Grundsatzproblem der Anerkennung bei Wohnsitz in Deutschland

Bei in Deutschland ansässigen Steuerpflichtigen bestehen regelmäßig erhebliche Vorbehalte hinsichtlich ausländischer Trust- oder Stiftungsgestaltung. So sind durch § 15 AStG für Familienstiftungen erhebliche Einschränkungen festgelegt, die trotz der Neuregelung des § 15 Abs.6 AStG durch das JStG 2009 für EU/EWR-Konstellationen einen weiten Anwendungsbereich fordern. Gem. § 15 AStG kann es zu einer Zurechnung des Vermögens und des Einkommens z. B. einer österreichischen Familienstiftung bei dem Stifter kommen, wenn dieser in Deutschland unbeschränkt steuerpflichtig ist, sonst anteilig bei den in Deutschland unbeschränkt steuer-

---

[209] Die Zeit, 17/2001.
[210] Die gänzliche Freiheit der Gestaltung wird allerdings bei "entwickelten" Remittance-Ländern durch Umgehungstatbestände (sog. deemed remittance-Tatbestände) eingegrenzt.
[211] Vgl. dazu ausführlich die Beiträge in Teil 10.

pflichtigen Bezugsberechtigten[212]. Eine Familienstiftung ist nach § 15 Abs. 2 AStG eine Stiftung, bei der der Stifter, seine Angehörigen und deren Abkömmlinge zu mehr als der Hälfte bezugsberechtigt oder anfallsberechtigt sind. Nach Auffassung der deutschen Finanzverwaltung[213] ist bezugsberechtigt, wer nach der Satzung der Familienstiftung in der Gegenwart oder Zukunft Vermögensvorteile aus der Stiftung erhält oder erhalten wird oder bei der nach der Satzung damit gerechnet werden kann, dass sie Vermögensvorteile erhalten wird. Anfallsberechtigt ist eine Person, die die Übertragung des Stiftungsvermögens rechtlich verlangen oder tatsächlich bewirken kann. Nach § 15 Abs. 6 AStG gilt die Zurechnung nicht, wenn die Familienstiftung Sitz oder Geschäftsleitung in einem Mitgliedsstaat der EU oder einem Vertragsstaat des EWR-Abkommens hat.

Hinsichtlich ausländischer Trusts besteht der grundsätzliche Vorbehalt der steuerlichen Anerkennung (§ 39 AO). Durch die Neuregelung des § 3 Abs. 2 Nr. 1 und § 7 Abs. 1 Nr. 8 ErbStG[214] sind erbschaftsteuerliche Vorteile einer Vermögensübertragung ausgeschlossen worden.

b) **Möglichkeiten im Zuge oder nach der Wohnsitzverlegung**

Im Zuge oder nach der Wohnsitzverlegung können durch Stiftungs- und Trustgestaltungen steuerliche Vorteile erreichbar sein. Als Beispiele seien hier kurz genannt:

- Bei Auswanderung nach Kanada Nutzung kanadischer Sonderbestimmungen durch einen Trust zur Reduzierung der Einkommensteuerbelastung[215].
- Vermeidung von Erbschaftsteuer durch Verselbständigung eines Sondervermögens in einem steuerbefreiten Trust und einer Stiftung[216], wobei die o. g. geänderten Rahmenbedingungen zu beachten sind.

Derartige Gestaltungen bedürfen wegen ihrer Komplexität, dem unausweichlich bestehenden Steueränderungsrisiko sowie der Problematik der steuerlichen Anerkennung in der Regel einer detaillierten Planung.

IX. Rückkehrmöglichkeiten

Die Möglichkeiten einer Rückkehr nach Deutschland sollte als Planungsgesichtspunkt in jedem Fall in die Überlegungen einbezogen werden. Eine abschließende und endgültige Abkehr von Deutschland mag zwar gewollt sein, wird aber praktisch nicht immer durchführbar sein.

Grundsätzlich sind die für eine Rückkehr nach Deutschland erforderlichen Überlegungen entsprechend der Wegzugsplanung – allerdings unter umgekehrten Vorzeichen – anzustellen. Die folgenden Gesichtspunkte – die nur als Merkposten angesehen werden können und die unter Berücksichtigung der konkreten Maßnahmen vor und nach der Wohnsitzverlegung zu würdigen sind – erscheinen uns allerdings besonders erwähnenswert:

---

[212] Der unbeschränkten Steuerpflicht wird die erweiterte beschränkte Steuerpflicht gleichgestellt, vgl. *Flick/Wassermeyer*, Außensteuerrecht, § 15 AStG, Tz. 94; s.a. *Rehm/Nagler*, IStR 2008, 284 ff

[213] BMF-Anwendungsschreiben v. 2. 12. 1994 zum AStG a. a. O. (oben Fn. 119), Tz. 15.2.1.

[214] Gleichstellung der "Bildung oder Ausstattung einer Vermögensmasse ausländischem Rechts, deren Zweck auf die Bindung von Vermögen gerichtet ist", mit einem Stiftungsgeschäft; eingef. durch das Steuerentlastungsgesetz 1999/2000/2002 v. 24. 3. 1999 (BGBl 1999 I 402, BStBl 1999 I 304).

[215] Vgl. dazu das bei *Hock/Mück*, RIW 1993, 130 f. dargestellte Beispiel.

[216] Zur Einschaltung von Offshore-Trusts als Mittel der Vermögensnachfolgeplanung vgl. *Siemers/Müller*, IStR 1998, 385 ff.

Es ist zu untersuchen, welche Risiken einer Wegzugsbesteuerung sich aus der ausländischen Rechtsordnung ergeben. Großbritannien beispielsweise besteuert in bestimmten Fällen fiktiv realisierte Kapitalgewinne aus der Überführung von Betriebsvermögen in das Ausland[217].

Für den Zuzug nach Deutschland sollte bedacht werden, dass durch die strikte Anwendung des Anschaffungskostenprinzips[218] stille Reserven auch insoweit besteuert werden, als sie in der Zeit vor Eingreifen des Besteuerungsrechtes gebildet wurden. Es muss daher im Einzelfall geprüft werden, ob eine (steuergünstige) Veräußerung vor dem Zuzug nach Deutschland erfolgen sollte. Es bleibt zu klären, ob im Falle eines kurzfristigen Rückerwerbs nach dem Zuzug § 42 AO anwendbar sein könnte.

D. Schlussbemerkung

Das sich laufend verändernde steuerliche Umfeld in Deutschland, die Unsicherheiten und fehlende Planbarkeit zukünftiger steuerlicher Entwicklungen und die von den Steuerpflichtigen als "Enteignung" empfundene Besteuerung in Deutschland[219] führt zu vermehrten Überlegungen einer Wohnsitzverlegung. Daher besteht ein zunehmender Bedarf nach einer umfassenden Analyse, die sachgerecht allerdings nur länderspezifisch und unter Berücksichtigung der konkreten Vermögenssituation erfolgen kann. Der vorliegende Beitrag ist insoweit als ein erster Überblick zu verstehen.

Eine Wohnsitzverlegung muss in jedem Einzelfall als ein außerordentlich komplexes Instrument der Steuerplanung angesehen werden. Es müssen nicht nur verschiedene Rechtsordnungen und Besteuerungssysteme in die Planung einbezogen werden, sondern es dürfen auch die persönlichen Zielsetzungen des Steuerpflichtigen nicht vernachlässigt werden. Gerade im persönlichen Bereich können sich Hinderungsgründe ergeben, durch die eine Wohnsitzverlegung undurchführbar oder zumindest nicht zielkonform durchgeführt werden kann oder sogar zu steuerstrafrechtlichen Problemen führen kann.

Wie die vorstehende Darstellung verdeutlicht hat, sind im steuerlichen Bereich vielschichtige Effekte zu berücksichtigen. Nur durch eine sorgfältige Planung aller angesprochenen Gesichtspunkte können steuerliche Effekte optimiert und mögliche Nachteile vermieden werden. Insbesondere eine Einbeziehung ausländischer Berater in die Planung und Gestaltung des Wegzugs aus Deutschland ist als unausweichlich anzusehen.

Im Falle einer sorgfältig geplanten und durchgeführten Wohnsitzverlegung sind steuerliche Vorteile zu erzielen, die zu einer konkreten Prüfung der individuellen Möglichkeiten einer Wohnsitzverlegung Anlass geben sollten.

---

[217] *Theisen/Wenz*, RIW 1984, 411.
[218] Vgl. BFH, Urt. v. 19. 3. 1996, VIII R 15/94, BStBl 1996 II 312; *Pohl*, IStR 2001, 460.
[219] Jüngstes Beispiel sind die Berichte über die Nachlassplanung.

Teil 7:

Internationale Besteuerungsprobleme aus der Sicht bestimmter Berufsgruppen

	Inhaltsübersicht	Seite
1. Thema:	Die Einschaltung ausländischer Gesellschaften als Gestaltungsinstrument international tätiger Künstler und Sportler (*Mody*)	1559
2. Thema:	Besteuerungsprobleme bei international tätigen Führungskräften (*Neyer*)	1577
3. Thema:	Konkurrenzverbot nach Arbeitnehmertätigkeit: Besteuerungsgrundsätze und Steuerplanung bei internationalen Sachverhalten (*Neyer*)	1599
4. Thema:	Steuer- und sozialversicherungsrechtliche Fragen bei der Entsendung von Arbeitnehmern ins Ausland (*Ley/Bodden*)	1615

Teil 7:
Internationale Besteuerungsprobleme aus der Sicht bestimmter Berufsgruppen

Inhaltsübersicht

	Seite
1. Thema: Die Einschaltung ausländischer Gesellschaften als Gestaltungsinstrument international tätiger Künstler und Sportler (Mody)	1559
2. Thema: Besteuerungsprobleme bei international tätigen Führungskräften (Meyer)	1577
3. Thema: Konkurrenzverbot nach Arbeitnehmertätigkeit, Besteuerungsgrundsätze und Steuerplanung bei internationalen Sachverhalten (Meyer)	1599
4. Thema: Steuer- und sozialversicherungsrechtliche Fragen bei der Entsendung von Arbeitnehmern ins Ausland (Lay/Bohnen)	1615

1. Die Einschaltung ausländischer Gesellschaften als Gestaltungsinstrument international tätiger Künstler und Sportler

von StB Professor Dr. Dörte Mody, Leuphana Universität Lüneburg

Inhaltsübersicht

A. Einleitung
B. Einschaltung von Gesellschaften durch inländische Künstler und Sportler
   I. Zwecksetzung
   II. Zwischenschaltung von Verleihgesellschaften
   III. Zwischenschaltung von Lizenzverwertungs-Gesellschaften
C. Einschaltung von Gesellschaften durch ausländische Künstler und Sportler
   I. Zwischenschaltung von Verleihgesellschaften
   II. Zwischenschaltung von Lizenzverwertungsgesellschaften
D. Fazit

Literatur:

Betten/Lombardi, Article 17 (2) of OECD Model in Triangular Situations, IBFD 1997, pp. 560; **Beußer,** Der neue § 50 d Abs. 3 EStG bei Nutzungsvergütungen, IStR 2007, S. 316-320; **Dörr/Fehling,** Missbrauchsbekämpfung im Steuerrecht, NWB vom 21.01.2008, Fach 2, S. 9671; **Ebermann,** Zur Abzugsteuer nach § 50a EStG bei Künstlern und Sportlern, Hefte zur internationalen Besteuerung, Heft 109, Hamburg 1996; **Füger/Rieger,** Ende des Mythos der Monaco-Entscheidung, IStR 1998, 353 ff.; **Grams,** Besteuerung von beschränkt steuerpflichtigen Künstlern, Herne/ Berlin 1999; **Grams/Molenaar,** Anmerkung, IStR 2001, 446; **Grossmann,** Die Besteuerung des Künstlers und Sportlers im internationalen Verhältnis, Bern/ Stuttgart/ Wien 1992; **Grützner,** Dem Steuerabzug nach § 50a Abs. 4 EStG unterliegende Einkünfte, IWB F. 3 Gr. 3 S. 955 ff. (1989); **Hahn-Joecks,** Zur Problematik der Besteuerung ausländischer Künstler und Sportler, Baden-Baden 1999; **Heintzen,** Die Neufassung des § 42 AO und ihre Bedeutung für grenzüberschreitende Gestaltungen, FR 13/2009, S. 600-607; **Long/Tyrrell,** Taxation of Employees, Artistes and Sportsmen (Articles 15 and 17), Intertax 1992, 68 ff.; **Lüdicke,** Treaty-Shopping – § 50d Abs. 1a EStG, in: Piltz/ Schaumburg (Hrsg.), Unternehmensfinanzierung im Internationalen Steuerrecht, Köln 1995; **Mody,** Die deutsche Besteuerung international tätiger Künstler und Sportler, Baden-Baden 1994; **dies.,** Problembereiche der Besteuerung beschränkt steuerpflichtiger Künstler und Sportler, in: Kleineidam (Hrsg), Unternehmenspolitik und Internationale Besteuerung. FS L. Fischer zum 60. Geb., Berlin 1999; **dies.,** Germany, in: The International Guide to the Taxation of Sportsmen and Sportswomen, IBFD (Publisher), Amsterdam 2002; dies. in Strunk/ Kaminski/ Köhler, AStG/ DBA, Art. 17 OECD-MA; **Mössner,** Probleme und Zweifelsfragen bei der Regelung des "treaty shopping" (§ 50d Abs. 1a EStG), in: Fischer, (Hrsg.), Besteuerung wirtschaftlicher Aktivitäten von Ausländern in Deutschland, Köln 1995, S. 85 ff.

A. Einleitung

Bedingt durch branchentypische Besonderheiten im Zusammenhang mit einer in Einzelpunkten vielfach ungeklärten Rechtsanwendung weist die Besteuerungssituation international tätiger Künstler und Sportler nach wie vor eine Reihe von Problemen auf. Darüber hinaus tritt insbesondere gerade im Bereich der Zwischenschaltung von ausländischen Künstler-/Sportler-Gesellschaften eine Gestaltung hinzu, denen von Seiten der Finanzverwaltungen der verschiedenen Staaten grundsätzlich der Makel des "Missbrauchs" anhängt – und zwar unabhängig davon, in welcher Ausprägung und zu welchem Zweck sie gegründet werden. Differenziert danach, ob die in Rede stehenden Rechtsträger durch im Inland oder im Ausland ansässige Künstler oder Sportler[1] eingeschaltet werden, bildet dieser Problemkreis den nachfolgenden Untersuchungsgegenstand.

---

[1] Wird im Folgenden von "ausländischen" Künstlern, Sportlern oder Gesellschaften gesprochen, impliziert dies einen Wohnsitz oder gewöhnlichen Aufenthalt bzw. einen Unternehmenssitz oder Geschäftsleitungsort im Ausland. Korrespondierend dazu wird im umgekehrten Fall die Bezeichnung "inländisch" verwendet.

B. Einschaltung von Gesellschaften durch inländische Künstler und Sportler

I. Zwecksetzung

Zwischengeschaltete Gesellschaften werden dabei nach der hier gewählten Einteilung entsprechend ihrer Zwecksetzung unterteilt in sog. Verleihgesellschaften und sog. Lizenzverwertungsgesellschaften, die jeweils in der Praxis wiederum in unterschiedlichen Ausprägungsformen anzutreffen und vorzugsweise in DBA-Staaten ansässig sind.

Bei Einschaltung von inländischen Künstlern und Sportlern kommt den in Rede stehenden Kapitalgesellschaften im Hinblick auf die deutsche Besteuerung grundsätzlich eine Doppelfunktion zu:

1. Die Kapitalgesellschaften entfalten als eigenständige Steuersubjekte eine Abschirmwirkung gegenüber dem deutschen Steuerzugriff. Die Gewinne der Gesellschaften werden solange gegen die deutsche Besteuerung abgeschirmt, wie Ausschüttungen an die beteiligten, im Inland ansässigen Künstler und Sportler unterbleiben. Im Vergleich zur Situation ohne Einschaltung eines solchen Rechtsträgers kann somit der mit seinem Welteinkommen steuerpflichtige Künstler/Sportler aus Sicht des deutschen Steuerrechts im Thesaurierungsfall zumindest die Besteuerung der Einkünfte aus ausländischen Quellen vollständig vermeiden und über die Wahl des Sitzstaates der Gesellschaft das internationale Steuergefälle nutzen (sog. **"Abschirm-Effekt"**).

2. Der sog. **"Treaty-Shopping-Effekt"** bezeichnet die Situation, dass der Künstler oder Sportler über die Zwischenschaltung einer Gesellschaft in einem DBA-Staat in den Genuss einer "günstigen" DBA-Regelung kommt, obwohl er selbst nicht in den beteiligten Staaten ansässig ist und von daher keine Abkommensberechtigung besitzt. Im Gegensatz zum Direktbezug der Einkünfte durch die Künstler/Sportler werden dabei DBA-Vergünstigungen in Form eines niedrigen Quellensteuersatzes oder einer vollständigen Aufhebung der Quellenbesteuerung in Anspruch genommen, womit gleichzeitig die zur Anwendung gelangende höhere deutsche Abzugsteuer vermieden wird.

Die in Rede stehenden Gestaltungen sehen sich dabei einer Vielzahl von Abwehrmaßnahmen ausgesetzt. Als abkommensrechtliche Vorschrift ist in erster Linie die Art. 17 Abs. 2 OECD-MA vergleichbaren Regelung in den deutschen DBA zu nennen.[2] Auf nationaler Ebene kommen hauptsächlich der Gestaltungsmissbrauch nach § 42 AO und die Hinzurechnungsbesteuerung nach §§ 7 ff. AStG in Betracht. Wird die Bundesrepublik nicht nur als Wohnsitzstaat, sondern darüber hinaus als Quellenstaat berührt (= Veranstaltung in Deutschland), sind daneben die Vorschriften des § 49 Abs. 1 Nr. 2d EStG und des § 50d Abs. 3 EStG zu beachten.

II. Zwischenschaltung von Verleihgesellschaften

1. Erscheinungsformen

Die Verleihgesellschaften treten einerseits in der Form auf, dass sie aufgabengemäß lediglich damit befasst sind, ausschließlich *einen* bestimmten Künstler oder Sportler bzw. deren (Antritts-) Leistung im eigenen Namen und auf eigene Rechnung dem interessierten Veranstalter zu überlassen. Dabei wird der einzelne Künstler/ Sportler zumeist ganz oder teilweise an dem gestellenden "Verleiher" beteiligt sein. Andererseits finden sich Gesellschaften, bei denen meh-

---

[2] Zu einer Aufstellung über die Übernahme des Art. 17 Abs. 2 OECD-MA in der deutschen Vertragspraxis s. *Mody* in Strunk/Kaminski/Köhler, Art. 17 OECD-MA, Rz. 100.

rere Künstler/ Sportler fest angestellt sind und ein Gehalt erhalten, wobei vielfach der eine oder andere des in Rede stehenden Personenkreises gleichzeitig Anteilseigner/ Gesellschafter ist. Unterschiede lassen sich auch in Bezug auf das Betätigungsfeld der Gesellschaften ausmachen. Zum einen gibt es Gesellschaften, die ausschließlich mit der Vermittlung der interessierenden Personen befasst sind. Daneben treten solche Rechtsträger auf, die als Unternehmensgegenstand den "Betrieb und Unterstützung der Ausrichtung von Veranstaltungen" haben. Konkret impliziert dies die Verpflichtung, für den jeweiligen Veranstalter als Vertragspartner bei Fragen bezüglich der Organisation, z. B. eines Tennisturniers, mit Kontakten in der Branche und Know-How unterstützend und beratend tätig zu werden. Darüber hinaus verpflichtet sich die Gesellschaft, für die Teilnahme bestimmter Künstler oder Sportler Sorge zu tragen und die Übertragung der Fernsehrechte sicherzustellen, demnach auch Verwertungsaufgaben zu übernehmen. Aktuellere Entwicklungen gehen in die Richtung, dass neben Organisation und Betreuung der Veranstaltung u. a. Vorschläge für spezielle Rahmenprogramme mitgeliefert werden, also ein Bündel von Leistungen ge- bzw. verkauft wird.

2. Eingreifen des Abwehrinstrumentariums

Wie bereits angesprochen, sind wegen der unterschiedlichen Funktionen bei Zwischenschaltung einer ausländischen Verleihgesellschaft im Falle einer Veranstaltung in Deutschland auch die nationalen Vorschriften des § 49 Abs. 1 Nr. 2d EStG und des § 50d Abs. 3 EStG zu beachten und auf DBA-Ebene die Art. 17 Abs. 2 OECD-MA nachgebildeten
Regelungen und einige Spezialregelungen in bestimmten DBA. Diese Normenkomplexe werden bei der Einschaltung von Rechtsträgern durch ausländische Künstler und Sportler betrachtet.[3]

a) Rechtsmissbräuchliche Einschaltung nach § 42 AO

Die "Verleihkonstruktionen" haben sich in sämtlichen Ausprägungsformen am Maßstab des § 42 AO messen zu lassen. Der Missbrauchsvorwurf richtet sich bei diesen Gestaltungen vornehmlich darauf, dass die Vergütungen für die sportliche Tätigkeit nicht unmittelbar an die Künstler/ Sportler selbst, sondern an die ausländische Verleihgesellschaft gezahlt werden. § 42 AO wurde im Rahmen des Jahressteuergesetzes 2008 neu formuliert, mit dem Ziel, eine Präzisierung des steuerlichen Missbrauchtatbestandes zu erreichen[4]. Über die Neufassung des § 42 AO erfährt der Missbrauchsbegriff erstmalig eine gesetzliche Definition. Wesentlicher Bestandteil ist dabei der Begriff des "Steuervorteils", der nach dem Willen des Bundestages sogar noch dadurch qualifiziert sein soll, dass er "gesetzlich nicht vorgesehen" ist. Im Vergleich zu § 42 AO a.F. gibt es lediglich eine bedeutende Änderung, namentlich die Beweislastumkehr bezüglich der beachtlichen außersteuerlichen Gründe. Die objektive Beweislast trägt zwar weiterhin grundsätzlich die Finanzverwaltung. Sie muss allerdings nur noch den Nachweis für das Vorliegen einer unangemessenen rechtlichen Gestaltung, die zu einem Steuervorteil führt, erbringen. Sofern dies nachgewiesen werden kann, trägt nun der Steuerpflichtige die Beweislast dafür, ob für die gewählte Gestaltung beachtliche außersteuerliche Gründe bestehen[5]. Im Hinblick auf grenzüberschreitende Gestaltungen hat aber die Neufassung des § 42 AO insoweit keine Bedeutung[6]. In Anwendung der allgemeinen Missbrauchsgrundsätze[7] ist demnach zu prüfen, ob für die Zwischenschaltung der juristischen Person wirtschaftliche oder sonst beachtliche außer-

---

[3] S. Kap. C. I. 2.
[4] Vgl. Regierungsentwurf zum Jahressteuergesetz 2008, BT-Drs. 16/6290, S.1, 81.
[5] Vgl. *Dörr/Fehling*, NWB vom 21. 1. 2008, Fach 2, 9671 ff.
[6] Vgl. *Heintzen*, FR 13/2009, S. 600.
[7] Ständige Rechtsprechung, s. z. B. BFH v. 29. 1. 1975, I R 135/70, BStBl 1975 II 554.

steuerliche Gründe vorliegen und sie eine eigene wirtschaftliche Tätigkeit entfaltet. Andernfalls ist den Gestaltungen die steuerliche Anerkennung zu versagen. Den im Inland ansässigen Künstler oder Sportlern würden die entsprechenden Einkünfte zugerechnet, die sie bei angemessener Gestaltung, bei Direktbezug der Entgelte, erzielt hätten.

Typischer Anwendungsfall des § 42 AO ist die Zwischenschaltung einer sog. Briefkastengesellschaft in einer Steueroase – also einer substanz- und funktionslosen juristische Person, die keine eigene Tätigkeit entfaltet. Wirtschaftlich bleibt alles beim Alten, d. h. der Künstler/ Sportler hätte seine Leistung unmittelbar erbringen können, ohne dass darüber Änderungen eingetreten wären. Denn es werden hier trotz der eingeschalteten Gesellschaft z. B. alle mit der Vermittlung des Künstlers oder Sportlers zusammenhängenden Aufgaben weiterhin von diesem selbst ausgeführt.[8] Ein wirtschaftlicher Grund für die Einschaltung ist erkennbar nicht vorhanden, der Vorwurf der Manipulation insoweit berechtigt.

> **Beispiel 1: Steueroasen- Gesellschaft**
> Ein in Frankfurt ansässiger Sportler F ist bei einer Gesellschaft M in Monaco angestellt, deren Gesellschafter die Eltern des Sportlers – gleichfalls in München ansässig – sind. Der Sportler ist selbst nicht an M beteiligt, ist jedoch als ihr Geschäftsführer tätig. Die Gesellschaft vereinbart mit den jeweiligen in- und ausländischen Veranstaltern, dass der Sportler für eine Reihe von Auftritten in den betreffenden Staaten zur Verfügung gestellt wird. Als Gegenleistung hat der in Rede stehende Veranstalter der Gesellschaft den Betrag x zu zahlen. Der Sportler erhält ein jährliches gezahltes Gehalt von dem "Verleiher". Daneben steht dem F ein Bonus zu, über deren Höhe er als Geschäftsführer mitbestimmen kann. Außerdem hat sich der Sportler ein Vetorecht bezüglich bestimmter Engagements einräumen lassen.

Wie im Fall der Briefkastengesellschaft wird auch die Beurteilung dieses Beispieles 1 zu Nichtanerkennung der gewählten Gestaltung führen– allerdings mit anderer Begründung. Untersuchungsgegenstand ist hier, ob ein steuerlich anzuerkennendes Dienstverhältnis vorliegt. Unter welchen Voraussetzungen ein so genannter Ausschließlichkeitsvertrag anerkannt ist, in dem ein Sportler (oder ein Künstler) einer ausländischen Gesellschaft gegen Entgelt das Recht einräumt, seine Arbeitskraft wirtschaftlich zu verwerten, hat der BFH in einer Reihe von Urteilen entschieden.[9] Ausschlaggebendes Kriterium für die Anerkennung ist, ob der Künstler/ Sportler als "echter" Arbeitnehmer der Verleihgesellschaft angesehen werden kann. Folgende Voraussetzungen müssen kumulativ erfüllt sein:[10]

▶ Die Verleihgesellschaft hat ein echtes Unternehmerrisiko für das Auftreten des Künstlers/ Sportlers zu übernehmen i.d.S., dass dem Betreffenden vereinbarungsgemäß feste, von seinen Einsatzmöglichkeiten und den vom jeweiligen Veranstalter bezogenen Honoraren unabhängige Bezüge gezahlt werden und die Zusicherung einer angemessenen Altersversorgung erfolgt.

▶ Die interessierenden Personen müssen in den Organismus der Gesellschaft eingegliedert sein. Dabei ist es als ausreichend erachtet worden, dass z. B. ein Künstler/ Sportler seine Ar-

---

[8] Vgl. BFH v. 23. 10. 1991, I R 52/90, RIW 1992, 159.
[9] Vgl. BFH v. 29. 11. 1966, I 216/64, BStBl 1967 II 392; BFH v. 15. 9. 1971, I R 202/67, BStBl 1972 II 281; BFH v. 31. 5. 1972, I R 94/69, BStBl 1972 II 697 zur Anerkennung solcher Verträge in der Künstlerbranche.
[10] Ebenda.

beitsleistung, die er einem Dritten gegenüber erbringt, dem "Verleiher" nach dessen Weisungen schuldet.[11]

Im Umkehrschluss gilt der Künstler oder Sportler nicht als Arbeitnehmer der Gesellschaft, wenn er nicht in die Organisation des "Verleihers" eingegliedert ist und die Verleihgesellschaft ihm in keinem Fall höhere Vergütungen zahlen muss, als sie für die Tätigkeit des Sportlers vom jeweiligen Veranstalter eingenommen hat.[12]

Im Beispiel 1 besteht zwar formalrechtlich ein Arbeitsvertrag, der Sportler ist aber nach den genannten Kriterien für steuerliche Zwecke nicht als Arbeitnehmer anzuerkennen, denn die mit einem Arbeitsvertrag verbundenen Wirkungen, wie die Eingliederung in den Organismus des Arbeitgebers, werden nicht herbeigeführt. Die Gesellschaft kontrolliert nicht den Sportler, sondern eher umgekehrt, da dem Betreffenden ein Vetorecht bei allen Auftritten zusteht. Das Gehalt bemisst sich nach dem erzielten Gewinn der Gesellschaft. Über die Höhe des Bonus kann der Sportler sogar selbst bestimmen. In der Konsequenz konnte die Gesellschaft den Sportler in Ermangelung eines anzuerkennenden Arbeitsvertrages nicht an die diversen Veranstalter verleihen. Die von der Gesellschaft erzielten Vergütungen werden nach § 42 AO in voller Höhe dem inländischen Sportler zugerechnet. Dieses Ergebnis besitzt auch in ansonsten vergleichbaren Fällen Gültigkeit, in denen der "Verleiher" nicht in Monaco, sondern z. B. in den Niederlanden oder Großbritannien ansässig ist.

Beispiel 2: Management – Gesellschaft
Die in Großbritannien ansässige Gesellschaft G ist seit vielen Jahren im Bereich der Sportvermarktung, mit dem Betrieb und der Unterstützung der Ausrichtung von sportlichen Veranstaltungen, u. a. also auch auf dem Gebiet der Vermittlung von Sportlern, tätig. Die Geschäftsführung wird von einer in der Branche versierten Person ausgeübt. Der in Hamburg ansässiger Sportler H ist neben anderen Sportlern bei G langfristig unter Vertrag. Der Sportler H hält 50% der Anteile an der Gesellschaft G. Bei der Gestellung an in- und ausländische Veranstalter steht dem H kein Vetorecht bezüglich Auftrittsort und Auftrittszeitpunkt zu. H erhält ein fest vereinbartes monatliches Gehalt, und zwar auch in Zeiten, in denen er nicht an Wettkämpfen teilnimmt. Der H erhält die Zusicherung einer angemessenen betrieblichen Altersversorgung.

In Beispiel 2 liegt demgegenüber ein steuerlich anzuerkennender Ausschließlichkeitsvertrag vor. Denn der Sportler steht in einem fortdauerndes Arbeitsverhältnis, bezieht ein festes, von den Einsätzen unabhängiges Gehalt, mit der Zusage einer Altersvorsorge. Darüber trägt die Gesellschaft ein Unternehmerrisiko. Die erforderliche Eingliederung wird dabei als gegeben unterstellt. Allerdings hatte der BFH bislang nur über Anstellungsverträge eines Sportlers mit einer unabhängigen Gesellschaft (d. h. ohne gleichzeitig vorliegende Beteiligung des Sportlers an der Gesellschaft) zu entscheiden, nicht jedoch über Anstellungsverträge zwischen dem Sportler und seiner "eigenen" Gesellschaft. Ob ein Anstellungsvertrag in einem solchen Fall anzuerkennen ist, hängt m. E. maßgeblich davon ab, in welchem Umfang die Gesellschaft selbst eine wirtschaftliche Tätigkeit entfaltet und aus welchen nichtsteuerlichen Gründen die Einschaltung erfolgt ist. Als eine solche eigene wirtschaftliche Funktion reicht z. B. eine bloße Inkassotätigkeit nicht aus.[13] Als außersteuerliche Gründe für die Zwischenschaltung wird das Argument der Haf-

---

[11] Vgl. BFH v. 29. 11. 1966 a. a. O. (oben Fn. 6); BFH v. 31. 5. 1972 a. a. O. (oben Fn. 6), S. 699.
[12] Vgl. BFH v. 10. 4. 1970, VI R 303/66, BStBl 1970 II 716.
[13] So BFH v. 29. 10. 1997, I R 35/96, BStBl 1998 II 238 für den Fall der von im Ausland ansässigen Künstlern/Sportlern zwischengeschalteten Gesellschaft.

tungsbegrenzung zu nennen sein, welches allerdings von Seiten der Finanzverwaltung zuweilen als nicht ausreichend erachtet wird.

b) Hinzurechnungsbesteuerung nach §§ 7 ff. AStG

Die Hinzurechnungsbesteuerung gemäß §§ 7–14 AStG behandelt Fälle, in denen im Inland ansässige Künstler oder Sportler Anteile an Kapitalgesellschaften (im AStG als Zwischengesellschaften bezeichnet) mit Sitz im niedrig besteuernden Ausland halten, in denen Gewinne thesauriert werden. Die ausländische Kapitalgesellschaft schirmt in diesem Fall grundsätzlich die von ihr erzielten Einkünfte von der deutschen Besteuerung ab, falls nicht die allgemeine Rechtsmissbrauchsbestimmung des § 42 AO zur Anwendung.[14] Die Hinzurechnungsbesteuerung hebt für die nach den §§ 7–14 AStG aufgreifenden Fälle die Abschirmwirkung zeitweise auf, indem sie die von der genannten Gesellschaft erzielten Einkünfte dem inländischen Sportler als Anteilseigner zurechnet und mit dem individuellen Steuersatz der Besteuerung unterwirft. Über das Steuersenkungsgesetz war es insoweit zu einer Änderung gekommen, als dass die betreffenden Einkünfte einer definitiven Steuer von 38% unterworfen werden sollten.[15] Durch die im UntStFG[16] enthaltenen Änderungen wird diese "Pauschalbesteuerung" wieder rückwirkend abgeschafft. Unter Anwendung der Ausschüttungsfiktion werden die betreffenden Einkünfte grundsätzlich, wie bisher, hinzugerechnet – im Falle eines bestehenden DBA-Schachtelprivilegs ohne Aktivitätsvorbehaltes allerdings freigestellt.

Die Hinzurechnungsbesteuerung kommt unter folgenden, kumulativ zu erfüllenden Voraussetzungen zur Anwendung:

- Unbeschränkt oder auch – nach § 2 AStG – erweitert beschränkt Steuerpflichtige sind zu mehr als 50% am Nennkapital oder den Stimmrechten der Zwischengesellschaft beteiligt.
- Zwischengesellschaft erzielt Einkünfte aus sog. passivem Erwerb (§ 8 AStG). Die Einkünfte einer Verleihgesellschaft sind dabei als passive Einkünfte aus Dienstleistungen i. S. d. § 8 Abs. 1 Nr. 5 AStG zu qualifizieren.[17]
- Sitz und Geschäftsleitung der Gesellschaft in einem sog. Niedrigsteuerland (ab VZ 2002: weniger als 25% Ertragsteuern), § 8 Abs. 3 AStG
- Die Freigrenze gem. § 9 AStG darf nicht überschritten werden, d.h. erzielt die Gesellschaft sowohl Einkünfte aus aktiver als auch aus passiver Tätigkeit, unterbleibt die Hinzurechnungsbesteuerung, wenn die passiven Erträge höchstens 10 % der gesamten Bruttoerträge der Gesellschaft betragen und die passiven Einkünfte einer Gesellschaft oder eines Steuerpflichtigen den Betrag von 62.000 EUR nicht übersteigen.

c) Steuerplanerische Aspekte

Die Abschirmwirkung gegenüber der deutschen Besteuerung, die inländische Künstler/Sportler zum Zwecke der Steuerminimierung durch die Zwischenschaltung von Verleihgesellschaften zu erreichen suchen, kann von Seiten der deutschen Finanzverwaltung in der Hauptsache mit zwei Angriffsinstrumenten entgegengetreten werden:[18] Missbrauch von Gestaltungsmöglichkeiten des Rechts (§ 42 AO) und der Hinzurechnungsbesteuerung (§§ 7 – 14 AStG). Dabei hat die BFH-

---

[14] Zum Verhältnis der Normenkomplexe s. Kap. B. II. 2. c).
[15] Vgl. § 10 Abs. i. d. F. des Steuersenkungsgesetzes v. 23. 10. 2000, BGBl I 1433.
[16] Gesetz zur Fortentwicklung des Unternehmenssteuerrechts v. 20. 12. 2001, BGBl I 3858.
[17] Zur Begründung s. *Mody*, Die deutsche Besteuerung international tätiger Künstler und Sportler, S. 235 ff.
[18] Zu dem abkommensrechtlichen Abwehrinstrumentarium s. Kap. C. I. 2. a).

Rechtsprechung sich grundsätzlich für die vorrangige Anwendung des § 42 AO vor der Hinzurechnungsbesteuerung ausgesprochen.[19]

In den Anwendungsbereich der allgemeinen Missbrauchsnorm des § 42 AO fallen die als reine "Briefkästen" zwischengeschalteten Verleihgesellschaften. Die behauptete Beziehung zur Zwischenperson stellt dabei lediglich eine formale leere Hülle dar, die zur Nichtanerkennung der Gestaltung führt. Wird andererseits eine Management-Gesellschaft zwischengeschaltet, die dem jeweiligen Veranstalter ein breites Leistungsangebot, von der Gestellung der Künstler oder Sportler, über die Organisation und Vermarktung der Veranstaltung bietet und diesen Aufgabenbereich über ihre eigenen Organe bewältigt, liegt insoweit kein Gestaltungsmissbrauch vor. Dies gilt jedenfalls, wenn der Gesellschaft ein Unternehmerrisiko nicht abzusprechen ist. Bei den Verleihgestaltungen muss der Künstler oder Sportler im steuerlichen Sinne als Arbeitnehmer der Gesellschaft anerkannt sein. Von der Ausgestaltung im konkreten Einzelfall ist es abhängig, ob die Gesellschaft eine ausreichende wirtschaftliche Tätigkeit ausübt und für Einschaltung ein ausreichender wirtschaftlicher Grund vorhanden ist. Ob eine solche Gestaltung überhaupt am Maßstab des § 42 AO zu messen ist, erscheint vor den Einzelheiten der Rechtsprechung zum Konkurrenzverhältnis der in Rede stehenden Normen fraglich.[20] M.E. wird hier sich eine Gestaltung, wie z. B in Beispiel 2, einzig an den Anwendungsvoraussetzungen der Hinzurechnungsbesteuerung messen lassen müssen.[21] Um die Hinzurechnungsbesteuerung auszulösen, bedarf es nicht nur niedrig-besteuerter Einkünfte aus passivem Erwerb. Der Künstler/ Sportler muss vielmehr darüber hinaus zu mehr als 50 % an der in Rede stehenden Gesellschaft beteiligt sein. Dabei gilt es zu berücksichtigen, dass auch mittelbar über andere Rechtsträger gehaltene Anteile und die weisungsgebundenen Personen zustehenden Anteile dem Künstler oder Sportler zugerechnet werden.[22] Im Grundsatz entfällt demnach die Hinzurechnungsbesteuerung, wenn der im Inland ansässige Künstler bzw. Sportler zusammen mit einem (nicht gegenüber dem Künstler/ Sportler weisungsgebundenem) Steuerpflichtigen ohne Wohnsitz oder gewöhnlichen Aufenthalt in der Bundesrepublik jeweils zur Hälfte die Anteile an der zwischengeschalteten Gesellschaft halten. Ein Missbrauchsvorwurf kann insoweit m. E. nicht begründet sein, da hierüber lediglich der gesetzlich vorbezeichnete Grenzwert des § 7 Abs. 1 AStG ausgenutzt wird. Im Grundsatz allerdings ist der § 42 AO allerdings anwendbar, wenn durch einen Missbrauch von Gestaltungsmöglichkeiten die §§ 7–14 AStG umgangen werden.[23]

---

[19] Vgl. BFH v. 23. 10. 1991, I R 40/89, BStBl 1992 II 1026; BFH v. 10. 6. 1992, I R 105/89, BStBl 1992 II 1029; zu den Einzelheiten s. *Mody* a. a. O. (oben Fn. 14), S. 251 ff. m. w. N.

[20] Danach löst das bloße Erzielen von Einkünften aus passivem Erwerb für sich genommen nur eine Hinzurechnungsbesteuerung aus, rechtfertigt jedoch noch keinen Missbrauchsvorwurf nach § 42 AO. Um § 42 AO anwenden zu können, müssen weitere Umstände hinzutreten, die die Gestaltung als Manipulation kennzeichnen; BFH v. 23. 10. 1991 a. a. O. (oben Fn. 16); BFH v. 10. 6. 1992 a. a. O. (oben Fn. 16):

[21] Zur Begründung s. im Einzelnen *Mody* a. a. O. (oben Fn. 14), S. 251 ff., 263 ff.

[22] Vgl. § 7 Abs. 2 und Abs. 4 AStG; zu den Einzelheiten s. *Mody* a. a. O. (oben Fn. 14), S. 232, 268 ff. m. w. N.

[23] Vgl. Tz. 7.0.2. des Anwendungserlasses zum AStG.

III. Zwischenschaltung von Lizenzverwertungsgesellschaften

1. Erscheinungsformen

Zwei Erscheinungsformen im Ausland ansässiger Lizenzverwertungsgesellschaften gilt es zu nennen:

- Patentverwertungsgesellschaften, die – vornehmlich im künstlerischen Bereich – schriftstellerische sowie künstlerische Urheberrechte von einem Künstler oder Sportler entgeltlich erwerben, um sie wiederum Dritten zur Nutzung zu vergeben.
- Verwertungsgesellschaften, die die Persönlichkeitsrechte der Künstler/ Sportler vermarkten. Bekannt geworden ist der Fall, in dem ein in einer Steueroase ansässige Sportler seine Werbe- und Bildrechte auf eine niederländische Ruling- Gesellschaft übertragen hat. Die Lizenzen werden darüber nicht unmittelbar nach Deutschland vergeben, sondern über die Ruling-Gesellschaft. Hier führt das deutsch-niederländische DBA (Art. 15 Abs. 1) dazu, dass die Lizenzzahlungen in Deutschland unbesteuert bleiben. Die Zwischenschaltung der niederländischen Gesellschaft ist für den Sportler solange vorteilhaft, wie die Summe der niederländischen Steuer auf den Gewinn der Gesellschaft und auf deren Ausschüttung an den Sportler insgesamt niedriger ist als die deutsche Quellenbelastung bei unmittelbarer Lizenzzahlung an ihn (zu einem Beispiel siehe Kapitel C.II 1.).[24]

2. Eingreifen des Abwehrinstrumentariums

Die in Kapitel B.II.2. getätigten Ausführungen besitzen – mit geringfügigen, zu vernachlässigenden Abweichungen – hier entsprechend Gültigkeit. Auch die nationale Anti-Treaty-Shopping-Vorschrift des § 50d Abs. 3 EStG und einige spezielle DBA-Vorschriften gegen den Abkommensmissbrauch von zwischengeschalteten Gesellschaften sind darüber hinaus in ihren Auswirkungen zu beachten (siehe Kapitel C.I.2b) und II.2.).

C. Einschaltung von Gesellschaften durch ausländische Künstler und Sportler

I. Zwischenschaltung von Verleihgesellschaften

1. Exemplarische Sachverhaltsgestaltungen

Zur Einteilung der unterschiedlichen Gesellschaften siehe Kapitel B.II.1. Anknüpfend daran werden nachfolgend – abstrahierend – verschiedene Fallgestaltungen vorgestellt, die in den sich daran anschließenden Abschnitten im Hinblick auf das Eingreifen des Missbrauchsinstrumentariums untersucht werden.

> **Beispiel 3: Verleihgesellschaft in DBA-Staat mit einer Art. 17 Abs. 2 OECD-MA vergleichbaren Regelung**
>
> Der in Sydney ansässiger Sportler A ist bei einer gleichfalls in Sydney ansässigen Gesellschaft S als Arbeitnehmer angestellt. Der Sportler ist neben anderen Personen beteiligt an S. Die Verleihgesellschaft schließt mit einem deutschen Veranstalter einen Vertrag über die Wettkampfteilnahme des A in Hamburg und erhält als Gegenleistung den Betrag x.

---

[24] Zu den Einzelheiten s. *Mody* a. a. O. (oben Fn. 14), S. 127 ff. m. w. N.

Beispiel 4: Verleihgesellschaft in DBA-Staat ohne eine Art. 17 Abs. 2 OECD-MA vergleichbare Regelung

Es wird von einem Beispiel 3 vergleichbaren Fall ausgegangen mit dem Unterschied, dass sowohl der Sportler als auch die Gesellschaft in den Niederlanden ansässig sind. Die ausländische Verleihgesellschaft beantragt für die vom deutschen Veranstalter bezogenen Einkünfte die Freistellung von der deutschen Quellensteuer.

Beispiel 5:   Tax-haven-Gesellschaft

Im Unterschied zu Beispiel 3 sind sowohl der Sportler als auch die Verleihgesellschaft in einer der klassischerweise als Steueroase geltenden Staat ansässig.

2. Eingreifen des Abwehrinstrumentariums

a) Abkommensrechtliche Vorschrift des Art. 17 Abs. 2 OECD-MA

Ist die Verleihgesellschaft – wie in Beispiel 3 – in einem Staat ansässig, dessen DBA mit Deutschland eine dem Art. 17 Abs. 2 OECD vergleichbare Vorschrift[25] enthält, sind dem Besteuerungsanspruch, der sich aus der nationalen Vorschrift des § 49 Abs. 1 Nr. 2d EStG[26] ergibt, insoweit keine Schranken gesetzt. Folglich hat Deutschland das Besteuerungsrecht bezüglich der Einkünfte einer ausländischen Verleihgesellschaft, die sich aus der Zurverfügungstellung eines ausländischen Sportlers oder auch Künstlers ergeben.[27] Für die Anwendung der Art. 17 Abs. 2 OECD-MA nachgebildeten Umgehungsvorschriften ist es nach dem Normwortlaut dabei unerheblich, ob die Verleihgestaltung als missbräuchlich zu qualifizieren ist oder ob wirtschaftlich beachtliche Gründe für deren Zwischenschaltung vorliegen.[28] Die Annahme einschränkender Tätigkeitserfordernisse bei der anderen Person ist mit dem Normzweck nicht vereinbar.[29]

Durch die Art. 17 Abs. 2 OECD-MA vergleichbaren Regelungen wird das Tätigkeitsortprinzip der Art. 17 Abs. 1 OECD-MA entsprechenden Vorschriften ausgedehnt auf Fallgestaltungen, in denen die Einkünfte aus einer von einem Sportler persönlich ausgeübten Tätigkeit nicht dem Sportler selbst, sondern vielmehr einer anderen Person zufließen. Zweck der Vorschrift ist es, das Besteuerungsrecht des Auftrittsstaates auch bei solchen Gestaltungen sicherzustellen, die dazu geführt haben, dass weder der Sportler noch eine andere Person (i. d. R. eine Sportlerverleihgesellschaft) besteuert werden konnten.[30] Um zumindest das Entgelt des direkten Vertragspartners besteuern zu können bzw. das Besteuerungsrecht dem Tätigkeitsstaat des Sportlers zuzuweisen, wurde der Abs. 2 in den Art. 17 OECD-MA aufgenommen.[31] *Wassermeyer* spricht der Norm darüber hinaus eine neben Art. 17 Abs. 1 OECD-MA bestehende eigenständige Bedeutung zu , in dem Sinne, dass unter Praktikabilitäts- und Gleichbehandlungsgesichtspunkten dem Auf-

---

[25] Zu der Besonderheit des DBA-Australien s. die Ausführungen am Ende diese Kapitels.

[26] S. Kap. C. I. 2. b) aa).

[27] Zu Besonderheiten und Schwierigkeiten bei der DBA-Anwendung in Dreiecksfällen s. *Betten/Lombardi*, Article 17 (2) of OECD Model in Triangular Situations, IBFD 1997, S. 560 ff.; *Hahn-Joecks*, Zur Problematik der Besteuerung ausländischer Künstler und Sportler, S. 162 ff.; *Mody* a. a. O. (oben Fn. 14), S. 169 ff.

[28] Zur Anwendung des § 42 AO s. Kap. C. I. 2. b) bb).

[29] Vgl. *Wassermeyer* in: Debatin/Wassermeyer, Art. 17 MA Rn. 71.

[30] BFH v. 20. 6. 1984, I R 230/81, n. V.; BFH v. 10. 6. 1992, I B 1/92, BFH/NV 1993, 27; BMF-Schreiben v. 23. 1. 1996, IV B 4 S 2303 – 14/96, BStBl 1996 I 97.

[31] *Maßbaum* in: Gosch/Kroppen/Grotherr, DBA, Art. 17 Rn. 257.

trittsstaat ein Besteuerungsanspruch für sämtliche für eine sportliche Darbietung gezahlten Entgelte zuzusprechen sei – und zwar, unabhängig davon, wer die Einkünfte erzielt.[32]

Die deutsche Finanzverwaltung[33] und Teile der Literatur[34] vertreten die Auffassung, dass auch bei Zufluss der Vergütung an eine andere Person das Besteuerungsrecht sowohl für die Einkünfte der Gesellschaft (= Gewinn) nach Art. 17 Abs. 2 OECD-MA als für die an die Künstler/Sportler gezahlten Entgelte in Anwendung des Art. 17 Abs. 1 OECD-MA besteht.[35] Im Beispiel 3 hat dies zur Folge, dass für den Teil der Vergütung des inländischen Veranstalters, der an den Sportler für seine persönlich ausgeübte Tätigkeit gezahlt wird, in Anwendung des Art. 16 Abs. 1 des DBA-Australien Deutschland das Besteuerungsrecht zusteht. Für den darüber hinausgehenden Teil der gezahlten Vergütung, darf Deutschland nach Art. 16 Abs. 2 DBA-Australien besteuern.

Sind demgegenüber die Gesellschaft und der Sportler in einem Staat ansässig, der mit Deutschland ein DBA ohne eine Art. 17 Abs. 2 OECD-MA vergleichbare Klausel abgeschlossen hat (=Beispiel 4), darf nach Auffassung der deutschen Finanzverwaltung zwar der der Gesellschaft verbleibende Teil der Vergütung nicht in Deutschland als Auftrittsstaat besteuert werden. Für den Teil der Einkünfte, die der Sportler für seine Tätigkeit erhält, hat nach dieser Ansicht Deutschland das Besteuerungsrecht – trotz fehlendem Art. 17 Abs. 2 OECD-MA – und zwar in Anwendung einer Art. 17 Abs. 1 OECD-MA entsprechenden Vorschrift.[36] Für diese Auffassung spricht, dass der Wortlaut des Art. 17 Abs. 1 OECD-MA und der ihm nachgebildeten Vorschriften nicht zwischen direkt oder indirekt erzielten Einkünften differenziert.[37] Allerdings spricht der Normwortlaut m. E. auch für einen identischen Einkunftsbegriff der Abs. 1 und Abs. 2 des Art. 17 OECD-MA, was die Erfassung von Vergütungsbestandteilen, die nicht aus einer vom Künstler/Sportler persönlich ausgeübten Tätigkeit stammen, ausschließt.[38] Das wird auch im MA-Kommentar insoweit deutlich, als darauf abgestellt wird, dass der Anteil ("Portion") der Einkünfte, die nicht beim Auftretenden besteuert wird, nach Art. 17 Abs. 2 OECD-MA besteuert werden kann.[39] Außerdem ist zu fragen, ob es denn der Einfügung der Art. 17 Abs. 2 OECD-MA vergleichbaren Regelungen überhaupt bedurft hätte, wenn der Besteuerungsanspruch für die Einkünfte der Künstler/Sportler für ihre persönlich ausgeübte Darbietung – auch ohne Übernahme der Vorschrift des Art. 17 Abs. 2 OECD-MA in die deutschen Abkommen – bereits über eine Art. 17 Abs. 1 OECD-MA vergleichbare Regelung dem Tätigkeitsstaat zugewiesen werden würde. Sicherlich sollten Konstruktionen erfasst werden, in denen die Künstler oder Sportler kein Entgelt aufgrund schuldrechtlicher Rechtsbeziehungen, sondern als gesellschaftsrechtliche Ausschüttung erhält oder die Gesellschaft einen großen Teil der Vergütung als Gewinn für die eigene wirtschaftliche Tätigkeit behält. Unter Zugrundelegung der deutschen Rechtsauffassung

---

[32] *Wassermeyer* a. a. O. (oben Fn. 26), Art. 17 Rn. 59.

[33] BMF-Schreiben v. 23. 1. 1996 a. a. O. (oben Fn. 27).

[34] *Grützner*, IWB F. 3 Gr. 3 S. 960; *Grossmann*, Die Besteuerung des Künstlers und Sportlers im internationalen Verhältnis, S. 170; *Hahn-Joecks* a. a. O. (oben Fn. 24), S. 151 f.

[35] Auch der Kommentar zum OECD-MA kann für den Fall von gesellschaftsrechtlich verbundenen Rechtsträgern wie Sportvereine, Orchester und dgl. wohl dahingehend interpretiert werden; vgl. OECD-MA-Kommentar, Art. 17 Tz. 11b.

[36] BMF-Schreiben v 23. 1. 1996 a. a. O. (oben Fn. 27); so auch *Hahn-Joecks* a. a. O. (oben Fn. 24), S. 153. Zu den Besonderheiten der Lösung des Beispiels 4 s. am Ende dieses Kapitels. Zur Durchsetzung des Besteuerungsanspruchs in einem solchen Fall s. Kap. C. I. 2. b) aa).

[37] *Long/Tyrrell*, Intertax 1992, S. 68 ff.

[38] So auch *Maßbaum* a. a. O. (oben Fn. 28), Art. 17 Rn. 250.

[39] OECD-MA-Kommentar, Art. 17 Tz. 11.

muss allerdings zur Anerkennung der "Verleihgestaltungen" sowieso mindestens ein steuerlich anzuerkennendes Arbeitsverhältnis vorliegen.[40] Für die als Gegenleistung notwendige Gehaltszahlung an den Künstler/Sportler hätte eine Besteuerungsrechtszuteilung über eine Art. 17 Abs. 1 OECD-MA vergleichbare Regelung, wie sie auch jetzt von der deutschen Finanzverwaltung vorgenommen wird, im Tätigkeitsstaat Deutschland ausgereicht. Dazu hätte es einer Art. 17 Abs. 2 OECD-MA entsprechenden Vorschrift nicht bedurft.

Außerdem berücksichtigt die Auslegung der Finanzverwaltung m. E. die zugrunde liegenden vertraglichen Verhältnisse und den Praktikabilitätsaspekt nicht in ausreichendem Maße. In den Fällen, in denen der Künstler/Sportler nicht nur die Vermittlung seiner Auftritte, sondern insgesamt die Steuerung seiner Aktivitäten/seine Vermarktung usw. auf eine Management-Gesellschaft übertragen hat, erzielt die Gesellschaft als Vertragspartner und Entgeltgläubiger die Einkünfte.[41] Der Künstler/Sportler selbst erhält seine Einkünfte für verschiedene Leistungen (u. a. die sportliche Leistung) aufgrund eines Vertrages mit der im Ausland ansässigen Gesellschaft, nicht jedoch aufgrund eines Vertrages mit dem jeweiligen deutschen Veranstalter. Fraglich ist, ob das DBA mit dem Auftrittsstaat Deutschland insoweit überhaupt tangiert ist. Zu bejahen ist dies bei unterstellter sportlicher Tätigkeit im Inland, allerdings nur insoweit, wie sich z. B. die Vergütung des Sportlers für die jeweilige sportliche Darbietung – ggf. sachgerecht im Schätzungswege – identifizieren lässt. Im Umkehrschluss bedeutet dies allerdings: Wird von Seiten der Gesellschaft ein Entgelt unabhängig von der persönlich ausgeübten Tätigkeit des Künstlers/Sportlers gezahlt, stößt darüber eine sachgerechte Aufteilung des Entgelts im Schätzungswege an ihre Grenzen.[42] Eie Zurechnung der anteilsmäßigen Einkünfte über eine Art. 17 Abs. 1 OECD-MA vergleichbare Vorschrift hat m. E. insoweit zu unterbleiben. Diese Auffassung wird bestätigt durch den OECD-MK.[43] Danach liegt eine Einkunftserzielung durch den Sportler nach Art. 17 Abs. 1 OECD-MA nicht vor, wenn eine Zuordnung der Vergütung zu einer bestimmten Aufführung ("as a counterpart to the performance") nicht möglich oder schwierig ist ("difficult to allocate a portion of that income to particular performances"). Die Ausführungen beziehen sich zwar u. a. auf Sportmannschaften, bei denen der Verein und nicht der einzelne Sportler die Vergütung für die Tätigkeit erhält. Die Beurteilung dürfte jedoch auf Management-Gesellschaften übertragbar sein.[44]

Enthält das einschlägige DBA – wie in Beispiel 4 – keine Art. 17 Abs. 2 OECD-MA entsprechende Vorschrift[45], steht demgegenüber die Steuerberechtigung für die der Gesellschaft zufließenden Einkünfte nach einer Art. 7 OECD-MA entsprechenden Regelung i. d. R. dem Sitzstaat der Gesellschaft zu.[46] Deutschland als Auftrittsstaat bleibt ausnahmsweise nur dann das Besteuerungsrecht aufrechterhalten, wenn die verleihende Gesellschaft im Inland über eine Betriebsstätte verfügt und die Einkünfte dieser Betriebsstätte zuzurechnen sind. Auch die deutsche Finanzverwaltung würde in Beispiel 4 zu dem Ergebnis gelangen, dass eine Besteuerung des – anteils-

---

[40] S. Kap. B. II. 2. a).
[41] Zur abweichenden Zurechnung aufgrund des § 42 AO s. Kap. B. II. 2. a).
[42] So auch *Maßbaum* a. a. O. (oben Fn. 28), Art. 17 Rn. 257. Er hält eine Zuordnung allenfalls bei reiner Vermittlungsleistung der Gesellschaft für möglich.
[43] OECD-MK , Art. 17 Nr. 11b.
[44] So auch *Maßbaum* a. a. O. (oben Fn. 28), Art. 17 Rn. 121.
[45] Derzeit enthalten noch mehr als ein Drittel der deutschen DBA keine derartige Vorschrift; s. Übersicht bei *Mody* a. a. O. (oben Fn. 2), S. 35 ff.
[46] Unter der Annahme, dass es sich unter Anwendung des nationalen Missbrauchsinstrumentariums um eine anzuerkennende Gestaltung handelt.

mäßigen – Gehaltes des Sportlers im Inland zu unterbleiben hat – allerdings nur wegen der hier einschlägigen Besonderheit des niederländisch-deutschen DBA. Nach Art. 9 Abs. 1 Satz 2 DBA-Niederlande gilt nämlich die Art. 17 Abs. 1 OECD-MA vergleichbare Vorschrift nur für selbständig tätige Künstler und Sportler. Folglich kann sich das Besteuerungsrecht des Tätigkeitsstaates Deutschland nicht auf den Künstler-/Sportlerartikel stützen, wenn ein steuerlich anzuerkennender Arbeitsvertrag vorliegt.[47]

Abweichungen zu Art. 17 Abs. 2 OECD-MA in der deutschen Abkommenspraxis:[48]

Eine Reihe der unter Beteiligung der Bundesrepublik abgeschlossenen DBA enthalten Einschränkungen bzw. Abweichungen zu Art. 17 Abs. 2 OECD-MA, die verkürzt an dieser Stelle wiedergegeben werden sollen:

1. Das **DBA-Brasilien**[49] enthält als Besonderheit die Einbeziehung von dritten Personen über eine Betriebsstättenfiktion. Es bleibt zwar im Ergebnis das Besteuerungsrecht des Auftrittsstaates gleichermaßen bestehen, im Unterschied zu Art. 17 Abs. 2 OECD-MA wird aber nicht vom Erfordernis einer Betriebsstätte abgesehen, sondern vielmehr bei Zwischenschaltung einer Gesellschaft eine solche fingiert. In der Konsequenz dürfen die Einkünfte der Künstler-/Sportlergesellschaft aus der persönlichen Tätigkeit der Künstler und Sportler im Quellenstaat besteuert werden. Dabei gilt es allerdings den Grundsätzen der Gewinnermittlung von Betriebsstätten Rechnung zu tragen. Die mit der Veranstaltung in Deutschland zusammenhängenden Aufwendungen können somit gewinnmindernd berücksichtigt werden.

2. Die **DBA-Kanada**[50] und **DBA-USA**[51] kommen nur dann zur Anwendung, wenn eine unmittelbare oder mittelbare Beteiligung des Künstlers und Sportlers am Gewinn der zwischengeschalteten Gesellschaft besteht. Dadurch wird die Missbrauchsvermeidungsfunktion des Art. 17 Abs. 2 deutlich. Als Gewinnbeteiligung kommt dabei jede Art von Gewinnbeteiligungen in Betracht, z. B. auch partiarische Darlehen, stille Beteiligungen, Tantiemeregelungen und andere Beteiligungsmodelle. Zur Verhinderung von Umgehungen führen dabei auch solche Beteiligungen zur Anwendung des Art. 17 Abs. 2, die von mit dem Künstler/Sportler verbundenen Personen [52] oder nahe stehenden Personen[53] gehalten werden.

3. Die **DBA Australien**[54], **Liberia**[55], **Japan**[56] **und Ungarn**[57] schreiben noch weitergehender fest, dass die zwischengeschaltete Gesellschaft von Künstlern und Sportlern unmittelbar oder mittelbar beherrscht sein muss. Folglich wird ein Beherrschungsverhältnis verlangt, welches mit der Konkretisierung "unmittelbar oder mittelbar" weit gespannt ist. Das Erfordernis der "Beherrschung" schließt neben dem Beteiligungsbesitz auch jede andere Form einer beherr-

---

[47] Dieses Ergebnis besitzt nicht nur unter dem DBA Niederlande Gültigkeit, sondern auch unter sechs anderen Abkommen; s. Übersicht bei *Mody* a. a. O. (oben Fn. 2), S. 35 ff.
[48] S. auch Übersicht bei *Mody* a. a. O. (oben Fn. 2), S. 35 ff.
[49] Art. 5 Abs. 7 DBA-Brasilien.
[50] Art. 17 Abs. 2 DBA-Kanada.
[51] Art. 17 Abs. 2 DBA-USA.
[52] Art. 17 Abs. 2 DBA-Kanada.
[53] Art. 17 Abs. 2 DBA-USA.
[54] Art. 16 Abs. 2 DBA-Australien.
[55] Art. 17 Abs. 2 DBA-Liberien.
[56] Art. 17 Abs. 2 DBA-Japan.
[57] Art. 17 Abs. 2 DBA-Ungarn.

schenden Stellung, die auf rechtlicher oder tatsächlicher Grundlage oder auf dem Zusammenwirken beider beruhen kann, ein.

4. Das **DBA-Schweden**[58] verlangt für die Besteuerung der anderen Person, dass der Künstler/Sportler auf diese Person einen kontrollierenden Einfluss nehmen kann. Kontrollierender Einfluss ist zu bejahen, wenn der Künstler/Sportler mittelbar oder unmittelbar die Möglichkeit besitzt, Entscheidungen der anderen Person zu bestimmen. Ein solcher Einfluss ergibt sich nicht nur aufgrund der Mehrheit einer kapitalmäßigen Beteiligung, sondern kann auch auf tatsächlicher Grundlage beruhen.

b) **Innerstaatliche Vorschriften**

aa) **§ 49 Abs. 1 Nr. 2d EStG**

Wird Deutschland als Auftrittsstaat das Besteuerungsrecht über eine dem Art. 17 Abs. 2 OECD-MA entsprechende Vorschrift zugewiesen, ergibt sich die Steuerpflicht hinsichtlich der Vergütungen der "anderen Person" (hier: der zwischengeschalteten Gesellschaft) aus § 49 Abs. 1 Nr. 2d EStG. Nach dieser Vorschrift unterliegen u. a. die Einkünfte aus künstlerischer sowie sportlicher Darbietung und damit zusammenhängender Leistungen, unabhängig davon, wem sie zufließen, im Inland der Besteuerung.[59] In Beispiel 3[60] hat folglich der Hamburger Veranstalter von dem an die australische Gesellschaft ausgezahlten Betrag einen Steuerabzug in Höhe von 25% vorzunehmen (§§ 49 Abs. 1 Nr. 2d, 50a Abs. 1 Nr. 1 EStG[61]). Ohne Bedeutung ist dabei, ob die Zwischenschaltung der Gesellschaft ausschließlich aus steuerlichen Gründen erfolgt ist, d. h. ob die Einschaltung missbräuchlich ist oder nicht.

Neben der Steuerpflicht der Gesellschaft besteht nach Ansicht der deutschen Finanzverwaltung auch eine beschränkte Steuerpflicht im Hinblick auf das Gehalt des angestellten Künstlers/Sportlers nach § 49 Abs. 1 Nr. 4 EStG.[62] Danach wird lediglich vorausgesetzt, dass die Einkünfte aus einer nichtselbständigen Arbeit stammen, die im Inland ausgeübt oder verwertet worden ist. Nicht erforderlich ist, dass das Gehalt unmittelbar von einem inländischen Arbeitgeber an den Künstler oder Sportler gezahlt wird. Rechtsfolge ist auch hier der Steuerabzug auf Bruttobasis (§ 50a Abs. 1 Nr. 2 EStG). Die darüber entstehende Doppelbesteuerung kann durch Einleitung des Steuererstattungsverfahrens entgegengewirkt werden. Bei Überbesteuerung kommt im Einzelfall auch eine Billigkeitsmaßnahme in Betracht (§163 AO).[63]

Die deutsche Finanzverwaltung seht dabei auf dem Standpunkt, dass auch ein **ausländischer Arbeitgeber** wie die in Rede stehende Zwischengesellschaft zum Quellensteuereinbehalt verpflichtet ist.[64] [65] Dem widerspricht das FG München[66], nach dem zum Steuerab-

---

[58] Art. 17 Abs. 2 DBA-Schweden.

[59] Die Vorschrift wurde im Rahmen des Jahressteuergesetzes 2009 neu formulieren. Dabei handelt es sich hauptsächlich um Änderungen, die an europäische Vorgaben oder die jüngere BFH-Rechtsprechung angepasst werden. So wurde in § 49 Abs. 1 Nr. 2 d EStG der steuerpflichtige Tätigkeitsumfang auf künstlerische, sportliche, artistische, unterhaltende oder ähnliche Darbietungen ausgedehnt.

[60] S. Kap. C.I.1.

[61] Vormalig § 50 a Abs. 4 Nr. 1 EStG.

[62] BMF- Schreiben v. 23. 1. 1996 a. a. O. (oben Fn. 27), S. 98.

[63] Zu den Einzelheiten s. Grams, Besteuerung von beschränkt steuerpflichtigen Künstlern, S. 314 ff.

[64] BMF- Schreiben v. 23. 1. 1996 a. a. O. (oben Fn. 27), S. 96.

[65] Eine Ergänzung zur Sicherstellung dieses Besteuerungsanspruchs ist in § 50d Abs. 2 Satz 2 EStG enthal-

zug nur inländische Vergütungsschuldner verpflichtet sein können. Auch Wassermeyer[67] merkt in diesem Zusammenhang an, dass die Steuer diesbezüglich nur vom Sportler selbst nachzufordern sei, da die ausländische Gesellschaft nicht zu einem Steuerabzug gezwungen werden könne.

bb) § 42 AO

Nach neuerer Rechtsprechung des BFH[68] ist der § 42 AO dem Grunde nach auch auf zwischengeschaltete Künstler-/Sportler-Gesellschaften anzuwenden, wenn an ihr ausschließlich beschränkt Steuerpflichtige beteiligt sind.[69] Die in Beispiel 5[70] gewählte Einschaltung einer Tax-haven-Gesellschaft wäre danach missbräuchlich i. S. d. § 42 AO, wenn die Gestaltung zur Erreichung des angestrebten wirtschaftlichen Ziels unangemessen ist, der Steuerminderung dienen soll und durch wirtschaftliche oder sonst beachtliche außersteuerliche Gründe nicht zu rechtfertigen ist.[71] Es wird vermutet, dass derjenige, der für die Zwischenschaltung einer Gesellschaft keine wirtschaftlichen oder sonst beachtlichen Gründe angeben kann, mit dieser Zwischenschaltung beim Inlandsengagement ausschließlich die Umgehung der Besteuerung im Inland verfolgt. Entscheidend ist, dass die Gesellschaft ein eigenständiges Unternehmerrisiko trägt; ihr also nicht lediglich eine Inkassofunktion zukommt. Fehlt es an ausreichenden Gründen für die Einschaltung, sind die der Gesellschaft zufließenden Einkünfte direkt den Sportlern zuzurechnen, die sie ohne Zwischenschaltung des Rechtsträgers erzielt hätten. Diese abweichende Einkunftszurechnung schlägt auf die DBA-Ebene durch.[72]

cc) § 50d Abs. 3 EStG

Die Vorschrift des § 50d Abs. 3 EStG erfuhr über das Jahressteuergesetz 2007 eine Verschärfung. Nach der Neuregelung ist eine Steuerentlastung nach § 50 d Abs. 3 EStG einer ausländischen Kapitalgesellschaft nicht zu gewähren,

1. wenn die beteiligten Personen selbst nicht erstattungsberechtigt wären und für die Zwischenschaltung wirtschaftliche oder sonst beachtliche Gründe fehlen,
2. die ausländische Gesellschaft nicht mehr als 10 % ihrer gesamten Bruttoerträge aus eigener Wirtschaftstätigkeit erzielt,
3. die ausländische Gesellschaft nicht mit einer dem Geschäftszweck angemessenen Geschäftsausstattung am wirtschaftlichen Verkehr teilnimmt.

---

ten. Die Erteilung einer Freistellungsbescheinigung – unter Berufung auf ein DBA ohne eine Art. 17 Abs. 2 OECD-MA vergleichbare Regelung – für eine ausländische Gesellschaft wird von der Bedingung abhängig gemacht, dass die Gesellschaft ihrerseits die an den Künstler/ Sportler weitergeleiteten Entgelte dem Steuerabzug unterwirft.

[66] FG München v. 26. 11. 1986, I 47/80 E, EFG 1987, 250.
[67] *Wassermeyer* a. a. O. (oben Fn. 26), Art. 17 OECD-MA, Rn. 41.
[68] BFH v. 29. 10. 1997 a. a. O. (oben Fn. 10), S. 237.
[69] Zur vormaligen Rechtssituation s. *Mody* a. a. O. (oben Fn. 14), S. 167 ff. m. w. N.
[70] S. Kap. C. I. 1.
[71] BFH v. 29. 10. 1997 a. a. O. (oben Fn. 10), S. 237; zu den Einzelheiten dieser Rechtsprechung s. auch *Mody* in: Kleineidam (Hrsg.), FS L. Fischer, S. 784 ff.
[72] Dies entspricht der herrschenden Meinung; z. B. *Wassermeyer* a. a. O. (oben Fn. 26), Art. 17 OECD-MA Rn. 67.

Die Voraussetzungen müssen nicht mehr kumulativ vorliegen[73]. Der Anspruch auf Steuerentlastung wird versagt, sobald eine der drei Voraussetzungen erfüllt ist.

Das Eingreifen des § 50d Abs. 3 EStG kann unabhängig vom Fehlen wirtschaftlicher Gründe für die Einschaltung einer Künstler-/Sportlergesellschaft oder ihrer eigenen Wirtschaftstätigkeit dadurch vermieden werden, dass der Künstler und Sportler selbst nicht (mittelbar oder unmittelbar) Anteilseigner ist und bei direktem Bezug die Vergütungen nicht der deutschen Steuer unterliegen würden. Zu einem Fallbeispiel siehe Kapitel C.II.1.

II. Zwischenschaltung von Lizenzverwertungsgesellschaften

1. Exemplarische Sachverhaltsgestaltung

Zur Einteilung der Lizenzverwertungsgesellschaften s. Kap. B.III.1.

Beispiel 6: Zwischenschaltung von Lizenzverwertungsgesellschaften durch einen in einer Steueroase resident Sportler

Ein in Monaco resident Sportler überträgt sein Werbe- und Bildrecht auf eine Gesellschaft auf den niederländischen Antillen, an der er beteiligt ist. Diese gründet eine Gesellschaft in den Niederlanden, auf die das Recht in Form einer Unterlizenz weitergegeben wird. Der Lizenzvertrag wird dann wiederum zwischen der niederländischen Gesellschaft und einem in Deutschland ansässigen Sportartikelhersteller abschließt. Die aus Deutschland gezahlten Lizenzgebühren werden zu 93% bis 97% von der niederländischen Gesellschaft an die Gesellschaft auf den niederländischen Antillen weitergeleitet.

2. Steuerliche Wirkungsweise ohne Eingreifen des Missbrauchsinstrumentariums

Ohne Einschaltung der Gesellschaft(en), also bei direktem Bezug, hätte der Sportler in Ermangelung eines DBA zwischen Monaco und Deutschland eine Quellensteuer von 25% auf die Lizenzeinnahmen zu zahlen. Diese Steuer kann infolge der Freistellung von Lizenzgebühren nach Art. 15 DBA-Niederlande vermieden werden. In den Niederlanden sind diese Lizenzzahlungen zwar der Besteuerung zu unterwerfen, die absolute Höhe ist allerdings dadurch sehr gering, dass die an die niederländischen Antillen geleiteten Zahlungen als Betriebsausgabe in Abzug gebracht werden können.

a) DBA anti-avoidance measures

Von den deutschen DBA enthalten lediglich drei Abkommen spezielle Vorschriften gegen den Abkommensmissbrauch von zwischengeschalteten Gesellschaften. Zu nennen sind die DBA-Schweiz, DBA-USA und DBA-Kuwait.[74] Das in Beispiel 6 einschlägige DBA-Niederlande kennt eine solche Klausel nicht.

Zur Verhinderung des Abkommensmissbrauchs sind Lizenzgebühren nach Art. 12 Abs. 1 OECD-MA nur dann von der Besteuerung im Quellenstaat freizustellen, wenn der Empfänger der Lizenzzahlungen auch deren Nutzungsberechtigter ist. Dieses Konzept ist in der deutschen Abkommenspraxis – auch in den neueren DBA – nicht regelmäßig anzutreffen.[75] Die Übernahme diese Konzepts als nicht notwendig angesehen, da die Anwendbarkeit des nationalen Miss-

---

[73] Vgl. BFH vom 31. 5. 2005, IStR 2005, S. 710.

[74] Zu den Einzelheiten s. *Mody* a. a. O. (oben Fn. 14), S. 137 ff.; *Mössner* a. a. O. (oben Fn. 70), S. 100 ff.

[75] Das Konzept des Nutzungsberechtigten ist z. B. enthalten in den DBA mit Bulgarien, Italien, Schweden, Türkei und USA.

brauchsinstrumentariums auch für abkommenrechtliche Zwecke als ausreichend erachtet wird.[76]

b) Innerstaatliches Instrumentarium

Zu untersuchen ist, ob in Beispiel 6[77] der niederländischen Gesellschaft über die Norm des § 50d Abs. 3 EStG die Steuerentlastung für die Lizenzgebühren nach dem DBA-Niederlande zu versagen ist.

Hätte der in Monaco ansässige Sportler als Anteilseigner der Gesellschaft die Lizenzeinkünfte direkt bezogen, hätte ihm die Steuerentlastung nicht zugestanden, da zwischen Monaco und Deutschland kein DBA mit einer entsprechenden Regelung existiert. Daher ist die notwendige Bedingung des fehlenden eigenen Entlastungsanspruches des an der Gesellschaft beteiligten Sportlers erfüllt. Des Weiteren greift § 50d Abs. 3 EStG nur ein, sofern **wirtschaftliche oder sonst beachtliche Gründe** fehlen. Der oben geschilderte Sachverhalt enthält diesbezüglich über das Vorhandensein von Gründen für die Zwischenschaltung keine ausreichenden Informationen. Erfolgt – losgelöst vom oben skizzierten Fall – die Zwischenschaltung z. B. aus Gründen der Haftungsverbreiterung oder zur Arbeitsentlastung des Sportlers, dann ist es diesbezüglich notwendig, diese Gründe substantiiert im Zusammenhang mit dem jeweiligen Inlandsengagement vorzutragen.[78] Zudem muss die Gesellschaft gem. § 50 d Abs. 3 Nr. 2 EStG mindestens „10 v.H. ihrer gesamten Bruttoerträge aus eigener Wirtschaftstätigkeit" erzielen. Ist die Lizenzverwertungsgesellschaft für die Auswahl der Vertragspartner, Vertragsverhandlungen und Vertragsüberwachung zuständig[79] und leitet nicht lediglich Lizenzgebühren weiter, kann daraus abgeleitet werden, dass sie eine eigene Wirtschaftstätigkeit besitzt[80]. Dies entspricht nach der hier vertretenen Auffassung auch § 50 d Abs. 3 S. 3 EStG, wonach es „an einer eigenen Wirtschaftstätigkeit fehlt, soweit die ausländische Gesellschaft ihre Bruttoerträge aus der Verwaltung von Wirtschaftsgütern erzielt oder ihre wesentlichen Geschäftstätigkeiten auf Dritte überträgt". Für die in Beispiel 6 dargestellte Gesellschaft bedeutet dies, dass sie die 10 % – Hürde erreicht, da sie nach der hier vertretenen Auffassung ausschließlich Einkünfte aus ihrer eigenen Wirtschaftstätigkeit erzielt[81]. Damit ist § 50 d Abs. 3 Nr. 2 EStG nicht erfüllt. Darüber hinaus wird nach § 50 d Abs. 3 Nr. 3 EStG vorausgesetzt, dass die Gesellschaft „nicht mit einem für ihren Geschäftszweck angemessenen eingerichteten Geschäftsbetrieb am allgemeinen wirtschaftlichen Verkehr" teilnehmen. Die Marktteilnahme erfordert, dass die Gesellschaft am Markt und für Dritte erkennbar auftritt[82]. Nach der Gesetzesbegründung liegt ein Geschäftsbetrieb vor, wenn die Gesellschaft eine substanzielle Geschäftsausstattung vorweisen kann und somit mehr als eine Basis- oder Domizilgesellschaft ist[83]. Daraus folgt, dass die Gesellschaft zumindest einen eigenen Geschäftsführer und Personal anstellen muss sowie über eigene Räumlichkeiten und Geschäftsausstattung verfügen sollte. Ausgehend davon, dass dies im in Rede stehenden Beispiel-

---

[76] Z. B. BFH, BStBl 1977 II 268.

[77] S. Kap. C. II. 1.

[78] So zu Recht *Hahn-Joecks* a. a. O. (oben Fn. 24), S. 239, unter Hinweis auf die Rechtsprechung des BFH zur Anerkennung eines Zwischenmietverhältnisses (BFH- Beschl. v. 29. 10. 1987, V B 109/86, BStBl 1988 II 96; BFH v. 20. 3. 1992, V B 34/91, BFH/NV 1992, 776).

[79] So auch *Hahn-Joecks*, Zur Problematik der Besteuerung ausländischer Künstler und Sportler, S. 239.

[80] Vgl. *Beußer*, IStR 2007, S. 316.

[81] Vgl. *Beußer*, IStR 2007, S. 316.

[82] gl. BFH vom 16. 5. 2002, BStBl II 2002, S. 571.

[83] gl. BT-Drs. vom 25. 9. 2006, 16/2712, S. 60.

fall gegeben ist, ist die genannte Voraussetzung ebenfalls nicht erfüllt. Im Ergebnis hängt die Freistellung für die Lizenzgebühren davon ab, ob für die Zwischenschaltung wirtschaftliche oder sonst beachtliche Gründe existieren, weil die anderen zwei Voraussetzungen nicht erfüllt sind. Die Freistellung ist zu versagen, wenn die Gründe für die Zwischenschaltung fehlen.

D. Fazit

Der Gestaltung zwischengeschalteter Künstler-/Sportler-Gesellschaften steht ein umfangreiches Abwehrinstrumentarium gegenüber. Die steuerliche Planung wird dabei maßgeblich dadurch erschwert, dass die Auslegung sowohl der Art. 17 Abs. 2 OECD-MA nachgebildeten Vorschriften in den DBA als auch der nationalen Normen der §§ 49 Abs. 1 Nr. 2d, 50d Abs. 3 EStG mit Problemen behaftetet und damit naturgemäß streitig ist. Diese Schwierigkeiten bei der Rechtsanwendung setzten diesen Gestaltungen unter dem Aspekt der Planungssicherheit enge Grenzen.

2. Besteuerungsprobleme bei international tätigen Führungskräften

von Dipl.-Volkswirt Wolfgang Neyer, Steuerberater, Frankfurt/M.

Inhaltsübersicht

A. Einleitung
B. Beschränkte und unbeschränkte Steuerpflicht
  I. Steuerinländer
  II. Steuerausländer
C. Bestimmung des Quellenstaats für Arbeitslohn: Grundregel
D. Sonderregeln für Geschäftsführer und Vorstandsmitglieder
  I. Zugangstheorie
  II. Steuerinländer mit Auslandsbezug
  III. Art der Tätigkeit
  IV. Weitere Aspekte II.
  V. Verwaltungsmeinung
E. Änderung der Rechtsprechung
  I. Urteil vom 5. 10. 1994
  II. Folgerung
F. Auffassung der Finanzverwaltung
G. Eckpunkte der Erlassregelung
  I. DBA-Länder ohne Sonderregelung
  II. DBA-Länder mit Sonderregelung
  III. Länder, mit denen kein DBA besteht
H. Kritik der Verwaltungsmeinung
  I. Überblick
  II. Begründung des Urteils vom 5. 10. 1994
  II. Mängel der Zugangstheorie
  IV. Kriterien zur Bestimmung des Tätigkeitsorts
  V. DBA und Arbeitsort
  VI. Länder ohne DBA
  VII. Mögliche Lösung
  I. Verwertung als Anknüpfungspunkt für einen deutschen Steueranspruch?
J. Beschränkte Steuerpflicht aufgrund funktional-hierarchischer Beziehung zu einer Gesellschaft mit Geschäftsleitung im Inland
  I. § 49 Abs. 1 Nr. 4 Buchst. c EStG
  II. Zielsetzung
  III. Ausgestaltung
  IV. Inhaltselemente
  V. Kritik
  VI. Doppelbesteuerungsabkommen
K. Gestaltungsüberlegungen: Steuerausländer mit Inlandsbezug
L. Gestaltungsüberlegungen: Steuerinländer mit Auslandsbezug
M. Zusammenfassung

Literatur:

Baranowski, Analyse und Kommentierung des BFH-Urt. v. 15. 10. 1994, KFR F. 11, DBA-Kanada Art. 15, I/95, S. 109 ff.; **Bellstedt**, Geschäftsführer und Vorstände im Internationalen Steuerrecht, Köln 1996; Blankenheim, Grenzüberschreitende Arbeitnehmertätigkeit im Internationalen Steuerrecht, Frankfurt am Main 2003; **Drenseck**, in: Schmidt (Hrsg.), Einkommensteuergesetz, 28. Aufl. München 2009; **Frotscher**, in: Frotscher (Hrsg.), Kommentar zum Einkommensteuergesetz (Loseblatt); **Gosch**, in: Kirchhof (Hrsg.), EStG KompaktKommentar, 8. Aufl. Heidelberg 2008; **Haiß**, in: Hey/ Prinz/ Wendt (Hrsg.), Herrmann/Heuer/Raupach, Einkommensteuer- und Körperschaftsteuergesetz (Loseblatt); **Hidien**, in: Kirchhof/Söhn/Mellinghoff (Hrsg.), Kommentar zum EStG (Loseblatt); **Kempermann**, Anmerkung zum BFH-Urt. v. 5. 10. 1994 I R 67/93, FR 1995, 156 ff.; **Kramer**, Der Arbeitsort von leitenden Angestellten im Internationalen Steuerrecht, RIW 1995, 742 ff.; **Neyer**, Die Besteuerung von Geschäftsführerbezügen bei grenzüberschreitender Tätigkeit, IStR 1997, 33 ff.; **ders.**, Die zukünftige Besteuerung grenzüberschreitender Geschäftsführertätigkeit –Kritische Anmerkungen zur geplanten Neuregelung durch das StÄndG 2001, IStR 2001, 587 ff.; **Prokisch**, in: Vogel/Lehner, Doppelbesteuerungsabkommen, 5. Aufl. München 2008; **Ramackers**, in: Littmann/Bitz/Pust (Hrsg.), Das Einkommensteuerrecht, (Loseblatt); **Reith**, in: Debatin/Wassermeyer (Hrsg.), Doppelbesteuerung (Loseblatt); **Steinhäuser**, Die Besteuerung der Einkünfte leitender Angestellter nach § 49 Abs. 1 Nr. 4 Buchst. c EStG, FR 2003, 652 ff.; **Strunk**, Ausweitung der beschränkten Steuerpflicht für Geschäftsführer, Vorstände und Prokuristen „inländischer Gesellschaften", IWB Fach 3 Deutschland Gr. 3, 1377 v. 28. 5. 2003; **Strunk**, in: Korn/Carlé/Stahl/Strahl (Hrsg.), Einkommensteuergesetz (Loseblatt); **Wied**, in: Blümich, EStG, KStG, GewStG (Loseblatt); **Wiesner**, in: Hoffmann-Becking (Hrsg.), Münchener Handbuch des Gesellschaftsrechts, Band 4 Aktiengesellschaft, 3. Aufl. München 2007; **Zöllner/Noack**, in: Baumbach/Hueck, GmbH-Gesetz, 18. Aufl. München 2006.

A. Einleitung

Auch wenn die gesetzlichen Vertreter einer Kapitalgesellschaft – hier insbesondere der Geschäftsführer der GmbH und der Vorstand der AG – aufgrund ihrer Organstellung nicht Arbeitnehmer im zivilrechtlichen Sinne sind[1], so stellen ihre Bezüge für Zwecke der Einkommensbesteuerung doch regelmäßig **Arbeitslohn**[2] dar.

Soweit grenzüberschreitende Sachverhalte betroffen sind – zu denken ist hier insbesondere an den Steuerinländer[3] mit Auslandsbezug sowie an den Steuerausländer[4] mit Inlandsbezug –, können sich hinsichtlich der steuerlichen Behandlung des Arbeitslohns von Geschäftsführern und Vorstandsmitgliedern – u. U. auch für **Prokuristen** – Besonderheiten ergeben, die nachfolgend zu erörtern sind.

Da die Besteuerungsproblematik für Geschäftsführer und Vorstandsmitglieder weitestgehend übereinstimmt, wird nachfolgend aus Gründen der sprachlichen Vereinfachung in der Regel nur von **Geschäftsführern** die Rede sein; die betreffenden Ausführungen gelten regelmäßig für **Vorstandsmitglieder** entsprechend.[5]

Klarstellend ist darauf hinzuweisen, dass die hier zu erörternden Sonderregelungen nur dann eingreifen können, wenn es sich bei den jeweiligen Arbeitnehmern um Vorstände, Geschäftsführer oder Prokuristen handelt; andere Führungskräfte werden nicht erfasst.

B. Beschränkte und unbeschränkte Steuerpflicht

I. Steuerinländer

Hat eine natürliche Person ihren Wohnsitz oder gewöhnlichen Aufenthalt in der Bundesrepublik ("Steuerinländer"), so unterliegt sie in Deutschland der **unbeschränkten Einkommensteuerpflicht**[6]; diese erstreckt sich auf alle in- und ausländischen Einkünfte, soweit sich nicht aus einem Doppelbesteuerungsabkommen ("DBA") etwas anderes ergibt. Eine Freistellung von der inländischen Besteuerung durch ein DBA ist regelmäßig daran geknüpft, dass es sich bei den freizustellenden Einkünften um solche aus **ausländischen Quellen** handelt.

II. Steuerausländer

Hat eine natürliche Person weder Wohnsitz noch gewöhnlichen Aufenthalt in der Bundesrepublik ("Steuerausländer"), so unterliegt sie in Deutschland der **beschränkten Steuerpflicht**[7]; diese erfasst ausschließlich **inländische Einkünfte**[8].

---

[1] Z. B. *Zöllner/Noack* in: Baumbach/Hueck, GmbH-Gesetz, § 35 Anm. 172; *Wiesner*, in: Münchner Handbuch des Gesellschaftsrechts Band 4 Aktiengesellschaft, § 21 Anm. 5 ff.

[2] *Schmidt/Drenseck*, EStG, § 19 Anm. 15, Stichwort „Gesetzl Vertreter einer Kapitalgesellschaft".

[3] Vgl. unten B. I.

[4] Vgl. unten B. II.

[5] Zu einem in der Literatur vorgetragenen Einwand gegen die Gleichbehandlung von Geschäftsführern und Vorstandsmitgliedern Hinweis auf Fn. 15.

[6] § 1 Abs. 1 bis 3 EStG.

[7] § 1 Abs. 4 EStG.

[8] § 49 Abs. 1 EStG.

Vor diesem Hintergrund wird klar, dass bei internationalen Steuerfällen die Bestimmung des **Quellenstaats** (Inland oder Ausland) der betreffenden Einkünfte von entscheidender Bedeutung für die Besteuerung sein kann.

Nachfolgend werden die jeweils relevanten Aspekte anhand von **Fallbeispielen** verdeutlicht.

C. Bestimmung des Quellenstaats für Arbeitslohn: Grundregel

Nach allgemeinen Grundsätzen bestimmt sich der Quellenstaat für Arbeitslohn grundsätzlich danach, wo der betreffende Arbeitnehmer sich bei Ausübung seiner Tätigkeit körperlich aufhält[9] [10]; darauf, wo der Arbeitnehmer seinen Wohnsitz hat, wo sich sein gewöhnlicher Arbeitsplatz befindet, wo der Arbeitgeber seinen Sitz hat, ob der Arbeitslohn auf ein inländisches oder ausländisches Konto gezahlt wird usw., kommt es nicht an.

Beispiel 1:

Sachverhalt: A mit Familienwohnsitz in der Bundesrepublik ist als Angestellter des US-amerikanischen Kreditinstituts X-Corp. (Sitz in New York, USA) in dessen Zweigniederlassung in Frankfurt/M. beschäftigt. Er unternimmt eine Dienstreise nach Paris, wo er sich eine Woche zu Verhandlungen aufhält.

Steuerliche Beurteilung: Der zeitanteilig auf den Aufenthalt in Paris entfallende Arbeitslohn stammt aus **französischen Quellen**, da A sich bei Arbeitsausübung körperlich in Frankreich aufhielt. Der inländische Wohnsitz des A, der Sitz des Arbeitgebers in den Vereinigten Staaten sowie der Arbeitsplatz in Frankfurt am Main sind insoweit nicht von Bedeutung.

D. Sonderregeln für Geschäftsführer und Vorstandsmitglieder

I. Zugangstheorie

Nach der Rechtsprechung des Bundesfinanzhofs[11] war bis zur Rechtsprechungsänderung im Jahr 1994[12] für Geschäftsführer abweichend von den allgemeinen Grundsätzen[13] eine besondere Theorie anzuwenden.

Demnach vollzieht sich die geschäftsleitende Tätigkeit der Geschäftsführer einer GmbH ebenso wie die der Vorstandsmitglieder[14] in zwei Phasen, nämlich zum einen in der Willensbildung (Schritt 1), zum anderen in der Erteilung (Schritt 2) der entsprechenden Weisung an die ausführenden Mitarbeiter. Da der Zugang der Weisung sich am Ort des Sitzes der Gesellschaft vollzie-

---

[9] *Haiß* in: Herrmann/Heuer/Raupach, EStG und KStG, § 49 EStG Rz. 740; ebenso die Finanzverwaltung, vgl. z. B. BMF-Schreiben v. 14. 9. 2006, IV B 6 – S 1300 – 367/06, BStBl 2006 I 532 ff., Rz. 27.

[10] Aufgrund der restriktiven Auslegung des Begriffs der Verwertung durch die neuere Rechtsprechung des BFH werden Sachverhalte, in denen die Steuerpflicht nicht an die Ausübung, sondern an die Verwertung der nichtselbständigen Arbeit anknüpft, im Rahmen dieses Beitrags zunächst ausgeklammert. Vgl. dazu jedoch unten Abschn. I.

[11] BFH-Beschl. v. 15. 11. 1971, GrS 1/71, BStBl 1972 II 68; weitere Rechtsprechungshinweise z. B. in BFH-Urt. v. 22. 6. 1983, I R 67/83, BStBl 1983 II 625 [626 rSp].

[12] BFH-Urt. v. 5. 10. 1994, I R 67/93, BStBl 1995 II 95; vgl. dazu auch unten Fn. 17.

[13] Vgl. oben C.

[14] Wenn im BFH-Urt. v. 22. 6. 1983, a. a. O. (oben Fn. 11) in diesem Zusammenhang von "Aufsichtsratsmitgliedern" [S. 625 rSp] die Rede ist, so dürfte es sich dabei um ein Versehen handeln.

he, werde die "nur einheitlich zu beurteilende Tätigkeit des Geschäftsführers am Ort des Sitzes der Gesellschaft persönlich ausgeübt".[15]

Aus dieser Auffassung des BFH ergibt sich somit, dass – abweichend von dem, was in Abschn. C. oben mit Blick auf andere Arbeitnehmer vorgetragen wurde – die Quelle des Arbeitslohns eines Geschäftsführers sich nicht danach richtet, wo er sich zur Erbringung seiner Tätigkeit aufhält, sondern davon abhängt, wo sich der Sitz[16] der Gesellschaft befindet, da dort die Weisung zugeht (deswegen in diesem Beitrag als **Zugangstheorie** bezeichnet).

Beispiel 2:

Sachverhalt: B (Wohnsitz in Stockholm) ist Geschäftsführer der X-GmbH (Sitz in München). Er übt seine geschäftsleitende Funktion für die GmbH in Stockholm und in Drittstaaten aus; die Bundesrepublik betritt er nicht.

Steuerliche Beurteilung: Nach der vom BFH aufgestellten[17] Zugangstheorie wird der Ort der Arbeitsausübung des B nach München fingiert, seine Geschäftsführerbezüge stammen aus deutschen Quellen. Der Arbeitslohn des B unterliegt der beschränkten Steuerpflicht in der Bundesrepublik.

II. Steuerinländer mit Auslandsbezug

In Beispiel 2 hatten wir gesehen, dass sich aus den Grundsätzen der Zugangstheorie beim betrachteten Sachverhalt eine Erweiterung des Zugriffsrechts des deutschen Steuerfiskus ergab. Die gleiche Theorie muss aber naturgemäß auch auf anders gelagerte Sachverhalte Anwendung finden, bei denen sich ein gegenteiliges Ergebnis einstellen kann.

Beispiel 3:

Sachverhalt: C hat seinen Wohnsitz in Berlin und ist Geschäftsführer der italienischen Y-S.r.l. mit Sitz in Rom. Während seiner geschäftsleitenden Tätigkeit (Willensbildung) hält er sich in der Bundesrepublik auf; seine Weisungen an die in Rom tätigen ausführenden Angestellten der Y-S.r.l. erteilt er telefonisch oder per E-Mail. Reisen nach Italien unternimmt er nicht.

Steuerliche Beurteilung: Bei Anwendung der Zugangstheorie (oben I.) wäre die geschäftsleitende Tätigkeit des C für die Y-S.r.l. als in Rom ausgeübt anzusehen. Das ihm dafür von der Y-S.r.l. gezahlte Gehalt käme aus italienischen Quellen. Gem. Art. 15 des DBA mit Italien stünde das Besteuerungsrecht für diesen Arbeitslohn der Italienischen Republik zu; aus Art. 24 Abs. 3 dieses DBA ergäbe sich insoweit Steuerfreistellung in Deutschland.

---

[15] BFH-Beschl. v. 15. 11. 1971, a. a. O. (oben Fn. 11). Nach dem Urteil gelten die vorgetragenen Grundsätze für Vorstandsmitglieder einer AG ebenso wie für Geschäftsführer einer GmbH (Nr. 2 der Urteilsgründe). Zweifel an der Anwendbarkeit der Urteilsgrundsätze auf Vorstandsmitglieder äußert Bellstedt mit der Begründung, ein Vorstandsmitglied könne " – anders als ein Geschäftsführer der GmbH – allein der AG keine Weisungen erteilen . . .; das kann nur der Vorstand als Kollegialorgan insgesamt (§ 77 Abs. 1 AktG)." Vgl. *Bellstedt*, Geschäftsführer und Vorstände im Internationalen Steuerrecht.

[16] Gemeint ist damit wohl nicht der juristische Sitz, sondern der Ort, an dem die Gesellschaft ihre Geschäftsräume unterhält.

[17] Es sei an dieser Stelle darauf hingewiesen, dass der BFH später mit einem im Jahr 1995 veröffentlichten Urteil seine hier vorgestellte Rechtsprechung geändert hat. Die bis zur Rechtsprechungsänderung geltende Zugangstheorie ist dennoch weiterhin von Bedeutung, da sie nach Auffassung der Finanzverwaltung für bestimmte Ausnahmefälle Fortgeltung beanspruchen soll; vgl. dazu unten F.

III. Art der Tätigkeit

Nach der inneren Logik der Entscheidungsgründe, mit denen der Große Senat des BFH sich für die Zugangstheorie ausgesprochen hat, kann diese Theorie – wenn man sie denn überhaupt für zutreffend hält[18] – wohl nur auf solche Tätigkeiten des Geschäftsführers angewendet werden, die zum einen geschäftsleitender Natur und zum Zweiten mit einem Zugang von Weisungen an die ausführenden Mitarbeiter verbunden sind.

Folgerichtig entschied der BFH denn auch, dass die von einem im Inland lebenden Geschäftsführer einer deutschen GmbH zum Zwecke der Warenmusterung, des Warenhandels und dergleichen während eines Aufenthalts in Italien erbrachte Tätigkeit **in Italien ausgeübt wird** und nicht in Deutschland[19] und dass der Geschäftsführer einer inländischen GmbH seine Tätigkeit **im Ausland ausübt, wenn er sich auf einer Geschäftsreise in den Vereinigten Staaten befindet**[20].

Im zuletzt genannten Urteil führt der BFH aus, dass zu unterscheiden sei zwischen Tätigkeiten, die nach Lage der Sache allein an einem bestimmten Ort ausgeführt werden können, und solchen, die ihrer Art nach vorwiegend aus der Erteilung von Weisungen betreffend die Führung des Betriebes bestehen. Während sich Letztere nur an dem Ort vollziehen können, an dem die erteilte Weisung wirken soll, gelte dies jedoch nicht für Geschäftsreisen. Deshalb führe die Tätigkeit des Geschäftsführers einer GmbH mit Sitz im Inland, die dieser während einer Geschäftsreise im Ausland ausübt, i. d. R. zu Einkünften aus einer Quelle im Ausland.

> **Beispiel 4:**
>
> **Sachverhalt:** D (Wohnsitz im Inland) ist Geschäftsführer der deutschen X-GmbH. Er unternimmt eine Dienstreise nach Spanien, um dort Ware für den Vertrieb der X-GmbH einzukaufen.
>
> **Steuerliche Beurteilung:** Nach der erwähnten Rechtsprechung des BFH übt D seine Tätigkeit in Spanien aus, solange er sich zu dem genannten Zweck dort aufhält. Insoweit stammt sein Arbeitslohn zeitanteilig aus spanischen Quellen. Aufgrund der Art der auf der Dienstreise ausgeübten Tätigkeit kommt die Zugangstheorie nicht zur Anwendung.

IV. Weitere Aspekte

1. Klarstellend ist hervorzuheben, dass der BFH bei seiner Entscheidung für die Zugangstheorie zur Bestimmung der Quelle von Arbeitslohn für die geschäftsleitende Tätigkeit eines Geschäftsführers ausdrücklich nicht auf die Verwertung der Arbeitsleistung abstellt, sondern allein darauf, wo die Arbeit persönlich **ausgeübt** wird.[21]
2. Weiterhin ist zu beachten, dass der Beschluss des Großen Senats zwar zum DBA mit der Schweiz 1931/1959 erging, die darin enthaltenen Ausführungen zur Zugangstheorie aber von diesem DBA losgelöst sind und nach Formulierung und Inhalt alle vergleichbaren Tatbestände betreffen[22].

---

[18] Zur Kritik vgl. unten H. II. sowie ausführlich *Blankenheim*, Grenzüberschreitende Arbeitnehmertätigkeit im Internationalen Steuerrecht, S. 115 ff.
[19] BFH-Urt. v. 22. 6. 1983 a. a. O. (oben Fn. 11).
[20] BFH-Urt. v. 21. 5. 1986, I R 37/83, BStBl 1986 II 739.
[21] Im Beschl. v. 15. 11. 1971, a. a. O. (oben Fn. 11) führt der BFH aus, dass das "Tatbestandsmerkmal der Verwertung der Tätigkeit bei der Anwendung des Art. 4 Abs. 1 DBA auszuscheiden hat".
[22] Gl. A. *Kempermann*, FR 1995, 159, 1. Sp.; *Blankenheim*, a. a. O. (oben Fn. 18), S. 129; ebenso wohl auch Hess. FG v. 24. 8. 1984, 9 K 314/83, EFG 1985, 182.

V. Verwaltungsmeinung

Die Finanzverwaltung hatte die vom BFH aufgestellte Zugangstheorie übernommen. "Organe von Kapitalgesellschaften üben ihre Tätigkeit grundsätzlich am Sitz der Gesellschaft aus (...). Etwas anderes gilt, wenn die Tätigkeit nur an einem bestimmten Ort ausgeübt werden kann, z. B. Wareneinkauf auf einer Geschäftsreise (...)."[23]

E. Änderung der Rechtsprechung

I. Urteil vom 5. 10. 1994

In einem Urteil aus dem Jahr 1994[24] wurde die unter D. kurz dargestellte Zugangstheorie zur Bestimmung des Arbeitsorts – und damit des Quellenstaats für den entsprechenden Arbeitslohn – im Wesentlichen aufgegeben.

Der BFH begründet die Rechtsprechungsänderung damit, dass die Entscheidung des Großen Senats, derzufolge ein Geschäftsführer seine geschäftsleitende Tätigkeit am Ort des Sitzes der Gesellschaft persönlich ausübt, zu Art. 4 Abs. 1 DBA mit der Schweiz 1931/1959 ergangen und insoweit durch einen Akt des Gesetzgebers überholt sei. Der BFH führt weiter aus, dass im DBA-Schweiz 1971 das Besteuerungsrecht für die Einkünfte der Organe einer Kapitalgesellschaft ausdrücklich dem Ansässigkeitsstaat der Gesellschaft zugewiesen sei, diese Sonderregelung jedoch nur im DBA-Schweiz 1971 getroffen worden sei, während die übrigen seit 1972 abgeschlossenen DBA keine vergleichbare Regelung enthielten. Daraus müsse gefolgert werden, dass der Gesetzgeber der Zugangstheorie nur im Verhältnis zur Schweiz habe Geltung verschaffen wollen.

II. Folgerungen

Das genannte Urteil muss wohl so verstanden werden, dass nach Ansicht des BFH der Ort der Arbeitsausübung sich in DBA-Fällen i. d. R. danach richtet, wo der Geschäftsführer sich körperlich aufhält. Kommt allerdings das DBA-Schweiz zur Anwendung, so übt der Geschäftsführer seine geschäftsleitende Tätigkeit am Sitz der Gesellschaft aus, weil in Art. 15 Abs. 4 des DBA-Schweiz 1971 das Besteuerungsrecht für die Bezüge von Organen von Kapitalgesellschaften dem Sitzstaat der betreffenden Gesellschaft zugewiesen wird.

Mit diesem Urteil gibt der BFH die Zugangstheorie auf, zumindest für Staaten, mit denen ein DBA besteht, ausgenommen die Schweiz.

Zu der Frage, ob diese Theorie weiter gelten soll im Verhältnis zu Staaten, mit denen **kein DBA besteht**, äußert sich der BFH nicht.

F. Auffassung der Finanzverwaltung

Die Finanzverwaltung hat sich der neuen Auffassung des BFH angeschlossen[25], zusätzlich zum DBA-Schweiz jedoch Dänemark, Japan und Schweden als weitere Länder benannt, für die ebenfalls die Zugangstheorie weiterhin anwendbar bleiben soll. Da die Verwaltungsmeinung für

---

[23] BMF-Schreiben v. 5. 1. 1994 IV C 5 – S 1300 197/93 BStBl 1994 I 11, aufgehoben durch BMF-Schreiben v. 14.9.2006 a. a. O. (oben Fn. 9), Rz. 163.

[24] BFH-Urt. v. 5. 10. 1994 a. a. O. (oben Fn. 12); vgl. dazu auch *Baranowski*, KFR F. 11 DBA-Kanada, Art. 15, I/95, S. 109 ff.; *Kramer*, RIW 1995, 742 ff.; *Neyer*, IStR 1997, 33 ff.; HFR 1995, 130 ff. mit Anm.

[25] BMF-Schreiben v. 14. 9. 2006 a. a. O. (oben Fn. 9), Rz. 119.

Zwecke der gestaltenden Steuerplanung von besonderem Interesse ist, sei hier der entsprechende Passus des einschlägigen BMF-Schreibens im Wortlaut wiedergegeben.

"Organe von Kapitalgesellschaften ... üben ihre Tätigkeit grundsätzlich an dem Ort aus, an dem sie sich persönlich aufhalten ... Die entgegenstehende Entscheidung des Großen Senats des BFH v. 15. November 1971 ... über den Tätigkeitsort des Geschäftsführers einer GmbH am Sitz der Gesellschaft ist zum DBA-Schweiz 1931/1959 ergangen und auf andere DBA nicht übertragbar ... Zu beachten sind ... die in einigen DBA enthaltenen Sonderregelungen über Geschäftsführervergütungen (z. B. Art. 16 DBA-Japan; Art. 16 Abs. 2 DBA-Dänemark; Art. 16 DBA-Schweden;...)."

Hinzufügen ist, dass auch die Abkommen mit Belgien, Jugoslawien, Kanada, Kasachstan, Mexiko, Österreich, Polen, Schweden und der Türkei Sonderregelungen[26] über die Zuweisung des Besteuerungsrechts für die Vergütung von Geschäftsführern enthalten, so dass die Liste der DBA-Länder, für die nach Verwaltungsmeinung die Zugangstheorie auch weiterhin anzuwenden ist, wohl entsprechend zu ergänzen wäre.

Eine Aussage darüber, ob bei Nicht-DBA-Ländern die Bestimmung des Orts der Arbeitsausübung eines Geschäftsführers nach der Zugangstheorie oder nach dem körperlichen Aufenthalt zu erfolgen hat, ist in dem einschlägigen BMF-Schreiben nicht getroffen.

G. Eckpunkte der Erlassregelung

Die gegenwärtige Situation auf der Grundlage der veröffentlichten Verwaltungsmeinung ist vor dem Hintergrund der obigen Ausführungen durch die folgenden Eckpunkte gekennzeichnet.

I. DBA-Länder ohne Sonderregelung

Der Ort der Arbeitsausübung eines Geschäftsführers richtet sich danach, wo die natürliche Person sich bei Erbringung ihrer Tätigkeit körperlich aufhält.

II. DBA-Länder mit Sonderregelung

Bei bestimmten DBA-Ländern ist die Zugangstheorie weiter anzuwenden. Dies bedeutet m. E., dass insoweit auch die dazu in der Vergangenheit ergangene Rechtsprechung ihre Bedeutung behält.

Dies betrifft i. d. R. sowohl den inländischen Geschäftsführer einer ausländischen Kapitalgesellschaft mit **Sitz** in einem der Staaten mit Sonderregelung als auch den ausländischen Geschäftsführer einer deutschen Kapitalgesellschaft, wenn er seinen **Wohnsitz** in einem der betroffenen Staaten hat.

III. Länder, mit denen kein DBA besteht

Diese Fälle sind in der Verwaltungsanweisung nicht explizit geregelt. Es ist m. E. auch nicht ohne weiteres ersichtlich, wie sie behandelt werden sollen. Für die Konstellation des Steuerausländers mit Inlandsbezug ist jedoch ggf. eine beschränkte Steuerpflicht aus § 49 Abs. 1 Nr. 4 c EStG zu beachten; vgl. dazu unten J.

---

[26] Vgl. die Zusammenstellung bei *Prokisch*, in: Vogel/Lehner, Doppelbesteuerungsabkommen, Anm. 19 zu Art. 16.

H. Kritik der Verwaltungsmeinung

I. Überblick

Gegen die oben vorgestellte Verwaltungsmeinung lassen sich verschiedene Kritikpunkte vortragen[27], die in den folgenden Abschnitten näher zu erläutern sein werden.

1. Da die Zugangstheorie für eine Reihe von Ländern weiterhin angewendet werden soll, gelten alle Einwendungen gegen diese Theorie auch in Bezug auf die Neuregelung (unten II.).
2. Die Verwaltungsmeinung stützt sich auf das Urteil des BFH v. 5. 10. 1994[28], dessen Begründung nicht zu überzeugen vermag (unten III.).
3. Die Erlassregelung bringt keine Vereinfachung, sondern eine weitere Komplizierung der Materie, da die Zugangstheorie nicht **ersetzt,** sondern für bestimmte Fälle beibehalten wird, während für andere Fälle der Arbeitsort nach der physischen Präsenz zu bestimmen ist. In jedem Einzelfall ist somit zunächst zu klären, welches der beiden Prinzipien angewendet werden soll (unten IV.).
4. Die Verwaltungsmeinung beruht auf einem unzutreffenden theoretischen Ansatz, da sie die anzuwendende Regel für die Bestimmung des Arbeitsorts aus den Vorschriften eines DBA ableiten will, obgleich Regelungsgegenstand des DBA primär die Zuteilung von Besteuerungsgütern ist.
   Der verfehlte Ansatz der Verwaltung führt zu widersprüchlichen und sachlich nicht begründbaren Ergebnissen (unten V.).
5. Die Verwaltungsregelung erfasst nur die Sachverhalte, bei denen mit dem jeweils anderen Land ein DBA besteht. Nicht-DBA-Fälle sind nicht geregelt (unten VI.).

Das Gesamtbild wird dadurch weiter verkompliziert, dass neben der Anknüpfung an den Ort der Arbeitsausübung, § 49 Abs. 1 Nr. 4 a EStG, auch noch die beschränkte Steuerpflicht gem. § 49 Abs. 1 Nr. 4 c EStG aus der funktional-hierarchischen Beziehung ausländischer Führungskräfte zu einer inländischen Gesellschaft in die Prüfung mit einzubeziehen ist. Vgl. dazu unten Abschnitt J.

II. Mängel der Zugangstheorie

Die Einwände gegen die Zugangstheorie lassen sich wie folgt zusammenfassen.

1. Die dieser Theorie zugrunde liegende Argumentation – kurzgefasst: eine geschäftsleitende Tätigkeit wird persönlich an dem Ort ausgeübt, an dem die vom Geschäftsführer erteilte Weisung zugeht – erscheint gekünstelt.

   Es ist nicht ohne weiteres einsichtig, dass ein Geschäftsführer, der sich körperlich in Zürich aufhält, seine Tätigkeit **persönlich** in Frankfurt, Berlin oder New York ausüben soll, je nachdem, wo die von Zürich aus erteilten Weisungen zugehen. Im Einzelfall wäre er nach dieser Theorie bei z. B. drei je halbstündigen aufeinander folgenden Telefonaten mit Niederlassungen seines GmbH-Arbeitgebers in den drei genannten Städten jeweils dreißig Minuten in Berlin, Frankfurt und New York persönlich tätig geworden.

---

[27] Vgl. dazu auch die Ausführungen bei *Neyer*, IStR 1997, 33 ff. mit Beispielen.
[28] A. a. O. (oben Fn. 12).

2. Bei mehreren räumlich getrennten Betriebsstätten ist die Bestimmung des Arbeitsorts nach dem Zugang der Weisung des Geschäftsführers bei der Vielzahl der Vorgänge praktisch unmöglich.
3. Die Zugangstheorie wird von der Rechtsprechung nur für Organe von Kapitalgesellschaften angewendet, obgleich sich auch für andere Berufsgruppen die Auffassung vertreten ließe, dass ihre Tätigkeit sich an einem anderen Ort auswirkt als dort, wo sie körperlich ausgeübt wird.

   Nehmen wir an, ein Architekt zeichne in München die Pläne für ein in Tokio zu errichtendes Hochhaus. Wird der Architekt deswegen persönlich in Tokio tätig?
4. Auch wenn der BFH dies ausdrücklich bestreitet[29], so lässt die Zugangstheorie doch implizit das Element der **Verwertung** in die Bestimmung des Orts der **Arbeitsausübung** einfließen[30].
5. Nach der inneren Logik der Zugangstheorie kann diese nur auf die **Erteilung von Weisungen** durch den Geschäftsführer angewendet werden. Der Geschäftsführer übt jedoch auch zahlreiche andere Tätigkeiten aus, z. B. Verhandlungen mit Kunden, Lieferanten, Beratern, Besprechungen usw.
6. Das Anwendungsmuster für die Zugangstheorie ist kompliziert und unübersichtlich. **Grundregel** für die Bestimmung des Arbeitsorts ist die körperliche Präsenz. Die Zugangstheorie stellt eine **Ausnahme** von der Grundregel dar. Von dieser **Ausnahme** hat die Rechtsprechung wiederum **Ausnahmen** postuliert[31], für die dann wieder die Grundregel gilt.
7. Wird im grenzüberschreitenden Fall die Zugangstheorie nur von einem der beteiligten Länder angewendet, so kann es zu Qualifikationskonflikten kommen.

III. Begründung des Urteils vom 5. 10. 1994

Die vom BFH im Urteil v. 5. 10. 1994[32] für die partielle Abkehr von der Zugangstheorie gewählte Begründung[33] vermag nicht zu überzeugen.

1. Der BFH trägt vor, die Entscheidung GrS 1/71[34] sei zu Art. 4 Abs. 1 DBA-Schweiz 1931/1959 ergangen.

   Diese Betrachtungsweise ist zu formal. Zwar hatte der Große Senat damals über einen Fall betreffend das DBA-Schweiz zu befinden. Seine Ausführungen zur Begründung der Zugangstheorie sind aber vom DBA-Schweiz losgelöst und betreffen nach Formulierung und Inhalt auch andere vergleichbare Tatbestände.[35]
2. Der BFH argumentiert, die Entscheidung GrS 1/71 sei "durch einen Akt des Gesetzgebers überholt". Diese Aussage hält einer näheren Überprüfung nicht stand.[36]

---

[29] Vgl. oben D. IV. 1.
[30] Vgl. auch *Blankenheim*, a. a. O. (oben Fn. 18), S. 126 bis 128.
[31] Vgl. oben D. III.
[32] A. a. O. (oben Fn. 12).
[33] Vgl. auch oben E. I.
[34] Vgl. oben D. I.
[35] Vgl. oben D. IV. 2.
[36] Vgl. *Neyer*, IStR 1997, 33 ff., Abschn. 8.1. und 8.2. Gl. A. *Blankenheim*, a. a. O. (oben Fn. 18), S. 129 f.

Neyer

IV. Kriterien zur Bestimmung des Tätigkeitsorts

1. Waren nach der Zugangstheorie die für die Bestimmung des Orts der Tätigkeit eines Geschäftsführers maßgebenden Kriterien

   - der Ort des körperlichen Aufenthalts,
   - die Art der ausgeübten Tätigkeit,
   - der Ort des Sitzes (der Betriebsstätte) der Gesellschaft,

   so sind nach der aufgrund der Rechtsprechungsänderung ergangenen Erlassregelung zusätzlich

   - der Wohnsitz des Geschäftsführers,
   - das Land des Sitzes der Gesellschaft

   als Bestimmungsfaktoren zu beachten.

2. Hat der Geschäftsführer einer deutschen GmbH seinen ausschließlichen Wohnsitz im Ausland und hält er sich bei Ausübung seiner geschäftsleitenden Tätigkeit persönlich dort auf, so hängt die Beantwortung der Frage, wo seine Tätigkeit als ausgeübt gilt, davon ab, wo sich sein Wohnsitz befindet. Hat er seinen Wohnsitz in einem Land, dessen DBA mit der Bundesrepublik eine Sonderregelung für die Besteuerung von Geschäftsführern enthält, so wird sein Arbeitsort nach Deutschland fingiert. Hat er hingegen seinen Wohnsitz in einem Land, in dessen DBA mit der Bundesrepublik eine solche Sonderregelung nicht vorgesehen ist, so befindet sich sein Arbeitsort dort, wo er sich körperlich aufhält. Bei ansonsten gleichen Umständen kann sich somit bei einem Umzug von einem ausländischen Staat in einen anderen ausländischen Staat der Arbeitsort vom Ausland ins Inland verlagern und umgekehrt. Hat der Geschäftsführer zwei Wohnsitze, so versagt das Zuordnungsmuster der Verwaltungsregelung; Fälle ohne DBA sind darin überhaupt nicht explizit angesprochen.

3. Vergleichbare Probleme ergeben sich bei einem in Deutschland ansässigen Geschäftsführer einer ausländischen Kapitalgesellschaft, je nachdem in welchem Land sich der Sitz der Gesellschaft befindet.

V. DBA und Arbeitsort

Ein gravierender Mangel der Verwaltungsregelung liegt darin, dass sie ihr Ziel mit einem falschen Denkansatz zu erreichen versucht.

1. Die zur Beantwortung anstehende Frage lautet: Wonach richtet sich die Bestimmung des Orts der Tätigkeit eines Geschäftsführers? Dazu kommen z. B. der Ort des persönlichen Aufenthalts in Betracht oder auch die Zugangstheorie.

   Die Verwaltungsauffassung will dies jedoch davon abhängig machen, ob in einem DBA eine Sonderregelung über das Recht zur Besteuerung von Geschäftsführergehältern getroffen ist oder nicht.

2. Regelungsgegenstand eines DBA ist primär die Frage, welcher Vertragsstaat bestimmte Einkünfte besteuern **darf**. Als Beurteilungskriterium dafür kann es darauf ankommen, wo die Tätigkeit ausgeübt wird.

   Die Zuweisung des Besteuerungsrechts richtet sich dann danach, wo sich der Ort der Arbeitsausübung befindet. Die Verwaltungsmeinung stellt jedoch gerade umgekehrt zur Fest-

Neyer

legung des Orts der Arbeitsausübung darauf ab, wie das DBA die Zuteilung des Besteuerungsrechts regelt.[37]

3. Ein weiterer Mangel dieser Entscheidungsregel liegt darin, dass sie bei Fehlen eines DBA versagt.

VI. Länder ohne DBA

Die Verwaltungsregelung ist **lückenhaft** insoweit, als die Behandlung solcher Fälle, bei denen mit dem jeweils anderen ausländischen Staat kein DBA besteht, nicht angesprochen wird, diese Fälle somit ungeregelt bleiben.

Eine nähere Betrachtung zeigt, dass die lückenhafte Verwaltungsregelung eine sinnvolle und widerspruchsfreie Ergänzung betreffend die Nicht-DBA-Staaten nicht zulässt.

VII. Mögliche Lösung

Wie oben dargestellt, weist die geltende Verwaltungsmeinung erhebliche Mängel auf.

M. E. wäre es die sinnvollste Lösung, auch für Geschäftsführer den Arbeitsort ausschließlich nach dem persönlichen Aufenthalt zu bestimmen und die Zugangstheorie vollständig aufzugeben. Damit wäre das System der Arbeitsortbestimmung grundlegend vereinfacht, Ausnahmeregelungen und inhärente Widersprüche wären beseitigt.

I. Verwertung als Anknüpfungspunkt für einen deutschen Steueranspruch?

Gem. § 49 Abs. 1 Nr. 4 Buchst. a EStG unterliegt ein Steuerausländer der beschränkten deutschen Einkommensteuerpflicht mit Einkünften aus nichtselbständiger Arbeit dann, wenn die Arbeit im Inland **ausgeübt** oder **verwertet** wird.

In der obigen Darstellung wurde bislang ausschließlich auf die erste Alternative – Ort der Arbeits**ausübung** – abgestellt; die zweite Alternative – **Verwertung** – wurde ausdrücklich ausgeklammert[38]. Dies erscheint deswegen gerechtfertigt, weil

▶ die Verwertung nur ein Hilfstatbestand ist, der erst in zweiter Linie in Betracht kommt[39],

▶ der Anwendungsbereich des Verwertungstatbestands durch die neuere Rechtsprechung des BFH sehr stark eingeengt wurde[40] und nur noch in Ausnahmefällen sich daraus ein Steueranspruch ergibt,

▶ in DBA-Fällen ein Besteuerungsrecht aufgrund bloßer Verwertung regelmäßig ausgeschlossen ist[41].

Nach der Regelung in R 39d Abs. 1 Satz 2 LStR 2008 setzt die Besteuerung auf der Grundlage des Verwertungstatbestands voraus, dass der Arbeitnehmer das Ergebnis einer außerhalb des Geltungsbereichs des Einkommensteuergesetzes ausgeübten Tätigkeit im Inland seinem Arbeitge-

---

[37] Vgl. im Einzelnen *Neyer*, IStR 1997, 36 – 38; kritisch insoweit auch *Blankenheim*, a. a. O. (oben Fn. 18), S. 130 f.

[38] Vgl. oben Fn. 10.

[39] *Haiß*, a. a. O. (oben Fn. 9), § 49 EStG Rz. 756.

[40] BFH-Urt. v. 12. 11. 1986, I R 69/83, BStBl 1987 II 379; I R 38/83, BStBl 1987 II 377; I R 320/83, BStBl 1987 II 381; I R 192/85, BStBl 1987 II 383.

[41] So Satz 2 der Tz. 1 des MK zu Abs. 1 und 2 des Art. 15 OECD-MA.

ber zuführt. Das Arbeitsergebnis muss einer eigenständigen Nutzung zugänglich sein, z. B. ein körperlicher Gegenstand oder ein geistiges Produkt.[42] Die Voraussetzung der separaten Nutzbarkeit eines konkretisierten Produkts wird bei geschäftsleitenden Entscheidungen im Normalfall nicht erfüllt sein.

Desweiteren ist zu beachten, dass der BFH in der Begründung der Zugangstheorie ausdrücklich hervorgehoben hat, dass kein Fall der Verwertung, sondern ein Fall der Ausübung im Inland vorliege.[43]

J. Beschränkte Steuerpflicht aufgrund funktional-hierarchischer Beziehung zu einer Gesellschaft mit Geschäftsleitung im Inland

I. § 49 Abs. 1 Nr. 4 Buchst. c EStG

Neben die beschränkte Steuerpflicht aufgrund des Orts der Arbeitsausübung oder aufgrund Verwertung ist durch Erweiterung des gesetzlichen Tatbestands [44] mit Wirkung ab 2002 die Anknüpfung an die funktional-hierarchische Beziehung der Führungskraft zu einer Gesellschaft mit Geschäftsleitung im Inland getreten. Der hier relevante Teil des § 49 Abs. 1 EStG hat folgenden Wortlaut:

"Inländische Einkünfte ... sind

...

4. Einkünfte aus nichtselbständiger Arbeit (§ 19), die

   a) im Inland ausgeübt oder verwertet wird oder worden ist,

   . . . .

   c) als Vergütung für eine Tätigkeit als Geschäftsführer, Prokurist oder Vorstandsmitglied einer Gesellschaft mit Geschäftsleitung im Inland bezogen werden."

Soweit nachfolgend von *Buchst. a* oder *Buchst. c* die Rede ist, sind damit immer die entsprechenden Buchstaben des § 49 Abs. 1 Nr. 4 EStG gemeint.

II. Zielsetzung

Nach der Gesetzesbegründung[45] wird durch Buchst. c "für die Einkünfte im Ausland ansässiger und tätiger Geschäftsführer, Prokuristen und Vorstandsmitglieder von inländischen Gesellschaften ein Besteuerungstatbestand geschaffen. Bisher kann die Bundesrepublik Deutschland das ihr nach einigen DBA zustehende Besteuerungsrecht allenfalls über den Verwertungstatbestand ausüben. Der Verwertungstatbestand wird durch die Rechtsprechung aber einschränkend ausgelegt. Durch die Änderung wird die Grundlage dafür geschaffen, dass die Einkünfte in Deutschland besteuert werden, wenn die Bundesrepublik das Besteuerungsrecht hat."

---

[42] *Haiß*, a. a. O. (oben Fn. 9), § 49 EStG Rz. 750.
[43] BFH-Beschl. v. 15. 11. 1971 a. a. O. (oben Fn. 11).
[44] Gesetz v. 20. 12. 2001, BGBl 2001 I 3794.
[45] Entwurf eines Gesetzes zur Änderung steuerlicher Vorschriften (Steueränderungsgesetz 2001 – StÄndG 2001) v. 1. 6. 2001, BR-Drucks. 399/01.

III. Ausgestaltung

Es ist zu beachten, dass Buchst. c keine Änderung im Bereich der Ermittlung des **Orts der Tätigkeit** des betroffenen Personenkreises bewirkt.[46] Vielmehr schreibt das Gesetz vor, dass für die genannten Führungskräfte der insoweit zu erfassende Arbeitslohn zu den **inländischen Einkünften** zählt, ohne dass es dabei auf den Ort der Tätigkeit ankommt.

Ein Sachverhalt kann sowohl unter Buchst. a als auch unter Buchst. c fallen.

Die bisherige Regelung in Buchst. a wird durch c nicht ersetzt oder modifiziert. Vielmehr tritt Buchst. c **neben** Buchst. a.[47]

Die oben in den Abschnitten C. bis I. dargestellten Regeln zur Bestimmung des Orts der Tätigkeit behalten somit nach wie vor ihre Gültigkeit zur Auslegung von Buchst. a in vollem Umfang. Es ist jedoch zur Beantwortung der Frage, ob Arbeitslohn zu den inländischen Einkünften i. S. d. § 49 EStG gehört, nicht nur Buchst. a, sondern zusätzlich auch Buchst. c zu prüfen.

IV. Inhaltselemente

1. Der Steuertatbestand des Buchst. c ist erfüllt, wenn
   - eine **Vergütung** bezogen wird
   - für eine Tätigkeit als **Geschäftsführer, Prokurist oder Vorstandsmitglied**
   - einer **Gesellschaft**
   - mit **Geschäftsleitung im Inland**.

2. Mit **Vergütung** ist der an den Arbeitnehmer gezahlte Arbeitslohn gemeint. Hierbei kann es sich u. a. um laufende Bezüge (Gehalt), Sonderzahlungen (z.B. Bonus, Aktienoption) oder nachträgliche Zahlungen handeln.

3. Die Vergütung muss für die Tätigkeit als Geschäftsführer, Vorstand oder Prokurist gezahlt werden.

   Von wem die Zahlung kommt und ob sie im Inland als Aufwand verbucht wird, ist m. E. unerheblich.[48]

   Auch der von einer ausländischen Konzerngesellschaft gezahlte Arbeitslohn fällt unter die Vorschrift, wenn damit die im Gesetz genannte Tätigkeit entlohnt wird.[49] Wird andererseits ein leitender Angestellter der ausländischen Konzernmutter nur vorsorglich als Geschäftsführer der inländischen Gesellschaft eingetragen, ohne tatsächlich für letztere tätig zu werden und ohne insoweit eine zusätzliche Vergütung von der ausländischen Obergesellschaft oder von der inländischen Gesellschaft zu beziehen, wird sein Arbeitslohn nicht von Buchst. c erfasst.

---

[46] Gl. A. *Steinhäuser*, FR 2003, 652 ff. [654]; *Frotscher*, in: Frotscher (Hrsg.), EStG, § 49 Rz. 114; *Ramackers*, in: Littmann/Bitz/Pust (Hrsg.), Das Einkommensteuerrecht, § 49 Rz. 369. A. A. *Hidien*, Kirchhof/Söhn/Mellinghoff (Hrsg.), EStG, § 49 EStG Rdnr G 146; *Strunk*, in: Korn/Carlé/Stahl/Strahl (Hrsg.), Einkommensteuergesetz, § 49 Rz. 178.

[47] Gl. A. *Steinhäuser*, a. a. O. (oben Fn. 46), 655; *Frotscher*, a. a. O. (oben Fn. 46), § 49 EStG Rz. 120; *Hidien*, a. a. O. (oben Fn. 46), § 49 EStG Rdnr G 168; *Blankenheim*, a. a. O. (oben Fn. 18), S. 136; *Haiß*, a.a.O. (oben Fn. 9), § 49 EStG Rz. 775.

[48] A. A. *Hidien*, a. a. O. (oben Fn. 46), § 49 EStG Rdnr G 192: „Die Vergütung muss zulasten der inländischen Gesellschaft erbracht werden."

[49] Gl. A. *Gosch*, in: Kirchhof (Hrsg.), EStG, § 49 EStG Rz. 101; *Ramackers*, a. a. O. (oben Fn. 46), § 49 EStG Rz. 367; *Wied*, in: Blümich, EStG, KStG, GewStG. § 49 EStG Rz. 147 d.

Aus Sicht der Steuerplanung kann es sich bei der zuletzt angesprochenen Konstellation empfehlen, im Rahmen der Bestellung zum Geschäftsführer in Schriftform festzulegen, dass der Mitarbeiter der ausländischen Konzerngesellschaft in seiner Eigenschaft als Geschäftsführer der inländischen Gesellschaft i. d. R. keine Tätigkeit ausübt und deswegen für die Organstellung keine Vergütung erhält.

4. Nach dem eindeutigen Gesetzeswortlaut ist die Steuerpflicht an die firmenhierarchische Stellung als **Geschäftsführer, Vorstand oder Prokurist** geknüpft.[50] Dabei ist bei Gesellschaften deutschen Rechts auf die Eintragung im Handelsregister abzustellen.[51]

Führungskräfte, die diesen Kriterien nicht genügen, werden von Buchst. c nicht erfasst; dies gilt auch für faktisch geschäftsführende Personen.[52] Hieraus ergibt sich ein wichtiger Ansatzpunkt für Maßnahmen der Steuerplanung und Steuergestaltung.

5. Der Arbeitnehmer muss für eine **Gesellschaft** tätig werden. Dieses Tatbestandsmerkmal ist somit nicht auf Kapitalgesellschaften beschränkt, sondern beinhaltet – zumindest nach seinem Wortlaut – auch die **Personengesellschaft.**

Nach der Gesetzesbegründung[53] ist es der Sinn der Vorschrift, für ein der Bundesrepublik nach verschiedenen DBA zustehendes Besteuerungsrecht auch einen entsprechenden Besteuerungsanspruch zu schaffen. Da in den DBA mit Sonderregelung[54] für geschäftsleitendes Personal ein deutsches Besteuerungsrecht regelmäßig nur für Organe und ausnahmsweise für Prokuristen von **Kapitalgesellschaften** vorgesehen ist, erscheint eine einschränkende Auslegung des vom Gesetzgeber in Buchst. c gewählten Begriffs "Gesellschaft" geboten in der Weise, dass nur die Fälle der Kapitalgesellschaft erfasst, Mitarbeiter von Personengesellschaften von der Anwendung der Vorschrift ausgenommen werden.[55]

6. Weitere Voraussetzung ist die **Geschäftsleitung** im Inland; es wird also nicht etwa auf den inländischen **Sitz** abgestellt. Dies hat zur Folge, dass auch Mitarbeiter **ausländischer Gesellschaften** unter die Vorschrift fallen können, wenn sich die Geschäftsleitung der Gesellschaft im Inland befindet und die anderen Kriterien erfüllt sind.

Beispiel 5:

Sachverhalt: E und F sind Vorstandsmitglieder der X-SA (Sitz und Stammhaus in Paris). E ist im Berliner Repräsentanzbüro der X-SA tätig, um die Geschäftsbeziehungen zu deutschen Regierungsstellen zu pflegen. Da er vom Büro Berlin aus weiterhin die Oberleitung über die Aktivitäten der X-SA ausübt, hat diese einen Ort der Geschäftsleitung in Berlin.

Steuerliche Beurteilung: Aufgrund der Tätigkeit des E fallen die Bezüge des F unter Buchst. c, auch wenn sein Wohnsitz und sein Arbeitsplatz sich in Paris, New York oder Hongkong befinden und er die Bundesrepublik nie betritt.

---

[50] Zum Begriffsinhalt der drei Termini nach deutschem Zivilrecht vgl. *Strunk*, IWB Fach 3 Gr 3, 1377.
[51] Bei Gesellschaften ausländischen Rechts (vgl. unten J. IV. 5.) ist zweifelhaft, ob eine rechtlich dem Geschäftsführer/Vorstand/Prokuristen *vergleichbare* Stellung ausreicht; vgl. dazu *Strunk*, IWB a. a. O. (oben Fn. 50).
[52] So zutreffend *Hidien*, a. a. O. (oben Fn. 46), § 49 EStG Rdnr G 181.
[53] Vgl. oben J. II.
[54] Vgl. oben G. II.
[55] Strittig; wie hier z. B. *Frotscher*, a. a. O. (oben Fn. 46), § 49 EStG Rz. 116 f.; a. A. *Hidien*, a. a. O. (oben Fn. 46), § 49 EStG Rdnr G 186.

Schutz vor dem sich daraus ergebenden deutschen Besteuerungsanspruch gewährt möglicherweise ein DBA zwischen der Bundesrepublik und dem Wohnsitzstaat des F, wenn ein solches Abkommen besteht und F die Voraussetzungen für dessen Inanspruchnahme erfüllt.

Andererseits wird von Buchst. c gerade der klassische Fall nicht erfasst, bei dem der (einzige) Geschäftsführer einer inländischen Kapitalgesellschaft Steuerausländer ist.

Beispiel 6:

Sachverhalt: G (Wohnsitz im Ausland) ist der einzige Geschäftsführer der X-GmbH mit Sitz in Hamburg. Er führt die Geschäfte der X-GmbH von seinem Büro im Ausland.

Steuerliche Beurteilung: Die Bezüge des G von der X-GmbH fallen nicht unter Buchst. c, da das gesetzliche Erfordernis der **Geschäftsleitung im Inland** nicht erfüllt ist. Ob sich möglicherweise ein deutscher Besteuerungsanspruch aus Buchst. a ergibt, richtet sich nach den in den Abschnitten C. bis I. dargestellten Grundsätzen.

Hat die Gesellschaft mehrere Orte der Geschäftsleitung, so genügt es, wenn sich einer davon im Inland befindet.[56]

V. Kritik

1. Anstatt die komplizierte und unübersichtliche Rechtslage zu Buchst. a zu vereinfachen und zu systematisieren, führt Buchst. c zu einer weiteren Komplizierung, zusätzlichen Problemen und widersprüchlichen Ergebnissen.[57]
2. Die Vorschrift des Buchst. c greift teils zu weit, teils zu kurz.[58]
3. Buchst. c gilt nur für den Bereich der **inländischen Einkünfte** bei beschränkter Steuerpflicht, nicht jedoch für den der **ausländischen Einkünfte** bei unbeschränkter Steuerpflicht. Es ergibt sich daraus eine Asymmetrie der steuerlichen Qualifikation symmetrischer Sachverhalte.

VI. Doppelbesteuerungsabkommen

Klarstellend ist darauf hinzuweisen, dass in einer Vielzahl von Fällen Buchst. c ohne praktische Auswirkung bleibt, da ein daraus resultierender deutscher Besteuerungs**anspruch** nicht mit einem korrespondierenden Besteuerungs**recht** verbunden ist.

Insbesondere hinsichtlich der Prokuristen kommt der neuen Vorschrift im Kreis der DBA-Länder nur sehr eingeschränkte Bedeutung zu.

Die meisten DBA teilen das Besteuerungsrecht ohnehin nach dem Ort der Tätigkeit[59] zu, auf die Stellung des Arbeitnehmers in der Firmenhierarchie kommt es dabei nicht an. Soweit bei einzelnen DBA Sonderregelungen zu beachten sind[60], haben diese regelmäßig nur für Geschäftsführer und Vorstandsmitglieder Geltung, nicht jedoch für Prokuristen. Als die beschränkte Steuerpflicht gem. Buchst. c eingeführt wurde, war das DBA-Schweiz 1971 wohl das einzige, das der Bundesrepublik bei Erfüllung weiterer Voraussetzungen auch ein korrespondierendes Besteuerungsrecht einräumte; Buchst. c könnte insoweit als *lex Helvetia* bezeichnet werden. Später kam

---

[56] Vgl. *Hidien*, a. a. O. (oben Fn. 46), § 49 EStG Rdnr G 195.
[57] Vgl. dazu im Einzelnen *Neyer*, IStR 2001, 587 ff.
[58] Vgl. oben die Beispiele 5 und 6.
[59] Vgl. oben C.
[60] Vgl. dazu oben F.

noch das DBA-Polen 2003 hinzu.[61] Daneben dürfte die Vorschrift für Prokuristen nur in solchen Fällen eingreifen, in denen kein Wohnsitz in einem DBA-Land besteht.

K. Gestaltungsüberlegungen: Steuerausländer mit Inlandsbezug

Auf der Grundlage der obigen Darstellung der Grundsätze, die bei der Besteuerung international tätiger Geschäftsführer zu beachten sind, können wir uns nun der **Steuerplanung** auf diesem Gebiet sowie den entsprechenden **Gestaltungsüberlegungen** zuwenden.

Als erstes betrachten wir die Konstellation der deutschen GmbH mit ausländischem Geschäftsführer, der weder Wohnsitz noch gewöhnlichen Aufenthalt im Inland hat.

Beispiel 7:

Sachverhalt: Die X-SpA mit Sitz in Mailand ist die Obergesellschaft des international aktiven X-Konzerns. H ist leitender Angestellter der X-SpA; er wohnt mit seiner Familie in Mailand. Einen Wohnsitz oder gewöhnlichen Aufenthalt in der Bundesrepublik hat er nicht.

Die Tochtergesellschaft X-GmbH in Hamburg hat zwei ortsansässige Geschäftsführer. H soll zusätzlich zu seiner Funktion bei der X-SpA als weiterer Geschäftsführer der X-GmbH bestellt werden und für diese Tätigkeit, die ihn etwa drei Tage im Monat in Anspruch nimmt, ein angemessenes Gehalt von der X-GmbH beziehen. Seine Interessenlage[62] geht dahin, nach Möglichkeit von der deutschen Besteuerung freigestellt zu werden.

Steuerliche Beurteilung:[63] Zur Erreichung seiner steuerlichen Zielsetzung wird H seine Funktion für die X-GmbH an seinem Schreibtisch in Mailand oder auf Dienstreisen außerhalb der Bundesrepublik ausüben; Reisen nach Deutschland unternimmt er nicht.

Das DBA-Italien gehört nicht zu den Abkommen, die eine Sonderregelung für Geschäftsführer enthalten[64]; da E seinen Wohnsitz in Italien hat, übt er aus deutscher Sicht seine geschäftsleitende Tätigkeit für die X-GmbH dort aus, wo er sich körperlich aufhält, vorliegend also ausschließlich außerhalb der Bundesrepublik. Arbeitslohn aus deutschen Quellen, hinsichtlich dessen ein deutscher Besteuerungsanspruch aus Buchst. a bestünde, bezieht er somit nicht.

Zwar fällt das Gehalt des H von der X-GmbH unter den neuen Buchst. c. Diesen Steueranspruch kann die Bundesrepublik jedoch wegen des Vorrangs des DBA-Italien nicht verwirklichen.

Beispiel 8:

Sachverhalt: Wie Beispiel 7; H möchte jedoch mit seinen Geschäftsführerbezügen von der X-GmbH der beschränkten Steuerpflicht in der Bundesrepublik unterliegen.

---

[61] Vgl. dazu *Reith*, in: Debatin/Wassermeyer (Hrsg.), Doppelbesteuerung, Polen, Art. 16 Rz. 6 ff.

[62] Die Interessenlage eines Geschäftsführers kann dahin gehen, der deutschen Besteuerung zu unterliegen oder von ihr freigestellt zu werden. Dies wird von seinen persönlichen Verhältnissen und vom Steuerrecht des anderen beteiligten Staates abhängen. Die Interessenlage des einzelnen Geschäftsführers wird für Zwecke dieser Betrachtung als exogener Faktor, d. h. als Teil des vorgegebenen Sachverhalts angenommen.

[63] Soweit nicht ausdrücklich etwas anderes gesagt wird, orientiert sich die steuerliche Beurteilung im Rahmen dieser Gestaltungsüberlegungen in den Abschn. K. und L. an der Verwaltungsauffassung.

[64] Vgl. oben G. II.

Steuerliche Beurteilung: Zur Erreichung seiner steuerlichen Zielsetzung wird H jeden Monat eine mehrtägige Dienstreise nach Hamburg unternehmen; seine Funktion für die X-GmbH übt er nur auf diesen Reisen aus.

H übt seine Tätigkeit im Inland aus; somit besteht neben dem inländischen Steueranspruch aus Buchst. c auch ein solcher aus Buchst. a. Da er einen inländischen Arbeitgeber hat **und** die Arbeit im Inland ausübt, ist die Bundesrepublik nach dem DBA-Italien hinsichtlich des in Rede stehenden Arbeitslohns zur Steuererhebung berechtigt, obgleich H sich im Inland nur erheblich kürzer aufhält als 183 Tage.

Beispiel 9:

Sachverhalt: Wie Beispiel 8; jedoch wohnt H mit seiner Familie in Zürich, wo sich auch sein Arbeitsplatz bei der schweizerischen Niederlassung der X-SpA befindet.

Steuerliche Beurteilung: Da H in der Schweiz wohnt, ist zur Bestimmung des Orts der von ihm ausgeübten geschäftsleitenden Tätigkeit nach deutscher Verwaltungsauffassung die Zugangstheorie weiterhin maßgeblich; vgl. oben F. Er übt seine geschäftsleitende Tätigkeit für die X-GmbH somit grundsätzlich in der Bundesrepublik aus, unabhängig davon, wo er sich körperlich befindet. Anders als in den Beispielen 7 und 8 kommt es nicht mehr darauf an, ob er in die Bundesrepublik reist oder nicht.

Ein deutscher Steueranspruch besteht sowohl aus Buchst. a – weil der Ort der Arbeitsausübung sich im Inland befindet oder dorthin fingiert wird – als auch aus Buchst. c – aufgrund der Position des H als Geschäftsführer der X-GmbH.

Beispiel 10:

Sachverhalt: Wie Beispiel 9, jedoch möchte H mit seinen Geschäftsführerbezügen von der X-GmbH nicht der deutschen Besteuerung unterliegen.

Steuerliche Beurteilung: Wie bereits unter Beispiel 9 erwähnt, führt die in Beispiel 7 gewählte Gestaltung hier nicht zum Erfolg, da nach der Verwaltungsmeinung aufgrund des DBA-Schweiz die Zugangstheorie anzuwenden ist.

Um seine steuerliche Zielsetzung zu verwirklichen, wird H davon Abstand nehmen, sich zum Geschäftsführer der X-GmbH bestellen zu lassen. Stattdessen übt er seine Tätigkeit für die X-GmbH als deren Angestellter (ohne Prokura) aus. Vermeidet er darüber hinaus die körperliche Anwesenheit in der Bundesrepublik, so entfällt die deutsche beschränkte Steuerpflicht.

Beispiel 11:

Sachverhalt: Frau I, Familienwohnsitz in Brüssel, war bislang mit dem Aufbau der belgischen X-S.A. betraut und soll für einen Zeitraum von ca. fünf Jahren hauptberuflich als Geschäftsführerin der X-GmbH tätig werden, um die in wirtschaftlichen Schwierigkeiten befindliche Gesellschaft wieder in die Gewinnzone zu führen. Dazu ist es erforderlich, dass I sich im Durchschnitt während etwa 40 % ihrer Arbeitszeit in Hamburg aufhält; die restlichen 60 % ihrer Arbeitszeit für die X-GmbH verbringt sie außerhalb der Bundesrepublik. Einen Wohnsitz oder gewöhnlichen Aufenthalt in Deutschland hat sie nicht.

Sie ist damit einverstanden, dass das zeitanteilig (40 %) auf die Anwesenheit in Deutschland entfallende Gehalt der deutschen Besteuerung unterliegt; hinsichtlich der restlichen 60 % möchte sie nach Möglichkeit keine deutsche Einkommensteuer/Lohnsteuer entrichten.

Zur Erledigung ihrer Aufgabe ist für I die Bestellung zur Geschäftsführerin aus kaufmännischen und wirtschaftlichen Gründen unverzichtbar. Die Geschäftsführervergütung wird von der X-GmbH getragen und ausgezahlt.

Neyer

Steuerliche Beurteilung: Da mit Belgien ein DBA mit Sonderregelung für Geschäftsführer besteht (vgl. oben F.), gilt nach deutscher Verwaltungsmeinung die Zugangstheorie, d. h. der deutsche Fiskus will für den **gesamten** Arbeitslohn, den I als Geschäftsführerin der X-GmbH bezieht, den Ort der Ausübung nach Hamburg fingieren.

Als Lösung käme z. B. in Betracht, dass I ihren Wohnsitz in ein anderes Land (z. B. Frankreich) verlegt, dessen DBA mit Deutschland keine Sonderregelung für Geschäftsführer enthält, so dass sich ihr Arbeitsort danach bestimmt, wo sie sich körperlich aufhält. Bei Umsetzung dieser Gestaltungsmaßnahme darf die Bundesrepublik nur noch die **40 %** des Arbeitslohns besteuern, die auf die physische Präsenz in Deutschland entfallen und die nach Buchst. a der beschränkten Steuerpflicht unterliegen. Hinsichtlich der restlichen 60 % besteht zwar ein *Besteuerungsanspruch* aus Buchst. c, der aber wegen der Schutzwirkung des DBA-Frankreich nicht zum Zuge kommt.

Beispiel 12:

Sachverhalt: Wie Beispiel 11, I ist jedoch hinsichtlich des Wohnsitzes an Belgien gebunden; ein Umzug in ein anderes Land kommt nicht in Betracht.

Steuerliche Beurteilung: In der Vergangenheit konnte I die Dinge so gestalten, dass sie ihre **gesamte geschäftsleitende Tätigkeit** während ihrer Aufenthalte in Hamburg ausführte. Wenn sie sich während der verbleibenden 60 % ihrer Arbeitszeit z. B. auf Dienstreisen in Drittstaaten zum Zwecke der Warenmusterung, des Wareneinkaufs und dergleichen aufhält oder außerhalb Deutschlands Tätigkeiten ausübt, die nach Lage der Sache alleine an einem bestimmten Ort ausgeübt werden können und nicht die Erteilung von Weisungen betreffend die Führung des Betriebs zum Gegenstand haben, so ist nach der zur Zugangstheorie ergangenen Rechtsprechung[65] diese nicht anzuwenden. Die entsprechenden Teile des Arbeitslohns stammen aus im Ausland ausgeübter Arbeit und fallen nicht unter Buchst. a.

Für Perioden **bis 2001** einschließlich hatte dies zur Folge, dass für die anteiligen Bezüge (60%) ein deutscher Steueranspruch nicht bestand.

Für Perioden **ab 2002** fallen diese Gehaltsteile unter Buchst. c; dem darauf beruhenden deutschen Besteuerungsanspruch steht das DBA-Belgien nicht entgegen.

Geht die Interessenlage des Steuerausländers dahin, eine deutsche Steuerpflicht zu vermeiden, kann dies generell problemlos in der Weise umgesetzt werden, dass auf eine Bestellung als Geschäftsführer/Vorstand/Prokurist verzichtet wird, wenn dies – anders als in Beispiel 12 angenommen – unter Beachtung außersteuerlicher Erfordernisse möglich ist.

Beispiel 13:

Sachverhalt: J ist Leiter der Niederlassung Hongkong der X-GmbH (Sitz und Geschäftsleitung in Köln); seinen Wohnsitz hat er am Arbeitsort Hongkong. Im Jahr 1998 wurde er in Würdigung seiner in Hongkong ausgeübten Tätigkeit zum Prokuristen der X-GmbH bestellt. Reisen in die Bundesrepublik unternimmt er nicht.

Steuerliche Beurteilung: Bis 2001 bestand kein deutscher Steueranspruch. Ab 2002 unterliegt J möglicherweise der beschränkten deutschen Steuerpflicht aus Buchst. c. Zwar ließe sich dem entgegenhalten, dass J sein Gehalt nicht für seine **Tätigkeit als Prokurist der X-GmbH**, sondern in seiner Eigenschaft als **Leiter der Niederlassung Hongkong** beziehe. Ob er mit dieser Argumentation bei der deutschen Finanzverwaltung durchdringen wird, erscheint jedoch nicht gesichert.

---

[65] Vgl. oben G. II.

Mit Blick auf ein mögliches deutsches Steuerrisiko werden J und die X-GmbH erwägen, die Bestellung zum Prokuristen aufzuheben.

Entsprechende Überlegungen gelten für andere Fälle, in denen der betreffende Arbeitnehmer nicht durch DBA vor dem aus den hier erörterten Sondertatbeständen abgeleiteten deutschen Besteuerungsanspruch – sei es aus Buchst. a infolge der Fiktion eines inländischen Arbeitsorts, sei es aus Buchst. c – geschützt ist.

Ggf. könnte zu Beispiel 13 auch daran gedacht werden, den bisher in Köln angesiedelten Ort der Geschäftsleitung der X-GmbH ins Ausland zu verlegen. Fällt die inländische Geschäftsleitung der X-GmbH weg, entfällt damit der deutsche Steueranspruch aus Buchst. c; vgl. dazu auch unten Beispiel 15.

Beispiel 14:

Sachverhalt: Die im Handelsregister von Stuttgart eingetragene Z-KG hat dort ihr Stammhaus. Prokurist K ist für die Repräsentanz in einem Nicht-DBA-Land tätig; dort befindet sich sein Wohnsitz. Dienstreisen in die Bundesrepublik unternimmt er nicht.

Steuerliche Beurteilung: Nach dem Wortlaut des Buchst. c unterliegt die Vergütung des K der beschränkten Steuerpflicht in Deutschland.

K kann dem mit dem Argument entgegentreten, die Anwendung von Buchst. c sei im Wege der einschränkenden Auslegung auf die Mitarbeiter von *Kapitalgesellschaften* zu beschränken, mit der Folge, dass er nicht unter die Vorschrift falle.[66] Ob die Finanzverwaltung dem folgen wird, bleibt abzuwarten. Will K sicher gehen, wird er auf die Prokura verzichten.

Beispiel 15:

Sachverhalt: Die X-GmbH hat ihren Sitz in Düsseldorf; die Geschäftsleitung der Gesellschaft befindet sich in einer Steueroase ("O-Land"). Prokurist L hat seinen Wohnsitz und Arbeitsplatz ebenfalls in O-Land. Dienstreisen nach Deutschland unternimmt er nicht.

Steuerliche Beurteilung: Die Bezüge des L unterliegen nicht der deutschen Besteuerung, Buchst. a greift nicht ein, da L sich nicht körperlich im Inland aufhält und die Sonderregeln für Geschäftsführer mangels Organstellung des L nicht eingreifen. Buchst. c kommt ebenfalls nicht zum Tragen, weil es insoweit an dem im Gesetz vorgeschriebenen Anknüpfungspunkt der **Geschäftsleitung im Inland** mangelt. Dass die X-GmbH ihren **Sitz** im Inland hat, erfüllt nicht die Voraussetzungen des Buchst. c.

L. Gestaltungsüberlegungen: Steuerinländer mit Auslandsbezug

Betrachten wir nun die Sachverhaltsgruppe, bei der ein Steuerinländer Geschäftsführer einer ausländischen Kapitalgesellschaft ist. Dabei ist zu beachten, dass die Neuregelung in Buchst. c hier keine Rolle spielt, da sie nur die umgekehrte Konstellation (Steuerausländer als Organe oder Prokuristen einer inländischen Gesellschaft) betrifft. Die vorliegenden Fälle sind ausschließlich nach den unter C. bis H. dargestellten Regeln zu lösen.

Beispiel 16:

Sachverhalt: Die Y-GmbH mit Sitz in München ist die Obergesellschaft des internationalen Y-Konzerns mit zahlreichen ausländischen Tochtergesellschaften.

---

[66] Vgl. oben J. IV. 3.

M (alleiniger Wohnsitz in der Bundesrepublik) ist leitender Angestellter der Y-GmbH. Die Y-S.A. hat ihren Sitz in Paris. M soll eine zusätzliche Funktion als zweiter Geschäftsführer der Y-S.A. übernehmen, die ihn etwa drei Tage pro Monat in Anspruch nehmen wird.

Die Interessenlage des M geht dahin, für seine Geschäftsführerbezüge von der Y-S.A. Befreiung von der deutschen Einkommensteuer zu erlangen.

Steuerliche Beurteilung: M wird den Sachverhalt so gestalten, dass er regelmäßig Dienstreisen nach Frankreich unternimmt und seine geschäftsleitende Tätigkeit für die Y-S.A. während dieser Reisen erbringt. Dies hat zur Folge, dass er seine Tätigkeit für die Y-S.A. in Frankreich persönlich ausübt und die entsprechende Vergütung Arbeitslohn aus französischen Quellen darstellt.

Obwohl M sich nur sehr viel weniger als 183 Tage jährlich in Frankreich aufhält, darf Frankreich als Quellenstaat diesen Arbeitslohn besteuern, weil die Bezüge von einem französischen Arbeitgeber – der Y-S.A. – gezahlt werden. Gem. Art. 20 Abs. 1 Buchst. a) DBA-Frankreich sind in diesem Fall die Bezüge des M von der deutschen Einkommensteuer befreit.

Beispiel 17:
Sachverhalt: Wie Beispiel 16; M möchte jedoch, dass seine Vergütung von der Y-S.A. der deutschen Besteuerung unterliegt.

Steuerliche Beurteilung: M wird Dienstreisen nach Frankreich zu vermeiden suchen und seine geschäftsleitende Tätigkeit für die Y-S.A. in seinem Büro in München ausüben.

Die ihm von der Y-S.A. bezahlten Geschäftsführerbezüge bilden dann Arbeitslohn aus deutschen Quellen, der in vollem Umfang in der Bundesrepublik der Besteuerung unterliegt. M wird dementsprechend in Frankreich Befreiung von der französischen Besteuerung gem. Art 20 Abs. 1 Buchst. a) DBA-Frankreich geltend machen.

Beispiel 18:
Sachverhalt: Wie Beispiel 16; M soll jedoch nicht Geschäftsführer der Y-S.A., sondern stattdessen der österreichischen Y-Ges.mbH (Sitz in Wien) werden.

Steuerliche Beurteilung: Da im Verhältnis zu Österreich weiterhin die Zugangstheorie anzuwenden ist, stammen nach Auffassung der deutschen Verwaltung die Geschäftsführerbezüge des M von der Y-Ges.mbH aus österreichischen Quellen, unabhängig davon, ob M zur Ausübung seiner geschäftsleitenden Funktion Dienstreisen nach Österreich unternimmt oder ob er diese Tätigkeit in seinem Büro in München ausübt.

M bezieht somit Arbeitslohn aus österreichischen Quellen, den Österreich besteuern darf. Dieser Arbeitslohn ist gem. Art. 16 Abs. 2 i. V. m. Art. 23 Abs. 1 Buchst a. DBA-Österreich in Deutschland steuerbefreit.

Beispiel 19:
Sachverhalt: Wie Beispiel 18; M ist jedoch daran interessiert, Freistellung von der österreichischen Einkommensbesteuerung zu erlangen.

Steuerliche Beurteilung: Der in Beispiel 17 gewählte Weg der Vermeidung körperlicher Aufenthalte im Sitzstaat der Y-Ges.mbH verspricht keinen Erfolg. Als Lösungsmöglichkeit könnte ins Auge gefasst werden, von der Bestellung des M zum **Geschäftsführer** der Y-Ges.mbH Abstand zu nehmen. Stattdessen könnte M **Angestellter** der Y-Ges.mbH werden.

Ist M nicht Geschäftsführer der Y-Ges.mbH, so greift auch im Verhältnis zu Österreich die Zugangstheorie nicht ein, so dass wieder auf die Lösung entsprechend Beispiel 17 zurückgegriffen werden kann.

Beispiel 20:

Sachverhalt: Wie Beispiel 16; M soll jedoch Geschäftsführer der Y (Bahamas) Ltd. mit Sitz auf den Bahamas werden. Auf die dem M von der Y (Bahamas) Ltd. gezahlte Geschäftsführervergütung soll eine Steuer auf den Bahamas nicht erhoben werden.

Steuerliche Beurteilung: Da M in Deutschland unbeschränkt steuerpflichtig ist und mit den Bahamas kein DBA besteht, unterliegen seine Geschäftsführerbezüge von der Y (Bahamas) Ltd. in vollem Umfang der deutschen Besteuerung. Ob er in seiner Funktion als Geschäftsführer der Y (Bahamas) Ltd. Dienstreisen in den Sitzstaat der Gesellschaft unternimmt oder diese Tätigkeit in seinem Büro in München verrichtet, ist unerheblich. Insoweit kommt es auch nicht darauf an, ob die deutsche Verwaltung die Zugangstheorie im Verhältnis zu den Bahamas, mit denen ein DBA nicht besteht, anwendet oder nicht[67].

Beispiel 21:

Sachverhalt: Wie Beispiele 16 und 20, M soll jedoch Geschäftsführer der Y (Hongkong) Ltd. mit Sitz in Hongkong werden. Hongkong erhebe eine Abzugsteuer auf die Geschäftsführervergütung des M von der Y (Hongkong) Ltd.

Steuerliche Beurteilung: Wie in Beispiel 20 muss M die Geschäftsführerbezüge von der Y (Hongkong) Ltd. in Deutschland versteuern. Die Quelle dieses Arbeitslohns – Inland oder Ausland – hängt davon ab, ob die Zugangstheorie zur Anwendung kommt oder nicht[68], und im letzteren Fall weiterhin davon, ob M sich in Ausübung der Tätigkeit körperlich im Inland aufhält oder seine Funktion für die Y (Hongkong) Ltd. auf Dienstreisen nach Hongkong ausübt.

Soweit die Tätigkeit in Hongkong ausgeübt wird oder als ausgeübt gilt – sei es wegen körperlicher Anwesenheit oder wegen Anwendung der Zugangstheorie –, hat M Einkünfte aus Quellen in Hongkong; die von Hongkong erhobene Abzugsteuer ist im Rahmen des § 34c Abs. 1 EStG auf die auf diese Einkünfte entfallende Einkommensteuer anzurechnen. Soweit keine Einkünfte aus Quellen in Hongkong vorliegen, kommt ein Abzug der in Hongkong erhobenen Steuer gem. § 34c Abs. 3 EStG in Betracht.

M. Zusammenfassung

1. Für die Besteuerung von Arbeitslohn kann es von Bedeutung sein, **wo** die **Arbeit ausgeübt** wird.

2. Der **Ort der Arbeitsausübung** befindet sich regelmäßig dort, wo sich der Arbeitnehmer im Zeitpunkt des Tätigwerdens **persönlich (körperlich) aufhält**.

3. Nach der Rechtsprechung des Bundesfinanzhofs war von diesem Grundsatz für die geschäftsleitende Tätigkeit (Erteilung von Weisungen) von Organen einer Kapitalgesellschaft eine Ausnahme zu beachten, derzufolge sich der Ort der Arbeitsausübung nach dem Sitzstaat der Gesellschaft bestimmte **(Zugangstheorie)**.

---

[67] Vgl. oben H. VI.
[68] Vgl. oben F.

4. In einem nicht überzeugend begründeten Urteil des BFH aus dem Jahr 1994 wurde die Zugangstheorie für einen Großteil der Fälle **aufgegeben**.
5. Nach der geltenden Verwaltungsmeinung ist für einige Länder die Zugangstheorie weiterhin anzuwenden, für die meisten DBA-Länder jedoch nicht. Hinsichtlich derjenigen Staaten, mit denen kein DBA besteht, schweigt die Verwaltungsregelung.
6. Die Verwaltungsauffassung verbindet die erheblichen Mängel der Zugangstheorie mit den Schwächen des erwähnten BFH-Urteils aus dem Jahr 1994, verschärft durch die neu eingeführte Zweigleisigkeit und weiter dadurch, dass für die Fallgruppe der Nicht-DBA-Länder überhaupt **keine Regelung** vorgesehen ist. Der geltende Erlass ist weder theoretisch überzeugend noch zu einer sachlich befriedigenden Lösung der praktischen Probleme geeignet.
7. Die gebotene Konsequenz wäre die **vollständige Aufgabe** der Zugangstheorie und die durchgängige Anwendung des **Orts des körperlichen Aufenthalts** als alleiniges Kriterium zur Bestimmung des Arbeitsorts, auch für die Tätigkeit von Geschäftsführern und Vorstandsmitgliedern.
8. Die Beratungspraxis wird sich auf die geltende Verwaltungsregelung einrichten. Im Rahmen der **Steuerplanung** bieten sich zahlreiche Ansatzpunkte für Maßnahmen zu einer der Situation und den Zielsetzungen des jeweiligen Steuerpflichtigen angepassten **Sachverhaltsgestaltung**.
9. **Seit 2002** ist für die Konstellation des Steuerausländers mit Inlandsbezug zusätzlich die Vorschrift des **§ 49 Abs. 1 Nr. 4 Buchst. c EStG** zu beachten, die unabhängig vom Ort der Arbeitsausübung einen deutschen Steueranspruch daraus ableitet, dass Vergütungen für eine Tätigkeit als Geschäftsführer, Prokurist oder Vorstandsmitglied einer Gesellschaft mit Geschäftsleitung im Inland bezogen werden.
10. Die Ausdehnung des deutschen Steueranspruchs um die Anknüpfung an die funktional-hierarchische Stellung führt zu einer **weiteren Verkomplizierung** der bisher schon unübersichtlichen Situation, da bei einschlägigen Sachverhalten die Prüfung einer weiteren Steueranspruchsnorm erforderlich wird. In der übergroßen Mehrzahl der praktischen Fälle wird einem auf § 49 Abs. 1 Nr. 4 Buchst. c EStG gestützten deutschen Steueranspruch jedoch die **Schutzwirkung eines DBA** entgegenstehen.

Neyer

3. Konkurrenzverbot nach Arbeitnehmertätigkeit: Besteuerungsgrundsätze und Steuerplanung bei internationalen Sachverhalten

von Dipl.-Volkswirt Wolfgang Neyer, Steuerberater, Frankfurt/M.

Inhaltsübersicht

A. Ausgangssachverhalt
B. Steuerliche Einordnung der Karenzentschädigung
  I. Entgelt
  II. Zielrichtung: Zukünftiges Verhalten
  III. Einkunftsart
  IV. Reichweite der Konkurrenzklausel
  V. Vorherige Vereinbarung im Arbeitsvertrag
C. Inländischer Arbeitgeber
  I. Umfassender Konkurrenzverzicht
  II. Eingeschränktes Wettbewerbsverbot
  III. Planungsrelevante Aspekte: Übersicht
D. Ausländischer Arbeitgeber
  I. Ausländischer Wohnsitz
  II. Inländischer Wohnsitz
  III. Planungsrelevante Aspekte
E. Zusammenfassung

Literatur:

Bauer/Diller, Wettbewerbsverbote, 4. Aufl. München 2006; *Eisgruber*, in: Kirchhof (Hrsg.), EStG KompaktKommentar, 8. Aufl. Heidelberg 2008; *Gosch*, in: Kirchhof (Hrsg.), EStG KompaktKommentar, 8. Aufl. Heidelberg 2008; *Haiß*, in: Hey/ Prinz/ Wendt (Hrsg.), Herrmann/Heuer/Raupach, Einkommensteuer- und Körperschaftsteuergesetz, Lfg. 233 Oktober 2008; *Hellwig*, Die bezahlte Untätigkeit im internationalen Steuerrecht – Gedanken zum BFH-Urt. v. 9. 11. 1977, I R 254/75, DStZ 1978, 83 ff.; *Hidien*, in: Kirchhof/Söhn/Mellinghoff (Hrsg.), Kommentar zum EStG, 145. Lfg. August 2004; *Hutter*, Karenzentschädigung für eine umfassende Wettbewerbsenthaltung als Entschädigung i.S. von § 24 Nr. 1 b EStG – Zugleich eine Besprechung des BFH-Urteils vom 12. Juni 1996 XI R 43/94 –, DStZ 1996, 641 ff.; *Klein*, in: Hey/Prinz/Wendt (Hrsg.), Herrmann/Heuer/Raupach, Einkommensteuer- und Körperschaftsteuergesetz, Lfg. 233 Oktober 2008; *Neyer*, Die Besteuerung von Geschäftsführerbezügen bei grenzüberschreitender Tätigkeit, IStR 1997, 33 ff.; *ders.*, Die bezahlte Untätigkeit im internationalen Steuerrecht – Grenzüberschreitendes Arbeitnehmer-Wettbewerbsverbot im Lichte der neueren Rechtsprechung, IStR 2001, 361 ff.; *ders.*, Die zukünftige Besteuerung grenzüberschreitender Geschäftsführertätigkeit – Kritische Anmerkungen zur geplanten Neuregelung durch das StÄndG 2001, IStR 2001, 587 ff.; *ders.*, Erweiterung des Umfangs der beschränkten Steuerpflicht: § 49 Abs. 1 Nr. 4 d EStG n.F., IStR 2004, 403; *Pflüger*, in: Hey/Prinz/Wendt, (Hrsg.), Herrmann/Heuer/Raupach, Einkommensteuer- und Körperschaftsteuergesetz, Lfg. 213 Januar 2004.

A. Ausgangssachverhalt

Unterliegt ein Arbeitnehmer nach Beendigung des Arbeitsverhältnisses einem Wettbewerbsverbot und erhält er dafür vom ehemaligen Arbeitgeber eine Entschädigungszahlung, stellt sich bei grenzüberschreitenden Konstellationen die Frage nach dem Besteuerungsrecht. Dies soll im vorliegenden Beitrag untersucht und anhand von Fallbeispielen erläutert werden.

Als Ausgangssachverhalt betrachten wir eine Situation, in der Arbeitnehmer A sich gegenüber der Kapitalgesellschaft X-AG verpflichtet (Konkurrenzklausel), für einen bestimmten Zeitraum eine abgegrenzte Tätigkeit nicht auszuüben; für die Dauer des Wettbewerbsverzichts zahlt die X-AG dem A eine Karenzentschädigung. Als zusätzliche Sachverhaltselemente sind zur näheren Konkretisierung des Steuerfalls heranzuziehen und nach ihrer Zuordnung zum In- oder Ausland festzulegen:

▶ der Wohnsitz des A
▶ Sitz und Geschäftsleitung der X-AG
▶ die vorangegangene Tätigkeit des A
▶ die Reichweite der Konkurrenzklausel

B. Steuerliche Einordnung der Karenzentschädigung

I. Entgelt

Aus steuerlicher Sicht ist die dem A gezahlte Karenzentschädigung als *Entgelt*, d. h. als Gegenleistung für die von A erbrachte Wettbewerbsenthaltung anzusehen.[1]

II. Zielrichtung: Zukünftiges Verhalten

Wichtig für die steuerliche Beurteilung ist, dass die Karenzentschädigung nicht etwa – wie z. B. eine Betriebsrente – nachträglichen Arbeitslohn aus dem früheren Arbeitsverhältnis darstellt, sondern eigenständige Vergütung für die sich an dessen Beendigung anschließende Wettbewerbsenthaltung.

Die Karenzentschädigung dient "nicht der Abgeltung und Abwicklung von Interessen aus dem bisherigen Rechtsverhältnis; sie erfasst vielmehr – in gewisser Weise zukunftsorientiert – jegliche Gegenleistungen für die Aufgabe oder Nichtausübung einer Tätigkeit ... und ist insoweit von der bisherigen Tätigkeit losgelöst. Das gilt insbesondere für eine Entschädigung für die Nichtausübung einer Tätigkeit; denn diese wird für die auf ein zukünftiges Verhalten gerichtete Verpflichtung (Wettbewerbsenthaltung) gezahlt."[2]

III. Einkunftsart

Vor diesem Hintergrund erscheint es folgerichtig, wenn die neuere Rechtsprechung für die Zuordnung der Karenzvergütung zu einer Einkunftsart nicht auf die zuvor *ausgeübte* Tätigkeit abstellt, sondern auf die im Rahmen der Wettbewerbsabrede *unterlassenen* Aktivitäten:

"Für die Frage danach, zu welcher Einkunftsart die Entschädigung für die Nichtausübung einer Tätigkeit gehört, ist darum – jedenfalls in den Fällen, in denen ein künftiges Wettbewerbsverbot nicht von vornherein in einem Anstellungsvertrag eines Arbeitnehmers festgelegt worden ist ... – grundsätzlich entscheidend, zu welchen Einkünften die Tätigkeit geführt hätte, auf deren Ausübung der Steuerpflichtige verzichtet hat. Ist insoweit eine eindeutige Zuordnung zu einer der Einkunftsarten des § 2 Abs. 1 Nrn. 1 bis 6 EStG nicht möglich, weil die Entschädigung für die Nichtausübung mehrerer unterschiedlich zu qualifizierender Tätigkeiten gezahlt wird, ist die Entschädigung der Einkunftsart des § 22 Nr. 3 EStG zuzuordnen ..."[3]

IV. Reichweite der Konkurrenzklausel

1. Eingeschränktes Wettbewerbsverbot

Beschränkt sich die Wettbewerbsvereinbarung entweder auf das Verbot der konkurrierenden Arbeitnehmertätigkeit *oder* auf die Untersagung konkurrierender gewerblicher Aktivitäten, ist das vereinbarte Entgelt als Arbeitslohn einzustufen oder den Einkünften aus Gewerbebetrieb zuzuordnen.[4]

---

[1] Vgl. z. B. *Pflüger* in: Herrmann/Heuer/Raupach, EStG und KStG, § 19 EStG, Anm. 600, Stichwort "Wettbewerbsverbot"; BFH-Urt. v. 9. 9. 1970, I R 19/69, BStBl 1970 II 867; v. 9. 11. 1977, I R 254/75, BStBl 1978 II 195; EStR H 24.1, Stichwort " Entschädigungen i. S. d. § 24 Nr. 1 Buchstabe b EStG". Zu den zivilrechtlichen Aspekten des Wettbewerbsverbots vgl. *Bauer/Diller*, Wettbewerbsverbote.

[2] BFH-Urt. v. 12. 6. 1996, XI R 43/94, BStBl 1996 II 516.

[3] Ebenda.

[4] Die Auffassung von *Pflüger*, in: Herrmann/Heuer/Raupach, a. a. O. (oben Fn. 1), § 19 EStG, Anm. 600, Stichwort „Wettbewerbsverbot", dass eine Karenzentschädigung aufgrund des BFH-Urt. v. 12.6.1996 a. a.

2. Umfassendes Konkurrenzverbot

Wird dem Arbeitnehmer andererseits auferlegt, "jede selbständige direkte oder indirekte oder unselbständige Tätigkeit für ein ... Konkurrenzunternehmen"[5] zu unterlassen, handelt es sich um die "Verpflichtung zu einem umfassenden Konkurrenzverzicht im weitesten Sinne, der es ihm verbietet, auf dem Tätigkeitsgebiet der GmbH in jedweder Weise tätig zu sein."[6]

Bei einem solchen umfassenden Konkurrenzverzicht kann

"nicht festgestellt werden, ob der Kläger auf die Ausübung einer nichtselbständigen Tätigkeit oder auf die Ausübung einer gewerblichen Tätigkeit verzichtet hat. Eine eindeutige Zuordnung der Entschädigung zu Einkünften aus § 19 oder § 15 EStG ist daher nicht möglich ... Die Entschädigung ist darum der subsidiär eingreifenden Einkunftsart des § 22 Nr. 3 EStG zuzuordnen."[7]

V. Vorherige Vereinbarung im Arbeitsvertrag

1. Vorbehalt

Die Grundsätze gem. oben IV. 2. gelten "jedenfalls in den Fällen, in denen ein künftiges Wettbewerbsverbot nicht von vornherein in einem Anstellungsvertrag eines Arbeitnehmers festgelegt worden ist"[8], so der BFH unter Hinweis auf frühere Rechtsprechung.[9]

Bei einer solchen von vornherein im Arbeitsvertrag festgelegten Verpflichtung könnte nach der angeführten älteren Rechtsprechung eine andere Beurteilung hinsichtlich der Zuordnung zu einer Einkunftsart gelten. Insoweit seien die Verpflichtung zur Wettbewerbsenthaltung und die dafür gezahlte Vergütung "keine vertraglichen Hauptleistungen, sondern Ausfluss des an sich beendeten Arbeitsverhältnisses mit der Folge, dass die Entschädigung für das Wettbewerbsverbot unter die nachträglichen Einkünfte aus nichtselbständiger Arbeit"[10] falle.

2. Ältere Rechtsprechung obsolet

Diese ältere Rechtsprechung ist m. E. tendenziell durch das Urteil vom 12. 6. 1996[11] überholt. Der im Urteil vom 12. 6. 1996 enthaltene Vorbehalt, die Zuordnung des Entgelts für einen umfassenden Konkurrenzverzicht zu den sonstigen Einkünften i. S. des § 22 Nr. 3 EStG sei *jedenfalls* dann vorzunehmen, wenn keine vorherige Absprache getroffen sei[12], ist nicht etwa als Feststellung zu verstehen dahingehend, dass bei Vorliegen einer solchen Vereinbarung das Urteil vom 13. 2. 1987[13] weiter anzuwenden und die Karenzvergütung als Arbeitslohn zu behandeln sei. Vielmehr ist dem Urteil aus 1996 nur zu entnehmen, dass der BFH sich für den genannten Fall

---

O. (oben Fn. 2) in jedem Fall den sonstigen Einnahmen i. S. d. § 22 Nr. 3 EStG zuzuordnen sei, ist m. E. durch die Urteilsbegründung nicht gedeckt. Vielmehr kommt schon nach dem Wortlaut des § 22 Nr. 3 EStG dieser nur insoweit zur Anwendung, als nicht Einkünfte i. S. d. § 2 Abs. 1 Satz 1 Nr. 1 bis 6 EStG vorliegen.

[5] BFH-Urt. v. 12. 6. 1996 a. a. O. (oben Fn. 2).
[6] Ebenda.
[7] Ebenda.
[8] Ebenda.
[9] BFH-Urt. v. 13. 2. 1987 VI R 230/83, BStBl 1987 II 386; v. 16. 3. 1993 XI R 10/92, BStBl 1993 II 497.
[10] FH-Urt. v. 13. 2. 1987 a. a. O. (oben Fn. 9).
[11] A. a. O. (oben Fn. 2).
[12] Genauer: wenn nicht ein künftiges Wettbewerbsverbot von vornherein in einem Anstellungsvertrag eines Arbeitnehmers festgelegt worden ist.
[13] A. a. o. (oben Fn. 9).

Neyer

die *Möglichkeit* einer abweichenden Entscheidung vorbehält. Wie diese Entscheidung ausfallen würde, lässt der BFH jedoch offen.[14]

3. Fortführung des Gedankengangs des BFH

Aus der Logik der BFH-Entscheidung vom 12. 6. 1996 ergibt sich m. E., dass der dort gefundene allgemeine Grundsatz auch die Konstellationen erfasst, die vom BFH zunächst offen gelassen wurden. Wenn der BFH für Fälle ohne vorherige Vereinbarung argumentiert:

(i) Die Entschädigung für die Nichtausübung einer Tätigkeit wird für ein zukünftiges Verhalten gezahlt.

(ii) Zur Einstufung in eine Einkunftsart ist daher entscheidend, zu welchen Einkünften die Tätigkeit geführt hätte, auf deren Ausübung der Steuerpflichtige verzichtet.

(iii) Verzichtet er sowohl auf selbständige als auch auf nichtselbständige Tätigkeit, fällt die Entschädigung unter § 22 Nr. 3 EStG.

so führt dieser Gedankengang zum selben Ergebnis auch für Fälle, bei denen eine solche vorherige Vereinbarung abgeschlossen wurde.

Für die vom BFH im Urteil vom 12. 6. 1996 offen gelassene Fallgruppe gilt daher m. E. das Gleiche, wie oben unter III. und IV. dargelegt.

C. Inländischer Arbeitgeber

I. Umfassender Konkurrenzverzicht

1. Sachverhalt

Beispiel 1:

Arbeitnehmer A, in dessen Arbeitsvertrag mit dem inländischen Arbeitgeber X-AG keine Konkurrenzklausel enthalten war, vereinbart mit der X-AG ein umfassendes Wettbewerbsverbot für einen Zeitraum von 24 Monaten im Anschluss an die Beendigung des Arbeitsverhältnisses. A erhält dafür ein Entgelt von € 500.000 p. a.

2. Einkunftsart

Da in Beispiel 1 ein umfassendes Wettbewerbsverbot – d. h. der Verzicht des A auf Konkurrenzaktivitäten als Arbeitnehmer **und** als Unternehmer – vereinbart wurde, sind die € 500.000 p. a. als sonstige Einkünfte gem. § 22 Nr. 3 EStG einzuordnen.[15]

3. Wohnsitz im Inland

Hat A während der Dauer der Wettbewerbsenthaltung seinen Wohnsitz im Inland und unterliegt er somit in Deutschland der unbeschränkten Steuerpflicht, muss er die Karenzvergütung von € 500.000 p. a. hier versteuern.

---

[14] Ebenso *Hutter*, DStZ 1996, 641 ff. A. A. evtl. *Eisgruber*, in: Kirchhof, EStG KompaktKommentar, § 19 EStG, Rz. 36, der die Karenzentschädigung dann als Ausfluss der bisherigen Tätigkeit dem Veranlassungszusammenhang mit dem Dienstverhältnis zurechnen will, „wenn das Wettbewerbsverbot von vornherein vereinbart wurde oder der Verzicht sich eindeutig auf die Ausübung einer Tätigkeit aus nichtselbständiger Arbeit bezieht."

[15] Vgl. oben B. IV.

4. Wohnsitz im Ausland

Hat A im Inland weder Wohnsitz noch gewöhnlichen Aufenthalt und unterliegt er somit in der Bundesrepublik der beschränkten Steuerpflicht, richtet sich ein etwaiger deutscher Steueranspruch nach § 1 Abs. 4 i. V. m. § 49 Abs. 1 EStG.

Sind die sich daraus ergebenden Steuerfolgen für den A günstiger als bei unbeschränkter Steuerpflicht, wird er möglicherweise die Aufgabe des inländischen Wohnsitzes/gewöhnlichen Aufenthalts erwägen. Der diesbezügliche Anreiz wird umso stärker sein, je höher die dem A zufließende Karenzentschädigung ausfällt. Bei solchen steuerplanerischen Überlegungen wird A naturgemäß die außersteuerlichen Aspekte insbesondere persönlicher, beruflicher und familiärer Natur nicht außer Acht lassen und diesen ggf. Vorrang einräumen müssen.

5. Deutsche Besteuerung bei beschränkter Steuerpflicht

a) Sachverhalt

Für unsere Betrachtung wollen wir annehmen – Beispiel 2 –, A habe seinen Wohnsitz im Ausland und sei in der Bundesrepublik nicht (mehr) unbeschränkt steuerpflichtig; ansonsten entspricht der Sachverhalt dem von Beispiel 1.

b) § 49 Abs. 1 Nr. 9 EStG

A unterliegt der deutschen Besteuerung – vorbehaltlich einer günstigeren Regelung in einem ggf. mit seinem ausländischen Wohnsitzstaat bestehenden Doppelbesteuerungsabkommen ("DBA") – mit seinen inländischen Einkünften. Zu den inländischen Einkünften i. S. der beschränkten Steuerpflicht gehören gem. § 49 Abs. 1 EStG "9. sonstige Einkünfte i. S. des § 22 Nr. 3, ..., soweit es sich um Einkünfte aus inländischen unterhaltenden Darbietungen, aus der Nutzung beweglicher Sachen im Inland oder aus der Überlassung der Nutzung oder des Rechts auf Nutzung von gewerblichen, technischen, wissenschaftlichen und ähnlichen Erfahrungen, Kenntnissen und Fertigkeiten, z. B. Plänen, Mustern und Verfahren, handelt, die im Inland genutzt werden oder worden sind; ..."

c) Umfang des inländischen Besteuerungsanspruchs

Bei der Karenzentschädigung handelt es sich zwar um sonstige Einkünfte gem. § 22 Nr. 3 EStG; unter die beschränkte Steuerpflicht gem. § 49 Abs. 1 Nr. 9 EStG fällt jedoch nur ein Teilsegment dieser Einkunftsart, nämlich diejenigen sonstigen Einkünfte i. S. von § 22 Nr. 3 EStG, die stammen

- "aus der Nutzung beweglicher Sachen im Inland
- aus der Überlassung der Nutzung oder des Rechts auf Nutzung von gewerblichen, technischen, wissenschaftlichen und ähnlichen Erfahrungen, Kenntnissen und Fertigkeiten."[16]

d) Folgerungen für die Karenzvergütung

Da die Karenzvergütung die Voraussetzungen der Definition derjenigen sonstigen Einkünfte, die gem. § 49 Abs. 1 Nr. 9 EStG der beschränkten Steuerpflicht unterliegen, nicht erfüllt, besteht insoweit kein deutscher Besteuerungsanspruch. In Beispiel 2 unterliegt das dem A von der X-AG gezahlte Entgelt für Wettbewerbsverzicht nicht der beschränkten Steuerpflicht; deutsche Einkommensteuer fällt nicht an.

---

[16] *Klein* in: Herrmann/Heuer/Raupach, a. a. O. (oben Fn. 1), § 49 EStG, Anm. 1050, 1090. Die mit Wirkung ab Veranlagungszeitraum 2009 neu in § 49 Abs. 1 Nr. 9 EStG eingefügten *Einkünfte aus inländischen unterhaltenden Darbietungen* können für Zwecke des vorliegenden Beitrags außer Betracht bleiben.

Hat A vor Beendigung seines Arbeitsverhältnisses einen inländischen Wohnsitz, wird ihm die hier aufgezeigte Steuerrechtslage Anlass zu den oben unter 4. angesprochenen Gestaltungsüberlegungen bieten.

e) Doppelbesteuerungsabkommen

Wie gezeigt, fehlt es beim Sachverhalt des Beispiels 2 an einem deutschen Besteuerungs*anspruch*; die Frage der Einschränkung eines solchen Anspruchs durch ein DBA mit dem ausländischen Wohnsitzstaat des A bedarf also nach geltendem Recht keiner weiteren Erörterung.

Der Vollständigkeit halber sei aber angemerkt, dass im hypothetischen Fall einer Erweiterung des § 49 Abs. 1 Nr. 9 EStG in der Weise, dass der Anwendungsbereich der Vorschrift auf von einem inländischen Steuerpflichtigen gezahlte Karenzvergütungen erstreckt würde, diesem neu geschaffenen deutschen Steueranspruch dann ggf. ein DBA mit dem Wohnsitzstaat des A entgegenstünde.

Entspricht dieses DBA dem OECD-Musterabkommen ("MA") und wird die vom BFH den sonstigen Einkünften i. S. von § 22 Nr. 3 EStG zugeordnete Karenzentschädigung für Zwecke des DBA unter Art. 21 OECD-MA ("Andere Einkünfte") subsumiert, so folgt daraus die Zuweisung des Besteuerungsrechts zum Wohnsitzstaat und damit im Regelfall die Steuerfreistellung in der Bundesrepublik.

6. Erweiterte beschränkte Steuerpflicht

a) Inländische Steuerpflicht der Karenzentschädigung

Erfüllt A nach Aufgabe seines deutschen Wohnsitzes/gewöhnlichen Aufenthalts die Voraussetzungen der *erweiterten beschränkten Steuerpflicht* i. S. v. § 2 AStG, so erstreckt sich der deutsche Steueranspruch nicht nur – wie im vorangegangen Abschnitt 5. betrachtet – auf die inländischen Einkünfte des § 49 EStG, sondern stattdessen auf diejenigen Einkünfte, "die bei unbeschränkter Steuerpflicht nicht ausländische Einkünfte i. S. d. § 34c Abs. 1 des Einkommensteuergesetzes sind".

In diesem Fall wird auch die von der X-GmbH gezahlte Karenzentschädigung von der erweiterten beschränkten Steuerpflicht erfasst, soweit A nicht den Schutz eines DBA in Anspruch nehmen kann.

b) Voraussetzungen

Die erweiterte beschränkte Steuerpflicht kann dann eingreifen, wenn A in den letzten zehn Jahren vor dem Ende der unbeschränkten Steuerpflicht als Deutscher mindestens fünf Jahre unbeschränkt steuerpflichtig war, im Ausland einer niedrigen Besteuerung unterliegt und wesentliche wirtschaftliche Interessen im Inland hat.

Wird aus steuerplanerischen Überlegungen eine Wohnsitzverlegung erwogen, wird für Personen mit deutscher Staatsangehörigkeit der Aspekt der erweiterten beschränkten Steuerpflicht regelmäßig zu prüfen sein.

7. Anrufungsauskunft

Da beim hier betrachteten Fall des umfassenden Konkurrenzverbots die an den ehemaligen Arbeitnehmer gezahlte Vergütung keinen Arbeitslohn darstellt, kommt ein Lohnsteuereinbehalt nicht in Betracht. Dies gilt unabhängig davon, ob die Vergütung beim Empfänger der deutschen Steuerpflicht unterliegt oder nicht.

Zur Vermeidung etwaiger späterer Auseinandersetzungen mit der Finanzverwaltung wird der ehemalige Arbeitgeber X-AG sich im Wege der Anrufungsauskunft gem. § 42 e EStG eine diesbezügliche Bestätigung vom Betriebstättenfinanzamt einholen. Bei vollständiger und zutreffender Sachverhaltsdarstellung im Rahmen des Auskunftsersuchens ist die Verwaltung gegenüber dem Arbeitgeber an die erteilte Auskunft gebunden, solange diese nicht widerrufen wird.

II. Eingeschränktes Wettbewerbsverbot

1. Sachverhalt

Der Sachverhalt im hier betrachteten Beispiel 3 entspricht dem von Fall 1 mit dem Unterschied, dass in Beispiel 3 dem A nur die Konkurrenzbetätigung als Arbeitnehmer untersagt, also ein eingeschränktes Wettbewerbsverbot anstelle eines umfassenden Konkurrenzverzichts vereinbart ist.

2. Einkunftsart

Nach den Grundsätzen des BFH[17] ist die dem A gezahlte Vergütung von € 500.000 p. a. als Arbeitslohn zu beurteilen.

3. Wohnsitz im Inland

Hat A während der Dauer der Wettbewerbsenthaltung seinen Wohnsitz im Inland und unterliegt er somit in Deutschland der unbeschränkten Steuerpflicht, muss er die Karenzvergütung von € 500.000 p. a. hier versteuern.

Unter dem Gesichtspunkt der Steuerplanung ist zu prüfen, ob sich bei ausländischem Wohnsitz – bei beschränkter Steuerpflicht des A – eine günstigere steuerliche Behandlung ergäbe.

4. Wohnsitz im Ausland

Betrachten wir dazu Fall 4, der in den Sachverhaltsannahmen mit Fall 3 übereinstimmt, jedoch dadurch charakterisiert ist, dass A in der Bundesrepublik nicht (mehr) der unbeschränkten Steuerpflicht unterfällt.

5. Deutsche Besteuerung bei beschränkter Steuerpflicht

a) § 49 Abs. 1 Nr. 4 EStG

Mit dem von der X-AG gezahlten Arbeitslohn unterliegt A – vorbehaltlich einer günstigeren Regelung durch ein DBA mit seinem Wohnsitzstaat – der deutschen Besteuerung, soweit dieser Arbeitslohn aus inländischen Quellen stammt. Gem. § 49 Abs. 1 Nr. 4 EStG trifft dies – soweit hier von Interesse – zu für

"Einkünfte aus nichtselbständiger Arbeit (§ 19), die im Inland ausgeübt oder verwertet wird oder worden ist, ..."

Das Gesetz knüpft die beschränkte Steuerpflicht von Arbeitslohn also daran, dass die Arbeit

- im Inland
- ausgeübt oder
- verwertet
- wird oder
- worden ist.

b) Verwertungstatbestand

Die Voraussetzungen der Verwertungsalternative sind nicht gegeben, da diese gem. R 39 d Abs.1 Satz 2 LStR 2008 nur dann eingreift, wenn der Arbeitnehmer das Ergebnis einer außerhalb

---

[17] BFH-Urt. v. 12. 6. 1996 a. a. O. (oben Fn. 2); vgl. dazu oben B. IV.

Neyer

des Geltungsbereichs des Einkommensteuergesetzes ausgeübten Tätigkeit im Inland seinem Arbeitgeber *zuführt*.[18]

Da bei dem angenommen Sachverhalt die Leistung des A in einem Unterlassen besteht, ist ein Fall der Verwertung im definierten Sinne – also der Zuführung eines Arbeitsergebnisses an den inländischen Arbeitgeber – erkennbar nicht gegeben.

c) Ausübung

Ein deutscher Besteuerungsanspruch kommt somit nur dann in Betracht, wenn der Konkurrenzverzicht im Inland *ausgeübt* wird oder worden ist.

aa) Der Konkurrenzverzicht erschöpft sich darin, dass eine bestimmte Tätigkeit unterlassen wird.

Daraus ergibt sich, dass es insoweit von vornherein am Merkmal der Ausübung einer Tätigkeit fehlt.

bb) Betrachtet man – in Abweichung vom Wortlaut des Gesetzes – auch ein Unterlassen, also die Nichtausübung einer Tätigkeit als "Arbeit, die ... ausgeübt wird", so stellt sich die Frage, wo eine solche Ausübung erfolgt.

Eine Tätigkeit wird dann im Inland ausgeübt, wenn der Steuerpflichtige persönlich im Inland tätig wird,[19] d. h. dort, wo sich der Arbeitnehmer körperlich aufhält.

In Beispiel 4 hält sich der A an seinem Wohnsitz im Ausland auf; die für die Karenzentschädigung erbrachte nichtselbständige Arbeit wird somit nicht im Inland ausgeübt.

cc) Weiterhin könnte noch geprüft werden, ob der Arbeitslohn für eine Tätigkeit gezahlt wird, die im Inland ausgeübt *worden* ist.

Diese Beurteilung würde voraussetzen, dass die Entschädigung nicht für das – jetzige und zukünftige – Unterlassen des Wettbewerbs gezahlt wird, sondern für die früher ausgeübte und inzwischen beendete Arbeitnehmertätigkeit.

Nach der neueren Rechtsprechung des BFH wird das Entgelt für die Nichtausübung einer Tätigkeit jedoch "für die auf ein zukünftiges Verhalten gerichtete Verpflichtung (Wettbewerbsenthaltung) gezahlt"[20].

dd) Als Ergebnis ist festzuhalten, dass die bei der in Fall 4 betrachteten Konstellation als Arbeitslohn zu behandelnde Karenzentschädigung nach der hier vertretenen Auffassung nicht unter § 49 Abs. 1 Nr. 4 EStG fällt und somit nicht der beschränkten Steuerpflicht in Deutschland unterliegt.[21]

---

[18] Vgl. dazu BFH-Urt. v. 12. 11. 1986, I R 38/83, BStBl 1987 II 377; I R 69/83, BStBl 1987 II 379; I R 320/83, BStBl 1987 II 381; I R 192/85, BStBl 1987 II 381. A. A. jedoch *Haiß*, in: Herrmann/Heuer/Raupach, a. a. O. (oben Fn. 1), § 49 EStG, Anm. 751. M. E. unzutreffend, da es bereits an der Ausübung einer Arbeit, jedenfalls jedoch am Arbeitsergebnis und an dessen Zuführung zum inländischen Arbeitgeber fehlt. Ähnlich *Hidien*, in: Kirchhof/Söhn/Mellinghoff, Kommentar zum EStG, § 49 EStG, Rdnr. G 249, Stichwort „Wettbewerbsverbot": „Der Verwertungstatbestand ist ... mangels eines gesonderten Arbeitsergebnisses nicht erfüllt." Zur Begründung seiner gegenteiligen Auffassung beruft sich *Haiß* auf das BFH-Urt. v. 9. 11. 1977 a. a. O. (oben Fn. 1). Dazu Hinweis auf BMF v. 14.9.2006 IV B 6 – S 1300 – 367/06, BStBl 2006 I 532 ff., Rz. 127, wo – allerdings im Zusammenhang mit der Bestimmung des Tätigkeitsorts des Arbeitnehmers – dieses Urteil ausdrücklich als überholt bezeichnet wird.

[19] BFH-Urt. v. 12. 11. 1986 I R 268/83, BStBl 1987 II 372.

[20] BFH-Urt. v. 12. 6. 1996 a. a. O. (oben Fn. 2).

[21] Vgl. zu dieser Problematik auch nachfolgend Abschn. 6.

Für Zwecke der Steuerplanung ergibt sich daraus auch für den Fall des auf die Unterlassung einer Arbeitnehmertätigkeit beschränkten Konkurrenzverbots die bereits für den Fall des umfassenden Wettbewerbsverzichts angesprochene Erwägung, im Anschluss an die Beendigung der Arbeitnehmertätigkeit Wohnsitz und gewöhnlichen Aufenthalt in der Bundesrepublik aufzugeben und in ein anderes Land zu verlegen.

6. Möglicher Einwand

Im vorangegangenen Abschnitt 5. wurde aufgrund der dort zitierten neueren Rechtsprechung des BFH davon ausgegangen, der Ort der Ausübung der als Gegenleistung für die als Arbeitslohn zu behandelnde Karenzentschädigung erbrachten Arbeitnehmer(un)tätigkeit bestimme sich danach, wo der Arbeitnehmer sich während der Dauer der Wettbewerbsenthaltung aufhält.

a) Vorangegangene aktive Tätigkeit

Dem könnte ältere Rechtsprechung entgegengehalten werden, derzufolge die Quelle einer Karenzentschädigung sich danach bestimmen soll, wo zuvor "die aktive persönliche Tätigkeit ausgeübt wurde"[22]; dies gelte jedenfalls dann, wenn die Wettbewerbsenthaltung eine vertragliche Nebenpflicht des Arbeitnehmer darstelle.

> **Beispiel 5:**
>
> Wie Beispiel 3 (Der beschränkt Steuerpflichtige A vereinbart mit der X-AG ein eingeschränktes Wettbewerbsverbot für 24 Monate, Entgelt € 500.000 p. a.); zusätzlich ist zu beachten, dass A zuvor seine aktive Tätigkeit zu 25 % im Inland, zu 75 % im Ausland ausgeübt hatte.

b) Arbeitslohn aus inländischen Quellen

Wird für Beispiel 5 das Urteil vom 9. 11. 1977[23] herangezogen, so lässt sich argumentieren, dass ein Viertel der Karenzentschädigung, also € 125.000 p. a., Arbeitslohn aus inländischen Quellen darstelle, für den ein deutscher Steueranspruch gem. § 49 Abs. 1 Nr. 4 EStG bestehe. Einem solchen Steueranspruch nach innerstaatlichem Recht könnte ggf. ein DBA mit dem Wohnsitzstaat des A entgegenstehen; vgl. dazu unten 7.

c) Jüngere Rechtsprechung

Im Streitfall wäre einer auf das Urteil vom 9. 11. 1977[24] gestützten Steuerfestsetzung entgegenzuhalten, dass dieses Judikat durch die Grundsätze der Entscheidung vom 12. 6. 1996[25] überholt ist.

d) Abgrenzungsproblematik

Des Weiteren ist die ältere Rechtsprechung uneinheitlich und wirft erhebliche Abgrenzungsprobleme auf. In einem anderen Fall vertrat der BFH im Jahr 1970[26] die Auffassung, der Ort der Ausübung der Wettbewerbsenthaltung befinde sich dort, wo sich der Verpflichtete während des vereinbarten Zeitraums tatsächlich aufhalte. Dieser Grundsatz zur Bestimmung des Ausübungsorts komme dann zum Tragen, wenn die Unterlassungsverpflichtung einen eigenständigen Charakter habe und die Hauptpflicht darstelle.

---

[22] BFH-Urt. v. 9. 11. 1977 a. a. O. (oben Fn. 1); zustimmend möglicherweise Hidien, in: Kirchhof/Söhn/Mellinghoff, a. a. O. (oben Fn. 18), § 49 EStG, Rdnr. G 249, Stichwort „Wettbewerbsverbot".
[23] A. a. O. (oben Fn. 1).
[24] A. a. O. (oben Fn. 1).
[25] A. a. O. (oben Fn. 2), oben B.
[26] BFH-Urt. v. 9. 9. 1970 a. a. O. (oben Fn. 1).

Die den Entscheidungen aus 1970 und 1977 zugrunde liegenden Sachverhalte unterscheiden sich also dadurch, dass der Wettbewerbsverzicht in einem Fall die Hauptpflicht – Folge: Ausübung am Aufenthaltsort –, im anderen eine Nebenpflicht – Folge: Ausübung am Ort der früheren aktiven Tätigkeit – darstellte. Die unterschiedliche Behandlung der ansonsten in erheblichem Maß gleich gelagerten Tatbestände begründet das Gericht damit, dass im älteren Fall[27] die "Unterlassungsverpflichtung ... inhaltlich nicht so stark mit der zuvor verrichteten aktiven Tätigkeit ... verknüpft" gewesen sei.[28]

Der Ort der Ausübung – und damit die Zuordnung des Entgelts zu in- und ausländischen Quellen und der Umfang der beschränkten Steuerpflicht – wird damit durch die *Verknüpfungsintensität* bestimmt. Ein solches diffuses, weder mess- noch greifbares Abgrenzungskriterium erscheint zur praktischen Handhabung kaum geeignet und daher wenig brauchbar.[29]

7. Doppelbesteuerungsabkommen

Besteht mit dem ausländischen Wohnsitzstaat des A ein DBA, so kann dies ggf. – zusätzlich zu den unter 6. dargelegten Argumenten – einem von der deutschen Finanzverwaltung geltend gemachten Steueranspruch entgegengesetzt werden.

a) Artikel 21 vs. Artikel 15 OECD-MA

Bei einem DBA entsprechend dem OECD-MA stellt sich zunächst die Frage, ob die Karenzentschädigung unter Art. 21 (Andere Einkünfte) oder Art. 15 (Einkünfte aus unselbständiger Arbeit) zu subsumieren ist. Im ersten Fall können sich schon daraus die Zuweisung des Besteuerungsrechts zum Wohnsitzstaat und die Freistellung in der Bundesrepublik ergeben.

b) Ort der Ausübung

Wird das Entgelt für die Wettbewerbsenthaltung den nach Art. 15 OECD-MA zu beurteilenden Steuergütern zugeordnet, kommt es für die danach vorzunehmende Zuteilung des Besteuerungsrechts entscheidend darauf an, wo die entsprechende Arbeit *für Zwecke der Anwendung des Abkommens* ausgeübt wird. Dies ist m. E. jedenfalls dann der Wohnsitzstaat[30], wenn der Arbeitnehmer sich in diesem Staat aufhält.

8. Verwaltungsmeinung

a) Grundsätze

Die Finanzverwaltung hat sich zumindest für DBA-Fälle weitgehend der hier für richtig gehaltenen Rechtsauffassung angeschlossen. Nach dem BMF-Schreiben vom 14.9.2006[31] fällt die an einen Arbeitnehmer gezahlte Karenzentschädigung unter Art. 15 OECD-MA. Die vom Arbeitnehmer erbrachte Leistung, also das „Nicht-Tätig-Werden", wird dort erbracht, wo sich die natürliche Person körperlich aufhält. Bei wechselnden Aufenthaltsorten in verschiedenen Staaten ist eine zeitanteilige Zuordnung der Untätigkeitsvergütung vorzunehmen.

---

[27] BFH-Urt. v. 9. 9. 1970 a. a. O. (oben Fn. 1).
[28] BFH-Urt. v. 9. 11. 1977 a. a. O. (oben Fn. 1).
[29] Vgl. *Hellwig*, DStZ 1978, 83; kritisch auch *Haiß*, in: Herrmann/Heuer/Raupach, a. a. O. (oben Fn. 1), § 49 EStG, Anm. 740, Stichwort "Wettbewerbsverbot", m. w. N.
[30] Vgl. dazu im Einzelnen *Neyer*, IStR 2001, 361 ff., Abschn. 4.1.4.4.
[31] BMF v. 14. 9. 2006 a. a. O. (oben Fn. 18) Rz. 126 f.

b) Inlandsaufenthalte

Bei strikter Auslegung dieser Regel wird auch ein zeitlich befristeter Aufenthalt in der Bundesrepublik zu einer entsprechenden Zuordnung *pro rata temporis* führen und einen deutschen Steueranspruch auslösen. Dies gilt auch für Urlaubsreisen, Kurzaufenthalte und sonstige Besuche, da die Vergütung für die Untätigkeit gezahlt wird, die naturgemäß auch während solcher Zeiträume andauert.

Bei dieser Betrachtungsweise kann auch ein DBA zwischen der Bundesrepublik und dem Wohnsitzstaat des A dem Arbeitnehmer keinen Schutz vor der deutschen Besteuerung bieten, da eine Zuweisung des Besteuerungsrechts an den Wohnsitzstaat bei im Inland „ausgeübter" Tätigkeit nach der Regelung in Art. 15 OECD-MA voraussetzt, dass die Vergütung *nicht von einem Arbeitgeber im Ausübungsstaat* gezahlt wird. Bei der hier betrachteten Fallgruppe – inländischer Arbeitgeber – ist dieses Erfordernis nicht erfüllt, sodass ein DBA keine Freistellung von der deutschen Steuer bewirkt.

c) Folgerung

Hat A während der Dauer des Konkurrenzverbots seinen Wohnsitz im Ausland und will er eine (partielle) deutsche Steuerpflicht vermeiden, wird er Reisen in die Bundesrepublik nach Möglichkeit vermeiden.

9. Abgrenzung zur Entlassungsentschädigung

Anders als bei der Karenzentschädigung normiert § 49 Abs. 1 Nr. 4 d) EStG[32] mit Wirkung ab dem Veranlagungszeitraum 2004 unter bestimmten Voraussetzungen auch bei beschränkter Steuerpflicht einen deutschen Steueranspruch für Entlassungsentschädigungen. Bei entsprechendem Sachverhalt ist bei der Formulierung der Vereinbarung mit dem ausscheidenden Arbeitnehmer unter dem Gesichtspunkt der Steuerplanung somit darauf zu achten, dass die Entschädigung zweifelsfrei für die zukünftige Wettbewerbsenthaltung und nicht etwa für den Verlust des Arbeitsplatzes („Auflösung eines Dienstverhältnisses") gewährt wird.

10. Geschäftsleitende Tätigkeit

Übt ein Arbeitnehmer eine geschäftsleitende Tätigkeit mit internationalem Bezug aus, so können nach Rechtsprechung und Verwaltungsmeinung Sonderregeln für die Bestimmung des Orts der Ausübung – und damit der Quelle des Arbeitslohns – eingreifen[33]; seit dem 1. 1. 2002 gilt für einen Teilbereich dieser Materie eine gesetzliche Regelung[34]. Die Frage, ob diese Sonderregelungen auch auf die steuerliche Behandlung von Karenzentschädigungen Anwendung finden, wenn ein ehemaliger Geschäftsführer/Vorstand nach dem Ausscheiden einem Wettbewerbsverbot unterliegt, ist zu verneinen[35]. Die Karenzentschädigung wird ja gerade nicht für die frühere geschäftsleitende Tätigkeit gezahlt, sondern für das nachgelagerte *Unterlassen* von Konkurrenzaktivitäten. Das Konstrukt der nachvertraglichen *geschäftsleitenden Untätigkeit* wird dem Steuerrechtsanwender somit hoffentlich erspart bleiben.[36]

---

[32] Eingeführt durch Gesetz v. 15.12.2003, BGBl 2003 I 2645; dazu *Neyer*, IStR 2004, 403.

[33] Vgl. dazu *Neyer*, Teil 7, 2. Besteuerungsprobleme bei international tätigen Führungskräften, S. 1597; *ders.*, IStR 1997, 33 ff.

[34] Änderung des § 49 Abs. 1 Nr. 4 EStG durch Gesetz v. 20. 12. 2001, BGBl 2001 I 3794, BStBl 2002 I 4; dazu *Neyer*, IStR 2001, 587 ff.

[35] Dazu näher *Neyer* a. a. O. (oben Fn. 33). Gl. A. *Gosch*, in: Kirchhof, a. a. O. (oben Fn. 14), § 49 EStG, Anm. 101 a. E.

[36] A. A. wohl *Hidien*, in: Kirchhof/Söhn/Mellinghoff, a. a. O. (oben Fn. 18), § 49 EStG, Rdnr. G 191.

Zur Beseitigung eines etwaigen Restrisikos kann erwogen werden, mit dem ausscheidenden Geschäftsführer anstelle eines eingeschränkten Wettbewerbsverbots einen umfassenden Konkurrenzverzicht (oben Abschnitt C. I.) zu vereinbaren. Auch bei profiskalischer Betrachtungsweise wird nicht ernsthaft behauptet werden können, die in § 49 Abs. 1 Nr. 4 c) EStG normierte Steuerpflicht für den Arbeitslohn bestimmter Führungskräfte erfasse auch sonstige Einkünfte i. S. d. § 22 Nr. 3 EStG.

11. Erweiterte beschränkte Steuerpflicht

Die Ausführungen unter C. I. 6. oben gelten hier entsprechend.

12. Anrufungsauskunft

Angesichts der vorstehend dargestellten Problembereiche wird Arbeitgeber X-AG insbesondere beim hier betrachteten Fall der Vergütung für ein eingeschränktes Wettbewerbsverbot die lohnsteuerliche Behandlung der zu leistenden Zahlungen vor deren Beginn durch eine Anrufungsauskunft gem. § 42 e EStG absichern. Auf die Erläuterungen in Abschnitt C. I. 7. wird hingewiesen.

Von der dem Arbeitgeber gesetzlich eingeräumten Möglichkeit, sich vor etwaigen Nachforderungen des Fiskus wirksam zu schützen, sollte m. E. zumindest bei außerhalb der lohnsteuerlichen Routinesachverhalte angesiedelten Fällen mit Bezug zum Außensteuerrecht regelmäßig Gebrauch gemacht werden. Nach neuer Rechtsprechung des BFH[37] sind gegen eine ungünstige Auskunft der Finanzverwaltung nunmehr Einspruch und Klage möglich.

13. § 50 d Abs. 8 und 9 EStG

Wird im Fall der beschränkten inländischen Steuerpflicht die dem A zufließende Vergütung im ausländischen Wohnsitzstaat nicht besteuert, so bleibt es dennoch dabei, dass deutsche Einkommensteuer ebenfalls nicht erhoben wird. Die Regelungen in § 50 d Abs. 8 und 9 EStG greifen nicht ein. Dies gilt nach der hier vertretenen Auffassung schon deshalb, weil sich aus § 49 EStG kein Steueranspruch ergibt. Wird abweichend davon ein solcher deutscher Steueranspruch bejaht, dem jedoch die Regelungen in einem DBA entgegenstehen, bleibt es ungeachtet einer Nichtbesteuerung im Wohnsitzstaat bei der Freistellung in der Bundesrepublik, weil die Einschränkungen in § 50 d Abs. 8 und 9 EStG nur auf Einkünfte von unbeschränkt Steuerpflichtigen anwendbar sind.[38]

III. Planungsrelevante Aspekte: Übersicht

Zur besseren Übersicht sei noch einmal zusammengestellt, welche steuerplanerischen Überlegungen aus der in diesem Abschnitt C. unter I. und II. detailliert dargestellten Rechtslage abgeleitet werden können.

- ▶ Will der Arbeitnehmer die Besteuerung der Karenzentschädigung in Deutschland vermeiden, wird er die Möglichkeit einer Beendigung der unbeschränkten Steuerpflicht prüfen.
- ▶ Wird der Wechsel zur beschränkten Steuerpflicht vollzogen, besteht nach der hier vertretenen Auffassung kein deutscher Steueranspruch. Dies gilt sowohl für das umfassende als auch für das eingeschränkte Konkurrenzverbot.

---

[37] BFH-Urt. v. 30. 4. 2009, VI R 54/07, NWB Dok-ID: HAAAD-25937.
[38] Vgl. auch BFH-Urt. v. 2. 9. 2009, I R 90/08, NWB Dok-ID: FAAAD-31015.

Neyer

- Die Position des Arbeitnehmers ist m. E. dann am stärksten, wenn das Entgelt für die Wettbewerbsenthaltung als sonstige Einkünfte (§ 22 Nr. 3, § 49 Abs. 1 Nr. 9 EStG) einzuordnen ist. A wird daher ein umfassendes Konkurrenzverbot vereinbaren.
- Aus steuerlicher Sicht kann es ggf. für Argumentationszwecke günstiger sein, wenn
  - das Wettbewerbsverbot nicht von vornherein im Anstellungsvertrag festgelegt ist,
  - die Konkurrenzenthaltung die Hauptpflicht – im Gegensatz zur vertraglichen Nebenpflicht – darstellt,
  - die frühere aktive Tätigkeit im Ausland ausgeübt wurde,
  - mit dem ausländischen Wohnsitzstaat ein DBA besteht, das gegen einen etwa von der deutschen Finanzverwaltung geltend gemachten Steueranspruch zusätzlich ins Feld geführt werden kann.
- Hat der Empfänger der Karenzvergütung die deutsche Staatsangehörigkeit, ist im Vorfeld der Wohnsitzverlegung die Frage der erweiterten beschränkten Steuerpflicht zu prüfen.
- Während der Dauer des Wettbewerbsverbots sollten zur Minimierung eines Steuerrisikos Reisen in die Bundesrepublik nach Möglichkeit vermieden werden; dies gilt auch für kurzfristige und/oder private Aufenthalte.
- Aus der Sicht des ehemaligen Arbeitgebers wird es sich regelmäßig empfehlen, die lohnsteuerliche Behandlung der Karenzentschädigung durch eine Anrufungsauskunft gem. § 42 e EStG abzusichern.

D. Ausländischer Arbeitgeber

I. Ausländischer Wohnsitz

Erhält in Fall 6 Arbeitnehmer B eine Karenzentschädigung vom ausländischen Arbeitgeber Y-Corp und hat B weder Wohnsitz noch gewöhnlichen Aufenthalt im Inland, so wird sich in der Regel kein Ansatzpunkt für einen deutschen Steueranspruch ergeben.

Dies gilt sowohl für die Konstellation des umfassenden als auch für die des eingeschränkten Wettbewerbsverbots.

Für den Ausnahmefall, dass ein Steuerausländer mit ausländischem Arbeitgeber seine aktive Arbeitnehmertätigkeit (zum Teil) im Inland erbringt und im Anschluss daran ein eingeschränktes Konkurrenzverbot vereinbart wird, könnte hinsichtlich der Karenzvergütung eine beschränkte Steuerpflicht aus § 49 Abs. 1 Nr. 4 EStG erwogen werden. Praktische Bedeutung dürfte dies jedoch allenfalls dann erlangen, wenn der Arbeitnehmer für eine deutsche Niederlassung/Tochtergesellschaft des ausländischen Arbeitgebers tätig war und der Aufwand für den Wettbewerbsverzicht (anteilig) an das deutsche Unternehmen belastet wird, da andernfalls eine Befassung der deutschen Finanzverwaltung mit dem Sachverhalt kaum anzunehmen wäre. Liegt eine solche Konstellation vor und macht das Finanzamt einen deutschen Besteuerungsanspruch geltend, werden die beteiligten Steuerpflichtigen dem ggf. mit der Argumentation gem. oben C. II. 5 ff. entgegentreten.

Neyer

II. Inländischer Wohnsitz

1. Umfassender Konkurrenzverzicht

a) Sachverhalt

Beispiel 7:

Arbeitnehmer B mit Wohnsitz im Inland vereinbart mit dem Arbeitgeber Y-Corp (Sitz und Geschäftsleitung im Ausland) ein umfassendes Wettbewerbsverbot für einen Zeitraum von 24 Monaten im Anschluss an die Beendigung des Arbeitsverhältnisses. B erhält dafür ein Entgelt von € 500.000. Seine frühere aktive Tätigkeit für die Y-Corp hat B zu 90 % im Ausland ausgeübt.

b) Sonstige Einkünfte

Das dem B zufließende Entgelt von € 500.000 p. a. muss er im Rahmen seiner unbeschränkten Steuerpflicht (§ 1 Abs. 1 EStG) als sonstige Einkünfte gem. § 22 Nr. 3 EStG versteuern. Dass die Zahlung vom ausländischen Arbeitgeber Y-Corp geleistet wird, ändert daran nichts. Darauf, ob B seine frühere aktive Tätigkeit für die Y-Corp im In- oder Ausland erbracht hat, kommt es nicht an.

c) Wohnsitzverlegung

Entscheidend für Fall 7 ist der inländische Wohnsitz. Unter steuerlichen Gesichtspunkten wird B die Möglichkeit der rechtzeitigen Beendigung des inländischen Wohnsitzes sowie des gewöhnlichen Aufenthalts prüfen. Auch hier ist entsprechend den Ausführungen unter C. I. 6. die Frage einer möglichen erweiterten beschränkten Steuerpflicht zu beachten.

2. Eingeschränktes Wettbewerbsverbot

a) Sachverhalt

Beispiel 8:

Wie Beispiel 7; es wird jedoch anstelle des umfassenden Konkurrenzverzichts ein eingeschränktes Wettbewerbsverbot vereinbart.

b) Arbeitslohn

In Fall 8 ist die dem B zufließende Karenzentschädigung als Arbeitslohn zu behandeln. Nach der hier vertretenen Auffassung[39] befindet sich der Leistungsort der von B für die Karenzentschädigung erbrachten Gegenleistung – Wettbewerbsenthaltung – am Wohnsitz des B, in Beispiel 8 also im Inland. Die Karenzentschädigung unterliegt danach in vollem Umfang der deutschen Besteuerung.

Eine abweichende Argumentation wird unten in Abschnitt d) angesprochen.

c) Wohnsitzverlegung

Entsprechend den Überlegungen in D. II. 1. c) oben wird B die Beendigung des inländischen Wohnsitzes/gewöhnlichen Aufenthalts erwägen.

d) BFH vom 9. 11. 1977

Behält B seinen inländischen Wohnsitz bei und unterliegt er somit der unbeschränkten Steuerpflicht, könnte er daran denken, sich die Rechtsmeinung des BFH im Urteil vom 9. 11. 1977[40] und die zustimmende Kommentierung [41] zu Eigen zu machen, derzufolge jeden-

---

[39] Vgl. dazu oben C. II. 5. bis 8.
[40] A. a. O. (oben Fn. 1).

falls dann, wenn die Wettbewerbsenthaltung eine vertragliche Nebenpflicht des Arbeitnehmers darstellt, zur Bestimmung der Quelle des als Karenzentschädigung zufließenden Arbeitslohns darauf abzustellen ist, wo zuvor die aktive Tätigkeit des Arbeitnehmers ausgeübt wurde.

Diese Beurteilung berührt zwar für die hier betrachtete Konstellation der unbeschränkten Steuerpflicht nicht den Umfang des Besteuerungs*anspruchs*, ggf. aber den des deutschen Besteuerungs*rechts*.

Wurde die frühere aktive Tätigkeit – und damit nach den vom BFH im zuvor erwähnten Urteil vom 9. 11. 1977 aufgestellten Grundsätzen auch die vom Arbeitnehmer in Form des Konkurrenzverzichts erbrachte Leistung – im Ausland ausgeübt, kann sich aus dem DBA mit dem betreffenden ausländischen Staat eine Einschränkung des Besteuerungsrechts der Bundesrepublik ergeben.

Angesichts der neueren Rechtsprechung des BFH[42] und Verwaltungsmeinung[43] sind die Erfolgschancen einer auf diese Überlegungen gestützten Argumentation m. E. äußerst skeptisch zu beurteilen.

III. Planungsrelevante Aspekte

Für den Fall des ausländischen Arbeitgebers lassen sich die steuerplanerischen Überlegungen wie folgt zusammenfassen

- Will der Arbeitnehmer die Besteuerung der Karenzentschädigung in Deutschland vermeiden, wird er die Möglichkeit einer Beendigung der unbeschränkten Steuerpflicht prüfen.
- Wird der Wechsel zur beschränkten Steuerpflicht vollzogen, besteht nach der hier vertretenen Auffassung kein deutscher Steueranspruch. Dies gilt sowohl für das umfassende als auch für das eingeschränkte Konkurrenzverbot.
- Behält der Arbeitnehmer seinen inländischen Wohnsitz bei und unterliegt damit der unbeschränkten Steuerpflicht, wird er sich ggf. unter Hintanstellung der in diesem Beitrag für zutreffend gehaltenen Rechtsauffassung die Grundsätze des BFH-Urteils vom 9. 11. 1977[44] zu Eigen machen und gegenüber der Finanzverwaltung vortragen, dass im Fall des eingeschränkten Wettbewerbsverbots die Karenzentschädigung insoweit durch DBA von der deutschen Besteuerung freigestellt sei, als die frühere aktive Tätigkeit im Ausland ausgeübt wurde. Dem können jedoch die neuere Rechtsprechung sowie die Verwaltungsauffassung entgegengehalten werden.

E. Zusammenfassung

1. Wird einem Arbeitnehmer nach Beendigung des Arbeitsverhältnisses eine Vergütung für Einhaltung eines Konkurrenzverbots gewährt, so unterliegt diese Karenzentschädigung der Besteuerung.
2. Die steuerliche Einordnung des Entgelts ist zukunftsorientiert; die Zuordnung zu einer der Einkunftsarten bestimmt sich nach dem Inhalt der Wettbewerbsabrede.

---

[41] *Hidien*, in: Kirchhof/Söhn/Mellinghoff, a. a. O. (oben Fn. 18), § 49 EStG, Rdnr. G 249, Stichwort „Wettbewerbsverbot".
[42] BFH-Urt. v. 12.6.1996 a. a. O. (oben Fn. 2); vgl. dazu oben Abschn. C. II. 6.
[43] BMF v. 14.9.2006 a. a. O. (oben Fn. 18), Rz. 126 f.; vgl. dazu oben Abschn. C. II. 8.
[44] A. a. O. (oben Fn. 1).

3. Für die Frage, ob ein deutscher Steueranspruch/ein deutsches Besteuerungsrecht besteht, können u. a. von Bedeutung sein:
   - Sitz des Arbeitgebers
   - Wohnsitz des Arbeitnehmers während der Dauer der Wettbewerbsenthaltung
   - vorangegangene aktive Tätigkeit
   - Inhalt und vertragliche Bedeutung (Haupt- oder Nebenpflicht) der Konkurrenzklausel
   - Einkunftsart
   - DBA
4. Steuerplanerische Optionen ergeben sich für den Arbeitnehmer insbesondere in Form der Möglichkeit der Aufgabe des inländischen Wohnsitzes und gewöhnlichen Aufenthalts nach Beendigung des aktiven Arbeitsverhältnisses.
5. Nach der hier vertretenen Auffassung unterliegt bei beschränkter Steuerpflicht die Karenzentschädigung nicht der deutschen Besteuerung, da insbesondere im Fall des umfassenden Konkurrenzverzichts aufgrund der eingeschränkten Reichweite des Begriffs der inländischen Einkünfte gem. § 49 EStG i. d. R. kein deutscher Steueranspruch besteht. Ggf. kann sich der ehemalige Arbeitnehmer darüber hinaus auf den Schutz eines DBA mit seinem neuen Wohnsitzstaat berufen.
6. Für den (ehemaligen) inländischen Arbeitgeber gilt die Empfehlung, die lohnsteuerliche Behandlung der zu leistenden Zahlungen vor deren Beginn durch eine Anrufungsauskunft gem. § 42e EStG abzusichern.

4. Steuer- und sozialversicherungsrechtliche Fragen bei der Entsendung von Arbeitnehmern ins Ausland

von Professor Dr. Ursula Ley, Wirtschaftsprüferin, Steuerberaterin, Köln und Dr. Guido Bodden, Rechtsanwalt, Steuerberater, Köln

Inhaltsübersicht

A. Vorbemerkung
B. Steuerrechtliche Aspekte
   I. Grundsätzliches
   II. Zuordnung des Besteuerungsrechts
   III. Folgen der Zuordnung des Besteuerungsrechts
   IV. Typische Entsendungsfälle in DBA-Staaten und Ihre Besteuerung
   V. Gestaltungsüberlegungen bei DBA-Fällen
   VI. Arbeitgeberrisiken in Fällen der Mitarbeiterentsendung
C. Sozialversicherungsrechtliche Aspekte
   I. Einleitung
   II. Grundsätzliches
   III. Zuordnung des Sozialversicherungsrechts
   IV. Folgen der Zuordnung des Sozialversicherungsrechts

Literatur:

Achter, Der Arbeitgeberbegriff im Doppelbesteuerungsrecht, IStR 2003, 410 ff.; *ders.,* Zur Vereinbarkeit des Progressionsvorbehalts bei zeitweiser unbeschränkter Steuerpflicht und bei fiktiver unbeschränkter Steuerpflicht gemäß § 1 Abs. 3 EStG mit Verfassungs- und Völkerrecht am Beispiel von Arbeitnehmer-Entsendung, DStR, 2002, 73 ff.; *Apitz,* Freistellung von Arbeitslohn nach Doppelbesteuerungsabkommen (DBA), StBp 2008, 1 ff., 49 ff., 74 ff.; *Bauer,* Ort der Ausübung unselbständiger Arbeit nach DBA-Recht, IWB F. 3 Deutschland Gr. 2 S. 543 ff.; *Bendlinger,* Die 183-Tage-Regel im DBA-Recht, SWI 2005, 460; *Bertram,* Sozialversicherungsrechtliche Folgen der Auslandstätigkeit von Arbeitnehmern – insbesondere bei Entsendung innerhalb Europas (EU), IStR 1996, 443 ff.; *Bron,* Das Treaty Override im deutschen Steuerrecht vor dem Hintergrund aktueller Entwicklungen, IStR 2007, 431 ff.; *Bublitz,* Besteuerung bei Auslandseinsätzen für private Trägerorganisationen im Rahmen der deutschen Entwicklungszusammenarbeit, IStR 2007, 77 ff; *Doetsch,* International-steuerrechtliche Fragen bei Gehaltsumwandlungen, IWB, F. 1 IFA-Mitteilungen, S. 1547; *Fajen,* Steuerfragen bei der Entsendung von Mitarbeitern ins Ausland, IStR 1995, 469 ff.; *Erhard/Ehrsam,* Payroll-Split für international tätige Mitarbeiter – Steuer- und sozialversicherungsrechtliche Aspekte, StB 2007, 59; *Fehn,* Arbeitnehmerentsendungen – einkommensteuerliche Aspekte einer globalisierten und internationalisierten Arbeitswelt, BB-Special 3/2004, 7 ff; *Gassner,* Thema II: International Tax Aspects of Deferred Remuneration, IStR 2000, 486; *Geray,* Arbeitsrechtliche Auswirkungen der Auslandstätigkeit von Arbeitnehmern – insbesondere bei Entsendung in Länder der Europäischen Union (EU), IStR 1997, 566 ff.; *Golenia,* Berücksichtigung von Unterbrechungen bei einer nach dem Auslandstätigkeitserlaß (ATE) begünstigten Tätigkeit, IStR 1993, 421; *Gross,* Steuerliche Auswirkungen der Tätigkeit von Arbeitskräften im Ausland, IWB, F. 3 Deutschland Gr. 6 S. 347 ff.; *Gosch,* Über das Treaty Overriding, Bestandsaufnahme – Verfassungsrecht – Europarecht, IStR 2008, 413 ff.; *Grotherr,* Zum Anwendungsbereich der unilateralen Rückfallklausel gemäß § 50d Abs. 9 EStG, IStR 2007, 265 ff.; *Höreth/Kurz,* Arbeitnehmerentsendungen ins Ausland, StB 2007, 413; *Hofmann/Otto,* Erschwernis der Freistellung von Arbeitslohn gemäß DBA nach Einführung einer nationalen Rückfallklausel durch das StÄndG 2003, FR 2004, 826 ff.; *Holthaus,* Die Änderung der Freistellungspraxis im StÄndG 2003 beim ausländischen Arbeitslohn in § 50d EStG – Auswirkungen einer globalen Rückfallklausel in allen Anwendungsfällen des DBA, IStR 2004, 16 ff.; *ders.,* Aktuelle Anwendung der Rückfallklausel des DBA in der Praxis – Wo und wann kann die Finanzverwaltung trotz geänderter Rechtsauffassung des BFH noch „weiße Einkünfte" verhindern?, IStR 2005, 337 ff.; *ders.,* Besteuerung international tätiger Berufskraftfahrer – aktuelle Praxisprobleme bei der Umsetzung der DBA-rechtlichen Vorgaben, IStR 2006, 16; *Kolb,* Überblick über das Update 2008 des OECD-Musterabkommens, IWB, F. 10 Deutschland Gr. 2 S. 2049 ff.; *Korn,* Anmerkung zum BMF-Schreiben vom 12.11.2008, IV B 5 – S 1300/07/10080, DStR 2008, 2317; *Kramer,* Arbeitnehmerbesteuerung im Internationalen Steuerrecht, IWB, F. 10 Gr. 2 S. 1343 ff.; *ders.,* Der Arbeitsort von leitenden Angestellten im Internationalen Steuerrecht, Bem.zu einem Beitrag des BFH zur Komplizierung des Steuerrechts, RIW 1995, 742 ff.; *Kroppen/Rasch/Roeder,* Neue Verwaltungsgrundsätze des BMF zur Arbeitnehmerentsendung, IWB, Fach 3, Deutschland, Gruppe 1, 1821 ff.; *Kubaile,* Steuerplanerische Gestaltungsinstrumente und Risiken bei internationaler Mitarbeiterentsendung, INF 2001, 15 ff.; *Ley,* Arbeitnehmerbesteuerung und Sozialversicherungspflichten im Fall der Entsendung in das DBA-Ausland, KÖSDI 1996, 10788 ff.; *dies.,* Steuer- und sozialversicherungsrechtliche Behandlung der betrieblichen Altersversorgung unter

Berücksichtigung des Altersvermögensgesetzes – Handlungsbedarf für den Arbeitgeber ab 1.1.2002, DStR 2002, 193 ff.; **Louven,** Ausstrahlung und Einstrahlung bei Entsendung von Arbeitnehmern in Ausland und nach Deutschland, IWB Fach 4, Deutschland, Gruppe 10, S. 217 ff.; **Ludewig,** Steuerliche Folgen kurz- und längerfristiger Personalentsendung ins Ausland, Inf 1997, 616 ff.; **Ludewig/Libudda,** Welche Bedeutung haben Rückfallklauseln in Doppelbesteuerungsabkommen nach Einführung des § 50d Abs. 8 EStG?, RIW 2005, 344 ff.; **Lühn,** Wer ist -Dritter- im Sinne von § 38 Abs. 1 Satz 3 EStG?, IWB, Fach 3 Deutschland, Gruppe 3, 1569 ff.; **Marburger,** Versicherungspflicht zur Sozialversicherung bei Aus- und Einstrahlung, NWB F. 27 S. 4011 ff.; **Miessl,** Einmal Grenzgänger in die Schweiz – immer Grenzgänger?, IStR 2008, 624 ff.; **ders.,** Grenzgänger in die Schweiz und die steuerliche Konsequenzen von Einmalauszahlungen aus der Schweizer Pensionskasse, IStR 2007, 883; **Neyer,** Neue Nachweispflichten bei steuerbefreiten Einkünften, BB 2004, 519 ff.; **ders.,** Steuerliche Behandlung der grenzüberschreitenden Arbeitnehmerentsendung im Konzernverbund, BB 2006, 917 ff.; **ders.,** Lohnfortzahlung und Besteuerungsrecht beim international tätigen Arbeitnehmer, RIW 2006, 216 ff.; **ders.,** Die Besteuerung von Geschäftsführerbezügen bei grenzüberschreitender Tätigkeit – Anm. zum Urt. des BFH v. 5. 10. 1994, IStR 1997, 33; **Niermann,** Steuerliche Behandlung des Arbeitslohns nach den Doppelbesteuerungsabkommen, IWB, Fach 3, Deutschland, Gruppe 2, 1345 ff.; **Odenthal/Seifert,** Lohnsteuerliche Änderungen 2004, DStR 2004, 585 ff.; **Plenker,** Lohnsteuerabzugspflicht des Arbeitgebers bei Arbeitslohnzahlungen von dritter Seite, DB 2004, 894 ff.; **Pohl,** Zuzug und Wegzug – Aktuelle Rechtsentwicklung im Ertragsteuerrecht, IStR 2001, 460 ff.; **Reuter,** Doppelbesteuerung und Steuervermeidung bei grenzüberschreitender Betätigung – Persönliche Einkommensteuer, Lohnsteuer, IStR 1993, 555 ff.; **Portner,** Die BFH-Ausführungen zur Anwendung des § 50d Abs. 8 und Abs. 9 EStG, IStR 2009, 195 ff; **Richter/Schanz,** Betriebliche Altersversorgung: Steuer- und arbeitsrechtliche Aspekte bei Personalversendung in der Europäischen Union, BB 1994, 397 ff.; **Roche,** Neue Überlegungen und neue BFH-Rechtsprechung zur 183-Tage-Klausel, IStR 1997, 203 ff.; **Runge,** Internationaler Arbeitnehmerverleih und Personalentsendung: Der Arbeitgeberbegriff in Art. 15 OECD-Musterabkommen, IStR 2002, 37 ff; **Schieber,** Besteuerung des Auslandseinsatzes von Mitarbeitern deutscher Unternehmen, FR 1988, 262 ff.; **Schmidt,** Der BFH zum wirtschaftlichen Arbeitgeber – Konsequenzen für die Besteuerungspraxis, IStR 2006, 78; **ders.,** Abkommensrechtliche Beurteilung von Lohnfortzahlungen im Krankheitsfall, PIStB 2007, 310; **Schnorberger/Waldens,** Einkommenszuordnung bei grenzüberschreitender Personalentsendung im Konzern, IStR 2001, 39 ff; **Schubert/Pavlovits,** Welche Bedeutunghat ein Ansässigkeitswechsel bei der Ermittlung der 183-Tage-Frist nach Art. 15 Abs. 2 Buchst. a OECD-MA?, IStR 2009, 415 ff.; **Schubert/Hofmann,** Das BMF-Schreiben vom 14.9.2006 zur steuerlichen Behandlung des Arbeitslohns nach den Doppelbesteuerungsabkommen, BB 2007, 23 ff.; **Selent/Endres,** Die Besteuerung des Arbeitslohns bei Auslandsdienstreisen – Eine Überprüfung der Arbeitgebereigenschaft und Ansässigkeit von Personengesellschaften in den 183-Tage-Klauseln der Doppelbesteuerungsabkommen –, DB 1984, 84; **Siefert,** Die Besteuerung bei der Entsendung von Arbeitskräften ins Ausland, Frankfurt/Bern/New York 1985; **Strohner/Mennen,** Zweifelfragen zur Anwendung des § 50d Abs. 8 EStG bei Arbeitseinkünften im Inland steuerpflichtiger Arbeitnehmer mit Tätigkeit im Ausland, DStR 2005, 1713 ff.; **Strunk,** Die 183-Tage-Regelung im Abkommensrecht nach Änderung der Rechtsprechung – Anm. zum BFH-Urt. v. 10. 7. 1996, I R 4/96 –, DStR 1997, 192 ff; **Strunk/Kaminiski,** Ansässigkeit und Vermeidung der Doppelbesteuerung nach Abkommensrecht, IStR 2007, 189 ff.; **Vetter/Schreiber,** Die 183-Tage-Regelung im Rahmen der neueren OECD-Kommentierung, IWB Fach 10 Gr. 2 S. 2081 ff.; **Vetter/Schreiber,** Auslandeinsatz und Riesterrente – steuerliche Konsequenzen, IWB Fach 3 Deutschland Gr. 3, S. 1527 ff.; **Vetter/Schreiber/Glaser,** Anspruch auf Kindergeld und Elterngeld bei Arbeitnehmer-Entsendungen, IWB Fach 3 Deutschland Gr. 3, S. 1587 ff.; **Vogel,** Neue Gesetzgebung zur DBA-Freistellung, IStR 2007, 225; **Walter,** Die Besteuerung leitender Angestellter im DBA Deutschland-Schweiz: es bleibt spannend, GmbHR 2009, 298 ff.; **dies.,** Grenzüberschreitende Besteuerung von GmbH-Geschäftsführern nach dem DBA Deutschland-Schweiz, GmbHR 2007, 973; **Wassermeyer, Wolf,** Besteuerung von inländischen Berufskraftfahrern mit luxemburgischem Arbeitgeber, IStR 2001, 470 ff.; **Wellisch/Näth,** Lohnbesteuerung in Deutschland bei internationalen Mitarbeiterentsendungen, DStR 2005, 433 ff; **Wellisch/Näth/Thiele,** Sozialversicherungspflicht bei internationaler Mitarbeiterentsendung – Vorschriften und Gestaltungsmöglichkeiten, IStR 2003, 746 ff.; **Zielke,** Doppelte Haushaltführung bei internationaler Entsendung, IWB F. 3, Gr. 6 S. 451 ff; **ders.,** Umzugskosten bei internationaler Entsendung, IWB, F. 3 Gr. 6 S. 441; **Spitzenverbände der Sozialversicherungsträger,** Richtlinien zur versicherungsrechtlichen Beurteilung von Arbeitnehmern bei Ausstrahlung (§ 4 SGB IV) und Einstrahlung (§ 5 SGB IV) v. 27. 4. 2007; **Deutsche Verbindungstelle Krankenversicherung-Ausland,** Merkblätter über die Entsendung von Arbeitnehmern ins Ausland, Bonn; **Deutsche Verbindungstelle Krankenversicherung-Ausland,** Hinweise für Anträge auf Ausnahmevereinbarungen, Bonn; Beschl. Nr. 162 v. 31. 5. 1996 zur Auslegung des Art. 14 Abs. 1 und des Art. 14 b Abs. 1 der Verordnung (EWG) Nr. 1408/71 des Rates hinsichtlich der auf entsandte Arbeitnehmer anzuwendenden Rechtsvorschriften, Amtsblatt der EG Nr. L 241 v. 21.9. 1996, S. 28; **Verordnung (EWG) Nr. 1408/71** des Rates v. 14. 6. 1971 zur Anwendung der Systeme der sozialen Sicherheit auf Arbeitnehmer und Selbständige sowie deren Familienangehörige, die innerhalb der Europäischen Union (EU) oder des Europäischen Wirtschaftsraums (EWR) zu- und abwandern, ABl. Nr. L 149 v. 5. 7. 1971, S. 2 sowie **Verordnung (EG) Nr. 118/97** des Rates v. 2. 12. 1996 zur Änderung und Aktualisierung der Verordnung (EWG) Nr. 140/71 zur Anwendung der Systeme der sozialen Sicherheit auf Arbeitnehmer und Selbständige sowie deren Familienangehörige, die innerhalb der Europäischen Union (EU) oder des Europäischen Wirtschaftsraums (EWR) zu- und abwandern, und der **Verordnung (EWG) Nr. 574/72** über die Durchführung der Verordnung (EWG) Nr. 1408/71, ABl. Nr. L 28 v. 30. 1. 1997, S. 1; **Verordnung (EWG) Nr. 574/72** des Rates v. 21. 3. 1972 über die Durchführung der Verordnung (EWG) Nr. 1408/71 zur Anwendung der Systeme der sozialen Sicherheit auf Arbeitnehmer und Selbständige sowie deren Familienangehörige, die innerhalb der Europäischen Union (EU) oder des Europäischen Wirtschaftsraums (EWR) zu- und abwandern, ABl. Nr. L 74 v. 27. 3. 1972, S. 1 sowie **Verordnung (EG) Nr. 118/97** des Rates v. 2. 12. 1996 zur Änderung und Aktualisierung der Verordnung (EWG) Nr. 140/71 zur Anwendung der Systeme der sozialen Sicherheit auf Arbeitnehmer und Selbständige sowie deren Familienangehörige, die innerhalb der Europäischen Union (EU) oder des Europäischen Wirtschaftsraums (EWR) zu- und abwandern, und der Verordnung (EWG) Nr. 574/72 über die Durchführung der Verordnung (EWG) Nr. 1408/71, ABl. Nr. L 28 v. 30. 1. 1997, S. 1. Verordnung (EG) Nr. 883/2004 v. 29. 4. 2004 zur Koordinierung der Systeme der sozialen Sicherheit, ABl. L 166/1 v. 30. 4. 2004; **Verordnung (EG) Nr. 987/2009** vom 16. 9. 2009 zur Festlegung der Modalitäten für die Durchführung der Verordnung (EG) Nr. 883/2004 über die Koordinierung der Systeme der sozialen Sicherheit, ABl. Nr. L 284/1 v. 30. 10. 2009; **Verordnung (EG) Nr. 988/2009** vom 16. 9. 2009 zur Änderung der Verordnung (EG) Nr. 883/2004 zur Koordinierung der Systeme der sozialen Sicherheit und der Festlegung des Inhalts der Anhänge, ABl. Nr. 284/43 v. 30. 10. 2009.

A. Vorbemerkung

In Zeiten der Globalisierung und der Freizügigkeit der Berufsausübung innerhalb der Europäischen Union kommt der Entsendung von Mitarbeitern ins Ausland eine immer größere Bedeutung zu. Damit wachsen auch die Anforderungen an die steuer- und sozialversicherungsrechtliche Beratung von Unternehmen und Arbeitnehmern in Entsendungsfragen.

Nachfolgend werden zunächst zu B. die allgemeinen steuerlichen Regelungen zur Besteuerung von Einkünften aus nichtselbständiger Arbeit in jenen Fällen behandelt, bei denen ein inländischer privater Arbeitgeber einen bislang in Deutschland unbeschränkt steuerpflichtigen Arbeitnehmer ins Ausland entsendet[1] und dieser dort keinen Wohnsitz, den einzigen Wohnsitz oder einen weiteren Wohnsitz begründet. In diesem Zusammenhang wird danach differenziert, ob die Entsendung in einen Staat erfolgt, mit dem Deutschland ein Abkommen zur Vermeidung der Doppelbesteuerung abgeschlossen hat oder nicht[2]. Den diesbezüglichen Ausführungen wird das OECD-Musterabkommen 2008 (OECD-MA) zugrunde gelegt[3]. Die OECD-Bestimmungen entfalten zwar selbst keine rechtliche Bindungswirkung. Da sich jedoch die von Deutschland geschlossenen DBA im hier relevanten Bereich der Arbeitnehmereinkünfte in aller Regel weitgehend an Inhalt und Aufbau des Musterabkommens orientieren, können dessen Bestimmungen für einen Überblick über die Gesamtproblematik herangezogen werden. Besonders relevante Abweichungen einiger Einzel-DBA werden an betreffender Stelle angesprochen. Hierauf aufbauend werden dann einige typische DBA-Entsendungsfälle und deren steuerliche Behandlung skizziert. Ebenso werden steuerliche Gestaltungsmöglichkeiten bei Auslandsentsendungen von Mitarbeitern aufgezeigt und abschließend auf steuerliche Arbeitgeberrisiken in den Fällen der Mitarbeiterentsendung hingewiesen. Abgerundet wird dieses Kapital schließlich zu C. mit einem kursori-

---

[1] Zu den nachfolgend nicht behandelten Fällen der Inbound-Entsendung vgl. z. B. *Jacobs*, Internationale Unternehmensbesteuerung, S. 1358 ff., ferner *Reuter*, in Kessler/Kröner/Köhler, Konzernsteuerrecht, § 9 Rz. 4 ff., 30 ff.

[2] Zum Stand der Doppelbesteuerungsabkommen am 1. 1. 2011 vgl. BMF-Schr. v. 12. 1. 2011, IV B 2 - S 1301 /07/10017-02.

[3] Zum Update 2008 des OECD-Musterabkommens im Bereich von Art. 15 vgl. *Kolb*, IWB, Fach 10, Gruppe 2, 2049 ff.

schen Überblick über die sozialversicherungsrechtlichen Folgen in Fällen der Arbeitnehmerentsendung ins Ausland.

B. Steuerrechtliche Aspekte

I. Steuerliche Determinanten in Entsendungsfällen

1. Steuerstatuts nach deutschem Einkommensteuerrecht (§ 1 EStG)

Ausgangspunkt der steuerrechtlichen Beurteilung in Entsendungsfällen ist die Frage des künftigen inländischen Steuerstatus des betreffenden Arbeitnehmers, namentlich, ob dieser weiterhin unbeschränkt steuerpflichtig i. S. v. § 1 Abs. 1 EStG bleibt oder ob fortan nur noch eine beschränkte Steuerpflicht inländischer Quellen i. S. v. § 1 Abs. 4 EStG oder eine Nicht-Steuerpflicht besteht.

a) Unbeschränkte Steuerpflicht in Deutschland

Der Arbeitnehmer bleibt unbeschränkt und damit mit seinem Welteinkommen in Deutschland steuerpflichtig, wenn er im Inland einen Wohnsitz i. S. v. § 8 AO oder zumindest einen gewöhnlichen Aufenthalt i. S. v. § 9 AO behält. Sind diese Voraussetzungen erfüllt, wird die unbeschränkte Steuerpflicht nicht dadurch aufgehoben, dass der Steuerpflichtige auch im Tätigkeitsstaat einen Wohnsitz begründet (Fall der Doppelansässigkeit[4]), selbst wenn er abkommensrechtlich als im Tätigkeitsstaat ansässig gilt[5].

aa) Wohnsitz

Einen Wohnsitz i. S. v. § 8 AO hat jemand dort, wo er eine **Wohnung** unter Umständen innehat, die darauf schließen lassen, dass er diese beibehalten und benutzen wird[6]. Melderechtliche Normen sowie bürgerlich-rechtliche Vorschriften zur Begründung, Beibehaltung und Aufgabe eines Wohnsitzes sind in diesem Zusammenhang unmaßgeblich[7]. Mit Wohnung sind die objektiv zum Wohnen geeigneten Räume gemeint. Nicht erforderlich ist eine abgeschlossene Wohnung mit Küche und separater Waschgelegenheit i. S. des BewG. Es genügt eine bescheidene Bleibe, wonach ein möbliertes Zimmer ausreichend wäre. Einschränkend jedoch verlangt der BFH in seinem Urteil vom 19. 3. 1997[8], dass die Wohnung eine den persönlichen und wirtschaftlichen Verhältnissen des Steuerpflichtigen entsprechende Bleibe darstellen muss. Danach könne für einen ledigen Monteur ein möbliertes Zimmer u. U. ausreichen, wohl aber nicht für einen ledigen leitenden Angestellten. Der Arbeitnehmer muss die **Wohnung innehaben**, d. h. er muss tatsächlich über sie verfügen können und sie als Bleibe nicht nur vorübergehend nutzen[9]. Der zeitliche Umfang der Nutzung ist unerheblich[10].

---

[4] Vgl. dazu nachfolgend I. 3.b.
[5] Vgl. BFH-Urt. v. 24. 1. 2001, I R 100/99, BFH/NV 2001, 1402.
[6] Vgl. zum Wohnsitzbegriff bei internationalen Sachverhalten auch das „ABC des Wohnsitzes und des gewöhnlichen Aufenthalts" bei *Flick/Wassermeyer/Becker*, AStG, Anhang zu § 6.
[7] Vgl. BFH-Urt. v. 23. 11. 2000, VI R 107/99, BStBl. 2001 II 294; Urt. v. 17. 5. 1995, I R 8/94, BStBl. 1996 II 2.
[8] Vgl. BFH-Urt. v. 19. 3. 1997, I R 69/96, BStBl. 1997 II 447.
[9] Vgl. BFH-Urt. v. 24. 4. 1964, VI 236/62 U, BStBl 1964 III 462; Urt. v. 6. 3. 1968, I 38/65, BStBl 1968 II 439. Der Wohnsitzbegriff setzt nicht voraus, dass sich dort auch der Mittelpunkt des Lebensinteresses des Steuerpflichtigen befindet, vgl. BFH-Urt. v. 19. 3. 1997 , I R 69/96, BStBl. 1997 II 447.
[10] Vgl. BFH-Urt. v. 23. 11. 1988, II R 139/87, BStBl 1989 II 182; Urt. v. 19. 3. 1997, I R 69/96, BStBl. 1997 II 447; Urt. v. 24.01.2001, I R 100/99, BFH/NV 2001, 1403.

Bei einem **ins Ausland versetzten Arbeitnehmer** begründet die Beibehaltung einer eingerichteten Wohnung im Inland die – widerlegbare – Vermutung für das Fortbestehen eines inländischen Wohnsitzes[11]. Auch die gemeinsam genutzte Wohnung des Lebensgefährten begründet einen inländischen Wohnsitz[12]. Eine im Inland belegene Wohnung wird hingegen aufgegeben, wenn der Arbeitnehmer keine inländische Wohnung mehr innehat. Dies ist der Fall, wenn er seine Mietwohnung kündigt und auszieht oder langfristig untervermietet oder wenn der Steuerpflichtige seine Eigentumswohnung oder sein Haus vermietet oder verkauft[13]. Bei einer mehrjährigen Auslandsentsendung kann der inländische Wohnsitz auch aufgegeben werden, wenn nur ein gelegentlicher, unregelmäßiger kurzer Aufenthalt (5 bis 6 Wochen im Jahr) zu Erholungszwecken im eigenen Einfamilienhaus stattfindet[14], auch wenn die Wohnung von einem Familienangehörigen ständig bewohnt wird[15]. Ebenso, wenn die Wohnung nur für den Notfall zurückbehalten wird[16]. Ist der **Arbeitnehmer verheiratet** und lebt er nicht dauernd getrennt von seiner Familie, hat er seinen Wohnsitz grundsätzlich dort, wo die Familie lebt[17].

bb) Gewöhnlicher Aufenthalt

Einen gewöhnlichen Aufenthalt i. S. v. § 9 Satz 1 AO hat jemand dort, wo er sich unter Umständen aufhält, die erkennen lassen, dass er an diesem **Ort oder** in diesem **Gebiet nicht nur vorübergehend verweilt**[18]. Bei einer Aufenthaltsdauer von mehr als sechs Monaten wird nach § 9 Satz 2 AO ohne weitere Voraussetzungen ein gewöhnlicher Aufenthalt angenommen. Bei einem Auslandsaufenthalt von nahezu zwei Jahren kann kein gewöhnlicher Aufenthalt im Inland mehr angenommen werden[19]. Ein **Grenzgänger** begründet im Tätigkeitsstaat regelmäßig keinen gewöhnlichen Aufenthalt[20].

b) Beschränkte Steuerpflicht in Deutschland

Gibt der Arbeitnehmer anläßlich der Entsendung seinen bisherigen inländischen Wohnsitz auf und behält er auch keinen gewöhnlichen Aufenthalt mehr im Inland, so wird die unbeschränkte Steuerpflicht mit dem Wegzug beendet[21]. Der Arbeitnehmer ist fortan nur noch mit **inländischen Einkunftsquellen** beschränkt steuerpflichtig i. S. v. § 1 Abs. 4 EStG. Im Bereich der Einkünf-

---

[11] Vgl. BFH-Urt. v. 17. 5. 1995, I R 8/94, BStBl 1996 II 2; Urt. v. 27.9.1999, I B 83/98, BFH/NV 2000, 673; v. 23.11.2000, VI R 107/99, BStBl. 2001 II 294. FG Baden-Württemberg, Urt. v. 22.7.2008, 4 K 1296/08, EFG 2008, 1626.

[12] Vgl. FG Rheinland-Pfalz, Urt. v. 10.10.2002, 6 K 1991/00, DStRE 2003, 1167.

[13] Zu den diesbezüglichen Nachweispflichten des Steuerpflichtigen vgl. BFH-Urt. v. 19.12.2005, I R 121/04, IStR 2006, 461.

[14] Vgl. BFH-Urt. v. 19. 3. 1997, I R 69/96, BStBl 1997 II 447.

[15] Vgl. FG Niedersachsen, Urt. v. 28.5.1997, EFG 1997, 1150.

[16] Vgl. BFH-Urt. v. 12.4.1978, I R 136/77, BStBl. 1978 II 494.

[17] Vgl. BFH-Urt. v. 6. 2. 1985, I R 23/82, BStBl 1985 II 331; Urt. v. 9.8.1999, VI B 387/98, BFH/NV 2000, 42.

[18] Vgl. zum Begriff des gewöhnlichen Aufenthalts bei internationalen Sachverhalten auch das „ABC des Wohnsitzes und des gewöhnlichen Aufenthalts" bei *Flick/Wassermeyer/Becker*, AStG, Anhang zu § 6.

[19] Vgl. BFH-Urt. v. 27. 4. 2005, I R 112/04, BFH/NV 2005, 1756.

[20] Vgl. BFH-Urt. v. 10. 5. 1989, I R 50/85, BStBl 1989 II 755; Urt. v. 10.7.1996, I R 4/96, BStBl. 1997 II 15. Zu den DBA-Grenzgängerregelungen vgl. die nachfolgenden Ausführungen zu II. 1. a)

[21] Zu den Folgen der Wohnsitzaufgabe in Deutschland auf Altersvorsorgeverträge (Riester-Verträge i. S. v. §§ 79 ff. EStG) vgl. *Vetter/Schreiber*, IWB Fach 3 Deutschland Gruppe 3, S. 1527 ff. Zu den Auswirkungen auf die Gewährung von Kinder- und Elterngeld *Vetter/Schreiber*, IWB Fach 3 Deutschland Gruppe 3, S. 1587 ff.

te aus nichtselbständiger Tätigkeit werden Vergütungen von § 49 Abs. 1 Nr. 4 Buchst. a EStG nur insoweit erfasst, als sie für eine Tätigkeit geleistet werden, die im Inland ausgeübt oder verwertet[22] wird oder worden ist[23]. Unabhängig vom Ort der Ausübung bzw. Verwertung der Tätigkeit fallen gemäß § 49 Abs. 1 Nr. 4 Buchst. c EStG Vergütungen für eine Tätigkeit als Geschäftsführer, Prokurist oder Vorstandsmitglied einer Gesellschaft mit Geschäftsleitung in Deutschland unter die beschränkte Steuerpflicht[24].

c) Keine weitere Steuerpflicht in Deutschland

Beendet der Arbeitnehmer anläßlich der Entsendung die unbeschränkte Steuerpflicht und unterhält er danach **keine inländischen Einkunftsquellen** mehr, besteht fortan in Deutschland eine Nicht-Steuerpflicht[25].

2. Steuerstatus nach nationalem Recht des Tätigkeitsstaates

Ebenso wie in Deutschland ist in Entsendungsfällen auch der Steuerstatus des Arbeitnehmers im ausländischen Tätigkeitsstaat zu bestimmen. In diesen wird regelmäßig – vergleichbar mit dem den deutschen Regelungen – zwischen unbeschränkter, beschränkter und fehlender Steuerpflicht differenziert. Die hierfür maßgeblichen Kriterien ergeben sich aus dem Steuerrecht des Tätigkeitsstaates.

3. Steuerstatuts bei Entsendung in einem DBA-Staat (Art. 4 OECD-MA)

Zusätzlich zur Bestimmung des nationalrechtlichen Steuerstatus des Arbeitnehmers ist bei der Entsendung in einen DBA-Staat dessen abkommensrechtlicher Steuerstatus zu bestimmen. Dieser richtet sich nach der Ansässigkeit i. S. v. Art. 4 OECD-MA[26]. Der abkommensrechtliche Begriff der Ansässigkeit entspricht dabei nicht dem im innerstaatlichen Recht verwendeten Begriff der unbeschränkten Steuerpflicht. Vielmehr vermittelt die Ansässigkeit einer Person in einem Vertragsstaat die Abkommensberechtigung nach Art. 1 OECD-MA und eröffnet dem Steuerpflichtigen damit zunächst den Anspruch auf Vermeidung der Doppelbesteuerung gemäß den Abkommensbestimmungen. Zugleich wird mit der Bestimmung der Ansässigkeit einer Person in einem Vertragsstaat dieser Staat für die Anwendung des Abkommens zum Ansässigkeitsstaat, der andere Staat zum Quellenstaat[27].

a) Anwendungsbereiche und Regelungsinhalte der DBA bei Einkünften aus nichtselbständiger Tätigkeit

Die Regelungen der DBA sind nur dann relevant, wenn ein Steuerpflichtiger in **einem Vertragsstaat ansässig** ist und in dem **anderen Vertragsstaat**, in dem er nicht bzw. bei Doppelansässigkeit[28] nicht vorrangig ansässig ist, **Einkünfte** bezieht und in beiden DBA-Staaten steuerpflichtig ist. In diesen Fällen ist abkommensrechtlich ein Staat **Ansässigkeitsstaat** und dieser (vorrangige)

---

[22] Zum Verwertungstatbestand vgl. R 39d LStR.

[23] Erfasst werden auch Abfindungszahlungen anlässlich der Beendigung eines inländischen Arbeitsverhältnisses; vgl. FG Köln Urt. v. 13. 8. 2008, 4 K 3363/07, EFG 2008, 1775, Rev. I R 90/08.

[24] Zu dieser Vorschrift und zum Verhältnis zu Doppelbesteuerungsabkommen vgl. OFD Frankfurt, Vfg. v. 11. 2. 2003, FR 2002, 371.

[25] Zu den Folgen der Wohnsitzaufgabe in Deutschland auf Altersvorsorgeverträge (Riester-Verträge i. S. v. §§ 79 ff. EStG) sowie die Gewährung von Kinder- und Elterngeld vgl. *Vetter/Schreiber*, IWB Fach 3 Deutschland Gruppe 3, S. 1527 ff. und S. 1587 ff.

[26] Vgl. hierzu auch BFH-Urt. v. 5. 6. 2007, I R 22/06, BStBl. 2007 II 812.

[27] Vgl. BMF-Schreiben v. 14. 9. 2006, BStBl. I 2006, 532 Rz. 6.

[28] Vgl. dazu nachfolgend I. 3.b.

Ansässigkeitsstaat darf den in seinem Gebiet ansässigen Arbeitnehmer nach seinem innerstaatlichen Recht als Wohnsitzstaat unter Berücksichtigung seines **Welteinkommens** nach den Regeln der unbeschränkten Steuerpflicht und der nachrangige **Tätigkeitsstaat** als Quellenstaat unter Berücksichtigung der aus Sicht dieses Staates **inländischen Einkünfte** nach den Regeln der beschränkten Steuerpflicht besteuern. Ist die Frage der Ansässigkeit geklärt, sind die einzelnen Einkünfte des Steuerpflichtigen unter die einschlägige Verteilungsnorm des DBA zu subsumieren. Für den hier relevanten Bereich der **Einkünfte aus nichtselbständiger Tätigkeit** ist dabei Art. 15 OECD-MA[29] maßgeblich. Diese Abkommensregelung enthält jedoch – wie in aller Regel auch die Einzel-DBA – keine Begriffsdefinition der Einkünfte aus nichtselbständiger Tätigkeit, so dass diese durch Auslegung des Abkommens sowie hilfsweise gemäß der „lex fori"-Regelung des Art. 3 Abs. 2 OECD-MA nach deutschem Steuerrecht zu bestimmen ist (§ 2 LStDV)[30]. Art. 15 OECD-MA begründet dabei keine Steuerpflicht, sondern bestimmt lediglich, ob dem Ansässigkeitsstaat oder dem Tätigkeitsstaat das **Besteuerungsrecht** für die nach nationalem Recht steuerpflichtigen Lohneinkünfte zusteht. Ist die Zuordnung des Besteuerungsrechts geklärt, regelt Art. 23A OECD-MA, nach welcher Methode der nicht zur Besteuerung befugte (Ansässigkeits- oder Tätigkeits-) Staat zur **Vermeidung** einer sich ergebenden **Doppelbesteuerung** verpflichtet ist. Bei Einkünften aus nichtselbständiger Tätigkeit findet dabei in aller Regel die **Freistellungsmethode** Anwendung, gemäß der nur ein Staat das Besteuerungsrecht hat und der andere Staat die zu besteuernden Einkünfte bei der inländischen Besteuerung unter Progressionsvorbehalt von der Besteuerung auszunehmen hat (Art. 23A Abs. 1, 3 OECD-MA)[31].

Für die Zuordnung des Besteuerungsrechts und die Vermeidung einer Doppelbesteuerung in Bezug auf die Einkünfte aus nichtselbständiger Arbeit gem. Art. 15 OECD-MA ist somit von entscheidender Bedeutung, welchen **Begriffsinhalt** die Merkmale des Ansässigkeitsstaates bzw. Wohnsitzstaates und des Tätigkeitsstaates haben[32].

b) Ansässigkeitsstaat / Wohnsitzstaat

Gem. Art. 4 Abs. 1 OECD-MA ist Ansässigkeitsstaat der Staat, in dem eine Person über eine **ständige Wohnstätte** oder einen ständigen Aufenthalt verfügt[33]. Der Wohnsitzstaat (Aufenthaltsstaat) ist danach auch der Ansässigkeitsstaat. Das OECD-MA definiert den Begriff Wohnstätte und des ständigen Aufenthalts nicht, der Inhalt dieser Begriffe richtet sich daher gem. Art. 3 Abs. 2 OECD-MA nach innerstaatlichem Recht, wenn der Zusammenhang keine andere Auslegung erfordert[34]. Damit sind aus deutscher Sicht in aller Regel die Kriterien der §§ 8 und 9 AO maßgeblich[35]. Bei der Bestimmung der abkommensrechtlichen Ansässigkeit sind drei **Fallkonstellationen** denkbar:

Behält der Arbeitnehmer seine inländische Wohnung bei und begründet im Ausland keinen weiteren Wohnsitz, bleibt **Deutschland** auch nach der Entsendung des Arbeitnehmers ins Ausland der **einzige Ansässigkeitsstaat**. Gibt der ins Ausland entsandte Arbeitnehmer seinen deut-

---

[29] Zum Wortlaut des Art. 15 OECD-MA vgl. Gliederungspunkt III. 1. a).

[30] Vgl. BFH-Urt. v. 10. 7. 1996, I R 83/95, BStBl 1997 II 341. *Prokisch*, in Vogel/Lehner, DBA, Art. 15 OECD-MA, Rz. 15, 16a, 27; *Reuter*, in Kessler/Kröner/Köhler, Konzernsteuerrecht, § 9 Rz. 11.

[31] Vgl. hierzu nachfolgend II. 1. d).

[32] Vgl. zu diesen und den folgenden grundsätzlichen Ausführungen *Ley*, KÖSDI 1996, 10788.

[33] Allgemein zur Ansässigkeit und Vermeidung der Doppelbesteuerung nach Abkommensrecht vgl. *Strunk/Kaminiski*, IStR 2007, 189 ff.

[34] Zur Einschränkung BFH-Urt. v. 10. 7. 1996, I R 4/96, BStBl 1997 II 15.

[35] Vgl. dazu bereits oben zu I. 1. a) aa) und bb).

schen Wohnsitz auf und begründet im **Tätigkeitsstaat** entsprechend den dort maßgeblichen Steuervorschriften einen neuen Wohnsitz, so ist der ausländische Staat der **einzige Ansässigkeitsstaat**. Behält der Arbeitnehmer seinen inländischen Wohnsitz bei und begründet für die Zeit seiner Auslandtätigkeit einen weiteren Wohnsitz im Tätigkeitsstaat, ist er in beiden Vertragsstaaten ansässig (Doppelwohnsitz). In diesen Fällen der **Doppelansässigkeit** regelt Art. 4 Abs. 2 OECD-MA, welcher der beiden Vertragsstaaten als abkommensrechtlich maßgeblicher Ansässigkeitsstaat gilt (Tie-Breaker-Regel). Gem. Art. 4 Abs. 2 Buchst. a OECD-MA ist dies der Staat, zu dem der Arbeitnehmer die engeren persönlichen und wirtschaftlichen Beziehungen hat (**Mittelpunkt der Lebensinteressen**)[36]. Kann der Mittelpunkt der Lebensinteressen nicht bestimmt werden, richtet sich die Ansässigkeit gem. Art. 4 Abs. 2 Buchst. b OECD-MA nach dem **gewöhnlichen Aufenthalt**. Hält sich der Arbeitnehmer gewöhnlich in beiden Staaten oder in keinem Staat auf, richtet sich die Ansässigkeit gem. Art. 4 Abs. 2 Buchst. c OECD-MA nach der **Staatsangehörigkeit**. Hat der Arbeitnehmer die Staatsangehörigkeit beider Staaten oder keines der Staaten, so regeln die zuständigen Behörden der Vertragsstaaten gem. Art. 4 Abs. 2 Buchst. d OECD-MA die Ansässigkeitsfrage im gegenseitigen **Einvernehmen**.

c) Tätigkeitsstaat

Tätigkeitsstaat ist der Staat, in welchem der **Arbeitnehmer seine Tätigkeit ausübt**[37]. Dies ist der Staat, in welchem sich der Arbeitnehmer zum Zwecke seiner Tätigkeitsausübung persönlich aufhält[38]. Es kommt dabei nicht darauf an, wo die Tätigkeit des Arbeitnehmers verwertet wird[39]. Unerheblich ist auch, ob der Aufenthalt für die Ausübung der Tätigkeit erforderlich ist oder nicht[40]. Die Maßgeblichkeit des Ausübungsorts gilt auch für **geschäftsführende Organe von ausländischen Kapitalgesellschaften**[41], es sei denn, das einschlägige DBA sieht Sonderregelungen zur Behandlung von Geschäftsführervergütungen vor, nach denen diese nur in dem Staat besteuert werden können, in dem die Kapitalgesellschaft ihre/n Sitz/Geschäftsleitung hat[42]. Besteht die Arbeitsausübung in **Leistungen passiver Natur** (Dulden, Bereithalten oder bloßes Untätigsein während der Arbeitsfreistellung im Zusammenhang mit der Beendigung des Dienstverhältnisses), soll die Leistung stets als dort erbracht anzusehen sein, wo sich der Ver-

---

[36] Vgl. BFH-Urt. v. 23. 10. 1985, I R 274/82, BStBl. 1989 II 133; BFH-Beschl. v. 2. 11. 1994, I B 110/94, BFH/NV 1995, 753.

[37] Vgl. hierzu im Einzelnen *Prokisch*, in Vogel/Lehner, DBA, Art. 15 OECD-MA, Rz. 31 ff.

[38] Zu Besonderheiten bei Berufskraftfahrern, die hier nicht weiter behandelt werden, vgl. BMF-Schr. v. 14. 9. 2006, BStBl. I 2006, 532 Rz. 140 ff. Hiernach hängt die Zuweisung des Besteuerungsrechts nicht vom Sitz des Arbeitgebers ab, sondern von dem Arbeitsort, an dem sich der Fahrer mit dem ihm anvertrauten Fahrzeug physisch aufhält. Einzelheiten bei *Holthaus*, IStR 2006, 16; *Apitz*, StBp 2008, 74, 76. Zu Besonderheiten bei luxemburgischem Arbeitgeber *Wassermeyer*, IStR 2001, 470 ff.

[39] Vgl. BFH-Urt. v. 20. 10. 1982, I R 104/79, BStBl. 1983 II 402.

[40] Es kommt nicht darauf an, ob die Arbeit nach Lage der Sache allein an Ort und Stelle im Ausland ausgeführt werden könnte; vgl. *Prokisch*, in Vogel/Lehner, DBA, Art. 15 OECD-MA, Rz. 31.

[41] Vgl. BFH-Urt. v. 5. 10. 1994, R 67/93, BStBl 1995 II 95. Ein Prokurist fällt nicht unter den genannten Personenkreis; vgl. FG München, Urt. v. 23. 3. 2003, 1 K 1231/00, IStR 2004, 168. A.A. BFH-Urt. v. 8. 4. 1992, I R 68/91, BFH/NV 1993, 295.

[42] So z. B. Art. 15 Abs. 4 DBA-Schweiz (zur grenzüberschreitenden Besteuerung von GmbH-Geschäftsführern nach dem DBA-Schweiz vgl. auch *Walter*, GmbHR 2009, 298 und 2007, 973), Art. 16 DBA-Japan, Art. 16 DBA-Schweden, Art. 16 Abs. 2 DBA-Dänemark sowie Art. 16 Abs. 2 DBA-Österreich (hierzu BStBl. 2002 I 584, 956). Zu Art. 16 DBA-Belgien vgl. BFH-Urt. v. 5. 3. 2008, I R 54/07, I R 55/07, BFH/NV 2008, 1487; hierzu auch *Portner*, IStR 2009, 195.

pflichtete während der Zeitdauer der passiven Leistung aufhält[43]. Besteht die **Arbeitsleistung in einem Unterlassen**, z. B. in der Einhaltung eines Konkurrenz-/Wettbewerbsverbots, soll entscheidend sein, wo sich der Arbeitnehmer während der Laufzeit des Konkurrenz-/Wettbewerbsverbots tatsächlich aufhält[44].

II. Zuordnung des Besteuerungsrechts

Sind der jeweils nationale und bei Entsendung in einem DBA-Staat auch der abkommensrechtliche Steuerstatus des entsandten Arbeitnehmers bestimmt, verbleibt zu klären, welchem Staat das Besteuerungsrecht für die während der Entsendedauer erzielten Einkünfte zusteht. Dies bestimmt sich bei Entsendung in einen DBA-Staat nach abkommensrechtlichen Regelungen. Bei Entsendung in einen Nicht-DBA-Staat sind allein die Vorschriften des nationalen Steuerrechts maßgeblich.

1. Entsendung in einen DBA-Staat

a) Zuordnung des Besteuerungsrechts zum Ansässigkeits- oder Tätigkeitsstaat nach Art. 15 OECD-MA[45]

Die steuerliche Behandlung der Einkünfte von ins DBA-Ausland entsandten Arbeitnehmern richtet sich nach Art. 15 OECD-MA bzw. nach dem einschlägigen Artikel des jeweils anzuwendenden DBA[46]. Inhalt und Umfang der hiernach entweder dem Ansässigkeits- oder dem Tätigkeitsstaat zuzuordnenden Einkünfte aus nichtselbständiger Tätigkeit sind dabei – wie bereits erwähnt – durch Abkommensauslegung, hilfsweise nach nationalem Steuerrecht zu bestimmen (§ 2 LStDV)[47]. Zu beachten ist in diesem Zusammenhang, dass der Begriff der unselbständigen Arbeit dem Grunde nach sowohl die Tätigkeit als Vorstand oder **Geschäftsführer einer Kapital-**

---

[43] Vgl. BMF-Schr. v. 14. 9. 2006, BStBl. I 2006, 532 Rz. 120. Sofern es sich bei der passiven Leistung um eine vertragliche Hauptpflicht handelt, kann dem zugestimmt werden (vgl. BFH-Urt. v. 9. 9. 1970, I R 19/69, BStBl II 1970, 867). Ob jedoch auch bei Gehaltsfortzahlungen im Zusammenhang mit einer Arbeitsfreistellung am Ende des Beschäftigungsverhältnisses, bei der das Untätigsein als unselbständige Nebenleistung zur vormals aktiven Haupttätigkeit anzusehen ist, auf den Aufenthaltsort abzustellen ist (so das BMF, a. a. O.), ist zweifelhaft. Der BFH hat hierzu im Urt. v. 9. 11. 1977, I R 254/75, BStBl. II 1978, 195 (zum DBA/Schweiz 1959) entschieden, dass Zahlungen eines früheren Arbeitgebers für eine nach Beendigung des Arbeitsverhältnisses vom Arbeitnehmer erfüllte Karenzpflicht Einkünfte sind, die aus der persönlichen aktiven Arbeitsleistung des Arbeitnehmers herrühren und damit nur in dem Staate besteuert werden können, in dessen Gebiet die aktive persönliche Tätigkeit ausgeübt wurde. Für Zahlungen, die noch während eines laufenden Beschäftigungsverhältnisses geleistet werden, müsste dies erst recht gelten (gl.A. *Kempermann*, in Flick/Wassermeyer/Kempermann, DBA/Schweiz, Art. 15 Rz. 33; ggf. auch *Prokisch*, in Vogel/Lehner, DBA, Art. 15 Rz. 36 a.E.). Nach Auffassung des BMF, Rz. 127, sollen diese Urteilsgrundsätze infolge des BFH-Urt. v. 5. 10. 1994, I R 67/93, BStBl. II 1995, 95, jedoch überholt sein.

[44] Vgl. BMF-Schr. v. 14. 9. 2006, BStBl. I 2006, 532 Rz. 126 f. Hierzu auch *Prokisch*, in Vogel/Lehner, DBA, Art. 15 OECD-MA, Rz. 35.

[45] Vgl. hierzu auch das Schaubild zu II. 1. e).

[46] Vgl. hierzu auch die Gesamtdarstellung von *Niermann*, IWB, Fach 3, Deutschland, Gruppe 2, 1345 ff.

[47] Vgl. bereits oben zu I. 3. a. Zur Behandlung von Abfindungen, Konkurrenz- oder Wettbewerbsverboten, Tantiemen und Aktienoptionen vgl. BMF-Schreiben v. 14. 9. 2006, BStBl. I 2006, 532 Rz. 121 ff. Speziell zu Abfindung bei Wohnsitzwechsel ins Ausland OFD Hannover, Vfg. v. 15.12.2006, S 2369-24-StO 211, IStR 2007, 76. Zum Ganzen *Reuter*, in Kessler/Kröner/Köhler, Konzernsteuerrecht, § 9 Rz. 32 ff.; *Apitz*, StBp 2008, 74 ff.; *Höreth/Kurz*, StB 2007, 413, 420. Zur Sonderproblematik der Lohnfortzahlung und des diesbezüglichen Besteuerungsrechts beim international tätigen Arbeitnehmer vgl. *Schmidt*, PIStb 2007, 310; *Neyer*, RIW 2006, 216 ff.

gesellschaft erfasst[48], als auch Tätigkeiten durch unmittelbare oder mittelbare **Gesellschafter einer Personengesellschaft**[49]. Die OECD-Regelung hat folgenden – hier zum besseren Verständnis der Zuordnung der Besteuerungsrechte um Anmerkungen zur Qualifikation der betroffenen Staaten ergänzten – Wortlaut:

(Abs. 1) [1]Vorbehaltlich der Art. 16, 18 und 19[50] können Gehälter, Löhne und ähnliche Vergütungen, die eine in einem Vertragsstaat ansässige Person aus unselbständiger Arbeit bezieht, nur in diesem Staat [= *Ansässigkeitsstaat*] besteuert werden, es sei denn, die Arbeit wird im anderen Vertragsstaat ausgeübt [= *Tätigkeitsstaat*]. [2]Wird die Arbeit dort ausgeübt, so können die dafür bezogenen Vergütungen im anderen Staat [= *Tätigkeitsstaat*] besteuert werden.

(Abs. 2) Ungeachtet des Absatzes 1 können Vergütungen, die eine in einem Vertragsstaat [= *Ansässigkeitsstaat*] ansässige Person für eine im anderen Vertragsstaat [= *Tätigkeitsstaat*] ausgeübte unselbständige Arbeit bezieht, nur im erstgenannten Staat [= *Ansässigkeitsstaat*] besteuert werden, wenn

- a) der Empfänger sich im anderen Staat [= *Tätigkeitsstaat*] insgesamt nicht länger als 183 Tage innerhalb eines Zeitraums von zwölf Monaten, der während des betreffenden Steuerjahres beginnt oder endet, aufhält und
- b) die Vergütungen von einem Arbeitgeber oder für einen Arbeitgeber gezahlt werden, der nicht im anderen Staat [= *Tätigkeitsstaat*] ansässig ist, und
- c) die Vergütungen nicht von einer Betriebsstätte getragen werden, die der Arbeitgeber im anderen Staat [= *Tätigkeitsstaat*] hat.

(Abs. 3) Ungeachtet der vorstehenden Bestimmungen dieses Artikels können Vergütungen für unselbständige Arbeit, die an Bord eines Seeschiffes oder Luftfahrzeuges, das im internationalen Verkehr betrieben wird, oder an Bord eines Schiffes, das der Binnenschifffahrt dient, ausgeübt wird, in dem Vertragsstaat besteuert werden, in dem sich der Ort der tatsächlichen Geschäftsleitung des Unternehmens befindet[51].

Dem **Ansässigkeitsstaat** steht damit nach dem OECD-MA also grds. das Besteuerungsrecht für die Einkünfte aus der Arbeitnehmertätigkeit zu (**Ansässigkeitsstaatsprinzip**; Art. 15 Abs. 1 Satz 1

---

[48] Vorbehaltlich abkommensrechtlicher Sonderregelungen insbesondere entsprechend Art. 16 OECD-MA. Hierzu *Prokisch*, in Vogel/Lehner, DBA, Art. 15 OECD-MA, Rz. 29.

[49] Vorbehaltlich abkommensrechtlicher Sonderregelungen z.B. gemäß Art. 7 Abs. 7 DBA-Österreich und DBA-Schweiz. Hierzu *Prokisch*, in Vogel/Lehner, DBA, Art. 15 OECD-MA, Rz. 30.

[50] Die Regelungen des Art. 15 OECD-MA zur Verteilung der Einkünfte aus unselbständiger Arbeit auf die Vertragsstaaten gelten nicht für Einkünfte aus Aufsichtsratstätigkeiten (Art. 16 OECD-MA), Ruhegehälter (Art. 18 OECD-MA; zur Behandlung grenzüberschreitender betrieblicher Alterseinkünfte vgl. *Richter*, IStR 2008, 546) und Bezüge aus öffentlichem Dienst (Art. 19 OECD-MA; zur Sonderproblematik der Besteuerung bei Auslandseinsätzen für private Trägerorganisationen im Rahmen der deutschen Entwicklungszusammenarbeit vgl. *Bublitz*, IStR 2007, 77 ff. Zur Behandlung nach § 50d Abs. 8 EStG in diesem Zusammenhang vgl. BMF-Schr. v. 21. 7. 2005, IV B 1 – S 2411 – 2/05, BStBl 2005 I 821, Tz. 3.1.). Weitere Sonderregelungen bestehen z.B. für Vergütungen an Künstler und Sportler (Art. 17 OECD-MA), Studenten, Schüler, Lehrlingen und Auszubildende (Art. 20 OECD-MA). Alle diese Sonderregelungen gehen der allgemeinen Regelung des Art. 15 OECD-MA vor. Vgl. auch BMF-Schr. v. 14. 9. 2006, BStBl. I 2006, 532 Rz. 12 f.

[51] Die abkommensrechtliche Behandlung von Einkünften des Bordpersonals von Seeschiffen und Luftfahrzeugen gemäß Art. 15 Abs. 3 OECD-MA wird nachfolgend nicht weiter behandelt. Vgl. hierzu BMF-Schreiben v. 14. 9. 2006, BStBl. I 2006, 532 Rz. 153 f. und *Apitz*, StBp 2008, 74, 77.

Hs. 1 OECD-MA)⁵². Wird die Tätigkeit jedoch in dem anderen Staat ausgeübt, hat der Tätigkeitsstaat das Besteuerungsrecht (**Arbeitsortsprinzip**; Art. 15 Abs. 1 Satz 1 Hs. 2 i. V. m. Satz 2 OECD-MA). Es existieren jedoch zwei **Ausnahmen vom Arbeitsortsprinzip**: Zum einen verbleibt **bei nur vorübergehender Auslandstätigkeit** von nicht mehr als 183 Tagen innerhalb des maßgeblichen Zeitraums das Besteuerungsrecht beim Ansässigkeitsstaat, wenn die Vergütungen nicht von einem oder für einen Arbeitgeber, der nicht im Tätigkeitsstaat ansässig ist, gezahlt (oder getragen) werden und auch nicht von einer Betriebsstätte des Arbeitgebers im Staat des Arbeitsortes getragen werden⁵³ (Art. 15 Abs. 2 OECD-MA). Zum anderen verbleibt das Besteuerungsrecht nach den **Grenzgängerregelungen** bestimmter **Einzel-DBA** ungeachtet von Dauer und sonstigen Modalitäten der Entsendung i. S. v. Art. 15 Abs. 2 OECD-MA beim Ansässigkeitsstaat⁵⁴. Aktuell kann dies in Bezug zu den Nachbarstaaten Frankreich (Art. 13 Abs. 5), Österreich (Art. 15 Abs. 6) und der Schweiz (Art. 15a⁵⁵) in Betracht kommen⁵⁶. Im Detail unterscheiden sich die Sonderregelungen für Grenzgänger insbesondere bei der Bestimmung der Grenzzone sowie der Zahl unschädlicher Nichtrückkehrtage⁵⁷.

Dem **Tätigkeitsstaat** steht danach das Besteuerungsrecht in allen übrigen Fallkonstellationen zu, namentlich wenn die im Ausland ausgeübte Tätigkeit eines in Deutschland ansässigen Arbeitnehmers entweder einen Aufenthalt von mehr als 183 Tagen erfordert oder wenn bei einer Entsendung in den Tätigkeitsstaat von nicht mehr als 183 Tagen der Arbeitslohn zu Lasten eines im Tätigkeitsstaat ansässigen Arbeitgebers oder einer dort belegenen Betriebsstätte geht (Art. 15 Abs. 1 S. 2 i. V. m. Abs. 2 OECD-MA).

Fallen Ansässigkeits- und Tätigkeitsstaat nicht auseinander, hat der Tätigkeitsstaat das alleinige Besteuerungsrecht für die Arbeitnehmereinkünfte (Art. 15 Abs. 1 S. 1 Hs. 1 OECD-MA).

b) Beschäftigung in mehreren DBA-Staaten

Wird der Arbeitnehmer im Zuge der Entsendung nicht nur im Entsendungsstaat, sondern auch in Deutschland und/oder in einem Drittstaat tätig, richtet sich das Besteuerungsrecht ebenfalls nach den einschlägigen DBA.

Wird die **Arbeit teilweise in Deutschland ausgeübt**, bestimmt sich die Zuteilung der Besteuerung nach der Ansässigkeit (Art. 4 OECD-MA). Ist der **ausländische Entsendungsstaat** gleichzeitig **Ansässigkeitsstaat**, so ist der für eine Tätigkeit in Deutschland bezogene Arbeitslohn in Deutschland zu versteuern, wenn der Arbeitnehmer mehr als 183 Tage in Deutschland tätig wird oder bei einer kurzzeitigen Tätigkeit in Deutschland (nicht über 183 Tage) den Arbeitslohn von oder

---

[52] Zum Verständnis von HS. 1 als Auffangklausel auch für Fälle, in denen die Vergütung nicht dem Tätigkeitsstaat zugeordnet werden kann, vgl. *Prokisch*, in Vogel/Lehner, DBA, Art. 15 OECD-MA, Rz. 4a. Ferner BFH, Urt. v. 12. 9. 2006, I B 27/06, BFH/NV 2007, 13.

[53] Diese Voraussetzungen müssen kumulativ vorliegen. Vgl. hierzu ausführlich nachfolgenden Gliederungspunkt III. 1. b).

[54] Hierzu ausführlich *Prokisch*, in Vogel/Lehner, DBA, Art. 15 OECD-MA, Rz. 128 ff. Ferner *Jacobs*, Internationale Unternehmensbesteuerung, S. 1355 f.

[55] Zur Grenzgängerregelung im DBA-Schweiz vgl. *Miessl*, IStR 2008, 624 ff. und 883 ff.. Im Verhältnis zur Schweiz ist eine beschränkte Besteuerung im Quellenstaat in Höhe von 4,5% Abzugsteuer auf die Bruttovergütung zu beachten, die auf die deutsche Einkommensteuer gemäß § 34c Abs. 1 EStG anrechenbar ist.

[56] Die in Art. 15 Abs. 3 DBA/Belgien enthaltene Grenzgängerregelung wurde mit Wirkung ab dem 1. 1. 2004 durch Zusatzabkommen aufgehoben (BGBl. 2003 II 1615). Vgl. hierzu OFD Koblenz, Verf. v. 22. 12. 2003, S 1301 A – Belgien –, IStR 2004, 175.

[57] Vgl. zum DBA-Schweiz zuletzt BFH-Urt. v. 27. 8. 2009, I R 10/07, BStBl. 2009 II 546.

für einen in Deutschland ansässigen Arbeitgeber oder zu Lasten einer deutschen Betriebsstätte erhält (Art. 15 Abs. 1 S. 2 i. V. m. Abs. 2 OECD-MA). Ist **Deutschland** der **Ansässigkeitsstaat** geblieben, fallen insoweit Ansässigkeits- und Tätigkeitsstaat nicht auseinander, so dass Deutschland für die Einkünfte aus nichtselbständiger Tätigkeit weiterhin das Besteuerungsrecht zusteht (Art. 15 Abs. 1 S. 1 HS. 1 OECD-MA).

Wird die **Arbeit auch in einem Drittstaat ausgeübt** und ist der Entsendungsstaat der Ansässigkeitsstaat geworden, richtet sich das Besteuerungsrecht nach dem DBA des ausländischen Staates und des Drittstaates. Ist Deutschland weiterhin Ansässigkeitsstaat, richtet sich das Besteuerungsrecht nach dem DBA Deutschlands mit dem Drittstaat. In diesem Fall steht Deutschland das Besteuerungsrecht nur bei kurzzeitiger Tätigkeit unter den weiteren Voraussetzungen von Art. 15 Abs. 2 OECD-MA zu.

c) **Einzelheiten zur Sonderregelung des Art. 15 Abs. 2 OECD-MA (Besteuerungsrecht des Ansässigkeitsstaates bei nur vorübergehender Auslandstätigkeit)**

Dem Ansässigkeitsstaat verbleibt das Besteuerungsrecht für die Einkünfte aus der Arbeitnehmertätigkeit trotz Tätigkeitsausübung im Ausland, wenn die Voraussetzungen von Art. 15 Abs. 2 OECD-MA kumulativ vorliegen[58]:

aa) **183-Tage-Regel (Art. 15 Abs. 2 Buchst. a OECD-MA)**

Nach der **OECD-Bestimmung** ist erste Voraussetzung für den Rückfall des Besteuerungsrechts an den Ansässigkeitsstaat bzw. für die Ausnahme vom Arbeitsortprinzip des Art. 15 Abs. 1 S. 2 OECD-MA, dass sich der Steuerpflichtige innerhalb eines Zeitraums von zwölf Monaten, der während des betreffenden Steuerjahres beginnt oder endet, an nicht mehr als 183 Tagen im Tätigkeitsstaat aufhält[59]. In den meisten DBA finden sich jedoch im Detail **Abweichungen** von den OECD-Grundsätzen[60]. Für die Ermittlung der **Anzahl der zu berücksichtigenden Tage** wird dabei entweder auf den Aufenthalt im Tätigkeitsstaat[61] oder auf die Dauer der Ausübung im Tätigkeitsstaat[62] abgestellt. Ist der Aufenthalt maßgeblich, kommt es nicht auf die Dauer der beruflichen Tätigkeit an, sondern allein auf die körperliche Anwesenheit im Tätigkeitsstaat[63]. Kommt es auf die Dauer der Ausübung im Tätigkeitsstaat an, ist jeder Tag zu berücksichtigen, an dem sich der Arbeitnehmer zur Ausübung im Tätigkeitsstaat tatsächlich – und wenn auch nur für kurze Zeit – aufhält[64]. Hin-

---

[58] Vgl. hierzu auch die Gesamtdarstellung im BMF-Schr. v. 14. 9. 2006, BStBl. I 2006, 532 Rz. 28 ff. Nach den neuen DBA mit Dänemark, Frankreich, Österreich, Italien, Norwegen und Schweden ist die 183-Tage-Klausel auf Leiharbeitnehmer nicht anwendbar; vgl. *Jacobs*, Internationale Unternehmensbesteuerung, S. 1346, Fn. 40.

[59] Vgl. hierzu auch die Gesamtdarstellung im BMF-Schr. v. 14. 9. 2006, BStBl. I 2006, 532 Rz. 34 ff. mit zahlreichen Beispielen. Zudem *Bendlinger*, SWI 2005, 460. Zu Auslegungskonflikten zwischen der Auffassung der deutschen Finanzverwaltung und der neuen OECD-Kommentierung zur 183-Tage-Regelung insbesondere in Fragen der Zählweise und des Ermittlungszeitraums vgl. *Vetter/Schreiber*, IWB Fach 10 Gruppe 2, S. 2081 ff. sowie *Schubert/Pavlovits*, IStR 2009, 415 ff.

[60] Vgl. hierzu *Prokisch*, in Vogel/Lehner, DBA, Art. 15 OECD-MA, Rz. 37.

[61] Z. B. DBA-Frankreich (Art. 13 Abs. 4 Nr. 1), DBA-Italien (Art. 15 Abs. 2 Buchst. a), DBA-Österreich (Art. 15 Abs. 2 Buchst. a), vgl. BMF-Schr. v. 14. 9. 2006, BStBl. I 2006, 532 Rz. 34.

[62] Z.B. DBA-Belgien (Art. 15 Abs. 2 Nr. 1), DBA-Dänemark (Art. 15 Abs. 2 Buchst. a); vgl. BMF-Schr. v. 14. 9. 2006, BStEl. I 2006, 532 Rz. 34.

[63] Weitere Einzelheiten bei *Höreth/Kurz*, StB 2007, 413, 416; *Apitz*, StBp, 2008, 1, 6.

[64] Vgl. BMF-Schr. v. 14. 9. 2006, BStBl. I 2006, 532 Rz. 46-48. Weitere Einzelheiten bei *Höreth/Kurz*, StB 2007, 413, 416; *Apitz*, StBp, 2008, 1, 6.

sichtlich des **Anwendungszeitraums** bestimmen die Einzel-DBA teilweise abweichend von der OECD-Bestimmung, dass entweder das Steuer- bzw. Kalenderjahr[65] oder ein Zwölf-Monats-Zeitraum[66] zugrunde zu legen ist. Im Einzelfall ist damit anhand des jeweiligen DBA zu klären ist, welche Aufenthalts- und Zählregelung bezüglich der 183-Tage-Klausel konkret gilt.

bb) **Vergütung nicht von und für einen im Tätigkeitsstaat ansässigen Arbeitgeber gezahlt (Art. 15 Abs. 2 Buchst. b OECD-MA)**

Bei nur vorübergehender Auslandstätigkeit (nicht mehr als 183 Tage) verbleibt das Besteuerungsrecht für den Arbeitslohn nur dann im Ansässigkeitsstaat, wenn die Vergütung nicht von einem und nicht für einen im Tätigkeitsstaat ansässigen Arbeitgeber gezahlt wird[67]. Für das Besteuerungsrecht im Ansässigkeitsstaat unschädlich ist damit die Ansässigkeit des zahlenden Arbeitgebers im Anässigkeitsstaat oder einem Drittstaat[68].

Arbeitgeber ist nach allgemeinen Grundsätzen derjenige, dem der Arbeitnehmer die Arbeitsleistung schuldet, unter dessen Leitung er tätig wird und dessen Weisungen er zu befolgen hat[69], also derjenige, mit dem der Arbeitsvertrag besteht. Für Art. 15 Abs. 2 Buchst. b OECD-MA sind aber weder der zivilrechtliche noch der lohnsteuerrechtliche Arbeitgeberbegriff (§ 1 Abs. 2 LStDV) relevant. Um zu gewährleisten, dass der Tätigkeitsstaat die Besteuerungsbefugnis erhalten soll, wenn der Arbeitslohn zu Lasten seines Steueraufkommens gezahlt wird, ist vielmehr der **wirtschaftliche Arbeitgeber** maßgebend[70]. Im Fall der Einschaltung eines ausländischen Arbeitnehmerverleihers ist wirtschaftlicher Arbeitgeber i.S.d. Abkommensrechts grundsätzlich der Entleiher, nur im Einzelfall der Verleiher[71]. Arbeitgeber im abkommensrechtlichen Sinne ist damit unabhängig vom Bestehen eines Arbeitsvertrags diejenige Person, die die **Vergütung aufgrund eines eigenen betrieblichen Interesses wirtschaftlich trägt** oder **nach den Grundsätzen verursachungsgerechter Ein-**

---

[65] DBA-Italien (Art. 15 Abs. 2 Buchst. a), DBA-Schweiz (Art. 15 Abs. 2 Buchst. a), DBA-Luxemburg (Art. 10 Abs. 2 Nr. 1); vgl. BMF-Schr. v. 14. 9. 2006, BStBl. I 2006, 532 Rz. 35. Einzelheiten bei *Höreth/Kurz*, StB 2007, 413, 416; *Apitz*, StBp, 2008, 1, 7. Ein vom Kalenderjahr abweichendes Steuerjahr besteht z. B. in Australien (1. 7. bis 30. 6.), Bangladesch (1. 7. bsi 30. 6.), Großbritannien (6. 4. bis 5. 4.), Indien (1. 4. bis 31. 3.), Iran (21. 3. bis 20. 3.), Mauritius (1. 7. bis 30. 6.), Namibia (1. 3. bis 28./29. 2.), Neuseeland (1. 4. bis 31. 3.), Pakistan (1. 7. bis 30. 6.), Sri Lanka/Ceylon (1. 4. bis 31. 3.), und Südafrika (1. 3. bis 28./29. 2.).

[66] DBA-Kanada (Art. 15 Abs. 2 Buchst. a), DBA-Russische Föderation (Art. 15 Abs. 2 Buchst. a), DBA-Norwegen (Art. 15 Abs. 2 Buchst. a); vgl. BMF-Schr. v. 14. 9. 2006, BStBl. I 2006, 532 Rz. 35. Einzelheiten auch bei *Höreth/Kurz*, StB 2007, 413, 417; *Apitz*, StBp, 2008, 1, 7.

[67] Vgl. hierzu auch die Gesamtdarstellung im BMF-Schr. v. 14. 9. 2006, BStBl. I 2006, 532 Rz. 59 ff. mit Beispielen.

[68] Ältere Abkommen verlangen, dass der Arbeitgeber im Wohnsitzstaat, nicht aber in einem Drittstaat ansässig ist. Ist der Arbeitgeber in diesen Fällen im Drittstaat ansässig und geht der Arbeitslohn zu Lasten des Drittstaats, hat Deutschland als Wohnsitzstaat auch bei nur vorübergehender Arbeitsausübung im Ausland kein Besteuerungsrecht, vgl. *Gross*, IWB F. 3 Deutschland Gr. 6 S. 347; OFD Koblenz, Vfg. v. 20. 2. 1997, S 1301 A – St 34 1, IStR 1997, 277, sowie die dort enthaltenen Hinweise auf Abänderungen einiger älterer Abkommen.

[69] Vgl. BFH-Urt. v. 21. 8. 1985, I R 63/80, BStBl 1986 II 4.

[70] BFH-Urt. v. 23. 2. 2005, I R 46/03, BStBl 2005 II 547. Hieran anknüpfend BMF-Schr. v. 19.4.2006, BStBl. I 2006, 532 Rz. 64. Vgl. hierzu auch *Schubert/Hofmann*, BB 2007, 23 ff.; *Schmidt*, IStR 2006, 78; *Neyer*, BB 2006, 917, 918 f. und *Achter*, IStR 2003, 410 f.

[71] Vgl. BFH-Urt. v. 4. 9. 2002, I R 21/01, BStBl 2003 II 306; Urt. v. 18. 12. 2002, I R 96/01, BFH/NV 2003, 1152. Ebenso BMF-Schr. v. 19. 4. 2006, BStBl. I 2006, 532, Rz. 81 ff.

kunftsabgrenzung im Konzern tragen müsste[72] und in deren Betrieb der Arbeitnehmer während seines Auslandseinsatzes nach dem Gesamtbild der Verhältnisse tatsächlich organisatorisch und administrativ eingebunden ist.[73] Wer die Vergütung an den Arbeitnehmer auszahlt, ist unerheblich. Wird der Arbeitnehmer im Zusammenhang mit **Umsatzgeschäften** seines deutschen Arbeitgebers im Ausland tätig und belastet sein Arbeitgeber den gezahlten Arbeitslohn als Teil der Vergütungen für die erbrachte Lieferung oder Leistung dem Empfänger weiter, so wird dieser Arbeitslohn wirtschaftlich nicht von einem ausländischen Arbeitgeber getragen[74]. Ein **Wechsel der Arbeitgeberstellung** vom entsendenden zum aufnehmenden verbundenen Unternehmen ist bei Auslandseinsätzen von bis zu drei Monaten nicht zu vermuten.[75]

Zum Erhalt des deutschen Besteuerungsrechts auch bei nur vorübergehender Auslandsentsendung darf der wirtschaftliche Arbeitgeber nicht im ausländischen Tätigkeitsstaat ansässig sein, d. h. er muss in Deutschland oder im Drittstaat ansässig sein[76]. Die **Ansässigkeit des Arbeitgebers** richtet sich nach Abkommensrecht. Nach Art. 4 Abs. 1 OECD-MA kommt es darauf an, in welchem Staat der Arbeitgeber unbeschränkt steuerpflichtig ist. Ist der Arbeitgeber eine **natürliche Person**, ist er in dem Staat ansässig, in dem die natürliche Person ihren Wohnsitz hat. Bei **Kapitalgesellschaften** ist der Sitz oder der Ort der Geschäftsleitung maßgebend. Bei **Personengesellschaften** ergeben sich besondere Probleme, soweit nicht die Personengesellschaft selbst, sondern nur die dahinter stehenden Personen abkommensberechtigt sind. Da sich aus Art. 15 OECD-MA jedoch nicht entnehmen lässt, dass Arbeitgeber stets nur Personen im abkommensrechtlichen Sinne, also i. d. R. natürliche Personen und Kapitalgesellschaften (Art. 3 Abs. 1 Buchst. a OECD-MA) sein müssen, können auch nicht abkommensberechtigte Personengesellschaften Arbeitgeber sein[77]. Diese sind dort als ansässig anzusehen, wo sie den Ort ihrer tatsächlichen Geschäftsleitung haben[78].

cc) **Vergütung nicht von im Tätigkeitsstaat belegener Betriebsstätte des Arbeitgebers getragen (Art. 15 Abs. 2 Buchst. c OECD-MA)**

Schließlich dürfen die Vergütungen zum Erhalt des deutschen Besteuerungsrechts bei nur kurzzeitigen Auslandstätigkeiten auch nicht von einer Betriebsstätte, die der Arbeitgeber im Tätigkeitsstaat unterhält, getragen werden[79]. Als **Betriebsstätte** sind nach Art. 5 OECD-MA feste Einrichtungen anzusehen, durch die die Tätigkeit eines Unternehmens ganz oder teilweise ausgeübt wird. Zu den Betriebsstätten gehören u. a. der Ort der Leitung, eine Zweigniederlassung, eine Geschäftsstelle, eine Fabrikationsstätte, eine Werkstätte sowie Einrichtungen, die nicht der Lagerung, Ausstellung oder Auslieferung von Gütern und Wa-

---

[72] Vgl. dazu VI. 2. und grundlegend BMF-Schr. v. 9. 11. 2001. BStBl. I 2001, 796.

[73] Hinsichtlich weiterer Einzelheiten vgl. BMF-Schr. v. 19. 4. 2006, BStBl. I 2006, 532 Rz. 67 ff. Vgl. auch BFH-Urt. v. 23. 2. 2005, I R 46/03, BStBl. 2005 II 547 sowie *Jacobs*, Internationale Unternehmensbesteuerung, S. 1348 f.; *Reuter*, in Kessler/Kröner/Köhler, Konzernsteuerrecht, § 9 Rz. 15; *Apitz*, StBp 2008, 49, 50 f.

[74] Vgl. BMF-Schr. v. 14. 9. 2006, BStBl. I 2006, 532 Rz. 66.

[75] Vgl. BMF-Schr. v. 14. 9. 2006, BStBl. I 2006, 532 Rz. 74 und BMF-Schr. v. 9. 11. 2001. BStBl. I 2001, 796, Tz. 2.2.

[76] Vgl. hierzu auch *Jacobs*, Internationale Unternehmensbesteuerung, S. 1348 f.

[77] Vgl. *Selent/Endres*, DB 1984, 84 ff.

[78] Vgl. BMF-Schr. v. 14. 9. 2006, BStBl. I 2006, 532 Rz. 60.

[79] Vgl. hierzu auch die Gesamtdarstellung im BMF-Schr. v. 14. 9. 2006, BStBl. I 2006, 532 Rz. 94 ff.

ren dienen, oder Bestände an Waren oder Gütern im Ausland, die zum Zwecke der Be- und Verarbeitung unterhalten werden, Art. 5 Abs. 2 und 4 OECD-MA. Eine Betriebsstätte wird auch nicht durch einen unabhängigen Vertreter begründet, Art. 5 Abs. 5 OECD-MA. Als Betriebsstätte gilt auch eine **ausländische Tochterpersonengesellschaft**, in die die Entsendung erfolgt[80]. Eine rechtlich selbständige **ausländische Tochterkapitalgesellschaft** wird hingegen selbst bei 100%iger Beherrschung nicht als Betriebsstätte der Muttergesellschaft angesehen (Art. 5 Abs. 7 OECD-MA)[81].

Der **Arbeitslohn** wird **von einer ausländischen Betriebsstätte getragen**, wenn die Vergütungen wirtschaftlich gesehen von dieser getragen werden[82]. Die Grundsätze zum wirtschaftlichen Arbeitgeberbegriff gelten damit für Betriebsstätten entsprechend, wenn ein Arbeitnehmer in die ausländische Betriebsstätte eines Unternehmens eingegliedert ist und seine Tätigkeit in deren wirtschaftlichem Interesse erbringt[83]. Ist der Arbeitslohn lediglich Teil von Verrechnungen für Lieferungen oder Leistungen mit der Betriebsstätte, wird der Arbeitslohn als solcher nicht von der Betriebsstätte getragen[84]. Die Zuordnung ist unabhängig davon, wer die Vergütung an den Arbeitnehmer auszahlt oder wer die Vergütung in seiner Buchführung bzw. gegenüber dem Arbeitnehmer abrechnet; ebenso ist die Verbuchung der Vergütung beim Arbeitgeber unmaßgeblich[85].

d) Vermeidung der Doppelbesteuerung bei Einkünften aus nichtselbständiger Tätigkeit
aa) Freistellungsmethode nach Art. 23A OECD-MA

Ist die Zuordnung des Besteuerungsrechts nach den Bestimmung des Art. 15 OECD-MA erfolgt, regelt Art. 23A OECD-MA, nach welcher Methode der nicht zur Besteuerung befugte Vertragsstaat zur Vermeidung einer sich ergebenden Doppelbesteuerung verpflichtet ist. Bei Einkünften aus nichtselbständiger Tätigkeit findet dabei gemäß Art. 23A Abs. 1 und Abs. 3 OECD-MA in aller Regel die Freistellungsmethode Anwendung, gemäß der die im anderen Staat zu besteuernden Einkünfte bei der inländischen Besteuerung unter Progressionsvorbehalt[86] von der Besteuerung auszunehmen sind[87].

---

[80] Vgl. im Einzelnen BMF, Schr. v. 14. 9. 2006, BStBl. 2006 I 532, Rz. 64. Ferner *Jacobs*, Internationale Unternehmensbesteuerung, S. 1350.

[81] BMF-Schr. v. 14. 9. 2006, BStBl. I 2006, 532 Rz. 96. Zur Frage, ob die Tochterkapitalgesellschaft zur Vertreterbetriebsstätte der Muttergesellschaft werden kann, vgl. *Endres*, IStR 1996, 1 ff. Ferner *Jacobs*, Internationale Unternehmensbesteuerung, S. 1352.

[82] Vgl. BFH-Urt. v. 22. 2. 2006, I R 14/05, BStBl. 2006, 743. Zur insoweit maßgeblichen wirtschaftlichen Betrachtungsweise vgl. auch FG Hamburg, Urt. v. 22. 11. 2001, EFG 2002, 445.

[83] Vgl. vorangehend II. 1 c) bb) sowie BMF-Schr. v. 14. 9. 2006, BStBl. I 2006, 532 Rz. 98. Ferner *Reuter*, in Kessler/Kröner/Köhler, Konzernsteuerrecht, § 9 Rz. 16.

[84] Vgl. BFH-Urt. v. 24. 2. 1988, I R 143/84, BStBl. II 1988, 819; BMF-Schr. v. 14. 9. 2006, BStBl. 2006 I 532, Rz. 95.

[85] Vgl. BFH-Urt. v. 24. 2. 1988, I R 143/84, BStBl. II 1988, 819; FG Münster, Urt. v. 27. 8. 1996, 6-K-1232/96, Lexinform-Dok. 141249. Ferner *Jacobs*, Internationale Unternehmensbesteuerung, S. 1350.

[86] Ausführlich zum Progressionsvorbehalt nachfolgend III. 1. a) aa) (2). Aus deutscher Sicht ist zu beachten, dass der Progressionsvorbehalt nach § 32b Abs. 1 S. 1 Nr. 3 EStG gemäß § 32b Abs. 1 S. 2 EStG i. d. F. des JStG 2009 nur noch in Bezug auf bestimmte steuerfreie Drittstaateneinkünfte anwendbar ist, also nicht mehr bei Einkünften aus EU-/EWR-Staaten. Die Vorschrift gilt jedoch nicht für Arbeitnehmereinkünfte, so dass der Progressionsvorbehalt bei diesen weiterhin anzuwenden ist.

[87] Hiervon abweichende Regelungen in einzelnen Abkommen sind zu berücksichtigen, z.B. DBA-Dänemark (Art. 24 Abs. 1 Buchst. b, bb), DBA-Frankreich (Art. 20 Abs. 1 Buchst. c), vgl. BMF-Schr. v. 14. 9. 2006, BStBl. I 2006, 532 Rz. 14.

bb) Abkommensrechtliche Rückfallklauseln

Die Freistellung von Arbeitnehmereinkünften nach Art. 15 i. V. m. Art 23A OECD-MA im Ansässigkeitsstaat ist grundsätzlich davon unabhängig, ob der Arbeitslohn im Tätigkeitsstaat tatsächlich der Besteuerung unterliegt. Ausnahmen hiervon ergeben sich jedoch in Fällen abkommensrechtlicher Rückfallklauseln.

Bei **Subject-to-tax- Klauseln** lebt die Besteuerung im Wohnsitzstaat wieder auf, wenn der Quellenstaat eine ihm zustehende Besteuerung nicht in Anspruch nimmt[88]. Ist Deutschland der Wohnsitzstaat muß der Steuerpflichtige bei Vorliegen einer solchen Klausel im Rahmen seiner erhöhten Mitwirkungspflichten bei Auslandssachverhalten gemäß § 90 Abs. 2 AO nachweisen, dass die Vergütungen im Ausland der Besteuerung unterlegen haben. Unterbleibt der Nachweis, sind die ausländischen Vergütungen grundsätzlich in die inländische Besteuerung einzubeziehen. Wird der Nachweis zu einem späteren Zeitpunkt erbracht, ist der Einkommensteuerbescheid nach § 175 Abs. 1 S. 1 Nr. 2 AO zu ändern[89].

Bei **Remittance-base-Klauseln** werden ausländische Einkünfte und Vermögenswerte im Wohnsitzstaat erst und nur dann besteuert, wenn sie vom Ausland dorthin überwiesen worden sind[90]. Auch in diesen Fällen ist der Nachweis der Besteuerung durch den ausländischen Staat zu erbringen, um eine Steuerfreistellung in Deutschland zu erhalten[91].

cc) Nationalrechtliche Rückfallklauseln (insbesondere § 50d Abs. 8 EStG)

Unabhängig von Existenz und Anwendbarkeit abkommensrechtlicher Rückfallklauseln hat Deutschland seit dem Veranlagungszeitraum 2004 mit § 50d Abs. 8 EStG eine **unilaterale Rückfall- bzw. Subject-to-tax-Klausel** eingeführt[92]. Hiernach ist bei **unbeschränkter Steuerpflicht** des Arbeitnehmers i. S. v. § 1 Abs. 1 EStG[93] und abkommensrechtlicher **Ansässigkeit in Deutschland** auch ohne Rückfallklausel im einschlägigen DBA[94] für die Freistellung des Arbeitslohns der

---

[88] Vgl. hierzu BMF-Schr. v. 14. 9. 2006, BStBl. I 2006, 532 Rz. 155-158 sowie die Darstellung in der Vfg. der OFD Düsseldorf v. 18.7.2005, S 1301 A – St 12, DB 2005, 1598. Die Subject-to-tax-Klausel ist laut BFH-Urt. v. 17. 12. 2003 I R 14/02, BStBl. 2004 II 260 nur für Lohneinkünfte bei DBA mit Italien (Art. 16d des Protokolls zum DBA), Österreich (Art. 15 Abs. 4), Schweiz (Art. 15 Abs. 4) und Singapur (Art. 14 Abs. 2 Buchst. d) anzuwenden. Vgl. auch *Höreth/Kurz*, StB 2007, 413, 419 sowie *Apitz*, StBp 2008, 74, 77.

[89] Vgl. hierzu BMF-Schr. v. 14. 9. 2006, BStBl. I 2006, 532 Rz. 158.

[90] DBA-Großbritannien (Art. II Abs. 2), DBA-Irland (Art. II Abs. 2), DBA-Israel (Art. 2 Abs. 2), DBA Jamaika (Art. 3 Abs. 3), DBA-Malaysia (Protokoll zum DBA, Ziffer 2), DBA-Singapur (Art. 21), DBA-Trinidad und Tobago (Protokoll zum DBA Ziffer 1 Buchst. a) sowie DBA-Zypern (Protokoll zum DBA, Ziffer 2). Vgl. hierzu BMF-Schr. v. 14. 9. 2006, BStBl. I 2006, 532 Rz. 159.

[91] BMF-Schr. v. 14. 9. 2006, BStBl. I 2006, 532 Rz. 160.

[92] Vgl. hierzu BMF-Schr. v. 21.7.2005, BStBl. I 2005, 821 sowie BMF-Schr. v. 14. 9. 2006, BStBl. I 2006, 532 Rz. 24. Ferner *Jacobs*, Internationale Unternehmensbesteuerung, S. 1345 f. Zur BFH-Rechtsprechung zu § 50d Abs. 8 EStG vgl. *Portner*, IStR 2009, 195 ff.

[93] § 50d Abs. 8 (und Abs. 9) EStG setzen die unbeschränkte Steuerpflicht nach § 1 Abs. 1 EStG voraus und sind damit auf Steuerpflichtige, die lediglich nach § 1 Abs. 3 EStG unbeschränkt steuerpflichtig sind, nicht anwendbar; vgl. FG Köln, Urt. v. 13. 8. 2008, 4 K 3363/07, EFG 2008, 1775 (Rev. I R 90/08).

[94] Ergibt sich bereits aufgrund einer abkommensrechtlichen Rückfallklausel ein Besteuerungsrecht für Deutschland, weil der ausländische Staat von seinem Besteuerungsrecht keinen Gebrauch macht oder wenn er die Besteuerung von der Überweisung der Einkünfte in den Tätigkeitsstaat abhängig macht (vgl. dazu II. 1. d) bb)), ist § 50d Abs. 8 EStG nicht anzuwenden; vgl. BMF, Schr. v. 21. 7. 2005, IV B 1 – S 2411 – 2/05, BStBl 2005 I 821, Tz. 1. Eine tabellarische Übersicht zu den Anwendungsfällen des § 50d Abs. 8 EStG haben *Strohner/Mennen*, in DStR 2005, 1713, 1715 erstellt.

Nachweis zu erbringen, dass die – nach deutschem Recht zu ermittelnden[95] – Einkünfte im Tätigkeitsstaat tatsächlich besteuert worden sind oder dass der Tätigkeitsstaat auf sein Besteuerungsrecht verzichtet hat. **Ziel der Vorschrift** ist es, zu verhindern, dass Einkünfte deshalb nicht besteuert werden, weil der Steuerpflichtige die Einkünfte im Tätigkeitsstaat nicht erklärt und dieser Staat seinen Besteuerungsanspruch nicht mehr durchsetzen kann, wenn er nachträglich von Entsendungs-Sachverhalten erfährt[96]. Der hierzu verlangte **Nachweis der tatsächlichen Besteuerung im Tätigkeitsstaat** ist grundsätzlich durch Vorlage des ausländischen Steuerbescheides bzw. bei Selbstveranlagung durch Vorlage einer Kopie der Steuererklärung sowie jeweils des Zahlungsbeleges zu erbringen; ausnahmsweise kann auch eine hinreichend bestimmte Bescheinigung des Arbeitgebers ausreichen[97]. Eine ausländische Besteuerung ist dabei auch dann anzunehmen, wenn die ausländische Steuer nur aufgrund von Freibeträgen, eines Verlustausgleichs oder Verlustabzugs entfällt oder die betreffenden Einkünfte als negative Einkünfte bei der ausländischen Besteuerung unberücksichtigt bleiben[98]. Gleiches gilt für (partielle) Steuerfreistellungen im Tätigkeitsstaat[99]. Der **Nachweis des Besteuerungsverzichts im Tätigkeitsstaat** ist zu führen durch Vorlage geeigneter Unterlagen, aus denen sich das individuelle oder generelle Absehen von der ausländischen Besteuerung z.B. durch Erlaß, Steuerbefreiung[100], generellen Verzicht auf die Steuererhebung oder völkerrechtlichen Vertrag ergibt[101]. Die Nachweispflichten gelten ausnahmsweise nicht, wenn der nach deutschem Recht zu ermittelnde Arbeitslohn die **Bagatellgrenze** von EUR 10.000 nicht überschreitet[102]. Ob die Regelung des § 50d EStG eine **unzulässige Diskriminierung** für Lohneinkünfte aus DBA-Staaten gegenüber solchen aus Nicht-DBA-Staaten darstellt, die dem Auslandstätigkeitserlaß unterliegen und hiernach ohne Besteuerungsnachweis im Ausland freigestellt werden[103], ist umstritten[104].

Neben der explizit auf Arbeitnehmereinkünfte beschränkten Regelung des § 50d Abs. 8 EStG ist auch **§ 50d Abs. 9 EStG** zu beachten, der für alle Einkünfte gilt und anordnet, dass bei abkom-

---

[95] Vgl. BMF, Schr. v. 21. 7. 2005, IV B 1 – S 2411 – 2/05, BStBl 2005 I 821, Tz. 2.1.1.
[96] Bundestags-Drucksache 15/1562, S. 39 f. Vgl. hierzu auch *Portner*, IStR 2009, 195 ff.
[97] Vgl. BMF, Schr. v. 21. 7. 2005, IV B 1 – S 2411 – 2/05, BStBl 2005 I 821, Tz. 2.1.2. Eine tabellarische Übersicht der Nachweispflichten haben *Strohner/Mennen*, in DStR 2005, 1713, 1715 erstellt.
[98] Vgl. OFD Frankfurt v. 19. 7. 2006, S 1301 A – 55 – St 58, DStZ 2006, 708.
[99] Vgl. BFH-Urt. v. 5. 3. 2008, I R 54, 55/07, BFH/NV 2008, 1487.
[100] Die Steuerfreiheit nach ausländischem Recht stellt einen Verzicht auf die Besteuerung dar, vgl. FG Köln, Urt. v. 30. 1. 2008, 4 V 3366/07, EFG 2008, 593.
[101] Vgl. BMF, Schr. v. 21. 7. 2005, IV B 1 – S 2411 – 2/05, BStBl 2005 I 821, Tz. 2.2. Vgl. zum Verzicht auch *Portner*, IStR 2009, 195 ff.; *Neyer*, BB 2004, 519, 520.
[102] Vgl. BMF, Schr. v. 21. 7. 2005, IV B 1 – S 2411 – 2/05, BStBl 2005 I 821, Tz. 4.2.
[103] Vgl. dazu nachfolgend II. 2. und III. 2. a. (1).
[104] Zu verfassungsrechtlichen Bedenken vgl. *Grotherr*, IWB, Fach 3, Deutschland, Gruppe 3, S. 1396; *Holthaus*, IStR 2004, 17 f.; *Hofmann/Otto*, FR 2004, 826, 827; *Fehn*, BB-Special 3/2004, 7, 9; *Neyer*, BB 2004, 519 f.; *Ludewig/Libudda*, RIW 2005, 344, 347 f.; *Jacobs*, Internationale Unternehmensbesteuerung, S. 1345 f. Nach Ansicht des FG Rheinland-Pfalz im Urt. v. 11. 10. 2007, 6 K 1611/07, EFG 2008, 385 (Revision unzulässig durch BFH Beschluss I R 48/08 vom 2. 12. 2008, n. v.) sowie im Urt. v. 30.06.2009, 6 K 1415/09, EFG 2009, 1649 (Rev. I R 66/09) stellt § 50d Abs. 8 EStG keinen Verstoß gegen Art. 3 ff. GG und § 2 AO dar. Der BFH hat diese Frage im Urt. v. 5. 3. 2008, I R 54,55/07, BFH/NV 2008, 1487, mangels Entscheidungserheblichkeit offen lassen können.

mensrechtlichen **Qualifikationskonflikten** (Satz 1 Nr. 1[105]) oder **fehlender unbeschränkter Steuerpflicht im Vertragsstaat** (Satz 1 Nr. 2[106]) die DBA-Freistellung nicht gewährt wird, wenn der andere Staat die Einkünfte nicht besteuert[107]. Ein eigenständiger Anwendungsbereich von § 50d Abs. 9 EStG ist bei Arbeitnehmereinkünften jedoch gering[108], so dass in aller Regel wird die Vorschrift des § 50d Abs. 8 EStG für die inländische Behandlung abkommensrechtlich freigestellter Arbeitnehmereinkünfte allein relevant sein wird.

e) **Zusammenfassendes Schaubild zum Regelungsmechanismus von Art. 15, 23A OECD-MA und § 50d Abs. 8 EStG**

Die vorstehend beschriebenen abkommensrechtlichen und nationalrechtlichen Zusammenhänge sind in nachfolgender Übersicht zusammengestellt[109]. Dabei wird eingangs zwischen fortbestehender „DBA-Ansässigkeit in Deutschland" und neuer „DBA-Ansässigkeit im Tätigkeitsstaat" differenziert. Die Rechtsfolgen beider Fallvarianten werden dann nachfolgend zusammengefasst dargestellt, wobei die Konsequenzen bei „DBA-Ansässigkeit im Tätigkeitsstaat" gesondert gekennzeichnet sind „[xyz]":

---

[105] Bei der Vorschrift des § 50d Abs. 9 Satz 1 Nr. 1 EStG ist umstritten, ob es sich um einen „treaty override" handelt, dagegen: *Vogel*, IStR 2007, 225, 227, dafür: *Gosch*, IStR 2008, 413, 416, *Korn*, IStR 2007, 890, 892, wohl auch *Grotherr*, IStR 2007, 265 ff. und *Bron*, IStR 2007, 431 ff.

[106] Auch bei § 50d Abs. 9 Satz 1 Nr. 2 EStG ist umstritten, ob es sich um einen „treaty override" handelt, *Korn*, DStR 2008, 2317 m. w. N.

[107] Zur BFH-Rechtsprechung zu § 50d Abs. 9 EStG vgl. *Portner*, IStR 2009, 195, 197 f.

[108] Zur Anwendung von § 50d Abs. 9 Satz 1 Nr. 1 EStG bei Auslegungskonflikten zwischen der BMF-Auffassung und dem OECD-Musterkommentar zur Ermittlung des 183-Tage-Zeitraums, der zu einer Nichtbesteuerung bestimmter (Dienstreise-) Arbeitstage z.B. im Verhältnis zwischen Deutschland und Frankreich führen kann, vgl. *Vetter/Schreiber*, IWB Fach 10 Gruppe 2 S. 2081, 2085; in diesem Zusammenhang auch *Schubert/Pavlovits*, IStR 2009, 415, 417. Zur Anwendung von § 50d Abs. 9 Satz 1 Nr. 2 EStG auf Bezüge von im Inland unbeschränkt steuerpflichtigen Piloten und Flugbegleitern britischer und irischer Airlines vgl. BMF-Schr. v. 12. 11. 2008, IV B – S 1300/07/100800, BStBl. I 2008, 988; hierzu *Korn*, DStR 2008, 2317.

[109] Zur Subsumtion bei typischen Entsendungsfällen vgl. auch IV.

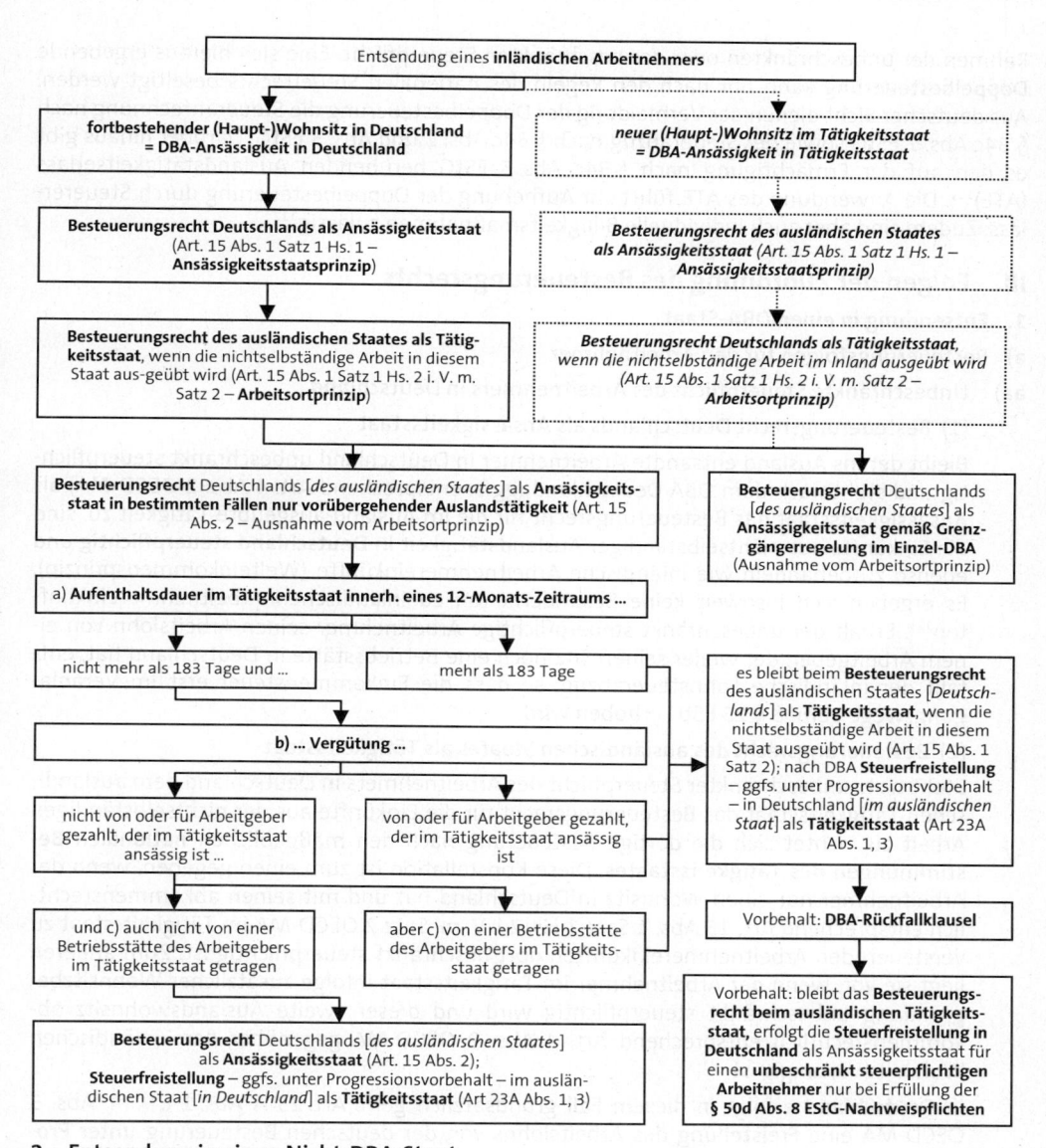

```
                    ┌─────────────────────────────────────────┐
                    │  Entsendung eines inländischen Arbeitnehmers │
                    └─────────────────────────────────────────┘
                           │                           │
                           ▼                           ▼
    ┌──────────────────────────────────┐   ┌──────────────────────────────────┐
    │ fortbestehender (Haupt-)Wohnsitz │   │ neuer (Haupt-)Wohnsitz im       │
    │ in Deutschland                    │   │ Tätigkeitsstaat                  │
    │ = DBA-Ansässigkeit in Deutschland│   │ = DBA-Ansässigkeit in Tätigkeits-│
    │                                   │   │ staat                            │
    └──────────────────────────────────┘   └──────────────────────────────────┘
                    │                                     │
                    ▼                                     ▼
    ┌──────────────────────────────────┐   ┌──────────────────────────────────┐
    │ Besteuerungsrecht Deutschlands   │   │ Besteuerungsrecht des ausländi-  │
    │ als Ansässigkeitsstaat           │   │ schen Staates als Ansässigkeits- │
    │ (Art. 15 Abs. 1 Satz 1 Hs. 1 –   │   │ staat (Art. 15 Abs. 1 Satz 1 Hs. 1│
    │ Ansässigkeitsstaatsprinzip)      │   │ – Ansässigkeitsstaatsprinzip)    │
    └──────────────────────────────────┘   └──────────────────────────────────┘
                    │                                     │
                    ▼                                     ▼
    ┌──────────────────────────────────┐   ┌──────────────────────────────────┐
    │ Besteuerungsrecht des ausländi-  │   │ Besteuerungsrecht Deutschlands   │
    │ schen Staates als Tätigkeits-    │   │ als Tätigkeitsstaat, wenn die    │
    │ staat, wenn die nichtselbständige│   │ nichtselbständige Arbeit im      │
    │ Arbeit in diesem Staat aus-      │   │ Inland ausgeübt wird             │
    │ geübt wird (Art. 15 Abs. 1 Satz 1│   │ (Art. 15 Abs. 1 Satz 1 Hs. 2 i.  │
    │ Hs. 2 i. V. m. Satz 2 –          │   │ V. m. Satz 2 –                   │
    │ Arbeitsortprinzip)               │   │ Arbeitsortprinzip)               │
    └──────────────────────────────────┘   └──────────────────────────────────┘
                    │                                     │
                    ▼                                     ▼
    ┌──────────────────────────────────┐   ┌──────────────────────────────────┐
    │ Besteuerungsrecht Deutschlands   │   │ Besteuerungsrecht Deutschlands   │
    │ [des ausländischen Staates] als  │   │ [des ausländischen Staates] als  │
    │ Ansässigkeitsstaat in bestimmten │   │ Ansässigkeitsstaat gemäß Grenz-  │
    │ Fällen nur vorübergehender       │   │ gängerregelung im Einzel-DBA     │
    │ Auslandstätigkeit (Art. 15 Abs. 2│   │ (Ausnahme vom Arbeitsortprinzip) │
    │ – Ausnahme vom Arbeitsortprinzip)│   │                                  │
    └──────────────────────────────────┘   └──────────────────────────────────┘
                    │
                    ▼
    ┌──────────────────────────────────────────────────────┐
    │ a) Aufenthaltsdauer im Tätigkeitsstaat innerh.       │
    │    eines 12-Monats-Zeitraums …                       │
    └──────────────────────────────────────────────────────┘
              │                              │
              ▼                              ▼
    ┌─────────────────────┐   ┌─────────────────────┐
    │ nicht mehr als 183  │   │ mehr als 183 Tage   │───┐
    │ Tage und …          │   │                     │   │
    └─────────────────────┘   └─────────────────────┘   │
              │                                         │
              ▼                                         │
    ┌─────────────────────────────────────┐             │
    │ b) … Vergütung …                    │             │
    └─────────────────────────────────────┘             │
              │                              │          │
              ▼                              ▼          │
    ┌─────────────────────┐   ┌─────────────────────┐   │
    │ nicht von oder für  │   │ von oder für Arbeit-│   │
    │ Arbeitgeber gezahlt,│   │ geber gezahlt, der  │   │
    │ der im Tätigkeits-  │   │ im Tätigkeitsstaat  │   │
    │ staat ansässig ist …│   │ ansässig ist        │   │
    └─────────────────────┘   └─────────────────────┘   │
              │                              │          │
              ▼                              ▼          ▼
    ┌─────────────────────┐   ┌─────────────────────┐   ┌──────────────────────┐
    │ und c) auch nicht   │   │ aber c) von einer   │   │ es bleibt beim       │
    │ von einer Betriebs- │   │ Betriebsstätte des  │   │ Besteuerungsrecht    │
    │ stätte des Arbeit-  │   │ Arbeitgebers im     │   │ des ausländischen    │
    │ gebers im Tätig-    │   │ Tätigkeitsstaat     │   │ Staates [Deutsch-    │
    │ keitsstaat getragen │   │ getragen            │   │ lands] als Tätig-    │
    └─────────────────────┘   └─────────────────────┘   │ keitsstaat, wenn die │
              │                                         │ nichtselbständige    │
              ▼                                         │ Arbeit in diesem     │
    ┌──────────────────────────────────────────┐       │ Staat ausgeübt wird  │
    │ Besteuerungsrecht Deutschlands [des      │       │ (Art. 15 Abs. 1      │
    │ ausländischen Staates] als Ansässigkeits-│       │ Satz 2); nach DBA    │
    │ staat (Art. 15 Abs. 2);                   │       │ Steuerfreistellung   │
    │ Steuerfreistellung – ggfs. unter          │       │ – ggfs. unter        │
    │ Progressionsvorbehalt – im ausländischen  │       │ Progressionsvorbehalt│
    │ Staat [in Deutschland] als Tätigkeitsstaat│       │ – in Deutschland [im │
    │ (Art 23A Abs. 1, 3)                       │       │ ausländischen Staat] │
    └──────────────────────────────────────────┘       │ als Tätigkeitsstaat  │
                                                       │ (Art 23A Abs. 1, 3)  │
                                                       └──────────────────────┘
                                                                │
                                                                ▼
                                                       ┌──────────────────────┐
                                                       │ Vorbehalt: DBA-      │
                                                       │ Rückfallklausel      │
                                                       └──────────────────────┘
                                                                │
                                                                ▼
                                                       ┌──────────────────────┐
                                                       │ Vorbehalt: bleibt das│
                                                       │ Besteuerungsrecht    │
                                                       │ beim ausländischen   │
                                                       │ Tätigkeitsstaat,     │
                                                       │ erfolgt die Steuer-  │
                                                       │ freistellung in      │
                                                       │ Deutschland als      │
                                                       │ Ansässigkeitsstaat   │
                                                       │ für einen unbe-      │
                                                       │ schränkt steuer-     │
                                                       │ pflichtigen Arbeit- │
                                                       │ nehmer nur bei Er-  │
                                                       │ füllung der § 50d   │
                                                       │ Abs. 8 EStG-Nach-   │
                                                       │ weispflichten        │
                                                       └──────────────────────┘
```

2. Entsendung in einen Nicht-DBA-Staat

Hat Deutschland mit dem Entsendestaat kein DBA abgeschlossen[110], richtet sich die **Besteuerung allein nach dem nationalen Steuerstatuts des Arbeitnehmers**. Bei fortbestehender unbeschränkter Steuerpflicht des Arbeitnehmers im Inland besteuern dann sowohl Deutschland als auch der Tätigkeitsstaat den Arbeitslohn, letzterer je nach Wohnsituation etc. entweder auch im

---

[110] Dies ist insbesondere der Fall im Verhältnis zu Afghanistan, Brasilien, Chile, Costa Rica, Dominikanische Republik, Hongkong, Libyen, Nigeria, Peru und Saudi-Arabien.

Rahmen der unbeschränkten oder der beschränkten Steuerpflicht. Eine sich hieraus ergebende **Doppelbesteuerung** kann nur nach den Regeln des nationalen Steuerrechts beseitigt werden. Aus deutscher Sicht dienen der Vermeidung der Doppelbesteuerung die Steueranrechnung nach § 34c Abs. 1 EStG sowie der Steuerabzug nach § 34c Abs. 2 und Abs. 3 EStG. Darüber hinaus gibt es den auf der Ermächtigung nach § 34c Abs. 5 EStG beruhenden Auslandstätigkeitserlass (ATE)[111]. Die Anwendung des ATE führt zur Aufhebung der Doppelbesteuerung durch Steuererlass. Zudem sind aber auch individuelle Billigkeitsmaßnahmen zulässig[112].

III. Folgen der Zuordnung des Besteuerungsrechts

1. Entsendung in einen DBA-Staat

a) Besteuerungsfolgen für den Arbeitnehmer

aa) Unbeschränkte Steuerpflicht des Arbeitnehmers in Deutschland

(1) Besteuerungsrecht Deutschlands als Ansässigkeitsstaat

Bleibt der ins Ausland entsandte Arbeitnehmer in Deutschland unbeschränkt steuerpflichtig und steht nach dem DBA Deutschland (ggfs. entsprechend Art. 4 Abs. 2 OECD-MA) als Ansässigkeitsstaat das Besteuerungsrecht für die im Ausland ausgeübte Tätigkeit zu, sind die Einkünfte aus nichtselbständiger Auslandstätigkeit **in Deutschland steuerpflichtig** und ebenso zu behandeln wie inländische Arbeitnehmereinkünfte (Welteinkommensprinzip). Es ergeben sich insoweit keine Besonderheiten zu inländischen Arbeitnehmereinkünften[113]. Erhält der unbeschränkt steuerpflichtige Arbeitnehmer seinen Arbeitslohn von einem Arbeitgeber, der weder seinen Sitz noch eine Betriebsstätte in Deutschland hat, entfällt der inländische Lohnsteuerabzug, so dass die Einkommensteuer erst im Veranlagungswege gemäß § 25 EStG erhoben wird.

(2) Besteuerungsrecht des ausländischen Staates als Tätigkeitsstaat

Steht trotz unbeschränkter Steuerpflicht des Arbeitnehmers in Deutschland dem ausländischen Tätigkeitsstaat das Besteuerungsrecht für die Einkünfte aus der nichtselbständigen Arbeit zu, richtet sich die dortige Besteuerung nach den maßgeblichen **nationalen Bestimmungen des Tätigkeitsstaates**. Diese Konstellation ist zum einen gegeben, wenn der Arbeitnehmer nur einen Wohnsitz in Deutschland hat und mit seinen abkommensrechtlich entsprechend Art. 15 Abs. 1 Satz 1 Hs. 2 i. V. m. Satz 2 OECD-MA im Tätigkeitsstaat zu versteuernden Arbeitnehmereinkünften dort beschränkt steuerpflichtig ist. Zum anderen liegt sie vor, wenn der Arbeitnehmer im Tätigkeitsstaat infolge zusätzlicher Wohnsitzbegründung unbeschränkt steuerpflichtig wird und dieser zweite Auslandswohnsitz abkommensrechtlich entsprechend Art. 4 Abs. 2 OECD-MA gegenüber dem inländischen Wohnsitz vorrangig ist.

In Deutschland erfolgt in diesem Fall grundsätzlich gem. Art. 23 A Abs. 1 i. V. m. Abs. 3 OECD-MA eine **Freistellung** des Arbeitslohns von der deutschen Besteuerung **unter Progressionsvorbehalt**[114]. Eine gleichwohl (abkommenswidrig) erhobene deutsche Lohnsteuer

---

[111] Vgl. BMF-Schreiben v. 31. 10. 1983, IV B 6 – S 2293 – 50/83, BStBl 1983 I 470.

[112] Vgl. *Schaumburg*, Internationales Steuerrecht, Rn. 15. 97 ff., S. 666 ff.

[113] Zur steuerlichen Behandlung von Umzugskosten bei Entsendungen vgl. *Vetter/Schreiber*, IWB Fach 3 Deutschland, Gr. 3, S. 1555 ff.

[114] § 32b Abs. 1 S. 2 EStG i. d. F. des JStG 2009 (Ausschluss des Progressionsvorbehalts) ist bei Arbeitnehmereinkünften nicht anzuwenden. Zur steuerlichen Behandlung von Umzugskosten in diesem Fall vgl. *Vetter/Schreiber*, IWB Fach 3 Deutschland, Gr. 3, S. 1555, 1559, sowie BFH-Urt. v. 20. 9. 2006, I R 59/05,

ist dem Arbeitnehmer analog § 50d Abs. 1 Satz 2 EStG zu erstatten[115]. Die Steuerfreistellung greift hingegen nicht ein, sofern entweder im DBA selbst oder aufgrund nationaler Bestimmungen (§ 50d Abs. 8 EStG) ein **Rückfall des Besteuerungsrechts** nach Deutschland gegeben ist[116]. Über die DBA-Freistellung bzw. die Anwendung einer Rückfallklausel ist endgültig im Veranlagungsverfahren zu entscheiden, das regelmäßig durchzuführen sein wird (§ 46 Abs. 2 Nr. 1 EStG). Wurde der Arbeitslohn aufgrund einer vom Betriebsstätten-Finanzamt gemäß § 39b Abs. 6 EStG erteilten Freistellungsbescheinigung ohne Lohnsteuerabzug ausgezahlt und wird im Rahmen der Steuerveranlagung der Nachweis gemäß § 50d Abs. 8 EStG nicht erbracht, ist der **Arbeitslohn**, sofern er die Bagatellgrenze von EUR 10.000 überschreitet[117], **nachträglich in Deutschland zu versteuern**.[118] Der Steuerbescheid kann jedoch nachträglich zugunsten des Steuerpflichtigen geändert werden, sobald dieser die tatsächliche Besteuerung im Ausland oder den Verzicht des ausländischen Fiskus nachweist. Die Einkünfte aus nichtselbständiger Tätigkeit sind dann **nachträglich von der Besteuerung freizustellen**. Die Festsetzungsfrist beginnt erst mit Ablauf des Kalenderjahres, in dem das rückwirkende Ereignis (Erbringung des Nachweises) eintritt (§ 50d Abs. 8 S. 2, 3 EStG)[119].

Sind die Einkünfte aus nichtselbständiger Auslandstätigkeit auf der Grundlage einer abkommensrechtlichen Rückfallklausel oder von § 50d Abs. 8 EStG **in Deutschland steuerpflichtig**, ergeben sich keine Besonderheiten zu inländischen Arbeitnehmereinkünften. Wird der von der DBA-Rückfallklausel oder von § 50d Abs. 8 EStG geforderte Nachweis erbracht und bleibt der Arbeitslohn damit **in Deutschland steuerfrei**, wird dieser bei der inländischen Besteuerung nur im Rahmen des **Progressionsvorbehalts** nach § 32b Abs. 1 S. 1 Nr. 2 oder Nr. 3 EStG[120] berücksichtigt. Bei der Berechnung des in den Progressionsvorbehalt einzubeziehenden Betrags kommt es dabei nicht auf den steuerfreien Arbeitslohn an, sondern auf die **steuerfreien Einkünfte** aus nichtselbständiger Tätigkeit. Diese sind für die Anwendung des Progressionsvorbehaltes **nach deutschem Recht zu ermitteln**[121], sofern das maßgebliche DBA keine abweichenden Ermittlungsvorschriften enthält. Ausländische Werbungskostenpauschalen und Steuerbefreiungsvorschriften sind also nicht zu berücksichtigen. Vielmehr sind die in Deutschland anzusetzenden steuerfreien ausländischen Einkünfte inklusive sämtlicher geldwerter Vorteile und Sachbezüge[122] für den Fall ihrer Steuerpflicht im Inland entsprechend § 8 EStG zu bewerten und ggfs. auf den Zuflußzeit-

---

BStBl. II 2007, 756, zu vorab entstandenen Umzugskosten bei fehlendem deutschen Besteuerungsrecht für künftige Auslandstätigkeit (Einbezug in die Bemessungsgrundlage der dem Progressionsvorbehalt unterliegenden Einkünfte).

[115] Vgl. BFH-Urt. v. 21.10.2009, I R 70/08, BFH/NV 2010, 350.
[116] Vgl. hierzu i. E. oben zu II 1. d) bb) und cc).
[117] Vgl. BMF, Schr. v. 21. 7. 2005, IV B 1 – S 2411 – 2/05, BStBl 2005 I 821, Tz. 4.2.
[118] Vgl. BMF, Schr. v. 21. 7. 2005, IV B 1 – S 2411 – 2/05, BStBl 2005 I 821, Tz. 4.1. *Holthaus*, IStR 2004, 14.
[119] Vgl. BMF, Schr. v. 21. 7. 2005, IV B 1 – S 2411 – 2/05, BStBl 2005 I 821, Tz. 4.1.
[120] § 32b Abs. 1 S. 2 EStG i.d.F. des JStG 2009 (Ausschluß des Progressionsvorbehalts) ist bei Arbeitnehmereinkünften nicht anzuwenden.
[121] Vgl. BFH-Urt. v. 22.5.1991, I R 32/90, BStBl. I 1992, 94 sowie BMF-Schr. v. 14. 9. 2006, BStBl. I 2006, 532 Rz. 23. Vgl. auch *Reuter*, in Kessler/Kröner/Köhler, Konzernsteuerrecht, § 9 Rz. 25 und *Apitz*, StBp 2008, 1, 5.
[122] Bspw. Dienstwagen, Fahrer, Überlassung von Wohnraum, Verpflegungszuschüsse, Reisekostenerstattungen, Versicherungen, Schulgelder.

punkt in Euro umzurechnen[123]. Zu vermindern sind die Einkünfte ausschließlich um die der Auslandstätigkeit zuzurechnenden und nach inländischen Grundsätzen zu berücksichtigenden Werbungskosten, wie z. B. Kosten der doppelten Haushaltsführung[124]. Sind die tatsächlichen Werbungskosten nicht höher als die Werbungskostenpauschale gem. § 9a Satz 1 Nr. 1a EStG, ist diese zu berücksichtigen. Die tatsächlichen angefallenen Werbungskosten oder der Arbeitnehmer-Pauschbetrag sind dabei auch dann zu berücksichtigen, wenn bei der Ermittlung des im Inland zu versteuernden Einkommens der Arbeitnehmer-Pauschbetrag gewährt wurde[125]. Übersteigen die berücksichtigungsfähigen Werbungskosten den steuerfreien ausländischen Arbeitslohn, kommt es zum so genannten **negativen Progressionsvorbehalt**[126].

Bei der **Einkünfteaufteilung** auf den Wohnsitzstaat Deutschland (steuerpflichtiger Teil der Jahresbezüge) und den Tätigkeitsstaat (freizustellender Teil) im Jahr der erstmaligen Entsendung oder der Rückkehr werden die zunächst die Vergütungen berücksichtigt, bei denen eine **unmittelbare Zuordnung** zur In- oder der Auslandstätigkeit vorgenommen werden kann (Zuordnung unter funktionalen Aspekten)[127]. Hinsichtlich der verbleibenden Zahlungen erfolgt eine **Aufteilung nach Arbeitstagen.** Deren Zählung deckt sich jedoch nicht mit der für die 183-Tage-Regelung maßgebenden Zählung der Aufenthaltstage[128]. Ausgangspunkt sind vielmehr die Jahresarbeitstage, von denen die im Tätigkeitsstaat verbrachten Arbeitstage abzuziehen sind. Keine Arbeitstage in diesem Sinne sind die arbeitsfreien Samstage, Sonntage und Urlaubstage. Die verbleibenden Bezüge des Arbeitnehmers sind dann im Verhältnis der Arbeitstage im Tätigkeitsstaat zu den Arbeitstagen im Ansässigkeitsstaat aufzuteilen.[129] Der Arbeitnehmer hat nach § 90 Abs. 2 AO den **Nachweis** über die Ausübung der Tätigkeit in dem anderen Staat und deren Zeitdauer durch Vorlage geeigneter Aufzeichnungen (z. B. Stundenprotokolle, Terminkalender, Reisekostenabrechnungen[130]) zu führen[131].

bb) **Beschränkte Steuerpflicht des Arbeitnehmers in Deutschland**

Gibt der Arbeitnehmer seinen inländischen Wohnsitz im Zuge der Entsendung ins Ausland auf, endet seine unbeschränkte Steuerpflicht[132]. In diesem Fall kann sich nur noch eine beschränkte Steuerpflicht bzgl. der Einkünfte aus inländischen Quellen i. S. des § 49 EStG ergeben, soweit das DBA z. B. bei Lohneinkünften dem Tätigkeitsstaat Deutschland als Quel-

---

[123] Vgl. hierzu *Reuter*, in Kessler/Kröner/Köhler, Konzernsteuerrecht, § 9 Rz. 25 f.

[124] Vgl. zu weiteren Werbungskosten (Reisekosten, Umzugskosten) *Kubaile*, INF 2001, 15; *Zielke*, IWB, Fach 3 Gruppe 6 S. 451 (doppelte Haushaltsführung) sowie IWB F. 3 Gr. 6 S. 441 (Umzugskosten).

[125] Vgl. BFH-Urt. v. 17. 12. 2003, I R 75/03, BStBl. 2005 II 96.

[126] Vgl. zum Ganzen auch *Prokisch*, in Vogel/Lehner, DBA, Art. 15 OECD-MA, Rz.72.

[127] Vgl. BMF-Schr. v. 14. 9. 2006, BStBl. I 2006, 532 Rz. 100 ff., 104.

[128] Vgl. BMF-Schr. v. 14. 9. 2006, BStBl. I 2006, 532 Rz. 105 ff. Ferner BFH-Urt. v. 29. 1. 1986, I R 22/85, BStBl. 1986 I, 479.

[129] Einzelheiten hierzu bei *Apitz*, StBp 2008, 49, 53.

[130] Vgl. BMF-Schr. v. 14. 9. 2006, BStBl. I 2006, 532 Rz. 102.

[131] Zu Möglichkeiten der Schätzung und zur Feststellungslast s. ausführlich BFH-Urt. v. 5. 10. 1994, I R 67/93, BStBl. 1995 II 95.

[132] Zu den Folgen der Wohnsitzaufgabe in Deutschland auf Altersvorsorgeverträge (Riester-Verträge i.S.v. §§ 79 ff. EStG) vgl. *Vetter/Schreiber*, IWB Fach 3 Deutschland Gruppe 3, S. 1527 ff. Zu den Auswirkungen auf die Gewährung von Kinder- und Elterngeld *Vetter/Schreiber*, IWB Fach 3 Deutschland Gruppe 3, S. 1587 ff.

lenstaat das Besteuerungsrecht zuweist.[133] Behält der Arbeitgeber trotz Beendigung der unbeschränkten Steuerpflicht Lohnsteuer ein, so ist diese im Rahmen der Veranlagung des Arbeitnehmers anzurechnen[134]. Bei unbeschränkter und beschränkter Steuerpflicht **im Jahr der Wohnsitzverlegung** sowohl ins Ausland als auch zurück nach Deutschland sind gem. § 2 Abs. 7 S. 3 EStG[135] die während der beschränkten Steuerpflicht erzielten inländischen Einkünfte in eine **einheitliche Veranlagung zur unbeschränkten Steuerpflicht** einzubeziehen.[136] Damit wird insbesondere der Grundfreibetrag nur einmal gewährt. In diesem Zusammenhang sind sowohl die der beschränkten Steuerpflicht unterliegenden Einkünfte als auch die während der Zeit der Nicht-Steuerpflicht im Inland erzielten Einkünfte nach § 32 b Abs. 1 Nr. 2 EStG im Rahmen des Progressionsvorbehalts für die Bestimmung des Steuersatzes zu berücksichtigen[137]. In den sich anschließenden Jahren der beschränkten Steuerpflicht unterliegen die steuerfreien inländischen Einkünfte nicht dem Progressionsvorbehalt, da Deutschland lediglich Quellenstaat ist und der Progressionsvorbehalt in diesen Fällen nach den derzeit abgeschlossenen DBA ausgeschlossen ist[138].

Im Fall des **Wechsels von der unbeschränkten zur beschränkten Steuerpflicht** sind weitere Besonderheiten zu beachten[139]:

▶ Der Arbeitnehmer hat dem für ihn zuständigen Wohnsitzfinanzamt den Wechsel von der unbeschränkten zur beschränkten Steuerpflicht zur Vermeidung einer Lohnsteuerhaftung unter Vorlage der Lohnsteuerkarte gemäß § 39 Abs. 5a EStG unverzüglich anzuzeigen.

▶ Nach § 95 EStG gilt die Beendigung der unbeschränkten Steuerpflicht z. B. im Fall der Arbeitnehmerentsendung als schädliche Verwendung des Altersvorsorgevermögen im Rahmen der begünstigten Altersvorsorgeverträge i. S. d. XI. Abschnitts des EStG, die zu einer Rückzahlung der gewährten Vergünstigungen (Zulage oder Sonderausgabenabzug nach § 10a Abs. 1 EStG) führt. Die Rückzahlungsbeträge werden allerdings gem. § 95 Abs. 2 EStG auf Antrag bis zum Beginn der Auszahlung gestundet. Bei Wiederbegründung der unbeschränkten Steuerpflicht wird der Rückzahlungsbetrag erlassen.[140]

▶ Hält der Steuerpflichtige einbringungsgeborene Anteile i. S. d. § 21 UmwStG a.F. sind die stillen Reserven in den einbringungsgeborenen Anteilen zwangsweise mit Eintritt in die beschränkte Steuerpflicht zu versteuern, wenn das Besteuerungsrecht der Bun-

---

[133] Der für die beschränkte Steuerpflicht relevanten Verwertungstatbestand greift im DBA-Fall nicht, da er in den einschlägigen DBA durch das Tätigkeitsortprinzip überlagert wird. Vgl. *Jacobs*, Internationale Unternehmensbesteuerung, S. 1357.

[134] Vgl. BFH-Urt. v. 23. 5. 2000, VII R 3/00, BStBl. 2000 II 581.

[135] Die Vorschrift des § 2 Abs. 7 Satz 3 EStG ist nach Auffassung des BFH verfassungskonform und verstößt weder gegen EU-Recht noch gegen DBA; vgl. Urt. v. 19. 12. 2001, I R 63/00, BFH/NV 2002, 584; Urt. v. 15. 5. 2002, I R 40/01, BFH/NV 2002, 1224.

[136] Die Vorschrift des § 2 Abs. 7 Satz 3 EStG findet keine Anwendung bei Wechsel von der unbeschränkten Steuerpflicht zur Nicht-Steuerpflicht und umgekehrt, da vor oder nach dem Zeitraum der unbeschränkten Steuerpflicht keine beschränkte Steuerpflicht bestanden hat.

[137] BFH-Urt. v. 19. 11. 2003, I R 19/03, BStBl. II 2004, 549; BFH-Urt. v. 15. 5. 2002, I R 40/01, BStBl. II 2002, 660; BFH-Urt. v. 19. 12. 2001, I R 63/00, BStBl. II 2003, 302. Vgl. hierzu auch *Jacobs*, Internationale Unternehmensbesteuerung, S. 1357 f.

[138] BFH v. 19. 12. 2001, I R 63/00, BFH/NV 2002, 584.

[139] Hierzu *Pohl*, IStR 2001, 460 ff.;

[140] Zur schädlichen Verwendung des Altersvorsorgevermögens *Ley*, DStR 2002, 193.

desrepublik hinsichtlich des Gewinns aus der Veräußerung der Anteile ausgeschlossen ist.
- Bei Wohnsitzwechsel in niedrig besteuernde Gebiete kann es zur erweitert beschränkten Einkommensteuerpflicht gem. §§ 2 ff. AStG kommen, soweit das DBA mit dem Entsendungsstaat Deutschland ein entsprechendes Besteuerungsrecht einräumt. Dies ist beispielsweise gem. Art. 4 Abs. 4 DBA-Schweiz im Verhältnis zur Schweiz der Fall.
- Hält der Arbeitnehmer eine Kapitalgesellschaftsbeteiligung i.S.d. § 17 EStG im Privatvermögen, ist zudem die Wegzugsbesteuerung nach § 6 AStG zu beachten.[141]

cc) **Nachteilhafte Steuerwirkungen bei Steuerfreiheit des Arbeitslohns in Deutschland**

Unabhängig davon, ob der Arbeitnehmer anlässlich der Entsendung ins Ausland in Deutschland unbeschränkt steuerpflichtig bleibt oder beschränkt steuerpflichtig wird, können sich für ihn in Deutschland steuerliche Nachteile ergeben, wenn seine Arbeitnehmereinkünfte aus der deutschen Besteuerung ausscheiden. So könnte hierdurch die vertikale Verlustverrechnung mit negativen Einkünften anderer Einkunftsarten entfallen. Auch sind Werbungskosten und Vorsorgeaufwendungen, die mit den steuerfreien Auslandseinkünften in Zusammenhang stehen, nicht abziehbar (§ 3c Abs. 1[142] und § 10 Abs. 2 S. 1 Nr. EStG). Schließlich können Sonderausgabenabzüge bzw. außergewöhnliche Belastungen leer laufen. Während Letzteres zu einem endgültigen Steuernachteil führt, könnten negative Gesamtbeträge der Einkünfte gem. § 10d EStG bis zu 511.500 EURO ein Jahr zurück und unbegrenzt vorgetragen werden und so noch zur Verrechnung gelangen.

b) **Besteuerungsfolgen für einen deutschen Arbeitgeber**

(1) **Unbeschränkte Steuerpflicht des Arbeitnehmers in Deutschland**

(a) **Besteuerungsrecht Deutschlands als Ansässigkeitsstaat**

Steht nach dem DBA das Besteuerungsrecht für die im Ausland ausgeübte Tätigkeit Deutschland zu und ist der in Deutschland ansässige Arbeitnehmer damit mit seinen gesamten Einkünften in Deutschland steuerpflichtig, hat der inländische Arbeitgeber[143] die **Lohnsteuer** vom laufenden Arbeitslohn sowie den sonstigen Bezügen[144] einzubehalten und an das zuständige Finanzamt abzuführen (§ 38 Abs. 1 S. 1 Nr. 1 i. V. m. § 39b EStG). Als inländischer Arbeitgeber gilt dabei seit 2004 gemäß § 38 Abs. 1 Satz 2 EStG auch das in Deutschland ansässige Unternehmen, das den Arbeitslohn für die ihm geleistete Arbeit trägt (wirtschaftlicher Arbeitgeber)[145]. Zu beachten ist, dass ebenfalls seit 2004 nicht nur **Arbeitslohn** dem Lohnsteuerabzug unterliegt, den der inländische **Arbeitgeber selbst auszahlt**, sondern gemäß § 38 Abs. 1 Satz 3 EStG auch Lohnsteuer auf Arbeitslohn einzubehalten ist, der im Rahmen des Dienstverhältnisses **von einem Dritten gewährt** wird, sofern der Arbeitgeber weiß oder erkennen kann, dass derartige Vergütungen erbracht werden[146]. Die Kenntnis des

---

[141] Die Wegzugsbesteuerung wird auch bei fortbestehender unbeschränkter Steuerpflicht jedoch doppelbesteuerungsrechtlich ausgeschlossenem Besteuerungsrecht Deutschlands relevant; vgl. § 6 Abs. 1 S. 2 Nr. 2 AStG.

[142] Vgl. hierzu auch FG Baden-Württemberg, Urt. v. 18. 3. 2008, 4 K 284/06, EFG 2008, 1122 (Rev. I R 25/08).

[143] Zum Begriff des inländischen Arbeitgebers vgl. z. B. *Wellisch/Näht*, IStR 2005, 433, 436.

[144] Vgl. hierzu R 39b.2 LStR.

[145] Vgl. hierzu *Wellisch/Näht*, IStR 2005, 433, 437 f.; *Fehn*, BB-Special 3/2004, 7, 10.

[146] Zur Abgrenzung dieser sog. „echten" zur „unechten" Lohnzahlung durch Dritte vgl. BFH-Urt. v. 30. 5. 2001, VI R 123/00, BStBl. 2002 II 230 sowie R 38.4 LStR. Zur Frage, wer „Dritter" im Sinne von § 38 Abs. 1 Satz 3 EStG ist, vgl. *Lühn*, IWB, Fach 3 Deutschland, Gruppe 3, 1569 ff.

Arbeitgebers wird hierbei insbesondere dann – allerdings widerlegbar[147] – angenommen, wenn Arbeitgeber und Dritter verbundene Unternehmen i.S.d. § 15 AktG sind[148]. Reicht der vom Arbeitgeber geschuldete Barlohn in diesem Fall nicht zur Deckung der Lohnsteuer aus, kann eine haftungsbefreiende Anzeige gegenüber dem Betriebsstättenfinanzamt gemäß § 38 Abs. 4 EStG in Betracht kommen.[149]

(b) Besteuerungsrecht des ausländischen Tätigkeitsstaates

Steht das Besteuerungsrecht für die Arbeitnehmereinkünfte nicht Deutschland, sondern dem Tätigkeitsstaat zu, so hängen die Besteuerungsfolgen für den deutschen Arbeitgeber davon ab, ob die Arbeitseinkünfte wegen fehlender Ansässigkeit des Arbeitnehmers in Deutschland nach nationalem Steuerrecht bereits nicht steuerbar sind oder ob sie bei inländischer DBA-Ansässigkeit grundsätzlich in Deutschland zu versteuern sind, aber nach DBA dem Tätigkeitsstaat zur Besteuerung zugewiesen und damit im Inland freizustellen sind. Zwar ist in beiden Fällen **kein inländischer Lohnsteuerabzug** vorzunehmen. Bei **DBA-Ansässigkeit in Deutschland** darf der Lohnsteuerabzug bei einer **antragsgebundenen Befreiung** nach DBA[150] nur unterbleiben, wenn dem Arbeitgeber eine **Freistellungsbescheinigung** des Betriebsstättenfinanzamts vorliegt[151]. Bei **antragsungebundener Befreiung** hat das Betriebsstättenfinanzamt zwar nur auf Antrag eine Freistellungsbescheinigung auszustellen (§ 39b Abs. 6 S. 1 EStG)[152], aus Vorsichtsgründen empfiehlt sich der Verzicht auf den Lohnsteuerabzug jedoch auch in diesem Fall nur, wenn dem Arbeitgeber eine **Freistellungsbescheinigung** tatsächlich vorliegt.[153] Eine solche kann sowohl vom Arbeitgeber (seit 2004 auch vom ausländischen Arbeitnehmerverleiher[154]) als auch vom Arbeitnehmer beantragt werden (§ 39b Abs. 6 S. 1 EStG). Die Regelung des **§ 50d Abs. 8 EStG** hat keinen Einfluß auf die Freistellung im Lohnsteuerabzugsverfahren[155], d.h. der Antragsteller muß zur Erlangung der Freistellungsbescheinigung nur glaubhaft machen, dass die dass die Voraussetzungen für deren Erteilung vorliegen. Wird die Freistellungsbescheinigung **erst während der Entsendedauer erteilt,** kann der Arbeitgeber dem Arbeitnehmer die für die Vormonate einbehaltene und abgeführte Lohnsteuer mit Genehmigung des Betriebsstättenfinanzamts erstatten[156]. Hat Deutschland die Bezüge des Arbeitnehmers in Anwendung von Art. 23 A OECD-

---

[147] Vgl. dazu *Drenseck*, in Schmidt, EStG, 28. Auflage 2009, § 38 Rz. 11. A.A. *Plenker*, DB 2004, 894 f.

[148] Vgl. hierzu *Wellisch/Näht*, IStR 2005, 433, 437 f.

[149] Vgl. dazu *Drenseck*, in Schmidt, EStG, 28. Auflage 2009, § 38 Rz. 18; *Wellisch/Näht*, IStR 2005, 433, 437; *Odendahl/Seifert*, DStR 2004, 585.

[150] DBA-Frankreich, DBA-Großbritannien, DBA-Italien, DBA-USA.

[151] Vgl. BFH-Urt. v. 10. 5. 1989, I R 50/85, BStBl. 1989 II 755 sowie H 39b.10 LStR. Die Freistellungsbescheinigung wird in der Regel für maximal drei Jahre ausgestellt; vgl. R 39b.10 S. 3 LStR.

[152] Vgl. BFH-Urt. v. 10. 5. 1989, I R 50/85, BStBl. 1989 II 755 sowie R 39b.10 S. 1 LStR.

[153] Die Freistellungsbescheinigung ist in diesem Fall zwar keine materiell-rechtliche Voraussetzung für das Unterlassen des Lohnsteuerabzugs. Ohne die Bescheinigung trägt der Arbeitgeber jedoch das Haftungsrisiko, wenn er zu Unrecht Arbeitslohn aufgrund eines DBA als steuerfrei ansieht; vgl. *Wellisch/Näht*, DStR 2005, 433, 435.

[154] Vgl. § 38 Abs. 1 S. 1 Nr. 2 EStG. Hierzu *Hartmann*, INF 2004, 96. Zuvor BFH, Urt. v. 4.9.2002, I R 21/01, BStBl. II 2003, 306.

[155] Vgl. BMF-Schr. v. 21. 7. 2005, IV B 1 – S 2411 – 2/05, BStBl 2005 I 821, Tz. 1. Zudem R 39b.10 S. 6 LStR.

[156] Vgl. *Jacobs*, Internationale Unternehmensbesteuerung, S. 1355.

MA von der Besteuerung freizustellen[157], darf der Arbeitgeber beim Lohnsteuerabzug für weitere Arbeitseinkünfte, die bei einem unbeschränkt steuerpflichtigen Arbeitnehmer neben dem freizustellenden Arbeitslohn angefallen sind, gem. § 42b Abs. 1 Satz 4 Nr. 6 EStG keinen Lohnsteuerjahresausgleich durchführen[158].

Zahlt ein deutscher Arbeitgeber den Arbeitslohn für die im Ausland steuerpflichtige Tätigkeit, ist dieser i. d. R. dann nicht zum **Einbehalt ausländischer Steuern** auf den Arbeitslohn verpflichtet, wenn er im ausländischen Tätigkeitsstaat nicht ansässig ist und dort auch nicht über eine ständige Betriebsstätte oder einen ständigen Vertreter verfügt. Gleichwohl dürfte es empfehlenswert sein, die ausländische Steuer einzubehalten und abzuführen, um eine mögliche Haftung des Arbeitgebers von vornherein auszuschließen.

(2) Beschränkte Steuerpflicht des Arbeitnehmers in Deutschland

Unterliegt der ins Ausland entsandte Arbeitnehmer in Deutschland infolge der Aufgabe des inländischen Wohnsitzes nur der beschränkten Steuerpflicht nach § 1 Abs. 4 EStG, werden die Vergütungen von § 49 Abs. 1 Nr. 4 Buchst. a EStG nur insoweit erfasst, als sie für eine **Tätigkeit** geleistet werden, die **im Inland ausgeübt oder verwertet**[159] wird oder verwertet worden ist.[160] Die abkommensrechtliche Besteuerungszuständigkeit richtet sich in diesem Fall nach Art. 15 Abs. 1 S. 2 i. V. m. Abs. 2 OECD-MA. Bei hiernach in Deutschland steuerpflichtigen inländischen Lohneinkünften hat der vom Arbeitgeber nach Maßgabe von § 39d EStG vorzunehmende **Lohnsteuerabzug** bzgl. der Einkommensteuer auf die Einkünfte aus nichtselbständiger Tätigkeit grundsätzlich **Abgeltungswirkung** (§ 50 Abs. 1 Satz 1 EStG). In Betracht kommen können aber **Veranlagungswahlrechte** nach § 1 Abs. 3 EStG auf Behandlung als unbeschränkt steuerpflichtig oder nach § 50 Abs. 2 Satz 2 Nr. 4 Buchst. b EStG im Rahmen der beschränkten Steuerpflicht. Die **Anrechnung** oder der Abzug ausländischer Einkommensteuer nach § 34c Abs. 1, 2 und 3 EStG kommt bei beschränkter Steuerpflicht nicht in Betracht, da § 34c EStG auf die unbeschränkte Steuerpflicht abstellt.

2. Entsendung in einen Nicht-DBA-Staat

a) Besteuerungsfolgen für den Arbeitnehmer

aa) Unbeschränkte Steuerpflicht des Arbeitnehmers in Deutschland

Besteht in Deutschland für den ins Ausland entsandten Arbeitnehmer eine **unbeschränkte Steuerpflicht** nach § 1 Abs. 1 EStG, so ist er grundsätzlich mit seinen gesamten Welteinkommen in Deutschland steuerpflichtig. Ergibt sich in Bezug auf seine Gehaltseinkünfte eine doppelte steuerliche Belastung mit inländischer und ausländischer Steuer, so ist für die Vermeidung einer Doppelbesteuerung zunächst zu prüfen, ob eine **Steuerfreistellung** nach den Bestimmungen des **Auslandstätigkeitserlasses**[161] (ATE) in Betracht kommt. Vor-

---

[157] Unter die Befreiung von der deutschen Lohnsteuer fallen alle Bezüge, die der Arbeitnehmer für seine Auslandtätigkeit erhält, also neben seinem Gehalt insbesondere auch Reisekosten, Trennungsentschädigungen, Auslandszulagen und Auslösungen.

[158] Vgl. *Kramer*, IWB F. 10 Gr. 2 S. 1353; *Richter/Schanz*, BB 1994, 397, 398.

[159] Zum Verwertungstatbestand vgl. R 39d LStR. Zu weiteren Einzelheiten z. B. *Wellisch/Näht*, DStR 2005, 433, 434.

[160] Unabhängig vom Ort der Ausübung bzw. Verwertung der Tätigkeit fallen gemäß § 49 Abs. 1 Nr. 4 Buchst. c EStG Vergütungen für eine Tätigkeit als Geschäftsführer, Prokurist oder Vorstandsmitglied einer Gesellschaft mit Geschäftsleitung in Deutschland unter die beschränkte Steuerpflicht. Zu dieser Vorschrift und zum Verhältnis zu Doppelbesteuerungsabkommen vgl. OFD Frankfurt, Vfg. v. 11. 2. 2003, FR 2002, 371.

[161] BMF-Schr. v. 31. 10. 1983, VI B 6 – S 2293 – 50/83, BStBl 1983 I 470.

aussetzung für die Anwendung des ATE ist, dass es sich um eine begünstigte Tätigkeit i. S. des Abschn. I ATE handelt und die Auslandstätigkeit gem. Abschn. II ATE mindestens drei Monate dauert[162]. Die Folge ist, dass der nach Abschn. III ATE begünstigte Arbeitslohn, zu dem neben dem üblichen Arbeitslohn auch sonstige Entgelte rechnen, die sich auf die konkret begünstigte Auslandstätigkeit beziehen, gem. Abschn. IV ATE unter Progressionsvorbehalt in Deutschland von der Besteuerung freigestellt wird. Die Freistellung erfolgt unabhängig davon, ob der Arbeitslohn im Tätigkeitsstaat tatsächlich einer Versteuerung unterliegt (Absch. VI. Zf. 1 S. 2 ATE). Hieran hat sich durch die Einführung von § 50d Abs. 8 EStG nichts geändert[163]. Tritt rückwirkend ein Doppelbesteuerungsabkommen mit dem Tätigkeitsstaat in Kraft, wird auf den betreffenden Arbeitnehmer die jeweils günstigere Regelung angewendet. Zu beachten ist, dass im Freistellungsfall sämtliche mit den steuerfreien Einkünften zusammenhängenden Werbungskosten und Vorsorgeaufwendungen im Inland einem Abzugsverbot unterliegen (§ 3c Abs. 1 EStG[164] bzw. § 10 Abs. 2 Nr. 1 EStG).

Verfahrensrechtlich kann die Steuerfreistellung des Arbeitslohns durch den ATE sowohl vom Arbeitnehmer als auch – wie wohl regelmäßig der Fall – vom Arbeitgeber beim **Betriebsstättenfinanzamt** nach § 41a Abs. 1 EStG beantragt werden (Abschn. VI ATE). Bei Erfüllung der Voraussetzungen für die Anwendung des ATE erteilt das Finanzamt dann eine Freistellungsbescheinigung, gemäß der der inländische Lohnsteuerabzug während der Dauer der Entsendung unterbleibt. Wird eine **Freistellungsbescheinigung** nicht beantragt oder nicht erteilt und damit der inländische Lohnsteuerabzug weiter vorgenommen, verbleibt dem Arbeitnehmer die Möglichkeit, die Freistellung der betreffenden Lohnbestandteile im Rahmen des **Veranlagungsverfahrens** zur Einkommensteuer, aber auch noch nach Bestandskraft des Einkommensteuerbescheides bis zum Eintritt der für diesen geltenden Festsetzungsverjährung zu beantragen[165].

Ist der **ATE nicht anwendbar**, wird der Arbeitnehmer mit seinen Gesamteinkünften im Inland veranlagt. Nach Maßgabe des § 34c Abs. 1 EStG kann dann eine **Anrechnung** der festgesetzten und gezahlten und keinem Ermäßigungsanspruch mehr unterliegenden und der deutschen Einkommensteuer entsprechenden **ausländischen Steuer** auf die deutsche Einkommensteuer erfolgen, die auf die Einkünfte aus diesem Staat entfällt. Die Festsetzung und tatsächliche Zahlung der ausländischen Steuer ist gemäß § 68b Satz 1 EStDV durch Vorlage entsprechender Urkunden/Steuerbescheide und Zahlungsquittung nachzuweisen[166]. Nach § 34c Abs. 1 Satz 3 EStG sind bei der Ermittlung des **Anrechnungshöchstbetrages** im Ausland nicht besteuerte Einkünfte nicht zu berücksichtigen. Durch die Begrenzung der Anrechnung auf die deutsche Einkommensteuerschuld, die auf die ausländischen Einkünfte entfällt, kann es zu **Anrechnungsüberhängen** kommen. Insbesondere um diese zu vermeiden, kann alternativ zur Steueranrechnung gemäß § 34c Abs. 2 EStG ein **Abzug** der ausländischen Steuer bei der Ermittlung der Einkünfte beantragt werden. Gleiches gilt

---

[162] Vgl. zu weiteren Einzelheiten z.B. *Jacobs*, Internationale Unternehmensbesteuerung, S. 1338 ff.; *Wellisch/Näht*, DStR 2005, 433, 434. Speziell zur Berechnung der Dreimonatsfrist *Golenia*, IStR 1993, 421 und FG München, Urt. v. 3. 3. 1993, 1 K 1082/87, EFG 1993, 522.

[163] Vgl. BMF-Schr. v. 21. 7. 2005, IV B 1 – S 2411 – 2/05, BStBl 2005 I 821, Tz. 1.

[164] Vgl. u. a. BFH-Urt. v. 29. 5. 1996, I R 15/94, BStBl 1997 II 57.

[165] Vgl. FinMin Niedersachsen, Erlass vom 13.7.1993, juris.

[166] Sind diese Urkunden in einer fremden Sprache abgefasst, so kann das Finanzamt gemäß § 68b Satz 2 EStDV eine beglaubigte Übersetzung in die deutsche Sprache verlangen.

nach § 34c Abs. 3 EStG, wenn nach § 34c Abs. 1 EStG nicht angerechnet werden kann. Zudem unterliegt der Arbeitnehmer noch den steuerlichen Belastungen im Ausland.

bb) **Beschränkte Steuerpflicht des Arbeitnehmers in Deutschland**

Unterliegt der Arbeitnehmer in Deutschland nur der beschränkten Steuerpflicht nach § 1 Abs. 4 EStG, werden die Vergütungen von § 49 Abs. 1 Nr. 4 Buchst. a EStG nur insoweit erfasst, als sie für eine **Tätigkeit** geleistet werden, die **im Inland ausgeübt oder verwertet**[167] wird oder verwertet worden ist.[168] In diesem Zusammenhang kommt insbesondere den Inlands-Arbeitstagen der entsandten Mitarbeiter eine besondere Bedeutung zu. Auch für diese besteht unter gewissen Voraussetzungen die Möglichkeit einer **Steuerfreistellung** nach dem ATE, wenn weiterhin ein deutsches Unternehmen Arbeitgeber des Entsandten ist.[169] Auch im Fall der Inlandsverwertung einer im Ausland ausgeübten Tätigkeit kann ein **Verzicht Deutschlands** auf die beschränkte Steuerpflicht in Betracht kommen.[170] Bei steuerpflichtigen inländischen Lohneinkünften hat der **Lohnsteuerabzug** bzgl. der Einkommensteuer auf die Einkünfte aus nichtselbständiger Tätigkeit grundsätzlich **Abgeltungswirkung** (§ 50 Abs. 1 Satz 1 EStG). In Betracht kommen können aber **Veranlagungswahlrechte** nach § 1 Abs. 3 EStG auf Behandlung als unbeschränkt steuerpflichtig oder nach § 50 Abs. 2 Satz 2 Nr. 4 Buchst. b EStG im Rahmen der beschränkten Steuerpflicht. Die **Anrechnung** oder der Abzug ausländischer Einkommensteuer nach § 34c Abs. 1, 2 und 3 EStG kommt bei beschränkter Steuerpflicht nicht in Betracht, da § 34c EStG auf die unbeschränkte Steuerpflicht abstellt[171].

b) **Besteuerungsfolgen für einen deutschen Arbeitgeber**

aa) **Unbeschränkte Steuerpflicht des Arbeitnehmers in Deutschland**

Kommt bei unbeschränkt steuerpflichtigen Arbeitnehmern eine Freistellung des Arbeitslohns nach den Grundsätzen des ATE in Betracht, hat der Arbeitgeber dem Arbeitnehmer eine Bescheinigung zur Vorlage beim Betriebsstätten-Finanzamt auszustellen, in denen die zeitlichen und sachlichen Umstände der Auslandsentsendung dargestellt sind. Erteilt das zuständige Finanzamt daraufhin eine **Freistellungsbescheinigung**, hat der Arbeitgeber **keinen Lohnsteuerabzug vorzunehmen**.[172] Eine rückwirkende Erteilung setzt voraus, dass eine Änderung des Lohnsteuerabzugs noch möglich ist (§ 41c EStG). Im Freistellungsfall ist der Arbeitgeber verpflichtet, die Führung des Lohnkontos gewissen Erfordernissen zu unterwerfen (insbesondere getrennte Aufzeichnung des begünstigten Arbeitslohns); zudem darf der Arbeitgeber beim Lohnsteuerabzug für weitere Arbeitseinkünfte, die bei einem

---

[167] Zum Verwertungstatbestand vgl. R 39d LStR. Zu weiteren Einzelheiten z.B. *Jacobs*, Internationale Unternehmensbesteuerung, S. 1341 f.; *Wellisch/Näht*, DStR 2005, 433, 434.

[168] Unabhängig vom Ort der Ausübung bzw. Verwertung der Tätigkeit fallen gemäß § 49 Abs. 1 Nr. 4 Buchst. c EStG Vergütungen für eine Tätigkeit als Geschäftsführer, Prokurist oder Vorstandsmitglied einer Gesellschaft mit Geschäftsleitung in Deutschland unter die beschränkte Steuerpflicht. Zu dieser Vorschrift und zum Verhältnis zu Doppelbesteuerungsabkommen vgl. OFD Frankfurt, Vfg. v. 11. 2. 2003, FR 2002, 371.

[169] Vgl. BMF, Schr. v. 31. 10. 1983, VI B 6 – S 2293 – 50/83, BStBl 1983 I 470, Einleitung vor I. Hierzu *Reuter*, in Kessler/Kröner/Köhler, Konzernsteuerrecht, § 9 Rz. 3.

[170] Vgl. R 39d Abs. 2 Nr. 2 LStR. Zu weiteren Einzelheiten z. B. *Wellisch/Näht*, DStR 2005, 433, 434.

[171] Es fehlt für Einkünfte aus nichtselbständiger Tätigkeit an einer dem § 50 Abs. 6 S. 1 EStG entsprechenden Vorschrift. Vgl. auch *Reuter*, in Kessler/Kröner/Köhler, Konzernsteuerrecht, § 9 Rz. 3.

[172] Die Freistellungsbescheinigung ist in diesem Fall materiell-rechtliche Voraussetzung für das Unterlassen des Lohnsteuerabzugs; vgl. *Wellisch/Näht*, DStR 2005, 433, 435.

unbeschränkt steuerpflichtigen Arbeitnehmer neben dem freizustellenden Arbeitslohn angefallen sind, gem. § 42b Abs. 1 S. 4 Nr. 6 EStG keinen Lohnsteuerjahresausgleich durchführen[173]. Wird **keine Freistellungsbescheinigung** beantragt oder erteilt, ist der **Lohnsteuerabzug** weiterhin regulär vom laufenden Arbeitslohn sowie den sonstigen Bezügen sowie auch von den von einem Dritten gewährten Lohn vorzunehmen (§ 38 Abs. 1 Sätze 1 und 3 EStG)[174].

bb) Beschränkte Steuerpflicht des Arbeitnehmers in Deutschland

Bei beschränkt steuerpflichtigen Arbeitnehmern hat der **inländische Arbeitgeber den Lohnsteuerabzug** regulär vorzunehmen (§ 38 Abs. 1 EStG). Dabei kommt **grundsätzlich für das erste Arbeitsverhältnis** Steuerklasse I **zur Anwendung** (§ 39d Abs. 1 Satz 1 EStG), für ein zweites und jedes weitere **Steuerklasse VI** (§ 39d Abs. 1 Satz 2 i. V. m. § 38b Satz 2 Nr. 6 EStG). Anzuwenden ist die **allgemeine Lohnsteuertabelle**. Die maßgebende Steuerklasse kann durch eine besondere Bescheinigung des Betriebsstättenfinanzamts nachgewiesen werden, die der Arbeitnehmer bis zum Ablauf des Kalenderjahres beantragen kann und aus der sich die anzuwendende Steuerklasse ergibt (§ 39d Abs. 1 EStG). Die weiteren Besteuerungsfolgen ergeben sich aus den §§ 39d Abs. 2 und 3 sowie 40 bis 40d EStG.

IV. Typische Entsendungsfälle in DBA-Staaten und ihre Besteuerung

Die Fälle der Mitarbeiterentsendung in DBA-Staaten können in zwei Fallgruppen unterteilt werden, die sich in Bezug auf den Ansässigkeitsstaat nach der Entsendung unterscheiden. Hier wird zwischen Fallgruppe A: Ansässigkeit im Tätigkeitsstaat und Fallgruppe B: Ansässigkeit in Deutschland unterschieden.

1. Fallgruppe A: Ansässigkeit im Tätigkeitsstaat

Beispiel 1:

Der ins Ausland entsandte Arbeitnehmer begründet **im Tätigkeitsstaat** seinen **einzigen Wohnsitz** und wird **ausschließlich dort tätig.**

Der Arbeitnehmer ist im ausländischen Staat unbeschränkt steuerpflichtig; in Deutschland besteht nur noch beschränkte Steuerpflicht i. S. des § 49 EStG, soweit der Arbeitnehmer über anderweitige deutsche Einkünfte verfügt, die nach DBA von Deutschland besteuert werden dürfen. Mit der ausschließlichen Wohnsitzbegründung im Tätigkeitsstaat wird der Arbeitnehmer abkommensrechtlich gem. Art. 4 Abs. 1 OECD-MA im Tätigkeitsstaat ansässig. Da die Tätigkeit im Ansässigkeitsstaat ausgeübt wird, steht das Besteuerungsrecht nach Art. 15 Abs. 1 Satz 1 Hs. 1 OECD-MA dem ausländischen Wohnsitzstaat zu.

Da Wohnsitz und Tätigkeitsstaat zusammenfallen, ist für die Beurteilung der steuerlichen Folgen unerheblich, ob

- ▶ der Aufenthalt im Ausland mehr oder weniger als 183 Tage dauert;
- ▶ das bisherige Arbeitsverhältnis zum deutschen Arbeitgeber beibehalten wird oder zu einem neuen Arbeitgeber im Ausland begründet wird,
- ▶ der Arbeitslohn zu Lasten einer Betriebsstätte des Tätigkeitsstaats geht.

---

[173] Vgl. BMF, Schr. v. 31. 10. 1983, VI B 6 – S 2293 – 50/83, BStBl 1983 I 470, Abschnitt VI.
[174] Zum Steuereinbehalt nach § 38 Abs. 1 Satz 3 EStG vgl. oben III. 1. b) (1) (a).

Beispiel 2:

Der ins Ausland entsandte Arbeitnehmer begründet **im Tätigkeitsstaat** einen **weiteren Wohnsitz**, der seinen persönlichen und wirtschaftlichen **Lebensmittelpunkt** darstellt, und wird **ausschließlich dort tätig**.

Der Arbeitnehmer ist sowohl in Deutschland als auch im Tätigkeitsstaat unbeschränkt steuerpflichtig, gilt jedoch abkommensrechtlich gem. Art. 4 Abs. 2 Buchst. a OECD-MA als im Tätigkeitsstaat ansässig, da bei Doppelwohnsitz der Mittelpunkt der persönlichen und wirtschaftlichen Interessen für die Ansässigkeit maßgebend ist (zur Ansässigkeit in Deutschland bei Doppelwohnsitz siehe Fallgruppe B). Der ausländische Staat darf aus den gleichen wie im Fall 1 dargelegten Gründen die Arbeitnehmereinkünfte besteuern. Deutschland hat insoweit kein Besteuerungsrecht. Auch § 50d Abs. 8 EStG findet in diesem Fall trotz fortbestehender unbeschränkter Steuerpflicht des Arbeitnehmers in Deutschland keine Anwendung, da das zusätzliche Erfordernis der abkommensrechtlichen Ansässigkeit in Deutschland nicht gegeben ist.

Beispiel 3:

Der ins Ausland entsandte Arbeitnehmer begründet **im Tätigkeitsstaat** (Alternative a:) seinen **einzigen** oder (Alternative b:) einen **weiteren Wohnsitz**, der seinen persönlichen und wirtschaftlichen **Lebensmittelpunkt** darstellt und wird **im Entsendungsstaat, in Deutschland und/oder in Drittstaaten tätig**.

Der Arbeitnehmer ist in der Alternative a in Deutschland nur noch mit inländischen Einkunftsquellen i. S. d. § 49 EStG beschränkt steuerpflichtig, in Alternative b bleibt die unbeschränkte Steuerpflicht in Deutschland bestehen. Abkommensrechtlich gilt der Arbeitnehmer jedoch in beiden Fällen gem. Art. 4 Abs. 2 Buchst. a OECD-MA als im Tätigkeitsstaat ansässig, weil er dort seinen einzigen Wohnsitz begründet oder, soweit er einen weiteren Wohnsitz begründet, weil er dort den Mittelpunkt seiner Lebensinteressen hat. Der ausländische Entsendungsstaat darf den für die Tätigkeit in seinem Gebiet bezogenen Arbeitslohn gem. Art. 15 Abs. 1 Satz 1 Hs. 1 OECD-MA als Ansässigkeitsstaat besteuern, siehe vorangehend Fall 1 und 2. Das Besteuerungsrecht für in Deutschland und/oder in Drittstaaten ausgeübte Tätigkeiten richtet sich nach dem jeweiligen DBA, das der Entsendungsstaat in seiner Eigenschaft als Ansässigkeitsstaat mit Deutschland und/oder mit dem Drittstaat abgeschlossen hat. Hier gilt regelmäßig die 183-Tage-Regelung entsprechend Art. 15 Abs. 2 OECD-MA, da bei einer Tätigkeit in Deutschland und/oder in Drittstaaten der Ansässigkeits- und der Tätigkeitsstaat auseinander fallen. Für die in Deutschland ausgeübte Tätigkeit wird das Besteuerungsrecht gem. Art. 15 Abs. 1 S. 2 i. V. m. Abs. 2 OECD-MA bei Deutschland liegen, wenn die Tätigkeit einen Aufenthalt von mehr als 183 Tagen in Deutschland erfordert oder wenn bei kürzerer Aufenthaltsdauer der Arbeitslohn zu Lasten eines deutschen Arbeitgebers oder einer deutschen Betriebsstätte gezahlt wird. Für Tätigkeiten in Drittstaaten gilt Entsprechendes.

2. Fallgruppe B: Ansässigkeit in Deutschland

Der Arbeitnehmer bleibt in Deutschland unbeschränkt steuerpflichtig und gilt abkommensrechtlich als in Deutschland ansässig. Dies ist der Fall, wenn der Arbeitnehmer im Tätigkeitsstaat keinen weiteren Wohnsitz begründet oder, soweit er einen weiteren Wohnsitz im Tätigkeitsstaat und damit die Doppelansässigkeit begründet, Deutschland nach Art. 4 Abs. 2 OECD-MA als vorrangiger Ansässigkeitsstaat gilt. Die Zuordnung des Besteuerungsrechts hängt bei dieser Fallgruppe von der Anwendbarkeit 183-Tage-Regelung ab, da Tätigkeits- und Ansässigkeitsstaat auseinander fallen. Deshalb sind die näheren Umstände der Auslandstätigkeit, wie

Ley/Bodden

die Dauer des Aufenthalts, die Ansässigkeit des wirtschaftlichen Arbeitgebers und die Zuordnung des Arbeitslohns zu einer ausländischen Betriebsstätte, von entscheidender Bedeutung. Zusätzlich sind in dieser Konstellation abkommensrechtliche Rückfallklauseln sowie § 50d Abs. 8 EStG zu beachten.

Beispiel 1:

Der in Deutschland ansässige Arbeitnehmer wird für **mehr als 183 Tage** ins Ausland entsandt.

Da der Aufenthalt im Ausland die 183-Tage-Grenze überschreitet, ist eine der kumulativ zu erfüllenden Voraussetzungen des Art. 15 Abs. 2 OECD-MA, nämlich Buchst. a), nicht erfüllt. Dem Tätigkeitstaat steht danach das Besteuerungsrecht nach Art. 15 Abs. 1 S. 2 OECD-MA zu. In Deutschland sind die Einkünfte grundsätzlich gem. Art. 23 A Abs. 1, 3 OECD-MA unter Progressionsvorbehalt von der Besteuerung freizustellen. Zu wessen Lasten der Arbeitslohn geht, ist dann nicht mehr entscheidungserheblich. Dementsprechend ist es auch bedeutungslos, ob das Arbeitsverhältnis zum bisherigen Arbeitgeber bestehen bleibt oder ein neues Arbeitsverhältnis zu einem im Tätigkeitsstaat ansässigen Arbeitgeber begründet wird und ob der Arbeitslohn zu Lasten der Betriebsstätte im Tätigkeitsstaat geht. Die abkommensrechtliche Steuerfreistellung greift jedoch nicht, sofern eine DBA-Rückfallklausel eingreift oder wenn der Arbeitnehmer nicht den von § 50d Abs. 8 EStG geforderten Nachweis erbringt, dass der Arbeitslohn im Tätigkeitsstaat tatsächlich versteuert wurde oder dass dieser auf sein Besteuerungsrecht verzichtet hat.

Beispiel 2:

Der weiterhin in Deutschland ansässige Arbeitnehmer wird für die Dauer von **bis zu 183 Tage** von seinem deutschen Arbeitgeber ins Ausland entsandt. Das **Arbeitsverhältnis zum deutschen Arbeitgeber** besteht auch während der Auslandstätigkeit fort.

Da die Aufenthaltsdauer bei max. 183 Tagen liegt und auch das Arbeitsverhältnis zum deutschen Arbeitgeber fortbesteht, kann trotz der Tätigkeit im Ausland Deutschland als Ansässigkeitsstaat gem. Art. 15 Abs. 2 OECD-MA das Besteuerungsrecht für den während der Auslandstätigkeit bezogenen Arbeitslohn haben. Dies setzt aber voraus, dass der Arbeitslohn nicht zu Lasten des Steueraufkommens des Tätigkeitsstaates gezahlt wird. Der Arbeitslohn wird nach Art. 15 Abs. 2 Buchst. b und c OECD-MA nicht zu Lasten des Steueraufkommens des Tätigkeitsstaates gezahlt, wenn

a) der deutsche Arbeitgeber im Tätigkeitsstaat weder eine Betriebsstätte hat, noch eine Enkel-, Tochter-, Mutter- oder Schwestergesellschaft ansässig ist;

b) der deutsche Arbeitgeber im Tätigkeitsstaat zwar eine Betriebsstätte hat, aber die Tätigkeit des entsandten Arbeitnehmers dieser Betriebsstätte nicht zugerechnet werden kann, so dass auch der Arbeitslohn nicht der Betriebsstätte zugeordnet werden kann;

c) der deutsche Arbeitgeber im Tätigkeitsstaat zwar eine Enkel-, Tochter-, Mutter- oder eine Schwestergesellschaft hat, bei der der Arbeitnehmer tätig wird, von diesen aber der Arbeitslohn nicht erstattet wird.

Wird der Arbeitslohn zu Lasten einer Betriebsstätte im Tätigkeitsstaat gezahlt oder einer Gesellschaft im Tätigkeitsstaat weiterbelastet, sind die Voraussetzungen des Art. 15 Abs. 2 OECD-MA nicht erfüllt und das Besteuerungsrecht steht dem Tätigkeitsstaat zu. Die hiermit abkommensrechtlich verbundene Steuerfreistellung in Deutschland unter Progressionsvorbehalt (Art. 23A Abs. 1, 3 OECD-MA) steht unter dem Vorbehalt abkommens- oder nationalrechtlicher Rückfallkauseln (§ 50d Abs. 8 EStG).

Ley/Bodden

Beispiel 3:

Sachverhalt wie Fall 2 mit der Abwandlung, dass der Arbeitnehmer ein Anstellungsverhältnis mit einem **im Tätigkeitsstaat ansässigen Arbeitgeber** begründet.

Da der Arbeitslohn in diesem Fall von einem im Tätigkeitsstaat ansässigen Arbeitgeber geleistet wird, hat gem. Art. 15 Abs. 1 Hs. 2 i. V. m. S. 2 OECD-MA der Tätigkeitsstaat das Besteuerungsrecht. Das Besteuerungsrecht des Wohnsitzstaates scheitert an Art. 15 Abs. 2 Buchst. b OECD-MA, wonach der Arbeitslohn nicht von einem im Tätigkeitsstaat ansässigen Arbeitgeber geleistet werden darf. Die abkommensrechtliche Steuerfreistellung in Deutschland unter Progressionsvorbehalt (Art. 23A Abs. 1, 3 OECD-MA) steht wiederum unter dem Vorbehalt abkommens- oder nationalrechtlicher Rückfallklauseln (§ 50d Abs. 8 EStG).

Beispiel 4:

Der in Deutschland ansässige Arbeitnehmer wird anlässlich seiner Entsendung ins Ausland **auch in Drittstaaten tätig**. Behandlung der Einkünfte aus Drittstaaten?

Der ausländische Tätigkeitsstaat (Entsendestaat) hat in Bezug auf die Drittstaaten-Einkünfte kein Besteuerungsrecht, da dieses gem. Art. 15 Abs. 1 S. 1 Hs. 2 i. V. m. S. 2 OECD-MA auf die im Tätigkeitsstaat erwirtschafteten Einkünfte beschränkt ist. Das Besteuerungsrecht für die im Drittstaat ausgeübte Tätigkeit richtet sich nach dem DBA, das Deutschland mit dem Drittstaat abgeschlossen hat. Das Besteuerungsrecht steht hiernach nach Art. 15 Abs. 1 S. 1 Hs. 2 i. V. m. S. 2 OECD-MA dem Drittstaat als Tätigkeitsstaat zu, es sei denn, die Tätigkeit im Drittstaat erfüllt die Voraussetzungen der 183-Tage-Regelung des Art. 15 Abs. 2 OECD-MA, so dass das Besteuerungsrecht bei Deutschland als Wohnsitzstaat verbleibt. Die bei fehlendem Besteuerungsrecht Deutschlands abkommensrechtlich vorgeschriebene Steuerfreistellung in Deutschland unter Progressionsvorbehalt (Art. 23A Abs. 1, 3 OECD-MA) steht auch hier unter dem Vorbehalt einer Rückfallklausel (nationalrechtlich: § 50d Abs. 8 EStG).

Beispiel 5:

Der in Deutschland ansässige Arbeitnehmer wird während seiner Auslandstätigkeit **auch in Deutschland tätig**. Behandlung der Einkünfte aus Deutschland?

Für den Arbeitslohn, der der in Deutschland ausgeübten Tätigkeit zuzuordnen ist, steht Deutschland als Wohnsitz- und gleichzeitiger Tätigkeitsstaat gem. Art. 15 Abs. 1 S. 1 Hs. 1 OECD-MA das Besteuerungsrecht zu.

V. Gestaltungsüberlegungen bei DBA-Fällen

Bei Auslandsentsendungen sind – um dem Ziel einer steuergünstigen Gestaltung gerecht werden zu können – neben den Besonderheiten der jeweiligen DBA vor allem die Gehaltsstrukturen, die Ansässigkeit und der Zeitpunkt der Gehaltszahlungen in die Überlegungen einzubeziehen. Unerlässlich ist es, sich vor jeder Entsendung genau mit dem Steuersystem des jeweiligen Staates und den Regelungen des jeweiligen DBA vertraut zu machen.

1. Salary Split

Unter "salary split" ist das vorteilhafte **Ausnutzen des internationalen Steuergefälles** durch Verteilung eines Jahresgehalts auf unterschiedliche Länder mit unterschiedlichem Steuerniveau zu verstehen, wenn ein im Inland unbeschränkt steuerpflichtiger Arbeitnehmer Auslandseinsätze tätigt. Voraussetzung für einen steuerwirksamen salary split ist, dass – nach den oben aufgezeigten Grundsätzen – für die Gehaltszahlungen, die auf die Auslandstätigkeit entfallen, nach dem jeweiligen DBA **in Deutschland** eine **Steuerfreistellung** (unter Progressionsvorbehalt) gewährt wird. Dies ist nach den Abkommensbestimmungen der Fall, wenn der Arbeitnehmer entweder mehr als 183 maßgebliche Auslandstage[175] aufweist oder wenn bei kürzerer Entsendedauer ein ausländischer Arbeitgeber vorhanden ist und eingeschaltet werden kann und die Tätigkeit des Steuerpflichtigen dem ausländischen Arbeitgeber nutzt und dieser tatsächlich wirtschaftlich mit dem anteiligen Gehalt belastet ist oder eine ausländische Betriebsstätte vorliegt, die den Gehaltsanteil wirtschaftlich trägt. Vorteile ergeben sich in diesem Fall insbesondere, wenn das **Steuerniveau im Tätigkeitsstaat niedriger** als in Deutschland ist[176], bzw. wenn durch die Ausnutzung bestehender Freibeträge oder niedriger Progessionsschritte nur eine **geringere ausländische Steuerbelastung** entsteht[177]. Unterliegt folglich der im Ausland bezogene Gehaltsanteil einer niedrigeren ausländischen Steuer, so ist in einer Gesamtbetrachtung die steuerliche Belastung trotz Progressionsvorbehalt im Inland deutlich geringer, als wenn beide Gehaltsanteile in Deutschland zu versteuern gewesen wären[178]. Vor diesem Hintergrund können Gestaltungsmöglichkeiten zur **zielgerichteten Verlagerung der Einkünfte in den Tätigkeitsstaat** genutzt werden. Bei einem Aufenthalt von 183 maßgeblichen Tagen oder weniger könnte ein **gesonderter Arbeitsvertrag** z. B. mit der Konzerngesellschaft im Ausland abgeschlossen werden. Scheidet ein solcher aus, könnte die **Weiterbelastung** des anteiligen Gehalts an die ausländische Konzerngesellschaft oder die Zuordnung zu einer ausländischen Betriebsstätte des deutschen Arbeitgebers ins Auge gefasst werden[179]. Darüber hinaus könnte u. U. auch an eine gezielte **Verlängerung des Auslandsaufenthaltes** auf mehr als 183 Tage gedacht werden. Auch könnte auf der Basis getrennter Arbeitsverträge eine in- und ausländische Tätigkeit bei jeweils unterschiedlichen Konzerngesellschaften ausgeübt werden. Von Seiten der Finanzverwaltung werden allerdings hohe Anforderungen an den **Nachweis** der gesplitteten Verträge gestellt. Hierzu gehören die Vorlage der schriftlichen Arbeitsverträge, der Nachweis der tatsächlichen Ausübung der in- und ausländischen Tätigkeiten und die nachvollziehbare Angemessenheit der Vergütungsaufteilung[180].

Die vorstehenden Überlegungen gelten entsprechend, wenn das **Besteuerungsniveau in Deutschland niedriger** als im Ausland ist.

2. Timing der An- und Abreise

Die Besteuerung des Arbeitnehmers kann in rein zeitlicher Hinsicht aufgrund des gezielten **Unter- oder Überschreiten der maßgeblichen 183-Tage-Grenze**[181] bestimmt werden. Damit kommt insbesondere dem Timing der An- und Abreise besondere Bedeutung zu[182]. Denn auch ein geringfügiges Unter- oder Überschreiten der maßgeblichen 183-Tage-Grenze führt in diesen

---

[175] Vgl. zur maßgeblichen 183-Tage-Grenze auch folgenden Gliederungspunkt 2.

[176] Zu den besonderen Steuersätzen für Expatriats bspw. in Spanien oder Finnland vgl. BMF-Vorlage für den BR-Finanzausschuss v. 2. 11. 2003, IV B 1 – S 1316 – 468/03, IStR 2004, 92 ff.

[177] Dem Vorteil stehen erhöhte Verwaltungsaufwendungen gegenüber, z. B. durch gesonderte Arbeitsverträge, Steuererklärungen im Ausland etc.

[178] Vgl. zum Ganzen auch *Erhard/Ehrsam*, StB 2007, 59 und *Jacobs*, Internationale Unternehmensbesteuerung, S. 1367 f.

[179] Aufgrund des im BMF-Schreiben vom 9. 11. 2001, IV B 4 – S 1341 – 20/01, BStBl. 2001, 796, Tz. 2.2 vermuteten Arbeitgeberwechsels erst ab einer Entsendedauer von drei Monaten kommt diesen Gestaltungsmitteln in der Regel nur bei Auslandstätigkeiten von bis zu drei Monaten Bedeutung zu. Vgl. hierzu auch *Reuter*, in Kessler/Kröner/Köhler, Konzernsteuerrecht, § 9 Rz. 75 f.

[180] Vgl. hierzu auch *Jacobs*, Internationale Unternehmensbesteuerung, S. 1368.

[181] Zu den unterschiedlichen Berechnungen bei der 183-Tage-Regel von oben zu II. 1. c) aa).

[182] Vgl. hierzu auch *Jacobs*, Internationale Unternehmensbesteuerung, S. 1380 f. sowie *Reuter*, in Kessler/Kröner/Köhler, Konzernsteuerrecht, § 9 Rz. 79 f.

Fällen zu unterschiedlichen Besteuerungsrechten. Ist eine **Besteuerung im Tätigkeitsstaat erwünscht**, kann dies durch einen Aufenthalt bzw. eine Ausübungsdauer vom mehr als 183 Tagen i.S.d. anzuwendenden DBA erreicht werden. Soll hingegen das **Besteuerungsrecht bei Deutschland verbleiben**, ist die Entsendung auf nicht mehr als 183 maßgebliche Auslandstage zu begrenzen und das Gehalt sollte nicht zu Lasten eines Arbeitgebers oder einer Betriebsstätte im Tätigkeitsstaat gehen. In diesem Zusammenhang sollte auch der von der Finanzverwaltung vermutete Arbeitgeberwechsel bei Entsendungen von mehr als drei Monaten beachtet werden[183].

3. Timing der Gehaltszahlungen

Hier geht es insbesondere um die Frage, zu welchem Zeitpunkt **Einmalzahlungen** oder besonders **hohe Zahlungen** im Fall einer Entsendung steuerlich vorteilhaft gezahlt werden können[184]. Gehaltsanteile, die **vor Entsendung in ein Hochsteuerland** gezahlt werden, z. B. in Form eines Motivationsgeldes, einer vorgezogenen Tantieme, einer Steuererstattung des Arbeitgebers oder eines Erlasses von Arbeitgeberdarlehen, werden in der Regel nicht im Ausland besteuert. Zu beachten ist jedoch, dass es Länder gibt, die die Einmalzahlungen der Periode zurechnen, für die sie gezahlt wurden bzw. werden, d. h. während der die entsprechende Arbeitsleistung erbracht wurde bzw. wird. Handelt es sich nach dem nationalen Recht des jeweiligen Tätigkeitslandes folglich um eine **Vorauszahlung für die im Tätigkeitsstaat noch zu erbringende Arbeitsleistung**, so unterliegt diese Einmalzahlung der ausländischen Besteuerung. Diese ausländische Besteuerung lässt sich in diesen Fällen nicht vermeiden, jedoch können ermäßigte Steuersätze zur Anwendung kommen. Gleiches gilt für **Zahlungen nach dem Auslandsaufenthalt** in Form von Boni oder Abschlagszahlungen etc.[185]

Umgekehrte Überlegungen sind bei der **Entsendung in ein Niedrigsteuerland** anzubringen. Vorteilhaft ist es hier, wenn Einmalzahlungen in die Entsendungszeit fallen würden, damit sie einer geringeren oder gar keiner ausländischen Steuer unterliegen.

4. Stock options

Auch stock options können der **zeitlichen Verlagerung** von "Gehaltszahlungen" dienen. Die Vorteile aus der Gehaltsgewährung sind den Einkünften aus nichtselbständiger Arbeit zuzuordnen. Soweit es sich um **nicht handelbare Optionen** handelt, bei denen sich der Anspruch gegen den Arbeitgeber richtet (oder auch gegen eine ausländische Konzernmutter), kommt eine Besteuerung nach deutschem Recht erst im Zeitpunkt der Ausübung des Optionsrechts in Betracht[186]. Der BFH sieht in den stock options daher eine Art "Anreiz-Lohn", der für eine Tätigkeit gezahlt wird, die nach Optionseinräumung zu erbringen ist. Daher ist der Vorteil der in dem Staat nach Optionseinräumung ausgeübten Tätigkeit zuzuordnen. Problematisch ist aber, dass auf internationaler Ebene Qualifikationsprobleme und Unterschiede in Bezug auf den Zeitpunkt der Erfassung des geldwerten Vorteils gesehen werden müssen, wodurch es zu Minder- oder

---

[183] BMF-Schreiben vom 9. 11. 2001, IV B 4 – S 1341 – 20/01, BStBl. 2001, 796, Tz. 2.2.

[184] Vgl. hierzu auch *Jacobs*, Internationale Unternehmensbesteuerung, S. 1381 f.

[185] Vgl. Senator f. Finanzen Bremen, Erl. v. 13. 10. 1992, IV C 6 – S – 1301 Schz 101/92 zu Abfindungen, deren Zuordnung vom Charakter der Zahlung abhängt. Vgl. BFH-Urt. v. 5. 2. 1992, I R 158/90, BStBl 1992 II 660 zu Jubiläumszahlungen, die nicht der deutschen Besteuerung unterliegen, wenn sie für Zeiträume gewährt werden, für die Deutschland nicht das Besteuerungsrecht hatte, unabhängig vom Zeitpunkt der Zahlung. Vgl. auch *Reuter*, IStR 1993, 555 und *Schieber*, FR 1988, 261.

[186] Vgl. u. a. BFH-Urt. v. 24. 1. 2001, I R 100/98, BStBl 2001 II 509; v. 24. 1. 2001, I R 119/98, BStBl 2001 II 512. Zudem BMF-Schr. v. 10.3.2003, IV C 5 - S 2332 - 11/03, BStBl. 2003 I 234 sowie FinMin NRW v. 27. 3. 2003, S 2332 - 109 - V B 3, FR 2003, 481.

auch Doppelbelastungen kommen kann. Gestaltungsspielräume und Risiken sind daher in Bezug auf den jeweiligen Entsendungsstaat genau zu prüfen und abzuwägen[187].

5. Arbeitnehmerfinanzierte Versorgungsmodelle (deferred compensation)

Durch die Modifizierung von Vergütungsabreden kann der **Besteuerungszeitpunkt von Arbeitnehmerbezügen in die Zukunft verlagert** werden. So kann ein Teil des Gehalts des Arbeitnehmers unter aufschiebender Auszahlungswirkung zuerst ohne Besteuerung in die betriebliche Altersversorgung umgewandelt werden (arbeitnehmerfinanzierte Versorgungszusagen), womit dieser Teil nicht mehr der sofortigen Besteuerung unterliegt, da dem Arbeitnehmer kein Lohn bzw. kein geldwerter Vorteil zufließt. Die **Herabsetzung der Bezüge** für die aktive Tätigkeit darf nur künftige, weder dem Grunde noch der Höhe nach bereits entstandene Gehaltsansprüche betreffen[188]. Dabei kann es sich um eine freiwillige Zusatzleistung des Arbeitgebers handeln oder um feststehende Bezüge. Ein solches arbeitnehmerfinanziertes Versorgungsmodell kann bereits bei Abschluss des Arbeitsvertrages festgelegt werden oder auch erst im Rahmen eines bereits bestehenden Dienstverhältnisses[189].

In der Regel hat der Arbeitnehmer im Alter geringere steuerpflichtige Einkünfte und somit **bei Zufluss der Versorgungsleistung eine niedrigerer Steuerprogression** als zu Zeiten seiner aktiven Arbeitstätigkeit. So kann durch die zeitliche Verlagerung von Arbeitslohn eine künftige günstigere Steuerprogression ausgenutzt werden[190]. Problematisch ist auch hier wieder, dass auf internationaler Ebene Qualifikationsprobleme und Unterschiede in Bezug auf den Zeitpunkt der Erfassung der Einkünfte aus unselbständiger Arbeit bestehen, die zu Minder- oder auch Doppelbelastungen führen können. Gestaltungsspielräume und Risiken sind daher auch hier in Bezug auf den jeweiligen Entsendungsstaat genau zu prüfen und abzuwägen[191].

6. Sachbezüge und Nutzungsüberlassungen

In einigen Staaten kann Arbeitslohn in Form **freiwilliger Zusatzleistungen** (fringe benefits) entrichtet werden, die dann oft aufgrund einer Steuerbegünstigung im Ausland (weitgehend) steuerunbelastet von den Arbeitnehmern vereinnahmt werden können. Hierbei kann es sich z. B. um Firmenwagen, Schulkostenerstattungen, Clubbeiträge, Mietzuschüsse, Umzugs- und Reisekostenvergütungen, Sprachkurse, Auslagenersatz oder auch um Zuschüsse zu den Lebenshaltungskosten bzw. den Kaufkraftausgleich handeln. Den Arbeitnehmer kann innerhalb eines finanziellen Gesamtverfügungsrahmens die Auswahl der für ihn besten Zusatzleistungen überlassen werden. Durch die Umwandlung von Arbeitslohn in freiwillige Zusatzleistungen ergibt sich ein erheblicher steuerlicher Gestaltungsspielraum[192].

Auch lassen sich durch **Gehaltszahlungen, die nicht in Geld bestehen**, u. U. günstigere steuerliche Gestaltungen erzielen. Die Möglichkeiten hierzu sind im Einzelfall anhand des jeweiligen nationalen Steuerrechts zu prüfen. In Betracht käme z. B. anstelle eines baren Mietzuschusses die Gestellung einer Wohnung durch den Arbeitgeber, anstelle eines Zuschusses zu den Kosten

---

[187] Zur Besteuerung von stock options vgl. ausführlich BMF-Schr. v. 14. 9. 2006, IV B 6 – S 1300 – 367/06, BStBl. 2006 I 532, Rz. 129 ff. sowie *Jacobs*, Internationale Unternehmensbesteuerung, S. 1369 f.

[188] Vgl. BFH-Urt. v. 27. 5. 1993, VI R 19/92, BStBl 1994 II 246.

[189] Vgl. FinMin. NRW, Erlass v. 15. 5. 1995 – S 2332 – 75 – V B 3, DB 1995, 1150; auch *Gassner*, IStR 2000, 486.

[190] Vgl. *Kubaile*, INF 2001, 15.

[191] Vgl. zum Ganzen auch *Jacobs*, Internationale Unternehmensbesteuerung, S. 1375 ff. Ebenso *Gassner*, IStR 2000, 486; Doetsch, IWB F. 1 IFA-Mitteilungen S. 1547.

[192] Vgl. *Kubaile*, INF 2001, 15.

der Heimreise oder des Umzuges die Übernahme der Heimfahrtkosten oder der Umzugskosten durch den Arbeitgeber, anstelle eines Zuschusses zum Kauf eines PKWs die Nutzungsüberlassung eines Firmenwagens, anstelle eines Zuschusses für die schulische Ausbildung die direkte Bezahlung des Schulgeldes durch den Arbeitgeber oder auch die Vorteilszuwendung in Form eines zinslosen Darlehens[193].

7. Besonderheiten einzelner Staaten

Die Steuersysteme einiger Länder sehen besondere Vergünstigung für die ins Ausland entsandten Arbeitnehmer vor. So werden z. B. in den **Niederlanden** unter bestimmten Voraussetzungen auf Antrag 30 % des Gehalts eines ausländischen Arbeitnehmers steuerfrei gestellt. In **Dänemark** beträgt die Steuer unter bestimmten Voraussetzungen in den ersten drei Jahren 25 % des Einkommens; bleibt der Arbeitnehmer vier bis sieben Jahre, dann erfolgt eine normale Besteuerung, die jedoch keine Rückwirkung für die ersten drei Jahre hat. Hält sich der Arbeitnehmer schließlich länger als sieben Jahre in Dänemark auf, so entfällt die Vergünstigung für die ersten drei Jahre nachträglich[194].

VI. Arbeitgeberrisiken in Fällen der Mitarbeiterentsendung

In Fällen der Mitarbeiterentsendung können sich für den Arbeitgeber Risiken aus der Begründung einer ausländischen Betriebsstätte, der Nichtanerkennung von Verrechnungspreisen sowie der Lohnsteuerhaftung ergeben.

1. Begründung einer ausländischen Betriebsstätte

Durch die Entsendung von Mitarbeitern kann im ausländischen Tätigkeitsstaat für den entsendenden Arbeitgeber eine Betriebsstätte entstehen. Gem. Art. 5 Abs. 1 OECD-MA ist hierfür die Existenz einer festen Geschäftseinrichtung oder gem. Art. 5 Abs. 5 OECD-MA ein ständiger Vertreter erforderlich. Insbesondere eine **Büroanmietung** durch die entsendende Gesellschaft sowie eine **Belastung** der entsendenden Gesellschaft **mit spezifischen Raumkosten** seitens der aufnehmenden Gesellschaft sind daher zu vermeiden[195]. In Fällen der Begründung einer ausländischen Betriebsstätte würden die durch den entsandten Mitarbeiter erwirtschafteten Gewinne einer **Betriebsstättenbesteuerung** im Ausland unterworfen. Die Auswirkungen der Besteuerung einer ausländischen Betriebsstätte können signifikant sein, zumal eine solche erst später angenommen wird und es – bezogen auf den Betriebsstättengewinn – meist zu einer Doppelbesteuerung in Deutschland und im Ausland kommt, die wenn überhaupt nur durch zeitaufwendige Verständigungsverfahren beseitigt werden kann. Die Betriebsstättenbegründung sollte durch entsprechende **Steuergestaltung** im Voraus vermieden werden. Geeignet hierzu ist die Vermeidung einer festen ausländischen Geschäftseinrichtung. Eine Vertreterbetriebsstätte kann durch gezielte Entsendungsverträge ohne Abschlussvollmachten vermieden werden[196].

2. Steuerliche Abzugsfähigkeit der Mitarbeitervergütung

Auch für eine im Ausland ausgeübte Tätigkeit gezahlte Gehälter sind grundsätzlich gem. § 4 Abs. 4 EStG als Betriebsausgaben abziehbar. Gegebenenfalls hat aber eine **Zurechnung der Ent-**

---

[193] Vgl. zum Ganzen auch *Jacobs*, Internationale Unternehmensbesteuerung, S. 1366 f.
[194] Vgl. zum Ganzen auch *Prokisch*, in Vogel/Lehner, DBA, Art. 15 OECD-MA, Rz. 73.
[195] Vgl. BFH-Urt. 3. 2. 1993, I R 80-81/91, BStBl. 1993 II 462; Urt. v. 26.10.1987, GrS 2/86, BStBl. 1988 II 348. Hierzu auch *Jacobs*, Internationale Unternehmensbesteuerung, S. 1391 und *Reuter*, in Kessler/Kröner/Köhler, Konzernsteuerrecht, § 9 Rz. 59.
[196] Vgl. auch *Jacobs*, Internationale Unternehmensbesteuerung, S. 1391 f. und *Reuter*, in Kessler/Kröner/Köhler, Konzernsteuerrecht, § 9 Rz. 60.

sendungskosten zu einer **ausländischen Betriebsstätte** des deutschen Arbeitgebers zu erfolgen. Unter dem Gesichtspunkt des Fremdvergleichs-Grundsatzes kann zudem eine **Weiterbelastung an ein verbundenes Unternehmen** indiziert sein. Geschieht dies nicht, kann es zu Einkunftskorrekturen z. B. nach § 1 AStG kommen.

Zu diesem Problembereich hat die Finanzverwaltung die **Grundsätze für die Überprüfung der Einkunftsabgrenzung zwischen international verbundenen Unternehmen in Fällen der Arbeitnehmerentsendung** (VWG-AE) erlassen[197]. Um deren steuerlichen Anforderungen an den Betriebsausgabenabzug beim Arbeitgeber gerecht zu werden, müssen die Kosten der Entsendung grundsätzlich in jedem Fall verursachungsgerecht der in- und ausländischen Unternehmereinheit zugeordnet werden. Um die hiermit verbundenen hohen **administrativen Belastungen** für den Arbeitgeber abzumildern, hat die Finanzverwaltung in den VWG-AE eine (widerlegbare) Vermutung normiert, nach der bei Fehlen einer arbeitsrechtlichen Entsendevereinbarung eine nach den Verrechnungspreisgrundsätzen zu würdigende Entsendung i. d. R. **erst bei Überschreiten eines Dreimonatszeitraums** anzunehmen ist[198].

Ist eine von den VWG-AE erfasste Entsendung zu einem zivilrechtlichen oder wirtschaftlichen ausländischen Arbeitgeber gegeben[199], ist zunächst die für die Entsendung maßgebliche **Interessenlage** zu klären[200]. Erfolgt die Entsendung ausschließlich im Interesse der entsendenden inländischen Gesellschaft[201], können die Kosten bei diesem als Betriebsausgaben geltend gemacht werden. Erfolgt die Entsendung hingegen ausschließlich im Interesse der aufnehmenden ausländischen Gesellschaft[202], wofür die VWG-AE eine widerlegbare Vermutung enthalten, sind alle direkten und indirekten Kosten der Entsendung an diese weiterzubelasten. Die **Aufwandszuordnung** erfolgt dann im Einzelnen nach dem Fremdvergleichsgrundsatz[203]. Hinzuweisen ist in diesem Zusammenhang noch auf die verschärften Anforderungen zur **Dokumentation von Verrechnungspreisen** (§ 90 Abs. 3 AO, § 1 Abs. 1 Satz 3 GAufzV)[204]. Werden diese nicht erfüllt, ist die Finanzverwaltung gemäß § 162 Abs. 3, 4 AO zu **Schätzungen** befugt.

3. Lohnsteuerhaftung

In Fällen der Auslandsentsendung kann die Frage der Haftung für **nicht abgeführte inländische und ausländische Lohnsteuer** ein hohes Kostenrisiko darstellen. Denn derjenige, der gesetzlich verpflichtet ist, die Steuer durch Abzug vom Arbeitslohn einzubehalten, trägt das Haftungsrisiko. Dies kann der inländische Arbeitgeber, aber auch seine ausländische Tochtergesellschaft sein.

---

[197] BMF Erl. v. 9. 11. 2001, IV B 4 – S 1341 – 20/01, BStBl 2001 I 796 ff. Zur Kritik heran, insbesondere an den hohen Anforderungen an die Verrechnungspreisdokumentation, vgl. *Kroppen/Rasch/Roeder*, IWB, Fach 3, Gruppe 1, 1821 ff.; *Schnorberger/Waldens*, IStR 2001, 39 ff.

[198] BMF Erl. v. 9. 11. 2001, IV B 4 – S 1341 – 20/01, BStBl 2001 I 796, Tz. 2.2. Hierzu *Reuter*, in Kessler/Kröner/Köhler, Konzernsteuerrecht, § 9 Rz. 55 f. mit Hinweis auf gleichwohl auftretende Probleme bei der Verlängerung der Entsendung oder einem neuen Einsatz.

[199] BMF Erl. v. 9. 11. 2001, IV B 4 – S 1341 – 20/01, BStBl 2001 I 796, Tz. 2.1. und 2.2.

[200] Zu den Indizien für die Feststellung der Interessenlage vgl. BMF Erl. v. 9. 11. 2001, IV B 4 – S 1341 – 20/01, BStBl 2001 I 796, Tz. 3.3.

[201] Hierzu BMF Erl. v. 9. 11. 2001, IV B 4 – S 1341 – 20/01, BStBl 2001 I 796, Tz. 3.1.1.

[202] Hierzu BMF Erl. v. 9. 11. 2001, IV B 4 – S 1341 – 20/01, BStBl 2001 I 796, Tz. 3.1.2.

[203] Hierzu BMF Erl. v. 9. 11. 2001, IV B 4 – S 1341 – 20/01, BStBl 2001 I 796, Tz. 3.2.

[204] Vgl. hierzu auch *Jacobs*, Internationale Unternehmensbesteuerung, S. 1392 f.

Zur Arbeitgeberhaftung für **inländische Lohnsteuer** kann es insbesondere kommen bei antragsabhängiger Freistellung des Arbeitslohns nach DBA, wenn bei fehlender Freistellungsbescheinigung keine Lohnsteuer vom Arbeitslohn einbehalten und abgeführt wird. Bei antragsunabhängiger Freistellung nach DBA besteht ein Haftungsrisiko, wenn aufgrund falscher Beurteilung keine Lohnsteuer einbehalten wird. Eine weitere Gefahrenquelle besteht darin, dass Teile der Arbeitnehmerentlohnung hinsichtlich ihrer steuerlichen Folgen im ausländischen Tätigkeitsstaat falsch eingeschätzt werden.

Des Weiteren kann sich eine Haftung für nicht abgeführte **ausländische Lohnsteuer** ergeben. Besondere Probleme mit dem ausländischen Lohnsteuerrecht können dann entstehen, wenn dort – wie in Deutschland mit § 38 Abs 1 S. 2 EStG – der wirtschaftliche Arbeitgeberbegriff kodifiziert ist, aufgrund dessen eine ausländische Konzerngesellschaft auch ohne Gehaltsauszahlung zum einbehaltungspflichtigen Arbeitgeber wird. Entsprechendes gilt, wenn das entsendende Unternehmen während der Entsendung weiterhin Geld- und Sachleistungen an den Arbeitnehmer erbringt, die – entsprechend § 38 Abs. 1 S. 3 EStG – dem Lohnsteuereinbehalt durch das aufnehmende Unternehmen unterliegen[205].

C. Sozialversicherungsrechtliche Aspekte

I. Einleitung

Auch im Sozialversicherungsrecht sind bei der Entsendung eines Arbeitnehmers mit einem inländischen Beschäftigungsverhältnis in das Ausland sowohl die Zuordnung des Sozialversicherungsrechts zu dem jeweiligen Staat als auch die sich hieraus ergebenden Beitrags- und Leistungspflichten zu berücksichtigen[206]. Ziel der sozialversicherungsrechtlichen Überlegungen ist es dabei regelmäßig die **Beibehaltung des Sozialversicherungsstatus in Deutschland**, um keine Lücken in der Versicherungsbiographie entstehen zu lassen. Gleichzeitig wird regelmäßig die **Vermeidung ausländischer Beitragsleistungen** gewünscht sein[207]. Hierbei ist zu berücksichtigen, dass einige sozialversicherungsrechtliche Sonderregelungen nur auf **vorherigen Antrag** gewährt werden. Bei den in diesem Zusammenhang anzustellenden sozialversicherungsrechtlichen Prüfungen ist zu differenzieren zwischen **Entsendungen in EU-/EWR-Staaten** und die **Schweiz** sowie in andere Staaten, mit denen Deutschland ein bilaterales Sozialversicherungsabkommen geschlossen hat (**Vertragsstaaten**[208]) oder mit denen keine solche Vereinbarung besteht (**vertragsloses Ausland**). Da sich die versicherungsrechtlichen Zuordnungsregeln und Folgen deut-

---

[205] Vgl. hierzu auch *Reuter*, in Kessler/Kröner/Köhler, Konzernsteuerrecht, § 9 Rz. 61.

[206] Die Homepage der Deutschen Verbindungsstelle Krankenversicherung – Ausland (www.dvka.de) enthält für zahlreiche Staaten Merkblätter für im Ausland Beschäftigte.

[207] Zu Gestaltungsüberlegungen, in welchem Staat das Verhältnis zwischen den zu leistenden Sozialversicherungsbeiträgen und den sich daraus ergebenden Leistungen am günstigsten ist, vgl. *Wellisch/Näht/Thiele*, IStR 2003, 746, 754 ff.

[208] Vertragsstaaten in diesem Sinne sind z.Zt. Australien, Bosnien-Herzegowina, Chile, China (Sonderabkommen), Israel, Japan, Kanada und Quebec, Kosovo, Kroatien, Marokko, Mazedonien, Montenegro, Republik Korea, Serbien, Tunesien, Türkei und USA. Eine aktuelle Auflistung der bestehenden Sozialversicherungsabkommen mit deutscher Beteiligung sowie der in Verhandlung befindlichen Vereinbarungen findet sich z. B. auf der Homepage der Deutschen Rentenversicherung (www.deutsche-rentenversicherung.de). Der sachliche Anwendungsbereich dieser Abkommen umfasst regelmäßig nicht alle Zweige der Sozialversicherung, so dass die Entsendungsfolgen je nach Entsendestaat nicht unerheblich von einander abweichen können. Für nicht betroffene Versicherungsbereiche gelten die Regelungen des § 4 SGB IV (vgl. bereits zuvor zu II. 2.)

lich von den jeweiligen steuerrechtlichen unterscheiden, erfolgt hier zunächst ein Überblick zum deutschen Sozialversicherungsrecht bei grenzüberschreitenden Sachverhalten.

II. Grundsätzliches

1. Territorialprinzip

Im Sozialversicherungsrecht gilt grundsätzlich das Territorialitätsprinzip (§§ 3 SGB IV). Hiernach gilt die **deutsche Sozialversicherungspflicht** grundsätzlich nur für solche Beschäftigungen, die im Inland ausgeübt werden und damit grundsätzlich nur für **Personen, die in Deutschland** (im Geltungsbereich des Sozialgesetzbuches – SGB) **beschäftigt sind**. Ausnahmen zu diesem Prinzip regeln die Vorschriften des § 4 Abs. 1 SGB IV über die Ausstrahlung[209].

2. Ausstrahlung

§ 4 SGB IV dehnt die territoriale Anwendung der deutschen Sozialversicherungspflicht auf jene **Entsendungsfälle** aus, bei denen die folgenden Voraussetzungen der sog. Ausstrahlung gem. § 4 Abs. 1 SGB IV kumulativ erfüllt sind:

- **Entsendung** in ein Gebiet außerhalb des Geltungsbereiches des SGB[210],
- **im Rahmen eines inländischen Beschäftigungsverhältnisses**[211],
- **von vornherein zeitliche Begrenzung der Tätigkeit im Ausland, wobei hier keine feste Zeitgrenze gilt**[212].

Sind die Voraussetzungen der Ausstrahlung gegeben, kommen bei der Entsendung eines Arbeitnehmers ins Ausland weiterhin deutsche Rechtsvorschriften zur **Kranken-, Pflege-, Renten-, Unfall- und Arbeitslosenversicherung** zur Anwendung, ohne dass eine zugleich begründete ausländische Versicherungspflicht hierdurch beeinträchtigt wird. Eine hieraus eventuell resultierende Doppelbelastung des Arbeitnehmers wird durch über- oder zwischenstaatliches Sozialversicherungsrecht vermieden. In § 6 SGB IV wird hierzu klargestellt, dass derartige Regelungen unberührt bleiben, d.h. vorrangig sind. Überstaatliches Recht sind in erster Linie die **EG-Verordnungen** (EWG-Verordnungen) über soziale Sicherheit. Zwischenstaatliches Recht sind die (bilateralen) **Abkommen über Soziale Sicherheit**. Die Ausstrahlungsregelungen des § 4 SGB IV finden damit uneingeschränkte Anwendung nur in Fällen, in denen keine über- oder zwischen-

---

[209] Die Einstrahlung nach § 5 SGB IV bleibt hier außer Betracht.

[210] Zum Begriff der Entsendung nachfolgend 3.

[211] Anhaltspunkte für eine Beschäftigung sind eine Tätigkeit nach Weisungen und eine Eingliederung in die Arbeitsorganisation des Weisungsgebers (§ 7 Abs. 1 SGB IV). Ein wichtiges Indiz hierfür ist, ob der Arbeitnehmer in der Lohnabrechnung des inländischen Arbeitgebers weiterhin geführt wird. Eine inländische Lohnsteuerabzugspflicht des Arbeitgebers ist in diesem Zusammenhang unmaßgeblich. Zu Sonderfragen beim Ruhen des Arbeitsverhältnisses sowie bei der Erziehung von Kindern im Ausland vgl. *Louven*, IWB, Fach 4, Deutschland, Gruppe 10, S. 217, 220. Zum Ganzen auch Tz. 3 der "Richtlinien zur versicherungsrechtlichen Beurteilung von Arbeitnehmern bei Ausstrahlung und Einstrahlung" der *Spitzenverbände der Sozialversicherungsträger* v. 23. 4. 2007 unter Hinweis auch auf die Besonderheiten bei ausländischen Beteiligungsgesellschaften (Tz. 3. 3. 3) und Repräsentanzen (Tz. 3. 3. 4).

[212] Die Begrenzung kann sich aus der Eigenart der Beschäftigung oder aus Vertrag ergeben. Liegt ein anfänglich unbefristeter Auslandseinsatz vor, so endet das deutsche Sozialversicherungsrecht mit dem ersten Tag des Aufenthalts im Ausland. Dies gilt auch dann, wenn sich eine Begrenzung im Laufe der Entsendung dann doch noch ergibt. Das Erreichen der Altersgrenze für ein Altersruhegeld ist keine zeitliche Begrenzung in diesem Sinne. Zum Ganzen auch Tz. 3. 4 der "Richtlinien zur versicherungsrechtlichen Beurteilung von Arbeitnehmern bei Ausstrahlung und Einstrahlung" der *Spitzenverbände der Sozialversicherungsträger* v. 23. 4. 2007.

staatlichen Regelungen existieren oder wenn der sachliche, persönliche oder gebietliche Geltungsbereich einer bestehenden höherrangigen Zuständigkeitsregelung eingeschränkt ist[213].

3. Entsendung

Eine Entsendung i. S. der Ausstrahlung des § 4 SGB IV liegt vor[214], wenn sich ein **Arbeitnehmer auf Weisung seines inländischen Arbeitgebers vom Inland in das Ausland** begibt, um dort eine Beschäftigung für diesen Arbeitgeber auszuüben. Auch wenn der Beschäftigte eigens für die Beschäftigung im Ausland eingestellt worden ist, also im Inland noch nicht für den entsprechenden Arbeitgeber tätig gewesen ist, oder unmittelbar vor der Auslandsbeschäftigung im Inland gelebt, aber noch nicht im Erwerbsleben gestanden hat, liegt eine Entsendung vor. Auch die Entsendung **in mehrere Staaten ohne zeitliche Unterbrechung** bei insgesamt zeitlicher Begrenzung stellt eine Entsendung i. S. des § 4 SGB IV dar. Weiterhin muss für den Beschäftigten nach dem Auslandseinsatz eine **Wieder- oder Weiterbeschäftigung beim entsendenden Arbeitgeber** gewährleistet sein (fortbestehende Inlandsintegration). **Keine Entsendung** liegt vor, wenn der Beschäftigte im Ausland lebt und dort für einen deutschen Arbeitgeber tätig wird oder wenn eine Person in einem anderen Staat eingestellt wird und von dort in einen Drittstaat entsandt wird.

Eine dem **Begriff der Entsendung** i. S. des § 4 SGB IV entsprechende Auslegung findet sich im Beschluss 162 der EG-Verwaltungskommission zur Auslegung des Art. 14 VO Nr. 1408/71 EWG[215] (ab 1. Mai 2010 Art. 12 Abs. 1 VO (EG) Nr. 883/2004[216]). Die Arbeit muss für Rechnung des Unternehmens, dem der Arbeitnehmer angehört, und in einem anderen Mitgliedstaat ausgeführt werden. Die arbeitsrechtliche Bindung und das Abhängigkeitsverhältnis des Arbeitnehmers gegenüber dem entsendenden Arbeitgeber muss bestehen bleiben. Auch wenn eine dem deutschen Recht unterstehende Person eingestellt wird mit dem Ziel, sie in einem anderen Mitgliedstaat einzusetzen, liegt eine Entsendung vor.

Die **Beendigung** der Entsendung erfolgt grundsätzlich mit Zeitablauf oder bei vorübergehender Rückkehr ins Inland (Ausnahme: Zeitgrenze von unter zwei Monaten bzw. 50 Arbeitstagen; § 8 Abs. 1 Nr. 2 SGB IV). Eine Entsendung ist auch dann beendet, wenn der ausländische Beschäftigungsort derselbe bleibt, aber der inländische Arbeitgeber gewechselt wird (Ausnahme: Firmenübernahme) oder der Arbeitgeber derselbe bleibt, jedoch der Beschäftigungsort vom Ausland ins Inland verlegt wird oder eine befristete Entsendung in eine unbefristete Auslandsbeschäftigung umgewandelt wird[217].

---

[213] Vgl. Tz. 2. 2 der "Richtlinien zur versicherungsrechtlichen Beurteilung von Arbeitnehmern bei Ausstrahlung und Einstrahlung" der *Spitzenverbände der Sozialversicherungsträger* v. 23. 4. 2007. Hierzu auch *Wellisch/Näht/Thiele*, IStR 2003, 746, 750. Zu beachten ist, dass die Pflegeversicherung unter den sachlichen Geltungsbereich der VO (EWG) Nr. 1408/71 (ab 1. Mai 2010 VO (EG) Nr. 883/2004, dazu sogleich zu III. 1.a) fällt, jedoch in aller Regel nicht vom sachlichen Geltungsbereich der Abkommen über Soziale Sicherheit erfasst ist. Vgl. hierzu Tz. 2. 2. 1. der "Richtlinien".

[214] Vgl. zum Folgenden Tz. 3. 1 der "Richtlinien zur versicherungsrechtlichen Beurteilung von Arbeitnehmern bei Ausstrahlung und Einstrahlung" der *Spitzenverbände der Sozialversicherungsträger* v. 23. 4. 2007.

[215] Vgl. Beschl. Nr. 162 v. 31. 5. 1996 zur Auslegung des Art. 14 Abs. 1 und des Art. 14b Abs. 1 der Verordnung (EWG) Nr. 1408/71 des Rates hinsichtlich der auf entsandte Arbeitnehmer anzuwendenden Rechtsvorschriften. Vgl. zu den Entsendevoraussetzungen des Art. 14 VO (EWG) Nr. 1408/71 auch *Wellisch/Näht/Thiele*, IStR 2003, 746, 753 f.

[216] Dazu nachfolgend zu III. 1.a)

[217] Vgl. Tz. 3. 5 der "Richtlinien zur versicherungsrechtlichen Beurteilung von Arbeitnehmern bei Ausstrahlung und Einstrahlung" der *Spitzenverbände der Sozialversicherungsträger* v. 23. 4. 2007.

III. Zuordnung des Sozialversicherungsrechts
1. Entsendung in einen Staat der EU bzw. des EWR sowie in die Schweiz
a) Sozialversicherungsrecht des Beschäftigungsstaates

Über- und zwischenstaatliche Regelungen gehen gem. § 6 SGB IV grundsätzlich den Regelungen über die Ausstrahlung – insbesondere dem § 4 SGB IV – vor. Als **überstaatliches Recht** gelten in der EU bzw. im EWR für den Bereich der sozialen Sicherheit bis zum 1. Mai 2010 die **EWG-Verordnung (VO) Nr. 1408/71**[218] und die **Durchführungsverordnung Nr. 574/72**[219] sowie verschiedene Änderungen dieser Verordnungen. **Ab dem 1. Mai 2010** werden diese EWG-Verordnungen durch die **VO (EG) Nr. 883/2004**[220] vom 29.4.2004 sowie die zugehörige **VO (EG) Nr. 987/2009**[221] vom 16.9.2009 ersetzt[222]. Die Verordnung (EWG) Nr. 1408/71 bleibt jedoch gemäß Art. 90 der VO (EG) Nr. 883/2004 in Kraft und behält ihre Rechtswirkungen für die dort genannten Bezugs-Verordnungen und Abkommen[223], solange diese nicht aufgehoben oder geändert werden[224]. Die genannten Verordnungen enthalten u. a. Bestimmungen, die festlegen, welchen Rechtsvorschriften eine in einem anderen Staat ausgeübte Beschäftigung unterliegt.

Die EWG-/EG-Verordnungen umfassen in *gebietlicher* Hinsicht die Hoheitsgebiete der **Mitgliedstaaten der EU**[225] sowie der **EWR-Staaten** Island, Norwegen und Liechtenstein. Aufgrund des Abkommens zwischen der Europäischen Gemeinschaft und ihren Mitgliedstaaten einerseits

---

[218] Vgl. VO (EWG) Nr. 1408/71 des Rates v. 14. 6. 1971 zur Anwendung der Systeme der sozialen Sicherheit auf Arbeitnehmer und Selbständige sowie deren Familienangehörige, die innerhalb der Europäischen Union (EU) oder des Europäischen Wirtschaftsraums (EWR) zu- und abwandern.

[219] Vgl. VO (EWG) Nr. 574/72 des Rates v. 21. 3. 1972 über die Durchführung der Verordnung (EWG) Nr. 1408/71.

[220] VO (EG) Nr. 883/2004 vom 29. 4. 2004 zur Koordinierung der Systeme der sozialen Sicherheit (ABl EG Nr. L 200/1 vom 7. 6. 2004), geändert durch VO (EG) Nr. 988/2009 vom 16.09.2009 zur Änderung der VO (EG) Nr. 883/2004 zur Koordinierung der Systeme der sozialen Sicherheit und zur Festlegung des Inhalts der Anhänge (ABl EG Nr. L 284/43 vom 30.10.2009). Die neue Verordnungen gelten erst ab dem Tag des Inkrafttretens der zugehörigen Durchführungsverordnung. Diese Durchführungsverordnung VO (EG) Nr. 987/2009 vom 16. 9. 2009 (ABl EG Nr. L 284/1 vom 30.10.2009) tritt am 1. 5. 2010 in Kraft (vgl. Art. 97).

[221] VO (EG) Nr. 987/2009 vom 16. 9. 2009 (ABl EG Nr L 284/1 vom 30. 10. 2009).

[222] Durch das als „modernisierte Koordinierung" bezeichnete Rechtssetzungspaket werden die Grundsätze der Koordinierung nicht geändert. Allerdings soll der Verwaltungsablauf verbessert werden, um Bürgerrechte effizienter zu machen. So soll insbesondere durch den elektronischen Austausch von Daten und durch benutzerfreundlichere Dienste für die Bürger eine schnellere und effizientere Entscheidungsfindung gefördert werden. Eine Neuerung ergibt sich im Hinblick auf die Entsendedauer, die künftig 24 anstelle von bislang zwölf Monaten (vgl. Art. 12 VO (EG) Nr. 883/2004). Außerdem gehört zu den Neuerungen, dass bei einer in mehreren Mitgliedstaaten ausgeübten Tätigkeit als Arbeitnehmer die sozialversicherungsrechtlichen Bestimmungen des Wohnsitzstaates nur dann maßgeblich sind, wenn die Personen dort einen wesentlichen Teil ihrer Tätigkeit ausüben. Darüber hinaus ist in solchen Fällen auf das Heimatrecht nur dann abzustellen, wenn der Arbeitnehmer für mehrere Unternehmen tätig ist, die ihren Sitz in mehreren Mitgliedstaaten haben (vgl. Art. 13 VO (EG) Nr. 883/2004). Die neuen Vorschriften können abgerufen werden unter http://ec.europa.eu/social/main.jsp?catId=516&langId=de.

[223] Hierauf wird nachfolgend an relevanter Stelle eingegangen.

[224] Aus diesem Grund werden nachfolgend die maßgeblichen Artikel sowohl der VO (EWG) 1408/71 als auch der VO (EG) 883/2004 zitiert.

[225] Derzeit sind folgende 27 Staaten Mitglieder der Europäischen Union: Belgien, Bulgarien, Dänemark, Deutschland, Estland, Finnland, Frankreich, Griechenland, Großbritannien und Nordirland, Irland, Italien, Lettland, Litauen, Luxemburg, Malta, Niederlande, Österreich, Polen, Portugal, Rumänien, Schweden, Slowakei, Slowenien, Spanien, Tschechische Republik, Ungarn und Zypern.

und der Schweiz andererseits über die Freizügigkeit ist die insoweit weiterhin gültige[226] EWG-Verordnung Nr. 1408/71 nebst Durchführungsverordnung ab dem 01.06.2002 auch im Verhältnis zur **Schweiz** anzuwenden[227].

In *persönlicher* Hinsicht sind die EWG-/EG-Vorschriften sind anwendbar auf **Staatsangehörige** der genannten Staaten, **Flüchtlinge** und **Staatenlose** sowie deren **Angehörige** und **Hinterbliebene** (Art. 2 VO (EWG) Nr. 1408/71 = Art. 2 VO (EG) Nr. 883/2004). Seit dem 01.06.2003 sind auch Arbeitnehmer anderer Nationalität (**Drittstaatenangehörige**) mit Ausnahme des Bezugs zu Dänemark erfasst[228].

Die EWG-/EG-Regelungen umfassen in *sachlicher* Hinsicht die in Art. 4 Abs. 1 VO (EWG) Nr. 1408/71 = Art. 3 Abs. 1 VO (EG) Nr. 883/2004 genannten **Risikobereiche**[229].

Daneben haben die **zwischenstaatlichen Abkommen**, die Deutschland mit verschiedenen EU- bzw. EWR-Mitgliedstaaten abgeschlossen hat, weiterhin Gültigkeit.

Bei Beschäftigungen in den genannten Staaten sind gem. Art. 13 Abs. 1 VO (EWG) Nr. 1408/71 = Art. 11 Abs. 1 VO (EG) Nr. 883/2004 grundsätzlich **nur die Rechtsvorschriften eines Staates** anwendbar wobei sich diese dann jeweils einheitlich auf alle Zweige der Sozialversicherung erstrecken. Nach Art. 13 Abs. 2 Buchst. a VO (EWG) Nr. 1408/71 = Art. 11 Abs. 3 Buchst. a VO (EG) Nr. 883/2004 gelten grundsätzlich die **Vorschriften des Beschäftigungsstaates**. D. h. bei Entsendungen in nur einen[230] anderen Staat gilt der Grundsatz, dass der Angestellte, der in einem anderen Staat eine Beschäftigung ausübt, ausschließlich den Rechtsvorschriften über die Sozialversicherungspflicht dieses Staates unterliegt. Dies gilt auch dann, wenn sich der Arbeitgeber in Deutschland befindet oder dort seinen Sitz hat. Auch **Grenzgänger** unterliegen gem. dem Beschäftigungsortprinzip des Art. 13 Abs. 2 Buchst. a VO (EWG) Nr. 1408/71 = Art. 11 Abs. 3 Buchst. a VO (EG) Nr. 883/2004 grundsätzlich den Vorschriften des Staates, in dem die Beschäftigung ausgeübt wird.

b) **Sozialversicherungsrecht des Entsendestaates**

Im Fall einer nur **vorübergehenden Entsendung** eines Arbeitnehmers in einen anderen Staat nach Art. 14 Abs. 1 Buchst. a VO (EWG) Nr. 1408/71 = Art. 12 Abs. 1 VO (EG) Nr. 883/2004, bei einer Verlängerung der Entsendung nach Art. 14 Abs. 1 Buchst. b VO (EWG) Nr. 1408/71[231] oder bei Vorliegen einer Ausnahmevereinbarung nach Art. 17 VO (EWG) Nr. 1408/71 = Art. 16 VO (EG) Nr. 883/2004 bleiben hingegen allein die sozialversicherungsrechtlichen **Rechtsvorschriften des entsendenden Staates** bestehen.

---

[226] Vgl. Art. 90 Abs. 1 Buchst. c) der VO (EG) Nr. 883/2004 (ABl EG Nr L 200/1 vom 7. 6. 2004).

[227] Abkommen vom 21. 6. 1999, BGBl. II 2001, 810.

[228] Vgl. VO (EG) Nr. 859/2003 vom 20. 3. 2003 zur Ausdehnung der Bestimmungen der VO (EWG) Nr. 1408/71 auf Drittstaatenangehörige; die VO (EG) Nr. 859/2003 ist gemäß Art. 90 Abs. 1 Buchst. a) der VO (EG) Nr. 883/2004 (ABl EG Nr L 200/1 vom 7. 6. 2004) weiter anzuwenden. Hierzu Tz. 2.2.2.1 der "Richtlinien zur versicherungsrechtlichen Beurteilung von Arbeitnehmern bei Ausstrahlung und Einstrahlung" der *Spitzenverbände der Sozialversicherungsträger* v. 23. 4. 2007.

[229] Z. B. Krankheit und Mutterschaft, Invalidität, Alter und Tod (Rente), Arbeitsunfälle und Berufskrankheiten, Sterbegeld, Arbeitslosigkeit, Familienleistungen, Leistungen für unterhaltsberechtigte Kinder von Rentnern und für Waisen.

[230] Zu den Regelungen bei Beschäftigung in mehreren Mitgliedstaaten vgl. Gliederungspunkt B. III. 1. c).

[231] Vgl. zu dieser nicht nach den Regelungen der VO (EG) Nr. 883/2004 möglichen (bzw. erforderlichen) Verlängerung nachfolgend bb).

aa) Vorübergehende Entsendungen

Bei Arbeitnehmern gilt grundsätzlich nach Art. 13 Abs. 2 Buchst. a VO (EWG) Nr. 1408/71 = Art. 11 Abs. 3 Buchst. a VO (EG) Nr. 883/2004 das Recht des Beschäftigungsstaates. Nach Art. 14 Abs. 1 Buchstabe a) VO (EWG) Nr. 1408/71 = Art. 12 Abs. 1 VO (EG) Nr. 883/2004 werden Arbeitnehmer, die in Deutschland von einem Unternehmer beschäftigt werden, dem sie gewöhnlich angehören und die von diesem Unternehmer zur Ausführung einer Arbeit für dessen Rechnung in einen anderen Staat entsandt werden, weiterhin dem **Recht des Entsendestaates** unterstellt, wenn die **voraussichtliche Dauer** der Entsendung von vornherein **nicht mehr als 12 Monate, ab dem 1. Mai 2010 nicht mehr als 24 Monate** beträgt, keine Ablösung einer Person, deren Entsendezeit abgelaufen ist, vorliegt und die Voraussetzungen des Beschlusses Nr. 162 gegeben sind[232].

bb) Verlängerung der Entsendung

Gemäß Art. 14 Abs. 1 Buchstabe b) **VO (EWG) Nr. 1408/71** besteht die Möglichkeit, einen Verlängerungsantrag zu stellen, wenn sich im Laufe der ersten 12 Monate der Entsendung herausstellt, dass die Beschäftigung im anderen Staat aus **nicht vorhersehbaren Gründen** länger als 12 Monate, aber nicht mehr als insgesamt 24 Monate dauern wird. Der Verlängerungsantrag ist innerhalb der ersten 12 Monate der Entsendung zu stellen. Der Arbeitnehmer kann dann **bis zu weitere 12 Monate** den **Rechtsvorschriften des Entsendestaates** unterstellt bleiben, sofern die zuständige Behörde des anderen Mitgliedstaates ihre Zustimmung erteilt. Eine solche Verlängerungsregelung ist in Art. 12 Abs. 1 **VO (EG) 883/2004**, der ohnehin eine Entsendungsdauer von bis zu 24 Monaten vorsieht, nicht mehr enthalten.

cc) Ausnahmevereinbarung

Im Interesse bestimmter Personengruppen oder bestimmter Personen können gem. Art. 17 VO (EWG) Nr. 1408/71 = Art. 16 VO (EG) 883/2004 von der zuständigen Behörde des Staates, in dem die Beschäftigung erfolgt, im Einvernehmen mit der Behörde des anderen Staates im Rahmen von Ausnahmevereinbarungen **abweichende Bestimmungen** zu den vorstehend aufgezeigten Regelungen über die anzuwendenden Rechtsvorschriften getroffen werden[233]. Eine solche Ausnahmevereinbarung ist z. B. dann empfehlenswert, wenn **von vornherein** eine Entsendung für **mehr als 12 Monaten bzw. ab dem 1. Mai 2010 für mehr als 24 Monate** geplant ist. Zuständige Behörde auf deutscher Seite ist der GKV-Spitzenverband, **Deutsche Verbindungsstelle Krankenversicherung – Ausland** in Bonn[234].

c) Beschäftigung in mehreren Staaten

Auf eine Beschäftigung, die zugleich gewöhnlich in mehreren Staaten ausgeübt wird, sind im Regelfall nach Art. 13 Abs. 2 Buchst. f **VO (EWG) Nr. 1408/71** die **Rechtsvorschriften des Staates anzuwenden, in dessen Gebiet der Angestellte wohnt**, wenn die Beschäftigung zum Teil im Wohnstaat ausgeübt wird oder der Arbeitnehmer für mehrere Unternehmen tätig ist, die ihren

---

[232] Einzelheiten hierüber enthält der Beschl. Nr. 162 v. 31. 5. 1996 zur Auslegung des Art. 14 Abs. 1 und des Art. 14b Abs. 1 der Verordnung (EWG) Nr. 1408/71 des Rates hinsichtlich der auf entsandte Arbeitnehmer anzuwendenden Rechtsvorschriften.

[233] Zu Ausnahmegenehmigungen i. S. v. Art 17 VO (EWG) 1408/71 vgl. auch *Wellisch/Näht/Thiele*, IStR 2003, 746, 754.

[234] Einen Vordruck für den Antrag auf Abschluss einer Ausnahmevereinbarung enthält die Homepage der Deutschen Verbindungsstelle Krankenversicherung – Ausland (www.dvka.de).

Sitz in verschiedenen Staaten haben (Art. 14 Abs. 2 Buchst. b) i) VO (EWG) Nr. 1408/71)[235]. In den übrigen Fällen sind die **Rechtsvorschriften des Staates anzuwenden, in dem das beschäftigende Unternehmen einen Sitz hat** (Art. 14 Abs. 2 b) ii) VO (EWG) Nr. 1408/71).

Die grundsätzliche Anknüpfung an den Wohnsitzstaat hat Art. 11 Abs. 3 Buchst. a) **VO (EG) Nr. 883/2004** übernommen. Zu den Neuerungen gehört hier, dass bei einer in mehreren Mitgliedstaaten ausgeübten Tätigkeit als Arbeitnehmer die sozialversicherungsrechtlichen **Bestimmungen des Wohnsitzstaates** nur dann maßgeblich sind, wenn die Personen dort einen wesentlichen Teil ihrer Tätigkeit ausüben. Darüber hinaus ist in solchen Fällen auf das Heimatrecht nur dann abzustellen, wenn der Arbeitnehmer für mehrere Unternehmen tätig ist, die ihren Sitz in mehreren Mitgliedstaaten haben (Art. 13 Abs. 1 Buchst. a) VO (EG) Nr. 883/2004). Nach Maßgabe von Art. 13 Abs. 1 Buchst. b) VO (EG) Nr. 883/2004 gelten die **Rechtsvorschriften des Staates, in dem das beschäftigende Unternehmen einen Sitz hat**, sofern der Beschäftigte keinen wesentlichen Teil seiner Tätigkeit im Wohnsitzstaat ausübt.

2. Entsendung in einem Staat außerhalb der EU bzw. des EWR sowie der Schweiz

Die Regelungen zur Sozialversicherungspflicht ins Ausland entsandter Arbeitnehmer außerhalb der EU bzw. des EWR sowie der Schweiz unterscheiden zwischen Beschäftigungen in Staaten, mit denen ein **bilaterales Abkommen über Soziale Sicherheit** besteht (**Vertragsstaaten**[236]) sowie Beschäftigungen im **vertragslosen Ausland**. Auch hier gehen die Regelungen der zwischenstaatlichen Abkommen den Regelungen der Ausstrahlung vor (§ 6 SGB IV).

a) Entsendung in einen Vertragsstaat

Ähnlich wie die Beschäftigung in einem Staat der EU bzw. des EWR oder der Schweiz wird auch die Beschäftigung in Vertragsstaaten behandelt, wobei die Zuständigkeitsregelungen der meisten Abkommen ohne Rücksicht auf die Staatsangehörigkeit gelten. Auch hier gilt der **Grundsatz**, dass der Arbeitnehmer, der in dem ausländischen Staat eine Beschäftigung ausübt, den **ausländischen Rechtsvorschriften über die Versicherungspflicht** unterliegt.

Eine **Versicherungspflicht in Deutschland** bleibt nach den Abkommen über Soziale Sicherheit zunächst bei einer **nur vorübergehenden Entsendung** in einen anderen Staat bestehen. Die zeitlichen Grenzen sind in den Abkommen unterschiedlich hoch (12 Monate bis für die Dauer der Entsendung), häufig sind 24 Monate genannt. Bei einer Entsendung, die wider Erwarten über den zulässigen Zeitraum hinausgeht, sehen einige Abkommen die Möglichkeit einer weiteren Unterstellung des Arbeitnehmers unter die Rechtsvorschriften des Entsendestaates vor, sofern die Behörden ihre Zustimmungen hierzu geben. Abweichend von den sozialversicherungsrechtlichen Regelungen in den jeweiligen Abkommen können im Interesse des im Ausland tätigen Arbeitnehmers auch **Ausnahmevereinbarungen** getroffen werden, die eine Fortgeltung des Sozialversicherungsrechts des Entsendestaates ermöglichen. Zuständig für den Abschluss der Verständigungsvereinbarungen ist auf deutscher Seite die **Deutsche Verbindungsstelle Krankenversicherung – Ausland** in Bonn bzw. das Bundesministerium für Arbeit und Soziales.

b) Entsendung in einen Nicht-Vertragsstaat

Bei einer Beschäftigung im vertragslosen Ausland kann sich eine **deutsche Versicherungspflicht** infolge Ausstrahlung gem. § 4 SGB IV ergeben. Diese kommt für Personen in Betracht, die im Rahmen eines in Deutschland bestehenden Beschäftigungsverhältnisses in einen ausländischen

---

[235] So ist es möglich, Tätigkeitsvergütungen aus mehreren Ländern zu beziehen (salary split) und zugleich nur im Heimatland der Sozialversicherungspflicht zu unterliegen.

[236] Vgl. die Aufzählung der Vertragsstaaten oben zu I.

Staat im Voraus zeitlich begrenzt entsandt werden und dieser Staat nicht zur EU bzw. zum EWR, der Schweiz oder zu den Vertragsstaaten zählt. In Fällen der Ausstrahlung ist eine **Versicherungspflicht auch im ausländischen Staat** nicht ausgeschlossen.

IV. Folgen der Zuordnung des Sozialversicherungsrechts

1. Entsendung in einen Staat der EU bzw. des EWR sowie in die Schweiz

Bei einer vorübergehenden Entsendung (bis zu 12 Monaten, ab 1. Mai 2010 bis zu 24 Monaten) wird auf Antrag des Arbeitnehmers oder Arbeitgebers eine **Bescheinigung über die alleinige Sozialversicherungspflicht nach deutschem Recht** von der deutschen Krankenkasse erteilt, bei der der Arbeitnehmer versichert ist. Für den Antrag ist der **Vordruck E 101 DE** zu verwenden[237]. Ist der Arbeitnehmer nicht gesetzlich krankenversichert, so wird eine Bescheinigung von der gesetzlichen Rentenversicherung bzw. von den jeweils zuständigen Trägern der Rentenversicherung der Arbeiter erstellt. Bei Mitgliedern einer berufsständischen Versorgungseinrichtung wird die Bescheinigung von der Arbeitsgemeinschaft Berufsständischer Versorgungseinrichtungen (Geschäftsstelle Köln) erteilt. Im Falle, dass der Arbeitgeber häufig Arbeitnehmer bis zu drei Monate in einen Mitgliedstaat entsendet, ist ein **erleichtertes Verfahren** vorgesehen. Demnach kann die Krankenkasse dem Arbeitgeber Vordrucke E 101 zur Verfügung stellen, die dieser dann im Bedarfsfall vervollständigt und dem Arbeitnehmer aushändigt. Dies gilt in gleicher Weise für die Rentenversicherung.

Wird die **Entsendung im Anwendungsbereich der VO (EWG) 1408/71 um weitere 12 Monate** verlängert, so muss gem. Art. 11 VO (EWG) 574/72 ein Antrag vor Ablauf des ersten 12-Monats-Zeitraums vom Arbeitgeber gestellt werden. Hierfür ist der **Vordruck E 102 DE** zu verwenden[238].

2. Entsendung in einen Staat außerhalb der EU bzw. des EWR sowie der Schweiz

Der allgemeine Grundsatz, dass bei vorübergehender Entsendung die Rechtsvorschriften über Soziale Sicherheit des Entsendestaates und bei langfristiger Entsendung jene des anderen Mitgliedstaates zur Anwendung kommen, gilt auch bei Anwendung von **Abkommensrecht mit Vertragsstaaten** außerhalb der EU bzw. des EWR oder der Schweiz. Die **sachliche Reichweite** der Abkommen ist jedoch sehr unterschiedlich. Einige Abkommen beziehen sich nur auf die Rentenversicherung, andere auf die Renten- und Krankenversicherung oder zusätzlich noch auf die Unfall- und Arbeitslosenversicherung. Im Einzelfall ist daher auf das jeweilige Abkommen abzustellen. Sofern die Abkommen keine Regelungen bezüglich der jeweiligen Versicherung beinhalten, greifen die Grundsätze des § 4 SGB IV. Da die **Pflegeversicherung** vom sachlichen Geltungsbereich der Abkommen nicht erfasst wird, gilt für sie § 4 SGB IV. Versicherungspflicht zur Pflegeversicherung besteht jedoch nur dann, wenn der Entsandte auch in der Bundesrepublik Deutschland krankenversichert ist (§ 20 SGB XI)[239]. Die **Bescheinigungen** über die anzuwendenden Rechtsvorschriften bei Entsendung in einen Abkommenstaat stellen die Krankenkassen, die Deutsche Rentenversicherung bzw. die jeweiligen Versicherungsträger oder die Arbeitsgemeinschaft Berufsständischer Versorgungseinrichtungen (Geschäftsstelle Köln) aus. Gelten die deutschen Rechtsvorschriften aufgrund einer Ausnahmeregelung weiter, so wird dies auf Antrag in gleicher Weise bzw. mit dem gleichen Vordruck und vom gleichen Träger bestätigt wie bei der

---

[237] Der Vordruck kann auf der Homepage der Deutschen Verbindungsstelle Krankenversicherung – Ausland (www.dvka.de) online ausgefüllt oder ausgedruckt werden.

[238] Zum Vordruck: www.dvka.de.

[239] Vgl. Tz. 2. 2. 1 der "Richtlinien zur versicherungsrechtlichen Beurteilung von Arbeitnehmern bei Ausstrahlung und Einstrahlung" der *Spitzenverbände der Sozialversicherungsträger* v. 23. 4. 2007.

Weitergeltung des deutschen Rechts bei Entsendung in einen EU-/EWR-Staat oder die Schweiz bzw. in einen Abkommenstaat.

Bei Entsendung in einen Nicht-Vertragsstaat kann es infolge der Ausstrahlung gem. § 4 SGB IV und keiner weiteren bestehenden Regelungen mit dem anderen Staat zu einer sozialversicherungsrechtlichen Doppelbelastung des Arbeitnehmers kommen.

Teil 8:

Besteuerungsprobleme bei der grenzüberschreitenden Unternehmenskooperation

	Inhaltsübersicht	Seite
1. Thema:	Besteuerungsprobleme der Europäischen Wirtschaftlichen Interessenvereinigung (*Delp*)	1663
2. Thema:	Besteuerungsprobleme bei international tätigen Sozietäten (*Rademacher-Gottwald*)	1683
3. Thema:	Besteuerungsprobleme bei unternehmerischen Engagements in osteuropäischen Staaten (*Kaligin*)	1703
4. Thema:	Klassische Arbeitsgemeinschaften und virtuelle Unternehmen im internationalen Steuerrecht (*Djanani/Kaulen/Hartmann*)	1715

Teil 8:

1. Besteuerungsprobleme der Europäischen Wirtschaftlichen Interessenvereinigung (EWIV)

von Dipl.-Kfm. Dr. Udo A. Delp, Steuerberater, Bergheim/Köln[*]

Inhaltsübersicht

A. Einführung
  I. Zielsetzung der EWIV
  II. Rechtliche Ausgestaltung der EWIV
B. Besteuerungskonzepte der EWIV
  I. Besteuerung auf EG-Ebene
  II. Besteuerung auf nationaler Ebene
C. Besteuerungsstruktur der EWIV
  I. Besteuerungsfragen auf EG-Ebene
  II. Besteuerungsfragen auf nationaler Ebene
  III. Besteuerungsfragen auf Drittstaaten-Ebene
D. Resümee
  I. Fazit
  II. Ausblick

Literatur:

Anders, Die steuerlichen Harmonisierungen in der EG, hier: Die europäische Wirtschaftliche Interessenvereinigung, StW 1990, 86 f.; **Autenrieth,** Die inländische Europäische Wirtschaftliche Interessenvereinigung (EWIV) als Gestaltungsmittel, BB 1989, 305 ff.; **Baier/Delp,** Zur Besteuerung der Europäischen Wirtschaftlichen Interessenvereinigung (EWIV) in Österreich, RIW 1999, 760 ff.; **Boer-Drinkenburg, den/Delp,** Zur Besteuerung der Europäischen Wirtschaftlichen Interessenvereinigung in den Niederlanden, RIW 1994, 960 ff.; **Bové/Hoffmann/Delp,** Besteuerung der EWIV in Spanien, RIW 2000, 186 ff.; **Busl,** Die steuerliche Behandlung der Europäischen Wirtschaftlichen Interessenvereinigung mittelständischer Unternehmer, DStZ 1992, 773 ff.; **Debatin,** Unternehmensorganisationsstrukturen im Gemeinsamen Markt aus steuerlicher Sicht, BB 1991, 947 ff.; **EG-Kommission,** EWIV – Das Entstehen einer neuen europäischen Kooperation, Luxemburg 1993; **Ganske,** Die Europäische wirtschaftliche Interessenvereinigung (EWIV), DB Beilage 20/1985; **Gleichmann,** Europäische Wirtschaftliche Interessenvereinigung, ZHR 1985, 633 ff.; **Grüninger,** Die Europäische Wirtschaftliche Interessenvereinigung beratender Freiberufler, BB 1990, 2161 ff.; **Hamacher,** Zur ertragsteuerlichen Behandlung einer Europäischen wirtschaftlichen Interessenvereinigung (EWIV) – Keine Gewerbeertragsteuer, FR 1986, 557 ff.; **Haug-Adrion,** Zur ertragsteuerlichen Behandlung der Europäischen Wirtschaftlichen Interessenvereinigung, GmbHR 1985, 336 ff.; **Herzig,** Globalisierung und Besteuerung, WPg 1998, 280 ff.; **Jestädt,** Europäische Wirtschaftliche Interessenvereinigung (E.W.I.V.) als umsatzsteuerlicher Unternehmer und mögliche Probleme, IStR 1993, 516 ff.; **Knobbe-Keuk,** Die EWIV im nationalen und internationalen Steuerrecht, EWS 1992, 1 ff.; **Kohnen/Delp,** Zur Besteuerung der Europäischen Wirtschaftlichen Interessenvereinigung (EWIV) in Belgien, RIW 1996, 140 ff.; **Krabbe,** Steuerliche Behandlung der Europäischen Wirtschaftlichen Interessenvereinigung aus deutscher Sicht, DB 1985, 2585 ff.; **Lorentz/Delp,** Zur Besteuerung der Europäischen Wirtschaftlichen Interessenvereinigung (EWIV) in Frankreich, RIW 1997, 323 ff.; **Maniezzo/Delp,** Die Besteuerung der Europäischen Wirtschaftlichen Interessenvereinigung (EWIV) in Italien, RIW 1997, 674 ff.; **Mattausch,** Praktische Hinweise zur ersten supranationalen Gesellschaftsform EWIV, IWB F. 5, Gr. 3 S. 91 ff.; **Meyer-Landrut,** Die Europäische Wirtschaftliche Interessenvereinigung (EWIV) als neues Instrument für grenzüberschreitende Kooperation, WPK-Mitt. 1989, 56 ff.; *ders.* "Europäische Wirtschaftliche Interessenvereinigung (EWIV), RIW 1986, 107 ff.; **Müller-Gugenberger,** EWIV – Die neue europäische Gesellschaftsform, NJW 1989, 1449 ff.; **Neye,** Die Europäische wirtschaftliche Interessenvereinigung – eine Zwischenbilanz, DB 1997, 861 ff.; **Sass,** Zu den steuerlichen Aspekten der "Europäischen Wirtschaftlichen Interessenvereinigung", DB 1985, 2266 ff.; **Salbach/Delp,** Zur Besteuerung der Europäischen Wirtschaftlichen Interessenvereinigung (EWIV) in Luxemburg, RIW 1995, 658 ff.; **Tessin/Kjeldsen/Delp,** Zur Besteuerung der Europäischen Wirtschaftlichen Interessenvereinigung (EWIV) in Dänemark, RIW 1996, 948 ff.; **Weimar/Delp,** Die Europäische wirtschaftliche Interessenvereinigung (EWIV) in rechtlicher und steuerlicher Sicht, WPg 1989, 89 ff.; **Weimar/Grote,** Grundfragen der Europäischen wirtschaftlichen Interessenvereinigung, NWB 1997, F. 18 S. 3533 ff.

---

[*] Sozietät Wirtschaftsprüfer/Steuerberater DSP Schlüter und Delp, Bergheim/Köln.

A. Einführung

I. Zielsetzung der EWIV

Am Anfang der Idee eines stärker zusammenwachsenden Europas stand die Vision vom gemeinsamen Haus Europa, das zwischenzeitlich signifikant an Konturen gewonnen hat. Es galt jedoch, nicht nur das gemeinsame Haus – Stein für Stein – zu errichten, sondern auch einen gemeinsamen Marktplatz anzulegen und mit Leben zu füllen. Für diese stärkere – auch wirtschaftliche – Verzahnung ist u. a. erforderlich, dass die Marktteilnehmer über die nationalen Grenzen hinweg zusammenarbeiten. Vor diesem Hintergrund hat der Rat der Europäischen Gemeinschaft eine erste supranationale Rechtsform vorgesehen und sie am 25. 7. 1985 durch die Verordnung über die Europäische Wirtschaftliche Interessenvereinigung (EWIV)[1] legitimiert. In den Erwägungsgründen zur Verordnung ist nachzulesen, dass ein Organisationsgebilde für die Marktteilnehmer geschaffen werden sollte, das ihnen den Zugang zum gemeinsamen Markt – respektive Europäischen Binnenmarkt – erleichtern sollte. Als geeignete strategische Maßnahme wurde die Kooperation mit Marktteilnehmern aus anderen EG-Staaten gesehen. Zwischenzeitlich wurde der Gedanke auf Wirtschaftsteilnehmer des Europäischen Wirtschaftsraums (EWR) ausgedehnt. Um ein solches Zusammenwirken nicht durch einzelstaatliche Gesetze zu erschweren, wurde auf Gemeinschaftsebene die EWIV geschaffen. Die Ansiedlung der EWIV auf EG-Ebene gewährt, dass für sämtliche Mitglieder der EWIV – unabhängig vom Sitz der EWIV – im Kernbereich das gleiche Recht gilt. Hierdurch wird sichergestellt, dass sich kein Mitglied dem Recht eines "fremden" EG-Staates in entscheidender Weise unterwerfen muss. Letztendlich sollte und soll dadurch auch weiterhin der grenzüberschreitende Kooperationsgedanke nachhaltig gefördert werden.[2] Der nachstehende Text verwendet den gebräuchlichen Ausdruck EG in dem Sinn, dass er in Bezug auf die EWIV nicht nur die EU-Staaten, sondern auch die EWR-Staaten mit einbezieht.

II. Rechtliche Ausgestaltung der EWIV

Bei der EWIV handelt es sich um eine zweckgebundene Organisationsform, die im Gegensatz zur Universalrechtsform der BGB-Gesellschaft ausschließlich "... den Zweck (hat), die wirtschaftliche Tätigkeit ihrer Mitglieder zu erleichtern oder zu entwickeln sowie die Ergebnisse dieser Tätigkeit zu verbessern oder zu steigern; sie hat nicht den Zweck, Gewinne für sich selbst zu erzielen. Ihre Tätigkeit muss im Zusammenhang mit der wirtschaftlichen Tätigkeit ihrer

---

[1] VO (EWG) Nr. 2137/85 des Rates v. 25. 7. 1985, in: Abl. EG Nr. L 199/1 v. 31. 7. 1985, S. 1 ff.; nachstehend EWIV-VO. Überblick über das EWIV-Recht unter: http://www.europa.eu.int. Die EWIV-VO stützt sich auf den EWG-Vertrag. Zum Europäischen Rahmen: Die Sammelbezeichnung Europäische Gemeinschaft (EG) geht auf den Fusionsvertrag (Fusion von EGKS, EWG, Euratom) v. 8. 4. 1965 (in Kraft getreten: 1. 7. 1967) zurück und ist Teil des Gesamtgefüges Europäische Union (EU). Die EU ist durch den Maastricher Vertrag v. 7. 2. 1992 (in Kraft getreten: 1. 11. 1993) entstanden. EWR ist die Abkürzung für Europäischen Wirtschaftsraum. Zur EWR zählen neben den EU-Staaten: Island, Norwegen und Liechtenstein. Die EWIV-VO ist nach Art. 77 EWR-Abkommen i. V. m. Anhang XXII von den EWR-Mitgliedern aus der EFTA innerstaatlich umzusetzen.

[2] Vgl. Erwägungsgründe a. a. O. (oben Fn. 1); vgl. ferner zur Genese der EWIV insb. *Gleichmann*, ZHR 1985, 633 ff.; *von Rechenberg* in: von der Heydt/von Rechenberg (Hrsg.), Die Europäische wirtschaftliche Interessenvereinigung, S. 5 ff.; *Müller-Gugenberger* in: Müller-Gugenberger/Schotthöfer (Hrsg.), Die EWIV in Europa, S. 15 ff.; *Manz* in: Selbherr/Manz (Hrsg.), Kommentar zur Europäischen Interessenvereinigung (EWIV), S. 6 ff.; *Kommission der Europäischen Gemeinschaften*, Die EWIV als Instrument der grenzübergreifenden Kooperation, Praktisches Handbuch für KMU, 2. Ausgabe.

Mitglieder stehen und darf nur eine Hilfstätigkeit hierzu bilden" (Art. 3 Abs. 1 EWIV-VO).[3] Die EWIV darf die Tätigkeit ihrer Mitglieder nicht ersetzen (Ersetzungsverbot)[4]; ihre Tätigkeit muss jedoch wirtschaftlich mit der Tätigkeit ihrer Mitglieder verknüpft sein (Verknüpfungsgebot)[5]. Das Ersetzungsverbot und Verknüpfungsgebot charakterisieren die EWIV als Instrument für die wirtschaftliche Kooperation von Marktteilnehmern, sie zeigen die Gründe zur Schaffung der EWIV. Die beiden Begriffe verdeutlichen, dass die EWIV einen akzessorischen Tätigkeitsrahmen besitzt, der von der Tätigkeit der Mitglieder bestimmt wird[6].

Der Verordnungsgeber hat die EWIV mit einem schlanken Regelungssystem und weitgehender Flexibilität ausgestattet. Sie verfügt im Kernbereich über Elemente der Kapitalgesellschaft (Fremdgeschäftsführung), der oHG (verwandte Haftungsstruktur) und der Genossenschaft (Förderung der Mitglieder). Die Mitglieder können ihre Vertragsbeziehungen frei gestalten und die innere Verfassung der EWIV bedarfsgerecht vereinbaren[7].

Neben dem unmittelbar anzuwendenden Gemeinschaftsprivatrecht in Form der EWIV-VO kommt auch das jeweilige innerstaatliche Recht am Sitz der EWIV zur Anwendung, soweit die EWIV-VO keine Regelung oder eine anders lautende Verweisung enthält[8].

B. Besteuerungkonzepte der EWIV

I. Besteuerung auf EG-Ebene

1. Verankerung des Transparenzprinzips

Die Besteuerungskonzeption auf Gemeinschaftsebene wurde maßgebend durch zwei Gegebenheiten bestimmt.[9] Zum einen durch das Akzessorietätsprinzip, nach dem die EWIV nicht als eine von ihren Mitgliedern unabhängige, auf eigene Erwerbszwecke gerichtete Einheit zu sehen ist, und zum anderen dadurch, dass innerhalb der EG Personengesellschaften steuerrechtlich unter-

---

[3] Zur zivilrechtlichen Seite der EWIV s. *Meyer-Landrut*, RIW 1986, 107 ff.; *Ganske*, DB Beilage 20/1985, S. 24 ff.; *Scriba*, Die Europäische wirtschaftliche Interessenvereinigung, S. 46 ff.; *Weimar/Grote*, NWB F. 18 S. 3533 ff.; *Manz* a. a. O. (oben Fn. 2), S. 9 ff.; *Müller-Gugenberger* a. a. O. (oben Fn. 2), S. 136 ff.

[4] Vgl. hierzu *von Rechenberg* a. a. O. (oben Fn. 2), S. 16 ff.

[5] Vgl. *Müller-Gugenberger*, NJW 1989, 1453.

[6] Dazu *Hartard*, Die Europäische wirtschaftliche Interessenvereinigung, S. 9 ff.

[7] Vgl. *Manz* a. a. O. (oben Fn. 2), S. 22 f.

[8] S. *Ganske*, DB, Beilage 20/1985, S. 12 f.; *Weimar/Delp*, WPg 1989, 90.

[9] Zu den allgemeinen steuerlichen Fragen und zu den hier nicht angesprochenen Steuerarten s. aus deutscher Sicht für viele *Sass*, DB 1985, 2266 ff.; *Haug-Adrion*, GmbHR 1985, 336 ff.; *Krabbe*, DB 1985, 2585 ff.; *Hamacher*, FR 1986, 557 ff.; *Weimar/Delp*, WPg 1989, 95 ff.; *Anders*, StW 1990, 86 f.; *von der Heydt* a. a. O. (oben Fn. 2), S. 107 ff.; *Busl*, DStZ 1992, 773 ff.; *Budde* in: Institut der Wirtschaftsprüfer in Deutschland e. V. (Hrsg.), Wirtschaftsprüfer-Handbuch 1992, Bd. II, S. 474 ff.; *Jestädt*, IStR 1993, 516 ff.; *Zwosta* in: Selbherr/Manz (Hrsg.) a. a. O. (oben Fn. 2), S. 352 ff.; *Kussmaul*, Betriebswirtschaftliche Steuerlehre, S. 502 ff.; aus niederländischer Sicht *den Boer-Drinkenburg/Delp*, RIW 1994, 960 ff.; aus luxemburgischer Sicht *Salbach/Delp*, RIW 1995, 658 ff.; aus belgischer Sicht *Kohnen/Delp*, RIW 1996, 140 ff.; aus dänischer Sicht *Tessin/Kjeldsen/Delp*, RIW 1996, 948 ff.; aus französischer Sicht *Lorentz/Delp*, RIW 1997, 323 ff.; aus italienischer Sicht *Maniezzo/Delp*, RIW 1997, 674 ff.; aus österreichischer Sicht *Baier/Delp*, RIW 1999, 760 ff.; aus spanischer Sicht *Bov|<chr;fe>/Hoffmann/Delp*, RIW 2000, 186 ff.; ferner die länderspezifischen Ausführungen in: von der Heydt/von Rechenberg (Hrsg.) a. a. O. (oben Fn. 2), S. 229 ff.; *Müller-Gugenberger/Schotthöfer* a. a. O. (oben Fn. 2), 389 ff.; Kommission der Europäischen Gemeinschaften a. a. O. (oben Fn. 2), S. 89 ff.

schiedlich behandelt werden[10]. Vor diesem Hintergrund formulierte der Verordnungsgeber durch Art. 40 EWIV-VO folgenden Grundsatz: "Das Ergebnis der Tätigkeit der Vereinigung wird nur bei ihren Mitgliedern besteuert." Die Formulierung trägt der Intention der EWIV Rechnung und führt gleichzeitig durch die Verankerung des Transparenzprinzips zur ersten punktuellen EG-Steuervereinheitlichung im Bereich der direkten Steuern[11].

Das in Art. 40 EWIV-VO kodifizierte Transparenzprinzip besagt, dass die Gewinne und Verluste der EWIV bei ihren Mitgliedern – unter Beachtung von deren Verhältnissen – zu erfassen sind. Hieraus ergibt sich, dass die EWIV selbst weder der Einkommen- noch Körperschaftsteuer unterliegt, sondern eine Besteuerung nach dem Mitunternehmerprinzip erfolgt[12].

Ertragssteuersubjekt ist jedes Mitglied und nicht die EWIV selbst.

2. Ergänzende Regelungen

Die Beschränkung auf eine einzige knapp gefasste steuerrechtliche Vorschrift in der EWIV-VO erfordert, dass im Übrigen "... das einzelstaatliche Steuerrecht anzuwenden (ist), und zwar insbesondere in Bezug auf Gewinnverteilung, Steuerverfahren und alle Verpflichtungen, die durch die einzelstaatlichen Steuervorschriften auferlegt werden".[13]

Die hiermit einhergehende Anwendung des innerstaatlichen Steuerrechts führt zu erheblichen Problemzonen, da nach nationalem Recht zu klären ist, ob im jeweiligen Tätigkeitsstaat ein Besteuerungstatbestand verwirklicht worden ist.[14] Überdies ergeben sich klärungsbedürftige Fragestellungen in der zwischenstaatlichen Besteuerung. Weitergehende gemeinschaftsrechtliche Besteuerungsregelungen wären für den Einsatz der EWIV begrüßenswert gewesen, auch wenn die Vorgehensweise nur zu einer rechtsformbezogenen Besteuerungsharmonisierung innerhalb der EG geführt hätte[15]. Insofern wäre jedenfalls für die EWIV Besteuerungseinheitlichkeit eingetreten.

II. Besteuerung auf nationaler Ebene

1. Innerstaatliche Besteuerung

Art. 40 EWIV-VO legt fest, dass in den einzelnen EG-Staaten die Ertragsbesteuerung nach dem Transparenzprinzip zu erfolgen hat. Ansonsten gilt das jeweilige innerstaatliche Recht[16]. Die einzelnen EG-Staaten haben zur Integration der EWIV-VO in das jeweilige innerstaatliche Rechtssystem entsprechende Ausführungsgesetze verabschiedet, die z. T. auch die steuerrechtliche Behandlung ansprechen. Das deutsche Ausführungsgesetz vom 14. 4. 1988[17] bestimmt in § 1 EWIV-AG, dass immer dann, wenn die EWIV-VO oder das Ausführungsgesetz keine Regelun-

---

[10] Vgl. hierzu die Begründung zu Art. 20 des Kommissionsvorschlages zur Europäischen Kooperationsgemeinschaft (Vorüberlegung zur EWIV), Abl. EG Nr. C 14 v. 15. 2. 1974, S. 30 ff.; ferner *Sass*, DB 1995, 2266 ff.; *Haug-Adrion*, GmbHR 1985, 336 f.; *Müller-Gugenberger* a. a. O. (oben Fn. 2), S. 228 ff.

[11] Vgl. *Hatzig*, Die Europäische wirtschaftliche Interessenvereinigung, S. 61 ff.; *Tautorus*, Supranationale und länderspezifische Besteuerung der Europäischen wirtschaftlichen Vereinigung, S. 70 ff.

[12] Hierzu s. *Mattcusch*, IWB F. 5 Gr. 3 S. 91 ff.; *Jahndorf*, Die EWIV im Ertragsteuerrecht, S. 78 ff.

[13] Vgl. *Manz* a. a. O. (oben Fn. 2), S. 214 f.

[14] S. hierzu *Mattausch*, IWB F. 5 Gr. 3 S. 202; *Kommission der Europäischen Gemeinschaften* a. a. O. (oben Fn. 2), S. 75 f.; *Neye*, DB 1997, 863.

[15] Dazu vgl. *Thömmes* in: Lenz (Hrsg.), EG-Handbuch Recht im Binnenmarkt, S. 632 ff.

[16] Vgl. Erwägungsgründe zur EWIV a. a. O. (oben Fn. 1).

[17] BGBl 1988 I 514 ff.; nachstehend EWIV-AG.

gen enthalten, die Vorschriften über die oHG entsprechend anzuwenden sind. In der Gesetzesbegründung zu § 1 EWIV-AG wird ausgeführt, dass die entsprechende Behandlung eine besondere Bedeutung für das Steuerrecht besitzt, jedoch nicht die Qualifizierung der Einkunftsart der Mitglieder präjudiziert[18].

Der deutsche Gesetzgeber hat eine explizite steuerrechtliche Vorschrift für die EWIV nur für den Bereich der Gewerbesteuer kodifiziert. In § 5 GewStG hat er die Mitglieder zum Gesamtschuldner der Gewerbesteuer bestimmt und damit eine abweichende Regelung im Vergleich zu anderen Personenvereinigungen getroffen. Die Verwaltungsauffassung hierzu ist in R 36 GewStR niedergelegt[19]. Im Bereich der Einkommensteuer hat sich die Finanzverwaltung in H 138 (1) EStR der Gesetzesbegründung zu § 1 EWIV-AG[20] angeschlossen. Es sind hiernach die steuerrechtlichen Regelungen, die bei einer oHG angewendet werden, heranzuziehen. Darüber hinaus hat das BMF in seinem Informationsschreiben vom 15. 11. 1988[21] ausführlich zur steuerlichen Behandlung der EWIV Stellung genommen. Die deutsche Finanzverwaltung hat der EWIV in dem vorgenannten Schreiben die Unternehmereigenschaft im Sinne des Umsatzsteuergesetzes zugebilligt. Abzugrenzen bleiben jedoch, die Fragen, ob ein umsatzsteuerlicher Leistungsaustausch oder ein nicht steuerbarer Gesellschafterbeitrag im Einzelfall vorliegt.

Innerstaatlich hat der deutsche Gesetzgeber in § 6 EWIV-AG die Buchführungs- und Jahresabschlusspflicht geregelt. Diese Regelung gehört letztlich auch dem Kontext an, entfaltet aber keine direkte steuerlichen Qualifikationswirkungen[22].

Bereits hier ist anzumerken, dass die EWIV, obwohl einzelne Elemente von ihr der oHG entsprechen, sich grundsätzlich von der oHG in ihrem Charakter und Anwendungsbereich unterscheidet,[23] was auch im Einzelnen zu steuerlichen Unterschieden führt.

2. Zwischenstaatliche Besteuerung

Art. 4 der EWIV-VO bestimmt, dass eine grenzüberschreitende Zusammensetzung des Mitgliederkreises vorliegen muss, so dass sich zwangsläufig Fragen einer zwischenstaatlichen Besteuerung ergeben[24]. Vor diesem Hintergrund wäre es nahe liegend gewesen, eine Regelung auf Gemeinschaftsebene zu treffen, die die zwischenstaatliche Besteuerung innerhalb der EG regelt. In Ermangelung einer solchen Bestimmung sind die Doppelbesteuerungsabkommen (DBA) zur Klärung der staatsübergreifenden Besteuerungsfragen heranzuziehen. Hierbei sind die Grundsätze anzuwenden, die für Personengesellschaften gelten[25]. Im Übrigen gilt dies freilich auch bei

---

[18] Vgl. Gesetzesbegründung zu § 1 EWIV-AG, BT-Drucks. Nr. 11/352 v. 25. 5. 1987, S. 7.

[19] Auf die besonderen Fragen der gewerbeertragsteuerlichen Behandlung der EWIV wird hier nicht eingegangen, da hierfür kein Raum ist. Auch hierbei steht die weiter unten zu behandelnde kardinale Frage im Vordergrund, ob eine EWIV grundsätzlich Einkünfte erzielen kann. Zum Problemkreis der Gewerbesteuer s. insb. *Krabbe*, DB 1985, 2586 f.; *Hamacher*, FR 1986, 557 ff.; *Thömmes* a. a. O. (oben Fn. 15), S. 633 f.; *Jahndorf* a. a. O. (oben Fn. 12), S. 191 ff.; s. ferner zu § 122 Tz. 2.4.1. Satz 5 AEAO.

[20] Vgl. Gesetzesbegründung zu § 1 EWIV-AG, a. a. O. (oben Fn. 18), S. 7.

[21] IV C 5 – S 1316–6768, DB 1989, 354 f.

[22] Vgl. *von der Heydt* a. a. O. (oben Fn. 2), S. 142 ff.; *Jahndorf* a. a. O. (oben Fn. 12), S. 157 ff.

[23] Dazu *Weimar/Delp*, WPg 1989, 90; *Manz* a. a. O. (oben Fn. 2), S. 298; *Grüninger* in: Müller-Gugenberger/Schotthöfer (Hrsg.) a. a. O. (oben Fn. 2), S. 343 f.

[24] Hierzu *Müller-Gugenberger*, NJW 1989, 1453; *Hatzig* a. a. O. (oben Fn. 11), S. 23 f.; *Manz* a. a. O. (oben Fn. 2), S. 55 f.

[25] Vgl. *Sass*, DB 1985, 2267; *Haug-Adrion*, GmbHR 1985, 337; BMF a. a. O. (oben Fn. 21); *Krabbe*, DB 1985, 2586. *Krabbe* weist darauf hin, dass das Betriebsstättenprinzip nicht eingeschränkt ist und dies durch eine Erklärung zum Protokoll bekräftigt worden ist.

Delp

Überschreitung des Gemeinschaftsgebietes und hierdurch vorliegenden Steuersachverhalten in Drittstaaten.

C. Besteuerungsstruktur der EWIV

I. Besteuerungsfragen auf EG-Ebene

1. Bedeutung und Tragweite des Transparenzprinzips

Wie bereits angesprochen, werden innerhalb der EG die Personengesellschaften ertragsteuerrechtlich unterschiedlich behandelt. Zum Teil werden sie steuerlich als Körperschaften behandelt, zum Teil wird ihr Ergebnis nach dem Transparenzprinzip bei ihren Mitgliedern steuerlich erfasst[26]. Hinzu kommt, dass der Verordnungsgeber den Mitgliedstaaten das Wahlrecht eingeräumt hat, die EWIV innerstaatlich mit eigener Rechtspersönlichkeit auszustatten[27]. Insofern war zumindest ertragsteuerlich eine Vereinheitlichung der Steuersubjekteigenschaft notwendig. Entschieden hat sich der Verordnungsgeber für das Transparenzprinzip, um hiermit auch einer eventuell auftretenden doppelten steuerlichen Belastung ausgeschütteter "körperschaftsteuerlicher" Gewinne von vornherein entgegenzuwirken[28]. Letztendlich spiegeln sich im Transparenzprinzip auch die Wesenszüge der EWIV wider.

Die EWIV-VO stellt in den EG-Mitgliedstaaten unmittelbar anzuwendendes Recht dar, so dass das Transparenzprinzip direkte Wirkung entfaltet[29]. Art. 40 EWIV-VO fixiert nur, dass das Ergebnis der EWIV bei den Mitgliedern steuerlich zu erfassen ist[30]. Konkret kommen die innerstaatlichen Besteuerungsregeln, die für das jeweilige Mitglied gelten, zur Anwendung[31].

2. Konstitutionsbedingte Einflüsse auf das Ergebnisverteilungs- und Besteuerungskonzept

Neben dem Transparenzprinzip sind weitere Vorschriften für die Besteuerungsbeurteilung heranzuziehen. Hierbei handelt es sich um Regelungen, die auf die Zweckbezogenheit der EWIV zurückzuführen sind[32]. Im Einzelnen:

- Art. 3 Abs. 1 EWIV-VO und
- Art. 21 Abs. 1 EWIV-VO.

a) Kontext des Tätigkeitsrahmens

Zu den Grundsatzfragen bei der Besteuerung der EWIV zählt die Regelung der steuerrechtlichen Qualifikation ihrer Tätigkeit und die damit korrespondierende Einordnung in die einzelstaatlichen Steuergesetze, da der Verordnungsgeber keine einheitliche Einkünftequalifikation vorgegeben hat.

---

[26] Vgl. *von der Heydt* a. a. O. (oben Fn. 2), S. 118 f.; *Tautorus* a. a. O. (oben Fn. 11), S. 71.

[27] S. dazu *Ganske*, DB, Beilage 20/1985, S. 2 f.

[28] Vgl. *Sass*, DB 1985, 2266; *Thömmes* a. a. O. (oben Fn. 15), S. 629.

[29] Zur Rechtswirkung s. *Gleichmann*, ZHR 1985, 633 ff.; *Niessen* in: Müller-Gugenberger/Schotthöfer (Hrsg.) a. a. O. (oben Fn. 2), S. 137 ff.; *Manz* a. a. O. (oben Fn. 2), S. 10 ff.

[30] Nach *Ganske* DB, Beilage 20/1995, S. 10, verfolgt Art. 40 EWIV-VO nur den Zweck, eine körperschaftsteuerliche Erfassung in den einzelnen EG-Staaten auszuschließen. Die Vorschrift hat nach seiner Meinung keine gewerbesteuerliche Auswirkung. Zur Gewerbesteuer s. Fn. 19.

[31] Vgl. Erwägungsgründe zur EWIV, a. a. O. (oben Fn. 1), S. 2; *Sass*, DB 1985, 2267; *Weimar/Delp*, WPg 1989, 96; *Knobbe-Keuk*, EWS 1992, 2. Zur Behandlung in den anderen EG-Staaten s. Hinweis auf Länderdarstellungen in Fn. 9.

[32] Vgl. *Jahndorf* a. a. O. (oben Fn. 12), S. 77.

Der wiederholt angesprochene, durch die EWIV-VO vorgegebene Tätigkeitsrahmen der EWIV hat in mehrfacher Hinsicht Bedeutung. Er ist u. a. von entscheidender Relevanz für die Bestimmung der Einkunftsart der EWIV auf nationaler Ebene. Zunächst zur Gemeinschaftsebene.

Wie ein roter Faden zieht sich der Gedanke, dass der Zweck der EWIV nur "... darin besteht, die wirtschaftliche Tätigkeit ihrer Mitglieder zu erleichtern oder zu entwickeln, um es ihnen zu ermöglichen, ihre eigenen Ergebnisse zu steigern", durch die Verordnung (Art. 3 Abs. 1 EWIV-VO)[33]. Hierdurch bekommt die EWIV ihr individuelles Gepräge, das sie von den anderen Rechtsformen abgrenzt. Sie strebt keinen Nutzen für sich selbst, sondern nur einen Nutzen für ihre Mitglieder an[34]. Sie stellt eine Art von besonders ausgeprägter Selbsthilfeorganisation dar. Vor diesem Hintergrund muss sich die EWIV den Unternehmenszielen ihrer Mitglieder unterordnen.

Ihr unverwechselbarer Charakter wird durch das Verknüpfungsgebot und Ersetzungsverbot signifiziert[35]. Die Tätigkeit der EWIV muss eine eigentümliche Geschlossenheit besitzen, die in Bezug auf die Tätigkeit der Mitglieder akzessorisch ist[36]. Die Literatur zur Bestimmung des zulässigen Tätigkeitsrahmens orientiert sich weitgehend an Fallbeispielen und zeigt hieran jeweils die Grenze zur Überschreitung auf[37]. Der dienende Charakter der EWIV entfällt nicht dadurch, dass die EWIV auch für Dritte Leistungen erbringt, wenn diese Leistungen mit der Tätigkeit der Mitglieder verknüpft sind und die Tätigkeit der Mitglieder hierdurch nicht ersetzt wird[38].

In diesem Zusammenhang ist Art. 32 EWIV-VO zu beachten. Danach muss auf Antrag jedes Beteiligten oder einer zuständigen Behörde ein angerufenes Gericht im Falle einer Überschreitung des zulässigen Tätigkeitsrahmens die Auflösung der EWIV aussprechen, es sei denn, dass die Mängel der EWIV behoben werden können und vor der Entscheidung in der Sache beseitigt werden.

Sollten die Mängel vor der Gerichtsentscheidung nicht in Ordnung gebracht werden, so wird die Auflösung mit der gerichtlichen Auflösungsentscheidung wirksam. Mit Beginn des Abwicklungsstadiums ändert sich der Status der EWIV[39]. In den Vordergrund tritt die Frage, inwieweit dieser Statuswechsel die Rechtsnatur der EWIV tangiert[40]. Mit Blick auf das Steuerrecht stellt sich insbesondere die Frage, ob hiermit ein Wegfall des gemeinschaftsrechtlichen Transparenzprinzips verbunden ist und die EWIV fortan nach dem jeweiligen nationalen Recht ihres Sitzes zu qualifizieren ist[41]. Einzelfallbezogen würden entsprechende Konsequenzen eintreten[42].

---

[33] Zu den Tätigkeitsbeschränkungen und den hiermit zusammenhängenden Abgrenzungsfragen s. die Erwägungsgründe zur EWIV a. a. O. (oben Fn. 1), S. 2; ferner *Gleichmann*, ZHR 1985, 635 ff.; *Müller-Gugenberger*, NJW 1989, 1453 f.; *von Rechenberg* a. a. O. (oben Fn. 2), S. 9 ff.; *Jahndorf* a. a. O. (oben Fn. 12), S. 87 ff. Die Erwägungsgründe und *Gleichmann* gehen von einer extensiven Auslegung des Begriffs wirtschaftliche Tätigkeit bzw. Hilfstätigkeit aus.

[34] Vgl. *Weimar/Delp*, WPg 1989, 97; ferner *Jahndorf* a. a. O. (oben Fn. 12), S. 144; *Baier/Delp*, RIW 1999, 762.

[35] Zu dem angesprochenen Ge- und Verbot s. etwa *Weimar/Grote*, NWB F. 18 S. 3535; *von Rechenberg* a. a. O. (oben Fn. 2), S. 13 ff.; *Müller-Gugenberg* a. a. O. (oben Fn. 2), S. 199 f.; *Jahndorf* a. a. O. (oben Fn. 12), S. 96 ff.

[36] Vgl. *Hartard* a. a. O. (oben Fn. 6), S. 9 ff.

[37] Vgl. *Autenrieth*, BB 1989, 307.

[38] S. hierzu auch *Jahndorf* a. a. O. (oben Fn. 12), S. 116.

[39] Vgl. *Ganske*, DB, Beilage 20/1985, S. 9 f.; *Manz* a. a. O. (oben Fn. 2), S. 181 ff.

[40] Vgl. *Meyer-Landrut*, RIW 1986, 111; *Manz* a. a. O. (oben Fn. 2), S. 198 ff. Eine abschließende Meinungsbildung hierzu liegt nicht vor.

[41] Vgl. dazu *Hamacher*, FR 1986, 558; *Hartard* a. a. O. (oben Fn. 6), S. 106 f.; *Jahndorf* a. a. O. (oben Fn. 12), S. 117, 145 ff.

Delp

b) Rechtsträgerschaft der wirtschaftlichen Ergebnisse

Art. 21 Abs. 1 EWIV-VO ordnet an, dass "Gewinne aus den Tätigkeiten der Vereinigung (...) als Gewinne der Mitglieder (gelten) und (...) auf diese in dem im Gründungsvertrag vorgesehenen Verhältnis oder, falls dieser hierüber nichts bestimmt, zu gleichen Teilen aufzuteilen (sind)".

Auch hier betont der Verordnungsgeber konsequent die Eigenart der EWIV als unterstützendes Instrument, das für sich selbst keinen Profit erwirtschaften darf, und sieht daher die Überschüsse als Gewinne der Mitglieder an. Zunächst ist zu klären, welche Eigenschaft Art. 21 Abs. 1 EWIV-VO besitzt. Die Vorschrift dürfte dem Innenverhältnis, das die Rechtsstellung der Mitglieder untereinander bzw. zu der Vereinigung regelt, zuzuordnen sein. Art. 21 Abs. 1 EWIV-VO regelt den mitgliedsbezogenen Anteil am Gewinn und Verlust und ist bei einer auf Dauer angelegten Vereinigung eine übliche Vorschrift[43]. Ob die Bestimmung hierüber hinaus als Zuordnungs- oder Zurechnungsvorschrift mit steuerlicher Bedeutung anzusehen ist, ist klärungsbedürftig, da dies zu unterschiedlichen Schlussfolgerungen führen kann[44]. Dies gilt insbesondere für die zwischenstaatliche Besteuerung[45].

Für eine Zuordnungsvorschrift spricht die Eigenschaft der EWIV als Kooperationsinstrument zur Verbesserung des Ergebnisses der Mitglieder. Insofern kann der Gewinn/Verlust als durch die Haupttätigkeit des Mitgliedes erzielt angesehen und ihr anteilig zugeordnet werden[46]. Hierdurch grenzt sich die EWIV auch von anderen Gesellschaftsformen ab, da diese i. d. R. zunächst für "sich selbst" Gewinne anstreben, die sie erst in der Folge an die Gesellschafter weiterreichen[47]. Wird dagegen die Vorschrift als Zurechnungsbestimmung angesehen, so ist der Gewinn/Verlust zunächst auf der Ebene der EWIV angefallen und wird dann entsprechend dem Anteilsschlüssel verteilt. Der vorstehende Beurteilungsansatz tangiert nach den Erwägungsgründen zur EWIV nicht das gemeinschaftsrechtliche Transparenzprinzip, da die handelsrechtliche Gewinn-/Verlustverteilung nur das Innenverhältnis der Mitglieder regelt[48]. Letztendlich führen beide Standpunkte zu einer steuerlichen Erfassung beim Mitglied[49]. Die grenzübergreifende Ausrichtung der EWIV führt dazu, dass die Regelungen der internationalen Besteuerung hierbei zur Anwendung kommen. Im Vordergrund stehen die anzuwendenden DBA und die innerstaatlichen Vorschriften zum internationalen Verlustausgleich (§ 2a EStG).

---

[42] Z. B. wenn die EWIV im Sitzstaat über volle Rechtsfähigkeit verfügt; hierdurch könnte es zu einer körperschaftsteuerlichen Erfassung kommen. Würde aus dem Statuswechsel heraus eine Körperschaftsteuerpflicht entstehen, so würden die Mitglieder möglicherweise für die Körperschaftsteuer nach Art. 24 EWIV-VO haften. Denn der Statuswechsel würde nur zum Wegfall des Transparenzprinzips führen, nicht jedoch zu einer zivilrechtlichen Strukturveränderung. Hierdurch könnte ggf. ein Mitglied für die gesamte Körperschaftsteuer der "statusgewechselten" EWIV zur Haftung herangezogen werden. Letztendlich wird die Steuerhaftung jedoch durch das innerstaatliche Recht des jeweiligen Sitz-Staates der EWIV bestimmt. Schließlich werden aufgrund der transnationalen Ausrichtung der EWIV auch internationale Vollstreckungsregeln (z. B. Rechtshilfeabkommen, DBA, IPR) angesprochen. Vgl. *Jahndorf* a. a. O. (oben Fn. 12), S. 52 ff.; ferner zu § 122 Tz. 2.4.1. Satz 5 AEAO.

[43] Vgl. *Ganske*, DB, Beilage 20/1985, S. 2; *Gleichmann*, ZHR 1985, 645.

[44] Zur Betrachtung unter dem Aspekt der Gewinnerzielungsabsicht s. unter C.II.2.a).

[45] S. weiter unten im Text unter C.II.3.

[46] Ausf. zum "Zuordnungsprinzip" *Jahndorf* a. a. O. (oben Fn. 12), S. 115 ff.

[47] Vgl. *Müller-Gugenberger* a. a. O. (oben Fn. 2), S. 197 ff.

[48] Dazu *Ganske*, DB, Beilage 20/1985, S. 10, Fn. 207; *Gleichmann*, ZHR 1985, 645.

[49] Erwägungsgründe zur EWIV, a. a. O. (oben Fn. 1).

Die Beurteilung als Zuordnungvorschrift führt bei einer streng am Wesenszug der EWIV orientierten Auslegung dazu, dass originär der Gewinn/Verlust auf der Ebene des Mitgliedes anfällt und damit die EWIV in diesem Punkt keine eigenständige Bedeutung i. S. einer – wie auch immer ausgeprägten – partiellen Steuerrechtsfähigkeit[50] besitzt. Bei einer konsequenten Betrachtung würden dann die Ergebnisse jeweils im Ansässigkeitsstaat des Mitgliedes entsprechend der Beteiligungsquote anfallen[51]. Einer derartig engen Auslegung stehen jedoch die oben angeführten Erwägungsgründe, aus denen zu entnehmen ist, dass Art. 21 Abs. 1 EWIV-VO keinerlei steuerliche Bedeutung besitzt, entgegen.

3. Folgerung

Bewegt sich die EWIV im Rahmen ihres zulässigen Tätigkeitsbereiches, so fließt ihr Ergebnis, nach dem Transparenzprinzip, anteilig bei den Mitgliedern in die Besteuerung ein.

Verlässt die EWIV den verordnungsmäßig vorgegebenen Tätigkeitsbereich und kommt es zu einem gerichtlichen Auflösungsbeschluss, so verändert sich der Status der EWIV. Hierdurch kann es auch zu einer Erfassung nach körperschaftsteuerlichen Grundsätzen kommen, wenn sie im Sitzstaat eine eigene Rechtsfähigkeit besitzt[52].

Eine unter Heranziehung der Erwägungsgründen vorgenommene Auslegung von Art. 21 Abs. 1 EWIV führt zu dem Ergebnis, dass es sich nur um eine Vorschrift über die Innenbeziehung der Mitglieder handelt, die den Ergebnisanspruch regelt. Auf die steuerliche Konzeption hat die Bestimmung keinen Einfluss[53].

II. Besteuerungsfragen auf nationaler Ebene

1. Einordnung in das innerstaatliche deutsche Steuerrecht

Die durch das EWIV-AG und die Finanzverwaltung vorgenommene Einordnung der EWIV in das innerstaatliche deutsche Recht als eine oHG-ähnliche Organisationsform führt nicht zu einer Präjudizierung bei der Qualifizierung der Einkunftsart. Entsprechend ihrer Tätigkeit kann die EWIV

- keine Einkünfte, wegen mangelnder Tatbestandsverwirklichung,
- Einkünfte aus Land- und Forstwirtschaft,
- Einkünfte aus Gewerbebtrieb,
- Einkünfte aus selbständiger Arbeit,
- Einkünfte aus Vermietung und Verpachtung,
- Einkünfte aus Kapitalvermögen oder
- sonstige Einkünfte

erzielen[54].

a) Qualifizierung des wirtschaftlichen Ergebnisses bei intentionsgemäßer Tätigkeit

Die vorliegenden Ausführungen beschränken sich auf die Frage, ob eine EWIV bei verordnungskonformer Tätigkeit im unternehmerischen Umfeld der Mitglieder einen Einkunftstatbestand

---

[50] Hierzu Wacker in: Schmidt, EStG, § 15 Rn. 164; Reiß in: Kirchhof, EStG, § 15 Rn. 202.
[51] Vgl. Thömmes a. a. O. (oben Fn. 15), S. 629.
[52] Vgl. Hartard a. a. O. (oben Fn. 6), S. 106 f.; ferner Jahndorf a. a. O. (oben Fn. 12), S. 112.
[53] S. Manz a. a. O. (oben Fn. 2), S. 135 ff. Jahndorf a. a. O. (oben Fn. 12), S. 112 ff.
[54] Vgl. von der Heydt a. a. O. (oben Fn. 2), S. 115 f.

verwirklicht oder keinesfalls steuerrechtlich relevante Einkünfte (vgl. § 2 EStG) erzielt. Im Vordergrund der Betrachtung stehen hier die Einkünfte aus Gewerbebetrieb (§ 15 EStG).

Bei einer von gewerblichen Unternehmen als Kooperationsform genutzten EWIV ist es nahe liegend, davon auszugehen, dass auch die EWIV gewerblich tätig ist. Hierfür müssten die Tatbestandsmerkmale des § 15 EStG erfüllt sein. Wie bereits oben ausgeführt, ordnet der deutsche Gesetzgeber die EWIV strukturell der oHG zu und verweist auf eine entsprechende steuerrechtliche Behandlung[55].

Nach seinem ausdrücklichen Willen ist hiermit keine Einkünftequalifikation verbunden. Der deutsche Gesetzgeber folgt damit steuerlich dem Prinzip der rechtsformneutralen Behandlung von Personengesellschaften. Für die einkommensteuerrechtliche Qualifikation ist die tatsächliche Tätigkeit der Personengesellschaft maßgebend.

Durch ihre personenrechtliche Struktur fällt die EWIV unter den Begriff "andere Gesellschaft" i. S. des § 15 Abs. 1 Nr. 2 EStG, so dass zu prüfen ist, ob die Mitglieder in ihrer Verbundenheit als Mitunternehmer einen Gewerbebetrieb (§ 15 Abs. 2 EStG) betreiben[56]. Zunächst ist zu untersuchen, ob ein gemeinsamer Gewerbebetrieb als Regelvoraussetzung vorliegt[57]. Die Vermutung, dass eine ins Handelsregister eingetragene oHG oder KG einen Gewerbebetrieb i. S. von § 15 Abs. 2 EStG unterhält, ist zum einen widerlegbar und zum anderen nicht auf eine EWIV übertragbar, da eine EWIV sich von den Gesellschaften durch ihre Zwecksetzung unterscheidet[58]. Diese Unterscheidung ist auch dann stets gebührend zu berücksichtigen, wenn oHG-Regelungen analog anzuwenden sind.

§ 15 Abs. 2 EStG setzt voraus, dass eine selbständige nachhaltige Betätigung, die mit der Absicht, Gewinn zu erzielen, unternommen wird und sich als Beteiligung am allgemeinen wirtschaftlichen Verkehr darstellt, vorliegt. Ferner, dass die Betätigung weder als Ausübung von Land- und Forstwirtschaft noch als Ausübung eines freien Berufes noch als eine andere selbständige Arbeit oder als Vermögensverwaltung anzusehen ist. Schließlich wird eine Betätigung zur Minderung der Einkommensteuer nicht als Gewinnerzielungsabsicht angesehen. Es genügt, wenn die Gewinnerzielungsabsicht nur als Nebenzweck verfolgt wird[59].

Die Merkmale im Einzelnen:

Selbständigkeit liegt vor, wenn die Tätigkeit auf eigene Rechnung (Unternehmerrisiko) und aufgrund eigener Verantwortung (Unternehmerinitiative) ausgeübt wird. Entscheidend ist das Gesamtbild der Verhältnisse unter Berücksichtigung der Verkehrsanschauung[60]. Das Kriterium der Selbständigkeit wird von der EWIV erfüllt, da sie ihre Leistungen auf eigene Rechnung und auf eigene Verantwortung erbringt[61].

---

[55] Gesetzesbegründung zu § 1 EWIV-AG a. a. O. (oben Fn. 18), S. 7.
[56] Vgl. *Weimar/Delp*, WPg 1989, 96; *Tautorus* a. a. O. (oben Fn. 11), S. 102.
[57] Vgl. Wacker a. a. O. (oben Fn. 50), § 15 Rn. 180 ff.; Reiß a. a. O. (oben Fn. 50), § 15 Rn. 208.
[58] Vgl. BMF. a. a. O. (oben Fn. 21).
[59] Allg. zur Gewinnerzielungsabsicht *Lang* in: Tipke/Lang, Steuerrecht, S. 368.
[60] Zu den einzelnen Merkmalen s. Wacker a. a. O. (oben Fn. 50), § 15 Rn. 8 ff.; Reiß a. a. O. (oben Fn. 50), § 15 Rn. 208.
[61] Vgl. *von der Heydt* a. a. O. (oben Fn. 2), S. 121.

Nachhaltigkeit ist gegeben, wenn die Tätigkeit nicht Einmalcharakter aufweist, sondern auf Wiederholung angelegt ist. Das Nachhaltigkeitskriterium liegt bei der EWIV vor, da das entsprechende Leistungsspektrum auf Wiederholung angelegt ist[52].

Eine Beteiligung am allgemeinen wirtschaftlichen Verkehr ist nicht auf den ersten Blick erkennbar, da die EWIV als Hilfsgesellschaft angelegt ist und den Mitgliedern dienen soll. Nur wenn die EWIV im zulässigen Tätigkeitsrahmen in markttypischer Weise tätig wird, erfüllt sie das Merkmal der Teilnahme am allgemeinen wirtschaftlichen Verkehr[63].

Das Kriterium der Gewinnerzielungsabsicht ist näher überprüfungsbedürftig[64]. Die Gewinnerzielungsabsicht liegt bereits dann vor, wenn sie im Nebenzweck verfolgt wird[65]. Jedwede Gewinnerzielungsabsicht könnte von vornherein durch die Wesenszüge der EWIV ausgeschlossen sein[66]. Bekräftigt wird dies durch Art. 3 Abs. 1 EWIV-VO, der formuliert: "...sie hat nicht den Zweck, Gewinn für sich selbst zu erzielen". Der Verordnungsgeber hat jedoch auch in Art. 21 Abs. 1 EWIV-VO eine handelsrechtliche Gewinnverteilungsregelung getroffen, die bei einem strengen Gewinnerzielungsverbot gegenstandslos wäre. Letztlich wird in der enumerativen Untersagungsliste des Art. 3 Abs. 2 EWIV-VO kein grundsätzliches Gewinnverbot angeführt[67]. Die Gewinnerzielungsabsicht – als Fundamentalvoraussetzung – wird als zentrales Problem in der Diskussion um die Einkünfteklassifizierung angesehen[68]. Hierbei können im Grundsatz zwei Erörterungsansätze unterschieden werden.

▶ **Betrachtungsansatz I**

Vor dem Wissen um den Charakter der EWIV und den Inhalt der Art. 3 Abs. 1 (keine Gewinne für die EWIV als solche) und Art. 21 Abs. 1 (Gewinne gelten als Gewinne der Mitglieder) EWIV-VO wird in der Literatur ein Betrachtungsansatz verfolgt, der strikt auf den Fördergedanken der EWIV abstellt. Hiernach ist eine Gewinnerzielung – im Rahmen des zulässigen Tätigkeitsrahmens – der EWIV gestattet, wenn dieses Gewinnstreben dazu geeignet ist, das Ergebnis der Haupttätigkeit des Mitgliedes zu verbessern oder zu steigern[69].

Tragendes Argument für diesen Ansatz ist Art. 21 Abs. 1 EWIV-VO, da hiernach die Gewinne der EWIV-VO als Gewinne der Mitglieder gelten und unmittelbar der Haupttätigkeit des Mitgliedes zugeordnet werden[70]. Hierdurch bedingt schließt sich eine gemeinsame Gewinnerzielungsabsicht auf der EWIV-Ebene aus.

Es besteht also nur das jeweilige mitgliedsbezogene Einzelinteresse zur Verbesserung der Gewinne aus der Haupttätigkeit[71]. Auf der EWIV-Ebene existiert hiernach kein eigenständiges Gewinnstreben.

---

[62] Vgl. ebenda.

[63] Vgl. *Jahndorf* a. a. O. (oben Fn. 12), S. 131; *Autenrieth*, BB 1989, 307.

[64] Die bisherige Diskussion über die Besteuerung der EWIV drehte sich im Wesentlichen um die Frage der Gewinnerzielungsabsicht. Der Meinungsstand ist kontrovers.

[65] Vgl. *Reiß* a. a. O. (oben Fn. 50), § 15 Rn. 34.

[66] S. dazu *Krabbe*, DB 1985, 2585; *Autenrieth*, BB 1989, 310; *von der Heydt* a. a. O. (oben Fn. 2), S. 125 f.

[67] Vgl. *Hamacher*, FR 1986, 557; *Weimar/Delp*, WPg 1989, 96; *Grüninger*, BB 1990, 2163; *Knobbe-Keuk*, EWS 1992, 3.; *Budde* a. a. O. (oben Fn. 9), S. 487.

[68] Vgl. *Hartard* a. a. O. (oben Fn. 6), S. 104.

[69] Vgl. *Jahndorf* a. a. O. (oben Fn. 12), S. 146 ff.; ferner *Müller-Gugenberger* a. a. O. (oben Fn. 2), S. 198.

[70] Hierzu *Hartard* a. a. O. (oben Fn. 6), S. 11 und die Ausführungen oben unter C. I. 2. b).

[71] Ausführlich hierzu *Jahndorf* a. a. O. (oben Fn. 12), S. 113 ff.

Diese Betrachtungsweise wird jedoch nicht durch die Erwägungsgründe zur EWIV-VO nachhaltig gestützt, da dort ausdrücklich niedergelegt ist, dass sich die steuerliche Gewinnverteilung und das Steuerverfahren nach den einzelstaatlichen Steuergesetzen richten[72]. Auch würde hierdurch das Merkmal der Selbständigkeit in Bedrängnis geraten, da es fragwürdig werden würde, ob die EWIV auf eigene Rechnung tätig wird[73]. Bekräftigt wird die Auffassung jedoch durch die amtliche Begründung zu Art. 20 des Kommissionsvorschlages. Hiernach soll die EWIV helfen, die Gewinne der Mitglieder zu steigern, was für eine individuelle Gewinnerzielung auf der Ebene der Mitglieder spricht[74]. Auf der Ebene der EWIV finden danach nur die Handlungen zur Realisierung der individuellen Gewinnerzielung auf der Ebene der Mitglieder statt[75]. Die Handlungen stellen Hilfestellungen für die Mitglieder, zur mitgliederbezogenen Ergebnisverbesserung und -förderung, dar. Ähnlichkeiten zum Fördergedanken der Genossenschaft werden deutlich. Die EWIV zeigt sich als reine Hilfsgesellschaft. Das Ergebnis einer EWIV – mit dem Charakter eines cost-center's – wird regelmäßig negativ sein und anteilig bei den Mitgliedern als Betriebsausgabe erfasst werden. Bei einer Überschreitung des Hilfscharakters und einem gerichtlichen Auflösungsbeschluss muss dieser Betrachtungsansatz wegfallen und danach eine Qualifikation nach den innerstaatlichen Maßstäben für Gesellschaften vorgenommen werden[76].

▶ **Betrachtungsansatz II**

Der Betrachtungsansatz der herrschenden Meinung[77] geht davon aus, dass im konkreten Fall eine entsprechende – wenn auch gering ausgeprägte – Gewinnerzielungsabsicht auf der EWIV-Ebene vorliegen kann[78] und eine solche Absicht nach § 15 Abs. 2 Satz 3 EStG völlig ausreichend ist. Dass die EWIV in eigener Gewinnerzielungsabsicht handeln kann, wird damit begründet, dass kein Gewinnerzielungsverbot für sie festgeschrieben worden ist[79].

Nach diesem Ansatz kann die EWIV als solche in Gewinnerzielungsabsicht handeln, so dass nach Einzelfallprüfung das Merkmal der Gewinnerzielungsabsicht erfüllt sein kann[80].

Schließlich ist zu prüfen, ob die Mitglieder in ihrer gesellschaftsrechtlichen Verbundenheit Unternehmerinitiative entfalten und Unternehmerrisiko tragen[81]. Beide Merkmale werden durch die Mitglieder erfüllt, da sie an unternehmerischen Entscheidungen teilhaben und diese

---

[72] Vgl. Erwägungsgründe zur EWIV a. a. O. (oben Fn. 1), S. 2; *Ganske*, DB, Beilage 20/1985, S. 10, Fn. 207; *Gleichmann*, ZHR 1985, 645.

[73] Vgl. Art. 1 Abs. 2 EWIV-VO; ferner *Grüninger* a. a. O. (oben Fn. 23), S. 344.

[74] Vgl. Begründung zu Art. 20 des Kommissionsvorschlages a. a. O. (oben Fn. 10).

[75] Hier stellt sich die Frage, ob die Handlungen auf der EWIV-Ebene auch eine neue Zwecksetzung ergeben dürfen, die sich aus den Zwecksetzungen der einzelnen Mitglieder zusammensetzt oder ob dies bereits als nicht zulässig anzusehen ist. Vgl. *Weimar/Delp*, WPg 1989, 97, Fn. 78.

[76] Dazu eingehend *Jahndorf* a. a. O. (oben Fn. 12), S. 111 f.

[77] Vgl. *Gleichmann*, ZHR 1985, 645; *Haug-Adrion*, GmbHR 1985, 336; *Sass*, DB 1985, 266; *Meyer-Landrut*, WPK-Mitt. 1989, S. 59; *Weimar/Delp*, WPg 1989, 97; BMF a. a. O. (oben Fn. 21); *Grüninger*, BB 1990, 2163; *Hatzig* a. a. O. (oben Fn. 11), S. 64; *Knobbe-Keuk*, EWS 1992, 3; *Budde* a. a. O. (oben Fn. 9), S. 487; *Tautorus* a. a. O. (oben Fn. 11), S. 103; *Zwosta* a. a. O. (oben Fn. 9), S. 336; *Spatscheck*, Die Besteuerung der Europäischen Wirtschaftlichen Interessenvereinigung, S. 36; *Weber-Grellet* a. a. O. (oben Fn. 50), § 15 Rn. 333; *Reiß* a. a. O. (oben Fn. 50), § 15 Rn. 221. Die Auffassung ist auch überwiegend h. M. bei den in Fn. 9 angeführten Ländern, vgl. die einzelnen Beiträge.

[78] Vgl. ebenda; mit Blick auf die EWIV ablehnend *Jahndorf* a. a. O. (oben Fn. 12), S. 133 ff.

[79] Vgl. Fn. 67.

[80] Vgl. *Weimar/Delp*, WPg 1989, 96.

[81] Dazu Wacker a. a. O. (oben Fn. 50), § 15 Rn. 250 ff.; Reiß a. a. O. (oben Fn. 50), § 15 Rn. 246.

mitbestimmen sowie am Erfolg, Misserfolg und an den stillen Reserven der EWIV beteiligt sind[82]. Sollte die vorstehenden Kriterien des Betrachtungsansatzes II nicht erfüllt sein, so liegt eine Hilfsgesellschaft vor, die dem Betrachtungsansatz I entspricht.

▶ **Zwischenergebnis**

Die EWIV kann bei Einhaltung ihres verordnungsmäßig vorgegebenen Tätigkeitsbereiches nach Auffassung der herrschenden Meinung einzelfallbezogen Einkünfte aus Gewerbebetrieb nach § 15 Abs. 1 Nr. 2 EStG erzielen, da eine Gewinnerzielung gestattet und im Nebenzweck ausreichend ist[83]. Hierbei wird auf eine Gewinnerzielung auf der Ebene der EWIV abgestellt.

Wird die EWIV als nichtgewerblich angesehen, so wird sie als sog. Hilfsgesellschaft behandelt[84]. Als Hilfsgesellschaft dient sie keiner unmittelbaren gemeinsamen Gewinnerzielung der Mitglieder, sondern einer mittelbaren Gewinnerzielung auf der Ebene der Mitglieder[85]. Der mittelbaren Gewinnerzielung dient sie durch wirtschaftliche Synergieeffekte, die durch eine gemeinsame Einrichtung entstehen. Die diesbezüglichen Kosten werden auf die einzelnen Mitglieder schlüsselgemäß verteilt[86] und bei ihnen direkt als Aufwand behandelt[87].

Der Ansatz stellt im Kern auf eine Gewinnerzielung auf der Ebene der Mitglieder – quasi als Annex zur Gewinnerzielung durch die Haupttätigkeit – ab[88]. Einkünfte aus Gewerbebetrieb liegen nach diesem Gedankengang nur vor, wenn es zu einer Tätigkeitsüberschreitung der EWIV kommt[89].

Praktisch gesehen stellt sich hiernach die Frage der Gewinnerzielung zur Einkünftequalifizierung nur nach dem Beurteilungsansatz II, da hier eine Einzelfallprüfung – unter dem Aspekt des Nebenzweckes – durchzuführen ist. Nach dem diametralen Betrachtungsansatz I liegen generell keine Einkünfte aus Gewerbebetrieb auf der EWIV-Ebene vor[90].

---

[82] Vgl. *Spatscheck* a. a. O. (oben Fn. 77), S. 37 f.; *Weimar/Delp*, WPg 1989, 97; *von der Heydt* a. a. O. (oben Fn. 2), S. 137 f.

[83] Vgl. Wacker a. a. O. (oben Fn. 50), § 15 Rn. 25 ff.; Reiß a. a. O. (oben Fn. 50), § 15 Rn. 36.

[84] Vgl. Wacker a. a. O. (oben Fn. 50), § 15 Rn. 327, 333; Reiß a. a. O. (oben Fn. 50), § 15 Rn. 221.

[85] Vgl. *Weimar/Delp*, WPg 1989, 97.

[86] Zum Verfahrensrecht vgl. *Spatscheck* a. a. O. (oben Fn. 77), S. 56 f.; *Weimar/Delp*, WPg 1989, 97; *Zwosta* a. a. O. (oben Fn. 9), S. 363 f.

[87] Hierzu s. *Knobbe-Keuk*, EWS 1992, 2; *von der Heydt* a. a. O. (oben Fn. 2), S. 148 ff.; *Zwosta* a. a. O. (oben Fn. 9), S. 356 ff.

[88] Vgl. *Hartard* a. a. O. (oben Fn. 6), S. 106; *Jahndorf* a. a. O. (oben Fn. 12), S. 146 f. Zur Ergebniserfassung s. oben unter C. I. 2. b).

[89] Zur Qualifikation als gewerbliche Einkünfte bei einer Tätigkeitsüberschreitung bzw. als Gestaltungsmissbrauch (§§ 40, 42 AO) s. *von der Heydt* a. a. O. (oben Fn. 2), S. 131 ff.

[90] Vgl. *Krabbe*, DB 1985, 2585, *Autenrieth*, BB 1989, 310; *von der Heydt* a. a. O. (oben Fn. 2), S. 125 f. Die anteilig auf die Mitglieder entfallenden Ergebnisanteile können freilich bei diesen unter die gewerblichen Einkünfte fallen; vgl. hierzu *von der Heydt* a. a. O. (oben Fn. 2), S. 133 f.

Delp

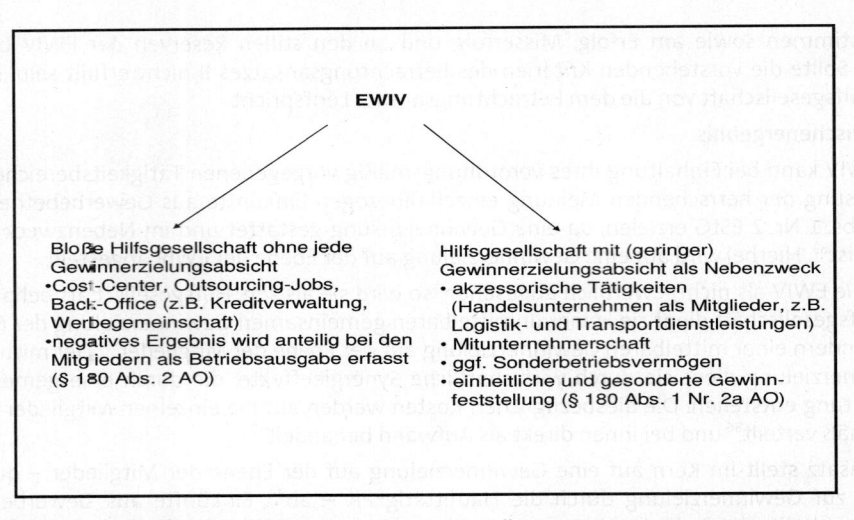

```
┌─────────────────────────────────────────────────────────────────────┐
│                              EWIV                                    │
│                         ↙           ↘                                │
│  Bloße Hilfsgesellschaft ohne jede    Hilfsgesellschaft mit (geringer)│
│  Gewinnerzielungsabsicht              Gewinnerzielungsabsicht als Nebenzweck│
│  •Cost-Center, Outsourcing-Jobs,      • akzessorische Tätigkeiten    │
│   Back-Office (z.B. Kreditverwaltung,   (Handelsunternehmen als Mitglieder, z.B.│
│   Werbegemeinschaft)                    Logistik- und Transportdienstleistungen)│
│  •negatives Ergebnis wird anteilig bei den  • Mitunternehmerschaft   │
│   Mitgliedern als Betriebsausgabe erfasst   • ggf. Sonderbetriebsvermögen│
│   (§ 180 Abs. 2 AO)                     • einheitliche und gesonderte Gewinn-│
│                                           feststellung (§ 180 Abs. 1 Nr. 2a AO)│
└─────────────────────────────────────────────────────────────────────┘
```

b) Qualifizierung des wirtschaftlichen Ergebnisses bei Überschreitung des zulässigen Tätigkeitsrahmens

Überschreitet die EWIV ihr zulässiges Betätigungsfeld, so verlässt sie ihren gesetzlich vorgegebenen Rechtsrahmen und wechselt nach einem gerichtlichen Auflösungsbeschluss ihren Rechtsstatus. Hiermit einhergehend entstehen steuerrechtliche Qualifizierungsfragen, insbesondere, ob das gemeinschaftsrechtliche Transparenzprinzip – das auch eine zivilrechtliche Rechtsfähigkeit[91] durchbricht – noch gilt oder strikt das einzelstaatliche Steuerrecht anzuwenden ist[92].

c) Steuerrechtliche Implikationen

Schließen sich ausschließlich Mitglieder in der Rechtsform einer Kapitalgesellschaft zu einer EWIV zusammen, so stellt sich die Frage, ob hierdurch eine gewerblich geprägte Personengesellschaft i. S. d. § 15 Abs. 3 Nr. 2 EStG entsteht. Voraussetzung hierfür ist jedoch, dass auf der Ebene der EWIV in Gewinnerzielungsabsicht gehandelt wird.[93] Diese Frage ist anhand der oben stehenden Kriterien zu beurteilen. Mit Blick auf die grenzüberschreitende Ausrichtung der EWIV ist anzumerken, dass eine nach § 15 Abs. 2 Nr. 3 EStG gewerblich geprägte EWIV, die originär keine Einkünfte aus Gewerbebetrieb erzielt, i. d. R. nach den DBA-Vorschriften keine Unternehmensgewinne nach Art. 7 OECD-MA erzielt. Es liegen vielmehr die jeweils tatsächlich erzielten Einkünfte vor.[94]

Verluste, die ein inländisches Mitglied einer EWIV aus Drittstaatensachverhalten[95] erzielt, sind nach § 2a EStG zu behandeln.[96] Auch ist dem Thema grenzüberschreitende Gewinnverlagerung

---

[91] In einzelnen Staaten kann der EWIV volle Rechtsfähigkeit verliehen worden sein, vgl. Art. 1 Abs. 3 EWIV-VO.
[92] S. auch oben Fn. 42; ferner ausf. *Jahndorf* a. a. O. (oben Fn. 12), S. 112.
[93] Vgl. *Spatscheck* a. a. O. (oben Fn. 77), S. 48; *Jahndorf* a. a. O. (oben Fn. 12), S. 147; *Tautorus* a. a. O. (oben Fn. 11), S. 106.
[94] Vgl. *Piltz* in: Debatin/Wassermeyer, DBA, MA Art. 7 Rn. 85.
[95] Vgl. *Heinicke* in: Schmidt, EStG, § 2a Rn. 1 ff.; *Gosch* in: Kirchhof, EStG, § 2a Rn. 1 ff.
[96] Vgl. dazu auch *Spatscheck* a. a. O. (oben Fn. 77), S. 69; *Tautorus* a. a. O. (oben Fn. 11), S. 203 ff.; *Jahndorf*

und Gewinnkorrektur Beachtung zu schenken (Verrechnungspreise/Umlagen/Aufzeichnungen nach § 90 Abs. 3 AO). Schließlich sind Fragen nicht auszuschließen, die einzelstaatliche Besteuerungsregelungen als europarechtswidrig erscheinen lassen.

2. Einordnung in die Doppelbesteuerungsabkommen

Aufgrund der transnationalen Ausrichtung der EWIV ergeben sich zwangsläufig Fragen der zwischenstaatlichen Besteuerung[97]. Der Verordnungsgeber hat in der EWIV-VO keine Regelung zur zwischenstaatlichen Besteuerung der Mitglieder getroffen. Eine gemeinschaftsrechtliche Regelung für die EWIV wäre auch nur eine punktweise – aber durchaus angemessene – Lösung gewesen, da eine umfassende Steuerharmonisierung in der EG noch aussteht[98]. Zudem können auch in Drittstaaten Steuertatbestände verwirklicht werden, so dass hier nicht nur der EU-Raum zu betrachten ist[99].

Nach dem Protokoll zur EWIV-VO[100] und dem BMF-Schreiben sind die DBA zu beachten, die für Personengesellschaften und ihre Gesellschafter gelten[101]. Die DBA sollen vermeiden, dass bei der Überschneidung von Besteuerungsansprüchen zweier Staaten dieselben Einkünfte eines Steuerpflichtigen wirtschaftlich doppelt besteuert werden[102].

Zunächst ist zu klären, ob für ein nichtansässiges Mitglied einer inländischen EWIV ein Steueranknüpfungspunkt vorliegt. Denn nur dann liegt eine beschränkte Steuerpflicht für dieses Mitglied vor (§§ 1 Abs. 4, 49 EStG, § 2 KStG). Zu den inländischen Einkünften i. S. d. § 49 EStG zählen auch gewerbliche Einkünfte, wenn sie aus einer Betriebsstätte im Inland resultieren[103].

a) Rechtsträgerschaft der wirtschaftlichen Ergebnisse und Abkommensberechtigung

Wird die Tätigkeit der EWIV als Annex zur Haupttätigkeit der Mitglieder gesehen, so fallen die Gewinne direkt bei den Mitgliedern im jeweiligen Ansässigkeitsstaat an und es ergeben sich keine zwischenstaatlichen Besteuerungsprobleme[104]. Anders stellt sich der Fall dar, wenn das Ergebnis der EWIV nicht bei den einzelnen Mitgliedern direkt anfällt, sondern auf der Ebene der EWIV. Aufgrund des gemeinschaftsrechtlichen Transparenzprinzips sind die Mitglieder als Steuersubjekte einzuordnen und abkommensberechtigt[105]. Sie genießen den abkommensmäßigen Doppelbesteuerungsschutz. Bei Sachverhalten mit Drittstaaten können sich jedoch Probleme ergeben, da sich hier die Frage stellt, ob das gemeinschaftliche Transparenzprinzip greift. Dies gilt vor allem vor dem Hintergrund, dass die EWIV am Sitzstaat zivilrechtliche Rechtsfähigkeit besitzen kann, die nur durch das gemeinschaftliche Transparenzprinzip durchbrochen wird[106].

---

a. a. O. (oben Fn. 12), S. 179 ff.

[97] S. hierzu *Haug-Adrion*, GmbHR 1985, 337; *Sass*, DB 1985, 2267; *Tautorus* a. a. O. (oben Fn. 11), S. 184 ff.

[98] Vgl. *Knobbe-Keuk*, EWS 1992, 2; *Thömmes* a. a. O. (oben Fn. 15), 630 ff.

[99] Vgl. *Tautorus* a. a. O. (oben Fn. 11), S. 185.

[100] S. hierzu *Haug-Adrion*, GmbHR 1985, 337, Fn. 7; *Krabbe*, DB 1985, 2586.

[101] Vgl. BMF a. a. O. (oben Fn. 21); ferner *Ganske*, DB, Beilage 20/1985, Fn. 206; *Sass*, DB 1985, 2267; *Weimar/Delp*, WPg 1989, 96.

[102] Hierzu *Vogel* in: Vogel, DBA, Einl., S. 2 ff.

[103] Ausf. Loschelder a. a. O. (oben Fn. 95), § 49 Rn. 16 ff.; Betriebsstätten-Verwaltungsgrundsätze, BStBl 1999 I 1076 ff., Tz. 1.1.3.1.

[104] Vgl. zum "Zuordnungsprinzip" *Jahndorf* a. a. O. (oben Fn. 12), S. 164.

[105] Vgl. *Haug-Adrion*, GmbHR 1985, 337; *Sass*, DB 1985, 2267; *Vogel* a. a. O. (oben Fn. 103), Art. 1 Rn. 19 u. Art. 3 Rn. 17; *Debatin*, BB 1991, 952.

[106] Vgl. *Ganske*, DB, Beilage 20/1985, S. 10 Fn. 205; *Tautorus* a. a. O. (oben Fn. 11), S. 73; *Jahndorf* a. a. O.

Im nächsten Schritt ist für das Recht der DBA zu beurteilen, ob der Ergebnisanteil des EWIV-Mitglieds als Unternehmensgewinn anzusehen ist (Art. 7 OECD-MA). Auch hier gilt die allgemein gültige Begriffsbestimmung für eine Unternehmenstätigkeit, dass "... eine selbständige, auf Erwerb gerichtete Tätigkeit, die sich gegen die landwirtschaftliche Urproduktion und gegen die freien Berufe abgrenzt", vorliegt[107]. Im Kern muss typisches "business" vorliegen. Zu den einzelnen Abgrenzungsfragen kann auf die obigen innerstaatlichen Ausführungen verwiesen werden[108]. Liegen keine abkommensrechtlichen Unternehmensgewinne vor, so stellt sich die Frage nach einer Betriebsstätte nicht, da Art. 7 OECD-MA keine Anwendung findet[109]. Der Ergebnisanteil wird im Ansässigkeitsstaat des Mitglieds berücksichtigt[110]. Die Frage einer Betriebsstätte stellt sich jedoch, wenn der Ergebnisanteil abkommensmäßig als Unternehmensgewinn i. S. d. Art. 7 OECD-MA beurteilt wird[111].

b) Zuteilung des Besteuerungsrechtes

Die Zuteilung des Besteuerungsrechts ergibt sich aus dem Betriebsstättenprinzip[112]. Hiernach steht dem Staat, in dem sich die Betriebsstätte oder feste Einrichtung i. S. d. DBA befindet, die Besteuerungshoheit für die hieraus resultierenden Ergebnisse zu[113]. Es ist daher zu prüfen, ob das jeweilige abkommensberechtigte Mitglied eine Betriebsstätte oder feste Einrichtung im jeweiligen Tätigkeitsstaat unterhält[114]. Liegen Betriebsstätten der einzelnen Mitglieder vor, so sind diese Betriebsstätten gedanklich zugleich die Betriebsstätte der EWIV[115].

aa) Betriebsstätte

Zuerst ist zu klären, ob eine Betriebsstätte i. S. d. § 49 Abs. 1 Nr. 2a EStG vorliegt, die zu inländischen gewerblichen Einkünften und damit zu einer beschränkten Steuerpflicht ausländischer Mitglieder führt. Hierzu ist zunächst § 12 AO heranzuziehen, der die Kriterien einer Betriebsstät-

---

(oben Fn. 12), Fn. 518; *Manz* a. a. O. (oben Fn. 2), S. 214.

[107] Vgl. *Knobbe-Keuk*, EWS 1992, 3; vgl. *Hemmelrath* in: Vogel, DBA, Art. 7 Rn. 22 ff.

[108] Zum Aspekt der Gewinnerzielung s. *Wassermeyer* in: Debatin/Wassermeyer, DBA, MA Art. 7 Rn. 25. Wird die Gewinnerzielungsabsicht von den beteiligten Staaten unterschiedlich beurteilt, so ergeben sich hinsichtlich der Frage, ob Unternehmensgewinne i. S. d. DBA vorliegen, wiederum Besteuerungsprobleme. Vgl. *Jahndorf* a. a. O. (oben Fn. 12), S. 191.

[109] Vgl. *Knobbe-Keuk*, EWS 1992, 3.

[110] Dazu *Jahndorf* a. a. O. (oben Fn. 12), S. 164.

[111] Für die EWIV s. *Piltz* a. a. O. (oben Fn. 94), DBA, MA Art. 7 Rn. 102; *Spatscheck* a. a. O. (oben Fn. 77), S. 63; *Baier/Delp*, RIW 1999, 763. Zu den anzuwendenden Gewinnermittlungsvorschriften s. *Spatscheck* a. a. O. (oben Fn. 77), S. 85 ff.; zu einer sich ergebenden partiellen Doppelbesteuerung im Ansässigkeitsstaat s. *Kussmaul* a. a. O. (oben Fn. 9), S. 504.

[112] S. hierzu *Krabbe*, DB 1985, 2586; *Weimar/Delp*, WPg 1989, 96; *Mattausch*, IWB F. 5 Gr. 3 S. 101; *Thömmes* a. a. O. (oben Fn. 15), S. 629 ff.; *Zwosta* a. a. O. (oben Fn. 9), S. 365; *Herzig*, WPg 1998, 284 f.

[113] Dazu vgl. *Haug-Adrion*, GmbHR 1985, 337; *Tautorus* a. a. O. (oben Fn. 11), S. 193.

[114] Zum Problembereich des grenzübergreifenden Verlustausgleichs (§ 2a EStG) s. o. unter C. II. 1. c) und *Tautorus* a. a. O. (oben Fn. 11), S. 203 ff.; *Jahndorf* a. a. O. (oben Fn. 12), S. 179 ff.

[115] Hiermit geht i. d. R. einher, dass die EWIV auch als solche die Voraussetzungen einer Betriebsstätte erfüllt. Die Mitgliedschaft allein begründet noch keine Betriebsstätte. Ausf. *Wassermeyer* a. a. O. (oben Fn. 108), MA Art. 5 Rn. 44 f. und 210. Es liegt eine gewisse Verwandtschaft zwischen dem "Zuordnungsprinzip" (s. oben Fn. 46) und der Abkommensberechtigung, die auf die einzelne Person abstellt, vor. Zur Abkommensberechtigung s. *Wassermeyer* a. a. O. (oben Fn. 108), MA Art. 3 Rn. 29.

te formuliert. Hiernach ist jede feste Geschäftseinrichtung oder Anlage, die der Tätigkeit eines Unternehmens dient, eine Betriebsstätte[116].

Die Begriffsbestimmung umfasst damit auch Einrichtungen, die Hilfscharakter besitzen, so dass auch bei einer intentionsgemäßen EWIV eine Betriebsstätte angenommen werden kann. Der innerstaatliche Betriebsstättenbegriff kann als weitgefasst angesehen werden. Der DBA-Betriebsstättenbegriff ist dagegen durch seine katalogmäßige Einengung wesentlich begrenzter[117].

Nach Art. 5 Abs. 1 OECD-MA setzt der Begriff Betriebsstätte allgemein voraus:

- das Vorhandensein eines Unternehmens,
- dessen Tätigwerden,
- eine Geschäftseinrichtung,
- und zwar eine feste,
- durch die die Tätigkeit ausgeübt wird.

Die anderen Absätze des Art. 5 OECD-MA bestimmen katalogmäßig, ob in Einzelfällen eine Betriebsstätte vorliegt oder nicht[118]. Hier ist insbesondere Abs. 4 Buchst. e von Interesse, der im nächsten Abschnitt angesprochen wird und den Begriff einengt.

bb) Hilfsbetriebsstätte

Art. 5 Abs. 4 Buchst. e OECD-MA fixiert, dass eine feste Geschäftseinrichtung, die ausschließlich zu dem Zweck unterhalten wird, für das Unternehmen andere Tätigkeiten auszuüben, die vorzubereitender Art sind oder eine Hilfstätigkeit darstellen, keine Betriebsstätte darstellt[119]. Es drängt sich der Gedanke auf zu hinterfragen, ob die Hilfstätigkeit nach Art. 3 EWIV-VO kongruent ist mit der Hilfstätigkeit i. S. d. Art. 5 Abs. 4 Buchst. e OECD-MA. Der Begriff der Hilfstätigkeit i. S. d. DBA ist enger gefasst als der Begriff der Hilfstätigkeit nach der EWIV-VO[120]. Denn nach dem DBA ist jede aktive Marktteilnahme keine Hilftstätigkeit mehr[121].

Nach Art. 3 EWIV-VO kann jedoch eine Leistungserbringung für Nicht-Mitglieder unschädlich sein, wenn hiermit keine Tätigkeitsüberschreitung verbunden ist[122]. Unter diesem Aspekt ist jeweils eine einzelfallbezogene Entscheidung zu treffen, ob eine Hilfsbetriebsstätte oder Betriebsstätte i. S. d. DBA vorliegt[123].

Ein Diskussionsansatz stellt darauf ab, dass Art. 5 Abs. 4 Buchst. e OECD-MA nur anwendbar sei, wenn die Hilfsleistung für nur ein Unternehmen erbracht wird, und nicht – wie dies bei der

---

[116] Zu Details *Kruse* in: Tipke/Kruse, AO FGO § 12 Rn. 1 ff., 21 f.; Betriebsstätten-Verwaltungsgrundsätze a. a. O. (oben Fn. 103), Tz. 1.1.1.

[117] Vgl. *Kruse* a. a. O. (oben Fn. 117), § 12 Rn. 41.

[118] Vgl. *Görl* in: Vogel, DBA, Art. 5, Rn. 6 ff., 20 ff.

[119] Dazu *Jahndorf* a. a. O. (oben Fn. 12), S. 172 ff.; Betriebsstätten-Verwaltungsgrundsätze a. a. O. (oben Fn. 103), Anhang IV.

[120] Vgl. *Thömmes* a. a. O. (oben Fn. 15), S. 631; *Jahndorf* a. a. O. (oben Fn. 12), S. 174 ff.; *Zwosta* a. a. O. (oben Fn. 9), S. 367.

[121] Vgl. *Tautorus* a. a. O. (oben Fn. 11), S. 198.

[122] Vgl. *Jahndorf* a. a. O. (oben Fn. 12), S. 102 ff.

[123] S. BMF a. a. O. (oben Fn. 21); *Tautorus* a. a. O. (oben Fn. 11), S. 199; *Zwosta* a. a. O. (oben Fn. 9), S. 367; *Wassermeyer* a. a. O. (Fn. 108), MA Art. 5 Rn. 210; *Baier/Delp*, RIW 1999, 763; *Krabbe*, DB 1985, 2586; Kommission der Europäischen Gemeinschaften a. a. O. (oben Fn. 2), S. 75 f.

EWIV typischerweise der Fall ist – für mehrere Unternehmen. In diesen Fällen soll daher stets eine Betriebsstätte vorliegen. Der Ansatz verkennt, dass Art. 5 Abs. 4 Buchst. e OECD-MA im Kern nur auf die Hilfestellung zugunsten des Unternehmens – respektive der Mitglieder – abstellt und nur die Leistungserbringung für "andere" Unternehmen – respektive Nicht-Mitglieder – ausgrenzen will[124].

3. Folgerung

Wird die Ansicht vertreten, dass das Ergebnis der EWIV unmittelbar als Annex zur Haupttätigkeit der Mitglieder anfällt, so steht das Besteuerungsrecht dem Ansässigkeitsstaat zu.

Bei Anwendung des Betriebsstättenprinzips ist zunächst zu klären, ob der Ergebnisanteil der Mitglieder als abkommensrechtlicher Unternehmensgewinn einzustufen ist und die Mitglieder eine Betriebsstätte im Tätigkeitsstaat unterhalten. Liegen keine Unternehmensgewinne i. S. d. Art. 7 OECD-MA vor, so stellt sich die Frage nach einer Betriebsstätte der Mitglieder – respektive der EWIV – nicht. Das Besteuerungsrecht steht dem jeweiligen Ansässigkeitsstaat zu. Unternehmerische Gewinne und eine Betriebsstätte führen dagegen zur Besteuerungshoheit des Betriebsstättenstaats. Beim Vorliegen einer Hilfsbetriebsstätte kommt es dagegen zu einer Ergebniserfassung im Ansässigkeitsstaat.

III. Besteuerungsfragen auf Drittstaaten-Ebene

Die Mitglieder einer EWIV müssen ihren Sitz im EWR innehaben. Die Mitgliedschaft ist für Personen aus Drittstaaten ausgeschlossen[125]. Dies bedeutet jedoch nicht, dass die EWIV nicht in Drittstaaten tätig werden dürfte[126].

1. Territoriale Beschränkung des Transparenzprinzips

Das in Art. 40 EWIV-VO verankerte Transparenzprinzip entfaltet seine Wirkung zunächst nur innerhalb der EG. Für die Beurteilung von Steuersachverhalten in Drittstaaten und die damit verbundenen DBA-Anwendungen stellt sich daher die Frage, ob das gemeinschaftsrechtliche Transparenzprinzip für die Prüfung der Abkommensberechtigung entscheidungsrelevant ist[127].

Dies gilt umso mehr, wenn die EWIV ihren Sitz in einem Staat innehat, der ihr volle zivilrechtlich Rechtsfähigkeit verliehen hat[128].

2. Besteuerung bei Sachverhalten in Drittstaaten

Die EWIV kann für ihre Mitglieder in Drittstaaten aktiv werden und daher dort Steuersachverhalte auslösen. Die Frage der Besteuerung richtet sich auch hier nach der Abkommensberechtigung und danach, ob Unternehmensgewinne erzielt worden sind und eine Betriebsstätte unterhalten wird. Zu prüfen sind auch hier die oben angesprochenen Fallgestalltungen, nament-

---

[124] Dieser Ansatz wird von der Finanzverwaltung der Niederlande vertreten. Hierzu s. *Knobbe-Keuk*, EWS 1992, 3 ff.; *Jahndorf* a. a. O. (oben Fn. 12), S. 178 f.

[125] Hierzu vgl. *Niessen* a. a. O. (oben Fn. 29), S. 146 ff.

[126] Hierzu *Manz* a. a. O. (oben Fn. 2), S. 54 ff.

[127] S. hierzu auch Art. 3 des Kommissionsvorschlages (Vorüberlegung zur EWIV) a. a. O. (oben Fn. 10); ferner *Niessen* a. a. O. (oben Fn. 29), S. 147; *Tautorus* a. a. O. (oben Fn. 11), S. 189 f.; *Jahndorf* a. a. O. (oben Fn. 12), S. 86.

[128] Dazu *Müller-Gugenberger* a. a. O. (oben Fn. 2), S. 181 ff.; *Wassermeyer* a. a. O. (oben Fn. 108), MA Art. 1 Rn. 27 ff.

Delp

lich, ob ein Unternehmen mit einer Betriebsstätte oder Hilfsbetriebsstätte vorliegt[129]. Ferner auch Fragen des § 2a EStG.

3. Folgerung

Bei Drittstaatberührungen ergeben sich zusätzliche Schwierigkeiten bezüglich der Abkommensberechtigung, da das Transparenzprinzip zunächst nur im Gemeinschaftsgebiet verbindlich ist[130]. Die Abkommensberechtigung kann durch die Verleihung der vollen Rechtsfähigkeit am Sitzstaat der EWIV in der Form beeinträchtigt werden, dass das vorgesehene Transparenzprinzip verdrängt wird[131].

D. Resümee

I. Fazit

Die Ausführungen haben gezeigt, dass die Besteuerung der EWIV in vielfacher Hinsicht nicht störungsfrei ist. Die hiermit verbundenen Schwierigkeiten sollten mit Blick auf die Zielsetzung der EWIV praxisbezogen gelöst werden. Denn nur eine gemeinschaftsrechtliche Besteuerungsharmonisierung oder -vereinheitlichung führt zu einer klaren Besteuerungskonzeption. Vor diesem Hintergrund sollte der Ansatz der herrschenden Meinung gesehen werden, der die Einkünftequalifikation anhand der für Personengesellschaften üblichen Kriterien einzelfallbezogen vornimmt. Hiernach kann auf der EWIV-Ebene – im zulässigen Tätigkeitsrahmen – durchaus eine Gewinnerzielungsabsicht vorliegen, denn es reicht völlig aus, wenn diese Absicht nur im Nebenzweck verfolgt wird. Sollte keine Gewinnerzielungsabsicht auf der EWIV-Ebene vorliegen, ist die EWIV als Hilfsgesellschaft (z. B. cost center) zu qualifizieren. Diese Vorgehensweise ist auch in den anderen EG-Staaten zu finden[132]. Schließlich bieten sich die DBA-Kriterien zur Qualifizierung an.

Die generelle Verlagerung der Gewinnerzielungsabsicht auf die Ebene der Mitglieder führt zur größtmöglichen steuerlichen Transparenz, die jedoch auch dazu führt, dass auf die EWIV das Betriebsstättenprinzip nicht anzuwenden ist. Ein etwaiger Gewinn-/Verlustanteil aus einer zulässigen Leistungserbringung in einem Tätigkeitsstaat würde stets im Ansässigkeitsstaat des Mitgliedes zu erfassen sein[133]. Ein Ansatz, der mit Blick auf ein künftiges EG-Steuerrecht interessant ist, aber derzeit noch eine Vision darstellt. Einzelstaatliche Interessen dürften dem Vorhaben gegenwärtig noch entgegenstehen.

II. Ausblick

Die EWIV wurde geschaffen, um Rechtssicherheit in der grenzüberschreitenden Zusammenarbeit in der EG zu erreichen. Mangels einer generellen Steuerharmonisierung in der EG wurde nur eine punktuelle Vereinheitlichung vorgenommen. Der Verordnungsgeber hat steuerlich nur das Transparenzprinzip festgeschrieben. Die innerstaatliche Behandlung der EWIV-Tätigkeit und die zwischenstaatliche Besteuerung hat er nicht geregelt. Begründet wird dies damit, dass die EWIV

---

[129] Vgl. *Tautorus* a. a. O. (oben Fn. 11), S. 185. Das Zuordnungsprinzip (s. Fn. 46) dürfte nur im Einzelfall in Drittstaaten diskutiert werden, da der Diskussionsansatz in Art. 21 Abs. 1 EWIV-VO liegt.

[130] Vgl. *Tautorus* a. a. O. (oben Fn. 11), S. 189 f.

[131] Vgl. *Jahndorf* a. a. O. (oben Fn. 12), S. 86; ferner *von der Heydt* a. a. O. (oben Fn. 2), S. 114.

[132] Vgl. die Länderdarstellungen in Fn. 9.

[133] Ebenso *Kommission der Europäischen Gemeinschaften* a. a. O. (oben Fn. 2), S. 76; ferner *Spatscheck* a. a. O. (oben Fn. 77), S. 80 ff.

im Vergleich zu anderen Rechtsformen sonst hierdurch privilegiert werden würde[134]. Das Argument vermag nicht durchgreifend zu überzeugen, da der EWIV zivilrechtlich eine Sonderstellung im Vergleich zu den anderen Rechtsformen eingeräumt worden ist. In steuerlicher Hinsicht ist hierdurch gerade eine Rechtsunsicherheit eingetreten, die grundsätzlich durch die Rechtsform vermieden werden sollte. Der Verordnungsgeber sollte daher Anstrengungen zur Beseitigung dieser Unsicherheiten unternehmen, damit die EWIV an Besteuerungsklarheit gewinnt. Denn die EG weist zwischenzeitlich mehr Mitgliedsstaaten mit unterschiedlichen Besteuerungssystemen auf, so dass die Besteuerungssituation in der EG einem Flickenteppich ähnelt. Die unterschiedlichen Besteuerungslandschaften fördern nicht die Kooperation von Klein- und Mittelunternehmen über die Grenze hinweg. Denn komplizierte Strukturen verschrecken oftmals den Gang über die Grenze hinweg zur Entfaltung einer wirtschaftlichen Zusammenarbeit mit Partnern aus einem anderen Staat.

---

[134] Vgl. *Thömmes* a. a. O. (oben Fn. 15), S. 632 f.

2. Besteuerungsprobleme bei international tätigen Sozietäten

von Dipl.-Kauffrau, Dipl.-Finanzwirtin Dr. Claudia Rademacher-Gottwald, Hamburg[*]

Inhaltsübersicht

A. Internationalisierung der freien Berufstätigkeit
  I. Gründung von internationalen Sozietäten
  II. Überblick über die steuerrechtlichen Probleme
B. Internationale Sozietäten im Einkommensteuerrecht
  I. Partielle (Steuer-) Rechtsfähigkeit von Sozietäten
  II. Zweistufiges Besteuerungsverfahren
  III. Freiberuflichkeit im Steuerrecht
C. Besteuerung der Gesellschafter von internationalen Sozietäten
  I. Einkünftezurechnung
  II. Steuerpflicht im Outbound-Fall (beschränkte Steuerpflicht)
  III. Steuerpflicht im Inbound-Fall (unbeschränkte Steuerpflicht)
D. Einkünfteabgrenzung nach dem Abkommensrecht
  I. Abkommensberechtigung
  II. Zuteilung des Besteuerungsrechts nach dem Betriebsstättenprinzip
  III. Anwendung des Betriebsstättenprinzips auf Sozietäten
  IV. Objektive und subjektive Einkünftezurechnung
E. Fazit

Literatur:

Bellstedt, Steuerpflicht des ausländischen Sozius einer deutschen Rechtsanwalts-Sozietät, IWB F. 2 Vorschau u. Standpunkte, 1991, 521 ff.; ***Bodden,*** Die einkommensteuerliche Subjektfähigkeit der Personengesellschaft, DStZ 1996, 73 ff.; ***Clemens,*** Geänderte Auffassung der US-Steuerbehörden zur Behandlung von Freiberufler-Personengesellschaften, IWB 2004/9 Fach 8, USA, Gruppe 2, 1291, ***Dahnke,*** Rechtsberatung im internationalen Konzernverbund-Gebührensätze der maßgebenden Gebührenordnung als Mindestentgelt auch im Rahmen eines Konzernumlagesystems? IStR 1987, 48 ff., ***Grotherr,*** Verrechnungspreise im nationalen und internationalen Steuerrecht, WiSt 1992, 218 ff., ***Grunewald/Müller,*** Ausländische Rechtsberatungsgesellschaften in Deutschland, NJW 2005, S. 465, ***Gschwendtner,*** Die Personengesellschaft im Einkommensteuerrecht nach der Rechtsprechung des Großen Senats des BFH , in: Kirchof/Offerhaus/Schöberle (Hrsg.), FS F. Klein, Köln 1994, 751 ff., ***Hellwig,*** Formen der Gestaltung der Zusammenarbeit mit dem ausländischen Anwalt, AnwBl 1996, S. 124 ff., ***Hemmelrath,*** Besteuerung der Einkünfte aus selbständiger Arbeit, in Haarmann (Hrsg.) Auslegung und Anwendung von Doppelbesteuerungsabkommen, Köln 2004, S. 113, ***Herrmann,*** Die Personengesellschaft als Rechtssubjekt im Zivil- und Steuerrecht, DStZ 1998, S. 87 ff., ***Holthaus,*** Einkünfte von grenzüberschreitend tätigen Freiberuflern nach dem DBA – wenn die Ausnahme zur Regel wird, IWB 2005/2 Fach 10, Gruppe 2, S. 1819, ***Kempermann,*** Besteuerung der Einkünfte internationaler Anwaltssozietäten, in Gocke/Gosch/Lang (Hrsg.), Körperschaftsteuer, Internationales Steuerrecht, Doppelbesteuerung (Festschrift für F. Wassermeyer), München 2005, S. 333 ff., ***Knöfel,*** Besteuerung der internationalen Anwaltssozietät, AnwBl 2005, S. 153, ***Korn,*** Probleme bei der ertragsteuerlichen Abgrenzung zwischen freier Berufstätigkeit und Gewerbe, DStR 1995, S. 1249 ff., ***Krabbe,*** Abgrenzung der Besteuerungsrechte bei international tätigen Sozietäten, FR 1995, S. 692 ff., ***Kraft,*** Entwicklungstendenzen in der Besteuerungskonzeption für Personengesellschaften, DStR 1995, S. 921 ff., ***Kramer,*** Besteuerung der Einkünfte internationaler Sozietäten im In- und Ausland, IWB 2003/8 Fach 10, Gruppe 2, S. 1687, ***Kramer,*** Die steuerrechtliche Behandlung internationaler Anwaltssozietäten, in Strunk/Wassermeyer/Kaminski (Hrsg.), Unternehmenssteuerrecht und Internationales Steuerrecht (Gedächtnisschrift für D. Krüger), Bonn 2006, S. 173 ff., ***Krüger,*** Die feste Einrichtung bei der Ausübung selbständiger Arbeit, IStR 1998, S. 104 ff., ***Kuckhoff,*** Grenzüberschreitende Funktionsverlagerung aus Sicht der Betriebsprüfung(Teil II), IStR 1999, 353 ff., ***Messmer,*** Rechtssubjekte im Rahmen der Besteuerung gemäß § 15 Abs. 1 Nr. 2 EStG, FR 1990, S. 205 ff., ***Naegele/Jürgensen,*** Zusammenschlüsse von Freiberuflern, Planegg 1988; ***Rademacher-Gottwald,*** Besteuerungsprobleme der grenzüberschreitenden Sozietäten von Rechtsanwälten, Steuerberatern und Wirtschaftsprüfern, Herne/Berlin 2001, ***Rose,*** Zur steuerlichen Beurteilung einvernehmlicher inkongruenter Ge-

---

[*] Wissenschaftliche Assistentin am Institut für Wirtschaftsprüfung und Steuerwesen der Universität Hamburg.

winnverteilungen in Personen- und Kapitalgesellschaften, FR 2002, 1ff., **Scharl,** *Zur eigenverantwortlichen Tätigkeit als Abgrenzungsmerkmal zwischen freiem Beruf und Gewerbe, StB 1989, 397 ff.; Scheffler, Die Verrechnungspreisgestaltung bei international tätigen Unternehmen – dargestellt am Beispiel der Kostenumlage für verwaltungsbezogene Dienstleistungen, ZfbF 1991, 47ff.,* **Sieker,** *Besteuerung von multinationalen Service-Personengesellschaften, IStR 2007, S. 590 ff.*

A. Internationalisierung der freien Berufstätigkeit

I. Gründung von internationalen Sozietäten

Durch die zunehmende Internationalisierung und Globalisierung der Wirtschaft und die Verflechtung internationaler Großkonzerne sind weltweite Veränderungen in den Bereichen der Industrie und des Handels ausgelöst worden, die auch zum wirtschaftlichen Wandel des Dienstleistungssektors geführt haben. Dies betrifft vor allem die Rechtsanwälte, Steuerberater und Wirtschaftsprüfer, die durch das internationale Engagement ihrer Mandanten zur beruflichen Neuorientierung aufgefordert sind, um dem wachsenden Wettbewerbsdruck standzuhalten. Auf Grund der grenzüberschreitenden Tätigkeit ihrer Mandanten müssen die Berater ihrerseits grenzüberschreitend tätig werden und mit ausländischen Berufskollegen kooperieren, damit sie die Beratungsaufträge erwartungsgemäß erfüllen und ihre Wettbewerbfähigkeit sichern können.[1] Mit der Internationalisierung der freien Berufe geht auch ihre Globalisierung und grenzüberschreitende Verflechtung einher, denn die wachsenden Anforderungen an die Beratungsleistungen können von "Einzelkämpfern" nicht mehr ausreichend bewältigt werden.[2] Die Gründung von **internationalen Sozietäten** ist damit eine Folge der fortschreitenden wirtschaftlichen Entwicklung.

Nachdem die gesetzlichen Rahmenbedingungen, insbesondere die standesrechtlichen Restriktionen, für den internationalen Markt geöffnet worden sind, gehören internationale Sozietäten mittlerweile zu den typischen Erscheinungsformen der freiberuflichen Berufsausübung. Die gesellschaftsrechtliche Verbundenheit der Freiberufler in einer Sozietät stärkt die Wettbewerbsfähigkeit auf dem globalen Markt.

Der Weg von der nationalen Sozietät zur internationalen Sozietät kann auf verschiedene Weise beschritten werden. Eine internationale Sozietät liegt zum einen vor, wenn der Gesellschafterkreis nicht nur aus Personen besteht, die in demselben Staat ihre berufliche Zulassung erworben haben (**persönliche Internationalität**). Im Outbound-Fall beteiligt sich ein Freiberufler, der seine Berufszulassung in Deutschland erworben hat, an einer ausländischen Sozietät. Im umgekehrten Inbound-Fall beteiligt sich ein Freiberufler, der seine berufliche Zulassung im Ausland erworben hat, an einer inländischen Sozietät. Zum anderen entsteht eine internationale Sozietät durch die Gründung von ausländischen Kanzleien (**örtliche Internationalität**). Im Outbound-Fall gründet eine inländische Sozietät eine Kanzlei im Ausland. Der Inbound-Fall beinhaltet die Gründung von inländischen Niederlassungen durch eine ausländische Sozietät. Eine Internationalisierung wird ferner auch dadurch erreicht, dass sich eine inländische Sozietät an einer ausländischen bzw. eine ausländische Sozietät an einer inländischen Sozietät beteiligt (**gesellschaftsrechtliche Internationalität**). Alle drei Formen der internationalen Sozietät weisen als gemeinsames Merkmal den grenzüberschreitenden Bezug auf.

---

[1] Vgl. *Kutschker/Mößlang,* DBW 1996, 320.

[2] Vgl. *Nerlich,* Internationale Kooperationsmöglichkeiten für europäische Rechtsanwälte, 12; *Kramer,* Die steuerrechtliche Behandlung internationaler Anwaltssozietäten, in *Strunk/Wassermeyer/Kaminski* (Hrsg.), 2006, S. 173, AnwBl 1989, 452, 455.

II. Überblick über die steuerrechtlichen Probleme

Grenzüberschreitende berufliche Zusammenschlüsse bringen eine Reihe von steuerlichen Fragen mit sich. Dies ist u. A. darauf zurückzuführen, dass die Rechtsentwicklung hinter der wirtschaftlichen Entwicklung zurückbleibt und sich – wenn überhaupt – nur mit zeitlichem Verzug an die veränderten Verhältnisse und Prozesse anpasst.

Auf internationaler Ebene hat sich der Steuerausschuss der OECD mit der abkommensrechtlichen Behandlung von international tätigen Sozietäten befasst. Durch die im Jahr 2000 erfolgte Revision des OECD-MA[3] wurde die Zuteilungsform für die Einkünfte aus selbstständiger Arbeit (Art. 14) abgeschafft und ihr Regelungsinhalt in die Zuteilungsnorm für Unternehmensgewinne (Art. 7) übernommen. Der Zweck dieser Abkommensänderung liegt in der abkommensrechtlichen Gleichbehandlung von Sozietäten und gewerblichen Personengesellschaften. Darüber hinaus geht der OECD-Bericht zur Anwendung der Abkommensvorschriften auf Personengesellschaften[4] u. A. auch auf die mit international tätigen Sozietäten zusammenhängenden steuerlichen Probleme ein.[5]

Auf nationaler Ebene hat das StÄndG 2003 die Anknüpfungspunkte der Steuerpflicht freiberuflicher Einkünfte erweitert. Während es zuvor nur darauf ankam, dass die freiberufliche Tätigkeit im Inland ausgeübt oder verwertet worden ist, wird die Steuerpflicht nun auch dadurch begründet, dass für die berufliche Tätigkeit im Inland eine feste Einrichtung oder Betriebsstätte unterhalten wird (§ 49 Abs. 1 Nr. 3 EStG). Nach der Gesetzesbegründung soll diese Erweiterung das deutsche Besteuerungsrecht für Einkünfte eines im Ausland ansässigen Gesellschafters einer Sozietät mit Kanzleien in Deutschland klarstellen (vgl. Bundestagsdrucksache 15/1945, S. 11). Auf die persönliche Tätigkeit der ausländischen Gesellschafter in der deutschen Kanzlei kommt es nicht an. Für die Steuerpflicht des Gewinnanteils reicht es aus, dass die Sozietät in Deutschland ein Büro unterhält und der ausländische Gesellschafter am Gewinn dieses Büros beteiligt ist.

Ungeachtet der gesetzlichen Anpassungen an die internationalen wirtschaftlichen Entwicklungen bleiben wichtige Fragen für international tätige Sozietäten und ihre Gesellschafter noch klärungsbedürftig. Sie betreffen vor allem die steuerliche Einordnung der international tätigen Sozietät, die persönliche Steuerpflicht der Gesellschafter sowie die Verteilung der Einkünfte auf die einzelnen Kanzleien und die Einkünftezurechnung zu den Gesellschaftern. Mit diesen Fragen befassen sich die nachstehenden Ausführungen. Weitere steuerliche Problembereiche, wie z. B. die Qualifizierung von ausländischen Sozietäten, die Bestimmung der Einkunftsart oder die Problematik der gewerblichen Infektion, bleiben außer Betracht.[6] Im Folgenden wird deshalb davon ausgegangen, dass es sich bei der international tätigen Sozietät stets um eine freiberufliche Personengesellschaft handelt, die in keinem Staat der persönlichen Steuerpflicht unterliegt

---

[3] Zur deutschen Übersetzung vgl. OECD Musterabkommen 2000 zur Vermeidung der Doppelbesteuerung auf dem Gebiet der Steuern vom Einkommen und vom Vermögen (OECD-MA 2000), BStBl I 2001, 72.

[4] Vgl. OECD, Issues in international taxation: No. 6, The Application of the OECD Model Tax Convention to Partnerships, Paris 1999.

[5] Vgl. Beispiel 12, Tz. 82 ff. des o. g. OECD Report.

[6] Zu diesen Themen vgl. ausführlich *Rademacher-Gottwald*, Besteuerungsprobleme der grenzüberschreitenden Sozietäten von Rechtsanwälten, Steuerberatern und Wirtschaftsprüfern, 116ff., vgl. auch *Kempermann*, Besteuerung der Einkünfte internationaler Anwaltssozietäten, in *Gocke/Gosch/Lang* (Hrsg.), Körperschaftsteuer, Internationales Steuerrecht, Doppelbesteuerung (Festschrift für F. Wassermeyer), 333ff.

und deren Gesellschafter Einkünfte aus selbstständiger Arbeit erzielen. Den Schwerpunkt bilden die folgenden Fragen:

- Sind den im Inland ansässigen Gesellschaftern einer ausländischen Sozietät die Gewinnanteile auch dann als ausländische Einkünfte zuzurechnen, wenn sie nicht persönlich an der Erzielung der Einkünfte beteiligt waren?
- Sind die im Ausland ansässigen Gesellschafter einer inländischen Sozietät mit ihren Gewinnanteilen in Deutschland beschränkt steuerpflichtig, auch wenn sie dort nicht persönlich tätig geworden sind?
- Wie erfolgt die abkommensrechtliche Zuteilung der Besteuerungsrechte für die Einkünfte einer internationalen Sozietät?
- Wie erfolgt die Aufteilung der Gesamteinkünfte auf die einzelnen Kanzleien?

B. Internationale Sozietäten im Einkommensteuerrecht

I. Partielle (Steuer-) Rechtsfähigkeit von Sozietäten

Personengesellschaften sind schon immer Gegenstand der (steuer-) rechtlichen Diskussion gewesen. Dies gilt für Personenhandelsgesellschaften ebenso wie für Sozietäten und sonstige Personengesellschaften. Sie haben im Wirtschaftsleben eine große Bedeutung, verfügen aber im Unterschied zu natürlichen und juristischen Personen nicht über die volle (Steuer-) Rechtsfähigkeit, so dass sie eine Sonderstellung einnehmen, die zu Problemen bei der (steuer-) rechtlichen Beurteilung führen. Im Zentrum der zivilrechtlichen Kontroverse steht die Qualifikation der Gesamthandsgemeinschaft. Diesbezüglich hat sich mittlerweile die Auffassung durchgesetzt, dass die Gesellschaft insoweit eine Rechtseinheit bildet, als sie in **gesamthänderischer Verbundenheit** ihrer Gesellschafter am Marktgeschehen teilnimmt.[7]

Im Unterschied zum Freiberufler in einer Einzelpraxis erbringt der Gesellschafter einer Sozietät seine Leistung nicht für sich selbst, sondern für die Sozietät. Der Zweck der Sozietät erfüllt sich durch das gemeinschaftliche Tätigwerden der Gesellschafter, die zwar ihren Beruf in eigener Verantwortung ausüben, aber im Interesse der Sozietät tätig werden. Im Außenverhältnis tritt die Sozietät im Namen aller Gesellschafter auf. Aus den Verträgen mit den Mandanten sind die Gesellschafter gemeinschaftlich verpflichtet. Die Honorare stehen allen Gesellschaftern gemeinschaftlich zu.

Parallel zu dieser zivilrechtlichen Entwicklung der **Teilrechtsfähigkeit** der Personengesellschaft hat sich in der Rechtsprechung des BFH seit Mitte der 70er Jahre ein Wandel von der Bilanzbündeltheorie zur **Einheitstheorie** vollzogen.[8] Nach der Bilanzbündeltheorie war die Gesellschaft als solche steuerlich nicht existent. Der Gewinn ermittelte sich aus Einzelbilanzen der Gesellschafter, und die Gesellschaftsbilanz galt nur als Bündel der Gesellschafterbilanzen.[9] Demgegenüber folgt die Einheitstheorie der zivilrechtlichen Sichtweise, dass Personengesellschaften über ihre geschäftsführenden Gesellschafter am Wirtschaftsleben partizipieren, und erkennt Personengesellschaften als partiell steuerrechtsfähig an. Die **partielle Steuerrechtsfähigkeit** betrifft die Feststellung der Besteuerungsgrundlagen, so dass Personengesellschaften zwar nicht persön-

---

[7] Vgl. zu dieser Diskussion z. B. *Kraft*, DStR 1995, 922; *Haas*, DStR 1997, 1706 jeweils m. w. N.
[8] Vgl. insbes. BFH Beschl. v. 10. 11. 1980, GrS 1/79, BStBl 1981 II, 64; v. 25. 6. 1984, GrS 4/82, BStBl 1984 II, 751; v. 25. 2. 1991, GrS 7/89, BStBl 1991 II 691; v. 3. 7. 1995, GrS 1/93, BStBl 1995 II 617.
[9] Vgl. *Haas*, DStR 1997, 1708.

lich steuerpflichtig sind, aber die Subjekte der Einkünfteerzielung, -ermittlung und -qualifizierung darstellen.[10]

Die rechtliche Grundlage der partiellen Steuerrechtsfähigkeit findet sich in § 15 Abs. 1 Nr. 2 Satz 1 und § 15 Abs. 3 Nr. 1 EStG, die über § 18 Abs. 4 EStG auch Sozietäten betreffen. Bei den Einkünften der Gesellschafter handelt es sich gemäß § 15 Abs. 1 Nr. 2 Satz 1 EStG um die Anteile am Gewinn oder Verlust der Personengesellschaft. Die wirtschaftliche Aktivität, aus der die Einkünfte resultieren, liegt somit bei der Gesellschaft und nicht bei den einzelnen Gesellschaftern. Die Einkünfte werden daher im Außenverhältnis von der Gesellschaft erzielt und sodann im Innenverhältnis von den persönlich steuerpflichtigen Gesellschaftern versteuert. Dies ergibt sich aus § 15 Abs. 3 Nr. 1 EStG, der bestimmt, dass die Tätigkeit einer Personengesellschaft als Gewerbebetrieb gilt, sobald die Gesellschaft eine gewerbliche Tätigkeit ausübt. Demnach stellt die Gesellschaft selbst mit der ihr zuzurechnenden Tätigkeit den Gewerbebetrieb dar, ohne dass es hierfür auf die Tätigkeit der Gesellschafter ankommt.

II. Zweistufiges Besteuerungsverfahren

Verfahrensrechtlich wird ein zweistufiges Besteuerungsverfahren angewendet. Zunächst werden die **Einkünfte der Personengesellschaft**, d. h. die Einkünfte, die in gesamthänderischer Verbundenheit der Gesellschafter erzielt werden, der Art nach qualifiziert und der Höhe nach ermittelt (Einkünfteerzielung, -ermittlung und –qualifizierung). Bei gewerblichen Personengesellschaften stellen diese Einkünfte die Ausgangsgröße für die Ermittlung der gewerbesteuerlichen Bemessungsgrundlage dar. Bei freiberuflichen Personengesellschaften ist in diesem Zusammenhang die nationale Vorschrift des § 15 Abs. 3 Nr. 1 EStG zu beachten, wonach jede gewerbliche Tätigkeit dazu führt, dass auch die übrigen Einkünfte als gewerbliche Einkünfte qualifiziert werden.

Die zweite Stufe des Besteuerungsverfahrens umfasst die **Zurechnung der Einkünfte** der Gesellschaft **auf die Gesellschafter** im Rahmen des einheitlichen und gesonderten Feststellungsverfahren (§ 18 Abs. 4 Satz 2 EStG, § 15 Abs. 1 Satz 1 Nr. 2 EStG, §§ 179 ff. AO), denn die Personengesellschaft selbst unterliegt weder der Einkommen- noch der Körperschaftsteuer. Die steuerrechtliche Einkünftezurechnung folgt im Allgemeinen den gesellschaftsvertraglichen Regelungen, es sei denn, es liegen missbräuchliche Vereinbarungen vor (§ 42 AO). Die Gewinnverteilung richtet sich entweder nach dem Gesetz oder nach den vertraglichen Vereinbarungen. Bei fehlenden vertraglichen Vereinbarungen wird der Gewinn gleichmäßig auf alle Gesellschafter verteilt (Gewinnverteilung nach Köpfen, §§ 721 f. BGB, § 1 Abs. 4 PartGG). Andere Möglichkeiten der Gewinnverteilung sind z. B. die Verteilung nach dem Verhältnis der Kapitalanteile, nach dem erzielten Umsatz oder nach dem Lockstep-Verfahren. Auch Mischformen sind denkbar.

Im Ergebnis ist die von der Rechtsprechung des BFH entwickelte Einheitstheorie vom Gesetzgeber übernommen worden. Auch vom Schrifttum wird sie weitgehend befürwortet.[11] Die Abkehr von der Bilanzbündeltheorie und die Anerkennung der partiellen Steuerrechtsfähigkeit von Personengesellschaften bilden die theoretische Grundlage für die Besteuerung von international tätigen Sozietäten.

---

[10] Vgl. *Herrmann*, DStZ 1998, 91.

[11] Vgl. u. a. *Bodden*, DStZ 1996, 79, 83; *Gschwendtner*, in: Kirchhof/Offerhaus/Schöberle (Hrsg.), FS f. F. Klein, 779; *Herrmann*, DStZ 1998, 92; *Haas*, DStR 1997, 1712; *Kraft*, DStR 1995, 226; a. A. *Messmer*, FR 1990, 211.

III. Freiberuflichkeit im Steuerrecht

In den letzten Jahren sind die vormals strengen standes- und gesellschaftsrechtlichen Restriktionen der freiberuflichen Berufsausübung liberalisiert worden. Ursachen sind insbesondere europarechtliche Entwicklungen, die Rechtsprechung des EuGH und die notwendigen Anpassungen an die zunehmende Globalisierung. Nach der Legaldefinition des § 1 PartGG zeichnet sich die freiberufliche Berufstätigkeit durch die persönliche, eigenverantwortliche und fachlich unabhängige Arbeit des Berufsträgers aus, der besonders qualifiziert oder schöpferisch begabt ist. Die besondere berufliche Qualifikation wird durch ein spezielles Berufszulassungsverfahren erworben. Ausgehend von diesem berufsrechtlichen Selbstverständnis beschreibt das Steuerrecht in § 18 EStG die Merkmale der Freiberuflichkeit, die inhaltlich mit der Definition des § 1 PartGG übereinstimmen. Durch diese besonderen Merkmale grenzen sich die Freiberufler von den Gewerbetreibenden ab. Materiell bedeutsam ist die Gewerbesteuerpflicht der gewerblichen Einkünfte.

Zur Einkünftequalifikation bei der Beteiligung an einer Sozietät enthält das Steuerrecht keine spezielle Vorschrift, so dass diesbezüglich auf die Grundlagen der Besteuerung von Personengesellschaften zurückzugreifen ist. Die Einkünftequalifikation und die Ermittlung der Höhe der Einkünfte erfolgen zunächst für die Gesellschaft, bevor sie den Gesellschaftern zugerechnet werden. Die von den Gesellschaftern erbrachten Leistungen bestimmen die Einkunftsart. Da die Gesellschafter für die Sozietät tätig werden und ihre Leistungen in gesamthänderischer Verbundenheit ausführen, kommt es für die Bestimmung der Einkunftsart auf die Leistungen der Gesellschafter in ihrem jeweiligen Verantwortungsbereich an. Dies betrifft insbesondere die Merkmale der persönlichen und eigenverantwortlichen Tätigkeit.

B. Besteuerung der Gesellschafter von internationalen Sozietäten

I. Einkünftezurechnung

Ein besonderes Besteuerungsproblem von internationalen Sozietäten ist die Zurechnung der Einkünfte. Ausgangspunkt für die steuerliche Einkünftezurechnung sind die gesellschaftsrechtlichen Vereinbarungen zur Gewinnverteilung. Da es sich bei den Einkünften der internationalen Sozietät um freiberufliche Einkünfte handelt, ist die Zurechnung vor allem dann problematisch, wenn der Gesellschaftsvertrag eine Gewinnverteilung vorsieht, die unabhängig von der persönlichen Tätigkeit der Gesellschafter erfolgt. Zur Einkünftezurechnung werden unterschiedliche Auffassungen vertreten. Die sich daraus ergebenden steuerlichen Auswirkungen werden durch das folgende Beispiel deutlich:

Sachverhalt

Eine internationale Anwaltssozietät hat zwei Kanzleien in den Staaten A und B. Zwischen den beiden Staaten besteht kein DBA. An der Gesellschaft sind die Gesellschafter G1, G2 und G3 beteiligt. G1 lebt und arbeitet ausschließlich im Staat A, G2 lebt und arbeitet ausschließlich im Staat B, G3 lebt im Staat A und arbeitet in beiden Kanzleien. Der Gewinn der Kanzlei A beträgt 180.000 €, der Gewinn der Kanzlei B beträgt 120.000 €, so dass die Sozietät einen Gesamtgewinn von 300.000 € erzielt. Jeder Gesellschafter ist zu 1/3 an den Gewinnen der Kanzleien beteiligt und erhält einen Gewinnanteil von 100.000 € (60.000 € + 40.000 €).

Besteuerungsfolgen

Umstritten ist, für welche Einkünfte die beiden Staaten jeweils ein Besteuerungsrecht haben und wie hoch die steuerpflichtigen Einkünfte der Gesellschafter in den Staaten A und B sind. Soll die Besteuerung nach dem Prinzip der wirtschaftlichen Verursachung vorgenommen werden, so müssten die Einkünfte der Kanzlei A in Höhe von 180.000 € im Staat A und die Einkünfte der Kanzlei B in Höhe von 120.000 € im Staat B versteuert werden. In diesem Fall wären G1, G2 und G3 mit jeweils 60.000 € in Staat und mit jeweils 40.000 € in Staat B steuerpflichtig.

Beispiel 1: Nach dem Steuerrecht der Staaten A und B werden einem Freiberufler nur diejenigen Einkünfte zugerechnet, die er persönlich erzielt hat.

Lösung: Die Gesellschafter G1 und G3 sind im Staat A unbeschränkt steuerpflichtig. G1 unterliegt dort nur mit seinem Gewinnanteil von 60.000 €, (Kanzlei A) der Besteuerung. Seine ausländischen Einkünfte von 40.000 € fließen nicht in die inländische Bemessungsgrundlage ein, weil G1 nicht persönlich in der Kanzlei B gearbeitet hat. Der Gesellschafter G2 ist mit seinem Gewinnanteil aus der Kanzlei A im Staat A nicht beschränkt steuerpflichtig. Demgegenüber wird der Gewinnanteil des Gesellschafters G3 in Höhe von 100.000 € im Staat A versteuert, weil er in beiden Kanzleien persönlich tätig ist. G3 erzielt inländische Einkünfte von 60.000 € und ausländische Einkünfte von 40.000 €. Die im Ausland gezahlte Steuer kann G3 nach dem Steuerrecht des Staates A auf die inländische Steuer anrechnen lassen.

Der Gesellschafter G2 ist im Staat B unbeschränkt steuerpflichtig und unterliegt dort mit seinem Gewinnanteil der Kanzlei B in Höhe von 40.000 € der Besteuerung. Seine ausländischen Einkünfte von 60.000 € werden mangels persönlicher Tätigkeit nicht erfasst. Demgegenüber ist G3 mit seinem Gewinnanteil der Kanzlei B von 40.000 € im Staat B beschränkt steuerpflichtig.

Das **Besteuerungsergebnis** sieht wie folgt aus:

Staat A besteuert den Gesellschafter G1 mit dem Gewinnanteil von 60.000 €, den Gesellschafter G2 überhaupt nicht und den Gesellschafter G3 mit dem Gewinnanteil von 100.000 € und rechnet die Steuer des Staates B, die auf die Einkünfte von G3 erhoben werden (40.000 €), auf die eigene Steuer an. Staat B besteuert die Gesellschafter G2 und G3 mit ihren Gewinnanteilen von jeweils 40.000 €. Dieses Besteuerungsergebnis wird dem Prinzip der Versteuerung nach der wirtschaftlichen Verursachung nicht gerecht.

Beispiel 2: Nach dem Steuerrecht der Staaten A und B kommt es für die Einkünftezurechnung auf die persönliche Tätigkeit der Gesellschafter nicht an.

Lösung: Die Gesellschafter G1 und G3 sind im Staat A unbeschränkt steuerpflichtig. Sie unterliegen dort mit ihren Gewinnanteilen von jeweils 100.000 € (Kanzlei A je 60.000 € und Kanzlei B je 40.000 €) der Besteuerung. Ihre ausländischen Einkünfte von 40.000 € (Kanzlei B) fließen in die inländische Bemessungsgrundlage ein. Die Steuer des Staates B kann nach dem Steuerrecht des Staates A auf dessen Steuer angerechnet werden. Der Gesellschafter G2 ist mit seinem Gewinnanteil aus der Kanzlei A beschränkt steuerpflichtig.

Der Gesellschafter G2 ist im Staat B unbeschränkt steuerpflichtig und unterliegt dort mit seinem Gewinnanteil von 100.000 € der Besteuerung. Seine ausländischen Einkünfte von 60.000 € werden in die steuerpflichtige Bemessungsgrundlage einbezogen. Die Steuer des Staates A kann nach dem Steuerrecht des Staates B auf dessen Steuer angerechnet werden. Die Gesellschafter G1 und G3 sind mit ihren Gewinnanteilen der Kanzlei B von jeweils 40.000 € im Staat B beschränkt steuerpflichtig.

Rademacher-Gottwald

Das **Besteuerungsergebnis** sieht wie folgt aus:

Staat A besteuert die Gesellschafter G1 und G3 mit ihren in- und ausländischen Einkünften von jeweils 100.000 € und rechnet die Steuer des Staates B auf die eigene Steuer an. Ferner besteuert der Staat A den Gesellschafter G2 im Rahmen der beschränkten Steuerpflicht mit seinen inländischen Einkünften von 60.000 €.

Staat B besteuert den Gesellschafter G2 mit seinen in- und ausländischen Einkünften von 100.000 € und die Gesellschafter G1 und G3 mit ihren inländischen Einkünften von je 40.000 €. G2 kann die Steuer des Staates A auf die Steuer des Staates B anrechnen lassen.

Die im Staat A steuerpflichtigen Einkünfte betragen 260.000 €, die im Staat B steuerpflichtigen Einkünfte betragen 180.000 €. Der Ausgleich der Doppelbesteuerung erfolgt im Wege der Steueranrechnung.

Beispiel 3: **Nach dem Steuerrecht des Staates A werden einem Freiberufler nur diejenigen Einkünfte zugerechnet, die er persönlich erzielt hat. Nach dem Steuerrecht des Staates B kommt es auf die persönliche Tätigkeit nicht an.**

Lösung: Die Gesellschafter G1 und G3 sind im Staat A unbeschränkt steuerpflichtig. G1 unterliegt dort nur mit seinem Gewinnanteil von 60.000 €, (Kanzlei A) der Besteuerung. Seine ausländischen Einkünfte von 40.000 € fließen nicht in die inländische Bemessungsgrundlage ein, weil G1 nicht persönlich in der Kanzlei B gearbeitet hat. Der Gesellschafter G2 ist mit seinem Gewinnanteil aus der Kanzlei A im Staat A nicht beschränkt steuerpflichtig. Demgegenüber wird der Gewinnanteil des Gesellschafters G3 in Höhe von 100.000 € im Staat A versteuert, weil er in beiden Kanzleien persönlich tätig ist. G3 erzielt inländische Einkünfte von 60.000 € und ausländische Einkünfte von 40.000 €. Die im Ausland gezahlte Steuer kann G3 nach dem Steuerrecht des Staates A auf die inländische Steuer anrechnen lassen.

Der Gesellschafter G2 ist im Staat B unbeschränkt steuerpflichtig und unterliegt dort mit seinem Gewinnanteil von 100.000 € der Besteuerung. Seine ausländischen Einkünfte von 60.000 € werden in die steuerpflichtige Bemessungsgrundlage einbezogen. Die Steuer des Staates A kann nach dem Steuerrecht des Staates B auf dessen Steuer angerechnet werden. Die Gesellschafter G1 und G3 sind mit ihren Gewinnanteilen der Kanzlei B von jeweils 40.000 € im Staat B beschränkt steuerpflichtig.

Das **Besteuerungsergebnis** sieht wie folgt aus:

Staat A besteuert den Gesellschafter G1 mit dem Gewinnanteil von 60.000 €, den Gesellschafter G2 überhaupt nicht und den Gesellschafter G3 mit dem Gewinnanteil von 100.000 € und rechnet die Steuer des Staates B, die auf die Einkünfte von G3 erhoben werden (40.000 €), auf die eigene Steuer an. Die in Staat A besteuerten Einkünfte belaufen sich auf 160.000 €.

Staat B besteuert die Gesellschafter G1 und G3 im Rahmen der beschränkten Steuerpflicht mit den Gewinnanteilen aus der Kanzlei B in Höhe von jeweils 40.000 €. G2 wird mit seinem Gewinnanteil von 100.000 € im Rahmen der unbeschränkten Steuerpflicht zur Besteuerung herangezogen. Der Gewinnanteil aus der Kanzlei B beträgt 40.000 € (inländische Einkünfte) und der Gewinnanteil aus der Kanzlei A beträgt 60.000 € (ausländische Einkünfte).

Die in Staat B besteuerten Einkünfte belaufen sich auf 180.000 €. Der Ausgleich der Doppelbesteuerung erfolgt im Wege der Steueranrechnung.

I. Steuerpflicht im Inbound-Fall (beschränkte Steuerpflicht)
1. Arbeitsausübung, -verwertung oder feste Niederlassung

Die im Ausland ansässigen Gesellschafter einer international tätigen Sozietät sind mit ihren Einkünften aus selbstständiger Arbeit im Inland beschränkt steuerpflichtig gemäß §§ 1 Abs. 4, 49 Abs. 1 Nr. 3, 18 Abs. 1 Nr. 1 EStG, wenn die Arbeit dort **ausgeübt** oder **verwertet** wird oder wenn für die Arbeit im Inland eine **feste Einrichtung** oder **Betriebsstätte** unterhalten wird.

Die Tatbestände der "Ausübung" und "Verwertung" gelten gemäß § § 49 Abs. 1 Nr. 4, Nr. 2 Buchst. d EStG ebenso für die Einkünfte aus nichtselbstständiger Arbeit und für die gewerblichen Einkünfte der Künstler, Sportler, Artisten etc. Gemeinsames Kennzeichen der drei genannten Berufsgruppen ist die mit der Erzielung der Einkünfte verbundene **persönliche Tätigkeit** des Steuerpflichtigen, so dass die beschränkte Steuerpflicht lediglich an die inländische Arbeitsausübung oder -verwertung anknüpft, ohne einen festen örtlichen Stützpunkt im Inland zu fordern.

Das Tatbestandsmerkmal der „festen Niederlassung" (feste Einrichtung oder Betriebsstätte) findet sich auch bei den Gewerbetreibenden i. S. d. § 49 Abs. 1 Nr. 2 Buchst. a EStG, bei denen die beschränkte Steuerpflicht neben der inländischen gewerblichen Erwerbstätigkeit entweder einen festen örtlichen Inlandsbezug durch eine **Betriebsstätte** oder einen persönlichen bzw. zeitlichen Inlandsbezug durch einen **ständigen Vertreter** voraussetzt.

Bei der selbstständigen Arbeit gibt es somit sowohl die Tatbestandmerkmale der Berufsgruppen, die ihre Berufstätigkeit ohne eigenen festen örtlichen Bezugspunkt im Quellenstaat ausüben (Arbeitnehmer, Künstler, Sportler, Artisten etc.) als auch die Tatbestandsmerkmal der Gewerbebetreibenden (Betriebsstätte) als Anknüpfungspunkte für die beschränkte Steuerpflicht.

2. Bedeutung der Neufassung des § 49 Abs. 1 Nr. 3 EStG für internationale Sozietäten

Die Erweiterung der Anknüpfungspunkte um die feste Niederlassung (feste Einrichtung oder Betriebsstätte) erfolgte erst durch das **StÄndG 2003**. Mit dieser Erweiterung sollte klargestellt werden, dass es für die beschränkte Steuerpflicht von Gesellschaftern einer international tätigen freiberuflichen Personengesellschaft nicht auf die höchstpersönliche Berufsausübung im Inland ankommt. Es reicht aus, dass die Personengesellschaft im Inland ein Büro, eine Kanzlei o.Ä. unterhält und die Gesellschafter an den Einkünften, die dieser Niederlassung zuzurechnen sind, beteiligt sind. Dem im Ausland ansässigen Gesellschafter einer Sozietät, die im Inland eine Kanzlei unterhält, wird diese Kanzlei über die gesamthänderische Verbundenheit zugerechnet.

Alle Leistungen, die dieser Kanzlei zuzurechnen sind, sind anteilig den beteiligten Gesellschaftern zuzurechnen. Ohne Bedeutung ist die persönliche Leistung des einzelnen Gesellschafters. Die gemeinsame Berufsausübung hat für die Gesellschafter zur Folge, dass ihre persönlichen Leistungen hinter der gesellschaftsrechtlichen Verbundenheit zurücktreten. Im Außenverhältnis steht die Gesamthandsgemeinschaft, d. h. die Sozietät selbst, im Vordergrund. Obwohl die Sozietät naturgemäß keine freiberuflichen Leistungen erbringen kann, ist sie als Gesamtheit der Gesellschafter die Vertragspartnerin der Mandanten und die Gläubigerin der Honorarforderungen.[12] Im Regelfall liegen **Gesamtmandate** vor, so dass alle Gesellschafter gemäß §§ 427, 431 BGB gesamtschuldnerisch haften, auch wenn nur ein Gesellschafter gegenüber dem Mandanten tätig geworden ist. Jeder Gesellschafter hat gesellschafts- und berufsrechtlich für das

---

[12] Vgl. BGH, Urt. v. 4. 2. 1988, IX ZR 20/87, NJW 1988, 1973.

pflichtwidrige Verhalten eines anderen Gesellschafters einzustehen.[13] Indem die Gesellschafter ihre persönlichen Leistungen in die Sozietät einbringen, tragen sie zur Erfüllung des Gesellschaftszweckes bei und bestimmen den gemeinsamen wirtschaftlichen Erfolg. Die persönlichen Leistungen der Gesellschafter werden nur im Innenverhältnis gewürdigt, während es im Außenverhältnis auf das in der Sozietät gebündelte Leistungspotenzial ankommt. Dieses gebündelte Leistungspotenzial ist entscheidend für die Mandantensicherung und -akquisition. Es beeinflusst das Erscheinungsbild der Sozietät und wirkt sich damit auf ihren "Ruf" aus.

Die Erweiterung der beschränkten Steuerpflicht um das Unterhalten einer inländischen Niederlassung führt dazu, dass die Einkünfte dort besteuert werden, wo sie wirtschaftlich entstanden sind.

III. Steuerpflicht im Outbound-Fall (unbeschränkte Steuerpflicht)

Die unbeschränkte Steuerpflicht bestimmt sich im deutschen Steuerrecht nach dem Ansässigkeitsprinzip. Alle Personen mit Wohnsitz oder gewöhnlichem Aufenthalt im Inland unterliegen mit ihrem Welteinkommen der deutschen Besteuerung (§ 1 Abs. 1 EStG). Die nur im Ausland ansässigen Gesellschafter einer internationalen Sozietät sind demzufolge nicht unbeschränkt steuerpflichtig, es sei denn, sie fallen unter die Pendler-Regelung des § 1 Abs. 3 EStG.

Bei der unbeschränkten Steuerpflicht fließen auch die ausländischen Einkünfte in das steuerpflichtige Einkommen ein. Ausländische Einkünfte, die aufgrund eines DBA von der deutschen Besteuerung auszunehmen sind, wirken sich nur über den Progressionsvorbehalt auf die inländische Steuerbelastung aus (§ 32b Abs. 1 Nr. 3 EStG). Im Falle der Steuerpflicht der ausländischen Einkünfte erfolgt die Vermeidung der Doppelbesteuerung durch Anrechnung der ausländischen Steuer auf die inländische Steuer oder durch Abzug der ausländischen Steuer von der Steuerbemessungsgrundlage (§ 34c EStG).

Die Frage, ob und in welcher Höhe ausländische Einkünfte vorliegen, richtet sich nach deutschem Steuerrecht. Die Gewinnanteile von Gesellschaftern einer Sozietät werden einkommensteuerlich genauso behandelt wie die Gewinnanteile von Gesellschaftern einer gewerblichen Personengesellschaft (§ 18 Abs. 4 Satz 2 EStG, § 15 Abs. 1 Satz 1 Nr. 2 EStG). Ebenso wie im Falle der beschränkten Steuerpflicht kommt es auch bei der unbeschränkten Steuerpflicht nicht darauf an, dass die Gesellschafter persönlich an der Erzielung der Gewinnanteile, die ihnen vertraglich oder gesetzlich zustehen, mitgewirkt haben. Die Einbeziehung der ausländischen Gewinnanteile in die inländische Steuerbemessungsgrundlage (im Falle der Steuerpflicht) bzw. die Berücksichtigung der ausländischen Gewinnanteile bei der Ermittlung des inländischen Steuersatzes (Progressionsvorbehalt bei Steuerbefreiung nach einem DBA) ist dadurch gerechtfertigt, dass die Gewinnanteile die wirtschaftliche Leistungsfähigkeit erhöhen und demzufolge bei der Besteuerung berücksichtigt werden müssen.

D. Einkünfteabgrenzung nach dem Abkommensrecht

I. Abkommensberechtigung

In den Schutzbereich eines DBA fallen alle Personen, die in einem der beiden Vertragsstaat ansässig, d. h. unbeschränkt steuerpflichtig, sind (Art. 1, Art. 3, Art. 4 OECD-MA). Internationale Sozietäten, die nicht selbst steuerpflichtig sind, können sich daher nicht auf die abkommens-

---

[13] Vgl. OLG Nürnberg, Urt. v. 1. 12. 1959, 2 U 92/59, MDR 1960, 311; OLG Hamm, Urt. v. 13. 5. 1970, 11 U 172/69, NJW 1970, 1791; LG Hannover, Beschl. v. 11. 9. 1987, 44 StL 20/87, StB 1988, 346.

rechtlichen Steuervergünstigungen berufen. Der Abkommensschutz steht nur den an der Sozietät beteiligten Gesellschaftern zu. Ihnen werden die Einkünfte der internationalen Sozietät zugerechnet.

II. Zuteilung des Besteuerungsrechts nach dem Betriebsstättenprinzip

Die seit der ersten Fassung des OECD-MA 1963 bestehende Zuteilungsnorm für die Einkünfte aus selbstständiger Arbeit ist mit der Neufassung des OECD-MA 2000 gestrichen worden.[14] Infolge der Abschaffung des Art. 14 OECD-MA werden die Einkünfte aus selbstständiger Arbeit abkommensrechtlich wie Unternehmensgewinne behandelt. Der Begriff der Geschäftstätigkeit bezieht sich gemäß Art. 3 Abs. 1 Buchst. c und h OECD-MA nicht mehr nur auf die gewerbliche, sondern auch auf die freiberufliche oder sonstige selbstständige Tätigkeit. Der abkommensrechtlich definierte Betriebsstättenbegriff gilt fortan für alle Formen der selbstständigen Erwerbstätigkeit. Das zuvor nur für die gewerblichen Einkünfte maßgebende **Betriebsstättenprinzip** des Art. 7 OECD-MA ist damit auch auf die Einkünfte aus selbstständiger Arbeit anzuwenden.

Bisher erfolgte die Abgrenzung der Besteuerungsrechte zwischen Ansässigkeits- und Quellenstaat nach dem **Prinzip der festen Einrichtung**. Das Besteuerungsrecht des Quellenstaates setzte gemäß Art. 14 OECD-MA a. F. voraus, dass dem Steuerpflichtigen dort für die Ausübung seiner Tätigkeit gewöhnlich eine feste Einrichtung zur Verfügung stand. Diese Regelung ist in die meisten deutschen Länderabkommen übernommen worden und daher für die derzeitige Abkommenspraxis noch von Bedeutung, ungeachtet dessen, dass sich die zukünftigen Länderabkommen am OECD-MA 2000 orientieren werden. Obgleich die Neufassung des OECD-MA die spezifischen Merkmale der freiberuflichen Tätigkeit und die Unterschiede zwischen festen Einrichtungen und Betriebsstätten ignoriert und daher kritisch zu beurteilen ist[15], kommt ihr eine Bedeutung für die Auslegung der die Einkünfte aus selbstständiger Arbeit betreffenden Zuteilungsnorm der Länderabkommen zu. Die Zusammenführung von Art. 7 und Art. 14 OECD-MA ist für die Auslegung der entsprechenden Zuteilungsnormen der Länderabkommen richtungsweisend und bewirkt die abkommensrechtliche Gleichbehandlung von Gewerbetreibenden und Freiberuflern. Das Besteuerungsrecht des Quellenstaates wird insofern erweitert, als die Betriebsstätte nach der abkommensrechtlichen Definition sowohl den Tatbestand der festen Geschäftseinrichtung als auch den Tatbestand des (un)abhängigen Vertreters umfasst. Darüber hinaus führt die Zusammenführung von Art. 14 und Art. 7 OECD-MA dazu, dass die Ausschlusstatbestände des Art. 5 Abs. 4 OECD-MA auch für die Einkünfte aus selbstständiger Arbeit maßgebend sind. Schließlich ist die objektive Einkünftezurechnung in den Fällen der selbstständigen Erwerbstätigkeit nach der direkten oder indirekten Methode des Art. 7 Abs. 2 bis 4 OECD-MA vorzunehmen.[16]

I. Anwendung des Betriebsstättenprinzips auf Sozietäten

1. Besteuerungsrecht des Quellenstaates

Nach dem Betriebsstättenprinzip des Art. 7 OECD-MA kann der Quellenstaat die Gewinne eines Unternehmens, das im anderen Vertragsstaat ansässig ist, besteuern, wenn das Unternehmen seine Geschäftstätigkeit im Quellenstaat über eine dort gelegene **Betriebsstätte** ausübt. Der

---

[14] Zum neuen OECD-MA vgl. *Schmidt*, IStR 2001, 489ff.

[15] Zu den Unterschieden vgl. ausführlich *Rademacher-Gottwald*, a. a. O. (oben Fn. 11), 219ff.

[16] Zur Bedeutung der Neuregelung vgl. *Krabbe*, IStR 2002, 147.

abkommensrechtliche Begriff des Unternehmens bezieht sich gemäß Art. 3 Abs. 1 Buchst. d OECD-MA auf in dem einen oder dem anderen Vertragsstaat ansässige Personen, und die Ansässigkeit in einem Vertragsstaat setzt gemäß Art. 4 OECD-MA die persönliche Steuerpflicht in diesem Staat voraus. Da steuertransparente Personengesellschaften nicht persönlich steuerpflichtig sind, können sie abkommensrechtlich kein Unternehmen betreiben. Als Unternehmensgewinne kommen daher die **Gewinnanteile** der persönlich steuerpflichtigen Gesellschafter in Betracht, die ihre Geschäftstätigkeit über ihre Gesellschaftsbeteiligung im Quellenstaat ausüben.

Die Besteuerung der Gewinnanteile der Gesellschafter einer international tätigen Sozietät im Quellenstaat hängt entscheidend davon ab, dass die Gesellschafter ihre freiberufliche Tätigkeit durch eine im Quellenstaat gelegene Betriebsstätte wahrnehmen. Sie müssen nicht persönlich im Quellenstaat anwesend sein.

Gemäß Art 5 Abs. 1 OECD-MA ist die Betriebsstätte als **feste Geschäftseinrichtung** definiert, durch die die Tätigkeit eines Unternehmens ganz oder teilweise **ausgeübt** wird. Darüber hinaus wird eine Betriebsstätte gemäß Art. 5 Abs. 5 OECD auch durch die Tätigkeit einer **Person** begründet, die für ein Unternehmen tätig ist und die **Vollmacht** besitzt, im Namen des Unternehmens Verträge abzuschließen, und diese Vollmacht auch gewöhnlich dort ausübt. Betriebsstätten einer international tätigen Sozietät stellen insbesondere die in den verschiedenen Staaten unterhaltenen Kanzleien dar, in denen die Beratungsleistungen für die Mandanten erbracht werden.

Der in Art. 7 Abs. 1 OECD-MA geforderte Tatbestand der Ausübung der freiberuflichen Tätigkeit im Quellenstaat durch eine dort gelegene Betriebsstätte wird von den Gesellschaftern der Sozietät auch dann erfüllt, wenn sie nicht selbst in der Betriebsstätte tätig sind. Für die Erfüllung des Ausübungstatbestands reicht die Tätigkeit eines Gesellschafters aus, denn auf Grund der gesamthänderischen Verbundenheit der Gesellschafter sind die von einem Gesellschafter realisierten Tatbestände auch allen anderen Gesellschaftern unmittelbar zuzurechnen. Die einer im Quellenstaat gelegenen Betriebsstätte zuzurechnenden Einkünfte können unabhängig von der persönlichen Tätigkeit der Gesellschafter im Quellenstaat besteuert werden. Demzufolge sind alle Gesellschafter der Sozietät mit ihren Einkünfteanteilen in dem Staat, in dem sich die Betriebsstätte befindet, persönlich steuerpflichtig, ohne dass sie selbst die Honorareinnahmen erwirtschaftet haben müssen. Dadurch kommt es zu einer verursachungsgerechten Steueraufkommensverteilung zwischen dem Ansässigkeits- und dem Quellenstaat, da die im Quellenstaat erwirtschafteten Einkünfte in vollem Umfang auch dort besteuert werden. Zu beachten ist jedoch, dass für die nicht im Quellenstaat ansässigen Gesellschafter insofern Mehraufwendungen entstehen, als sie infolge ihrer beschränkten Steuerpflicht Steuererklärungspflichten erfüllen müssen. Hinzu kommt, dass sich der Doppelbesteuerungsausgleich im Ansässigkeitsstaat auf alle Gesellschafter bezieht und nicht nur auf diejenigen, die im Quellenstaat persönlich tätig waren. Demzufolge ist der Steuererklärungsaufwand vergleichsweise hoch. Der Tätigkeitsort und die Tätigkeitsdauer der Gesellschafter in den einzelnen Kanzleien müssen jedoch nicht gesondert aufgezeichnet werden, da sie für die Besteuerung nicht von Bedeutung sind.

2. Ausschlusstatbestände des Art. 5 Abs. 4 OECD-MA

Nach der Neufassung des OECD-MA sind die Ausschlusstatbestände des Art. 5 Abs. 4 OECD-MA sowohl für gewerbliche als auch für freiberufliche Betriebsstätten von Bedeutung. Bei international tätigen Sozietäten sind insbesondere die Tatbestände des **Art. 5 Abs. 4 Buchst. e** und **f OECD-MA** zu beachten. Danach gelten Kanzleien nicht als Betriebsstätten, wenn in ihnen nicht die Haupttätigkeit der Sozietät, d. h. Beratungsleistungen, sondern nur **Vorbereitungs-** oder

Hilfstätigkeiten für die Sozietät erbracht werden. Vorbereitende Tätigkeiten und Hilfstätigkeiten unterscheiden sich insoweit voneinander, als vorbereitende Tätigkeiten der Haupttätigkeit zeitlich vorausgehen und Hilfstätigkeiten während oder nach der Haupttätigkeit ablaufen.[17] In beiden Fällen handelt es sich um Tätigkeiten, die ihrer Art nach von der Haupttätigkeit abweichen und in erster Linie zur Unterstützung der Haupttätigkeit dienen, so dass sie nur mittelbar am Außenumsatz der Sozietät beteiligt sind.

Die Qualifikation von Tätigkeiten als unterstützende Tätigkeiten hängt von der Haupttätigkeit des jeweiligen Unternehmens ab. Daher werden die Tätigkeiten stets qualitativ und quantitativ an der Haupttätigkeit gemessen. Bei Übereinstimmung mit der Haupttätigkeit wird die Betriebsstätteneigenschaft der Kanzlei bejaht. Stellt die Tätigkeiten hingegen im Verhältnis zur Haupttätigkeit nur unterstützende Tätigkeiten dar, gilt die Kanzlei nicht als Betriebsstätte.[18] Zu den unterstützenden Tätigkeiten gehören z. B. Planungs-, Kontroll- und Koordinationstätigkeiten, Tätigkeiten der Informationsbeschaffung, der allgemeinen Verwaltung, der Wahrnehmung von Repräsentationsaufgaben und Werbetätigkeiten wie auch Tätigkeiten im Bereich der Mitarbeiteraus- und -weiterbildung. Keine Betriebsstätten sind deshalb z. B. die Akquisitionskanzleien, wenn sie ausschließlich zu Werbe- und Repräsentationszwecken unterhalten werden, in erster Linie der Gewinnung von neuen Mandanten dienen und nicht zu Beratungsleistungen genutzt werden.

Zu beachten ist allerdings, dass die Tätigkeit einer Kanzlei nur dann als Vorbereitungs- oder Hilfstätigkeit qualifiziert werden kann, wenn sie allein für die Sozietät ausgeübt wird, zu der sie gehört. Wird eine an sich unterstützende Tätigkeit jedoch auch an andere Sozietäten oder andere Unternehmen erbracht, entwickelt sie sich zur selbstständigen Haupttätigkeit mit der Folge, dass die Kanzlei nunmehr eine Betriebsstätte darstellt, deren Einkünfte dem Quellenstaat zur Besteuerung überlassen werden.[19] Eine Kanzlei, die mehrere Vorbereitungs- oder Hilfstätigkeiten ausübt, gilt gemäß Art. 5 Abs. 4 Buchst. f OECD-MA nur dann als Betriebsstätte, wenn die sich daraus ergebende Gesamttätigkeit keine Vorbereitungs- oder Hilfstätigkeit ist.

IV. Objektive und subjektive Einkünftezurechnung
1. Aufteilung der Einkünfte auf die Kanzleien
a) Bedeutung des Fremdvergleichsgrundsatzes

Die Gesamteinkünfte einer international tätigen Sozietät können alternativ nach der direkten Methode des Art. 7 Abs. 2 und Abs. 3 OECD-MA oder nach der indirekten Methode des Art. 7 Abs. 4 OECD-MA auf die Kanzleien verteilt werden. Auch wenn die Kanzleien rechtlich unselbstständig sind, fingiert die direkte Methode ihre Selbstständigkeit, indem sie ihnen jeweils die Einkünfte zurechnet, die sie mit einer gleichen oder ähnlichen Tätigkeit unter gleichen oder ähnlichen Bedingungen als selbstständige freiberufliche Praxen hätten erzielen können. Dem Verursachungsprinzip folgend erfordert die Selbstständigkeitsfiktion eine Einkünfteabgrenzung auf der Basis des Fremdvergleichs (dealing at arm`s length-Prinzip), so dass sich die Einkünfteabgrenzung zwischen den Kanzleien untereinander dem Grunde und der Höhe nach gedanklich an der Einkünfteabgrenzung zwischen fremden freiberuflichen Praxen orientiert.[20] Demge-

---

[17] Vgl. *Günkel* in: *Gosch/Kroppen/Grotherr*, Art. 5 OECD-MA, Rn. 164-166.
[18] Vgl. *Kaligin*, RIW 1995, 399.
[19] Vgl. *Amann*, Dienstleistungen im internationalen Steuerrecht: Engineering – Management – Beratung – Lizenzverkehr, 106.
[20] Zu den Problemen der Einkünftezurechnung vgl. ausführlich *Kramer*, Die steuerrechtliche Behandlung internationaler Anwaltssozietäten, 177ff.

genüber geht die indirekte Methode von den Gesamteinkünften der Sozietät aus und verteilt sie mittels geeigneter Schlüsselgrößen (z. B. Umsätze, Personalaufwand, Kapitaleinsatz) auf die einzelnen Kanzleien. Die indirekte Methode kann dem Verursachungsprinzip nicht in ausreichendem Maße entsprechen, denn sie nimmt die Einkünftezurechnung nach dem Verhältnis der Schlüsselgrößen zueinander vor, anstatt auf die tatsächlich erwirtschafteten Betriebseinnahmen und die tatsächlich entstandenen Betriebsausgaben abzustellen. Aus diesem Grund ist die direkte Methode vorrangig anzuwenden.

Bei dem Fremdvergleichsgrundsatz handelt es sich um einen objektiven steuerlichen Maßstab zur Beurteilung von Vertragsbeziehungen zwischen nahestehenden Personen. Dazu gehören z. B. Vertragsbeziehungen zwischen den Gesellschaftern einer Familiengesellschaft, zwischen einer Gesellschaft und ihrem Gesellschafter-Geschäftsführer und zwischen verbundenen Unternehmen.[21] Die für die Einkünfteabgrenzung bei verbundenen Unternehmen geltenden Grundsätze (Art. 9 OECD-MA) werden analog auf die Einkünfteabgrenzung zwischen Kanzleien einer Sozietät übertragen. Als Maßstab für die steuerliche Anerkennung der Einkünfteabgrenzung wird das hypothetische Verhalten voneinander unabhängiger Geschäftspartner unter gleichen oder ähnlichen Bedingungen herangezogen. Die Prüfung umfasst die Prüfung der faktischen Leistungsbeziehungen, die zwischen den Kanzleien stattfinden und zu Einkünften führen, und die Prüfung der Höhe der Kanzleieinkünfte. Bei der Prüfung der Leistungsbeziehungen geht es um die Frage, ob die einer Kanzlei zugewiesenen Funktionen auch von einer hypothetisch selbstständigen freiberuflichen Praxis wahrgenommen würden. Dieser Fremdvergleich soll verhindern, dass einer Kanzlei beliebige Aufgaben übertragen werden, die für eine freiberufliche Praxis untypisch sind. Bei der Prüfung der Höhe der Einkünfte geht um die Frage, ob die einer Kanzlei zugerechneten Einkünfte durch die wirtschaftliche Tätigkeit dieser Kanzlei verursacht wurden, und ob die Einkünfte betragsmäßig den Einkünften einer hypothetisch selbstständigen freiberuflicher Praxis entsprechen würden.

b) Zurechnung von Einkünften aus externen Leistungen

Die Einkünfte der international tätigen Sozietät aus externen Leistungen werden nach dem Verursachungs- und Realisationsprinzip auf die Kanzleien verteilt. Für diese Einkünftezurechnung kommt den Funktionen der Kanzleien eine besondere Bedeutung zu. Die umfassende Mandantenbetreuung erfolgt durch die Kanzleien, deren Hauptaufgabe in der laufenden Beratung besteht. Diese Kanzleien erbringen die gegenüber den Mandanten abrechenbaren Beratungsleistungen und tragen daher unmittelbar zum Umsatz der Sozietät bei. Neben den **Beratungskanzleien** gibt es die **Akquisitionskanzleien**, die nur den Kontakt zum Mandanten herstellen, an der eigentlichen Auftragserfüllung jedoch nicht beteiligt sind und keine abrechenbaren Leistungen erbringen. Abgesehen von den reinen Beratungkanzleien und den reinen Akquisitionskanzleien gibt es schließlich Kanzleien, die beide Funktionen wahrnehmen, indem sie sowohl Beratungs- als auch Akquisitionsaufgaben erfüllen. Diese Kanzleien tragen mit ihren Beratungsleistungen zur Mandantensicherung und mit ihren Akquisitionsleistungen zum kontinuierlichen Wachstum der Sozietät bei.

Die steuerliche Zurechnung der **Honorareinnahmen** richtet sich nach der **Abrechenbarkeit der Leistungen,** wobei jeweils auf die Kanzlei abgestellt wird, in der die Hauptakten der Mandanten geführt werden. Kooperationsleistungen zwischen den Kanzleien sind sozietätsintern zu verrechnen.[22] Wenn mehrere Kanzleien an der Auftragsabwicklung mitwirken, ist zu unterschei-

---

[21] Vgl. *Wassermeyer* in: Debatin/ Wassermeyer, Art. 7 OECD-MA, Rn. 320 mit Verweis auf BFH, Urt. v. 20. 8. 1986, I R 283/82, BFH/NV 1987, 63 u. v. 28. 11. 1991, I R 13/90, BStBl II 1992, 361.

[22] Zu den Möglichkeiten der grenzüberschreitenden Zusammenarbeit vgl. *Hellwig*, AnwBl 1996, 124ff.

den, ob es sich bei den einzelnen Leistungen um selbstständig oder nicht selbstständig abrechenbare Leistungen handelt. Selbstständig abrechenbare Leistungen werden direkt mit den Mandanten abgerechnet, während die nicht selbstständig abrechenbaren Leistungen in die abrechenbare Hauptleistung einfließen, so dass das gesamte Honorar derjenigen Kanzlei zugerechnet wird, die den wesentlichen Teil der Hauptleistung ausführt. Die Honorareinnahmen entfallen allein auf die Beratungskanzleien, nicht jedoch auf die Akquisitionskanzleien, die keine abrechenbaren Leistungen erbringen. Stattdessen erhalten die Akquisitionskanzleien für ihre Akquisitionsleistungen eine gesonderte Vergütung, z. B. eine Umsatzprovision, da sie mit diesen Leistungen ihren Nutzenbeitrag zum Gesamtergebnis der Sozietät erbringen und die Erzielung von Honorareinnahmen aus den neugewonnenen Mandaten durch die Beratungskanzleien überhaupt erst in Gang setzen. Somit werden die Akquisitionsleistungen im Rahmen der sozietätsinternen Leistungsverrechnung berücksichtigt. Gleiches gilt, wenn an der Ausführung der abrechenbaren Leistungen mehrere Gesellschafter aus verschiedenen Kanzleien beteiligt waren.

Für die Zurechnung von **Betriebsausgaben** ist das im Verursachungsprinzip enthaltene **Prinzip der wirtschaftlichen Veranlassung** i. S. des § 4 Abs. 4 EStG maßgebend, wonach zu den Betriebsausgaben einer Kanzlei alle Aufwendungen gehören, die durch die wirtschaftliche Tätigkeit der Sozietät hervorgerufen werden. Zu den Betriebsausgaben einer Kanzlei gehören die **direkten** Betriebsausgaben, die nur in der Kanzlei selbst entstanden sind und daher auch nur dieser Kanzlei zugerechnet werden, und die **indirekten** Betriebsausgaben, die auf die gesamte Sozietät entfallen und per Betriebsausgabenschlüsselung auf ihre Kanzleien verteilt werden müssen.

c) Verrechnung von internen Leistungen

Die Fiktion der Selbstständigkeit der einzelnen Kanzleien bringt die Schwierigkeit der Verrechnung solcher Leistungen mit sich, die nicht im Verhältnis zu Dritten, sondern zwischen den Kanzleien untereinander erbracht werden. Ursächlich für die Schwierigkeit der internen Leistungsverrechnung ist die rechtliche Unselbstständigkeit der Kanzleien, die keine wirksamen Verträge abschließen können, so dass die innerhalb der Sozietät erbrachten Leistungen rechtlich als Insichgeschäfte zu qualifizieren sind.[23] Für die zwischenstaatliche Abgrenzung der Besteuerungsrechte müssen jedoch die auf die Kanzleien entfallenden Einkünfte ermittelt werden. Nach dem Fremdvergleichsgrundsatz sind dabei alle Leistungen, sowohl die externen als auch die internen, zu berücksichtigen, ohne jedoch die rechtliche Einheit der Sozietät außer Acht zu lassen. Da es für den internen Dienstleistungsverkehr keine vertragliche Entgeltsvereinbarung gibt, stellt sich die Frage, wie die Leistungen steuerlich zu bewerten sind, damit die Höhe der Kanzleieinkünfte ermittelt werden kann. Streitig ist, inwieweit bei der internen Leistungsverrechnung Gewinne ausgewiesen werden können. Für die steuerliche Ermittlung der Kanzleieinkünfte ist ein solcher Gewinnausweis erforderlich. Die rechtliche Unselbstständigkeit der Kanzleien steht einem solchen Gewinnausweis jedoch entgegen.

Das Abkommensrecht enthält keine gesetzlichen Vorgaben für die Verrechnung der internen Leistungen. Nach dem Regelungszweck des Art. 7 Abs. 2 OECD-MA, die Quellenbesteuerung für die Einkünfte zu umgrenzen, die eine Sozietät im Quellenstaat mit einer Kanzlei erwirtschaftet, müssen die gesamten Einkünfte der Sozietät verursachungsgerecht auf die einzelnen Kanzleien verteilt werden, um eine verursachungsgerechte Besteuerung der Einkünfte in den jeweils betroffenen Staaten zu erreichen. Die Zurechnung nach der Erwirtschaftung der Einkünfte entspricht der Zurechnung nach der wirtschaftlichen Verursachung. Aus diesem Grund müssen die Kanzleien gedanklich so behandelt werden, als wären sie eigenständige wirtschaftliche Einhei-

---

[23] Vgl. BFH, Urt. v. 20. 7. 1988, I R 49/84, BStBl II 1989, 142.

ten, die Leistungsbeziehungen mit anderen wirtschaftlichen Einheiten eingehen können. Obgleich die Kanzleien für die Aufteilung der Einkünfte der Sozietät als selbstständig gelten, erlangen sie nicht dieselbe rechtliche Selbstständigkeit wie Tochtergesellschaften. Gemäß Art. 7 Abs. 2 OECD-MA werden einer Kanzlei die Gewinne zugerechnet, "die sie **hätte erzielen können**, wenn sie eine gleiche oder ähnliche Tätigkeit unter gleichen oder ähnlichen Bedingungen als selbstständige" [freiberufliche Praxis] "**ausgeübt hätte** und im Verkehr mit der" [freiberuflichen Praxis], [deren feste Einrichtung] "sie ist, völlig unabhängig **gewesen wäre**". Die Selbstständigkeitsfiktion geht nicht von fiktiven Kanzlei-Teileinkünften aus, die in der Summe die Gesamteinkünfte der Sozietät ergeben - in diesem Fall würde sie den Einheitsgrundsatz missachten -, sondern nimmt vielmehr eine verursachungsgerechte Aufteilung der Gesamteinkünfte der Sozietät vor. Dadurch wird erreicht, dass nur die im Außenverhältnis tatsächlich erzielten Einkünfte der Sozietät auf die Kanzleien verteilt werden. So bewirkt die Selbstständigkeitsfiktion keine rechtliche Gleichstellung von Betriebsstätten und Tochtergesellschaften, weil sie ausschließlich die Methodik der objektiven Einkünftezurechnung vorgibt. Ein Verstoß gegen den Grundsatz der steuerlichen Gleichbehandlung liegt hier nicht vor, denn abhängige und unabhängige Teile einer Sozietät sind im Wesentlichen nicht gleich, so dass sie auch nicht den Anspruch auf eine gleiche steuerliche Behandlung erheben können. Hinzu kommt, dass eine potenzielle abkommensrechtliche Gleichstellung nicht zwangsläufig zur steuerlichen Gleichbehandlung führen würde, da sich die Steuerbelastung nicht aus dem Abkommensrecht, sondern aus dem nationalen Steuerrecht der Vertragsstaaten ergibt.[24]

Die Reichweite der abkommensrechtlichen Selbstständigkeit der Kanzleien ergibt sich unmittelbar aus der Formulierung des Art. 7 Abs. 2 OECD-MA, wonach Betriebsstätten so zu behandeln sind, als wären sie im Verkehr mit ihrem Unternehmen völlig unabhängig. Die Grenze dieser völligen Unabhängigkeit bestimmt sich durch die rechtliche Einheit der Sozietät. Aus dem Wortlaut des Art. 7 Abs. 2 OECD-MA lässt sich für die interne Leistungsverrechnung die **Theorie vom Umsatzzusammenhang** ableiten: Das Entgelt für die internen Leistungen bemisst sich nach der Zurechenbarkeit zu den Außenumsätzen, die von allen Kanzleien für die Sozietät erbracht werden. Sind die internen Leistungen den Außenumsätzen **unmittelbar** zurechenbar, muss die Verrechnung mit **Fremdvergleichsentgelten** durchgeführt werden. Wäre die Kanzlei, die den Außenumsatz tätigt, nämlich eine eigenständige freiberufliche Praxis, müsste sie alle Leistungen, die sie für die Ausführung der Beratungs- und Prüfungsaufträge benötigt und nicht selbst erbringen kann oder will, von Dritten beziehen. Zu den unmittelbar zurechenbaren Leistungen gehören z. B. die zwischen den Kanzleien ausgeführten Kooperationsleistungen, die der Auftragserfüllung gegenüber den Mandanten dienen. Demzufolge ist die Mitwirkung von verschiedenen Kanzleien an der Auftragserfüllung mit Fremdvergleichsentgelten zu verrechnen, so dass alle beteiligten Kanzleien an den tatsächlich erzielten Honorareinnahmen partizipieren.

Die Verrechnungspreise für diese Kooperationsleistungen müssen einem Fremdvergleich standhalten und sich an den tatsächlichen Marktgegebenheiten orientieren. Zu diesem Zweck können die allgemein anerkannten Standardmethoden (z. B. Preisvergleichsmethode, Kostenaufschlagsmethode) herangezogen werden. Die **Preisvergleichsmethode** unterscheidet zwischen dem äußeren und dem inneren Preisvergleich. Beim **äußeren Preisvergleich** wird der Marktpreis zu Grunde gelegt, der für die zu verrechnende Leistung zum Ansatz käme, wenn sie zwischen fremden Dritten erbracht würde. Demgegenüber stellt der **innere Preisvergleich** auf den Preis ab, der für die zu verrechnende Leistung zum Ansatz käme, wenn sie gegenüber fremden Drit-

---

[24] Vgl. jedoch a. A. *Kroppen* in: Gosch/Kroppen/Grotherr, Art. 7 OECD-MA, Rn. 113.

ten erbracht würde.[25] Diese beiden Preisvergleichsmethoden sind auch auf die Verrechnung von Beratungs- und Prüfungsleistungen übertragbar. Vorrangig ist der innere Preisvergleich anzuwenden, da die Honorare für freiberufliche Leistungen grundsätzlich individuell vereinbart werden mit der Folge, dass keine markt- oder branchenüblichen, sondern nur durchschnittliche Honorare feststellbar sind.[26] Die Methode des inneren Preisvergleichs ist auch für die Bewertung der Akquisitionsleistungen heranzuziehen, weil sie unmittelbar mit den späteren Honorareinnahmen aus den akquirierten Mandaten zusammenhängen. Aus diesem Grund sind die Akquisitionsleistungen mit den üblichen Umsatzprovisionen zu verrechnen. Der Anwendungsbereich der **Kostenaufschlagsmethode** betrifft solche internen Leistungen, die zwar unmittelbar mit einem Außenumsatz der Sozietät zusammenhängen, aber nicht an fremde Dritte ausgeführt werden, und für die es keine üblichen Honorare gibt. Solche Leistungen lassen sich auf der Basis der entstandenen Aufwendungen zuzüglich eines üblichen Gewinnaufschlages berechnen. Als Maßstab können hier die persönlichen Kostensätze der Mitarbeiter dienen.

Für den Fall, dass die internen Leistungen den Außenumsätzen nicht unmittelbar, sondern nur **mittelbar** zugerechnet werden können, erfolgt die Bewertung mit den entstandenen **Aufwendungen ohne Gewinnaufschlag**. Die mittelbar zurechenbaren Leistungen umfassen alle Leistungen, die dem Sozietätsverbund als solches dienen und allen Kanzleien zugute kommen, jedoch keinen direkten Zusammenhang mit den Beratungs- und Prüfungsleistungen erkennen lassen (z. B. verwaltungsbezogene Dienstleistungen). Die Beschränkung der Bewertung auf die entstandenen Aufwendungen resultiert aus der Fiktion der Selbstständigkeit i. S. der völligen Unabhängigkeit: Wäre die feste Einrichtung, die den Außenumsatz tätigt, eine eigenständige freiberufliche Praxis, müsste sie die allgemeinen Managementleistungen und die allgemeine Verwaltung selbst organisieren, so dass hierfür nur die entstandenen Aufwendungen verrechenbar wären. Alternativ bestünde zwar auch die Möglichkeit, derartige Funktionen auf fremde Dritte auszulagern, und die entsprechenden Leistungen wiederum von ihnen einzukaufen.[27] Die Möglichkeit eines solchen Outsourcing wird jedoch bei einer Sozietät mit unselbstständigen Kanzleien durch den Einheitsgrundsatz begrenzt, denn die Zuweisung von Funktionen, die der gesamten Tätigkeit der Sozietät dienen und keinen unmittelbaren Umsatzbezug haben, gilt als Selbstorganisation einer rechtlichen Einheit. Die aus den allgemeinen Funktionen resultierenden Leistungen dürfen somit innerhalb einer Sozietät nicht mit einem Gewinnaufschlag versehen werden. Als Verrechnungsformen kommen vorrangig die Einzelabrechnung und subsidiär das Umlageverfahren in Betracht. Bei der Einzelabrechnung müssen die zu verrechnenden Leistungen den Kanzleien, die die Leistungen erhalten, direkt zurechenbar sein. Außerdem müssen für diese Leistungen jeweils spezielle Entgelte ermittelt werden können. Bei nur indirekter Zurechenbarkeit kommt das Umlageverfahren zur Anwendung.[28] In diesem Fall erfolgt die Weiterbelastung der entstandenen Aufwendungen mittels eines geeigneten Aufteilungsschlüssels (z. B. Verhältnis der Umsätze oder der Personalaufwendungen für die festen und freien Mitarbeiter).[29]

2. Aufteilung der Einkünfte auf die Gesellschafter
a) Gesellschaftsrechtliche Grundsätze

---

[25] Vgl. *Grotherr*, WiSt 1992, 221.
[26] Vgl. ebenso BFH, Urt. v. 23. 6. 1993, I R 72/92, BStBl II 1993, 803, *Baumhoff* in: Mössner, Rn. C 419, a. A. *Dahnke*, IStR 1997, 49. Hier geht es aber um die Verrechnung von Beratungsleistungen, die keine Hauptleistungen darstellen.
[27] Vgl. *Kuckhoff*, IStR 1999, 356f.
[28] Vgl. *Scheffler*, ZfbF 1991, 480f.
[29] Vgl. *Baumhoff*, Verrechnungspreise für Dienstleistungen, 286f.

Die steuerliche Verteilung der Gesamteinkünfte einer Sozietät auf die beteiligten Gesellschafter folgt grundsätzlich der gesellschaftsrechtlichen Ergebnisverteilung. Nach der gesetzlichen Regelung des § 722 Abs. 1 BGB sind alle Gesellschafter einer Sozietät zu gleichen Teilen am gemeinschaftlich erzielten Gewinn oder Verlust beteiligt. Die **paritätische Ergebnisverteilung** nach Köpfen unterstellt die Gleichwertigkeit der Arbeitsleistung der einzelnen Gesellschafter für die Sozietät. Sie erfolgt unabhängig vom persönlichen Leistungseinsatz der Gesellschafter und berücksichtigt weder ihr Alter noch die Dauer ihrer Zugehörigkeit zur Sozietät. Bei paritätischer Ergebnisverteilung werden die Gesamteinkünfte gleichmäßig auf die Gesellschafter verteilt, ohne dass es auf die Art und den Umfang ihrer persönlichen Tätigkeit ankommt. Ebenso wenig ist die physische Anwesenheit der Gesellschafter in den einzelnen Kanzleien von Bedeutung, weil alle Gesellschafter an den in- und ausländischen Einkünften teilhaben und ihre Einkunftsanteile entsprechend versteuern müssen.

b) Abweichende vertragliche Vereinbarungen

Abweichend von den gesetzlichen Bestimmungen können gesellschaftsvertragliche Vereinbarungen getroffen werden, die den persönlichen Leistungsmerkmalen der Gesellschafter Rechnung tragen. Dazu gehören u. A. die berufliche Qualifikation und Erfahrung, das Alter und die Dauer der Sozietätszugehörigkeit. Häufig erfolgt die Ergebnisverteilung nach dem Quoten- oder Punktesystem.[30] Das **Quotensystem** beinhaltet eine prozentuale Gewinn- und Verlustverteilung mit progressiven Prozentsätzen für jüngere und degressiven Prozentsätzen für ältere Gesellschafter. Beim **Punktesystem** wird jedem Gesellschafter eine bestimmte Anzahl von Punkten zugeteilt, wobei sich die Anzahl der Punkte mit steigendem Alter der Gesellschafter reduziert. Der auf den einzelnen Gesellschafter entfallende Gewinn- oder Verlustanteil ergibt sich sodann durch Multiplikation des Gesamtgewinns oder -verlustes mit der relativen Punktezahl. Denkbar ist ferner die Entwicklung einer speziellen **Ergebnisverteilungsformel**, in der sämtliche persönliche Leistungsmerkmale der Gesellschafter berücksichtigt werden. Darüber hinaus bietet eine **gespaltene Gewinn-** und **Verlustverteilung** die Möglichkeit, den individuellen Leistungsbeiträgen der Gesellschafter gerecht zu werden. Bei diesem Modell erhalten die Gesellschafter besondere Vergütungen für bestimmte individuelle Leistungen, wie z. B. die verantwortliche Leitung einer ausländischen Betriebsstätte, die Akquisitionstätigkeit etc., so dass nur der verbleibende Restgewinn bzw. -verlust auf alle Gesellschafter zu verteilen ist. Wenn die gesellschaftsvertragliche Vereinbarung einem Drittvergleich standhält, wird sie für die steuerliche Einkünftezurechnung anerkannt.[31] Sie beeinflusst die Höhe der steuerpflichtigen Einkünfte der Gesellschafter und ist als steuerliches Gestaltungsmittel im Rahmen der Steuerplanung einer international tätigen Sozietät von entscheidender Bedeutung. Demgegenüber hat der Ort, an dem die Gesellschafter persönlich tätig sind, weder Einfluss auf ihre Steuerpflicht im Quellenstaat noch auf die Höhe der Steuerbelastung noch auf die zwischenstaatliche Verteilung des Steueraufkommens.

E. Fazit

Die Gesellschafter von international tätigen Sozietäten werden nach denselben Grundsätzen besteuert wie die Gesellschafter von gewerblichen Personengesellschaften. Für die persönliche Steuerpflicht der im Ausland ansässigen Gesellschafter kommt es nach der Neufassung des § 49 Abs. 1 Nr. 3 EStG nicht auf ihre persönliche Arbeitsausübung im Inland an. Es reicht aus, dass die Sozietät im Inland eine Kanzlei unterhält und der Gesellschafter an den Einkünften beteiligt ist. Desgleichen hat der Ort der persönlichen Tätigkeit des einzelnen Gesellschafters keine Be-

---

[30] Vgl. *Naegele/Jürgensen*, Zusammenschlüsse von Freiberuflern, 19.
[31] Vgl. eingehend *Rose*, FR 2002, 2f.

deutung für die zwischenstaatliche Abgrenzung der Besteuerungsrechte gemäß Art. 7 OECD-MA, so dass sich das Besteuerungsrecht des Quellenstaates auf alle Einkünfte erstreckt, die in einer im Quellenstaat gelegenen Kanzlei der Sozietät erzielt werden. Dadurch wird erreicht, dass die Einkünfte dort versteuert werden, wo sie wirtschaftlich entstanden sind. Die gesamten Einkünfte der Sozietät sind gemäß Art. 7 Abs. 2 OECD-MA nach dem Fremdvergleichsgrundsatz auf die einzelnen Kanzleien zu verteilen. Bei der objektiven Einkünftezurechnung werden die Kanzleien so behandelt, als wären sie selbstständige freiberufliche Praxen. Dies gilt sowohl für die Zurechnung der Einkünfte aus externen Leistungen gegenüber den Mandanten als auch für die Verrechnung von sozietätsinternen Leistungen. Von dieser objektiven Einkünftezurechnung zu unterscheiden ist die Aufteilung der Einkünfte auf die persönlich steuerpflichtigen Gesellschafter. Die subjektive Einkünftezurechnung richtet sich entweder nach § 722 Abs. 1 BGB oder nach den gesellschaftsvertraglichen Gewinnverteilungsabreden, die sich auf die Höhe der von den einzelnen Gesellschaftern zu versteuernden Einkünfte auswirken.

Rademacher-Gottwald

3. Besteuerungsprobleme bei unternehmerischen Engagements in osteuropäischen Staaten

von Dr. jur. Thomas Kaligin, Rechtsanwalt, Berlin

Inhaltsübersicht

A. Spezifische Investitionsrisiken und präventives Verhalten von Investoren in Osteuropa
B. Überblick über das Steuersystem ausgewählter osteuropäischer Staaten
 I. Tschechien
 II. Ungarn
 III. Polen
IV. Kriterien für eine internationale Steuerplanung bei wirtschaftlichen Aktivitäten in Osteuropa

Literatur:

Bernhardt/Piekielnik, Das neue Doppelbesteuerungabkommen mit Polen, IStR 2005, 366 ff.; *Gawel/Makovicz,* Dividenden einer polnischen Gesellschaft mit deutscher Beteiligung im Spannungsfeld zwischen dem nationalen Steuerrecht, der Mutter-Tochter-Richtlinie und dem Doppelbesteuerungsabkommen, IStR 2008, 690 ff.; *Kaligin,* Wann kippt eine passive Repräsentanz in eine aktive Betriebsstätte um?, RIW 1995, 398 ff. **ders.,** Zur Rechtsschutzintensität des Verständigungsverfahrens im internationalen Steuerrecht der Bundesrepublik Deutschland, WPg 1982, 217 ff.; *List,* Deusche Investitionen und Unternehmensbesteuerung in der Tschechischen Republik, WIRO 1993, 43, 45.

A. Spezifische Investitionsrisiken und präventives Verhalten von Investoren in Osteuropa

Bei größeren Investitionsvorhaben ist es zwecks Durchführung einer langfristigen Wirtschaftlichkeitsberechnung (einschl. Steuerplanung) unumgänglich, dass die Eckwerte für eine solche Investition von vornherein festgeschrieben werden.

Eine solche Festschreibung ist aufgrund der fließenden Rechtssituation in den meisten osteuropäischen Ländern – insbesondere in Anbetracht potentiell instabiler politischer Verhältnisse – zurzeit nicht möglich.

Deshalb sind government assistance packages in der Vergangenheit in Polen insbesondere bei Großprojekten (Fiat, General Motors, Ford, Volkswagen, Peugeot, International Paper Company), Ungarn (Suzuki) und auch Tschechien (Volkswagen/Skoda) abgeschlossen worden.

Folgende Regelungsprobleme treten in der Praxis bei der Abfassung eines sog. government assistance package auf:

- Schwierigkeiten beim Eigentumserwerb oder grundstücksgleichen Rechten
- (Hyper-)Inflation der Währung
- ggf. eingeschränkte Transfermöglichkeiten bei lokalen Währungsgewinnen
- Probleme bei der grenzüberschreitenden Finanzierung im Blickwinkel der Devisengesetzgebung
- schwankende Steuer- und Zollbelastungen bei der Einfuhr von Vorprodukten
- Etablierung von zollfreien Zonen
- Inanspruchnahme von Steuerbefreiungen bzw. Steuervergünstigungen
- Assistenz der Gemeinden, Gemeindeverbände bzw. der Regierung hinsichtlich infrastruktureller Maßnahmen (Sicherung der Energie- und Wasserversorgung für die zu erstellende Fabrik, Straßen- und Autobahnanschlüsse, Telekommunikation etc.)

- Klärung der Betriebsverfassung und Mitbestimmungsrechte von zu beschäftigenden Arbeitnehmern (Vereinbarung von etwaigen Sonderrechten)
- Inanspruchnahme von zinsgünstigen Krediten seitens der Regierung
- Freistellung bei der Haftung von Altlasten bzw. Umweltschutzauflagen

Der Katalog ließe sich sicherlich noch weiter ergänzen.

Ein solches government assistance package sollte mit den zuständigen Ministerien und ggf. der Regierung abgeschlossen werden. Dieser öffentlich-rechtliche Vertrag hat erfahrungsgemäß eine Laufzeit von ca. zehn Jahren. Der Vertrag muss sich an die bestehenden nationalen Gesetze halten und darf nicht offensichtlich rechtswidrig sein; ansonsten entfällt jegliche Bindungwirkung. Darüber hinaus dürfen keine illoyalen Einwirkungen auf Regierungsmitglieder (z. B. Zahlung von Bestechungsgeldern) erfolgen, weil auch dann selbstverständlich jede Bindungswirkung entfällt.

Die Funktion eines solchen öffentlich-rechtlichen Vertrages ist es – insbesondere hinsichtlich der "politischen Wechselbäder" und unterschiedlichen Ansprechpartner der Regierung und Administration – möglichst eine langfristige Planungssicherheit zu erhalten.

Ein government assistance package muss so ausgearbeitet werden, dass in einer Präambel das Investitionsvorhaben mit folgenden Eckwerten beschrieben wird:

- Investitionsvolumen in einem genannten Zeitraum
- Schaffung von Arbeitsplätzen
- Nutzen für die Volkswirtschaft
- Chancen für Zuliefererbetriebe etc.

In den weiteren Kapiteln müssen die obig beschriebenen Themenkomplexe etc. näher spezifiziert werden.

B. Überblick über das Steuersystem ausgewählter osteuropäischer Staaten

In den folgenden Ausführungen sollen die spezifischen steuerlichen Eckdaten der bedeutendsten osteuropäischen Länder in skizzenhafter Weise herausgestellt werden.

I. Tschechien

1. Körperschaftsteuer

Der Steuersatz für juristische Personen betrug im Jahr 2007 24 % wurde im Jahr 2008 auf 21 % gesenkt, beträgt im Jahr 2009 20 % und ab dem Jahr 2010 19 %.

Für die Festsetzung des Steuersatzes wird neu der zum ersten Tag (früher: der letzte Tag) des Veranlagungszeitraums geltende Steuersatz verwendet. Demzufolge können Unternehmen, die abweichend vom Kalenderjahr bilanzieren, den reduzierten Steuersatz von z. B. 21 % erst ab dem Wirtschaftsjahr 2008/2009 geltend machen. Auch kann damit im Gegensatz zur Vergangenheit kein positiver Steuereffekt durch Wechsel des Veranlagungsjahres (Kalenderjahr vom Wirtschaftsjahr) erzielt werden.

Der Verlustvortrag ist auf sieben Jahre begrenzt und der Höhe nach nicht limitiert. Die Möglichkeit eines Verlustrücktrags ist jedoch nicht gegeben.

Hervorzuheben ist auch, dass nach der neuen Rechtslage – im Gegensatz zur bisherigen – nunmehr auch Personengesellschaften nicht mehr Steuersubjekt selbst sind; der bei den Personen-

Kaligin

gesellschaften festgestellte Gewinn wird den Anteilseignern zugerechnet und bei diesen besteuert.

Eine praxisrelevante Ausnahme gilt jedoch für die **Kommanditgesellschaft. Die nach Abzug der Komplementärgewinnanteile verbleibende Steuerbemessungsgrundlage ist Bemessungsgrundlage der Kommanditgesellschaft und wird nach den Grundsätzen der Einkommensteuer juristischer Personen besteuert.** Das bedeutet, dass die KG (einschließlich GmbH & Co. KG) – nach Abzug des Komplemetärergebnisanteils – Steuersubjekt der Einkommensteuer juristischer Personen ist.

Der Begriff des "Einkommens aus tschechischer Quelle" umfasst nun auch das Einkommen von Betriebsstätten.

Darüber hinaus sind im Gesetzespaket verschiedene Abschreibungsmethoden (lineare oder beschränkte Abschreibung) festgelegt. Es bestehen fünf verschiedene Abschreibungsgruppen mit Abschreibungsdauer von 4 – 30 Jahren (vorher 4 – 45 Jahre).

2. Quellensteuern

Nach der Novelle werden Ausschüttungen von Dividenden und anderen Gewinnanteilen von Tochtergesellschaften sowie Zinszahlungen nicht nur innerhalb der EU, sondern auch an in Norwegen und Island ansässige Kapitalgesellschaften von der Quellensteuer befreit. Ab dem 1. 1. 2011 wird die Befreiung auch auf Lizenzzahlungen angewendet. Die Quellensteuerbefreiung wirkt für Zins- und Lizenzzahlungen an Tschechien nach Norwegen und Island jedoch nur einseitig.

Die vormalige nationale Quellensteuer in Höhe von 25 % bei Lizenzgebühren und Einkünften aus Vermietung sowie Vergütungen auf dem Gebiet Tschechiens erbrachte Dienstleistungen wird ab dem 1. 1. 2008 auf 15 % und ab dem 1. 1. 2009 auf **12,5 %** gesenkt. Eine Ausnahme stellen Einkünfte aus Vermietung beim Finanzierungs-Leasing dar, die einer 5 %igen Quellensteuer (früher 1 %) unterliegen.

Bei einer juristischen Person als Shareholder mit Schachtelbeteiligung kommt der Empfänger in jedem Falle in den Genuss der Quellensteuersatzermäßigung von 5 %. Umstritten ist jedoch, ob diese Quellensteuersatzermäßigung auch in Betracht kommt, wenn eine deutsche GmbH & Co. KG Anteilseigner der tschechischen GmbH & Co. KG ist (so genanntes **Doppelstock-Modell**). Nach der tschechischen Betrachtungsweise müsste es auch hier eigentlich zu einer Quellensteuersatzermäßigung kommen, während dies nach deutscher Rechtsauffassung wegen der Qualifizierung als Personengesellschaft möglicherweise nicht der Fall ist.[1]

Einkünfte aus der Beteiligung an einer gewerblich tätigen ausländischen Personengesellschaft (hier: Kommanditgesellschaft tschechischen Rechts), die nach Maßgabe eines Doppelbesteuerungsabkommens in Deutschland steuerfrei sind, sind auch dann als dem Progressionsvorbehalt unterliegenden Einkünfte der inländischen Gesellschafter anzusehen, wenn die ausländische Personengesellschaft in dem anderen Vertragsstaat als juristische Person besteuert wird.[2] In diesem Kontext ist jedoch auf die Neuregelung des Progressionsvorbehalts nach § 32 b Abs. 1 Satz 2 EStG (in der Fassung des Jahressteuergesetzes 2009) hinzuweisen. Danach fallen Einkünf-

---

[1] Vgl. *List*, WIRO 1993, 43 (45).
[2] BFH Beschl. v. 4. 4. 2007 – I R 110/05 BStBl. 2007 II, 521.

Kaligin

te aus einer gewerblichen Betriebsstätte, soweit sie sich in einem EU-Ausland befindet, aus dem Progressionsvorbehalt in toto heraus.[3]

Der Steuersatz wird allerdings in dem von der CSFR abgeschlossenen DBA erheblich reduziert (im Verhältnis zu Deutschland 5 % bei einer Schachtelbeteiligung, in allen anderen Fällen 15 %). Die Quellensteuer für Lizenzen beträgt 5 % und für Zinsen 0 %. Der Bundesminister für Finanzen geht davon aus, dass das bisherige Abkommen mit der CSFR auch für die so genannten Nachfolgestaaten gilt. Es ist darauf hinzuweisen, dass ein **neues DBA** mit Tschechien am 22. 3. 2000 paraphiert wurde, aber bisher – wegen weiter bestehender Meinungsverschiedenheiten – nicht ratifiziert wurde.

3. Besteuerung von natürlichen Personen

Der Einkommensteuersatz für natürliche Personen bleibt auch für das Kalenderjahr 2009 bei 15 %. Die geplante Verminderung des Steuersatzes und Erhöhung der Steuerabzugsbeträge ab 2009, die sich aus der Novelle des EStG 2008 ergaben, wurden wieder aufgehoben. Dies wurde durch eine Herabsetzung der Sozialversicherungsbeiträge um 1,5 % kompensiert.

II. Ungarn

1. Körperschaft- und Gewerbesteuer

Die Unternehmensbesteuerung erfolgt in Ungarn rechtsformunabhängig, so dass für die KfT (= GmbH) die RT (= AG), KKT (= OHG), BT (= KG), KfT & Co. KG (= GmbH & Co. KG) – auch **Wirtschaftsgesellschaften** genannt – dieselben Vorschriften gelten.

Die Körperschaftsteuer verfügt weiterhin über einen einstufigen, progressiven Tarif mit den Steuersätzen 10 % und 16 %. Die Bemessungsgrundlage des ermäßigten Steuersatzes wurde nunmehr jedoch von 5 Mio. auf 50 Mio. HUF ausgeweitet.

Allerdings werden auch eine Wertschöpfungssteuer, seit 2005 ein Innovationszuschlag und seit 2007 ein Solidaritätszuschlag von 4 % erhoben. Insgesamt gesehen, summiert sich der kombinierte Ertragsteuersatz in Ungarn daher auf etwa 21,4 %. Die Körperschaftsteuer erfuhr in den letzten Jahren eine ständige Überarbeitung.

Steuersatz	
Körperschaftsteuer	16,0 %
Solidaritätszuschlag	4,0 %
Werstschöpfungssteuer	max. 2,0 %
Innovationszuschlag	0,3 %
Abschreibung Maschine linear in der Regel	14,5 %
Gebäude linear	2 - 6 %
immaterielle Wirtschaftsgüter (Patente)	entsprechend der Handelsbilanz
Computer	33,0 %
Bewertung Vorratsvermögen	FiFo-Methode, LiFo-Methode möglich
Dividendenerträge	steuerbefreit
Thin Capitalization Rules (Safe haven)	3:1

Quelle: Elschner, DB Status-Recht 2008, 119 f.

---

[3] Zu den exorbitant komplizierten Regelungen nebst Problemen bei den Übergangsregelungen für die Vergangenheit siehe instruktiv die Ausführungen von *Hechtner*, DStZ 2009, 47, 48 f.

Ab dem 1. 1. 2006 wurde der bisher für Offshore-Unternehmen geltende Steuersatz von 4 % abgeschafft.

Für die steuerliche Gewinnermittlung von ungarischen Betriebsstätten ausländischer Unternehmern galt bis 2007 die Regelung, dass 12 % der Gesamtaufwendungen als Mindestbemessungsgrundlage anzusetzen waren. Auch Betriebsstätten mit Stammhäusern in Staaten, mit denen Ungarn ein DBA abgeschlossen hat, war diese Regelung ohnehin schon nicht anwendbar, nun wurde sie jedoch vollständig abgeschafft.

Die Spekulationsfrist zur Besteuerung von Veräußerungsgewinnen aus sog. angemeldeten Unternehmensbeteiligungen wurde von zwei auf ein Jahr verkürzt.

Verluste sind nicht rücktragsfähig, sondern lediglich auf fünf Jahre vortragbar.

2. Quellensteuern

Gewinnausschüttungen (Dividenden) an ausländische Empfänger unterliegen einer **nationalen Dividendensteuer von 20 %**, deren Steuersatz aber durch DBA ermäßigt werden kann.

Im Falle des DBA Deutschland/Ungarn wird die Quellensteuer auf **5 %** gesenkt, falls die deutsche Kapitalgesellschaft über einen Anteil von mindestens 25 % verfügt (Schachtelprivileg), ansonsten 15 %.

Dividenden an ungarische Unternehmen sind – mit Ausnahme der Barauszahlung – steuerfrei, so dass sich die Steuer vor allem an ausländische Anteilseigner wendet.

Es wurde von Steuerexperten jedoch die Besteuerungspraxis bestätigt, dass bei einer Dividendenausschüttung einer ungarischen KfT, KfT & Co. KG an eine deutsche GmbH & Co. KG wie eine Gewinnausschüttung an eine Kapitalgesellschaft behandelt wird. Solche Gestaltungen werden zurzeit praktiziert – via Zwischenschaltung einer deutschen GmbH & Co. KG –, um möglicherweise die 15 %ige Quellensteuer zu sparen. Die Besteuerungspraxis müsste ggf. diesbezüglich noch einmal mit den Finanzbehörden vor Ort abgeklärt werden.

Eine herausragende Neuerung ist die Abschaffung der Quellensteuer auf Dividendenausschüttungen zum 1. 1. 2006. Die Quellensteuer hatte zuvor, seit 1997, einen Satz von 20 %, der nach Maßgabe der einschlägigen DBA ermäßigt wurde. Seit dem 1. 5. 2004 gilt auch in Ungarn die Mutter-Tochter-Richtlinie, so dass Gewinnausschüttungen zwischen Kapitalgesellschaften im Regelfall bereits quellensteuerfrei erfolgen konnten. Von den nunmehr vollzogenen gänzlichen Abschaffungen profitieren daher insbesondere mittelständische Unternehmen, die als doppelstöckige Personengesellschaften strukturiert sind. Deren Ausschüttungen aus Ungarn unterlagen im Falle eines deutschen Stammhauses bislang einer 15 %igen Quellensteuer. Mit dem Wegfall der Quellensteuer wird die Gesamtbelastung dagegen nahezu halbiert werden, da außer der 16 %igen Körperschaftsteuer, aufgrund der im Regelfall anwendbaren Freistellungsmethode, keine nennenswerten weiteren Ertragsteuerlasten anfallen.

Zinsen und Lizenzgebühren, die an ausländische Empfänger gezahlt werden, unterliegen grundsätzlich einer Quellenbesteuerung mit dem normalen Steuersatz von **18 %**. Gem. den Art. 11, 12 DBA Deutschland/Ungarn sind diese Zahlungen jedoch von der Quellensteuer befreit. **Management- und Leasinggebühren** werden von der Quellensteuer nicht erfasst.

3. Abgabenbelastungen für natürliche Personen

Im Rahmen der Haushaltskonsolidierung wurden Steuererhöhungen wie folgt beschlossen. Ebenso werden die privaten Haushalte wie folgt belastet. Einkünfte natürlicher Personen aus selbständiger und unselbständiger Arbeit sowie aus sog. sonstigen Einkünften werden ab einem Freibetrag von derzeit jährlich HUF 6.325450 (rd. 23.000 EUR) mit 4 % belastet. Dies wiederum entspricht in ihrer wirtschaftlichen Betrachtung einer Erhöhung des Einkommensteuertarifs. Bislang galt ein Grenzsteuerhöchstsatz von **36 %** bei Einkünften von mehr als HUF 1,7 Mio., nunmehr kommt es zu einer weiteren Marginalbesteuerung bei Einkünften von mehr als rd. HUF 6 Mio. im Rahmen der Sondersteuer (s. o.).

III. Polen

Die Umstrukturierung Polens von der Plan- zur Marktwirtschaft ist durch eine flankierende permanente Änderung der Steuergesetze begleitet, die keineswegs abgeschlossen ist. Die ständigen Veränderungen – bedingt durch die laufenden Regierungswechsel mit instabilen Mehrheitsverhältnissen – bedeuten auch, dass eine langfristige Steuerplanung nicht möglich ist. In den folgenden Ausführungen sollen in Form einer "Momentaufnahme" folgende Faktoren dargestellt werden:

- Besteuerung der Etablierung einer polnischen GmbH bzw. AG
- Einbeziehung von Quellensteuern (im Blickwinkel des DBA Deutschland/Polen 1972)
- Besteuerung von natürlichen Personen
- Umsatzsteuer und Akzisen-Steuer

1. Ertragsbesteuerung von ausländischen Investoren

Die Körperschaftsteuer hat zurzeit einen Linearsteuersatz von 19 %.

2. Quellensteuern

Quellensteuern auf Dividenden einer juristischen Person, die in Polen weder Sitz noch Geschäftsleitung hat, beträgt nach nationalem Recht 20 % der Einkünfte (Art. 22 KStG).

Die Dividenden, die an eine natürliche Person gezahlt werden, betragen nach nationalem Recht ebenfalls 20 % (§ 30 Abs. 1 Ziff. 1 EStG).

Hierbei ist jedoch die Regelung nach Art. 10 Abs. 2 DBA Deutschland/Polen zu beachten, wonach sich bei einer Schachtelbeteiligung der Steuersatz auf 5 % ermäßigt, ansonsten liegt der Quellensteuersatz bei 15 %.

Ferner sollten die günstigen Abkommensregelungen im Verhältnis Polen einerseits und Malaysia bzw. Niederlande andererseits – mit einem Quellensteuersatz von 0 % – mit in die internationale Steuerplanung einbezogen werden ("treaty-shopping").

Der Systemwechsel erfolgt auch bei der Quellenbesteuerung von Dividenden: Dividenden an polnische Muttergesellschaften unterliegen dem gleichen Quellensteuersatz wie bei Dividenden an EU- bzw. EWR-Muttergesellschaften Bei einer mindestens 10 %igen Beteiligung über zwei Jahre erfolgt die Freistellung von der Dividendensteuer (Art. 22 Abs. 4 n. F.). Kann dieses Erfordernis nicht erfüllt werden, so wird eine 19 %ige Quellensteuer erhoben. Diese konnte im Inlandsfall unter der bisherigen Regelung der Muttergesellschaft zur Anrechnung gebracht werden (Wegfall sog. direkter Anrechnungsverfahren, Art. 23).[4]

Darüber hinaus werden Zinsen von Darlehen mit einem 20 %igen Quellensteuersatz belegt. Nach Art. 11 Abs. 1 DBA Deutschland/Polen können Zinsen aus einem Vertragsstaat nur in diesem Staat besteuert werden, in dem die Person ansässig ist, an die die Zinsen gezahlt werden

---

[4] Zur Problematik der Dividenden einer polnischen Gesellschaft mit deutscher Beteiligung im Spannungsfeld zwischen dem nationalen Steuerrecht, der Mutter-Tochter-Richtlinie und dem Doppelbesteuerungsabkommen siehe instruktiv *Gawel/Makovicz*, IStR 2008, 690 ff.

Kaligin

(allerdings unter Beachtung des Betriebsstättenvorbehalts in Art. 11 Abs. 4 DBA Deutschland/Polen).

Sowohl nach Art. 29 EStG als auch nach Art. 21 KStG ist die Quellenbesteuerung i. H. von 19 % der Einkünfte für die Nutzung oder das Recht auf Nutzung von Patenten, für den Verkauf von Urheberrechten, Erfindungen, Formeln und Verfahren vorgesehen. Sie sind jedoch im Verhältnis Deutschland/Polen (Art. 12 DBA Deutschland/Polen) als Lizenzgebühren im Quellensteuerstaat steuerbefreit, wobei jedoch der Betriebsstättenvorbehalt in Art. 12 Abs. 3 zu beachten ist.

3. Besteuerung von natürlichen Personen

Die Einkommensteuer ist im Jahr 2009 wie folgt strukturiert:

Bemessungsgrundlage 2009	Steuer
0 PLN – 3089,00 PLN	0
3.089,00 PLN – 85.528,00 PLN	18 %
85.528,00 PLN	32 % + 14.839,02 PLN

Zu der ursprünglich vorgesehenen automatischen Inflationsanpassung der Steuertabelle kommt es noch nicht. Auch ist fraglich, ob die Abschaffung der dritten Progressionssteuer im Jahr 2009 tatsächlich erfolgen wird.

4. Umsatz- und Akzisensteuer

Zum 5. 7. 1993 ist das **Mehrwertsteuersystem** (VAT) eingeführt worden und hat die bisher geltende Umsatzsteuer sowie die Einfuhrumsatzsteuer ersetzt. Als Normalsatz sind **22 %**, als ermäßigter Satz **7 %** vorgesehen. Für Ausfuhrlieferungen gilt ein Nullsatz (Steuerbefreiung mit Vorsteuerabzug). Außerdem kann der Finanzminister den Nullsatz vorübergehend auch für bestimmte dem ermäßigten Satz unterliegende Güter und Dienstleistungen einführen. Dies gilt insbesondere für Medikamente und pharmazeutische Produkte, für Dünge- und Futtermittel sowie für landwirtschaftliche Produktionsmittel.

Gleichzeitig mit der Mehrwertsteuer wurde eine **Akzisensteuer** eingeführt, welche nach folgenden Grundsätzen und Regeln veranlagt und erhoben wird.

Steuergegenstand ist die Herstellung und der Verkauf von Waren und Erzeugnissen, die im Gesetzesanhang als Akzisenerzeugnisse bezeichnet werden. Gegenstand der Besteuerung ist außerdem die Einfuhr der genannten Akzisenerzeugnisse sowie übermäßige Verluste und verschuldete Fehlbestände, die bei der Herstellung, Aufbewahrung, Verarbeitung, Nutzung und Beförderung entstanden sind.

Der Akzisensteuer unterliegen insgesamt 19 Waren und Erzeugnisse, darunter Benzin, Schmieröl, Gaspistolen, Spielautomaten und -einrichtungen, Personenkraftwagen, Hochseeyachten, hochwertige elektronische Geräte und Videokameras, Salz, Zündhölzer, Spielkarten (mit Ausnahme von Kinderspielkarten), bestimmte Pelzwaren aus Edelpelz, Alkohol und alkoholische Erzeugnisse, Weine, Bier, Kaugummi, Tabakwaren, Segelschiffe und Boote (mit Ausnahme von Fischerbooten und Rettungsbooten) sowie sonstige alkoholartige Getränke mit einem Alkoholgehalt von mehr als 1,5 %.

Das Gesetz bestimmt Höchststeuersätze, welche nicht überschritten werden dürfen. Diese betragen für Alkohol 95 % (Erzeugung) und 190 % (Einfuhr), für Benzin, Weine, Tabakwaren und alkoholartige Getränke 65 % (Herstellung) und 190 % (Einfuhr), für sonstige Akzisenerzeugnisse 25 % (Herstellung) und 40 % (Einfuhr) sowie für Pkw 40 % (Herstellung) und 65 % (Einfuhr).

Kaligin

IV. Kriterien für eine internationale Steuerplanung bei wirtschaftlichen Aktivitäten in Osteuropa

Bei der Strukturierung einer Investition in Osteuropa sind folgende Parameter möglichst miteinander in optimaler Weise in Einklang zu bringen:

- Minimierung der Steuerbelastung in dem osteuropäischen Land; möglicherweise optimale Inanspruchnahme von Steuerbefreiungen bzw. -ermäßigungen
- Reduzierung der Quellensteuer (unter Berücksichtigung des Abkommensnetzes) unter dem Blickwinkel des treaty shopping
- Vermeidung einer Besteuerung in Deutschland durch die Ausnutzung der Freistellungsmethode
- Steuerliche Behandlung bei der Veräußerung von Beteiligungen

Darüber hinaus muss sichergestellt werden, dass die Steuerplanung mit den zurzeit geltenden gesellschaftsrechtlichen Grundsätzen in dem jeweiligen osteuropäischen Land miteinander vereinbart werden kann. Weiterhin sind selbstverständlich auch andere strategische Aspekte (wie Haftungsbeschränkung, Integration des osteuropäischen Investments in eine Unternehmensstruktur) mit in Betracht zu ziehen.

1. Besonderheiten von Repräsentanzbüros

Bei der Eröffnung einer passiven Repräsentanz (teilweise auch nur der Anmietung eines Hotelzimmers) oder eines kleinen Büros (mit einem westlichen Manager und einer Fremdsprachensekretärin) besteht zumeist die Absicht, dass der westliche Investor auf die Suche nach konkreten Märkten bzw. Kooperationspartnern für ein geplantes Joint Venture geht. Darüber hinaus möchte er sich über Art und Weise von Geschäftspraktiken in den jeweiligen Ländern bzw. über die zumeist in allen osteuropäischen Staaten anlaufenden Privatisierungswellen vor Ort unmittelbar erkundigen. Eine solche passive Repräsentanz löst (bei fehlender Abschlussvollmacht des entsandten Vertreters) als bloße "assistierende passive Betriebsstätte" normalerweise bei einem bestehenden DBA keine Steuerpflicht in den osteuropäischen Staaten aus.[5] Es ist jedoch schon vorgekommen, dass die lokalen Finanzbehörden die Existenz von DBA negieren und der Repräsentanz einen Betriebsstättenumsatz zuschätzen, daraufhin eine Gewinnmarge fixieren (z. B. 10 %) und dann eine nationale Betriebsstättensteuer erheben. Hingegen gelangt der Unternehmer dann beim westdeutschen Fiskus nochmals in die volle Besteuerung, weil aufgrund der einschlägigen DBA die Bundesrepublik Deutschland das ausschließliche Besteuerungsrecht hat. Hier sollten ggf. präventive Maßnahmen – z. B. Erkundigung bei den lokalen Finanzbehörden – vorgenommen werden, um von vornherein das Besteuerungsrecht im Wege einer verbindlichen Zusage auszuschließen.

Ansonsten käme als "Notrechtsbehelf" die Einleitung eines Verständigungsverfahrens in Betracht. Dies ist bereits in mehreren Fällen mit Vertragsstaaten der ehemaligen CSFR passiert. Ein solches Verfahren ist jedoch sehr zeitraubend und der Steuerpflichtige hat keinen Rechtsanspruch auf einen auf völkerrechtlicher Ebene gefundenen Einigungsprozess.[6]

---

[5] Zu praxisrelevanten Abgrenzungsfragen s. *Kaligin*, RIW 1995, 398 ff.

[6] BFH, Urt. v. 26. 5. 1982 – I R 16/78 WM 1982, 1282 mit abl. Anm. *Kaligin*; *ders*., WPg 1982, 217 ff.

2. Besteuerung von aktiven Betriebsstätten bzw. Beteiligungen an Personengesellschaften

Eine andere Variante wäre, dass der Steuerpflichtige in dem jeweiligen osteuropäischen Staat eine aktive Betriebsstätte (z. B. auswärtige Verkaufsstelle) begründet. Dies hätte dann zur Folge, dass dann – bei Erfüllung der Aktivitätsklausel (Herstellung oder Verkauf von Gütern oder Waren, Dienstleistung oder Ausführung von Bank- oder Versicherungsgeschäften) nach den einschlägigen DBA, die Deutschland mit den meisten osteuropäischen Staaten abgeschlossen hat – die Freistellungsmethode eingreifen würde.[7] Zu beachten ist jedoch, dass die Aktivitätsklausel in Art. 24 Abs. 1 Ziff. c des DBA Deutschland/Polen 2003 weitgehend Bezug nimmt auf die inländische Aktivitätsklausel in § 8 AStG, die erheblich schärfer formuliert ist.

Dies würde auf eine einmalige nationale Besteuerung hinauslaufen.

Dies bedeutet für natürliche Personen, dass diese ausländischen Einkünfte in Deutschland steuerfrei sind, da der Progressionsvorbehalt nach § 32 b EStG seit dem Jahressteuergesetz 2009 nicht mehr gilt.[8]

Bei Beteiligungen von Kapitalgesellschaften sind diese Gewinne in Deutschland grundsätzlich steuerfrei. Jedoch ist zu beachten, dass bei einem Durchschütten dieser Gewinne vom Anteilseigner als natürliche Person diese nach Maßgabe des Halbeinkünfteverfahrens weiter mit Einkommensteuer belastet werden.

Eine andere Variante wäre die Beteiligung an einer osteuropäischen Personengesellschaft (z. B. GmbH & Co. KG wie in Ungarn möglich in der Form der Kft & Co. KG). Dies hätte den Vorteil, dass der Investor die totale Haftungsbeschränkung erreichen würde. Darüber hinaus käme durch die für Personengesellschaften einschlägige Betriebsstättenbesteuerung ebenfalls die obig genannte Freistellungsmethode in Betracht. Dieses Modell würde nämlich erlauben, dass diese Kft & Co. KG von den dortigen nationalen Steuerermäßigungen profitiert. Es dürfte keine Quellensteuer anfallen, da die KG in Ungarn wie eine juristische Person behandelt wird. In Deutschland greift grundsätzlich die Freistellungsmethode ein.[9] Dies ist sicherlich eine attraktive Rechtsform für Investitionen in Ungarn und in den CSFR-Nachfolgestaaten.

Darüber hinaus ermöglicht eine solche Gestaltung die Nutzung etwaig anfallender Anlaufverluste des Unternehmens zur Reduzierung der deutschen Steuerlast der im Inland unbeschränkt steuerpflichtigen Anteilseigner gem. § 2a Abs. 3 EStG bis Ende 1998. Natürlich muss zur Verlustzurechnung ebenfalls die Aktivitätsklausel des § 2a Abs. 2 EStG erfüllt sein. Es ist auch darauf hinzuweisen, dass die Verlustverrechnung bei zukünftigen Gewinnen der Personengesellschaft grundsätzlich nur temporärer Natur ist, da bei zukünftigen Gewinnen auch über den Veranlagungszeitraum 2008 hinaus (§ 52 Abs. 3 Satz 3 EStG) die Nachversteuerung des § 2a Abs. 3 Satz 3 EStG greift. Dennoch können sich in Abhängigkeit von den Anlaufverlusten hieraus erhebliche Steuerstundungseffekte für die deutschen Anteilseigner ergeben. In diesem Zusammenhang ist darauf hinzuweisen, dass eine Nachversteuerung ggf. dann entfällt, falls ein Verlustvortrag im Ausland generell nicht möglich ist oder nur eingeschränkt praktiziert wird.

---

[7] Z. B. Art. 23 Abs. 1a i. V. m. Abs. 1c DBA Deutschland/Ungarn; Art. 23 Abs. 1a i. V. m. Abs. 1c DBA Deutschland/CSFR;.

[8] Beachte hierzu die Ausführungen von *Hechtner*, DStZ 2009, 47, 48 f. und die Ausführungen bei und in Fn. 3.

[9] Vgl. BdF, Schr. v. 29. 4. 1993 – IV C 6 – S 1301 Ung – 4/93, BStBl 1993 I 342; zur Qualifizierung slowakischer bzw. tschechischer Kommanditgesellschaften und deren Ausschüttungen s. OFD Koblenz, Schr. v. 14. 2. 1995 – S 1301 A – Tschechische Republik – St 341, IStR 1995, 191; zur Beteiligung an einer ungarischen vermögensverwaltenden GmbH & Co. KG s. BMF, Schr. v. 24. 9. 1999 – IV D 3 – S 1301 Ung – 5/99, FR 2000, 238.

Kaligin

3. Beteiligung an einer Tochterkapitalgesellschaft

a) Juristische Personen als Shareholder

Bei der klassischen Variante beteiligt sich eine deutsche Kapitalgesellschaft aus Gründen der Haftungsbeschränkung an einer osteuropäischen Kapitalgesellschaft (zumeist in der Rechtsform einer GmbH). Dies führt dazu, dass die osteuropäische Gesellschaft die obig bezeichneten Steuerermäßigungen für Jointventure-Gesellschaften in Anspruch nehmen kann. Bei der Inanspruchnahme von tax holidays bzw. großzügigen Steuerermäßigungen muss auch der Anwendungsbereich des **deutschen Außensteuergesetzes** geprüft werden. In einem solchen Falle liegt in der Regel das Vorliegen einer niedrigeren Besteuerung bzw. Vorzugsbesteuerung i. S. v. § 2 Abs. 2 AStG vor. Die Zugriffsbesteuerung kann jedoch häufig vermieden werden, weil die Aktivitätsklausel i. S. d. § 8 AStG erfüllt ist.

Nachteilig wirkt sich jedoch aus, dass bei der Ausschüttung eines Gewinnes von der CSFR bzw. Polen an den westlichen Staat die nationale Quellensteuer anfällt (CSFR 25 % bzw. Polen 20 %). Jedoch sind die Steuerermäßigungen nach den DBA mit Deutschland zu beachten, so dass sich die Steuersätze bei Vorliegen einer Schachtelbeteiligung (Art. 10 Abs. 2 DBA Deutschland/Ungarn; Art. 10 Abs. 2 DBA Deutschland/CSFR; Art. 10 Abs. 2 DBA Deutschland/Polen) auf 5 % (ansonsten 15 %) ermäßigen. Seit dem Inkrafttreten der EU-Mutter-Richtlinie (1. 5. 2004) beträgt die Quellensteuer sogar 0 %. Dividendenausschüttungen an die deutsche Muttergesellschaft sind im Inland nach Maßgabe des § 8b Abs. 1 KStG steuerfrei; die vormals erforderliche Einhaltung der Aktivitätsklausel (Art. 23 Abs. 1c DBA Deutschland/Ungarn; Art. 24 Abs. 1 Ziff. c DBA Deutschland/Polen 2003) ist nicht mehr erforderlich.

Zur Aktivitätsklausel nach dem alten DBA Deutschland/Polen haben die Finanzgerichte wie folgt entschieden. Das Tatbestandsmerkmal „fast ausschließlich" im Rahmen des Aktivitätsvorbehalts gem. Abs. 5 des Zusatzprotokolls zum DBA Deutschland/Polen liegt nur dann vor, wenn die passiven Einkünfte eine relative Bagatellgrenzen von 10 % der Bruttoerträge nicht überschreiten.[10]

Neben der nationalen Steuerbelastung und der anfallenden zusätzlichen Quellensteuer wird dann der Restbetrag thesauriert. Wird dieser jedoch angegriffen, so ergibt sich die höchste steuerliche Belastung durch die Kumulierung von osteuropäischen Ertragsteuern, zusätzlichen Quellensteuern und der deutschen Einkommensteuer nach Maßgabe des Teileinkünfteverfahrens bei den an der deutschen Gesellschaft beteiligten Anteilseignern, soweit sie natürliche Personen sind.

Klarstellend ist anzumerken, dass die **Dividende nicht der Gewerbesteuer nach Maßgabe des § 9 Nr. 7 GewStG unterliegt**.

b) Natürliche Personen als Shareholder

Gerade im mittelständischen Bereich trifft man heute häufig die Konstellation an, dass sich eine hiesige natürliche Person – oder über eine Personengesellschaft – direkt an der osteuropäischen Kapitalgesellschaft beteiligt. Eine solche Konstruktion ist denkbar ungünstig. Schließlich fällt die nationale Steuer für die osteuropäische Kapitalgesellschaft an. Darüber hinaus kommen dann Quellensteuern – ohne Nutzbarmachung des günstigeren Schachtelprivilegsatzes von 5 % – noch 15 % hinzu. Ärgerlich ist dann insbesondere, dass wegen der nicht eingreifenden Freistel-

---

[10] So FG Köln Urt. v. 7. 6. 2006 – 10 K 6348/02 EFG 2006, 1490 mit Anm. *Kühnen* [Rev. eingelegt; Az. des BFH: I R 64/05]. Im anschließenden Revisionsverfahren hat der BFH mit Urt. v. 24. 4. 2007 – I R 64/06 BFH/NV 2007, 1893 den Rechtsstreit zurückverwiesen [neues Az. beim FG Köln 10 K 3320/07].

lungsmethode es zu einer Nachbelastung von bis zu 45 % Einkommensteuer zuzüglich Solidaritätszuschlag nach Maßgabe des Teileinkünfteverfahrens – allerdings unter Anrechnung der nationalen Quellensteuer (in der Regel 15 %) – nach Maßgabe des § 34c EStG kommt.

Das o. g. **Gewerbesteuerschachtelprivileg** steht jedem gewerblichem Unternehmen, also auch Einzelunternehmen und Personengesellschaften, zu (Abschn. 65 Abs. 3 Satz 1 GewStR 1998).

Zu überdenken ist auch, ein Unternehmen in der Rechtsform einer osteuropäischen Kapitalgesellschaft mit einer jeweils max. 1 %igen Beteiligung im Privatvermögen zu halten (vgl. § 17 EStG), um simultan von den dortigen Steuerbefreiungen bzw. -ermäßigungen und von der deutschen Steuerfreiheit auf Veräußerungsgewinne zu profitieren.

Dieses grenzüberschreitende "Steuerspar-Anteils-Rotations-Modell" funktioniert jedoch nur, wenn Deutschland nach dem einschlägigen DBA das ausschließliche Besteuerungsrecht hält.

aa) Ungarn

Im Falle einer Liquidation des Gemeinschaftsunternehmens bzw. bei einer Anteilsveräußerung der Anteile an der Kapitalgesellschaft fällt gem. Art. 13 Abs. 3 i. V. m. Art. 4 Abs. 1 des DBA Deutschland/Ungarn eine Besteuerung ausschließlich in Deutschland an.

bb) Polen

Hier ist die Rechtslage kompliziert geworden. Nach der Auffangklausel des bis zum VZ 2002 geltenden Art. 19 DBA Deutschland/Polen (a. F.) galt bei allen nicht gesondert geregelten Einkünften das Prinzip der ausschließlichen Wohnsitzbesteuerung. Danach tritt nun die Neuregelung in Art. 13 DBA Deutschland/Polen 2003 in Kraft. Insbesondere bei Gesellschaften, deren Aktiva überwiegend (zu mehr als 50 %) aus unbeweglichem Vermögen besteht und zur Veräußerung von beweglichem Vermögen, das Betriebsvermögen einer Betriebsstätte ist, verbleibt es bei einem weiteren Besteuerungsrecht des Belegenheitsstaates (Anrechnungsverfahren). Bei der Veräußerung von bloßen Gesellschaftsanteilen verbleibt es jedoch bei der Besteuerung nach dem Wohnsitzstaatsprinzip (Art. 13 Abs. 5 DBA Deutschland/Polen n. F.). Zu beachten ist jedoch die Möglichkeit einer Wegzugsbesteuerung nach Maßgabe des Art. 13 Abs. 6 DBA Deutschland/Polen n. F. in Verbindung mit dem Rechtsgedanken des § 6 Ast.G[11]

Somit werden auch Veräußerungsgewinne nur im Wohnsitzstaat (hier Deutschland) besteuert.

cc) CSFR-Nachfolgestaaten

Hier ist die Rechtslage völlig anders gelagert. Nach der atypischen Sonderreglung in Art. 13 Abs. 3 DBA Deutschland/Tschechien besteht ein Besteuerungsrecht Tschechiens bei Veräußerungsgewinnen bei Anteilen an Kapitalgesellschaften.

Im Hinblick darauf ist bei der steuerlichen Gestaltung auf § 17 EStG Rücksicht zu nehmen. Danach darf die Beteiligung des jeweiligen deutschen Gesellschafters nicht mehr als 1 % betragen. Daneben muss eingehend geprüft werden, ob die Anteile bspw. an einer ungarischen Kft dem Betriebsvermögen oder Sonderbetriebsvermögen des jeweiligen deutschen Gesellschafters zuzurechnen sind. In diesem Fall würden diese ungarischen Kft-Anteile zu Betriebsvermögen, so dass es zur Steuerpflicht bei der Anteilsveräußerung nach Maßgabe des § 16 EStG bei den deutschen Anteilseignern kommen würde. Reinvestitionen müssten für operative Investitionen genutzt werden, so dass die Kapitalgesellschaft keine oder nur geringfügige (weniger als 10 %) passive Einkünfte erzielt.

---

[11] Zu weiteren komplizierten Einzelheiten siehe *Bernhardt/Piekielnik*, IStR 2005, 366, 368; vgl. a. *Reimer*, in: Vogel/Lehner, DBA, 5. Aufl. [2008], Art. 13 Rdn. 225 Tableau Polen.

Bei dieser Gestaltung ist jedoch darauf hinzuweisen, dass laufende Gewinnausschüttungen bei in Deutschland unbeschränkt steuerpflichtigen Anteilseignern in vollem Umfang der deutschen Einkommensteuer nach Maßgabe des Halbeinkünfteverfahrens unterliegen. Der Nichtanfall deutscher Einkommensteuer könnte daher letztlich nur durch eine vollständige **Thesaurierung** der laufenden Gewinne und einer anschließenden steuerfreien Veräußerung der Anteile erreicht werden. Dabei ist jedoch zum einen zu beachten, dass bei vollständiger Thesaurierung möglicherweise das Problem der Hinzurechnungsbesteuerung passiver Einkünfte – bei mehr als 50 %igem deutschen Anteilsbesitz – virulent wird. Diese Gestaltungsalternative sollte daher letztlich nur ins engere Kalkül gezogen werden, sofern die inländischen Beteiligten mindestens mittelfristig (ca. fünf Jahre) eine Veräußerung vorsehen.

c) Geltendmachung von Anlaufverlusten bei der hiesigen Besteuerung (bis VZ 1998)

Sollte man aufgrund der überschlägigen Steuerplanung zu dem Ergebnis kommen, dass ein mehrjähriger Anlaufverlust zu erwarten ist, so muss geprüft werden, inwieweit unter Beachtung der Vorschrift des § 2a EStG a. F. ein Verlustausgleich in Deutschland in Betracht kommt.

Bei langjährigen Anlaufverlusten empfiehlt sich somit die Begründung einer Personengesellschaft mit Haftungsbeschränkung (z. B. GmbH & Co. KG soweit gesellschaftsrechtlich zulässig) oder die Begründung einer Betriebsstätte (hier sind die Haftungsrisiken des deutschen Stammhauses jedoch gegenzurechnen).

Zur Begründung einer Personengesellschaft (bzw. Mitunternehmerschaft) i. S. von § 15 Abs. 1 Nr. 2 EStG bzw. klassischen Betriebsstätte besteht nach § 2a EStG a. F. die Möglichkeit – unter Beachtung der Aktivitätsklausel –, die Verluste in Deutschland bei der Besteuerung geltend zu machen.

Werden jedoch später Gewinne erzielt und ist ein Verlustvortrag im ausländischen Staat möglich, so kommt es später zu einer Nachversteuerung nach Maßgabe des § 2a Abs. 3 Satz 3 und 4 EStG a. F.

d) Fazit

Bei der Konzeption einer Investition in Osteuropa ist also darauf zu achten, dass es nicht zu einer dreifachen Belastung von nationaler Körperschaftsteuer, Quellensteuern und deutschen Steuern kommt.

Es sollten insbesondere Modelle vermieden werden, wo sich natürliche Personen direkt an einer osteuropäischen Kapitalgesellschaft beteiligen. Gerade bei großen Konzernen wird es üblich sein, dass jene sich direkt über die deutsche Mutterkapitalgesellschaft an einer osteuropäischen Tochterkapitalgesellschaft beteiligen. Dadurch wird die übliche Konzernstruktur hergestellt. Die osteuropäische Kapitalgesellschaft kann von den nationalen Steuerprivilegien in aller Regel profitieren. Der Anfall der Quellensteuer entfällt insoweit, als der Anwendungsbereich der EU-Mutter-Tochterrichtlinie gegeben ist.

Natürliche Personen sollten erwägen, ob sie sich nicht an einer osteuropäischen Personengesellschaft beteiligen, um von der Freistellungsmethode zu profitieren und so eine deutsche Steuernachbelastung vermeiden können.

Direkte Beteiligungen von natürlichen Personen an osteuropäischen Kapitalgesellschaften bei laufender Gewinnausschüttung führen zu einer fast konfiskatorischen Besteuerung. Vorteilhaft ist lediglich im Verhältnis zu Ungarn/Polen (nicht CSFR-Nachfolgestatten) das Erzielen von steuerfreien Veräußerungsgewinnen nach dem Anteils-Rotations-Modell, wenn der inländische Steuerpflichtige maximal 1 % der Beteiligung im Privatvermögen hält.

Kaligin

4. Klassische Arbeitsgemeinschaften und virtuelle Unternehmen im internationalen Steuerrecht

von Professor Dr. Dr. Christiana Djanani[*], Dipl.-Kfm. Karl Kaulen[**] und Dipl.-Kfm. Dr. Thomas Hartmann[***]

Inhaltsübersicht

A. Einführung
  I. Erscheinungsformen
  II. Zivilrechtliche Grundlagen
  III. Internationale Arbeitsgemeinschaften
B. Grundsätze der Besteuerung internationaler Arbeitsgemeinschaften
  I. Besteuerung nach innerstaatlichem Recht
  II. Die Arbeitsgemeinschaft im Abkommensrecht
  III. Lohnsteuer
  IV. Umsatzsteuer
C. Abgrenzung der Arbeitsgemeinschaft vom eigenen Geschäftsbetrieb der Gesellschafter
D. Betriebsstättenproblematik
  I. Baustellen und Montagen
  II. Betriebsstätte aufgrund einer im Tätigkeitsstaat unterhaltenen festen Geschäftseinrichtung
  III. Geschäftsleitungsbetriebsstätte
  IV. Begründung einer Betriebsstätte durch den Einsatz von Unternehmensvermögen der Partner
E. Probleme der Gewinnermittlung und -aufteilung
  I. Probleme der Gewinnaufteilung
  II. Ertragsteuerliche Folgen der Überführung von Wirtschaftsgütern in die Arge

Literatur:

Anker u. a., Arbeit in virtuellen Unternehmen, Göttingen 2006; ***Arnold/Härtling***, Virtuelle Unternehmen: Begriffsbildung und -diskussion, in: Griese/Ehrenberg/Mertens, (Hrsg.), Arbeitspapier der Reihe "Informations- und Kommunikationssysteme als Gestaltungselement Virtueller Unternehmen" Nr. 3/1995; ***Baumbach/Hopt***, HGB, 32. Aufl. München 2006; ***Bendlinger***, "Dealing at arm's Length" bei temporären DBA-Betriebsstätten, SWI 1997, S. 104 ff.; ***Bieniek***, Die rechtliche Beurteilung virtueller Unternehmen, Berlin 2004; ***Blümich***, EStG, 101. Erg. Lief., München Oktober 2008; ***Boller/Eilinghoff/Schmidt***, § 50d Abs. 10 EStG i. d. F. d. JStG 2009 – ein zahnloser Tiger, IStR 2009, S. 109 ff; ***Breuninger/Krüger***, Die abnehmende Lokalisierung von Unternehmen als Rechtsproblem im internationalen Steuer- und Gesellschaftsrecht, in: Breuninger/Müller/Strobl-Haarmann (Hrsg.), FS Rädler, Steuerrecht und Europäische Integration, München 1999, S. 102, 110 ff.; ***Bunjes/Geist***, Umsatzsteuergesetz, 8. Aufl., München 2005; ***Canaris***, Handelsrecht, 23. Aufl., München 2000; ***Debatin***, Zur Behandlung von Beteiligungen an Personengesellschaften unter den Doppelbesteuerungsabkommen im Lichte der neueren Rechtsprechung des Bundesfinanzhofs, BB 1992, S. 1181 ff.; ***Debatin/Wassermeyer***, DBA, 106. Erg. Lief., München 2009; ***Ditz***, Internationale Gewinnabgrenzung bei Betriebsstätten und nationale Gewinnermittlungsvorschriften im Lichte der aktuellen Entwicklung bei der OECD, IStR 2005, S. 37 ff.; ***Djanani***, Internationales Steuerrecht, 2. Aufl., Wien 1998; ***Feuerbaum***, Der Betriebsstättenbegriff bei Bauausführungen, Montagen und ähnlichen Tätigkeiten, DB 1977, S. 2401 ff.; ***Fischer-Zernin***, Sondervergütungen und DBA, RIW 1991, S. 493 ff.; ***Fiskalausschuss der OECD***, OECD-Musterabkommen 2008 zur Vermeidung der Doppelbesteuerung auf dem Gebiet der Steuern vom Einkommen und Vermögen, Stand Juli 2008 (im Folgenden OECD-MA); ***ders.***, Kommentar zum Musterabkommen auf dem Gebiete der Steuern vom Einkommen und Vermögen, Stand 18. Juli 2008 (im Folgenden OECD-MK); ***ders.***, Report on the attribution of profits to permanent establishments, Paris 17. Juli 2008; ***ders.***, The Application of the OECD Model Tax Conventions to Partnerships, Issues in internatinal taxation, Paris 1999; ***Förster***, Veröffentlichung der OECD zur Revision des Kommentars zu Artikel 7 OECD-MA, IStR 2007, S. 298 ff.; ***Frotscher***, EStG, 149. Erg. Lief., Freiburg 2009; ***Frotscher***, in: Schwarz, AO, § 180 AO, Stand 15.02.2009; ***Füg***, Neuere Entwicklungen zum nationalen und abkommensrechtlichen Betriebsstättenbegriff, Münster 2005; ***Gosch/Grotherr/Kroppen*** (Hrsg.), DBA-Kommentar, 21. Erg. Lief., Hamm 2008;

---

[*] Lehrstuhl für Allgem. BWL, Controlling und Betriebswirtschaftliche Steuerlehre, Katholische Universität, Eichstätt/Ingolstadt.

[**] Dipl.-Kfm. Karl Kaulen ist externer Doktorand am selbigen Lehrstuhl und in einer Steuerkanzlei in Köln tätig.

[***] Dipl.-Kfm. Dr. Thomas Hartmann, Steuerberater und Wirtschaftsprüfer, Nürnberg, war Mitarbeiter der ersten beiden Auflagen.

Grüninger, Die Europäische wirtschaftliche Interessenvereinigung beratender Freiberufler, BB 1990, S. 2161 ff.; ***Hartmann,*** Steuergestaltung durch Verwendung hybrider Gesellschaften, Hamburg 2000; ***Hauschka/von Salfeld,*** Die Europäische wirtschaftliche Interessenvereinigung (EWIV) als Kooperationsinstrument für die Angehörigen der freien Berufe, DStR 1991, S. 1083 ff.; ***Hemmelrath,*** Besonderheiten bei der Beteiligung von Steuerinländern an Personengesellschaften in DBA-Staaten, IStR 1995, S. 570 ff.; ***Hils,*** Neuregelung internationaler Sondervergütungen nach § 50d Abs. 10 EStG, DStR 2009, S. 888 ff; ***Hübschmann/Hepp/Spitaler,*** AO, FGO; 202. Erg. Lief., Köln 2009; ***Jacobs,*** Internationale Unternehmensbesteuerung, 6. Aufl., München 2007; ***Kahle,*** Aktuelle Entwicklung der Ertragsbesteuerung ausländischer Betriebsstätten, IStR 2007, S. 757 ff; ***Knigge,*** Die Abstellung von Arbeitnehmern an eine baugewerbliche Arbeitsgemeinschaft, DB 1982, Beilage Nr. 4 zu Heft 7; ***Köhler,*** Das Betriebsstättenprinzip im Recht der deutschen Doppelbesteuerungsabkommen bei Mitunternehmerschaftsgebilden, RIW 1991, S. 1024 ff.; ***Kübler/Assmann,*** Gesellschaftsrecht, 6. Aufl., Heidelberg 2006; ***Kumpf,*** Betriebsstätte, Prinzip und Definition, in: Haarmann, (Hrsg.), Die beschränkte Steuerpflicht, Köln 1993, S. 27 ff.; ***Lang,*** DBA und Personengesellschaften – Grundfragen der Abkommensauslegung, IStR 2007, S. 606 ff.; ***Lange,*** Die abkommensrechtliche Behandlung von Sondervergütungen, GmbH-StB 2009, S. 128 ff.; ***Lechner,*** Ort der Geschäftsleitung von inländisch beherrschten ausländischen Gesellschaften, in: Doralt, (Hrsg.), Steuern im Rechtsstaat, FS Stoll, Wien 1990, S. 395 ff.; ***Liebchen,*** Beteiligungen an ausländischen Personengesellschaften, Berlin 2008; ***Meretzki,*** Weshalb der neue § 50d Abs. 10 EStG sein Ziel verfehlt und neue Probleme schafft, IStR 2009, S. 217 ff.; ***Mertens/Faisst,*** Virtuelle Unternehmen – eine Organisationsstruktur für die Zukunft?, Technologie und Management 1995, S. 61 ff.; ***Mitschke,*** Zur gesetzlichen Entstrickungsregelung des § 4 Abs. 1 Satz 3 EStG, DB 2009, S. 1376 ff.; ***Mössner u. a.,*** Steuerrecht international tätiger Unternehmen, 3. Aufl., Köln 2005; ***Müthlein,*** Virtuelle Unternehmen – Unternehmen mit rechtssicheren informationstechnischen Rückgrat?, MHD 1995, Heft 185, S. 68 ff.; ***Olbrich,*** Das Modell der "Virtuellen Unternehmen", Information und Management 1994, Heft 4, S. 28 ff.; ***Palandt,*** Bürgerliches Gesetzbuch, 68. Aufl., München 2009; ***Pausenberger,*** Unternehmenszusammenschlüsse, in HWB, 5. Aufl. Stuttgart 1993, Sp. 4436 ff.; ***Prinz,*** Ertragsteuerfragen moderner Konzepte der Unternehmensorganisation, FR 2000, S. 537 ff.; ***Puls,*** Die Betriebsstätte im Abkommensrecht, Köln 2005; ***Rau*** (Hrsg.), UStG, 137. Erg. Lief., Köln 2009; ***Remberg,*** Anmerkungen zu den OECD-Überlegungen zur Betriebstättenbesteuerung aus der Sicht des Anlagebaus, IStR 2006, S. 545 ff.; ***Rohrlack-Soth/Kaufmann,*** Besteuerung französischer Gesellschaften und ihrer deutschen Anteilseigner (Teil I), IStR 1992, S. 95 ff.; ***Schäfer,*** Fallen ausländische Argen unter § 180 AO?, StBp 1984, S. 188; ***Schaumburg,*** Internationales Steuerrecht, 2. Aufl., Köln 1998; ***Schmidt,*** Handelsrecht, 5.Aufl., München 1999; ***Schnitger,*** Die Einbeziehung des OECD-Kommentars in die Rechtsprechung des BFH, IStR 2002, S. 407 ff.; ***Stang,*** in: Wacker, (Hrsg.), Lexikon der deutschen und internationalen Besteuerung, 3. Aufl., München 1994, Stichwort Arbeitsgemeinschaft, S. 38 f.; ***Staringer,*** Sondervergütungen von Personengesellschaften im Recht der Doppelbesteuerungsabkommen, in: Gassner/Lang, (Hrsg.), Besteuerung und Bilanzierung international tätiger Unternehmen, Wien 1998, S. 363 ff.; ***Strobel/Kellmann,*** Beschränkte Steuerpflicht durch Verbindungsbüros?, AWD 1969, S. 405 ff.; ***Ulmer,*** in: Münchener Kommentar zum BGB, 5. Aufl., München 2009; ***Tipke/Kruse,*** AO, FG, 118. Erg. Lief., Köln 2009; ***Weber,*** Zur Gewinnabgrenzung bei ausländischen Bau- und Montagebetriebstätten, DStZ/A 1976, S. 201 ff.; ***Vogel/Lehner,*** Doppelbesteuerungsabkommen, 5. Aufl., München 2008; ***Winnefeld,*** Bilanz-Handbuch, 4. Aufl., München 2006; ***Wöhe,*** Ausgewählte steuerliche Probleme bei Unternehmenszusammenschlüssen, DStR 1990, Beihefter zu Heft 7; ***Ziehr,*** Einkünftezurechnung im internationalen Einheitsunternehmen, Lohmar 2008.

A. Einführung

I. Erscheinungsformen

Für den Begriff der „Arbeitsgemeinschaft" (**Arge**) existiert keine Legaldefinition. Er wurde von der Betriebswirtschaftslehre zur Beschreibung von Unternehmenskooperationen geprägt, welche auf die gemeinsame Durchführung eines oder mehrerer im Vorhinein festgelegter Werkverträge oder Werklieferungsverträge gerichtet sind.[1] Als **Gelegenheitsgesellschaft** ist die Arge auf begrenzte Dauer angelegt. Ist ihr Ziel erreicht, wird sie aufgelöst. Die zusammengeschlossenen Unternehmen bleiben während des Bestehens der Arge rechtlich und – außerhalb des Koopera-

---

[1] Vgl. *Wöhe,* DStR 1990, Beihefter zu Heft 7, S. 1*; *ders.,* Einführung in die allgemeine Betriebswirtschaftslehre, S. 327 f.; *Pausenberger,* in: HWB, Sp. 4436; *Stang,* in: Wacker (Hrsg.), Lexikon der deutschen und internationalen Besteuerung, Stichwort Arbeitsgemeinschaft; *Sprau,* in: Palandt, BGB, § 705 Rz. 37.

tionsbereichs – auch wirtschaftlich selbständig. Die klassische Arge findet sich im Baugewerbe und im industriellen Großanlagenbau. Zwei oder mehrere Unternehmen schließen sich zum Zweck der Übernahme eines größeren Auftrages (z. B. Bau eines Tunnels, eines Autobahnteilstücks oder Errichtung einer schlüsselfertigen Anlage) zusammen.

Während treibende Motive zur Bildung der klassischen Arge zumeist die Risikoeindämmung und die Überwindung finanzieller bzw. produktionstechnischer Kapazitätsrestriktionen sind, steht bei **virtuellen Unternehmen**, im Sinne eines best of everything, die Konzentration auf **Kernkompetenzen** im Vordergrund.[2] Ein virtuelles Unternehmen ist in Anlehnung an eine Definition von Arnold/Härtling[3] eine horizontale oder vertikale Kooperationsform rechtlich selbständig bleibender Unternehmen, die Leistungen auf Basis eines gemeinsamen Geschäftsverständnisses erbringen. Das vorausgesetzte gemeinsame Geschäftsverständnis ermöglicht es, vertragliche Vereinbarungen zwischen den Partnern auf ein Minimum zu reduzieren. Jeder Partner beteiligt sich vorrangig mit seinen Kernkompetenzen. Das Unternehmen hat nach außen hin ein einheitliches Auftreten; auf eine gemeinsame hierarchische Organisation wird aber so weit als möglich verzichtet. Integrative Klammer bilden vielmehr moderne Kommunikations- und Informationstechnologien. Das virtuelle Unternehmen besteht solange, bis die Erfüllung des Geschäftszwecks erreicht ist, nicht mehr verfolgt oder unmöglich wird. Ein solcherart loser Zusammenschluss soll es den Unternehmen ermöglichen, flexibel und zeitkritisch auf die Markterfordernisse zu reagieren.

Virtuelle Unternehmen sind wie die Arge grundsätzlich nicht auf Dauer ausgelegt. Die zeitliche Begrenzung kann sich aus der Ausrichtung auf einen oder mehrere einzelne Aufträge ergeben. Denkbar sind auch virtuelle Unternehmen, die auf eine grundsätzlich unbeschränkte Vielzahl von Geschäftskontakten ausgerichtet sind. Deren zeitliche Existenz ist dann aber durch den Kernkompetenzfokus beschränkt. Virtuelle Unternehmen lösen sich auf, wenn die Zusammensetzung der Kernkompetenzträger für die gestellten Aufgaben nicht mehr optimal ist. Virtuelle Unternehmen sind nicht stets Argen im hier verstandenen Sinne. Sie fallen nur dann unter die obige Definition der Arge, wenn sie auf die Erfüllung eines oder einer begrenzten Anzahl von Werkverträgen gerichtet sind.[4]

> **Das Konzept des virtuellen Unternehmens sei kurz an einem Beispiel erläutert:**
> Die A-GmbH stellt Fahrradnabenschaltungen her. Der Fahrradhersteller X, einer der wichtigsten Kunden, plant, seine Geschäftsbeziehungen zur A-GmbH umzustellen: X möchte zukünftig nicht mehr einzelne Teile, sondern ganze Systemkomponenten einkaufen. Er verlangt daher die Lieferung komplett vorgefertigter Hinterräder und deren Einbau durch den Zulieferer in seiner Fabrik. Da der Nabenhersteller nicht über das notwendige Know-how zur Lieferung kompletter Räder verfügt, schließt er sich mit Partnern zusammen, welche jeweils in den ergänzenden Bereichen über ausgeprägte Kernkompetenzen verfügen. Einer dieser Partner könnte beispielsweise ein Felgenhersteller, ein anderer ein Reifenhersteller sein. Die Partner teilen den geschäftlichen Erfolg und treten gegenüber dem Fahrradhersteller als einheitliches Unternehmen auf. Die notwendige Koordination der Aktivitäten erfolgt mittels Electronic Data Interchange (EDI). Dazu könnten beispielsweise Konstruktionszeichnungen, Bedarfsmengen etc. in einer zentralen Datenbank, auf die sämtliche Partner Zugriff haben, niedergelegt werden.

---

[2] *Bieniek*, Die rechtliche Beurteilung virtueller Unternehmen, S. 35.

[3] *Arnold/Härtling* in: Griese u. a., Arbeitspapier der Reihe "Informations- und Kommunikationssysteme als Gestaltungselement Virtueller Unernehmen" Nr. 3/1995, S. 21 ff.

[4] Starke Verwandtschaft zur Arbeitsgemeinschaft sehen auch: *Mertens/Faisst*, Virtuelle Unternehmen – eine Organisationsstruktur für die Zukunft?, S. 65; *Olbrich*, Das Modell der "Virtuellen Unternehmen", Information und Management 1994, Heft 4, S. 29; *Müthlein*, MHD 1995, Heft 185, S. 70.

II. Zivilrechtliche Grundlagen

Argen könnten auch als Kapitalgesellschaften gegründet werden. Angesichts des temporären Zuschnitts ist der mit der Gründung und Auflösung einer Kapitalgesellschaft verbundene Aufwand für Argen jedoch im Allgemeinen nicht vertretbar. Das gilt sowohl für die klassische Arge als auch für virtuelle Unternehmen. Virtuelle Unternehmen entstehen, um problemspezifisch und zeitkritisch Kernkompetenzen zu kombinieren. In hohem Ausmaß formalisierte Rechtskleider stünden dem entgegen.[5]

Dauerhaftigkeit ist unentbehrliche Voraussetzung eines Handelsgewerbes i. S. d. HGB. Dabei kommt aber der Länge des Zeitraums, über den sich die Tätigkeit erstreckt, nur untergeordnete Bedeutung zu. Entscheidend ist, ob sich die Betätigung grundsätzlich auf eine unbestimmte Vielzahl von Geschäften erstreckt.[6] Eine Betätigung in der Absicht, nur eines oder mehrere einzelne Geschäfte abzuwickeln, gilt nicht als gewerblich.[7] Argen sind daher keine Personenhandelsgesellschaften, sondern üblicherweise **GbR**. Schließen sich natürliche oder juristische Personen zu einer Arge zusammen, die verschiedenen EU-Mitgliedstaaten zuzurechnen sind, können sie auch die Rechtsform der **EWIV** wählen.[8]

Die für die Begründung eines Gesellschaftsverhältnisses erforderlichen Beiträge können beispielsweise in der Zurverfügungstellung personeller oder finanzieller Ressourcen, in der Lieferung von Halbfertigfabrikaten oder Ähnlichem bestehen. Um eine **problemlose Gründung – und vor allem eine einfache Auflösung** – der Arge zu gewährleisten, ist man in der Praxis bemüht, die Gesellschafterbeiträge auf ein Minimum zu reduzieren: Die zur Durchführung der Aufgaben notwendigen Ressourcen werden durch die Arge vordringlich im Rahmen entgeltlicher Austauschverträge i. d. R. von den Gesellschaftern, bezogen.

Durch den Arge-Vertrag wird geregelt, welche Leistungen die Gesellschafter als Gesellschafterbeitrag zu erbringen haben und welcher Gewinnvorab ihnen dafür zusteht. Das verbleibende Gesamtergebnis wird unter den Partnern – wie vereinbart – aufgeteilt. Treten unvorhergesehene Probleme auf oder wurde das Leistungsvolumen falsch kalkuliert, so hat dies Einfluss auf den Ergebnisanteil sämtlicher Partner.

Argen treten üblicherweise im eigenen Namen gegenüber Auftraggebern und Zulieferern auf. Sie sind diesfalls **Außengesellschaften**, in aller Regel mit eigenem, gesamthänderisch gebundenen Vermögen ausgestattet.[9]

Beschränken sich dagegen die Rechtsbeziehungen der Arge ausschließlich auf die Gesellschafter untereinander, liegt eine reine **Innengesellschaft** vor. Das wäre bspw. der Fall, wenn der Bauherr direkt nur mit einem (Haupt)Unternehmer kontrahiert, der (Haupt)Unternehmer aber den Auftrag im Innenverhältnis auf gemeinsame Rechnung zusammen mit anderen (Sub)Unternehmern ausführt. Wichtig ist, dass Hauptunternehmer und Subunternehmer den für die Begründung einer Gesellschaft notwendigen gemeinsamen Zweck verfolgen. Nicht ausreichend ist es, wenn der (Haupt)Unternehmer einzelne Teilleistungen an andere Unternehmer vergibt, welche

---

[5] Vgl. *Strasse/Nünse*, in Anker u. a. (Hrsg.), Arbeit in virtuellen Unternehmen, S. 52.

[6] Vgl. *Schmidt,* Handelsrecht, S. 288; *Canaris,* Handelsrecht, S. 25.

[7] Vgl. RGZ 74, 150; RGZ 36, 51; OLG Dresden, OLGE 36, 250; *Hopt,* in: Baumbach/Hopt, Handelsgesetzbuch, § 1 Rz. 13.

[8] Vgl. *Kübler/Assmann,* Gesellschaftsrecht, § 36 IV 1.

[9] Vgl. *Ulmer,* in: Münchener Kommentar zum BGB, Vorbemerkung zu § 705 Rz. 43.

diese im ausschließlich eigenen Interesse erfüllen. Im Folgenden soll nur die Arge in Form einer Gesamthandsaußengesellschaft Gegenstand der Untersuchungen sein.

III. Internationale Arbeitsgemeinschaften

Eine internationale Arge ist dadurch gekennzeichnet, dass entweder der Tätigkeitsstaat der Arge und der Ansässigkeitsstaat mindestens eines Partners auseinander fallen und/oder die Arge selbst in mehreren Staaten tätig ist. Letzteres kommt im Hinblick auf die aufgabenspezifische Zusammensetzung der Arge eher selten vor.

Besondere steuerliche Bestimmungen für internationale Argen fehlen, soweit ersichtlich, sowohl im innerstaatlichen als auch im zwischenstaatlichen Recht. Es sind daher allgemeine steuerliche Regelungen auf internationale Argen zu übertragen. Dabei treten wegen der besonderen Ausgestaltung von Argen Probleme auf. Der temporäre Zuschnitt der Arge bedingt es, dass die Verbindung zum Tätigkeitsstaat nur sehr lose, die Verbindung zu den Ansässigkeitsstaaten der Gesellschafter jedoch i. A. sehr ausgeprägt ist. Da es zu aufwendig wäre, sämtliche zur Auftragsdurchführung notwendigen Funktionen bei der Arge selbst zu implementieren, wird die Wertschöpfungskette der Arge erst durch den Rückgriff auf Kompetenzen der Partner komplettiert. Das ist speziell beim Konzept des virtuellen Unternehmens offensichtlich.

B. Grundsätze der Besteuerung internationaler Arbeitsgemeinschaften

Die Ausführungen bleiben auf solche Argen beschränkt, deren Tätigkeit innerstaatlich die Voraussetzungen der Einkünfte aus Gewerbebetrieb erfüllt und zwischenstaatlich unter die Verteilungsnorm für Unternehmensgewinne fällt (Art. 7 OECD-MA). Die Arge übt demnach eine selbständige, nachhaltige Tätigkeit mit Gewinnerzielungsabsicht unter Beteiligung am allgemeinen wirtschaftlichen Verkehr aus. Auch eine einmalige Tätigkeit kann nachhaltig sein, wenn sie, wie bspw. der Bau eines Tunnels durch eine Arge, aus einer Vielzahl einzelner Tätigkeiten besteht.[10] Da die EWIV wie eine Personengesellschaft besteuert wird,[11] gelten nachfolgenden Feststellungen sowohl für Argen in der Rechtsform einer GbR als auch für solche in der Rechtsform der EWIV.

I. Besteuerung nach innerstaatlichem Recht

1. Steuersubjekteigenschaft im Ertragsteuerrecht

Die Arge ist eine **Mitunternehmerschaft**.[12] Sie ist kein eigenständiges Subjekt für Zwecke der Einkommensteuer/Körperschaftsteuer. Die Gesellschafter tragen üblicherweise Mitunternehmerrisiko und entfalten Mitunternehmerinitiative. Der Erfolg aus der geschäftlichen Betätigung der Arge wird den Gesellschaftern zugerechnet und von diesen als Einkünfte aus Gewerbebetrieb versteuert.

---

[10] Vgl. BFH v. 23. 2. 1961, BStBl 1961 III, S. 194 ff.; *Stuhrmann*, in Blümich, EStG, § 15 Rz. 312.

[11] Das gilt zumindest dann, wenn die EWIV, wie hier unterstellt, mit Gewinnerzielungsabsicht tätig ist; vgl. BMF v. 15. 11. 1988, DB 1989, S. 354 f.; *Grüninger*, BB 1990, S. 2162 f.; *Hauschka/von Salfeld*, DStR 1991, S. 1086; *Jacobs*, Internationale Unternehmensbesteuerung, S. 175 ff.

[12] Vgl. BFH, BStBl 1993 II, S 577; OFD Frankfurt a. M. v. 21. 12. 1993, Kartei DBA-AStG S-1301 DBA-Frankreich, Art. 4 Karte 1; BMF v. 19. 7. 1974 IV C 1-S 1301, BStBl I 1974, S. 510.

Hinsichtlich der verfahrenstechnischen Einkommenszurechnung ist zu unterscheiden:[13]

Argen, deren alleiniger Zweck auf die Erfüllung eines einzigen Werkvertrages oder Werklieferungsvertrages gerichtet ist (sog. **Nichtfeststellungsargen**). Es erfolgt keine einheitliche und gesonderte Feststellung des Unternehmensgewinns (§ 180 Abs. 4 AO). Die Arge gilt steuerlich nicht als einheitlicher Gewerbebetrieb, sondern als anteiliger Gewerbebetrieb ihrer Gesellschafter.

Argen, deren Zweck auf die Erfüllung mehrerer Werkverträge gerichtet ist (sog. **Feststellungsargen**). Die Gewinnermittlung und -zurechnung erfolgt im Rahmen einer einheitlichen und gesonderten Gewinnfeststellung.

Da die Gewinnermittlung und -feststellung stets nach den Bestimmungen des innerstaatlichen Rechts erfolgt, gilt § 180 Abs. 4 AO uneingeschränkt auch für ausländische Argen.[14] Selbst wenn die ausländische Arge auf die Erfüllung mehrerer Werkverträge gerichtet ist, unterbleibt eine gesonderte Gewinnfeststellung, sofern nicht mindestens zwei deutsche Gesellschafter beteiligt sind (§ 180 Abs. 3 Nr. 1 AO). Klassische Argen des Baugewerbes sind nahezu ausschließlich Nichtfeststellungsargen. Die neu aufkommenden virtuellen Unternehmen hingegen werden oftmals nicht nur auf die Ausführung eines einzigen Werkvertrages gerichtet sein. Es kann daher verstärkt mit dem Auftreten von Feststellungsargen gerechnet werden.

Selbständig **gewerbesteuerpflichtig** ist nur die Feststellungsarge.[15] Bei den Gesellschaftern sind die Gewinne aus einer inländischen, selbständig gewerbesteuerpflichtigen Feststellungsarge und aus einer ausländischen Argebeteiligung gem. § 9 Nr. 2 GewStG aus der Bemessungsgrundlage zu kürzen. Begründet eine Nichtfeststellungsarge eine inländische Betriebsstätte (§ 12 AO, Art. 5 OECD-MA), so gilt diese für Zwecke der Gewerbesteuer als anteilige Betriebsstätte der Gesellschafter (§ 2a GewStG). Für die Nichtfeststellungsarge ergeht kein einheitlicher Gewerbesteuermessbescheid. Das (anteilige) Arge-Ergebnis geht vielmehr in den einheitlichen Gewerbesteuermessbetrag der Gesellschafter ein. Dieser einheitliche Gewerbesteuermessbetrag wird auf die inländische(n) originäre(n) Betriebsstätte(n) des Gesellschafters und die ihm zugerechnete (anteilige) Arge-Betriebsstätte zerlegt.

Die Arge als Personengesellschaft hat selbständig Anspruch auf die Begünstigung des Freibetrages gem. § 11 GewStG. Bei nicht gesonderter Feststellung ist eine Inanspruchnahme durch die Arge nicht möglich und der deutsche Partner verliert den auf ihn entfallenden Anteil an dieser Begünstigung. Das Ergebnis der Nichtfeststellungsarge wird dem Gesellschafter zugerechnet, was diesem zwar grundsätzlich die Möglichkeit einräumt, oben angeführte Vergünstigung im Rahmen seines eigenen Unternehmens in Anspruch zu nehmen. Ist aber der Partner eine Kapitalgesellschaft oder hat er den Steuerfreibetrag aufgrund der eigenen Geschäftstätigkeit bereits ausgeschöpft, so führt diese Verwaltungsvereinfachung zu einer steuerlichen Mehrbelastung. Schließt aber die Arge gewerbesteuerlich mit einem Verlust ab, so kann dieser bei einer Feststellungsarge nicht mit Gewinnen aus dem eigenen Betrieb der Partner ausgeglichen werden. In diesen Fällen ist die Nichtfeststellungsarge steuerlich überlegen.

2. Internationale Argen im nationalen Außensteuerrecht

Gewinne einer in Deutschland unbeschränkt steuerpflichtigen natürlichen oder juristischen Person aus einer Arge, welche in einem Nicht DBA-Staat tätig ist, werden für Zwecke der Ein-

---

[13] Vgl. *Frotscher*, in: Schwarz, AO, § 180 Rz 202.

[14] Vgl. auch *Schäfer*, StBp 1984, S. 188.

[15] Wird die Arge als EWIV geführt, sind die Gesellschafter Schuldner der Gewerbesteuer (vgl. § 5 GewStG).

kommensteuer/Körperschaftsteuer in die Ermittlung des Welteinkommens einbezogen und in Deutschland versteuert. Bezahlte ausländische Steuern können durch Abzug, Pauschalierung, Anrechnung oder Erlass berücksichtigt werden.

Die üblicherweise günstigere Anrechnung setzt voraus, dass die ausländische Steuer der deutschen Einkommensteuer/Körperschaftsteuer entspricht, dass die Steuer auf ausländische Einkünfte i. S. d. § 34d EStG entfällt und dass der Anrechnungshöchstbetrag nicht überschritten wird. In diesem Zusammenhang verdient ein Problem Erwähnung: Ausländische gewerbliche Einkünfte erfordern eine im Ausland gelegene Betriebsstätte i. S. d. § 12 AO oder einen ständigen Vertreter i. S. d. § 13 AO (§ 34d Nr. 2a EStG). Hat beispielsweise eine Bauausführung oder Montage vier Monate gedauert, begründet diese keine Betriebsstätte nach deutschem Recht. Gewinne aus diesem Bauvorhaben führen demnach nicht zu „ausländischen Einkünften" i. S. d. § 34d EStG. War die viermonatige Tätigkeit im ausländischen Staat als Steueranknüpfungspunkt ausreichend, kann eine im Ausland bezahlte Steuer nur im Wege des Abzugs Berücksichtigung finden.

Deutschland besteuert nicht die Arge, sondern deren Partner. Im Rahmen der beschränkten Steuerpflicht können Arge-Gewinne ausländischer Partner nur insoweit erfasst werden, als – ggf. im Rahmen einer isolierenden Betrachtungsweise – eine der Voraussetzungen des § 49 EStG erfüllt wird. Die Annahme gewerblicher Einkünfte im Rahmen der beschränkten Steuerpflicht setzt danach voraus, dass die Arge eine inländische Betriebsstätte unterhält oder für diese ein im Inland bestellter ständiger Vertreter tätig wird (§ 49 Abs. 1 Nr. 2a EStG). Die Vermeidung einer möglicherweise entstehenden Doppelbesteuerung ist diesfalls Aufgabe des Ansässigkeitsstaates des Gesellschafters.

II. Die Arbeitsgemeinschaft im Abkommensrecht

Existiert ein DBA zwischen dem Tätigkeitsstaat der Arge und dem Ansässigkeitsstaat des Gesellschafters, stehen die Besteuerungsfolgen des innerstaatlichen Rechts unter dem Vorbehalt des Abkommens. Quellenstaat und Wohnsitzstaat können ihr Besteuerungsrecht nur insoweit ausüben, als es die Schranken des Abkommens erlauben.

Die Behandlung von Personengesellschaften in den Abkommen unterscheidet sich je nachdem, ob die Gesellschaft in ihrem Sitzstaat als steuerlich transparent oder intransparent behandelt wird.[16] Steuerliche **Intransparenz** bedeutet, dass die Personengesellschaft wie eine Kapitalgesellschaft besteuert wird. Das Ergebnis der unternehmerischen Tätigkeit wird bei der Personengesellschaft selbst erfasst. Steuerliche **Transparenz** bedeutet, dass das Ergebnis, entsprechend dem deutschen Mitunternehmerkonzept, den Gesellschaftern zugerechnet wird.

Selbständig abkommensberechtigt ist eine Personengesellschaft nur, wenn sie als eine Person i. S. d. Abkommens gilt, welche in einem der beiden Vertragsstaaten ansässig ist (Art. 4 Abs. 1 OECD-MA). Personen i. S. d. OECD-MA sind alle natürlichen Personen, Gesellschaften und Personenvereinigungen. Personengesellschaften sind mithin Personen i. S. d. OECD-MA (Art. 3 Abs. 1 Z. a OECD-MA). Ansässig ist eine Person in einem der beiden Vertragsstaaten, wenn sie dort der unbeschränkten Steuerpflicht unterliegt. Wird die Personengesellschaft in ihrem Sitzstaat bzw. im Staat ihrer geschäftlichen Oberleitung als steuerlich intransparent behandelt, d. h. wird sie aufgrund ihres Sitzes oder des Ortes ihrer geschäftlichen Oberleitung dort zu einer eigenständigen unbeschränkten Steuerpflicht herangezogen, gilt sie demzufolge als eine selbständig abkommensberechtigte Person. Das von ihr betriebene Unternehmen ist ein Unternehmen des

---

[16] Vgl. *Prokisch*, in: Vogel/Lehner, Doppelbesteuerungsabkommen, Art. 1 OECD-MA, Rz. 17.

Sitzstaates der Personengesellschaft (Art. 3 Abs. 1 Z. c OECD-MA) mit der Folge, dass das Besteuerungsrecht an den Gewinnen grundsätzlich dem Sitzstaat der Personengesellschaft zusteht (Art. 7 Abs. 1 HS. 1 OECD-MA).

Argen unterliegen aber aufgrund ihres Charakters als Gelegenheitsgesellschaft üblicherweise keiner eigenständigen Steuerpflicht im Sitzstaat.[17] Die Arge ist daher regelmäßig selbst keine abkommensberechtigte Person. Abkommensberechtigt sind vielmehr ihre Gesellschafter. Demzufolge wird der Erfolg aus der Argetätigkeit den Gesellschaftern zugerechnet. Das Arge-Unternehmen bildet dann abkommensrechtlich ein **anteiliges Unternehmen des betrachteten Gesellschafters** (Art. 3 Abs. 1 Buchst. c OECD-MA). Jeder Gesellschafter betreibt daher ein eigenes Unternehmen.[18] Es existieren folglich genau so viele Unternehmen wie Gesellschafter mit der Folge, dass das Besteuerungsrecht an den (anteiligen) Arge-Gewinnen grundsätzlich dem Ansässigkeitsstaat des jeweiligen Gesellschafters zusteht (Art. 7 Abs. 1 HS. 1 OECD-MA). Dies gilt nicht, wenn die Arge im anderen Vertragsstaat eine Betriebsstätte unterhält. Gewinne der Betriebsstätte werden in diesem Fall üblicherweise im Tätigkeitsstaat der Arge besteuert. Eine von einer Arge begründete **Betriebsstätte wird (anteilig) den einzelnen Gesellschaftern zugerechnet**.[19] Der Ansässigkeitsstaat des Gesellschafters vermeidet die Doppelbesteuerung durch Freistellung unter Progressionsvorbehalt oder durch Anrechnung der im Ausland bezahlten Steuer.

Deutschland verpflichtet sich in seinen DBA regelmäßig, ausländische Betriebsstättengewinne unter Progressionsvorbehalt freizustellen.[20]

III. Lohnsteuer

Von der Arge zur Projektdurchführung benötigtes Personal wird im Regelfall von den Unternehmen der Gesellschafter an die Arge abgestellt.[21] Der Umfang der Abstellungsverpflichtung richtet sich nach dem Arbeitskräftebedarf und dem Beteiligungsverhältnis. Löhne und Gehälter der abgestellten Arbeitnehmer trägt üblicherweise die Arge.

Gem. § 49 Abs 1 Nr. 4 EStG sind ausländische Arbeitnehmer, welche für eine Arge in Deutschland tätig werden, ohne die Voraussetzungen der unbeschränkten Steuerpflicht zu erfüllen, mit ihren Vergütungen in Deutschland beschränkt steuerpflichtig.[22] Die Ausübung dieses Besteuerungsrechts Deutschlands steht unter dem Vorbehalt der Bestimmungen der DBA. Art. 15 Abs. 1 OECD-MA räumt aber dem Tätigkeitsstaat das vorrangige Besteuerungsrecht ein. Die Monteurklausel, nach welcher das Besteuerungsrecht beim Ansässigkeitsstaat des Arbeitnehmers verbleibt, wenn die Auslandstätigkeit 183 Tage nicht überschreitet, setzt voraus, dass die Löhne

---

[17] So ist es bspw. der Groupement d'Intérêt Économique versagt, für eine Besteuerung nach der Körperschaftsteuer zu optieren; vgl. *Rohrlack-Soth/Kaufmann*, IStR 1992, S. 98. Dagegen können Argen in den Vereinigten Staaten u. U. für eine Besteuerung als Corporation optieren; vgl. IRS Sec. 301.7701-1 ff.

[18] Vgl. *Jacobs*, a. a. O. (oben Fn. 11), S. 796; BMF v. 10. 5. 2007, IV B 4 S 1300/07/0006, Entwurf bzgl. der Anwendung der Doppelbesteuerungsabkommen auf Personengesellschaften, Rz. 2.2.2; *Piltz/Wassermeyer*, in: Debatin/Wassermeyer, DBA, Art. 7 Rz. 66.

[19] Vgl. *Puls*, Die Betriebsstätte im Abkommensrecht, S. 121 ff.; Piltz/Wassermeyer, in: Debatin/Wassermeyer, DBA, Art. 7 Rz. 68; zur Zurechnung von Betriebsstätten bei Personengesellschaften im Allgemeinen vgl. *Puls*, Die Betriebsstätte im Abkommensrecht, S. 68 ff.

[20] Vgl. die Übersicht bei *Vogel*, in: Vogel/Lehner, DBA, Art. 23 Rz. 16.

[21] Vgl. *Knigge*, DB 1982, Beilage Nr. 4 zu Heft 7.

[22] Ausgenommen der Fall, dass die Arbeitnehmer – bei Vorliegen der Voraussetzungen – für eine unbeschränkte Steuerpflicht optieren.

nicht von einer Betriebsstätte des Tätigkeitsstaates getragen werden (Art. 15 Abs. 2 OECD-MA).[23] Sie findet daher grundsätzlich keine Anwendung. Ein Ausschluss des Besteuerungsrechts des Tätigkeitsstaates ist allenfalls dann möglich, wenn die Arge im Tätigkeitstaat keine Betriebsstätte begründet.

Im deutschen Lohnsteuerrecht gilt ein zivilrechtlicher Arbeitgeberbegriff. Arbeitgeber können daher auch Personengesellschaften sein.[24] Diese sind unter den Voraussetzungen eines inländischen Sitzes, einer Geschäftsleitung, einer Betriebsstätte oder eines ständigen Vertreters zum Lohnsteuerabzug für ihre Arbeitnehmer verpflichtet. Unter den genannten Voraussetzungen ist daher die Arge, obwohl ansonsten für Zwecke der Ertragsteuern transparent, verpflichtet, die Steuer des Arbeitnehmers durch Lohnsteuerabzug zu erheben.

Das Arbeitsverhältnis von Arbeitnehmern, die ein deutscher Unternehmer an eine ausländische Arge abgestellt hat, ruht. Der abstellende deutsche Arbeitgeber ist nicht verpflichtet, einen Lohnsteuerabzug von den Arbeitslöhnen der abgestellten Arbeitnehmer vorzunehmen. Der abgestellte Arbeitnehmer bleibt, wenn er seinen deutschen Wohnsitz oder gewöhnlichen Aufenthalt nicht aufgibt, in Deutschland unbeschränkt steuerpflichtig. Die ausländischen Arbeitseinkünfte werden im Rahmen der Erfassung des Welteinkommens in Deutschland besteuert. Eine ausländische Steuer kann nach § 34c EStG Berücksichtigung finden. Besteht ein DBA zwischen dem Ansässigkeitsstaat des Arbeitnehmers und dem Tätigkeitsstaat der Arge, wendet Deutschland üblicherweise die Freistellungsmethode unter Progressionsvorbehalt an.[25]

IV. Umsatzsteuer

Leistungen einer Arge an ihre Auftraggeber unterliegen der deutschen Umsatzsteuer, sofern sich der Ort der Lieferung oder sonstigen Leistung in Deutschland befindet. Umsatzsteuerlicher Unternehmer ist die Arge selbst.[26] Sie erklärt die getätigten Umsätze, ist zum Vorsteuerabzug berechtigt und schuldet die Umsatzsteuer.[27]

Leistungen der Partner an die Arge, welche als **Gesellschafterbeiträge** erbracht und durch einen entsprechenden Gewinnanteil abgegolten werden, sind nicht umsatzsteuerbar.[28] Als Gesellschafterbeiträge können prinzipiell alle Leistungen vereinbart werden, bspw. die Lieferung von Halbfertigfabrikaten in einem virtuellen Unternehmen oder die Gestellung von Maschinen oder Arbeitskräften in einer Bau-Arge. Die Vorsteuerabzugsberechtigung für diese Lieferungen und Leistungen bleibt beim leistenden Partner erhalten.

Überlässt der Gesellschafter einen Gegenstand als Gesellschafterbeitrag der Arge und verbringt er den Gegenstand hierzu in einen anderen Mitgliedstaat der EU, liegt kein innergemeinschaftliches Verbringen i. S. d. § 3 Abs. 1a UStG vor, wenn der Gegenstand nur zur vorübergehenden

---

[23] Soweit es sich um eine Arbeitnehmerüberlassung handelt, ist es im Verhältnis zu Österreich bereits ausreichend, wenn der deutsche Arbeitnehmer in einer österreichischen Betriebsstätte des Arbeitgebers tätig war, ohne dass es darauf ankommt, ob diese Betriebsstätte mit den Gehältern belastet ist (Art. 15 Abs. 3 DBA-Österreich).

[24] Vgl. BFH v. 21. 7. 1955, BStBl 1955 III, S. 254; v. 17. 2. 1995, BStBl 1995 II, S. 390.

[25] Vgl. *Wassermeyer*, in: Debatin/Wassermeyer, DBA, Art. 23 A OECD-MA Rz. 2.

[26] Vgl. BFH v. 16. 3. 1995, BFH/NV 1996, S. 187 ff.; v. 21. 5. 1971, BStBl 1971 II, S. 540; Abschn. 16 Abs. 2 UStR; *Heidner*, in: Bunjes/Geist, UStG, § 2 Tz. 11.

[27] Vgl. auch § 17 Abs. 2 Arge-Mustervertrag.

[28] Vgl. mit Rechtsprechungsnachweisen: *Husmann*, in: Rau (Hrsg.), UStG, § 1 Rz. 233, 337 ff ; Abschn. 6 Abs. 3 ff. UStR.

Verwendung im Argestaat bestimmt ist. Im Bestimmungsland muss analog kein innergemeinschaftlicher Erwerb erklärt werden.[29] Leistungen der Gesellschafter an die Arge außerhalb der gesellschaftsrechtlichen Beziehungen gegen ein **Sonderentgelt** sind dagegen grundsätzlich steuerbar. Dies gilt nach neuerer Rechtsprechung des BFH auch für die Geschäftsführungs- und Vertretungsleistungen eines Gesellschafters.[30] Besteht die Möglichkeit zum Vorsteuerabzug bei der Arge, wird eine endgültige Belastung aber vermieden.

Tatsächlich erbrachte und vertraglich geschuldete Gesellschafterbeiträge können auseinander fallen. Wird zu diesem Zweck ein **Spitzenausgleich** zwischen den Gesellschaftern bezahlt, unterliegt dieser der Umsatzsteuer. Es ist darauf zu achten, dass der Spitzenausgleich nicht unter Einschaltung der Arge, sondern direkt vom dem oder den bevorteilten an die benachteiligten Gesellschafter bezahlt wird und diese Ausgleichsart im Gesellschaftsvertrag vereinbart ist.[31] Andernfalls werden nicht nur die Ausgleichszahlungen, sondern sämtliche Gesellschafterleistungen umsatzsteuerbar. Die steuerbare Leistung tätigt der mehrleistende Gesellschafter.

Für den Spitzenausgleich in der internationalen Arge von besonderem Interesse ist der umsatzsteuerliche Ort der durch den Spitzenausgleich abgegoltenen Leistung. Dieser richtet sich nach dem Charakter der vom berechtigten Gesellschafter an die Arge erbrachten Leistung. Bestand der Gesellschafterbeitrag des berechtigten Gesellschafters in Lieferungen an die Arge, richtet sich der Ort der Leistung nach den Bestimmungen des § 3 Abs. 5a bis Abs. 8 UStG. Hat bspw. ein deutscher Gesellschafter Halbfertigfabrikate als Gesellschafterbeitrag an seine ausländische Arge geliefert, ist der Spitzenausgleich i. d. R. eine in Deutschland steuerbare aber steuerfreie Ausfuhrlieferung/innergemeinschaftliche Lieferung. Der Ort einer sonstigen Leistung (z. B. die Gestellung von Geräten oder Arbeitskräften) des deutschen Gesellschafters an seine ausländische Arge wird hingegen zumeist im Ausland belegen sein (vgl. für die Rechtslage bis 31.12.2009: § 3a Abs. 3 i. V. m. Abs. 4 Nr. 7 und 11 UStG, bzw. ab dem 1.1.2010: § 3a Abs. 2 UStG). Der Spitzenausgleich ist diesfalls in Deutschland nicht steuerbar.

C. Abgrenzung der Arbeitsgemeinschaft vom eigenen Geschäftsbetrieb der Gesellschafter

Vergütungen aus der Arge in Form eines Sonderentgelts werden nach **deutschem innerstaatlichem Recht** als Sondervergütungen qualifiziert (§ 15 Abs. 1 Satz 1 Nr. 2 Satz 1 Halbsatz 2 EStG). Demnach sind Vergütungen, die ein Gesellschafter für die Tätigkeit im Dienst der Arge oder für die Hingabe von Darlehen oder für die Überlassung von Wirtschaftsgütern an die Arge erhält, Einkünfte aus Gewerbebetrieb; sie sind Teil des Gewinns der Arge und werden aufgrund des Subsidiaritätsprinzips nicht als andere Einkunftsart qualifiziert (§§ 20 Abs. 8, 21 Abs. 3 EStG).

Aufgrund der international für transparente Personengesellschaften geltenden Bilanzbündeltheorie (Art. 7 Abs. 1, 3 Abs. 1 Z. c, 4 Abs. 1 OECD-MA) stufte die **Finanzverwaltung** Sondervergütungen – unabhängig davon, ob ein DBA ausdrückliche Regelungen zur Behandlung von Sondervergütungen enthielt – grundsätzlich als Unternehmenseinkünfte ein.[32] Behandelte aber das Recht des anderen Staates diese Vergütungen als andere Einkünfte, folgte die Finanzverwaltung

---

[29] Vgl. Abschn. 15 Abs. 10 Nr. 5 UStR.
[30] Vgl. BFH v. 6. 6. 2002, DStR 2002, S. 1346 ff.; *Husmann*, in: Rau (Hrsg.), UStG, § 1 Rz. 88 ff., 232.
[31] Vgl. BFH v. 11. 12. 1969, BStBl 1970 II 358 ff.; v. 11. 12. 1969, BStBl 1970 II 356 ff.; Abschn. 6 Abs. 5 UStR; *Wöhe*, Betriebswirtschaftliche Steuerlehre II/2, S. 44.
[32] Vgl. BMF v. 10. 5. 2007, IV B 4 S 1300/07/0006, Entwurf bzgl. der Anwendung der Doppelbesteuerungsabkommen auf Personengesellschaften, Rz. 5.1.

dieser Einordnung (sog. Qualifikationsverkettung)[33] und damit im Ergebnis den Empfehlungen des OECD-Partnership-Reports[34] zur Vermeidung von Qualifikationskonflikten, welche Eingang in den OECD-Musterkommentar gefunden haben (Art. 23A Tz. 32.1 bis 32.7 OECD-MK).

Entgegen der dargestellten Meinung wurde bzw. wird von **Rechtsprechung**[35] und **h. M. der Literatur**[36] argumentiert, dass zivilrechtlich Austauschbeziehungen zwischen einem Gesellschafter und der Gesellschaft vereinbart werden können. Dadurch fielen Entgelte für Leistungsbeziehungen eines Gesellschafters an einer ausländischen Mitunternehmerschaft, die nicht durch eine Beteiligung am Gewinn abgegolten wurden, unter diejenige Verteilungsnorm, die dem Charakter der Vergütung entspricht. Diese Auffassung werde durch Art. 7 Abs. 7 OECD-MA gestützt. Demnach haben speziellere Einkunftsarten Vorrang vor der allgemeinen Einkunftsart des Art. 7 OECD-MA. Diese Beurteilung widerspricht dem deutschen Recht, wonach die anderen Einkunftsarten subsidiär zu gewerblichen Einkünften sind (§§ 20 Abs. 8, 21 Abs. 3 EStG). Lizenzzahlungen an den Gesellschafter einer ausländischen Personengesellschaft z. B. wären demnach nicht unter Art. 7 sondern unter Art. 12 OECD-MA zu subsumieren. Etwas anderes sollte nur dann gelten, wenn das zugrunde liegende Stammrecht zwar nicht de jure, aber de facto zum Vermögen der Personengesellschaft gehörte.[37] Die deutsche Regelung des § 15 Abs. 1 Nr. 2 EStG sei in diesem Zusammenhang unbeachtlich, da sie nur zu einer rechtlichen Fiktion und damit nicht zu einer tatsächlichen Zuordnung führte. Auf die Eigenschaft des Stammrechtes als Sonderbetriebsvermögen kam es folglich nicht an. § 15 Abs. 1 Nr. 2 EStG werde im DBA-Recht durch Art. 7 Abs. 7 OECD-MA verdrängt.

Der lang anhaltende Meinungsstreit zwischen Finanzverwaltung und Rechtsprechung (und Literatur) wurde mit der Einführung von § 50d Abs. 10 EStG durch das Jahressteuergesetz 2009[38] nun gelöst. Demnach stuft der deutsche **Gesetzgeber** Sondervergütungen i. S. d. § 15 Abs. 1 Satz 1 Nr. 2 Satz 1 Halbsatz 2 und Nr. 3 Halbsatz 2 EStG – unabhängig von der ausländischen Qualifikation – **ausschließlich** als **Unternehmensgewinne** ein, soweit das DBA keine ausdrücklichen Regelungen zur Behandlungen von Sondervergütungen enthält. Allerdings behandeln soweit erkenntlich deutsche DBA, die eine explizite Behandlung von Sondervergütungen vorsehen, diese auch als Unternehmensgewinne.[39] Somit ist eine einheitliche Regelung von Sondervergü-

---

[33] BMF v. 10. 5. 2007, IV B 4 S 1300/07/0006, Entwurf bzgl. der Anwendung der Doppelbesteuerungsabkommen auf Personengesellschaften, Rz. 5.2; *Jacobs*, a. a. O. (oben Fn. 11), S. 535 ff.

[34] *Fiskalausschuss der OECD*, The Application of the OECD Model Tax Conventions to Partnerships, Rz. 95-123.

[35] Vgl. zu Outbound-Fällen: BFH v. 27. 1. 1991, BStBl 1991 II, S. 444 ff.; v. 27. 2. 1991, BFH/NV 1992, S. 385; v. 31. 5. 1995, BStBl 1995 II, S, 683; v. 23. 10. 1996, HFR 1997, S. 380 ff.; v. 9.8.2006, BFH/NV 2006, S. 2326 ff.; v. 20.12.2006, BFH/NV 2007, S. 831 ff.; sowie zu Inbound-Fällen: v. 17.10.2008, DStR 2008, S. 659ff.

[36] *Staringer* in: Gassner/Lang (Hrsg.), Besteuerung und Bilanzierung international tätiger Unternehmen, S. 363 ff.; *Schaumburg*, Internationales Steuerrecht, S. 1194; *Piltz*, in: Mössner u. a. (Hrsg.), Steuerrecht international tätiger Unternehmen, F 27 ff.; *Jacobs*, a. a. O. (oben Fn. 11), S. 415 ff., S. 534 ff.; *Liebchen*, Beteiligungen an ausländischen Personengesellschaften, S. 247 ff.

[37] Zur Frage der tatsächlichen Zugehörigkeit vgl. BFH v. 26. 2. 1992, BStBl 1992 II 937; v. 30. 8. 1995, BStBl 1996 II 563

[38] Vgl. die Literatur zur Einführung von § 50d Abs. 10 EStG bei *Hils*, Neuregelung internationaler Sondervergütungen nach § 50d Abs. 10 EStG, DStR 2009, S. 888 ff; *Boller/Eilinghoff/Schmidt*, § 50d Abs. 10 EStG i. d. F.d. JStG 2009 – ein zahnloser Tiger, IStR 2009, S. 109 ff; *Lange*, Die abkommensrechtliche Behandlung von Sondervergütungen, GmbH-StB 2009, S. 128 ff.; *Meretzki*, Weshalb der neue § 50d Abs. 10 EStG sein Ziel verfehlt und neue Probleme schafft, IStR 2009, S. 217 ff.

[39] Vgl. u. a. folgende DBA: DBA-Kasachstan (Art. 7 Abs. 6), DBA-Österreich (Art. 7 Abs. 7), DBA-Schweiz (Art. 7 Abs. 7), DBA-Singapur (Art. 7 Abs. 7) und DBA-Usbekistan (Art. 7 Abs. 7).

tungen in allen deutschen DBA gegeben. Einzige Ausnahme dürften mittelbar beteiligte Gesellschafter sein, die von der Vorschrift des § 50d Abs. 10 EStG nicht erfasst werden.[40]

Falls die abweichende Einordnung des Sonderentgelts durch den ausländischen Quellenstaat zu einer doppelten Nichtbesteuerung führt, vermeidet Deutschland diesen negativen Qualifikationskonflikt indem die Freistellung aufgrund einer switch-over-Klausel nach DBA oder aufgrund § 50d Abs. 9 Satz 1 Nr. 1 EStG versagt wird.[41]

Der Gesetzgeber begeht mit der Einführung des § 50d Abs. 10 EStG einen **Treaty Override**[42]. Dadurch wird gegen den Grundsatz der autonomen Auslegung des jeweiligen DBA verstoßen, das Gebot der Entscheidungsharmonie nach Art. 31 Abs. 1 WÜRV verletzt und in Hinblick auf das Rechtsstaatsprinzip gem. Art. 20 Abs. 3 GG sind verfassungsmäßige Bedenken zu äußern.[43]

D. Betriebsstättenproblematik

Die Frage, unter welchen Voraussetzungen und an welchen Orten die Arge jeweils eine Betriebsstätte begründet, ist für die Besteuerung von zentraler Bedeutung. Zum einen bildet die Betriebsstätte einen Steueranknüpfungspunkt des nationalen Rechts (§ 49 Abs. 1 Nr. 2a EStG), zum anderen verkörpert die Betriebsstätte auch die Voraussetzung für das Besteuerungsrecht des Quellenstaates nach den DBA. Besteht zwischen dem Tätigkeitsstaat und dem Ansässigkeitsstaat des Gesellschafters ein DBA, kann erstgenannter Staat sein Besteuerungsrecht nur dann ausüben, wenn sowohl nach innerstaatlichem Recht als auch nach zwischenstaatlichem Recht eine Betriebsstätte gegeben ist. Nachfolgend werden die im Zusammenhang mit Argen interessierenden Problemkreise in der Betriebsstättendefinition herausgegriffen:

I. Baustellen und Montagen

Ist Gegenstand der Arge eine Bau- oder Montagetätigkeit, so lässt sich die Frage der Betriebsstättenbegründung verhältnismäßig sicher bestimmen. Gem. § 12 Satz 2 Nr. 8 AO führen Baustellen oder Montagen zu einer inländischen Betriebsstätte, wenn diese länger als sechs Monate andauern. Art. 5 Abs. 3 OECD-MA verlängert die Frist auf zwölf Monate. Die deutschen DBA enthalten zum Teil die Sechsmonatsfrist des innerstaatlichen Rechts, zum Teil die Zwölfmonatsfrist des OECD-MA.[44] Zeiten, die ein Subunternehmer auf der Baustelle verbringt, werden dem Generalunternehmer zugerechnet, nicht jedoch umgekehrt Zeiten, die der Generalunternehmer auf der Baustelle verbringt, dem Subunternehmer.[45]

II. Betriebsstätte aufgrund einer im Tätigkeitsstaat unterhaltenen festen Geschäftseinrichtung

Betriebsstätte ist jede feste Geschäftseinrichtung oder Anlage, welche der Tätigkeit des Unternehmens dient (§ 12 AO). Die Betriebsstättendefinition des Art. 5 OECD-MA weicht im Wortlaut

---

[40] *Hils*, a. a. O. (Fn. 40), DStR 2009, S. 891.

[41] Vgl. auch BMF v. 10. 5. 2007, IV B 4 S 1300/07/0006, Entwurf bzgl. der Anwendung der Doppelbesteuerungsabkommen auf Personengesellschaften, Rz. 5.1.

[42] Vgl. hierzu im Allgemeinen *Gosch*, Über das Treaty Overriding – Bestandsaufnahme – Verfassungsrecht – Europarecht, StR 2008, S. 413 ff.

[43] Vgl. *Hils*, a. a. O. (Fn. 40), DStR 2009, S. 892.

[44] Vgl. dazu die Übersicht bei *Görl*, in: Vogel/Lehner, DBA, Art. 5 Rz. 74.

[45] Vgl. BFH v. 13. 11. 1962, BStBl 1963 III, S. 71; BMF v. 24. 12. 1999, BStBl 1999 I, S. 1076 ff., Tz. 4.3.3.; *Djanani* a. a. O. (oben Fn. 34), S. 150 ff.

geringfügig von derjenigen der Abgabenordnung ab. Im hier interessierenden Zusammenhang ergeben sich dadurch aber keine Unterschiede.[46]

Die Begründung einer Betriebsstätte bedingt eine Verbindung der Geschäftseinrichtung zu einem bestimmten Punkt der Erdoberfläche. Ausreichend ist es, wenn die sich in der Verfügungsgewalt des Unternehmers befindliche Gegenstände an einer bestimmten Stelle verbleiben, eine bauliche Verankerung ist nicht notwendig (statisches Element). Im Rahmen der Geschäftseinrichtung muss die unternehmerische Tätigkeit ausgeübt werden (funktionales Element). Da die Betriebsstätte **fest** sein muss, ist darüber hinaus, neben dem genannten statischen Element, auch ein gewisses **zeitliches Element** der inländischen Verankerung erforderlich ("permanent establishment").[47] Nur kurzfristige Tätigkeiten mit Inlandsbezug sollen keinen Besteuerungsanspruch auslösen. Die Arge als Gelegenheitsgesellschaft führt zu einer nur sehr lockeren, kurzfristigen räumlichen Bindung an den Tätigkeitsstaat. Für sie wird daher das zeitliche Element in der Betriebsstättendefinition das kritische Tatbestandsmerkmal bilden. Für welchen Zeitraum die Verbindung zum Tätigkeitsstaat bestehen muss, ist nur hinsichtlich der Bauausführungen und Montagen durch § 12 Nr. 8 AO, Art. 5 Abs. 3 OECD-MA ausdrücklich klargestellt.

Die Länge der zur Betriebsstättenbegründung notwendigen Zeitspanne wird im Schrifttum kontrovers diskutiert.[48] Dem Rechtsgedanken des § 12 Nr. 8 AO kann aber entnommen werden, dass eine mindestens sechs Monate andauernde Tätigkeit vorliegen muss.[49] Im zwischenstaatlichen Recht soll, ebenfalls in Anlehnung an die dort längere Frist für Bauausführungen und Montagen, ein Zeitraum von neun bis zwölf Monaten zur Betriebsstättenbegründung notwendig sein.[50] Da auch der Vertreter i. S. d. § 13 AO, Art. 5 Abs. 4 OECD-MA ein **ständiger Vertreter** sein muss, gelten für ihn die genannten Fristen entsprechend.[51] Entscheidend ist die Absicht der Vorläufigkeit im Zeitpunkt des Tätigkeitsbeginns. Wird eine auf Dauer angelegte Tätigkeit vorzeitig beendet, so führt das nicht im Nachhinein zu einem Wegfall der Betriebsstätteneigenschaft.

Beispiel:
Die F Societé Anonyme aus Paris und die G-Limited aus London schließen sich zum Zweck der Übernahme eines Softwareentwicklungsauftrages zu einem virtuellen Unternehmen zusammen. Auftraggeberin ist die X-GmbH aus München. Sie stellt für die Entwicklungsarbeit dem virtuellen Unternehmen in ihrem Münchner Bürohaus Räume zur Verfügung. Ist der Auftrag innerhalb von nur vier Monaten abgewickelt, wird sich die Annahme einer Betriebsstätte schon aufgrund des innerstaatlichen Rechts nicht begründen lassen.

---

[46] Zu den Abweichungen zwischen nationalem und abkommensrechtlichem Betriebsstättenbegriff vgl. *Puls*, Die Betriebsstätte im Abkommensrecht, S. 129 ff.; *Günkel*, in: Gosch/Grotherr/Kroppen (Hrsg.), DBA-Kommentar, Art. 5 Rn. 46 ff.

[47] Vgl. BFH v. 28. 8. 1986, BStBl 1987 II, S. 162; v. 3. 2. 1993, BStBl 1993 II, S. 462; *Djanani* a. a. O. (oben Fn. 34), S. 148; *Puls*, Die Betriebsstätte im Abkommensrecht, 92 ff.

[48] Vgl. BFH v. 3. 2. 1993, BStBl 1993 II, S. 462 ff. m. w. N.; *Füg*, Neuere Entwicklungen zum nationalen und abkommensrechtlichen Betriebsstättenbegriff, S. 24 f., 180 ff.

[49] So auch BFH v. 19. 5. 1993, BStBl 1993 II 655 ff.; vgl. BMF v. 3. 7. 1990, EStK Anh. DBA-Norwegen Karte 3.1; BMF v. 24. 12. 1999, BStBl 1999 I, S. 1076 ff., Tz. 1.1.1.; *Kruse*, in: *Tipke/Kruse*, AO, FGO, § 12 Rz. 10; a. A., *Feuerbaum*, DB 1977, 2401 ff.

[50] Vgl. *Günkel*, in: Gosch/Grotherr/Kroppen, DBA-Kommenta, Art. 5 Rn. 78.

[51] Vgl. *Schaumburg* Internationales Steuerrecht, S. 190, Fn. 400; *Strobel/Kellmann*, AWD 1969, 407; mehr als 12 Monate fordert *Kumpf* in: Haarmann (Hrsg.), Die beschränkte Steuerpflicht, S. 42.

III. Geschäftsleitungsbetriebsstätte

Stets eine Betriebsstätte nach innerstaatlichem Recht, und zwar auch ohne Vorliegen einer festen Geschäftseinrichtung,[52] bilden die in § 12 Satz 2 AO aufgezählten Tatbestände. Neben den schon erwähnten Bauausführungen und Montagen ist die Stätte der Geschäftsleitung von besonderer Relevanz. Diese befindet sich dort, wo dauerhaft[53] die für die Geschäftsführung nötigen Maßnahmen von einiger Wichtigkeit angeordnet werden. Es kommt darauf an, wo der maßgebende Wille gebildet wird.[54] Bei der klassischen Arge des Anlagenbaus werden zumeist Tätigkeitsort und Stätte der Geschäftsleitung zusammenfallen. Problematisch ist die Bestimmung des Ortes der Geschäftsleitung indes für den Fall, dass diese dezentral erfolgt. So insbesondere in virtuellen Unternehmen, wenn notwendige Entscheidungen über moderne Informations- und Kommunikationssysteme getroffen werden.[55] Lässt sich einer der Partner als "Leader" identifizieren, so ist der Ort der Geschäftsleitung des virtuellen Unternehmens an dessen Unternehmenssitz. Fehlt es daran, hat aber einer der Partner allein oder überwiegend die kaufmännische Leitung übernommen, so ist dessen Partnerunternehmen gleichzeitig Ort der Geschäftsleitung. Lässt sich hingegen eine vorrangige Kompetenzzuweisung nicht erkennen, so fehlt es an einem Ort der geschäftlichen Oberleitung.[56]

Abweichend davon können nach Abkommensrecht mehrere Geschäftsleitungsbetriebsstätten vorliegen.[57] Für die Begründung einer solchen Betriebsstätte bedarf es jedoch, auch hierin besteht ein Unterschied zum innerstaatlichen Recht, einer festen Einrichtung, in welcher die Geschäftsleitung ausgeübt wird.[58] Erfolgt im virtuellen Unternehmen eine dezentrale Koordination der Aktivitäten, bspw. mittels EDI, liegen am jeweiligen Ort der Partnerunternehmen abkommensrechtlich Geschäftsleitungsbetriebsstätten vor. Die erforderliche feste Geschäftseinrichtung wird schon aufgrund des eigenen Unternehmens der Partner gegeben sein. Die notwendige Verfügungsmacht hierüber ergibt sich aus dem Arge – Vertrag, nach dem die Gesellschafter regelmäßig nicht nur das Recht, sondern auch die Pflicht zur Geschäftsführung haben.[59]

Eine Arge kann daher sowohl nach innerstaatlichem deutschen Recht als auch nach Abkommensrecht über eine Geschäftsleitungsbetriebsstätte im Partnerunternehmen verfügen.

---

[52] Vgl. BFH v. 28. 7. 1993, BStBl 1994 II,S. 148.

[53] Vgl. *Birk*, in: Hübschmann/Hepp/Spitaler, AO, FGO § 10 Rz. 32; *Lechner*, in: FS Stoll, S. 403.

[54] Vgl. *Kruse*, in Tipke/Kruse a. a. O. (oben Fn. 49), § 10 Rz. 1, 2; *Birk*, in: Hübschmann/Hepp/Spitaler a. a. O. (oben Fn. 53), § 10 Rz. 14, jeweils mit Rechtsprechungsnachweisen.

[55] So jetzt auch *Frinz*, FR 2000, 538; *Puls*, Die Betriebsstätte im Abkommensrecht, S. 101 f., 132 f.

[56] Der BFH hat in seiner Entscheidung v. 15. 10. 1997 (I R 76/95, DStRE 1998, S. 233, bestätigt durch die Entscheidung v. 16. 12. 1998, I R 138/97, DStR 1999, 895) festgestellt, dass es mehrere Mittelpunkte der geschäftlichen Oberleitung geben kann. Hierdurch trägt die höchstrichterliche Rechtsprechung den durch die Globalisierung und Internationalisierung der Unternehmensstrukturen hervorgerufenen veränderten wirtschaftlichen Realitäten in begrüßenswerter Weise Rechnung. (Im Ergebnis wohl ebenso *Breuninger/Krüger* in: FS Rädler, Steuerrecht und Europäische Integration, S. 102, 110 ff.).

[57] Vgl. *Storck*, Ausländische Betriebsstätten im Ertrag- und Vermögensteuerrecht, S. 156; *Günkel*, in: Gosch/Grotherr/Kroppen, a. a. O. (oben Fn. 30), Art. 5 Rn. 60.

[58] Vgl. Art. 5 Tz. 12 OECD-MK; *Djanani* a. a. O. (oben Fn. 34), S. 150.

[59] Vgl. *Sprau*, in: Palandt, BGB, Vorbem. § 709–715 Rz. 8.

IV. Begründung einer Betriebsstätte durch den Einsatz von Unternehmensvermögen der Partner

Die Arge verfügt als Gelegenheitsgesellschaft in aller Regel nicht über die zur Auftragsdurchführung notwendige geschlossene Wertschöpfungskette. Fehlende Leistungen werden zugekauft, und zwar vordringlich von den Gesellschaftern. So ist es in der Baubranche üblich, den Arge-Partnern ein Eintrittsrecht in abzuschließende Verträge mit Subunternehmern zu gewähren. Ist der Leistungserbringer einer der Partner, so wird die hierfür von ihm eingesetzte eigene Geschäftseinrichtung nicht zur Betriebsstätte der Arge. Die Leistung des Partners ist Ausfluss seiner eigenen gewerblichen Tätigkeit.

Hat sich ein Partner indes bereits im Gesellschaftsvertrag verpflichtet, seine eigene Geschäftseinrichtung nicht gegen eine feste Vergütung, sondern in seiner Gesellschaftereigenschaft gegen eine Beteiligung am Gewinn der Arge zu überlassen, kann dieses Vermögen eine Betriebsstätte der Arge begründen. Diesfalls werden in der überlassenen Geschäftseinrichtung nicht mehr eigene gewerbliche Zwecke des Partners verfolgt, sondern das Unternehmen der Arge betrieben. Die Geschäftseinrichtung "dient" dem Betrieb der Arge (§ 12 AO) bzw. es wird in der Geschäftseinrichtung die unternehmerische Tätigkeit der Arge "ausgeübt" (Art. 5 Abs. 1 OECD-MA). Je nach Gestaltung der vertraglichen Beziehungen lässt sich folglich ein anderes Besteuerungsergebnis erzielen.

> **Beispiel:**
> Die Y-GmbH aus Liechtenstein vereinbart mit einem Architekten aus Nürnberg eine Arge zur Durchführung eines Bauprojektes in Liechtenstein. Mit Liechtenstein besteht kein DBA. Der Architekt verpflichtet sich im Gesellschaftsvertrag, sein Münchner Büro der Arge zur Verfügung zu stellen und wird im Gegenzug am Gesamtergebnis der Arge beteiligt. In dem Münchner Büro werden von Angestellten die notwendigen Bauunterlagen innerhalb eines Zeitraums von 24 Monaten angefertigt. Die in dieser Zeit anfallenden Kosten werden von der Arge getragen.
>
> Unter einer derartigen Vertragskonstruktion muss das Münchner Büro als Betriebsstätte der liechtensteinischen Arge angesehen werden. Der auf die Anfertigung der Bauunterlagen entfallende Arge-Gewinn wird nicht nur bei dem Architekten, sondern im Rahmen der beschränkten Steuerpflicht auch (anteilig) bei der Y-GmbH erfasst. Keine Betriebsstätte wäre dagegen begründet worden, wenn der Architekt die Erstellung der Baupläne gegen ein festes Entgelt außerhalb des Gesellschaftsverhältnisses mit der Arge vereinbart hätte. Diesfalls wäre der gesamte Erfolg aus der Tätigkeit des Münchner Büros nur von ihm zu versteuern.

Vertragskonstruktionen wie in dem oben angeführten Beispiel werden sich oftmals in virtuellen Unternehmen finden, denn in diesen Fällen kommt es den Partnern entscheidend darauf an, gegenseitig sicherzustellen, dass die benötigten Kernkompetenzen zur Verfügung gestellt werden. Es ist daher wahrscheinlich, dass schon bei der Gesellschaftsgründung entsprechende Abreden getroffen werden, dass zur Nutzbarmachung der Kernkompetenzen notwendiges Gesellschaftsvermögen (bspw. Produktionsanlagen) dem virtuellen Unternehmen zur Verfügung zu stellen sind.

Abschließend bleibt festzuhalten, dass eine Arge nicht nur in dem oder den Tätigkeitsstaaten eine Betriebsstätte begründen, sondern auch am Ort der Partnerunternehmen über eine solche verfügen kann. Dies wird bei Argen und virtuellen Unternehmen sogar der Regelfall sein, da betriebsnotwendige Tätigkeiten im Rahmen der Arbeitsteilung sowohl in den Räumen des einen als auch des anderen Mitglieds ausgeführt werden müssen.[60] Der Erfolg aus einer solchen Betriebsstätte ist **allen** Gesellschaftern anteilig zuzurechnen.

---

[60] Vgl. *Piltz/Wassermeyer*, in Debatin/Wassermeyer, DBA, Art. 7 Rz. 101.

E. Probleme der Gewinnermittlung und -aufteilung

I. Probleme der Gewinnaufteilung

Die Aufteilung des Gewinns der Arge auf die steuererhebungsberechtigten Staaten setzt die Ermittlung des verteilungsfähigen Arge-Gesamtgewinnes voraus.

1. Schritt: Ermittlung des Arge-Gesamtgewinns

Um den jeweiligen Gewinnanteil der Gesellschafter festsetzen zu können, muss zuerst der Gewinn der Arge bestimmt werden. Bei der Ermittlung des Gewinns der Arge verursachen vor allem die steuerlichen Gewinnabgrenzungen gegenüber den Kernunternehmen der Mitunternehmer große Probleme. Sind die Vergütungen für Beiträge der Gesellschafter, die aus deren Kernunternehmen erbracht werden, als Entgelte für Lieferungen oder Leistungen oder als Sondervergütung zu qualifizieren? Von der Beantwortung dieser Frage hängt es ab, ob eine Zahlung als Aufwand oder als Gewinnvorweg behandelt wird und welcher Staat das Besteuerungsrecht geltend machen kann. Deutschland hat durch Kodifizierung des Abs. 10 des § 50d EStG diese Frage einseitig geklärt und die Voraussetzungen unter denen Partnerunternehmen wie zwischen Fremden Dritten mit der Arge abrechnen können,[61] stark eingeschränkt.

Zusätzlich zu dieser Frage muss noch geklärt werden, ob und in welchem Ausmaß in den Zahlungen an die jeweiligen Unternehmen der Partner ein Gewinnanteil enthalten sein darf oder ob nur eine reine Kostenverrechnung zulässig ist.[62]

2. Schritt: Ermittlung des Ergebnisanteils des Gesellschafters

Der nach dem Ausscheiden von außerhalb des Gesellschaftsvertrages vereinbarten Leistungsvergütungen verbleibende Gewinn bildet das steuerliche Gesamtergebnis der Arge. Dieses ist entsprechend dem Gewinn- oder Verlustverteilungsschlüssel auf die Gesellschafter aufzuteilen. Zusätzlich müssen den Gesellschaftern die Sondervergütungen als Unternehmensgewinn zugerechnet werden.

3. Schritt: Aufteilung des Ergebnisanteils

Der für den einzelnen Mitunternehmer ermittelte Gewinnanteil stellt steuerlich einen **Gewinn eines Unternehmens des Ansässigkeitsstaates des Gesellschafters** dar. Das Besteuerungsrecht hieran steht grundsätzlich diesem Staat zu, es sei denn, die Arge verfügt über eine Betriebsstätte im anderen Vertragsstaat. In diesem Fall können die der Betriebsstätte zuzurechnenden Gewinne im Betriebsstättenstaat besteuert werden. Grundsätzlich ist daher der Ergebnisanteil zwischen dem Ansässigkeitsstaat des Gesellschafters und den Betriebsstättenstaaten aufzuteilen. Da es um die Aufteilung des Gewinns eines einheitlichen Unternehmens geht, sind hierfür die Regelungen des Art. 7 Abs. 2 u. 3 OECD-MA anzuwenden.[63] Aufgrund der Neuausrichtung der Gewinnabgrenzung für Betriebsstätten durch die Änderungen des Musterkommentars vom 18. Juli 2008 erfolgt die Gewinnabgrenzung von Betriebsstätten im Sinne eines funktional selb-

---

[61] Vgl. zur Gewinnrealisierung bei der nationalen Arge auch BMF v. 27. 1. 1998, DB 1998, 447 f.; für die internationale Arge, BMF v. 24. 12. 1999, BStBl 1999 I, S. 1076 ff., Tz. 4.3.6.

[62] Vgl. Art. 7 Tz. 33 bis 39 OECD-MK

[63] Zur Gewinnaufteilung vgl. *Jacobs*, a. a. O. (oben Fn. 11), S. 608 ff;. *Kahle*, Aktuelle Entwicklung der Ertragsbesteuerung ausländischer Betriebsstätten, IStR 2007, S. 757 ff; zur speziellen Gewinnaufteilung bei Bauausführungen und Montagen vgl. Art. 7 Tz. 23 bis 25 OECD-MK; *Feuerbaum*, Internationale Besteuerung des Industrieanlagenbaus, S. 100 ff.; *Weber*, DStZ/A 1976, s. 201 ff.; *Bendlinger*, SWI 1997, S. 104 ff.; BMF v. 24. 12. 1999, BStBl 1999 I, S. 1076, Tz. 4.3; *Remberg*, Anmerkungen zu den OECD-Überlegungen zur Betriebsstättenbesteuerung aus der Sicht des Anlagenbaus, IStR 2006, S. 547 f.

ständigen Unternehmens („functionally separate business approach") (Art. 7 Tz. 14, 16 OECD-MK).[64] Bei Innenumsätzen kann daher einem Betriebsteil nun ein Ertrag zugewiesen werden, auch wenn noch kein Außenumsatz realisiert wurde (Art. 7 Tz. 17 OECD-MK). Durch die Neuausrichtung der Gewinnabgrenzung für Betriebsstätten ist diese an die Gewinnabgrenzung für verbundene Unternehmen angeglichen worden. Jedoch ist für bestimmte Kosten weiterhin nur eine Kostenverrechnung ohne Gewinnaufschlag vorgesehen.[65] Inwiefern allerdings der revidierte OECD-MK Einfluss auf die Auslegung von bestehenden DBA haben kann, ist in der Literatur umstritten.[66]

Beispiel:
Ein Unternehmen aus Paris schreibt einen Auftrag für die Entwicklung einer elektronischen Schaltung aus. Da weder die A-GmbH aus Nürnberg noch die X-AG aus Innsbruck allein über das notwendige Know-how verfügen, schließen sich beide Gesellschaften zwecks Auftragsübernahme zu einem virtuellen Unternehmen zusammen. Sie vereinbaren die Rohentwicklung in einem Büro in Innsbruck und die Feinanpassung direkt vor Ort in den entsprechenden Laborräumen des Auftraggebers in Paris vorzunehmen. Die X-AG stellt das notwendige Personal und die Räumlichkeiten in Innsbruck zur Verfügung, die A-GmbH bringt eine aus einem früheren Auftrag vorliegende Schaltung ein, die entsprechend modifiziert werden soll. Die Vergütung erfolgt durch eine Teilhabe am Gewinn. Erfüllen die Räumlichkeiten in Innsbruck und in Paris abkommensrechtlich die Voraussetzungen einer Betriebsstätte, so ist der Gewinnanteil der deutschen A-GmbH zwischen den drei berechtigten Staaten Deutschland (Stammhaus), Frankreich (Betriebsstätte) und Österreich (Betriebsstätte) aufzuteilen. Auch Deutschland ist, obwohl hier die Arge keine Betriebsstätte unterhält, ein angemessener Gewinnanteil zuzurechnen, der vom deutschen Gesellschafter im Rahmen seiner unbeschränkten Steuerpflicht zu versteuern ist. Dieser Gewinnanteil berechnet sich danach, inwieweit der Gesamterfolg der Arge auf die eingebrachte Schaltung zurückzuführen ist. Insoweit ist die Gewinnentstehung funktional mit dem Stammhaus verknüpft.

II. Ertragsteuerliche Folgen der Überführung von Wirtschaftsgütern in die Arge

Mit der Einführung des SEStEG vom 7. 12. 2006 (BStBl I 2007, 4) wurde klargestellt, dass der Ausschluss bzw. eine Beschränkung des deutschen Besteuerungsrechtes durch eine Überführung von Wirtschaftsgütern in eine ausländische Arge-Betriebsstätte als Entnahme für betriebsfremde Zwecke (§ 4 Abs. 1 Satz 3 EStG) zu werten ist.[67] Diese Bestimmung dient der Sicherung des deutschen Steuersubstrats. Die in die Arge-Betriebsstätte überführten Wirtschaftsgüter sind daher zum gemeinen Wert anzusetzen (§ 6 Abs. 1 Nr. 4 Satz 1 Halbsatz 2 EStG).

Der Entstrickungstatbestand wird entgegen der vom BFH entwickelten finalen Entnahmetheorie[68] unabhängig davon erfüllt, welche Methode zur Vermeidung der Doppelbesteuerung zur

---

[64] Vgl. *Ditz*, Internationale Gewinnabgrenzung bei Betriebsstätten und nationale Gewinnermittlungsvorschriften im Lichte der aktuellen Entwicklung bei der OECD, IStR 2005, S. 37 ff; *Förster,* Veröffentlichung der OECD zur Revision des Kommentars zu Artikel 7 OECD-MA, IStR 2007, S. 298 ff; *Jacobs*, a. a. O. (oben Fn. 11), S.625 ff.; vgl. ebenfalls den geänderten OECD-MK zugrundeliegenden "Report on the attribution of profits to permanent establishments" der OECD.

[65] Vgl. Art. 7 Tz. 33 bis 39 OECD-MK

[66] Vgl. *Schnitger*, Die Einbeziehung des OECD-Kommentars in die Rechtssprechung des BFH, S. 407 ff.; *Lang*, DBA und Personengesellschaften – Grundfragen der Abkommensauslegung, 606 f.; *Wassermeyer*, in Debatin/Wassermeyer, DBA, Vorbemerkung zu Art. 1 Rz. 31 ff.

[67] Vgl. *Frotscher*, EStG, § 4 Rz. 363 ff, *Jacobs*, a. a. O. (oben Fn. 11), S. 655

[68] Der BFH hat zwar die in langjähriger Rechtssprechung gefestigte Theorie der finalen Entnahme in seinem Urteil vom 17. 7. 2008 (abgedruckt in DStR 2008, 2001 ff., m. w. N. zur finalen Entnahmetheorie) aufgegeben, während das BMF auf das Urteil mit einem Nichtanwendungserlass (vgl. BMF v. 20. 5. 2009, DStR 2009, S. 436) reagierte. Der daraus resultierende Meinungsstreit trifft aber nur auf Altfälle vor der Einführung des § 4 Abs. 1 S. 3 EStG i. d. F. d. SEStEG zu und ist daher von untergeordneter Bedeutung. Für das

Anwendung kommt.[69] Es kommt somit zur Aufdeckung der stillen Reserven. Dass diese Regelung auch für Kapitalgesellschaften gilt, betont ausdrücklich § 12 Abs. 1 Halbsatz 1 KStG.

Die sofortige Besteuerung entfällt jedoch für Wirtschaftsgüter des Anlagevermögens, welche in eine Betriebstätte „desselben Steuerpflichtigen" im EU-Ausland überführt werden, wenn ein Ausgleichsposten gem. § 4g EStG gebildet wird. Dieser ist im Wirtschaftsjahr der Bildung und in den folgenden vier Jahren zu je einem Fünftel gewinnerhöhend aufzulösen (§ 4g Abs. 2 EStG).

Die Zulässigkeit der Bildung des Ausgleichspostens ist aber bei internationalen Argen strittig: Einerseits untersagt der Gesetzgeber den Betriebsstättenverwaltungsgrundsätzen folgend[70] die Bildung des Ausgleichspostens für ausländische Personengesellschaften, da es sich nicht um „dieselbe" steuerpflichtige Person handele.[71] Andererseits werden nach der Bilanzbündeltheorie Betriebsstätten von Personengesellschaften deren Mitunternehmern anteilig zugerechnet; bei der Übertragung des Wirtschaftsgutes handelt es sich somit anteilig um die Betriebsstätte „desselben" Steuerpflichtigen. Demnach wäre die Bildung eines anteiligen Ausgleichspostens für den Gesellschafter, der das Wirtschaftsgut in die Arge überführt, entgegen der Meinung des Finanzausschusses des Bundestages vertretbar. Ebenfalls wäre die Bildung des Ausgleichspostens möglich, wenn das Wirtschaftsgut von einem im Inland unbeschränkt steuerpflichtigen Mitunternehmer in sein ausländische Sondervermögen überführt wird, da es sich in diesem Fall um die Betriebsstätte „desselben Steuerpflichtigen" handelt.[72]

Eine Besteuerung bei der Einbringung von Wirtschaftsgütern in die Arge lässt sich vermeiden, indem verhindert wird, dass das überführte Wirtschaftsgut der Arge zugerechnet wird. Dies ist bspw. der Fall, wenn entweder das Wirtschaftsgut der Arge nur vorübergehend überlassen wird oder die Überlassung wie unter Fremden auf Grund eines Miet-, Pacht- oder ähnlichem Rechtsanspruch erfolgt.[73] Aufgrund des temporären Charakters von Argen und virtuellen Unternehmen dürfte diese Voraussetzung in vielen Fällen gegeben sein.

Werden Wirtschaftsgüter aus dem Ausland in eine inländische Betriebsstätte der Arge überführt, liegt ein steuerlicher Verstrickungstatbestand vor (§ 4 Abs. 1 Satz 7 Halbsatz 2 EStG), wenn Deutschland vorher kein Besteuerungsrecht an diesem Wirtschaftsgut hatte.[74] Dies ist der Fall, wenn das Wirtschaftsgut von einem ausländischen Mitgliedsunternehmen in die inländische Arge überführt wird oder wenn das Wirtschaftsgut aus einer Arge-Betriebsstätte stammt, mit deren Betriebsstättenstaat die Freistellungsmethode vereinbart wurde. Das Wirtschaftsgut wird mit dem gemeinen Wert (§ 6 Abs. 1 Nr. 5a EStG) bei der Gewinnermittlung der inländischen Betriebsstätte angesetzt. Der Verstrickungstatbestand liegt dagegen nicht vor, wenn das Wirtschaftsgut aus einer ausländischen Betriebsstätte einer inländischen Arge stammt, mit deren Betriebsstättenstaat keine Freistellungsmethode für Betriebsstättengewinne vereinbart ist. In diesem Falle war das Wirtschaftsgut bereits vorher in Deutschland steuerlich verstrickt.

Verhältnis von § 4 Abs. 1 S. 3 EStG zur geänderten Rechtssprechung des BFH vgl. *Mitschke*, Zur gesetzlichen Entstrickungsregelung des § 4 Abs. 1 Satz 3 EStG, DB, 2009, S. 1376 ff.

[69] *Ziehr*, Einkünftezurechnung im internationalen Einheitsunternehmen, S. 90 f.; zur Regelung der Altfälle vgl. BMF v. 24. 12. 1999, BStBl 1999 I, S. 1076 ff., Tz. 2.6.

[70] Vgl. BMF v. 24. 12. 1999, BStBl 1999 I, S. 1076 ff., Tz. 2.6.4.

[71] Vgl. Bericht des Finanzausschusses, BT-Drucksache 16/3369, S. 5; *Wied*, in Blümich, EStG, § 4g Rz. 7.

[72] Vgl. Frotscher, EStG, § 4g, Rz. 14

[73] Vgl. Begründung des Regierungsentwurfs zur Einführung des SEStEG (BT-Ds. 16/2710, S. 28); BMF v. 24. 12. 2999, BStBl 1999 I, S. 1076 ff., Tz. 2.4.

[74] Vgl. *Ziehr*, Einkünftezurechnung im internationalen Einheitsunternehmen, S. 91 f., 99.

Teil 9:

Internationale Steuerplanung und Doppelbesteuerungsabkommen

	Inhaltsübersicht	Seite
1. Thema:	Beteiligung an ausländischen Personengesellschaften (*Schild/Abele*)	1735
2. Thema:	Personengesellschaften im internationalen Steuerrecht – Ausgewählte Möglichkeiten der Steuerplanung im Outbound-Fall (*Haun*)	1761
3. Thema:	Steuerrechtliche Konsequenzen und Probleme beim Einsatz der typisch und atypisch stillen Beteiligung im Ausland (*Schmidt*)	1789
4. Thema:	Steuersystematische Analyse der Aktivitätsvorbehalte in deutschen DBA als Basis internationaler Steuergestaltungsüberlegungen (*Köhler*)	1815
5. Thema:	Behandlung von Dreieckssachverhalten unter Doppelbesteuerungsabkommen (*Heinsen*)	1843
6. Thema:	Die Auslegung von Doppelbesteuerungsabkommen als Problem der Planungssicherheit bei grenzüberschreitenden Sachverhalten (*Lang*)	1865

1. Beteiligung an ausländischen Personengesellschaften

von Professor Dr. Claus Schild, Wirtschaftsprüfer, Steuerberater und
Stephan Abele, Rechtsanwalt, Steuerberater, München*

Inhaltsübersicht

A. Einleitung – Vor- und Nachteile der Beteiligung an ausländischen Personengesellschaften
  I. Einleitung
  II. Vor- und Nachteile der Beteiligung an einer ausländischen Personengesellschaft
B. Ausgewählte Besteuerungsprobleme dem innerstaatlichen deutschen Steuerrecht
  I. Qualifikation der Gesellschaft und Abkommensberechtigung
  II. Die Behandlung von Gewinnanteilen und Sondervergütungen, die der Gesellschafter aus der ausländischen Personengesellschaft bezieht
  III. Die Behandlung von Vermögenszuwendungen/Leistungsvergütungen des Gesellschafters an die ausländische Personengesellschaft
  IV. Sonstige Aspekte

Literatur:
Boller/Eilinghoff/Schmidt, IStR 2009, 109; *Courage*, IStR 1998, 174; *Ditz*, IStR 2009, 115; *Djanani/Hartmann*, IStR 2000, 321; *Förster*, DB 2007, 72 ff.; *Frotscher*, Anmerkung zu FG München v. 30. 7. 2009, 1 K 1816/09, IStR 2009, 866, 867; *Goebel/Liedtke/Schmidt*, IWB, 2010, 7; *Gosch*, IStR 2008, 413; *Grotherr*, IWB F. 3 Gr. 2 S. 643 ff.; *Heinicke*, in: Schmidt, EStG, § 32b Rn. 5; *Hemmelrath*, in: Vogel/Lehner, DBA, Art. 7 Rn. 57; *Henke/Lang*, IStR 2001, 514 ff.; *Hey*, RIW 1992, 916; *Hruschka*, DStR 2010, 1357; *Jacobs*, Internationale Unternehmensbesteuerung, 521 ff.; *Kessler/Huck*, StuW 2005, 193, 195; *Kirchhof/Söhn/Mellinghoff*, EStG, § 50d Abs. 10, Anm. L 2: Verfassungsrechtlich bedenkliche Rückwirkung; *Lohbeck/Wagner*, DB 2009, 423; *Lüdemann/Hruschka*, IStR 2000, 25; *Maßbaum*, in: Pauli/Maßbaum, Erbschaftsteuerreform 2009, 434 ff.; *Menck*, IWB F. 10 Gr. 2 1469 ff., 1472; *Piltz/Wassermeyer*, in: Debatin/Wassermeyer, DBA, Art. 7 Rn. 77 ff.; *Probst*, in: HHR, § 2a EStG, Anm. 27; *Prokisch*, in: Vogel/Lehner, DBA, Art 1 Rn. 33; *Rapp*, Freiberufler-Personengesellschaften, S. 210 f., 215 ff.; *Raupach*, in: FS Vogel, 1067 ff., 1083; *Riemenschneider*, Abkommensberechtigung von Personengesellschaften und abkommensrechtliche Behandlung der Einkünfte aus Beteiligungen inländischer Gesellschafter an ausländischen Personengesellschaften, 64 ff.; *Schaumburg*, Internationales Steuerrecht, Tz. 16.171; *Sedemund/Wegner*, DB 2008, 1565; *Strahl*, KÖSDI 2001, 12959 ff.; *Vogel*, in: Vogel/Lehner, DBA, Einl. Rn. 205; *Wassermeyer*, in: Debatin/Wassermeyer, DBA, Art. 23A Rn. 57; *Wassermeyer/Schönfeld*, in: Flick/Wassermeyer/Baumhoff, Außensteuerrecht Kommentar, § 8 AStG Rn. 22, 42 ff.; *Weggenmann*, IStR 2002, 1 f.; *Winkeljohann/Fuhrmann*, Handbuch Umwandlungssteuerrecht S. 626; *Wittkowski/Lindscheid*, IStR 2009, 225; *Zschiegner*, IWB F. 8 USA Gr. 2 S. 895.

A. Einleitung – Vor- und Nachteile einer Beteiligung an ausländischen Personengesellschaften

I. Einleitung

Direktinvestitionen deutscher Unternehmen im Ausland finden überwiegend über ausländische Kapitalgesellschaften statt. Es ist jedoch – nicht zuletzt aufgrund der zunehmenden Vertrautheit der deutschen und ausländischen Berater mit derartigen Strukturen – ein gewisser Trend zu Investitionen über ausländische Personengesellschaften zu beobachten, der es sinnvoll erscheinen lässt, sich mit den steuerlichen Aspekten der Beteiligung an ausländischen Personengesellschaften aus Sicht des deutschen internationalen Steuerrechts zu beschäftigen.

---

* Beide Autoren sind Partner der Kanzlei Mazars Hemmelrath GmbH in München.

II. Vor- und Nachteile der Beteiligung an einer ausländischen Personengesellschaft

1. Vorteile

Grundsätzlich kann die Beteiligung eines Steuerinländers an einer ausländischen Personengesellschaft aus verschiedenen Gründen sinnvoll sein:

a) Vermeidung der Doppelbesteuerung

Gerade wenn natürliche Personen betroffen sind, beispielsweise bei mittelständischen, personenbezogenen Unternehmen, stellt sich oft das Problem, dass im Ausland erwirtschaftete Gewinne an die Gesellschafter ausgeschüttet werden sollen, dies aber bei Einschaltung einer ausländischen Kapitalgesellschaft zur wirtschaftlichen **Doppelbesteuerung** des Gewinns führen würde. Gründe hierfür sind das Fehlen eines internationalen Schachtelprivilegs für Dividenden, die eine deutsche Personengesellschaft bzw. deutsche natürliche Personen erhalten und die fehlende Möglichkeit einer mittelbaren (indirekten) Anrechnung der im Ausland gezahlten Körperschaftsteuer auf die deutsche Einkommensteuer des Gesellschafters.[1] Die Einführung des Halbeinkünfte- bzw. ab 2009 des Teileinkünfteverfahrens bzw. der Abgeltungsteuer hat die Doppelbesteuerung nicht grundsätzlich beseitigt, sondern lediglich in ihrer Höhe vermindert.

Diese wirtschaftliche Doppelbesteuerung wird durch die Nutzung einer – aus deutscher Sicht steuerlich transparenten – ausländischen Personengesellschaftsstruktur vermieden. Es kommt somit im DBA-Regelfall nur zur einmaligen Besteuerung im Sitzstaat der Personengesellschaft.

Auch für Auslandsaktivitäten von Kapitalgesellschaften kann die Verwendung ausländischer Personengesellschaften im Vergleich zur ausländischen Kapitalgesellschaft vorteilhaft sein. Die ansonsten eintretende wirtschaftliche Doppelbelastung ausländischer Gewinne bei der Ausschüttung durch ausländische Kapitalgesellschaften (§ 8b Abs. 5 KStG, Fiktion nicht abzugsfähiger Betriebsausgaben i. H. v. 5 %) kann so vermieden werden.

b) Ausnutzung des Steuersatzgefälles

Die Spitzensätze der deutschen Einkommensteuer sind im weltweiten Vergleich als hoch anzusehen. Auch die Belastung unternehmerischer Gewinne mit Körperschaft- und Gewerbesteuer ist im internationalen Vergleich hoch. Durch die Nutzung von ausländischen Personengesellschaftsstrukturen in DBA-Staaten kann erreicht werden, dass die ausländischen Einkünfte nur mit dem – häufig niedrigeren – ausländischen Steuersatz besteuert und in Deutschland grundsätzlich freigestellt und lediglich im Rahmen des Progressionsvorbehalts berücksichtigt werden. Unter Umständen können bei sorgfältiger Planung so Einkünfte in steuerlich günstigere Jurisdiktionen verlagert werden.

Hierbei ist jedoch zu beachten, dass nach § 20 Abs. 2 AStG die Regelungen über die Hinzurechnungsbesteuerung auch bei ausländischen Betriebsstätten/Personengesellschaften zu beachten sind. Nach § 20 Abs. 2 AStG erfolgt ein Wechsel von der Freistellungs- zur Anrechnungsmethode (Switch-over). Es handelt sich um einen „treaty override".[2] Vorraussetzung ist, dass die ausländische Betriebsstätte/Personengesellschaft, unterstellt sie wäre eine ausländische (Kapital-)Gesellschaft, Zwischeneinkünfte nach § 8 Abs. 1 AStG erzielt. § 20 Abs. 2 AStG ist auch auf

---

[1] Vgl. zur indirekten Anrechnung nach der Mutter-/Tochterrichtlinie, Art. 4 Abs. 1 2. Alt. MTRL.

[2] Zur verfassungsrechtlichen Beurteilung des treaty overrides vgl. BFH v. 13. 7. 1994, I R 120/93, BStBl. II 1995, 129; FG Münster v. 11. 11. 2008, 15 K 1114/99, EFG 2009, 309 (aufgehoben durch BFH v. 21. 10. 2009, I R 114/08, BFH/NV 2010, 279 ohne weiteres Eingehen auf die verfassungsrechtliche Problematik); *Vogel* in: Vogel/Lehner, DBA, Einl. Rn. 205; *Gosch*, IStR 2008, 413.

EU/EWR Betriebsstätten/Personengesellschaften ohne Einschränkungen anwendbar.[3] Voraussetzung des Switch-over ist insbesondere eine Niedrigbesteuerung der ausländischen passiven Einkünfte (§ 8 Abs. 3 AStG; ertragsteuerliche Belastung der passiven Einkünfte mit weniger als 25 % im Ausland) und es müssen die Beteiligungsvoraussetzungen des § 7 Abs. 1 und 2 AStG (bzw. Abs. 6 für Zwischeneinkünfte mit Kapitalanlagecharakter) erfüllt sein, d.h. inländische unbeschränkt steuerpflichtige Anteilseigner müssen zu mehr als 50 % (ggf. zusammen mit erweitert beschränkt Steuerpflichtigen nach § 2 AStG) am Gewinn der ausländischen Betriebsstätte/Personengesellschaft beteiligt sein (bzw. zu mehr als 1 % im Falle von Zwischeneinkünften mit Kapitalanlagecharakter).

Ist Anteilseigner der ausländischen Personengesellschaft (auch) eine im Ausland ansässige Kapitalgesellschaft, deren Anteile wiederum eine in Deutschland unbeschränkt steuerpflichtige Person hält, gilt insoweit für die Beurteilung, ob die Kapitalgesellschaft eine passive oder aktive Tätigkeit i. S. d. § 8 AStG ausübt, die Tätigkeit der Personengesellschaft als durch die im Ausland ansässige Kapitalgesellschaft ausgeübt.[4]

c) Verlustnutzung

Verluste einer gewerblich tätigen ausländischen Personengesellschaft können nach nationalem Recht dann mit inländischen Einkünften verrechnet werden, wenn es sich um Verluste aus einer nicht in einem „Drittstaat" im Sinne des § 2a Abs. 2a EStG (d.h. in einem Mitgliedstaat der EU oder einem Auskunft nach der Amtshilferichtlinie 77/799/EWG gewährenden Mitgliedstaat der EWR) belegenen Betriebsstätte oder um Verluste aus einer zwar in einem Drittstaat belegenen aber „aktiven" Betriebsstätte im Sinne des § 2a Abs. 2 EStG handelt. Mit dem Jahressteuergesetz 2009 hat der Gesetzgeber auf die Rechtsprechung des EuGH zur Berücksichtigung von Auslandsverlusten[5] reagiert und die Beschränkung auf „aktive" Verluste innerhalb der EU/EWR aufgehoben.[6]

Im DBA-Fall steht dieser Verrechnungsmöglichkeit jedoch grundsätzlich die von der h. M. bei Geltung der Freistellungsmethode vertretene „Symmetriethese"[7] entgegen. Danach sind gemäß der Freistellungsmethode sowohl positive als auch negative Einkünfte aus der inländischen Bemessungsgrundlage auszuscheiden. Eine Verlustverrechnung kommt daher nach den nationalen Regelungen des Einkommensteuergesetzes nur ausnahmsweise bei Geltung der Anrechnungsmethode (etwa aufgrund eines Switch-over nach DBA, § 20 Abs. 2 AStG oder § 50d Abs. 9 EStG) in Betracht. Die nationale Regelung des § 2a Abs. 3 EStG, die auch im DBA-Fall mit Freistellung die Verrechnung von Auslandsverlusten mit positiven inländischen Einkünften erlaubte, wurde mit Wirkung ab dem Veranlagungszeitraum 1999 durch das Steuerentlastungsgesetz 1999/2000/2002 gestrichen.

---

[3] EuGH v. 6. 12. 2007, C-298/05 „Columbus Container".

[4] BFH v. 16. 5. 1990, I R 16/88, BStBl. II 1990, 1049; *Wassermeyer/Schönfeld* in: Flick/Wassermeyer/Baumhoff, Außensteuerrecht Kommentar, § 8 AStG Rn. 22, 42 ff.

[5] EuGH v. 15. 5. 2008, C-414/06 "Lidl Belgium"; v. 13. 12. 2005, C-446/03 „Marks&Spencer"; v. 21. 2. 2006, C-152/03 "Ritter-Coulais"; v. 29. 3. 2007, C-347/04 "Rewe Zentralfinanz".

[6] Nach § 52 Abs. 2 S. 2 EStG gilt die Neuregelung in allen Fällen, in denen die Steuer noch nicht bestandskräftig festgesetzt ist.

[7] BFH v. 28. 6. 2006, I R 84/04, BStBl. II 2006, 861; v. 22. 8. 2006, I R 116/04 BStBl. II 2006, 864; EuGH v. 15.5.2008, C-414/06 "Lidl Belgium"; *Wassermeyer* in: Debatin/Wassermeyer, DBA, Art. 23A Rn. 57; a.A. *Vogel* in: Vogel/Lehner, DBA, Art. 23 Rn. 46ff.

Allerdings ist diese Rechtslage nach der Rechtsprechung des EuGH nicht mit Europäischem Primärrecht vereinbar. Danach ist eine Berücksichtigung der Verluste einer ausländischen Personengesellschaft/Betriebsstätte jedenfalls dann geboten, wenn endgültig feststeht, dass im Ausland eine Verlustnutzung nicht (mehr) möglich ist.[8] Offen ist hier noch, welche Voraussetzungen erfüllt sein müssen, damit von einer endgültigen Nichtberücksichtigung des Verlusts ausgegangen werden kann.[9] Daneben ist offen, wann ggf. die Verlustberücksichtigung zu erfolgen hat; rückwirkend im Verlustentstehungsjahr oder in dem Jahr, in dem endgültig feststeht, dass im Betriebsstättenstaat eine Verlustnutzung unmöglich ist.[10]

In DBA-Fällen mit Freistellungsmethode besteht damit nach h. M. nur die Möglichkeit der Berücksichtigung der ausländischen Verluste über den negativen Progressionsvorbehalt gem. § 32b Abs. 1 Nr. 3 EStG. Nach § 32b Abs. 1 S. 2 Nr. 1 bis 3 EStG gilt der Progressionsvorbehalt nicht für passive positive und negative Einkünfte aus EU/EWR Betriebsstätten, also insbesondere nicht für Betriebsstätteneinkünfte, für die der Steuerpflichtige nicht nachweisen kann, dass die Einkünfte die Aktivitäts-/ Produktivitätsklausel des § 2a Abs. 2 EStG erfüllen, § 32 b Abs. 1 S.2 Nr. 3 EStG. Für Verluste aus Betriebsstätten in Drittstaaten ist nach h. M. innerhalb der Anwendung des Progressionsvorbehalts auch § 2a EStG zu prüfen.[11] Damit bleiben im Regelfall „Freistellungsmethode" passive Betriebsstättenverluste auch im Rahmen des Progressionsvorbehalts unberücksichtigt, unabhängig davon, ob sie in einer EU/EWR – Betriebsstätte oder einer Drittlandbetriebstätte angefallen sind.[12]

d) Erbschaft-/Schenkungsteuer

Bei Erb- und Schenkungsfällen bis zum Stichtag 31. Dezember 2008 führte die Beteiligung an einer ausländischen Personengesellschaft prinzipiell zu einer niedrigeren Bemessungsgrundlage als die Beteiligung an einer ausländischen Kapitalgesellschaft. Seit der Erbschaftsteuerreform zum 1. Januar 2009 werden Beteiligungen an Personengesellschaften wie Beteiligungen an Kapitalgesellschaften mit dem gemeinen Wert bewertet (ertragswertorientiertes Verfahren).[13] Begünstigtes Vermögen (Verschonung von 85 % bzw. 100 %) ist hierbei nur inländisches Betriebsvermögen und solches Betriebsvermögen, das einer EU-/EWR-Betriebstätte dient, § 13 b Abs. 1 Nr. 2 ErbStG n. F. Ein Bewertungsvorteil gegenüber der Beteiligung an einer ausländischen Kapitalgesellschaft ist daher nicht mehr zu erkennen. Allerdings ist für Beteiligungen an Personengesellschaften keine Mindestbeteiligungsquote erforderlich.[14]

Bei internationalen Erbfällen kann es zur Besteuerung sowohl im Ansässigkeitsstaat des deutschen Unternehmers bzw. Anteilseigners als auch im Sitzstaat der ausländischen Gesellschaft kommen. Das deutsche Steuerrecht sieht für diese Fälle eine Anrechnung der ausländischen

---

[8] EuGH v. 15. 5. 2008, C-414/06 "Lidl Belgium"; v. 13. 12. 2005, C-446/03 „Marks&Spencer".

[9] Hat die endgültige Nichtberücksichtigung ihre Ursache allein in den nationalen Regelungen des Betriebsstättenstaates, etwa wegen der zeitlichen Begrenzung des Verlustvortrages, soll dies den Wohnsitzstaat nicht zur Berücksichtigung verpflichten, EuGH v. 23. 10. 2007, C-157/07 „Wannsee", *Lamprecht*, IStR 2008, 766; a.A. FG Hamburg v. 18. 11. 2009, 6 K 147/08, Lexinform 5009261.

[10] *Sedemund/Wegner*, DB 2008, 1565; *KB*, IStR 2008, 705; nach FG Hamburg v. 18. 11. 2009, 6 K 147/08, Lexinform 5009261 hat die Verlustberücksichtigung phasengleich zu erfolgen.

[11] Nach h. M. ist in Drittlandsfällen im Rahmen des Progressionsvorbehalts § 2a EStG anzuwenden, vgl. *Heinicke* in: Schmidt, EStG, § 32b Rn. 5; a. A. wohl *Probst* in: HHR, § 2a EStG, Anm. 27.

[12] Vgl. *Wittkowski/Lindscheid*, IStR 2009, 225; *Heinicke* in: Schmidt EStG § 32b Rn. 34.

[13] Vgl. hierzu *Maßbaum* in: Pauli/Maßbaum, Erbschaftsteuerreform 2009, 434 ff.

[14] Nach § 13b Abs. 2 Nr. 2 EStG sind nur Anteile an Kapitalgesellschaften bei einer Beteiligung von über 25 Prozent begünstigt.

Steuer auf die deutsche Erbschaftsteuer, die auf den entsprechenden Vermögensteil entfällt, vor (§ 21 ErbStG), so dass es im Ergebnis zur Belastung des vererbten Betriebsvermögens mindestens mit der deutschen Steuerlast kommt. Selbst wenn eines der wenigen deutschen Erbschaftsteuer-DBA zur Anwendung kommt, wird Auslandsvermögen regelmäßig nicht von der inländischen Besteuerung freigestellt.[15]

2. Nachteile

In der Praxis haben sich insbesondere die folgenden Punkte als Nachteile bei der Einschaltung von Personengesellschaften für internationale Investitionen erwiesen:

a) Komplexität und Rechtsunsicherheit

In vielen Staaten sind Personengesellschaften keine gebräuchliche Rechtsform, so dass ihre steuerliche Behandlung, insbesondere bei der Beteiligung von Steuerausländern, mit vielen **Rechtsunsicherheiten** versehen ist und darüber hinaus eine Komplexität aufweist, die auch auf Seiten des Beraters eine erhebliche Erfahrung voraussetzt. Hinzu kommt, dass die aus deutscher Sicht erforderliche Ergebnisermittlung nach deutschen Grundsätzen für den an einer ausländischen Personengesellschaft beteiligten in Deutschland ansässigen Gesellschafter in der Praxis, insbesondere bei fehlender Beherrschung der Personengesellschaft, schwierig sein dürfte.

Die Unüblichkeit internationaler Personengesellschaften kann auch zu ungewollten Doppel- oder Nichtbesteuerungen führen. So kommt es vor, dass Aufwendungen des Gesellschafters im Zusammenhang mit dem Erwerb der Beteiligung (z. B. Zinsen) im Ansässigkeitsstaat der Personengesellschaft nicht zum Abzug zugelassen werden, da nicht die Personengesellschaft, sondern der nichtansässige Gesellschafter Schuldner ist. Deutschland hingegen betrachtet die Aufwendungen grundsätzlich als Teil des nach DBA freizustellenden Betriebsstättenergebnisses und lässt somit ebenfalls einen Abzug nicht zu; im Ergebnis bleiben die Aufwendungen damit steuerlich unberücksichtigt.

b) Fehlende Haftungsbegrenzung

In manchen Staaten besteht rechtlich keine Möglichkeit, eine der deutschen GmbH & Co. KG vergleichbare haftungsbeschränkte Struktur zu gründen. So setzen z. B. das Gesellschaftsrecht der Schweiz und Italiens stets mindestens eine natürliche Person als **Vollhafter** voraus.[16] In anderen Staaten verliert ein beschränkt haftender Gesellschafter grundsätzlich seine Haftungsbeschränkung, wenn er aktiv für die Personengesellschaft tätig wird (so z. B. in den USA, in Großbritannien und in Frankreich).

c) Fehlende Abkommensberechtigung

Problematisch ist die häufig **fehlende Abkommensberechtigung**[17] der ausländischen Personengesellschaft vor allem in den Fällen, in denen diese Drittstaateneinkünfte bezieht. Hier bestehen erhebliche Gefahren einer Doppelbesteuerung.

---

[15] Derzeit bestehen DBA auf dem Gebiet der Erbschaftsteuer mit Griechenland, USA, Schweiz, Schweden und Dänemark.

[16] Beispielsweise können in Italien nur natürliche Personen Gesellschafter einer Personengesellschaft sein.

[17] Zu einer ausführlichen Darstellung der Abkommensberechtigung von Personengesellschaften vgl. *Riemenschneider*, Abkommensberechtigung von Personengesellschaften und abkommensrechtliche Behandlung der Einkünfte aus Beteiligungen inländischer Gesellschafter an ausländischen Personengesellschaften, 64 ff.; vgl. *Jacobs*, Internationale Unternehmensbesteuerung, 521 ff.

d) Administrative Schwierigkeiten

Nicht zu unterschätzen sind insbesondere in einem Personengesellschaftskonzern mit vielen Gesellschaftern die Schwierigkeiten, die sich z. B. aus den Steuererklärungspflichten im ausländischen Staat ergeben, da in zahlreichen Ländern jeder Gesellschafter der Personengesellschaft eine eigene Steuererklärung abgeben muss.[18]

B. Ausgewählte Besteuerungsprobleme

I. Qualifikation der Gesellschaft und Abkommensberechtigung

1. Qualifikation der Gesellschaft als Personengesellschaft nach nationalem Steuerrecht

Vorfrage bei der Beurteilung ausländischer Strukturen muss sein, ob es sich aus deutscher Sicht überhaupt um eine Personengesellschaft handelt. Die Einordnung der Gesellschaft durch den ausländischen Staat bindet den deutschen Rechtsanwender in keiner Weise. Vielmehr erfolgt in Deutschland ein **Typenvergleich**, bei dem geprüft wird, ob das im Ausland gegebene Gebilde nach seinem rechtlichen Aufbau und den bestehenden Strukturmerkmalen eher mit dem deutschen Gesellschaftstypus der Kapital- oder Personengesellschaft vergleichbar ist.[19] Zu bestimmten, häufiger vorkommenden ausländischen Rechtsformen bestehen Zuordnungen durch die deutsche Finanzverwaltung[20], bei anderen in der Praxis durchaus häufig vorkommenden Rechtsformen, wie der US-amerikanischen LLC (limited liability company) will die Finanzverwaltung jedoch grundsätzlich nur den jeweiligen Einzelfall beurteilen.[21]

Die nachfolgenden **zivil- und gesellschaftsrechtlichen Kriterien** sprechen im Regelfall für das Vorliegen einer Personengesellschaft:

- unbeschränkte Haftung mindestens eines Gesellschafters;
- personalistische Struktur;
- Übertragung von Anteilen an der Gesellschaft nur mit Zustimmung der Gesellschafter;
- Teilrechtsfähigkeit.

Liegt nach den o. g. Grundsätzen eine Personengesellschaft vor, so ist auf der nächsten Stufe zu prüfen, ob diese auch die steuerrechtliche Qualifikation als **Mitunternehmerschaft** (Mitunternehmerinitiative und -risiko der Gesellschafter) erfüllt, was jedoch im Regelfall gegeben sein wird.

2. Abkommensberechtigung der Gesellschaft

Die Frage der **Abkommensberechtigung** der Personengesellschaft ist von Bedeutung z. B. für folgende Fragen:

- Anwendung des DBA des Sitzstaates der Personengesellschaft auf Drittstaateneinkünfte;

---

[18] Sog. "formelle" Komponente der Doppelbesteuerung; diese ist insb. im Rahmen der Besteuerung international tätiger Sozietäten von Bedeutung; vgl. dazu Rapp, Freiberufler-Personengesellschaften, S. 210 f., 215 ff., m. w. N.

[19] So bereits RFH v. 12. 2. 1930 - VI A 899/27, RStBl 1930, 444 „Venezuela"; BFH v. 23. 6. 1992, IX R 182/87, BStBl. II 1992, 972; *Piltz/Wassermeyer* in: Debatin/Wassermeyer, DBA, Art. 7 Rn. 77 ff.

[20] Vgl. BMF v. 16. 4. 2010, BStBl. I 2010, 354, Tz. 1.2; BMF v. 24. 12. 1999, BStBl. I 1999, 1076, Tz. 1.1.5.2. und Anhang Tabelle 1; FinMin NRW v. 4. 10. 1993, S 2701-2-VB 4, RIW 1993, 1052.

[21] Vgl. BMF v. 19. 3. 2004, BStBl. I 2004, 411; zur Einstufung der LLC vgl. auch *Henke/Lang*, IStR 2001, 514 ff.; *Hey*, RIW 1992, 916; *ders.*, in: FS Debatin, 121 ff.; *Zschiegner*, IWB F. 8 USA Gr. 2 S. 895.

- Zuordnung der Besteuerungskompetenz für Veräußerungsgewinne aus der Veräußerung der Beteiligung an der Personengesellschaft,
- Zuordnung der Besteuerungskompetenz für die aus der Personengesellschaft getätigten Entnahmen/von dieser ausgeschütteten Gewinne;
- abkommensrechtliche Einordnung von Vergütungen der Gesellschaft an den Gesellschafter und umgekehrt.

a) "Regelfall": Die Personengesellschaft wird sowohl im Sitzstaat als auch in Deutschland als steuerlich transparent behandelt

In diesem Fall ist die Personengesellschaft nicht abkommensberechtigt.[22] Sie mag zwar **"Person"** im Sinne des Art. 3 Abs. 1a des OECD-MA sein, jedoch ist sie nicht **"ansässig"** (Art. 4 Abs. 1 OECD-MA), da sie im Sitzstaat aufgrund ihrer Transparenz nicht selbst steuerpflichtig ist. Die deutschen DBA schließen überdies Personenvereinigungen, die nicht juristische Personen sind, in vielen Fällen bereits als "Person" aus.[23]

Als Konsequenz der fehlenden Abkommensberechtigung der Personengesellschaft ergibt sich für die Zuweisung der Besteuerungskompetenz im Rahmen des DBA, dass die Tätigkeit der Personengesellschaft deren Gesellschaftern zugerechnet wird. Sofern die ausländische Personengesellschaft eine unternehmerische Tätigkeit i. S. d. Art. 7 OECD-MA ausübt und durch ihre Tätigkeit eine Betriebsstätte (Art. 5 OECD-MA) begründet wird, wird der Anteil des Gesellschafters am Ergebnis der Personengesellschaft, das auf diese Betriebsstätte entfällt, unter Art. 7 OECD-MA subsumiert. Es wird, vereinfacht ausgedrückt, so getan, als ob der Personengesellschafter persönlich eine Betriebsstätte im Ansässigkeitsstaat der Personengesellschaft unterhalte. Voraussetzung hierfür ist jedoch, dass der Gesellschafter selbst eine abkommensberechtigte Person ist.[24] Betriebsstätten, die die Personengesellschaft ihrerseits in Drittstaaten unterhält, werden somit nicht vom DBA Deutschlands mit dem Sitzstaat der Personengesellschaft erfasst.

Beispiel 1:

Die in Deutschland ansässige natürliche Person A ist als limited partner mit 30 % an der B-limited partnership (B-L. P.) mit Sitz und (Geschäftsleitungs-) Betriebsstätte im Staat B beteiligt, mit dem Deutschland ein dem OECD-MA entsprechendes DBA abgeschlossen hat. B behandelt die Gesellschaft B-L. P. als steuerlich transparent. Die B-L. P. hat eine Fertigungs-Betriebsstätte im Staat C, auf die 50 % des Gewinnes der B-L. P. im Jahre 01 entfallen.

Durch die Vorschriften des DBA mit B wird nur die Besteuerungskompetenz hinsichtlich der auf die in der Betriebsstätte in B erwirtschafteten Einkünfte geregelt. Für die Frage, welchem Staat das primäre Besteuerungsrecht für die in C erwirtschafteten, auf A entfallenden Einkünfte zufällt, kommt es hingegen auf das bilaterale Verhältnis Deutschland-Staat C an.[25]

---

[22] Z. B. grds. bei Beteiligungen an einer Personengesellschaft aufgrund der innerstaatlichen Wertung für folgende Länder: Australien, Dänemark, Finnland, Großbritannien, Hongkong, Irland, Italien, Kanada, Lettland, Luxemburg, Malta, Niederlande, Österreich, Polen, Schweden, Schweiz, Singapur, Slowakei, Südafrika, Tschechien, Zypern; für Frankreich und die USA gelten bestimmte Optionsmöglichkeiten („check-the-box-Verfahren") vgl. hierzu Jacobs, Internationale Unternehmensbesteuerung, 540.

[23] Vgl. *Vogel* in: Vogel/Lehner, DBA, Art. 3 Rn. 28.

[24] Also nicht z. B. eine deutsche Personengesellschaft, die wiederum für DBA-Zwecke transparent wäre, sondern eine in einem der Vertragsstaaten ansässige natürliche Person oder Kapitalgesellschaft.

[25] Vgl. auch BFH v. 24. 2. 1988, I R 95/84, BStBl. II 1988, 663, zur Beteiligung eines beschränkt Steuerpflichtigen an einer inländischen Personengesellschaft mit ausländischer Betriebsstätte, dort jedoch Lösung nur

Der auf den inländischen Gesellschafter entfallende Gewinnanteil wird nach den deutschen DBA als Unternehmensgewinn i. S. d. Art. 7 OECD-MA im Regelfall unter Progressionsvorbehalt von der deutschen Besteuerung freigestellt[26], wobei jedoch die in den deutschen DBA regelmäßig enthaltenen Aktivitätsklauseln[27] zu beachten sind.[28]

Die Beteiligung eines Steuerinländers an einer ausländischen Personengesellschaft, die einer **vermögensverwaltenden** Tätigkeit nachgeht, führt abkommensrechtlich nicht zu (freizustellenden) Unternehmensgewinnen.

Anders soll dies nach Auffassung der deutschen Finanzverwaltung sein, wenn es sich um eine **gewerblich geprägte Gesellschaft** i. S. d. § 15 Abs. 3 Nr. 2 EStG handelt.[29]

Im DBA-Regelfall Freistellung wären daher die Einkünfte einer gewerblich geprägten ausländischen Personengesellschaft, sofern die Personengesellschaft in ihrem Sitzstaat eine feste Einrichtung unterhält, dieser die Einkünfte funktional zugeordnet werden können und eine etwaige Aktivitätsklausel erfüllt ist, von der deutschen Besteuerung freizustellen, auch wenn diese lediglich vermögensverwaltend tätig ist. Diese Auffassung entspricht nicht der gebotenen abkommensautonomen Auslegung des Typusbegriffs „Unternehmensgewinne"[30], wonach auf die tatsächliche Tätigkeit der Personengesellschaft abzustellen ist. Des Weiteren verbietet sich entsprechend Art. 3 Abs. 2 OECD-MA auch aus dem Zusammenhang ein Rückgriff auf das nationale Recht.[31] Die abkommensrechtliche Systematik ist geprägt von der Spezialität der Verteilungsnormen für Dividenden, Zinsen und Lizenzen gegenüber dem allgemein für Unternehmensgewinne geltenden Betriebsstättenprinzip.[32] Die hiervon abweichende Systematik der Einkunftsarten nach dem deutschen Ertragssteuerrecht bezieht dagegen nach dem Grundsatz der Subsidiarität solche - aus Abkommenssicht speziellen - Einkünfte in die gewerblichen (Unternehmens-) Einkünfte mit ein und enthält die weitergehende Fiktion, wonach auch nicht gewerbliche Einkünfte als gewerblich gelten, wenn sie von gewerblich geprägten Gesellschaften erzielt werden. Mit Rücksicht auf die Zwecksetzung der Doppelbesteuerungsabkommen (Vermeidung der Doppelbesteuerung) und dem dieser Zwecksetzung dienenden Gebots der Entscheidungsharmonie,[33] muss daher gemäß Art. 3 Abs. 2 OECD-MA ein Rückgriff auf die nationalen Regelungen unterbleiben. Insbesondere ist die Fiktion der gewerblichen Prägung abkom-

---

auf Basis des § 49 EStG, wonach nur die der deutschen Betriebsstätte zuzurechnenden Einkünfte, nicht dagegen die der Drittstaaten-Betriebsstätte der beschränkten Steuerpflicht unterliegen.

[26] Vgl. *Djanani/Hartmann*, IStR 2000, 321, m. w. N. zum Meinungsstand und *Vogel* in: Vogel/Lehner, DBA, Art. 23 Rn. 227.

[27] Vgl. *Wassermeyer* in: Debatin/Wassermeyer, DBA, Art. 23A Rn. 54.

[28] Nach der Rspr. des BFH v. 19. 12. 2001, I R 63/00, IStR 2002, 239 ff. setzt die Anwendung des Progressionsvorbehalts gem. § 32b EStG lediglich voraus, dass das einschlägige DBA die Berücksichtigung nicht verbietet. Auch eine dem Art. 23A Abs. 3 OECD-MA 1977 entsprechende Vorschrift hat nur deklaratorische Bedeutung. Bei dieser Rechtslage kommt es nicht darauf an, ob § 32b Abs. 1 Nr. 2 EStG ausdrücklich ein "treaty override" enthält; anders noch BFH v. 23. 10. 1985, I R 274/82, BStBl. II 1986, 133.

[29] Vgl. BMF v. 16. 4. 2010, BStBl. I 2010, 354, Tz 2.2.1; BMF v. 24. 9. 1999 (Ungarn), FR 2000, 238; so auch zum nationalen Steuerrecht BMF v. 24. 12. 1999, BStBl. I 1999, 1076, Tz. 1.1.5.1.

[30] Vgl. *Hemmelrath* in: Vogel/Lehner, DBA, Art. 7 Rn. 57 m. w. N.; siehe auch Art. 3 Abs. 1 Buchstabe c) OECD-MA; siehe auch *Wassermeyer*, IStR 2010, 37.

[31] Vgl. *Vogel* in: Vogel/Lehner, DBA, Art. 3 Rn. 117 ff., wonach sich ein solcher Vorrang bzw. Zusammenhang systematisch erst nach vermittelnder Analyse des nationalen Recht und des Abkommensrechts feststellen lässt.

[32] Vgl. *Hemmelrath* in: Vogel/Lehner, DBA, Art. 7 Rn. 32.

[33] Vgl. *Vogel* in: Vogel/Lehner, DBA, Einl. Rn. 113 ff.

mensrechtlich unbeachtlich. Dieser Ansicht hat sich im Ergebnis auch der Bundesfinanzhof angeschlossen.[34]

b) Subjektive Steuerpflicht der Personengesellschaft in deren Sitzstaat

Diese Konstellation beinhaltet aufgrund der entgegenstehenden Würdigung in Deutschland als Wohnsitzstaat des Gesellschafters für den Rechtsanwender gewisse Unsicherheiten. In vielen Staaten des romanischen Rechtskreises (z. B. in Belgien, Portugal, Spanien und einigen südamerikanischen Ländern[35]), aber auch z. B. in Japan oder Tschechien, werden Personengesellschaften steuerlich wie Körperschaften behandelt, d. h. insbesondere auch, dass sie selbst als Steuersubjekte steuerpflichtig sind.[36] Daraus resultiert, dass diese Personengesellschaften sich abkommensrechtlich als „Gesellschaften" i.S.v. Art. 3 Abs. 1 Buchst. b) des OECD-MA qualifizieren.

Abkommensberechtigt sind ausländische Personengesellschaften in solchen Fällen regelmäßig aus Sicht des Sitzstaates, da sie ansässig (gleichbedeutend mit unbeschränkt steuerpflichtig) sind. Die h.M. im Schrifttum geht davon aus, dass die Abkommensberechtigung der Personengesellschaft auch vom Wohnsitzstaat der Gesellschafter und vom Quellenstaat beachtet werden muss und auf die Gesellschafter durchschlägt, mit der Folge, dass die Gesellschafter selbst Abkommenberechtigung erlangen.[37] Einem Gesellschafter einer abkommensberechtigten ausländischen Personengesellschaft kommt daher auch dann Abkommensschutz zugute, wenn er nicht im Sitzstaat der Personengesellschaft ansässig ist. Demnach sind Gewinne der Personengesellschaft nur im Sitzstaat oder, soweit sich aufgrund einer nach dem zwischen dem Sitzstaat und dem Quellenstaat bestehenden Abkommen einschlägigen Verteilungsnorm ein Besteuerungsrecht des Quellenstaates ergibt, im Quellenstaat zu besteuern.

Auch nach dem hierzu in 1999 verabschiedeten Bericht des OECD-Steuerausschusses zu Personengesellschaften[38] soll für die abkommensrechtliche Behandlung der Personengesellschaft im Grundsatz das System des Sitzstaats bindend sein: Quellenstaaten mit transparentem System wie Deutschland sollen Personengesellschaften in subjektbesteuernden Staaten als abkommensberechtigt anerkennen; umgekehrt sollen Staaten, die die Personengesellschaft als Steuer-

---

[34] Vgl. BFH v. 28. 4. 2010, I R 81/09, DStR 2010, 1220, v. 19.05.2010, I B 191/09, IStR 2010, 530 (mit ausdrücklicher Ablehnung des BMF v. 16. 4. 2010, BStBl. I 2010, 354).

[35] *Jacobs*, Internationale Unternehmensbesteuerung, 543.

[36] Vgl. BMF v. 16. 4. 2010, BStBl. I 2010, 354, Anlage „Besonderheiten einzelner DBA zur Abkommensberechtigung von Personengesellschaften und Hinweise zu einzelnen Gesellschaftsformen"; *Kussmaul/Schäfer*, IStR 2000, 161; *Lüdemann/Hruschka*, IStR 2000, 25; *Raupach* in: FS Vogel, 1067 ff., 1083; zur Behandlung spanischer Personengesellschaften *Courage*, IStR 1998, 174.

[37] Vgl. BMF v. 16. 4. 2010, BStBl. I 2010, 354, Tz. 2.1.1; *Hemmelrath*, IStR 1995, 574; *Riemenschneider*, Abkommensberechtigung von Personengesellschaften und abkommensrechtliche Behandlung der Einkünfte aus Beteiligungen inländischer Gesellschafter an ausländischen Personengesellschaften, 179 ff.; *Schaumburg*, Internationales Steuerrecht, Tz. 16.171, m. w. N.; *Vogel*, IStR 1999, 5; *Prokisch* in: Vogel/Lehner, DBA, Art 1 Rn. 33 m. w. N.; *Liebchen* in: Beteiligungen an ausländischen Personengesellschaften, 138 ff. m. w. N.; a. A. *Kluge*, Das Internationale Steuerrecht, Teil S. Rn. 80 ff., *Wassermeyer* in: Debatin/Wassermyer, DBA, Art. 1 MA Rn. 27b: Nach Ansicht Wassermeyers gelte der Grundsatz, dass jeder Vertragsstaat autonom und unabhängig von der Beurteilung des anderen Vertragsstaates aus der Sicht seines eigenen innerstaatl. Steuerrechts prüft, ob die PersGes. im konkreten Einzelfall selbst „Gesellschaft" i. S. d. Art. 3 Abs. 1 Buchst. b ...ist".; Fraglich bleibt bei dieser Auffassung, auf welche Abkommensbestimmungen sich ein in einem Drittstaat ansässiger Gesellschafter berufen kann.

[38] The Application of the OECD Model Tax Convention to Partnerships, Issues in International Taxation, No. 6/1999.

subjekt betrachten, gegenüber im Sitzstaat transparenten Personengesellschaften einen Durchgriff auf die hinter der Personengesellschaft stehenden Gesellschafter vornehmen.[39]

Qualifikationskonflikte sollen dadurch gelöst werden, dass der Wohnsitzstaat der Wertung durch den Quellenstaat (Sitzstaat der Personengesellschaft) folgt und entweder bei drohender Keinmalbesteuerung im Rahmen der Art. 23A und B OECD-MA keine Entlastung gewährt oder bei sonst doppelter Besteuerung die Anrechnung der ausländischen Steuer bzw. Freistellung der ausländischen Einkünfte vorsieht.[40] Unabhängig hiervon kommt es weiterhin zu einer doppelten Freistellung wenn der Staat, dem das Besteuerungsrecht nach dem DBA zusteht, von seinem Besteuerungsrecht keinen Gebrauch macht.[41]

Der OECD-Bericht zu Personengesellschaften enthält jedoch kein stringentes dogmatisches Konzept, sondern löst 18 exemplarische Fälle aus Sicht des Quellen- und Ansässigkeitsstaates kasuistisch. Der OECD-Bericht ist damit nur insoweit eine Auslegungshilfe i. S. d. Abkommensrechts, als im OECD-MA auf die Lösungsansätze des OECD-Steuerausschusses zurückgegriffen wird,[42] das jeweilige Doppelbesteuerungsabkommen dem OECD-MA nachgebildet ist und es keine abweichenden Klauseln enthält.[43] Im Hinblick auf die hier in Rede stehende Besteuerung ausländischer Personengesellschaften sind insbesondere folgende auf dem OECD-Bericht zu Personengesellschaften basierenden Regelungen im OECD-MA von Bedeutung:

(1) In Art. 23 A Abs. 4 OECD-MA ist eine Subject-to-tax-klausel[44] enthalten. Danach ist die Besteuerung der Einkünfte und des Vermögens einer in einem Vertragsstaat ansässigen Person nicht durch diesen freigestellt, wenn der andere Vertragsstaat diese Einkünfte oder dieses Vermögen nach diesem Abkommen von seiner Steuer befreit oder Art. 10 Abs. 2 oder Art. 11 Abs. 2 auf diese Einkünfte anwendet.

(2) Weiter enthält der Kommentar zum OECD-MA in Art. 1 Nr. 2-6 (insb. 6.1 – 6.7), Art. 3 Nrn. 2, 4, 10.1 und Art. 4 Nr. 8.4 Anmerkungen zur abkommensrechtlichen Behandlung von Personengesellschaften.[45]

---

[39] The Application of the OECD Model Tax Convention to Partnerships, Issues in International Taxation, No. 6/1999, Tz. 56; a. A. *Wassermeyer*, IStR 1998, 489; *ders.*, IStR 1999, 8, der keine Bindung Deutschlands an die Qualifikation durch den Sitzstaat anerkennt und daher auch nicht die Verankerung der Abkommensberechtigung von Personengesellschaften für notwendig hält; *ders.*, IStR 1999, 481; vgl. dagegen *Vogel*, IStR 1999, 5 mit Duplik v. *Wassermeyer*, IStR 1999, 8.; vgl. auch *Wassermeyer* in: Debatin/Wassermeyer Doppelbesteuerung, DBA, Art. 1 MA Rn. 28, wo auf die wesentlichen Unterschiede des OECD-Berichts zu seiner Rechtsauffassung hingewiesen wird.

[40] The Application of the OECD Model Tax Convention to Partnerships, Issues in International Taxation, No. 6/1999, Tz. 109 ff. (Vermeidung der Keinmalbesteuerung) bzw. Tz. 102 ff. (Vermeidung der Doppelbesteuerung); die deutsche Finanzverwaltung will in diesen Fällen dementsprechend unter Überschreitung ihrer Kompetenz ggf. von der Freistellungsmethode zur Anrechnungsmethode übergehen (BMF v. 24. 12. 1999 a. a. O., Tz. 1.2.3; BMF v. 28. 12. 1999, BStBl. I 1999, 1121; vgl. dazu krit. *Fischer*, L. in: FS Vogel, 963 ff., 970 f.).

[41] The Application of the OECD Model Tax Convention to Partnerships, Issues in International Taxation, No. 6/1999, Tz. 111 f.

[42] Vgl. *Wassermeyer* in: Debatin/Wassermeyer, DBA, Art. 1 Rn. 27c.

[43] *Vogel* in: Vogel/Lehner, DBA, Einl. Rn. 35ff; *Schmidt*, IStR 2001, 489, 496; *Lang*, IStR 2000, 129; *Wassermeyer* in: Debatin/Wassermeyer, DBA, vor Art. 1 MA Rn. 34 ff. a. A. *Krabbe*, IStR 2000, 196; *Menck*, IWB F. 10 Gr. 2 1469 ff., 1472.

[44] Zu den Unterschieden zur Rückfallklausel, dem remittance-basis-Prinzip und der switch-over-Klausel ausführlich, *Grotherr*, IWB F. 3 Gr. 2 S. 643 ff.

[45] Vgl. die Übersicht bei *Menck*, IWB F. 10 Gr. 2 S. 1469 ff., 1475 f.; *Schmidt*, IStR 2001, 489.

Umstritten ist, welche Folgen aus der Abkommensberechtigung der Personengesellschaft der Wohnsitzstaat des Gesellschafters für die Besteuerung seines Anteils an den Einkünften der Personengesellschaft zu ziehen hat. Der OECD-MA-Kommentar enthält hierzu keine Lösungsansätze, sondern stellt lediglich fest, dass das Recht zur Besteuerung des Gewinnanteils des Gesellschafters in dessen Wohnsitzstaat durch die Abkommensberechtigung der Personengesellschaft nicht beeinträchtigt wird.[46] Teilweise wird die Auffassung vertreten, es sei auf das nationale Recht abzustellen und die Gewinne einer ausländischen abkommensberechtigten Personengesellschaft sind danach gemäß § 15 Abs. 1 Nr. 2 EStG dem in Deutschland ansässigen Gesellschafter/Mitunternehmer unabhängig von einer Ausschüttung/Entnahme anteilig zuzurechnen und im Regelfall des Art. 23 A OECD-MA abkommensrechtlich als Unternehmensgewinne unter Progressionsvorbehalt freizustellen.[47] Um eine übereinstimmende Abkommensanwendung durch die Vertragsstaaten zu gewährleisten, ist jedoch die Auffassung vorzuziehen, die auch für die Frage der subjektiven Zurechnung der Einkünfte und die anwendbare Verteilungsnorm auf die Qualifikation durch den Sitzstaat der Personengesellschaft abstellt.[48] Hierdurch wird insbesondere vermieden, dass die im Sitzstaat aufgrund der subjektiven Steuerpflicht vollumfänglich der Körperschaftsteuer unterworfenen Einkünfte der Personengesellschaft (einschließlich Drittstaateneinkünfte) im Wohnsitzstaat des Gesellschafters teilweise nochmals nach dem Betriebsstättenartikel der Besteuerung unterliegen.[49] Daher besteht entsprechend der Qualifikation der Ausschüttung/Entnahmen durch den Sitzstaat als Dividende ein Besteuerungsrecht des Wohnsitzstaates des Gesellschafters erst bei Ausschüttung und nach dem Dividendenartikel. Unberührt bleibt hiervon die nationale steuerliche Behandlung der „Dividende" nach dem deutschen Einkommensteuerrecht als steuerfreie Entnahme. Bis auf die Anwendung des Progressionsvorbehalts und die Behandlung von Drittstaateneinkünften, führen die genannten unterschiedlichen Auffassungen für die Besteuerung des in Deutschland ansässigen Gesellschafters zum gleichen Ergebnis. Die vom Sitzstaat der Personengesellschaft aufgrund seiner innerstaatlichen Qualifikation auf Entnahmen (aus Sicht des Sitzstaates „Dividenden") nach dem Abkommen einbehaltene Quellensteuer ist nach keiner dieser Auffassungen anrechenbar.

II. Behandlung von Gewinnanteilen und Sondervergütungen, die der Gesellschafter aus der ausländischen Personengesellschaft bezieht

1. Einführung

Bei der Besteuerung des Einkommens, das ein in Deutschland ansässiger Gesellschafter einer ausländischen Personengesellschaft von dieser bezieht, ist zwischen Gewinnanteilen einerseits und Sondervergütungen andererseits zu unterscheiden. Für Gewinnanteile, die unter Art. 7 DBA-MA (Unternehmensgewinne) fallen, ergeben sich grundsätzlich keine Besonderheiten, sie werden in der Regel unter Progressionsvorbehalt von der Besteuerung freigestellt.

Die Behandlung der Sondervergütungen durch das deutsche Steuerrecht als Einkünfte aus Gewerbebetrieb (§ 15 Abs. 1 Satz 1 Nr. 2 EStG) kann jedoch zu Qualifikationskonflikten führen. Werden z. B. die an den in Deutschland ansässigen Gesellschafter auf ein Gesellschafterdarlehen gezahlten Zinsen im Ansässigkeitsstaat der Personengesellschaft nach dem Zinsartikel

---

[46] Vgl. Ziff. 6.1 OECD-MA Kommentar zu Art. 1 OECD-MA.
[47] Vgl. BMF v. 16. 4. 2010, BStBl. I 2010, 354, Tz. 4.1.4.1; BFH v. 4. 4.2007, BFH/NV 2007, 1417.
[48] *Prokisch* in: Vogel/Lehner, DBA, Art. 1 Rn. 34b.
[49] Vgl. *Vogel*, IStR 1999, 5, 7.

behandelt (Besteuerung im Ansässigkeitsstaat) und wendet Deutschland hierauf den Betriebsstättenartikel (Freistellung) an, unterbleibt im Ergebnis eine Besteuerung der Zinseinkünfte des deutschen Gesellschafters. Die deutsche Finanzverwaltung nimmt für diesen Fall ohne weitere dogmatische Begründung einen Wechsel von der Freistellungs- zur Anrechnungsmethode an (Switch-over).[50] Die Rechtsprechung ging bezüglich der abkommensrechtlichen Behandlung von Sondervergütungen zunächst auf Grundlage des innerstaatlichen Rechts (Art. 3 Abs. 2 OECD-MA) von einer Zuordnung der Sondervergütungen zu den Unternehmensgewinnen aus.[51] In der Folge setzte sich beim Bundesfinanzhof die Auffassung durch, die Qualifizierung der Sondervergütungen habe ohne Rückgriff auf das innerstaatliche Recht autonom aus dem Zusammenhang des Abkommens zu erfolgen.[52] Eine abkommensrechtliche Behandlung von Sondervergütungen nach dem Betriebsstättenartikel kommt demnach nur in Betracht, wenn der Betriebsstättenvorbehalt der zunächst einschlägigen speziellen Verteilungsnorm (z. B. Art. 10 Abs. 4, Art. 11 Abs. 4, Art. 12 Abs. 3) aufgrund tatsächlicher Zugehörigkeit der Sondervergütungen zur Betriebsstätte erfüllt ist. Entsprechend hat der Bundesfinanzhof im Urteil vom 17. Oktober 2007[53] für Zinszahlungen auf ein Darlehen eines in den USA ansässigen Gesellschafters an eine deutsche OHG entschieden, dass eine tatsächliche Zugehörigkeit des Darlehens zur deutschen Betriebsstätte nicht gegeben sei und daher nach dem anzuwendenden Zinsartikel ein deutsches Besteuerungsrecht für die Zinseinkünfte nicht gegeben sei. Eine tatsächliche Zugehörigkeit erfordere, dass das Darlehen aus Sicht der Gesellschaft einen Aktivposten bildet, tatsächlich handele es sich aber aus Sicht der OHG bei dem Darlehen des ausländischen Gesellschafters um eine Verbindlichkeit.[54]

Der abkommensautonomen Behandlung von Sondervergütungen durch die Rechtsprechung ist zur Vermeidung von Qualifikationskonflikten zuzustimmen. Diese führt im Ergebnis zu folgender Behandlung von Sondervergütungen. Da das der Sondervergütung zugrunde liegende Stammrecht (bspw. Kapitalgesellschaftsbeteiligung, Darlehen, Lizenz) bzw. die der Sondervergütung zugrunde liegende Tätigkeit stets dem Gesellschafter zuzuordnen ist und hierauf zu leistende Sondervergütungen aus Sicht der Betriebsstätte/Personengesellschaft eine Verpflichtung gegenüber dem Gesellschafter darstellen, ist eine tatsächliche Zugehörigkeit der Sondervergütung zur Betriebsstätte/Personengesellschaft regelmäßig ausgeschlossen. Vorbehaltlich etwaiger Spezialregelungen im Abkommen oder nationaler Sonderregelungen (§ 50d Abs. 9, 10 EStG) sind Sondervergütungen daher nur nach der einschlägigen speziellen Verteilungsnorm (bspw. Art. 10, 11, 12 OECD-MA) zu behandeln. Sondervergütungen an in Deutschland ansässige Gesellschafter einer ausländischen Personengesellschaft können daher im Regelfall des OECD-MA in Deutschland unter Anrechnung etwaiger Quellensteuern voll besteuert werden. Sondervergütungen einer deutschen Personengesellschaft an einen im Ausland ansässigen Gesellschafter unterliegen in Deutschland allenfalls der Quellenbesteuerung nach der einschlägigen speziellen Verteilungsnorm.

---

[50] BMF v. 24. 12. 1999, BStBl. I 1999, 1976, Tz. 1.2.3.
[51] BFH v. 29. 1. 1964, I 153/61 S, BStBl. III 1964, 165; v. 10. 11. 1983, IV R 62/82, BStBl. II 1984, 605.
[52] BFH v. 27. 2. 1991, I R 15/89, BStBl. II 1991, 444; v. 27. 2. 1991, I R 96/89, BFH/NV, 1992, 385; v. 9. 8. 2006, II R 59/05, BFH/NV 2006, 2326; v. 20. 12. 2006, II R 59/05, BFH/NV 2007, 831.
[53] BFH/NV 2008, 869.
[54] Vgl. zur tatsächlichen Zugehörigkeit, Ziff. 30 OECD-Kommentar zu Art. 10, Ziff. 22 OECD-Kommentar zu Art. 11, Ziff. 15 OECD-Kommentar zu Art. 12; *Vogel* in: Vogel/Lehner, DBA, vor Art. 10-12, Rn. 39 f.

2. Neuregelung in § 50d Abs. 10 EStG

Als Reaktion auf die vorstehend beschriebene Rechtsprechung des Bundesfinanzhofs und die damit einhergehende Beschränkung des deutschen Besteuerungsrechts auf Sondervergütungen an ausländische Gesellschafter inländischer Personengesellschafter hat der deutsche Gesetzgeber in § 50d Abs. 10 EStG die abkommensrechtliche Behandlung von Sondervergütungen in- und ausländischer Personengesellschaften an ihre Gesellschafter gesetzlich festgeschrieben. Hierdurch soll eine Gleichbehandlung in- und ausländischer Gesellschafter sichergestellt werden.[55] Sondervergütungen i.S.d. § 15 Abs. 1 S. 1 Nr. 2 S. 1 HS 2 und Nr. 3 HS 2 EStG sind danach, unter der Voraussetzung, dass ein hierfür anwendbares DBA keine ausdrücklichen Regelungen für diese Vergütungen trifft[56], auch für Zwecke der Abkommensanwendung nach § 50d Abs. 10 S. 1 EStG ausschließlich als Unternehmensgewinne i. S. d. Art. 7 OECD-MA zu behandeln.[57] § 50d Abs. 10 EStG ist für alle noch offenen Fälle, also auch für Veranlagungszeiträume vor 2009 anzuwenden, § 52 Abs. 59a S. 8 EStG.[58]

Die Rechtsfolge des § 50d Abs. 10 EStG beschränkt sich auf die Qualifizierung der Sondervergütungen als „Unternehmensgewinne" im abkommensrechtlichen Sinn. Dass nach § 50d Abs. 10 EStG Unternehmensgewinne anzunehmen sind, führt jedoch allein noch nicht zu einem Besteuerungsrecht des Betriebsstättenstaates.[59] Es kommt nach Art. 7 Abs. 1 Satz 2 OECD-MA für die Frage der Besteuerungskompetenz für die Sondervergütungen darauf an, dass diese Vergütungen der Betriebsstätte zugerechnet werden können. Hierzu ist erforderlich, dass die Einkünfte (Sondervergütungen) auf eine unternehmerische Aktivität der Betriebsstätte zurückzuführen sind.[60] Es bedarf eines funktionalen Zusammenhangs.[61] Die vorstehend unter B. II. 1. genannte Rechtsprechung des Bundesfinanzhofs zur Frage der „tatsächlichen Zugehörigkeit" von Einkunftsquellen zu Betriebsstätten im Sinne der jeweiligen Betriebsstättenvorbehalte der speziellen Verteilungsnormen ist mit der Frage, ob Sondervergütungen im Sinne des Art. 7 Abs. 1 Satz 2 der Betriebsstätte „zugerechnet werden können" zwar nicht identisch, die Fragestellungen sind jedoch inhaltlich vergleichbar.

Im Ergebnis ist nach Art. 7 Abs. 1 Satz 2 OECD-MA eine Zurechnung von Sondervergütungen zur Personengesellschaftsbetriebsstätte regelmäßig ausgeschlossen. Sondervergütungen haben ihren wirtschaftlichen Entstehungsgrund nicht in der Aktivität der Personengesellschaft, sondern in einer Tätigkeit des Gesellschafters (bspw. Überlassung von Darlehen, Geschäftsführertätigkeit). Entgegen der Auffassung der Finanzverwaltung[62] ist hier klar zu trennen zwischen (i)

---

[55] BT-Drs. 16/11108, 28

[56] Die DBAs mit Österreich, der Schweiz, Kasachstan, Usbekistan und Weißrussland haben entsprechende Regelungen; § 50 d Abs. 10 EStG ist demnach für diese DBAs nicht anwendbar.

[57] Zur Frage des Treaty-overrides vgl. BT-Drs. 16/11108, 29; *Boller/Eilinghoff/Schmidt*, IStR 2009, 109, 111; abweichend hiervon ist u. E. mit Hinblick auf die Rechtsprechung des BFH (BFH v. 17. 10. 2007, BFH/NV 2008, 869) ein Treaty-override anzunehmen (so auch *Goebel/Liedtke/Schmidt*, IWB 2010, 7 m. w. N.).

[58] Vgl. *Kirchhof/Söhn/Mellinghoff*, EStG, § 50d Abs. 10, Anm. L 2: Verfassungsrechtlich bedenkliche Rückwirkung; keine verfassungsrechtlichen Bedenken bestehen nach Ansicht des FG München v. 30. 7. 2009, 1 K 1816/09, EFG 2009, 1954.

[59] So wohl auch die Gesetzesbegründung, BT-Drs. 16/11108, 29.

[60] Vgl. BFH v. 30. 8. 1995, I R 112/94, BStBl. II 1996, 563; v. 10. 7. 2002, I R 71/01; *Schaumburg*, Internationales Steuerrecht, Tz. 18.59.

[61] Vgl. *Hemmelrath* in: Vogel/Lehner, DBA, Art. 7, Rn. 42; *Wassermeyer* in: Debatin/Wassermeyer, DBA, Art. 7, Rn. 184.

[62] Vgl. . BMF v. 16. 4. 2010, BStBl. I 2010, 354, Tz. 5.1.

Vergütungen, die der Gesellschafter für der Personengesellschaft überlassenen Wirtschaftsgüter erzielt und (ii) etwaigen Vergütungen, die die Personengesellschaft ihrerseits aus der Nutzung der überlassenen Wirtschaftsgüter von Dritten erzielt. Nur letztere können der Personengesellschaft funktional zugeordnet werden. Eine Zurechnung zur Personengesellschaftsbetriebsstätte wäre im Inbound-Fall unabhängig von der fehlenden funktionalen Zugehörigkeit jedoch dann anzunehmen, wenn der Gesellschafter selbst in seinem Ansässigkeitsstaat über keine Betriebsstätte verfügt, der die Sondervergütungen zugerechnet werden können und man betriebsstättenloses „floating income" ablehnt.[63] Regelmäßig wird jedoch der Gesellschafter seine zu Sondervergütungen führende Tätigkeit aus einer festen Geschäftseinrichtung an seinem Wohnsitz erbringen und somit eine Betriebsstätte begründen, der die Sondervergütungen zugeordnet werden können.[64] Damit dürfte die Regelung des § 50d Abs. 10 EStG ihr gesetzgeberisches Ziel, im Inbound-Fall (Sondervergütungen einer deutschen Personengesellschaft an im Ausland ansässigen Gesellschafter) das deutsche Besteuerungsrecht an den Sondervergütungen zu sichern, verfehlen.[65] Im Outbound-Fall (Sondervergütungen einer ausländischen Personengesellschaft an in Deutschland ansässigen Gesellschafter) ergibt sich mangels funktionaler Zugehörigkeit der Sondervergütung zur ausländischen Personengesellschaftsbetriebsstätte regelmäßig ein uneingeschränktes Besteuerungsrecht Deutschlands als Wohnsitzstaat, Art. 7 Abs. 1 OECD-MA. Ist im Einzelfall eine funktionale Zuordnung der Sondervergütung zur ausländischen Personengesellschaft möglich, wird eine sich dadurch unter Umständen ergebende doppelte Nichtbesteuerung (sog. weiße Einkünfte) durch § 50d Abs. 10 S. 2 EStG verhindert, der durch den Verweis auf die unilaterale Switch-over Klausel des § 50d Abs. 9 Nr. 1 EStG einen Wechsel von der Freistellungs- zur Anrechnungsmethode ermöglicht (soweit nicht bereits nach dem jeweilig anwendbaren DBA ein Wechsel zur Anrechnungsmethode möglich ist).

In den Fällen, in denen das Abkommen spezielle Regelungen zur Behandlung von Sondervergütungen vorsieht, ist § 50d Abs. 10 EStG nicht anwendbar. Hier ergibt sich jedoch regelmäßig aus der speziellen Abkommensregelung bzw. aus dem gemeinsamen Verständnis beider Vertragsstaaten eine Zuordnung der Sondervergütung zur Personengesellschaftsbetriebsstätte. So hat der Bundesfinanzhof in seinem Urteil vom 24. 3. 1999[66] entschieden, dass in dem Sonderfall, in dem auch der Sitzstaat der Personengesellschaft dem deutschen Konzept der Sondervergütungen entsprechend besteuert und die gezahlten Zinsen dem Gewinnanteil des deutschen Gesellschafters hinzurechnet (hier: Österreich), ohne weiteres von einer Zugehörigkeit des Darlehens zur Betriebsstätte auszugehen ist, da beide Abkommensparteien eine übereinstimmende (weite) Auslegung im innerstaatlichen Recht verwenden, vgl. Art. 7 Abs. 7 DBA Österreich - Deutschland. Insofern besteht kein Grund für eine engere Interpretation aus dem Abkommenskontext heraus.

3. Unterschiedliche Behandlung der gewerblichen Einkünfte in Abhängigkeit von der Abkommensberechtigung

Aus Vorstehendem ergeben sich für die abkommensrechtliche Behandlung von Gewinnanteilen und Sondervergütungen im Outbound-Fall folgende Grundsätze.

---

[63] Vgl. *Meretzki*, IStR 2009, 217.

[64] Vgl. *Wassermeyer*, IStR 2006, 273; *ders.*, IStR 2010, 37; wohl auch BFH v. 17.10.2007, I R 5/06, BFH/NV 2008, 869.

[65] Vgl. *Salzmann*, IWB, Fach 3 Gruppe 3, 1539; *Boller/Eilinghoff/Schmidt*, IStR 2009, 109; *Lohbeck/Wagner*, DB 2009, 423; *Goebel/Liedtke/Schmidt*, IWB, 2010, 7.

[66] BFH v. 24. 3. 1999 I R 114/97, BStBl. II 2000.

a) Keine Abkommensberechtigung der Personengesellschaft

Entspricht die Behandlung der Personengesellschaft im Vertragsstaat der deutschen Sichtweise, nämlich dass es sich bei einer Personengesellschaft um ein transparentes Gebilde handelt, das selbst nicht Steuersubjekt sein kann, so ist die Personengesellschaft weder im Inland noch im Ausland abkommensberechtigt.

aa) Anteil am Gewinn und Verlust der Personengesellschaft

Der Anteil am Gewinn und Verlust der Personengesellschaft wird nach deutschen Gewinnermittlungsgrundsätzen ermittelt und dem in Deutschland ansässigen Gesellschafter wie von ihm persönlich erzielte Betriebsstätteneinkünfte zugerechnet. Die Gewinnermittlung nach § 15 Abs. 1 Nr. 2 EStG gilt auch dann, wenn es sich z. B. um eine grenzüberschreitende doppelstöckige GmbH & Co KG handelt.[67] Beim deutschen Gesellschafter unterliegt ein Gewinn – unabhängig davon, ob er entnommen wird oder nicht – nach Art. 7 i. V. m. Art. 23 A Abs. 1 OECD-MA (Freistellung) regelmäßig nicht der deutschen Besteuerungshoheit, er kann jedoch im Rahmen des Progressionsvorbehalts zu berücksichtigen sein. Der Anteil des inländischen Gesellschafters am Verlust der aktiv tätigen gewerblichen ausländischen Gesellschaft kann im DBA-Fall seit der Abschaffung des § 2a Abs. 3 EStG im Inland regelmäßig nicht mehr genutzt werden. Es verbleibt lediglich die Möglichkeit, den Verlust ggf. nach § 32b Abs. 1 Nr. 3 EStG im Rahmen des negativen Progressionsvorbehalts zu berücksichtigen. Es ist ferner zu beachten, dass die ausländischen Verluste nach deutschem Steuerrecht zu ermitteln sind, so dass ein anteiliger Verlust nach § 15a EStG außer Ansatz bleibt, sofern er das Kapitalkonto des Kommanditisten übersteigt. Eine Verlustnutzung kommt allenfalls in EU-/EWR-Fällen für Verluste in Betracht, die im Betriebsstättenstaat endgültig nicht mehr genutzt werden können.[68]

bb) Vergütungen für Darlehensgewährungen oder die Überlassung von Wirtschaftsgütern

Aus deutscher Sicht handelt es sich bei **Sondervergütungen** der Personengesellschaft an den Gesellschafter gemäß § 15 Abs. 1 Nr. 2 EStG um Einkünfte aus Gewerbebetrieb. Wie vorstehend unter B. II. 2. dargestellt, gibt nun § 50d Abs. 10 EStG für Zwecke der Abkommensanwendung grundsätzlich vor, dass es sich hierbei um Unternehmensgewinne i.S.d. Abkommens handelt.

Beispiel 2:

A ist in Deutschland ansässig; er gewährt der B-L. P. (aus Beispiel 1), an der er beteiligt ist, ein Darlehen zur Finanzierung in Höhe von 1 000 und vereinbart jährliche Zinszahlungen in Höhe von 7 %.

Im Beispielsfall 2 ergibt sich nach § 50d Abs. 10 EStG auf Abkommensebene eine Zuordnung der Zinszahlungen zu den Unternehmensgewinnen, Art. 7 OECD-MA. Diese sind von der deutschen Besteuerung freizustellen, wenn sie nach Art. 7 Abs. 1 Satz 2 OECD-MA einer Betriebsstätte des Zinsempfängers im Sitzstaat der Personengesellschaft zuzurechnen sind. Eine derartige **Zurechnung** der Forderung zur Personengesellschaftsbetriebsstätte hat der Bundesfinanzhof in der vergleichbaren Fragestellung zum Betriebsstättenvorbehalt jedoch wiederholt abgelehnt[69]. Die Zinsen sind als Unternehmensgewinne im Wohnsitzstaat

---

[67] BFH v. 24. 3. 1999, I R 114/97, BStBl. II 2000, 399; krit. zu diesem Urt. *Weggenmann*, IStR 2002, 1 f.
[68] Vgl. hierzu oben A. II. 1. c).
[69] BFH v. 27. 2. 1991, I R 15/89, BStBl. II 1991, 444; v. 27. 2. 1991, I R 96/89, BFH/NV 1992, 385; v. 26. 2. 1992, I R 85/91, BStBl. II 1992, 937; v. 14. 7. 1993, I R 71/92, BStBl. II 1994, 91; v. 31. 5. 1995, I R 74/93, BStBl. II 1995, 683; v. 30. 8. 1995, I R 112/96, BStBl. II 1996, 563; v. 23. 10. 1996, I R 10/96 BStBl. II 1997, 313; v.

Deutschland nach Art. 7 Abs. 1 OECD-MA voll zu besteuern. Soweit der Sitzstaat der Personengesellschaft von Zinseinkünften ausgeht, kann er Quellensteuern einbehalten (Art. 11 Abs. 2 OECD-MA). Fraglich ist, ob Deutschland in diesem Fall zur Anrechnung der Quellensteuer nach Art. 23 A Abs. 2 OECD-MA verpflichtet ist.[70]

Beispiel 3:

A hat Wohnsitz in Deutschland und ist Gesellschafter der B.L.P. und gleichzeitig Inhaber eines Patentes für ein Produktionsverfahren, das er für die B-L. P. mit Sitz in Staat B. entwickelt hat und das exklusiv von der B-L. P. genutzt wird. Er erhält von der B-L. P. eine jährliche Lizenzgebühr von 100 für die Nutzung des Patents.

Im Beispielsfall 3 ist fraglich, ob im Unterschied zu Beispielsfall 2 das Patent als Stammrecht für die Lizenzeinnahmen, die nach § 50d Abs. 10 EStG als Unternehmensgewinne gelten, zwar nicht rechtlich, aber doch wohl funktional und seiner wirtschaftlichen Substanz nach als wesentliche Betriebsgrundlage zur Betriebsstätte des A in B (seiner Beteiligung an der B-L. P.) gehört und deshalb die hierauf entfallenden Lizenzgebühren funktional der B-L.P. zuzuordnen sind. Nach der hier vertretenen Auffassung ist eine funktionale Zuordnung ausgeschlossen, da die Lizenzgebühren durch eine Aktivität des A erwirtschaftet werden. Somit ergeben sich dieselben Besteuerungsfolgen wie in Beispiel 2.

Im Ergebnis können danach Vergütungen, die eine ausländische Personengesellschaft für Darlehensgewährungen oder die Überlassung von Wirtschaftsgütern an einen inländischen Personengesellschafter zahlt, nicht nach § 50d Abs. 10 EStG der ausländischen Personengesellschaftsbetriebsstätte zugeordnet werden, da die zugrunde liegende Einkunftsquelle funktional regelmäßig dem inländischen Gesellschafter zuzuordnen ist.[71] Die Einkunftsquelle ist im Sinne der Rechtssprechung des Bundesfinanzhofs kein Aktivposten der Betriebsstätte, sondern des die Einkünfte erzielenden Gesellschafters.[72] Abweichend hiervon vertritt das Finanzgericht München die Auffassung, es sei auf die gezahlten Vergütungen abzustellen.[73] Nach § 50d Abs. 10 EStG sei eine vom Gesellschafter erteilte Lizenz funktional der Personengesellschaftsbetriebsstätte zuzuordnen, wenn die Personengesellschaft im Wesentlichen Umsätze tätigt, für die sie Lizenzgebühren zu entrichten hat. Diese Auffassung ist abzulehnen. Das Stammrecht kann funktional nur demjenigen zugeordnet werden, der das Stammrecht als Einkunftsquelle einsetzt und nicht demjenigen, der hieraus zur Zahlung verpflichtet wird.

Auch ist die Rechtsfolge des § 50d Abs. 10 EStG aufgrund des eindeutigen Wortlauts auf die Zuordnung von Sondervergütungen zu den Unternehmensgewinnen für Zwecke der Abkommensanwendung begrenzt. Eine darüber hinausgehende Regelung, dass diese Unternehmensgewinne bei der Abkommensanwendung dem Sitzstaat der Personengesellschaft zuzuordnen wären, enthält § 50d Abs. 10 EStG nicht.[74]

cc) **Tätigkeitsvergütungen**

Tätigkeitsvergütungen der ausländischen Personengesellschaft an den in Deutschland ansässigen Gesellschafter waren bis zur Einführung des § 50d Abs. 10 EStG abkommensrechtlich nach

---

17.10.2007, I R 5/06, BStBl. II 2009, 356.
[70] Nach Ziff. 32.2 bis 32.7 des OECD-MA-Kommentars zu Art. 23 ist die Anrechnung zu gewähren.
[71] A.A. BMF v. 16. 4. 2010, BStBl. I 2010, 354, Tz. 5.1, siehe hierzu auch oben B.II.2.
[72] BFH v. 17. 10. 2007 I R 5/06 BStBl. II 2009 S. 356 (für einen Inbound-Fall); *Wassermeyer*, IStR 2010, 37, 41.
[73] Vgl. FG München v. 30.07.2009, 1 K 1816/09, EFG 2009, 1954 (nrkr), Az. des BFH: I R 74/09.
[74] So aber *Frotscher*, Anmerkung zu FG München v. 30. 7. 2009, 1 K 1816/09, IStR 2009, 866, 867.

Art. 15 Abs. 2 c) OECD-MA zu behandeln.[75] Dies galt ungeachtet der Tatsache, dass derartige Einkünfte nach innerstaatlichem Recht stets als gewerbliche Einkünfte i. S. d. § 15 Abs. 1 Nr. 2 EStG gelten.[76] Nach § 50d Abs. 10 EStG sind nun Tätigkeitsvergütungen für Abkommenszwecke als Unternehmensgewinne zu behandeln. Diese wären nach Art. 7 Abs. 1 Satz 2 OECD-MA bei funktionaler Zugehörigkeit zur Betriebsstätte in Deutschland freizustellen. Nach der hier vertretenen Auffassung können Tätigkeitsvergütungen aus einer im Wohnsitzstaat vom Gesellschafter einer ausländischen Personengesellschaft ausgeübten Tätigkeit jedoch nicht der Aktivität der Personengesellschaft zugeordnet werden. Ebenso wie im Fall der Vergütungen für Darlehensgewährungen oder die Überlassung von Wirtschaftsgütern ist eine funktionale Zuordnung nur zum Gesellschafter möglich, da dieser die Vergütung durch seine – von der Personengesellschaft zu trennnende – Tätigkeit generiert. Daher hat Deutschland als Wohnsitzstaat das Besteuerungsrecht, soweit die Tätigkeitsvergütung nicht einer eigenen Betriebsstätte des Gesellschafters in einem anderen Staat zuzuordnen ist.

Sofern der Sitzstaat der Personengesellschaft entsprechend der bisherigen Rechtslage vor § 50d Abs. 10 EStG auf die Tätigkeitsvergütungen Art. 15 OECD-MA anwendet, droht eine Doppelbesteuerung.

Beispiel 4:

Gesellschafter A hat seinen Wohnsitz in Deutschland und ist an 50 Werktagen im Jahr für die B-L. P. im Staat B als kaufmännischer Angestellter für seine Gesellschaft tätig. Weitere 120 Arbeitstage verbringt er in Drittstaaten, ohne dort eine Betriebsstätte zu begründen, 60 Arbeitstage in Deutschland. Er bezieht ein Gehalt von 230 000 von der B-L. P., welches als Betriebsausgabe den auf die Gesellschafter aufzuteilenden Gewinn der L. P. (nach dem Recht von Staat B ermittelt) mindert.

Staat B hat das Besteuerungsrecht für einen Gehaltsanteil von 50 000 (auf Arbeitstage in B anteilig entfallendes Gehalt). Daneben unterliegt nach § 50d Abs. 10 EStG, Art. 7 Abs. 1 OECD-MA das Gehalt als Unternehmensgewinn der inländischen Besteuerung, soweit es nicht einer eigenen ausländischen Betriebsstätte des A zuzuordnen ist (hier u.U. einer eigenen Betriebsstätte des A in den Räumen der B-L P)). Fraglich ist, ob Deutschland zur Anrechnung der im Sitzstaat der Personengesellschaft auf die Tätigkeitsvergütung erhobene Steuer verpflichtet ist.[77]

b) **Abkommensberechtigung der Personengesellschaft**

Wird die Personengesellschaft in ihrem Sitzstaat abweichend von der deutschen Behandlung als intransparent und damit als Steuersubjekt qualifiziert, führt dies dazu, dass die nach deutschem Recht nicht abkommensberechtigte Gesellschaft sich im Ansässigkeitsstaat auf die Regelungen des DBA berufen kann. Die von der Personengesellschaft gezahlten Gewinnanteile und Sondervergütungen sind wie folgt zu behandeln.

aa) **Anteil am Gewinn und Verlust der Personengesellschaft**

Gilt die ausländische Personengesellschaft in ihrem Sitzstaat als **unbeschränkt steuerpflichtiges Steuersubjekt** und ist sie damit aus Sicht dieses Staates abkommensberechtigt,

---

[75] Vgl. dazu auch *Strahl*, KÖSDI 2001, 12959 ff.
[76] So auch *Prokisch* in: Vogel, DBA, Art. 15 Rn. 30; a. A. FG Münster v. 18. 1. 1989 XII 4874/86, rkr., EFG 1989, 294, DBA-Italien, 1925.
[77] Nach Ziff. 32.2 bis 32.7 des OECD-MA-Kommentars zu Art. 23 ist die Anrechnung zu gewähren.

so ist für die Zurechnung der Besteuerungskompetenz für den Gewinnanteil des in Deutschland ansässigen Gesellschafters wie folgt zu unterscheiden:[78]

- **Thesauriert** die Gesellschaft Gewinne, so sind die anteilig auf den deutschen Gesellschafter entfallenden Beträge von der deutschen Besteuerung freizustellen, da sie nach Art. 7 Abs. 1 OECD-MA nur im Ansässigkeitsstaat der Besteuerung unterliegen. Umstritten ist, ob diese freigestellten Gewinne dem Progressionsvorbehalt unterliegen oder – entsprechend der hier vertretenen Auffassung – insgesamt, in Anknüpfung an die Behandlung der Personengesellschaft als Steuersubjekt durch den Sitzstaat, der Besteuerung im Ansässigkeitsstaat des Gesellschafters entzogen sind.[79]
- **Schüttet** die Gesellschaft – aus Sicht des Sitzstaates – **Gewinne aus** bzw. entnimmt der in Deutschland ansässige Gesellschafter Gewinne, so ist nach der hier vertretenen Auffassung im Rahmen des DBA eine Dividendenausschüttung (Art. 10 OECD-MA) anzunehmen.[80]
- Somit ist der ausländische Staat nach Maßgabe dieses Artikels zur Erhebung einer Quellensteuer berechtigt (typischerweise 15 % bei einer Ausschüttung an eine natürliche Person). Die abkommensrechtliche Qualifikation ändert jedoch nichts an der Einordnung der "Dividende" im innerstaatlichen deutschen Recht. Demnach liegt eine nicht steuerbare **Entnahme** vor, so dass Deutschland zwar die Besteuerungskompetenz hat, diese aber nicht ausübt[81], da eine Entnahme grundsätzlich kein steuerbarer Vorgang ist. Die im Sitzstaat der Personengesellschaft einbehaltene (reduzierte) Quellensteuer auf die Dividende, kann der Gesellschafter in der Bundesrepublik daher nicht anrechnen.

bb) Sondervergütungen

Durch die Einführung des § 50d Abs. 10 EStG hat der Gesetzgeber die abkommensrechtliche Behandlung von Sondervergütungen an einen in Deutschland ansässigen Gesellschafter unabhängig von der Abkommensberechtigung der ausländischen Personengesellschaft festgelegt. Es gelten daher die oben unter B. II. 3.a) bb) und cc) dargestellten Grundsätze entsprechend.

III. Die Behandlung von Vermögenszuwendungen/Leistungsvergütungen des Gesellschafters an die ausländische Personengesellschaft

1. Übertragung von Wirtschaftsgütern aus einem (Sonder-)Betriebsvermögen in das Gesamthandsvermögen gegen Gewährung von Gesellschaftsrechten

Die Übertragung von Wirtschaftsgütern durch den Gesellschafter an die ausländische Personengesellschaft ist aus nationaler Sicht unter Umständen mit der Versteuerung der stillen Reserven verbunden. Mit dem SEStEG hat der Gesetzgeber Normen erlassen, welche das deutsche Besteuerungsrecht an unter deutscher Besteuerungshoheit gebildeten stillen Reserven sicherstellen sollen und die bisherige finale Entnahmetheorie der BFH-Rechtsprechung[82] ablösen.[83]

---

[78] A. A. BMF v. 16. 4. 2010, BStBl. I 2010, 354, Tz. 4.1.4.1; *Hruschka*, DStR 2010, 1357.
[79] Vgl. hierzu oben B.I.2. Buchstabe b).
[80] Vgl. hierzu oben B.I.2. Buchstabe b).
[81] BMF v. 28. 5. 1998 (Spanien), BStBl. I 1998, 557 unter 2.
[82] Vgl. u. a. BFH-Urteil v. 28. 4. 1971, I R 55/66, BStBl. II 1971, 630; BFH-Urteil v. 7. 10. 1974, GrS 1/73, BStBl. II 1975, 168; BFH-Urteil v. 24. 11. 1982, I R 123/78, BStBl. II 1983, 113.

Der Begriff der Entstrickung wurde erstmals gesetzlich festgeschrieben, § 4 Abs. 1 S. 3 EStG, § 12 Abs. 1 KStG. Unter dem Begriff Entstrickung wird ein Vorgang verstanden, bei dem in Wirtschaftsgütern eines Betriebsvermögens enthaltene stille Reserven der deutschen Besteuerung ganz oder teilweise entzogen werden.[84] Dieser allgemeine Entstrickungstatbestand ist in § 4 Abs. 1 Satz 3 EStG als Fiktion einer Entnahme und in § 12 Abs. 1 KStG als Fiktion einer Veräußerung kodifiziert.

a) Entstrickungs-Entnahme (§ 4 Abs. 1 S. 3 EStG, § 12 Abs. 1 KStG)

§ 4 Abs. 1 Satz 3 EStG bzw. § 12 Abs. 1 KStG erfasst Fälle der Beschränkung bzw. des Ausschlusses des deutschen Besteuerungsrechts hinsichtlich des Gewinns bei Veräußerung eines Wirtschaftsguts bzw. der Beschränkung bzw. des Ausschlusses des deutschen Besteuerungsrechts hinsichtlich des Gewinns aus einer Nutzungsüberlassung.

Die Regelung ist missglückt. Nach der überwiegend im Schrifttum vertretenen Auffassung, der sich inzwischen auch der Bundesfinanzhof durch Aufgabe der finalen Entnahmetheorie angeschlossen hat,[85] kommt es im DBA-Fall bei der Überführung von Wirtschaftsgütern in eine ausländische Betriebsstätte gerade nicht zum Ausschluss oder zur Beschränkung des deutschen Besteuerungsrechtes.[86] Abkommensrechtlich erfolgt auch nach der Überführung in die ausländische Betriebsstätte eine Aufteilung des künftigen Veräußerungsgewinns nach Verursachungsbeiträgen. Administrative Schwierigkeiten bei der späteren Durchsetzung des fortbestehenden inländischen Besteuerungsrechts können jedenfalls bei Übertragungen innerhalb der EU/EWR nicht als Beschränkung des Besteuerungsrechts im Sinne des § 4 Abs. 1 Satz 3 EStG bzw. § 12 Abs. 1 KStG angesehen werden.[87]

Die Finanzverwaltung folgt der herrschenden Auffassung nicht und will weiterhin auch bei der Überführung von Wirtschaftsgütern in ausländische DBA-Personengesellschaftsbetriebsstätten einen Ausschluss bzw. eine Beschränkung des deutschen Besteuerungsrechts annehmen.[88]

Ungeachtet der Zweifel am Anwendungsbereich der § 4 Abs. 1 Satz 3 EStG, § 12 Abs. 1 KStG, hatte der Gesetzgeber insbesondere die nachfolgenden Fälle regeln wollen. Nach der Gesetzesbegründung ist der typische Fall einer Entstrickung mit Ausschluss des deutschen Besteuerungsrechts die Übertragung eines Wirtschaftsguts aus dem inländischen Betrieb eines Steuerpflichtigen in eine ausländische Betriebsstätte, deren Einkünfte aufgrund eines DBA in Deutschland freigestellt sind.[89] Dieser Tatbestand wurde in der Vergangenheit durch den finalen Ent-

---

[83] Vgl. *Rödder/Schumacher* DStR 2007, 369 ff. (371); *Benecke/Schnitger* IStR 2006, 765 ff..

[84] Vgl. *Heinicke* in: Schmidt, EStG, § 4 Rn. 360 „Steuerentstrickung/Steuerverstrickung"; *Förster*, DB 2007, 72 ff. (72); *Rödder/Schumacher* DStR 2006, 1481 ff. (1482).

[85] BFH v. 17.7.2008, I R 77/06, BStBl. II. 2209, 464; BMF v. 20. 5. 2009, BStBl. I 2009, 671 (Nichtanwendungserlass), BMF v. 25.8.2009, BStBl. I 2009, 888 (Neufassung Betriebsstätten-Verwaltungsgrundsätze).

[86] Vgl. *Wassermeyer* in: Wassermeyer/Andresen/Ditz, Betriebsstättenhandbuch, Rz 3.11; *Kessler/Huck*, StuW 2005, 193, 195; *Rödder/Schumacher*, DStR 2006, 1481, (1482); *Ditz*, IStR 2009, 115; jeweils m. w. N.

[87] Vgl. *Musil*, in: H/H/R, § 4 EStG, Anm. 214.

[88] BMF v. 20.5.2009, BStBl. I 2009, 671 (Nichtanwendungserlass zu BFH v. 17.7.2008), BMF v. 24.12.1999, BStBl. I. 1999, 1076, (Betriebsstätten-Verwaltungsgrundsätze) Tz. 2.6.4; unverändert durch BMF v. 25.8.2009, BStBl. I 2009, 888 (teilweise Neufassung Betriebsstätten-Verwaltungsgrundsätze); damit überdehnt die Finanzverwaltung den Tatbestand des § 4 Abs. 1 Satz 3 EStG bzw. § 12 Abs. 1 KStG, vgl. *Gosch*, BFH-PR, 2008, 499; *Ditz*, DStR 2010, 81.

[89] Vgl. BT-Drucks 16/2710, 28; *Wied* in: Blümich, EStG, § 4 Rn. 487; *Stadler/Elser* BB-Special 8/2006, 18 ff. (19).

nahmebegriff der BFH-Rechtsprechung[90] abgedeckt, wonach ebenfalls von einer Entnahme ausgegangen wurde, allerdings zum Fremdvergleichspreis statt zum gemeinen Wert (§ 6 Abs. 1 Nr. 4 S. 1 HS 2 EStG, § 9 Abs. 2 BewG). Entsprechendes gilt, wenn ein Steuerpflichtiger ein Wirtschaftsgut aus einer ausländischen Anrechnungs-Betriebsstätte in eine Freistellungs-Betriebsstätte überträgt.

Eine Beschränkung des deutschen Besteuerungsrechts bei Veräußerungsgewinnen liegt laut Gesetzesbegründung vor, wenn Wirtschaftsgüter in eine ausländische Betriebsstätte überführt werden, für deren Einkünfte aufgrund eines DBA die Anrechnungsmethode vorgesehen ist.[91] D.h. eine Beschränkung des deutschen Besteuerungsrechts wird auch angenommen, wenn die deutsche Steuer durch Anrechnung einer ausländischen Steuer nach DBA oder § 34c EStG gemindert wird.

Für den Fall der sog. passiven Steuerentstrickung, bei dem Deutschland mit einem Staat ein DBA abschließt, welches den Wechsel von der Anrechnungsmethode zur Freistellungsmethode vorsieht, ist die Anwendung des § 4 Abs. 1 Satz 3 EStG auch deshalb zweifelhaft, weil es insofern an einem Entnahmewillen und einer Entnahmehandlung des Steuerpflichtigen fehlt. Da § 4 Abs. 1 Satz 3 EStG die Fiktion einer Entnahme allein von dem Ausschluss oder der Beschränkung des deutschen Steuerrechts abhängig macht, kommt es jedoch auf die weiteren Tatbestandsmerkmale einer „echten" Entnahme im Sinne des § 4 Abs. 1 Satz 2 EStG nicht an.[92]

b) Wertansatz (gemeiner Wert § 6 Abs. 1 Nr. 4 S. 1 HS 2 EStG)

Im Fall der Anwendung von § 4 Abs. 1 S. 3 EStG ist grundsätzlich der gemeine Wert gem. § 6 Abs. 1 Nr. 4 S. 1 HS 2 EStG anzusetzen. Damit liegt eine Abweichung zur Regelentnahme vor, da diese gem. § 6 Abs. 1 Nr. 4 S. 1 HS 1 EStG mit dem Teilwert anzusetzen ist. Bei der Entstrickung von mehreren Wirtschaftsgütern in Form eines Betriebs, eines Teilbetriebs oder eines gesamten Mitunternehmeranteils ist der gemeine Wert nach den Grundsätzen der Betriebsaufgabe i.S.d. § 16 Abs. 3 EStG auf die Sachgesamtheit zu ermitteln. In diesem Wert sind auch immaterielle Wirtschaftsgüter sowie ein selbst geschaffener Geschäfts- oder Firmenwert zu berücksichtigen.[93] Mit dem Ansatz des gemeinen Werts weicht der Gesetzgeber von den Betriebsstätten-Verwaltungsgrundsätzen ab. In diesen war bisher vorgesehen, die stillen Reserven eines überführten Wirtschaftsgutes anhand des Fremdvergleichspreises zu ermitteln.[94]

Im Fall einer (vorübergehenden) Nutzungsüberlassung von Wirtschaftsgütern an ausländische Betriebsstätten ist ein fiktives Nutzungsentgelt auf „arm's length basis" anzusetzen.[95]

c) Stundung nach § 4g EStG

Grundsätzlich führt die Entstrickung i.S.v. § 4 Abs. 1 S. 3 EStG zu einer sofortigen Besteuerung der stillen Reserven, da eine Entnahme des Wirtschaftsgutes angenommen wird.

---

[90] Vgl. u.a. BFH-Urteil v. 28. 4. 1971, I R 55/66, BStBl. II 1971, 630; BFH-Urteil v. 7. 10. 1974, GrS 1/73, BStBl. II 1975, 168; BFH-Urteil v. 24. 11. 1982, I R 123/78, BStBl. II 1983, 113.

[91] Vgl. BT-Drs. 16/2710, 28; zur mangelnden Europarechtskonformität der Neuregelung *Körner*, IStR 2009, 741 (742 ff.).

[92] Vgl. *Winkeljohann/Fuhrmann* Handbuch Umwandlungssteuerrecht S. 626; a.A. *Förster* DB 2007 S. 72 ff. (73)

[93] Vgl. BT-Drs. 16/2710, 28.

[94] Vgl. BMF vom 24. 12. 1999, BStBl. I 1999, 1076, Tz. 2.6.4.

[95] Vgl. *Hoffmann* in: Littmann/Bitz/Pust, Das Einkommensteuerrecht, § 4 5, Rn. 263.

Gem. § 4g EStG kann bei unbeschränkt Steuerpflichtigen im Fall einer Entnahme nach § 4 Abs. 1 S. 3 EStG bei Wirtschaftsgüter des Anlagevermögens i.H.d. stillen Reserven auf Antrag ein Ausgleichsposten gebildet werden, sofern das Wirtschaftsgut in eine Betriebsstätte desselben Steuerpflichtigen innerhalb der EU (nach dem Wortlaut nicht auch EWR[96]) übertragen wird. Für beschränkt Steuerpflichtige gilt diese Regelung nicht, was gemeinschaftsrechtliche Bedenken aufwirft.

Nach der hier vertretenen Auffassung ist § 4g EStG auch bei Überführungen in (transparente) ausländische Personengesellschaften anwendbar. Der Wortlaut „Betriebsstätte *desselben* Steuerpflichtigen" ist erfüllt, da, sofern die ausländische Personengesellschaft nicht selbst abkommensberechtigt ist, nicht dieser die ausländische Betriebsstätte zuzuordnen ist, sondern den an der Gesellschaft beteiligten Gesellschaftern.[97]

2. Zinsen, Lizenzgebühren und ähnliche Vergütungen des Gesellschafters an die ausländische Personengesellschaft

a) Keine Abkommensberechtigung der Personengesellschaft

Es gelten die zu B. II. 1. b) gemachten Ausführungen entsprechend. Sofern die Stammrechte, auf Basis derer die Zinsen bzw. Lizenzgebühren gezahlt werden, tatsächlich zum durch die Beteiligung an der Personengesellschaft gebildeten Betriebsstättenvermögen des Gesellschafters gehören oder dieser funktionell zuzuordnen sind, sind die entsprechenden Einkünfte in Deutschland als Unternehmensgewinne i. S. d. Art. 7 i. V. m. Art. 23A Abs. 1 OECD-MA von der Besteuerung unter Progressionsvorbehalt[98] freizustellen. Einem "Absaugen" von Gewinnen aus Deutschland durch derartige Gestaltungen steht jedoch zum einen die enge Auslegung des Begriffs der tatsächlichen Zugehörigkeit durch den BFH[99] und zum anderen die "Treaty-override"-Vorschrift des § 20 Abs. 2 AStG entgegen.

b) Abkommensberechtigung der Personengesellschaft

Als Spiegelbild zu dem unter B. II. 2. b) bereits ausgeführten Fall wird man aus Sicht des Sitzstaates der Personengesellschaft stets von einer tatsächlichen Zugehörigkeit der entsprechenden Stammrechte (z. B. Patent, Darlehen) zum Betriebsstättenvermögen ausgehen. Schließt man sich in Deutschland dieser Sichtweise an, so sind entsprechende Zahlungen in Deutschland nicht zu besteuern. Gleichzeitig können die Zahlungen im Inland, je nach Sachverhalt, im Rahmen der allgemeinen Regeln als Betriebsausgaben/Werbungskosten steuerlich geltend gemacht werden. Der inländische Gesellschafter kann in einem solchen Fall eine Steuerarbitrage herstellen.

Beispiel 5:

> Die ausländische Personengesellschaft gewährt dem inländischen Gesellschafter ein Darlehen, welches dieser für eine inländische steuerpflichtige Investition verwendet. Die Zinsen stellen Betriebsausgaben/Werbungskosten dar und mindern somit die deutsche Einkommensteuer. Im Ansässigkeitsstaat der Personengesellschaft sind die Zinsen bei der Personengesellschaft zu einem u. U. wesentlich niedrigeren Steuersatz steuerpflichtig. Der Ge-

---

[96] U.E. zweifelhaft, da die Grundfreiheiten auch im Verhältnis zu EWR-Staaten gelten, vgl. EFTA-Gerichtshof v. 23.11.2004, E-1/04 2 „Focus Bank", IStR 2005, 55; *Frotscher*, EStG, § 4g Rn. 4.

[97] Vgl. *Frotscher*, EStG, § 4g Rn. 14; a. A. BT-Drs. 16/3369, 11, *Heinicke* in: Schmidt, EStG, § 4g Rn. 2.

[98] Vgl. dazu ausführlich Grotherr, IWB F. 3 Gr. 2 S. 673 ff.

[99] BFH v. 26. 2. 1992, IR 85/91, BStBl. II 1992, 937 zum DBA-Schweiz; BFH v. 30. 8. 1995, IR 112/96, BStBl. II 1996, 563, ebenfalls zum DBA-Schweiz.

winn der Personengesellschaft wird in deren Sitzstaat versteuert und ist beim inländischen Gesellschafter unter Progressionsvorbehalt von der Besteuerung freizustellen (vorbehaltlich einer etwaigen Aktivitätsklausel und der Anwendung des § 20 Abs. 2 AStG).

IV. Sonstige Aspekte

1. Behandlung von Drittstaateneinkünften der Personengesellschaft

Hier ergeben sich zusätzlich zu der bereits unter B. I. 2. a) unter Beispiel 1 dargestellten zwei weitere Fallkonstellationen:

Beispiel 6:

A mit Wohnsitz in Deutschland ist an einer Personengesellschaft im Staat K beteiligt, die in K wie eine Körperschaft besteuert wird. Die K-Gesellschaft hält eine Beteiligung an einer Kapitalgesellschaft im Staat E, einem Staat, mit dem Deutschland genauso wie mit K ein dem OECD-MA entsprechendes DBA abgeschlossen hat. Das Abkommen zwischen K und E begrenzt die zulässige Quellensteuer für Dividenden auf 15 %. Das Abkommen zwischen Deutschland und E erlaubt die Erhebung von bis zu 10 % Quellensteuer.

Nach dem OECD-Bericht zu Personengesellschaften sind sowohl das DBA zwischen Deutschland und K als auch das Abkommen zwischen Deutschland und E anwendbar, da einerseits die Personengesellschaft in K der Steuerpflicht unterliegt und andererseits A in Deutschland steuerpflichtig ist.[100] Im Ergebnis soll Staat E das für den Steuerpflichtigen günstigere Abkommen anwenden, da es an beide DBA gebunden ist. Im vorliegenden Fall kommt es folglich zu einer Erhebung von 10 % Quellensteuer in E. Die deutsche Beurteilung der Dividenden als Unternehmensgewinne (§ 50d Abs. 10 EStG) ändert daran nichts.

Beispiel 7:

A mit Wohnsitz in Deutschland ist an der in ihrem Sitzstaat als steuerlich transparent behandelten B-L. P. beteiligt, die Dividenden aus ihrer Beteiligung an der im Drittstaat F ansässigen Kapitalgesellschaft F-Ltd. bezieht. Zwischen Deutschland, B und F bestehen jeweils dem OECD-MA entsprechende DBA. In F wurde eine Quellensteuer von 15 % auf die Dividenden erhoben.

Eine Anrechnung der Quellensteuer ist zumindest auf Basis der DBA weder in B (A ist nach DBA zwischen B und F nicht abkommensberechtigt) noch in Deutschland (keine Einkünfte, auf die eine anrechnungsfähige Steuer erhoben werden könnte) möglich. In Deutschland ergibt sich bei einer derartigen Konstellation nicht einmal die Möglichkeit des Abzugs der ausländischen Steuer nach § 34c Abs. 3 EStG, da die Einkünfte insgesamt in Deutschland freigestellt sind.

Nach dem OECD-Bericht betr. Personengesellschaften soll für die Begrenzung der Quellensteuer in F der Höhe nach das DBA zwischen Deutschland und F maßgeblich sein, sofern A seine Abkommensberechtigung nachweisen kann.[101]

In dem Kommentar zu Art. 1 OECD-MA[102] ist diese Auffassung übernommen worden.[103]

---

[100] The Application of the OECD Model Tax Convention to Partnerships, Issues in International Taxation, No. 6/1999, Tz. 73 ff. Dies soll auch dann gelten, wenn zwischen dem Quellenstaat und dem Ansässigkeitsstaat der Personengesellschaft kein DBA besteht (z. B. Oasenländer; vgl. ebenda Tz. 76 f.).

[101] The Application of the OECD Model Tax Convention to Partnerships, Issues in International Taxation, No. 6/1999, Tz. 49 f.

[102] Kommentar zu Art. 1 OECD-MA 2000 Nr. 6 (6.5).

2. Umfang des freizustellenden Einkommens der Personengesellschaft

Für gestalterische Überlegungen ist von besonderem Interesse, inwieweit einer ausländischen Personengesellschaft Vermögen zugeordnet und damit die aus diesem Vermögen resultierenden Einkünfte von der deutschen Besteuerung als Unternehmensgewinne i. S. d. Art. 7 OECD-MA und nach Art. 23A OECD-MA freigestellt werden können.

Soweit ersichtlich, hat sich der BFH mit dieser Frage bisher nur im Zusammenhang mit der Beteiligung von Steuerinländern an ausländischen Personengesellschaften beschäftigt, die ihren Sitz in Staaten hatten, in denen Personengesellschaften ebenfalls als transparent und damit nicht als abkommensberechtigt behandelt wurden. In seinen Urteilen vom 30. 8. 1995[104] und vom 17.10.2007[105] geht der BFH ausführlich darauf ein, wann ein Vermögenswert tatsächlich zu einer Betriebsstätte i. S. d. DBA gehört. Sinn und Zweck des Betriebsstättenvorbehalts in den DBA sei, Erträge aus Wirtschaftsgütern, die von der Betriebsstätte genutzt werden und zu ihrem Ergebnis beigetragen haben, nur im Betriebsstättenstaat zu besteuern. Entsprechend verlange die tatsächliche Zugehörigkeit eines Vermögenswertes zur Betriebsstätte, dass er in einem **funktionalen Zusammenhang** zu der in ihr ausgeübten Unternehmenstätigkeit steht. Insoweit könnten die zu § 8 AStG entwickelten Grundsätze der funktionalen Betrachtungsweise sinngemäß angewendet werden. Deshalb sei auf die Tätigkeit abzustellen, der nach der allgemeinen Verkehrsauffassung das Schwergewicht innerhalb der Betriebsstätte zukommt.[106] Zinsen und Lizenzgebühren seien nur dann Unternehmensgewinne i. S. d. Art. 7 (im Urteilsfall DBA Schweiz), wenn es sich um Nebenerträge handele, die nach der Verkehrsauffassung zu der Tätigkeit gehörten, bei der das Schwergewicht der in der Betriebsstätte ausgeübten Unternehmenstätigkeit liegt. Bei Darlehen fehlt es an der tatsächlichen Zugehörigkeit, wenn die Darlehenforderung kein zu bilanzierender Aktivposten der Personengesellschaftsbetriebsstätte sei.[107]

Fraglich ist, ob diese Rechtsprechung auch auf Fälle übertragbar ist, bei denen Zins-, Dividenden- oder Lizenzerträge z. B. aus Drittstaaten über eine Personengesellschaft erzielt werden, die unternehmerisch tätig und in ihrem Sitzstaat steuerpflichtig ist. Wie bereits oben ausgeführt[108], wird die Personengesellschaft in diesem Fall als abkommensberechtigt anzusehen sein. Da es sich dann bei der Personengesellschaft um eine "in einem Vertragsstaat ansässige Person" handelt, findet im Fall von Einkünften aus Drittstaaten Art. 21 Abs. 1 OECD-MA dergestalt Anwendung, dass der Sitzstaat der Personengesellschaft das Recht beanspruchen kann, die Einkünfte der Personengesellschaft vollumfänglich – inklusive Dividenden, Zins und Mietzinseinnahmen, die nicht in funktionalen Zusammenhang zu der Unternehmenstätigkeit in der Personengesellschaft stehen – zu besteuern. Eine Ausnahme bestünde nur dann, wenn die Personengesellschaft ihrerseits über eine Betriebsstätte in Deutschland verfügen würde, der die Stammrechte, aus denen die Einkünfte erzielt werden, zuzurechnen wären. Die bloße Beteiligung eines deutschen Gesellschafters an der ausländischen Personengesellschaft begründet jedoch im Regelfall keine inländische Betriebsstätte.

---

[103] Krit. dazu *Lang* in: FS Vogel, 970 ff.; *Wassermeyer* in: Debatin/Wassermeyer, DBA, Art. 1 Rn. 27c.
[104] BFH v. 30. 8. 1995, I R 112/94, BStBl. II 1996, 563; FW, IStR 1996, 83; The Application of the OECD Model Tax Convention to Partnerships, Issues in International Taxation, Tz. 103 ff.
[105] BFH v. 17. 10. 2007, I R 5/06, BStBl. II 2009, 356.
[106] BFH v. 16. 5. 1990, I R 16/88, BStBl. II 1990, 1049.
[107] BFH v. 17. 10. 2007 I R 5/06, BStBl. II 2009, 356 für einen Inbound-Fall (USA).
[108] Vgl. B. I. 2. b).

Deutschland ist nach dem OECD-Bericht zur Personengesellschaft und zum Qualifikationskonflikt an die DBA-rechtliche Qualifikation durch den Sitzstaat gebunden.[109] Eine Aufspaltung der Einkünfte der Personengesellschaft und direkte Zurechnung zum in Deutschland ansässigen Gesellschafter kann damit im Rahmen des DBA nicht erfolgen; denkbar ist jedoch eine Zurechnung von passiven Einkünften nach § 20 Abs. 2 AStG.

3. Auflösung, Umwandlung, Veräußerung der Personengesellschaft

a) Keine Abkommensberechtigung der Personengesellschaft

Wird die Personengesellschaft auch in ihrem Sitzstaat als transparent behandelt, findet das Betriebsstättenprinzip auf die Beteiligung des deutschen Gesellschafters an ihr Anwendung. Demnach wird die Besteuerungskompetenz für die bei einer **Auflösung**, einer **Umwandlung** und einer vollständigen oder partiellen **Veräußerung** der Personengesellschaft u. U. entstehenden Gewinne durch Art. 13 Abs. 1 bzw. Abs. 2 OECD-MA geregelt.[110] Als Konsequenz liegt das Besteuerungsrecht grundsätzlich beim Betriebsstättenstaat, d. h. typischerweise nur beim **Sitzstaat der Personengesellschaft** (es sei denn, diese hat ihrerseits eine Betriebsstätte in Deutschland). Der Begriff des "Veräußerungsgewinns" ist in den DBA nicht definiert, wird aber allgemein weit interpretiert, so dass z. B. auch Umwandlungsgewinne hierunter fallen.[111] Nach Ziffer 10 des MA-Kommentars zu Art. 13 OECD-MA ist es auch mit Art. 13 zu vereinbaren, wenn im Sitzstaat der Personengesellschaft eine Besteuerung von Entstrickungsgewinnen bei der (Rück-)Überführung von Wirtschaftsgütern (z. B. im Rahmen der Auflösung der Personengesellschaft) von der Betriebsstätte auf das Stammhaus (hier: den Gesellschafter) vorgenommen wird.

b) Abkommensberechtigung der Personengesellschaft

Anders ist die Behandlung der o. g. Sachverhalte, wenn die Personengesellschaft in ihrem Sitzstaat unbeschränkt steuerpflichtig ist, wie eine Körperschaft besteuert wird und daher abkommensberechtigt ist. In diesem Fall handelt es sich abkommensrechtlich bei der Veräußerung einer Personengesellschaftsbeteiligung nicht um die Veräußerung einer (gedachten) Betriebsstätte des Gesellschafters, sondern es wird ein Gesellschaftsanteil veräußert. Ein entsprechender Veräußerungsgewinn kann nach den meisten DBA nur im Wohnsitzstaat des Veräußerers (hier: Deutschland) besteuert werden.[112]

Nach dem OECD-Bericht zu Personengesellschaften soll die drohende Keinmalbesteuerung von Einkünften dadurch vermieden werden, dass der Wohnsitzstaat der Wertung durch den Quellenstaat folgt und die fraglichen Einkünfte nicht von der Besteuerung ausnimmt (Tz. 109 f.). Dieses Ergebnis soll der Grundfunktion des Art. 23 des OECD-MA entsprechen, nämlich die **Doppelbesteuerung** zu vermeiden.[113]

Konkret folgt hieraus Folgendes:

---

[109] Vgl. Überblick von *Menck*, IStR 1999, 147.

[110] Vgl. hierzu auch BFH v. 18. 5. 1983, I R 5/82, BStBl. II 1983, 771, zum DBA-Niederlande; vgl. auch *Wassermeyer* in: Debatin/Wassermeyer, DBA, Art. 13 Rn. 79.

[111] Vgl. *Reimer* in: Vogel/Lehner, DBA, Art. 13 Rn. 10ff., 27ff.

[112] Art. 13 Abs. 5 OECD-MA; *Reimer* in: Vogel/Lehner, DBA, Art. 13 Rn. 83; offen gelassen von BFH v. 19. 5. 2010, IStR 2010, 530; a.A.: BMF v. 16. 4. 2010, BStBl. I 2010, 354, Tz. 4.2.1; *Wassermeyer* in: Debatin/Wassermeyer, DBA, Art. 3 Rn. 18;

[113] Vgl. *Krabbe*, FR 2001, 129; a. A. *Günkel/Lieber*, FR 2000, 853; dies., FR 2001, 132; zust. *Rapp*, Freiberufler-Personengesellschaften, 287; vgl. auch BFH v. 16. 4. 2010, BStBl. I 2010, 354, Tz.4.1.3.3.2.

- **Vermögensauskehrungen** anlässlich der Auflösung der Personengesellschaft werden nunmehr deutscherseits als Dividenden i. S. d. Art. 10 OECD-MA gewertet, was auch ausdrücklich durch den MA-Kommentar (Ziff. 31 zu Art. 13) gebilligt wird. Damit hätte Deutschland grundsätzlich die Besteuerungskompetenz. Jedoch läuft dieses Besteuerungsrecht ins Leere, da es sich hierbei nach innerstaatlichem Recht um nicht steuerbare **Entnahmen** des bei der Gesellschaft verbliebenen Vermögens handeln würde. Es besteht jedoch das Risiko, dass im Sitzstaat **Quellensteuer** auf die Vermögensauskehrungen erhoben wird.
- **Umwandlungsgewinne** aus einer Umwandlung der Personen- in eine Kapitalgesellschaft wären grundsätzlich in Deutschland zu besteuern, Art. 13 Abs. 5 OECD-MA. In Deutschland ist eine derartige Umwandlung nach § 16 Abs. 1 Nr. 2 EStG beim Gesellschafter steuerpflichtig.[114]

Jedoch ist innerhalb des EU/EWR Raumes eine steuerneutrale Einbringung eines Anteils an einer ausländischen Personengesellschaft in eine ausländische Kapitalgesellschaft grundsätzlich möglich: Übernehmender Rechtsträger muss nach § 1 Abs. 4 S.1 Nr. 1 UmwStG zwingend eine Kapitalgesellschaft mit Sitz und Ort der Geschäftsleitung in der EU/EWR sein und auch nach dem Recht eines EU/EWR Staates gegründet worden sein. Die Einbringung einer ausländischen gewerblichen Personengesellschaft (die nach dem Typenvergleich mit einer deutschen Personengesellschaft vergleichbar ist) stellt dann einen Mitunternehmeranteil i. S. d. § 20 Abs. 1 UmwStG dar, wenn die Personengesellschaft über eine inländische Betriebstätte verfügt oder der einbringende Gesellschafter unbeschränkt steuerpflichtig ist; auf die Einordnung der Personengesellschaft in ihrem „Sitzstaat" kommt es nicht an. Das eingebrachte Betriebsvermögen kann auf Antrag steuerneutral mit dem Buchwert angesetzt werden, soweit sichergestellt wird, dass die in dem übertragenden Vermögen enthaltenen stillen Reserven und die aus dessen Nutzung erzielten Erträge später bei der übernehmenden Kapitalgesellschaft der Körperschaftsteuer unterliegen, § 20 Abs. 2 S. 2 Nr. 1 UmwStG. Körperschaftsteuer in diesem Zusammenhang ist nach h. M. nicht nur die deutsche, sondern auch die ausländische Körperschaftsteuer. Weiterhin darf das deutsche Besteuerungsrecht am übertragenen Vermögen nicht ausgeschlossen oder beschränkt werden. Dies ist dann nicht der Fall, soweit bei einer Einbringung in eine EU/EWR Kapitalgesellschaft das Betriebsstättenvermögen bereits in einem Staat mit DBA-Freistellungsmethode liegt und somit bereits vor dem maßgeblichen Einbringungsstichtag Deutschland kein Besteuerungsrecht hatte. Werden neben solchem Betriebsstättenvermögen auch Betriebsstättenvermögen aus Staaten, die kein DBA oder ein DBA mit Anrechnungsverfahren bezüglich Betriebsstättenvermögen abgeschlossen haben, deutsches Betriebsstättenvermögen oder z. B. deutsche Immobilien übertragen, fällt das deutsche Besteuerungsrecht weg und das übertragene Vermögen ist mit dem gemeinen Wert anzusetzen.

- **Veräußerungsgewinne** aus der Veräußerung eines Anteils an der ausländischen Personengesellschaft können ebenfalls immer in Deutschland besteuert werden, Art. 13 Abs. 5 OECD-MA. Da sich an der innerstaatlichen deutschen Einordnung der Gesellschaft als Mitunternehmerschaft durch die abkommensrechtliche Würdigung jedoch nichts ändert, handelt es

---

[114] Gl. A. *Schaumburg*, GmbHR 1996, 668, 671; nach Auffassung von *Klingberg/van Lishaut*, FR 1999, 1209, 1223 bzw. 1226 haben sich die steuerlichen Folgen der Umwandlung richtigerweise an der Qualifikation nach ausländischem Gesellschaftsrecht zu orientieren. Demnach kann entweder eine Auflösung des Rechtsträgers alter Rechtsform und die Übertragung des Vermögens auf den Rechtsträger neuer Rechtsform oder ein reiner Rechtsformwechsel unter Beibehaltung der Rechtsträgeridentität, ohne dass es zu einer Vermögensübertragung kommt, vorliegen. Im letzten Fall kann eine Besteuerung des Umwandlungsgewinns in Deutschland nur unter Bezugnahme auf "allgemeine Entstrickungsgrundsätze" begründet werden.

sich, unabhängig von der Beteiligungshöhe des inländischen Gesellschafters, stets um einen Veräußerungsgewinn i. S. d. § 16 Abs. 1 Nr. 2 EStG. Diese Auffassung teilt auch die Finanzverwaltung, die Gewinne aus der Veräußerung von Personengesellschaften nicht nach Art. 23 A Abs. 1 OECD-MA von der Besteuerung freistellen möchte, wenn sich der Sitzstaat der ausländischen Personengesellschaft wegen Art. 13 Abs. 4 OECD-MA an der Besteuerung gehindert sieht.[115]

---

[115] BMF v. 28. 5. 1998, BStBl. I 1998, 557 f.

2. Personengesellschaften im internationalen Steuerrecht – Ausgewählte Möglichkeiten der Steuerplanung im Outbound-Fall

von Dr. Jürgen Haun, Partner, Transaction Tax/International Tax Services, Ernst & Young GmbH Wirtschaftsprüfungsgesellschaft, Stuttgart[*]

Inhaltsübersicht

A. Bedeutung der Personengesellschaft im internationalen Kontext
B. Problembereiche der Ertragsbesteuerung grenzüberschreitend tätiger Personengesellschaften
   I. Nationale Einordnung und Abkommensberechtigung der Personengesellschaft
   II. Laufende Besteuerung des Auslandsengagements von Personengesellschaft
   III. Zentrale Nebenbedingungen der Steuer-Planung
C. Ausgewählte steuerliche Gestaltungen für Outbound-Aktivitäten inländischer Personen-Gesellschaften
   I. GmbH-Holding in Deutschland
   II. Das Personengesellschafts-Holding-Modell
   III. Gestaltung durch atypisch stille Beteiligung
   IV. Das Organschaftsmodell
   V. Gestaltung durch atypisch stille Beteiligung an einer deutschen Kapitalgesellschaft
D. Thesaurierungsbegünstigung als Chance bei Vermeidung der Doppelbesteuerung mittels der Anrechnungsmethode
E. Ausblick auf erbschaftsteuerliche Implikationen
   I. Outbound-Aktivitäten mittels inländischer Personengesellschaften
   II. Outbound-Aktivitäten mittels ausländischer Personengesellschaften
F. Zusammenfassung

Literatur:

Anger, Ch./Sewtz, Ch., Zum Schachtelprivileg auf Ausschüttungen an eine S-Corporation nach dem DBA-USA 2006 – Duplik zu Eimermann (IStR 2009, 58/59), IStR 2009, S. 273ff.; **Blümich**, EStG-KStG-GewStG-AStG Kommentar, München 2009; **Blumers, W.**, Zur möglichen Holdingfunktion einer ausländischen Tochter-Personengesellschaft, DB 2007, S. 312ff.; **BMF**, Die wichtigsten Steuern im internationalen Vergleich, 2008; **Brey, V./Merz, W./Neufang, B.**, Verschonungsregelungen beim Betriebsvermögen, BB 2009, S. 692ff.; **Brombach-Krüger, M.**, Das Verfahren „Columbus Container" – Entscheidung des FG Münster und kein Ende in Sicht?, BB 2009, S. 924ff.; **Debatin, H./Wassermeyer, F.**, Doppelbesteuerung: DBA, München 2009; **Eimermann, D.**, Schachteprivileg auf Ausschüttungen an eine S-Corporation oder einen anderen hybriden Rechtsträger nach dem DBA-USA 2006? Eine Erwiderung auf die Anmerkungen von Anger/Sewtz, IStR 2008, 852, IStR 2009, 58f.; **Ernst & Young/BDI**, Die Unternehmensteuerreform 2008, Bonn 2007; **Flick, H./Heinsen, O.**, Steuerliche Behandlung von Einkünften deutscher Gesellschafter aus der Beteiligung an einer US-Limited Liability Company – Anmerkung zum BFH-Urteil vom 20. August 2008, I R 34/08, IStR 2008, S. 781ff.; **Frotscher, G.**, Treaty Override und § 50d Abs. 10 EStG, IStR 2009, S. 593ff.; **Geck, R.**, Die Erbschaftsteuerreform kurz vor dem Ziel – Überblick zum geänderten ErbStRG und Gestaltungsempfehlungen vor Inkrafttreten des neuen Rechts -, ZEV 2008, S. 557ff.; **Glanegger, P./Güroff, G.**, GewStG Kommentar, 6. Auflage, München 2006; **Goebel, S./Ungemach, M./Schmidt, S./Siegmund, O.**, Outbound-Investitionen über ausländische Personengesellschaften im DBA-Fall unter Inanspruchnahme des Thesaurierungsmodells i. S. des § 34a EStG, IStR 2007, S. 877ff.; **Gosch, D.**, Über das Treaty Overriding – Bestandsaufnahme – Verfassungsrecht – Europarecht, IStR 2008, S.413ff.; **Hannes, F./Onderka, O.**, Die Übertragung von Betriebsvermögen nach dem neuen Erbschaftsteuergesetz, ZEV 2009, S. 10ff.; **Hey, J./Bauersfeld, H.**, Die Besteuerung der Personen(handels)gesellschaften in den Mitgliedstaaten der Europäischen Union, der Schweiz und den USA, IStR 2005, S. 649ff.; **Haun, J./Reiser, H.**, Anwendung der Doppelbesteuerungsabkommen auf Personengesellschaften – eine erste Analyse, GmbHR 2007, S. 916; **Jacobs, O. H.**, Internationale Unternehmensbesteuerung, 6. Aufl., München 2007; **Kaminski, B./Strunk, G./Haase, F.**, Anmerkung zu § 20 Abs. 2 AStG in der Entwurfsfassung des Jahressteuergesetzes 2008, IStR 2007, S. 726ff.;

---

[*] Unter Mitarbeit von Frau Dr. Schönwetter.

Kessler, W./Huck, F., Der (zwangsweise) Weg in den Betriebsstättenkonzern am Beispiel der Hinausverschmelzung von Holdinggesellschaften, IStR 2006, S. 437ff.; **Kinzl, K.-P.,** Zuordnung von Kapitalgesellschaftsbeteiligungen zu ausländischen Betriebsstätten und Grundfreiheiten, IStR 2005, S.693ff.; **Kraft, G.,** AStG Kommentar, München 2009; **Kroninger, A./Thies, A.,** Anwendung des check the box-Systems auf die KGaA als Joint Venture-Vehikel, IStR 2002. S. 400ff.; **Kubaile, H./Kapalle, U.,** Atypisch stille Beteiligung an Schweizer Kapitalgesellschaft sichert attraktive Steuerquote, PIStB 2004, S. 277; **Kubaile, H./Suter, R./Jakob, W.,** Der Steuer- und Investitionsstandort Schweiz, 2. Aufl., Herne/Berlin 2009; **Landsittel, R.,** Auswirkungen des Erbschaftsteuerreformgesetzes auf die Unternehmensnachfolge, ZErb 2009, S. 11ff.; **Lenski, E./Steinberg, W.,** GewStG Kommentar, Köln 2008; **Liebchen, D.,** Beteiligungen an ausländischen Personengesellschaften, Berlin 2008; **Lohmann, B./Rengier, Ch.,** Kommentar zum BFH Urteil vom 28. 11. 2007 – IX R 27/07, FR 2008, S. 728; **Lühn, A.,** Körperschaftsteuerpflichtige Personengesellschaften in der EU – eine attraktive Alternative zur Kapitalgesellschaft nach der Änderung der Mutter-Tochter-Richtlinie?, IWB 2004, Fach 11, Gruppe 2, S. 635ff.; **Plewka, H./Renger, S.,** Ermäßigung der Kapitalertragsteuer für an S-Corporations gezahlten Dividenden, IWB Nr. 1 vom 14. 1. 2009, Fach 3, Gruppe 2, S. 1397; **Scholten, G./Korezkij, L.,** Begünstigungen für Betriebsvermögen nach der Erbschaftsteuerreform – Verwaltungsvermögen, DStR 2009, S. 147ff. und 304ff.; **Schönfeld, J.,** Der neue Artikel 1 DBA-USA – Hinzurechnungsbesteuerung und abkommensrechtliche Behandlung von Einkünften steuerlich transparenter Rechtsträger, IStR 2007, S. 275f.; **Schulze zur Wiesch, R.,** Sonderbetriebsvermögen und Verwaltungsvermögenstest nach § 13a und §13b ErbStG, DStR 2009, S. 732ff.; **Siegmund, O./Zipfel, L.,** Die Nachversteuerung nach dem neuen Erbschaftsteuergesetz (Teil 1), BB 2009, S. 641ff. und 804ff.; **Stein, K.,** Thesaurierungsbegünstigung (§ 34a EStG) im Internationalen Steuerrecht, in: Lüdicke, J., Unternehmensteuerreform 2008 im internationalen Umfeld. Forum der Internationalen Besteuerung, Band 33, Köln 2008, S. 89ff.; **Strunk, G./Kaminski, B/Köhler, S.,** AStG/DBA Kommentar, Bonn 2009; **Vogel, K./Lehner, M.,** DBA Kommentar, 5. Aufl., München 2008; **Wassermeyer, F.,** Über Unternehmensgewinne im Sinne des Artikel 7 OECD-MA, IStR 2010, S. 37ff.; **Wassermeyer, F.,** Die Erzielung von Drittstaateneinkünften über eine schweizerische Personengesellschaft, IStR 2007, S. 211; **Wassermeyer, F.,** Soll Deutschland die Abkommensberechtigung von Personengesellschaften in seinem DBA verankern?, IStR 1999, S. 481ff.

A. Bedeutung der Personengesellschaft im internationalen Kontext

Laut dem Unternehmensregister des statistischen Bundesamts[1] sind die Kapitalgesellschaften im Vergleich zu den Personengesellschaften in Deutschland in der Überzahl. Der Anteil der Kapitalgesellschafter an den Unternehmen insgesamt beträgt 16,5 %, während der Anteil der Personengesellschaften nur 11,7 % beträgt. Jedoch sind gerade Familienunternehmen in Deutschland häufig als Personengesellschaft organisiert und in hohem Maße international tätig.

Durch die internationale Verflechtung der Gesellschaften bedarf die unternehmerische Strategie nicht nur einer Berücksichtigung von nationalen Faktoren, sondern auch eines Einbezugs der internationalen Rechts- und Steuerordnungen. Dies erhöht die Komplexität der betrieblichen Planung deutlich, bietet jedoch zumindest auf dem Gebiet des Steuerrechts auch Chancen, die Gesamtsteuerbelastung durch Einsatz geeigneter Strukturen zu reduzieren.[2]

Mittelständische Unternehmen sind häufig in der Rechtsform der Personengesellschaft organisiert, wobei hinter der Personengesellschaft oft ein Unternehmer bzw. eine Unternehmerfamilie steht. In diesem Fall steht bei Personengesellschaften – im Vergleich zu einer börsennotierten Aktiengesellschaft – nicht nur die Optimierung der Steuerbelastung auf Gesellschaftsebene im Fokus. Vielmehr muss gleichzeitig auch die Belastung auf Ebene der Gesellschafter mit in die Steuerplanung einbezogen werden.

---

[1] Abzurufen unter www.destatis.de, die angegebenen Daten beziehen sich auf das Berichtsjahr 2006.

[2] Ferner gilt es jedoch auch, die Transaktionskosten zu minimieren und die Struktur so schlank und übersichtlich wie möglich zu halten. Ergänzend sei darauf verwiesen, dass neben den hier untersuchten steuerlichen Aspekten auch zivil-, arbeits- oder sozialversicherungsrechtliche Themen von Relevanz sein können und deshalb vor Umsetzung der gewählten Struktur einer Analyse bedürfen.

Der folgende Beitrag zeigt deshalb für grenzüberschreitend tätige Personengesellschaften mit im Inland ansässigen und unbeschränkt steuerpflichtigen Mitunternehmern ausgewählte Möglichkeiten der Steueroptimierung im Outbound-Fall auf.[3] Neben der Analyse der Ertragsteuerbelastung im In- und Ausland wird ergänzend ein Ausblick auf erbschaftsteuerliche Implikationen ausgewählter Strukturen gegeben.

Die steuerlichen Fragestellungen der grenzüberschreitenden Tätigkeit von Personengesellschaften werden im nachfolgenden Kapitel B kurz angesprochen. Sodann werden Gestaltungsmöglichkeiten für im Ausland tätige inländische Personengesellschaften aufgezeigt und deren steuerliche Chancen und Risiken analysiert. Im nachfolgenden Kapitel D werden die steuerlichen Folgen der Thesaurierungsbegünstigung in grenzüberschreitenden Fällen erörtert, bevor schließlich in Kapitel E noch eine Hinweis auf erbschaftsteuerliche Implikationen und Gestaltungsansätze erfolgt.

B. Problembereiche der Ertragsbesteuerung grenzüberschreitend tätiger Personengesellschaften[4]

I. Nationale Einordnung und Abkommensberechtigung der Personengesellschaft

Im Rahmen der grenzüberschreitenden Tätigkeit der deutschen Personengesellschaft, die im Ausland eine Tochtergesellschaft begründen möchte, stellt sich zunächst die Frage der steueroptimalen Rechtsform im Ausland und damit vorab auch die Frage, wie ausländische Wirtschaftsgebilde bzw. Rechtsformen im Inland steuerlich zu qualifizieren sind.

Die Qualifikation der ausländischen Rechtsträger unter deutsches Steuerrecht erfolgt durch den sog. Rechtstypenvergleich.[5] Dabei wird geprüft, ob der ausländischer Rechtsträger tendenziell mehr einer Personengesellschaft (Mitunternehmerschaft) i. S. d. § 15 EStG entspricht oder die Elemente von Körperschaften, Personenvereinigungen oder Vermögensmassen i. S. d. § 1 KStG aufweist. Der Rechtstypenvergleich wird auf zwei Stufen vorgenommen:

- auf der ersten Stufe wird die ausländische rechtliche Einheit hinsichtlich ihrer Vergleichbarkeit mit inländischen Gesellschaftsformen geprüft,
- auf der zweiten Stufe wird dann eine Zuordnung zu dem relevanten deutschen steuerrechtlichen Typus (Einzelunternehmen, Personengesellschaft/ Mitunternehmerschaft oder Körperschaft) vorgenommen.

Eine Übersicht über die Einordnung einzelner ausländischer Rechtsformen als Kapital- oder Personengesellschaft für Zwecke des deutschen Steuerrechts enthält Tabelle 1 im Anhang des sog. „Betriebsstättenerlasses".[6]

---

[3] Wobei nachfolgend ausschließlich der Gewinnfall analysiert wird und eine Analyse der Verlustverrechnungsvorschriften unterbleibt.

[4] Nachfolgend wird nur ein kurzer Überblick gegeben, zu einer ausführlichen Behandlung dieser Thematik vgl. Beitrag von *Schild/Abele*, in Grotherr, Handbuch der internationalen Steuerplanung, Teil 9, Thema 1, Beteiligung an ausländischen Personengesellschaften, S. 1755.

[5] Ständige Rechtsprechung des BFH basierend auf RFH vom 12. 2. 1930, VI A 899/27, RStBl 1930, 444 (sog. Venezuela-Entscheidung). Zum Typenvergleich bei einer Limited Liability Company (LLC) amerikanischen Rechts BMF vom 19. 3. 2004, BStBl I 2004, 411.

[6] BMF vom 24. 12. 1999, BStBl I 1999, 1076.

Sodann ist die Einordnung der Gesellschaft nach ausländischem Steuerrecht zu prüfen. Wendet der ausländische Staat das Transparenzprinzip an, erfolgt die Besteuerung der Gewinne der ausländischen Personengesellschaft genauso wie in Deutschland auf Ebene der Gesellschafter.[7] Kommt im Ausland das Trennungsprinzip zur Anwendung, d. h. verfügt die Personengesellschaft im Ausland über die Steuersubjekteigenschaft, erfolgt eine Besteuerung der Gewinne auf Ebene der Gesellschaft.

Dies hat auch Konsequenzen für die abkommensrechtliche Behandlung der Personengesellschaft. Gehen beide beteiligten Staaten übereinstimmend von der Transparenz der Gesellschaft aus, ist die Personengesellschaft nicht abkommensberechtigt.[8] Dies ergibt sich daraus, dass sie nicht als „ansässige Person" i. S. d. Art. 4 Abs. 1 OECD-MA gilt. Sofern indes der Sitzstaat der Personengesellschaft von deren Abkommensberechtigung ausgeht[9], Deutschland jedoch die Personengesellschaft als nicht abkommensberechtigt qualifiziert, kommt es regelmäßig zu Qualifikationskonflikten.

Unabhängig von der Abkommensberechtigung der Personengesellschaft können sich weitere Schwierigkeiten u. a. durch eine unterschiedliche Behandlung von Sondervergütungen in den beiden Staaten ergeben.[10]

II. Laufende Besteuerung des Auslandsengagements von Personengesellschaft

Für die Analyse der Frage, welche Rechtsform im Ausland aus steuerlicher Sicht optimal ist, muss sowohl die Belastung im In- wie im Ausland als auch auf Gesellschafts- und Gesellschafterebene analysiert werden. Wird die Steuerbelastung nur auf einzelnen Ebenen (wie z. B. auf Ebene der Gesellschaft im Ausland) optimiert, führt dies u. U. nicht zum eigentlichen Ziel, der Minimierung der Steuerbelastung innerhalb der gesamten Struktur.

Die Besteuerungssituation der Personengesellschaft und ihrer Gesellschafter unterscheidet sich deutlich, je nach dem ob eine transparente oder intransparente Einheit gewählt wird. Nachfolgend werden die steuerlichen Folgen der beiden Alternativen exemplarisch dargestellt, wobei zwischen natürlichen Personen und inländischen Kapitalgesellschaften als Gesellschafter der inländischen Personengesellschaft differenziert wird. Dabei wird im Ausland ein Einkommensteuersatz von 30 % und ein Körperschaftsteuersatz von 15 % unterstellt.

---

[7] Vernachlässigt wird hierbei die Gewerbesteuer. Für gewerbesteuerliche Zwecke stellt die Personengesellschaft an sich das Steuersubjekt dar, sofern sie als Gewerbebetrieb gilt (§ 15 Abs. 3 EStG).
[8] Vgl. *Wassermeyer*, IStR 1999, 481 ff.
[9] Bspw. da sie steuerlich im Sitzstaat wie eine Körperschaft behandelt wird.
[10] Vgl. jüngst *Frotscher*, IStR 2009, 593 ff. sowie *Wassermeyer*, IStR 2010, 37 ff.

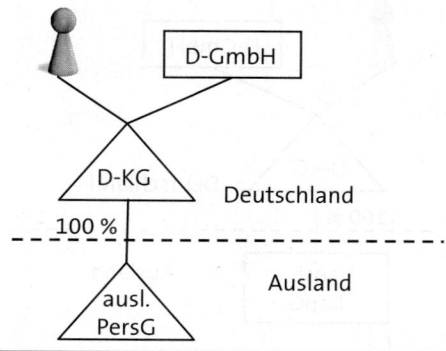

Ausgewählte Möglichkeiten der Steuerplanung im Outbound-Fall bei Personengesellschaften

```
         D-GmbH
            |
          D-KG        Deutschland
    100 % |_____
                      Ausland
          ausl.
          PersG
```

Gesellschafter der D-KG	Natürliche Person	KapG
Gewinn vor Steuern im Ausland	100	100
Besteuerung im Ausland unterstellte Steuersätze: ESt 30 % / KSt 15 %	30	15
Besteuerung im Inland	0	0
Gesamtsteuerlast	30	15
Gewinn nach Steuern	70	85

Handelt es sich um eine transparente Einheit, werden die Einkünfte der ausländischen Personengesellschaft regelmäßig im Ausland mit Einkommen- bzw. Körperschaftsteuer belastet.[11] Regelmäßig ist der Körperschaftsteuersatz im Ausland niedriger als der Einkommensteuersatz, so dass häufig ein Gestaltungsziel die Inanspruchnahme des Körperschaftsteuersatzes im Ausland ist. In Deutschland sind die Einkünfte der ausländischen Personengesellschaft im Rahmen der unbeschränkten Steuerpflicht der Gesellschafter der Mutterpersonengesellschaft zu erfassen. Zur Vermeidung einer Doppelbesteuerung regeln die allermeisten DBA,[12] dass die Einkünfte im Betriebstättenstaat der Besteuerung zu unterwerfen und im Inland regelmäßig von der Besteuerung auszunehmen sind.[13] Entnahmen aus der ausländischen Personengesellschaft führen regelmäßig nicht zum Einbehalt von Quellensteuern im Ausland.[14] Eine Belastung der Einkünfte der ausländischen Personengesellschaft mit Gewerbesteuer scheidet entweder aufgrund eines DBA, das bei Bestehen einer Betriebstätte die Freistellungsmethode vorsieht, oder nach innerstaatlichem Recht (§ 9 Nr. 2, 3 GewStG) aus.[15]

---

[11] U. U. treten im Ausland weitere Belastungen hinzu wie bspw. in der Schweiz die AHV (Alters- und Hinterlassenenversicherung).

[12] Eine Ausnahme bildet vss. das noch auszuhandelnde DBA mit den Arabischen Emiraten, in dem die Anrechnungsmethode zur Vermeidung der Doppelbesteuerung vorgesehen werden soll.

[13] Es sei denn es greift ein sog. Aktivitätsvorbehalt oder § 20 Abs. 2 AStG kommt zur Anwendung. Vgl. nachstehende Kapitel.

[14] Eine Ausnahme bildet bspw. die amerikanische Branch Profits Tax, die gem. Art. 10 Abs. 8 DBA USA auch auf Gewinne einer Betriebstätte bzw. Personengesellschaft erhoben wird. Vgl. *Wolff* in Debatin/Wassermeyer, DBA USA, Art. 10, Rz. 189.

[15] Vgl. *Vogel* in Vogel/Lehner, DBA, Art. 2, Rz. 61. *Güroff* in Glanegger/Güroff, GewStG, § 9 Nr. 2, Rz. 2 weist unter Verweis auf die Rechtsprechung des BFH darauf hin, dass eine Kürzung nur möglich ist, wenn die ausländische Personengesellschaft nach dem zweistufigen Rechtstypenvergleich als Personengesellschaft nach deutschem Recht einzuordnen ist. Ebenso *Keß* in Lenski/Steinberg, GewStG, § 9 Nr. 2, Rz. 22.

```
        D-GmbH
         │
      ╱──┴
    D-KG      Deutschland
100% │
- - -│- - - - - - - - - - -
     │
   ausl.     Ausland
   KapG
```

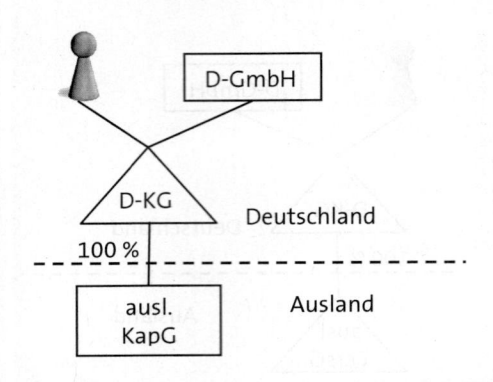

Gesellschafter der D-KG	Natürliche Person	KapG
Gewinn vor Steuern im Ausland	100	100
Besteuerung im Ausland unterstellte Steuersätze: ESt 30 % / KSt 15 %	15	15
Ausschüttbarer Betrag	85	85
Quellensteuereinbehalt bei Ausschüttung[16] 15 % / 5 %	12,75	4,25
Besteuerung der Ausschüttung im Inland Teileinkünfteverfahren ESt 45 % / § 8b KStG	22,95	0,638
Anrechnung Quellensteuer	12,75	0
Gesamtsteuerlast u. d. Annahme, dass § 9 Nr. 7 GewStG anwendbar[17]	37,95	20,526
Gewinn nach Steuern	62,05	79,474

Wird eine intransparente Einheit zur Durchführung des Auslandsengagements gewählt, werden die Einkünfte der ausländischen Kapitalgesellschaft im Ausland mit Körperschaftsteuer belastet. Die deutsche Besteuerung greift solange nicht ein, wie die ausländischen Tochterkapitalgesellschaften ihre Gewinne thesaurieren.[18] Sobald jedoch eine Ausschüttung an die deutsche Muttergesellschaft erfolgt, wird im Ausland Quellensteuer einbehalten. Gleichzeitig unterliegen die Dividendeneinkünfte grundsätzlich der deutschen Besteuerung. Sofern natürliche Personen mittelbare Anteilseigner der ausländischen Kapitalgesellschaft sind, kommt das Teileinkünfteverfahren (§ 3 Nr. 40d EStG) zur Anwendung. Sofern Kapitalgesellschaften mittelbar an der ausländischen Gesellschaft beteiligt sind, erfolgt gem. § 8b KStG im Ergebnis eine 95-%ige Steuerfreistellung der Einkünfte. Eine Anwendung des sog. Schachtelprivilegs (Freistellung von Gewinnanteilen aus der Beteiligung an einer ausländischen Gesellschaft durch den Ansässigkeits-

---

[16] Bezüglich des Quellensteuereinbehalts wird unterstellt, dass die Mutter-Tochter-Richtlinie nicht anwendbar ist, aber ein DBA besteht, das die Quellensteuersätze entsprechend Art. 10 Abs. 2 OECD-MA auf 15 % bzw. 5 % reduziert.

[17] Unterstellter Gewerbesteuersatz 15 %.

[18] Dies gilt jedoch nur, sofern die Vorschriften der deutschen Hinzurechnungsbesteuerung (§§ 7 ff. AStG) nicht zur Anwendung kommen.

staat)[19] kommt in Deutschland nicht in Betracht, da es sich bei der Muttergesellschaft in den hier untersuchten Fällen um eine Personen- und keine Kapitalgesellschaft handelt. Neben den nationalen Regelungen ist (bei Bestehen eines DBA) Art. 10 OECD-MA zu beachten, der beiden Staaten ein konkurrierendes Besteuerungsrecht einräumt. Folglich wird die im Ausland regelmäßig einbehaltene Quellensteuer durch die Anwendung der Anrechnungsmethode vermieden (Art. 23 OECD-MA). Sofern § 8b KStG zur Anwendung kommt, scheidet eine Anrechnung aus, da im Inland aufgrund der Regelungen des § 8b Abs. 1 KStG keine Körperschaftsteuer anfällt.

Zudem entsteht u. U. eine Belastung mit deutscher Gewerbesteuer. Soweit die Kürzungsvorschrift des § 9 Nr. 7 GewStG nicht greift, unterliegt die Dividende in voller Höhe der Gewerbesteuer (§ 8 Nr. 5 GewStG). Soweit § 9 Nr. 7 GewStG anzuwenden ist, sind sofern der Mitunternehmer eine Kapitalgesellschaft ist, 5 % der Dividende der Gewerbesteuer zu unterwerfen. § 9 Nr. 7 GewStG setzt zum einen eine Mindestbeteiligung von 15 % voraus und zum anderen, dass die Tochterkapitalgesellschaft ihre Bruttoerträge aus eigener aktiver Tätigkeit (§ 8 Abs. 1 Nr. 1-6 AStG) oder aus einer sog. Landes- oder Funktionsholding bezogen hat.[20]

Es zeigt sich, dass aus rein steuerplanerischer Sicht das Auslandsengagement von Personengesellschaften über ausländische Betriebstätten bzw. Tochterpersonengesellschaften abgewickelt werden sollte. Im Kapitalgesellschaftsfall erweist sich der Einsatz von Personengesellschaften bzw. Betriebstätten ebenso als günstiger. Jedoch ist anzumerken, dass innerhalb der EU in obiger Musterrechnung die Quellensteuerbelastung aufgrund der Mutter-Tochter-Richtlinie[21] auf 0 reduziert würde, so dass die Vorteilhaftigkeit der Personengesellschaft/Betriebstätte allein aus der Nichtanwendung des § 8b KStG resultiert.

In der Praxis lässt sich dies indes häufig nicht umsetzen, bspw. aufgrund der mangelnden Akzeptanz und Gebräuchlichkeit der Personengesellschaft im Ausland. Deshalb investieren Personengesellschaften teilweise dennoch in Kapitalgesellschaften, obwohl dies zu Mehrbelastungen im Vergleich zur Wahl einer Tochterpersonengesellschaft führen kann.

III. Zentrale Nebenbedingungen der Steuerplanung

1. Qualifikationsprobleme bei hybriden Gesellschaften am Beispiel USA

Die vorstehend dargelegten Grundsätze für die Besteuerung transparenter Einheiten kommen demnach nur dann zur Anwendung, wenn aus Sicht des deutschen Steuerrechts eine transparente Einheit vorliegt. Sofern die Qualifikation der Gesellschaft als transparent oder intransparent im Ausland und im Inland nicht übereinstimmend erfolgt, entstehen Qualifikationskonflikte. Dies ist vor allem bei hybriden Gesellschaften der Fall.[22]

Im US-Steuerrecht besteht für Gesellschaften die Möglichkeit der sog. check-the-box-election bzw. s-election.[23] D. h. es kann für jede rechtliche Einheit (also auch aus US-Sicht ausländische) mit Ausnahme von sog. „per-se-Kapitalgesellschaften" für US-Bundessteuerzwecke frei entschieden werden, ob diese als transparente Personengesellschaft oder als intransparente Kapi-

---

[19] Vgl. hierzu detailliert *Vogel* in Vogel/Lehner, DBA, Art. 23B, Rz. 87 ff.
[20] Zu den Tätigkeitserfordernissen des § 9 Nr. 7 GewStG vgl. *Gosch* in Blümich, GewStG, § 9 Rz. 304 ff.
[21] Richtlinie des Rates v. 23. 7. 1990 über das gemeinsame Steuersystem der Mutter- und Tochtergesellschaften verschiedener Mitgliedsstaaten, ABL 1990 L 225/6.
[22] Vgl. zu einem Überblick über die ertragsteuerliche Einordnung der Personengesellschaft in der EU, den USA und der Schweiz, *Hey/Bauersfeld*, IStR 2005, 649 ff.
[23] Ausführlich zum check-the-box-Wahlrecht vgl. Beitrag von *Nürnberger/Altrichter-Herzberg*, in Grotherr, Handbuch der internationalen Steuerplanung, Teil 4, Thema 1, S. 1115.

talgesellschaft gelten soll.[24] Die Einordnung dieser Gesellschaften für Zwecke des deutschen Steuerrechts erfolgt – unabhängig von der Einordnung für Zwecke des US-Rechts – mittels des zweistufigen Rechtstypenvergleichs.[25] Für Zwecke des deutschen Steuerrechts kann es sich demnach bei der US-Gesellschaft entweder um eine Personen- oder Kapitalgesellschaft handeln.

Überdies ist die Ansässigkeit und damit die Abkommensberechtigung der Gesellschaft (Art. 4 Abs. 1 DBA USA) zu prüfen. In zwei grundlegenden Urteilen hat der BFH die abkommensrechtliche Einordnung von hybriden US-Gesellschaften geklärt.[26] Demnach ist für die Beurteilung der Abkommensberechtigung die Rechtsordnung des Quellenstaats maßgeblich. Sofern im vorliegend zu überprüfenden Outbound-Fall folglich die USA die US-Gesellschaft als eigenständiges Steuersubjekt ansehen, ist diese abkommensberechtigt. Sofern die US-Gesellschaft in den USA indes nicht selbst, sondern nur deren Gesellschafter der US-Ertragsbesteuerung unterliegen, liegt keine Abkommensberechtigung vor. Für Einkünfte einer Personengesellschaft ist jedoch Art. 4 Abs. 1 2. HS lit. b DBA USA 1989 bzw. Art. 1 Abs. 7 DBA USA 2006 zu beachten.[27] Nach der Regelung des DBA USA 1989 liegt eine Abkommensberechtigung der Personengesellschaft nur insoweit vor, als die von der Personengesellschaft bezogenen Einkünfte in diesem Staat wie Einkünfte dort Ansässiger besteuert werden. Daraus folgt, dass eine aus US-Sicht als Personengesellschaft zu qualifizierende rechtliche Einheit nur insoweit abkommensberechtigt ist, als ihre Gesellschafter in den USA ansässig sind. Nur in den USA beschränkt steuerpflichtige Gesellschafter erfüllen diese Voraussetzung nicht.[28] Umstritten ist nunmehr, ob der neu eingefügte Art. 1 Abs. 7 DBA USA 2006 zur gleichen Beurteilung führt. Während *Anger/Sewtz*[29] und *Plewka/Renger*[30] die Auffassung vertreten, die Neuregelung stelle eine Klarstellung zur bisherigen Regelung dar, ist *Eimermann*[31] der Meinung, Art. 1 Abs. 7 DBA USA 2006 sei als Einkünftezurechnungsnorm zu verstehen. Folgt man letzterer Auffassung liegt bei einer aus US-Sicht als Personengesellschaft zu qualifizierenden rechtlichen Einheit grundsätzlich keine Abkommensberechtigung vor. Eine Fiktion der Ansässigkeit wie dies Art. 4 Abs. 1 2. HS lit. b DBA USA 1989 vorsah, scheide aufgrund der Streichung dieser Regelung aus.

M. E. ist der Auffassung von *Anger/Sewtz* und *Plewka/Renger* zu folgen. Hierfür spricht m. E. insbesondere die systematische Stellung des Art. 1 Abs. 7 DBA USA 2006. Denn Art. 1 DBA USA regelt die Ansässigkeit und folglich die grundsätzliche Abkommensberechtigung. Art. 1 Abs. 7

---

[24] Vgl. Treas. Reg. § 301.7701-1 bis 3. Einen Überblick über die check-the-box-Regelungen geben *Kroninger/Thies*, IStR 2002, 400 ff.

[25] In diesem Punkt widerspricht der BFH (BFH vom 20.08.2008, I R 34/08, BStBl II 2009, 263) der Vorinstanz sowie der h. M. im Schrifttum (vgl. *Flick/Heinsen*, IStR 2008, 781 ff. m. w. N.). Das FG Baden-Württemberg war in seinem Urteil vom 17. 3. 2008, 4 K 59/06, EFG 2008, 1098, aufgrund der fehlenden Abkommensberechtigung der LLC ohne Durchführung eines Rechtstypenvergleichs davon ausgegangen, dass der in Deutschland unbeschränkt steuerpflichtige Gesellschafter Einkünfte i. S. d. Art. 7 DBA USA bezieht, die in Deutschland von der Besteuerung auszunehmen sind.

[26] BFH vom 20. 8. 2008, I R 39/07, BStBl II 2009, 234 sowie BFH vom 20. 8. 2008, I R 34/08, BStBl II 2009, 263.

[27] Art. 4 Abs. 1 2. HS lit. b DBA USA 1989 wurde durch das Änderungsprotokoll vom 1. 6. 2006 (BGBl II 2006, 1184) abgeschafft. Gleichzeitig wurde in das DBA ein neuer Art. 1 Abs. 7 eingefügt.

[28] BFH vom 20.08.2008, I R 34/08, BStBl II 2009, 263 m. w. N.

[29] Vgl. *Anger/Sewtz*, IStR 2009, 273 ff.

[30] Vgl. *Plewka/Renger*, IWB 2009, Gruppe 2, Fach 3, 1397.

[31] Vgl. *Eimermann*, IStR 2009, 58.

DBA USA 2006 stellt daher eine besondere Vorschrift zur Begründung der Abkommensberechtigung von transparenten Gesellschaften dar.[32]

Hinsichtlich der steuerlichen Behandlung hybrider Gesellschaften in den USA kann zusammenfassend somit festgehalten werden:

- Sofern die US-Gesellschaft aus Sicht des deutschen Steuerrechts als Personengesellschaft zu betrachten ist, vermittelt sie dem Gesellschafter eine Betriebstätte in den USA, für die das Besteuerungsrecht gem. Art. 7 Abs. 1 DBA USA den USA zugewiesen wird. Deutschland stellt diese Einkünfte dann frei (Art. 23 Abs. 3 lit. a DBA USA). Eine Besteuerung erfolgt allenfalls in den USA, so dass im Ergebnis keine Gefahr einer Doppelbesteuerung entsteht.
- Ergibt der Typenvergleich, dass die US-Gesellschaft nach deutschem Recht als Kapitalgesellschaft einzuordnen ist, jedoch aus US-Sicht als transparente Einheit zu qualifizieren ist, liegt keine Abkommensberechtigung vor.[33] Die Gewinnanteile stellen in diesem Fall „andere Einkünfte" i. S. d. Art. 21 DBA USA dar, für die das Besteuerungsrecht bei Deutschland liegt. Eine Einstufung der auf den Gesellschafter entfallenden Gewinnanteile als Dividenden i. S. d. Art. 10 DBA USA kommt mangels Abkommensberechtigung der US-Gesellschaft nicht in Betracht. Aufgrund der abweichenden Qualifikation der US-Gesellschaft in den USA und in Deutschland ergeben sich wie dargelegt Qualifikationskonflikte, die in den USA zur Besteuerung der Einkünfte der US-Gesellschaft mit Ertragsteuer führen, da die USA die US-Gesellschaft als Betriebstätte des deutschen Gesellschafters betrachten (Art. 7 DBA USA). Aus deutscher Sicht liegt jedoch keine Personengesellschaft vor, die dem Gesellschafter eine Betriebstätte vermittelt, sondern eine nicht abkommensberechtigte Kapitalgesellschaft vor, die auf Ebene des Gesellschafters im Falle der Ausschüttung zu Beteiligungserträgen i. S. d. § 20 EStG führt. Für diese liegt das Besteuerungsrecht gem. Art. 21 DBA USA bei Deutschland, so dass es zu einer Doppelbesteuerung kommt.

Für die Praxis hat die Rechtsprechung des BFH vom 20.08.2008 zentrale Bedeutung. Denn nunmehr ist geklärt, dass die durch die check-the-box-election mögliche Wahl der Besteuerungsform in den USA nicht auf das deutsche Recht durchschlägt. Deshalb ist generell – nicht nur im Verhältnis zu den USA – bei Einschaltung hybrider Gesellschaftsformen zur Vermeidung einer etwaigen Doppelbesteuerung sicherzustellen, dass die gewählte rechtliche Einheit nach dem zweistufigen Rechtstypenvergleich als Personengesellschaft einzuordnen ist.

2. Aktivitätsklauseln

Gehen beide beteiligten Staaten von der fehlenden Abkommensberechtigung der Personengesellschaft aus, wird regelmäßig davon ausgegangen, dass die Beteiligung an einer ausländischen Personengesellschaft dem beteiligten Gesellschafter eine Betriebstätte im Ausland vermittelt. Durch diese werden Unternehmensgewinne i. S. d. Art. 7 OECD-MA erzielt. Das primäre Besteuerungsrecht für derartige Gewinne liegt beim Wohnsitzstaat, jedoch räumt Art. 7 Abs. 1 OECD-MA dem Quellenstaat ein konkurrierendes Besteuerungsrecht ein. Die Vermeidung der Doppelbesteuerung in diesen Fällen erfolgt grundsätzlich durch Anwendung der Freistellungsmethode (Art. 23A OECD-MA).

---

[32] Vgl. *Schönfeld*, IStR 2007, 275 f. m. w. N.

[33] Denn im vorliegend zu prüfenden Outbound-Fall sind die Gesellschafter der Personengesellschaft annahmegemäß in Deutschland ansässig (Art. 1 Abs. 7 DBA USA 2006).

Jedoch sehen gerade die neueren DBA häufig sog. Aktivitätsklauseln vor.[34] Die Anwendung der Freistellungsmethode wird dadurch vom Vorliegen bestimmter Einkünfte abhängig gemacht. Eine Freistellung wird nur gewährt, sofern die Einkünfte überwiegend aus sog. „aktiven" oder „produktiven" Tätigkeiten stammen, ansonsten kommt es zum Übergang zur Anrechnungsmethode (Art. 23B OECD-MA) und damit im Ergebnis zur Hochschleusung auf das höhere Besteuerungsniveau.[35] Somit führen Aktivitätsklauseln in den Fällen zu steuerlichen Zusatzbelastungen, in denen das Besteuerungsniveau im Ausland geringer ist als im Inland.

Als aktive bzw. produktive Tätigkeiten gelten regelmäßig, wobei nachstehende Aufzählung keinen abschließenden Überblick geben soll[36]:

- Herstellung und Verkauf von Gütern und Waren
- technische Beratung oder technische Dienstleistung
- Bank- oder Versicherungsgeschäfte.

Die Abgrenzung der aktiven Tätigkeiten von den passiven Tätigkeiten wird in den neueren DBA durch einen Verweis auf § 8 Abs. 1 Nr. 1 bis 6 und Abs. 2 AStG vorgenommen. Im Ergebnis erfolgt, sofern die ausländische Personengesellschaft mit ihren Einkünften nicht unter den Katalog der aktiven Einkünfte fällt und diese infolgedessen als passiv zu qualifizieren sind, ein Übergang von der Freistellungs- zur Anrechnungsmethode.[37]

Am Rande erwähnt sei, dass durch die Errichtung doppelstöckiger Personengesellschaftsstrukturen die Anwendung einer Aktivitätsklausel nicht verhindert werden kann.

3. § 20 Abs. 2 AStG

§ 20 Abs. 2 AStG stellt eine sog. Switch-over-Klausel dar. Trotz der abkommensrechtlich eigentlich zu gewährenden Freistellungsmethode sieht § 20 Abs. 2 AStG einen Wechsel zur Anrechnungsmethode vor, soweit die Einkünfte einer ausländischen Betriebstätte oder Personengesellschaft eines inländischen unbeschränkt Steuerpflichtigen als Zwischeneinkünfte i. S. d. § 8 Abs. 1 AStG zu qualifizieren wären, sofern sie durch eine Kapitalgesellschaft erzielt würden. Der Vorrang des § 20 Abs. 2 AStG vor den einschlägigen abkommensrechtlichen Bestimmungen wird durch die Vorschrift § 20 Abs. 1 2. HS AStG gewährleistet.

Fragen hinsichtlich der Europarechtskonformität und der Zulässigkeit eines treaty override durch § 20 Abs. 2 AStG wurden in der Vergangenheit in der Literatur eingehend diskutiert.[38] Mit Urteil vom 21. Oktober 2009 hat der BFH entschieden, dass § 20 Abs. 2 AStG a. F. gegen Gemein-

---

[34] Eine Analyse der Aktivitätsklauseln in den einzelnen DBA nimmt *Vogel* in Vogel/Lehner, DBA, Art. 23, Rz. 74 ff. vor.

[35] Die Aktivitätsklauseln sind auch im Hinblick auf Einkünfte anzuwenden, die grundsätzlich nicht unter Art. 7 OECD-MA fallen, jedoch aufgrund der funktionalen Zuordnung zu einer Betriebstätte unter Art. 7 OECD-MA zu fassen sind. Die Qualifikation als aktiv oder passiv ist dabei jedoch unabhängig von der Qualifikation der originären Einkünfte i. S. d. Art. 7 OECD-MA vorzunehmen. So BFH vom 7. 8. 2002, I R 10/01, BStBl II 2002, 848.

[36] Zu den Regelungen in den einzelnen DBA vgl. *Vogel* in Vogel/Lehner, DBA, Art. 23, Rz. 75 ff.

[37] Für gewerbesteuerliche Zwecke kommt, sofern nicht die Freistellungs- sondern die Anrechnungsmethode anzuwenden ist, die innerstaatliche Kürzungsvorschrift des § 9 Nr. 2 GewStG zum Zuge. Eine Belastung mit Gewerbesteuer unterbleibt folglich.

[38] Vgl. *Brombach-Krüger*, BB 2009, 924 ff. m. w. N.; *Gosch*, IStR 2008, 413 ff.; *Kaminski/Strunk/Haase*, IStR 2007, 726 ff.; *Vogt* in Blümich, AStG, § 20, Rz. 26 ff. sowie *Kraft*, AStG, § 20, Rz. 70 ff. m. w. N.

schaftsrecht verstößt.[39] Einen Verstoß gegen die Niederlassungsfreiheit durch die versagte Freistellung der Betriebsstätteneinkünfte sieht der BFH darin, dass es dem Steuerpflichtigen nicht möglich war einen Nachweis zu erbringen, dass in seinem Fall kein Gestaltungsmissbrauch gegeben ist (sog. Motivtest). Für Veranlagungszeiträume ab 2008 hat der Gesetzgeber durch den Verweis auf § 8 Abs. 2 AStG die Möglichkeit eines Gegenbeweises geschaffen. Ob die Neuregelung den gemeinschaftsrechtlichen Anforderungen entspricht wird durch den BFH in Frage gestellt obgleich eine richterliche Entscheidung hierzu noch aussteht.

Die Anwendung des § 20 Abs. 2 AStG ist an zahlreiche Voraussetzungen geknüpft:

▶ Vorliegen ausländischer Betriebsstätteneinkünfte eines unbeschränkt Steuerpflichtigen. Erfolgt die Zurechnung der ausländischen Betriebstätte zu einer Personengesellschaft ist deshalb die unbeschränkte Steuerpflicht der Gesellschafter der Personengesellschaft zu prüfen.

▶ Steuerpflicht der Betriebsstätteneinkünfte ungeachtet des § 8 Abs. 2 AStG als Zwischeneinkünfte, falls diese Betriebsstätte eine ausländische Gesellschaft wäre:
  ▶ Erfüllung der Beteiligungsvoraussetzungen des § 7 Abs. 1 bis 4 und 6 AStG[40]
  ▶ Erzielung passiver Einkünfte i. S. d. § 8 Abs. 1 Nr. 1 bis 10 AStG, hierzu zählen u. a. Zinsen und Lizenzen
  ▶ Niedrige Besteuerung gem. § 8 Abs. 3 AStG, d. h. Belastung der Einkünfte mit einer Ertragsteuer von weniger als 25 % im Ausland

▶ abkommensrechtliche Freistellung der Betriebstätteneinkünfte

Werden diese Voraussetzung erfüllt, unterliegen die Einkünfte der ausländischen Betriebstätte der deutschen Besteuerung. Gleichzeitig wird die ausländische Steuer auf die inländische angerechnet.

4. Thesaurierungsbegünstigung

Wenngleich die Thesaurierungsbegünstigung keine speziell für grenzüberschreitend tätige Personengesellschaften relevante Norm darstellt, da sie auch in reinen Inlandsfällen von großer Bedeutung ist, wird auf einige Besonderheiten im Zusammenhang mit Einkünften ausländischer Personengesellschaften hingewiesen.

Die Thesaurierungsbegünstigung gem. § 34a EStG ist auch auf Gewinnanteile aus einer ausländischen Personengesellschaft anzuwenden, sofern die Gewinne nach DBA nicht steuerbefreit sind.[41] Somit fallen solche Gewinne unter § 34a EStG, bei denen die Doppelbesteuerung mittels der Anrechnungsmethode vermieden wird. Dies ist zum einen der Fall, wenn das DBA grundsätzlich zur Vermeidung der Doppelbesteuerung die Anrechnungsmethode vorsieht[42] oder aber wenn die Freistellung der Gewinnanteile von Personengesellschaften (abkommensrechtlich: Betriebsstätteneinkünfte) an das Vorliegen aktiver Einkünfte geknüpft wird und infolgedessen bei passiven Einkünften die Vermeidung der Doppelbesteuerung mittels der Anrechnungsmethode erfolgt.[43]

---

[39] Vgl. BFH vom 21. 10. 2009, I R 114/08, DStR 2010, 37 im Anschluss an die Entscheidung des EuGH vom 6. 12. 2007, C-298/95, Rs. Columbus Container Services BVBA & Co., IStR 2008, 63 ff.
[40] Vgl. detailliert bei *Köhler* in Strunk/Kaminski/Köhler, AStG, § 7, Rz. 70 ff.
[41] Vgl. BMF vom 11. 8. 2008, BStBl I 2008, 838, Tz. 18.
[42] Dies wird z. B. im noch auszuhandelnden DBA mit den Vereinigten Arabischen Emiraten vorgesehen.
[43] Vgl. bspw. DBA Schweiz. Auch in den Fällen eines sog. Treaty Override ist das Thesaurierungsmodell anwendbar, vgl. *Goebel/Ungemach/Schmidt/Siegmund*, IStR 2007, 883.

C. Ausgewählte steuerliche Gestaltungen für Outbound-Aktivitäten inländischer Personengesellschaften

I. GmbH-Holding in Deutschland

1. Ziele und Struktur des Modells

Sofern die inländische Personengesellschaft bislang die Beteiligungen an ihren ausländischen Tochterkapitalgesellschaften direkt hält, bietet sich folgende Struktur an, um im Ausschüttungsfall zunächst nur einer sehr geringen Besteuerung im Inland zu unterliegen und etwaige DBA-Schachtelprivilegien in Anspruch zu nehmen. Die inländische Besteuerung auf Ebene der Anteilseigner kann somit aufgeschoben werden.

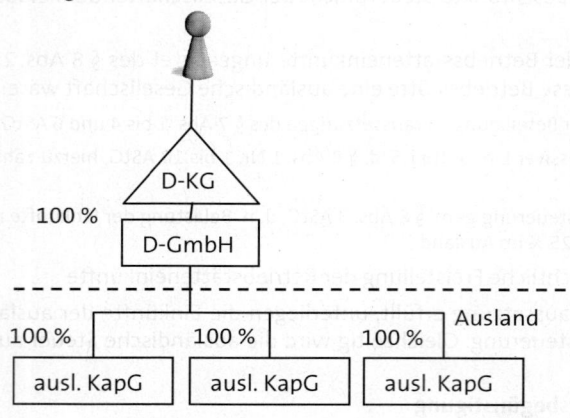

```
                    D-KG
        100%         |
                   D-GmbH
      _____|_____   Deutschland
                                        Ausland
      100%         100%          100%
    ausl. KapG   ausl. KapG    ausl. KapG
```

Zur Erreichung der obigen Struktur gründet die inländische Personengesellschaft eine inländische Tochterkapitalgesellschaft (GmbH-Holding), auf die sämtliche Auslandsbeteiligungen übertragen werden. Diese Einbringung kann gem. § 21 UmwStG grundsätzlich zu Buchwerten erfolgen, sofern die übernehmende Gesellschaft nach der Einbringung auf Grund ihrer Beteiligung einschließlich der eingebrachten Anteile unmittelbar die Mehrheit der Stimmrechte an der gegründeten Gesellschaft hat.

2. Steuerliche Behandlung

Die ausländischen Kapitalgesellschaften unterliegen mit ihren Einkünften zunächst im Ausland der unbeschränkten Körperschaftsteuerpflicht. Solange die ausländischen Tochterkapitalgesellschaften keine Ausschüttung vornehmen, ergeben sich keine weiteren steuerlichen Konsequenzen. Sobald jedoch Dividenden an die GmbH-Holding ausgeschüttet werden, unterliegen diese im Inland der unbeschränkten Körperschaftsteuerpflicht und sind gem. § 8b Abs. 1, 5 KStG zu 100 % steuerfrei, wobei 5 % der Dividende als nichtabziehbare Betriebsausgaben gelten. Im Ausland wird regelmäßig ein Quellensteuereinbehalt vorgenommen, dieser wird jedoch bei Anwendbarkeit der Mutter-Tochter-Richtlinie auf 0 % begrenzt. Daneben erfolgt, sofern die Beteiligung mindestens 25 % beträgt, eine Begrenzung des Quellensteuersatzes auf 5 % durch

Art. 10 Abs. 2 lit. a OECD-MA.[44] Aufgrund der Steuerfreistellung der Dividende gem. § 8b Abs. 1, 5 KStG ist eine Anrechnung der Quellensteuer im Inland ausgeschlossen. Aus gewerbesteuerlicher Sicht greift die Kürzungsvorschrift des § 9 Nr. 7 GewStG, jedoch unterliegen dennoch 5 % der Dividenden der deutschen Gewerbesteuer. Somit ergeben sich im Vergleich zur Ausgangssituation steuerliche Vorteile, wobei diese Vorteile nur temporär sind, da eine Ausschüttung der GmbH-Holding an die Personengesellschaft und damit an die Mitunternehmer wiederum zu einer Belastung mit Einkommensteuer führt.[45]

Unterstellt man stets die Vollausschüttung (keine Thesaurierung auf Ebene der GmbH-Holding) bringt die Zwischenschaltung einer GmbH-Holding keine Vorteile gegenüber der Ausgangssituation, vielmehr besteht das Risiko, dass ausländische Quellensteuern nicht angerechnet werden können. Deshalb ist die Zwischenschaltung einer GmbH-Holding nur dann zu empfehlen, wenn langfristig thesauriert werden soll und die im Ausland erwirtschafteten Gewinne nicht als frei verfügbares Kapital zur Verfügung stehen sollen.[46]

II. Das Personengesellschafts-Holding-Modell

1. Ziele und Struktur des Modells

Sofern das Auslandsengagement der inländischen Personengesellschaft bislang in Form von ausländischen Tochterkapitalgesellschaften strukturiert war, da diese Rechtsform im Ausland meist gebräuchlicher sind als die Rechtsform der Personengesellschaft, bietet sich folgende Struktur an, um

- die bisherige Besteuerung der Dividenden der ausländischen Gesellschaften im Inland zu 60 % mit Einkommensteuer (§ 3 Nr. 40d EStG) bzw. zu 5 % (§ 8b Abs. 1, 5 KStG) mit Körperschaftsteuer und
- eine (zumindest teilweise bestehende) Belastung der Dividenden mit deutscher Gewerbesteuer zu vermeiden.

---

[44] Das DBA USA sieht bspw. bei Vorliegen zahlreicher Voraussetzungen sogar eine Reduktion der Quellensteuer auf 0 % vor (Art. 10 Abs. 3 i. V. m. Art. 28 DBA USA).

[45] Sollten Abschreibungen auf die Beteiligungen erforderlich sein, erweist sich die Zwischenschaltung einer GmbH-Holding nachteilig, da diese gem. § 8b Abs. 3 KStG steuerlich unbeachtlich sind. Hingegen sind solche Abschreibungen in der Ausgangssituation wenigstens zu 60 % steuerlich geltend zu machen (Teileinkünfteverfahren, § 3c Abs. 2 EStG).

[46] Im Falle der Thesaurierung kann das Kapital nur im Wege verzinslicher Darlehen innerhalb des Konzerns zur Verfügung gestellt werden.

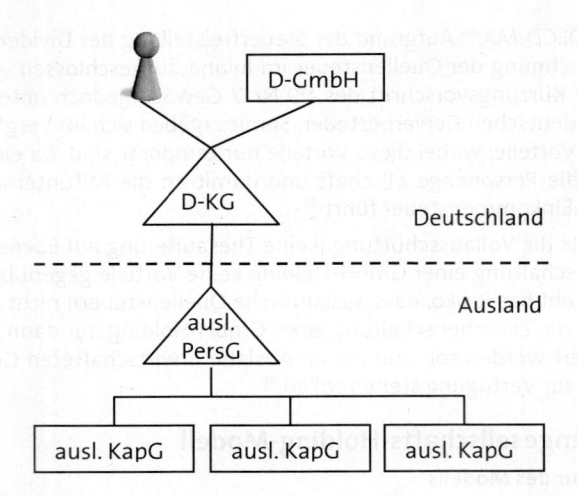

```
        D-GmbH
           |
         D-KG           Deutschland
    - - - - | - - - - - - - - - -
          ausl.         Ausland
          PersG
         / | \
  ausl.KapG  ausl.KapG  ausl.KapG
```

Die inländische Personengesellschaft errichtet eine Holdingpersonengesellschaft im Ausland, auf welche die Beteiligungen an den ausländischen Kapitalgesellschaften übertragen werden. Zentrale Anforderung an den Holdingstandort ist, dass die Holding-Personengesellschaft ein Dividenden-Schachtelprivileg im Ausland in Anspruch nehmen kann, d. h. die Dividenden der Tochterkapitalgesellschaften steuerfrei vereinnahmt werden können.[47] Zudem muss die ausländische Personengesellschaft über eine feste Geschäftseinrichtung i.S.d. Art. 5 OECD-MA verfügen sowie durch diese unternehmerisch und nicht nur vermögensverwaltend tätig sein, da sie ansonsten aus abkommensrechtlicher Sicht keine Einkünfte i. S. d. Art. 7 OECD-MA erzielen kann.[48]

Die steuerlichen Folgen in Zusammenhang mit der Errichtung der Struktur hängen entscheidend von der Ausgangssituation ab.[49] Aus steuerplanerischer Sicht denkbar wäre bspw., dass

1. die inländische Personengesellschaft bislang noch über keine ausländischen Tochtergesellschaften verfügt.[50] In diesem Fall gründet die D-KG die ausländische Personengesellschaft. Diese errichtet anschließend die ausländischen Kapitalgesellschaften. Diese Alternative löst zwar grundsätzlich keine Steuern aus, eignet sich jedoch nur, sofern bislang noch keine ausländischen Gesellschaften bestehen, die durch die neue Holding-Gesellschaft gehalten werden sollen.

2. die ausländischen Kapitalgesellschaften bereits bestehen, jedoch nicht über stille Reserven verfügen. Dann kann die D-KG die ausländische Personengesellschaft gründen und ihre Beteiligungen an den ausländischen Kapitalgesellschaften in die ausländische Personengesellschaft einbringen. Da keine stillen Reserven vorhanden sind, werden grundsätzlich keine Steuern ausgelöst.

---

[47] Zur steuerlichen Behandlung von körperschaftsteuerpflichtigen Personengesellschaften in der EU *Lühn*, IWB 2004, Gruppe 2, Fach 11, 635 ff.

[48] Vgl. *Wassermeyer* in Debatin/Wassermeyer, OECD-MA, Art. 7, Rz. 21 ff. sowie *Strunk/Kaminski* in Strunk/Kaminski/Köhler, OECD-MA, Art. 7, Rz. 34.

[49] Sofern keine steuerneutrale Einbringung möglich ist, sind die potentiellen künftigen Steuerersparnisse und die Steuerbelastung durch Errichtung der Struktur sorgfältig abzuwägen.

[50] Bspw. da das Auslandsgeschäft erst aufgebaut oder neue Märkte erschlossen werden sollen.

Haun

3. das im vorigen Kapitel beschriebene GmbH-Holding-Modell bereits besteht. In diesem Fall kann die D-KG eine ausländische Personengesellschaft gründen. Die inländische Holding verkauft sodann ihre Beteiligungen an den ausländischen Kapitalgesellschaften an die ausländische Personengesellschaft. Die Gewinne aus der Veräußerung der Anteile sind in Deutschland im Ergebnis zu 95 % steuerfrei (§ 8b Abs. 2,3 KStG), so dass nur eine Steuerbelastung i. H. v. 5 % des Veräußerungsgewinns entsteht.
4. die ausländischen Kapitalgesellschaften direkt von der D-KG gehalten werden und die Beteiligungen über stille Reserven verfügen. Dies stellt aus steuerlicher Sicht die ungünstigste Alternative dar, da es bei Verkauf der Anteile an den ausländischen Kapitalgesellschaften stets zur Aufdeckung der stillen Reserven kommt.[51] Jedoch unterliegen diese Gewinne nur zu 60 % der Besteuerung auf Ebene der Anteilseigner (natürliche Personen), da gem. § 3 Nr. 40a EStG i. V. m. § 3c EStG 40 % steuerfrei sind.

Festzustellen ist, dass die Errichtung des Personengesellschafts-Holding-Modells im jeweiligen Einzelfall einer steuerlichen Prüfung bedarf, um die optimale Vorgehensweise zu ermitteln.

2. Folgen für die Einkommen- bzw. Körperschaftsteuer

Die ausländische Personengesellschaft muss für steuerliche Zwecke als transparent erachtet werden. Die inländischen natürlichen und juristischen Personen sind über die KG folglich im Ausland mit den Einkünften der ausländischen Personengesellschaft beschränkt steuerpflichtig. Darüber hinaus muss ein Holdingstandort gewählt werden, der Personengesellschaften für Dividenden das Schachtelprivileg zugesteht. D. h. die Personengesellschaft kann die Beteiligungserträge aus dem Ausland steuerfrei vereinnahmen. Im Gegenzug sind im Ausland einbehaltene Quellensteuern regelmäßig nicht anrechenbar.

In Deutschland unterliegen sämtliche Einkünfte der natürlichen und juristischen Personen der unbeschränkten Steuerpflicht. Das Einkommen der KG inklusive des im Ausland erwirtschafteten Einkommens wird über die einheitliche und gesonderte Gewinnfeststellung den Gesellschaftern zugerechnet, sie erzielen Einkünfte i. S. d. § 15 EStG.

Neben den nationalen Regelungen ist auch der Einfluss der Doppelbesteuerungsabkommen zu prüfen. Zunächst ist zu klären, ob die ausländische Personengesellschaft eine Betriebstätte im Ausland (Art. 5 OECD-MA) unterhält.[52] Im vorliegenden Modell wird es sich regelmäßig um einen betriebstättenbegründenden Ort der Leitung (Art. 5 Abs. 2 lit. a OECD-MA) handeln, sofern die ausländische Personengesellschaft in ihren Geschäftsräumen die Tochterkapitalgesellschaften koordiniert und kontrolliert und dort die maßgeblichen Entscheidungen für die Geschäftspolitik getroffen werden.[53] Unterhält die ausländische Personengesellschaft im Ausland eine Betriebstätte, werden dadurch Unternehmensgewinne i. S. d. Art. 7 OECD-MA erwirtschaftet. Fraglich ist, wie die Dividenden der ausländischen Tochterkapitalgesellschaften auf Ebene der ausländischen Personengesellschaft, d. h. der Betriebstätte, zu qualifizieren sind. Grundsätzlich handelt es sich um Einkünfte i. S. d. Art. 7 OECD-MA. Art. 7 Abs. 7 OECD-MA räumt den spezielleren Verteilungsnormen des DBA jedoch den Vorrang ein, so dass die Dividenden unter Art. 10 OECD-MA bzw. bei Dividenden aus Drittstaaten unter Art. 21 Abs. 1 OECD-MA zu fassen sind. Art. 10 Abs. 4 OECD-MA verweist indes wieder zurück auf Art. 7 OECD-MA (sog. Betriebstätten-

---

[51] Nach Auffassung der deutschen Finanzverwaltung würde wohl gleiches für die Einbringung gelten, vgl. BMF vom 20. 5. 2009, IStR 2009, 436 ff. im Anschluss an BFH vom 17. 7. 2008, I R 77/06, IStR 2008, 814 ff.
[52] Zu den Kriterien für das Vorliegen einer Betriebstätte vgl. *Görl* in Vogel/Lehner, Art. 5, Rz. 36 ff.
[53] Die Abgrenzung des Orts der Leitung als Betriebstätte diskutiert *Wassermeyer* in Debatin/Wassermeyer, OECD-MA, Art. 5 Rz. 64 ff. sehr ausführlich.

vorbehalt), sofern eine tatsächliche Zuordnung der Beteiligung zur Betriebstätte möglich ist. Folglich sind die Dividenden, falls eine derartige Zuordnung besteht, als Einkünfte i. S. d. Art. 7 OECD-MA einzuordnen.[54] Dies gilt auch für Drittstaatsdividenden, diese werden über Art. 21 Abs. 2 OECD-MA in den Betriebstättengewinn einbezogen.[55] Ist eine tatsächliche Zuordnung zur Betriebstätte ausgeschlossen, räumt Art. 7 Abs. 7 OECD-MA den spezielleren Verteilungsnormen des DBA den Vorrang ein, so dass die Dividenden unter Art. 10 OECD-MA bzw. bei Dividenden aus Drittstaaten unter Art. 21 Abs. 1 OECD-MA zu fassen sind.[56] Soweit Einkünfte i. S. d. Art. 7 OECD-MA vorliegen, unterliegen diese ausschließlich im Ausland der Besteuerung, Deutschland stellt diese Einkünfte regelmäßig von der Besteuerung frei (Art. 23A OECD-MA).[57] Sofern Einkünfte i. S. d. Art. 21 Abs. 2 OECD-MA vorliegen, hat Deutschland das ausschließliche Besteuerungsrecht.

3. Zurechnung von Beteiligungen zu ausländischen Betriebstätten/Personengesellschaften

Entscheidend für die Erreichung des eingangs formulierten Ziels der Vermeidung der Besteuerung im Inland ist damit die Zurechnung der Beteiligungen an den ausländischen Kapitalgesellschaften zur ausländischen Personengesellschaft, da ansonsten in Deutschland keine Freistellung der mittels der Betriebstätte erzielten Dividendeneinkünfte erfolgt. Hierzu hat der BFH mit Beschluss vom 19.12.2007[58] im Rahmen der steuerlichen Beurteilung des sog. CV-Modells Stellung bezogen. Der BFH betrachtet die im Urteilsfall strittigen Dividendeneinkünfte abkommensrechtlich nicht als Teil der Betriebstätteneinkünfte der niederländischen C.V. (niederländische Personengesellschaft), da die Beteiligung der C.V. an den Vertriebstochtergesellschaften in den Drittstaaten **keine tatsächliche funktionale Bedeutung** für die von der Personengesellschaft in den Niederlanden ausgeübte Tätigkeit habe.[59]

Für diese Zurechnung ergeben sich aus dem Urteil des BFH vom 19.12.2007 wertvolle Hinweise.[60]

Zum einen wurde die bereits im sog. Betriebstättenerlass enthaltene Aussage der Finanzverwaltung, Beteiligungen seien grundsätzlich dem Stammhaus zuzurechnen, durch das vorstehende Urteil des BFH erneut bestätigt.[61]

---

[54] Zum funktionalen Zusammenhang eines Wirtschaftsguts mit der Tätigkeit einer Gesellschaft nach Auffassung der Finanzverwaltung BMF vom 24. 12. 1999, BStBl I 1999, 1076, Tz. 2.4. Zum tatsächlichen Gehören einer Beteiligung zu einer Betriebstätte vgl. *Wassermeyer* in Debatin/Wassermeyer, OECD-MA, Art. 10, Rz. 132 ff.

[55] Vgl. *Vogel* in Vogel/Lehner, DBA, Vor Art. 10-12, Rz. 36.

[56] Vgl. ausführlich zum Betriebstättenvorbehalt, Jacobs, Internationale Unternehmensbesteuerung, 376, 443 ff.

[57] Auf den in Kapitel B.III.2 Aktivitätsvorbehalt und die Regelung des § 20 Abs. 2 AStG (Kapitel B.III.3) wird hingewiesen.

[58] BFH vom 19. 12. 2007, I R 66/06, BStBl II 2008, 510.

[59] Lohmann/Rengier, FR 2008, 728 weist zutreffend darauf hin, dass für die DBA-rechtliche Zuordnung von Beteiligungen zu Personengesellschaften nicht das zivilrechtliche Gesamthandsvermögen entscheidend ist. Dies liegt darin begründet, dass die Personengesellschaft selbst nicht abkommensberechtigt ist und als Betriebstätte ihrer Gesellschafter gilt.

[60] Zu früheren Urteilen des BFH und europarechtlichen Aspekten der Zuordnung von Kapitalgesellschaftsbeteiligungen zu ausländischen Betriebstätten vgl. *Kinzl*, IStR 2005, 693 ff.

[61] Vgl. BMF vom 24. 12. 1999, BStBl I 1999, 1076, Tz. 2.4, wonach Finanzierungstätigkeit und Beteiligungsverwaltung „Zentralfunktionen" des Stammhauses sind.

Zum anderen lässt der BFH jedoch erkennen, dass u. U. von dieser ständigen Rechtsprechung[62] im Ausnahmefall abgewichen werden könnte. Zentrale Voraussetzung hierfür ist, dass eine „tatsächliche" Zurechnung aufgrund einer funktionalen Beziehung zwischen Betriebstätte und Beteiligungsgesellschaften möglich ist. Die Betriebstätte muss folglich Tätigkeiten übernehmen, die nach dem Veranlassungsprinzip und dem Funktionszusammenhang eine Zuordnung der Beteiligungen zur Betriebstätte rechtfertigen können. Der BFH hat im vorliegenden Fall offen gelassen, ob eine Übernahme von Vertriebsfunktionen für Großbritannien, Belgien und die Schweiz zu einer Zurechnung der Beteiligungen zur niederländischen Betriebstätte geführt hätte.[63]

Zum anderen erwähnt der BFH erstmals, dass die Übernahme geschäftsleitender Holdingfunktionen eine Zurechnung von Beteiligungen zu Betriebstätten rechtfertigen könnte.[64] Eine Definition des Begriffs der geschäftsleitenden Holding unterbleibt leider. Zur Wahrnehmung geschäftsleitender Funktionen sollten m. E. folgende Zuständigkeiten und Verantwortungsbereiche durch die Betriebstätte übernommen werden:

- Formulierung der Konzernziele und Strategien
- Festlegung von Zielen und Strategien der operativen Gesellschaften
- Führung und gestaltende Einwirkung auf die Geschäftsleitung der operativen Gesellschaft
- Zielerreichungskontrolle
- Verteilung investiver Mittel
- Akquisition neuer Gesellschaften und Geschäftsfelder
- Personalentwicklung.

Überdies ist bei der Frage der tatsächlichen Zurechnung von Beteiligungen zu einer Betriebstätte zu prüfen, ob neben der Zurechnung von Beteiligungen an Gesellschaften der beteiligten Vertragstaaten eine funktionale Zurechnung von Drittstaatenbeteiligungen überhaupt möglich ist.[65] Insoweit bleiben die weiteren Entwicklungen insbesondere die Rechtsprechung des BFH abzuwarten.

Ergänzend ist anzumerken, dass die Zwischenschaltung mehrerer ausländischer Personengesellschaften (im selben Staat oder in einem anderen Staat) keinen Einfluss auf die abkommensrechtliche Qualifikation der Einkünfte bzw. die funktionale Zurechnung hat.[66] Denn kann eine Beteiligung mangels „tatsächlicher" Zurechnung nicht im Betriebstättenstaat besteuert werden, ändert daran auch die Zwischenschaltung mehrerer Gesellschaften nichts. Genausowenig

---

[62] Ständige Rechtsprechung seit Urteil des BFH vom 27. 2. 1991, I R 15/89, BStBl II 1991, 444. Vgl. hierzu *Wassermeyer* in Debatin/Wassermeyer, OECD-MA, Art. 10, Rz. 132 ff.

[63] Das FG Köln hat mit Urteil vom 29. 3. 2007, 10 K 4671/04, DStRE 2007, 1320 die Zuordnung einer Produktionsgesellschaft zu einer Betriebstätte bejaht, da in dieser der weltweite Vertrieb konzentriert war. Damit widerspricht das FG Köln der vom BMF vertretenen „Zentralfunktion" des Stammhauses.

[64] Im Schrifttum wurde schon länger die Auffassung vertreten, eine Zuordnung von Kapitalgesellschaftsbeteiligungen zu Betriebstätten wäre möglich, vgl. *Blumers*, DB 2007, 312 ff.; *Kinzl*, IStR 2005, 693 ff. und *Kessler/Huck*, IStR 2006, 437 ff.

[65] Vgl. *Haun/Reiser*, GmbHR 2007, 916.

[66] Dies erklärt sich aus der Tatsache, dass dem inländischen Steuerpflichtigen nach der ständigen Rechtsprechung des BFH die Betriebstätten von Personengesellschaften zugerechnet werden. Dabei werden die Aktivitäten von Unterpersonengesellschaften den Oberpersonengesellschaften zugerechnet. Die abkommensrechtliche Qualifikation der Einkünfte erfolgt jedoch auf Ebene des inländischen Steuerpflichtigen.

kann die Bündelung der Beteiligungen an den ausländischen Kapitalgesellschaften in einer ausländischen Kapitalgesellschafts-Holding, deren 100 %ige Anteilseignerin die ausländische Personengesellschaft ist, eine zuvor nicht vorhandene funktionale Zuordnung zur ausländischen Personengesellschaft begründen.

4. Folgen für die Gewerbesteuer

Im Unterschied zur Einkommen- bzw. Körperschaftsteuer sind für Zwecke der Gewerbesteuer nicht die Mitunternehmer sondern die inländische Personengesellschaft selbst das Steuersubjekt. Vor Zwischenschaltung der ausländischen Personengesellschaft waren die Dividenden der ausländischen Tochterkapitalgesellschaften – sofern die Beteiligungsgrenze von 15 % überschritten wurde – gem. § 9 Nr. 7 GewStG zu kürzen und unterlagen damit nur zu 5 % der Gewerbesteuer. Streubesitzanteile waren zu 100 % der Gewerbesteuer zu unterwerfen (§ 8 Nr. 5 GewStG).

Durch Zwischenschaltung der ausländischen Personengesellschaft ist aus gewerbesteuerlicher Sicht auf Ebene des inländischen Gewerbesteuersubjekts nicht mehr § 9 Nr. 7 GewStG, sondern § 9 Nr. 2 GewStG anzuwenden.[67] Eine Anwendung von § 9 Nr. 7 GewStG wäre selbst dann ausgeschlossen, wenn die ausländische Personengesellschaft in ihrem Sitzstaat eine eigene Rechtspersönlichkeit haben sollte.[68] Folglich wird der Gewinn der ausländischen Tochterpersonengesellschaft auf Ebene der deutschen Mutterpersonengesellschaft in voller Höhe gekürzt und unterliegt nicht der Gewerbesteuer.

Eine detaillierte Untersuchung der Einkünfte der ausländischen Personengesellschaft, wie sie im Rahmen der funktionalen Zurechnung erfolgt, ist für gewerbesteuerliche Zwecke entbehrlich. Denn bereits nach nationalen Vorschriften ist gem. § 9 Nr. 2 GewStG der gesamte von der Personengesellschaft ermittelte Gewinn aus dem Gesamthandsvermögen sowie die zugehörigen Sondervergütungen zu kürzen.[69] Besonders der Einbezug von Sondervergütungen, die nur aufgrund § 15 Abs. 1 S. 1 Nr. 2 EStG zu den Einkünften aus Gewerbebetrieb zu rechnen sind, in die Kürzungsvorschrift zeigt, dass eine Zuordnung zu anderen Einkunftsarten und damit eine Zerlegung des Gewinns in einzelne Einkommensbestandteile für gewerbesteuerliche Zwecke gerade nicht vorzunehmen ist.

Somit ist festzuhalten, dass aus nationaler Sicht die über eine ausländische Tochterpersonengesellschaft vereinnahmten Dividenden unabhängig von der Beteiligungshöhe nicht der Gewerbesteuer unterliegen. Infolgedessen kann die Untersuchung des einschlägigen Doppelbesteuerungsabkommens unterbleiben, da Doppelbesteuerungsabkommen keinen Besteuerungsanspruch Deutschlands begründen können und es deshalb bei der Gewerbesteuerfreiheit der Gewinne der ausländischen Personengesellschaft bleibt.[70] Damit stellt sich für gewerbesteuerli-

---

[67] Voraussetzung für eine Kürzung gem. § 9 Nr. 2 GewStG ist zum einen, dass die ausländischen Personengesellschaft ihrer Struktur nach mit einer Personengesellschaft nach deutschem Recht vergleichbar ist. Vgl. *Güroff* in Glanegger/Güroff, GewStG, § 9 Nr. 2, Rz. 2 sowie *Keß* in Lenski/Steinberg, GewStG, § 9 Nr. 2, Rz. 22. Zum anderen erfordert ein Kürzung gem. § 9 GewStG eine gewerbliche Tätigkeit der ausländischen Personengesellschaft, eine nur vermögensverwaltende Tätigkeit genügt nicht. Vgl. *Gosch* in Blümich, GewStG, § 9, Rz. 139, 143 und *Keß* in Lenski/Steinberg, GewStG, § 9 Nr. 2, Rz. 23. Die gewerbliche Tätigkeit wurde vorliegend bereits für Zwecke der Einkommen- bzw. Körperschaftsteuer unterstellt.

[68] Vgl. *Sarazzin* in Lenski/Steinberg, GewStG, § 9 Nr. 7, Rz. 23

[69] Der Einbezug der Sondervergütungen war zunächst umstritten. Die h. M. im Schrifttum sowie der BFH (Urteil vom 27. 2. 1991, I R 15/89, BStBl II 1991, 444) gehen jedoch nunmehr von deren Kürzung im Rahmen des § 9 Nr. 2 GewStG aus, vgl. *Gosch* in Blümich, GewStG, § 9, Rz. 148 und *Keß* in Lenski/Steinberg, GewStG, § 9 Nr. 2, Rz. 31.

[70] Vgl. bereits RFH vom 1. 10. 1936, RStBl 1936, 1209.

che Zwecke die Frage der funktionalen Zurechnung nicht, da bereits aufgrund nationaler Vorschriften keine Besteuerung erfolgt.

5. Restriktive Nebenbedingungen des Personengesellschafts-Holding-Modells

Sofern es gelingt, eine Zurechnung der Beteiligungen zur Betriebstätte zu erreichen, stehen einer in Deutschland steuerfreien Vereinnahmung der Beteiligungserträge noch etwaige Aktivitätsklauseln oder die Anwendung der Switch-over-Klausel des § 20 Abs. 2 AStG entgegen.[71]

Deshalb sind die Regelungen zur Vermeidung der Doppelbesteuerung zwischen Deutschland und dem ausländischen Staat zu prüfen. Denn in einigen DBA wird die Anwendung der Freistellungsmethode an das Vorliegen bestimmter Einkünfte geknüpft.[72] Der BFH stellt in seinem Urteil vom 7. 8. 2002[73] zum DBA Schweiz hinsichtlich der Behandlung von in Betriebstätteneinkünften enthaltenen Dividenden klar, dass Dividendeneinkünfte trotz der funktionale Zuordnung der Beteiligung zur Betriebstätte, als eigenständige passive Einkünfte für Zwecke der Aktivitätsklausel einzuordnen sind.

Gewinnausschüttungen von Kapitalgesellschaften[74] sind häufig nicht als aktive Einkünfte zu qualifizieren, so dass die Vermeidung der Doppelbesteuerung mittels der Anrechnungsmethode erfolgt und die Besteuerung in Deutschland folglich nicht vermieden werden kann.

§ 20 Abs. 2 AStG birgt im Rahmen des Personengesellschafts-Holding-Modells regelmäßig keine steuerlichen Risiken. Denn Voraussetzung für die Anwendung dieser Regelung ist es, dass auf Ebene der Betriebstätte Einkünfte entstehen, die als Zwischeneinkünfte i. S. d. AStG steuerpflichtig sind. Die zwischengeschaltete ausländische Personengesellschaft erzielt aus den ausländischen Kapitalgesellschaften jedoch Dividendeneinkünfte (§ 8 Abs. 1 Nr. 8 AStG), die nicht als Zwischeneinkünfte zu qualifizieren sind.

6. Konsequenzen für die Beratungspraxis

Durch die Zwischenschaltung der ausländischen Personengesellschaft gelingt es, unabhängig von der funktionalen Zurechnung der Beteiligung oder etwaiger Aktivitäts- bzw. Switch-over-Klauseln, die Dividenden der ausländischen Tochterkapitalgesellschaften gewerbesteuerfrei zu vereinnahmen. Für die Reduzierung der Einkommen- bzw. Körperschaftsteuerbelastung ist die Zurechnung der Beteiligungen an den ausländischen Kapitalgesellschaften zur ausländischen Personengesellschaft der zentrale Erfolgsfaktor. Daneben ist jedoch auch sicherzustellen, dass keine Aktivitäts- bzw. Switch-over-Klauseln zur Anwendung kommen.

Sofern diese Voraussetzungen erfüllt werden können, gelingt es durch das Personengesellschafts-Holding-Modell u. U. grundsätzlich steuerpflichtige Dividenden ausländischer Gesellschaften in gem. DBA in Deutschland freizustellende ausländische Betriebstätteneinkünfte zu transformieren.[75] Folglich sind weder die Vorschriften zum Teileinkünfteverfahren noch die

---

[71] Diese haben jedoch nur für die Einkommen- bzw. Körperschaftsteuer, nicht aber für die Gewerbesteuer Bedeutung.

[72] Ausführlich zu den Aktivitätsklauseln Kapitel B.III.

[73] BFH vom 7. 8. 2002, I R 10/01, BStBl II 2002, 848.

[74] Gem. § 8 Abs. 1 Nr. 8 AStG fallen Gewinnausschüttungen von Kapitalgesellschaften zwar nicht unter die Hinzurechnungsbesteuerung, jedoch erfolgt in den DBA im Rahmen der Aktivitätsklausel regelmäßig nur ein Hinweis auf § 8 Abs. 1 Nr. 1-6 AStG, so dass für abkommensrechtliche Zwecke Gewinnausschüttungen von Kapitalgesellschaften als passive Einkünfte zu qualifizieren sind.

[75] Abzuwarten bleiben die Entwicklungen auf Ebene der OECD in Zusammenhang mit der intendierten Neufassung des Art. 7 OECD-MA. Im Rahmen des OECD-Update 2010 sind auch Änderungen hinsichtlich des Art. 10 OECD-MA vorgesehen wonach die die Zuordnung von Beteiligungen nach dem Grundsatz des

Regelung des § 8b KStG auf die den Gesellschaftern zuzurechnenden bzw. auch zufließenden Gewinnanteile/Dividenden anzuwenden sein. Demzufolge können die Einkünfte auf Ebene der Gesellschafter steuerfrei vereinnahmt werden.

7. Quellensteuer

Daneben sind die Folgen des Personengesellschafts-Holding-Modells für die Quellensteuern mit einzubeziehen.

Fraglich ist in diesem Zusammenhang, welches DBA auf die Dividendenausschüttung anzuwenden ist. Von der Abkommensberechtigung der ausländischen Tochterkapitalgesellschaft ist auszugehen, zu klären ist jedoch ob das DBA Drittstaat/Sitzstaat ausländische Personengesellschaft oder das DBA Drittstaat/Deutschland anzuwenden ist. Dies bestimmt sich danach, ob der Drittstaat nach seinem innerstaatlichen Recht die ausländische Personengesellschaft als transparent oder intransparent betrachtet. Betrachtet er die Gesellschaft als intransparent, kommt das DBA Drittstaat/Sitzstaat ausländische Personengesellschaft zur Anwendung, ansonsten ist das DBA Drittstaat/Deutschland heranzuziehen.[76] Regelmäßig ist weder die ausländische Personengesellschaft noch die D-KG abkommensberechtigt, so dass auf die Gesellschafter der D-KG zurückzugreifen ist. Somit wäre auf das DBA zwischen Deutschland und dem Sitzstaat der ausländischen Tochterkapitalgesellschaft abzustellen.

Hinsichtlich einer Personengesellschaft als Dividendenempfängerin ist festzuhalten, dass die Mutter-Tochter-Richtlinie nicht anzuwenden ist und regelmäßig kein Schachtelprivileg gewährt wird.[77] Folglich müssen beim Personengesellschafts-Holding-Modell die Folgen für die Quellenbesteuerung exakt geprüft werden, da u. U. eine Reduktion der Quellensteuer nicht möglich ist.[78] Werden Quellensteuern erhoben, ist deren Anrechnung zu überprüfen.

II. Gestaltung durch atypisch stille Beteiligung

1. Struktur und Ziele des Modells

Alternativ zum vorstehend erläuterten Personengesellschafts-Holding-Modell können die vorgenannten Ziele u. U. auch durch atypisch stille Beteiligungen erreicht werden.

„economic ownership" vorgenommen werden soll. Gleichwohl sein angemerkt, dass sich diese Änderungen nur auf zukünftige von Deutschland abzuschließende DBA beziehen können, vgl. Revised Discussion Draft vom 24.11.2009, abrufbar unter: http://www.oecd.org/dataoecd/30/52/44104593.pdf.

[76] Vgl. *Wassermeyer*, IStR 2007, 211.

[77] Bestenfalls wird jedoch, wie oben dargestellt, eine ausländische Personengesellschaft gewählt, die ein Dividenden-Schachtelprivileg in Anspruch nehmen kann.

[78] Sollte dies der Fall sein, bieten sich weitere Gestaltungen (wie bspw. eine der deutschen Organschaft vergleichbare Struktur im Ausland) an, um ein Schachtelprivileg im Ausland zu erreichen.

Haun

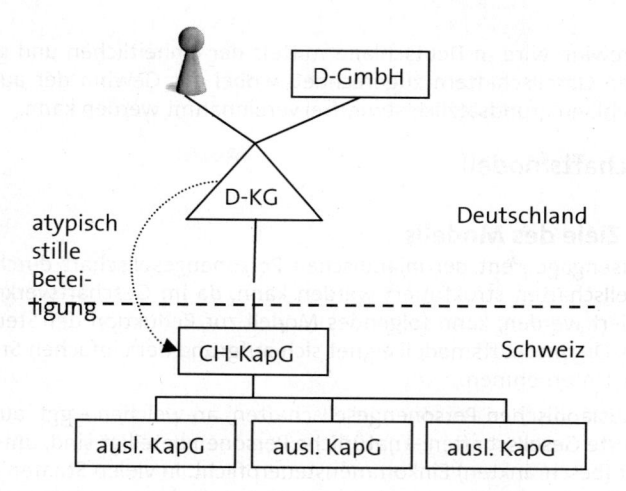

```
                    D-GmbH
                   /      \
                  /        \
                 / D-KG    \
   atypisch    △            Deutschland
   stille
   Betei-
   tigung  - - - - - - | - - - - - - - - -
                       |
                  ┌─────────┐
                  │ CH-KapG │         Schweiz
                  └────┬────┘
             ┌─────────┼─────────┐
        ausl. KapG  ausl. KapG  ausl. KapG
```

Zwischen die inländische Personengesellschaft und die ausländischen Tochterkapitalgesellschaften wird in diesem Modell eine schweizerische Kapitalgesellschaft geschaltet.[79] Die deutsche Personengesellschaft beteiligt sich neben ihrer direkten Beteiligung an der schweizerischen Kapitalgesellschaft atypisch still an der schweizerischen Kapitalgesellschaft.

2. Steuerliche Behandlung

Durch die atypisch stille Beteiligung an der schweizerischen Kapitalgesellschaft wird dem inländischen Steuerpflichtigen abkommensrechtlich eine ausländische Betriebstätte vermittelt. Das Besteuerungsrecht für die in der Betriebstätte erzielten Einkünfte des atypisch stillen Gesellschafters (eine funktionale Zuordnung der ausländischen Beteiligungen zur schweizerischen Betriebstätte sei unterstellt) liegt ausschließlich bei der Schweiz.[80] Sofern die atypisch stille Beteiligung nicht durch eine natürliche Person erfolgt, sondern durch eine deutsche Personengesellschaft, werden die Einkünfte hieraus in der Schweiz wie die einer juristischen Person besteuert. Der Gewinnanteil des Stillen mindert den steuerlichen Gewinn der schweizerischen Kapitalgesellschaft. Der verbleibende Gewinn auf Ebene der Kapitalgesellschaft ist ebenfalls in der Schweiz zu besteuern. Eine Quellensteuer fällt bei Ausschüttung von Dividenden nicht an.[81] Jedoch führt die Gewinnausschüttung aus der schweizerischen Kapitalgesellschaft zu einer weiteren Besteuerung in Deutschland. Aus diesem Grund sollte durch eine entsprechend hohe atypisch stille Beteiligung sichergestellt werden, dass der wesentliche Gewinnanteil der schweizerischen Gesellschaft der atypisch stillen Beteiligung zugewiesen wird und folglich in Deutschland unter Progressionsvorbehalt steuerfrei gestellt wird.

---

[79] Vgl. *Kubaile/Suter/Jakob*, Der Steuer- und Investitionsstandort Schweiz, 2009, 396 ff. Hinsichtlich der steuerlichen Folgen der Errichtung der Struktur wird darauf hingewiesen, dass die steuerlichen Folgen einer detaillierten Analyse bedürfen und die steuerlichen Vorteile der laufenden Besteuerung und die u. U. entstehenden Kosten der Errichtung der Struktur abgewogen werden müssen.

[80] Jedoch ist wiederum der in Kapitel B.III.2 dargestellte Aktivitätsvorbehalt und die Regelung des § 20 Abs. 2 AStG (Kapitel B.III.3) zu beachten.

[81] Vgl. *Kubaile/Kapalle*, PIStB 2004, 277. Jedoch ist die Verrechnungssteuer in der Schweiz zu beachten. Diese wird auf den Gewinnanteil des atypisch stillen Gesellschafters erhoben, sie beträgt 35 %. Nach Ablauf des Kalenderjahrs wird diese Steuer wieder erstattet.

Der Betriebstättengewinn wird in Deutschland mittels der einheitlichen und gesonderten Gewinnfeststellung den Gesellschaftern zugerechnet, wobei der Gewinn der ausländischen Betriebstätte in Deutschland grundsätzlich steuerfrei vereinnahmt werden kann.

IV. Das Organschaftsmodell

1. Struktur und Ziele des Modells

Sofern das Auslandsengagement der inländischen Personengesellschaft durch eine ausländischen Personengesellschaften strukturiert werden kann, da im Geschäftsverkehr Personengesellschaften akzeptiert werden, kann folgendes Modell zur Reduktion der Steuerbelastung im Ausland führen. Das Organschaftsmodell eignet sich aufgrund der einfachen Struktur vor allem für mittelständische Unternehmen.

Die Einkünfte der ausländischen Personengesellschaften, an welchen – ggf. auch über weitere transparent besteuerte Gesellschaften – natürliche Personen beteiligt sind, unterliegen im Ausland regelmäßig der (beschränkten) Einkommensteuerpflicht. In vielen Staaten liegt der Körperschaftsteuersatz unter dem Einkommensteuersatz.[82] Durch das sog. Organschaftsmodell soll erreicht werden, dass im Ausland nur der niedrigere Körperschaftsteuersatz zur Anwendung kommt, gleichzeitig aber keine zusätzliche steuerliche Belastung im Inland entsteht.

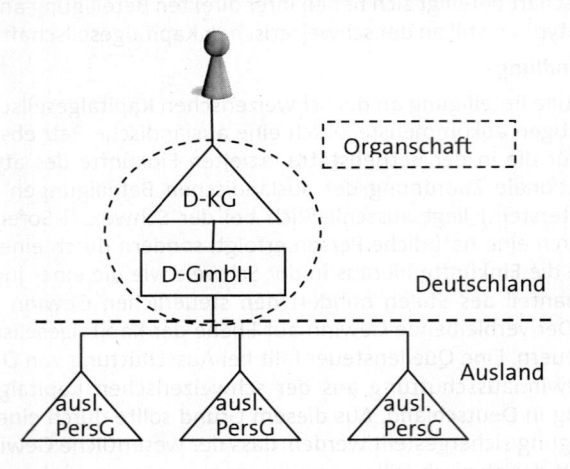

An einer inländischen Personengesellschaft sind natürliche Personen beteiligt, welche im Inland unbeschränkt steuerpflichtig sind. Die inländische Personengesellschaft errichtet eine Kapitalgesellschaft, mit der ein Organschaftsverhältnis für Zwecke der Körperschaft- und Gewerbesteuer begründet wird. Die Tochterkapitalgesellschaft tritt dann in Form einer ausländischen Betriebstätte oder einer ausländischen Personengesellschaft am ausländischen Markt auf.

---

[82] Zu einer Übersicht über die Einkommen- und Körperschaftsteuersätze innerhalb Europas vgl. *BMF*, Die wichtigsten Steuern im internationalen Vergleich, 2008, 19, 28f. Beispielhaft seien Deutschland, Österreich und Ungarn genannt.

2. Steuerliche Behandlung

Zur Erreichung des Ziels der Gestaltung sollte die D-GmbH im Ausland mit den Einkünften der ausländischen Personengesellschaft der beschränkten Körperschaftsteuerpflicht unterliegen.[83] In Deutschland unterliegen sämtliche Einkünfte der D-GmbH aufgrund der Organschaft auf Ebene der D-KG der unbeschränkten Steuerpflicht.[84] Denn der gesamte Gewinn der D-GmbH (Organgesellschaft) wird am Jahresende aufgrund der bestehenden Organschaft an die Organträgerin (deutsche Personengesellschaft) abgeführt. In der Gewinnabführung von der D-GmbH an die D-KG sind dabei u. U. auch in Deutschland steuerfreie Betriebstättengewinne enthalten. Das Einkommen der D-KG wird über die einheitliche und gesonderte Gewinnfeststellung den Gesellschaftern zugerechnet. Das im Ausland erwirtschaftete Einkommen (auch die zunächst von der Organgesellschaft vereinnahmten Beträge) wird so behandelt, als hätten die Mitunternehmer diese Einkommensteile unmittelbar über die KG erzielt. Deshalb führt dieses zu Einkünften i. S. d. § 15 EStG. Die in Deutschland steuerfreien Betriebstättengewinne werden somit ebenfalls den Gesellschaftern zugerechnet.

Aus abkommensrechtlicher Sicht ist die Situation wie folgt zu beurteilen: Die Beteiligung an der ausländischen Personengesellschaft vermittelt der D-GmbH eine Betriebstätte im Ausland (Art. 5 OECD-MA), durch die Unternehmensgewinne i. S. d. Art. 7 OECD-MA erwirtschaftet werden. Diese Einkünfte unterliegen ausschließlich im Ausland der Besteuerung, Deutschland stellt diese Einkünfte von der Besteuerung frei (Art. 23A OECD-MA).[85] Im Ergebnis unterliegen die Einkünfte der ausländischen Personengesellschaft lediglich der Besteuerung mit ausländischer Körperschaftsteuer. Weder auf Ebene der D-GmbH, noch auf Ebene der D-KG oder der Mitunternehmer erfolgt eine Belastung mit deutscher Steuer. Eine Quellensteuer entsteht nicht. Die Einkünfte der ausländischen Betriebstätte unterliegen auf Ebene des Organträgers auch nicht der Gewerbesteuer (§ 9 Nr. 3 GewStG).

Sofern mit dem ausländischen Staat ein DBA besteht, in dem die Freistellungsmethode vereinbart ist, dient das Organschaftsmodell dazu, die ausländischen Betriebstättengewinne nach abschließender Besteuerung im Ausland steuerfrei auf die Ebene der Gesellschafter der Personengesellschaft zu transferieren. Besteht mit dem ausländischen Staat ein DBA mit Anrechnungsmethode kann durch diese Gestaltung die Gefahr von Anrechnungsüberhängen (vor allem bei Ausübung des Wahlrechts nach § 34a EStG) reduziert werden.[86]

---

[83] Unterstellt wird dabei, dass der ausländische Staat die Personengesellschaft als transparent erachtet.

[84] Ergänzend ist auf die Voraussetzungen der Organschaft hinzuweisen. Eine Personengesellschaft kann nur dann als Organträgerin fungieren, wenn sie selbständig gewerblich tätig ist. Sie muss zwingend einen Gewerbebetrieb i. S. v. § 15 Abs. 1 Nr. 1 EStG unterhalten (§ 14 Abs. 1 Nr. 2 S. 2 KStG), eine nur gewerbliche Prägung gem. § 15 Abs. 2 Nr. 2 EStG genügt nicht. Daneben muss die finanzielle Eingliederung zwingend im Verhältnis zur Personengesellschaft erfüllt sein, d. h. die Anteile an der Organgesellschaft müssen in dem Maße Gesamthandsvermögen der Personengesellschaft darstellen, dass ihr „die Mehrheit der Stimmrechte aus den Anteilen an der Organgesellschaft zusteht" (§ 14 Abs. 1 Nr. 1 S. 1 KStG).

[85] Auf den in Kapitel B.III.2 Aktivitätsvorbehalt und die Regelung des § 20 Abs. 2 AStG (Kapitel B.III.3) wird hingewiesen.

[86] Vgl. Stein, Thesaurierungsbegünstigung, 2008, 89 ff. Ist der Organträger eine Personengesellschaft, ist gem. § 19 Abs. 3 KStG hinsichtlich der Steueranrechnung auf die Gesellschafter der Personengesellschaft abzustellen. Bei ausländischen Organträgern kann eine ausländische Steuer u. U. gem. § 50 Abs. 6 EStG berücksichtigt werden.

V. Gestaltung durch atypisch stille Beteiligung an einer deutschen Kapitalgesellschaft

1. Struktur und Ziele des Modells

Abweichend zum vorstehend dargestellten Organschaftsmodell lassen sich dieselben Ziele und steuerlichen Folgen auch durch eine atypisch stille Beteiligung an der deutschen Kapitalgesellschaft erreichen.

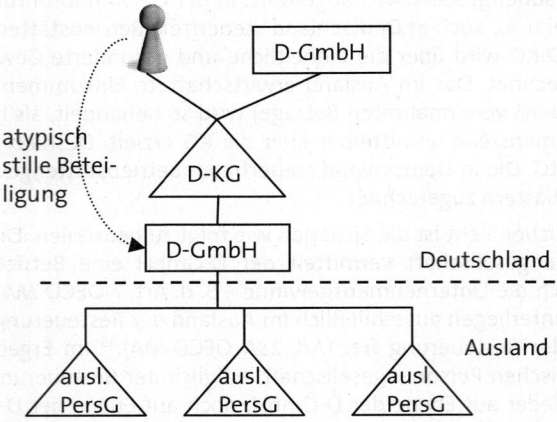

Soll diese Gestaltung gewählt werden, beteiligen sich die inländischen natürlichen Personen an einer inländischen Kapitalgesellschaft. Zudem beteiligen sie sich aber auch atypisch still an dieser Kapitalgesellschaft. Die atypisch stille Gesellschaft stellt eine reine Innengesellschaft dar, so dass die Kapitalgesellschaft nach außen weiter als solche auftritt. Die Kapitalgesellschaft wird dann im Ausland mittels einer ausländischen Betriebstätte tätig.

2. Steuerliche Behandlung

Wie beim vorstehend dargestellten Organschaftsmodell bereits erläutert, werden die Gewinne, die der Betriebstätte zuzurechnen sind im Belegenheitsstaat der Besteuerung unterworfen und im Inland grundsätzlich von der Besteuerung frei gestellt.[87] Die atypisch stille Beteiligung der Anteilseigner führt für steuerliche Zwecke zur Annahme einer Mitunternehmerschaft; die Anteilseigner erzielen folglich durch ihre Beteiligung nicht mehr Einkünfte aus Kapitalvermögen sondern gewerbliche Einkünfte. Es entsteht keine Quellensteuerbelastung. Die Einkünfte der ausländischen Personengesellschaften können aufgrund der DBA-rechtlichen Freistellung der Betriebstätteneinkünfte somit auf Ebene der deutschen Gesellschafter ohne Anfall deutscher Steuern vereinnahmt werden.[88]

Die atypisch stille Gesellschaft ist mit den Einkünften der ausländischen Betriebstätte im Inland nicht gewerbesteuerpflichtig (§ 9 Nr. 3 GewStG).

---

[87] Sofern einer Steuerfreistellung nicht ein abkommensrechtlicher Aktivitätsvorbehalt oder § 20 Abs. 2 AStG entgegensteht.

[88] Ergänzend ist darauf hinzuweisen, dass die atypisch stille Beteiligung möglichst hoch sein sollte, da der Gewinnanteil der atypisch stillen Gesellschafter den verbleibenden steuerpflichtigen Gewinn der Kapitalgesellschaft mindert.

Haun

D. Thesaurierungsbegünstigung als Chance bei Vermeidung der Doppelbesteuerung mittels der Anrechnungsmethode

Unabhängig davon, ob sich natürliche inländische Personen direkt an ausländischen Personengesellschaften beteiligen oder die Beteiligung mittelbar über eine inländische Personengesellschaft gehalten wird, bietet der Antrag auf Thesaurierungsbegünstigung u. U. die Möglichkeit, die Gesamtsteuerbelastung zu senken.[89]

Um die Vorteilhaftigkeit der Thesaurierungsbegünstigung aufzuzeigen, werden die Steuerbelastungen bei Anwendung der Anrechnungsmethode bei Qualifikation der ausländischen Personengesellschaft als transparente bzw. intransparente Einheit zunächst ohne Berücksichtigung der Thesaurierungsbegünstigung und anschließend unter Beachtung dieser dargestellt.[90]

Entscheidend für die Ermittlung der Steuerbelastung der (aus Sicht des deutschen Rechts gemäß Typenvergleich) ausländischen Personengesellschaft und deren Gesellschafter ist bei Anwendung der Anrechnungsmethode die Qualifikation der Personengesellschaft als transparente oder intransparente Einheit im Ansässigkeitsstaat.[91] Sofern der ausländische Fiskus genauso wie der inländische von einer **transparenten** Einheit ausgeht, kann die im Ausland aufgrund der beschränkten Steuerpflicht der inländischen Mitunternehmer erhobene Einkommensteuer auf die deutsche Einkommensteuer angerechnet werden (§ 34c EStG). Eine Gewerbesteuerzahlung entsteht mangels inländischen Gewerbebetriebs nicht (§ 2 Abs. 1 GewStG). Die Gesamtsteuerbelastung stellt sich unter den oben genannten Prämissen wie folgt dar:

$$s_{ges} = s_{ek}^{Ausland} + s_{ek}^{D} - \min\left\{s_{ek}^{Ausland} \; ; s_{ek}^{D}\right\}$$

Solange demzufolge der ausländische Einkommensteuersatz den inländischen unterschreitet, kommt es zur Hochschleusung auf das deutsche Besteuerungsniveau.

Sofern entgegen der inländischen Qualifikation als transparent der ausländische Fiskus von einer **intransparenten** Gesellschaft ausgeht, wird die auf den Gewinn der ausländischen Gesellschaft erhobene Körperschaftsteuer auf die deutsche Einkommensteuer angerechnet.[92] Jedoch wird die bei einer später im Ausland erfolgenden tatsächlichen Ausschüttung erhobene Quellensteuer nicht auf die inländische Einkommensteuerschuld der Gesellschafter angerechnet. Somit wird die im Ausland erhobene Quellensteuer definitiv. Dies verdeutlicht nachfolgende Darstellung:

$$s_{ges} = s_{kst}^{Ausland} + s_{ek}^{D} - \min\left\{s_{kst}^{Ausland} \; ; s_{ek}^{D}\right\} + s_{QuSt}^{Ausland} * (1 - s_{kst}^{Ausland})$$

Solange die Belastung der Personengesellschaft im Ausland ($s_{kst}^{Ausland}$) unterhalb der Belastung mit deutscher Einkommensteuer liegt, verbleibt im Ergebnis die Belastung mit inländischer Einkommensteuer, die jedoch bei Qualifikation als intransparente Einheit im Ausland, durch die definitiv werdende ausländische Quellensteuer erhöht wird.

---

[89] Sofern die Beteiligung über eine inländische Personengesellschaft erfolgt, sind die Besonderheiten bei der Anwendung der Thesaurierungsbegünstigung auf doppel- und mehrstöckige Personengesellschaften zu beachten, vgl. BMF vom 11. 8. 2008, BStBl I 2008, 838, Tz. 21.

[90] Vgl. Goebel/Ungemach/Schmidt/Siegmund, IStR 2007, 877.

[91] Für eine instruktive Darstellung der jeweiligen steuerlichen Folgen in Abhängigkeit von der abkommensrechtlichen Beurteilung vgl. *Liebchen*, Personengesellschaften, 2008, passim.

[92] Entwurf eines BMF Schreibens vom 10. 5. 2007 zur Anwendung der DBA auf Personengesellschaften, Tz. 4.1.4.1 sowie OECD-MK, Art. 23B, Nr. 69.2.

In den Fällen, in denen das Ausland die Personengesellschaft als intransparente Einheit betrachtet, können sich durch Anwendung der **Thesaurierungsbegünstigung** steuerliche Vorteile ergeben. Nachstehend wird die Gesamtsteuerbelastung bei Anwendung der Thesaurierungsbegünstigung und „Ausschüttung" des Gewinns im folgenden Zeitraum betrachtet, wobei aus Vereinfachungsgründen im Folgenden etwaige Zinseffekte vernachlässigt werden.

Qualifizieren beide Staaten die Personengesellschaft übereinstimmend als **transparente** Einheit, ergibt sich folgende Gesamtsteuerbelastung:

$$s_{ges} = s_{ek}^{Auslend} + s_{ek}^{DTh} - \min\{s_{ek}^{Ausland}; s_{ek}^{DTh}\} + s_{ek}^{DNachv} * (1 - s_{ek}^{DTh})$$

Unterschiede zum Fall ohne Thesaurierungsbegünstigung ergeben sich zum einen durch Anwendung eines geringeren Einkommensteuersatzes bei Thesaurierung, zum anderen durch die Nachversteuerung bei „Ausschüttung" der Gewinne im Folgejahr.

Wird die Personengesellschaft im Unterschied zur transparenten Behandlung im Ausland als **intransparent** qualifiziert, stellt sich die Gesamtbelastung bei Anwendung der Thesaurierungsbegünstigung wie folgt dar, wobei unterstellt wird, dass die „Ausschüttung" (für Zwecke der Quellensteuer) und die „Entnahme" (für Zwecke der Nachversteuerung) im selben Veranlagungszeitraum erfolgen[93]:

$$s_{ges} = s_{kst}^{Ausland} - s_{ek}^{DTh} - \min\{s_{kst}^{Ausland}; s_{ek}^{DTh}\}$$
$$+ s_{ek}^{DNacvv} * (1 - s_{ek}^{DTh}) + s_{QuSt}^{Ausland} * (1 - s_{kst}^{Ausland}) - \min\{s_{ek}^{DNachv} * (1 - s_{ek}^{DTh}); s_{QuSt}^{Ausland} * (1 - s_{kst}^{Ausland})\}$$

Vorteile bzw. eine Verringerung der Nachteile im Vergleich zum Fall ohne Thesaurierungsbegünstigung ergeben sich durch die Anrechenbarkeit der ausländischen Quellensteuer auf die inländische Nachsteuer, was zu einer deutlichen Verringerung der Steuerbelastung durch Nutzung der Thesaurierungsbegünstigung führen kann.[94]

Aus den vorstehend dargelegten steuerlichen Konsequenzen der Thesaurierungsbegünstigung lassen sich folgende Empfehlungen ableiten:

- Sofern langfristig keine Ausschüttung geplant ist, führt die Inanspruchnahme der Thesaurierungsbegünstigung zu einem temporären Steuervorteil.[95] Denn der Einkommensteuersatz bei Thesaurierung i. H. v. 28,25 % (§ 34a Abs. 1 EStG) liegt deutlich unter dem regelmäßig ohne Beantragung der Thesaurierungsbegünstigung zur Anwendung kommenden Einkommensteuersatz. Da erst bei Entnahme der günstig besteuerten Beträge eine Nachsteuer von 25 % anfällt (§ 34a Abs. 4 EStG) ergeben sich u. U. Zins- und Liquiditätsvorteile durch die aufgeschobene Besteuerung

- Sofern der ausländische Staat die Gesellschaft als intransparent qualifiziert und die Thesaurierungsbegünstigung in Anspruch genommen wurde, ist zur Optimierung der Steuerbelastung darauf zu achten, dass die in Deutschland die Nachversteuerung auslösende Entnahme und der im Ausland den Einbehalt der Quellensteuer auslösende Vorgang (Ausschüttungsbeschluss) im selben Veranlagungszeitraum erfolgt Denn es ist jeweils nur die ausländische

---

[93] Dies stellt einen Sonderfall dar, da „Ausschüttung" und „Entnahme" nicht zwingend im selben Veranlagungszeitraum erfolgen. Sofern die Veranlagungszeiträume nicht übereinstimmen ist keine Anrechnung der Quellensteuer auf die Nachsteuer gem. § 34a EStG möglich.

[94] Jedoch ist einschränkend darauf hinzuweisen, dass bei Anwendung des Thesaurierungsmodells eine Ausschüttung/Entnahme der Gewinne erst nach einem Jahr möglich ist.

[95] Diese Empfehlung gilt auch für den reinen Inlandsfall. Zu Gestaltungs- und Vorteilhaftigkeitsüberlegungen zur Thesaurierungsbegünstigung vgl. *Ernst & Young/BDI*, Die Unternehmensteuerreform 2008, 44 ff.

Steuer anrechenbar, die auf die im Veranlagungszeitraum bezogenen und im Rahmen der Veranlagung zu berücksichtigenden Einkünfte entfällt (§ 34c Abs. 1 S. 5 EStG).

E. Ausblick auf erbschaftsteuerliche Implikationen

I. Outbound-Aktivitäten mittels inländischer Personengesellschaften

Vor dem Urteil des EuGH vom 17.01.2008[96] und der Reform des Erbschaftsteuerrechts war die Gewährung erbschaftsteuerlicher Begünstigungen auf inländisches Vermögen beschränkt. Nach der erfolgten „Europäisierung" rechnen neben anderen Vermögensarten gem. § 13b Abs. 1 Nr. 2 ErbStG auch unmittelbar gehaltene Anteile an Personengesellschaften sowie Einzelunternehmen in Deutschland oder einem Staat der EU bzw. des EWR zum begünstigten Vermögen. Bei mehrstufigen Beteiligungsstrukturen ist stets auf die unmittelbare Beteiligung abzustellen, zentrales Kriterium ist die Zuordnung zu einer Betriebstätte in einem EU- bzw. EWR-Staat.[97] Nicht begünstigt ist dagegen – wie auch bislang – die Übertragung von Betriebstättenvermögen in Drittstaaten, Abschnitt 20 Abs. 4 S. 3 ErbStR 2009. Dies hat zur Folge, dass eine Begünstigung auch dann zu gewähren ist, wenn das „europäische" Betriebsvermögen, das übertragen wird, weitere Beteiligungen im EU-/EWR-Raum bzw. auch in Drittstaaten umfasst.[98]

Daneben müssen jedoch weitere Voraussetzungen erfüllt werden, um die Regelverschonung (§ 13b Abs. 4 ErbStG), eine 85 %ige Steuerfreistellung, bzw. die Verschonungsoption (§ 13a Abs. 8 ErbStG), eine 100 %ige Steuerfreistellung, in Anspruch nehmen zu können.[99] Auf den Verwaltungsvermögenstest und die Lohnsummenregelung wird an dieser Stelle nur hingewiesen.[100]

II. Outbound-Aktivitäten mittels ausländischer Personengesellschaften

Während bei der Übertragung von Anteilen an inländischen Personengesellschaften stets zumindest dem Grunde nach begünstigtes Vermögen vorliegt, ist bei ausländischen Personengesellschaften zunächst zu prüfen, ob sie eine Betriebstätte in der EU/EWR begründen. Sofern dies nicht der Fall ist, liegt bereits dem Grunde nach kein begünstigungsfähiges Vermögen vor.

Aus erbschaftsteuerlicher Sicht sind demnach solche Gestaltungen auszuwählen, die wenigstens dem Grunde nach eine Begünstigung erlauben. Nicht begünstigungsfähigem Vermögen kann dadurch begegnet werden, dass die Anteile an der ausländischen Personengesellschaft in ein inländisches Betriebsvermögen oder eine Kapitalgesellschaft, an der der Anteilseigner zu mindestens 25 % beteiligt ist, eingebracht werden. Jedoch führt dies regelmäßig auch zu ertrag-

---

[96] EuGH vom 17. 1. 2008, C-256/06, Rs. Jäger, DStRE 2008, 174.

[97] Vgl. Abschnitt 20 Abs. 4 S. 1 ErbStR 2009.

[98] Denn wird eine Beteiligung an einer im Drittstaat ansässigen Personengesellschaft übertragen, so ist diese begünstigt, sofern die Beteiligung einer EU-/EWR-Betriebstätte/-Personengesellschaft zuzurechnen ist. Anders verhält es sich bei der Übertragung von in Drittstaaten belegenem Betriebstättenvermögen.

[99] Einen guten Überblick über die Begünstigungsregelungen und die Folgen eines Verstoßes gegen die Voraussetzungen geben *Brey/Merz/Neufang*, BB 2009, 692 ff.; *Geck*, ZEV 2008, 557 ff. sowie *Siegmund/Zipfel*, BB 2009, 641 ff. und 804 ff.

[100] Aufgrund der zahlreichen Stellungnahmen und Anmerkungen zur Neuregelung des Erbschaftsteuerrechts im Schrifttum sei hier nur auf ausgewählte, Aufsätze verwiesen, vgl. Hannes/Onderka, ZEV 2009, 10 ff.; *Scholten/Korezkij*, DStR 2009, 147 ff. und 304 ff.; *Landsittel*, ZErb 2009, 11 ff. und *Schulze zur Wiesch*, DStR 2009, 732 ff.

steuerlichen Konsequenzen, so dass sorgfältig zwischen möglichen Erbschaftsteuerersparnissen und eventuellen ertragsteuerlichen Mehrbelastungen abzuwägen ist.

Die Zwischenschaltung einer inländischen Kapitalgesellschaft bietet zudem regelmäßig den Vorteil, dass die Kapitalgesellschaft Abschirmwirkung entfaltet. Infolgedessen führen Übertragungen der Anteile an der inländischen Kapitalgesellschaft nicht zu erbschaft- und schenkungsteuerlichen Folgen im Ausland. Dies liegt darin begründet, dass kein Gesellschafterwechsel bei den ausländischen Gesellschaften eintritt, da die Anteile der Tochtergesellschaften alle von der inländischen Kapitalgesellschaft gehalten werden.

Überdies muss zusätzlich für die Erlangung der erbschaftsteuerlichen Begünstigungen der §§ 13a, 13b ErbStG sichergestellt werden, dass der Anteil des Verwaltungsvermögens die 50 % Grenze nicht überschreitet. Dieser sog. Verwaltungsvermögenstest ist auf jeder Ebene durchzuführen (Abschnitt 35 Abs. 3 ErbStR 2009), so dass auch Verwaltungsvermögen in Drittstaaten mittelbar berücksichtigt wird.

F. Zusammenfassung

Die Vor- und Nachteile der Einschaltung einer Personengesellschaft müssen sorgfältig abgewogen werden. Von zentraler Bedeutung sind dabei:

- die Einordnung der Gesellschaft als transparente oder intransparente Einheit in den beteiligten Staaten sowie die Frage der Abkommensberechtigung der Personengesellschaft.
- die Veräußerungsabsicht der Gesellschafter, da die Veräußerung von Anteilen an Personengesellschaften gemäß den DBA regelmäßig im Betriebstättenstaat der Besteuerung zu unterwerfen ist, während die Veräußerung von Anteilen an Kapitalgesellschaften stets im Wohnsitzstaat des Anteilseigners erfolgt. Zur Beurteilung der steuerlichen Vorteilhaftigkeit im Veräußerungsfall bedarf es eines Vergleichs der anzuwendenden Steuersätze, eine allgemeine Aussage kann nicht getroffen werden.
- die Wegzugsabsichten der Gesellschafter, denn beabsichtigt ein in Deutschland ansässiger Gesellschafter in Kürze, seinen Wohnsitz ins Ausland zu verlagern, kann dies die Wegzugsbesteuerung gem. § 6 AStG auslösen. § 6 AStG greift jedoch nur für wesentliche Beteiligungen an Kapitalgesellschaften, so dass in solchen Fällen m. U. die Einschaltung von Personengesellschaften vorteilhaft sein kann.
- der mögliche Untergang gewerbesteuerlicher Verlustvorträge. Denn sofern bei inländischen Personengesellschaften ein Gesellschafterwechsel erfolgt, kann dies zum anteiligen Untergang der Verlustvorträge führen.[101]

---

[101] Vgl. Abschnitt 66 Abs. 1 und 4 GewStR.

3. Steuerrechtliche Konsequenzen und Probleme beim Einsatz der typisch und atypisch stillen Beteiligung im Ausland

von Professor Dr. Christian Schmidt, Steuerberater, Nürnberg[*]

Inhaltsübersicht

A. Gründe für die Einschaltung stiller Gesellschaften bei der Gestaltung eines Auslandsengagements
  I. Überblick
  II. Vermeidung der steuerlichen Doppelbelastung von Auslandsgewinnen bei atypischen stillen Gesellschaften
B. Behandlung der stillen Gesellschaft nach dem innerstaatlichen deutschen Steuerrecht
  I. Unterscheidung in typische und atypische stille Gesellschaft
  II. Vorliegen einer Betriebsstätte für die Anwendung von § 2a Abs. 1 und 2 EStG
  III. Einkunftsermittlung
  IV. Anrechnung ausländischer Steuern
C. Behandlung der stillen Gesellschaft im Abkommensrecht
  I. Vorbemerkung und grundsätzliche Einordnung nach der herrschenden Meinung
  II. Darstellung der Meinungsvielfalt zur abkommensrechtlichen Behandlung der atypisch stillen Gesellschaft
  III. Eigene Meinung zur abkommensrechtlichen Behandlung der atypisch stillen Gesellschaft auf Grundlage der DBA-Auslegungsregeln
  IV. Abkommensrechtliches Schachtelprivileg für Gewinnanteile aus einer typisch stillen Gesellschaft bei Kapitalgesellschaftsstrukturen
D. Einzelfragen
  I. Die stille Gesellschaft als Verlustabzugsvehikel
  II. Gezielte Gewinn- und Verlustzuweisung
E. Zusammenfassung

Literatur:

Bendlinger*,* Paradigmenwechsel bei der Auslegung des Betriebsstättenbegriffs im DBA-Recht durch die OECD, SWI 2006, 358 ff.; ***Birker/Seidel****,* Neue Auslegung des DBA-Schachtelprivilegs bei Einkünften aus typisch stillen Beteiligungen, BB 2009, 244 ff.; ***Bitz****,* Aktuelle Entwicklungen bei der GmbH & Still, GmbHR 1997, 769 ff.; ***Blaurock****,* Handbuch der Stillen Gesellschaft, 6. Aufl., Köln 2003; ***Breuninger/Prinz****,* DStR-Fachliteratur-Auswertung: Besteuerung der Personengesellschaften, DStR 1995, 928 ff. und 1996, 1761 ff.; ***Eckl****,* Generalthema I: Die Definition der Betriebsstätte, IStR 2009, 510 ff.; ***Debatin****,* Die stille Gesellschaft im internationalen Steuerrecht, DStZ/A 1966, 369 ff.; *ders.,* System und Auslegung der Doppelbesteuerungsabkommen, DB 1985, Beil. 23, 1 ff.; *ders.,* Subjektfähigkeit ausländischer Wirtschaftsgebilde im deutschen Steuerrecht, BB 1988, 1155 ff.; *ders.,* Subjektiver Schutz unter Doppelbesteuerungsabkommen, BB 1989, Beil. 2, 1 ff.; ***Debatin/Wassermeyer****,* Doppelbesteuerung, München (Loseblattausgabe; Stand Januar 2009); ***Felix****,* Ertragsteuerlicher Trend zur Überdehnung der atypisch stillen Gesellschaft bei Einschaltung einer GmbH, KÖSDI 1995, 10156 ff.; ***Flick****,* Tracking Stock: Eine einfache Lösung für komplizierte Probleme, IStR 1995, 231 f.; ***Fries****,* Internationales Schachtelprivileg für Vergütungen aus einer typischen stillen Beteiligung an einer luxemburgischen Tochtergesellschaft, IStR 2005, 805 ff; ***FW****,* Anm. zum Urteil des öVwGH v. 25. 9. 2001, IStR 2001, 755 f.; ***Goller****,* Die Gewerbesteuerpflicht der atypischen stillen Gesellschaft, DStR 1982, 485 ff.; ***Gosch****,* Über das Treaty Overriding – Bestandsaufnahme – Verfassungsrecht – Europarecht, IStR 2008, 413 ff.; *ders.,* Anm. zum BFH-Urteil v. 6. 12. 1995 I R 109/94, StBp 1996, 135 f.; ***Gosch/Kroppen/Grotherr (Hrsg.)****,* DBA, Herne/Berlin (Loseblattausgabe); ***Greif****,* Auslandsaktivitäten inländischer Unternehmen, in: Mössner u. a.: Steuerrecht international tätiger Unternehmen, 547ff.; ***Grotherr****,* Konzernbesteuerung in Dänemark, IWB F. 5 Dänemark Gr. 2, 113 ff.; *ders.,* Vergleich der steuerlichen Regelungen zur Unterkapitalisierung in den OECD-Mitgliedstaaten, IWB F. 10 International Gr. 2, 1077 ff.; *ders.,* Zum sachlichen Anwendungsbereich des Progressionsvorbehalts im Abkommensrecht – Treaty overriding durch Rechtsprechung und Finanzverwaltung?, IWB F. 3 Deutschland Gr. 2, 673 ff.; *ders.,* Zweifelsfragen bei der Anwendung der Rückfallklausel ("subject to tax clause") gemäß DBA, IWB F. 3 Deutschland Gr. 2, 689 ff.; *ders.,* Änderungen bei der Besteuerung von Einkünften aus ausländischen Beteiligungen durch das Steuersenkungsgesetz, IWB F. 3 Deutschland Gr. 1, 1697 ff.; ***Grotherr/Herfort/Strunk****,* Internationales Steuerrecht, 2. Auflage, Achim 2003, ***Günkel/Lieber****,* Atypisch stille Gesellschaft als grenzüberschrei-

---

[*] Der Verfasser ist Prof. an der Georg-Simon-Ohm-Hochschule Nürnberg und leitet als Tax Partner bei Deloitte das Kompetenzzentrum Internationales Steuerrecht Mittelstand mit Sitz in Nürnberg.

tendes Gestaltungsmittel, IWB F. 10 International Gr. 2, 1393 ff.; **dies.,** BMF-Schreiben zur steuerlichen Behandlung von Gewinnanteilen aus atypischen stillen Beteiligungen nach dem DBA, IWB F. 3 Deutschland Gr. 2, 871 ff.; **Haase,** Die atypisch stille Gesellschaft in der Hinzurechnungsbesteuerung, IStR 2008, 312 ff.; **Hebig/Heuer,** Besteuerung einer grenzüberschreitenden stillen Beteiligung an einer österreichischen Kapitalgesellschaft, RIW 1985, 797 ff.; **Homburg,** AWD – ein deutscher Anwendungsfall für Marks & Spencer, IStR 2009, 350 ff.; **Jacobs,** Internationale Unternehmensbesteuerung, 6. Aufl., München 2007; **Jebens,** Die stille Beteiligung an einer Kapitalgesellschaft, BB 1996, 701 ff.; **Johannemann** in; Lüdike/Sistermann (Hrsg.), Unternehmenssteuerrecht, München 2008,§ 10, **KB,** Anm. zum BFH-Beschl. v. 17. 12. 1998 I B 80/98, IStR 1999, 185; **ders.,** Anm. zum BFH-Urteil v. 21. 7. 1999 I R 110/98, IStR 1999, 724; **Kessler/Becker,** Die atypisch stille Gesellschaft als Finanzierungsalternative zur Reduzierung der Steuerbelastung aus der Hinzurechnungsbesteuerung, IStR 2005, 505 ff.; **Kessler/Kröner/Köhler,** Konzernsteuerrecht, 2. Auflage, München 2008; **Kessler/Schmitt/Claudio/Janson,** Berücksichtigungsverbot abkommensrechtlich "befreiter" Betriebsstättenverluste?, IStR 2001, 729 ff.; **Kessler/Schürner,** Stapled Stock und Tracking Stock im US-Steuerrecht, WPg 2001, 1041 ff.; **Knebel/Heidemann,** Zur autonomen Auslegungsmethode im internationalen Steuerrecht – am Beispiel der atypisch stillen Unterbeteiligung an Personengesellschaften im DBA Großbritannien, EuZW 2008, 681 ff.; **Knobbe-Keuk,** "Qualifikationskonflikte" im internationalen Steuerrecht der Personengesellschaften, RIW 1991, 306 ff.; **Kocmankova,** Investitionen in der Tschechischen Republik in Form der atypisch stillen Gesellschaft, IStR 1999, 558 ff.; **Krabbe,** Steuerliche Behandlung der Personengesellschaften nach den Doppelbesteuerungsabkommen, IWB F. 3 Deutschland Gr. 2, 753 ff.; **ders.,** Qualifikationskonflikte bei atypischen stillen Gesellschaften, IStR 1999, 591 f.; **Kubaile/Kapalle,** Atypisch stille Beteiligung an Schweizer Kapitalgesellschaft sichert attraktive Steuerquote, PIStB 2004, 272 ff; **Lang,** Qualifikationskonflikte bei Personengesellschaften, IStR 2000, 129 ff.; **ders.,** Ausländische Betriebsstättenverluste und DBA-Auslegung, SWI 2002, 86 ff.; **Leitner,** Die Stille Gesellschaft im Recht der Doppelbesteuerungsabkommen, SWI 2000, 159 ff.; **Loukota,** Sensationelle Neuerungen bei DBA-Auslandsverlusten, SWI 2001, 466 ff.; **Lüdicke,** Überlegungen zur deutschen DBA-Politik, Hamburg 2008; **Mössinger,** Die stille Gesellschaft als Instrument zur steuerlichen Optimierung der internationalen Konzernfinanzierung, Hamburg 2006; **Müller,** Die atypisch ausgestaltete stille Gesellschaft im Abkommensrecht, IStR 1996, 266 ff.; **OECD,** Application of the OECD Model Tax Convention to Partnerships, Issues in International Taxation No. 6, Paris 1999; **Prinz/Breuninger,** Steuergestaltung mit ausländischen Personengesellschaften, IWB F. 10 International Gr. 2, 1293 ff.; **Pyszka,** Atypisch stille Beteiligungen an inländischen Kapitalgesellschaften mit Einkünften aus ausländischen Betriebsstätten und Schachtelbeteiligungen, IStR 1999, 301 ff.; **ders.,** Aktuelle Fragen zur atypischen stillen Gesellschaft im internationalen Steuerrecht, IStR 1999, 577 ff.; **ders.,** Atypisch stille Beteiligung an einzelnen Unternehmenssegmenten, DStR 2003, 857 ff.; **Richter,** Zum Diskussionsstand der Berücksichtigung ausländischer Betriebsstättenverluste in Deutschland, IStR 2010, 1 ff.; **Rödder/Ritzer,** Freistellung von Vergütungen aus typisch stiller Beteiligung gemäß Art. 20 Abs. 2 Satz 3 DBA-Luxemburg, IStR 2006, 666 ff.; **Ruban,** Die atypische stille Gesellschaft im Ertragsteuerrecht – Tendenzen in der neueren Rechtsprechung des Bundesfinanzhofs, DStZ 1995, 637 ff.; **Schelle,** Steuerliche Probleme bei der Geschäftsverlagerung ins Ausland, IStR 1995, 307 ff.; **Schmidt,** Anwendung der Doppelbesteuerungsabkommen (DBA) auf Personengesellschaften – Eine Analyse des BMF-Schreibens vom 16. 4. 2010, IV B 2 - S 1300/09/10003, BStBl I 2010, 354, IStR 2010, 413 ff.; **ders.,** Personengesellschaften im Abkommensrecht – Erlassentwurf und neue Rechtsprechung, StbJb 2008/2009, Köln 2009, S. 169 ff.; **ders.,** Zur DBA-Anwendung und inländischen Steuerpflicht bei im Sitzstaat rechtsfähigen ausländischen Personengesellschaften, IStR 1996, 14 ff.; **ders.,** Die atypische stille Gesellschaft im deutschen Internationalen Steuerrecht -Wie begründet ist die herrschende Meinung, IStR 1996, 213 ff.; **ders.,** Steuergestaltung bei Direktinvestitionen in Mittel- und Osteuropa durch Einschaltung von Personengesellschaften, IWB F. 10 International Gr. 2, 1331 ff.; **ders.,** Personengesellschaften im internationalen Steuerrecht nach dem OECD-Bericht "Application of the OECD Model Tax Convention to Partnerships" und den Änderungen im OECD-MA und im OECD-Kommentar im Jahre 2000, IStR 2001, 489 ff.; **Schnieder,** Die atypische stille Gesellschaft im Recht der deutschen DBA, IStR 1999, 392 ff.; Schönhaus, Die Behandlung der stillen Gesellschaft im Recht der Doppelbesteuerungsabkommen unter besonderer Berücksichtigung des OECD-Partnership-Reports, Frankfurt 2005; **Strobl/Schäfer,** Berücksichtigung von Auslandsverlusten bei atypischer stiller Gesellschaft, IStR 1993, 206 ff.; **Teufel/Hasenberg,** Keine DBA-Schachtelfreistellung für Einkünfte aus typisch stiller Beteiligung an Luxemburger AG - Anmerkungen zum Urteil des BFH vom 4. 6. 2008, I R 62/06, IStR 2008, 724 ff.; **Trenkwalder/Firlinger,** Ausländische Betriebsstättenverluste im Lichte der Vorgaben des EU-Rechts, SWI 2001, 514 ff.; **Ullmann-Czubak,** "Association" oder "Partnership"? – Steuerliche Qualifikation einer deutschen GmbH & Still in den USA, RIW/AWD 1980, 634 f.; **Vogel,** Probleme bei der Auslegung von Doppelbesteuerungsabkommen, SWI 2000, 103 ff.; **ders.,**" Das oberste österreichische Steuergericht erklärt Verluste bei DBA-Freistellung für abzugsfähig, IStR 2002, 91; **Vogel/Lehner,** DBA, 5. Aufl., München 2008; **Wassermeyer,** Die Auslegung von Doppelbesteuerungsabkommen durch den Bundesfinanzhof, StuW 1990, 404 ff.; **ders.,** Merkwürdigkeiten bei der Auslegung von DBA durch die Finanzverwaltung, IStR 1995, 49 ff.; **ders.,** Anm. zum BFH-

Schmidt

Beschl. v. 15. 12. 1998 I B 45/98, IStR 1999, 118 f.; *Ziehr*, Zurechnung von Währungserfolgen aus der Umrechnung einer ausländischen Betriebsstättenrechnungslegung, IStR 2009, 261 ff.; *Zielke*, Internationale Steuerplanung mit Gesellschafter-Fremdfinanzierung in der Europäischen Union, Norwegen und der Schweiz, StuW 2009, 63 ff.

A. Gründe für die Einschaltung stiller Gesellschaften bei der Gestaltung eines Auslandsengagements

I. Überblick

Die Bedeutung der stillen Gesellschaft bei Auslandsengagements deutscher Unternehmen zeigt sich nicht zuletzt auch an dem großen Interesse, das diese Rechtsform in der Literatur[1] und Rechtsprechung[2] zum Internationalen Steuerrecht der Bundesrepublik Deutschland genießt. Es gibt eine Reihe von Gründen, die für die Einschaltung dieser Rechtsform sprechen, um ein Auslandsengagement zu optimieren. Im Wesentlichen handelt es sich um betriebswirtschaftliche, gesellschaftsrechtliche und steuerliche Gesichtspunkte. Zu nennen sind:[3]

▶ Anonymität des Kapitalgebers (insbesondere keine Eintragung im Handelsregister);

▶ einfache Handhabung (kein Formerfordernis; keine Mindesteinlage)[4];

▶ Möglichkeit, selektive Gewinn- oder Verlustbeteiligungen einzugehen durch die Beteiligung des typisch stillen Gesellschafters an einzelnen Unternehmensbereichen oder Auslandsaktivitäten;[5] dies kann auch im Rahmen von (Teil-)Privatisierungsprojekten genutzt werden;[6]

▶ finanzwirtschaftliche Überlegungen, die sich im Zusammenhang mit hybriden (mezzaninen) Finanzierungsmitteln ergeben;

▶ gewinnabhängige Minderungen des steuerlichen Ergebnisses im Quellenstaat und Besteuerung ausschließlich im Ansässigkeitsstaat, wenn die Gewinnanteile des stillen Gesellschafters als Betriebsausgaben abzugsfähig sind (insbesondere, wenn dort keine Thin-capitalization-rules existieren oder diese nicht eingreifen);

---

[1] Vgl. *Blaurock*, Handbuch der Stillen Gesellschaft Rn. 29.1 ff.; *Burmester* in: Haarmann (Hrsg.), Unternehmensstrukturen und Rechtsformen im internationalen Steuerrecht, 123 ff.; *Debatin*, DStZ/A 1966, 369 ff.; *Fu*, Die Stille Gesellschaft im internationalen Steuerrecht aus deutscher Sicht; *Gassner/Pöllath*, JBStR 1985/86, 353 ff., 377; *Günkel/Lieber*, IWB F. 10 International Gr. 2, 1393 ff.; *dies.*, IWB F. 3 Deutschland Gr. 2 S. 871 ff.; *Haase*, IStR 2008, 312 ff.; *Hebig/Heuer*, RIW 1985, 797 ff.; *KB*, IStR 1999, 185; *Kessler/Becker*, IStR 2005, 505 ff. *Kocmankova*, IStR 1999, 558 ff.; *Knebel/Heidemann*, EuZW, 2008, 681 ff; *Krabbe*, IStR 1999, 591 f.; *Krüger* in: FS Debatin, S. 267 ff.; *Leitner*, SWI 2000, 159 ff.; *Mössinger*, Hamburg 2006; *Müller*, IStR 1996, 266; *Piltz* in: Piltz/Schaumburg (Hrsg.), Unternehmensfinanzierung im internationalen Steuerrecht, 138 ff.; *Prinz/Breuninger*, IWB F. 10 International Gr. 2 S. 1305 ff.; *Pyszka*, IStR 1999, 301 ff., 577 ff.; *Schmidt*, IStR 1996, 213 ff.; *Schnieder*, IStR 1999, 392 ff.; *Schönhaus*, Frankfurt 2005; *Strobl/Schäfer*, IStR 1993, 206 ff.; *Ullmann-Czubak*, RIW/AWD 1980, 634 f.; *Wassermeyer*, IStR 1995, 51.

[2] Vgl. nur BFH v. 4.6.2008 I R 62/06, BStBl. II 2008, 793; FG Düsseldorf v. 20. 10. 2005 15 K 4806/02, DStRE 2006, 1277 (rkr.); BFH v. 21. 7. 1999, I R 110/98, BStBl 1999 II 812 (813); BFH v. 24. 3. 1998 I R 83/97, BStBl. II 1998, 601; BFH v. 17. 12. 1998, I B 80/98, IStR 1999, 184; BFH v. 23. 10. 1996, I R 10/96, BStBl 1997 II 313; BFH v. 31. 5. 1995, I R 74/93, BStBl 1995 II 683.

[3] Vgl. hierzu auch *Schmidt*, IStR 1996, 214 f.; *Burmester* a. a. O. (oben Fn. 1), S. 124 f.; *Prinz/Breuninger*, IWB F. 10 International Gr. 2 S. 1305.

[4] Zur stillen Beteiligung an einer GmbH vgl. aber unten D. II.

[5] Vgl. hierzu im Einzelnen unten D. II.

[6] Vgl. hierzu *Pyszka*, DStR 2003, 857.

- Darstellung einer „atmenden Finanzierung", wenn der Zielstaat eine Zinsschrankenregelung eingeführt hat[7] und die Zinsen für überlassenes Fremdkapital nur bis zu einer bestimmten, vom Gewinn (mit)abhängigen Größe abzugsfähig sind.[8] Hierbei ist allerdings zu beachten, dass bei der Finanzierung eines Inbound-Investments die aus Deutschland abfließenden Gewinnanteile der deutschen Kapitalertragsteuer unterliegen (§ 49 Abs. 1 Nr. 5 Buchst. a) EStG), für die Deutschland abkommensrechtlich regelmäßig das Besteuerungsrecht nach dem Dividendenartikel behält.[9] Ferner ist zu beachten, dass Deutschland das nach Art. 4 der Zinsen- und Lizenzgebühren-Richtlinie[10] bestehende Wahlrecht dahingehend ausgeübt hat, dass keine Entlastung vom Quellensteuerabzug erfolgt (§ 50g Abs. 2 Nr. 1 Buchst. b) EStG);
- Steuerlicher Import von Auslandsverlusten.[11]
- Für die internationale Steuerplanung ebenfalls von großem Interesse ist **die atypische stille Gesellschaft**. Denn neben den vorstehend genannten Vorteilen kommen hier folgende Gesichtspunkte hinzu:[12]
- Vermeidung der steuerlichen Doppelbelastung von Auslandsgewinnen durch Schaffung von Betriebsstättengewinnen; dieser Gesichtspunkt kann bei einem Unternehmensaufbau über die Grenze oft von entscheidender Bedeutung sein;[13]
- Keine Hinzurechnung fiktiver Betriebsausgaben nach § 8b Abs. 5 KStG;[14]
- Keine Quellensteuer auf die Gewinnanteile, wenn der Quellenstaat letztere Art. 7 OECD-MA zuordnet.[15]
- Die atypische stille Gesellschaft kann ferner verwendet werden, um die persönlichen oder sachlichen Voraussetzungen der Hinzurechnungsbesteuerung nach den §§ 7-14 AStG zu vermeiden oder die Steuerbelastung aus dem Hinzurechnungsbetrag zu reduzieren;[16] sie kann des Weiteren aufgrund der Möglichkeit einer selektiven Einkünftezuordnung genutzt werden, um den Switch-over des § 20 Abs. 2 AStG zu verhindern, in dem eine Beteiligung nur an aktiven Einkünften vereinbart wird.[17]

---

[7] Eine Übersicht über die Zinsschrankenregelungen in der EU, Norwegen und in der Schweiz enthält Zielke, StuW 2009, 69.

[8] Nach der deutschen Regelung stellen sowohl partiarische Darlehen als auch typisch stille Beteiligungen Fremdkapital i. S. d. Zinsschranke dar, so dass die darauf entfallenden Vergütungen (Gewinnanteile) unter den Begriff „Zinsen" nach § 4h Abs. 3 S. 2 EStG fallen, vgl. BMF-Schreiben v. 4. 7. 2008, BStBl. I S. 718, Tz. 11 und 15.

[9] Vgl. hierzu *Lüdicke*, Überlegungen zur deutschen DBA-Politik, 139 ff. und *Pöllath* in Vogel/Lehner DBA, Art. 11 Rz. 51.

[10] Richtlinie 2003/49/EG des Rates vom 3. Juni 2003, Amtsblatt der EU v. 26.6.2003, L 157/49.

[11] Vgl. hierzu ausführlich unter D.I.

[12] Vgl. hierzu auch *Strobl/Schäfer*, IStR 1993, 206 ff.; *Schmidt*, IStR 1996, 214 f; *Burmester* a. a. O. (oben Fn. 1), S. 124, 140 f.; *Prinz/Breuninger*, IWB F. 10 International Gr. 2, 1305.

[13] Vgl. hierzu nachstehend unter A. II.

[14] Vgl. auch *Pyszka*, IStR 1999, 583.

[15] Etwas anderes gilt für die Schweiz. Die schweizerische Verrechnungssteuer (Quellensteuer) folgt nicht der Qualifikation der Gewinnsteuer. Damit erhebt die Schweiz auf den Gewinnanteil eines atypischen stillen Gesellschafters eine Verrechnungssteuer, vgl. hierzu *Kubaile/Kaballe*, 275 f.

[16] Vgl. hierzu ausführlich *Kessler/Becker*, 508 ff.

[17] Ebenda, S. 506; vgl. auch *Haase*, IStR 2008, 312 ff.

II. Vermeidung der steuerlichen Doppelbelastung von Auslandsgewinnen bei atypischen stillen Gesellschaften

In vielen Fällen wird das Auslandsengagement in der Rechtsform einer Kapitalgesellschaft betrieben. Für multinationale Konzerne entspricht dies der gewohnten Konzernstruktur. Gewinnausschüttungen sind als Schachteldividenden quellensteuerbegünstigt (Art. 10 Abs. 2 OECD-MA) oder nach der Mutter-Tochter-Richtlinie[18] quellensteuerbefreit und werden im Sitzstaat der Muttergesellschaft freigestellt, wenn dieser – wie Deutschland – die Freistellungsmethode anwendet (§ 8b Abs. 1 KStG).

Dieser kapitalistische Konzernaufbau entpuppt sich aber im Hinblick auf die Steuerbelastung dann als (äußerst) ungünstig, wenn die hinter der deutschen Spitzeneinheit stehenden Gesellschafter in die Betrachtungen mit einbezogen werden müssen – wie dies bei Familienunternehmen der Fall ist. Im Allgemeinen führt dies – trotz Bestehens eines DBA – zu Doppelbelastungen und somit zu einer relativ hohen Steuerquote.

Beispiel:

	Steuer GE	Ergebnis GE
Gewinn der ausländischen Tochtergesellschaft vor Körperschaftsteuer		100,00
– ausländische Körperschaftsteuer 30 %	30,00	30,00
Jahresüberschuss (Dividende)		70,00
– Quellensteuer 5 % (Art. 10 Abs. 2 OECD-MA)	3,50	3,50
Barausschüttung an die deutsche Muttergesellschaft	33,50	66,50
= steuerfrei (§ 8b Abs. 1 KStG); jedoch "Dividendenstrafe" des § 8 b Abs. 5 KStG rund 30 % von 5 % der Dividende	1,00	1,00
Verbleibender Nettozufluss	34,50	65,50
Bei Weiterausschüttung an die deutschen Gesellschafter:		
Einkommensteuer 45,0 % von 60 %[1)] von 65,50	17,69	17,69
Solidaritätszuschlag 5,5 %	0,97	0,97
Gesamtsteuerbelastung[2)]	53,16	
Nettozufluss		46,84

[1)] Teileinkünfteverfahren statt Abgeltungsteuer unterstellt; [2)] Ohne Kirchensteuer.

Würde in der BRD eine Personengesellschaft als Spitzeneinheit des Konzerns bestehen, würde sich das Ergebnis zwar geringfügig verbessern, weil dadurch die Quellensteuer-Definitivbelastung von 5 % und die "Dividendenstrafe" nach § 8b Abs. 5 KStG entfiele,[19] bliebe aber dennoch unattraktiver als ein mitunternehmerischer Konzernaufbau, bei dem sowohl die Spitzeneinheit im Inland als auch die Tochtergesellschaften im Ausland Personengesellschaften sind. In diesem Fall entstehen Unternehmensgewinne i. S. des Art. 7 OECD-MA, die vom Sitzstaat (Zielstaat) besteuert werden dürfen und die abkommensrechtlich in der BRD – unter Progressionsvorbehalt – grundsätzlich[20] freigestellt werden. Nicht in allen Zielstaaten deutscher

---

[18] Richtlinie 90/435/EWG v. 23. 7. 1990

[19] Vgl. hierzu das Berechnungsbeispiel bei *Schmidt*, IStR 1996, 214.

[20] Ausnahmen insbesondere: Nichterfüllung eines abkommensrechtlichen Progressionsvorbehalts, Eingreifen einer Subject-to-tax-Klausel (vgl. BFH v. 17. 10. 2007, BStBl. II 2008, S. 953) oder des § 50d Abs. 9 EStG.

Direktinvestitionen stellt die Rechtsordnung Personengesellschaften als mögliche Rechtsform zur Verfügung.[21] In anderen Staaten gibt es nicht die Möglichkeit, haftungsbegrenzende Mischformen – entsprechend einer GmbH & Co KG – zu verwenden. So verlangt das Gesellschaftsrecht der Schweiz, der Türkei und das von Vietnam bei der Kommanditgesellschaft eine natürliche Person als Komplementär. Häufig sind auch – wie etwa in Südostasien – Personengesellschaften unüblich und deshalb im operativen Geschäft problematisch.

Als eine Ausweichmöglichkeit bietet sich hier die atypisch stille Gesellschaft an. In diesem Fall würde im Ausland eine Kapitalgesellschaft gegründet, an der sich dann entweder die deutsche Spitzeneinheit – sofern sie eine Personengesellschaft ist – oder die deutschen Gesellschafter atypisch still beteiligen. Denkbar wäre auch, dass eine inländische Kapitalgesellschaft gegründet wird, an der sich die Gesellschafter (zusätzlich) atypisch still beteiligen und diese Kapitalgesellschaft im ausländischen Zielstaat eine Betriebsstätte errichtet.

Viele ausländische Staaten kennen die Rechtsform der stillen Gesellschaft.[22] Doch selbst wenn sie in einigen Staaten nicht positiv-rechtlich geregelt ist,[23] dürfte doch in den meisten Fällen die Implementierung dieser Rechtsform möglich sein. Es ist wohl davon auszugehen, dass die Regelungen des internationalen Vertragsrechts (und nicht die des internationalen Gesellschaftsrechts) eingreifen; dies eröffnet die Möglichkeit, zur Anwendung des Rechts der Bundesrepublik Deutschland zu optieren.[24] Überlegt werden könnte auch, ob sich im Zielstaat eine der atypisch stillen Gesellschaft angenäherte Ersatzkonstruktion finden lässt.[25]

Voraussetzung für diese Lösung ist jedoch, dass der Gewinnanteil des atypisch stillen Gesellschafters unter Art. 7 OECD-MA subsumiert werden kann. Dies setzt voraus, dass entweder die stille Gesellschaft selbst als "Unternehmen" im Zielstaat (Art. 7 Abs. 1 Satz 1 HS 1 OECD-MA) oder der stille Gesellschafter als Unternehmer mit einer Betriebsstätte im anderen Staat anzusehen ist (Art. 7 Abs. 1 S. 1 HS 2 und S. 2 OECD-MA).[26]

B. Behandlung der stillen Gesellschaft nach dem innerstaatlichen deutschen Steuerrecht

I. Unterscheidung in typische und atypische stille Gesellschaft

Nach dem deutschen Einkommensteuerrecht wird unterschieden, ob eine so genannte typische oder eine atypische stille Gesellschaft vorliegt. Letztere ist gegeben, wenn die Stellung des stillen Gesellschafters so stark ist, dass er als Mitunternehmer anzusehen ist – auch wenn zivilrechtlich keine dingliche Berechtigung am Gesellschaftsvermögen vorliegt (§ 230 HGB). Diese unterschiedliche Behandlung ergibt sich aus den § 20 Abs. 1 Nr. 4 und § 15a Abs. 5 Nr. 1 EStG und hat eine lange Tradition.[27] Während der typische stille Gesellschafter Einkünfte aus Kapitalvermögen bezieht (§ 20 Abs. 1 Nr. 4 EStG) – sofern nicht die Subsidiaritätsbestimmung des § 20 Abs. 3 EStG greift –, fällt die atypische stille Gesellschaft unter den Begriff "andere Gesellschaft"

---

[21] Vgl. hierzu auch *Schmidt*, IWB F. 10 International Gr. 2 S. 1333, 1342.
[22] Vgl. hierzu *Blaurock* a. a. O. (oben Fn. 1), Rn. 3.8 ff.
[23] So z. B. in Schweden oder dem anglo-amerikanischen Rechtskreis, vgl. ebenda, Rn. 3.71 und 3.78
[24] Vgl. hierzu im Einzelnen *Fu* a. a. O. (oben Fn. 1), S. 41 f.
[25] Vgl. *Strobl/Schäfer*, IStR 1993, 207.
[26] Vgl. hierzu unten C.
[27] Vgl. statt vieler *Ruban*, DStZ 1995, 637 f. und OFD Rostock, Vfg. v. 19. 12. 1999, DStR 2000, 591 ff.

i. S. von § 15 Abs. 1 Nr. 2 EStG, mit der Folge, dass der Gesellschafter Einkünfte aus Gewerbebetrieb erzielt und etwaige Sondervergütungen ebenfalls zu den Einkünften aus Gewerbebetrieb gehören. Der atypische stille Gesellschafter hat – wie jeder andere Mitunternehmer auch – Sonderbetriebsvermögen I und II, wenn er der Gesellschaft Wirtschaftsgüter überlässt oder Wirtschaftsgüter (einschließlich Schulden) besitzt, die seiner Beteiligung dienen.[28]

Eine atypische stille Gesellschaft ist nach herrschender Meinung im Allgemeinen anzunehmen, wenn der stille Gesellschafter schuldrechtlich so gestellt wird, dass er an den stillen Reserven und am Geschäftswert beteiligt ist.[29] Sie ist aber bei einer Einlage in eine GmbH nach der Rechtsprechung auch dann anzunehmen, wenn der stille Gesellschafter nur an den laufenden Gewinnen beteiligt, die Einlage hoch und der stille Gesellschafter gleichzeitig Geschäftsführer und beherrschender Gesellschafter der GmbH ist.[30] Die Finanzverwaltung folgt der Auffassung des BFH.[31]

Bei einer grenzüberschreitenden stillen Gesellschaft, bei der die Einlage in ein ausländisches Handelsgeschäft erfolgt, ist es für die Anwendung des innerstaatlichen deutschen Rechts unerheblich, ob der ausländische Staat die Rechtsform einer (atypischen) stillen Gesellschaft kennt und wie er eine solche Beteiligung qualifiziert. Denn seit der Grundsatzentscheidung des RFH vom 12. 2. 1930 (Venezuela-Entscheidung)[32] ist nach ganz herrschender Auffassung ein ausländisches Rechtsgebilde nach den Grundsätzen des deutschen Steuerrechts einzuordnen.[33] Für die Qualifikation nach deutschem Recht ist es deshalb unerheblich, ob der ausländische Staat die Gewinnanteile als Anteile an einem gewerblichen Unternehmen, als Dividenden oder als Zinsen behandelt.[34]

II. Vorliegen einer Betriebsstätte für die Anwendung von § 2a Abs. 1 und 2 EStG

Für die Anwendung von § 2a EStG ist es jedoch entscheidend, dass eine (ausländische) Betriebsstätte vorliegt. Einschlägig ist § 12 AO und nicht Art. 5 OECD-MA, da § 2a EStG eine Vorschrift des innerstaatlichen Rechts ist. Eine Betriebsstätte i. S. dieser Vorschrift liegt immer dann vor, wenn die inländische Mitunternehmerschaft (atypische stille Gesellschaft) als solche eine Betriebsstätte im Ausland begründet. Nach herrschender Auffassung unterhält aber auch jeder Beteiligte an einem Rechtsgebilde, das nach deutschem Rechtsverständnis als Mitunternehmerschaft zu qualifizieren ist, eine Betriebsstätte an dem Ort, an dem die ausländische Gesellschaft Betriebsstätten hat.[35] Hiergegen kann auch nicht eingewandt werden, dass der stille Gesellschafter keine dingliche Beteiligung an der Mitunternehmerschaft besitzt. Eine solche Differen-

---

[28] Vgl. z. B. BFH v. 3. 2. 1994, III R 23/89, BStBl 1994 II 709 sowie *Ruban*, DStZ 1995, 642.

[29] Vgl. *Schmidt*, EStG, § 15 Rn. 343 m. w. N.

[30] Vgl. BFH v. 15. 12. 1992, VIII R 42/90, BStBl 1994 II 702; *Felix*, KÖSDI 1995, 10156; *Bitz*, GmbHR 1997, 770.

[31] Vgl. H 15.8 EStR (1) Stichwort "Stiller Gesellschafter".

[32] VI A 899/27, RStBl 1930, 444.

[33] Vgl. z. B. BFH v. 17. 7. 1968, I 121/64, BStBl 1968 II 695; *Debatin*, BB 1988, 1155 f. m. w. N.; *Prokisch* in Vogel/Lehner DBA, Art. 1 Rz. 19a; *Knobbe-Keuk*, RIW 1991, 313.

[34] Vgl. Vfg. OFD Düsseldorf v. 5. 7. 1989, S 2118 a A – St 11 H 1, DB 1989, 1700; *Hemmelrath* in Vogel/Lehner DBA Art. 7 Rz. 37; *Strobl/Schäfer*, IStR 1993, 207; FG Hamburg vom 20. 7. 2006, 7 K 232/04, EFG 2007, 193.

[35] Vgl. *Schmidt/Heinicke*, EStG, § 2 a Rn. 58; BFH v. 16. 10. 2002, I R 17/01, BStBl. II 2003, S. 631 m. w. N. zur Rechtsprechung unter III. 3. a) aa) aaa); Betriebsstätten-Verwaltungsgrundsätze v. 24. 12. 1999 (BStBl 1999 I 1076), Tz. 1.1.5.1.

zierung in dingliche und bloß schuldrechtliche Beteiligung besteht innerhalb der verschiedenen Arten von Mitunternehmerschaften – jedenfalls im Hinblick auf das Vorhandensein einer Betriebsstätte – nicht.[36]

III. Einkunftsermittlung

Die Einkünfte des stillen Gesellschafters sind nach deutschem Steuerrecht zu ermitteln.[37] Soweit ein DBA besteht und dieses für die Gewinneinkünfte eines **atypisch** stillen Gesellschafters die Freistellung vorsieht, sind die Einkünfte für Zwecke des Progressionsvorbehalts nach deutschem Steuerrecht zu bestimmen.[38]

Die Gewinnanteile des **typisch** stillen Gesellschafters sind im Zuflusszeitpunkt zum Euro-Gutschriftsbetrag zu erfassen.[39] Sofern die Beteiligung im Betriebsvermögen gehalten wird, ist die Forderung einzubuchen, sobald sie entstanden ist. Maßgebend ist der Wechselkurs (Briefkurs) des betreffenden Tages.[40] Eine Pflicht zur phasengleichen Bilanzierung nach dem Beschluss des BGH v. 12. 1. 1998[41] besteht nicht, weil keine Mutter-Tochter-Beziehung vorliegt.

Fraglich ist jedoch, ob es bei der Ermittlung der Höhe des Gewinnanteils des **atypischen** stillen Gesellschafters genügt, wenn lediglich eine Umrechnung zum Stichtagskurs erfolgt.[42] Nach der Rechtsprechung des VIII. Senats des BFH ist die atypische stille Gesellschaft nicht Einkunftserzielungssubjekt, weil sie selbst als reine Innengesellschaft keine gewerbliche Tätigkeit entfalten könne.[43] Bei der atypisch stillen Gesellschaft gibt es kein Gesellschaftsvermögen, das Grundlage eines Betriebsvermögensvergleichs sein könnte. Damit gibt es auch keinen Vermögensvergleich der stillen Gesellschaft, sondern nur einen solchen des Inhabers des Handelsgeschäfts.[44] Dieser in der Literatur umstrittenen Auffassung[45] ist auch der I. Senat des BFH nicht gefolgt.[46] Die Auffassung des VIII. Senats führt auch zu weiteren ungelösten Problemen (z. B. wie eine nach § 15a Abs. 5 EStG vorgeschriebene analoge Anwendung auf stille Gesellschaften vorgenommen werden soll, wenn keine Steuerbilanz der stillen Gesellschaft erstellt wird, aus der der Stand des Kapitalkontos abgelesen werden kann).[47]

Deshalb ist der Auffassung *Knobbe-Keuks* zuzustimmen, dass sich als Ausfluss der Gleichbehandlung der atypisch stillen Gesellschaft mit anderen Mitunternehmerschaften in § 15 Abs. 1 Nr. 2 EStG ergibt, das Betriebsvermögen des Geschäftsinhabers steuerrechtlich "wie" ein Gesell-

---

[36] Vgl. auch BFH v. 21. 7. 1999 a. a. O. (oben Fn. 2); Nds. FG v. 8. 11. 1990, VI 174/89, RIW 1992, 79, rkr.; Vfg. der OFD Düsseldorf v. 5. 7. 1989 a. a. O. (oben Fn. 37); *Schmidt*, IStR 1996, 215; *Strobl/Schäfer*, IStR 1993, 210 ff.

[37] Vgl. *Schmidt/Glanegger*, EStG, § 34c Rn. 15 m. w. N.; *Schmidt*, IStR 2010, 416.

[38] Vgl. *Schmidt/Glanegger*, EStG, § 32b Rn. 20 m. w. N.

[39] Vgl. *Baranowski* a. a. O. (oben Fn. 19), Rn. 1268.

[40] Vgl. BFH v. 16. 12. 1977, III R 92/75, BStBl 1978 II 233; § 18 DMBilG.

[41] II ZR 82/93, DB 1998, 567 im Anschluss an den EuGH-Beschl. i. S. Tomberger v. 10. 7. 1997, Rs. C-234/94.

[42] So offenbar *Burmester* a. a. O. (oben Fn. 1), S. 139.

[43] Vgl. BFH v. 12. 11. 1985, VIII 364/408, BStBl 1986 II 311.

[44] Vgl. *Döllerer*, DStR 1985, 295; *Ruban*, DStZ 1995, 641 sowie das Grundproblem seinerzeit aufgreifend und deutlich machend, *Goller*, DStR 1982, 486, damals noch gegen die h. M.

[45] Vgl. hierzu die Hinweise bei *Ruban*, DStZ 1995, 639.

[46] Vgl. BFH v. 10. 8. 1994, I R 133/93, BStBl 1995 II 357.

[47] Vgl. hierzu *Ruban*, DStZ 1995, 641 f.

schaftsvermögen der atypischen stillen Gesellschaft zu behandeln.[48] Folgt man dieser Auffassung, so gelten die gleichen Einkunftsermittlungsgrundsätze wie bei den anderen Mitunternehmerschaften (Personengesellschaften).

Nach Auffassung des BFH ist bei der Ermittlung des Gewinnanteils an einer ausländischen Personengesellschaft § 5 Abs. 1 EStG nicht anwendbar, weil für die ausländische Mitunternehmerschaft keine Verpflichtung zur Buchführung nach deutschem Steuerrecht besteht.[49] Möglich ist allerdings eine freiwillige Buchführung nach deutschem Steuerrecht; ob eine solche vorliegt, ist Tatfrage.[50] Im Normalfall wird deshalb der Beteiligungsgewinn nach § 4 Abs. 1 EStG zu ermitteln sein.[51] In diesem Fall sind die materiellen Grundsätze ordnungsmäßiger Bilanzierung, wie die Einzelbewertung, das Realisationsprinzip, das Anschaffungskostenprinzip, das Imparitätsprinzip sowie das Stichtagsprinzip zu beachten.[52] Die genaueste Methode ist hierbei – nach Auffassung des BFH – das Zeitbezugsverfahren. Hierbei werden die Gewinnbestandteile jeweils mit den im Zeitpunkt der Verwirklichung der zugrunde liegenden Geschäftsvorfälle gültigen Wechselkursen umgerechnet.[53] Aus Vereinfachungsgründen könnte aber der Gewinnanteil auch einheitlich mit einem aus den monatlichen Umsatzsteuerdurchschnittskursen ermittelten Jahresdurchschnittskurs umgerechnet werden, wenn das Jahresergebnis gleichmäßig während des ganzen Jahres entstanden sei.[54] Deshalb wird es nur in Ausnahmefällen möglich sein, lediglich den Kurswert am Bilanzstichtag zugrunde zu legen.[55]

Es ist jedoch auch möglich, dass der Gewinnanteil des atypisch stillen Gesellschafters nach § 4 Abs. 3 EStG durch Einnahmen-Überschuss-Rechnung ermittelt wird.[56] Die gegebenenfalls im Ausland bestehende Buchführungspflicht für den Inhaber des Handelsgeschäfts – und somit nach der hier vertretenen Meinung auch für die atypisch stille Gesellschaft – ist keine gesetzliche Buchführungspflicht i. S. des § 4 Abs. 3 EStG, weil hier auf die deutsche Buchführungspflicht Bezug genommen wird. Diese Auffassung ist jedoch nicht unbestritten.[57]

IV. Anrechnung ausländischer Steuern

Bei einer **atypisch** stillen Gesellschaft kommt eine Anrechnung der ausländischen Steuer auf die Gewinnanteile nur in Betracht, wenn der Quellenstaat ein Nicht-DBA-Staat ist oder im DBA-Fall das Abkommen keine Freistellung gewährt.[58] Die Anrechnung erfolgt nach den Grundsätzen des § 34c Abs. 1 EStG (gegebenenfalls i. V. m. § 26 Abs. 1 und 6 KStG, wenn der stille Gesellschafter eine inländische Kapitalgesellschaft ist). Auf Antrag kann die ausländische Steuer alter-

---

[48] Vgl. *Knobbe-Keuk*, Bilanz- und Unternehmenssteuerrecht, § 9 II c) aa).
[49] Vgl. BFH v. 13. 9. 1989, I R 117/87, BStBl 1990 II 57 und v. 9. 8. 1989, I B 118/88, BStBl 1990 II 175.
[50] Vgl. *Baranowski* a. a. O. (oben Fn. 19), Rn. 401.
[51] Vgl. hierzu auch *Greif* in: Mössner u. a. (Hrsg.), Steuerrecht international tätiger Unternehmen, Rn. E 64, Betriebsstätten-Verwaltungsgrundsätze v. 24. 12. 1999 a. a. O. (oben Fn. 38), Tz. 1.1.4.
[52] Vgl. BFH v. 13. 9. 1989 und v. 9. 8. 1989 a. a. O. (oben Fn. 53).
[53] Vgl. *Ziehr*, IStR 2009, 262; *Jacobs*, Internationale Unternehmensbesteuerung, 640 f.
[54] Vgl. BFH v. 13. 9. 1989 und v. 9. 8. 1989 I a. a. O. (oben Fn. 53); *Greif* a. a. O. (oben Fn. 55), E 64.
[55] So auch BFH v. 13. 9. 1989 und v. 9. 8. 1989 a. a. O. (oben Fn. 53).
[56] Vgl. auch BFH v. 13. 9. 1989 a. a. O. (oben Fn. 53).
[57] Zweifelnd z. B. *Baranowski* a. a. O. (oben Fn. 19), Rn. 402; auch die Betriebsstätten-Verwaltungsgrundsätze a. a. O. (oben Fn. 31) gehen in Tz. 1.1.4 wie selbstverständlich von einem Vermögensvergleich nach § 4 Abs. 1 EStG aus.
[58] Zum Fall einer DBA-Freistellung vgl. nachstehend unter C.

nativ auch vom Gesamtbetrag der Einkünfte abgezogen werden (§ 34c Abs. 2 EStG, gegebenenfalls i. V. m. § 26 Abs. 1 und 6 KStG, wenn der stille Gesellschafter eine inländische Kapitalgesellschaft ist). Ersatzweise kommt auch ein Abzug vom Gesamtbetrag der Einkünfte nach § 34c Abs. 3 EStG (gegebenenfalls i. V. m. § 26 Abs. 1 und 6 KStG) in Betracht, wenn die ausländische Steuer nicht der deutschen Steuer entspricht oder nicht in dem Staat erhoben wird, aus dem die Einkünfte stammen, oder weil keine ausländischen Einkünfte i. S. des § 34d EStG vorliegen. Demgegenüber liegt bei einer **typisch** stillen Gesellschaft das Besteuerungsrecht – auch im Abkommensfall – im Ansässigkeitsstaat, so dass Deutschland die ausländische Steuer (Quellensteuer) auf die Gewinnanteile des stillen Gesellschafters nach den vorstehenden Grundsätzen anrechnet oder zum Abzug zulässt.

Von praktischer Relevanz – insbesondere, wenn die stille Beteiligung an einer ausländischen Kapitalgesellschaft erfolgt, an der der inländische Gesellschafter beteiligt ist – ist der Fall, dass der ausländische Staat die Einlage des stillen Gesellschafters als Eigenkapital qualifiziert und die hierauf entfallenden Gewinnanteile als Teil des (körperschaftsteuerlichen) Gewinns besteuert.[59] Dieser Fall wird insbesondere dann relevant, wenn im ausländischen Staat Thin-capitalization-Vorschriften bestehen und die stille Beteiligung unter diese Vorschriften fällt.[60] In diesem Fall stellt die ausländische Steuer mangels Steuersubjektidentität keine Steuer des stillen Gesellschafters dar. Und es stellt sich die Frage, ob die unilateralen Vorschriften des § 34c Abs. 1–3 EStG zur Vermeidung bzw. Milderung der Doppelbesteuerung überhaupt angewendet werden können.[61] Eine solche "Verwerfung" der Besteuerungssituation dadurch, dass die beiden betroffenen Staaten zu unterschiedlichen Qualifikationsergebnissen kommen, ist bei Personengesellschaften vorprogrammiert[62] und nicht nur auf das Abkommensrecht beschränkt.[63] Als Lösung bietet sich im vorliegenden Fall an, die Steuer des Inhabers des Handelsgeschäfts, soweit sie auf den Gewinnanteil des stillen Gesellschafters entfällt, in eine Steuer des Gesellschafters umzudeuten.[64]

C. Behandlung der stillen Gesellschaft im Abkommensrecht

I. Vorbemerkung und grundsätzliche Einordnung nach der herrschenden Meinung

Die stille Gesellschaft ist keine Gesellschaft i. S. des Art. 3 Abs. 1 Buchst. b des OECD-MA; sie ist auch nicht i. S. von § 4 OECD-MA in einem Vertragsstaat ansässig.[65] Bei der Abkommens-Anwendung ist somit auf die Person des stillen Gesellschafters abzustellen.

---

[59] So z. B. die USA, vgl. hierzu unten C. III. 3.

[60] Vgl. hierzu die Länderübersicht bei *Grotherr*, IWB F. 10 International Gr. 2, 1077 ff. sowie *Zielke* und *Herzig/Bohn*, Fn. 7.

[61] Ablehnend wohl *Strobl/Schäfer*, IStR 1993, 208.

[62] Vgl. hierzu *Debatin*, BB 1989, Beil. 2, 8 ff.; *Greif* in: Haarmann (Hrsg.), Unternehmensstrukturen und Rechtsformen im internationalen Steuerrecht, 93 ff., *Knobbe-Keuk*, RIW 1991, 306 ff.; *Piltz* in: Fischer (Hrsg.), Besteuerung internationaler Konzerne, 9 ff.; *Schmidt*, IStR 1996, 14 ff.

[63] Vgl. *Piltz* a. a. C. (oben Fn. 66), S. 27 (Fall 10).

[64] Vgl. hierzu auch *Krabbe*, IWB F. 3 Deutschland Gr. 2 S. 763 f.; *Blümich/Krabbe*, EStG § 34c, Rn. 21 m. w. N.

[65] Vgl. *Wassermeyer* in Debatin/Wassermeyer, MA Art. 10 Rz. 115. Ob sie eine Personenvereinigung i. S. des Art. 3 Abs. 1 Buchst. a OECD-MA ist, kann für die zahlreichen von Deutschland abgeschlossenen Abkommen dahingestellt bleiben, in denen der Zusatz "Personenvereinigungen" nicht mit aufgenommen wurde. Dies gilt regelmäßig für alle älteren Abkommen, vgl. *Vogel* in Vogel/Lehner DBA, Art. 3 Rz. 25 und 28.

Bei der Qualifikation der Einkünfte auf Abkommensebene und für die Anwendung der Verteilungsnormen ist die Einordnung nach nationalem Recht nicht bindend. Vielmehr sind die beiden Qualifikationsebenen voneinander zu trennen.[66] So können Zinsen für ein vom Mitunternehmer gewährtes Darlehen, die als Sondervergütungen i. S. von § 15 Abs. 1 Nr. 2 EStG nach nationalem Recht Einkünfte aus Gewerbebetrieb darstellen, nach inzwischen ständiger Rechtsprechung des BFH auf Abkommensebene unter den Zinsenartikel (Art. 11 OECD-MA) zu subsumieren sein.[67] Die Folge ist, dass dem Ansässigkeitsstaat des Nutzungsberechtigten das Besteuerungsrecht zusteht. Sofern dies die Bundesrepublik Deutschland ist, besteuert sie die Zinsen dann – entsprechend ihrem nationalen Recht – als Einkünfte aus Gewerbebetrieb.

Es ist jedoch auch bei Anwendung des Abkommens zu differenzieren, ob im konkreten Anwendungsfall eine typische oder atypische Gesellschaft vorliegt.[68] Sofern das Abkommen keine eigene Regelung enthält, fallen nach ganz herrschender Meinung die Gewinnanteile aus **atypischen** stillen Gesellschaften unter den Unternehmensgewinneartikel (Art. 7 OECD-MA).[69] Die Abkommen mit Luxemburg[70], Niederlande,[71] Österreich[72] und Tunesien[73] enthalten diesbezüglich ausdrückliche Regelungen.

Demgegenüber handelt es sich bei den Gewinnanteilen des **typischen** stillen Gesellschafters entweder um Zinsen (Art. 11 OECD-MA) oder – wenn das Abkommen dies ausdrücklich regelt –

---

[66] Vgl. z. B. BFH v. 15. 1. 1971, III R 125/69, BStBl 1971 II 379; *Debatin*, DB 1985, Beil. 23, 3; *Vogel* in Vogel/Lehner DBA, Einl. Rz. 96 ff.; *Wassermeyer*, StuW 1990, 405 m. w. N.

[67] Vgl. erstmals BFH v. 27. 2. 1991, I R 15/89, BStBl 1991 II 444 und zuletzt v. 17. 10. 2007, I R 5/06, BStBl. II 2009, 356 m. w. N. gegen die Meinung der Finanzverwaltung, vgl. BMF-Schreiben vom 24. 12. 1999, BStBl I 1999, 1076 (Betriebsstätten-Verwaltungsgrundsätze), Tz. 2.2.1 und im BMF-Schreiben v. 16. 4. 2010, IV B 2 - S - 1300/09/10003, BStBl 2010 I, 354, „Anwendung der Doppelbesteuerungsabkommen (DBA) auf Personengesellschaften", Tz. 5.1; kritisch zur BFH-Rechtsprechung auch Schmidt, Steuerberater-Jahrbuch 2008/09, 172 ff. Inzwischen hat der Gesetzgeber die Auffassung der Finanzverwaltung zur „verbindlichen Auslegung" erklären wollen und mit dem JStG 2009 § 50d Abs. 10 EStG geschaffen, der allerdings missglückt ist und die Absicht des Gesetzgebers in seinem Wortlaut nicht umsetzt (vgl. hierzu ausführlich *Salzmann*, IWB Gr. 3 F. 3, 1465, 1539 ff (2009); *Günkel/Lieber*, Ubg, 2009, 301 ff.). Allerdings kommen bei einer mitunternehmerischen (atypisch) stillen Beteiligung an einem ausländischen Unternehmen BFH, Finanzverwaltung und Intention des Gesetzgebers bei § 50d Abs. 10 EStG zum gleichen Ergebnis, dass Deutschland als Ansässigkeitsstaat besteuern kann, jedenfalls dann, wenn der ausländische Staat in Übereinstimmung mit seinem innerstaatlichen Steuerrecht bzw. aufgrund von Sondervorschriften im Abkommen (vgl. Art. 7 Abs. 7 DBA Österreich und Schweiz) die Gewinnanteile nicht den Unternehmensgewinnen zuordnet (Art. 7 OECD-MA).

[68] Vgl. *Grotherr/Herfort/Strunk*, Internationales Steuerrecht, 2. Aufl., S. 515 f.

[69] Vgl. z. B. BFH v. 21. 7. 1999 a. a. O. (oben Fn. 2); v. 5. 2. 1965, VI 338/63 U, BStBl 1965 III 258; BMF-Schreiben v. 16. 4. 2010, IV B 2 - S 1300/09/10003, BStBl. I 2010, 354, „Anwendung der Doppelbesteuerungsabkommen (DBA) auf Personengesellschaften", Tz. 2.2.1.2; *Hemmelrath* in Vogel/Lehner *DBA, Art. 7 Rz. 53 ff*; *Wassermeyer* in Debatin/Wassermeyer MA Art. 7 Rz. 99; *Lieber*, in Gosch/Kroppen/Grotherr, DBA, OECD-MA, Art. 7, Rn. 361 ff.; *Breuninger/Prinz*, DStR 1995, 928; *Burmester* a. a. O. (oben Fn. 1), 130 f.; *Debatin*, DStZ/A 1966, 371 f.; *Müller*, IStR 1996, 266 ff.; *Schaumburg* a. a. O. (oben Fn. 72), Rn. 16. 228 m. w. N.; *Strobl/Schäfer*, IStR 1993, 210; Eidgen. Steuerverwaltung, Schreiben v. 15. 7. 2002, Mitteilungen zu Entwicklungen auf dem Gebiet des internationalen Steuerrechts, 3, *Schmidt*, IStR 2010, 420, Tz. 3.2.2.6 (1. Abs.).

[70] Protokoll Nr. 11

[71] Protokoll Nr. 9

[72] Protokoll Nr. 3 bzw. zum alten Abkommen Protokoll Nr. 11

[73] Art. 7 Abs. 6

um Dividenden nach Art 10 OECD-MA.[74] In vielen deutschen Abkommen ist Letzteres zumindest für die aus Deutschland abfließenden Gewinnanteile ausdrücklich so bestimmt.[75]

In neueren Abkommen[76] wurde vereinbart, dass für gewinnabhängige Vergütungen (aus stillen Beteiligungen, partiarischen Darlehen und Gewinnobligationen) keine Begrenzung des Quellensteuerabzugs erfolgt, so dass jeder Staat, wenn er Quellenstaat ist, nach seinem innerstaatlichen Recht besteuern kann.[77] Hintergrund für diese Regelung ist, dass die Besteuerungsbasis des Quellenstaates durch die regelmäßig als Betriebsausgaben abgezogenen Gewinnanteile reduziert wird und hierfür ein Ausgleich geschaffen werden soll.[78] Für die BRD bedeutet dies, dass sie in diesen Fällen 25 % Kapitalertragsteuer zuzüglich 5,5 % Solidaritätszuschlag (= 26,375 %) von den ins Ausland abfließenden Gewinnanteilen typischer stiller Gesellschafter erheben darf (§§ 43a Abs. 1 Nr. 1, 43 Abs. 1 Nr. 3 EStG).

II. Darstellung der Meinungsvielfalt zur abkommensrechtlichen Behandlung der atypisch stillen Gesellschaft

Die generelle Zuordnung der Gewinnanteile eines atypischen stillen Gesellschafters zu Art. 7 OECD-MA begegnete Bedenken.[79] Nach der Auffassung von *Wassermeyer*[80] und – diesem folgend – *Piltz*[81] stellen Gewinnanteile aus einer atypischen stillen Gesellschaft – entgegen der herrschenden Meinung – grundsätzlich Zinsen i. S. des Art. 11 OECD-MA dar. Nur wenn das Abkommen dies ausdrücklich vorsieht, lägen Unternehmensgewinne nach Art. 7 oder Dividenden nach Art. 10 OECD-MA vor.[82] Hintergrund dieser Überlegungen ist es, Qualifikationskonflikte zu vermeiden und "weiße Einkünfte" zu verhindern, die dann entstehen würden, wenn Deutschland die Gewinnanteile freistellt (Art. 7 und 23 A OECD-MA), während der Quellenstaat von einem Darlehensverhältnis ausgeht.[83]

Nach Auffassung *Leitners*[84] ist zu unterscheiden, ob die (atypisch) stille Gesellschaft selbst im Sitzstaat des Geschäftsherrn als Gesellschaft i. S. des Abkommens – und damit intransparent – behandelt wird. Wenn dies der Fall wäre, müsste der Ansässigkeitsstaat des stillen Gesellschafters der Zurechnung der Einkünfte auf die Gesellschaft (anstelle des stillen Gesellschafters) folgen,[85] die Gewinnanteile wären (erst) bei Auszahlung Dividenden i. S. von Art. 10 OECD-MA, die der Ansässigkeitsstaat aber mangels eines Besteuerungstatbestandes dann nicht besteuern

---

[74] Vgl. *Schmidt*, IStR 2010, 420, Tz. 3.2.2.6.
[75] Vgl. hierzu im Einzelnen auch *Tischbirek* in Vogel/Lehner DBA, Art. 10 Rz. 232.
[76] Z. B. DBA Schweden, Kanada, Polen; vgl. im Einzelnen die Abkommensübersicht bei *Tischbirek* in Vogel/Lehner DBA, Art. 10 Rz. 67.
[77] Vgl. hierzu auch *Tischbirek* in Vogel/Lehner DBA, Art. 10 Rz. 170; *Baranowski* a. a. O. (oben Fn. 19), Rn. 471.
[78] Vgl. hierzu auch die kritischen Anmerkungen bei *Tischbirek* in Vogel/Lehner DBA, Art. 10 Rz. 170.
[79] Vgl. *Piltz* a. a. O. (oben Fn. 1), 125 ff.; *Schmidt*, IStR 1996, 216 ff.; *Wassermeyer*, IStR 1995, 51; *Wassermeyer* in Debatin/Wassermeyer MA Art. 10 Rz. 115a.
[80] Vgl. *Wassermeyer* in Debatin/Wassermeyer MA Art. 10 Rz. 115a; *ders.*, IStR 1995, 51.
[81] Vgl. *Piltz* a. a. O. (oben Fn. 1), 139 ff.
[82] Vgl. *Wassermeyer* in Debatin/Wassermeyer MA Art. 10 Rz. 115a.
[83] Vgl. *Wassermeyer* in Debatin/Wassermeyer MA Art. 10 Rz. 115a.
[84] Vgl. Leitner, SWI 2000, 161 f.
[85] Insoweit enthält nach der Auffassung *Leitners* das Abkommensrecht Zurechnungsregeln, die eine Ausnahme von dem Grundsatz darstellt, dass sich die Zurechnung der Einkünfte nach dem innerstaatlichen Recht des Anwenderstaates richtet, *Leitner*, SWI 2000, 162.

kann, wenn er – wie Deutschland und Österreich – dem Transparenzprinzip folgt und in den Gewinnauszahlungen bloße Entnahmen sieht. Ein Progressionsvorbehalt würde in diesem Fall nicht gelten.[86] Folgt hingegen der Sitzstaat des Geschäftsherrn dem Transparenzprinzip und besteuert er den Geschäftsherrn nur mit seinem Ergebnisanteil, wäre (auch) aus der Sicht des Quellenstaates der Ergebnisanteil des atypisch Stillen unter Art. 7 OECD-MA zu subsumieren; der Ansässigkeitsstaat würde den Gewinn unter Progressionsvorbehalt freistellen.[87]

Nach einer anderen Meinung[88] sollen zwar grundsätzlich Unternehmensgewinne vorliegen; eine **Betriebsstätte** des atypisch stillen Beteiligten, die zur Freistellung der Gewinnanteile in der BRD berechtigen würde, könnte allerdings nicht bei einer "einfachen" atypischen stillen Beteiligung, die lediglich mit den Rechten nach § 233 HGB und einem Widerspruchsrecht bei außergewöhnlichen Geschäften ausgestattet sei, angenommen werden. Nur wenn der atypisch still beteiligte Gesellschafter "Zustimmungs- und Weisungsrechte zu bestimmten geschäftlichen Aktivitäten" zugesprochen erhält, könnte eine Betriebsstätte vorliegen.[89] Die überwiegende neuere Literatur steht indes ganz auf der Linie der bisher herrschenden Meinung.[90]

Der BFH hat das Problem bisher in drei Entscheidungen zu grenzüberschreitenden atypischen stillen Gesellschaften angesprochen, ohne in der Sache grundsätzlich zu entscheiden. In einem obiter dictum der Entscheidung vom 31. 5. 1995[91] wird die Frage aufgeworfen, ob eine atypische stille Gesellschaft an einer US-amerikanischen Kapitalgesellschaft überhaupt zu einer Betriebsstätte i. S. des Abkommens führen kann. Dies wäre die Voraussetzung, dass in der BRD freizustellende Gewinnanteile vorliegen können (Art. 7 Abs. 1 i. V. m. Art. 23 A OECD-MA). In der Entscheidung vom 23. 10. 1996[92] wird auf die sich gegenüberstehenden Literaturmeinungen verwiesen, aber ausdrücklich offen gelassen, wie das Gericht entschieden hätte, wenn dies streiterheblich gewesen wäre.[93] Die dritte und jüngste Entscheidung (vom 21. 7. 1999[94]) betrifft das DBA Schweiz.[95] In dieser Entscheidung kommt das Gericht zu der Auffassung, dass die atypische stille Gesellschaft eine Personengesellschaft ist, die Beteiligung eine Betriebsstätte (in der Schweiz) begründet und der Gewinnanteil dieser Betriebsstätte zuzurechnen ist. Dies führt im Ergebnis zu einer Freistellung der Gewinnanteile in Deutschland (auch wenn die Schweiz diese Gewinnanteile nicht versteuert und es dadurch zu einer doppelten Nichtversteuerung kommt). Allerdings sieht der BFH in Art. 7 Abs. 7 DBA BRD/Schweiz – der klarstellt, dass die Einkünfte aus einer Personengesellschaft dem Anwendungsbereich des Art. 7 unterstehen – eine spezielle Regelung. Deshalb lässt es das Gericht ausdrücklich offen, ob es der h. M. zuneigt oder – allgemein oder für einzelne Abkommen – in der Beteiligung lediglich eine Forderung sieht. Die Be-

---

[86] Vgl. *Leitner*, SWI 2000, 162.

[87] Vgl. ebenda, S. 162 f.

[88] Vgl. *Müller*, IStR 1996, 269 ff.

[89] Ebenda, S. 273.

[90] Vgl. *Breuninger/Prinz*, DStR 1996, 1763 und *dies.*, DStR 1995, 929; *Burmester* a. a. O. (oben Fn. 1), 130 ff.; *Kocmankova*, IStR 1999, 558; *Schaumburg* a. a. O. (oben Fn. 72), Rn. 16. 228; *Schnieder*, IStR 1999, 392; *Hemmelrath* in Vogel/Lehner DBA, Art. 7 Rz. 53 und wohl auch *Krabbe*, IStR 1999, 591.

[91] I R 74/93, BStBl 1995 II 683.

[92] I R 10/96, BStBl 1997 II 313.

[93] Demgegenüber meint *Wassermeyer*, dass der BFH in den beiden Entscheidungen "eine gewisse Neigung" für die von ihm und *Piltz* vertretene Meinung erkennen ließ, vgl. *Wassermeyer* in Debatin/Wassermeyer MA Art. 10 Rz. 115a.

[94] I R 110/98, BStBl 1999 II 812.

[95] Vgl. hierzu nachstehend.

gründung des Urteils und der Hinweis auf die "Verwerfung", die sich ergeben würde, wenn man lediglich eine Forderung i. S. des Zinsartikels annehmen würde, machen jedoch deutlich, dass die Entscheidung – entgegen der Zurückhaltung des erkennenden Senats – nicht nur für das DBA Schweiz Bedeutung hat.[96] Dies gilt umso mehr als die Gewinnanteile aus Personengesellschaften – auch ohne ausdrückliche Erwähnung – dem Unternehmensgewinneartikel unterstehen, wenn sie als transparent behandelt werden.[97]

Die Finanzverwaltung folgte der herrschenden Meinung.[98] Im BMF-Schreiben vom 28. 12. 1999[99] und in einer Verfügung der OFD München[100] wurde ausdrücklich bestätigt, dass die Gewinnanteile des atypischen stillen Gesellschafters dem Art. 7 OECD-MA (Unternehmensgewinne) zuzuordnen sind. Das BMF-Schreiben „Anwendung der Doppelbesteuerungsabkommen (DBA) auf Personengesellschaften" vom 16. 4. 2010[101] übernimmt diese Auffassung.[102] Die Gewinnanteile sind regelmäßig nach dem jeweiligen Methodenartikel unter Progressionsvorbehalt freizustellen.[103] Allerdings kann nach dem o. g. BMF-Schreiben die Freistellung aufgrund von Aktivitätsklauseln,[104] § 20 Abs. 2 AStG,[105] Rückfallklauseln,[106] Switch-over-Klauseln[107] oder nach § 50d Abs. 9 Nr. 1 EStG[108] bzw. § 50d Abs. 9 Nr. 2 EStG[109] ausgeschlossen sein. Hierbei ist zu beachten, dass der BFH in einer (erneuten) Rechtsprechungsänderung die abkommensrechtlichen Rückfallklauseln als Tatbestandsvoraussetzungen die Freistellung ansieht.[110] Damit dürfte die restriktive Haltung der Finanzverwaltung bei Anwendung dieser Klauseln[111] ebenfalls der Vergangenheit angehören. Ob die Vorschrift des § 50d Abs. 9 EStG – soweit sie einen Treaty override darstellt[112]

---

[96] Vgl. auch *Wassermeyer* in Debatin/Wassermeyer MA Art. 7 Rz. 99 und MA Art. 10 Rz. 115a *KB,* IStR 1999, 724 f.; *Günkel/Lieber,* IWB F. 3 Deutschland Gr. 2, 279 f.

[97] Vgl. *Hemmelrath* in Vogel/Lehner DBA, Art. 7 Rz. 37 ff.

[98] Vgl. Vfg. der OFD Düsseldorf v. 5. 7. 1989 a. a. O. (oben Fn. 37) und vormals BMF-Schreiben v. 28. 12. 1999 a. a. O. (das BMF-Schreiben v. 28. 12. 1999 wurde aufgehoben durch BMF-Schreiben v. 16. 4. 2010, Fn. 101). Offenbar hat die Finanzverwaltung überlegt, von der bisher vertretenen Auffassung abzuweichen und Einkünfte aus atypischen stillen Gesellschaften wie Dividenden zu besteuern (vgl. *Wassermeyer,* Anm. zum BFH-Beschl. v. 15. 12. 1998, I B 45/98, IStR 1999, 119). Letztlich ist es jedoch nicht zu einer Abkehr von der jahrzehntelang vertretenen Meinung gekommen, wie das v. g. BMF-Schreiben zeigt.

[99] BStBl 1999 I, 1121 (aufgehoben durch BMF-Schreiben v. 16. 4. 2010, Fn. 101 f.).

[100] V. 14. 2. 2000, IStR 2000, 222.

[101] IV B 2 - S 1300/09/10003, BStBl 2010 I, 354 (oben Fußnote 69).

[102] BMF-Schreiben v. 16. 4. 2010, a. a. O., Tz. 2.2.1.2.

[103] Vgl. BMF-Schreiben v. 16. 4. 2010, Tz. 4.1.1.1.2 i. V. m. Tz. 4.1.1.1.1.

[104] Vgl. BMF-Schreiben v. 16. 4. 2010, Tz. 4.1.1.2.1.

[105] Vgl. BMF-Schreiben v. 16. 4. 2010, Tz. 4.1.1.2.2.

[106] Vgl. BMF-Schreiben v. 16. 4. 2010, Tz. 4.1.1.2.3.

[107] Vgl. BMF-Schreiben v. 16. 4. 2010, Tz. 4.1.3.2.

[108] Vgl. BMF-Schreiben v. 16. 4. 2010, Tz. 4.1.3.3.2.

[109] Vgl. BMF-Schreiben v. 16. 4. 2010, Tz. 4.1.1.2.4.

[110] Vgl. BFH v. 17. 10. 2007, I R 96/06, BStBl. II 2008, 953 entgegen BFH v. 17. 12. 2003, I R 14/02, BStBl II 2004, 260.

[111] Vgl. z. B. BMF-Schreiben v. 14. 9. 2006, BStBl. I 2006, 532, Tz. 156; BMF-Schreiben (oben Fn. 69), Tz. 4.1.1.2.3 und OFD Frankfurt v. 8. 7. 2003 - S 1301 A - 55 - St II 5

[112] Vgl. hierzu *Vogel,* IStR 2007, 225 ff. und *Prokisch* in Vogel/Lehner DBA, Art. 1 Rz. 134 ff.

– wirksam ist, hängt davon ab, ob man einen solchen Völkerrechtsverstoß als verfassungsrechtlich hinnehmbar ansieht oder nicht.[113]

III. Eigene Meinung zur abkommensrechtlichen Behandlung der atypisch stillen Gesellschaft auf Grundlage der DBA-Auslegungsregeln

1. System der Auslegungsregeln und Prüfschema für die atypische stille Gesellschaft

Nach der vom Verfasser vertretenen Meinung[114] differenziert die herrschende Meinung nicht ausreichend.[115] Unter Anwendung der Auslegungsregeln für DBA[116] ergibt sich folgende Systematik zur Behandlung der Einkünfte eines atypischen stillen Gesellschafters auf Abkommensebene:

(A) Enthält das Abkommen eine ausdrückliche Regelung?
(B) Ergibt sich – ersatzweise – aus dem Regelungszusammenhang, unter welchen Artikel die Einkünfte zu subsumieren sind?
(C) Sofern weder (1) noch (2) zutrifft, ist das nationale Recht des Anwenderstaates zur Auslegung heranzuziehen.

Danach wäre ein konkretes DBA wie folgt zu befragen:[117]

Zu beachten ist hierbei jedoch, dass in den Fällen, in denen das Abkommen ausdrückliche Regelungen zur atypisch stillen Gesellschaft enthält[118] der inhaltliche Begriff von denen des innerstaatlichen Rechts abweichen kann. So lautet das Schlussprotokoll Nr. 3 zum neuen Abkommen mit Österreich ist wie folgt:

"Ein stiller Gesellschafter wird wie ein Unternehmer behandelt, wenn mit seiner Einlage eine Beteiligung am Vermögen des Unternehmens verbunden ist."

Dies würde bedeuten, dass in den Fällen, in denen nach innerstaatlichem Recht der BRD eine atypisch stille Gesellschaft in Österreich vorliegt, **ohne** dass der Gesellschafter **am Vermögen** beteiligt ist, auf Abkommensebene bezüglich der Gewinnanteile Dividenden vorliegen. Für die atypische stille Beteiligung eines Steuerinländers an einem österreichischen Handelsgeschäft würde dies bedeuten, dass die Gewinnanteile aufgrund des Dividendenartikels (Art. 10 Abs. 1) auch in Deutschland besteuert werden könnten und hier als Einkünfte aus Gewerbebetrieb (§ 15 Abs. 1 Nr. 2 EStG) steuerpflichtig wären; die österreichische Quellensteuer wäre allerdings anzurechnen. Ein solcher Fall wäre gegeben, wenn nach der BFH-Rechtsprechung[119] und der Auffassung der Finanzverwaltung[120] ein beherrschender Gesellschafter, der gleichzeitig Geschäftsführer ist, sich an "seiner" österreichischen Kapitalgesellschaft mit einer erheblichen Kapitaleinlage zusätzlich still beteiligen würde, ohne dass eine Beteiligung an den stillen Reser-

---

[113] Zum Meinungsstand vgl. unter C.III.5
[114] Vgl. hierzu ausführlich *Schmidt*, IStR 1996, 217 ff.
[115] Dies bemängeln auch Knebel/Heidemann, EuZW 2008, 681 ff.
[116] Vgl. hierzu z. B. BFH v. 30. 5. 1990, I R 179/86, BStBl 1990 II 907; *Schaumburg* a. a. O. (oben Fn. 72), Rn. 16. 56 ff. mit zahlreichen weiteren Nachweisen; *Vogel* in Vogel/Lehner DBA, Einl. Rz. 101 ff.; *Wassermeyer* in: Mössner/Blumenwitz (Hrsg.), DBA und nationales Recht, 20 ff.
[117] Vgl. hierzu im Einzelnen *Schmidt*, IStR 1996, 217.
[118] Vgl. hierzu oben C.I.
[119] BFH v. 15. 12. 1992 a. a. O. (oben Fn. 33).
[120] H 15.8 EStR (1) Stichwort "Stiller Gesellschafter".

ven und am Geschäftswert eingegangen wird.[121] Denn die unmittelbare vermögensmäßige Beteiligung an der österreichischen Kapitalgesellschaft aufgrund der Stammeinlage des Gesellschafters ist von der schuldrechtlichen stillen Beteiligung zu trennen, auch wenn beide Beteiligungen Dividenden i. S. des Abkommens vermitteln.[122]

2. Auslegung des Begriffs "Forderung jeder Art" i. S. des Art. 11 Abs. 3 OECD-MA

Der Auffassung von *Wassermeyer* und *Piltz* kann nicht gefolgt werden, weil eine Beteiligung als atypischer stiller Gesellschafter keine "Forderung jeder Art" i. S. des Art. 11 Abs. 3 OECD-MA darstellt. Auch wenn der Gesellschafter nur schuldrechtlich beteiligt ist, rechtfertigt dies nicht die Annahme einer "Forderung jeder Art", wenn die Beteiligung eine (mit-)unternehmerische Stellung repräsentiert. Nur wenn das Abkommen den Begriff "Forderung jeder Art" in diesem Sinne verstehen wollte und dies auch tatsächlich im Wortlaut oder aus dem Vorschriftenzusammenhang zum Ausdruck käme, wäre eine Subsumtion unter Art. 11 OECD-MA zutreffend. Nachdem dies nicht der Fall ist, muss der Begriff nach der lex-fori-Klausel in Art. 3 Abs. 2 OECD-MA ausgelegt werden.[123] Nach deutschem Rechtsverständnis liegt aber keine Forderung jeder Art, sondern eine unternehmerische Betätigung vor. Damit ist nicht der Zinsenartikel, sondern der (subsidiäre) Unternehmensgewinneartikel einschlägig (Art. 7 Abs. 1 und 7 OECD-MA).[124]

Entsprechendes gilt aber auch im umgekehrten Fall. Beteiligt sich ein deutscher Anleger an einer US-amerikanischen Limited partnership in einer Weise, dass sie sich – vom wirtschaftlichen Ergebnis her – lediglich als typische stille Gesellschaft und somit nicht als (mit-)unternehmerische Beteiligung entpuppt, so fällt sie nicht unter den Unternehmensgewinneartikel (Art. 7 DBA BRD-USA), sondern unter den Zinsenartikel (Art. 11 DBA BRD-USA), da das Abkommen mit den USA die typische stille Gesellschaft nur deutschseits regelt (Art. 10 Abs. 5 DBA BRD-USA).[125]

3. Qualifikationsverkettung – insbesondere bei Thin-capitalization-rules

Dieses Ergebnis wäre nur dann zu modifizieren, wenn eine so genannte "Qualifikationsverkettung"[126] durch das Abkommen bestimmt wäre. Dies ist dann der Fall, wenn der Quellenstaat die Gewinnanteile des atypischen stillen Gesellschafters als Dividenden qualifiziert, weil nach Art. 10 Abs. 3 OECD-MA grundsätzlich seine Qualifikation auch für den Ansässigkeitsstaat des Gesellschafters bindend ist.[127] Die Einordnung als Dividenden ist jedoch nur dann möglich, wenn eine in einem Vertragstaat "ansässige Gesellschaft" gegeben ist. Dies ist bei einer gewöhnlichen stillen Gesellschaft jedoch nicht der Fall; sie stellt keine Gesellschaft i. S. des Abkommens (Art. 3 Abs. 1 Buchst. b OECD-MA) dar.[128]

---

[121] Vgl. hierzu im Einzelnen oben B. I.

[122] Vgl. hierzu auch BFH v. 4. 6. 2008 I R 62/06 BStBl. II 2008, 793.

[123] Vgl. hierzu ausführlich *Schmidt*, IStR 1996, 217 ff.

[124] Vgl. im Einzelnen *Schmidt*, IStR 1996, 220 m. w. N.

[125] Ebenso FG Nürnberg v. 25. 4. 1997, VII 39/94, EFG 1998, 24. Der BFH kommt in der Revisionsentscheidung zu diesem Urt. ebenfalls zu dem Ergebnis, dass der Unternehmensgewinneartikel nicht angewendet werden kann, lässt aber offen, ob Zinsen oder Dividenden i. S. des Abkommens vorliegen, vgl. BFH v. 24. 3. 1998, I R 83/97, BStBl 1998 II 601.

[126] Zu diesem Begriff *Burmester* a. a. O. (oben Fn. 1), S. 132 ff.; *Schaumburg* a. a. O. (oben Fn. 72), Rn. 16. 537; vgl. auch Wassermeyer in Debatin/Wassermeyer MA Art. 10 Rz 91 ff.

[127] Vgl. *Wassermeyer* in Debatin/Wassermeyer MA Art. 10 Rz. 91a m. w. N.

[128] Vgl. hierzu oben C. I. und *Wassermeyer* in Debatin/Wassermeyer MA Art. 10 Rz. 115.

Etwas anderes gilt aber bei einer atypisch stillen Einlage in eine ausländische Kapitalgesellschaft durch den an ihr beteiligten Gesellschafter. In diesem Fall würde eine für beide Vertragsstaaten verbindliche Qualifikation erfolgen (Qualifikationsverkettung), wenn der Quellenstaat die Gewinnanteile als Dividenden der Kapitalgesellschaft qualifiziert.

Generell entsteht dieses Problem, wenn der Quellenstaat Thin-capitalization-Regelungen besitzt.[129] Würde nämlich bei einer Kapitalgesellschaft & atypisch stille Gesellschaft die stille Gesellschaftseinlage aufgrund dieser Regelungen als Eigenkapital gewertet, weil die als angemessen angesehene Relation zwischen Eigenkapitel und Fremdkapital überschritten ist, und würde deshalb der Gewinnanteil als (verdeckte) Gewinnausschüttung an den Gesellschafter der GmbH angesehen, würden die Einkünfte unter Art. 10 OECD-MA fallen. Denn unter diese Vorschrift sind auch verdeckte Gewinnausschüttungen zu subsumieren.[130]

Dies ist inzwischen auch bei Auslandsengagements in den USA zu beachten. In der Vergangenheit wurde die atypisch stille Gesellschaft von der US-amerikanischen Finanzverwaltung als Partnership klassifiziert.[131] In einem Letter-Ruling vom 18. 6. 1993[132] hat der Internal Revenue Service entschieden, dass eine atypisch stille Gesellschaft jedenfalls dann keine Partnership sei, wenn die stille Beteiligung von einer ausländischen Mutterkapitalgesellschaft gegenüber ihrer US-amerikanischen Tochterkapitalgesellschaft eingegangen wurde.[133] Die Gewinnanteile der stillen Gesellschafterin wurden nach US-amerikanischem Steuerrecht als Dividenden gewertet, was für die abkommensrechtliche Einordnung über Art. 10 Abs. 4 Satz 1 DBA BRD-USA auch für Deutschland verbindlich ist.

4. Betriebsstättenbegründung des atypisch stillen Gesellschafters als Voraussetzung für die DBA-Freistellung

Nach nationalem Recht begründet der atypisch stille Gesellschafter im Quellenstaat eine Betriebsstätte, weil jeder Mitunternehmer eine Betriebsstätte an dem Ort innehat, an dem auch die Mitunternehmerschaft selbst eine Betriebsstätte unterhält.[134] Nach DBA bestimmt sich die Betriebsstätte nach Art. 5 OECD-MA. Versucht man aber die Frage, ob der atypisch stille Gesellschafter im Sitzstaat des Geschäftsherrn eine Betriebsstätte innehat, über Art. 5 OECD-MA zu lösen, so ergibt sich aus diesem Artikel selbst keine Antwort. Zwar verlangt der Artikel "eine feste Geschäftseinrichtung". Was aber damit über den in Art. 5 Abs. 2 OECD-MA enthaltenen Katalog und die in den Abs. 3 – 7 enthaltenen Konkretisierungen hinaus gemeint ist, bleibt unbestimmt. Insbesondere findet sich kein Hinweis darauf, ob eine dingliche Sachherrschaft erforderlich ist. Dies ergibt sich auch nicht aus dem Regelungszusammenhang des Abkommens. Es stellt sich deshalb die Frage, ob nicht als letztes Auslegungsmittel auf nationales Recht zurückgegriffen werden muss.

Nachdem das Abkommen den Betriebsstättenbegriff autonom definiert, kann für die Begriffsauslegung nur dann nationales Recht angewendet werden, wenn sich die im DBA zur Defi-

---

[129] Vgl. Fn. 60.

[130] Vgl. *Tischbirek* in Vogel/Lehner DBA, Art. 10 Rz. 202 f.

[131] Vgl. das Private Ruling Nr. 7935019 v. 29. 5. 1979 und die IRS Letter Rulings, Nr. 8012063 v. 27. 12. 1978 und Nr. 8309062 v. 29. 11. 1982 sowie *Ullmann-Czubak*, RIW/AWD 1980, 635.

[132] Vgl. LTR 9337017.

[133] Die entscheidende Passage des Letter-Rulings v. 18. 6. 1993 lautet: "The rights under the contract are attributes of the common stock of issuer, and are not separate from the stock for federal income tax purposes. Therefore, the contract does not form a partnership or association."

[134] Vgl. oben B. II.

nition des Betriebsstättenbegriffs verwendeten Begriffsbausteine ihrerseits nicht aus dem Abkommen heraus erklären lassen.[135] Dies ist bei dem Begriffsbaustein "feste Geschäftseinrichtung" in Art. 5 Abs. 1 Satz 1 OECD-MA der Fall. Gleichzeitig ist damit aber auch der Anwendungsbereich von Art. 3 Abs. 2 OECD-MA eröffnet, da es sich um einen nicht definierten **Ausdruck** handelt, der auch im nationalen Steuerrecht des Anwendestaates (BRD) bei den Steuern, für die das Abkommen gilt, verwendet wird.[136] Denn auch § 12 AO baut die Definition Betriebsstätte auf diesen Begriffsbaustein auf. Dies heißt: Für die Auslegung dieses Begriffsmoduls ist das nationale Recht des Anwendestaates maßgebend.

Damit würde die oben gefundene Lösung für das nationale Recht (ausnahmsweise) auf das Abkommensrecht durchschlagen. Für die Verfügungsmacht über die feste Geschäftseinrichtung ist es unerheblich, ob sie dinglicher, schuldrechtlicher oder faktischer Natur ist.[137] So ist es beispielsweise ausreichend, dass ein Mitarbeiter eines Unternehmens unter seinem Namen Räume anmietet, in denen dann der Betrieb des Unternehmens ausgeübt wird.[138] Letztlich wird auf wirtschaftliche (und nicht formaljuristische) Kriterien abgestellt.[139] Deshalb ist der ganz herrschenden Meinung zuzustimmen, die den (lediglich schuldrechtlich beteiligten) atypischen stillen Gesellschafter einem gesamthänderisch beteiligten Personengesellschafter gleichstellt und eine unmittelbare **dingliche** Berechtigung nicht fordert.[140] Somit kann auch der Auffassung, dass dem atypisch stillen Gesellschafter die Betriebsstätte des Geschäftsinhabers erst dann (mit-)zuzurechnen ist, wenn sein Einfluss deutlich über seine gesetzlichen Rechte (nach § 233 HGB) hinausgeht,[141] nicht gefolgt werden.

5. Vermeidung von Keinmal- und Doppelbesteuerungen aufgrund von Qualifikationskonflikten

Die Folge der vorstehenden Ausführungen ist es, dass aufgrund unterschiedlicher Einkünftequalifikation Doppelfreistellungen und Doppelbesteuerungen möglich sind. Zur Lösung dieser von den Vertragsparteien nicht gewollten Störung der "Behandlungsharmonie"[142] kommen folgende Instrumente in Betracht:

(1) Ausdrückliche Regelung, wie – für beide Seiten verbindlich – die atypische stille Gesellschaft im Abkommen einzuordnen ist. Als Beispiel seien hier die DBAs mit Österreich, Luxemburg und den Niederlanden genannt. Diese Lösung wird allerdings nur dann der Verhandlungsdelegation des anderen Vertragsstaats kommunizierbar sein, wenn er diese Gesellschafsform kennt.

---

[135] Vgl. *Görl* in Vogel/Lehner DBA, Art. 5 Rz. 8.

[136] Vgl. zum Anwendungsbereich des Art. 3 Abs. 2 OECD-MA und seinen Grenzen, *Vogel* in Vogel/Lehner DBA, Art. 3Rz. 98 ff.

[137] Vgl. *Schaumburg* a. a. O. (oben Fn. 72), Rn. 16. 238.

[138] Vgl. z. B. BFH v. 5. 10. 1977, I R 90/75, BStBl 1978 II 205.

[139] Vgl. *Görl* in Vogel/Lehner DBA, Art. 5 Rz. 16 m. w. N.

[140] Vgl. Nds. FG, Urt. v. 8. 11. 1990 a. a. O. (oben Fn. 39); *Knobbe-Keuk* a. a. O. (oben Fn. 52), 401 ff.; *Ruban*, DStZ 1995, 641; *Gassner/Pöllath* a. a. O. (oben Fn . 1), S. 377. Durch die Neuauslegung des Begriffs der „festen Einrichtung" seitens der OECD reicht bereits die Nutzungsmöglichkeit im Rahmen eines Auftragsverhältnisses, um die Räume des Auftraggebers zur Betriebsstätte des Auftragnehmers werden zu lassen („unechte Dienstleistungsbetriebsstätte", vgl. OECD-MK 2003 Ziff. 4.5 zu Art. 5; *Görl* in Vogel/Lehner DBA, Art. 5 Rz. 22;*Eckl*, IStR *2009, 510; Bendlinger, SWI 2006, 358.*

[141] Vgl. *Müller*, IStR 1996, 273.

[142] *Debatin*, BB 1989, Beil. 2, 8.

(2) Man bedient sich der Möglichkeit einer generellen Qualifikationsverkettung.[143] Dieses Problem lässt sich aber nicht de lege lata (de pacto lato) lösen. Erforderlich ist vielmehr, dass eine entsprechende Regelung in die konkreten Abkommen aufgenommen wird.[144] Denkbar wäre auch, dass die BRD – zumindest für den Fall, dass sie der Ansässigkeitsstaat ist – durch eine einseitige nationale Norm eine solche Qualifikationsverkettung festschreibt. Nach bisher herrschender Auffassung[145] ist ein solches Tready overriding zwar ein (nicht justiziabler) Verstoß gegen das Völkerrecht, aber dennoch als noch speziellere Vorschrift zum DBA, welche den Vorrang des Abkommens nach § 2 AO durchbricht, zu beachten.[146]

(3) Implementierung von Switch-over-Klauseln, wie es ohnehin schon gängige Praxis für die neueren Abkommen ist.[147]

(4) Die deutsche Finanzverwaltung orientiert sich im BMF-Schreiben vom 16. 4. 2010[148] an die Auslegungsgrundsätze des OECD-Partnership-Reports Danach wäre der Methodenartikel immer dann einschränkend auszulegen und die Freistellungsmethode zu versagen, wenn der andere Staat (Quellenstaat) aufgrund unterschiedlicher Qualifikation der Personengesellschaft nach seinem innerstaatlichen Recht und bei zutreffender Abkommensanwendung zu einer Nichtbesteuerung der Gewinnanteile des atypischen stillen Gesellschafters käme.[149] Nachdem der OECD-Partnership-Report und die daraus folgende Änderung des OECD-Musterkommentars nach h. M.[150] nur für die Auslegung von Abkommen Auslegungshilfe sein, die nach der Änderung des Kommentars abgeschlossen wurden,[151] ist die von der Finanzverwaltung vorgesehene undifferenzierte Anwendung auf alle Abkommen unzutreffend und kann bei einer Nichtbesteuerung im Quellenstaat nicht zu einer Verhinderung "weißer Einkünfte" führen. Fraglich ist des Weiteren, ob der OECD-Partnership-Report und die Änderungen des OECD-Kommentars überhaupt für die (atypische) stille Gesellschaft gelten. In der Anlage III des OECD-Partnership-Reports, in der die Rechtsformen der beteiligten Länder beschrieben sind, findet sich die (atypisch) stille Gesellschaft nur bei Österreich und Deutschland. Die (Nicht-)Erwähnung bei den anderen Ländern ist aber nicht entscheidend.

---

[143] Vgl. hierzu auch *Wassermeyer* a. a. O. (oben Fn. 69), MA, Art. 100, Rz. 115.

[144] So auch *Burmester* a. a. O. (oben Fn. 1), 135.

[145] Inzwischen hat sich eine starke Meinung gebildet, die insbesondere einen Verfassungsverstoß annimmt, wenn das Treaty Overriding über eine bloße Missbrauchsverhinderung hinausgeht, vgl. *Vogel* in Vogel/Lehner, DBA, 5. Aufl., Einl. Rz. 204; *Gosch*, Über das Treaty Overriding: Bestandsaufnahme – Verfassungsrecht – Europarecht, IStR 2008, 413 ff.; *Stein*, Völkerrecht und nationales Steuerrecht im Widerstreit?, IStR 2006, 505; *Rust/Reimer*, Treaty Override im deutschen Internationalen Steuerrecht, IStR 2005, 843 und ferner insbesondere für die durch das JStG 2007 geschaffenen Vorschriften *Kempf/Bandl*, Hat Treaty Override in Deutschland eine Zukunft?, DB 2007, 1377.

[146] Vgl. BFH v. 13. 7. 1994 I R 120/93, BStBl II 1995, 129; *Vogel* in Vogel/Lehner DBA, Einl. Rz. 200 ff.; *Schaumburg* a. a. O. (oben Fn. 72), Rn. 16. 43.

[147] Vgl. die Abkommensübersicht bei *Prokisch* in Vogel/Lehner DBA, Art. 1 Rz. 136b; vgl auch *Grotherr*, IWB F. 3 Deutschland Gr. 2, 696 ff.; *Schaumburg* a. a. O. (oben Fn. 72), Rn. 16.136.

[148] BMF-Schreiben v. 16. 4. 2010, a. a. O. (Fn. 69) hebt BMF-Schreiben v. 28. 12. 1999, BStBl 1999 I 1121, Tz. 2, auf, vgl. hierzu auch *Schmidt*, IStR 2010, 414, Tz. 2.

[149] Vgl. OECD-Partnership-Report, Tz. 109 f.; vgl. hierzu im Einzelnen auch *Schmidt*, IStR 2001, 495 ff.

[150] Vgl. *Prokisch* in Vogel/Lehner Art. 1 Rz. 49; *Wassermeyer* a. a. O. (oben Fn. 69), MA Art. 1 Rz. 27c; Lang, IStR 2001, 536 ff.; Gosch, IStR 2008, 416; Schnitger, IStR 2002, 408

[151] Vgl. hierzu die differenzierende Betrachtung bei *Vogel*, SWI 2000, 106 ff., der allerdings den OECD-MK aufgrund zahlreicher, nur schwer verfolgbarer Änderungen für die Zeit ab 1992 nur als Meinung von Experten verstanden wissen will, die zwar die Steuerverwaltungsbehörden, nicht aber die Gerichte bindet.

Die Anlage III will den Mitgliedstaaten nur eine "Landkarte" in die Hand geben, die ihnen zur Orientierung dienen soll, wie der andere Staat die Gesellschaftsform qualifiziert. Eine abschließende Aufzählung kann – auch im Hinblick auf Rechtsentwicklungen und ggf. neue Rechtsformen – nicht gewollt sein. Man wird deshalb wohl davon ausgehen dürfen, dass Partnership-Report und OECD-Kommentar auch bei den anderen Ländern für die atypisch stille Gesellschaft gelten.[152] Es sind jedoch – wie bereits erwähnt –[153] die ausdrücklich im jeweiligen Abkommen verankerten Klauseln zur Verhinderung einer doppelten Nichtbesteuerung sowie § 50d Abs. 9 EStG zu beachten.

IV. Abkommensrechtliches Schachtelprivileg für Gewinnanteile aus einer typisch stillen Gesellschaft bei Kapitalgesellschaftsstrukturen

Wie bereits ausgeführt[154] gibt es eine Reihe von deutschen Abkommen, die Gewinnanteile aus einer typischen stillen Gesellschaft dem Dividendenartikel zuordnen.[155] Sollte in einem solchen Fall eine inländische Kapitalgesellschaft an einer ausländischen Kapitalgesellschaft qualifiziert beteiligt sein, so dass die Voraussetzungen des Schachtelprivilegs nach dem jeweiligen Abkommen vorliegen, stellt sich die Frage, ob der Gewinnanteil aus der stillen Beteiligung nach dem Methodenartikel des Abkommens als Schachteldividende freizustellen ist.

Beispiel:
Die D-GmbH ist an der Lux-S.A.R.L. zu 100 % beteiligt. Neben ihrer Beteiligung am Nennkapital der S.A.R.L. beteiligt sie sich atypisch still und erhält aus der stillen Beteiligung einen Gewinnanteil.

Nach Nr. 11 des Schlussprotokolls zum DBA Luxemburg zu den Artikeln 5, 7 und 13 ist der Gewinnanteil aus einer typisch stillen Beteiligung als Dividende (Art. 13 DBA Luxemburg) zu behandeln.[156] Ferner bestimmt Art. 20 Abs. 2 DBA Luxemburg (Methodenartikel), dass Dividenden von einer Kapitalgesellschaft an eine andere Kapitalgesellschaft ausgenommen sind, wenn letztere mindestens 25 % der Stimmrechte innehat.[157] Dies legt den Schluss nahe, dass die Freistellung auch für die abkommensrechtlich als Dividenden zu qualifizierenden Gewinnanteile aus der stillen Beteiligung gilt.[158] Da sich die Freistellung aus dem Abkommen und nicht aus § 8b Abs. 1 KStG ergibt, wäre des Weiteren die „Dividendenstrafe" des § 8b Abs. 5 KStG unbe-

---

[152] Wie dies *Krabbe* (IStR 1999, 591 f.) und die Finanzverwaltung (BMF-Schreiben v. 16. 4. 2010 a. a. O., vormals auch v. 28. 12. 1999 a. a. O. tun.

[153] Vgl. hierzu oben C.II.

[154] Vgl. oben unter C.I.

[155] Vgl. hierzu im Einzelnen die Übersicht bei *Tischbirek* in Vogel/Lehner DBA, Art. 10 Rz. 204.

[156] Wortlaut der Nr. 11: „*Wie ein Unternehmer wird ein stiller Gesellschafter behandelt, wenn mit seiner Beteiligung eine Beteiligung am Vermögen des Unternehmens verbunden ist. Ist dies nicht der Fall, so werden die Einkünfte aus der Beteiligung als stiller Gesellschafter als Dividenden (Artikel 13) behandelt.*"

[157] „*(2) ¹Von der Bemessungsgrundlage für die Steuer des Wohnsitzstaates werden die Einkünfte und Vermögensteile ausgenommen, für die nach den vorhergehenden Artikeln der andere Staat ein Besteuerungsrecht hat, es sei denn, dass Absatz 3 gilt. ²Die Steuer für die Einkünfte oder Vermögensteile, die dem Wohnsitzstaate zur Besteuerung überlassen sind, wird jedoch nach dem Satz erhoben, der dem Gesamteinkommen oder Gesamtvermögen der steuerpflichtigen Person entspricht. ³Bei Dividenden gelten die Sätze 1 und 2 nur für Dividenden, die einer Kapitalgesellschaft von einer Kapitalgesellschaft mit Wohnsitz in dem anderen Staat gezahlt werden, deren stimmberechtigte Anteile zu mindestens 25 v. H. der erstgenannten Gesellschaft gehören. ⁴Von der Bemessungsgrundlage des Wohnsitzstaates werden ebenfalls Anteile ausgenommen, deren Dividende nach Satz 3 von der Steuerbemessungsgrundlage auszunehmen sind oder bei Zahlung auszunehmen wären.*"

[158] Vgl. für die bisher h. M. *Rödder/Ritzer*, IStR 2006, 666 ff. m. w. N. entgegen *Fries*, IStR 2005, 805 ff.

achtlich. Der BFH ist in seiner Entscheidung vom 4.6.2008[159] dieser (bis dahin herrschenden) Auffassung nicht gefolgt. In einer auf den Sinn und Zweck der Abkommensregelung abstellenden Auslegung geht der BFH zwar von der Einheit des Dividendenbegriffs im Abkommen aus, der auch für die Gewinnanteile aus der stillen Beteiligung gilt. Gleichwohl unterscheidet er für die Anwendung von Art. 20 Abs. 2 DBA Luxemburg in Dividenden aus einer direkten Kapitalbeteiligung und „fiktive" Dividenden aus einer stillen Beteiligung kommt dann zum Ergebnis: „Allerdings wird nur eine „Teilmenge" dieser Dividenden, eben jene aus direkten Kapitalbeteiligungen, durch die „Schachtelfreistellung" des Art. 20 Abs. 2 Satz 3 DBA-Luxemburg privilegiert."[160] Die Finanzverwaltung vertritt im Schreiben vom 16. 4. 2010[161] ebenfalls die Auffassung, dass keine Freistellung für die Gewinnanteile aus der stillen Beteiligung zu gewähren ist. Im Übrigen ist § 50d Abs. 9 S. 1 Nr. 2 EStG zu beachten.

D. Einzelfragen

I. Die stille Gesellschaft als Verlustabzugsvehikel

Sowohl die typische als auch die atypische stille Gesellschaft kann dazu dienen, Auslandsverluste im Inland (Deutschland) zu verwerten. Die Abzugsmöglichkeit ist jedoch unterschiedlich.

1. Verlustabzug bei atypisch stiller Beteiligung

Häufig werden – wie bereits ausgeführt[162] – für das Auslandsengagement ausländische Tochterkapitalgesellschaften eingeschaltet. Dies führt – neben dem Nachteil einer zweiten Besteuerungsebene[163] – dazu, dass entstehende Verluste eingeschlossen bleiben und grundsätzlich nicht mit den inländischen Gewinnen in der deutschen Mutterpersonen- oder -kapitalgesellschaft verrechnet werden können. Eine Teilwertabschreibung auf die Beteiligung kommt nur in Betracht, wenn mit nachhaltigen Verlusten zu rechnen ist,[164] jedoch nicht bei Anlaufverlusten.[165] Die Anlaufphase wird von Rechtsprechung und Finanzverwaltung im Allgemeinen mit fünf Jahren angenommen.[166] Eine Organschaft (group taxation) ist nach geltendem deutschem Steuerrecht ebenfalls ausgeschlossen (§ 14 Satz 1 KStG). Es ist jedoch darauf hinzuweisen, dass der Inlandsbezug der deutschen körperschaftsteuerrechtlichen Organschaft bisher von der h. M. in Deutschland als europarechtswidrig angesehen wurde.[167]

---

[159] I R 62/06, BStBl II 2008, 793.

[160] Unter II.3.b); zur Kritik an der Entscheidung vgl. *Birker/Seidel*, BB 2009, S. 244 und *Teufel/Hasenberg*, IStR 2008, 724 ff.

[161] Unter Tz. 4.1.1.1.3.

[162] Vgl. oben A.II.

[163] Vgl. das Berechnungsbeispiel unter A.II.

[164] Nach dem BMF-Schreiben v. 25. 2. 2000, ist *„für die Wirtschaftsgüter des nicht abnutzbaren Anlagevermögens grundsätzlich darauf abzustellen, ob die Gründe für eine niedrige Bewertung voraussichtlich anhalten werden"*, BStBl. I 2000, S. 372, Tz. 11. Der BFH verlangt *„eine überwiegende Wahrscheinlichkeit für das Andauern der Wertminderung"*, BFH v. 26. 9. 2007, I R 58/06, BFH/NV 2008, 432.

[165] Vgl. hierzu im Einzelnen *Jacobs*, Internationale Unternehmensbesteuerung, 6. Aufl., S. 384.

[166] Vgl. BFH v. 27. 7. 1988, I R 104/84, BStBl 1989 II 274 m. w. N.

[167] Vgl. hierzu das Vertragsverletzungsverfahren der Europäischen Kommission (Az. 2008/4409, DB 2009, 653) gegen den doppelten Inlandsbezug bei Organgesellschaften nach § 14 Abs. 1 S. 1 KStG und die bei den Finanzgerichten Rheinland-Pfalz unter Az. 1 K 2406/07 und Niedersachsen unter Az. 6 K 406/08 anhängigen Fälle, vgl. zu letzterem Homburg, IStR 2009, 350 ff., sowie beispielsweise *Wagner*, IStR 2007, 650 ff.; *Esser*, Institut Finanzen und Steuern (IFSt-Schrift Nr. 450), Bonn 2008; *Mayr*, BB 2008, 1312 ff. Im

Aus diesem Grunde verbleibt dem deutschen Investor zunächst nur die Möglichkeit, eine (bloße) Betriebsstätte oder eine ihr von den steuerlichen Wirkungen her gleichgestellte Personengesellschaft im Zielstaat zu errichten, die einen Verlustimport unter den Voraussetzungen des § 2a Abs. 1 und 2 EStG ermöglicht. Dieses Ergebnis kann – unter formaler Aufrechterhaltung der Kapitalgesellschaft nach außen – auch erreicht werden, wenn sich der Gesellschafter (die Muttergesellschaft) **atypisch** still an der Auslandsgesellschaft beteiligt.[168] Sofern es sich hierbei um eine Mutter*personen*gesellschaft handelt, läuft der Verlust auf die Gesellschafterebene durch, so dass die Auslandsverluste beim Gesellschafter für den vertikalen und horizontalen Verlustausgleich zur Verfügung stehen.

Dies gilt allerdings nur im Fall von Nicht-DBA-Staaten oder von DBA-Staaten, bei denen das DBA generell[169] oder aufgrund eines nicht erfüllten Aktivitätsvorbehalts[170] lediglich die Anrechnungsmethode vorsieht. DBA´s mit Aktivitätsvorbehalten eröffnen diesbezüglich Gestaltungsspielräume, da es in der Praxis möglich sein kann, die Auslandsaktivitäten mit passiven Tätigkeiten „anzureichern", so dass die darauf entfallenden Einnahmen größer als 10% der Gesamteinnahmen der Betriebsstätte sind und damit diese die „aktiven" Einnahmen infizieren und insgesamt „passive" Einkünfte (Verluste) vorliegen.[171]

Im Fall einer Mutterkapitalgesellschaft, die sich an einer Tochterkapitalgesellschaft zusätzlich atypisch still beteiligt ist jedoch § 15 Abs. 4 S. 6-8 EStG zu beachten, der den Verlustabzug aus den laufenden Verlusten beschränkt.[172] Diese Vorschrift begegnet erheblichen verfassungsrechtlichen Bedenken.[173]

Sofern mit dem Zielstaat ein DBA abgeschlossen ist, das im konkreten Fall für Betriebsstättengewinne die Freistellungsmethode vorsieht, gilt demgegenüber die deutsche[174] Symmetriethese, die eine Verlustberücksichtigung – bei nach § 2a Abs. 2 EStG „aktiven" Einkünften – grundsätzlich nur im Rahmen des negativen Progressionsvorbehalts erlaubt. Bei einer atypisch stillen Beteiligung in einem EU-/EWR-Staat ist jedoch ein Abzug von der Bemessungsgrundlage im Stammhausstaat (Deutschland) europarechtlich geboten (Niederlassungsfreiheit), wenn der Verlust endgültig ist.[175]

Verfahren zur niederländischen Gruppenbesteuerung, die ebenfalls inlandsbezogen ist, sieht die Generalanwältin Kokott allerdings die Ungleichbehandlung als gerechtfertigt an, vgl. EuGH Az C-337/08, Stellungnahme der Generalanwältin vom 19. 11. 2009.

[168] Vgl. hierzu ausführlich *Strobl/Schäfer*, IStR 1993, 206 ff. und *Burmester* a. a. O. (oben Fn. 1), 124, 138 ff.

[169] So das neue Abkommen mit den VAE, vgl. Bayerisches Landesamt für Steuern, Verfügung vom 27. 1. 2009 - S 1301.2.174-2/2 St32/St33, IStR 2009, 144.

[170] Vgl. hierzu die Abkommensübersicht bei *Vogel* in Vogel/Lehner DBA, Art. 23 Rz. 16.

[171] Vgl. hierzu *Vogel* in Vogel/Lehner, 5. Aufl., Art. 23 Rn 74 ff. Zum Diskussionsstand der Berücksichtigung ausländischer Betriebsstättenverluste in Deutschland, vgl. *Richter*, IStR 2010, 1 ff.

[172] Vgl. auch BMF-Schreiben v. 19. 11. 2008, BStBl. I 2008, 970.

[173] Vgl. BFH v. 20. 10. 2010, I R 62/08, DStR 2010, S. 26.19 m. w. N. und *Blaurock*, Handbuch der stillen Gesellschaft, Tz. 22.210 f.; *Kessler/Reitsam*, DStR 2003, 315; *Kuck*, DStR 2003, 235; *Wagner*, INF 2003, 618; *Kirchhof/Reiß*, EStG, 4. Aufl., § 15 Rz. 624.

[174] Andere Länder folgen der Symmetriethese nicht und wenden die Freistellungsmethode nur auf Gewinne an, vgl. öVwGH v. 25. 9. 2001, IStR 2001, 754 mit Anm. *Wassermeyer*; Cour administrative von Luxemburg, v 10. 8. 2005 mit Anm. *Winandy* IStR 2005, 594). Der OECD-MK folgt der Symmetriethese ebenfalls nicht, sondern bemerkt, dass es auf das Recht des Anwendestaates ankommt und ggf. eine Regelung im Abkommen getroffen werden könnte (Tz. 44 zu Art. 23A/B OECD-MA).

[175] Vgl. BFH v. 17. 7. 2008 I R 84/04, DStR 2008, 1869 (= Schlussurteil zu Lidl Belgium, EuGH v. 15. 5. 2008 - C-414/06, DStR 2008, S. 1030) sowie EuGH v. 23. 10. 2008, - C-157/07 Krankenheim Ruhesitz am Wann-

Davon unabhängig kann in DBA-Fällen auf Basis der Grundsätze des OECD-Partnership-Reports[176] und des OECD-MK[177] bei atypischen stillen Gesellschaften ein Verlustabzug im Ansässigkeitsstaat (Deutschland) im Fall von Qualifikationskonflikten möglich sein. OECD-Partnership-Report und OECD-MK gehen davon aus, dass eine Freistellung durch den Ansässigkeitsstaat nicht gewährt werden muss, wenn keine Besteuerung der in Frage stehenden Einkünfte im Quellenstaat erfolgte und eine Doppelfreistellung drohen würde, sofern die Nichtbesteuerung auf eine zutreffende Anwendung des Abkommens zurückzuführen ist, sie sich also aufgrund unterschiedlicher Qualifikation der Personengesellschaft ergeben würde.[178] Dies führt nach Auffassung der Finanzverwaltung[179] dazu, dass immer dann, wenn der Quellenstaat die Einkünfte aus einer atypisch stillen Gesellschaft als Zinsen oder Dividenden qualifiziert, der Ansässigkeitsstaat des Gesellschafters (Deutschland) nicht die Freistellung gewähren muss. Damit sind aber umgekehrt Verlustanteile des atypischen stillen Gesellschafters ebenfalls nicht "freigestellt" und in Deutschland nach den allgemeinen Vorschriften des Einkommensteuerrechts abzugsfähig.[180] § 2a Abs. 1 Nr. 5 EStG greift nicht ein, weil diese Vorschrift nicht für atypische stille Gesellschaften gilt. Auch § 2a Abs. 1 Nr. 2 EStG ist nicht anwendbar, wenn der Aktivitätsvorbehalt des § 2a Abs. 2 EStG erfüllt ist. Geht man jedoch – mit der h. M.[181] – davon aus, dass die Neufassung des OECD-Kommentars nur für Abkommen gilt, die nach Abfassung der Kommentierung abgeschlossen wurden, ergäbe sich ein differenzierteres Ergebnis. Der Verlustabzug wäre in diesem Fall bei den Abkommen, die vor Neufassung des OECD-Kommentars abgeschlossen wurden insoweit nicht möglich.

2. Verlustabzug bei einer typisch stillen Beteiligung

Bei einer typisch stillen Beteiligung ist § 2a Abs. 1 Nr. 5 EStG zu beachten. Für EU-/EWR-Fälle wurde mit dem Jahressteuergesetz 2009 das Abzugsverbot bei Auslandsverlusten aus einer typisch stillen Gesellschaft für alle noch nicht bestandskräftigen Fälle[182] aufgehoben (§ 2a Abs. 1 Nr. 5, Abs. 2a EStG i. d. F. des JStG 2009). Damit kommt für die inländische Nutzung von Verlusten aus EU-/EWR-Staaten auch diese Variante der stillen Gesellschaft in Betracht. Denn nach überwiegender Meinung ist eine typisch stille Beteiligung (zwar) als Forderungsrecht in der Bilanz auszuweisen; die Verlustanteile sind jedoch als teilweiser Abgang einer Forderung gewinnmindernd zu behandeln.[183] Sollte die Beteiligung im Privatvermögen gehalten werden,

---

see, IStR 2008, S. 769, und ausführlich zum Problem der Berücksichtigung „endgültiger Verluste" *Gosch*, BFH-PR 2008, 490 und Cordewener, IWB F. 11 EU Gr. 2, 983 ff (2009). Die Finanzverwaltung hat allerdings einen Nichtanwendungserlass veröffentlicht, vgl. BMF v. 13. 7. 2009, BStBl. I 2009, 835.

[176] Application of the OECD Model Tax Convention to Partnerships, Issues in International Taxation No. 6, Paris 1999, nachstehend als OECD-Partnership-Report bezeichnet; *Schmidt*, IStR 2001, 489 ff.

[177] OECD-MK Ziffer 32.6 und 32.7 zu Art. 23.

[178] Vgl. hierzu im Einzelnen *Schmidt*, IStR 2001, 494 ff.

[179] Vgl. vormals BMF-Schreiben v. 28. 12. 1999, BStBl 1999 I 1121 (aufgehoben durch BMF-Schreiben v. 16. 4. 2010, siehe nachfolgend); OFD München, Vfg. v. 14. 2. 2000, IStR 2000, 222. BMF-Schreiben v. 16. 4. 2010 (vgl. oben Fußnote 69), Tz. 4.1.1.1.3; vgl. hierzu auch *Krabbe*, IStR 1999, 592.

[180] Vgl. *Krabbe*, IStR 1999, 592. Nach h. M. ist diese Auffassung allerdings abzulehnen soweit sie bereits für die Auslegung von Abkommen gelten soll, die vor Änderung des OECD-Kommentars abgeschlossen wurden, vgl. hierzu unten D. I. 1.

[181] Vgl. hierzu vorst. unter C. III. 5 und *Schmidt*, IStR 2001, 496 f.

[182] Vgl. § 52 Abs. 3 S. 2 und 3 EStG i. d. F. des JStG 2009.

[183] Vgl. *Schmidt/Glanegger* EStG, 27. Aufl., § 6 Rz 250 „stille Gesellschaft"; *Kessler/Reitsam*, DStR 2003, 316; Groh, BB 1993, 1892; *Behrens/Karkowksi*, DB 2001, 1061; *Schulze zur Wiesch*, FS Budde, 595; demgegenüber soll nach einer anderen Auffassung ein Verlustabzug erst möglich sein, wenn eine Teilwertab-

liegen Werbungskosten (§ 9 EStG) im Rahmen der Einkünfte aus Kapitalvermögen (§ 20 Abs. 1 Nr. 4 EStG) vor.[184] Zu beachten ist jedoch, dass die §§ 20 Abs. 9 S. 1 HS 2, 2 Abs. 2 S. 2 EStG i. d .F. UntStReformG grundsätzlich den Abzug von Werbungskosten über den Sparer-Pauschbetrag hinaus verbieten. Nachdem spätere Gewinnanteile selbst dann (abgeltung)steuerpflichtig wären, wenn sie der stille Gesellschafter sich nicht auszahlen lassen kann, weil sie der Wiederauffüllung der Einlage dienen,[185] würde dies einen (weiteren)[186] Verstoß gegen das objektive Nettoprinzip darstellen. Allerdings ist fraglich, ob ein solches Werbungskostenabzugsverbot für Verlustanteile aus typisch stillen Gesellschaften tatsächlich besteht. § 20 Abs. 1 Nr. 4 S. 2 EStG bestimmt nämlich, dass auf Verlustanteile des typischen stillen Gesellschafters § 15 Abs. 4 S. 6 - 8 EStG und § 15a EStG entsprechend anzuwenden sind; dies könnte darauf schließen lassen, dass das generelle Abzugsverbot des § 20 Abs. 9 S. 1 EStG für Verlustanteile stiller Gesellschafter nicht gilt.[187] Die Finanzverwaltung erlaubt deshalb m. E. zu Recht – unabhängig davon, ob der stille Gesellschafter eine nahestehende Person i. S. des § 32d Abs. 2 Nr. 1 EStG ist – den Abzug des Verlustes als negative Einnahmen nach § 20 Abs. 1 Nr. 4 EStG.[188]

Nachdem § 15 Abs. 4 S. 6-8 EStG für eine typische stille Beteiligung sinngemäß gilt (§ 20 Abs. 1 Nr. 4 S. 2 EStG),[189] ist auch bei dieser Variante bei doppelstöckigen Kapitalgesellschaftsstrukturen der Verlustabzug beschränkt.[190]

II. Gezielte Gewinn- und Verlustzuweisung

Die stille Gesellschaft muss sich nicht über das gesamte Handelsgeschäft erstrecken. Möglich ist auch, dass sich eine Person oder Personengruppe nur am Gewinn eines bestimmten Geschäftsbereiches beteiligt.[191]

Für die internationale Steuerplanung besteht mit der partiellen stillen Gesellschaft ein Instrument, Gewinne (und auch Verluste) gezielt einzelnen Gesellschaftern zuzuweisen bzw. für die Außenfinanzierung gezielt Kapitalgeber zu suchen, die ein Anlageinteresse nur an einzelnen Geschäftsbereichen haben. So wäre es beispielsweise möglich, Anleger nur an einer bestimmten Auslandsniederlassung zu beteiligen.[192] Damit ist die stille Gesellschaft geeignet, ein finanzwirtschaftliches Bedürfnis zu erfüllen, das in den USA mit den "Tracking stocks" oder "Alphabeten-Aktien"[193] abgedeckt wird.[194] Dies kann für Produktneuentwicklungen oder für Joint ventures

---

schreibung aufgrund einer dauerhaften Wertminderung zulässig ist, vgl. *Hense*, Die stille Gesellschaft im handelsrechtlichen Jahresabschluss, Diss. Münster 1990, 386.

[184] Vgl. BFH v. 10. 11. 1987, VIII R 53/87, BStBl. II 1988, 186; *Schmidt/Heinicke* § 20 EStG, Rn. 143.

[185] Vgl. BFH v. 24. 1. 1990, I R 55/85, BStBl. II 1991, 147; BFH v. 24.01.1990, I B 110/88, BFH/NV 1991, 683.

[186] Bereits das Verbot des Werbungskostenabzugs nach § 20 Abs. 9 S. 1 EStG stellt einen solchen Verstoß dar, vgl. hierzu z. B. *Dinkelbach*, Offene Fragen und Ungereimtheiten bei Kapitaleinkünften nach der Unternehmensteuerreform, DB 2009, S. 870 – 875.

[187] Vgl. *Johannemann*, in; Lüdike/Sistermann (Hrsg.), Unternehmenssteuerrecht, München 2008, § 10, Rz. 10.

[188] Vgl. BMF-Schreiben v. 22. 12. 2009, BStBl. I 2010, 94 (Rn. 4).

[189] Vgl. hierzu auch BMF-Schreiben v. 19. 11. 2008, BStBl. I 2008, S. 970 (Rn. 13).

[190] Zur Kritik vgl. vorstehend unter D.I.1. (Fn. 169).

[191] Vgl. BFH v. 5. 12. 1995, I R 109/94, DStR 1996, 463; *Blaurock* a. a. O. (oben Fn. 1), Rn 7.3. Zu den steuerlichen Risiken und Auswirkungen auf die Gewinnermittlung, vgl. *Pyszka*, DStR 2003, 857

[192] Vgl. hierzu *Schmidt*, IStR 1996, 215.

[193] Vgl. hierzu etwa *Flick*, IStR 1995, 231; *Kessler/Schürner*, WPg 2001, 1041 ff.

interessant sein.[195] Zu beachten ist aber, dass eine stille Beteiligung an einer AG einen Teilgewinnabführungsvertrag darstellt und damit nach ganz h. M. die formalen Erfordernisse für Unternehmensverträge einer AG (§ 292 Abs. 1 Nr. 2 AktG) zu beachten sind; d. h. es bedarf der Zustimmung der Hauptversammlung und der Eintragung ins Handelsregister.[196] Fraglich ist, ob bei einer stillen Beteiligung an einer GmbH diese Grundsätze analog zu beachten sind. Dies wird nach bisheriger h. M. verneint.[197]

E. Zusammenfassung

Die stille Gesellschaft stellt für die internationale Steuerplanung deutscher Unternehmen ein interessantes Instrument zur Optimierung des grenzüberschreitenden unternehmerischen Engagements dar. Dies gilt uneingeschränkt für den Gewinnfall, wobei hier insbesondere die atypische stille Gesellschaft bei mittelständischen Gesellschaftsstrukturen helfen kann, steuerfreie Betriebsstättengewinne zu vermitteln, wenn eine ausländische Personengesellschaft aus rechtlichen oder wirtschaftlichen Gründen nicht möglich ist oder weil das ausländische Gesellschaftsrecht eine Mischform wie die GmbH & Co KG nicht kennt. Aber auch in Verlustfällen können typische und atypische stille Beteiligungen interessant sein. Hier ist allerdings eine differenzierte Betrachtung nötig, welche die innerstaatlichen, die abkommensrechtlichen und die europarechtlichen Einschränkungen beachtet. Durch ihre flexible Ausgestaltung ergeben sich nicht zuletzt auch in finanzwirtschaftlicher Hinsicht interessante Gestaltungsspielräume, wenn sich ein Anleger etwa nur an dem Erfolg einzelner Geschäfte oder Unternehmensbereiche beteiligen möchte.

---

[194] Vgl. hierzu auch *Schmidt*, IStR 1996, 215; *Breuninger/Prinz*, DStR 1996, 1764; *Pyszka*, DStR 2003, 857.
[195] Zur ähnlichen Einschätzung gelangen auch *Breuninger/Prinz*, DStR 1996, 1764.
[196] Vgl. OLG Celle v. 22.9.1999, AG 2000, 280 sowie die Nachweise bei *Hüffer*, AktG, 8. Auflage, München 2008, § 292 Rn. 15.
[197] Vgl. hierzu im Einzelnen *Blaurock* a. a. O. (oben Fn. 1), Rn. 9.59 ff.; *Weigl*, GmbHR 2002, 778, Schmidt-Ott, GmbHR 2001, 182; *ders.*, GmbHR 2002, 784, *Jebens*, BB 1996, 701 ff. m. w. N.

4. Steuersystematische Analyse der Aktivitätsvorbehalte in deutschen DBA als Basis internationaler Steuergestaltungsüberlegungen

von Dipl.-Kfm. Prof. Dr. Stefan Köhler, Steuerberater, Frankfurt/Steinbach[*]

Inhaltsübersicht

A. Einleitung/Grundlagen
   I. Zielsetzung und Wirkungsweise von Aktivitätsvorbehalten
   II. Rechtsqualität
B. Analyse der Aktivitätsvorbehalte in deutschen DBA
   I. Anwendungsbereich
   II. Inhalt der Aktivitätsklauseln
C. Umfang der Anrechnung bei Übergang zur Anrechnungsmethode
D. Steuerplanerische Implikationen
   I. Rechtsform und Interessen der beteiligten Steuerinländer
   II. Ertragssituation
   III. Dokumentationsvorsorge: Nachweisproblematik
   IV. Optimierung von Strukturen

Literatur:

Kaminski, Aktivitätsvorbehalte und ihre Bedeutung für die DBA-Anwendung, StuW 2007, 275 ff; *Grotherr*, Sperren und Risiken für Outbound-Steuergestaltungen auf Grundlage von Abkommensvergünstigungen, IWB F. 3, Gr. 1, S. 2309; *ders.*, Vorbehaltsklauseln in den deutschen Doppelbesteuerungsabkommen IWB F. 3 Gr. 2 S. 643; *ders.*, Zweifelsfragen bei der Anwendung der Rückfallklauseln ("subject to tax clause") gem. DBA, welche Einkünfte sind bei Nichtbesteuerung in einem DBA-Staat trotz Vereinbarung der Freistellungsmethode im Inland steuerpflichtig? IWB F. 3 Gr. 2 S. 689; *Haas*, Die Gewerbesteuerpflicht von Dividenden aus Streubesitz nach § 8 Nr. 5 GewStG und ihre Auswirkungen auf 100 %ige Beteiligungen, DB 2002, 549; **Köhler**, Entwurf eines Gesetzes zur Änderung des Außensteuergesetzes und anderer Gesetze (AStÄG) – Überblick und erste kritische Anmerkungen –, DB 1998, 481 ff.; *ders.*, Aktuelles Beratungs-Know-how Internationales Steuerrecht, Rechtsstand Oktober 2002, DStR 2002, 1341 ff.; *Krawitz/Büttgen-Pöhland/Hick*, Aktivitätsvorbehalte bei Einkünften aus ausländischen Kapitalgesellschaften und Betriebsstätten, FR 2003, 109; **Kröner/Köhler**, Änderungen in § 8b KStG: Standortsicherung im Rückwärtsgang, IStR 1999, 268; **Vesely/Schneider/Behrens**, Zur Frage der Abzugsfähigkeit durch Auslandsbeteiligungen mit DBA-Schachtelprivileg verursachter Kosten, IStR 1996, 99 ff.; *Wassermeyer*, Der Wirrwarr mit den Aktivitätsklauseln im deutschen Abkommensrecht, IStR 2000, 65; *Weber-Grellet*, Auf den Schultern von Larenz: Demokratisch – rechtsstaatliche Rechtsanwendung und Rechtsfortbildung im Steuerrecht, DStR 1991, 438 ff.

A. Einleitung/Grundlagen

I. Zielsetzung und Wirkungsweise von Aktivitätsvorbehalten

Ausgehend vom Grundsatz der Kapitalimportneutralität (Wettbewerbsneutralität im Zielstaat der Investition) sollen deutsche Auslandsinvestitionen nicht (zusätzlich) durch das – jedenfalls in der Vergangenheit – im Vergleich häufig deutlich höhere deutsche Steuerniveau belastet werden. Entgegen dem nationalen Steuerrecht (Welteinkommensprinzip) beschränken daher die deutschen DBA das deutsche Besteuerungsrecht insbesondere für Gewinne aus ausländischen Betriebsstätten und Dividenden aus sog. ausländischen Schachtelbeteiligungen (seit 2001/2002 gem. § 8b Abs. 1 KStG auch nach nationalem Recht befreit). Diese werden grundsätzlich unter Anwendung der Freistellungsmethode in Deutschland nicht besteuert.[1] Es erfolgt insoweit eine Besteuerung ausschließlich im Quellen- bzw. Belegenheitsstaat.[2]

---

[*] Partner der Ernst & Young, Wirtschaftsprüfungsgesellschaft GmbH, Eschborn/Frankfurt/M.
[1] Insoweit ist ergänzend allerdings § 8b Abs. 5 KStG beachtlich.
[2] Bei natürlichen Personen ist zusätzlich der Progressionsvorbehalt beachtlich.

Aktivitätsvorbehalte durchbrechen (partiell) das Prinzip der Freistellung durch DBA. Der Verzicht auf ein deutsches Besteuerungsrecht wird (neben sog. "Missbrauchsklauseln", "Rückfallklauseln", "Subject-to-tax-Klauseln")[1] in einer immer größeren Reihe von (jüngeren) DBA's durch die auch als "Produktivitätsklauseln" bezeichneten Bestimmungen zurückgedrängt.[2] Es werden abschließend bestimmte Aktivitäten enumeriert, die als begünstigt i. S. des jeweiligen DBA qualifizieren (Freistellungsmethode). In negativer Abgrenzung hierzu gelten alle weiteren Einkünfte, die nicht unter den Aktivitätskatalog subsumiert werden können, als "passiv" oder "unproduktiv". Diese Einkünfte unterliegen generell oder bei Überschreiten gewisser Freigrenzen der deutschen Besteuerung (Übergang zur Anrechnungsmethode). U. U. büßen sogar daneben erzielte aktive Einkünfte ihre Präferenz (Freistellungsmethode) ein, soweit die passiven Einkünfte bestimmte Grenzen übersteigen (sog. Infektionswirkung).

Diese Grundsätze gelten uneingeschränkt bis einschließlich Veranlagungszeitraum 2000. Durch Inkrafttreten des Steuersenkungsgesetzes wurde für den Bereich der Körperschaftsteuer ein umfassendes, auf nationalem Recht basierendes, Schachtelprivileg für empfangene Dividenden eingeführt (§ 8b Abs. 1, 2 KStG), welches grundsätzlich im Kapitalgesellschaftskonzern die Freistellung sowohl im nationalen als auch internationalen Kontext vorsieht und damit von den bislang maßgeblichen Normen der DBA abkoppelt. Weder die Existenz eines DBA, noch die Erfüllung einer Mindestbeteiligungsquote oder Aktivitätsklausel sind damit für die körperschaftsteuerliche Befreiung im Kapitalgesellschaftskonzern bedeutsam. Dividenden sind für Körperschaftsteuerzwecke generell freigestellt, es erfolgt lediglich die Heranziehung i. H. v. 5 % gem. § 8b Abs. 5 S. 1 KStG. Insoweit besitzen die Aktivitätsklauseln der DBA keine praktische Bedeutung mehr[3].

Aufgrund der Abkoppelung der gewerbesteuerlichen Behandlung (§ 8 Nr. 5 GewStG) von Dividenden bleibt es für Zwecke der Gewerbesteuer z. T. bei der Relevanz von Aktivitätsklauseln (Drittstaaten). Gem. § 8 Nr. 5 Satz 1 GewStG werden ausländische Dividendenbezüge nur dann von der inländischen Besteuerung mit Gewerbesteuer frei gestellt, wenn sie den Anforderungen des § 9 Nr. 7 GewStG genügen. Gem. § 9 Nr. 7 Satz 1, 1 Hs. GewStG muss bei Vorliegen einer Mindestbeteiligung von mindestens 15 % der Bruttoertrag der ausschüttenden ausländischen Gesellschaft ausschließlich oder fast ausschließlich aus unter § 8 Abs. 1 Nr. 1–6 des AStG fallenden Tätigkeiten bezogen werden bzw. aus sog. Landes- oder Funktionsholdings. Diese Einschränkungen gelten allerdings nicht für Gesellschaften i. S. d. Mutter-Tochter-Richtlinie (§ 9 Nr. 7 Satz 1, 2. Hs. GewStG). Darüber hinaus kann eine Freistellung unter den DBA gegeben sein, wobei die Mindestbeteiligungsquote in diesem Fall gem. § 9 Nr. 8 GewStG unilateral auf 15 % abgesenkt wird. Im Rahmen des § 9 Nr. 8 GewStG sind wiederum die rein abkommensrechtlichen Aktivitätsklauseln von Bedeutung[4]. Es wird z. T. strittig diskutiert, ob § 8 Nr. 5 GewStG den DBA vorginge (m. E. abzulehnen)[5].

---

[1] Vgl. eine Übersicht zu derartigen Klauseln in Vfg. OFD Frankfurt v. 18. 12. 1998, S 1301 A – 55 – St III 1a, DStR 1999, 501; hinsichtlich der getroffenen rechtlichen Würdigung in diesem Schreiben sind allerdings gewisse Bedenken anzumelden. Des Weiteren hierzu BFH v. 27. 8. 1997, I R 127/95, IStR 1998, 83; sowie *Grotherr*, IWB F. 3 Gr. 2 S. 689; *ders.*, IWB F. 3 Gr. 2 S. 643.

[2] Eine unvollständige Übersicht über die relevanten DBA liefert z. B. eine Vfg. der OFD-Münster v. 25. 9. 1998, S 1301 – 18 – St 22 – 34, IStR 1999, 81. Eine Detaildarstellung liefern *Flick/Wassermeyer* in: Flick/Wassermeyer/Baumhoff, Außensteuerrecht, § 10, Anh. 2.

[3] Vgl. auch BFH-Urteil v. 14.01.2009, I R 47/08, BFH/NV 2009, S. 854.

[4] Vgl. *Haas*, DB 2002, 549.

[5] Vgl. *Köhler*, DStR 2002, 1341 ff. Vgl. auch *Gosch* in: Blümich, EStG/KStG/GewStG, § 8 Nr. 5 GewStG, Rz. 576.

Köhler

Die unilaterale Freistellung von Dividenden und Veräußerungsgewinnen nach § 8b KStG erfasst nur Direktinvestitionen in ausländische Kapitalgesellschaften. Die Besteuerung ausländischer Betriebsstätten oder Personengesellschaften bzw. der gewerbesteuerliche Bezug von Drittlandsdividenden bleibt dagegen unverändert differenziert. Insbesondere sind weiterhin die Existenz eines DBA sowie die Erfüllung und Nachweis der Aktivitätsvoraussetzungen zu prüfen. In diversen Bereichen bleiben damit die formalen und materiellen Voraussetzungen zur Erzielung steuerfreier Auslandserträge in der vollen Komplexität erhalten. Soweit allerdings ausländische Betriebsstätten oder Personengesellschaften ihrerseits Dividenden oder Veräußerungsgewinne aus nachgeschalteten Kapitalgesellschaften beziehen, sollten auch diese Erträge gem. § 8b Abs. 1, 2 i. V. m. Abs. 6 KStG von der Körperschaftsteuer befreit sein. Auf eine DBA-Befreiung kommt es insoweit nicht an. Unter Umständen können derartige Erträge allerdings die oben beschriebene Infektionswirkung, also Wegfall der Befreiung des "eigenen" Betriebsstätten-/Personengesellschaftsergebnisses bewirken. Im Ergebnis mag sich dem Betrachter damit die Frage stellen, ob eine derartig ungleiche Behandlung noch als steuersystematisch vertretbar erscheint.

Bei den Aktivitätsvorbehalten handelt es sich um objektive Tatbestände. Es wird nicht darauf abgestellt, ob ein Missbrauch vorliegt oder zu vermuten ist. Es ist ebenfalls nicht Voraussetzung, dass ein Steuervorteil entsteht oder die Steuerlast bzw. der Steuersatz im Ausland das inländische Niveau unterschreitet. Selbst wenn die Gesamtbelastung im ausländischen Zielstaat der Investition das inländische Vergleichsniveau übersteigt, hat dies keinen Einfluss auf die Anwendbarkeit des Aktivitätsvorbehalts.[6]

Soweit Aktivitätsvorbehalte einer steueraggressiven, d. h. künstlichen Einkunftsverlagerung entgegentreten, muss der Normzweck in diesen engen Grenzen akzeptiert werden. Aufgrund der Komplexität, Vielfältigkeit, den bestehenden Auslegungsproblemen sowie insbesondere fehlender Zielgerichtetheit – d. h. Lückenhaftigkeit – der Aktivitätsklauseln sind die bestehenden Regelungen allerdings stark änderungsbedürftig. Im Hinblick darauf, dass Aktivitätsklauseln Bestandteil bilateraler, völkerrechtlicher Verträge sind, dürfte jedoch mit einer bilateralen, kurzfristigen Straffung und Harmonisierung kaum zu rechnen sein.[7] Für den Rechtsanwender bedeutet dies, sich mit einer in sich wenig abgestimmten und bislang wenig kommentierten Materie beschäftigen zu müssen. Die nachfolgenden Ausführungen möchten durch kritische Analyse und Praxishinweise dem Rechtsanwender ein "Wegweiser durch den Dschungel der Aktivitätsklauseln" sein.

II. Rechtsqualität

Die Aktivitätsklauseln sind Teil der DBA. DBA begründen spezielles Völkerrecht.[8] Nach Paraphierung, Unterzeichnung, Beschlussfassung der Bundesregierung wird mittels Zustimmungsgesetz gem. Art. 59 Abs. 2 GG die innerstaatliche Anwendbarkeit durch Transformation bewirkt. Der völkerrechtliche Vertrag ist dadurch als innerstaatliches Recht zu beachten.

Die Aktivitätsklauseln sollten generell im sog. Methodenartikel (Art. 23 OECD-MA) enthalten sein. Da Aktivitätsklauseln nichts anderes als den Übergang von der Freistellungs- zur Anrech-

---

[6] Ob in dieser Situation allerdings überhaupt eine zusätzliche deutsche Belastung eintritt, hängt von der inländischen Gewinn- bzw. Verlustsituation sowie vom Umfang der Anrechenbarkeit ausländischer Steuern ab.
[7] Es sollte zumindest im Rahmen von Neu- und Änderungsverhandlungen dieser Aspekt berücksichtigt werden.
[8] Vgl. *Wassermeyer* in: Debatin/Wassermeyer, DBA, Vor Art. 1 MA, Rz. 9.

nungsmethode bewirken, ist dies Teil der Methodik zur Vermeidung der Doppelbesteuerung. In der Praxis der deutschen Abkommen ist allerdings die kaum noch als Ausnahme zu bezeichnende "Unsitte"[9] verbreitet, die Aktivitätsklauseln nicht im eigentlichen[10] Abkommen zu regeln, sondern in Protokollen, Schlussprotokollen, Brief- oder Notenwechseln zu "verstecken". Zwar werden Passagen, die nicht unmittelbar im Haupttext erfasst sind, häufig für weniger wichtig erachtet[11], doch ändert dies nichts an deren gesetzmäßiger Wirksamkeit. Da auch Schlussprotokolle, Brief- und Notenwechsel als Teil des deutschen Zustimmungsgesetzes verabschiedet werden, sind sie Teil des geltenden deutschen Steuerrechts.[12] Daneben sind auch Präambeln, Protokolle und Urkunden, die sich auf den Vertrag beziehen und von einem Vertragsstaat anlässlich des Vertragsabschlusses abgefasst und von dem anderen entgegengenommen wurden, zu berücksichtigen. Dies gilt selbst dann, wenn Protokolle nicht Gegenstand des Zustimmungsgesetzes waren.[13]

Es ist der diesbezüglich gemachten Kritik uneingeschränkt zuzustimmen, wonach sich der Rechtsanwender "gelinkt"[14] fühlen muss, da die relevanten Schriftwechsel, Noten oder Protokolle im Hinblick auf passive Einkünfte das Gegenteil dessen normieren (Anrechnung), was der eigentliche Abkommenstext vorsieht (Freistellung).

Für die Praxis der DBA-Anwendung ist es daher von großer Bedeutung, nicht nur stets den Abkommenstext, sondern auch alle Zusatzvereinbarungen kritisch hinsichtlich Existenz, Art und Umfang eines Aktivitätsvorbehalts zu prüfen.

B. Analyse der Aktivitätsvorbehalte in deutschen DBA

I. Anwendungsbereich

Die wichtigsten Anwendungsfälle für die Aktivitätsklauseln liegen in folgenden Bereichen der Ertragbesteuerung[15]:

- Einkünfte einer ausländischen Betriebsstätte,
- Einkünfte einer ausländischen Personengesellschaft,
- Dividenden aus Schachtelbeteiligungen (ab 2001 nur noch für die Gewerbesteuer),
- Gewinne aus der Veräußerung unbeweglichen Betriebsstättenvermögens,
- Gewinne aus der Veräußerung beweglichen Vermögens, das Betriebsvermögen einer ausländischen Betriebsstätte darstellt,
- Sonderregelungen für die fiktive Anrechnung ausländischer Steuern.

---

[9] Vgl. *Wassermeyer*, a. a. O., MA Art. 23 A Rn. 54.
[10] Vgl. *Wassermeyer*, IStR 2000, 65 ff.
[11] Vgl. *Vogel*, DBA, Einleitung Rn. 31, 36.
[12] Vgl. *Wassermeyer*, a. a. O., MA Art. 23 A Rn. 54.
[13] Vgl. BFH v. 6. 2. 1991, I R 125/90, BFHE 164, 29, 33. Hier wurde das Verhandlungsprotokoll v. 18. 6. 1971 zum DBA-Schweiz für verbindlich erklärt, obwohl es nicht Gegenstand des Zustimmungsgesetzes war. Vgl. *Wassermeyer*, a. a. O., MA Art. 3 Rn. 77.
[14] Vgl. *Wassermeyer*, a. a. O., MA Art. 23 A Rn. 54.
[15] Vgl. *Grotherr* in: Gosch/Kroppen/Grotherr, DBA, Art. 23 A/23 B OECD-MA Rn. 66; *ders.*, IWB F. 3, Gr. 1, S. 2309.

II. Inhalt der Aktivitätsklauseln
1. Art der Einkünfte
a) Originärer Aktivitätskatalog: Eigene Definition aktiver Tätigkeiten

Die DBA-Aktivitätsklauseln dieser Fallgruppe enthalten jeweils eine eigene abschließende Aufzählung der als begünstigt anzusehenden Tatbestände. Alle nicht benannten Tätigkeiten gelten im Umkehrschluss als passiv.

Nachfolgende Übersicht benennt die verschiedenen in den deutschen DBA benannten Aktivitäten/verwendeten Begriffe.

Aktivität

- Verkauf von Gütern oder Waren
- Herstellung von Gegenständen
- Herstellung o. Verkauf von Gütern o. Waren von Sachwerten von Gegenständen
- Handel o. Erbringung von Dienstleistungen unter Teilnahme am allg. Wirtschaftsverkehr
- Gewinnung o. Bearbeitung von Gütern oder Waren
- Herstellung, Bearbeitung o. Verarbeitung von Gütern o. ähnlicher Tätigkeiten
- Bearbeitung, Verarbeitung o. Montage von Gegenständen
- Bau- und Montagearbeiten
- Dienstleistungen
- technische Dienstleistung
- techn. o. kaufmännische Dienstl.
- Beratung
- technische Beratung
- Ingenieurleistungen
- Vermietung o. Verpachtung
- Vermietung von Gütern o. Waren
- Aufsuchen und Gewinnung von Bodenschätzen
- Ausbeutung von Bodenschätzen
- Aufsuchen und Gewinnung von Mineralien u. deren Aufbereitung
- Exploration, Ausbeutung o. Verarbeitung von Mineralien
- Betrieb eines Steinbruchs
- Erforschung, Ausbeutung o. Behandlung von Mineralien
- Rohstoffgewinnung
- Urproduktion
- Bergbau
- Land- und Viehwirtschaft
- Grundstoffproduktion
- Beförderungsleistungen
- Transport

Köhler

- Lagerung
- Nachrichtenübermittlung
- Fernmeldeverkehr
- Bank- o. Versicherungsgeschäfte
- Zinsen aus dem jeweiligen Staat
- Teilzahlungs- oder Kreditgeschäfte
- Zinsen in Zusammenhang mit aktiven Tätigkeiten
- von Gebietskörperschaften gezahlte Zinsen
- Lizenzgebühren in Zusammenhang mit aktiven Tätigkeiten

Die Darstellung macht deutlich, dass eine sehr große Anzahl verschiedener Begriffe verwendet wird, die zum Teil völlig Abweichendes regeln, zum Teil ähnlich oder deckungsgleich sind, aber auch einschränkend gegeneinander abgrenzen (z. B. Beratung, technische Beratung, Dienstleistung, technische Dienstleistung, technische oder kaufmännische Dienstleistung, Ingenieurleistungen, Dienstleistung unter Teilnahme am allgemeinen Wirtschaftsverkehr). Diese Differenzierung ist der Rechtssicherheit in keiner Weise förderlich.[16] *Wassermeyer* führt die Differenzierung darauf zurück, dass jeder Verhandlungsleiter im Rahmen der Vertragsverhandlungen zu den DBA eigene Vorstellungen verfolgt, ohne Rechtseinheitlichkeit zu berücksichtigen.[17]

Dieser "Begriffswirrwar" stellt den Rechtsanwender regelmäßig vor ganz massive Auslegungsprobleme von erheblicher materieller Bedeutung, gilt es doch zu entscheiden, ob ausländisches Steuersubstrat für die deutsche Besteuerung zu berücksichtigen ist oder nicht.[18]

aa) Auslegung der Aktivitätsbegriffe aus den Abkommen heraus

Im Rahmen der Anwendung und Auslegung der DBA ergibt sich damit die Situation, dass

- u. U. gleiche Tätigkeiten in einem Staat als zweifelsfrei aktiv gelten, in einem anderen Staat jedoch ebenso unzweifelhaft als passiv qualifizieren. In diesen Fällen wirkt der Aktivitätsvorbehalt nicht nur gegenüber Staaten, mit denen ein DBA ohne Aktivitätsvorbehalt vereinbart wurde, als standortdifferenzierend, sondern auch innerhalb der Gruppe der Staaten, mit denen ein Aktivitätsvorbehalt vereinbart wurde, führt dies zur zusätzlichen Differenzierung und Setzung von Standortpräferenzen[19].
- Tätigkeiten in einem DBA als unzweifelhaft aktiv beschrieben werden, in einem anderen DBA dagegen keine Nennung dieses Begriffs erfolgt oder nur ein übergeordneter oder verwandter bzw. ähnlicher Begriff benannt wird (z. B. Fernmeldeverkehr vs. Dienstleistungen oder Ingenieurleistungen vs. technische Dienstleistungen).

Aus dieser Problematik leitet sich u. a. die Frage ab, ob bei fehlender expliziter Nennung alle denkbaren subsumierbaren Tätigkeiten ebenfalls erfasst werden oder die explizite Nennung in einem DBA und das Fehlen dieses Begriffes in einem anderen DBA bedeutet, dass nur in Fällen der expliziten Nennung insoweit eine aktive Tätigkeit vorliegt (dies würde in Bezug auf vorstehendes Beispiel bedeuten, dass immer dann, wenn Fernmeldeverkehr nicht ausdrücklich im

---

[16] Vgl. *Wassermeyer* a. a. O., MA Art. 23 A Rn. 54.
[17] Ebenda.
[18] Auf die evtl. Erfassung im Rahmen des Progressionsvorbehalts sei hingewiesen.
[19] *Wassermeyer* geht davon aus, dass dies einen Verstoß gegen Art. 3 GG bedeutet, *Wassermeyer*, IStR 2000, 65 (70).

Katalog erwähnt wäre, insoweit keine aktive Tätigkeit vorläge, da diese nicht unter den sonst wohl umfassenden Begriff Dienstleistungen zu subsumieren wäre, technische Dienstleistungen würden entsprechend nicht Ingenieurleistungen einschließen).

Als ein weiteres Beispiel für offene Auslegungsfragen kann die in fast allen Aktivitätsvorbehalten enthaltene Tätigkeit "Bank- oder Versicherungsgeschäfte" genannt werden. Neben der Grundsatzfrage, warum gerade diese Tätigkeit "aktiver" als andere (z. B. kaufmännische Dienstleistungen) ist, die häufig nicht erwähnt werden, stellen sich auch hier stets Abgrenzungsfragen. Analysiert man z. B. das heutige Tätigkeitsspektrum einer Bank, erkennt man, dass hier häufig mehr als "Geld und Zinsen" angeboten wird. Große deutsche Universalbanken offerieren z. B. auch umfangreiche Beratungsleistungen im sog. "Mergers & Acquisition-Geschäft". Derartige Beratungsleistungen bei Unternehmensstrukturierungen werden in gleicher oder ähnlicher Art z. B. von internationalen Wirtschaftsprüfungsgesell-schaften, großen Rechtsanwaltssozietäten oder reinen "Investment-Banken" angeboten. Entsprechend stellt sich die Frage, ob "M&A"-Beratung dem Bankgeschäft zuzurechnen ist, und falls dies bejaht werden kann, ob dies zur Folge hat, dass auch andere Berufsbilder, die in diesem Bereich beraten, insoweit "Bankgeschäfte" i. S. der Aktivitätsklausel ausüben, obwohl das "Stammgeschäft" einer Bank tatsächlich nicht (mehr) Gegenstand der Tätigkeit ist.

Als weitere einfache Beispiele seien folgende Fragen genannt:

- Ist die Tätigkeit eines Handelsvertreters unter den Begriff des Handels zu subsumieren?
- Gilt die Herstellung und Veräußerung von Immobilien als "Herstellung" oder "Handel"? Gelten Immobilien als "Güter" oder "Waren"?
- Führt die Vollvermietung einer Immobilie als Teil eines Standortentwicklungskonzeptes vor Veräußerung zu schädlichen Mieteinkünften oder handelt es sich um eine verkaufsvorbereitende, unschädliche Projektentwicklungstätigkeit (z. B. Auswahl und Zusammensetzung von Mietern in einem Einkaufszentrum)?
- Gilt Bergbau als Urproduktion?

Die Reihe dieser Zweifelsfragen ließe sich noch über Seiten fortführen. Alle diese Beispiele verdeutlichen die fehlende Rechtssicherheit, die als inakzeptabel bezeichnet werden muss.

Wie schwer die Auslegung derartiger Begriffe fällt, zeigen auch die wenigen, ergangenen Urteile zu derartigen Fragestellungen. So erging zum Auslandsinvestitionsgesetz (AIG) eine Entscheidung des Bundesfinanzhofs[20], in dem definiert wurde, dass sowohl der Handel mit Grundstücken als auch derjenige mit Rechten nicht unter den Begriff "Lieferung von Waren" i. S. d. § 5 Abs. 1 AIG falle. Gewerbliche Leistungen i. S. d. Vorschrift können nur solche Leistungen sein, die nicht zugleich "Lieferungen" sind. Diese Entscheidung wird hauptsächlich von der Definition des § 1 Abs. 2 Nr. 1 HGB a. F. (d. h. vor Handelsrechtsreform) geprägt. Der BFH geht an dieser Stelle allerdings davon aus, dass auch nach der Handelsrechtsreform der Grundsatz weiter gilt, dass Waren nur bewegliche Sachen, also körperliche Gegenstände seien. Die vorstehende Entscheidung betrifft eine rein nationale Norm, nämlich das AIG. Inwieweit daher diese Entscheidung uneingeschränkt auch auf Fälle der DBA übertragen werden kann, wird nachstehend noch zu diskutieren sein.

Eine weitere der wenigen Entscheidungen, die sich mit der Auslegung von Aktivitätsklauseln im Einzelnen auseinander setzt, betrifft das DBA-Schweiz. Im ersten Rechtsgang war das betref-

---

[20] Vgl. BFH v. 18. 7. 2001, DStRE 2002, 234.

fende Verfahren vor dem FG Baden-Württemberg verhandelt worden[21]. Daraufhin entschied der BFH mit einem viel beachteten Rückverweis an das FG[22]. Das in Rechtskraft gegangene neuerliche Urteil des FG Baden-Württemberg[23] beendete den zweiten Rechtsgang, da der BFH die Revision als unbegründet zurückwies[24]. In dem betreffenden Urteilsfall war die Auslegung des Wortes "Handel" i. S. d. Art. 24 Abs. 1 Nr. 1a des DBA-Schweiz strittig. Der entscheidende Senat des Finanzgerichts hat daher Auskünfte von der eidgenössischen Steuerverwaltung für die schweizerische Botschaft in der Bundesrepublik Deutschland, vom Bundesministerium der Finanzen sowie dem Finanzministerium des Landes Baden-Württemberg eingeholt sowie aufgrund eines Beweisbeschlusses die deutschen Mitglieder der Verhandlungsdelegation zum DBA-Schweiz schriftlich befragt. Allein dieser Aufwand macht deutlich, wie komplex die praktische Handhabung einer Aktivitätsklausel ist. Es macht weiterhin klar, dass die praktische Anwendung als kaum praktikabel angesehen werden muss. Ein derartiger Aufwand kann keinem Steuerpflichtigen bzw. seinem Berater zugemutet werden. Wenn aber ohne einen solchen Aufwand keine zweifelsfreie Anwendung einer Norm möglich ist, ist die Norm nicht geeignet, dem Rechtsverkehr zu dienen. Wie die weiteren Urteilspassagen ergeben, war aber selbst diese umfangreiche Aufklärungsarbeit durch das FG weitgehend vergebens: *"Die eingeholten Auskünfte bzw. Zeugenaussagen zum Zustandekommen des Art. 24 Abs. 1 Nr. 2 Buchstabe a, erster Halbsatz DBA-Schweiz in seiner jetzigen Form ergeben übereinstimmend, dass das Wort "Handel" auf Drängen der deutschen Verhandlungsdelegationen in das Abkommen aufgenommen wurden. Ferner kann allen Aussagen/Auskünften übereinstimmend entnommen werden, dass die Interpretation des Wortes "Handel" nicht diskutiert wurde, was nach Auffassung des Senats wohl auch mit der Tatsache zusammenhängt, dass zum damaligen Zeitpunkt die Definition des Handelsgewerbes im deutschen und im schweizerischen Handelsrecht wortgleich übereinstimmte, und die Mitglieder der Verhandlungsdelegationen somit mit diesem Begriff denselben Inhalt verbanden . . ..Weiter kann den Aussagen der deutschen Verhandlungsteilnehmer entnommen werden, dass es letztlich um eine aktive Tätigkeit am Wirtschaftsverkehr ging, d. h. um den geschäftsmäßigen Austausch von Gütern im Rahmen einer Teilnahme am allgemeinen Wirtschaftsverkehr, wobei von deutscher Seite die entsprechenden Bestimmungen in § 8 Abs. 1 Nr. 4 und 5 AStG als Vorlage dienten. Die Besonderheiten eines Verlags (die noch aufzuzeigen sind) wurden weder bei der Abfassung des DBA-Schweiz noch der des AStG bedacht. Nach Auffassung des Senats lässt sich die Tätigkeit eines Verlages weder nur unter den Begriff "Handel" im klassischen Sinne als Austausch von Wirtschaftsgütern noch unter den Begriff "Dienstleistung" einordnen."* Im Ergebnis hat das FG in dem betreffenden Urteil die strittige Verlagstätigkeit zum Teil als Handel und zum Teil als Dienstleistung qualifiziert und damit insgesamt unter den Schutz der Aktivitätsklausel gestellt. Gleichwohl macht dieses Urteil deutlich, wie schwer handhabbar und welche großen Auslegungsprobleme die DBA-Aktivitätsklauseln bedeuten.

Es stellt sich die Frage, in welchem Umfang die Klauseln einer Auslegung zugänglich sind. Eine Auslegung ist möglich, soweit die konkrete Aktivität nicht direkt in der Aktivitätsklausel benannt wird, aber in einer dort aufgeführten Tätigkeit noch Anklang findet. Auslegung bedeutet damit, den gegebenen Wortlaut zu deuten.[25] Da jeder Begriff den Gesetzeszweck symbolisiert, muss er daher auch zwecksprechend verstanden, also ausgelegt werden.

---

[21] Vgl. FG Baden-Württemberg v. 26. 11. 1993, EFG 1994, 646.
[22] Vgl. BFH v. 30. 8. 1995, BStBl 1996 II, 563.
[23] Vgl. FG Baden-Württemberg v. 18. 8. 1999, 12-K-15/96, EFG 2000, 107 auszugsweise Wiedergabe.
[24] Vgl. BFH v. 29. 11. 2000, I R 84/99.
[25] Außer Zahlenbegriffen sind alle Begriffe mehr oder weniger mehr- oder vieldeutig. Vgl. *Tipke/Lang*,

Die Auslegung erfolgt vom Gesetzeszweck her, wobei mehrere Methoden ohne Rangfolge (z. B. grammatikalische, historische und systematische Methode) herangezogen werden, um den eigentlichen Gesetzeszweck feststellen zu können[26]. Da es sich bei den DBA um zwischenstaatliches Recht handelt, ist die Auslegung jedoch (vorrangig) nach völkerrechtlichen und nicht nach innerstaatlichen Interpretationsregelungen vorzunehmen sowie unter Beachtung der Auslegungsrichtlinien der Abkommen. Die Auslegungsrichtlinien der Abkommen enthalten drei Orientierungsmaßstäbe, die in folgender Reihenfolge angewendet werden sollen:

- Begriffsdefinitionen der Abkommen
- Sinnzusammenhang der Abkommen
- Begriffswelt des innerstaatlichen Rechts.[27]

Wegen der verfahrensmäßigen Vorgehensweise kann grundsätzlich auf die Interpretationsregeln des Wiener Übereinkommens über das Recht der Verträge (WÜRV)[28] verwiesen werden. Der BFH wendet allerdings die WÜRV nicht auf Abkommen an, die vor dem deutschen Zustimmungsgesetz zur Wiener Vertragsrechtskonvention ergangen sind (20. 8. 1987).[29] Erst seit diesem Tag ist das WÜRV auch innerstaatlich unmittelbar anwendbar und gilt damit nur für Verträge, die danach geschlossen wurden (Art. 4 WÜRV).

Die in den Aktivitätsklauseln verwandten Begriffe stellen keinen steuerrechtlichen "Terminus technicus" dar, die den innerstaatlichen Steuergesetzen dahingehend entlehnt wären, dass dieses eine Definition leisten könnte (dies wäre z. B. bei den Begriffen Einkünfte, Einkommen, Abgrenzung gewerblicher von selbständigen Einkünften etc. der Fall). Die Ausdrücke sind deshalb nach ihrer gewöhnlichen Bedeutung auszulegen.[30]

Art. 3 Abs. 2 OECD-MA als Auslegungsregel für Aktivitätsklauseln sollte weitgehend ausscheiden. Voraussetzung hierfür wäre, dass sowohl das Abkommen als auch das nationale Recht einen identischen Begriff verwendet[31]. Art. 3 Abs. 2 OECD-MA verweist nur auf die Bedeutung, die dem betreffenden Ausdruck nach dem innerstaatlichen Recht des das Abkommen anwendenden Vertragsstaates für die Steuern zukommt, "für den das Abkommen gilt". Die Norm setzt also voraus, dass gerade das Recht des betreffenden Staates (hier Deutschland) über diese Steuern den Ausdruck verwendet[32].

In Bezug auf die Nichterwähnung oder auch die Benennung einer bloßen Tätigkeit wie z. B. "Betrieb eines Steinbruchs" ist Art. 3 Abs. 2 OECD-MA folglich nicht einschlägig, da einem solchen Begriff keine besondere rechtliche Bedeutung beigemessen werden kann.

Steuerrecht, § 5 Rn. 52.
[26] *Tipke/Lang*, Steuerrecht, 2008, § 5, Rz. 40 ff.; *Larenz*, Methodenlehre der Rechtswissenschaft, 1991, S. 313 ff.; *Weber-Grellet*, DStR 1991, S. 438.
[27] Vgl. *Schaumburg*, Internationales Steuerrecht, S. 573.
[28] *Vogel*, DBA, Einl. Rn. 68.
[29] Vgl. BFH v. 1. 2. 1989, I R 74/86, BStBl 1990 II 4; v. 11. 4. 1990 I R 63/88, BFH/NV 1990, 705.
[30] Vgl. *Wassermeyer* a. a. O., MA Art. 3 Rn. 81. An dieser Stelle nennt *Wassermeyer* als Beispiele für nicht im nationalen Recht definierte Begriffe z. B. Studenten, Praktikanten, Lehrlinge, Künstler oder Sportler. Es wird allerdings weiter darauf hingewiesen, dass der BFH in seiner Entscheidung v. 11. 4. 1990 I R 75/88, BFHE 160, 513 eine andere Auffassung vertritt. Dagegen wurde z. B. der Begriff des "Bühnenmalers" im abkommensrechtlichen Sinne nach der gewöhnlichen Bedeutung ausgelegt, vgl. BFH v. 2. 12. 1992, I R 77/91, BFHE 170, 126.
[31] *Wilke* in: Gosch/Kroppen/Grotherr, DBA, Art. 3 OECD-MA Rn. 88.
[32] *Vogel*, DBA, Art. 3 Rn. 62.

Selbst die Begriffe, die auch im Rahmen des Aktivitätsvorbehalts gem. § 8 Abs. 1 AStG gebraucht werden, sind dadurch nicht nach deutschem Steuerrecht definiert, sondern dort lediglich genannt. Nur soweit eine herrschende steuerliche Auslegung eines solchen Begriffs existiert, könnte diese u. U. herangezogen werden. So hat der BFH in Bezug auf das DBA-Frankreich unter Verweis auf Art. 3 Abs. 2 OECD-MA für die Definition des Begriffs "Künstler" auf die Rechtsprechung zu § 18 EStG sowie das Urheberrechtsgesetz zurückgegriffen,[33] jedoch in einer jüngeren Entscheidung ausdrücklich darauf verwiesen, dass dem Interesse der Praxis – einen einheitlichen Künstlerbegriff für alle deutschen DBA zu gewinnen – der unterschiedliche Wortlaut der entsprechenden Bestimmungen entgegenstehe.[34] In diesen Fällen sei auch davon auszugehen, dass die Beteiligten des jeweiligen DBA Unterschiedliches regeln wollten.[35] Damit dürfte grundsätzlich eine unreflektierte Übernahme aus dem deutschen Recht ausscheiden. In Bezug auf den "Künstlerbegriff" entschied der BFH, dass dieser eigenständig abkommensrechtlich auszulegen ist, wenn das betreffende DBA eine Grundlage bietet[36]. Zur Begründung wird die zwischenzeitliche Entwicklung der abkommensrechtlichen Auslegung des Art. 17 des OECD-Musterabkommens herangezogen.

Des Weiteren ist zu beachten, dass auch die Interpretation der Aktivitätsklauseln im Zeitablauf wechselt. "Ebenso wie bei der Auslegung des nationalen Rechts sind bei der Auslegung zweiseitiger Abkommen die Weiterentwicklungen auf dem Gebiet der wirtschaftlichen Verhältnisse, der Technik und des Verkehrs zu berücksichtigen."[37] Differenzierend zu einer "zeitlich dynamischen Auslegung" muss allerdings eine andere BFH-Rechtsprechung gesehen werden, die ausdrücklich auf die Zusammenhänge zum Zeitpunkt des Entstehens des relevanten DBA abstellt[38]. In dem betreffenden Fall stritt man sich darum, ob sportliche Ausübung im Inland unter den Art. 4 des DBA-Österreich 1954 (Einkünfte aus Gewerbebetrieb) zu subsumieren oder eine spezielle Regelung des Art. 8 (Einkünfte aus selbständiger Arbeit) einschlägig sei, da nach Abs. 2 Satz 2 eine z. T. widersprüchliche Sonderregelung für ausgeübte sportliche Tätigkeit niedergelegt war. Für die Auslegung dieses DBA entschied der BFH, dass auch die im jeweiligen nationalen Recht sich ergebenden steuerlichen Folgen zum Abschlusszeitpunkt des DBA (1954) relevant seien. Da nach der damaligen Rechtslage die Einkünfte u. U. in keinem der Vertragsstaaten hätten besteuert werden können, wenn man eine der gegenwärtigen Auslegungen des OECD-Musterabkommens entsprechende DBA-Anwendung den Vorzug gäbe (hier insbesondere Art. 17 Künstler und Sportler-Klausel), kam der BFH zu dem Ergebnis, dass das DBA daher in dem speziellen Fall vor dem rechtlichen Hintergrund des Jahres 1954 auszulegen sei. Auch die Tatsache, dass der andere Staat (hier Österreich) mit einem Drittstaat (hier Liechtenstein) bei einer wohl vergleichbaren Abkommensregelung genau entgegengesetzt urteilt, sei irrelevant.

bb) Relevanz anderer DBA für die Auslegung

Nur eingeschränkt sind Parallelabkommen zur Auslegung geeignet, denn insoweit bestehen viele Unsicherheiten bezüglich deren Vergleichbarkeit. Sie können allenfalls unter Vorbehalt herangezogen werden. Der Abkommenstext an sich stellt nämlich das Ergebnis der jeweiligen individuellen (häufig zähen) Vertragsverhandlung dar. Es wird allerdings darauf hingewiesen,

---

[33] Vgl. BFH v. 11. 4. 1990 a. a. O.
[34] Vgl. BFH v. 2. 12. 1992 a. a. O.
[35] Vgl. BFH v. 2. 12. 1992 a. a. O.
[36] Vgl. BFH v. 18. 7. 2001, BFH/NV 2001, 1476.
[37] Vgl. BFH v. 1. 12. 1983, I B 53/82, nicht veröffentlicht, abgedr. in: Handbuch des AStR, S. 602.
[38] Vgl. BFH v. 11. 10. 2000, BFH/NV 2001, 512

dass für den Inhalt des Abkommens auch die Fertigkeiten und die Geschicklichkeit der Verhandlungsführer maßgebend seien, mit der Folge, dass Unterschiede im Wortlaut nicht unbedingt bedeuten (müssen), dass eine Abweichung in der Sache selbst beabsichtigt sei.[39]

Auch könne aus dem Fehlen einer Regelung, die ein anderes Abkommen ausdrücklich enthält, nicht ohne weiteres im Wege des Umkehrschlusses gefolgert werden, dass diese Regelung nicht gelten solle (argumentum e contario)[40]. So ist es z. B. denkbar, dass in einem Abkommen der andere Vertragsstaat eine Klarstellung forderte, die in anderen DBA für überflüssig gehalten wird.

Größere Bedeutung für die Auslegung anhand von Parallelabkommen dürfte daher der Fall besitzen, dass in einer größeren Zahl anderer Abkommen eine entsprechende Basis vorliegt. Daneben ist beachtlich, dass die Art der geschlossenen Abkommen sich im Zeitablauf verändert hat. Insofern sollte u. U. auch ein zeitlicher Zusammenhang zwischen den Abkommen und dem zur Auslegung herangezogenen Abkommen gewahrt bleiben.[41]

Von der Auslegung ist die jenseits des möglichen Wortverständnisses beginnende Ausfüllung von – unbewussten oder bewussten – Gesetzeslücken durch Gesetzesergänzung (Analogie) zu unterscheiden.

Diesbezüglich ist z. B. der Fall denkbar, dass eine bestimmte Tätigkeit in einer Aktivitätsklausel keine Erwähnung und auch keinen entsprechenden Anklang im Wortlaut findet, jedoch in Aktivitätsklauseln anderer DBA als aktive Tätigkeit eingestuft wird und man nach allgemeinen Grundsätzen keine Begründung für eine solche Differenzierung herleiten kann (z. B. DBA-Schweiz enthält explizit die Aktivität "Aufsuchen und Gewinnung von Bodenschätzen"; kann bzw. muss man dann in anderen DBA (z. B. DBA-Mexiko), in denen diese Tätigkeit fehlt, diese als passiv ansehen?).

Gegen die Zulässigkeit eines Analogieschlusses bestehen aufgrund der individuell ausgehandelten Vertragstexte Bedenken.[42] Daneben bewirkt – zumindest gesetzestechnisch – die besondere Struktur der Aktivitätsklauseln, dass zumindest niemals eine "bewusste Lücke" i. S. eines "rechtsfreien Raumes" entstehen kann, da generell alle nicht aktiven Einkünfte stets als passiv gelten und damit der Anrechnungsmethode unterliegen, also ebenfalls einer abschließenden Regelung zugeführt werden und im Gegenschluss zu den aktiven Tätigkeiten folglich abschließend definiert sind. Denkbar sind daher nur "unbewusste Lücken", d. h. gemessen am Plan oder Zweck ist die Umsetzung lückenhaft geblieben.[43]

cc) Aktivitätskatalog § 8 AStG als generelle Auslegungshilfe?

Nach Auffassung der Finanzverwaltung können die Grundsätze zur Anwendung des AStG zur Auslegung der Begriffe eines Aktivitätsvorbehalts herangezogen werden[44]. Explizit vertritt die Finanzverwaltung diese Ansicht im Rahmen des Einführungserlasses zum DBA-Schweiz, wonach

---

[39] Vgl. *Vogel*, DBA, Einl. Rn. 86.
[40] Vgl. *Vogel*, DBA, Einl. Rn. 86.
[41] Vgl. *Vogel*, DBA, Einl. Rn. 87.
[42] Vgl. BFH v. 2. 12. 1992 a. a. O. An dieser Stelle wird ausdrücklich ausgeführt, dass im Falle eines abweichenden Wortlauts auch davon auszugehen sei, dass die Beteiligten Unterschiedliches regeln wollten.
[43] Vgl. *Tipke/Lang* a. a. O., § 5 Rn. 71 ff.
[44] Vgl. z. B. BMF-Schreiben v. 26. 3. 1975, IV C 6 – S 1301-Schweiz-3/75, BStBl I 1975, 479, Tz. 3.1.2.1 i. V. m. BMF-Schreiben v. 2. 12. 1994, BStBl I 1994, Sondernr. 1, Tz. 8. 1; ebenso *Grotherr*, a. a. O. Art. 23 A/23 B OECD-MA Rn. 89.

auch für den eigenständig definierten Betriebsstättenaktivitätskatalog, der nicht auf § 8 AStG verweist, gleichwohl § 8 AStG als Auslegungshilfe stets herangezogen werden könne.

Dies ist bereits aus den oben aufgeführten Gründen abzulehnen. Darüber hinaus führt dieses Vorgehen auch zu fehlerhaften Ergebnissen. Während z. B. im DBA-Schweiz "Handel" durch Betriebsstätten generell als aktiv gilt, ist dies im Rahmen des § 8 Abs. 1 Nr. 4 AStG nur unter weiteren, einschränkenden Voraussetzungen der Fall. Die Heranziehung des AStG als Auslegungshilfe führt daher zu einer Schwächung der Rechtsposition des Steuerpflichtigen. Diese Vorgehensweise ist zwar vielleicht vereinfachend, aber steuerverschärfend und daher abzulehnen. Darüber hinaus fehlt jede Rechtsgrundlage für diese Vorgehensweise. Außerhalb des DBA-Schweiz besteht darüber hinaus auch auf Seiten der Finanzverwaltung keine diesbezügliche Bindungswirkung.

dd) Lösungsansätze

Im Hinblick auf diese Problematik unterbreitet *Vogel*[45] folgenden Lösungsvorschlag. Es wird die Ansicht vertreten, dass es einen grundsätzlich "fixen Grundkatalog" aktiver Tätigkeiten gäbe: "Herstellung und Verkauf von Gütern und Waren, technische Beratung oder technische Dienstleistung oder Bank- oder Versicherungsgeschäfte."[46] Diese Tätigkeiten werden als Kernbestand der DBA-Aktivitätsklauseln bezeichnet. Keine inhaltliche Erweiterung soll die eigenständige Nennung des Handels, die Bearbeitung und Verarbeitung der Waren, der Bergbau, das Aufsuchen und die Gewinnung von Mineralien sowie deren Aufbereitung, ihre Erforschung, Ausbeutung und Behandlung, der Betrieb eines Steinbruchs, die Rohstoffgewinnung oder die Grundstoffproduktion sowie Bau- und Montagearbeiten sein.

Eine Erweiterung wird nach dieser Ansicht jedoch im Hinblick auf die Einbeziehung sämtlicher Dienstleistungen, zum Teil auch allgemein von Beratung oder durch kaufmännische Dienstleistungen, Beförderung und Lagerung, des Fernmeldeverkehrs oder der Nachrichtenübermittlung, von Vermietung, zum Teil auch Verpachtung, der Land- und Viehwirtschaft sowie von Zinsen und Lizenzgebühren bewirkt.

Aus pragmatischer Sicht ist es zu begrüßen, die "Grundtatbestände" in dieser Weise auszulegen. Gleichwohl bleibt offen, ob die Rechtsprechung dieser Ansicht folgt und wie die vielen speziellen, abweichend formulierten Aktivitätsklauseln einzuordnen sind.

Aus Gründen der Gleichmäßigkeit und Billigkeit könnte daher – ähnlich dem § 9 Nr. 8 GewStG – eine nationale Harmonisierungsvorschrift in Kraft gesetzt werden, die einen "Mindestkonsens" im Hinblick auf das Verständnis von aktiven Tätigkeiten normiert. Darüber hinaus wäre auch ein BMF-Schreiben zur Klärung von Zweifelsfragen hilfreich.

Dabei wäre zu berücksichtigen, dass der "fixe Grundkatalog", wie er von *Vogel* benannt wird[47], zu eng ist. Soweit man Aktivitätsvorbehalte als steuergesetzgeberische Maßnahmen qualifiziert, die der Erzielung ungerechtfertigter Steuervorteile im Ausland entgegenwirken sollen, ist – zumindest dieser Grundkatalog – nicht zieladäquat. Lediglich Produktion, Handel sowie Bank- oder Versicherungsgeschäfte gelten hiernach uneingeschränkt als aktiv. Bereits Beratung oder Dienstleistung ist nur mit einem technischen Hintergrund als aktiv zu qualifizieren. Alle weiteren Tätigkeiten sollen dagegen passiv sein.

---

[45] Vgl. *Vogel/Lehner*, DBA, Art. 23, Rn. 75 ff.
[46] Vgl. *Vogel/Lehner*, DBA, Art. 23, Rn. 75.
[47] Vgl. *Vogel/Lehner*, DBA, Art. 23 Rn. 75, d. h. Herstellung und Verkauf von Gütern und Waren, technische Beratung oder technische Dienstleistung oder Bank- oder Versicherungsgeschäfte.

Ein derartig enger Aktivitätskatalog ist nicht mit dem Leistungsangebot einer modernen postindustriellen Volkswirtschaft abgestimmt. Jede nichttechnische Beratung, Know-how-Transfer, Dienstleistung, Vermietung etc. gilt bereits als passiv und wird der steuerlichen Wettbewerbsneutralität im jeweiligen Investitionsstaat entzogen.

Das "Mindestmaß" an Tätigkeiten, welches als aktiv qualifizieren sollte, sind die in § 8 Abs. 1 AStG benannten, jedoch ohne die zugleich in § 8 Abs. 1 AStG gemachten Gegenausnahmen.

Alle weiteren Einschränkungen schießen über das Ziel einer Vermeidung von ungerechtfertigten Steuervorteilen hinaus. Sonderregelungen, wie es die Aktivitätsklauseln darstellen, dürfen nur auf Sonderfälle zutreffen. In der Regel müssen Investitionsentscheidungen ohne Einfluss der Besteuerung getroffen werden können. Anderenfalls behindern sie den Aufbau betriebswirtschaftlich sinnvoller und effizienter Strukturen deutscher Unternehmen im Ausland und beeinflussen in unzulässiger Weise Auslandsaktivitäten ("Lenkungswirkung der Aktivitätsklauseln").

Die bestehenden Aktivitätsklauseln bedeuten aufgrund ihrer häufig viel zu engen Ausgestaltung einen unzulässigen Eingriff in die steuerlich gebotene Entscheidungsneutralität für Investitionen.

Im Ergebnis bleibt festzuhalten, dass jedes DBA zunächst isoliert von allen anderen DBA betrachtet und ausgelegt werden muss. Die Auslegung hat aus dem DBA heraus zu erfolgen. Nationale Rechtsvorschriften sind i. d. R. nicht ergänzend heranzuziehen.

ee) Vorbereitungshandlungen

Besondere Probleme bereiten stets Fallgestaltungen, in denen keine relevanten Erträge generiert werden (Verluste) oder der Zusammenhang mit einer bestimmten Tätigkeit fraglich ist[48].

Alle Arten von Vorlaufkosten führen dazu, dass zwar bereits Aufwendungen entstehen, aber nicht unbedingt klar ist, ob diese Kosten in aktive oder passive Einkünfte münden werden. Hiervon hängt aber letztlich bereits die Art der Berücksichtigung der Vorlaufkosten ab. Dient eine Vorbereitungshandlung dazu, die Voraussetzungen für eine spätere aktive Tätigkeit zu schaffen, ist diese bereits dem Bereich der aktiven Tätigkeit zuzuordnen. So z. B. für den Fall der Erstellung eines Gebäudes, sofern die nachfolgende Vermietung oder Veräußerung eine aktive Tätigkeit darstellt[49].

Kann gegenwärtig keine abschließende Aussage gemacht werden, darf dies keinesfalls bedeuten, dass es sich generell um passive Aufwendungen handelt. Im Zweifel muss in diesen Fällen ein Bescheid unter Vorläufigkeit gestellt werden (§ 165 AO).

ff) Nebentätigkeiten

Die im Zusammenhang mit einer aktiven Haupttätigkeit anfallenden Einkünfte aus einer aktiven oder auch einer passiven Nebentätigkeit sind in jedem Falle dem Bereich der aktiven Tätigkeit zuzuordnen[50].

Wirtschaftlich zusammengehörende Tätigkeiten sind steuerlich einheitlich zu beurteilen. Dies folgt aus dem Grundsatz der so genannten funktionalen Betrachtungsweise[51], die nunmehr

---

[48] Zur Symmetriethese hinsichtlich der abkommensrechtlichen Freistellung ausländischer Verluste vgl. EuGH, Urteil v. 15. 5. 2008, C-414/06 (Rs. Lidl), DStR 2008, 1143; BMF-Schreiben v. 4. 8. 2008, BStBl I 2008, 837.
[49] FinMin NRW, Erl. v. 8. 10. 1975 – S 1352-2-V B 2/S 1301-16-V B 2, BB 1975, 1334.
[50] So auch Anwendungsgrundsätze zum AStG, BMF v. 14.05.2004, BStBl I 2004, 3, Tz. 8.0.2.
[51] *Vogel*, DBA, Art. 23 Rn. 91.

auch außerhalb des AStG für die Zwecke der DBA-Auslegung Anwendung findet.[52] Tätigkeiten sind nicht zu "atomisieren", sondern sinnvoll nach wirtschaftlichen Funktionen Haupttätigkeiten zuzuordnen.

Die hiervon abweichend vertretene Ansicht, dass Erträge, die eine Betriebsstätte aus Beteiligungen bezieht, stets "passiv" seien, auch wenn die Beteiligung als Finanzreserve für die aktiven Betätigungen der Betriebsstätte gehalten wird,[53] kann daher nicht überzeugen. Da Dividenden nunmehr selbst im AStG als aktiv gelten (§ 8 Abs. 1 Nr. 8 AStG), erscheint die weitere Behandlung als passiv unter den DBA ohnehin als äußerst befremdlich. Generell sollte von aktivem Beteiligungsbesitz ausgegangen werden, wenn die gehaltene Beteiligung nach den Grundsätzen der funktionalen Betrachtungsweise dem aktiven Geschäftsbetrieb der Betriebsstätte zuzuordnen ist.

Für die Abgrenzungsfrage, ob aktive Nebenerträge oder ein eigenständiger passiver Bereich vorliegen, sind ebenfalls die Grundsätze der funktionalen Betrachtungsweise heranzuziehen[54]. Ob eine Vorbereitungshandlung, eine Nebentätigkeit oder eine wirtschaftlich mit der Haupttätigkeit zusammenhängende Tätigkeit unter den Katalog einer Aktivitätsklausel fällt, muss daher im Zweifel stets im Wege der Auslegung unter Würdigung des Einzelfalls festgestellt werden.

b) Derivativer Aktivitätskatalog: Verweis auf nationale Rechtsvorschriften

Der Rückverweis in das nationale Recht führt regelmäßig in den § 8 AStG. In diesem Aktivitätskatalog werden originär die "guten" Einkünfte beschrieben, die im Rahmen der Hinzurechnungsbesteuerung als aktiv gelten. Im Hinblick auf eine einheitliche Rechtsordnung (zumindest im Steuerrecht) ist grundsätzlich ein solcher Rückverweis zu begrüßen. Es besteht (etwas) mehr Klarheit über den Aktivitätskatalog und – soweit möglich – auch über seine Auslegung aufgrund der vorhandenen Rechtsprechung und Kommentierung zu § 8 AStG.

Zugleich ergeben sich aber aus einem solchen Verweis eine Reihe Probleme. Der Aktivitätskatalog des § 8 AStG ist z. T. restriktiver gefasst als die sonstigen "originären" DBA-Aktivitätsklauseln. Dies resultiert daraus, dass der Aktivitätskatalog des § 8 AStG durch einen Regel-/Ausnahme-/Gegenausnahme-Mechanismus im Ergebnis häufig dazu führt, dass die prinzipiell als aktiv beschriebenen Tätigkeiten oftmals im konkreten Fall dennoch als passiv qualifizieren. Daher scheint der Verweis auf § 8 AStG materiell nicht sinnvoll. Es wird zwar grundsätzlich Rechtseinheitlichkeit geschaffen, dies aber um den Preis, den Kreis der aktiven Einkünfte stark beschränkt zu haben und eine äußerst komplexe und unübersichtliche Vorschrift anwenden zu müssen.

Daneben führt der Rückverweis auf nationales Recht dazu, dass die DBA durch den deutschen Gesetzgeber prinzipiell einseitig geändert werden können. Jede Änderung in der Verweisvorschrift (§ 8 AStG) schlägt ohne Sonderregelung auf die Anwendung des betreffenden DBA durch. Dies widerspricht jedoch dem Geist eines zweiseitig abgeschlossenen Vertrages und vermindert die Planungssicherheit für den DBA-Anwender. Um dieses Problem zu beseitigen, wurde z. B. im DBA-Schweiz (Art. 24 Abs. 1 Nr. 1b, zweiter Spiegelstrich) der Verweis auf § 8 Abs. 1 Nr. 1 – 6 und Abs. 2 AStG in der am 1. 1. 1990 geltenden Fassung des AStG festgeschrieben. Im DBA-Kuwait (Art. 24 Abs. 1 c)) wurde die Gesetzesfassung des AStG in der zum Zeitpunkt der Unterzeichnung des Abkommens (4. 12. 1987, vgl. Art. 1 Zustimmungsgesetz vom 11. 4. 1989, BGBl 1989 II 354)

---

[52] Vgl. z. B. BFH v. 30. 8. 1995, I R 112/94, BStBl II 1996, 653.
[53] *Hangarter*, StFev 1986, 279 (288) [zitiert und inhaltlich übernommen in: Vogel, DBA, Art. 23 Rn. 91].
[54] Vgl. auch BFH-Urteil v. 7. 8. 2002, I R 10/01, BStBl II 2002, S. 848.

geltenden Fassung festgeschrieben. Durch diese Maßnahme wird zwar die vorstehend beschriebene Problematik einer einseitigen Änderungsmöglichkeit durch den nationalen Gesetzgeber in diesen DBA vermieden. Jedoch bewirkt das "Festschreiben" einer bestimmten "historischen" Gesetzesfassung, dass im Ergebnis wiederum keine Rechtseinheitlichkeit eintritt. Der Anwender des DBA muss stets "alte" Fassungen des AStG vorhalten sowie über einen entsprechenden "historischen" Kommentierungsstand verfügen. Daher führt auch dieses Verfahren zur "Zersplitterung" der Aktivitätsklauseln. Das DBA-Russland enthält dagegen z. B. keine Fixierung einer bestimmten Fassung (vgl. Art. 23 Abs. 2c)). Es wird auf § 8 Abs. 1 Nr. 1–6 und Abs. 2 AStG Bezug genommen. Letztere Vorschrift (§ 8 Abs. 2 AStG) wurde allerdings durch das Unternehmensteuerfortentwicklungsgesetz gestrichen (die nunmehr durch das Jahressteuergesetz 2008 an dieser Stelle eingefügte EU/EWR-Klausel dürfte kaum anwendbar sein). Das Gleiche gilt für die DBA-Ukraine, Lettland, Litauen, Kasachstan und Estland. Ob es nach diesen DBA zur Freistellung kommt, entscheidet sich damit letztlich nicht mehr nach dem Willen beider Vertragsparteien, sondern Deutschland ist einseitig in der Lage, durch Änderung des § 8 AStG deutsches Steuersubstrat zu schaffen oder einzuschränken (z. B. wie grundsätzlich erfolgt durch die Ausweitung der Aktivität auf Dividenden und Veräußerungsgewinne gem. § 8 Abs. 1 Nr. 8 und 9 AStG, da auf die "neuen Nummern" des Aktivitätskatalogs allerdings in den DBA nicht Bezug genommen wird, bleibt es insoweit zunächst bei einer faktisch unveränderten Rechtslage).

2. Ausübung im jeweiligen Staat

Als weitere Voraussetzung fordert eine große Anzahl von Aktivitätsklauseln die Ausübung der Tätigkeit im jeweiligen Staat. Soweit dies z. B. Urproduktion, Land- und Forstwirtschaft etc. betrifft, dürfte die hiermit gemachte Anforderung relativ klar sein.

Bei anderen Kategorien, z. B. Handel, Dienstleistungen, Bank- und Versicherungsgeschäfte, ergeben sich jedoch erhebliche Abgrenzungsprobleme hinsichtlich dieses Kriteriums. Da lediglich das Ausüben der Tätigkeit in dem betreffenden Staat gefordert ist, kann daraus zumindest nicht gefolgert werden, dass auch die jeweiligen Geschäftspartner in dem betreffenden Staat ansässig sein müssen. So sollten Handelspartner, Bank- oder Versicherungskunden, Empfänger von Dienstleistungen auch Nichtansässige des jeweiligen Staates sein können, ohne dass insoweit der Inhalt der Klausel verletzt wird. Die Klausel verlangt lediglich, dass die Tätigkeit im betreffenden Staat ausgeübt wird. Dies bedeutet z. B. in Bezug auf Handelstätigkeiten, dass es keinesfalls notwendig ist, dass Waren physisch an Abnehmer im betreffenden Land geliefert werden. Lieferant und Kunde können in anderen Staaten bzw. anderen Erdteilen ansässig sein. Auch Großhandelstätigkeit, Ein- und Verkauf im Konzern, Streckengeschäfte, Handel mit Wertpapieren und Derivaten, die teilweise nur noch als Differenzgeschäft ausgeglichen werden, sind Formen des Handels. Ebenso ist das gelegentliche Besuchen der Kunden in anderen Staaten nicht schädlich, soweit das eigentliche Handelsgeschäft in dem betreffenden Staat betrieben wird. Der Übergang wäre dort zu suchen, wo statt einem für die jeweilige Art des Handelsgeschäftes eingerichteten Geschäftsbetrieb lediglich ein "Repräsentationsbüro" zu finden ist und die eigentliche Handelsaktivität entweder "vor Ort in einem anderen Staat" bei den Kunden ausgeübt wird oder in einen eingerichteten Geschäftsbetrieb in einen anderen Staat "delegiert" wurde. Zwar ist "Outsourcing" im modernen Wirtschaftsleben eine anerkannte Form der Arbeitsteilung, jedoch wird diese Form der "Verlagerung" im Bereich der Kern-Aktivität in den hier relevanten Fällen nicht mehr durch den DBA-Wortlaut gedeckt.

Diese Überlegungen gelten in entsprechender Form für Produktion, Dienstleistungen sowie Bank- oder Versicherungsgeschäfte. Die für eine Aktivität maßgeblichen Kerntätigkeiten müssen in dem betreffenden Staat ausgeübt werden. Im Rahmen der Produktion können z. B. Zulieferteile im Ausland gefertigt werden oder im betreffenden Land hergestellte Zwischenprodukte zur Veredelung in Drittländer ausgeführt werden. Entscheidend ist nur, dass Produktionsprozesse stattfinden. Unter Umständen sollte auch die Übernahme des Produktionsrisikos ausreichen. Im Dienstleistungsbereich müssen in dem jeweiligen Land Dienstleistungen ausgeführt werden[55]. Nicht entscheidend ist, ob der Dienstleistungsempfänger im betreffenden Land ansässig ist. Auch können gewisse Teile der Dienstleistungen bei einem Kunden in einem anderen Staat erbracht werden, soweit der Kern der Dienstleistung nicht im anderen Staat erbracht wird (z. B. Erstellung einer speziellen Software: Vorbesprechung des Pflichtenheftes beim Kunden, Entwicklung der Software jedoch im Sitzstaat; anders dagegen wohl Implementierung der Software beim Kunden, diese Dienstleistung kann nur bei dem Kunden erfolgen; ist dieser nicht im betreffenden Staat ansässig, kann das Kriterium nicht erfüllt werden).

Das DBA-Portugal (Protokoll Nr. 8) spricht explizit für den Verkauf von Gütern oder Waren an, dass diese Tätigkeiten auch dann als aktiv gelten, wenn die Güter oder Waren an Kunden außerhalb Portugals vermietet oder verkauft werden. Dieser Hinweis dürfte allerdings ausschließlich klarstellenden Charakter haben und nicht dazu geeignet sein, im Umkehrschluss für alle anderen Fälle (und alle anderen DBA) ausschließlich "Binnentätigkeiten" als aktiv zu qualifizieren. Hierfür müsste letzteres vielmehr explizit gefordert sein.

3. Maßgrößen: Bruttoerträge, Einnahmen, Einkünfte, Gewinne

Regelmäßig sehen die Aktivitätsvorbehalte entweder Freigrenzen vor oder befreien nur, "soweit" begünstigte Tätigkeiten vorliegen (z. B. Betriebsstättengewinne DBA-Schweiz, DBA-Finnland).

Da das DBA letztlich niemals "Aktivitäten" freistellt, sondern die aus den Aktivitäten erzielten Ergebnisse, verwendet das jeweilige DBA i. d. R. Begriffe, die hiermit in Zusammenhang stehen: Bruttoerträge, Einnahmen, Einkünfte oder Gewinne. Dabei muss weiterhin beachtet werden, dass die Begriffe auch noch innerhalb einer Aktivitätsklausel wechselnd verwandt werden. Dies betrifft die Fälle, in denen auch Dividenden nachgeschalteter aktiver Tochtergesellschaften in den Kreis der aktiven Gesellschaften integriert werden. Hier weicht häufig die Maßgröße von der für die ausländische Obergesellschaft bzw. Betriebsstätte ab. Z. T. kommt es hier allerdings auch zu qualitativen Aussagen, die kaum noch einer Auslegung zugänglich sind (z. B. Art. 23 Abs. 1c DBA-Litauen: "aktive Geschäftstätigkeit").

Für den Gesetzesanwender stellt sich die Frage, ob diese sehr unterschiedlichen Maßgrößen in einem einheitlichen Verständnis auszulegen sind oder ob die durch den Wortlaut gegebene Differenzierung beachtlich ist. Im Rahmen der Interpretation wäre das durch die DBA vorgegebene zweistufige Auslegungsverfahren zu durchlaufen (Art. 3 Abs. 2 OECD-MA). In einem ersten Schritt ist stets aus dem Sinn und Zusammenhang des DBA eine Auslegung vorzunehmen; ergänzend/subsidiär sind Begriffe des deutschen Steuerrechts nach dem Rechtsverständnis des nationalen Rechts zu bestimmen.

Es dürfte kaum zweifelhaft sein, dass sich die Begriffe in zwei Gruppen teilen lassen. Bruttoerträge und Einnahmen stellen "Bruttogrößen", d. h. vor Durchführung einer Gewinnermittlung, dar. Einkünfte bzw. Gewinne repräsentieren dagegen "Nettogrößen"; die in Zusammenhang mit den unterliegenden Bruttogrößen in Abzug zu bringenden Aufwendungen sind hierbei zu berücksichtigen.[56] Aufgrund dieser offenkundigen Unterschiede erscheint es bei einer den Wortlaut einbeziehenden Auslegung kaum denkbar, hieraus eine einheitliche Begrifflichkeit herleiten zu können. Die hier vertretene Ansicht bleibt allerdings nicht unwidersprochen. Ohne Nennung

---

[55] Zur Dienstleistungsbetriebsstätte vgl. *Reimer*, IStR 2009, 378 ff.
[56] Im Ergebnis ähnlich Vogel, DBA Art. 23, Rn. 93, 94.

einer Quelle wird an anderer Stelle die Ansicht vertreten, dass nach Auffassung der obersten Finanzbehörden des Bundes und der Länder bei Anwendung der Aktivitätsklausel in den DBA auf die Bruttoerträge abzustellen sei. Soweit in den Abkommen andere Begriffe (Einkünfte, Einnahmen usw.) genannt sind, sei dies auf Mängel bei der Übersetzung zurückzuführen.[57]

Dieser vereinfachenden, dem Wortlaut widersprechenden Auslegung kann nicht gefolgt werden. Gegen eine einheitliche Auslegung der Maßgrößen spricht auch die höchstrichterliche Judikatur.[58] Im Hinblick auf die relevante Maßgröße für die Bagatellgrenze im Rahmen des AStG wird ausdrücklich ausgeführt, dass der (eindeutige) Wortlaut dazu zwingt, die Bagatellgrenze an den Bruttoerträgen auszurichten (§ 8 Abs. 2 AStG). Es wird weiterhin ausgeführt, dass es dem Gesetzgeber freigestellt war, die von ihm beabsichtigte Bagatellgrenze an anderen Kriterien wie z. B. den Einkünften, dem Vermögen oder den Arbeitslöhnen zu messen oder mehrere Bemessungsgrundlagen nebeneinander vorzusehen. Das ausschließliche Abstellen auf Bruttoerträge schließe jedoch de lege lata die Berücksichtigung anderer Bemessungsgrundlagen aus. Diese Aussagen sollten auch auf die Auslegung der DBA anzuwenden sein. Die Maßgrößen sind daher differenziert und ihrem Wortlaut entsprechend auszulegen.

Die praktischen Auswirkungen soll folgendes Beispiel erläutern.

Beispiel 1: "Aktive" Gesellschaft mit Zinseinkünften

	Zinsen	%	Produktion	%
Bruttoerträge	100	4,76 %	2 000	95 %
Aufwand	0		– 1 500	
Einkünfte	10	16,67 %	500	83 %

Beispiel 2: Finanzierungsgesellschaft und Produktionsbetrieb

	Zinsen	%	Produktion	%
Bruttoerträge	2 000	50 %	2 000	50 %
Aufwand	1 950	57 %	1 500	43 %
Einkünfte	50	9 %	500	91 %

Freistellung bei "fast ausschließlich" aktiven

▶ Bruttoerträgen: Fall 1
▶ Einkünften: Fall 2

Das Beispiel verdeutlicht, dass in Abhängigkeit von Umsätzen und Kostenstruktur konträre Ergebnisse erzielt werden.

Eine Vereinheitlichung der Maßgröße wäre daher dringend erforderlich. Da Gegenstand der Freistellung die Einkünfte sind, sollten diese auch Maßgröße für die Entscheidung über Freistellung oder Anrechnung sein.

4. Grenzwert: fast ausschließlich, 90 %, soweit

Nicht nur die Maßgröße ist völlig unterschiedlich ausgekleidet, sondern auch die Rechtsfolge: entweder liegt eine Freigrenze mit der Folge der "Infizierung" aktiver Einkünfte vor oder es erfolgt ein ausschließlicher "Zugriff" auf die passiven Erträge.

---

[57] Baranowski, Praktiker Handbuch Außensteuerrecht, 1571.
[58] Vgl. BFH v. 30. 8. 1995, I R 77/94, BStBl II 1995, 122.

In der Abkommenspraxis werden vornehmlich drei unterschiedliche Begriffe verwendet: "fast ausschließlich", "10 %" oder "soweit". Der Begriff "fast ausschließlich" sei lt. höchstrichterlicher Rechtsprechung ebenfalls als 10 %-Grenze zu verstehen.[59] In dem betreffenden Urteil wird der Begriff "fast ausschließlich" als Bagatellgrenze bezeichnet. Aus dem Wortlaut der Formulierung "fast ausschließlich" allein lasse sich allerdings nicht erkennen, bei welchem Prozentwert die Bagatellgrenze liegen soll. Der BFH geht daher auf einen gemeinsamen Ländererlass vom 1. 2. 1962 zurück[60] und führt aus, dass der Gesetzgeber beim Erlass des Außensteuergesetzes diese Grenze von 10 % als Verwaltungsauffassung kannte und teilte, da im Gesetz nichts anderes geregelt wurde. Daneben wird ergänzend § 9 AStG herangezogen, in dem explizit eine Grenze von 10 % benannt wird.

Die Ausführungen des BFH erscheinen nicht zwingend. Wenn der Gesetzgeber z. B. in § 9 AStG eine feste Prozentgrenze benennt, in § 8 Abs. 2 AStG a.F. dagegen den Begriff "fast ausschließlich" verwendet, kann dies nur bedeuten, dass der Gesetzgeber gerade nicht die gleiche Grenzziehung im Auge hatte. Anderenfalls hätte es auch der Verwendung der gleichen Begrifflichkeit bzw. des gleichen Prozentsatzes bedurft bzw. nahe gelegen. Es mag zwar angehen, "fast ausschließlich" in der Nähe von 10 % anzusiedeln, gleichwohl bleibt den Beteiligten bei einer rein qualitativ bestimmter Grenzziehung ein Ermessensspielraum, der im Rahmen eines absoluten Prozentwertes grundsätzlich nicht gewährt werden kann.[61] "Fast ausschließlich" ist daher als "10 % + x" zu verstehen. Die Vermeidung einer fixen Grenze ermöglicht es gerade dem Steuerpflichtigen und den Finanzbehörden, dem Einzelfall Rechnung zu tragen.

Wird z. B. nur in einem bestimmten Jahr aufgrund besonderer Umstände (z. B. günstiger oder ungünstiger Geschäftsverlauf oder ähnliches) die Grenze von 10 % überschritten, ohne dass jedoch die gesamten Aktivitäten in völlig verändertem Licht erscheinen, eröffnet die qualitative Freigrenze einen Beurteilungsspielraum, der einer solchen Formulierung stets gegeben ist. Daher kann die "10 %-Grenze" zwar Indiz sein, nicht aber Synonym.

Wird eine quantitative Größe (10 %) vorgegeben, so handelt es sich um eine inflexible Grenzziehung. Diese ist als solche zu beachten. U. U. kann mittels Bilanzierungsspielräumen etc. noch im Nachhinein ein gewisser Einfluss genommen werden. Im Übrigen bedarf es einer gezielten Steuerplanung (Umsatz-/Gewinnplanung) im Vorhinein.

Bei diesen beiden zuerst diskutierten Größen handelt es sich um Werte, die als Freigrenzen wirken. Übersteigen die passiven Teile die relative Freigrenze, entfällt die Freistellung auch in Bezug auf das Steuersubstrat der aktiven Tätigkeiten. Man spricht daher auch von einer "Infektion" der aktiven Einkünfte.

Anders ist dagegen die Wirkung bei Verwendung des Wortes "soweit". Hierdurch wird die Anwendung der Anrechnungsmethode stets auf das passive Steuersubstrat begrenzt (Partialwirkung). Aufgrund der Tatsache, dass Dividenden prinzipiell keiner getrennten Besteuerung (anteilig Freistellung/anteilig Versteuerung) zugänglich sind, ist der partielle Übergang zur Anrechnungsmethode nur im Zusammenhang mit den Einkünften aus Betriebsstätten/Personengesellschaften zu finden.

---

[59] Vgl. BFH v. 30. 8. 1995 a. a. O.
[60] Gemeinsamer Ländererl. v. 1. 2. 1962 S 2195 – 1 VB 1, BStBl II 1962, 48.
[61] Ähnlich *Vogel* DBA, Art. 23, Rn. 93.

5. Zeitraum

Eine explizite Regelung bzgl. der relevanten Beurteilungszeiträume enthält lediglich das DBA-Russland (sowohl für Betriebsstätten als auch Kapitalgesellschaften (Art. 23 Abs. 2 c) DBA-Russland) und das DBA-Kasachstan (Art. 23 Abs. 2c) sowie das DBA-Schweiz für Kapitalgesellschaften (Art. 24 Abs. 1 Nr. 1b zweiter Spiegelstrich).

Nachfolgend werden daher die sonst geltenden Grundsätze dargelegt.

Im Rahmen der Betriebsstättenbesteuerung ist stets das betreffende Wirtschaftsjahr des Stammhauses beachtlich. Es kommt nicht auf das Kalenderjahr an.

Soweit es sich um die Beurteilung von Erträgen ausländischer Personengesellschaften handelt, ist das Wirtschaftsjahr der betreffenden Personengesellschaft beachtlich. Da bzgl. der (anteiligen) Einkünfte der ausländischen Personengesellschaft über Anrechnung oder Freistellung zu entscheiden ist, kann dies nur in dem Zeitpunkt und für den Zeitraum geschehen, für den die Einkünfte zufließen (§ 4a Abs. 2 Nr. 2 EStG).

Im Rahmen der Ausschüttung von Kapitalgesellschaften soll entsprechend Abschn. 76 Abs. 10 KStR 1995 das Wirtschaftsjahr relevant sein, für das der Ausschüttungsbeschluss gefasst wird.[62] Hierdurch wird eine rein formale Sichtweise für die Abgrenzung von aktiven und passiven Erträgen herangezogen. Aus Vereinfachungsgründen mag man dies für die Praxis akzeptieren. Im Hinblick auf den Gesetzeszweck kann dagegen eine solche Vorgehensweise nicht überzeugen.

Für die Praxis der Steuerplanung bedeutet dies, eine Analyse der Aktivitäten für alle relevanten Jahre vorzunehmen. Ausschüttungen sollten stets nur auf solche Jahre datiert werden, in denen die Ergebnisse den Vorgaben des jeweiligen DBA entsprechen[63].

Den Körperschaftsteuerrichtlinien ist nicht zu entnehmen, ob eine höhenmäßige Begrenzung dahingehend besteht, dass die Summe der insgesamt für "aktive Jahre" ausgeschütteten Beträge nicht die Summe der "aktiven Gewinne" überschreiten darf.

Problematisch sind Jahre, in denen z. B. keine Bruttoerträge oder Einkünfte erzielt wurden. Beurteilungsprobleme ergeben sich auch, wenn für ein solches Jahr eine Ausschüttung beschlossen wird (Auflösung von Rücklagen). Ausgehend von der Gesetzestechnik, die die Freistellung regelmäßig nur dann zulässt, wenn produktive Bruttoerträge bzw. Einkünfte vorliegen, könnte man hieraus schließen, dass bei Fehlen "guter" Umsätze bzw. Erträge das betreffende Jahr stets als passiv anzusehen wäre. Eine solche, sehr enge Auslegung würde allerdings am Sinn und Zweck der Aktivitätsklauseln vorbeigehen. Die regelmäßig gewählte Abgrenzungstechnik dient nur der Vereinfachung, nicht alle passiven Tätigkeiten aufzählen zu müssen. Daraus kann aber nicht geschlossen werden, dass bei dem Fehlen von Umsätzen bzw. Einkünften generell keine aktive Tätigkeit vorliegen könne. In diesen Fällen muss es vielmehr für die Gewährung der Freistellungsmethode ausreichen, dass keine nichtaktiven Erträge erzielt wurden.

6. Mittelbare Aktivität für nachgeschaltete Gesellschaften

Grundsätzlich stellen die Aktivitätsklauseln auf eine originär durch die ausländische Betriebsstätte/Personengesellschaft bzw. Kapitalgesellschaft ausgeübte Tätigkeit ab. Aufgrund vielfältiger Gründe sind in der Praxis aber auch häufig mehrstufige Strukturen im Ausland zu beobachten. Dies kann z. B. der Gewinn-/Verlustkompensation aller Aktivitäten im jeweiligen Staat

---

[62] So auch *Wassermeyer* a. a. O., MA Art. 23 Rn. 55.

[63] Wegen der Freistellung nach § 8b Abs. 1 Satz 1 KStG von Dividenden bei der Körperschaftsteuer betrifft dies die Anwendung eines DBA-Schachtelprivilegs für Zwecke der Gewerbesteuer (§ 8 Nr. 5 Satz 1 GewStG i.V.m. § 9 Nr. 8 GewStG).

dienen (Landesholding als Verlustkompensationsvehikel, insbesondere bei der deutschen Organschaft ähnlichen Rechtsinstituten), aber auch Joint-Venture-Strukturen bewirken i. d. R. einen mehrstufigen Aufbau. Daneben führt der Erwerb einer ausländischen Unternehmensgruppe häufig zur Übernahme tief gegliederter Strukturen. Gleichfalls neigen insbesondere große Konzerne, ebenso wie es im Inland zu beobachten ist, auch im Ausland zu Ausgründungen von Geschäftsbereichen in eigenständige Gesellschaften, wodurch ähnlich komplexe Schachtelungen wie im Inland entstehen.

Diesem Bedürfnis der Wirtschaft entsprechen die Aktivitätsklauseln nur unzureichend, da entweder Einkünfte aus nachgeschalteten Gesellschaften generell als passiv gelten oder aber nur in sehr engen Grenzen als aktiv qualifizieren. Soweit DBA auf den zwischenzeitlich gestrichenen § 8 Abs. 2 AStG a.F. verweisen, sollte dieser im DBA-Kontext weiterhin angewandt werden.

C. Umfang der Anrechnung bei Übergang zur Anrechnungsmethode

1. Ausländische Kapitalgesellschaften

Kapitalgesellschaften sind selbständige juristische Personen und eigenständige Steuersubjekte (Trennungsprinzip). Entsprechend sind sie auch selbst im ausländischen Ansässigkeitsstaat unbeschränkt körperschaftsteuerpflichtig. Davon zu unterscheiden ist die regelmäßig bei Ausschüttung fällige Quellensteuer auf die Dividende. Diese Steuer zieht den beschränkt steuerpflichtigen Anteilseigner im Sitzstaat der ausschüttenden Kapitalgesellschaft zur Besteuerung heran.

Aufgrund des § 8b Abs. 1 Satz 1 KStG (Dividendenbefreiung) entfällt insoweit die Möglichkeit zur Steueranrechnung auf Dividenden bei einer deutschen Körperschaft als Gesellschafterin der ausländischen Kapitalgesellschaft. Demnach kommt eine Anrechnung ausländischer Quellensteuer auf die Ausschüttung der ausländischen Tochterkapitalgesellschaft auf die deutsche Körperschaftsteuer der deutschen Muttergesellschaft nicht in Betracht (direkte Anrechnung). Eine Anrechnung etwaiger ausländischer Quellensteuer auf Dividenden auf die deutsche Gewerbesteuer scheidet ohnehin aus[64]. Die Dividendenfreistellung nach § 8b Abs. 1 KStG bedingt auch, dass die Anrechnung der ausländischen Körperschaftsteuer der ausländischen Tochtergesellschaft – also die indirekte Anechnung - auf der Ebene der deutschen Muttergesellschaft ausscheidet[65].

Nur im Anwendungsbereich des § 8b Abs. 1 Sätze 2 und 3 KStG, d.h. bei verdeckten Gewinnausschüttungen, die auf der Ebene der ausländischen Tochtergesellschaft als solche nicht erfasst werden und für die daher eine Freistellung nach § 8b Abs. 1 KStG bzw. nach einem DBA-Schachtelprivileg zur Sicherstellung einer Einmalbesteuerung nicht gewährt wird (switch-over zur Anrechnungsmethode), kommt ggf. eine Anrechnung anfallender ausländischer Quellensteuer auf der Ebene einer deutschen Mutterkapitalgesellschaft in Betracht (§ 26 Abs. 1, 6 Satz 1, 2. Hs. KStG i.V.m. § 34c EStG). Auf die Existenz oder Ausgestaltung eines Aktivitätsvorbehalts kommt es allerdings insoweit nicht an.

Bei natürlichen Personen als Gesellschafter einer ausländischen Kapitalgesellschaft ist aufgrund der partiellen Einkommensteuerpflicht einer Dividende aus einer Beteiligung an einer ausländi-

---

[64] Vgl. BFH-Urteil v. 21. 12. 2005, I R 4/05, BStBl II 2006, S. 555.
[65] Eine indirekte Anrechnung ausländischer Körperschaftsteuer ergibt sich nur noch im Anwendungsbereich der Hinzurechnungsbesteuerung hinsichtlich ausländischer Zwischeneinkünfte (§ 12 Abs. 1 AStG).

schen Kapitalgesellschaft die Anrechnung ausländischer Quellensteuer auf diese Dividende grundsätzlich möglich. Die partielle Freistellung der Dividende im Teileinkünfteverfahren nach § 3 Nr. 40 Satz 1 lit. d) EStG schränkt die Anrechnung ausländischer Quellensteuer nicht ein, anders verhält es sich jedoch bei der Abzugsmethode.

Generell gilt damit, dass insoweit Aktivitätsklauseln leer laufen. Etwas anderes gilt weiterhin für die gewerbesteuerliche Behandlung von Drittstaatsdividenden (§9 Nr. 7,8 GewStG).

2. Ausländische Betriebsstätten und Personengesellschaften

Soweit die Freistellung in Bezug auf ausländische Betriebsstätten bzw. Beteiligungen an Personengesellschaften aufgehoben wird, kann keine wirtschaftliche Doppelbelastung eintreten. Infolgedessen stellt die im Betriebsstättenstaat gezahlte Steuer stets eine durch den Inländer getragene Belastung als beschränkt Steuerpflichtiger im Ausland dar. Da für diese unmittelbar getragene ausländische Belastung grundsätzlich keine Anrechnungsrestriktionen existieren, kann in diesen Fällen grundsätzlich der volle Betrag angerechnet werden. Insoweit kommt es zu keiner wirtschaftlichen Doppelbelastung (§ 34c EStG und § 26 Abs. 1, 6 KStG). Gewinne aus gewerblichen ausländischen Betriebsstätten und Personengesellschaften unterliegen im Inland auch nicht der Gewerbesteuer (§ 2 Abs. 1 Satz 1 i.V.m. § 9 Nr. 2, 3 GewStG)

Nur in Jahren mit geringen inländischen Einkünften oder Verlustjahren fehlt eine entsprechende deutsche Steuerschuld. Dann kommt es zu sog. "Anrechnungsüberhängen". In diesem Zusammenhang ist eine Option zur Abzugsmethode zu prüfen (§ 34c Abs. 2 EStG).

Die Anrechnung der durch die Personengesellschaft ausgelösten Ertragsteuer kann selbst dann erfolgen, wenn die Gesellschaft im jeweiligen Sitzstaat als Körperschaft qualifiziert und folglich zur Körperschaftsteuer herangezogen wird (hybride Personengesellschaft), sofern der Gewinn aus dieser Personengesellschaft für deutsche Steuerzwecke nicht freigestellt wird. Zum Übergang von der abkommensrechtlichen Freistellung zur Anrechnungsmethode kann es bei hybriden Personengesellschaften auch außerhalb von abkommensrechtlichen Aktivitätsvorbehalten durch sog. Qualifikationskonflikte kommen (§ 50d Abs. 9 EStG). Problematisch ist die Ansicht, dass in derartigen Fällen die zusätzlich auf die "Gewinnausschüttung" der Personengesellschaft anfallende Quellensteuer nicht anrechenbar sei.[66]

D. Steuerplanerische Implikationen

I. Rechtsform und Interessen der beteiligten Steuerinländer

1. Personenunternehmen / Betriebsstätten

Bei einer reinen Personenunternehmensstruktur (Betriebsstätte oder Personengesellschaft im Ausland, Einzelunternehmen oder Personengesellschaft mit natürlichen Personen als Gesellschafter im Inland) stellen im Gewinnfall bei Freistellung in Deutschland die im Ausland gezahlten Steuern die Gesamtbelastung dar. Eine inländische Steuerwirkung kann sich nur im Rahmen des Progressionsvorbehalts ergeben (indirekte Besteuerung).

Im Gewinnfall kann der Wegfall der Freistellungsmethode aufgrund eines sich auswirkenden Aktivitätsvorbehalts bei positiven Einkünften nicht vorteilhaft sein. Steuerplanerisches Ziel muss daher stets die Erzielung von begünstigten Einkünften sein. Im Verlustfall (Verrechnung ausländischer Verluste gegen inländische Gewinne) verhält es sich hinsichtlich der Besteuerung mit Körperschaftsteuer bzw. Einkommensteuer umgekehrt.

---

[66] Vgl. BMF v. 28. 5. 1998, BStBl 1998 I 557.

Bei einer deutschen Mutterkapitalgesellschaft mit DBA-freigestellter gewerblicher ausländischer Betriebsstätte bzw. Personengesellschaftsbeteiligung löst der Übergang von der abkommensrechtlichen Freistellungsmethode auf die Anrechnungsmethode heute häufig nur geringe, bzw. u. U. auch gar keine negativen ertragsteuerlichen Implikationen hinsichtlich der deutschen Besteuerung aus. Gewinne aus ausländischen gewerblichen Betriebsstätten bzw. Personengesellschaften unterliegen in Deutschland nicht der Gewerbesteuer (§ 2 Abs. 1 Satz 1, § 9 Nr. 2, 3 GewStG). Aufgrund des im internationalen Vergleich niedrigen deutschen Körperschaftsteuersatzes in Höhe von nur 15 %, führt die Anrechnung der ausländischen Körperschaftsteuer auf die deutsche Körperschaftsteuer nur noch in wenigen Fällen zu einem dann zugleich auch i. d. R. nur geringen „Heraufschleusungseffekt" (z. B. Zypern mit einem Körperschaftsteuersatz in Höhe von 10 %, Aktivitätsvorbehalt im Protokoll Nr. 3 zum DBA-Zypern für Betriebsstättengewinne). Im Verlustfall kann unter Geltung der Anrechnungsmethode ein Verlust aus ausländischen EU/EWR-Betriebsstätten grundsätzlich für Zwecke der Körperschaftsteuer berücksichtigt werden.

2. Kapitalgesellschaften

a) Gesellschaftsorientiert

Bei einer auf Maximierung der finanziellen Ziele der Gesellschaft ausgerichteten Kapitalgesellschaft ist ebenfalls die Erzielung einer minimalen Belastung auf dieser Ebene anzustreben. In aller Regel dürfte dies auch hier der Freistellungsfall sein. Hinsichtlich der Beteiligung an ausländischen Kapitalgesellschaften geht es in diesem Zusammenhang vor allem um die Vermeidung der deutschen Hinzurechnungsbesteuerung (§§ 7-14 AStG). Bei EU/EWR-Kapitalgesellschaften kommt hier die Führung eines Entlastungsnachweises nach § 8 Abs. 2 AStG in Betracht (Nachweis einer tatsächlichen wirtschaftlichen Tätigkeit der ausländischen Gesellschaft in ihrem Sitzstaat).

b) Gesellschafterorientiert

Aufgrund der Dividendenfreistellung nach § 8b Abs. 1 KStG im Kapitalgesellschaftskonzern hat ein DBA-Schachtelprivileg für Dividenden für Zwecke der Körperschaftsteuer weitgehend an Bedeutung verloren[67]. Hinsichtlich der gewerbesteuerlichen Erfassung von Dividenden ausländischer Tochterkapitalgesellschaften auf der Ebene einer deutschen Mutterkapitalgesellschaft haben jedoch abkommensrechtliche Aktivitätsklauseln nach wie vor große Bedeutung. Dies gilt vor allem bei Beteiligung an in Drittstaaten ansässigen Holdinggesellschaften (z.B. Schweiz)[68]. So lässt sich insbesondere in Drittstaaten- bzw. EWR-Fällen eine 95 % gewerbesteuerliche Hinzurechnung der Dividende einer ausländischen Tochtergesellschaft auf der Ebene der deutschen Muttergesellschaft nach § 8 Nr. 5 Satz 1 GewStG nur dann vermeiden, wenn die Aktivitätsvorbehalte des unilateralen internationalen gewerbesteuerlichen Schachtelprivileg bzw. die Aktivitätsvoraussetzungen des einschlägigen DBA-Schachtelprivilegs erfüllt werden (§ 9 Nr. 7 Satz 1, 1. Hs. GewStG, § 9 Nr. 8 GewStG). Dies gilt insbesondere bei mehrstufigen Beteiligungsstrukturen.

---

[67] Vgl. auch BFH-Urteil v. 14.01.2009, I R 47/08, BStBl II, BFH/NV 2009, S. 854.
[68] Ebenso Haas, DE 2002, 551 ff.

Köhler

II. Ertragssituation

1. Kein Unterschied, ob inländische Gewinn- oder Verlustsituation

Die Existenz inländischer Verluste ist ohne Einfluss auf die Vorteilhaftigkeitsentscheidung. Jede Versagung der Freistellungsmethode bei ausländischen Gewinnen führt zu einer erhöhten inländischen Bemessungsgrundlage und damit zumindest zu einem "Verbrauch" von Verlusten[69]. Darüber hinaus "läuft" in Verlustjahren mangels deutscher Steuerschuld ein etwaig bestehender Steueranrechnungsanspruch leer. Statt der Anrechnung kommt in diesen Fällen nur die Abzugsmethode zur Geltung[70]. Ökonomisch erhöht sich damit nochmals in der Gesamtperiode die Steuerlast.

2. Verlustsituation im Zielstaat der Investition

Soweit im Ausland Verluste erzielt werden, besteht – insbesondere in Betriebsstättenkonstellationen im EU/EWR-Bereich – ein Interesse an der Versagung der Freistellungsmethode, da im Rahmen der abkommensrechtlichen Freistellungsmethode Auslandsverluste nicht mit Inlandsgewinnen verrechnet werden können (Symmetriethese)[71]. Unter Geltung der Anrechnunsmethode ist die Verrechnung ausländischer Betriebsstättenverluste aus Drittstaaten an die Voraussetzungen des § 2a EStG geknüpft (§ 2a Abs. 1 Satz 1 Nr. 2 i. V. m. Abs. 2 Satz 1 EStG). Weiterhin ist zu bemerken, dass der switch-over von der abkommensrechtlichen Freistellungsmethode zur Anrechnungsmethode nach § 20 Abs. 2 AStG wohl nicht zur einkommen- bzw. körperschaftsteuerlichen Verlustverrechnung im Inland führt, da die Hinzurechnungsbesteuerung nur im Falle eines positiven Hinzurechnungsbetrags eintreten würde (§ 10 Abs. 1 Satz 3 i. V. m. § 20 Abs. 2 AStG). Weiterhin wird im Schrifttum diskutiert, ob die unilaterale subject-to-tax Klausel des § 50d Abs. 9 EStG auch zu einer einkommen- bzw. körperschaftsteuerlichen Verlustberücksichtigung im Inland führen kann.

Nur im Rahmen des negativen Progressionsvorbehalts bei natürlichen Personen ist grundsätzlich eine Berücksichtigung ausländischer DBA-freigestellter Verluste innerhalb der Grenzen des § 32b Abs. 1 Satz 1 Nr. 3, Satz 2 EStG i. d. F. JStG 2009 i. V. m. § 2a Abs. 2 Satz 1 EStG möglich. Hierbei muss es sich um eine gewerbliche ausländische EU/EWR/Drittstaaten-Betriebsstätte (§ 12 AO), die aktiv i. S. d. § 2a Abs. 2 Satz 1 EStG ist und deren Verluste unter eine DBA-Freistellung fallen, handeln. Der negative Progressionsvorbehalt scheidet hinsichtlich bestimmter passiver DBA-freigestellter ausländischer EU/EWR-Betriebsstätten gem. § 32b Abs. 1 Satz 2,3 EStG aus. Bei DBA-freigestellten passiven Drittstaatenbetriebsstätten wird der negative Progressionsvorbehalt durch § 2a EStG ausgeschlossen.

Bei erwarteten Anlaufverlusten könnte daher in Fällen, in denen der Aktivitätskatalog des Abkommens enger ist als der des § 2a EStG und somit die Anrechnungsmethode zur Anwendung kommt, ein Interesse des Steuerpflichtigen darin bestehen, einer ausländischen Betriebsstätte durch "Anhängen" von passiven Tätigkeiten i. S. d. jeweiligen DBA's über die Bagatellgrenze hinaus den Charakter als aktiv tätig zu nehmen, um somit in Deutschland für die ausländischen Anlaufverluste die Anwendung der Anrechnungsmethode auszulösen. Nach Erreichen der Ge-

---

[69] Aufgrund des bei der Gewerbesteuer weitgehend umgesetzten Territorialitätsprinzip muss dies hinsichtlich ausländischer gewerblicher Betriebsstätten bzw. Personengesellschaftsbeteiligungen nicht der Fall sein (§ 9 Nr. 2, 3 GewStG).

[70] § 8 Nr. 12 GewStG schließt den Abzug ausländischer Steuern nach § 34c EStG bei der Gewerbesteuer aus, wenn die zugehörigen ausländischen Gewinne nach § 9 GewStG gekürzt wurden.

[71] Vgl. EuGH, Urteil v. 15. 5. 2008, C-414/06 (Rs. Lidl), DStR 2008, 1143; BMF-Schreiben v. 4. 8. 2008, BStBl I 2008, 837.

winnschwelle sollten die passiven Tätigkeiten i. S. d. jeweiligen DBA's dann verlagert oder eingestellt werden. Voraussetzung für eine derartige Gestaltbarkeit ist jedoch, dass das jeweilige Abkommen einen entsprechenden Aktivitätsvorbehalt aufweist und die Vorgehensweise nicht als Missbrauch von rechtlichen Gestaltungsmöglichkeiten (§ 42 AO) angesehen wird[72].

III. Dokumentationsvorsorge: Nachweisproblematik

Die Anwendung der Freistellungsmethode ist häufig nicht nur an die Erfüllung der Aktivitätsklausel, sondern zusätzlich auch an den Nachweis der Aktivität geknüpft. Dieser Nachweis wird jedoch nicht in allen DBA (kein Nachweiserfordernis z. B. im DBA-Finnland, Protokoll Nr. 5 zum DBA-Finnland) gefordert, und in anderen DBA weicht der Umfang der Nachweiserfordernis sogar innerhalb der Aktivitätsklauseln ab (z. B. DBA-Schweiz Art. 24 Abs. 1 Nr. 1a: Im Rahmen der Aktivitätsklauseln für Betriebsstätten gilt die Freistellungsmethode nur bei "nachweislich" aktiven Einkünften; in Art. 24 Abs. 1 Nr. 1b wird jedoch im Hinblick auf die abweichende Aktivitätsklausel für Dividenden keine explizite Nachweisverpflichtung normiert).

Für den Anwender ergibt sich hieraus die Fragestellung, ob der differenzierte Wortlaut auch in der Anwendung einen Unterschied bedeutet. Letztlich entscheidend dürfte hierfür das Verhältnis zu der rein nationalen Norm des § 90 Abs. 2 AO sein. Nach dieser sog. erweiterten Mitwirkungspflicht bei Auslandssachverhalten liegt die Nachweispflicht auch ohne ausdrückliche Nennung im DBA-Text (fast) ausschließlich auf Seiten des Steuerpflichtigen.[73] Da den Finanzbehörden aufgrund der völkerrechtlichen Prinzipien nur beschränkte Möglichkeiten der "Sachverhaltsaufklärung über die Grenze" offen stehen, hat der Steuerpflichtige den Sachverhalt aufzuklären und die erforderlichen Beweismittel zu beschaffen. Daneben verfügt aber auch die Finanzverwaltung über ein wachsendes Instrumentarium zur Sachverhaltsaufklärung.[74] Da in Fällen von Aktivitätsklauseln stets ein DBA existiert, besteht damit in aller Regel auch eine "Auskunftsklausel", die "grenzüberschreitende" Ermittlungen durch die Behörden zulässt.[75]

Aus dem Fehlen der expliziten Nachweispflicht des DBA dürfte jedenfalls kaum gefolgert werden können, dass die Freistellung ohne jeden Nachweis gewährt wird und daher im Ergebnis von einer hinreichenden Beweislage abhängt. Demzufolge kommt der Beweis- und Dokumentationsvorsorge erhebliche Bedeutung zu.

Eine Spezifikation "ausreichender" Beweismittel, die generell den Anforderungen der Aktivitätsklauseln genügen, existiert nicht. U. U. könnte hilfsweise die Regelung in § 26 Abs. 4 KStG a. F. herangezogen werden. Diese Vorschrift normierte Art und Umfang der Beweispflichten im Rahmen des nationalen Schachtelprivilegs des § 26 Abs. 2 und 3 KStG a. F. (indirekte bzw. fiktive Anrechnung). Eine nähere Spezifikation hat der Gesetzgeber jedoch nicht gegeben. Es wird lapidar von "sachdienlichen Unterlagen" gesprochen, die den Nachweis der Aktivität erbringen sollen.

---

[72] *Grotherr* a. a. O. (oben Fn. 20), Art. 23 A/23 B OECD-MA Rn. 68.

[73] Es wird daher auch von einer "einseitigen Risikoverlagerung" gesprochen. Vgl. *Müller-Dott* in: Flick/Wassermeyer/Baumhoff, Außensteuerrecht, § 26 KStG, Rn. 452.

[74] Vgl. hierzu z. B. ausführlich *Dreßler*, Gewinn- und Vermögensverlagerungen in Niedrigsteuerländer und ihre steuerliche Überprüfung, S. 303 ff. Insoweit gilt auch der Amtsermittlungsgrundsatz fort; es sei weiterhin auf die Ausweitung der Anwendung des Art. 26 OECD-MA sowie die Initiativen in Zusammenhang mit dem Steuerhinterziehungsbekämpfungsgesetz hingewiesen.

[75] Vgl. hinsichtlich Grundsätze der zwischenstaatlichen Amtshilfe und Listung der relevanten DBA, BMF v. 3. 2. 1999, BStBl I 1999, 228.

Eine weitere denkbare Rechtsquelle, die Anhaltspunkte für Art und Umfang der Dokumentationspflicht bieten könnte, wäre § 17 AStG. Hier werden die Nachweispflichten für die Erfüllung des Aktivitätsvorbehaltes im Rahmen der Hinzurechnungsbesteuerung geregelt. Aber auch im Rahmen dieser Vorschrift ist letztlich nur von "sachdienlichen Unterlagen einschließlich der Bilanzen und der Erfolgsrechnungen" die Rede.[76]

Einzig im Rahmen der Körperschaftsteuerrichtlinien 1995 wird dahingehend spezifiziert, dass der Nachweis "z. B. durch hinreichend aufgegliederte Gewinn- und Verlustrechnungen der Tochtergesellschaft" erfolgen kann.[77] Diese Richtlinienvorschrift erfasst allerdings nur die Frage der "Bruttoerträge". Im Rahmen von "Bruttogrößen" mag die einzelne G&V-Position ausreichen. Soweit allerdings als Maßstab saldierte Größen ("Einkommen" oder "Einkünfte") zur Anwendung gelangen, dürfte eine Gewinn- und Verlustrechnung in Zweifelsfällen häufig nicht hinreichende Aussagekraft besitzen.

Das faktische Schweigen des Gesetzgebers zu Art und Umfang der Nachweisverpflichtung sowie die fehlende Spezifizierung bedeuten für die Rechtspraxis ein ganz erhebliches Unsicherheitspotential. Hieraus drohen weitreichende Nachweisverpflichtungen, die nur selten erfüllbar sind (z. B. Beteiligung zu 100 %, völlige Kontrolle über die lokale Geschäftsleitung, langjähriger ununterbrochener Anteilsbesitz). Diese "Idealfälle" sind jedoch nicht der Regelfall. Besondere Probleme ergeben sich z. B. bei einer zwischenzeitlichen Veräußerung. In der Praxis bedeutet dies häufig, dass nachträglich keinerlei Informationen mehr aus dem Ausland erhältlich sind. Selbst bei im Vorhinein geschlossenen vertraglichen Vereinbarungen führen solche Informationsabfragen im Nachhinein meist zu keinen verwertbaren Ergebnissen. Dies beruht vielfach darauf, dass die handelnden Personen in der betreffenden Gesellschaft ausscheiden oder ausgetauscht werden, somit alle bekannten Ansprechpartner wechseln und damit zugleich das verfügbare Wissen in den Gesellschaften verloren geht. Daneben tritt – insbesondere bei neuem Personal – Unwillen, neben der Tätigkeit, die Gegenwart und Zukunft betrifft, noch schwierige und zeitaufwendige "Ermittlungsarbeiten" für den Alteigentümer vorzunehmen, die noch dazu häufig im Ausland auf völliges Unverständnis treffen, da die Dokumentationsanforderungen des deutschen Fiskus aus Sicht vieler Ausländer häufig nur noch als "überzogen" bezeichnet werden.

Eine zweite wichtige Fallgruppe betrifft Beteiligungen, die nicht zu 100 % gehalten werden. Hiermit sind sowohl Beteiligungen an einer ausländischen Personengesellschaft angesprochen (hier wird nach den DBA eine Freistellung grundsätzlich bei beliebig kleiner Beteiligung gewährt) als auch bei Kapitalgesellschaften (hier wird eine Freistellung bzgl. der Gewerbesteuer grundsätzlich ab einer Beteiligungshöhe von 15 % in Drittstaaten gewährt, vgl. § 9 Nr. 8 GewStG). Bei Beteiligungen dieser Größenordnungen sind die ausländischen Gesellschaften in aller Regel weder verpflichtet noch bereit, Informationen, die über ein Mindestmaß hinausgehen, zu veröffentlichen bzw. herauszugeben. Im Interesse einer Gleichbehandlung aller Gesellschafter der betreffenden Gesellschaft werden auch im Hinblick auf das deutsche Steuerrecht zwingend beschriebene Informationsanfragen des deutschen Gesellschafters als unvereinbar mit dem lokalen Handelsrecht und/oder der Geschäftspolitik der betreffenden Gesellschaft versagt.

Auf besonderes Unverständnis treffen auch Vorschläge, der deutschen Gesellschafter möge im Vorhinein Auskunftsklauseln vereinbaren, die die betreffende Gesellschaft zur Herausgabe aller

---

[76] Vgl. § 17 Abs. 1 Satz 2 Nr. 2 AStG.
[77] Vgl. Abschn. 76 Abs. 7 Satz 1 KStR 1995.

"sachdienlichen Unterlagen" zwingen sollen, soweit der deutsche Fiskus derartige Anfragen macht.

Diese kurzen Ausführungen können dieses bedeutende Praxisproblem nur anreißen, verdeutlichen aber die erhebliche Relevanz.

Im Ergebnis ist im Interesse einer "Mindestrechtssicherheit" zu fordern, dass:

- ein verlässliches und erfüllbares Maß an Dokumentationsvoraussetzungen definiert wird, bei dessen Einhaltung der Steuerpflichtige grundsätzlich "seine Pflicht erfüllt hat". Eine unbestimmte Nachweispflicht droht unzulässig weite, ausufernde Nachfragen zuzulassen und führt zu Rechtsunsicherheit,

- soweit ein Auslandsengagement nicht "beherrscht" wird, die eingeschränkten Einflussmöglichkeiten des deutschen Investors zu berücksichtigen sind; der lapidare Verweis der deutschen Finanzverwaltung, dass der Investor sich im Vorhinein alle Beweismöglichkeiten hätte schaffen müssen, überzeugt in diesem Zusammenhang nicht. Auslandsinvestitionen können nicht (allein) von der Auskunftsfreudigkeit ausländischer Investitionspartner abhängig gemacht werden,

- auch andere "nachträgliche" Ereignisse, die die Erfüllung der Informationspflichten einschränken (z. B. Veräußerung, Einschränkung der Informationsweitergabe durch lokale Gesetzgebung etc.), zu beachten sind. Den deutschen Steuerpflichtigen dürfen keine nachteiligen Veränderungen im Ausland treffen, die er nicht selbst verschuldet oder zu verantworten hat.

IV. Optimierung von Strukturen

1. Rechtliche Verselbständigung passiver Aktivitäten

a) Bei Gründung

Ist bereits bei Begründung eines Auslandsengagements bekannt, dass dieses in einem Staat erfolgen wird, mit dem ein DBA besteht, welches einen DBA-Aktivitätsvorbehalt enthält, so sollte bei der geplanten Erzielung von "gemischten" Einkünften (z. B. Produktion und nichttechnische Dienstleistung) dieses bereits bei Errichtung beachtet werden.

Kein zwingender Handlungsbedarf besteht, soweit das DBA nur eine anteilige Versagung der Freistellung vorsieht (z. B. passive Betriebsstätteneinkünfte DBA-Schweiz, Art. 24 Abs. 1 Nr. 1 a). In diesen Fällen entfällt die Freistellung generell nur in Bezug auf passive Einkünfte. Gegebenenfalls wäre jedoch über eine Verlagerung dieser Einkünfte nachzudenken (siehe unten).

Soweit allerdings die sog. "Infektionswirkung" droht, führt die Ausübung nicht fast ausschließlich aktiver Tätigkeiten stets zum Verlust der Freistellungsmethode für die gesamten Einkünfte. Soweit dies in Ausnahmefällen nicht ausdrücklich gewünscht ist, kann dieser Infektionswirkung nur durch eine entsprechende Trennung der Einkunftsquellen begegnet werden. Es wäre in solchen Fällen u. U. die Gründung zweier Schwestergesellschaften zu planen. Eine der Gesellschaften würde ausschließlich aktivem, die andere Gesellschaft ausschließlich passivem Erwerb nachgehen. Hierdurch wird sichergestellt, dass die aktiven Einkünfte nicht "infiziert" werden.

Bei einer solchen organisatorischen bzw. gesellschaftsrechtlichen Trennung bleibt zu beachten, dass die übrigen Anforderungen für die steuerliche Anerkennung der Gesellschaften erfüllt sein müssen.

Köhler

b) Nachträglich bei Auftreten passiver Einkünfte

Ergeben sich innerhalb einer historisch gewachsenen Struktur oder aufgrund neuerer Entwicklungen passive Erträge im Ausland (z. B. Aufnahme von Dienstleistungen neben Produktion), die eine Infektionswirkung auslösen könnten, so sollte auch in diesem Zeitpunkt stets über eine Trennung nachgedacht werden.

Übersteigen die passiven Erträge zu dem geplanten Trennungszeitpunkt noch nicht die kritische Größe ("fast ausschließlich"), sind für das Herauslösen der passiven Einkunftsquelle nur die ausländischen Rechts- und insbesondere "Entstrickungsregelungen" zu beachten.

Führen dagegen die passiven Erträge bereits zur Infizierung und damit zum generellen Wegfall der Freistellungsmethode, sind ausländische Übertragungsgewinne grundsätzlich auch im Inland beachtlich. Hierbei ist insbesondere darauf hinzuweisen, dass es nicht darauf ankommt, ob nach ausländischem Steuerrecht Restrukturierungen zu Erträgen führen, sondern dass diese Erträge für Zwecke der deutschen Besteuerung ausschließlich nach deutschem Steuerrecht zu ermitteln sind. Mit Änderung des UmwStG durch das SEStEG fallen nunmehr auch vergleichbare Umwandlungsvorgänge im Ausland unter das deutsche UmwStG. In Reorganisationsfällen ist stets im Detail zu prüfen,,ob solche Trennungsmaßnahmen Sinn machen und wie sie durchzuführen wären. Häufig kommen in diesen Konstellationen Bewertungsfragen besondere Bedeutung zu.

2. Verlagerung passiver Aktivitäten in einen DBA-begünstigten Staat

Diese Handlungsalternative betrifft sowohl das Vorliegen ausschließlich passiver Einkünfte im Ausland als auch die zuvor beschriebenen Fälle gemischter Einkünfte, die eine Trennung veranlassen.

In all diesen Fällen kann geprüft werden, ob derartige passive Einkünfte in einen anderen Staat verlagerbar wären. Eckpunkte zur Prüfung dieser Fragestellung sind:

- Prüfung der rechtlichen Rahmenbedingungen im bisherigen Staat (Spaltung, Liquidation, Nachhaftung etc.)
- steuerrechtliche Behandlung im bisherigen Staat (Entstrickungsproblematik, Quellensteuer etc.)
- steuerrechtliche Behandlung der Verlagerung in Deutschland (Anwendung des UmwStG, Entstrickung)
- betriebswirtschaftliche Analyse hinsichtlich der Machbarkeit eines "Umzugs" der passiven Tätigkeiten
- Lokalisation eines geeigneten neuen Standortes (u. U. Vereinbarung eines "Rulings" in einem geeigneten Sitzstaat)
- Sicherstellung aller weiteren Determinanten für eine steuerliche Anerkennung (z. B. hinreichende Substanz, etc.).

Sind diese Eckpunkte geprüft und ergibt sich keine prohibitive Belastung, kann durch einen "steuerlich wirksamen" Umzug bzw. eine Reorganisation erreicht werden, dass die Erträge in Zukunft nicht mehr der Anrechnungsmethode unterfallen oder aus den Wirkungen der Hinzurechnungsbesteuerung[78] ausgenommen werden, vorausgesetzt, dass man einen neuen Sitzstaat wählt, der entweder über ein DBA ohne Aktivitätsklausel im Verhältnis zu Deutschland

---

[78] Beispielsweise durch Formwechsel der ausländischen Zwischengesellschaft in eine Personengesellschaft und der damit einhergehenden Vermeidung der Belastung mit Gewerbesteuer (§ 9 Nr. 2 GewStG).

verfügt oder eine Aktivitätsklausel, die im Hinblick auf die relevanten Einkünfte unschädlich ist bzw. den rechtlichen Unternehmensaufbau im bisherigen Sitzstaat durch geeignete Reorganisation entsprechend anpasst (Rechtsformwechsel).

3. Repatriierung passiver Aktivitäten in das Inland

Ist eine "sinnvolle Verlagerung" aus einem DBA-Staat mit Aktivitätsvorbehalt in einen DBA-Staat ohne bzw. ohne einschlägigen Aktivitätsvorbehalt nicht möglich, kann auch eine Verlagerung passiver Einkünfte "zurück" in das Inland vorteilhaft sein.

In Bezug auf Erträge von ausländischen Betriebsstätten oder Personengesellschaften muss allerdings ergänzend beachtet werden, dass diese generell keiner deutschen Gewerbesteuer unterliegen (§ 9 Nr. 3 GewStG stellt auch passive Erträge frei). Verlagert man daher derartige Einkünfte in das Inland, tritt neben die einkommen- bzw. körperschaftsteuerliche Problematik ergänzend die zusätzliche Gewerbesteuerpflicht.

Eine endgültige Entscheidung dürfte häufig nur auf Basis eines quantitativen Entscheidungsmodells möglich sein.

Köhler

5. Behandlung von Dreieckssachverhalten unter Doppelbesteuerungsabkommen

von Dr. Oliver Heinsen, Steuerberater, Frankfurt/M.[*]

Inhaltsübersicht

A. Einleitung
B. Dreieckssachverhalt bei doppelter Ansässigkeit
 I. Doppelt ansässige Person empfängt Zahlungen aus dem Drittstaat
 II. Doppelt ansässige Person leistet Zahlungen in den Drittstaat
 III. Steuerplanerische Implikationen
C. Dreieckssachverhalt bei Betriebsstätten
 I. Einkünfte aus dem Drittstaat
 II. Zahlungen in den Drittstaat
 III. Steuerplanerische Implikationen
D. Schlussbetrachtung

Literatur:

Adonnino, Diskriminierungsverbote im internationalen Steuerrecht, Generalbericht, CDFI Vol. LXXVIII b, Deventer/Boston 1995, S. 131 ff.; *Avery Jones*, Are Tax Treaties Necessary?, Tax Law Review 1999, 1 ff.; *Avery Jones/Bobbett*, Triangular Treaty Problems: A Summary of the Discussion in Seminar E at the IFA Congress in London, BIFD 1999, 16 ff.; *Blumers*, Zur möglichen Holdingfunktion einer ausländischen Tochter-Personengesellschaft, DB 2007, S. 312 ff.; *Brood*, Dual Residence of Companies, Intertax 1990, 22 ff.; **de Kort**, HR 28 February 2001, nr. 35.557: The Supreme Court of the Netherlands Reaches a Questionable Decision in a Triangular Dividend Withholding Tax Case, Intertax 2001, 402; *García Prats*, Triangular Cases and Residence as a Basis for Alleviating International Double Taxation. Rethinking the Subjective Scope of Double Tax Treaties, Intertax 1994, 473 ff.; *Gusmeroli*, Triangular Cases and the Interest and Royalties Directive – Untying the Gordian Knot? – Part 1, ET 2005, 2 ff.; *Haase*, Zur optimalen Allokation des steuerpflichtigen Welteinkommens bei internationalem Steuergefälle und nationaler Steuerprogression, DB 1983, 1105 ff.; *Helde*, Dreiecksverhältnisse im Internationalen Steuerrecht unter Beteiligung einer Betriebsstätte, Köln 2000; *Jann*, Können Betriebsstätten die Vergünstigungen der DBA aufgrund der Niederlassungsfreiheit gem. Art. 52 EGV erlangen?, IWB F. 11 Gr. 2 S. 279 ff.; *Juch*, Unilaterale Maßnahmen zur Vermeidung der Doppelbesteuerung, Generalbericht, CDFI Vol. LXVI b, Deventer/Boston 1981, S. 81 ff.; *Krabbe*, Steuerliche Behandlung der Personengesellschaften nach den Doppelbesteuerungsabkommen, IWB F. 3 Gr. 2 S. 753 ff.; *Lang/Lüdicke/Riedweg*, Steueranrechnung und Betriebsstättendiskriminierungsverbot der DBA bei Dreieckssachverhalten, IStR 2006, S. 73 ff.; *Lombardi*, Triangular Situations: A Case of Double Source Taxation of Interest and Royalties, BIFD 1997, S. 177 ff.; *Martín Jiménez/García Prats/Calderón Carrero*, Triangular Cases, Tax Treaties and EC Law: The Saint-Gobain Decision of the ECJ, BIFD 2001, 241; *OECD (Hrsg.)*, Model Tax Convention: Four related studies, Paris 1992; OECD (Hrsg.), The Application of the OECD-Model Tax Convention to Partnerships, Paris 1999; *Ribbrock*, Dreiecksverhalte im Internationalen Steuerrecht, Hamburg 2004; *Smit*, Taxation of Dividends Distributed by a Dual Resident Company, ET 1993, 36 ff.; *Staringer*, Quellenbesteuerung doppelt ansässiger Gesellschaften, SWI 1993, 147 ff.; *ders.*, Besteuerung doppelt ansässiger Kapitalgesellschaften, Wien 1999; *Van Gennep*, Dual-Resident Companies – The Second Sentence of Article 4 (1) of the OECD-Model Convention of 1977, ET 1991, 141 ff.; *Van Raad*, Dual residence, ET 1988, 241 ff.; *ders.*, Triangular Cases, ET 1993, 298 ff.

A. Einleitung

Unter den Begriff Dreieckssachverhalte lassen sich die grenzüberschreitenden Sachverhalte subsumieren, bei denen drei Staaten in Bezug auf dieselben Einkünfte Besteuerungsrechte ableiten, so dass es zu einer Dreifachbesteuerung der Einkünfte kommen kann. Inwieweit diese Besteuerungsrechte wahrgenommen werden, hängt davon ab, ob zwischen den drei beteiligten Staaten DBA abgeschlossen sind. Aber auch wenn zwischen allen drei beteiligten Staaten ein DBA abgeschlossen ist, wird dieser möglichen Dreifachbesteuerung aufgrund der jeweilig bilateralen Ausgestaltung der DBA nur unzulänglich Rechnung getragen, indem:

---

[*] KPMG AG Wirtschaftsprüfungsgesellschaft, Frankfurt/M.

► eine mögliche Dreifachbesteuerung nicht umfänglich vermieden wird, sofern alle beteiligten Staaten ihre Besteuerungsrechte wahrnehmen oder nicht hinreichend einschränken,

► es zu einer Minder- oder gar Keinmalbesteuerung kommt, sofern alle beteiligten Staaten auf ihre Besteuerungsrechte verzichten oder diese einschränken.

Die abkommensrechtliche Problematik von Dreieckssachverhalten tritt insbesondere bei zwei Fallkonstellationen zutage. Die erste Fallkonstellation bezieht sich auf Sachverhalte, in denen eine Person, vornehmlich eine Kapitalgesellschaft, nach dem innerstaatlichen Recht zweier Staaten als steuerlich ansässig gilt und Zahlungen aus einem Drittstaat D empfängt oder in den Drittstaat D leistet (Dreieckssachverhalt bei doppelter Ansässigkeit).[1]

Die zweite Fallkonstellation betrifft jene Sachverhalte, bei denen eine im Staat A ansässige Person über eine im Staat B gelegene Betriebsstätte (Betriebsstättenstaat) verfügt, der wiederum Einkünfte aus einem Staat C (Drittstaat) zuzurechnen sind (Dreieckssachverhalt bei Betriebsstätten). Diese zweite Fallkonstellation fand eine eingehende Untersuchung durch den OECD-Fiskalausschuss,[2] deren Ergebnisse auch im Kommentar zum OECD-Musterabkommen Berücksichtigung gefunden haben.[3] Gleichsam kann der Dreieckssachverhalt aber auch in umgekehrter Richtung auftreten, nämlich dann, wenn diese Betriebsstätte Zahlungen an einen im Drittstaat ansässigen Empfänger leistet. Darüber hinaus lassen sich unter die zweite Fallkonstellation auch Sachverhalte subsumieren, bei denen eine im Staat A ansässige Person Gesellschafterin einer Personengesellschaft mit Sitz im Staat B ist und die Einkünfte aus dem Staat C der im Staat B belegenen festen Einrichtung der Personengesellschaft zuzurechnen sind. Nach deutscher Rechtsauffassung erzielt der im Staat A ansässige Gesellschafter insoweit anteilig Einkünfte aus einer im Staat B belegenen Betriebsstätte, wenn die feste Einrichtung der Personengesellschaft die Kriterien für eine Betriebsstätte erfüllt. Hier tritt dann aber zusätzlich das Problem auf, dass die Personengesellschaft in den beteiligten Staaten entweder steuerlich als transparent oder steuerlich als intransparent behandelt werden kann.[4]

Weitere Fallkonstellationen sind insbesondere im Rahmen eines Unternehmensverbundes, der sich auf drei Staaten erstreckt, denkbar, sofern Leistungsbeziehungen zwischen den einzelnen Unternehmen bestehen. Auf die hierbei auftretenden Probleme der Einkunftsabgrenzung innerhalb eines solchen Unternehmensverbundes – z. B. bei der Gewährung dreiseitiger Vorteilsausgleiche[5] oder bei sich über drei Staaten erstreckenden Lieferketten, bei denen die Entgelte für die Lieferungen voneinander abhängig sind – soll im weiteren aber nicht eingegangen werden.

B. Dreieckssachverhalt bei doppelter Ansässigkeit

Dreieckssachverhalte bei doppelter Ansässigkeit basieren darauf, dass eine Person in zwei Staaten unbeschränkt steuerpflichtig ist und für Abkommenszwecke entsprechend Art. 4 Abs. 1 OECD-MA in dem jeweiligen Staat als ansässig gilt.[6] Zumeist entsteht eine solche doppelte

---

[1] Vgl. *Van Raad*, ET 1993, 298.

[2] Vgl. *OECD* (Hrsg.), Model Tax Convention: Four related studies.

[3] S. dazu Ziff. 50 – 53 zu Art. 24 OECD-MK.

[4] S. dazu eingehend *OECD* (Hrsg.), The Application of the OECD-Model Tax Convention to Partnerships, S. 19 ff., S. 27 ff.

[5] S. dazu z. B. *Sieker* in: Debatin/Wassermeyer, DBA, MA Art. 9, Rn. 168, 356.

[6] Zum Verhältnis der unbeschränkten Steuerpflicht und der abkommensrechtlichen Ansässigkeit in diesem Kontext s. *de Kort*, Intertax 2001, 402, mit Bezug auf einen Dreieckssachverhalt, der die Niederlande, die

Ansässigkeit, wenn eine Person in dem einen Staat aufgrund ihres Wohnsitzes bzw. statutarischen Sitzes als dort ansässig gilt und der unbeschränkten Steuerpflicht unterliegt, in dem anderen Staat hingegen ihren gewöhnlichen Aufenthalt bzw. ihre Geschäftsleitung hat, der zur Ansässigkeit im anderen Staat bei dortiger unbeschränkter Steuerpflicht führt.

Die Möglichkeit einer doppelten Ansässigkeit ergibt sich entsprechend Art. 4 Abs. 1 OECD-MA auch auf Abkommensebene. Für die Einschränkung der Besteuerungsrechte nach einem Abkommen ist es jedoch grundlegend, die Ansässigkeit einer Person auf Abkommensebene zugunsten eines der beiden Staaten zu entscheiden. Hierfür sehen die Abkommen so genannte Tie-breaker-Regelungen entsprechend Art. 4 Abs. 2 u. 3 OECD-MA vor. Bei natürlichen Personen sind nach Art. 4 Abs. 2 OECD-MA nacheinander die Kriterien "ständige Wohnstätte", "Mittelpunkt der Lebensinteressen", "gewöhnlicher Aufenthalt" und "Staatsangehörigkeit" zur Bestimmung der Ansässigkeit abzuprüfen. Demgegenüber ist für die Bestimmung der abkommensrechtlichen Ansässigkeit von juristischen Personen entsprechend Art. 4 Abs. 3 OECD-MA alleiniges Kriterium der Ort ihrer tatsächlichen Geschäftsleitung. Lässt sich die Ansässigkeit einer Person auch nach Prüfung dieser Kriterien nicht bestimmen, kann dies durch ein Verständigungsverfahren i. S. d. Art. 25 OECD-MA geschehen.[7]

Das Problem der Doppelansässigkeit von Personen wird damit im Verhältnis zweier Ansässigkeitsstaaten A1 und A2 zueinander durch das DBA-A1/A2 im Regelfall gelöst. Im Rahmen eines Dreieckssachverhalts ist aber nunmehr auch das Verhältnis der beiden Ansässigkeitsstaaten A1 und A2 zu einem Drittstaat D zu berücksichtigen. Für den Drittstaat beurteilen sich seine Besteuerungsrechte in Bezug auf die in A1 und A2 doppelt ansässige Person alleinig nach den DBA-A1/D und DBA-A2/D;[8] die Bestimmung der Ansässigkeit für Zwecke der Anwendung des DBA-A1/A2 nach der Tie-breaker-Regelung schlägt nicht auf den Drittstaat durch **(Abb. 1)**.

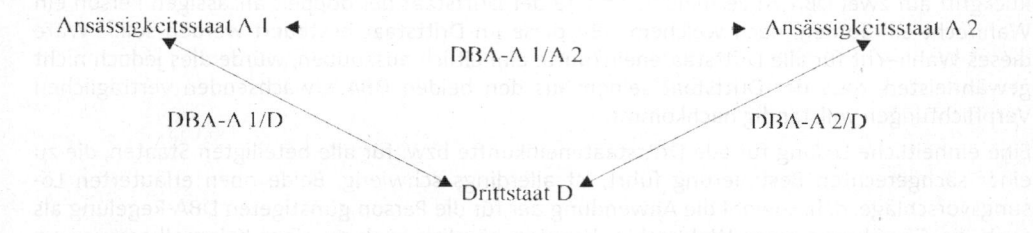

Abb. 1: Dreieckssachverhalt bei doppelter Ansässigkeit

Empfängt demnach die in den Staaten A1 und A2 doppelt ansässige Person Zahlungen aus dem Drittstaat D oder leistet sie Zahlungen in diesen Drittstaat, so sind hinsichtlich der Beurteilung der Besteuerungsrechte der drei beteiligten Staaten auf diese Zahlungen drei Abkommen (DBA-A1/A2, DBA-A1/D und DBA-A2/D) maßgebend.

Niederländischen Antillen und Belgien betraf.

[7] Vgl. zu abweichenden Tie-breaker-Regelungen, *Lehner* in: Vogel/Lehner, DBA, Art. 4, Rn. 20 ff.

[8] Vgl. *Van Raad*, ET 1988, 242; *Van Gennep*, ET 1991, 142; *Schaumburg*, Internationales Steuerrecht, Rn. 16.191.

I. Doppelt ansässige Person empfängt Zahlungen aus dem Drittstaat

Bei Vorliegen einer in den Staaten A1 und A2 doppelt ansässigen Person kommt der Fall in Betracht, in dem die doppelt ansässige Person Zahlungen aus einem Drittstaat D (Dividenden, Zinsen, Lizenzgebühren) empfängt. Gilt Staat A1 nach der im DBA-A1/A2 verankerten Tiebreaker-Regelung im Verhältnis zu A2 als Ansässigkeitsstaat, so kommt A1 in Bezug auf die Drittstaateneinkünfte gem. Art. 21 Abs. 1 OECD-MA ein ausschließliches Besteuerungsrecht zu.[9] A2 hat kein Besteuerungsrecht für die Drittstaateneinkünfte.

Damit ist aber noch offen, inwieweit der Drittstaat D ein Besteuerungsrecht auf die Drittstaateneinkünfte hat. Dieses Besteuerungsrecht bestimmt sich nach den DBA-A1/D und DBA-A2/D. Unerheblich für D ist dagegen das DBA-A1/A2 und dessen Tie-breaker-Regelung bei doppelter Ansässigkeit. D ist sowohl nach dem DBA-A1/D als auch nach dem DBA-A2/D als Quellenstaat in Bezug auf die Drittstaateneinkünfte anzusehen. Ihm kommt damit nach beiden Abkommen ein betragsmäßig beschränktes Besteuerungsrecht zu.

Sehen die beiden Abkommen DBA-A1/D und DBA-A2/D hier unterschiedlich hohe Quellensteuersätze vor, stellt sich die Frage, welcher der Quellensteuersätze maßgebend ist. Nach bisheriger Ansicht im Schrifttum ist hier der niedrigere der in den beiden Abkommen vereinbarten Quellensteuersätze anzuwenden, da nur so der Drittstaat seinen vertraglichen Verpflichtungen gerecht wird, die ihm aus dem Abschluss der beiden DBA erwachsen.[10]

Fraglich ist allerdings, wie verfahren wird, wenn Drittstaateneinkünfte aus dem Drittstaat D vorliegen, die unter verschiedene Zuteilungsnormen fallen und diese Zuteilungsnormen ihrerseits unterschiedlich hohe Quellensteuersätze vorsehen (z. B. bei Gewinnanteilen aus stillen Beteiligungen). Die Anwendung des jeweils niedrigeren Quellensteuersatzes führt dazu, dass sowohl auf das DBA-A1/D als auch auf das DBA-A2/D zurückgegriffen werden muss. Um den Rückgriff auf zwei DBA zu vermeiden, könnte der Drittstaat der doppelt ansässigen Person ein Wahlrecht einräumen, nach welchem DBA diese im Drittstaat besteuert werden soll.[11] Wäre dieses Wahlrecht für alle Drittstaateneinkünfte einheitlich auszuüben, würde dies jedoch nicht gewährleisten, dass der Drittstaat seinen aus den beiden DBA erwachsenden vertraglichen Verpflichtungen vollständig nachkommt.

Eine einheitliche Lösung für alle Drittstaateneinkünfte bzw. für alle beteiligten Staaten, die zu einer sachgerechten Besteuerung führt, ist allerdings schwierig. Beide oben erläuterten Lösungsvorschläge, d. h. sowohl die Anwendung der für die Person günstigeren DBA-Regelung als auch die Gewährung eines Wahlrechts, könnten nämlich auch zu einer Keinmalbesteuerung führen, wie dies das nachfolgende Beispiel für den Fall einer Montagetätigkeit veranschaulicht.[12]

Beispiel:

Eine doppelt ansässige Kapitalgesellschaft i. S. d. Art. 4 Abs. 1 OECD-MA habe ihren statutarischen Sitz in Belgien, ihre tatsächliche Geschäftsleitung befinde sich in Deutschland. Die

---

[9] Vgl. *Wassermeyer* in: Debatin/Wassermeyer, DBA, MA, Art. 21, Rn. 51.

[10] Vgl. *Van Raad*, ET 1988, 243; *Brood*, Intertax 1990, 31; *Großmann*, Doppelt ansässige Kapitalgesellschaften im internationalen Steuerrecht, S. 117; *Lehner* in: Vogel/Lehner, DBA, Art. 4, Rn. 24; *Wassermeyer* a. a. O. (oben Fn. 10), MA, Art. 4, Rn. 4; *Avery Jones*, Tax Law Review 1999, 34; *Gusmeroli*, ET 2005, 12.

[11] Vgl. *Van Gennep*, ET 1991, 144, sowie Großmann a. a. O. (oben Fn. 11), S. 92.

[12] Vgl. auch *Avery Jones/Bobbett*, BIFD 1999, 19.

Kapitalgesellschaft soll Montagetätigkeiten in einem Zeitraum von 9 Monaten in einem Drittstaat ausführen. Während nach dem DBA-Deutschland/Drittstaat eine Montagetätigkeit von 6 Monaten eine Betriebsstätte i. S. d. Art. 5 OECD-MA begründen soll, sei im DBA-Belgien/Drittstaat hierfür ein 12-Monate-Kriterium vorgesehen. Es stellt sich die Frage, wie die Einkünfte aus der Montagetätigkeit im Drittstaat besteuert werden.

1. Verhältnis Deutschland/Belgien

Gem. Art. 4 Abs. 3 DBA-Deutschland/Belgien kommt die dort verankerte Tie-breaker-Regelung zur Anwendung: Die Kapitalgesellschaft gilt als in Deutschland ansässig. Deutschland hat bezüglich der Drittstaaten-Montageeinkünfte gem. Art. 7 Abs. 1 DBA-Deutschland/Belgien ein ausschließliches Besteuerungsrecht, Belgien entsprechend kein Besteuerungsrecht, sofern in Belgien keine Betriebsstätte unterhalten wird.

2. Verhältnis Deutschland/Drittstaat

Nach dem DBA-Deutschland/Drittstaat wird durch die Montagetätigkeit im Drittstaat eine Betriebsstätte begründet. Bezüglich der Einkünfte aus der Montagetätigkeit hat, soweit die Einkünfte der Betriebsstätte zuzurechnen sind, der Drittstaat ein Besteuerungsrecht. Deutschland stellt die Montageeinkünfte entsprechend Art. 23A OECD-MA von der deutschen Besteuerung frei.

3. Verhältnis Belgien/Drittstaat

Gem. DBA-Belgien/Drittstaat wird im Drittstaat keine Betriebsstätte begründet. Der Drittstaat hat demzufolge bezüglich der Drittstaateneinkünfte kein Besteuerungsrecht; das ausschließliche Besteuerungsrecht obliegt hier entsprechend Art. 7 Abs. 1 OECD-MA dem Staat Belgien.

Hat der Drittstaat entsprechend den obigen Lösungsansätzen die niedrigere der sich aus den DBA-Belgien/Drittstaat und DBA-Deutschland/Drittstaat ergebenden Quellensteuern anzuwenden oder hat die Kapitalgesellschaft ein Wahlrecht, welches DBA anzuwenden ist, kommt es bezüglich der Drittstaateneinkünfte zu einer Keinmalbesteuerung.

Eine mögliche Keinmalbesteuerung, die, wie im obigen Beispiel, darauf basiert, dass der Ansässigkeitsstaat A1 (Deutschland) die Freistellungsmethode als Methode zur Vermeidung der Doppelbesteuerung anwendet, könnte allerdings durch die Vereinbarung einer Subject-to-tax-Klausel vermieden werden. Ferner könnte die Freistellung auf Grund von § 50d Abs. 9 EStG nicht gewährt werden. Zwar wendet der Drittstaat das DBA-Deutschland/Drittstaat nicht so an, dass die Einkünfte in dem Drittstaat von der Besteuerung anzunehmen sind – dies geschieht vielmehr auf Grundlage des DBA Belgien/Drittstaat –, wodurch § 50d Abs. 9 Nr. 1 EStG nicht anwendbar ist. Allerdings könnten die Einkünfte in dem Drittstaat nur deshalb nicht steuerpflichtig sein, weil sie von einer Person bezogen werden, die im Drittstaat nicht auf Grund ihres Sitzes oder Ortes ihrer Geschäftsleitung oder eines einen ähnlichen Merkmals unbeschränkt steuerpflichtig ist; dies wäre der Anwendungsfall des § 50d Abs. 9 Nr. 2 EStG. Das Problem einer Keinmalbesteuerung lässt sich ferner lösen, wenn man die in 2008 erfolgte Überarbeitung des Musterabkommens zum OECD-MA (OECD-MK) zugrunde legt. Dem revisionierten OECD-MK (Art. 4 Nr. 8.2 Satz 2 OECD-MK) zufolge ist der Begriff „Ansässige Person" nunmehr einschränkend so auszulegen, dass hiervon Personen ausgeschlossen werden, die in einem Ansässigkeitsstaat deshalb keiner umfassenden Steuerpflicht unterliegen, weil sie nach dem DBA dieses Ansässigkeitsstaates mit einem anderen Staat als in dem letzteren Staat ansässig gelten. Im vorliegenden Fall könnte der Drittstaat dem folgend das DBA-Belgien/Drittstaat nicht mehr anwenden, weil insoweit die doppelt ansässige Kapitalgesellschaft auf Grund der im DBA-Deutschland/Belgien verankerten Tie-breaker-Regelung in Belgien keiner umfassenden Steuerpflicht mehr unterliegt. Zweifelhaft ist aber, ob diese geänderte Sichtweise, wie sie im revisionierten OECD-MK zum Ausdruck kommt, auch auf bereits vor dieser Revision bestehende Doppelbesteuerungabkommen anzuwenden ist.[13]

II. Doppelt ansässige Person leistet Zahlungen in den Drittstaat

Leistet eine doppelt ansässige Person Zahlungen (Dividenden, Zinsen oder Lizenzgebühren) in den Drittstaat, so entsteht das Problem, dass beide Ansässigkeitsstaaten A1 und A2 nach Maßgabe ihres innerstaatlichen Rechts eine Quellenbesteuerung vornehmen können, welche allenfalls durch die Existenz eines DBA des jeweiligen Ansässigkeitsstaates mit dem Drittstaat eingeschränkt wird. Es kann somit zu einer doppelten Quellenbesteuerung kommen. Hier stellt sich die Frage, ob der Drittstaat zur Vermeidung einer Doppelbesteuerung auf die Zahlungen der doppelt ansässigen Person im Rahmen der Anrechnungsmethode beide Quellensteuern anzurechnen hat oder einer der Ansässigkeitsstaaten A1 oder A2 auf sein Besteuerungsrecht zu verzichten hat.

Sofern es sich um Dividendenzahlungen einer doppelt ansässigen Kapitalgesellschaft handelt, wird die Meinung vertreten, der Ansässigkeitsstaat A2 hätte auf sein Quellenbesteuerungsrecht zu verzichten, wenn das DBA-A1/A2 den Staat A1 auf Grund der Tie-breaker-Regelung als Ansässigkeitsstaat bestimmt.[14] Begründet wird dieses Quellenbesteuerungsverbot von A2 mit dem Verweis auf das abkommensrechtlich verankerte Verbot einer extraterritorialen Besteuerung i. S. d. Art. 10 Abs. 5 OECD-MA: Um eine extraterritoriale Besteuerung könnte es sich nämlich insofern handeln, als der Staat A2 eine Quellensteuer auf Dividenden einer nach dem DBA-A1/A2 nicht in A2 ansässigen Person erheben würde und die Dividenden weder einer in A2 ansässigen Person zufließen noch einer in A2 belegenen Betriebsstätte zuzurechnen sind. Allerdings ist hiergegen eingewandt worden, die Anwendung des Art. 10 Abs. 5 setze voraus, dass die den Dividenden zugrunde liegenden Gewinne aus dem Staat A2 bezogen werden müssten, was aber in der hier beschriebenen Fallkonstellation nicht gegeben sei.[15] Die Anwendbarkeit einer Regelung entsprechend Art. 10 Abs. 5 OECD-MA scheint insofern nicht unstreitig.

Abgesehen davon stellt sich die Frage, inwieweit ein Quellenbesteuerungsverbot des Staates A2 auch auf Zinsen und Lizenzgebühren angewendet werden kann, da die hierfür maßgebenden Zuteilungsnormen kein dem Art. 10 Abs. 5 OECD-MA vergleichbares Verbot der extraterritorialen Besteuerung enthalten, wie es in Bezug auf Dividenden vorgesehen ist. Aber auch für Dividenden ergibt sich ein Quellenbesteuerungsverbot für den Staat A2 zumindest dann nicht, wenn im DBA-A1/A2 kein Verbot der extraterritorialen Besteuerung i. S. d. Art. 10 Abs. 5 OECD-MA verankert ist. Dies ist z.T. auch in deutschen DBA, darunter den mit der Niederlande und Luxemburg abgeschlossenen DBA, der Fall.

Soll eine Doppelbesteuerung in Bezug auf die Zahlungen der doppelt ansässigen Person vermieden werden, hat der Drittstaat als Ansässigkeitsstaat des Empfängers der Zahlungen die Doppelbesteuerung hinsichtlich beider erhobener Quellensteuern zu vermeiden.[16] Zweifelhaft ist,

---

[13] Ablehnend z.B. *Wassermeyer*, in: Debatin/Wassermeyer, MA Art. 1 Rz. 28g (2008).

[14] Vgl. *Smit*, ET 1993, 39; *Staringer*, SWI 1993, 151 sowie *Großmann* a. a. O. (oben Fn. 11), S. 113 f.; *Wassermeyer*, in: Debatin/Wassermeyer, DBA, MA Art. 10 Rn. 168; *Tischbirek* in: Vogel/Lehner, DBA, Art. 10, Rn. 253 ff., jeweils mit Verweis auf in diesem Sinne ergangene Rechtsprechung in Kanada und in den Niederlanden; ferner auch *Staringer*, Besteuerung doppelt ansässiger Kapitalgesellschaften, S. 396 f.

[15] Vgl. *Brood*, Intertax 1990, 29.

[16] Vgl. *Avery Jones* a. a. O. (oben Fn. 11), 34; Gusmeroli, ET 2005, 12.

ob Deutschland als Drittstaat aus der Anwendbarkeit zweier Abkommen eine Verpflichtung zur Anrechnung bei der Quellensteuer entsprechend § 34c Abs. 1 EStG bzw. § 26 KStG ableitet.

Wendet der Drittstaat die Anrechnungsmethode an, ist infolge der doppelten Quellensteuererhebung die Gefahr größer, dass so genannte Anrechnungsüberhänge entstehen.[17] Diese führen zu einer Steuermehrbelastung, sofern der Drittstaat – wie in Deutschland – keinen Vortrag dieser Anrechnungsüberhänge zulässt. Aber auch im Fall der Vortragbarkeit von Anrechnungsüberhängen entsteht zumindest ein negativer Zins- und Liquiditätseffekt. Wendet der Drittstaat dagegen die Freistellungsmethode an, verbleibt es bei einer Doppelbelastung der Zahlungen aufgrund der doppelt erhobenen Quellensteuer.

III. Steuerplanerische Implikationen

Die Doppelansässigkeit wurde insbesondere bei Kapitalgesellschaften als ein Instrument zur internationalen Steuerplanung angesehen.[18] Voraussetzung ist, dass es sich um eine doppelt ansässige Person handelt bzw. die Doppelansässigkeit erreicht oder vermieden werden kann. Allerdings basieren die steuerplanerischen Überlegungen nicht auf der Existenz von DBA, sondern sind vielmehr Ausfluss innerstaatlicher, staatenspezifisch unterschiedlicher Anknüpfungspunkte an die subjektive Steuerpflicht. Daher ist steuerlichen Konsequenzen, die sich aus Dreieckssachverhalten und deren abkommensrechtlicher Behandlung ergeben, im Hinblick darauf, ob eine doppelte Ansässigkeit vermieden oder begründet werden soll, keine ausschließliche Entscheidungsrelevanz beizumessen.

Bei Einkünften, **die eine doppelt ansässige Person aus einem Drittstaat empfängt**, ist im weiteren Voraussetzung, dass die DBA-A1/D und DBA-A2/D die Drittstaateneinkünfte unterschiedlich behandeln, insbesondere infolge:

- unterschiedlicher Quellensteuersätze (z. B. beträgt der Quellensteuersatz für Zinsen im DBA-A1/D maximal 15 %, im DBA-A2/D dagegen 5 %),
- unterschiedlicher Begriffsdefinitionen (z. B. werden Gewinnanteile stiller Gesellschafter nach dem DBA-A1/D unter den Zinsartikel i. S. d. Art. 11 OECD-MA, nach dem DBA-A2/D dagegen unter den Dividendenartikel i. S. d. Art. 10 OECD-MA subsumiert).

Sodann ist zu klären, nach welchem Abkommen die Finanzverwaltung i. V. m. dem innerstaatlichen Recht des Drittstaats das Quellenbesteuerungsrecht wahrnimmt. Folgt man der im Schrifttum vertretenen Ansicht, nach der der Drittstaat die für die doppelt ansässige Person günstigere Quellensteuer anzuwenden hat,[19] sind durch die Doppelansässigkeit und den hieraus entstehenden Dreieckssachverhalten zumindest keine steuerlichen Nachteile zu erwarten; vielmehr kommt es in bestimmten Fällen zu einer Verminderung der Quellensteuerbelastung oder gar zu einer Keinmalbesteuerung.[20] Allerdings ist zu beachten, dass hierzu mitunter keine klarstellende Handhabung der Finanzverwaltung des Drittstaats existieren wird. Insofern ist auch damit zu rechnen, dass die Finanzverwaltung des Drittstaates trotz geltend gemachter Bedenken im Schrifttum nicht die für die doppelt ansässige Person güns-tigste Vorgehensweise umsetzt,

---

[17] S. zum Entstehen von Anrechnungsüberhängen im Einzelnen *Jacobs*, Internationale Unternehmensbesteuerung, S. 44 ff.

[18] Vgl. z. B. *Murby*, Dual Resident Companies – Uses and Abuses, BIFD 1985, S. 373 ff. S. hierzu auch *Schild/Abele*, in Grotherr, Handbuch der internationalen Steuerplanung, Teil 9, 1. Thema, Beteiligung an ausländischen Personengesellschaften, S. 1755.

[19] Vgl. Fn. 11.

[20] So auch *Avery Jones/Bobbett*, BIFD 1999, S. 19.

insbesondere wenn ansonsten eine Keinmalbesteuerung erfolgen würde oder sich die Position der OECD im revisionierten OECD-MK zu Eigen machen wird.

Handelt es sich dagegen um **Zahlungen in den Drittstaat**, ist zu prüfen, inwieweit Steuermehrbelastungen aufgrund doppelt erhobener Quellensteuer in den Ansässigkeitsstaaten der zahlenden Person auftreten. Solche Mehrbelastungen sind aber aus der Sicht der zahlenden Person nur dann von Relevanz, wenn zahlende und empfangende Person wirtschaftlich gleichgerichtete Interessen haben, z. B. wenn eine doppelt ansässige Tochtergesellschaft an ihre im Drittstaat ansässige Muttergesellschaft Dividenden zahlt oder eine doppelt ansässige Gesellschaft Zinszahlungen an eine in einem Drittstaat ansässige Schwestergesellschaft leistet. Liegen derartige gleichgerichtete Interessen indessen nicht vor, ist es für die die Zahlungen leistende Person grundsätzlich nicht bedeutsam, ob auf Ebene der empfangenden Person aufgrund eines Dreieckssachverhalts eine steuerliche Mehrbelastung eintritt. Allerdings kann sich eine solche Steuermehrbelastung indirekt auch auf die zahlende, doppelt ansässige Person auswirken (z. B. aufgrund höherer Bruttodividendenerwartungen der Dividendenempfänger oder aufgrund dadurch bedingter höherer Fremdkapitalzinsen). Im Gegenzug kann die Gefahr einer doppelten Quellenbesteuerung ein Hemmnis für die grenzüberschreitende Fremdkapitalvergabe darstellen.

Sind doppelte Quellensteuerbelastungen möglich und ist dies ferner für die zahlende, doppelt ansässige Person von Entscheidungsrelevanz, so ist im Weiteren zu prüfen, inwieweit der Drittstaat abkommensrechtlich bzw. nach innerstaatlichem Recht eine Doppelbesteuerung vermeidet. Nur im Fall der Anrechnungsmethode und des Nichtentstehens von Anrechnungsüberhängen kommt es dabei zu keiner steuerlichen Mehrbelastung infolge der doppelten Quellenbesteuerung. Wird die Freistellungsmethode angewendet oder entstehen Anrechnungsüberhänge, verbleibt allenfalls die Möglichkeit, dass durch Billigkeitsmaßnahmen oder durch die Einleitung eines Verständigungsverfahrens diese steuerliche Mehrbelastung beseitigt wird.

C. Dreieckssachverhalt bei Betriebsstätten

I. Einkünfte aus dem Drittstaat

Verfügt ein Unternehmen über eine in einem anderen Staat gelegene Betriebsstätte, sind der Betriebsstätte Vermögenswerte entsprechend ihrer tatsächlichen Zugehörigkeit zuzurechnen.[21] Entsprechendes gilt für die aus der Nutzung dieser Vermögenswerte erzielten Einkünfte. Sie sind im Rahmen der Erfolgsabgrenzung der Betriebsstätte zuzurechnen; eine Zurechnung zur Betriebsstätte kommt dabei auch in Betracht, wenn es sich um Drittstaateneinkünfte handelt.[22] Werden die Drittstaateneinkünfte der Betriebsstätte zugerechnet, können somit grundsätzlich drei Staaten Besteuerungsrechte in Bezug auf die Drittstaateneinkünfte ableiten **(Abb. 2)**: der Ansässigkeitsstaat des Unternehmens (A), der Betriebsstättenstaat (B) und der Drittstaat (D). Ein vergleichbares Problem besteht auch bei einer mitunternehmerischen Beteiligung an einer ausländischen Personengesellschaft, die ihrerseits über Drittstaateneinkünfte verfügt: Nach ständiger Rechtsprechung des BFH führt die mitunternehmerische Beteiligung an einer Personengesellschaft, die eine Betriebsstätte unterhält, dazu, dass die Betriebsstätte jeweils anteilig den Gesellschaftern (Mitunternehmern) zuzurechnen ist.[23] Ein solcher Dreiecks-

---

[21] Vgl. BFH-Urt. v. 30. 8. 1995, I R 112/94, BStBl 1996 II 563.
[22] Dies ergibt sich auch aus Art. 21 Abs. 2 OECD-MA.
[23] BFH v. 26.02.1992, I R 85/91, BStBl 1992 II 937; BFH v. 16.10.2002, I R 17/01, BStBl 2003 II 631.

Heinsen

sachverhalt kann schließlich auch auftreten, wenn eine in A ansässige Person Einkünfte aus selbständiger Arbeit erzielt und dabei über eine feste Einrichtung im Staat B verfügt, da der Betriebsstättenvorbehalt auch insoweit zur Anwendung kommt.

```
                     Ansässigkeitsstaat A
                      ▲           ▲
                     ╱             ╲
              DBA-A/B               DBA-A/D
                   ╱                   ╲
                  ╱      DBA-B/D         ╲
                 ▼    ◄─────────►         ▼
         Betriebsstättenstaat B         Drittstaat D
```

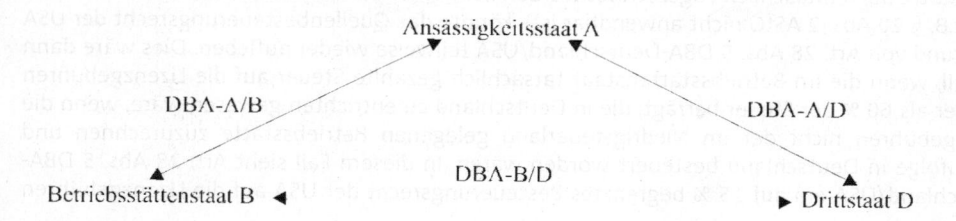

Abb. 2: Dreieckssachverhalt bei Drittstaateneinkünften einer Betriebsstätte

Ob und inwieweit Besteuerungsrechte der beteiligten drei Staaten bestehen, hängt von der Art der Drittstaateneinkünfte ab. Hierbei lässt sich zwischen den drei nachfolgenden Arten von Drittstaateneinkünften unterscheiden:

- Dividenden, Zinsen und Lizenzgebühren,
- Gewinnen aus der Veräußerung von unbeweglichem Vermögen,
- Gewinnen aus in Drittstaaten gelegenen Unterbetriebsstätten.

1. Dividenden, Zinsen und Lizenzgebühren

a) Besteuerung im Quellenstaat

Handelt es sich bei den Drittstaateneinkünften um Dividenden, Zinsen oder Lizenzgebühren, hat der Drittstaat nach Maßgabe des DBA-A/D i. d. R. ein betragsmäßig beschränktes Besteuerungsrecht; ein ggf. abgeschlossenes DBA-B/D schränkt dieses Besteuerungsrecht des Drittstaates jedoch grundsätzlich nicht weiter ein, da das lediglige Vorliegen einer Betriebsstätte im Betriebsstättenstaat nicht zu einer Abkommensberechtigung des Unternehmens nach dem DBA-B/D führt.[24]

Im Gegenzug bleibt es dabei, dass das Besteuerungsrecht des Drittstaats durch das DBA-A/D beschränkt wird. Steuerplanerisch könnte dann das DBA-A/D genutzt werden in Kombination mit einer Betriebsstätte, die in einem Niedrigsteuerland gelegen ist und der die Drittstaateneinkünfte zuzurechnen sind. Voraussetzung hierfür ist, dass der Ansässigkeitsstaat A die Einkünfte aus der Betriebsstätte freistellt. Im DBA-Deutschland/USA in der Fassung vom 1. 6. 2006 wurde deshalb eine spezielle Regelung in Art. 28 Abs. 5 aufgenommen, um steuerplanerischen Überlegungen bei derartigen Dreieckssachverhalten zu begegnen.

Beispiel:

Eine deutsche GmbH erzielt Lizenzeinkünfte aus US-amerikanischen Quellen. Die GmbH gründet eine Betriebsstätte in einem Niedrigsteuerland, mit dem Deutschland ein DBA abgeschlossen hat. Die Lizenz wird in die Betriebsstätte überführt, so dass dann die Zinseinkünfte der Betriebsstätte zuzurechnen sind.

---

[24] Dies könnte jedoch als Verstoß gegen ein abkommensrechtliches Verbot der Diskriminierung von Betriebsstätten oder – innerhalb der EU – als ein Verstoß gegen Art. 43 EGV angesehen werden. Vgl. dazu *Martín Jiménez/García Prats/Calderón Carrero*, BIFD 2001, 241, 248.

Die USA erheben grundsätzlich nach nationalem Recht eine Quellensteuer auf Lizenzen in Höhe von 30 %. Gem. Art. 12 DBA-Deutschland/USA wird das Quellenbesteuerungsrecht der USA im vorliegenden Fall grundsätzlich auf 0 % reduziert. Unterstellt, dass die Lizenzgebühren der Betriebsstätte auch tatsächlich zugerechnet werden können und Deutschland diese auch freistellt (also z.B. § 20 Abs. 2 AStG nicht anwendbar ist), könnte das Quellenbesteuerungsrecht der USA auf Grund von Art. 28 Abs. 5 DBA-Deutschland/USA teilweise wieder aufleben. Dies wäre dann der Fall, wenn die im Betriebsstättenstaat tatsächlich gezahlte Steuer auf die Lizenzgebühren weniger als 60 % der Steuer beträgt, die in Deutschland zu entrichten gewesen wäre, wenn die Lizenzgebühren nicht der im Niedrigsteuerland gelegenen Betriebsstätte zuzurechnen und demzufolge in Deutschland besteuert worden wären. In diesem Fall sieht Art. 28 Abs. 5 DBA-Deutschland/USA ein auf 15 % begrenztes Besteuerungsrecht der USA auf die Lizenzgebühren vor.

b) Besteuerung im Ansässigkeitsstaat

aa) Anwendung der Freistellungsmethode

Vermeidet der Ansässigkeitsstaat A die Doppelbesteuerung nach dem DBA-A/B durch Freistellung, wie dies in Deutschland grundsätzlich der Fall ist, bleibt für eine Anrechnung der Drittstaatensteuer nach dem DBA-A/D kein Raum, denn die Anrechnung setzt voraus, dass die der ausländischen Drittstaatensteuer zugrunde liegenden Einkünfte auch Bestandteil der Bemessungsgrundlage sind.

So müssen für die Anrechnung in Deutschland die ausländischen Einkünfte Bestandteil der Summe der Einkünfte i. S. d. § 2 EStG sein.[25] Eine deutsche Steuerpflicht der Drittstaateneinkünfte liegt in einem solchen Dreieckssachverhalt jedoch nicht vor, da diese als Bestandteil des Betriebsstättengewinns von der deutschen Einkommensbesteuerung gem. DBA-A/B freigestellt werden. Das Erfordernis, dass die ausländischen Einkünfte der deutschen Steuerpflicht zu unterliegen haben, gilt im Übrigen auch für den Abzug der ausländischen Steuer gem. § 34c Abs. 3 EStG. Insofern kommt auch der Abzug der Drittstaatensteuer nicht in Betracht. Eine Vermeidung einer Doppelbesteuerung ließe sich dann nur über die Gewährung von Billigkeitsmaßnahmen erreichen,[26] die aber dann an der steuerlichen Behandlung der Drittstaateneinkünfte im Betriebsstättenstaat anzuknüpfen hätten.

bb) Anwendung der Anrechnungsmethode

Wird die Doppelbesteuerung gem. DBA-A/B durch die Anrechnungsmethode vermieden – in Deutschland vornehmlich dann, wenn eine Aktivitätsklausel greift –, steht einer Anrechnung der Drittstaatensteuer auf die im Ansässigkeitsstaat erhobene Steuer entsprechend dem DBA-A/D grundsätzlich nichts im Wege. Eine doppelte Anrechnung ist hier als sachgerecht anzusehen, da nur durch die doppelte Anrechnung eine dreifache Besteuerung der Drittstaateneinkünfte auf eine Einmalbesteuerung (durch den Drittstaat) zurückgeführt wird.[27]

Deutschland als Ansässigkeitsstaat knüpft aber die Anrechnung nach § 34c Abs. 1 EStG daran an, dass die Steuer von dem Staat erhoben wird, aus dem die Einkünfte stammen. Da die Drittstaateneinkünfte infolge der Zurechnung zur Betriebsstätte aus dem Betriebsstättenstaat stammen, kann die Drittstaatensteuer grundsätzlich nicht auf die deutsche Steuer angerechnet werden, es sei denn, man argumentiert, dass die Frage, ob Einkünfte i. S. d. § 34c Abs. 1 EStG aus

---

[25] § 34c Abs. 1 EStG.
[26] Vgl. *Schaumburg* a. a. O. (oben Fn. 9), Rn. 16.176.
[27] A. A. aber offenbar *Adonnino*, IFA-Generalbericht, CDFI Vol. LXXVIII b, Deventer/Boston 1995, S. 182.

dem Betriebsstättenstaat stammen, durch das DBA für die von ihm erfassten Einkünfte bejaht wird.[28] Anderenfalls verbleibt noch die Möglichkeit des Abzugs der Drittstaatensteuer im Rahmen des § 34c Abs. 3 EStG. Da die Abzugsmethode jedoch eine Doppelbesteuerung nur mildert,[29] ergibt sich bei Dreieckssachverhalten auch in solchen Fällen auf Ebene des Ansässigkeitsstaates im Ergebnis eine Steuermehrbelastung. Überdies ist fraglich, ob wegen § 34c Abs. 6 Satz 6 EStGein Abzug hier überhaupt in Betracht kommt.

Zweifelhaft ist dabei zwar, ob der Ansässigkeitsstaat nicht dazu verpflichtet ist, nach den jeweiligen DBA mit dem Betriebsstättenstaat und dem Drittstaat für beide erhobenen Steuern die Anrechnungsmethode anzuwenden.[30] Aber auch in den Fällen, in denen der Ansässigkeitsstaat eine Anrechnung der Drittstaatensteuer ermöglicht, ist die Anrechnung i. d. R. nur bis zu einem Höchstbetrag möglich. Da nunmehr sowohl die Steuer aus dem Betriebsstättenstaat als auch die Steuer aus dem Drittstaat anzurechnen ist, kann es zu (höheren) Anrechnungsüberhängen kommen. Auch dann ist der Dreieckssachverhalt mit steuerlichen Mehrbelastungen für das Unternehmen verbunden.[31]

In diesem Zusammenhang wird aber auch die Auffassung vertreten, die Höchstbetragsberechnung in Bezug auf die Steuer, die der Betriebsstätten- und der Quellenstaat erheben, sei jeweils getrennt und unabhängig voneinander durchzuführen; dies könnte aber dazu führen, dass die Summe der beiden anrechenbaren ausländischen Steuern den Betrag der deutschen Steuer übersteigt.[32]

c) Besteuerung im Betriebsstättenstaat

aa) Einschränkung des Besteuerungsrechts aufgrund besonderer Abkommensregelungen

Die steuerliche Mehrbelastung bei Betriebsstätten, denen Drittstaateneinkünfte in Form von Dividenden, Zinsen und Lizenzgebühren zugerechnet werden, gründet auf der fehlenden Abkommensberechtigung der Betriebsstätten.

Ziff. 52 zu Art. 24 OECD-MK sieht hierzu die Möglichkeit vor, der Betriebsstätte durch eine explizite Bestimmung im DBA-A/B eine Abkommensberechtigung für solche Drittstaateneinkünfte einzuräumen.[33] Eine anderweitige Regelung könnte in das DBA-B/D eingefügt werden, nach der eine Vermeidung der Doppelbesteuerung durch den Betriebsstättenstaat auch dann zu erfolgen hat, wenn die Drittstaateneinkünfte der Betriebsstätte eines Unternehmens zuzurechnen sind, das nicht in den Staaten B und D ansässig ist.[34] Durch diese beiden Regelungen kann eine aus Dreieckssachverhalten resultierende Steuermehrbelastung vermieden werden. Ihnen haftet aber der Mangel an, dass die Betriebsstätte in Bezug auf die Drittstaateneinkünfte Abschirm-

---

[28] So wohl *Lang/Lüdicke/Riedweg*, IStR 2006, 74.
[29] S. dazu *Jacobs* a. a. O. (oben Fn. 17), S. 55.
[30] Vgl. *García Prats*, Intertax 1994, 477.
[31] Vgl. *Staringer* in: Gassner/Lang/Lechner (Hrsg.), Aktuelle Entwicklungen im Internationalen Steuerrecht, S. 76.
[32] *Lang/Lüdicke/Riedweg*, IStR 2006, 75.
[33] Ziff. 52 zu Art. 24 OECD-MK sieht dabei grds. nur die Anrechnungsmethode vor. Grds. sollte es aber den beiden Vertragsstaaten überlassen werden, in welcher Form der Betriebsstättenstaat hier eine Doppelbesteuerung zu vermeiden hat. Gl. A. wohl auch *Staringer* a. a. O. (oben Fn. 36), S. 78.
[34] Vgl. OECD a. a. O. (oben Fn. 3), S. 36, mit Hinweis auf eine vergleichbare Regelung im DBA-Frankreich/Italien, die hierfür die Anwendung der Anrechnungsmethode durch den jeweiligen Betriebsstättenstaat vorsieht.

wirkung entfaltet und zudem etwaige günstigere Quellensteuersätze im Vergleich zum DBA-A/D in Anspruch genommen werden könnten.

Abgesehen von diesem Mangel sieht die Mehrzahl der derzeitig abgeschlossenen Abkommen derartige Regelungen, die die Einschränkung der Besteuerungsrechte auf Abkommensebene speziell für Dreieckssachverhalte zum Ziel haben, nicht vor. Auch von den deutschen Abkommen enthält derzeit keines eine derartige partielle Abkommensberechtigung der Betriebsstätte, abgesehen davon, dass sich die Abkommensberechtigung in einzelnen deutschen Abkommen auch auf Personengesellschaften erstreckt.[35] Dem Regelungsvorschlag des OECD-MK kommt somit aus deutscher Unternehmenssicht zumindest dann gegenwärtig keine Bedeutung zu, wenn es sich nicht um ausländische Personengesellschaften handelt.

bb) Einschränkung des Besteuerungsrechts aufgrund Diskriminierungsverbot

Eine Verpflichtung des Betriebsstättenstaates zur Vermeidung der Doppelbesteuerung in Bezug auf die Drittstaateneinkünfte könnte sich aus einem im DBA-A/B verankerten Betriebsstätten-Diskriminierungsverbot i. S. d. Art. 24 Abs. 3 OECD-MA ergeben.[36] Ergänzend dazu könnte sich ein Diskriminierungsverbot auf EU-Ebene auch aus der in Art. 43 EG bzw. auf Ebene des EWR in Art. 31 EWR-Abkommen verankerten Niederlassungsfreiheit ergeben.[37] Danach müsste der Betriebsstättenstaat der Betriebsstätte dieselben Vergünstigungen zukommen lassen, wie er dies im Betriebsstättenstaat entsprechenden unbeschränkt Steuerpflichtigen gewährt. Insgesamt ist allerdings noch nicht abschließend geklärt, bis zu welchem Grad ein im DBA-A/B verankertes Diskriminierungsverbot i. S. d. Art. 24 Abs. 3 OECD-MA bei solchen Dreieckssachverhalten tatsächlich zur Anwendung kommt.[38]

Aber auch bei Anwendbarkeit des abkommensrechtlichen Diskriminierungsverbots würde eine Doppelbesteuerung nicht vollständig vermieden, wenn der Drittstaat gem. DBA-B/D eine Reduktion der Quellensteuer auf die Drittstaateneinkünfte vorsieht, eine vergleichbare Reduktion aber im DBA-A/D nicht vorgesehen ist; im Ergebnis kann dann der Drittstaat eine höhere Quellensteuer bei Zahlung an in Deutschland ansässige Personen erheben, als ihm dies bei Zahlung an im Betriebsstättenstaat ansässigen Personen möglich ist.[39] Der Betriebsstättenstaat wiederum sieht sich bei Vermeidung der Doppelbesteuerung durch Anwendung der Anrechnungsmethode nur genötigt, eine Anrechnung der vom Drittstaat erhobenen Quellensteuer in der Höhe zu gewähren, die er den im Betriebsstättenstaat unbeschränkt Steuerpflichtigen gewährt hätte.[40] Eine Anrechnung erfolgt somit nicht in voller Höhe der Drittstaatensteuer, so dass die Doppelbesteuerung lediglich gemildert, nicht aber vermieden wird.

Inwieweit Deutschland als Betriebsstättenstaat eine Vermeidung der Doppelbesteuerung aus dem abkommensrechtlichen Diskriminierungsverbot entsprechend Art. 24 Abs. 3 OECD-MA

---

[35] Vgl. *Krabbe*, IWB F. 3 Gr. 2 S. 758.

[36] Vgl. bejahend *Wassermeyer* a. a. O. (oben Fn. 10), MA, Art. 24, Rn. 52; *Staringer* a. a. O. (oben Fn. 36), S. 85 f.; *Ribbrock*, Dreieckssachverhalte im Internationalen Steuerrecht, S. 152 f.; *Lang/Lüdicke/Riedweg*, IStR 2006, 74; *Jann*, IWB F. 11 Gr. 2 S. 279 ff. mit Bezug auf die Rechtsprechung des EuGH.

[37] Zum Verbot der Steuerdiskriminierung von Betriebsstätten vgl. EuGH-Urt. v. 21. 9. 1999 C 307/97 ("Saint Gobain"), DB 1999, 2037. S. dazu auch *Martín Jiménez/García Prats/Calderón Carrero*, BIFD 2001, 241; *Helde*, Dreiecksverhältnisse im Internationalen Steuerrecht unter Beteiligung einer Betriebsstätte, S. 103 ff.; *Ribbrock* Dreieckssachverhalte im Internationalen Steuerrecht, S. 167 ff.

[38] *OECD* a. a. O. (oben Fn. 3), S. 31, 33; *García Prats*, Intertax 1994, 478.

[39] Vgl. zu diesem Problem auch *Van Raad*, ET 1993, S. 298 ff.; *García Prats*, Intertax 1994, 473 ff.

[40] Vgl. *Ribbrock*, Dreieckssachverhalte im Internationalen Steuerrecht, S. 156.

ableitet, ist hier allerdings im Ergebnis nachrangig, da Deutschland unilateral Vorschriften vorsieht, die darauf abzielen, eine solche Diskriminierung zu beseitigen.[41] Handelt es sich bei dem Betriebsstättenstaat um einen ausländischen Staat und ist Deutschland Ansässigkeitsstaat, so ist länderspezifisch zu prüfen, inwieweit der ausländische Staat dieses abkommensrechtliche Diskriminierungsverbot auch im Hinblick auf Dreieckssachverhalte bei Betriebsstätten für anwendbar erachtet.

cc) Einschränkung des Besteuerungsrechts aufgrund unilateraler Bestimmungen

Der Betriebsstättenstaat kann eine verbleibende Doppelbesteuerung durch entsprechende unilaterale Maßnahmen vermeiden. Eine Verpflichtung hierzu besteht jedoch grundsätzlich nicht, da der Betriebsstättenstaat seine unilateralen Bestimmungen zur Vermeidung der Doppelbesteuerung nicht zwingend auch beschränkt Steuerpflichtigen gewähren muss.[42] Insofern ist zu prüfen, welche Staaten eine solche Erweiterung der unilateralen Bestimmungen auf beschränkt Steuerpflichtige vorsehen.[43] Z. B. ist dies der Fall in den USA, wo auch für beschränkt Steuerpflichtige die Möglichkeit der Anrechnung von Drittstaatensteuern gegeben ist.[44]

In Deutschland kommt die Steuerbefreiung von Dividenden gem. § 8b Abs. 1 KStG bzw. das Teileinkünfteverfahren (§ 3 Nr. 40 EStG) auch dann zur Anwendung, wenn ein ausländisches Unternehmen in Deutschland über eine Betriebsstätte verfügt und über diese Betriebsstätte Dividenden aus Drittstaaten bezieht. Zum anderen können nach § 50 Abs. 6 EStG auch beschränkt Steuerpflichtige, die über eine deutsche Betriebsstätte Drittstaateneinkünfte beziehen, eine darauf entfallende Drittstaatensteuer auf die deutsche Steuer anrechnen.[45]

Allerdings ist zu beachten, dass auch bei Bestehen einer dem § 50 Abs. 6 EStG vergleichbaren Regelung im Betriebsstättenstaat eine steuerliche Mehrbelastung aufgrund eines Dreieckssachverhalts dann nicht auszuschließen ist, wenn der Betriebsstätte Drittstaateneinkünfte zuzurechnen sind, diese aber insgesamt einen Verlust erwirtschaftet.

> **Beispiel:**
>
> Dem Stammhaus des Unternehmens im Ansässigkeitsstaat werden Gewinne in Höhe von 600 zugerechnet, der Betriebsstätte ein Verlust in Höhe von 400. Der Betriebsstätte sind des weiteren Drittstaateneinkünfte in Höhe von 200 zuzurechnen, die mit einer Quellensteuer des Drittstaates in Höhe von 50 belastet sind. Obwohl das Unternehmen insgesamt gesehen einen Gewinn erzielt, bleibt dadurch, dass die Betriebsstätte unter Einbeziehung der Drittstaateneinkünfte einen Verlust von 200 erwirtschaftet, für eine Anrechnung der Drittstaatensteuer kein Raum.

Eine Verminderung der verlustbedingten Steuermehrbelastung ist insoweit möglich, als der Betriebsstättenstaat einen Vortrag eines aus der anrechenbaren Drittstaatensteuer resultierenden Anrechnungsüberhangs gewährt. Alternativ kann eine Berücksichtigung der Drittstaaten-

---

[41] S. dazu das nachfolgende Kap. C. I. 1. c) cc).

[42] Vgl. dazu auch *Juch*, IFA-Generalbericht, CDFI Vol. LXVI b, Deventer/Boston 1981, S. 96; *Avery Jones* a. a. O. (oben Fn. 11), S. 28 sowie *Adonnino* a. a. O. (oben Fn. 31), S. 182, mit Hinweisen auf Staaten, die die Anwendung der unilateralen Bestimmungen zur Vermeidung der Doppelbesteuerung nicht auf beschränkt Steuerpflichtige anwenden.

[43] Vgl. zu den unterschiedlichen Konstellationen mit Berechnungsbeispielen *Van Raad*, ET 1993, S. 298 ff. Ergänzend hierzu wäre auch der Fall einer im DBA/Betriebsstättenstaat-Drittstaat verankerten fiktiven Anrechnung von Drittstaatensteuern denkbar.

[44] Sec. 906 IRC.

[45] Vgl. dazu auch *Ege* in: Crezelius u. a. (Hrsg.), Freundesgabe f. F. J. Haas, S. 110.

steuer erfolgen wenn der Betriebsstättenstaat optional die Anwendung der Abzugsmethode, vergleichbar der deutschen Regelung in § 34c Abs. 2 EStG, vorsieht.

2. Gewinne aus der Veräußerung von unbeweglichem Vermögen

Nach dem DBA-A/B fallen die Drittstaateneinkünfte, die aus Gewinnen aus der Veräußerung von unbeweglichem Vermögen resultieren, nicht unter den Betriebsstättenvorbehalt, auch wenn sie der Betriebsstätte wirtschaftlich zuzurechnen sind bzw. zum Betriebsstättenvermögen zählen.[46] Stattdessen kommt entsprechend Art. 21 Abs. 1 OECD-MA dem Ansässigkeitsstaat im Verhältnis zum Betriebsstättenstaat ein ausschließliches Besteuerungsrecht zu.

Im Verhältnis des Ansässigkeitsstaates zum Drittstaat wird durch das DBA-A/D dem Drittstaat ein Besteuerungsrecht in Bezug auf diese Veräußerungsgewinne entsprechend Art. 13 Abs. 1 OECD-MA zugewiesen. Im Gegenzug hat der Ansässigkeitsstaat die Doppelbesteuerung entsprechend Art. 23 OECD-MA zu vermeiden. Deutschland vermeidet die Doppelbesteuerung hierbei regelmäßig durch Anwendung der Freistellungsmethode (unter Progressionsvorbehalt). Im Ergebnis wird durch die Auffangklausel entsprechend Art. 21 OECD-MA damit eine Einmalbesteuerung durch den Belegenheitsstaat des Vermögens, d. h. hier durch den Drittstaat, erreicht.

Fraglich ist allerdings, wie verfahren wird, soweit ein mit dem Betriebsstättenstaat abgeschlossenes DBA die Auffangnorm i. S. d. Art. 21 OECD-MA nicht vorsieht, wie dies z. B. in einigen älteren deutschen Abkommen der Fall ist.[47] Hier würde eine etwaige Doppelbesteuerung auf Ebene des DBA-A/B nicht vermieden.[48] Dem Betriebsstättenstaat bliebe es demnach unbenommen, die Drittstaateneinkünfte nach Maßgabe seines innerstaatlichen Rechts zu besteuern. Macht der Betriebsstättenstaat von seinem Besteuerungsrecht Gebrauch, kommt es zu einer Doppelbesteuerung der Drittstaateneinkünfte, nämlich zum einen durch den Betriebsstättenstaat, zum anderen durch den Drittstaat.

3. Gewinne von Unterbetriebsstätten

Aus wirtschaftlicher Sicht können der ausländischen Betriebsstätte eines im Staat A ansässigen Unternehmens Tätigkeitsbereiche zugerechnet werden, die zum Entstehen einer Unterbetriebsstätte in einem Drittstaat führen. Gleichgelagert ist der Fall einer mehrstöckigen grenzüberschreitenden Personengesellschaft, bei der eine im Staat A ansässige Person an einer ausländischen Personengesellschaft mit Sitz im Staat B mitunternehmerisch beteiligt ist, die ihrerseits an einer Unterpersonengesellschaft mit Sitz in einem Drittstaat D beteiligt ist, da auch Beteiligungen an ausländischen Personengesellschaften auf Abkommensebene grundsätzlich nach Maßgabe des Betriebsstättenprinzips beurteilt werden, sofern die ausländischen Personengesellschaften nicht in einem der Staaten A und B steuerlich als intransparent behandelt werden.[49]

Folgt man dieser wirtschaftlichen Sichtweise, wie dies z.T. in der Literatur der Fall ist,[50] auch in steuerrechtlicher Hinsicht und bejaht eine Existenz von solchen Unterbetriebsstätten bzw. Unterpersonengesellschaften für Zwecke der Besteuerung, käme es zu einer ähnlichen Doppelbesteuerung wie bei Drittstaateneinkünften in Form von Dividenden, Zinsen und Lizenzgebüh-

---

[46] Art. 21 Abs. 2 OECD-MA.
[47] Eine solche Auffangnorm fehlt z. B. in den DBA mit Irland und Griechenland.
[48] Vgl. *Lehner* in: Vogel/Lehner, DBA, Art. 21, Rn. 17.
[49] Vgl. zu den daraus erwachsenden Problemen i. V. m. solcher grenzüberschreitender mehrstöckiger Personengesellschaften auch *Lethaus* in: Kley u. a. (Hrsg.), FS W. Ritter, S. 442 ff.
[50] Vgl. *Juch* a. a. O (oben Fn. 48), S. 95; wohl auch *Van Raad*, ET 1993, 298.

ren. Der Ansässigkeitsstaat A hätte zwar nach dem DBA-A/B eine Doppelbesteuerung in Bezug auf die Gewinne der Unterbetriebsstätte zu vermeiden. Mangels Anwendbarkeit des DBA-B/D infolge der fehlenden Abkommensberechtigung der Betriebsstätte haben aber sowohl der Betriebsstättenstaat als auch der Drittstaat ein Besteuerungsrecht hinsichtlich der Gewinne der Unterbetriebsstätte.

Abweichend vom Fall, dass es sich bei den Drittstaateneinkünften um Dividenden, Zinsen und Lizenzgebühren handelt, hat nunmehr der Drittstaat aber ein uneingeschränktes Besteuerungsrecht, so dass eine verbleibende Doppelbesteuerung möglicherweise noch in verschärfter Form auftritt. Allerdings stellt sich dann auch die Frage, nach welchen Kriterien sich das Vorliegen einer Unterbetriebsstätte in Anbetracht unterschiedlicher Betriebsstättendefinitionen im Drittstaat bestimmt und nach welchen Kriterien die Gewinne der Unterbetriebsstätte von der (Haupt-)Betriebsstätte abgegrenzt werden. Eine Abgrenzung nach dem DBA-B/D scheidet insofern aus, als es der (Haupt-)Betriebsstätte an einer Abkommensberechtigung ermangelt. Will man indessen eine Abgrenzung nach Maßgabe des DBA-A/D vornehmen, spricht dies aber gegen die steuerrechtliche Existenz einer Unterbetriebsstätte. Soweit der Drittstaat das Vorliegen einer Betriebsstätte sowie die Höhe ihres Gewinns nach seinem innerstaatlichen Recht beurteilt, sind Gewinnabgrenzungskonflikte zwischen den beteiligten drei Staaten vorprogrammiert.

Nicht zuletzt aufgrund dieser Probleme wird die Existenz einer Unterbetriebsstätte nach in Deutschland mehrheitlicher Literaturauffassung insofern für steuerliche Zwecke verneint, als deren Ergebnisse nicht der Hauptbetriebsstätte, sondern dem Stammhaus zugerechnet werden.[51] Die Unterbetriebsstätten sind danach aus steuerrechtlicher Sicht als eigenständige Betriebsstätten des im Staat A ansässigen Stammhauses anzusehen. Für die Beurteilung, ob im Drittstaat eine Betriebsstätte vorliegt, ist sodann allein das DBA-A/D maßgebend. Ebenso ist eine etwaige Gewinnzurechnung zur Betriebsstätte im Drittstaat allein nach dem DBA-A/D zu beurteilen. Bestätigung hat diese Auffassung durch die deutsche Rechtsprechung erfahren: Die Zurechnung des Gewinns einer ausländischen Betriebsstätte zum Gewinnanteil eines beschränkt steuerpflichtigen Mitunternehmers aus einer deutschen Personengesellschaft wurde mit Hinweis auf § 49 Abs. 1 Nr. 2 Buchst. a EStG verneint.[52]

Werden Unterbetriebsstätten steuerlich nicht anerkannt, vermag dies die Gewinnabgrenzungskonflikte zwischen den drei beteiligten Staaten nicht vollumfänglich zu lösen. Jedoch wird hierdurch zumindest dem grundsätzlichen Problem von Mehrfachbesteuerungen Rechnung getragen, da im Ergebnis eine Einmalbesteuerung – durch den Drittstaat – erreicht wird.[53] Dem Betriebsstättenstaat kommt demgemäß bezüglich der Drittstaateneinkünfte kein Besteuerungsrecht zu. Der Ansässigkeitsstaat hat in Bezug auf die Betriebsstättengewinne im Drittstaat gem. DBA-A/D entsprechend dem Betriebsstättenprinzip die Doppelbesteuerung zu vermeiden. Ist Deutschland Ansässigkeitsstaat, geschieht dies – vorbehaltlich Aktivitätsklausel und Subject-to-tax-Klausel – durch die Freistellungsmethode.

Dass die Existenz von Unterbetriebsstätten für Zwecke der Besteuerung verneint wird, ist allerdings insoweit nicht konsequent, als hier die Zurechnung von Gewinnen zur Betriebsstätte am

---

[51] Vgl. *Piltz* in: Debatin/Wassermeyer, DBA, MA, Art. 7, Rn. 69 f.; *Riemenschneider*, Abkommensberechtigung von Personengesellschaften und abkommensrechtliche Behandlung der Einkünfte aus Beteiligungen inländischer Gesellschafter an ausländischen Personengesellschaften, S. 143 f.; *Greif* in: Haarmann (Hrsg.), Unternehmensstrukturen und Rechtsformen im Internationalen Steuerrecht, S. 115; *Buciek* in: Klein u. a. (Hrsg.), FS H. Flick, S. 654 f.

[52] Vgl. BFH-Urt. v. 24. 2. 1988 I R 95/84, BStBl 1988 II 663.

[53] Vgl. *Buciek* a. a. O. (oben Fn. 58), S. 654.

Territorialitätsprinzip orientiert ist, andererseits aber eine Zurechnung anderweitiger Drittstaateneinkünfte – Dividenden, Zinsen und Lizenzgebühren – zur Betriebsstätte möglich ist.[54] Zudem ist es möglich, dass ein ausländischer Staat, sei er nun Ansässigkeits- oder Betriebsstättenstaat, sich dieser in Deutschland mehrheitlich vertretenen Auffassung nicht anschließt. Insbesondere kann die deutsche Auffassung auf Grenzen stoßen, wenn eine deutsche Person an einer ausländischen Personengesellschaft mit Sitz im Staat B beteiligt ist, sofern dieser ausländische Staat B die ausländische Personengesellschaft steuerlich als intransparent behandelt und die ausländische Personengesellschaft ihrerseits über eine Betriebsstätte in einem Drittstaat verfügt bzw. an einer Personengesellschaft mit Sitz in einem Drittstaat beteiligt ist. Die ausländische Personengesellschaft wäre demzufolge im Staat B ansässig, und zwar sowohl für Zwecke der Anwendung des DBA-A/B als auch des DBA-B/D. Staat A verliert aber dadurch sein Besteuerungsrecht in Bezug auf die Gewinne der im Drittstaat belegenen Betriebsstätte, die nunmehr nach Maßgabe des DBA-B/D zu besteuern sind.[55] Eine Doppelbesteuerung der Drittstaatengewinne wird hier entsprechend Art. 23 OECD-MA durch den Ansässigkeitsstaat der Personengesellschaft, d. h. Staat B, vermieden. Damit führt auch dieser Dreieckssachverhalt zu einer Einmalbesteuerung der Drittstaateneinkünfte, und zwar durch den Drittstaat.

II. Zahlungen in den Drittstaat

Ein weiterer Dreieckssachverhalt kann dann auftreten, wenn eine im Staat A ansässige Person über eine im Staat B belegene Betriebsstätte verfügt, für diese Betriebsstätte Fremdkapital aufnimmt bzw. eine Lizenz erwirbt und Fremdkapitalgeber bzw. Lizenzgeber im Drittstaat D ansässig sind.

Werden Zinsen an die im Drittstaat ansässige Person gezahlt, so können diese im Drittstaat beim dort ansässigen Fremdkapitalgeber der Besteuerung unterworfen werden. Darüber hinaus hat nach dem DBA-A/D der Staat A entsprechend Art. 11 Abs. 2 OECD-MA ein betragsmäßig beschränktes Besteuerungsrecht, da die Zinsen aus dem Staat A stammen. Gleiches gilt für Lizenzgebühren, sofern das DBA-A/D dem Staat A als Quellenstaat – abweichend von Art. 12 OECD-MA – ein betragsmäßiges Besteuerungsrecht einräumt.[56] Zugleich könnte aber auch der Betriebsstättenstaat B nach Maßgabe seines innerstaatlichen Rechts eine Quellenbesteuerung mit der Begründung vornehmen, die Zinsen bzw. Lizenzgebühren seien wirtschaftlich der Betriebsstätte zuzurechnen. Im Ergebnis kann es somit zu einer doppelten Quellenbesteuerung kommen.

Dieser doppelten Quellenbesteuerung kann eine im DBA-A/B enthaltene Regelung entgegenwirken, die der des Art. 11 Abs. 5 Satz 2 OECD-MA entspricht. Nach Art. 11 Abs. 5 Satz 2 OECD-MA gelten in Fällen, in denen die gezahlten Zinsen bzw. Lizenzgebühren wirtschaftlich der Betriebsstätte zuzurechnen sind, diese als aus dem Betriebsstättenstaat stammend. Mithin kommt das Quellenbesteuerungsrecht ausschließlich dem Betriebsstättenstaat zu. Zwar wird hierdurch eine doppelte Quellenbesteuerung vermieden, doch die Höhe der Quellenbesteuerung ergibt sich nicht mehr aus dem DBA-A/D, sondern der Betriebsstättenstaat wird seinerseits eine Quellenbesteuerung nach Maßgabe des DBA-B/D i. V. m. seinem innerstaatlichen Recht vornehmen. Für den Empfänger der Zinsen bzw. Lizenzgebühren ist somit nicht erkennbar, in

---

[54] Vgl. *Hock*, Personengesellschaften mit internationalem Gesellschafterkreis: Besteuerungskonflikte und Lösungsmöglichkeiten, S. 93.

[55] Vgl. *Krabbe* IWE F. 3 Gr. 2 S. 763.

[56] Z. B. die deutschen DBA mit Spanien (5 v. H.) und Portugal (5 v. H.).

welcher Höhe diese einer Quellenbesteuerung unterliegen, hat er nicht vorher geklärt, wem das Fremdkapital bzw. die Lizenznahme wirtschaftlich zuzurechnen ist.[57]

Des Weiteren stellt sich die Frage, ob der Staat D, der in Bezug auf die Zinsen und Lizenzgebühren als Ansässigkeitsstaat des Empfängers grundsätzlich die Doppelbesteuerung zu vermeiden hat, der wirtschaftlichen Zurechnung, wie sie die Staaten A und B nach Maßgabe des zwischen ihnen geschlossenen DBA vorgenommen haben und auf die er keinen Einfluss hat, folgen muss. Folgt er der von den Staaten A und B vorgenommenen Zurechnung nicht, so bleibt offen, ob er die Quellensteuer, die der Betriebsstättenstaat B erhebt und die aus seiner Sicht dann eine Drittstaatensteuer darstellt, anrechnen muss.

Um Unsicherheiten zu beseitigen, die i. V. m. der durch das DBA-A/B geregelten Quellenbesteuerung auftreten können, sieht Ziff. 30 zu Art. 11 OECD-MK darüber hinaus eine Regelung vor, in der auch im DBA-A/D das ausschließliche Quellenbesteuerungsrecht dem Betriebsstättenstaat B für den Fall zukommt, dass die Zinsen – eine vergleichbare Regelung könnte dementsprechend auch im Lizenzartikel aufgenommen werden – wirtschaftlich der Betriebsstätte zuzurechnen sind.[58] Eine solche Regelung ist im deutschen DBA mit Australien im Zinsartikel vereinbart.[59]

Existieren jedoch weder im DBA-A/B noch im DBA-A/D Regelungen, die das Quellenbesteuerungsrecht zwischen Staat A und Staat B klären, verbleibt es bei der Möglichkeit einer doppelten Quellenbesteuerung. Zur Vermeidung einer steuerlichen Mehrbelastung hätte demnach der Staat D als Ansässigkeitsstaat des Empfängers der Zahlungen die Vermeidung der Doppelbesteuerung hinsichtlich zweier erhobener Quellensteuern zu gewährleisten. Ist Deutschland Ansässigkeitsstaat des Empfängers der Zahlungen, geschieht dies in Bezug auf eine der beiden erhobenen Quellensteuern allenfalls durch die Abzugsmethode gem. § 34c Abs. 3 EStG, so dass hier eine Steuermehrbelastung aufgrund eines Dreieckssachverhalts wiederum nur gemildert, nicht aber vermieden wird.

III. Steuerplanerische Implikationen

1. Vermeidung von Mehrfachbesteuerungen

Ein vorrangiges Problem im Rahmen der Dreieckssachverhalte bei Betriebsstätten stellt das Auftreten von Mehrfachbesteuerungen dar. Ist es Ziel der internationalen Steuerplanung, solche Mehrfachbesteuerungen zu vermeiden,[60] kann dies dadurch geschehen, dass Drittstaateneinkünfte oder Zahlungen an in Drittstaaten ansässige Empfänger bzw. die diesen zugrunde liegenden Vermögenswerte dem Stammhaus zugerechnet werden, denn hierdurch wird zumindest ein Besteuerungsrecht des Betriebsstättenstaates umgangen.

Ungeachtet der rechtlichen Grenzen, die einer derartigen Zurechnung gesetzt sind,[61] stellt das Auftreten von Mehrfachbesteuerungen einen weiteren Einflussfaktor bei der steueroptimalen Allokation von Drittstaateneinkünften auf Stammhaus und Betriebsstätte dar, wobei es hier als

---

[57] Vgl. *Pöllath/Lohbeck*, in: Vogel/Lehner, DBA, Art. 11, Rn. 105; *Lombardi*, BIFD 1997, 179.
[58] Vgl. *Lombardi*, BIFD 1997, 180 f.; *Avery Jones* a. a. O. (oben Fn. 11), S. 32 f.
[59] Vgl. Art. 11 Abs. 4 DBA-Deutschland/Australien.
[60] Vgl. *Kratz*, Steuerplanung internationaler Unternehmungen, S. 141.
[61] S. dazu weiter unten Kap. C. III. 2.

steueroptimal anzusehen ist, wenn die Erfolgsallokation zu einer **Minimierung der Gesamtsteuerbelastung des Unternehmens** führt.[62]

Geht man bei Drittstaateneinkünften im Folgenden davon aus, dass Deutschland den Ansässigkeitsstaat des Stammhauses darstellt, und Betriebsstättengewinne von der Besteuerung freistellt, lässt sich dieses Allokationsproblem anhand der nachfolgenden Fallkonstellationen veranschaulichen, wobei hier vereinfachend von linearen Steuertarifen (Deutschland: 30 %, Betriebsstättenstaat: 20 %, Quellensteuer des Drittstaates: 15 %) ausgegangen wird, etwaige Progressionswirkungen insofern vernachlässigt werden und übereinstimmende Erfolgsermittlungsvorschriften in den beteiligten Staaten unterstellt werden. Dabei soll das deutsche Stammhaus einen Gewinn vor Steuern von 100 erzielen, die im Staat B belegene Betriebsstätte einen Gewinn vor Steuern von 200. Darüber hinaus sollen Drittstaateneinkünfte in Höhe von 300 entstehen, die alternativ dem Stammhaus oder der Betriebsstätte zuzurechnen sind.

Je nachdem, welchem Staat die Drittstaateneinkünfte zuzurechnen sind, ergeben sich abweichende Gesamtsteuerbelastungen. Deren Höhe hängt zudem davon ab, ob und inwieweit dieser Staat eine Doppelbesteuerung in Bezug auf die Drittstaateneinkünfte vermeidet **(Abb. 3)**. Für den Fall, dass die Drittstaateneinkünfte der Betriebsstätte zuzurechnen sind und der Betriebsstättenstaat die Doppelbesteuerung in Bezug auf die Drittstaateneinkünfte nicht vermeidet **(Abb. 3)**, verbleibt es bei einer Doppelbesteuerung der Drittstaateneinkünfte, so dass die Gesamtsteuerbelastung mit 265 vergleichsweise hoch ist. Diese Doppelbesteuerung durch Drittstaat und Betriebsstättenstaat könnte dabei dem Bestreben entgegenstehen, Drittstaateneinkünfte wirtschaftlich der Betriebsstätte zurechnen zu lassen, um ein im Vergleich zu Deutschland niedrigeres Ertragsteuerniveau im Betriebsstättenstaat auszunutzen.

---

[62] Vgl. *Fischer/Warneke*, Internationale Betriebswirtschaftliche Steuerlehre, S. 390.

		Quellensteuer im Drittstaat (15 %)	Steuer im Betriebsstättenstaat (20 %)	Steuer in Deutschland (30 %)	**Gesamtsteuer**
Drittstaateneinkünfte sind der Betriebsstätte zuzurechnen	Betriebsstättenstaat rechnet Drittstaatensteuer an	300 * 15 % = 45	(200+300) * 20 % – 45 = 55	100 * 30 % = 30	**130**
	Betriebsstättenstaat stellt Drittstaateneinkünfte frei	300 * 15 % = 45	200 * 20 % = 40	100 * 30 % = 30	**115**
	Betriebsstättenstaat vermeidet Doppelbesteuerung in bezug auf die Drittstaateneinkünfte nicht	300 * 15 % = 45	500 * 20 % = 100	100 * 30 % = 30	**175**
Drittstaateneinkünfte sind dem deutschen Stammhaus zuzurechnen	Deutschland rechnet Drittstaatensteuer an	300 * 15 % = 45	200 * 20 % = 40	(100 + 300) * 30 % – 45 = 75	**160**
	Deutschland stellt Drittstaateneinkünfte frei	300 * 15 % = 45	200 * 20 % = 40	100 * 30 % = 30	**115**

Abb. 3: Steuerbelastung in Abhängigkeit von der Zurechnung der Drittstaateneinkünfte

Im Fall der Zurechnung der Drittstaateneinkünfte zum Stammhaus in Deutschland beträgt die Gesamtsteuerbelastung 160, sofern Deutschland die Drittstaatensteuer auf die deutsche Steuer anrechnet. Werden die Drittstaateneinkünfte dagegen der Betriebsstätte zugerechnet und rechnet der Betriebsstättenstaat die Drittstaatensteuer auf seine erhobene Steuer an, ergibt sich für das Beispiel eine verminderte Gesamtsteuerbelastung in Höhe von 130. In den Fällen, in denen der Staat, dem die Drittstaateneinkünfte zuzurechnen sind, diese von der Besteuerung freistellt, ergibt sich eine vergleichsweise niedrige Gesamtsteuerbelastung von 115, und zwar sowohl bei Zurechnung zum Stammhaus in Deutschland als auch bei Zurechnung zur Betriebsstätte.

Aus den obigen Fallkonstellationen lässt sich Folgendes ableiten: Die allgemeinen Einflussfaktoren, die bei der Erfolgsallokation zwischen Stammhaus und Betriebsstätte zu beachten sind[63] (Tarifstruktur im Ansässigkeitsstaat und im Betriebsstättenstaat, Erfolgsermittlungsvorschriften im Ansässigkeitsstaat und im Betriebsstättenstaat sowie die Vermeidung der Doppelbe-

---

[63] S. auch *Haase*, DB 1983, 1105.

steuerung im Ansässigkeitsstaat in Bezug auf die Betriebsstättengewinne), müssen bei Vorliegen von Drittstaateneinkünften ergänzt werden um die nachfolgenden Einflussfaktoren:

- Umfang der Quellenbesteuerung des Drittstaates,
- Vermeidung der Doppelbesteuerung im Ansässigkeitsstaat in Bezug auf die Drittstaateneinkünfte,
- Vermeidung der Doppelbesteuerung im Betriebsstättenstaat in Bezug auf die Drittstaateneinkünfte.

Darüber hinaus kann die vergleichsweise hohe Gesamtsteuerbelastung, die sich dann ergibt, wenn der Betriebsstättenstaat die Doppelbesteuerung in Bezug auf die Drittstaateneinkünfte nicht vermeidet, Anlass sein, die Betriebsstätte in eine Kapitalgesellschaft umzuwandeln.

Für den umgekehrten Fall, dass die Zahlungen an einen im Drittstaat ansässigen Empfänger erfolgen, ist ein Quellenbesteuerungsrecht Deutschlands und des Betriebsstättenstaates nur dann entscheidungsrelevant für das Unternehmen, wenn es sich bei dem im Drittstaat ansässigen Empfänger um ein verbundenes Unternehmen handelt, dessen Steuerbelastung im Rahmen des Ziels der Gesamtsteuerminimierung einbezogen wird. Als zusätzliche Einflussfaktoren für die Erfolgsallokation sind dann die Quellenbesteuerung sowie die Vermeidung der Doppelbesteuerung des Drittstaats in Bezug auf die Quellensteuern zu berücksichtigen.

2. Vermeidung von Zurechnungskonflikten

Der Erfolgsallokation zwischen Betriebsstätte und Stammhaus mit dem Ziel der Gesamtsteuerminimierung des Unternehmens sind dadurch Grenzen gesetzt, dass der Betriebsstätte Vermögenswerte zuzurechnen sind, wenn diese in einem funktionalen Zusammenhang mit der Betriebsstättentätigkeit stehen. Oftmals bereitet deshalb die Zurechnung von Dividenden, Zinsen und Lizenzgebühren Schwierigkeiten, wenn diese aus in Drittstaaten belegenen Vermögenswerten herrühren. Diese Zurechnungsschwierigkeiten eröffnen zwar auf der einen Seite einen Ermessensspielraum für den Steuerpflichtigen, da eine Zurechnung nach Maßgabe des erkennbaren Willens des Steuerpflichtigen erfolgen soll, sofern dies nicht mit kaufmännischen Grundsätzen unvereinbar ist.[64] Auf der anderen Seite bergen sie die Gefahr von Zurechnungskonflikten zwischen Steuerpflichtigem und den beteiligten Finanzverwaltungen in sich.

Sieht man es als weiteres Ziel der internationalen Steuerplanung die Vermeidung von Zurechnungskonflikten an und zieht man in Betracht, dass die deutsche Rechtsprechung und die deutsche Finanzverwaltung dazu neigen, in Drittstaaten belegene Vermögenswerte dem deutschen Stammhaus zuzurechnen,[65] kann der Steuerpflichtige zu einer weniger konfliktträchtigen Zurechnung von Drittstaateneinkünften zum Unternehmensstammhaus gegebenenfalls dadurch beitragen, dass:

- in Drittstaaten belegene Vermögenswerte in der Buchführung des Stammhauses bilanziert werden, da der Bilanzierung zumindest eine Indizfunktion beigemessen wird,[66]

---

[64] Vgl. BFH-Urt. v. 1. 4. 1987, II R 186/80, BStBl 1987 II 550.

[65] So soll es gem. BFH-Urt. v. 30. 8. 1995 I a. a. O. (oben Fn. 21), gegen eine Zurechnung von Einkünften zur Betriebsstätte sprechen, wenn die aus der Nutzung des Wirtschaftsgutes erzielten Einkünfte in gleicher Weise hätten vom Inland aus erzielt werden können bzw. die aus seiner Nutzung erzielten Einkünfte ohne Einfluss auf die Höhe der Einkünfte sind, die aus der unternehmerischen Tätigkeit im engeren Sinne erzielt werden. Ähnlich auch BFH-Urt. v. 19.12.2007, I R 66/06 BStBl 2008 II 510. Zur Auffassung der Finanzverwaltung vgl. BMF-Schr. v. 24. 12. 1999, IV B 4 – S 1300 – 111/99, BStBl 1999 I 1076, die von einer Zentralfunktion des Stammhauses ausgeht; kritisch dazu z.B. *Blumers*, DB 2007, 312.

[66] Vgl. BFH-Urt. v. 29. 7. 1992, II R 39/89, BStBl 1993 II 63.

- mehrstöckige grenzüberschreitende Personengesellschaften vermieden werden, stattdessen eine direkte Beteiligung der deutschen Gesellschafter an den ausländischen Personengesellschaften gewählt wird,
- eine Zurechnung von Tätigkeitsbereichen zur Betriebsstätte vermieden wird, die zum Entstehen einer Unterbetriebsstätte führen könnten, stattdessen diese Tätigkeitsbereiche unmittelbar vom Stammhaus aus ausgeübt werden.

Zwar ist hierdurch nicht gewährleistet, dass der Betriebsstättenstaat dieser Zurechnung folgt, doch scheint ein Zurechnungskonflikt mit der Finanzverwaltung des Betriebsstättenstaates zumindest weniger wahrscheinlich, wenn man berücksichtigt, dass zahlreiche Staaten bei der Betriebsstättenbesteuerung eine am Territorialitätsprinzip orientierte Erfolgszurechnung zugrunde legen und die im Drittstaat belegenen Vermögenswerte in der Buchführung des Stammhauses festgehalten werden. Lässt sich dessen ungeachtet im Einzelfall ein Zurechnungskonflikt nicht ausschließen und droht dadurch eine steuerliche Mehrbelastung, ist die Umwandlung der Betriebsstätte in eine Kapitalgesellschaft zu erwägen.

D. Schlussbetrachtung

Dreieckssachverhalte können bei grenzüberschreitenden Unternehmen Doppel- bzw. Mehrfachbesteuerungen, aber auch Minder- und Keinmalbesteuerungen hervorrufen, die durch die Regelungen der DBA bisher nur unzureichend verhindert werden. Auch Verständigungsverfahren i. S. d. Art. 25 OECD-MA bieten aufgrund der ihnen immanenten Schwächen[67] – Dauer des Verfahrens, kein Zwang zur Einleitung des Verfahrens, Ungewissheit über das Ergebnis der Verständigung und damit auch Planungsunsicherheit – keine vollbefriedigende Problemlösung bei Dreieckssachverhalten, zumal es bei Dreieckssachverhalten u. U. der Verständigung dreier beteiligter Staaten bedarf.

Aus steuerplanerischer Sicht geht es vorrangig darum, durch Gestaltungen Doppel- oder Mehrfachbesteuerungen zu vermeiden, die durch Dreieckssachverhalte hervorgerufen werden. Hierfür kann es sich aus steuerlicher Sicht als günstig erweisen, die Doppelansässigkeit einer Tochtergesellschaft zu vermeiden, wenn diese Gewinne an eine ausländische Muttergesellschaft ausschüttet oder Zinszahlungen an die ausländische Muttergesellschaft leistet. Ferner können Dreieckssachverhalte Einfluss haben auf die Allokation der Tätigkeitsbereiche und Vermögenswerte zwischen Stammhaus und Betriebsstätte. Dabei ist eine Zurechnung von in Drittstaaten gelegenen Vermögenswerten zu einer Betriebsstätte vor allem dann nicht zweckmäßig, wenn der Betriebsstättenstaat nach seinem innerstaatlichen Recht keine Maßnahmen zur Vermeidung der Doppelbesteuerung für die im Drittstaat erhobenen Steuern vorsieht.

Zum anderen eröffnen Dreieckssachverhalte Gestaltungsspielraum für Unternehmen, der zu Minder- oder Keinmalbesteuerungen führt. Hierfür kann es empfehlenswert sein, die Doppelansässigkeit einer Kapitalgesellschaft herbeizuführen, um die jeweils günstigere Regelung der DBA der beiden Ansässigkeitsstaaten mit einem Drittstaat auszunutzen. Dies ist z. B. möglich, wenn die doppelt ansässige Kapitalgesellschaft Zahlungen (Dividenden, Zinsen, u. U. auch Lizenzgebühren) von einer im Drittstaat ansässigen Person empfängt. Die Möglichkeit besteht aber u. U. auch, wenn die DBA, welche die beiden Ansässigkeitsstaaten der Kapitalgesellschaft mit dem Drittstaat abgeschlossen haben, den Begriff "Betriebsstätte" unterschiedlich definieren.

---

[67] Vgl. *Eilers* in: Debatin/Wassermeyer, MA Art. 25 Rn. 19.

Heinsen

6. Die Auslegung von Doppelbesteuerungsabkommen als Problem der Planungssicherheit bei grenzüberschreitenden Sachverhalten

von Univ.-Prof. Dr. Dr. h. c. Michael Lang, Wien [*]

Inhaltsübersicht

A. Auslegung und Planungssicherheit
B. Bedeutung der Kommentare zum OECD-MA für die Auslegung von Doppelbesteuerungsabkommen
  I. Beeinträchtigung der Planungssicherheit durch Heranziehung der jeweils jüngsten Fassung des Kommentars des OECD-MA
  II. Bessere Planungssicherheit durch Heranziehung der zum Zeitpunkt des Abkommensabschlusses bestehenden Fassung des OECD-MA
C. Bedeutung des originär innerstaatlichen Rechts für die Auslegung von Doppelbesteuerungsabkommen
  I. Beeinträchtigung der Planungssicherheit durch den "Grundsatz der Maßgeblichkeit des innerstaatlichen Rechts"
  II. Bessere Planungssicherheit durch autonome Interpretation
D. Bedeutung unterschiedlicher verwaltungsbehördlicher und gerichtlicher Instanzenzüge in beiden Staaten
  I. Beeinträchtigung der Planungssicherheit durch Fehlen von übergeordneten gemeinsamen Instanzen
  II. Verbesserte Planungssicherheit durch Einrichtung von Schiedsinstanzen oder Schaffung gerichtlicher Zuständigkeiten
E. Zusammenfassung und Würdigung

Literatur:

Aigner/Züger, Die jüngste Revision des OECD-Musterabkommens, SWI 1998, 225 ff.; **Ault,** The Role of the OECD Commentaries in the Interpretation of Tax Treaties, intertax 1994, 144 ff.; **Avery Jones,** Article 3(2) of the OECD Model Convention and the Commentary to It: Treaty Interpretation, ET 1993, 252 ff.; ders., The Effect of Changes in the OECD Commentaries after a Treaty is Concluded, BIFD 2002, 102 ff; **Avery Jones u. a.,** The Interpretation of Tax Treaties with Particular Reference to Article 3 (2) of the OECD-Model, Britisch Tax Review 1984, S. 14 ff., 90 ff.; **Bachmayr,** Rechtsanspruch auf Schutz gegen internationale Doppelbesteuerung, StuW 1984, 885 ff.; **Bricker,** Arbitration Procedures in Tax Treaties, intertax 1998, 97 ff.; **Debatin,** Auslegungsmaximen zum internationalen Steuerrecht, AWD 1969, 477 ff.; ders., Prinzipien der Abkommensinterpretation im zwischenstaatlichen Steuerrecht, RIW 1982, 803 ff.; ders., Qualifikationsprobleme im Doppelbesteuerungsrecht, FR 1979, 493 ff.; **Engelen,** Interpretation of Tax Treaties under International Law, Amsterdam 2004; ders., Some Observations on the Legal Status of the Commentaries on the OECD Model, BIFD 2006, 105 ff.; **Gassner/Lang,** Treaty Shopping, in Gassner/Lang/Lechner, Aktuelle Entwicklungen im Internationalen Steuerrecht, Wien 1994, 43 ff.; **Gloria,** Die Doppelbesteuerungsabkommen der Bundesrepublik Deutschland und die Bedeutung der Lex-Fori-Klausel für ihre Auslegung, RIW 1986, 970 ff.; **Ellis,** The Influence of the OECD Commentaries on Treaty Interpretation – Response to Prof. Dr Klaus Vogel, BIFD 2000, 617 ff.; **Heinrich/Moritz,** Interpretation of Tax Treaties, ET 2000, 142 ff.; **Hill,** The Interpretation of Double Taxation Agreements – the Australian Experience, BIFD 2003, 320 ff.; **Hinnekens,** The Tax Arbitration Convention. Its Significance for the EC Based Enterprise, the EC Itself, and for Belgian and International Tax Law, EC Tax Review 1992, S. 70 ff.; **Hummer,** "Ordinary" versus "Special Meaning", ZÖR 26/1975, 87 ff.; **Jirousek,** Kritische Anmerkungen zur Auslegung von Doppelbesteuerungsabkommen, SWI 1998, 112 ff.; **Karl,** Vertrag und spätere Praxis im Völkerrecht, Berlin 1983; **Kirchhof/Lehner/Raupach/Rodi,** Staaten und Steuern, FS f. K. Vogel zum 70. Geb.; **Lang,** Der Rechtsanspruch auf Einleitung des "Verständigungsverfahrens", Juristische Blätter 1989, 365 ff.; ders., Die Bedeutung des Musterabkommens und des Kommentars des OECD-Steuerausschusses für die Auslegung von Doppelbesteuerungsabkommen, in Gassner/Lang/Lechner, Aktuelle Entwicklungen im Internationalen Steuerrecht, Wien 1994, 11 ff.; ders., Grundsatzerkenntnis des VwGH zur DBA-Auslegung, SWI 1996, 427 ff.; ders., Haben die Änderungen der OECD-Kommentare für die Auslegung älterer DBA Bedeutung, SWI 1995, 412 ff.; ders., VwGH zu Treaty

---

[*] Institut für Österreichisches und Internationales Steuerrecht, Wirtschaftsuniversität Wien. Frau Mag. Elke Aumayr und Herrn Mag. Florian Brugger danke ich sehr herzlich für kritische Anregungen und die Unterstützung bei der Erstellung des Anmerkungsapparats und bei der Fahnenkorrektur.

Shopping, SWI 1998, 216; ders., Irrwege der DBA-Auslegung am Beispiel der Besteuerung von Lehrbeauftragten, SWI 1998, 508 ff.; ders., Wer hat das Sagen im Steuerrecht? Die Bedeutung des OECD-Steuerausschusses und seiner Working Parties, Österreichische Steuerzeitung 2006, 203 ff.; ders., Die Maßgeblichkeit des innerstaatlichen Rechts für die DBA-Auslegung in der jüngsten Rechtsprechung des VwGH, SWI 2007, 199 ff.; Lang/Brugger, The Role of the OECD Commentary in Tax Treaty Interpretation, Australian Tax Forum 2008, 95 ff; Loukota, Die aktuelle österreichische DBA-Politik, Österreichische Steuerzeitung 1995, 249 ff.; ders., Neue Strategien gegen den internationalen Gestaltungsmissbrauch, ÖJT 1997, III/1, S. 5 ff.; ders., Wohin geht das österreichische internationale Steuerrecht?, ÖJT 1997, III/1, S. 114 ff.; ders., Grundsätze für die steuerliche Behandlung international tätiger Gastprofessoren, SWI 1998, 456 ff.; Prokisch, Fragen der Auslegung von Doppelbesteuerungsabkommen, SWI 1994, 52 ff.; Ress, Wechselwirkungen zwischen Völkerrecht und Verfassung bei der Auslegung völkerrechtlicher Verträge, Berichte der Deutschen Gesellschaft für Völkerrecht, Heft 23/1982, S. 7 ff.; Rill, Juristische Methodenlehre und Rechtsbegriff, ZfV 1985, 461, 577; Runge, Buchbesprechung zum Kommentar zum DBA Deutschland-Österreich (Lang/Schuch), IStR 1998, 2/X (X); ders., The German View of the Prevention and Settlement of International Disputes on Tax Law, intertax 1997, 3 ff.; Sinclaire, The Vienna Convention on the Law of Treaties, Manchester 1984; Stefaner, Die Sportlerklausel im alten DBA Deutschland-Österreich im Lichte der neuen Judikatur des BFH, SWI 2002, 125 ff.; Steurer, Richtungweisende Erkenntnis des Verwaltungsgerichtshofes zur DBA-Auslegung?, SWI 2002, 7 ff.; Tipke, Verständigungsverfahren: Rechtsanspruch auf Beseitigung der Folgen einer Doppelbesteuerung oder bloßer Rechtsreflex?, AWD 1972, 589 ff.; Varn, Interpretation of tax treaties in new holland, in van Arendonk/Engelen/Jansen, A Tax Globalist – Essays in honour of Maarten J. Ellis, Amsterdam 2005, 144 ff.; Vogel, The Influence of the OECD Commentaries on Treaty Interpretation, BIFD 2000, 612 ff.; Vogel/Prokisch, Generalbericht zum Thema "Interpretation of Double Taxation Conventions", CDFI LXXVIIa, Deventer/Boston 1993, S. 19 ff.; Ward, The Interpretation of Income Tax Treaties with Particular Reference to the Commentaries on the OECD Model, Kingston 2005; ders., The Role of the Commentaries on the OECD Model in the Tax Treaty Interpretation Process, BIFD 2006, 97 ff.; Wassermeyer, Die Auslegung von Doppelbesteuerungsabkommen durch den Bundesfinanzhof, StuW 1990, 405 ff.; Wattel/Marres, The Legal Status of the OECD Commentary and Static or Ambulatory Interpretation of Tax Treaties, ET 2003, 222 ff.; Waters, The relevance of the OECD Commentaries in the interpretation of Tax Treaties, in Lang/Jirousek, Praxis des internationalen Steuerrechts – Festschrift für Helmut Loukota zum 65. Geburtstag, Wien 2005, 671 ff.; Züger, Der EuGH als Schiedsgericht im neuen DBA Österreich-Deutschland, SWI 1999, 19; ders., Das Schiedsverfahren nach dem neuen DBA Österreich-Deutschland; ders., Das Inkrafttreten der Schiedskonvention in Österreich, SWI 1999, 393 ff.

A. Auslegung und Planungssicherheit

Planungssicherheit setzt Sicherheit über den Inhalt der maßgebenden Rechtsvorschriften voraus. Sie kann immer nur annäherungsweise erreicht werden. Auslegung ist nämlich ein komplexer Vorgang.[1] Der Wortlaut einer Vorschrift steht am Anfang – und nicht am Ende – der Auslegung. Der Wortlaut ist oft mehrdeutig. Daher müssen systematische, teleologische und historische Anhaltspunkte einbezogen werden. Auch ein scheinbar eindeutiger Wortlaut kann durch überzeugende systematische, teleologische oder historische Argumente, die in eine andere Richtung deuten, verdrängt werden.[2] Ob der Wortlaut überhaupt von den anderen bei der Auslegung zu beachtenden Argumenten isoliert werden kann, ist fraglich. Auch der bloße Wortlaut kann nämlich nur unter Berücksichtigung des Sinnzusammenhangs ermittelt werden.[3] All dies zeigt, dass Auslegung kein formalisierbarer Vorgang ist, sondern immer nach Wertungen verlangt.[4] Das Ergebnis der dabei erforderlichen Abwägung hängt von der Überzeugungskraft der Argumente ab. Daher besteht auch beim Abschätzen steuerlicher Folgen niemals absolute Planungssicherheit. Keineswegs kann nämlich völlig ausgeschlossen werden, dass die den Sachverhalt im Nachhinein beurteilenden Verwaltungsbehörden oder Höchstgerichte andere Argu-

---

[1] Vgl. *Walter/Mayer*, Grundriss des österreichischen Bundesverfassungsrechts, Rn. 122.
[2] *Bydlinski*, Juristische Methodenlehre und Rechtsbegriff, S. 441 ff.
[3] *Lang*, Hybride Finanzierungen, S. 23.
[4] Vgl. *Larenz*, Methodenlehre der Rechtswissenschaft, S. 319 f.

mente in den Vordergrund rücken und daher zu einem anderen Auslegungsergebnis gelangen als der Steuerpflichtige im Zeitpunkt seiner Planung.

Diese Überlegungen kommen auch bei der Auslegung von DBA zum Tragen: Völkerrechtliche Verträge sind nach denselben Grundsätzen auszulegen wie innerstaatliches Recht.[5] Völkerrechtliche Auslegungsmethoden unterscheiden sich nämlich nicht grundlegend von denen des innerstaatlichen Rechts.[6] Auch dem Völkerrecht ist die grammatische, systematische, teleologische und historische Auslegung bekannt.[7] Es gibt keine besonderen Methodologien für einzelne Rechtsgebiete oder bestimmte Normentypen.[8] Auch bei der völkerrechtlichen Auslegung kann es nur darum gehen, nach den Regeln der Konvention zu ermitteln, was der Autor der Rechtsnorm als von ihm gemeint gegen sich gelten lassen muss.[9] Die in der WVK festgehaltenen Auslegungsregeln ändern daran nichts. Die Angabe der Auslegungskomponenten in Art. 31 ff. WVK darf nämlich nicht dazu verleiten, die einzelnen Komponenten isoliert zu prüfen und ihren Zusammenhang zu vernachlässigen.[10] Völkerrechtliche Interpretation ist ebenfalls kein formalisierter und schematisierbarer Vorgang.[11] Auch wenn positivierte Interpretationsregeln – wie Art. 31 ff. WVK – die maßgebenden Auslegungselemente formulieren, darf nicht vergessen werden, dass die menschliche Sprache in ihrer Unzulänglichkeit keine Möglichkeit bietet, den Vorgang der Interpretation in seiner gesamten Komplexität einzufangen und in Worte zu fassen.[12] Jede Interpretation – und somit auch die völkerrechtliche – dient der Sinnermittlung.[13] Daher muss ebenso wie bei der Auslegung originär innerstaatlicher Vorschriften die gesamte Vielfalt der methodischen Möglichkeit einfließen.[14]

Die durch die völkerrechtliche Vertragspraxis im Allgemeinen und die Praxis beim Abschluss von DBA im Besonderen bedingten Spezifika ändern an diesem Befund nichts Grundsätzliches: So muss beispielsweise dem Vertragscharakter der DBA Rechnung getragen werden. Der zu ermittelnde Inhalt der DBA-Regelungen liegt in einer Willenseinigung zwischen den Vertragsstaaten begründet. Dies bedarf besonderer Berücksichtigung bei der Sinnermittlung.[15] Ebenso wie im originär innerstaatlichen Recht die Absicht der Gesetzesverfasser entscheidend ist, sind bei der Auslegung völkerrechtlicher Verträge jene Materialien heranzuziehen, die über die Intention **beider** Vertragsparteien Aufschluss geben. Bei DBA, die einem der OECD-MA folgen, gehören dazu die zum Zeitpunkt des Vertragsabschlusses bekannten, vom OECD-Steuerausschuss verfassten Kommentare zum OECD-MA.[16] Weiter ist zu beachten, dass in völkerrechtlichen Verträ-

---

[5] *Wassermeyer* in: Mössner/Blumenwitz u. a. (Hrsg.), DBA und nationales Recht, S. 21.
[6] Lang, Einführung in das Recht der DBA, Rn. 76.
[7] *Bleckmann*, Grundprobleme und Methoden des Völkerrechts, S. 89; *Hummer*, ZÖR 26, 1975, 96 ff.; *Lang* in: Gassner/Lang/Lechner (Hrsg.), Das neue DBA Österreich-USA, S. 27; *Heinrich/Moritz*, ET 2000, 144, 147.
[8] *Rill*, ZfV 1985, 590; *Lang* a. a. O. (oben Fn. 3), S. 21 f.; *Wassermeyer* a. a. O. (oben Fn. 5), S. 19 ff.
[9] Vgl. dazu grundsätzlich *Rill*, ZfV 1985, 466; *Lang* a. a. O. (oben Fn. 7), S. 27.
[10] *Lang*, DBA und innerstaatliches Recht, S. 95.
[11] *Karl* in: Schreuer (Hrsg.), Autorität und internationale Ordnung, S. 9 ff.
[12] *Lang* in: Gassner/Lang/Lechner (Hrsg.), Aktuelle Entwicklungen im Internationalen Steuerrecht, S. 21; *Karl* in: Bieber/Ress (Hrsg.), Die Dynamik des Europäischen Gemeinschaftsrechts, S. 81 f.
[13] *Zemanek* in: Neuhold/Hummer/Schreuer (Hrsg.), Österreichisches Handbuch des Völkerrechts, Rn. 344; *Lang* a. a. O. (oben Fn. 7), S. 28.
[14] *Lang* a. a. O. (oben Fn. 7), S. 28.
[15] *Lang* a. a. O. (oben Fn. 4), S. 22.
[16] *Lang* in: Gassner/Lang/Lechner a. a. O. (oben Fn. 13), S. 19 ff.

gen oft nicht nur eine, sondern zwei oder mehrere Sprachen für authentisch erklärt werden. War das OECD-MA Vorbild für ein bestimmtes bilaterales DBA, muss der zu diesem Zeitpunkt vorliegende Kommentar des OECD-Steuerausschusses ebenfalls sogar dann in den Originalsprachen herangezogen werden, wenn diese Sprachen im bilateralen Vertrag selbst nicht für authentisch erklärt werden. Dies ergibt sich aus der Einsicht, dass Auslegung der Sinnermittlung dient.[17] Es handelt sich dabei um keine Besonderheiten der DBA-Auslegung, sondern um die Auswirkungen der Anwendung allgemeiner Auslegungsgrundsätze.

Daneben können allerdings in der Praxis Besonderheiten der DBA-Auslegung angetroffen werden, die sich nicht durch allgemeine Grundsätze rechtfertigen lassen und die zu einer Planungsunsicherheit führen, die weit über jenes Maß hinausgeht, das sonst mit Auslegung verbunden ist. Dabei handelt es sich um die gelegentlich gewählte Vorgangsweise, bei der Auslegung eines bilateralen DBA jeweils die jüngste Fassung des Kommentars des OECD-MA auch dann heranzuziehen, wenn sie beim Vertragsabschluss noch gar nicht vorlag. Weiters wird vielfach das originär innerstaatliche Recht bei der Auslegung der DBA für maßgeblich erachtet. Die Maßgeblichkeit des innerstaatlichen Rechts wird ebenfalls dynamisch verstanden, so dass innerstaatliche Vorschriften herangezogen werden, die zum Zeitpunkt des Abkommensabschlusses mitunter noch gar nicht existent waren. Sowohl die Heranziehung der jeweils jüngsten Fassung des OECD-Kommentars als auch der jeweils jüngsten Fassung des originär innerstaatlichen Rechts des Anwenderstaates beeinträchtigt die Planungssicherheit erheblich, da die zum Tragen kommenden Rechtsfolgen einem Wandel unterworfen werden können. Aus dem Blickwinkel der Planungssicherheit ist auch problematisch, dass die Auslegung von DBA-Vorschriften in den beiden Anwenderstaaten im Regelfall keiner gemeinsamen übergeordneten Instanz unterliegt, so dass nicht nur – wie bei der Auslegung originär innerstaatlicher Rechtsvorschriften – Rechtsprechungsänderungen erfolgen können, sondern es auch zusätzlich zu einem Auseinanderdriften von höchstgerichtlicher Rechtsprechung in beiden Staaten kommen kann. Diese auch in Hinblick auf die Planungssicherheit problematischen Konsequenzen sollen daraufhin untersucht werden, ob sie überhaupt mit dem geltenden Recht in Einklang gebracht werden können und welche Änderungen der DBA-Vorschriften gegebenenfalls zweckmäßig sind, um die angesprochenen Probleme zu vermeiden.

B. Bedeutung der Kommentare zum OECD-MA für die Auslegung von Doppelbesteuerungsabkommen

I. Beeinträchtigung der Planungssicherheit durch Heranziehung der jeweils jüngsten Fassung des Kommentars des OECD-MA

Eine erhebliche Beeinträchtigung der Planungssicherheit ist durch die Auffassung der österreichischen und der deutschen Finanzverwaltung bedingt, wonach "der OECD-Musterkommentar in seiner jeweiligen Fassung für die Auslegung und die Anwendung der bilateralen Verträge heranzuziehen ist, soweit die jeweiligen Bestimmungen des MA mit dem Wortlaut der vergleichbaren Bestimmungen des betroffenen DBA zumindest sinngemäß übereinstimmen".[18] Die dadurch entstehende Problematik ist in den letzten Jahren verschärft worden: Früher waren Änderungen des OECD-MA und des dazugehörigen Kommentars des OECD-Steuerausschusses selten: Auf das OECD-MA 1963 folgte das OECD-MA 1977 und dann erst das OECD-MA 1992.

---

[17] Lang in: Lang/Loukota/Lüthi (Hrsg.), Die Weiterentwicklung des OECD-Musterabkommens, S. 28.
[18] Runge, IStR 1998, 2/X.

Das OECD-MA 1992 wurde allerdings als Loseblattsammlung herausgegeben.[19] Damit brachte der OECD-Steuerausschuss schon seine Absicht zum Ausdruck, das MA und vor allem den dazugehörigen Kommentar häufig zu ändern. Dementsprechend erfolgten schon Änderungen in den Jahren 1994, 1995, 1997, 2000, 2003, 2005 und 2008. Folgt man der Auffassung der österreichischen[20] und der deutschen Finanzverwaltung, wäre einzig die letzte Fassung des Kommentars zum OECD-MA für die Auslegung aller DBA heranzuziehen, soweit der Wortlaut der Abkommensvorschrift mit der des OECD-MA "zumindest sinngemäß" übereinstimmt. Offenbar soll dies sogar für DBA – wie z. B. für das frühere DBA zwischen Österreich und Deutschland – gelten, die keinem der OECD-MA folgen.[21] Die österreichischen Abkommensverhandler versuchten sogar, eine dynamische Interpretation im Vertragstext von neu ausverhandelten DBA zu verankern.[22] Die Auffassung hat zur Konsequenz, dass es die Mitglieder des OECD-Steuerausschusses in der Hand haben, den Inhalt der DBA durch weitere Änderungen in Hinkunft zu modifizieren.[23]

Zur Begründung dieser Auffassung von der Maßgeblichkeit der jeweils jüngsten Fassung des OECD-Kommentars wird der OECD-Kommentar selbst herangezogen:[24] In der Einleitung zum OECD-Kommentar finden sich folgende Ausführungen:[25]

"Bei der Ausarbeitung des MA von 1977 hat der Fiskalausschuss die Auslegungsprobleme untersucht, die sich aus den Änderungen des Wortlauts der Artikel oder des Kommentars zum MA von 1963 ergeben können. Nach der damaligen Auffassung des Ausschusses sollten die damals bestehenden Abkommen soweit wie möglich i. S. d. neuen Kommentars ausgelegt werden, auch wenn die Bestimmungen der Abkommen noch nicht den verbesserten Wortlaut des MA von 1977 enthalten. ... Der Ausschuss ist der Auffassung, dass die Änderungen der Artikel des MA oder seiner Kommentare entsprechend zu verstehen sind."

Nach der Verwaltungsauffassung hat dies erhebliche Konsequenzen: Die österreichische Finanzverwaltung erachtet sich aus diesem Grund für legitimiert, als "Treaty Shopping" bezeichneten Gestaltungen abkommensrechtlich die Anerkennung zu verweigern.[26] Die von der Verwaltung für maßgebend erachtete Formulierung, wonach nach der Mehrheitsauffassung des OECD-Steuerausschusses Antimissbrauchsbestimmungen durch Abkommen nicht berührt werden, findet sich erst seit 1992 im Kommentar zum OECD-MA. Ob diese Formulierungen überhaupt derart weitreichende Folgerungen zulassen, haben *Gassner* und ich bereits an anderer Stelle in Zweifel gezogen.[27] Die Finanzverwaltung zieht jedenfalls diese Formulierung des OECD-Kommentars auch für früher abgeschlossene DBA heran, obwohl der Kommentar zum

---

[19] Krit. dazu: *Vogel*, BIFD 2000, S. 615 f.

[20] Vgl. Erl. d. BM. f. Finanzen v. 27. 10. 1995, Z 04 0610/286-IV4/95, in: AÖF 284/1995.

[21] *Runge*, IStR 1998, 2/X. Ablehnend BFH-Urt. v. 11. 10. 2000, I R 44-51/99; vgl. *Stefaner*, SWI 2002, 125 ff.

[22] Z. B. Protokoll zum DBA Österreich-Ukraine: "... Die Kommentare – die von Zeit zu Zeit überarbeitet werden können – stellen eine Auslegungshilfe i. S. des Wiener Übereinkommens über das Recht der Verträge vom 23. Mai 1969 dar."; ähnlich das Verständigungsprotokoll zum DBA Österreich-USA; krit. dazu: *Hofbauer*, in: Lang (Hrsg.), Tax Treaty Interpretation, S. 28; vgl. zuletzt DBA Österreich-Bosnien-Herzegowina (dazu *Dommes*, Revidierte DBA mit Griechenland und der Türkei und neue DBA mit Bosnien-Herzegowina und Vietnam, SWI 2009, S. 170).

[23] Krit. *Lang*, SWI 1995, 414 ff.

[24] *Loukota*, ÖJT 1997, III/1, 114 ff.; *Jirousek*, SWI 1998, 112 ff.

[25] Rn. 33 f. der Einleitung zum Kommentar zum OECD-MA.

[26] *Loukota*, ÖJT 1997, III/1, 26 ff.

[27] *Gassner/Lang*, in: Gassner/Lang/Lechner (Hrsg.), Aktuelle Entwicklungen im internationalen Steuerrecht, S. 63 ff.

OECD-MA 1963 diese Problematik überhaupt noch nicht angesprochen und der Kommentar zum OECD-MA 1977 eine Formulierung beinhaltet hat, die eher in die andere Richtung – nämlich auf ein Verbot der Verweigerung von Abkommensvorteilen ohne ausdrückliche Regelung – hat schließen lassen.[28]

Der BFH hat in seinem Urteil v. 8. 4. 1997 ebenfalls anklingen lassen, dass Änderungen des OECD-MA und des dazugehörigen Kommentars offenbar Rückwirkungen auf früher abgeschlossene Abkommen haben können.[29] Er hat nämlich seine Auffassung zu einer Vorschrift des DBA Deutschland-Großbritannien geändert und dies insbesondere damit begründet, dass er "nicht zuletzt vor dem Hintergrund der zwischenzeitlichen Entwicklung der abkommensrechtlichen Auslegung zu der . . . Vorschrift in Art. 17 des OECD-MA von 1977 zur Vermeidung der Doppelbesteuerung des Einkommens und des Vermögens (OECD-MA) – nicht länger" an seinem früher eingenommenen gegenteiligen Standpunkt festhält. Diese Rechtsauffassung hat der BFH in seinem Urteil v. 18. 7. 2001 bestätigt, da er für die Auslegung des Künstlerbegriffes im DBA Deutschland-Österreich aus 1954 den aktuellen Musterkommentar heranzog.[30]

II. Bessere Planungssicherheit durch Heranziehung der zum Zeitpunkt des Abkommensabschlusses bestehenden Fassung des OECD-MA

Für die die Planungssicherheit beeinträchtigende Praxis der österreichischen und der deutschen Finanzverwaltungen besteht m. E. keine Rechtsgrundlage. Der in der Einleitung zum OECD-Kommentar enthaltene Hinweis auf die Maßgeblichkeit der jeweils jüngsten Fassung auch für die Auslegung früherer Abkommen alleine ist zu wenig. Auch die zitierte Passage der Einleitung zum Kommentar weist darauf hin, dass die jüngere Fassung des Kommentars nur "so weit wie möglich" für die Auslegung von früher abgeschlossenen DBA herangezogen werden kann.[31] In einem Rechtsstaat ist es eben nicht möglich, dass ein wie der OECD-Steuerausschuss ausschließlich von den Verwaltungen beschicktes Gremium, das zur Rechtssetzung nicht legitimiert ist, durch bloße Änderung eines von ihm verfassten "Kommentars" den Inhalt der parlamentarisch genehmigten DBA verändern kann.[32] Selbst wenn die entsprechende Passage des Kommentars nicht die Formulierung "so weit wie möglich" enthielte, wäre es undenkbar, dass ein nicht vom Verfassungsgesetzgeber explizit oder implizit dazu ermächtigtes Organ auf den Inhalt von sowohl in Österreich als auch in Deutschland letztlich den Gesetzen gleichgestellten DBA Einfluss nimmt.[33] Keineswegs kann der nicht zur Normsetzung befugte OECD-Steuerausschuss die Maßgeblichkeit seiner eigenen Enuntiationen bestimmen.

Daran kann auch Art. 31 Abs. 3 WVK, wonach sowohl "jede spätere Übereinkunft zwischen den Vertragsparteien über die Auslegung des Vertrages oder die Anwendung der Bestimmungen" als auch "jede spätere Übung bei der Anwendung des Vertrages, aus der die Übereinstimmung der Vertragsparteien über seine Auslegung hervorgeht", Bestandteil der "general rule of interpretation" ist, nichts ändern. Zum einen kann weder das OECD-MA selbst noch der dazugehöri-

---

[28] Näher *Gassner/Lang* a. a. O. (oben Fn. 29), S. 61 ff.
[29] BFH-Urt. v. 8. 4. 1997, I R 51/96 BStBl 1997 II 679.
[30] BFH-Urt. v. 18. 7. 2001, I R 26/01, abgedr. in IStR 2001, 653 ff.
[31] *Lang*, SWI 1998, 222 f.
[32] Näher *Lang* a. a. O. (oben Fn. 13), S. 11 ff.; *ders.*, SWI 1998, 223; *Hofbauer* in: Lang, a. a. O. (oben Fn. 24), S. 27 f.
[33] *Lang*, SWI 1998, 223.

Lang

ge Kommentar als "Übereinkunft" i. S. d. Art. 31 Abs. 3 Buchst. a WVK bezeichnet werden.[34] Vor allem aber gilt sowohl für Art. 31 Abs. 3 Buchst. a als auch für Art. 31 Abs. 3 Buchst. b WVK, dass diese Regelung verstanden als Ermächtigung zur Rechtsfortbildung durch Verwaltungsbehörden sowohl angesichts der deutschen als auch angesichts der österreichischen Verfassungsrechtslage problematisch wäre.[35] Auch nach den Verfassungsrechtsordnungen zahlreicher anderer Staaten ergäben sich Schwierigkeiten.[36] Die Verwaltungen wären weitgehend zur Änderung von im Gesetzesrang stehenden Vorschriften ermächtigt. Dies wäre nicht nur in Hinblick auf den Gewaltenteilungsgrundsatz, sondern auch in Hinblick auf das Legalitätsprinzip problematisch. Allerdings hieße es, den Sinngehalt der Auslegungsregel des Art. 31 Abs. 3 WVK zu verkennen, würde man dieser Norm eine unbegrenzte Ermächtigung zur Rechtsfortbildung unterstellen.[37] Nach der WVK ist auch die Möglichkeit der tatsächlichen Vertrags**änderung** durch nachfolgende Praxis nicht ausgeschlossen.[38] Dies wird als Anwendungsfall einer konkludenten völkerrechtlichen Handlung gesehen. Die Vertrags**auslegung** nach Art. 31 Abs. 3 WVK ist daher von der Vertrags**änderung** zu unterscheiden. Eine Vertragsänderung selbst kann aber nur dann bewirkt werden, wenn auch die Kompetenz der zuständigen Organe erschlossen werden kann.[39] Da den die DBA vollziehenden Verwaltungsbehörden keine Kompetenz zu einer derartigen Vertragsänderung zukommt, kann von ihnen jedenfalls keine Vertragsänderung bewirkt werden. Somit ist der Spielraum der Verwaltungsbehörden nach Art. 31 Abs. 3 WVK jedenfalls eingeschränkt. Bei der Anwendung der Auslegungsregeln des Art. 31 WVK muss darüber hinaus auch zwischen den einzelnen Typen der völkerrechtlichen Verträge unterschieden werden.[40] Da das Abgabenrecht in sehr vielen Staaten strengen rechtsstaatlichen Bindungen unterliegt, spricht viel dafür, Art. 31 Abs. 3 WVK bei der Auslegung völkerrechtlicher Verträge auf dem Gebiet des Abgabenrechts nur sehr eingeschränkte Bedeutung beizumessen.[41] Dementsprechend ist *Wassermeyer* skeptisch, ob Art. 31 Abs. 3 WVK bei der Auslegung von DBA überhaupt anzuwenden ist.[42] Jedenfalls kann unter Berufung auf Art. 31 Abs. 3 WVK keine nach Abschluss eines bilateralen DBA ergangene Äußerung des OECD-Steuerausschusses für die Auslegung des früher abgeschlossenen bilateralen DBA Bedeutung haben.

Die hier vertretene Auffassung kann auch anhand allgemeiner Auslegungsgrundsätze verprobt werden: Geht man davon aus, dass es Aufgabe des Interpreten ist zu ermitteln, was der Normsetzer nach den Regeln der Konvention als gemeint gegen sich gelten lassen muss[43], unterstreicht dies die Irrelevanz jüngerer Regelungen. Die Vertragsparteien als Normsetzer des jeweiligen DBA können nämlich den Inhalt späterer Änderungen des MA nicht vorhersehen. Ihnen kann daher bloß unterstellt werden, das zum Zeitpunkt des Vertragsabschlusses bestehende

---

[34] Ausführlich *Lang* a. a. O. (oben Fn. 13), S. 25 f.; *Vogel*, BIFD 2000, S. 614.
[35] *Barfuß* in: Mayer u. a. (Hrsg.), FS f. Walter, S. 32 ff.; *Thaler* in: Mayer u. a. (Hrsg.), FS f. Walter, S. 693 f. *Lang*, SWI 1995, 413 ff.; *Hofbauer* in: Lang a. a. O. (oben Fn. 24), S. 22 ff.; vgl. z. B. für die deutsche Rechtsordnung *Wassermeyer* a. a. O. (oben Fn. 6), S. 85 f.
[36] Vgl. *Lang* a. a. O. (oben Fn. 13), S. 26.
[37] *Lang* a. a. O. (oben Fn. 7), S. 28 f.; *ders.* a. a. O. (oben Fn. 13), S. 27.
[38] Dazu *Karl* a. a. O. (oben Fn. 12), S. 31.
[39] Dazu *Lang* a. a. O. (oben Fn. 11), S. 89.
[40] Näher *Ress*, Wechselwirkungen zwischen Völkerrecht und Verfassung bei der Auslegung völkerrechtlicher Verträge, S. 13 ff.; Klein, Statusverträge im Völkerrecht, S. 330 f.
[41] *Lang* a. a. O. (oben Fn. 11), S. 90; *ders.* in: Mössner/Blumenwitz (Hrsg.), DBA und nationales Recht, S. 87.
[42] *Wassermeyer* a. a. O. (oben Fn. 6), S. 85 f.
[43] Dazu *Rill*, ZfV 1985, 590.

Verständnis der in den DBA übernommenen Formulierungen gemeint zu haben. Auch bei der historischen Interpretation originär innerstaatlicher Vorschriften ist ausschließlich die Auffassung des **damaligen** Gesetzgebers relevant.[44] Selbst wenn der Gesetzgeber bei der Erlassung **späterer** Vorschriften von einer anderen Auffassung ausging, hat dies für die Interpretation der bis dahin **älteren** Vorschrift regelmäßig keine Bedeutung. Im Abgabenrecht zeigt sich dies besonders deutlich: Der Gesetzgeber geht bei der Schaffung einer neuen Regelung häufig davon aus, ohnehin nur eine "Klarstellung" bewirkt zu haben, und bringt damit zum Ausdruck, dass bereits die zuvor bestehenden Vorschriften den nunmehr ausdrücklich angeordneten Inhalt hatten. Sofern der Gesetzgeber aber keine ausdrückliche Rückwirkung anordnet, wird dieser jüngeren Auffassung bei der Interpretation der älteren Vorschriften für die bis dahin bestehende Rechtslage keine Bedeutung beigemessen.[45] Während die Änderung des innerstaatlichen Rechts unter Umständen für die **zukünftige** Interpretation der – formal unverändert gebliebenen – älteren Vorschrift Relevanz haben kann[46], wirkt die bloße Änderung des MA nicht auf die Vertragsinterpretation ein: Die Beschlussfassung des OECD-Steuerausschusses über ein neues MA und einen neuen Kommentar bringt nämlich nicht einmal ein jüngeres Verständnis der Normsetzer, also der Vertragsparteien, zum Ausdruck, sondern gibt lediglich die neue Auffassung des OECD-Steuerausschusses wieder.[47]

Der österreichische Verwaltungsgerichtshof hat sich dieser Auffassung ausdrücklich angeschlossen:[48] Er hatte Art. 16 DBA-Österreich-Schweiz auszulegen. Diese Vorschrift beruhte auf dem OECD-MA 1963. Er stützte sich nicht auf den jüngsten Kommentar des OECD-Steuerausschusses, sondern auf den Kommentar zum OECD-MA 1963 und begründete dies wie folgt:

"Bei der Interpretation von DBA ist zu beachten, dass Vertragsparteien, insoweit sie den Text des OECD-MA in ein DBA übernehmen, der einzelnen Vorschrift des bilateralen Vertrages den Inhalt der korrespondierenden Vorschrift des OECD-MA beimessen; dadurch erlangt der bei Abschluss des DBA bestehende Kommentar des OECD-Steuerausschusses zum übernommenen MA für die Auslegung des Abkommens besondere Bedeutung (vgl. Lang, Die Bedeutung des MA und des Kommentars des OECD-Steuerausschusses für die Auslegung von DBA, in: Gassner/Lang/Lechner, Aktuelle Entwicklungen im Internationalen Steuerrecht, Wien 1994, 22 und 30 f)."

Damit ist klar, dass der VwGH der von der österreichischen – und auch von der deutschen – Finanzverwaltung vertretenen Auffassung von der Maßgeblichkeit der jeweils jüngsten Fassung des OECD-Kommentars eine Absage erteilt hat.[49]

Diese von der österreichischen Rechtsprechung vertretene Auffassung sollte auch den BFH zu einer Änderung seiner Rechtsprechung bewegen, zumal der BFH die gegenteilige Position nur anklingen hat lassen[50] und auf eine ausführliche Begründung bisher verzichtet hat. Geht man davon aus, dass nur die jeweils zum Zeitpunkt des Abkommensabschlusses vorliegende Fassung des OECD-Kommentars für die Auslegung des jeweiligen bilateralen DBA Bedeutung haben

---

[44] *Bydlinski* a. a. O. (oben Fn. 3), S. 449.
[45] Vgl. *Lang* a. a. O. (oben Fn. 13), S. 31.
[46] Zur systematisch-logischen Auslegung vgl. *Bydlinski* a. a. O. (oben Fn. 2), S. 442 ff.
[47] *Lang* a. a. O. (oben Fn. 13), S. 31.
[48] VwGH 31. 7. 1996, 92/13/0172; vgl. auch *Lang*, SWI 1996, 427 ff.
[49] Vgl. ebenso das Urt. des VwGH v. 20. 9. 2001, 2000/15/0116; *Steurer*, SWI 2002, 7 ff.; relativierend aber *Loukota*, ÖJT 1997, III/1, 114 ff.
[50] BFH 8. 4. 1997 a. a. O. (oben Fn. 31); BFH 18. 7. 2001 a. a. O. (oben Fn. 32).

kann, bewirkt dies erhebliche Verbesserungen in Hinblick auf die Planungssicherheit: Die Unternehmen und ihre Berater brauchen dann nicht die Sorge zu haben, von einer Auffassungsänderung des OECD-Steuerausschusses überrascht zu werden. Die Rechtsfolgen eines langfristig geplanten oder etwa gar schon in der Vergangenheit liegenden Sachverhalts bleiben auch bei Auffassungsänderungen des OECD-Steuerausschusses bestehen. Änderungen in der Auffassung des OECD-Steuerausschusses haben dann lediglich für danach abgeschlossene DBA Bedeutung. Wenn sich diese in Österreich bereits herrschende Auffassung auch international durchsetzt, wird dies die Mitglieder des OECD-Steuerausschusses auch von häufigen Änderungen des OECD-MA und des Kommentars abhalten und somit ein künftiges Auseinanderdriften des Inhalts der verschiedenen bilateralen Abkommen, die auf Basis der OECD-MA abgeschlossen werden, verhindern.

C. Bedeutung des originär innerstaatlichen Rechts für die Auslegung von Doppelbesteuerungsabkommen

I. Beeinträchtigung der Planungssicherheit durch den "Grundsatz der Maßgeblichkeit des innerstaatlichen Rechts"

In der Praxis zahlreicher Finanzverwaltungen ist es weit verbreitet, DBA unter Heranziehung des innerstaatlichen Rechts des Anwendestaates auszulegen.[51] Abkommensrechtliche Begriffe, die nicht eigens definiert sind, werden häufig i. S. gleich lautender Begriffe des originär innerstaatlichen Rechts des Anwendestaates verstanden. Mitunter werden auch bloß ähnliche Begriffe des originär innerstaatlichen Rechts herangezogen, wie das Beispiel der "Unternehmensgewinne" i. S. d. Art. 7 OECD-MA, die in Deutschland und Österreich häufig mit Einkünften aus Gewerbebetrieb gleichgesetzt werden[52], zeigt. Die österreichische Finanzverwaltung hat für diese Praxis sogar das Schlagwort von der "Maßgeblichkeit des innerstaatlichen Rechts" für die Abkommensauslegung geprägt.[53]

Obwohl die Finanzverwaltungen dazu neigen, das innerstaatliche Recht sogar dann heranzuziehen, wenn ein DBA nicht dem OECD-MA entspricht[54], wird als Rechtsgrundlage meist Art. 3 Abs. 2 OECD-MA genannt. Diese Regelung hat in seiner 1995 beschlossenen Fassung folgenden Wortlaut:

"Bei der Anwendung des Abkommens durch einen Vertragsstaat hat, wenn der Zusammenhang nichts anderes erfordert, jeder im Abkommen nicht definierte Ausdruck die Bedeutung, die ihm im Anwendungszeitraum nach dem Recht dieses Staates über die Steuern zukommt, für die das Abkommen gilt, wobei die Bedeutung nach dem in diesem Staat anzuwendenden Steuerrecht den Vorrang vor einer Bedeutung hat, die der Ausdruck nach anderem Recht dieses Staates hat."

Die Vertreter der Auffassung von der "Maßgeblichkeit des innerstaatlichen Rechts" für die Abkommensauslegung messen der Formulierung "wenn der Zusammenhang nichts anderes erfordert" offenbar keine oder kaum eine Bedeutung bei und gehen daher davon aus, dass bei

---

[51] Z. B. *Loukota*, Internationale Steuerfälle, Rn. 506; vgl. auch *Lang* in: Lang/Mössner/Waldburger (Hrsg.), Die Auslegung von DBA, S. 133 ff.
[52] *Loukota* a. a. O. (oben Fn. 53), Rn. 573; *Wassermeyer*, StuW 1990, 406; *ders.*, a. a. O. (oben Fn. 6), S. 68.
[53] *Loukota* a. a. O. (oben Fn. 53), Rn. 714 ff.
[54] *Runge*, IStR 1998, X; s. weiter *Lang* in: Gassner/Gröhs/Lang (Hrsg.), Zukunftsaufgaben der Wirtschaftsprüfung, S. 302.

fehlender Definition eines Ausdrucks im Abkommen sogleich auf das originär innerstaatliche Recht des Anwendestaates zurückzugreifen ist.

Die Konsequenz dieser Auffassung liegt auf der Hand: Wenn das Recht der jeweiligen Anwendestaaten den Inhalt zahlreicher DBA-Normen weitgehend determiniert, hat dies zur Folge, dass ein- und dieselbe DBA-Norm in beiden Vertragsstaaten unterschiedlichen Inhalt hat. Dies kann entweder zur Doppelbesteuerung oder zur doppelten Nichtbesteuerung führen. Soll die Konsequenz der Doppelbesteuerung vermieden werden, müssen bereits im Planungsstadium das Recht beider Vertragsstaaten in Betracht gezogen und die Konsequenzen abgeschätzt werden. Führt die "Maßgeblichkeit des innerstaatlichen Rechts" bei der Abkommensauslegung zu doppelter Nichtbesteuerung, muss allerdings damit gerechnet werden, dass die Finanzverwaltungen dies zu verhindern wissen und in diesem Fall dann doch der Formulierung "wenn der Zusammenhang nichts anderes erfordert" Bedeutung beimessen.

Die Planungssicherheit wird noch weiter dadurch beeinträchtigt, dass der in Art. 3 Abs. 2 OECD-MA enthaltene Verweis auf das innerstaatliche Rechts des Anwendestaates dynamisch verstanden wird.[55] Eindeutig ergibt sich dieses dynamische Verständnis aus dem Wortlaut des OECD-MA 1995. Allerdings entsprach dies auch schon der völlig herrschenden Auffassung zu den Vorgängerbestimmungen.[56] Dies bedeutet aber, dass die durch den Verweis auf innerstaatliches Recht bewirkten Rechtsfolgen nicht vorher abgeschätzt werden können. Vielmehr können sich durch Änderungen des originär innerstaatlichen Rechts die DBA-Rechtsfolgen grundlegend ändern. Von Planungssicherheit kann bei dieser Auffassung nicht mehr die Rede sein.

Unterschiedliche Auslegungen in den beiden Vertragsstaaten könnten dadurch vermieden werden, indem man nur das originär innerstaatliche Recht eines der beiden Vertragsstaaten für die Auslegung von Abkommensbestimmungen heranzieht. In diese Richtungen gehen Überlegungen der OECD, das Recht des Quellenstaates für maßgebend zu erachten.[57] Die Rechtsgrundlage dafür wird zum Teil im Art. 23 OECD-MA, zum Teil in einer 2000 in das OECD-MA eingefügten Ergänzung des Art. 23 gesehen.[58] Die österreichische Finanzverwaltung will beispielsweise auch nur wenige Tage an einer inländischen Universität in Form einer Blockveranstaltung tätige Gastprofessoren originär innerstaatlich als Dienstnehmer behandeln, subsumiert deren Einkünfte unter Art. 15 OECD-MA oder unter Art. 19 OECD-MA und erwartet, dass die Finanzverwaltung des Ansässigkeitsstaates dieser Beurteilung folgt.[59] Angesichts des Umstandes, dass dies im Anwendungsbereich der Befreiungsmethode für den Ansässigkeitsstaat einen Verlust des Besteuerungsrechts zur Folge hat, ist fraglich, ob diese Erwartung realistisch ist.[60] Umgekehrt wehrt sich gerade auch die österreichische Finanzverwaltung gegen die Position Weißrusslands, Einkünfte aus Glücksspielautomaten als unbewegliches Vermögen zu qualifizieren. Die weißrussische Verwaltung stützt dies auf innerstaatliches Recht, wonach Glücksspielautomaten als unbewegliches Vermögen gelten. Die österreichische Verwaltung weigerte sich in diesem Fall, der Qualifikation des Quellenstaates zu folgen und die Einkünfte frei zu stellen.

---

[55] *Vogel*, DBA, Art. 3 Rn. 67; *Wassermeyer* in: Debatin/Wassermeyer, DBA, Art. 3 MA Rn. 92.

[56] *Lang* a. a. O. (oben Fn. 17), S. 33 ff; vgl aber ders., SWI 2007, 199 ff m.w.N. zur Rechtsprechung des VwGH, der auf die zum Zeitpunkt des Abkommensabschlusses bestehende innerstaatliche Rechtslage abstellt, wenn das DBA noch nicht der seit 1995 bestehenden Fassung folgt.

[57] Vgl. OECD-Musterkommentar zu Art. 23 Rz 32.2-32.4.

[58] Krit. *Schuch/Bauer* in: Gassner/Lang/Lechner (Hrsg.), Personengesellschaften im Recht der DBA, S. 32 ff.

[59] *Loukota*, SWI 1998, 456 ff.

[60] *Lang*, SWI 1998, 509.

Insgesamt ist nicht zu erwarten, dass Ansässigkeitsstaaten eine Ausdehnung der Besteuerungsrechte der Quellenstaaten, die zu Lasten der Ansässigkeitsstaaten führen, hinnehmen werden.[61] Deshalb und auf Grund der Fragwürdigkeit der gesamten Rechtsgrundlage ist nicht zu erwarten, dass die Anknüpfung an die Beurteilung durch die Behörden des Quellenstaates zur Planungssicherheit beiträgt.

II. Bessere Planungssicherheit durch autonome Interpretation

Die These von der "Maßgeblichkeit des innerstaatlichen Rechts" für die DBA-Auslegung steht der in Lehre und Rechtsprechung anerkannte Grundsatz der Eigenständigkeit des originär innerstaatlichen Rechts auf der einen Seite und des DBA-Rechts auf der anderen Seite gegenüber.[62] Die Verschiedenartigkeit der beiden rechtlichen Ebenen wird dadurch ausgedrückt, dass DBA-Recht und nationales Recht als "zwei in sich geschlossene Rechtskreise" bezeichnet werden.[63] DBA können nur aus sich selbst heraus ausgelegt werden. Wertungen, die das nationale Recht durchziehen, müssen daher für die Auslegung des DBA-Rechts außer Betracht bleiben.[64] In gleicher Weise darf das DBA-Recht für die Interpretation des nationalen Rechts nicht berücksichtigt werden. Die Eigenständigkeit der Rechtskreise schlägt sich nicht nur in unterschiedlichen Wertungen, sondern auch in einer eigenen "Begriffswelt" nieder.[65] DBA-Recht und nationales Recht müssen bei der Bedeutungsermittlung eines Begriffs vollkommen voneinander isoliert werden. Ein Ausdruck muss jeweils aus dem Sinnzusammenhang des Rechtskreises ausgelegt werden, in den er eingebettet ist. Findet sich ein gleich lautender Ausdruck sowohl im nationalen Recht als auch im DBA-Recht, gebietet die Eigenständigkeit der Rechtskreise, dass ihm nicht grundsätzlich der gleiche Inhalt beigelegt werden kann.

Die zentrale Frage ist nun, ob Art. 3 Abs. 2 OECD-MA diese Grundsätze durchbricht. Dies hängt entscheidend davon ab, wie man die Wortfolge "wenn der Zusammenhang nichts anderes erfordert" versteht. Die den DBA zugrunde liegenden Zielsetzungen legen nahe, dieser Wortfolge großes Gewicht beizumessen: Wären die Fälle des Rückgriffs auf das originär innerstaatliche Recht des Anwendestaates häufig, wären sowohl Doppelbesteuerungen als auch doppelte Nichtbesteuerungen vorprogrammiert.[66] Das Verständnis, das einem Abkommensbegriff in den innerstaatlichen Rechtsordnungen der beiden Vertragsstaaten zukommt, kann nämlich völlig unterschiedlich sein. Würden die Vertragsstaaten das jeweilige innerstaatliche Verständnis eines Begriffs in das Abkommen hineintragen, wäre die einheitliche Abkommensaussage gefährdet. Eine dem Ziel und Zweck von DBA Rechnung tragende Interpretation des Art. 3 Abs. 2 OECD-MA darf daher einen vorschnellen Rückgriff auf das originär innerstaatliche Recht der Anwendestaaten nicht zulassen.[67] Der Wortlaut ist jedenfalls einer die Einheitlichkeit der Abkommensaussage sicherstellenden Auslegung zugänglich: Der Begriff des "Zusammenhangs" kann sehr weit verstanden werden. Nach überwiegender Auffassung geht der Begriff des "Zu-

---

[61] *Lang* in: Kirchhof/Lehner/Raupach/Rodi (Hrsg.), FS K. Vogel, S. 922 ff.

[62] *Lang* a. a. O. (oben Fn. 7) Rn. 82 ff.

[63] *Debatin*, FR 1979, 493; *Wassermeyer*, StuW 1990, 405; *Kerath*, Maßstäbe zur Auslegung von DBA unter besonderer Berücksichtigung des Verständigungsverfahrens, S. 189.

[64] *Lang* a. a. O. (oben Fn. 4), S. 23.

[65] *Debatin*, AWD 1969, 479.

[66] Vgl. etwa *Debatin*, RIW 1982, 807; *Loukota* in: Lang/Loukota/Lüthi (Hrsg.), a. a. O. (oben Fn. 18), S. 70.

[67] Ausführlich *Lang* in: Burmester/Endres (Hrsg.), FS f. Debatin, S. 285 ff.; zur Auseinandersetzung mit den von *Avery Jones* u. a., Britisch Tax Review 1984, 14 ff., 90 ff. vorgetragenen Argumenten, die hier aus Platzgründen unterbleibt, näher Lang a. a. O., S. 286 f.

sammenhangs" in Art. 3 Abs. 2 OECD-MA weit über den gleich lautenden Begriff in Art. 31 Abs. 1 und Abs. 2 WVK hinaus.[68] Der "Zusammenhang" des Art. 3 Abs. 2 OECD-MA erfasst demnach jedenfalls das gesamte nach Art. 31 und 32 WVK maßgebende Auslegungsmaterial. Der historische, systematische und teleologische Kontext, in dem die auszulegende Abkommensvorschrift steht, kann daher berücksichtigt werden, bevor auf das innerstaatliche Recht des Anwendestaates zurückgegriffen werden kann.[69] Dass nach dem Wortlaut des Art. 3 Abs. 2 OECD-MA der "Zusammenhang" auch noch seine Heranziehung "erfordern" muss, ändert daran nichts. Die von K. Vogel vertretene Auffassung, wonach dies bedeutet, dass der "Zusammenhang" nur dann maßgebend sein kann, wenn er "besonderes Gewicht" hat[70], teile ich nicht.[71] Zieht man Ziel und Zweck der DBA heran, spricht dies dagegen, dem Ausdruck "erfordern" besonderes Gewicht beizumessen.[72] Könnten nämlich die nach völkerrechtlichen Auslegungsgrundsätzen ermittelten Ergebnisse nur bei besonderer Überzeugungskraft herangezogen werden und wäre sonst das originär innerstaatliche Recht des jeweiligen Anwendestaates maßgebend, würde dies der einheitlichen Auslegung von DBA entgegenstehen und somit zu Fällen von Doppelbesteuerung oder doppelter Nichtbesteuerung trotz Anwendbarkeit eines DBA führen. Aus diesem Blickwinkel darf der Ausdruck "erfordert" nicht überbetont werden.[73] Dafür sprechen auch historische Argumente: Eine Art. 3 Abs. 2 OECD-MA vergleichbare Vorschrift wurde zum ersten Mal im Abkommen zwischen Großbritannien und den USA vom 16. 4. 1945 verwendet.[74] Seitdem, und vor allem seit der Aufnahme in das erste OECD-MA 1963, ist die Regelung weltweit Teil nahezu aller DBA geworden. K. Vogel und Prokisch verweisen darauf, dass der Grund dieses "Siegeszugs" nicht recht klar ist.[75] Da schon die Aufnahme dieser Vorschrift in das erste MA der OECD aus 1963 ohne besondere Reflexion ihres Inhaltes erfolgte, kann nicht davon ausgegangen werden, dass Art. 3 Abs. 2 OECD-MA eine gravierende Änderung der sonst bestehenden völkerrechtlichen Auslegungsregeln bewirken wollte.[76]

All diese hier nur kurz angedeuteten Überlegungen zeigen, dass Art. 3 Abs. 2 OECD-MA den Grundsatz der autonomen Auslegung von DBA in Wahrheit nicht durchbricht, sondern bestätigt.[77] Damit können aber auch bei bilateralen DBA, die Art. 3 Abs. 2 OECD-MA enthalten, die nach dem von den Verwaltungen gelegentlich vertretenen Grundsatz von der "Maßgeblichkeit des innerstaatlichen Rechts" für die DBA-Auslegung zum Tragen kommenden Konsequenzen vermieden werden. Fälle von Doppelbesteuerung und doppelter Nichtbesteuerung müssen nicht hingenommen werden. Vielmehr führt eine Interpretation der Abkommen aus sich selbst heraus im Regelfall dazu, dass die Abkommensaussage in beiden Staaten einheitlich ist. Qualifikationskonflikte können somit vermieden werden.

---

[68] Vgl. auch Vogel, DBA, Art. 3 Rn. 72; Vogel/Prokisch, Generalbericht zum Thema "Interpretation of Double Taxation Conventions", CDFI LXXVIIa, S. 50; Lang a. a. O. (oben Fn. 13), S. 34.

[69] Vgl. Lang a. a. O. (oben Fn. 4).

[70] Vogel, DBA, Art. 3 Rn. 71; Vogel/Prokisch a. a. O. (oben Fn. 69), S. 49; zustimmend Avery Jones u. a., Britisch Tax Review 1984, 108.

[71] Ausführlich Lang a. a. O. (oben Fn. 69), S. 288.

[72] Vgl. auch Schaumburg, Internationales Steuerrecht, Rn. 16.59.

[73] Gloria, Das steuerliche Verständigungsverfahren und das Recht auf diplomatischen Schutz, S. 98.

[74] Avery Jones u. a., Britisch Tax Review 1984, 18.

[75] Vogel/Prokisch a. a. O. (oben Fn. 70), S. 44.

[76] Dazu Lang a. a. O. (oben Fn. 69), S. 289.

[77] Lang a. a. O. (oben Fn. 69), S. 302.

Auf dem Boden dieser Auslegung kommt dem von der herrschenden Lehre vertretenen dynamischen Verständnis des Verweises des Art. 3 Abs. 2 OECD-MA auf das Recht des Anwendestaates nur geringe Bedeutung zu. Der Verweis auf das originär innerstaatliche Recht des Anwendestaates kommt nur dann zum Tragen, wenn aus dem Abkommen selbst – unter Ausschöpfung aller Auslegungsmethoden – kein Ergebnis gewonnen werden kann. Bei sorgfältiger Interpretation wird dies in der Praxis nur äußerst selten der Fall sein. Die Gefahr, dass spätere Änderungen des innerstaatlichen Rechts auf die Abkommensauslegung durchschlagen und somit die Planungssicherheit wesentlich beeinträchtigen, ist dadurch gebannt. Auch aus diesem Blickwinkel ist zu hoffen, dass in der Praxis das Bemühen um die Erzielung eines Auslegungsergebnisses aus dem Abkommen selbst heraus größere Bedeutung erlangt als bisher und die Art. 3 Abs. 2 OECD-MA nachgebildeten bilateralen Abkommensvorschriften nicht zum Vorwand genommen werden, die durchaus anspruchsvolle Interpretation des Abkommens unter Berücksichtigung seiner historischen, systematischen und teleologischen Bezüge frühzeitig abzubrechen.

D. Bedeutung unterschiedlicher verwaltungsbehördlicher und gerichtlicher Instanzenzüge in beiden Staaten

I. Beeinträchtigung der Planungssicherheit durch Fehlen von übergeordneten gemeinsamen Instanzen

Die Planungssicherheit im Bereich der DBA-Auslegung kann auch dadurch beeinträchtigt sein, dass zur Auslegung von ein und denselben DBA-Vorschriften im Regelfall die Verwaltungsbehörden und Gerichte zweier verschiedener Staaten zuständig sind. Eine einheitliche Oberinstanz fehlt. Dies bedeutet, dass die Steuerplanungsüberlegungen an der Verwaltungspraxis und der Rechtsprechung beider Staaten orientiert werden müssen. Ist es im originär innerstaatlichen Recht schon schwierig genug, künftige Entwicklungen der Rechtsprechung vorherzusehen, so kommt im Recht der DBA die Gefahr dazu, dass Verwaltungspraxis und Rechtsprechung in den beiden Staaten auseinander driften kann. Dies erschwert die Steuerplanung.

Das in den meisten DBA enthaltene Verständigungsverfahren kompensiert diesen Mangel nicht. Nach den in den meisten DBA enthaltenen Regelungen haben sich die zuständigen Behörden beider Staaten entweder über Antrag des Steuerpflichtigen oder aus eigenem Antrieb über Schwierigkeiten, die sich bei der Abkommensauslegung und Abkommensanwendung ergeben, zu beraten. Ob der Steuerpflichtige aber überhaupt einen Rechtsanspruch hat, um die Einleitung eines Verständigungsverfahrens durchzusetzen, ist umstritten.[78] Dazu kommt, dass Verständigungsverfahren sehr lange dauern können und im Regelfall von den Verwaltungsbehörden ohne Beteiligung des Steuerpflichtigen durchgeführt werden.[79] Ein entscheidender Nachteil besteht darin, dass eine Einigung zwischen den Verwaltungsbehörden auch nicht zwingend durchgesetzt werden kann.[80] Daher kann keineswegs ausgeschlossen werden, dass ein Verständigungsverfahren zwar lange dauert, die Verwaltungsbehörden aber dennoch ohne Erzielung

---

[78] Dafür *Bachmayr*, StuW 1964, 894; *Tipke*, AWD 1972, 592; *Lang*, Juristische Blätter 1989, 366 f.; *Hofbauer* in: Lang (Hrsg.), Settlement of Disputes in Tax Treaty Law, S. 51 ff.; dagegen *Koch*, Generalbericht zum Thema "Das Verständigungsverfahren – Verfahren und praktische Handhabung", CDFI LXVIa, S. 30, 38; *Runge* in: Kley/Sünner/Willemsen (Hrsg.), FS f. W. *Ritter*, S. 480.

[79] *Lang* in: Gassner/Lechner (Hrsg.), Österreichisches Steuerrecht und europäische Integration, S. 233; *Hinnekens*, EC Tax Review 1992, 96; *Hofbauer* in: Lang a. a. O. (Fn. 80); *Züger*, Schiedsverfahren für DBA, S. 25 ff.

[80] *Lang* a. a. O. (oben Fn. 69), S. 233.

eines Kompromisses wieder auseinander gehen. Aus all diesen Gründen kann im Rahmen der Steuerplanung meist nicht darauf vertraut werden, dass eine allfällige Divergenz zwischen den Auffassungen der Finanzverwaltungen oder der Gerichte beider Staaten im Wege eines Verständigungsverfahrens bereinigt werden kann.

II. Verbesserte Planungssicherheit durch Einrichtung von Schiedsinstanzen oder Schaffung gerichtlicher Zuständigkeiten

In der internationalen Abkommenspraxis ist dieses rechtspolitische Problem bereits erkannt worden.[81] Im neu eingeführten Art 25 Abs 5 OECD-MA 2008 ist erstmals die Möglichkeit der Einleitung eines Schiedsverfahrens vorgesehen. Dieses kann auf Antrag eingeleitet werden, wenn es den zuständigen Behörden der Vertragsstaaten nicht gelingt, sich innerhalb von zwei Jahren nach Einleitung eines Verständigungsverfahrens über die strittigen Fragen zu einigen. Die Entscheidung des Schiedsgerichts ist für beide Vertragsstaaten bindend und muss umgesetzt werden.[82]

Auch in den bilateralen DBA finden sich in immer stärkerem Ausmaß Schiedsklauseln. Die Aufnahme von Schiedsklauseln gehörte schon vor der Änderung des OECD-MA 2008 zur erklärten deutschen Abkommenspolitik.[83] Österreich hat seine Abkommenspolitik in diese Richtung geändert.[84] Die Regeln sehen meist vor, dass die in den Abkommen schon zuvor vorgesehenen Vorschriften über das Verständigungsverfahren ergänzt werden. Kann ein Verständigungsverfahren binnen bestimmter Frist nicht erfolgreich beendet werden, geht die Zuständigkeit zur Klärung der Auslegungsfrage auf eine von beiden Seiten beschickte Schiedsinstanz über. Diese Schiedsinstanz besteht zusätzlich auch aus einem oder mehreren unabhängigen Mitgliedern. Die Entscheidung der Schiedsinstanz ist zwingend umzusetzen, sofern sich die Verwaltungsbehörden nicht noch vorbehalten, auch nach Ergehen der Entscheidung einer Schiedsinstanz zu einem abweichenden Verständigungsergebnis zu gelangen, durch das aber auch die Doppelbesteuerung vermieden wird.[85]

Innerhalb der EU ist eine Schiedskonvention in Form eines multilateralen Abkommens in Kraft.[86] Sie betrifft aber nur Verrechnungspreiskonflikte, die sich zwischen verbundenen Unternehmen und Betriebsstätten desselben Unternehmens ergeben. Bisher hat sie keine große Bedeutung erlangt. Dies alleine spricht aber noch nicht gegen derartige Klauseln. Deren Vorteil liegt nämlich in erster Linie in der Präventivwirkung: Die Verwaltungsbehörden der betroffenen Staaten versuchen im Regelfall, das Heft in der Hand zu behalten. Daher bewirkt der mögliche Übergang einer Zuständigkeit auf eine Schiedsinstanz, dass sich die Verwaltungsbehörden schneller bemühen werden, zu einer gemeinsamen Einigung zu kommen.[87]

---

[81] Vgl. die Nachweise bei *Züger* in: Lang u. a. (Hrsg.), Multilateral Tax Treaties, S. 159 ff.; *Bricker*, intertax 1998, 103; *Züger* a. a. O. (Fn. 81), S. 31 ff. (ad fakultative Schiedsklauseln) und S. 73 ff. (ad obligatorische Schiedsklauseln).

[82] Vgl. näher *Lehner* in: Vogel/Lehner (Hrsg.), Doppelbesteuerungsabkommen⁵, 2008, Art. 25 Rz 199 ff.

[83] BMF v. 1. 7. 1997, BStBl 1997 I 717 ff.; *Runge*, intertax 1997, 6.

[84] Vgl. *Aigner/Züger*, SWI 1998, 228.

[85] Näher *Lang* a. a. O. (oben Fn. 69), S. 236; *Hofbauer* in: Lang, a. a. O. (oben Fn. 80), S. 73 ff.; *Züger*, a. a. O. (Fn. 80), S. 108 ff.

[86] Ausführlich *Hinnekens*, EC Tax Review 1992, 70 ff.; *Menck* in: Gosch/Kroppen/Grotherr (Hrsg.), DBA-Kommentar, Art. 25 OECD-MA, S. 42 ff.; *Hofbauer*, Schiedsklauseln als Ergänzung des Verständigungsverfahrens in der jüngeren Abkommenspraxis, SWI 2003, S. 325 ff.

[87] Näher *Lang* a. a. O. (oben Fn. 56), S. 310; anders Loukota, Österreichische Steuerzeitung 1995, 254.

Mitgliedstaaten der EU steht es darüber hinaus auch frei, zur Entscheidung über Auslegungsfragen eines bilateralen DBA den EuGH für zuständig zu erklären.[88] Art. 239 EGV sieht diese Möglichkeit ausdrücklich vor. Würden die DBA den EuGH zur Entscheidung über Auslegungsfragen von DBA zuständig machen, hätte dies große Vorteile: Zum einen handelt es sich um ein Gericht und nicht um eine bloße Schiedsinstanz. Auch wenn der Streit nicht zwischen dem Steuerpflichtigen und den beiden Staaten, sondern zwischen den beiden Staaten selbst anhängig gemacht werden muss, ist der Steuerpflichtige auch aus Rechtsschutzgründen wohl beim EuGH besser aufgehoben als bei einer bloß von den Verwaltungen beschickten Schiedsinstanz. Dazu kommt, dass der EuGH als Steuergericht bereits Erfahrung hat. Dies zeigen die zahlreichen europarechtlichen Entscheidungen, die er bereits auf dem Gebiet des Steuerrechts getroffen hat. Vor allem aber kann dadurch zumindest innerhalb der EU eine Einheitlichkeit der Rechtsprechung erreicht werden, da Entscheidungen verschiedener Schiedsinstanzen zu DBA, die überwiegend dem Vorbild der OECD-MA folgen, wiederum zur Uneinheitlichkeit führen können. Die Entscheidungspraxis des EuGH auf dem Gebiet des DBA-Rechts könnte Vorbildwirkung auch über den EU-Raum hinaus haben. Die Orientierung an Urteilen des EuGH kann daher auch eine Verbesserung der Planungssicherheit bewirken.[89]

E. Zusammenfassung und Würdigung

Das Gebot der Planungssicherheit und rechtsstaatliche Postulate hängen eng miteinander zusammen. Aus rechtsstaatlicher Sicht ist es geboten, dass der Steuerpflichtige bereits zum Zeitpunkt der Tatbestandsverwirklichung die Folgen seines Handelns abschätzen kann. Wenn die Beachtung dieses Grundsatzes gewährleistet ist, besteht auch Planungssicherheit. Die hier angestellten Überlegungen haben gezeigt, dass derzeit die Planungssicherheit wesentlich durch abkommensrechtlich nicht gedeckte Praktiken der Finanzverwaltungen beeinträchtigt wird. Finanzverwaltungen wollen mitunter die jeweils jüngste Fassung des Kommentars des OECD-Steuerausschusses auch für die Auslegung von früher abgeschlossenen DBA heranziehen und damit die für den Steuerpflichtigen maßgebenden Rechtsfolgen im Nachhinein – auch noch nach Tatbestandsverwirklichung – verändern. Für diese Praxis lässt sich aber keine Rechtsgrundlage finden. Ebenso ist die mitunter gepflogene Vorgangsweise, bei der Auslegung einen Grundsatz der "Maßgeblichkeit des innerstaatlichen Rechts" zu behaupten und auf diesen die Heranziehung der jeweils zum Zeitpunkt der Rechtsanwendung bestehenden innerstaatlichen Vorschriften zu stützen, abkommensrechtlich nicht gedeckt. Sowohl rechtsstaatlichen Postulaten als auch dem Gebot der Planungssicherheit kann dadurch gedient werden, wenn sich die Finanzverwaltungen verstärkt darum bemühen, DBA aus sich selbst heraus – ohne Einbeziehung der aus dem innerstaatlichen Recht der Anwendestaaten stammenden Wertungen – auszulegen.

Auf dem Boden des derzeit geltenden Rechts hingenommen werden muss der Umstand, dass eine die Einheitlichkeit der Abkommensauslegung in zwei oder mehreren Staaten sicherstellende Instanz, die über den nationalen Verwaltungen oder Gerichten steht, fehlt. Allerdings zeigt die Praxis, dass in die bilateralen Abkommen zunehmend Schiedsverfahrensregelungen aufgenommen werden. Dies verbessert auch die Planungssicherheit, da dadurch die Wahrscheinlichkeit der einheitlichen Abkommensauslegung in beiden Staaten steigt. Würde allerdings der

---

[88] Näher *Züger* a. a. O. (oben Fn. 81), S. 172 ff.

[89] Vgl. die vereinbarte Zuständigkeit des EuGH im DBA Österreich-Deutschland; dazu *Züger*, SWI 1999, 19 ff.; *ders.* in: Gassner/Lang/Lechner (Hrsg.), DBA Österreich-Deutschland, S. 248 ff.; *ders.*, a. a. O. (Fn. 80), S. 123 ff.; *Hofbauer* in: Lang, a. a. O. (oben Fn. 80), S. 85.

EuGH zuständig gemacht werden, könnte diese Wirkung noch gesteigert werden. Zumindest innerhalb der EU bietet der AEUV dazu die Möglichkeiten. An den Abkommensverhandlern wird es liegen, davon Gebrauch zu machen. Die von einem Gericht mit der Autorität des EuGH erlassenen Urteile zu DBA-Fragen würden binnen kurzer Zeit einen international maßgebenden Standard setzen und dazu beitragen, dass auch bei Steuerplanungsüberlegungen international einheitlich die Rechtsprechung des EuGH in den Mittelpunkt gerät. Auch dies würde die Planungssicherheit wesentlich verbessern.

Teil 10:
Internationale Erbschaftsteuerplanung

	Inhaltsübersicht	Seite
1. Thema:	Zivilrechtliche Gestaltungsgrenzen und -möglichkeiten internationaler Nachfolgeplanungen (*von Oertzen/Reich*)	1883
2. Thema:	Die Wahl unterschiedlicher Kapitalanlageformen als Instrument der internationalen Erbschaftsteuerplanung (*Trompeter*)	1901
3. Thema:	Vermeidung der Doppelbesteuerung bei internationalen Erbfällen und Schenkungen als Problem der Erbschaftsteuerplanung (*Arlt*)	1931
4. Thema:	Grenzüberschreitende Erbschaftsteuerfragen im Verhältnis Deutschland/USA – Eine Studie mit praktischen Beispielsfällen (*F. Hey*)	1959
5. Thema:	Erbschaftsteuerplanung bei beschränkt Steuerpflichtigen (*von Oertzen/Stein*)	2003
6. Thema:	Das erbschaftsteuerliche Begünstigungs- und Bewertungskonzept für in- und ausländisches Betriebsvermögen (Schmidt/*Grzanna*)	2019

Teil 10:
Internationale Erbschaftsteuerplanung

Inhaltsübersicht

		Seite
1. Thema:	Zivilrechtliche Gestaltungsgrenzen und -möglichkeiten internationaler Nachfolgeplanungen (von Oertzen/Reich)	1883
2. Thema:	Die Wahl unterschiedlicher Kapitalanlageformen als Instrument der internationalen Erbschaftsteuerplanung (Tromperer)	1901
3. Thema:	Vermeidung der Doppelbesteuerung bei internationalen Erbfällen und Schenkungen als Problem der Erbschaftsteuerplanung (Arlt)	1921
4. Thema:	Grenzüberschreitende Erbschaftsteuerfragen im Verhältnis Deutschland/USA – Eine Studie mit praktischer Beispielsfällen (E. Hey)	1963
5. Thema:	Erbschaftsteuerplanung bei bes. bzw. inl. Steuerpflichtigen (von Oertzen/Stein)	2003
6. Thema:	Das erbschaftsteuerliche Begünstigungs- und Bewertungskonzept für in- und ausländisches Betriebsvermögen (Schmidt/Creezelius)	2019

1. Zivilrechtliche Gestaltungsgrenzen und -möglichkeiten internationaler Nachfolgeplanungen

von Dr. Christian von Oertzen*, Rechtsanwalt, Fachanwalt für Steuerrecht, Frankfurt/M. und Dr. Manfred Reich**, Rechtsanwalt, Frankfurt/M.

Inhaltsübersicht

A. Einführung
B. Typische international-privatrechtliche Probleme grenzüberschreitender Nachfolgeplanungen
  I. Abgrenzung des Erbstatuts zu anderen Statuten
  II. Rechtliche Nachlassspaltung
  III. Faktische Nachlassspaltung
  IV. Trusts und deutsche internationale Nachfolgeplanung
C. Gestalterische Überlegungen
  I. Wechsel des erbrechtlichen Anknüpfungsmoments
  II. Wechsel des gesellschaftsrechtlichen Anknüpfungsmoments
  III. Holdingstrukturen
  IV. Lebzeitige Übertragung
  V. Erwerb außerhalb des Erbrechts
  VI. Lösungen im Sachverhalt
  VII. Praktisches Vorgehen
D. Ausblick

Literatur:

Bärmann, Das neue Ehegüterrecht, AcP 157 (1958/1959), S. 145 ff.; *Bredow/Reich,* Ausländische Trusts deutscher Steuerpflichtiger – Gestaltungsprobleme bei Vermögensnachfolge, Anlagemanagement und Steuerplanung, WiB 1995, 775 ff., 778; *Castelli/Molinari,* Die familieneinvernehmliche Unternehmensübertragung an Abkömmlinge als Entziehung der Ansprüche der Pflichtteilsberechtigten: der Patto di famiglia im italienischen Recht, ZErb 2007, S. 367 ff.; *Czermak,* Die Joint Tenancy im Internationalen Privatrecht, ZVglRWiss 87 (1988), 58 ff.; *Dörner,* Probleme des neuen Internationalen Erbrechts, DNotZ 1988, 67 ff.; *Dörner/Ferrante,* Der neue italienische „Patto di famiglia", ZEV 2008, S. 53 ff.; *Elwan/Otto,* Das Zusammenspiel von Ehegüterrecht und Erbrecht in Namibia und Südafrika – Auswirkungen auf die Abwicklung internationaler Erbfälle in Deutschland, IPRax 1995, 354 ff.; *Ferid,* Die Bedeutung einer "joint tenancy" für deutsche Nachlassvermögen unbeweglicher oder beweglicher Art bei Erbfällen nach Amerikanern, DNotZ 1964, 517 ff.; *ders.,* Zur Behandlung von Anteilen an Personengesellschaften beim zwischenstaatlichen Erbgang, in: FS Hueck, Berlin 1959, S. 347 ff.; *Flick/von Oertzen,* Auslandsvermögen im Erbgang, IStR 1993, 82; *dies.,* Internationales Privatrecht und internationales Steuerrecht in der Praxis der Erbfolgeregelung, IStR 1995, 558; *Gottwald/Stangl,* Ausländische Wertpapierdepots im deutschen Nachlass, ZEV 1997, 217 ff.; *Graue,* Der Trust im Internationalen Privat- und Steuerrecht, in: FS Ferid, München 1978, S. 151 ff.; *Gresser,* Grundzüge des geänderten französischen Erbrechts (ab 1. Januar 2007), ZErb 2006, 407 ff.; *Grüninger,* Schweiz: Haager Trust-Übereinkommen in Kraft, ZEV 2007, S. 431; *Habammer,* Der ausländische Trust im deutschen Ertrag- und Erbschaft-/Schenkungsteuerrecht, DStR 2002, 425 ff.; *Henrich,* Die Behandlung von joint tenancies bei Abwicklung von Nachlässen in Deutschland, in: FS Riesenfeld, Heidelberg 1993, S. 103 ff.; *ders.,* Anordnungen für den Todesfall in Eheverträgen und IPR, in: FS Schippel, München 1996, S. 905 ff.; *Huth/Zwicker,* Das gesonderte kanadische Vermächtnis-Testament von Deutschen mit Vermögen in Kanada, ZVglRWiss 86 (1987), 338 ff.; 342; *Jülicher,* Probleme des deutsch-südafrikanischen Erbfalls aus zivil- und steuerrechtlicher Sicht, ZEV 1999, S. 466 ff.; *ders.,* Die Joint Tenancy, ZEV 2001, 469 ff.; *Kindler,* Der Erbfall mit Auslandsberührung, in: Groll (Hrsg.), Praxis-Handbuch Erbrechtsberatung, 2. Aufl. 2005, Kap. F; *ders.,* Neue Gestaltungsmöglichkeiten im italienischen Unternehmenserbrecht: der Familienvertrag („patto di famiglia"), FamRZ 2007, S. 954 ff.; *Klima,* Reform des Erbrechts und der Vermögensübertragung in Frankreich, ZEV 2006, S. 440 ff.; *Knur,* Zugewinngemeinschaft, Ehevertrag und Verfügung von Todes wegen, DNotZ 1957, 451 ff.; *Lorz,* Fragen der Testamentsvollstreckung am Kommanditanteil beim zwischenstaatlichen Erbgang, in: FS Europäische Integration und globaler Wettbewerb, Heidelberg 1993, S. 489 ff.; *Mankowski/Osthaus,* Gestaltungsmöglichkeiten durch Rechtswahl beim Erbrecht des überlebenden Ehegatten in internationalen Fällen, DNotZ 1997, 10 ff.; *von Oertzen,* Personengesellschaftsanteile im Internationalen Erbrecht, IPRax 1994, 73 ff.; *ders.,* Pflichtteilsrecht bei Vererbung von deutschen Personengesellschaftsanteilen und ausländischem Erbstatut, RIW 1994, 818 ff.; *ders.,* Trust-Option oder Risiko für die internationale Nachfol-

---

* Partner Kanzlei Flick Gocke Schaumburg, Frankfurt/M.
** Rechtsanwalt Kanzlei Flick Gocke Schaumburg, Frankfurt/M.

geplanung, IStR 1995, 149 ff.; ders., Trust – the never-ending story, DStR 2002, 433 f.; **von Oertzen/Pawlytta,** *Internationales Erbrecht, in: Scherer (Hrsg.), Münchener Anwaltshandbuch Erbrecht, 2. Aufl. 2007, § 33;* **Pawlytta/Schmutz,** *Zuwendungen am Nachlass vorbei in Deutschland und der Schweiz, ZEV 2008, S. 59 ff.;* **Reinicke,** *Zum neuen ehelichen Güterrecht, NJW 1957, 889 ff.;* **Rittner,** *Zur Auslegung des § 1371 Abs. 2 BGB n. F., DNotZ 1958, 181 ff.;* **Rotheimer,** *Referentenentwurf zum Internationalen Gesellschaftsrecht, NZG 2008, S. 181 f.;* **Rudolph,** *Grundzüge des spanischen Ehe- und Erbrechts unter Berücksichtigung der Vorschriften des Internationalen Privatrechts im Verhältnis zur Bundesrepublik Deutschland, MittRhNotK 1990, 93 ff.;* **Schindhelm/Stein,** *Der Trust im deutschen Erbschaft- und Schenkungsteuerrecht, StuW 1999, 31 ff.;* **Schindler,** *Fristlauf bei pflichtteilsergänzungspflichtigen Schenkungen, ZEV 2005, S. 290 ff.;* **dies.,** *Stiftung und Trust als Instrument der Nachfolgeplanung, in: Groll (Hrsg.), Praxis-Handbuch Erbrechtsberatung, 2. Aufl. 2005, Kap. B XII;* **Schotten,** *Probleme des Internationalen Privatrechts im Erbscheinsverfahren, RPfleger 1991, 181 ff.;* **ders.,** *Notarielle Rechtsgestaltung im internationalen Privatrecht, in: FS Schippel, München 1996, S. 945;* **Steiner,** *Grundregeln der Testamentsgestaltung in Fällen der Nachlassspaltung, ZEV 2001, 477 ff.;* **Süß,** *Anmerkung zum Urteil OLG Stuttgart vom 8. März 2004, ZErb 2005, S. 208 ff.;* **Unkrüer,** *Die privatrechtliche Anstalt im Spannungsfeld zwischen Erbrecht und Gesellschaftsrecht, RIW 1998, 205 ff., 208;* **Wachter,** *Guernsey: Geplante Änderungen im Trust- und Stiftungsrecht, ZErb 2006, S. 249;* **Waclawik,** *Die Europäische Aktiengesellschaft (SE) als Rechtsformalternative für die Verwaltung und gemeinschaftsweite Mobilität privater Großvermögen?, ZEV 2006, S. 429 ff.*

A. Einführung

Normalerweise lässt sich zivilrechtlich ein bestimmtes Gestaltungsziel auf verschiedene Weise erreichen. Welcher Weg praktisch umgesetzt wird, hängt dann regelmäßig von der steuerlichen Situation ab. Dem Zivilrecht kommt deswegen oftmals nur eine dienende Funktion für das Gestaltungsziel zu Besonderheiten gelten bei grenzüberschreitenden Sachverhalten. Hier existieren oftmals schon zivilrechtliche Hindernisse, die eine gewünschte steuerliche Gestaltung unmöglich machen.

Wird z. B. ein Trust an einem deutschen GmbH-Anteil eines deutschen Erblassers durch Testament begründet, brauchen sich die Finanzverwaltung und die Erben keine großen Gedanken darüber zu machen, ob insoweit § 15 AStG bei Trustgestaltungen in Betracht kommen kann, da diese Gestaltung aus mehreren Gründen zivilrechtlich unwirksam ist (siehe hierzu B., IV).

Verschärft wird die Situation noch dadurch, dass die Rechtsordnungen für den Erbfall nur nationale Regelungen vorsehen, die international noch nicht koordiniert sind. Jeder Staat hat sein Erbrecht autonom geregelt, und das staatsvertragliche internationale Privaterbrecht befindet sich noch auf einer unterentwickelten Stufe. Ein und dieselbe Regelungsfrage kann deswegen je nach nationaler Sichtweise des Prüfenden jeweils unterschiedlich beantwortet werden. Die mit dem Grünbuch – Erb- und Testamentsrecht – der Kommission der Europäischen Gemeinschaften vom 1. 3. 2005 angestrebte Rechtsvereinheitlichung, die kollisionsrechtlich nicht auf rein innergemeinschaftliche Sachverhalte beschränkt wäre, lässt zwar noch auf sich warten. Allerdings liegt inzwischen ein Vorschlag der Europäischen Kommission für eine einfachere Regelung von Erbsachen mit Auslandsbezug vor[1]. Ob und mit welchem Inhalt dieser Entwurf Verbindlichkeit erlangt, ist derzeit noch ungewiss.

Die zivilrechtlichen Gefahren bei grenzüberschreitenden Nachfolgeplanungen sind daher gegenüber nationalen exponentiell erhöht. Oftmals scheitern sie schon an formalen Gesichtspunkten.

Folgende Auslandsberührungen können international-privatrechtliche und verfahrensrechtliche Konsequenzen auslösen[2]:

---

[1] *von Oertzen/Reich,* Status:Recht, 2009, 245.

[2] Vgl. Flick/von Oertzen, IStR 1995, 558; *von Oertzen/Pawlytta* in: Scherer (Hrsg.), Münchener Anwaltshand-

- Besonderheiten in der Person des Erblassers oder Schenkers durch:
  - ausländische Staatsangehörigkeit;
  - doppelte Staatsangehörigkeit;
  - Wohnsitz (Ferienwohnsitz)/ gewöhnlicher Aufenthalt im Ausland;
  - Doppelwohnsitz.
- Durch Besonderheiten des Ehegüterstandes:
  - erster Ehewohnsitz im Ausland;
  - Ehegatte hat eine ausländische Staatsangehörigkeit;
  - ausländischer Ehevertrag wurde abgeschlossen.
- Durch Besonderheiten des Vermögens, z. B. dass es im Ausland belegen ist oder einem ausländischen Recht untersteht.
- Auch die Errichtung eines Testaments im Ausland, vielleicht weil dort der Notar "preisgünstiger" als der deutsche erschien (z. B. der "berühmte" Züricher Beurkundungstourismus), kann zu Auslandsberührungen führen, die zivilrechtlich nicht übersehen werden dürfen.

Im Folgenden soll aus Praktikersicht auf einige dieser durch Auslandsberührungen hervorgerufenen materiellen Auswirkungen eingegangen werden. Die Wirkungsweise des deutschen internationalen Privatrechts, insbesondere des internationalen Erbrechts (Art. 25 Abs. 1 und 2 EGBGB, Art. 3 Abs. 3 EGBGB), wird dabei als bekannt vorausgesetzt[3].

B. Typische international-privatrechtliche Probleme grenzüberschreitender Nachfolgeplanungen

I. Abgrenzung des Erbstatuts zu anderen Statuten

1. Abgrenzung des Erbstatuts zum Güterrechtsstatut

Nicht jede im Rahmen einer Nachfolgeplanung auftretende Frage muss eine erbrechtliche sein, auch wenn sie sich im Rahmen der Nachfolgeplanung stellt. Ist der Erblasser verheiratet, gilt dies besonders, denn vererbt werden kann nur dasjenige, was übrig bleibt, nachdem die güterrechtlichen Ausgleichsansprüche des überlebenden Ehegatten bedient sind. Daraus ist der Praktikerhinweis abzuleiten: "Güterrecht schlägt Erbrecht."

Aber auch dann, wenn der überlebende Ehegatte erbrechtlich abgefunden werden soll, stellen sich eine ganze Reihe von Abgrenzungsfragen. In der erbrechtlichen Behandlung des Ehegatten sind aus deutscher Sicht folgende Verhältnisse problematisch:

- § 1371 Abs. 1 BGB, wonach der überlebende Ehegatte eine erhöhte Erbquote erhält, sofern er im deutschen Güterstand der Zugewinngemeinschaft lebte.
- Besonderheiten gelten auch (§ 1931 Abs. 4 BGB), wenn die Ehegatten den Güterstand der (deutschen?) Gütertrennung ehevertraglich begründeten.
- Im Zusammenhang mit der Qualifikation des § 1371 Abs. 1 BGB werden drei Auffassungen vertreten.[4] Nach überwiegender Ansicht ist § 1371 Abs. 1 BGB güterrechtlicher Natur[5], ob-

---

buch Erbrecht, 2002, § 33, Rn. 3 ff.; *Kindler* in: Groll (Hrsg.), Praxis-Handbuch Erbrechtsberatung, 2005, Kap. F, Rn. 1 ff.

[3] Insoweit wird auf die Standardlehrbücher und Kommentare verwiesen.

[4] Vgl. zum Streitstand: *Mankowski/Osthaus*, DNotZ 1997, 10 ff.; vgl auch *Siehr*, IPR 2001, § 49, S. 433 ff.

wohl dort von der Erbquote die Rede ist. Deswegen ist § 1371 Abs. 1 BGB schon dann anwendbar, wenn die Eheleute im deutschen Güterstand der Zugewinngemeinschaft lebten und der Güterstand durch Tod beendet wurde. Die Tatsache, dass der Erbgang von einer nicht deutschen Erbrechtsordnung i. S. d. Art. 25 Abs. 1 EGBGB beherrscht wird, sei unerheblich. Nach anderer Ansicht ist § 1371 Abs. 1 BGB dann anzuwenden, wenn der Erblasser deutscher Staatsangehöriger war[6]. Des Weiteren wird auch die Kumulation vertreten[7]. Es müsse sowohl das Erb- als auch das Güterrecht dem deutschen Recht unterliegen. Schließlich ist zwar das OLG Stuttgart der Ansicht, dass der Zugewinnausgleich güterrechtlicher Natur sei; jedoch bestimme das Erbstatut die Erbquote, weshalb eine Erhöhung der Erbquote ausscheide[8] Der Zugewinnausgleich richte sich nach den §§ 1373 ff. BGB. Ob dies auch dann gilt, wenn der überlebende Ehegatte einen unverhältnismäßigen Vorteil erhält, hat das OLG Stuttgart offen gelassen.

Die materiell-rechtlichen Auswirkungen dieser Auffassung sollen an folgendem Beispiel erläutert werden:

Österreicher H. war mit einer deutschen Ehefrau verheiratet. Beide Ehegatten lebten seit ihrer Geburt in Deutschland. H. verstirbt und hinterlässt seine Ehefrau und drei Kinder.

Die Ehefrau beantragt für sich und ihre Kinder einen Erbschein, der sie zu $^1/_2$ und ihre Kinder zu $^1/_6$ als Erben ausweist. Der Erblasser hat kein Testament errichtet und hinterlässt Kapitalvermögen in Deutschland. Rechtsfolge ist, dass gem. Art. 25 Abs. 1 EGBGB österreichisches Erbrecht anzuwenden ist. Österreich nimmt diese Verweisung an (§ 28 Abs. 1 österr. IPRG). Nach Art. 757 Abs. 1 österreichisches AGBG steht der Ehefrau ein Drittel am Nachlass ihres Ehemanns zu. Die Kinder erben zu gleichen Teilen. Fraglich ist jedoch, ob sich der Erbteil der Mutter gem. § 1371 Abs. 1 BGB erhöht.

Nach überwiegender Ansicht enthält § 1371 Abs. 1 BGB eine güterrechtliche Norm[9]. Nach dieser Ansicht wäre die Vorschrift anzuwenden[10]. Es würde eine Erhöhung eintreten. Nach a. A. ist § 1371 Abs. 1 BGB erbrechtlicher Natur[11]. Da hier nicht deutsches, sondern österreichisches Erbrecht anzuwenden ist, würde die Erhöhung nicht in Betracht kommen. Zu diesem Ergebnis gelangt auch das OLG Stuttgart[12]. Nach der Kumulationstheorie[13] wäre eine Erhöhung nach § 1371 Abs. 1 BGB ebenfalls ausgeschlossen, weil zwar deutsches Güterrecht, jedoch nicht deutsches Erbrecht gelten würde. Folgt man der überwiegenden Auffassung, kommt man zu einer

---

[5] *Palandt/Heldrich*, BGB, Art. 15 EGBGB, Rn. 26; *Erman/Hohloch*, BGB, Art. 15 EGBGB, Rn. 37; *Staudinger/Dörner*, BGB, Art. 25 EGBGB, Rn. 32; *Soergel/Schurig*, BGB, Art. 15 EGBGB Rn. 38; von *Oertzen/ Pawlytta* a. a. O. (oben Fn. 4), Rn. 53; *Kindler* a. a. O. (oben Fn. 4), Kap. F, Rn. 110 ff, 118; jeweils m. w. N.; BGHZ 40, 32, 34 f (inzidente); OLG Karlsruhe, IPRax 1990, 407/408; OLG Hamm, IPRax 1994, 49 ff., 53; LG Memmingen, IPRax 1985, 41 f.; LG Bonn, MittRhNotK 1985, 106; LG Mosbach, ZEV 1998, 489; *Henrich* in: FS Schippel, S. 905 ff., 912.

[6] Sog. erbrechtl. Qualifikation des § 1371 Abs. 1 BGB: *Firsching*, Einführung in das internationales Privatrecht, S. 58; *Raape*, Internationales Privatrecht, S. 336 f.; *Bärmann*, AcP 157 (1958/1959), 145 ff., 198; *Rittner*, DNotZ 1953, 181 ff., 189 ff.; *Reinicke*, NJW 1957, 889 ff., 892; *Knur*, DNotZ 1957, 451 ff., 455.

[7] OLG Düsseldorf, MittRhNotK 1988, 68; *MüKo/Birk*, Art. 25 EGBGB Rn. 158.

[8] OLG Stuttgart, ZErb 2005, S. 164; kritisch *Süß*, ZErb 2005, S. 210.

[9] S. oben Fn. 7.

[10] *Schotten* in: FS Schippel, S. 945 ff., 950.

[11] S. oben Fn. 8.

[12] S. oben Fn. 10.

[13] S. oben Fn. 9.

Erbquote von $^7/_{12}$. Dies ist eine Quote, die weder nach österreichischem ($^1/_3$) noch nach deutschem Recht (max. $^1/_2$) gewollt ist. Damit kann dieses Ergebnis auch nicht richtig sein. Im Wege der international-privatrechtlichen Anpassung muss es zu einer Reduktion auf $^1/_2$ kommen. Das international-privatrechtliche Institut der Rechtsanpassung ist jedoch auch sehr umstritten. Hierzu werden ebenfalls verschiedene Auffassungen vertreten[14].

Möchte man keine "Büchse der Pandora" von Rechtsproblemen öffnen, sollte man immer und zwingend bei ausländischer Staatsangehörigkeit des Erblassers und deutschem Güterstand die erbrechtliche Rechtsstellung der Ehefrau durch Testament regeln und zusätzlich möglichst einen Statutengleichlauf vertraglich begründen (Art. 15 Abs. 2, Abs. 3 i.V.m. Art. 14 Abs. 4 EGBGB).

2. Abgrenzung des Erbstatuts zum Gesellschaftsstatut

Das Erbstatut herrscht über all diejenigen Regelungsfragen, die erbrechtlich zu qualifizieren sind[15]. Als **erbrechtlich** werden gemeinhin eingestuft: Vorschriften über den Umfang des Nachlasses, über die Erbfähigkeit, die Einsetzbarkeit des Erben, das gesetzliche Erbrecht, das Pflichtteilsrecht, die Erbunwürdigkeit, die Vor- und Nacherbschaft, der Erbschaftsanspruch, die Rechtsstellung des Nachlassverwalters und Testamentsvollstreckers sowie die Haftung für Nachlassschulden[16].

Zu den dem **Gesellschaftsstatut** unterstehenden Regelungsfragen zählen: Vorschriften über die Gründung, Entstehung und Beendigung der Gesellschaft, ihre Rechtsfähigkeit, die Geschäftsführung, die Vertretungsmacht der Organe und die Haftung der Gesellschafter[17].

Diese beiden Aufzählungen zeigen, dass es zwischen Erbstatut und Gesellschaftsstatut genauso wie im Verhältnis zum Güterrechtsstatut eine Fülle von Berührungspunkten und Überschneidungen gibt. Wenn z. B. einerseits die Regelungsfrage der Erbenhaftung dem Erbstatut untersteht[18], andererseits aber die Haftung des Gesellschafters dem Gesellschaftsstatut[19], fragt man sich, ob diese beiden Statute bei der Vererbung von Gesellschaftsanteilen nebeneinander oder alternativ zur Anwendung gelangen[20]. Dasselbe gilt für die Regelungsfrage der Ausgestaltung der Erbengemeinschaft. Einerseits ist davon auszugehen, dass die Ausgestaltung der Erbengemeinschaft als Gesamthands- oder Bruchteilsgemeinschaft eine typische erbrechtliche Frage ist[21]. Andererseits ist es ein typisches gesellschaftsrechtliches Problem, ob und wie ein Gesellschaftsanteil auf eine oder mehrere Personen übergehen und verwaltet werden kann[22].

---

[14] Vgl. nur *Kegel/Schurig*, Internationales Privatrecht, S. 357 ff. m. w. N.

[15] *von Oertzen*, IPrax 1994, 73 ff.; *von Oertzen/ Pawlytta* a. a. O. (oben Fn. 4), Rn. 59, 48 ff.

[16] *Kegel* a. a. O. (oben Fn. 16), S. 1004 ff.; *Ferid*, Internationales Privatrecht, § 9 – 33 ff.; *Ebenroth*, Erbrecht, Rn. 1261 ff.; *Palandt/Heldrich*, Art. 25 EGBGB Rn. 10 ff.; *MüKo/Birk*, Art. 25 EGBGB, Rn. 188 ff.

[17] *Ferid* a. a. O. (oben Fn. 18), § 5 – 53 ff.; *Palandt/Heldrich*, Anh. zu Art. 12 EGBGB Rn. 10 ff.; *von Oertzen/ Pawlytta* a. a. O. (oben Fn. 4), Rn. 59.

[18] *MüKo/Birk*, Art. 25 EGBGB Rn. 254 ff.

[19] *Palandt/Heldrich*, Anh. zu Art. 12 EGBGB Rn. 14.

[20] Vgl. zur kollisionsrechtl. Behandlung der Haftung nach dem Gesellschafts- und Erbstatut bei Beteiligung inländischer Personengesellschaften: *Witthoff*, Die Vererbung von Anteilen deutscher Personengesellschaften im Internationalen Privatrecht, S. 135 ff.

[21] Als solche wäre sie dem Erbstatut zuzuordnen; vgl. *MüKo/Birk*, Art. 25 EGBGB Rn. 247; *Palandt/Heldrich*, Art. 25 EGBGB Rn. 10.

[22] *Palandt/Heldrich*, Anh. zu Art. 12 EGBGB Rn. 16; *Staudinger/Dörner*, BGB, Art. 25 EGBGB, Rn. 60.

a) Vererblichkeit von Gesellschaftsanteilen

Das Erbstatut bestimmt den Umfang des Nachlasses[23]. Selbstständig anzuknüpfen ist die rechtliche Existenz der einzelnen Rechtspositionen und ihre Vererblichkeit. Das Gesellschaftsstatut entscheidet deswegen darüber, ob eine Beteiligung vererblich ist[24] und die Gesellschafterstellung als solche oder nur ein Abfindungsanspruch in den Nachlass fällt[25]. Daraus folgt:

Die Zulässigkeit einer einfachen Nachfolgeklausel richtet sich nur nach dem durch das Gesellschaftsstatut bestimmten Recht[26]. Dasselbe gilt für die Verleihung eines Eintrittsrechts im Rahmen einer Eintrittsklausel, da es sich um ein Rechtsgeschäft unter Lebenden handelt[27]. Bei der Einordnung qualifizierter Nachfolgeklauseln ist sowohl das Gesellschaftsstatut als auch das Erbstatut zu beachten. Die Zulässigkeit und die Wirksamkeit der Klauseln bestimmt sich nach dem Gesellschaftsstatut[28]. Gleichzeitig muss aber auch das Erbstatut beachtet werden, denn allein auf Grund der gesellschaftsvertraglichen Regelung kommt es nicht zur Rechtsnachfolge von Todes wegen in den Gesellschaftsanteil. Hierzu bedarf es noch der flankierenden Anordnung im Testament. Diese muss nach dem Erbstatut materiell sowie formell wirksam sein. Das Erbstatut entscheidet somit, ob die Einsetzung eines qualifizierten Nachfolgers erbrechtlich zulässig ist[29].

b) Mehrheit von Erben

Grds. entscheidet das Erbstatut über die innere Ausgestaltung der Erbengemeinschaft[30]. Da sich jedoch das Gesellschaftsstatut keine ihm unbekannte Struktur der Beteiligung mehrerer Personen an einem Gesellschaftsanteil aufdrängen lassen muss, entscheidet letztlich dieses, inwieweit die vom Erbstatut vorgegebene Struktur der Beteiligungsverhältnisse auf den Gesellschaftsanteil transponiert werden kann[31].

c) Erbgang

Das Erbstatut herrscht einerseits über den Erbgang, insbesondere regelt es die Frage, ob ein Vonselbsterwerb bei den Erben eintritt oder ob es hier noch eines förmlichen gerichtlichen Einantwortungsverfahrens oder einer Annahmeerklärung bedarf[32]. Andererseits muss sich das Gesellschaftsstatut keine mit seinen Regelungsvorstellungen unvereinbare Konstruktion eines

---

[23] *MüKo/Birk*, Art. 25 EGBGB Rn. 197; BGH, NJW 1959, 1317.

[24] *MüKo/Birk*, Art. 25 EGBGB Rn. 183; *Palandt/Heldrich*, Art. 25 EGBGB Rn. 17; *Soergel/Kegel*, Art. 25 EGBGB Rn. 24; *Staudinger/Dörner*, BGB, Art. 25 EGBGB, Rn. 60.

[25] *MüKo/Birk*, Art. 25 EGBGB Rn. 186; Ferid in: FS *Hueck*, S. 343 ff., 370.

[26] Ebenroth a. a. O. (oben Fn. 18), Rn. 1281; Ferid a. a. O. (oben Fn. 27), S. 343 ff., 367 f.

[27] Ebenroth a. a. O. (oben Fn. 18), Rn. 1281; Ferid a. a. O. (oben Fn. 27), S. 343 ff., 373; *MüKo/Birk*, Art. 25 EGBGB Rn. 186.

[28] Ebenroth a. a. O. (oben Fn. 18), Rn. 1281; *MüKo/Birk*, Art. 25 EGBGB Rn. 186; Ferid a. a. O. (oben Fn. 27), S. 343 ff., 371 f.

[29] Ferid a. a. O. (oben Fn. 27), S. 343 ff, 371; Ebenroth a. a. O. (oben Fn. 18), Rn. 1281.

[30] *MüKo/Birk*, Art. 25 EGBGB Rn. 246 f. m. w. N. aus der Rspr.; *Staudinger/Dörner*, BGB, Art. 25 EGBGB, Rn. 214.

[31] Ferid a. a. O. (oben Fn. 27), S. 343 ff, 269; diesbezüglich ausführlich *von Oertzen*, IPRax 1994, 73 ff., 75: Sofern das Gesellschaftsstatut die vom Erbstatut vorgenommene Ausgestaltung der Struktur der Erbengemeinschaft als mit dem eigenen Organisationsverständnis unvereinbar ansieht, ist vom Vorliegen einer Sondervorschrift i. S. d. Art. 3 Abs. 3 EGBGB in analoger Anwendung auszugehen, die den erbrechtlichen Vorschriften vorgehen (str.).

[32] *von Oertzen*, IPRax 1994, 73 ff., 76; *Staudinger/Dörner*, BGB, Art. 25 EGBGB Rn. 102 ff.

Rechtserwerbes aufdrängen lassen[33]. Hier muss das Gesellschaftsstatut den Vorrang vor dem Erbstatut haben, so dass es im Ergebnis zu Sondererbfolgen kommen kann.

Entsprechendes hat für die Behandlung der Testamentsvollstreckung an Gesellschaftsanteilen zu gelten. Damit eine Testamentsvollstreckung an den Gesellschaftsanteilen erfolgen kann, muss die Testamentsvollstreckung zum einen nach dem Erbstatut überhaupt möglich sein[34]. Zum anderen muss das Gesellschaftsstatut die Testamentsvollstreckung für zulässig halten[35]. Gleichzeitig wird auch die Rechtsmacht des Testamentsvollstreckers, die an sich durch das Erbstatut bestimmt wird, durch das Gesellschaftsstatut begrenzt[36].

Handelt es sich dabei um ein ausländisches Erbstatut (= ausländischer Erblasser) und um inländische Personengesellschaftsanteile, ist derzeit noch umstritten, ob insoweit Art. 3 Abs. 3 EGBGB analog anwendbar ist, mit der Folge, dass sich zwingend sämtliche Regelungsfragen der Vererbung einer deutschen Personengesellschaftsbeteiligung immer und zwingend nach deutschem Erbrecht richten würden[37]. Wäre ein Fall des Art. 3 Abs. 3 EGBGB gegeben, so könnte man durch Einbringen von Vermögen in deutsche Personengesellschaften dieses Vermögen dem ausländischen Erbrecht entziehen und dem deutschen Erbrecht unterstellen[38]. Hieraus könnte sich ein großes Gestaltungspotenzial ergeben. Jedoch wäre dann zu prüfen, ob das ausländische Erbrecht bzw. der Heimatstaat des Erblassers derartige Gestaltungen akzeptiert. Ansonsten würde man "international hinkende" Rechtsverhältnisse kreieren, was ein Pyrrhussieg wäre.

Als Fazit bleibt: Gerade im Bereich der Abgrenzung des Gesellschaftsstatuts zum Erbstatut ist man mangels eindeutiger höchstrichterlicher Rechtsprechung auf unsicherem Territorium.

d) Gesellschaftsrechtliche Regelungen mit erbrechtlichem Inhalt

Bei ausländischen Familienstiftungen und Trusts trifft man häufig das Phänomen an, dass entweder in den sog. Beistatuten (bei ausländischen Familienstiftungen), im Truststatut oder im letter of wishes seitenweise Regelungen für den Fall getroffen werden, dass der Trusterrichter oder ein Trustbegünstigter etc. verstirbt. Dort wird dann sehr detailliert ähnlich einem Testament bestimmt, inwieweit Bezugsberechtigungen auf andere Personen übergehen, und es werden Ersatzregelungen für den Fall des Vor- oder Nachversterbens etc. getroffen.

---

[33] *Witthoff* a. a. O. (oben Fn. 21), S. 120 ff.

[34] *von Oertzen*, IPRax 1994, 73 ff., 76.

[35] *von Oertzen*, IPRax 1994, 73 ff., 76.

[36] Vgl. auch *Witthoff* a. a. O. (oben Fn. 22), S. 107 f.; BayObLG, NJW-RR 1990, 906; *von Oertzen*, IPRax 1994, 73 ff., 76; noch weitergehender: *Lorz*, in: FS Europäische Integration, S. 489 ff., 502: Die Rechtsmacht des Testamentsvollstreckers unterliege als rein gesellschaftsrechtliche Regelungsfrage nur dem Gesellschaftsstatut.

[37] Überwiegend ist die sachenrechtlich existierende "Sondererbfolge" für den Erbgang eines Personengesellschaftsanteils bei mehreren Erben als besondere Vorschrift i. S. d. Art. 3 Abs. 3 EGBGB anerkannt; vgl. *Sturies* in: Gail, Probleme der Rechts- und Steuerberatung in mittelständischen Unternehmen, S. 201 ff., 218; *Lüderitz*, Internationales Privatrecht, S. 85; *Raapel/Sturm*, Internationales Privatrecht, Bd. I, § 12 IV 2e; *MüKo/Birk*, Art. 25 EGBGB Rn. 198; in diesem Zusammenhang ist aber regelmäßig unklar, ob hiernach bezüglich aller erbrechtlich zu qualifizierender Regelungsfragen deutsches Erbrecht anzuwenden ist oder nur für diejenigen Regelungsfragen, für die sich tatsächlich deutsche Sondervorschriften feststellen lassen, vgl. *von Oertzen*, RIW 1994, 818 ff.; vgl. auch *Lorz*, Testamentsvollstreckung und Unternehmensrecht, S. 304.

[38] Vgl. *Schotten*, Das Internationale Privatrecht in der notariellen Praxis, Rn. 335 m. w. N.

Kern dieser Regelungen des Trusterrichters bzw. Stiftungsgründers sind Anordnungen für den Fall seines Versterbens. Damit handelt es sich um erbrechtliche Verfügungen[39].

In Konsequenz dessen müssen sich diese Regelungen an dem Erbstatut in formeller und materieller Weise messen lassen[40]. Insbesondere müssen die formellen Anforderungen an eine wirksame testamentarische Errichtung gewahrt werden[41]. Maschinenschriftliche Truststatute, die im Inland vom Trusterrichter unterzeichnet werden und nicht die formellen Anforderungen des deutschen Rechts an wirksame Testamente (notarielle Beurkundung oder eigenhändig geschrieben und unterschrieben) erfüllen, sind deswegen nichtig[42].

Dies gilt auch für die Beistatuten liechtensteinischer Familienstiftungen. Dies ist ein Aspekt, der regelmäßig übersehen wird.

II. Rechtliche Nachlassspaltung

1. Ursachen der rechtlichen Nachlassspaltung

Das deutsche internationale Erbrecht geht von dem Grundsatz der Nachlasseinheit aus[43]. Ein Erbrecht herrscht weltweit über den Nachlass des Verstorbenen[44]. Deutsches Erbrecht nach einem deutschen Erblasser soll grundsätzlich weltweit gelten, Art. 25 Abs. 1 EGBGB (extraterritorialer Geltungswille). Diesen Grundsatz durchbricht das deutsche internationale Privatrecht aber selbst[45]. Die Zergliederung des Nachlasses in rechtlich selbstständige Nachlasseinheiten, die erbrechtlich unterschiedlichen Rechtsordnungen und damit unterschiedlichen Schicksalen unterstehen, ist dem deutschen internationalen Privatrecht wesensimmanent. Die Ursachen sind[46]:

- Art. 3 Abs. 3 EGBGB
- Art. 25 Abs. 2 EGBGB
- Regelungen der Gesamtverweisung (Art. 4 Abs. 1 EGBGB)
- Einige staatsvertragliche Regelungen mit kollisionsrechtlichem Inhalt.
- Mit Art. 3 Abs. 3 EGBGB durchbricht der deutsche Gesetzgeber schon von sich aus den Grundsatz der Nachlasseinheit, indem er ausdrücklich anordnet, dass bei ausländischem Vermögen, das besonderen Vorschriften in seinem Belegenheitsstaat untersteht, nicht die durch Art. 25 Abs. 1 EGBGB berufene Rechtsordnung, sondern das Belegenheitsrecht maßgebend ist[47]. Durch die Zulassung einer beschränkten Rechtswahl für ausländische Erblasser

---

[39] *Czermak*, Der Express-Trust im Internationalen Privatrecht, S. 132, 224 f., sowie *Unkrüer*, RIW 1998, 205 ff., 208; *von Oertzen*, DStR 2002, 433.

[40] *Unkrüer*, RIW 1998, 205 ff., 208.

[41] *Unkrüer*, RIW 1998, 205 ff., 208.

[42] Vgl. nur §§ 2231 Nr. 2, 2247 BGB; ebenso *Unkrüer*, RIW 1998, 205 ff., 208.

[43] *Huth/Zwicker*, ZVglRWiss 86 (1987), 338 ff., 342; *Kopp*, Probleme der Nachlassabwicklung bei kollisionsrechtlicher Nachlassspaltung, S. 5; *Kindler* a. a. O. (oben Fn. 4), Rn. 130.

[44] *Palandt/Heldrich*, BGB, Art. 25 EGBGB Rn. 1.

[45] *Huth/Zwicker*, ZVglRWiss 86 (1987), 338 ff., 342.

[46] Vgl. dazu *Palandt/Heldrich*, BGB, Art. 25 EGBGB Rn. 2 ff.; *MüKo/Birk*, Art. 25 EGBGB Rn. 127.

[47] *Kopp* a. a. O. (oben Fn. 45), S. 14 ff m. w. N.; *Schotten*, Rpfleger 1991, 181 ff., 183; *Staudinger/Dörner*, BGB, Art. 25 EGBGB, Rn. 726.

für deutsches unbewegliches Vermögen (Art. 25 Abs. 2 EGBGB) wird ebenfalls die Nachlasseinheit des Art. 25 Abs. 1 EGBGB durchbrochen[48].

Dadurch, dass die Verweisung des Art. 25 Abs. 1 EGBGB eine Gesamtverweisung inklusive des ausländischen internationalen Privatrechts ist, kann es dazu kommen, dass das deutsche internationale Privatrecht eine Erbrechtsordnung zur Anwendung beruft, die ihrerseits die Nachlassspaltung anordnet (z. B. Frankreich, anglo-amerikanischer Rechtsraum etc.)[49].

Ferner ist in einigen deutschen Staatsverträgen angeordnet, dass unbeweglicher Nachlass dem Erbrecht des Belegenheitsortes und beweglicher Nachlass dem Erbrecht des Landes, dem der Erblasser zurzeit seines Todes angehörte, unterliegt[50]. Dies gilt insbesondere für den deutsch-türkischen Konsularvertrag vom 28.05.1929[51]. Entsprechendes ist auch in dem deutsch-sowjetischen Konsularvertrag geregelt, der in einigen Nachfolgestaaten der GUS noch fortgilt[52]. Dieser hat jedoch in der Praxis derzeit keine große Bedeutung.

Das Problem der rechtlichen Nachlassspaltung kann insbesondere bei Erbfällen mit Verbindung zu Frankreich, Belgien und Luxemburg, zum anglo-amerikanischen Rechtskreis inklusive der Staaten mit hybriden Herkunftsmerkmalen (z. B. Südafrika) und teilweise im Verhältnis zu Österreich auftreten.

2. Konsequenzen der rechtlichen Nachlassspaltung

Tritt eine Nachlassspaltung ein, so unterliegt jeder Teilnachlass einer anderen Rechtsordnung[53]. Unterschiedliche materiell-rechtliche Erbrechtsordnungen sind für unterschiedliche Teile des Nachlasses anzuwenden[54]. Die so entstehenden Sondernachlassmassen stehen grds. nebeneinander[55]. Hieran knüpft sich eine Reihe von Problemen an, die höchstrichterlich (und auch obergerichtlich) noch nicht geklärt sind. Ohne abschließend sein zu wollen, sind aus Praktikersicht insbesondere folgende Punkte zu beachten:

- Die Gültigkeit der Verfügung von Todes wegen ist für jede Nachlassmasse gesondert zu prüfen[56];
- Die Auslegung und Umsetzung der letztwilligen Verfügung vollzieht sich für jeden Nachlassteil gesondert[57];
- Jedes Erbstatut entscheidet eigenständig über den Erwerb der Erbenstellung, die Haftungsbegrenzung, die Erbannahme und die Ausschlagung[58];
- Im Zusammenhang mit Pflichtteils- und Pflichtteilsergänzungsansprüchen bestehen erhebliche Rechtsunsicherheiten, inwieweit nur auf den einen Nachlass abzustellen ist oder auf

---

[48] *Kopp*, a. a. O. (oben Fn. 45) S. 18 ff. m. w. N.; *Staudinger/Dörner*, BGB, Art. 25 EGBGB, Rn. 725.
[49] *Dörner*, DNotZ 1988, 67 ff., 97; *Kopp* a. a. O. (oben Fn. 45) S. 21, 27.
[50] *Dörner*, DNotZ 1988, 67 ff., 97; Kopp a. a. O. (oben Fn. 45) S. 19 ff.
[51] *Kopp* a. a. O. (oben Fn. 45) S. 20; *Dörner*, DNotZ 1988, 67 ff., 97.
[52] *Kopp* a. a. O. (oben Fn. 45) S. 20; *Dörner*, DNotZ 1988, 67 ff., 97.
[53] *Kopp* a. a. O. (oben Fn. 45) S. 21; *Dörner*, DNotZ 1988, 67 ff., 97; *Derstadt*, Die Notwendigkeit der Anpassung bei Nachlassspaltung im internationalen Erbrecht, S. 59.
[54] *Kopp* a. a. O. (oben Fn. 45) S. 21.
[55] *Kopp* a. a. O. (oben Fn. 45) S. 21.
[56] *Flick/von Oertzen*, IStR 1993, 82 ff.; *MüKo/Birk*, Art. 25 EGBGB Rn. 134.
[57] *Palandt/Heldrich*, Art. 25 EGBGB Rn. 12; BGH, WPM 1976, 811.
[58] *Palandt/Heldrich*, Art. 25 EGBGB Rn. 10 m. w. N.

den Gesamtnachlass, um beurteilen zu können, ob jemand enterbt worden ist, einen Zusatzpflichtteil erhält, oder pflichtteilergänzungsrechtliche Ansprüche hat[59];
- Ähnliche Probleme treten bei Ausgleichspflichten nach § 2056 BGB auf[60];
- Ungelöst ist auch die Auswirkung der Nachlassspaltung auf die Erbenhaftung im Außenverhältnis und auf den Ausgleich im Innenverhältnis nach der Begleichung von Nachlassverbindlichkeiten[61].

3. Gestaltungshinweise

Droht eine rechtliche Nachlassspaltung, sollte sie im Vorfeld vermieden werden, z. B. dadurch, dass man den Vermögensgegenstand, der eine Nachlassspaltung auslösen würde, umstrukturiert. Ist eine Nachlassspaltung i. S. d. Art. 3 Abs. 3 EGBGB wegen ausländischen Grundvermögens zu befürchten, sollte dieses Grundvermögen nicht mehr unmittelbar, sondern über GbRs (oder GbR-ähnliche Strukturen)[62] gehalten werden, so dass international-privatrechtlich nicht mehr unbewegliches, sondern bewegliches Vermögen vererbt wird, mit der Folge, dass die Nachlasseinheit erhalten bleibt.

Ferner sollte erwogen werden, die Nachfolge außerhalb des Erbrechts zu regeln. Bei Grundbesitz im anglo-amerikanischen Bereich bieten sich joint-tenancy-Strukturen an[63]; dadurch kann insbesondere auch das aufwändige Nachlassverfahren mit der Erteilung des „Probate" (Erbschein) vermieden werden. Auf Grund dieser Strukturierung wird der ausersehene Nachfolger zu Lebzeiten beteiligt, und mit dem Versterben des Erblassers geht das Grundvermögen automatisch auf den ausersehenen Erben außerhalb des Erbrechts und außerhalb des Erbgangs über[64]. Es handelt sich bei wirtschaftlicher Betrachtungsweise um GbR-ähnliche Strukturen mit Fortsetzungsklausel zu Gunsten des Überlebenden, für die allerdings strenge Voraussetzungen beachtet werden müssen. Zudem sollte in Deutschland die joint tenancy mit einer dieser entsprechenden testamentarischen Vermächtniseinsetzung abgesichert werden, da sie dem deutschen Recht fremd ist.

Ist die rechtliche Nachlassspaltung nicht im Vorfeld lösbar, so muss man letztwillige Verfügungen hinterlassen, die den formalen und materiellen Anforderungen jedes Spaltnachlasses gerecht werden[65]. Auch ist zu erwägen, ob man eine einheitliche Hauptverfügung, die auf sämtliche Teilnachlässe abgestimmt ist, errichtet, und in diese für die einzelnen Spaltnachlässe geltenden gesonderten Verfügungen aufnimmt, also diese mit der Hauptverfügung koordiniert. Zusätzlich müssen zwingend Regelungen vorgesehen werden, die das Verhältnis der Spaltnachlässe zueinander insbesondere im Falle der Erbenhaftung klären. Hier sollten ausdrücklich Rückgriffsrechte der einzelnen Erben des einen gegenüber denjenigen des anderen Spaltnachlasses vorgesehen werden. Ferner sollte auch geregelt sein, inwieweit Zuwendungen aus den ver-

---

[59] *Kopp* a. a. O. (oben Fn. 45) S. 140 ff.
[60] *Dörner*, DNotZ 1988, 67 ff., 101 ff., 106.
[61] *Kopp* a. a. O. (oben Fn. 45) S. 125 ff., 147 ff.; *Dörner*, DNotZ 1988, 67 ff., 106 f.
[62] *von Oertzen/Pawlytta* a. a. O. (oben Fn. 4), Rn. 143: Zur Problematik der Vererblichkeit von Gesellschaftsanteilen vgl. oben B I 2. a) und *Palandt/Edenhofer*, BGB, § 1922 Rn. 14 ff.
[63] Vgl. hierzu: *Czermak*, ZVglRWiss 87 (1988), 58 ff.; *Ferid*, DNotZ 1964, 517 ff.; *Henrich* in: FS Riesenfeld, S. 103 ff.; *Jülicher*, ZEV 2001, 469 ff.
[64] *Czermak*, ZVglRWiss 87 (1988), 58 ff, 59 f.
[65] *Flick/von Oertzen*, IStR 1993, 82; *von Oertzen/ Pawlytta* a. a. O. (oben Fn. 4), Rn. 164.

schiedenen Spaltnachlässen als Einheit oder jeweils rechtlich getrennt voneinander zu sehen sind.

Geschieht dies nicht, so drohen den Erben Streit und ungewisse forensische Abenteuer.

III. Faktische Nachlassspaltung

1. Ursachen faktischer Nachlassspaltung

Unter faktischer Nachlassspaltung verstehen wir die Situation, dass aus der Sicht des Aufenthaltsstaates des Erblassers und dem Recht des Belegenheitsstaates oder seines Heimatstaates unterschiedliche Erbrechtsordnungen auf ein und denselben Nachlass anzuwenden sind. Die faktische Nachlassspaltung unterscheidet sich von der rechtlichen dadurch, dass bei der rechtlichen Nachlassspaltung klar ist, dass für ein und denselben Vermögensgegenstand nur eine Erbrechtsordnung gilt. Bei der faktischen Nachlassspaltung sind je nach Sichtweise der verschiedenen Staaten unterschiedliche Erbrechtsordnungen anzuwenden. Dies wird jedoch jeweils aus der Sicht des anderen Staates negiert.

Ursachen sind aus deutscher Sicht:

▶ Doppelstaatsangehörigkeiten des Erblassers;

▶ Wohnsitz des Erblassers im Ausland. Die ausländische Rechtsordnung knüpft die maßgebende Erbrechtsordnung an den letzten Wohnsitz und der andere Staat an die Staatsangehörigkeit an.

Hierzu folgende Beispiele:

> Ein Deutscher hat neben der deutschen auch die italienische Staatsangehörigkeit. Er schließt vor einem deutschen Notar bzgl. seinem Privatvermögen einen Pflichtteilsverzichtsvertrag mit seiner in Italien lebenden italienischen Tochter. Diese erhält dafür Zuwendungen unter Lebenden.

Nach Versterben klagt die Tochter in Italien auf Grund der italienischen Staatsangehörigkeit ihr Noterbrecht ein.

Nach italienischem internationalen Erbrecht ist die italienische Rechtsordnung im vorliegenden Fall trotz Rechtswahlmöglichkeit maßgebend. Nach italienischem Recht ist der Pflichtteilsverzichtsvertrag unwirksam[66]. Nur ausnahmsweise gestattet der sog. „patto di famiglia", der durch Gesetz vom 14.02.2006 eingeführt worden ist, gem. den Art. 768 ff. eine vorweggenommene Unternehmensnachfolge[67]. In diesem Vertrag dürfen die pflichtteilberechtigten Vertragspartner jedoch nur bzgl. des Betriebsvermögens auf ihre Erbanwartschaft verzichten.

Als Beispiel für die zweite Fallgruppe soll an Deutsche mit Wohnsitz in Südafrika erinnert werden. Aus deutscher Sicht ist deutsches Erbrecht weltweit maßgebend[68]. Aus der Sicht Südafrikas gilt für das bewegliche Vermögen weltweit das südafrikanische Recht[69]. Diese Rechtsordnung kennt kein Pflichtteilsrecht[70]. Sind nahe Angehörige in Südafrika in der letztwilligen Verfügung zu kurz gekommen, so können diese an dem Recht des letzten Wohnsitzes in Deutschland –

---

[66] Castelli/Molinari, ZErb 2007, S. 367.
[67] Vgl. Dörner/Ferrante, ZEV 2008, S. 56; Kindler, FamRZ 2007, S. 957; Castelli/Molinari, ZErb 2007, S. 369.
[68] Vgl. nur Art. 25 Abs. 1 EGBGB.
[69] Elwan/Otto, IPRax 1995, 354 ff., 355.
[70] Elwan/Otto, IPRax 1995, 354 ff., 356.

wenn dieser nicht vorhanden ist, am Sitz der Bundesregierung – das deutsche Pflichtteilsrecht nach dem deutschen Erblasser einklagen (§ 27 ZPO).

2. Konsequenzen

Die Konsequenzen einer faktischen Nachlassspaltung sind gravierend. Es kann zum Wettlauf der Erben zu verschiedenen nationalen Gerichten kommen, um einander faktisch den Nachlass zu sperren und nach der jeweils günstigeren Erbrechtsordnung seine eigenen Ansprüche durchzusetzen. Es kommt zum "Forum-Shopping" der Erben und Pflichtteilsberechtigten.

3. Gestaltungshinweise

Erblasser mit Doppelstaatsangehörigkeiten sollten sich fragen, ob es tatsächlich sinnvoll ist (insbesondere im Verhältnis zwischen EU-Staaten), verschiedene Staatsangehörigkeiten aufrechtzuerhalten. Ferner sollte mit den Erben versucht werden, in den Grenzen des rechtlich Zulässigen (vgl. z. B. §§ 38, 40 ZPO) Gerichtsstandsvereinbarungen zu treffen, die sicherstellen, dass nur in "erwünschten" Staaten Nachlassverfahren eingeleitet werden.

Falls es erforderlich wird, in anderen Staaten streitige Verfahren oder Verfahren der freiwilligen Gerichtsbarkeit einzuleiten, sollte nur abgestimmt auf die Ergebnisse eines bestimmten "Hauptstaates" vorgegangen werden.

Wenn alles nicht fruchtet, sollte erwogen werden, das Vermögen so zu strukturieren, dass es international-vollstreckungsrechtlich nur noch in Staaten belegen ist, die gerichtliche Entscheidungen nur von bestimmten Rechtsordnungen als vollstreckungsfähig ansehen, damit dieses Vermögen zumindest faktisch den Vollstreckungsversuchen aus Gerichtsurteilen aus Staaten entzogen ist, die Erbrechtsordnungen anwenden, die nicht im Rahmen der Nachfolgeplanung erwünscht sind. Z.B. ist der im deutschen Erkenntnisverfahren erlangte Titel über einen Pflichtteilsanspruch zwar in Deutschland, aber nicht in Südafrika vollstreckbar[71].

Es sollten auch die Möglichkeiten, die durch die vermehrte Zulassung des Pflichtteilsverzichts im romanischen Rechtskreis geschaffen wurden, genutzt werden. In Italien ist – wie bereits erwähnt – eine gewisse Lockerung spürbar. Aber auch in Frankreich ist seit dem 01.01.2007 ein „Parte de famille" unter sehr strengen Voraussetzungen möglich, also ein Verzicht auf die Herabsetzungsklage, mit der das Noterbrecht durchgesetzt wird, dessen dingliche Wirkung ebenfalls gelockert worden ist[72].

IV. Trusts und deutsche internationale Nachfolgeplanung

Der Trust war bis vor kurzem in Mode. Ihm wurde eine Art Wunderfunktion im Rahmen der internationalen Nachfolgeplanung zugewiesen. Die Realität sieht jedoch anders aus. Im Folgenden werden die kollisionsrechtlichen Aspekte des Trusts dargestellt.

1. Kollisionsrechtliche Ankündigung des Trusts

a) Testamentary Trust

Der Testamentary Trust ist ein erbrechtliches Rechtsinstitut[73]. Damit unterliegt er Art. 25 Abs. 1 EGBGB. Für deutsche Erblasser bedeutet dies, dass grds. Deutsche testamentarisch einen Testa-

---

[71] *Jülicher*, ZEV 1999, S. 468.
[72] *Gresser*, ZErb 2006, 409; Klima, ZEV 2006, 442.
[73] *Czermak* a. a. O. (oben Fn. 41), S. 132 ff. m. w. N.; *Ebenroth* a. a. O. (oben Fn. 18), Rn. 1299; *Habammer*, DStR 2002, 425, 426; *Staudinger/Dörner*, BGB, Art. 25 EGBGB Rn. 410; *Schindhelm/Stein* in: Groll (Hrsg.), Praxis-Handbuch Erbrechtsberatung, Kap. B XII, Rn. 144.

mentary Trust nicht anordnen können. Sie können nur nach deutschem Erbrecht testieren. Eine entsprechende Testamentary-Trust-Anordnung ist deswegen umzudeuten in vergleichbare Rechtsinstitute des deutschen Rechts[74]. Hier wird am ehesten eine Testamentsvollstreckung in Betracht kommen[75]. Eine Ausnahme gilt bei rechtlicher Nachlassspaltung hinsichtlich des Nachlassteils, der einer ausländischen Erbrechtsordnung, z. B. über Art. 3 Abs. 3 EGBGB unterliegt und eine Erbrechtsordnung anzuwenden ist, die den Trust kennt. Hinsichtlich des Spaltnachlasses kann dann die Trustanordnung wirksam sein. Gleichzeitig stellen sich dann die Probleme der rechtlichen Nachlassspaltung (s. oben).

b) Intervivos Trust

Hinsichtlich der Anknüpfung des Intervivos-Trusts werden in Deutschland im Wesentlichen noch zwei Auffassungen vertreten. Nach einer Ansicht handelt es sich um ein schuldvertragsrechtsähnliches Rechtsinstitut[76]. Damit sind maßgebend die Anknüpfungsgrundsätze des internationalen Schuldvertragsrechts (Art. 27 ff. EGBGB). Damit kann ein Trust Intervivos auch durch einen deutschen Staatsangehörigen ins Leben gerufen werden, wenn er eine Rechtsordnung für das Trust-Verhältnis mit dem Trustee vereinbart, die dieses Rechtsinstitut kennt[77]. Nach einer anderen einschränkenden Auffassung ist der Trust ein gesellschaftsrechtsähnliches Rechtsinstitut[78]. Er muss deswegen nach denselben Modalitäten wie im internationalen Gesellschaftsrecht angeknüpft werden. Maßgebend wäre aus deutscher Sicht nach derzeitiger Rechtspraxis die Sitztheorie des internationalen Gesellschaftsrechts. Danach ist die Rechtsordnung am tatsächlichen Verwaltungssitz des Trusts maßgebend. Trustrechtsverhältnisse für Deutsche können kreiert werden, wenn der Verwaltungssitz in einer Rechtsordnung belegen ist, die den Trust kennt[79].

In der Gestaltungsberatung wird man sich wegen des Fehlens höchstrichterlicher sowie obergerichtlicher Rechtsprechung wieder an der einschränkenden Auffassung orientieren und Trustrechtsverhältnisse nur kreieren, wenn die Trustverwaltung tatsächlich in einer Rechtsordnung erfolgt, die den Trust als Rechtsinstitut kennt.

2. Die Trustrechtsfähigkeit des Vermögens

Eine selbstständig anzuknüpfende Vorfrage ist, ob bestimmte Wirtschaftsgüter wirksam zum Trustvermögen gemacht werden können, mit der Folge, dass ein wirksames Trustrechtsverhältnis an ihnen begründet wird[80]. Hierbei handelt es sich um eine Rechtsfrage, die dem jeweiligen Einzelstatut untersteht, das maßgebend für alle dinglichen Rechtsfragen ist[81]. Für deutsches Vermögen bedeutet dies, dass nur dann, wenn die deutsche Sachenrechtsordnung abgelegt werden kann, diese Wirtschaftsgüter Trustvermögen werden können. Denn im deutschen Sachenrecht gilt der numerus clausus der dinglichen Rechte. Darüber hinaus hat der BGH im Jahr

---

[74] von Oertzen, IStR 1995, 149 ff., 150.

[75] Fuhrmann, Modelle lebzeitiger Unternehmensübertragungen, S. 133 ff.; Wittuhn, Das Internationale Privatrecht des Trusts, S. 88 ff.; Staudinger/Dörner, BGB, Art. 25 EGBGB, Rn. 412.

[76] von Bar, Internationales Privatrecht, S. 370; Fuhrmann a. a. O. (oben Fn. 77), S. 133; Wittuhn a. a. O. (oben Fn. 77), S. 120 ff.; Schindhelm/Stein, a. a. O. (oben Fn. 75), Rn. 147; dies., StuW 1999, 31, 38.

[77] Im Hinblick auf Art. 27 Abs. 3 EGBGB ist auf die Herstellung ausreichender internationaler Bezüge zu achten.

[78] Graue in: FS Ferid, S. 151 ff.

[79] Vgl. auch von Oertzen, IStR 1995, 149 ff. m. w. N.

[80] von Oertzen, IStR 1995, 149 ff., 151.

[81] von Oertzen, IStR 1995, 149 ff., 151.

1985 entschieden, dass ein Trustrechtsverhältnis aus strukturellen Gründen mit dem Ordre Public unvereinbar ist[82]. Ein wirksames Trustverhältnis kann an den dem deutschen Sachenrecht unterstehender Wirtschaftsgütern nicht begründet werden. Deutsche Wirtschaftsgüter (z. B. dem deutschen Recht unterstehende Forderungen, deutsche Gesellschaftsanteile, Grundstücke etc.) können also zivilrechtlich nicht wirksam Trustvermögen werden[83]. Werden sie trotzdem in einen Trust eingelegt, ist die Trustanordnung unwirksam und umzudeuten in vergleichbare deutsche Rechtsinstitute[84]. Dies wird ein Treuhandverhältnis sein.

Die zivilrechtliche Unwirksamkeit kann steuerliche Folgewirkungen auslösen. Liegt aus deutscher Sicht nur ein einfaches Treuhandverhältnis vor, stellen sich Fragen z. B. des § 15 AStG schon dem Grunde nach nicht. § 39 AO ist unmittelbar anwendbar.

3. Pflichtteilsrecht und Trustgestaltungen

Verschiedentlich wird auch betont, dass man über Trustgestaltungen dem deutschen Pflichtteilsrecht entrinnen könne. Derartige Aussagen sind nicht nur im Hinblick auf die Rechtsprechung, sondern auch wegen Art. 15 c) des Haager Trust Übereinkommens vom 01. Juli 1985, den z.B. die Schweiz nun umgesetzt hat[85], mit Vorsicht zu genießen. Sofern deutsches Erbrecht anzuwenden ist, müssen sich Trustrechtsgestaltungen am Pflichtteilsergänzungsrecht messen lassen[86]. Die Rechtsprechung des BGH im Pflichtteilsrecht kommt den Pflichtteilsberechtigten sehr entgegen. Die Übertragung von Vermögen auf einen Trust, dessen Trustsettlor weiterhin Nutzungsberechtigter ist, wird man wirtschaftlich nicht anders als eine freigebige Zuwendung unter Nießbrauchsvorbehalt zu werten haben mit der Folge, dass § 2325 BGB anwendbar ist[87]. Da es wirtschaftlich dann an einer fühlbaren Leistung i. S. d. Rechtsprechung des BGH fehlen wird, wird die 10-Jahresfrist des § 2325 Abs. 3 BGB nicht in Gang gesetzt mit der Folge, dass Pflichtteilsansprüche nicht über Trustgestaltungen gekürzt werden können[88]. Werden Trusts zu Lebzeiten errichtet, deren Ertragsberechtigung schon anderen Personen zugewiesen ist, und handelt es sich um Revocable-Trusts, wird man diese Gestaltungen als freigebige Zuwendungen mit jederzeitigem Rückforderungsrecht zu qualifizieren haben. Nach der überwiegenden Auffassung in der Literatur[89] sind derartige Gestaltungen aber genauso zu behandeln wie Schenkungen unter Nießbrauchsvorbehalt zu Gunsten des Erblassers. Auch dadurch können pflichtteilsergänzungsrechtliche Ansprüche nicht vermieden werden. Aufgrund dessen besteht nur die Möglichkeit, der Trust in einem Land zu errichten, in dem dessen Vermögen keinen Pflichtteils- und Noterbansprüchen unterliegt und entgegenstehende Entscheidungen ausländischer Gerichte nicht anerkannt werden; dementsprechend wurde das Gesetz der Kanalinsel Guernsey „optimiert" (Section 14 of The Trust (Guernsey) Law 2007)[90]. Die Praxis wird die Belastbarkeit dieser Vorschrift testen. Die Effektivität einer derartigen Strategie erscheint zweifelhaft, weil auch denkbare Zwangsmaßnahmen im Wohnsitzstaat der beteiligten Personen zu beachten

---

[82] BGH, Urt. v. 13. 6. 1984, IVa ZR 196/82, IPRax 1985, 221 ff., 223.

[83] BGH, Urt. v. 13. 6. 1984 a. a. O. (oben Fn. 84).

[84] BGH, Urt. v. 13. 6. 1984 a. a. O. (oben Fn. 84); *Schindhelm/Stein*, a. a. O. (oben Fn. 75), Rn. 145.

[85] Vgl. *Grüninger*, ZEV 2007, S. 431.

[86] Vgl. Art. 25 Abs. 1 EGBGB i. V. §§ 2325 ff. BGB; auch BGHZ 9, 154 ff.; BayOblLGZ 1961, 4.

[87] *Fuhrmann* a. a. O. (oben Fn. 77), S. 174 f.; *Ebenroth* a. a. O. (oben Fn. 18), Rn. 1301; *Pawlytta/Schmutz*, ZEV 2008, S. 63.

[88] BGHZ 98, 226.

[89] Vgl. *Bredow/Reich*, WiB 1995, 775 ff., 778.

[90] Vgl. auch *Wachter*, ZErb 2006, S. 249.

sind. Die Situation erscheint ähnlich wie im internationalen Insolvenzrecht, wenn Vermögen in einem Staat belegen ist, in dem der inländische Insolvenzbeschlag nicht akzeptiert wird. Im internationalen Insolvenzrecht haben sich in diesem Zusammenhang folgende Grundsätze herausgebildet: Nach Entscheidungen[91] des OLG Koblenz sowie des OLG Köln ist der Schuldner eines inländischen Insolvenzverfahrens im Rahmen seiner Mitwirkungspflicht nach § 97 Abs. 2 InsO verpflichtet, dem Insolvenzverwalter eine ordnungsgemäße Vollmacht oder Genehmigung zur Inbesitznahme und Verwertung des in einem anderen Staat belegenen Vermögens zu erteilen. Erteilt der Schuldner keine Vollmacht, kann der Verwalter ihn auf deren Abgabe verklagen[92]. Zusätzlich kann der Schuldner nach deutschem Insolvenzrecht zu einer Mitwirkung der Herbeischaffung seines Auslandsvermögens auch durch Zwangsmittel angehalten werden[93]. Es wird zu überlegen sein, ob man diese Rechtsgrundsätze auch für das internationale Erbrecht nutzbar machen kann[94].

4. Fazit

Als Ergebnis ist festzuhalten, dass der Trust kein "Wundermittel" in der zivilrechtlichen Nachfolgeplanung ist. Er hat einen gewissen Anwendungsbereich. Dieser ist jedoch eingeschränkt auf Auslandsvermögen, d. h. nicht dem deutschen Recht unterstehende Wirtschaftsgüter. Soll er verwendet werden, sollte er nur durch Rechtsgeschäft unter Lebenden gegründet werden. Man darf sich jedoch keine positiven pflichtteilsrechtlichen Wirkungen von ihm erhoffen. Damit unterscheidet er sich nicht wesentlich von anderen ausländischen Rechtsinstituten (wie z. B. joint tenancies). Er ist ein eingeschränkt anwendbares Gestaltungsmittel in grenzüberschreitenden Nachfolgeplanungen, der sich von seiner Wertigkeit zivilrechtlich nicht viel von anderen ausländischen Rechtsinstituten unterscheidet.

C. Gestalterische Überlegungen

Die international-privatrechtlichen Probleme der Vererbung eines internationalen Vermögens ließen sich reduzieren, wenn es Möglichkeiten gäbe, einen Gleichlauf des jeweiligen Vermögensstatuts mit dem Erbstatut zu erreichen. Die gestalterischen Möglichkeiten über das Kollisionsrecht sind jedoch gering, sehr aufwändig und schwerfällig[95].

I. Wechsel des erbrechtlichen Anknüpfungsmoments

Ein Gleichlauf ließe sich theoretisch dadurch erreichen, dass der Erblasser seine bisherige Staatsangehörigkeit aufgibt und die Staatsangehörigkeit eines anderen Staates annimmt, der entweder direkt eine Rechtswahl für das Erbrecht zulässt oder über eine Weiterverweisung zur Rechtsordnung des jeweiligen Vermögensstatuts führt. Gegen eine derartige indirekte Rechtswahl spricht jedoch, dass sie äußerst aufwändig ist, da nicht ohne weiteres z. B. die deutsche Staatsangehörigkeit aufgegeben werden kann (vgl. z. B. §§ 24, 25 StAG) und das Erlangen einer neuen Staatsangehörigkeit ebenfalls sehr schwierig ist. Ein Staatsangehörigkeitswechsel muss deswegen langfristig vorbereitet werden und eignet sich nicht für kurz- oder mittelfristige Pla-

---

[91] Vgl. ZIP 1993, 844; ZIP 1986, 658.
[92] Vgl. *Gottwald*, Insolvenzrechtshandbuch, § 130 Rn. 52.
[93] Vgl. *Gottwald*, a. a. O. (oben Fn. 94), § 130 Rn. 53.
[94] Vgl. *Gottwald*, a. a. O. (oben Fn. 94), § 130 Rn. 136 „*Auch geht es nicht an, dass der Erbe die Gläubiger mit Sitz in einem bestimmten Staat befriedigt, um den Nachlass in diesem Staat der Haftung gegenüber den restlichen Gläubigern zu entziehen.*"
[95] Vgl. *von Oertzen*, IPRax 1994, 93 ff.

nungen. Daneben kann ein derartiges Verhalten u. U. vor Gericht als Gesetzesumgehung qualifiziert werden und daher unbeachtlich sein (vgl. z. B. den berühmten "Nottebohm-Fall"[96]). Ein Staatsangehörigkeitswechsel allein als Mittel der Erbfolgeplanung provoziert geradezu bei den Erben entsprechende Streitigkeiten. Da das deutsche Recht im internationalen Erbrecht dem Staatsangehörigkeitsprinzip folgt, nutzt allein die Verlegung des Wohnsitzes nichts, um der Anwendung des deutschen Erbrechts zu entgehen (Art. 25 Abs. 1 EGBGB).

II. Wechsel des gesellschaftsrechtlichen Anknüpfungsmoments

In der Rechtspraxis wird bislang an den tatsächlichen Verwaltungssitz der Gesellschaft und das dort geltende Recht angeknüpft (Sitztheorie). Nach dem Referentenentwurf zum Gesetz zum Internationalen Privatrecht der Gesellschaften, Vereine und juristischen Personen sollen Vorschriften in das EGBGB eingefügt werden, nach denen die Gesellschaften dem Recht desjenigen Staates unterliegen, in dem sie in ein öffentliches Register eingetragen sind. Das anwendbare Recht ließe sich durch die Eintragung in ein anderes Register wechseln, wenn das bisherige und das neue Recht einen Wechsel ohne Auflösung und Neugründung zulassen und die Voraussetzungen beider Rechte hierfür vorliegen. Problematisch ist jedoch, dass diese materiellrechtlichen Vorschriften für den Statutenwechsel in dem Gesetzentwurf fehlen[97].

Aufgrund dessen hätte die Neuregelung nur für die europäischen Gesellschaftsformen eine Bedeutung. Nach Art. 8 der Verordnung (EG) Nr. 2157/2001 des Rates vom 8. Oktober 2001 über das Statut der Europäischen Aktiengesellschaft (SE) kann der Eintragungsort mit einer Sitzverlegung jederzeit und einfach über die Landesgrenzen hinweg geändert werden. Dies soll nach Art. 35 Ziffer 1. („eingetragener Sitz") des Entwurfs einer Verordnung des Rates über das Statut der Europäischen Privatgesellschaft auch für diese Gesellschaftsform gestattet sein.

Im Ergebnis bleibt festzuhalten, dass für sonstige Gesellschaften einerseits die aufwendige Änderung des Verwaltungssitzes nach der Neuregelung weder notwendig noch ausreichend wäre, um einen Statutenwechsel herbeizuführen, andererseits dieser bei einer wirtschaftlich gebotenen Sitzverlegung auch nicht zu befürchten wäre. Die neuen Regelungen würden nur für die europäischen Gesellschaften praktische Bedeutung erlangen[98].

III. Holdingstrukturen

Eine entscheidende Gestaltungsmöglichkeit ist die Einbringung von Vermögen in Holdinggesellschaften (z. B. KG-Strukturen). Dadurch können die Erbgänge in verschiedenen Staaten reduziert werden, weil dann der Erbgang nur noch in einen Vermögensgegenstand (der Beteiligung an der Holdinggesellschaft) erfolgt.

IV. Lebzeitige Übertragung

Es sollte auch eine lebzeitige Beteiligung der Erben an dem Vermögen erwogen werden. Dies kann man wieder mit den üblichen Gestaltungsmitteln der vorweggenommenen Erbfolge erreichen, die z.B. mit einem Nießbrauchsvorbehalt und mit Stimmbindungsverträgen verknüpft werden können. Regelmäßig kann wegen der Rechtswahlfreiheit (Art. 27 EGBGB) für das schuldrechtliche Rechtsgeschäft deutsches Recht gewährt werden, i. d. R. gilt für den Eigentumsüber-

---

[96] Vgl. *Ebenroth* a. a. O. (oben Fn. 18), Rn. 1248 m. w. N.
[97] Vgl. *Rotheimer*, NZG 2008, 182.
[98] Vgl. zur Europäischen Aktiengesellschaft (SE) als Rechtsformalternative für die Verwaltung und gemeinschaftsweite Mobilität privater Großvermögen *Waclawik*, ZEV 2006, S. 435.

gang das Recht des Belegenheitsstaates (Art. 43 EGBGB). Allerdings ist stets zu prüfen, ob und unter welchen Voraussetzungen eine Schenkung in vorweggenommener Erbfolge im Ausland nach dem nationalen internationalen Privatrecht und den Sachvorschriften ihre Wirkung entfaltet. Z.B. war bislang in Frankreich eine solche nur zugunsten von Erben in absteigender Linie möglich; ab dem 1. Januar 2007 ist diese auch an Seitenverwandte und deren Abkömmlinge sowie an Abkömmlinge unterschiedlicher Generationen gestattet[99]. Zudem sollte eine Schenkung von Todes wegen vermieden werden, da deren schuldrechtliche, sachenrechtliche und erbrechtliche Behandlung im internationalen Privatrecht sehr umstritten ist[100].

V. Erwerb außerhalb des Erbrechts

Eine weitere Gestaltung ist der Vermögensübergang außerhalb des Erbrechts. Es ist insbesondere an Vertragsgestaltungen zu denken, die als Vertrag zu Gunsten Dritter (z.B. Lebensversicherungen) ausgestaltet sind, so dass außerhalb des Erbrechts mit dem Versterben des Erblassers Vermögen auf die begünstigten Personen übergeht. Dies bietet sich insbesondere bei Wertpapierdepots und Konten an[101]. Allerdings ist bei der Ausgestaltung der Rechtsverhältnisse stets die Abgrenzung zu erbrechtlichen Instituten und insbesondere zur Schenkung von Todes wegen zu wahren. Zudem ist insbesondere im romanischen Rechtskreis zu prüfen, in dem bindende Verfügungen größtenteils untersagt sind, ob der Erblasser sich das Verfügungsrecht an dem Konto oder Depot bis zu seinem Tod vorbehalten darf. Auch ist zu beachten, dass ein widerrufliches Bezugsrecht den Fristlauf i. S. d. § 2325 Abs. 3 BGB nicht auslöst[102].

VI. Lösungen im Sachverhalt

Da das internationale Erbrecht eine internationale Angelegenheit ist, die aber jeder Staat rein national betreibt, sollte erwogen werden, den Nachlass so zu gestalten, dass er möglichst wenige internationale Kontakte aufweist. Viele Probleme sollten schon im Faktischen gelöst werden, weil der Rechtszustand des internationalen Erbrechts höchst unbefriedigend ist. Das gilt auch wieder besonders für Konten und Wertpapierdepots[103].

VII. Praktisches Vorgehen[104]

Für jeden Einzelfall sollten zu Beginn der Nachfolgeplanung die gestaltungsrelevanten Angaben für die einzelnen Länder erfasst und ausgewertet werden. In eine derartige Übersicht gehören die persönlichen und sachlichen Anknüpfungspunkte des nationalen IPR, des jeweiligen internationalen Erbverfahrensrechts und Erbschaftsteuerrechts einschließlich DBA sowie Angaben über den Beitritt zum Haager Testamentsformabkommen. Ebenfalls sind die wichtigsten Eckpunkte des materiell anwendbaren Erbrechts und der güterrechtlichen Ansprüche festzuhalten. Auf der Grundlage dieser Übersicht kann dann der erste Entwurf der erbrechtlichen Verfügung ausgearbeitet werden. Jede einzelne Regelung muss in jeder auf den Sachverhalt möglicherweise an-

---

[99] *Gresser*, ZErb 2006, S. 409.
[100] Vgl. *Sieghörtner*, in: Bengel/Reimann/J. Mayer, Testament und Erbvertrag, S. 280.
[101] Vgl. zurückhaltend *Sieghörtner*, a. a. O. (oben Fn. 101), S. 281.
[102] Vgl. *Schindler*, ZEV 2005, S. 291.
[103] Vgl. Gottwald/Stangl, ZEV 1997, 217 ff. für die Anforderungen an die Legitimation der Erben.
[104] Vgl. *Flick/von Oertzen*, IStR 1993, 82 ff., 84; dies., IStR 1995, 558 ff.; *von Oertzen/Pawlytta* a. a. O. (oben Fn. 4), Rn. 7 ff., 171.

wendbaren Rechtsordnung auch bei Berücksichtigung eines Forum-Shoppings der Erben Bestand haben.

Zu jeder grenzüberschreitenden Nachfolgeplanung gehört auch ein Maßnahmenpapier für den Fall des Todes des Erblassers, um die Erben oder den Testamentsvollstrecker über die sofort im Erbfall zu treffenden nationalen und internationalen Maßnahmen informieren zu können.

D. Ausblick

Als Fazit bleibt festzuhalten, dass in einer grenzüberschreitenden Nachfolgeplanung auf Grund der erheblichen zivilrechtlichen Schwierigkeiten, ausgelöst insbesondere durch international unterschiedliche Anknüpfungen im internationalen Erbrecht und den Schwierigkeiten der Abgrenzung der verschiedenen Statute, neben die internationale Steuerplanung eine internationale Zivilrechtsplanung treten muss.

von Oertzen/Reich

2. Die Wahl unterschiedlicher Kapitalanlageformen als Instrument der internationalen Erbschaftsteuerplanung

von Dr. Frank Trompeter, Steuerberater, Hanau

Inhaltsübersicht

A. Problemstellung
B. Notwendigkeit und Grundprobleme internationaler Erbschaftsteuerplanung
   I. Notwendige Integration der Erbschaftsteuer in die Anlagenplanung
   II. Grundprobleme internationaler Erbschaftsteuerplanung
   III. Gestaltungsbereiche und Gestaltungsinstrumente einer Erbschaftsteuerplanung
C. Die Wahl der Investitionsobjekte als Gestaltungsinstrument
D. Die Form der Investitionsdurchführung als Gestaltungsinstrument
   I. Grundlegende Folgen unterschiedlicher Durchführungsformen
   II. Vorteilhaftigkeitsüberlegungen bei Investitionen in inländisches Vermögen
   III. Vorteilhaftigkeitsüberlegungen bei Investitionen in ausländisches Vermögen
E. Zusammenfassung

Literatur:

Bader, Steuerliche Gestaltungswege bei der Einbringung von EU-Gesellschaftsanteilen in eine inländische GmbH, IStR 1996, 114 ff.; ***Balmes/Felten,*** Hoch bewertet und dennoch verschont?, FR 2009, 258 ff.; ***Beinert/van Lishaut,*** Steuerfragen bei Anteilskäufen und Sperrfristen, FR 2001, 1137 ff.; ***Bischoff/Kotyrba,*** Wohnsitzverlegung in die Schweiz: Steuerfolgen und Steuerplanung, BB 2002, 382 ff.; ***Brey/Merz/Neufang,*** Verschonungsregelungen beim Betriebsvermögen, BB 2009, 692 ff.; ***Broekelschen/Maithert,*** Funktionsweise und Verfassungskonformität der neuen steuerlichen Grundstücksbewertung, DStR 2009, 833 ff.; ***Bruski,*** Step-Up-Modell beim Unternehmenskauf, FR 2002, 181 ff.; ***Christoffel,*** Schuldenabzug bei Gewährung der Vergünstigungen für Anteile an Kapitalgesellschaften und für land- und forstwirtschaftliches Vermögen nach § 13a ErbStG, INF 1998, 267 ff.; ders., Gestaltungsmöglichkeiten im Bereich der Entnahmebegrenzungen nach den §§ 13a, 19a ErbStG – Teil I und II, INF 1999, 588 ff., 618 ff.; ***Crezelius,*** Überlegungen zu § 13a Abs. 4 und 5 ErbStG – Zugleich Anm. zu dem koordinierten Ländererlass v. 17. 6. 1997, DB 1997, 1584 ff.; ders., Das neue Erbschaft- und Schenkungsteuerrecht im Rechtssystem, ZEV 2009, 1 ff.; ***Dautzenberg/Brüggemann,*** EG-Vertrag und deutsche Erbschaftsteuer, BB 1997, 123 ff.; ***Drosdzol,*** Die Bewertung und Besteuerung des Erwerbs von Grundvermögen – Die Änderungen gegenüber dem Regierungsentwurf, ZEV 2009, 7 ff.; ders., Erbschaftsteuerreform – Die Bewertung des Grundvermögens nach den gleich lautenden Ländererlassen vom 5. 5. 2009, DStR 2009, 1405 ff.; ***Eisele,*** Erbschaftsteuerliche Immobilienbewertung: Verkehrswertnachweis nach dem ErbStG, ZEV 2009, 451 ff.; ***Elschen,*** Entscheidungsneutralität, Allokationseffizienz und Besteuerung nach der Leistungsfähigkeit – oder: Gibt es ein gemeinsames Fundament der Steuerwissenschaften, StuW 1991, 1009 ff.; ***Elser,*** Warum die GmbH nur selten als Spardose taugt, BB 2001, 805 ff.; ***Füger/Rieger,*** Erbschaftsteuer mit Wegzug in die Schweiz, IStR 1998, 460 ff.; ***Gebel,*** Erbschaftsteuerliche Probleme der verlängerten Maßgeblichkeit – Bilanzpolitik als Mittel zur Minimierung der Erbschaftsteuerbelastung, DStR 1996, 1385 ff.; ders., Die neue Freibetragsregelung in § 13a ErbStG beim Erwerb von Betriebsvermögen im Erbfall, BB 1997, 811 ff.; ***Gottschalk,*** Internationale Unternehmensnachfolge: Qualifikation ausländischer Erwerbe und Bewertung von Produktivvermögen mit Auslandsberührung, ZEV 2009, 157 ff.; ***Hannes/Onderka,*** Erbschaftsteuerreform: Die Besteuerung des Erwerbs von Betriebsvermögen – keine Sternstunde der Steuervereinfachung, ZEV 2008, 16 ff.; dies., Die Bewertung von Betriebsvermögen und Anteilen an Kapitalgesellschaften nach der „AntBVBewV", ZEV 2008, 173 ff.; dies., Die Übertragung von Betriebsvermögen nach dem neuen Erbschaftsteuergesetz, ZEV 2009, 10 ff.; dies., Bewertung und Verschonung des Betriebsvermögens: Erste Erkenntnisse aus den Erlassen der Finanzverwaltung, ZEV 2009, 421 ff.; ***Hecht/Cölln,*** Bewertung bebauter Grundstücke nach dem BewG i. d. F. des Erbschaftsteuerreformgesetzes, BB 2009, 810 ff.; ***Herzig/Joisten/Vossel,*** Die Vermeidung der Doppelbelastung mit ESt und ErbSt nach Einführung des § 35b EStG, DB 2009, 584 ff.; ***Herzig/Förster,*** Sperrbetragsbelastete Anteile nach § 50c EStG, DB 1998, 438 ff.; ***Hild,*** Report zum Steuersenkungsgesetz, BB 2000, 1656 ff.; ***Hübner,*** Verfassungswidrigkeit des Erbschaftsteuergesetzes? – Anm. zum BFH-Beschluss v. 24. 10. 2001, II R 61/99, DStR 2001, 2193 ff.; ders., Erbschaftsteuer-Bewertungserlass, Teil B: Einzelunternehmen und Personengesellschaften, DStR 2009, 2577 ff.; ***Hundsdoerfer,*** Die Steuerhinterziehung und ihre Integration in betriebswirtschaftliche

Entscheidungsmodelle – Eine Wirkungsanalyse (Diss.); **Jülicher**, Die Nachsteuerregelung der §§ 13a Abs. 5 ErbStG – Vorsicht, Fußangeln!, DStR 1997, 1949 ff.; **Korezkij**, Anrechnung der Gewerbesteuer nach § 35 EStG: Überblick, Probleme, Zweifelsfragen und Korrekturvorschläge, BB 2001, 333 ff., 389 ff.; **Kowallik**, Erbschaft- und Schenkungsteuerplanung für Immobilien im In- und Ausland durch das "Einlagemodell", DStR 1999, 1834 ff.; **Kroschel/Wellisch**, Überlegungen zur optimalen Steuerverstrickung aus erbschaftsteuerlicher Sicht, DB 1998, 1632 ff.; **Lahme/Zikesch**, Erbschaftsteuerliche Begünstigung von Kapitalgesellschaftsanteilen mittels Poolvereinbarungen, DB 2009, 527 ff.; **Lüdicke/Fürwentsches**, Das neue Erbschaftsteuerrecht, DB 2009, 12 ff.; **Mannek/Jardin**, Die neue Grundbesitzbewertung, DB 2009, 307 ff.; **Niepoth/Kamphaus**, Umwandlung einer ausländischen Betriebsstätte, IStR 1996, 11 ff.; **Pach-Heinssenheimb**, Erbschaftsteuerreform: Verschonungsabschlag statt Bewertungsvorteile beim Betriebsvermögen – Ein Umdenken bei der Planung der Verteilung des Erbes wird nötig!, DStR 2008, 957 ff.; **Pauli**, Ausnahmen zum Verwaltungsvermögen – Chancen und Risiken der Immobilienwirtschaft, DB 2009, 641 ff.; **Piltz**, Unternehmerisches Auslandsvermögen und Erbschaftsteuer, IStR 1998, 47 ff.; **ders.**, Erbschaftsteuer-Bewertungserlass: Allgemeines und Teil A (Anteil an Kapitalgesellschaften), DStR 2009, 1829 ff.; **Reitter/Krenz**, Steuereffiziente Gestaltung von Grundstücksinvestitionen in Frankreich, IStR 1996, 165 ff.; **Richter/Viskorf/Philipp**, Reform der Erbschaftsteuer zum 1. 1. 2009, DB 2009, Beilage 2 zu Heft 6; **Rödder**, Das neue Unternehmenserbschaftsteuerrecht – die wesentlichen Prüfungspunkte aus Sicht von Familienunternehmen, DStR 2008, 997 ff.; **Rödder/Schönfeld**, Geltendes und geplantes Erbschaftsteuerrecht aus Sicht von Familienunternehmen im Überblick, DStR 2007, 1020; **Scheffler**, Private Vermögensverwaltung über eine GmbH?, BB 2001, 2297 ff.; **Scholten/Korezkij**, Begünstigungen für Betriebsvermögen nach der Erbschaftsteuerreform – Begünstigte Erwerbe und begünstigtes Vermögen, DStR 2009, 73 ff.; **dies.**, Begünstigungen für Betriebsvermögen nach der Erbschaftsteuerreform – Behaltensregelungen und Nachversteuerung, DStR 2009, 304 ff.; **dies.**, Begünstigungen für Betriebsvermögen nach der Erbschaftsteuerreform – Verwaltungsvermögen, DStR 2009, 147 ff.; **dies.**, Begünstigungen für Betriebsvermögen nach der Erbschaftsteuerreform – Lohnsummenprüfung, DStR 2009, 253 ff.; **Schneider**, Killerviren steuerlicher Gerechtigkeit in Reformvorschlägen zur Unternehmensbesteuerung – Ein Diskussionsbeitrag, DStR 1998, 1287 ff.; **Sell**, Reform der Unternehmensbesteuerung und des Einkommensteuertarifs 2001–2005, DStR 2000, VI; **Sigmund/Zipfel**, Die Nachversteuerung nach dem neuen Erbschaftsteuergesetz (Teil 1 und Teil 2), BB 2009, 641 ff. und 804 ff.; **Siegel**, Plädoyer für eine systemkonforme Reform der Gewerbesteueranrechnung nach § 35 EStG, BB 2001, 701 ff.; **Stalleiken/Theissen**, Erbschaftsteuer-Bewertungserlass Teil B: Das vereinfachte Ertragswertverfahren, DStR 2010, 21 ff.; **Stobbe/Brüninghaus**, Begünstigtes Betriebsvermögen im Erbschaftsteuergesetz, BB 1998, 1611 ff.; **Tremel**, Die neue Erlasslage zur Bewertung des Grundvermögens, ZEV 2009 445 ff.; **Viskorf**, Das Rechtsstaatsprinzip und der Wettstreit um den „richtigen" gemeinen Wert beim Betriebsvermögen, ZEV 2009, 591 ff.; **Wacker**, Internationale Besteuerung von Schenkungs- und Erbfällen, IStR 1998, 33 ff.; **Wälzholz**, Die Vererbung und Übertragung von Betriebsvermögen nach den gleichlautenden Ländererlassen zum ErbStG, DStR 2009, 1605 ff.; **Watrin**, Die vermögensverwaltende GmbH im Steuerrecht – Möglichkeiten, Vorteile und Grenzen nach Einführung des Halbeinkünfteverfahrens, GmbHR 2001, 583 ff.; **Wienbracke**, Überblick über das Erbschaftsteuer- und Schenkungsteuergesetz i. d. F. des ErbStRG v. 24. 12. 2008, FR 2009, 197 ff.; **Weber/Schwind**, Vertragliche Ausgestaltung von Poolvereinbarungen unter Berücksichtigung des neuen Erbschaftsteuerrechts, ZEV 2009, 16 ff.; **Weßling**, Analyse der Vorteilhaftigkeit der Umwandlung von zu verschenkendem privaten Grundbesitz in Betriebsvermögen nach dem neuen ErbStG, DStR 1997, 1381 ff.; **Wittmann**, Neuregelung der Bewertung von Grundbesitz für die Erbschaftsteuer ab 1. Januar 1996, BB 1997, 548 ff.

A. Problemstellung

Die Reform der Erbschaftsteuer mit Beginn des Jahres 2009 hat die Bedeutung der Erbschaftsteuer weiter wachsen lassen, so dass diese mittlerweile mindestens eine gleichberechtigte Stellung im Rahmen einer ertragsteuerliche und erbschaftsteuerliche Aspekte integrierenden Steuerplanung eingenommen hat. Dies ist die Folge zweier Ursachen. Die Aufbaugeneration kommt in ein Alter, in dem der Mensch an die Endlichkeit seiner Existenz erinnert wird. Zudem hat die Neuregelung des Erbschaftsteuergesetzes und die anhaltende Tendenz zur Senkung der Ertragsteuern die relative Bedeutung der Erbschaftsteuer bei der Gesamtsteuerbelastung deutlich erhöht.

Daneben verstärkt die Globalisierung der Wirtschaft die Internationalisierung der Unternehmenstätigkeit und der Aktivitäten privater Kapitalanleger. Dies erfordert dann auch eine internationale Ausrichtung der Erbschaftsteuerplanung. Daneben hat sich auch der EuGH mittlerweile Fragen des Erbschaft- und Schenkungsteuerrechts angenommen.

Dieser Beitrag konzentriert sich zwar auf die Probleme der Erbschaftsteuerplanung. Eine sinnvolle Erbschaftsteuerplanung ist jedoch ohne Erfassung der ertragsteuerlichen Folge- und Wechselwirkungen nicht sinnvoll und damit wenig aussagefähig.[1] Auch wenn sich durch die Einführung der Verkehrswertbewertung und die Neugestaltung der Betriebsvermögensbegünstigung mit dem Erbschaftsteuerreformgesetzes die Problembereiche der internationalen Erbschaftsteuerplanung von der Auswahl des Investitionsobjekts weiter in Richtung Optimierung der Vermögensstruktur verschoben haben, wurde die Grobstruktur des Beitrags zur besseren Vergleichbarkeit gegenüber der Vorauflage weitestgehend beibehalten.

Die unterschiedlichen Formen der Kapitalanlage werden meist nach den finanzwirtschaftlichen Kriterien Rendite und Risiko systematisiert. In diesen Rendite- und Risikowerten werden ertragsteuerliche Verzerrungen mittlerweile regelmäßig berücksichtigt. In Anbetracht der ersten Enkel oder gar Urenkel ist es für den Kapitalanleger offenkundig, dass neben ertragsteuerlichen Effekten auch der bevorstehende Generationenwechsel durch Erbfall oder vorweggenommene Erbfolge und die damit zusammenhängenden steuerlichen Aspekte mit in die Planung einzubeziehen sind.

Ein Instrument dieser auch ertragsteuerliche Aspekte integrierenden internationalen Erbschaftsteuerplanung ist die Wahl der Kapitalanlageform. Dies beinhaltet in einem ersten Schritt die Auswahl des Investitionsobjektes: Soll in Wertpapiere oder eine Immobilie investiert werden oder ein eigenes unternehmerisches Engagement gestartet werden?

Die fehlende Entscheidungsneutralität des derzeitigen Steuersystems führt dabei zu Vorteilhaftigkeitsrangfolgen der Investitionsobjekte, die von der Rangfolge ohne Besteuerung regelmäßig abweichen, wobei der Einfluss der erbschaftsteuerlichen Bewertungsdifferenzen mit der Reform des Erbschaftsteuergesetzes deutlich zurückgegangen ist.

Aber nicht nur bei der Wahl unterschiedlicher Investitionsobjekte entstehen steuerliche Belastungsunterschiede. Dies wäre unter Umständen noch mit Lenkungsaspekten begründbar.[2] Nur sehr eingeschränkt mit Lenkungseffekten zu begründen ist die steuerliche Diskriminierung möglicher Durchführungsformen der Investition in ein vorgegebenes Investitionsobjekt: Die Besteuerung knüpft dabei an juristischen Merkmalen (z. B. rechtlich unselbständige Betriebsstätte vs. rechtlich selbständige Kapitalgesellschaft) und nicht an den ökonomischen Zielgrößen der Handelnden an. Daraus resultieren je nach ökonomisch gleichwertiger Durchführungsalternative unterschiedliche Steuerwirkungen. Diese Durchführungsalternativen bieten sich daher als Gestaltungsinstrument einer Erbschaftsteuerplanung an. Denn die Vorsteuerrenditen variieren bis auf vergleichsweise geringe Durchführungskostendifferenzen kaum. Die Auswahl der günstigsten Durchführungsalternative bei gegebenem Investitionsobjekt bildet daher den Schwerpunkt dieses Beitrags.

Zunächst werden die Grundprobleme internationaler Erbschaftsteuerplanung erläutert und die untersuchte Problematik in einen Gesamtzusammenhang eingeordnet. Anschließend werden die wesentlichen erbschaftsteuerlichen Bewertungsunterschiede für die verschiedenen Investitionsobjekte skizziert und die Besonderheiten bei Auslandsvermögen beschrieben.

---

[1] Vgl. z. B. *Gebel*, Betriebsvermögensnachfolge, S. VI f.; *Heyeres*, Zusammenwirken von Einkommensteuer und Erbschaftsteuer als Gestaltungsproblem der Unternehmensnachfolge, S. 6 ff.

[2] Vgl. zu Lenkungszielen als Zielsetzung der Steuergesetzgebung *Elschen*, StuW 1991, 1009 ff.

Kap. C quantifiziert die erbschaftsteuerlichen Belastungsunterschiede für die alternativen Investitionsobjekte. Im zentralen Kap. D werden die Durchführungsalternativen und deren erbschaftsteuerlichen sowie ertragsteuerlichen Implikationen erläutert. Die Vorteile aus einer Durchführungsform, die die Nutzung der erbschaftsteuerlichen Betriebsvermögensbegünstigung erlaubt, werden quantifiziert und anhand eines vollständigen Finanzplans mit möglichen ertragsteuerlichen Nachteilen verglichen. Zudem werden Gestaltungshinweise gegeben, wie die ertragsteuerlichen Nachteile der erbschaftsteuerlich günstigen Durchführungsformen vermieden werden können.

Die Zusammenfassung der wesentlichen Ergebnisse dieser Analyse beendet diesen Beitrag.

B. Notwendigkeit und Grundprobleme internationaler Erbschaftsteuerplanung

I. Notwendige Integration der Erbschaftsteuer in die Anlagenplanung

Der national bzw. international operierende Kapitalanleger strebt nach einem möglichst hohen Nutzen aus seiner Anlage. Dieser Nutzen resultiert aus einer bestimmten Renditeerwartung sowie der damit verbundenen Risikoschätzung. Dabei unterliegen sowohl die Renditeerwartung als auch die Risikoschätzung steuerlichen Einflüssen. Die Ertragsbesteuerung mindert durch die Besteuerung der Erträge die erwarteten Nettoerträge und mindert – zumindest soweit keine Verlustverrechnungsbeschränkungen bestehen und ausreichend Verrechnungspotenzial vorhanden ist – die vom Anleger zu tragenden Verlustpotenziale. Damit verändert sich neben der Renditeerwartung gleichzeitig die Risikoeinschätzung.

Aber auch innerhalb des Planungshorizontes auftretende, aperiodische Steuerbelastungen sind bei der Entscheidungsfindung zu erfassen. Die auch bei jungen und gesunden Anlegern positiven Sterbewahrscheinlichkeiten lassen eine Vernachlässigung der Erbschaftsteuer bei der Entscheidung über die Kapitalanlageformen in jedem Fall problematisch erscheinen. Durch den Übergang zur Verkehrswertbewertung bei gestiegenem persönlichen Freibetrag durch die Erbschaftsteuerreform ist die Bedeutung der Erbschaftsbesteuerung für alle Vermögen oberhalb der persönlichen Freibeträge deutlich angestiegen, insbesondere wenn dieses Vermögen wie in den meisten Fällen aus den bisher eher moderat bewerteten Vermögensarten Immobilien und Betriebsvermögen bestehen. Die höhere Bewertung in Verbindung mit den deutlich ausgeweiteten, aber auch restriktiveren „Missbrauchsregelungen" unterliegenden Betriebsvermögensbegünstigungen lassen zunehmend auch Risikoüberlegungen während der fünf- bzw. siebenjährigen Behaltensfristen[3] notwendig erscheinen.

II. Grundprobleme internationaler Erbschaftsteuerplanung

Bei der internationalen Erbschaftsteuerplanung sind im Wesentlichen drei Themengebiete von besonderer Bedeutung:

1. Welche erbrechtlichen Probleme ergeben sich durch den Auslandsbezug und inwieweit begrenzen diese die Gestaltungsmöglichkeiten.[4]

---

[3] Mit dem Wachstumsbeschleunigungsgesetz vom 22. 12. 2009, BGBl. I 2009, 3950 ff. wurden die zunächst auf sieben bzw. zehn Jahre verlängerten Behaltensfristen wieder rückwirkende ab dem 1. 1. 2009 auf fünf bzw. sieben Jahre verkürzt.

[4] Vgl. dazu den Beitrag von von *Oertzen/Reich*, in Grotherr, Handbuch der internationalen Steuerplanung, Teil 10, 1. Thema, Zivilrechtliche Gestaltungsgrenzen und -möglichkeiten internationaler Nachfolgepla-

2. Welche Gestaltungen sind geeignet, Doppelbesteuerungsgefahren durch die internationale Vermögensstreuung zu vermeiden?[5]
3. Wie können die Ansatz- und Bewertungsunterschiede des deutschen Erbschaftsteuerrechts durch die Gestaltung der Anlageform bei internationaler Portefeuillebildung zur Verminderung der Erbschaftsteuerbelastung genutzt werden?

Dieser dritte Bereich der internationalen Erbschaftsteuerplanung ist Gegenstand dieses Beitrags. Er wäre trivial und der Aufsatz damit überflüssig, wenn alle Anlageformen mit gleichen Wertansätzen und in identischem Umfang der Erbschaftsteuer unterlägen. Die Erbschaftsteuerreform hat lediglich dem ersten Aspekt die Bedeutung genommen. Der zweite Aspekt hat dagegen – trotz der Ausweitung der Betriebsvermögensbegünstigung auf EU-Vermögen – wegen der Ausweitung der Betriebsvermögensbegünstigung noch an Bedeutung gewonnen. Daher ist es auch weiterhin notwendig, zunächst die Grundstrukturen der Erbschaftsbesteuerung im Hinblick auf die Kapitalanlageformen darzustellen. Es soll dabei unterstellt werden, dass sowohl die Erben als auch der Erblasser ausschließlich in Deutschland ihren Wohnsitz haben, der Erblasser jedoch seine Anlagen international gestreut hat.[6]

1. Besteuerungsunterschiede bei Inlandsvermögen

1.1 Bewertungsunterschiede bei Inlandsvermögen

Die Vielfalt von Anlagemöglichkeiten erfordert für eine Untersuchung der erbschaftsteuerlichen Einflüsse zunächst eine Systematisierung. Erfolgt diese wegen des Untersuchungszwecks nach der bisherigen erbschaftsteuerlichen Behandlung, so sind folgende Investitionsobjektgruppen zu unterscheiden, die zur besseren Verdeutlich der Veränderungen durch die Erbschaftsteuerreform beibehalten werden sollen:

1. Geldvermögen und Forderungen des Privatvermögens
2. Grundbesitz im Privatvermögen
3. Anteile an notierten Kapitalgesellschaften
4. Anteile an nicht-notierten Kapitalgesellschaften
5. Betriebsvermögen und Anteile an mitunternehmerischen Personengesellschaften
6. Anteile an vermögensverwaltenden Personengesellschaften.

Worin liegen nun die zentralen Unterschiede in der Erfassung und Bewertung dieser unterschiedlichen Investitionsobjektgruppen?

Die vollständige Erfassung und die am Nennwert orientierte Bewertung von **Geldvermögen** und angemessen verzinsten Kapitalforderungen, die sich nicht in einem Betriebsvermögen befinden, lässt wenig Gestaltungsspielraum. Lediglich bei hoch ($i > 9\%$) bzw. niedrig ($i < 3\%$) verzinsten Forderungen ergeben sich durch die festen Wesentlichkeitsgrenzen und die Kapitalisierung der Zinsdifferenzen mit dem Steuerzinssatz von 5,5 % von der Marktbewertung abweichende Wertansätze.[7] Handelt es sich jedoch um börsennotierte Kapitalforderungen, werden diese auch mit

---

nungen, S. 1903.
[5] Vgl. dazu den Beitrag von *Arlt*, in Grotherr, Handbuch der internationalen Steuerplanung, Teil 10, 3. Thema, Vermeidung der Doppelbesteuerung bei internationalen Erbfällen und Schenkungen als Problem der Erbschaftsteuerplanung, S. 1951.
[6] Zur Wohnsitzverlagerung als Gestaltungsinstrument vgl. z. B. im Verhältnis zur Schweiz *Bischoff/Kotyrba*, BB 2002, 382 ff.; *Füger/Rieger*, IStR 1998, 460 ff.
[7] Vgl. dazu R 109 Abs. 2 ErbStR.

dem Marktwert also mit dem Börsenwert, erfasst. Hieran hat sich auch durch die Erbschaftsteuerreform nichts geändert.

Inländischer Grundbesitz wurde bisher mit dem nach einem pauschalisierten Ertragswertverfahren ermittelten Grundbesitzwert[8] angesetzt. Dieser Wert lag im Schnitt bei ca. 50 % des Verkehrswertes[9] und war einer der Gründe, warum das BVerfG[10] das bisherige Erbschaft- und Schenkungsteuergesetz für verfassungswidrig erklärt hat und in seinem Urteil eine einheitliche Bewertung mit dem Verkehrswert gefordert hat. Das BVerfG hat aber auch weiterhin Begünstigungen bestimmter Vermögensgruppen für zulässig erklärt, wenn diese Begünstigungen zielgenau und transparent sind und nicht in intransparenten Bewertungsverfahren gewährt werden. Mit der Erbschaftsteuerreform wurden zur annähernden Ermittlung des gemeinen Wertes inländischen Grundbesitzes folgende drei Bewertungsverfahren eingeführt: Das Vergleichsverfahren für Ein- und Zweifamilienhäuser sowie Eigentumswohnungen, das Ertragswertverfahren für Mietwohngrundstücke und Geschäftsgrundstücke sowie das Sachwertverfahren für Grundstücke, bei denen sich kein Vergleichswert oder keine übliche Miete feststellen lässt.[11]

Börsennotierte Anteile an Kapitalgesellschaften werden wie bisher mit dem Börsenkurs bewertet (§ 11 BewG). Der so ermittelte gemeine Wert erhöht bei Beteiligungen des Privatvermögens bis 25 %[12] in vollem Umfang den steuerpflichtigen Erwerb. Bei Beteiligungen des Privatvermögens von mehr als 25 % und bei Anteilen des Betriebsvermögens ist dagegen ein Verschonungsabschlag von 85 % bzw. 100 % möglich, wenn bestimmte Voraussetzungen (max. 50 % / 10 % Verwaltungsvermögen, Lohnsumme 400 % / 700 % der Ausgangslohnsumme innerhalb der 5 / 7 jährigen Behaltensfrist) eingehalten werden (§§ 13a, 13b ErbStG). Bei qualifizierten Beteiligungen an börsennotierten Anteilen (soweit die Gesellschaft ihren Sitz im Inland oder innerhalb der EU hat) ergeben sich durch die Erbschaftsteuerreform durch den von 35 % auf 85 % bzw. gar 100 % ausgeweiteten Verschonungsabschlag deutliche Vorteile.

Anteile an nicht-notierten Kapitalgesellschaften werden ebenfalls mit dem gemeinen Wert bewertet. Dieser wurde bisher jedoch – soweit er nicht aus Verkäufen innerhalb des letzten Jahres abgeleitet werden kann – regelmäßig[13] nach dem Stuttgarter Verfahren ermittelt,[14] wo-

---

[8] Vgl. zum Verfahren im Einzelnen §§ 138 ff. BewG und Gleichl. Erlasse der Länder v. 28. 5. 1997, BStBl 1997 I 592 ff. für bebaute Grundstücke und v. 15. 4. 1997, BStBl 1997 I 349 ff. für unbebaute Grundstücke sowie *Wittmann*, BB 1997, 548 ff.

[9] Vgl. z. B. *Moench*, Erbschaft- und Schenkungsteuer – Kommentar, § 12 Tz. 7.

[10] BVerfG v. 7. 11. 2006, 1 BvL 10/02, ZEV 2007, 76 ff. mit Anmerkung *Piltz*

[11] Vgl. zur neuen Grundstücksbewertung z. B. *Hecht/Cölln*, BB 2009, 810 ff.; *Drosdzol*, ZEV 2009, 7 ff.; *Mannek/Jardin*, DB 2009, 584 ff.; *Broekelschen/Maithert*, DStR 2009, 833 ff.; *Tremel*, ZEV 2009, 445 ff.; *Eisele*, ZEV 2009, 451 ff.; *Drosdzol*, DStR 2009, 1405 ff.

[12] Dies bezieht sich auf unmittelbare Beteiligungen (§ 13b Abs. 1 Nr. 3 ErbStG n. F.; § 13a Abs. 4 Nr. 3 ErbStG a. F.), wobei nach dem neuen Erbschaftsteuergesetz zur Ermittlung der Beteiligungsquote auch Anteile von anderen Personen, mit denen eine Vereinbarung mit Stimmrechtsbindung und Veräußerungsbeschränkungen besteht, miteinbezogen werden können (§ 13b Abs. 1 Nr. 3 Satz 2 ErbStG n. F). Die Einzelheiten zu den Anforderungen an derartige „Poolvereinbarungen" sind derzeit noch umstritten. Vgl. hierzu z. B. *Onderka/Lasa*, Ugb 2009, 309 ff.; *Weber/Schwind*, ZEV 2009, 1 ff.; *Feick/Nordmeier*, DStR 2009, 893 ff.; *Lahme/Zikesch*, DB 2009, 527 ff. Zu möglichen negativen Auswirkungen einer Poolvereinbarung auf Verlust- und Zinsvorträge vgl. *Honert/Obser*, BB 2009, 1161 ff.

[13] Die Bindung bei der Bewertung an das Stuttgarter Verfahren war bei der Erbschaftsteuer jedoch nicht so eng wie bei der Vermögensteuer. Vgl. dazu *Meincke*, Erbschaftsteuer- und Schenkungsteuergesetz – Kommentar, § 12 Anm. 43 ff.

[14] Vgl. im Detail R 97 ff. ErbStR 1998.

bei neben einer Substanzkomponente (ausgehend vom auf den Steuerbilanzwerten basierenden Einheitswert des Betriebsvermögens) noch eine Ertragskomponente in den gemeinen Wert einfloss. Dies galt auch bei der Bestimmung des gemeinen Wertes von Anteilen an ausländischen Kapitalgesellschaften.[15] Nach der Erbschaftsteuerreform ist der gemeine Wert – soweit er nicht aus Verkäufen innerhalb des letzten Jahres abgeleitet werden kann – unter Berücksichtigung der Ertragsaussichten der Kapitalgesellschaft oder einer anderen anerkannten, auch im gewöhnlichen Geschäftsverkehr für nichtsteuerliche Zwecke üblichen Methode zu ermitteln. Dabei ist die Methode anzuwenden, die ein Erwerber der Bemessung des Kaufpreises zu Grunde legen würde (§ 11 Abs. 2 BewG n. F.). In welchem genauen Verhältnis die verschiedenen im Gesetz genannten Methoden stehen und inwieweit der Steuerpflichtige ein Wahlrecht bezüglich der Bewertungsmethode hat, ist noch ungeklärt.[16]

Gewerbliche Einzelunternehmen, einer selbständigen Tätigkeit dienendes Vermögen und Anteile an **mitunternehmerischen Personengesellschaften** wurden bisher mit ihrem anteiligen Einheitswert bewertet,[17] der an den Steuerbilanzwerten anknüpfte.[18] Bei wesentlichen Bilanzposten wie z. B. bei Betriebsgrundstücken und Beteiligungen galten jedoch schon bisher regelmäßig vom Steuerbilanzwert abweichende Wertansätze. Nach neuem Erbschaftsteuergesetz wird inländisches Betriebsvermögen wie nicht notierte Anteile an Kapitalgesellschaften nach einem ertragswertorientierten Verfahren bewertet (§ 11 Abs. 2 i. V. m. § 109 und § 157 BewG).[19]

Der Erwerb von Anteilen an **vermögensverwaltenden Personengesellschaften** gilt als Erwerb der anteiligen Wirtschaftsgüter (§ 10 Abs. 1 Satz 4 ErbStG n. F.).[20] Schenkungen von Anteilen an nicht ausschließlich eigenfinanzierten vermögensverwaltenden Personengesellschaften stellen daher teilentgeltliche Übertragungen dar.

Nach der Rechtsprechung des BFH ermittelt sich die Bereicherung bei teilentgeltlichen lebzeitigen Übertragungen nach dem anteiligen Steuerwert des übertragenen Wirtschaftsgutes (sog. Wertermittlungsmethode) und nicht nach der Differenz zwischen dem Steuerwert des übertragenen Wirtschaftsgutes und dem Steuerwert der übernommenen Verbindlichkeiten (sog. Saldomethode).[21] Durch die grundsätzliche Annäherung der Bewertung an die Verkehrswerte ist der Unterschied zwischen der Anwendung der Wertermittlungsmethode und der Saldomethode jedoch weit weniger dramatisch als noch nach altem Recht.

In Umsetzung des Urteils des Bundesverfassungsgerichts wurde bei der Bewertung grundsätzlich vom gemeinen Wert ausgegangen. Durch die bei den einzelnen Vermögensarten unterschiedlichen Formen der Typisierung der Wertermittlung wird es jedoch auch künftig zu Bewer-

---

[15] Vgl. *Watrin*, Erbschaftsteuerplanung internationaler Familienunternehmen, S. 70 ff.

[16] Vgl. z. B. *Hübner*, Erbschaftsteuerreform 2009, S. 480 ff.; *Stalleiken/Theissen*, DStR 2009, 21 ff.; *Viskorf*, ZEV 2009, 591 ff.; *Hannes/Onderka*, ZEV 2009 421 ff.; *Piltz*, DStR 2009, 1829 ff.

[17] Zur Aufteilung des Einheitswerts vgl. R 166 ErbStR oder Gleichl. Erlasse der Länder v. 14. 4. 1997, BStBl 1997 I 399 ff., Tz. 1.3.2.

[18] Zu den bilanzpolitischen Möglichkeiten der verlängerten Maßgeblichkeit zur Verringerung der Erbschaftsteuerbelastung vgl. z. B. *Gebel*, DStR 1996, 1385 ff.

[19] Zur Bewertung von inländischem Betriebsvermögen mit Auslandsberührung vgl. *Gottschalk*, ZEV 2009, 157 ff.; *Hübner*, DStR 2009, 2577 ff.

[20] Vgl. auch *Kapp/Ebeling*, Erbschaftsteuer- und Schenkungsteuergesetz – Kommentar, § 10, Tz. 15.1.

[21] Die Übernahme von Verbindlichkeiten wird außer bei der Übernahme ganzer gewerblicher Betriebe und Anteilen an gewerblich tätigen Personengesellschaften als Entgelt angesehen. Dies führt zur Aufspaltung der Übertragung in einen entgeltlichen und einen unentgeltlichen Teil. Vgl. auch *Meincke* a. a. O. (oben Fn. 12), § 10, Anm. 20.

Trompeter

tungsunterschieden kommen, die derzeit jedoch noch schwer zu quantifizieren sind und wohl auch nicht mehr das Ausmaß der bisherigen Unterschiede erreichen werden.

1.2 Verschonungsregeln für Inlandsvermögen

Durch die deutlich reduzierten Bewertungsunterschieden haben die Verschonungsregelungen insbesondere für Betriebsvermögen[22] und vermietete Wohnimmobilien bei Gestaltungsüberlegungen an Bedeutung gewonnen.

1.2.1. Verschonungsregelungen für Betriebsvermögen

Für Betriebsvermögen stehen eine Standardverschonung und eine sog. Nulloption zur Verfügung, die durch folgende Merkmale gekennzeichnet sind:[23]

1. Verschonungsabschlag von 85 % bzw. 100 % (§ 13b Abs. 4 i. V. m.§ 13a Abs. 1 ErbStG n. F.)
2. Freibetrag von 150.000 € für den 85 % übersteigenden Wert (§ 13a Abs. 2 ErbStG n. F.).
3. Tarifbegrenzung auf das der Steuerklasse I entsprechende Niveau bei Empfängern der Steuerklassen II und III (§ 19a ErbStG n. F.).

Durch die teilweise drastisch gestiegenen Steuersätze in den Steuerklassen II[24] und III ist die Tarifbegrenzung gerade bei Unternehmensnachfolgen an weiter verwandte Familienangehörige von gestiegener Bedeutung.

Voraussetzung für die neuen Verschonungsregelungen ist, dass das begünstigte Betriebsvermögen weniger als 50 % (bzw. 10 % bei der Nulloption) Verwaltungsvermögen beinhaltet (sog. Vermögensverwaltungstest). Als Verwaltungsvermögen[25] gilt dabei:

- An Dritte vermietete Grundstücke, wobei es Ausnahmen für Betriebsaufspaltungen und Wohnungsunternehmen[26] gibt (§ 13b Abs. 2 Satz 2 Nr. 1 ErbStG n. F.).
- Beteiligung an Kapitalgesellschaften von nicht mehr als 25 % (§ 13b Abs. 2 Satz 2 Nr. 2 ErbStG n. F.)
- Beteiligungen an Personengesellschaften oder Beteiligungen von mehr als 25 % an Kapitalgesellschaft, wenn die Gesellschaften selbst mehr als 50 % Verwaltungsvermögen haben (§ 13b Abs. 2 Satz 2 Nr. 3 ErbStG n. F.).[27]
- Wertpapiere und vergleichbare Forderungen (§ 13b Abs. 2 Satz 2 Nr. 4 ErbStG n. F.)[28]

---

[22] Zum Problem des Wechsels der Vermögensart durch den Erbfall oder die Schenkung vgl. *Stobbe/Brüninghaus*, BB 1998, 1611 ff. und Gleichl. Erlasse der Länder v. 17. 6. 1997, BStBl 1997 I 673 ff., Tz. 3 – 7; *Troll/Gebel/Jülicher*, ErbStG-Kommentar, § 13a, Tz. 132; *Kapp/Ebeling* a. a. O. (oben Fn. 20), § 13a, Tz. 7.1 und 90.

[23] Vgl. überblicksartig z. B. *Brey/Merz/Neufang*, BB 2009, 692 ff.

[24] Mit dem Wachstumsbeschleunigungsgesetz (BGBl. I 2009, 3950 ff.) wurden die Steuersätze für die Steuerklasse II ab 1. 1. 2010 wieder deutlich gesenkt und liegen nun zwischen denen der Steuerklasse I und Steuerklasse III.

[25] Vgl. hierzu z. B. *Scholten/Korezkij*, DStR 2009, 147 ff.

[26] Vgl. speziell hierzu z. B. *Pauli*, DB 2009, 641 ff.

[27] Der Verwaltungsvermögenstest auf Ebene der Tochter-und Enkelgesellschaften und die Infektion des „Minderheitsvermögens" der Tochter- und Enkelgesellschaften durch das „Mehrheitsvermögen" führt zu interessanten Gestaltungsvarianten. Vgl. hierzu z. B. *Scholten/Korezkij*, DStR 2009, 147 ff. Vor allem in tief gegliederten Konzern kann dies dazu führen, dass geringe Veränderungen der Verwaltungsvermögensquote (z. B. durch einen Ergebnisrückgang bei einer Urenkelgesellschaft) auf unterster Ebene die Begünstigung von Beteiligungen an der Muttergesellschaft gefährden.

[28] Über den Begriff der vergleichbaren Forderungen wurde lange diskutiert. Nach Abschnitt 32 des gleich-

Auch wenn das Verwaltungsvermögen nicht überwiegt, sind die Begünstigungen nicht für sog. junges Verwaltungsvermögen zu gewähren, welches weniger als zwei Jahre dem Betrieb zuzurechnen war (§ 13b Abs. 2 Satz 3 ErbStG n. F.).

Da diese Begünstigungen missbrauchsgefährdet erscheinen, sind diese nachträglich abzuerkennen, soweit innerhalb von fünf (sieben) Jahren einer der folgenden Maßnahmen ergriffen wird:[29]

- Verkauf des begünstigten Vermögens oder wesentlicher Betriebsgrundlagen,
- Auflösung, Kapitalherabsetzung oder Umwandlung der Kapitalgesellschaft in eine Personengesellschaft,
- Entnahmen, die um mehr als 52.000 € die Gewinnanteile und Einlagen überschreiten[30],
- Aufhebung eines Poolvertrags oder
- Nichteinhaltung von 400 % (bzw. 700 %) der Ausgangslohnsumme innerhalb von fünf (bzw. sieben) Jahren nach der Übertragung. [31]

Diese Missbrauchsvorschriften bergen ein gewisses Gestaltungsrisiko. Steht die Gründung einer Personengesellschaft an oder soll zur Ausweitung des Finanzierungsvolumens das Sale and Lease Back-Verfahren bei einem Betriebsgrundstück angewendet werden, so erscheint es angezeigt, diese Maßnahme vor der Nachfolgeregelung durchzuführen, auch wenn die Finanzverwaltung in diesen Fällen auf eine Nachversteuerung zu verzichten scheint.[32] Die Qualität des Nachversteuerungsrisikos hat sich gewandelt: Es ist kurz nach der Übertragung aufgrund der gestiegenen Bewertung des höheren Verschonungsabschlags gewachsen, durch die grundsätzliche Einführung der Abschmelzung mit zunehmenden Zeitablauf jedoch entschärft worden.

Dies hat auch Einfluss auf die Vorteilhaftigkeit der Nulloption. In der bisherigen Diskussion wird die Nulloption wegen der längeren Behaltefrist relativ zu schlecht bewertet. Dabei wird aber lediglich die absolute Belastungshöhe[33], eventuell noch unter Berücksichtigung von Progressionswirkungen[34] in die Vorteilhaftigkeitsanalyse miteinbezogen. Berücksichtigt man jedoch, dass bei der Nulloption zunächst jegliche Zahlung vermieden werden kann und die nachträglich Besteuerung bei Verstoß gegen die Behaltensfristen ohne Zinsberechnung erfolgt, verschiebt sich die Vorteilhaftigkeit in Richtung Nulloption:

---

lautenden Ländererlasses vom 25. Juni 2009 (BStBl. I 2009, 713 ff.) qualifiziert die Finanzverwaltung Bargeld, Giro- und Sparkontoguthaben sowie Festgeldkonten nicht als vergleichbare Forderung und damit nicht als Verwaltungsvermögen.

[29] Zu den Anwendungsproblemen der bisherigen Missbrauchsregelungen vgl. z. B. *Jülicher*, DStR 1997, 1949 ff. Zu möglichen Umgehungen vgl. *Crezelius*, DB 1997, 1584 ff. Zu den neuen Behaltensfristen vgl. z. B. *Scholten/Korezkij*, DStR 2009, 304 ff.; *Siegmund/Zipfl*, BB 2009, 641 ff. und 804 ff.

[30] Zu Einzelheiten und Gestaltungsmöglichkeiten zur Vermeidung der Nachversteuerung bei der Gefahr des Verstoßes gegen die Entnahmebegrenzung vgl. *Christoffel*, INF 1999, 588 ff., 618 ff.

[31] Vgl. zur Lohnsummenprüfung z. B. *Scholten/Korjezkij*, DStR 2009, 253 ff.

[32] Vgl. R 63 Abs. 2 Satz 3 ErbStR.

[33] Vgl. z. B. *Richter/Viskorf/Philipp*, BB 2009, Beilage 2, S. 5.

[34] Vgl. *Scholten/Korezkij*, DStR 2009, .991 ff.

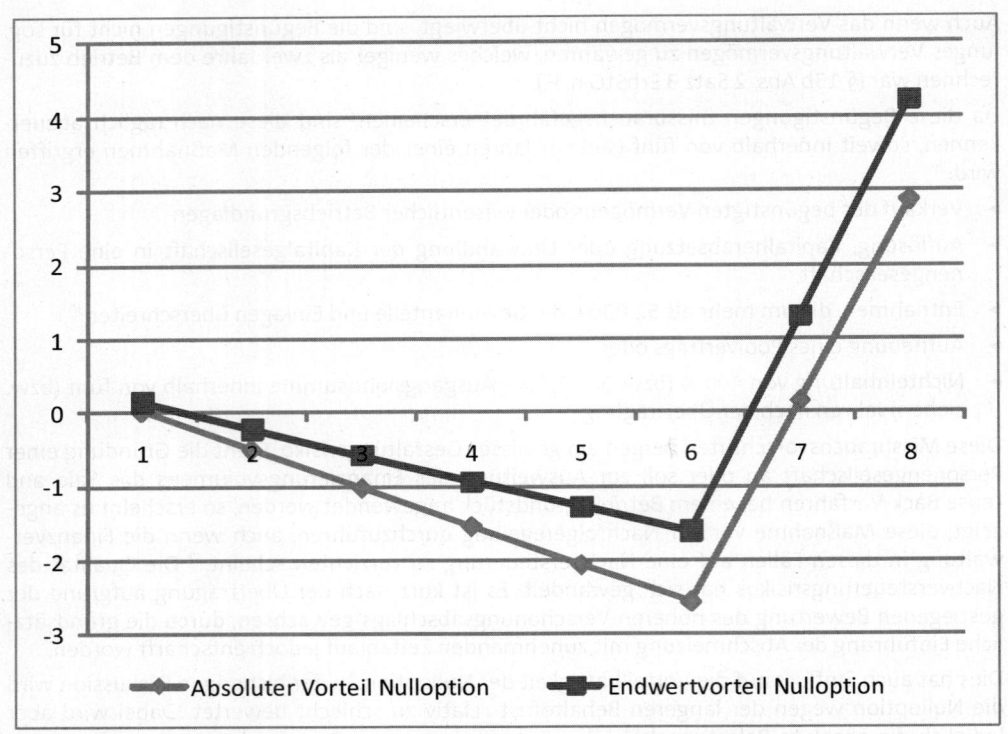

Abb. 1: Vorteil der Nulloption in Abhängig vom Jahr des schädlichen Verkaufs[35]

Auch wenn die Graphik zeigt, dass sich nicht der Zeitpunkt des Wechsels der Vorteilhaftigkeit ändert, jedoch das jeweilige Ausmaß. Da zum Zeitpunkt der Entscheidung über die Nutzung der Nulloption[36] lediglich eine üblicherweise im Zeitablauf steigende Wahrscheinlichkeitsverteilung über den künftigen Zeitpunkt des Verstoßes vorliegt, muss diese in die Entscheidung miteinbezogen werden. Dies kann dazu führen, dass ohne Beachtung der Zinswirkung auf eine Nulloption verzichtet wird obwohl diese die bessere Alternative wäre:

Zeitpunkt Verstoß	1	2	3	4	5	6	7	8	Summe
Wahrscheinlichkeit	0%	5%	8%	10%	13%	16%	20%	28%	100,00%
Vorteil absolut	0,00	-0,03	-0,08	-0,15	-0,27	-0,41	0,03	0,80	-0,12
Vorteil Endwert	0,00	-0,01	-0,05	-0,09	-0,17	-0,26	0,26	1,18	0,86

Abb. 2: Vorteil der Nulloption bei Wahrscheinlichkeitsverteilung für Jahr des schädlichen Verkaufs

---

[35] Die Berechnungen basieren auf einer Gesamt-Bemessungsgrundlage von 100 und einem einheitlichen Steuersatz von 19 %.

[36] Dies muss bis Bestandkraft des Schenkungs- bzw. Erbschaftsteuerbescheids erfolgen. Vgl. z. B. *Wälzholz*, DStR 2009, 1605 ff.

1.2.2. Verschonungsregelungen für Wohnimmobilien[37]

Für zu Wohnzwecken vermietete Immobilien ist ein Abschlag von 10 % möglich (§ 13c ErbStG n. F.). Die Übertragung der eigengenutzten Immobilie von Todes wegen an den Ehegatten oder Kinder ist unter bestimmten Voraussetzungen steuerfrei (§ 13 Abs. 1 Nr. 4 b und c ErbStG n. F.).

2. Besteuerungsunterschiede bei Auslandsvermögen

Auslandsvermögen ist nach § 12 Abs. 1 und 7 ErbStG n. F. wie bisher mit dem gemeinen Wert anzusetzen, der sich nach dem ersten Teil des BewG ergibt. Bewertungsabweichungen gegenüber dem Inlandsvermögen ergeben sich also immer dann, wenn für inländisches Vermögen Sonderregelungen im zweiten Teil des Bewertungsgesetzes anzuwenden sind. Dies gilt in zwei wesentlichen Bereichen:

1. Ausländischer Grundbesitz wird mit dem gemeinen Wert bewertet (§ 31 BewG i. V. m. § 12 Abs. 7 ErbStG).
2. Das ausländische Betriebsvermögen wird ebenfalls mit dem gemeinen Wert angesetzt (§ 31 BewG i. V. m. § 12 Abs. 6 ErbStG).[38] Nach R 39 Abs. 1 Satz 2 ErbStR konnten bisher die Steuerbilanzwerte übernommen werden, sofern dies nicht zu unangemessenen Werten führte. Ob diese Regelung angesichts der grundsätzlichen Bewertung zum gemeinen Wert künftig noch aufrecht erhalten werden kann, ist mehr als zweifelhaft. So möchte die Finanzverwaltung nach dem Erlass zu den §§ 199 ff. BewG n. F. das vereinfachte Ertragswertverfahren auch für ausländisches Betriebsvermögen anwenden.[39]

Neben diesen nun deutlich gesunkenen Bewertungsdifferenzen werden die unter 1.2.näher erläuterten Verschonungen nur für inländisches Vermögen oder Vermögen innerhalb der EU bzw. des EWR und damit nicht für ausländisches Vermögen im Drittlandsgebiet gewährt.

Diese Skizze der Erfassungs- und Bewertungsunterschiede offenbart die Bandbreite allein der Erbschaftsteuerwirkungen auf die Nachsteuerrendite der Kapitalanlageformen. Auch wenn es Ziel der Neuregelung der Erbschaft- und Schenkungsteuer war, die Anforderungen des Bundesverfassungsgerichts umzusetzen, bestehen auch an der Neuregelung weiterhin verfassungsrechtliche Bedenken.[40] Die weitere Entwicklung ist daher auch weiterhin aufmerksam zu beobachten.

III. Gestaltungsbereiche und Gestaltungsinstrumente einer Erbschaftsteuerplanung

Ansatzpunkte zur Beeinflussung dieser Erbschaftsteuerwirkungen finden sich in mehreren Bereichen. Neben den persönlichen Merkmalen, wie Familienverhältnisse und Lebensraum, stellen auch die Form der Generationennachfolge sowie die Gestaltung der Vermögensstruktur Gestaltungsbereiche dar. Innerhalb dieser Gestaltungsbereiche sind verschiedene Instrumente

---

[37] Vgl. hierzu im Detail *Schumann*, DStR 2009, 197 ff.; *Halaczinsky*, ZErB 2009, 21 ff.; *Hübner*, Erbschaftsteuerreform 2009, S. 458 ff.

[38] Zur Bewertung ausländischen Betriebsvermögens vgl. *Gottschalk*, ZEV 2009, 157.

[39] Gleichlautender Ländererlass vom 25. Juni 2009, BStBl. I 2009, 698 ff., Abschnitt 29 Abs. 2.

[40] So z. B. *Crezelius* auf der 60. Steuerrechtlichen Jahresarbeitstagung der Arbeitsgemeinschaft der Fachanwälte für Steuerrecht in Wiesbaden vom 11.-13. Mai 2009; derzeit ist ein erstes Verfahren vor dem BFH (Az.: II B 168/09) anhängig.

anwendbar. Abb. 1 gibt einen Überblick über wesentliche legale[41] Einflussmöglichkeiten auf die Erbschaftsteuerbelastung.

	Gestaltungsbereiche			
	Übertragungs-form	Familien-verhältnisse	Vermögensstruktur	Räumliche Verhältnisse
Gestaltungs-instrumente	▶ Zeitliche Streckung ▶ Gegen-leistung	▶ Ehe- und Güterstand ▶ Kinder	▶ Verteilung auf verschiedene Vermögens-arten ▶ Organisation der Investi-tionsdurch-führung ▶ Rechtsform-wahl	▶ Wohnsitz ▶ Vermögens-belegenheit

Abb. 3: Gestaltungsbereiche und Gestaltungsinstrumente der internationalen Erbschaftsteuerplanung[42]

Die folgenden Überlegungen konzentrieren sich auf den Gestaltungsbereich "Vermögensstruk-tur" und darin auf das Gestaltungsinstrument "Verteilung auf verschiedene Vermögensarten" und "Organisation der Investitionsdurchführung". Dabei lassen sind grundsätzlich zwei Schwer-punkte untersuchen:

1. Der Einfluss der Erbschaftsteuerbelastung auf die Nach-Steuer-Rendite/Risiko-Position un-terschiedlicher Investitionsobjekte bei Direktinvestitionen.
2. Die erbschaftsteuerlichen Belastungswirkungen bei unterschiedlicher Durchführung der Investition in bestimmte Investitionsobjekte.

Diese Schwerpunkte sind Gegenstand der folgenden beiden Kapitel.

C. Die Wahl der Investitionsobjekte als Gestaltungsinstrument

Die Abweichungen in der Erbschaftsteuerbelastung verschiedener Anlageformen ergeben sich unmittelbar aus den oben skizzierten Bewertungsunterschieden und sind in Abb. 4 überblicksar-tig dargestellt.

---

[41] Illegale Gestaltungsvarianten sollen hier nicht betrachtet werden. Zur ökonomischen Beurteilung von Steuerhinterziehung vgl. z. B. *Hundsdoerfer*, Die Steuerhinterziehung und ihre Integration in betriebs-wirtschaftliche Entscheidungsmodelle – Eine Wirkungsanalyse.

[42] Ähnlich bei *Watrin* a. a. O. (oben Fn. 15), S. 25.

Nr.	Vermögen	Erbschaftsteuerliche Bewertung	in % des Verkehrswertes (bisher)	in % des Verkehrswertes (neu)
1	Notierte Wertpapiere	Börsenkurs	100 %	100 %
2	Ausländische Grundstücke (bisher alle ausländische Grundstücke, neu nur Drittlandsgebiet	Gemeiner Wert = Verkehrswert	100 %	100 %
3	Kapitalforderungen des Privatvermögens	Nennwert mit Auf- bzw. Abschlägen wegen hoher bzw. niedriger Verzinsung	ca. 95-105 %	ca. 95-105 %
4	Ausländisches Betriebsvermögen (bisher alles ausländisches Vermögen; neu nur Drittlandsvermögen)	Gemeiner Wert (an Steuerbilanz orientiert); ohne Bewertungs- bzw. Verschonungsabschlag	ca. 70 %	ca. 100 %
5	Nicht notierte Anteile an Kapitalgesellschaften (außer Beteiligungen von mehr als 25 % an inländischen / neu: EU/EWG-Kapitalgesellschaften)	Gemeiner Wert der Anteile nach Stuttgarter Verfahren ohne Bewertungsabschlag (bisher) Gemeiner Wert nach ertragswertorientierten Verfahren (neu)	ca. 70 %	ca. 90 – 110 %
6	Inländische Grundstücke (neu: EU- / EWG-Grundstücke)	Grundbesitzwerte (bisher) Gemeiner Wert nach unterschiedlichen Bewertungsmethoden mit 10 % Verschonungsabschlag (neu)	ca. 50 %	ca. 90 %
7	Inländisches Betriebsvermögen, Beteiligungen an inländischen Kapitalgesellschaften von mehr als 25 % (neu: EU-/EWR-Belegenheit reicht; 25 %-Grenze durch Poolvereinbarung erreichbar)	Gemeiner Wert bzw. anteiliger Einheitswert; Freibetrag und Bewertungsabschlag von 35 % (bisher) Gemeiner Wert nach ertragswertorientierten Verfahren; Verschonungsabschlag von 85 % bis 100 %	ca. 30-40 %	ca. 0-15 %

Abb. 4: Umfang der erbschaftsteuerlichen Erfassung unterschiedlicher Vermögensarten

Es zeigt sich, dass zwar die Bewertungsunterschiede durch die grundsätzliche Orientierung am gemeinen Wert an Bedeutung verloren haben. Aufgrund der deutlich erweiterten Verschonung von Betriebsvermögen und noch einer moderaten Verschonung von Wohnungsimmobilien verbleiben auch weiterhin deutliche Unterschiede im Umfang der erbschaftsteuerlichen Erfassung der unterschiedlichen Vermögensarten. Ökonomisch betrachtet kommt es allein hierauf an. Ob diese Unterschiede auf Bewertungsdifferenzen oder spezifischen Verschonungsabschlägen beruhen, ist unerheblich.

Derartige erbschaftsteuerlichen Belastungsunterschiede verändern für den Erwerber die Nachsteuerrendite der unterschiedlichen Investitionen bzw. Organisationsformen. Der Abb. 5 liegt ein Vermögen mit einem Verkehrswert von 4 Mio. € zugrunde. Die bei einem Erbfall (Steuerklasse I, Freibeträge ausgeschöpft) anfallende Erbschaftsteuer geht als zusätzliche Auszahlung in die Ermittlung der Risiko/Chance-Position ein:

Vermö-gensart	Erbschaft-steuerliche Bemessungs-grundlage	Erbschaft-steuer	Ersparnis in % des Verkehrs-wertes	Ersparnis in % des Jahres-ertrages	Rendite neu[43]	Rendite bisher[44]
1,2	4.000.000	760.000	0,00 %	0,00 %	4,86 %	4,86 %
3	3.800.000 bis 4.200.000	722.000 bis 798.000	± 0,95 %	± 15,83 %	4,80 % bis 4,92 %	4,80 % bis 4,92 %
4	ca. 4.000.000	760.000	0,00 %	0,00 %	4,86 %	5,20 %
5	3.600.000 bis 4.400.000	684.000 bis 836.000	± 1,90 %	± 31,83 %	4,75 % bis 4,97 %	5,20 %
6	3.600.000	684.000	1,90 %	31,83 %	4,97 %	5,43 %
7	0 bis 500.000	0 bis 90.000	16,25 % bis 19,00 %	279,16 % bis 316,66 %	5,87 % bis 6,00 %	5,55 % bis 5,65 %

Abb. 5: Erbschaftsteuerbelastung je nach Vermögensart

Die Bedeutung der Steuerbelastung ist bei der Auswahl des Investitionsobjekts insgesamt aber eher gering. Bei der Entscheidung über die Investition in eine Schuldverschreibung, in eine ausländische Gewerbeimmobilie oder in Anteile an einer inländischen, aber international tätigen Kapitalgesellschaft steht die Einschätzung der zukünftigen Marktentwicklung im Vordergrund, auch wenn steuerliche Faktoren die Marktergebnisse korrigieren.

Ist das Investitionsobjekt dagegen festgelegt und wird nun nach einer geeigneten Form der Realisierung gesucht, tritt die Besteuerung stärker in den Vordergrund, da für die Vorsteuer-Betrachtung die Durchführungsform nahezu bedeutungslos ist. Die soeben abgeleiteten Belastungsunterschiede können dann dazu genutzt werden, eine Organisationsform für die Investition in eine aus nichtsteuerlichen Gründen präferierte Vermögensart zu finden, die mit einer möglichst geringen Erbschaftsteuerbelastung verbunden ist.

So kann eine unternehmerische Tätigkeit im Ausland direkt als ausländische Betriebsstätte, über die direkte Beteiligung an einer ausländischen Kapitalgesellschaft oder indirekt erfolgen, indem die Anteile an der ausländischen Kapitalgesellschaft im Betriebsvermögen einer inländischen Personen- oder Kapitalgesellschaft gehalten werden. Die beabsichtigte Immobilieninvestition kann direkt oder aber auch durch eine Kapitalgesellschaft oder Personengesellschaft vorgenommen werden.

Das folgende Kapitel zeigt derartige alternative Organisationsformen der Investitionsdurchführung auf und analysiert deren Vorteilhaftigkeit unter erbschaftsteuerlichen und ertragsteuerlichen Aspekten.

---

[43] Die Rendite errechnet sich aus eine Nachsteuer-Rendite von 6 % auf das nach Abzug der Erbschaftsteuer noch vorhandene Vermögen bezogen auf das vor dem Erbfall vorhandene Vermögen von 4 Mio. €.
[44] Vgl. zur Berechnung die 2. Auflage, S. 1529.

D. Die Form der Investitionsdurchführung als Gestaltungsinstrument

I. Grundlegende Folgen unterschiedlicher Durchführungsformen

Ist das Investitionsobjekt ausgewählt, muss über die Durchführungsform entschieden werden. Diese entscheidet über zwei wesentliche Fragen:

1. Entsteht durch die Investition steuerliches Privat- oder Betriebsvermögen?
2. Handelt es sich erbschaftsteuerlich um inländisches (bzw. EU- bzw. EWR belegenes) oder ausländisches (genauer Drittlands-) Vermögen?[45]

Die Antwort auf diese Fragen bestimmt die anzuwendenden Bewertungs- und Verschonungsregeln, die in Abb. 6 im Überblick zusammengefasst sind:

	Privatvermögen	Betriebsvermögen

Inländisches Vermögen (jetzt auch EU-/EWR-Vermögen)	▶ Gemeiner Wert
	▶ Volle Erfassung, mit Ausnahmen:
	  ▶ Beteiligungen an Kapitalgesellschaften von mehr als 25 % mit Sitz im Inland / EU / EWR Verschonungsabschlag und Tarifbegrenzung (§§ 13a, 19a ErbStG)
	  ▶ 10 %-Abschlag bei zu Wohnzwecken vermieteten Immobilien (§ 13c ErbStG)
		▶ Gemeiner Wert ermittelt nach einem ertragswertorientierten Verfahren.
		▶ Verschonungsabschlag und Tarifbegrenzung (§§ 13a, 19a ErbStG).

Ausländisches Vermögen (jetzt Drittlandvermögen)	▶ Gemeiner Wert ohne Verschonung.	▶ Gemeiner Wert ▶ Keine Begünstigung nach §§ 13a, 19a ErbStG.

Abb. 6: Erbschaftsteuerliche Bewertung in Abhängigkeit der Vermögenszuordnung

Die Entscheidung über die Zuordnung von inländischem Vermögen zum Privat- oder Betriebsvermögen ist auch bei international ausgerichteter Erbschaftsteuerplanung interessant. Denn die grundsätzlichen Folgewirkungen der Zuordnung sind auch bei im Ausland belegenen Vermögen zu beachten, wenn dies zu steuerlichem Inlandsvermögen gemacht wird.

Primäres erbschaftsteuerliches Ziel ist neben der Vermeidung der Doppelbesteuerung die Nutzung des Verschonungsabschlags und gegebenenfalls auch der Tarifbegrenzung. Dies erfordert eine Zuordnung zu einem inländischen Betriebsvermögen oder die Schaffung einer unmittelbaren Beteiligung an einer Kapitalgesellschaft von mehr als 25 % mit Sitz oder Geschäftsleitung im Inland bzw. EU-/EWR-Gebiet.

Die Einführung der Abgeltungsteuer hat der Vermögensverwaltung über eine GmbH an Attraktivität genommen. Aber wie auch zu Zeiten des Halbeinkünfteverfahrens sind generelle Aussa-

---

[45] Wenn im Folgenden von Inlandsvermögen oder inländischem Vermögen die Rede ist, ist damit das im Inland und im EU / EWR – Raum belegene Vermögen gemeint. Unter Auslandsvermögen wird nur im sog. Drittlandsgebiet belegenes Vermögen verstanden.

gen nicht möglich. Die Vorteilhaftigkeit hängt wie bisher von der Ausschüttungsquote, dem Ausschüttungszeitraum, dem Gewerbesteuerhebesatz und dem individuellen Einkommensteuersatz ab.[46] Die Gesamtwirkung der Durchführungsalternativen ist daher jeweils im Einzelfall zu ermitteln, was im Folgenden geschehen soll.

II. Vorteilhaftigkeitsüberlegungen bei Investitionen in inländisches Vermögen

1. Investitionen in inländisches Betriebsvermögen

Die Begünstigungen der §§ 13a, 19a ErbStG werden bei Investitionen in inländisches Betriebsvermögen unmittelbar gewährt, wenn der Verwaltungsvermögenstest bestanden wird. Unter inländischem Betriebsvermögen wird dabei das einer inländischen Betriebsstätte zuzurechnende Betriebsvermögen eines Einzelunternehmers oder einer zumindest gewerblich infizierten oder geprägten Personengesellschaft verstanden, unabhängig von der Belegenheit des Vermögens.[47] Eine besondere Durchführungsform der Investition ist daher aus erbschaftsteuerlicher Sicht nicht notwendig. Dagegen ist die ständige Überwachung der Verwaltungsvermögensquote notwendig.[48]

Wird für die Zukunft z. B. zur Vermeidung der Erbschaftsteuer ein Umzug ins Ausland geplant, ist die Wegzugsbesteuerung nach § 6 AStG zu beachten. Diese greift auch dann ein, wenn der Wegzug nicht in ein Niedrigsteuerland erfolgt. Diese Wegzugsbesteuerung betrifft nur Anteile an Kapitalgesellschaften im Privatvermögen i. S. d. § 17 EStG. Die Einlage dieser Anteile in eine inländische Betriebsstätte eines Betriebsvermögens oder einer gewerblichen Personengesellschaft vermeidet die Wegzugsbesteuerung, da die stillen Reserven weiter der deutschen Ertragsbesteuerung unterliegen (Betriebsstättenbesteuerung, Art. 7 OECD-MA). Zweifel an der Abschirmwirkung gegen die Wegzugsbesteuerung werden in der Literatur lediglich bezüglich nicht gewerblich tätigen, jedoch gewerblich geprägten Personengesellschaften geäußert.[49]

2. Investitionen in inländisches Privatvermögen

Bei inländischem Privatvermögen sind drei Gruppen zu unterscheiden:

1. Wesentliche Beteiligungen (mehr als 25 %) an inländischen Kapitalgesellschaften
2. Nicht wesentliche Beteiligungen (bis 25 %) an inländischen Kapitalgesellschaften
3. Sonstiges inländisches Vermögen, insbesondere Grundvermögen und Wertpapiervermögen

Bei der ersten Gruppe wird die Begünstigung der §§ 13a, 19a ErbStG unmittelbar gewährt, wenn alleine die unmittelbare Beteiligung mehr als 25 % beträgt. Besondere Gestaltungen sind daher nicht notwendig.

---

[46] Vgl. z. B. sehr krit. zur vermögensverwaltenden GmbH *Elser*, BB 2001, 805 ff.; zurückhaltend auch *Scheffler*, BB 2001, 2297 ff.; eher positiv, aber unter Einschluss erbschaftsteuerlicher Aspekte *Watrin*, GmbHR 2001, 583 ff.

[47] Vgl. *Piltz*, IStR 1998, 47 ff. (48).

[48] Da die Quote als Verhältnis der gemeinen Werte des Brutto-Verwaltungsvermögens (ohne damit zusammenhängende Verbindlichkeiten) zum gemeinen Wert des Betriebs berechnet wird, führen gerade in wirtschaftlich schwierigen Zeit Ertragsrückgänge wegen der ertragsorientierten Bewertung des gemeinen Wert des Betriebs zu einem u. U. drastischen Anstieg der Verwaltungsvermögensquote.

[49] Vgl. z. B. *Wassermeyer* in: Debatin/Wassermeyer, Art. 7 MA, Rz. 16a ff. und *Piltz/Wassermeyer* in: Debatin/Wassermeyer, Art. 7 MA, Rz. 85; *Wassermeyer*, IStR 2007, 413 ff.

Mit max. 25 % an inländischen Kapitalgesellschaften Beteiligte kommen nicht in den Genuss der §§ 13a, 19a ErbStG. Ihnen stehen drei Alternativen offen: 1. Die Erhöhung der unmittelbaren Beteiligung auf mehr als 25 % vor der Übertragung, 2. der Abschluss eines Poolvertrags zum Erreichen der Beteiligungsquote oder aber 3. die Einlage der nicht begünstigten Beteiligung in ein inländisches Betriebsvermögen unter Berücksichtigung der Verwaltungsvermögensquote. Um in diesem Fall die Begünstigungen zu erhalten, muss die Einlage mindestens zwei Jahre vor der geplanten Übertragung erfolgen, da auch bei Einhaltung der Verwaltungsvermögensquote das Verwaltungsvermögen, welches weniger als zwei Jahre dem übertragenen Betriebsvermögen zuzurechnen ist, nicht begünstigt ist (§ 13b Abs. 2 Satz 3 ErbStG n.F.). Die erste Alternative scheitert oft an fehlender Gelegenheit, die zweite an möglichen Konflikten zwischen den Gesellschaftern. Durch die Einlage in ein inländisches Betriebsstättenvermögen sind die künftigen Wertsteigerungen zwar steuerverhaftet, können aber durch eine gezielte Steuerung der Einlage- und Entnahmewerte zumindest reduziert werden. Ein Verzicht auf Ausschüttung vor der Einbringung zur Erhöhung des Teilwerts und die Ausschüttung der Gewinnrücklagen während der Betriebsvermögenszugehörigkeit kann einen Entnahmegewinn auch bei positiver Entwicklung der Gesellschaft verhindern.[50] Mögliche Nachteile durch die suboptimale Nutzung der Freibeträge bei Einkünften aus Kapitalvermögen oder Progressionsnachteile sind gegenzurechnen.

Bei geplanten Investitionen in sonstiges inländisches Privatvermögen wird grundsätzlich keine Begünstigung der §§ 13a, 19a ErbStG gewährt. Die bisherige Möglichkeit, durch die Gründung einer gewerblich geprägten Personengesellschaft trotz reiner Vermögensverwaltung erbschaftsteuerlich begünstigtes Betriebsvermögen eines Gewerbebetriebes zu schaffen und dieses nach Ablauf der Missbrauchsfrist von fünf Jahren (§ 13a Abs. 5 ErbStG) durch Auflösung der Personengesellschaft wieder zu ertragsteuerlich nicht länger verhaftetem Privatvermögen zu machen, besteht nach der Erbschaftsteuerreform für weite Teile des Privatvermögens nicht mehr, da dieses als Verwaltungsvermögen qualifiziert wird. Eine Ausnahme besteht aufgrund der Erlasse der Finanzverwaltung für Bargeld, Girokonten sowie Spar- und Festgeldkonten.[51] Besteht jedoch das Vermögen sowohl aus originär betrieblichem Vermögen und Privatvermögen, kann bis zur gesetzlichen Grenze von 50 % bei der Regelverschonung unter Beachtung der zweijährigen Frist auch weiterhin durch Einlage von Privatvermögen die Verschonung für Betriebsvermögen auch für Privatvermögen genutzt werden.[52] Das Ausmaß des Vorteils ist jetzt deutlich größer, die Voraussetzungen im Vorfeld (Verwaltungsvermögenstest) als auch die Missbrauchsvorschriften (z. T. längere Haltefristen, Lohnsummenklausel) jedoch deutlich restriktiver als bisher. Zudem ist das eingebrachte Vermögen durch die meist notwendige originär gewerbliche Tätigkeit regelmäßig höheren Haftungsrisiken ausgesetzt. Stellt das eingelegte Betriebsvermögen bei einer derartigen „Huckepacklösung" keine wesentliche Betriebsgrundlage dar, kann es nach der Übertragung auch kurzfristig entnommen werden, solange die Entnahmebegrenzung nach Ablauf der fünfjährigen Haltefrist beachtet wird.[53]

---

[50] Die Verrechnung eines Entnahmeverlustes kann an einem unter der Regie des Anrechnungsverfahrens gebildeten Sperrbetrag nach § 50c Abs. 11 EStG scheitern, da die Veräußerung einer eingelegten nicht wesentlichen Beteiligung nicht steuerpflichtig gewesen wäre. Vgl. § 50c Abs. 11 Satz 3 EStG i. V. m. § 52 Abs. 59 EStG.

[51] Vgl. Abschnitt 32 des gleichlautenden Erlasses zur Umsetzung des Gesetzes zur Reform des Erbschaftsteuer- und Bewertungsrechts vom 25. Juni 2009, BStBl. I 2009, 713 ff.

[52] Dabei ist jedoch auf den zur Schaffung von (gewillkürtem) Betriebsvermögen notwendigen Förderungszusammenhang zu achten. Hierzu vgl. z. B. *Heinicke*, in: Schmidt, EStG-Kommentar, § 4, Rz. 151.

[53] Zu Möglichkeiten der Vermeidung einer Überentnahme, z. B. durch Einlagen kurz vor Ablauf der 5-Jahresfrist vgl. *Toll/Gebel/Jülicher*, ErbStG-Kommentar, § 13a, Rz. 315 ff.

Wird die verbleibende Gestaltungsmöglichkeit genutzt und auf diesem Wege aus Privatvermögen gewerbliches Betriebsvermögen generiert, ergeben sich zum Teil gegenläufige Wirkungen bei der Erbschaft- und der Einkommensteuer:

1. Bei der Übertragung des insgesamt begünstigten Betriebsvermögens werden die Begünstigungen der §§ 13a, 19a ErbStG gewährt. Dies führt zum Zeitpunkt der Übertragung regelmäßig zu einer deutlich gestiegenen Erbschaftsteuerminderung durch den hohen Verschonungsabschlag und u. U. auch durch eine günstigere Progressionsstufe.

2. Wertsteigerungen, genauer gesagt die Differenz des Teilwerts und des Buchwerts, des so entstehenden Betriebsvermögens unterliegen bei der Auflösung der Personengesellschaft nach fünf Jahren der Einkommensteuer. Dies führt regelmäßig zu einer zusätzlichen Einkommensteuerbelastung, die stark von der Wertsteigerung des Vermögens abhängig ist. Es werden jedoch nicht nur die Wertsteigerungen über den Einlagewert hinaus erfasst, sondern auch die nicht durch Wertminderungen gedeckten Abschreibungen (und dies ist zumindest bei Grundvermögen die Regel) wieder rückgängig gemacht.

3. Bei den jährlichen Einkünften handelt es sich dann um gewerbliche Einkünfte und nicht mehr um Einkünfte aus Kapitalvermögen oder Vermietung und Verpachtung. Es entsteht eine gewerbeertragsteuerliche Zusatzbelastung, die durch die Anrechnung der Gewerbesteuer (§ 35 EStG) in Abhängigkeit der sonstigen Einkünfte und des Gewerbesteuersatzes nicht mehr überkompensiert werden kann, jedoch weiterhin bei Anrechnungsüberhängen auch zu einem Großteil als definitive Belastung verbleiben kann.[54]

4. Die Einlage des Privatvermögens in das Betriebsvermögen ist mit dem Teilwert anzusetzen, wenn das Vermögen nicht innerhalb der letzten drei Jahre angeschafft wurde (§ 6 Abs. 1 Nr. 5 EStG). Wurde das eingelegte Vermögen zuvor jedoch – wie in diesen Fällen üblich – zur Erzielung von Überschusseinkünften verwendet, gilt als AfA-Basis nicht der Einlagewert, sondern die um die bis zum Einlagezeitpunkt vorgenommenen Abschreibungen gekürzte Anschaffungs- bzw. Herstellungskosten (§ 7 Abs. 1 Satz 5 EStG). Je nach Auslegung dieser Vorschrift und Alter der eingelegten Wirtschaftsgüter können die jährlichen Abschreibungsbeträge steigen bzw. mehr oder weniger stark sinken.[55] Bei Gebäuden, die nicht Wohnzwecken dienen, kommt es durch die Einlage z. Zt. noch zu einem höheren Abschreibungssatz (§ 7 Abs. 4 Satz 1 Nr. 1 EStG). Nach Entnahme in das Privatvermögen sind die Abschreibungen vom Teilwert vorzunehmen.[56] Die Entnahme gilt als Anschaffung i. S. d. § 23 EStG, so dass bei einer Veräußerung eines mit diesem Modell übertragenen Grundstücks innerhalb von 10 Jahren nach der Entnahme die Gewinne als steuerpflichtige Veräußerungsgewinne des Privatvermögens (§ 23 EStG) zu erfassen sind. Die Abschaffung der "Spekulationsfrist" bei Wertpapieren im Rahmen der Einführung der Abgeltungsteuer (§ 20 Abs. 2 EStG) erhöht

---

[54] Zu den Problemen der Anwendung des § 35 EStG nach Änderung durch das JStG 2008 vgl. *Korezkij*, DStR 2008, 491 ff. Die Verwaltung äußert sich zur Ermittlung des Ermäßigungshöchstbetrags und zur Anrechnung bei Mitunternehmerschaften im BMF-Schreiben v. 24. 2. 2009, IV C 6 - S 2296 - a/08/10002, DStR 2009, 481

[55] Bei der Auslegung war lange umstritten, ob die im Gesetzestext genannten Anschaffungs- bzw. Herstellungskosten die historischen Beträge vor der Einlage oder den Einlagewert bezeichnen. Mit seinem Urteil vom 18. August 2009 (X R 40/06, DStR 2009, 2655) hat der BFH zugunsten der Steuerpflichtigen entschieden, dass vom Einlagewert auszugehen ist. Ein weiteres Revisionsverfahren (VIII R 46/07) ist allerdings noch nicht entschieden. Vgl. zum Meinungsstand vor der BFH-Entscheidung *Kulosa*, in: *Schmidt*, EStG-Kommentar, 2009, § 7, Rz. 80 m. w. N.

[56] Die Bewertung der Entnahme zum Teilwert folgt aus § 6 Abs. 1 Nr. 4 Satz 1 EStG, die Berechnung der Abschreibungen aus R 7.4 Abs. 10 Satz 1 Nr. 1 EStR 2008.

Trompeter

den Vorteil der Einlage in ein Betriebsvermögen, da die Wertsteigerungen auch im Privatvermögen steuerpflichtig wären.

Um die Vorteilhaftigkeit dieser "Umwandlung" von Privatvermögen in Betriebsvermögen beurteilen zu können, ist der Saldo dieser unterschiedlichen Steuerwirkungen zu erfassen. Dazu wurde unter der Annahme einer unmittelbar bevorstehenden Übertragung eines Grundstücks des Privatvermögens ein vollständiger Finanzplan entwickelt (Abb. 7).[57]

Prämissen:								
Wertsteigerungen p.a.		1,00%		Steuerwert des Grundstücks in t_0				3.060.300
Abschreibung p.a. (20% Grundstück)		2,00%		Verkehrswert des Objekts in t_0				3.060.300
Steuersatz		42,00%		Steuerwert = Verkehrswert übern. Verschuldung				0
Steuersatz für § 34-Einkünfte		42,00%	100%	AK Grundstück (dav. 80% = bisher AfA-BMG)				3.000.000
				Bisherige AfA bei Überschußeinkünften				240.000
				Alter des Gebäudes im Einlagezeitpunkt t_{-2}				5
				Persönlicher Freibetrag				400.000
Zinssatz für Anlage des Vorteils		3,00%		Steuerklasse				1
Teilwert in t_{-2}		3.000.000		Nutzung zu Wohnzwecken ja = 1; nein = 2				1
AfA 7 Jahre 2% auf 80%		302.400						
Mehr-/Weniger-AfA nach Einlage p.a.		-4.800		**Ermittlung des Entnahmegewinns**				
Weniger-AfA bei Direktübertr.p.a.		0		Teilwert in t_5				3.216.406
Evtl. Mehr-AfA p.a. bei BV		0		Buchwert				2.697.600
				Entnahmegewinn				518.806
				Steuer auf den Entnahmegewinn				217.899

	t_{-2}	t_{-1}	t_0	t_1	t_2	t_3	t_4	t_5
Schenkungsteuervorteil aus Maßnahme			443.178					
Mehrkosten Verwaltung	-5.000	-5.000	-5.000	-5.000	-5.000	-5.000	-5.000	-5.000
Steuerersparnis auf Kosten	2.100	2.100	2.100	2.100	2.100	2.100	2.100	2.100
Steuerwirkung Mehr-/Weniger-AfA		-2.016	-2.016	-2.016	-2.016	-2.016	-2.016	-2.016
Steuerwirkung Mehr-AfA bei BV		0	0	0	0	0	0	0
Rückfluss/Tilgung aus Vorjahr		-2.900	-7.866	430.259	432.829	435.445	438.105	440.812
Zinsen aus Anlage/Kredit aus Vorjahr		-87	-236	12.908	12.985	13.063	13.143	13.224
Steuerwirkungen der Zinsen		37	99	-5.421	-5.454	-5.487	-5.520	-5.554
Zwischensaldo	-2.900	-7.866	430.259	432.829	435.445	438.105	440.812	443.566
Verzinsliche Anlage des Vorteils	2.900	7.866	-430.259	-432.829	-435.445	-438.105	-440.812	0
Steuer auf Entnahme- bzw. Liquidationsgewinn								-217.899
							Endwert des Modells	**225.668**
							plus Barwert künftiger AfA-Vorteile	**160.775**
						Gesamtergebnis der gewerblichen Prägung bezogen auf t_5		**386.443**

Ab t_6 gilt:	Nach Entnahme AfA 2% vom Entnahmewert (80%)	2.573.125	ergibt p.a.	51.462
	Ohne gewerbliche Prägung bleibt es bei 2% p.a. von	2.400.000	ergibt p.a.	48.000
	Somit verbleibt eine jährliche Mehrabschreibung von			**3.462**

Für	38 Jahre verbleibt diese jährliche Mehrabschreibung von	3.462	40.186
Vom	39 bis 50. Jahr nur AfA bei Einlage/Entnahme von	51.462	120.589
	12 Mehrjahre Abschreibung	**Barwert künftiger AfA-Vorteil**	**160.775**
	Bei Zins von 3,00% u. Steuersatz 42,00%	1,74% Nachsteuerzins	

Abb. 7: Finanzplan bei Einlage eines Grundstücks des Privatvermögens in ein Betriebsvermögen zwei Jahre vor Übertragung und Entnahme fünf Jahre nach Übertragung[58]

Die Ergebnisse zeigen, dass im Vergleich zur bisherigen Gesetzeslage die erbschaftsteuerlichen Vorteile durch den Verschonungsabschlag für Betriebsvermögen gegenüber den ertragsteuerlichen Abschreibungswirkungen deutlich an Einfluss gewonnen haben. Die ertragsteuerlichen Abschreibungswirkungen haben jedoch eine umso größere relative Bedeutung, je geringer die bisherige Abschreibungsbasis in Prozent des Teilwerts bei Einlage ist. Dies zeigt die folgende Übersicht:

---

[57] Dabei wird unterstellt, dass im Zeitpunkt der Einlage kein privater Veräußerungsgewinn i. S. d. § 23 EStG entsteht.

[58] Dieser Finanzplan basiert auf einem von *Weßling* (DStR 1997, 1381 ff.) entwickelten Modell. *Weßling* vernachlässigt jedoch zum einen Effekte (anteilig) fremdfinanzierten Grundbesitzes und zudem die Unterschiede in der Abschreibungsmöglichkeit. Die Erhöhung des AfA-Volumens vernachlässigt auch *Kroschel/Wellisch*, DB 1998, 1632 ff.

Bisherige AfA-Basis in % des TW	Saldo 7 Jahre nach Einlage	Abschreibungsvorteile nach Entnahme	Gesamtwirkung
25	443.005	578.595	1.021.600
50	370.959	439.322	810.281
75	298.313	300.049	598.362
90	254.726	216.485	471.211
100	225.668	160.775	386.443

Abb. 8: Wirkungen einer Einlage in ein Betriebsvermögen bei unterschiedlichen bisherigen Abschreibungsbasen

Ein wesentlicher Faktor für die Vorteilhaftigkeit der Gestaltung ist der Zinssatz, mit dem einerseits der Schenkungsteuervorteil angelegt werden kann, mit dem andererseits die Vorteile aus den Mehrabschreibungen aufgrund der Entnahme bei Auflösung der Personengesellschaft abgezinst werden müssen. Insgesamt ergibt sich ein U-förmiger Verlauf. Bei niedrigem Zinsniveau führen steigende Zinsen zunächst zu einem Rückgang der Vorteilhaftigkeit, da sich die stärkere Abzinsung der künftigen Abschreibungsvorteile stärker auswirkt als der Vorteil aus der höheren Verzinsung der Anlage der Schenkungsteuer. Mit weiter steigenden Zinsen kommt es dann (hier ab ca. 8 %) zu einem steigenden Gesamtvorteil, da sich die weitere Abzinsung nicht mehr so stark auswirkt, wie die höhere Verzinsung des Schenkungsteuervorteils. Diese Wechselwirkung zeigt auch die Graphik in Abb. 9.

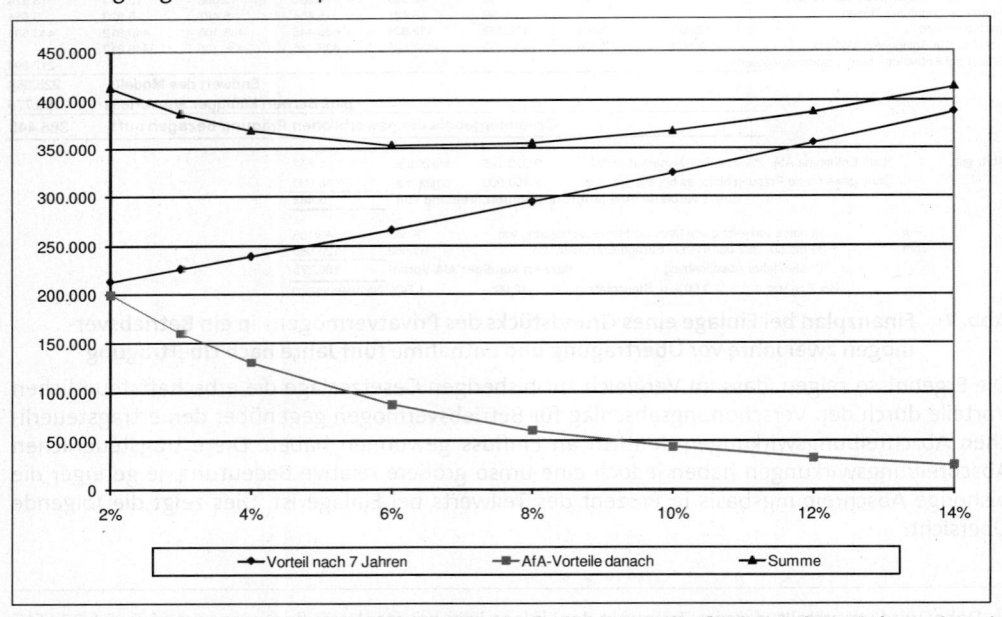

Abb. 9: Die Wirkung von Zinsänderungen auf die Vorteilhaftigkeit der Einlage in ein Betriebsvermögen

Die unterschiedliche Bereicherungsberechnung bei direkter Übertragung verschuldeten Grundbesitzes und bei der Übertragung von Betriebsvermögen oder Anteilen an mitunternehmerischen Personengesellschaften (Wertermittlungsmethode vs. Saldomethode) ist nach neuer Rechtslage wegen der Verkehrswertbewertung von untergeordneter Bedeutung. Da die mit dem Verwaltungsvermögen zusammenhängenden Verbindlichkeiten nur den Gesamtwert des Betriebs aber nicht die Höhe des Verwaltungsvermögens reduzieren, ist zudem von der Einlage fremdfinanzierten Verwaltungsvermögens grundsätzlich abzuraten, da hierdurch das zur Verfügung stehende Volumen für Verwaltungsvermögen stark reduziert wird. Dieser Einflussfaktor wird daher nach neuem Recht nicht mehr näher untersucht.

Zwei weitere Parameter beeinflussen die Vorteilhaftigkeit dieser Gestaltungsvariante: Das jährliche Wertwachstum der eingelegten Wirtschaftsgüter, da dies den Entnahmegewinn bestimmt und der Steuersatz auf diesen Entnahmegewinn. Die beiden folgenden Tabellen zeigen die Bedeutung vor allem des jährlichen Wertwachstums auf die Vorteilhaftigkeit der Gestaltung:

Wertsteigerung in % p. a.	Saldo nach 7 Jahren nach Einlage	Abschreibungsvorteile nach Entnahme	Gesamtwirkung
0	378.654	251.749	630.403
1	298.313	300.049	598.362
2	212.515	351.305	563.820
3	120.978	405.666	526.643
5	-80.493	524.331	443.838
10	-712.807	886.981	174.174

Abb. 10: Wirkungen einer Einlage bei unterschiedlicher Wertsteigerung des eingebrachten Grundbesitzes (75 % historische Anschaffungskosten)

Die Vorteilhaftigkeit der Einlage von Privatvermögen in ein Betriebsvermögen als Gestaltungsmöglichkeit nach der Erbschaftsteuerreform reagiert sehr sensibel auf Wertsteigerungen des eingelegten Vermögens. Denn je höher die Wertsteigerungen, desto höher ist die Steuerzahlung auf den Entnahmegewinn nach Ablauf der Behaltensfrist. Werden bei einem Vermögensgegenstand des Privatvermögens daher hohe künftige Wertsteigerungen erwartet, ist zu prüfen, ob – soweit es sich nicht um wesentliche Betriebsgrundlagen handelt – eine Entnahme schon vor Ablauf der Behaltensfrist sinnvoll erscheint. Bei einer Entnahme vor Ablauf der Behaltensfrist ist jedoch die Entnahmebegrenzung im Auge zu behalten und u. U. eine Einlage anderen Vermögens kurz vor Ablauf der Behaltensfrist erforderlich.

Je höher die Wertsteigerungen sind, desto höher wird der Entnahmegewinn und desto mehr Bedeutung kommt dem Steuersatz auf den Entnahmegewinn zu. Aber wie die Analyse aus Abb. 11 zeigt, kann eine möglicherweise geringe Besteuerung des Entnahmegewinns die Nachteile hoher Wertsteigerungen regelmäßig nicht ausgleichen. Es ist also darauf zu achten, dass für die sieben Jahre Betriebsvermögenseigenschaft des bisherigen Privatvermögens Wertsteigerungen möglichst vermieden werden. Dies kann z. B. dadurch geschehen, dass werterhöhende Sanierungen oder Renovierungen entweder noch vor der Einlage oder aber erst wieder nach der Entnahme vorgenommen werden.

Steuersatz auf Entnahmegewinn	Saldo nach 7 Jahren Einlage	Abschreibungsvorteile nach Entnahme	Gesamtwirkung
45 %	210.104	160.775	370.879
42 %	225.668	160.775	386.443
35 %	261.984	160.775	422.760
30 %	287.925	160.775	448.700

Abb. 11: Wirkungen einer gewerblichen Prägung bei unterschiedlicher Versteuerung des Entnahmegewinns

Die folgende Übersicht zeigt die verschiedenen Einflussparameter auf die Vorteilhaftigkeit einer Einbringung von Privatvermögen im Rahmen der zulässigen Verwaltungsvermögensquote bei einer anstehenden Übertragung an die nächste Generation.

Parameter (je höher, desto...)	Wirkung auf Saldo nach sieben Jahren	Wirkung auf die Abschreibungsvorteile	Gesamtwirkung
Bisherige AfA-Basis	▼	▼▼▼	↓↓↓↓
	▼▼	▼	↓↓↓
Wertsteigerung	▼▼▼▼▼	▲▲	↓↓↓
Zinssatz	▲	▼▼▼▼	↓↓↓
Steuersatz § 34	▼▼	▶	↓↓

Abb. 12: Überblick über die Wirkungen verschiedener Parameter auf die Vorteilhaftigkeit einer gewerblichen Prägung

Eine andere – bisher kaum diskutierte – Variante ist die Einbringung des Grundbesitzes in eine GmbH. Diese Variante ist jedoch – wie in der Vorauflage ausführlich erläutert – im Wesentlichen wegen der zusätzlichen Grunderwerbsteuerbelastung im Vergleich zur Einbringung in ein Einzelunternehmen bzw. eine Mitunternehmerschaft nicht vorteilhaft, zumal der bisherige Vorteil einer gegenüber einem Mitunternehmeranteil möglicherweise geringeren Bewertung des Anteils an der GmbH nach der Erbschaftsteuerreform auch nicht mehr realisierbar ist.

Aber auch, wenn das Privatvermögen nicht aus Grundstücken, sondern aus Geld- und Wertpapiervermögen besteht, ist die GmbH-Lösung gegenüber der Einlage in ein Einzelunternehmen oder eine gewerblich tätige Mitunternehmerschaft aus steuerlichen Gründen nicht mehr vorteilhafter, im Gegenteil: Die Bewertungsunterschiede gibt es nicht mehr und bei Anteilen an GmbHs muss noch die Mindestbeteiligung von 25 % überschritten werden.

Die entscheidende Änderung ergibt sich jedoch aus der Neustrukturierung der Verschonungsregelungen für Betriebsvermögen. Durch Einführung der Vorbehaltensfrist und vor allem der Höchstgrenze für Verwaltungsvermögen ist zur Umwidmung von Privatvermögen nun regelmäßig in mindestens gleichem Umfang originär gewerbliches Vermögen notwendig.[59] Die Entscheidung zwischen der Einlage von Privatvermögen in ein Einzelunternehmen, eine Mitunter-

---

[59] Dies gilt nach Auffassung der Finanzverwaltung jedoch nicht bei Einlage von Bargeld, Guthaben auf Girokonten und bei Spar- und Festgeldkonten; vgl. Abschnitt 32 des gleichlautenden Erlasses zur Umsetzung des Gesetzes zur Reform des Erbschaftsteuer- und Bewertungsrechts vom 25. Juni 2009, BStBl. I 2009, 713 ff. Wie lange diese Auffassung Bestand hat und ob sie im Fall einer gerichtlichen Auseinandersetzung belastbar ist, erscheint nicht gesichert.

nehmerschaft oder eine GmbH wird daher künftig auch davon abhängig, wie das originär gewerbliche Vermögen organisiert ist. Und diese Vorentscheidung richtet sich – zudem auch hierfür rechtsformspezifische Bewertungsunterschiede kaum noch bestehen – nicht mehr primär nach schenkungsteuerlichen, sondern vorwiegend nach ertragsteuerlichen oder außensteuerlichen Kriterien.

III. Vorteilhaftigkeitsüberlegungen bei Investitionen in ausländisches Vermögen

Bei Investitionen in ausländisches[60] Vermögen ergeben sich neben den bei der Einlage inländischen Privatvermögens aufgezeigten Fragestellungen weitere Probleme der Erbschaftsteuerplanung:

1. Die Bewertungsmethoden zur Bestimmung des gemeinen Wertes[61] weichen bei ausländischem Vermögen zwar z. T. deutlich von den Methoden bei inländischem Vermögen ab. Ob dies auch Bewertungsunterschiede der Höhe nach im Vergleich zum angestrebten gemeinen Wert zur Folge hat, ist derzeit nur schwer absehbar.
2. Die Begünstigungen der §§ 13a, 19a ErbStG werden für Betriebsvermögen nur gewährt, wenn es als inländisches Betriebsvermögen angesehen wird.[62] Eine reine Umwidmung von (ausländischem) Privatvermögen in (ausländisches) Betriebsvermögen ist daher nicht ausreichend.
3. Bei ausländischem Vermögen besteht regelmäßig die Gefahr der Doppelbesteuerung im Übertragungsfall[63].

Die bisherigen Bewertungsunterschiede stehen aufgrund der vom Bundesverfassungsgericht geforderten und durch die Erbschaftsteuerreform im Grundsatz auch umgesetzten Bewertung aller Vermögensarten mit dem gemeinen Wert für die Erbschaftsteuerplanung nicht mehr im Mittelpunkt des Interesses.

---

[60] Wegen der Ausdehnung der Verschonungen für Betriebsvermögen auf EU- und EWR-belegenes Vermögen soll im Folgenden unter ausländischem Vermögen nur in sog. Drittländern belegenes Vermögen verstanden werden.

[61] Während die Bewertungsvorschriften für Anteile an Kapitalgesellschaften international ausgestaltet sind, ergeben sich für inländisches und ausländisches Betriebsvermögen Unterschiede, da nach der Verweisungstechnik inländisches Betriebsvermögen in Rahmen einer einheitlichen Ertragswertbewertung und ausländisches Betriebsvermögen nach den wirtschaftsgutsbezogenen Vorschriften des ersten Teils des BewG bewertet werden sollen. Vgl. hierzu im Einzelnen *Gottschalk*, ZEV 2009, 157 ff.; *Hübner*, DStR 2009, 2577 ff. Erfassungsunterschiede im Ausland als Folge schwankenden Aktivitätsniveaus der Finanzverwaltungen sollen hier nicht betrachtet werden, zumal die immer weitere Ausdehnung der Mitwirkungspflichten und neuerdings auch Strafandrohungen (Versagung des BA-Abzugs) eine Nutzung derartiger Unterschiede immer weiter einschränken.

[62] Mit der Erbschaftsteuerreform wurden die Verschonungen für inländisches Vermögen auch für Vermögen mit Belegenheit im EU- bzw. EWR-Ausland eingeführt. Dies ist u. a. die Folge der kritischen Diskussion um die Vereinbarkeit dieser Begrenzung auf inländisches Betriebsvermögen mit dem EU-Recht (vgl. krit. *Dautzenberg/Brüggemann*, BB 1997, 130; *Wacker*, IStR 1998, 41) und der Entscheidungspraxis des EuGH, bei europarechtswidrigen Regelungen den betroffenen Staaten keine Übergangsschonfrist zu gewähren, wie dies etwa das Bundesverfassungsgericht in Fällen verfassungswidriger Steuergesetze bisher regelmäßig tut. Im Folgenden umfasst daher der Begriff inländisches Vermögen auch im EU- bzw. EWR-Gebiet belegenes Vermögen.

[63] Doppelbesteuerungsgefahren bestehen aber auch bei im EU- bzw. EWR-Gebiet belegenem Vermögen.

Trompeter

Dagegen führt die deutliche Ausweitung des Verschonungsabschlags bei Betriebsvermögen und die Tarifbegrenzung (§§ 13a, 19a ErbStG) dazu, dass sich die Gestaltungsüberlegungen bei Investitionen in ausländisches Vermögen auf die Suche nach einer Durchführungsform konzentrieren, die trotz der Investition im Ausland erbschaftsteuerlich inländisches Betriebsvermögen entstehen lässt. Neben der Nutzung der §§ 13a, 19a ErbStG sollten aber auch Gefahren einer Doppelbesteuerung bei Auslandsinvestitionen in der Gestaltungsplanung Beachtung finden.

1. Investitionen in ausländisches Betriebsvermögen

Für das ausländische Betriebsstättenvermögen wird die Betriebsvermögensbegünstigung nicht gewährt. Es wird bei der Ermittlung des begünstigten Betriebsvermögens ausgesondert.[64]

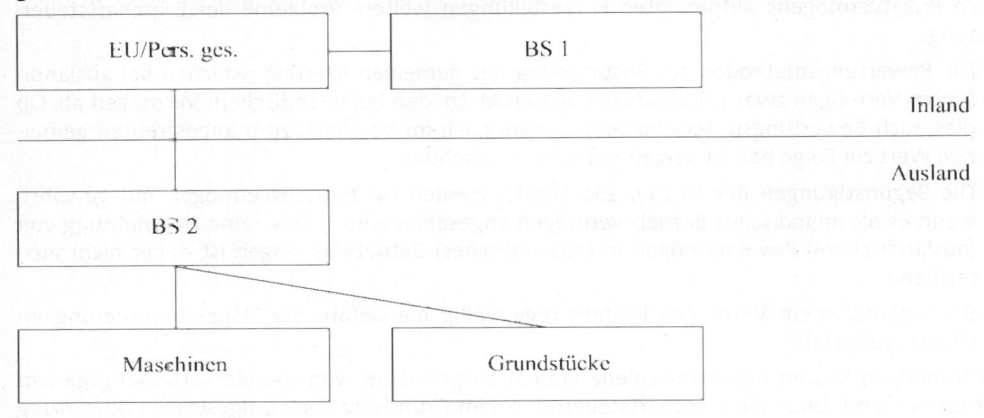

Abb. 13: Direkte Investition in ausländisches Betriebsstättenvermögen

Gelingt es jedoch, aus dem ausländischen Betriebsvermögen durch eine geänderte Durchführungsform der Investition inländisches Betriebsvermögen zu machen, so kann dafür die Begünstigung der §§ 13a, 19a ErbStG in Anspruch genommen werden. Inländisches Betriebsvermögen kann erreicht werden, indem das ausländische Vermögen

▶ in eine inländische Kapitalgesellschaft eingelegt wird, an der der Übertragende zu mehr als einem Viertel unmittelbar beteiligt ist bzw. die Beteiligungsgrenze durch eine Zusammenrechnung aufgrund einer Poolvereinbarung möglich ist oder

▶ in eine inländische Kapitalgesellschaft eingelegt wird und deren Anteile in ein inländisches Betriebsstättenvermögen eingelegt werden.

In diesen Fällen werden die Begünstigungen der §§ 13a, 19a ErbStG gewährt, soweit auch nach der mindestens zwei Jahre vor der Übertragung erfolgten Einlage im Zeitpunkt der Übertragung die Verwaltungsvermögensquote den Grenzwert von 50 % (bzw. 10 % bei der Nulloption) nicht übersteigt.

Die Einlage in eine gewerblich tätige Mitunternehmerschaft reicht bei ausländischem Vermögen nicht aus. Da es sich um eine Personengesellschaft ohne eigenständige Rechtspersönlichkeit handelt, wird das ausländische Vermögen nicht in den Begünstigungsbereich einbezogen.[65]

---

[64] Zur Zurechnung von Betriebsvermögen zur inländischen oder ausländischen Betriebsstätte vgl. z. B. BFH-Urt. v. 1. 4. 1987, II R 186/80, BStBl 1987 II 550 ff.

[65] Vgl. auch Piltz, IStR 1998, 47 ff. (49).

Zudem bestehen Doppelbesteuerungsgefahren, da ausländisches Betriebsstättenvermögen und unbewegliches Vermögen der beschränkten Steuerpflicht im Belegenheitsstaat unterliegen.[66]

Die Zwischenschaltung einer Kapitalgesellschaft mit Sitz oder Geschäftsleitung im Inland bzw. im EU-/EWR-Gebiet ist daher auch weiterhin die grundsätzlich empfohlene Lösung des Problems.[67] Wird das ausländische Betriebsstättenvermögen in eine inländische bzw. EU-/EWR-Kapitalgesellschaft eingebracht, an der der Einbringende zu mehr als 25 % unmittelbar bzw. nach Zusammenrechnung mit gepoolten Anteilen beteiligt ist (Abb. 14), so ist die Übertragung der GmbH-Anteile nach §§ 13a, 19a ErbStG begünstigt, soweit der Verwaltungsvermögenstest bestanden wird.

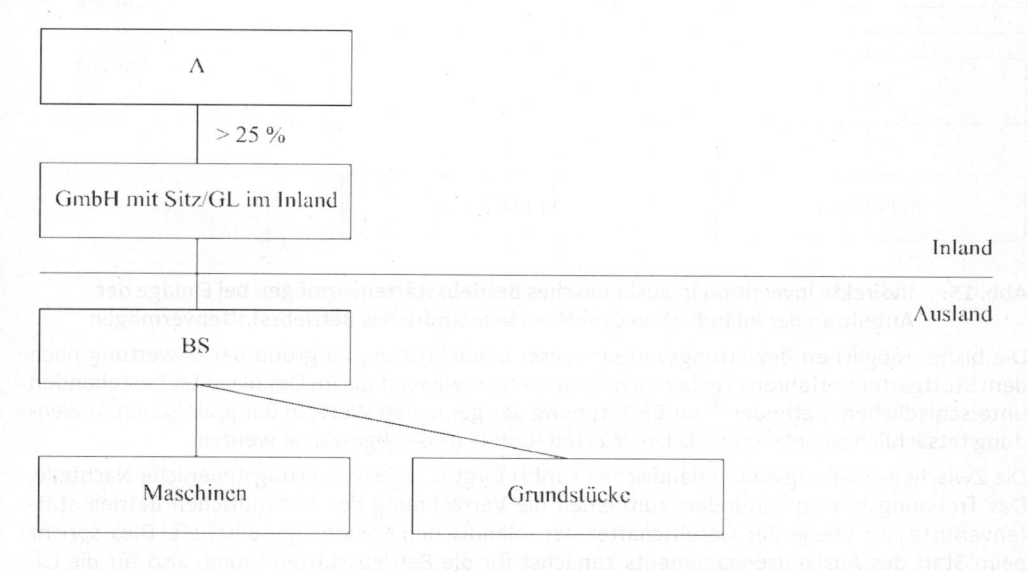

```
                    ┌─────────┐
                    │    A    │
                    └────┬────┘
                       > 25 %
                    ┌────┴─────────────────┐
                    │ GmbH mit Sitz/GL im Inland │
                    └────┬─────────────────┘
                         │                             Inland
   ──────────────────────┼──────────────────────────────────
                         │                             Ausland
                    ┌────┴────┐
                    │   BS    │
                    └┬───────┬┘
           ┌─────────┘       └─────────┐
      ┌────┴─────┐              ┌──────┴────┐
      │ Maschinen│              │ Grundstücke│
      └──────────┘              └───────────┘
```

Abb. 14: Indirekte Investition in ausländisches Betriebsstättenvermögen bei wesentlicher Beteiligung

Ist der Einbringende an der das ausländische Betriebsstättenvermögen aufnehmenden GmbH mit weniger als 25 % unmittelbar beteiligt und scheidet einen Poolvereinbarung mit anderen Gesellschaftern aus, so kann er die Anteile in das Betriebsvermögen der inländischen Betriebsstätte einer Einzelunternehmung oder einer Personengesellschaft einlegen. Auch dann wird aus dem Vermögen der ursprünglich ausländischen Betriebsstätte erbschaftsteuerlich inländisches Betriebsvermögen i. S. d. § 13a ErbStG.

Werden jetzt die Einzelunternehmung oder die Mitunternehmeranteile übertragen, so erfasst die Begünstigung der §§ 13a, 19a ErbStG das gesamte betriebliche Vermögen. Das Trennungsprinzip führt dazu, dass jetzt das Auslandsvermögen durch die Anteile an der inländischen GmbH repräsentiert wird.

---

[66] Vgl. den Beitrag von *Arlt*, in Grotherr, Handbuch der internationalen Steuerplanung, Teil 10, 3. Thema, Vermeidung der Doppelbesteuerung bei internationalen Erbfällen und Schenkungen als Problem der Erbschaftsteuerplanung, S. 1951.

[67] Vgl. z. B. *Troll/Gebel/Jüliche*, ErbStG-Kommentar,, § 13a, Tz. 135.

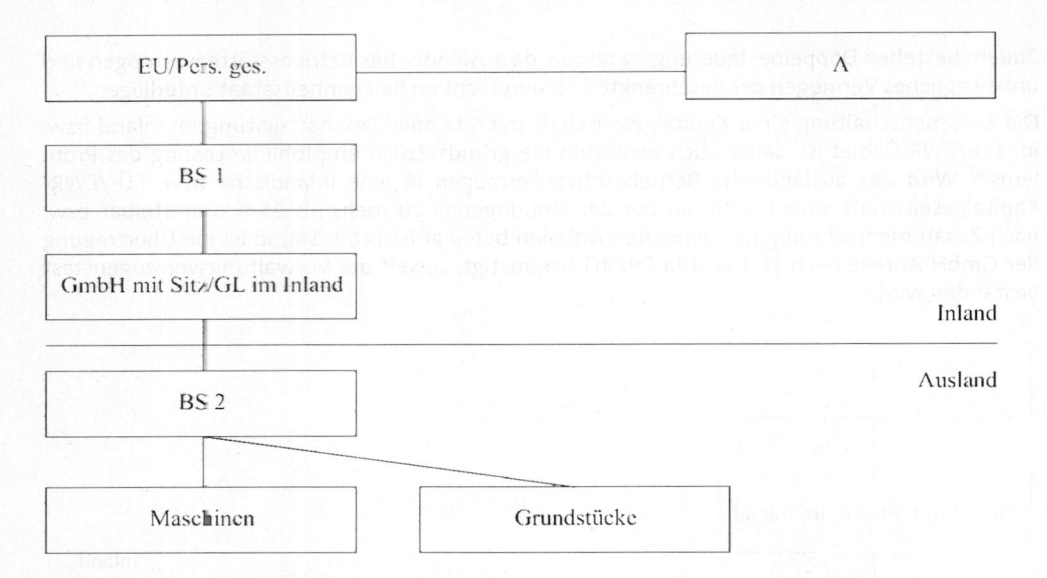

```
┌─────────────────┐                    ┌─────────────────┐
│  EU/Pers. ges.  │────────────────────│        A        │
└────────┬────────┘                    └─────────────────┘
         │
┌────────┴────────┐
│      BS 1       │
└────────┬────────┘
         │
┌────────┴──────────────┐
│ GmbH mit Sitz/GL im Inland │
└────────┬──────────────┘
         │                                              Inland
─────────┼──────────────────────────────────────────────────────
         │                                              Ausland
┌────────┴────────┐
│      BS 2       │
└───┬─────────┬───┘
    │         │
┌───┴────┐  ┌─┴──────────┐
│Maschinen│  │ Grundstücke│
└────────┘  └────────────┘
```

Abb. 15: Indirekte Investition in ausländisches Betriebsstättenvermögen bei Einlage der Anteile an der inländischen GmbH in ein inländisches Betriebsstättenvermögen

Die bisher möglichen Bewertungsvorteile dieser GmbH-Lösung aufgrund der Bewertung nach dem Stuttgarter Verfahren ergeben sich nicht mehr. Inwieweit die im Detail weiter bestehenden unterschiedlichen Methoden[68] zur Bestimmung des gemeinen Werts in der praktischen Anwendung tatsächlich zu unterschiedlichen Werten führen, muss abgewartet werden.

Die Zwischenschaltung einer inländischen GmbH birgt u. U. jedoch ertragsteuerliche Nachteile. Das Trennungsprinzip verhindert zum einen die Verrechnung der ausländischen Betriebsstättenverluste auf Ebene der Gesellschafter der inländischen Personengesellschaft. Dies spricht beim Start des Auslandsengagements zunächst für die Betriebsstättenlösung, also für die Direktinvestition.

Als zweites Problem ist die bei der Ausschüttung der ausländischen Betriebsstättengewinne durch die GmbH entstehende Doppelbesteuerung durch ausländische Ertragsbesteuerung und deutsche Einkommensteuer anzusehen. Beide Probleme legen die bewusste Steuerung der Ertragsentwicklung der GmbH nahe. Gelingt es durch einen entsprechenden Investitionsmix, ein steuerrechtlich nahezu ausgeglichenes Ergebnis zu erreichen, verlieren diese beiden Nachteile deutlich an Gewicht.

Diese Nachteile könnten auch durch die Bildung einer Organschaft zwischen der inländischen GmbH und der Einzelunternehmung oder der Personengesellschaft vermieden werden.[69] Mit der Organschaft verliert man aber auch die Möglichkeit, durch eine Ausschüttungssteuerung bei den Investoren eine Progressionsglättung zu erreichen. Sind im Betriebsvermögen der inländischen GmbH auch Anteile an einer ausländischen Kapitalgesellschaft enthalten, führt die Organschaft zudem zur ertragsteuerlichen Doppelbesteuerung bei Ausschüttungen der ausländischen Kapitalgesellschaft, da diese dann direkt den Mitunternehmern zugerechnet wird. Ob der

---

[68] Vgl. hierzu *Gottwald*, ZEV 2009, 157 ff.
[69] Vgl. *Piltz*, IStR 1998, 47 ff. (49).

Nachteil der möglichen ertragsteuerlichen Doppelbesteuerung der ausländischen Einkünfte oder der Verlust einer möglichen Progressionsglättung überwiegt, ist eine Frage des Einzelfalls und bedarf einer konkreten Vorteilhaftigkeitsberechnung. Die Entscheidung stellt aber auch hier eine Entscheidung unter Unsicherheit dar, da das Ergebnis der Vorteilhaftigkeitsanalyse von den künftigen Ertragsverhältnissen abhängt und diese sind – wie man derzeit leidvoll erfährt – mitunter nur schwer vorhersehbar.

Neben den Vorteilen bei der deutschen Erbschaftsteuer ergeben sich u. U. auch Auswirkungen auf die ausländische Erbschaftsteuer, die in vielen Ländern höher ist als in Deutschland.[70] Die Übertragung von Betriebsstättenvermögen unterliegt im Ausland der beschränkten Steuerpflicht, die Übertragung von Anteilen an der inländischen GmbH dagegen nicht.[71] Dies führt bei im Ausland höherer Erbschaftsteuer dazu, dass bei einer direkten Investition (Abb. 13) durch auf die deutsche Steuer begrenzte Anrechnung das höhere Auslandsniveau, bei der Zwischenschaltung einer inländischen Kapitalgesellschaft (Abb. 14 oder 15) jedoch nur das deutsche Steuerniveau zum Tragen kommt.[72]

2. Investitionen in ausländisches Privatvermögen

Wird in Privatvermögen im Ausland investiert, stellt sich zunächst das gleiche Problem wie bei der Investition in Privatvermögen im Inland: Soll zur Sicherung der Betriebsvermögensbegünstigung das Privatvermögen in ein originär gewerbliches inländisches Betriebsstättenvermögen oder in eine originär gewerblich tätige inländische Kapitalgesellschaft eingelegt werden?[73]

Zusätzlich sind aber noch folgende Fragen zu klären:

1. Wie kann die Einstufung als **inländisches** Betriebsvermögen sichergestellt werden?
2. Welche Gefahren bestehen bezüglich der erbschaftsteuerlichen Doppelbesteuerung?
3. Welche ertragsteuerlichen Zusatzgefahren ergeben sich durch die Gewinnerzielung im Ausland?

Wird das im Inland belegene Privatvermögen durch die Einlage in eine gewerbliche Personengesellschaft zu Betriebsvermögen (vgl. Abb. 5 bei inländischem Privatvermögen), ist dies aus Sicht der deutschen Finanzverwaltung zwar Betriebsvermögen, jedoch regelmäßig ausländisches Betriebsstättenvermögen. Eine Betriebsvermögensbegünstigung wird nicht gewährt. Zudem kann eine erbschaftsteuerliche Doppelbesteuerung nur vermieden werden, wenn das Ausland die Personengesellschaft als sog. intransparente Einheit ansieht, also ähnlich einer Kapitalgesellschaft behandelt.[74] Um die Betriebsvermögensbegünstigung der §§ 13a, 19a ErbStG zu erreichen, muss das Privatvermögen im Ausland wie das ausländische Betriebsstättenvermögen in eine inländische Kapitalgesellschaft eingebracht werden. Die ertragsteuerlichen Wirkungen

---

[70] Einen Überblick über die Erbschaft- und Schenkungsteuersysteme in über 30 wichtigen Industriestaaten findet sich in *Troll/Gebel/Jülicher* a. a. O. (oben Fn. 19), § 21, Tz. 91 – 137.

[71] Vgl. den Beitrag von *Arlt*, in Grotherr, Handbuch der internationalen Steuerplanung, Teil 10, 3. Thema, Vermeidung der Doppelbesteuerung bei internationalen Erbfällen und Schenkungen als Problem der Erbschaftsteuerplanung, S. 1951.

[72] Für eine "Nachlass-Minimierung" im Ausland plädiert *Wacker*, IStR 1998, 41.

[73] Die Betriebsstätteneinkünfte sind regelmäßig im Betriebsstättenstaat zu besteuern, während der Wohnsitzstaat diese Einkünfte freistellt. Vgl. Art. 7 OECD-MA. Ob eine gewerbliche Prägung abkommensrechtlich zu Betriebsstätteneinkünften führt, hängt von den konkreten DBA-Regelungen ab. Ohne konkrete DBA-Regelung ist dies in der Literatur umstritten. Vgl. hierzu *Piltz/Wassermeyer*, in: Debatin/Wassermeyer, Art. 7 MA, Rz. 85.

[74] Vgl. dazu z. B. *Watrin*, a. a. O. (oben Fn. 15), S. 182 ff., 216.

einer Umwidmung von Privat- in Betriebsvermögen (Steuerpflicht des Auflösungsgewinns und Aufstockungseffekt) sind auch in diesem Bereich wirksam. Abweichend von dem Fall der Investition in inländisches Privatvermögen ist die Grunderwerbsteuerpflicht nach ausländischem Recht zu bestimmen und die Alternative einer gewerblichen Personengesellschaft zur Vermeidung grunderwerbsteuerlicher Belastungen nicht sinnvoll, da eine Begünstigung nach §§ 13a, 19a ErbStG nicht erreicht werden kann.

Die unter erbschaftsteuerlichen Gesichtspunkten vorteilhafte Zwischenschaltung einer inländischen GmbH zeigt auch bei Investitionen in ausländisches Privatvermögen zwei ertragsteuerliche Nachteile:

1. Die mit dem ausländischen Vermögen erzielten Verluste sind nicht mit anderen positiven Einkünften des Investors verrechenbar.
2. Die im Ausland erzielten, dort versteuerten und nach einem DBA im Inland steuerfreien Einkünfte verlieren bei der Ausschüttung an den Investor die Steuerfreiheit im Inland, da sie als inländische Einkünfte aus Kapitalvermögen steuerpflichtig sind. Die Abgeltungsteuer vermindert regelmäßig diesen Effekt.

Diese Nachteile können ebenfalls durch die Organschaft vermieden werden. Die als Organträger fungierende Einzelunternehmung oder Personengesellschaft versteuert dann die Gewinne der GmbH, da die GmbH Organgesellschaft ist. Die Anteile an dieser GmbH sind jedoch Betriebsvermögen des Organträgers. Sicherzustellen ist dabei, dass der Organträger keine ausländische Betriebsstätte unterhält, denen die Anteile an der Organgesellschaft zugeordnet werden könnten. Sonst wäre sowohl die Betriebsvermögensbegünstigung im Inland verloren als auch die Gefahr der Doppelbesteuerung wieder gegeben.

E. Zusammenfassung

Dieser Beitrag konzentriert sich auf zwei Fragen internationaler Erbschaftsteuerplanung:

1. Wie verändert die Erbschaftsteuer die Nachsteuer-Risiko/Chance-Position unterschiedlicher Investitionsobjekte?
2. Wie kann durch eine geschickt gewählte Durchführungsform der Investition die Erbschaftsteuerbelastung gemildert werden?

Die Auswahl der Investitionsobjekte wird stärker durch die Erwartungen über die zukünftigen Marktentwicklungen beeinflusst als durch die Besteuerungsunterschiede bei der Erbschaftsteuer. Diese Besteuerungsunterschiede und hierbei insbesondere die durch die Erbschaftsteuerreform 2009 deutlich ausgeweitete Privilegierung des inländischen Betriebsvermögens bestimmen aber ganz entscheidend die Generierung von Durchführungsalternativen für Investitionen in die ausgewählten Investitionsobjekte.

Die Durchführungsform soll insbesondere die Betriebsvermögensbegünstigung der §§ 13a, 19a ErbStG sicherstellen. Dies legt zunächst die Umwidmung in steuerliches Betriebsvermögen nahe. Die Einführung des Verwaltungsvermögenstests durch die Erbschaftsteuerreform 2009 erfordert nun jedoch regelmäßig originäres gewerbliches Betriebsvermögen in ausreichendem Maße, in das das Privatvermögen eingelegt werden kann.

Die Untersuchungen zeigen, dass insbesondere die ertragsteuerlichen Folgewirkungen auch nachteilig sein können, deren Bedeutung jedoch durch die starke Ausweitung des Verschonungsabschlags für Betriebsvermögen deutlich abgenommen hat und daher nun erst recht eine generelle Ablehnung dieser Umwidmungslösung nicht angemessen ist. Es ist jeweils eine Analy-

Trompeter

se des konkreten Einzelfalls erforderlich. Diese Berechnungen anhand eines vollständigen Finanzplans führen zu folgenden Ergebnissen:

1. Die Aufstockung der Abschreibungsbasis durch die Einlage und spätere Entnahme aus dem Betriebsvermögen (Aufstockungseffekt) hat in vielen Fällen eine vergleichbar große Wirkung wie der hohe Verschonungsabschlag für Betriebsvermögen, insbesondere wenn es schon durch die Einlage in das Betriebsvermögen zu einer Aufstockung kommt.
2. Bei geringen erwarteten Wertsteigerungen ist die Umwidmung wegen des geringeren Entnahmegewinns tendenziell vorteilhaft.
3. Der Steuersatz auf den Entnahmegewinn hat keinen gravierenden Einfluss.
4. Die Umwidmung durch Einbringung in eine GmbH kann durch den Wegfall der bisherigen Bewertungsunterschiede zwischen Betriebsvermögen und Anteilen an Kapitalgesellschaften nur dann eine sinnvolle Lösung sein, wenn das originäre Betriebsvermögen in einer Kapitalgesellschaftsstruktur vorhanden ist und eine Überführung in eine Personengesellschaftsstruktur die Vorteile übersteigende Transaktionskosten verursacht oder aus ertragsteuerlichen bzw. nichtsteuerlichen Gründen ausscheidet.

Diese zunächst für inländisches Vermögen abgeleiteten Zusammenhänge gelten auch bei Investitionen in ausländisches Vermögen, soweit das Ausland über ähnliche Vorschriften zur Ertragsbesteuerung verfügt. Mit der Erbschaftsteuerreform 2009 wurde die Betriebsvermögensbegünstigung auch auf im EU- bzw. EWR-Gebiet belegenes Betriebsvermögen ausgeweitet, so dass hier unter Auslandsvermögen nur das im Drittlandsgebiet belegene Betriebsvermögen zu verstehen ist. Der Auslandsbezug führt zu zwei wesentlichen Modifikationen der Ergebnisse:

1. Nur die Zwischenschaltung einer Kapitalgesellschaft mit Sitz oder Geschäftsleitung im Inland bzw. EU-/EWR-Gebiet kann zur Betriebsvermögensbegünstigung führen. Die für inländisches Vermögen aufgrund der möglichen Verlustverrechnung und der fehlenden Grunderwerbsteuerbelastung regelmäßig präferierte mitunternehmerische Personengesellschaft führt bei Investitionen im Ausland nicht zur gewünschten Betriebsvermögensbegünstigung.
2. Die wesentlichen ertragsteuerlichen Nachteile der GmbH-Lösung – fehlende Verlustverrechnung beim Investor und Gefahr der Doppelbesteuerung bei Ausschüttung – können durch eine Organschaftslösung vermieden werden. In Einzelfällen bietet die zeitliche Steuerungsmöglichkeit der Einkommensentstehung beim Investor aber auch Vorteile ohne Organschaft.

Insgesamt betrachtet ist die Umwidmung von Privatvermögen in Betriebsvermögen auch nach der Erbschaftsteuerreform 2009 noch eine vorteilhafte Form der Investitionsdurchführung bei kurz- bis mittelfristig geplanter Vermögensübertragung, soweit ausreichend originär gewerbliches Betriebsvermögen vorhanden ist und die damit verbundenen höheren Haftungsrisiken erträglich erscheinen. Diese Gestaltung bedarf nun jedoch einer Vorlaufzeit von mindestens zwei Jahren und einer detaillierten Planung, damit die Grenzen des Verwaltungsvermögenstest zum Übertragungsstichtag eingehalten werden können. Zudem hat sich das Risiko aus einem Verstoß gegen die Missbrauchsfrist trotz der Abschmelzung der Nachversteuerung durch den erweiterten Verschonungsabschlag drastisch erhöht. Die Gestaltungen bedürfen nun einer etwas größeren Risikofreude des Steuerpflichtigen.

Bei inländischem Vermögen ist meist die Einlage in eine mitunternehmerische Personengesellschaft eine sinnvolle Lösung, wobei sowohl die zeitlichen Voraussetzungen als auch insbesondere die Verwaltungsvermögensquote und deren Abhängigkeit von der Ertragsentwicklung des originären Betriebs im Detail zu planen sind. Bei einer Vorbereitung auf den Erbfall sind aber auch die Nachteile der ertragsteuerlichen Verhaftung des Vermögens zu beachten, die bei unerwartet langlebigen Erblassern die Erbschaftsteuervorteile zunichte machen können. Zudem muss bedacht werden, dass bei einer ungünstigen Wertentwicklung des Betriebs mehrmalige Umwidmungen des Verwaltungsvermögens notwendig sein können, die entsprechende Transaktionskosten und ertragsteuerliche Belastungen mit sich bringen können.

Bei Investitionen in ausländisches Vermögen empfiehlt sich zur Sicherstellung der Betriebsvermögensbegünstigung die Zwischenschaltung einer Kapitalgesellschaft mit Sitz oder Geschäftsleitung im Inland oder EU-/EWR-Gebiet. Und dies sowohl bei Investitionen in Betriebsvermögen als auch in vielen Fällen bei Investitionen in ausländisches Privatvermögen.

Die Gestaltung der Durchführungsform wird aber nicht allein von den steuerlichen Bedingungen bestimmt. Im konkreten Einzelfall ist daher die Beratung nicht nur durch Ertrag- und Erbschaftsteuerspezialisten sondern auch durch Kenner der gesellschaftsrechtlichen und privatrechtlichen Problemfelder dringend zu empfehlen.

Trompeter

3. Vermeidung der Doppelbesteuerung bei internationalen Erbfällen und Schenkungen als Problem der Erbschaftsteuerplanung

von Dipl.-Kfm. Dr. Bernhard Arlt, Steuerberater, München

Inhaltsübersicht

A. Einleitung
B. Anwendung unilateraler Maßnahmen zur Vermeidung der Doppelbesteuerung
  I. Problemstellung
  II. Anrechnung ausländischer ErbSt gemäß § 21 ErbStG
  III. Abzugsverfahren als Alternative zur Anrechnungsmethode
C. Anwendung bilateraler Maßnahmen zur Vermeidung der Doppelbesteuerung
  I. Problemstellung
  II. Abgrenzung des Anwendungsbereichs der Doppelbesteuerung
  III. Zuteilung der Besteuerungsrechte in den Doppelbesteuerungsabkommen
  IV. Vermeidung der Doppelbesteuerung
  V. Behandlung von US-Trusts als Sonderproblem des DBA-USA
D. Zusammenfassung

Literatur:

Arlt, Internationale Erbschaft- und Schenkungsteuerplanung, Berlin/Herne 2001; **ders.**, Probleme des erbschaft- und schenkungsteuerlichen Anrechnungsverfahrens als Bereich der internationalen Nachfolgeplanung, IWB F. 3 Gr. 9, 103 ff.; **Bärtels**, Erbschaftsteuerliche Doppelerfassungen bei der deutsch-französischen Unternehmensnachfolge, RIW 1999, 22 ff.; **Bellstedt**, Entwurf des neuen Doppelbesteuerungsabkommens mit Schweden, DB 1986, Beilage Nr. 16; **Bellstedt/Lindencrona**, Das neue deutsch-schwedische Steuerabkommen, DB 1991, 62 ff.; **Blanke**, Der Zeitpunkt der Währungsumrechnung bei anzurechnender ausländischer Erbschaftsteuer im Sinne des § 21 Abs. 1 ErbStG, DB 1994, 116 ff.; **Boochs**, Erbschaft- und Schenkungsteuer bei Auslandsbeziehungen, DVR 1987, 178 ff.; **Bremer**, Schenkung von Anteilen an geschlossenen US-Immobilienfonds, IWB F. 8 Gr. 2, 1123 ff.; **Czakert**, Das neue Erbschaft- und Schenkungsteuer DBA zwischen Deutschland und Frankreich, IStR 2007, 281 ff.; **Debatin**, Deutsch-amerikanischer Doppelbesteuerungsschutz für Nachlässe, Erbschaften und Schenkungen, RIW 1987, 603 ff.; **ders.**, OECD-Musterabkommen zur Vermeidung von Doppelbesteuerung bei Erbschaft- und Nachlaßsteuern, AWD 1967, 15 ff.; **Debatin/Wassermeyer**, Kommentar zu allen deutschen Doppelbesteuerungsabkommen, München 2009 (Losebl.), Stand Januar 2009; **Dissars/Dissars**, Die Anrechnung ausländischer Erbschaft- und Schenkungsteuer in Deutschland, RIW 1996, 144 ff.; **Eimermann**, Änderung des deutsch-amerikanischen Erbschaftsteuerabkommens, IStR 1999, 237 ff.; **Fischer**, Erbschaftsteuerplanung bei Auslandsanlagen, BB 1984, 1033 ff.; **Flick/Hebing**, Neue Aspekte deutsch-schweizerischer Nachlaßplanung, RIW/AWD 1979, 111 ff.; **Flick/Piltz** (Hrsg.) Der Internationale Erbfall, 2. Auflage, München 2007; **Gebel**, Erbschaftsteuer bei deutsch-spanischen Nachlässen – Probleme der Steueranrechnung, IStR 2001, 71 ff.; **Goodman**, Generalbericht des XXXIX Congrés International de droit financier et fiscal, London 1985, in: Cahier de droit fiscal international 1985, hrsg. von der IFA, S. 115 ff.; **ders.**, International Double Taxation of Estates and Inheritances, London 1978; **Gosch/Kroppen/Grotherr**, DBA-Kommentar, Herne; Berlin 1997 (Losebl.), Stand Dezember 2008; **Gottschalk**, Frankreich: Doppelbesteuerungsabkommen mit Deutschland zur Erbschaft- und Schenkungsteuer, ZEV 2007, 217 ff.; **Greenfield**, The 1982 OECD Model Convention: Part II, Tax Planning International Review 1984, 14 ff.; **Habammer**, Der ausländische Trust im deutschen Ertrag- und Erbschaft-/Schenkungsteuerrecht, DStR 2002, 425 ff.; **Hangartner**, Das deutsch-schweizerische Erbschaftsteuer-Doppelbesteuerungsabkommen in der praktischen Anwendung, Steuer Revue 1988, 289 ff.; **ders.**, Das deutsch-schweizerische Erbschaftsteuer-Doppelbesteuerungsabkommen in der praktischen Anwendung, in: Hefte zur Internationalen Besteuerung, Heft 42, Hamburg 1988; **Hebing**, Neue Aspekte deutsch-US-amerikanischer Nachlaßplanung, RIW/AWD 1981, 237 ff.; **Helmer**, Kanadische capital gains tax und deutsche Erbschaftsteuer, DStR 1989, 488 ff.; **Hoheisel**, Auswirkungen einer Kündigung des ErbSt-DBA mit Österreich nach Abschaffung der österreichischen Erbschaftsteuer, IStR 2008, 139 ff.; **Hueck**, Internationale Erbschaftsteuerprobleme bei der Vererbung von Anteilen an Personengesellschaften, in: Münchener Schriften zum Internationalen Steuerrecht, Heft 17, München 1993; **Hundt**, Neufassung des deutsch-amerikanischen Erbschaftsteuerabkommens und US-Nachlaßsteueränderungen, IStR 2002, 80 ff.; **Jülicher**, Die anrechenbare Steuer im Sinne des § 21 ErbStG, ZEV 1996, 295 ff.; **ders.**, Deutsch-Schweizer Nachfolgeplanung, IStR 2004, 37 ff.; **ders.**, Das neue DBA Frankreich-Deutschland zur Erbschaft- und Schenkungsteuer, IStR 2007, 85 ff.; **ders.**,

Nachfolgeplanung nach Kündigung des deutsch-österreichischen DBA zur Erbschaftsteuer, ZEV 2008, 64 ff.; **Klempt,** *Das neue Abkommen zwischen der Bundesrepublik Deutschland und der Schweiz zur Vermeidung der Doppelbesteuerung auf dem Gebiet der Nachlaß- und Erbschaftsteuer, DStZ 1980, 150 ff.;* **Krabbe,** *Das deutsch-dänische Steuerabkommen vom 22. 11. 1995, IStR 1997, 161 ff.;* **ders.,** *Neuregelungen zur Vermeidung der Doppelbesteuerung bei den Erbschaft- und Schenkungsteuern im Verhältnis zu Schweden, ZEV 1995, 286 ff.;* **Landsittel,** *Gestaltungsmöglichkeiten von Erbfällen und Schenkungen, 3. Auflage 2006,* **Lethaus,** *Die internationale Besteuerung bei Erbschaften und Schenkungen, IWB F. 3 Gr. 9, 67 ff.;* **Maßbaum,** *Anrechnung kanadischer "Capital gains tax" bei der deutschen Erbschaftsteuer, IWB F. 3 Gr. 9, 87; 401 ff.;* **Michel,** *Neues Erbschaftsteuer-Doppelbesteuerungsabkommen mit der Schweiz, DStR 1979, 159 ff.;* **OECD-Musterabkommen 1982** *zur Vermeidung der Doppelbesteuerung der Nachlässe, Erbschaften und Schenkungen: Bericht des Fiskalausschusses der OECD 1982; hrsg. vom Bundesministerium der Finanzen, Berlin 1988;* **Ost,** *Die Behandlung in Österreich belegener Nachlässe im österreichischen und deutschen Erbschaftsteuerrecht, Diss. Osnabrück 1991;* **Piltz,** *Anrechnung ausländischer Erbschaftsteuer, ZEV 1997, 494 ff.;* **ders.,** *Schuldenabzug bei internationalen Erbfällen, ZEV 1998, 461 ff.;* **ders.,** *Unternehmerisches Auslandsvermögen und Erbschaftsteuer, IStR 1998, 47 ff;* **Plewka/Söffing,** *Die Entwicklung des Steuerrechts, NJW 1995, 3157 ff.;* **Plewka/Watrin,** *Steuerliche Strukturierung internationaler Vermögensnachfolgen, ZEV 2002, 253 ff.;* **Reichertz,** *Die Erbschaft- und Schenkungsteuer in Frankreich bei grenzüberschreitenden Sachverhalten mit Deutschland, INF 2007, 421 ff.;* **Schindhelm/Hindersmann,** *Die Besteuerung deutschschweizerischer Erbfälle – ein Überblick, ZEV 2003, 491 ff.;* **Schmidt,** *Auswirkungen des geänderten deutsch-amerikanischen Erbschaftsteuerabkommens, IWB F. 8 Gr. 2, 1037 ff.;* **Schmidt/Dendorfer,** *Vererbung von US-Vermögen durch in Deutschland ansässige Erblasser – Erleichterungen durch das geänderte deutsch-amerikanische Erbschaftsteuerabkommen, IStR 2001, 206 ff.;* **Strunk/Kaminski,** *Internationale Aspekte des neuen Erbschaftsteuerrechts, Stbg 2009, 158 ff.;* **Strunk/Meyer-Sandberg,** *Vermeidung der Doppelbesteuerung bei internationalen Erbfällen, Anmerkungen zum Urteil des EuGH v. 12. 2. 2009 – Rs. C-67/08 Margarete Block, IWB F. 11A, S. 1235 ff.;* **Troll,** *Was bringt das neue Erbschaftsteuergesetz für Ausländer?, BB 1973, 1572 ff.;* **von Oertzen,** *Trust – the never-ending story, DStR 2002, 433 ff.;* **von Oertzen/Schienke,** *Die Besteuerung deutsch-französischer Erbfälle nach Inkrafttreten des ErbSt-DBA zwischen Deutschland und Frankreich, ZEV 2007, 206 ff.;* **Zschiegner/Habert,** *Das deutsch-amerikanische Erbschaftsteuerabkommen, IWB F. 8 Gr. 2, 39 ff.*

A. Einleitung

Aufgrund der weitreichenden Anknüpfungspunkte der deutschen Erbschaft- und Schenkungsteuerpflicht bei der Übertragung von **ausländischem Vermögen** und der verschiedenen Anknüpfungspunkte ausländischer Steuerrechtsordnungen kommt es bei der Besteuerung von Nachlässen, Erbschaften und Schenkungen zu zwischenstaatlichen Überschneidungen von verschiedenen Steuerhoheiten, deren Folge häufig eine internationale **Doppelbesteuerung** ist.[1]

Zur Vermeidung der dadurch erfolgenden mehrfachen Belastung von erworbenem ausländischen Vermögen durch in- und ausländische Erbschaft- und Schenkungsteuer bei einer Kollision der Besteuerungsansprüche verschiedener Staaten sind im deutschen internationalen Steuerrecht auf dem Gebiet der Erbschaft- und Schenkungsteuern sowohl unilaterale, als auch bilaterale Maßnahmen vorgesehen. Bei deren Anwendung treten jedoch in verschiedenen Bereichen Probleme auf, die bei einer **internationalen Erbschaftsteuerplanung** beachtet werden müssen.

---

[1] S. zu den möglichen Ursachen einer Doppelbesteuerung im einzelnen: *Goodman,* International Double Taxation of Estates and Inheritances 112 ff.; *ders.,* Generalbericht des XXXIX Congrès International de droit financier et fiscal, London 1985, hrsg. von der IFA, 137 ff.; OECD-MA 1982, Komm. zu Art. 9 A und 9 B Ziff. 1.

B. Anwendung unilateraler Maßnahmen zur Vermeidung der Doppelbesteuerung

I. Problemstellung

Im nationalen deutschen Steuerrecht vorgesehene **unilaterale Maßnahmen** zur Vermeidung der Doppelbesteuerung von erworbenem ausländischem Vermögen durch in- und ausländische Erbschaft- und Schenkungsteuer bei einer Kollision der Besteuerungsansprüche verschiedener Staaten bestehen unabhängig **neben** den **DBA**. Die in § 21 ErbStG aufgeführte Vorschrift zur Regelung der Anrechnung ausländischer Erbschaftsteuer stellt nicht ausschließlich auf Erbfälle ab, sondern kommt durch die Verwendung des Begriffs "Erwerber" gleichermaßen für **Erwerbe von Todes wegen**, für **Schenkungen unter Lebenden** und für **Zweckzuwendungen** zur Anwendung.[2] Da bei all diesen Übertragungsvorgängen für die Anrechnung ausländischer Steuern dieselben Voraussetzungen wie bei der Anrechnung ausländischer Erbschaftsteuer bestehen müssen, sind im folgenden, wenn von Erbschaftsteuer und Erwerben von Todes wegen gesprochen wird, auch die Schenkungsteuer und Erwerbe unter Lebenden gemeint.

II. Anrechnung ausländischer ErbSt gemäß § 21 ErbStG
1. Verhältnis der Anrechnungsmethode zu DBA

Die nationale Vorschrift über die Anrechnung ausländischer Erbschaftsteuer kann nach dem Gesetzeswortlaut dann nicht zur Anwendung kommen, wenn die Vorschriften eines DBA anzuwenden sind.[3] Dies ist aber gemäß dem Sinn und Zweck der Vorschrift so zu verstehen, dass die Anrechnungsmethode nur dann ausgeschlossen ist, "wenn und soweit" die Doppelbesteuerung durch ein DBA **tatsächlich beseitigt** wird.[4] Das alleinige Bestehen eines DBA schließt deshalb die Anrechnungsmöglichkeit für eine ausländische Steuer nicht aus.[5] Somit muss sie auch dann berücksichtigt werden, wenn

- der sachliche Anwendungsbereich eines DBA den Schenkungsteuerbereich nicht erfasst;[6]
- durch das DBA eine Doppelbesteuerung nur für einzelne Vermögensarten[7] ausgeschlossen wird und die Übertragung von abkommensrechtlich nicht erfassten Vermögensgegenständen erfolgt;[8]
- das DBA die Anrechnungsmethode als Methode zur Vermeidung der Doppelbesteuerung vorsieht.[9] Dabei kommt grundsätzlich § 21 ErbStG zur Anwendung, es sind jedoch u. U. im Abkommen vorgesehene Besonderheiten zu beachten.[10]

---

[2] Unter Bezugnahme auf § 1 Abs. 2 ErbStG.

[3] § 21 Abs. 1 Satz 1 ErbStG.

[4] Vgl. *Meincke*, Erbschaftsteuer- und Schenkungsteuergesetz, Kommentar, § 21 ErbStG Anm. 9; *Petzoldt*, Erbschaftsteuer- und Schenkungsteuergesetz, Kommentar, § 21 ErbStG Rn. 15.

[5] Vgl. OFD Düsseldorf v. 22. 5. 1973, DB 1973, 1478.

[6] Vgl. *Meincke* a. a. O. (oben Fn. 4), § 21 ErbStG Rn. 9; *Moench*, Erbschaft- und Schenkungsteuer, Kommentar, § 21 ErbStG Rn. 24; *Petzoldt* a. a. O. (oben Fn. 4), § 21 ErbStG Rn. 14. S. dazu Gliederungspunkt "Sachlicher Anwendungsbereich".

[7] Z. B. umfasst das DBA-Griechenland nur bewegliches Vermögen, s. Fn. 93.

[8] Vgl. *Moench* a. a. O. (oben Fn. 6), § 21 ErbStG Rn. 4; *Petzoldt* a. a. O. (oben Fn. 4), § 21 ErbStG Rn. 15; OFD Düsseldorf v. 22. 5. 1973, DB 1973, 1478.

[9] Dies ist bei allen DBA der Fall, lediglich im des DBA-Schweiz ist für einen Spezialfall eine Ausnahme vorge-

2. Voraussetzungen der Anrechnung
a) Antrag auf Anrechnung

Die Anrechnung ausländischer Erbschaftsteuer ist grundsätzlich nur nach der Stellung eines **Antrags** auf Anrechnung möglich.[11] Für diesen Antrag sind jedoch weder eine Frist noch eine bestimmte Form vorgesehen,[12] so dass ein solcher bis zum Eintritt der Bestandskraft des deutschen Erbschaftsteuerbescheides gestellt werden kann. Bei Auslandsvermögen in mehreren Staaten muss aber für jeden Staat ein eigener Antrag gestellt werden.[13]

Der Steuerpflichtige hat bei Vorliegen der gesetzlichen Voraussetzungen einen Rechtsanspruch auf eine dem Antrag entsprechende Berücksichtigung der ausländischen Steuer.[14]

Wenn die festgesetzte und gezahlte ausländische Erbschaft- bzw. Schenkungsteuer erst nach dem Eintritt der Bestandskraft des Steuerbescheides bekannt wird, kommt nach überwiegender Meinung der Literatur nur eine Aufhebung oder Änderung des bestandskräftigen Steuerbescheides gem. § 173 Abs. 1 Nr. 2 AO innerhalb der Festsetzungsverjährung in Betracht, sofern die verspätete Antragstellung nicht auf das Verschulden des Steuerpflichtigen zurückzuführen ist.[15] Die Rechtsprechung des BFH ist hinsichtlich dieser Problematik allerdings nicht eindeutig.[16]

b) Unbeschränkte Steuerpflicht

Eine grundsätzliche Voraussetzung für die Anrechnung ausländischer Steuern besteht darin, dass diese nur bei Erbfällen und Schenkungen vorgesehen ist, bei denen die persönlichen Voraussetzungen der **unbeschränkten Steuerpflicht** einer natürlichen oder juristischen Person zum Zeitpunkt des Entstehens der deutschen Steuer vorliegen.[17] Keine Anrechnungsmöglichkeit besteht bei der sog. Erbersatzsteuer für Stiftungen,[18] bei beschränkter[19] sowie bei erweitert beschränkter[20] Steuerpflicht.

Insbesondere bei der Übertragung von Beteiligungen an ausländischen Zwischengesellschaften sind deshalb Probleme denkbar, da diese u. U. als Teil des "erweiterten Inlandsvermögens"[21] der

---

sehen.

[10] § 21 Abs. 4 ErbStG. S. dazu Gliederungspunkt "Anrechnungsmethode".

[11] § 21 Abs. 1 Satz 1 ErbStG.

[12] Vgl. *Jülicher* in: Troll/Gebel/Jülicher, Erbschaft- und Schenkungsteuer, Kommentar, § 21 ErbStG Rn. 54.

[13] Vgl. *Maßbaum*, in: Die deutsche Unternehmensbesteuerung im europäischen Binnenmarkt, 401 (409).

[14] BFH-Urt. v. 26. 6. 1963, II 196/61 U, BStBl 1963 III 402 (403); v. 10. 7. 1963, II 115/63, HFR 1964, 12 (13).

[15] Gl. A.: *Wingert* in: *Flick/Wassermeyer/Baumhoff*, Kommentar zum Außensteuergesetz, § 21 ErbStG Rn. 23; *Kapp/Ebeling*, Erbschaftsteuer- und Schenkungsteuergesetz, Kommentar, § 21 ErbStG Rn. 27; *dies.*, Handbuch der Erbengemeinschaft, Teil II Rn. 1265; *Petzoldt* a. a. O. (oben Fn. 4), § 21 ErbStG Rn. 6; *Meincke*, a. a. O. (oben Fn. 4), § 21 ErbStG Anm. 7; *Jülicher* a. a. O. (oben Fn. 12), § 21 ErbStG Tz. 47.

[16] Im Sinne der Literatur für eine Berichtigung: BFH-Urt. v. 28. 9. 1984, VI R 48/82, BStBl 1985 II 117; v. 30. 10. 1986, III R 163/82, BStBl 1987 II 161; a. A.: BFH v. 25. 9. 1962, I 162/61 U, BStBl 1962 III 524 (525); v. 13. 2. 1974, I R 114/72, BStBl 1974 II 317 (318).

[17] § 21 Abs. 1 Satz 1 i. V. mit § 2 Abs. 1 Nr. 1 ErbStG.

[18] § 2 Abs. 1 Nr. 2 ErbStG.

[19] § 2 Abs. 1 Nr. 3 ErbStG.

[20] § 4 AStG i. V. mit § 2 Abs. 1 Nr. 3 ErbStG.

[21] Zum erweiterten Inlandsvermögen gehören nach § 4 Abs. 1 AStG alle Wirtschaftsgüter, deren Erträge bei unbeschränkter Einkommensteuerpflicht nicht ausländische Einkünfte i. S. des § 34c Abs. 1 Satz 1 EStG wären. Wenn die Übertragung einer solchen Beteiligung an einer ausländischen Zwischengesellschaft im Ausland ebenfalls einer Besteuerung unterliegt, kommt es zu einer Doppelbesteuerung, bei der in

erweitert beschränkten deutschen Besteuerung unterliegen, ohne dass eine Möglichkeit zur Anrechnung ausländischer Steuern besteht. Deshalb können in einem solchen Fall Änderungen der Vermögensstruktur sinnvoll sein.

c) Fünfjahresfrist

Die ausländische Steuer ist nur anrechenbar, wenn die deutsche Steuer für das Auslandsvermögen **innerhalb von fünf Jahren** seit dem Zeitpunkt der Entstehung der ausländischen Steuer entstanden ist.[22]

Der Zeitpunkt der Entstehung der ausländischen Steuer bestimmt sich nach den Vorschriften der jeweiligen Steuerrechtsordnung. Er dürfte üblicherweise anhand des ausländischen Steuerbescheides festzustellen sein. Als letzter möglicher Zeitpunkt für die Entstehung der ausländischen Steuer sollte das Datum der Erteilung des ausländischen Steuerbescheides gelten.[23]

Keine gesetzliche Regelung besteht für den Fall, dass die deutsche Steuer vor der anzurechnenden ausländischen Steuer festgesetzt wird,[24] oder die ausländische Erbschaftsteuer vor der deutschen Steuer entsteht. In den letztgenannten Zweifelsfällen sollte jedenfalls durch die Vereinbarung einer Schenkung auf den Todesfall sichergestellt werden, dass die ausländische Steuer zumindest zeitgleich mit der deutschen Steuer entsteht.[25]

3. Ermittlung der anrechenbaren Steuer

a) Anforderungen an die ausländische Steuer

Eine ausländische Steuer kann nach dem Gesetzeswortlaut nur auf die deutsche Erbschaftsteuer angerechnet werden, wenn sie dieser **entspricht**.[26] Ausschlaggebend ist dabei insbesondere der die ausländische Steuer auslösende Tatbestand. Dieser muss einem der Sachverhalte entsprechen, die auch die deutsche Besteuerung auslösen. Hierfür reicht eine Steuerpflicht desselben Auslandsvermögens im In- und Ausland dem Grunde nach aus.[27]

Unerheblich ist deshalb, ob die ausländische Erbschaftsteuer landeseinheitlich oder nur von bestimmten Teilen des Landes erhoben wird, oder ob in einem ausländischen Staat mehrere Erbschaftsteuern von verschiedenen Hoheitsträgern[28] erhoben werden.[29] Sofern jedoch die ausländischen Steuern bereits untereinander angerechnet werden können, kann im Inland nur die verbleibende ausländische Steuer angerechnet werden, die den ausländischen Erwerb effektiv belastet. Ebenfalls möglich ist die Anrechnung von ausländischen Erbschaftsteuern, die für dasselbe Auslandsvermögen in mehreren Staaten erhoben werden.[30]

Deutschland keine Anrechnung der ausländischen Steuer zulässig ist.

[22] § 21 Abs. 1 Satz 4 ErbStG.
[23] Vgl. *Wingert* a. a. O. (oben Fn. 15), § 21 ErbStG Rn. 45.
[24] Vgl. dazu *Schaumburg*, Internationales Steuerrecht, 747; a. A.: *Meincke* a. a. O. (oben Fn. 4), § 21 Rn. 26; *Maßbaum* a. a. O. (oben Fn. 13), 401 (430 f.).
[25] Vgl. dazu *Jülicher* a. a. O. (oben Fn. 12), § 21 ErbStG Tz. 51.
[26] § 21 Abs. 1 Satz 1 ErbStG.
[27] BFH-Urt. v. 26. 6. 1963 a. a. O. (oben Fn. 14).
[28] Z. B. Länder, Provinzen, Kantone, Gemeinden.
[29] BFH-Urt. v. 15. 5. 1964, II 177/61 U, BStBl 1964 III 408 (410); v. 21. 4. 1982, II R 148/97, BStBl 1982 II 597 (598).
[30] Vgl. *Maßbaum* a. a. O. (oben Fn. 13), 401 (416).

Da es nicht erforderlich ist, dass es sich bei der ausländischen Steuer um eine Erbanfallsteuer handelt, ist auch eine **Nachlasssteuer** anrechenbar.[31]

Besondere Schwierigkeiten ergeben sich bei der Anrechnung einer ausländischen Steuer als eine der deutschen Erbschaftsteuer i. S. des § 21 Abs. 1 Satz 1 ErbStG entsprechende Steuer, wenn diese an den **Wertzuwachs** bei einem fiktiven einmaligen steuerpflichtigen Veräußerungsvorgang durch den Übertragenden an den Erwerber anknüpft.[32] Solche Steuern können unter steuersystematischen Gesichtspunkten weder eindeutig den Ertrag- noch den Substanzsteuern zugeordnet werden. Zu dieser Thematik werden von der Finanzverwaltung, in der Rechtsprechung und in der Literatur bezüglich der kanadischen "capital gains tax" unterschiedliche Meinungen geäußert.[33]

Die Finanzverwaltung sieht in dieser keine der deutschen Erbschaftsteuer entsprechende Steuer und lehnt deren Anrechenbarkeit daher ab.[34] Obwohl der BFH, unter Aufhebung einer anderslautenden Entscheidung des FG Münster,[35] in seiner Rechtsprechung die Anrechenbarkeit der "capital gains tax" ebenfalls verneint[36] und diese im Ergebnis als eine vom Erblasser herrührende Schuld i. S. des § 10 Abs. 5 Nr. 1 ErbStG betrachtet, die als Nachlassverbindlichkeit nach § 10 Abs. 1 Satz 2 ErbStG zu berücksichtigen ist, wird in der Literatur für deren Anrechenbarkeit plädiert.[37]

Bei der Anrechnung einer ausländischen Erbschaftsteuer, die nach steuerrechtssystematischen Kriterien dem ausländischen Einkommensteuerrecht zuzuordnen ist, bestehen ähnliche Schwierigkeiten hinsichtlich der Frage, ob diese als eine der deutschen Erbschaftsteuer entsprechende Steuer anrechenbar ist. Für die in Portugal auf bestimmte Dividenden erhobene Erbersatzsteuer wird von der Finanzverwaltung ausschließlich auf die Erhebungsform abgestellt und somit deren Anrechenbarkeit abgelehnt.[38]

M. E. sollte bei der Anrechenbarkeit einer ausländischen Steuer als entscheidendes Kriterium geprüft werden, ob von der ausländischen Steuer nach **funktionalen** Gesichtspunkten im Wesentlichen derselbe Übertragungsvorgang erfasst wird. Im Ergebnis scheint daher grundsätzlich

---

[31] BFH-Urt. v. 21. 4. 1982 a. a. O. (oben Fn. 29); v. 6. 3. 1990, II R 32/86, BStBl 1990 II 786 (787); R 82 Abs. 1 ErbStR; FinMin NRW, Erl. v. 25. 1. 1991, DB 1991, 418 = DStZ 1991, 256. Dies gilt sinngemäß auch für eine ausländische Schenkungsteuer, vgl. *Maßbaum*, IWB F. 3 Gr. 9, 87 (90).

[32] Vgl. *Dissars/Dissars*, RIW 1996, 144 (147). Das Kennzeichen einer solchen Wertzuwachssteuer besteht darin, dass sie auf einen fiktiven Wertzuwachs erhoben wird, ohne dass Einkünfte zufließen und daher die Vermögenssubstanz belastet. Eine solche Wertzuwachssteuer stellt insbesondere die kanadische "capital gains tax" und die spanische "plus valia" dar.

[33] Zur Anrechenbarkeit der spanischen "plus valia" liegen bisher noch keine Äußerungen seitens der Rechtsprechung oder Finanzverwaltung vor. S. dazu *Landsittel*, Gestaltungsmöglichkeiten von Erbfällen und Schenkungen, Rz. 461, 225; *Gebel*, IStR 2001, 71.

[34] H 82 Kanadische "capital gains tax" ErbStR, wobei deren Abzugsfähigkeit als Nachlassverbindlichkeit zugelassen wird; FinMin Hessen, Erl. v. 17. 1. 1979, StEK Erbschaftsteuer, § 21, Rn. 2.

[35] FG Münster v. 9. 1. 1993, 3 K 1870/89 Erb, EFG 1992, 540.

[36] BFH-Urt. v. 26. 4. 1995, II R 13/92, BStBl 1995 II 540 (542); vgl. dazu *Plewka/Söffing*, NJW 1995, 3157 (3161).

[37] Vgl. *Helmer*, DStR 1989, 488 (489); *Maßbaum*, IWB F. 3 Gr. 9, 87 (90); *Kapp/Ebeling* a. a. O. (oben Fn. 15), § 21 ErbStG Rn. 60; *Wilde*, Das kanadische "Erbschaftsteuerrecht", 488 (491); sowie *Jülicher*, ZEV 1996, 295 (297), der zumindest eine Anrechenbarkeit dem Grunde nach für zulässig erachtet.

[38] H 82 Portugiesische Erbersatzsteuer ErbStR; das Problem ergibt sich z. B. auch bei der Besteuerung von Schenkungen in Südafrika, die nach einkommensteuerlichen Vorschriften erfolgt.

eine weite Auslegung des Begriffs der "entsprechenden ausländischen Steuer" zweckmäßig.[39] Bei der internationalen Erbschaftsteuerplanung empfiehlt es sich jedoch aus Gründen der Vorsicht dafür Sorge zu tragen, dass sich das Auslandsvermögen in einem Land befindet, in dem eine Steuer erhoben wird, die auch unumstritten anrechenbar ist.[40]

Generell ist eine ausländische Steuer immer nur anrechenbar, wenn diese auch **tatsächlich gezahlt** wurde. Weiterhin darf sie keinem Ermäßigungsanspruch mehr unterliegen.[41] Da üblicherweise ein ausländischer Steuerbescheid existiert, scheint eine Überprüfung der festgesetzten Steuer möglich. Ob im Ausland u. U. Ermäßigungsansprüche bestehen, kann dagegen im Einzelfall nur schwer feststellbar sein. Auch die Klärung der Frage nach der tatsächlichen Zahlung kann Probleme bereiten, wenn die ausländische Steuer bei großen Nachlässen gestundet bzw. über einen längeren Zeitraum in Raten entrichtet wird.

Die Rechtsprechung vertritt jedoch die Ansicht, dass die einmal vorgenommene Anrechnung bestehen bleiben könne, wenn die ausländische Steuer außerhalb des Festsetzungsverfahrens und somit nach der Anrechnung vollständig erlassen wird.[42]

Da der BFH ausgeführt hat, dass es sich um ein und denselben Erwerb handeln muss, der mit in- und ausländischer Steuer wirtschaftlich belastet ist, besteht kein Erfordernis einer Identität des Erwerbers.[43] Daher ist eine ausländische Steuer auch dann als eine "auf den Erwerber entfallende"[44] Steuer anrechenbar, wenn der Erwerber nicht der Schuldner der ausländischen Steuer ist und diese tatsächlich von jemand anderem gezahlt wird.

b) Währungsumrechnung

Für die Anrechnung auf die deutsche Erbschaftsteuer muss die ausländische Steuer in EURO **umgerechnet** werden. Das Gesetz enthält keine Vorschrift darüber, mit welchem Kurs die Umrechnung des Betrags der bezahlten ausländischen Steuer zu erfolgen hat. Unstreitig ist, dass die Umrechnung auf der Basis des im Bundesanzeiger veröffentlichten **amtlichen Devisenbriefkurses** durchzuführen ist.[45] Hinsichtlich des **Zeitpunktes** der Umrechnung der gezahlten ausländischen Steuer werden unterschiedliche Ansichten geäußert. Aufgrund des Stichtagsprinzips der Bewertung[46] wollte der BFH bereits in früheren Entscheidungen die ausländische Steuer mit dem im Bundesanzeiger veröffentlichten Devisenbriefkurs umrechnen, der für den Tag der Entstehung der Steuer als amtlich festgesetzt gilt.[47] Die Finanzverwaltung[48] und verschiedene

---

[39] Gl. A.: *Jülicher*, ZEV 1996, 295 (296); *Maßbaum*, IWB F. 3 Gr. 9, 87 (90).

[40] Sofern dies nicht erwünscht ist, kann auch die Einbringung des ausländischen Vermögens in eine deutsche Holding zweckmäßig sein, s. dazu ausführlich *Arlt*, Internationale Erbschaft- und Schenkungsteuerplanung, 286 ff.

[41] § 21 Abs. 1 Satz 1 ErbStG.

[42] BFH-Urt. v. 26. 6. 1963 a. a. O. (oben Fn. 14).

[43] BFH-Urt. v. 26. 6. 1963 a. a. O. (oben Fn. 14); v. 15. 5. 1964 a. a. O. (oben Fn. 29); v. 21. 4. 1982 a. a. O. (oben Fn. 29).

[44] § 21 Abs. 1 Satz 1 ErbStG.

[45] Vgl. *Meincke* a. a. O. (oben Fn. 4), § 21 ErbStG Anm. 17; *Wingert* a. a. O. (oben Fn. 15), § 21 ErbStG Rn. 35; *Kapp/Ebeling* a. a. O. (oben Fn. 15), § 21 ErbStG Rn. 20, mit dem Hinweis, dass auch der vom BdF für Umsatzsteuerzwecke veröffentlichte Durchschnitts-Umrechnungssatz nicht zur Anwendung kommt.

[46] § 11 i. V. mit § 9 ErbStG.

[47] BFH-Urt. v. 26. 6. 1963 a. a. O. (oben Fn. 14); v. 10. 7. 1963 a. a. O. (oben Fn. 14); v. 15. 5. 1964 a. a. O. (oben Fn. 29).

[48] FinMin NRW, Erl. v. 13. 4. 1978, DB 1978, 819.

Finanzgerichte[49] stellten dagegen für die Umrechnung der ausländischen Steuer auf den Devisenkurs am Tage der Zahlung ab.

Inzwischen hat die Finanzverwaltung ihren früheren Standpunkt aufgegeben.[50] Sie folgt nun der Sichtweise des BFH, die von diesem in einigen jüngeren Urteilen[51] mehrmals bestätigt wurde und sieht den am Tag der Entstehung der deutschen Erbschaftsteuerschuld im Bundesanzeiger veröffentlichten Devisenbriefkurs als maßgeblich an. Begründet wird dies damit, dass es andernfalls zu einer vom Stichtagsprinzip abweichenden Bewertung käme, die nicht der Systematik des Erbschaftsteuergesetzes entspreche.[52] Das Schrifttum hat sich weitestgehend der Ansicht der Finanzverwaltung und der genannten Finanzgerichte angeschlossen,[53] obwohl auch hier in jüngerer Zeit teilweise wieder aus systematischen Gründen zumindest dann für den Tag der Steuerzahlung als Umrechnungsstichtag plädiert wird, wenn der Devisenkurs seit dem Tag der Steuerentstehung gestiegen ist.[54] Daneben wird von einigen Autoren sogar eine Auslegung für möglich gehalten, nach der für die Umrechnung der ausländischen Steuer wahlweise der Stichtag mit dem höheren Kurs gewählt werden könne.[55]

M. E. sollte kein fiktiver, sondern der tatsächliche Aufwand angerechnet werden, also die ausländische Steuer, die "gezahlt" wurde und wirtschaftlich das übertragene Vermögen belastet. Als Folge dieser Sichtweise ergibt sich, dass sowohl in Fällen, in denen der Kurs der ausländischen Währung zwischen dem Tag der Entstehung der deutschen Steuer und der Zahlung der ausländischen Steuer gestiegen ist, als auch in solchen, in denen am Zahlungstag ein niedrigerer Kurs festgestellt wird, der Kurs am **Zahlungstag** zur Umrechnung zu verwenden ist.[56]

c) Abgrenzung des Auslandsvermögens

In Abhängigkeit davon, ob der Erblasser zum Zeitpunkt seines Todes aufgrund eines inländischen Wohnsitzes **Inländer** war bzw. nach § 2 Abs. 1 Nr. 1 Satz 2 b) ErbStG als ein solcher galt, oder dieser die Inländereigenschaft nicht besitzt, erfolgt eine Differenzierung zwischen zwei verschiedenen Begriffen des Auslandsvermögens.[57] Diese ist analog für Schenkungen unter Lebenden vorzunehmen.

Von Teilen der Literatur wird kritisiert, dass bei der Definition des Auslandsvermögens keine Unterscheidung zwischen einer "tatsächlichen" Inländereigenschaft aufgrund eines inländischen Wohnsitzes und einer nur "fiktiven" Inländereigenschaft nach § 2 Abs. 1 Nr. 1 Satz 2 b) ErbStG erfolgt.[58] Dabei sollte aber berücksichtigt werden, dass der verwendete Inländerbegriff und die sich daraus u. U. ergebende unbeschränkte Steuerpflicht des Erwerbs sowohl die Voraussetzung für die Anwendung der Anrechnungsmethode als auch das entscheidende Kriterium

---

[49] FG Hamburg v. 24. 11. 1987, II 151/85 – Rev. eingelegt, EFG 1988, 184 (185); FG München v. 9. 12. 1988, IV 205/86 H, EFG 1989, 357, rkr.

[50] H 82 Maßgebender Umrechnungskurs ErbStR; FinMin NRW, Erl. v. 19. 6. 1991, DStR 1991, 944.

[51] BFH-Urt. v. 19. 3. 1991, II R 134/88, BStBl 1991 II 521; v. 26. 4. 1995, a. a. O. (oben Fn. 36).

[52] Vgl. *Moench* a. a. O. (oben Fn. 6), § 21 ErbStG Rn. 11.

[53] Vgl. *Petzoldt* a. a. O. (oben Fn. 4), § 21 ErbStG Rn. 22; *Fischer*, BB 1984, 1033 (1035); a. A.: *Maßbaum* a. a. O. (oben Fn. 13), 401 (423 f.).

[54] Vgl. *Jülicher*, ZEV 1996, 295 (299); *Jülicher* a. a. O. (oben Fn. 12), § 21 ErbStG Tz. 50.

[55] Vgl. *Wingert* a. a. O. (oben Fn. 15), § 21 ErbStG Rn. 35.

[56] Ebenso: FG Hamburg v. 24. 11. 1987, a. a. O. (oben Fn. 49); *Blanke*, DB 1994, 116 (118).

[57] § 21 Abs. 2 ErbStG.

[58] Vgl. *Fischer*, BB 1984, 1033 (1038); *Troll*, BB 1973, 1572 (1574).

für die Abgrenzung des Umfangs des Auslandsvermögens darstellt. Die erbschaftsteuerliche Inländereigenschaft ist **einheitlich** zu verwenden und ergibt sich aufgrund der Definition in § 2 Abs. 1 Nr. 1 Satz 2 a) bis d) ErbStG. Daher gelten auch Personen, die der erweitert unbeschränkten Erbschaftsteuerpflicht als fiktive Inländer unterliegen, bei der Bestimmung des Auslandsvermögens als Inländer.[59]

War der Erblasser zum Zeitpunkt des Todes **Inländer**, gilt ein **enger Auslandsvermögensbegriff**, der alle Vermögensgegenstände i. S. des § 121 BewG und die Nutzungsrechte an diesen Vermögensgegenständen als Auslandsvermögen erfasst, sofern diese auf einen ausländischen Staat entfallen.[60] War der Erblasser dagegen **kein Inländer**, werden aufgrund eines **weiten Begriffs des Auslandsvermögens** alle Vermögensgegenstände mit Ausnahme des Inlandsvermögens i. S. des § 121 BewG und daran bestehende Nutzungsrechte als Auslandsvermögen betrachtet, sofern der Erwerber Inländer ist.[61] Durch die weite Fassung des Auslandsvermögens wächst der für den inländischen Erwerber anrechenbare Betrag der ausländischen Erbschaftsteuer, der auf ausländisches Vermögen fällt. In diesem Fall erhöht sich auch der Teilbetrag der inländischen Steuer, die auf das ausländische Vermögen entfällt. Deshalb steigt im Ergebnis der Höchstbetrag der anrechenbaren ausländischen Steuer. Ein inländischer Erwerber, bei dem aufgrund der Tatsache, dass er von einem Steuerausländer erwirbt, der weite Auslandsvermögensbegriff angewendet wird, hat also höhere Anrechnungsmöglichkeiten als ein in- oder ausländischer Erwerber, dessen Erwerb von einem Inländer stammt.

Zur Vermeidung nicht anrechenbarer ausländischer Steuern sollte daher im Rahmen der Internationalen Nachfolgeplanung bereits vor einem Übergang von ausländischem Vermögen sichergestellt werden, dass keine ausländischen Vermögensgegenstände übertragen werden, die nicht unter den Begriff des entsprechenden "Auslandsvermögens" fallen.[62]

d) Berechnung des Anrechnungsbetrages

(a) Erwerb besteht nur aus Auslandsvermögen

Wenn der Erwerb nur aus Auslandsvermögen besteht, das uneingeschränkt sowohl der ausländischen als auch der deutschen Besteuerung unterliegt, ist die ausländische Steuer in **vollem Umfang** auf die deutsche Steuer anzurechnen.

Die Ermittlung des Wertes des der deutschen Besteuerung unterliegenden Auslandsvermögens i. S. des § 21 Abs. 2 ErbStG erfolgt dabei nach **deutschen Bewertungsvorschriften**.[63] Die Bewertung nach ausländischem Recht bleibt dabei unberücksichtigt.[64] Das Auslandsvermögen wird mit dem Wert angesetzt, der sich nach dem **Abzug** der mit diesem in wirtschaftlichem Zusammenhang stehenden Schulden und Nachlassverbindlichkeiten ergibt.

---

[59] Im Ergebnis ähnlich: *Maßbaum* a. a. O. (oben Fn. 13), 401 (412).

[60] § 21 Abs. 2 Nr. 1 ErbStG. In der Literatur wird die Anknüpfung an die bewertungsrechtlichen Vorschriften als "konzeptionell verfehlt" kritisiert, vgl. *Schaumburg* a. a. O. (oben Fn. 24), 749. Ebenfalls krit.: *Meincke* a. a. O. (oben Fn. 4), § 21 ErbStG Anm. 32.

[61] § 21 Abs. 2 Nr. 1 ErbStG.

[62] Vgl. *Arlt*, IWB F. 3 Gr. 9, 103 (124); dazu ausführlich mit Beispielen: *ders.* a. a. O. (oben Fn. 40), 250 ff.

[63] § 11 i. V. mit § 12 ErbStG.

[64] Vgl. *Wingert* a. a. O. (oben Fn. 15), § 21 ErbStG Rn. 42; *Jülicher* a. a. O. (oben Fn. 12), § 21 ErbStG Tz. 58; z. B. wird das unbewegliche Vermögen in Frankreich mit dem geschätzten oder amtlich festgesetzten Verkaufspreis im Zeitpunkt des Erbfalls angesetzt. Die Ermittlung des Wertansatzes für das in Frankreich belegene unbewegliche Vermögen als Auslandsvermögen i. S. des § 21 Abs. 2 ErbStG erfolgt nach § 12 Abs. 6 ErbStG i. V. mit §§ 31, 9 BewG mit dem gemeinen Wert.

Ist die inländische erbschaftsteuerliche Bemessungsgrundlage für das ausländische Vermögen aufgrund des Abzugs von Nachlassverbindlichkeiten oder wegen höherer Freibeträge niedriger als die Bemessungsgrundlage der ausländischen Erbschaftsteuer, kann die ausländische Steuer trotzdem in voller Höhe auf die deutsche Steuer angerechnet werden. Das entscheidende Kriterium für die Anrechnung besteht darin, dass die einzelnen ausländischen Vermögensgegenstände dem Grunde nach der deutschen Erbschaftsteuer unterliegen. Ob sie letztendlich auch wirklich besteuert werden, ist insofern unbeachtlich.[65] Wird das Auslandsvermögen in mehreren Staaten besteuert, so kann jede der gezahlten ausländischen Steuern angerechnet werden, wenn die sonstigen Voraussetzungen vorliegen.

Unterliegt das Auslandsvermögen im Inland einer höheren Besteuerung als im Ausland, so ist die ausländische Steuer nur bis zu dem Betrag der deutschen Erbschaftsteuer anzurechnen, der auf das Auslandsvermögen entfällt, das im Ausland besteuert wurde.

Da der deutsche Erbschaftsteuertarif im internationalen Vergleich eher als niedrig eingestuft werden kann, ist der Fall, dass der ausländische Steuerbetrag höher ist als der deutsche, von besonderer Praxisrelevanz.[66] Zwar wird hier auf das ausländische Vermögen letztendlich überhaupt keine deutsche Steuer mehr erhoben, eine Erstattung des überschießenden Betrages kommt jedoch nicht in Betracht.[67]

Eine Aufteilung der anrechnungsfähigen ausländischen Erbschaftsteuer im Verhältnis des Wertes des Auslandsvermögens zum Wert des gesamten der ausländischen Steuer unterliegenden Erwerbs hat nur dann zu erfolgen, wenn ein Miterbe an einem Nachlass beteiligt ist, der im Ausland von einer Nachlasssteuer belastet ist. Die vom Miterben anrechenbare Steuer ermittelt sich dabei anteilig entsprechend dessen Quote am Nachlass, der der Nachlasssteuer unterliegt. Sofern bei der Aufteilung des Nachlasses Vermächtnisse, Pflichtteilsansprüche u. ä. zu berücksichtigen sind, kann die ausländische Steuer ebenfalls anteilig bei den einzelnen Berechtigten angerechnet werden.

(b) Erwerb besteht aus In- und Auslandsvermögen

Wenn der steuerpflichtige Gesamterwerb sowohl aus Auslands- als auch aus Inlandsvermögen besteht, ist die anrechenbare ausländische Steuer auf die Höhe der deutschen Steuer **begrenzt**, die auf das Auslandsvermögen entfällt.[68] Eine höhere Auslandssteuer kann also keine Minderung der für den übrigen Teil des Erwerbs anfallenden Inlandsteuer bewirken. Vielmehr wird bei einer relativ niedrigen ausländischen Steuer die auf das ausländische Vermögen letztendlich zu entrichtende Steuer stets auf das Niveau der deutschen Erbschaftsteuer angehoben. Die Erbschaftsteuer für den aus Inlandsvermögen bestehenden Erwerbsteil berechnet sich bei einem solchen Mischerwerb nach dem für den Gesamterwerb maßgeblichen Steuersatz.[69]

Der auf das Auslandsvermögen entfallende Teil der deutschen Erbschaftsteuer ist nach § 21 Abs. 1 Satz 2 ErbStG in der Weise zu ermitteln, dass die sich für den steuerpflichtigen Gesamterwerb – einschließlich des steuerpflichtigen Auslandsvermögens – ergebende deutsche Steuer

---

[65] BFH-Urt. v. 26. 6. 1963 a. a. O. (oben Fn. 14); v. 10. 7. 1963 a. a. O. (oben Fn. 14).
[66] Ausführlicher zum Erbschaft- und Schenkungsteuerrecht im Ausland: *Jülicher* a. a. O. (oben Fn. 12), § 21 ErbStG Tz. 91 ff.
[67] Vgl. *Petzoldt* a. a. O. (oben Fn. 4), § 21 ErbStG Rn. 17.
[68] § 21 Abs. 1 Satz 2 ErbStG; vgl. *Lethaus*, IWB F. 3 Gr. 9, 67 (71).
[69] Vgl. *Kapp/Ebeling* a. a. O. (oben Fn. 15), § 21 ErbStG Rn. 11.1.

im Verhältnis des Werts des im Inland steuerpflichtigen Auslandsvermögens zum Wert des gesamten steuerpflichtigen Erwerbs aufgeteilt wird.[70]

$$\text{Höchstbetrag} = \text{deutsche Erbschaftsteuer} \times \frac{\text{steuerpflichtiges Auslandsvermögen}}{\text{steuerpflichtiges Gesamtvermögen}}$$

Eine solche Aufteilung ist auch vorzunehmen, wenn der inländische Erwerber eines teilweise aus Auslandsvermögen bestehenden Nachlasses nur Miterbe ist und die anderen Miterben Ausländer sind. Anrechnungsfähig ist hier jeweils der Teil der ausländischen Erbschaftsteuer, der dem Verhältnis des Wertes des Anteils des Miterben zum gesamten steuerpflichtigen Erwerb entspricht.

Bei der Ermittlung des Gesamterwerbs werden die dem Erwerber zu gewährenden Freibeträge[71] nicht berücksichtigt. Außerdem müssen vom Gesamterwerb alle Schulden und Nachlassverbindlichkeiten abgezogen werden, da die Höchstbetragsberechnung auf Nettogrößen basiert. Steuerfreie Vermögensgegenstände sind nicht in den steuerpflichtigen Gesamterwerb einzubeziehen. Eine im Ausland gezahlte Nachlasssteuer muss bei der Höchstbetragsberechnung wieder zum Auslandsvermögen und zum Gesamterwerb hinzugerechnet werden. Diese wirkt sich zwar nicht auf den Höchstbetrag der anrechnungsfähigen Steuer aus, beeinflusst aber die Höhe der deutschen Steuer.[72]

Wenn **Schulden und Nachlassverbindlichkeiten** in **wirtschaftlichem Zusammenhang** mit dem **Auslandsvermögen** stehen, sind diese ebenfalls abzuziehen, da auch hier der Nettobetrag des Vermögenserwerbs zugrunde gelegt wird.[73] Bei Zuordnungsproblemen von Schulden und Nachlassverbindlichkeiten zum Auslands- bzw. übrigen Vermögen müssen diese im Verhältnis des Bruttowertes vom Auslandsvermögen zum übrigen Vermögen aufgeteilt werden.[74]

(c) Per-country-limitation beim Erwerb von in verschiedenen Staaten belegenem Auslandsvermögen

Wenn der Erwerb aus in verschiedenen Staaten belegenem Auslandsvermögen besteht, muss der zulässige Höchstbetrag der anrechenbaren ausländischen Steuer für jeden Staat **gesondert** berechnet werden.[75] Wenn ein und dasselbe Auslandsvermögen von zwei Staaten besteuert wird, sind auch beide Steuern bis zum insgesamt zulässigen Höchstbetrag anrechenbar. Der Antrag auf Anrechnung muss jedoch für die Steuer eines jeden Staates getrennt gestellt werden. Durch diese per-country-limitation wird verhindert, dass ein eventuell verbleibender Anrechnungsbetrag aus einem Land mit einer hohen Besteuerung auf einen nicht ausgenutzten Höchstbetrag eines anderen Landes mit niedrigeren Steuersätzen übertragen werden kann.

4. Die zu kürzende deutsche Steuer

Um die berücksichtigungsfähige ausländische Steuer auf die deutsche Steuer anrechnen zu können, muss als Ausgangswert für die Anrechnung die Steuer auf den **Gesamterwerb** nach den

---

[70] BFH-Urt. v. 10. 7. 1963, a. a. O. (oben Fn. 14); § 21 Abs. 1 Satz 2 ErbStG verwendet den Begriff "Gesamtvermögen", jedoch ist hier entsprechend der sonst im ErbStG üblichen Terminologie der "Gesamterwerb" gemeint, vgl. *Jülicher* a. a. O. (oben Fn. 12), § 21 ErbStG Tz. 57; *Wingert* a. a. O. (oben Fn. 15), § 21 ErbStG Rn. 41.

[71] §§ 16, 17 ErbStG.

[72] BFH-Urt. v. 28. 2. 1979, II R 165/74, BStBl 1979 II 438 (440).

[73] § 10 Abs. 5 i. V. mit § 10 Abs. 6 ErbStG.

[74] Vgl. *Jülicher* a. a. O. (oben Fn. 12), § 21 ErbStG Tz. 58.

[75] § 21 Abs. 1 Satz 3 ErbStG.

erbschaftsteuerlichen Vorschriften ermittelt werden. Der Auslandserwerb selbst bildet als Bruttoerwerb vor Abzug der ausländischen Steuer einen Bestandteil dieser Bemessungsgrundlage.

5. Für die Anrechnung erforderliche Dokumentation

Dem Erwerber, der die Anrechnung der ausländischen Steuer beantragt, ist nach § 21 Abs. 3 Satz 1 ErbStG d e Verpflichtung auferlegt, sowohl die **Höhe des Auslandsvermögens** als auch die **gezahlten ausländischen Steuern** durch "entsprechende Urkunden" zu **dokumentieren**. Einzelheiten bezüglich der Ansprüche, denen diese Urkunden genügen müssen, bleiben ansonsten offen.

Hinsichtlich der Dokumentation der Höhe des Auslandsvermögens braucht nur das Vermögen nachgewiesen zu werden, auf das sich der Anrechnungsantrag stützt.[76] Dabei ist der Nachweis sowohl bezüglich der Existenz als auch der Höhe des ausländischen Vermögens, einschließlich der Wertermittlung, zu führen.

Da das Gesetz keine Regelung darüber enthält, welche Anforderungen an den Nachweis der ausländischen Steuer zu stellen sind, ist die Vorlage des ausländischen Steuerbescheids nicht zwingend erforderlich.[77] Neben der Vorlage eines Belegs über die geleistete Steuerzahlung kommen daher auch sonstige geeignete Urkunden, wie z. B. eine Abrechnung und Bestätigung eines ausländischen Testamentsvollstreckers, Rechtsanwalts oder Kreditinstituts, in Betracht. Sofern Urkunden in einer fremden Sprache vorgelegt werden, kann sowohl beim Nachweis der Existenz des ausländischen Vermögens als auch beim Nachweis der ausländischen Steuer von den Finanzbehörden die Vorlage einer beglaubigten Übersetzung gefordert werden.[78]

Der Steuerpflichtige ist aufgrund von § 149 AO i. V. mit § 31 ErbStG zur Abgabe einer Steuererklärung verpflichtet. Dabei besteht für diesen aufgrund des Auslandssachverhalts eine erhöhte Aufklärungs- und Mitwirkungspflicht nach § 90 Abs. 2 AO, die neben der sich aus § 30 ErbStG ergebenden Anzeigepflicht beachtet werden muss.

III. Abzugsverfahren als Alternative zur Anrechnungsmethode

Streitig ist, ob eine einseitige Milderung der Doppelbesteuerung neben der Anrechnungmethode auch durch das **Abzugsverfahren** erfolgen kann. Dazu soll der Steuerschuldner ein **Wahlrecht** haben, die ausländische Steuer von der erbschaftsteuerlichen Bemessungsgrundlage als **Nachlassverbindlichkeit**[79] abzuziehen.[80] Dabei besteht das Hauptproblem in der Frage, ob das gesetzliche Abzugsverbot für die vom Erwerber zu entrichtende eigene Erbschaftsteuer[81] auch bei einer Kürzung der Bemessungsgrundlage für die Berechnung der inländischen durch die ausländische Steuer gilt.[82]

M. E. ist es schon aufgrund des der Besteuerung von unentgeltlichen Vermögensübertragungen zugrundeliegenden Bereicherungsprinzips geboten, ausländische Erbschaftsteuern in Fällen, bei

---

[76] Vgl. *Meincke* a. a. O. (oben Fn. 4), § 21 ErbStG Rn. 33.
[77] Vgl. *Moench* a. a O. (oben Fn. 6), § 21 ErbStG Rn. 23.
[78] § 21 Abs. 3 Satz 2 ErbStG.
[79] § 10 Abs. 5 ErbStG.
[80] Für den Abzug der ausländischen Steuer: *Meincke* a. a. O. (oben Fn. 4), § 21 ErbStG Anm. 2; a. A. FG Nürnberg v. 18. 12. 1962, II 37 – 61 –, EFG 1963, 311, rkr.; *Schaumburg* a. a. O. (oben Fn. 24), 744 f.
[81] § 10 Abs. 8 ErbStG.
[82] Gegen die Anwendung des Abzugsverbotes: *Meincke* a. a. O. (oben Fn. 4), § 10 ErbStG Anm. 59; a. A.: *Kapp/Ebeling* a. a. O. (oben Fn. 15), § 10 ErbStG Rn. 177; *Gebel*, a. a. O. (oben Fn. 33) 76.

denen auf die Stellung des zur Anwendung der Anrechnungsmethode erforderlichen Antrags[83] verzichtet wird, unter Zugrundelegung der allgemeinen erbschaftsteuerlichen Grundsätze als abzugsfähige Erblasserschulden i. S. des § 10 Abs. 5 Nr. 1 ErbStG zu interpretieren, die dem Steuerpflichtigen unmittelbar im Zusammenhang mit der Erlangung des Erwerbs entstehen.[84] Der BFH bestätigt diese Sichtweise insofern, als er einen Abzug der kanadischen capital gains tax zulässt.[85]

C. Anwendung bilateraler Maßnahmen zur Vermeidung der Doppelbesteuerung

I. Problemstellung

Bei einer Kollision von Besteuerungsansprüchen verschiedener Staaten sind im deutschen internationalen Erbschaftsteuerrecht zur Vermeidung der Doppelbesteuerung – neben den unilateralen – auch **bilaterale** Maßnahmen vorgesehen. Hierzu hat die Bundesrepublik Deutschland mit mehreren anderen Staaten **Abkommen zur Vermeidung der Doppelbesteuerung auf dem Gebiet der Erbschaft- und Schenkungsteuern** abgeschlossen.[86] Diese **DBA** sollen im Folgenden hinsichtlich ihrer Bedeutung für die Erbschaftsteuerplanung untersucht werden.

Dabei ist zunächst festzustellen, dass das Netz der DBA auf dem Gebiet der Nachlass- und Erbschaftsteuern weniger dicht ist als bei den Steuern vom Einkommen und Vermögen.[87] Die bestehenden Abkommen folgen in weiten Teilen dem vom Steuerausschuss der **OECD** konzipierten **MA** von 1966,[88] das mit dem zugehörigen **Kommentar** 1982 eine überarbeitete Neufassung erfuhr, so dass dieses zu deren Auslegung herangezogen werden kann.[89] Der wesentliche Unterschied zwischen altem und neuem Abkommen besteht darin, dass das MA von 1982 eine Einbeziehung der Steuern auf Schenkungen unter Lebenden in den Anwendungsbereich des Abkommens vorsieht.[90]

Derzeit[91] hat Deutschland DBA mit Dänemark,[92] Griechenland,[93] Israel,[94] Schweden,[95] Schweiz,[96] und den USA[97] geschlossen.[98]

---

[83] § 21 Abs. 1 Satz 1 ErbStG.

[84] Gl. A.: *Meincke* a. a. O. (oben Fn. 4), § 21 ErbStG Anm. 2; früher auch *Troll*, Erbschaft- und Schenkungsteuer, Kommentar, § 21 ErbStG Rn. 8, der seine Ansicht inzwischen geändert hat und nun in Fällen, in denen eine Anrechnung der ausländischen Steuer ausscheidet, deren Abzug bei der Ermittlung der Bemessungsgrundlage aus Billigkeitsgründen gem. §§ 163, 227 AO zulassen will, vgl. *Jülicher* a. a. O. (oben Fn. 12), § 21 Rn. 6.

[85] BFH-Urt. v. 26. 4. 1995 a. a. O. (oben Fn. 36).

[86] Abkommen zur Vermeidung der Doppelbesteuerung auf dem Gebiet der Erbschaft- und Schenkungsteuern werden im Folgenden als "DBA" bezeichnet.

[87] Den mit fünf Ländern bestehenden Abkommen, die sich auf die Erbschaft- bzw. Schenkungsteuer beziehen, stehen derzeit (Stand 1. 1. 2009) auf dem Gebiet der Steuern vom Einkommen und Vermögen Abkommen mit ca. 80 Ländern gegenüber; vgl. BFM-Schreiben v. 22. 1. 2009, BStBl. I 2009, 355.

[88] Vgl. hierzu *Debatin*, AWD 1967, 15; *Toifl*, in: Gassner (Hrsg.), Die Methoden zur Vermeidung der Doppelbesteuerung im Erbschaftsteuerrecht, 387 (393 f.).

[89] Vgl. OECD-MA 1982, Bericht 9.

[90] Vgl. OECD-MA 1982, Komm. zu Art. 2 Ziff. 2.

[91] Stand 1. 1. 2009.

[92] V. 22. 11. 1995, BStBl 1996 I 1219; die Vermeidung der Doppelbesteuerung bei der Erbschaftsteuer wird hier mit der auf dem Gebiet der Steuern vom Einkommen und Vermögen in einem DBA zusammenge-

Das DBA zwischen der Bundesrepublik Deutschland und der Französischen Republik zur Vermeidung der Doppelbesteuerung der Nachlässe, Erbschaften und Schenkungen wurde am 12. 10. 2006 unterzeichnet.[99] Das Ratifizierungsverfahren in Deutschland ist abgeschlossen.[100] Nach Austausch der Ratifizierungsurkunden am 2. 4. 2009 trat es am 3. 4. 2009 in Kraft. Es ist bei Erbfällen anzuwenden, bei denen der Erblasser nach dem 2. 3. 2009 verstorben ist bzw. bei Schenkungen nach diesem Stichtag.

Nachdem der Österreichische Verfassungsgerichtshof (VfGH) mit Urteil vom 7. März 2007 das nationale österreichische Erbschaftsteuergesetz für verfassungswidrig erklärt hatte, trat das es Ende Juli 2008 außer Kraft. Da somit in Österreich mit Wirkung ab 1. 8. 2008 die Erbschaftsteuer abgeschafft ist, wurde das DBA-Österreich[101] von deutscher Seite bereits im Voraus zum 31. 12. 2007 gekündigt[102] und trat bereits am 1. 1. 2008 außer Kraft.[103] Für Erbfälle, die während des Zeitraums vom 1. 1. 2008 bis 31. 7. 2008 eingetreten sind, besteht somit aufgrund des abkommenslosen Zustands die Möglichkeit einer Doppelbesteuerung. Daher hat das Bundeskabinett in seiner Sitzung am 18. 9. 2007 zusammen mit der Kündigung des Abkommens beschlossen, der Republik Österreich anzubieten, eine Vereinbarung abzuschließen, die eine beiderseitige Anwendung der Regelungen des gekündigten Abkommens auf Erbfälle ermöglicht, die nach

---

fasst.

[93] V. 18. 11./1. 12. 1910, RGBl 1912, 173. Das mit Griechenland bereits 1910 abgeschlossene DBA findet nur Anwendung, wenn der Erblasser die griechische oder deutsche Staatsangehörigkeit hatte und bezieht sich nur auf das durch Erbfall übertragene bewegliche Nachlassvermögen. Aufgrund des sehr beschränkten Anwendungsbereichs wird das Abkommen in der Praxis nur von geringer Bedeutung sein, insbesondere da es auch keinerlei Regelung bezüglich einer Übertragung von Betriebsvermögen enthält. Bei der Erbschaftsteuerplanung kommt den unilateralen Maßnahmen zur Vermeidung einer Doppelbesteuerung daher in Bezug zu Griechenland nahezu dieselbe Bedeutung zu wie im Verhältnis zu solchen Staaten, mit denen kein Doppelbesteuerungsabkommen besteht.

[94] V. 29. 5. 1980, BGBl 1985 II 394. Israel hat mit Wirkung vom 1. 4. 1981 die Erbschaftsteuer abgeschafft. Das DBA ist daher nur rückwirkend auf Nachlässe von Personen anzuwenden, die zwischen dem 1. 1. 1968 und dem 31. 3. 1981 verstorben sind. Angesichts dieser Sachlage ist das DBA-Israel für die internationale Erbschaftsteuerplanung praktisch ohne Bedeutung.

[95] V. 14. 7. 1992, BStBl 1994 I 422. Wie im DBA-Dänemark wurde die Vermeidung der Doppelbesteuerung bei der Erbschaftsteuer mit der auf dem Gebiet der Steuern vom Einkommen und Vermögen in einem DBA zusammengefasst. Nachdem Schweden mit Wirkung vom 1.1.2005 die Erbschaft- und Schenkungsteuer abgeschafft hat, hat der entsprechende Abschnitt des DBA faktisch gegenstandslos geworden. Angesichts dieser Sachlage und im Hinblick auf die erwartete Aufhebung des Abkommens bei einer demnächst erwarteten Neuverhandlung des DBA wird auf das DBA-Schweden im Rahmen dieser Ausführungen nicht eingegangen.

[96] V. 30. 11. 1978, BStBl 1980 I 243.

[97] V. 3. 12. 1980, BStBl 1982 I 765 bzw. v. 14. 12. 1998, BStBl 2001 I 110. Ab 15. 12. 2000 ist das DBA-USA in Form der Bekanntmachung der Neufassung vom 21. Dezember 2000 anzuwenden. Diese Neufassung berücksichtigt das Abkommen vom 3. Dezember 1980, das Protokoll vom 14. Dezember 1998 zur Änderung des Abkommens vom 3. Dezember 1980, sowie den Notenwechsel vom 30. August 1999 (BGBl 2000 II 1170).

[98] Künftige Abkommen bzw. laufende Verhandlungen sind z. Zt. nicht vorgesehen bzw. finden z. Zt. nicht statt, vgl. BFM-Schreiben v. 22. 1. 2009, a. a. O. (oben Fn. 87).

[99] BGBl II 2007, 1403.

[100] BGBl II 2007, 1402.

[101] V. 4. 10. 1954, BStBl 1955 I 375.

[102] BMF v. 8.12.2007, BStBl. I 2007, 821.

[103] Das DBA-Österreich wird deshalb nachfolgend nicht weiter berücksichtigt.

Arlt

dem 31. 12. 2007 und vor dem 1. 8. 2008 eintreten. Hierzu wurde von deutscher Seite ein Vertragsgesetz verfasst, mit dem auf deutscher Seite das "Abkommen vom 6. November 2008 zwischen der Bundesrepublik Deutschland und der Republik Österreich zur Vermeidung der Doppelbesteuerung auf dem Gebiet der Erbschaftsteuern bei Erbfällen, in denen der Erblasser nach dem 31. Dezember 2007 und vor dem 1.August 2008 verstorben ist", umgesetzt wird.[104]

II. Abgrenzung des Anwendungsbereichs der Doppelbesteuerungsabkommen

1. Sachlicher Anwendungsbereich

Die Abgrenzung des **sachlichen** Anwendungsbereichs der einzelnen Abkommen bildet die erste Voraussetzung für die Verwendung von ErbSt-DBA bei der internationalen Erbschaftsteuerplanung. Hierbei ist zu prüfen, ob bezüglich der im betreffenden Sachverhalt erhobenen Steuern eine Abkommensanwendung überhaupt möglich ist, da ansonsten auf die unilateralen Maßnahmen zu Minderung der Doppelbesteuerung zurückgegriffen werden muss.

Grundsätzlich gelten alle DBA für Steuern auf Vermögensübertragungen **von Todes wegen**, die für Rechnung des jeweiligen Vertragsstaates oder u. U. seiner Gebietskörperschaften erhoben werden. Unter Berücksichtigung der individuellen Ausprägung der erhobenen Steuer kann sowohl eine Nachlasssteuer als auch eine Erbanfallsteuer den Gegenstand des Abkommens bilden. Diese Steuern werden in den einzelnen Abkommen explizit aufgeführt.

Von besonderer Bedeutung ist die Frage ob Steuern, die bei **Schenkungen unter Lebenden** erhoben werden, in den sachlichen Anwendungsbereich des betreffenden Abkommens mit einbezogen sind.[105] Da dies nur bei den Abkommen mit Dänemark, Frankreich und den USA der Fall ist,[106] kann ansonsten bei Vermögensübertragungen unter Lebenden die Vermeidung der Doppelbesteuerung ausschließlich durch unilaterale Maßnahmen erfolgen.

2. Persönlicher Anwendungsbereich

a) Einbezogener Personenkreis

Bei der Abgrenzung des **persönlichen** Anwendungsbereichs der DBA ist im Rahmen einer internationalen Erbschaftsteuerplanung zu klären, ob das betreffende Abkommen bei den an der Vermögensübertragung beteiligten Personen anzuwenden ist. Der persönliche Anwendungsbereich erstreckt sich in allen deutschen DBA auf Nachlässe und Erbschaften von **Erblassern**, die in einem oder in beiden Vertragsstaaten ihren **Wohnsitz** hatten oder dort **ansässig** sind.[107] Die

---

[104] Das Gesetzes zu dem Abkommen vom 6. November 2008 zwischen der Bundesrepublik Deutschland und der Republik Österreich zur Vermeidung der Doppelbesteuerung auf dem Gebiet der Erbschaftsteuern bei Erbfällen, in denen der Erblasser nach dem 31. Dezember 2007 und vor dem 1. August 2008 verstorben ist, wurde am 6.11.2008 unterzeichnet, BFM-Schreiben v. 22. 1. 2009, a. a. O. (oben Fn. 87); dazu ausführlicher: *Hoheisel*, IStR 2008, 139; *Jülicher*, ZEV 2008, 64.

[105] S. dazu OFD Düsseldorf v. 22. 5. 1973, DB 1973, 1478.

[106] In bestimmten Teilbereichen (z. B. bei der Berücksichtigung von Schenkungen, die nach dem jeweiligen nationalen Steuerrecht mit einer nachfolgenden Vermögensübertragung von Todes wegen zusammengefasst werden, oder bei der Übertragung von bestimmten Vermögensgegenständen) sind im DBA mit der Schweiz jedoch Ausnahmen vorgesehen (S. zum DBA-Schweiz: BFM-Schreiben v. 7. 4. 1988, DB 1988, 938; dazu ausführlicher *Bellstedt/Meyer* in: *Gosch/Kroppen/Grotherr*, DBA-Kommentar, Art. 2 DBA-Schweiz/ErbSt Rn. 6 ff.).

[107] Art. 2 Abs. 4 b) aa) DBA-Dänemark; Art. 1 a) DBA-Frankreich; Art. 1 DBA-Schweiz; Art. 1 a) DBA-USA.

Abkommen mit Dänemark, Frankreich und den USA beziehen ferner Schenkungen von Schenkern mit ein, die diese Wohnsitz- bzw. Ansässigkeitsvoraussetzungen erfüllen.[108]

Die **Staatsangehörigkeit** ist als Tatbestandsmerkmal zur Abgrenzung des persönlichen Anwendungsbereiches der DBA ohne Bedeutung. Außerhalb des Abkommensschutzes bleiben auch Nachlässe bzw. Schenkungen solcher Personen, für die weder in Deutschland noch in dem jeweiligen Vertragstaat ein Wohnsitz anzunehmen ist.[109] Diese "Drittstaatenfälle" sind alleine nach den innerstaatlichen Regelungen zu behandeln oder in einem Verständigungsverfahren zu klären.

b) **Wohnsitzkriterium und Problem des Doppelwohnsitzes**

Der Begriff des Wohnsitzes erfährt in den Abkommen keine eigenständige Definition, da diese auf das **innerstaatliche Recht** der Vertragsstaaten Bezug nehmen.[110] Durch die subjektive Anknüpfung der Steuerpflicht an das innerstaatliche Recht der Vertragstaaten verbleibt aber ein weiter Bereich, in dem nach den Kriterien der jeweiligen nationalen Steuerrechtsordnungen in beiden Vertragsstaaten ein Wohnsitz vorliegt.[111] Die durch solche Überschneidungen auftretenden Konfliktfälle werden in den Abkommen durch Kollisionsregelungen gelöst, die bestimmen, welcher der beiden Staaten bei einem **Doppelwohnsitz** aufgrund einer engeren Verbundenheit des Übertragenden für abkommensrechtliche Zwecke als Wohnsitzstaat angesehen wird.[112] Zu beachten ist dabei, dass durch die Zuordnung der Besteuerungsrechte zu einem Staat mit Hilfe der Kollisionsregelung der DBA nur eine zwischenstaatliche Grenzziehung zur Steuerberechtigung erfolgt. Die Anerkennung des innerstaatlichen Rechts des als Wohnsitzstaat zurücktretenden Vertragsstaates wird hierdurch nicht in Frage gestellt.[113]

Bei einem Doppelwohnsitz sind nach den Abkommensnormen entsprechend eines Kriterienkataloges, der sich an dem von der OECD im Musterabkommen gemachten Vorschlag orientiert,[114] sukzessive die **ständige Wohnstätte**, der **Mittelpunkt der Lebensinteressen**, der **gewöhnliche Aufenthalt** und schließlich ersatzweise die **Staatsangehörigkeit** zu prüfen.[115]

Trotz dieser Gemeinsamkeiten bestehen in den einzelnen DBA teilweise Besonderheiten hinsichtlich des Anwendungsbereichs, die bei internationalen Erbfällen von Bedeutung sind.

---

[108] Art. 2 Abs. 4 b) bb) DBA-Dänemark; Art. 1 b) DBA-Frankreich; Art. 1 b) DBA-USA.

[109] Vgl. OECD-MA 1982, Komm. zu Art. 1 Ziff. 12.

[110] Art. 4 Abs. 1 b) DBA-Dänemark, Art. 4 Abs. 1 DBA-Frankreich, Art. 4 Abs. 1 DBA-Schweiz, Art. 4 Abs. 1 DBA-USA; vgl. OECD-MA 1982, Komm. zu Art. 4 Ziff. 5; s. dazu auch *Schaumburg* a. a. O. (oben Fn. 24), 848 f.

[111] Es handelt sich hier um die Fälle eines sog. "Doppelwohnsitzes".

[112] Art. 4 Abs. 2 DBA-Dänemark; Art. 4 Abs. 3 DBA-Frankreich; Art. 4 Abs. 2 DBA-Schweiz; Art. 4 Abs. 2 DBA-USA.

[113] Aus deutscher Sicht kann es sich dadurch ergeben, dass das deutsche Besteuerungsrecht in Fällen, in denen der andere Vertragsstaat abkommensrechtlich als Wohnsitzstaat gilt, auf das deutsche Belegenheitsvermögen eingeschränkt wird. Dennoch müssen auf diese in Deutschland belegenen Teile des übertragenen Vermögens z. B. beim Vorliegen der Voraussetzungen des § 2 Abs. 1 Nr. 1 ErbStG weiterhin die Vorschriften über die unbeschränkte Steuerpflicht angewendet werden.

[114] Art. 4 Abs. 2 OECD-MA 1982.

[115] Als letzter Lösungsweg ist das Verständigungsverfahren vorgesehen (Art. 4 Abs. 2 d) OECD-MA 1982).

c) Besonderheiten der einzelnen DBA

(a) DBA-Dänemark

Obwohl für die Abgrenzung des persönlichen Anwendungsbereiches eines DBA der Wohnsitzstaat des Erwerbers grundsätzlich ohne Bedeutung ist, muss bei Anwendung der Abkommen mit Dänemark beachtet werden, dass sich - abweichend vom Musterabkommen der OECD - sowohl die Bundesrepublik als auch Dänemark in diesem DBA ein **konkurrierendes Besteuerungsrecht** als **Wohnsitzstaat des Erwerbers** für den Fall vorbehalten haben, dass sich der Erblasserwohnsitz auf dem Territorium des anderen Staates befindet.[116] Aus deutscher Sicht bleibt dadurch die im nationalen Steuerrecht vorgesehene "begrenzte" unbeschränkte Steuerpflicht[117] aufgrund der Inländereigenschaft des Erwerbers aufrechterhalten. Dabei muss aber beachtet werden, dass der Wohnsitz des Erwerbers für sich alleine keine Abkommensanwendung begründet. Deshalb kann diesem eine solche nur zugute kommen, wenn der Übertragende seinen Wohnsitz in Dänemark hat, da ausschließlich in diesem Fall aufgrund der Kriterien des persönlichen Anwendungsbereichs[118] das jeweilige DBA anwendbar ist.

Bei einer **Wohnsitzverlegung** von Deutschland nach Dänemark muss berücksichtigt werden, dass sowohl der Übertragende als auch der Begünstigte aufgrund seiner Staatsangehörigkeit weiter als in Deutschland ansässig i. S. des DBA gilt, wenn er zum Zeitpunkt der Übertragung zwar noch deutscher Staatsangehöriger ist und der dortigen unbeschränkten Erbschaftsteuerpflicht unterliegt, jedoch nach den Ansässigkeitskriterien des entsprechenden DBA seit einer Dauer von noch nicht mehr als fünf Jahren eigentlich schon als in Dänemark ansässig gilt.[119]

(b) DBA-Frankreich

Im Abkommen mit Frankreich ist für eine natürliche Person, die zum Zeitpunkt der Vermögensübertragung Staatsangehörige eines Vertragsstaats war, ohne gleichzeitig Staatsangehörige des anderen Vertragsstaats zu sein und die aufgrund des innerstaatlichen Rechts der Vertragsstaaten einen **Doppelwohnsitz** hatte, eine Sonderregelung enthalten. Danach wird der alleinige abkommensrechtliche Wohnsitz der natürlichen Person nur dann nicht ausschließlich in dem Staat angenommen, dessen Staatsangehörigkeit sie hatte, wenn diese natürlichen Personen die eindeutige Absicht hatten, ihren Wohnsitz im anderen Staat auf Dauer beizubehalten und wenn sie während der dem Zeitpunkt des Todes oder der Schenkung unmittelbar vorausgehenden sieben Jahre ihren Wohnsitz dort insgesamt mehr als fünf Jahre hatte.[120]

Wie im DBA-Dänemark haben sich auch im Abkommen mit Frankreich sowohl die Bundesrepublik als auch Frankreich ein **konkurrierendes Besteuerungsrecht** als **Wohnsitzstaat des Erwerbers** für den Fall vorbehalten haben, dass sich der Erblasserwohnsitz auf dem Territorium des anderen Staates befindet.[121] Deshalb bleibt aus deutscher Sicht auch hier die im nationalen Steuerrecht vorgesehene "begrenzte" unbeschränkte Steuerpflicht[122] aufgrund der Inländerei-

---

[116] Art. 26 Abs. 1 b) und 2 b) DBA-Dänemark.

[117] Das Besteuerungsrecht Deutschlands ist hier nach § 2 Abs. 1 Nr. 1 ErbStG auf den anteiligen Erwerb des Inländers aus dem gesamten Erbfall begrenzt.

[118] S. Gliederungspunkt "Persönlicher Anwendungsbereich".

[119] Art. 27 DBA-Dänemark.

[120] Art. 4 Abs. 3 DBA-Frankreich.

[121] Art. 11 Abs. 1 c) und 2 b) DBA-Frankreich.

[122] Das Besteuerungsrecht Deutschlands ist hier nach § 2 Abs. 1 Nr. 1 ErbStG auf den anteiligen Erwerb des Inländers aus dem gesamten Erbfall begrenzt.

genschaft des Erwerbers aufrechterhalten. Dabei muss aber wiederum beachtet werden, dass der Wohnsitz des Erwerbers für sich alleine keine Abkommensanwendung begründet.

(c) DBA-Schweiz

Abweichend vom OECD-MA kann nach einer Wohnsitzverlegung in die Schweiz bei der Anwendung des DBA-Schweiz das **deutsche "überdachende Besteuerungsrecht"** eingreifen, wenn vom Erblasser in Deutschland eine ständige Wohnstätte im Sinne des Abkommens beibehalten wurde. Die Doppelwohnsitzproblematik wird in einem solchen Fall grundsätzlich dadurch gelöst, dass die Schweiz nach der abkommensrechtlichen Wohnsitzfiktion als Wohnsitzstaat i. S. des Abkommens gilt und der deutsche Besteuerungsanspruch dann grundsätzlich auf das Deutschland als Belegenheitsstaat zustehende Nachlassvermögen beschränkt bleibt. Ungeachtet dessen führt das im DBA-Schweiz vorgesehene deutsche überdachende Besteuerungsrecht in diesem Fall dazu, dass ein Erblasser, der im Zeitpunkt seines Todes ohne Unterbrechung seit mindestens fünf Jahren über eine ständige Wohnstätte in Deutschland verfügte, erbschaftsteuerlich als Inländer behandelt wird.[123]

Somit kann sich aufgrund der Vorschriften des nationalen deutschen Erbschaftsteuerrechts eine Steuerpflicht ergeben.[124] In diesem Fall wird das Nachlassvermögen alleine aufgrund der im DBA enthaltenen Sonderregelung in Deutschland besteuert. Die durch das Abkommen erfolgte Zuteilung der Besteuerungsrechte[125] ist insoweit unbeachtlich. Allerdings wird das primäre Besteuerungsrecht der Schweiz durch diese Bestimmung nicht berührt.[126] Zur Vermeidung der Doppelbesteuerung wird die schweizerische Steuer von Nachlassvermögen, das in der Schweiz besteuert werden kann, auf die anteilige deutsche Steuer angerechnet. In der Schweiz belegenes unbewegliches Vermögen schweizerischer Staatsangehöriger wird unter Progressionsvorbehalt von der deutschen Besteuerung freigestellt.[127]

Darüber hinaus behält sich Deutschland im DBA-Schweiz ein subsidiäres unbeschränktes Besteuerungsrecht vor, das eingreift, wenn der Erblasser seinen abkommensrechtlichen **Wohnsitz** im Todesjahr oder in den vorangegangenen fünf Jahren in der Schweiz hatte, er aber in den letzten 10 Jahren vor der Aufgabe seiner ständigen Wohnstätte in Deutschland über diese mindestens 5 Jahre, die nicht zusammenhängen müssen, verfügt hat.[128] Die zulässige Wohnsitzbesteuerung in der Schweiz wird von diesen Abkommensvorschriften nicht berührt. Als Folge dieser Regelung ergibt sich lediglich, dass der Erwerb bei einem Todesfall innerhalb dieser Frist u. U. – ungeachtet eines möglicherweise niedrigeren Steuerniveaus in der Schweiz – uneingeschränkt der deutschen Steuer unterliegt und somit für potentielle Erblasser eine kurzfristige Wohnsitzverlegung in die Schweiz aus erbschaftsteuerlicher Sicht wenig interessant ist.

Als weitere Besonderheit ist im DBA-Schweiz ebenfalls ein konkurrierendes Besteuerungsrecht Deutschlands enthalten, das an die Person des **Erwerbers** anknüpft.[129] Deutschland behält sich

---

[123] Art. 4 Abs. 3 DBA-Schweiz.
[124] Vgl. *Bellstedt/Meyer* a. a. O. (oben Fn. 106), Art. 4 DBA-Schweiz/ErbSt Rn. 24.
[125] S. dazu Gliederungspunkt "Zuteilung der Besteuerungsrechte in den Doppelbesteuerungsabkommen".
[126] Art. 4 Abs. 3 Satz 2 DBA-Schweiz; vgl. *Weigell* in: Debatin/Wassermeyer, DBA-Kommentar, Vorbemerkung ErbSt-DBA-Schweiz Anm. 14; *Höhn*, Handbuch des internationalen Steuerrechts der Schweiz, 415.
[127] Art. 4 Abs. 3 Satz 3 i. V. mit Art. 10 Abs. 1 a) DBA-Schweiz.
[128] Art. 4 Abs. 4 DBA-Schweiz. Der deutsche Vorbehalt bei Abwanderungen in die Schweiz greift nach Art. 4 Abs. 4 a) DBA-Schweiz jedoch nicht ein, wenn für den Wohnsitzwechsel eines der explizit im DBA genannten Motive vorliegt.
[129] Art. 8 Abs. 2 DBA-Schweiz.

hier die Möglichkeit einer uneingeschränkten Besteuerung des Erwerbers vor, wenn dieser im Zeitpunkt des Todes des Erblassers in der Bundesrepublik über eine ständige Wohnstätte verfügte oder dort seinen gewöhnlichen Aufenthaltsort hatte. Die auf der Inländereigenschaft des Erwerbers beruhende unbeschränkte Erbschaftsteuerpflicht wird durch das Abkommen eingeschränkt, wenn sowohl Übertragender als auch Erwerber zum Todeszeitpunkt die schweizerische Staatsangehörigkeit besitzen[130] oder die vorrangigen Vorschriften über den Erblasserdoppelwohnsitz und die Abwanderung erfüllt sind.[131]

(d) DBA-USA

Auch für die Anwendung des DBA-USA müssen Besonderheiten bei Überschneidungen berücksichtigt werden, die sich ergeben, wenn eine natürliche Person ihren abkommensrechtlichen Wohnsitz[132] sowohl in Deutschland als auch in den USA hat. Sofern die betreffende Person entweder die deutsche oder die amerikanische **Staatsangehörigkeit** hat, löst das Abkommen derartige Kollisionsfälle eines Doppelwohnsitzes dadurch, dass einem der Vertragsstaaten der Vorrang als Wohnsitzstaat zuerkannt wird.[133] Solange der Steuerpflichtige seinen Wohnsitz in dem Land, dessen Staatsangehörigkeit er nicht besitzt, erst **weniger als zehn Jahre**[134] innehat, besteht hier für den Staat, dessen Staatsbürgerschaft er ist, ein Vorrang. Nach dem Ablauf der Zehnjahresfrist kommt die allgemeine Kollisionsregelung des Art. 4 Abs. 2 DBA-USA zum Tragen, die der des OECD-MA entspricht.[135]

Neben diesen Kollisionsregelungen sind die zugunsten beider Staaten bestehenden besonderen **Steuervorbehalte** zu beachten. Sofern Deutschland nach Art. 4 Abs. 2 und 3 des DBA vorrangig als Wohnsitzstaat steuerberechtigt bleibt, sind dessen ungeachtet Erblasser und Schenker, die die amerikanische Staatsangehörigkeit besitzen, aufgrund eines amerikanischen Besteuerungsvorbehaltes weiterhin ohne Abstriche der dortigen Nachlass- und Schenkungsbesteuerung unterworfen.[136] Dadurch wird erreicht, dass die Besteuerungshoheit der USA in diesem Fall nicht auf die ihr nach den Zuteilungsnormen des DBA[137] gezogenen Grenzen beschränkt bleibt. Dem aufgrund des Wohnsitzprinzips bestehenden Besteuerungsvorrang Deutschlands wird in diesem Fall dadurch Rechnung getragen, dass die sich aus der unbeschränkten Erbschaft-/Schen-

---

[130] Art. 8 Abs. 2 DBA-Schweiz Satz 4; vgl. auch *Michel*, DStR 1979, 159 (161).
[131] Vgl. *Weigell*, a. a. O. (oben Fn. 126), Art. 8 ErbSt-DBA-Schweiz Anm. 53ff.
[132] Art. 4 Abs. 1 DBA-USA.
[133] Diese Vorschrift betrifft insbesondere Deutsche, die die US-Staatsangehörigkeit erworben haben und dann wieder nach Deutschland zurückgekehrt sind, vgl. *Bellstedt/Wurm/Bödecker*, a. a. O. (oben Fn. 106), Art. 4 DBA-USA/ErbSt Rn. 2.
[134] Die in Art. 4 Abs. 3c) DBA-USA vorgesehene Zehnjahresfrist wird durch Art. 3 des Gesetzes zu dem Protokoll vom 14. Dezember 1998 zur Änderung des am 3. Dezember 1980 in Bonn unterzeichneten Abkommens zwischen der Bundesrepublik Deutschland und den Vereinigten Staaten von Amerika zur Vermeidung der Doppelbesteuerung auf dem Gebiet der Nachlass-, Erbschaft- und Schenkungsteuern vom 15. September 2000, BGBl 2000 II 1170 (Deutsches Zustimmungsgesetz) in das nationale deutsche Steuerrecht übernommen. Für die Anwendung des DBA-USA wird somit die in § 2 Abs. 1 Nr. 2 b ErbStG vorgesehene Fünfjahresfrist von der Zehnjahresfrist verdrängt. Diese Änderung gilt für Vermögensübertragungen, die nach dem 14. Dezember 2000 stattfinden. S dazu *Hundt*, IStR 2002, 71 (85).
[135] Art. 4 Abs. 3 DBA-USA; vgl. *Zschiegner/Habert*, IWB F. 8 Gr. 2, 395 (397); *Hundt* a. a. O. (oben Fn. 126), Art. 4 ErbSt-DBA-USA Anm. 19ff.
[136] Art. 11 Abs. 1 a) DBA-USA; vgl. *Bellstedt/Wurm/Bödecker* a. a. O. (oben Fn. 106), Art. 11 DBA-USA/ErbSt Rn. 5; *Hundt* a. a. O. (oben Fn. 126), Art. 11 ErbSt-DBA-USA Anm. 8; *Debatin*, in: Conston (Hrsg.), FS Walter, 169 (188).
[137] Art. 5, 6 und 8 DBA-USA.

kungsteuerpflicht ergebende deutsche Steuer auf die amerikanische Steuer angerechnet werden kann.[138]

Auch bei der Anwendung des DBA-USA bleibt für Deutschland die Besteuerung aufgrund der **Inländereigenschaft des Erwerbers** aufrechterhalten. Da der Wohnsitz des Begünstigten für sich alleine aber keine Abkommensanwendung begründet, kommt diese einem inländischen Erwerber nur zugute, wenn der Übertragende seinen Wohnsitz in den USA hat.[139] In diesem Fall wird die aufgrund des amerikanischen Erblasser- bzw. Schenkerwohnsitzes anfallende amerikanische Steuer insoweit auf die deutsche Erbschaftsteuer des Erwerbers angerechnet, als sie nicht auf Vermögenswerte entfällt, für die Deutschland die Steuerberechtigung als Belegenheitsstaat zusteht.[140]

III. Zuteilung der Besteuerungsrechte in den Doppelbesteuerungsabkommen

1. Grundsätzliche Steuerberechtigung des Wohnsitzstaates

Wenn die Übertragung von ausländischem Vermögen in den Anwendungsbereich eines DBA fällt und somit dem Abkommensschutz unterliegt, wird die Besteuerung in einem der beiden Vertragsstaater **eingegrenzt**. Dazu wird häufig ein im Belegenheitsstaat des ausländischen Vermögens nach den dortigen nationalen Vorschriften über eine beschränkte Steuerpflicht bestehender Besteuerungsanspruch eingeengt.[141]

Grundsätzlich wird in den deutschen DBA das ausschließliche **Besteuerungsrecht des Wohnsitzstaates des Übertragenden** anerkannt.[142] Eine Durchbrechung dieses Grundsatzes zu Gunsten des Nicht-Wohnsitzstaates erfolgt jedoch regelmäßig hinsichtlich zweier "Vermögensgruppen". Die hier dem **Belegenheitsstaat** des ausländischen Vermögens zugestandenen Konzessionen bestehen darin, dass dessen Besteuerungsrecht einerseits für **unbewegliches Vermögen** und andererseits für bewegliches **Betriebsstättenvermögen** sowie dem diesem gleichgestellten beweglichen Vermögen einer **festen Einrichtung**, das der Ausübung eines freien Berufes oder einer sonstigen selbständigen Tätigkeit dient, aufrechterhalten bleibt. Dies gilt jedoch nur insofern, als sich dieses Vermögen im Belegenheitsstaat befindet.

---

[138] Art. 11 Abs. 2 b) DBA-USA; vgl. *Hundt* a. a. O. (oben Fn. 126), Art. 11 ErbSt-DBA-USA Anm. 12; *Debatin* a. a. O. (oben Fn. 136), 169 (189).

[139] Art. 11 Abs. 1 b) DBA-USA; vgl. *Bellstedt/Wurm/Bödecker* a. a. O. (oben Fn. 106), Art. 11 DBA-USA/ErbSt Rn. 3; *Hundt* a. a. O. (oben Fn. 126), Art. 11 ErbSt-DBA-USA Anm. 15; *Debatin* 1987, 603 (606); ders. a. a. O. (oben Fn. 136), 169 (189).

[140] Art. 11 Abs. 3 b) DBA-USA; vgl. *Hundt* a. a. O. (oben Fn. 126), Art. 11 ErbSt-DBA-USA Anm. 46; *Debatin* a. a. O. (oben Fn. 136), 169 (191).

[141] In Fällen der doppelten Ansässigkeit nach den jeweiligen nationalen Steuerrechtsordnungen wird jedoch auch die aufgrund eines nach innerstaatlichem Recht bestehenden Wohnsitzes vorhandene unbeschränkte Steuerpflicht in demjenigen Vertragsstaat eingegrenzt, der nach den im Abkommen enthaltenen Kollisionsregelungen bezüglich eines solchen Doppelwohnsitzes zurückzutreten hat.

[142] Vgl. *Bellstedt* a. a. O. (oben Fn. 106), Vor OECD-MA/ErbSt Rn. 8; dies trägt der Tatsache Rechnung, dass - obwohl die Anknüpfungsmerkmale der jeweiligen nationalen Besteuerungsberechtigung teilweise stark voneinander abweichen - in den meisten Staaten im Rahmen der unbeschränkten Steuerpflicht nach innerstaatlichem Recht das gesamte übertragene Vermögen, unabhängig von dessen Belegenheit, den Nachlass- und Erbschaftsteuern sowie Schenkungsteuern unterliegt.

Das gesamte sonstige Vermögen unterliegt ansonsten aufgrund einer in allen DBA enthaltenen Auffangklausel[143] der **Besteuerung im Wohnsitzstaat**[144], wobei jedoch im Verhältnis zu Frankreich eine Ausnahme besteht.

Bei den Vermögenswerten, die nach den DBA mit Dänemark, der Schweiz und den USA ausschließlich im Wohnsitzstaat besteuert werden, handelt es sich insbesondere um[145]

- das gesamte in Drittstaaten belegene Vermögen
- Kapitalvermögen, insbesondere Wertpapiere, private Forderungen, Beteiligungen an Kapitalgesellschaften,[146] typische stille Beteiligungen[147]
- bewegliche Vermögensgegenstände, wie z. B. Schmuck, Hausrat, Bankguthaben oder Kunstgegenstände.

Im Verhältnis zu **Frankreich** ist für bestimmtes **bewegliches materielles Vermögen** ein konkurrierendes Besteuerungsrecht des Belegenheitsstaates vorgesehen.[148] Im Schlussprotokoll zum DBA mit Frankreich wird konkretisiert, dass Bargeld, Forderungen jeder Art, Aktien und Gesellschaftsanteile nicht als bewegliches materielles Vermögen gelten. Weiterhin besteht das konkurrierende Besteuerungsrecht des Belegenheitsstaates nicht für bewegliches materielles Vermögen, das Teil des Nachlasses eines Erblassers mit Wohnsitz in einem Vertragsstaat ist und das sich im Zeitpunkt des Todes im Hoheitsgebiet des anderen Vertragsstaates befindet, ohne zum dauerhaften Verbleib in diesem anderen Vertragsstaat bestimmt gewesen zu sein, da für dieses Vermögen aufgrund von Art. 9 ein ausschließliches Besteuerungsrecht des Wohnsitzstaates des Übertragenden besteht.[149] Die Sonderregelung ist z.B. für Hausrat, Schmuck, private KFZ, Kunstgegenstände und Sammlungen, Boote und Yachten etc. von Bedeutung. Vor allem bei der Klärung der Frage, ob dieses bewegliche materielle Vermögen zum dauerhaften Verbleib im anderen Vertragsstaat bestimmt ist, kann es zu erheblichen Abgrenzungsproblemen kommen.

2. Aufteilung der Besteuerungsrechte

Die Aufteilung der Besteuerungsrechte für das ausländische Vermögen zwischen Wohnsitz- und Belegenheitsstaat kann in einem DBA grundsätzlich auf zwei unterschiedliche Arten erfolgen:

- Für jede Vermögensart kann einem der beiden Staaten ein **ausschließliches** Besteuerungsrecht zugeordnet werden.[150]

---

[143] Art. 24 Abs. 3 DBA-Dänemark; Art. 9 DBA-Frankreich; Art. 8 Abs. 1 DBA-Schweiz; Art. 9 DBA-USA.

[144] Schiff- und Luftfahrtunternehmen können prinzipiell auch im Nichtwohnsitzstaat besteuert werden, sofern sich der tatsächliche Sitz der Geschäftsleitung dort befindet (Art. 7 DBA-Frankreich, Art. 7 DBA-Schweiz und Art. 7 DBA-USA regeln dies explizit). Da solche Unternehmen jedoch üblicherweise u. a. aus Gründen der Haftung in der Rechtsform einer Kapitalgesellschaft geführt werden, unterliegen die Anteile daran aber normalerweise der Besteuerung im Wohnsitzstaat, vgl. dazu *Jülicher* a. a. O. (oben Fn. 12), § 2 ErbStG Tz. 169. Deshalb soll auf Schiff- und Luftfahrtunternehmen im Folgenden nicht weiter eingegangen werden.

[145] Vgl. auch OECD-MA 1982, Komm. zu Art. 7 Ziff. 10.

[146] Sofern diese nicht zum Sonderbetriebsvermögen einer inländischen Personengesellschaft zu rechnen sind, vgl. *Kapp/Ebeling* a. a. O. (oben Fn. 15), § 2 ErbStG Rn. 35.1.

[147] Vgl. u. a. *Weigell* a. a. O. (oben Fn. 126), Art. 8 ErbSt-DBA-Schweiz Anm. 2 b (cc), *Flick/Hebing*, RIW/AWD 1979, 111 (114); *Hebing*, RIW/AWD 1981, 237 (242).

[148] Art. 8 DBA-Frankreich. Das konkurrierende Besteuerungsrecht gilt nicht für das in den Artikeln 6 und 7 des DBA-Frankreich behandelte bewegliche Vermögen.

[149] Schlussprotokoll Nr. 4 zum DBA-Frankreich.

[150] Eine entsprechende Regelung mit einem ausschließlichen Besteuerungsrecht des Belegenheitsstaates

▶ Es erfolgt keine definitive Aufteilung der Besteuerungsbefugnisse zwischen beiden Staaten, so dass eine grundsätzliche Steuerbefugnis **beider** Staaten unterstellt wird. Erst die Verpflichtung des **Wohnsitzstaates**, die Doppelbelastung durch die aufrechterhaltene Besteuerung im Belegenheitsstaat durch eine **Ausgleichsmaßnahme** zu vermeiden, schafft eine Abgrenzung der Besteuerungsrechte und sorgt somit für die Vermeidung einer möglichen Doppelbesteuerung.[151] Diese Vorgehensweise wurde in den Abkommen mit Dänemark, Frankreich, der Schweiz und den USA gewählt. Sie weisen daher sowohl dem Schenker-/Erblasserwohnsitzstaat als auch dem Belegenheitsstaat ein konkurrierendes Besteuerungsrecht zu.[152]

Die in den DBA enthaltenen Verteilungsnormen implizieren somit bereits die Rechtsfolge, die dann zur Vermeidung der Doppelbesteuerung führt.[153]

3. Aufrechterhaltung der Steuerberechtigung des Belegenheitsstaates

a) Übertragung von unbeweglichem Vermögen

Unbewegliches Vermögen als Gegenstand eines Nachlasses bzw. einer Schenkung bleibt in allen von Deutschland geschlossenen DBA der Besteuerung des Belegenheitsstaates unterworfen.[154] In einem Drittstaat oder im Wohnsitzstaat des Übertragenden belegenes Grundvermögen wird hiervon jedoch nicht betroffen.[155]

Die Abkommen führen ausdrücklich Vermögenswerte und Rechte an, die stets als unbewegliches Vermögen zu behandeln sind und in den Vertragsstaaten i. d. R. bereits aufgrund der nationalen Vorschriften als unbewegliches Vermögen behandelt werden.[156] Insbesondere umfasst der Begriff des unbeweglichen Vermögens neben Grundstücken und Gebäuden auch Zubehör, das Inventar land- und forstwirtschaftlicher Betriebe, grundstücksgleiche Rechte, Nutzungsrechte an unbeweglichem Vermögen und Ausbeutungsrechte von Mineralvorkommen, Quellen und anderen Naturschätzen.[157] Schiffe und Luftfahrzeuge gelten nicht als unbewegliches Vermögen und werden daher grundsätzlich im Wohnsitzstaat besteuert.[158]

---

war in Art. 3–5 des DBA-Österreich für Grundvermögen und gewerbliches Betriebsstättenvermögen enthalten, vgl. *Boochs*, DVR 1987, 178 (185); *Ost*, Die Behandlung in Österreich belegener Nachlässe im österreichischen und deutschen Erbschaftsteuerrecht, 162 ff.

[151] Vgl. *Hangartner*, Steuer Revue 1988, 289 (296).

[152] Vgl. *Krabbe*, ZEV 1995, 286 (288); *ders.*, IStR 1997, 161 (164); *Hangartner*, Steuer Revue 1988, 289 (296); *Laubrock*, Nachlaß und Erbschaft in den USA, 87; *Bellstedt/Lindencrona*, DB 1991, 62 (66); *Bellstedt*, DB 1986, Beilage Nr. 16 9; die Formulierung "... kann ... besteuert werden ..." in den jeweiligen Vorschriften der Abkommen trägt dem Umstand Rechnung, dass ein gleichzeitiges subsidiäres Besteuerungsrecht des bloßen Wohnsitzstaates nicht ausgeschlossen ist. Wie dieses nach dem DBA bestehende Besteuerungsrecht vom jeweiligen Vertragsstaat ausgeübt wird, richtet sich nach der jeweiligen nationalen Steuerrechtsordnung.

[153] S. dazu Gliederungspunkt "Vermeidung der Doppelbesteuerung".

[154] Art. 25 Abs. 1 DBA-Dänemark; Art. 5 Abs. 1 DBA-Frankreich; Art. 5 Abs. 1 DBA-Schweiz; Art. 5 Abs. 1 DBA-USA.

[155] Vgl. OECD-MA 1982, Komm. zu Art. 5 Ziff. 1.

[156] Art. 3 Abs. 1 f) DBA-Dänemark; Art. 5 Abs. 2 DBA-Frankreich; Art. 5 Abs. 2 DBA-Schweiz; Art. 5 Abs. 2 DBA-USA. In den DBA sind identische Fomulierungen dessen enthalten, was immer als Grundvermögen zu behandeln ist. Zu beachten ist aber, dass sich die Abgrenzung des Grundbesitzes im DBA-Dänemark im allgemeinen Teil befindet und nicht nur speziell für die Erbschaftsteuer aufgeführt wurde.

[157] Vgl. *Jülicher* a. a. O. (oben Fn. 12), § 2 ErbStG Tz. 164.

[158] Art. 3 Abs. 1 f) DBA-Dänemark; Art. 5 Abs. 2 DBA-Frankreich; Art. 5 Abs. 2 DBA-Schweiz; Art. 5 Abs. 1 DBA-USA.

Grundpfandrechte[159] und grundpfandrechtlich gesicherte Forderungen sind aus deutscher Sicht jedoch dem beweglichen Vermögen und nicht dem Grundvermögen zuzurechen.[160] Eine analoge Behandlung erfolgt auch bei der Anwendung der DBA mit Frankreich,[161] der Schweiz[162] und den USA[163] mit der Bezugnahme auf das innerstaatliche Recht der Belegenheitsstaaten, da Grundpfandrechte und grundpfandrechtlich gesicherte Forderungen auch hier jeweils dem beweglichen Vermögen zugeordnet werden.

Das Besteuerungsrecht nach der lex rei sitae hat in den Abkommen prinzipiell Vorrang gegenüber anderen Zuordnungen.[164] Es gilt daher auch, wenn das Grundvermögen zu einem Unternehmen gehört oder der Ausübung einer selbständigen Tätigkeit dient, so dass hier u. U. eine Aufspaltung des Unternehmensvermögens bzw. des der Ausübung einer selbständigen Tätigkeit dienenden Vermögens in unbewegliches und bewegliches Vermögen erfolgen muss.[165] Eine Besonderheit besteht im Verhältnis zu **Frankreich** bei der Übertragung von Aktien, Anteilen oder sonstigen Rechte an einer Gesellschaft oder juristischen Person, deren Vermögen unmittel- oder mittelbar zu mehr als der Hälfte aus in einem Vertragsstaat gelegenen Immobilien oder aus Rechten an diesen Immobilien besteht. Die Anteile an einer solchen „Immobiliengesellschaft" gelten abkommensrechtlich als in dem Vertragsstaat belegen, in dem die Immobilien gelegen sind. Dabei bleiben Immobilien unberücksichtigt, die von dieser Gesellschaft oder juristischen Person für den eigenen gewerblichen oder land- und forstwirtschaftlichen Betrieb genutzt werden oder der Ausübung eines freien Berufs oder einer sonstigen selbständigen Tätigkeit durch diese Gesellschaft oder juristische Person dienen.[166] Ergänzend wird im Verhältnis zu Frankreich auch bei der Übertragung einer Immobilie, die einer oder mehreren Gesellschaften oder juristischen Personen gehört, an denen der Übertragende alleine oder mit bestimmten ihm nahestehenden Personen zu mehr als der Hälfte beteiligt ist, abkommensrechtlich als Übertragung von unbeweglichem Vermögen fingiert.[167] Dabei ist die Beteiligungshöhe der jeweiligen Gesellschaft an der Immobilie unbeachtlich.[168]

---

[159] Z. B. Hypotheken, Grundschulden.

[160] Dies folgt aus §§ 803 ff., 828, 830 ZPO; vgl. dazu auch *Ellsel* a. a. O. (oben Fn. 106), Art. 6 OECD-MA Rn. 193.

[161] Dies wurde explizit in Art. 5 Abs. 2 Satz 1 DBA-Frankreich aufgenommen.

[162] Vgl. *Klempt*, DStZ 1980, 150 (152).

[163] Durch Grundstücke gesicherte Forderungen zählen nach US-Recht zum "movable property" und unterliegen damit nicht dem Belegenheitsprinzip. Vgl. hierzu *Laubrock* a. a. O. (oben Fn. 152), 88; *Hebing*, RIW/AWD 1981, 237 (241); *Flick/Hebing*, RIW/AWD 1979, 111 (113); *Debatin* a. a. O. (oben Fn. 136), 169 (182).

[164] Vgl. *Debatin*, RIW 1987, 603 (613); *Ellsel* a. a. O. (oben Fn. 106), Art. 6 OECD-MA Rn. 6.

[165] Art. 5 Abs. 3 DBA-Schweiz; Art. 5 Abs. 3 DBA-USA. Durch diese Vorschriften wird dem Belegenheitsstaat des Grundvermögens ein "Durchgriff" durch das Unternehmensvermögen bzw. das der selbständigen Tätigkeit dienende Vermögen gestattet, um sein Besteuerungsrecht zu verwirklichen, vgl. *Laubrock* a. a. O. (oben Fn. 152), 90.

[166] Art. 5 Abs. 3 DBA-Frankreich.

[167] Art. 5 Abs. 4 DBA-Frankreich.

[168] Vgl. *Reith* a. a. O. (oben Fn. 106), Art. 5 DBA-Frankreich/ErbSt, Rz. 5. Nach Nr. 3 des Schlussprotokolls zum DBA-Frankreich bleibt die Besteuerung auf den prozentualen Anteil an der Gesellschaft oder juristischen Person beschränkt, der dem Übertragenden zuzurechnen ist.

b) Übertragung von beweglichem Betriebsvermögen

Für die Übertragung von **beweglichem Vermögen**, das einer auf dem Gebiet des Betriebsstättenstaates liegenden **Betriebsstätte** zuzurechnen ist, behält der Betriebsstättenstaat seine Steuerberechtigung. Der Begriff der Betriebsstätte wurde dem Wesen nach aus dem Modellvertrag für die Einkommen- und Vermögensteuer übernommen. Deshalb können zu dessen Interpretation die dort geltenden Inhalte zugrunde gelegt werden.[169] Jedoch enthalten auch die Abkommen selbst gesetzliche Definitionen, wann eine Betriebsstätte anzunehmen ist.[170]

Wie beim beweglichen Betriebsstättenvermögen behält der Betriebsstättenstaat seine Steuerberechtigung auch bei der Übertragung von **beweglichem Vermögen**, das zur Ausübung eines freien Berufs oder einer sonstigen selbständigen Tätigkeit dient. In diesem Fall tritt an die Stelle einer Betriebsstätte eine der freiberuflichen oder sonstigen selbständigen Tätigkeit dienende **"feste Einrichtung"**, zu der das Vermögen gehören muss.[171] Der Begriff einer der freiberuflichen oder selbständigen Tätigkeit dienenden festen Einrichtung ist weder im DBA definiert, noch sind andere Anhaltspunkte für dessen Gehalt gegeben. Eine Auslegung muss deshalb jeweils nach **innerstaatlichem Recht** erfolgen.[172]

4. Zuordnung von Schulden

Die Besteuerung von Erbschaften und Schenkungen erfolgt mit dem Ziel einer Erfassung des "Reinvermögens". Deshalb muss grundsätzlich auch der Vertragsstaat, bei dem die Steuerberechtigung als Belegenheitsstaat durch das DBA aufrechterhalten wird, die mit dem ihm zur Besteuerung überlassenen Vermögen in **wirtschaftlichem Zusammenhang** stehenden **Schulden** berücksichtigen. Dabei ist nicht zwingend erforderlich, dass die Schulden durch dieses Vermögen gesichert sind. Sofern die Schulden den Wert der ihnen zugeordneten Vermögensart übersteigen, hat der dieses Vermögen besteuernde Belegenheitsstaat zunächst den Abzug von anderen, ihm zur Besteuerung überlassenen Vermögenswerten vorzunehmen. Die restlichen Schulden, die nicht in wirtschaftlichem Zusammenhang mit Vermögen stehen, das der Besteuerung im Belegenheitsstaat unterliegt, sind von dem Vermögen abzuziehen, das im Wohnsitzstaat besteuert wird. In Fällen, in denen die so jeweils dem Wohnsitz- oder Belegenheitsstaat zugewiesenen Schulden den Wert des Vermögens übersteigen, das vom jeweiligen Staat besteuert werden darf, wird der verbleibende Schuldenrest vom Wert des Vermögens abgezogen, das im anderen Vertragsstaat besteuert werden darf.[173]

Bei einer Vermeidung der Doppelbesteuerung durch die Anrechnungsmethode hat der abkommensrechtliche Schuldenausgleich keine Bedeutung für die Durchführung des Schuldenabzugs. Dieser vollzieht sich in diesem Fall nach § 21 ErbStG. Die Zuordnung von Schulden zum Vermögen im anderen Vertragsstaat ist in Deutschland als Wohnsitzstaat dann lediglich bei der Ermittlung der einzuräumenden Steueranrechnung zu beachten, da der Höchstbetrag der anre-

---

[169] Vgl. OECD-MA 1982, Komm. zu Art. 6 Ziff. 5.

[170] Art. 25 Abs. 2 i. V. mit Art. 5 DBA-Dänemark; Art. 6 Abs. 2ff. DBA-Frankreich; Art. 6 DBA-Schweiz; Art. 6 Abs. 2 DBA-USA.

[171] Art. 25 Abs. 2 DBA-Dänemark; Art. 6 Abs. 6 DBA-Frankreich; Art. 6 DBA-Schweiz; Art. 6 DBA-USA.

[172] BFH-Urt. v. 29. 11. 1966, I 216/64, BStBl 1967 III 392 (394).

[173] Art. 28 DBA-Dänemark; Art. 10 DBA-Frankreich; Art. 9 DBA-Schweiz; Art. 10 Abs. 1 DBA-USA. Obwohl das DBA-USA weder eine ausdrückliche Vorschrift zur Behandlung eines Schuldenüberhangs bei einem dem Belegenheitsstaat zur Besteuerung überlassenen Vermögenswert enthält, noch zur Behandlung eines verbleibenden Schuldenrestes, erfolgt die Berücksichtigung der Schulden wie in den anderen DBA; vgl. *Hundt* a. a. O. (oben Fn. 126), Art. 10 ErbSt-DBA-USA Anm. 16 und 17; a. A.: *Laubrock* a. a. O. (oben Fn. 152), 94.

chenbaren ausländischen Steuer durch die auf das dem Belegenheitsstaat zur Besteuerung überlassene (Rein-)Vermögen entfallende deutsche Steuer begrenzt wird.[174]

IV. Vermeidung der Doppelbesteuerung

Ausgleichsmaßnahmen zur Vermeidung einer Doppelbesteuerung sind immer notwendig, wenn die Steuerberechtigung des Nichtwohnsitzstaates als Belegenheitsstaat für bestimmtes ausländisches Vermögen aufrechterhalten bleibt, das gleichzeitig der Besteuerung des Wohnsitzstaates des Übertragenden unterliegt.[175] Die DBA kennen zwei unterschiedliche Methoden zur Vermeidung der Doppelbesteuerung, nämlich die Freistellungs- und die Anrechnungsmethode.[176] Für die Nutzung der von Deutschland geschlossenen DBA bei der Erbschaftsteuerplanung ist die Freistellungsmethode nur in einem Sonderfall von Bedeutung.

1. Freistellungsmethode

Bei der Freistellungsmethode wird das Vermögen, das der Besteuerung des Belegenheitsstaates unterliegt, im **Wohnsitzstaat nicht besteuert**. Jedoch behält sich der Wohnsitzstaat in diesem Fall das Recht vor, das von seinem Besteuerungszugriff freigestellte Vermögen bei der Ermittlung der auf das übrige Vermögen entfallenden Steuer einzubeziehen.[177] Dieser **Progressionsvorbehalt** kommt allerdings ausschließlich bei unbeschränkter deutscher Steuerpflicht zur Anwendung, sofern sein Fortbestand auf der Ebene des DBA nicht ausgeschlossen wird.[178]

Die Verwendung der Freistellungsmethode zur Vermeidung der Doppelbesteuerung ist für einen Spezialfall im DBA-Schweiz vorgesehen.[179] Der Progressionsvorbehalt wird dabei im Abkommen nicht eingeschränkt.[180]

2. Anrechnungsmethode

Im Gegensatz zur Freistellungsmethode stellt die Anrechnungsmethode nicht auf das zu besteuernde Vermögen, sondern auf die erhobene Steuer ab.[181] Hier berechnet der **Wohnsitzstaat** seine Steuer nach dem gesamten Vermögensanfall, d.h. einschließlich des Vermögens, das nach dem Abkommen im Belegenheitsstaat besteuert werden kann, und gewährt anschließend einen "Abzug" der **im Belegenheitsstaat gezahlten Steuer**.[182] Die Vermeidung der Doppelbesteuerung

---

[174] Vgl. *Hundt* a. a. O. (oben Fn. 126), Art. 10 ErbSt-DBA-USA Anm. 17.

[175] Vgl. *Debatin*, AWD 1967, 15 (21).

[176] Zu den beiden Methoden: OECD-MA 1982, Komm. zu Art. 9 A und 9 B Ziff. 5–15; *Greenfield*, Tax Planning International 1984, 14 (16).

[177] § 19 Abs. 2 ErbStG; das Ertragsteuerrecht enthält in § 32 b Abs. 1 Nr. 3 EStG eine vergleichbare Bestimmung.

[178] BFH-Urt. v. 9. 11. 1966, I 29/65, BStBl 1967 III 88 (89). Nach dem BFH-Urt. v. 4. 8. 1976, I R 152, 153/74, BStBl 1976 II 662 entspricht der Progressionsvorbehalt dem Grundsatz der Besteuerung nach der Leistungsfähigkeit und stellt somit keinen Verstoß gegen den Gleichheitsgrundsatz des Art. 3 Abs. 1 GG dar.

[179] Die Freistellungsmethode kommt nach Art. 10 Abs. 1 a) und Abs. 2 DBA-Schweiz nur für in der Schweiz belegenes unbewegliches Vermögen zur Anwendung, wenn der Erblasser im Zeitpunkt seines Todes schweizerischer Staatsangehöriger war. n der Vergangenheit wurde die Doppelbesteuerung in Art. 4 und Art. 5 des nicht mehr anzuwendenden DBA-Österreich durch die Freistellungsmethode vermieden.

[180] Dieser ist nach Art. 10 Abs. 1 a) und Abs. 2 DBA-Schweiz sogar ausdrücklich vorgesehen.

[181] Vgl. OECD-MA 1982, Komm. zu Art. 9 A und 9 B Ziff. 10.

[182] Vgl. OECD-MA 1982, Komm. zu Art. 9 A und 9 B Ziff. 8.

durch die Anrechnungsmethode ist in den Abkommen mit Dänemark, Frankreich, der Schweiz und den USA vorgesehen.[183]

Die Anrechnung selbst erfolgt nach den **innerstaatlichen Anrechnungsregeln**, aus deutscher Sicht also nach § 21 ErbStG.[184] Bei Anwendung der einzelnen DBA sind dabei die folgenden Besonderheiten zu berücksichtigen:

- Nach dem DBA-Schweiz ist die Anrechnung der schweizerischen Steuer, anders als bei der Anwendung des § 21 ErbStG, nicht von der Stellung eines Antrages abhängig.[185]
- Im DBA-USA ist für den Anrechnungsausgleich eine Fristbegrenzung vorgesehen. Danach muss der Anspruch auf Steueranrechnung innerhalb eines Jahres nach der endgültigen Festsetzung und Zahlung der anzurechnenden Steuer geltend gemacht werden. Außerdem dürfen seit dem Tod des Erblassers oder der Schenkung längstens zehn Jahre vergangen sein.[186] Auch eine in den USA früher angefallene Schenkungsteuer auf die im Nachlass enthaltenen Schenkungsgegenstände ist auszugleichen.[187] Weiterhin muss Deutschland die in den USA zur Anrechnung gebrachte Steuer für frühere Steuertatbestände ebenfalls in den Anrechnungsausgleich einbeziehen.[188]

V. Behandlung von US-Trusts als Sonderproblem des DBA-USA

Das im deutschen Zivilrecht unbekannte Rechtsgebilde eines **Trusts** nach amerikanischem Recht stellt ein "treuhänderisches" Verhältnis dar, in dem der **Trusterrichter/Gründer** (grantor, settlor) Vermögenswerte dem "**Treuhänder**" (trustee) überträgt, die dieser entsprechend den Trustbestimmungen als rechtlicher Eigentümer (Inhaber des legal title) **zugunsten Dritter** (Inhaber eines equitable title) zu verwalten hat.[189] Grundsätzlich können Trusts entweder durch Schenkung unter Lebenden oder durch Testament errichtet werden.[190] Da nach US-amerikanischem Recht Trusts in den verschiedensten Ausgestaltungen errichtet werden können, überlässt es das Abkommen dem innerstaatlichen Recht der beiden Vertragsstaaten, welcher Steuertatbestand in Bezug auf die Übertragung des Nachlass- oder Trustvermögens verwirklicht wird.[191]

Aus deutscher Sicht ergab sich das Problem bei der Besteuerung von Trusts vor dem 5. 3. 1999 daraus, dass im amerikanischen **Nachlasssteuersystem** die Steuer mit dem Tod des Übertragenden entstand, während im deutschen System der **Erbanfallbesteuerung** auf den Vermögenserwerb des Begünstigten abgestellt wurde. Daher erfolgte bei der Vermögensübertragung unter Einschaltung eines Trusts als Zwischenerwerber aus der Sicht der beteiligten Steuerrechtsordnungen die Verwirklichung des jeweils steuerpflichtigen Tatbestandes zu **unterschiedlichen Zeitpunkten**. Im Rahmen des Steuerentlastungsgesetzes 1999/2000/2002 wurde durch §§ 3 Abs. 2 Nr. 1 Satz 2 und 7 Abs. 1 Nr. 8 Satz 2 ErbSt die Bildung oder Ausstattung eines Trustver-

---

[183] Art. 26 Abs. 1 DBA-Dänemark; Art. 11 DBA-Frankreich; Art. 10 Abs. 1 b) DBA-Schweiz; Art. 11 DBA-USA.

[184] S. dazu Gliederungspunkt "Anrechnung ausländischer ErbSt gem. § 21 ErbStG".

[185] Vgl. *Weigell* a. a. O. (oben Fn. 126), Art. 10 ErbSt-DBA-Schweiz Anm. 19; a. A. *Flick/Hebing*, RIW/AWD 1979, 111 (115).

[186] Art. 11 Abs. 7 DBA-USA.

[187] Art. 11 Abs. 5 a) DBA-USA.

[188] Art. 11 Abs. 5 b) DBA-USA.

[189] S. dazu *Arlt* a. a. O. (oben Fn. 40), 327 ff.

[190] Bei der erbschaft- und schenkungsteuerlichen Beurteilung ist dabei insbesondere zwischen widerruflichen (revocable) und unwiderruflichen (irrevocable) Trusts zu unterscheiden.

[191] Art. 12 Abs. 1 DBA-USA.

mögens zum steuerpflichtigen Vorgang erklärt. Durch diese Vorverlegung des Steuerentstehungszeitpunktes in Deutschland ist die Abkommensregelung des Art. 12 Abs. 3 DBA-USA bei US-amerikanischen Trustvermögen, die nach dem 4. 3. 1999 errichtet wurden, ohne Bedeutung.[192]

D. Zusammenfassung

Die Nutzung der aus deutscher Sicht bestehenden Möglichkeiten zur Vermeidung der Doppelbesteuerung bei internationalen Erbfällen ist mit einer Reihe von Schwierigkeiten verbunden. Diese müssen bei der Erbschaftsteuerplanung berücksichtigt werden.

In Fällen, bei denen der Übertragende Inländer ist, besteht für die Anwendung der Anrechnungsmethode eines der Hauptprobleme in der Verwendung eines **"engen" Begriff des Auslandsvermögens**.[193] Die Bezugnahme auf § 121 Abs. 2 BewG hat zur Folge, dass bei einer Übertragung bestimmter ausländischer Vermögenswerte keine Anrechnung ausländischer Erbschaftsteuer möglich ist, da diese nicht als "Auslandsvermögen" gelten. Dies ist vor allem bei Beteiligungen an ausländischen Kapitalgesellschaften, die weniger als 10 v. H. betragen, festverzinslichen Wertpapieren und Geldforderungen gegenüber ausländischen Schuldnern von Bedeutung.[194] Daneben ist zu berücksichtigen, dass die **Begrenzung der anrechenbaren ausländische Steuer** auf die Höhe der auf das Auslandsvermögen entfallenden deutschen Steuer zu Problemen führen kann. Dies ist insbesondere der Fall, wenn die ausländische Steuer höher als die entsprechende deutsche Steuer ist, oder ein Erwerb sowohl aus In- als auch aus Auslandsvermögen besteht. Des Weiteren ist die **per-country-limitation** zu beachten. Schwierigkeiten grundsätzlicher Art können sich auch ergeben, wenn ausländisches Vermögen übertragen wird, und eine bei dieser Übertragung erhobene ausländische Steuer aufgrund deren Art als nicht auf die deutsche Erbschaftsteuer anrechenbare Steuer gilt.

Das Bestehen eines Doppelbesteuerungsabkommens kann dadurch, dass für bestimmte Vermögensgegenstände eine klare Abgrenzung der Besteuerungsbefugnis erfolgt, zu gewissen Erleichterungen führen. Jedoch ist dessen Anwendbarkeit üblicherweise an gewisse Voraussetzungen gebunden, die im Rahmen von Planungsüberlegungen ebenfalls zu berücksichtigen sind. Außerdem erfolgt die Vermeidung der Doppelbesteuerung auch bei Anwendung der DBA häufig durch die Anrechnungsmethode, so dass die damit verbundenen Probleme weiterhin beachtet werden müssen.

Das Hauptproblem der Erbschaftsteuerplanung besteht jedoch darin, dass diese grundsätzlich **nicht isoliert** vorgenommen werden kann. So sind vor der Umsetzung von aus erbschaftsteuerlicher Sicht sinnvollen Maßnahmen insbesondere mögliche negative ertragsteuerliche Auswirkungen zu beurteilen, so dass u. U. zwischen erbschaftsteuerlichen Vorteilen und ertragsteuerlichen Nachteilen abgewogen werden muss. Darüber hinaus ist eine internationale Nachfolgeplanung grundsätzlich nur sinnvoll, wenn sie unter Berücksichtigung der einschlägigen zivilrechtlichen Vorschriften erfolgt, wobei insbesondere das internationale Privatrecht zu beachten ist.[195]

---

[192] Vgl. *Habammer*, DStR 2002, 425 (432); *v. Oertzen*, DStR 2002, 433 f.
[193] S. dazu Gliederungspunkt "Abgrenzung des Auslandsvermögens".
[194] So auch *Piltz*, ZEV 1997, 494.
[195] S. dazu *Flick/Piltz*, Der internationale Erbfall, 18 ff.

4. Grenzüberschreitende Erbschaftsteuerfragen im Verhältnis Deutschland/USA – Eine Studie mit praktischen Beispielsfällen

von Dipl.-Finanzwirt Dr. Friedrich E. F. Hey, LL.M. (Berkeley), Rechtsanwalt, Steuerberater, Attorney at Law (New York), Frankfurt am Main[*]

Inhaltsübersicht

A. Einführung
B. Theoretische Grundlagen
  I. Grenzüberschreitende Erbfälle
  II. Grenzüberschreitende Erbfälle aus US-amerikanischer Sicht am Beispiel New York
  III. Systematik des Deutsch-Amerikanischen Erbschaftsteuer-DBA
C. Fallbeispiele
  Fall I
  Fall II
  Fall III
  Fall IV
  Fall V

Literatur:

Alden, H./Bissell, T., The Increased Cost of Expatriation: is this the Final Chapter?, 38 Tax Management International Journal (2009), S. 429 ff.; *Arlt, B.*, Probleme des erbschaft- und schenkungsteuerlichen Anrechnungsverfahrens als Bereich der internationalen Nachfolgeplanung, NWB, Fach 3 (Deutschland) Gruppe 9, S. 103 ff.; *Bellstedt, Ch.*, Doppelbesteuerung bei Erwerbsvorgängen im Erbschaft- und Schenkungsteuerrecht, IWB Fach 3 Deutschland, Gruppe 9, S. 91 ff.; *Blanke, G.*, Der Zeitpunkt der Währungsumrechnung bei anzurechnender ausländischer Erbschaftsteuer im Sinne des § 21 Abs. 1 ErbStG, DB 1994, S. 116 ff.; *Bungert, H.*, Gründung und Verfassung der US-amerikanischen Limited Liability Company: Neues personen- und kapitalgesellschaftsrechtliches Hybrid, IStR 1993, S. 128ff.; *Debatin, H.*, Deutsch-amerikanischer Doppelbesteuerungsschutz für Nachlässe, Erbschaften und Schenkungen, RIW 1987, S. 603 ff.; *Eimermann*, IStR 1999, 237 ff.; *Flick, H./v. Oertzen, Ch.*, Internationales Privatrecht und Internationales Steuerrecht in der Praxis der Erbfolgeregelung, IStR 1995, S. 558 ff.; *Flick, F./Wassermeyer, F./Baumhoff, H.*, Kommentar zum Außensteuerrecht, Loseblattwerk; *Fox, T.*, Schlechterstellung deutscher (und ausländischer) Ehegatten bei Vermögensübertragungen im US-amerikanischen Erbschaft- und Schenkungsteuerrecht, IStR 1993, S. 550 ff.; *Füger/von Oertzen*, Die neue Trustbesteuerung in der Erbschaft- und Schenkungsteuer, IStR 1999, S. 11 ff.; *Gans, M*, Retroactive Estate Tax: Can It Be Made Constitutional?, Tax Notes 2010, S. 222 f.; *Glod, M. A.*, United States Estate and Gift taxation of nonresident aliens: trouble-some situs issues, Tax Lawyer Vol. 51, No. 1, S. 109 ff.; *Helman, F. G.*, Deutschamerikanische Nachlassplanung: "Aufräumen" nach dem TAMRA – "Überfall", RIW 1989, S. 207 ff.; *ders.*, Deutsch-amerikanische Nachlassplanung: TAMRA-Korrekturen bringen nur wenig Erleichterung, RIW 1990, 684 ff.; *Hey, F. E. F.*, Gesellschafts- und steuerrechtliche Aspekte der Limited Liability Company, RIW 1992, S. 916 ff.; *ders.*, Neues zur Limited Liability Company in den USA, RIW 1993, S. 259 ff.; *ders.*, Stellung der US (Delaware) Limited Liability Company im internationalen Steuerrecht, in: Burmester, G./Endres, D. (Hrsg.), Festschrift für Helmut Debatin, München 1997, S. 121 ff.; *Herzig, N./Joisten, C./Vossel, S.*, Die Vermeidung der Doppelbelastung mit ESt und ErbSt nach Einführung des § 35b EStG, Der Betrieb 2009, S. 584 ff; *Hirschfeld, M./Hunter, J.-R.*, "Check The Box" Regulations Require Planning To Avoid Default Status, Journal of International Taxation, 1996, S. 292 ff.; *IDW*, Praktiker-Handbuch 2009 Außensteuerrecht, 33. Aufl. Düsseldorf 2009; *Hundt*, IStR 2002, 80 ff.; *Jülicher, M.*, In der Trust-Falle des ErbStG, IStR 1999, S. 106 ff.; *ders.*, ErbStG: Bei der Trustbesteuerung wird noch "eine Schippe" nachgelegt, IStR 1999, S. 202 ff.; *Kroiß, L.*, Das neue Nachlassverfahrensrecht, ZErb 2008, S. 300 ff.; *Kroiß, L./Seiler, Chr.*, Das neue FamFG, Baden-Baden 2009; *Kropholler, J.*, Internationales Privatrecht, 6. Aufl. Tübingen, 2006; *Martiny, D.*, Internationale Schenkungs- und Erbfälle - zivilrechtliche Aspekte, IStR 1998, S. 56 ff.; *Meincke, J. P.*, Erbschaftsteuer- und Schenkungsteuergesetz Kommentar, 15. Aufl. München 2009; *Mihaly, Z.*, Inbound Tax Planning for Individual Foreign Investors and Entrepreneurs, Journal of International Taxation Februar/1998, S. 27 ff.; *Muscheler, K.*, Die geplanten Änderungen im Erbrecht, Verjährungsrecht und Nachlassverfahrensrecht, ZEV 2008, S. 106 ff.; *Real, G. K. L.*, International-Privatrechtliches zum Erbschaftsteuergesetz, RIW 1996, S. 54 ff.; *Ries*, Entwicklungen im US-amerikanischen Gesellschaftsrecht: Die Limited Liability Company, RIW 1992, S. 728 ff.; *Rhoades & Langer*, Income Taxation of

---

[*] Dr. Hey ist Partner bei Debevoise & Plimpton LLP in Frankfurt am Main.

Foreign-Related Transactions, vol. 1 (1993); **Ruchelman, S./Adrion, H.**, Cross-Border Planning Under Check-the-Box Proposal, Tax Planning International Review, Juli 1996, S. 3 ff.; **Schaal, D.**, Internationale Zuständigkeit deutscher Nachlassgerichte nach der geplanten FGG-Reform, BWNot 2007, S. 154 ff.; **Schaumburg, H.**, Internationales Steuerrecht, 2. Aufl. Köln 1998; **Schlesinger/Mark**, New York State Bar Association Journal, September 2001, 37 ff.; **Schmidt, C./Dendorfer, W.**, Vererbung von US-Vermögen durch in Deutschland ansässige Erblasser – Erleichterungen durch das geänderte deutsch-amerikanische Erbschaftsteuerabkommen, IStR 2001, 206 ff.; **Tanenbaum, E./Otto, L.**, Wahl des Steuerstatus eines US-Unternehmens, RIW 1996, S. 678 ff.; **Tobin, J.**, You've got to have HEART – except for Green Card Holders, 37 Tax Management International Journal (2008), S. 547 ff.; **Troll, M.**, Erbschaftsteuer- und Schenkungsteuer-Kommentar (Loseblattwerk); **Venuti, J./Corwin, M./Lainoff, S.**, Current Status of U.S. Tax Treaties and International Tax Agreements, 38 Tax Management International Journal (2009), 532 ff.; **Wacker, W.**, Internationale Besteuerung von Schenkungs- und Erbfällen, IStR 1998, S. 33 ff.; **Walter, O. L.**, Betrachtungen zur Planung deutsch-amerikanischer Nachlässe, ZVglRWiss85 (1986) S. 359 ff.; **Wassermeyer, Franz**, Das Fehlen von Erbschaftsteuer-Doppelbesteuerungsabkommen innerhalb der EU, EuZW 24/1995, Editorial; **Wassermeyer, Wolf**, Das US-Amerikanische Erbschaft- und Schenkungsteuerrecht, Köln 1996.

A. Einführung

Die Bedeutung von Erbfällen in Deutschland nimmt insgesamt zu. Zum ersten Mal kann Vermögen von einer Generation auf die nächste übertragen werden, welches nicht durch Kriege vernichtet worden ist. Vererbt wird insbesondere das Vermögen der "Wirtschaftswunderjahre". Bei größeren Vermögen ist es eher die Regel denn die Ausnahme, dass Vermögensteile im Ausland belegen sind. Insbesondere die USA werden häufig als ein sicherer Hort angesehen, um insbesondere in Grundvermögen zu investieren. Nicht wenige mittelständische Unternehmen haben aber auch beträchtliches Vermögen in den USA. Da es in den USA wie auch in Deutschland sowohl eine Erbschaft- als auch eine Schenkungsteuer gibt, stellt sich das Problem der Doppelbesteuerung und die Frage der Vermeidung derselben. Nicht wenige Personen sind überrascht, wenn sie erfahren, dass das vermeintliche Niedrigsteuerland USA Erbschaft- und Schenkungsteuern erhebt, deren Höhe oft erheblich über der vergleichbaren deutschen Steuerbelastung liegt. Der Spitzensteuersatz von zurzeit 45 % (im Jahr 2009) ist bereits bei einem Gesamtnachlassvermögen von $ 5 Mio. erreicht.[1] Auch die einzelnen Gliedstaaten der USA erheben z. T. Erbschaft- und Schenkungsteuern. Grenzüberschreitende Erbschaftsfälle werden durch zivilrechtliche Vorfragen weiter erschwert; die Nachlassabwicklung erfolgt anders als in Deutschland und ist langwierig.

Die folgenden Ausführungen dienen dazu, zunächst einen Überblick über die Behandlung grenzüberschreitender Erbschaftsteuerfälle im Verhältnis Deutschland-USA zu geben. Danach wird die Rechtslage anhand einiger Standard-Beispielsfälle erläutert und auf Gestaltungsmöglichkeiten hingewiesen. Da sich Erbfälle oft über mehrere Jahre hinziehen und in der Vergangenheit liegende Fälle repräsentieren, sind Hinweise auf die Rechtslage in früheren Jahren in gerraffter Form beibehalten worden.[2]

---

[1] Unter Einrechnung des Freibetrags von $ 3,5 Mio.

[2] Für nähere Details müsste im Einzelfall auf die Ausführungen in der ersten bzw. zweiten Auflage dieses Werks zurückgegriffen werden.

B. Theoretische Grundlagen

I. Grenzüberschreitende Erbfälle

1. Überblick über das Internationale Privatrecht (Kollisionsrecht)

a) Anzuwendendes materielles Recht

aa) Das deutsche internationale Privatrecht (IPR) schließt die Möglichkeit der Rechtswahl weitestgehend aus. Artikel 25 Abs. 1 EGBGB bestimmt:

"Die Rechtsnachfolge von Todes wegen unterliegt dem Recht des Staates, dem der Erblasser im Zeitpunkt seines Todes angehörte."

Lediglich für im Inland belegenes unbewegliches Vermögen wird die Möglichkeit zugelassen, zugunsten der Anwendung deutschen Rechts (aber nicht umgekehrt) zu optieren. Artikel 25 Abs. 2 EGBGB lautet:

"Der Erblasser kann für im Inland belegenes unbewegliches Vermögen in der Form einer Verfügung von Todes wegen deutsches Recht wählen."

bb) Nimmt der ausländische "Heimatstaat" (hier verstanden als Staat der Staatsangehörigkeit) die Verweisung des deutschen IPR nicht an, sondern verweist auf den Wohnsitzstaat (d. h. Deutschland) zurück, sog. renvoi, so kann es auch bei einem Erblasser ausländischer Staatsangehörigkeit zur Anwendung deutschen materiellen Erbrechts kommen. Artikel 4 Abs. 1 Satz 2 EGBGB bestimmt:

"Verweist das Recht des anderen Staates auf deutsches Recht zurück, so sind die deutschen Sachvorschriften anzuwenden."

Beispiel:[3]
Hinsichtlich der Beerbung eines Dänen mit letztem Wohnsitz in Hamburg wird gemäß Artikel 25 Abs. 1 Satz 2 EGBGB kraft Rückverweisung deutsches Wohnsitzrecht angewendet. Auch für einen dänischen Richter ist dieses Recht maßgebend, weil das dänische IPR eine Rückverweisung nicht akzeptiert und folglich eine Verweisung auf die Sachvorschriften des Wohnsitzstaates (Deutschland) enthält.

cc) Im deutschen Kollisionsrecht herrscht der Grundsatz der "Nachlasseinheit"; es gilt also das Heimatrecht des Erblassers für den weltweiten Nachlass.[4] Eine "Nachlassspaltung" tritt nur ausnahmsweise ein, z. B. gemäß Artikel 25 Abs. 2 EGBGB, (Option zur Anwendung deutschen Rechts bei deutschem Grundvermögen), gemäß Art. 3 a Abs. 2 EGBGB (Vorrang des Einzelstatuts des Belegenheitsstaates), der häufig bei ausländischen Grundstücken greifen wird,[5] oder wegen partieller Rückverweisung des Heimatrechts. Jeder Teil des gespaltenen Nachlasses ist dann als selbständig anzusehen und unterliegt den Sachvorschriften des betreffenden Staates mit der Folge, dass z. B. auf einen deutschen Spaltnachlass die Regeln über Pflichtteilsansprüche Anwendung finden.[6] In der Praxis bedeutet das, dass sich bspw. die Erbfolge nach einem deutschen Staatsbürger mit Grundbesitz in Frankreich nach französischem materiellen Erbrecht richtet, während auf den Rest des beweglichen Nachlasses deutsches Erbrecht und auf den gesamten Nachlass deutsches Erbschaft*steuer*recht Anwendung findet.[7]

---

[3] Nach *Kropholler*, 173 f.

[4] Vgl. *Kropholler*, 435 f.

[5] Vgl. *Flick/v.Oertzen*, IStR 1995, 558 (559); *Martiny*, a. a. O., 59.

[6] Vgl. BGHZ 24, 352; *Kropholler*, 417; *Martiny*, IStR 1998, 56, 59.

[7] Vgl. *Martiny*, a. a. O.

b) Verfahrensrechtliches

aa) Hinsichtlich der für Verfügungen von Todes wegen zu beachtenden Formvorschriften enthält Artikel 26 EGBGB eine sehr weitgehende Regelung, die Formunwirksamkeit zu vermeiden sucht. Insbesondere genügt es danach, wenn das Testament den Formvorschriften entweder des Heimat- oder Wohnsitzstaates entspricht. "Ein formunwirksames Testament ist danach in Auslandsfällen seltener vorstellbar als in reinen Inlandsfällen".[8]

bb) Die Zuständigkeit des Nachlassgerichts in internationalen Nachlass und Teilungssachen ergibt sich seit dem 1. 9. 2009 aus § 105 des Gesetzes über das Verfahren in Familiensachen und in den Angelegenheiten der freiwilligen Gerichtsbarkeit (FamFG) i. V. m. §§ 343, 344 FamFG. Die formelle Frage der internationalen Zuständigkeit wird nach der neuen Gesetzeslage, für die Abwicklung eines Erbverfahrens nicht mehr nach der sog. Gleichlauftheorie bestimmt, die auf das anzuwendende materielle Recht abstellt, sondern aus der örtlichen Zuständigkeit abgeleitet.[9]

Nach § 105 FamFG sind deutsche Gerichte zuständig, wenn ein deutsches Gericht örtlich zuständig ist. Die örtliche Zuständigkeit deutscher Gerichte setzt nach § 343 FamFG den Inlandswohnsitz oder Inlandsaufenthalt des Erblassers, dessen deutsche Staatsangehörigkeit oder die Inlandsbelegenheit von Nachlassgegenständen voraus. Für die Inlandsbelegenheit regelt § 343 Abs. 3 FamFG:

„Ist der Erblasser ein Ausländer und hatte er zur Zeit des Erbfalls im Inland weder Wohnsitz noch Aufenthalt, ist jedes Gericht, in dessen Bezirk sich Nachlassgegenstände befinden, für alle Nachlassgegenstände zuständig."

Daraus folgt, dass örtlich zuständige Nachlassgerichte einen Erbschein nach der Neuregelung auch dann ausstellen, wenn der Erbfall ausländischem materiellen Recht unterliegt.[10] Die Neuregelung der internationalen Zuständigkeit durch § 105 FamFG kann daher zu einer Ausweitung der internationalen Zuständigkeit auch auf nicht im Inland befindliche Nachlassgegenstände führen.[11]

Nach bisheriger Rechtslage erfolgte die Abwicklung des Erbverfahrens hingegen nach der Gleichlauftheorie. Die deutschen Gerichte waren danach für Nachlass*verfahren* nur zuständig, wenn deutsches *materielles* Erbrecht anwendbar war.[12] § 2369 Abs. 1 BGB a. F. [13]stellte vor diesem Hintergrund insoweit eine Durchbrechung dieses Grundsatzes dar, als deutsche Gerichte einen auf das deutsche Vermögen gegenständlich beschränkten Erbschein ausstellen konnten. Die Neufassung des § 2369 Abs. 1 BGB[14] selbst enthält keine Zuständigkeitsregel mehr, da sich diese aus den Regelungen des neuen FamFG ergibt. § 2369 Abs. 1 BGB lautet jetzt:

„Gehören zu einer Erbschaft auch Gegenstände, die sich im Ausland befinden, kann der Antrag auf Erteilung des Erbscheins auf die im Inland befindlichen Gegenstände beschränkt werden."

---

[8] Vgl. *Kropholler*, 446, vgl. ferner mit einigen Einzelheiten zu diversen Staaten *Martiny*, a. a. O., 60 f.

[9] Vgl. hierzu Gesetzesbegründung zu § 105 FamFG sowie zur Änderung des § 2369 Abs. 1 BGB; Inkrafttreten des FGG Reformgesetzes 1. 9. 2009.

[10] *Kroiß*, ZErb 2008, 300, 303.

[11] *Kroiß/Seiler*, Das neue FamFG, § 6, Rn. 34.; *Kroiß* ZErb 2008, 300, 303.

[12] Vgl. *Kropholler*, 448 f., 566 ff., 532 ff.

[13] § 2369 Abs. 1 BGB a. F. gültig bis 31.August.2009: „Gehören zu einer Erbschaft, für die es an einem zur Erteilung des Erbscheins zuständigen deutschen Nachlassgericht fehlt, Gegenstände, die sich im Inland befinden, so kann die Erteilung eines Erbscheins für diese Gegenstände verlangt werden."

[14] § 2369 Abs. 1 BGB n. F. ist gültig seit 1. 9. 2009.

Hey

Gegenständlich beschränkt wird der Erbschein nur noch dann, wenn bei Anwendbarkeit ausländischen materiellen Erbrechts der Antrag auf Erteilung des Erbscheins ausdrücklich auf die im Inland befindlichen Gegenstände beschränkt wird.[15] Befinden sich Nachlassgegenstände im In- und Ausland, kann der Erbe ein Interesse daran haben, den Erbschein auf diejenigen im Inland befindlichen Gegenstände zu beschränken, die nach materiellem deutschen Erbrecht vererbt werden, um auf diese Weise dem deutschen Gericht die Prüfung ausländischen Rechts zu ersparen und die Erteilung eines Erbscheins zu beschleunigen.[16]

Nach der Übergangsvorschrift des Art. 111 des Gesetzes zur Reform des Verfahrens in Familiensachen und in den Angelegenheiten der freiwilligen Gerichtsbarkeit (FGG-Reformgesetz) werden Verfahren, die ab dem 1. 9. 2009 beantragt und eingeleitet werden, nach neuem Recht behandelt. Alle Verfahren die bis zum Inkrafttreten des Gesetzes am 1. 9. 2009 eingeleitet und beantragt wurden, werden weiterhin nach den alten Vorschriften behandelt.[17]

Die einzelnen inländischen Nachlassgegenstände müssen nicht konkret bezeichnet werden, wohl aber das anwendbare ausländische Recht; gibt es wie im US-Recht einen "Administrator" oder "Executor", so sind dennoch die testamentarisch Begünstigten (beneficiaries) aufzuführen.[18] Die Rechtsfolgen des Erbscheins – im Rahmen seines beschränkten Umfangs – richten sich nach allgemeinen Regeln §§ 2365 ff. BGB.

Darüber hinaus nehmen deutsche Gerichte im Einzelfall weitere förderliche Verfahrenshandlungen vor.[19]

2. Steuerrechtlicher Rahmen

a) "Unbeschränkte" Steuerpflicht

Hat entweder der Erblasser *oder* der Erwerber im Zeitpunkt der Steuerentstehung seinen Wohnsitz (§ 8 AO) oder seinen gewöhnlichen Aufenthalt (§ 9 AO) in Deutschland, so unterliegt der gesamte Erbanfall bei dem betreffenden Erwerber deutscher Besteuerung ungeachtet dessen, wo sich die Nachlassgegenstände befinden (§ 2 Abs. 1 Nr. 1 a) ErbStG). 2 Abs. 1 Nr. 1 b) ErbStG erweitert darüber hinaus die unbeschränkte Steuerpflicht auf deutsche Staatsangehörige, die vor nicht mehr als fünf Jahren ausgewandert sind, ohne in Deutschland einen Wohnsitz bzw. gewöhnlichen Aufenthalt zurückbehalten zu haben. Unbeschränkte Steuerpflicht besteht ferner für die Sonderfälle, wo deutsche Staatsangehörige ohne inländischen Wohnsitz oder gewöhnlichen Aufenthalt Arbeitslohn aus einer öffentlichen Kasse beziehen (wobei weiter erweiternd auch die zu dem Haushalt gehörigen Angehörigen einbezogen werden und hinsichtlich der Angehörigen der weite Begriff des § 15 AO gilt, obwohl diese Personen keine solche Verwurzelung zu Deutschland aufweisen), wobei dies jedoch nur gilt, wenn diese Personen in ihrem Gastland lediglich einer beschränkten Erbschaftsteuer unterliegen (vgl. § 2 Abs. 1 Nr. 1 c) ErbStG). Eine weitere Sonderregelung besteht auch für den in der Praxis eher unbeabsichtigt vorliegenden Fall, dass eine Familienstiftung oder Verein die Geschäftsleitung im Inland hat (§ 2 Abs. 1 Nr. 2 ErbStG).

b) "Beschränkte" Steuerpflicht

Haben weder der Erblasser noch der Erwerber Wohnsitz oder gewöhnlichen Aufenthalt in Deutschland, so besteuert Deutschland gleichwohl bestimmtes Inlandsvermögen[20], aber nur als

---

[15] *Schaal* WNotZ 2007, 154 , 155.

[16] Vgl. hierzu Gesetzesbegründung zum FGG-Reformgesetz zur Änderung des § 2369 Abs. 1 BGB, S. 805; *Muscheler* ZEV 3/2008, 105, 112; *Kroiß* ZErb 9/2008, 300, 308.

[17] Vgl. hierzu u. a. Gesetzesbegründung zum FGG-Reformgesetz zu Art. 11, S. 830 f; *Kroiß/Seiler*, § 10.

[18] Vgl. *Kropholler*, 451 m. w. N.

[19] Vgl. u. a. die Beispiele bei *Kropholler*, 448 f.

[20] Beachte: Es genügt ein ständiger Vertreter im Inland.

insoweit es in § 121 BewG aufgeführt ist (§ 2 Abs. 1 Nr. 3 ErbStG). Insbesondere fallen darunter neben inländischem Grund- oder Betriebsvermögen Anteile an unbeschränkt steuerpflichtigen Kapitalgesellschaften, wenn die Beteiligung unter analoger Anwendung von § 1 Abs. 2 AStG mittelbar oder unmittelbar 10 % erreicht.[21] Negativ gesprochen sind insbesondere nicht steuerpflichtig inländische Bankguthaben, Wertpapierdepots und Geldforderungen ohne Besicherung durch inländisches Grundvermögen. Hinsichtlich des inländischen Betriebsvermögens ist zu beachten, dass es genügt, wenn Vermögen einer inländischen Betriebstätte „dient".[22] Ebenfalls in den Anwendungsbereich der beschränkten Steuerpflicht – und in der heutigen Wirtschaftswelt immer wichtiger – fallen bestimmte immaterielle Rechte, die einem inländischen Gewerbebetrieb überlassen worden sind (vgl. § 121 Nr. 5 und 6 sowie Nr. 9 BewG).[23] Gleichfalls beschränkt steuerpflichtig ist man mit Forderungen aus einer stillen Gesellschaft bzw. partiarischen Darlehen, wenn ein deutscher Schuldner vorliegt (§ 121 Nr. 8 BewG).

c) **Erweiterte beschränkte Steuerpflicht**

§ 4 AStG erweitert die Steuerpflicht über § 121 BewG hinaus auf die Dauer von zehn Jahren nach dem Wegzug aus Deutschland in ein Land, welches eine niedrige Einkommensbesteuerung (nicht Erbschaftsteuer!) i. S. v. § 2 AStG hat. § 4 AStG findet keine Anwendung, wenn die in dem ausländischen Staat zu entrichtende Erbschaftsteuer mindestens 30 % der deutschen Erbschaftsteuer beträgt (vgl. § 4 Abs. 2 AStG). Beachte: § 4 AStG stellt auf den Erblasser/Schenker und nicht auf den Erwerber ab und erfasst nur bestimmtes Vermögen.

d) **Sonderfall: US Trusts**

Besondere Aufmerksamkeit ist bei der Einschaltung von Common Law Trusts geboten. Das Steueränderungsgesetz 1999 hat in dieser Hinsicht diverse Regelungen eingeführt, welche die Einschaltung von US Trusts nachteilig machen.[24]

3. Vermeidung der Doppelbesteuerung

a) **Doppelbesteuerungsabkommen**

Obschon sich aufgrund der weit angelegten deutschen unbeschränkten Steuerpflicht bei Auslandsberührung häufig ein Doppelbesteuerungsproblem stellt, bestehen nur mit wenigen Staaten Doppelbesteuerungsabkommen. Zurzeit bestehen DBA mit folgenden Staaten:[25]

- Dänemark
- Frankreich[26]
- Griechenland
- Österreich[27]

---

[21] Die Absenkung auf 1 % wie in § 17 EStG ist in § 121 BewG nicht nachvollzogen worden.

[22] Vgl. hierzu BFH vom 20. 3. 2002, BFH/NV 2002, 1017

[23] Eine Mindestüberlassungsdauer ist nicht erforderlich, sondern es reicht die Überlassung am Stichtag; vgl. R 4 Abs. 4 ErbStR.

[24] Vgl. hierzu die Anmerkungen von *Jülicher*, IStR 1999, 202 ff.; *ders.*, IStR 1999, 106 ff.; *Füger/von Oertzen*, IStR 1999, 11 ff.

[25] Vgl. BMF v. 22. 1. 2009, BStBl 2009 I, 355 ff.

[26] In Kraft getreten am 3. 4. 2009; vgl. BGBl 2009 II, 596 hinsichtlich des Zeitpunkts des Inkrafttretens sowie BGBl 2007 II, 1402 ff. hinsichtlich des Abkommens selbst.

[27] Mittlerweile gekündigt zum 31. 12. 2007 mit Sondervereinbarung hinsichtlich der Weitergeltung für Erbfälle, die nach dem 31. 12. 2007 und vor dem 1. 8. 2008 eingetreten sind; vgl. BMF vom 22. 1. 2009, BStBl 2009 I, 355. Hintergrund dessen ist, dass das österreichische Erbschaftsteuergesetz Ende Juli 2008 außer Kraft getreten ist.

- Schweden[28]
- Schweiz
- USA

Die Abkommen mit Dänemark, Frankreich, Schweden und den USA gelten dabei nicht nur für Erbfälle, sondern auch für Schenkungen. Laufende Verhandlungen gibt es dem BMF zufolge keine[29]. Anders als in den Vorjahren erwähnt der BMF in dem Erlass[30] keine laufenden Verhandlungen mehr mit Finnland, und Großbritannien.

Die Lückenhaftigkeit von Doppelbesteuerungsabkommen im Bereich der Erbschaft- und Schenkungsteuer ist europarechtlich problematisch[31]. Der EuGH hat erst jüngst wieder in der Rechtssache Margarete Block/FA Kaufbeuren entschieden, dass die Kapitalverkehrsfreiheit selbst dann berührt ist, wenn der Erblasser einer Person, die im selben Staat wie der verstorbene Erblasser ansässig ist, Kapitalvermögen hinterlässt (im Urteilsfall ein spanisches Bankguthaben), das in einem anderen Mitgliedsstaat belegen ist[32]. Da die Kapitalverkehrsfreiheit auch im Verhältnis zu Drittstaaten gilt – vorbehaltlich der stand-still-Klausel für Vorschriften, die bereits am 31. 12. 1993 bestanden –, ist dieses Judikat auch im Verhältnis zur USA von Interesse. Andererseits hat der EuGH in der Sache selbst unbefriedigend dahingehend entschieden, dass es keinen Verstoß gegen die Kapitalverkehrsfreiheit darstellt, wenn Deutschland eine Anrechnung spanischer Erbschaftsteuer versage, weil nach deutschem Erbschaftsteuerrecht kein „Auslandsvermögen" vorliegt. Die Klägerin hatte meines Erachtens zu recht geltend gemacht, dass in den Fällen, in denen sich bestimmte Vermögensgegenstände klar im Ausland befinden, sich die nahe liegende Gefahr einer Doppelbesteuerung ergäbe. Die Entgegnung des EuGH, dass dieser Steuernachteil lediglich daraus folge, dass die beiden betroffenen Mitgliedstaaten ihre Besteuerungsbefugnis parallel zueinander ausgeübt haben, vermag nicht zu überzeugen. Jedem älteren deutschen Bürger, dessen Vermögen oberhalb der Freibeträge liegt, muss man vor diesem Hintergrund leider dazu raten, sofern kein DBA-Schutz besteht, sein Kapitalvermögen „heim ins Reich zu bringen". Politisch bewegt sich das auf der beklagenswerten gegenwärtigen Linie; den EU-Freiheiten widerspricht dies eklatant[33].

b) Anrechnung ausländischer Erbschaftsteuer

Als einseitige Maßnahme zur Vermeidung der Doppelbesteuerung sieht § 21 ErbStG die Anrechnung ausländischer Erbschaftsteuern vor. Insbesondere auf folgendes ist hinzuweisen:

- Anrechnung wird nur bei unbeschränkter Steuerpflicht gewährt, d. h. der Erblasser *oder* Erwerber muss im Zeitpunkt des Todes Inländer gewesen sein.
- Anrechnung wird nur für *Auslandsvermögen* gewährt.[34] Problematisch ist die Definition des Auslandsvermögens bei inländischen Erblassern insbesondere bei Bankguthaben, Privatforderungen und Bankdepots im Ausland[35].

---

[28] Schweden hat mittlerweile Erbschaft- und Schenkungsteuern abgeschafft.

[29] BMF vom 22. 1. 2009, BStBl 2009 I, 355 ff.

[30] Vgl. BMF, a. a. O, 135, 139.

[31] *Wassermeyer, F.,* a. a. O., bejaht innerhalb der EG einen Verstoß der Mitgliedstaaten gegen Art. 220 EGV. Zur Problematik und dem Stand der Doppelbesteuerungsabkommen anderer EU-Länder vgl. *Wacker,* a. a. O., 40 f. sowie 42 ("Erbschaftsteuer-DBA-Netz ist noch nicht europakonform").

[32] EuGH 12. 2. 2009, DStR 2009, 373, Tz. 20-22

[33] Kritisch auch *Meincke,* ErbStG, § 21 Rz. 30

[34] Vgl. die Definition in § 21 Abs. 2 ErbStG, der danach unterscheidet, ob der Erblasser im Todeszeitpunkt "Inländer" war oder nicht.

[35] Zu recht kritisch insoweit *Meincke,* ErbStG, § 21 Rz. 30

- Die ausländische Steuer muss der deutschen Erbschaftsteuer entsprechen.[36]
- Anrechnung maximal in Höhe der anteiligen entsprechenden deutschen Erbschaftsteuer (Per-Country-Limitation-Prinzip).
- Anrechnung auch, wenn die ausländische Steuer, z. B. wie im Fall der USA als Nachlasssteuer den Nachlass als solchen und nicht den einzelnen Begünstigten als Steuerschuldner behandelt.[37]
- Anrechnung der ausländischen Erbschaftsteuer nur, wenn die deutsche Erbschaftsteuer binnen fünf Jahren seit Entstehung der ausländischen Steuer entstanden ist (§ 21 Abs. 1 Satz 4 ErbStG). Beachte: Abgestellt wird für die Anrechenbarkeit auf die Entstehung, nicht auf die Fälligkeit; für die tatsächlich Anrechnung verbleibt es aber bei dem Prinzip, dass die "*gezahlte* und keinem Ermäßigungsanspruch mehr unterliegende ausländische Steuer" anzurechnen ist.

II. Grenzüberschreitende Erbfälle aus US-amerikanischer Sicht am Beispiel New York

1. Allgemeines

Ein allgemeingültiges Erbrecht "der USA" gibt es nicht. Erbrecht in den USA ist vielmehr Recht der einzelnen Bundesstaaten. Dies gilt sowohl für die materiellen Erbvorschriften (z. B. Pflichtteilsansprüche des Ehegatten bzw. der Kinder in einigen Bundesstaaten) als auch hinsichtlich der formellen Nachlassabwicklung. Ebenfalls einzelbundesstaatlich geregelt ist das Kollisionsrecht für Erbfälle mit Auslandsbezug (im US-Recht als "Conflicts of Laws" bezeichnet). Das macht die Sache in der Praxis insbesondere dann schwierig, wenn Grundvermögen in mehreren Bundesstaaten vorhanden ist (häufige Anwendung der lex rei sitae, wodurch es zu einer Nachlassspaltung kommen kann).[38]

2. Nachlassabwicklung (Probate)

Die folgenden Ausführungen orientieren sich am Recht des Bundesstaates New York, gelten jedoch cum grano salis auch für die anderen US-Bundesstaaten. Anders als im deutschen Recht geht das Nachlassvermögen nicht unmittelbar auf die Erben über, sondern zunächst auf einen "Mittelsmann", den Executor oder Administrator. Von einem Executor spricht man, wenn die Ernennung dieser Person auf den Testament beruht; bei Fehlen einer solchen Verfügung setzt das Nachlassgericht einen "Administrator" ein, wobei es den Wünschen der Erben grundsätzlich Rechnung trägt. Die Aufgaben von Executor und Administrator sind gleich. Schlagwortartig kann man von Nachlassliquidation sprechen. Es ist zu ermitteln, welches Vermögen und welche Schulden vorhanden sind. Forderungen sind einzuziehen und sämtliche Schulden zu begleichen. Hierzu gehören insbesondere die US-Nachlasssteuern, welche den Nachlass als solchen und nicht die einzelnen Erben treffen. Damit korrespondierend trifft den Executor/Administrator auch die Pflicht, Steuererklärungen für Nachlasssteuerzwecke abzugeben. Der Executor/Administrator hält das Vermögen aus eigenem Recht, jedoch zugunsten der Begünstigten (beneficial ownership). Grundsätzlich erst nach Begleichung aller Schulden darf Vermögen an die Begünstigten ausgekehrt werden. Der Executor/Administrator untersteht der Aufsicht des Nachlassgerichts. Bei der Erfüllung seiner Aufgaben darf er sich sachverständiger Dritter (z. B. Rechtsanwälte, Steuerberater) bedienen. Mangels abweichender Vereinbarungen stehen dem

---

[36] Verneint für die kanadische "Capital Gains Tax", BFH vom 26.4.95, II R 13/92, BStBl.1995 II, 540. Ebenfalls verneinend für die österreichische Kapitalertragsteuer sowie die portugiesische Erbersatzsteuer, die Finanzverwaltung in H 82 ErbStR.

[37] Vgl. BFH vom 6. 3. 1990, II R 32/86, BStBl. 1990 II, 786. R 82 ErbStG.

[38] Vgl. *Flick/v.Oertzer*, IStR 1995, 558 (559).

Executor/Administrator die hierfür in Gebührentabellen der Einzelstaaten vorgesehenen Gebühren zu, die sich nach dem Nachlasswert richten. Es ist zulässig, bspw. aus Gründen der Kostenersparnis, ein Familienmitglied zum Executor zu bestimmen[39]. In New York können Nichtansässige, die in bestimmter verwandtschaftlicher Beziehung zum Erblasser stehen, (nur) mit einem in New York ansässigen Co-Executor/ Administrator eingesetzt werden.[40] Demgegenüber besteht im Bundesstaat Massachusetts völlig freie Hand bei der Wahl des Executors. Es muss weder jemand sein, der in Massachusetts oder in den USA ansässig ist, noch muss es sich um einen US-Staatsbürger handeln. Anders gewendet, es kann auch jemand sein, der als Ausländer im Ausland lebt. Das einzige, was man in Massachusetts braucht, ist ein „Agent for Service of Process", also ein Zustellungsbevollmächtigter. Ebenso reicht es in Massachusetts, dass nur eine Person Executor ist, es sind also nicht mehrere Personen vorgeschrieben. Was das Verfahren angeht, so unterliegt „Personal Property" nicht dem Probate in Massachusetts. Unter Personal Property fallen Beteiligungen an Gesellschaften sowie Bankkonten; das Gegenbeispiel dazu ist Grundvermögen in Massachusetts.

Die Dauer des Probate-Verfahrens kann bei komplizierten Nachlassfällen durchaus mehrere Jahre betragen; in einfachen Fällen beträgt die Dauer ca. 6-12 Monate. Dem Verfasser sind aus eigener Praxis Fälle bekannt, in denen die schlichte Auflösung eines US-Girokontos in New York City mehr als zwei Jahre in Anspruch genommen hat, ohne dass dieses Bankkonto Teil eines förmlichen Probate-Verfahrens war und trotz des Umstands, dass einer der beiden deutschen Erben zwischenzeitlich diverse Male vor Ort Sachen mit der betreffenden Bank besprechen konnte. Rechtspraktisch muss man die Erteilung einer über den Tod hinausdauernden Vollmacht empfehlen, was aber nicht in allen Bundesstaaten rechtlich möglich ist.

Maßgebend für die Frage, ob es zum Probate-Verfahren kommt, ist, ob der Erblasser sein Domizil ("domicile") in dem betreffenden Bundesstaat hatte. So heißt es bspw. in Section 205 des New York Surrogate's Court Procedure Act:

„The Surrogate's Court of any county has jurisdiction over the estate of a decedent who was a domiciliary of the state at the time of his death..."

Ist Grundvermögen in anderen US-Bundesstaaten belegen, so kommt es grundsätzlich dort zu einem Neben-Probate-Verfahren ("ancillary probate"). New York ist hinsichtlich der Anordnung von Probate recht weitgehend. Section 206 New York Surrogate's Court Procedure Act bestimmt:

„The Surrogate's Court of any county has jurisdiction over the estate of any don-domiciliary decedent who leaves property[41] in the state..."

"Domicile" ist abzugrenzen vom schlichten Wohnsitz (s. eingehend unten zur Erbschaftsbesteuerung). Während man mehrere Wohnsitze haben kann, kann eine Person nur ein "domicile" haben. Maßgebend ist die Absicht, an welchem Ort man sich nicht nur vorübergehend, sondern auf unabsehbare Zeit - nicht notwendigerweise für immer - aufhalten will. Der New York Surrogate's Court Procedure Act definiert "domicile" wie folgt:

"A fixed, permanent and principal home to which a person wherever temporarily located always intends to return..."[42]

---

[39] Grundsätzlich ist es vorteilhaft, ein Familienmitglied als Executor zu bestimmen, da mit dieser Position gewisse Haftungsrisiken verbunden sind. Ein Außenstehender, insbesondere Anwälte und Steuerberater, werden Restrisiken nicht tragen wollen und daher im Zweifel dazu neigen, „übervorsichtig" zu sein, was Kosten und Zeitdauer des Probate in die Höhe bzw. Länge treibt.

[40] New York Surrogate's Court Procedure Act § 707 Abs. 1 lit. c).

[41] Vgl. Tz. 44 New York Surrogate's Court Procedure Act. Definiert im Gesetz als: „Anything that may be the subject of ownership and is real or personal property, or is a chose in action".

[42] Vgl. New York Surrogate's Court Procedure Act: Tz. 15.

Im Umkehrschluss folgt daraus, dass deutsche Arbeitnehmer, die für eine bestimmte Zeit in die USA abgeordnet werden, dort kein "domicile" begründen, obwohl sie für US-Einkommensteuerzwecke unbeschränkt steuerpflichtig sind.

3. US-Nachlasssteuern – Überblick

a) Einzel-Staaten in den USA

Wenn im Ausland von US-Nachlass- und Schenkungsteuern gesprochen wird, so wird meist nur an die Bundessteuern gedacht (Federal Estate and Gift Tax). Entsprechend dem föderalen System der USA erheben auch die einzelnen Bundesstaaten kraft eigenen Rechts und eigener Gesetzgebung Steuern, so auch Erbschaft- und Schenkungsteuern. Es ist nicht übertrieben, wenn man insoweit von „Kleinstaaterei" spricht. Im Einzelfall, wenn das Vermögen über mehrere US-Bundesstaaten verteilt ist, ist die Prüfung der steuerlichen Fragen und die Erfüllung der steuerlichen Verpflichtungen sehr mühsam. Die allermeisten Bundesstaaten erheben keine Schenkungsteuer.[43] Eine ganze Reihe von Bundesstaaten erheben auch keine Erbschaftsteuer, was jedoch Schwankungen unterliegt. Die Staaten an der Ostküste und im mittleren Westen Amerikas, insbesondere der Bundesstaat New York, nicht aber Florida, erheben Erbschaftsteuer, wobei aber auch hier Ausnahmen bestehen. Im Einzelfall muss man also prüfen. Der Bundesstaat New York hat beispielsweise lediglich einen Nachlasssteuerfreibetrag von $ 1 Mio. (für das Jahr 2010).

Die einzelstaatlichen Nachlasssteuern sind von der Belastung her keineswegs bedeutungslos.[44] Traditionell und in der Vergangenheit haben die meisten Einzelstaaten schlagwortartig gesprochen nur eine sog. "pick-up tax" erhoben.[45] Dies bedeutet, dass die Einzelstaaten Erbfallsteuern nur insoweit erheben, als diese vollumfänglich auf die Bundessteuern angerechnet werden können, so dass im Ergebnis keine zusätzliche Belastung entsteht, sondern die Gesamtsteuerbelastung lediglich auf zwei unterschiedliche Steuerfisci entfällt.[46] Zwar ist nicht ausdrücklich geregelt, ob das auch gilt, wenn das bundesstaatliche Besteuerungsrecht kraft DBA eingeschränkt wird, wie das im Verhältnis zu Deutschland der Fall ist. Jedoch wird in der Praxis durchweg die Ansicht vertreten, dass DBA mittelbar auf das "pick-up tax"-System ausstrahlen (arg.: Die Anrechenbarkeit einzelstaatlicher Erbfallsteuern bezieht sich auf das zu versteuernde Vermögen; ist dieses kraft DBA geringer, ist auch die Anrechenbarkeit einzelstaatlicher Erbfallsteuern entsprechend geringer. Das "pick-up tax"-System will lediglich in Höhe der zulässigen Anrechenbarkeit auf die Bundessteuer besteuern und die entsprechende Steuer auf einen anderen Fiskus überleiten).

Durch eine im Jahre 2001 vorgenommene Änderung des Erbschaft- und Schenkungsteuergesetzes hat sich allerdings das Umfeld verändert, so dass künftig den in den einzelnen Bundesstaaten bestehenden Regelungen genauere Aufmerksamkeit zu schenken ist. Dies rührt daher, dass seitdem die einzelstaatlichen Steuern nicht mehr auf die Bundessteuer anrechenbar, sondern nur noch nach Art von Nachlassschulden abzugsfähig sind.[47] Im Rahmen einer Übergangsregelung wurde in den Jahren 2002 - 2004 der maximale Anrechnungsbetrag jährlich reduziert, so dass in 2002 der Anrechnungsbetrag um 25 %, in 2003 um 50 % und in 2004 um 75 % gekürzt wurde, bevor er in 2005 zur Gänze entfiel. Interessanterweise ist es auch hier wegen der zeitlich

---

[43] Schenkungsteuer gibt es in Connecticut, Louisiana (bis Juli 2008), North Carolina (bis 2008), Puerto Rico und Tennessee.

[44] Als Daumenregel beträgt die Erbschaftsteuer ca. 8 % für Nachlässe ab $ 2 Mio.

[45] Häufig auch als „soak-up tax" bezeichnet.

[46] Daher "pick-up tax", d. h. Ausnutzung des vom Bundesrecht zugelassenen maximalen Anrechnungsspielraums ohne Zusatzbelastung.

[47] The Economic Growth and Tax Relief Reconciliation Act of 2001 (hereinafter the "Act"), Pub. L. 107-16, 115 Stat. 38.

befristeten Wirkung der durch das Gesetz in 2001 eingeführten Regelungen so, dass die alten Regelungen vor dieser Gesetzesänderung wieder Gültigkeit erlangt hätten (d. h. also Anrechenbarkeit), wenn der amerikanische Gesetzgeber nicht vor 2011 tätig geworden wäre, was allerdings geschehen ist (dazu nachstehend unter b)); das „Verfallsdatum" des „Economic Growth and Tax Relief Reconstruction Act 2001" wurde für zwei Jahre hinausgeschoben durch den „Tax Relief, Unemployment Insurance Reauthorization, and Job Creation Act", der erst Mitte Dezember 2010 verabschiedet wurde.[48]

b) Bundes-Steuern

Die nachfolgenden Ausführungen befassen sich ausschließlich mit der Bundes-Nachlasssteuer. Diese unterscheidet – in deutscher Terminologie gesprochen – zwischen unbeschränkter und beschränkter Steuerpflicht. Gegenüber dem deutschen Erbschaftsteuerrecht gibt es einen gewichtigen Unterschied. Entsprechend der Ausgestaltung als "Nachlasssteuer" kommt es ausschließlich auf den Erblasser (bzw. Schenker) an, während der Aufenthaltsort des Begünstigten völlig gleichgültig ist und als solcher nicht zu einem Besteuerungsrecht der USA führt (eine Ausnahme gilt im Fall der Anwendung der amerikanischen Wegzugsbesteuerungsregeln, die nachfolgend diskutiert werden). Hatte der Erblasser sein "domicile" im Zeitpunkt des Todes in den USA oder war er US-Staatsangehöriger, so unterliegt der weltweite Nachlass der Besteuerung (IRC § 2001 (a) für Erbfälle und IRC § 2501 (a), 2101 (a) (1) für Schenkungen); anderenfalls wird nur das als in den USA belegen definierte Vermögen der Besteuerung unterworfen (IRC §§ 2101 (a), 2103 für Erbfälle); für Bankguthaben und Schuldverschreibungen, für welche die Einkommensteuerbefreiung auf Basis der sog. „Portfolio Exemption" in Betracht kommt (was in den meisten Fällen der Fall sein wird) besteht keine Erbschaftsteuerpflicht (IRC §§ 2104 (c) (2), 2105 (b)), wohl aber für Anteile an US-Kapitalgesellschaften, insbesondere Aktien, und zwar selbst dann, wenn lediglich ein Zwerganteil an einer publikumsnotierten US-Kapitalgesellschaft gehalten wird (Beachte: Dies gilt auch dann, wenn die US-Aktien in einem nicht-amerikanischen Depot gehalten werden, z.B. im Freiverkehr an der deutschen Börse erworbene US-Aktien, die in einem deutschen Depot verwahrt werden[49]). Da der Freibetrag für beschränkt Steuerpflichtige lediglich $ 60.000[50] beträgt, ist man sehr schnell im Bereich einer US-Erbschaftsteuerpflicht, wenn US-Aktien zum Nachlass gehören. Für Schenkungen nehmen IRC §§ 2501 (a) und 2511 (a) immaterielle Wirtschaftsgüter ("intangible property") von der Besteuerung aus. Die Steuersätze sind empfindlich höher als in Deutschland. Seit dem Steueränderungsgesetz 1988 ("TAMRA") sind die Steuersätze für unbeschränkt und beschränkt steuerpflichtige Nachlässe gleich. Die für das deutsche Verständnis ungewohnte Regelung, wonach die niedrigere Progression in den unteren Vermögensstufen schrittweise zurückgedreht wurde, wenn das Vermögen $ 10 Mio. überstieg bis eine Durchschnittsbelastung (!) von 55 % erreicht wurde, ist durch das Steueränderungsgesetz 2001[51] aufgehoben worden.[52] Die Steuersätze, soweit sie den früheren Freibetrag von $ 1 Mio., unterhalb dessen keine Steuer anfiel, übersteigen, sehen nunmehr für die Nachlass- bzw. Schenkungsteuer wie folgt aus:

---

[48] Gegenwärtig hat die Obama-Regierung bereits Gesetzesvorschläge eingebracht, die die Erbschaft- und Schenkungsteuer neu regeln sollen.

[49] Im Verhältnis zu Deutschland würde allerdings das Besteuerungsrecht der USA kraft des Erbschaftsteuer-DBA ausgeschlossen sein.

[50] Bezogen auf den Nachlass und nicht pro Begünstigtem und ohne Berücksichtigung der insoweit vorgesehenen besonderen Vergünstigungen im deutsch-amerikanischen ErbDBA.

[51] A. a. O. The Economic Growth and Tax Relief Reconciliation Act of 2001 (hereinafter the "Act"), Pub. L. 107-16, 115 Stat. 38.

[52] Diese Regelung würde allerdings dann wieder aufleben, wenn die nachstehend im Text erläuterte „sunset-Regelung" mangels vorheriger Initiative der Gesetzgebung tatsächlich einträte, womit allerdings nicht gerechnet wird.

Hey

	2001	2002	2003	2004	2005	2006	2007	2008	2009	2010
$1.000.000 - $1.250.000	41 %	41 %	41 %	41 %	41 %	41 %	41 %	41 %	41 %	*
$1.250.001 - $1.500.000	43 %	43 %	43 %	43 %	43 %	43 %	43 %	43 %	43 %	*
$1.500.001 - $2.000.000	45 %	45 %	45 %	45 %	45 %	45 %	45 %	45 %	45 %	*
$2.000.001 - $2.500.000	49 %	49 %	49 %	48 %	47 %	46 %	45 %	45 %	45 %	*
$2.500.001 - $3.000.000	53 %	50 %	49 %	48 %	47 %	46 %	45 %	45 %	45 %	*
$3.000.001 - $10.000.000	55 %	50 %	49 %	48 %	47 %	46 %	45 %	45 %	45 %	*
$10.000.001 - $17.184.000	60 %[1]	50 %	49 %	48 %	47 %	46 %	45 %	45 %	45 %	*
$17.184.001 and higher	55 %	50 %	49 %	48 %	47 %	46 %	45 %	45 %	45 %	*

* Während im Jahr 2010 die Besteuerung von Erbschaften aufgehoben wird, gilt dies nicht für Schenkungen; diese werden vielmehr mit dem Höchststeuersatz für Einkommensteuerzwecke besteuert.

[1] Reflektiert den Höchststeuersatz von 55 % zuzüglich des 5 %igen Zuschlags, um die Progression in den unteren Stufen zurückzudrehen.

Die Situation ab dem Jahr 2010 bedarf der Erläuterung. Das Steuergesetz 2001[53] sieht eine Änderung vor, die durchaus als „originell" bezeichnet werden kann und einiges an Aufsehen erregt hat. Die Erbschaftsteuer, nicht aber die Schenkungsteuer, sollte nur in dem Jahre 2010 abgeschafft werden; sodann sollten sämtliche der Änderungen, die das Steuergesetz 2001 für die Nachlasssteuer gebracht hat enden, und der Rechtszustand vor der Gesetzesänderung eintreten (sog. „sunset rule")[54]; dies hat die legislatorische Initiative im Dezember 2010 etwas modifiziert (dazu sogleich nachstehend). Die Schenkungsteuer wird nicht abgeschafft, sondern Schenkungen werden in der Höhe des maximalen Einkommensteuersatzes besteuert.[55] Angesichts dessen verwundert es nicht, dass vor 2010 „steuerplanerisch" geraten wurde, man möge das eigene Ableben noch etwas verschieben.[56] Es wurde allgemein damit gerechnet, dass vor dem Jahr 2010 das Erbschaft- und Schenkungsteuerrecht weiteren Änderungen unterzogen werden würde, so dass es im Ergebnis nicht zu einem „Aussetzen" der Erbschaftsteuer im Jahr 2010 kommen würde. Dies ist wider Erwarten wohl angesichts der intensiven gesetzgeberischen Beratungen im Zusammenhang mit der grundlegenden Reform des US-Gesundheitswesens nicht geschehen. Dennoch wird allgemein damit gerechnet, dass der Gesetzgeber im Jahre 2010 tätig werden wird, wobei weiterhin viele davon ausgehen, dass die Änderungen dann rückwirkend zu Beginn des Jahres 2010 in Kraft treten würden, um unbesteuerte Erbfälle zu vermeiden.[56a]

Im Ergebnis ist es dann zu einer – halbherzigen – gesetzgeberischen Aktivität spät im Dezember 2010 und nachdem die Republikaner die Mehrheit im Repräsentantenhaus gewonnen hatten, gekommen. Im Rahmen eines „Kompromisspakets", welches die Verlängerung von Arbeitslosengeld beinhaltete, woran den Demokraten lag, wurde die „sunset-Regelung" schlicht um zwei

---

[53] A. a. O.

[54] Vgl. *Schlesinger/Mark*; *Hundt*, IStR 2002, 80ff. Beachte: Dies betrifft wirklich sämtliche der Änderungen, also nicht nur die Aussetzung der Erbschaftsteuer im Jahre 2010, sondern bspw. auch den Freibetrag für die Erbschaftsteuer, der von $ 3,5 Mio. auf $ 1 Mio. zurückfallen würde, die Rückkehr zur Anrechnung von einzelstaatlichen Erbschaftsteuern im Gegensatz zum Abzug von der Bemessungsgrundlage, die Rückdrehung der unteren Progressionsstufen und anderes mehr.

[55] Weitere Änderungen ergeben sich für den später dargestellten "Step-up" gemäß Section IRC § 1014.

[56] *Schlesinger/Mark*, a. a. O., 45.

[56a] Zur Frage, ob eine solche Rückwirkung verfassungsmäßig wäre, vgl. *Gans, M.*, Tax Notes 2010, S. 222 f.

Jahre – mit gewissen Modifikationen – hinausgeschoben, sodass sie nunmehr Ende 2012 greifen würde mit der oben beschriebenen Folge, dass sodann – wenn der Gesetzgeber nicht vorher handelt – die vor 2001 geltenden Regelungen (wie sie oben beschrieben wurden) wieder ab dem Jahre 2013 greifen würden. Im Jahr 2012 finden indessen Präsidentschaftswahlen statt, und es wird allgemein erwartet, dass in diesem Jahr keine der Parteien den Mut zu Steuererhöhungen haben wird, sodass aus jetziger Sicht ein weiteres Hinausschieben der „sunset-Regelung" nicht unwahrscheinlich erscheint. Die nachstehende Übersicht gibt einen Überblick über die Situation in den Jahren 2010 bis 2013 (wobei für letzteres Jahr erwartungswidrig von gesetzgeberischer Inaktivität ausgegangen wird). Aus dem Gesetz vom Dezember 2010 sind insbesondere hervorzuheben die steuerzahlerfreundlichen Änderungen bezüglich der Freibeträge sowohl für die Nachlasssteuer als auch für die Schenkungsteuer, welche jedoch nicht für beschränkt steuerpflichtige Nachlässe/Schenkungen anwendbar sind, aber mittelbar über die Sonderregelungen im deutsch-amerikanischen Erbschaft- und Schenkungsteuer DBA Wirkung entfalten.[56b] Nachstehende Übersicht lässt die sogenannte Generation Skipping Tax außer Acht, für die einige Sonderregelungen gelten.

	Steuersatz		Freibetrag[7]		Postmortale Ehegattennutzung des Freibetrags[5]	
	ErbSt	SchenkSt	ErbSt	SchenkSt	ErbSt	SchenkSt
2010	0 %[1]	35 %	5 Mio $[2]	1 Mio $	Nein	nein
2011	35 %	35 %	5 Mio $	5 Mio $	Ja	Ja
2012	35 %	35 %	5 Mio $[3]	5 Mio $[4]	Ja	Ja
2013[6]	55 %	55 %	1 Mio $	1 Mio $	nein	Nein

[1] Es besteht ein Wahlrecht zu Gunsten der Nachlasssteuerfreiheit (was bei großen Nachlässen regelmäßig positiv ausgeübt werden sollte) und gegen einen step-up der Anschaffungskosten; wenn nicht zu Gunsten der Nachlasssteuerfreiheit optiert wird, dann findet ein Steuersatz von 35 % und ein Freibetrag von $ 5 Mio Anwendung, und weiter ist der Abgabetermin der Nachlasssteuererklärung nicht vor dem 17. September 2011.

[2] Der Freibetrag ist in 2010 nur dann relevant, wenn gegen die Erbschaftsteuerpflicht optiert wird und der „basis step-up" in Anspruch genommen wird.

[3] Inflationsindexiert (2010 als Basisjahr).

[4] Inflationsindexiert (2010 als Basisjahr).

[5] Voraussetzung für die Nutzung durch den überlebenden Ehegatten ist ein entsprechender Antrag, und dass die Steuererklärung des verstorbenen Ehegatten rechtzeitig abgegeben worden ist; so lange der Ehegatte noch lebt, kann dessen Freibetrag nicht vom anderen Ehegatten genutzt werden.

[6] Wiederaufleben der Regelungen vor 2001 (falls keine vorherige gesetzgeberische Aktivität).

[7] Dies sind die Freibeträge für unbeschränkt steuerpflichtige Nachlässe bzw. Schenker. Für beschränkte Steuerpflichtige enthält das Steuergesetz vom Dezember 2010 keine Änderungen der Freibeträge; deren Freibeträge sind nach wie vor sehr niedrig (dazu nachstehend).

Aus dem Prinzip der Nachlassbesteuerung ergibt sich, dass das Verwandtschaftsverhältnis der Begünstigten irrelevant ist. Ausnahme: Soweit Vermögen auf den Ehegatten übergeht, tritt dann keine Besteuerung ein, wenn der Ehegatte die US-Staatsangehörigkeit besitzt (IRC § 2056 (a) für Erbfälle; § 2523 (a) für Schenkungen). Bei fehlender US-Staatsangehörigkeit wird diese Vergünstigung selbst dann versagt, wenn der Ehegatte sein "domicile" in den USA hat (IRC § 2056 (d) (1)).[57] Immerhin sieht IRC 2523 (i) für Schenkungen an Ehegatten ohne US-

---

[56b] Siehe nachstehend unter Textziffer B. II.I 2. c).

Staatsangehörigkeit einen Freibetrag von $133.000 pro Jahr vor, was Gestaltungsspielräume eröffnet. Ob der Ausschluss deutscher Ehegatten von der Vergünstigung des steuerfreien Übergangs von Vermögen auf Ehegatten gegen das mit den USA geschlossene Erbschaftsteuer-DBA verstößt, ist insbesondere zwischen den beiden Regierungen streitig;[58] dieser Streit wird auch durch das Revisionsprotokoll zum DBA, welches nachstehend erläutert wird, nicht völlig hinfällig, obwohl die praktische Relevanz in vielen Fällen nicht mehr gegeben sein wird. Zur Vermeidung der sofortigen Besteuerung kann das Vermögen in einen sog. "Qualified Domestic Trust" (QDT) eingebracht werden, was aber mit Aufwand und Nachteilen verbunden ist,[59] oder es kann die US-Staatsbürgerschaft angenommen werden, was nach der Änderung des deutschen Staatsangehörigkeitsgesetzes nicht den Verlust der deutschen Staatsangehörigkeit zur Folge hat.[60] Zu beachten ist dann aber, dass sowohl die Einkommen- als auch die Erbschaft- und Schenkungsteuer in den USA an die Staatsbürgerschaft anknüpfen, und zwar ungeachtet wo man sich auf der Welt aufhält, und die Staatsbürgerschaft, nachdem man sie so angenommen hat, nicht ohne weiteres „steuerneutral" wieder aufgegeben werden kann.[61] In 1998 ist es der Bundesrepublik nach längeren Verhandlungen mit den USA gelungen, eine Revision des Erbschafts-DBA zu erreichen, in dem eine weitgehende Begünstigung deutscher Ehegatten erreicht wird, ohne jedoch die völlige Steuerfreistellung wie bei Übergang auf einen US-Ehegatten zu erreichen. Das Revisionsabkommen ist mittlerweile rückwirkend auf Erbfälle und Schenkungen nach dem 10. November 1988 anzuwenden[62]. Wegen der in dem DBA vorgesehenen Vergünstigungen für Ehegatten bietet es sich steuerplanerisch an, hochbesteuertes US-Vermögen dem Ehegatten testamentarisch als Vermächtnis zuzuordnen, um in den maximalen Genuss der Vergünstigung zu kommen.

Die Bewertung des Nachlassvermögens erfolgt zum Verkehrswert. Auf Antrag besteht die Möglichkeit, die Bewertung auf einen Stichtag sechs Monate nach dem Todestag vorzunehmen.[63] Was die Bewertung angeht, so sind die USA recht großzügig insbesondere im Hinblick auf die Gewährung von Abschlägen für Minderheitenanteile an Gesellschaften (diese Abschläge sind indes per August 2009 Gegenstand kontroverser legislativer Debatten, soweit es um Familiengesellschaften geht). In der Praxis beliebt ist die Übertragung von Minderheitsanteilen über einen längeren Zeitraum in mehreren Stufen. Abschläge von 30 % - 50 % wegen des Fehlens von Einflussmöglichkeiten und fehlender Marktfähigkeit sind auch bei Familiengesellschaften im Rahmen des normalen.

---

[57] Das Revisionsprotokoll zum bestehenden Erbschaftsteuerabkommen sieht indes (rückwirkende) Vergünstigungen vor. Siehe dazu unten Textziffer III.2.d).

[58] Vgl. *Fox*, IStR 1993, 550; auch *Helman*, RIW 1989, 207 (210) – verneinend.

[59] Vgl. *Fox*, IStR 1993, 550 (551 ff.); *Helman*, RIW 1990, 684 (685 f.); *Hundt*, a. a. O., 83 f.

[60] Auf diese Planungsmöglichkeit weist zutreffend Hundt, a. a. O., 84, hin.

[61] Vgl. die "Anti-Expatriation"-Regelung in Section IRC § 877 und hierzu Glod, Tax Lawyer Vol. 51 No. 1, 109, 142 ff. Für nach dem 16. Juni 2008 stattfindende „Expatriations" gelten andere Regelungen für die Einkommensteuer und Erbschaft- bzw. Schenkungsteuer (vgl. IRC § 877 A und die nachfolgenden Ausführungen im Text). Gegenüber der bisherigen Regelung, die für vor dem 17. Juni 2008 stattfindende „Expatriations" weiter Anwendung findet, kommt es sehr auf den Einzelfall an, ob die neuen Regelungen vorteilhaft oder nachteilig sind.

[62] Revisionsprotokoll zur Änderung des Abkommens vom 3. 12. 1980 zwischen der Bundesrepublik Deutschland und den Vereinigten Staaten von Amerika zur Vermeidung der Doppelbesteuerung auf dem Gebiet der Nachlass-, Erbschaft- und Schenkungsteuer, Bundesgesetzblatt 2000 II, 1170 und Bundesgesetzblatt 2001 II, 62. Eine Gesamtfassung des Abkommens einschließlich der Protokolländerungen befindet sich in Bundesgesetzblatt 2001 II, 65 ff.

[63] Vgl. IRC § 2032 (a).

Für unbeschränkt steuerpflichtige Nachlässe und Schenkungen sieht das US-Steuerrecht recht großzügige Freibeträge vor, die rechtstechnisch in der Form einer Steuergutschrift gewährt werden. Das Steuergesetz 2001[64] hat diese Beträge weiter erhöht, und zwar wie folgt:

Kalenderjahr	Steueranrechnungsbetrag	Nachlasssteuer-Freibetrag
1998	$ 202 050	$ 625 000
1999	$ 211 300	$ 650 000
2000 und 2001	$ 220 550	$ 675 000
2002 – 2003	$ 345 800	$ 1 Mio.
2004 – 2005	$ 555 800	$ 1,5 Mio.
2006 – 2008	$ 780 800	$ 2 Mio.
2009	$ 1 455 800	$ 3,5 Mio.
2010		Nachlasssteuer aufgehoben[64a]
2011		$ 5 Mio.
2012		$ 5 Mio.[65]

Für die Schenkungsteuer ist der Freibetrag geringer und beträgt lediglich $ 1 Mio. Soweit dieser Freibetrag in Anspruch genommen wird, verbraucht er den Freibetrag von $ 3,5 Mio. für Erbschaftsteuerzwecke. Mit anderen Worten, für Erbschaft- und Schenkungsteuerzwecke steht maximal auf konsolidierter Basis ein Freibetrag von $ 3,5 Mio. zur Verfügung bezogen auf den Nachlass (also nicht bezogen auf jeden Begünstigten); unter Umständen kommt jedoch auf Basis der Neuregelung im Gesetz vom Dezember 2010 die Übertragung eines vom verstorbenen Ehegatten nicht ausgenutzten Freibetrags auf den überlebenden Ehegatten in Betracht. Hinzuweisen ist jedoch erneut auf eine unter Umständen bestehende einzelstaatliche Besteuerung des Nachlasses. Im Bundesstaat New York beträgt der Freibetrag im Jahr 2010 weiterhin nur $ 1 Mio., sodass ein in den Jahren 2010 bis 2012 versterbender unbeschränkt steuerpflichtiger Erblasser mit einem Nachlass von bis zu $ 5 Mio. zwar keine Bundes-Nachlasssteuer zahlen müsste, jedoch eine solche des Bundesstaates New York in Höhe von rund $ 391.000.

Für beschränkt steuerpflichtige *Nachlässe* beträgt der Freibetrag seit vielen Jahren nur $ 60.000[66]; für *Schenkungen* gibt es keinen Freibetrag, jedoch ist die Schenkung von nichtkörperlichem Vermögen (z. B. Bankguthaben, US-Aktien) nicht steuerbar[67]. Für beschränkt Steuerpflichtige ist der Freibetrag also nicht erhöht worden, jedoch sieht das revidierte DBA weitere Vergünstigungen vor, die diese Benachteiligung im Ergebnis aufhebt. Siehe dazu untenstehende Ausführungen. Steuererklärungen müssen vom Executor/Administrator binnen neun Monaten

---

[64] The Economic Growth and Tax Relief Reconciliation Act of 2001 (hereinafter the "Act"), Pub. L. 107-16, 115 Stat. 38.

[64a] Vgl. die Ausführungen oben zur Gesetzesänderung im Dezember 2010, falls das Wahlrecht zugunsten einer Besteuerung des Nachlasses ausgeübt wird, gilt ein Steuersatz von 35 % bei einem Freibetrag von $5 Mio.

[65] Inflationsindexiert (Basisjahr 2010).

[66] Vgl. IRC § 2102 (c) (1).

[67] IRC § 2501 (a) (2). Eine ausdrückliche Definition von nicht körperlichem Vermögen („intangible property") findet sich zwar im Gesetz nicht, dennoch scheint in der Praxis ein Konsens zu bestehen, dass Aktien und Anleihen ungeachtet deren Belegenheit „intangible property" darstellen.

nach dem Tod abgegeben werden, wenn das Bruttovermögen den anwendbaren Nachlasssteuerfreibetrag übersteigt[68]; eine Verlängerung um 6 Monate ist auf Antrag ohne weiteres möglich, in Ausnahmefällen, wenn der Steuerzahler im Ausland ist, auch darüber hinaus.[69] Für Schenkungsteuer ist der Schenker Steuerschuldner[70] und zur Abgabe von Erklärungen verpflichtet, und zwar bis zum 15. April des auf das Jahr der Schenkung folgenden Kalenderjahres;[71] sitzt der Schenker im Ausland, ist eine Verlängerung der Abgabefrist möglich.[72]

Beachte:
Anders als das deutsche Steuerrecht enthält das US-Steuerrecht eine interessante Bestimmung, welche eine Doppelbelastung mit Erbschaft- und Ein-kommensteuer vermeiden soll. Geht das Vermögen von Todes wegen über, so erhält der Rechtsnachfolger automatisch neue Anschaffungskosten in Höhe des gemeinen Wertes, die der Besteuerung z. B. für die Berechnung von "Capital Gains" zugrunde zu legen sind.[73] Dies gilt auch, wenn ein Anteil an einer Personengesellschaft übergeht, für die der Personengesellschaft gehörenden Wirtschaftsgüter, sofern das für einen "Step-up" in einer Personengesellschaft vorausgesetzte Wahlrecht ausgeübt wird.[74] Der Step-up gemäß § 1014 infolge Todes wird auch dann gewährt, wenn überhaupt keine US-Erbschaftsteuer anfällt, z. B. weil der Vermögensgegenstand nicht von der beschränkten Steuerpflicht erfasst wird[75] oder weil der Gesamtnachlass unterhalb des Freibetrags liegt. Geht Vermögen hingegen durch Schenkung über, so gibt es keinen solchen "Step-up".[76] Eine rechte Begründung für diese unterschiedliche Behandlung ist nicht ersichtlich. In Deutschland fehlt es an einer vergleichbaren Bestimmung. Der mit Wirkung ab 1999 aufgehobene § 35 EStG enthielt eine Regelung, wonach die Einkommensteuer um Erbschaftsteuern gemindert wurde, vorausgesetzt, dass der Erbfall nicht mehr als fünf Jahre zurücklag. Inzwischen ist mit Wirkung ab dem Veranlagungszeitraum 2009 § 35b EStG eingeführt worden. Dieser sieht bestimmte Vergünstigungen in dem Fall vor, dass im Einkommen Beträge enthalten sind, die in dem betreffenden Jahr oder in den vorangegangenen 4 Jahren der Erbschaftsteuer unterlegen haben. Die Vorschrift begegnet jedoch diversen Bedenken. So wird im Fall der Schenkung keine Entlastung gewährt; ebenso wird keine Entlastung nach Ablauf des maßgeblichen Zeitraums von knapp 5 Jahren eingeräumt und schließlich kommt es auch der Höhe nach zu keiner vollständigen Entlastung und in dem Fall, wo in dem betreffenden Veranlagungszeitraum infolge von Verlusten kein steuerpflichtiges Einkommen besteht, werden die Verluste dennoch durch Veräußerungsgewinne des ererbten Vermögens reduziert.[77] Erfasst wurden insbesondere die Fälle von Veräußerungsgewinnen gemäß § 17 EStG.[78] Es bestehen schwerwiegende Bedenken, ob die Doppelbelastung, die sich durch Kumulation von Erbschaft- und Einkommensteuern ergeben kann, vor dem Hintergrund des "Halbteilungsurteils" des Bundesverfassungsgerichts[79] verfassungsgemäß ist; in Einzelfällen kann die Belastung, insbesondere wenn die erbschaftsteuerliche Begünstigung bei Verkauf innerhalb

---

[68] IRC § 6018 (a) (1) und (2), d. h. im Jahre 2002 wenn der Nachlass $ 1 Mio. übersteigt bzw. bei beschränkt Steuerpflichten $ 60.000.

[69] Vgl. IRC §§ 6075 (a) und 6081 (a).

[70] Eine Ausnahmeregelung gilt ab 17. Juni 2008 im Fall der amerikanischen Wegzugsbesteuerung ("Expatriation"). Wenn diese Regeln zur Anwendung kommen, so ist nicht der Schenker, sondern der Beschenkte der Steuerschuldner vorausgesetzt, dass er für Schenkungsteuerzwecke in den USA ansässig ist. Vgl. IRC § 2801 und die späteren Ausführungen im Text.

[71] Vgl. IRC § 6075 (b) (1).

[72] Vgl. IRC § 6075 (b) (2).

[73] Vgl. IRC § 1014.

[74] Vgl. IRC §§ 743, 754.

[75] Vgl. *Mihaly*, a. a. O., 32.

[76] Vgl. IRC § 1015.

[77] Kritisch zu § 35b EStG auch *Herzig/Joisten/Vossel*, Der Betrieb 2009, 584 ff.

[78] Beachte indes § 13 a Abs. 5 ErbStG, der einen Wegfall des Bewertungsabschlags von 40 % vorsieht bei Veräußerung binnen 5 Jahren.

[79] Beschluss des Bundesverfassungsgerichts vom 22. Juni 1995 – II BvR 552/91, BStBl. 1995 II, 671 ff. (insbesondere Leitsatz Nr. 2).

der Behaltefrist[80] oder mangels Erreichens der Beteiligungsschwelle von mehr als 25 %[81] nicht gewährt wird, auch unter nahen Angehörigen schnell mehr als 50 % erreichen, selbst wenn in casu das Teileinkünfte-Verfahren Anwendung findet.

Für Erbfälle nach dem Jahr 2009, also ab dem Jahr des Aufhebens der Erbschaftsteuer, sieht IRC § 1022 vor, dass der Step-up nur noch bis zu einem Maximal-Betrag von $ 1,3 Mio. gewährt wird; Ehegatten erhalten darüber hinaus einen weiteren Step-up-Betrag von $ 3 Mio. Auf die Darstellung der mit dieser Regelung verbundenen Einzelheiten und Planungsmöglichkeiten wird hier verzichtet; das im Dezember 2010 verabschiedete Gesetz hat überdies einige weitere Änderungen gebracht.[82]

c) Sonderfall: Expatriation Regime

Die USA haben seit langem ein Regime der Wegzugsbesteuerung, welches ursprünglich lediglich US-Staatsbürger erfasste, die ihre Staatsbürgerschaft aufgaben. Im Laufe der Zeit wurde diese Regelung auf Inhaber von „Green Cards" erweitert, die innerhalb von 15 Jahren mindestens in 8 Jahren Inhaber einer Green Card waren.[83] Inhaber sonstiger Visa-Typen fallen nicht unter diese Regelung, selbst dann, wenn sie jahrzehntelang in den USA gelebt haben. Aus steuerplanerischer Sicht muss man daher nach wie vor, und mehr denn je, davor warnen, eine Green Card zu beantragen, wenn man auch mit einem anderen Visum zu recht kommt. Das „Expatriation Regime" zielt zunächst auf die Einkommensteuer. Erfolgte der Wegzug vor dem 17. Juni 2008, so bestand eine 10-jährige nachlaufende Steuerpflicht beschränkt auf Einkünfte aus US-Quellen.[84] Für Wegzugsfälle ab dem 17. Juni 2008 hat sich das Regime grundlegend geändert. Für Einkommensteuerzwecke gilt seither eine „Exit Tax", die das Vermögen zu Marktwerten bewertet und dann einer Veräußerungsgewinnbesteuerung unterwirft.[85] Für Zwecke des hier behandelten Themas ist die Neuregelung der Wegzugsbesteuerung insofern von Interesse, als sie einen Paradigmenwechsel beinhaltet weg von der Besteuerung des Nachlasses und hin zu einer Besteuerung des Begünstigten. Es reicht also in der Zukunft nicht mehr, wenn man die US-Erbschaft- und Schenkungsteuerbelastung analysieren will, zu fragen, wo der Erblasser bzw. Schenker domiziliert ist (bzw. ob er die US-Staatsbürgerschaft hat), sondern es muss weiter gefragt werden, ob die betreffende Person jemals eine Green Card hatte. Wenn die Wegzugsbesteuerung nach IRC § 2801 eingreift, so gilt folgendes auf der Rechtsfolgenseite: Es unterliegt das weltweite Vermögen ungeachtet seiner Belegenheit der US-Besteuerung, aber nur insoweit als es auf entweder einen US-Staatsbürger übergeht oder auf eine in den USA ansässige Person, wobei Ansässigkeit wiederum im Sinne von „domicile" verstanden wird.[86] Eine zeitliche Be-

---

[80] Z. B. um die Erbschaftsteuern bezahlen zu können

[81] § 13b Abs. 1 Nr. 3 ErbStG in der Fassung des Erbschaftsteuerreformgesetzes verlangt ebenso wie die vorherige Fassung darüber hinaus eine "unmittelbare" Beteiligung, während nach § 17 EStG auch mittelbare Beteiligungen zum Überschreiten der Grenze nach § 17 genügen. § 13b Abs. 1 Nr. 3 Satz 2 ErbStG berücksichtigt allerdings für Zwecke der Berechnung der Beteiligungsschwelle unter bestimmten Voraussetzungen Anteile Dritter.

[82] Zu einigen Details der neuen Step-up-Regelung vgl. *Hundt*, a. a. O., 82.

[83] Beachte: Für den 8-Jahres-Zeitraum reichen angefangene Jahre. Es ist daher nicht zutreffend, wie man häufig liest, davon zu sprechen, dass jemand 8 Jahre lang Inhaber einer Green Card gewesen sein muss.

[84] Darüber hinaus gab es allerdings zahlreiche Detailregelungen, so insbesondere diejenige, dass sich ein „Expatriate" nicht mehr als 30 Kalendertage pro Jahr in den USA aufhalten durfte, andernfalls er über die normalen Ansässigkeitsregeln hinaus als unbeschränkt einkommensteuerpflichtig galt.

[85] Vgl. IRC § 877 A; auch hier gelten zahlreiche Detailregelungen. Wichtig ist insbesondere, dass die im Rahmen der alten Wegzugsbesteuerung geltende 30-Tage-Regel aufgehoben wurde, es keine nachlaufende 10-Jahres-Besteuerung mehr gibt und dass es für Zwecke der Exit Tax einen inflationsindexierten Freibetrag gibt, der im Jahr 2009 $ 626.000 betrug. Zu Einzelheiten vgl. *Alden/Bissell*, 38 Tax Management International Journal (2009), 429 ff.

[86] Vgl. *Alden/Bissell*, a. a. O.

schränkung gibt es nicht, also keine 10-Jahres-Grenze, d.h. die Steuerverhaftung besteht gleichsam „lebenslang", sofern man nicht vorher wieder Ansässigkeit in den USA begründet. Ungeachtet der Höhe des Vermögensübergangs auf den Begünstigten findet der Spitzensteuersatz Anwendung, wobei ausländische Erbschaft- bzw. Schenkungsteuern angerechnet werden.[87] Steuerschuldner ist allein der Begünstigte, also nicht der Nachlass des Erblassers und auch nicht der Schenker. Es besteht ein jährlicher, inflationsindexierter, Freibetrag pro Begünstigtem und pro Kalenderjahr, der im Jahr 2008 $ 12.000 betrug. Betragsmäßig ist die dem besonderen Regime der Wegzugsbesteuerung unterliegende Erbschaft- bzw. Schenkungsteuer nicht begrenzt auf den Wert, welches das Vermögen im Zeitpunkt des Wegzugs hatte, sondern es werden Wertveränderungen in der Zukunft erfasst. Wann nun greift die Wegzugsbesteuerung ein?[88] Erfasst werden zum einen US-Staatsbürger, die ihre Staatsangehörigkeit aufgegeben haben. Für Zwecke dieses Beitrags sind von größerem Interesse die Green Card-Holder, die diesen Status über längere Zeit innegehabt haben.[89] Der Green Card-Holder muss diesen Status verloren haben, was entweder durch Rückgabe der Green Card, Verlust der Voraussetzungen für die Inhaberschaft einer Green Card oder auch dann eintritt, wenn kraft Tie-Breaker-Regel in einem Doppelbesteuerungsabkommen ein anderer Staat das primäre Besteuerungsrecht erhält.[90] Neben diesen personenbezogenen Merkmalen müssen kumulativ auch vermögens- bzw. einkommensmäßige Merkmale erfüllt sein, damit die Wegzugsbesteuerung eingreift. Erforderlich ist entweder ein Vermögen im Zeitpunkt des Wegzugs von $ 2 Mio. (nicht inflationsindexiert) oder dass die durchschnittliche Bundeseinkommensteuer innerhalb der letzten 5 Jahre pro Jahr mindestens $ 145.000[91] betrug. Beachte: Abgestellt wird hier auf die Einkommensteuer und nicht auf das zu versteuernde Einkommen. Die Erfüllung eines dieser beiden Tests reicht. Insbesondere Währungsschwankungen und z.B. während des Aufenthalts in den USA - ggf. unerwartet (!) - ererbtes Vermögen werden berücksichtigt, und zwar ungeachtet wo sich das Vermögen befindet. Neben dem Vermögens- bzw. Einkommenstest enthält IRC § 877 (a)(2) noch einen dritten Fall, der an die Nichterfüllung bestimmter Erklärungspflichten anknüpft, hier jedoch nicht von Interesse ist. Bestimmte und recht eingeschränkte Ausnahmen von der Anwendbarkeit der Wegzugsbesteuerungsregeln bestehen für Jugendliche, die kraft Geburt US-Staatsbürger geworden sind sowie für Doppelstaatsangehörige.

Quintessenz: Die Relevanz der vorstehend beschriebenen Wegzugsregeln liegt darin, dass die USA ein zeitlich unbeschränktes Besteuerungsrecht für das weltweite Vermögen haben, jedoch mit der Einschränkung, dass dies nur insoweit gilt, als das Vermögen an eine Person fällt, die in den USA unbeschränkt erbschaft- bzw. schenkungsteuerpflichtig ist. Das entspricht der deutschen Systematik und insoweit ist man nicht verwundert, obwohl es, wie angeführt, für die USA ein völliger Systembruch ist. Verwundert ist man als deutscher Steuerrechtler aber, wenn man berücksichtigt, dass die USA für die unbeschränkte Steuerpflicht an die Staatsbürgerschaft ungeachtet des Aufenthaltsorts anknüpfen. Von der Wegzugsbesteuerung wird daher auch der praktisch nicht selten vorkommende Fall erfasst, dass ein Deutscher, der viele Jahre in den USA mit einer Green Card tätig gewesen ist und dessen Kinder kraft Geburt in den USA dort die Staatsangehörigkeit erlangt haben, dann nach Deutschland zurückzieht, viele Jahre später ver-

---

[87] Vgl. IRC § 2801.

[88] Vgl. zum folgenden IRC § 2801 (f), über den über mehrere Stufen auf weitere Vorschriften verwiesen wird.

[89] Vgl. die Ausführungen oben hinsichtlich der Mindestzeitdauer und IRC § 877 A (g)(5) i. V. m. IRC § 877 (e)(2).

[90] Vgl. IRC § 7701 (b)(6) i. V. m. IRC § 877 A (g)(3)

[91] Dies gibt den Betrag für 2009 wieder.

Hey

stirbt, die Kinder nie die US-Staatsangehörigkeit aufgegeben haben und nun seinen Kindern außerhalb der USA belegenes Vermögen hinterlässt.[92]

Abschließend sei in diesem Zusammenhang der Wegzugsbesteuerung angemerkt, dass die Regelungen seit 1995 bereits dreimal geändert wurden. Da Ausländer bekanntlich nicht wählen und mit weiterem Geldbedarf des Fiskus zu rechnen ist, gehen US-Praktiker von weiteren Änderungen in den nächsten Jahren aus, so dass der gesamte Bereich im Auge zu behalten ist. Die Regelungen werden insgesamt zu Recht kritisch beurteilt, weil sie sich insbesondere als hinderlich erweisen für die Gewinnung von hoch qualifiziertem Personal.[93]

4. Doppelbesteuerungsabkommen

Die USA haben mit einer Reihe von Staaten Doppelbesteuerungsabkommen auf dem Gebiet der Erbschaft- und Schenkungsteuern abgeschlossen. Ebenso wie im Fall von Deutschland ist zu beobachten, dass eine ganze Reihe von Abkommen nicht für die Schenkungsteuer, sondern lediglich für Nachlasssteuern (estate taxes) bzw. Erbschaftsteuern gelten. Weiter ist festzustellen, dass der Stand der DBA im Fluss ist, und es durchaus vorkommt, dass DBA gekündigt werden. Die nachstehende Liste auf Basis des Stands vom Juli 2009 ist also nur als Anhaltspunkt zu werten und für Fälle in der Vergangenheit ist insbesondere zu prüfen, ob in den in Frage kommenden Jahren ein DBA bestand, welches zwischenzeitlich gekündigt wurde.[94]

- Australien
- Dänemark
- Deutschland
- Finnland
- Frankreich
- Griechenland
- Großbritannien
- Irland
- Italien
- Japan
- Kanada
- Niederlande
- Norwegen
- Österreich
- Südafrika
- Schweiz

---

[92] Im Einzelfall, aber nicht immer, kann hier die Ausnahmeregelung bei Doppelstaatsangehörigkeit eingreifen.

[93] Vgl. *Alden/Bissell*, a. a. O.; Tobin, 37 Tax Management International Journal, 547 ff.

[94] Eine Übersicht findet sich regelmäßig in der Publikation Tax Management International Journal. Die im Text angeführte Übersicht basiert auf einer Darstellung von *Venuti/Corwin/Lainoff*, 38 Tax Management International Journal, 532 ff.

III. Systematik des Deutsch-Amerikanischen Erbschaftsteuer-DBA

1. Sachlicher Anwendungsbereich

Das DBA gilt sowohl für die Erbschaft- bzw. Nachlasssteuer als auch für die Schenkungsteuer (einschließlich der sog. Generation Skipping Transfer Tax). Nicht erfasst sind auf amerikanischer Seite aber bedauerlicherweise die von den einzelnen Bundesstaaten erhobenen Nachlass-/Schenkungsteuern. Dennoch hat sich die Bundesrepublik in Artikel 11 Abs. 4 DBA bereiterklärt, die einzelstaatlichen Steuern auf die entsprechende deutsche Steuer anzurechnen. Diese Anrechnungsmöglichkeit besteht gemäß Artikel 11 Abs. 4 DBA jedoch nur, soweit das DBA den USA das Besteuerungsrecht für die in Frage stehenden Vermögensgegenstände überlässt. Insoweit als die einzelnen Bundesstaaten ein Besteuerungsrecht in Bezug auf Wirtschaftsgüter geltend machen, die kraft DBA der Bundesrepublik zur alleinigen Besteuerung zugewiesen sind (z. B. Anteile an amerikanischen Kapitalgesellschaften), scheidet eine Steueranrechnung gemäß Artikel 11 Abs. 4 DBA aus.[95] In Satz 2 von Artikel 11 Abs. 4 DBA ist zwar ein Verständigungsverfahren vorgesehen, wenn einzelstaatliche Steuern nicht angerechnet werden können. Es ist jedoch unklar, wie das in der Praxis ablaufen soll. Die einzelnen US-Bundesstaaten sind souverän, was ja gerade der Grund dafür ist, dass die US-DBA die einzelstaatlichen Steuern ungeregelt lassen (z. B. so auch insbesondere im Einkommensteuerbereich). Die US-Regierung hat daher keine eigenständige Verhandlungsautorität in Fragen der einzelstaatlichen Steuern. Bei denjenigen Bundesstaaten mit einer sog. "pick-up tax" hat sich in der Vergangenheit deshalb kein Problem gestellt, weil das DBA mittelbare Auswirkungen gezeitigt hat[96], das galt jedenfalls für diejenigen Staaten, die eine Steuer nur erhoben haben, soweit sie effektiv auf die Bundessteuer anrechenbar war. Seit 2005 ist jedoch keine Anrechenbarkeit, sondern nur noch eine Abzugsfähigkeit bei der Bundessteuer gegeben. Diese Regelungen laufen jedoch aufgrund der „sunset rule", die für die betreffende Gesetzesänderung gilt, per Ende 2010 aus mit der Folge, dass dann der vorherige Gesetzeszustand wieder hergestellt würde, also Anrechenbarkeit. Gegenwärtig ist eine Revision der Erbschaftsteuer in der legislativen Debatte. Die weitere Entwicklung muss also abgewartet werden.

2. Zuteilung des Besteuerungsrechts

a) Maßgebend für die Frage, welcher Staat das Besteuerungsrecht hat, ist der Wohnsitz des Erblassers (Artikel 1 DBA). Der Wohnsitz knüpft an die unbeschränkte Steuerpflicht an (Artikel 4 DBA). Der hiernach maßgebende Wohnsitzstaat hat das primäre Besteuerungsrecht. Dem Belegenheitsstaat von Vermögen ist ein Besteuerungsrecht nur in genau bestimmten Grenzen zugewiesen, nämlich für unbewegliches Vermögen (Artikel 5 DBA), Betriebsstättenvermögen (Artikel 6 DBA) und für das vorgenannte Vermögen, soweit es über eine Personengesellschaft gehalten wird (Artikel 8 DBA). Sämtliches andere Vermögen, so insbesondere Anteile an Kapitalgesellschaften, Anleihen und sonstige Kapitalforderungen sowie immaterielle Rechte unterliegen dem primären Besteuerungsrecht des Wohnsitzstaates (Artikel 9 DBA). **Beachte** Abgestellt wird ausschließlich auf den Wohnsitz des Erblassers; wo der Erbe seinen Wohnsitz hat, ist für die Besteuerungszuweisung unerheblich[97], wirkt sich aber bei der Steueranrechnung aus (Art 11 Abs. 3 b DBA). Hieraus folgt, dass die USA keine Erbschaftsteuer im Fall eines deutschen Erblassers ohne US-Vermögen erheben, wenn das Vermögen an einen in den USA wohnenden Begünstigten fällt ungeachtet, ob dieser USA-Staatsbürger ist oder nicht.[98] In dieser praktisch wichtigen Fallgruppe, in der sich Kinder ei-

---

[95] Vgl. *Debatin*, RIW 1987, 603 (619).

[96] Siehe oben Tz. B.II.3.a)

[97] Es sei denn, die Wegzugsbesteuerung gemäß IRC § 2801 greift ein. Siehe die Diskussion oben unter Tz. B.II.3.(c).

[98] Es sei denn, die Sonderregeln der Wegzugsbesteuerung greifen ein, siehe vorstehende Fußnote.

nes deutschen Erblassers in den USA aufhalten, stellt sich also von vornherein kein Doppelbesteuerungsproblem, soweit kein Vermögen übergeht, das als in den USA belegen gilt.[99]

Nicht vom DBA erfasst ist der Fall eines US-Staatsbürgers, der in Deutschland lebt und in Deutschland belegenes Vermögen von einem Erblasser bzw. einem Schenker erhält, der unter die Wegzugsbesteuerung gemäß IRC § 2801 fällt.[100] Wie oben ausgeführt, erhebt das US-Steuerrecht hier ausnahmsweise eine Steuer, von dem Empfänger des Vermögens. Das DBA gilt aber nur, wenn der Erblasser bzw. Schenker im Zeitpunkt des Vermögensübergangs in einem der Vertragstaaten seinen steuerlichen Wohnsitz hatte. Befindet sich der Erblasser bzw. Schenker im vorgenannten Beispiel also in einem Drittstaat, so greift das DBA nicht und die Doppelbesteuerung kann lediglich aufgrund der Bestimmungen in IRC § 2801 (d) vermieden werden. Diese Fälle erscheinen exotischer, als sie tatsächlich sind. Gerade bei international tätigen Führungskräften kommt es nicht selten vor, dass Kinder während des US-Aufenthalts geboren wurden und dadurch US-Staatsangehörige geworden sind und dann das Studium in Deutschland verbringen, während der Vater mittlerweile in einem anderen Land tätig ist.

b) Eine Sonderregelung für die Zuordnung von Schulden enthält Artikel 10 DBA, der eine direkte Zuordnung fordert. Zutreffend stellt *Debatin*[101] fest, dass das DBA nur den Mindestschuldenabzug vorschreibt, eine niedrigere Steuer, wie sie sich in den USA bspw. infolge der proportionalen Schuldenzuordnung ergeben kann, aber nicht ausschließt. Steuerplanerisch kann daher daran gedacht werden, den Erwerb von z. B. Grundvermögen durch ein Darlehen eines oder mehrerer der Kinder finanzieren zu lassen. Ist die Alternative jedoch eine Finanzierung ausschließlich mit Eigenkapital, so ergibt sich eine nachteilige einkommensteuerliche Konsequenz daraus, dass die Zinsen steuerpflichtig sind, während die Grundstückseinnahmen kraft DBA in Deutschland steuerfrei wären. Hier kommt es also sehr auf den Einzelfall an, ob sich diese Struktur rechnet.

c) Als weitere Besonderheit sehen Artikel 10 Abs. 4 und Abs. 6 DBA eine spezielle *Ehegattenvergünstigungen* vor.

aa) § 10 Abs. 4 DBA ordnet an, dass Vermögen, welches auf den Ehegatten übergeht, nur insoweit in die US-Bemessungsgrundlage einzubeziehen ist, als dieses 50 % des insgesamt in die Bemessungsgrundlage einbezogenen Vermögens übersteigt, welches die USA gemäß DBA besteuern dürfen[102].

Die für die USA in Artikel 10 Abs. 4 b) DBA vorgesehene Beschränkung der Begünstigung ist infolge des US-Steueränderungsgesetzes 1988 hinfällig geworden, weil die USA die bis dato geltenden günstigeren Steuersätze für beschränkt Steuerpflichtige abgeschafft haben. Die Inanspruchnahme des Ehegattenabzugs gemäß Artikel 10 Abs. 4 b) DBA ist somit immer

---

[99] Dem Verfasser ist nicht bekannt, dass einzelne Bundesstaaten dies für Zwecke ihrer einzelstaatlichen Erbschaft- bzw. Schenkungsteuer anders sehen. Dennoch wird man im Einzelfall nicht umhin kommen, sich diese Frage anzusehen, insbesondere bei den Staaten, die keine Nachlasssteuer, sondern eine „inheritance tax" erheben.

[100] Siehe die Diskussion oben Tz. B.II.3.(c).

[101] Vgl. *Debatin*, RIW 1987, 603, 616.

[102] Beachte: Es ist unzutreffend zu sagen, dass "die Hälfte des auf den Ehegatten übergehenden Vermögens" freigestellt wird (vgl. Technical Explanations der USA zum Revisionsprotokoll unter "Marital Deduction"). Siehe das Beispiel nachstehend unter lit. dd). Die Regelung basiert ursprünglich auf dem zum Zeitpunkt des Abschlusses des ursprünglichen DBA maßgebenden US-Steuerrecht, demzufolge bei unbeschränkter Steuerpflicht das auf den Ehegatten übergehende Vermögen zur Hälfte freigestellt wurde, vgl. Hundt, a. a. O., 85.

vorteilhaft.[103] Auf Seiten der Bundesrepublik gilt die Begrenzung in Art. 10 Abs. 4 a) DBA maximal auf den Ehegatten-Freibetrag von € 500.000 (früher € 307.000).

In subjektiver Hinsicht gilt, dass die Vergünstigung gemäß § 10 Abs. 4 DBA nur im Falle beschränkter Steuerpflicht gilt. Erfasst werden somit insbesondere die Fälle, in denen deutsche Ehegatten US-Vermögen haben, für welches den USA gemäß Art. 5, 6 bzw. 8 DBA das Besteuerungsrecht zusteht, aber, da es auf die Staatsangehörigkeit nicht ankommt, auch bspw. der Fall eines türkisch-dänischen Ehepaars mit Wohnsitz in Deutschland und US-Vermögen. Nicht hingegen erfasst wird der Fall eines US-Erblassers/-Schenkers mit Wohnsitz in Deutschland und deutscher Ehefrau[104]. Ebenso wenig wird der Fall eines US-Staatsbürgers mit Wohnsitz in den USA, deutscher Ehefrau und deutschem Grundvermögen erfasst, welches auf die Ehefrau übergeht. Dies folgt daraus, dass § 10 Abs. 4 DBA nur das Besteuerungsrecht des „anderen Vertragsstaats", d. h. des Belegenheitsstaats begrenzt (das wäre hier Deutschland). Da nach nationalem US-Recht der Vermögensübergang auf einen nicht-amerikanischen Ehegatten nicht freigestellt ist, käme es daher zu einer Besteuerung. Der nachfolgend dargestellte neue Artikel 10 Abs. 6 DBA ergreift jedoch diese Fallkonstellation.

bb) Der durch das Revisionsprotokoll neu eingefügte Artikel 10 Abs. 6 DBA ist das Kernstück der Ergänzung, der eine seit vielen Jahren bestehende Benachteiligung des Vermögensübergangs auf nicht-amerikanische Ehegatten beseitigt. Die Vorschrift gilt rückwirkend ab Inkrafttreten des ursprünglichen DBA, d. h. ab 10. November 1988. Auf der Rechtsfolgenseite sieht Artikel 10 Abs. 6 DBA vor, dass das auf den Ehegatten übergehende Vermögen von der US-Besteuerung freigestellt wird, maximal jedoch in Höhe des „Applicable Exclusion Amounts". In 2002 beträgt der „Applicable Exclusion Amount" $ 1 Mio. und steigt in den Folgejahren an[105]; der allgemeine Freibetrag von $ 1 Mio. für unbeschränkte Nachlässe/Schenkungen bzw. $ 60.000 bei beschränkter Steuerpflicht wird zusätzlich gewährt. Der Betrag nach Artikel 10 Abs. 6 DBA reduziert sich nicht durch Vorschenkungen, wie Artikel 10 Abs. 6 DBA ausdrücklich anordnet. Gegenüber der bei Übergang des Vermögens auf einen die US-Staatsangehörigkeit besitzenden Ehegatten ist diese Regelung immer noch - in Abhängigkeit vom Vermögen erheblich - ungünstiger, jedoch bedeutet sie gegenüber der bislang geltenden Situation eine erhebliche Verbesserung, zumal die Vergünstigungen gemäß Artikel 10 Abs. 4, Abs. 5 und Abs. 6 DBA kumulativ zu gewähren sind[106]. In subjektiver Hinsicht erfasst Artikel 10 Abs. 6 DBA die praktisch relevanten Fälle, insbesondere die von dauernd in den USA lebenden deutschen Ehegatten, von denen einer verstirbt bzw. umgekehrt in Deutschland lebende Deutsche Ehegatten mit bspw. US-Grundvermögen sowie auch den von Artikel 10 Abs. 4 DBA nicht erfassten Fall unbeschränkter US-Steuerpflicht (US-Erblasser/-Schenker mit deutschem Ehegatten)[107]. Weitere Voraussetzung für die Ehegatten-Vergünstigung gemäß Artikel 10 Abs. 6 DBA ist, dass der „Executor" des Nachlasses unwiderruflich auf die Vergünstigungen anderweitiger Ehegatten-Freibeträge verzichtet; angesprochen ist damit der sog. „Qualified Domestic Trust"[108].

cc) Während Artikel 10 Abs. 4 und Abs. 6 DBA besondere Vergünstigungen nur für Ehegatten enthalten, enthält Artikel 10 Abs. 5 DBA allgemeine auch für andere Personenkreise geltende

---

[103] Vgl. *Helman*, RIW 1989, 207, 211.

[104] Dies ergibt sich aus dem durch das Revisionsprotokoll neu in § 10 Abs. 4 eingefügten Satz, der eine Erweiterung der sog. "Saving-clause" darstellt; vgl. *Hundt*, a. a. O., 86.

[105] Siehe oben, Tz. B.II.3.b).

[106] Vgl. *Hundt*, a. a. O., 88.

[107] Die Aufzählung der Beispielsfälle ist nicht vollzählig.

[108] Vgl. Artikel 10 Abs. 6 d) DBA.

Hey

Vergünstigungen. Artikel 10 Abs. 5 gilt, wie Artikel 10 Abs. 4 DBA, nur für beschränkt steuerpflichtige Nachlässe/Schenkungen und erweitert ggf. den in jedem Fall bestehenden allgemeinen Freibetrag von $ 60.000, der gemäß IRC § 2102 (c) (1) für Nachlässe[109] gewährt wird. Ebenso wie Artikel 10 Abs. 6 DBA ist auch Artikel 10 Abs. 5 DBA neu durch das Revisionsprotokoll eingeführt worden. Die Vorschrift gilt für in Deutschland ansässige Erblasser/Schenker, die nicht US-Staatsangehörige sind. Es handelt sich also um die Fälle der beschränkten US-Steuerpflicht. Dennoch wird der Freibetrag für unbeschränkte Steuerpflicht gewährt (in 2009 also $ 3,5 Mio.). Sachgerecht wird dieser jedoch nur insoweit gewährt, als die USA ein Besteuerungsrecht haben, wobei ein Besteuerungsausschluss kraft DBA zu berücksichtigen ist[110]. Es ist also das Weltvermögen ins Verhältnis zu dem zu besteuernden US-Vermögen zu setzen. In Höhe dieser prozentualen Quote wird der Freibetrag gewährt. Beispiel: Beträgt das Weltvermögen $ 10 Mio. und das US-Grundvermögen $ 3 Mio., so wird gemäß Artikel 10 Abs. 5 ein Freibetrag von 30 % von (in 2009) $ 3,5 Mio., d. h. $ 1,050 Mio. gewährt. Weiter folgerichtig bestimmt Artikel 10 Abs. 5, dass der Freibetrag um früher bereits gewährte Freibeträge für Schenkungen zu mindern ist[111].

dd) Die Vergünstigungen der Vorschriften in Artikel 10 Abs. 4, Abs. 5 und Abs. 6 DBA sind kumulativ zur Anwendung zu bringen, was indes nur bei beschränkter US-Steuerpflicht der Fall sein kann, da Artikel 10 Abs. 4 und 5 DBA nicht bei unbeschränkter Steuerpflicht gelten. Jedenfalls soweit Vermögen auf Ehegatten übergeht, sollte es daher im Normalfall nicht mehr zu einer US-Besteuerung kommen. Wie nachstehend unter Tz. d) sogleich ausgeführt wird, bedeutet dies indes keine gänzliche Steuerfreistellung, sondern nur eine Steuerverlagerung nach Deutschland. Ein recht schönes Beispiel der ineinander greifenden Wirkungsweise der Vergünstigungen in Artikel 10 Abs. 4 – 6 DBA findet sich in dem Aufsatz von Hundt[112]. Die in der „Technical Explanation" enthaltenen Ausführungen der US-Regierung zu dem Revisionsprotokoll enthalten zur Anwendungsweise der neuen Vorschriften in Art. 10 Abs. 4 – 6 DBA das folgende Beispiel (Beachte: entsprechend dem Veröffentlichungsdatum der „Technical Explanation" basieren die Zahlen auf Basis des Jahres 2000):

Erblasser H hat US-Grundvermögen im Wert von $ 2 Mio.; der übrige Nachlass liegt in Deutschland und beträgt $ 3 Mio. H hinterlässt seiner Ehefrau US-Grundvermögen im Wert von $ 600.000 und seinem Sohn das restliche US-Grundvermögen von $ 1,4 Mio. Sämtliche Personen sind deutsche Staatsangehörige und haben dort ihren einzigen Wohnsitz.

Lösung: Das dem Sohn hinterlassene US-Grundvermögen im Wert von $ 1,4 Mio. ist in die US-Bemessungsgrundlage einzubeziehen, nicht hingegen das der Ehefrau hinterlassene US-Grundvermögen von $ 600.000, da dessen Wert (= $ 600.000) die Hälfte von $ 2 Mio. (= der Gesamtbetrag des Vermögens, für das die USA nach dem DBA ein Besteuerungsrecht haben) nicht übersteigt. Da in Bezug auf die Ehefrau kein Vermögensteil der US-Besteuerung mehr unterliegt, wird auch kein besonderer Freibetrag gemäß Art. 10 Abs. 6 DBA mehr gewährt. Der Sohn erhält indessen die Vergünstigungen gemäß Art. 10 Abs. 5 DBA in Höhe des anteiligen „Applicable Credit Amounts" (früher „Unified Credit"), das heißt 1,4 Mio. / 4,4 Mio. x 220.550 = $ 70.175[113]. Die sich für einen Nachlass von $ 1,4 Mio. ergebende Steuer von

---

[109] Nicht für Schenkungen.

[110] Zu letzterem vgl. Hundt, a. a. O., 86.

[111] Art. 10 Abs. 5 Satz 2 DBA. Hierzu kann es nur bei Vorschenkungen von US-Staatsangehörigen oder dort Ansässigen kommen, weil Nichtansässigen kein Freibetrag bei Schenkungen zusteht. So auch Technical Explanation der USA zu dem Protokoll zu Art. 10 Abs. 5 DBA.

[112] A. a. O., 88.

[113] $ 1,4 Mio. ist der Betrag, den die USA nach Anwendung von Art. 10 Abs. 4 DBA noch besteuern dürfen; $ 4,4 Mio. ist der Betrag des weltweiten Nachlasses, wobei die USA, für den Steuerpflichtigen günstig, das auf die Ehefrau übergehende gemäß Art. 10 Abs. 4 DBA befreite Vermögen ausnehmen. $ 220.550

$ 512.800 reduziert sich demnach um $ 70.175, so dass eine verbleibende Steuerschuld von $ 442.625 resultiert, die sich allein auf den Vermögensanfall beim Sohn bezieht.

d) Was die Art und Weise der Vermeidung der Doppelbesteuerung angeht, so sieht das DBA auch deutscherseits lediglich die Anrechnungsmethode vor (Artikel 11 DBA). Sonderregelungen bestehen insbesondere für Trusts, um den gegebenenfalls unterschiedlichen Regelungen hinsichtlich des Zeitpunkts des Eintritts der Steuerpflicht besser Rechnung tragen zu können (Artikel 12 DBA).

C. Fallbeispiele

Fall I

M verstirbt im Jahr 2009 in New York City ohne Testament. Er hinterlässt seine Ehefrau (F) und drei Kinder (K1, K2 und K3). K1 lebt in Deutschland und ist von seinem US-Arbeitgeber für einige Jahre nach Deutschland abgeordnet worden. M hinterlässt folgendes eigenes, d.h. nicht dem überlebenden Ehegatten güterrechtlich gehörendes Vermögen:

- Grundvermögen in New York. Verkehrswert = $ 2,1 Mio.
- US-Aktien. Verkehrswert = $ 6 Mio.
- Deutsche Bundesanleihen. Verkehrswert = $ 1 Mio.
- Anleihen eines Drittstaates. Verkehrswert = $ 50.000
- Bruttonachlass $ 9.150.000

Schulden bestehen nicht. Die Nachlassverwaltung (Probate) kostet $ 100.000.
Sämtliche vorgenannten Personen besitzen ausschließlich die US-Staatsbürgerschaft.

Lösungshinweise:

1. Bestimmungen des anwendbaren materiellen Erbrechts (Kollisionsrecht)

Das deutsche Internationale Privatrecht bestimmt in Artikel 25 Abs. 1 EGBGB, dass sich die Rechtsnachfolge von Todes wegen nach dem Recht des Staates der Staatsangehörigkeit des Erblassers richtet. Erbrecht in den USA ist einzelbundesstaatliches Recht. Deutsches IPR verweist somit auf das Recht des Bundesstaates New York.

Das Kollisionsrecht des Bundesstaates New York unterscheidet bei Nachlassfällen ohne Testament zwischen Grundvermögen und sonstigem Vermögen. Für Grundvermögen gilt das Recht des Staates der Belegenheit (hier also New York). Für das übrige Vermögen ist das Recht des Staates maßgebend, in dem der Erblasser sein "Domicile" hatte.

Im vorliegenden Fall soll unterstellt werden, dass M sein Domizil in New York hatte. Somit schreibt das Kollisionsrecht auch für das übrige Vermögen die Anwendung New Yorker materiellen Rechts vor und nimmt somit die Verweisung des deutschen Kollisionsrechts insgesamt an (beachte: Läge eine Rückverweisung vor, so käme Artikel 4 Abs. 1 Satz 2 EGBGB zur Anwendung).

2. Materielles Recht des Bundesstaates New York

Mangels Testament richtet sich die Erbfolge nach den gesetzlichen Bestimmungen ("intestate succession"). Danach bekommt der Ehegatte vorweg $ 50.000 und von der verbleibenden Differenz des Nachlasses die Hälfte; die andere Hälfte bekommen die Kinder nach Köpfen.[114] (Beach-

---

stellen den Gesamtbetrag des "Applicable Credit Amounts" dar, der dem im Jahr 2000 geltenden Freibetrag von $ 675.000 entspricht.

[114] Vgl. § 4-1.1 (a) (1) New York Estates, Powers and Trusts Law - EPTL.

te: Für Erbfälle vor dem 1. September 1992 gelten abweichende Regelungen.) Nach Abzug des Vorwegbetrags für F von $ 50.000 erhalten K1, K2 und K3 folglich je 1/6.

Das Vermögen geht nicht direkt auf die Begünstigten über. Vorgeschaltet ist vielmehr das Nachlassabwicklungsverfahren (Probate) (bzgl. des Grundstücks zwar nicht zwingend, aber ratsam zwecks Nachweis der Berechtigung bei späterem Weiterverkauf). Mangels testamentarischer Einsetzung eines Executors setzt das Gericht einen Administrator ein, wobei es Wünsche der Begünstigten regelmäßig berücksichtigt. Der Administrator zieht die Forderungen ein und begleicht die Schulden. Insbesondere ist er für die Abgabe der Erbschaftsteuererklärungen und Bezahlung der entsprechenden Steuern verantwortlich, bevor Nachlassvermögen ausgekehrt wird. Der Administrator (bzw. Executor) ist auch gleichzeitig der Steuerschuldner.[115] Die Begünstigten haften bei Nichtzahlung gleichfalls persönlich, wobei das erhaltene Vermögen ipso iure mit einem Pfandrecht ("Lien") belastet ist.[116] Erzielt der Nachlass während der Abwicklung Einnahmen, z. B. Zinsen und Dividenden, so ist der Nachlass selbst einkommensteuerpflichtig und der Administrator (bzw. Executor) zur Abgabe entsprechender Einkommensteuererklärungen verpflichtet.

3. Besteuerung des Erbfalls in den USA

Beachte: Die nachfolgenden Ausführungen befassen sich nur mit der **Bundes**-Nachlasssteuer (Federal Estate Tax). Die vom Bundesstaat **New York** erhobene Nachlasssteuer bleibt aus Vereinfachungsgründen unberücksichtigt (Hinweis: Die einzelstaatlichen Nachlasssteuern waren bis 2004 – im Rahmen gewisser Grenzen – auf die Bundesnachlasssteuer anrechenbar oder – ab 2005 – von der Bemessungsgrundlage abzugsfähig[117]).

a) Der Nachlass des M unterliegt in den USA der unbeschränkten Steuerpflicht, unabhängig von der Belegenheit der Vermögensgegenstände. IRC § 2001 (a) bestimmt:

"A tax is hereby imposed on the transfer of the taxable estate of every decedent who is a citizen or resident of the United States."

b) Im Verhältnis zur Bundesrepublik richtet sich die Frage, welcher Staat das primäre Besteuerungsrecht hat, nach dem Wohnsitz des Erblassers. M erfüllt die Wohnsitzvoraussetzungen gemäß Artikel 4 Abs. 1 a) DBA sowohl aufgrund seiner US-Staatsbürgerschaft als auch seiner Ansässigkeit.

Das primäre Besteuerungsrecht der USA folgt aus Artikel 9 DBA:

"Vermögen, das Teil des Nachlasses oder einer Schenkung einer Person mit Wohnsitz in einem Vertragsstaat ist und nicht unter Artikel 5, 6, 7 oder 8 fällt, kann ohne Rücksicht auf seine Belegenheit nur in diesem Staat besteuert werden; Art. 11 Abs. 1 bleibt unberührt."

Artikel 5 DBA behandelt unbewegliches Vermögen und verweist hierfür auf die Definition im Belegenheitsstaat (Artikel 5 Abs. 2 DBA). Artikel 6 DBA behandelt das einer Betriebsstätte bzw. festen Einrichtung dienende Vermögen. Unter Artikel 8 DBA fällt das **vorerwähnte** Vermögen, wenn und soweit es über eine Personengesellschaft gehalten wird (der Begriff der Personengesellschaft ist im Abkommen nicht definiert). Artikel 7 behandelt als Sonderfall Seeschiffe und Flugzeuge.

Die von M gehaltenen deutschen Bundesanleihen fallen unter Artikel 9. Somit hat die Bundesrepublik kein Besteuerungsrecht als Belegenheitsstaat (die Bundesrepublik darf aber nachrangig besteuern (nämlich bzgl. K1) gemäß Art. 11 Abs. 1 b) i. V. m. Art. 9, d. h. unter Anrechnung der US-Steuer).

---

[115] Vgl. IRC § 2002; § 20.2002-1 US-Erbschaftsteuerrichtlinien.
[116] Vgl. IRC § 6324 (a).
[117] Siehe die Ausführungen oben, Erster Teil, B.II.3.

c) Hinsichtlich der Art und Weise der Besteuerung in den USA gilt folgendes: Vom Bruttonachlass sind insbesondere Schulden und die Kosten der Nachlassabwicklung zu kürzen.[118] Zu kürzen ist gleichfalls der gesamte Nachlass, der auf den Ehegatten übergeht, vorausgesetzt, dass der Ehegatte US-Staatsbürger ist, sog. "**Marital Deduction**".[119] Sonstige persönliche Freibeträge, z. B. für Kinder, bestehen nicht, ebenso wenig existieren besondere Steuersätze in Abhängigkeit vom Verwandtschaftsgrad.

Der Steuersatz bestimmt sich nach der Tabelle in IRC § 2001 (c) und ist progressiv ausgestaltet. Beachte: Für Erwerbe bis 2001 wird die niedrigere Progression in den unteren Vermögensstufen schrittweise zurückgedreht, wenn das Vermögen $ 10 Mio. übersteigt,[120] so dass irgendwann der Höchststeuersatz mit dem Durchschnittssteuersatz übereinstimmt; ab 2002 gilt diese Regelung nicht mehr.

Von der sich ergebenden Steuerschuld wird für das Kalenderjahr 2009 ein Betrag von $ 1.455.800 abgezogen sog. **Applicable Credit Amount** (früher: Unified Tax Credit),[121] was im Ergebnis auf einen Vermögensfreibetrag von $ 3,5 Mio. hinausläuft. Beachte: Falls dieser Credit schon früher (teilweise) für Schenkungen in Anspruch genommen wurde, tritt im Ergebnis eine Verrechnung ein.[122] Beachte: Obwohl die Erbschaftsteuer den Nachlass als solchen trifft, und damit eine Nachlassverbindlichkeit ist, kommt die Ehegattenbefreiung bei der Verteilung des Nachlassvermögens ausschließlich dem Ehegatten zugute. § 2-1.8. (c) (2) EPTL bestimmt ausdrücklich, dass persönliche Befreiungen sich bei der Verteilung des Vermögens zugunsten der betreffenden Person auswirken.[123]

---

[118] Vgl. IRC § 2053 (a).
[119] Vgl. IRC § 2056 (a), 2056 (d).
[120] Vgl. IRC § 2001 (c) (2).
[121] Vgl. IRC §2010 (c).
[122] Vgl. *Wassermeyer, W.*, 237 f.
[123] Da Erbrecht einzelstaatlich geregelt ist, muss in jedem Fall geprüft werden, ob das Recht des anzuwendenden Bundesstaates eine entsprechende Regelung enthält; anderenfalls wäre eine iterative Berechnung durchzuführen (weil sich die Befreiung auf den Nachlass als Ganzes auswirkt, und sodann der Saldo zu verteilen wäre).

Hey

Im vorliegenden Fall ergibt sich folgende Berechnung der US Federal Estate Tax:

Berechnung der Bemessungsgrundlage

	US$	
	9.150.000	Brutto-Nachlass
./.	100.000	Kosten der Nachlassabwicklung
	9.050.000	Netto-Nachlass vor Steuern
./.	4.550.000	Marital Deduction = Nachlassanteil von F vor Berücksichtigung der aus dem Nachlass zu entrichtenden Nachlasssteuer
	4.500.000	Steuerpflichtiger Nachlass[124]

Steuerberechnung

	US$	
	555.800	Steuer auf den Nachlass bis $ 1.500.000
+	1.350.000	45 % auf den $ 1.500.000 überschießenden Teil
./.	1.455.800	Applicable Credit Amount
./.	--	[bis 2004: prozentuale Anrechnung einzelstaatlicher Nachlasssteuern gem. IRC § 2011 (hier aus Vereinfachungsgründen weggelassen)]
	450.000	US-Nachlasssteuer

Die sich ergebende Steuer von $ 450.000 ist vom Administrator selbst zu berechnen und zu erklären (s. oben).

Nachlassverteilung

Der zu verteilende Nachlass beträgt demnach $ 8.600.000 ($ 9.050.000 ./. 450.000) und ist entsprechend den oben angeführten Grundsätzen für testamentslose Erbfälle unter den Erben zu verteilen:

		F	K1	K2	K3
Nachlass nach Nachlasssteuer		8.600			
Vorab F	./.	50	50	–	–	–
Hälfte F vor ErbSt	./.	4.500	4.500	–	–	–
Rest nach ErbSt /3 nach Kind	./.	4.050	–	1.350	1.350	1.350
		0	4.550	1.350	1.350	1.350

Bezogen auf den gesamten Nettonachlass von $ 9.050.000 ergibt sich eine Gesamtbelastung von lediglich 4,97 %. Selbst aus Sicht der Kinder beträgt die Steuerbelastung auf ihren Erbteil vor Erbschaftsteuer von $ 4,5 Mio. lediglich 10 %. Was die wirtschaftliche Belastung angeht, ist weiter zu berücksichtigen, dass ein „Step-Up" der Anschaffungskosten für die Berechnung von

---

[124] Beachte: Wie oben angeführt wurden aus Vereinfachungsgründen etwaige von dem einzelnen Bundesstaat erhobene Nachlasssteuern unberücksichtigt gelassen. Falls diese in einem konkreten Fall anfallen, wirkt sich dies nachlassmindernd aus.

Capital Gains bei der Einkommensteuer gewährt wird.[125] Auch die Ehefrau erhält den Step-Up, obwohl der Vermögensübergang auf sie nicht der Steuer unterliegt.

4. Besteuerung in Deutschland

a) Steuerpflicht der F, K2 und K3

Die nicht in Deutschland lebenden Erben F, K2, K3 sind nicht beschränkt steuerpflichtig mangels Inlandsvermögens im Sinne von § 121 BewG i. V. m. § 2 Nr. 3 ErbStG.

b) Steuerpflicht des K1

K1 hingegen ist gemäß §§ 2 Abs. 1 Nr. 1 a), 1 Abs. 1, 3 Abs. 1 Nr. 1 ErbStG unbeschränkt steuerpflichtig.[126]

aa) M. E. ergibt sich die Steuerpflicht dogmatisch nur aus einer analogen Anwendung von § 3 Abs. 1 Nr. 1 ErbStG, weil dieser für Nachlassfälle ausdrücklich nur auf Erbfälle aufgrund des (deutschen) Bürgerlichen Gesetzbuches verweist. Andererseits ergibt sich implizit aus § 21 ErbStG und Artikel 11 Abs. 1 b) US-DBA, dass Erbfälle nach ausländischen Erbvorschriften gleichfalls der Steuer unterliegen sollen.[127]

bb) Fraglich ist, welche Auswirkungen der Umstand hat, dass das Vermögen nicht unmittelbar auf die Erben, sondern zunächst auf den Administrator (Executor) übergeht. Früher vertrat der BFH die Auffassung, dass ein aufschiebend bedingter Erwerb gemäß § 9 Abs. 1 Nr. 1 a ErbStG vorlag.[128] Mit Urteil vom 8. 6. 1988 hat der BFH[129] diese Rechsprechung aufgegeben und nimmt nunmehr unbedingten und unbefristeten Erwerb im Fall eines nach US-amerikanischem Recht bestellten Executors oder Administrators an:

"Die formale Stellung des Executors als 'legal owner' geht zwar über die Stellung eines Testamentsvollstreckers nach deutschem Recht hinaus, ...hält aber einem Vergleich mit der des Testamentsvollstreckers nach inländischem Recht stand... Soweit dem Executor durch Testament erweiterte Befugnisse, insbesondere zur Eingehung von Verbindlichkeiten bzw. zum Abschluss von Rechtsgeschäften eingeräumt sind, entsprechen sie der umfasenderen Verpflichtungsbefugnis nach § 2207 Satz 1 BGB. Soweit die beweglichen Nachlassgegenstände treuhänderisch auf den Executor (oder Administrator) als 'legal owner' übergehen, stehen dem Erbbegünstigten zwar lediglich equitable interests zu. Diese jedoch entstehen unmittelbar mit dem Erbfall; ... Lediglich die Fälligkeit dieser Ansprüche gegenüber dem Executor (Administrator) als 'legal owner' ist hinausgeschoben ... Die von den Erbbegünstigten mit dem Erbfall erworbene Rechtsposition als eine gegenwärtige lässt es nicht zu, von einem Erwerb unter aufschiebender Bedingung ... auszugehen. Aus der Vergleichbarkeit der mit der Stellung des Executors verbundenen Verfügungsmacht (über den Titel [gemeint ist hier ganz offenbar Eigentum entsprechend dem englischen Wort hierfür "Title", der Verfasser] als legal owner) mit der Verfügungsmacht eines Testamentsvollstreckers nach inländischem Recht sowohl wie aus der mit dem Erbfall erworbenen Rechtsposition der Klägerin folgt, dass das vom Erblasser hinterlassene Vermögen quotal und entsprechend den übrigen mit dem Erwerb verbundenen Verpflichtungen der Klä-

---

[125] Beachte: Falls der Verkehrswert unter die Anschaffungskosten gesunken ist, kann es auch zu einem Step-Down kommen.

[126] Beachte: Die Sonderregelung in Art. 4 Abs. 3 DBA ist irrelevant, da sie sich nur auf den Erblasser/Schenker bezieht, aber nicht auf den Erben/Beschenkten.

[127] Vgl. *Meincke*, ErbStG, § 3 Rz. 30, unter Hinweis auf die ständige BFH-Rechtsprechung: "...in der Verweisung auf die Erbfolge nach § 1922 BGB soll zugleich eine Bezugnahme auf das der deutschen Erbfolge vergleichbare ausländische Erbrecht liegen, soweit das deutsche IPR das ausländische Recht für anwendbar erklärt...".

[128] Vgl. BFH vom 15. 5. 1964, BStBl. 1964 III, 408.

[129] Vgl. BFH v. 8. 6. 1988, II R 243/82, BStBl. 1988 II, 808.

gerin zum Stichtag ... zuzurechnen war [es folgen Hinweise auf die Rechtsprechung zur Zurechnung bei Testamentsvollstreckung]." [130]Die deutsche Erbschaftsteuer ist somit im Zeitpunkt des Todes von M entstanden.

cc) Der Umfang des steuerpflichtigen Erwerbs richtet sich nach der Bereicherung von K1 (§ 10 ErbStG), bewertet gemäß §§ 11, 12 ErbStG. Im vorliegenden Fall sind sämtliche Vermögensgegenstände zum gemeinen Wert zu bewerten, so auch insbesondere das US-Grundvermögen (§ 12 Abs. 7 ErbStG i. V. m. § 31 BewG).

Die Bereicherung des K1 beträgt $ 1.350.000. Dieser Betrag ist in Euro umzurechnen zum Zeitpunkt der Entstehung der Steuer, d.h. hier des Erbfalls.[131] Der für die Umrechnung der ausländischen anzurechnenden Steuer maßgebende Stichtag ist umstritten. Der BFH legt den Briefkurs zugrunde, an dem die deutsche Erbschaftsteuer für den Erwerb entstanden ist .[132] Demgegenüber plädiert *Blanke* für eine Umrechnung zum Zeitpunkt der Zahlung der ausländischen Steuer, weil nur so die Doppelbesteuerung vollumfänglich aufgehoben werde.[133] Abweichend davon will *Wingert* dem Steuerpflichtigen das Wahlrecht belassen, ob die Umrechnung zum Zeitpunkt der Entstehung oder im Zeitpunkt der Zahlung vorzunehmen sei.[134]

Die ausländische Nachlasssteuer ist dem steuerpflichtigen Erwerb nach herrschender Meinung zwingend nach § 10 Abs. 8 ErbStG hinzuzurechnen.[135]Nach anderer Ansicht hingegen befasse sich § 10 Abs. 8 ErbStG lediglich mit deutscher, nicht aber mit ausländischer Erbschaftsteuer; Der Erwerber habe demnach ein Wahlrecht zwischen der Anrechnung (in welchem Fall eine Hinzurechnung zu erfolgen habe) und dem Abzug der ausländischen Steuer.[136] Meines Erachtens besteht de lege lata ein solches Wahlrecht nicht. Hätte der Gesetzgeber die Abzugsmöglichkeit zulassen wollen, so ist anzunehmen, dass er eine entsprechende Regelung ausdrücklich aufgenommen hätte, wie das auch z. B. in § 34 c EStG geschehen ist. Rechtspolitisch wäre ein Wahlrecht freilich wünschenswert.

Der Anteil von K1 am steuerpflichtigen Gesamtnachlass beträgt ein Drittel. Die auf ihn entfallende anteilige Steuer somit $ 150.00 (ein Drittel von $ 450.000).[137]

dd) K1 kann die anteilig auf ihn entfallende US-Nachlasssteuer unabhängig davon abziehen, dass nicht er selbst Steuerschuldner ist, sondern der Nachlass. Für die USA folgt dies implizit aus der Anrechnungsklausel Artikel 11 Abs. 3 b) DBA. Auch im Verhältnis zu anderen Ländern

---

[130] Vgl. BFH, a. a. O., 808 (810).

[131] Vgl. *Meincke*, ErbStG, § 21 Rz. 17.

[132] Vgl. BFH vom 19. 3. 1991, BStBl. 1991 II, 521 unter Hinweis auf § 11 ErbStG; dem folgend die Finanzverwaltung, vgl. FM Brandenburg vom 2. 3. 1992, DB 1992, 920, R 82 Abs. 2 ErbStR; *Arlt*, a. a. O., 117.

[133] Vgl. *Blanke*, DB 1994, 116.

[134] Vgl. *Wingert* in: Flick/Wassermeyer/Becker, Kommentar zum Außensteuerrecht, § 21 ErbStG Rz. 35.

[135] Vgl. FG Nürnberg, EFG 1963, 311; *Troll*, § 10 Rz. 268, § 21 Rz. 6; *Schaumburg*, Rz. 15.272.

[136] Vgl. *Meincke*, ErbStG, § 21 Rz. 2, sowie *Arlt*, a. a. O., 124 f.; a.A. *Troll*, ErbStG, § 21 Rz. 6, jedoch mit dem Hinweis, dass im Einzelfall eine Billigkeitsmaßnahme gem. § 163 AO in Betracht kommen kann. Vgl. auch den Vorlagebeschluss des BFH vom 16. 1. 2008, BStBl. 2008 II, 623 unter Tz. III.1(b).

[137] Beachte: § 12 ErbStG basiert auf der deutschen Systematik einer Erbanfallsteuer, d. h. es ist die persönliche Bereicherung zugrunde zu legen. Deshalb ist lediglich das der US-Steuer unterliegende, auf die Kinder übergegangene Vermögen und die darauf lastende Steuer zu berücksichtigen und der auf die Ehefrau übergegangene, befreite Teil außer Acht zu lassen.

ist jedoch nicht Voraussetzung, dass der Erwerber selbst Steuerschuldner ist; maßgebend ist vielmehr seine wirtschaftliche Belastung mit ausländischer Erbschaft/Nachlasssteuer.[138]

Ferner folgt aus Artikel 11 Abs. 3 b) DBA, dass K1 die auf dem **weltweiten** Nachlass lastende (anteilig auf ihn entfallende) US-Steuer anrechnen kann, d. h. insbesondere auch für die Steuer, die auf den deutschen Bundesanleihen und auf dem Drittstaatenvermögen lastet.[139]

Der Höhe nach ist die Anrechnung der ausländischen Steuer wie üblich begrenzt auf einen Betrag in Höhe der entsprechenden deutschen Erbschaftsteuer, Artikel 11 Abs. 6 DBA.

ee) Die deutsche Erbschaftsteuer berechnet sich für K1 demnach wie folgt (es wird für Darstellungszwecke vereinfachend ein Umrechnungskurs sowohl für die Bereicherung wie auch für die US-Steuer von $ 1 = € 1 unterstellt):

€		
1.350.000	erhaltene Netto-Bereicherung	
150.000	anteilige Steuer ($ 942.500 x 1/3)	
1.500.000		
1.500.000	abgerundet gem. § 10 Abs. 1 Satz 5 ErbStG	
./. 400.000	persönlicher Freibetrag, §§ 16 Abs. 1 Nr. 2, 15 Abs. 1 ErbStG	
0	Versorgungsfreibetrag, § 17 Abs. 2 ErbStG	
1.100.000	Bemessungsgrundlage für Erbschaftsteuer	
209.000[140]	Steuersatz 19 %, § 19 Abs. 1 ErbStG (Klasse I) Anrechnung der anteiligen US-Nachlasssteuer gem. Artikel 11 Abs. 3 b) begrenzt auf den Höchstbetrag der entsprechenden deutschen Steuer gem. Artikel 11 Abs. 6 DBA	
./. 150.000		
59.000	verbleibende deutsche Erbschaftsteuer	

Fall II

M ist von seinem deutschen Unternehmen für drei Jahre in die USA abgeordnet worden und lebt mit seiner Ehefrau (F) in New York. Beide haben die deutsche Staatsangehörigkeit und Gütertrennung vereinbart. Kurz vor der Rückkehr verstirbt M. Alleinerbin laut Testament ist F; Kinder sind nicht vorhanden. Der Nachlass von M besteht aus Grundvermögen in Deutschland, deutschen und US-amerikanischen Aktien sowie einem laufenden Bankguthaben bei einer Bank in New York.

Frage: Besteuerung im Verhältnis USA-Deutschland.

---

[138] Vgl. BFH vom 6. 3. 1990, II R 32/86, BStBl. 1990 II, 786 zur Rechtslage vor Inkrafttreten des Deutsch-Amerikanischen Erb-DBA; R 82 Abs. 1 ErbStR, Meincke, ErbStG, § 21 Rz. 12; gleiche Ansicht *Arlt*, a. a. O., 110.

[139] Vgl. *Debatin*, RIW 1987, 603 (619).

[140] Die Härteregelung gem. § 19 Abs. 3 ErbStG kommt im vorliegenden Fall nicht zum Tragen.

1. US-Besteuerung
a) Unbeschränkte Steuerpflicht

Es fragt sich, ob das weltweite Vermögen oder nur das in den USA belegene Vermögen der Nachlassbesteuerung unterliegt. Abzustellen ist hierfür entsprechend dem System der Besteuerung des Nachlasses allein auf die Person des Erblassers. Die Umstände in der Person der Begünstigten sind irrelevant.[141] IRC § 2001 (a) bestimmt:

> "A tax is hereby imposed on the transfer of the taxable estate of every decedent who is a citizen or resident of the United States."

Da M nicht die US-Staatsbürgerschaft besaß, ist entscheidend, ob er im Sinne von IRC § 2001 (a) in den USA "ansässig" war. Maßgebend hierfür ist, ob er sein "domicile" in den USA hatte.[142]

Domicile: Der Begriff ist unscharf und führt in der Praxis zur Rechtsunsicherheit. Einige Grundsätze lassen sich aber festhalten. "Domicile" ist abzugrenzen von der schlichten Ansässigkeit ("residence"). Es kann daher sehr wohl vorkommen, dass jemand für Einkommensteuerzwecke ansässig und damit unbeschränkt steuerpflichtig ist, während kein "domicile" besteht. Eine Person kann mehrere Wohnsitze haben, aber nur ein "domicile". Maßgebend ist die Absicht, sich an einem Ort auf unabsehbare Zeit – nicht begriffsnotwendig für immer – aufhalten zu wollen, wobei dies nur ein Ort sein kann, an dem man sich physisch aufgehalten hat (dieser Aufenthalt kann aber später weggefallen sein, z. B. bei Abordnung für bestimmte Zeit ins Ausland). Entscheidendes Merkmal ist somit die subjektive Absicht, die jedoch anhand von objektiven Merkmalen festzumachen ist.[143] Die Aufenthaltsdauer ist ein solches Merkmal, jedoch kann auch bei sehr langem Aufenthalt "domicile" zu verneinen sein.[144] Dies gilt auch umgekehrt. § 20.0-1 (b) (1) der US-Erbschaftsteuerrichtlinien bestimmt:

> "A person acquires a domicile in a place by living there, for even a brief period of time, with no definite present intention of later removing therefrom. Residence without the requisite intention to remain indefinitely will not suffice to constitute domicile, nor will intention to change domicile effect such a change unless accompanied by actual removal."

Kasuistik[145]: Trotz eines US-Einwanderungsvisums könne kein US-Domizil vorliegen, wenn die sonstigen Umstände dagegen sprächen (Anhaltspunkte sind Aufenthaltsort der Familie, soziale und politische Betätigung, eigenes Unternehmen am Aufenthaltsort, mündliche und schriftliche Erklärungen, äußere außerhalb des Einflussbereichs liegende Umstände, die einer Rückkehr ins Heimatland permanent entgegenstehen[146]). Insbesondere ist darauf hinzuweisen, dass der Visa-Status keine entscheidende Rolle spielt, obwohl er insbesondere bei einer Green Card ein bedeutsames Kriterium ist. Maßgebend ist aber im Ergebnis die Absicht, wo man sich dauernd aufhalten will und ob dieses nachgewiesen werden kann.[147]

---

[141] Dies gilt auch im Fall, dass die amerikanische Wegzugsbesteuerung zum Zuge kommt. Es ist dann zwar die in den USA ansässige Person Steuerschuldner, hinsichtlich des Umfangs der Steuerpflicht wird jedoch auch auf den Erblasser geschaut.

[142] Vgl. § 20.0-1 (b) (1) US ErbSt - Richtlinien.

[143] Vgl. jüngst die Entscheidung in Estate of Barkat A. Kahn v. Commissioner, Tax Court Memorandum Decision 1998-22.

[144] Vgl. Guaranty Trust Company v. Commissioner, 24 B.T.A. 507 (1932) – kein Domizil trotz 20jährigen Aufenthalts; zitiert nach *Helman*, RIW 1989, 207 (213).

[145] Zum folgenden vgl. *Helman*, a. a. O., 213 f. sowie die Entscheidung in Barkat A. Kahn v. Commissioner, a. a. O.

[146] Vgl. bspw. Nienhuys Estate vs. Commissioner, 17 Tax Court, 1149 (1952) betr. den Fall eines Holländers, der 1940 vor der deutschen Invasion geflohen war und 1946 in den USA verstarb.

[147] Die Teilnahme an Wahlen ist relevant, wobei man im Stande sein sollte, die Teilnahme auch für die Nachwelt zu dokumentieren; das Verfolgen des Tagesgeschehens bspw. durch Abonnement einer deut-

Im vorliegenden Fall ergibt sich folgendes. M war nur kurzfristig von seinem Unternehmen, nämlich für drei Jahre, in die USA abgeordnet worden. Unterstellt man, dass die subjektive Absicht von M darauf gerichtet war, nach Ablauf dieser Zeit in die Bundesrepublik zurückzukehren, so hatte er kein "domicile" in den USA und war somit nicht unbeschränkt mit dem weltweiten Vermögen Nachlasssteuerpflichtig. Es kann nicht nachdrücklich genug betont werden, dass in vom Vermögen her relevanten Fällen peinlich darauf geachtet werden sollte, die Verbindung zum Heimatland aufrecht zu erhalten und die Rückkehrabsicht zu dokumentieren. Die Beibehaltung eines Wohnsitzes in Deutschland ist jedenfalls keine zwingende Voraussetzung, um ein Domizil in den USA zu vermeiden, aber hilfreich. Anzumerken ist, dass der Wegfall des „domicile" in den USA für sich genommen nicht genügt, um die Rechtsfolgen der Wegzugsbesteuerung gem. IRC § 2801 auszulösen; es müssen vielmehr die besonderen qualifizierenden Umstände dazukommen, die oben dargestellt wurden.[148]

b) Beschränkte Steuerpflicht

Erblasser, die weder US-Staatsbürger sind, noch ihr "Domicile" in den USA haben, unterliegen mit ihrem in den USA belegenen Vermögen der beschränkten Steuerpflicht. IRC § 2103 bestimmt:

> "For the purpose of the tax imposed by Sec. 2101, the value of the gross estate of every decedent non-resident not a citizen of the United States shall be that part of his gross estate ... which at the time of his death is situated in the United States."

IRC § 2104 (a) bestimmt, dass Aktien von US-Kapitalgesellschaften als in den USA belegen gelten. Demgegenüber schreibt IRC § 2105 (b) (1) vor, dass Guthaben bei US-Banken als nicht in den USA belegen gelten.

Nach nationalem Steuerrecht haben die USA somit nur für die US-Aktien ein Besteuerungsrecht, nicht aber für das übrige Vermögen von M.

Einfluss des Deutsch-Amerikanischen Erbschaftsteuer-DBA

Für die Frage, ob das DBA überhaupt Anwendung findet und bejahendenfalls, welchem Staat das primäre Besteuerungsrecht zusteht, ist zu prüfen, in welchem Staat M seinen „Wohnsitz" hatte. Artikel 4 Abs. 1 DBA lautet:

> "Eine natürliche Person hat im Sinne dieses Abkommens einen Wohnsitz
>
> a) in den Vereinigten Staaten von Amerika, wenn sie dort ansässig ist oder Staatsangehöriger der Vereinigten Staaten von Amerika ist;
>
> b) in der Bundesrepublik Deutschland, wenn sie dort ihren Wohnsitz oder gewöhnlichen Aufenthalt hat oder aus anderen Gründen für die Zwecke der deutschen Erbschaftsteuer (Schenkungsteuer) als unbeschränkt steuerpflichtig gilt."

Danach scheidet ein Wohnsitz von M in den USA aus. Er war deutscher Staatsangehöriger. Ansässigkeit für Zwecke von Artikel 4 Abs. 1 a) ist nach den US-Erbschaftsteuerregeln zu bestimmen, d. h. im Sinne von "Domicile".[149] In der Bundesrepublik liegt hingegen ein Wohnsitz kraft unbeschränkter Steuerpflicht gemäß § 2 Abs. 1 Nr. 1 b) ErbStG vor ("5-Jahresfrist").

Deutschland ist somit alleiniger Wohnsitzstaat und hat daher das primäre Besteuerungsrecht. Das Deutsch-Amerikanische DBA sieht für Aktien kein Besteuerungsrecht des Belegenheitsstaates, sondern nur des Wohnsitzstaates vor (Artikel 9). Somit hat im Verhältnis zu den USA als

---

schen Tageszeitung; die Häufigkeit der Besuche im Land des behaupteten Domizils, die Angabe auf offiziellen Dokumenten betr. den Ort der „permanent address" oder „permanent residence".

[148] Vgl. Tz. B.II.3.
[149] Vgl. Technical Explanation des US Treasury Department zum Deutsch-Amerikanischen Erb-DBA, dort unter Art. 4.

Bundesstaat allein Deutschland ein Besteuerungsrecht. Die Besteuerung richtet sich nach nationalen deutschen Vorschriften.

3. Estate Tax des Bundesstaates New York

Der Bundesstaat New York erhebt eine separate Nachlasssteuer. Die Nachlasssteuer des Bundesstaates New York ist auch praktisch bedeutsam, weil sie eine zusätzliche Belastung darstellt, soweit sie über das gemäß IRC § 2011 anrechenbare Maß hinausgeht[150]. Section 952 (a) (1) New York Estate Tax Law bestimmt:

> "A tax is hereby imposed on the transfer of the New York estate by every deceased individual who at his or her death was a resident of New York State."

Die Ansässigkeit wirkt sich bei der Frage aus, ob New York auch das nichtkörperliche Vermögen besteuern darf; das übrige in New York belegene körperliche Vermögen, einschließlich des Grundvermögens, wird in jedem Fall besteuert bzw., soweit es außerhalb von New York belegen ist, von der Besteuerung ausgenommen.

Der Begriff der Ansässigkeit ist wie im Bundes-Nachlasssteuerrecht im Sinne von "domicile" auszulegen, das heißt maßgebend ist, ob jemand auf unbestimmte Dauer im Bundesstaat New York bleiben wollte.[151]

Danach hatte M kein „domicile" in New York infolge seines von vornherein auf zwei Jahre begrenzten Aufenthalts. Bankguthaben und Wertpapiere stellen nichtkörperliches Vermögen dar. Es ergibt sich folglich kein Besteuerungsrecht des Bundesstaats New York.

4. Exkurs

Wären M und F länger als zehn Jahre[152] außerhalb Deutschlands gewesen, ohne einen Wohnsitz zurückbehalten zu haben, aber auch ohne Absicht, auf unbestimmte Zeit in den USA zu bleiben (z. B. bis zum Schulabschluss der Kinder), dann hätten sowohl Deutschland als auch die USA nur ein Besteuerungsrecht für das jeweilige Inlandsvermögen, was Gestaltungsmöglichkeiten angesichts der Definition von Inlandsvermögen in beiden Staaten eröffnet (beachte: das DBA würde in diesem Fall nicht gelten, da der Erblasser in keinem der beiden Staaten einen Wohnsitz hätte.).

Fall III

Das deutsche Ehepaar M und F (Güterstand der Gütertrennung) beschließt, in die USA auszuwandern, und zwar unter Aufgabe ihres Wohnsitzes in Deutschland. Beide haben ausschließlich die deutsche Staatsangehörigkeit. Vier Jahre nach dem Umzug in die USA verstirbt der Mann. Sein Vermögen besteht aus amerikanischen und deutschen Wertpapieren und Geldvermögen.

Frage: Besteuerung in Deutschland und den USA

1. Besteuerungsrecht in Deutschland

Gemäß § 2 Abs. 1 Nr. 1 b) ErbStG sind sowohl M als auch F im Zeitpunkt des Todes noch unbeschränkt steuerpflichtig gewesen, weil die Aufgabe ihres deutschen Wohnsitzes noch nicht

---

[150] Siehe die Ausführungen oben, Tz. B.II.3a, dort auch zur Frage der Auswirkungen nach Umstellung des bundesstaatlichen Anrechnungssystems auf ein Abzugssystem.

[151] Vgl. New York Court of Appeals in Matter of Newcomb, 192 NY 238, 250 (1908); Matter of Brunner, 41 NY2d 917 (1977).

[152] § 2 Abs. 1 b) sieht zwar bei "Staatsangehörigen" lediglich eine 5-jährige Nachlauffrist vor, diese ist aber vor dem Hintergrund der Regelung in Art. 4 Abs. 3 DBA vom deutschen Gesetzgeber im Rahmen des Zustimmungsgesetzes zum DBA auf 10 Jahre verlängert worden (vgl. Art. 3 des Zustimmungsgesetzes BGBl. 2000 II, 1170; Hundt, a. a. O., 85).

mehr als fünf Jahre zurückliegt und beide deutsche Staatsangehörige waren. § 2 Abs. 1 Nr. 1 b) ErbStG bestimmt:

> Als Inländer gelten ... deutsche Staatsangehörige, die sich nicht länger als fünf Jahre dauernd im Ausland aufgehalten haben, ohne im Inland einen Wohnsitz zu haben.

Damit darf Deutschland den weltweiten Nachlass besteuern.

Beachte: Im Zustimmungsgesetz zum Revisionsprotokoll des DBA hat der deutsche Gesetzgeber für den Fall der Abwanderung in die USA die 5 Jahresfrist auf 10 Jahre verlängert „für die von dem Protokoll erfassten Personen"[153]. Verhindert werden sollte damit eine „Lücke", die sich einerseits daraus ergibt, dass die revidierte Fassung von Art. 4 Abs. 3 DBA eine „10-jährige Schutzfrist" bei Zuwanderung vorsieht (siehe sogleich unten), während nach nationalem Recht nur ein nachlaufendes Besteuerungsrecht auf die Dauer von 5 Jahren besteht.

2. Besteuerungsrecht in den USA

Abzustellen ist allein auf den Erblasser, M. M hatte ersichtlich die Absicht, auf unabsehbare Zeit in den USA zu bleiben ("Auswanderung") und begründete daher im Zeitpunkt des Umzugs "domicile" in den USA. Er gilt somit für US-Erbschaftsteuerzwecke als unbeschränkt steuerpflichtig mit seinem weltweiten Nachlass.[154]

3. Einfluss des Doppelbesteuerungsabkommens

Artikel 4 DBA enthält für Fälle dieser Art, in denen in beiden Staaten unbeschränkte Steuerpflicht besteht, Tie-Breaker-Regelungen. Die allgemeinen Tie-Breaker-Regeln, wie sie auch im Einkommensteuer-DBA vorkommen, finden sich in Artikel 4 Abs. 2 DBA. Eine spezielle Vorschrift, die insbesondere auf Fälle der vorliegenden Art sowie die der Expatriates abzielt, findet sich in Artikel 4 Abs. 3 DBA, der wie folgt lautet:

> War eine natürliche Person im Zeitpunkt ihres Todes oder der Schenkung
>
> a) Staatsangehöriger eines Vertragsstaats, ohne gleichzeitig Staatsangehöriger des anderen Vertragsstaats zu sein, und
>
> b) hatte sie aufgrund des Absatzes 1 einen Wohnsitz in beiden Vertragsstaaten, und
>
> c) hatte sie im anderen Vertragsstaat ihren Wohnsitz aufgrund des Absatzes 1 für die Dauer von nicht mehr als zehn Jahren gehabt,
>
> so gilt der Wohnsitz dieser Person und der zu ihrem Haushalt gehörenden Familienmitglieder bei denen die gleichen Voraussetzungen vorliegen, ungeachtet des Absatzes 2 als in dem Vertragsstaat gelegen, dessen Staatsangehörige sie waren.

Beachte: Die Regelung gilt nur, wenn in Deutschland noch unbeschränkte Steuerpflicht bestand (vgl. oben lit. b) in Artikel 4 Abs. 3 DBA), was gemäß § 2 Abs.1 Nr. 1 b), ErbStG nicht der Fall ist, wenn jeglicher Wohnsitz in Deutschland vor mehr als 5 Jahren aufgegeben wurde. Ohne die oben bereits erwähnte Sonderregelung in Art. 3 des Zustimmungsgesetzes zum Revisionsprotokoll[155], wonach die 5-Jahresfrist in § 2 Abs. 1 Nr. 1b), ErbStG auf 10 Jahre verlängert wurde, wäre die angedachte Verlängerung von 5 auf 10 Jahre ins Leere gelaufen mangels fortdauernder unbeschränkter Steuerpflicht in Deutschland; die Konsequenz wäre dann gewesen, dass die USA mangels Doppelansässigkeit (schon) nach Ablauf von 5 Jahren das alleinige Besteuerungs-

---

[153] Vgl. Art. 3 des Zustimmungsgesetzes, Bundesgesetzblatt 2000 II, 1170; Hundt, a. a. O., 85
[154] IRC § 2001 (a).
[155] A. a. O.

recht gehabt hätten, was sich im Regelfall wegen der höheren US-Erbschaftsteuersätze nachteilig auswirken würde[156].

Die Voraussetzungen des Artikel 4 Abs. 3 DBA sind vorliegend erfüllt: M war ausschließlich deutscher Staatsangehöriger und hatte seinen Wohnsitz in den USA nicht seit mehr als zehn Jahren. Das primäre Besteuerungsrecht liegt demnach bei Deutschland.[157] Da M lediglich sonstiges Vermögen im Sinne von Artikel 9 DBA besaß, hat Deutschland das alleinige Besteuerungsrecht hinsichtlich des gesamten Nachlassvermögens von M.

Fall IV

Der in Hamburg lebende deutsche Erblasser V war beteiligt an folgenden, sämtlich in den USA ansässigen, gewerblich tätigen Gesellschaften:

a) einer US-Kapitalgesellschaft ("Inc.")
b) einer US Limited Partnership ("LP")
c) einer US Limited Liability Company ("LLC"), die in den USA als Personengesellschaft besteuert wurde.

Weiteres Vermögen bestand nicht. V hat testamentarisch D und U als Erben je zur Hälfte eingesetzt. D ist in der Bundesrepublik wohnhaft und deutscher Staats-angehöriger. U wohnt in den USA und ist US-Staatsangehöriger. V hatte niemals eine Green Card.

Frage: Umfang des Besteuerungsrechts der USA bzw. Deutschlands

1. Besteuerungsrecht in Deutschland

a) Nationales Recht

Der verstorbene V hatte seinen Wohnsitz in Deutschland. Folge ist unbeschränkte Steuerpflicht. D. h. die Bereicherung (§ 10 Abs. 1 ErbStG) von D bzw. U unterliegt der deutschen Besteuerung ungeachtet der Belegenheit des Vermögens, § 2 Abs. 1 Nr. 1, erste Alternative ErbStG. Der Wohnsitz von D bzw. U ist insoweit irrelevant.

b) Einschränkung des deutschen Besteuerungsrechts aufgrund des DBA

Infolge des ausschließlichen Wohnsitzes des V in Deutschland (Art. 4 Abs. 1 Erb-DBA) hat die Bundesrepublik das primäre Besteuerungsrecht. Die USA sind ggf. auf die Anrechnung der deutschen Steuer verwiesen, es sei denn, es greift der Vorbehalt zugunsten des Belegenheitsstaats ein.

aa) Hinsichtlich der US-Kapitalgesellschaft gilt Art. 9 DBA. Danach darf nur Deutschland besteuern. Der Vorbehalt zugunsten der Anrechnung gem. § 11 Abs. 1 i. V. m. § 9 zweiter Halbsatz greift nicht, weil der Erblasser deutscher Staatsangehöriger war. Dass U US-Bürger ist, ist unerheblich. Auch die Sonderregelung in § 11 Abs. 1 lit. a) (iii) für Personen, die der Wegzugsbesteuerung unterliegen, greift nicht, da V niemals eine Green Card besaß. Beachte: Der Vorbehalt, den die USA für den Fall der Wegzugsbesteuerung gemacht haben, basiert auf dem Rechtszustand vor der (ersten) Verschärfung der Regeln in 2004. Danach haben die USA nur dann ein Besteuerungsrecht (unter Gewährung einer Anrechnung für deutsche Steuern), wenn der Verlust der steuerlichen Ansässigkeit in den USA „hauptsächlich wegen der Umgehung von Steuern (im Sinne des Rechts der Vereinigten Staaten von Amerika)" erfolgte;

---

[156] Da die USA ihre "Staatsbürger" weltweit besteuern, würde sich andernfalls die Ausweitung des Art. 4 Abs. 3 DBA einseitig zu Lasten des deutschen Fiskus ausgewirkt haben. Vgl. zum Hintergrund des vorstehenden sehr zutreffend Hundt, a. a. O., 85.

[157] Beachte: Ohne die Sonderregelung des Artikel 4 Abs. 3 DBA würde das primäre Besteuerungsrecht aufgrund der allgemeinen Tie-Breaker-Regelung in Artikel 4 Abs. 2 a) DBA bei den USA liegen (einzige "ständige Wohnstätte" in den USA).

maximal besteht diese Besteuerungsrecht jedoch für einen Zeitraum von 10 Jahren nach dem Verlust.[158] In der Gesetzeshistorie zu der jüngsten Änderung der US-Wegzugsbesteuerung findet sich auch kein Hinweis auf einen gewollten „Treaty Override", so dass in der Tat Artikel 11 Abs. 1 lit. a) (iii) Abkommensschutz in solchen Fällen gewähren würde.[159]

bb) Bezüglich der Limited Partnership haben die USA ein Besteuerungsrecht als Belegenheitsstaat gem. Art. 6 i. V. m. Art. 8 DBA (in Form einer Personengesellschaft gehaltenes Betriebsstättenvermögen).

cc) Fraglich ist, wie die LLC unter dem DBA einzuordnen ist. Das DBA enthält keine eigenständige Definition einer Personengesellschaft. Im Sachverhalt qualifizieren die US die LLC einkommensteuerlich als Personengesellschaft. Für Zwecke der Erbschaftsteuer gelten dieselben Regeln hinsichtlich der Qualifizierung von Rechtsgebilden. Die sich mit diesen Qualifikationsfragen beschäftigenden Richtlinien[160] gelten für sämtliche Bundessteuern.[161]

Die Einordnung der LLC für deutsche Steuerzwecke ist unklar und abhängig vom Einzelfall. Der BMF hat mit Erlass vom 19. 3. 2004[162] Regeln zur Qualifizierung von US-amerikanischen Limited Liability Companies aufgestellt. Diese Maßgaben zur Qualifikation sind vom BFH in einer jüngeren Entscheidung gutgeheißen worden.[163] Danach kann sowohl, je nach Ausgestaltung der konkreten LLC auf Basis ihrer Satzung, deutscherseits eine Kapitalgesellschaft als auch eine Personengesellschaft vorliegen.[164] Im Ergebnis stimmt das Schrifttum, was die Qualifizierung angeht, mit dem BMF überein, wobei das Schrifttum in der Tendenz eher und wohl häufiger zu der Annahme einer Personengesellschaft kommt.[165] Der hier diskutierte Sachverhalt enthält keine Angaben dazu, wie die LLC in concreto nach ihrer Satzung ausgestaltet ist. Geht man davon aus, dass sie auch deutscherseits steuerlich als Personengesellschaft zu qualifizieren ist, so ergibt sich kein Qualifikationskonflikt. Die USA hätten dann wie für die Limited Partnership ein Besteuerungsrecht als Belegenheitsstaat gem. Art. 8 i. V. m. Art. 6 DBA. Würde demgegenüber Deutschland die LLC als Kapitalgesellschaft qualifizieren, so ergäbe sich (über Art. 3 Abs. 2 DBA) infolge der unterschiedlichen Qualifikation eine Doppelbesteuerung: Die USA würden ein Besteuerungsrecht als Belegenheitsstaat gem. Art. 8, 6 DBA beanspruchen; Deutschland würde das ausschließliche Besteuerungsrecht für Kapitalgesellschaftsanteile gem. Art. 9 DBA fordern und eine Anrechnung der amerikanischen Nachlasssteuer verweigern.[166] Es müsste dann versucht werden, im Wege des Verständi-

---

[158] Vgl. Art. 11 Abs. 1 lit. a)(iii) DBA.

[159] Anderer Ansicht wohl *Alden/Bissell*, a. a. O., am Ende, denen zufolge eine Anwendung von DBA daran scheitere, dass die Steuer nicht den Nachlass bzw. Schenker trifft, sondern den Begünstigten. *Alden/Bissell* beziehen sich allerdings nicht konkret auf das Deutsch-Amerikanische DBA. Dessen Systematik lässt eine solche Auslegung meines Erachtens nicht zu.

[160] Vgl. Regulations Sec. 301.7701-2.

[161] Unter Umständen enger *Pierre v. Commissioner*, 133 T.C. No. 2 (2009).

[162] Vgl. BStBl. 2004 I, 411.

[163] Vgl. BFH vom 20. 8. 2008, IStR 2008, 811.

[164] Der BMF erkennt auch an, dass die LLC Betriebstätte sein kann, wenn sie nur einen einzigen Gesellschafter hat; vgl. BMF, a. a. O., Tz. IV.

[165] Vgl. eingehend *Hey*, FS Debatin, 121 (134 ff.); *ders.*, RIW 1992, 916 (920 ff.); gleicher Ansicht, jedoch ohne nähere Begründung *Bungert*, IStR 1993, 128 f. und 174, 179; offen gelassen von *Wassermeyer, W.*, 330.

[166] Das BFH-Urteil vom 20. 8. 2008, a. a. O., ist für diese Konstellation im Erbschaftsteuer-DBA weder einschlägig noch hilfreich. Die für Einkommensteuerzwecke für einen solchen Fall des Qualifikationskonflikts vorgeschlagene Einordnung als andere Einkünfte im Sinne von Art. 21 des Deutsch-Amerikanischen Einkommensteuer-DBAs hilft infolge der gänzlich anderen Systematik des ErbDBAs nicht weiter. Allerdings fällt die LLC im Fall dieses Qualifikationskonflikts wegen der geringen Zahl der

gungsverfahrens (Art. 13 DBA) die Doppelbesteuerung zu vermeiden. Für die nachfolgende Falllösung wird davon ausgegangen, dass die LLC in beiden Staaten als Personengesellschaft qualifiziert wird.

2. Besteuerung in den USA

Bei nichtansässigen Erblassern unterliegt nur das in den USA belegene Vermögen der dortigen Besteuerung. IRC Sec. 2103 bestimmt:

> "For the purpose of the tax imposed by Sec. 2101, the value of the gross estate of every decedent non-resident not a citizen of the United States shall be that part of his gross estate ... which at the time of his death is situated in the United States."

a) Für Anteile an Kapitalgesellschaften bestimmt IRC Sec. 2104(a), dass diese (nur) dann in den USA belegen sind, wenn die Anteile von einer nach dem Recht der USA gegründeten Kapitalgesellschaft ausgegeben wurden. Nach nationalem Recht haben die USA somit das Besteuerungsrecht bezüglich der Anteile von V an der US-Corporation. Das DBA steht der Ausübung dieses Rechts jedoch entgegen (Art. 9 DBA, s. o.).

b) Ob die USA nach nationalem Recht den Übergang der Anteile an der Limited Partnership besteuern dürfen, ist unklar. Insbesondere ist die Frage umstritten, wo Personengesellschaftsanteile belegen sind[167]. Die US-Finanzverwaltung vertritt in der Praxis die Ansicht, dass die USA ein Besteuerungsrecht haben. In einem Erlass aus dem Jahre 1955 wird die Ansicht vertreten, dass Personengesellschaftsanteile dann in den USA belegen sind, wenn die Personengesellschaft ihre hauptsächliche Geschäftstätigkeit dort ausübt.[168] In einem jüngeren Erlass, der sich indes mit der Frage der Besteuerung des Gewinns aus der Veräußerung eines Anteils an einer US-Personengesellschaft befasst, hat die Finanzverwaltung die Auffassung vertreten, dass gleichsam durch die Personengesellschaft hindurchzuschauen und auf die einzelnen Wirtschaftsgüter abzuheben sei.[169] Demgegenüber hat der US Supreme Court in einer frühen Entscheidung die Auffassung vertreten, die Belegenheit eines Anteils an einer Personengesellschaft richte sich nach dem Ort des Domizils des Verstorbenen.[170]

Unklar ist, ob die US-Finanzverwaltung der Ansicht ist, dass infolge der Regelung in Art. 8 DBA die USA schon aufgrund dieser Regelung, also ungeachtet der zweifelhaften innerstaatlichen Rechtslage, den Übergang von Personengesellschaftsanteilen besteuern dürfen. Diese Ansicht klingt in den "Technical Explanations" des Finanzministeriums zum US-deutschen DBA an (vgl. dort zu Art. 8: "in effect, the situs state is allowed to 'look through' the partnership and tax the underlying property"). Eine solche Ansicht wäre m. E. verfehlt, da DBA dem nationalen Recht nach allgemeinen Grundsätzen lediglich Schranken setzen; ist innerhalb dieser Schranken das Besteuerungsrecht mangels nationaler Regeln nicht ausgeschöpft worden, so scheidet eine Besteuerung aus. Dies ist auch die Auffassung der Bundesrepublik, Denkschrift zum US-deutschen Erb-DBA, zu Art. 8: "Soweit nationale Vorschriften bei der Übertragung eines Anteils an ausländischen Personengesellschaften keine Besteuerung vorsehen (wie z. Z. das Recht der USA) verbleibt es hierbei").

Vermögensarten im Ergebnis ebenfalls in den Auffangtatbestand für „nicht ausdrücklich erwähntes Vermögen" (Art. 9 DBA).

[167] Zu diesem Fragenkreis eingehend Glod, Tax Lawyer Vol. 51 No. 1, 109, 110 ff.

[168] Vgl. Revenue Ruling 55-701, 1955-2, Cumulative Bulletin, 836.

[169] Vgl. Revenue Ruling 91-32, 1991-1, Cumulative Bulletin, 107.

[170] Vgl. *Blodgett v. Silberman*, 277 US 1 (1928); vgl. ferner Estate of Havemeyer, 270 NYS 2nd 197, 17 NY 2nd 216 (1966); eine Übersicht im deutschen Schrifttum über den Diskussionsstand bietet *Wassermeyer, W.*, 331 f., 333.

c) Bezüglich der Anteile an der Limited Liability Company müssten die vorstehend zur Limited Partnership dargestellten Grundsätze konsequenterweise entsprechend gelten[171]. Wenn einerseits anerkannt ist, dass die einkommensteuerlichen Grundsätze der Qualifizierung von Rechtsgebilden auch für die Erbschaftsteuer gelten, dann ist es nur folgerichtig, dass dies auch für die Bestimmung der Belegenheit gilt. Ganz zweifelsfrei ist dies freilich nicht, weil die LLC eine Zwitterstellung einnimmt und die Anteile an ihr Ähnlichkeiten mit Kapitalgesellschaftsanteilen aufweisen, für die IRC Sec. 2104(a) eine besondere Belegenheitsregelung trifft. Die US-Finanzverwaltung hat sich hierzu, soweit ersichtlich, noch nicht geäußert.

Für den Fall, dass die USA den Übergang der Anteile an der Limited Partnership und der LLC der Besteuerung unterwerfen, so muss Deutschland die US-Steuer anrechnen, und zwar sowohl bezüglich D als auch bezüglich U gemäß Art. 11 Abs. 3 DBA. Höchstens ist die entsprechende deutsche Steuer anzurechnen, Art. 11 Abs. 6 DBA.

3. Exkurs: Gestaltungsmöglichkeiten

a) Schenkung

In der Praxis herrscht die Auffassung vor, dass bei der Schenkung von Gesellschaftsanteilen durch einen Nichtansässigen eine höhere Wahrscheinlichkeit dafür spricht, dass kein Steuertatbestand gegeben ist, weil IRC Sec. 2501(a)(2) ausdrücklich bestimmt, dass immaterielle Wirtschaftsgüter nicht der Besteuerung unterliegen. Stützen lässt sich diese Ansicht insbesondere auf die Entscheidung des US Supreme Court in Blodgett v. Silberman.[172]

In einkommensteuerlicher Hinsicht ist indes zu beachten, dass im Fall der Schenkung anders als im Erbfall keine Step-up-Möglichkeit besteht.[173] Die Inkaufnahme von US-Nachlasssteuer kann im Einzelfall wegen des Step-up-Vorteils durchaus ratsam sein.

b) Doppelstöckige Personengesellschaft

Wiederum in der Praxis hört man häufig die Auffassung, dass die US-Rechtslage im Fall einer doppelstöckigen Personengesellschaft (US-Personengesellschaft, die über eine deutsche Personengesellschaft gehalten wird) vorteilhafter im Sinne eines fehlenden US-Besteuerungsrechts sei.[174] Grund für die optimistische Einschätzung dürfte sein, dass es rechtlich betrachtet nur zu einem Übergang eines Anteils an einer deutschen Personengesellschaft kommt.

Eine solche doppelstöckige Struktur kann auch noch nachträglich, ohne dass es zur Aufdeckung stiller Reserven kommt, implementiert werden, und zwar durch Einbringung der US-Gesellschaft in eine deutsche Personengesellschaft. Deutscherseits ist dies steuerneutral gem. § 24 UmwStG möglich und in den USA gem. IRC Sec. 721. Beachte: Die deutsche Personengesellschaft, in welche eingebracht wird, muss aus US-Sicht als Personengesellschaft zu qualifizieren sein, damit IRC Sec. 721 einschlägig ist. Die Qualifizierung konnte insbesondere früher bei einer GmbH & Co. KG problematisch sein; nach Einführung des "check-the-box" Regimes ist diese Problematik jedoch vermeidbar.

c) "Check-the-Box"-Richtlinien

Die seit einigen Jahren geltenden „Check-the-Box"-Regeln ändern die früher geltenden Prinzipien vollständig und räumen den Gesellschaftern ein Wahlrecht ein, ob die Gesellschaft steuer-

---

[171] Vgl. Glod, a. a. O., 125 ff; einschränkend *Pierre v. Commissioner*, 133 T.C. No. 2 (2009).

[172] Vgl. *Blodgett v. Silberman*, 277 US 1 (1928); anderer Ansicht offenbar *Wassermeyer, W.*, 333, Fußnote 82, ohne Begründung

[173] Vgl. IRC Sec. 1014, 1015.

[174] Vgl. *Rhoades & Larger*, Vol. 1, § 2 B.16[2].

lich als Personengesellschaft oder als Kapitalgesellschaft behandelt werden soll.[175] Schlagwortartig hat sich hierfür der Begriff "Check-the-Box" eingebürgert, weil das Wahlrecht durch Ankreuzen eines Kästchens ausgeübt wird. Die Wahlmöglichkeit besteht auch für ausländische Rechtsgebilde (aus deutscher Sicht jedoch nicht für die Aktiengesellschaft, die per se als Kapitalgesellschaft qualifiziert wird). Das Wahlrecht kann auch für bestehende Rechtsgebilde ausgeübt und deren Status verändert werden (woran sich selbstverständlich Steuerkonsequenzen knüpfen können, z. B. Liquidationsbesteuerung).

Für Zwecke der Nachlassplanung sind die Check-the-box-Vorschläge in zweierlei Hinsicht interessant. Optiert bei einer doppelstöckigen Struktur die deutsche Personengesellschaft für die Behandlung als Kapitalgesellschaft, so tritt hierdurch eine Abschirmwirkung im Hinblick auf Todesfälle im Gesellschafterbestand ein, und zwar ohne dass in die in Deutschland bestehende Struktur eingegriffen werden müsste. Es ergeben sich indes nachteilige einkommensteuerliche Konsequenzen. Zum einen fällt die 5 %ige "Branch Profits Tax"[176] an, welche die USA, vereinfacht gesprochen, auf entnommene Gewinne (Dividend Equivalent Amount) einer Betriebsstätte/Personengesellschaft erheben, wenn der ausländische Gesellschafter aus US-Sicht eine Kapitalgesellschaft ist[177]. Zum anderen kommen Kapitalgesellschaften nicht in den Genuss der günstigen Steuersätze für capital gains. Werden Vermögensgegenstände mindestens 12 Monate gehalten, so beträgt die maximale Einkommensteuer für capital gains 15 %.[178] Demgegenüber beträgt der Steuersatz für Kapitalgesellschaften mit einem Einkommen bis zu $ 10 Mio. 34 %; der Steuertarif für Kapitalgesellschaften verläuft indes nicht linear, sondern der Eingangsbereich wird niedriger besteuert. Als weitere Variante besteht auch die Möglichkeit, dass die US-Personengesellschaft für die Behandlung als Kapitalgesellschaft optiert mit der Folge, dass die USA im Erb- bzw. Schenkungsfall Art. 9 DBA anwenden. Zu bedenken sind jedoch die einkommensteuerlichen Folgen. Der eventuell etwas günstigeren laufenden Besteuerung der Gesellschaft steht die Erhebung einer Quellensteuer auf Dividenden von 15 % gegenüber. In Deutschland dürften die Gewinne der US-Gesellschaft unter Progressionsvorbehalt steuerfrei sein analog den z. B. zur Behandlung von spanischen, tunesischen, tschechischen und slowakischen Personengesellschaften ergangenen Erlasse.[179]

---

[175] Der Vorschlag für die neuen Richtlinien ist abgedruckt z. B. in Tax Analysts' Daily Tax Highlights & Documents vom 10. Mai 1996, 2045 ff.; ein deutschsprachiger Überblick findet sich bei *Tanenbaum/Otto*, RIW 1996, 678 ff.; ausführlich hierzu *Ruchelman/Adrion*, 1996, 3 ff.; *Hirschfeld/Hunter*, 1996, 292 ff.

[176] Art. 10 Abs. 10 des deutsch-amerikanischen Einkommensteuer-DBAs in der Fassung des Änderungsprotokolls 2006 sieht zwar für bestimmte Fälle auch einen Nullsteuersatz bei der Branch Profits Tax vor. Erforderlich ist jedoch, dass eine „Gesellschaft" und damit eine juristische Person, Betriebstätteninhaber ist. In diesem Fall würde die juristische Person bereits Abschirmwirkung für US-Erbschaftsteuerzwecke in Bezug auf den dahinter stehenden Erblasser-Anteilseigener entfalten.

[177] Branch Profits Tax fällt jedoch nicht auf im Rahmen einer Liquidation entnommene Gewinne an. Bedeutsam ist dies insbesondere bei Grundstücksinvestitionen. Häufig hält die betreffende Grundstückspersonengesellschaft lediglich ein einziges Grundstück. Für den wesentlichen Teil des Gewinns aus der Grundstücksinvestition, nämlich den Veräußerungsgewinn, kann Branch Profits Tax z. B. gestalterisch dann durch Liquidation der Personengesellschaft nach Abverkauf und vor Gewinnentnahme vermieden werden.

[178] Gegenwärtig ist in der gesetzgeberischen Diskussion den Steuersatz für capital gains zu erhöhen; 20 % werden oft genannt (Stand: August 2009).

[179] Sämtlich abgedruckt in IDW-Praktiker-Handbuch 2009 Außensteuerrecht, Band II, jeweils zu dem betreffenden Land. Vgl. auch die zum DBA Tschechien ergangene gleichlautende Entscheidung des BFH vom 4. 4. 2007, BStBl. 2007 II, 521.

Fall V

Die US-Staatsangehörige V verstirbt im Jahr 2002 in Deutschland, wo sie seit vielen, mehr als zehn, Jahren gewohnt hat. Zuvor hatte sie in New York gelebt. Sie hinterlässt Wertpapiervermögen in New York und Deutschland, das jeweils von dort ansässigen Banken im Depot verwaltet wird. V hinterlässt zwei nach ihrem Willen gleichberechtigt nebeneinander stehende Testamente. In dem einen Testament verfügt sie ausschließlich über ihr "deutsches" Vermögen und setzt die in Berlin lebende Deutsche D zur Erbin ein. In dem anderen Testament verfügt sie ausschließlich über ihr "US-Vermögen" und hinterlässt dies mehreren US-Organisationen zur Wahrnehmung ihrer wissenschaftlichen Forschung; die US-Organisationen sind in den USA als gemeinnützig von der Einkommensteuer befreit.[180]

Die deutsche Bank verlangt von D vor Auskehrung die Vorlage eines Erbscheins, aus dem ihre Berechtigung hervorgeht. Die US-Organisationen berufen sich bezüglich der Erbschaftsteuer auf ihren Gemeinnützigkeitsstatus.

1. Nachlassspaltung

Ausgangspunkt der zivilrechtlichen Beurteilung ist Art. 25 Abs. 1 EGBGB, der auf das Recht des Staates der Staatsangehörigkeit verweist. Folglich findet New Yorker Recht Anwendung. Dieses nimmt die Verweisung jedoch nur insoweit an, als V im Testament über in New York belegene Vermögenswerte verfügt hat. Im übrigen wird zurückverwiesen auf deutsches Recht.[181] Die Rückverweisung wird in Deutschland angenommen, mit der Folge, dass **insoweit** deutsches materielles Erbrecht Anwendung findet (Art. 4 Abs. 1 Satz 2 EGBGB). Es kommt zu einer Nachlassspaltung mit der Folge, dass jede Nachlassmasse ihrem eigenen materiellen Erbrecht unterliegt (z. B. Pflichtteilsansprüche).[182] Folge ist, dass auf den einen Teil (das deutsche Vermögen) deutsches materielles Recht Anwendung findet und auf den anderen Teil (Vermögen in New York) materielles New Yorker Recht.[183]

Was die formelle Seite der Nachlassabwicklung angeht, so gilt folgendes. Die örtliche Zuständigkeit deutscher Gerichte zur Erteilung eines Erbscheins nach §§ 105, 343 Abs. 1 FamFG ist gegeben, da die US-Staatsangehörige V ihren ständigen Wohnsitz zum Zeitpunkt des Erbfalls in Deutschland hatte. Nach der neuen Regelung des § 2369 Abs. 1 BGB wird der Erbschein nur dann gegenständlich auf die im Inland befindlichen Gegenstände beschränkt, wenn ein dahingehender Antrag vorliegt. Die Zuständigkeit deutscher Gerichte zur Erteilung des Erbscheins besteht grundsätzlich auch bei Anwendbarkeit ausländischen materiellen Erbrechts für im Ausland befindliches Vermögen. Der Vorteil eines solchen Antrags auf gegenständliche Beschränkung der Erteilung des Erbscheins auf das im Inland befindliche Vermögen liegt darin, dass das deutsche Gericht die zeitaufwendige Anwendung ausländischen Rechts nicht zu prüfen hat.[184] Vergegenwärtigt man sich, dass das in New York belegene Vermögen ohnehin dem dortigen Nachlassabwicklungsverfahren ("Probate") unterliegt und die dortigen Gerichte die materielle Rechtslage nach New Yorker Recht besser und schneller beurteilen können, so wird in praktischen Fällen in der Tat vieles für die Beantragung eines gegenständlich beschränkten Erbscheins sprechen.

Dem Nachlassabwicklungsverfahren in New York ("Probate") unterliegt nur das dortige Vermögen.

---

[180] Vgl. IRC Sec. 501(c).
[181] Vgl. § 3-5.1 (c) und (h) New York Estates, Powers and Trusts Law.
[182] Vgl. *Martiny*, a. a. O., 58 f.
[183] Vgl. BGH, NJW 1993, 1920 m. w. N.; *Kropholler*, 415; *Martiny*, a. a. O., 58 f.
[184] Vgl. hierzu Kroiß, ZErb 2008, 300, 303.

2. Erbschaftsbesteuerung
a) Besteuerungsrecht kraft DBA

V hatte sowohl in den USA als auch in Deutschland einen Wohnsitz i. S. v. Art. 4 DBA. In den USA kraft Staatsangehörigkeit und in Deutschland gem. § 8 AO (Art. 4 Abs. 1 DBA). Die Tie-Breaker-Regelung in Art. 4 Abs. 2 a) DBA weist Deutschland als dem Staat der ständigen Wohnstätte das primäre Besteuerungsrecht zu. Da das Vermögen nur aus Wertpapieren besteht, hätte gem. Art. 9 DBA grundsätzlich Deutschland das ausschließliche Besteuerungsrecht. Für Nachlässe von US-Staatsangehörigen haben sich die USA jedoch den Vorbehalt ausbedungen, dass sie ein subsidiäres Besteuerungsrecht haben (Art. 11 Abs. 1 a) i. V. m. Art. 9, zweiter Halbsatz DBA).

aa) Danach können die USA den Nachlass der V besteuern, müssen jedoch deutsche Steuern ungeachtet der Belegenheit des Vermögens anrechnen (Art. 11 Abs. 2 b DBA).

bb) Im Bundesstaat New York ist keine Nachlasssteuer zu entrichten, weil davon auszugehen ist, dass die V ihr "Domicile" nicht mehr in New York hatte.

b) Besteuerung in Deutschland

aa) Infolge des deutschen Wohnsitzes der Erblasserin unterliegt der Erbfall der unbeschränkten Steuerpflicht (§ 2 Abs. 1 Nr. 1 a ErbStG). Auf die Belegenheit des Vermögens kommt es nicht an. Die Besteuerung der D richtet sich nach allgemeinen Vorschriften.

bb) Hinsichtlich der gemeinnützigen US-Organisationen sind zwei Befreiungsvorschriften zu beachten. Art. 10 Abs. 2 DBA lautet:

"Vermögen, das einer ... Organisation eines Vertragsstaats, die ausschließlich religiösen, mildtätigen, wissenschaftlichen, erzieherischen oder öffentlichen Zwecken dient ... zur Verwendung für diese Zwecke ... übertragen wurde, ist von der Steuer des anderen Vertragsstaats befreit, wenn und insoweit die Übertragung des Vermögens an die ... Organisation ... a) im erstgenannten Vertragsstaat steuerbefreit ist und b) im anderen Vertragsstaat steuerbefreit wäre, wenn sie an eine ähnliche ... Körperschaft dieses anderen Staates vorgenommen worden wäre. Die zuständigen Behörden der Vertragsstaaten regeln die Anwendung dieser Bestimmung in gegenseitigem Einvernehmen."

Eine parallele Bestimmung findet sich im nationalen Recht, § 13 Abs. 1 Nr. 16 c) ErbStG:

"Steuerfrei bleiben ... Zuwendungen ... c) an ausländische Religionsgesellschaften, Körperschaften, Personenvereinigungen und Vermögensmassen, der in den Buchstaben a) und b) bezeichneten Art [Gemeinnützigkeit]" unter der Voraussetzung, dass der ausländische Staat für Zuwendungen an derartige Rechtsträger der in den Buchstaben a) und b) bezeichneten Art eine entsprechende Steuerbefreiung gewährt und das Bundesministerium der Finanzen dies durch förmlichen Austausch entsprechender Erklärungen mit dem ausländischen Staat feststellt;..."

Eine komplementäre Regelung enthält § 13 Abs. 1 Nr. 17 ErbStG:

"Steuerfrei sind ... Zuwendungen, die ausschließlich kirchlichen, gemeinnützigen oder mildtätigen Zwecken gewidmet sind, sofern die Verwendung zu dem bestimmten Zweck gesichert ist."

Als problematisch erweist sich in der Praxis immer der Nachweis der Gemeinnützigkeitsvoraussetzung. Eine Anwendungsanweisung der Vertragsstaaten, wie in Art. 10 Abs. 2 letzter Satz vorgesehen, existiert meines Wissens nicht. Ebenso wenig enthalten auf deutscher Seite die Denkschrift und auf amerikanischer Seite die Technical Explanations zum DBA hilfreiche Ausführungen. Gleiches gilt, soweit ersichtlich, auch für das Schrifttum. Zur nationalen Regelung des § 13 Abs. 1 Nr. 16 c) ErbStG in seiner alten Fassung gibt es ein Urteil sowie einen Erlass, die sich mit der Frage der Feststellung der Gegenseitigkeit befassen;[185] ein weiteres Urteil befasst

---

[185] Vgl. BFH vom 29. 11. 1995, II B 103/95, BStBl. 1996 II, 102 ff., FM Brandenburg vom 14. 2. 1996, DB 1996, 607, auch zum Verhältnis zu § 13 Abs. 1 Nr. 17 ErbStG.

sich mit der Befreiung gemäß § 13 Abs. 1 Nr. 17 ErbStG.[186] Durch das JStG 1997 wurde der Anwendungsbereich des § 13 Abs. 1 Nr. 16 c) ErbStG derart eingeschränkt, dass die Vorschrift nur dann Anwendung findet, wenn die Gegenseitigkeit durch förmlichen Austausch entsprechender Erklärungen mit dem betreffenden ausländischen Staat festgestellt wurde, mit anderen Worten, der BMF kann nunmehr nicht allein entscheiden. Der praktische Anwendungsbereich der Norm wird folglich weiter eingeschränkt.[187] Infolgedessen kommt der Regelung in § 13 Abs. 1 Nr. 17 ErbStG erhöhte Bedeutung zu, denn diese Vorschrift kann nach zutreffender Auffassung als „Auffangnorm" im Verhältnis zu § 13 Abs. 1 Nr. 16 ErbStG zum Zuge kommen.[188] Insbesondere kann die genannte Vorschrift auch bei Auslandszuwendungen eingreifen und der BFH hat in einem jüngeren Urteil die Vorschrift flexibel interpretiert.[189]

Unstreitig kann die Einstufung als gemeinnützig im anderen Vertragsstaat nicht automatisch übernommen werden, da Buchst. b) in Art. 10 Abs. 2 DBA als kumulative Voraussetzung formuliert ist. M. E. dürfen aber keine hohen Anforderungen gestellt werden. Es ist vielmehr im Grundsatz die Einstufung im ausländischen Staat zu übernehmen. Nur wenn eindeutige Anhaltspunkte vorliegen, dass keine Anerkennung als gemeinnützig möglich wäre, ist die Steuerbefreiung zu versagen (arg.: Das DBA enthält eine grundsätzliche Wertentscheidung dahingehend, die Gemeinnützigkeit grenzüberschreitend zu verstehen; um diesem Grundsatz Wirkung zu verleihen, muss ein dem steuerlichen Massenverfahren Rechnung tragendes, praktikables Verfahren zur Anwendung kommen). In der Praxis weisen deutsche Finanzämter beigebrachte Gemeinnützigkeitsbescheinigungen zum Teil mit der Begründung zurück, diese seien vor Jahrzehnten ausgestellt worden und damit zu alt. Man möge bitte eine zeitnahe Bescheinigung vorlegen. Dieser Einwand erfolgt in Unkenntnis der US-amerikanischen Rechtslage. Gemeinnützigkeitsbescheinigungen werden in den USA nicht turnusmäßig, sondern nur einmal ausgestellt und gelten unbeschränkt fort, solange sie nicht widerrufen werden. Die US-Steuerverwaltung gibt alle zwei bis drei Jahre eine Veröffentlichung heraus (sog. Blue Book), in dem sämtliche als gemeinnützig anerkannten Organisationen alphabetisch aufgelistet sind. Die US-Rechtspraxis richtet sich hieran aus. Dies sollte auch den deutschen Finanzämtern genügen. Die grundsätzlichen Prinzipien für die Frage, ob eine Organisation als gemeinnützig anerkannt wird und damit steuerbefreit ist, sind ohnehin im deutschen und US-Recht ähnlich.

Zum weiteren Nachweis sollte dem deutschen Finanzamt die Satzung bzw. ergänzende Unterlagen vorgelegt werden, aus denen sich die gemeinnützige Zielsetzung ergibt. Weiter empfiehlt sich die Vorlage von Bilanzen aus den letzten Jahren, aus denen das Finanzamt jedenfalls einen groben Überblick gewinnen kann, wie die Organisation ihre Mittel verwendet. Eine Wirtschaftsprüferbestätigung darüber, dass die Organisation ihre Mittel tatsächlich ausschließlich für satzungsmäßige Zwecke verwendet hat, gibt es nicht, und die Prüfung umfasst nur, ob die Bilanz ein zutreffendes Bild von der Vermögenslage abgibt. Insofern dürfen keine negativen Schlüsse aus dem Fehlen einer entsprechenden Aussage im Prüfungsbericht gezogen werden.

Unterstellt man im Beispielsfall, dass den begünstigten Organisationen der Nachweis gem. Art. 10 Abs. 2 DBA gelingt, so ist deren Erwerb in Deutschland steuerfrei.

c) Besteuerung in den USA

aa) Die Erblasserin V besaß die US-Staatsangehörigkeit. Folglich unterliegt der Nachlass der unbeschränkten Steuerpflicht (IRC Sec. 2001(a)).

bb) Die Zuwendungen an die in den USA als gemeinnützig anerkannten Organisationen sind als steuerfrei vom Nachlass zu kürzen (IRC Sec. 2055(a)(2)).

---

[186] BFH vom 16. 1. 2002, BStBl. 2002 II, 303 ff.
[187] Vgl. *Troll*, § 13 Rz. 214 ("Kaum noch praktische Bedeutung").
[188] Vgl. *Troll*, § 13 Rz. 222.
[189] BFH vom 16. 1. 2002, a. a. O.

cc) Auf die sodann sich ergebende Bemessungsgrundlage ist die allgemeine Steuertabelle anzuwenden. Von der sich ergebenden Steuer ist jedoch der "Applicable Credit Amount" in Höhe von $ 1.455.800, entsprechend einem Freibetrag im Jahr 2009 von $ 3,5 Mio. abzuziehen.[190] Mit anderen Worten, beträgt der Restnachlass nach Abzug der Zuwendungen an die gemeinnützigen Organisationen nicht mehr als $ 3,5 Mio., so ergibt sich keine US-Nachlasssteuer. Die Entwicklung des Freibetrags in den nächsten Jahren ist zu verfolgen, da dieser Umstand gegenwärtig in der gesetzgeberischen Diskussion ist.[191]

---

[190] Vgl. IRC Sec. 2010(a) und (c).

[191] Gegenwärtig beträgt der Freibetrag $ 5 Mio. bis einschließlich 2010, siehe die Ausführungen oben Tz. B.II.3.b) zum „Tax Relief, Unemployment Insurance Reauthorization, and Job Creation Act" vom Dezember 2010.

5. Erbschaftsteuerplanung bei beschränkt Steuerpflichtigen

von Dr. Christian von Oertzen[*], Rechtsanwalt, Fachanwalt für Steuerrecht, Frankfurt/M. und Dr. Thomas Stein[**], Rechtsanwalt, Frankfurt/M.

Inhaltsübersicht

A. Einführung
B. Eckpunkte der beschränkten Erbschaftsteuer-Pflicht
C. Voraussetzungen der beschränkten Erbschaft-Steuerpflicht
  I. Kinder-Buy-Out (Flucht in die Entgeltlichkeit)
  II. Wechsel der Vermögensart
  III. Erben/Vermächtnisnehmer-Modell
  IV. Geld statt Inlandsvermögen
  V. Untervermächtnis-Modell
VI. Ausländische Vindikationslegate bei Beschränkter Erbschaftsteuerpflicht
VII. Holding-Modell (R 4 Abs. 3 Satz 6.7 ErbStR)
VIII. Schuldenabzugsmodell
IX. Flucht in die unbeschränkte deutsche Erbschaftsteuerpflicht
X. Gestufte Übertragung von Kapitalgesellschaftsanteilen
XI. Schenkungsteuerübernahme
E. Resümee

Literatur:

Daragan (Wohlschlegel), Vermächtnisse als Mittel der Erbschaftsteuergestaltung, DStR 1998, 357 ff.; **Dautzenberg/Brüggemann,** EG-Verträge und deutsche Erbschaftsteuer, BB 1997, 123 ff.; **dies.,** Keine Einschränkung der Erbschaftsteuerbelastung durch den EU-Vertrag?, RIW 1997, 882 ff.; **Fetsch,** Auslandsvermögen im Internationalen Erbrecht – Testamente und Erbverträge, Erbschein und Ausschlagung bei Auslandsvermögen, RNotZ 2006, 77; **Geck,** Erbschaft- und schenkungsteuerpflichtige Erwerbe mit Auslandsberührung- der Regelungsbereich des § 2 ErbStG, ZEV 1995, 249 ff.; **Götzenberger,** Optimale Vermögensübertragung; **Jülicher,** Kaskadeneffekt bei Schenkung unter Übernahme der Schenkungsteuer durch einen Schenker mit mehrfachem Wohnsitz, IStR 1998, 599; **ders.,** Die beschränkte Steuerpflicht im Erbschaft- und Schenkungsteuerrecht, PIStB 2003, 164; **Noll,** Die persönliche Erbschaftsteuerpflicht im Überblick, DStZ 1995, 713 ff.; **von Oertzen,** Fiktiver Zugewinnausgleich gemäß § 5 Abs. 1 ErbStG bei grenzüberschreitendem Sachverhalt, ZEV 1994, 93 ff.; **Piltz,** Unternehmerisches Auslandsvermögen und Erbschaftsteuer, IStR 1998, 47 ff.; **Schamberg,** Erbschaftsteuerrechtliche Berechnung des Zugewinns bei beschränkter Erbschaftsteuerpflicht, DB 1986, 1948 ff.; **Schaumburg,** Problemfelder im internationalen Erbschaftsteuerrecht, RIW 2001, 161 ff., **Schnitger,** Geltung der Grundfreiheiten des EG-Vertrags im deutschen internationalen Erbschaftsteuerrecht, FR 2004, 185; **Streck/Schwedhelm/Olbing,** Problemfelder des Erbschaftsteuerrechts, DStR 1994, 1441; **Wachter,** Freibeträge bei beschränkter Erbschaftsteuerpflicht und europäische Kapitalverkehrsfreiheit, IStR 2004, S. 361; **Thömmes,** Abzugsbeschränkung für Nachlassverbindlichkeiten bei Wohnsitz des Erblassers im EU-Ausland, IWB, Fach 11A (2008), 1191; **von Sothen,** in: Scherer, Münchener Anwaltshandbuch, 3. Auflage, § 35.

A. Einführung

Im Folgenden sollen einige erprobte und anerkannte Gestaltungsmöglichkeiten bei Vorliegen der deutschen beschränkten Erbschaftsteuerpflicht dargestellt werden.

---

[*] Partner Kanzlei Flick Gocke Schaumburg, Frankfurt/M.
[**] Rechtsanwalt Kanzlei Flick Gocke Schaumburg, Frankfurt/M.

B. Eckpunkte der beschränkten Erbschaftsteuerpflicht

Die beschränkte Erbschaftsteuerpflicht war bereits Gegenstand von Untersuchungen über ihre Verfassungsmäßigkeit[1] bzw. Vereinbarkeit mit dem EU-Recht[2]. Die Rechtssätze der beschränkten Steuerpflicht wurden soweit von der Rechtsprechung als verfassungsgemäß befunden.[3] Gegen die Vereinbarkeit erbschaftsteuerlicher Regelungen der beschränkten Steuerpflicht mit dem EU-Recht äußert die Rechtsprechung aber insbesondere im Hinblick auf die Kapitalverkehrsfreiheit Bedenken[4] und hat jüngst die fehlende Gemeinschaftsrechtskonformität des geringeren Freibetrages für beschränkt Steuerpflichtige festgestellt[5].

Da es nicht Aufgabe eines Kautelarjuristen und Steuerplaners ist, dem Mandanten die zweifelhafte "Chance" zu geben, sieben bis neun Jahre seine Schenkung oder erbrechtliche Zuwendung vor Finanzgerichten, dem BFH, unter Umständen dem BVerfG oder dem EuGH im Rahmen eines Musterprozesses auszuprozessieren, um diese interessanten Rechtsfragen geklärt zu erhalten, bedeutet Steuerplanung zunächst Orientierung an dem ErbStG, ungeachtet dessen, ob die ErbSt-Norm gegen höherrangiges Recht verstößt.

Damit sind Kennzeichen der beschränkten Erbschaftsteuerpflicht:

- eingeschränkter Besteuerungszugriff auf das sog. Inlandsvermögen i. S. d. § 121 BewG;
- eingeschränkter Schuldenabzug. Nachlassverbindlichkeiten sind nur insoweit abzugsfähig, als Schulden mit dem steuerpflichtigen Vermögen in wirtschaftlichem Zusammenhang stehen. Die Entstehung der Schuld muss unmittelbar auf Vorgängen beruhen, die den belasteten steuerpflichtigen Vermögensgegenstand betreffen[6];
- eingeschränkter Freibetrag von 2.000 € (§ 16 Abs. 2 ErbStG)[7];
- keine Anrechnung ausländischer Erbschaftsteuer.[8]

Erbschaftsteuerplanung bei beschränkter Steuerpflicht versucht,

- das Vorliegen von steuerpflichtigem Inlandsvermögen zu vermeiden;
- bei Unvermeidbarkeit von Inlandsvermögen bei Vorhandensein von Verbindlichkeiten die volle Schuldenabzugsfähigkeit sicherzustellen;
- im Übrigen das Inlandsvermögen so zu gestalten, dass der steuerpflichtige Erwerb reduziert wird (hier greifen dann die üblichen Gestaltungsmöglichkeiten der unbeschränkten Erbschaftsteuerpflicht z. B. die "Flucht in begünstigtes Betriebsvermögen" und andere, z. B. Nutzung des § 10 Abs. 2 ErbStG etc., die hier nicht gesondert dargestellt werden müssen).

---

[1] Vgl. *Groß-Bölting*, Probleme der beschränkten Steuerpflicht im Erbschaftsrecht, Diss. Köln.

[2] Vgl. *Dautzenberg/Brüggemann*, RIW 1997, 882 ff., sowie *dies.*, BB 1997, 123 ff.; Schaumburg, Internationales Steuerrecht, S. 1025 f.; *Jülicher*, IStR 1998, 599, 601; *ders.* in: Troll/Gebel/Jülicher, ErbStG, § 2 Rn. 141; *Gebel* in: Troll/Gebel/Jülicher, ErbStG, Einf. Rn. 50 ff.; *Schnitger*, FR 2004, S. 185; *Wachter*, IStR 2004, S. 361; *Thömmes*, IWB Fach 11 A (2008), S. 1191, 1197.

[3] BFH, Urt. v. 21. 9. 2005, II R 56/03, ZEV 2005, S. 123; BFH, Urt. v. 9. 5. 1958, III 131/56 U, BStBl. III 1959, S. 271.

[4] BFH, Urt. v. 21. 9. 2005, II R 56/03, ZEV 2005, S. 123, 124.

[5] EuGH, Urt. v. 22. 4. 2010, C-510/08 (Mattner), ZEV 2010, S. 270.

[6] Vgl. § 10 Abs. 6 Satz 2 ErbStG.

[7] Siehe EuGH, Urt. v. 22. 4. 2010, C-510/08 (Mattner), ZEV 2010, S. 270 stellt allerdings die Europarechtswidrigkeit fest.

[8] *Meincke*, ErbStG, § 21 Rn. 8.

Manchmal bedeutet die Erbschaftsteuerplanung auch den gewollten Eintritt in die deutsche unbeschränkte Steuerpflicht.

Für sämtliche dieser Gestaltungsziele werden nachfolgend in Kap. D. Beispielsfälle dargestellt. Einige dieser Gestaltungsmöglichkeiten sind auch bei der erweitert beschränkten Erbschaftsteuerpflicht anwendbar (§§ 4, 2 AStG).

C. Voraussetzungen der beschränkten Erbschaftsteuerpflicht

Eine der Besonderheiten der deutschen Erbschaftsteuer ist die Gesetzestechnik, die persönliche unbeschränkte Steuerpflicht entweder an den Wohnsitz oder den gewöhnlichen Aufenthalt des Erblassers/Schenkers oder des Erben/Beschenkten im Inland anzuknüpfen (§ 2 Abs. 1 Nr. 1a ErbStG). Gleichzeitig gibt es für deutsche Staatsangehörige noch die "nacheilende" unbeschränkte Steuerpflicht in den ersten fünf Jahren nach Wegzug[9] (die sowohl beim Erblasser/Schenker als auch beim Erben/Beschenkten anknüpft; § 2 Abs. 2 Nr. 1 b ErbStG) und die sich daran anschließende erweiterte beschränkte Steuerpflicht für die Jahre sechs bis zehn nach Wegzug (bei deutschem Erblasser/Schenker, §§ 4, 2 AStG). Erst wenn diese Hürden überwunden sind, greift die beschränkte Steuerpflicht mit dem eingeschränkten Besteuerungszugriff auf das Inlandsvermögen i. S. d § 121 BewG (§ 2 Abs. 1 Nr. 3 ErbStG)[10].

Am deutlichsten werden diese Anknüpfungen der persönlichen Steuerpflicht im Erbschaftsteuerrecht durch das Flussdiagramm von *Noll*[11] dargestellt. Erst wenn diese zahlreichen Anknüpfungen der unbeschränkten und erweitert beschränkten Erbschaftsteuerpflicht überwunden sind, tritt der Steuerpflichtige in die beschränkte Steuerpflicht ein und kommen die hier dargestellten Gestaltungsmodelle in Betracht.

D. Modelle der Erbschaftsteuerplanung

I. Kinder-Buy-out (Flucht in die Entgeltlichkeit)

Diese Gestaltung beruht auf der Überlegung, dass das ErbStG nur voll- oder teilunentgeltliche Übertragungen erfasst, nicht aber entgeltliche Rechtsgeschäfte.[12] Existiert Inlandsvermögen i. S. d. § 121 BewG und nicht steuerpflichtiges Auslandsvermögen[13], z. B. ausländisches Wertpapier- und Kapitalvermögen, sollte das nicht steuerpflichtige (Auslands-) Vermögen den Kindern steuerfrei geschenkt werden und dieses Geld zum Kauf des steuerpflichtigen Inlandsvermögens verwandt werden (Flucht in die Entgeltlichkeit).

---

[9] Bei Wegzug in die USA sogar 10 Jahre (nur bei Erblasser bzw. Schenker).

[10] Vgl. die Darstellung der persönlichen Steuerpflicht in den Standardlehrbüchern und ErbStG-Kommentaren sowie zum AStG; vor allem: *Schaumburg* a. a. O. (oben Fn. 3), S. 324 ff. m. w. N.; *Wachenhausen*, Das neue Erbschaft- und Schenkungsrecht, § 6 Rn. 17 (S. 300 ff); *Meincke*, ErbStG § 2 Rn. 3 ff, 10 ff; *Jülicher* a. a. O. (oben Fn. 3), ErbStG § 2 Rn. 6 - 43, 48 - 85; *Weinmann*, in: Moench, ErbStG § 2 Rn. 1 - 18, 20 - 35; *Wilms*, Erbschaft- und Schenkungsteuergesetz, § 2 Rn. 23 ff.; *Geck*, ZEV 1995, 249 ff.; *Schaumburg*, RIW, 2001, 161 ff.

[11] Vgl. *Noll*, DStZ 1995, 713 ff.

[12] *Weinmann*, in: Moench, ErbStG, § 1 Rn. 1; Gebel a. a. O. (oben Fn. 3), ErbStG, Einf. 1.

[13] § 121 BewG normiert abschließend die Fälle, in denen vom Vorliegen von Inlandsvermögen auszugehen ist, vgl. *Troll*, in: Rössler/Troll, BewG, § 121 Rn. 3; *Dötsch* in: Gürsching/Stenger, BewG, § 121 Rn. 4; *Viskorf* in: Viskorf/Glier/Knobel, BewG, § 121 Rn. 4.

Beispiel:

Vater V und Sohn S leben seit mehr als 10 Jahren in Monaco. In der Bundesrepublik Deutschland existiert noch Grundvermögen mit einem Steuerwert von 2,5 Millionen € (steuerliches Privatvermögen). Der Verkehrswert soll 3,5 Millionen € betragen. Daneben gehört dem Vater noch ausländisches Kapitalvermögen im Werte von 5 Millionen €.

a) **Variante 1**

V schenkt S das Grundvermögen

Rechtsfolge:

aa) S ist beschränkt steuerpflichtig, § 2 Abs. 1 Nr. 3 ErbStG i. V. m. § 121 Abs. 2 Nr. 2 BewG.

steuerpflichtig	2 500 000 €
·/. persönlicher Freibetrag, § 16 Abs. 2 ErbStG	2 000 €
steuerpflichtig	2 498.000 €
Steuersatz 19 %	
Steuer	474 620 €

bb) Ertragsteuerlich setzt S die Abschreibung des V fort, d. h. schreibt die alten Werte fort (§ 11d Abs. 1 EStDV).

b) **Variante 2**

V schenkt S ohne jede Auflage Geldvermögen im Werte von 3,5 Millionen €. S kauft zu Verkehrswerten den Grundbesitz dem Vater ab.

Rechtsfolge:

aa) Die Geldschenkung betrifft kein Inlandsvermögen i. S. d. § 121 BewG. Es entsteht keine Steuerpflicht in Deutschland.

bb) S kauft zu Verkehrswerten. Damit liegt kein steuerpflichtiger Vorgang i. S. d. § 7 Abs. 1 ErbStG vor. Es entsteht keine Erbschaftsteuer in Deutschland.

cc) S hat Anschaffungskosten i. H. v. 3,5 Millionen € getätigt. S schreibt von diesen hohen Anschaffungskosten im Rahmen der beschränkten Einkommensteuerpflicht ab und reduziert auf diese Art und Weise seine steuerpflichtigen Einkünfte aus Vermietung und Verpachtung im Rahmen des § 49 Abs. 1 Nr. 6 EStG.

II. Wechsel der Vermögensart

In § 121 BewG sind enumerativ die Wirtschaftsgüter aufgelistet, die steuerpflichtiges Inlandsvermögen darstellen.[14] Durch rechtzeitige Umstrukturierung in Wirtschaftsgüter, die kein Inlandsvermögen i. S. d. § 121 BewG darstellen, kann die beschränkte Steuerpflicht in Gänze vermieden werden.

Beispiel:

Sachverhalt wie oben.

Zu Lebzeiten legt V sein inländisches Immobilienvermögen in eine funktionserfüllte ausländische Kapitalgesellschaft ein, in der auch anderes Vermögen verwaltet wird und deren Geschäftsführung sich tatsächlich um die Vermögensanlage und das Vermögensmanagement kümmert. V schenkt sodann S seine Anteile an einer ausländischen Kapitalgesellschaft.

---

[14] Vgl. diesbezüglich die Ausführungen in Fn. 12.

Rechtsfolge:

a) Keine Erbschaftsteuerpflicht im Inland, da kein Inlandsvermögen i. S. d. § 121 BewG übertragen wird;

b) § 42 AO (Gestaltungsmissbrauch) kommt nicht in Betracht, da die ausländische Kapitalgesellschaft keine Basisgesellschaft ist und außersteuerliche Gründe für die Einbringung des inländischen Grundbesitzes in die ausländische Kapitalgesellschaft existieren[15];

c) Die ausländische Kapitalgesellschaft ist beschränkt körperschaftsteuerpflichtig i. S. d. § 49 Abs. 1 Nr. 2 Buchst. f) EStG i V. m. § 2 Nr. 1 KStG für die Mieteinnahmen. Die spätere Veräußerung des Grundbesitzes ist körperschaftsteuerpflichtig i. S. d. § 2 Nr. 1 KStG i. V. m. § 49 Abs. 1 Nr. 2 Buchst. f) EStG.

d) Die ertragsteuerlichen Konsequenzen der Einlage in die ausländische Kapitalgesellschaft sind zu beachten.

III. Erben/Vermächtnisnehmer-Modell

Das Erbschaftsteuerrecht unterscheidet, ob dem Erben/Beschenkten unmittelbar das Inlandsvermögen zufällt oder ein Sachleistungsanspruch, gerichtet auf die Verschaffung von Inlandsvermögen. Nach herrschender Auffassung in der Rechtsprechung[16] und in der Literatur[17] sowie auch der Finanzverwaltung[18] ist ein Vermächtnis gerichtet auf steuerpflichtiges Inlandsvermögen nicht beschränkt steuerpflichtig. Weiter ist die Vermächtnislast beim Erben - soweit sich das Vermächtnis auf Inlandsvermögen bezieht [19]- abzugsfähig. Der nach § 10 Abs. 6 Satz 2 ErbStG erforderliche wirtschaftliche Zusammenhang ist gegeben[20]. Dies lädt zu einer Gestaltung ein, den Enderwerber des Inlandsvermögens zum Vermächtnisnehmer einzusetzen und denjenigen, der anderes Vermögen erhalten soll, als Erben.

Beispiel:

a) **Variante 1:**

Testamentarisch setzt der Vater (Steuerausländer) seine beiden Söhne (auch Steuerausländer) zu je $^1/_2$ als Erben ein. Im Wege der Teilungsanordnung soll S 1 den deutschen Grundbesitz über 3 Millionen € (Steuerwert) erhalten. S 2 erhält den monegassischen Grundbesitz und die anderen im Nachlass befindlichen 3 Millionen € (Kapitalvermögen).

Rechtsfolge:

---

[15] R 4 Abs. 3 Sätze 6 und 7 ErbStR; *Tipke/Kruse*, AO/FGO, § 42 AO Rn. 98.

[16] Vgl. z. B. FG Bremen, Urt. v. 7. 6. 1955, II 13/55, EFG 1955, 336; BFH, Urt. v. 10. 10. 1958, III-98/58-S, BStBl 1959 III 22.

[17] Vgl. *Daragan* (Wohlschlegel), DStR 1988, 357 ff.; *Troll* a. a. O. (oben Fn. 14), BewG, § 121 Rn. 5; *Dötsch* a. a. O. (oben Fn. 14), BewG, § 121, Rn. 30; *Jülicher* a. a. O. (oben Fn. 3), ErbStG, § 2 Rn. 72; *Weinmann*, in: Moench, ErbStG, § 2 Rn. 35; *Geck*, ZEV 1995, 249, 251; a. A. *Groß-Bölting* a. a. O. (oben Fn. 2), S 68 ff. m. w. N.; *Meincke*, ErbStG, § 2 Rn. 11.

[18] Vgl. FinMin Thüringen, Erl. v. 5. 2. 1997, RIW 1997, 353 für Restitutionsansprüche; a. A. noch OFD Rostock v. 5. 11. 1996, DB 1997, 74; vgl. auch H 4 ErbStR, Stichwort "Ansprüche nach dem Vermögensgesetz".

[19] Europarechtliche Bedenken gegen die eingeschränkte Abzugsfähigkeit von Verbindlichkeiten im Rahmen des § 10 Abs. 6 Satz 2 ErbStG bei beschränkter Steuerpflicht äußern *Thömmes*, IWB Fach 11A, S. 1191, 1197; *Meincke*, ErbStG, § 10 Rn. 56.

[20] *Jülicher* a. a. O. (oben Fn. 3), ErbStG, § 2 Rn. 71; *Gebel* a. a. O. (oben Fn. 3), ErbStG, § 10 Rn. 249; *Daragan* (Wohlschlegel), DStR 1998, 357.

S 1 und S 2 werden im Erbfall beschränkt steuerpflichtig mit dem inländischen Grundvermögen, da Teilungsanordnungen erbschaftsteuerlich unbeachtlich sind[21].

Steuerpflichtiger Erwerb für jeden Sohn:	1 500 000 €
./. persönlicher Freibetrag, § 16 Abs. 2 ErbStG	2 000 €
erbschaftsteuerpflichtig pro Sohn	1 498 000 €
Steuersatz 19 %	
Steuer	284.620 €
Gesamtsteuerbelastung	569 240 €

b) Variante 2:

Testamentarisch setzt der Vater S 2 zum Alleinerben ein. S 1 erhält im Wege des Vermächtnisses den deutschen Grundbesitz.

Rechtsfolge:

aa) S 2 ist zwar dem Grunde nach beschränkt erbschaftsteuerpflichtig in Deutschland. Der steuerpflichtige Erwerb beträgt jedoch 0, da die Vermächtnislast in voller Höhe vom inländischen Erwerb abgezogen werden darf, § 10 Abs. 6 ErbStG[22]. Es handelt sich nicht um eine allgemeine Nachlassverbindlichkeit i. S. d. R 31 Abs. 2 ErbStR. Das Vermächtnis ist als Sachvermächtnis untrennbar mit dem deutschen Grundbesitz verbunden. Nur weil der Erbe den deutschen Grundbesitz erbt, muss er diesen Grundbesitz herausgeben.

bb) S 1 ist nicht beschränkt erbschaftsteuerpflichtig, weil ihm im Erbfall kein Inlandsvermögen zufällt, sondern nur ein Sachleistungsanspruch gerichtet auf Inlandsvermögen. Dieser Anspruch stellt jedoch kein Inlandsvermögen i. S. d. § 121 BewG dar.

Steuerersparnis 569 240 €.

Dieser Wirkungsmechanismus lässt sich zu folgendem Modell fortentwickeln:

IV. Geld statt Inlandsvermögen[23]

Gehört dem Vater z. B. ein Grundstück in Deutschland, kommt es aber den Erben weniger auf das Grundstück als auf seinen Wert an, kann der ausersehene Begünstigte den inneren Wert über ein Geldvermächtnis erhalten.

Beispiel:

Wie eben, der Vater setzt aber S 2 als Erben ein und belastet ihn mit einem Vermächtnis, das Grundstück zu veräußern und S 1 den Geldbetrag in Höhe des Reinerlöses des Grundstückes zukommen zu lassen.

S 1 und S 2 werden in Deutschland nicht erbschaftsteuerpflichtig. S 2 kann den geschuldeten Betrag vor seinem Inlanderwerb abziehen (§ 10 Abs. 6 ErbStG) und S 1 wird nicht erbschaftsteuerpflichtig, weil er Geld und kein Inlandsvermögen i. S. d. § 121 BewG erwirbt.

Durch diese Gestaltung können sich auch Verrechnungspotenziale bei S 2 ergeben, falls der Veräußerungserlös höher als der Grundbesitzwert des Inlandsvermögens ist. Es kommt zu ei-

---

[21] BFH, Urt. v. 10. 1. 1982, II R 85-86/78, BStBl 1983 II 329; Erlass FinMin NRW v. 12. 8. 1983, DStR 1983, 576 ff. R 5 Abs. 1 ErbStR.

[22] Vgl. Nachweise in Fn. 18.

[23] *Daragan* (Wohlschlegel), DStR 1998, 357.

nem negativen Wertüberhang, der unter Umständen mit sonstigem steuerpflichtigen inländischem Vermögen, das bei S 1 verbleiben soll, verrechnet werden kann.

Zu weit geht jedoch die Auffassung von *Götzenberger*[24], wonach diese Gestaltung steuerrechtlich auch dann anerkannt wird, wenn der inländische Anwalt/Steuerberater Erbe in dieser Situation wird, belastet mit entkleidenden Vermächtnissen (Universalvermächtnisse) zu Gunsten der tatsächlich gewollten Enderwerber. Welchen außersteuerlichen Grund soll die Erbeinsetzung eines Familienfremden haben, der nichts anlässlich der Erbauseinandersetzung aus dem Nachlass erhält?

Diese dargestellten Wirkungsmechanismen gelten auch bei der Geltendmachung von Pflichtteilsansprüchen, da sie ebenfalls auf Geld gerichtet sind. Im Unterschied zum Vermächtnismodell kann der Erbe jedoch die Leistung auf den Pflichtteil nur insoweit von seinem Inlandserwerb abziehen, als die Erbschaft zum Inlandsvermögen gehört. Hier erfolgt eine anteilige Kürzung des Schuldenabzugs.[25] Das Vermächtnismodell bietet deswegen einen Vorteil gegenüber dem Pflichtteilsmodell. Zu beachten ist, dass ein allgemeines Geldvermächtnis wegen des fehlenden wirtschaftlichen Zusammenhangs i. S. v. § 10 Abs. 6 Satz 2 ErbStG nicht abzugsfähig ist.

V. Untervermächtnis Modell

Ein ähnlicher Effekt kann mittels einer Untervermächtnislösung erreicht werden[26]. Der beschränkt steuerpflichtige (Mit-) Erbe A erhält das im Inland belegene Grundstück im Wege des Vorausvermächtnisses als Sachvermächtnis vom nicht-inländischen Erblasser B zugewandt. Das Vorausvermächtnis wird mit einem Untervermächtnis zugunsten eines beschränkt steuerpflichtigen Dritten C belastet, das den Vorausvermächtnisnehmer zur Geldleistung an den Untervermächtnisnehmer verpflichtet.

Der Untervermächtnisnehmer erhält eine Geldleistung, die nicht im Katalog des § 121 BewG aufgeführt ist und daher nicht im Inland beschränkt steuerpflichtig ist.[27] Gemäß den obigen Darstellungen unter D. III ist das Vorausvermächtnis als Sachvermächtnis eine Verbindlichkeit, die beim Erben abzugsfähig ist. Der Vermächtnisnehmer hingegen erhält regelmäßig kein steuerpflichtiges Inlandsvermögen.[28] Wegen des wirtschaftlichen Zusammenhangs von Vorausvermächtnis und Erbschaft kann die schuldrechtliche Verpflichtung beim Erben als Verbindlichkeit berücksichtigt werden.[29] Darüber hinaus ist bei dieser Überlegung von Bedeutung, dass sich das Untervermächtnis als schuldrechtlicher Anspruch auf Geldleistung wiederum nicht gegen den Erben, sondern gegen den Vorausvermächtnisnehmer richtet und diesen belastet.[30] Ein wirtschaftlicher Zusammenhang zwischen dem Vorausvermächtnis und der Belastung durch das Untervermächtnis besteht.[31] Die Belastung durch das Untervermächtnis kann deshalb beim

---

[24] Vgl. *Götzenberger*, Optimale Vermögensübertragung, 297.

[25] BFH, Urt. v. 21. 7. 1972, III R 44/70, BStBl 1973 II 3; H 4 ErbStR, Stichwort "Schulden und Lasten im wirtschaftlichen Zusammenhang mit Inlandsvermögen".

[26] *Jülicher*, PIStB 2003, 164, 165; so auch *Fetsch*, RNotZ 2006, 77, 81.

[27] *Jülicher*, PIStB 2003, 164, 167; *Weinmann*, in: Moench, ErbStG, § 2, Rn. 35.

[28] Zur Berücksichtigung von Vorausvermächtnissen: *Gebel*, in: Troll/Gebel/Jülicher, ErbStG, § 3 Rn. 194; ders., in: Troll/Gebel/Jülicher, ErbStG, § 10 Rn. 179; OFD München v. 24. 4. 2002, S 3811-11 St 353, ZEV 2002, S. 292.

[29] Vgl. R 4 Abs. 7 ErbStR; *von Sothen*, in: Scherer, Münchener Anwaltshandbuch, § 35, Rn. 106, 109.

[30] MünchKomm-*Schlichting*, BGB, § 2186, Rn. 2 ff.

[31] *Jülicher*, PIStB 2003, S. 164, 169; ders., in: Troll/Gebel/Jülicher, ErbStG, § 2 Rn. 71 f.

Vorausvermächtnis zum Abzug gebracht werden, sofern das Vorausvermächtnis als Inlandsvermögen qualifizieren sollte und im Inland Schenkungsteuer auslöst. Da das Vorausvermächtnis als schuldrechtlicher Anspruch regelmäßig kein inländisches Vermögen darstellt,[32] wird es zumeist nicht auf diesen Umstand ankommen. Beachtet werden sollte, dass diese Gestaltung auch von außersteuerlichen Motiven getragen wird, um nicht gegen § 42 AO zu verstoßen.

VI. Ausländische Vindikationslegate bei beschränkter Erbschaftsteuerpflicht

Bei Steuerplanungen im Zusammenhang mit der beschränkten Erbschaftsteuerpflicht wird man viel häufiger als bei unbeschränkt Steuerpflichtigen mit dem Phänomen der Anwendbarkeit eines ausländischen Erbrechts konfrontiert. Einige ausländische Erbrechte kennen sog. Vindikationslegate, d. h. dinglich wirkende Vermächtnisse. Diese gelten jedoch nicht für inländisches Vermögen. Sie werden vielmehr an die inländischen Sachenrechtslage angepasst und umgedeutet in schuldrechtliche Verschaffungsansprüche[33].

Diese Wirkungsweise führt dazu, dass, obwohl nach dem ausländischen Recht ein Soforterwerb bei dem begünstigten Vermächtnisnehmer eintreten müsste, dies zivilrechtlich in der Bundesrepublik Deutschland nicht gilt. Vielmehr ist der Erbe nur zur Verschaffung des inländischen Vermögens verpflichtet. Diese zivilrechtliche Rechtslage gilt aber auch bei der Erbschaftsteuer.[34] Auch bei dinglichen Vindikationslegaten für das Inlandsvermögen tritt keine beschränkte Erbschaftsteuerpflicht ein.

Beispiel[35]:

Erblasser E wanderte vor vielen Jahren nach Kolumbien aus. Er begründete dort seinen Wohnsitz und nahm die kolumbianische Staatsangehörigkeit an. In seinem Testament spricht er seinem Sohn, der ebenfalls in Kolumbien lebt, ein Vermächtnis über ein Grundstück in Münster/Westfalen aus. Fraglich ist, ob eine beschränkte Erbschaftsteuerpflicht bei dem Sohn eingetreten ist.

Rechtsfolge:

a) Zivilrechtlich richtet sich die Erbfolge und die Ausgestaltung des Vermächtnisses grds. nach kolumbianischen Recht, da über Art. 25 Abs. 1 EGBGB die Bundesrepublik Deutschland auf die Rechtsordnung von Kolumbien verweist. Diese nimmt diese Verweisung an. Nach kolumbianischem Erbrecht haben Vermächtnisse unmittelbare dingliche Wirkung.

b) Derartige Vindikationslegate für inländische Grundstücke sind jedoch unvereinbar mit dem deutschen Numerus clausus der inländischen dinglichen Sachenrechte. Dieses dingliche Vermächtnis ist in einen schuldrechtlichen Anspruch auf Übertragung des inländischen Grundstückes umzudeuten. Damit hat der Sohn zivilrechtlich nur einen schuldrechtlichen Anspruch auf Verschaffung des Grundstücks in Münster erworben.

c) Diese Wertungen des deutschen internationalen Privatrechts sind auch für die Erbschaftsteuer verbindlich. Auch in dieser Situation tritt keine beschränkte Erbschaftsteuerpflicht bei dem begünstigten Vermächtnisnehmer ein.

---

[32] *Jülicher*, in: Troll/Gebel/Jülicher, ErbStG, § 2 Rn. 72.

[33] Vgl. Allgemein: *Palandt/Thorn*, BGB, Art. 25 EGBGB Rn. 11; BGH, Urt. v. 28. 9. 1994, IV ZR 95/93, NJW 1995, 58.

[34] Vgl. *Jülicher* a. a. O. (oben Fn. 3), ErbStG, § 2 Rn. 106; *Meincke*, ErbStG, § 2 Rn. 4.

[35] Fall nach BGH a. a. O. (oben Fn. 34).

VII. Holdingmodell (R 4 Abs. 3 Sätze 6, 7 ErbStR)[36]

Eine der problematischsten Vorschriften des § 121 BewG ist dessen Nr. 4, wonach steuerpflichtiges Inlandsvermögen schon dann vorliegt, wenn der Erbe/Schenker insgesamt oder zusammen mit ihm nahe stehenden Personen i. S. d. § 1 Abs. 2 AStG zumindest zu $^1/_{10}$ am Stammkapital einer inländischen Kapitalgesellschaft unmittelbar oder **mittelbar** beteiligt ist. Durch den Wortlaut könnte der Eindruck entstehen, dass eine mittelbare Beteiligung ausreichend ist, um steuerpflichtiges Inlandsvermögen für Erbschaftsteuerzwecke zu kreieren.

Beispiel:
Der Erblasser E, Steuerausländer, hat seine Beteiligungen in einer Holding (Topholding) gepoolt, die operativ tätig ist. Über eine Zwischenholding (Euroholding) gehört ihm eine 15 %ige Beteiligung in Deutschland. Er überträgt nun seine Anteile der Topholding auf seinen Sohn.

Rechtsfolge:
Nach dem Wortlaut des § 121 Nr. 4 BewG entsteht in Deutschland Erbschaftsteuer, da die Beteiligungsgrenze des § 121 Nr. 4 BewG überschritten ist.

Durch R 4 Abs. 3 ErbStR hat die Finanzverwaltung klargestellt, dass eine rein mittelbare Beteiligung nicht ausreichend ist, um beschränkt erbschaftsteuerpflichtiges Inlandsvermögen zu kreieren, wenn die zwischengeschaltete Kapitalgesellschaft weder Treuhänderin für die deutschen Anteile, noch eine steuerlich zu negierende Basisgesellschaft ist.

Diese Klarstellung führt zu folgendem Holdingmodell:

Beispiel:
Erblasser E möchte sich mit 15 % an einer inländischen Kapitalgesellschaft beteiligen und trägt sich mit dem Gedanken, diese Beteiligung nach einigen Jahren seinem ebenfalls nicht in Deutschland unbeschränkt und erweitert beschränkt steuerpflichtigen Sohn im Wege vorweggenommener Erbfolge zu übertragen.

a) Variante 1:
E beteiligt sich unmittelbar und schenkt eine Beteiligung an den Sohn.

Rechtsfolge:
Beschränkte Erbschaftsteuerpflicht in Deutschland.[37] Bemessungsgrundlage ist der nach § 11 Abs. 2 BewG ermittelte gemeine Wert der Anteile.

b) Variante 2:
Erblasser E beteiligt sich über eine zwischengeschaltete Holdinggesellschaft an der genannten GmbH und überträgt die Anteile an dieser Holdinggesellschaft.

Rechtsfolge:
Handelt es sich um eine funktionserfüllte ausländische Kapitalgesellschaft, für deren Einschaltung wirtschaftliche oder sonstige beachtliche Gründe existieren, oder die eine eigene Wirtschaftstätigkeit entfaltet, dann entfällt eine beschränkte Erbschaftsteuerpflicht in Deutschland.

---

[36] Vgl. früher Erl. Fall Baden-Württemberg v. 24. 7. 1997, abgedruckt in: DStR 1997, 1248
[37] Vgl. § 121 Abs. 2 Nr. 4 BewG i. V. m. § 2 Abs. 1 Nr. 3 ErbStG.

Die Übertragung der Anteile an der Topholding, die einen Zugriff auf die 15 %ige GmbH-Beteiligung in Deutschland ermöglicht, kann erbschaftsteuerfrei erfolgen.

VIII. Schuldenabzugsmodell

Da der Besteuerungsanspruch der Bundesrepublik Deutschland eingeschränkt ist, ist umgekehrt auch die Möglichkeit eingeschränkt, Verbindlichkeiten steuermindernd geltend zu machen (§ 10 Abs. 6 Satz 2 ErbStG). Verbindlichkeiten können nur abgezogen werden, soweit sie mit dem steuerpflichtigen Inlandsvermögen in wirtschaftlichem Zusammenhang stehen. Ein solcher Zusammenhang ist nur dann gegeben, wenn die Entstehung der Schuld ursächlich und unmittelbar auf Vorgängen beruht, die den belasteten Vermögensgegenstand betreffen[38]. Diese eingeschränkte Möglichkeit, Verbindlichkeiten steuermindernd geltend zu machen, sollte bei Steuerplanungen beachtet werden.

Beispiel:

Erblasser E, Steuerausländer, beteiligt sich mit 15 % an einer inländischen GmbH. Den Kaufpreis kann er auf Grund seiner sonstigen Vermögensstruktur in voller Höhe selbst tragen. Diese Beteiligung soll der Sohn erhalten. Der Steuerwert der Beteiligung soll 150 000 € betragen. Weitere Abkömmlinge oder Verwandte existieren nicht.

a) Variante 1:

Erblasser E verstirbt.

Rechtsfolge:

Der Sohn ist im Inland beschränkt erbschaftsteuerpflichtig. Bemessungsgrundlage ist der Wert nach § 11 Abs. 2 BewG i. H. v. 150.000 €.

Dies bedeutet folgende Erbschaftsteuer:

Steuerwert der GmbH-Beteiligung	150 000 €
./. persönlicher Freibetrag, § 16 Abs. 2 ErbStG	2 000 €
Gesamt	148 000 €
Steuersatz 11 %	
Steuer	16 280 €

b) Variante 2:

Erblasser verstirbt, hat jedoch den Erwerb der Beteiligung fremdfinanziert. Zum Zeitpunkt seines Versterbens beträgt die Darlehensschuld im Zusammenhang mit der Anschaffung des GmbH-Anteils noch 100.000 €.

Steuerpflichtiger Erwerb	150 000 €
./. Verbindlichkeit (§ 10 Abs. 6 Satz 2 ErbStG)	100 000 €
steuerpflichtig	50 000 €
./. persönlicher Freibetrag, § 16 Abs. 2 ErbStG	2 000 €
steuerpflichtig	48 000 €
Steuersatz 7 %	
Steuer	3 360 €
Steuerersparnis	12 920 €

---

[38] Vgl. BFH v. 17. 12. 1965, III 342/60 U, BStBl 1966 III 483; v. 28. 1. 1972, III R 4/71, BStBl 1972 II 416.

IX. Flucht in die unbeschränkte deutsche Erbschaftsteuerpflicht

Sollte für eine Person nur eine Zuwendung unter Lebenden oder nur eine Erbeinsetzung in Betracht kommen (z. B. wegen der ansonsten fehlenden Akzeptanz beim Berechtigten, z. B. wegen der pflichtteilsrechtlichen Problematik von Vermächtnissen[39]) und handelt es sich um Zuwendungen, die sich im Bereich der Freibeträge der unbeschränkten Steuerpflicht bewegen, sollte erwogen werden, einen Wohnsitz des Erwerbers im Inland zu begründen, um bewusst in die unbeschränkte deutsche Erbschaftsteuerpflicht eintreten und die damit im Zusammenhang stehenden Vorteile nutzen zu können. Eine unbeschränkte Erbschaftsteuerpflicht des Erblassers sollte nicht kreiert werden, weil damit die unbeschränkte Steuerpflicht seines gesamten Weltvermögens begründet wird. Wird nur beim Begünstigten die unbeschränkte Erbschaftsteuerpflicht begründet, tritt die unbeschränkte Erbschaftsteuerpflicht nur für dessen Welterwerb ein.[40]

Beispiel:

Vater E, Steuerausländer, möchte Sohn S, ebenfalls Steuerausländer, seine inländische GmbH-Beteiligung (Beteiligung 15 %) schenken. Die Holding-Lösung kommt nicht in Betracht (Vgl. D. VI.). Der Steuerwert der Beteiligung beträgt 450.000 €.

a) **Variante 1:**

E schenkt S die Beteiligung ohne weitere Planung.

Rechtsfolge:

steuerpflichtiger Erwerb	450 000 €
./. persönlicher Freibetrag § 16 Abs. 2 ErbStG	2 000 €
steuerpflichtig	448 000 €
Steuersatz 15 %	
Steuer	67 200 €

b) **Variante 2:**

E schenkt S die Beteiligung, nachdem S einen Nebenwohnsitz in Deutschland gegründet hat.

Rechtsfolge:

steuerpflichtig	450 000 €
./. persönlicher Freibetrag, § 16 Abs. 1 Nr. 2 ErbStG	400 000 €
steuerpflichtig	50 000 €
Steuersatz 7 %	
Steuer	3 500 €
Ersparnis	63 700 €

Vor Wohnsitzannahme müssen die ertragsteuerlichen Auswirkungen bei S begutachtet und ggf. berücksichtigt worden sein. Optimal ist es, wenn Sohn S seinen Mittelpunkt der Lebensinteressen in einem Ertragsteuer-DBA-Land hat, so dass die Begründung des Nebenwohnsitzes in Deutschland keine allzu großen nachteiligen steuerlichen Wirkungen begründen. U. U. können sogar ertragsteuerliche Vorteile eintreten.

---

[39] Vgl. z. B. § 2306 BGB.
[40] Vgl. *Schaumburg* a. a. O. (oben Fn. 3), S. 336.

Besondere Bedeutung kommt dieser Gestaltung bei der Versorgung des überlebenden Ehegatten zu, der im gesetzlichen Güterstand der Zugewinngemeinschaft lebt. Höchstrichterlich noch nicht entschieden ist die Frage, ob die Berechnung des fiktiven Zugewinnausgleichs gem. § 5 Abs. 1 ErbStG bei beschränkter Erbschaftsteuerpflicht eine Kürzung entsprechend dem Rechtsgedanken des § 10 Abs. 6 Satz 2 ErbStG erfährt[41]. *Gebel* und *Moench* vertreten die Ansicht, dass nur der Betrag der fiktiven Ausgleichsforderung abzugsfähig sein soll, der dem Anteil des Inlandsvermögens am gesamten Endvermögen des verstorbenen Ehegatten entspricht[42]. Nach anderer Ansicht gilt § 5 Abs. 1 ErbStG uneingeschränkt[43].

Dieser Streit ist nicht zu entscheiden, wenn rechtzeitig der überlebende Ehegatte seinen Wohnsitz in Deutschland begründet.

Beispiel:

A und B sind Deutsche, haben in Deutschland geheiratet und haben hier zunächst einige Jahre gelebt. Seit 15 Jahren sind sie mit ihren Kindern nach Spanien ausgewandert. A verstirbt. Das Anfangsvermögen beider Ehegatten beträgt 0 €, das Endvermögen des A beträgt weltweit 6 Millionen € (Verkehrs- und Steuerwert), sein in Deutschland befindliches Endvermögen (bspw. Beteiligung von 15 % an inländischer GmbH) beträgt 3 Millionen €. B hat ein Endvermögen im Werte von 0 €. B ist als Erbin eingesetzt, muss aber im Wege des Vermächtnisses sämtliches Vermögen mit Ausnahme der inländischen GmbH-Beteiligung an die Kinder herausgeben.

a) **Variante 1:**

Keine Wohnsitzbegründung durch B im Inland

Erbschaftsteuerliche Folge:

steuerpflichtig	3 000 000 €
./. persönlicher Freibetrag, § 16 Abs. 2 ErbStG	2 000 €
steuerpflichtig	2 998 000 €

Der Freibetrag gem. § 5 Abs. 1 ErbStG wird nach *Gebel/Moench*[44] wie folgt berechnet:

Steuerfreier Betrag =

fiktive Ausgleichsforderung (3 Mio. €) Steuerwert Inland (3 Mio. €)

Gesamtvermögen (6 Mio. €)

Damit kommt es zu folgender Berechnung:	2 998 000 €
./. § 5 Abs. 1 ErbStG	1 500 000 €
steuerpflichtig	1 498 000 €
Steuersatz 19 %	
Steuer	284 620 €

---

[41] Vgl. *von Oertzen*, ZEV 1994, 93 ff. m. w. N.
[42] gl. *Gebel* a. a. O. (oben Fn. 3), ErbStG, § 5 Rn. 54; *Weinmann*, in: Moench, ErbStG, § 5 Rn. 15.
[43] Vgl. *von Oertzen*, ZEV 1994, 93 ff m. w. N.; *Meincke* ErbStG § 5 Rn. 37; *Schamberg*, DB 1986, 1948 ff; *Geck*, ZEV 1995, 249, 251; *Fetsch*, RNotZ 2006, 77, 78.
[44] Vgl. oben Fn. 43.

Nach a. A.[45] ist bei beschränkter Steuerpflicht die Berechnung genauso wie bei unbeschränkter Erbschaftsteuerpflicht durchzuführen. Folge wäre, dass der Freibetrag des § 5 Abs. 1 ErbStG auch in diesem Fall 3 Millionen € betragen würde. Es entstünde keine Steuer.

b) Variante 2:

B begründet einen Nebenwohnsitz in der Bundesrepublik Deutschland.
Folge:
Sie ist mit ihrem Erwerb unbeschränkt erbschaftsteuerpflichtig.[46] Bei unbeschränkter Steuerpflicht gibt es für § 5 ErbStG keine Einschränkungen bei der Berechnung. Für B entsteht keine Erbschaftsteuer.

Ersparnis: 284 620 €

Eine Flucht in die unbeschränkte Erbschaftsteuerpflicht kann auch dann in Betracht kommen, wenn das Auslandsvermögen überschuldet ist. In diesem Fall wird durch die Begründung der unbeschränkten Erbschaftsteuerpflicht ein Schuldenabzug begründet, der bei der beschränkten Erbschaftsteuerpflicht nicht vorhanden wäre.[47]

Beispiel:

A und B sind beide Steuerausländer. Sohn B soll Erbe des A werden. Zum Nachlass gehört ein Ferienhaus in Spanien mit einem Wert i. H. v. 250.000 € (Verkehrswert), Schulden aus einem gescheiterten Hotelobjekt i. H. v. 1 Million € in Spanien und inländisches Grundvermögen im Wert von 750.000 € (Steuerwert).

a) Variante 1:

B begründet keinen Wohnsitz im Inland.
Rechtsfolge:

steuerpflichtig, Inlandsvermögen	750 000 €
./. persönlicher Freibetrag, § 16 Abs. 2 ErbStG	2 000 €
steuerpflichtig	748 000 €

Die vererbten Schulden aus dem spanischen Hotelprojekt
sind nicht abzugsfähig (§ 10 Abs. 6 ErbStG). Steuersatz 19 %

Steuer	142 120 €

b) Variante 2:

B begründet einen inländischen Wohnsitz.
B ist damit unbeschränkt erbschaftsteuerpflichtig.[48]
Erbschaftsteuer:

inländisches Grundvermögen	750 000 €
zzgl. Ferienhaus in Spanien bewertet gem. § 12 Abs. 6 ErbStG i. V. m. § 31 BewG	250 000 €
./. (gemeiner Wert) Nachlassschulden	1 000 000 €
steuerpflichtig	**0 €**

---

[45] Vgl. oben Fn. 44.
[46] Vgl. § 2 Abs. 1 Nr. 1 Buchst. a ErbStG.
[47] Vgl. § 10 Abs. 5, 6 Satz 2 ErbStG.
[48] Vgl. § 2 Abs. 1 Nr. 1 Buchst. a ErbStG.

A hätte B noch steuerfrei 400.000 € hinterlassen können, bevor B in Deutschland Erbschaftsteuer hätte zahlen müssen.

Schließlich kommt die Begründung der unbeschränkten Erbschaftsteuerpflicht beim Erwerber dann in Betracht, wenn ansonsten eine Doppelbesteuerung droht, weil der ausländische Wohnsitzstaat die deutsche Erbschaftsteuer auf seine Steuer nicht anrechnet. In diesem Fall kann es auch angezeigt sein, in Deutschland einen Wohnsitz zu begründen, um dem inländischen Erwerber die Anrechnung ausländischer Erbschaftsteuer auf die inländische zu ermöglichen (§ 21 ErbStG).

X. Gestufte Übertragung von Kapitalgesellschaftsanteilen

Der beschränkten Steuerpflicht unterfallen lediglich Beteiligungen an Kapitalgesellschaften mit inländischem Sitz oder Ort der Geschäftsleitung, sofern der Schenker oder Erblasser zu mindestens 1/10 am Grund- oder Stammkapital beteiligt ist. Erst bei Überschreiten dieser Grenze werden Übertragungen derartigen inländischen Vermögens gemäß § 2 Abs. 1 Nr. 3 Satz 1 ErbStG iVm § 121 Nr. 4 BewG in Deutschland steuerpflichtig. Sind weder der Schenker noch der Beschenkte unbeschränkt erb- und schenkungsteuerpflichtig, sind Übertragungen von Anteilen an Kapitalgesellschaften anzustreben, an denen der Schenker zu weniger als 1/10 beteiligt ist. Bei der Berechnung der Beteiligung des Schenkers ist gemäß § 2 Abs. 1 Nr. 3 Satz 2 ErbStG i. V. m § 14 ErbStG die Zehnjahresfrist zu beachten.[49] Frühere Erwerbe aus der Beteiligung werden der aktuellen Beteiligungsquote allerdings zur Bestimmung des Erwerbs einer Inlandsbeteiligung i. S. d § 121 Nr. 4 BewG nur hinzugerechnet, wenn diese Erwerbe nicht mehr als zehn Jahre zurück liegen.[50]

Beispiel

A und B sind beide Steuerausländer, C ist Steuerinländer. Die Söhne B und C sollen zu gleichen Teilen den Anteil des Vaters A an der inländischen GmbH schenkweise erhalten. An der Kapitalgesellschaft ist A zu 15 % beteiligt, er hat bislang keine Anteile seines GmbH-Anteils übertragen. Andere Vorschenkungen bestehen nicht. Der Steuerwert des Geschäftsanteils beträgt 1 000 000 €. B soll ebenso wie C zu 7,5 % am Stammkapital der Gesellschaft beteiligt werden.

a) Variante 1

Gleichzeitige Schenkung im Jahr 1:

Steuer des C:

Steuerwert	500 000 €
./. persönlicher Freibetrag, § 16 Abs. 1 ErbStG	400 000 €
steuerpflichtig	100 000 €
Steuer, Steuersatz 11 %	11 000 €

---

[49] Es ist nicht erforderlich, dass an den jeweiligen Beschenkten bereits eine Schenkung innerhalb der letzten zehn Jahre erfolgt ist, da § 2 Abs. 1 Nr. 3 Satz 2 nur allgemein an die Zehnjahresfrist des § 14 ErbStG anknüpft, *Jülicher*, PIStB 2003, S. 164, 165; *Weinmann*, in: Moench, ErbStG, § 2 Rn. 26; R 4 Abs. 3 S. 2 ErbStR a. A. *Streck/Schwedhelm/Olbing*, DStR 1994, 1441, 1442, denen zufolge die Zehnjahresfrist nur für denselben Erwerber gilt.

[50] R 4 Abs. 3 Satz 2 ErbStR

Steuer des B:

Steuerwert Inlandsvermögen, da Schenker zu 15 % bei Übertragung beteiligt	500 000 €
./. persönlicher Freibetrag, § 16 Abs. 2 ErbStG	2 000 €
steuerpflichtig	498 000 €
Steuer, Steuersatz 15 %	74 700 €
Gesamtsteuer	85 700 €

b) **Variante 2:**

Schenkung im Jahr 1 an C und im Jahr 11 an B

Steuer des C wie zuvor	11 000 €
Steuer des B, da der Schenker im Zeitpunkt der Ausführung der Schenkung zu weniger als 10 % am Stammkapital beteiligt und keine Zusammenrechnung mit Erwerben der letzten zehn Jahre nach	0 €
Steuerersparnis in Deutschland im Vergleich zu Variante 1	74 700 €

XI. Schenkungsteuerübernahme

Wird inländisches Vermögen i. S. d. § 121 BewG von einem beschränkt steuerpflichtigen Schenker an einen beschränkt steuerpflichtigen Beschenkten verschenkt, wirkt sich eine Übernahme der Schenkungsteuer durch den Schenker auf die Steuerbelastung in Deutschland nicht aus.

Beispiel

Der beschränkt steuerpflichtige A schenkt seinem beschränkt steuerpflichtigen Sohn eine in Deutschland belegene Immobilie und übernimmt die deutsche Schenkungsteuer.

Dem Grunde nach bestimmt § 10 Abs. 2 ErbStG, dass die vom Schenker übernommene Schenkungsteuer als weitere Schenkung zu qualifizieren ist und der deutschen Schenkungsteuer unterliegt. Die Regelung des § 10 Abs. 2 ErbStG bleibt jedoch bei Schenkungen zwischen beschränkt steuerpflichtigen Parteien ohne Auswirkung. Die vom Schenker übernommene Steuerforderung ist eine Geldforderung, die ihrerseits nicht im Katalog des § 121 BewG aufgeführt ist. Die zu übernehmende Steuerforderung stellt daher kein Inlandsvermögen dar, so dass in Höhe der übernommenen Schenkungsteuer keine weitere Schenkungsteuer in Deutschland entsteht.[51] Aus dem Blickwinkel der deutschen steuerlichen Beratung empfiehlt sich die Übernahme der Schenkungsteuer durch den Schenker, da diese bei beschränkt Steuerpflichtigen keine weitere inländische Schenkungsteuer auslöst.

E. Resümee

Bei der beschränkten Erbschaftsteuerpflicht bestehen einige Gestaltungsmöglichkeiten. Die Tatsache, dass Sachleistungsansprüche nicht zum Inlandsvermögen i. S. d. § 121 BewG gehören, ist dabei die interessanteste Gestaltungsoption. Dem Vermächtnis kommt bei der beschränkten Erbschaftsteuerpflicht eine besonders große Bedeutung zu. Durch den richtigen Einsatz dieses Rechtsinstitutes lässt sich generell die Steuerpflicht bei potenziell beschränkt Steuerpflichtigen vermeiden. Lässt sich die beschränkte Steuerpflicht auf diese Art und Weise gänzlich vermeiden, können aus deutscher Sicht auch gefahrloser ausländische Familienstiftungen und ähnliche Rechtsträger als Instrumente der Nachfolgeplanung eingesetzt werden.

---

[51] Koordinierter Erlass des Finanzministeriums Baden-Württemberg vom 27. 7. 2006, Az. 3-S 3810/29, DB 2006, 1702; *Gebel*, in: Troll/Gebel/Jülicher, ErbStG, § 10 Rn. 87.

6. Das erbschaftsteuerliche Begünstigungs- und Bewertungskonzept für in- und ausländisches Betriebsvermögen

von RA/StB Dipl. Finwirt (FH) Volker Schmidt, Stuttgart und WP/StB Dipl. Kfm. Marcus Grzanna, Frankfurt/M

Inhaltsübersicht

A. Überblick über das neue Begünstigungssystem
  I. Modell der Regel- und Optionsverschonung
  II. Gleitender Abzugsbetrag
  III. Tarifbegrenzung bzw. Entlastungsbetrag
B. Überblick über das begünstigte Vermögen i. S. d. § 13b Abs. 1 ErbStG
C. Ausländisches Betriebsvermögen
  I. Begünstigtes Betriebsvermögen im EU/EWR-Raum
  II. Nicht begünstigtes Betriebsvermögen in Drittstaaten
  III. Begünstigtes Betriebsvermögen in Drittstaaten
  IV. Herstellung von begünstigtem Betriebsvermögen
  V. Besonderheiten bei Übertragung von Unterbeteiligungen und atypisch stillen Beteiligungen
D. Anteile an Kapitalgesellschaften
  I. Überblick über die Begünstigungsvoraussetzungen
  II. Ausländische Kapitalgesellschaften
  III. Ermittlung der Beteiligungshöhe und Poolvereinbarung
E. Wirtschaftliche Einheit des begünstigten Vermögens nach § 13b ErbStG
F. Verwaltungsvermögenstest und sogenanntes junges Verwaltungsvermögen
  I. Begriff des Verwaltungsvermögens
  II. Verwaltungsvermögenstest bei mittelbaren Beteiligungen
  III. Ermittlung des Anteils an sog. Verwaltungsvermögen
  IV. Junges Verwaltungsvermögen
G. Bewertung von in- und ausländischem Betriebsvermögen
  I. Rechtsgrundlagen und Grundausrichtung
  II. Bewertungsnotwendigkeit und -stichtag
  III. Bewertungsmethoden und Rangverhältnis
  IV. Anteilige Zurechnung auf den Gesellschafter
  V. Auswahlmöglichkeiten des Erwerbers

Literatur:

Bäuml, Dr. Swen, Erbschaftsteuerreform: Auswirkungen auf (kapitalmarktorientierte) Unternehmen, Wahl der „richtigen" Bewertungsmethode und Rechtsformwirkungen, GmbHR 2009, 1135; *Brey, Volker,* Verschonungsregelungen beim Betriebsvermögen, BB 2009, 692; *Brüggemann, Prof. Dr. Gerd,* Verwaltungsvermögen rechtzeitig strukturieren, ErbBstg 2009, 47; *Corsten, Martina/Führich, Dr. Gregor,* Europarechtliche Aspekte der Erbschaftsteuerreform, ZEV 2009, 481; *Crezelius, Prof. Dr. Georg,* Der Entwurf eines Gesetzes zur Reform des Erbschaftsteuer- und Bewertungsrechts (Erbschaftsteuerreformgesetz – ErbStRG), DStR 2007, 2277; *Crezelius, Prof. Dr. Georg,* Das neue Erbschaft- und Schenkungsteuerrecht im Rechtssystem, ZEV 2009, 1; *Dillberger, Emanuel,* Der Verschonungsabschlag des § 13a ErbStG n. F. als Motiv für einen Personalabbau bei Betriebsübergaben, DStR 2009, 671; *Silvia,* Erbschaftsteuerreform: Fehlbewertung von Betriebsvermögen Vereinfachtes Ertragswertverfahren ist keine geeignete Methode, NWB 2008, 1727; *Fraedrich, Dr. Jennifer,* Das neue Erbschaftsteuerrecht aus Sicht der GmbH – Ein Überblick über die wichtigsten Neuregelungen, GmbH StB 2009, 45; *Fraedrich, Dr. Jennifer,* Erbschaftsteuerreform aus Unternehmersicht – Behaltensfrist und Lohnsummenregelung im Fokus der Kritik, AG 2008, 249; *Fuhrmann, Dr. Claas,* Erbschaftsteuerreform-Entwurf 2008: Erbfälle mit Auslandsbezug, KöSDI 2008, 16111; *Geck, Dr. Reinhard,* Erbschaftsteuerreform: Darstellung der und Empfehlungen zu den geplanten Änderungen außerhalb der vorgelagerten Bewertung, ZEV 2008, 5; *Gerber, Christian,* ErbStG: Auswirkungen eines einheitlichen Kapitalisierungszinssatzes auf die Bewertung von Unternehmen unterschiedlicher Risikoklassen, BB 2009, 1268; *Gottschalk, Dr. Paul Richard,* Internationale Unternehmensnachfolge: Qualifikation ausländischer Erwerbe und Bewertung von Produktivvermögen mit Auslandsberührung, ZEV 2009, 157; *Gürsching/Stenger,* Kommentar Bewertungsrecht, BewG, ErbStG, April 2009; *Hannes, Dr. Frank/Onderka, Dr. Wolfgang,* Erbschaftsteuerreform: Die Besteuerung des Erwerbs von Betriebsvermögen – keine Sternstunde der Steuervereinfachung, ZEV 2008, 16; *Hannes, Dr. Frank,* Die Übertragung von Betriebsvermögen nach dem neuen Erbschaftsteuergesetz, ZEV 2009,10; *Hannes, Dr. Frank/Steger, Dr. Christian,* Erbschaftsteuerreform: Gestaltungsansätze zu den Neuregelungen, ErbStB, 2009, 113; **Hannes, Dr. Frank/Freeden, Arne von,** Der Abschluss eines erbschaftsteuerlich motivierten Poolvertrags unter Berücksichtigung von § 8 c KStG, UbG 2008, 624; **Höne, Annette,** Erbschaftsteuerreform: Bewertung und Besteuerung von Anteilen an Kapitalgesellschaft, BBEV 2009, 28; **Höne, Annette,** Erbschaftsteuerreform: Bewertung und Besteuerung von Einzelunternehmen sowie Personengesellschaften, BBEV 2009, 62; **Hübner, Dr. Heinrich,** Das Erbschaftsteuerreformgesetz ein erster Überblick, Ubg 2009,1; **Hübner, Dr. Heinrich,** Erbschaftsteuerreform 2009, 1. Auflage 2009; **Kamps, Dr. Heinz-Willi,** Erbschaftsteuerreform: Begünstigtes Vermögen und Verwaltungsvermögen im Sinne der neuen §§ 13a, 13b, 19a ErbStG, FR 2009, 353; **Kapp/Ebeling,** ErbSt-Kommentar, Mai 2009; **Klümpen-Neusel, Dr. Claudia,** GmbH-Anteilsnachfolge Erbschaft- und Schenkungsteuerreform: Die Neuerungen anhand von Praxis-Beispielen, weitere ungeklärte Probleme, Gestaltungshinweise, GmbH Stpr 2009, 0133; **Klümpen-Neusel, Dr. Claudia,** Wenn der Unternehmenserbe zugleich gegen Behaltensfrist und Lohnsummenregelung verstößt, ErbBstg 2009, 54; **Korezkij, Dr. Leonid,** Überlegungen zur Reinvestitionsklausel nach § 13a Abs. 5 ErbStG, DStR 2009, 2412; **Lahme, Dr. Stefan,** Erbschaftsteuerliche Begünstigung von Kapitalgesellschaftsanteilen mittels Poolvereinbarungen, DB 2009, 527; **Lang, Prof. Dr. Joachim,** Gleichheitswidrigkeit und gleichheitsrechtliche Ausgestaltung der erbschaftsteuerlichen Verschonung, FR 2010, 49; **Langenfeld, Prof. Dr. Gerrit,** Gestaltungen zur Vermeidung des Entfallens einer Poolvereinbarung nach § 13b Abs. 1 ErbStG, ZEV 2009, 596; **Lippross,** Basiskommentar Steuerrecht, Juni 2009; **Pach-Hanssenheimb, Dr. Ferdinand,** Erbschaftsteuerreform: Verschonungsabschlag statt Bewertungsvorteile beim Betriebsvermögen, DStR 2008, 957; **Peemöller,** Praxishandbuch der Unternehmensbewertung, 3. Aufl. 2005; **Piltz, Prof. Dr. Detlev J.,** Unternehmensbewertung im neuen Erbschaftsteuerrecht, DStR 2008, 745; **Piltz, Prof. Dr. Detlev J.,** Steuerliche Überlegungen vor der Erbschaftsteuerreform, DStR 2008, 2237; **Piltz, Prof. Dr. Detlev J.,** Der gemeine Wert von Unternehmen und Aneilen im neuen ErbStG, UBG 2009, 15; **Piltz, Prof. Dr. Detlev J.,** Verwaltungsvermögen im neuen Erbschaftsteuerrecht, ZEV 2008, 229; **Richter/Viskorf/Phillipp,** Reform der Erbschaftsteuer zum 1. 1. 2009, DB 2009, Beil. 2, S. 1-14; **Rödder, Prof. Dr. Thomas,** Das neue Unternehmenserbschaftsteuerrecht – die wesentlichen Prüfungspunkte aus Sicht von Familienunternehmen, DStR 2008, 997; **Rödl/Preiser,** Erbschaft- und Schenkungsteuer, Kompakt-Kommentar, 2009. **Rohde, Dr. Andreas,** Besteuerung des Betriebsvermögens nach der Erbschaftsteuerreform 2009, StuB 2009, 217; **Rohde, Dr. Andreas/Gemeinhardt, Gereon,** Bewertung von Betriebsvermögen nach der Erbschaftsteuerreform 2009, StuB 2009, 167; **Scharfenberg, Jens/Müller, Tanja,** Junges Vermögen? – Aufstockung einer Kapitalgesellschaftsbeteiligung im neuen Erbschaft- und Schenkungsteuerrecht, DB 2009, 2681; **Schmidt, Volker/Leyh, Ulrike,** Behaltensregelungen und Nachversteuerung, NWB 2009, 2557; **Schmidt, Volker/Schwind, Heike,** Durchführung des Verwaltungsvermögenstests (Prüfungsstufe 3 und 4), NWB 2009, 2151; **Schmidt, Volker/Schwind, Heike,** Lohnsummenkontrolle, NWB 2009, 2410; **Scholten, Gerd/Dr. Korezkij, Leonid,** Begünstigungen für Betriebsvermögen nach der Erbschaftsteuerreform – Begünstige Erwerbe und begünstigtes Vermögen, DStR 2009, 73; **Scholten, Gerd/Dr. Korezkij, Leonid,** Begünstigung für Betriebsvermögen nach der Erbschaftsteuerreform – Verwaltungsvermögen, DStR 2009, 147; **Scholten, Gerd/Dr. Korezkij, Leonid,** Begünstigungen für Betriebsvermögen nach der Erbschaftsteuerreform – Lohnsummenprüfung, DStR 2009, 253; **Scholten, Gerd/Dr. Korezkij, Leonid,** Nachversteuerung nach §§ 13a und 19a ErbStG, DStR 2009, 991; **Schulte, Prof. Dr Wilfried,** Die Reform der Erbschaftsteuer, FR 2008, 341; **Schulte, Prof. Dr. Wilfried,** Unternehmensvermögen im neuen Erbschaftsteuer- und Bewertungsrecht – Zweifelsfragen und Gestaltungsansätze, BB 2009, 300; **Scholten, Gerd,** Begünstigungen für Betriebsvermögen nach der Erbschaftsteuerreform – Behaltensregelungen und Nachversteuerung, DStR 2009, 304; **Schwind, Heike/Schmidt, Volker,** Begünstigtes Vermögen im neuen Erbschaftsteuerrecht, NWB 2009, 1816; **Schwind, Heike/Schmidt, Volker,** Erbschaftsteuerreform: Das neue Begünstigungssystem für Betriebsvermögen, NWB 2009, 1654; **Schwind, Heike/Schmidt, Volker,** Verwaltungsvermögen – Neuer Stolperstein im Erbschaftsteuergesetz: Neues Bewertungs- und Begünstigungskonzept, NWB 2009, 609; **Stahl, Rudolf/Fuhrmann, Dr. Claas,** Erbschaftsteuerreform-Entwurf 2008: Neue Rechtslage und Steuerplanung, KöSDI 2008, 16056; **Stahl, Rudolf/Fuhrmann, Dr. Claas,** Beratungskonsequenzen nach Umsetzung der Erbschaftsteuerreform, KöSDI 2009, 16402; **Strunk, Prof. Dr. Günther/Dr. Kaminski, Bert,** Internationale Aspekte des neuen Erbschaftsteuerrechts, Stbg 2009, 158; **Troll/Gebel/Jülicher,** Erbschaftsteuer- und Schenkungsteuergesetz – Kommentar, März 2009; **Weber, Prof. Dr. Klaus/Schwind, Heike,** Vertragliche Ausgestaltung von Poolvereinbarungen unter Berücksichtigung des neuen Erbschaftsteuerrechts, ZEV, 2009, 16; **von Oertzen, Dr. Christian,** Das neue Unternehmenserbschaftsteuerrecht – Überblick und erste Problempunkte, Ubg 2008, 57; **Welling, Berthold,** Das Erbschaftsteuerreformgesetz 2009: Bewertung von Anteilen an Kapitalgesellschaften und Bewertung des Betriebsvermögens, FR 2009, Beilage 1; **Wiegand, Steffen,** Teil A. Grundzüge des neuen Erbschaftsteuer- und Bewertungsrechts, DStR 2008, Beihefter zu DStR Heft 51-52/2008, 94; **Wiese, Dr. Götz Tobias,** Erbschaftsteuerreform 2009 und Unternehmensnachfolge – ein Überblick, GmbH Rdsch 2009, 57; **Wilms/Jochum,** ErbStG/BewG/GrEStG Kommentar, April 2009.

A. Überblick über das neue Begünstigungssystem

I. Modell der Regel- und Optionsverschonung

Am 31. 12. 2008 wurde das Gesetz zur Reform der Erbschaftsteuer und des Bewertungsrechts[1] veröffentlicht. Erste Änderungen zu Gunsten der Steuerpflichtigen erfolgten bereits rückwirkend durch das „Wachstumsbeschleunigungsgesetz".[2] Seit dem 1. 1. 2009 greift ein neues, verfassungsrechtlich bedenkliches Begünstigungskonzept.[3] Dieses besteht aus dem sog. Verschonungsabschlag von 85 % (sog. Regelverschonung, § 13b Abs. 4 ErbStG) bzw. optional 100 % (sog. Optionsverschonung, § 13a Abs. 8 Nr. 4 ErbStG) und einem (gleitenden) Abzugsbetrag von bis zu 150.000 EUR für begünstigtes, aber steuerpflichtiges Vermögen i. S. d. § 13b Abs. 1 und 4 ErbStG (§ 13a Abs. 2 ErbStG).

Maßgeblich für die Wahlentscheidung sind die mit dem jeweiligen Verschonungsmodell verbundenen **Begünstigungsvoraussetzungen**. Bei der **Regelverschonung** ist Bedingung, dass das begünstigte Vermögen nicht zu mehr als 50 % aus sog. Verwaltungsvermögen besteht (§ 13b Abs. 2 S. 1 ErbStG). Beim **Optionsmodell** darf das Verwaltungsvermögen nicht mehr als 10 % betragen (§ 13a Abs. 8 Nr. 3 ErbStG).[4]

Beide Modelle unterscheiden sich auch in den Folgeanforderungen. Bei der Regelverschonung beträgt die Lohnsummen- und die Behaltensfrist 5 Jahre (§ 13a Abs. 1 S. 2, Abs. 5 Satz 1 ErbStG), bei der Optionsverschonung hingegen 7 Jahre (§ 13a Abs. 8 Nr. 1, 2 ErbStG). Die jeweils einzuhaltende maßgebliche Mindestlohnsumme für diese Zeiträume beträgt bei der Variante **Regelverschonung** 400 % der Ausgangslohnsumme (§ 13a Abs. 1 S. 2 ErbStG) und bei der Variante **Optionsverschonung** 700 % der Ausgangslohnsumme (§ 13a Abs. 8 Nr. 1 ErbStG).[5]

Die **Regelverschonung** findet Anwendung, wenn die tatbestandlichen Voraussetzungen für begünstigungsfähiges Vermögen i. S. d. § 13b Abs. 1 ErbStG im Zeitpunkt des Erbfalls bzw. der Schenkung vorliegen, **ohne** dass es eines **Antrags** bedarf. Die **Optionsverschonung** bedingt einen schriftlichen **Antrag**, welcher **unwiderruflich bis zur formellen Bestandskraft der Steuerveranlagung** gegenüber dem Erbschaftsteuerfinanzamt (§ 13a Abs. 8 S. 1 ErbStG) gestellt sein muss (R 17 Abs. 2 AEErb).[6] Stellt sich **im Fall der Optionsausübung** später heraus, dass die Verwal-

---

[1] ErbStRG, BGBl 2008 I S. 3018 ff.

[2] Gesetz zur Beschleunigung des Wirtschaftswachstums, BGBl I 2009, S. 3950; Die §§ 13a und 19a Abs. 5 ErbStG in der veränderten Fassung finden grds. rückwirkend Anwendung auf Erwerbe, für die die Steuer nach dem 31. 12. 2008 entsteht (temporäre Ausnahme in § 37 Abs. 3 ErbStG). Wurde für Erwerbe von Todes wegen, für welche die Steuer zwischen dem 1. 1. 2007 und dem 31. 12. 2008 entstanden ist, ein Antrag nach Art. 3 Abs. 1 des ErbStRG vom 24. 12. 2008 gestellt, sind nach Art. 14 des Wachstumsbeschleunigungsgesetz § 13a ErbStG und § 19a Abs. 5 ErbStG i. d. F. dieses Gesetzes anzuwenden.

[3] Nach *Lang* (FR 2010, 49, 57) erhöhen die Lockerungen der Voraussetzungen bei §§ 13a, 13b und 19a ErbStG durch das Wachstumsbeschleunigungsgesetz die Gefahr, dass das BVerfG die Verschonungsregelung insgesamt für nichtig erklären wird; unter den AZ: 1 BvR 3196/09, 1 BvR 3197/09 und 1 BvR 3198/09 sind bereits drei Verfassungsbeschwerden anhängig.

[4] Vgl. ausführlich hierzu, auch mit Übersichten: *Schwind/Schmidt*, NWB 2009, 1654.

[5] Zur Lohnsummenklausel im Detail: *Schmidt/Schwind*, NWB 2009 S. 2410, zur Berechung der Lohnsumme bei Gewährung von Kurzarbeitergeld: FinMin Baden-Württemberg , 3 - S-3812a / 24 Erlass (koordinierter Ländererlass) vom 24. 9. 2009, in DB 2009, 2182; Ausführungen zur europarechtlichen Würdigung der Lohnsummenregelung: *Corsten/Führich* ZEV 2009, 481, 487.

[6] Gleich lautende Erlasse der obersten Finanzbehörden der Länder zur Umsetzung der ErbStRG/Erbschaftsteuer v. 25. 6. 2009, BStBl. I S. 713 [im Folgenden: AEErb].

tungsvermögensgrenze von 10 % überschritten war, müsste u. E. dem Erwerber nach Sinn und Zweck des Gesetzes zumindest die Regelverschonung nach §§ 13a Abs. 1 und 2, 13b Abs. 1 und 4 ErbStG, verbleiben, wenn das Verwaltungsvermögen die 50 %-Grenze (§ 13b Abs. 2 ErbStG) nicht überschreitet.[7] So auch die Sichtweise der Finanzverwaltung in R 17 Abs. 3 Satz 4 AEErb.

Liegt vom Verschonungsabschlag erfasstes Unternehmensvermögen vor, sind im Nachgang zur Übertragung – wie im alten Recht – die gesetzlichen Nachversteuerungstatbestände des § 13a Abs. 5 ErbStG, welche zum zeitanteiligen Wegfall der Begünstigung führen können, übernommen worden. Als Verstoß gelten nach § 13a Abs. 5 S. 1 Nr. 1-5 ErbStG n. F. insbesondere der Verkauf des Betriebs/eines Teilbetriebs, die Veräußerung von wesentlichen Betriebsgrundlagen, die Betriebsaufgabe, die Insolvenz/Liquidation und neu: die Aufhebung der Verfügungsbeschränkung oder Stimmrechtsbindung während der 5 bzw. 7 jährigen Behaltensfrist. Allerdings besteht nach dem neuen Recht zumeist eine Reinvestitionsmöglichkeit zur „Heilung" eines Verstoßes gegen die Behaltensfristen (§ 13a Abs. 5 S. 3 und 4 ErbStG).[8]

Bei Verstoß gegen die Lohnsummenklausel am Ende des Behaltenszeitraums erfolgt eine quotale Kürzung des Verschonungsabschlags gemäß § 13a Abs. 1 S. 5 ErbStG (R 8 Abs. 1 Satz 2 AEErb).[9]

II. Gleitender Abzugsbetrag

Bei der **Regelverschonung** sind die verbleibenden, nicht i. S. d. § 13b Abs. 4 ErbStG begünstigten **15 %** des in § 13b Abs. 1 ErbStG genannten Vermögens grundsätzlich sofort **steuerbar**. Auf diesen steuerbaren Teil wird allerdings ein gleitender **Abzugsbetrag** von bis zu 150.000 EUR (§ 13a Abs. 2 ErbStG) zur Vermeidung einer Besteuerung in Klein- bzw. Kleinstfällen gewährt. Der Abzugsbetrag verringert sich aber, soweit der Wert des steuerbaren Vermögens den Betrag von 150.000 EUR übersteigt um 50 % des übersteigenden Betrages (R 6 Abs. 1 Satz 2 AEErb). Begünstigtes Vermögens von bis zu 1 Mio. EUR wird so noch vollständig befreit, während bei einem Wert des Betriebsvermögens von über 3 Mio. EUR der Abzugsbetrag vollständig entfällt (H 6 AEErb).

Der Abzugsbetrag setzt **nicht** die Einhaltung des Lohnsummenerfordernisses voraus (R 8 Abs. 1 Satz 7 AEErb). Jedoch entfällt er nachträglich mit Wirkung für die Vergangenheit „soweit" (sachliche Kürzung) **die Behaltensfristen nicht eingehalten wurden** (R 16 Abs. 1 Sätze 5 u. 6 AEErb). Es findet dann eine **Neuberechnung** statt (§ 13a Abs. 5 S. 1 ErbStG).[10] Der Abzugsbetrag kann sich dadurch entweder vermindern oder erhöhen.

III. Tarifbegrenzung bzw. Entlastungsbetrag

Entsprechend dem früheren Recht wird nach § 19a ErbStG natürlichen Personen für den Erwerb von begünstigtem Betriebsvermögen eine **Tarifbegrenzung auf Steuerklasse I** gewährt, wenn der Erwerber der Steuerklasse II oder III unterfällt. Die Tarifbegrenzung wird nunmehr wieder zu 100 % gewährt. Sie ist allerdings nicht auf das steuerpflichtige „junge Verwaltungsvermögen", d. h. innerhalb von zwei Jahren vor der Übertragung zugeführtes Verwaltungsvermögen, anzuwenden (§§ 13b Abs. 1 Sätze 1 u. 3; 19a Abs. 2 Satz 1 ErbStG). Eine Tarifentlastung verbleibt dem

---

[7] So u. a. *Geck*, ZEV 2008, S. 563.

[8] Zu den Nachversteuerungstatbeständen und Folgen des Verstoßes gegen die Behaltensfristen vgl. ausführlich *Schmidt/Leyh*, NWB 33/2009, S. 2557; Weiterführende Überlegungen zur Reinvestitionsklausel, siehe *Korezkij*, DStR 2009, S. 2412ff.

[9] Siehe ausführlich hierzu *Schmidt/Schwind*, NWB 2009 S. 2410 ff.

[10] *Scholten/Korezkij*, DStR 2009, 991, 995.

Erwerber begünstigten Vermögens jedoch nur, wenn und soweit die Tatbestandsvoraussetzungen der §§ 13a, 13b ErbStG für die Verschonung des Vermögens vorliegen und während der Verhaftungsfrist bestehen bleiben. Bei Verstoß gegen die Verhaftungs- bzw. Behaltensfrist entfällt „soweit" (mittelbare und ggf. zeitliche Kürzung) auch der Entlastungsbetrag rückwirkend (§ 19a Abs. 5 S. 1 ErbStG).

B. Überblick über das begünstigte Vermögen i. S. d. § 13b Abs. 1 ErbStG

Nach dem neuen ErbStG ist neben inländischem Unternehmensvermögen auch in der Europäischen Union oder dem Europäischen Wirtschaftsraum (nachfolgend abgekürzt „EU/EWR-Raum") belegenes Betriebsvermögen begünstigt. Nicht begünstigt bleibt hingegen der Erwerb ausländischen Unternehmensvermögens in Drittstaaten, es sei denn, dieses ist Teil entweder einer inländischen wirtschaftlichen Einheit oder einer solchen des EU/EWR-Raums (R 20 Abs. 4 AEErb).[11]

Das begünstigte Unternehmensvermögen nach altem und neuem Erbschaftsteuerrecht ist im Wesentlichen inhaltsgleich. Allerdings kommt es hinsichtlich der Einhaltung der geforderten Mindestbeteiligung an Kapitalgesellschaften (≥ 25 %) zu einer Erweiterung des Begünstigungskreises durch die Möglichkeit der Anteilspoolung (§13b Abs. 1 Nr. 3 S. 2 ErbStG). Zudem ist die europarechtlich gebotene Begünstigung von im EU/EWR-Raum belegenem Vermögen erstmals kodifiziert worden.[12]

C. Ausländisches Betriebsvermögen

I. Begünstigtes Betriebsvermögen im EU/EWR-Raum

Gemäß § 13b Abs.1 Nr. 2 ErbStG wird nunmehr auch „entsprechendes" **Betriebsvermögen**, das einer Betriebsstätte **in einem Mitgliedstaat der EU** oder in einem **Staat des EWR** (Island, Liechtenstein und Norwegen, nicht aber z.B. die Schweiz! [H 20 AEErb]) dient, in den Kreis des begünstigten Vermögens ausdrücklich mit einbezogen. Es ist daher unmaßgeblich, ob es sich bei einem übertragenen (Teil-)Betrieb oder Anteil an einer Personengesellschaft um inländisches oder EU-/EWR-Betriebsvermögen handelt.

II. Grundsatz: Nicht begünstigtes Betriebsvermögen in Drittstaaten

Nicht begünstigt bleibt der unmittelbare Erwerb **ausländischen Betriebsvermögens in Drittstaaten**, wie etwa das Betriebsvermögen von Gewerbebetrieben, deren **wirtschaftliche Einheit sich ausschließlich auf Drittstaaten erstreckt**, bzw. das Vermögen einer **Drittstaaten-Betriebsstätte** eines inländischen oder im EU-/EWR-Raum belegenen Gewerbebetriebs (R 20 Abs. 4 Sätze 2 u. 3

---

[11] Vgl. zu diesem Themenkreis im Detail auch *Schwind/Schmidt*, NWB 2009, 1816.
[12] EuGH-Urteil vom 17. 1. 2008, Rs. C-256/06 „Jäger". Diese Rechtsprechung war auf EU/EWR-Betriebsvermögen übertragbar und wurde von der Finanzverwaltung bereits für das alte Erbschaft- und Schenkungsteuerrecht angewendet.

AEErb).¹³ Anteile an Personengesellschaften mit Drittlandsbetriebsstätten sollten vorsorglich in eine EU-Kapitalgesellschaft eingebracht werden.¹⁴

III. Ausnahme: Begünstigtes Betriebsvermögen in Drittstaaten

Ausländisches Betriebsvermögen in Drittstaaten ist jedoch begünstigt, wenn es **Teil** einer **inländischen wirtschaftlichen Einheit** oder einer wirtschaftlichen Einheit des **Betriebsvermögens im EU/EWR-Raum** (R 20 Abs. 4 Satz 4 AEErb), also ohne Begründung einer Drittstaaten-Betriebsstätte, ist.¹⁵ Das ErbStG stellt insoweit lediglich auf das übertragene Vermögen, nicht aber auf die dazu gehörenden Beteiligungen ab.

Befindet sich im inländischen oder EU/EWR-Betriebsvermögen Drittstaaten-Betriebsvermögen, so wird auch dieses als Teil des bereits begünstigten Betriebsvermögens mit umfasst.¹⁶

IV. Herstellung von begünstigtem Betriebsvermögen

Zur Herstellung von begünstigtem ausländischem Vermögen bei außerhalb des EU/EWR-Raumes befindlichen Vermögensgegenständen besteht die Möglichkeit dieses entweder einer Betriebsstätte im Inland oder dem EU/EWR-Raum zuzuordnen oder es in eine im inländischen oder EU/EWR-Raum gehaltene (ggf. gewerblich geprägte) Personen- oder Kapitalgesellschaft einzubringen.¹⁷

V. Besonderheiten bei Übertragung von Unterbeteiligungen und atypisch stillen Beteiligungen

Zu dem bis 31.12. 2008 geltenden Erbschaftsteuerrecht hatte die Finanzverwaltung die Auffassung vertreten, dass **atypische Unterbeteiligungen** oder **atypische stille Beteiligungen an einer Personengesellschaft** nicht begünstigtes Vermögen i. S. d. § 13a ErbStG a.F. darstellen. An dieser Auffassung hält die Verwaltung nicht mehr fest, so dass auch auf diesem Wege in- wie auch ausländisches Betriebsvermögen übertragbar ist.¹⁸

D. Anteile an Kapitalgesellschaften

I. Überblick über die Begünstigungsvoraussetzungen

Eine Erweiterung der Begünstigung erfolgte zum einen dadurch, als nunmehr in § 13b Abs. 1 Nr. 3 S. 1 ErbStG auch ausdrücklich **Sitz oder Geschäftsleitung der Kapitalgesellschaft im EU/EWR-Raum** zur Zeit der Entstehung der ErbSt ausreicht. Zum anderen wurde der begünstigte Personenkreis durch die neu eingeführte **Möglichkeit der sog. Anteilspooling** ausgedehnt. Der Erb-

---

[13] Vgl. *Hannes/Onderka*, ZEV 2008, 16, 19; *Hübner*, Ubg 2009, 1, 8; *Scholten/Korezkij*, DStR 2009, 73, 75; zum alten Recht vgl. R 51 Abs. 4 S. 2 ErbStR 2003.

[14] *Strunk/Kaminski*, Stbg 2009, 162 wohl für den Fall, dass R 51 Abs. 4 S. 2 ErbStR 2003 nicht weiter gelten sollte, was aber dem Vernehmen nach der Fall ist.

[15] So wohl auch *von Oertzen*, Ubg 2008, 57, 63; *Hübner*, Erbschaftsteuerreform 2009, 417.

[16] So auch *Hübner*, Erbschaftsteuerreform 2009, 429; *Scholten/Korezkij*, DStR 2009, 73, 75; *Hannes/Onderka*, ZEV 2009, 1, 13; *Rödder*, DStR 2008, 997, 999; *Richter/Viskorf/Philipp*, DB 2009, Beilage 2, S. 3; *von Oertzen*, Ubg 2008, 57, 62, 63, *Hannes/Onderka*, ZEV 2008, 16, 19; *Scholten/Korezkij*, DStR 2009, 73, 75.

[17] Zum Geltungsbereich des alten Rechts vgl. R 51 Abs. 4 ErbStR 2003.

[18] Vgl. Erlass vom 9. 4. 2009 des FinMin Baden-Württemberg, 3 - S-3806 / 51, DB 2009, 878 noch zum alten, aber insoweit unverändertem ErbSt-Recht.

lasser oder Schenker muss entweder selbst oder über die Poolung von Anteilen zu diesem Zeitpunkt **unmittelbar** zu **mehr als 25%** am Nennkapital der Kapitalgesellschaft beteiligt sein (Mindestbeteiligung), R 21 AEErb. Die Mindestbeteiligung gilt allerdings nicht hinsichtlich der Höhe der übertragenen Beteiligung. Diese kann auch kleiner sein.

II. Ausländische Kapitalgesellschaften

Da § 13b Abs. 1 Nr. 3 S. 1 ErbStG ausschließlich auf den Sitz oder die Geschäftsleitung der Kapitalgesellschaft abstellt, kommt es auf die **Belegenheit** des Vermögens nicht an. Dieses kann sich somit – anders als bei Einzelunternehmen – sogar überwiegend oder ausschließlich in einem Drittstaat befinden.[19]

Ist beabsichtigt, eine **Beteiligung an einer Kapitalgesellschaft** mit Sitz und Geschäftsleitung **in einem Drittstaat** im Erbwege oder durch Schenkung zu übertragen, kann die Inanspruchnahme der Begünstigung durch **Zwischenschaltung** einer inländischen oder EU-/EWR-Gesellschaft erreicht werden.[20] Mögliche ertragsteuerliche Auswirkungen im In- und Ausland sind hierbei allerdings zu beachten.

III. Ermittlung der Beteiligungshöhe und Poolvereinbarung

Lediglich für **Kapitalgesellschaftsbeteiligungen**, die **im Privatvermögen gehalten** werden, gilt die **Mindestbeteiligungsquote** des § 13b Abs. 1 Nr. 3 ErbStG von über 25 %.[21] Geringere Beteiligungsquoten im Privatvermögen sind damit grundsätzlich – wie auch nach altem Recht – von den Begünstigungen des ErbStG ausgenommen.

Unterbeteiligungen oder über eine andere Kapital- oder Personengesellschaft gehaltene **mittelbare Beteiligungen** des Übertragenden sind nach Verwaltungsauffassung **selbst nicht begünstigt** und müssen deshalb auch bei der Prüfung der Beteiligungshöhe nach neuem Recht grundsätzlich unberücksichtigt bleiben.[22] Das Gesetz sieht **keine Zusammenrechnung der unmittelbaren und mittelbaren im Betriebs- oder Sonderbetriebsvermögen gehaltenen Beteiligungen** vor.[23]

Durch eine „Pool-Vereinbarung" zwischen Gesellschaftern kann die Mindestbeteiligungshürde übersprungen werden (§ 13b Abs. 1 Nr. 3 S. 2 ErbStG). Denn dann ist die Summe der dem Übertragenden unmittelbar zuzurechnenden Anteile und der Anteile weiterer Poolgesellschafter für die Berechnung der Mindestbeteiligungsquote ausschlaggebend (R 21 Abs. 3 Satz 2 AEErb). **Zwei Alternativen** sind vorgesehen, wie eine Poolung zwischen Erblasser/Schenker und weiteren (Mit-)Gesellschaftern erfolgen kann. Die Gesellschafter müssen sich in der Verfügungsfreiheit dadurch beschränken, dass sie sich untereinander verpflichten entweder über die Anteile nur einheitlich zu verfügen (*Verfügungsbeschränkung,* **Alternative I**) oder ausschließlich auf andere derselben Verpflichtung unterliegende Anteilseigner zu übertragen (*Verfügungsbeschränkung,*

---

[19] Vgl. auch *Hannes/Steger*, ErbStB 2009, 113, 116, *Hübner*, Erbschaftsteuerreform 2009, 429.
[20] Vgl. auch *Scholten/Korezkij*, DStR 2009, 73, 75; *Hannes/Onderka*, ZEV 2008, 16, 19.
[21] *Scholten/Korezkij*, a. a. O. 73 75; *Crezelius*, DStR 2007, 2277, 2280; *Schmidt/Schwind*, NWB 2009, 1816, 1821.
[22] R 21 Abs. 2 Satz 3 AEErb.
[23] Vgl. *Hannes/Onderka*, ZEV 2008, 16, 19; a. A. wohl *Rödder*, DStR 2008, 997, 999.

Alternative II). Zusätzlich müssen sich die Poolmitglieder stets verpflichten, das Stimmrecht gegenüber nicht gebundenen Gesellschaftern einheitlich auszuüben (*Stimmbindung*).[24]

Die **Poolvereinbarung muss im Besteuerungszeitpunkt vorliegen** (R 21 Abs. 5 AEErb) und kann daher vom Schenker auch noch kurz vor Übertragung von Anteilen privatschriftlich vereinbart werden. Eine Mindestvorlaufzeit ist im Gesetz nicht vorgesehen.[25]

Nach erfolgter Übertragung muss die Pool-Regelung 5 (Regelverschonung) bzw. 7 Jahre (Optionsverschonung) durchgehalten werden, da bei Aufhebung der Verfügungsbeschränkung oder Stimmrechtsbündelung gem. § 13a Abs. 5 S. 1 Nr. 5 ErbStG ein Verstoß gegen die Behaltensfrist vorliegt und u. U. eine Nachversteuerung erfolgt.[26]

Zu beachten ist, dass eine Poolvereinbarung nach § 13b Abs. 1 Nr. 3 ErbStG auch „Fern- oder Nebenwirkungen" haben kann. So ist nicht abschließend geklärt, in welchen Fällen eine Poolvereinbarung zu einem Untergang von **Verlustvorträgen nach § 8c KStG** führt.[27]

E. Wirtschaftliche Einheit des begünstigten Vermögens nach § 13b ErbStG

Erstreckt sich das zu übertragende begünstigte Vermögen i. S. d. § 13b EStG auf **mehrere selbständig zu bewertende wirtschaftliche Einheiten einer Vermögensart** (z. B. mehrere selbständige Gewerbebetriebe) oder mehrere Arten begünstigten Vermögens (land- und forstwirtschaftliches Vermögen, Betriebsvermögen, Anteile an Kapitalgesellschaften), sind deren Werte **vor der Anwendung des § 13a ErbStG** – wie beim alten Recht – **zusammen zu rechnen.**[28]

Entsprechend bisherigem Verständnis können **Verschonungsabschlag** und **Abzugsbetrag** nur von einem insgesamt positiven Steuerwert des gesamten begünstigten Vermögens abgezogen werden.[29] Anders als nach altem Recht kann auf die Betriebsvermögensbegünstigung nicht verzichtet werden.[30]

F. Verwaltungsvermögenstest und sogenanntes junges Verwaltungsvermögen

I. Begriff des Verwaltungsvermögens

Dem Grunde nach begünstigtes Vermögen kommt nur in den Genuss des neuen Begünstigungssystems, wenn das darin befindliche sog. **Verwaltungsvermögen** gewisse Wertgrenzen nicht überschreitet. Es ist daher stets zu ermitteln, in welchem prozentualen Verhältnis der

---

[24] Zu den Problemen der Stimmbindung vgl. Weber/Schwind, ZEV 2009, 16, 17; Hübner, Erbschaftsteuerreform 2009, 423; *Schmidt/Schwind*, NWB 2009, 615; aus Vorsichtsgründen sollte eine enge Auslegung zugrunde gelegt werden, nach der eine zeitliche und personelle Komponente erforderlich ist, d. h. eine gleichzeitige Veräußerung an (nur) einen Erwerber.

[25] Vgl. *Hannes/Onderka*, ZEV 2008, 16, 20; Stahl/Fuhrmann, KÖSDI 2008, 16056, 16066; *Scholten/Korezkij*, DStR 2009, 73, 77.

[26] Zu Gestaltungen zur Vermeidung des Entfallens einer Poolvereinbarung siehe Langenfeld, ZEV 2009, S. 596ff.

[27] Ablehnend *Hannes/von Freeden*, Ubg 2008, 624, a. A. wohl BMF v. 4.7.2008, BStBl. II S. 736, Tz. 7.

[28] R 22 Abs. 1 Satz 1 AEErb; vgl. zum alten Recht: R 54 S. 1 ErbStR 2003.

[29] R 22 Abs. 1 Satz 2 AEErb; vgl. R 54 S. 2 ErbStR 2003.

[30] Vgl. auch R 68 ErbStR 2003; Ein derartiger Verzicht ist im neuen Recht gesetzlich nicht vorgesehen.

gemeine Wert der einzelnen Wirtschaftsgüter, die zum Verwaltungsvermögen gehören, zum gemeinen Wert des gesamten Betriebes steht (sog. **Verwaltungsvermögenstest**, § 13b Abs. 2 Satz 4 ErbStG).[31]

Beträgt die **Verwaltungsvermögensquote nicht mehr als 50 %**, greift grundsätzlich das Begünstigungssystem für Betriebsvermögen (vgl. I.1.). Bei einer Verwaltungsvermögensquote von nicht mehr als 10 % kommt anstelle der sonst einschlägigen 85 % sogar der Verschonungsabschlag von 100 % in Betracht. **Wird die 50 %-Quote** allerdings **überschritten**, entfällt jegliche Begünstigung für Unternehmensvermögen (Alles-oder-nichts-Prinzip).

§ 13b Abs. 2 S. 2 ErbStG regelt abschließend, was unter den **Begriff des Verwaltungsvermögens** zu fassen ist:

- Dritten zur Nutzung überlassene Grundstücke mit Ausnahmen (z. B. Sonderbetriebsvermögen und bestimmte Betriebsaufspaltungsfälle sowie für Wohnungsvermögen oder Fälle der Nutzungsüberlassung im Konzern),
- Unmittelbare Beteiligungen am Nennkapital einer Kapitalgesellschaft ≤ 25 %,
- Anteile an Personengesellschaften oder Anteile > 25 % an Kapitalgesellschaften, soweit bei diesen Verwaltungsvermögen > 50 % vorhanden ist,
- Wertpapiere und „vergleichbare Forderungen" (mit bestimmten Branchenausnahmen),
- Kunstgegenstände und Edelmetalle (mit bestimmten Branchenausnahmen).

Die **Verwaltungsvermögensquote** ist **für jede wirtschaftliche Einheit** gesondert **zu ermitteln** und zu überprüfen. Dies gilt auch und gerade bei mehrstufigen Beteiligungsverhältnissen (R 35 Abs. 3 AEErb).

Für die Entscheidung, ob Verwaltungsvermögen vorliegt, sind die **Verhältnisse im Besteuerungszeitpunkt maßgebend**. Dabei ist ausschließlich auf die Verhältnisse beim Erblasser bzw. Schenker abzustellen. **Veränderungen hinsichtlich der Quote des Verwaltungsvermögens, die nach dem Besteuerungszeitpunkt beim Erwerber eintreten, sind** aber **unbeachtlich**.[32] Allerdings müssen die weiteren Voraussetzungen (Behaltensfristen etc.) erfüllt und beachtet werden (R 23 Abs. 2 AEErb).

II. Verwaltungsvermögenstest bei mittelbaren Beteiligungen

Während im Anwendungsbereich des § 13b Abs. 1 ErbStG **nur auf die unmittelbare Beteiligung** abzustellen ist, sind i. R. d. Verwaltungsvermögenstests gem. § 13b Abs. 2 S. 2 **Nr. 3** ErbStG auch **mittelbare, d.h. im Betriebsvermögen oder von Kapitalgesellschaften gehaltene Beteiligungen** mit einzubeziehen.

Gehören zum Betriebsvermögen eines Betriebs, einer Personen- oder Kapitalgesellschaft **Anteile an Kapitalgesellschaften** und beträgt die unmittelbare Beteiligung am Nennkapital dieser Gesellschaften **25% oder weniger**, sind die Anteile gemäß § 13b Abs. 2 S. 2 Nr. 2 ErbStG des Weiteren grundsätzlich dem Verwaltungsvermögen zuzurechnen.[33] Das Gesetz sieht jedoch **zwei**

---

[31] *Schmidt/Schwind*, NWB 2009, 2151 mit ausführlichen Hinweisen zum Vermögensverwaltungstest.

[32] Nach dem Wortlaut nicht eindeutig ist § 13a Abs. 7 ErbStG für nicht inländisch begünstigtes Vermögen i. S. d. § 13b ErbStG. Die relevante Verwaltungsvermögensgrenze (10 %/50 %) ist allerdings aus Diskriminierungsgründen und dem Vergleich mit Inlandsvermögen nur im Besteuerungszeitpunkt und nicht über die gesamte Behaltensfrist einzuhalten (so zutreffend *Bäuml*, GmbHR 2009, 1135, 1141).

[33] Zur Problematik „Aufstockung der Beteiligung auf > 25 % innerhalb von zwei Jahren vor einer Übertragung", vgl. *Scharfenberg/Müller*, DB 2009, 2681ff.

Ausnahmen vor. Kein Verwaltungsvermögen ist gegeben, wenn entweder die Beteiligung zur wirtschaftlichen Einheit eines Kreditinstituts, Finanzdienstleisters oder Versicherungsunternehmens gehört und sie dem Hauptzweck des Betriebs zuzurechnen ist (§ 13b Abs. 2 S. 2 Nr. 2 ErbStG) oder wenn die Mindestbeteiligungsgrenze von mehr als 25 % mittels Poolvereinbarung erreicht wird (§ 13b Abs. 2 S. 2 Nr. 2 S. 2 ErbStG).[34]

Bei **mehrstöckigen Unternehmensstrukturen** ist auf jeder Stufe zu prüfen, ob die Beteiligungsgesellschaft (gleichgültig ob Personen- oder Kapitalgesellschaft) ihrerseits Verwaltungsvermögen von mehr als 50 % aufweist. Nur wenn dies zu bejahen ist, stellt die Beteiligung insgesamt Verwaltungsvermögen bei ihrer Muttergesellschaft bzw. dem Betrieb, dem sie steuerlich zugeordnet ist, dar. Dort ist dann jeweils erneut der Verwaltungsvermögenstest durchzuführen. Bei **Holdingstrukturen** führt dies zu einer komplexen Stufenprüfung.[35] Allerdings lässt sich durch geschickte Verteilung von Verwaltungsvermögen auf mehrere Beteiligungsgesellschaften eine **Verwässerung der Verwaltungsvermögensquote** erreichen, so dass auf diesem Wege sogar auf Holdingebene die 10 %-Verwaltungsvermögensgrenze eingehalten und die Optionsverschonung zum Ansatz kommen kann. Die 10 %-Grenze des § 13a Abs. 8 Nr. 3 ErbStG bezieht sich nämlich nicht auf § 13b Abs. 2 S. 2 Nr. 2 und Nr. 3 ErbStG (so auch R 31 Abs. 2 AEErb).

III. Ermittlung des Anteils an sog. Verwaltungsvermögen

Die Berechnung der Verwaltungsvermögensgrenze geschieht im Wege eines **Brutto-Netto-Vergleichs**. Nach § 13b Abs. 2 S. 4 ErbStG bestimmt sich der Anteil des Verwaltungsvermögens am gemeinen Wert des Betriebs nach dem Verhältnis der Summe der gemeinen Werte der Einzelwirtschaftsgüter des Verwaltungsvermögens zum gemeinen Wert des Betriebs. **Mit dem Verwaltungsvermögen zusammenhängende Schulden** und **Lasten** finden keine Berücksichtigung (R 35 Abs. 2 Satz 5 AEErb), was zu sachwidrigen Ergebnissen führt, da Verbindlichkeiten den Gesamtunternehmenswerts mindern.[36]

Bei **Kapitalgesellschaftsanteilen** bestimmt sich der Anteil des Verwaltungsvermögens nach dem **Verhältnis der Summe der gemeinen Werte der Einzelwirtschaftsgüter des Verwaltungsvermögens zum gemeinen Wert des gesamten Kapitalgesellschaftsvermögens** (R 35 Abs. 4 Satz 1 AEErb). Bei Betrieben der Land- und Forstwirtschaft ist nach § 13b Abs. 2 S. 5 ErbStG als Vergleichsmaßstab der Wert des Wirtschaftsteils (§ 168 Abs. 1 Nr. 1 BewG) anzuwenden (§ 13b Abs. 2 S. 5 ErbStG).[37]

Wegen des Verwaltungsvermögenstests ist nicht stets diejenige Bewertungsmethode die günstigste, die zum niedrigsten Unternehmenswert führt. Denn je niedriger der Gesamtwert des Unternehmens ist, desto höher fällt grundsätzlich die Verwaltungsvermögensquote aus. Die Wahl einer zum **niedrigeren Wert führenden Bewertungsmethode** kann daher zum Nichtbestehen des Verwaltungsvermögenstest führen.[38]

---

[34] Zu den Anforderungen an eine solche Poolvereinbarung vgl. hierzu *Schwind/Schmidt*, NWB 2009, S. 1816, 1821 ff.
[35] Vgl. auch *Piltz*, ZEV 2008, 229, 231.
[36] Ausführlich zum Vermögensverwaltungstest siehe Schmidt/Schwind, NWB 2009, 2151; *Crezelius*, DStR 2007, 2277 (2280).
[37] *Scholten/Koretzkij*, DStR 2009, 148; *Schulte*, FR 2008, 347, *Stahl/Fuhrmann*, KOESDI 2008, 16058.
[38] Vgl. hierzu auch *Hannes/Steger*, ErbStB 2009 S. 113, 114.

IV. Junges Verwaltungsvermögen

Überwiegt das Verwaltungsvermögen nicht, ist auf einer weiteren Prüfungsstufe das Verwaltungsvermögen aus der Betriebsvermögensbegünstigung auszuscheiden, welches dem Betrieb im Zeitpunkt der Übertragung **weniger als zwei Jahre** zuzurechnen war (§ 13b Abs. 2 S. 3 ErbStG). Dieses sog. junge Verwaltungsvermögen ist zwar für den Verwaltungsvermögenstest mit einzubeziehen (R 34 Abs. 2 Satz 1 AEErb), unterliegt aber der vollen Besteuerung und nimmt nicht an den Begünstigungen für Unternehmensvermögen teil.[39]

Gehören zum Betriebsvermögen Beteiligungen an Personen- und/oder Kapitalgesellschaften von **mehr als 25 %** (i. S. v. § 13b Abs. 2 Nr. 3 ErbStG), ist das bei der Beteiligungsgesellschaft vorhandene **junge Verwaltungsvermögen** bei dem Betrieb oder der Gesellschaft, welche die Beteiligung oder die Anteile hält, mittelbar durch die Prüfung der Verwaltungsvermögensgrenze auf jeder Ebene, auch bei der Prüfung der 50 %-Grenze bei der Muttergesellschaft mit einzubeziehen (R 34 Abs. 3 AEErb). Es wird also geprüft, ob die Beteiligung per se zum Verwaltungsvermögen zählt oder nicht.[40]

Ein **Ausschluss** etwaig in Tochtergesellschaften enthaltenen „jungen Verwaltungsvermögens" gemäß § 13b Abs. 2 S. 3 ErbStG **erfolgt** jedoch **nicht** (R 34 Abs. 3 AEErb). Der Gesetzeswortlaut stellt lediglich auf das junge Verwaltungsvermögen des zu übertragenden Betriebs i. S. d. § 13b Abs. 1 ErbStG ab. In Beteiligungsgesellschaften vorhandenes junges Verwaltungsvermögen gehört aber gerade nicht unmittelbar zu einem solchen Vermögen i. S. d. § 13b Abs. 1 ErbStG.[41] Eine auch kurz vor der Übergabe erfolgte Auffüllung von Verwaltungsvermögen bei Beteiligungsgesellschaften bis zur 50 %-Grenze ist also möglich, wobei die jeweilige Beteiligung aber bereits seit mehr als zwei Jahren bestehen und zum übertragenen Betriebsvermögen gehören muss.

Nach Verwaltungsmeinung kann auch „umgewandeltes Verwaltungsvermögen" zum Ausschluss aus der Begünstigung führen. Hierunter wird Verwaltungsvermögen verstanden, **welches innerhalb des Zwei-Jahres-Zeitraums im Unternehmen und damit aus betrieblichen Mitteln** (im Wege des Aktiv-Tauschs) **angeschafft oder hergestellt worden** ist (R 34 Abs. 1 Satz 2 AEErb).[42]

G. Bewertung von in- und ausländischem Betriebsvermögen

I. Rechtsgrundlagen und Grundausrichtung

Für Zwecke der Erbschaft- und Schenkungsteuer sind **Rechtsgrundlagen** für die Bewertung von Betriebsvermögen und Anteilen an Personen- wie auch Kapitalgesellschaften §§ 12 Abs. 1, 2, 5, 7 ErbStG und 2 Abs. 1; 9; 11 Abs. 1 bis 3; 97; 109; 151 Abs. 1 S. 1 Nr. 2 und 3; 157 Abs. 4, 5 BewG. Der zentralen Forderung des Bundesverfassungsgerichts[43] folgend, ist die **Bewertung rechtsformunabhängig** und grundsätzlich am **gemeinen Wert** ausgerichtet.

Nach § 12 Abs. 7 ErbStG wird reines **ausländisches Betriebsvermögen**, welches nicht über inländisches Betriebsvermögen gehalten wird, nach § 31 BewG und damit nach den Vorschriften des

---

[39] Ausführlich zum sog. jungen Verwaltungsvermögen siehe *Schmidt/Schwind*, NWB 2009, 2151, 2160.
[40] Vgl. *Schwind/Schmidt*, NWB 2151, 2161.
[41] A. A. *Hannes/Steger*, ErbStB 2009 S. 113, 117; vgl. aber BRDrucks. 4/1/ 08 v. 4. 2. 2008, S. 20 f.
[42] Vgl. *Scholten/Korezkij*, DStR 2009, 148; *Strahl/Fuhrmann* in KOESDI 2009, 16402, 16407, Rn 16.
[43] Beschluss des Bundesverfassungsgerichts 7. 11. 2006, 1-BvL-10/02, BStBl. II 2007 S. 192.

Ersten Teils des BewG, insbesondere nach § 9 BewG (**gemeiner Wert**) bewertet.[44] Ein ausdrücklicher, besonderer Verweis auf § 11 BewG fehlt zwar, allerdings liegt ein allgemeiner Verweis auf die Vorschriften des Ersten Teils des BewG und damit auch auf § 11 BewG vor. U. E. sind damit sämtliche nach dem BewG vorgegebene, auf den gemeinen Wert abzielende Bewertungsverfahren - wie für inländische Anteile und Betriebsvermögen – zumindest analog anwendbar,[45] daher u. a. auch das scg. vereinfachte Ertragswertverfahren nach §§ 199 - 203 BewG.[46] So auch die Finanzverwaltung in R 19 Abs. 2 und R 24 AEErb/BewG.[47]

II. Bewertungsnotwendigkeit und -stichtag

Wird Betriebsvermögen vererbt oder verschenkt, hat **stets** eine **Bewertung** zu erfolgen. Dies gilt auch für die Fälle, bei denen – etwa wegen der Optionsverschonung – zunächst keine Erbschaftsteuer anfällt oder durch die persönlichen Freibeträge beim Erwerber keine Steuer entsteht. Ferner ist der Unternehmenswert zu ermitteln, um den **Verwaltungsvermögenstest** durchführen zu können. Findet zudem aufgrund Verstoßes gegen Lohnsummenklausel und/oder **Behaltensfrist** eine **Nachversteuerung** statt, erfolgt diese auf Basis des Verkehrswerts zum Zeitpunkt des ursprünglichen Erwerbs.

Bewertungsstichtag ist der **Zeitpunkt der Steuerentstehung** (§ 11 ErbStG), welcher in § 9 ErbStG definiert ist (entsprechender Verweis auch in § 12 Abs. 2 und 5 ErbStG). Dies kann gerade in Erbfällen zu **unterjährigen Bewertungsstichtagen** führen, was aufgrund der nicht vorgehaltenen Bilanzwerte zu diesen Tagen zu erheblichen Erschwernissen bei der Bewertung führen dürfte. Eine **Erleichterung** ergibt sich kraft Gesetzes lediglich bei der Ertragswertermittlung im sog. vereinfachten Ertragswertverfahren (vgl. §§ 199 - 203 ff BewG), da hier grundsätzlich die Betriebsergebnisse der drei vor dem Bewertungsstichtag abgelaufenen Wirtschaftsjahre zugrunde zu legen sind.[48]

III. Bewertungsmethoden und Rangverhältnis

Zentrale Gesetzesvorschrift für die Bewertung ist § 11 BewG. Dieser führt mehrere Bewertungsmethoden auf, legt die Bewertungsmethoden fest, und regelt zugleich deren Rangverhältnis untereinander.

1. Börsennotierte Aktien

Wie nach dem bis 31.12.2008 geltenden ErbStG werden börsennotierte Wertpapiere (insb. Aktien) vorrangig und unabhängig von einem höheren oder niederen Ertragswert mit ihrem **Börsenkurs** angesetzt (§ 11 Abs. 1 S. 1 BewG; R 2 Abs. 1 AEErb/BewG),[49] u. U. zuzüglich eines sog. **Paket-**

---

[44] Zu Einzelheiten und verfassungsrechtlichen Fragen der Differenzierung zwischen Inlands- und Auslandsvermögen: *Gottschalk*, ZEV 2009, 157.

[45] Vgl. auch *Höne*, BBEV 2009, 28, 30.

[46] So *Bäuml*, GmbHR 2009, 1135, 1139; A. A. *Gottschalk*, ZEV 2009, 157; 165: keine europarechtskonforme Auslegung des § 12 Ab. 7 ErbStG möglich.

[47] Gleich lautende Erlasse der obersten Finanzbehörden der Länder zur Umsetzung des Gesetzes zur Reform der Erbschaftsteuer- und Bewertungsrecht v. 25. 6. 2009, BStBl. I S. 698 [im Folgenden: AEErb/BewG].

[48] Zu Vereinfachungsmöglichkeiten nach altem Recht, vgl. R 39 EStR 2003.

[49] Bei ausländischen Wertpapieren ist der Telefonkurs im inländischen Bankenverkehr maßgeblich, liegt ein solcher nicht vor, ist der gemeine Wert möglichst aus den Kursen des Emissionslandes abzuleiten.

zuschlags (R 7 AEErb/BewG) nach § 11 Abs. 3 BewG.[50] Nur in seltenen Ausnahmefällen bleibt ein Aktienkurs als Bewertungsmaßstab unberücksichtigt.[51]

2. Nicht börsennotierte Unternehmen

Für alle nicht börsennotierten Unternehmen greift § 11 Abs. 2 BewG. Aufgrund Verweisung findet diese Norm Anwendung auf **alle Unternehmen, gleichgültig** ihrer **Rechtsform**, und gilt damit insb. auch für Einzelunternehmen und Personengesellschaften.[52]

a) Verkaufspreis

Gemäß § 11 Abs. 2 S. 2 BewG ist der gemeine Wert in erster Linie **aus Verkäufen unter fremden Dritten** abzuleiten, die weniger als ein Jahr zurückliegen (R 3 Abs. 1 Sätze 1, 2 u. 6 AEErb/BewG). Verkaufspreise naher Angehöriger scheiden als Wertmaßstab damit ausdrücklich aus. Verkäufe nach dem Stichtag sind lediglich dann relevant, wenn über den Kaufpreis bereits vor dem Bewertungsstichtag Einigkeit bestand oder er hinreichend konkretisiert war.[53] Ein Verkaufspreis binnen Jahresfrist vor dem Stichtag hat **Vorrang vor** den **Bewertungsmethoden** des § 11 Abs. 2 BewG. Dies gilt selbst dann, wenn der Substanzwert über dem Kaufpreis liegen sollte.[54] Nach R 4 Abs. 1 Satz 2 AEErb/BewG ist der Ansatz des Substanzwertes in dem Fall ausdrücklich ausgeschlossen.

b) Berücksichtigung der Ertragsaussichten des Unternehmens

Fehlt es an einem Verkauf unter Dritten „in relevanter Zeit", findet nach § 11 Abs. 2 S. 2 BewG eine **Wertermittlung unter Berücksichtigung der Ertragsaussichten** des Unternehmens statt. Die Bewertungsmethode muss nicht ausschließlich auf Ertragsaussichten aufbauen, sondern kann auch andere Faktoren mit berücksichtigen.[55]

aa) Ertragswertmethode nach IDW S 1

In der Praxis der Wirtschaftsprüfer hat sich zur Ermittlung der Verkehrswerte von Unternehmen das **Ertragswertverfahren** in Form eines Bewertungsgutachtens nach IDW S1 durchgesetzt.[56] Diese Ertragswertmethode ist auch bei zivilrechtlichen Bewertungsanlässen vorherrschend. Die steuerliche Verkehrswertermittlung wird diesem Trend sicherlich folgen. Die Bewertung beruht schwerpunktmäßig auf den **realistischen Zukunftserwartungen des** konkret erworbenen und **fortgeführten Unternehmens** mit unverändertem Konzept unter Berücksichtigung seiner Marktchancen und -risiken, finanziellen Möglichkeiten sowie sonstigen Einflussfaktoren.

---

[50] Ein Paketzuschlag kommt sowohl beim Kurswertansatz als auch bei der Ableitung aus Verkäufen in Betracht, grundsätzlich aber nicht im sog. vereinfachten Ertragswertverfahren und bei der Substanzbewertung.

[51] BFH 1. 10. 2001, BFH/NV 2002 S. 319.

[52] Vgl. § 12 Abs. 2 und 5 ErbStG.

[53] Zuletzt FG Nürnberg 1. 4. 2008, EFG 2009 S. 602, Rev. beim BFH unter II R 40/08.

[54] Vgl. hierzu auch BFH 9. 3. 1994, BStBl. II 1994 S. 394.

[55] So auch *Hübner*, Erbschaftsteuerreform 2009 S. 483; wird der gemeine Wert in einem Ertragswertverfahren oder nach einer anderen anerkannten, auch im gewöhnlichen Geschäftsverkehr für nichtsteuerliche Zwecke üblichen Methode oder im vereinfachten Ertragswertverfahren ermittelt, ist – unter den Voraussetzungen des § 11 Abs. 3 BewG – ein Paketzuschlag erforderlich, wenn die in § 11 Abs. 3 BewG genannten Umstände bei der Wertermittlung nicht berücksichtigt werden; dies ist stets im vereinfachten Ertragswertverfahren der Fall.

[56] Institut der Wirtschaftsprüfer (IDW) Standard: Grundsätze zur Durchführung von Unternehmensbewertungen, WPg Supplement 3/2008, folgend IDW S 1.

Beim Bewertungsgutachten gemäß IDW S 1 werden zunächst sog. nicht betriebsnotwendige Vermögensteile ausgesondert und zum Verkehrswert bewertet. Bezüglich des betriebsnotwendigen Unternehmensvermögens werden dessen Zukunftserträge aufgrund von realistischen Planzahlen geschätzt. Die mit dem nicht betriebsnotwendigen Vermögen verbundenen Erträge und Aufwendungen sowie einmalige, nicht nachhaltig zu erwartende Erfolgseinflussfaktoren der Vergangenheit sind hierbei außer Acht zu lassen. Eine besondere Bedeutung nimmt bei der Schätzung der künftigen Erträge die **Unsicherheit der Zukunftserwartungen** ein. Hierbei sind Risiken und Chancen in gleicher Weise zu würdigen. Die tatsächlich erzielten und um außerordentliche Vorgänge bereinigten Ergebnisse der Vergangenheit können dabei nur eine erste Orientierung geben.

Bei der Ermittlung der Zukunftserträge ist von der **Ausschüttung derjenigen finanziellen Überschüsse** auszugehen, die nach Berücksichtigung des Unternehmenskonzeptes und rechtlicher Restriktionen zur Ausschüttung zur Verfügung stehen. Nach IDW S 1 sollen die **integrierten Unternehmensplanungen** (Ertrags-, Bilanz- und Cash-flow-Planungen) **zwei Phasen** unterscheiden. Für die erste Phase (so genannte Detailplanungsphase) sind die Ausschüttungen der finanziellen Überschüsse sowie die Verwendung thesaurierter Beträge auf Basis des Unternehmenskonzeptes individuell zu bestimmen. Im Rahmen der zweiten Phase (so genannte ewige Rente) ist grundsätzlich typisierend anzunehmen, dass das Ausschüttungsverhalten des zu bewertenden Unternehmens äquivalent zum Ausschüttungsverhalten der Alternativanlage ist.

Der **Ertragswert des betriebsnotwendigen Vermögens**[57] wird durch Diskontierung der künftigen finanziellen Überschüsse auf den Bewertungsstichtag ermittelt. Der **Kapitalisierungszinssatz** repräsentiert hierbei die Rendite aus einer zur Investition in das zu bewertende Unternehmen adäquaten Alternativanlage, die dem zu kapitalisierenden Zahlungsstrom hinsichtlich Fristigkeit, Risiko und Besteuerung äquivalent ist.[58] Als Ausgangsgröße für die Bestimmung von Alternativrenditen kommen insbesondere **Kapitalmarktrenditen für Unternehmensbeteiligungen** (in Form von Aktienportfolios) in Betracht. Diese Renditen lassen sich grundsätzlich in einen Basiszinssatz (langfristige zukünftige Verzinsung von Staatsanleihen) und einen von den Anteilseignern aufgrund der Übernahme unternehmerischen Risikos geforderten Risikozuschlag zerlegen. Der Risikozuschlag wird in der Bewertungspraxis mit Hilfe von Kapitalmarktpreisbildungsmodellen (CAPM, Tax-CAPM) aus den am Kapitalmarkt empirisch ermittelten Aktienrenditen abgeleitet. Die komplexe Größe des **unternehmensspezifischen Risikozuschlags** wird hierbei in zwei empirisch beobachtbare bzw. ableitbare Faktoren, die so genannte **Marktrisikoprämie** und den **Betafaktor**, unter Berücksichtigung von Ertragsteuereffekten zerlegt. Die durchschnittliche Marktrisikoprämie ist im Hinblick auf die spezielle Risikostruktur des jeweils zu bewertenden Unternehmens zu modifizieren. Dieses unternehmensindividuelle Risiko wird im Betafaktor ausgedrückt, der aus Kapitalmarktdaten abgeleitet werden kann.

Um das nachhaltige Wachstum in der zweiten Planungsphase (ewige Rente) angemessen zu berücksichtigen, wird zudem ein Wachstumsabschlag im Kapitalisierungszinssatz berücksichtigt. Die **Höhe des Wachstumsabschlags** hängt vor allem von der zukünftigen Fähigkeit des zu bewertenden Unternehmens ab, inflationäre Preissteigerungen an die Kun-

---

[57] Vgl. IDW S 1 (Fn. 85).
[58] Vgl. IDW S 1 (FN. 114).

den weitergeben und darüber hinaus ein reales Wachstum aufgrund der Marktstellung erreichen zu können. Die Wachstumsrate selbst bleibt steuerlich unkorrigiert.

Der Verkehrswert des nicht betriebsnotwendigen Vermögens und der Ertragswert des betriebsnotwendigen Vermögens bilden zusammen den Gesamtwert des Unternehmens. Untergrenze ist stets der Liquidationswert des Unternehmens.[59]

Im Gegensatz zu den Bewertungsmethoden des früheren Erbschaftsteuerrechts erfolgt kein Rückgriff auf die gemeinen Werte der einzelnen Wirtschaftsgüter. Vielmehr ist eine individuelle Gesamtbewertung des Unternehmens auf Grundlage der zukünftig erwarteten Einzahlungsüberschüsse durchzuführen.[60] Die Finanzverwaltung selbst hat sich zur Ermittlung des gemeinen Werts von Anteilen an Kapitalgesellschaften für ertragsteuerliche Zwecke lediglich in einem Leitfaden der OFD Münster und Rheinland, Stand Januar 2007,[61] geäußert. Der neue Erlass der Finanzverwaltung zur Bewertung von Anteilen für Zwecke der Erbschaft- und Schenkungsteuer enthält keine weiteren Bewertungshinweise. Allerdings hat das Bayerische Staatsministerium der Finanzen kürzlich einen „Überblick Branchenspezifische Bewertungsmethoden[62] herausgegeben.

bb) Vereinfachtes Ertragswertverfahren

▸ **Überblick**

Über § 11 Abs. 2 S. 4 BewG findet bei möglicher Berücksichtigung von Ertragsaussichten für die Bewertung von Anteilen an Kapital- wie auch Personenunternehmen zudem das sog. vereinfachte Ertragswertverfahren nach §§ 199-203 BewG Anwendung. Kann oder muss die Bewertung mangels Börsenkurs oder Verkauf innerhalb des letzten Jahres unter Berücksichtigung der Ertragsaussichten erfolgen, hat der Steuerpflichtige die Wahl zwischen einem individuellen Bewertungsgutachten gemäß IDW S1 oder dem vereinfachten Ertragswertverfahren. Letzteres darf allerdings nicht zu offensichtlich unzutreffenden Ergebnissen führen (§ 199 Abs. 1 BewG). Unzutreffende und vom Steuerpflichtigen wie auch der Finanzverwaltung zu reklamierende Ergebnisse können etwa dann vorliegen, wenn sich im Rahmen von Erbauseinandersetzungen oder aus zeitnahen Verkäufen, auch nach dem Bewertungsstichtag, Erkenntnisse über den Wert des Unternehmens oder der Beteiligung herleiten lassen (R 19 Abs. 4 AEErb/BewG).[63] Das offensichtlich unzutreffende Ergebnis kann sich auch aus einer anderen anerkannten Bewertungsmethode ergeben oder bei Branchenwechsel oder komplexen Strukturen vorliegen (R 19 Abs. 5 AEErb/BewG). In einem solchen Fall ist der Ertragswert nach § 11 Abs. 2 S. 2 BewG einschlägig.

Sind branchentypisch ertragswertorientierte Verfahren (wie etwa Multiplikatorverfahren) ausgeschlossen, ist auch das Ertragswertverfahren nicht anzuwenden (R 19 Abs. 1 Satz 2 AEErb/BewG). Kann die Finanzverwaltung belegen, dass eine andere anerkannte Methode zum gemeinen Wert führt, während das (auch vereinfachte) Ertragswertverfahren ihn verfehlt, ist die andere anerkannte Methode anzuwenden und umgekehrt (R 19 Abs. 6, 7 AEErb/BewG).

---

[59] Zu weiteren Einzelheiten vgl. IDW S 1 (Fn. 6); WP-Handbuch 2008 Band II; *Peemöller*, Praxishandbuch der Unternehmensbewertung, 3. Aufl. 2005.

[60] Vgl. näher *Piltz*, DStR 2008 S. 745

[61] Leitfaden der OFD Münster und Rheinland, Verfügung vom 15. 11. 2007, S-2244 - 1008 - St 14, Bewertung von (Anteilen an) Kapitalgesellschaften für ertragsteuerliche Zwecke, GmbH-Rdsch-2008-0112.

[62] Verwaltungsanweisung vom 30. 12. 2009 - 34 – S 3715 – 009 – 36659/09.

[63] Vgl. Begründung zur Beschlussempfehlung des Finanzausschusses (BT-Drs 16/11075) S. 27

► **Wertermittlung**

Nach § 200 Abs. 1 BewG ist zur Ermittlung des Ertragswert der nachhaltig erzielbare Jahresertrag (§§ 201 und 202 BewG) mit dem Kapitalisierungsfaktor (§ 203 BewG) zu multiplizieren. Einzelheiten des vereinfachten Ertragswertverfahrens sind in der Literatur zwischenzeitlich dargestellt. Es werden daher nachfolgend nur einige Besonderheiten betrachtet.[64]

► **Aussonderung nicht betriebsnotwendigen Vermögens**

§ 200 Abs. 2 BewG definiert - entsprechend der betriebswirtschaftlichen Übung - das nicht betriebsnotwendige Vermögen als Wirtschaftsgüter und mit diesen in wirtschaftlichem Zusammenhang stehende Schulden, die aus dem zu bewertenden Unternehmen herausgelöst werden können, ohne die eigentliche Unternehmenstätigkeit zu beeinträchtigen (vgl. auch R 20 Abs. 2 Satz 2 AEErb/BewG). Der mit diesen Wirtschaftsgütern zusammenhängende Ertrag und Aufwand scheidet aus der vereinfachten Ertragswertberechnung aus. Die Wirtschaftsgüter werden mit ihrem eigenständig zu ermittelnden gemeinen Wert dem Ertragswert hinzugerechnet.

► **Aussonderung betriebsnotwendiger Beteiligungen**

Nach § 200 Abs. 3 BewG sind Beteiligungen des zu bewertenden Unternehmens an anderen Gesellschaften, die nicht bereits nach § 200 Abs. 2 BewG auszusondern sind, ebenfalls mit ihrem eigenständig zu ermittelnden Ertragswert dem Unternehmenswert hinzuzurechnen. Aus der Ertragswertberechnung des zu bewertenden Unternehmens fallen die mit diesen Beteiligungen zusammenhängenden Erträge und Aufwendungen heraus. Mit dieser Zerlegung einer Unternehmensgruppe weicht das vereinfachte Ertragswertverfahren in einem markanten Punkt von IDW S 1 ab. Letztere bewertet Ergebnisse einer Unternehmensgruppe aus einer konsolidierten Sichtweise und addiert nicht die Werte der einzelnen Rechtsträger. Dem gegenüber geht das vereinfachte Ertragswertverfahren von einer Vollausschüttung der in der Vergangenheit realisierten durchschnittlichen Betriebsergebnisse ohne Bereinigung von Ergebniseffekten innerhalb des Konzerns aus.

► **Aussonderung „junger" Wirtschaftsgüter**

Nach § 200 Abs. 4 BewG werden - abweichend von betriebswirtschaftlichen Grundsätzen - sämtliche innerhalb von zwei Jahren vor dem Bewertungsstichtag eingelegte Wirtschaftsgüter (sog. junges Betriebsvermögen, R 20 Abs. 5 AEErb/BewG), die nicht unter § 200 Abs. 2, 3 BewG fallen, aus der Ertragsbewertung herausgenommen und gesondert mit dem eigenständig zu ermittelnden gemeinen Wert angesetzt.

► **Sonderbetriebsvermögen (SBV)**

Der Wert des SBV ist nur für den Gesellschafter zu ermitteln, dessen Anteil übertragen wird. Das vereinfachte Ertragswertverfahren bezieht sich dem Wortlaut nach nur auf das Gesamthandsvermögen. Für die Ermittlung des SBV fehlt über § 97 Abs. 1a Nr. 2 S. 1 BewG eine Verweisungsvorschrift. U. E. ist es sachgerecht, das SBV ebenfalls nach den Grundsätzen des vereinfachten Ertragswertverfahrens zu bewerten.[65]

---

[64] *Hübner*, Erbschaftsteuerreform 2009 S. 488; *Höne*, BBEV 2009, 33; *Rohde/Gemeinhardt*, StuB 2009, 167; 169.

[65] Vgl. *Gottschalk*, ZEV 2009, 157, 161.

▶ **Ermittlung des Jahresertrags**

Zur Ermittlung des zukünftigen Jahresertrages bietet der in der Vergangenheit tatsächlich erzielte Durchschnittsertrag eine Beurteilungsgrundlage (§ 201 Abs. 1 BewG). Er ist aus den Betriebsergebnissen der letzten drei vor dem Bewertungsstichtag abgelaufenen Wirtschaftsjahre herzuleiten, wobei auch das Betriebsergebnis eines am Bewertungsstichtag noch laufenden Wirtschaftsjahres anstelle des letzten abgelaufenen Wirtschaftsjahre einzubeziehen ist, wenn es für die Herleitung des Zukunftsertrages von Bedeutung ist.[66] Anders als beim Stuttgarter Verfahren wird kein gewichteter (letztes Jahr mit größtem Gewicht), sondern lediglich ein einfacher Durchschnitt gebildet. Im Unterschied zu einer Ertragswertermittlung nach IDW S1 ist die Ausgangsgröße zur Ermittlung der Betriebsergebnisse der Vergangenheit der Steuerbilanzgewinn (§ 202 BewG).

Der Bewertungsansatz beim vereinfachten Bewertungsverfahren unterscheidet sich daher grundlegend von der Ertragswertermittlung nach IDW S1. Die zukunftsorientierte Betrachtungsweise nach IDW S1 wird durch eine vergangenheitsbezogene Betrachtung beim vereinfachten Bewertungsverfahren ersetzt. Nur die Wertermittlung nach IDW S1 „preist" derzeit die prognostischen Auswirkungen der Wirtschafts- und Finanzmarktkrise in die Betrachtung ein. Auch im Hinblick auf unterschiedliche Konjunkturzyklen, bei sogenannten Start-up-Unternehmen mit positiven Ertragsaussichten oder Unternehmen deren aktuelle Produkte am Ende des Produktlebenszyklus stehen, kann die Wahl des Bewertungsansatzes zu erheblichen Bewertungsunterschieden führen. Von daher dürfte neben dem vereinfachten Ertragswertverfahren in einer Vielzahl der aktuellen Fälle eine zusätzliche Bewertung unersetzlich sein. Hierbei ist die zumeist eintretende Verschlechterung beim Vermögensverwaltungstest zu beachten.[67]

▶ **Unternehmerlohn**

Insbesondere bei Personenunternehmen ist – zur Herstellung der Rechtsformgleichheit – bei der Ermittlung des Betriebsergebnisses (§ 202 BewG) ein angemessener Unternehmerlohn abzuziehen, soweit in der bisherigen Ergebnisrechnung kein solcher berücksichtigt worden ist. Seine Höhe wird nach der Vergütung bestimmt, die eine nicht beteiligte Geschäftsführung erhalten würde. Daneben kann auch fiktiver Lohnaufwand für bislang unentgeltlich tätige Familienangehörige des Eigentümers berücksichtigt werden (§ 202 Abs. 1 S. 2 Nr. 2 lit. d BewG). Nach R 22 Abs. 3 Satz 2 Nr. 2 d Satz 4 AEErb/BewG sind bei der Ermittlung eines angemessenen Unternehmerlohns die Grundsätze zu beachten, die bei der ertragsteuerlichen Behandlung der verdeckten Gewinnausschüttung angewandt werden.

▶ **Gesellschaftsrechtliche Ergebniseinflüsse**

Gemäß § 202 Abs. 1 S. 2 Nr. 3 BewG sind auch sonstige wirtschaftlich nicht begründete Vermögensminderungen oder -erhöhungen mit Einfluss auf den zukünftig nachhaltig zu erzielenden Jahresertrag und mit gesellschaftsrechtlichem Bezug zu korrigieren, wie etwa verdeckte Gewinnausschüttungen und verdeckte Einlagen bei Kapitalgesellschaften.[68]

---

[66] Abweichend noch der BFH in seinem Urteil vom 1. 2. 2007, BStBl. II 2007 S. 635 für das frühere Stuttgarter Verfahren.
[67] *Bäuml* (GmbHR 2009, 1135, 1137).
[68] Vgl. *Piltz*, DStR 2008 S. 750.

► **Ertragsteueraufwand**

Ein sich nach allen Korrekturen ergebendes positives Betriebsergebnis ist nach § 202 Abs. 3 BewG zur Abgeltung des Ertragsteueraufwands – „rechtsformneutral"[69] – um 30 % zu mindern. Bei Kapitalgesellschaften ist nach § 202 Abs. 1 S. 2 Nr. 1e BewG zuvor der Ertragsteueraufwand (Körperschaft-, Solidaritätszuschlag und Gewerbesteuer) dem Steuerbilanzgewinn wieder hinzuzurechnen.

► **Kapitalisierungsfaktor**

Der Kapitalisierungsfaktor ist der Kehrwert des Kapitalisierungszinssatzes, § 203 Abs. 3 BewG. Nach § 203 Abs. 1 BewG setzt sich der Kapitalisierungszinssatz aus einem Basiszins nach § 203 Abs. 2 BewG und einen Zuschlag von 4,5 % zusammen. Der Basiszins ist aus der langfristig erzielbaren Rendite öffentlicher Anleihen abzuleiten, wird von der Deutsche Bundesbank errechnet und vom BMF im Bundessteuerblatt veröffentlicht. Er ist für alle Wertermittlungen in einem Jahr anzuwenden. Er beträgt für die Bewertungsstichtage in 2008 4,58 %, in 2009 3,61 % und ab 2010 3,98 %.[70] Daraus leitet sich für das Jahr 2009 ein Kapitalisierungsfaktor von 12,33 und für 2010 von 11,79 ab.

cc) **Andere anerkannte, auch im gewöhnlichen Geschäftsverkehr für nichtsteuerliche Zwecke übliche Methode**

Gemäß § 11 Abs. 2 S. 2 BewG kann der gemeine Wert auch unter Berücksichtigung einer anderen anerkannten, im gewöhnlichen Geschäftsverkehr für nichtsteuerliche Zwecke üblichen Methode ermittelt werden. Hier kommen etwa die vergleichsorientierten Methoden, Multiplikatormethoden aber auch alternative und ggf. umsatzbezogene Bewertungsmethoden wie bei Freiberuflerpraxen, in Betracht.[71]

Das Rangverhältnis zwischen der Ertragswertmethode und der anderen anerkannten Methode bestimmt sich nach § 11 Abs. 2 S. 2 HS 2 BewG danach, welcher Methode ein gedachter Erwerber der Bemessung des Kaufpreises zugrunde legen würde. Nach R 3 Abs. 2 Satz 3 AEErb/BewG können sich Anhaltspunkte dafür, dass ein Erwerber neben den ertragswert- oder zahlungsstromorientierten Verfahren bei der Bemessung des Kaufpreises eine andere übliche Methode zugrunde legen würde, insbesondere auch aus branchenspezifischen Verlautbarungen ergeben. Lässt sich kein Vorrang einer der beiden Methoden feststellen, sind diese gleichrangig, wie aus der gesetzlichen Formulierung „oder" zu schließen ist.

Die Feststellungslast, ob eine im gewöhnlichen Geschäftsverkehr für nichtsteuerliche Zwecke üblich Methode (andere anerkannte Methode) anstelle der Ertragswertmethode anwendbar ist, trägt jeweils derjenige, der sich auf die Methode beruft.[72]

---

[69] Zur Kritik, wegen höherer Besteuerung bei Personenunternehmern: *Rohde/Gemeinhardt*, StuB 2009, 167; 170.

[70] BMF-Schreiben vom 17. 3. 2009 - IV C 2 - S 3102/07/0001; BMF-Schreiben vom 7. 1. 2009, IV C 2-S 3102/07/0001 – H 23 AEErb/BewG; BMF-Schreiben vom 5. Januar 2010 - IV D 4 - S 3102/07/0001 - (BStBl. I 2010 I, 0014).

[71] Das Bayerischen Staatsministeriums der Finanzen hat unter der Überschrift „Überblick – Branchenspezifische Bewertungsmethoden" verschiedene Methoden zusammengetragen (Verwaltungsanweisung vom 30. 12. 2009 - 34 – S 3715 – 009 – 36659/09).

[72] Vgl. Gesetzesbegründung zu § 11 Abs. 2 BewG, Gesetzentwurf der Bundesregierung , BT-Drs. 16/7918, S. 38; R 19 Abs. 6, 7 AEErb/BewG.

c) Substanzwert

Bei der Ermittlung des gemeinen Werts darf bei der Bewertung nach den Ertragsaussichten die Summe der gemeinen Werte der zum Betriebsvermögen gehörenden Wirtschaftsgüter und sonstigen aktiven Ansätze abzüglich der zum Betriebsvermögen gehörenden Schulden und sonstigen Abzüge (Substanzwert) der Gesellschaft nicht unterschritten werden; die §§ 99 und 103 BewG sind dabei anzuwenden (§ 11 Abs. 2 S. 3 BewG). Anders als im Falle einer Liquidation wird – so die Gesetzesbegründung – die Fortführung des Unternehmens unterstellt.[73] Es wären folglich keine Liquidationskosten abzusetzen. Dem ist jedoch entgegenzuhalten, dass es hierfür an einer gesetzlichen Regelung, z. B. einer Verweisung auf § 10 S. 3 BewG mangelt.

d) Liquidationswert

Die Gesetzesbegründung zu § 11 Abs. 2 BewG des ErbStRG versteht den Liquidationswert als besondere Ausprägung des Substanzwerts. Nur wenn feststünde, dass die Gesellschaft nicht weiter betrieben werde, bilde der Liquidationswert die Wertuntergrenze. Hier gehen auch die Kosten der Liquidation, wie etwa Rekultivierungs- und Abrisskosten, Arbeitnehmerabfindungen aber auch die mit der Veräußerung unabwendbar verbundenen Ertragsteuerbelastungen auf stille Reserven, betragsmindernd mit ein. Der Liquidationswert findet hinter dem Börsenkurs und dem Kaufpreis vor anderen Wertmaßstäben Anwendung.

IV. Anteilige Zurechnung auf den Gesellschafter

Nach der Ermittlung des Werts der Personen- wie auch Kapitalgesellschaft stellt sich die Frage der anteiligen Zurechnung auf die einzelnen Anteilsinhaber. Für Personengesellschaften sieht das BewG eine Aufteilung nach Kapitalkonten der Gesamthandsbilanz und dem Gewinnverteilungsschlüssel vor (§ 97 Abs. 1a BewG). Bei Kapitalgesellschaften bestimmt § 97 Abs. 1b BewG eine Aufteilung entsprechend dem Verhältnis des Anteils am Nennkapital der Gesellschaft zum gemeinen Wert des Betriebsvermögens der Gesellschaft. Dies gilt auch, wenn das Nennkapital noch nicht vollständig einbezahlt ist. Richtet sich jedoch die Beteiligung am Vermögen und am Gewinn der Gesellschaft auf Grund einer ausdrücklichen Vereinbarung der Gesellschafter nach der jeweiligen Höhe des eingezahlten Nennkapitals, bezieht sich der gemeine Wert nur auf das tatsächlich eingezahlte Nennkapital. In Zusammenhang mit der Einführung des sog. genehmigten Kapitals i. S. d. § 55a GmbHG i. d. F. des MoMiG für GmbHs ergeben sich aber keine neuen Aspekte, da eine gleichgelagerte Fragestellung bei AGs bzgl. §§ 202ff AktG vorlag.[74] Die bewertungsrechtlichen Zurechnungsvorschriften führen in der Regel zu vernünftigen Ergebnissen.[75]

Allerdings sind teilweise Gesellschaftsanteile mit besonderen Rechten ausgestattet oder rechtlich beschränkt. Dies kann entweder kraft Gesetzes oder aufgrund gesellschaftsvertraglicher Vereinbarungen erfolgt sein. Nach § 9 Abs. 2 S. 3 und Abs. 3 BewG sind ungewöhnliche oder persönliche Verhältnisse bei der Ermittlung des gemeinen Werts nicht zu berücksichtigen. Zu Letzteren gehören auch Verfügungsbeschränkungen, die in der Person des Steuerpflichtigen oder eines Rechtsvorgängers begründet sind,[76] insbesondere aufgrund letztwilliger Anordnun-

---

[73] Vgl. Gesetzesbegründung zu § 11 Abs. 2 BewG, Gesetzentwurf der Bundesregierung, BT-Drs. 16/7918, S. 38.

[74] *Bäuml*, GmbHR 2009, 1135, 1136.

[75] Vgl. *Rohde/Gemeinhardt* StuB 2009, 167; 171.

[76] Vgl. hierzu BFH-Urteil vom 28. 12. 2008, IX R 96/07: ein Wertabschlag wurde zugelassen, da im Wirtschaftsgut selbst und nicht in der Person des Steuerpflichtigen begründet; im Weiteren: BFH-Urteil vom 12. 7. 2005, II R 8/04, BStBl. 2007 II, S. 845 zu Verfügungsbeschränkungen im Gesellschaftsvertrag.

gen. Im gewöhnlichen Geschäftsverkehr haben derartige Verhältnisse – da wertbestimmend – aber üblicherweise Einfluss auf den Kaufpreis und damit den Wert des Anteils. Es ist daher fraglich, ob § 9 Abs. 2 S. 3 BewG nicht von daher bereits verfassungswidrig oder zumindest verfassungskonform auszulegen ist.[77] Der neue Verwaltungserlass schweigt hierzu.

V. Auswahlmöglichkeiten des Erwerbers

Der Erbe bzw. Beschenkte von Unternehmensvermögen oder Anteilen an Personen- wie auch Kapitalgesellschaften hat bei der Unternehmensbewertung künftig die Qual der Wahl. Einerseits hat er im Rahmen der Bewertung nach den Ertragsaussichten in gewissen Grenzen ein Auswahlermessen nach welcher Methode er den Erwerb bewertet haben will. Dem steht auf der anderen Seite ein hoher Prüfungs- und Kostenaufwand gegenüber.

---

[77] Vgl. *Piltz*, UBG 2009, 15, 19ff.

Teil 11:
Grenzen der Steuerplanung bei grenzüberschreitenden Aktivitäten

	Inhaltsübersicht	Seite
1. Thema:	Hinzurechnungsbesteuerung (*Rödder*)	2041
2. Thema:	Die Bedeutung der unilateralen Umschaltklausel (§ 50 d Abs. 9 EStG) und der Unternehmensgewinnqualifikationsklausel (§ 50 d Abs. 10 EStG) in der internationalen Steuerplanung (*Salzmann*)	2051
3. Thema:	Strafrechtliche Risiken bei grenzüberschreitenden Aktivitäten für Steuerpflichtige und steuerliche Berater (*Wulf*)	2069
4. Thema:	Die Informationsquellen und -wege der Finanzverwaltung bei internationalen Sachverhalten (*Bilsdorfer*)	2093
5. Thema:	Möglichkeiten und Grenzen des Tax-Rulings in den Niederlanden im Rahmen der internationalen Steuerplanung (*Stevens/de Vries*)	2115
6. Thema:	Steuervergünstigungen als staatliche Beihilfen im Sinne des Europäischen Gemeinschaftsrechts (*Blumenberg*)	2133

Teil 7.1:

Grenzen der Steuerplanung bei grenzüberschreitenden Aktivitäten

Inhaltsübersicht

	Seite
1. Thema: Hinzurechnungsbesteuerung (Kinder)	2041
2. Thema: Die Bedeutung der unilateralen Umschaltklausel (§ 50 d Abs. 9 EStG) und der Unternehmensgewinnqualifikationsklausel (§ 50 d Abs. 10 EStG) in der internationalen Steuerplanung (Salzmann)	2054
3. Thema: Strafrechtliche Risiken bei grenzüberschreitenden Aktivitäten für Steuerpflichtige und steuerliche Berater (Wulf)	2069
4. Thema: Die Informationsquellen und -wege der Finanzverwaltung bei internationalen Sachverhalten (Bruschke)	2093
5. Thema: Möglichkeiten und Grenzen des Taxruling in der Niederlanden im Rahmen der internationalen Steuerplanung (Stevens/Vries)	2115
6. Thema: Steuervergünstigungen als staatliche Beihilfen im Sinne des Europäischen Gemeinschaftsrechts (Blumenberg)	2135

1. Hinzurechnungsbesteuerung

von Prof. Dr. Thomas Rödder, Wirtschaftsprüfer, Steuerberater, Bonn[*]

Inhaltsübersicht

A. Einleitung
B. Beteiligungsvoraussetzung
C. Einkünfte aus passivem Erwerb
D. Niedrigbesteuerung
E. Cadbury-Schweppes-Schutz
F. Rechtsfolgen
G. Besonderheiten bei nachgeschalteten Zwischengesellschaften
H. § 20 Abs. 2 AStG

A. Einleitung

Die Hinzurechnungsbesteuerung setzt voraus, dass unbeschränkt Steuerpflichtige[1] in – weiter unten definiertem – ausreichendem Umfang an einer ausländischen Gesellschaft[2] beteiligt sind, dass die ausländische Gesellschaft Einkünfte aus passivem Erwerb erzielt und dass diese Einkünfte im Ausland einer niedrigen Besteuerung unterliegen. Außerdem darf kein sog. Cadbury-Schweppes-Schutz gegeben sein.

Für den Fall, dass diese Voraussetzungen erfüllt sind, durchbricht die Hinzurechnungsbesteuerung die Abschirmwirkung einer ausländischen Kapitalgesellschaft und führt unabhängig von einer Ausschüttung zur Besteuerung bestimmter von der ausländischen Gesellschaft erzielter Einkünfte beim deutschen Gesellschafter.[3] Dies erfolgt vor dem Hintergrund, dass Gewinnausschüttungen ausländischer Kapitalgesellschaften aufgrund § 8 b Abs. 1 KStG bei inländischen Kapitalgesellschaften steuerfrei sind.[4] Zweck der Hinzurechnungsbesteuerung ist deshalb nicht (wie noch zu Zeiten des Anrechnungsverfahrens) eine erzwungene vorweggenommene Dividendenbesteuerung.[5] Es geht vielmehr vor allem um die Beseitigung von Steuervorteilen aus „nicht gewollten" Einkünfteverlagerungen ins niedrig besteuernde Ausland. Hinzu tritt die Herstellung einer angemessenen Vorbelastung von aus ausländischen Kapitalgesellschaften stammenden Dividendeneinkünften jedenfalls für die von den §§ 7 ff. AStG erfassten Fälle.

B. Beteiligungsvoraussetzung

Nach der „normalen" Beteiligungsvoraussetzung für die Hinzurechnungsbesteuerung (§ 7 Abs. 2 AStG) ist es erforderlich, dass unbeschränkt Steuerpflichtige zu mehr als der Hälfte an einer ausländischen Kapitalgesellschaft beteiligt sind. Sowohl die mittelbare Beteiligung über ausländische Kapitalgesellschaften[6] als auch über in- oder ausländische Personengesellschaften wird gem. § 7 Abs. 1 Satz 2 und Abs. 3 AStG anhand der durchgerechneten anteiligen Beteiligungsquote bei der Prüfung der Beteiligungsvoraussetzung berücksichtigt. Die Beteiligungen unbe-

---

[*] Partner von Flick Gocke Schaumburg am Standort Bonn.
[1] Natürliche Personen oder Kapitalgesellschaften.
[2] Praktisch relevant ist die ausländische Kapitalgesellschaft.
[3] Einkünfteerzielungssubjekt ist dabei die ausländische Gesellschaft; BFH v. 2. 7. 1997, BStBl. II 1998, 176.
[4] Allerdings gelten gem. § 8 b Abs. 5 KStG 5 % der Dividenden pauschal als nicht abziehbare Betriebsausgaben, so dass im Ergebnis nur 95 % der Dividenden steuerfrei sind. Überdies Hinweis auf § 8 Nr. 5 GewStG.
[5] Wenn auch Einkünfte nach § 20 Abs. 1 Nr. 1 EStG fingiert werden. S. w. u. unter F.
[6] Inländische Kapitalgesellschaften unterliegen selbst der Hinzurechnungsbesteuerung.

schränkt Steuerpflichtiger werden bei der Prüfung der „normalen" Beteiligungsvoraussetzung aufsummiert.

Maßgebender Zeitpunkt für die Feststellung der Beteiligungsquote ist das Ende des Wirtschaftsjahres der ausländischen Gesellschaft, in dem diese die Einkünfte aus passivem Erwerb bezogen hat. Die Beteiligungsquote während des Wirtschaftsjahres der ausländischen Gesellschaft ist nicht von Bedeutung.[7]

Hinsichtlich sog. Kapitalanlageeinkünfte ist gem. § 7 Abs. 6 AStG für eine Hinzurechnungsbesteuerung eine Beteiligung unbeschränkt Steuerpflichtiger zu mehr als der Hälfte nicht erforderlich. Es ist ausreichend, dass ein unbeschränkt Steuerpflichtiger (oder mehrere jeweils) unmittelbar oder mittelbar[8] zu mindestens 1 % an der ausländischen Kapitalgesellschaft beteiligt ist. Wenn die ausländische Gesellschaft ausschließlich oder fast ausschließlich (d. h. zu mindestens 90 %) Einkünfte mit Kapitalanlagecharakter erzielt, gilt sogar überhaupt keine Mindestbeteiligung (Ausnahme: Börsennotierung der ausländischen Zwischengesellschaft). Damit sollen Kapitalanlagemodelle im niedrig besteuernden Ausland verhindert werden. Es darf angezweifelt werden, ob die tatsächliche Durchsetzung der Hinzurechnungsbesteuerung in solchen Fällen praktikabel ist.[9]

Einkünfte mit Kapitalanlagecharakter sind Einkünfte aus dem Halten, der Verwaltung, der Werterhaltung oder Werterhöhung von Zahlungsmitteln, Forderungen, Wertpapieren, Beteiligungen oder ähnlichen Vermögenswerten. Solche Einkünfte sind regelmäßig passiv (Ausnahme: funktionale Zugehörigkeit zu aktiven Tätigkeiten der ausländischen Zwischengesellschaft oder aktive Beteiligungserträge nach § 8 Abs. 1 Nr. 8, 9 und 10 AStG).

C. Einkünfte aus passivem Erwerb

Der in § 8 Abs. 1 AStG enthaltene Tätigkeitskatalog definiert die unschädlichen, „aktiven" Tätigkeiten, die nicht zu einer Hinzurechnungsbesteuerung führen. Alle anderen Tätigkeiten sind „passiv" und können der Hinzurechnungsbesteuerung unterliegen.

Bei der Einstufung der Tätigkeiten sind wirtschaftlich zusammengehörende Tätigkeiten einheitlich zu behandeln (funktionale Betrachtungsweise). Dabei ist die Tätigkeit maßgebend, auf der nach der allgemeinen Verkehrsauffassung das wirtschaftliche Schwergewicht liegt.[10] Danach sind im Rahmen einer aktiven Tätigkeit anfallende Nebenerträge (z. B. Zinsen aus der Anlage von betrieblicher Liquidität) den Einkünften aus der aktiven Tätigkeit zuzuordnen.[11] Ist die ausländische Gesellschaft an einer Personengesellschaft beteiligt, so sind für Zwecke des § 8 AStG die aus dem Beteiligungsverhältnis fließenden Einkünfte so zu behandeln, als habe die ausländische Gesellschaft die Tätigkeiten der Personengesellschaft selbst ausgeübt.[12] Auch Tätigkeiten eines Treuhänders etc. werden dem Treugeber zugerechnet.[13]

---

[7] Dies bedeutet, dass man sich bei unterjährigem Anteilserwerb in Hinzurechnungsbesteuerungsprobleme „einkaufen" kann et vice versa. Auch Hinweis auf die insoweit problematische Norm des § 21 Abs. 3 AStG.
[8] Auch insoweit bejahend BMF v. 14. 5. 2004, BStBl. I 2004 Sondernummer 1, Tz. 7.1.2. und 14.0.4.
[9] S. auch die besonderen Regeln des § 7 Abs. 7 u. 8 AStG.
[10] BFH v. 16. 5. 1990, BStBl. II 1990, 1049.
[11] BMF v. 14.5.2004, BStBl. I 2004 Sondernummer 1, Tz. 8.0.2.
[12] BFH v. 16. 5. 1990, BStBl. II 1990, 1049.
[13] S. dazu auch jüngst BFH v. 13. 10. 2010.

Die Abgrenzung aktiver und passiver Einkünfte ist teilweise außerordentlich komplex und kann nachfolgend nur skizziert werden:

- In jedem Fall aktiv sind gem. § 8 Abs. 1 Nr. 1 und 2 AStG nur Land- und Forstwirtschaft und industrielle Tätigkeiten (Herstellung, Bearbeitung, Verarbeitung oder Montage von Sachen, Energieerzeugung sowie Aufsuchen und Gewinnung von Bodenschätzen).[14]
- Der Betrieb von Kreditinstituten und Versicherungsunternehmen ist gem. § 8 Abs. 1 Nr. 3 AStG zwar grds. aktiv, wenn diese einen für ihre Geschäfte in kaufmännischer Weise eingerichteten Geschäftsbetrieb unterhalten,[15] er ist aber passiv, wenn sie ihre Geschäfte überwiegend (d. h. zu mehr als 50 %) mit unbeschränkt Steuerpflichtigen, die gem. § 7 AStG an ihnen beteiligt sind, oder diesen nahe stehenden Personen i. S. d. § 1 Abs. 2 AStG betreiben.[16]
- Handelstätigkeiten sind gem. § 8 Abs. 1 Nr. 4 AStG zwar grds. aktiv, sie sind aber dann passiv, wenn ein unbeschränkt steuerpflichtiger Gesellschafter oder eine diesem nahe stehende Person der ausländischen Gesellschaft die Verfügungsmacht an den gehandelten Gütern oder Waren verschafft bzw. die ausländische Gesellschaft einen solchen Steuerpflichtigen oder einer solchen nahe stehenden Person die Verfügungsmacht an den Gütern oder Waren verschafft.[17] Rückausnahme: Die ausländische Gesellschaft unterhält einen im vorstehenden Sinne angemessenen Geschäftsbetrieb ohne Mitwirkung eines unbeschränkt steuerpflichtigen Gesellschafters oder einer diesem nahe stehenden Person und beteiligt sich am allgemeinen wirtschaftlichen Verkehr.
- Dienstleistungstätigkeiten sind gem. § 8 Abs. 1 Nr. 5 AStG zwar grds. aktiv, sie sind aber dann passiv, wenn sich die ausländische Gesellschaft für die Dienstleistung eines unbeschränkt steuerpflichtigen Gesellschafters oder einer diesem nahe stehenden Person, die mit den Einkünften aus ihrem Leistungsbeitrag in Deutschland steuerpflichtig ist, bedient[18] oder die Dienstleistung gegenüber einem unbeschränkt steuerpflichtigen Gesellschafter oder einer diesem nahe stehenden Person, die in Deutschland steuerpflichtig ist, erbringt. Im letzteren Fall gilt die gleiche Rückausnahme wie bei Handelstätigkeiten.
- Die Vermietung und Verpachtung ist zwar grds. aktiv. Die Überlassung der Nutzung von Rechten, Know-how etc. ist aber gem. § 8 Abs. 1 Nr. 6 lit. a AStG grds. passiv, wenn nicht nachgewiesen wird, dass die ausländische Gesellschaft die Ergebnisse eigener Forschungs- und Entwicklungstätigkeit auswertet, die ohne Mitwirkung des unbeschränkt steuerpflichtigen Gesellschafters oder einer diesem nahe stehenden Person unternommen worden ist. Auch die Vermietung und Verpachtung von Grundstücken ist gem. § 8 Abs. 1 Nr. 6 lit. b AStG grds. passiv, wenn sie nicht bei unmittelbarer Tätigkeit der unbeschränkt steuerpflichtigen Gesellschafter nach einem DBA steuerfrei gewesen wäre (wie in den meisten deutschen DBA

---

[14] Zu diesen Einkünften gehört zwangsläufig auch der Gewinn aus der Veräußerung der hergestellten Produkte etc. und gegebenenfalls des für die Tätigkeit eingesetzten Vermögens. Bei der Be- oder Verarbeitung von Waren liegt industrielle Tätigkeit vor, wenn dadurch ein Gegenstand anderer Marktgängigkeit entstanden ist. Anderenfalls kann Handel i. S. d. § 8 Abs. 1 Nr. 4 AStG vorliegen.

[15] S. dazu auch jüngst BFH v. 13. 10. 2010.

[16] Eine Person ist gem. § 1 Abs. 2 AStG insbesondere dann nahe stehend, wenn der Steuerpflichtige an ihr zu mindestens 25 % beteiligt ist oder umgekehrt sie an dem Steuerpflichtigen zu mindestens 25 % beteiligt ist oder eine dritte Person an beiden zu jeweils mindestens 25 % beteiligt ist.

[17] Handel zwischen nahe stehenden Personen des Anteilseigners, die nicht im Inland steuerpflichtig sind, kann keine passiven Einkünfte begründen.

[18] Das heißt diesem Personenkreis Aufgaben überträgt, zu deren Erfüllung die ausländische Gesellschaft im Außenverhältnis verpflichtet ist.

geregelt). Und auch die Vermietung und Verpachtung von beweglichen Sachen ist gem. § 8 Abs. 1 Nr. 6 lit. c AStG grds. passiv; es gilt aber eine vergleichbare Ausnahme wie bei Handelstätigkeiten.

- Die Aufnahme und darlehensweise Vergabe von Kapital ist gem. § 8 Abs. 1 Nr. 7 AStG aktiv, wenn nachgewiesen wird, dass es ausschließlich auf ausländischen Kapitalmärkten und nicht bei einer dem unbeschränkt steuerpflichtigen Gesellschafter oder der Gesellschaft nahe stehenden Person aufgenommen wurde und als Darlehen ausschließlich Betrieben oder Betriebsstätten zugeführt wird, die im Ausland belegen sind und ihre Bruttoerträge ausschließlich oder fast ausschließlich (d. h. zu mindestens 90 %)[19] aus Tätigkeiten i. S. d. § 8 Abs. 1 Nr. 1 bis 6 AStG beziehen oder die in Deutschland belegen sind.

Bis auf den in § 8 Abs. 1 Nr. 7 AStG aufgeführten Sonderfall führen grundsätzlich sämtliche Kapitalanlagen zu passivem Erwerb. Dies betrifft insbesondere Zinsen und damit zusammenhängende Veräußerungsgewinne, aber auch Einkünfte aus derivativen Finanzprodukten uam. Allerdings sind „Gewinnausschüttungen von Kapitalgesellschaften" aktiv (§ 8 Abs. 1 Nr. 8 AStG) und können auch Einkünfte aus der „Veräußerung des Anteils an einer anderen Gesellschaft sowie aus deren Auflösung oder der Herabsetzung ihres Kapitals" (§ 8 Abs. 1 Nr. 9 AStG) aktiv sein.[20]

Letzteres ist insoweit der Fall, als der Veräußerungsgewinn betr. Kapitalanteile auf Wirtschaftsgüter entfällt, die nicht Tätigkeiten mit Kapitalanlagecharakter i. S. d. § 7 Abs. 6 a AStG dienen und der Steuerpflichtige dies nachweist. Mit anderen Worten: Ein Anteilsveräußerungsgewinn ist zwar grds. aktiv. Er ist aber dann und insoweit passiv, wenn und wie der Steuerpflichtige nicht nachweist, dass der Veräußerungsgewinn auf Wirtschaftsgüter der veräußerten Gesellschaft entfällt, die anderen als den in § 7 Abs. 6 a AStG bezeichneten Tätigkeiten mit Kapitalanlagecharakter dienen; das gilt entsprechend, soweit der Gewinn auf derartige Wirtschaftsgüter einer Gesellschaft entfällt, an der die veräußerte Gesellschaft beteiligt ist. Eine Verrechnung von Veräußerungsverlusten[21] mit positiven passiven Erträgen ist dementsprechend nur dann möglich, wenn der Steuerpflichtige nachweist, dass sie auf Wirtschaftsgüter zurückzuführen sind, die Tätigkeiten mit Kapitalanlagecharakter dienen.[22]

Unabhängig davon, dass es nicht vertretbar ist, dass § 8 Abs. 1 Nr. 9 AStG enger als § 8 b Abs. 2 KStG gefasst ist,[23] birgt § 8 Abs. 1 Nr. 9 AStG eine Vielzahl von Verständnisproblemen im Detail, z. B.: Setzt § 8 Abs. 1 Nr. 9 AStG die Niedrigbesteuerung der veräußerten Gesellschaft voraus? Erfasst die Norm auch den Fall mehrstufiger Holdingstrukturen im Ausland? Erfasst sie auch den Fall der Veräußerung deutscher Beteiligungen aus einer ausländischen Zwischenholding? Welche Beteiligungsvoraussetzung gilt für § 8 Abs. 1 Nr. 9 AStG? Wie soll der Veräußerungsgewinn Kapitalanlageaktivitäten (den diesen dienenden Wirtschaftsgütern) zugeordnet werden? Ist die Relation des Werts der Wirtschaftsgüter oder die Relation der stillen Reserven in den

---

[19] BFH v. 30. 8. 1995, BStBl. II 1996, 122.

[20] Die Herausnahme der Einkünfte i. S. d. § 8 Abs. 1 Nr. 8 und 9 AStG aus den Einkünften mit Kapitalanlagecharakter in § 7 Abs. 6 a AStG ist ohne inhaltliche Bedeutung und nur klarstellend, da aktive Einkünfte von der Hinzurechnungsbesteuerung nicht betroffen sind.

[21] Einbezogen werden müssen auch Verluste aus Auflösung oder Kapitalherabsetzung.

[22] BMF v. 14. 5. 2004, BStBl. I 2004, Sondernummer 1, Tz. 8.1.9.

[23] Wegen der Irrelevanz der Einschränkungen des § 8 b Abs. 2 KStG ist er allerdings auch partiell weiter gefasst.

Rödder

Wirtschaftsgütern relevant? Wie ist vorzugehen, wenn die stillen Reserven im Anteil von denen in der Gesellschaft abweichen? Uam.

Schließlich sind aktive Einkünfte gem. § 8 Abs. 1 Nr. 10 AStG auch solche aus Umwandlungen, die ungeachtet des § 1 Abs. 2 und 4 UmwStG zu Buchwerten erfolgen könnten; das gilt nicht, soweit eine Umwandlung den Anteil an einer Kapitalgesellschaft erfasst, dessen Veräußerung nicht die Voraussetzungen des § 8 Abs. 1 Nr. 9 AStG erfüllen würde. Die Norm ist i.V.m. § 10 Abs. 3 S. 4 AStG zu sehen, wonach bei Ermittlung der dem Hinzurechnungsbetrag zugrundezulegenden Einkünfte die Vorschriften des UmwStG nicht anzuwenden sind, soweit Einkünfte aus einer Umwandlung nach § 8 Abs. 1 Nr. 10 AStG hinzuzurechnen sind.[24]

D. Niedrigbesteuerung

Nach § 8 Abs. 3 AStG liegt eine niedrige Besteuerung vor, wenn die in Frage stehenden Einkünfte der ausländischen Gesellschaft einer Belastung mit Ertragsteuern von weniger als 25 % unterliegen.

Die Finanzverwaltung hat als Anlage zum AStG-Anwendungsschreiben Zusammenstellungen der Gebiete veröffentlicht, die für die Anwendung der §§ 7 ff. AStG besonders in Betracht kommen bzw. in denen ein „normaler" Ertragsteuersatz gilt.[25] Diese Aufstellung hat jedoch nur Informationscharakter und schränkt die Prüfung durch die Finanzverwaltung nicht ein. Vielmehr erfolgt die Prüfung der niedrigen Besteuerung nicht allein anhand des ausländischen Steuersatzes, sondern anhand einer Berechnung der tatsächlichen Belastung.

Hierbei sind die Einkünfte grundsätzlich nach den Regelungen des deutschen Steuerrechts zu ermitteln. Bloße zeitliche Verschiebungen aufgrund von im Ausland üblichen Abschreibungssätzen oder ähnlichen Regelungen, die sich in überschaubarer Zeit ausgleichen, können dabei unberücksichtigt bleiben.[26] Auch eine Minderung der Steuerbelastung aufgrund eines Verlustausgleichs mit anderen Einkünften oder eines Verlustvortrags führt nicht zu einer niedrigen Besteuerung (§ 8 Abs. 3 S. 1 AStG bezeichnet eine Niedrigbesteuerung als unschädlich, die auf einem Ausgleich mit Einkünften aus anderen Quellen beruht).[27]

Auch die von Drittstaaten (z. B. von einem Betriebsstättenstaat) erhobenen Ertragsteuern (auch evtl. im Drittstaat einbehaltene Quellensteuern) können in die Prüfung der niedrigen Besteuerung einbezogen werden. Nicht völlig klar ist, ob die Ertragsteuern bei der ausländischen Gesellschaft selbst erhoben werden müssen oder ob bspw. in Fällen einer Organschaftsbesteuerung o. Ä. im Ausland die auf die Einkünfte einer Gesellschaft entfallenden Steuern des Organträgers mit zu berücksichtigen sind. Letzteres ist naturgemäß die einzig vernünftige Betrachtung.[28]

Im Hinblick auf das sog. „Malta-Modell" hat das JStG 2010 geregelt, dass in die Belastungsberechnung auch Ansprüche einzubeziehen sind, die der ausländische Staat im Fall einer Gewinnausschüttung der ausländischen Gesellschaft dem unbeschränkt Steuerpflichtigen oder auch an der Gesellschaft, an der dieser beteiligt ist, gewährt.

---

[24] Genauer: die Voraussetzungen des § 8 Abs. 1 Nr. 10 AStG nicht erfüllen und deshalb passiv sind.

[25] BMF v. 14. 5. 2004. BStBl. I 2004, Sondernummer 1, Tz. 8.3.2.2 i. V. m. Anlage 1 u. 2.

[26] BMF v. 14. 5. 2004. BStBl. I 2004, Sondernummer 1, Tz. 8.3.1.1.

[27] BMF v. 14. 5. 2004. BStBl. I 2004, Sondernummer 1, Tz. 8.3.2.5.

[28] S. auch BMF v. 14. 5. 2004, BStBl. I 2004, Sondernummer 1, Tz. 8.3.1.2. Allerdings sind die Probleme der Prüfung der Niedrigbesteuerung in Fällen ausländischer Konzernbesteuerungssysteme noch nicht wirklich gelöst. Probleme sind auch denkbar, wenn die Qualifikation von Sachverhalten nach ausländischem Steuerrecht von derjenigen nach deutschem Steuerrecht abweicht.

Die Prüfung der tatsächlichen Belastung führt bspw. dazu, dass auch Steuervergünstigungen in ansonsten hoch besteuernden Ländern zu einer niedrigen Besteuerung i. S. d. § 8 Abs. 3 AStG führen können.[29]

E. Cadbury-Schweppes-Schutz

Der EuGH hat in seiner Entscheidung Cadbury-Schweppes die britischen CFC-Rules als europarechtswidrig eingestuft[30]. Der deutsche Gesetzgeber hat daraufhin § 8 Abs. 2 AStG eingeführt, der dazu führt, dass die Hinzurechnungsbesteuerung ggf. auch dann nicht greift[31], wenn die vorstehend erläuterten Voraussetzungen (Deutschbeherrschung, passive Einkünfte, Niedrigbesteuerung) gegeben sind. Danach ist eine Gesellschaft, die ihren Sitz oder ihre Geschäftsleitung in einem Mitgliedstaat der Europäischen Union oder einem Vertragsstaat des EWR-Abkommens hat, nicht Zwischengesellschaft für Einkünfte, für die unbeschränkt Steuerpflichtige, die im Sinne des § 7 Abs. 2 AStG an der Gesellschaft beteiligt sind, nachweisen, dass die Gesellschaft insoweit einer tatsächlichen wirtschaftlichen Tätigkeit in diesem Staat nachgeht.[32]

Die Frage, ob eine niedrigbesteuerte EU/EWR-Gesellschaft einer „tatsächlichen wirtschaftlichen Tätigkeit in diesem Staat nachgeht", soll nach dem Willen des Gesetzgebers der zentrale Maßstab für die Frage sein, ob die Anwendung der Hinzurechnungsbesteuerung im europäischen Raum zulässig ist. Die Begriffe wurden aus der EuGH-Rechtsprechung i. S. Cadbury Schweppes übernommen, aber auch dort nicht näher definiert. Der EuGH gibt jedoch einige Hinweise, die insoweit als „Richtschnur" heranzuziehen sein dürften, wann diese Voraussetzungen gegeben sind[33]:

- Stabile und kontinuierliche Teilnahme am Wirtschaftsleben eines anderen Mitgliedstaates und entsprechende Nutzenziehung.
- Tatsächliche Ansiedlung der betreffenden Gesellschaft und tatsächliche Ausübung einer wirtschaftlichen Tätigkeit mittels einer festen Einrichtung in diesem Staat auf unbestimmte Zeit.
- Feststellbarkeit dieser Voraussetzungen auf der Grundlage von objektiven, von dritter Seite nachprüfbaren Anhaltspunkten, die sich u. a. auf das Ausmaß des greifbaren Vorhandenseins der ausländischen Gesellschaft in Form von Geschäftsräumen, Personal und Ausrüstungsgegenständen beziehen.[34]

Weitere Voraussetzung ist, dass zwischen der Bundesrepublik Deutschland und dem betroffenen ausländischen Staat auf Grund der Richtlinie 77/799/EWG des Rates vom 19. 12. 1977 über

---

[29] BFH v. 20. 4. 1988, BStBl. II 1988, 983.
[30] EuGH v. 12. 9. 2006, DB 2006, 2045.
[31] Gleichwohl bestehen die Erklärungspflichten nach § 18 Abs. 3 AStG.
[32] Der tatsächlichen wirtschaftlichen Tätigkeit der Gesellschaft sind nur Einkünfte der Gesellschaft zuzuordnen, die durch diese Tätigkeit erzielt werden und dies nur insoweit, als der Fremdvergleichsgrundsatz (§ 1 AStG) beachtet worden ist.
[33] Entsprechend sollte auch nicht nur die deutsche Gesetzesbegründung bzw. das BMF-Schreiben vom 8. 1. 2007, BStBl. I 2007, 99, für die Auslegung herangezogen werden, in dem tendenziell vertreten wird, dass für Konzernfinanzierungseinkünfte der Nachweis gem. § 8 Abs. 2 AStG nicht erbracht werden können soll. Dies ist indessen unzutreffend. Der Fall Cadbury Schweppes selbst war der einer Konzernfinanzierungsgesellschaft. S. auch BFH v. 21. 10. 2009, IStR 2010, 149, sowie BFH v. 13. 10. 2010.
[34] BFH v. 21. 10. 2009, IStR 2010, 149, sowie BFH v. 13. 10. 2010 nimmt insoweit eher geringe Anforderungen an.

Rödder

die gegenseitige Amtshilfe oder einer vergleichbaren zwei- oder mehrseitigen Vereinbarung Auskünfte erteilt werden, die erforderlich sind, um die Besteuerung durchzuführen. Der Cadbury-Schweppes-Schutz gilt nicht für Zwischeneinkünfte, die einer Betriebsstätte der Gesellschaft außerhalb der Europäischen Union oder der Vertragsstaaten des EWR-Abkommens zuzurechnen sind.

F. Rechtsfolgen

Die passiven Einkünfte sind gem. § 7 Abs. 1 AStG bei jedem der unbeschränkt steuerpflichtigen Gesellschafter mit dem Teil steuerpflichtig, der auf die ihm zuzurechnende Beteiligung am Nennkapital der ausländischen Gesellschaft entfällt.[35] Sie sind gem. § 10 Abs. 1 AStG als sog. Hinzurechnungsbetrag anzusetzen. Eine Beteiligung am Nennkapital i. S. d. § 7 Abs. 1 AStG ist nur eine unmittelbare Beteiligung.[36] Die bei der Prüfung der Beteiligungsvoraussetzung einbezogene mittelbare Beteiligung über eine ausländische Kapitalgesellschaft führt daher nicht direkt zu einer Hinzurechnung, sondern wird nur im Rahmen der Zurechnung nach § 14 AStG berücksichtigt (dazu w. u. unter G.).

Die dem Hinzurechnungsbetrag zugrundeliegenden Einkünfte sind gem. § 10 Abs. 3 Satz 1 AStG in entsprechender Anwendung des deutschen Steuerrechts zu ermitteln.[37] § 8 b KStG, nach dem Dividenden und Gewinne aus der Veräußerung von Anteilen an Kapitalgesellschaften bei der Ermittlung des Einkommens (in- und ausländischer) Kapitalgesellschaften zu 95 % außer Ansatz bleiben, ist dabei allerdings nicht anzuwenden. Gleiches gilt für die Regelungen zur Zinsschranke sowie ggf. für die Normen des Umwandlungssteuerrechts (s. o.).

Nach § 10 Abs. 1 AStG sind die passiven Einkünfte nach Abzug der Steuern, die zu Lasten der ausländischen Gesellschaft von diesen Einkünften erhoben worden sind, anzusetzen (Hinzurechnungsbetrag). Auf Antrag des Steuerpflichtigen kann diese Steuer gem. § 12 Abs. 1 AStG jedoch unter gleichzeitiger Erhöhung des Hinzurechnungsbetrags um diese Steuer auf die einkommen- oder Körperschaftsteuer angerechnet werden, die auf den Hinzurechnungsbetrag entfällt.

Der Hinzurechnungsbetrag gehört nach § 10 Abs. 2 Satz 1 AStG zu den Einkünften im Sinne des § 20 Abs. 1 Nr. 1 EStG. Er ist ggf. Teil der gewerblichen Einkünfte (§ 10 Abs. 2 Satz 2 AStG). Der Hinzurechnungsbetrag ist eine Art Einkünfteerhöhungsbetrag und kann durch Verlustausgleich etc. mit anderen Einkünften verrechnet werden. Er gilt gem. § 10 Abs. 2 Satz 1 AStG unmittelbar nach Ablauf des Wirtschaftsjahrs der ausländischen Gesellschaft als zugeflossen. Der Hinzurechnungsbetrag erhöht den Gewinn des inländischen Gesellschafters für das Wirtschaftsjahr, das nach dem Ablauf des maßgebenden Wirtschaftsjahrs der ausländischen Gesellschaft endet (§ 10 Abs. 2 Satz 2 AStG). Die 95 %ige Steuerbefreiung für Gewinnausschüttungen (§ 8 b Abs. 1 KStG) ist gem. § 10 Abs. 2 Satz 3 AStG auf den Hinzurechnungsbetrag nicht anzuwenden.[38]

Dabei unterliegt der Hinzurechnungsbetrag, der die schädlichen niedrigbesteuerten Einkünfte der ausländischen Zwischengesellschaft abbildet, n. h. M. nicht nur der Einkommen- bzw. Kör-

---

[35] Zum „Verlustvortrag" negativer passiver Einkünfte § 10 Abs. 1 Satz 3 und Abs. 3 Satz 5 und 6 AStG.
[36] BFH v. 30. 8. 1995, BStBl. II 1996, 122; BFH v. 26. 10. 1983, BStBl. II 1984, 258.
[37] Dies korrespondiert mit der grundsätzlichen Anwendung deutschen Steuerrechts bei der Prüfung, ob eine Niedrigbesteuerung vorliegt.
[38] Gleiches gilt ggf. für § 3 Nr. 40 EStG und § 32 d EStG.

Rödder

perschaftsteuer, sondern ggf. auch der Gewerbesteuer[39]. Dies kann vor allem bei einer unbeschränkt steuerpflichtigen Kapitalgesellschaft deshalb zu nicht nachvollziehbaren Belastungswirkungen führen, weil nach dem klaren Wortlaut des § 12 Abs. 1 AStG eine Anrechnung der von der ausländischen Zwischengesellschaft gezahlten Steuer auf die Gewerbesteuer der unbeschränkt steuerpflichtigen Kapitalgesellschaft nicht in Betracht kommt; die Anrechnung kann vielmehr nur auf die Körperschaftsteuer erfolgen.[40]

Allerdings ist es zweifelhaft, ob die h. M. zutreffend ist. Weil § 10 Abs. 2 Satz 2 AStG die Einordnung des Hinzurechnungsbetrags als gewerbliche Einkünfte und die entsprechende Erhöhung des Gewinnes der inländischen Kapitalgesellschaft anordnet, hat dies zwar wegen der Verknüpfung des Gewerbeertrags mit dem Gewinn aus Gewerbebetrieb gemäß § 7 Abs. 1 Satz 1 GewStG zur Folge, dass der Hinzurechnungsbetrag grds. auch den Gewerbeertrag erhöht. Es kommt aber eine Kürzung nach § 9 GewStG in Betracht.

Nach § 9 Nr. 3 GewStG ist bei der Ermittlung des Gewerbeertrags zu kürzen der Teil des Gewerbeertrags eines inländischen Unternehmens, der auf eine nicht im Inland belegene Betriebsstätte entfällt. Schon deshalb ist die Gewerbesteuerpflicht des Hinzurechnungsbetrags nicht zweifelsfrei. Zwar ist es zutreffend, dass es sich bei der ausländischen Zwischengesellschaft nicht um eine nicht im Inland belegene Betriebsstätte des unbeschränkt Steuerpflichtigen handelt. Die Hinzurechnungsbesteuerung durchbricht aber die Abschirmwirkung der ausländischen Kapitalgesellschaft, und deren Einkünfte werden aufgrund der Vorschriften der Hinzurechnungsbesteuerung dem inländischen Steuerpflichtigen abgebildet im Hinzurechnungsbetrag als Einkünfte besonderer Art zugerechnet, wobei sich der Hinzurechnungsbetrag in der Sache auf ausländische Betriebsstätten bezieht und in solchen seinen „Ursprung" hat. Der Sache nach wäre die Gleichbehandlung mit Betriebsstätteneinkünften und damit die Kürzung der entsprechenden Hinzurechnungsbeträge auch gerechtfertigt. Dies lässt sich auch mit dem Gesetzeswortlaut vereinbaren, weil diese Beträge durchaus auf die ausländischen Betriebsstätten „entfallen".

Jedenfalls aber kommt eine Kürzung des Hinzurechnungsbetrags als „Gewinne aus Anteilen" im Sinne des § 9 Nr. 7 GewStG in Betracht, wenn die ausländische Zwischengesellschaft eine unter die Mutter-Tochter-Richtlinie fallende EU-Kapitalgesellschaft ist. Dass keine wirkliche Ausschüttung vorliegt, sollte unerheblich sein, weil das Gesetz Einkünfte nach § 20 Abs. 1 Nr. 1 EStG fingiert.[41]

Wenn die Zwischengesellschaft Veräußerungsgewinne erzielt, die nicht aktiv i. S. d. § 8 Abs. 1 Nr. 9 AStG sind (dazu s. o.), besteht die Möglichkeit einer doppelten Besteuerung, soweit der Veräußerungsgewinn auf thesaurierte Einkünfte mit Kapitalanlagecharakter entfällt. Daher sieht § 11 AStG vor, dass der Veräußerungsgewinn insoweit vom Hinzurechnungsbetrag auszunehmen ist, als Einkünfte mit Kapitalanlagecharakter der Gesellschaft, deren Anteile veräußert werden,[42] für das gleiche Kalenderjahr oder Wirtschaftsjahr oder für die vorangegangenen sie-

---

[39] S. z. B. A 38 Abs. 1 Satz 6 Nr. 2 GewStR; BFH I R 4/05 v. 2. 12. 2004, BStBl. II 2006, 555 (allerdings zu den §§ 7 ff. AStG a. F.).

[40] Auch sonst entspricht dies der h. M. bei der Anrechnung ausländischer Steuern.

[41] Hinweis auch auf BFH I R 40/08 v. 11. 2. 2009, DStRE 2009, 623, wo vom Hinzurechnungsbetrag als einer „Quasi-Ausschüttung" gesprochen wird, die fiktiv entsprechenden Rechtsfolgen zu unterwerfen sei. S. auch die Andeutung in BFH I R 4/05 v. 21. 12. 2005, BStBl. II 2006, 555, zu den §§ 7 ff. AStG a. F.

[42] Da die Einstufung des Veräußerungsgewinns als passiv auch durch Einkünfte mit Kapitalanlagecharakter nachgeschalteter Gesellschaften verursacht sein kann, ist es konsequenterweise erforderlich, auch die auf diese entfallenden Hinzurechnungsbeträge bei der Vermeidung einer doppelten Besteuerung zu be-

ben Kalenderjahre oder Wirtschaftsjahre als Hinzurechnungsbetrag der Besteuerung unterlegen haben und keine Ausschüttung dieser Einkünfte erfolgte. Diese Voraussetzungen sollen vom Steuerpflichtigen nachgewiesen werden. Dies dürfte insbesondere dann schwierig sein, wenn die Gesellschaft auch andere Einkünfte erzielt und Teile des Gewinns ausgeschüttet wurden.[43]

Die der Hinzurechnungsbesteuerung ggf. später nachfolgende tatsächliche Ausschüttung ist nach § 8 b Abs. 1 KStG zu 95 % steuerfrei. Doppelbesteuerungskonsequenzen können sich allerdings wegen § 8 b Abs. 5 KStG und § 8 Nr. 5 GewStG, wegen fehlender Anrechnung evtl. Quellensteuern sowie bei ausnahmsweise (z. B. gem. § 8 b Abs. 4 KStG a. F.) steuerpflichtigen Gewinnen aus der Veräußerung von Anteilen an der ausländischen Zwischengesellschaft ergeben.[44]

G. Besonderheiten bei nachgeschalteten Zwischengesellschaften

Im Fall nachgeschalteter Gesellschaften nach § 14 AStG erfolgt die Hinzurechnungsbesteuerung hinsichtlich der passiven Einkünfte der Untergesellschaft nicht direkt, sondern zweistufig (bzw. mehrstufig bei weiteren nachgeschalteten Gesellschaften gem. § 14 Abs. 3 AStG). Die Einkünfte einer Untergesellschaft, die nicht aus aktiven Tätigkeiten i. S. d. § 8 Abs. 1 Nr. 1 bis 10 AStG stammen[45] und die niedrig besteuert sind, werden der Obergesellschaft zu dem Teil zugerechnet, der auf ihre Beteiligung am Nennkapital der Untergesellschaft entfällt.[46] Wesentliche Ausnahme von der Zurechnung der passiven Einkünfte nach § 14 AStG gem. § 14 Abs. 1 S. 1 AStG letzter Halbsatz: Die Zurechnung unterbleibt, soweit nachgewiesen wird, dass die Zwischeneinkünfte der Untergesellschaft aus Tätigkeiten oder Gegenständen stammen, die mit einer unter § 8 Abs. 1 Nr. 1–6 AStG fallenden eigenen Tätigkeit der ausländischen Obergesellschaft in unmittelbarem Zusammenhang stehen. Es handelt sich um eine besondere Ausprägung der funktionalen Betrachtungsweise. Von dieser sind allerdings alle Einkünfte i. S. d. § 7 Abs. 6a AStG ausgenommen (§ 14 Abs. 1 S. 2 AStG).

Zum Cadbury Schweppes-Schutz bei nachgeschalteten Zwischengesellschaften führt § 8 Abs. 2 AStG aus, dass er nicht gilt für die der Gesellschaft nach § 14 AStG zuzurechnenden Einkünfte einer Untergesellschaft, die weder Sitz noch Geschäftsleitung in einem Mitgliedstaat der Europäischen Union oder einem Vertragsstaat des EWR-Abkommens hat.

Die Zurechnung nach § 14 AStG geht der Hinzurechnung logisch voran. Der Hinzurechnungsbetrag der ausländischen (Ober-)Gesellschaft enthält somit auch diese Einkünfte. Die Zurechnung der passiven Einkünfte der Untergesellschaft erfolgt am Ende des Wirtschaftsjahres der Untergesellschaft[47] und kann auch einen negativen Betrag umfassen.[48]

---

rücksichtigen. Dies dürfte auch mit dem Wortlaut des § 11 AStG vereinbar sein, da die Einkünfte der Gesellschaft, deren Anteile veräußert werden, aufgrund der Zurechnung nach § 14 AStG auch die Einkünfte der nachgeschalteten Zwischengesellschaften enthalten.

[43] Hier sollte zugunsten des Steuerpflichtigen unterstellt werden, dass vorrangig die anderen Einkünfte ausgeschüttet wurden.

[44] Für Einkommensteuerpflichtige s. § 3 Nr. 41 EStG. S. aber auch R 32 Abs. 1 Nr. 1 KStR.

[45] Das Stammen aus aktiven Tätigkeiten muss der Steuerpflichtige nachweisen, was ihm häufig rein praktisch gar nicht möglich sein wird.

[46] Für den Fall der normalen Beteiligungsvoraussetzung ist eine Mehrheitsbeteiligung unbeschränkt Steuerpflichtiger an der Ober- und der Untergesellschaft und ggf. durchgerechnet erforderlich. Zur Beteiligungsvoraussetzung bei Kapitalanlageeinkünften im Fall von § 14 AStG s. schon w. o. unter B.

[47] Zu diesem Zeitpunkt muss, damit § 14 AStG greifen kann, auch die Beteiligungsvoraussetzung erfüllt sein.

[48] BFH v. 28. 9. 1988, BStBl. II 1989, 13.

Zur unter F. erläuterten möglichen Anwendung von § 9 Nr. 7 GewStG auf den Hinzurechnungsbetrag ist anzumerken, dass bei Drittstaaten-Zwischengesellschaften § 9 Nr. 7 GewStG zwar eigentlich nicht greift. Wegen der Technik des § 14 AStG kann aber auch bei Drittstaaten-Zwischengesellschaften das Zwischenschalten einer EU-Zwischenholding zu einem entsprechenden Ergebnis führen.

H. § 20 Abs. 2 AStG

Parallel zur Hinzurechnungsbesteuerung wird die DBA-Freistellung eines Betriebsstättengewinns bei niedrig besteuerten passiven Einkünften versagt (§ 20 Abs. 2 AStG). Über die Aktivitätsklausel eines DBA bzw. § 50d Abs. 9 EStG hinaus erfolgt danach eine Beseitigung der Doppelbesteuerung nur noch durch Anrechnung der ausländischen Steuern, falls die Betriebsstätteneinkünfte als Zwischeneinkünfte steuerpflichtig wären, wenn die Betriebsstätte eine ausländische Kapitalgesellschaft wäre. Ein wichtiger Unterschied zur Tochterkapitalgesellschaft verbleibt allerdings zumindest n. h. M.[49] immer noch hinsichtlich der bei einer Betriebsstätte nicht möglichen Gewerbesteuerbelastung.[50] Außerdem wird im Fall des § 20 Abs. 2 AStG kein Cadbury-Schweppes-Schutz gewährt.[51]

---

[49] Dazu, dass entgegen der h. M. bei zutreffender Betrachtung aber auch der Hinzurechnungsrechnungsbetrag nicht gewerbesteuerpflichtig ist, s. bereits w. o.

[50] Fraglich ist, ob § 20 Abs. 2 AStG auch zur Verlustberücksichtigung führen kann. Siehe aber auch § 2 a EStG (nach dem JStG 2009 nur noch auf Drittstaaten-Einkunftsquellen begrenzt).

[51] S. aber auch BFH v. 21. 10. 2009, IStR 2010, 149. Überdies Hinweis auf die durch das JStG 2010 eingeführte Ausnahme betr. § 8 Abs. 1 Nr. 5 lit. A AStG.

Rödder

2. Die Bedeutung der unilateralen Umschaltklausel (§ 50 d Abs. 9 EStG) und der Unternehmensgewinnqualifikationsklausel (§ 50 d Abs. 10 EStG) in der internationalen Steuerplanung

von Dr. Stephan Salzmann, München[*]

Inhaltsübersicht

A. Einleitung
B. Überblick über DBA-eigene Abwehrklauseln
   I. Allgemeine Missbrauchsregelungen
   II. Personenbezogene Einschränkungen der Abkommensberechtigung
   III. Aktivitäts-, Umschalt- und Rückfallklauseln
C. Überblick über andere unilaterale Abwehr-Klauseln
D. Regelungsinhalt des § 50d Abs. 9 EStG
   I. Verhältnis zu den DBA-eigenen Abwehr-Klauseln
   II. Offene Anwendungsfragen
E. Regelungsinhalt des § 50d Abs. 10 EStG
   I. Verhältnis zu den DBA-eigenen Abwehrklauseln
   II. Offene Anwendungsfragen
F. Versuch einer systematischen Verortung der unilateralen Abwehrklauseln des § 50d Abs. 9 u. 10 EStG
   I. Deutschland als Ansässigkeitsstaat (Outbound-Situation)
   II. Deutschland als Quellenstaat (Inbound-Situation)

Literatur:

Boller/Eilinghoff/Schmidt, § 50d Abs. 10 EStG i. d. F. des JStG 2009 – ein zahnloser Tiger?, IStR 2009, S. 109 ff.; *Boller/Schmidt*, § 50d Abs. 10 EStG ist doch ein zahnloser Tiger, IStR 2009, S. 852 f.; *Frotscher*, Treaty Override und § 50d Abs. 10 EStG, IStR 2009, S. 593 ff.; *Gosch*, Über das Treaty Overriding, Bestandsaufnahme – Verfassungsrecht – Europarecht, IStR 2008, S. 413 ff., *Gassner*, Methodenwechsel und Missbrauchsvorbehalte nach dem DBA-Entwurf Österreich-Deutschland, SWI 1999, S. 290 ff.; *Grotherr*, Zweifelsfragen bei der Anwendung der Rückfallklausel ("subject to tax clause"), gemäß DBA, IWB F. 3 Gr. 2 S. 689 ff.; *ders.*, International relevante Änderungen durch das JStG 2007 anhand von Fallbeispielen, IWB 2006, F. 3 Gr. 2, S. 1445 ff., IWB F. 3 Gr. 2 S. 689 ff.; *ders.*, Zum Anwendungsbereich der unilateralen Rückfallklausel gemäß § 50d Abs. 9 EStG, IStR 2007, S. 265 ff.; *Hey*, Vom Eintreten des Bundesfinanzhofs für mehr Steuerplanungssicherheit, DStR 2007, 1 ff.; *Hils*, Neuregelung internationaler Sondervergütungen nach § 50d Abs. 10 EStG, DStR 2009, S. 888 ff.; *Ismer/Kost*, Sondervergütungen unter dem DBA-USA, IStR 2007, S. 120 ff.; *Kolb*, Geänderte Kriterien der missbräuchlichen Inanspruchnahme von DBA mit der Schweiz, IWB F. 5 Gr. 2 S. 487 ff.; *Korn*, Grenzen des Einflusses innerstaatlichen Rechts auf die Anwendung von Doppelbesteuerungsabkommen, IStR 2009, S. 641 ff.; *Lampe*, Auslegung der sog. Rückfallklausel in DBA, IWB F. 3 Gr. 2 S. 773 ff.; *Lang*, DBA und Personengesellschaften – Grundfragen der Abkommensauslegung, IStR 2007, S. 606 ff.; *Leitner*, Missbrauch im internationalen Steuerrecht aus österreichischer Sicht, IWB F. 5 Gr. 2 S. 349 ff.; *Lohbeck/Wagner*, § 50d Abs. 10 EStG – Uneingeschränktes Besteuerungsrecht für Sondervergütungen im Inbound-Fall?, DB 2009, S. 423 ff.; *Loose/Hölscher/Althaus*, Jahressteuergesetz 2007: Anwendungsbereich und Auswirkungen der Einschränkung der Freistellungsmethode – Eine erste Analyse des § 50d Abs. 9 EStG des Jahressteuergesetzes 2007, BB 2006, S. 2724 ff.; *Löwenstein/Heinsen*, Anwendung der Grundsätze zum Dotationskapital auch bei grenzüberschreitenden mitunternehmerischen Beteiligungen an Personengesellschaften?, IStR 2007 S. 301 ff.; *Lüdicke, J.*, Darf im internationalem Steuerrecht noch differenziert werden?, in: Gocke/Gosch/Lang (Hrsg.), Festschrift für F. Wassermeyer, München 2005, S. 47 ff.; *ders.*, Überlegungen zur deutschen DBA-Politik, 1. Auflage, Baden-Baden 2008; *Meretzki*, Greift § 50d Abs. 9 EStG bei nur zum Teil steuerfreien Einkünften? Auch Sondervergütungen und Gewinnanteil bilden eine Einkünfteeinheit, IStR 2008, S. 23 ff.; *ders.*; Weshalb der neue § 50d Abs. 10 EStG sein Ziel verfehlt und neue Probleme schafft, IStR 2009, S. 217 ff.; *Müller*, Grenzüberschreitende Sondervergütungen und Sonderbetriebsausgaben im Spannungsfeld des Abkommensrechts, BB 2009, S. 751 ff.; *Portner*, Die BFH-Ausführungen zur Anwendung des § 50d Abs. 8 und Abs. 9 EStG, IStR 2009, S. 195 ff.; *Prinz/Simon*, Kuriositäten und Ungereimtheiten des UntStFG: Ungewollte Abschaffung des gewerbesteuerlichen Schachtelprivilegs für Kapitalgesellschaften, DStR

---

[*] Dipl.-Kfm., Rechtsanwalt und Steuerberater, Partner LKC Rechtsanwälte in München.

2002, S. 149 ff.; **Salzmann**, Abschied vom Verbot der „virtuellen" Doppelbesteuerung? – § 50d Abs. 9 EStG als nationale switch over-Klausel IWB 2006, F. 3 Gr. 3, S. 1465 ff.; **ders.**, Zinsen einer inländischen Personengesellschaft an ihre ausländischen Gesellschafter im Abkommensrecht, IStR 2008, S. 399 f.; **ders.**, § 50d Abs. 10 EStG – ein fiskalischer Blindgänger, IWB F. 3, Gr. 3, S. 1539 ff.; **Schaumburg**, Gestaltungsmissbrauch bei grenzüberschreitenden Geschäftsbeziehungen in: Festschrift FafSt, S. 467 ff.; **Seer**, Grenzen der Zulässigkeit eines treaty overriding am Beispiel der Switch-over-Klausel des § 20 AStG, IStR 1997, S. 481 ff. und S. 520 ff.; **Schmidt**, Zinsen einer inländischen Personengesellschaft an ihre ausländischen Gesellschafter im Abkommensrecht – Anmerkung zum BFH-Urteil vom 17. 10. 2007, I R 5/06, IStR 2008, S. 290 ff.; **Sorgenfrei**, Zur Reichweite von "Subjekt to tax-Klauseln", IStR 1999, S. 201 ff.; **Suchanek/Herbst**, Internationales Schachtelprivileg für einen typisch still Beteiligten an einer luxemburgischen Kapitalgesellschaft, FR 2006, S. 1112 ff.; **dies.** Auslegungsfragen zum DBA-USA: Die Zuordnung von Beteiligungen zum Betriebsstättenvermögen, IStR 2007, S. 620 ff.; **Vogel**, Völkerrechtliche Verträge und innerstaatliche Gesetzgebung, IStR 2005, S. 29 ff; **ders.**; Neue Gesetzgebung zur DBA-Feststellung, IStR 2007, S. 225 ff.; **Wagner**, Erträge aus einer stillen Gesellschaft an einer luxemburgischen Kapitalgesellschaft – Die Entscheidung des FG Baden-Württemberg vom 24.7.2006 und die Gesetzesinitiative im JStG 2007, Stbg 2007, S. 21 ff.; **Wassermeyer**, Der Wirrwarr mit den Aktivitätsklauseln im deutschen Abkommensrecht, IStR 2000, S. 65 ff.; **ders.**, Die Anwendung von Doppelbesteuerungsabkommen auf Personengesellschaften, IStR 2007, S. 413 ff.; **Wischermann**, Überweisungsklauseln zu Doppelbesteuerungsabkommen, IStR 2002, S. 688 ff.

A. Einleitung

Durch den Abschluss von Doppelbesteuerungsabkommen (DBA) nimmt Deutschland als Abkommensstaat seine Besteuerungsbefugnis in zweifacher Weise zurück: zunächst als Quellenstaat zu Gunsten beschränkt Steuerpflichtiger[1] durch Einschränkung der Reichweite des durch § 49 EStG vorgegebenen Rahmens inländischer Einkünfte[2] nach Maßgabe der Verteilungsnormen der Abkommen (Art. 6 bis 22 OECD-MA). Ein typisches Beispiel hierfür ist die Einschränkung der beschränkten Steuerpflicht bei Einkünften aus Gewerbebetrieb nach § 49 Abs. 1 Nr. 2 Buchst. a) EStG aufgrund des abkommensrechtlich engeren Betriebsstättenbegriffs (Art. 5 OECD-MA) im Vergleich zur innerstaatlichen Definition der Betriebsstätte und des ständigen Vertreters nach §§ 12, 13 AO. Zum anderen nimmt Deutschland auch als Ansässigkeitsstaat seine Besteuerungsbefugnis zu Gunsten von unbeschränkt Steuerpflichtigen[3] für aus dem anderen Abkommensstaat stammende Einkünfte nach dem Methodenartikel der Abkommen (Art. 23 OECD-MA) zurück. Da eine Steueranrechnung für ausländische Einkünfte bereits innerstaatlich gewährt wird (§§ 34c, 34d EStG), ist dies insbesondere dann von Bedeutung, wenn – wie im Regelfall – die Freistellung der Einkünfte aus dem anderen Vertragsstaat von der Bemessungsgrundlage der deutschen Steuer (unter Progressionsvorbehalt) gewährt wird.

Für Hochsteuerländer, zu denen Deutschland traditionell gehört[4], ist die Gewährung der Freistellung keine fiskalische Großzügigkeit, sondern eine volkswirtschaftliche Notwendigkeit. Denn nur so wird gewährleistet, dass gebietsansässige Investoren im Ausland zu denselben steuerlichen Rahmenbedingungen tätig werden können wie Wettbewerber aus anderen Staaten ein-

---

[1] Ebenso bei unbeschränkt Steuerpflichtigen, die abkommensrechtlich als im anderen Vertragsstaat ansässig gelten.

[2] Entsprechendes gilt für das Welteinkommen bei unbeschränkt steuerpflichtigen Personen, die abkommensrechtlich als im anderen Vertragsstaat ansässig gelten.

[3] Die zugleich als im Abkommenssinne in Deutschland ansässig gelten.

[4] Ausweislich der zuletzt veröffentlichten Zahlen der Eurostat liegt Deutschland bei der Einkommensteuer mit seinem Spitzensteuersatz von 47,5 % (einschl. SolZ) nach wie vor ca. 10 % über dem EU-Durchschnittssatz von 37,8 %. Bei Körperschaften beträgt der Abstand über 6 % (29,8 % gegenüber 23,6 %): vgl. Tax revenue in the EU, Issue 43/2009.

schließlich derjenigen, die im Quellenstaat selbst ansässig sind (sog. Kapitalimportneutralität).[5] Dies muss gerade auch dann gelten, wenn der Quellenstaat nur eine sehr geringe oder im Extremfall gar keine Besteuerung vornimmt; daraus folgt das Prinzip des Verbots nicht nur der aktuellen, sondern auch der „virtuellen" Doppelbesteuerung.[6] Eine Versagung der Freistellung aufgrund „unzureichender" Besteuerung im Quellenstaat wirft den gebietsansässigen Investor auf das Anrechnungsverfahren und damit auf das im Regelfall höhere deutsche Steuerniveau zurück. Das damit verwirklichte Prinzip der Kapitalexportneutralität (gleiche steuerliche Behandlung einer Auslandsinvestition mit einer Inlandsinvestition) kann sich ein Hochsteuerland wie Deutschland auf Dauer nicht leisten.[7]

Umso überraschender ist es, dass das Prinzip des Verbots auch der „virtuellen" Doppelbesteuerung inzwischen sowohl durch DBA-eigene Abwehrklauseln als auch durch unilaterale Bestimmungen wie insb. § 50d Abs. 9 EStG so durchlöchert ist, dass der Grundsatz zur Ausnahme geworden ist. Die Neigung von Ansässigkeitsstaaten, abkommensrechtlich gewährte Freistellungen durch unilaterale Maßnahmen zurückzunehmen, ist ein auch international zu beobachtendes Phänomen.[8] Durch die Einführung des § 50d Abs. 10 EStG im Rahmen des Jahressteuergesetzes 2009[9] wurde diese Praxis nunmehr auch auf eine Konstellation übertragen, in der Deutschland als *Quellen*staat zur Freistellung verpflichtet wäre (ins Ausland fließende Sondervergütungen i. S. des § 15 Abs. 1 Satz 1 Nr. 2, 2. Hs. und Nr. 3, 2 Hs. EStG).

Um dem Steuerplaner ein Zurechtfinden im Dickicht dieser Abwehrklauseln zu erleichtern, soll zunächst ein Überblick über typische DBA-eigene Abwehrklauseln (unten zu Abschn. B) und andere unilaterale Abwehrklauseln (unten zu Abschn. C) gegeben werden, bevor auf die Regelungsinhalte des § 50d Abs. 9 EStG (unten zu Abschn. D) und des § 50d Abs. 10 EStG (unten zu Abschn. E) unter besonderer Berücksichtigung des Verhältnisses (Gesetzeskonkurrenz) zu den anderen Abwehrklauseln eingegangen wird. Angesichts des Fehlens einer durchdachten Abstimmung des Verhältnisses der verschiedenen Abwehrklauseln zueinander kann es abschließend (unten zu Abschn. F) nur um den *Versuch* einer Systematisierung gehen.

B. Überblick über DBA-eigene Abwehrklauseln

In der Vorauflage hat *Runge*[10] zwischen personenbezogenen Einschränkungen der Abkommensberechtigung, Aktivitätsklauseln, Rückfallklauseln (Subject-to-tax-clauses), Umschaltklauseln (Switch-over-clauses) sowie allgemeinen Missbrauchsregelungen unterschieden.

I. Allgemeine Missbrauchsregelungen

Solche Klauseln spielen in der deutschen Abkommenspraxis praktisch keine Rolle.[11] Wenn überhaupt, beschränken sich die Abkommen darauf, auf nationale Missbrauchsregelungen zu verweisen (Beispiele: Art. 23 Abs. 1 DBA-Schweiz; Art. 28 Abs. 2 DBA-Österreich). Diese Verweise haben letztlich nur deklaratorischen Charakter, weil sich die Zurechnung von Einkünften ohne

---

[5] Vgl. *Vogel*, in: Vogel/Lehner, DBA Art. 23 Rz. 7.
[6] Vgl. zur Begrifflichkeit *Wassermeyer*, in: Debatin/Wassermeyer, MA Art. 23A, Rn. 46.
[7] Vgl. *Lüdicke*, S. 65 ff.
[8] Vgl. z. B. das Thema I des IFA-Jahreskongresses 2010: „Tax treaties and tax avoidance – application of anti-avoidance provisions."
[9] JStG 2009 v. 19. 12. 2008, BGBl I S. 2794.
[10] S. 370 ff.
[11] Ein seltenes Beispiel ist Art. 43 Abs. 2 Buchst. a) DBA-Schweden.

Salzmann

ausdrückliche Abkommensregelung nach innerstaatlichem Recht bestimmt.[12] Ein etwa gegebener Abkommensschutz läuft daher von vornherein leer, wenn die betreffenden Einkünfte einer nicht abkommensberechtigten Person nach § 42 AO zugerechnet werden, die eine im Abkommensstaat ansässige Basisgesellschaft zur Erlangung von Abkommensvorteilen verwendet.[13]

II. Personenbezogene Einschränkungen der Abkommensberechtigung

Hierzu gehören u. a. Anti-treaty-shopping und Limitation-on-benefits Klauseln[14] und die Beschränkung der Abkommensanwendung auf den Nutzungsberechtigten in Art. 10 bis 12 OECD-MA vergleichbaren Bestimmungen. Die innerstaatlichen Regelungen zur Identifikation desjenigen, der die in Frage stehenden Einkünfte bezieht, gehen gedanklich diesen personenbezogenen Einschränkungen der Abkommensberechtigung vor. Denn vorab ist die Frage zu beantworten, wem die Einkünfte überhaupt zuzurechnen sind. Erst im zweiten Schritt wird geprüft, ob der betreffende Einkünftebezieher auch abkommensberechtigt ist. Weicht die Nutzungsberechtigung i. S. der Art. 10 bis 12 OECD-MA von der innerstaatlichen Einkünftezurechnung ab, drohen Verzerrungen.[15]

III. Aktivitäts-, Umschalt- und Rückfallklauseln

Im Gegensatz zu den vorerwähnten Bestimmungen, die sich mit dem „Ob" der Abkommensanwendung – insbesondere, aber nicht nur – aus Quellenstaatssicht befassen, haben Aktivitäts-, Rückfall- und Umschaltklauseln das „Wie" der Abkommensanwendung – aus Ansässigkeitsstaatssicht – zum Gegenstand. Alle drei Klauseltypen haben gemeinsam, dass sie sich an in Deutschland im Abkommenssinne ansässige Personen als Normadressaten richten und zur Versagung der abkommensrechtlich an sich vorgesehenen Freistellung als Rechtsfolge führen. Die tatbestandlichen Voraussetzungen sind jedoch so unterschiedlich, dass die Klauselarten unabhängig voneinander bestehen und angewendet werden können.

Der Klauseltypus mit dem vermutlich nach wie vor stärksten Verbreitungsgrad ist die Aktivitätsklausel, die in der deutschen Abkommenspraxis – wohl im Hinblick auf das dort vermutete niedrigere Steuersatzniveau – eher mit Schwellen- und Entwicklungsländern als mit anderen Industriestaaten vereinbart worden ist.[16] Diese Klauseln zeichnen sich dadurch aus, dass sie bestimmte Aktivitätsanforderungen nur an Betriebsstätten und Schachteldividenden ausschüttende Tochtergesellschaften anlegen. Der zuletzt genannte Fall hat wegen § 8b Abs. 1 KStG derzeit keine praktische Relevanz, weil dort die – 95 %ige (vgl. § 8b Abs. 5 KStG) – Freistellung unabhängig von der Aktivität der ausschüttenden ausländischen Gesellschaft gewährt wird.[17] Bei Be-

---

[12] Vgl. z. B. BFH-Urt. v 29. 10. 1997, I R 35/96, BStBl 1998 II, S. 235.

[13] Vergleichbares gilt für die Einkünftezurechnung nach den §§ 39 und 41 AO.

[14] Beispiel: Art. 28 DBA-USA.

[15] Vgl. *Wassermeyer*, in: Debatin/Wassermeyer, MA Art. 10, Rn. 62 f.

[16] Vgl. die Übersicht von *Wassermeyer*, a. a. O., Anlage zu MA Art. 23 A/B. Die damit verbundene Differenzierung der Besteuerung durch Deutschland als Ansässigkeitsstaat auch innerhalb der EU in Abhängigkeit vom Investitionsstaat ist gemeinschaftsrechtlich nicht zu beanstanden: vgl. EuGH-Urt. v. 6. 12. 2007, C-298/05 (*Columbus Container Services*), IStR 2008, S. 63.

[17] Es sei denn, man schließt sich der Rechtsauffassung an, dass die Schachtelstrafe des § 8b Abs. 5 KStG nicht im Falle eines zugleich bestehenden abkommensrechtlichen Schachtelprivilegs eingreift; in diesem Sinne wohl BFH-Urt. v. 22. 6. 2006, I R 30/05, BFH/NV 2006, S. 1659 und v. 14. 1. 2009, I R 47/08, DStRE 2009, S. 489.

triebsstätteneinkünften[18] ist zunächst von ausschlaggebender Bedeutung, dass es sich um Unternehmensgewinne im abkommensrechtlichen Sinne (Art. 7 OECD-MA) handeln muss, und nicht etwa um andere Einkünfte (beispielsweise aus unbeweglichem Vermögen i. S. des Art. 6 OECD-MA). In diesem Zusammenhang stellt sich die weitere Frage, ob die Aktivitätsvorbehalte aufgrund „autonomer" Auslegung des Methodenartikels generell für betriebliche Einkünfte im Sinne des innerstaatlichen Rechts gelten[19] oder ob der Betriebsstättenbegriff im Abkommen eine einheitliche Bedeutung hat und daher nur eine Geschäftätigkeit i. S. des Art. 7 DBA-MA betroffen sein kann.[20] Ein weiteres Problem der Aktivitätsklauseln ist die Definition der „Aktivität". Prinzipiell kommen hier eigenständige Begriffsbestimmungen in Betracht[21] oder – typisch für neuere Abkommen – ein Verweis auf den Aktivitätskatalog des § 8 AStG.[22] Mit letzterem ist nur eine scheinbare Erhöhung der Rechtssicherheit verbunden. Zunächst ist unklar, was gelten soll, wenn sich das AStG im Anschluss an die Ratifikation des DBA ändert, wie das beispielsweise beim DBA-Polen durch den inzwischen überholten Verweis auf § 8 Abs. 2 AStG (Landes- und Funktionsholdinggesellschaften) der Fall ist. Zutreffend wird man hier wohl das AStG in der seinerzeit geltenden Fassung weiterhin anwenden, also sozusagen „versteinern" müssen.[23] Der Verweis auf § 8 Abs. 1 AStG erzeugt bei Grundstücksinvestitionen einen schwer auflösbaren Zirkelschluss, weil nach § 8 Abs. 1 Nr. 6 Buchst. b AStG die „Aktivität" der Vermietung und Verpachtung von Grundstücken davon abhängig gemacht ist, dass eine abkommensrechtliche Freistellung für den Fall des Direktbezugs der Einkünfte gegeben wäre. Soweit die Freistellung der Einkünfte aus unbeweglichem Vermögen des Quellenstaats gewährt wird[24], wird man das Halten und Nutzen von im Quellenstaat belegenem Grundbesitz bei solchen Klauseln stets als aktiv ansehen können, selbst wenn dies im Rahmen einer unternehmerischen Tätigkeit stattfindet, für die der Aktivitätsvorbehalt mit Verweis auf § 8 AStG gilt.

Die sog. Rückfallklauseln[25] haben eine wechselvolle (Rechtsprechungs-)Geschichte. Ausgestaltet sind sie in den Abkommen häufig als Einkünfteherkunftsbestimmungen; im Sinne des Methodenartikels werden Einkünfte demnach nur dann als aus dem Quellenstaat stammend angesehen, wenn sie dort auch tatsächlich besteuert worden sind. Ob damit ein „Rückfall" des Besteuerungsrechts an Deutschland als Wohnsitzstaat verbunden ist oder nicht, war lange Zeit umstritten. Im Gegensatz zu unzweifelhaft als Rückfallklausel anzuwendenden Abkommensbestimmungen[26] ordnet eine derartige Einkünfteherkunftsbestimmung eine unmittelbare Rechtsfolge nicht an. Dennoch ging der BFH zum DBA-Kanada 1981 (Art. 23 Abs. 3) davon aus, dass es zu einem Rückfall des Besteuerungsrechts an Deutschland im Falle einer Nichtbesteuerung im

---

[18] Die auch durch eine Personengesellschaftsbeteiligung vermittelt werden können: vgl. z. B. BFH-Urt. v. 26. 2. 1992, I R 85/91, BStBl. II, S. 937.

[19] Beispielsweise auch für solche aus nur gewerblich geprägten Personengesellschaften nach § 15 Abs. 3 Nr. 2 EStG: bejahend BMF-Schreiben v. 24. 9. 1999, IV D 3 - S 1301 Ung - 5/99, IStR 2000, S. 627 zu Art. 23 Abs. 1 Buchst. c DBA-Ungarn.

[20] So Anm. *FW* zum BMF-Schreiben, a. a. O.

[21] Beispiel: Art. 23 Abs. 1 Buchst. c DBA-Ungarn.

[22] Beispiel: Art. 24 Abs. 1 Buchst. c DBA-Polen.

[23] So ausdrücklich z.B. Art. 24 Abs. 1 Nr. 1 Buchst. b, letzter Hs. DBA-Schweiz.

[24] Prominente Ausnahmen: DBA-Schweiz und DBA-Spanien.

[25] Vgl. die Übersicht in der Verfügung der OFD Düsseldorf v. 18. 7. 2005, S. 1301 A - 12 (D), S 1315 - 42 - St 14 - 32 (MS), IStR 2006, S. 96 zu Abschn. B.

[26] Beispiel: Art. XVIII Abs. 2 Buchst. a Satz 1, 2. Hs. DBA-Großbritannien.

Salzmann

Quellenstaat komme.[27] In einer Kehrtwende[28] sah dies der BFH vorübergehend anders, wovon er sich zuletzt[29] in Bezug auf Ziff. 16 Buchst. d des Schlussprotokolls zum DBA-Italien in einer Weise distanzierte, dass man auch alle anderen Einkünfteherkunftsbestimmungen[30] als Rückfallklauseln in diesem Sinne ansehen muss. Da es zu einer Umqualifizierung der ausländischen Einkünfte in inländische kommt, stellt sich die Frage, ob wenigstens noch eine Steueranrechnung nach § 34c EStG möglich wäre.[31] Dies ist keine theoretische Frage: zwar dienen die Rückfallklauseln der Vermeidung „weißer" Einkünfte, kommen also nur im Falle einer gänzlichen Nichtbesteuerung des Quellenstaats zur Anwendung, sie können sich aber zu Gunsten des Steuerpflichtigen im Rahmen der Begrenzung der Anrechnung (Per-country-limitation) auswirken.

Das in der neueren Abkommenspolitik bevorzugt verwendete Instrument zur Vermeidung der Inanspruchnahme tatsächlich oder vermeintlich nicht berechtigter Abkommensvorteile sind die sog. Umschaltklauseln (Switch-over-clauses). Sie sehen in genau definierten Fällen einen Methodenwechsel zur Anrechnung anstelle der Freistellung vor.[32] „Umschalt"-Voraussetzung ist entweder eine zukunftsbezogene Notifikation des anderen Vertragsstaats oder das Bestehen eines sog. Qualifikationskonflikts. Letztere Konflikte treten auf in den Unterformen des Zuordnungskonflikts (Zuordnung von Einkünften zu unterschiedlichen Abkommensbestimmungen durch die Vertragsstaaten) und des Zurechnungskonflikts (Zuordnung von Einkünften zu unterschiedlichen Personen)[33], wenn es dadurch zu einer doppelten Nichtbesteuerung („weiße" Einkünfte) oder einer Unterbesteuerung bzw. „zu niedrigen" Besteuerung („graue" Einkünfte) käme. Derartige Konflikte entstehen typischerweise im Zusammenhang mit der Besteuerung von Personengesellschaften, je nachdem, ob die Vertragsstaaten diese als eigenständiges Steuersubjekt ansehen oder nicht. Damit treten diese Klauseln in Konkurrenz zu den aufgrund des OECD-Berichts über Personengesellschaften („Partnership Report") geänderten Bestimmungen des OECD-MK zu Art. 23A OECD-MA. Danach darf der Ansässigkeitsstaat im Falle von Qualifikationskonflikten auch ohne Umschaltklausel zur Vermeidung einer doppelten Freistellung besteuern (OECD-MK zu Art. 23A, Tz. 32.6 u. 7). Ob dies allerdings auch für solche Abkommen gelten kann, die noch vor dem Jahr 2000 abgeschlossen wurden, ist umstritten.[34]

C. Überblick über andere unilaterale Abwehrklauseln

Neben den bereits oben zu Abschn. B. I. erwähnten Bestimmungen zur Identifikation des Einkünftebeziehers nach innerstaatlichem Recht, die der Abkommensanwendung gedanklich vorgehen (u. a. § 42 AO), ist bei beschränkt Steuerpflichtigen (sog. Inbound-Situation) § 50d Abs. 3 EStG von besonderer Bedeutung, mit dem die Inanspruchnahme von Abkommensvorteilen im Falle von inländischen Einkünften, die einer Abzugssteuer unterliegen, eingeschränkt wird.

---

[27] Urt. v. 5. 2. 1992, I R 158/90, BStBl 1992 II, S. 660.
[28] Urt. v. 17. 12. 2009, I R 14/02, BStBl 2004 II, S. 260.
[29] BFH v. 17. 10. 2007, R 96/06, BStBl 2008 II, S. 953 = IStR 2008, S. 262 (mit Anm. *Salzmann*).
[30] Nicht aber Art. 23 Abs. 3 Satz 2 DBA-USA 2008, weil dort nur noch davon die Rede ist, dass die USA besteuern „können".
[31] Verneinend die Finanzverwaltung mit Verfügung OFD Düsseldorf v. 18.7.2005, a. a. O. zu Abschn. C a. E.
[32] Beispiel: Art. 24 Abs. 3 DBA-Polen.
[33] Die Terminologie ist uneinheitlich: vgl. z. B. *Lüdicke*, S. 54 ff.
[34] Ablehnend z. B. *Wassermeyer*, in: Debatin/Wassermeyer, MA Art. 23A Rn. 46; bejahrend dagegen *Vogel*, in: Vogel/Lehner, DBA Art. 23 Rz. 37.

Ursprünglich als gesetzgeberischer Ausdruck der Basisgesellschaftsrechtsprechung des BFH konzipiert, hat sich diese Bestimmung inzwischen weit von einer reinen Missbrauchsbekämpfungsnorm entfernt.[35] Bei Sondervergütungen, die nach § 50d Abs. 10 Satz 1 EStG als Unternehmensgewinne gelten, für die aber wegen fehlenden funktionalen Zusammenhangs mit der inländischen Betriebsstätte dennoch kein Besteuerungsanspruch Deutschlands als Betriebsstättenstaat besteht (vgl. dazu unten zu Abschn. E. II. 1.), hängt nunmehr auch die damit an sich verbundene Quellensteuerfreiheit (vgl. unten zu Abschn. E. II. 3.) von der Erfüllung der Voraussetzungen des § 50d Abs. 3 EStG ab.

Aus der Sicht unbeschränkt Steuerpflichtiger (sog. Outbound-Situation) ist zunächst § 20 Abs. 2 AStG zu erwähnen, der als ausdrücklicher Fall des *Treaty Override* (vgl. § 20 Abs. 1 AStG) eine Ergänzung der Aktivitätsklauseln bei Niedrigbesteuerung darstellt.[36] Immer dann, wenn eine ausländische Betriebsstätte einer ertragsteuerlichen Belastung von weniger als 25 % unterliegt und nicht den Aktivitätsanforderungen nach § 8 Abs. 1 AStG entspricht, besteht unilateral ein Aktivitätsvorbehalt mit dem Ergebnis der Versagung der Freistellung unter Verweis auf die Anrechnung (Umschaltklausel). Angesichts der Tatsache, dass der Gewerbeertrag einer ausländischen Betriebsstätte nicht der Gewerbesteuer unterfällt (§ 9 Nr. 3 GewStG) und der Körperschaftsteuersatz nur noch 15 % beträgt, ist § 20 Abs. 2 AStG für unbeschränkt steuerpflichtige Körperschaften im Falle einer ausländischen Ertragsteuerbelastung zwischen 15 % und 25 % im wirtschaftlichen Ergebnis leerlaufend.[37]

Für unbeschränkt Steuerpflichtige spielt auch noch § 50d Abs. 8 EStG eine Rolle, der die abkommensrechtlich gegebene Freistellung von Einkünften aus nichtselbstständiger Arbeit von dem Nachweis der Versteuerung im Quellenstaat oder des Verzichts auf dieses Besteuerungsrecht abhängig macht. Aus fiskalischer Sicht hat diese Bestimmung die Schwäche, dass die Freistellung auch in Fällen der Nichtbesteuerung des Quellenstaats zu gewähren ist. § 50d Abs. 9 EStG hat daher neben § 50 Abs. 8 EStG auch für Einkünfte aus nichtselbstständiger Arbeit eigenständige Bedeutung.[38]

D. Regelungsinhalt des § 50d Abs. 9 EStG

I. Verhältnis zu den DBA-eigenen Abwehrklauseln

Normadressat des § 50d Abs. 9 EStG ist der unbeschränkt Steuerpflichtige[39], der einen abkommensrechtlich begründeten Freistellungsanspruch in Anspruch nimmt. Die Bestimmung bezieht sich also auf sog. Outbound-Situationen, in denen Deutschland als Ansässigkeitsstaat nach dem einschlägigen Methodenartikel des Abkommens Freistellung für im Quellenstaat bezogene Einkünfte gewährt. Sie ist daher nicht auf unbeschränkt Steuerpflichtige anwendbar, die ab-

---

[35] Vgl. zur potenziellen EG-Rechtswidrigkeit *Schönfeld*, in: Flick/Wassermeyer/Baumhoff, Außensteuerrecht § 50d Abs. 3 EStG, Anm. 21 ff.

[36] Vgl. zur Gemeinschaftsrechtswidrigkeit BFH-Urt. v. 21. 10. 2009, I R 114/08 (Schlussurteil „Columbus Container Services").

[37] Vgl. zur Kritik an der Definition der Niedrigbesteuerung in § 8 Abs. 3 AStG oberhalb des deutschen KSt-Satzes: *Vogt*, in: Blümich, § 8 AStG, Rz. 182.

[38] Vgl. z. B. BFH-Urt. v. 5. 3. 2008, I R 54/07, BFH/NV 2008, S. 1487; BMF-Schreiben v. 12. 11. 2008, IV B 5-S 1300/07/10080, DStR 2008, S. 2316; zum Verhältnis von § 50d Abs. 8 u. 9 EStG zueinander auch *Portner*, IStR 2009, S. 195.

[39] Nicht auch solche i. S. des § 1 Abs. 3 EStG: vgl. BFH v. 2. 9. 2009, I R 90/08, IStR 2009, S. 817 (mit Anm. *Ziehr*).

Salzmann

kommensrechtlich als im Ausland ansässig gelten (z. B. infolge des Mittelpunkts der Lebensinteressen im anderen Abkommensstaat) und demgemäß die Freistellung nicht aus dem Methodenartikel, sondern aus den Verteilungsnormen herleiten.[40]

Wie oben zu Abschn. B dargestellt, kann die Freistellung in einer Outbound-Situation auch Regelungsgegenstand DBA-eigener Abwehrklauseln sein, so dass sich die Frage nach der Gesetzeskonkurrenz stellt. Zwar lässt § 50d Abs. 9 Satz 3 EStG ausdrücklich „weitergehende" Abkommensbestimmungen (sowie § 50d Abs. 8 EStG und § 20 Abs. 2 AStG) unberührt, so dass ein Fall der kumulativen, nicht der verdrängenden Gesetzeskonkurrenz vorliegt. § 50d Abs. 9 EStG verdrängt die Abkommensklausel weder als spezielleres noch als späteres Gesetz (umgekehrt dürfte dasselbe gelten, z.B. mit Blick auf den später in Kraft getretenen Art. 23 Abs. 4 Buchst. b DBA-USA 2008).Die DBA-eigenen Abwehrklauseln bleiben also neben § 50d Abs. 9 EStG anwendbar, so dass der Steuerpflichtige sowohl die im Abkommen selbst als auch die von § 50d Abs. 9 EStG aufgestellten Hürden für die Erlangung der Rechtswohltat der Freistellung überwinden muss. Abhängig vom Klauseltyp kann es dabei aber zu Überschneidungen kommen:

1. Aktivitätsklauseln

Eine Überschneidung der Anwendungsbereiche des § 50d Abs. 9 EStG mit den Aktivitätsklauseln ist nicht denkbar. Denn diese Abwehrklauseln setzen gedanklich auf einer Prüfungsstufe vorher an. Sie entscheiden nämlich darüber, ob das Freistellungsverfahren (das durch § 50d Abs. 9 EStG unilateral wieder zurückgenommen wird) überhaupt Anwendung findet. Nur wenn im Sinne dieser Klauseln hinreichend „aktive" Betriebsstätteneinkünfte vorliegen, stellt sich die Frage der Vermeidung einer Doppelfreistellung bzw. einer nur begrenzten Besteuerung der ausländischen Einkünfte i. S. des § 50d Abs. 9 Satz 1 Nr. 1 EStG.

Nichts anderes gilt für die unilateral verfügte Ergänzung der Aktivitätsklauseln in Gestalt des § 20 Abs. 2 AStG; auch hier ist zunächst zu prüfen, ob die ausländischen Betriebsstätteneinkünfte überhaupt freigestellt werden können. Da diese Vorschrift jedoch nicht nur auf die „Passivität" der Einkünfte abstellt, sondern auch auf deren Niedrigbesteuerung i. S. des § 8 Abs. 3 AStG, besteht eine Parallele zu § 50d Abs. 9 EStG, weil der Fall der doppelten Freistellung den Extremfall der Niedrigbesteuerung darstellt. Auch wenn es demgemäß tatbestandlich zu einer Überschneidung kommen kann, ist auch § 20 Abs. 2 AStG systematisch vorrangig zu prüfen.

2. Rückfallklauseln (Subject-to-tax-clauses)

Diese sind einerseits weiterreichend als § 50d Abs. 9 EStG, weil sie nicht nach der Ursache der Nichtbesteuerung im Quellenstaat fragen. Es ist ohne Bedeutung, ob die Nichtbesteuerung auf tatsächlichen oder rechtlichen Gründen beruht. Ebenso bedeutungslos ist es, ob eine Nichtbesteuerung aus rechtlichen Gründen auf innerstaatlichem Recht des Quellenstaats oder auf unterschiedlicher Abkommensanwendung beruht. Allerdings erfordern die Rückfallklauseln andererseits eine Doppelfreistellung, also eine gänzliche Nichtbesteuerung von Einkünften durch den Quellenstaat. Insoweit ist § 50d Abs. 9 Satz 1 Nr. 1 EStG weiterreichend, weil nicht nur die Doppelfreistellung, sondern auch die Besteuerung zu einem durch das Abkommen begrenzten Abzugsteuersatz als Voraussetzung für die Versagung der Freistellung genügt.

3. Umschaltklauseln (Switch-over-clauses)

Bei Weitem am problematischsten ist das Verhältnis zu diesen Klauseln, weil es sich bei § 50d Abs. 9 EStG um nichts anderes als eine in Konkurrenz zu den abkommensrechtlichen Umschaltklauseln verfügte unilaterale Umschaltklausel handelt.[41]

---

[40] Ebenso *Ziehr*, a. a. O.

Tatbestandlich geht § 50d Abs. 9 EStG jedoch in zweifacher Hinsicht über typische abkommensrechtliche Umschaltklauseln hinaus. Zunächst regeln die Abkommensklauseln nur Qualifikationskonflikte[42], die ihren Ursprung in der Anwendung unterschiedlicher nationaler Begriffsbedeutungen nach Art. 3 Abs. 2 OECD-MA haben, während § 50d Abs. 9 Satz 1 Nr. 1 ganz allgemein für Anwendungskonflikte, also auch für Subsumtionskonflikte und Auslegungskonflikte, gilt. Zum anderen versagt § 50d Abs. 9 Satz 1 Nr. 2 EStG die Freistellung nicht nur bei Abkommensanwendungskonflikten, sondern auch dann, wenn der Quellenstaat den Steuerausländer (aus Sicht Deutschlands als Ansässigkeitsstaat: den Steuerinländer) im Hinblick auf seine beschränkte Steuerpflicht privilegiert. An diesen über die im OECD-MK zu Art. 23A in Tz. 32.6 u. 7 behandelten Qualifikationskonflikte hinausgehenden Anwendungsbereichen erweist sich auch der eindeutige *Treaty Override*-Charakter des § 50d Abs. 9 EStG.[43] Theoretisch denkbar ist aber auch der Fall, dass eine abkommensrechtliche Umschaltklausel über den Anwendungsbereich des § 50d Abs. 9 EStG hinausgeht. Hierbei ist an Fälle zu denken, in denen der Quellenstaat im Sinne der typischerweise in den Abkommensklauseln verwendeten Formulierung „zu niedrig" besteuert, was nicht gleichbedeutend sein muss mit einer Besteuerung „zu einem durch das Abkommen begrenzten Steuersatz" i. S. des § 50d Abs. 9 Satz 1 Nr. 1 EStG.[44] Ein weiteres Beispiel ist Art. 23 Abs. 4 Buchst. b DBA-USA, der generell auf das innerstaatliche Recht der USA als Besteuerungshindernis abstellt; dies ist weiterreichend als § 50d Abs. 9 Satz 1 Nr. 2 EStG, wo die beschränkte Steuerpflicht des Steuerinländers im Quellenstaat Ursache der Nichtbesteuerung sein muss.

Vollkommen ungeklärt sind diejenigen Fälle, in denen tatbestandlich *zugleich* § 50d Abs. 9 EStG und die Abkommensklausel erfüllt sind. Dazu kann es vor allem bei Qualifikationskonflikten kommen, wo die Abkommensklauseln das Umschalten auf die Anrechnungsmethode nur nach erfolglosem Verständigungsversuch gestatten. Zwar könnte formal argumentiert werden, die Abkommensklausel sei in diesem Fall nicht „weitergehend" i. S. des § 50d Abs. 9 S. 3 EStG und würde daher durch § 50d Abs. 1 S. 1 Nr. 1 verdrängt. Der Grundsatz der Entscheidungsharmonie zwingt aber dazu, der Rechtsauslegung den Vorzug zu geben, die eine einvernehmliche Lösung erlaubt.[45] Andernfalls käme es zu einer „Täuschung des anderen DBA-Verhandlungspartners".[46] Zumindest in diesen Fällen gehen die Abkommensklauseln daher als spezialgesetzliche Regelung § 50d Abs. 9 Satz 1 Nr. 1 EStG vor.[47]

II. Offene Anwendungsfragen

Neben der erwähnten Gesetzeskonkurrenz bei gleichzeitiger Tatbestandserfüllung des § 50d Abs. 1 Satz 1 Nr. 1 EStG und einer abkommensrechtlichen Umschaltklausel mit obligatorischem

---

[41] Vgl. § 34c Abs. 6 Satz 5 EStG, der die Anrechnung der ausländischen Steuern anordnet; zum Charakter der Vorschrift als Umschaltklausel auch *Salzmann*, IWB Fach 3, Gruppe 3, S. 1465, 1473.

[42] Ausnahme: Art. 23 Abs. 4 Buchst. b DBA-USA.

[43] Vgl. zu den Zweifeln an der verfassungsrechtlichen Zulässigkeit eines *Treaty Override* zuletzt *Gosch*, IStR 2008, S. 413.

[44] Vgl. hierzu das von *Salzmann*, IWB Fach 3 Gruppe 3 S. 1466, 1474 gebildete Beispiel 4 zum DBA-Polen. Instruktiv auch die Formulierung in Art. 24 Abs. 1 Buchst. e aa DBA-Ghana: „niedriger als ohne diesen Konflikt".

[45] Vgl. allgemein *Lehner*, in: Vogel/Lehner DBA, Art. 25 Rz. 153.

[46] So *Grotherr*, IStR 2007, S. 265, 268.

[47] Ebenso *M. Klein*, in: Herrmann/Heuer/Raupach, § 50d EStG Anm. J 06-17 a. E.; offen gelassen von *Schönfeld*, in: Flick/Wassermeyer/Baumhoff, § 50d EStG Abs. 9 Anm. 141.

Verständigungsverfahren spielen die folgenden Anwendungsfragen bei der internationalen Steuerplanung eine besondere Rolle:

1. Einkünftebegriff des § 50d Abs. 9 EStG

Bislang ungeklärt ist die Frage, was unter „Einkünften" i. S. des § 50d Abs. 9 EStG zu verstehen ist.

Beispiel 1:
D beteiligt sich an einer gewerblichen Mitunternehmerschaft in der Rechtsform einer Limited Partnership (LP) mit Sitz und Geschäftstätigkeit in den USA. Die bisherigen Partner sind in den USA unbeschränkt steuerpflichtig. Um D den Einstieg schmackhaft zu machen, erhält er für die ersten drei Jahre seiner Zugehörigkeit als Gesellschafter der LP einen garantierten (Vorweg-)Gewinnanteil. Darüber hinaus ist er entsprechend seiner Kapitaleinlage mit 5 % am Gesamthandsgewinn der LP beteiligt.

Garantierte Gewinnanteile eines Personengesellschafters (*guaranteed payments*) sind nach US-Recht (IRC Sec. 707 (c)) bei der Gesellschaft als Betriebsausgaben abzugsfähig und stellen keinen Bestandteil des Gewinns der Personengesellschaft dar (das Konzept der Sondervergütungen ist dem US-Recht fremd). Soweit diese garantierten Gewinnanteile von einem Steuerausländer bezogen werden, unterfallen sie innerstaatlich nicht der beschränkten Steuerpflicht in den USA.

Da die USA bereits innerstaatlich nicht besteuern, liegt kein Fall des § 50d Abs. 9 Satz 1 Nr. 1 EStG vor. Bei erster Betrachtung könnte aber § 50d Abs. 9 Satz 1 Nr. 2 EStG eingreifen, weil D in den USA nur aufgrund seiner beschränkten Steuerpflicht der steuerlichen Erfassung seines garantierten Gewinnanteils entgeht. Das Ergebnis ist aber ein anderes, wenn unter „Einkünften" solche im Sinne des § 2 Abs. 2 EStG zu verstehen sind. Denn die garantierten Gewinnanteile sind, unabhängig von einer Qualifizierung als Sonderbetriebseinnahmen, Bestandteil des insgesamt unter § 15 Abs. 1 S. 1 Nr. 2 EStG fallenden Anteils am Gewinn der Mitunternehmerschaft des D unter Einschluss seines Anteils am Gesamthandsgewinn der LP. Damit wären diese Einkünfte des D im Quellenstaat USA zumindest teilweise steuerpflichtig, weshalb § 50d Abs. 9 EStG leerliefe.[48] Die Gegenauffassung läuft darauf hinaus, dass unter „Einkünften" i. S. des § 50d Abs. 9 EStG auch Einkunftsteile wie z. B. Sonderbetriebseinnahmen, also nicht nur der Saldo aus einer Einkunftsart oder einer Einkunftsquelle (i. S. des § 15b Abs. 1 EStG) zu verstehen ist. Für diese Gegenauffassung könnte sprechen, dass § 50d Abs. 9 EStG erkennbar an die abkommensrechtliche Sichtweise anknüpft und es sich daher bei den „Einkünften" um solche im Sinne der abkommensrechtlichen Verteilungsnormen (Art. 6 ff. OECD-MA) handeln muss.[49] Dies zeigt auch die Parallele zu dem hier ebenfalls einschlägigen Art. 23 Abs. 4 Buchst. b DBA-USA, wo eine autonom abkommensrechtliche Auslegung naheliegt. Da sowohl der garantierte Gewinnanteil des D als auch sein Gesamthandsgewinnanteil Bestandteile ein und derselben gewerblichen Gewinne i. S. des Art. 7 DBA-USA sind, müsste der Einkünftebegriff im Beispielsfall aber noch enger gefasst werden, um § 50d Abs. 9 EStG zur Anwendung bringen zu können.

2. Behandlung von Verlusten

Der Umschalteffekt des § 50d Abs. 9 EStG führt dazu, dass die Einkünfte nicht mehr dem Regime der Freistellung unterliegen. Die damit verbundenen Konsequenzen sind insgesamt zu ziehen, Verluste können daher nicht (nur) über den negativen Progressionsvorbehalt geltend gemacht, sondern dürfen unmittelbar ausgeglichen bzw. nach § 10d EStG abgezogen werden.[50]

---

[48] In diesem Sinne *Gosch*, in: Kirchhoff, EStG § 50d Rn. 67 und *Meretzki*, IStR 2008, S. 23.

[49] In diesem Sinne wohl *Schönfeld*, in: Flick/Wassermeyer/Baumhoff, Außensteuerrecht, § 50d Abs. 9 EStG Anm. 51.

[50] Entsprechendes gilt auch für Steuervergünstigungen für nicht freigestellte Einkünfte, wie z. B. nach § 34a EStG für nicht entnommene Gewinne.

Beispiel 2:
Die in Deutschland unbeschränkt steuerpflichtigen natürlichen Personen A und B betreiben in der Rechtsform einer GmbH & Co. KG ein profitables Produktionsunternehmen. Sie errichten in den USA ebenfalls eine Produktionsstätte und wählen hierfür die Rechtsform einer Limited Liability Company (LLC). Infolge geschäftlichen Misserfolgs verkaufen A und B ihre LLC-Beteiligung unter erheblichem Verlust, während sich die GmbH & Co. KG nach wie vor hoher Profitabilität erfreut. A und B begehren einen Verlustausgleich im Hinblick auf den Veräußerungsverlust in Deutschland. Die LLC ist in einer Weise ausgestaltet, dass sie nach dem sog. Typenvergleich als Personengesellschaft anzusehen ist.

Da die LLC sachverhaltsgemäß nach deutschen Rechtsgrundsätzen als Personengesellschaft zu qualifizieren ist[51], kommt es durch das in den USA eröffnete Wahlrecht, eine LLC als Personen- oder Kapitalgesellschaft zu behandeln („Check-the-box"-Verfahren), notwendig zu einem Qualifikationskonflikt, wenn dieses Wahlrecht zu Gunsten einer Besteuerung als Körperschaft ausgeübt wird.

Aus deutscher Sicht erzielen die im Inland ansässigen Gesellschafter A und B gewerbliche Gewinne i. S. des § 7 Abs. 1 Satz 1, 2. Hs. DBA-USA aus einer durch die LLC vermittelten Betriebsstätte, die nach Art. 23 Abs. 3 Buchst. a DBA-USA freizustellen sind. Die USA besteuern den Betriebsstättengewinn bei entsprechender Wahlrechtsausübung hingegen als Einkünfte einer unbeschränkt steuerpflichtigen Körperschaft und erheben im Ausschüttungsfall eine 15%ige Quellensteuer (Art. 10 Abs. 2 Buchst. b DBA-USA). Da es sich bei den „Ausschüttungen" der LLC aus deutscher Sicht um Entnahmen handelt, besteht kein Raum für eine Steueranrechnung in Deutschland, weshalb die Quellensteuer im Ergebnis zur Definitivbelastung wird.

Im Veräußerungsfall stellt Deutschland ebenfalls frei (Art. 13 Abs. 3 DBA-USA), während aus Sicht der USA das Besteuerungsrecht bei Deutschland liegt (Art. 13 Abs. 5 DBA-USA). Der aus der unterschiedlichen nationalen Qualifikation der LLC resultierende Zuordnungskonflikt (die USA wenden als Quellenstaat Art. 13 Abs. 5 DBA-USA an, Deutschland als Ansässigkeitsstaat Art. 13 Abs. 3 DBA-USA) lässt sich entweder über Art. 23 Abs. 4 Buchst. b DBA-USA oder über § 50d Abs. 9 Satz 1 Nr. 1 EStG lösen. Beide Umschaltklauseln führen zur Anwendung des Anrechnungs- anstelle des Freistellungsverfahrens. Der Übergang zur Steueranrechnung führt dazu, dass für die Anwendung der sog. Symmetriethese des BFH[52], wonach die Freistellung notwendig dazu führt, dass Verluste nicht ausgleichs- und abzugsfähig sind, kein Raum mehr ist. A und B kann daher der Ausgleich des Veräußerungsverlusts aus den LLC-Anteilen mit den positiven Einkünften aus dem inländischen Gewerbebetrieb nicht versagt werden.[53] § 2a Abs. 1 Satz 1 Nr. 2 EStG schließt den Verlustabzug nach dem Sachverhalt ebenfalls nicht aus, weil die LLC eine „aktive" Tätigkeit in Form der Warenproduktion betreibt.

3. Beweislast für die Ursache der Nichtbesteuerung im Quellenstaat

Einer auch sonst zu beobachtenden (vgl. § 8b Abs. 1 Satz 2, 3 KStG) Tendenz folgend, macht der Gesetzgeber die Rechtsanwendung von Wertungen des ausländischen Rechts bzw. dem Verhalten ausländischer Finanzbehörden abhängig, wenn er in § 50d Abs. 9 EStG ausdrücklich auf die Ursache der Nichtbesteuerung (bzw. der Besteuerung zu einem durch das Abkommen begrenzten Abzugssteuersatz in Fällen des Satzes 1 Nr. 1) abstellt. Dies wirft Fragen der Beweislast und des Verhältnisses zum Informationsaustausch (Art. 26 OECD-MA) auf.

---

[51] Vgl. BMF-Schreiben v. 19. 3. 2004, IV B 4 - S - 1301 USA - 22/04, BStBl 2004 I, S. 411.

[52] BFH-Urt. v. 6. 10. 1993, I R 32/93, BStBl 1994 II, S. 113; a. A. bekanntlich der österreichische VwGH mit Erkenntnis v. 25. 9. 2001, 99/14/0217 E, IStR 2001, S. 754.

[53] Evtl. a. A. OFD Düsseldorf v. 18. 7. 2005, S 1301 A - 12 (O), S 1315 - 42 - St 14 - 32 (Ms), IStR 2006, S. 96, Abschn. E zu Rückfallklauseln.

Salzmann

Beispiel 3:

Das Anlagenbauunternehmen X-AG war im Prüfungszeitraum an der Erstellung eines Wasserkraftwerks in Indonesien beteiligt. Die Betriebsstätteneigenschaft der Montage (vgl. Art. 5 Abs. 3 DBA-Indonesien) und die Höhe des Betriebsstättengewinns (vgl. Prot. Nr. 2 zum DBA-Indonesien) sind unstreitig. Der Aktivitätsvorbehalt ist – ebenfalls unstreitig – erfüllt. Die X-AG macht dementsprechend Freistellung geltend (Art. 23 Abs. 1 Buchst. a, d aa i. V. mit Art. 7 Abs. 1 DBA-Indonesien). Die Betriebsprüfung stellt fest, dass die X-AG in Indonesien bisher keine Ertragsteuern auf den Betriebsstättengewinn gezahlt hat und verlangt als Voraussetzung für die Freistellung den Nachweis der Steuerentrichtung in Indonesien. Die X-AG verweist die Betriebsprüfung auf die Möglichkeit des Informationsaustausches.

Die Nichterhebung von Steuern in Indonesien ist von der dortigen Rechtslage bzw. der Rechtsanwendung durch die indonesischen Finanzbehörden abhängig. Theoretisch kommen die folgenden Ursachen für die fehlende Steuererhebung in Betracht:

a) Die Nichtbesteuerung erfolgt aus Gründen der Abkommensanwendung mit den folgenden Unterfällen:
   - Qualifikationskonflikt (Zurechnung/Zuordnung der Betriebsstätteneinkünfte zu einer anderen Person bzw. zu einer anderen Verteilungsnorm als nach deutschem Recht): Fall des § 50d Abs. 9 Satz 1 Nr. 1 EStG;
   - Auslegungskonflikt (Indonesien legt den abkommensrechtlichen Betriebsstättenbegriff bei der Subsumtion desselben Sachverhalts restriktiver als Deutschland aus, verneint also die Betriebsstätte): Fall des § 50 Abs. 9 Satz 1 Nr. 1 EStG;
   - Subsumtionskonflikt (Indonesien geht bei der Abkommensanwendung von einem anderen Sachverhalt als die deutschen Finanzbehörden aus): Fall des § 50d Abs. 9 Satz 1 Nr. 1 EStG.

b) Die Nichtbesteuerung des Betriebsstättengewinns hat ihre Ursache im innerstaatlichen Recht Indonesiens, mit folgenden Unterfällen:
   - Indonesien stellt derartige Betriebsstättengewinne für beschränkt Steuerpflichtige frei (z. B. durch Verwendung eines bewusst restriktiven Betriebsstättenbegriffs mit dem Ziel, einen Investitionsanreiz für Steuerausländer auszuüben): Fall des § 50d Abs. 9 Satz 1 Nr. 2 EStG;
   - Indonesien stellt Gewinne dieser Art (aus dem Wasserkraftwerksbau) generell steuerfrei: kein Fall des § 50d EStG.

c) Indonesien macht von seinem innerstaatlich gegebenen und abkommensrechtlich auch nach eigener Rechtsauffassung abgesicherten Besteuerungsrecht aus tatsächlichen Gründen keinen Gebrauch, mit folgenden Unterfällen:
   - keine Kenntnis des besteuerungswürdigen Vorgangs durch die zuständigen indonesischen Finanzbehörden (schlichte Unkenntnis von der Besteuerungsquelle);
   - die Sachverhaltskenntnis ist gegeben, sie wird jedoch nicht zutreffend im Sinne eines Besteuerungsanspruchs gewürdigt (z. B. wegen fehlender Schulung der Mitarbeiter der Finanzbehörden);
   - die Finanzbehörden haben zwar Kenntnis von der Steuerquelle und würdigen den Sachverhalt auch zutreffend, unterlassen die Besteuerung jedoch aus anderen Gründen (z. B. Erlass im Einzelfall; Untätigkeit aus anderen Gründen).

Die vorstehend unter Buchst. c) aufgeführten Fälle sind nicht unter § 50d Abs. 9 EStG subsumierbar. Hier zeigt sich der Unterschied zu § 50d Abs. 8 EStG, der – ähnlich den abkommensrechtlichen Rückfallklauseln – im Grundsatz nicht nach der Ursache der Nichtbesteuerung fragt.

Salzmann

In einem ersten Schritt wäre daher festzustellen, ob nach dem innerstaatlichen Recht des Quellenstaats Indonesien und aufgrund einer Abkommensanwendung, die die indonesische Rechtsauffassung zutreffend wiedergibt, die Betriebsstätteneinkünfte überhaupt (abstrakt) der (beschränkten) Steuerpflicht der X-AG in Indonesien unterliegen. Da es hierbei um die Feststellung ausländischen Rechts geht, kommt eine Beweiserhebung in Betracht (§ 155 FGO i. V. mit § 293 ZPO). Es stellt sich dabei die Frage, ob eine hinreichend sichere Kenntnis der ausländischen Rechtslage nur durch literarische Hilfsmittel möglich ist, oder ob – ähnlich der Praxis der Zivilgerichte bei internationalen Sachverhalten – ein Rechtsgutachten einzuholen ist. Alternativ kommen auch rechtliche Auskünfte der Quellenstaatsbehörden in Betracht. Die Feststellung der ausländischen Rechtslage ist Sache der Finanzverwaltung (§ 88 AO: Untersuchungsgrundsatz). Die erweiterte Mitwirkungspflicht der X-AG für Auslandssachverhalte nach § 90 Abs. 2 AO spielt hier keine Rolle, weil Rechtserkenntnis nicht im Ausland „beschafft" werden kann.

Sollte nach Klärung der abstrakten Rechtslage in Indonesien die sachliche Steuerpflicht auf Grundlage des zur Geltendmachung der Freistellung vom Steuerpflichtigen dargelegten Sachverhalts *zu verneinen* sein, kommt die Freistellung nur für den Fall der generellen Steuerfreiheit in Indonesien (vorstehend Buchst. b), 2. Spiegelstrich) zum Zuge. Dies ist Teil der von der Finanzverwaltung im ersten Schritt zu leistenden Ermittlung des ausländischen Rechts. Sollte die sachliche Steuerpflicht *zu bejahen* sein, kann die Freistellung nur bei Vorliegen eines Subsumtionskonflikts (vorstehend Buchst. a), 3. Spiegelstrich) versagt werden. Es stellt sich dabei die Frage, ob der Steuerpflichtige im Rahmen der erweiterten Mitwirkungspflicht nach § 90 Abs. 2 AO darlegen – und notfalls beweisen – muss, aus welchem Grund die Besteuerung in Indonesien unterblieben ist. Dies ist abzulehnen, weil § 50d Abs. 9 EStG als Ausnahme zu einer – bereits nachgewiesenen – abkommensrechtlichen Freistellung konzipiert ist. Der Steuerpflichtige muss zwar den ihm günstigen Sachverhalt dartun und notfalls beweisen, der nach deutscher Abkommensinterpretation zur Freistellung der Betriebsstätteneinkünfte führt; neben der Feststellung der ausländischen Rechtslage ist es aber auch Sache der Finanzbehörde, die tatsächlichen Gründe einer entgegen dieser ausländischen Rechtslage nicht erfolgten Besteuerung zu ermitteln, wenn sie sich auf die ihr günstige Vorschrift des § 50d Abs. 9 EStG, also einen steuererhöhenden Tatbestand, berufen will.

Die Finanzverwaltung wird in solchen Fällen daher auf die Zusammenarbeit mit den Quellenstaatsbehörden angewiesen sein. Im Falle einer kleinen Auskunftsklausel wie nach Art. 26 Abs. 1 Satz 1 DBA-Indonesien kann die deutsche Finanzverwaltung als ersuchender Staat allerdings keine Anfrage an den Quellenstaat (Indonesien) als ersuchter Staat nach dem Grund für die Nichtbesteuerung starten, weil die Anwendung des § 50d Abs. 9 EStG der innerstaatlichen Steuererhebung und nicht der Abkommensdurchführung dient. Auch eine „Kulanzauskunft" an die indonesischen Behörden, man möge das eigene Besteuerungsrecht nachprüfen und geltend machen, ist unzulässig, weil dies nur „auf Ersuchen", also nicht spontan bzw. unaufgefordert, erfolgen darf (§ 117 Abs. 3 AO).[54]

E. Regelungsinhalt des § 50d Abs. 10 EStG

I. Verhältnis zu den DBA-eigenen Abwehrklauseln

Im Gegensatz zu § 50d Abs. 9 EStG findet der durch das JStG 2009 eingefügte § 50d Abs. 10 EStG[55] auch auf beschränkt Steuerpflichtige Anwendung. Regelungsziel ist es, bei Sondervergütungen i. S. des § 15 Abs. 1 Satz 1 Nr. 1 Satz 1, 2. Hs. und Nr. 3, 2. Hs. EStG (nachfolgend: § 15 Abs. 1 Satz 1 Nr. 2 EStG) „über die Grenze" die deutsche Betrachtungsweise, wonach es sich

---

[54] Ohne große Auskunftsklausel daher zu weitgehend OFD Düsseldorf v. 18. 7. 2005, IStR 2006, S. 96, Abschn. G.

[55] § 7 Satz 6 GewStG ordnet die entsprechende Anwendung bei der Gewerbesteuer an.

hierbei um gewerbliche Einnahmen und damit Bestandteile des Unternehmensgewinns i. S. des Art. 7 OECD-MA handelt, auch für Zwecke der Abkommensanwendung durchzusetzen, und zwar rückwirkend für alle noch nicht bestandskräftigen Fälle (§ 52 Abs. 59a Satz 8 EStG). Dies soll sowohl für Deutschland als Quellenstaat in Inbound-Situationen im Verhältnis zu beschränkt Steuerpflichtigen[56] als auch – wie § 50d Abs. 10 Satz 2 EStG klarstellt – auch für Deutschland als Ansässigkeitsstaat in Outbound-Situationen im Verhältnis zu unbeschränkt Steuerpflichtigen gelten.

Damit geht die Regelung in ihrem Anwendungsbereich über die Vorbehaltsklauseln in bestimmten Abkommen[57] hinaus, die die Sondervergütungen dem Unternehmensgewinn nur dann zuweisen, wenn sie nach dem Recht des Betriebsstättenstaates den Einkünften des Gesellschafters aus dieser Betriebsstätte zugerechnet werden, und damit ausschließlich die Inbound-Situation betreffen. Die Tatsache, dass Deutschland die Notwendigkeit gesehen hat, mit einer Reihe von Abkommensstaaten eine ausdrückliche Vorbehaltsklausel zu vereinbaren, zeigt im Übrigen auch, dass es sich dort, wo § 50d Abs. 10 EStG gemäß der gesetzgeberischen Absicht zu einer Ausdehnung des Steuersubstrats zu Gunsten des deutschen Fiskus in Inbound-Situationen führt, eindeutig um einen *Treaty Override*, also um das – „echt" rückwirkende – „Überschreiben" derjenigen Abkommen, die eine solche Vorbehaltsklausel nicht enthalten, handelt.[58] Immerhin ist – im Unterschied zu § 50d Abs. 9 Satz 3 EStG – ausdrücklich klargestellt, dass diese Art konkurrierender Abkommensklauseln die unilaterale Regelung des § 50d Abs. 10 Satz 1 EStG in der Inbound-Situation verdrängt.

Dadurch, dass die Qualifikation der Sondervergütungen als Unternehmensgewinne für Abkommenszwecke auch für die Outbound-Situation gilt, wird es häufiger vorkommen, dass die im Quellenstaat nicht oder nur mit einer Abzugsteuer belegten Vergütungen abkommensrechtlich auch von Deutschland als Ansässigkeitsstaat nicht besteuert werden dürfen. Im Hinblick auf die Geltendmachung der (Doppel-)Freistellung stellt sich die Frage nach dem Verhältnis zu den DBA-eigenen Abwehrklauseln aufgrund des Verweises auf § 50d Abs. 9 EStG durch § 50d Abs. 10 Satz 2 EStG dann in gleicher Weise wie bei unmittelbarer Anwendung dieser Vorschrift. Auf die obigen (Abschn. D. I.). Ausführungen kann daher Bezug genommen werden. Gerade auch bei den Sondervergütungen stellt sich damit die Frage, ob bei gleichzeitiger Erfüllung der Tatbestandsvoraussetzungen des § 50d Abs. 9 Satz 1 Nr. 1 EStG und der DBA-eigenen Umschaltklausel das abkommensrechtlich im Regelfall vorgeschriebene Verständigungsverfahren vor der Versagung der Freistellung durchzuführen ist oder nicht (vgl. hierzu oben zu Abschn. D. I. 3.).

II. Offene Anwendungsfragen

§ 50d Abs. 10 EStG ist vom Gesetzgeber als rechtsprechungsbrechendes Gesetz konzipiert. Hintergrund ist die BFH-Entscheidung v. 17. 10. 2007[59], wonach für die abkommensrechtliche Ein-

---

[56] Bzw. nicht in Deutschland im Abkommenssinne ansässigen Person.

[57] Mit der Schweiz, Österreich, Singapur, Usbekistan, Tadschikistan, Weißrussland und Ghana – dort jeweils Art. 7 Abs. 7 – und Kasachstan – dort Art. 7 Abs. 6.

[58] Ebenso *Frotscher*, IStR 2009, S. 593, 597; *Hils*, DStR 2009, S. 888, 891 f.; ähnlich *Korn*, IStR 2009, S. 641, 643 f. (innerstaatliche Qualifikation ohne Wirkung auf die Abkommensebene vergleichbar einem *Treaty Override*); a. A. FG München v. 30. 7. 2009, 1 K 1816/09, DStR 2009, S. 2363 (mit Anm. *Korn*) = IStR 2009, S. 864 (mit Anm. *Frotscher*) (Az. des BFH I R 74/09): kein schutzwürdiges Vertrauen in die bisherige Rechtslage und nur innerstaatliches Festschreiben der Auslegung des Begriffs Unternehmensgewinne (gemeint wohl: nach Art. 3 Abs. 2 DBA-USA).

[59] I R 5/06, BStBl 2009 II, S. 356.

kunftsartenzuordnung auch in Inbound-Situationen[60] die äußere (zivilrechtliche) Form der Einkunftserzielung maßgeblich ist. Demgegenüber soll durch § 50d Abs. 10 EStG die Rechtsauffassung der Finanzverwaltung festgeschrieben werden, dass für die abkommensrechtliche Einkünftequalifikation von Sondervergütungen i. S. des § 15 Abs. 1 Nr. 2 EStG das innerstaatliche Recht über Art. 3 Abs. 2 OECD-MA maßgeblich sein soll.[61] Ob dies gelungen ist, ist im Hinblick auf offensichtliche handwerkliche Mängel der Vorschrift fraglich. Zudem drohen in bestimmten Konstellationen der Verlust der Quellensteuerabzugsbefugnis in Inbound-Situationen und das vermehrte Auftreten „weißer" oder „grauer" Einkünfte in Outbound-Situationen.

1. Erfordernis der tatsächlichen (funktionalen) Zugehörigkeit des Wirtschaftsguts zur Betriebsstätte

Nach bisheriger BFH-Rechtsprechung[62] ist bei der Einkünftequalifikation von Sondervergütungen ein zweistufiges Verfahren anzuwenden: In einem ersten Schritt findet gem. Art. 7 Abs. 7 OECD-MA ein „Herauslösen" der Einkünfte aus den Unternehmensgewinnen statt (Vorrang der spezielleren Einkunftsart – z. B. Zinsen nach Art. 11 OECD-MA – vor der allgemeineren Einkunftsart Unternehmensgewinne nach Art. 7 OECD-MA). In einem zweiten Schritt wird geprüft, ob das entsprechende Wirtschaftsgut (z. B. die zinstragende Forderung) zur Betriebsstätte der Personengesellschaft in einem tatsächlichen (funktionalen) Zusammenhang im Sinne des Betriebsstättenvorbehalts steht oder nicht (vgl. Art. 10 Abs. 4, 11 Abs. 4, 12 Abs. 3 und 21 Abs. 2 OECD-MA). Die bloße Nutzung des Wirtschaftsguts (neben Darlehensforderungen kommen z. B. auch Kapitalgesellschaftsbeteiligungen und Immaterialwirtschaftsgüter in Betracht) in der Betriebsstätte der Personengesellschaft genügt hierfür nicht. In der Outbound-Situation führt dies im Regelfall zu einem Erhalt des deutschen Besteuerungsrechts, in der Inbound-Situation ist Deutschland hingegen als Quellenstaat nur zur Anwendung eines durch das Abkommen begrenzten Quellensteuersatzes berechtigt und hat kein (volles) Besteuerungsrecht nach Betriebsstättengrundsätzen.

Ziel der Rechtsänderung war es demgemäß, sich in Inbound-Situationen zusätzliches Steuersubstrat zu verschaffen, während man sich über den Verweis in § 50d Abs. 10 Satz 2 EStG auf § 50d Abs. 9 Satz 1 Nr. 1 EStG das Besteuerungsrecht in Outbound-Situationen auch dann erhalten wollte, wenn der Quellenstaat entsprechend der Betrachtungsweise der BFH-Rechtsprechung die Sondervergütungen nicht oder nur zu einem durch das Abkommen begrenzten Quellensteuersatz besteuert. M. a. W.: Deutschland besteuert unabhängig von der Richtung, in die die Sondervergütungen fließen. Außerdem wollte der Gesetzgeber vermutlich auch möglichen Besteuerungslücken bei der Zinsschranke (§§ 4h EStG, 8a KStG) und bei der gewerbesteuerlichen Hinzurechnung (§ 8 Nr. 1 Buchst. a GewStG) vorbeugen, da im Falle abkommensrechtlich freizustellender Sondervergütungen unklar ist, ob diese trotz des innerstaatlichen Abzugsverbots nach § 15 Abs. 1 Nr. 2 EStG den „maßgeblichen Gewinn" i. S. des § 4h Abs. 3 Satz 2 EStG mindern[63] bzw. i. S. des § 8 GewStG bei Ermittlung des Gewinns „abgesetzt" worden sind.

---

[60] Vgl. zur Outbound-Situation bereits u. a. die BFH-Urt. v. 27. 2. 1991, I R 15/89, BStBl 1991 II, S. 444 und v. 9. 8. 2006, II 59/05, BFH/NV 2006, S. 2326; BFH-Beschluss v. 20. 12. 2006, I B 47/05, BFH/NV 2007, S. 831.

[61] Vgl. nur Tz. 1.2.3 des BMF-Schreibens v. 24. 12. 1999, IV B 4 - S 1300 - 111/99, BStBl 1999 I, S. 1976 und Tz. 5.1, 2.2.1 des Entwurfs eines BMF-Schreibens v. 10. 5. 2007, IV B 4 - S 1300/07/0006.

[62] Vgl. Fn. 60.

[63] Nach Auffassung der Finanzverwaltung wäre dies der Fall: BMF-Schreiben v. 4. 7. 2008, IV C 7 - S 2742 - a/07/10001, BStBl 2008 I, S. 718, Tz. 19; vgl. aber die Prüfbitte des Bundesrats lt. BT-Drucks. 16/10494 v. 7. 10. 2008, Tz. 3; zweifelnd auch Salzmann, IStR 2008, S. 399, 400.

Die bisherige BFH-Rechtsprechung zu Sondervergütungen und Sonderbetriebsvermögen im Abkommensrecht – auch zu denjenigen Abkommen, die wie das DBA-Schweiz in Art. 7 Abs. 7 Satz 2 eine ausdrückliche Vorbehaltsklausel zu Gunsten von Sondervergütungen als Unternehmensgewinne enthalten – zeigt jedoch, dass Sondervergütungen nicht allein aufgrund einer Qualifikation als Unternehmensgewinne der Betriebsstätte einer Personengesellschaft zugerechnet werden können.[64] Die ausdrückliche Anordnung der Qualifikation als Unternehmensgewinne führt lediglich dazu, dass die erste Hürde zur Einbeziehung in den Betriebsstättengewinn der Personengesellschaft überwunden wird. Das weitere Erfordernis der tatsächlichen (funktionalen) Zugehörigkeit zur Betriebsstätte bleibt hingegen von der Neuregelung unberührt. Bisher vom BFH im Rahmen der Betriebsstättenvorbehaltsklauseln der Art. 10 Abs. 4, 11 Abs. 4, 12 Abs. 3 und 21 Abs. 2 OECD-MA für maßgeblich gehaltene Kriterien der Zugehörigkeit zur Betriebsstätte werden daher künftig vermutlich nur auf einer anderen Ebene, nämlich im Rahmen der Auslegung der Art. 7 Abs. 1 Satz 2 und Abs. 2 OECD-MA, geprüft werden.[65]

2. Keine Einbeziehung freiberuflicher und mehrstufiger Mitunternehmerschaften

Auffällig ist, dass § 50d Abs. 10 Satz 1 EStG weder auf § 18 Abs. 4 Satz 2 EStG (freiberufliche Mitunternehmerschaften) noch auf § 15 Abs. 1 Satz 1 Nr. 2 Satz 2 EStG (mehrstufige Mitunternehmerschaften) verweist. Eine Vermeidung der Neuregelung durch mehrstöckige Personengesellschaftsstrukturen scheint daher möglich zu sein.[66]

> **Beispiel 4:**
> Der in den USA ansässige Gesellschafter A ist an der gewerblich tätigen X-GmbH & Co. KG beteiligt. Zur Überwindung der Wirtschaftskrise benötigt diese vorübergehend zusätzliche Liquidität, die A zur Verfügung stellen will. Daraufhin wird der Geschäftsbetrieb (steuerneutral nach §§ 24, 1 Abs. 4 Satz 2 UmwStG) auf eine Y-GmbH & Co. KG als Tochtergesellschaft der X-GmbH & Co. KG übertragen, der A das Gesellschafterdarlehen zur Verfügung stellt.

3. Verlust der Befugnis zum Quellensteuerabzug

Die Anordnung des § 50d Abs. 10 Satz 1 EStG, es handle sich bei den Sondervergütungen „ausschließlich" um Unternehmensgewinne, führt zur Nichtanwendung der Art. 10, 11, 12 und 21 OECD-MA auch in Inbound-Situationen. Falls das Einkünften aus diesen Artikel zugrunde liegende Wirtschaftsgut Sonderbetriebsvermögen (auch Sonderbetriebsvermögen II)[67] der inländischen Mitunternehmerschaft ist, verliert Deutschland in Zukunft sein Recht zum Quellensteuereinbehalt, wenn das Wirtschaftsgut nicht zugleich in einem hinreichenden funktionalen Zusammenhang mit der inländischen Betriebsstätte steht.

---

[64] Vgl. die Rechtsprechungsanalyse bei *Salzmann*, IWB Fach 3 Gruppe 3, S. 1539, 1541 ff.

[65] Diese Analyse ist – nahezu – unbestritten: vgl. *Meretzki*, IStR 2009, S. 217, 219; *Lohbeck/Wagner*, DB 2009, S. 423, 425; *Salzmann* a. a. O., S. 1551 f; *Boller/Eilinghoff/Schmidt*, IStR 2009, S. 109, 113 f.; *Hils*, DStR 2009, S. 888, 890; im Ausgangspunkt ebenso das FG München mit Urt. v. 30. 7. 2009, 1 K 1816/09 (Fn. 58), aber mit unzutreffender Subsumtion (bloße Nutzung von Marke und Handelsname des ausländischen Mitunternehmers durch die inländische Betriebsstätte genügt nicht für die tatsächliche Zugehörigkeit zur Betriebsstätte). Die abweichende Auffassung von *Frotscher*, IStR 2009, S. 593, 594 f. verkennt, dass die BFH-Rechtsprechung auch im Rahmen des Art. 7 Abs. 1, 2 OECD-MA eine tatsächliche und nicht nur eine rechtliche Zugehörigkeit des (aktiven oder passiven) Wirtschaftsguts zur Betriebsstätte verlangt (vgl. dazu *Salzmann*, Fn. 64 und *Boller/Schmidt* IStR 2009, S. 852 f.).

[66] Diese konstruktive Schwäche teilt § 50d Abs. 10 EStG mit den in Fn. 57 erwähnten Abkommensklauseln.

[67] Nach Ansicht von *Meretzki*, IStR 2009, S. 217, 218 (Fn. 18) soll § 50d Abs. 10 EStG nicht für Sonderbetriebsvermögen II gelten; aus dem Wortlaut des Gesetzes lässt sich diese Einschränkung nicht ableiten.

Beispiel 5:
Der in den USA ansässige A ist an der warenproduzierenden X-GmbH & Co. KG beteiligt. Zugleich ist er alleiniger Anteilseigner einer unbeschränkt steuerpflichtigen Y-GmbH, die als Vertriebsunternehmen den Export der von der X-GmbH & Co. KG produzierten Ware abwickelt. Die Y-GmbH schüttet eine Dividende an A aus.

Sollte es sich im Hinblick auf die Bedeutung der Y-GmbH für den Geschäftsbetrieb der X-GmbH & Co. KG um Sonderbetriebsvermögen II handeln (Stärkung der Mitunternehmerstellung des A in der GmbH & Co. KG)[68], verliert Deutschland sein Recht zur Einbehaltung einer 15 %igen Quellensteuer auf Ausschüttungen der GmbH nach Art. 10 Abs. 2 Buchst. b DBA-USA, wenn es an einem hinreichenden funktionalen Zusammenhang im Sinne der Betriebsstättenzurechnung fehlt. Nur im letzteren Fall besteht ein Besteuerungsrecht Deutschlands für die Dividenden nach Betriebsstättengrundsätzen; andernfalls hat A einen Freistellungsanspruch hinsichtlich der gesamten Kapitalertragsteuer nach § 50d Abs. 1, 2 EStG. Handelt es sich bei A um eine Kapitalgesellschaft, ist allerdings § 50d Abs. 3 EStG zu beachten.

4. Gefahr des Entstehens „weißer" und „grauer" Einkünfte in Outbound-Situationen

Da die Umqualifizierung der Sondervergütungen als Unternehmensgewinne generell, also auch für Deutschland als Ansässigkeitsstaat, gilt, wird es in Zukunft – zumindest im Falle eines hinreichenden funktionalen Zusammenhangs mit der Betriebsstätte der ausländischen Personengesellschaft – zu der Situation kommen, dass Sondervergütungen zwar aus deutscher Sicht Bestandteil des freizustellenden Betriebsstättengewinns sind, aus Sicht des Quellenstaats jedoch weiterhin eine Freistellung bzw. eine Besteuerung nur zu einem durch das Abkommen begrenzten Quellensteuersatz erfolgt. Damit wird die Gefahr der Entstehung „weißer" oder „grauer" Einkünfte zunehmen und die DBA-eigenen Abwehrklauseln sowie § 50d Abs. 9 Satz 1 Nr. 1 EStG werden vermehrt zur Anwendung kommen. Da es sich bei Sonderbetriebseinnahmen jedoch um „Einnahmen" und nicht um „Einkünfte" handelt, stellt sich die Frage, ob die teilweise Besteuerung der Unternehmenseinkünfte (in Form des gesamthänderischen Gewinnanteils) im Quellenstaat (abgesehen von den Sondervergütungen) nicht insgesamt die Anwendung des § 50d Abs. 9 EStG hindert (vgl. hierzu schon oben zu Abschn. D. II. 1.).

F. Versuch einer systematischen Verortung der unilateralen Abwehrklauseln des § 50d Abs. 9 u. 10 EStG

Bei der Prüfung der Abkommensberechtigung (in der Outbound- und Inbound-Situation) können die Klauseln des § 50d Abs. 9 u. 10 EStG im Rahmen eines Prüfungsschemas wie folgt eingeordnet werden:

I. Deutschland als Ansässigkeitsstaat (Outbound-Situation)

1. Identifikation des Einkünfteerzielers nach innerstaatlichem Recht (u. a. §§ 39, 42 AO).
2. Personenbezogene Einschränkungen der Abkommensberechtigung lt. Abkommensrecht spielen für Deutschland als Ansässigkeitsstaat im Regelfall keine Rolle.
3. Abkommensrechtliche Zuordnung der Einkünfte im Rahmen des Einkunftsartenkatalogs entsprechend Art. 6 ff. OECD-MA; hierbei ist für Sondervergütungen § 10d Abs. 10 Satz 1 EStG zu beachten (Zuordnung zu den Unternehmensgewinnen).
4. Prüfung bei Betriebsstätteneinkünften, ob eine DBA-eigene Aktivitätsklausel oder § 20 Abs. 2 AStG eingreift.

---

[68] Vgl. dazu z. B. BFH v. 13. 2. 2008, I R 73/06, BFH/NV 2008, S. 1250.

Salzmann

5. Prüfung DBA-eigener Rückfallklauseln bei Doppelfreistellung („weiße" Einkünfte).
6. Prüfung einer etwa vorhandenen abkommensrechtlichen Umschaltklausel oder des § 50d Abs. 9 Satz 1 Nr. 1 EStG bei Doppelfreistellung oder einer Besteuerung durch den Quellenstaat nur zu einem durch das Abkommen begrenzten Steuersatz („graue" Einkünfte), wenn ein abkommensrechtlicher Anwendungskonflikt (Subsumtions-, Auslegungs- oder Qualifikationskonflikt) vorliegt (im Falle des Zusammentreffens der Anwendung einer abkommensrechtlichen Umschaltklausel mit § 50d Abs. 9 Satz 1 Nr. 1 EStG stellt sich die Frage, ob zunächst ein erfolgloser Verständigungsversuch durchzuführen ist, bevor die Freistellung versagt werden darf).
7. Prüfung des § 50d Abs. 9 Satz 1 Nr. 2 EStG bei Doppelfreistellung ohne abkommensrechtlichen Anwendungskonflikt, wenn der Quellenstaat im Hinblick auf die beschränkte Steuerpflicht des in Deutschland ansässigen Steuerpflichtigen von der Besteuerung absieht (im Verhältnis zu den USA: wenn die USA aufgrund innerstaatlichen Rechts von einer Steuererhebung absehen: Art. 23 Abs. 4 Buchst. b DBA-USA).

II. Deutschland als Quellenstaat (Inbound-Situation)

1. Identifikation des Einkünfteerzielers nach innerstaatlichem Recht (u. a. §§ 39, 42 AO).
2. Personenbezogene Einschränkungen der Abkommensberechtigung lt. Abkommensrecht (Beispiel: „Nutzungsberechtigung" i. S. der Art. 10 bis 12 OECD-MA) spielen neben Ziff. 1 im Regelfall keine Rolle (Ausnahme z. B. Art. 28 DBA-USA).
3. Einschränkung der Abkommensberechtigung nach § 50d Abs. 3 EStG?
4. Abkommensrechtliche Zuordnung der Einkünfte im Rahmen des Einkunftsartenkatalogs entsprechend Art. 6 ff. OECD-MA; hierbei ist für Sondervergütungen § 10d Abs. 10 Satz 1 EStG zu beachten (Zuordnung zu den Unternehmensgewinnen).
5. Entscheidung über Freistellung bzw. Begrenzung des deutschen Quellensteuerabzugsrechts gemäß Betriebsstättenvorbehaltsklausel (Art. 10 Abs. 4, 11 Abs. 4, 12 Abs. 3 und 12 Abs. 2 OECD-MA) bzw. – im Anwendungsbereich des § 50d Abs. 10 Satz 1 EStG – nach Art. 7 Abs. 1 Satz 2 und Art. 7 Abs. 2 OECD-MA.

Salzmann

3. Steuerstrafrechtliche Risiken bei grenzüberschreitenden Aktivitäten für Steuerpflichtige und steuerliche Berater

von Rechtsanwalt Dr. Martin Wulf, Berlin[*]

Inhaltsübersicht

A. Die Regelung des Steuerstrafrechts im Überblick
B. Der Straftatbestand der Steuerhinterziehung (§ 370 AO)
   I. Objektive Voraussetzungen
   II. Anforderungen an den subjektiven Tatbestand Abkommensberechtigung
   III. Typische Probleme bei grenzüberschreitenden Sachverhalten
   IV. Verjährung – steuerlich und strafrechtlich
   V. Strafrechtliche Sanktionen
C. Selbstanzeige
   I. Form und Inhalt der Selbstanzeige
   II. Die gesetzlichen Ausschlussgründe
   III. Folgen der Selbstanzeige
D. Bannbruch und Steuerhehlerei
E. Beihilfe und Begünstigung – insbesondere durch steuerliche Berater

Literatur:

Alvermann, J., Die verdeckte Stellvertretung bei der Selbstanzeige – Chancen und Risiken, Stbg 2008, S. 544ff.; *Bender, P.,* Die Verfolgungsverjährung für Steuerhinterziehung nach dem JahressteuerG 2009, wistra 2009, S. 215ff.; *Bülte, J.,* USt-Hinterziehung bei innergemeinschaftlichen Lieferungen, DB 2011, S. 442 ff.; *Dannecker, G.,* Die Bedeutung der Pflicht zur Benennung von Gläubigern und Zahlungsempfängern nach § 160 AO im Rahmen der Steuerhinterziehung, wistra 2001, S. 241ff.; *ders.,* Zur Strafbarkeit verdeckter Gewinnausschüttungen: Steuerhinterziehung, Untreue, Bilanzfälschung; Festschrift für Erich Samson, Heidelberg 2010; *Fischer,* Strafgesetzbuch und Nebengesetze, 56. Aufl., München 2009; *Franzen/Gast/Joecks,* Steuerstrafrecht, 7. Aufl., München 2009; *Harms, M.,* Steuerliche Beratung im Dunstkreis des Steuerstrafrechts, Stbg 2005, S. 12ff.; *Joecks, W./Miebach, K. (Hrsg.),* Münchener Kommentar zum StGB, Band 6/1 – Nebenstrafrecht II, 1. Aufl., München 2010; *Kohlmann,* Steuerstrafrecht mit Ordnungswidrigkeitenrecht und Verfahrensrecht (Losebl.), Köln 2005; *Kraft,* Außensteuergesetz, 1. Aufl., München 2009; *Meyer-Goßner,* Strafprozessordnung, 51. Aufl., München 2008; *Muhler, M.,* Die Umsatzsteuerhinterziehung, wistra 2009, S. 1ff.; *Randt, K.,* Der Steuerfahndungsfall, 1. Aufl., München 2004; *Ransiek, A.,* § 370 AO und Steuerbefreiungen für innergemeinschaftliche Lieferungen, HRRS 2009, 421; *Rolletschke/Kemper,* Steuerverfehlungen. Kommentar zum Steuerstrafrecht (Losebl.), Köln 1989; *Rübenstahl, M.,* Die Vorbereitung der ESt-Verkürzung mittels Erlangung eines Grundlagenbescheids als Erlangung eines Steuervorteils und vollendete Steuerhinterziehung? – Der 1. Strafsenat des BGH an den Grenzen des § 370 AO, HRRS 2009, S. 93ff.; *Schauf, J./Höink, C.,* Innergemeinschaftliche Lieferungen: Diametrale Wendung in der Rechtsprechung, PStR 2009, S. 58ff.; *Schmitz, R./Wulf, M.,* Erneut: Hinterziehung ausländischer Steuern und Steuerhinterziehung im Ausland, § 370 Abs. 6, 7 AO, wistra 2001, S. 361ff.; *Spatscheck, R./Alvermann, J.,* Die Aufforderung zur Gläubiger- oder Empfängerbenennung nach § 160 AO, DStR 1999, S. 1427ff.; *Spriegel, H.,* Umfang und Erklärungsinhalt von steuerlichen Tatsachenangaben im Sinne des § 370 AO, wistra 1998, S. 241ff.; *Streck, M./Spatscheck, R.,* Die Steuerfahndung, 4. Aufl., Köln 2006; *Streck/Mack/Schwedhelm,* Tax Compliance, 1. Aufl., Köln 2010; *Tipke/Kruse,* Kommentar zur Abgabenordnung und Finanzgerichtsordnung (Losebl.), Köln 1961/2007; *Weigell, J.,* Dokumentationspflichten bei der Ermittlung von Verrechnungspreisen: Einzug des Steuerstrafrechts in das internationale Steuerrecht!, IStR 2005, S. 162ff.; *Wulf, M.,* Die Verschärfungen des Steuerstrafrechts – besondere Bedeutung für die Steuerabteilungen von Unternehmen?, AG 2009, S. 75ff.; *Wulf, M.,* Die Verschärfung des Steuerstrafrechts zum Jahreswechsel 2008/2009, DStR 2009, 459ff.

---

[*] Der Autor ist Partner im Berliner Büro der Kanzlei Streck Mack Schwedhelm, Rechtsanwälte und Fachanwälte für Steuerrecht, Köln/Berlin/München.

A. Die Regelungen des Steuerstrafrechts im Überblick

Die materiellen und verfahrensrechtlichen Vorschriften zum Steuerstrafrecht finden sich im Achten Teil der AO (§§ 369 bis 412 AO). § 369 AO definiert den Begriff der „Steuerstraftaten" und bestimmt, dass die allgemeinen strafrechtlichen Regelungen Anwendung finden, soweit nicht explizit steuerstrafrechtlich etwas anderes geregelt ist. Zentrale Bedeutung hat der Straftatbestand der Steuerhinterziehung (geregelt in § 370 AO, § 371 AO und § 373 AO). Steuerstraftaten von untergeordneter Bedeutung sind die Steuerhehlerei (§ 374 AO) und der Bannbruch (§ 372 AO).[1] Verteidigt sich der Betroffene erfolgreich gegen den Vorwurf der Steuerhinterziehung, dann können gleichwohl die Voraussetzungen einer der Steuerordnungswidrigkeiten nach §§ 378 AO bis § 383 a AO oder § 26 b UStG vorliegen. Steuerordnungswidrigkeiten können mit einem Bußgeld belegt werden, auch eine Unternehmensgeldbuße (§ 30 OwiG) ist in diesem Zusammenhang denkbar.

Bei steuerstrafrechtlichen Vorwürfen wird die **Steuerfahndung als besondere „Polizeibehörde"** des Finanzamts eingeschaltet. Die Steuerfahndung ermittelt sowohl die Besteuerungsgrundlagen für das weitere steuerliche Veranlagungsverfahren (§ 208 Abs. 1 Nr. 2 AO) als auch den maßgeblichen Sachverhalt für jeden weiteren strafrechtlichen Vorwurf (§ 208 Abs. 1 Nr. 1 AO). Der doppelte Zweck und die sich damit kumulierenden Eingriffsbefugnisse aus der AO und der StPO machen die Steuerfahndung zu einem höchst effektiven Instrument und zu einem mächtigen Gegner. Nach Abschluss der Ermittlungen entscheidet steuerlich zwar das zuständige Veranlagungsfinanzamt in eigener Verantwortung über den Erlass oder die Änderung der Steuerbescheide und auch strafrechtlich entscheidet über den Abschluss des Ermittlungsverfahrens formal gesehen nicht die Steuerfahndung, sondern entweder die Staatsanwaltschaft (§ 386 Abs. 3 und Abs. 4 AO) oder die Strafsachenstelle des Finanzamts als besondere, dem Finanzamt eingegliederte Strafverfolgungsbehörde (§ 386 Abs. 2 AO). Faktisch wird die Entscheidung dieser Stellen allerdings maßgeblich durch die Steuerfahndung beeinflusst, insbesondere da die Steuerfahndung durch ihren Abschlussbericht den maßgeblichen und durch die Ermittlungen herausgefundenen Sachverhalt „festschreibt".

Geschickte und weniger geschickte Gestaltungen der internationalen Steuerplanung sind häufiger Gegenstand von Steuerfahndungsverfahren. Die Steuerfahndung wird gezielt eingesetzt, um dem Verdacht auf eine **unzulässige Verlagerung von Besteuerungssubstrat von dem Inland in das Ausland nachzugehen**. Die Finanzbehörden können im Ausland selbst nicht ermitteln. Die Möglichkeiten der Amts- oder Rechtshilfe sind beschränkt. Dies weckt den Argwohn der Finanzbehörden.

Der nachfolgende Beitrag gibt einen Überblick, unter welchen Umständen im Allgemeinen steuerstrafrechtlich Vorwürfe erhoben werden können und welche besonderen Fragestellungen bei steuerstrafrechtlichen Vorwürfen im Zusammenhang mit internationalen Steuergestaltungen zu beachten sind, um strafbares Verhalten zu vermeiden oder sich effektiv gegen diesbezügliche Vorwürfe zu wehren.

B. Der Straftatbestand der Steuerhinterziehung (§ 370 AO)

Die Steuerhinterziehung ist ein Vermögensdelikt. Geschützt wird das inländische Steueraufkommen, d. h. insbesondere der Bestand und die Verwirklichung der inländischen Steueransprüche.[2] Bei der Steuerhinterziehung handelt es sich konstruktiv um ein Erklärungsdelikt – der

---

[1] S. hierzu unten Abschnitt D.
[2] Vgl. nur *Joecks* in Franzen/Gast/Joecks, § 370 Rz. 14 ff., m. w. N.

Tatbestand ist betrugsähnlich ausgestaltet. Strafbar macht sich letztlich nicht derjenige, der eine bestimmte steuerliche Gestaltung wählt, sondern nur derjenige, der seine darauf aufbauenden Erklärungs- und Mitwirkungspflichten verletzt, indem er keine, unvollständige oder unrichtige Angaben macht.

I. Objektive Voraussetzungen

Die Steuerhinterziehung wird begangen durch unrichtige oder unvollständige Angaben über steuererhebliche Tatsachen (§ 370 Abs. 1 Nr. 1 AO) oder durch Unterlassen, den Verstoß gegen eine steuerliche Erklärungspflicht (§ 370 Abs. 1 Nr. 2 AO). Die dritte im Gesetz genannte Tatvariante (Nicht-Verwendung von Steuerzeichen) ist ohne praktische Bedeutung.[3] Die Steuerhinterziehung ist vollendet, wenn der Erfolg in der Form der Steuerverkürzung oder in der Form der Gewährung von nicht gerechtfertigten Steuervorteilen eintritt.

1. Tatvollendung durch Steuerverkürzung oder Erlangung nicht gerechtfertigter Steuervorteile

In der Praxis ist der Regelfall der **Erfolg in der Form der Steuerverkürzung**. Eine Steuerverkürzung liegt vor, wenn Steuern nicht, nicht in voller Höhe oder nicht rechtzeitig festgesetzt werden (§ 370 Abs. 4 Satz 1 AO). D. h. die Steuerhinterziehung ist vollendet, wenn entweder ein Steuerbescheid ergangen ist, der eine zu niedrige Steuer festsetzt, oder wenn kein Steuerbescheid erlassen wurde. In der Variante der zu niedrigen Festsetzung ist die Straftat mit der wirksamen Bekanntgabe des Steuerbescheids vollendet, bei den Steueranmeldungen ist folgerichtig auf den Eingang der Steueranmeldung beim Finanzamt bzw. auf den Zeitpunkt der Zustimmung abzustellen (vgl. § 168 Satz 2 AO). In der Variante der Nicht-Festsetzung der Steuer ist auf den Zeitpunkt abzustellen, zu dem bei ordnungsgemäßem Verhalten die Steuerfestsetzung wirksam geworden wäre.[4] Vor diesem Zeitpunkt liegt nur eine versuchte Steuerhinterziehung vor.[5]

Wichtig hervorzuheben ist, dass es unerheblich ist, ob die festgesetzte Steuer tatsächlich bezahlt wird. Der **Erfolg ist die fehlerhafte oder fehlende Steuerfestsetzung**. Für die Feststellung der Steuerverkürzung ist jeweils zu überprüfen, ob der tatsächlich vorliegende Bescheid eine niedrigere Steuer ausweist („Ist-Steuer"), als dies nach den maßgeblichen steuerlichen Vorschriften zutreffend wäre („Soll-Steuer"). Im Falle der Nicht-Festsetzung ist zu prüfen, ob überhaupt ein Steueranspruch bestand, der festgesetzt werden musste. Jede Verteidigung findet über den objektiven Steueranspruch statt. Hier stellen sich vorrangig Fragen des materiellen Steuerrechts, d. h. Fragen aus den Einzelsteuergesetzen wie dem EStG, KStG, GewStG, UStG, ErbStG, UmwStG, AStG etc.

In einer Vielzahl der Steuerfahndungsfälle sind die steuerlich relevanten Sachverhalte im Nachhinein nicht rekonstruierbar. Häufig beruht dies darauf, dass die Steuerpflichtigen ihren Buchführungs- und Aufzeichnungspflichten nicht nachgekommen sind oder die entsprechenden Aufzeichnungen nicht vorlegen. Das Finanzamt kann in diesen Fällen die Besteuerungsgrundlagen nach § 162 AO schätzen. Die **Möglichkeit der Schätzung** gilt auch für das strafrechtliche Verfahren. Anwendbar sind die steuerlich allgemein anerkannten Methoden: Interner Betriebs-

---

[3] Ein Fall des § 370 Abs. 1 Nr. 3 AO ist nach dem geltenden Recht überhaupt nur bei der unterlassenen Verwendung von Banderolen für Zigarettenpackungen u. a. Tabakwaren denkbar.

[4] Zuletzt OLG Düsseldorf Urt. v. 4. 4. 2005, III 2 Ss 139/04, wistra 2005, S. 353; demgegenüber strenger BGH Beschluss v. 19. 1. 2011, 1 StR 640/10 (juris); weiterführend *Joecks* in Franzen/Gast/Joecks, § 370 Rz. 37, m. w. N.

[5] Der Versuch ist zwar ebenfalls strafbar (§ 370 Abs. 2 AO), der Steuerpflichtige kann aber durch einen Rücktritt nach § 24 StGB straffrei werden. Zusätzlich greift auch für den Versuch die Vorschrift des § 371 AO (Selbstanzeige).

vergleich anhand von Vorjahresergebnissen oder teilweise vorhandenen Aufzeichnungen, externer Betriebsvergleich anhand von Vergleichsbetrieben oder Richtsatzsammlungen etc. Anhand der Nachkalkulation muss mit der im Strafprozess erforderlichen Gewissheit – also zur persönlichen Überzeugung des Gerichts jenseits eines vernünftigen Zweifels – der Sachverhalt festgestellt werden.[6] In der Praxis werden von den Strafverfolgungsbehörden regelmäßig die steuerlichen Schätzungen als Ausgangspunkt genommen und dann anhand eines Abschlags an die strafrechtlichen Beweisgrundsätze angepasst. Der Umstand, dass die Aufzeichnungspflichten verletzt wurden, rechtfertigt im Strafverfahren keine Ausschöpfung der Schätzungsbandbreite zum Nachteil des Steuerpflichtigen. Es gilt der strenge Grundsatz des „in dubio pro reo".[7]

Problematisch ist, welche **Bedeutung die formellen Nachweis- und Aufzeichnungspflichten des Steuerrechts** für den Straftatbestand der Steuerhinterziehung haben. Im Grundsatz gilt, dass die Entstehung des Steueranspruchs im Strafverfahren allein nach den strafprozessualen Grundsätzen nachzuweisen ist. Steuerliche Beweiserleichterungen und Nachweispflichten des Steuerpflichtigen finden keine Anwendung.[8] Nur ausnahmsweise können die steuerlichen Formvorschriften strafrechtlich relevant werden, wenn ihnen der Charakter einer materiellen Anspruchsvoraussetzung zukommt, wie etwa bei der Erstattung von Vorsteuer im Umsatzsteuerrecht[9] . Bei den meisten anderen steuerlichen Formvorschriften handelt es sich aber um strafrechtlich irrelevante Beweisregeln. Die Frage nach der strafrechtlichen Bedeutung von steuerlichen Nachweis- und Aufzeichnungspflichten ist bei grenzüberschreitenden Sachverhalten wegen der erweiterten Mitwirkungspflichten für Auslandssachverhalte (§ 90 Abs. 2 AO etc.) von zentraler Bedeutung, zu Einzelheiten vgl. die Ausführungen unter Ziff. III.

Nach § 370 Abs. 4 Satz 3 AO liegt auch dann eine Steuerverkürzung vor, wenn die Steuer, auf die sich die Tat bezieht, aus anderen Gründen hätte ermäßigt oder der Steuervorteil aus anderen Gründen hätte beansprucht werden können (Beispiel: Nachdem unversteuerte inländische Einnahmen entdeckt wurden, will der Unternehmer nachträglich Verluste aus einer ausländischen Beteiligung nach § 2 a EStG geltend machen).[10] Dieses sogenannte **Kompensationsverbot** greift jedoch dann nicht ein, wenn sich die Steuerminderung wegen des engen wirtschaftlichen Zusammenhangs ohne Weiteres von Rechts wegen ergeben hätte, falls der Täter der Wahrheit entsprechende Angaben von Beginn an gemacht hätte.[11] Nachträglich vorgetragene Steuerminderungsgründe sind deshalb nicht ausnahmslos unbeachtlich. Das Kriterium des „engen wirtschaftlichen Zusammenhangs" muss man richtigerweise so interpretieren, dass das Kompensationsverbot nicht greift, wenn die Minderungsgründe später nicht hätten geltend gemacht werden können, ohne damit gleichzeitig die begangene Steuerhinterziehung zu offenbaren.[12] Beispiel: Der Unternehmer erzielt Einnahmen über eine ihm zuzurechnende ausländische Basis-

---

[6] Grundlegend zuletzt BGH-Urt. v. 24. 5. 2007, 5 StR 58/07, wistra 2007, S. 345.

[7] Zur Schätzung der Betriebsausgaben, nachdem der Beschuldigte seine Buchhaltungsunterlagen vernichtet hatte, vgl. etwa BGH-Urt. v. 19. 7. 2007, 5 StR 251/07, wistra 2007, S. 470.

[8] Vgl. nur *Spiegel*, wistra 1998, S. 241 m. w. N.

[9] Nachdem der EuGH mit Urteil vom 29.4.2004 (Rs. C-152/02 – „Terra Baubedarf", Slg. 2004, I-5583-5612) entschieden hat, dass der Vorsteuerabzug das Vorliegen einer Rechnung im Zeitpunkt seiner Entstehung voraussetzt, ist die Rechnung mit Steuerausweis wohl als materielle Anspruchsvoraussetzung anzuerkennen; anders noch *Spiegel*, wistra 1998, S. 247.

[10] *Joecks* in Franzen/Gast/Joecks, § 370 Rz. 63 ff.

[11] BGH-Urt. v. 5. 2. 2004, 5 StR 420/03, wistra 2004, S. 147; BGH-Urt. v. 20. 7. 1988, 3 StR 583/87, wistra 1988, S. 356.

[12] BGH-Urt. v. 4. 5. 1990, 3 StR 72/90, wistra 1991, S. 27.

Wulf

gesellschaft, durch deren Verwaltung ihm allerdings auch Kosten entstehen – hätte der Unternehmer nach der Steuerveranlagung die Kosten zum Unterhalt der Auslandsgesellschaft geltend machen wollen, so hätte dies zwingend auch die Offenbarung der erzielten Schwarzeinnahmen mit sich gebracht, weshalb das Kompensationsverbot nicht greift.

Nach Rechtsprechung des BGH sind zudem bei der Anwendung des Kompensationsverbots zugunsten des Beschuldigten zwei Einschränkungen zu berücksichtigen: Zum einen ist sehr sorgfältig zu prüfen, ob der Täter vorsätzlich gehandelt hat. Hat er bei der Tat die steuererhöhenden und -mindernden Umstände bereits in seiner Vorstellung saldiert, so liegt kein Vorsatz hinsichtlich einer Verkürzung vor.[13] Zum anderen ist bei der Strafzumessung mildernd zu berücksichtigen, wenn steuerlich tatsächlich kein echter oder nur ein geringerer Schaden eingetreten ist.[14]

Tatbestandsmäßig im Sinne des § 370 Abs. 4 Satz 1 AO ist auch die nicht rechtzeitige Steuerfestsetzung in der gesetzlich vorgegebenen Höhe. Werden bspw. die monatlichen Umsatzsteuervoranmeldungen in zu geringer Höhe abgegeben, während die Umsatzsteuerjahreserklärung zutreffend erfolgt, so liegt im Hinblick auf die monatlich zu gering vorangemeldeten Beträge eine Steuerhinterziehung vor. Die Höhe des steuerlichen Schadens bemisst sich jedoch hier nicht nach dem nominellen Differenzbetrag, sondern allein aus dem Zinsschaden in Höhe von 6 % pro Jahr.[15] Es handelt sich um eine so genannte **Steuerverkürzung auf Zeit**. Diese ist nach dem Willen des Täters von der Steuerhinterziehung auf Dauer abzugrenzen: Plant der Täter von Beginn an, die begangene Steuerverkürzung zu einem späteren Zeitpunkt zu korrigieren, so liegt zwar eine Steuerhinterziehung vor. Für das Strafmaß ist aber nur von einem Schadensumfang in Höhe des Zinses auszugehen.[16] Die gleiche Argumentation steht auch zur Verfügung, wenn der Täter bspw. in einem Jahr unzutreffende Rückstellungen bildet und dabei klar ist, dass diese zu einem späteren Zeitpunkt wieder aufgelöst werden müssen.

Die Erfolgsvariante der **Erlangung eines nicht gerechtfertigten Steuervorteils** ist von untergeordneter Bedeutung. In Betracht kommt abstrakt formuliert jeder auf einer besonderen Bewilligung beruhende Vermögensvorteil, der das Aufkommen einer Steuerart mindert oder auf der Anwendung von steuerlichen Vorschriften beruht. Einzelheiten sind leider unklar.[17] Der BGH hat zuletzt entschieden, dass die überhöhte Verlustfeststellung zugunsten der Kommanditisten eines Filmfonds den Tatbestand der Vorteilserlangung erfüllen soll, so dass es für die Vollendung nicht mehr auf den Zugang der (zu niedrigen) Einkommensteuerfestsetzungen als Folgebescheide ankomme.[18] Die Entscheidung ist schon deshalb wenig überzeugend, da der BGH keinerlei Überlegungen dazu anstellt, ob damit auch alle anderen Feststellungsbescheide im Rahmen des gestuften Veranlagungsverfahrens als Taterfolg in Betracht kommen (nach ganz einheitlicher Auffassung wird bspw. der Erlass des Gewerbesteuermessbescheids noch nicht als tatbestandlicher Erfolg angesehen) und welcher Grad der Gefährdung des Fiskalvermögens

---

[13] BGH-Urt. v. 1. 2. 1989, 3 StR 179/88, BGHSt 36, S. 100, 102.
[14] BGH-Urt. v. 5. 2. 2004, 5 StR 420/03, wistra 2004, S. 147.
[15] BGH-Urt. v. 4. 2. 1997, 5 StR 680/96, wistra 1997, S. 186.
[16] So die allgemeine Ansicht, vgl. nur *Joecks* in Franzen/Gast/Joecks, § 370 Rn 76; etwas unklar zuletzt BGH-Urt. v. 17. 3. 2009, 1 StR 672/08, NJW 2009, S. 1979.
[17] *Joecks* in Franzen/Gast/Joecks, § 370 Rz. 82 ff.; *Rolletschke* in Rolletschke/Kemper, § 370 Rz. 122 ff. (Mai 2009).
[18] BGH-Urt. v. 10. 12. 2008, 1 StR 322/08, wistra 2009, S. 114; ebenso nachfolgend BGH-Beschluss v. 2. 11. 2010, 1 StR 544/09 (juris).

Wulf

materiell das Erfolgsunrecht der Steuerhinterziehung kennzeichnen soll.[19] Es bleibt deshalb abzuwarten, ob die Rechtsprechung im Anschluss an diese verfehlte Entscheidung des 1. Strafsenats zukünftig bspw. auch die Feststellung von zu niedrigen Hinzurechnungsbeträgen nach § 18 AStG als vollendete Vorteilserlangung im Sinne von § 370 AO qualifiziert, anstatt richtigerweise auf die durch den nachfolgenden Steuerbescheid eintretende Einkommensteuer- oder Körperschaftsteuerverkürzung abzustellen.

Auch nach der Veranlagung, **im Erhebungs- und Beitreibungsverfahren**, kann es noch zu einer Steuerverkürzung kommen, zB wenn der Steuerpflichtige sich unter Vorspiegelung falscher Voraussetzungen eine Stundung erschleicht oder etwa, wenn der Steuerpflichtige durch unrichtige Angaben herbeiführt, dass die Finanzbehörden einen Teil der Steuerforderungen erlassen.[20] Die Einordnung, ob es sich um eine Verkürzung oder eine Vorteilserlangung handelt, ist in diesen Fällen streitig, kann aber regelmäßig dahinstehen.

2. Unrichtige Angaben über steuerlich erhebliche Tatsachen (Handlungsvariante)

§ 370 Abs. 1 Nr. 1 AO setzt voraus, dass den Finanzbehörden oder anderen Behörden (zur Definition siehe § 6 AO) über steuerlich erhebliche Tatsachen unzutreffende Angaben gemacht werden. Werden im Rahmen der Steuererklärung rechtliche Einordnungen vorgenommen – und nahezu jede Eintragung in den Feldern des Erklärungsvordrucks beinhaltet letztlich eine solche steuerrechtliche Einordnung –, so handelt es sich lediglich um einen Subsumtionsvorschlag an das Finanzamt. Eine **Täuschung über Tatsachen** ist damit nur verbunden, wenn der zugrunde liegende Sachverhalt das mitgeteilte Subsumtionsergebnis unter keinem denkbaren Gesichtspunkt trägt und dem Finanzamt eine eigene Sachentscheidung nicht ermöglicht wird. Der BGH hat hierzu klar entschieden, dass der Steuerpflichtige in seinen Steuererklärungen jede ihm günstige Rechtsansicht vertreten darf.[21] Eine Steuerhinterziehung scheidet jedenfalls aus, wenn der Steuerpflichtige mit der Erklärung dem Finanzamt alle maßgeblichen Tatsachen mitteilt, die für eine eigene Rechtsentscheidung des Finanzamts erforderlich sind, oder wenn der Steuerpflichtige in seiner Steuererklärung ausdrücklich darauf hinweist, von welcher Rechtsansicht er bei der Verfassung seiner Erklärung ausgegangen ist (bspw. durch den Hinweis, dass abweichend von den Richtlinien der Finanzverwaltung einer bestimmten Auffassung in der Kommentarliteratur gefolgt wird).

Es liegen somit keine unrichtigen Angaben über steuerlich erhebliche Tatsachen im Sinne des Tatbestands vor, wenn der Steuerpflichtige (oder der die Steuererklärung vorbereitende Berater) entweder der Steuererklärung eine **Sachverhaltsschilderung einschließlich aller maßgeblichen Details** beifügt oder in der Steuererklärung (bspw. unter Hinweis auf eine entsprechende Kommentarstelle) die bei der rechtlichen Einordnung des Sachverhalts **zugrunde gelegte Rechtsauffassung** dokumentiert. Diese Rechtsprechung ist als Leitlinie bei der Abfassung von Steuererklärungen, auch hinsichtlich der Behandlung von komplexeren Fragen des internationalen Steuerrechts zu verwenden. Der BGH hält einen entsprechenden Hinweis für erforderlich, sobald die Rechtslage „objektiv zweifelhaft" ist, dh. insbesondere wenn der Steuerpflichtige eine von der veröffentlichten Rechtsprechung oder den Verwaltungsrichtlinien abweichende Rechtsansicht vertreten will.[22] Höchstrichterlich nicht geklärt ist, was in den weiten Bereichen gilt, in denen

---

[19] Zur Kritik vgl. bspw. *Rübenstahl*, HRRS 2009, S. 93.

[20] BGH-Urt. v. 19. 12. 1997, 5 StR 569/96, wistra 1998, S. 180.

[21] BGH-Urt. v. 10. 11. 1999, 5 StR 221/99, wistra 2000, S. 137; weiterführend *Schmitz/Wulf* in MüKo-StGB, § 370 AO Rz. 213 ff.

[22] Urt. v. 10. 11. 1999, 5 StR 221/99, wistra 2000, S. 137, 140; eine Offenbarungspflicht bei Abweichung von den Einkommensteuer-Richtlinien bejaht das FG München selbst für den Fall, dass der Steuerpflichtige

keine eindeutigen Vorgaben durch Rechtsprechung oder Richtlinien existieren. Die überwiegende Ansicht geht davon aus, dass zumindest in diesen Teilbereichen jede ernsthaft vertretbare Rechtsauffassung der Steuererklärung (auch verdeckt) zugrunde gelegt werden darf, ohne dass „unrichtige Tatsachenangaben" vorliegen.[23]

Neben der inhaltlichen Frage, welche Tatsachen bei genauer Betrachtung aus der Steuererklärung zu entnehmen sind, stellt sich weiter die **Frage, wem die Erklärung zuzurechnen ist.** Dies gilt insbesondere bei Erklärungen, die von mehreren Personen unterschrieben werden müssen. Der BFH hat bei zusammen veranlagten Ehegatten entschieden, dass der mitunterschreibende Ehegatte nicht für die unrichtige Erklärung von Einkünften haftet, die ausschließlich dem anderen Ehegatten zuzuordnen sind.[24] Dagegen gilt etwa bei Geschäftsführern und anderen Gesellschaftsorganen, dass grundsätzlich jedes Organ für die abgegebene Steuererklärung mitverantwortlich ist und bei entsprechender Kenntnis auch strafrechtlich haftet.

3. Verstoß gegen Erklärungspflichten (Unterlassungsvariante)

Für den Vorwurf der Steuerhinterziehung durch Unterlassen ist jeweils konkret zu überprüfen, **ob eine Steuererklärungspflicht im Einzelfall bestand** und bis zu welchem Zeitpunkt die Erklärungspflicht zu erfüllen war. Hebt das Finanzamt etwa die Verpflichtung zur Abgabe von monatlichen Umsatzsteuervoranmeldungen zu Beginn des Jahres auf (vgl. § 18 UStG), so bleibt die Nicht-Abgabe von Erklärungen bis zum Verstreichen der Frist für die nachfolgende Jahreserklärung (31.05. des Folgejahres, vgl. § 149 Abs. 2 AO) straflos. Kritisch zu hinterfragen ist die Existenz einer wirksamen Erklärungspflicht gerade in den steuerlichen „Nebengebieten" wie bspw. dem GrEStG, dem MOG, dem MinÖStG (bzw. EnergiesteuerG) oder auch dem ErbStG.

Besonders hinzuweisen ist auf die **Anzeige- und Berichtigungspflichten des § 153 AO.** Voraussetzung des Grundtatbestands in § 153 Abs. 1 Satz 1 AO ist viererlei: Der Steuerpflichtige muss unrichtige Angaben über steuerlich erhebliche Tatsachen gemacht haben, hierdurch muss eine Steuerverkürzung eingetreten sein (oder ihr Eintritt drohen), der Steuerpflichtige muss dies nachträglich erkennen und die Festsetzungsverjährung für die entsprechende Veranlagung darf noch nicht abgelaufen sein. In der Rechtsfolge verpflichtet § 153 Abs. 1 AO dazu, die Unrichtigkeit der abgegebenen Erklärung unverzüglich anzuzeigen. Die Abgabe einer berichtigten Steuererklärung ist dann erst im zweiten Schritt erforderlich. Wer vorsätzlich seine Anzeigepflicht nach § 153 AO verletzt, macht sich wegen Steuerhinterziehung durch Unterlassen strafbar.[25] Wichtig für die Praxis: Die Pflicht zur Anzeige trifft auch denjenigen, der als gesetzlichen Vertreter eines Unternehmens erkennt, dass seine Amtsvorgänger unzutreffende Steuererklärungen abgegeben haben. Wer also neu zum Vorstand einer AG bestellt wird und Kenntnis davon erlangt, dass in der Vergangenheit überhöhte Zahlungen an ausländische Konzerngesellschaften als Betriebsausgaben verbucht wurden, der tut gut daran, dies gegenüber den Finanzbehörden richtig zu stellen. Anderenfalls macht er sich wegen Steuerhinterziehung durch Unterlassen zugunsten des Unternehmens strafbar.

---

sich auf eine anderslautende Finanzgerichtsentscheidung stützen kann, so FG München Urt. v. 16. 8. 2007, 13 V 1918/07, Tz. 16-17 (juris); kritisch zur Berücksichtigung von Verwaltungsrichtlinien *Joecks* in Franzen/Gast/Joecks, § 370 Rz. 127, *Schmitz/Wulf* in MüKo-StGB, § 370 AO Rz. 219 m. w. N.

[23] So insbesondere die ehemalige Vorsitzende des 5. Strafsenats *Harms*, Stbg 2005, S. 14; ebenso *Joecks* in Franzen/Gast/Joecks, § 370 Rz. 128 a; im Ergebnis zustimmend auch *Rolletschke* in Rolletschke/Kemper, § 370 Rz. 47 (Mai 2009).

[24] BFH-Urt. v. 16. 4. 2002, IX R 40/00, wistra 2002, S. 353.

[25] Zuletzt BGH-Urt. v. 17. 3. 2009, 1 StR 479/08, wistra 2009, S. 312.

Wulf

Der Steuerpflichtige bleibt prinzipiell auch dann zur Abgabe von Steuererklärungen verpflichtet, wenn er sich dadurch der Gefahr einer eigenen Strafverfolgung aussetzt. Die Rechtsprechung ist hier sehr strikt. Droht bei Abgabe einer zutreffenden Steuererklärung die Entdeckung anderer Steuerstraftaten, insbesondere die Aufdeckung gleichgelagerter Steuerhinterziehungen für die Vorjahre, so ist der Steuerpflichtige prinzipiell durch die Möglichkeit zur Abgabe einer strafbefreienden Selbstanzeige geschützt. Nach Auffassung des BGH soll die Verpflichtung zur Abgabe von Steuererklärungen allerdings auch dann bestehen bleiben, wenn für die vorangegangenen Jahre wegen gleichartiger Sachverhalte bereits ein Steuerstrafverfahren läuft oder eine Selbstanzeige aus anderen Gründen ausgeschlossen ist. Der Steuerpflichtige soll hier durch ein **strafrechtliches Verwertungsverbot** geschützt sein.[26] D. h. die Daten aus der wahrheitsgemäßen Steuererklärung des Jahres 2009 dürften dann nicht für das laufende Steuerstrafverfahren der Jahre 2005 bis 2008 verwendet werden. Ob dieses Verwertungsverbot in der Praxis ausreichenden Schutz gewährt, scheint allerdings fraglich. Nur wenn für den gleichen Zeitraum, für den der Steuerpflichtige eine Steuererklärung abzugeben hat, bereits ein Steuerstrafverfahren eingeleitet ist, erlischt nach Ansicht der Rechtsprechung die Rechtspflicht zur Abgabe der Erklärung wegen Unzumutbarkeit (Beispiel: Einleitung des Steuerstrafverfahrens für Umsatzsteuervoranmeldungen des Jahres 2008 – die Nicht-Abgabe der Umsatzsteuerjahreserklärung zum 31. 5. 2009 ist straflos).[27]

Ein ähnliches Problem stellt sich bei der Frage, ob auch die **Einkünfte aus rechtswidrigem Verhalten** dem Finanzamt gegenüber erklärt werden müssen. Auch insoweit bleibt der Steuerpflichtige nach der Rechtsprechung zur Erklärung der steuerlich erheblichen Tatsachen verpflichtet.[28] Das Finanzamt wird diese Erkenntnisse dann allerdings an die Staatsanwaltschaft oder die sonst zuständige Ermittlungsbehörde weiterleiten. Die Befugnis der Finanzverwaltung zu einer solchen Durchbrechung des Steuergeheimnisses ergibt sich aus § 30 Abs. 4 AO.[29] Unter verfassungsrechtlichen Gesichtspunkten ist diese Rechtsprechung wegen eines klaren Verstoßes gegen den „nemo tenetur"-Grundsatz höchst zweifelhaft.[30]

4. Unkenntnis der Behörde als strafbegründendes Element?

Fraglich ist, ob eine Steuerhinterziehung auch dann eintreten kann, wenn die Finanzbehörden Kenntnis von allen maßgeblichen Tatsachen haben.

Der Unterlassenstatbestand (§ 370 Abs. 1 Nr. 2 AO) setzt ausdrücklich die „Unkenntnis" der Finanzbehörden voraus. Nach einer Entscheidung des OLG Oldenburg[31] scheidet auch in den Handlungsfällen des § 370 Abs. 1 Nr. 1 AO eine Steuer- bzw. Zollhinterziehung aus, wenn die Finanzverwaltung in Zusammenarbeit mit den internationalen Behörden den Sachverhalt be-

---

[26] BGH-Urt. v. 12. 1. 2005, 5 StR 191/04, wistra 2005, S. 148.

[27] BGH-Urt. v. 10. 1. 2002, 5 StR 452/01, wistra 2002, S. 150; BGH-Urt. v. 26. 4. 2001, 5 StR 587/00, wistra 2001, S. 341.

[28] BGH-Urt. v. 5. 5. 2004, 5 StR 139/03, StV 2004, S. 578; zuletzt BGH-Urt. v. 2. 12. 2005, 5 StR 119/05, NStZ 2006, S. 210.

[29] BFH-Urt. v. 13. 2. 2008, VII B 92/08, BStBl. 2008 II, S. 850.

[30] Vgl. nur *Wulf*, wistra 2006, S. 89 ff; Vorlagebeschluss LG Göttingen v. 11. 12. 2007, 8 KLs 1/01, wistra 2008, S. 231 – das BVerfG hat die Vorlage aus formalen Gründen nicht angenommen, BVerfG Beschluss v. 27. 4. 2010, wistra 2010, S. 341.

[31] OLG Oldenburg Urt. v. 16. 11. 1998, Ss 319/98 (I/107), Ss 319/98, wistra 1999, S. 151.

reits observiert und deshalb alle erforderlichen Kenntnisse hat. Der BGH hat sich hierzu nunmehr allerdings ablehnend geäußert, nachdem er die Frage zunächst offen gelassen hatte.[32]

II. Anforderungen an den subjektiven Tatbestand

Die Strafbarkeit wegen Steuerhinterziehung setzt Vorsatz im Hinblick auf alle objektiven Tatbestandsmerkmale voraus. Hierzu gehört das Bewusstsein, Steuern zu verkürzen. Ausreichend ist **Eventualvorsatz**. Hierfür muss der Täter die Existenz eines entsprechenden Steueranspruchs nur konkret für möglich erachten. Dagegen liegt mangels Vorsatz keine Steuerhinterziehung vor, wenn der Steuerpflichtige keinerlei Vorstellung davon hat, dass ein entsprechender Steueranspruch entstanden ist. In der Unterlassensvariante (§ 370 Abs. 1 Nr. 2 AO) muss der Täter zusätzliche Kenntnis von allen Umständen haben, die nach Maßgabe der steuerlichen Norm die Erklärungspflicht entstehen lassen.

Irrt der Steuerschuldner über das Bestehen des Steueranspruchs oder kennt er eine der Voraussetzungen für die Entstehung der Erklärungspflicht nicht, so liegt ein Tatbestandsirrtum nach § 16 StGB vor, der den Vorsatz ausschließt. In einem solchen Fall bleibt nur eine Ahndung als Ordnungswidrigkeit nach **§ 378 AO (leichtfertige Steuerverkürzung)**. Eine leichtfertige Tat in diesem Sinne liegt vor, wenn der Täter zwar nicht vorsätzlich, aber in besonders schwerer Weise sorgfaltswidrig gehandelt hat.[33]

III. Typische Probleme bei grenzüberschreitenden Sachverhalten

Soll präventiv geprüft werden, ob die bestimmte Gestaltung eines grenzüberschreitenden Sachverhalts strafrechtliche Risiken heraufbeschwören kann oder muss sich der Steuerpflichtige nach Abgabe seiner Erklärung gegen derartige Vorwürfe wehren, so kommt es schlicht auf eine präzise Umsetzung der unter I. und II. dargestellten Voraussetzungen an. Für die **Gestaltungs- und Erklärungsberatung** sei insoweit vorrangig nochmals auf das Problem „abweichender Rechtsansichten" und die diesbezügliche **Leitentscheidung des 5. Strafsenats vom 11. 12. 1999** verwiesen.[34]

Nachfolgend sollen einige Fallkonstellationen angesprochen werden, die immer wieder Gegenstand von Steuerfahndungsverfahren unter Einbeziehung von grenzüberschreitenden Aktivitäten sind.

1. Zahlungen ins Ausland und § 160 AO

Zahlungen ins Ausland, die als Betriebsausgaben oder Werbungskosten abgesetzt werden, wecken den Argwohn der Finanzbehörden. Dies gilt in besonderer Weise, wenn der Empfänger der Zahlung eine juristische Person ist und die dahinter stehenden Anteilseigner nicht auszumachen sind. Das Finanzamt verlangt in dieser Situation eine Empfängerbenennung nach § 160 AO. Gelingt es nicht, den **„wahren Empfänger" des wirtschaftlichen Werts** zu identifizieren, so kann das Finanzamt ganz oder teilweise von nicht abzugsfähigen Betriebsausgaben ausgehen.

§ 160 AO ist steuerlich ein scharfes Schwert. Der inländische Unternehmer hat in der Folge einen „Gewinn" zu versteuern, den er wirtschaftlich niemals erzielt hat. Um der Rechtsfolge des

---

[32] BGH-Beschluss v. 14. 12. 2010, 1 StR 275/10, NJW spezial 2011, S. 152; vorhergehend BGH-Urt. v. 19. 10. 1999, 5 StR 178/99, wistra 2000, S. 63, m. w. N.

[33] Bspw. BFH-Urt. v. 16. 3. 2007, VII B 21/06, DStRE 2007, S. 789 zur Einfuhr von Zigaretten im Reisegepäck und unrichtigen Angaben durch Benutzung des "grünen Ausgangs" am Flughafen.

[34] Vgl. auch *Binnewies* in Streck/Mack/Schwedhelm, Tax Compliance Tz. 4.51.

§ 160 AO zu entgehen, **muss der Steuerpflichtige Beweisvorsorge treffen** und den Nachweis führen können, dass sein formeller Vertragspartner tatsächlich derjenige ist, der die bezahlte Gegenleistung erbringt. Anderenfalls müssen die Hinterleute benannt werden, auf die der wirtschaftliche Wert der Betriebsausgaben übertragen bzw. weitergeleitet wurde.[35] Gelingt dies nicht, so kann der Steuerpflichtige sich ergänzend noch damit verteidigen, dass den Umständen nach zumindest feststeht, dass der wahre Empfänger nicht der inländischen Steuerpflicht unterliegt. In diesem Fall wäre eine Inhaftungnahme nach § 160 AO ermessenswidrig.[36]

Die Versagung der Abzugsfähigkeit von Betriebsausgaben nach **§ 160 AO führt allerdings nicht zu einer strafrechtlich relevanten Steuerverkürzung** im Sinne des § 370 AO. Dies liegt daran, dass es sich zunächst – im Zeitpunkt der Steuererklärung und der Veranlagung – noch um abzugsfähige Ausgaben handelte. Steht der Charakter als Betriebsausgabe fest (oder lässt sich dies nicht widerlegen), so werden bei strafrechtlicher Sicht in der betreffenden Steuererklärung keine unrichtigen Angaben gemacht. Die Nicht-Abzugsfähigkeit tritt erst nach der Bekanntgabe des ersten Steuerbescheids, in der Regel nach einer Betriebsprüfung ein, wenn die Finanzverwaltung die Empfängerbenennung verlangt und der Steuerpflichtige dieses Verlangen nicht erfüllen kann.[37] Die Mitwirkungspflichten aus § 160 AO werden bei Rechtsbeziehungen im Sinne des Außensteuerrechts noch durch § 16 AStG verschärft. Strafrechtlich ändert dies aber nichts an der dargestellten Systematik.

Die Erkenntnis, dass die Anwendung von § 160 AO zwar zu Steuernachforderungen, nicht aber zu einem strafrechtlichen Vorwurf führen kann, ist praktisch höchst bedeutsam. Denn § 160 AO eröffnet die Möglichkeit, in einem streitigen Verfahren, in dem eigentlich der Vorwurf von Gewinnentnahmen oder der Bildung von schwarzen Kassen zur Ermöglichung von Schmiergeldzahlungen etc. im Raum steht, den **Streit mit den Finanzbehörden auf elegante Art und Weise zu beenden**: Steuerlich wird der Betriebsausgabenabzug versagt (gegebenenfalls auch nur anteilig, zu x %) – die Finanzverwaltung hat ihr Mehrergebnis. Strafrechtlich wird das Verfahren nach § 170 Abs. 2 StPO oder § 153 a StPO eingestellt, da der fehlende Charakter der betreffenden Zahlungen als „Betriebsausgaben" sich nicht hat nachweisen lassen und die Versagung der Abzugsfähigkeit letztlich „nur" auf der nicht erfüllten Empfängerbenennung beruht. In vergleichbarer Weise lässt sich im Übrigen auch die Verpflichtung zur Benennung des Treugebers nach § 159 AO in manchen grenzüberschreitenden Sachverhalten als „Einigungsmodell" einsetzen.[38]

2. Zwischenschaltung ausländischer Basisgesellschaften und strafbare Gewinnverlagerung

Eine Sachverhaltsgestaltung, die immer wieder zu steuerstrafrechtlichen Ermittlungsverfahren führt, ist die Gründung von Kapitalgesellschaften im niedrig besteuerten Ausland. Werden dann Waren über diese Gesellschaft bezogen oder immaterielle Wirtschaftsgüter (Vertriebsrechte, Markenrechte oder Patente mit anschließender Lizenzzahlung) auf diese Gesellschaft verlagert, so kann dies die Steuerfahndung auf den Plan rufen und den **Vorwurf der strafbaren Gewinn-**

---

[35] Vgl. im Einzelnen nur *Tipke* in Tipke/Kruse, § 160 AO Rz. 15 (Juli 2007), m. w. N.
[36] Vgl. nur *Tipke* in Tipke/Kruse, § 160 AO Rz. 20 (Juli 2007), mwN; *Spatscheck/Alvermann*, DStR 1999, S. 1427; *Wulf* in Streck/Mack/Schedhelm, Tax Compilance Tz. 2.389 ff.
[37] BGH-Urt. v. 22. 11. 1985, 2 StR 64/85, wistra 1986, S. 109; ebenso *Joecks* in Franzen/Gast/Joecks, § 370 Rz. 147; instruktiv hierzu *Dannecker*, wistra 2001, S. 244 und *Streck/Spatscheck*, Die Steuerfahndung, Tz. 141-143.
[38] *Streck/Spatscheck*, Die Steuerfahndung, Tz. 641-643.

verlagerung im Sinne von § 370 AO begründen.[39] Der Finanzverwaltung stehen verschiedene Wege offen, den im Ausland angefallenen Gewinn ins Inland zurück zu verlagern:

- Die Annahme einer Zwischengesellschaft im Sinne des AStG führt zu einem Hinzurechnungsbetrag nach § 10 AStG und damit regelmäßig zu einer Steuerverkürzung bei dem inländischen Partner im nächstfolgenden Veranlagungsjahr.
- Durch die Anwendung der allgemeinen Regelungen aus § 39, § 41 und § 42 AO wird die Existenz der Auslandsgesellschaft „hinweg fingiert" und die ausländischen Ergebnisse werden dem Inländer unmittelbar zugerechnet, woraus die Annahme von unrichtigen Angaben und einer inländischen Steuerverkürzung folgt.
- Maßgebliche Geschäftsentscheidungen, die in Deutschland getroffen wurden, führen zu einem inländischen Sitz der Geschäftsleitung (§ 10 AO) und damit zur Verkürzung von Körperschaft- und Gewerbesteuer auf Ebene der Auslandsgesellschaft selbst.
- Schließlich stehen gerade bei Kapitalgesellschaften die Möglichkeiten einer außerbilanziellen Hinzurechnung nach § 8 Abs. 3 KStG (vGA) oder auch § 1 AStG zur Verfügung.

Strafverfolgungsbehörden scheuen in der Regel den komplizierten Weg über das AStG oder die Begründung einer inländischen Körperschaftsteuerpflicht. Der 5. Strafsenat des BGH hat unlängst den Fall der Übertragung von Patenten auf eine irische Ltd. mit anschließenden Lizenzzahlungen über § 41 AO gelöst. Nach Ansicht des BGH handelte es sich bei den Lizenzvereinbarungen um Scheingeschäfte, die Zahlungen der inländischen GmbH waren folglich als nicht erklärte vGA zu beurteilen, was zu einer Verurteilung wegen Hinterziehung von Körperschaftsteuer, Gewerbesteuer und Einkommensteuer führte, die in der Revision bestätigt wurde.[40] Man mag die Begründung des Strafsenats durchaus kritisch sehen, der Fall zeigt gleichwohl **exemplarisch, wodurch strafrechtliche Risiken hervorgerufen werden**: Unklare, nachgeschriebene oder schlecht dokumentierte Vereinbarungen; Abweichungen der tatsächlichen Abwicklung von schriftlichen Vertragsinhalten; Brüche in der wirtschaftlichen Entwicklung der Geschäftsbeziehung und die Einschaltung von Massendomizilgebern oder bloßen „Briefkästen". Wer eine seriöse Auslandsgesellschaft gründen will, muss sich von solchen Beweisanzeichen freihalten, anderenfalls riskiert er steuerstrafrechtliche Vorwürfe.

Die Vielzahl der steuerlichen Konstruktionsmöglichkeiten bietet allerdings auch Verteidigungschancen: Wählt die Steuerfahndung den Weg A, so führt dies häufig dazu, dass Ermittlungsmaßnahmen zu den anderen Varianten unterbleiben. So schwinden die Beweismöglichkeiten für die notwendigen Sachverhaltselemente der Varianten B und C. Irgendwann tritt insoweit die **strafrechtliche Verjährung** ein. Beruft sich die Verteidigung mit stichhaltigen steuerlichen Argumenten später darauf, der Weg A sei falsch und es sei allenfalls B oder C denkbar, so führt dies mitunter zu erheblichen strafprozessualen Problemen, die den Weg zu einer einvernehmlichen Erledigung des Strafverfahrens ebnen.

3. Steuerstrafrechtliche Relevanz von Verrechnungspreiskorrekturen und Funktionsverlagerungen?

Werden die Leistungs- und Geschäftsbeziehungen zu ausländischen Schwestergesellschaften und anderen nahe stehenden Personen dem Grunde nach steuerlich anerkannt, so bleibt ergän-

---

[39] Aus der Rechtsprechung zuletzt BGH-Urt. v. 24. 5. 2007, 5 StR 72/07, DStRE 2008, S. 169 mit Anm. *Leplow*, PStR 2007, S. 249; die dagegen gerichtete Verfassungsbeschwerde wurde verworfen, BVerfG-Beschl. v. 26. 6. 2008, 2 BvR 2067/07, wistra 2009, S. 17.

[40] BGH-Urt. v. 24. 5. 2007, 5 StR 72/07, DStRE 2008, S. 169.

zend die Frage, ob die konkret vereinbarten und abgerechneten Preise von der Finanzverwaltung als **angemessene Verrechnungspreise** akzeptiert werden und ob Korrekturen in diesem Bereich zu strafrechtlichen Vorwürfen führen können.

Der Gesetzgeber hat versucht, den steuerlichen Gestaltungsspielraum bei der Vereinbarung von Verrechnungspreisen erheblich einzuschränken. In Reaktion auf die Leitentscheidung des BFH vom 17. 10. 2001[41] wurden 2003 gesetzliche Pflichten geschaffen, die den Unternehmer zur Dokumentation und Rechtfertigung der konkret vereinbarten Preise zwingen (§ 90 Abs. 3 AO).[42] Mit der Unternehmensteuerreform 2007 wurden die Vorschriften nochmals verschärft und in § 1 Abs. 3 Satz 1-8 AStG detaillierte Regelungen zur Bestimmung der maßgeblichen Verrechnungspreise geschaffen sowie durch § 1 Abs. 3 Satz 9-13 AStG die **Fälle der „Funktionsverlagerung"** einbezogen.[43] Die maßgebliche Rechtsfolge findet sich in § 1 Abs. 1 AStG, der eine Einkünftekorrektur nach dem Maßstab des Fremdvergleichs ermöglicht, vor allem aber in § 163 Abs. 3 AO: Danach gilt bei Verletzung der Mitwirkungspflichten aus § 90 Abs. 3 AO eine *„widerlegbare Vermutung"* von erhöhten Einkünften und eine Befugnis zur Schätzung unter Ausnutzung des Schätzungsrahmen zum Nachteil des Steuerpflichtigen.

In der Literatur werden mögliche strafrechtliche Konsequenzen dieser steuerlichen Gesetzesverschärfungen verschiedentlich diskutiert[44], praktische Fälle sind bislang noch nicht bekannt geworden. Eine unmittelbare Übertragung der steuerlichen Beweisregeln ins Steuerstrafrecht scheidet selbstverständlich aus. **Die Verwendung von widerlegbaren Vermutungen zum Nachteil des Beschuldigten ist im Strafrecht nicht möglich.** § 90 Abs. 3 AO iVm. § 162 Abs. 3 AO dürfte insoweit als Ansatzpunkt für ein Steuerstrafverfahren ausscheiden. Problematischer sind die gesetzlichen Vorgaben zur Verrechnungspreisbestimmung (§ 1 Abs. 3 AStG). Im Steuerstrafverfahren wird man zunächst von einer erweiterten Bandbreite der möglichen Fremdvergleichspreise iSv. § 1 Abs. 3 Satz 1 AStG ausgehen müssen. Dies folgt aus der Geltung der strafrechtlichen Beweisgrundsätze. Nur wenn der konkret vereinbarte Preis außerhalb dieses erweiterten Fremdvergleichsrahmens liegt, kommt eine strafrechtlich relevante Steuerverkürzung dem Grunde nach in Betracht. Schwierige Fragen stellen sich dann hinsichtlich der Höhe der möglichen Steuerverkürzung, denn das Gesetz sieht steuerlich eine Korrektur auf den Median vor (§ 1 Abs. 3 Satz 4 AStG). Strafrechtlich wird man aber für die Höhe der Steuerverkürzung von dem äußersten Wert der Bandbreite zulässiger Verrechnungspreise ausgehen müssen, denn der hieraus resultierende Steueranspruch stellt die „Soll-Steuer" im Sinne der strafrechtlichen Erfolgsdefinition dar. Ein darüber hinausgehender Steueranspruch des Fiskus kann strafrechtlich nicht geschützt sein.

Wegen der vielen unbestimmten Rechtsbegriffe und der Vielzahl von vertretbaren Rechtsauffassungen zur Bestimmung des „richtigen" Fremdvergleichpreises erweist sich eine strafrechtli-

---

[41] BFH-Urt. v. 17. 10. 2001, I R 103/00, BStBl. 2004 II, S. 171; der erste Senat hat in diesem Urteil klargestellt, dass sich aus den §§ 140 ff. AO und den Regelungen des HGB keine Verpflichtung des Steuerpflichtigen ergibt, die Angemessenheit der von ihm mit nahe stehenden Personen vereinbarten Preise zu dokumentieren.

[42] Nachfolgend ausgestaltet durch die Gewinnabgrenzungs-AufzeichnungsVO auf Grundlage von § 90 Abs. 3 Satz 5 AO und ergänzt durch Verwaltungsrichtlinien, die sog. „Verwaltungsgrundsätze-Verfahren" (VG-Verf), siehe BStBl. 2005 I, S. 570 ff.

[43] Zur Kritik an diesen Regelungen vgl. nur den Überblick bei *Seer* in Tipke/Kruse, § 90 AO Rz. 31 ff. und bei *Kraft*, AStG § 1 Rz. 200 ff. m. w. N.

[44] *Weigell*, IStR 2005, S. 162; *Siduh/Schemmel*, BB 2005, S. 2549; *Schauf* in Kohlmann, § 370 AO Rz. 1586 sowie *Randt*, Steuerfahndungsfall, Tz. 683 ff.; die Finanzverwaltung verweist in Tz. 4.1 und 4.6.3 VG-Verf abstrakt auf mögliche steuerstrafrechtliche Folgen.

che Handhabung von § 1 Abs. 3 AStG als recht problematisch. Angesichts der vielen rechtlichen Beurteilungsspielräume ist kaum unter das Merkmal der „unrichtigen Tatsachenangaben" im Sinne von § 370 Abs. 1 Nr. 1 AO zu subsumieren. Feststellungen zum notwendigen Vorsatz sind schwer zu treffen. Insgesamt wird man sagen können, dass **strafrechtlich weitestgehend die Grundsätze aus der Entscheidung des I. Senats des BFH vom 17. 10. 2001 fortgelten**: Eine Steuerverkürzung ist nur feststellbar, soweit der konkret vereinbarte Verrechnungspreis deutlich außerhalb der Bandbreite aller denkbaren Fremdvergleichspreise liegt. Eine Korrektur kann sich strafrechtlich nur auf die äußerste Grenze der feststellbaren Preisbandbreite beziehen. Konstruktiv wird das Strafrecht vorrangig auf eine Hinzurechnung nach § 8 Abs. 3 KStG (bzw. Annahme von Entnahmetatbeständen bei Personenunternehmen) abstellen, die Regelungen des § 1 AStG erweisen sich als kaum tauglich für eine Begründung von steuerstrafrechtlichen Vorwürfen.[45]

4. Probleme beim Wegzug und der Begründung der inländischen Steuerpflicht

Erhebliche steuerstrafrechtliche Risiken bestehen bei einem missglückten Wegzug aus der deutschen Besteuerung. Schon mancher vermögende Steuerpflichtige oder prominente Sportler ist über die niedrigen **Voraussetzungen eines inländischen Wohnsitzes (§ 8 AO)** oder gewöhnlichen Aufenthalts im Inland (§ 9 AO) gestolpert. In der Praxis bleiben nach der Verlegung des Hauptwohnsitzes ins Ausland inländische Ferienhäuser, Jagdhütten oder Apartments im Haus von Kindern und Verwandten bestehen. Die Mandanten haben häufig kein Gespür für die sich hieraus ergebende Probleme. Weitere Risiken erwachsen aus den Tatbeständen der beschränkten oder erweiterten Steuerpflicht nach §§ 2, 6 AStG, § 49 EStG und § 1 ErbStG.[46]

Entsteht hieraus ein Steuerstrafverfahren, so dreht sich die Auseinandersetzung zumeist um Tatsachenfragen. Einschlägig ist der Vorwurf der Steuerhinterziehung durch Unterlassen (§ 370 Abs. 1 Nr. 2 AO), da die fortbestehende inländische Steuerpflicht nicht erkannt und dementsprechend keine Steuererklärung abgegeben wurde. Der Nachweis von Vorsatz beim Steuerpflichtigen ist schwierig und gelingt zumeist nur, **wenn durch begleitende Verschleierungsmaßnahmen das Unrechtsbewusstsein des Steuerpflichtigen dokumentiert ist** oder sich aus schriftlichen Hinweisen von Beratern an den Mandanten die erforderliche Steuerrechtskenntnis ergibt. Achtung: Existieren solche Schriftstücke, so werden sie von der Fahndung bei Hausdurchsuchungen etc. mit großer Sicherheit auch gefunden.

Praktisch relevant sind in diesem Zusammenhang auch Probleme des Lohnsteuereinbehalts für Arbeitnehmer, die formal in ausländischen Betriebsstätten tätig sind, sich aus beruflichen oder privaten Gründen dann aber doch überwiegend im Inland aufhalten.

Parallel zur Wegzugsproblematik existieren schließlich Fahndungsverfahren, die aus der **unbeabsichtigten Begründung der inländischen Steuerpflicht** entstehen, gerade wenn bei Unternehmen der Ort der tatsächlichen Geschäftsleitung (§ 10 AO) „versehentlich" ins Inland verlagert wird, ohne die steuerlichen Konsequenzen zu ziehen. Auch hier geht es zumeist um Tatsachenfragen, steuerlich ist in der Folge über die Abgrenzung der Einkünfte im Verhältnis zum jeweils anderen Ansässigkeitsstaat zu entscheiden und ggf. zu streiten.

---

[45] Vgl. *Schmitz/Wulf* in MüKo-StGB, § 370 AO Rz. 220 ff.; *Dannecker* in FS-Samson, S. 257, 268 ff.; der 1. Senat des BFH hat allerdings sein Urteil vom 16.12.2008 (I R 23/07 – juris) hins. der Festsetzungsverjährung auf eine Steuerhinterziehung in Zusammenhang mit § 2 Abs. 1 AStG gestützt – Sachverhalt und Gründe der Entscheidung sind jedoch nicht veröffentlicht.

[46] Anschaulich hierzu auch *Randt*, Steuerfahndungsfall, Rz. 668 ff.

5. Umsatzsteuerbefreiung von innergemeinschaftlichen Lieferungen

Im Bereich der Umsatzsteuer ist es in der jüngeren Vergangenheit zu einer Vielzahl von Steuerstrafverfahren bei grenzüberschreitenden Sachverhalten gekommen. Überwiegend geht es um die **innergemeinschaftliche Lieferung von Waren durch deutsche Unternehmer an Abnehmer im EU-Ausland**, die sich dort ihren steuerlichen Verpflichtungen entziehen und als **„missing trader"** bezeichnet werden. Die Waren, insbesondere Kraftfahrzeuge, Computerchips, Mobiltelefone, aber auch bspw. Metalle, werden von den ausländischen Abnehmern verdeckt und unter Erlangung von ungerechtfertigten Vorsteuererstattungen weitergeliefert und schließlich in den legalen Warenkreislauf zurückgeschleust. Gelangt die Ware im Rahmen eines solchen organisierten Geschäfts wieder zum ersten Unternehmer zurück, so spricht man von einem „Umsatzsteuerkarussell".[47]

Der deutsche Lieferant nimmt die Umsatzsteuerbefreiung des § 6 a UStG in Anspruch. Die Voraussetzungen der Steuerbefreiung für die innergemeinschaftliche sind durch ihn nachzuweisen. Einzelheiten sind in §§ 17 a UStDV geregelt (sog. **Buch- und Belegnachweis**). Kann er nicht nachweisen, dass sein wahrer Abnehmer im Ausland als Unternehmer anerkannt ist und dass die Ware tatsächlich ins Bestimmungsland transportiert wurde, so verliert er die Steuerbefreiung.

Der BGH war zunächst davon ausgegangen, es liege bereits dann eine Steuerhinterziehung vor, wenn der deutsche Lieferant vorsätzlich seine Verpflichtungen zum buch- und belegmäßigen Nachweis der Voraussetzungen von § 6 a Abs. 1 UStG verletzt.[48] Diese Rechtsprechung erwies sich als unhaltbar, nachdem der EuGH klargestellt hatte, dass die **Nachweispflichten des Unternehmers nicht als materielle Voraussetzungen der Steuerbefreiung behandelt werden dürfen**.[49] Der BGH hat seine Rechtsprechung daraufhin „nachgebessert". Mit Entscheidung vom 20. 11. 2008 hatte der 1. Strafsenat anerkannt, dass allein die Verletzung der formellen Nachweispflichten nicht geeignet ist, den Vorwurf der Steuerhinterziehung zu begründen. Eine Strafbarkeit soll nach Ansicht des BGH gleichwohl noch in Betracht kommen, wenn der Abnehmer und sein Lieferant kollusiv zusammenwirken und der deutsche Unternehmer absprachegemäß unzutreffende Angaben zum Empfänger der Lieferung aufzeichnet, um seinem Geschäftspartner zu ermöglichen, sich im Ausland der Besteuerung zu entziehen.[50] Die ausufernde Praxis der deutschen Finanzbehörden, unbescholtene inländische Unternehmen mit Fahndungsverfahren zu überziehen, wurde durch diese Korrektur der Rechtsprechung zunächst deutlich eingeschränkt. In den Fällen, in denen ein „kollusives Zusammenwirken" nachgewiesen werden kann, verbleibt der Finanzverwaltung aber die Möglichkeit, die Steuerbefreiung zu versagen. Dies hat der EuGH bestätigt. Abzuwarten bleibt, ob die Rechtsprechung den Begriff des „kollusiven Zusammenwirkens" über die bislang entschiedenen Fälle der verabredeten Steuerhinterziehung hinaus ausdehnen wird (wie dies die Finanzverwaltung fordert) und ob die neue „Missbrauchsrechtsprechung" verfassungsrechtlich unbedenklich auch für die bereits begangenen Taten der Vergangenheit angewandt werden kann.[51]

---

[47] Zu den Erscheinungsformen des organisierten USt-Betrugs vgl. *Muhler,* wistra 2009, S. 1 ff.

[48] BGH-Urt. v. 12. 5. 2005, 5 StR 36/05, DStR 2005, S. 1271.

[49] EuGH-Urt. v. 27. 9. 2008, Rs. C-146/05, BStBl. 2009 II, S. 78, nachfolgend BFH-Urt. v. 6. 12. 2007, V R 59/03, DStR 2008, S. 297; zu Einzelheiten vgl. *Wulf,* Stbg 2008, S. 328 ff.

[50] BGH-Urt. v. 20. 11. 2008,1 StR 354/08, DStR 2009, S. 577 und BGH-Urt. v.19. 2. 2009, 1 StR 633/08, juris.

[51] Die Finanzgerichtsbarkeit war der Rechtsauffassung des BGH zunächst entgegen getreten, vgl. BFH-Beschluss vom 29. 7. 2009, XI B 24/09, DStR 2009, S. 1693; auf den daraufhin ergangenen Vorlagebeschluss des BGH vom 7. 7. 2009, 1 StR 41/09, DStR 2009, S. 1689 schloss sich der EuGH der Rechtsauffas-

Ähnlich gelagerte Fragestellungen können auch bei der Inanspruchnahme der Steuerbefreiung für Ausfuhrlieferungen (§ 6 UStG) auftreten und zu steuerstrafrechtlichen Vorwürfen führen.[52]

6. Schmuggel und die Hinterziehung von nationalen und internationalen Einfuhrabgaben

§ 370 AO findet auch Anwendung für die Hinterziehung von Einfuhr- und Ausfuhrabgaben. Die Zölle und die Einfuhrumsatzsteuer zählen zu den Steuern im Sinne der Abgabenordnung (vgl. Art. 4 Nr. 10 + 11 ZK iVm. § 3 AO), gleiches gilt für die **Marktordnungsabgaben (vgl. § 5 MOG)**. Strafbar ist auch hier die Abgabe von unzutreffenden Tatsachenangaben sowie die pflichtwidrig unterlassene Abgabe der Erklärung. Die Veranlagung erfolgt überwiegend im Anmeldungsverfahren. Von größerer praktischer Bedeutung ist insbesondere der **organisierte Alkohol- und Zigarettenschmuggel**, der immer wieder die Gerichte beschäftigt.[53]

Der Straftatbestand des Schmuggels (§ 373 AO) beinhaltet lediglich eine besondere Qualifikationsform der Steuerhinterziehung, nämlich die gewerbsmäßige, bewaffnete oder bandenmäßige Hinterziehung von Einfuhrabgaben etc.[54]

§ 370 Abs. 6 AO erweitert den Anwendungsbereich des Hinterziehungstatbestandes auf Ein- und Ausfuhrabgaben sowie Umsatz- und Verbrauchsteuern, die anderen europäischen Staaten zustehen oder von ihnen verwaltet werden. Die Hinterziehung dieser ausländischen Steueransprüche ist also nach deutschem Recht strafbar. Satz 2-4 dieser Vorschrift lief allerdings bislang leer, da es an einer Verbürgung der gegenseitigen Strafbarkeit in der dort beschriebenen Form fehlte. Relevant war deshalb zunächst nur die Verkürzung der Ein- und Ausfuhrabgaben i. S. v. § 370 Abs. 6 Satz 1 AO, zu denen nach Ansicht des BGH allerdings auch die Einfuhrumsatzsteuer zählt.[55] Das Erfordernis der Gegenseitigkeitsverbürgung ist durch das JStG 2010 aufgehoben worden, so dass seit Ende 2010 die Strafbarkeit auch auf die Hinterziehung der Umsatzsteuer von anderen Mitgliedsstaaten der EU erweitert worden ist.

Richtigerweise muss eine Strafbarkeit nach § 370 Abs. 1 AO wegen der unterlassenen Anmeldung von Einfuhrabgaben oder Umsatzsteuer gegenüber ausländischen Behörden m. E. weiterhin ausscheiden, weil es sich bei dem Adressaten der Erklärung nicht um eine Finanzbehörde im Sinne der Gesetzesdefinition aus § 6 AO handelt. Die Strafgerichte sehen über dieses Problem jedoch bislang hinweg.[56]

---

sung des BGH an, vgl. EuGH-Urt. v. 7. 12. 2010, Rs. C-285 „R", DB 2010, S. 2774; zur berechtigten Kritik an der Rechtsprechung des BGH vgl. etwa *Schauf/Höink*, PStR 2009, S. 58 sowie *Ransiek*, HRRS 2009, 421 ff.; zum Problem der strafrechtlichen Rückwirkung *Bülte*, DB 2011, S. 442 m. w. N.

[52] Vgl. zu den Nachweisfragen etwa BFH-Urt. v. 30. 7. 2008, V R 7/03, BFH/NV 2009, S. 439; BFH-Urt. v. 31. 7. 2008, V R 21/06, BFH/NV 2009, S. 95.

[53] Zuletzt BGH-Urt. v. 1.2.2007, 5 StR 372/06, NJW 2007, S. 1294, m. w. N.

[54] *Joecks* in Franzen/Gast/Joecks, § 370 Rn 1.

[55] BGH-Urt. v. 1.2.2007, 5 StR 372/06, wistra 2007, S. 224; BGH-Urt. v. 8.11.2000, 5 StR 440/00, wistra 2001, S. 62; zustimmend *Rolletschke* in Rolletschke/Kemper, § 370 Rz. 190 mwN; kritisch *Schmitz/Wulf*, wistra 2001, S. 361.

[56] BGH-Urt. v. 8.11.2000, 5 StR 440/00, wistra 2001, S. 62 zur Hinterziehung von italienischer Einfuhrumsatzsteuer, a. A. *Schmitz/Wulf* in MüKo-StGB, § 370 AO Rz. 318; *Schmitz/Wulf*, wistra 2001, S. 361, die Rechtsprechung verteidigend dagegen bspw. *Joecks* in Franzen/Gast/Joecks § 370 Rz. 28 mit dem Argument, über den Wortlaut hinaus seien „denknotwenig" auch ausländische Behörden gemeint.

V. Verjährung – steuerlich und strafrechtlich

Große Bedeutung im Bereich des Steuerstrafrechts haben die unterschiedlichen Verjährungsfristen. Es ist stets zwischen **strafrechtlicher Verfolgungsverjährung** und **steuerlicher Festsetzungsverjährung** zu unterscheiden.

Strafrechtlich galt bis zum Ende des Jahres 2008 stets eine Verjährungsfrist von fünf Jahren (§ 78 StGB). Mit § 376 AO nF ist durch das JStG 2009 dann für die in § 370 Abs. 3 AO beschriebenen schweren Fälle eine Frist von zehn Jahren eingeführt worden.[57]

Die Verjährung beginnt mit der Beendigung der Tat (§ 78 a StGB). **Die strafrechtliche Verjährung beginnt also zu laufen, wenn der Erfolg der Steuerverkürzung nach 370 Abs. 4 AO eingetreten ist**, d. h. wenn die Steuern nicht in voller Höhe oder nicht rechtzeitig festgesetzt wurden. Liegt ein Steuerbescheid vor, so ist auf dessen Datum abzustellen. Liegt kein Steuerbescheid vor, so soll nach der Rechtsprechung auf das Ende der Veranlagungsarbeiten abzustellen sein.[58] Die strafrechtliche Verjährung wird durch die im Einzelnen in § 78 c StGB aufgeführten Handlungen unterbrochen. Die Verjährung beginnt dann von Neuem. Die bedeutsamsten Unterbrechungshandlungen sind: Die Bekanntgabe, dass ein Steuerstrafverfahren eingeleitet worden ist, und das Ergehen von richterlichen Beschlüssen, bspw. Durchsuchungsanordnungen. Unabhängig von der möglichen Unterbrechung der strafrechtlichen Verjährung tritt diese spätestens mit der absoluten Verjährungsfrist ein. Diese beträgt bei der einfachen Steuerhinterziehung zehn Jahre, in den neuen Fällen des § 376 AO zwanzig Jahre (§ 78 c Abs. 3 StGB).

Von dem Komplex der strafrechtlichen Verfolgungsverjährung zu unterscheiden ist die **steuerliche Festsetzungsverjährung (§§ 169 bis 171 AO)** und damit die Frage, ob das Finanzamt noch einen (geänderten) Steuerbescheid für die betreffenden Steueransprüche erlassen kann. Die steuerliche Festsetzungsfrist beträgt bekanntlich grundsätzlich vier Jahre; sie verlängert sich auf fünf Jahre bei einer leichtfertigen Steuerverkürzung und auf zehn Jahre bei einer vorsätzlichen Steuerhinterziehung (§ 169 Abs. 2 AO). Der Vorwurf der Steuerhinterziehung kann insoweit auch allein Bedeutung für das Steuerfestsetzungsverfahren haben, wenn nämlich das Finanzamt Steuern für Zeiträume festsetzen will, für die die reguläre Festsetzungsfrist von vier Jahren bereits abgelaufen ist.

VI. Strafrechtliche Sanktionen

Als Strafe für die Begehung der Steuerhinterziehung ordnet das Gesetz **Geldstrafe** oder **Freiheitsstrafe von bis zu fünf Jahren** an. Daneben regelt das Gesetz in § 370 Abs. 3 AO „besonders schwere Fälle" der Steuerhinterziehung, in denen keine Geldstrafe mehr möglich ist und das Strafmaß auf sechs Monate bis zu zehn Jahre Freiheitsstrafe erweitert wird. Hierbei handelt es sich um sogenannte Regelbeispiele. Das Gericht ist nicht gezwungen, die Strafschärfung anzuwenden, sondern kann individuell entscheiden.

Der Gesetzgeber hatte zusätzlich Ende 2001 den Verbrechenstatbestand der schweren Steuerhinterziehung nach § 370 a AO geschaffen. Dieser Straftatbestand wurde aber zwischenzeitlich mit Wirkung zum 1. 1. 2008 wieder aufgehoben und stattdessen ein neues Regelbeispiel in § 370 Abs. 3 Nr. 5 AO eingefügt.

---

[57] Zu Einzelheiten vgl. *Joecks* in Franzen/Gast/Joecks, § 376 Rz. 14a ff; *Bender*, wistra 2009, S. 215; *Wulf*, DStR 2009, S. 459 m. w. N.

[58] BGH-Urt. v. 7.11.2001, 5 StR 395/01, BGHSt 47, S. 138; differenzierend *Joecks* in Franzen/Gast/Joecks, § 376 Rz. 27 ff. m. w. N.

Als Sanktion sind in der Praxis verschiedene Stufen zu unterscheiden: Der günstigste Fall ist die Einstellung nach § 170 Abs. 2 StPO, wenn kein Tatverdacht bestätigt werden konnte. Die nächsthöhere Sanktion ist die **Einstellung nach § 153 a StPO gegen Zahlung einer Geldauflage**. Diese Art der Erledigung ist gerade in komplexeren Fällen etwa mit Auslandsbezug weit verbreitet, soweit die Verteidigung steuerliche Gegenargumente geltend machen kann. Die Auflagenzahlung orientiert sich an der Höhe der verkürzten Steuer. Je nach Sachlage sind etwa 10 % bis 300 % der verkürzten Steuer möglich. Die nächst schwerwiegende Sanktion ist die Beantragung eines Strafbefehls durch die Straf- und Bußgeldsachenstelle des Finanzamts (Inhalt: Geldstrafe oder Freiheitsstrafe von max. einem Jahr auf Bewährung). Dies hat für den Steuerpflichtigen immerhin noch den Vorteil, nicht zu einer öffentlichen Hauptverhandlung erscheinen zu müssen. Weitere Sanktionsstufen sind dann die Durchführung einer Hauptverhandlung mit der Verhängung von Geld- oder Freiheitsstrafe, wobei Freiheitsstrafen von bis zu zwei Jahren bei Ersttätern in der Regel zur Bewährung ausgesetzt werden.[59] Wird eine Freiheitsstrafe von über zwei Jahren verhängt, so ist diese nicht mehr bewährungsfähig.

Der BGH hat in seiner viel beachteten Entscheidung vom 2.12.2008 eine Vereinheitlichung der Sanktionspraxis angemahnt und tendenziell zu einer **Verschärfung der Strafzumessungspraxis** aufgerufen.[60] **Ab einem Steuerschaden von € 50.000 pro Jahr** sei über die Anwendung des Regelbeispiels aus § 370 Abs. 3 Nr. 1 AO nachzudenken, so dass ggf. keine Geldstrafe mehr in Betracht kommt. Jedenfalls bei einem Schaden von € 100.000 pro Jahr sei regelmäßig eine Freiheitsstrafe in Betracht zu ziehen; übersteigt der Schadensbetrag (pro Jahr) die Grenze von € 1 Mio., so sei in der Regel eine nicht mehr bewährungsfähige Freiheitsstrafe zu verhängen. Die genannten Beträge sind als Leitlinie zu verstehen, von der im Einzelfall auch deutlich abgewichen werden kann. Gerade für die Mitglieder einer Unternehmenssteuerabteilung, die im fremden Interesse mit der Bearbeitung von steuerlichen Sachverhalten in erheblicher Größenordnung betraut sind, ist eine Modifizierung der vom BGH ausgesprochenen Leitlinien unabdingbar.[61]

C. Selbstanzeige

Mit der Selbstanzeige (§ 371 AO) hat das Steuerstrafrecht die einzigartige Rechtsfolge geschaffen, rückwirkend die Strafbarkeit der Steuerhinterziehung zu beseitigen. Der Preis war bislang denkbar gering: Es waren nur die Steuern nachzuentrichten, die bereits bei ordnungsgemäßer Steuererklärung zu zahlen gewesen wären. Hinzu kommen Hinterziehungszinsen. Ein weiteres „Aufgeld" wurde vom Staat nicht verlangt. Der Gesetzgeber will dies nunmehr ändern und in den Fällen von „großem Ausmaß", d. h. ab einem Verkürzungsbetrag von mehr als € 50.000 pro Tat, die Strabfereiung von der Zahlung einer zusätzlichen Auflage in Höhe von 5 % des Hinterziehungsbetrags abhängig machen (§ 398 a AO in der Fassung des SchwarzgeldBekG, beschlossen vom Bundestag am 17. 3. 2011).[62]

---

[59] Für die Verhängung von zu vollstreckenden Freiheitsstrafen auch unter zwei Jahren unlängst BGH-Urt. v. 30. 4. 2009, 1 StR 342/08, juris.

[60] BGH-Urt. v. 2. 12. 2008, 1 StR 1 StR 416/08, NJW 2009, S. 528.

[61] *Wulf*, AG 2009, S. 75.

[62] Das Gesetzgebungsverfahren war bei Fertigstellung des Manuskripts noch nicht abgeschlossen.

I. Form und Inhalt der Selbstanzeige

Das Gesetz schreibt für die Selbstanzeige keine Form vor. Sie kann schriftlich oder mündlich erstattet werden. Schon aus Dokumentationsgründen sollte die Selbstanzeige aber stets schriftlich erfolgen.

Die Selbstanzeige sollte nicht den Begriff „Selbstanzeige" beinhalten. Es ist auch nicht erforderlich, dass sich der Anzeigende einer Hinterziehung bezichtigt. Nach § 371 Abs. 1 AO müssen „nur" die unrichtigen oder unvollständigen Angaben berichtigt oder unterlassene Angaben nachgeholt werden. Maßstab für den Umfang und den Inhalt ist die ordnungsgemäße Erklärung. Das Finanzamt muss aufgrund der Selbstanzeige in der Lage sein, die notwendigen Steuererfolgen zu ziehen und möglichst unmittelbar zutreffende Steuerbescheide zu erlassen (sog. Materiallieferung). **Auf Zahlenangaben darf deshalb auf keinen Fall verzichtet werden.** Eine Ausnahme besteht nur dann, wenn die bisher erklärten Zahlen zutreffend und nur die bisherige Qualifikation bzw. Zuordnung unrichtig war. Hier kann man sich auf die Korrektur der Qualifikation bzw. Zuordnung beschränken.

Häufig können die konkreten Zahlen nicht in der erforderlichen Zeit beschafft werden. In einem solchen Fall bietet sich folgende Vorgehensweise an: Dem Finanzamt werden zunächst **geschätzte Zahlen** nacherklärt, verbunden mit der Bitte, die konkreten Zahlen innerhalb einer bestimmten Frist nachreichen zu können oder im Rahmen einer angekündigten Betriebsprüfung zusammen mit dem Finanzamt abzustimmen. Eine solche **Selbstanzeige in Stufen** wird in der Praxis als ausreichend angesehen. Wichtig ist aber die Abgrenzung zur schädlichen „pauschalen" Selbstanzeige: Es müssen immer – wenn auch geschätzte – Zahlen mitgeteilt werden, die den einzelnen Steuern konkret zugeordnet werden. Die Schätzung ist ausdrücklich als solche zu bezeichnen. Die Schätzungen müssen begründbar sein. Die Schätzungsgrundlagen können, müssen aber nicht in die Selbstanzeige aufgenommen werden. Um die Wirkung der Selbstanzeige abzusichern, sollte der Steuerpflichtige zu seinen Lasten eher zu hoch als zu niedrig schätzen. Ist eine genaue Ermittlung der zutreffenden Beträge dann auch nach Ablauf der gewährten Frist nicht möglich, bleibt die Selbstanzeige mit den geschätzten Zahlen wirksam.

Die Angabe zu hoher Beträge zum Zwecke einer möglichst sicheren Straffreiheit führt nicht dazu, dass man an diese Zahlen auch steuerlich gebunden ist. Der Steuerpflichtige kann gegen die Steuerbescheide, die die Selbstanzeige auswerten, Einspruch einlegen. Sogar ein Antrag auf Aussetzung der Vollziehung ist möglich; hat das Finanzamt eine strafrechtliche Nachzahlungspflicht gesetzt, muss allerdings zunächst vorläufig gezahlt werden. Gestritten werden kann sowohl um die Höhe der nacherklärten Beträge als auch um die rechtliche Qualifikation. Dennoch darf nicht übersehen werden, dass man in der Praxis von dem selbst genannten Schätzungsniveau nur in Ausnahmefällen wieder herunterkommt.

Besondere Bedeutung hat nach der jüngeren Entwicklung die Vollständigkeit der Nacherklärung. Während der 5. Strafsenat des BGH davon ausgegangen war, auch eine unvollständige Nacherklärung führe „insoweit" zur Straffreiheit, wie die Berichtigung erfolgte, wendet der 1. Strafsenat des BGH einen strengeren Maßstab an. **„Teilselbstanzeigen" sollen nach der neuen Rechtsprechung insgesamt unwirksam sein.** Mit Beschluss vom 20. 5. 2010 hat er entschieden, dass der Täter sämtliche Besteuerungsgrundlagen der betreffenden Tat (bestimmt nach Steuerart, Steuerpflichtigem und Veranlagungszeitraum) vollständig offenbaren muss, um Straffreiheit nach § 371 AO zu erlangen.[63] Der Gesetzgeber plant, dies noch auszuweiten und eine vollständige Nacherklärung für alle strafrechtlich noch nicht verjährten Taten einer Steuerart zu

---

[63] BGH-Beschluss v 20. 5. 2010, 1 StR 577/09, wistra 2010, S. 304.

verlangen (§ 371 Abs. 1 AO in der Fassung des SchwarzgeldBekG). Zukünftige Nacherklärungen müssen dies berücksichtigen.

Die Selbstanzeige ist „bei der Finanzbehörde" zu erstatten. Damit ist vorrangig das örtlich und sachlich zuständige Finanzamt richtiger Adressat.

Jeder Beteiligte, der § 370 AO verletzt, sei er Alleintäter, Mittäter, mittelbarer Täter, Anstifter oder Gehilfe, kann Selbstanzeige erstatten. Auch wer nur als untergeordneter Mitarbeiter einer Steuerabteilung in unzulässige Steuergestaltungen und deren Erklärung eingebunden war, kann also für sich das Finanzamt informieren und dadurch allein und persönlich straffrei werden. Es ist jedoch andererseits nicht erforderlich, die Selbstanzeige höchstpersönlich abzugeben. Der Täter kann sich prinzipiell auch vertreten lassen. Der Bevollmächtigte muss jedoch aufgrund einer entsprechenden Vollmacht handeln. Es reicht eine mündliche oder telefonische Bevollmächtigung.[64]

II. Die gesetzlichen Ausschlussgründe

Vor der Abgabe der Selbstanzeige muss geprüft werden, ob eine der gesetzlichen Sperren eingetreten ist. Die Sperren aus § 371 Abs. 2 AO in der bis März 2011 geltenden Fassung sind:

- Erscheinen des Prüfers zur steuerlichen Prüfung, Nr. 1 a;
- Bekanntgabe der Einleitung eines Ermittlungsverfahrens, Nr. 1 b;
- Entdeckung der Tat, Nr. 2.

1. Erscheinen des Prüfers

Mit dem Erscheinen des Prüfers ist eine Selbstanzeige nicht mehr möglich (§ 371 Abs. 2 Nr. 1 a AO). Die Bekanntgabe der Prüfungsanordnung ist nach bislang geltendem Recht irrelevant (– der Gesetzgeber plant allerdings, durch das SchwarzgeldBekG den Katalog der Ausschlussgründe zu erweitern und einen gesonderten Sperrgrund der „Bekanntgabe einer Außenprüfungsanordnung" einzuführen). Maßgeblich ist nach bislang geltendem Recht das **körperliche Erscheinen des Prüfers** auf dem Grundstück mit den Betriebs- oder Wohnräumen des Steuerpflichtigen oder dessen Steuerberaters.[65] Nicht ausreichend sind Ermittlungsmaßnahmen bei Dritten, z. B. Bankdurchsuchungen. Hier ist nach zutreffender Ansicht noch eine Selbstanzeige im vollen Umfang möglich. Findet die Außenprüfung nach der Prüfungsanordnung oder einer entsprechenden Absprache im Finanzamt statt, so soll die Selbstanzeige mit Übergabe der Unterlagen im Amt ausgeschlossen sein.[66]

Der Umfang der Sperrwirkung bestimmt sich sachlich, zeitlich und persönlich bei einer Außenprüfung nach dem **Inhalt der Prüfungsanordnung**. Die Fahndungsprüfung setzt eine Prüfungsanordnung nicht voraus. Abzustellen ist hier auf den Inhalt der Bekanntgabe des Strafverfahrens bzw. den Inhalt des Durchsuchungsbeschlusses. Bedeutet das Erscheinen der Steuerfahndung ausnahmsweise keine Einleitung des Strafverfahrens nach § 371 Abs. 2 Nr. 1 b AO, bestimmt sich bei ihrem Erscheinen die Sperrwirkung nach dem sachlichen Umfang der Prüfung.

---

[64] Zu Einzelheiten unter Berücksichtigung der neueren Rechtsprechung *Alvermann*, Stbg 2008, S. 544.

[65] Vgl. zur Abgrenzung *Joecks* in Franzen/Gast/Joecks, § 371 Rz. 144 ff.; instruktiv OLG Stuttgart Urt. v. 22. 5. 1989, 3 Ss 21/89, NStZ 1989, S. 436, dort übergab der Steuerpflichtige dem Prüfer die Unterlagen auf dem Betriebsparkplatz, das OLG ließ dies für ein „Erscheinen" vor Ort ausreichen.

[66] FG Münster Urt. v. 9. 8. 2007, 6 K 5364/04 AO, EFG 2008, S. 79 (Revision BFH XI R 32/07).

Nach Abschluss der Prüfung lebt die Möglichkeit der Selbstanzeige wieder auf. Maßgebend für das Wiederaufleben ist die Bekanntgabe des Berichtigungsbescheids[67] bzw. die Mitteilung gemäß § 202 Abs. 1 Satz 3 AO.[68] Wer ganz sicher gehen will, dass keine Diskussionen um die Wiedereröffnung der Selbstanzeigemöglichkeit entstehen, wartet auch noch die Bestandskraft der Auswertungsbescheide ab.

2. Bekanntgabe der Einleitung des Strafverfahrens

Die Einleitung eines Straf- oder Bußgeldverfahrens (§ 371 Abs. 2 Nr. 1 b AO) ist in der Handhabung in der Regel unproblematisch. Die Einleitung des Verfahrens als solches reicht nicht aus. Zusätzlich ist die amtliche Bekanntgabe erforderlich. Der Umfang der Sperre richtet sich nach dem Inhalt der Einleitung. Vorwürfe, die von der bekannt gegebenen Einleitung des Verfahrens nicht umfasst sind, können somit weiterhin Gegenstand einer strafbefreienden Selbstanzeige sein.

Auch bei § 371 Abs. 2 Nr. 1 b AO lebt die Möglichkeit zur Selbstanzeige nach dem Abschluss des Straf- oder Bußgeldverfahrens wieder auf. Dieses Wiederaufleben wird jedoch nur bei Einstellungen nach § 153 StPO, § 398 AO oder § 170 Abs. 2 StPO relevant. Soweit der Abschluss des Verfahrens durch eine Erkenntnis erfolgt, das den Strafklageverbrauch bewirkt (z. B. Freispruch, Urteil, Strafbefehl, Einstellung gegen Geldauflage nach Erfüllung der Auflage gem. § 153 a StPO), stellt sich diese Frage nicht mehr, da der unentdeckte Teil der Tat nicht mehr verfolgbar ist.

3. Tatentdeckung

Problematisch ist § 371 Abs. 2 Nr. 2 AO, wonach die Sperrwirkung auch dann eintritt, wenn die Tat ganz oder teilweise entdeckt ist und der Täter dies wusste oder bei verständiger Würdigung der Sachlage damit rechnen musste.

Die Schwierigkeit dieses Tatbestands liegt darin, dass nicht klar und eindeutig aus dem Wortlaut zu entnehmen ist, wann die objektiven und subjektiven Voraussetzungen der Sperrwirkung gegeben sind. Die Rechtsprechung hat dies wie folgt präzisiert: Eine Tatentdeckung liegt noch nicht vor, wenn ein bloßer Tatverdacht gegeben ist. Vielmehr bedarf es einer Konkretisierung des Tatverdachts, die bei vorläufiger Tatbewertung die Wahrscheinlichkeit eines verurteilenden Erkenntnisses eröffnet.[69] Werden bspw. Belege über Konten bei ausländischen Banken gefunden, so ist die Tat objektiv erst dann entdeckt, wenn geprüft ist, ob der Steuerpflichtige nicht vielleicht Einnahmen aus diesem Auslandskonto in seiner Steuererklärung erklärt hat. Subjektiv hinzutreten muss positive Kenntnis von der Entdeckung oder dass der Täter damit rechnen musste. Letzteres setzt den Nachweis von Begleitumständen voraus, aus denen sich dem Täter die Kenntnis zwingend aufdrängen musste.[70]

4. Selbstanzeige trotz Vorliegen eines Ausschlussgrunds?

Generell gilt: Ist die Selbstanzeige gesperrt, kann sie gleichwohl sinnvoll sein. Ist zweifelhaft, ob die Tat entdeckt ist, sollte gleichwohl eine Selbstanzeige erstattet werden. Die Begründung ist einfach: Ist die Tat noch nicht entdeckt, wirkt die Selbstanzeige. Ist die Tat bereits entdeckt, kann durch die Selbstanzeige nur selten etwas verschlimmert werden. Auch nach Eintritt der anderen Sperrgründe kann eine „missglückte" Selbstanzeige noch Vorteile bringen. Die Sperren

---

[67] BGH-Urt. v. 23. 3 1994, 5 StR 38/94, wistra 1994, S. 228.
[68] Vgl. *Joecks* in Franzen/Gast/Joecks, § 371 Rz. 206.
[69] BGH-Urt. v. 5. 4. 2000, 5 StR 226/99, wistra 2000, S. 219, 225, m. w. N.
[70] Vgl. nur BayObLG-Urt. v. 24. 2. 1972, 4 St 135/71, BB 1972, S. 524.

beziehen sich regelmäßig nur auf Teile des Gesamtvorwurfs, d. h. bestimmte Jahre und Sachverhalte. Außerhalb dieser Sperre kann die Selbstanzeige ihre Wirksamkeit noch entfalten. (Achtung – auch an dieser Stelle plant der Gesetzgeber eine Verschärfung der geltenden Gesetzeslage, vgl. § 371 Abs. 2 AO in der Fassung des SchwarzgeldBekG; Einzelheiten sind zu prüfen, wenn das neue Gesetz in Kraft getreten ist). Durch eine solche „ergänzende" Selbstanzeige wird die Möglichkeit der Bestrafung entsprechend eingeschränkt. Dies gilt gerade vor dem Hintergrund der neueren Sanktionspraxis des BGH: Würde der gesamte Hinterziehungssachverhalt eine Freiheitsstrafe ohne Bewährung rechtfertigen, kann durch die ergänzende Selbstanzeige uU eine Bewährungsstrafe erreicht werden; statt einer Geldstrafe kann eine Einstellung nach § 153 a StPO erreicht werden etc.

III. Folgen der Selbstanzeige

Hat der Täter zu eigenem Vorteil Steuern verkürzt, so tritt die Straffreiheit einer Selbstanzeige nur insoweit ein, wie die hinterzogenen Steuern innerhalb einer vom Finanzamt bestimmten Frist gezahlt werden (§ 371 Abs. 3 AO). Wie die Tilgung erfolgt, ist irrelevant. Auch ein unbeteiligter Dritter kann die noch zu entrichtenden Steuern zahlen. Die Bedingung der Nachzahlung muss bei der Abwägung, ob eine Selbstanzeige zu erstatten ist, berücksichtigt werden.

In der Praxis spielt die Zahlungsfrist zumeist eine geringe Rolle. **Bei der Fristbestimmung handelt es sich um eine strafrechtliche Frist.** Sie muss ausdrücklich als solche bestimmt werden. Die üblichen steuerlichen Fristen auf dem Steuerbescheid sind isoliert gesehen keine Fristen im Sinne des § 371 AO.[71]

Werden die Gesetzespläne entsprechend dem Bundestagsbeschluss vom 17. 3. 2011 umgesetzt, so gilt in Zukunft für die Fälle der Steuerverkürzung oder Vorteilserlangung im Umfang von mehr als € 50.000, dass ein Zuschlag in Höhe von 5 % auf den Hinterziehungsbetrag zu leisten ist (also mindesten € 2.501 pro Tat, die den Grenzbetrag überschreitet), um eine sanktionslose Einstellung des Verfahrens zu erlangen. Die entsprechende Regelung in § 398 a AO in der Fassung des SchwarzgeldBekG beinhaltet allerdings keine Detailbestimmung zur Rechtsnatur und zum anzuwendenden Verfahren bei der Festsetzung oder einem Streit um diesen „Zuschlag".

Die **steuerlichen Folgen einer Hinterziehung** werden durch eine Selbstanzeige nicht eingeschränkt. Dies gilt insbesondere für: die Haftung des Hinterziehers nach § 71 AO; die Verlängerung der Festsetzungsfrist nach § 169 Abs. 2 Satz 2 AO; die Abänderungsbefugnis nach § 173 Abs. 2 AO und die Hinterziehungszinsen nach § 235 AO. Aber: Die Selbstanzeige ist kein Geständnis im strafrechtlichen Sinne.[72] Auch wer „vorsorglich" eine Selbstanzeige erstattet, kann später jede Hinterziehung verneinen. Er kann auch um die Höhe der nacherklärten Beträge streiten. Dieser rein steuerrechtliche Streit um die richtige Besteuerung stellt keinen schädlichen „Widerruf der Selbstanzeige" dar. Dies ist insbesondere bei der Selbstanzeige in Stufen wichtig. Die bewusst zu hoch geschätzten Beträge können im Besteuerungsverfahren korrigiert werden. Gegen die Steuerbescheide kann damit das reguläre Rechtsbehelfsverfahren geführt werden. Wichtig ist vor dem Hintergrund des § 371 Abs. 3 AO nur, dass zunächst die festgesetzten Steuern gezahlt werden. Eine eventuelle AdV sollte deshalb – wenn überhaupt – nur im Nachhinein durch den Antrag auf Aufhebung der Vollziehung versucht werden.

Die Selbstanzeige unterliegt dem Steuergeheimnis nach § 30 AO. Allerdings kennt die geltende Regelung viele Lücken: Bei einem Verdacht auf Bestechungstaten sind die Finanzbehörden zur

---

[71] OLG Karlsruhe Urt. v. 22. 12. 2006, 3 Ss 129/06, wistra 2007, S. 159.
[72] *Streck/Spatscheck*, Die Steuerfahndung, Tz. 285.

Information der Staatsanwaltschaft gesetzlich verpflichtet.[73] Auch wenn Untreue oder „Kick-Back"-Sachverhalte erkennbar werden, wird zumeist eine Weiterleitung von Informationen erfolgen. Trotz der Selbstanzeige bleiben Disziplinarmaßnahmen gegen Beamte etc. uneingeschränkt zulässig. Ähnliches gilt für gewerberechtliche oder sonstige Aufsichtsmaßnahmen, die an die fehlende Zuverlässigkeit oder verwandte Begriffe anknüpfen.

D. Bannbruch und Steuerhehlerei

Als Bannbruch (§ 372 AO) bestraft das Gesetz den **Verstoß gegen Einfuhr-, Ausfuhr- und Durchfuhrverbote**. Es handelt sich um ein reines Strafblankett, die eigentlichen Verbringungsverbote zum Schutz der öffentlichen Sicherheit, der Umwelt etc. sind nicht in der Abgabenordnung, sondern in anderen Gesetzen geregelt.[74] Der Bannbruch hat seine Bedeutung als Steuerstraftat verloren, nachdem die Einfuhrverbote nach den Monopolgesetzen abgeschafft worden sind. Die innerstaatlichen Gesetze, in denen die Verbringungsverbote geregelt sind, enthalten ausnahmslos auch entsprechende Strafvorschriften. § 372 AO läuft wegen der Subsidiaritätsklausel in Abs. 2 insoweit leer. Ein möglicher Anwendungsbereich besteht nur noch für den Bereich von Verstößen gegen europarechtliche Verbringungsverbote, die nicht durch inländische Spezialvorschriften abgesichert sind.[75]

Die Steuerhehlerei (§ 374 AO) ist ein besonderer Fall der Sachhehlerei (§ 259 StGB) und bezieht sich auf **Gegenstände, hinsichtlich derer Einfuhrabgaben, Ausfuhrabgaben oder Verbrauchsteuern hinterzogen worden sind**. Verboten ist also bspw. eine Maschine zu kaufen, die aus dem Drittland unter Hinterziehung von Zoll oder Einfuhrumsatzsteuer eingeführt worden ist. Strafbar macht sich auch, wer einen solchen Gegenstand zunächst gutgläubig erwirbt und ihn dann – nach Erlangung der Kenntnis – wieder absetzen will. Ausgerechnet die häufigste Form der Steuerhehlerei ist allerdings vom Tatbestand ausgenommen: Der Erwerb von bis zu 1000 unversteuerten Zigaretten (also insbesondere „schwarz" eingeführten Zigarettenpackungen ohne gültiges Steuerzeichen) ist nach § 30 a TabStG lediglich als Ordnungswidrigkeit zu bestrafen.[76]

E. Beihilfe und Begünstigung – insbesondere durch steuerliche Berater

Man sollte sich zunächst vor Augen führen, dass die Steuerhinterziehung nach § 370 AO kein Sonderdelikt ist. Jedermann kann Täter sein, auch der steuerliche Berater, der für seinen Mandanten Angaben zu steuerlich relevanten Fragen gegenüber dem Finanzamt macht oder auch nur Erklärungen vorbereitet. **Mittäterschaft** (§ 25 Abs. 2 StGB) oder sogar **mittelbare Täterschaft des Beraters** (§ 25 Abs. 1 StGB) – wenn sich der Mandant auf seinen Rat verlässt – sind durchaus denkbar. Eine Strafbarkeit wegen **Beihilfe** (§ 27 StGB) setzt objektiv lediglich voraus, dass der Teilnehmer die Steuerhinterziehung des Haupttäters fördert. Hinzukommen muss der Vorsatz hinsichtlich der Begehung der Haupttat und der Hilfeleistung, allerdings reicht auch hier prinzipiell bedingter Vorsatz, das konkrete „Für-Möglich-Halten" aus. Wer als Steuerberater an einer unrichtigen Steuererklärung des Mandanten mitwirkt, erfüllt demnach stets die objektiven Voraussetzungen einer Beihilfestrafbarkeit. Ihn schützt lediglich die eigene Gutgläubigkeit, die fehlende Kenntnis von den unrichtigen oder unvollständigen Sachverhaltsangaben des Mandanten.

---

[73] BFH-Urt. v. 14. 7. 2008, VII B 92/08, BStBl. 2008 II, S. 850.
[74] *Jäger* in Franzen/Gast/Joecks, § 372 Rn. 27 m. w. N.
[75] *Jäger* in Franzen/Gast/Joecks, § 372 Rn. 45.
[76] *Jäger* in Franzen/Gast/Joecks, § 374 Rn 31.

Die Ermittlungsbehörden sind im Allgemeinen recht zurückhaltend mit dem Vorwurf der Beteiligung an Steuerstraftaten zugunsten des Mandanten. Wenn solche Vorwürfe erhoben werden, dann allerdings häufig in Fällen mit internationalem Bezug. Denn wenn die Gestaltung einer grenzüberschreitenden Geschäftsbeziehung mit dem Vorwurf der Steuerhinterziehung aufgegriffen wird, dann sind die relevanten Fragen zumeist so komplex, dass der steuerliche Berater mit in den Fokus der Ermittlungsbehörden gerät. Dies hat dann u. a. zur Folge, dass der Berater sich nicht mehr auf seine beruflichen Privilegien berufen kann und das für die der Verschwiegenheit unterliegenden Unterlagen (Handakten etc.) eigentlich existierende Beschlagnahmeverbot entfällt.[77]

Hieraus folgt: Im Interesse des Mandanten sollte der Berater gerade bei Auslandssachverhalten auf eine vollständige und in sich geschlossene Dokumentation der maßgeblichen wirtschaftlichen Hintergründe drängen. Maßstab sind die möglichen Mitwirkungsverlangen des Finanzamts nach § 90 Abs. 2 AO. Im Idealfall sollte jede denkbare Anforderung aus diesem Bereich mit belegbaren Informationen erfüllt werden können. Stellen sich rechtliche Zweifelsfragen, so muss der Berater darauf hinweisen, dass ein strafrechtliches Risiko durch ergänzende Hinweise in der Steuererklärung zum Sachverhalt oder zu den zugrunde gelegten Rechtsansichten von vornherein ausgeräumt werden kann (s. o.). Will der Mandant nicht, dass solche Hinweise erfolgen, so ist zu prüfen, ob es sich noch um eine vertretbare Rechtsansicht handelt oder ob wegen entgegenstehender Rechtsprechung (bzw. eindeutig anderslautender Verwaltungsanweisungen[78]) ein ergänzender Hinweis zwingend erforderlich ist. Im letzteren Fall muss der Berater notfalls die Mitwirkung an der Erklärung oder Steuergestaltung verweigern.

Ahnt der Berater etwas von steuerlich zweifelhaften Sachverhalten aus dem Bereich des Mandanten, **so sollte er jedenfalls seine Gutgläubigkeit bewahren**. Eine vermeintliche Kenntnis darf sich keinesfalls aus den Akten oder gar den Unterlagen des Mandanten entnehmen lassen. Gerade Anwälte und Steuerberater, die große grenzüberschreitende Transaktionen betreuen, sind häufig höchst sorglos bei der Anfertigung von Memos, Gutachten, Entwürfen oder auch nur dem Austausch von E-mails. Formulierungen wie, es sei noch „an der Darstellung für das Finanzamt" zu arbeiten oder bestimmte Dinge dürfe „das Finanzamt" nicht erfahren etc. sind eine Aufforderung zur Einleitung des Steuerstrafverfahrens gegen den Mandanten und den Berater, wenn sie den Behörden bekannt werden. Jede schriftliche Äußerung sollte im Zweifel so abgefasst sein, dass dem Bearbeiter ein Staatsanwalt oder Steuerfahnder über die Schulter schauen könnte, ohne aus dem Inhalt etwas Belastendes konstruieren zu können. Dies gilt in besonderer Schärfe, wenn die Beteiligten wissen, dass sie sich im Grenzbereich des steuerlich Zulässigen bewegen.

Die Beratung bei grenzüberschreitenden Sachverhalten zielt häufig darauf ab, bereits die Entstehung einer bestimmten Steuer zu vermeiden (bspw. die KapESt bei Inbound-Investitionen oder die GrESt bei internationalen Verschmelzungen). Steuervermeidung ist keine Steuerstraftat, sondern prinzipiell zulässig.[79] Problematisch – gerade für den Berater – ist die Frage, wann die **Grenze zum Gestaltungsmissbrauch (§ 42 AO)** überschritten wird. Aus strafrechtlicher Sicht ist hierzu Folgendes zu bemerken: Ebenso wenig wie jede Steuervermeidung einen Gestal-

---

[77] Meyer-Goßner in Meyer-Goßner, § 97 Rz. 18 f.

[78] Die Rechtsprechung vertritt teilweise die Auffassung, die Abweichung von den Richtlinien sei stets anzeigepflichtig (vgl. FG München Beschl. v. 16. 8. 2007, 13 V 1918/07, juris) was sich jedoch nicht unmittelbar aus dem Gesetz ergibt. Auch wer diese Auffassung – wie ich meine zu Recht – für abwegig hält, sollte sich eines möglichen strafrechtlichen Risikos bewusst sein.

[79] Grundlegend BVerfG-Urt. v. 14. 4. 1959, 1 BvL 23/57, BVerfGE 9, S. 237, 249 f.

tungsmissbrauch darstellt, führt jeder Gestaltungsmissbrauch zur Steuerhinterziehung. Konstruktiv setzt eine Steuerhinterziehung durch Handeln im Zusammenhang mit einem Gestaltungsmissbrauch den Vorwurf voraus, die abgegebene Steuererklärung sei unrichtig, da in ihr die den Missbrauch erfüllenden Sachverhaltsumstände nicht enthalten sind. Die Rechtsprechung ist wegen der höchst unbestimmten Tatbestandsmerkmale des § 42 AO sehr zurückhaltend mit steuerstrafrechtlichen Vorwürfen, die auf einem Gestaltungsmissbrauch aufbauen. Die Norm wird zur Begründung einer Steuerverkürzung allenfalls herangezogen, wenn es sich um Sachverhalte handelt, die zu den durch den BFH klar entschiedenen Fallgruppen zählen.[80] Auf der Ebene des Handlungsunrechts ist § 42 AO jedenfalls nicht geeignet, dass Merkmal der „Pflichtwidrigkeit" in § 370 Abs. 1 Nr. 2 AO auszufüllen.[81] Gerade in jüngerer Zeit hat sich der BGH schließlich vorrangig auf § 41 AO gestützt. Steuerstrafrechtliche Vorwürfe werden erhoben, wenn der Steuerpflichtige auf der Grundlage von Scheingeschäften und nicht ernstlich gewollten Vereinbarungen seine Steuerlast mindert.[82] Dies ist der steuerstrafrechtlich relevante Bereich.

Abschließend ist das Risiko der Begünstigung (§ 257 StGB) und der Geldwäsche (§ 261 StGB) in Betracht zu ziehen.

Die **Begünstigung** ähnelt der Beihilfe, inhaltlich geht es um die Hilfeleistung bei der Sicherung von Vorteilen aus der Tat. Der BGH hat entschieden, dass auch eine Begünstigung zur Sicherung von Vorteilen aus einer abgeschlossenen Steuerhinterziehung möglich ist.[83] Der Straftatbestand ist deshalb weniger problematisch, da er die Absicht zur Begünstigung des Vortäters voraussetzt und insoweit nicht „versehentlich" begangen werden kann. Der übereifrige Berater, der den Mandanten bei der Absicherung von bereits erlangten Hinterziehungsvorteilen betreut, bewegt sich aber im strafrechtlichen Risiko.

Der Tatbestand der **Geldwäsche** ist bereits mit der bloßen Entgegennahme oder Verwaltung von bemakeltem Vermögen erfüllt. Das Vermögen muss nicht aus Drogen- oder Waffengeschäften stammen, auch qualifizierte Wirtschaftsstraftaten wie etwa ein auf Wiederholung ausgerichteter Subventionsbetrug reichen aus.[84] Auch die gewerbsmäßige oder bandenmäßige Steuerhinterziehung ist prinzipiell taugliche Vortat der Geldwäsche. Aus Gründen, die in der Natur der Sache liegen, scheidet eine Geldwäsche im Hinblick auf den durch die Nicht-Festsetzung erlangten Vorteil aus einer Steuerverkürzung allerdings aus.[85] Eine Geldwäsche nach § 261 StGB ist konstruktiv nur hinsichtlich unrechtmäßiger Steuervergütungen denkbar, die an den Täter ausbezahlt wurden, also bspw. hinsichtlich der Tatbeute aus einem sog. „Umsatzsteuerkarussell" uä.

---

[80] OLG Düsseldorf Urt. v. 26. 8. 1988, 3 Ws 512/88, wistra 1989, S. 72; BGH-Urt. v.30. 5. 1990, 3 StR 55/90, wistra 1990, S. 307; LG Frankfurt/M Urt. v. 28. 3. 1996 , 5/13 KLs 94 Js 36385/88, wistra 1997, S. 152; ergänzend auch *Rolletschke* in Rolletschke/Kemper, Rn. 258 (Dezember 2006).

[81] BGH-Urt. v. 11. 7. 2008, 5 StR 156/08, juris (Tz. 32).

[82] *Leplow*, PStR 2007, 251 unter Hinweis auf BGH-Urt. v. 30. 5. 1990, 3 StR 55/90 wistra 1990, S. 307, 308; BGH-Urt. v. 20. 3. 2002, 5 StR 448/01, wistra 2002, S. 221, 223 und BGH-Urt. v. 7. 11. 2006, 5 StR 164/06, wistra 2007, S. 112, 115.

[83] BGH-Urt. v. 26. 10. 1998, 5 StR 746/97, wistra 1999, S. 103, der BGH bestätigte die Verurteilung von Rechtsanwälten, die sich durch Verwendung von Anderkonten etc. an der Verschiebung von unversteuerten Bestechungsgeldern von der Schweiz nach Südamerika beteiligt hatten.

[84] Vgl. § 261 Abs. 1 Nr. 4a StGB zum gewerbsmäßigen Subventionsbetrug.

[85] *Fischer*, StGB, § 261 Rn. 8a f. m. w. N.

4. Die Informationsquellen und -wege der Finanzverwaltung bei internationalen Sachverhalten

von Prof. Dr. Peter Bilsdorfer, Vizepräsident des FG des Saarlandes, Saarbrücken[*]

Inhaltsübersicht

A. Vorbemerkung
B. Notwendigkeit der Informationsbeschaffung im internationalen Bereich
C. Ermittlungsinstrumentarien der inländischen Finanzverwaltung
  I. Regelung der Steuerpflicht
  II. Weitere materielle Regelungen Abkommensberechtigung
  III. Auskunfts- und Mitwirkungspflichten des Steuerpflichtigen
IV. Schätzung der Besteuerungsgrundlagen
V. Untersuchungsmöglichkeiten der Finanzverwaltung
D. Informationsquellen der Finanzverwaltung im internationalen Bereich
  I. Informationsquellen im Überblick
  II. Informationsquellen im Einzelnen
E. Schlussbemerkung

Literatur:

Becker, Mitwirkungspflichten bei Auslandsbeziehungen, JbFfStR 1977/78, S. 132 ff.; **Benecke/Schnitger,** Internationale Amtshilfe nach der Änderung des OECD-MA 2000, IWB F. 10 Gr. 2 S. 1523; **Bilsdorfer,** Die Informationsquellen und -wege der Finanzverwaltung, 8. Aufl., Bielefeld 2009; **Brozat,** Die Konkretisierung der erhöhten Mitwirkungspflicht (§ 90 Abs. 2 AO) bei Zahlungen im Ausland, DStR 1983, 76 ff.; **Bilsdorfer/Weyand,** Der Steuerberater in der Betriebsprüfung, 2. Aufl., Freiburg 2000; **Carl,** Das neue Umsatzsteuersystem der EG, INF 1992, 337 ff., 369 ff., 393 ff.; **ders.,** Internationale Rechtshilfe in Steuerstrafsachen, DStZ 1993, 653 ff.; **Carl/Klos,** Änderung der Abgabenordnung durch das StMBG, INF 1994, 98 ff.; **Dreßler,** Auskunftserteilung zu internationalen Sachverhalten, StBp 1982, 205 ff., 233 ff.; **Escher/Escher-Weingart,** Spontanauskunft und Datenschutz, RIW 1991, 574 ff.; **Gottwald,** Die Informationszentrale für Auslandsbeziehungen, RIW/AWD 1991, 320 ff.; **Heidner,** Die Spontanauskunft als zwischenstaatliche Amts- und Rechtshilfe in Steuersachen, DStR 1989, 526 ff.; **Hillenbrand/Brosig,** Steuerflucht und ihre Bekämpfung. Zum Informationsaustausch zwischen in- und ausländischen Finanzverwaltungen, BB 1997, 445 ff.; **Kaligin,** Spezifische Rechtsschutzprobleme bei grenzüberschreitenden Sachverhalten, DStZ/A 1990, 263 ff.; **Kerwat,** Das EG-Amtshilfegesetz nach dem Beginn des EG-Binnenmarktes – Änderungen durch das Umsatzsteuer-Binnenmarktgesetz und das Verbrauchsteuer-Binnenmarktgesetz, DStZ 1993, 517 ff.; **Klos,** Steuerfahndung im Rechtsstaat – Bemerkungen zu Mösbauer, DStZ 1986, 339, 505 ff.; **ders.,** Schutzrechte des inländischen Beteiligten bei internationalen Steuerauskünften, StWa 1991, 88 ff.; **ders.,** Das Besteuerungsverfahren deutscher Finanzbehörden bei Auslandsbeziehungen, SteuerStud 1997, 107 ff.; **Krabbe,** Das EG-Amtshilfe-Gesetz, RIW 1986, 130 ff.; **Lange,** Der Nachweis von Unterhaltszahlungen an Angehörige im Ausland, FR 1996, 815 ff.; **Menck,** Internationale Amtshilfe in Steuersachen, DStZ/A 1971, 57 ff.; **Mösbauer,** Steuerfahndung im Rechtsstaat, DStZ 1986, 339 ff.; **Reiffs,** Neuere Rechtsprechung zum internationalen Auskunftsverkehr in Steuerangelegenheiten, StBp 1996, 309 ff.; **Richter,** Anzeigepflicht bei Auslandsbeteiligungen, RIW/AWD 1977, 337 ff.; **Ritter,** Sicherung der Besteuerung bei Auslandsbeziehungen, RIW 1987, 164 ff.; **Roeder,** Verletzung der Steuergeheimnisses durch Einsatz der Lizenzkartei des BfF im internationalen Auskunftsverkehr, IWB F. 3 Deutschland Gr. 1 S. 1385 ff.; **Runge,** Der Informationsaustausch als zwischenstaatliche Rechts- und Amtshilfe in Steuersachen, RIW/AWD 1979, 73 ff.; **Schnitger,** Die erweiterte Mitwirkungspflicht und ihre gemeinschaftsrechtlichen Grenzen, BB 2002, 332; **Stahlschmidt/Laws,** Handbuch des Auskunftsverkehrs in Steuerstrafsachen, Berlin 2009; **Streck,** Betriebsprüfung und Steuerstrafverfahren, BB 1970, 1537; **Uhländer,** Ermittlungsmöglichkeiten der Finanzbehörden bei Auslandssachverhalten, AO-StB 2002, 18; **Werra,** Die Grenzen der zwischenstaatlichen Amtshilfe in Steuersachen, BB 1988, 1160 ff.; **Widmann,** Umsatzsteuer-Verfahrensfragen im EG-Binnenmarkt, insbesondere bei Prüfung und Nachschau, DB 1993, 903 ff.

---

[*] Honorarprofessor an der Universität des Saarlandes.

A. Vorbemerkung

Das inländische Steueraufkommen steigt, trotz zahlreicher gesetzlicher Eingriffe mit belastender Wirkung, nicht im gewollten Maße. Dies hat anerkanntermaßen eine wesentliche Mitursache in der (legalen und illegalen) Steuervermeidung im internationalen Kontext[2]. Nicht allein das Kapital ist ein "scheues Reh" mit Tendenz zum Fluchtverhalten. Auch andere Produktionsfaktoren suchen (und finden) das Weite und dort möglicherweise günstigere steuerliche Bedingungen. In Europa allein herrscht ein erbitterter Steuerkrieg[3]. Die Waffen dabei: Steuervergünstigungen. Und da offensichtlich nicht einmal bei den EU-Staaten ein gemeinsames Interesse an einer generellen Harmonisierung der Besteuerung besteht, wird sich auch in allernächster Zeit nichts daran ändern, dass man im Inland selbst über Lösungswege nachdenkt.

Von daher gilt es bis auf weiteres, mit dem bisher bestehenden Instrumentarium auszukommen. Wenn dieses auch an der Steuervermeidung durch Verlagerung des Betriebs- oder Wohnsitzes ins Ausland wenig zu ändern vermag, fragt es sich, über welche Mittel das deutsche Steuerrecht verfügt, um der zunehmenden Globalisierung zu begegnen. Konkret: Welche Informationsquellen stehen der deutschen Steuerverwaltung im internationalen Bereich zur Verfügung?[4]

Es fällt dabei auf, dass gerade in jüngster Zeit die innerstaatlichen, aber auch die überstaatlichen Bemühungen verstärkt worden, der Steuerflucht zu begegnen. Als Beleg hierfür ist im „globalen Kontext" die Aufstellung einer „schwarzen Liste" der Steueroasen im direkten Anschluss an den G-20-Gipfel im April 2009 zu erwähnen. Diese zeitigte sofortige Wirkung: Als Steuerparadiese, die international nicht kooperieren, wurden erst einmal lediglich noch Costa Rica, Uruguay, Malaysia und die Philippinen genannt. Und nur wenige Tage nach Veröffentlichung der Schwarzen Liste enthielt diese urplötzlich kein einiges Land mehr, weil sämtliche Länder erklärt haben, die OECD-Grundsätze umzusetzen. Auf einer separaten „grauen Liste" sind nunmehr noch Länder aufgeführt, die eine bessere Transparenz angekündigt, entsprechende internationale Abkommen aber noch nicht unterzeichnet haben. Dazu zählen unter anderem Luxemburg, die Schweiz, Österreich, Belgien, Singapur, Chile, Liechtenstein, Monaco und die Cayman-Inseln[5]. Insgesamt haben laut OECD 42 Staaten die Umsetzung der internationalen Steuerstandards zugesagt, aber noch nicht ausreichend vollzogen. Wesentlich umgesetzt werden die Regeln von 40 Staaten und Einheiten, darunter Deutschland, die USA und China, aber auch die Isle of Man, Guernsey und die US Virgin Islands.

National verdient das „Gesetz zur Bekämpfung der Steuerhinterziehung"[6] Erwähnung. Der hierzu verfasste Gesetzesentwurf, auf den hier nicht näher eingegangen werden kann[7], sieht Maß-

---

[2] Vgl. *Hillenbrand/Brosig*, BB 1997, 445.

[3] Vgl. DER SPIEGEL 1/97, 56. Aktuell lautet die Aussage der OECD, das deutsche Steuersystem belaste die Steuerzahlen überdurchschnittlich hoch. Unter den 30 OECD-Ländern kommt Deutschland auf den zweithöchsten Wert. Vgl. http://www.spiegel.de/wirtschaft/0,1518,624302,00.html.

[4] Vgl. dazu auch *Carl/Klos*, Leitfaden zur internationalen Amts- und Rechtshilfe, passim; *Menck* in: Menck/Ritter u. a., Internationale Steuerauskunft und deutsches Verfassungsrecht, S. 1 ff.; Schaumburg, Internationales Steuerrecht, S. 837 ff.; *Bilsdorfer*, Die Informationsquellen und -wege der Finanzverwaltung, S. 134 ff.

[5] http://www.oecd.org/dataoecd/38/14/42497950.pdf

[6] Der Referentenentwurf datiert vom 19. 1. 2009.

[7] Vorgesehen sind Auskunftspflichten von Personen, die Geschäfte mit Banken in Steueroasen praktizieren, sowie Mitteilungs- und Nachweispflichten für den entsprechenden Geschäftsverkehr. Die Regelungen

nahmen vor, die geeignet sind, die Standards der OECD durchzusetzen. Derzeit gehen die Bestrebungen dahin, das Gesetzgebungsvorhaben zu realisieren, sich also nicht darauf zu verlassen, dass die Staaten der „grauen Liste" von sich aus aktiv werden, um die OECD-Standards zu realisieren.

B. Notwendigkeit der Informationsbeschaffung im internationalen Bereich

Warum existiert überhaupt die Notwendigkeit der Informationsbeschaffung im internationalen Bereich? Die Antwort ist relativ einfach: Die Staatsgrenze gebietet Einhalt sowohl den deutschen Ermittlungsbehörden als auch den ausländischen, was deren Erkundigungen im deutschen Inland betrifft. Andererseits machen steuerliche Sachverhalte nicht an der Grenze halt. Dies zeigt sich bei einer immer stärker international verflochtenen Wirtschaft einmal im betrieblichen Bereich, aber keinesfalls nur dort. Auch Arbeitnehmer und Kunden realisieren auf den unterschiedlichsten Ebenen wirtschaftliche und damit meist auch steuerlich relevante Aktivitäten.

Damit nun aber auch die Steuer zu ihrem Recht kommt, hat eine Vielzahl von Staaten, speziell die EU-Staaten, über die innerstaatliche Mitwirkungsverpflichtung des Steuerpflichtigen selbst hinaus, im zwischenstaatlichen Bereich Regelungen in Kraft gesetzt, die die völkerrechtlichen Schranken so "anheben", dass u. a. die Ermittlungskompetenzen der jeweiligen nationalen Behörden erweitert werden.

Sämtliche so geschaffenen Informationsmöglichkeiten dienen auf den ersten Blick dem etwas "spröden" Ziel der Steuerfestsetzung. Hinter diesem Ziel jedoch stehen die Besteuerungsgrundsätze des § 85 AO. Danach haben die Finanzbehörden die Steuern nach Maßgabe der Gesetze gleichmäßig festzusetzen und zu erheben. Diese Aufgabe wiederum ist im Lichte der verfassungsrechtlichen Vorgaben zu sehen, wie das Bundesverfassungsgericht den Gesetzgeber bisweilen belehren muss[8]. Von daher brauchen keineswegs nur die bereits erwähnten haushaltsrechtlichen Notwendigkeiten als Rechtfertigung für ein steuerliches Informationssystem im internationalen Raum herzuhalten. Nein, das Postulat der gerechten und gleichmäßigen Besteuerung, wie es sich letztlich aus Art. 3 Abs. 1 GG herleiten lässt, verlangt nicht nur nach einem Steuersystem, bei dem Mehrfachbelastungen mit ausländischer und inländischer Steuer vermieden werden. Es gebietet vielmehr gleichermaßen als Pendant die Schaffung und Wahrnehmung von Informationsquellen im internationalen Kontext[9], wobei gar die Auffassung vorherrscht, das deutsche Steuerrecht müsse die Besteuerung bei internationalen Sachverhalten ebenso und nicht anders durchführen wie bei rein nationalen Sachverhalten[10]. Wie allerdings will man dies dann realisieren, wenn der ausländische Staat eine Mitwirkung bei der Aufklärung vermeidet? Es fällt schwer, angesichts der aufgrund völkerrechtlicher Vorgaben beschränkten

---

sollen nicht sofort in Kraft treten, sondern im Wege einer Rechtsverordnung für jeweils einzelne Staaten eingeführt werden, soweit diese nicht im Sinne der OECD-Forderungen definitiv kooperieren.

[8] Erwähnt sei an dieser Stelle das sog. Zinssteuerurteil des BVerfG v. 27. 6. 1991, 2 BvR 1493/89, BStBl 1991 II 654, das letztlich ja auch ein internationales Steuerproblem zum Gegenstand hat. Zu den Wirrungen des BFH zum Problem der Kapitalsteuerflucht und ihrer Bekämpfung vgl. BFH, Urt. v. 18. 2. 1997, VIII R 33/95, BStBl 1997 II 499. S. a. BFH, Beschl. v. 28. 10. 1997, VII B 40/97, WM 1997, 2344.

[9] So zu Recht *Carl/Klos* a. a. O. (oben Fn. 4), S. 27 f.

[10] Vgl. etwa *Menck*, DStZ/A 1971, 57; *Runge*, RIW/AWD 1979, 73. Vgl. dazu auch *Söhn* in: Hübschmann/Hepp/Spitaler, § 117 AO, Anm. 2.

inländischen Möglichkeiten zu einem ähnlichen Vollzugsdefizit zu gelangen, wie es das BVerfG in dem erwähnten Zinssteuerurteil[11] bejaht hat, wenn der Gesetzgeber seinerseits alle (inländischen) Möglichkeiten ausgeschöpft hat. Von daher kann man über diese Frage herzhaft theoretisch diskutieren. Ich wage jedoch an der Praxisrelevanz i. S. einer "gerichtsverwertbaren Bedeutung" zu zweifeln.

C. Ermittlungsinstrumentarien der inländischen Finanzverwaltung

Im internationalen Rahmen stößt die nationale Finanzverwaltung rasch an die natürlichen Grenzen, die ihr vom Völkerrecht vorgegeben sind. Ermitteln wollen und ermitteln können differieren. Und doch stehen auch ohne die noch anzusprechenden zwischenstaatlichen Möglichkeiten den Behörden diverse Instrumentarien zur Verfügung, um dem inländischen Steueranspruch Rechnung zu tragen.

Im Einzelnen handelt es sich dabei um Folgendes[12]:

I. Regelung der Steuerpflicht

- Beschränkte Steuerpflicht (§§ 1, 49 ff. EStG);
- Erweiterte beschränkte Steuerpflicht (Einkommensteuer, Vermögensteuer, Erbschaft- und Schenkungsteuer) bei Wegzug in Niedrigsteuerländer (§§ 2 – 5 AStG),
- Besteuerung des Vermögenszuwachses bei Auswanderung (§ 6 AStG);
- Erweiterte unbeschränkte Erbschaft- und Schenkungsteuerpflicht (§ 2 Abs. 1 Nr. 1 b ErbStG);
- Hinzurechnungsbesteuerung (§§ 7 – 14 AStG).

II. Weitere materielle Regelungen

- Besteuerung bei Sitz- und Geschäftsleitungsverlegung ins Ausland (§ 12 KStG);
- Berichtigung von Einkünften als verdeckte Gewinnausschüttung bzw. verdeckte Einlage (§ 1 AStG);
- Annahme eines Missbrauchs von Gestaltungsmöglichkeiten (§ 42 AO);
- Zurechnungsregeln, Gesetz- und Sittenwidrigkeit, unwirksame Rechtsgeschäfte (§§ 39 bis 41 AO);
- Öffnung der DBA zur Durchsetzung der Steuerfluchtgesetzgebung;
- Einschränkung bei Auslandsverlusten (§§ 2a, 15a EStG).

III. Auskunfts- und Mitwirkungspflichten des Steuerpflichtigen

- Erhöhte Mitwirkungspflicht bei Auslandssachverhalten (§ 90 Abs. 2 AO);
- Besondere Mitwirkungspflicht bei Geschäftsbeziehungen zu Niedrigsteuerländern (§ 16 AStG);
- Sachverhaltsaufklärung zur Anwendung des Außensteuergesetzes (§ 17 AStG);
- Benennung von Gläubigern und Zahlungsempfängern (§ 160 AO);

---

[11] A. a. O. (oben Fn. 8).
[12] Vgl. die Zusammenstellung von *Ritter*, RIW 1987, 164; *Carl/Klos* a. a. O. (oben Fn. 4), S. 29 ff. S. auch den Maßnahmekatalog von *Söhn* a. a. O. (oben Fn. 10), § 117 AO, Anm. 6 f.

- Anzeigen über die Erwerbstätigkeit von Betrieben und Beteiligungen im Ausland (§ 138 Abs. 2 AO).

IV. Schätzung der Besteuerungsgrundlagen

- Schätzung der Besteuerungsgrundlagen bei nicht ausreichender Sachverhaltsaufklärung oder Verletzung der erweiterten Mitwirkungspflichten (§ 162 Abs. 2 AO).

V. Untersuchungsmöglichkeiten der Finanzverwaltung

- Außenprüfung (§ 193 AO);
- Simultane Betriebsprüfungen bei international tätigen Unternehmen;
- Nutzung der Informationszentrale Ausland beim Bundeszentralamt für Steuern (§§ 88 Abs. 2, 5 Abs. 1 Nr. 6 FVG);
- Steuerfahndung (§ 208 Abs. 1 AO);
- Nutzung allgemein zugänglicher Quellen.

D. Informationsquellen der Finanzverwaltung im internationalen Bereich

I. Informationsquellen im Überblick

Widmet man sich der eigentlichen Themenvorgabe, nämlich der Darstellung der Informationsquellen auf Seiten der inländischen Steuerverwaltung bei Auslandssachverhalten, so muss man, was das dargestellte Instrumentarium anbelangt, einerseits eine Einschränkung vornehmen, als nicht sämtliche genannten Instrumentarien den Informationsquellen zuzurechnen sind[13]. Andererseits reichen die Ermittlungsmöglichkeiten insoweit weiter, als die Aufzählung nur die innerstaatlichen Befugnisse vermerkt hat, nicht aber die Ermittlungsmöglichkeiten, welche die auf europarechtlichen Vorgaben beruhenden Regelungen und die zwischenstaatlichen Abkommen schaffen. Dabei soll im Folgenden allein untersucht werden, wie die deutschen Finanzbehörden an ihre Informationen kommen, nicht aber, ob und inwieweit sie ihrerseits eine Informationsquelle für die ausländische Finanzverwaltung darstellen.

Die Informationsquellen der (deutschen) Finanzverwaltung im internationalen Zusammenhang lassen sich wie folgt unterscheiden.

- Informationsmöglichkeiten im innerstaatlichen Bereich
    - (erhöhte) Mitwirkungsverpflichtung des Steuerpflichtigen selbst (§ 90 Abs. 2 AO), ergänzt durch Sonderregelungen in §§ 16, 17 AStG;
    - Anzeigepflichten bei bestimmten Auslandssachverhalten, insbesondere bei Begründung einer steuerrelevanten Aktivität im Ausland (§ 138 Abs. 2 AO);
    - Durchführung einer Außenprüfung;
    - Durchführung einer Steuerfahndungsprüfung;
    - Nutzung der Informationszentrale Ausland beim Bundeszentralamt für Steuern;
    - Nutzung allgemein zugänglicher Informationsquellen.
- Informationsmöglichkeiten im zwischenstaatlichen Bereich
    - Generalnorm des § 117 Abs. 1 AO;

---

[13] Genannt sei beispielhaft die Möglichkeit der Schätzung (§ 162 Abs. 2 AO).

- Doppelbesteuerungsabkommen (DBA);
- EU-Amtshilferichtlinie mit der Umsetzung in das EU-AHG;
- EU-Zusammenarbeits-Verordnung.

II. Informationsquellen im Einzelnen

1. Informationsmöglichkeiten im innerstaatlichen Bereich

a) Die (erhöhte) Mitwirkungsverpflichtung des Steuerpflichtigen (§ 90 Abs. 2 AO)

Die beschränkten Ermittlungsmöglichkeiten des deutschen Fiskus bei ausländischen Sachverhalten einerseits, die keineswegs grenzenlosen Möglichkeiten der internationalen Rechts- und Amtshilfe andererseits und zudem der Grundsatz der Subsidiarität[14] haben dazu geführt, dass sich der Gesetzgeber an die Person des Steuerpflichtigen selbst als Primär-Informationsquelle hält. Die Rechtsgrundlage hierfür findet sich in § 90 Abs. 2 AO[15].

Ist danach ein Sachverhalt zu ermitteln, der sich auf Vorgänge außerhalb des Geltungsbereichs der AO bezieht (also das Ausland), so hat der Steuerpflichtige diesen Sachverhalt aufzuklären und die erforderlichen Beweismittel zu beschaffen. Dies gilt im besonderen Maße für das Verfahren der Außenprüfung[16], da ja oftmals dort erst die Fragen mit Auslandsbezug Gestalt bekommen. Erhält ein Steuerpflichtiger ein entsprechendes Aufklärungsersuchen, so muss er alle für ihn bestehenden Möglichkeiten zur Informationslieferung ausschöpfen. Insoweit treffen ihn insbesondere auch Beweisvorsorge- und Beweisbeschaffungspflichten[17]. Was alles an "Liefer-Verpflichtungen" auf den Betroffenen zukommen kann, ist weitgehend einzelfallabhängig. Der Kreis spannt sich hier von typisch lohnsteuerlich geprägten Sachverhalten (Stichwort: Unterhaltszahlungen ins Ausland[18]) bis hin zu Fällen, in denen es um die Vermeidung von Gewinnverlagerungen in niedrig besteuernde Gebiete oder des Abzugs derselben Aufwendungen in mehreren Staaten geht[19].

Das Auskunftsersuchen an den Steuerpflichtigen steht, wie im Übrigen jedes derartige Verlangen, unter dem Vorbehalt der Zumutbarkeit. Vor diesem Hintergrund fragt es sich, was passiert, wenn der Steuerpflichtige die inländische Mitwirkungspflicht nur erfüllen könnte, wenn er gegen ein ausländisches Auskunftsverbot verstößt?[20] In einem solchen Fall ist nach meiner Meinung[21] eine Sachverhaltsaufklärung mit Hilfe der strafbewehrten Aussage unverhältnismäßig und damit unzumutbar. Nun sind derartige ausländische Auskunftsverbote schnell behauptet. Die Finanzverwaltung wird sich jedoch im Zweifelsfall damit nicht begnügen, sondern den

---

[14] Dazu *Bilsdorfer* a. a. O. (oben Fn. 4), S. 37 ff.

[15] Siehe dazu *Reuß*, Grenzen steuerlicher Mitwirkungspflichten, passim; *Becker*, JbFfStR 1977/78, S. 132 ff.; Brozat, DStR 1983 76 ff.; *Dreßler*, StBp 1982, 205 ff., 233 ff.; *Kaligin*, DStZ/A 1990, 263 ff.

[16] Zu den Mitwirkungspflichten im Zuge einer Außenprüfung im Einzelnen *Bilsdorfer/Weyand*, Der Steuerberater in der Betriebsprüfung, S. 47 ff.

[17] Vgl. im Übrigen auch §§ 16, 17 AStG.

[18] Dazu BFH, Urt. v. 3. 6. 1987, III R 205/81, BStBl 1987 II 675 m. w. N.; zu weiteren Problemen im Zusammenhang mit derartigen Zahlungen BMF-Schreiben v. 9. 2. 2006, juris. S. auch *Lange*, FR 1996, 815 ff.

[19] Dazu BFH, Urt. v. 20. 7. 1988, I R 49/84, BStBl 1989 II 140.

[20] *Söhn* a. a. O. (oben Fn. 10), § 90 AO, Anm. 160 ff. behandelt exemplarisch den Fall des Verstoßes gegen Art. 273 des schweizerischen Strafgesetzbuches.

[21] Ebenso *Söhn* a. a. O. (oben Fn. 10), § 90 AO, Anm. 162 m. N. der z. T. entgegenstehenden Rspr. Klos, SteuerStud 1997, 107, 110 weist jedoch darauf hin, die deutsche Finanzverwaltung verneine bei bestehenden ausländischen Auskunftsverboten eine rechtliche Unmöglichkeit der Beweisbeschaffung.

Nachweis fordern oder gar selbst entsprechend ermitteln, ob ein derartiges Verbot tatsächlich besteht.

Wie aber fällt die Antwort aus, wenn der Steuerpflichtige einer bestehenden Mitwirkungsverpflichtung – aus welchen Gründen auch immer – nicht nachkommt? § 90 Abs. 2 AO lässt erst einmal den Untersuchungsgrundsatz (§ 88 AO), die Beweisregeln und den Grundsatz freier Beweiswürdigung fortbestehen[22]. Fest steht aber auch, dass die objektive Beweislast durch § 90 Abs. 2 AO weit zurückgedrängt wird. Dies deshalb, weil aus der Verletzung der Mitwirkungspflicht im Wege der Beweiswürdigung negative Schlüsse gezogen werden können[23], wenn es auch nicht zur Umkehr der Beweislast kommt[24]. Im Ergebnis bedeutet dies, dass im Falle einer "Informationssperre" seitens des mitwirkungsverpflichteten Steuerpflichtigen die Finanzbehörden keineswegs sofort alle ihnen zustehenden Ermittlungsmöglichkeiten "vergessen" können. Alle zumutbaren Erkenntnisquellen sind auszuschöpfen. Eine Grenze zieht der BFH erst "dort, wo es sich um Verhältnisse handelt, die ohne Mitwirkung nicht oder nur unter unverhältnismäßigen Schwierigkeiten ermittelt werden können"[25].

b) Anzeigepflichten bei bestimmten Auslandssachverhalten (§ 138 Abs. 2 AO)

Eng mit der (erhöhten) Mitwirkungspflicht zusammen hängt die im Falle bestimmter Auslandsaktivitäten zu erfüllende Anzeigepflicht nach § 138 Abs. 2 AO[26]. Hierdurch soll dem Finanzamt die Möglichkeit gegeben werden, steuerrelevante internationale Sachverhalte früher und besser zu erkennen.

Die Mitteilung ist erforderlich bei

- Gründung und Erwerb von Betrieben und Betriebsstätten im Ausland;
- Beteiligung an ausländischen Personengesellschaften;
- Erwerb einer Beteiligung an einer ausländischen Körperschaft[27], sofern damit unmittelbar eine Beteiligung von mindestens 10 % oder mittelbar eine Beteiligung von mindestens 25 % am Kapital oder am Vermögen der Körperschaft erreicht wird.

Aus Zumutbarkeitsgründen war bis zum Jahr 2001 die Pflichterfüllung an die Abgabe der nächsten Steuererklärung gekoppelt. Seit 1.1.2002 beträgt die Frist für die Meldung einen Monat nach dem meldepflichtigen ereignis (§ 138 Abs. 3 AO). Wer vorsätzlich oder leichtfertig dieser Verpflichtung nicht nachkommt, handelt ordnungswidrig (§ 379 Abs. 2 Nr. 1 AO). In einer gewissen Zahl der Fälle wird jedoch diese Ordnungswidrigkeit durch eine (vorsätzliche) Steuerhinterziehung (§ 370 AO) überlagert; dann nämlich, wenn es zur Realisierung ertragsteuerlicher Sachverhalte gekommen ist und der Steuerpflichtige diese bewusst und gewollt verschweigt.

Unabhängig davon kann die Finanzbehörde die Erfüllung der Anzeigepflicht nach §§ 328 ff. AO mit Zwangsmitteln durchsetzen.

---

[22] So *Helsper* in: Koch/Scholtz, AO, § 90, Anm. 12.
[23] BFH, Urt. v. 15. 2. 1989, X R 16/86, BStBl 1989 II 462; v. 9. 8. 1991, III R 129/85, BStBl 1992 II 55.
[24] So ausdrücklich BFH, Urt. v. 9. 8. 1991 a. a. O. (oben Fn. 23).
[25] BFH, Urt. v. 27. 6. 2001, I R 46/00, BFH/NV 2002, 1; v. 16. 4. 1980, I R 75/78, BStBl 1981 II 492. Vgl. auch BFH, Urt. v. 19. 6. 1985, I R 109/82, BFH/NV 1986, 249.
[26] Dazu auch *Richter*, RIW/AWD 1977, 337.
[27] Vgl. näher § 2 Nr. 1 KStG.

Bilsdorfer

c) Durchführung einer Außenprüfung

§ 193 AO schafft die rechtlichen Voraussetzungen für das Verfahren der Außenprüfung. Was nun die Mitwirkungspflichten des Steuerpflichtigen und damit die Ausschöpfung seines Informationspotentials anbelangt, gilt im Grunde genommen das, was im Rahmen des § 90 Abs. 2 AO bereits erwähnt worden ist. § 200 AO nämlich verweist lediglich auf die allgemeine Mitwirkungspflicht zur Feststellung des Sachverhaltes, ohne § 90 Abs. 2 AO im Speziellen nochmals zu erwähnen. Dies bedeutet jedoch keineswegs, dass diese Regelung im Rahmen einer Außenprüfung nicht zum Tragen käme. Das Gegenteil ist der Fall: Gerade im Zuge einer Außenprüfung werden auslandsbezogene Sachverhalte vielfach erst aufgegriffen. Sie bilden von vornherein einen Schwerpunkt dieser Prüfung vor Ort. So gibt es beim Bundeszentralamt für Steuern eine Gruppe von Sonderprüfern für Auslandsbeziehungen. Einige Länder haben Gruppen von Auslandsbetriebsprüfern gebildet. So besteht bei der OFD Frankfurt ein Arbeitskreis "Betriebsprüfung und Auslandsbeziehungen", der sich mit der Sammlung und Auswertung außensteuerlicher Erfahrungen in der Betriebsprüfung befasst und entsprechende innerdienstliche Materialsammlungen anlegt[28]. Bei der OFD München gibt es Beamte mit besonderen Erfahrungen im Bereich Außensteuerrecht, die bei Betriebsprüfungen hinzugezogen werden können. Ansonsten aber bestehen im Zuge einer Außenprüfung keine Besonderheiten.

d) Durchführung einer Steuerfahndungsprüfung

Im Rahmen eines Steuerstrafverfahrens verändert sich die Situation des Steuerpflichtigen, soweit er zum Beschuldigten "mutiert", wesentlich[29]. Denn dort springt erst einmal der Grundsatz ins Auge, dass der Beschuldigte, wenn er nicht will, nichts zu sagen braucht. Er kann sich bekanntlich auf sein Aussageverweigerungsrecht (§ 136 Abs. 1 StPO) berufen, ohne dass strafrechtlich für ihn negative Folgen daran anknüpfen dürften. Anders als im Besteuerungsverfahren ist er also gerade nicht die primäre Informationsquelle. Andererseits hieße es den einer Steuerstraftat Beschuldigten ungerechtfertigt zu begünstigen, wollte man ihn als Steuerpflichtigen – unter Hinweis auf das eingeleitete Strafverfahren und das dortige Aussageverweigerungsrecht – steuerlich völlig außen vor lassen. § 393 Abs. 1 Satz 1 AO bestimmt hierzu, dass sich die Rechte und Pflichten der Steuerpflichtigen und der Finanzbehörde im Besteuerungs- und im Strafverfahren nach den für das jeweilige Verfahren geltenden Vorschriften richten. § 393 Abs. 1 Satz 1 AO trägt an sich nichts zur Beantwortung der Frage bei, ob trotz des eingeleiteten Strafverfahrens weiterhin sämtliche steuerlichen Auskunftspflichten fortbestehen. Gleichwohl versteht man allgemein die Vorschrift dahingehend, dass trotz der strafrechtlichen Seite **steuerlich** der Betroffene zur **vollen Mitwirkung** verpflichtet bleibt[30]. Dadurch soll eben verhindert werden, dass der strafrechtlich Verdächtige steuerlich besser gestellt wird als derjenige, der sich von vornherein ordnungsgemäß verhält. Allerdings kann die Mitwirkungs- und damit die Auskunftspflicht nicht mehr zwangsweise durchgesetzt werden (§ 393 Abs. 1 Satz 2, 3 AO). Zulässig sind jedoch im Fall der Auskunftsverweigerung Schätzungen (§ 162 AO). Diese dürfen indessen nicht von vornherein nachteilig und verschärft ausfallen, umso mittelbar doch einen Druck zur Auskunft auf den Steuerpflichtigen auszuüben[31].

---

[28] Vgl. *Carl/Klos* a. a. O. (oben Fn. 4), S. 33.
[29] Vgl. *Bilsdorfer* a. a. O. (oben Fn. 4), S. 128 ff.
[30] Vgl. Nr. 5 AEAO; s. auch *Streck*, Die Steuerfahndung, Rn. 24 ff.
[31] Dazu *Streck*, BB 1970, 1537.

Ansonsten gelten die im Strafverfahren üblichen Erkenntnisquellen[32]. Hierbei gilt jedoch, was Auslandsermittlungen anbelangt, das, was im Besteuerungsverfahren auch gilt: An der Grenze endet die deutsche Hoheitsmacht[33]. Insoweit sei die Kontroverse zwischen Mösbauer[34] und Klos[35] erwähnt. Mösbauer hatte behauptet, die Steuerfahndung fühle sich in der Praxis "auf Grund sog. konkludenter bilateraler Stillhaltevereinbarungen" zu exterrritorialen Ermittlungsmaßnahmen "häufig geradezu noch ermuntert"[36]. Klos ist dem mit Hinweisen auf die nach den innerstaatlichen Regelungen, bilateralen Abkommen und europarechtlichen Bestimmungen möglichen Ermittlungsmaßnahmen auf der Basis der internationalen Rechts- und Amtshilfe entgegengetreten[37], allerdings unter Hervorhebung der bisweilen im sog. "kleinen Grenzverkehr" praktizierten Zusammenarbeit der dort agierenden Steuerfahndungsstellen, um so den oftmals umständlichen und zeitraubenden Dienstweg "abzukürzen"[38]. Möglicherweise "ungesicherte", aber schnell beschaffte Informationen werden anschließend auf dem vorgeschriebenen Dienstweg "wasserdicht" gemacht. Bisweilen reichen solche Ermittlungsmöglichkeiten aber auch aus, um an andere (inländische) Informationsquellen zu gelangen. Bekanntlich zeitigen ja Rechtsverstöße im Ermittlungsverfahren keine Fernwirkung auf den durch die rechtswidrige Handlung verursachten rechtmäßigen Ermittlungserfolg[39].

Ansonsten gelten, wie erwähnt, für die Steuerfahndung die Ermittlungsmöglichkeiten des steuerlichen Umfelds, ergänzt um die strafrechtlichen Regelungen, wie sie sich im Gesetz über die internationale Rechtshilfe in Strafsachen (IRG)[40] darstellen. Gerade angesichts der bereits erwähnten Doppelfunktion der Steuerfahndung verdient Erwähnung, dass dann, wenn die Fahndung auf strafrechtlichem Terrain agiert, sie sich auch ausdrücklich nur auf die Regeln über die zwischenstaatliche Rechtshilfe in Strafsachen berufen darf[41]. Allerdings ist die genaue Trennung in der Praxis vielfach nicht möglich, da die Steuerfahndung bisweilen der Forderung nach einer Offenlegung der genauen Grundlage ihrer gerade praktizierten Anwendung nicht nachkommt.

e) Nutzung der Informationszentrale Ausland beim Bundeszentralamt für Steuern

Die Finanzverwaltung hat insbesondere mit Blick auf die "Pflege der außensteuerlichen Beziehungen" im Jahre 1971 das Bundesamt für Finanzen (seit 2006: Bundeszentralamt für Steuern) als Bundesoberbehörde errichtet[42]. Das Bundeszentralamt für Steuern hat vielfältige Aufga-

---

[32] Vgl. im Einzelnen *Bilsdorfer* a. a. O. (oben Fn. 4), S. 109.

[33] Vgl. BVerfG v. 22. 3. 1983, 2 BvR 475/78, RIW/AWD 1983, 703, 705. *Streck* a. a. O. (oben Fn. 30), Rn. 714, berichtet von dem Arbeitseifer der Betriebsprüfer, der auch im Urlaub nicht ende. Dies jedoch dürfte die absolute Ausnahme sein. Jedenfalls halte ich die Aussage, deutsche Steuerfahnder lauerten vor Banken in Luxemburg und schrieben sich deutsche Kennzeichen auf, für eine eher amüsante denn realitätsnahe Anekdote.

[34] *Mösbauer*, DStZ 1986, 339, 340.

[35] *Klos*, DStZ 1986, 505, 507.

[36] *Mösbauer*, DStZ 1986, 340.

[37] *Klos*, DStZ 1986, 507.

[38] Vgl. auch *Streck* a. a. O. (oben Fn. 30), Rn. 722 ("Zusammenarbeit funktioniert in Grenzgebieten ausgezeichnet").

[39] Vgl. *Streck* a. a. O. (oben Fn. 30), Rn. 1074 ff.: Die "Früchte des vergifteten Baumes" darf die Fahndung genießen.

[40] Gesetz v. 23. 12. 1982, BGBl 1982 I 2071. Vgl. umfassend *Carl*, DStZ 1993, 653.

[41] So zu Recht *Carl*, DStZ 1993, 653.

[42] Dazu *Schmieszek* in: Hübschmann/Hepp/Spitaler, a. a. O. (oben Fn. 10), § 5 FVG, Anm. 1.

ben[43], speziell im Rahmen der internationalen Steuerbeziehungen. Einen Schwerpunkt bildet die Einschaltung in die Amtshilfe bei Sachverhalten mit Auslandsbezug[44], auf die später noch einzugehen sein wird. Im Bundeszentralamt für Steuern werden darüber hinaus zentral Unterlagen über steuerliche Auslandsbeziehungen jeglicher Art gesammelt[45]. Insoweit ist das Amt eine Art "Informationsaustauschbörse"[46]. Es ist ein Geben und Nehmen[47] insoweit, als das Bundesamt Informationen sammelt und sie dann auf Anforderung an die jeweiligen Dienststellen in der Finanzverwaltung "vor Ort" weitergibt.

Diesbezüglich waren gegen die Sammlung von Informationen – insbesondere die sog. Lizenzkartei – rechtsstaatliche Bedenken geäußert worden[48]. Diese rührten aus einem möglichen Verstoß gegen das Recht auf informationelle Selbstbestimmung[49] und einem vermeintlichen Bruch des Steuergeheimnisses (§ 30 AO) her. Diese Zweifel führten letztlich zur Änderung der AO durch das Gesetz zur Bekämpfung des Missbrauchs und zur Bereinigung des Steuerrechts[50]. Danach dürfen seither[51] die Finanzämter, soweit es "zur Sicherstellung einer gleichmäßigen Festsetzung und Erhebung von Steuern erforderlich ist", nach § 30 AO geschützte Daten nicht nur zu einem konkreten Zweck verwenden, sondern auch für Zwecke künftiger Verfahren sammeln.

Aber über die erwähnte Lizenzkartei hinaus ist beim Bundeszentralamt für Steuern die sog. Informationszentrale für Auslandsbeziehungen – IZA – eingerichtet, deren Aufgabe darin besteht, "Informationen zusammenzutragen, die zur intensiven Zusammenarbeit und zeitnahen Unterrichtung aller beteiligten Finanzbehörden auf diesem Gebiet notwendig sind"[52]. Die einzelnen Finanzbehörden sind gehalten, sich dieser Informationen auch zu bedienen. Carl/Klos[53] nehmen sogar einen Verfahrensverstoß an, wenn das Finanzamt es unterlässt, entsprechende Auskünfte bei der IZA einzuholen[54].

---

[43] Vgl. § 5 Abs. 1 FVG; s. aber auch § 4 Abs. 2 FVG.

[44] § 5 Abs. 1 Nr. 5 FVG.

[45] § 5 Abs. 1 Nr. 6 FVG.

[46] Vgl. im Einzelnen *Bilsdorfer* a. a. O. (oben Fn. 4), S. 144 f.

[47] Das BMF-Schreiben v. 15. 9. 1975, BStBl 1975 I 1018 ff. spricht vom "Informationsangebot" (Tz. 2.0.) und der "Versorgung mit Informationen" (Tz. 3.0.).

[48] Vgl. Gottwald, RIW/AWD 1991, 320; *Roeder*, IWB F. 3 Deutschland Gr. 1 S. 1385.

[49] Vgl. dazu BVerfG v. 15. 12. 1983, 1 BvR 209, 269, 362, 420, 440, 482/83, BVerfGE 65, 1, 45 ff.

[50] Gesetz v. 21. 12. 1993, BGBl 1993 I 2310. Dazu *Carl/Klos*, INF 1994, 98.

[51] *Klein/Brockmeyer*, AO, § 88a, Anm. 1 halten die Neuregelung mit Blick auf das BFH-Urt. v. 27. 10. 1993, I R 25/92, BStBl 1994 II 210 für deklaratorisch.

[52] So die sehr allgemeine Information in BMF-Finanznachrichten v. 21. 6. 1978, DB 1978, 1466. Wesentlich informativer ist das BMF-Schreiben v. 29. 4. 1997, BStBl 1997 I 541 ff.; Aktuell BMF-Schreiben vom 7. 9. 2007, BStBl 2007 I, 754. Ein Steuerpflichtiger hat keinen Anspruch auf Auskunft über die von der IZA über ihn gesammelten Daten vgl. BFH, Urt. v. 30.7.2003, VII R 45/02, BStBl II 2004, 387. Die dagegen eingelegte Verfassungsbeschwerde wurde zurückgewiesen; vgl. BVerfG, Beschluss vom 10. 3. 2008, 1 BvR 2388/03, BVerfGE 120, 351.

[53] A. a. O. (oben Fn. 4), S. 53.

[54] Ich meine jedoch, dass die von *Carl/Klos* zitierten BFH-Entscheidungen (BFH, Beschl. v. 25. 8. 1986, IV B 76/86, BStBl 1987 II 481; BFH, Urt. v. 16. 4. 1980 a. a. O. [oben Fn. 25]) diesen Schluss nicht zwangsläufig zur Folge haben. Vielmehr kommt es immer noch darauf an, ob und inwieweit der Steuerpflichtige selbst seiner (erhöhten) Mitwirkungsverpflichtung nachgekommen ist.

f) Nutzung allgemein zugänglicher Informationsquellen

Dass Finanzbeamte – privat – Zeitung lesen, dürfte bekannt sein. Dass sie dies gelegentlich auch zum dienstlichen Nutzen tun, lässt sich bisweilen sogar der Rechtsprechung entnehmen[55]. In Hamburg soll es sogar einen Verwaltungsbereich geben, der Veröffentlichungen auf ihre steuerliche Verwertbarkeit hin untersucht.

Insoweit sind die Ermittlungswege fast unbegrenzt. So könnte und kann natürlich die inländische Finanzverwaltung etwa im Grenzraum ausländische Zeitungen studieren, umso herauszufinden, welche inländischen Anbieter im Ausland sich geschäftlich betätigen. Aber eines sei gleich einschränkend vermerkt: Derartiges Studium wird sicherlich nicht betrieben, um einer Saarbrücker Putzfrau, die im grenznahen französischen Forbach ihre Dienste "öffentlich" anbietet, steuerlich auf die Schliche zu kommen. Zum Verzehr derartiger "peanuts" fehlen der Finanzverwaltung die entsprechenden personellen Kompetenzen.

Hinzuweisen ist darauf, dass das Bundeszentralamt für Steuern mit der IZA eine Art "zentralen Lesedienst" für die gesamte Finanzverwaltung unterhält[56]. Dieser beschränkt sein Wirken aber keinesfalls auf das Studium der (Print-)Medien. Er wertet vielmehr alles sachdienliche Material (wie etwa internationale Übersichten, Register, Presseveröffentlichungen u. Ä. aus und bemüht sich, soweit nicht schon auf vorhandenes Material zurückgegriffen werden kann, um die „Beschaffung geeigneter Unterlagen bei dritten Stellen im In- und Ausland""[57])[58] aus. Derartige allgemein zugängliche Informationsquellen sind, was ihre Verwertbarkeit anbelangt, unbedenklich, soweit sie im Inland benutzt werden. Umgekehrt setzt die Rechtsprechung ihre Ausnutzung nicht in jedem Fall voraus. So stellt der BFH in einem Urteil v. 24. 3. 1987[59] fest, zwar könne die Steuerfahndung unter Ausnutzung derartiger Informationsquellen[60] zu nützlichen Erkenntnissen gelangen. Soweit diese jedoch lückenhaft wären, könne die Steuerfahndung sich mittels eines Auskunftsersuchens an eine Stelle[61] wenden, die ihr eine lückenlose Erfassung garantiere. Mithin bieten diese allgemeinen Informationsquellen der Finanzverwaltung eine Ermittlungschance. Im Regelfall aber kann die Behörde sich ihre Kenntnisse auch auf andere Weise verschaffen.

2. Informationsmöglichkeiten im zwischenstaatlichen Bereich

Die bisher dargestellten Informationsmöglichkeiten zeichneten sich dadurch aus, dass sie sich auf den räumlichen Bereich des Inlands beschränkten. Daneben gibt es Möglichkeiten der Informationsbeschaffung, die dadurch gekennzeichnet sind, dass sie zwar auf inländischem Gebiet "gestartet" werden, dass sie ihren Lauf aber anschließend im Bereich eines ausländischen Staates nehmen. Die Rede ist von der zwischenstaatlichen Amtshilfe[62].

---

[55] Vgl. BFH, Urt. v. 29. 10. 1986, VII R 82/85, BStBl 1988 II 359 betr. die Anfrage an eine Zeitung, in der in Chiffre-Anzeigen ausländische Immobilien von beträchtlichem Wert zum Verkauf angeboten wurden.

[56] Vgl. BMF-Schreiben vom 7. 9. 2007, BStBl 2007 I, 754.

[57] Vgl. BMF-Schreiben v. 7. 9. 2007, BStBl 2007 I, 754, Tz. 2.4.

[58] Weitere Quellen sind Branchentelefonbücher und Gewerberegister. Vgl. *Bilsdorfer* a. a. O. (oben Fn. 4), S. 100 f.

[59] BFH, Urt. v. 24. 7. 1987, VII R 30/86, BStBl 1987 II 485.

[60] Die Entscheidung nennt beispielhaft "Gelbe Seiten des Telefonbuchs, Anzeigenteil der Tageszeitungen, Gewerbeanmeldungen".

[61] Dies war im Streitfall gar ein vom Steuerrecht ansonsten sensibel behandeltes Kreditinstitut.

[62] Im Folgenden soll, wie es in §§ 111 ff. AO geschieht, nur von der Amtshilfe gesprochen werden. Zu den Begrifflichkeiten im Übrigen *Bilsdorfer* a. a. O. (oben Fn. 4), S. 135, sowie *Carl/Klos* a. a. O. (oben Fn. 4),

a) Die Generalnorm des § 117 Abs. 1 AO

Bei historischer Betrachtung[63] findet sich erstmalig in § 117 Abs. 1 AO eine generalklauselartige Rechtsgrundlage für die Inanspruchnahme zwischenstaatlicher Amtshilfe durch deutsche Finanzbehörden. Dort heißt es, die (inländischen) Finanzbehörden könnten "zwischenstaatliche Rechts- und Amtshilfe nach Maßgabe des deutschen Rechts in Anspruch nehmen".

Aus dieser recht knappen Formulierung wird erkennbar, dass auch für ein internationales Amtshilfeersuchen die Voraussetzungen der §§ 111 ff. AO erfüllt sein müssen. Von Bedeutung ist dies bereits für die Frage der Erforderlichkeit[64]. Denn das jeweilige Finanzamt darf es nicht in der Hand haben, die streitigen Tatsachen selbst, also ohne die Zuhilfenahme der zwischenstaatlichen Amtshilfe, aufzuklären bzw. die notwendigen Beweismittel selbst zu beschaffen. Dies betont z. B. auch der Kommentar zum OECD-MA 1977 in Art. 26 Nr. 9a[65]. Dort heißt es, bei einem auf einen bestimmten Fall bezogenen Auskunftsersuchen werde vorausgesetzt, "dass die Informationsquellen, die üblicherweise im innerstaatlichen Bereich zur Verfügung stehen, zunächst auszuschöpfen sind, bevor der andere Staat um Auskunft ersucht wird".

Beispiel:

Der Steuerpflichtige Z macht als Betriebsausgaben Zahlungen an ausländische Politiker geltend. Er bietet sich an, hierüber gem. § 16 Abs. 2 AStG eine eidesstattliche Versicherung abzugeben. Das Finanzamt will im Wege der zwischenstaatlichen Amtshilfe die Finanzbehörden im Ausland um Mithilfe bitten.

Vor dem Grundsatz der Erforderlichkeit müsste das deutsche Finanzamt zuerst einmal von Z die eidesstattliche Versicherung abnehmen. Erst wenn dies geschehen ist und sich diese Versicherung als untauglich erweist, ist die Inanspruchnahme zwischenstaatlicher Amtshilfe zulässig. Die von vornherein ablehnende Entscheidung betreffend die Abnahme der eidesstattlichen Versicherung würde eine unzulässige Vorwegnahme des Beweisergebnisses beinhalten[66].

Andererseits setzt aber § 117 Abs. 1 AO, anders als dies bei der Amtshilfe der §§ 111 ff. AO der Fall ist, kein Ersuchen der deutschen Finanzbehörden voraus. Das heißt, dass die ausländische Finanzbehörde von sich aus, also "spontan", dem deutschen Finanzamt bestimmte Sachverhalte mitteilen kann[67]. Die Auswertung ist also nicht von einer irgendwie gearteten Gegenseitigkeit abhängig[68].

§ 117 Abs. 1 AO ist ein Auffangtatbestand. Dies bedeutet Folgendes: In einer Vielzahl von Fällen existieren speziellere Regelungen zur Durchführung der zwischenstaatlichen Amtshilfe, auf die

---

S. 67 ff.

[63] Vgl. den Überblick hierzu bei *Carl/Klos* a. a. O. (oben Fn. 4), S. 56 ff.

[64] Vgl. § 111 Abs. 1 AO ("erforderliche Amtshilfe").

[65] Abgedr. u. a. bei *Seer*, in: Tipke/Kruse, AO § 117, Tz. 16.

[66] Dazu *Seeliger*, Beweislast, Beweisverfahren, Beweisarten und Beweiswürdigung im Steuerprozess, S. 84. Anders jedoch als hier das Merkblatt zur zwischenstaatlichen Amtshilfe durch Auskunftsaustausch in Steuersachen v. 25.1.2006, BStBl 2006 I 26 ff., Tz. 2.1.2. Dort heißt es: "Es ist nicht erforderlich, dass alle denkbaren innerstaatlichen Ermittlungsmöglichkeiten (z. B. Versicherung an Eides statt) in Anspruch genommen werden."

[67] gl. das Merkblatt zur zwischenstaatlichen Amtshilfe durch Auskunftsaustausch in Steuersachen v. 25. 1. 2006, a. a. O. (oben Fn. 66), Tz. 4.1.

[68] ies ist anders in den Fällen des § 117 Abs. 3 AO, also wenn die inländischen Finanzbehörden ihrerseits – ohne speziellere Rechtsgrundlage – Auskunft erteilen sollen (vgl. im Speziellen § 117 Abs. 3 Nr. 1 AO).

im Folgenden noch eingegangen wird. Erst wenn diese nicht greifen, kommt § 117 Abs. 1 AO zur Anwendung. Erst dann kann sich die deutsche Finanzbehörde auf § 117 Abs. 1 AO berufen. Auf der anderen Seite wird die nicht durch spezielle Abkommen gebundene ausländische Finanzverwaltung natürlich nach eigenem Recht prüfen, ob sie einem derartigen Ersuchen Folge leistet.

b) Die EU-Amtshilferichtlinie mit der Umsetzung in das EG-AHG

Eine der spezielleren Grundlagen zwischenstaatlicher Amtshilfe findet sich im europäischen Raum, und hier für die EU-Staaten[69]. Die Rede ist von der EG-Richtlinie 77/799/EWG v. 19. 12. 1977[70] und der innerstaatlichen Transformationsregelung im EG-Amtshilfegesetz[71]. Das EG-AHG ist nur im Verhältnis der EU-Staaten zueinander anwendbar und schließt insbesondere auch dort bestehende völkerrechtliche Vereinbarungen und gemeinschaftsrechtliche Vorschriften, die eine weitergehende Amtshilfe zulassen, nicht aus[72]. Die Anforderung von Amtshilfe kann aber auch auf beide Grundlagen gestützt werden[73]. Die Vorschriften des EG-AHG befassen sich jeweils im hier interessierenden Zusammenhang mit einer umgekehrten Situation. Sie klären nämlich, wie die inländische Finanzverwaltung auf Ersuchen ausländischer Finanzverwaltungen zu reagieren hat[74]. Wer also danach fragt, welche Auskunftsmöglichkeiten im EU-Bereich für die deutsche Finanzverwaltung bestehen, darf im deutschen Recht nicht stehen bleiben, sondern muss sich mit der zugrunde liegenden europarechtlichen Regelung, also der EG-AH-Richtlinie (künftig: EGAHR), befassen[75].

aa) Zuständigkeiten

Art. 1 Abs. 5 EGAHR definiert den Begriff der zuständigen Behörde. Danach ist für den inländischen Bereich der "Bundesminister der Finanzen oder sein Beauftragter" die maßgebende Behörde. Dies wiederholt § 1a Abs. 2 EG-AHG, wobei jedoch in Abs. 2 der Vorschrift die Ermächtigung enthalten ist, die Zuständigkeit auf das Bundeszentralamt für Steuern[76] oder aber in Abstimmung mit den zuständigen obersten Landesbehörden auf eine Landesbehörde zu übertragen.

Insoweit verdient zweierlei Erwähnung. Zum einen sind in DBA oder in Rechtshilfeabkommen entsprechende Übertragungen auf das Bundeszentralamt für Steuern für verschiedene Routineaufgaben (etwa die Zustellung von Bescheiden und Gerichtsurteilen im Ausland, den Austausch von Kontrollmitteilungen) erfolgt. Zum anderen delegiert das BMF-Schreiben v. 28. 10. 1993[77] den Auskunftsverkehr in Einzelfällen mit gewissen Beschränkungen gleicher-

---

[69] Soweit mit einzelnen EU-Staaten spezielle Amtshilfeabkommen bestehen, die vor Inkrafttreten der EG-Amtshilfe-Richtlinie abgeschlossen worden sind, sind diese eben durch die Richtlinie keineswegs verdrängt worden, sondern ergänzen diese möglicherweise (so zu Recht *Seer*, in: Tipke/Kruse, a.a.O. (Fn. 65), § 117, Tz. 29.

[70] Bl. EG Nr. L 336, S. 15.

[71] G-AHG v. 19. 5. 1985, BGBl 1985 I 2436, 2441; zuletzt geändert durch Gesetz v. 20. 12. 2007, BGBl 2007 I 3150, 3173.

[72] gl. § 1 Abs. 3 EG-AHG.

[73] Vgl. BFH, Urt. v. 23. 7. 1986, I R 306/82, BStBl 1987 II 92, 93.

[74] Eine Ausnahme stellt § 4 EG-AHG dar, der die Geheimhaltung empfangener Auskünfte betrifft. Weiter allgemein Gültiges bestimmt § 1a EG-AHG zum Geschäftsweg.

[75] Abgedr. bei *Seer*, in: Tipke/Kruse, a.a.O. (Fn. 65), § 117 AO, Tz. 33.

[76] Vgl. auch § 5 Abs. 1 Nr. 5 FVG.

[77] BStBl 1993 I 991.

maßen auf diese Dienststelle, soweit um den Auskunftsverkehr mit Staaten geht, mit denen nach den DBA eine große Auskunftsklausel besteht[78].

Der Hinweis auf die Zuständigkeiten ist in diesem Zusammenhang mehr als das Nachgeben eines Drangs auf Vollständigkeit. Die prinzipielle Konzentration der Zuständigkeit beim Bundesminister der Finanzen bzw. beim Bundeszentralamt für Steuern soll verhindern, dass der Auskunftsverkehr unkontrolliert ausufert und in diesem Zuge möglicherweise unzulässige Ermittlungswege beschritten werden. Allerdings lässt sich nicht leugnen, dass die Praxis bisweilen gleichwohl den "kleinen Dienstweg" beschreitet und alsdann ihre Erkenntnisse zwecks Gerichtsverwertbarkeit formell durch nachträgliches Beschreiten des kleinen Dienstweges "legalisiert".

Soweit die nach § 1a EG-AHG zuständige Behörde im Inland Ermittlungen durchführt, kann sie es zulassen, dass Bedienstete der ausländischen Behörde dabei anwesend sind (§ 1 b Abs. 1 Satz 1 EG-AHG). Die ausländischen Kollegen dürfen jedoch selbst keine Ermittlungshandlungen vornehmen (§ 1b Abs. 1 Satz 3 EG-AHG). Allerdings haben sie Zugang zu denselben Räumlichkeiten und Unterlagen wie die mit den Ermittlungen beauftragten Bediensteten der inländischen Finanzbehörde, jedoch nur auf deren Vermittlung hin und zum Zwecke der laufenden Ermittlungen (§ 1b Abs. 1 Satz 4 EG-AHG).

bb) Ersuchen um Auskunft

Nach Art. 2 Abs. 1 EGAHR kann die zuständige Behörde eines Mitgliedstaates die "Partnerbehörde" eines anderen Mitgliedstaates um die Erteilung erforderlicher Auskünfte im Einzelfall ersuchen. Wiederum[79] findet sich hier jedoch der Vorbehalt, dass dem Ersuchen dann nicht Folge geleistet zu werden braucht, wenn es scheint, "dass die zuständige Behörde des ersuchenden Staates ihre eigenen üblichen Auskunftsmöglichkeiten nicht ausgeschöpft hat, von denen sie nach Lage des Falles ohne Gefährdung des Ermittlungszwecks hätte Gebrauch machen können". Erfüllt jedoch das Auskunftsersuchen der inländischen Finanzbehörden alle Vorgaben, so lässt die ausländische Behörde die erforderlichen Ermittlungen in ihrem Zuständigkeitsbereich durchführen (Art. 2 Abs. 2 EGAHR). Dabei verfährt die ersuchte Behörde so, „als ob sie in Erfüllung eigener Aufgaben oder auf Ersuchen einer anderen Behörde ihres Landes handelte".

cc) Automatischer Auskunftsaustausch

Art. 3 EGAHR erlaubt den regelmäßigen Informationsaustausch ohne Ersuchen (sog. automatischer Auskunftsaustausch) in Gruppen von Einzelfällen, die im Rahmen eines zwischenstaatlichen Konsultationsverfahrens festgelegt werden (vgl. Art. 9 EGAHR). Die Transformation dieser Regelung in § 2 Abs. 3 EG-AHG lässt den Umfang dieses Auskunftsaustauschs über gleichartige Sachverhalte erkennen. Danach können die Finanzbehörden in einen regelmäßigen Informationsaustausch in folgenden Fällen treten:

- Überlassung ausländischer Arbeitnehmer und Gestaltungen zur Umgehung deutscher Rechtsvorschriften auf diesem Gebiet;
- Vorbringen eines Sachverhaltes, auf Grund dessen eine Steuerermäßigung oder Steuerbefreiung gewährt worden ist, die für den Steuerpflichtigen zu einer Besteuerung oder Steuererhöhung im anderen Mitgliedstaat führen könnte;

---

[78] Dazu die Übersicht bei *Seer*, in: Tipke/Kruse, a.a.O. (Fn. 65), § 117 AO, Tz. 13.
[79] Vgl. Kommentar zum OECD-MA 1977, Art. 26 Nr. 9a.

- Einkünfte und Vermögen, deren Kenntnis für die Besteuerung durch einen Mitgliedstaat erforderlich sein könnte[80].
- Der Informationsaustausch ist hier von der Gegenseitigkeit der "Informationslieferung" abhängig. Einer vorherigen Anhörung des Betroffenen im Inland bedarf es nicht[81].

dd) Spontaner Auskunftsaustausch

Neben diesem automatischen Informationsaustausch in bestimmten Fallgruppen tritt nach Art. 4 EGAHR die Möglichkeit sog. Spontanauskünfte[82] im Einzelfall. Mit dem spontanen Auskunftsverkehr soll ein Mittel zur Verhinderung von Steuerverkürzungen bereitgestellt werden. Im Übrigen zählt Art. 4 EGAHR Fälle auf, in denen ein Informationsaustausch praktiziert werden soll. Es handelt sich um folgende Sachverhalte:

- die zuständige Behörde eines Mitgliedstaates hat Gründe für die Vermutung einer Steuerverkürzung in dem anderen Mitgliedstaat;
- ein Steuerpflichtiger erhält eine Steuerermäßigung oder Steuerbefreiung in einem Mitgliedstaat, die für ihn eine Steuererhöhung oder eine Besteuerung in einem anderen Mitgliedstaat zur Folge haben müsste;
- Geschäftsbeziehungen zwischen einem Steuerpflichtigen eines Mitgliedstaates und einem Steuerpflichtigen eines anderen Mitgliedstaates, die über ein oder mehrere weitere Länder in einer Weise geleitet werden, die in einem der beiden oder in beiden Mitgliedstaaten zur Steuerersparnis führen kann;
- die zuständige Behörde eines Mitgliedstaates hat Gründe für die Vermutung einer Steuerersparnis durch künstliche Gewinnverlagerungen innerhalb eines Konzerns;
- in einem Mitgliedstaat ist im Zusammenhang mit Auskünften, die ihm von der zuständigen Behörde eines anderen Mitgliedstaates erteilt worden sind, ein Sachverhalt ermittelt worden, der für die Steuerfestsetzung in dem anderen Mitgliedstaat geeignet sein kann.
- Art. 4 EGAHR ist insoweit bemerkenswert, als die Regelung sicherlich keinen Verdacht erfordert[83]. Allerdings müssen objektive Anhaltspunkte die Vermutung des Finanzamts rechtfertigen, dass ein Gesetzesverstoß gegeben ist[84]. Speziell die Handhabung des deutschen Fiskus, wie sie sich aus § 2 Abs. 2 EG-AHG ergibt, lässt Bedenken laut werden, ob der deutsche Gesetzgeber die Vorgaben in der EGAHR zutreffend und erschöpfend umgesetzt hat. Dort heißt es, in den erwähnten Fällen "soll" spontan Auskunft erteilt werden. Demgegenüber spricht § 2 Abs. 2 EG-AHG nur davon, dass die inländische Finanzbehörde Auskunft erteilen "kann".

---

[80] Das "BMF-Merkblatt betr. Zwischenstaatliche Amtshilfe durch Auskunftsaustausch in Steuersachen" v. 25. 1. 2006, a. a. O. (oben Fn. 67) nennt unter Tz. 4.1.2. weitere Sachverhalte.

[81] Vgl. § 2 Abs. 3 Satz 2 EG-AHG.

[82] Man spricht auch von internationalen Kontrollmitteilungen. Dazu Carl/Klos a. a. O. (oben Fn. 4), S. 183. Zu der Möglichkeit von Spontanauskünften im Zusammenhang mit Ermittlungen bei deutschen Kreditinstituten äußert sich der Erlass des Hess. FinMin v. 25. 8. 1997, S 1301 A – 61 II B 31, StEd 1997, 635.

[83] So zu Recht *Klos*, StWA 1991, 88; *Krabbe*, RIW 1986, 130; a. A. *Werra*, BB 1988, 1160, 1164.

[84] Vgl. *Carl/Klos* a. a. O. (oben Fn. 4), S. 184.

ee) Grenzen der Auskunftserteilung

Die EGAHR verpflichtet nicht zu Ermittlungen oder zur Übermittlung von Auskünften, wenn deren Durchführung oder deren Beschaffung oder Verwertung durch die zuständige Behörde des Auskunft gebenden Staates für ihre eigenen steuerlichen Zwecke gesetzliche Vorschriften oder ihre Verwaltungspraxis entgegenstünden (Art. 8 Abs. 1 EGAHR)[85]. Darüber hinaus kann die Auskunftsübermittlung verweigert werden, wenn sie zur Preisgabe eines Geschäfts-, Industrie- oder Berufsgeheimnisses oder eines Geschäftsverfahrens führen oder wenn die Verbreitung der betreffenden Auskunft gegen die öffentliche Ordnung verstoßen würde (Art. 8 Abs. 2 EGAHR). Schließlich lässt die fehlende Gegenseitigkeit die Auskunftsnotwendigkeit entfallen (Art. 8 Abs. 3 EGAHR), was etwa dazu geführt hat, dass gegenüber Griechenland, Italien, Portugal und Spanien bis 1993 keine Spontanauskünfte erteilt worden sind[86]. Dies hat sich zwischenzeitlich geändert.

ff) Geheimhaltungspflicht

Dass die Erkenntnisse, die der deutsche Fiskus aufgrund eines Auskunftsersuchens nach dem EG-AHG gewinnt, letztlich im Bereich der Finanzverwaltung verbleiben müssen, ist durchaus keine Selbstverständlichkeit. Man weiß ja auch, dass rein inländische Informationen zwar dem Steuergeheimnis (§ 30 AO) unterliegen, dass dessen Schutz aber nicht uneingeschränkt gilt (§ 30 Abs. 4 AO).

So bestimmt denn auch Art. 7 EGAHR erst einmal nur, dass "alle Auskünfte, die ein Mitgliedstaat nach dieser Richtlinie erhält, ... in diesem Staat in gleicher Weise geheim zu halten sind wie die nach seinen innerstaatlichen Rechtsvorschriften erlassenen Auskünfte". Abs. 2, 3 der erwähnten Richtlinienbestimmung löst die möglichen Konfliktfälle, die daraus resultieren, dass die jeweiligen Staaten in ihrem Recht eine unterschiedliche Geheimhaltungsintensität aufweisen. So braucht ein "datensichererer" Staat dann keine Auskünfte zu erteilen, wenn der anfordernde Staat sich nicht verpflichtet, die engeren Grenzen des Auskunftsstaates zu beachten (Art. 7 Abs. 2 EGAHR). Allerdings darf im entsprechenden Fall die Auskunftsbehörde trotz eigener, engerer Datensicherung Informationen weiterleiten.

§ 4 EU-AHG enthält für den Bereich der deutschen Finanzverwaltung die entsprechende Transformationsregelung. Danach dürfen Auskünfte, die der deutschen Behörde von der ausländischen Behörde übermittelt werden, nur für die (bereichsspezifischen) Zwecke verwandt werden (§ 4 Abs. 1 Satz 1, 3 EG-AHG), nämlich für Zwecke

- der Steuerfestsetzung;
- der Überprüfung der Steuerfestsetzung durch die Aufsichtsbehörden;
- der Rechnungsprüfung;
- der Wahrnehmung gesetzlicher Kontroll- und Aufsichtsbefugnisse;
- der Durchführung eines finanzgerichtlichen Verfahrens;
- der Durchführung eines entsprechenden Steuerstraf- oder Bußgeldverfahrens.

Hingegen ist nicht entscheidend, ob das deutsche Recht ansonsten eine weitergehende Offenbarungsmöglichkeit vorsieht, es sei denn, die Finanzbehörde des Auskunftsstaates erklärt sich mit einer Weitergabe der Daten auch für diesen Fall einverstanden (§ 4 Abs. 1 Satz 2 EU-AHG). Man wird sagen können, dass damit den Vorgaben des BVerfG an die gesetzliche Be-

---

[85] Die Transformationsregelung im Inland findet sich in § 3 EG-AHG.
[86] Dies berichten *Carl/Klos* a. a. O. (oben Fn. 4), S. 197.

stimmung des bereichsspezifischen Gesetzeszwecks[87] Genüge getan worden ist[88]. Wie ich im Übrigen der Meinung bin, dass die Versuche, dem Datenschutz im Rahmen des internationalen Informationsaustauschs zu steuerlichen Zwecken eine noch breitere Basis zu verschaffen, auch vor den Augen des BVerfG keine Chance haben dürften.

c) Doppelbesteuerungsabkommen (DBA)

Die EUAHR und das EU-AHG gelten natürlich nur im Verhältnis des deutschen Fiskus zu den Mitgliedstaaten der EU und deren Finanzbehörden. Daneben gibt es jedoch auch in diesem Bereich bilaterale DBA. Solche kommen aber gleichfalls im Verhältnis zu nicht der EU angehörigen Staaten vor. Deren Ziel war es in erster Linie, eine Doppelbesteuerung zu vermeiden. Zur Erreichung dieses Ziels bedurfte und bedarf es jedoch des Austauschs von Informationen.

DBA gab es bereits im vergangenen Jahrhundert. Von einem richtigen "Netz der DBA" kann man aber wohl erst für die Zeit nach dem Zweiten Weltkrieg sprechen. Gerade die Fünfziger Jahre zeichnen sich durch den Abschluss zahlreicher DBA aus[89]. So fallen in diese Zeit etwa die DBA mit den USA (1954), den Niederlanden (1959) und Frankreich (1959). Aus dem Jahr 1963 stammt das (mit einem Kommentar versehene) OECD-MA zur Vermeidung der Doppelbesteuerung des Einkommens und des Vermögens, welches als Empfehlung an die Mitgliedstaaten gerichtet war. U. a. 1977 wurde dieses MA samt seinem Kommentar überarbeitet[90],[91]. Die DBA enthalten regelmäßig Bestimmungen betreffend den Auskunftsaustausch zwischen den jeweilig beteiligten Staaten. Was den Umfang des Auskunftsverkehrs anbetrifft, wird zwischen der großen und der kleinen Auskunftsklausel unterschieden[92].

aa) Unterscheidung große und kleine Auskunftsklausel

Die DBA der Bundesrepublik mit fast allen westlichen Industrieländern beinhalten eine große Auskunftsklausel. Was versteht man darunter? Im OECD-MA findet sich eine Bestimmung in Art. 26. Dort heißt es: *"Die zuständigen Behörden der Vertragsstaaten tauschen die Informationen aus, die zur Durchführung dieses Abkommens oder des innerstaatlichen Rechts der Vertragsstaaten betreffend die unter das Abkommen fallenden Steuern erforderlich sind, soweit die diesem Recht entsprechende Besteuerung nicht dem Abkommen widerspricht."*

Letzterwähnte Alternative, also die Möglichkeit zum Informationsaustausch auch für Zwecke des innerstaatlichen Rechts, unterscheidet die große von der kleinen Auskunftsklausel. Nach dieser nämlich sind lediglich Auskünfte zulässig, die der Durchführung des Abkommens selbst dienen[93]. Einige ältere DBA, wie etwa mit Frankreich[94], weisen eine eingeschränkte große Auskunftsklausel auf. Danach bezieht sich der Informationsaustausch zwar auch auf die Durchführung innerstaatlichen Rechts. Indessen muss hierbei der Verdacht einer Steuerverkürzung bestehen, und dieser Verdacht muss auch in dem entsprechenden Er-

---

[87] Vgl. BVerfG, Urt. v. 15. 12. 1983 a. a. O. (oben Fn. 49).; v. 17. 7. 1984, 2 BvE 11, 15/83, BVerfGE 67, 100, 143.
[88] Dazu *Carl/Klos* a. a. O. (oben Fn. 4), S. 199; *Seer*, in: Tipke/Kruse, a.a.O. (Fn. 65), § 117 AO, Tz. 30e.
[89] Vgl. den historischen Überblick bei *Carl/Klos* a. a. O. (oben Fn. 4), S. 56 ff.
[90] Abgedr. bei *Seer*, in: Tipke/Kruse a. a. O. (Fn. 65), § 117 AO, Tz. 3.
[91] Zu den weiteren Bemühungen etwa der UN vgl. *Carl/Klos* a. a. O. (oben Fn. 4), S. 58 ff.
[92] Vgl. dazu den Überblick etwa bei *Carl/Klos* a. a. O. (oben Fn. 4), S. 110 ff.
[93] Entsprechende Regelungen enthalten insb. die DBA mit den meisten Entwicklungsländern, aber auch z. B. mit der Schweiz und Japan.
[94] BStBl 1970 I 902.

suchen hinreichend begründet werden (straf- und bußgeldrechtliche Komponente). Ein solcher Vorbehalt findet sich jedoch auch in einigen DBA mit kleiner Auskunftsklausel[95], so dass hier der Informationsaustausch zur Voraussetzung hat, dass die Information nicht nur der Durchführung des DBA dienen muss, sondern "insbesondere" zur Verhinderung von Steuerhinterziehungen.

bb) Arten des Auskunftsverkehrs

Nr. 9 des Kommentars zum OECD-MA erwähnt drei Arten des Informationsaustauschs:

- **Auskünfte auf Ersuchen** in einem bestimmten Fall. Dabei wird vorausgesetzt, dass die Informationsquellen, die üblicherweise im innerstaatlichen Besteuerungsverfahren zur Verfügung stehen, ausgeschöpft sind, bevor ein derartiges Auskunftsersuchen gestartet wird.

- **automatische Auskünfte**, wenn z. B. Mitteilungen über eine bestimmte Art oder mehrere Arten von Einkünften, die aus einem Vertragsstaat in den anderen fließen, dem anderen Staat regelmäßig gegeben werden.

- **unaufgeforderte Auskünfte** (Spontanauskünfte), wenn ein Staat, der im Verlaufe eines Verfahrens Kenntnis von Umständen erlangt hat, die nach seiner Auffassung auch für den anderen Staat von Interesse sind (sog. internationale Kontrollmitteilungen).

Daneben sei noch erwähnt, dass natürlich jeder Staat auch im Kulanzwege Auskünfte erteilen kann, soweit dies nach seinem Recht zulässig ist.

Was die einzelnen Auskunftssituationen anbelangt, so stand und steht die deutsche Wirtschaft insbesondere den Spontanauskünften kritisch gegenüber[96], wobei jedoch Rechtsprechung[97] und auch Verwaltung[98] diese Bedenken letztlich nicht teilen. Allerdings will man seitens der deutschen Finanzverwaltung diese Auskunftsform "mit Augenmaß"[99] betreiben. Dies wiederum hat den Bundesrechnungshof auf den Plan gerufen[100], der sich kritisch zur Zurückhaltung der deutschen Finanzverwaltung äußert. Tatsächlich kann man nach wie vor keineswegs davon sprechen, dass dieser Bereich zu einer Flut von Informationen hin- oder zurückgeführt hätte[101]. Erwähnung verdient insoweit die Tatsache, dass erstmals in Art. 31 Abs. 1 des DBA-Schweden[102] eine Kodifizierung der Spontanauskunftsregelung enthalten ist.

---

[95] Etwa in den DBA mit Luxemburg und Schweden.

[96] Vgl. etwa *Oldiges* in: Menck/Ritter, a. a. O. (oben Fn. 4), S. 86 ff.; *Escher/Escher-Weingart*, RIW 1991, 574.

[97] S. etwa BFH, Beschl. v. 20. 1. 1988, I B 72/87, BStBl 1988 II 412 (betr. DBA Frankreich); v. 29. 4. 1992, I B 12/92, BStBl 1992 II 645.

[98] Vgl. BMF-Merkblatt v. 25. 1. 2006, a. a. O. (Fn. 67), Tz. 4.1.1.

[99] So *Menck* a. a. O. (oben Fn. 3), S. 13.

[100] Handelsblatt v. 29. 11. 1994.

[101] So berichtet Bohnert, IWB F. 1, IFA-Mitteilungen, S. 1259, 1262 von 142 (1986), 188 (1987) und 124 (1988) derartigen Auskünften seitens der deutschen Finanzbehörden. *Carl/Klos* a. a. O. (oben Fn. 44), nennen die Zahl 1162 an Spontanauskünften ans Ausland in den Jahren 1989 bis 1991. Die Zusammenstellung von Seer, in: *Tipke/Kruse*, a. a. O. (Fn. 65), § 117, Tz. 6, belegt die zunehmende Bedeutung dieses Instrumentariums. Danach nämlich wurden allein im Jahr 2002 bereits mehr als 120.000 (inländische) Spontanauskünfte an ausländische Finanzbehörden erteilt.

[102] BStBl 1994 I 423

Was den Bereich der automatischen Auskünfte anbelangt, so ist insoweit der EDV-gestützte Datenaustausch mit den USA im Bereich der Zinseinkünfte zu nennen, der jedoch ansonsten keine Parallele im Auskunftsverkehr mit anderen DBA-Staaten findet[103].

cc) Anhörung des (inländischen) Betroffenen

§ 91 AO schreibt vor, dass bevor ein Verwaltungsakt erlassen wird, der in die Rechte eines Beteiligten eingreift, diesem Gelegenheit gegeben werden soll, sich zu den für die Entscheidung erheblichen Tatsachen zu äußern. § 91 Abs. 2 AO jedoch enthält einen Beispielkatalog für Situationen, in denen von der Anhörung abgesehen werden kann. Was nun den internationalen Auskunftsverkehr, insbesondere denjenigen nach den DBA, betrifft, ist höchst umstritten, ob der inländische Betroffene –vor Einholung einer Auskunft von ausländischen Finanzbehörden- informiert und angehört werden muss[104].

Hierzu ist erst einmal zu sagen, dass einem Auskunftsersuchen kein Verwaltungsaktcharakter gegenüber dem inländischen Beteiligten beizumessen ist. Insoweit fehlt es an der unmittelbaren Wirkung nach außen, wie sie in § 118 Satz 1 AO verlangt wird. Seer[105] verlangt – außer im Rahmen des automatischen Auskunftverkehrs - prinzipiell eine Anhörung, es sei denn es lägen außergewöhnliche Umstände vor, wie etwa bei Gefahr im Verzug. Die Praxis[106] belässt es erst einmal mit der Bemerkung dahingehend, dass der Steuerpflichtige im Rahmen pflichtgemäßen Ermessens auf die Möglichkeit eines Auskunftsersuchens hingewiesen werden solle. Ein "allgemeiner Grundsatz, nach dem die Finanzbehörden den Steuerpflichtigen über ihre Ermittlungen zuvor zu unterrichten" hätte, bestehe jedoch nicht. Bei Außenprüfungen oder bei sonstigen Überprüfungen, die sich auf Auslandsbeziehungen erstrecken, soll der Hinweis genügen, dass sich die Finanzbehörden die Nachprüfung der Angaben des Steuerpflichtigen und die weitere Aufklärung des Sachverhalts im Rahmen der zwischenstaatlichen Amtshilfe vorbehalten[107]. Allerdings sei die Mitteilung von Einzelheiten geboten, wenn die Gefahr bestehe, dass dem Steuerpflichtigen ein mit dem Zweck der Amtshilfe nicht zu vereinbarender Schaden drohe. Jedoch, wen wundert dies, sei eine zutreffende Besteuerung des Steuerpflichtigen oder seiner Geschäftspartner im Ausland für sich genommen nicht als Schaden in diesem Sinne anzusehen[108].

In diesem Zusammenhang ist zur Klarstellung darauf hinzuweisen, dass umgekehrt, also dann, wenn die inländische Behörde ihrerseits einer ausländischen Behörde Auskunft erteilt, andere Regelungen gelten. Hier ist auf die Regelung in § 117 Abs. 4 AO hinzuweisen. Danach muss stets eine Anhörung des Betroffenen erfolgen, es sei denn, es greift eine Ausnahme nach § 91 Abs. 2, 3 AO (z.B. bei Gefahr im Verzug oder bei Bestehen eines zwingenden öffentlichen Interesses).

dd) Geheimhaltungspflicht

Was die Geheimhaltungsverpflichtung bezüglich der ausländischen Auskünfte seitens der deutschen Finanzverwaltung anbetrifft, verweist Art. 26 Abs. 1 Satz 3 OECD-MA auf das nationale Steuergeheimnis. Dies bedeutet letztlich, dass solche Informationen den Schutz des

---

[103] Vgl. BMF-Merkblatt v. 25. 1. 2006, a. a. O. (Fn. 67), Tz. 4.2.2.
[104] Vgl. zum Meinungsstand Carl/Klos a. a. O. (oben Fn. 4), S. 122.
[105] In: *Tipke/Kruse*, a. a. O. (Fn. 65), § 117 AO, Tz. 70 f.
[106] Vgl. BMF-Merkblatt v. 25. 1. 2006, a. a. O. (Fn. 67), Tz. 2.1.3.
[107] BMF-Merkblatt v. 25. 1. 2006, a. a. O. (Fn. 67), Tz. 2.1.3., Abs. 2.
[108] Dazu BFH, Beschl. v. 29. 10. 1986, I B 28/86, BFH/NV 1988, 313.

§ 30 AO genießen, der jedoch, wie § 30 Abs. 4 AO zeigt, nicht ohne Durchbrechungsmöglichkeit, wie etwa zur Durchführung eines Steuerstrafverfahrens, besteht.

ee) Rechtsschutz des Betroffenen

Bereits erwähnt wurde, dass das Auskunftsersuchen des inländischen Fiskus an die ausländische Finanzbehörde keine Verwaltungsaktqualität besitzt. Erfährt nun der inländische Betroffene einmal von einer solchen Ermittlungsmaßnahme, so hat er die Möglichkeit der vorbeugenden Unterlassungsklage (§ 40 FGO) und begleitend der einstweilige Anordnung (§ 114 FGO)[109].

d) EU-Zusammenarbeits-Verordnung

Bekanntlich ist zum 1.1.1993 der EU-Binnenmarkt Realität geworden. Er hat zu einem neuen Umsatzsteuerrecht geführt, was grenzüberschreitende Sachverhalte im Gemeinschaftsgebiet anbelangt. Die Umsetzung der materiell-rechtlichen Normen konnte nicht ohne entsprechende Verfahrensregelung geschehen. Insbesondere musste ein geeignetes Kontrollverfahren geschaffen werden.

Hier ist auf die EU-Zusammenarbeits-Verordnung[110], mit der die ordnungsgemäße Besteuerung innergemeinschaftlicher Warenlieferungen sichergestellt werden soll. Auf Grund der Verordnung ist u. a. ein "Mehrwertsteuer-Informations-Austausch-System" (MIAS) geschaffen worden. Die Verordnung verpflichtet die einzelnen EU-Staaten zu Einzelauskünften wie zu Spontanauskünften. Sämtliche Maßnahmen dienen dazu, die ordnungsgemäße Besteuerung innergemeinschaftlicher Umsätze sicherzustellen[111].

e) EG-Beitreibungsrichtlinie

Der Vollständigkeit halber erwähnt werden soll die Möglichkeit, deutsche Steuerforderungen im Ausland zu vollstrecken. Die Rechtsgrundlagen dafür finden sich teils in DBA (etwa in den DBA mit USA, Luxemburg, Frankreich, Belgien, Dänemark), teils in besonderen Amts- und Rechtshilfeabkommen, zudem aber auch im Verhältnis zu den anderen EU-Staaten in der EG-Beitreibungsrichtlinie v. 15. 3. 1976[112].

f) Zinsinformations-Verordnung

Das Dilemma der Zinsbesteuerung in Europa bzw. der Versuch einer Lösung spiegelt sich wieder in der Zinsinformations-Verordnung[113], die auf die sog. Zins-Richtlinie der EU zurückgeht[114]. Die EU-Richtlinie schreibt im Bereich der Zinsbesteuerung grundsätzlich[115] einen automatischen Auskunftsverkehr vor. Die relevanten Daten (Konto-Nr., Name und Anschrift des wirtschaftlichen Eigentümers eines Depots, Höhe der Zinsen) werden von der Zahlstelle (also etwa einer Bank) an eine zentrale Finanzbehörde[116] übermittelt, die wiederum im Anschluss daran die zentrale Finanzbehörde an das jeweilige Wohnsitz-Finanzamt transferiert.

---

[109] BMF-Merkblatt v. 25. 1. 2006, a. a. O. (oben Fn. 67), Tz. 6.2.
[110] Verordnung Nr. 1798/2003 v. 7. 10. 2003, Abl. EG Nr. L 264, 1.
[111] Vgl. zu Details *Carl*, Inf 1992, 337, 369, 393; *Kerwat*, DStZ 1993, 517; *Widmann*, DB 1993, 903.
[112] Richtlinie Nr. 76/308/EWG. Dazu BMF, Merkblatt zur zwischenstaatlichen Amtshilfe bei der Steuererhebung (Beitreibung), BStBl I 2004, 66.
[113] Verordnung vom 26. 1. 2004, BGBl 2004 I, 128.
[114] RL 2003/48/EG vom 3. 6. 2003, Abl. EG L157, 38
[115] Ausnahmen bilden Belgien, Luxemburg und Österreich. Für diese Länder gilt eine Quellensteuerpflicht (von etwa 35 % ab 2011 an).
[116] In Deutschland das Bundeszentralamt für Steuern , vgl. § 5 Abs. 1 Nr. 26 FVG.

Bilsdorfer

E. Schlussbemerkung

Die europäische und auch die Weltwirtschaft sind offener geworden. Diese Offenheit bedarf gewisser Steuerkontrollen. Diese können sich nicht allein auf dem Gebiet des jeweiligen Staates vollziehen, sondern müssen – einhergehend mit den wirtschaftlichen Freiheiten – eine Ausdehnung über die Grenzen erfahren. Dem dienen die diversen internationalen Möglichkeiten des Auskunftsverkehrs in Steuersachen, ohne dass derzeit davon gesprochen werden könnte, diese Möglichkeiten würden von der inländischen Finanzverwaltung dazu genutzt, den innerstaatlichen Datenschutz zu unterlaufen.

Bilsdorfer

5. Möglichkeiten und Grenzen des Tax-Rulings in den Niederlanden im Rahmen der internationalen Steuerplanung

von Prof. Ton Stevens und Alberta de Vries[*]

Inhaltsübersicht

A. Einführung
B. Das Ruling im niederländischen steuerlichen Verwaltungsrecht
   I. Das niederländische Abgabenrecht
   II. Die Finanzverwaltung
   III. Die Entwicklung der allgemeinen Grundsätze zur Angemessenheit von Verwaltungsakten
   IV. Die Form des Rulings
C. Die derzeitige Rulingpraxis
   I. Einführung
   II. Inhalt des Rulings
   III. Keine Standardrulings mehr für die Feststellung des angemessenen Gewinns
   IV. Konzerndurchleitungsgesellschaften und Substanz
V. Zuständigkeit für die Bearbeitung des Rulingantrags
VI. Laufzeit des Rulings
VII. Verschwiegenheitspflicht und Veröffentlichung von Rulings
VIII. Treue zu Abkommenspartnern
IX. Punkte der Vereinbarung in einem APA
X. Punkte der Vereinbarung in einem ATR
D. EU-Aspekte
   I. EU-Code of Conduct
   II. Unerlaubte Staatshilfe i. S. d. Art. 87 EGV
E. Horizontale Aufsicht
   I. Hintergrund der Einführung der horizontalen Aufsicht
   II. Inhalt der Tax Compliance Agreement
   III. Tax Control Framework

Literatur:

Happé, Drie beginselen voor fiscale rechtsbescherming, Deventer, 1996, S. 218; **L. A. de Blieck/van Amersfoort/J. de Blieck,** *E.A.G. van der Ouderaa,* Algemene wet inzake rijksbelastingen, 4e druk, Deventer 1995, S. 238; **Tax Notes Int'l,** March 3, 1997, S. 743; *Lohuis/Moons,* Neue Auskunfts- und Verrechnungspreisrichtlinien in den Niederlanden, IStR 2001, 703; *Luja,* Fiscale staatssteun: recente ontwikkelingen, WFR 2001/1055; *Nijkamp,* Landmark agreement on EU tax package: new guidelines stretch scope of EU Code of Conduct, EC Tax Review, 2001-3, S. 147; *Sinx/Ten Broeke,* Netherlands – Transfer Pricing Litigation: a Comparison, ITPJ, January/February 2002, S. 29; *Wattel,* De reikwijdte van de fiscale vaststellingsovereenkomst (I), WPNR 1996/6217, S. 220 lk.; *Van Weeghel,* Weekblad voor fiscaal recht 1991/5985, S. 1850; *Van der Geld,* Horizontaal toezicht, TFO 2009, S. 2; *Happé,* Handhavingsconvenanten: een paradigmawisseling in de belastingheffing, TFO 2009, S. 5 ; *Poolen,* Horizontaal toezicht vanuit het perspectief van de belastingdienst, TFO 2009, S. 16; *Hoving/Van der Reijden,* Belastingadvies in nieuw perspectief, TFO 2009, S. 22; *Niekel/Oosterhoff,* Netherlands:Compliance Agreements, ITPJ November/December 2006, p. 291 – 294; *Schmit,* Ter uitleiding: Enkele korte aantekeningen over horizontaal toezicht vanuit het perspectief van het bedrijfsleven, TFO 2009, S. 33; *Simonis,* Over corporate governance, jaarrekeningenrecht en horizontaal toezicht, WFR 2008/5; *Loyens & Loeff NV,* Horizontaal Toezicht en het Handhavingsconvenant, Genoteerd, Nr. 58, März 2007; *Van der Enden,* Corporate Governance, Toetsing van fiscaal beleid ten aanzien van taxplanning in Code Tabaksblat", Maandblad voor Accountancy en bedrijfseconomie 2006, S. 455-464.

A. Einführung

Jeder Steuerpflichtige (Privatperson oder Gesellschaft, Unternehmer oder Nicht-Unternehmer, national oder international Tätiger) hat das Recht, sich mit Fragen bezüglich seiner niederländischen Steuerpflicht an die niederländische Finanzverwaltung zu wenden. Wenn der zuständige Vertreter der Finanzverwaltung danach bewusst einen Standpunkt bezüglich der Art und Weise der individuellen Besteuerung vertritt, hat sich die Finanzverwaltung grundsätzlich an diesen Standpunkt zu halten.

---

[*] Ton Stevens ist Professor für internationales Steuerrecht an der Erasmus Universität Rotterdam, sowie NL-Stb./Partner bei Loyens & Loeff in Rotterdam. Alberta de Vries ist Senior Tax Lawyer bei Loyens & Loeff in Rotterdam.

Bereits seit Jahrzehnten fragen viele international tätige Unternehmer die niederländische Finanzverwaltung vor Beginn geplanter grenzüberschreitender Aktivitäten nach einem sog. Ruling zur Feststellung der in den Niederlanden zu versteuernden Gewinne. Das Ruling wird als eine verbindliche Auskunft des Steuerinspektors (innerhalb der Grenze des Gesetzes, der Rechtsprechung und der Richtlinien des Finanzministeriums) definiert, über die Anwendung des niederländischen Steuerrechts im internationalen Konzernverband oder in grenzüberschreitenden Situationen.[1] Dabei handelt es sich u. a. um die Art und Weise, in der für grenzüberschreitende Aktivitäten gegebenenfalls ein angemessener Gewinn festgestellt werden kann, und zwar unter Bezugnahme auf die ausgeübte Funktion, das angewendete Eigenvermögen und die unterschiedlichen Risiken. Nur für Gewinne auf Aktivitäten zwischen nahe stehenden Personen wird ein Ruling abgegeben.[2]

Außer der Möglichkeit, mit der Finanzverwaltung konkrete Vereinbarungen über spezifische Fälle/Geschäfte zu treffen, steht multinationalen Konzernen und Großunternehmen die Möglichkeit zu, mit der niederländischen Finanzverwaltung eine sogenannte „Tax Compliance Agreement" (*handhavingsconvenant*) abzuschließen. In der Tax Compliance Agreement wird die wechselseitige Haltung des Steuerpflichtigen und der Finanzverwaltung untereinander festgelegt. Dabei handelt es nicht um steuerlich inhaltliche Sachen, sondern um die Weise und die Intensität der Aufsicht durch die Finanzverwaltung. Der Verbindung zwischen der Finanzverwaltung und dem Steuerpflichtigen liegen Verständnis, Transparenz und Vertrauen zugrunde. Die Finanzverwaltung verpflichtet sich zu einer schnellen Standpunkteinnahme (auch für die noch in die Länge gezogenen steuerlichen Streitpunkte aus der Vergangenheit). Weiter bringt die Finanzverwaltung das Vertrauen zu dem Kontrollsystem des Steuerpflichtigen und die Zahl der Audits zurück. Seinerseits hat der Steuerpflichtige dem Steuerinspektor im Voraus alle relevanten Steuerrisiken vorzulegen. Weiter hat das „Tax Control Framework" des Steuerpflichtigen in Ordnung zu sein. Durch den Abschluss einer Tax Compliance Agreement verschiebt sich der Nachdruck von der vertikalen Aufsicht (nachträgliche Prüfung nach Einreichen der Steuererklärung) auf die horizontale Aufsicht (Steuerrisiken im Voraus besprechen sowie ein guter Risikonachweis). Schließt ein Unternehmen eine Tax Compliance Agreement ab, so hat er bei der Steuerplanung durchaus zu beachten, dass die Finanzverwaltung im Voraus über materielle Geschäfte und Strukturänderungen in Kenntnis zu setzen ist.

Dieser Aufsatz beschreibt in Kap. B das niederländische System des Abgabenrechts und die Rolle, die das Ruling darin erfüllt. In Kap. C werden die Möglichkeiten und Grenzen des Tax-Rulings in der derzeitigen Rulingpraxis beschrieben. Kap. D analysiert kurz die möglichen EU-Aspekte der Rulingpraxis. In Kap. E wird beschrieben, was die Begriffe horizontale Aufsicht, Tax Compliance Agreement und Tax Control Framework genau umfassen.

---

[1] Beschluss des Staatssekretärs der Finanzen v. 6. 7. 1995; Nr. DGO 95/2714, VN 1995/2453.

[2] Die Annahme ist, dass die Gewinne auf Transaktionen mit Drittparteien immer angemessen sind. Nur wenn die Parteien verbunden sind, kann man über die Angemessenheit der vereinbarten Vergütungen Zweifel haben.

B. Das Ruling im niederländischen steuerlichen Verwaltungsrecht

I. Das niederländische Abgabenrecht

Nach Art. 104 des Grundgesetzes werden Steuern innerhalb des Königreichs der Niederlande kraft Gesetzes erhoben. Dieser Legalitätsgrundsatz ist in den niederländischen Steuergesetzen so ausgearbeitet, dass sich die Steuerschuld eines Steuerpflichtigen unmittelbar aus dem Gesetz, den Tatsachen und dem Zeitablauf ergibt. Man spricht in diesem Zusammenhang von der materiellen Steuerschuld. Die erzwingbare Verpflichtung zur Zahlung dieser Schuld entsteht jedoch erst, nachdem diese Schuld formalisiert worden ist. Das Abgabenrecht gewährt so einerseits der Finanzverwaltung die Mittel, die relevante Tatsache zu ermitteln, und andererseits gibt es dem Bürger den benötigten Rechtsschutz bei seinem Kontakt mit der Finanzverwaltung. Die niederländische Abgabenordnung (*Algemene wet inzake rijksbelastingen*: „NL-AO") enthält Regeln, aufgrund derer die Steuerschuld bei dieser Erhebungsweise formalisiert wird. Die NL-AO hat diesbezüglich die gleiche Funktion wie die deutsche Abgabenordnung. Die Formalisierung der Steuerschuld kann durch einen von dem Steuerinspektor erlassenen Steuerbescheid stattfinden, aber auch durch eine von dem Steuerpflichtigen oder Einbehaltungspflichtigen abzugebende Steuererklärung oder tatsächliche Abführung der Steuer. Die Steuerschuld wird formalisiert (festgesetzt) durch einen Steuerbescheid für u. a. die Einkommen- und Körperschaftsteuer. Zahlung bzw. Abführung der Steuern aufgrund einer Steuererklärung findet u. a. bei der Lohn-, Dividenden- und Umsatzsteuer statt.

Das Abgabenrecht hat den Zweck, das Verfahren zur Formalisierung der Steuerschuld so ablaufen zu lassen, dass die materielle Steuerschuld letztendlich so genau wie möglich erfasst wird. Auf diese Weise kommt das Legalitätsprinzip zur Geltung. Der Finanzverwaltung und dem Steuerpflichtigen steht es nicht frei, bei dem Festsetzen der formalen Steuerschuld bewusst von der materiell geschuldeten Steuer abzuweichen. Wenn jedoch Unklarheiten bezüglich des Inhalts des Rechts oder der Tatsachen bestehen, ist es ihnen erlaubt, Vereinbarungen zu treffen oder einseitig einen Standpunkt zu vertreten. Ein Ruling muss deswegen in den Rahmen des Gesetzes und der Rechtsprechung passen.

II. Die Finanzverwaltung

Nach der NL-AO liegen die Befugnisse zur Formalisierung der Steuerschuld bei dem Steuerinspektor. Dieses Organ der Verwaltung ist mit der Durchführung und der Prüfung der Steuerfestsetzung beauftragt. Steuerinspektoren i. S. des Gesetzes sind die Abteilungsleiter der Finanzämter. Der Abteilungsleiter vergibt aufgrund der Befugnisse, die ihm als Steuerinspektor zustehen, ein Mandat an die ihm zugewiesenen Untergeordneten. Deswegen sind die Untergeordneten befugt, im Namen des Abteilungsleiters zu entscheiden.

Eine Abteilung der Finanzverwaltung beschäftigt sich mit der Steuererhebung und Steuereintreibung einer bestimmten Gruppe von Steuerpflichtigen, z. B. Unternehmen, Großunternehmen oder natürlicher Personen in einem bestimmten Teil des Landes. Für bestimmte Gruppen von Steuerpflichtigen ist die Steuererhebung und -eintreibung auf eine Abteilung konzentriert. So werden alle Banken in den Niederlanden von der Finanzverwaltung/Amsterdam betreut; Angestellte internationaler Organisationen und ihre Familienmitglieder werden von der Finanzverwaltung/Haaglanden betreut.[3]

---

[3] Art. 13 und 20 Durchführungsregelung Finanzverwaltung 2003, Stcrt. 2008, 606.

III. Die Entwicklung der allgemeinen Grundsätze zur Angemessenheit von Verwaltungsakten

Bis Ende der siebziger Jahre galt, dass ein Steuerpflichtiger sich ausschließlich auf einen von einem Steuerinspektor abgegebenen Standpunkt berufen konnte, wenn dieser Standpunkt innerhalb der Ermessensfreiheit des Steuerinspektors war. Dabei prüften die Richter die Auslegung der Ermessensfreiheit durch den Steuerinspektor u. a. an den im allgemeinen Rechtsbewusstsein lebendigen Grundsätzen von ordnungsgemäßen Verwaltungsakten. Dazu gehört das Prinzip des Vertrauensschutzes, auf den sich die Bindung der Finanzverwaltung gegenüber dem Steuerpflichtigen gründet. Vorrang vor diesem Prinzip des Vertrauensschutzes hatte allerdings das zwingende Recht. Dieser Ausgangspunkt war eine wichtige Einschränkung für die Anwendung der genannten Grundsätze im Steuerrecht, weil das Steuerrecht hauptsächlich Regeln von zwingendem Recht kennt.

In drei Urteilen vom 12. 4. 1978 hat der Hoge Raad seine Meinung bezüglich dieser Grundsätze geändert.[4] In diesen Urteilen entschied der Hoge Raad, "dass unter Umständen eine enge Gesetzesauslegung, aus der die Steuerschuld unmittelbar hervorgeht, im Widerspruch zu bestimmten Grundsätzen ordnungsgemäßer Verwaltungsakte stehen kann, so dass sie keine Anwendung finden sollte". Eine enge Auslegung des Gesetzes soll u. a. unterlassen werden, wenn der Steuerinspektor dem Steuerpflichtigen eine Zusage gemacht hat, es sei denn, die Zusage steht in so einem Widerspruch zu einer richtigen Anwendung des Gesetzes, dass der Steuerpflichtige nicht mit einer Einhaltung rechnen kann. Der allgemeine Grundsatz des ordnungsgemäßen Verwaltungsakts, auf Grund dessen der Steuerinspektor an eine Zusage gebunden ist, ist das Prinzip des Vertrauensschutzes.

In der späteren Rechtsprechung wurde die Anwendung des Prinzips des Vertrauensschutzes auf Fälle erweitert, in denen der Steuerinspektor vor der Steuerfestsetzung gegenüber dem Steuerpflichtigen den Eindruck erweckt hat, bezüglich einer bestimmten Angelegenheit bewusst einen Standpunkt vertreten zu haben.[5] Dies ist u. a. der Fall, wenn der Steuerinspektor im Rahmen der Steuerfestsetzung eines vergangenen Jahres positiv auf eine von dem Steuerpflichtigen eingereichte Beschwerde entschieden hat. Wenn der Gegenstand der Beschwerde in einer späteren Steuerfestsetzung erneut problematisch wird, darf der Steuerpflichtige darauf vertrauen, dass der Steuerinspektor i. S. des Standpunkts, den er bei der Behandlung der Beschwerde des früheren Jahres eingenommen hat, handeln wird.

Es gelten keine formalen Voraussetzungen für die Verbindlichkeit einer Bestimmung eines Standpunktes. Grundsätzlich ist der Steuerinspektor auch an eine mündliche Zusage gebunden: In der Praxis wird ein Steuerpflichtiger eine mündliche Zusage zur Vermeidung beweisrechtlicher Probleme schriftlich bestätigen.

IV. Die Form des Rulings

Ein Ruling ist eine Sonderform der verbindlichen Zusage und auch bei einem Ruling ist der Grundsatz des Vertrauensschutzes der wichtigste Pfeiler der Rechtskräftigkeit.

Bis zum 31. 3. 2001 gab es die Ruling in Form einer einseitigen Zusage des Steuerinspektors.[6] Das bedeutete, dass der Steuerinspektor aufgrund des Prinzips des Vertrauensschutzes an das

---

[4] Hoge Raad 12. 4. 1978, BNB 1978/135, 136 und 137, mit Anm. *Tuk*.

[5] Hoge Raad 13. 12. 1989, BNB 1990/119, mit Anm. *Scheltens*.

[6] Beschl. des Staatssekretärs der Finanzen v. 1. 12. 1997; Nr. AFZ97/2412, VN 1997/4702.

Ruling gebunden war, aber dass der Steuerpflichtige nicht zur Erfüllung des Rulings verpflichtet werden konnte. Erwies sich zurzeit der Steuererklärung ein vom Ruling abweichender Standpunkt als günstiger für den Steuerpflichtigen, dann konnte er diesen Standpunkt einnehmen.

Ab dem 1. 4. 2001 werden Rulings auf dem Wege einer Vereinbarung zwischen dem Steuerinspektor und dem Steuerpflichtigen abgeschlossen. Aus der Sicht des Verwaltungsrechts enthält auch diese Vereinbarung eine Bestimmung des Standpunktes des Steuerinspektors. An die Vereinbarung ist er auf dieselbe Weise und aus demselben Grunde gebunden wie an eine einseitige Zusage. Wie bei der Zusage auch gilt für diese Vereinbarung, dass der Steuerinspektor nicht daran gebunden ist, wenn diese so eindeutig mit dem Gesetz unvereinbar ist, dass der Steuerpflichtige nicht mit der Einhaltung rechnen kann.[7] Aus der Sicht des Zivilrechts ist diese Vereinbarung eine Feststellungsvereinbarung i. S. von Art. 7:900 des Bürgerlichen Gesetzbuches.[8] Eine derartige Feststellungsvereinbarung bezweckt das Beenden oder die Vermeidung von Unsicherheiten zwischen Parteien und bindet beide Parteien. Die Parteien sind auch an diese Vereinbarung gebunden, wenn erst danach ersichtlich wird, dass die Vorstellung von geltendem Recht oder der tatsächlichen Wirklichkeit abweicht. Der Zweck der Feststellungsvereinbarung zeigt auch seine Beschränkung. Wenn beide Parteien oder eine der Parteien zurzeit des Schließens der Vereinbarung weiß, dass das, was festgelegt wird, mit der tatsächlichen Wirklichkeit oder einer richtigen Auslegung des Rechts unvereinbar ist, hat die Vereinbarung nicht zum Zweck, die Unsicherheit oder den Streit zu beenden. Eine derartige Vereinbarung ist keine Feststellungsvereinbarung, aber eine Vereinbarung, die beabsichtigt, von zwingendem Recht abzuweichen. Eine derartige Vereinbarung ist nichtig, weil sie mit der öffentlichen Ordnung unvereinbar ist.

Letztendlich findet das Ruling seine steuerliche Gestaltung in einem Steuerbescheid. Obschon das Ruling aus zivilrechtlicher Sicht ab dem 1. 4. 2001 die Form einer Vereinbarung hat, kann der Steuerpflichtige bei dem Steuerinspektor die Befolgung des Rulings nicht durch ein zivilrechtliches Verfahren abzwingen. Entspricht der Steuerbescheid nicht dem Ruling, dann kann der Steuerpflichtige in der normalen verwaltungsrechtlichen Beschwerdeprozedur dies einklagen. Andersherum wird jetzt im Ruling ausdrücklich festgelegt, dass der Steuerpflichtige bezüglich der in der Vereinbarung festgelegten Themen auf das Recht der Erhebung eines Einspruchs gegen den Steuerbescheid, der gem. dem Ruling festgesetzt ist, verzichtet.

C. Die derzeitige Rulingpraxis

I. Einführung

In der Verwaltungspraxis hatten sich bis zum 1. 4. 2001 sieben Hauptformen von Standardrulings entwickelt.[9] Diese niederländische „Standard" Rulingpraxis ist international kritisiert

---

[7] Hoge Raad 31. 10. 1973, BNB 1973/254 und Hoge Raad 3. 6. 1981, BNB 1981/230, mit Anm. *Hofstra*.

[8] Hoge Raad 27. 5. 1992, BNB 1992/302, mit Anm. *Van Dijck* und Hoge Raad 24. 11. 1992, BNB 1993/63 mit Anm. *Scheltens*.

[9] In den im September 1993 erschienen Rulingrichtlinien wurden die Eckdaten der Standardrulings veröffentlicht. Die 7 Standardrulings waren: Das Ruling für Holdinggesellschaften, das Ruling für Finanzierungsgesellschaften, das Ruling für Lizenzgesellschaften, das Ruling für Finanzierungsbetriebsstätten, das "Verdeckte-Einlage"-Ruling, das Ruling bezüglich des Gewinnaufschlags (das Cost-Plus-Ruling) und das Ruling für Foreign Sales Corporations. Der Inhalt dieser alten Standardrulings wird hier nicht weiter besprochen. Vgl. Schreiben des Staatssekretärs der Finanzen an die Zweite Kammer des Parlaments v. 17. 2. 1995 Nr. DB 95/761 M, VN 1995/ 848.

worden. So sind u. a. die Standardrulings in dem Primarolo-Bericht[10] über schädliche Konkurrenz alle genannt worden. Manche EU-Mitgliedsstaaten haben dazu noch einen Mangel an der Transparenz der Praxis unterstellt. Um der internationalen Kritik entgegenzukommen, hat das Finanzministerium die Rulingpraxis am 1. 4. 2001 grundlegend geändert. Die Änderung der Praxis ist in den folgenden acht Beschlüssen vom 30. 3. 2001[11] niedergeschrieben:

1. Verrechnungspreise-Beschluss, Nr. IFZ2001/295. Siehe in diesem Rahmen auch den Beschluss vom 21. 8. 2004, Nr. IFZ2004/680M, in dem zusätzlich zum Verrechnungspreise-Beschluss die Anwendung des „arm's length"-Prinzips näher erläutert wird;
2. Hybride Finanzierungs- und Rechtsformen-Beschluss, Nr. RTB2001/1379;
3. Konzerndurchleitungsgesellschaften-Beschluss, Nr. IFZ2001/294. Dieser Beschluss ist mittlerweile durch den Beschluss vom 11. 8. 2004, Nr. IFZ2004/126M, ersetzt worden;
4. Treue zu Abkommenspartnern-Beschluss, Nr. BOB2001/698. Dieser Beschluss ist mittlerweile durch den Beschluss vom 11. 8. 2004, Nr. DCB2004/1337M, ersetzt worden;
5. Advance Pricing Agreement (APA)-Beschluss, Nr. IFZ2001/292. Dieser Beschluss ist mittlerweile durch den Beschluss vom 11. 8. 2004, IFZ2004/124M, ersetzt worden;
6. Advance Tax Ruling (ATR)-Beschluss, Nr. IFZ2001/293. Dieser Beschluss ist mittlerweile durch den Beschluss vom 11. 8. 2004, Nr. IFZ2004/125M, ersetzt worden;
7. Organisatorische Aspekte der neuen APA/ATR-Praxis und Platz des Ansprechpartners für ausländische Investoren, Nr. RTB2001/1195. Dieser Beschluss ist mittlerweile durch den Beschluss vom 11. 8. 2004, Nr. IFZ2004/1338M ersetzt worden; und
8. Koordinationsgruppe Verrechnungspreise-Beschluss, Nr. RTB2001/1365. Dieser Beschluss ist mittlerweile durch den Beschluss vom 17. 8. 2004, Nr. DGB2004/1339M ersetzt worden.

Weiter spielt hier der Frage- und Antwortbeschluss über die Dienstleistunggesellschaften und das Übergangsrecht vom 11. 8. 2004, Nr. IFZ2004/127M noch eine bedeutende Rolle.

II. Inhalt des Rulings

Ab dem 1. 4. 2001 ist der allgemeine Begriff "Ruling" durch die Begriffe "Advance Tax Ruling" (kurz: "ATR") und "Advance Pricing Agreement" (kurz: "APA") ersetzt worden. Daher sollte man ab diesem Datum eigentlich über die "ATR/APA-Praxis" und nicht mehr über die "Rulingpraxis" reden. Im Schrifttum wird die Praxis aber immer noch als die allgemeine Rulingpraxis behandelt.

Zusammen scheinen die Begriffe APA und ATR den Inhalt des alten Rulingbegriffes ganz zu decken.

Der Ausdruck ATR ist reserviert für Rulings bezüglich[12]:

▶ der Anwendung des Schachtelprivilegs für Holdinggesellschaften,
▶ der Qualifizierung sog. hybrider Finanzierungsinstrumente oder hybrider Rechtsformen,
▶ der Beurteilung, ob eine im Ausland ansässige Gesellschaft eine niederländische Betriebsstätte hat.

Ein APA genehmigt vorab die Festsetzung einer angemessenen Belohnung (eine arm's length Belohnung) oder eine Methode zur Festsetzung solch einer Belohnung für grenzüberschreitende

---

[10] S. für eine Zusammenfassung des Primarolo-Rapports VN 2000/6.6.
[11] VN 2001/21.3 bis einschl. 21.10.
[12] Advance Tax Ruling (ATR)-Beschluss v. 11. 8. 2004, Nr. IFZ2004/125M.

Transaktionen (Güter und Dienstleistungen) zwischen nahe stehenden Körperschaften und Bestandteilen der Körperschaft.[13] In der neuen Praxis bekommt man daher für Finanzierungs- und Lizenzgesellschaften kein Ruling mehr sondern ein APA.

III. Keine Standardrulings mehr für die Feststellung des angemessenen Gewinns

In der alten Rulingpraxis sind die in C.I erwähnten Standardrulings für die Feststellung des angemessenen Gewinns auf Transaktionen zwischen nahe stehenden Personen sehr wichtig gewesen. Die Beantragung und Verhandlung eines Standardrulings fand oft ohne viel Aufwand und häufig mit vorauszusagenden Folgen statt. Diese Standardisierung war wichtig für eine effiziente Steuerplanung. Aber auch hier hat die oben genannte Kritik der OECD ausgelöst, dass die Rulings nicht mit den OECD-Verrechnungspreisgrundsätzen übereinstimmten.[14]

Ab dem 1. 4. 2001 gibt die Finanzverwaltung nur noch eine verbindliche Auskunft über die Feststellung des angemessenen Gewinns, wenn der Antragsteller untermauern kann, dass in dem konkreten Fall der Gewinn den OECD-Verrechnungspreisgrundsätzen angemessen ist. Kurz gefasst sind die Standardrulings durch maßgeschneiderte APAs ersetzt worden.

Die Praxis ab dem 1. 4. 2001 kennzeichnet sich durch hohe Ansprüche seitens der Finanzverwaltung an die Dokumentationspflicht der Antragsteller. Der Antragsteller wird aufgefordert, einen angemessenen Gewinn vorzuschlagen und zu dokumentieren, dass dieser Vorschlag marktüblich ist und im konkreten Antragsfall den OECD-Verrechnungspreisgrundsätzen entspricht.

Die OECD-Verrechnungspreisrichtlinien lassen in gewissen Punkten Raum für eigene Auslegung und sind zudem manchmal erklärungsbedürftig. Der in C.I genannte Verrechnungspreisbeschluss legt in diesen Punkten die Auffassung der niederländischen Finanzverwaltung fest und gibt womöglich die notwendige Erklärung. Vor allem bei der Darstellung der Verrechnungspreismethode liest sich der Beschluss als eine Zusammenfassung der OECD-Verrechnungspreisgrundsätze. Beobachtet wird dabei, dass der Steuerpflichtige grundsätzlich frei ist, den Verrechnungspreis zu wählen, den er benutzen will, vorausgesetzt, dass es zu einem angemessenen Preis führt. Der Steuerpflichtige braucht nicht alle Methoden zu beurteilen und danach zu untermauern, warum die durch ihn verwendete Methode zu dem besten Ergebnis führt ("Best Method Rule"). Er muss aber seine Wahl annehmbar machen.

Einige eigene Auffassungen des Finanzministeriums bezüglich der OECD-Verrechnungspreisgrundsätze fallen insbesondere ins Auge:

► Sollte ein Verrechnungspreis nicht genau bestimmt werden können, so ist es möglich, dass er innerhalb einer Spanne von akzeptablen Werten liegt (vgl. Abs. 1.45 – 1.48 der OECD-Verrechnungspreisgrundsätze). Dies wird oft der Fall sein. Die Spanne ergibt sich aus den höchsten und niedrigsten bei der Anwendung einer Verrechnungspreismethode gefundenen Werten. Die OECD-Verrechnungspreisgrundsätze lassen offen, bis zu welchem Punkt der Spanne eine Korrektur vorgenommen werden kann. Laut dem Beschluss wird keine Korrektur vorgenommen, wenn ein zu beurteilender Verrechnungspreis innerhalb der gefundenen Spanne liegt. Liegt dieser Preis außerhalb der Spanne, so wird eine Korrektur vorgenommen

---

[13] Advance Pricing Agreement (APA)-Beschluss v. 11. 8. 2004, Nr. IFZ2004/124M.

[14] Bis zum 1. 1. 2002 war das Prinzip des Fremdvergleichs für Transaktionen zwischen nahe stehenden Kapitalgesellschaften nicht ausdrücklich im NL-KStG festgeschrieben. Allg. wurde jedoch angenommen, dass das Prinzip im Gesamtgewinnkonzept verkörpert war. Ab dem 1. 1. 2002 ist das Prinzip des Fremdvergleichs ausdrücklich in Art. 8b NL-KStG festgelegt.

bis zum Punkt innerhalb der Spanne, der den Konditionen der Transaktion am ehesten entspricht. Kann ein solcher Punkt nicht ermittelt werden, was meistens der Fall sein wird, so wird – laut dem Beschluss – bis zur Mitte der Spanne korrigiert.
- Bei Kostenumlageverträgen wird im Prinzip immer ein Gewinnaufschlag verlangt. Ein Gewinnaufschlag kann aber dann unterbleiben, wenn jede Vertragspartei vergleichbare Leistungen liefert und dabei verhältnismäßig vergleichbare Vorteile erhält, so dass unter dem Strich ein relatives Gleichgewicht besteht.
- Auch bei finanziellen Dienstleistungen muss, basierend auf den ausgeübten Funktionen, nach Drittvergleich von Fall zu Fall eine angemessene Vergütung festgestellt werden. Die Funktionen einer Finanzierungsgesellschaft sind grundsätzlich mit den ausgeübten Funktionen der unabhängigen finanziellen Gesellschaften (Banken) vergleichbar. Die Feststellung einer angemessenen Vergütung für solche Funktionen soll dann auch auf der Vergütung, die diese unabhängigen Gesellschaften für vergleichbare Dienstleistungen bekommen, basieren.

IV. Konzerndurchleitungsgesellschaften und Substanz

In der alten Rulingpraxis gab es wenige Voraussetzungen bezüglich der niederländischen Substanz des Antragstellers. Dazu kam noch, dass eine Lizenz- oder Finanzierungsgesellschaft nur ein Ruling bekam, wenn sie keine unternehmerischen Risiken (so wie Währungsrisiko und Gläubigerrisiko) einging. Manche niederländische Rulinggesellschaft hat darum auch nur eine beschränkte niederländische Substanz gehabt. Das hat eine starke internationale Kritik ausgelöst.

Ab dem 1. 4. 2002 gelten für "Konzerndurchleitungsgesellschaften", so wie Lizenz- und Finanzierungsgesellschaften, strenge Bedingungen für die erwünschte niederländische Substanz und Risiken. Eine Konzerndurchleitungsgesellschaft ist eine Gesellschaft, die innerhalb eines Konzerns finanzielle Dienstleistungen für verbundene Gesellschaften erbringt, z. B. durch das Aufnehmen und Weiterleiten von Darlehen innerhalb der Gruppe oder durch Vergabe von Lizenzrechten. Die rechtliche Gestaltung ist dabei nicht von entscheidender Bedeutung. Auch wenn eine Transaktion nicht zu wirklichen Zins- oder Lizenzzahlungen, wohl aber faktisch zu einem vergleichbaren Ergebnis führt, fällt die an der Transaktion beteiligte Gesellschaft unter die neuen Richtlinien.[15]

Bezüglich der Substanz wird vorausgesetzt, dass:

1. Mindestens die Hälfte der Geschäftsführer der Gesellschaft in den Niederlanden ansässig ist. Diese Voraussetzung wird materiell erklärt. Die in den Niederlanden wohnhaften/ansässigen Geschäftsführer sollen zumindest eine gleichwertige Entscheidungsbefugnis wie die im Ausland wohnhaften/ansässigen Geschäftsführer[16] haben.
2. Die in den Niederlanden ansässigen Geschäftsführer ausreichende professionelle Kenntnisse haben, um ihre Aufgaben gebührend auszuführen. Außerdem soll die Gesellschaft über ausreichend qualifiziertes Personal verfügen. Dabei reicht es aus, wenn das Personal durch Dritte zur Verfügung gestellt wird.
3. Die wichtigsten Beschlüsse der Geschäftsführung in den Niederlanden gefasst werden.

Die Absicht ist nicht, dass die vorgelegten Beschlüsse der Geschäftsführung, die bereits im Ausland gefasst worden sind, in den Niederlanden formell nur bestätigt werden. Die Sitzungen der

---

[15] Konzerndurchleitungsgesellschaften-Beschl, v. 11. 8. 2004, Nr. IFZ2004/126M.
[16] Siehe die Antwort auf Frage 13 des Frage- und Antwortbeschlusses v. 11. 8. 2004, Nr. IFZ2004/127M.

Geschäftsführung sind regelmäßig in den Niederlanden abzuhalten, und darin sind die (wichtigen) Beschlüsse der Geschäftsführung zu fassen. Wohl ist es möglich, dass manche der den Beschlüssen der Geschäftsführung zugrunde liegenden vorbereitenden Handlungen außerhalb der Niederlande vorgenommen werden. Die Geschäftsführung hat dies in Auftrag zu geben und an der Beurteilung und Kontrolle der vorbereitenden Handlungen[17] beteiligt zu sein.

4. Das (Haupt-)Konto der Gesellschaft in den Niederlanden geführt wird.

Sowohl die Berechtigung als auch die Entscheidungsbefugnis hinsichtlich des (Haupt)Kontos hat der niederländischen Körperschaft zu gehören. Das Bankkonto kann bei einer in den Niederlanden ansässigen Bank oder bei einer im Ausland ansässigen Bank[18] geführt werden.

5. Die Buchhaltung der Gesellschaft in den Niederlanden geführt wird.

Die Buchhaltung hat sich materiell in den Niederlanden zu befinden und die Geschäfte sind vollständig in den Niederlanden zu führen. Es reicht nicht aus, dass die Geschäfte während des Jahres von der ausländischen Hauptgeschäftsstelle verwaltet werden und der Jahresabschluss schließlich einmal im Jahr in den Niederlanden erstellt wird[19].

6. Die Gesellschaft ihre steuerlichen Erklärungspflichten korrekt ausführt.

7. Die Gesellschaft in den Niederlanden ansässig ist und nach bestem Wissen der Gesellschaft nicht (auch) in einem anderen Staat – gem. der steuerlichen Gesetzgebung dieses anderen Staates – ansässig ist.

8. Die Gesellschaft ein Eigenkapital hat, das für die von ihr ausgeführten Funktionen passend ist.

Zudem wird vorausgesetzt, dass die Konzerndurchleitungsgesellschaft reelle Risiken bezüglich ihrer Aktivitäten tragen muss. Diese Risiken umfassen u. a. Gläubigerrisiken, Währungsrisiken, Marktrisiken und operationelle Risiken. Auch muss die Gesellschaft ausreichend Eigenkapital haben, um die Risiken auch tatsächlich zu decken. Für Finanzierungsgesellschaften wäre ein Eigenkapital von 1 % der ausgenommenen und weitergeleiteten Darlehen oder ein Pauschaleigenkapital von € 2.000.000[20] ausreichend.[21] Für Lizenzgesellschaften werden keine Anweisungen über ein ausreichendes Eigenkapital gegeben.

Wenn die Gesellschaft nicht die oben genannten Substanz- und Risikobedingungen erfüllt, wird erstens keine verbindliche Auskunft über die angemessene Vergütung für ihre Leistungen gegeben.[22]

Zweitens wird, wenn die Gesellschaft die Aktivität trotzdem ausübt, das Finanzamt außerdem die betreffenden ausländischen Steuerbehörden spontan bezüglich der unzureichenden niederländischen Substanz oder den unzureichenden niederländischen Risiken informieren.

---

[17] Siehe die Antwort auf Frage 16 des Frage- und Antwortbeschlusses v. 11. 8. 2004, Nr. IFZ2004/127M.

[18] Siehe die Antwort auf Frage 17 des Frage- und Antwortbeschlusses v. 11. 8. 2004, Nr. IFZ2004/127M.

[19] Siehe die Antwort auf Frage 18 des Frage- und Antwortbeschlusses v. 11. 8. 2004, Nr. IFZ2004/127M.

[20] Wenn eine Körperschaft mehrere Darlehen gewährt, ist für die Darlehen jeweils ein entsprechender Teil des Betrages in Höhe von € 2.000.000 beizubehalten. Siehe den Beschluss v. 11. 8. 2004, Nr. IFZ2004/126M.

[21] Diese Risikenbedingungen sind jetzt auch in dem Gesetz festgelegt (in Art. 8c NL-KStG).

[22] Wenn die Gesellschaft nur nicht die Risikovoraussetzungen erfüllt, könnte trotzdem noch eine verbindliche Auskunft erhalten werden, wenn die Gesellschaft sich zu einem spontanen Austausch von Informationen mit den ausländischen Steuerbehörden einverstanden erklärt, für welche die Transaktionen von Bedeutung sein könnten.

Stevens/de Fries

Drittens werden die empfangenen und bezahlten Zinsen und Lizenzerträge bei der Gewinnermittlung der Konzerndurchleitungsgesellschaft, die nicht die oben genannten Risikobedingungen erfüllt, nicht in Betracht gezogen. Diese Gesellschaft wird als eine Dienstleistungsgesellschaft qualifiziert. Nicht die tatsächlichen Erträge dieser Gesellschaft werden versteuert, aber eine fiktive angemessene Dienstleistungsgebühr wird steuerbar angerechnet. Das heißt auch, dass die Gesellschaft kein Recht auf die Anrechnung von ausländischen Quellensteuern auf ihre Zins- oder Lizenzerträge hat.

Mit diesen Maßnahmen wird beabsichtigt, es der ausländischen Steuerbehörde einfacher zu machen, einen Anspruch der Konzerndurchleitungsgesellschaft auf die Vorteile eines möglichen DBA zu verneinen. Das Argument wäre dann, dass die Gesellschaft nicht die Nutzungsberechtigte der empfangenen Zins- und Lizenzerträge ist.

V. Zuständigkeit für die Bearbeitung des Rulingantrags

Das "APA/ATR-Team" in Rotterdam ist zuständig für die Bearbeitung der APA- und ATR-Anträge. Das APA/ATR-Team ist nicht für Steuerpflichtige zuständig, die:

- neben der selbständigen Aktivität, für die ein APA/ATR beantragt wurde, weitere substantielle Aktivitäten in den Niederlanden ausüben, die ebenso als ein selbstständiges Unternehmen betrachtet werden können; oder
- zu einem Konzern gehören, für den bereits ein anderes Finanzamt zuständig ist.

In diesen Fällen ist der zuständige Steuerinspektor verpflichtet, ein verbindliches Gutachten über den Sachverhalt beim APA/ATR-Team in Rotterdam einzuholen.

Darüber hinaus kann sich ein ausländischer Steuerpflichtiger, der eine Investition in den Niederlanden von minimal € 4.500.000 plant, seit dem 1. 1. 1993 auch bei der "Zentralen Stelle für potentielle ausländische Investoren" beim Finanzamt/Großunternehmen in Rotterdam melden, vorausgesetzt, dass diese Investition dauerhaft Arbeitsplätze kreiert und wobei:

- die zentrale Leitung des Investors oder die zentrale Leitung des Konzerns des Investors sich nicht in den Niederlanden befindet; und
- der Investor noch keine Aktivitäten in den Niederlanden entwickelt hat, die mehr umfassen als vorbereitende oder unterstützende Aktivitäten.

Die Grenze von € 4.500.000 wird flexibel angewendet: Die Investition darf z. B. über mehrere Jahre getätigt werden. Mit dieser "Zentralen Stelle" kann der ausländische Investor nicht nur Vereinbarungen über die Feststellung von einem angemessenen Gewinn, sondern auch über die zu zahlende Lohnsteuer, Kapitalertragsteuer usw. treffen.[23]

VI. Laufzeit des Rulings

Die Laufzeit des Rulings schließt sich grundsätzlich an die Laufzeit der Transaktion an. Der interne Grundsatz der Finanzverwaltung ist, dass ein APA/ATR für höchstens 4 Jahre erteilt wird. Nach Ablauf der Frist soll das Ruling erneut abgeschlossen werden. Wenn eine relevante Änderung im niederländischen Gesetz eintritt und eine gesetzliche Übergangsregelung fehlt, verliert ein Ruling seine Wirkung direkt.

---

[23] Siehe den Beschluss Organisatorische Aspekte der neuen APA/ATR-Praxis und Platz des Ansprechpartners für ausländische Investoren, v. 11. 8. 2004, Nr. IFZ2004/13.

VII. Verschwiegenheitspflicht und Veröffentlichung von Rulings

Auch in der neuen Rulingpraxis ist die Finanzverwaltung grundsätzlich zur Verschwiegenheit bezüglich den Informationen, die sie im Rahmen des Rulingverfahrens bekommen hat, verpflichtet.[24] Allerdings kann sie wie zuvor diese Informationen auf Grund eines Auskunftsverfahrens unter einem DBA mit den zuständigen Behörden eines anderen Staates austauschen. Die Finanzverwaltung veröffentlicht von Zeit zu Zeit Zusammenfassungen anonymisierter Rulings. Damit wird beabsichtigt, Transparenz und Gleichheit zu kreieren.

VIII. Treue zu Abkommenspartnern

Ebenfalls als Maßnahme, um weiterer internationaler Kritik zuvorzukommen, hat die Finanzverwaltung den Grundsatz festgeschrieben, dass kein Ruling abgegeben wird, das mit den Interessen eines DBA-Partners in Widerspruch steht. Sicherheit könnte vorab, trotz einer vermuteten Gefährdung des Interesses des Abkommenpartners, zugesichert werden, wenn z. B. der Steuerpflichtige nachweist, dass dem anderen Land die Struktur/Transaktionen bekannt sind. Keine Sicherheit wird vorab gegeben, wenn der Steuerinspektor vermutet, dass in dem anderen Land Informationen nicht korrekt oder anders präsentiert werden.[25]

IX. Punkte der Vereinbarung in einem APA

Das APA wird schriftlich zwischen dem Steuerinspektor und dem Steuerpflichtigen vereinbart.[26] Steuerpflichtige können unilaterale, bilaterale oder auch multilaterale APAs beantragen, wobei für die letzten zwei Kategorien natürlich die Mitwirkung anderer Staaten vorausgesetzt wird. Handelt es sich um ein bilaterales oder multilaterales APA, so wird zwischen den Staaten eine Vereinbarung geschlossen, die danach wortwörtlich in der Feststellungsvereinbarung zwischen dem Steuerinspektor und dem Steuerpflichtigen übernommen wird.

Wichtige Punkte, die in der Vereinbarung festgelegt werden müssen, sind neben den selbstverständlichen Umständen, wie eine Beschreibung der Transaktion, eine Beschreibung der Methode für die Feststellung eines angemessenen Gewinns und der daran beteiligten Gesellschaften oder Personen:

1. die kritischen Voraussetzungen, die dem Preis oder der Methode zugrunde liegen;
2. ein Anpassungsmechanismus, womit verhindert wird, dass bei jeder Änderung der Tatsachen/Umständen das APA seine Gültigkeit verliert;
3. eine Erklärung des Steuerpflichtigen, dass er auf bestimmte Klauseln im Gesetz zur Internationalen Beihilfe bei der Steuererhebung zum Schutze des Steuerpflichtigen verzichtet, so dass die im APA enthaltenen Informationen mit anderen Steuerbehörden ausgetauscht werden können; und

---

[24] Art. 67 NL-AO.

[25] Treue zu Abkommenspartnern-Beschl. v. 11. 8. 2004, Nr. DCB2004/1337M. .

[26] In bestimmten Fällen wäre es möglich, dass das APA rückwirkend gilt bezüglich Transaktionen, die bereits zustande gekommen sind, vorausgesetzt, dass der Steuerpflichtige in seinem Antrag darum bittet. Die relevanten Tatsachen und Umstände solcher Transaktionen sollten vergleichbar sein mit den relevanten Tatsachen und Umständen, die dem APA-Antrag zugrunde liegen. Auch sollte die Rückwirkung nicht die Folge haben, dass letztendlich ein Teil von dem Gewinn des Steuerpflichtigen nicht besteuert wird.

Stevens/de Fries

4. die Bedingung, dass die Vereinbarung sofort ihre Gültigkeit verliert, wenn eine relevante Änderung im niederländischen Gesetz eintritt (es sei denn, eine Übergangsregelung findet Anwendung).

X. Punkte der Vereinbarung in einem ATR

Auch ein ATR wird schriftlich zwischen dem Steuerinspektor und dem Steuerpflichtigen vereinbart. Bezüglich ATRs gibt es jetzt eine veröffentliche Modellvereinbarung. In diesem Modell ist u. a. festgelegt:

1. Die Bedingung, dass, wenn es ein ATR bezüglich der Anwendung des Schachtelprivilegs betrifft, die Beteiligung zu mindestens 15 % mit Eigenkapital finanziert wird;
2. dass in den Steuererklärungen auf das ATR verwiesen wird und dass explizit erklärt wird, dass in allen Voraussetzungen der Vereinbarung entgegen gekommen wird;
3. dass das ATR nicht mehr gültig ist, wenn z. B. eine relevante Änderung im niederländischen Gesetz eintritt und eine eventuelle Übergangsregelung nicht (mehr) anwendbar ist;
4. dass der ATR-Antragsteller auf bestimmte Klauseln im Gesetz zur internationalen Beihilfe bei der Steuererhebung zum Schutze des Steuerpflichtigen verzichtet;
5. dass der Antragsteller bezüglich der in der Vereinbarung festgelegten Themen auf das Recht der Erhebung eines Einspruchs oder Berufung bei dem Finanzgericht verzichtet;
6. dass das niederländische Recht auf das ATR anwendbar ist; und
7. die Laufzeit.

In der Praxis werden ATRs grundsätzlich innerhalb der durch das Finanzamt selbst gesetzten Frist von acht Wochen nach Empfang des ATR-Antrags abgegeben.

D. EU-Aspekte

I. EU-Code of Conduct

Am 1. 12. 1997 hat der Ecofin den sog. "Code of Conduct on Company Taxation" verabschiedet.[27] Diese Verhaltensregel ist eine politische Vereinbarung zwischen den EU-Ländern, um schädlicher Steuerkonkurrenz innerhalb der EU zu begegnen. Dies bedeutet u. a., dass die EU-Länder schädliche Steuerregimes ändern oder aufheben müssen. Um die Verhaltensregeln zu konkretisieren, hat eine Kommission (die sog. Primarolo-Kommission) eine Entwurf-Liste von potentiell schädlichen Steuerregimes zusammengestellt (der sog. Primarolo-Rapport).[28] Diese Liste enthält vorläufig 66 Regelungen in unterschiedlichen EU-Ländern, die als schädlich eingestuft werden. Diese Liste enthält u. a. alle niederländischen Standardrulings, die "maßgeschneiderten" Rulings und das niederländische Regime für Konzernfinanzierungsgesellschaften. Der Ecofin hat den Primarolo-Rapport nie formell angenommen. Am 27. 11. 2000 hat aber der Ecofin Verabredungen über das Rückgängigmachen von bestehenden Regelungen und das Ende der Einführung von neuen Regelungen (das sog. "Rollback- und Standstill"- Verfahren) getroffen. Ein Bestandteil der Verabredungen sind Richtlinien für bestimmte Steuerregimes: Betriebsstätten, Holdingaktivitäten und Hauptgeschäftsstellen. Diese Richtlinien, entwickelt durch die Primarolo-Kommission, um die festgefahrene Diskussion über den Primarolo-Rapport wieder aufzuneh-

---

[27] 498Y0106 (01) Publicatieblad Nr. 0002 v. 6. 1. 1998 S. 0002 – 0005.
[28] Primarolo-Rapport, 23. 11. 1999, Doc. SN4901/99.

men, verdeutlichen die Kennzeichen, die das Urteil "schädlich" auslösen. Danach hat der Ecofin in Juli 2001 entschieden, dass an den Ecofin von Juni 2002 gemeldet werden muss, ob die "Rollback"-Aktivitäten bezüglich der 66 Regelungen ausreichen.[29]

Obwohl die niederländische Regierung bezüglich der Befunde des Primarolo-Rapports einen Vorbehalt geäußert hat und davon ausgeht, dass keine der niederländischen Regelungen letztendlich als schädlich eingestuft werden[30], hat sie wie beschrieben die niederländische Rulingpraxis geändert. Nach Meinung des Staatssekretärs der Finanzen wird dadurch der internationalen Kritik weitgehend zuvorgekommen.

II. Unerlaubte Staatshilfe i. S. d. Art. 87 EGV

Neben der Diskussion über den Code of Conduct ist die Frage relevant, ob bestimmte niederländische Rulings keine unerlaubte Staatshilfe i. S. d. Art. 87 Abs. 1 EGV darstellen. Eine Regelung eines Mitgliedstaates stellt grundsätzlich unerlaubte Staatshilfe dar, wenn es: (1) eine spezifische oder selektive Regelung ist, (2) die Lasten, die ein Unternehmer im normalen Fall trägt, erleichtert, (3) finanziert wird aus Staatsmitteln und (4) den Wettbewerb und den Handelsverkehr zwischen den Mitgliedern ungünstig beeinflusst.

Die Folge einer Qualifikation als unerlaubte Staatshilfe ist grundsätzlich, dass die Regelung aufgehoben wird und, wenn die Regelung nicht bei der EG angemeldet ist, die empfangene Staatshilfe zurückgezahlt werden muss. Die Frage, ob eine bestimmte Regelung als unerlaubte Staatshilfe eingestuft werden muss, wird letztendlich von dem Europäischen Gerichtshof in Luxemburg beantwortet. Zurzeit läuft keine Untersuchung der APA/ATR-Praxis.

E. Horizontale Aufsicht

I. Hintergrund der Einführung der horizontalen Aufsicht

Mit Brief vom 8. 04. 2005 hat der Staatssekretär der Finanzen die Zweite Kammer über die Erkundung der „horizontalen Aufsicht" durch die Finanzverwaltung in Kenntnis gesetzt.[31] Der Kern der horizontalen Aufsicht wird wie folgt beschrieben: "Bei horizontaler Aufsicht handelt es sich um wechselseitiges Vertrauen zwischen dem Steuerpflichtigen und der Finanzverwaltung, die wechselseitig verschärfte Angabe über die jeweiligen Verantwortlichkeiten und Möglichkeiten zur Wahrung des Rechts sowie die Festlegung und die Einhaltung der wechselseitigen Vereinbarungen. Die zugrunde liegenden Verhältnisse und die Kommunikation zwischen Bürger und Staat verschieben sich damit zu einer mehr gleichwertigen Situation. Horizontale Aufsicht schließt an die Entwicklungen in der Gesellschaft an, in denen die Eigenverantwortung des Bürgers mit dem Gefühl verbunden ist, dass die Wahrung des Rechts auch ein großes Gut ist."
Mit der horizontalen Aufsicht möchte die Finanzverwaltung die Zusammenarbeit mit den Steuerpflichtigen und deren Beratern in den Mittelpunkt rücken. Das Bestreben geht dahin, Sachen möglichst viel im Voraus, in der Aktualität, abzustimmen. Auf diese Weise werden nachträgliche Kontrollen (vertikale Aufsicht), durch zum Beispiel – langwierige- Betriebsprüfungen, immer

---

[29] Pressemitteilung des Ministeriums der Finanzen v. 19 3. 2002, Nr. 2002/67, VN 2002/19.12.

[30] Das niederländische Regime für Konzernfinanzierungsgesellschaften ist nach einer Untersuchung der EU-Kommission als unerlaubte Staatshilfe i. S. d. Art. 87 EGV in 2005 (mit Rückwirkung bis zum 12. Juli 2001) abgeschafft worden.

[31] Nr. DGB2005/1109, Kamerstukken II 2004/05, 29 643, Nr. 4. Die Anmeldung der Erkundung der horizontalen Aufsicht erfolgte mit Brief v. 3. 6. 2004 , Nr. DGB2004/2005, an die Zweite Kammer, Kamerstukken II 2004/05 29643, Nr. 2.

weniger notwendig. Verständnis, Transparenz und Vertrauen gelten dabei als Ausgangspunkt. Diese horizontale Betrachtungsweise ergibt sich (auch) aus den Gesprächen, die im Jahre 2003 zwischen der Finanzverwaltung und den Vertretern von Großunternehmen und dem niederländischen Arbeitgeberverband VNO-NCW geführt wurden. Von Seiten der Unternehmer wurde vorgebracht, dass die Steuerinspektoren der Finanzverwaltung sich des Wir-sie-Denkens schuldig machten und den Unternehmen gegenüber misstrauisch handelten. Weiter hielt man den Prüfungsprozess der Finanzverwaltung für zähflüssig. So erhielten Firmen zum Beispiel Fragebriefe mit mehr als siebzig Fragen über komplexe Tatbestände (Fusionen, Transfer Pricing), die länger als fünf Jahre zurücklagen. Es war nicht einfach, diesen Fragebogen rechtzeitig und vollständig zu beantworten. Weiter waren die Unternehmer der Meinung, dass der Steuerinspektor am Gängelband der sogenannten Kenntnisgruppen ging. Alle wichtigen Fragen sollten diesen Kenntnisgruppen vorgelegt werden, damit die Einheit der Steuerrichtlinien gewährleistet wurde. Der Steuerpflichtige selbst hatte keinen Zugang zur Kenntnisgruppe. Dadurch bekamen die Unternehmer den Eindruck, dass es ihnen unmöglich war, ihre Sache bei denjenigen Personen zu befürworten, die schließlich die Entscheidung trafen. Auch für die Finanzverwaltung war die Situation unbefriedigend. Es gab wenig wechselseitiges Vertrauen, wodurch Kenntnisse kaum geteilt wurden. Diese Vorgehensweise war der Aufsicht nicht förderlich.[32] Horizontale Aufsicht soll das ändern.

Die horizontale Aufsicht umfasst zwei Elemente: (1) ein gutes Verständnis zwischen den Unternehmen und der Finanzverwaltung, das in einer sogenannten „Tax Compliance Agreement" (*handhavingsconvenant*) festgelegt wird, und (2) ein guter Risikonachweis, für den das sogenannte „Tax Control Framework" die Grundlage bildet. Auf beide Elemente wird in Kap. E.II und E.III näher eingegangen.

Die neue Vorgehensweise der Finanzverwaltung schließt an die internationalen Entwicklungen auf dem Gebiet der Rechnungslegung an, die auf eine Verbesserung der Transparenz gerichtet sind, wie die IFRS-Standards, die IAS-Verordnung der EU und der amerikanische Sarbanes-Oxley Act. Die Finanzverwaltung verlässt sich in Zukunft mehr und mehr auf die eigenen und externen Prüfungen eines Unternehmens, die auch infolge der genannten Entwicklungen im Allgemeinen intensiviert und verbessert worden sind.

Mittlerweile sind einige Tax Compliance Agreements abgeschlossen worden. Mit dem oben in Kap. E.I genannten Brief vom 8. 4. 2005 wurde der Versuch gestartet, mit etwa 20, überwiegend börsennotierten, Unternehmen eine Tax Compliance Agreement abzuschließen. Im Jahre 2006 wurde dieser Versuch um weitere 20 sehr große Unternehmen erweitert.[33] Ferner besteht die Absicht, im Bereich der sehr großen Unternehmen (es gibt etwa 1500 sehr große Unternehmen) möglichst viele individuelle Erhaltungsvereinbarungen abzuschließen. Auch mit mittelgroßen Unternehmen (etwa 11.000) möchte man möglichst viele individuelle Erhaltungsvereinbarungen abschließen. Dazu ist im Jahre 2008 ein Versuch gestartet worden, der auf den Abschluss von Erhaltungsvereinbarungen mit etwa 100 mittelgroßen Unternehmen gerichtet ist. Die horizontale Aufsicht wird auch für den Non-profitbereich, die Gemeinden und Provinzen gelten. Für die Mittel- und Kleinbetriebe (etwa 1,2 Mio. Unternehmer) wird die Finanzverwaltung versuchen, mit möglichst vielen Branchenorganisationen und Dachverbänden sowie Steuer-

---

[32] *Poolen*, S. 16-18.
[33] Siehe den Betriebsplan Finanzverwaltung 2006-2010, S. 20, Anlage zu Kamerstuk 30 300 IXB, Nr. 34.

dienstleistern Rahmenvereinbarungen abzuschließen, an die sich individuelle Unternehmer anschließen können.[34]

II. Inhalt der Tax Compliance Agreement

Am 9. 6. 2006 hatte der Staatssekretär der Finanzen den Text einer Tax Compliance Agreement veröffentlicht.[35] Der Tax Compliance Agreement geht von den nachstehenden Ansatzpunkten aus:

(a) Die Vereinbarung bezieht sich auf alle Steuermittel sowie auf die Erhebung;
(b) Rechte und Pflichten auf der Grundlage der Rechtsvorschriften kommen jetzt und künftig ohne irgendwelche Einschränkung zur Anwendung;
(c) Die Parteien äußern die Absicht, ihrer wechselseitigen Verbindung Transparenz, Verständnis und Vertrauen zugrunde zu legen.

Für die Vergangenheit gilt, dass über die Weise, auf die die Vergangenheit abgewickelt wird, Vereinbarungen getroffen werden. Das bietet dem Unternehmen Sicherheit. Für die Zukunft gelten die nachstehenden Ausgangspunkte:

Der Steuerpflichtige:

- legt der Finanzverwaltung aktiv aktuell oder künftig vertretene steuerliche Standpunkte von irgendwelchem Ausmaß vor, dabei handelt es sich womöglich um Steuerrisiken;
- gewährt der Finanzverwaltung dabei ohne Zurückhaltung und ohne Vorbehalt Einblick in die Fakten und Umstände;
- erteilt der Finanzverwaltung dabei seine Ansicht über die zu den Fakten und Umständen sowie zu den vertretenen Standpunkten gehörenden Rechtsfolgen;
- fördert, dass die Mitarbeiter der Finanzverwaltung auf Wunsch auch mit den von der Finanzverwaltung angewiesenen Mitarbeitern des Steuerpflichtigen sprechen können. Dabei gibt es selbstverständlich keine Bedenken, dass der Steuerberater und/oder der Steuermitarbeiter des Steuerpflichtigen beim Gespräch anwesend sind;
- erteilt die verlangten Angaben möglichst schnell und vollständig;
- reicht die Steuererklärung für einen abgelaufenen Zeitraum möglichst bald nach dem Ablauf dieses Zeitraums ein.

Die Finanzverwaltung:

- erteilt ihre Ansicht über die Rechtsfolgen möglichst bald nach dem Eingang eines jetzt oder künftig vertretenen Standpunkts und möglichst viel nach Rücksprache mit dem Steuerpflichtigen;
- berücksichtigt bei der Erteilung ihrer Ansicht über die Rechtsfolgen die reellen kommerziellen Deadlines; wenn diese dazu veranlassen, kann und wird der Prozess weiter beschleunigt werden;
- führt die Körperschaftsteuerveranlagung möglichst bald nach dem Einreichen der Steuererklärung und möglichst viel nach Rücksprache mit dem Steuerpflichtigen durch;
- bespricht mit dem Steuerpflichtigen (periodisch) die Steuerrisiken, die in ihren Augen eintreten;

---

[34] Poolen, S. 20-21.
[35] Siehe die Anlage zum Brief des Staatssekretärs der Finanzen v. 9. 6. 2006, DGB 2006-03312.

Stevens/de Fries

- erteilt die ihr bekannten Angaben, die sich auf die durch den Steuerpflichtigen vorgelegten Risiken beziehen, sofern dies innerhalb der Grenzen der Geheimhaltungspflicht möglich ist;
- wird und kann jederzeit darlegen und erläutern, warum den Steuerpflichtigen um gewisse Angaben gebeten wird, dabei wird die Antwortfrist einvernehmlich festgesetzt;
- teilt beim Anfang einer Betriebsprüfung immer begründet mit, auf welche Steuerrisiken die Prüfung sich richtet, sofern die Geheimhaltungspflicht das nicht verhindert.

Die Vereinbarung wird jährlich von dem Steuerpflichtigen und der Finanzverwaltung evaluiert.

Sollten in der Zwischenzeit bei einer der Parteien Bedenken entstehen, so beratschlagen die Parteien über eine mögliche Anpassung der Vereinbarung, ehe deren Beendigung in Angriff genommen wird.

Beide Parteien können die Vereinbarung mit sofortiger Wirkung beenden. Sie können das jedoch nicht tun, ehe die diesbezügliche Absicht schriftlich mitgeteilt worden ist. Dabei ist die Absicht zu begründen. Außerdem erfolgt die Beendigung nicht früher als nach mündlicher Beratschlagung, wenn zumindest eine der Parteien mitgeteilt hat, dass sie Wert darauf legt.

Der obenstehende Entwurf veranlasst zu den nachstehenden Bemerkungen.[36]

- Wie oben in Buchstabe (b) erwähnt wurde, erfolgt die steuerliche Bearbeitung auf Grund der bestehenden Rechtsvorschriften. Der Abschluss einer Vereinbarung darf nicht zu steuerlichen Standpunkten führen, die günstiger oder ungünstiger sind als die Standpunkte, die die Finanzverwaltung gegenüber anderen Steuerpflichtigen vertritt.
- Die Vorberatung über die jetzt (oder künftig) vertretenen steuerlichen Standpunkte führt womöglich dazu, dass der Steuerpflichtige und die Finanzverwaltung sich über den zu vertretenden Standpunkt einigen. Für den Fall, dass man sich nicht einigt, steht der Weg zum Richter offen. In der Vereinbarung ist keine gesonderte Streitbeilegung vorgesehen. Wenn das Beratungsverfahren gut verlaufen ist, handelt das Verfahren insbesondere um die Rechtsfrage und nicht um die unterschiedlichen Ansichten über Tatsachen.
- Eine wichtige Frage, die beim Abschluss einer Vereinbarung eine Rolle spielt, ist, wann es sich um ein Steuerrisiko handelt, das mitzuteilen ist. Sachen die deutlich sind, müssen selbstverständlich nicht vorgelegt werden. Was passiert, wenn der Meinung der Finanzverwaltung nach zu wenige Risiken mitgeteilt werden? Mehr intensive nachträgliche Prüfungen, die Kündigung der Vereinbarung? Letzteres kann für den Steuerpflichtigen schlimme Folgen nach sich ziehen, wenn die Vereinbarung im veröffentlichten Jahresabschluss erwähnt wurde. Im Laufe der Zeit werden die Parteien durch ihre Zusammenarbeit im Rahmen der horizontalen Aufsicht erfahren müssen, wo sich die Grenzen der Vertragspartei befinden.
- Normalerweise vertritt die Geschäftsführung das Unternehmen im Falle von Diskussionen mit der Finanzverwaltung.[37] Beim Abschluss einer Vereinbarung erklärt sich der Steuerpflichtige damit einverstanden, dass die Finanzverwaltung mit den von ihr angewiesenen Personen spricht. Die Kontrollbefugnis der Finanzverwaltung wird dadurch ausgeweitet.

---

[36] Poolen, S. 18, Loyens & Loeff NV, S. 3-8.
[37] Art. 42 NL-AO.

- Die Verhandlungen über die Erhaltungsvereinbarung erfolgen auf Leitungsebene des Steuerpflichtigen. Dieses Organ hat die Vereinbarung namens des Steuerpflichtigen zu unterschreiben. Zweck dieser Sicherheitsstellung ist, dass die Vereinbarung in dem vollständigen Konzern eingehalten wird.
- Die Vereinbarung erschwert die Angabenpflichten des Steuerpflichtigen:
  (i) Der Steuerpflichtige hat die Pflicht, der Finanzverwaltung auf eigene Initiative, und noch vor der Steuererklärung, steuerlich relevante Angaben zu erteilen. Auf der Grundlage des Gesetzes sind die steuerlich relevanten Angaben erst beim Einreichen der Steuerklärung mitzuteilen.[38] In diesem Fall können die Angaben zu einer weiteren Prüfung durch die Finanzverwaltung veranlassen.
  (ii) Der Steuerpflichtige hat steuerliche Standpunkte aktiv mitzuteilen und die Finanzverwaltung von seiner Ansicht über die mit gewissen Fakten und Umständen zu verknüpfenden Rechtsfolgen in Kenntnis zu setzen (die juristische Analyse; dieser liegen oft Empfehlungen externer Steuerberater zugrunde). Auf Grund des Steuergesetzes ist der Steuerpflichtige nicht verpflichtet, juristische Analysen mit der Finanzverwaltung zu teilen (oder steuerliche Empfehlungen Dritter zu erteilen).

Die erschwerten Angabenpflichten lösen Fragen aus: Darf die Finanzverwaltung diese „zusätzlichen" Angaben in einem Gerichtsverfahren verwenden, kann die Finanzverwaltung diese Angaben zum Beispiel mit ausländischen Steuerbehörden austauschen? Auf der Grundlage des Textes der Tax Compliance Agreement scheint das wohl der Fall zu sein.

Ein Steuerpflichtiger hat nicht die Pflicht, eine Vereinbarung abzuschließen. Die vertikale Aufsicht bleibt in diesem Fall einfach fortbestehen.

III. Tax Control Framework

Der Ausgangspunkt der Finanzverwaltung ist, dass Tax Compliance Agreements nur mit Unternehmen abgeschlossen werden, deren Tax Control Framework („TCF") in Ordnung ist.[39] Ein TCF ist ein Instrument interner Kontrolle, das spezifisch auf die steuerliche Funktion in einem Unternehmen gerichtet ist. Das TCF verfolgt die nachstehenden Ziele: (1) korrekte steuerliche Angabenerteilung, (2) Kontrolle der Steuerrisiken gleich welcher Art und (3) Einhaltung der (steuerlich) relevanten Rechtsvorschriften.[40] Faktisch läuft es darauf hinaus, dass die Steuerabteilung eines Unternehmens an allem, was innerhalb eines Unternehmens passiert, zu beteiligen ist. Die eigenen und externen Kontrollen des Unternehmens gehören zum TCF. Das TCF bezieht sich nicht nur auf die Körperschaftsteuer, sondern auf alle Steuern, wie zum Beispiel die Lohnsteuer, Umsatzsteuer, die Umweltsteuern, die Grunderwerbsteuer und sogar die Glücksspielsteuer. Grundsätzlich wird die Finanzverwaltung an das anschließen, was das Unternehmen selbst für die Prozessverwaltung für notwendig hält. Die Finanzverwaltung bietet unter Umständen ihre Hilfe an bei der Organisation und der Entwicklung des TCF. Beim Abschluss einer Tax Compliance Agreement wird die Finanzverwaltung sich ein Urteil bilden, ob das TCF gut genug ist, um zu erwirken, dass die Steuerrisiken in der Aktualität erkannt und abgesichert werden. Das Ausmaß, in dem das Unternehmen „in control" ist, bestimmt in wesentlichem Maße die Weise und die Intensität der (nachträglichen) Aufsicht durch die Finanzverwaltung. Für den Abschluss einer

---

[38] Art. 6, 7 und 8 NL-AO.
[39] Siehe den Brief des Staatssekretärs der Finanzen v. 9. 6. 2006, DGB 2006-03312.
[40] *Van der Enden*, S. 455-464.

Vereinbarung ist es nicht erforderlich, dass ein vollständiges funktionierendes TCF verwendungsfähig ist. Wohl hat die Absicht zu bestehen, dies gemeinsam mit der Finanzverwaltung zu verwirklichen. Es handelt sich um ein Wachstumsmodell.[41] Schließlich ist ein TCF für jedes Unternehmen Maßarbeit.

---

[41] *Poolen*, S. 18-19. Loyens & Loeff NV, S. 8-10.

6. Steuervergünstigungen als staatliche Beihilfen im Sinne des Europäischen Gemeinschaftsrechts
von Prof. Dr. Jens Blumenberg, Steuerberater, Frankfurt [*]

Inhaltsübersicht

A. Einleitung
B. Mitgliedstaatliche Beihilfen nach dem EG-Vertrag (Art. 87 ff. EG)
   I. Beispiele für gemeinschaftsrechtliche Beihilfen der Mitgliedstaaten im Bereich des Steuerrechts
   II. Grundsätzliches Beihilfeverbot und Ausnahmen
   III. Der Begriff der (mitglied-)staatlichen Beihilfe
C. Beihilfeverfahren
   I. Verfahrensordnung der Kommission in Beihilfesachen
   II. Überprüfung von Beihilfen durch die Kommission
   III. Gruppenfreistellungen
   IV. De-minimis-Verordnung
   V. Rückforderung rechtswidrig gewährter Beihilfen
VI. Möglichkeiten des Vorgehens einzelner Mitgliedstaaten gegen (steuerliche) Beihilfen anderer Mitgliedstaaten
VII. Rechtsschutz einzelner Unternehmen im Beihilfeverfahren
D. Verhaltenskodex für die Unternehmensbesteuerung
   I. Diskussion über den schädlichen Steuererwerb
   II. Klassifizierung „schädlicher Steuermaßnahmen" durch den Verhaltens-Kodex
   III. Zur Rechtsqualität des Verhaltenskodex
   IV. Der Primarolo-Bericht
E. Ausblick – Reform des Beihilferechts durch den Aktionsplan Staatliche Beihilfen

Literatur:

Von Alemann, in: Hailbronner/Wilms, Recht der Europäischen Union, 15. Lfg., 9/2007, Art. 88 EGV 2, Rn. 118; *Bartosch,* Beihilfenrechtliches Verfahren und gerichtlicher Rechtsschutz, ZIP 2000, 601 ff.; *ders.,* Die neue Allgemeine Gruppenfreistellungsverordnung im EG-Beihilfenrecht, NJW 2008, 3612 ff.; *ders.,* Das CELF-Urteil vom 12.2.2008 und seine Auswirkungen auf Deutschland, EuZW 2008, 239; *Becker,* Die Besteuerung regionaler Konzernverwaltungsstellen in Deutschland, DB 1984, 1847; *ders.,* Coordination in Belgium and Germany, Intertax 1989, 430 ff.; **Blumenberg/Lausterer,** Staatliche Beihilfen im Bereich der direkten Unternehmensbesteuerung, in: Steuerrecht und europäische Integration, FS f. A. J. Rädler zum 65. Geb., 1999, S. 1 ff.; **Boos/Kleine,** Neuerungen im europäischen Beihilferecht: Erschwernisse statt Vereinfachung, Kreditwesen 2008, 1092 ff.; *Borstell,* Coordination Centres in Belgien, IWB F. 5 Belgien Gr. 2 S. 169; *Caspari,* Die Beihilferegeln des EWG-Vertrags und ihre Anwendung, in: FS f. Hans von der Groeben, 69 (78); **Cremer,** in: Calliess/Ruffert (Hrsg.), Kommentar des Vertrages über die Europäische Union und des Vertrages zur Gründung der Europäischen Gemeinschaft – EUV/EGV -, 2. Aufl. 2002, Art. 87 Rn. 7; **Fischer,** Die neue Verfahrensordnung zur Überwachung staatlicher Beihilfen nach Art. 93 (jetzt Art. 88) EGV, ZIP 1999, 1426 ff., 1431; **Fischer-Zernin/Schwarz,** Besteuerung deutscher Investoren in Irland, IWB F. 5 Gr. 2 S. 1089 ff.; **Flick/Wassermeyer,** in: Flick/Wassermeyer/Baumhoff, Außensteuerrecht, Anm. 125; **Frenz,** Das Ineinandergreifen von nationalem Steuerrecht und gemeinschaftlichem Beihilfeverbot am Beispiel einer partiellen Befreiung von der Mineralölsteuer, DStR 2000, 137 ff.; **Frenz/Roth,** Steuer und Abgabebefreiungen als Beihilfen – Aktuelle Rechtsprechung und Entwicklungen (Energiesteuer), DStZ 2006, 465 ff.; **Froesch,** Grundzüge der Unternehmensbesteuerung in Belgien, IStR 1996, 366 ff.; **Galavazi,** Niederlande: Gesetzesentwurf zur Änderung des Körperschaftsteuergesetzes, IStR 1996, Beihefter Heft 6, 2 ff.; **Götz,** in: Dauses, Handbuch des EU-Wirtschaftsrechts, H III Rn. 10; **Grotherr,** Steueranreize für das Internationale Finanzdienstleistungszentrum in Dublin, IWB F. 5 Gr. 2 S. 51 ff.; **Gundel,** Finanzierungsgesellschaften über das Ausland (Teil 1), IStR 1994, 211 ff.; *ders.,* Die Rückabwicklung von nicht notifizierten, aber schließlich genehmigten Beihilfen vor den nationalen Gerichten, EWS 2008, 161 ff.; **Hakenberg/Tremmel,** Die Rechtsprechung des EuGH auf dem Gebiet der staatlichen Beihilfen im Jahre 1996, EWS 1997, 217 ff.; **Haupt,** Das Investitionszulagengesetz 2010 – der Anfang vom Ende der Investitionszulage, DStR 2009, 1070 ff.; **Höppner,** Missbräuchliche Zwischenschaltung irischer Finanzierungsgesellschaften, IWB F. 3a Gr. 1 S. 629 (632) ff.; **Hopt/Mestmäcker,** Die Rückforderung staatlicher Beihilfen nach europäischem und deutschem Recht, WM 1996, 753 ff. (Teil 1), 801 ff. (Teil 2); **Jakobs,** Warten auf die Verlängerung des Fördergebiets-

---

[*] Partner, LINKLATERS LLP, Frankfurt.

und Investitionszulagengesetzes hemmt Investitionen, DB 1996, 653 f.; **Jestaedt**, Das Beihilfenverbot in der Europäischen Union, IWB F. 11 Gr. 3 S. 117 ff.; **Kergall**, Aspects of Treaty Overriding, Intertax 1993, 458 f.; **Kippenberg**, IStR-Länderbericht, IStR Heft 13/2001; **Koenig/Kühling**, Reform des EG-Beihilferechts aus der Perspektive des mitgliedstaatlichen Systemwettbewerbs – Zeit für eine Neuausrichtung?, EuZW 1999/17, 517; **Koschyk**, Steuervergünstigungen als Beihilfen nach Art. 92 EG-Vertrag, Hamburg 1998; **Kruse**, Bemerkungen zur gemeinschaftlichen Verfahrensverordnung für die Beihilfekontrolle, NVwZ 1999, 1049 ff.; **van der Laan**, About Dutch Finance Centres and More: The Interest Deduction Restrictions, Intertax 1997, 399 ff.; **Lampert**, Dezentrale Beihilfenaufsicht durch Konkurrentenklagen vor den nationalen Gerichten der Mitgliedstaaten, EWS 2001, 357 ff.; **Langereis/van Herksen**, International Aspects of Dutch Financing Companies, Intertax 1997, 265 ff.; **Lausterer**, EG-Steuerpolitik zwischen Harmonisierung und Wettbewerb der Systeme, IStR 1997, 486 ff.; **Linn**, Die Anwendung des Beihilfeverbots im Unternehmenssteuerrecht, IStR 2008, 601 ff.; **Malherbe/Francois**, Die belgischen Koordinierungsstellen, IStR 1997, 74 ff. (Teil 1); 102 ff. (Teil 2); **Marino/Analisi**, Sotto il Profilo Tributario della legge Istitutivaa del Centro „Offshore" di Trieste, in diritto e Pratica Tributaria, Vol. LXVII (1996) Nr. 4, S. 1210 ff.; **Martin-Ehlers**, Staatliche Beihilfen: Ein Plädoyer für Verfahrensrechte in der Vorprüfungsphase nach Art. 93 Abs. 3 EGV, EWS 1998, 245 ff.; **Nowak**, Grundrechtlicher Drittschutz im EG-Beihilfekontrollverfahren, DVBl 2000, 20 ff.; **Nordmann**, Die neue de-minimis Verordnung im EG-Beihilfenrecht, EuZW 2007, 752 ff.; **OECD**, Harmful Tax Competition: An Emerging Global Issue, 1998; **Osterweil**, OECD Report on Harmful Tax Competition and European Code of Conduct compared, European Taxation 1999, 198; **Pausenberger/Schmidt**, Madeira als Standort für Finanz-Servicegesellschaften, IStR 1996, 415 ff.; **Pinto**, EC State Aid rules and Tax Incentives: A U-turn in Commission Policy?, European Taxation 1999, 295 (Part I), 343 (Part II); **Rädler/Lausterer/Blumenberg**, Steuerlicher Missbrauch und EG-Recht – Verstößt die generelle Anwendung von § 42 AO auf die Beteiligung deutscher Unternehmen an Tochtergesellschaften im irischen IFSC gegen Gemeinschaftsrecht?, DB 1996, Beil. 3, 1 ff.; **Rawlinson**, in: Lenz, Kommentar zu dem Vertrag zur Gründung der Europäischen Gemeinschaften, Art. 92 Rn. 17; **Rode**, Änderungen des niederländischen Körperschaftsteuerrechts/Neues zum Standort Niederlande, IStR 1997, 293 ff.; **Rossi-Maccanico**, State Aid Review of Member States' Measures Relating to Direct Business Taxation, EStAL 2004, 229 ff.; **ders.**, Commentary of State Aid Review of Multinational Tax Regimes, EStAL 2007, 25 ff.; **Schaumburg**, Internationales Steuerrecht, 2. Aufl. 1998, 554 Rn. 10.295; **Schneider**, Konkurrentenklagen als Instrumente der europäischen Beihilfeaufsicht, DVBl 1996, 1301; **Schön**, Gestaltungsmissbrauch im europäischen Steuerrecht, IStR-Beihefter 2/1996, 1 ff.; **ders.**, Steuerliche Beihilfen, in: Koenig/Roth/Schön, Aktuelle Fragen des EG-Beihilfenrechts, Beiheft 69 zur ZHR, Heidelberg 2001, S. 106 ff.; **Schollmeier**, Die Vereinbarkeit der Änderungen des Außensteuergesetzes mit Internationalem Recht und Europäischem Gemeinschaftsrecht, EWS 1992, 137 ff.; **Scholz**, Zum Verhältnis von europäischem Gemeinschaftsrecht und nationalem Verwaltungsverfahrensrecht – Zur Rechtsprechung des EuGH im Fall „Alcan", DÖV 1998, 261 ff.; **Sedemund**, Funktionswandel der Beihilfenaufsicht im Ertragsteuerrecht, EuZW 2001, 609; **Seer**, Grenzen der Zulässigkeit eines treaty overridings am Beispiel der Switch-over-Klausel des § 20 AStG, IStR 1997, 481 ff. (Teil 1); 520 ff. (Teil 2); **Sinnaeve**, Die neue Verfahrensordnung in Beihilfesachen – Ein weiterer Schritt bei der Reform des Beihilferechts, EuZW 1999, 270; **Solt|<chr;fe>sz**, Die „Belastung des Staatshaushalts" als Tatbestandsmerkmal einer Beihilfe i. S. des Art. 92 I EGV, EuZW 1998, 747; **ders.**, Der Rechtsschutz des Konkurrenten gegen gemeinschaftsrechtswidrige Beihilfen vor nationalen Gerichten, EuZW 2001, 202 ff.; **Solt|<chr;fe>sz/Kühlmann**, „Dulde und liquidiere!" – Schadensersatzansprüche eines von Beihilferückforderungen betroffenen Unternehmens, EWS 2001, 513 ff.; **Sutter**, The Adria Wien Pipeline Case and the State Aid Provisions of the EC Treaty in Tax Matters, European Taxation 2001, 239 ff.; **Valente/Roccatagliata**, Fiscal Aids: (In)Compatibility With EU Rules?, Tax Notes International 1998, 259 ff.; **Wagemans/Mund**, Belgian „Coordination Centers", EWS 1991, 107 ff.; **Wagner**, Steueranreize für Finanzdienstleistungen in Irland, StBp 1991, 1 ff.; **von Wallenberg**, in: Grabitz/Hilf, Das Recht der Europäischen Union, Art. 92 EGV (a. F.) Rn. 5; **Wassermeyer**, IStR-Oasenbericht, IStR 1996, 349 ff.; **de Weerth**, EG-Recht und direkte Steuern–Jahresüberblick, RIW 1999, 511 ff. (für 1998), RIW 2001, 447 ff. (für 2000) **ders.**, Deutsche Gewerbesteuer und europäisches Beihilferecht – Anmerkung zum Urteil des EuGH vom 11. 9. 2008, C-428 - 434/06, UGT Rioja u. a., IStR 2008, 732 ff.; **Wenig**, in: von der Groeben/Thiesing/Ehlermann, Kommentar zum EWG-Vertrag, Art. 92 EGV Rn. 4 ff.

A. Einleitung

Obwohl der EG-Vertrag keinen Auftrag zur Harmonisierung der direkten Steuern enthält und die bislang auf Gemeinschaftsebene hierzu verabschiedeten Maßnahmen[2] übersichtlich sind, ist die Bedeutung des Gemeinschaftsrechts für die Unternehmensbesteuerung der Mitgliedstaaten immens. Dies liegt vor allem an der beträchtlichen Anzahl von Urteilen des Europäischen Gerichtshofs (EuGH), in denen dieser über die Vereinbarkeit der unterschiedlichsten Steuervorschriften der Mitgliedstaaten mit den im EG-Vertrag garantierten Grundfreiheiten zu entscheiden hatte.[3] Zwar ist ein roter Faden bei den steuerrechtlichen Entscheidungen des EuGH inzwischen kaum noch zu erkennen. Gleichwohl ist festzustellen, dass der EuGH diskriminierende oder beschränkende Regelungen regelmäßig als gemeinschaftsrechtswidrig einstuft. Im Gegensatz zu dieser Steuerrechtsprechung des EuGH werden die Grenzen, welche das Europarecht den Mitgliedstaaten bei der Gewährung von Steuervergünstigungen setzt, wenig beachtet.[4] Aus der Sicht des Gemeinschaftsrechts können steuerliche Vergünstigungen oder Entlastungen, die auf bestimmte Gruppen von Steuerpflichtigen zugeschnitten sind, staatliche Beihilfen i. S. d. Art. 87 ff. EG darstellen, die mit dem Gemeinsamen Markt grundsätzlich unvereinbar sind. Die Beihilfeaufsicht obliegt nach Art. 88 EG der Europäischen Kommission, die die Mitgliedstaaten grundsätzlich verpflichtet, unzulässige Beihilfen zurückzufordern. Für den Leiter der Steuerabteilung eines Unternehmens und dessen Berater ist es heute unerlässlich, nicht nur über die wichtigen EuGH-Urteile und die bei Gericht anhängigen Steuerverfahren im Zusammenhang mit den Grundfreiheiten informiert zu sein, sondern auch die Bedeutung und Funktionsweise des Beihilferechts im Bereich der Steuervergünstigungen der EG-Mitgliedstaaten zu kennen.[5]

Im Folgenden werden zunächst Beispiele für mitgliedstaatliche Beihilfen im Bereich des Steuerrechts dargestellt. Anschließend wird erläutert, welche mitgliedstaatlichen Maßnahmen als staatliche Beihilfen i. S. d. Art. 87 ff. EG anzusehen und als solche erlaubt oder verboten sind. Dann wird das gemeinschaftsrechtliche Beihilfeverfahren dargestellt: Die Verfahrensordnung der Kommission zur Überprüfung staatlicher Beihilfen, die „Genehmigung" und die fortlaufende Überprüfung von Beihilfen durch die Kommission, die Freistellung bestimmter Gruppen von Beihilfen und von kleineren Beihilfen von diesem Verfahren, die Frage der Rückforderung rechtswidrig gewährter staatlicher Beihilfen durch die Kommission sowie die Möglichkeiten, die einzelnen Mitgliedstaaten und Unternehmen zustehen, um gegen (steuerliche) Beihilfen vorzugehen. Ein weiterer Abschnitt beschäftigt sich mit dem Anfang Dezember 1997 vom Rat der Europäischen Union angenommenen „Verhaltenskodex für die Unternehmensbe-

---

[2] Maßnahmen zur Harmonisierung auf dem Gebiet der direkten Steuern erfolgten bislang auf der Grundlage der allgemeinen Kompetenzvorschrift des Art. 94 EGV, der insoweit die Einstimmigkeit der Mitgliedstaaten vorsieht.

[3] Bei diesen „Grundfreiheiten" handelt es sich um den Freien Warenverkehr (Art. 23 ff. EG), die Freizügigkeit der Arbeitnehmer (Art. 39 ff. EG), die Niederlassungsfreiheit (Art. 43 ff. EG), die Dienstleistungsfreiheit (Art. 49 ff. EG) und die Freiheit des Kapitalverkehrs (Art. 56 ff. EG).

[4] Vgl. *Valente/Roccatagliata*, Tax Notes International 1998, 259; *Koschyk*, Steuervergünstigungen als Beihilfen nach Art. 92 EG-Vertrag; *Sutter*, ET 2001, 239 ff.; *Schön*, Beiheft 69 zur ZHR 2001, 106 ff.; *Linn*, Die Anwendung des Beihilfeverbots im Unternehmenssteuerrecht, IStR 2008, 601 ff.; *Rossi-Maccanico*, EStAL 2007, 25 ff.; *ders.*, EStAL 2004, 229 ff.

[5] Laut BFH bestehen bei Anhängigkeit eines Vorabentscheidungsersuchens beim EuGH (Art. 234 EG) grds. ernstliche Zweifel an der Rechtmäßigkeit des Bescheides. Dies hat zur Folge, dass in diesen Fällen vorläufiger Rechtsschutz (insb. Aussetzung der Vollziehung) zu gewähren ist; BFH, Beschl. v. 24. 3. 1998, I B 100/97, DStR 1998, 1046; weiterführend BFH, Beschl. v. 21. 6. 2001, I B 141/00, DStR 2001, 1290 f. zu § 1 Abs. 1 AStG a. F. ohne Anhängigkeit einer EuGH-Vorlagefrage.

steuerung", mit dem schädliche Steuermaßnahmen in der Gemeinschaft bekämpft werden sollen. Abschließend wird kurz auf die Neuerungen durch einen Aktionsplan Staatliche Beihilfen (2005) eingegangen.

B. Mitgliedstaatliche Beihilfen nach dem EG-Vertrag (Art. 87 ff. EG)

I. Beispiele für gemeinschaftsrechtliche Beihilfen der Mitgliedstaaten im Bereich des Steuerrechts

Die in den (nationalen) Steuergesetzen enthaltenen Normen sind Ausfluss unterschiedlicher Prinzipien und verfolgen die verschiedensten Zwecke. Im Vordergrund stehen neben dem Fiskalzweck, d. h. der Deckung des Finanzbedarfs der öffentlichen Haushalte, regelmäßig sozial-, wirtschafts- und gesundheitspolitische Lenkungszwecke. Dementsprechend erhalten die Rechtsordnungen der Mitgliedstaaten die unterschiedlichsten steuerlichen Vergünstigungen und Entlastungen und – umgekehrt – zusätzliche Steuerbelastungen und Sondersteuern.

Beihilfen i. S. d. Art. 87 ff. EG können Freistellungen und Ermäßigungen bei allen Steuern und steuerähnlichen Pflichtzahlungen (Abgaben, Gebühren, Sozialbeiträge) sein.[6] Im Folgenden werden zunächst Beispiele für Vergünstigungen im deutschen Steuerrecht und danach solche in den Rechtsordnungen anderer EG-Mitgliedstaaten dargestellt, die in der Vergangenheit zunehmend als „Steuerdumping" oder „unfairer Steuerwettbewerb" in Kritik geraten sind. Nicht bei allen Beispielen handelt es sich um verbotene Beihilfen i. S. d. Art. 87 ff. EG.

1. Steuervergünstigungen in Deutschland

Das deutsche Steuerrecht enthält zahlreiche Steuervergünstigungen und -entlastungen, die als Beihilfen in Betracht kommen. Zu den bekanntesten Beispielen zählen die diversen Vergünstigungen, die Anfang der 90er Jahre im Zusammenhang mit dem „Aufbau Ost" gewährt wurden. Die Maßnahmen umfassten die Aussetzung der (inzwischen insgesamt abgeschafften) Gewerbekapitalsteuer und Vermögensteuer in den neuen Bundesländern, Sonderabschreibungen und steuerfreie Rücklagen nach dem Fördergebietsgesetz („FördG") sowie Investitionszulagen nach dem Investitionszulagengesetz („InvZulG") für bestimmte Maßnahmen in den neuen Bundesländern und teilweise in Westberlin.[7] Auch die besondere Ansparabschreibung für Existenzgründer (§ 7g Abs. 7 EStG a. F.), die Sondervergünstigungen hinsichtlich der Gewährung der § 6b-Rücklage betreffend Kapitalgesellschaften in den neuen Bundesländern und Berlin[8] waren unter Gesichtspunkten des Beihilferechts relevant. Deutschland hat im Zusammenhang mit den Steuervergünstigungen für Ostdeutschland regelmäßig die Auffassung vertreten, dass die Vergünstigungen durch die seit 1957 existierende „Teilungsklausel" (Art. 87 Abs. 2c) EG) gerechtfertigt seien, da sie zum Ausgleich des teilungsbedingten Wirtschaftsgefälles zwischen alten und neuen Bundesländern beitragen würden. Die Rechtsprechung ist dem nicht gefolgt. In der Entscheidung *Freistaat Sachsen und VW/Kommission*[9] folgte das Gericht erster Instanz der Europäi-

---

[6] *Rawlinson* in: Lenz, Art. 87 Rn. 17.

[7] Vgl. zur zukünftigen Entwicklung der Investitionszulage: *Haupt*, DStR 2009, 1060 ff.

[8] Der EuGH stellte mit Urt. v. 19. 9. 2000, Deutschland/Kommission (Neue Bundesländer), Rs. C-156/98, Slg. 2000, I-6857 die Unzulässigkeit der Gewährung der besonderen § 6b-Rücklage für Gesellschaften in den neuen Bundesländern (§ 52 Abs. 8 EStG) fest, dazu: *de Weerth*, RIW 2001, 447 f.

[9] EuG v. 15. 12. 1999, Freistaat Sachsen und VW/Kommission, Rs. T-132/96 und T-143/96, Slg. 1999, II-3663, Tz. 129-148

schen Gemeinschaften (EuG) dem Standpunkt der Kommission, wonach Art. 87 Abs. 2 c) EG historisch mit der Grenzziehung von 1948 in Ost- und Westzone zu interpretieren sei und daher die „durch die Teilung verursachten Nachteile" nur solche sein können, die Folge der Isolation durch die Grenzziehung seien. Zwischen den wirtschaftlichen Nachteilen in den neuen Ländern und der innerdeutschen Teilung bestehe kein wesensimmanenter Zusammenhang. Vielmehr beruhe die unterschiedliche Wirtschaftskraft auf den verschiedenen politisch-wirtschaftlichen Systemen der früheren BRD und DDR. Auch der EuGH folgte dieser restriktiven Auslegung in der Rechtssache *Deutschland/Kommission*[10] und bestätigte mit derselben Argumentation das Urteil des Europäischen Gerichts erster Instanz in der Rechtssache *Freistaat Sachsen /Kommission*.[11]

Ein viel beachteter Fall einer steuerlichen Beihilfe betraf die ehemaligen Sonderabschreibungen für deutsche Luftfahrtunternehmen nach § 82f EStDV.[12] Im März 1996 hat die Kommission die im Standortsicherungsgesetz[13] vorgesehene Verlängerung der Maßnahmen für mit dem Gemeinsamen Markt nach Art. 92 EGV (jetzt Art. 87 EG) unvereinbar erklärt und deren Aufhebung angeordnet.[14] Die Steuervergünstigung, die bis in das Jahr 1965 zurückging, war von der Kommission nicht beanstandet worden, soweit sie bis 1994 galt. Die Kommission hat ihre Entscheidung insbesondere damit begründet, dass es sich um eine einseitige Begünstigung von in Deutschland niedergelassenen Luftfahrtunternehmen handle, was zwangsläufig eine Beeinträchtigung der Wettbewerbsbedingungen innerhalb der Gemeinschaft zur Folge habe. Das Bundesministerium der Finanzen hat mit Schreiben vom 17. 2. 1997 auf die Rechtsunwirksamkeit der zeitlichen Verlängerung der Sonderabschreibungen durch das JStG 1997 hingewiesen.[15] Ein von einer Arbeitsgemeinschaft deutscher Luftfahrtunternehmen gegen diese Kommissionsentscheidung erhobener Antrag auf vorläufigen Rechtsschutz sowie eine nachfolgende Klage wurde vom Europäischen Gericht erster Instanz abgewiesen.[16]

Beispiele für steuerliche Beihilfen aus jüngerer Zeit sind die flankierenden Vorschriften in § 14 Finanzmarktstabilisierungsgesetz (FMStG), welche die Regelungen zum Verlustuntergang bei Anteilseignerwechsel gem. § 8c KStG und § 10a GewStG und zur Grunderwerbsteuer bei Anteilsvereinigung oder Anteilseignerwechsel im Falle von Rettungsmaßnahmen durch den Stabi-

---

[10] EuGH v. 19. 9. 2000 a. a. O. (oben Fn. 8); vgl. *de Weerth*, RIW 2001, 447 f.

[11] EuGH v. 30. 9. 2003, Freistaat Sachsen u. a./ Kommission, Rs. C-57/00 P, Slg. 2003, I – 9 975, Rn. 21 ff.

[12] Für im internationalen Luftverkehr oder zu sonstigen gewerblichen Zwecken im Ausland eingesetzte Luftfahrzeuge können im Jahr der Anschaffung oder Herstellung neben der normalen Abschreibung Sonderabschreibungen von bis zu 30% der Anschaffungs- oder Herstellungskosten vorgenommen werden (§ 82f Abs. 6 EStDV).

[13] Art. 20 Abs. 2 des Gesetzes v. 13. 9. 1993 („StandOG"), BGBl 1993 I 1569 (1593); BMF-Schreiben v. 29. 9. 1995, BStBl 1995 I 628. Deutschland hat die beabsichtigte Verlängerung u. a. damit begründet, dass die Sonderabschreibungen einen erheblichen Anreiz darstellen würden, neue umweltverträglichere Flugzeuge zu erwerben.

[14] Entscheidung der Kommission 96/369/EG v. 13. 3. 1996, ABl.EG 1996 Nr. L 146, 42. In Art. 5 dieser Entscheidung hat die Kommission ihre – ansonsten inhaltsgleiche – Entscheidung 95/3319/EG v. 29. 11. 1995 widerrufen, welche zahlreiche Formfehler aufgewiesen hatte. Für die Klage der Bundesrepublik Deutschland v. 15. 2. 1996 gegen die Entscheidung v. 29. 11. 1995 beim EuGH trat Hauptsacheerledigung nach dem Widerruf der angegriffenen Kommissionsentscheidung ein, EuGH v. 4. 3. 1997, Rs. C-46/96, Slg. 1997 I, 1189–1193.

[15] BMF, Schreiben v. 17. 2. 1997, IV B 3 – S 2185 – 1/97, RIW 1997, 343; s. auch IWB-KN, Nr. 5 v. 12. 3. 1997, 119.

[16] EuG v. 2. 4. 1998, Rs. T-86/96 R, EuGHE II 1998, 641-666: Ablehnung vorläufigen Rechtsschutzes, nachf. EuG v. 11. 2. 1999, Rs. T-86/96 mit Klageabweisung mangels Klagebefugnis, EuGHE II 1999, 179-202 = EWS 1999, 264-268, dazu: *de Weerth*, RIW 1999, 514 f.

lisierungsfonds suspendieren,[17] und die zur Beihilfekontrolle abgemeldeten Sonderregelungen des MoRaKG[18] zum Verlustabzug nach § 8c Abs. 2 KStG bei Beteiligung von und an Wagniskapitalgesellschaften.

Schließlich sei auf die im Jahressteuergesetz 2009 eingeführte Neuregelung in § 8 Abs. 7 KStG für Verlustbetriebe der öffentlichen Hand hingewiesen. Nach dieser Regelung liegt bei einer Kapitalgesellschaft, deren Anteile mehrheitlich von juristischen Personen des öffentlichen Rechts gehalten werden, eine verdeckte Gewinnausschüttung nicht schon deshalb vor, weil die Kapitalgesellschaft eine wirtschaftliche Betätigung ohne kostendeckendes Entgelt aus verkehrs-, umwelt-, sozial-, kultur-, bildungs- oder gesundheitspolitischen Gründen unterhält.[19] Da die Rechtsfolge von der Natur der Anteilseigner abhängt, liegt die Frage nach der beihilferelevanten Begünstigung auf der Hand.

Obwohl steuerliche Fördermaßnahmen, wie alle anderen Vergünstigungen auch, als mitgliedstaatliche Beihilfen erst durch die Genehmigung der Kommission wirksam werden, hat der deutsche Gesetzgeber in vielen Fällen Maßnahmen ohne vorherige Genehmigung der Kommission verlängert und/oder erweitert; zum Teil hat es der Gesetzgeber noch nicht einmal für notwendig befunden, auf die ausstehende Genehmigung hinzuweisen. In der Vergangenheit betraf dies vor allem die Verlängerung und Erweiterung von Vergünstigungen des FördG und des InvZulG im Rahmen des Jahressteuergesetzes 1996 sowie Jahressteuer-Ergänzungsgesetzes,[20] die zu einer erheblichen Planungsunsicherheit geführt haben[21] und erst später durch die Kommission genehmigt wurden.[22]

Wird eine nicht notifizierte steuerliche Vergünstigungsnorm als mit dem Gemeinsamen Markt unvereinbar qualifiziert, so hat dies für den Steuerpflichtigen schwerwiegende Folgen. Nach

---

[17] Gesetz zur Umsetzung eines Maßnahmenpakets zur Stabilisierung des Finanzmarkts vom 17. 10. 2008 (BGBl I Nr. 46 1982 ff.).

[18] Gesetz zur Modernisierung der Rahmenbedingungen für Kapitalbeteiligungen (MoRaKG), BGBl 2008 I vom 12. 8. 2008. Nach Art. 8 MoRaKG treten die Vergünstigungen bei Untergang des steuerlichen Verlustabzugs gem. § 8c KStG und § 10a GewStG erst nach Genehmigung durch die Kommission in Kraft. Mit Schreiben vom 30. 4. 2008 hat Deutschland die entsprechenden Vorschriften bei der Kommission zur Beihilfekontrolle angemeldet. Nach Abschluss eines Vorprüfungsverfahrens hat die Kommission am 28. 1. 2009 das förmliche Prüfverfahren eröffnet (Entscheidung der Kommission K (2008) 8922 v. 28. 1. 2009 – C2/2009 (ABl.EG C 60 v. 14. 3. 2009, S. 9)).

[19] Bei dieser Regelung handelt es sich um die Reaktion des Gesetzgebers auf unerwünschte Entscheidungen des BFH, der Grundsätze über die verdeckte Gewinnausschüttung auch angewendet hat, wenn eine Kapitalgesellschaft dauerhaft steuerliche Verluste erwirtschaftet hat, um den Interessen eines öffentlich-rechtlichen Gesellschafters Folge zu leisten. Vgl. BFH v. 22. 8. 2007, I R 32/06, BStBl 2007 II 961 (m. w. N.).

[20] Jahressteuergesetz („JStG") 1996 v. 11. 10. 1995, BGBl 1995 I 1250; Jahressteuer-Ergänzungsgesetz („JStEG") 1996 v. 18. 12. 1995, BGBl 1995 I 1959.

[21] Zu den steuerlichen Fördermaßnahmen im JStG 1996 s. Jakobs, DB 1996, 653. Der Hinweis auf die ausstehende EG-Genehmigung für Maßnahmen im JStG 1996 wurde erst mit BMF-Schreiben v. 2. 1. 1996, BStBl 1996 I 2 nachgeholt.

[22] Mitt. der Kommission gem. Art. 93 Abs. 2 EGV (jetzt Art. 88 Abs. 2 EG) betr. die Verlängerung der Investitionszulage von 8% (§ 3 Nr. 3, § 5 Nr. 2 InvZulG) und die Ausdehnung der Investitionszulage von 10% und der Sonderabschreibungen (§ 5 Abs. 3, § 11 Abs. 2 Nr. 3 InvZulG, § 8 Abs. 1a FördG) durch Art. 18 und 19 JStG 1996 und Art. 19 und 20 JStEG 1996, ABl.EG 1996 Nr. C 290, 8 und ABl.EG 1996 Nr. C 293, 4. Zur EG-Genehmigung der Verlängerung der Sonderabschreibungen nach § 4 FördG durch das JStG 1996 s. BMF-Schreiben v. 29. 3. 1996, IV B 3 – S 2056 – 41/96, DStR 1996, 585. Zur Ausdehnung der Sonderabschreibungen und Investitionszulagen auf Westberlin s. Entscheidung der Kommission 97/551/EG v. 12. 2. 1997, ABl.EG Nr. L 22, 8 9.

einem Beschluss des BFH vom 30. 1. 2009 betreffend eine aus wettbewerbspolitischen Gründen eingeführte Mineralölsteuerbegünstigung (§ 25 Abs. 3a Satz 1 Nr. 1.4 MinöStG 1993) ist dem betroffenen Steuerpflichtigen im Rückforderungsverfahren sogar der Einwand abgeschnitten, dass er auf die gesetzliche Vergünstigung vertrauen durfte, weil auch der Gesetzgeber die Beihilfequalität nicht erkannt habe.[23] Für die Frage des Vertrauensschutzes kommt es laut BFH vielmehr darauf an, ob der Steuerpflichtige bei Lektüre der Mitteilungen der EU-Kommission den Beihilfecharakter der nationalen Steuervergünstigung hätte erkennen können.

2. Steuervergünstigungen in anderen EG-Mitgliedstaaten

Bekannte Beispiele für steuerliche Beihilfen in anderen EG-Mitgliedstaaten sind Steuerbefreiungen für gewerbliche Güterkraftverkehrsunternehmen (Italien),[24] die zeitlich befristeten Befreiung eines Industriezweiges von Soziallasten[25] und die Befreiung des Erwerbs von bestimmten Industriegrundstücken von der Grunderwerbsteuer.[26]

In der Vergangenheit als „Steuerdumping" oder „unfairer Steuerwettbewerb" in Kritik geraten sind u. a. die Coordination Centres in Belgien,[27] das Zentrum für Internationale Finanzdienstleistungen im ehemaligen Hafengebiet von Dublin (*International Financial Service Centre*, „IFSC"),[28] die Konzernfinanzierungsgesellschaften in den Niederlanden,[29] das Zentrum für Finanz- und

---

[23] BFH v. 30. 1. 2009, VII B 180/08; BFH/NV 2009, 857-860.

[24] Entscheidung der Kommission Nr. 93/496/EWG v. 9. 6. 1993, ABl.EG 1993 Nr. L 233, 10 (12); Entscheidung der Kommission Nr. 86/593/EWG v. 29. 7. 1986, ABl.EG 1986 Nr. L 342, 32; zur Verpflichtung zur Rückforderung dieser Beihilfe s. EuGH, Urt. v. 29. 1. 1998 Kommission/Italien, Rs. C-280/95, EWS 1998, 131, HFR 1998, 411.

[25] EuGH v. 14. 2. 1990 Frankreich/Kommission, Rs. C-301/87, Slg. 1990, I-307 (362) Rn. 41; EuGH v. 2. 7. 1974 Italien/Kommission, Rs. C-173/73 Slg. 1974, 709 (719).

[26] Erster Wettbewerbsbericht Rn. 158.

[27] Eingeführt durch kgl. Verfügung Nr. 187 v. 30. 12. 1982 (Gesetzblatt v. 13. 1. 1983) mit nachfolgenden Änderungen. Einzelheiten vgl. Malherbe/Fran|<chr;fc>ois, IStR 1997, 74 (Teil I) und 102 (Teil II); Becker, DB 1984, 1847; Becker, Intertax 1989, 430; Borstell, IWB F. 5 Belgien Gr. 2 S. 196; Wagemans/Mund, EWS 1991, 107; Froesch, IStR 1996, 366; Gundel, IStR 1994, 216. Vgl. auch: http://www.fgov.be/why_invest_in_belgium/frame3.htm.

[28] Unternehmen, die sich im IFSC niederließen und bestimmte Voraussetzungen erfüllten, erhielten und erhalten teilweise noch eine Steuervergünstigung in Form einer Ermäßigung des Körperschaftsteuersatzes auf effektiv 10%. Die EG-Kommission hat die irischen IFSC-Beihilfen 1987 erstmals genehmigt und seither in mehreren Stufen verlängert; vgl. ABl.EG 1992 Nr. C 15, 5. Zu den irischen Steuervergünstigungen s. Fischer-Zernin/Schwarz, IWB F. 5 Gr. 2 S. 1089 ff.; Grotherr, IWB F. 5 Gr. 2 S. 51; Wagner, StBp 1991, 1; Wassermeyer, IStR 1996, 349; Rädler/Lausterer/Blumenberg, DB 1996 Beil. 3, 2 ff. Auf Druck der Kommission hat Irland inzwischen den Vorzugsteuersatz von 10% abgeschafft und gleichzeitig den allgemeinen Körperschaftsteuersatz auf 12,5% gesenkt. Im Rahmen differenzierter Übergangsregelungen galt der o. g. Vorzugsteuersatz allerdings bis Ende 2005 bzw. gilt zum Teil sogar bis Ende 2010 weiter (vgl. Pressemitteilung der Kommission vom 18. 2. 2003, I P/03/242 und Entscheidung der Kommission 2003/601/EG v. 17. 2. 2003, ABl.EG 2003, Nr. L 204, 51).

[29] Staatsblad 651 v. 13. 12. 1996; Galavazi, IStR 1996, Beihefter 6/96, 4; Rode, IStR 1997, 293; Langereis/van Herksen, Intertax 1997, 265; van der Laan, Intertax 1997, 399. Mit Wirkung ab 1. 1. 1997 haben die Niederlande besondere Steuervergünstigungen für Einkünfte aus Konzernfinanzierungen eingeführt. Ziel dieser Vergünstigungen war und ist es, die Niederlande als Standort für ausländische Unternehmen attraktiver zu machen; insb. sollen multinationale Unternehmen dazu bewegt werden, ihre Finanzierungsgesellschaften in die Niederlande zu verlegen oder dort zu belassen. Damit traten die Niederlande in den Wettbewerb zu den belgischen Koordinierungszentren und den Finanzdienstleistungsunternehmen im irischen Dublin (s. nachfolgend), die ähnliche Zielsetzungen verfolgen. Nach Auffassung der niederländischen Regierung stellt die Steuervergünstigung keine genehmigungspflichtige Beihilfe i. S. d. EG-Vertrags dar. Die Gesetzesänderung wurde daher nicht bei der Kommission notifiziert. Die Kommission hat die

Blumenberg

Versicherungsdienstleistungen im italienischen Triest[30] sowie Steueranreize für im Finanzsektor tätige Dienstleistungsgesellschaften im „Offshore-Geschäftszentrum" auf Madeira (Portugal).[31] Einige dieser Vergünstigungen hatte die Kommission ursprünglich genehmigt; in der Folgezeit stand sie den Vergünstigungen jedoch zunehmend kritisch gegenüber.

II. Grundsätzliches Beihilfeverbot und Ausnahmen

Das EG-Recht unterscheidet zwischen staatlichen Beihilfen, die von einzelnen Mitgliedstaaten oder aus mitgliedstaatlichen Mitteln gewährt werden und Gemeinschaftsbeihilfen, welche die Gemeinschaft gewährt. Die folgenden Ausführungen beschränken sich auf die Gruppe der mitgliedstaatlichen Beihilfen. Nur für diese gelten die Art. 87–89 EG.

Art. 87 Abs. 1 EG verbietet die Begünstigung bestimmter Unternehmen oder Produktionszweige durch staatliche oder aus staatlichen Mitteln gewährten Beihilfen gleich welcher Art, die den Wettbewerb verfälschen oder zu verfälschen drohen, soweit sie den Handel zwischen den Mitgliedstaaten beeinträchtigen. Von diesem grundsätzlichen Verbot enthält Art. 87 Abs. 2 EG Ausnahmen, bei denen die Vereinbarkeit mit dem Gemeinsamen Markt per se angenommen wird (sog. Legalausnahmen), und Abs. 3 Ausnahmen, deren Anwendung in das Ermessen der Kommission gestellt ist (sog. Ermessensausnahmen).

III. Der Begriff der (mitglied-)staatlichen Beihilfe

In der Sprache des Gemeinschaftsrechts werden Wirtschaftssubventionen als „Beihilfen" (*state aids* oder *aides*) bezeichnet.[32] Der EG-Vertrag enthält indes keine Legaldefinition des Begriffs der „Beihilfe". Auch die Verordnung des Rates vom 22. 3. 1999 über das Beihilfeverfahren sieht keine Definition vor.[33] Die Rechtsprechung des EuGH legt den Begriff angesichts der kaum übersehbaren Vielfalt staatlicher Beihilfen – entsprechend seinem Normzweck – weit und objektiv

---

Steuervergünstigung nachfolgend als gemeinschaftsrechtswidrige Beihilfe qualifiziert, von deren Rückforderung jedoch aus Vertrauensschutzgesichtspunkten abgesehen. Im Rahmen einer Übergangsregelung läuft diese Steuervergünstigung zum 31. 12. 2010 aus (vgl. Pressemitteilung der Kommission vom 18. 2. 2003, IP/03/242 und Entscheidung der Kommission 2003/515/EG v. 17. 2. 2003, Abl.EG 2003, Nr. L 180, 52).

[30] Gesetz v. 19. 1. 1991, Nr. 19; veröffentlicht im Amtsblatt der Italienischen Republik v. 21. 1. 1991. Für Einzelheiten s. *Marino/Analisi*, Diritto e Pratica Tributaria, Vol. LXVII (1996) Nr. 4, 1210.

[31] Zu den Madeira-Steuervorteilen für deutsche Unternehmen s. Pausenberger/Schmidt, IStR 1996, 415. Die steuerlichen Vergünstigungen für Madeira stellen genehmigungspflichtige Beihilfen dar, welche die Kommission im Jahr 1995 für bis zum 31. 12. 2000 lizenzierte Unternehmen befristet bis zum Jahre 2011 genehmigte. In diesem Zusammenhang hatte die Kommission in 2000 zunächst ein Hauptprüfverfahren wegen eines möglichen Verstoßes der portugiesischen Steuervergünstigung gegen Leitlinien der Kommission für staatliche Beihilfe mit regionaler Zielsetzung eingeleitet (Abl.EG 2000 C 301/4 v. 21. 10. 2000). Dieses Verfahren wurde 2003 von der Kommission jedoch eingestellt, da die Kommission nicht nachweisen konnte, dass Portugal die vorgenannten Leitlinien anerkannt hatte (Abl.EG 2003, L 111/49 v. 6. 5. 2003). 2007 hat die Kommission neue portugiesische Steuervergünstigungen als gemeinschaftskonforme Regionalbeihilfe genehmigt. Es handelt sich hierbei um Steuerermäßigungen, die Portugal an bestimmte Unternehmen gewährt, die sich zwischen 2007 und 2013 auf Madeira niederlassen (vgl. Pressemitteilung der Kommission vom 27. 6. 2007, IP/07/891).

[32] Art. 36, 73, 87 ff., 132 EG.

[33] Verordnung (EG) Nr. 659/1999 des Rates v. 22. 3. 1999 über besondere Vorschriften für die Anwendung von Art. 93 EGV (jetzt Art. 88 EG), Abl.EG Nr. L 83 v. 27. 3. 1999, 1-9; zuletzt geändert durch Art. 1 ÄndVO (EG) Nr. 1791/2006 vom 20. 11. 2006, (Abl.EG 2006, Nr. L 363, 1) s. unten C.I.

aus.³⁴ Die Kommission hat im Dezember 1998 eine Mitteilung über die Anwendung der Vorschriften über staatliche Beihilfen auf Maßnahmen im Bereich der direkten Unternehmensbesteuerung vorgelegt.³⁵ Entsprechend der Rechtsprechung des EuGH wird eine Maßnahme danach als (staatliche) Beihilfe angesehen, wenn sie die im Folgenden erläuterten Kriterien erfüllt.³⁶

1. Zurechenbarkeit der Maßnahme

Die betreffende Begünstigung muss einem Mitgliedstaat zurechenbar sein, wobei der Begriff des Mitgliedstaates im weitesten Sinne zu verstehen ist. Dies folgt aus Art. 87 Abs. 1 EG, wonach die Beihilfe direkt oder indirekt aus staatlichen Mitteln erfolgt. Hierzu zählen auch Maßnahmen, die lokale und regionale Einrichtungen der Mitgliedstaaten gewähren.³⁷ In Deutschland können neben Begünstigungen durch Bund, Länder oder Gemeinden auch Begünstigungen der Sozialversicherung, der Bundesanstalt für Arbeit, Sondervermögen u. Ä. unter den Begriff der staatlichen Beihilfe fallen. Im steuerlichen Bereich können die Vergünstigungen durch Gesetze, Verordnungen und Verwaltungsvorschriften sowie durch die Praxis der Finanzverwaltung gewährt werden. Der Verlust von Steuereinnahmen aufgrund steuerlicher Beihilfen steht der Begünstigung durch staatliche Mittel im Wege finanzieller Zuschüsse gleich.³⁸

2. Die Begünstigung des Empfängers

Die Beihilfe muss bei den Unternehmen (oder Produktionszweigen), denen sie gewährt wird, zu einem wirtschaftlichen Vorteil führen, wobei auch eine mittelbare Begünstigung ausreicht.

Von vornherein keine Beihilfen stellen Vergünstigungen an private Verbraucher dar, denn Art. 87 Abs. 1 EG spricht nur von „Unternehmen" oder „Produktionszweigen". Welchem Unternehmen nützt aber eine vom Staat gewährte Steuerentlastung?³⁹ Im steuerlichen Bereich lässt sich der Begünstigte, anders als bei der direkten Kapitalzuführung, häufig nur schwer bestimmen. So kommen z. B. bei der steuerlichen Abschreibungsförderung im IT-Bereich der konsumierende und der produzierende Unternehmer ebenso als Begünstigte in Betracht wie die gesamte IT-Branche. Mit dieser Problematik der multiplen Begünstigungswirkung hatte sich der EuGH im Fall *Deutschland/Kommission* betreffend die Reinvestitionsrücklage für Anteile an Kapitalgesell-

---

[34] EuGH v. 25. 6. 1970, Frankreich/Kommission, Rs. C-47/69, Slg. 1970, 487; dies ergibt sich auch aus dem Wortlaut des Art. 87 Abs. 1 EG, wonach staatliche oder aus staatlichen Mitteln gewährte Beihilfen „gleich welcher Art" mit dem Gemeinsamen Markt unvereinbar sein können. Vgl. von Wallenberg in: Grabitz/Hilf, Art. 92 EGV (a. F.) Rn. 5; Wenig in: von der Groeben/Thiesing/Ehlermann, Kommentar zum EWG-Vertrag, Art. 92 EGV Rn. 4 ff.; Koenig/Kühling in: Streinz, EUV/EGV, Art. 87, Rn. 27; Cremer in: Callies/Ruffert (Hrsg.), EUV/EGV, 2. Aufl. 2002, Art. 87, Rn. 7; Götz in: Dauses, Subventionsrecht, H III Rn. 10; Caspari in: FS von der Groeben, S. 69 (78); Koenig/Kühling befürworten eine weite Auslegung des Beihilfebegriffs zur Vermeidung von verzerrenden Inkonsequenzen in EuZW 1999/17, 517, 520 f.

[35] Mitt. der Kommission v. 11. 11. 1998 über die Anwendung der Vorschriften über staatliche Beihilfen auf Maßnahmen im Bereich der direkten Unternehmensbesteuerung, ABl.EG 1998 Nr. C 384, 3 ff. Im Februar 2004 hat die Kommission einen Bericht über die Umsetzung der vorgenannten Mitteilung veröffentlicht, der die ersten Erfahrungen der Kommission aus der Beihilfekontrolle auf Basis der 1998 neu aufgestellten Grundsätze erläutert (Bericht der Kommission vom 9. 2. 2004 über die Umsetzung der Maßnahmen im Bereich der direkten Unternehmensbesteuerung, C (2004) 434, S. 21 f.).

[36] Götz a. a. O. (oben Fn. 34), H III Rn. 21; Hopt/Mestmäcker, WM 1996, 755; Jestaedt, IWB F. 11 Gr. 3 S. 117.

[37] EuGH v. 14. 10. 1987, Deutschland/Kommission, Rs. C-248/84, Slg. 1987, 4013.

[38] Rn. 10 der Mitt. über steuerliche Beihilfen; grds. zu verwaltungsinternen Maßnahmen im Licht der Art. 87 ff. EG: Pinto, ET 1999, 306 ff.

[39] Dazu: Schön a. a. O. (oben Fn. 4), 124 ff.

schaften zu beschäftigen.[40] Unbeschränkt steuerpflichtige Investoren konnten in den Jahren 1996–1998 stille Reserven auf Kapitalbeteiligungen an Unternehmen in den neuen Ländern und Westberlin steuerneutral nach § 52 Abs. 8 EStG übertragen. Obwohl Adressat der Vorschrift rechtstechnisch der Investor und nicht das Zielunternehmen war, qualifizierte der Gerichtshof die gewährte Steuervergünstigung insoweit als Beihilfe, als sie bestimmte, in den neuen Bundesländern und Westberlin ansässige Unternehmen hinsichtlich der Kapitalzufuhr begünstigte.

Die Kommission vermutet (widerlegbar), dass eine Beihilfe vorliegt, sobald staatliche Mittel auf eine Weise eingesetzt werden, die für einen privaten Kapitalnehmer unter normalen marktwirtschaftlichen Bedingungen nicht erhältlich wären (sog. Privatinvestorprinzip). Im Umkehrschluss liegt keine Beihilfe i. S. d. Art. 87 Abs. 1 EG vor, wenn staatliche Mittel zu Bedingungen gewährt werden, die auch ein privater Kapitalgeber verlangt hätte.[41] Ob die staatliche Maßnahme steuerlichen Charakter besitzt oder nicht, spielt für die Anwendung der Art. 87 ff. EG keine Rolle, da die Gemeinschaftsvorschriften auf Beihilfen „gleich welcher Art" anwendbar sind. Entscheidend ist nicht die Art einer Maßnahme, sondern deren Wirkung.[42]

Der Beihilfebegriff umfasst neben Geld- und Sachleistungen (als sog. Leistungssubventionen) alle Maßnahmen, die in verschiedener Form Belastungen vermeiden, welche ein Unternehmen normalerweise zu tragen hat, also Kostenminderungen, die in Art und Wirkung einer Subvention gleich stehen (sog. Verschonungssubventionen).[43] Im steuerlichen Bereich besteht die Begünstigung in der Verminderung der vom Unternehmen „normalerweise zu tragenden Steuerbelastung".[44] Die Kommission definiert die Steuerbeihilfe als Befreiung oder Entlastung des Empfängers von der *gewöhnlich* zu tragenden Steuerlast.[45] Nicht die gewählte rechtliche Konstruktion zählt, sondern die tatsächliche Entlastung einer abgrenzbaren Gruppe. Die Mitteilung der Kommission enthält hierzu folgende Beispiele:[46]

- die Minderung der steuerlichen Bemessungsgrundlage, z. B. durch besondere Steuerabzüge, außergewöhnliche oder beschleunigte Abschreibung und die Bildung von steuerfreien Rücklagen;
- die vollständige oder teilweise Ermäßigung des Steuerbetrages in Form von Steuerbefreiungen, Steuergutschriften usw.;
- die Gewährung von Zahlungsaufschüben, die Aufhebung der Steuerschuld oder außergewöhnliche Vereinbarungen über die Abzahlung der Steuerschuld in Raten.

3. Die Beeinträchtigung des Wettbewerbs und des Handels zwischen den Mitgliedstaaten

Die betreffende Maßnahme muss den Wettbewerb und den Handel zwischen den Mitgliedstaaten beeinträchtigen. Dies ist bereits dann der Fall, wenn das von der Maßnahme begünstigte Unternehmen eine wirtschaftliche Tätigkeit ausübt und in einem Markt tätig ist, in dem über-

---

[40] EuGH v. 19. 9. 2000 a. a. O. (oben Fn. 8), EuZW 2000, 723 ff. (Rz. 17 ff.).
[41] Entscheidung der Kommission N 172/2000 v. 4. 10. 2000, Seed and Venture Capital Fund Scheme, Abl.EG v. 3. 2. 2001, C 37, 48.
[42] EuGH v. 24. 2. 1987, Rs. C-310 /85, Slg. 1987, 901 (924).
[43] EuGH v. 23. 2. 1961 De Gezamenlijke Steenkolemijnen in Limburg / Hohe Behörde der EGKS, Rs. C-30/59, Slg. 1961, 5 (43); v. 15. 3. 1994, Banco de Credito Industrial/Ayuntamiento de Valencia, Rs. C-387/92, Slg. 1994, I-902.
[44] Dazu: Schön a. a. O. (oben Fn. 4), 115 ff.
[45] Mitt. der Kommission v. 11. 11. 1998, Abl. 1998 C 384/3 ff., Tz. 9.
[46] Rn. 9 der Mitt. über Beihilfen im Steuerrecht; kategorisierend auch: Pinto, ET 8, 9/1999, 295 ff., 303.

Blumenberg

haupt ein Handel zwischen Marktteilnehmern in unterschiedlichen Mitgliedstaaten besteht.[47] Nach der Rechtsprechung des EuGH ist diese Voraussetzung grundsätzlich unabhängig von der Bedeutung einer Beihilfe,[48] der geringen Größe des Beihilfeempfängers, seines ggf. äußerst geringen Anteils am Gemeinschaftsmarkt, dem Fehlen einer Exporttätigkeit oder der Tatsache, dass das Unternehmen fast seine gesamte Produktion aus der Gemeinschaft ausführt, erfüllt.[49]

Im Steuerbereich richtet sich das Beihilfeverbot nicht gegen die Beeinträchtigung des *grenzüberschreitenden* Wettbewerbs, sondern betrifft Sondertatbestände im *innerstaatlichen* Steuersystem eines Mitgliedstaates.[50] Das Beihilferecht dient nicht zur Harmonisierung direkter Steuern im Gemeinschaftsgebiet. Es sollen individuelle, hingegen nicht allgemein wirkende Änderungen in den Steuergesetzen der Mitgliedstaaten beseitigt werden. Die gegebenen Steuersysteme werden als gegeben angesehen, das Beihilfenrecht dient dazu, diesen Status quo festzuschreiben und ein systemwidriges Ausbrechen zugunsten spezieller Wirtschaftsbranchen zu verhindern. Zur Ermittlung der Wettbewerbsbeeinträchtigung erfolgt kein grenzüberschreitender Vergleich der Steuersysteme. Wenn also Mitgliedstaat A seinen Körperschaftsteuersatz von 30% auf 12,5% absenkt, so ist unter Beihilfegesichtspunkten unerheblich, dass der Körperschaftsteuersatz in Mitgliedstaat B z. B. 40% beträgt. Der „Wettbewerb der Steuersysteme" ist daher der Beihilfenaufsicht entzogen.[51] Dies ist insofern konsequent, als es bei 27 verschiedenen mitgliedstaatlichen Steuersystemen unmöglich ist, „den" anzuwendenden Vergleichsmaßstab zu ermitteln.[52]

4. Die Belastung des Staatshaushalts

Die betreffende Maßnahme muss zu einer finanziellen Belastung der öffentlichen Haushalte führen. Dabei ist eine Belastung desjenigen Haushalts ausreichend, auf den der Mitgliedstaat unmittelbar oder mittelbar Zugriff oder einen bestimmenden Einfluss besitzt.[53] Voraussetzung ist ein Transfer staatlicher Mittel. Dies muss nicht in Form von Zuschüssen oder Zinsvergünstigungen erfolgen, sondern kann auch in Form von Bürgschaften, beschleunigten Abschreibungen, Kapitalzuführungen usw. geschehen. Der Verlust von Steuereinnahmen steht der Verwendung staatlicher Mittel in Form von Steuerausgaben gleich.[54]

5. Die Spezifität der Maßnahme

Schließlich muss die Beihilfe einen bestimmten, abgrenzbaren Kreis von Unternehmen oder Produktionszweigen begünstigen und somit das Wettbewerbsgleichgewicht zwischen bestimmten Unternehmen und ihren Konkurrenten in Frage stellen (sog. Spezifität oder Selektivi-

---

[47] EuGH v. 14. 9. 1994, Rs. C-278/92, 279/92, 280/92, Slg. 1994 I, 4103 (4158); Frenz, DStR 2000, 137 (140).

[48] Zu geringen, sog. de-minimis-Beihilfen, die nicht in den Anwendungsbereich des Art. 87 Abs. 1 EG fallen, s. unten C.IV.

[49] Rn. 11 der Mitt. über Beihilfen im Steuerrecht m. w. N.; EuGH, Urt. v. 2. 7. 1974 a. a. O. (oben Fn. 23); Art. 87 EG differenziert nicht zwischen staatlichen Beihilfemaßnahmen nach Maßgabe ihrer Ursachen oder Ziele, sondern definiert sie – formneutral – anhand ihrer Wirkungen.

[50] Schön a. a. O. (oben Fn. 4), 106 f., 117 f.; Sedemund, EuZW 2001, 609 (Editorial).

[51] Vgl. zu den Maßnahmen zur Beseitigung schädlichen Steuerwettbewerbs Abschn. D.

[52] Entgegen der Ansicht von Sedemund, EuZW 2001, 609 (Editorial) muss daher ein geschlossenes nationales Steuersystem Ausgangspunkt der Betrachtung sein.

[53] Vgl. EuGH v. 7. 5. 1998, Viscido u. a., verb. Rs. C-52/97 und C-54/97, Slg. 1998 S I-2629, EuZW 1998, 473; v. 17. 3. 1993 verb. Rs. C-72/91 und C-73/91, Sloman Neptun, Slg. 1993 I-887, zum Tatbestandsmerkmal der „Belastung des Staatshaushalts" nach Art. 87 Abs. 1 EG vgl. Solt|<chr;fe>sz, EuZW 1998, 747.

[54] Rn. 10 der Mitt. über Beihilfen im Steuerrecht.

tät). Der selektive Charakter unterscheidet staatliche Beihilfen von so genannten „allgemeinen Maßnahmen", d. h. Maßnahmen, die automatisch und unterschiedslos für sämtliche Unternehmen in allen Wirtschaftszweigen in einem Mitgliedstaat bestimmt sind. Die Frage der Selektivität ist daher zuerst die Frage nach dem Vergleichsmaßstab (Bezugsrahmen): Was ist die Regel, was die Ausnahme im nationalen Steuersystem?[55]

Eine *generell* günstige Steuerregelung, die allen Unternehmen in einem Mitgliedstaat zugute kommt, stellt grundsätzlich keine Beihilfe dar, sondern einen gesamtwirtschaftlichen Vorteil, welcher allenfalls nach Art. 96 EG zu beseitigen ist.[56] Das Vorliegen von Selektivität kann nach Auffassung der Kommission und der Rechtsprechung des EuGH anhand unterschiedlicher Kriterien festgestellt werden: Im Hinblick auf den Anwendungsbereich einer Maßnahme lassen sich Maßnahmen mit materieller Selektivität oder regionaler Selektivität feststellen. Andererseits kann im Hinblick auf die Wirkungsweise der Maßnahme eines Mitgliedstaats auch zwischen de-jure und (bloß) de-facto selektiv wirkenden Maßnahmen unterschieden werden. Materiell selektiv wirkt eine Maßnahme, wenn sie auf einen oder mehrere Sektoren, auf bestimmte Unternehmensformen oder -größen oder auf bestimmte Aktivitäten (z. B. konzerninterne Transaktionen) beschränkt ist. Regionale Selektivität ist gegeben, wenn eine niedrige Besteuerung nur in bestimmten Regionen eines Mitgliedstaats gewährt wird. Nach der Rechtsprechung des EuGH hat die Bestimmung des Bezugsrahmens (einzelne Region oder Mitgliedstaat) als Vergleichsmaßstab besonders sorgfältig zu erfolgen.[57] Generell ist nicht erforderlich, dass eine Regelung auf die Begünstigung einzelner Unternehmen abzielt (sog. de-jure Selektivität), um als Beihilfe zu qualifizieren. Ausreichend ist vielmehr, dass eine Maßnahme (unabhängig von ihren Zielen) eine selektive Wirkung hat (de-facto Selektivität).[58] Denkbar sind auch Fälle „verschleierter Selektivität",[59] in denen Staaten generelle (steuerliche) Regelungen für einen individuellen Adressatenkreis (Einzelfallgesetze) erlassen oder auch eine Regelung, die den Behörden einen Ermessensspielraum einräumt, der zur gezielten Förderung einzelner Unternehmen genutzt werden kann.[60]

Im Steuerbereich sind als maßgeblicher Bezugsrahmen zunächst die normalen Regelungen des in Frage stehenden Steuersystems zu bestimmen. Im zweiten Schritt ist zu prüfen, ob eine bestimmte Steuervergünstigung einen selektiven Charakter hat. Dies ist der Fall, wenn die Maßnahme eine Ausnahme von der normalen Besteuerung darstellt und zwischen Wirtschaftsteilnehmern unterscheidet, die sich in einer tatsächlich und rechtlich vergleichbaren Situation befinden. Liegen diese Voraussetzungen vor, so hat der jeweilige Mitgliedstaat nachzuweisen, dass es sich nicht um eine selektive Vergünstigung handelt, sondern um eine Differenzierung,

---

[55] Schön a. a. O. (oben Fn. 4), 118 ff.; Sutter, ET 2001, 241 f.

[56] Ob eine Steuervergünstigung eine allgemeine wirtschaftliche Maßnahme oder eine Beihilfe nach Art. 87 EG darstellt, ist insb. danach zu beurteilen, ob die Vergünstigung mit der inneren Logik des Steuersystems in Einklang steht oder eher eine Abweichung hiervon darstellt; s. XXII. Wettbewerbsbericht (1992) Rn. 451.

[57] EuGH v. 6. 9. 2006, Azoren, Rs. C-88/03, Slg. 2006, I-7115; EuGH v. 11. 9. 2008, Baskenland Rs. C-428/06 bis C-436/06, EuZW 2008, 758; EuG v. 18. 12. 2008, Gibraltar, Rs. T-211/04 und T-215/04, Slg. 2008, nn.

[58] Z. B. Neue Bundesländer, vgl. Kommissionsmitt., Abl. 1992, C 35/30 ff.; EuGH v. 2. 7. 1974 Italien/Kommission, Rs. C-173/73 Slg. 1974, 709, Rn. 27; EuGH v. 8. 11. 2001, Adria Wien, Rs. C-143/99, Slg. 2001, I-8365, Rn. 41; EuGH v. 22. 12. 2008, British Aggregates, Rs. C-487/06, Slg. 2008, nn., Rn. 83-84.

[59] Schön a. a. O. (oben Fn. 4), 128.

[60] Schön a. a. O. (oben Fn. 4), 126 ff.: z. B. § 163 AO.

Blumenberg

die aus der Natur oder dem inneren Aufbau des betreffenden Steuersystems folgt und daher gerechtfertigt ist.[61]

Im Jahre 2006 hat der EuGH in der Rechtssache *Azoren*[62] dargelegt, wie die Kommission den Bezugsrahmen zu ermitteln hat, der für die Bestimmung der regionalen Selektivität erforderlich ist.[63] Danach muss der geographische Bezugsrahmen mit der Grenze des betreffenden Mitgliedstaats nicht zwangsläufig identisch sein. Vielmehr kann auch eine unterhalb der nationalstaatlichen Ebene angesiedelte Einrichtung den maßgeblichen Bezugsrahmen bilden, wenn diese über eine institutionelle, verfahrensrechtliche und finanzielle Autonomie verfügt.[64] Eine institutionelle Autonomie ist gegeben, wenn eine regionale oder lokale Körperschaft einen eigenen politischen und administrativen Status gegenüber der jeweiligen Zentralregierung innehat, der verfassungsrechtlich gesichert ist. Eine hinreichende Verfahrensautonomie ist gegeben, wenn die regionale bzw. lokale Körperschaft die betreffende Entscheidung getroffen hat, ohne dass eine Zentralregierung die Möglichkeit hatte, den Entscheidungsinhalt unmittelbar zu beeinflussen. Schließlich liegt die erforderliche finanzielle Autonomie vor, wenn die finanziellen Auswirkungen der in Rede stehenden (Steuer-) Vergünstigungen nicht durch Zahlungen des Zentralstaats oder anderer Regionen ausgeglichen werden, sondern die betreffende regionale bzw. lokale Körperschaft die finanziellen Auswirkungen ihrer Maßnahme selbst trägt. In der Rechtssache *Gibraltar*[65] hat das Gericht erster Instanz die Prüfungsreihenfolge im Zusammenhang mit regional selektiven Begünstigungen noch einmal präzisiert.

C. Beihilfeverfahren

Die Überprüfung von Beihilfen obliegt der Kommission. Die wesentlichen Verfahrensregeln für die Beihilfekontrolle enthält die am 22. 11. 1999 vom Rat erlassene Verfahrensordnung zur Anwendung von Art. 88 EG. Bei der Überprüfung wird zwischen der sog. präventiven Kontrolle neu anzumeldender Beihilfen und der fortlaufenden Prüfung bestehender Beihilfen unterschieden. Erst durch die „Genehmigung" der Kommission wird die jeweilige Maßnahme gemeinschaftsrechtlich legitimiert. Im Hinblick auf eine effizientere Überwachung und aus Gründen der Verwaltungsvereinfachung sind bestimmte Gruppen von Beihilfen sektorübergreifend (horizontal) vom Notifizierungsverfahren nach Art. 88 Abs. 3 EG ausgenommen (sog. Gruppenfreistellungen). Eine weitere Ausnahme gilt für die sog. de-minimis-Beihilfen, welche aufgrund ihrer Geringfügigkeit nicht geeignet sind, sich auf den Wettbewerb und den Handel im Binnenmarkt auszuwirken. Rechtswidrig gewährte Beihilfen fordert die Kommission grundsätzlich zurück. Sowohl den Mitgliedstaaten als auch den Unternehmen steht ein gemeinschaftsrechtliches Instrumentarium zur Verfügung, um gegen Beihilfen vorzugehen.

I. Verfahrensverordnung der Kommission in Beihilfesachen

Das Beihilfeverfahren ist im EG-Vertrag selbst nur rudimentär geregelt. Zur Erhöhung der Transparenz und Rechtssicherheit hat der Rat der EU am 22. 3. 1999 eine Verfahrensverordnung[66] (nachfolgend auch VerfVO) samt Durchführungsverordnung[67] zur Überwachung staatli-

---

[61] Rn. 12 der Mitt. über Beihilfen im Steuerrecht.
[62] EuGH v. 6. 9. 2006, Azoren, Rs. C-88/03, Slg. 2006, I-7115.
[63] EuGH v. 6. 9. 2006, *Azoren*, Rs. C-88/03, Slg. 2006, I-7115, Rn. 56 ff.
[64] EuGH v. 6. 9. 2006, *Azoren*, Rs. C-88/03, Slg. 2006, I-7115, Rn. 61.
[65] EuG v. 18. 12. 2008 und Rs. T-211/04, Rs. T-215/04, *Gibraltar*, Slg, 2008, nn.
[66] VO (EG) Nr. 659/1999 des Rates v. 22. 3. 1999 über besondere Vorschriften für die Anwendung von

cher Beihilfen erlassen. Die Verfahrensordnung gliedert sich in acht Kapitel: Kap. I behandelt Definitionen. Kap. II–V regeln das Verfahren bei angemeldeten Beihilfen, bei rechtswidrigen Beihilfen, bei missbräuchlicher Anwendung von Beihilfen sowie bei bestehenden Beihilferegelungen. In Kap. VI findet sich ein Abschnitt über die Rechte der Beteiligten. Es schließen sich die Vorschriften über die Überwachungsbefugnisse der Kommission sowie gemeinsame Vorschriften an. Die Durchführungsverordnung zur VerfVO regelt die Form, den Inhalt und andere Einzelheiten beihilferechtlicher Anmeldungen und Jahresberichte. Daneben enthält sie Bestimmungen über die Berechnung der beihilferechtlich relevanten Fristen und den bei Rückforderung rechtswidriger Beihilfen anzuwendenden Zinssatz.

II. Überprüfung von Beihilfen durch die Kommission

1. Präventive Kontrolle neu einzuführender Beihilfen

Beabsichtigt ein Mitgliedstaat die Einführung oder Umgestaltung einer Beihilfe, so hat er die Kommission hiervon so rechtzeitig zu unterrichten, dass sich diese dazu äußern kann (Art. 88 Abs. 3 Satz 1 EG). Zwar können sich die Mitgliedstaaten im Hinblick auf den Beihilfecharakter geplanter Fördermaßnahmen auch informell an die Kommission wenden (sog. Voranfragen). Rechtssicherheit bietet hingegen nur die Notifizierung der Maßnahme. Ausgenommen von der Verpflichtung zur Notifikation sind Beihilfen im Bereich einer Gruppenfreistellungsverordnung und der de-minimis-Regelung (dazu unten III. und IV.).

Nach Anmeldung der Maßnahme erfolgt eine Vorprüfung durch die Kommission. Dieses sog. Vorprüfungsverfahren ist nach Art. 4 Abs. 5 VerfVO fristgebunden. Innerhalb von zwei Monaten hat die Kommission entweder dem Mitgliedstaat mitzuteilen, dass die angemeldete Maßnahme keine Beihilfe darstellt (bzw. gegen das Beihilfevorhaben keine Einwände erhoben werden), oder sie hat ein sog. Hauptprüfungsverfahren einzuleiten. Bleibt die Kommission bis zum Ablauf der Frist untätig, gilt die Beihilfe als genehmigt (Art. 4 Abs. 6 VerfVO).

Hält die Kommission die beabsichtigte Beihilfe bereits nach der Vorprüfung für mit dem Gemeinsamen Markt vereinbar, so setzt sie den betroffenen Mitgliedstaat hiervon in Kenntnis.[68] Ursprünglich hatte die Kommission diese „Entscheidungen" nicht oder nur an versteckter Stelle veröffentlicht. Dies war im steuerlichen Bereich z. B. für die ursprüngliche Genehmigung und für die erste Verlängerung der steuerlichen Sonderregelungen für IFSC-Unternehmen in Irland,[69] die belgischen Coordination Centers und die Unternehmen in der Madeira-Freihandelszone der Fall. Inzwischen werden die Entscheidungen im Amtsblatt der EG abgedruckt unter dem Titel „Genehmigung staatlicher Beihilfen gem. Art. 87 und 88 des EG-Vertrages – Vorhaben, gegen die von der Kommission keine Einwände erhoben werden".[70]

Art. 93 EGV (jetzt Art. 88 EG), Abl.EG Nr. L 83 v, 27. 3. 1999 1-9; dargestellt bei: Sinnaeve, EuZW 1999, 270 ff.; Fischer, ZIP 1999, 1426 ff.; Kruse, NVwZ 1999, 1049 ff.

[67] VO (EG) Nr. 794/2004 vom 21. 4. 2004, Abl.EG Nr. L 140/1, 30. 4. 2004.

[68] EuGH v. 11. 12. 1973, Lorenz/Deutschland, Rs. C-120/73, Slg. 1973, 1471; v. 20. 3. 1984, Deutschland/Kommission, Rs. C-84/82, Rs. C-387/92, Slg. 1984, 1451. Die Kommission muss aber keine förmliche Entscheidung i. S. d. Art. 249 EG treffen, da Art. 88 EG eine solche nur zum Abschluss des Hauptprüfungsverfahrens verlangt. Zur Kritik am Verfahren der Vorprüfung vgl. Martin-Ehlers, EWS 1998, 245.

[69] Vgl. XVII. Bericht über die Wettbewerbspolitik für das Jahr 1987, Ziff. 249; XX. Bericht über die Wettbewerbspolitik für das Jahr 1990, Ziff. 327.

[70] Zur zweiten und dritten Verlängerung der IFSC-Beihilfen s. ABl.EG 1992 Nr. C 15, 5 und ABl.EG 1994 Nr. C 390, 16.

Blumenberg

Entschließt sich die Kommission, ein förmliches Prüfungsverfahren nach Art. 88 Abs. 2 EG (Hauptprüfungsverfahren) zu eröffnen, so teilt sie dies dem betroffenen Mitgliedstaat, den übrigen Mitgliedstaaten und anderen Beteiligten durch Veröffentlichung im Amtsblatt mit und fordert die übrigen Mitgliedstaaten und anderen Beteiligten unter Fristsetzung (von normalerweise höchstens einem Monat) auf, sich zu den betreffenden Beihilfemaßnahmen zu äußern. Beispiele hierzu sind die zeitliche Verlängerung und Ausweitung der Investitionszulage durch das Jahressteuergesetz 1996, die Sonderregelungen zum Verlustabzug nach § 8c Abs. 2 KStG bei Beteiligung von und an Wagniskapitalgesellschaften im Rahmen des MoRaKG[71] und die steuerlichen Vergünstigungen im Rahmen des Finanzmarktstabilisierungsgesetzes.[72] Das Hauptprüfungsverfahren ist grundsätzlich nicht fristgebunden; nach Art. 7 Abs. 6 VerfVO hat sich die Kommission allerdings darum zu bemühen, das Prüfverfahren innerhalb von 18 Monaten durch eine Entscheidung zu beenden. Das Verfahren endet mit einer förmlichen Entscheidung der Kommission i. S. d. Art. 249 EG, in welcher entweder die Vereinbarkeit (wie im Fall der steuerlichen Vergünstigungen im Rahmen des Finanzmarktstabilisierungsgesetzes) oder die Unvereinbarkeit der Beihilfe (wie im Fall der Sonderabschreibungen zugunsten deutscher Luftfahrtunternehmen) mit dem Gemeinsamen Markt festgestellt wird.[73] Im Falle der Unvereinbarkeit gibt die Kommission dem betreffenden Mitgliedstaat auf, die geplante Regelung nicht oder nur unter gewissen Auflagen in Kraft zu setzen bzw. eine bestehende Maßnahme innerhalb einer gewissen Frist aufzuheben oder umzugestalten und bereits gewährte Beihilfen zurückzufordern.

2. Repressive Kontrolle bestehender Beihilfen

Bestehende Beihilfen werden von der Kommission fortlaufend in Zusammenarbeit mit den Mitgliedstaaten überprüft (Art. 88 Abs. 1 EG). Die Mitgliedstaaten sind dabei gem. Art. 10 Satz 2 EG zur Zusammenarbeit mit der Kommission verpflichtet (s. auch Art. 17 Abs. 1 VerfVO). Mit der fortlaufenden Überprüfung soll festgestellt werden, ob Anlass für die Einleitung eines Hauptprüfungsverfahrens besteht. Bestehende Beihilfen können von den Mitgliedstaaten gewährt werden, solange die Kommission nicht ihre Unvereinbarkeit mit dem Gemeinsamen Markt festgestellt hat.[74] So wurde die irische IFSC-Beihilfe insgesamt dreimal überprüft, ohne dass ein Hauptprüfungsverfahren eingeleitet wurde; jedes Mal wurde die zeitliche Dauer der Beihilfe verlängert.[75]

3. Rechtsfolge der „Genehmigung" einer Beihilfe durch die Kommission

Solange die Kommission eine als mitgliedstaatliche Beihilfe zu qualifizierende Maßnahme nicht als mit dem Gemeinsamen Markt für vereinbar erklärt hat, ist ihre Durchführung verboten (sog. Sperrwirkung oder stand-still-Gebot des Kontrollverfahrens, Art. 88 Abs. 3 Satz 3 EG).[76] Missachtet ein Mitgliedstaat diese Sperrwirkung, so ist die Beihilfe wegen Verstoßes gegen das Gemein-

---

[71] S. oben B.I.1.
[72] Nach § 14 FMStG ist der Finanzmarktstabilisierungsfonds u. a. von der Körperschaftsteuer und Gewerbesteuer befreit, auf Anteilserwerbe des Finanzmarktstabilisierungsfonds findet § 8c KStG (Wegfall von Verlustvorträgen) und § 1 Abs. 2a GrEStG keine Anwendung.
[73] Sog. Positiv- bzw. Negativentscheidung, geregelt in Art. 7 der Verfahrensordnung in Beihilfesachen (VO (EG) Nr. 659/1999 des Rates v. 22. 3. 1999).
[74] EuGH v. 15. 3. 1994 a. a. O. (oben Fn. 43).
[75] ABl.EG 1992 Nr. C 15, 5, ABl.EG 1994 Nr. C 390, 16.
[76] Dieses Durchführungsverbot findet sich jetzt, wenn auch deklaratorisch, in Art. 3 der Verfahrensordnung in Beihilfesachen (VO (EG) Nr. 659/1999 des Rates v. 22. 3. 1999).

schaftsrecht rechtswidrig (zur Rückforderung rechtswidrig gewährter Beihilfen s. unten V.). Erst durch die „Genehmigung"[77] der Beihilfe durch die Kommission wird die jeweilige Maßnahme gemeinschaftsrechtlich legitimiert, d. h. der betreffende Mitgliedstaat darf die Beihilfe gewähren, die begünstigten Unternehmen dürfen die Beihilfe behalten.[78] Soweit der deutsche Gesetzgeber den (möglichen) Beihilfecharakter von Steuervergünstigungen bejaht, werden in der jüngsten Vergangenheit (anders als früher) von der Kommission noch nicht genehmigte Steuervergünstigungen mit einem entsprechenden Genehmigungsvorbehalt in das Gesetz aufgenommen.[79]

III. Gruppenfreistellungen

Nach Art. 89 EG (ehemals Art. 93 EGV) kann der Rat auf Vorschlag der Kommission diejenigen Arten von Beihilfen festlegen, die von dem Beihilfeverfahren (Art. 88 Abs. 3 EG) ausgenommen sind. Am 7. 5. 1998 hat der Rat von dieser Ermächtigung Gebrauch gemacht, indem er die Verordnung über die Anwendung der Art. 92 und 93 EGV (jetzt Art. 88, 89 EG) auf bestimmte Gruppen horizontaler Beihilfen (sog. Gruppenfreistellungen) beschlossen hat.[80] Art. 1 dieser Verordnung ermächtigt die Kommission Beihilfen zugunsten

▶ kleinerer und mittlerer Unternehmen (sog. KMU-Beihilfen),

▶ der Forschung und Entwicklung,

▶ von Umweltschutzmaßnahmen,

▶ der Beschäftigung und Ausbildung,

▶ sowie solche mit regionaler Zielsetzung

von der Anmeldungspflicht nach Art. 88 Abs. 3 EG freizustellen. Ebenfalls freigestellt sind sog. de-minimis-Beihilfen (s. unten IV.).

Die Kommission hat daraufhin eine neue allgemeine Gruppenfreistellungsverordnung (AGVO) verabschiedet, die am 29. 8. 2008 in Kraft getreten ist (Art. 45 AGVO) und (zunächst) bis zum 31. 12. 2013 gilt. Die AGVO ersetzt die früheren Verordnungen für KMU-Beihilfen[81] sowie Beschäftigungs- und Ausbildungsbeihilfen und die Verordnung für regionale Investitionsbeihilfe. Eine Ende 2006 neu gefasste de-minimis-Verordnung gilt daneben weiter. Nach Schätzungen der Kommission erfasst die neue AGVO 80% der insgesamt in der EU gewährten Subventionen.[82] Bei Einhaltung aller formellen und materiellen Freistellungsvoraussetzungen wird die im Beihilferecht üblicherweise vorgesehene Anmeldung und Genehmigung einer Beihilfe durch eine bloße ex-post-Kontrolle der angemeldeten Maßnahme ersetzt.

---

[77] Der Begriff der „Genehmigung" der Beihilfe ist dabei terminologisch nicht ganz zutreffend, da der EG-Vertrag nicht auf eine Genehmigung im technischen Sinne abstellt, sondern auf die Vereinbarkeit mit dem Gemeinsamen Markt; s. hierzu Lausterer, IStR 1997, 486 (488).

[78] Die Genehmigung wirkt im Falle des Art. 87 Abs. 2 EG deklaratorisch, d. h. nur feststellend; im Falle des Art. 87 Abs. 3 EG hingegen konstitutiv, da die Kommission nach eigenem Ermessen entscheidet.

[79] Vgl. etwa entsprechende Genehmigungsvorbehalte in Art. 8 MoRaKG (oben Fn. 18).

[80] VO (EG) Nr. 994/1998 des Rates v. 7. 5. 1998 über die Anwendung von Art. 92 und 93 (jetzt Art. 87 und 88) des EG-Vertrags auf bestimmte Gruppen horizontaler Beihilfen, Abl.EG Nr. L 142 v. 14. 5. 1998, 1-4.

[81] Verordnung (EG) Nr. 1857/2006 und Verordnung (EG) Nr. 736/2008 betreffend KMU-Beihilfe für Betriebe, die in der Erzeugung, Verarbeitung und Vermarktung von landwirtschaftlichen bzw. Fischereierzeugnissen tätig sind, bleiben allerdings weiterhin wirksam.

[82] Im Einzelnen zur neuen Allgemeinen Gruppenfreistellungsverordnung: *Bartosch*, NJW 2008, 3612 ff.

Wird eine steuerliche Beihilfe (Steuerbefreiung oder -ermäßigung) gewährt, so ist deren Höhe (Intensität) auf Basis der zukünftigen Steuerentlastung zu ermitteln (dem sog. Subventionsäquivalent), Art. 4 Abs. 1 Satz 2 AGVO. Gewährte Steuervergünstigungen sind auf Basis des jeweils geltenden Referenzzinssatzes abzuzinsen, Art. 4 Abs. 2 AGVO. Weiterhin muss auch eine Beihilfe in Form steuerlicher Vergünstigungen transparent i. S. v. Art. 5 Abs. 1 d) AGVO sein, um von einer Anwendung der AGVO profitieren zu können. Hiernach muss eine Beihilfe in Form einer steuerlichen Maßnahme eine Obergrenze vorsehen, damit die für die Anwendbarkeit der AGVO entscheidenden Schwellenwerte nicht überschritten werden. Diese Schwellenwerte sind im besonderen Teil der AGVO für die einzelnen Beihilfegruppen jeweils gesondert geregelt.[83]

Art. 25 AGVO enthält die Voraussetzungen, unter denen Beihilfen in Form von Umweltsteuerermäßigungen in den Anwendungsbereich der neuen AGVO fallen. Eine Umweltsteuer ist nach Art. 17 Nr. 10 AGVO eine Steuer, deren Besteuerungsgegenstand negative Auswirkungen auf die Umwelt hat. Die Umweltsteuer soll diese Umweltkosten auf den Verbraucher überwälzen und ihn dadurch zu einem umweltfreundlicheren Verhalten bewegen. In Deutschland sind Umweltsteuern vor allem die Mineralölsteuer und die Stromsteuer. Nach Art. 25 Abs. 2 und 3 AGVO sind Beihilfen in Form von Umweltsteuerermäßigungen zulässig, wenn die Steuerermäßigung die in der Richtlinie (EG) Nr. 2003/96 festgelegte gemeinschaftliche Mindestbemessungsgrundlage nicht unterschreitet und wenn die Steuerermäßigungen für höchstens 10 Jahre bewilligt werden.[84]

IV. De-minimis-Verordnung

Verboten sind staatliche Beihilfen nur, wenn sie geeignet sind, sich auf den Wettbewerb und den Handel zwischen den Mitgliedstaaten verfälschend auszuwirken. Nach dem vom EuGH in ständiger Rechtsprechung angewandten Verhältnismäßigkeitsprinzip[85] misst die Kommission bestimmten kleineren Beihilfen - sog. de-minimis-Beihilfen - keine wettbewerbsbeeinflussende Wirkung bei.[86] Sie unterfallen daher nicht dem Anwendungsbereich des Art. 87 Abs. 1 EG.

Voraussetzung für die Anwendung der de-minimis-Regel ist,[87] dass der Gesamtbeihilfehöchstbetrag 200.000 Euro innerhalb von 3 Jahren ab Erstanwendung nicht übersteigt. Auch hierbei spielt die Begünstigungsform keine Rolle, d. h. der Schwellenwert gilt auch für das sog. Subventionsäquivalent. Im Steuerbereich hat eine Bezugnahme auf die de-minimis-Grenze allerdings regelmäßig keine Aussicht auf Erfolg, da die Kommission eine Beihilferegelung in ihrer Gesamt-

---

[83] Exemplarisch sei auf die Begrenzung des Beihilfebetrags für junge, innovative Unternehmen in Art. 35 Abs. 4 AGVO auf 1 Mio. Euro verwiesen.

[84] Die von Deutschland gewährten Subventionen an energieintensive Betriebe sind häufig geringer als sie nach EG-Recht möglich wären. So schreibt z. B. Anhang I Tabelle C der Richtlinie (EG) Nr. 2003/96 v. 31. 10. 2003, (ABl.EG 2003 Nr. L 283/51) keine Mindeststeuer auf betrieblich verwendete Flüssiggase vor. Gleichwohl gewährt Deutschland für betrieblich verwendete Flüssiggase bei Gewächshäusern nur eine Steuerermäßigung von 38,90 Euro auf den Regelsteuersatz von 60,60 Euro, §§ 2 Abs. 3 Nr. 5, 58 Abs. 2 Nr. 3 EnergieStG.

[85] Ständige Rechtsprechung seit EuGH, Schräder, Rs. C-265/87, Slg. 1989, 2237.

[86] Erstmals in der Mitt. der Kommission über de-minimis-Beihilfen, ABl.EG C 68 v. 6. 3. 1996, 9; jetzt kodifiziert und ersetzt durch VO (EG) Nr. 69/2001 v. 12. 1. 2001, ABl.EG Nr. L 10, 30-32. Inzwischen gilt die VO (EG) Nr. 1998/2006 v. 28. 12. 2008, ABl.EG Nr. L 379, 5.; hierzu Nordmann EuZW 2007, 752 ff.; kritisch Boos/Kleine, Kreditwesen 2008, 1092 ff.

[87] Nach der Vorgängerverordnung war noch ein Betrag von 100.000 Euro innerhalb von 3 Jahren der max. zulässige Höchstbetrag, Art. 2 Abs. 2 VO (EG) Nr. 69/2001.

heit prüft (und an der de-minimis-Grenze misst) und nicht jede Einzelmaßnahme isoliert würdigt.[88]

V. Rückforderung rechtswidrig gewährter Beihilfen

Stellt die Kommission die Rechtswidrigkeit einer mitgliedstaatlichen Beihilfe fest (Art. 88 Abs. 2 EG, Art. 7 Abs. 5 VerfVO), so fordert sie den die Beihilfe gewährenden Mitgliedstaat in der Regel zur Rückforderung der Beihilfe auf.[89] Der Mitgliedstaat ist dann grundsätzlich verpflichtet, die Beihilfe von dem begünstigten Unternehmen zurück zu verlangen.[90]

Eine Ausnahme gilt, wenn die Beihilfe zwar formell rechtswidrig, aber i. S. d. Art. 87–89 EG mit dem Gemeinsamen Markt vereinbar, also materiell nicht rechtswidrig, ist. Die formelle Rechtswidrigkeit ergibt sich dabei regelmäßig aus einem Verstoß gegen das Vollzugsverbot nach Art. 88 Abs. 3 Satz 3 EG. Nach der jüngsten Rechtsprechung des EuGH in der Rechtssache *CELF*[91] ist eine unter Verstoß gegen das Vollzugsverbot gewährte Beihilfe nicht zurückzufordern, wenn die Kommission zwischenzeitlich eine abschließende Positiventscheidung getroffen hat. Der Empfänger einer lediglich formell rechtswidrigen Beihilfe ist jedoch in jedem Fall zur Zahlung von Zinsen für den Zeitraum verpflichtet, in dem die Beihilfe formell rechtswidrig war. Sinn und Zweck der Stillhalteverpflichtung des Art. 88 Abs. 3 Satz 3 EG ist es, Wettbewerber des betreffenden Beihilfeempfängers vor einer nicht genehmigungsfähigen Beihilfe oder der vorzeitigen Auszahlung einer genehmigungsfähigen Beihilfe zu schützen,[92] nicht aber eine bloß formell rechtswidrige Beihilfe dauerhaft zu untersagen.[93]

Das Gemeinschaftsrecht enthält keine Verfahrensvorschriften über die Rückforderung rechtswidrig gewährter Beihilfen. Art. 14 Abs. 1 Satz 1 VerfVO beschreibt lediglich den bisherigen Vollzug, wie er sich der Rechtsprechung des EuGH entnehmen lässt. Danach hat die Abwicklung „nach den im nationalen Recht vorgesehenen Modalitäten" zu erfolgen.[94] Dies gilt jedoch mit der Maßgabe, dass die Anwendung des nationalen Rechts die Tragweite und die Wirksamkeit des Gemeinschaftsrechts nicht beeinträchtigen darf (sog. effet utile-Grundsatz).[95] Aufgrund der sich aus Art. 88 Abs. 2 EG und Art. 14 Abs. 1 VerfVO ergebenden Verpflichtung zur Rückforde-

---

[88] EuGH v. 15. 12. 2005, Unicredito Italiano SpA, Rs. C-148/04, Slg. 2005, I-11137-11202, Rn. 69; Frenz/Roth DStZ 2006, 465 (465).

[89] EuGH v. 12. 7. 1973, Kommission/Deutschland, Rs. C-70/72, Slg. 1973, 813 (829) Rn. 13; v. 14. 1. 1997, Spanien/Kommission, Rs. C-169/95, Slg. 1997, I-135. Für Einzelheiten zur Rückforderung s. Hopt/Mestmäcker, WM 1996, 753 (Teil I), 801 (Teil II).

[90] Nach dem EuGH ist die zuständige Behörde gemeinschaftsrechtlich verpflichtet, den Bewilligungsbescheid für eine rechtswidrig gewährte Beihilfe (Nichteinhaltung des gemeinschaftsrechtlichen Verfahrens) selbst dann zurückzunehmen, „wenn sie [die Behörde eines Mitgliedstaats] für die Rechtswidrigkeit in einem solchen Maße verantwortlich ist, dass die Rücknahme dem Begünstigten gegenüber als Verstoß gegen Treu und Glauben erscheint" und „dies nach nationalem Recht wegen Wegfalls der Bereicherung mangels Bösgläubigkeit des Beihilfeempfängers ausgeschlossen ist", Urt. v. 20. 3. 1997, Land Rheinland-Pfalz/Alcan Deutschland GmbH, Rs. C-24/95, NVwZ 1998, 45, EuZW 1997, 276; stark kritisiert von Scholz, DÖV 1998, 261 f.

[91] EuGH v.12. 2. 2008, *CELF*, Rs. C-199/06, EuZW 2008, 234.

[92] Vgl. *Bartosch*, EuZW 2008, 239; instruktiv zur Bedeutung der Entscheidung für Rückforderungsverfahren in Deutschland: *Gundel*, EWS, S. 161.

[93] So allerdings noch Generalanwalt J. Mazák in seinem Schlussantrag vom 24. 5. 2007, Slg. 2008 I-469.

[94] In Deutschland nach § 48 Verwaltungsverfahrensgesetz („VwVfG").

[95] EuG v. 8. 6. 1995 Siemens/Kommission, Rs. T-459/93, Slg. 199, 5 II-1679; v. 20. 3. 1997 a. a. O. (oben Fn. 90); ständige Rechtsprechung.

rung rechtswidrig gewährter Beihilfen haben die zuständigen nationalen Behörden bei der Rückforderung regelmäßig kein Ermessen.[96] Art. 14 Abs. 3 VerfVO verpflichtet die Mitgliedstaaten, den Rückforderungsbescheid für sofort vollziehbar zu erklären. Demnach hat die deutsche Verwaltung § 80 Abs. 2 Satz 1 Nr. 4 VwGO bei Rücknahmebescheiden mit der Maßgabe anzuwenden,[97] dass sich das erforderliche öffentliche Interesse am Sofortvollzug aus dem gemeinschaftsrechtlichen Rückforderungsinteresse ergibt.

Den Grundsatz des Vertrauensschutzes erkennt der EuGH nur in engen Grenzen an. Voraussetzung für die Anerkennung schützenswerten Vertrauens ist, dass beim Beihilfeempfänger eine begründete Erwartung in Form einer konkreten Zusicherung durch ein Gemeinschaftsorgan geweckt wurde.[98] Nach der Rechtsprechung des EuGH ist es einem sorgfältigen Gewerbetreibenden regelmäßig möglich, sich zu vergewissern, ob das gemeinschaftsrechtliche Beihilfeverfahren eingehalten wurde.[99] Im Übrigen weist die Kommission in ihren im Amtsblatt (unter Nummer C) publizierten Mitteilungen, mit denen sie die Hauptprüfung einleitet und die Beteiligten zur Stellungnahme auffordert, darauf hin, dass jede zu Unrecht gewährte Beihilfe zurückgefordert werden kann. Nur in Sonderfällen kann schützenswertes Vertrauen damit der Rückforderung einer rechtswidrigen Beihilfe entgegenstehen.[100] Selbst in Fällen, in denen die Kommission ursprünglich beschlossen hatte, keine Einwendungen gegen eine Beihilfe zu erheben, und diese Entscheidung vom EuGH erst später aufgrund einer Konkurrentenklage für nichtig erklärt wurde, soll sich der beihilfebegünstigte Unternehmer nicht auf den Vertrauensschutz berufen können. Der Grund hierfür wird darin gesehen, dass der Irrtum der Kommission die Konsequenzen des rechtswidrigen Verhaltens des betroffenen Mitgliedstaates nicht beseitigen könne.[101] Auch den Einwand der Unverhältnismäßigkeit der Rückforderung lässt der EuGH in seiner Rechtsprechung regelmäßig nicht gelten. Die Rückforderung einer rechtswidrigen Beihilfe ist nach dem EuGH die „logische Folge der Feststellung der Rechtswidrigkeit und kann deshalb nicht als unverhältnismäßig gelten".[102] Nur unter außergewöhnlichen Umständen könne eine Rückforderung entfallen. In dieser Hinsicht legt der EuGH sehr strenge Maßstäbe an.

---

[96] Vgl. EuGH 20. 3. 1997 a. a. O. (oben Fn. 90); stark kritisiert von Scholz, DÖV 1998, 261 ff.

[97] Vgl. Fischer, ZIP 1999, 1431,

[98] EuGH v. 22. 6. 2006, *Belgien/Kommission*, Slg. 2006, I-5479, Rn. 147.

[99] EuGH v. 20. 3. 1997 a. a. O. (oben Fn. 90).

[100] Dies mag etwa der Fall sein, wenn die Kommission ihre Auffassung zur Beihilfequalität einer Maßnahme ändert oder wenn ein Beihilfeempfänger aufgrund des Wortlauts einer Entscheidung des EuGH davon ausgehen durfte, dass eine bestimmte innerstaatliche Maßnahme nicht selektiv (und folglich keine Beihilfe) sei (vgl. Entscheidung Nr. 2005/565/EG der Kommission v. 9. 3. 2004 über eine durch Österreich angewendete Beihilferegelung betreffend die Energieabgabenvergütung auf Erdgas und Elektrizität in den Jahren 2002 und 2003, ABl.EG 2005 L 190, S. 13, Rn. 66).

[101] EuGH v. 14. 1. 1997 a. a. O. (oben Fn. 89), Rn. 53, 54.

[102] EuGH v. 21. 3. 1990, Belgien/Kommission, Rs. C-142/87, Slg. 199, 0 I-959 (1020) Rn. 66; v. 14. 9. 1994 a. a. O. (oben Fn. 47), Rn. 74; v. 14. 1. 1997 a. a. O. (oben Fn. 89), Rn. 47. Vgl. auch das Verfahren „Neue Maxhütte", in dem der EuGH einen Antrag auf Aussetzung einer Kommissionsentscheidung, die eine Beihilfegewährung für rechtswidrig erklärt hatte, abgelehnt hat, obwohl das betroffene Unternehmen im Falle der Rückforderung der Beihilfen in Konkurs zu fallen drohte, EuGH v. 3. 5. 1996, Deutschland/Kommission, Rs. C-399/95 R, Slg. 1997, I-2441. Auch der drohende Konkurs mit dem damit verbundenen Wegfall der Arbeitsplätze müsse in der Abwägung zurücktreten, wenn die Erfolgs-aussichten in der Hauptsache nur äußerst gering seien. Zwar erging diese Entscheidung im Anwendungsbereich des EGKS-Vertrages, der in Art. 4 Buchst. c staatliche Beihilfen im Stahlsektor ausnahmslos untersagt. Sie zeigt jedoch die sehr restriktive Position des EuGH zur Rückforderung von Beihilfen (vgl. auch Hakenberg/Tremmel, EWS 1997, 217 (223)).

In der Rechtssache C-6/97 *Italien/Kommission*[103] hatte die Kommission eine von Italien eingeführte Vergünstigung bei der Einkommen-, Gemeinde- und Mehrwertsteuer für Güterkraftverkehrsunternehmen für mit dem Gemeinsamen Markt unvereinbar erachtet. Italien wurde verpflichtet, die Beihilfe aufzuheben und zurückzufordern. Hiervon unbeeindruckt verlängerte Italien die Vergünstigungen mehrfach und weitete sie sogar aus. Gegen die Klage der Kommission wendete Italien ein, die Nachforderung der Steuern sei technisch unmöglich. Der EuGH ließ diesen Einwand nicht gelten. Er erkannte zwar an, dass es „unüberwindliche Schwierigkeiten einem Mitgliedstaat unmöglich machen, die ihm nach dem Gemeinschaftsrecht obliegenden Verpflichtungen einzuhalten". Derartige rein administrative Schwierigkeiten und die Belastung der Finanzverwaltung bei der Nachforderung führten jedoch nicht zur technischen Unmöglichkeit der Nachforderung.[104]

Wie in anderen Bereichen auch muss der Empfänger einer in Form der Steuervergünstigung gewährten Beihilfe sich daher rechtzeitig vergewissern, ob bei ihrer Gewährung das Verfahren nach Art. 88 EG eingehalten wurde. Entscheidet die Kommission, dass die Gewährung einer Beihilfe gemeinschaftsrechtswidrig war, so sollte ein betroffenes Unternehmen zunächst gegen diese Entscheidung vorgehen, falls sie zweifelhaft erscheint. Falls eine gewährte Beihilfe mangels Anmeldung bei der Kommission lediglich formell rechtswidrig ist, sollte ein Steuerpflichtiger bei der Regierung des Mitgliedstaats auf eine nachträgliche Anmeldung der Beihilfe bei der Kommission dringen, um eine wirtschaftlich günstige Rückforderungsentscheidung, die auf den Zinsvorteil begrenzt ist, erlangen zu können.

Ist die Rechtswidrigkeit der Beihilfe von der Kommission unanfechtbar festgestellt, so erscheint ein Vorgehen gegen die Rückforderung dieser Beihilfe angesichts der oben dargestellten restriktiven Rechtsprechung des EuGH wenig Erfolg versprechend. Sofern die Entscheidung der Kommission über die Rückforderung der Beihilfe von dem betroffenen Mitgliedstaat oder den begünstigten Unternehmen nicht rechtzeitig mit der Nichtigkeitsklage (Art. 230 EG) angegriffen wird, ist sie – auch für die nationalen Gerichte der Mitgliedstaaten – verbindlich.[105]

VI. Möglichkeiten des Vorgehens einzelner Mitgliedstaaten gegen (steuerliche) Beihilfen anderer Mitgliedstaaten

Zwischen einzelnen Mitgliedstaaten kann die Auffassung über die Rechtmäßigkeit von Beihilfen weit auseinander gehen. Dies gilt auch für steuerliche Maßnahmen, einschließlich solcher, die von der Kommission als Beihilfe genehmigt wurden.

Obwohl den Mitgliedstaaten ein gemeinschaftsrechtliches Instrumentarium zur Verfügung steht, um Einwendungen gegen Beihilfen anderer Mitgliedstaaten geltend zu machen, begegnen sie der Ausnutzung von aus eigener nationaler Sicht unerwünschten Steuervergünstigungen im Ausland in der Praxis überwiegend durch generelle und/oder spezielle Missbrauchsvorschriften des nationalen Steuerrechts.

1. Gemeinschaftsrechtliche Abwehrmaßnahmen einzelner Mitgliedstaaten

Ist ein Mitgliedstaat der Auffassung, dass eine von der Kommission genehmigte Beihilfe eines anderen Mitgliedstaates nicht mit dem Gemeinsamen Markt vereinbar ist, hat er verschiedene Möglichkeiten, dagegen vorzugehen. Dies gilt auch in den Fällen, in denen die Kommission die

---

[103] EuGH v. 29. 1. 1998 a. a. O. (oben Fn. 24) und v. 19. 5. 1999, Italien/Kommission, Rs. C-6/97, Slg. 1999 I, 2981 ff.
[104] EuGH v. 19. 5. 1999 a. a. O. (oben Fn. 103), Tz. 32 ff.
[105] EuGH v. 9. 3. 1994, Textilwerke Deggendorf/Deutschland, Rs. C-188/92, Slg. 1994, I-833.

Beihilfe bereits nach dem Vorprüfungsverfahren „genehmigt" hat und keine förmliche Entscheidung i. S. v. Art. 249 EG getroffen wurde. Nach dem Gemeinschaftsrecht bestehen folgende Möglichkeiten eines Vorgehens gegen Maßnahmen anderer Mitgliedstaaten:[106]

- Entschließt sich die Kommission, ein sog. Hauptprüfungsverfahren (Art. 88 Abs. 2 EG) zu eröffnen, so fordert sie die übrigen Mitgliedstaaten und anderen Beteiligten auf, sich zu den betreffenden Beihilfemaßnahmen zu äußern und ihre Stellungnahmen zu übermitteln (vgl. Art. 6 Abs. 1 VerfVO). Auf diese Weise haben die Mitgliedstaaten bereits die Möglichkeit, bei der Entscheidung der Kommission förmlich mitzuwirken;
- gegen die Entscheidung der Kommission, eine Beihilfe zu genehmigen, kann ein anderer Mitgliedstaat Nichtigkeitsklage nach Art. 230 Abs. 2 EG erheben.[107] Zwar hat die Klageeinlegung keine aufschiebende Wirkung (Art. 242 Satz 1 EG); jedoch kann der EuGH eine vorläufige Aussetzung des Vollzugs anordnen (Art. 242 Satz 2 EG);
- als sicherlich drastisches Mittel steht einem Mitgliedstaat, der die Beihilfegewährung eines anderen Mitgliedstaates als mit dem EG-Vertrag unvereinbar erachtet, die Klage gegen den anderen Mitgliedstaat zum EuGH nach Art. 227 EG zur Verfügung (sog. Staatenklage). Ein Suspensiveffekt tritt auch hier nicht ein (Art. 242 Satz 1 EG);
- schließlich werden die anderen Mitgliedstaaten in die fortlaufende Überprüfung bestehender Beihilfen einbezogen, die nach EG-Vertrag „in Zusammenarbeit mit den Mitgliedstaaten erfolgt".[108]

2. Anwendung nationaler steuerlicher Missbrauchsvorschriften

In der Praxis machen die Mitgliedstaaten von dem oben beschriebenen Instrumentarium kaum Gebrauch. Statt dessen wenden sie auf steuerliche Beihilfen anderer Staaten, die sie für unangemessen erachten, regelmäßig ihre nationalen steuerlichen Missbrauchsbestimmungen an.[109] Es ist m. E. sehr zweifelhaft, ob diese Vorgehensweise mit dem Gemeinschaftsrecht vereinbar ist. Die grundsätzliche Problematik dieses Vorgehens soll nachfolgend anhand der Maßnahmen aufgezeigt werden, welche die deutsche Finanzverwaltung gegen die Beteiligung deutscher Unternehmen an den irischen IFSC-Unternehmen auf breiter Front ergriffen hatte.[110]

---

[106] Für Einzelheiten s. Rädler/Lausterer/Blumenberg, DB 1996 Beilage 3, 7; Lausterer, IStR 1997, 489.

[107] Als Beispiel: EuGH v. 3. 5. 2001, Portugal/Kommission, Rs. C-204/97, EuZW 2001, 404 ff., in dem der EuGH auf Klage Portugals die Genehmigungsentscheidung der Kommission bezüglich französischer Beihilfen für Likör- u. Branntweinerzeuger für nichtig erklärte.

[108] Auch wenn aus diesem Mitwirkungsrecht kein Mitentscheidungsrecht der Mitgliedstaaten abgeleitet werden kann, stellt ein Verstoß der Kommission gegen die Beteiligungsrechte der Mitgliedstaaten in der Regel einen schweren Verfahrensverstoß dar, welcher die hierauf beruhende Entscheidung der Kommission nichtig machen kann. So muss sich die Kommission bei der Überprüfung existierender Beihilferegelungen im Rahmen der Kooperationsphase im Hauptprüfungsverfahren inhaltlich mit Stellungnahmen der Mitgliedstaaten auseinandersetzen (vgl. Art. 17 Abs. 1 VerfVO).

[109] Zum Gestaltungsmissbrauch im EG-Steuerrecht vgl. Schön, IStR 1996, Beihefter zu Heft 2.

[110] Ähnliche Überlegungen gelten m. E. im Hinblick auf vergangene Maßnahmen zur Bekämpfung von Gestaltungen, mit denen nichtanrechnungsberechtigte Steuerpflichtige mit Sitz in anderen Mitgliedstaaten in den Genuss der Anrechnung deutscher Körperschaftsteuer gelangten (sog. Dividenden-Stripping). Allerdings ist diese Problematik durch die Einführung des Halbeinkünfteverfahrens mit dem Steuersenkungsgesetz (StSenkG v. 22. 12. 1999, BGBl I 2601) entfallen. Auch die zögerliche Umsetzung des EuGH-Urteils „Cadbury Schweppes" (EuGH v. 12. 9. 2006, Cadbury Schweppes, Rs. C-196/04, Slg. 2006, 1-7997) in § 8 Abs. 2c AStG zeigt, dass der deutsche Steuergesetzgeber immer noch von einer latenten Missbrauchsgefahr bei der Einschaltung von Zwischengesellschaften im EG-/EWR-Wirtschaftsraum ausgeht. Deshalb

Die Ausnutzung der Steuervorteile im irischen IFSC durch Tochtergesellschaften deutscher Unternehmen war der deutschen Finanzverwaltung stets ein Dorn im Auge. Auf Drängen der Finanzverwaltung, nach deren Auffassung die IFSC-Unternehmen eine reine Alibifunktion[111] erfüllten, wurde mit Wirkung ab 1992 das Außensteuergesetz verschärft, indem sog. Einkünfte mit Kapitalanlagecharakter (zu denen passive Einkünfte von IFSC-Unternehmen regelmäßig zählen) keinen Abkommensschutz, d. h. insbesondere kein Schachtelprivileg, mehr genießen.[112] Für die Zeit vor der Verschärfung des AStG wollte die deutsche Finanzverwaltung die Missbrauchsvorschrift des § 42 AO flächendeckend auf die Beteiligung deutscher Kapitalgesellschaften an IFSC-Tochterunternehmen anwenden. Weder der deutsche Gesetzgeber noch die deutsche Finanzverwaltung sahen sich hierdurch durch das Gemeinschaftsrecht beschränkt.[113] So hat auch der BFH zunächst die Frage nach einem Rechtsmissbrauch durch eine irische IFSC-Gesellschaft mit Urteil vom 19. 1. 2000 nach nationalem Recht entschieden, ohne auf EG-rechtliche Fragestellungen einzugehen.[114] Allerdings hat der BFH im Jahr 2004 in einem ähnlich gelagerten Sachverhalt (möglicher Rechtsmissbrauch durch Einschaltung einer irischen IFSC-Gesellschaft) ausdrücklich die steuerlichen Begünstigungen der IFSC-Unternehmen in Irland als gemeinschaftsrechtskonforme Beihilfe bezeichnet und die Bedeutung der EG-Grundfreiheiten in die Prüfung eines möglichen Rechtsmissbrauchs einbezogen. Beide Umstände sind vom BFH als Argumente gegen das Vorliegen einer missbräuchlichen Gestaltung nach § 42 AO angeführt worden.[115]

Die flächendeckende Anwendung des § 42 AO auf IFSC-Unternehmen hätte gegen Gemeinschaftsrecht verstoßen.[116] Deutschland hat weder im gemeinschaftlichen Verfahren zur Prüfung der IFSC-Beihilfe Einwände erhoben noch von den sonstigen Möglichkeiten des EG-Rechts Gebrauch gemacht, um gegen die irischen Steuervergünstigungen vorzugehen.[117] Soweit Einwendungen gegen eine von anderen Mitgliedstaaten gewährte und von der Kommission genehmigte Beihilfe geltend gemacht werden sollen, muss dies mit dem oben beschriebenen gemeinschaftsrechtlichen Instrumentarium erfolgen. Es verstößt gegen die in Art. 10 EG statu-

---

werden den EG-/EWR-Gesellschaften Nachweispflichten und Substanzanforderungen auferlegt, die europarechtlich zweifelhaft erscheinen und im Inlandsfall nicht verlangt werden.

[111] Höppner, IWB Gr. 1 S. 629 (631).

[112] Durch das Steueränderungsgesetz 1992 v. 25. 2. 1992 wurde mit Wirkung ab dem Veranlagungszeitraum 1992 der bis dahin geltende Abkommensschutz nach § 10 Abs. 5 AStG durch Einführung von § 10 Abs. 6 AStG für sog. Einkünfte mit Kapitalanlagecharakter aufgehoben und in § 20 Abs. 2 AStG eine treaty overriding-Klausel eingeführt. Vgl. hierzu Flick/Wassermeyer in: Flick/Wassermeyer/Becker, Außensteuerrecht, Hinzurechnungs-Best. Anm. 125; Schollmeier, EWS 1992, 137 (140); Kergall, Intertax 1993, 458; Seer, IStR 1997, 481 (Teil I) und 520 (Teil II); Schaumburg, Internationales Steuerrecht, S. 554 Rn. 10.295. Die Regelungen des § 10 Abs. 6 AStG wurden in der Folgezeit mehrfach verschärft, teilweise in einen neuen § 10 Abs. 7 AStG überführt und schließlich zusammen mit den §§ 10 Abs. 5 und 7 AStG durch das StVergAbG vom 16. 5. 2003 ersatzlos aufgehoben (vgl. § 21 Abs. 11 AStG zur damaligen Übergangsregelung).

[113] Vgl. Aufzeichnung zur 54. Sitzung des Finanzausschusses des Bundestages am 13. 11. 1996; auszugsweise wiedergegeben in IWB Nr. 1 v. 8. 1. 1997, 3.

[114] BFH v. 19. 1. 2000, I R 117/97, IStR 2000, 182 ff.

[115] BFH v. 25. 2. 2004, I R 42/02; BStBl 2005, 14.

[116] Rädler/Lausterer/Blumenberg, DB 1996 Beilage 3, 6 f.; Lausterer, IStR 1997, 489.

[117] Weitere Möglichkeiten, von denen Deutschland ebenfalls keinen Gebrauch gemacht hat, wären eine Revision oder, als ultima ratio, eine Kündigung des DBA mit Irland gewesen. Den Weg der Abkommenskündigung hat Dänemark im Verhältnis zu Irland wegen der IFSC-Beihilfen und im Verhältnis zu Portugal wegen der Madeira-Beihilfen eingeschlagen.

ierte Pflicht zur Gemeinschaftstreue,[118] wenn einzelne Mitgliedstaaten selbständig darüber entscheiden, ob sie (steuerliche) Beihilfen anderer Mitgliedstaaten akzeptieren oder nicht. Durch Art. 87 ff. EG ist der Kommission die Aufgabe zugewiesen, das System eines fairen Wettbewerbs innerhalb des Gemeinsamen Marktes durch eine zentrale Beihilfekontrolle zu fördern und zu bewahren. Die Erfüllung dieser Aufgabe darf in einem Binnenmarkt mit einheitlicher Währung nicht durch nationale Alleingänge beeinträchtigt werden. Das in der Vergangenheit gelegentlich angeführte Argument, wonach die Genehmigung durch die Kommission mit einer Genehmigung durch die inländischen Kartellbehörden zu vergleichen sei – und auch in diesen Fällen einer Anwendung des steuerlichen § 42 AO nichts entgegen stünde – traf nicht den Kern der Sache. Bei den IFSC-Beihilfen handelte es sich gerade um Subventionen des Steuerrechts. Wenn diese in der von den Mitgliedstaaten ausgestalteten Form nicht gewährt werden sollen – wofür es vor allem bei Vergünstigungen im Finanzbereich gute Gründe geben mag – so ist auch aus Sicht des Wettbewerbsrechts bei der Gewährung der Begünstigung anzusetzen und nicht bei der Inanspruchnahme durch den Steuerpflichtigen.

VII. Rechtsschutz einzelner Unternehmen im Beihilfeverfahren

Neben den Mitgliedstaaten haben auch die Unternehmen Möglichkeiten, um gegen gemeinschaftsrechtliche Beihilfen vorzugehen.[119] Nach dem Rechtsschutzziel lassen sich drei Fallgruppen unterscheiden:

- Ein Unternehmen wehrt sich gegen die Begünstigung des Konkurrenten, weil es die dem Konkurrenten gewährte Beihilfe für rechtswidrig hält;
- ein durch eine Beihilfe begünstigtes Unternehmen geht gegen das Verbot dieser Beihilfe durch die Kommission vor;
- ein Konkurrenzunternehmen des Beihilfebegünstigen klagt auf Schadensersatz.

1. Die Konkurrentenklage

Unternehmen, die der Ansicht sind, dass ein Wettbewerber durch eine (tatsächlich oder nur vermeintlich) unzulässige Beihilfe zu Unrecht bevorteilt wird, können gegen die Beihilfe mit der sog. Konkurrentenklage vorgehen. Die Konkurrentenklage ist dabei gegen den betreffenden Mitgliedstaat oder die Kommission (und nicht etwa gegen den Wettbewerber) zu richten.

Generell lassen sich zwei Fallkonstellationen unterscheiden, mit denen im Rahmen einer Konkurrentenklage gegen eine Beihilfe an ein anderes Unternehmen vorgegangen werden kann. In beiden Fallkonstellationen steht dem nicht begünstigten Konkurrenten die Klage gegen die Kommission nach Art. 230 EG vor dem Europäischen Gericht erster Instanz zu,[120] sofern er geltend machen kann, durch die Gewährung der Beihilfe in eigenen Interessen betroffen zu sein:[121]

(i) Einem Konkurrenten wird eine mitgliedstaatliche Beihilfe gewährt, die nicht notifiziert oder noch nicht von der Kommission genehmigt wurde. In diesem Fall verstößt der die Beihilfe gewährende Staat gegen Art. 88 Abs. 3 Satz 3 EG. Hiernach darf ein Mitgliedstaat

---

[118] Vgl. Zuleeg in: von der Groeben/Thiesing/Ehlermann a. a. O. (oben Fn. 34), Art. 5 Rn. 10.
[119] Ausführlich: Schneider, DVBl 1996, 1301 ff.; Nowak, DVBl 2000, 20 ff.; Bartosch, ZIP 2000, 601 ff.
[120] Rechtsmittelinstanz ist dann der EuGH; es handelt sich um eine reine Revisionsinstanz, d. h. die Überprüfungskompetenz des EuGH ist auf Rechtsfragen beschränkt. Es tritt keine aufschiebende Wirkung durch die Klage ein, Art. 242 Satz 1, 225 Abs. 2 Satz 2 EG.
[121] EuGH v. 15. 6. 1993, Matra/Kommission, Rs. C-225/91, Slg. 1993, I-3203; vgl. von Alemann, in: Hailbronner/Wilms, EU, 15. Lfg., 9/2007, Art. 88 EVG 2, Rn. 118.

eine Beihilfe erst gewähren, wenn die Kommission über die beabsichtigte Maßnahme eine abschließende Entscheidung getroffen hat (s. oben II.). Nach der Rechtsprechung des EuGH kann sich jeder Unternehmer vor den nationalen Gerichten unmittelbar auf die Sperrwirkung des Art. 88 Abs. 3 Satz 3 EG berufen;[122] ein Konkurrent kann alternativ den die Beihilfe gewährenden Mitgliedstaat vor den nationalen Gerichten auf Einstellung der Beihilfe verklagen.[123]

(ii) Der Konkurrent wendet sich gegen die Kommission, weil diese entweder das Hauptprüfungsverfahren nicht eröffnet (etwa weil sie eine Vergünstigung nicht als Beihilfe im Sinne der Art. 87 ff. EG ansieht) oder eine Beihilfe genehmigt, die nicht mit dem Gemeinsamen Markt vereinbar ist. Falls der Konkurrent durch die Klage (zunächst) lediglich seine Verfahrensrechte (z. B. das Recht zur Stellungnahme im Rahmen eines förmlichen Prüfungsverfahrens nach Art. 20 Abs. 1 VerfVO) geltend machen will, reicht der Nachweis einer Beeinträchtigung seiner Wettbewerbsstellung aus.[124] Demgegenüber ist der Nachweis einer *spürbaren* Beeinträchtigung erforderlich, wenn ein Wettbewerber die Begründetheit einer Beihilfenentscheidung der Kommission anfechten will.[125]

2. Klage des Begünstigten

Untersagt die Kommission nach Durchführung des Hauptverfahrens die Gewährung einer Beihilfe, so kann der von der Beihilfe begünstigte Unternehmer gegen die Kommissionsentscheidung Nichtigkeitsklage nach Art. 230 EG zum EuGH erheben.

Dies setzt voraus, dass der Unternehmer durch die (an den Mitgliedstaat gerichtete) ablehnende Entscheidung unmittelbar und selbst betroffen ist. Hiervon wird ausgegangen, wenn die Beihilfe an einen genau bestimmten Kreis von Begünstigten gerichtet ist, der nach Erlass der Maßnahme nicht mehr erweitert werden kann.[126] Fraglich ist jedoch, ob potentielle Beihilfebegünstigte oder auch sonst betroffene Dritte Kommissionsentscheidungen über *generelle* Beihilferegelungen anfechten können. Der EuGH hat dazu in der Rechtssache *Italien und Sardegna Lines / Kommission*[127] festgestellt, dass Entscheidungen der Kommission, mit denen sektorale Beihilferegelungen untersagt werden, grundsätzlich nicht von allen Unternehmen angefochten werden können, die dem fraglichen Sektor angehören und von der geplanten Beihilfe nur potentiell begünstigt wären; diesen würde es an der individuellen Betroffenheit fehlen. Unter Rechtsschutzgesichtspunkten werden Unternehmen somit besser gestellt, wenn sie eine nicht notifizierte Beihilfe tatsächlich erhalten haben als wenn sie nur potentiell Begünstigte einer notifizierten Beihilfe sind.

Trifft die Kommission gar keine Entscheidung, so muss der die Beihilfe begehrende Unternehmer – anders als früher – nicht mehr Untätigkeitsklage gem. Art. 232 EG zum EuG erheben.[128]

---

[122] EuGH v. 11. 12. 1973 a. a. O. (oben Fn. 68), Rn. 8; v. 21. 11. 1991, F|<chr;fe>d|<chr;fe>ration nationale du commerce ext|<chr;fe>rieur/Frankreich, Rs. C-354/90, Slg. 1991, I-5505 (5528) Rn. 12 ff.

[123] Zum Rechtsschutz des Konkurrenten vor nationalen Gerichten ausführlich: Solt|<chr;fe>sz, EuZW 2001, 202 ff.; Lampert, EWS 2001, 357 ff.; BGH v. 4. 4. 2003, EuZW 2003, 444 f.

[124] EuGH v. 13. 12. 2005, Kommission/Aktionsgemeinschaft Recht und Eigentum, Rs. C-78/03 P, Slg. 2005, I-10737, Rn. 35.

[125] EuGH v. 15. 7. 1963, Plaumann/Kommission, Rs. C-25/62, Slg. 1963, 211 (238).

[126] EuGH v. 17. 9. 1980, Philip Morris/Kommission, Rs. C-730/79, Slg. 1980, 2671 (2687).

[127] EuGH v. 10. 10.2000, Italien und Sardegna Lines/Kommission, Rs. C-105/99, Slg. 2000, I-8855.

[128] Bartosch, ZIP 2000, 601, 608.

Art. 4 Abs. 6 VerfVo[129] bestimmt nämlich, dass eine im Vorprüfverfahren angemeldete Beihilfe als von der Kommission genehmigt gilt, falls diese nicht innerhalb von zwei Monaten ab Anmeldungseingang zu einer Entscheidung gelangt. Anderes gilt jedoch beim bloßen Untätigbleiben der Kommission im nicht fristgebundenen Hauptprüfungsverfahren. Dort ist gerade keine Genehmigungsfiktion vorgesehen, so dass es für das betroffene Unternehmen bei der Untätigkeitsklage gem. Art. 232 EG zum EuG bleibt.

Schadensersatzansprüche eines von der Beihilfenrückforderung betroffenen Unternehmens gegen seinen Mitgliedstaat kommen unter den Rechtsgesichtspunkten der Amtshaftung oder Verschulden bei Vertragsverhandlungen in Betracht.[130]

3. Schadensersatzklage eines Konkurrenten

In der Rechtssache *BAI II/Kommission*[131] klagte die Konkurrentin eines Beihilfenempfängers gegen die Kommission auf Schadensersatz. Vorgetragen wurde, dass die Beklagte den Wortlaut der Entscheidung über die Einstellung des Prüfverfahrens verspätet mitgeteilt habe, so dass die Klägerin sich gehindert sah, schon zu einem früheren Zeitpunkt Nichtigkeitsklage dagegen zu erheben und dadurch Schaden erlitt. Das Europäische Gericht erster Instanz wies die Klage ab, da die Klägerin den Kausalzusammenhang zwischen behauptetem Schaden und vorgeworfener Tathandlung nicht nachweisen konnte und ihrer eigenen Schadensminderungsobliegenheit nicht nachkam.

D. Verhaltenskodex für die Unternehmensbesteuerung

I. Diskussion über den schädlichen Steuerwettbewerb

An Forderungen und Vorschlägen zur Harmonisierung der Unternehmensbesteuerung in der Gemeinschaft hat es nicht gefehlt.[132] Gleichwohl ist mit nennenswerten Fortschritten in diesem Bereich auf absehbare Zeit nicht zu rechnen, was in erster Linie auf das Einstimmigkeitserfordernis in Steuersachen zurückzuführen ist. Dies weiß auch die Kommission, die Mitte der 90er Jahre – vor dem Hintergrund des Scheiterns mehrerer Richtlinienvorhaben – den so genannten schädlichen Steuerwettbewerb in den Vordergrund ihrer Aktivitäten gerückt hat.[133] Sie trug damit dem von den Mitgliedstaaten wiederholt vorgetragenen Bedürfnis Rechnung, den „unlauteren" oder „unfairen" Steuerwettbewerb in der Gemeinschaft und gegenüber Drittländern zu bekämpfen. Eine ähnliche Diskussion wurde auf Ebene der OECD geführt;[134] sie ist auch heute hoch aktuell.

---

[129] VO (EG) Nr. 659/1999 des Rates v. 22. 3. 1999 a. a. O. (oben Fn. 33).

[130] Ausführlich dazu: Solt|<chr;fe>sz/Kühlmann, EWS 2001, 513 ff.

[131] EuG v. 28. 1. 1999, BAI/Kommission, Rs. T-230/95, Slg. 1999, II-123, Rn. 29-40.

[132] Erste Ansätze lieferte im Jahre 1962 der sog. Neumark-Bericht, Bericht des Sozial- und Finanzausschusses (1962). Umfassende Empfehlungen zur künftigen Gestaltung der Unternehmensbesteuerung in der Gemeinschaft enthält der Bericht des Ruding-Ausschusses von 1992; vgl. Report of the Committee of Independent Experts on Company Taxation, Brussels/Luxembourg 1992; eine deutsche Übersetzung des Berichts ist enthalten in BT-Drs. 13/4138.

[133] In einem für die Tagung des Rates in Verona vorgelegten Diskussionspapier über „Steuern in der Europäischen Union" hat die Kommission im April 1996 ausgeführt, dass der „unlautere Wettbewerb im steuerlichen Bereich ... Anlass zur Besorgnis" gebe; vgl. KOM SEK (96) 487 endg., Brüssel, 20. 3. 1996.

[134] Vgl. OECD, Progress report on the implementation of the internationally agreed tax standard, progress made as at 23 June 09 (http://www.oecd.org/dataoecd/50/0/42704399.pdf); sowie zum Diskussionsstand im Zeitpunkt der Vorauflage: OECD, Harmful Tax Competition: An Emerging Global Issue, 1998;

Im Oktober 1997 hat eine aus Vertretern der Mitgliedstaaten bestehende Arbeitsgruppe unter Leitung des für Steuerfragen damals zuständigen Kommissars Mario Monti dem Rat ein „Maßnahmenpaket zur Bekämpfung des schädlichen Steuerwettbewerbs" vorgelegt.[135] Das Paket bestand aus (i) einem Verhaltenskodex für die Unternehmensbesteuerung und, parallel dazu, einer Mitteilung der Kommission über staatliche Beihilfen auf steuerlichem Gebiet; (ii) dem Vorschlag für eine Richtlinie zur Besteuerung von Zinserträgen an Gebietsansässige anderer Mitgliedstaaten; und (iii) Maßnahmen zur Abschaffung der Quellensteuer auf grenzüberschreitende Zahlungen von Zinsen und Lizenzgebühren zwischen Unternehmen. Der Rat der EU-Finanzminister hat den „Verhaltenskodex für die Unternehmensbesteuerung" am 1. 12. 1997 angenommen.[136]

II. Klassifizierung „schädlicher Steuermaßnahmen" durch den Verhaltenskodex

Eine exakte Definition des schädlichen Steuerwettbewerbs enthält der Kodex nicht. Nach Buchstabe B des Kodex sind „steuerliche Maßnahmen als potentiell schädlich (...) anzusehen, die gemessen am üblicherweise in dem betreffenden Mitgliedstaat geltenden Besteuerungsniveau eine deutlich niedrigere Effektivbesteuerung, einschließlich einer Nullbesteuerung, bewirken". Dabei wird berücksichtigt, ob

- die Vorteile ausschließlich Gebietsfremden oder für Transaktionen mit Gebietsfremden gewährt werden;
- die Vorteile völlig von der inländischen Wirtschaft isoliert sind, so dass sie keine Auswirkungen auf die innerstaatliche Steuergrundlage haben (sog. „ring-fencing");
- keine tatsächliche Wirtschaftstätigkeit und substanzielle wirtschaftliche Präsenz des Vorteilnehmers in dem die steuerlichen Vorteile bietenden Mitgliedstaat gegeben ist;
- die Regelungen von den international anerkannten transfer-pricing Grundsätzen (insbesondere den OECD-Regeln) abweichen;
- es den steuerlichen Maßnahmen an Transparenz mangelt.[137]

Die Mitgliedstaaten haben sich verpflichtet, keine neuen schädlichen steuerlichen Maßnahmen im Sinne des Kodex zu treffen (sog. Stillhalteverpflichtung)[138] und ihre geltenden Vorschriften

---

dazu: Osterweil, European Taxation 1999, 198 ff.

[135] Mitt. der Kommission an den Rat, Koordinierung der Steuerpolitik in der Europäischen Union, Maßnahmenpaket zur Bekämpfung des schädlichen Steuerwettbewerbs, KOM(97) 495 endg., Brüssel 1. 10. 1997 und KOM(97) 564 endg. Brüssel 5. 11. 1997; vgl. auch Mitt. der Kommission an den Europäischen Rat, Aktionsplan für den Binnenmarkt, CSE (97) 1 endg., Brüssel 4. 6. 1997; Bericht der Kommission über die Entwicklung der Steuersysteme, KOM(96) 546 endg., Brüssel 22. 10. 1996; Europäisches Parlament, Entschließung zum Bericht der Kommission über die Steuern in der Europäischen Union: Bericht über die Entwicklung der Steuersysteme (KOM(96)0546 – C4-0054/97), ABl.EG Nr. C 182, 59; Stellungnahme des Wirtschafts- und Sozialausschusses zu dem Thema „Die Steuern in der Europäischen Union – Bericht über die Entwicklung der Steuersysteme", 97/C296/09, ABl.EG Nr. C 296, 37.

[136] Schlussfolgerungen des Rates „Wirtschafts- und Finanzfragen" v. 1. 12. 1997 zur Steuerpolitik, 98/C 2/01, Anhang 1: Entschließung des Rates und der im Rat vereinigten Vertreter der Regierungen der Mitgliedstaaten über einen Verhaltenskodex für die Unternehmensbesteuerung, ABl.EG 1998 Nr. C 2, 1.

[137] Buchst. B. Verhaltenskodex; ähnliche Kriterien finden sich im OECD-Report on Harmful Tax Competition (s. oben D. I.).

[138] Buchst. C. Verhaltenskodex.

und Praktiken auf ihre Schädlichkeit hin zu überprüfen (sog. Rücknahmeverpflichtung).[139] Nicht betroffen sind nationale Vorschriften, die darauf abzielen, steuerliche Mehrbelastungen für ausländische Investoren abzubauen. Die Verankerung von Anrechnungs- bzw. Freistellungsverfahren in DBA oder ein Quellensteuerverzicht stellen regelmäßig keine steuerliche Beihilfe i. S. d. Art. 87 EG oder schädlichen Steuerwettbewerb dar.[140]

Steuervorschriften genereller Natur, also allgemeine Fördermaßnahmen, unterfallen zwar nicht dem Beihilfebegriff, können jedoch als „harmful tax reliefs" für schädlich angesehen werden. Dass die Grenze fließend ist, zeigt das Beispiel der irischen Unternehmensbesteuerung: Nachdem die irische Niedrigbesteuerung bestimmter Wirtschaftszweige (v. a. in den Dublin Docks)[141] als beihilferechtlich bedenklich eingestuft wurde, hat Irland die Körperschaftsteuer für gewerbliche Aktivitäten auf einheitlich 12,5% gesenkt. Diese Veränderung des allgemeinen Steuersystems bezweckte gleichfalls gezielt das Anlocken ausländischer Unternehmen und Privatinvestoren.

Das Beihilfeverfahren selbst ist vom Kodex ausgenommen,[142] da es in die Zuständigkeit der Kommission und nicht des Rates (oder gar der im Rat vertretenen Regierungen der Mitgliedstaaten) fällt, auch wenn die Beihilferegelungen und der Verhaltenskodex die gleichen oder ähnliche Fragen betreffen.

Zur Klassifizierung der „schädlichen" Steuermaßnahmen, die in den Anwendungsbereich des Verhaltenskodex fallen könnten und eine Überprüfung erfordern, erstellte die Kommission eine erste „indikative Liste", die eine Unterteilung der Steuermaßnahmen in folgende fünf Gruppen vorsieht:[143]

(i) Dienste innerhalb einer Gruppe: z. B. die belgischen „Koordinationszentren", die Servicezentren in Italien sowie die für die Holdinggesellschaften in Luxemburg, den Niederlanden („the Dutch ruling practice") und im spanischen Baskenland geltenden Regelungen;

(ii) Finanz- und Versicherungsdienste und Off-Shore-Gesellschaften: Dies betrifft Systeme in Luxemburg (Versicherungen und Rückversicherungen), Schweden (ausländische Versicherungsgesellschaften), Griechenland (Off-Shore-Gesellschaften), Italien (Triest), Portugal (Madeira und Santa Maria), Finnland (Insel Aland) und Großbritannien (Gibraltar).

(iii) Andere sektorspezifische Regelungen: z. B. für die Schifffahrt (spezifische Maßnahmen in Griechenland, Italien, Großbritannien, den Niederlanden und Portugal), die Luftfahrt (Gibraltar) und die Filmindustrie (Vorzugsregelungen in Großbritannien und Luxemburg). Auch das irische System der Besteuerung von Unternehmen mit 10% („10% manufacturing rate") fällt in diese Kategorie.

(iv) Regionale Anreize: Insbesondere für Frankreich in Korsika, die Überseedepartements, den Nord/Pas-de-Calais und mehrere Freizonen, in Deutschland für die neuen Länder und Ost-

---

[139] Buchst. D. Verhaltenskodex.
[140] Vgl. Schön a. a. O. (oben Fn. 4), 106 f., 130.
[141] Vgl. Ausführungen zu B. I. 2 und B. III. 3.
[142] Buchst. J Verhaltenskodex, der jedoch eine Selbstverpflichtung der Kommission enthält, Leitlinien zur Anwendung der Vorschriften über staatl. Beihilfen auf Maßnahmen im Bereich der direkten Unternehmensbesteuerung zu veröffentlichen und „genauestens auf die strikte Anwendung der Vorschriften über die betreffenden Beihilfen zu achten...".
[143] Allg. Presseinformation der EG-Kommission, Nr. 7264 (N. S.) v. 16. 7. 1998.

berlin, in Irland für den Flughafen Shannon, in Spanien für die Kanarischen Inseln und das Baskenland sowie in Großbritannien für Nordirland.

(v) Übrige Aktivitäten: z. B. Steuervorteile für kleine und mittlere Unternehmen in Deutschland, für kleinste und kleine Unternehmen sowie große Investitionsvorhaben in Portugal, für neu gegründete Unternehmen in Frankreich oder zugunsten von bestimmten geographischen Gebieten (Kleinstädte in Griechenland, St. Martin und St. Barth|<chr;fe>lemy in Frankreich).

III. Zur Rechtsqualität des Verhaltenskodex

Der Verhaltenskodex stellt ein Instrument sui generis dar. Er hat die Form einer „Entschließung", welche nicht unter Art. 249 EG fällt und auch sonst nicht im EG-Vertrag vorgesehen ist. Verabschiedet haben ihn der „Rat und die im Rat vereinigten Vertreter der Regierungen der Mitgliedstaaten". Auch ein solches Gremium kennt der EG-Vertrag nicht. Der Verhaltenskodex ist daher kein Rechtsinstrument der EG, sondern ein codex praeter legem, rechtlich unverbindlich für den Rat, die Mitgliedstaaten und die Kommission, aber im förmlichen Kleid auf EG-Ebene. Der EuGH kann daher nicht über den Verhaltenskodex judizieren; subjektive Rechte für den Marktbürger werden nicht begründet.[144]

Steuerliche Beihilfen fallen zwar grundsätzlich unter die Definition der „potentiell schädlichen Maßnahmen", da sie als Ausnahmeregelungen eine Steuerentlastung und damit eine niedrigere Effektivbesteuerung bewirken. Die Frage der gemeinschaftsrechtlichen Zulässigkeit von Beihilfen dürfte durch den Verhaltenskodex jedoch nicht wesentlich beeinflusst werden. Zum einen ist nicht vorgesehen, einen Mitgliedstaat, der gegen den Kodex verstößt, mit Sanktionen zu belegen. Auswirkungen kann der Verhaltenskodex damit eher auf „moralischer Ebene" entfalten. Zum anderen enthält der Kodex eine Sonderregelung für Beihilfen, die unter Art. 87-89 EG fallen. Die Beihilfevergabe selbst wurde nicht in den Kodex eingebracht. Vielmehr verständigte man sich darauf, dass die Kommission bis Mitte 1998 entsprechende Leitlinien entwickelt. Dieser Vorgabe ist die Kommission in ihrer Mitteilung über die „Anwendung der Vorschriften über staatliche Beihilfen auf Maßnahmen im Bereich der direkten Unternehmensbesteuerung" nachgekommen.[145]

IV. Der Primarolo-Bericht

Zur Untersuchung der potentiell schädlichen Steuermaßnahmen hat der ECOFIN-Rat 1998 eine Arbeitsgruppe ins Leben gerufen, die nach ihrer Vorsitzenden Primarolo benannt wurde.[146] Der Abschlussbericht der Primarolo-Gruppe liest sich wie ein Steueroasen-Lehrbuch: Es wurden 66 nationale Regelungen – wenn auch nicht immer einstimmig – als positiv, d. h. schädlich im Sinne des Verhaltenskodex eingestuft.[147] Der Primarolo-Bericht ist in der Folgezeit nicht (umfassend) überarbeitet worden. Gleichwohl hat er wesentlich dazu beigetragen, dass die Mehrzahl

---

[144] Vgl. Blumenberg/Lausterer in: FS A. Rädler zum 65. Geb., S. 31 f.

[145] Buchst. J Verhaltenskodex. Zur Mitteilung s. oben B. III.

[146] Schlussfolgerungen des Rates v. 9. 3. 1998 zur Einsetzung der Gruppe „Verhaltenskodex" (Unternehmensbesteuerung), Abl.EG 1998 Nr. C 99, 1. Zu ihrem ersten Vorsitzenden hat die Gruppe Dawn Primarolo, Financial Secretary im Schatzamt des Vereinigten Königreichs, gewählt.

[147] Im Internet veröffentlichter Bericht der Gruppe „Verhaltenskodex" (sog. Primarolo Gruppe) v. 29. 2. 2000, Nr. 4901/99, Rn. 30.

der als schädlich eingestuften steuerlichen Regelungen in der Folgenzeit angepasst wurde bzw. im Rahmen von Übergangsregelungen in den nächsten Jahren ausläuft.[148]

E. Ausblick – Reform des Beihilferechts durch den Aktionsplan Staatliche Beihilfen

Die Europäische Kommission hat im Juni 2005 einen Aktionsplan Staatliche Beihilfen (2005) vorgestellt, in dem sie die Grundsätze zur Neuordnung ihrer Beihilfenpolitik dargelegt hat.[149] Ziele des Aktionsplans sind die zielgenauere Ausrichtung gewährter Beihilfe, die Gewährung in einem effizienteren und transparenteren Verfahren. Zudem soll eine Konzentration auf die Förderung von Forschungs- und Entwicklungsleistungen sowie in Bildung erfolgen.[150] Auf Basis des Aktionsplans Staatliche Beihilfen wurde die neue Allgemeine Gruppenfreistellungsverordnung erarbeitet und verabschiedet. Daneben bildet der Aktionsplan Staatliche Beihilfe auch die Grundlage für eine neues Verständnis der Beihilfenkontrolle durch die Kommission.[151]

---

[148] Vgl. übersichtliche Darstellung bei Rossi-Maccanico, EStAL, 2007, 25. Exemplarisch sei auf die steuerliche Begünstigung in der Sonderwirtschaftszone der Dublin Docks und für sog. Koordinationszentren in Belgien verwiesen, die beide zum 31. Dezember 2010 endgültig auslaufen.

[149] Aktionsplan Staatliche Beihilfen „Weniger und besser ausgerichtete staatliche Beihilfen – Roadmap zur Reform des Beihilferechts 2005 – 2009", Konsultationspapier der Kommission vom 7. Juni 2005, KOM (2005) 107 (abrufbar unter http://eur-lex.europa.eu/LexUriServ/LexUriServ.do?uri=COM:2005:0107: FIN:DE:PDF)

[150] Vgl. Aktionsplan Staatliche Beihilfen, Rn. 24 ff.

[151] Zukünftig soll die Beihilfeprüfung jeweils auf vier Kontrollebenen mit ansteigender Kontrollintensität erfolgen. Erste Kontrollebene bildet die Prüfung, ob die Voraussetzungen der de-minimis-Verordnung erfüllt sind. Auf der zweiten Stufe ist zu prüfen, ob die AGVO anwendbar ist und erst in der dritten Stufe (Grundprüfung) und vierten Stufe (Eingehende Prüfung) erfolgt eine vorhergehende Prüfung der begünstigenden Maßnahmen eines Mitgliedstaats durch die Kommission.

Stichwortverzeichnis

A

ABC-Analyse 678
Abdiskontierung 138, 140
Abgabenordnung 192
Abgeltungssteuer 65 ff., 71 f.
Abkommensregelung 211
Abmilderung der Doppelbesteuerung 390
Abrechnungsmodalität 724
Absenkung der Konzernsteuerquote durch Ausgleichszahlungen 912 ff.
Abspaltung 502, 510
Abwartedilemma 721
Abwehrmaßnahme 175, 209
Abzinsungsgebot 1324
Abzugsmethode 66, 101 ff., 106
Advance Pricing Agreements 165, 616, 682, 735
Agent 260, 621
Aggressive Tax Planning – ATP 176 ff
Aktienindex 139
Aktionsparameter
    Auswahl 23
    Gewinnverwendung 23
    Sachverhaltsdarstellende 18, 22
    Sachverhaltsgestaltende 18, 20 f.
    Steuerbilanzpolitische 19 f.
Aktivitätsklausel 126, 350, 434, 449, 2054
Aktivitätsvorbehalte 1815 ff.
Allfinanzkonzept 1315
Allokationsstrategien 228
Alternativen 141
    Auswahl 143
    Bewertung 143
    Entwicklung 143
Arm`s length range 636, 641 f.

Angemessenheitsdokumentation 599 f., 615, 683
Anlaufverlust 54 f., 69
Anrechnungsmethode 100 ff., 433, 436 ff., 257, 390
    Drittstaatsfall 120
    EU/EWR-Fall 125 f.
    Verlustnutzungsstrategien 125 ff.
Anrechnungsüberhang 102 ff., 107, 170, 226, 390
Anrechnung,
    direkte 66
    indirekte 235
Ansässigkeitsvoraussetzungen 428 f., 431 f.
    persönliche 428 f.
    sachliche 428 f.
Anteile
    einbringungsgeborene 1540
    sperrfristgebundene 1541
Anteilspoolung 2024
Anteilsveräußerung 366, 441, 465,
Anteilstausch, 347, 360 f., 369, 431 f., 450 f.
    einfacher, S. 431
    grenzüberschreitender 360 ff., 396, 371ff.
    qualifizierter, 205, 364, 431 f., 450 f.
Anteilstransaktion 380
Anteilsübertragung, 314, 363, 373, 400 ff.
    erfolgsneutrale 363, 368
Anteilsvereinigungen bei Kapitalgesellschaften 1057
Anti-Treaty-Shopping-Regelung 799
Anzeigepflicht 179
    USA 180 ff.
    Großbritannien 183 ff.
Anzeigepflichtige Modelle 184

APA-Verfahren in der Europäischen Union 744
Arbeitnehmerentsendung im Ausland 1615 ff.
Arbeitsgemeinschaften 1715 ff.
Arithmetisches Mittel 648, 650
Asset Deal 295, 336 f., 487
Aufteilungsschlüssel 668, 712
Ausschüttungsfiktion 412 ff.
Aufspaltung 502, 509, 454
Aufwandsbesteuerung
    schweizerische 1451 ff.
Ausgleichsposten, passiver 54, 90
Ausgleichsvertrag 278, 599
Auslandsaspekt 456
Auslandsbezug 435 ff., 440
Auslandsengagement 1315
Ausländische Familienstiftungen 1503
Ausländische Holding 205, 212
Ausländische Kapitalgesellschaften 2025, 291
Ausländisches Sondervermögen 1483 ff.
Ausländische Umwandlung 429, 498 ff.
Auslandsspaltung 468
Auslandsumwandlung 439 f., 440, 446 f.
Auslandsverschmelzung 352 f., 409 ff., 417 ff., 421 ff.
Auslandsvertrieb 253
Austrittsregelung 726

B

Ballooning 164, 169
Bandbreitenrändern 647, 652
Basiszinssatz 138, 571
Begünstigungssystem 2021
Begünstigungsvoraussetzung 2024
Benefit-Test 626, 633
Beschränkt steuerpflichtige Gesellschafter 1219 ff.

Betafaktor 139, 2032
Beteiligung 484
Beteiligung an ausländischen Personengesellschaften 1735 ff.
Beteiligungserträge
    Einfluss auf Konzernsteuerquote 161 f.
    Freistellung 161 f.
Beteiligungsverlust 250
Beteiligungsvoraussetzung 385, 398
Besteuerungsrecht 371, 416, 428 ff.
    Ausschluss 428 ff.
    Beschränkung 428 ff.
Besteuerung stiller Reserven 513
Betriebsausgaben,
    abzugsfähige 64, 709, 717
    nicht abzugsfähige 163, 607
Betriebsprüfung 171, 188, 595, 691
Betriebsstätte 255 ff., 269, 311, 331
    Definition 33, 56
    Abweichungen 38 ff.
    Vermögens- und Ergebniszuordnung 40 ff.
Betriebsstättenbuchführung 256
Betriebsstättendotation 44 f.
    direkte Aufteilung 46
    indirekte Aufteilung 45
Betriebsstättenkatalog 37
    Negativkatalog 39
Betriebsstättenklausel 391
Betriebsstättenverlust 55, 67, 257
Betriebsstättenvermögen, 386, 433, 435 ff., 2029
    ausländisches, 433, 436 ff., 448 ff. 677
    inländisches, 433, 437, 440
Betriebsstättenzurechnung,
    bedingte 42
    unbedingte 43
Beweisvorsorge 2077

Bewertungsstichtag 2030
Bilanzierung 897
Börsennotierte Aktien 2030
Bundesrepublik Deutschland 255, 268
Buchwertansatz, fiktiver 511
Buchführungspflicht 481
Buchwert 430, 479
Bulgarien 805

C

Cadbury-Schweppes-Schutz 2046
Capital Asset Pricing Model (CAPM) 138, 572
Capital gains group 324, 326 ff.
Captive-Reinsurance 1330
Cash Flow 138 f., 566
Check-the-Box Regelungen 995 ff.
Core File 618
Corporate Investments 1425 ff.
Credit Mix Shopping 235 f

D

Datenbeschaffung 624
Daily Mail-Entscheidung 489
DBA 255, 263, 249 f, 436 ff.
Dealing at arm's length 78, 710
Deduction Shopping 164, 234
Deferral Shopping 235 f.
Derivative Finanzinstrumente 1293 ff.
Devisenrecht 1014, 1034
Devisenverkauf, fiktiver 395
Deutsche Banken 1261 ff.
Dienstleistungen,
    konzerninterne 595, 625, 695
    technische 859 ff.
Dienstleistungsstruktur 531
Directive shopping 12, 169, 245
Direktinvestitionen
    typische Investitionsstrukturen von US-Unternehmen in Europa 1241 ff.
Direktlieferung 258
Direktvertrieb 527
Discounted Cash Flow-Methode (DCF) 138 141
Diskontierende Zahlungsströme 564
Diskontierungssatz 137, 669
Dividendenerträge 246
Dividenden-Route 245
Dokumentation 171, 188
    Anforderungen 596 f., 609, 613
    Pflichten 394, 596 f.
    Prozess 622 f.
Doppelbesteuerungsprobleme 636, 644 f., 649
Dreieckssachverhalte bei Doppelbesteuerungsabkommen 1843 ff.
Drittländer 818 ff.
Drittstaat 120, 354, 511, 677 f.
    Gestaltungsempfehlungen 128 f.
    Verlustnutzungsstrategien 125 ff.
Drittstaatenwirkung der Kapitalverkehrsfreiheit 945 ff.

E

EBITDA-Vortrag 788
E-Commerce 266
Economic Value-Added-Methode (EVA-Methode) 140
EG-Rechtswidrigkeit, § 50d Abs. 3 EStG 1097 f.
EG-Schiedsabkommen 686
EG-Vertrag 2136 ff.
Eigenhändler 261f., 529, 560
Eigenkapital 46, 136
Eigenkapital-Escape 1151 ff.
Einbringungsgewinn 206, 431 f., 450
Einbringungsvorgang, grenzüberschreitend 383

Einheitsgrundsatz 86
Einheitssystem 91
Einheitsunternehmung 14 f., 20
Einkommensteuer
    Höchststeuersatz 1527
Einkommenstransfer 222
Einkünfte aus Kapitalvermögen 410
Einkünfte
    Kombinationsmöglichkeiten 230
    Temporäre Abschirmung 223, 226
    Umformung 224 ff., 231
    Umleitung 223 f.
    Verlagerung 228 f., 235, 270
Einkunftszuordnung 296
Einlagekonto 250, 492
Einländerfall 107 f.
Einmalbesteuerung 11
Eintrittswahrscheinlichkeit 143, 679 f.
Eintrittsregelung 726
Einzelabrechnung 698
Entstrickung 82, 428 ff, .477, 487
    Tatbestand 422
Entlastungsbetrag 676
Entsendung von Arbeitnehmern ins Ausland 1615 ff.
Entstrickungsrisiko, Entstrickungsbesteuerung 1539
Entwicklungsstruktur 531
Equity-Ansatz 138 f
Equity-Bewertung 165 f.
Erbschaftsteuer
    Höchststeuersatz 1527
Erbschaftsteuerfragen
    grenzüberschreitende, im Verhältnis Deutschland/USA 1959 ff.
Erbschaftsteuerplanung bei beschränkt Steuerpflichtigen 2003 ff.
Erbschaftsteuerliches Begünstigungs- und Bewertungskonzept 2019 ff.

Erfolgsermittlung, inländische Betriebsstätten
    Rechtslage bis VZ 2005 88
    Rechtlage ab VZ 2006 89
Ergebnisverrechnung 306, 318
Erhebungs- und Beitreibungsverfahren 2074
Ertragsteueraufwand 155 f., 2036
Ertragsteueroptimale Gewinnrepatriierung 918
Ertragswertverfahren 137, 566, 2033
Ertragswertmethode 137, 335, 2031
Escape-Klausel 546, 573, 590, 788
Estland 818
EU/EWR 348, 2023
    Verlustnutzungsstrategien 125 ff.
Europäische Union 268
    Fusionsrichtlinie 343, 430, 432
    Verrechnungspreisforum 614
Europäisches Gemeinschaftsrecht 2133 ff.
Europäische Wirtschaftliche Interessenvereinigung 1663 ff.
Ex-ante-Maßnahmen 681
Ex-post-Maßnahmen 685

F

Familienunternehmen 903 ff.
Financial Reinsurance 1330
Finanzierung 160, 724
    hybride 147, 149
Finanzierungsaspekte 848
Finanzierungsaufwendungen 250, 325
Finanzierungsfunktion 213, 718
Finanzierungskosten im internationalen Konzern 785
Finanzierungsstrategien 903 ff.
Finanzverwaltung 276, 525, 713 f.
    internationale Sachverhalte 2093 ff.
Firmenwert 486

außerplanmäßige Abschreibung 164
Forderungsabschreibung 235
Formwechsel 502 ff., 510
Forschungsstruktur 531
Free Cash Flow 139, 141 ff.
Freistellungsmethode 255, 433, 436 ff., 448
    grenzüberschreitende Verlustnutzung S. 116 ff.
    Progressionsvorbehalt 118 f.
    Verlustnutzungsstrategien 125 ff.
Fremdvergleich 563 f.
Fremdvergleichsgrundsatz 81, 266, 651,
Fremdvergleichspreis 87, 714
Frühaufklärungssystem 685, 687
Führungskräfte 1577 ff.
Funktionsanalyse 551. 556, 560
Funktions- und Wertschöpfungskettenanalyse (Business Process Analysis) 531
Funktionsgewinn 568 f.
Funktions- und Risikoanalyse 601, 620
Funktionsverlagerung 547, 551 ff., 559, 562, 2080
Fusionsrichtlinie 347, 353, 478

G

Gegenberichtigung 685
Gemeinschaftsunternehmen 17, 281
Gesamtrechtsnachfolge 508
Geschäftschance 580 ff., 584 ff.
Geschäftsvorfälle 597, 615
    außergewöhnliche 598, 615
    gewöhnliche 597
Geschäftsbeziehung 192, 547, 598, 601
Geschäftswert 487
Geschlossene Immobilienfonds 1011 ff.
Gesellschafter-Fremdfinanzierung 803 ff.
    grenzüberschreitende 1139 ff.
    in EU-Ländern 805 ff.
Gesellschaftsrecht 340 f.

Gestaltungen im Umsatzsteuerrecht 1069 ff.
Gestaltungsempfehlungen 1049
Gewerberecht 1015, 1035
Gewerbesteuer 82, 492
    Einfluss auf Konzernsteuerquote 161
    Organschaft 161
Gewinnabgrenzung 81 ff., 562, 559
Gewinnaufteilungsansätze 655
Gewinnaufteilungsmethoden 653
    Globale 656
    Residual 657 ff. 664
    Vergleich 660 671
Gewinnausgleich 774
    Besonderheiten bei Konzernunternehmen 775
    Grenzüberschreitende Aspekte 779
Gewinnausschüttungen, verdeckte 972
Gewinnbesteuerung 829
    im Ausland
    im Inland
Gewinnermittlung 256
    direkte 59
    indirekte 59
Gewinnerzielungsabsicht 1546
Gewinngemeinschaft 279, 763
    aktienrechtliche 764
    steuerliche Behandlung 772
Gewinnpool 279, 297
Gewinnrepatriierungsstrategien 903 ff.
Gewinnträchtiges Engagement 270
Gewinnverlagerung 167, 178
Gewinnverwirklichung, aufgeschobene 85, 90
Gleitender Abzugsbetrag 676
Globalisierung 274
Graue Liste 191
Group Relief Shopping 233, 236

Group relief system 324, 327
Grunderwerbsteuer 294, 389
Grunderwerbsteuerplanung 1051 ff.
Grunderwerbsteuertatbestände bei Umwandlungsvorgängen 1053
Grundbesitz, inländischer 294
Grundfreiheiten des EG-Vertrages 926
Grundstücksrecht 1015, 1034
Gründungssteuer 52 f.
Gruppenbesteuerungssystem 309 f.
Gruppenbesteuerung 306 ff., 398
    Frankreich 310
    Polen 317
    Schweden 319
    Vereinigtes Königreich 324

H

Hallmarks 184
Haltung der EU-Kommission 747
Handelsvertreter 528, 561
Handlungsvariante 2074
Harmonisierung 1317
Heimatlandkontrolle 1325
Herausspaltung 455, 466
Hereinumwandlung 439 f., 441, 445 f.
Hereinverschmelzung 351 f.
Hinausumwandlung 438 f., 443 ff.
Hinausverschmelzung 348
Hineinspaltung 455, 467
Hinzurechnungsbesteuerung 68, 213, 375 f., 497 ff., 2041 ff.
    Beteiligungsvoraussetzung 2041
    Implementierung einer virtuellen Finanzierungsgesellschaft mit Niedrigbesteuerung 918
Hinzurechnungsbetrag 377, 385
Holdinggesellschaft 199 f., 215 ff., 242 f.
    Einfluss auf Konzernsteuerquote 159, 161 ff., 168

    Standortwahl 204
    Sitz in Deutschland 200 f.
    Sitz im Ausland 204
Holdingstrategien 903 ff.
Homebased-Ansatz 158 f.
Hybride Finanzierungsformen und hybride Gesellschaftsformen im Konzern 783 ff.

I

Immobilienbesitz 388
Immobilienerwerb, rechtliche Rahmenbedingungen 1014 f.
Immobilieninvestitionen 1011 ff.
    Steuerausländer im Inland 1187
Inbound-Investitionen 1123 ff.
Inbound-Verlagerung 553
Income Access Shares 296 f.
Informationsquellen der Finanzverwaltung im internationalen Bereich 2097 ff.
Informationsrecht 747
Industrieanalyse 619
Inlandsbezug, S. 440 f., 445, 446 ff.
Inlandsspaltung mit Auslandsbezug 460
Inlandsumwandlung, 435 ff., 442
Instrument, 18 ff., 137
    zukunftsorientiert 141
    vergangenheitsorientiert 141
    sachverhaltsgestaltend 18, 21, 146 f. 150
Integration des target beim Erwerber 337
Internationaler Konzern 16 f.
Internationale Erbschaftsteuerplanung 1901 ff.
Internationale Konzernsteuerplanung 576
Internationale Steuerplanung
    Begriffsinhalt 5 f.
    Ziele 10, 13
    Entscheidungsträger 14, 17
    Instrumente 18 ff.

Legitimität 25 f.
Interquartilsbandbreite 539, 665
Interquartil-Methode 639, 640 ff.
Investitionstheorie 145
Irische Holding company 904 ff.

J

Jahresertrag 2035
Joint Venture 274 ff., 660
    Konzept 278 ff.
    Steuerplanung 298
    Venture-Modellfall 276 f.
JStG 2009,
    Gesetzesänderung durch das 1131 ff.
Junges Verwaltungsvermögen 683

K

Kapitalanlageformen
    internationale Erbschaftsteuerplanung 1901 ff.
Kapitalanlagen
    eingeschränktes, Solvabilitätszwecke, Solvency II 1327
Kapitalgesellschaft 102, 344 f, 409, 417, 2024
Kapitalgesellschaftsstrukturen
    Deutsche Joint Venture-Gesellschaft 286 f.
    Ausländische Joint Venture-Gesellschaft 288 f.
Kapitalisierungsfaktor 2036
Kapitalisierungszeitraum 569
Kapitalisierungszinssatz 570, 2032
Kapitalmarktrendite 686
Kapitalspiegeltheorie 45
Kapitalverkehrsfreiheit 945 ff.
Kapitalverkehrsteuer 389
Ketteneinbringung 393 f.
Kollisionsrecht 474

Kommissionär 261, 528, 560
Kommissionärsstrukturen 1082
Kompensationsverbot 2072
Konkurrenzverbot nach Arbeitnehmertätigkeit 1599 ff.
Konsolidierungsmaßnahme 307, 312
Konsultationsverfahren 801
Konzern,
    hybride Instrumente im 784
    personalistisch strukturiert 903 ff.
Konzerndienstleistungen 595, 625
Konzerndokumentationsstrategie 617
Konzernfinanzierung 212
Konzerngesellschaft 23, 197
Konzern-Obergesellschaft 16
Konzernreorganisation 329 ff.
Konzernstrukturpolitik 197 ff.
Konzernsteuerbelastung 212 f.
Konzernsteuerquote 136, 149, 165, 172
    Berechnung 155
    Einfluss latenter Steuern 156 ff.
    Einflussfaktoren 159 ff.
    Gestaltbarkeit 159 ff.
Konzernumlage 698
Konzernumlagevertrag 703
Konzernumstrukturierungen 1051 ff.
Konzern-Untergesellschaft 16 f.
Konzernunternehmen 528
Korrekturrisiko 647, 676
Korrespondenzprinzip 971 ff.
Körperschaftsteuer 100 f., 216, 311
Körperschaft, übernehmende 346
Kostenaufschlagsmethode 539, 747
Kroatien 821
Kundenstamm 485
Kündigungsmöglichkeit 730
Künstler und Sportler 1559 ff.

L

Lager 258
Latente Steuern
    auf Zinsvortrag 163
    Einfluss auf Konzernsteuerquote 156 ff.
    Ermessensspielraum 173
    kompensatorischer Effekt 156 ff.
    Neubewertung 171
Lebensmittelpunkt
    persönlich, geschäftlich 1532
Lebensumstände
    private 1525
Lebensversicherung 1324
Leichtfertige Steuerverkürzung 2077
Leistungsverrechnung 701
Lettland 817
Lieferungsbeziehung 520 f, 532
Liefer- und Leistungsbeziehungen 850
Liquidationsähnlicher Vorgang 423, 500
Liquidationsbesteuerung 423
Liquidationsgewinn 72 f.
Liquidationswert 691
Liquiditätsverbesserungen 900
Litauen 816
Lizenzgebühren 64, 660
Lizenzierung 575
Luftfahrtunternehmen
    Internationale Besteuerungsprobleme 1353 ff.
Luxemburg
    Typisch stille Gesellschaft 796

M

Malta
    Finanzierungsgesellschaft 795
Markenrechte 671
Market Value Added (MVA) 140
Marktordnungsabgaben 2083
Marktportfolio 139
Marktrisiko 534 f.
Marktrisikoprämie 2032
Masterfile 614, 618
Maßgeblichkeit 61
Median 647 f.
Mehrländerfall 107 f.
Methodenhierarchie 660
Minderbesteuerung 7, 12
Mindestbesteuerungsregel 493
Mindestbeteiligungsquote 315, 387, 2025
Mittelstand 827
Mittelwertschätzung 647
Missbrauchsregelungen, nach US-Steuerrecht 1004
Missbrauchstatbestände 458, 464, 514
Missing trader 2082
Mixer company 224, 248
Modigliani-Miller Theorem 663
Mo-MiG 474
Muss-Katalog 600

N

Nachfolgeplanungen,
    Gestaltungsmöglichkeiten internationaler 1883 ff.
Nachgeschaltete Personengesellschaft 1157 f.
Nachlassspaltung, 1525
    faktische 1893 f.
    rechtliche 1890 f.
Nachversteuerung 392, 2030
Nachweis- und Aufzeichnungspflichten des Steuerrechts 2072
Nationale Generalklausel 33
    Geschäftseinrichtung 34
    Festigkeit der Einrichtung 34
Negativkatalog 39
Nettoergebnismaximierung 145

Net Working Capital 139
Nicht-DBA-Staat 422, . 433 ff.
Niederlande 2115 ff.
Niederstwertprinzip 1327
Niedrigbesteuerung 499
Niedrigsteuerland 1534
Niemandsland
    steuerliches, Zwischenwohnsitz 1552
Non-Routine-Funktion 551, 586
Nutzungsüberlassung 83

O

Objektgesellschaft 381, 386
OECD 262 f., 266, 526, 720
    Richtlinien 610, 643, 650
Österreich 841
Öffnungsklausel 211, 724
Offshore-Zentren 1261 ff.
Optionsverschonung 2021
Organschaft 102, 305, 1345
    Einfluss auf Konzernsteuerquote 161, 164, 167
    internationaler Konzern 1173
Organschaftsstrukturen 827
Outbound-Fall 1761 ff.
Outbound-Verlagerung 553
Outsourcing 1327

P

Pauschalierungserlass 67, 98
Pacific Association of Tax Administrators (PATA) 613
Package-Deal 723
Palettenbetrachtung 607
Participation Exemption Shopping 162, 234
Pauschalierungsmethode 101, 105 f.
Per-country-limitation 66, 315, 390
Personengesellschaft 261 f., 284, 409
Personengesellschaftsstruktur

Ausländische Joint Venture-Gesellschaft 283
Deutsche Joint Venture-Gesellschaft 281
Planungssicherheit
    Auslegung von Doppelbesteuerungsabkommen 1865 ff.
Polen 812, 842, 1043
Pool-Beteiligung 714. 721
Poolkonzept 712
Poolungsfunktion 701, 708
Poolvereinbarung 2025 f.
Post-merger Integrationsaktivität 671
Pränumerandobesteuerung 1531
Preisanpassungsklausel 577
Preisvergleichsmethode 650
Private Kapitalanleger 1467 ff.
Privatperson 17, 24
Produktionsgesellschaft 527, 534, 556
Produktionsstruktur 530
Progressionseffekte 13
Progressionsvorbehalt 64, 118, 257
    Einkünfte aus gewerblicher Betriebsstätte 121 f., 124 ff.
    negativer 116 ff.
    positiver 116 ff.
    Prüfschema bei Verlusten 119, 121, 126, 127
Projektfinanzierungen 889
Prüfungsrechte 727
Prüfungsschema für Drittstaatensachverhalte 946

Q

Qualifizierung der Einkünfte 377
Qualifizierung in- und ausländischer Rechtsgebilde 792
Qualifikationskonflikte 839
Quellensteuern 63 f., 207 f

Einfluss auf Konzernsteuerquote 168
Entlastungsberechtigung 1091 ff.

R

Regelverschonung 675 f., 2021
Régime du bénéfice consolidé 314 f.
Régime du bénéfice mondial 316
Régime de l'intégration fiscale 310
Regionalgesellschaft 535 f.
Remittance Base Besteuerung 1531
Rendite 139, 664
Reorganisation 329 ff., 339, 360
Repatriierungsstrategie 222
Residualgröße 604
Restgewinnaufteilung 650
Restrukturierungsmaßnahme 337
Risiko 382
Risikoanalyse 602, 620, 382
Risikobewältigung 681, 382
Risikobewertung 679
Risikofrühaufklärung 687 f.
Risikoidentifikation 383, 676
Risikomanagementprozess 382 f.
Risikomanagementsystem 675, 707
Risikominimierung 187 ff., 608, 677
Risikovermeidung 195, 400, 701 f.
Routinegewinn 658, 664
Routinegewinnmargen 665
Routinefunktion 551, 603, 605
Rs.
    Lidl Belgien 931
    Marks & Spencer 928
    Rewe Zentralfinanz 930
    Ritter Coulais 930
Rückfallklauseln 2054 ff.
Rückkehrmöglichkeiten 1554
Rückstellungen
    versicherungstechnische 1321

    Schadenrückstellung 1321
    Schwankungsrückstellung 1322
    Beitragsüberträge 1322
    Beitragsrückerstattung 1322
    Deckungsrückstellung 1322
    Stornorückstellung 1322
Rückversicherung
    übernommene 1328
    abgegebene 1329
Ruling 2117 ff.
Rumänien 806
Russische Föderation 818

S

Sacheinlage 430 f., 448 ff.
Sachverhaltsdokumentation 599
Schachtelbeteiligung 387
Schachtelprivileg 20, 246
Schiedsregelung 729
Schiedsverfahren 686
Schifffahrtsunternehmen
    Internationale Besteuerungsprobleme 1381 ff.
Schwarze Liste 189
Selbstanzeige in Stufen 2086
Sensitivitätsanalyse 143, 689
Shareholder Value 135 f., 141, 145 f.
Sitzverlegung 356, 385
Sitzstaat 199 f.
Skelettlösung 617
Slowakische Republik 815, 1032 ff.
Sofortbesteuerung 575
Software-Entwicklung und -Vermarktung
    Internationale Besteuerungsprobleme 1411 ff.
Solvabilitätsspanne 1333
Sonderbetriebsvermögen 2034
Sozietäten

international tätige 1683 ff.
Spaltung 453 ff.
  Masse 462
  Vorschriften 458
  grenzüberschreitend 466
Spanien 843
Spartentrennung 1319
Sperrfrist 383, 387, 394, 431 f.
  siebenjährige 431 f.
  Verhaftung 396
Spitzeneinheit 199, 249
Stand-Alone-Clause 787
Stand-alone-Escape 1148 ff.
Standortflexibilität 212 f., 198,
  Niederlanden 213
  Schweiz 213
Standortwahl 213
  Gestaltungsfaktoren 221
  Gestaltungsmittel 222
Standortfaktorenkatalog, holdingspezifischer 231 f.
Step-up 493
Steuer
  direkte 336
  indirekte 336
Steueraufschub 7
Steuerbarwertminimierung 11, 149
Steuerbilanzpolitik 148 150
Steuerentstrickung 434
Steuerfahndung 2070
Steuerfreiheit 457
Steuergestalterische Gesichtspunkte
  Gestaltungsspielräume 94
  Zinseffekt 95
  Steuersatzeffekt 96
  Kosten der Durchführung 97
Steuerhinterziehung 9, 176, 179, 189

Steuerhinterziehungbekämpfungsgesetz 176, 190 f.
Steuerkonsolidierung 63
Steuerliche Gestaltungsüberlegungen 859
Steuermehrbelastung 218, 382
Steuerneutralität 419
Steueroase 178, 189 f
  Präferenzsystem 1528
Steueroptimierung durch Ausgleichszahlungen 914
Steuerplanung 5 ff., 10, 18, 25, 172, 242 ff., 245 f., 251, 276
  Wegzug, Wohnsitzverlegung 1524
Steuerpflicht
  beschränkte 1533
  unbeschränkte 1535
Steuerpolitik 7, 149
Steuerrechtsänderung
  Einfluss auf Konzernsteuerquote 171
  Einfluss auf latente Steuern 171
Steuerrecht 358
Steuerrisiko 381 ff.
Steuersatzgefälle
  Einfluss auf Konzernsteuerquote 159 f.
Steuerumgehung 7 f., 177, 179
Steuervergünstigungen als staatliche Beihilfen 2133 ff.
Steuerverkürzung auf Zeit 2073
Steuervermeidung 7 f.
Steuervorteil
  Erlangung eines nicht gerechtfertigten 2073
Stiftungsgestaltungen 1553
Stille Beteiligung im Ausland 1789 ff.
  atypisch 1794 f.
  typisch 1794 f.
Stillhalteverpflichtung, Art. 57 Abs. 1 EG 953
Stille Reserven 321, 361 f

Strafbare Gewinnverlagerung, Vorwurf 2078

Strafrechtliche Risiken bei grenzüberschreitenden Aktivitäten 2069 ff.

Strategien 903 ff.
  Ertragsteueroptimierende Holding-
  Gewinnrepatriierungs-
  Finanzierungs-

Strategische Allianzen 274 ff., 281

Strategieträgerschaft 524

Structured Finance 889 ff.

Subject-to-tax Klausel 126, 1333

Subjektqualifikation 261

Substanzwert 691

Switch-over-Klausel 57, 798

Symmetrieprinzip, Art. 23A OECD-MA 935

Systematisierungskriterien 399

T

Taktische Verrechnungspreispolitik 521

Target 331 f.

Tarifbegrenzung 676

Tauschähnlicher Vorgang 500

Tauschgutachten 207, 501

Tax credit 170

Tax holiday 170

Tax Rate Shopping 233, 237

Tax reconciliation 158 f.

Tax-Ruling in den Niederlanden 2115 ff.

Technische Dienstleistungen 859 ff.

Teilbetriebsvoraussetzung 458

Teilwertabschreibung 69

Theorie der finalen Betriebsentnahme 478, 481

Thesaurierungsfall 102

Tochterkapitalgesellschaft 254, 263

Transaktionsbezogene Netto-Margen-Methode (TNMM) 538

Transaktion 607

mitteilungspflichtige 180

Transaktionsanalyse 620

Transferpaket 563 f., 580, 589

Treaty Exemption Shopping 235 f.

Treaty Shopping 223, 237

Treaty override 120, 127

Trennungssystem 90

Trittbrettfahren 741

Trustgestaltungen 1553

Trusts 1894 ff.

Tschechische Republik 807, 844, 1012 ff.

Türkei 822

U

Überkreuz-Beteiligungsmodelle 280

Überleitungsrechnung, steuerliche 158 f.

Übernahmeergebnis 429, 415 ff.

Übertragende Umwandlung 1054

Übertragungsgewinn 411 f, 480

Ukraine 820

Umlageschlüssel 723

Umlaufvermögen 92
  Steuerplanerische Gesichtspunkte 90

Umsatzsteuerrecht, Gestaltungen 1069 ff.

Umschaltklauseln 2054 ff.

Umwandlung 429, 435, 508
  Auslandskapitalgesellschaften in Personengesellschaften 852 ff.

Umwandlungsrecht 455

Umwandlungssteuergesetz 343 f., 363, 421, 406 ff, 511

Ungarn 810, 845, 1046

Unilaterale Umschaltklausel 2051

Unterkapitalisierungsregeln 803

Unterlassungsvariante 2075

Unternehmerische Engagements in osteuropäischen Staaten 1703 ff.

Unternehmenskauf 330

Unternehmensanalyse 619

Unternehmenscharakterisierung 551 f. 603
Unternehmenswert 137, 566
Unternehmerlohn 2035
Ursache-Wirkungs-Zusammenhänge 678
USA 846, 1000 ff.
US-Investitionen 995
Update Letter 625

V

Veranlagungsfolgen 1548
Veräußerungsgewinn 70, 248
Verbindungsbüro 259
verdeckte
Gewinnausschüttungen 971
Venture Capital Fonds 1425 ff.
Verjährung, strafrechtliche 2079
Verkaufspreis 656, 2031
Verlagerung 550
    von Besteuerungssubstrat 2070
    von Produktionsfunktionen 556
    von Vertriebsfunktionen 560
Verlustberücksichtigung, grenzüberschreitende 113
Verlustnutzung 62, 115 f.
Verlustnutzungsbeschränkung 257
Verlustverrechnung
    Einkünfte aus gewerbliche Betriebsstätten 121 f., 124 ff.
    Einkünfte aus Vermietung und Verpachtung 118 f., 123 f.
    EU-Vertragsverletzungsverfahren 115
    grenzüberschreitende 113 f., 925
    Jahressteuergesetz 2009 112, 115 ff.
Verlustverrechnungsbeschränkung
    Anrechnungsmethode 120, 123
    Europarechtskonformität 115, 117
    Freistellungsmethode 114 f., 121 f.
    § 2a EStG 114
    Produktivitätsklausel 115

Verlustvortrag
    Einfluss auf Konzernsteuerquote 166 f.
    latente Steuern 166 f.
    steuerliche Nutzung 166
    Verfall 167
    Untergang 167
Vermögen
    Neutrales 429, 441 f.
    Zuordnung 387
Vermögenssubstanz
    Maßnahmen zur Erhaltung des Besteuerungsrechtes 1545
Verrechnungspreise 593 ff., 673 ff.,
Verrechnungspreisanalyse 601
Verrechnungspreisbandbreite 636, 644
Verrechnungspreisbildung 603
Verrechnungspreisdokumentation 618, 622, 652, 684,
Verrechnungspreisfunktion 701, 708, 712
Verrechnungspreiskorrekturen 647, 651
Verrechnungspreismethode 536 f.
Verrechnungspreispolitik 520
Verrechnungspreisrichtlinie 476, 600, 607, 616
Verrechnungspreisrisiken 675 688
    System 532
Verrechnungspreispolitik, strategische 521, 523
Verschmelzung 509
    grenzüberschreitende 340
    im EU/EWR-Raum 852
    Nicht-EU-Versicherungsgesellschaften 1320
    Vorschriften 457
Versicherungsgeschäft 1316
Versicherungsgesellschaften
    international tätige 1313
Versicherungssteuer 1320

Versicherungsverhältnis
   Zuordnung, Risikobelegenheit 1319
Verständigungsverfahren 705
Vertikale Integration 661
Vertrags-Joint Venture 278 f.
Vertragsparteien 707
Vertreter 259 f.
Vertreterbetriebsstätte 264
Vertriebsformen 1316
Vertriebszentrale 271
Verwaltungsvermögen 2026 ff
Verwaltungsgrundsätzeverfahren 655
Verwertungsverbot, strafrechtliches 2076
Virtuelle Unternehmen 1715 ff.
Vorbereitungskosten 54 f.
Vorgesellschaft 56
Vorgründungsgesellschaft 56
Vorteilhaftigkeitskriterien 244

W

Wegzugsbesteuerung 384, 711
   Lex Horten 1540
Wiederverkaufspreismethode 266, 537
Wahlrecht 97
   Maßnahmen 100
   Kapitalgesellschaften 102
   natürliche Personen 103
   Einländerfall 107
   Mehrländerfall 107
Währungsumrechnung 61, 718
Wegzug nationaler Rechtsformen 474
Wegzugsteuer 393
Weighted Average Costs of Capital (WACC) 140, 572
Werbungskosten 191
Wertermittlung 2034
   direkte 566, 570
   indirekte 565

Wertkettenanalyse 626
Wertschöpfungskette 661
Wertschöpfungskettenanalyse 532
Werttreiber 143
Wertverknüpfung 429, 431, 433, 451
Wesentlichkeitsgrenzen 676
Wettbewerbsfähigkeit 26, 187
Wirtschaftsgüter 77, 549, 2034
   immaterielle 655, 661
   materielle 484
Wohnsitzverlegung
   Anforderungen 1532
   Doppelwohnsitz, Doppelansässigkeit 1535
   mittelbare Nachteile 1543
   Risikovermeidung 1545

Z

Zahlungsmittelabfluss 136
Zentralfunktion 484
Ziele 221, 330, 521
   qualitative 145
   quantitative 145
Zielkonflikt 710
Zinsabzug 308, 314, 319
Zinsaufwendungen, Rechtsentwicklung der Abzugsbeschränkung 1140 f.
Zinsschranke
   Einfluss auf Konzernsteuerquote 163
   Einfluss auf latente Steuern 164
   Gestaltungsmöglichkeiten 165
   Konzeption 1142 ff.
Zukunftserfolg 137
Zuordnung, funktionale 434
Zugriff 68
Zuzugsplanung 1548
Zwischenholding 241, 245 ff., 251

NWB Fach-Modul 5

NWB Internationales Steuer- und Wirtschaftsrecht

Weltweit an Ihrer Seite

Ein Muss bei grenzüberschreitenden Sachverhalten

NWB Internationales
Steuer- und Wirtschaftsrecht

IWB 1

www.nwb.de

131 **Steuerrecht des Auslands**
Neuerungen im italienischen Steuerrecht 2010
Dr. Siegfried Mayr

123 **Betriebsverlegung ins Ausland**
Keine Sofortbesteuerung bei Betriebsverlegung ins
Ausland – Abkehr von der finalen Betriebsaufgabe
Dr. Ingmar Dörr und Timo Bühler

138 **Steuerrecht des Auslands**
Die Taxe Professionnelle wird zur neuen Contribution
Economique Territoriale in Frankreich
Pascal Schultze

148 **Internationales Recht**
ICC-Richtlinien für Demand Guarantees
Klaus Vorpeil

Herausgeber:
RA/StB Prof. Dr. Heinz-Klaus Kroppen, LL.M., Düsseldorf
Prof. Dr. Roman Seer, Bochum

▶ nwb

Jetzt
**4 Wochen
kostenlos**
testen!

Von A wie Argentinien bis Z wie Zypern:
IWB bietet Ihnen sichere Orientierung im Gesetzes-Dschungel und lückenlose Informationen für Ihre Mandate mit Auslandsbezug.

Ob Sie sich mit einem grenzüberschreitenden Erbfall in den USA beschäftigen oder Ihr Mandant unternehmerische Aktivitäten in Frankreich plant – mit IWB erhalten Sie einen zuverlässigen und stets aktuellen Überblick über die steuerlichen und wirtschaftsrechtlichen Bedingungen in den Staaten der Welt.

**Mit kostenloser Datenbank
für PC und Smart- oder iPhone!**

Hier anfordern: **www.nwb.de/go/modul5**

▶ **nwb** GUTE ANTWORT

Internationales Steuerrecht

Rechtssichere Lösungen für alle internationalen Sachverhalte.

Online-Version inklusive

DBA-Kommentar

Gosch · Kroppen · Grotherr (Hrsg.)
unter Mitarbeit namhafter Fachleute.
Loseblattausgabe. Einschließlich 23. Lieferung.
Stand Februar 2011. 5.802 Seiten in 3 Ordnern.
Zusätzlich ein Textordner „Internationales Steuerrecht" mit 2.498 Seiten. € 159,-
ISBN 978-3-482-**47861**-1
(Ergänzungen erscheinen nach Bedarf)

▶ **Im Preis enthalten: Ein zusätzlicher Textordner „Internationales Steuerrecht"**

Der Praxiskommentar mit der einzigartigen Konzeption: Im Unterschied zu den bereits am Markt befindlichen Kommentaren wird hier nicht ein Autor pro Doppelbesteuerungsabkommen eingesetzt. Gesucht wurden vielmehr Spezialisten für einzelne Probleme der Doppelbesteuerungsabkommen. So kommentiert und erläutert pro Artikel ein Experte einen Problembereich. Ausführlich wird dabei das OECD-Musterabkommen kommentiert. Die einzelnen Artikel der Länder-DBA beschäftigen sich nur noch mit den Abweichungen vom OECD-Musterabkommen. Der Kommentar bleibt dadurch übersichtlich und ist von überflüssigem Ballast befreit. Zu diesem völlig neuartigen Konzept kommen zahlreiche zusätzliche Serviceleistungen, die dem Leser bei der Lösung konkreter Probleme praktische Hilfestellung bieten und den Nutzen dieses Werkes weit über eine Kommentierung ausdehnen.

Neu in der aktuellen Ergänzungslieferung:

▶ Vollständig überarbeitete Kommentierung des Art. 23 A/B OECD-MA durch Mitherausgeber Prof. Dr. Siegfried Grotherr, Hamburg. Die neuesten Entwicklungen werden umfassend dargestellt.
▶ Kommentierung des Erbschaftsteuer DBA mit der Schweiz durch Ass.-Prof. Dr. iur. Andrea Opel, Zürich.

Bestellen Sie jetzt unter **www.nwb.de/go/buchshop**

Unsere Preise verstehen sich inkl. MwSt. Bei Bestellungen von Endverbrauchern über den Verlag: Im Internet ab € 20,- versandkostenfrei, sonst zzgl. € 4,50 Versandkostenpauschale je Sendung.

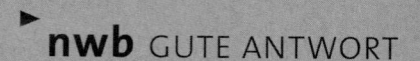

▶ **nwb** GUTE ANTWORT